SUPPLEMENT

AU

CORPS UNIVERSEL

DIPLOMATIQUE

DU

DROIT DES GENS.

TOME TROISIEME.

SUPPLEMENT
AU
CORPS UNIVERSEL
DIPLOMATIQUE
DU
DROIT DES GENS,
CONTENANT
UN RECUEIL
DES
TRAITEZ

D'ALLIANCE, DE PAIX, DE TREVE, DE NEUTRALITE',
de Commerce, d'Echange, de Protection & de Garantie, de toutes les Conventions, Transactions, Pactes, Concordats, & autres Contracts, Capitulations Impériales & Royales, Donations, Renonciations, Protestations, Testamens, Investitures,

ET EN GENERAL DE TOUS LES TITRES,
Sous quelque nom qu'on les désigne,
Qui ont échapé aux prémieres recherches de Mr. DU MONT.
Continué jusqu'à présent par Mr. ROUSSET,
Membre des Académies des Sciences de St. Petersbourg & de Berlin.

TOME II. PARTIE I.

A AMSTERDAM, Chez les JANSSONS à WAESBERGE, WETSTEIN & SMITH, & Z. CHATELAIN. *A LA HAYE,* Chez P. DE HONDT, la Veuve de CH. LE VIER, & J. NEAULME. *LIBRAIRES.*

M. DCC. XXXIX.

SUPLEMENT
AU
CORPS DIPLOMATIQUE
DU
DROIT DES GENS;
OU
RECUEIL
DES
TRAITEZ D'ALLIANCE,
DE PAIX, DE TREVE, DE NEUTRALITÉ, DE COMMERCE, D'ÉCHANGE, &c.

I.

ANNO 1501. 25. Juin. *Bulla* (1) ALEXANDRI *Papæ* VI. *quâ* FREDERICUM *Regem Siciliæ, & Terræ citra Farum, certis de causis in ea expressis, omnino destituit, Regnum in duas Partes dividit, earumque unam* LUDOVICO *Franciæ Regi, alteram vero* FERDINANDO *&* HELISABETH *Hispaniarum Regibus confert, sub obligatione solita Juramenti fidelitatis præstandi, Hommagii, & Vassallagii faciendi &c. Datum Romæ septimo Kalendas Julii, Anno Incarnationis Dominicæ* 1501. *& Pontificatus sui IX.* [Authentique tiré des grandes Archives de la Chambre Royale de Naples.]

ALexander &c. Ad perpetuam rei memoriam. Regnans in altissimis, & triumphans Ecclesia, cui Pater æternus, Coeli & Terræ Dominator, Dominus præesse dignoscitur, cuique Sanctorum & Sanctarum ministrantium agmina, & Angelorum Chori Laudis Gloriam decantant, Vicariam sibi in Terris constituit Ecclesiam Militantem, Unigenito Filio Dei Vivi, Domino Nostro Jesu Christo ineffabili conjunctione copulatam, ad hujus namque Militantis Ecclesiæ Regimen, licèt immeriti, divina dispositione vocati, circa fidelium quarumlibet Nationum felicem statum. & animarum salutem, prout ex debito tenemur summi Pontificatus Offitii, Nobis, ut præfertur, injuncti, cogitatus nostros libenter effundimus, ac partes Apostolicæ sollicitudinis adhibemus; Sed illa Nos cura propensius urget, atque compellit, ut Nobis, & Romanæ Ecclesiæ subjecta Regna, Civitates, Terras, atque Loca omnia, & singula per nostræ provisionis ministerium, sublatis ab ea sinistris quibuslibet, ac omnibus, & singulis eorum salutem, & felicem statum, nec non desolationis evitationem concernentibus, mature, ac debite compensatis, utilissimi ac fidelissimi regiminis præsidio fulciantur; Pacisque, tranquillitatis, & quietis dulcedine gaudeant, ac ex hujusmodi pace, & tranquillitate, alia nostra, & dictæ Romanæ Ecclesiæ Civitates, Terræ, ac Loca à Bellorum turbinibus, eorumque suspicionibus libera prosperis gratulentur eventibus, ipsaque omnia etiam ad laudem, & gloriam Christiani Nominis, nostrumque, & dictæ Ecclesiæ statum salubrem, felicia temporalium, & spiritualium suscipiant incrementa: Dudum siquidem sperantes, quod tunc carissimus in Christo filius Noster Fredericus de Aragonia in fidei sinceritate, ac obedientia, & devotione erga Ecclesiam Romanam perseveraret, illamque in veram Regni Siciliæ, & Terræ &c. citra Farum Dominam, & Proprietariam recognosceret, prout etiam se sponte facturum obtulerat, ejusdem Frederici in ea parte supplicationibus inclinati, Regnum Siciliæ cum tota dicta Terra citra Farum, juxta, & secundum illum statum,

ANNO 1501.

(1) Elle a été annullée & revoquée par *Jules II.* voyez-en la Bulle ci-après au 3. Juillet 1510.

ANNO 1501.

tum, quem claræ memoriæ Ferdinandus primus, Pater, & Alphonsus secundus, frater præfati Frederici Reges ejusdem Regni, & Terræ, illud melius tenebant, & possidebant, sive alter eorum tenebat, & possidebat, Civitate nostra Beneventana, & illius Territorio, ac districtu exceptis, qualitercumque ad eamdem Ecclesiam legitime reversum, & devolutum esset, præfato Frederico pro se, suisque, liberis, recta linea ex suo corpore legitime descendentibus natis, & nascituris, cum censu annuo, aliisque conditionibus, modis, formis, adjectionibus, promissionibus, cauthelis, clausulis, voluntatibus, & ordinationibus tunc expressis, de Venerabilium fratrum Nostrorum, ejusdem Sanctæ Romanæ Ecclesiæ Cardinalium, consilio pariter ac assensu, ac ex certa nostra scientia, & de Apostolicæ Potestatis plenitudine per alias nostras Litteras concessimus, confirmavimus, & de novo largiti fuimus, Volentes, & intendentes præfatum Fredericum de prædictis Regno & Terra citra Farum, ut præfertur, per Vexillum præfatæ Ecclesiæ illius nomine sibi tradendum, & assignandum investiri, recepto ab eo fidelitatis debitæ juxta formam inferius annotatam, Juramento, prout in Literis prædictis, quarum tenores, acsi de verbo ad verbum præsentibus insererentur, haberi volumus pro sufficienter expressis & insertis, plenius continetur. Cum autem præfatus Fredericus postquam actualem de Regno, & Terra citra Farum hujusmodi Investituram per traditionem, & assignationem dicti Vexilli, per tunc nostrum, & Sedis Apostolicæ Legatum, ad eum propterea destinatum, recepit, & Regiam Coronam capiti suo impositam de manibus dicti Legati suscepit, Juramento fidelitatis debitæ juxta formam inferius adnotatam, & homagio, nec non servitio, Vassallagio, & Ligio per eum in præfati Legati manibus præstitis, quæ etiam antea per Procuratorem suum legitimum in manibus nostris præstiterat, suæ salutis, suique status, & honoris immemor, Dei timore postposito, erecta cervice in reprobum sensum datus, contra proprium Juramentum veniens, nostris, & ejusdem Romanæ Ecclesiæ notoriis Occupatoribus favorem, & auxilium præstare, provisiones Apostolicas etiam in favorem ejusdem Sanctæ Romanæ Ecclesiæ Cardinalium factas, illarumque effectum, nec non Libertatem Ecclesiasticam in nostrum, & dictæ Sedis contemptum multipliciter impedire ac ad Almam Urbem Victualia deferentibus nova Vectigalia imponere, & etiam ne deferrentur, prohibere, ac quod pejus, & abominabilius est, ac Christiano Principe omnino indignum, intelligentiam non parvam cum eorumdem hoste, Turcarum Tyranno, apud quem continue suos tenet Oratores, habere, illique adhærere, præfatique Turcarum Tyranni etiam Oratores, sæpenumero cum maximo honore recipere, illosque penes se retinere, ac cum eis conversari, ipsosque perfidissimos Turcas ad invadendum Christianorum Terras, atque Loca, ac Italiam ingrediendum hortari, & inducere non expaverit, ex quo superiori anno maxima, & fere irreparabilia damna Universæ Reipublicæ Christianæ subsequuta fuerunt; de quibus Nobis inexcusabilis notorio constitit, propter quod eum jure, si quod in dicto Regno, & Terra citra Farum competebat: ipso jure privatum censuimus, prout harum serie censemus. Et propterea carissimi in Christo Filii Nostri Ludovicus Rex Francorum Christianissimus, & Ferdinandus Rex, & Helisabet Regina Hispaniarum Catholici, quorum quilibet etiam Regnum cum Terra citra Farum hujusmodi ad se de Jure spectare prætendit, ut veri ejusdem fidei Catholicæ Zelatores, & Propugnatores considerantes, ac omnino sæpius revolventes, quot, & quanta mala, dispendia, detrimenta, nisi brevi occurratur, eidem Reipublicæ Christianæ, ob rabiem ipsorum perfidissimorum Turcarum, indies cum majori audacia Christianorum Terras invadentium, occupantium, & suæ Tyrannidi, ac spurcissimæ sectæ subjicientium, & mutuam præfati Frederici cum eisdem Turcis intelligentiam sint proventura, pro eorumdem pia erga ipsam Rempublicam Christianam devotione, ac Regia magnanimitate decreverint, præfato Frederico eisdem Turcis adherente, & illos in dictum Regnum, quod Deus avertat, introducere volente, de Regno, & Terra præfatis expulso, præfatisque Regno, & Terra juxta divisionem per nos faciendam in eorum ditionem redactis, contra ipsos Turcas Terra, Marique, nostris adhortationibus eis sæpius pro Zelo defensionis fidei Catholicæ factis, irrumpere, & usque ad totale illorum exterminium perseverare, more progenitorum suorum, qui diversa Regna, Provincias, Terras, atque Loca ab Infidelium manibus eripuerunt, pro parte eorumdem Franciæ, & Hispaniarum Regum, ac Reginæ, affirmantium, se velle hanc contra ipsas Turcas Provinciam pro eorum pia, & singulari devotione, ac fidei Catholicæ exaltatione, & Reipublicæ Christianæ defensione, habitis Regno, & Terra prædictis, per quæ facilius aditus contra ipsos perfidissimos Turcas, eis patebit, & sine quibus nihil eidem Sanctæ Expeditioni utile facere confidunt, omnino suscipere, & susceptam non relinquere, donec divina favente Clementia, felicem & optatum consequantur effectum, ac plane confidere Regnum ipsum ab ipsis perfidissimis Turcis, ac aliis quibuscumque defendere, & in Pacis amoenitate fideliter regere, & gubernare posse, solumque superesse ad hanc sumendam provinciam, resque suas componendas, quietemque perpetuam inter eos fundandam, cum quilibet eorum, ut dictum est, Jus in Regno, & Terra prædictis habere prætendant, ut nos pro eadem Romana Ecclesia, quam etiam ipsi in veram Regni, & Terræ prædictorum Dominam, & proprietariam recognoscere, ac Jura illi etiam ratione census, & Investituræ debita exhibere volunt, & intendunt, eos de eisdem Regno, & Terra citra Farum respective juxta infrascriptam divisionem, per nos ad evitandum dissentiones, & bella, quæ aliter inter eos occasione dicti Regni cum maximo totius Reipublicæ Christianæ damno, periculo, & detrimento, facile evenire possent, faciendam investiamus: Nobis fuit humiliter supplicatum, ut cum Nostri, & ejusdem Romanæ Ecclesiæ filii devotissimi, & quoad vires suæ se extendere poterunt pro Nobis, & eadem Romana Ecclesia pugiles, & propugnatores eximii passim, ac perpetuo pro eorum pia devotione, ac Regia magnanimitate sint futuri, & ad præmissa omnia peragenda promtissimi & paratissimi, eos de Regno, & Terra citra Farum hujusmodi respective investire, aliasque eis, & eorum statui, totiusque Reipublicæ Christianæ paci, & quieti, in præmissis opportuna providere de benignitate Apostolica dignaremur. Nos igitur attendentes, ut diximus, præmissa omnia, & singula de præfato Federico supra expressa, de quibus etiam certam notitiam habemus, adeo notoria esse, ut nulla possint tergiversatione celari, ac ad immensam devotionem, quam Franciæ, & Hispaniarum Reges, & Regina præfati, ad Nos, & præfatam semper gesserunt, & gerunt Ecclesiam, ac illorum præclara gesta, suaque quam plura grandia merita, quibus personas suas illorum Largitor Altissimus insignivit, debitum respectum habentes, Sperantes quoque, quod ipsi Progenitorum suorum prædictorum vestigia imitantes, in suæ fidei sinceritate, obedientia, & devotione erga nos, & præfatam Ecclesiam perseverabunt, ac publicæ utilitati, quæ privatæ præferenda est, consulentes pro eorum regia magnanimitate atque potentia Rempublicam Christianam tot, & tantis calamitatibus, jam dudum ab ipsis perfidissimis Turcis oppressam, & quassatam restituent, & liberabunt, ac rebus in discrimine positis opportune consulent, & deinde in pacis quiete, & dulcedine omnia conservabunt; quemadmodum per dilectos filios Nobiles Viros Rogerium de Agramonte Dominum Loci de Agramonte, Ludovici Francorum, & Franciscum de Royas Dominum de Villa meliori, Ferdinandi, & Helisabeth Hispaniarum Regum, & Reginæ prædictorum Oratores ad nos destinatos constanter asseverarunt. Volentesque de eisdem Regno Siciliæ citra Farum, & Terra utiliter disponere, & ordinare, ac præmissis salubriter providere, hujusmodi supplicationibus inclinati, habita super his cum iisdem fratribus nostris deliberatione matura, ad laudem omnipotentis Dei, Patris, & Filii, & Spiritus Sancti, ac gloriosæ semperque Virginis Mariæ, necnon beatorum Petri, & Pauli Apostolorum, totiusque Curiæ cælestis triumphantis: ad honores quoque, pacem, & tranquillitatem quoque Status nostri, & Sedis prædictæ, ac ejusdem Romanæ Ecclesiæ Sponsæ nostræ, & Regni prædicti, salutem quoque, quietem, & conservationem Principum, Ducum, Comitum, Procerum, Magnatum, & Populorum ejus, de simili fratrum eorumdem consilio, pariter, & assensu, ac ex eadem scientia, & Apostolicæ potestatis plenitudine: Authoritate Apostolica, tenore præsentium præfatum Regnum Siciliæ cum dicta tota Terra citra Farum in duas partes dividentes, Neapolitanam, & Capetanam Civitates,

ANNO 1501.

ac

ANNO 1501.

ac totam Terram Laboris, & Provinciam Aprutinam pro eorum justo valore Ludovico Franciæ cum titulo Regis Neapolis, & Jerusalem ; Ducatus vero & omnes Provincias Calabriæ, & Apuliæ cum tota eorum Terra, etiam pro eorum justo valore, Ferdinando, & Helisabeth Hispaniarum Regibus, & Reginæ præfatis cum titulo Ducis, & Ducissæ Calabriæ, & Apuliæ pro eis insimul, dum vixerint, & altero eorumdem Regis, & Reginæ Hispaniarum decedente, pro illo qui ex eis superstes remanserit, suisque liberis, & successoribus tam masculis quam fœminis ex legitimo Matrimonio natis per rectam lineam ex suis corporibus respective legitime descendentibus, natis, & nascituris, prout ad unumquemque Regum, & Reginæ prædictorum juxta hujusmodi divisionem pertinent ; qualitercunque Regnum, Terra Laboris, Ducatus, & Provinciæ hujusmodi ad eamdem Ecclesiam legitime reversa, & devoluta sint, vel alias quovis modo illorum dispositio ad nos pertineat, cum omnibus Juribus, & pertinentiis suis, exceptis tamen Civitate nostra Beneventana, & illius Territorio, & districtu prædictis, cum censu annuo, aliisque conditionibus, modis, adjectionibus, formis, promissionibus, clausulis, cauthelis, voluntatibus, & Ordinationibus, inferius respective annotatis, de similibus consilio, assensu, scientia, potestatis plenitudine, & Authoritate in feudum perpetuum, sine tamen præjuditio Juris eis alias in Regno, Terra, Ducatibus, & Provinciis prædictis, forsan respective competentis, cui per præsentes derogare non intendimus, divisione prædicta per nos inter dictos Reges, & Reginam facta, salva tamen remanente, etiam respective concedimus, & elargimur : Volentes, & intendentes eosdem Franciæ, & Hispaniarum Reges, & Reginam, de ipsis Regno, & Terra, ac Ducatibus, Provinciis, ut præfertur, juxta prædictam Divisionem per Vexillum ejusdem Sanctæ Romanæ Ecclesiæ per nos, seu Sedem prædictam, aut per aliquem ejusdem Sanctæ Romanæ Ecclesiæ Cardinalem, vel alium cui hoc duxerimus committendum, Nostro, & ejusdem Romanæ Ecclesiæ nomine conferendum, & exhibendum, de proximo investiri, ac Ludovicum Regem Neapolis, & Hierusalem, Ferdinandum vero, & Helisabeth prædictos, Calabriæ, & Apuliæ Ducem, & Ducissam, eisque in Regno, & Terra, Provinciis, & Ducatibus prædictis succedentes, ita de cætero nominari, sicque ab omnibus censeri, teneri & reputari debere ; Ita tamen ut ipsi ante præsentium de manibus nostris, seu Mandatorum nostrorum receptionem juxta formam inferius annotatam, fidelitatis debitæ Juramentum, & homagium, nec non servitium, Vassalagium, & Ligium in nostris, per se, vel Procuratores suos ad hoc ab eis specialiter constitutos, & iterato cum eos de Regno, Terra, & Ducatibus, ac Provinciis prædictis contingerit, ut præfertur, actualiter respective investiri, tempore traditionis dicti Vexilli, & actualis Investituræ prædictæ, in ipsius Commissarii nostri, nostro, & ejusdem Ecclesiæ nostræ nomine recipientis, manibus præstent, pro hujusmodi feudo præstari debita, ac etiam consueta ; Civitatem autem etiam nostram Beneventanam prædictam cum ejus Territorio, districtu, & pertinentiis per Nos, seu Romanum Pontificem distinctis, vel distinguendis, cum eorum Incolis, prout illam sibi dudum præfata Romana Ecclesia retinuit, & reservavit, harum serie Nobis, & præfatæ Ecclesiæ specialiter reservamus, & ne ullo unquam tempore inter Franciæ, & Hispaniarum Reges & Reginam præfatas, eorumque successores occasione dictæ divisionis, ac fructuum, redituum & proventuum Regni, Terræ Laboris, Ducatuum, & Provinciarum prædictarum sic divisorum, aliquæ dissentiones possint suboriri, sed inter eos Pax, amicitia, & Concordia, ad effectum conservationis Status nostri, & ejusdem Romanæ Ecclesiæ, ac totius Reipublicæ Christianæ perpetuo vigeant, & perseverent, de similibus consilio, assensu, scientia, potestatis plenitudine, & authoritate volumus, statuimus, & ordinamus, quod quilibet Regum, & Reginæ prædictorum, suorumque successorum in parte eum contingente, sicut supra divisa, plenum Dominium, ac integram, supremam, æqualem, & Regiam in omnibus, & per omnia Jurisdictionem habeat, reservata semper Nobis, & Sedi Apostolicæ prædictæ Jurisdictione illa, quæ ratione Feudi hujusmodi debetur, ac omnes fructus, redditus, proventus, obventiones, & emolumenta quæcumque partis eis contingentis, & sic, ut supra divisæ, pro eorum justo valore habere debeat : Ita tamen quod præfatus Rex Franciæ medietatem Dohanæ pecudum dictæ Provinciæ Apuliæ ultra omnia præmissà de manibus Commissariorum eorundem Regis, & Reginæ Hispaniarum puram, quietam, & absolutam percipiat annuatim, ac per Regem, & Reginam Hispaniarum præfatas quolibet anno statuatur una dies, in qua dicta Dohana ad firmam concedi debeat, cui concessioni faciendæ, præfatus Franciæ Rex, si voluerit, quos Commissarios poterit destinare, qui prædictæ ad firmam Concessioni pro se faciendæ interesse, & consentire debeant. Et si forsan contingeret partem unius ex Regibus, & Regina præfatis, sicut supra divisam majoris annui redditus, parte alterius existere, fiat hinc inde inter eos compensatio, ita ut ipsi Reges, & Regina in portionibus redditu um, & proventuum prædictorum sint æquales, excepta tamen dicta medietate Dohanæ, quam præfatus Rex Franciæ puram, quietam, & absolutam ultra omnia, ut præfertur, percipiat, supplentes eisdem consilio, assensu, scientia, potestatis plenitudine, & authoritate omnes, & singulos tam Juris, quam facti defectus, si qui forsan intervenerint in præmissis, seu aliquo eorum ; Conditiones vero de quibus supradictum fuit, sunt hæ, videlicet : Promittent, & jurabunt tam Franciæ, & Hispaniarum Reges, & Regina præfati ex nunc in manibus nostris, quam successive in ipsius Commissarii Nostri per traditionem Vexilli prædicti de Regno, & Terra, ac Ducatibus, & Provinciis prædictis modo præmisso investientis manibus, ut præfertur, quam etiam in singulis Investituris eorum, seu in dictis Regno, & Terra, Ducatibus, & Provinciis hæredum, juxta formam infrascriptam, quod ipsi, vel illi nullas unquam conspirationes, Colligationes, vel Conjurationes cum quibuscunque Regibus, Principibus, seu Magnatibus, Communitatibus, Universitatibus, aut personis aliis fidelibus, vel infidelibus, contra nos, vel successores nostros Romanos Pontifices canonice intrantes, aut dictam Romanam Ecclesiam, seu in eorum damnum facient, aut fieri consentient, seu permittent, quantum in eis erit, nec factas, ratas habebunt, & quod nunquam a nostra, & dictæ Ecclesiæ obedientia, & devotione recedent, nec aliquod scisma contra Nos, vel successores nostros, aut Romanam Ecclesiam facient, aut cujuscunque scismatis, vel hæresis imitatores erunt, seu fautores, nec hujusmodi Conspirationes, Colligationes, Conjurationes, seu Scisma contra Nos, vel successores nostros, aut Ecclesiam prædictos facient, aut Scismaticos, vel hæreticos receptabunt, seu quocunque modo eis favebunt, aut eis sive eorum alteri aliquod consilium, auxilium, vel favorem præstabunt, nec aliquos Nobis, & dictæ Ecclesiæ Rebelles, aut nostros, seu dictæ Ecclesiæ hostes, vel inimicos, seu rerum aut bonorum dictæ Ecclesiæ Invasores, aut Occupatores in Regno, Terra, & Ducatibus prædictis, aut in aliquà ipsorum parte receptabunt, aut per alios receptari quomodolibet patientur, seu permittent scienter, sed illos efficaciter persequentur : si vero in eorum, & suorum in dictis Regno, Ducatibus, & Provinciis hæredum obitu legitimum, prout subsequitur hæredem, Reges & Reginam, ac hæredes suos præfatos, quod absit, non habere contingerit, Regnum, & Ducatus hujusmodi ad prædictam Ecclesiam Romanam, & ejus dispositionem libere revertantur. Descendentes autem ex ipsis Regibus, aut suis hæredibus dictorum Regni, & Ducatuum, ac Provinciarum, respective Regibus, & Ducibus Mares, & feminæ in illis etiam respective succedant. Ita tamen quod Masculi Fœminis, & Majores Minoribus in eodem gradu præferantur, & sic exinde in omnibus successoribus observetur. Volumus enim filium, vel filiam filii, vel filiæ Majoris, etiam in vita Patris, aut Matris præmortui, sive præmortuæ in successione prædicta semper patruo, vel sorori Patris, aut Matris, aliisque tranversalibus præferri. In Regno vero, ac Ducatibus prædictis nullus succedat, qui non fuerit de legitimo Matrimonio procreatus, ad hæc tam ipsi Reges, & Regina, quam sui in dictis Regno, & Ducatibus hæredes, Regnum, & Ducatus hujusmodi aliter, quam ut supradictum est, nullatenus divident, sed semper unus tantum eorum in parte ei contingente, sub hujusmodi conditionibus, & divisione immediate, & in Capite nomine Romanæ Ecclesiæ illa respective tenebit, & tam ipsi, quam prædicti sui in dictis Regno, & Du-

ANNO 1501.

catibus hæredes sub propriis nominibus Nobis, & Successoribus nostris Romanis Pontificibus canonicè intrantibus, ac Romanæ Ecclesiæ expressis suis & hæredum ipsorum nominibus Ligium, & Homagium facient, & dictum Juramentum fidelitatis, mentionem expressam de præsentibus Literis faciendo, præstabunt, ut præfertur. Hujusmodi autem Ligium & Homagium ipsi Reges & Regina, ac dicti sui hæredes facere, & Juramentum fidelitatis præstare juxta præscriptam formam, quilibet videlicet ipsorum Regum, & Reginæ per eum, & Procuratorem suum, in traditione præsentium Literarum, quæ eis vel eidem Procuratori fiet, in manibus nostris, & cum ipsos de Regno, & Ducatibus prædictis actualiter per traditionem dicti Vexilli investiri contingat, in manibus Commissarii Nostri, ad hoc propterea destinandi, investientis: sidem vero hæredes, si Romanus Pontifex in Italia fuerit, intra sex menses, si vero extra Italiam esset, infra annum, postquam Regni, & Ducatuum prædictorum Dominium adepti respective fuerint, teneantur, & nobis & singulis successoribus, ac eidem Romanæ Ecclesiæ renovabunt, tam ipsum ligium, & Homagium, quam etiam hujusmodi Juramentum; in optione autem, & beneplacito erit Romani Pontificis, seu prædictæ Ecclesiæ, ipsos Reges, & Reginam, ac hæredes suos prædictos vocare ad præstandum personaliter Juramentum fidelitatis, ac Ligium, & Homagium hujusmodi Romano Pontifici, aut eidem Romanæ Ecclesiæ, dummodo ad hæc illis tutum locum statuat, & assignet, vel aliquem Cardinalem ipsius Ecclesiæ, aut alium, qui vice Romani Pontificis Juramentum juxta eamdem formam, & Homagium hujusmodi recipiat, destinare. Ipsi quoque Reges, & Regina in nostris ex nunc, ut præfertur, & deinde in ipsius Commissarii nostri destinandi manibus jurabunt, se ad hoc specialiter fore obligatos, & tum ipsi Reges & Regina, quam sui in dictis Regno & Ducatibus hæredes Nobis, & singulis successoribus prædictis, atque eidem Ecclesiæ, quando præstabunt hujusmodi fidelitatis Juramentum, jurabunt, se ad hoc specialiter obligatos, quod videlicet nunquam ipsi, & sui hæredes prædicti per se, seu alios quocumque modo procurabunt, ut ipsi, vel aliquis eorum eligatur, vel nominetur in Regem, vel Imperatorem Romanorum, vel in Regem Theutoniæ, vel Dominum Lombardiæ, vel Tusciæ, vel majoris partis earumdem Lombardiæ vel Tusciæ: Et si in electionem, vel nominationem, ad Imperium, vel Regnum Romanorum, seu Regnum Theutoniæ, vel Dominium Lombardiæ, aut Tusciæ, seu majoris partis hujusmodi, de illis celebrari contingerit, nullum hujusmodi nominationi, vel electioni assensum præstabunt, aut se intromittent ullo modo in Regimine ipsius Imperii, vel Regni Romanorum, seu Theutoniæ, aut Dominii Lombardiæ, seu Tusciæ, vel majoris partis earumdem, ad quodcumque eorum ipsi nominati fuerint, vel electi; quod si ipsi Reges, & Regina, vel aliquis in dictis Regno, vel Ducatibus hæredum, studentibus & procurantibus eis ad Imperium ipsum, seu dictum Regnum Romanorum, vel Regnum Theutoniæ, aut Dominium Lombardiæ, sive Tusciæ, aut majoris partis ipsorum regimine ipsi se manifeste intromiserint, sine expresso nostro, vel successorum nostrorum Mandato, eo ipso à Jure Regni, & Ducatuum prædictorum respective cadant ex toto, illaque prorsus amittant, & ad Romanam Ecclesiam libere revertantur, si autem ipsi Reges & Regina, vel aliquis ex dictis hæredibus, electioni, vel nominationi pro tempore factæ, non procurantibus ipsis, aut etiam palam vel occulte forsan procurantibus consenserint, & quod hujusmodi electioni & nominationi, seu Juri omnino renuncient, & quod de Imperio seu aliquo præmissorum ad quod electus, seu electi, nominatus seu nominati fuerit vel fuerint, nullatenus se intromittat seu intromittant, moniti, nisi infra quatuor mensium spatium post monitionem hujusmodi, tali electioni, vel nominationi, aut juri renuntiaverit, seu renunciaverint, vel si de ipso Imperio, vel aliquo præmissorum, ad quod electus, seu nominatus, electi, seu nominati fuerit, seu fuerint, se intromiserit, vel intromiserint quoquo modo, ad hoc sit, vel sint eisdem Regno, & Ducatibus, & omni prorsus jure eorum respective privatus, ac privati, & ut dictum est, ad Ecclesiam libere devolvantur. Si vero ad eos, vel suos in eisdem Regno, & Ducatibus hæredes non possit talis monitio pervenire, super quo utique impedimento videlicet, quod moneri commode nequeant,

ANNO 1501.

credetur, & stabitur assertioni duntaxat Romani Pontificis, sufficiat monitio publica & solemnis, ita quod si infra sex menses eorum quilibet, prout eum concernet, non renunciaverit, vel hæredes non renunciaverint, aut de Imperio, seu aliquo alio prædictorum, ad quod ipsi, vel hæredes sui electi, vel nominati fuerint quomodolibet se intromiserit, seu intromiserint, ex hoc cadant ab omni Jure, Regni, & Ducatuum prædictorum, ac illa ad ipsam Romanam Ecclesiam libere devolvantur. Cæterum si contingerit aliquem de prædictis, qui deberet in prædictis Regno, & Ducatibus succedere, in Regem, vel Imperatorem Romanum, seu Regem Theutoniæ, vel Dominum Lombardiæ, aut Tusciæ, vel majoris partis eorum nominari, seu eligi, vel assumi, nullatenus eorum Regni & Terræ possessionem nanciscatur, habeat, nec se de illorum Cura, seu Dominio cum regimine per se, vel alios aliquatenus intromittat; nisi prius Imperio, seu Regno Romanorum, seu Regno Theutoniæ, aut Dominio Lombardiæ, seu Tusciæ, aut majoris partis eorum, ad quodcumque eorum electus fuerit, vel assumptus, & omni Juri sibi in illis competenti omnino renunciet, & si illorum aliquod, sive de jure sive de facto tenere voluerit, Regnum, & Ducatus hujusmodi omnino dimittat, ipsa nullo unquam tempore reassumpturus, cadatque ab omni successione, & Jure, quæ in Regno & Ducatibus hujusmodi sibi competerent, ipso facto; Ita quod illa ad Romanam Ecclesiam, ejusque dispositionem plenarie, & libere devolvantur. Quod si non extantibus Masculis, Fœmina in eisdem Regno, & Ducatibus prædictis successerit, illa Regi, vel Imperatori Romano, seu in Regem, vel Imperatorem Romanum electo, aut Regi, seu electo in Regem Theutoniæ, seu Dominium Lombardiæ, aût Tusciæ, vel majoris eorum partis, seu electo ad eorum, vel majoris partis eorum Dominium, numquam matrimonialiter copuletur, & si contrarium fecerit, eo ipso cadat à Regno, & Ducatibus prædictis, ac prorsus ipsorum jure privata sit, illis ad eamdem Ecclesiam devolutis; si autem Reges & Regina præfati, vel aliquis suorum in Regno, vel Ducatibus prædictis hæredum contra hæc venerit, vel venerint, eo ipso excommunicati, & insuper labe, & perjurii reatu respersi, & notati existant, in hujusmodi quoque Juramento etiam per prædictos Regem & Reginam de proximo faciendo ipsi, & sui in dictis Regno & Ducatibus hæredes, quotiens illud præstiterint; addent expresse, quod nullo unquam tempore Regnum; seu Imperium Romanum, aut Regnum Theutoniæ, vel Dominium Lombardiæ, seu Tusciæ; aut eorum majoris partis, seu easdem Lombardiam vel Tusciam, vel majorem partem earum per se, vel per alium, seu alios occupabunt, capient, vel acquirent, vel dicti hæredes per se, vel alium, seu alios occupabunt, capient, vel acquirent, aut sibi alias quomodolibet vendicabunt, sine Nostra, aut successorum Nostrorum expressa voluntate & assensu, & si secus fecerit, seu fecerint, secundum prædictam formam, pænas similes incurrat, & incurrant. Quod autem dicitur de majori parte Lombardiæ, seu Tusciæ, intelligatur scienter, & præterquam de Ducatu, & Dominio Mediolanensi, ac aliis Terris & Dominiis, quæ præfatus Ludovicus Rex ibi tenet, & possidet, ac ad eum ratione Ducatus & Dominii prædictorum pertinent; Si vero ignoranter, & eadem ad Mandatum Ecclesiæ dimittat, seu dimittant, non incidat, nec ipsi incidant, in pænam in isto Articulo, & similibus constitutam. Si vero monitus, aut moniti, non dimittat, seu dimittant, incurrat, & incurrant pænam, prout est in hoc Articulo, & in aliis constitutum. Quod si forte imposterum Regem, & Duces præfatos continget in Imperatorem eligi, postquam Regni & Ducatuum prædictorum fuerint possessionem adepti, non transeant, ad Imperium, alioquin in pænas incidant, in hoc Articulo, & aliis similibus comprehensas; Quod si Regni & Ducatuum prædictorum possessione nondum habita, vel obtenta, in Imperatorem electi, transire voluerint ad Imperium, in manibus prius Romani Pontificis, vel illius, quem ad hoc idem Pontifex duxerit destinandum, filium successurum in Regno & Ducatibus prædictis cujuscumque fuerit ætatis, emancipent, ac Regno & Ducatibus præfatis renuncient, nihil juris in eis retinentes clam, vel palam, nec etiam cujuslibet Patriæ, vel alterius potestatis occasione, nec ipsum filium, ad subsidium, vel aliquod servitium faciendum Juramento, vel voto, stipulatione, vel facto sibi, vel successo-

ANNO 1501. cessoribus suis astringant. Sicque factus filius sui juris, ab eodem Romano Pontifice, vel alio destinato ab ipso protinus investiatur de Regno, & Ducatibus prædictis, ad quorum successionem, si forte decederet sine liberis, nullo unquam tempore Pater veniat Imperator existens; sed si Imperio, & omnibus, quæ ad ipsum Imperium pertinent, idem Pater renunciare voluerit, & ipsi Regno, & Ducatibus tantum esse contentus, post renunciationem hujusmodi ad illorum successionem libere admittatur, & tunc ab ipso Romano Pontifice, vel alio destinato ab eo Investituram recipiat Regni, & Ducatuum prædictorum. Idem vero filius sic assumptus, si major decem & octo annis fuerit, libere administret, sed quam diu minor extiterit, tam ipse, quam Regnum, & Ducatus hujusmodi in custodiam Romanæ Ecclesiæ remaneant, donec Rex, vel Dux ipse ætatem compleverit antedictam, fructibus nihilominus & obventionibus ipsorum Regni, & Ducatuum, ex quibus sumptus necessarii faciendi pro eorumdem Regni & Ducatuum Custodia deducentur, Regi vel Duci, conservandis eidem, & lucro alteri ratione ipsius Custodiæ non cessuris: Quæ vero de filio dicuntur, ut ei videlicet Regnum & Ducatus hujusmodi possint sub observatione præmissa à Patre ad Imperium transeunte dimitti; de filia etiam duximus statuendum, salvis aliis conditionibus supradictis, & si Rex vel Dux non habens filios in Imperatorem electus ad Imperium transire voluerit, de personis, quas supra diximus, liberis non extantibus, in Regno, & Ducatibus prædictis succedere possint alii, qui superstites fuerint. Et quæ de filio & de filia præordinavimus, observentur in illis, excepto emancipationis Articulo, qui in solis ipsis procedere poterit, qui capaces emancipationis existant ratione Patriæ potestatis. Declaramus etiam, quod si Regi vel Duci sine filio decedenti superstes sit Filia, vel mulier alia quæ juxta prædictam formam debeat ad hujusmodi successionem admitti, & quæ Imperatori, dum Rex ipse viveret, fuerat desponsata, vel nupta, illa non succedat, ut præmittitur; & si Regno & Ducatibus prædictis sibi delatis, Imperatori nupserit, cadat protinus ab eisdem, nisi vir ejus Imperio prorsus renuncians, ipsis Regno vel Ducatibus solummodo sit contentus. In primo autem casu, repulsis filia, & aliis prædictis, ad personas alias, servatis gradibus, Regnum, & Ducatus prædicti pervenient, quæ prænotatæ sunt, quod in eisdem Regno & Ducatibus possunt succedere, si Regi vel Duci præmortuo, liberi non superfint. In secundo autem casu, Regnum, & Ducatus ipsi ad Romanam Ecclesiam libere devolvantur; Regnumque & Ducatus prædicti Imperio ullo modo subdantur, seu sibi ullo unquam tempore, in eadem persona quomodolibet uniantur, & præcise super hoc Articulo, tam per pænas spirituales, quam alias cautiones cavebitur juxta Ecclesiæ voluntatem, quomodocunque Romanus Pontifex hoc duxerit, requirendum, cum prorsus sit intentioni Romanæ Ecclesiæ, ut Regnum & Ducatus hujusmodi nullo unquam tempore uniantur, ut scilicet unus Romanorum Imperator, & Neapolis Rex, aut Calabriæ & Apuliæ Dux, existat. Quod autem circa unionem hujusmodi cum Imperio dicimus, hoc ipsum circa unionem cum Regno Romanorum, & Regno Theutoniæ, seu cum Lombardia, vel Tuscia, sive cum majori parte ipsarum Lombardiæ, & Tusciæ, exceptis supra expressis intelligimus; & volumus esse dictum. Pro toto vero generali Censu Regni Neapolis quatuor, ac pro Censu Ducatuum Calabriæ, & Apuliæ, prædictorum, etiam quatuor millia unciarum auri ad pondus ipsorum Regni, & Ducatuum in festo Beati Petri Apostoli de mense Junii, ubicumque Romanus Pontifex fuerit, ipsi Romano Pontifici, & Romanæ Ecclesiæ per dictos Reges, & Reginam, ac suos in dicto Regno, & Ducatibus hæredes annis singulis persolventur. Si vero ipsi Reges & Regina, vel iidem sui in dictis Regno & Ducatibus hæredes, quocumque termino non solverint integre censum ipsum, & expectati per duos menses, terminum ipsum immediate sequentes, de illo ad plenum non satisfecerint, eo ipso erunt Excommunicationis Vinculis innodati, quod si secundo termino infra alios duos subsequentes menses sine diminutione qualibet, non persolverint, totum Regnum, & Ducatus hujusmodi erunt Ecclesiastico interdicto supposita: Si vero nec in tertio termino, nec infra alios duos menses proximos post plenam satisfactionem ejusdem census, eis duxerint consulendum, ita quod transactis eodem tertio termino, ac duobus sequentibus proximis mensibus, non sit de hujusmodi censibus primi termini ipsi Romanæ Ecclesiæ integre satisfactum, ab eisdem Regno, & Ducatibus, ipsorumque Jure ex toto cadant, Regnumque & Ducatus hujusmodi ex tunc ad eamdem Romanam Ecclesiam integre & libere revertantur; si autem de Censibus hujusmodi primi termini, infra dictum tertium terminum, & duos subsequentes menses plenarie satisfecerint, nihilominus semper pro dictis Censibus singulorum terminorum, simili modo si in illorum solutione cessaverint, vel illos non solverint, similes poenas incurrant, salvis aliis pænis & processibus, quæ vel qui de Jure inferri vel haberi poterint per Romanum Pontificem, in hoc casu. In quolibet etiam triennio ipsi Reges, & Regina, suique in dictis Regno & Ducatibus hæredes, dabunt Nobis, & successoribus Nostris Romanis Pontificibus canonice intrantibus, quilibet unum Palafrenum album, pulcrum, & bonum in recognitionem veri Dominii eorumdem Regni & Ducatuum. Ad hoc, cum Regnum & Ducatus hujusmodi possideant, & in eis plenam obedientiam habeant, ac Neapolis & Hierusalem verus Rex, & Ducatuum præmissorum verus Dux, & vera Ducissa cum omnibus Regiis, & supremis præeminentiis respective censeantur, ut præfertur, pro Investitura hujusmodi ex nunc sub infrascriptis terminis solvant Nobis, & prædictæ Romanæ Ecclesiæ quinquaginta millia Marcharum Sterlingorum æquis portionibus inter eos dividendis, videlicet infra sex menses proxime venturos decem millia, & infra alios sex menses post eosdem primos sex menses successive computandos, alia decem millia Marcharum, usque ad totam summam quinquaginta Millium Marcharum Sterlingorum hujusmodi, donec tota ipsa summa per ipsos Reges & Reginam, aut nomine suo, Nobis & eidem Ecclesiæ fuerit persoluta, quod si in eisdem terminis illas non persolverint, liberum erit Nobis, vel eidem Romano Pontifici contra eos pro singulis terminis ad pænas spirituales, & temporales procedere, prout Nobis vel ipsi videbitur expedire. Quandocunque autem Romanus Pontifex, qui pro tempore fuerit, asseruerit, vel dixerit Romanæ Ecclesiæ indigere; ita quod super indigentia hujusmodi Romani Pontificis, simplici verbo stetur, ipsi Reges & Regina, vel sui in dicto Regno, & Ducatibus hæredes requisiti ab eo, in Urbem, in Campaniam, in Patrimonium Beati Petri, in Tusciam, in Ducatum Spoletanum, in Marchiam Anconitanam, ad præmissam Civitatem Beneventanam, & ejus Territorium ac pertinentias, quæ ut præfertur, remanebunt eidem Ecclesiæ, ac in Civitates nostras Perusinam, Civitatem Castelli, Bononiensem, Ferrariensem, Avinionensem, ac Comitatum Venaysini, & in omnes alias Terras ipsius Ecclesiæ ubicunque existentes, trecentos Milites Equites armis decenter munitos, & paratos. Ita quod unusquisque ipsorum habeat quatuor equitaturas, vel tres ad minus, quilibet videlicet eorum medietatem, in Ecclesiæ prælibatæ obsequium, & subsidium transmittet, & transmittent per tres menses integros, ipsorum, & suorum prædictorum in dictis Regno & Ducatibus hæredum sumptibus & stipendiis, semel tamen in anno in servitiis ejusdem Ecclesiæ moraturos, mensibus ipsis à die, qua iidem Milites Terram sui Dominii, vel fines seu districtus, egressi fuerint per vulgares dietas, & solitas computandis. Et si maluerit Ecclesia; eadem ingruente necessitate, super qua stetur verbo Romani Pontificis, ut dictum est, navali Exercitu juvari; prædicti Milites debita taxatione, & recompensatione præhabita in Navale subsidium commutentur; Verum quia prædicta Civitas Beneventana, quam hactenus Ecclesia Romana sibi retinuit, & in suum Demanium, seu Dominium cum omnibus suis juribus, & pertinentiis reservavit, & totum Tenimentum Civitatis ejusdem cum finibus antiquis, quos Romanus Pontifex quandocumque semel tantum sibi placuerit, bona fide distinguet, eidem Ecclesiæ, & in ejus proprietatem libere remanebit, nullo Jure in eis eisdem Regibus & Reginæ, vel cuicumque alio de Regno, & Ducatibus prædictis retento, seu quomodolibet reservato, distinctionique per Romanum Pontificem semel faciendæ, ut dictum est, stabunt ipsi Reges & Regina, ac prædicti sui in dictis Regno, & Ducatibus Hæredes absque contradictione seu refragatione quacunque, prout ipsa distinctio per Literas Apostolicas apparebit. Pro dicta quoque Civitate Beneventana reparanda, reficienda, & fortificanda per Romanam Ecclesiam exponent ANNO 1501.

ANNO 1501.

per septennium pro lignaminibus omnia nemora ipsorum Regni, & Ducatuum, & omnem materiam ad ædificium opportunam, ut puta lapides & arenam, quæ Putheolana vocatur, Cementa, & similia, & sine præjuditio Juris singularum Personarum, ad unim dietam prope Beneventum: præstabunt etiam ipsis Beneventanis, securitatem per totum Regnum, & Ducatus prædictos, insuper Privilegia in dicta Civitate à Regibus & Principibus concessa illibata servabunt, omnia Statuta per quondam Fredericum olim Romanorum Imperatorem, seu quoscumque alios Reges, & per quondam Joannam olim Reginam prædictam facta contra libertatem ejusdem Civitatis revocabunt, & in omnibus, & per omnia, quæ libertatis fuerint, Regnicolis cæteris parificabunt illos, nec alia Statuta, seu aliquas Leges condent, in posterum, per quem dictæ Civitati directe, vel indirecte possit præjudicium generari, & pro Apostolicæ Sedis, ac Beati Bartholomæi Patroni Civitatis ejusdem Reverentia, fidantias ab omnibus remitti facient, & remittent eisdem, fidantiarum autem remissio est Concessio libertatis, ut Cives Beneventani possint libere Vineas & Terras excolere, ac ipsarum fructus, & fruges recolligere; ac easdem Vineas & Terras vendere, & de ipsis pro sua Voluntate disponere, sine aliqua exactione, vel muneris donatione, ipsi autem Reges, & Regina, ac dicti sui in eisdem Regno & Ducatibus, hæredes in dicta Civitate, & ejus Territorio, ac pertinentiis suis, quæ Romanæ Ecclesiæ remanebunt, vel in Urbe, seu Campania, vel Maritima, seu Ducatu Spoletano, aut Marchia Anconytana, vel in Patrimonio beati Petri in Tuscia, in Civitatibus Perusina, Civitate Castelli, Bononiensi, Ferratiensi, Avinionensi, ac Comitatu Venaysini, seu in aliis quibuscumque Dominiis, seu feudis ipsius Ecclesiæ, ubilibet constitutis ex successione, vel Legato, aut Donatione, vel Venditione, aut alio quocumque Jure, sive titulo, seu Contractu, nihil unquam eis acquirent, vel vendicabunt, seu poterunt acquirere, vel quomodolibet vendicare, & nihil unquam recipient, vel habebunt, aut retinebunt, seu poterunt recipere, vel etiam retinere, aut habere, & nullam Potestariam, seu Rectoriam, nullumque alium honorem, nullam dignitatem, seu potestatem senatoriam, vel quamcunque aliam Administrationem, seu Commendam, vel quodcumque aliud Offitium recipient, seu recipere poterunt in eisdem: Hoc autem intelligimus de illis hæredibus ipsorum Regis, & Reginæ, ac suorum in dictis Regno, ac Ducatibus hæredum, qui in eisdem Regno, & Ducatibus succedent. Nolumus enim, quod delictum aliorum hæredum, qui succederent ipsis Regibus, & Reginæ, vel illis, in Civitatibus, & aliis Terris eorum, in pœnam hæredis, qui est eisdem Regibus & Reginæ, vel hæredibus successurus in Regno, & Ducatibus præfatis, aliquatenus extendatur. Ne vero hujusmodi alii hæredes ipsorum Regum, & Reginæ, vel hæredum suorum, contra ea, quæ in isto continentur Articulo, aliquo forsan tempore venire præsumant, acquirendo, vel vendicando, aut recipiendo, vel habendo, seu retinendo sibi aliquid in Terris, in Articulo ipso expressis, seu comprehensis, vel recipiendo, habendo, vel retinendo in Terris, eisdem Potestariam, Capitaniam, vel Rectoriam, vel aliquod aliud de his, quæ in Articulo continentur eodem, sic super his duximus providendum, ut videlicet nulli etiam hujusmodi aliorum hæredum dictorum Regum & Reginæ, vel ipsorum nullo unquam tempore liceat sibi quidquam in eisdem Terris acquirere, seu vendicare, percipere, habere, vel etiam retinere Potestariam, seu Capitaniam, vel Rectoriam, vel aliquod aliud in his, quæ, prout dictum est, in eodem, plenius continentur. Quicumque autem ipsorum secus præsumpserit, eo ipso Excommunicatus existat, nec ipse, nec ejus Posteri possint in perpetuum in eisdem Regno, & Ducatibus succedere, in aliquo casu hujusmodi successio deferatur; sed ab illa repellantur omnino, & nihilominus ille, qui tunc eorumdem Regni, vel Ducatuum Gubernaculo præsidebit, Romano Pontifici potenter assistere teneatur; si vero dictorum Regum & Reginæ in ipsis Regno & Ducatibus hæredes, prædictam Civitatem Beneventanam, Territorium & Pertinentias ejus, quæ remanebunt Ecclesiæ, vel aliquam partem eorum, aut Campaniam, seu Maritimam, vel Urbem, vel Ducatum Spoletanum, aut Marchiam Anchonitanam, seu Patrimonium Beati Petri in Tuscia aut, Civitates Perusinam, Civitatem Castelli, Bononiensem, Ferrariensem, vel Avinionensem, aut Comitatum Venaysini, vel alias quascunque Terras Romanæ Ecclesiæ ubilibet constitutas, vel ipsarum aliquam partem occupaverint, seu occupari fecerint, seu super offenderint, vel molestaverint Ecclesiam, seu fecerint molestari etiam, postquam à Romano Pontifice moniti, & requisiti fuerint, vel si commode moneri aut requiri nequiverint, juxta ipsius Romani Pontificis assertionem vel dictum, postquam ad hoc publice & solemniter ipsos Reges, & Reginam, vel dictos Reges muuerint, infra tres menses non restituerint integre omnia occupata, eo ipso ab ipsorum Regni, & Ducatuum jure cadant totaliter, ipsaque Regnum & Ducatus prorsus amictant, & ad Romanam Ecclesiam libere devolvantur. Quod si etiam restituerint occupata, nihilominus ad plenum de universis Injuriis, & damnis illatis ad Mandatum ejusdem Romani Pontificis satisfacere teneantur, alii quoque hæredes dictorum Regum, & Reginæ qui eis non succedent in Regno, & Ducatibus prædictis, occupare, vel occupari facere super illis eandem Ecclesiam non attentent. Illi vero, qui secus fecerint, præmissas pœnas incurrant, ut videlicet eo ipso sint excommunicati, & tam ipsi, quam eorum posteritas in perpetuum ad successionem Regni, & Ducatuum prædictorum, si in aliquo casu forte eadem successio devolveretur ad illos, nullatenus admittantur. Et Rex Neapolis, vel Dux Calabriæ, & Apuliæ, qui tunc erit, teneatur assistere Romano Pontifici contra ipsos, ut superius est expressum: Sane omnibus Ecclesiis, tam Cathedralibus Metropolitanis, quam aliis Regularibus & Sæcularibus, nec non omnibus Prælatis & Clericis, & universis Personis Ecclesiasticis, Sæcularibus, vel Regularibus, & quibuscunque Religionis Locis Regni, & Ducatuum prædictorum plenarie dimittantur, & restituantur integre omnia bona eorum immobilia, à quibuscumque ablata, vel occupata sint, & per quoslibet detineantur, Mobilia quæ existant, & poterunt inveniri, simili modo restituantur eisdem: Hæc autem restitutio fiet, absque contradictione, vel difficultate qualibet, sicut nanciscentur prædictorum Regni, & Ducatuum possessionem, hoc modo scilicet, quod statim in illa parte ipsorum Regni, & Ducatuum, quæ eisdem Regibus & Reginæ, vel ipsis hæredibus obediat; restitutio ipsa fiat, ipsaque postmodum consumabitur, sicut Regnum & Ducatus hujusmodi habebuntur: Ne autem super his rebus restituendis oriri possit aliqua difficultas, deputabuntur à Pontificibus Romanis aliqui Viri discreti, ad quorum Mandatum, & Arbitrium bonorum, & rerum mobilium, & immobilium, quæ extant, restitutio plena fiet: Ita quod ea de quorum Dominio, vel proprietate, seu possessione notorium fuerit, ad eorum Arbitrium, & Mandatum mox reddentur, in dubiis vero per ipsos de plano, & absque Judicii strepitu diligentius veritas inquiretur; sufficiat autem vocari Camerarium, vel Procuratorem, vel Balivium, in cujus Jurisdictione vel Balivia, bona de quibus agetur, consistant, ad videndum jurare Testes, qui in hujusmodi depositione deponent; Omnes insuper Ecclesiæ tam Metropolitanæ; & Cathedrales, quam aliæ Sæculares & Regulares, nec non omnes Prælati, & Clerici, ac universæ Personæ Ecclesiasticæ, Sæculares, & Religiosæ, & quæcumque Religionis Loca in Regno, & Ducatibus prædictis consistentia, cum omnibus bonis suis in electionibus, postulationibus, nominationibus, promissionibus, quas, salvis reservationibus Apostolicis, fieri contingerit, & omnibus aliis plena libertate gaudebunt, nec ante electionem, sive in electione, vel post Regis, vel Ducis, aut Ducissæ assensus, ac Consilium aliquatenus requiretur, quam utique libertatem ipsi Reges & Regina, & sui in ipsis Regno & Ducatibus hæredes semper manutenebunt, & conservabunt, ac manuteneri & conservari facient, ab omnibus suis Subditis, dictæque Ecclesiæ & Personæ utantur libere bonis, & Juribus suis omnibus, salvo eisdem Regibus & Reginæ, ac suis in hujusmodi Regno & Ducatibus hæredibus, Jure Patronatus in Ecclesiis tantum, quantum in hac parte Patronis Ecclesiarum Canonica Instituta concedunt, ubi antiqui Reges Siciliæ in dictis Regno & Ducatibus respective, ac etiam eorumdem Ducatuum Calabriæ, & Apuliæ Duces hujusmodi Jus Patronatus in ipsis Ecclesiis habebant. Omnes etiam causæ ad forum Ecclesiasticum in prædictis Regno, & Ducatibus pertinentes libere, & absque impedimento agitabuntur, tractabuntur, & ventilabuntur, coram Ordinariis, & aliis Ecclesiasti-

cis

ANNO 1501. cis Judicibus, & terminabuntur per eos, & si ad Sedem Apostolicam pro hujusmodi Causis appellari contingerit, tam appellantes, quam appellati ad eamdem venire Sedem pro appellationum prosequtionibus libere, & absque inhibitione aliqua permittentur. Sacramenta vero fidelitatis præstabuntur secundum antiquam, & rationabilem Consuetudinem, prout Canonica Instituta permittunt, ab illis Ecclesiarum Prælatis, quorum Prædecessores antiqui illa Siciliæ Regi præstiterunt, respective secundum divisionem prædictam, ab illis autem Prælatis, & Ecclesiis, qui Regalia, seu temporalia bona tenent, si tamen sint, qui hujusmodi bona teneant à Dominis Regni, & Ducatuum, & aliis Dominis temporalibus, & qui ratione bonorum temporalium hujusmodi ab antiquo consueverunt Regibus & ipsis Dominis temporalibus, servitia exhibere, hujusmodi honesta, & antiqua servitia, secundum rationabilem, & antiquam Consuetudinem, & sicut Instituta patiuntur Canonica, impendentur, salva tamen Romani Pontificis, & Apostolicæ Sedis Authoritate, & Jurisdictione plenaria, & libera potestate circa Ecclesias, & alias Regulares, & sæculares personas, & Loca Ecclesiastica prædicta tam in faciendis Provisionibus, & electionibus confirmandis, quam quibuscumque aliis Concessionibus, & gratiis, ac super eis conficiendis Literis Apostolicis, quas, cessante omni impedimento, per eos, seu Officiales, & Subditos suos præstando, permittent, libere & absolute exequtioni debitæ demandari. Quinimo præstantes impedimentum, aut renitentes, & inobedientes comprimient, & punient, & ad obedientiam, & reverentiam Literis Apostolicis exhibendam compellent, & constringent; Et requisiti manu militari, prout ipsarum Literarum Apostolicarum exequtori Judici, seu Nuncio videbitur, assistent remediis opportunis. Revocabunt etiam ipsi Reges, & Regina, & sui in dictis Regno, & Ducatibus hæredes, omnes Constitutiones & Leges per dictum Federicum Regem Siciliæ, sive per Corradum ejus Federici filium, aut Manfredum, quondam Principem Tarantinum, seu per dictam quondam Joannam Reginam, vel alios Reges, aut Reginas Regni, & Ducatuum præfatorum, seu alios quoscunque editas contra Ecclesiasticam Libertatem, nec Statuta edent, aut consuetudines introducent, seu etiam promulgabunt, per quæ Juri & Libertati Ecclesiasticæ in aliquo derogetur. Promittent etiam, quod nullus Clericus, aut Persona Ecclesiastica eorumdem Regni, vel Ducatuum in Civili, vel Criminali causa ad faciendum fidem de titulo, vel possessione Clericatus coram Judice sæculari, nisi super feudis judicio petitorio conveniatur civiliter, sed omnia Ecclesiæ Monasteria, Hospitalia, & alia pia, & Religiosa Loca, & beneficia, ac personæ Ecclesiasticæ Regni, & Ducatuum prædictorum omnimode erunt liberæ & libera, & in nullo Regi, aut Duci subjacebunt: Nullas insuper Talleas seu Collectas imponent Ecclesiis, Monasteriis, Locis, vel Beneficiis prædictis, aut Clericis & Personis Ecclesiasticis, seu rebus eorum, & in Ecclesiis, & in dictis Regno, & Ducatibus vacantibus ipsi Reges, & Regina, vel prædicti sui in dictis Regno, & Ducatibus hæredes, nulla habebunt Regalia, nullosque fructus redditus & proventus, nullosque etiam obventiones, & nulla prorsus alia recipient ab eisdem, Custodia Ecclesiarum earumdem interim libera remanente penes personas Ecclesiasticas, juxta Canonicas Sanctiones. Comites vero, Barones, Milites, & Universi Homines totius Regni, & Ducatuum prædictorum vivent in eadem libertate, & habebunt illas Immunitates, illaque Privilegia, & eis gaudebunt, quas, & quæ tempore claræ memoriæ Gulielmi secundi Siciliæ Regis, & aliis antiquis temporibus habuerunt. Omnes Exules Regni Siciliæ, & Terræ, ac Ducatuum prædictorum cujuscumque conditionis existant, ad Mandatum Romanæ Ecclesiæ reducentur ad Regnum, & Ducatus hujusmodi, ipsisque de bonis & Juribus eis debitis restitutio plena fiet, in hujusmodi autem restitutione secundum præscriptam formam in Capitulo de Bonis Ecclesiarum restituendis contentam, tam in notoriis, quam in dubiis procedatur: Omnesque Captivos & obsides, qui tenentur in Regno, & Ducatibus prædictis, Romanos & Regnicolas, & alios de Terris Ecclesiæ, seu Tuscos, vel Lombardos, & alios quoscumque restituent eorum libertati, pro posse; Jus etiam, quod quicunque Romanæ Ecclesiæ fideles in Comitatibus, Civitatibus, Terris & Castris, Villis, seu Locis, à Sede Apostolica, seu à Regibus, & Principibus sibi concessum obtinent, necnon Jus, quod privati à Jure, vel per Processus Apostolicos olim habebant; si eos ad illud Apostolica Authoritate legitime restitui contingat, etiam penitus salvum erit, nec per præsentem Regni, & Ducatuum Concessionem, Comitatuum, seu aliorum concessorum hujusmodi cuiquam eorum, quoad proprietatem & possessionem præjudicium aliquod generetur, Regio Jure, respective eisdem Regibus, & Reginæ in his omnibus semper salvo. Nullam etiam Confœderationem, seu pactionem, vel Societatem cum aliquo Imperatore, vel Rege, seu Principe, vel Barone Christiano, Græco, vel Saraceno, aut cum aliqua Provincia, vel Civitate aut Communitate, sive aliquo Loco scienter contra Romanam Ecclesiam, vel in ejus damnum facient. Et si secus fieret, quod factum fuerit, sit ipso jure nullum, & si eam fecerint ignoranter, nihilominus, quatenus de facto fecerint, indilate teneantur ad Mandatum Ecclesiæ Romanæ revocare. Denique omnes præmissas Conditiones, quæ in persona ipsorum Regum & Reginæ exponuntur, circa suos etiam in dictis Regno, & Ducatibus hæredes, & successores intelligimus, & volumus esse dictas, salvis omnibus, quæ circa alios suos hæredes ordinata sunt, prout superius est expressum. Cæterum quia in quibusdam Articulis, seu Capitulis prædictarum Conditionum continetur expresse, quod in certis casibus, ipsi Reges, & Regina, & sui prædicti hæredes Excommunicationis sententiam incurrant, & Regnum & Ducatus hujusmodi, ac sui, & suorum hæredum Terræ sint Ecclesiastico supposita Interdicto, & ad Romanam Ecclesiam libere devolvantur. Nos etiam hujusmodi, sententias videlicet Excommunicationis in ipsos Reges & Reginam, ac eosdem hæredes, ac Interdicti in Regnum, Provincias, & Ducatus hujusmodi, si sua, vel ex eorum culpa hujusmodi casus evenerit, de prædictorum fratrum Consilio ex nunc Authoritate Apostolica tenore præsentium promulgamus: forma autem Juramenti prædicti, per ipsos Reges & Reginam, suos in dictis Regno, & Ducatibus hæredes, ac successores ut præfertur; respective, prout unumquemque eorum concernit, præstandi talis est: *Ego Ludovicus Dei gratia, Neapolis & Hyerusalem, ac Ego Ferdinandus, & Ego Elisabeth etiam Dei gratia, Dux & Ducissa Calabriæ, & Apuliæ, plenum homagium, Vassallagium facientes Domino Alexandro Papæ Sexto, & Ecclesiæ Romanæ pro Regno Neapolis, & Ducatibus, atque Provinciis Calabriæ & Apuliæ prædictis, ac tota Terra, quæ est citra Farum usque ad Confinia Terrarum ipsius Ecclesiæ, excepta Civitate Beneventana, ac toto Territorio, & omnibus districtibus, & pertinentiis secundum antiquos fines Territorii, pertinentias, & districtus Civitatis ejusdem per Romanum Pontificem distinctos, & inposterum distinguendos, ab hac hora in antea fideles, & obedientes erimus Beato Petro, & Vobis Domino Alexandro Papæ sexto, Vestrisque successoribus Romanis Pontificibus, canonice intrantibus, sanctæque Romanæ Ecclesiæ, non erimus in consilio, consensu, vel facto, ut vitam perdatis, seu perdant, aut membrum, seu capiamini, aut capiantur mala captione, consilium quod Nobis credituri estis per Vos, aut per Nuntios vestros, vel per Literas, ad Vestrum, vel eorum damnum scienter nemini pandemus, & si sciverimus fieri, vel procurari, seu tractari aliquid, quod sic in vestrum, vel ipsorum damnum cedat, illud pro posse impediemus, & si hoc impedire non possemus, illud Vobis, vel eis significare curabimus. Papatum Romanum & Regalia Sancti Petri tam in Regno, & Ducatibus prædictis, quam alibi consistentia, adjutores Vobis, & eis erimus, ad retinendum, & defendendum, & recuperandum, & recuperata manutenendum contra omnem hominem, Universas, & singulas Conditiones suprascriptas, & contentas in præsentibus Literis Apostolicis super ipsorum Regni, & Ducatuum ac Terræ Concessione confectis, ac omnia & singula, quæ in eis continentur Literis, plenarie adimplebimus, & inviolabiliter observabimus, ac nullo unquam tempore veniemus contra ea, nec procurabimus per Nos, seu alium, vel alios quoquo modo, ut eligamur, vel nominemur, in Regem, vel Imperatorem Romanum, aut in Regem Teutoniæ, aut Dominum Lombardiæ, vel Tusciæ, & si electionem, vel nominationem ad Imperium, vel Regnum Romanum, vel Regnum Teutoniæ, aut Dominium Lombardiæ, vel Tusciæ, seu majoris partis earumdem præterquam super expressorum, de Nobis celebrari contingerit, nullum hujusmodi* ANNO 1501.

ANNO 1501.

modi electioni, vel nominationi assensum præstabimus, nec intromittemus nos modo aliquo de eorum, vel alicujus ipsorum regimine, nec de Civitate Beneventana, & suis Territorio, districtibus, & pertinentiis, seu Campania, nec de Maritima, Ducatu Spoletano, Marchia Anconitana, Patrimonio Beati Petri in Tuscia, Massa Trabaria, Romandiola, Alma Urbe, in Civitatibus Perusina, Civitate Castelli, Bononiensi, Ferrariensi, Avinionensi, ac Comitatu Venaysini, seu aliis Terris quibuscumque vestris, & Demaniis, seu Feudis ipsius Ecclesiæ ubilibet constitutis, ex successione, vel Legato, seu donatione, aut Venditione, vel alio quovis titulo, seu contractu, nihil unquam Nobis acquiremus, vel vendicabimus, seu poterimus acquirere, vel vendicare, & nihil umquam recipiemus, & habebimus, seu retinebimus, vel poterimus recipere, habere, vel etiam retinere, in illis, neque ullam Potestariam, Capitaniam, vel Rectoriam, nullumque aliud officium, recipiemus, seu recipere poterimus in eisdem, seu ipsorum aliquo: neque etiam occupabimus, vel occupari permittemus, seu faciemus præmissa, vel partem aliquam eorumdem, nec illam offendemus, vel molestabimus, neque etiam Romanam Ecclesiam, quoquo modo, sub censuris, pœnisque temporalibus, & spiritualibus, in supradictis conditionibus, & Infeudatione contentis, quas hic haberi volumus in singulis suis partibus, alias pro specifice repetitis, & expressis. Scismatico, aut hæretico cuicumque, vel à fide devio, & ab ipsa Ecclesia præciso, ejusque sequacibus, aut dantibus eis auxilium, consilium, vel favorem, non dabimus quovis modo per Nos, vel alium, seu alios directe, vel indirecte, publice, vel occulte, auxilium, consilium, vel favorem, nec ab aliis quantum in Nobis fuerit, si impedire potuerimus, dari permittemus, sed eos juxta posse nostrum, donec convertantur, persequemur, & invademus. Sic Nos Deus adjuvet, & hæc Sancta Dei Evangelia. Ipsi etiam Reges, & Regina, ac dicti sui in eisdem Regno, & Ducatibus hæredes dabunt Privilegium eorum, Nobis & dictæ Romanæ Ecclesiæ aurea Bulla bullatum, in quo proprio Juramento fatebuntur, & recognoscent expresse Regnum Neapolis, Ducatus prædictos, ac totam Terram eorum, quæ est citra Farum usque ad Confinia ejusdem Romanæ Ecclesiæ, excepta Civitate Beneventana, cum Territorio, & pertinentiis suis, quæ Ecclesiæ remanebit eidem, ex sola gratia, & mera liberalitate Sedis Apostolicæ, & nostra, sibi, suisque hæredibus fuisse concessa, ipsosque recepisse, & tenere Regnum, Ducatus, & Terram hujusmodi à Nobis, & dicta Romana Ecclesia sub pactis, modis, & conditionibus supradictis; Nolumus autem per præsentes in cæteris, quam supra expressis quorumcunque aliorum Juribus, si quæ eis in Regno & Ducatibus, & Terra prædictis quomodolibet competunt, in aliquo ullatenus derogari. Nulli ergo omnino hominum liceat hanc paginam nostræ divisionis, concessionis, elargitionis, intentionis, reservationis, voluntatis, statuti, ordinationis, suppletionis, declarationis, promulgationis, & Decreti infringere, vel ei ausu temerario contraire. Si quis autem hoc attentare præsumpserit, indignationem Omnipotentis Dei, & beatorum Petri & Pauli Apostolorum ejus se noverit incursurum. Cunctis vero præmissa servantibus sit Pax Domini nostri Jesu Christi, quatenus, & hic fructum bonæ actionis percipiant, & apud districtum Judicem præmia æternæ Pacis inveniant, Amen. Datum Romæ apud Sanctum Petrum Anno Incarnationis Dominicæ 1501. septimo Kalendas Julii Pontificatus nostri Anno nono. Collat. Hadrianus.

Ego O. Episcopus Sabinensis Sanctæ Romanæ Ecclesiæ Cardinalis, Neapolitanus manu propria subscripsi.

Ego G. Episcopus Tusculanus Sanctæ Romanæ Ecclesiæ Cardinalis Portugallensis manu propria subscripsi.

Ego Hieronymus Episcopus Prænestinensis Cardinalis Raccanatensis manu propria subscripsi.

Ego L. Episcopus Albanensis Sanctæ Romanæ Ecclesiæ Cardinalis Beneventanus manu propria subscripsi.

Ego F. Sancti Eustachii Diaconus Cardinalis manu propria subscripsi.

Ego Joannes Sanctæ Mariæ in Dominica Diaconus Cardinalis de Medicis manu propria subscripsi.

Ego A. Sanctæ Romanæ Ecclesiæ Presbyter Cardinalis Tituli Sanctæ Praxedis manu propria subscripsi.

ANNO 1501.

Ego Joannes Cardinalis Montis Regalis manu propria subscripsi.

Ego B. Cardinalis de Ursinis manu propria subscripsi.

Ego Joannes Antonius Cardinalis Alexandrinus manu propria subscripsi.

Ego B. Sanctæ Crucis in Hierusalem manu propria subscripsi.

Ego D. Cardinalis Grimances manu propria subscripsi.

Ego Ja: titulo Sancti Clementis Presbyter Cardinalis Alborensis manu propria subscripsi.

Ego F: titulo Sanctæ Ciciliæ Presbyter Cardinalis Cusentinus manu propria subscripsi.

Ego Joannes titulo Sanctæ Balbinæ Presbyter Cardinalis Salernitanus manu propria subscripsi.

Ego L. Titulo Sanctæ Agathæ Presbyter Cardinalis Caputaquensis manu propria subscripsi.

Ego Julius Diaconus Cardinalis de Cæsarinis manu propria subscripsi.

Ego A. Sanctorum Cosmæ, & Damiani Diaconus Cardinalis manu propria subscripsi.

Exemplata est præsens Copia à Libro intitulatos Bullarum, Confirmationum & aliarum Notabilium rerum præsentis Regni Neapolis folio LVII. asservato in Magno Regiæ Cameræ Archivo in Camera prima sub Littera O. scanzia V. numero CXXVI. cum quo facta Collatione de verbo ad verbum concordat, meliori tamen semper salva; Et in fidem de mandato oretenus Illustris Domini Marchionis Castri novi D. Vincentii Frascone Præsidentis Commissarii subscriptus Magnificus Antonius de Masi Regius Archivarius hic se subscripsit. Datum Neapoli & in eodem Magno Regiæ Cameræ Archivo die 28. Junii 1718.

ANTONIUS DE MASI.

(L.S.)

II.

1505.

Edictum MAXIMILIANI I. *Imperatoris contra Bannum Papale, & ut distringantur Sacerdotes, qui homines Imperii ad Judicium Pontificis Romani evocare audent. Datum anno post Christum natum* 1505. [GOLDASTI *Constitutiones Imperiales*, Tom. 3. pag. 659. Le même en ses Reichs Satzungen Theil 2. pag. 179. en Allemand.]

MAximilianus Dei gratia Romanorum Imperator, & Rex Hungariæ, &c. Illustrissimo Principi, Philippo Castiliæ, Legionis & Granatæ Regi, Archiduci Austriæ, Duci Burgundiæ, & Richardo Duci Lotharingiæ, nostris dilectis fratri ac filio: & Reverendis, Illustribus, Nobilibus, Spectabilibus, nostris consanguineis & affinibus, Electoribus, Principibus, venerabilibus ac nostris & Imperii dilectis fidelibus, Jacobo Trevirensi, & Hermanno Coloniensi Archiepiscopis, per Galliam Regnumque Arelatense & Italiam Archicancellariis, Alexandro & Johanni Marchionibus Badæ, Comitibus in Spanheim, nostris Locumtenentibus in Provinciis Lucelburgensi & Aschensi, Wilhelmo Lantgravio Hessiæ, aliisque omnibus & singulis, Prælatis, Comitibus, Baronibus, Equitibus, Ministerialibus, Capitaneis, Præfectis, Officialibus, Sculteris, Advocatis, Curatoribus, Scabinis, Consulibus, Judicibus, Senatoribus, & omnibus aliis nostris Subditis ac fidelibus in supramemoratis Principatibus, Archiepiscopatibus, Comitatibus, Provinciis, Civitatibus & districtibus commanentibus, ad quos Regium hoc nostrum Edictum, aut ejus debita copia pervenerit, gratiam nostram & omne bonum.

1. Illustrissimi, Reverendi, Illustres, dilecti, frater, fili, consanguinei, affines, Electores, Principes, Generosi, Nobiles, Spectabiles, nostri dilecti venerabiles, notum vobis facimus, quod nos Præposito, Decano

ANNO 1505. cano & Capitulo Metropolitanæ Ecclesiæ Trevirensis scripsimus, eosque monuimus, ut ab actione, quam Romæ adversus Nobilem nostrum & sacri Imperii dilectum fidelem Philippum Comitem Virnebergæ instituerunt, & ad quam eum per bannum Ecclesiasticum inducere paraverunt, abstinerent, & debito juris ordine coram nobis aut nostra & sacri Imperii Camera, velut ordinario & legitimo eorum Judicio, & cujus nos sumus supremus Judex, eum convenire & sufficienter procedere acquiescerent, juxta Mandatum nostrum desuper emissum.

2. Nobis tamen juratus nostræ Cameræ Nuntius, qui prædictis Præposito, Decano & Capitulo Ecclesiæ Trevirensis antefatum nostrum Mandatum insinuavit, per se & instrumentum, retulit, eundem Præpositum, Decanum & Capitulum, Mandatum nostrum contempsisse, & in proposito suo perseverare, & adversus nominatum Comitem Virnebergæ nihilominus supramemorata censura & banno Ecclesiastico uti, & nunc etiam conari ad ipsius censuræ ac banni proclamati executionem gravioribus modis procedere. Quamobrem idem Comes Virnebergæ humiliter nobis supplicavit, ne se, qui se debito judicio sistere obtulisset, permitteremus injuste ac inique per prædictum bannum & ulteriores censuras gravari.

3. Quoniam ergo nobis, ut Romanorum Imperatori convenit providere, ne nostræ & sacri Imperii jurisdictioni & superioritati per spontaneam actionem in locis & judiciis incompetentibus institutam, fraus fiat: & ipsum etiam sæpedictum Præpositum, Decanum & Capitulum Ecclesiæ Trevirensis propter eorum contemptum, inobedientiam & contumaciam punire decreverimus: ideo mandamus ex plenitudine Romanæ Cæsareæ Majestatis & potestate Imperiali, vobis omnibus, ac singulis, sub comminatione nostræ & sacri Romani Imperii indignationis & pœnæ gravissimæ, insuper privationis omnium Regalium, Feudorum, gratiarum, privilegiorum & libertatum, quæ à nobis & sacro Imperio habetis, & mulcta centum marcarum auri puri, Cameræ nostræ irremissibiliter persolvendarum, severiter ac volumus, ut omnes ac singuli, simulatque hoc nostro Mandato aut ejus debita copia requisiti fueritis, sæpedicti Præpositi, Decani & Capituli Ecclesiæ Trevirensis, proventus, reditus, census, decimas, curtes, prædia & jurisdictionalia, ubicumque in vestris aut aliis Ditionibus possident, & vos ea consequi poteritis, arrestetis & sisti curetis, vel ipsi detineatis, & pro eorum æquis expensis custodiatis, aut custodiri nostro nomine jubeatis, neque exinde sive multum sive parum illis exhiberi aut repræsentari sinatis, usque dum à temerario & contumaci proposito destiterint, Mandatis ac jussis nostris obedienter pareant, & supranominatum Comitem Virnenbergæ coram nostro & sacri Imperii Camerali judicio, ut ordinario & legitimo ejus judicio, si causam & actionem suam cedere nolint, conveniant, & simul expensas atque sumptus, quos dictus Comes propter injustos eorum processus facere coactus fuit, juxta nostram & Cameræ nostræ cognitionem, refundant. Volumus ut huic nostro Mandato fideliter obtemperetis, nullus ex vobis alium respiciat, moras alterius suæ prætexat excusationi, aut alius denique alium expectet: ne nobis necessitas imponatur, ad contentam superius pœnam & mulctam erga vos procedendi, &c. Datum anno post natum Christum MDV.

III.

14. Janv. *Constitutio seu Bulla* JULII II. *Papæ contra simoniace Electos Pontifices Romanos, necnon simoniace eligentes. Dat. Romæ apud S. Petrum* 19. *Kal. Febr. anno Incarnationis Dominicæ* 1505. *Pontificatus sui II.* [Ceremoniale Electionis Romani Pontificis, jussu Gregorii XV. editum. pag. 37. d'où cette Pièce est tirée, Elle se trouve aussi dans le *Bullarium Magnum* Tom. I. pag. 478.]

S U M M A R I U M.

Electio Papæ per Simoniam est nulla, & sic electus quamvis in concordia Cardinalium, & eorum nemine discrepante, est Apostaticus, & ut Simoniacus, & Hæresiarcha habetur, & est privatus omnibus Officiis, Beneficiis cujuscunque generis, atque etiam priori Cardinalatus honore, & perpetuò ad omnia prædicta inhabilis efficitur, & contra ipsum à quocunque Cardinali potest opponi de simoniaca labe, & sicut de vera, & indubitata hæresi. ANNO 1505.

CUM tam divino, quàm humano jure, in spiritualibus præcipuè, detestabiliter sit Simoniæ labes prohibita, & longè magis in electione Romani Pontificis Vicarii JESU Christi D. N. abominabilis sit, & universali Ecclesiæ perniciosa. Nos, qui regimini ejusdem universalis Ecclesiæ meritis imparibus, annuente Domino, præsidemus, cupientes, quantùm cum Deo possumus in præmissis pro tantæ rei necessitate, ac periculi magnitudine, ut tenemur, imposterum salubriter providere, de fratrum nostrorum S. R. E. Cardinalium consilio, & unanimi consensu, hac nostra perpetuò valitura Constitutione, Apostolica auctoritate, & de potestatis nostræ plenitudine, statuimus, ordinamus, decernimus, & definimus, quòd si, quod Deus pro sua clementia, & ineffabili bonitate avertat, contigerit, postquam nos, vel successores nostros successivè, ipse Deus ab hujusmodi universalis Ecclesiæ regimine absolverit, humani generis inimico procurante, & ambitione, vel cupiditate ad hoc inclinante, seu impellente, electionem Romani Pontificis ab eo, quem eligi contigerit, vel ab aliquo, seu aliquibus de cætu Cardinalium quomodolibet votum dantibus, per simoniacam hæresim in dando, promittendo, vel recipiendo pecunias, bona cujusque generis, castra, officia, vel beneficia, seu promissiones, & obligationes, commissam per se vel alium, seù alios quomodocunque & qualitercunque, etiam in duarum partium, vel omnium Cardinalium unanimì concordia, quomodolibet etiam per viam assumptionis, unanimiter nemine discrepante, etiam sine scrutinio factam, celebrari, vel fieri, non solùm hujusmodi electio, vel assumptio, eo ipso nulla existat, & nullam eidem sic electo, vel assumpto, administrandi in spiritualibus, & temporalibus facultatem tribuat, sed etiam contra dictum sic electum, vel assumptum, de simoniaca labe, à quocunque Cardinali, qui eidem electioni interfuerit, opponi, & excipi possit, sicut de vera, & indubitata hæresi, ita quòd à nullo pro Romano Pontifice habeatur, quinimo ipse sic electus, à priori suo Cardinalatus, & alio quocunque honore, Ecclesiis Cathedralibus etiam Metropolitanis, & Patriarchalibus, Monasteriis, Dignitatibus, & aliis quibuscunque Beneficiis, & pensionibus, quæ tunc obtinebat in titulum, vel in commendam, aut aliàs quomodocunque, eo ipso, absque alia declaratione, privatus existat, & idem electus non Apostolicus, sed Apostaticus, & tanquam Simoniacus, & Hæresiarcha, & ad prædicta omnia, & singula perpetuò inhabilis habeatur.

Electio Papæ per simoniam, non convalidatur per inthronizationem, temporis cursum, adorationem, aut obedientiam Cardinalium.

§. Nec hujusmodi simoniaca electio per subsequentem ipsius inthronizationem, seu temporis cursum, aut etiam, omnium Cardinalium adorationem, seu obedientiam, ullo unquam tempore convalescat.

Licet omnibus Cardinalibus, Clero, Populo Romano, & omnibus Officialibus ab obedientia Papæ electi per Simoniam impunè discedere.

§. Liceatque omnibus, & singulis Cardinalibus, etiam illis, qui huic simoniacæ electioni, seu assumptioni consenserint, etiam post inthronizationem, & adorationem, seu obedientiam, ac etiam universo Clero, & Populo Romano, necnon Subditis, & S. Angeli de Urbe, ac quarumvis aliarum Romanæ Ecclesiæ Arcium Præfectis, Castellanis, Capitaneis, & aliis Officialibus quocunque homagio, seu juramento, vel cautione præstitis, non obstantibus, à talis electi, etiam inthronizati, obedientia, & devotione, impunè, & quandocunque discedere (ipsis fidei Romanæ Ecclesiæ, & obedientiæ futuri Romani Pontificis canonicè intrantis, nihilominus astrictis permanentibus) & eum, ut Magum, Ethnicum, Publicanum, & Hæresiarcham evitare.

Cardinales possunt contra electum Papam per Simoniam implo-

ANNO 1505.

implorare auxilium brachii fecularis fi fe ingefferit in adminiftratione, nec ob id fchifmatici fiunt.

§. Ad cujus quoque confufionem, poffint Cardinales qui præfatæ electioni fe opponere voluerint, fi præfumpferit fe regimini univerfalis Ecclefiæ, prætextu talis electionis ingerere, auxilium brachii fecularis contra eum implorare. Nec tales ab ejus obedientia difcedentes, tanquam tunicæ Domini fciffores, aliquarum propter dictum difceffum pœnarum, feu cenfurarum ultioni fubjaceant.

Imponitur pœna privationis beneficiorum, & dignitatum quorumcunque etiam Cardinalatus, Cardinalibus eligentibus Papam per Simoniam.

§. Cardinales verò, qui eum fic fimoniacè elegerint, à fuis ordinibus, & etiam Cardinalatus titulis, & honore, ac quibufcunque Patriarchalibus, Archiepifcopalibus, Epifcopalibus, & aliis Prælaturis, ac Dignitatibus, & Beneficiis, quæ in titulum, vel commendam tunc obtinebant, vel in quibus, feu ad quæ jus tunc habebant, abfque alia declaratione, privati exiftant, nifi ab illo penitùs, & cum effectu difcefferint, & reliquis Cardinalibus qui hujusmodi Simoniæ non confenferint, infra terminum octo dierum, poftquam fuerint ab eis requifiti, perfonaliter fi fieri poterit, aliàs per Edictum publicum, fe abfque fictione, vel fraude univerint, & conjunxerint. Et tunc fi præfatis aliis Cardinalibus fe univerint, & conjunxerint, in priftinum ftatum, & ad priftinos honores, & dignitates etiam Cardinalatus, ac Ecclefias, & Beneficia, quibus præerant, & quæ obtinebant, reintegrati, rehabilitati, ac reftituti, & repofiti, ab hujusmodi Simoniæ labe, & cenfuris, ac pœnis Ecclefiafticis quibufcunque abfoluti eo ipfo exiftant.

Imponuntur pœnæ contra Mediatores electionis Papæ per Simoniam.

§. Mediatores verò, proxenetæ, trapezitæ tam clerici, quàm laici, cujuscunque dignitatis, qualitatis, & ordinis fuerint, etiam Patriarchali, Archiepifcopali, five Epifcopali, vel alia feculari, mundana, five Ecclefiaftica dignitate præditi, etiam quorumcunque Regum, & Principum Oratores, vel Nuncii, hujus fimoniacæ electionis participes, fint omnibus fuis Ecclefiis, Beneficiis, Prælaturis, & feudis, ac aliis quibuscunque honoribus, & bonis, eo ipfo privati, & ad fimilia inhabiles, ac etiam activè, & paffivè inteftabiles, & eorum bona ipfo facto, ad inftar reorum criminum læfæ Majeftatis, fifco Apoftolicæ Sedis applicentur, & devolvantur, fi prædicti delinquentes Ecclefiaftici fuerint, vel aliàs Romanæ Ecclefiæ Subditi. Bona verò, & feuda taliter delinquentium, non Subditorum fecularium, in partibus exiftentia, fifco fecularis Principis in cujus territorio bona fita fuerint, ipfo facto fimiliter applicentur. Ita tamen quòd fi infra tres menfes, à die quo notum fuerit, illos Simoniam commififfe, vel participaffe, Principes dicta bona fifco fuo actualiter non applicaverint, ex tunc illa Fifco Ecclefiæ Romanæ applicata cenfeantur, & fint, eo ipfo, abfque aliqua fimiliter declaratione.

Annullantur omnes obligationes fimoniacæ, intervenientes in electione Romani Pontificis.

§. Promiffiones quoque & obligationes, five fponfiones propterea quandocunque, etiam ante tempus dictæ electionis, etiam extra perfonas Cardinalium per quofcunque alios quomodocunque factæ, cum quavis inexcogitabili folemnitate, & forma, etiam jurata, conditionales, five eventuales, & in forma commiffarum ex quacumque caufa, etiam depofiti, mutui, cambii, confeffionis de receptis, donationis, arrendamenti, vel venditionis, permutationis, vel alterius cujufcumque contractus, etiam in ampliori forma Cameræ Apoftolicæ, factæ; fint nullæ, & invalidæ, & ad eligendum inefficaces, nullusque illarum vigore cogi, vel conftringi poffit, in judicio, vel extra, liceatque omnibus ab illis impune abfque aliquo metu, five perjurii nota, recedere.

ANNO 1505.

Cardinales non complices, in electione Papæ fimoniaca, alium poffunt eligere, & Concilium convocare.

§. Et infuper liceat Cardinalibus, qui electioni prædictæ fimoniacæ interfuerint, & à præfato fic electo difcefferint, adhibitis fecum aliis Cardinalibus, qui hujusmodi fimoniacæ electioni confenferunt, & poftea eifdem Cardinalibus in dicta fimonia non complicibus fe univerint, fi fe cum eisdem unire voluerint, alioquin fine eis, ad alterius nihilominus Pontificis electionem, non expectata alia fententia declarationis fimoniacæ electionis hujusmodi, eadem tamen præfente noftra Conftitutione femper in fuo robore permanente, liberè, aliàs tamen canonicè, devenire, & Concilium etiam generale inducere, & convocare in loco idoneo, prout eis videbitur expedire.

Derogatur Conftitutionibus contrariis.

§. Non obftantibus Conftitutionibus, & Ordinationibus Apoftolicis, & præcipuè fel. record. Alexandri Papæ III. quæ incipit, Licet de vitanda difcordia, & aliorum Romanorum Pontificum prædecefforum noftrorum, etiam in Conciliis generalibus editis, cæterifque contrariis quibuscunque.

Excommunicantur Card. fi contrafecerint huic Conftitutioni, additur Decretum irritans, & aliæ folitæ claufulæ, & Conftitutio jubetur publicari.

§. Inhibentes poftremò omnibus, & fingulis S. R. E. Cardinalibus, qui pro tempore erunt, & eorum facro Collegio, ne Apoftolica Sede vacante, prædictis contravenire, vel contra præmiffa, vel aliquod præmifforum ftatuere, difponere, & ordinare, vel aliquo modo facere, feu attentare præfumant, quocunque exquifito colore, vel caufa, fub excommunicationis latæ fententiæ pœna, quam ipfo facto incurrant, & à qua non nifi per Romanum Pontificem canonicè electum abfolvi poffint, nifi in mortis articulo.

Decernentes ex nunc irritum, & inane, fi fecus fuper his, vel aliquo præmifforum à quoquam fcienter, vel ignoranter, etiam per nos, contigerit attentari.

Ut autem præfentis Conftitutionis, Decreti, Statuti, Ordinationis, ac Inhibitionis noftræ hujusmodi tenor ad omnium notitiam deducatur, volumus præfentes Litteras noftras in valvis Bafilicæ Principis Apoftolorum, necnon Cancellariæ, ac acie Campi Floræ affigi, nec aliam earundem Litterarum publicationis folemnitatem requiri, aut expectari debere, fed hujusmodi affixionem pro folemni publicatione, & perpetuo robore fufficere.

Nulli ergo omninò hominum liceat, hanc paginam noftrorum Conftitutionis, Ordinationis, Statuti, Decreti, diffinitionis, applicationis, approbationis, & inhibitionis infringere, vel ei aufu temerario contraire: Si quis autem hoc attentare præfumpferit, indignationem omnipotentis Dei, ac Beatorum Petri, & Pauli Apoftolorum ejus, fe noverit incurfurum. Datum Romæ apud S. Petrum anno Incarnationis Dominicæ millefimo quingentefimo quinto. 19. Kal. Febr. Pontificatus noftri Anno fecundo.

IV.

Bulla JULII II. *Papæ ad Archiepifcopum Bracharenfem, & Epifcopum Vicenfem directa, ut autoritate Apoftolicâ confirment certam Compofitionem inter* FERDINANDUM *Regem Aragonum, Caftellæ & Legionis ab una, &* JOANNEM II. *Regem Portugalliæ, ab altera parte initam, quâ inter cætera convenerunt quibus in plagis ac maribus cuique eorum licitum fit novas Infulas Terrasque detegere, fibique detinere. Datum Romæ nono Kal. Februarii, anno Incarnationis Dominicæ* 1506. *Pontificatus vero fui III.* [Copie communiquée par un Miniftre de fa Maj. Port. 1506. 24. Janv.

Ex

ANNO 1506.

Ex Dominici Antunes Portugal de Donationibus Regiis Tom. II.]

Bulla Julii II. quam refert Dominicus Antunes Portugal de Donationibus Regiis Tom. 2.

JUlius Episcopus, servus servorum Dei. Venerabilibus fratribus Archiepiscopo Bracharensi, & Episcopo Vicensi salutem, & Apostolicam Benedictionem. Ea quæ pro bono pacis, & quietis inter personas quaslibet præsertim Catholicos Reges per concordiam terminata sunt, ne in recidivæ contentionis scrupulum relabantur, sed firma perpetuo, & inconcussa permaneant, libenter cum à nobis petitur Apostolico munimine roboramus. Exhibita siquidem nobis nuper pro parte charissimi in Christo Filii Nostri Emanuelis Portugaliæ, & Algarbiorum Regis Illustris petitio continebat; quod olim postquam per Sedem Apostolicam claræ memoriæ Joanni Regi Portugaliæ, & Algarbiorum, quod ipse Joannes, & Rex Portugaliæ, & Algarbiorum pro tempore existens per mare Occeanum navigare aut Insulas, & Portus, & loca firma infra dictum mare existentia perquirere, & inventa sibi retinere liceret, ac omnibus aliis sub excommunicationis, & aliis pœnis tunc expressis, ne mare hujusmodi contra voluntatem præfati Regis navigare, aut Insulas, & loca ibidem reperta occupare præsumerent, inhibitum fuerat. Cum inter præfatum Joannem Regem ex una, & Charissimum in Christo Filium nostrum Ferdinandum Aragonum tunc Castellæ, & Legionis Regem Illustrem super certis Insulis *Las Antilias* nuncupatis per præfatum Regem inventis, & occupatis ex alia partibus, lis, controversia, & quæstionis materia exortæ fuissent; partes ipsæ litibus, controversiis, & quæstionibus hujusmodi obviare, ac pacem, & concordiam inter se pro Subditorum suorum commoditate nutrire, & vigere desiderantes ad certas honestas concordiam, conventionem, & compositionem devenerunt, per quam inter cætera voluerunt quod Portugaliæ, & Algarbiorum à certis, Castellæ verò, & Legionis Regibus pro tempore existentibus à certis aliis locis usque ad certa alia loca tunc expressa per dictum mare navigare, & Insulas novas perquirere, & capere, ac sibi retinere liceret, prout in quodam Instrumento publico desuper confecto dicitur plenius contineri. Quare pro parte præfati Emanuelis Regis nobis fuit humiliter supplicatum, ut concordiæ, conventioni, & compositioni prædictis pro illorum subsistentia firmiori robur Apostolicæ confirmationis adjicere, ac alias in præmissis opportunè providere de benignitate Apostolica dignaremur. Nos igitur qui inter personas quascumque præsertim Regali dignitate fulgentes pacem, & concordiam vigere intensis desideriis affectamus, de præmissis certam notitiam non habentes hujusmodi supplicationibus inclinati fraternitati vestræ per Apostolica scripta mandamus, quatenus vos, vel alter vestrum si est ita, concordiam, conventionem, & compositionem prædictas, aut quæ illas concernunt omnia, & singula in dicto Instrumento contenta, & inde secuta quæcumque, de utriusque Regis consensu approbare, & confirmare, illamque perpetuæ firmitatis robur obtinere decernentes authoritate nostra curetis, supplentes & singulos defectus si qui forsan intervenerunt in eisdem. Et nihilominus si confirmationem, & approbationem prædictas per vos vigore præsentium fieri contigerit, ut præfertur, faciatis dictam concordiam inviolabiliter observari ac eosdem Reges concordia, & illius confirmatione, & approbatione prædictis pacificè gaudere, non permittentes eos inter se aut per quoscumque alios desuper indebitè molestari. Contradictores authoritate nostra appellatione postposita compescendo. Non obstantibus Constitutionibus, & Ordinationibus contrariis quibuscumque, aut si eisdem Regibus, vel quibusvis aliis communiter, vel divisim ab Apostolica sit Sede indultum, quod interdici, suspendi, vel excommunicari non possit, per Litteras Apostolicas non facientes plenam, & expressam, ac de verbo ad verbum de Indulto hujusmodi mentionem. Datum Romæ apud Sanctum Petrum, anno Incarnationis Dominicæ millesimo quingentesimo sexto, nono Kalendas Februarii: Pontificatus nostri anno tertio.

V.

ANNO 1506. 24. Avril.

Capitulation von denen Grafen zu Ost-Frießland EDZARD den I. und UKO der Stadt Gröningen/ zur zeit derselben Eroberung zugestanden/ daß nemlich besagte Grafen in der Stadt 1000 oder 800. Mann zur Garnison halten mögen/ der Magistrat sothane Grafen bey ihrer Ankunfft vor der Stadt-Pforte empfangen/ denenselben die gewöhnliche Pflicht leisten und das Regiment abtretten sollen; Dahingegen die Grafen bemeldte Gemeinde bey allen Recht-Gerechtigkeiten und Gewohnheiten zu conserviren versprechen. Geschehen auf St. Marcus abend 1506. [LUNIG Teutsches Reichs-Archiv. Part. Special. Continuat. Abtheil. 6. Absatz. 30. pag. 26.]

C'est-à-dire;

Capitulation accordée par EDZARD I. & UKO *Comte de la Frise Orientale à la Ville de* Groningue *dans le tems de sa prise; portant que lesdits Comtes pourront y tenir mille ou huit cens hommes de Garnison, Qu'à leur entrée dans la Ville, le Magistrat, & les Bourgeois les recevront à la Porte; & leur feront serment de fidelité, leur remettant en main le Gouvernement. Les Comtes de leur côté promettent de procurer le bien de la Ville, & de lui conserver ses Privileges. Fait la Vigile St. Marc 1506.*

WY Edzard ende Uko Gebroder/ Graffen tho Ostfreeßland/ vor ons/ onser Arven und Nakomlingen up de ene/ ende wy Borgermester/ Raet/ geschworne Meente/ Bomesters/ Gilden/ ende ander Gemeente der Stadt Gröningen/ up de ander syden/ bekennen/ ende doen kund mit dessen openen Breve/ dat wy tot Reddinge en ontsat der vors. Stadt Gröningen mit malcander verdragen/ en overeenkomen sind/ in Forme/ Manier/ condition, und articulen/ hirna beschreven. In de erste/ dat de van Gröningen de Graven tho Ostfreeßland im Nahmen/ und wegen/ und tho Erkantnissen des Hilligen Rycks mit een Antal Volcks/ alß nehmlick tusschen dusend und acht hundert Mann ongeschelich in der Stadt laten solen. Item dat oeck de van Gröningen eer de Grave tho Ostfreeßland in de Stadt kumt/ mit den de dat Regiment van der Stadt hebben/ den Graffen tho Ostfreeßland vor der Stadt-Porte im Nahmen alß vorgeschreven ontfangen/ und desselven gelycken van wegen des Rycks hulden/ gewoenlicke Eede/ unde Plicht doen soelen. Item dat oeck de van Gröningen de Grave tho Ostfreeßland von Stund an ongeweigert/ alß he in de Stadt komt/ een der Stadt Porten na des Graffen Gefallen innemen/ und de Porte befestigen/ offte eenen andern Vesten in der Stadt uprichten/ unde maken laten solen. Beholtlick eenen itliken/ sunderlinge der Kercken und Stiffte van Utrecht haer Rechtigkeit/ alß sy an de Stadt mögen hebben. Item dat de van Groningen den Graffen to Ostfreeßland im Nahmen als vorgescr. alle de Regering der Ommelanden offstaden/ und sick der Lande/ noch der Stadt Overheit niet annehmen sollen. Beholtlick der Stadt heer Administratie van Rechten binnen der Stadt na older Gewohnte/ alß na in een Articul vermeldet wordt. Item dat de von Gröningen solcke Schaden/ und Onkost/ alß de Hartog von Saxen mit sinen Verwanten/ noch de Stadt Groningen in deser veden an beyden seyten genomen/ und geleden mogen heben/ allenthalben tot Erkantnisse itlicker Fürsten des Rycks onpartheyich/ von beyde schelachtigen Parten daertw gekoert stellen sollen. Doch so soll/ und will de Greve tho Ostfreeßland dorch voegliche Wege mit Handling dat Beste denen van Gröningen tot Guden darinne doen/ also voel he immer billiger Wyse handlen ende doen mag/ und sunderlinge van den Schaden tusschen den Juncker der Omlande unde der Stadt Gröningen. Item dat de von Gröningen sunder Weten und Willen des Graffen tho Ostfreeßland geen handelinge/ heemlich noch openlich mit jenigen Herrn/ Stede offte Landen de gemeene Stadt anlangen möchte/ hebben noch holden sollen. Item dat de van Gröningen mit den Graffe tho Ostfreeßland/ eenig gued Middel/ und Maner finden/ und verordnen soelen/ woraff de Graffe solche Onkosten mit Onderholdinge der Luden/ und Vesten/ uht de Landen nehmen sall. Item dat de Graffe tho Ostfreeßland in de Nahme/ und alß vorgeschr. de Stadt Groningen onverhindert sall blyven laten bey

alsodane

ANNO 1506.

alsodane Vryheiden/ Privilegie, Rechten/ olde Herkommen/ und Gewoonte/ alß se beshet in hoer Stadt gehabt und gebrückt hebben. Desglycken de Gilden by hoer Vryhede/ und : echten/ na Verinelding hoer Brieffe/ und Segele van de Stadt Gröningen uhtgeven Item dat de Graffe tho Ostfreeßland sall eenige Persohnen ut der Ehrbahrheit van der Stadt Gröningen na synen Gefallen verordnen/ die van wegen/ und in syner Gnaden Name binnen der Stadt Gröningen Recht administreren/ ende doen solen van alsodane Rente/ und Schulden/ alß vortydes onder de Hovetmanns der Stadt Groningen Recht offte Gebohr na vermöge Verschrievinge/ und Versegelinge/ und ander Gewoente der Haffen alß recht submitteert, ondergesat/ ende verplegen sint gewest na olden Maner, unde Kosten dessulven Rechts. Item dat de Graff tho Ostfreeßland der Stadt Groningen haer Borger/ und Inwoeners mit den Bewanten/ und Bystanderen alle ohre Guderen/ Rechten und Gerechtigkeiten/ de se in de Omlanden tho deser tyt tho gehabt hebben/ und namahlß krygen mogen/ onbehindert/ und onbeschweert folgen/ hebben/ und gebrucken laten solen/ oeck wo-daene und war de gelegen sind. Item dat de Graffe tho Ostfreeßland nement tolaten sall/ Koern/ dat in de Omlanden gewassen iß uit den Lande te voren/ sonder een itlick mag dat Koeren tho Gröningen offte den Damm tho Marckte bringen/ und verkopen Item dat der Borger/ und der Stadt Groningen Inwoner Guder solen doer de Omlanden toe Water und tho Lande sonder alle Tollen/ und ohn Gelt gevoeret mogen worden Item dat de Grafe tho Ostfreeßland dat Groninger Beer in de Omlanden na olde Maneer gaen soll laten. Item dat de Graffe tho Ostfreeßland van dat Stapelrecht van de fette Waer mit Rade der Stadt Groningen tho der Stadt/ und dat gemeene Beste so voele omme behorlick sym mag/ handlen/ und voeghen mogen Item dat de Graffe tho Ostfreeßland der Stadt Gröningen Borgers und Inwohners hoer Lyff/ offte Guder neet beschadigen laten/ und offte solckes geschehe/ met Ernste straffen sall. Oeck de van Gröningen tot hoeren Rechte truwelyck/ und gnädiglick schutten und schermen/ und alle Mißhaeglichkeit offte Verdreet vor dese tydt geschehen/ jegen se sincken laten/ und vergeten solen/ und wollen. Dit alle wo vorschreven staet/ loven Wy Edzard und Uko Gebroeder/ Graven tho Ostfreeßland/ im Nahme/ und alß vorgeschreven vor Unß/ Unse Arven/ und Nakomlingen/ vaste und onverbroecken tho holden/ by dem Ede/ den Wy dem hilligen Ryke gedaen hebben/ truwlich/ und ohngevehrlich. En wy Burgermeister/ Raet/ geschworen Meente/ Boumesters/ Gilden/ und ander Gemeente der Stadt Gröningen vor Uns/ und Unse Nakomlinge/ geloven desglycken oeck dit vast und onverbroecken tho holden/ by den Eed/ den Wy hoer beyde Genaden doende verschrevende/ und verseglende worden Truelich/ und ohngefehrlich. Toe Oirkunde hebben Wy Edzard vorser. vor Ons/ ende onsen vrientlicken lieven Broeder/ dessen Breff met onsen anhangenden Insegel/ und Wy Borgermester und Rath vorser. van ons/ en onse gemeene Stadt vorgenant/ mit ons Stadt anhangenden Insegel witlicken laten versegeln/ Geven in den Jaer onses Heern Dusent Fyffhundert unde seste. Up Sunte Marcus Avent Evanghelisie.

(S. L. append.) (S. L. append.)

VI.

22. Mai. *Lettres de* LOUIS XII. *Roi de France contenant le Traité de Mariage de Madame* CLAUDE *de France, Fille unique de ce Prince & de la Reine* ANNE *de Bretagne, avec* FRANÇOIS *Duc de Valois, & Comte d'Angoulême, par lequel ledit Roi & la Reine son Epouse derogent, aux stipulations de leur Contract de Mariage, pour conserver le Duché de Bretagne, à la Couronne de France. Données à Moustier lez Tours le 22. Mai 1506.* [LOBINEAU, *Histoire de Bretagne*, Au Volume des Preuves col. 1572. Tiré des Archiv. de la Chambre des Comptes de Nantes. *Annales de* BELLEFOREST. Tom. 2. fol. 1373]

LOys par la grace de Dieu Roy de France, à tous ceux qui ces presentes Lettres verront, salut. Comme par l'advis & meure deliberation des Princes & Seigneurs de nostre sang & lignage, Prelatz, & gens de nostre Conseil, & autres grands & notables personnages assemblés en grand nombre, & obtemperant & inclinant aux tres instantes & humbles prieres, supplications, requestes qui nous ont esté faites, tant de la part desdits Princes & Seigneurs de nostre sang, que des Deputés delegués des premieres & grosses Villes & Cités de nostre Royaume, qui pour ce sont tirés vers nous en ceste nostre bonne Ville & Cité de Tours, nous ayons conclud & deliberé, par ledit advis, & pour le tres-grand & évident bien, proffit, utilité, & seurté denosdits Royaume, pays, Seigneuries, Subgetz, & choses publiques d'iceux, faire & traitter le Mariage de nostre tres chere & tres-amée fille unique Claude de France avec nostre tres-cher & tres-amé cousin le Duc de Vallois Comte d'Angoulesme; & en suivant ledit avis & deliberation, avons ja fait faire en la presence des dessusdits les fiançailles de nostredite fille & cousin, en intention & deliberation (quand ils auront l'aige qui leur est requis) voir faire, parachever, consommer, & accomplir ledit Mariage; au Traitté & pourparler duquel entre nous & nostre tres-chere & amée Compagne la Reine, ou nom de nostredite fille d'une part, & nostre tres-chere & tres-amée cousine la Comtesse d'Angoulesme, au nom & comme ayant le bail, gouvernement, & administration de nostredit cousin le Duc de Vallois son filz d'autre part, ayant esté faits, concluds, & accordés les Traitez, Accords, promesses par paction & convenances cy-aprés declarées, dont & desquels la teneur ensuit. OU TRAITTE' de Mariage qui se fera & accomplira, par le vouloir & plaisir de Dieu, de tres-excellente & puissante Princesse Madame Claude de France, & tres-haut & puissant Prince Monsieur le Duc de Vallois, ont esté par le Roy & la Reine, pour & ou nom de madite Dame, promettant luy faire ratiffier & consentir, elle venuë en âge, & haute & puissante Princesse Madame la Comtesse d'Angoulesme pour & ou nom de mondit Sieur de Vallois son filz, traittées & accordées les choses qui ensuivent. Premierement, que incontinent que madite Dame Claude de France & mondit Sieur le Duc de Valloys seront venus en âge requis pour consommer & accomplir ledit Mariage, il se consommera & accomplira, en faveur & contemplation duquel Mariage le Roy constituë en dot & Mariage à madite Dame sa fille les Comtés de Blois, & d'Ast & Sessons, Seigneuries de Coussi, & tout ce qu'il a au Royaume qui n'est que de l'appanage, en retenant & reservant neantmoins à luy l'usufruit desdits Comtés, Terres, & Seigneuries sa vie durant; & ou cas que iceluy Seigneur (que Dieu doint) delaisse enfant masle aprés son decez, il pourra, toutes & quantes fois que bon luy semblera, avoir & retirer à luy lesdits Comtés, Terres & Seigneuries, en baillant à madite Dame ou à ses heritiers xx. mille l. de rente ou Royaulme, & titre & prééminences de Duché; & la Reine constituë en dot & Mariage à madite Dame sa fille la somme de c. mille escus d'or, lesquels se payeront à deux termes par égalle portion, assavoir L. mille un an aprés les nopces & consommation dudit Mariage, & les autres L. mille l'autre an prochain ensuivant; sera tenu mondit Seigneur le Duc de Vallois de à chacune fois qu'il recevra lesdits deniers, iceux bien & suffisamment assigner sur ses Terres & Seigneuries presentes & à venir, au profit de madite Dame Claude & de ses heritiers, lesquelles choses sortiront nature de vray patrimoine & heritage pour madite Dame & ses heritiers descendans de son corps, ou deffault desquels elles retourneroient, assavoir au Roy & à ses heritiers ce qu'il a dessus constitué en dot pour ladite Dame, & semblablement à la Reine & à ses hoirs lesdits c. mille escus. Item plus a esté traité & accordé que s'il avenoit (que Dieu veulle) que la Reine ayt enfant masle, elle pourra disposer de la Duché de Bretaigne au profit de sondit filz & luy delaisser & bailler, se bon luy semble & faire le veut, nonobstant le contenu ou contract de Mariage du Roy & de ladite Dame, auquel quant à ce iceux Seigneur & Dame ont expressement derogé & derogent par ces presentes, le surplus neantmoins dudit Traicté demeurant en sa force & vigueur en touttes autres choses; & si Doire a lieu & que ledit Seigneur parvienne à la Couronne, en ce cas ladite Dame aura le Doire que les autres Reines de France ont accoustumé d'avoir; & ledit Seigneur ne parvenant à la Couronne, icelle Dame sera doüée au trois des Terres & Seigneuries dudit Seigneur. SÇAVOIR FAISONS, aprés avoir bien entendu les points & articles cy-dessus contenus, qui ont esté par nous, nostredite Compagne, & nostredite cousine

ANNO 1506. fine (ez noms que dessus) concluds, arrestés, consentis, & accordés, nous promettons en bonne foy & parolle de Roy les tenir & faire tenir, garder, & accomplir de nostre part, sans aller ou souffrir aller au contraire en quelque maniere que ce soit, & iceux entant qu'ils touchent à nostredite fille faire ratifier, consentir, & agréer par elle selon leur forme & teneur, & à ce obligeons nous, nos hoirs, & biens. En tesmoin de ce nous avons signé cestes presentes de nostre main & à icelles fait mettre nostre seel. Et nous Anne par la grace de Dieu Reine de France, Duchesse de Bretaigne, sur ce deuëment auctorisée de Monseigneur le Roy, confessons lesdits points & articles cy-dessus inserés avoir esté & estre entre nous ainsi faits, concluds, & accordés, & promettons de nostre part en bonne foy & parolle de Reine les tenir, entretenir, garder, observer, & accomplir de point en point, selon leur forme & teneur, sans aller ou permettre aller ne venir au contraire, directement ou indirectement, en quelque maniere que ce soit, & iceux faire ratiffier & consentir par nostredite fille, comme contenu est ezdits articles. En tesmoin dequoy nous avons signé ces presentes de nostre main, & à icelles fait mettre nostre seel & requis aux Notaires & Secretaires de mondit Seigneur cy-dessoubz escrits les signer à nostre requeste. Et nous Loüise Comtesse d'Angoulesme, Dame d'Espernay, Remorantin, Mesle, & Chisse, ayant bail, gouvernement, & administration de nostre tres-cher & tres-amé filz le Duc de Vallois, Comte d'Angoulesme, connoissons & confessons lesdits articles cy-dessus incorporés avoir esté & estre faits, arrestés, concluds, & accordés entre mondit Seigneur le Roy & Madame la Reine & nous (comme cy-dessus est contenu) & promettons de nostre part en bonne foy & parolle de Princesse les tenir & faire entretenir, garder, observer, & accomplir, sans enfraindre, ny aller au contraire en quelque maniere que ce soit, & iceux en tant que touche à nostredit filz le Duc de Vallois faire ratiffier, consentir, & aggréer par luy, le tout selon leur forme & teneur, & à ce obligeons nous, nos hoirs & biens; & pour plus grande seureté & approbation avons signé cestes presentes de nostre main & à icelles fait mettre nostre seel; & outre avons requis les Notaires & Secretaires de mondit Seigneur qui ont receu le commandement de cestes presentes, les signer à nostre requeste. Donné au Moustier lez Tours le XXII. jour de May l'an de grace MDVI. & de nostre regne le IX. *Ainsi signé.* Loys. Anne. Loyse. *Et en subscription:* Par le Roy, de son consentement, à la requeste de la Roine & de Madame la Comtesse d'Angoulesme à ce presentes, Monsieur le Cardinal d'Amboise Legat de France, vous les Evesques de Paris, & Nantes; les Seigneurs de Rohan, de Rieux, & de Sens Chancelier de Bretaigne, Maistre Jehan de Gannay premier President de la Cour du Parlement de Paris, Jehan Françoys General des Finances de Bretaigne, & autres presents, Robertet. Gedoin. *Et seellé en double queue & cire jaune & rouge.*

VII.

1507. **Verzeichnuß aller und jeder deß heiligen Römischen Reichs Ständte / wie dieselben in der Reichs Matricul de Anno 1507. ordentlich nacheinander erzehlt und benant werden.** [GOLDASTI **Copeylicher Bericht der Reichshandlungen.** pag. 65.]

C'est-à-dire,

Designation de tous les Etats du S. Empire selon l'ordre dans lequel ils se trouvent rangés, & denommés, dans la Matricule Imperiale de l'an 1507.

Churfürsten.

Maintz. — Pfaltzgraff.
Trier. — Sachsen.
Cölln. — Brandenburg.
König in Behem.

ANNO 1507.

Ertzbischoff.

Magdeburg. — Besantzon.
Osilia. — Bremen mit der Stadt.
Saltzburg.

Bischoff.

Bamberg. — Wirtzburg.
Worms. — Speyr.
Straßburg. — Aistett.
Augspurg. — Costnitz.
Hildesheim. — a Padeborn.
Chur in Pünten. — Halberstatt.
Verden. — Münster in Westphalen.
Oserburckh. — Passaw.
Freisingen. — Kempten.
Gurickh. — a Sechawe.
b Lawant. — Bassell.
Sitten in Wallis. — Regenspurg.
c Meßina. — d Neuburg.
Münden mit der Stadt. — Lübeckh.
Uttrecht mit der Stadt / auch Deventer / Campen / Schwoll / und Amsterdam
e Camin. — Swerin.
Genff. — Cambray.
Verdun. — Losanna.
Metz. — Tulla.
Consirens Apes. — Lüttricht mit der Stadt.
f Bresenon. — Trent.
Lebus. — Merspurg.
Ratzenburg. — Brandenburg.
Hauelburg. — Schleswigch.

Weltliche Fürsten.

König in Dennemarck für Holstain / Stormar / und Dietmarsen.
Hertzog in Bayern. — Ertzhertzog in Oesterreich.
Hertzog von Burgund mit dem Niderlandt.
Hertzog in Sachsen. — Hertzog in Zweybrugken.
Hertzog von Bayern und Spanheim.
Hertzog von Gülich und Cleua.
Marggraff von Baden. — Landtgraff von Leuchtenberg.
Fürsten von Anhalt. — Graffen von Hennenberg.
Hertzog von g Massa. — Hertzog von Savoia.
Fürst von Schallons.

Gefürste Abten.

Fulde. — Hirßveldt mit der Stadt.
Kempten. — Reichenaw.
Sanct Gallen. — Salveben.
Weingartten. — Salmansweillen.
Grentzling. — Wallenriedt.
Schuttern.

Brobsten.

Elwangen. — Weissenburg.
Großmeister S. Johans Orden. — Teutschmeister.

Abten.

Wessel in de Wetteraw. — Sanct Biagio.
Waulbrun. — a Corsoy mit der Stadt Horn.
b Schuseinnde. — Rittershaussen.
Stain am Rhein. — Schaffhausen.
Badsaer. — Einsideln.
Rochenberg. — Ochsenhausen.
Brobeß c Selde. — S. Egidi zu Nurnberg.
S. Maximin. — Holtzhausen.
Rochenhausen. — S. Johan im Turtal.
Gengenbach. — d Komgsbrun.
e Rode. — Marctal.
Brobst zue f Dodenhain. — S. Petter am Schwartzwald.
Stable. — Disidis.
Hentzlingen. — Elchingen.
Seestam. — Blanckenberg.
Pfeffers. — Ism.
S. Johan. — Pettershausen zue Costnitz.
g Brinen. — Probst zue Camberg.
Causchann. — S. Ameran zue Regenspurg.
Probst zue Bertholdsgaden. — Münster in S. Jorgenthal.
h Munhoradt.

Pre-

a fort. Sec. galv al. Sechame. b Lavant. male. c al. Messen fort Missen. d leg Naumburg. e a.. Camil. f fort Brexsen. g fort Masaw a al Consoy. b fort. Schussenridt. c leg Seltz. d al. Honigsbron. e leg. Rodt. f leg. Odenhaim. g fort Brimsee. h leg. Münchenrodt.

ANNO 1507.

Prelaten.

Von S. Cornelis Münster.	Von Werden in Westphalen.
Aursberg.	i Prun.
Achtemach.	

Abtissin.

Quedelburg mit der Stadt.	Dieslout mit der Stadt.
Heruerden.	Obermünster zue Regenspurg.
Nidermünster daselbst.	k Hauffing.
Lindaw	Gernrode.
l Bouchan.	m Restmünster.
n Hechbach.	Guetterzell.
Baindß.	

Baleyen.

Coblentz.	In Hessen.
In Autriza.	Im Landt von Ladesse.

Graffen/ Freyherren/ und ander Herren.

Graff von Leißneckh.	Oswald Graff von Bergk.
Salms.	Fleckenstain.
Schonberg	Degenberg.
Manderschidt.	Keiserschidt.
Egemont und Isselstain.	Berge und Walen.
p Henden.	Wildenfels.
Schencken q von Lanuenberg.	r Tnangen.
Blamon in Westerich.	Orange in Westerich.
Die Herren von Regendorff.	t Komgsal von Allendorff.
s Komgsachs.	Mersberg.
Die Besitzer von Armont.	Freyherren von Falckenstain.
Die Ritter von Friedrperg.	Die Ritter von Gerlassee.
Graff von Helffenstain.	Kirchenberg/ Fugger.
Tiessen/ Ulm.	
Die Besitzer Werdenberg/ Fürstenberg/ und Graff Carle von Zollern.	
Graff von Lupffen.	Graff von Montfort.
Graff von fürstenberg.	Graff von u Sinern.
Besitzer der Herrschafft Stiffelmosting/ Jorg Ludwig von Gundelfingen	
Graff von Herbstain.	Alle die von Geraltzeck.
Alle die von Otting	Die von Rappolrstain.
Alle die von Stauffen zu Orenfeldt	Die Erben Herren v Leon von Stauffen.
Besitzer von Hochenkünigsberg.	Graffen von Sültz.
Johan von Hochenfels/ von Neupoltzkirch	
Graffen von Hochenzollern.	Besitzer von Brandiß.
Truckseß von Walburg	Graven von Castell
Graff Michel von Werten	Philips von Remeck.
Graff Allbrecht und J von Hochenloe.	
Besitzer von Reuchtelberg	Carle und E. Schenck von Limburg.
Wilhelm Schenckh von Limburg.	Graffen von w Herbach.
F. von Schwartzenburg	Genng von Leuggentriers.
Graff Schwaikart von Lenning	Graff von Hanaw.
Philips von Hanaw/ Herr von Lichtenberg.	
Nassaw zu Breda und Dillenburg	Nassaw zu Wißbaden.
Nassaw zu Sarbruckh.	Nassaw zu Bilstain.
Nassaw zu Sarbruck Wilburg.	Graff von Stolberg und Königstain.
Graff von Hocheneisenburg.	Graff von Nidereisenburg.
Graff von Furneberg	Besitzer von Rheinegkh.
Renmart und Forßman von Salm	Herren von Winenberg.
Die von Montz.	Besitzer der Graffschafft Hastburg.
Alle die Reingraffen	
Philips von Oberstain und Kirringen.	Ulrich von Falckenstain.
Graff von x Neuengart.	Graff von Horn.
Graff von Schiuen.	Alle Graffen von Bitsch.
Graff von Sengen	Besitzer der Graffschafft y Laxin.
Graffen von Hardeckh	Graffen von Honstain.
Freyherren von Fleckenstain.	Graffen von Schwartzenburg.
Graffen von Geraider.	Graffen von Gles.
Die Ritter von Baden.	Graff von Badde/ Herr von Denichen.
Graff von Levenstain.	Graff Ulrich von z Regenstain.
Alle Graffen von Frießlandt.	Graffen von Ost-Frießlandt.
Graff von der Lippa.	Graff von Oldenburg.
Graff von der Hayen.	Graff von Westerburg und Leiningen.
Graff von Waltzeckh.	Graff von Losenstain.
Graff von Dißholtz.	Graff von Steinfort.
Graff von Benthem.	Graff von Brunckorst.
Graff von Wittgenstain.	Graff von Spiegelberg.
Graff von Deckelburg.	Besitzer von Winsdorff.
Graff von Ortenburg.	Graff von Rittberg.
Graff von Hage.	

ANNO 1507.

Reichstädt.

Regenspurg.	Nurnberg.
Rottenburg an der Tauber.	und sie für die Herren von Hudeckh.
Weissenburg am Nortgaw.	Wertem in Schwaben.
Wintzheim.	Schweinfurt.
Wimpffen.	Hailbrunn.
Hall in Schwaben mit dem Schloß Linburg.	
Nordlingen.	Dinckelspuhel.
Ulm.	Augspurg.
Gengen.	Bopfingen.
Alen.	Gemunde.
Eslingen.	Reutlingen.
	Pfullendorff.
Weil in aa Schwaben.	Kauffpeuren.
bb Uberlingen.	Wangen.
Isne.	Leukirch.
Memmingen.	Kempten.
Buchhorn.	Ravenspurg.
Biberach.	Lindaw.
Costantz	Bassel.
Straßburg.	Colmar.
Schlettstadt.	Mülhausen.
Rottweil.	Hagenaw.
Weissenburg am Rhein.	cc Ober Oberheim.
Rattstadt.	Speyr.
Wormbs.	Franckfurt.
Fridberg.	Geelhausen.
Wetzlaer.	Colln.
Auch.	Metz.
Dull.	Verdun.
Offenburg.	Landaw.
Gengenbach.	Harmebach.
Schafhausen.	dd Kauffmans Sarbruch.
Besanson.	Lubeckh.
Hamburg.	Dortmundt.
Nider-Wesel.	Mülhausen in Düringen.
Northausen.	Goßlaer.
ee Sest.	Brachelen.
Warburg.	ff Duachat.
Werden.	Münster in S. Jorgenthal.
Deuern.	Herverden.
Camerrich.	Dußburg.
Dantzke	Elbingen
S. Gallen.	gg Buchaw am Fordersee.

VIII.

1508. 12. Avril.

Das uralte Gülichische Successions-Privilegium MAXIMILIANI I. Römischen Käysers in favor des Weiblichen Geslechts als Lehenträgerinnen. Geben in des H. Röm. Reichs-Stadt Speyr/ am 12. April/ Anno 1508. seiner Reiche des Römischen im 23. des Ungarischen im 19. Jahr. [Julii Clivii Marchici Apodixis, seu Replica uteunque Juridica, inter annexa.]

C'est-à-dire,

Privilege de MAXIMILIEN I. *Empereur des Romains concernant la Succession de Juliers, par lequel les Femmes sont renduës capables d'y succeder au defaut des Mâles. Donné à Spire le 12. d'Avril 1508. l'an de son Regne dans l'Empire le 23. & de Hongrie le 19.*

WIr Maximilian/ erwählter von Gottes Gnaden Römischer Kayser/ zu allen zeiten Mehrer des Reichs/ in Germanien auch zu Ungeren/ Dalmatien/ Croatien König/ Ertz-

i fort. Prunnb oder Prünb. k al. Lauffing. al. Kauffing. l fort. Buchaw. m fort. Rottenmünster. n al Hebach. al. Heckbach o al. Benda. leg Baindt. p fort. Heuwen. q leg. Lautzenberg. r fort. Tetnangen. s al. Honigsal. Im Reichsabschiedt zu Regenspurg Anno 1532. Königseckenberg. t al. Homgsachs. u fort. Sineringen. v al. Lern. w leg Erbach. x leg. Newenar. y al Luxingen. z fort. Rheinstain.

aa al. Turgaw falsò bb Ms. Werlingen. cc leg. Ober-Ehenheim. dd al. Houffmans. ee al. Sost. ff al. Duachen. gg al. Buchaw.

ANNO 1508. Ertz-Hertzog zu Oesterreich / Hertzog zu Burgund / zu Brabant und Pfaltz-Grafe ꝛc. Bekennen vor uns und unsere Nachkommen am Reich / öffentlich mit diesem Brief / und thun kundt allermänniglich: Als der Hochgebohrne Wilhelm Hertzog zu Gülich und Berg / unser lieber Oheim / Fürst und Rath zwey Fürstenthum / mit namen Gulich und Berg / so von Uns und dem Heiligen Reich zu Lehen rüren / inne hat / und noch zu zeit keinen ehelichen Männlichen Leibes-Erben hat / haben wir gütlich betracht und angesehen des bemeldten unsers lieben Oheimen des Hertzogen zu Gülich getreue und nützlichste Dienste / so er uns und dem Heil. Reich in mannigfaltige wege bewiesen hat / noch täglichs thut und künftiglich wohl thun mag und soll / aus sondern Gnaden und auf sein fleissig demüthig Bitten und Ersuchen / auch damit den berührten Hertzogthumen und Grafschafft Ravensberg nach seinem Abgangk / besonder dieweil etliche Güter der benannten zweyen Hertzogthum an ander ende entfallen möchten / nit zertrennt / noch uns noch dem Heil Reich deßhalben also nützlich und wohl gedienet würde. Und darauf mit gutten Rath / wohlbedachten Muth / eygener Bewegung und rechten wissen Jme die freyheit und Gnad gethan / und sein eheliche Tochter mit namen Maria / oder ob dieselbe mit Tod vergienge / und der genannte Hertzog von Gülich ein andere Tochter überkommen würde / und dieselbe und jedwedere eheliche mannliche Leibs-Erben der gedachten zweyer Hertzogthum und Grafschafft mit ihren zugehörungen / nach seinem Abgang Lehen-würdig / fähig und empfengklich gemacht / thun / geben und machen sie also der berürten Lehen würdig / fähig und empfengklich von Römischer Kayserlichen Macht vollkomenheit / eigener Bewegung / wissentlich / in Krafft dieses Briefs / meynen und wollen / wenn und so bald der ehegenannte unser lieber Oheim und Fürst / Hertzog Wilhelm zu Gülich / ihr Vatter / nun hinfüro über kurtz-oder lange zeit mit Tod abgehen würde (das Gott der Allmächtige lang verhüten wolle) daß alsdann vorgemeldte zwey Hertzogthumb und Grafschafft mit allen ihren Zugehörungen allein auf die bemeldte Maria seine gelassene Tochter / oder ob die mit Tod vergienge und S. L. ein ander Tochter überkomen würde / auf jedweder eheliche Mannliche Leibs-Erben fallen / und sie dabey bleiben / wir und Unser Nachkomen am Reich Ihnen die zu Lehen verleyhen und darüber Lehen-Brief fertigen und geben / auch dieselben alsdan von Uns und dem Heil. Reich zu Lehen einhaben / nutzen und niessen sollen und mögen / von allermänniglich unverhindert / doch Unß und unseren Nachkomen am Reich / unser und des Reichs Oberkeit / Herrlichkeit und Gerechtigkeit und Diensten / so wir auf den bemeldten Lehenschafften / Stücken und Gütern haben / unvergriffen und Unschädlich.

Und gebieten darauf allen und jeglichen Churfürsten / Fürsten / Geistlich und weltlichen ꝛc. und sonst allen andern unsern und des Reichs Unterthanen und Getreuen / in was Würden / Standts oder wesens die seyn / von Römischer Kaysers Macht ernstlich / und wollen / daß sie den benanten unsern lieben Oheim den Hertzogen zu Gulech bey dieser Unser Kaysers würde und freyheit / wie obgemeldt ist / geruhlich bleiben laßen / das alles steet und vest halten und dawider gantz kein wirrung / Eingriff noch Hinderung thun / noch des jemands andern zu thun verstatten. Sonder S. L und sein Tochter und Erben wie obsteht / von unser und des H. Reichs wegen vestiglich dabey handhaben / schützen und schirmen / als lieb einem jeden sey unser und des Reichs schwere Ungnad und Straff / dazu ein Poen nemblich tausent Marck Lottigs Golds zu vermeiden / die ein jeder so offt er frevenlich hier wider thäte halb in unser und des Reichs Cammer / und den ander halben Theil dem obgemeldten Hertzogen zu Gulich und Ihren Erben unablässlich verfallen seyn solle. Mit Uerkund deß Briefs / besiegelt mit unsern grossen anhangenden Insiegel. Geben in unser und des Heil. Reichs Stadt Speyr am 22. Tag des Monats Aprilis / nach Christi Geburth 1508. Unser Reiche / des Römischen im 23. und des Hungarischen im 19. Jahr.

IX.

1509. 1. Juillet. *Bulla* JULII II. *Papæ non solum confirmans, sed etiam extendens Constitutionem à* PIO II. *Anno* 1459. *editam contra* Appellantes *à Romano Pontifice, ad futurum Concilium, eorumque Complices & Fautores. Datum Romæ Kalendis Julii Anno Incarnationis Dominicæ* 1509. *Pontificatus sui* VI. [Bullarium Magnum Tom. I. pag. 501. col. 1.]

Julius Episcopus, Servus Servorum Dei. Ad perpetuam rei memoriam.

SUscepti regiminis nos cura solicitat, ut eorum malitiis & audaciæ, quorum sceleris cæcitas, & damnandæ ambitionis improbitas, animas occupantes (discordiarum fautore, ac schismatum inventore & alumno, humani generis inimico procurante) eos in illam temeritatem impellunt, ut quæ sibi à jure interdicta, & à Sanctis Patribus, etiam in Congregatione fidelium, pro hujus Sanctæ Sedis dignitate, & Ecclesiæ unitate servandis, ad schismatis occasionem tollendam (quo in Dei Ecclesia pernicior morbus inveniri vix potest) Spiritu Sancto cooperante, non minus provide & salubriter, quam necessarie, decreta & statuta esse noverint, damnata audacia, & exquisitis artibus & fraudibus attentare temere conentur, & eis contravenire contendant, nunc novorum editione jurium, nunc antiquorum innovatione & declaratione, nunc vero extensione, & novarum pœnarum adjectione, prout salubriter expedire conspicimus, solicitis studiis obviare curemus. ANNO 1509.

§. 1. Sane licet olim fel. rec. Pius Papa II. prædecessor noster de fratrum suorum S. R. E. Cardinalium, cunctorumque Prælatorum, ac divini & humani Juris Interpretum, Curiam Romanam sequentium, in Dieta seu Congregatione Mantuana existentium approbatione, matura prius & gravi præmissa discussione, & de eorumdem congregatorum unanimi consilio & assensu, ac ex certa scientia provocationes ad futurum Concilium, efficacissimis & palpabilibus rationibus, tamquam erroneas & detestabiles damnaverit, ac sub Excommunicationis latæ Sententiæ, & Interdicti pœnis præceperit, ne qua persona cujusvis dignitatis, sive etiam universitas, aut Collegium, quovis quæsito colore, ab Ordinationibus, Sententiis, seu Mandatis quibuscumque suis ac successorum suorum appellationem hujusmodi interponere auderet, & contrafacientes, una cum fautoribus, suis, & consilium, auxilium præstantibus, (sive hi Tabelliones essent, sive Advocati, sive alii quicumque) non solum pœnis & censuris prædictis, sed etiam iis quæ læsæ Majestatis, & hæreticæ pravitatis reis imponuntur, obnoxios esse statuerit.

§. 2. Leonardus tamen Lauredanus Dux, Rogati, ac generale Consilium, & Commune Venetiarum, omnesque & singuli Patritii & Cives Communis ejusdem, una cum Provisoribus, Potestatibus, Commissariis, & reliquis Officialibus suis (quorum auctoritate, industria, consilio, opere aut favore, Civitates, Oppida, Castra, & Arces ad nos & Sanctam Romanam Ecclesiam legitime pertinentes, occupatæ fuerant aut detinebantur) de fratrum nostrorum consilio, a nobis requisiti & moniti, ut intra certum terminum, sub pœnis tunc expressis, nos, & Sanctam Apostolicam Sedem plene, & omni ex parte, in concessa sibi auctoritate & libertate, cum obedientia recognoscerent & reintegrarent, ac Ravennam, Cerviam, Ariminum, Faventiam, Sarsinam Civitates, cum Oppidis, Castris, Terris & Districtu ipsarum, cumque Cæsenaten. Forlivien, ac Imolen. Territoriis, Castris, Oppidis, Terris & locis quæ occupabant, integre & expedite nobis & dictæ Romanæ Ecclesiæ, cujus juris esse noscebantur, relaxarent, atque inde recederent, nec impedirent quo minus, illorum Cives & habitatores, ad piæ Matris suæ Rom. Ecclesiæ obedientiam reverterentur, omnes eorum fautores ab auxilii in talibus præstatione deterrendo, ita quod requisitioni, monitioni, & Mandato nostro hujusmodi non parentes, majoris Excommunicationis Sententia, de simili consilio, eo ipso innodati censerentur, à qua, præterquam in mortis Articulo constituti, per alium quam per Romanum Pontificem, etiam prætextu cujuscumque facultatis, cuicumque pro tempore concessæ, absolvi non possent (quam quidem Excommunicationis Sententiam in hujusmodi non paritionis eventum, iteratis etiam vicibus aggravavimus) paternis monitis, & salutaribus jussis obsequi, prout debebant, indebite recusantes, ceu qui juri proprio diffidunt, & superioris Mandata contumaciter obaudiunt, ut quæ minus juste usurparunt, indebite, etiam cum animarum suarum detrimento, retineant, ad prohibitum atque damnatum remedium confugientes, à requisitione, monitione, & mandato, ac Sententiis, censuris, & pœnis prædictis, nulla Constitutionis Pii prædecessoris, hoc expresse vetantis habita ratione, ad futurum Concilium, temere, ut accepimus, provocarunt.

§. 3. Prout etiam perditionis filii, quondam Joannes Bentivolus, & ejus nati, cum eos à tyrannica oppressione dilectæ Civitatis nostræ Bononiæ expellere decrevissemus, damnabiliter fecisse dicuntur, videlicet ad futurum Concilium prædictum appellasse & provocasse.

§. 4.

ANNO 1509. §. 4. Nos igitur quam detestanda sit perversitas attendentes, qui propriis innixi commodis, & nefariis cupiditatibus mancipati, salubria Decreta Patrum & superiorum jussa spernentes, inconsutilem Christi tunicam scindere, ac etiam scissionis causam habere contendunt, & Ecclesiæ unitatem dividere, prædictæ Sanctæ Sedis Apostolicæ principatum tollere, & contra tot Sanctorum Patrum, & Sacrorum Conciliorum Decreta, temere & damnabiliter magna audacia venire non erubescunt, & contrafacere non verentur, asserentes inter cætera, consulentes, persuadentes, determinantes, seu determinationi hujusmodi interessentes, sola consilii præstatione seu persuasione, deliberatione, aut determinatione, quod aliquibus casibus à Romano Pontifice, seu ejus Sententia, vel Decreto, ad futurum Concilium generale appellari possit, dicta Pii prædecessoris Constitutione non ligari, nisi in ipsa actuali appellatione, & illius interpositione, vel scripturæ compositione se immiscuerint, de cætero tali assertione se excusare, ut tale quid in posterum præsumere impune valeant, opportunam tam immani & periculoso morbo medelam adhibere volentes:

§. 5. Hac generali & in perpetuum valitura Constitutione, ex certa nostra scientia, & potestatis plenitudine, de venerabilium fratrum nostrorum S. R. E. Cardinalium consilio promulgata, sancimus, Constitutionem Pii prædecessoris præfatam, tam citra quam ultra montes, & in ultramontanis partibus, quoad omnes, tam Ecclesiasticas quam sæculares Personas, etiam Regali dignitate, ac Cardinalatus honore fulgentes, Capitula, Universitates, Communitates & Collegia, Congregationes & Synodos, ac Parlamenta, valuisse, valere & perpetuo valituram declaramus, cum suppletione solemnitatis cujuslibet, etiam publicationis omissæ (cujus in illa edenda vel publicanda defectus prætendi posset, quæ juxta illam fieri requirebatur) eamque ex præterito, nunc & in posterum inviolabiliter observari mandamus, ipsius violatores, cujuscumque dignitatis existant, pœnis & censuris in eadem expressis, quocumque tempore subjacere statuentes, contraria consuetudine, sed potius, corruptela non obstante.

§. 6. Decernentes & declarantes ultra pœnas impositas (quas ipso facto dictos violatores & contravenientes incurrere volumus (ipsos & eorum quemlibet, pro veris & indubitatis schismaticis, & inconsutilis tunicæ Domini nostri JESU CHRISTI violatoribus & dissipatoribus, ac de Catholica fide male sentientibus, habendos & reputandos, pœnisque Canonicis & legalibus contra tales impositis, subjacere, & cum Dathan & Abiron partem & damnationem habere, ipsasque etiam pœnas & earum quamlibet omnes illos incurrere volumus, cujuscumque conditionis existant, & gradus prærogativa fulgeant, qui in Senatu, Consiliis, Parlamentis, Congregationibus etiam Synodalibus & Provincialibus, vel alias quomodolibet, tacite vel expresse, voce vel scripto, per se vel alium (cujuscumque timoris vel reverentiæ velamine, vel prætensa excusatione, & Superioris Mandato, non obstantibus) decreverint, consuluerint seu deliberaverint, vel aliorum dicta approbaverint, consilium aut vocem dederint, ut ad futurum universale Concilium, à nobis vel successoribus nostris Romanis Pontificibus, contra prædictam Constitutionem appellare liceat, possit vel debeat, dictas pœnas ad ipsos & eorum quemlibet contravenientem in præmissis, tenore præsentium extendentes, & locum habere declarantes, omni ambiguitate cessante.

§. 7. Et nihilominus provocationes & appellationes, tam per Leonardum Ducem, Rogatos, Consilium & Commune Venetiarum factas hujusmodi, quam per quoscumque alios prædictos pro tempore faciendas, & inde secuta quæcumque (ut pote contra Pii prædictam ac præsentem Constitutionem attentatas) nullas, prout sunt, & invalidas; nulliusque roboris vel momenti fuisse, & pro tempore fore, auctoritate, scientia, & potestate similibus, statuimus, decernimus & declaramus, ac pro potiori cautela, cassamus & annullamus.

§. 8. Et ultra supradictas pœnas (quas contra Constitutionis hujusmodi violatores in suo robore permanere decernimus) loca quæcumque, ad quæ violatores ipsos declinare, & in quibus scienter stare permitti contigerit, Ecclesiastico supponimus Interdicto, decernentes illud, quamdiu ipsi violatores inibi scienter steterint, ut præfertur, & per triduum post eorum inde discessum, firmiter observari. Ac præsentes Literas in quinterno Cancellariæ etiam describi mandamus. ANNO 1509.

§. 9. Non obstantibus præmissis, ac Constitutionibus & Ordinationibus Apostolicis, cæterisque contrariis quibuscumque.

§. 10. Nulli ergo omnino hominum liceat hanc paginam nostræ Sanctionis, Declarationis, Mandati, Statuti, Decreti, voluntatis, extensionis, cassationis, annullationis, & suppositionis infringere, vel ei ausu temerario contraire. Si quis autem hoc attentare præsumpserit, indignationem Omnipotentis Dei, ac beatorum Petri & Pauli Apostolorum ejus, se noverit incursurum.

Datum Romæ apud Sanctum Petrum, Anno Incarnationis Dominicæ millesimo quingentesimo nono, Calendis Julii, Pontificatus nostri Anno sexto.

X.

*Declaration & Protestation d'*ALONSE D'OJEDO, (1) *General des Espagnols aux Indes Occidentales, par laquelle, en vertu de la Donation, faent par le Pape aux Rois de Castille & de Leon de toute cette Partie du Monde, il somme & requiert les Peuples qui l'habitent de se soumettre à la Foi Catholique, & à la Domination desdits Rois; faute dequoi il declare qu'il leur fera la guerre à outrance.* [HERRERA, *Histoire des Conquestes des Castillans aux Indes Occidentales.* Tom. I. Liv. 7. chap. 14. pag. 526.] 1510.

JE Alonse d'Ojedo, Serviteur de tres-hauts & tres-puissans Rois de Castille, & de Leon, Dompteurs des Peuples barbares, son Messager, & Capitaine, vous notifie & fait sçavoir entant qu'il se peut que Dieu nostre Seigneur, un & eternel crea le Ciel, & la Terre, & un homme & une femme desquels vous, & nous, & tous les hommes du monde qui ont esté leurs descendans ont esté procréez, & tous ceux qui viendront apres nous. Mais comme par la multitude des generations qui en sont issuës depuis cinq mille tant d'années qu'il y a que le Monde est créé, il a falu de necessité que les uns se soient dispersez en plusieurs endroits, & les autres en d'autres, & qu'ils fussent divisez dans plusieurs Royaumes & Provinces parce qu'ils n'eussent pas peu contenir tous dans une seule, ny y trouver dequoy vivre pour se conserver. De tous ces Peuples, Dieu nostre Seigneur donna charge a l'un, qui fut appellé Saint Pierre, afin qu'il fust le Seigneur & Superieur de tous les hommes du Monde, & le chef de tout le genre humain, qu'ils luy obeissent en quelque lieu qu'ils fussent & vescussent, & en quelque Loy, Secte ou Creance. Il luy donna tout le monde à son service, & sous sa jurisdiction, & luy commanda d'establir son Siege dans Rome, comme le lieu le plus propre pour regir, & gouverner tout le monde: il luy bailla le choix encore, de pouvoir establir son Siege en quelque autre partie du Monde, & juger, & gouverner tous les Chrestiens, les Maures, les Juifs, les Gentils, & quelque autre Secte, ou creance que ce fust. Il luy fut attribué le nom de Pape, qui veut dire Grand & Admirable, Pere & Gardien, parce qu'il est Pere & Gouverneur de tous les hommes. Ceux qui vivoient en ce temps-là, luy obeissoient & le tenoient pour leur Seigneur Roy & Superieur de tout l'Univers; ce que tous les autres ont encore fait depuis à ceux qui ont esté esleus au Pontificat, & ainsi cette Authorité s'est tousjours maintenue jusqu'à present, & se continuera jusqu'à la consommation des siecles.

L'un de ces Pontifes qui ont vescu cy-devant comme je viens de dire, comme Seigneur du monde fit donation de ces Isles & Terre ferme de la mer Oceane aux Rois de Castille, qui vivoient alors, à sçavoir Ferdinand & Isabelle de glorieuse memoire, & à leurs Successeurs nos Seigneurs, avec tout ce qui en dépend, selon qu'il est contenu dans certaines Escritures qui furent faites & passées sur ce sujet,

(1) C'est l'Auteur qui range, cette Piéce sous l'an 1510. Il ajoute que l'ordre du Roi étoit de faire en son nom de semblables Déclarations & sommations, dans tous les lieux des Indes, où l'on aborderoit avant d'en entreprendre la Conquête par la voye des Armes. [DUM.]

ANNO 1510. jet, ainsi qu'il a esté cy-devant dit, que le Lecteur aura pu remarquer. Et qu'ainsi Sa Majesté Catholique est Roy & Seigneur de ces Isles & Terre ferme, en vertu de la susdite donation, & comme à tel Roy & Seigneur quelques Isles, & presque toutes, où ces choses ont esté notifiées, l'ont reconnu pour tel, & luy ont obei & servy, & le servent comme des Subjets le doivent faire, de bonne volonté & sans aucune resistance. Et dans le mesme temps sans aucun delay, comme ils furent informez de toutes ces choses, ils obeïrent à des hommes Religieux qui estoient envoyez de sa part pour leur prescher l'Evangile, & leur enseigner les misteres de la foy, & tous de leur bon gré & franche volonté, sans recompense ny condition aucune, se sont faits Chrestiens, & le sont; & Sa Majesté les a receus benignement, & ainsi il ordonna qu'ils fussent traitez humainement comme ses autres Subjets & Vassaux. Ainsi vous autres, estes tenus & obligez de faire la mesme chose, enfin pour conclusion je vous prie autant que je peux faire, & vous requiers, que vous consideriez bien ce que je vous viens de dire, & que vous preniez pour le bien entendre, & le mettre en execution, le temps que vous jugerez juste & raisonnable; & que vous reconnoissiez l'Eglise pour *Dame* & Maistresse de cet Univers, & le Souverain Pontife, appellé Pape, en son nom & Sa Majesté en sa place, comme Roy, Superieur & Seigneur des Isles & Terre ferme en vertu de la susdite Donation, & que vous consentiez, que ces Peres Religieux vous declarent, & preschent ce qui est specifié cy-dessus. Si vous le faites ainsi, vous ferez bien, & ne ferez que ce que vous estes tenus & obligez de faire, & Sa Majesté, & moy en son nom, vous recevront avec tout amour & charité, & vous laisseront vous, vos femmes & vos enfans, libres & exempts de servitude, afin que d'eux & de vous mesmes vous fassiez librement tout ce que vous voudrez, & vous vous en trouverez bien, comme presque tous les habitans des autres Isles s'en sont bien trouvez, & outre cela sa Majesté vous accordera plusieurs privileges & exemptions, & vous fera beaucoup de bien. Mais si au contraire vous ne le faites pas, ou que par malice vous apportiez du retardement en l'execution, je vous asseure, & vous promets, qu'avec l'aide de Dieu, je vous feray la guerre a toute outrance, & vous attaqueray de tous les costez, de toutes mes forces, & vous assujettiray sous le joug de l'obeissance, & de l'Eglise & du Roy, je prendray vos femmes & vos enfans, & les rendray esclaves, & comme tels je les vendray & en disposeray comme Sa Majesté l'ordonnera, je vous prendray vos biens, & vous feray tous les maux imaginables que je pourray, comme à des Vassaux rebelles & desobeïssans, & qui ne veulent pas recevoir leur Seigneur, mais luy resistent & contredisent; & je proteste que les morts & les maux, qui en resulteront, procedront de vostre faute, & non pas de celle du Roy, ny de la nostre, ny de ces Seigneurs qui sont venus avec moy, & de la mesme façon que je vous le dy, & requiers, j'en demande acte par devant les Notaires, afin qu'ils me le signent, & me le delivrent pour tesmoignage.

XI.

3. Juillet. JULII *Papæ II. Investitura, de toto Regno Siciliæ citra Farum, pro* FERDINANDO *Catholico Arragonum Rege, quâ Divisione dicti Regni olim per* ALEXANDRUM *Papam facta, nec non Investiturâ de parte illius* LUDOVICO *Galliæ Regi concessa* (1), *nunc revocatâ, & penitus abrogatâ, ipse pronuntiat dictum* FERDINANDUM *ad observationem Pactorum & Conventionum super hoc negotio factarum nullatenus obligari, eumque ab omni Juramento super hoc facto relaxat & liberum facit. Datum Romæ apud Sanctum Petrum, Anno Incarnationis Dominicæ* (2) *millesimo quingentesimo decimo, quinto Nonas Julii. Pontificatus sui Anno septimo.* [Authentique tiré des Grandes Archives de la Chambre Royale de Naples.] ANNO 1510.

JULIUS &c. Ad perpetuam rei memoriam: Etsi illius per quem Reges regnant, & Domini dominantur, vices, licet immeriti, gerentes in Terris, de Universis Orbis Provinciis, Regnis, & populis, Curæ nostræ superna dispositione commissis, ut sub felici regimine prospere gubernentur, & votiva in dies, ad æterni Nominis gloriam, & Catholicæ fidei exaltationem, suscipiant incrementa, sedulo cogitare nos convenit: Regnorum tamen, & Dominiorum, quæ ad nostrum, & Romanæ Ecclesiæ jus proprietatemque pertinent, propensior, & magis peculiaris Cura nos urget, unde ea, quæ pro ipsorum statu prospero, & tranquillo Catholicorum Principum, quorum in rebus agendis summa prudentia, sublimis Auctoritas, Celsitudo Regia, singularis integritas, & erga Nos, ac Ecclesiam prædictam constantis fidei, & devotionis sinceritas, aliaque insignia virtutum merita, in nostro, ac Apostolicæ Sedis conspectu clarere noscuntur, ditioni, regimini, & Administrationi libenter committimus, & sublato omni temporalis dissentionis fomite, perpetuæ unionis, & Concordiæ vinculo confovemus: Dudum siquidem felicis recordationis Alexander Papa sextus Predecessor noster de tunc Sanctæ Romanæ Ecclesiæ Cardinalium consilio, & assensu, ac ex sua certa scientia, & de Apostolicæ potestatis plenitudine, Regnum Siciliæ cum tota Terra citra Farum, tunc certo modo, ad jus, & proprietatem dictæ Ecclesiæ pleno jure, reversum in duas partes dividens, Neapolitanam, & Gaetanam Civitates, ac totam Terram Laboris, & Provinciam Aprutinam pro eorum justo valore Ludovico Francorum Christianissimo cum titulo Regis Neapolis, & Hyerusalem; Ducatus vero & omnes Provincias Calabriæ, & Apuliæ cum tota eorum Terra, etiam pro eorum justo valore Ferdinando Regibus filiis nostris in Christo Charissimis, & claræ memoriæ Helisabeth tunc in humanis agenti ipsius Ferdinandi Regis Consorti Reginæ Hyspaniarum Catholicis, cum titulo Ducis, & Ducissæ Calabriæ, & Apuliæ pro eis insimul, dum viverent, & altero eorumdem Ferdinandi Regis, & Helisabeth Reginæ, decedente, pro illorum ex eis, qui superstes remaneret suisque liberis, & successoribus, tam masculis, quam feminis ex legitimo matrimonio procreatis, per rectam lineam, ex suis Corporalibus respective descendentibus, natis, & nascituris, prout ad unumquemque Ludovici, & Ferdinandi Regum, & Reginæ prædictorum, juxta divisionem ipsam pertinebat, qualitercumque Regnum, Terra Laboris, Ducatus Provintiæ hujusmodi ad Ecclesiam prædictam legitime reversa, & devoluta forent, vel alias quovismodo illorum dispositio ad ipsum Alexandrum prædecessorem pertineret, cum omnibus juribus, & pertinentiis suis, ac cum Conditionibus, modis, formis, adjectionibus, promissionibus, Clausulis, Cautelis, voluntatibus, & ordinationibus tunc expressis, de similibus consilio, assensu, scientia, & potestatis plenitudine in feudum perpetuum concessit, ac donavit; prout in ipsius Alexandri prædecessoris desuper confectis Literis plenius continetur, Ipseque Ludovicus Neapolitanæ, & Gaetanæ Civitatum, ac Terræ Laboris, & Provinciæ Aprutinæ, & Ferdinandus Reges, & Regina Ducatuum, & aliarum Provinciarum hujusmodi corporalem possessionem, Concessionis, & donationis prædictarum vigore, assecuti fuerunt: Et quamvis præfatus Ludovicus Rex de implendis, & inviolabiliter observandis omnibus, & singulis conditionibus modis, & formis, adjectionibus, promissionibus, Clausulis, Cautelis, & voluntatibus, & ordinationibus supradictis solemne præstiterit juramentum, tamen in conditionum, promissionum, voluntatum, & ordinationum prædictarum implemento, & observatione, multifariam, ac in jurium pro recognitione veri Dominii ipsius Regni Siciliæ nobis, & dictæ Ecclesiæ exhiberi debitorum præstatione actuali, per multos annos defecit, quodque etiam Majestas sua facere minime debuisset, Regnum ipsum cum tota portione ei concessa absque voluntate nostra, nobisque inconsultis alienare præsumpsit, de quibus licet ea ita omnibus nota sint, ut nulla possint tergiversatione celari, aut justa excusatione defendi, cum Nobis etiam alias legitime constiterit, eaque vera esse comperimus, habita deli-

(1) Elle est ci-devant sous le 21. Juin 1501.
(2) Il y a quelque chose d'obscur en cette Date, mais l'année du Pontificat l'eclaircit. *Jules II.* fut élu le 31. Octobre ou le 1. Nov. 1503. Ainsi la septiéme Année de son Pontificat tombe au mois de Juillet, sur l'an 1510. *de la Nativité.* Il ne faut donc pas lire, *Anno millesimo quingentesimo decimo quinto*, mais seulement: *Anno* 1510. & joindre, le *quinto* avec *Nonas.* (DUM.)

ANNO 1510.

deliberatione matura, de eorum consilio, & assensu, ac ex certa nostra scientia, & Apostolicæ potestatis plenitudine, authoritate Apostolica, tenore præsentium dictum Ludovicum Regem, ex Regno Neapolis, & Hyerusalem, ac Neapolitana, & Gaetana Civitatibus, Terra Laboris, & Provincia Aprutina, omnique eorum jure penitus cecidisse, illaque propterea ad Nos, & Romanam Ecclesiam plene, & libere rediisse, & devoluta esse decernendum merito duximus, & censendum, prout harum serie decernimus, & censemus, potiorique pro Cautela, prædictas, & quascumque alias similes, vel dissimiles de Regno Siciliæ, & Hyerusalem, cum Terra citra Farum hujusmodi per eundem Alexandrum, & quoscumque alios Romanos Pontifices Prædecessores nostros, ac etiam Nos Ludovico præfato, & quibusvis aliis Regibus, & Principibus, eorumque hæredibus, & successoribus præterquam præfato Ferdinando Regi, etiam de consilio, assensu, scientia, potestatis plenitudine, & Authoritate similibus, & ex quacumque etiam grandi, & excogitabili causa hactenus, quomodolibet factas, & in infra scriptorum præjudicium faciendas per Concessiones, donationes, & Investituras quorumcunque tenoris & continentiæ sint, & quascumque etiam derogativarum derogatorias, aliasque fortiores, efficaciores & insolitas, etiam restitutorias, seu ad jus Commune reductorias Clausulas, declarationes, etiam cum irritantis appositione decreti in se contineant, illarum omnium tenores, continentias, atque formas præsentibus, ac si de verbo ad verbum insererentur, pro sufficienter expressis habentes perpetuo cassamus, irritamus, & annullamus, nulliusque roboris, vel momenti esse statuimus, & declaramus: Et cupientes Regnum ipsum felicissimi Regiminis præsidio communire, ac in illius solio eum Regem, & Principem constituere, qui sciat, velit & valeat commissos sibi Populos perpetua pacis, & justitiæ stabilitate firmare; Nosque & Romanam Ecclesiam acceptorum à Nobis beneficii, & honorum authores, ipsiusque Regni proprietarios, & directos Dominos grata devotione, & fide sincera recognoscat, habita etiam super hoc cum eisdem fratribus nostris simili deliberatione, demum ad dictum Ferdinandum Aragoniæ, & Siciliæ Regem Catholicum direximus oculos mentis nostræ, quippe memoria complexi sumus ipsius Ferdinandi Regis gentilem, ac hereditariam à pæne rerum primordio regnandi consuetudinem, in commissos sibi populos recte, & fideliter gubernando prudentiam, in conservando studium, in corrigendo Clementiam, in administrando mansuetudinem, & in defendendo invictissimi animi, & potentiæ vires; succurrerunt etiam multa Majorum suorum de Sede prædicta, clara, atque insignia merita, ipsius porro pro fidei Orthodoxæ, pro Divini Nominis Gloria, proque Christianæ Religionis augmento, ab incunabulis ipsis, usque in hunc diem susceptos sponte labores, contempta, & superata pericula, innumerabilemque exhaustam pecuniam in Granatæ, & Almeriæ Regna per tot secula Mahometica Tyrannide oppressa, & ipsius Ferdinandi Regis opera Christianæ Religioni restituta, ignoti penitus Populi Indici Maris, & ulterioris Oceani, devia ferarum more incolentes cum auspiciis, per inaccessi itineris longam, & perdifficilem navigationem ad humanæ gentis cultum redacti, & quod eatenus non cognoverant, sub Crucis vexillo constituti, hæresiarum, & illorum Authores, Judei, è suis universis Regnis, & Dominiis, non absque Regii Ærarii jactura prorsus expulsi, atque in eo ad bene, beateque semper agendum renovata inventa, bellum superioribus diebus contra Affricam nulla necessitate premente, nisi fidei ampliandæ desiderio per eumdem Ferdinandum Regem susceptum, & Bugiæ Regnum, ac Oran Urbs ampla, Arces, & alia loca, ex eo jam parta immortalis Gloriæ præconio, Testimonio fuerunt; Ægre quoque ferebamus, quod Regnum Siciliæ, & Hyerusalem cum tota Terra citra Farum hujusmodi, quod per unum Regem, & Principem solitum gubernari fuerat, sub divisione prædicta, & duas partes non sine magno Incolarum dispendio, & quotidianis periculis septum, diutius remaneret, & quod in nostrum, & dictæ Ecclesiæ grave præjudicium, & dedecus redundabat, absque legitimo titulo à quoquam, præsertim ab ipso Ferdinando Rege potentissimo, illegitimorum inter eum & præfatum Regem Ludovicum desuper initorum pactorum, & conventionum, nobis penitus inconsultis prætextu teneretur, quibus omnibus debita meditatione pensatis, sperantesque quod idem Ferdinandus Rex, in suæ fidei sinceritate, obedientia, & devotione erga Nos, & præfatam Ecclesiam Sponsam nostram eo constantior erit, quo nos, & illam repererit magis sibi munificam, & in suis opportunitatibus magis liberalem; quodque Regnum ipsum Siciliæ & Hyerusalem in justitiæ robore, & pacis amænitate, quantum in eo erit, Deo propitio, salubriter reget, ac prospere gubernabit ad laudem Omnipotentis Dei Patris & Filii, & Spiritus Sancti, & Gloriosissimæ Virginis Mariæ, ac Beatorum Apostolorum Petri, & Pauli, nec non totius Curiæ Cœlestis triumphantis honorem, quoque, pacem, & tranquillum statum Regni prædicti, illiusque Principum, Ducum, Marchionum, Comitum, Procerum, & Populorum salutem, quietem, & conservationem, de similibus consilio pariter, & assensu, ac ex certa nostra scientia, & Apostolicæ potestatis plenitudine, & authoritate præfata earumdem tenore præsentium, præfatum Ferdinandum Regem ad observationem pactorum, & Conventionum inter eum, & dictum Ludovicum Regem, super Regno Siciliæ, & Hyerusalem, ac Civitatibus, & Terra Laboris, ac Provincia Aprutina hujusmodi, quæ idem Ferdinandus Rex possidet, quomodolibet initorum quorumcumque tenorum existant, etiamsi juramenti roborata sint, non teneri, nullasque propterea perjurii, aut alias pœnas ibi forsan adjectas, incurrisse nuntiamus, ipsum juramentum eidem Ferdinando Regi relaxamus, & Regnum Siciliæ, & Hyerusalem cum tota Terra citra Farum ac Ducatibus Apuliæ, & Calabriæ, ac aliis Provinciis, ab eo ut præfertur divisis insimul conjungentes, ac in eum statum, in quo ante divisionem prædictam existebat, reponentes, restituentes, & plenarie reintegrantes Regnum ipsum Siciliæ, & Hyerusalem cum tota dicta Terra citra Farum usque ad confinia Terrarum dictæ Ecclesiæ Romanæ, excepta Civitate nostra Beneventana cum ejus Territorio, & pertinentiis, sive, ut præfertur, sive alias quovis modo, etiamsi ex Persona, vel facto ipsius Ferdinandi Regis, ex quavis causa illud ad dictam Ecclesiam sit reversum, aut alias ejus dispositio ad nos pertineat, dicto Ferdinando Regi pro se suisque in dicto Regno Aragoniæ hæredibus, & successoribus, tam masculis, quam feminis ex eo recta linea descendentibus, natis, & nascituris, cum omnibus juribus, & pertinentiis suis, ac cum censu annuo, aliisque conditionibus, modis, formis, adjectionibus, promissionibus, clausulis, cautelis, voluntatibus, & ordinationibus infra notatis in feudum perpetuum, sine tamen præjudicio juris, ipsi Ferdinando Regi, alias in Regno Siciliæ, & Hyerusalem, ac Ducatibus, & Provinciis forsan competentis, cui per præsentes non intendimus derogare, concedimus, & elargimur; Volentes, & intendentes eumdem Ferdinandum Regem de ipsis Regno Siciliæ citra Farum per vexillum dictæ Romanæ Ecclesiæ per Nos, seu Sedem prædictam aut aliquem ejusdem Romanæ Ecclesiæ Cardinalem, vel alium, cui hoc duxerimus, committendum, Nostro, & ipsius Romanæ Ecclesiæ nomine conferendum, & exhibendum de proximo investiri, ita tamen, ut ipse Ferdinandus Rex juxta formam inferius adnotatam, fidelitatis juramentum, & homagium, ac servitium, Vassallagium, & ligium in nostris per se, vel Procuratorem suum ad hoc ab eo specialiter constitutum, & iterato, cum eum de Regno Siciliæ hujusmodi contigerit actualiter investiri tempore traditionis dicti Vexilli & actualis investituræ prædictæ in ipsius Commissarii nostri, Nostro, & præfatæ Ecclesiæ nomine recipientis, manibus præstet pro hujusmodi feudo præstari debita, & consueta, Civitatem autem nostram Beneventanam prædictam cum ejus Territorio, districtibus, & pertinentiis per Nos, seu Romanum Pontificem distinctis, seu distinguendis, cum eorum incolis, prout illam sibi dudum præfata Ecclesia specialiter retinuit, & reservavit, harum serie, & eidem Ecclesiæ specialiter reservamus: Conditiones vero de quibus supradictum fuit, sunt hæ, videlicet: Promittent, & jurabunt tam Ferdinandus Rex, ex nunc in manibus nostris, & successive in ipsius Commissarii, cum per traditionem vexilli prædicti, Regno Siciliæ, & Hyerusalem hujusmodi, modo præmisso, investientis manibus, ut præfertur: quam etiam in singulis investituris ejus in dicto Regno hæredes, & successores præfati, juxta formam infrascriptam: Quod ipse, & illi nullas unquam Conspirationes, Colligationes, vel conjurationes cum quibuscumque Regibus, Principibus, Magnatibus, Communitatibus, Universitatibus, aut Personis

ANNO 1510.

ANNO 1510. sonis, fidelibus vel infidelibus, contra Nos, vel successores Nostros Romanos Pontifices canonice intrantes, aut dictam Romanam Ecclesiam, seu in eorum damnum facient, aut fieri consentient, seu permittent, quantum in eis erit, nec factas ratas habebunt, & quod nunquam à nostra, & dictæ Romanæ Ecclesiæ obedientia & devotione recedent, nec aliquod scisma contra Nos, vel successores nostros, aut Ecclesiam prædictam facient, aut Scismaticos, vel Hæreticos receptabunt, seu quocumque modo eis favebunt, aut eis, seu eorum alicui aliquod consilium, auxilium, vel favorem præstabunt, nec aliquos Nobis, & dictæ Ecclesiæ rebelles, aut Nostros seu dictæ Ecclesiæ hostes, vel inimicos, pro talibus publice declaratos, seu rerum, aut honorum dictæ Ecclesiæ invasores, aut occupatores in Regno Siciliæ citra Farum hujusmodi, aut in aliqua ejus parte receptabunt, aut per alios receptari quoquomodo patientur seu permittent scienter, sed illos efficaciter persequentur: Si vero in ipsius Ferdinandi Regis, & suorum hæredum, & successorum prædictorum obitu, legitimum, prout sequitur, hæredem, & successorem Ferdinandum Regem, & hæredes, & successores præfatos, quod absit, non habere contigerit, ipsum Regnum Siciliæ, & Hyerusalem ad prædictam Ecclesiam Romanam, & ejus dispositionem libere revertantur: Descendentes autem ex ipso Ferdinando Rege, ac suis hæredibus, & successoribus præfatis, Mares, & Fœminæ in eodem Regno Siciliæ, & Hyerusalem eis succedant, ita tamen quod Masculi Fæminis, & natu Majores, minoribus in eodem gradu præferantur, & sic exinde in omnibus successoribus observetur; volumus tamen filium, vel filiam filii, vel filiæ majoris etiam in vita Patris, & Matris præmortui, seu præmortuæ, in successione prædicta semper Patruo, vel Amitæ, aut Materteræ aliisque transversalibus præferri, in Regno vero Siciliæ, & Hyerusalem prædicto nullus succedat, qui non fuerit de legitimo matrimonio procreatus. Ad hoc tam ipse Ferdinandus Rex, quam in dicto Regno Siciliæ, & Hyerusalem, hæredes, & successores sub propriis nominibus Nobis, & successoribus Romanis Pontificibus Canonice intrantibus, ac eidem Romanæ Ecclesiæ, & prædictis suo, suorum hæredum, & successorum nominibus, Ligium, & Homagium facient, &, dicti Juramenti fidelitatis mentionem expressam de præsentibus Literis faciendo, præstabunt, ut præfertur, hujusmodi autem ligium, & homagium ipse Ferdinandus Rex, ac sui hæredes, & successores facere, & juramentum fidelitatis præstare juxta subscriptam formam, videlicet ipse Ferdinandus Rex per eum, vel Procuratorem suum in traditione præsentium Literarum, quæ ei, vel eidem Procuratori suo fiet in manibus nostris, & cum ipsum de Regno prædicto actualiter per traditionem dicti Vexilli investiri continget, & in manibus Commissarii ad hoc propterea destinandi investiendis, iidem vero hæredes, & successores si Romanus Pontifex in Italia fuerit, infra sex menses, si vero extra Italiam esset, infra annum, postquam dicti Regni Dominium adepti fuerint, teneantur, & singulis successoribus nostris, ac eidem Romanæ Ecclesiæ renovabunt tam ipsum Ligium, & Homagium, quam etiam hujusmodi juramentum, in optione autem, & beneplacito erit Romani Pontificis, seu prædictæ Ecclesiæ Ferdinandum Regem, & hæredes, ac successores suos prædictos vocare ad præstandum personaliter juramentum fidelitatis, & Ligium, & Homagium hujusmodi Romano Pontifici, ac Ecclesiæ hujusmodi, dummodo ad hoc illis tutum locum statuat, & assignet, vel Cardinalem ipsius Ecclesiæ, aut alium, qui vice Romani Pontificis juramentum juxta eandem formam, & homagium, ac ligium hujusmodi recipiat, destinare, ipseque Ferdinandus Rex in nostris ex nunc, ut præfertur, & deinde in ipsius Commissarii nostri destinandi manibus jurabit, se ad hoc specialiter obligatum, & tam ipse Ferdinandus Rex, quam sui in dicto Regno hæredes, & successores, Nobis, & singulis successoribus nostris prædictis, atque eidem Ecclesiæ, quando præstabunt hujusmodi fidelitatis juramentum, jurabunt se ad hoc specialiter obligatos, quod videlicet nunquam ipse & sui hæredes, ac successores prædicti per se, vel alium seu alios quocumque modo procurabunt, quod ipse, vel aliquis eorum eligatur, vel nominetur in Regem Romanorum, vel in Regem Theutoniæ, vel Dominium Lombardiæ, vel Tusciæ, vel majorem partem earumdem Lombardiæ, & Tusciæ, & si electionem, vel nominationem ad dictum Imperium, vel Regnum Romanorum, vel Regnum Theutoniæ, vel Dominium Lombardiæ, seu Tusciæ, aut majoris partis hujusmodi, de illis celebrari contigerit, nullum hujusmodi nominationi, vel electioni assensum præstabunt, aut se intromittent ullo modo in Regimine ipsius Imperii, vel Regni Romanorum seu Theutoniæ, aut Dominii Lombardiæ, seu Thusciæ, vel majoris partis earumdem, ad quodcumque eorum ipsi nominati fuerint, vel electi: Quod si ipse Ferdinandus Rex, vel aliquis ejus in dicto Regno Siciliæ hæredum, & successorum, studentibus, & procurantibus eis, ad Imperium, seu dictum Regnum Romanorum, sive Regnum Theutoniæ, aut Dominium Lombardiæ, seu Thusciæ aut majoris partis earum electi, seu nominati fuerint, aut si post talem electionem Imperii, vel Regni Romani seu Regni Theutoniæ, aut Dominii Lombardiæ, vel Thusciæ, vel majoris partis ipsarum Regimini se manifeste intromiserint, sine expresso nostro, vel successorum nostrorum prædictorum Mandato, eo ipso à jure Regni Siciliæ citra Farum hujusmodi cadant ex toto, illudque prorsus amittant, & ad Romanam Ecclesiam prædictam libere revertatur. Si autem ipse Ferdinandus Rex, vel aliquis ex dictis ejus hæredibus, & successoribus electioni, vel nominationi pro tempore factæ, ipso non procurante, aut etiam procurante, palam, vel occulte consenserit, & quod hujusmodi electioni, & nominationi, seu juri omnino renunciet, & quod de Imperio, seu aliquo prædictorum, ad quod electus, seu nominatus fuerit, nullatenus se intromittat monitus, nisi infra quatuor mensium spatium post monitionem hujusmodi tali electioni seu nominationi, aut juri renunciaverit, vel si de ipso Imperio, vel aliquo prædictorum ad quod electus, seu nominatus fuerit, se intromittat quoquo modo, sit eodem Regno Siciliæ citra Farum, ac omni prorsus jure ejus privatus, & ut dictum est, illud ad eandem Ecclesiam libere devolutum, si vero ad eundem Ferdinandum Regem, vel aliquem ex suis in dicto Regno Siciliæ hæredibus, & successoribus non possit talis monitio pervenire, super quo utique impedimento videlicet, quod moneri commode nequeat, credetur, & stabitur assentioni dumtaxat Romani Pontificis, sufficiat monitio publica, & solemnis: Ita quod si infra sex menses ipse Ferdinandus Rex non renunciaverit, vel hæres, & successor non renunciaverint, aut de Imperio seu aliquo alio prædictorum, ad quod ipse vel hæredes, & successores sui electi, seu nominati fuerint, quomodo libet se intromiserit, ex hoc cadat ab omni jure dicti Regni Siciliæ, & illud ad ipsam Romanam Ecclesiam libere devolvatur. Cæterum si contigerit aliquem de prædictis hæredibus, & successoribus, qui deberet in prædicto Regno Siciliæ succedere, in Regem vel Imperatorem Romanorum seu Regem Theutoniæ, vel Dominium Lombardiæ, aut Thusciæ, vel majoris partis earum nominari seu eligi, vel assumi, nullatenus ipsius Regni Siciliæ possessionem nanciscatur, vel habeat, nec se de illius cura, seu Dominio, aut Regimine, vel alias aliquatenus intromictat, nisi prius Imperio, seu Regno Romano, seu Regno Theutoniæ, aut Dominio Lombardiæ, seu Thusciæ, vel majoris partis earum, ad quodcunque eorum electus, seu nominatus fuerit, vel assumptus, & omni sibi juri in illis competenti omnino renunciet, & si eorum aliquod sive de jure, sive de facto tenere voluerit, dictum Regnum Siciliæ citra Farum omnino dimittat, ipsum nullo unquam tempore reassumpturus, cadatque ab omni successione & jure, quæ in ipso Regno Siciliæ citra Farum sibi competerent, ipso facto, ita, quod illud ad eandem Romanam Ecclesiam, ejusque dispositionem plenarie, & libere devolvatur: Quod si non extantibus masculis, fæmina in dicto Regno Siciliæ successerit: Illa Regi, vel Imperatori Romanorum, seu in Regem, vel Imperatorem Romanorum electo, ad eorum, vel majoris partis eorum Dominium nunquam matrimonialiter copuletur, & si contrarium fecerit, eo ipso cadat à dicto Regno Siciliæ, ac prorsus ipsius jure privata sit, illo ad eandem Ecclesiam devoluto: Si autem dictus Ferdinandus Rex, vel aliquis suorum in ipso Regno Siciliæ citra Farum hæredum, & successorum contra hæc venerit, eo ipso excommunicatus, & insuper labe, ac perjurii reatu respersus existat. In hujusmodi quoque juramento, & per dictum Ferdinandum Regem de proximo faciendo, ipse, & sui in dicto Regno Siciliæ hæredes, & successores quoties illud præstiterint, addetur expresse, quod nullo unquam tempore Regnum, seu Imperium Ro-

ANNO 1510. Romanum, aut Regnum Theutoniæ, vel Dominium Lombardiæ, seu Thusciæ, aut eorum majoris partis, seu easdem Lombardiam, vel Thusciam, aut majorem partem earum, per se, vel alium seu alios occupabunt, capient, vel acquirent, aut sibi alias quomodolibet vendicabunt, sine nostra, & successorum nostrorum expressa voluntate, & assensu, & si secus fecerit seu fecerint, secundum prædictam formam pœnas similes incurrat, & incurrant: Quod autem dicitur de majori parte Dominii Lombardiæ seu Thusciæ, intelligatur scienter, si vero ignoranter, eadem ad Mandatum Ecclesiæ dimittere teneatur, & ipsi hæredes, & successores teneantur, & si ea ad Mandatum Ecclesiæ dimittat, seu dimittant, non incidat, nec ipsi incidant in pœnam in isto articulo, & in similibus constitutam: Si vero monitus, & moniti non dimittat seu dimittant, incurrat, vel incurrant pœnam, prout est in hoc articulo, & in aliis constitutum: Quod si in posterum dictum Ferdinandum Regem, vel aliquem ex ejus hæredibus, & successoribus Siciliæ citra Farum hujusmodi Regem contingat in Imperatorem eligi, non transeat ad Imperium, alioquin, in pœnas incidat in hoc articulo, & aliis similibus comprehensas: Quod si Regni ipsius possessione non habita, vel obtenta in Imperatorem electus, transire voluerit ad Imperium, in manibus Romani Pontificis, vel ejus, quem idem Pontifex duxerit destinandum, filium successurum in dicto Regno Siciliæ, cujuscumque fuerit ætatis, prius emancipet, ac dicto Regno Siciliæ renunciet, nihil juris in eo retinendo clam, vel palam, nec etiam cujuslibet Patriæ, vel alterius potestatis occasione ipsum filium ad subsidium, vel aliquod servitium faciendum, juramento, vel voto, stipulatione, vel facto, sibi, vel successoribus suis adstringat: sicque factus filius sui juris ab eodem Romano Pontifice, vel alio destinato ab ipso, protinus investiatur de dicto Regno Siciliæ, ad cujus successionem, si forte decederet sine liberis, nullo unquam tempore Pater veniat Imperator existens, sed si Imperio, & omnibus, quæ ad ipsum Imperium pertinent, idem Pater renunciare voluerit, & ipso Regno Siciliæ tantum esse contentus, post renunciationem hujusmodi ad illius possessionem libere admittatur, & tunc ab ipso Romano Pontifice, vel alio destinato ab eo, Investituram recipiat dicti Regni Siciliæ, idem vero filius sic assumptus, si major decem, & octo annis fuerit, libere administret, sed quamdiu minor extiterit, tam ipse, quam Regnum Siciliæ citra Farum hujusmodi in custodia Romanæ Ecclesiæ remaneant, donec Rex ipse ætatem compleverit antedictam, fructibus nihilominus, & obventionibus ipsius Regni Siciliæ, è quibus sumptus necessarii faciendi pro ipsius Regni Custodia deducantur, Regi conservandis eidem, & lucro alteri ratione ipsius custodiæ non cessuris: quæ vero de filio dicuntur, ut ei videlicet Regnum Siciliæ hujusmodi possit sub observatione præmissa à Patre ad Imperium transeunte dimitti, de filia etiam duximus statuendum, salvis aliis conditionibus supradictis, & si Rex non habens filios in Imperatorem, electus ad Imperium transire voluerit, de Personis, quas supra diximus, liberis non extantibus, in dicto Regno Siciliæ succedere possint alii; qui superstites fuerint, & quæ de filio, & filia præordinavimus, observentur in illis, excepto emancipationis articulo, qui in solis illis procedere poterit, qui capaces emancipationis existunt ratione Patriæ potestatis; declaramus etiam, quod si Regi, sive filio decedenti superstes sit filia, vel mulier alia, quæ juxta præfatam formam debeat ad hujusmodi successionem admitti: Et quæ Imperatori, dum Rex ipse viveret, fuerat desponsata, vel nupta, illa non succedat, ut præmittitur: Et si dicto Regno Siciliæ sibi delato Imperatori nupserit, cadat protinus ab eodem, nisi Vir ejus Imperio prorsus renuncians ipso Regno Siciliæ solummodo sit contentus: In primo autem casu repulsis & aliis prædictis, ad Personas alias servatis Gradibus dictum Regnum Siciliæ perveniat, ut prænotatæ sunt, qui in eodem Regno Siciliæ possunt succedere, si Regi, vel Duci præmortuo liberi non supersunt, in secundo autem casu Regnum ipsum Siciliæ ad eandem Romanam Ecclesiam libere devolvatur, illudque Imperio nullomodo subdatur, seu sibi ullo unquam tempore in eadem Persona quomodolibet uniatur, & præcise super hoc articulo, tam per pœnas Spirituales, quam alias cautiones cavebitur, juxta Ecclesiæ voluntatem, quandocumque Romanus Pontifex hoc duxerit requirendum, cum prorsus intentionis sit Romanæ Ecclesiæ, ut Regnum ipsum Siciliæ citra Farum nullo unquam tempore cum Imperio uniatur, ut scilicet unus Romanorum Imperator, & Siciliæ Rex existat: quod autem circa unionem hujusmodi cum Imperio dicimus, hoc ipsum circa unionem Regni Theutoniæ, seu cum Lombardia, vel Thuscia, sive cum majori parte ipsarum Lombardiæ, & Thusciæ (exceptis supra expressis) intelligimus, & volumus esse: Pro toto vero generali censu dicti Regni Siciliæ, & Hyerusalem octo millia (alias unciarum) ducatorum auri ad pondus ipsius Regni in dicto Festo Beatorum Petri, & Pauli, ubicumque Romanus Pontifex fuerit, ipsi Romano Pontifici, ac Romanæ Ecclesiæ per dictum Ferdinandum Regem, ac suos in Regno ipso hæredes, & successores annis singulis persolventur: si vero Ferdinandus Rex, vel hæredes, ac successores sui prædicti quocumque termino non solverint integre censum ipsum, & expectati per duos menses terminum ipsum immediate sequentes, de illo ad plenum non satisfecerint, eo ipso erunt excommunicationis vinculis innodati: quod si secundo termino infra alios sequentes duos menses sine diminutione qualibet, Censum eumdem non persolverint, totum ipsum Regnum Siciliæ citra Farum Ecclesiastico erit suppositum interdicto: si vero nec in tertio termino, nec infra alios duos menses proximos per plenam satisfactionem illius ejusdem Census ubi duxerint consulendum: Ita quod transactis eodem tertio termino, & duobus proximis sequentibus mensibus, non sit de Censu hujusmodi primi termini ipsi Romanæ Ecclesiæ integre satisfactum, ab eodem Regno Siciliæ citra Farum, illiusque jure ex toto cadant, illudque ex tunc ad eandem Romanam Ecclesiam integre, & libere revertatur; si autem de censu hujusmodi primi termini infra dictum tertium terminum, & duos sequentes menses plenarie satisfecerint, nihilominus semper pro eodem Censu singulorum terminorum, pari modo, si in illius solutione cessaverint, vel illum non solverint, similes pœnas incurrant, salvis aliis pœnis, ac processibus, qui, vel quæ de jure inferri, vel haberi poterunt per Romanum Pontificem, in hoc casu, in quolibet etiam termino, ipse Ferdinandus Rex, ejusque in dicto Regno Siciliæ, & Hyerusalem hæredes, & successores, dabunt Nobis, & successoribus nostris Romanis Pontificibus canonice intrantibus unum Palafrænum album, pulchrum, & bonum in recognitionem veri Dominii ipsius Regni Siciliæ, & Hyerusalem. Ad hoc cum idem Ferdinandus Rex Regnum Siciliæ, & Hyerusalem hujusmodi possideat, & in ea plenam obedientiam habeat, & illius verus Rex censeatur, pro investitura hujusmodi ex nunc sub infrascriptis terminis solvet Nobis, & præfatæ Romanæ Ecclesiæ quinquaginta millia Marcharum Sterlingorum, videlicet infra sex menses proxime venturos decem millia, & infra singulos alios sex menses, post eosdem primos sex menses successive computandos, singula alia decem millia Marcharum, usque ad totam summam quinquaginta millium Marcharum sterlingorum hujusmodi, donec tota ipsa summa per eumdem Ferdinandum Regem, aut nomine suo, Nobis, & eidem Ecclesiæ fuerit persoluta; quod si in eisdem terminis illas non solverit, liberum erit Nobis, vel eidem Romanæ Ecclesiæ contra eum pro singulis terminis ad pœnas Spirituales, & temporales procedere, prout Nobis, vel ipsi videlibitur expedire. Quandocumque tamen Romanus Pontifex, qui pro tempore fuerit, asseruerit, vel dixerit Romanam Ecclesiam indigere: Ita quod super indigentia hujusmodi Romani Pontificis simplici verbo stetur, ipse Ferdinandus Rex, vel sui in dicto Regno Siciliæ, & Hyerusalem hæredes, & successores requisiti ab eo, in Urbem, in Campaniam, in Provinciam Beati Petri, in Thusciam, in Ducatum Spoletanum, in Marchiam Anchonitanam, ad præmissam Civitatem Beneventanam, & ejus Territorium, ac pertinentias, quæ, ut præfertur, eidem remanebunt Ecclesiæ, ac in Perusinam Civitatem, Castelli, Bononiensem, (pro cujus recuperatione, ac castiganda, & comprimenda superbia, ingratitudine, & inobedientia, cæterisque erratis gravibus Alphonsi Ducis Ferrariæ, qui beneficiorum à præfata Ecclesia in Domum Esten-

ANNO 1510.

Eſtenſem, & per Genitores ſuos, & nuperrime à nobis in eum multipliciter collatorum penitus oblitus, & immemor, in reprobum ſenſum datus, veluti ingratus filius contra Nos, & præfatam Romanam Eccleſiam, Dominam, & Matrem ſuam cornua erigere non eſt veritus: ac contra quoſcumque cujusvis conditionis exiſtentes, qui dictum Alphonſum in primis contra Nos defenderent, protegerent, & tuerentur, ad præſens maxime indigemus, & indigere declaramus, proptereaque dictum Ferdinandum Regem, Nobis, & eidem Romanæ Eccleſiæ in hujusmodi neceſſitate infraſcriptum Equitum ſubſidium exhibendi enixe requirimus,) Ferrarienſem, & Avinionenſem Civitates noſtras, ac Comitatum Venaiſin, & in omnes alias Terras ipſius Eccleſiæ ubicumque conſiſtentes tricentos milites Equites armis decenter munitos, & paratos, ita, quod unusquisque ipſorum habeat quatuor Equitaturas, vel tres ad minus, in Eccleſiæ prælibatæ obſequium, & ſubſidium transmittet, & transmittent, per tres menſes integros ipſius, & ſuorum prædictorum in dicto Regno Siciliæ citra Farum hæredum, & ſucceſſorum ſumptibus, & ſtipendiis, ſemel tantum in anno in ſervitiis ejusdem Eccleſiæ moraturos, menſibus ipſis à die qua iidem milites Terram ſui Dominii, vel fines ſui diſtrictus egreſſi fuerint, per vulgares, & ſolitas dietas computandis: Et ſi maluerit Eccleſia eadem ingruente neceſſitate, ſuper qua ſtetur verbo Romani Pontificis, ut dictum eſt, navali exercitu juvari, prædicti milites debita taxatione, & recompenſatione præhabita, in navale ſubſidium convertentur, verum quia prædicta Civitas Beneventana, quam hactenus ipſa Eccleſia Romana ſibi retinuit, & in ſuum Dominium cum omnibus ſuis juribus, & pertinentiis reſervavit, & totum Tenimentum Civitatis ejusdem cum finibus ejus antiquis, quos Romanus Pontifex, quandocumque ſemel tantum ſibi placuerit, bona fide ſibi diſtinguet, eidem Eccleſiæ, & in ejus proprietate libere remanebit, nullo jure in eis eidem Ferdinando Regi, vel cuicumque alii de Regno Siciliæ prædicto retento, ſeu quomodolibet reſervato, diſtinctionique per Romanum Pontificem ſemel faciendæ, ut dictum eſt, ſtabunt ipſe Ferdinandus Rex, ac ſui in dicto Regno Siciliæ hæredes, & ſucceſſores abſque contradictione, ſeu refragatione quacumque, prout ipſa diſtinctio per Litteras Apoſtolicas apparebit. Pro dicta quoque Civitate Beneventana reparanda, reficienda, & fortificanda per Romanam Eccleſiam exponent per ſeptennium pro ligneminibus omnia nemora ipſius Regni Siciliæ, & omnem materiam ad edificia opportunam, ut puta lapides, & arenam, quæ Puteolana vocatur, Cæmenta, & ſimilia, ſine præjudicio juris ſingularum Perſonarum, ad unam dietam prope Beneventum; præſtabunt etiam ipſis Beneventanis ſecuritatem per Regnum Siciliæ: Inſuper Privilegia in dicta Civitate à Regibus, & Principibus conceſſa, illibata ſervabunt, omnia Statuta per quondam Fredericum, olim Romanorum Imperatorem, ſeu quoſcumque alios Reges facta contra libertatem Civitatis ejusdem revocabunt, & in omnibus, & per omnia, quæ libertatis fuerint, cæteris Regnicolis parificabunt; illa nec alia Statuta, ſeu aliquas Leges condent in poſterum, per quæ dictæ Civitati directe, vel indirecte poſſit præjudicium generari, & pro Apoſtolicæ Sedis, & Beati Bartholomei Patroni Civitatis ejusdem reverentia, fidantias ab omnibus remitti facient, & remittent eiſdem, fidantiarum autem remiſſio eſt Conceſſio libertatis, ut Cives Beneventani poſſint libere vineas, & Terras vendere, & de ipſis pro ſua voluntate diſponere, ſine aliqua taxatione, vel muneris donatione, ipſe autem Ferdinandus Rex, & dicti ſui in Regno Siciliæ hujusmodi hæredes, & ſucceſſores in dicta Civitate, & ejus Territorio, ac pertinentiis ſuis, quæ Eccleſiæ Romanæ remanebunt, vel in Urbe, ſeu Campania, vel Maritima, ſeu Ducatu Spoletano, aut Marchia Anchonitana, vel in Patrimonio Beati Petri in Thuſcia, in Civitatibus Peruſina, Civitate Caſtelli, Bononienſi, Ferrarienſi, Avinionenſi, & Comitatu Venaiſini, ſeu in aliis quibuscumque Dominiis, ſive feudis ipſius Eccleſiæ, ubilibet conſtitutis, ex ſucceſſione, vel legato, donatione, vel venditione, aut alio quocumque jure, ſive titulo, ſive Contractu, nihil unquam eis acquirent, vel vendicabunt, ſeu poterunt acquirere, vel quomodolibet vendicare, & nihil unquam recipient, vel habebunt, aut retinebunt, ſeu poterunt recipere, vel etiam retinere, aut nullam Poteſtariam, Capitaniam, vel Rectoriam, nullumque alium honorem, nullam dignitatem, ſeu poteſtatem ſenatoriam, vel quamcumque aliam adminiſtrationem, ſeu Commendam, nec non quodcumque aliud Officium recipient, ſeu recipere poterunt in eiſdem: Hoc autem intelligimus de illis hæredibus ipſius Ferdinandi Regis, ac ſuorum in dicto Regno Siciliæ hæredum, & ſucceſſorum, qui ſuccedent eidem Ferdinando Regi in dicto Regno; Nolumus enim quod delictum aliorum hæredum, qui ſuccederent eidem, vel illis in Civitatibus, & aliis Terris ſuis, vel eorum, in pœnam illius, qui eſt eidem Ferdinando Regi, vel hæredibus, & ſucceſſoribus ejus ſucceſſurus in Regno Siciliæ citra Farum præfato, aliquatenus extendatur: Ne vero hujusmodi alii hæredes, & ſucceſſores ipſius Ferdinandi Regis, vel hæredum, & ſucceſſorum ſuorum contra ea, quæ in iſto articulo continentur, aliquo forſan tempore venire præſumat, acquirendo, vel vendicando, aut recipiendo, vel habendo, ſeu retinendo ſibi aliquid in Terris in articulo ipſo expreſſis, ſeu comprehenſis, vel recipiendo, habendo, vel retinendo in Terris eisdem Poteſtariam, Capitaniam, vel Rectoriam, ſeu aliquod aliud de his, quæ in articulo continentur eodem, ſic ſuper his duximus providendum, ut videlicet nulli etiam hujusmodi aliorum hæredum, & ſucceſſorum dicti Ferdinandi Regis, nec ipſi ullo unquam tempore liceat ſibi quidquam in eisdem Terris acquirere, ſeu vendicare, percipere, habere, vel etiam retinere, Poteſtariam, ſeu Capitaniam, vel Rectoriam, aut aliquod aliud in his, quæ prout dictum eſt, in eodem articulo plenius continentur: Quicumque autem ipſorum ſecus præſumpſerit, eo ipſo excommunicatus exiſtat, nec ipſe, nec ejus Poſteri in perpetuum poſſint in eodem Regno Siciliæ citra Farum ſuccedere, ſi aliquo caſu hujusmodi ſucceſſio deferatur, ſed ab illo repellatur omnino, & nihilominus ille, qui tunc ejusdem Regni Siciliæ citra Farum Gubernaculo præſidebit, Romano Pontifici aſſiſtere teneatur; ſi vero dicti Ferdinandi Regis in ipſo Regno Siciliæ hæredes, & ſucceſſores prædictam Civitatem Beneventanam, & Territorium, & pertinentias ejus, quæ remanebunt Eccleſiæ, vel aliquam partem eorum, aut Campaniam, ſeu Maritimam, vel Urbem, vel Ducatum Spoletanum, aut Marchiam Anchonitanam; ſeu Patrimonium Beati Petri in Thuſcia, aut Civitates Peruſinam, Civitatem Caſtelli, Bononienſem, Ferrarienſem, vel Avinionenſem, aut Comitatum Venaiſini, vel alias quascumque Terras Romanæ Eccleſiæ ubilibet conſtitutas, vel ipſarum aliquam partem occupaverint, ſeu occupari fecerint, ſeu ſuper his offenderint, vel moleſtaverint Eccleſiam, ſeu fecerint moleſtari, etiam poſtquam deſuper à Romano Pontifice moniti, & requiſiti fuerint, vel ſi commode moneri, vel requiri nequiverint, juxta ipſius Romani Pontificis aſſertionem, vel dictum, poſtquam ad hoc publice, & ſolemniter ipſum Ferdinandum Regem; vel dictos ejus hæredes, & ſucceſſores monuerint, infra tres menſes non reſtituerint integre omnia occupata, eo ipſo ab ipſius Regni Siciliæ, citra Farum jure cadant totaliter, ipſumque Regnum Siciliæ prorſus amittant, illudque ad Romanam Eccleſiam libere devolvatur. Quod ſi etiam reſtituerint occupata, nihilominus ad plenum de univerſis injuriis, & damnis illatis ad Mandatum ejusdem Romani Pontificis ſatisfacere teneantur. alii quoque hæredes, & ſucceſſores dicti Ferdinandi Regis, videlicet, qui ei non ſuccedent in Regno Siciliæ citra Farum prædicto, occupare, vel occupari facere ſuper illis eandem Eccleſiam non attentent: Illi vero qui ſecus fecerint, prædictas pœnas incurrant, ut videlicet eo ipſo ſint excommunicati, & tam ipſi, quam eorum Poſteritas in perpetuum ad ſucceſſionem Regni Siciliæ citra Farum prædicti, ſi in aliquo forte caſu eadem ſucceſſio devolveretur ad illos, nullatenus admittatur, & Rex Siciliæ, qui tunc erit, teneatur aſſiſtere Romano Pontifici contra ipſos, ut ſuperius eſt expreſſum. Sane omnibus Eccleſiis Cathedralibus, & Metropolitanis quam aliis etiam Regularibus, & ſecularibus, nec non omnibus Prælatis, & Clericis, ac univerſis Perſonis Eccleſiaſticis, Secularibus, vel Regularibus, & quibuscumque Religioſis dicti Regni Siciliæ plenarie committantur, & reſtituantur integre omnia bona eorum immobilia à quibuscumque ablata, vel occupata ſint, & per quoscumque detineantur, mobilia, quæ exiſtunt, & pote-

ANNO 1510.

poterunt inveniri, ſimili modo reſtituantur eisdem; hæc autem reſtitutio fiat abſque contradictione, vel difficultate qualibet, ſicut nanciſcentur prædicti Regni Siciliæ poſſeſſionem, hoc modo ſcilicet, quod ſtatim in illa parte ipſius Regni Siciliæ, quæ eidem Ferdinando Regi, vel ipſius hæredibus, & ſucceſſoribus obediat, reſtitutio ipſa fiat, ipſaque poſtmodum ſucceſſive conſumabitur, ſicut Regnum Siciliæ hujusmodi habebitur: Ne autem ſuper his rebus reſtituendis oriri poſſit aliqua difficultas, deputabuntur à Romanis Pontificibus aliqui viri discreti ad quorum Mandatum, & arbitrium bonorum, & rerum mobilium, & immobilium, quæ extant, reſtitutio plena fiet, ita quod eadem, de quorum dominio ſeu proprietate, vel poſſeſſione notorium fuerit, ad eorum arbitrium, & mandatum mox reddentur; In dubiis vero per ipſos de plano, & abſque Judicii ſtrepitu diligentius veritas inquiretur; ſufficiat autem vocari Camerarium, vel Procuratorem, aut Bailivum, in cujus Jurisdictione, vel Balivia, bona, de quibus agitur, conſiſtent, ad videndum jurare Teſtes, qui in hujusmodi depoſitione deponent. Omnes inſuper Eccleſiæ tam Cathedrales, & Metropolitanæ, quam aliæ Sæculares, & Regulares, nec non omnes Prælati, & Clerici, ac univerſæ perſonæ Eccleſiaſticæ, Seculares, & Religioſæ, & quæcumque Religionis Loca in dicto Regno Siciliæ citra Farum conſiſtentia, cum omnibus bonis ſuis, in electionibus, poſtulationibus, nominationibus, promiſſionibus, quas, ſalvis reſervationibus Apoſtolicis, fieri contingerit, & omnibus aliis plena libertate gaudebunt, nec ante electionem, ſive in electione vel poſt, ipſius Ferdinandi Regis aſſenſus, & conſilium aliquatenus requiretur, quam utique libertatem dictus Ferdinandus Rex, & ſui in dicto Regno Siciliæ Hæredes, & ſucceſſores ſemper manutenebunt, & conſervabunt, & manuteneri, & conſervari facient ab omnibus Subditis ſuis, dictæque Eccleſiæ, & perſonæ utantur libere bonis, & juribus ſuis in eodem Regno Siciliæ, ſalvis eidem Ferdinando Regi, & ſuis in eodem Regno Siciliæ hæredibus, & ſucceſſoribus Jure Patronatus in Eccleſiis tantum, quantum in hac parte Patronis Eccleſiarum Canonica Inſtituta concedunt; ubi antiqui Reges in ipſo Regno Siciliæ hujusmodi Jus Patronatus in ipſis Eccleſiis habuerunt; omnes etiam cauſæ ad forum Eccleſiaſticum in dicto Regno Siciliæ citra Farum pertinentes libere, & abſque nullo impedimento agitabuntur, tractabuntur, & ventilabuntur coram Ordinario, & aliis Eccleſiaſticis Judicibus, & terminabuntur per eos, & ſi ad Sedem Apoſtolicam pro hujusmodi cauſis appellari contingerit, tam appellantes quam appellati ad eamdem venire Sedem pro appellationum proſequutionibus libere, & abſque inhibitione aliqua permittentur. Sacramenta vero fidelitatis præſtabuntur ſecundum antiquam, & rationabilem conſuetudinem, prout Canonica Inſtituta permittunt, ab illis Eccleſiarum Prælatis, quorum Prædeceſſores antiqui illa Siciliæ Regi præſtiterunt, ab illis autem Prælatis, & Eccleſiis, qui Regalia, ſive temporalia bona tenent, ſi tamen ſint, qui hujusmodi bona teneant, à Domino Regni Siciliæ, & aliis Dominis temporalibus, qui ratione hujusmodi bonorum ab antiquo conſueverunt ipſis Regibus, & Dominis temporalibus ſervitia exhibere, hujusmodi honeſta, & antiqua ſervitia ſecundum rationabilem, & antiquam conſuetudinem, & ſicut Inſtituta patiuntur Canonica impendentur; Salva tamen Romani Pontificis, & Apoſtolicæ Sedis autoritate, Jurisdictione plenaria, & libera poteſtate circa Eccleſias, & alias Regulares, & Seculares Perſonas, & Loca Eccleſiaſtica prædicta tam in faciendis proviſionibus, & electionibus confirmandis, quam quibuscumque aliis conceſſionibus, & gratiis, ac ſuper eis conficiendis Literis Apoſtolicis, quas ceſſante omni impedimento, per eos, ſeu Officiales, & Subditos ſuos, præſtari permittent libere, & abſolute executioni debitæ demandari, quin imo præſtantes impedimentum, aut renitentes, & inobedientes compriment, & punient, ac ad obedientiam, & reverentiam Literis Apoſtolicis exhibendi compellent, & conſtringent, & requiſiti manu militari, prout ipſarum Literarum exequtori Judici, ſeu Nuntio videbitur, aſſiſtent remediis opportunis; Revocabunt etiam, & ipſe Ferdinandus Rex, & ſui in dicto Regno Siciliæ citra Farum hæredes, & ſucceſſores omnes Conſtitutiones, & Leges per (claræ memoriæ) Fredericum Regem, ſive per Corradum, ipſius Frederici Regis filium, aut Manfredum quondam Principem Tarentinum, ſeu per claræ memoriæ Joannam Reginam, vel alios Reges, aut Reginas dicti Regni Siciliæ citra Farum, ſeu alios quoscumque editos contra Eccleſiaſticam Libertatem, nec Statuta edent, aut conſuetudines introducent, ſeu etiam promulgabunt, per quæ Juri, & Eccleſiaſticæ Libertati in aliquo derogetur: Promittent etiam, quod nullus Clericus aut Perſona Eccleſiaſtica ejusdem Regni Siciliæ citra Farum in Civili, vel Criminali Cauſa ad faciendum fidem de titulo, vel poſſeſſione Clericatus convenietur coram Judice ſeculari, niſi ſuper feudis Judicio petitorio conveniatur civiliter, ſed omnia Eccleſiæ Monaſteria, Hoſpitalia, & alia pia, & Religioſa Loca, ac Beneficia, & Perſonæ Eccleſiaſticæ Regni Siciliæ prædicti omnimodo erunt liberæ, & libera, ac in nullo Regi, aut Principi ſubjacebunt; Nullas inſuper Tallias, ſeu Collectas imponent Eccleſiis, Monaſteriis, Locis, & Beneficiis prædictis, aut Clericis, & Perſonis Eccleſiaſticis, ſeu rebus eorum, & in Eccleſiis in dicto Regno Siciliæ vacantibus, ipſe Ferdinandus Rex, vel prædicti, ſeu in dicto Regno Siciliæ hæredes, & ſucceſſores, nulla habebunt Regalia, nulloſque fructus, redditus, & proventus, nullaſque obventiones, & nulla prorſus alia recipient ab eisdem, cuſtodia Eccleſiarum earumdem interim libera remanente penes perſonas Eccleſiaſticas juxta Canonicas Sanctiones. Comites vero, Barones, Milites, & univerſi homines totius Regni Siciliæ prædicti vivent in ea libertate, & habebunt illas Immunitates, illaque Privilegia, & eis gaudebunt, quas, & quæ tempore claræ memoriæ Guglielmi II. Regis Siciliæ, & aliis antiquis temporibus habuerunt. Omnes Exules Regni prædicti cujuscumque conditionis exiſtant, ad Mandatum Romanæ Eccleſiæ reducentur ad Regnum Siciliæ citra Farum hujusmodi, ipſiſque de bonis, & Juribus eis debitis reſtitutio plena fiet; In hujusmodi autem reſtitutione ſecundum præſcriptam formam in Capitulo de bonis Eccleſiarum reſtituendis contentam, tam in notoriis, quam in dubiis procedetur, omnesque Captivos, & obſides, qui tenentur in Regno prædicto, Romanos, & Regnicolas, & alios de Terris Eccleſiæ, ſeu Tuſcos, vel Lombardos, & alios quoscumque reſtituent eorum Libertati pro poſſe; Jus etiam quod quicumque Romanæ Eccleſiæ fideles in Civitatibus, Terris, & Caſtris, Villis, ſeu Locis a Sede Apoſtolica, ſeu a Regibus, ſeu Principibus ſibi conceſſum obtinent, nec non Jus quod privati à Jure, vel per Proceſſus Apoſtolicos olim habebant, ſi eos ad illud Apoſtolica authoritate legitime reſtitui contingat, etiam penitus ſalvum erit, nec per præſentem Regni conceſſionem, Comitatuum, ſeu aliorum conceſſorum hujusmodi cuicumque eorum quoad proprietatem, & poſſeſſionem præjudicium aliquod generetur; Regio Jure eidem Ferdinando Regi in his omnibus ſemper ſalvo. Nullam etiam Confederationem, ſeu pactionem, vel Societatem cum aliquo Imperatore, vel Rege, ſeu Principe, vel Barone Chriſtiano, Græco, ſeu Saraceno, aut cum aliqua Provincia, ſeu Civitate, aut Communitate, ſive aliquo Loco ſcienter contra Romanam Eccleſiam, vel ejus Dominium facient, & ſi ſecus fieret, quod factum fuerit, ſit ipſo Jure nullum, & ſi contra fecerint ignoranter, nihilominus quatenus de facto fecerint, indilate teneantur ad Mandatum Eccleſiæ revocare; Denique omnes præmiſſas conditiones, quæ in perſona ipſius Ferdinandi Regis apponentur, circa ſuos etiam in dicto Regno Siciliæ citra Farum hæredes, & ſucceſſores intelligimus, & volumus eſſe dictas, ſalvis omnibus quæ circa alios ſuos hæredes ordinata ſunt, prout ſuperius eſt expreſſum; Cæterum quia in quibuscumque articulis, ſeu Capitulis prædictis conditionum, continetur expreſſe, quod in certis caſibus ipſe Ferdinandus, Rex, & ſui prædicti hæredes, & ſucceſſores Excommunicationis ſententiam incurrant, & Regnum Siciliæ citra Farum hujusmodi, ac ſui, & ſuorum hæredum & ſucceſſorum Terræ, ſint Eccleſiaſtico Interdicto ſuppoſitæ, & ad Romanam Eccleſiam libere devolvantur; Nos hujusmodi Sententias, videlicet Excommunicationis in ipſum Ferdinandum Regem, ac eosdem hæredes, & ſucceſſores, ac Interdicti in Regnum Siciliæ hujusmodi, ſi ſua, vel eorum culpa

ANNO 1510.

pa hujusmodi casus evenerit, de prædictorum fratrum consilio ex nunc Authoritate Apostolica tenore præsentium promulgamus; Forma autem Juramenti prædicti per ipsum Ferdinandum Regem, & suos in dicto Regno Siciliæ citra Farum hæredes & successores, ut præfertur, præstandi talis est:

Ego Ferdinandus Dei Gratia, Rex Siciliæ citra Farum, & Jerusalem, plenum Homagium, Ligium, & Vassallagium faciens Vobis Domino nostro Domino Julio Papæ secundo, & Ecclesiæ Romanæ, pro Regno Siciliæ, & Jerusalem, ac tota Terra quæ est citra Farum, usque ad Confinia Terrarum ipsius Ecclesiæ, excepta Civitate Beneventana, ac toto Territorio, ac omnibus districtibus, & pertinentiis secundum antiquos fines Territorii, pertinentiarum, & districtus Civitatis ejusdem per Romanum Pontificem distinctos, & in posterum distinguendos, ab hac hora in antea, fidelis, & obediens ero Beato Petro, & Vobis Domino Julio Papæ Secundo, Vestrisque successoribus Romanis Pontificibus canonice intrantibus, Sanctæque Apostolicæ Romanæ Ecclesiæ; Non ero in consilio, consensu, vel facto, ut vitam perdatis seu perdant, aut membrum, seu capiamini, vel capiantur mala captione; consilium vero quod mihi credituri estis per Vos aut Nuntios Vestros, vel per Literas, ad vestrum, vel eorum damnum, scienter nemini pandam; Et si sciero fieri, vel procurari, seu tractari aliquid, quod in Vestrum vel eorum damnum cedat, illud pro posse impediam, & si hoc impedire non potero, illud Vobis, vel eis significare curabo; Papatum Romanum, & Regalia Sancti Petri tam in Regno Siciliæ prædicto, quam alibi consistentia, adjutor Vobis, & eis ero, ad retinendum, & defendendum, ac recuperandum, & recuperata manutenendum contra omnem hominem; Universas, & singulas conditiones supradictas, & contentas in præsentibus Literis Apostolicis, super ipsius Regni, & Terræ concessione confectis, ac omnia, & singula, quæ in eis continentur, plenarie adimplebo, & inviolabiliter observabo, & nullo unquam tempore veniam contra ea, nec procurabo per me, vel alium seu alios quoquo modo, ut eligar, vel nominer in Regem, vel Imperatorem Romanorum, seu Regem Theutoniæ, aut Dominum Lombardiæ, vel Tusciæ, & si electionem, vel nominationem ad Imperium, vel Regnum Romanorum, seu Regnum Theutoniæ, vel Dominium Lombardiæ, seu Tusciæ, aut majoris partis earumdem, de me celebrari contingat, nullum hujusmodi electioni, seu nominationi assensum præstabo, nec intromittam me modo aliquo de eorum, vel alicujus eorum Regimine, nec de Civitate Beneventana, & suis Territoriis, districtibus, & pertinentiis seu Campania, neque de Maritima, Ducatu Spoletano, Marchia Anchonitana, Patrimonio Beati Petri in Tuscia, & Massa Trebaria, Romandiola, Alma Urbe, in Civitatibus Perusina, Civitate Castelli, Bononiensi, Ferrariensi, Avinionensi, & Comitatu Venaysini, seu aliis Terris quibuscumque Vestris, & feudis ipsius Ecclesiæ, ubilibet constitutis, ex successione, vel Legato, seu donatione, aut venditione, vel alio quovis titulo, vel contractu, nihil unquam mihi acquiram, seu vendicabo, vel potero acquirere, vel quomodolibet vendicare, nihil unquam recipiam, vel habebo, seu retinebo, vel potero recipere, habere, vel etiam retinere in illis, nec ullam Potestariam, Capitaniam, vel Rectoriam, nullumque aliud Officium recipiam, seu recipere potero in eisdem, seu ipsorum aliquo, nec etiam occupabo, vel occupari permittam, seu faciam præmissa, vel partem aliquam eorumdem, neque illa offendam, vel molestabo, neque etiam Romanam Ecclesiam quoquo modo, sub censuris, pœnisque Spiritualibus, & temporalibus in supradictis conditionibus, & infeudatione contentis, quas hic habere volo in singulis suis partibus alias pro specifice repetitis, & expressis. Scismatico aut Hæretico cuicumque, vel à Fide devio, & ab ipsa Ecclesia præciso, ejusque sequacibus, & dantibus eis auxilium, consilium, vel favorem non dabo quovis modo, per me, vel alium, seu alios directe, vel indirecte, publice, vel occulte, auxilium, consilium, vel favorem, nec ab aliis, quantum in me fuerit, si impedire potero, dari permittam, sed eos juxta posse meum, donec convertantur, persequar, & impugnabo. Sic me Deus adjuvet, & hæc Sancta Dei Evangelia; Ipse etiam Ferdinandus Rex & dicti sui in eodem Regno Siciliæ citra Farum hæredes, & successores dabunt Privilegium eorum Nobis, & dictæ Romanæ Ecclesiæ, aureâ Bullâ bullatum, in quo proprio Juramento fatebuntur, & recognoscent expresse Regnum Siciliæ, & Jerusalem, ac totam Terram eorum, quæ est citra Farum, usque ad confinia ipsius Ecclesiæ Romanæ, excepta Civitate Beneventana, cum Territorio, ac districtibus, & pertinentiis suis, quæ Ecclesiæ remanebit eidem, ex sola gratia, & mera liberalitate Sedis Apostolicæ, & Nostra, sibi suisque Hæredibus, & successoribus fuisse concessa, ipsique recepisse, & tenere Regnum Siciliæ, & Terram hujusmodi à Nobis, & dicta Romana Ecclesia sub pactis, modis, & conditionibus supradictis; Volumus autem per præsentes in cæteris, quam supradictis quorumcunque aliorum juribus, si quæ eis in Regno Siciliæ, & Terra prædictis quomodolibet competunt, in aliquo ullatenus derogari; Nulli ergo &c. Nostrorum Decreti cassationis, irritationis, annullationis, Statuti, declarationis, nuntiationis, relaxationis, conjunctionis, repositionis, restitutionis, reintegrationis, concessionis, elargitionis, voluntatis, Promulgationis, & derogationis infringere &c. Si quis autem &c. Datum Romæ apud Sanctum Petrum Annô Incarnationis Dominicæ millesimo quingentesimo, decimo, quinto, Nonas Julii, Pontificatus nostri anno Septimo. &c. D. de Comitibus.

Ego Julius Catholicæ Ecclesiæ Episcopus.

Ego P. titulo Sancti Ciriaci Presbyter Cardinalis Reginensis subscripsi.

Ego F. Basilicæ duodecim Apostolorum Presbyter Cardinalis Volaterranus subscripsi.

Ego Nicolaus titulo Sanctæ Priscæ Presbyter Cardinalis de Flisco subscripsi.

Ego M. titulo Sanctæ Mariæ in Trastyberim Presbyter Cardinalis Senogaliensis subscripsi.

Ego R. titulo Sanctæ Anastasiæ Presbyter Cardinalis Navetensis subscripsi.

Ego F. Cardinalis Papiensis subscripsi.

Ego Joannes Sanctæ Mariæ in Dominica Diaconus Cardinalis de Medicis subscripsi.

Ego A. Sancti Eustachii Diaconus Cardinalis de Farnesio manu propria subscripsi.

Ego L. Sanctæ Mariæ in Cosmodin Diaconus Cardinalis de Aragonia manu propria subscripsi.

Ego A. Sancti Nicolai in carcere Diaconus Cardinalis de Albreto subscripsi.

Ego M. Sanctæ Mariæ in Porticu Diaconus Cardinalis subscripsi.

Ego S. Sanctæ Mariæ Novæ Diaconus Cardinalis de Consaga subscripsi.

Ego R. Episcopus Portuensis Cardinalis Sancti Georgii Camerarius manu propria subscripsi.

Ego D. Episcopus Tusculanus Cardinalis Sancti Marci subscripsi.

—— Coll. Do. de Juvenibus.

Exemplata est præsens Copia à Libro intitulato Bullarum, Confirmationum & aliarum Notabilium rerum præsentis Regni Neapolis folio LXVII. asservato in Magno Regiæ Cameræ Archivo in Camera prima sub Littera O. scanzia V. numero CXXVI. cum quo facta Collatione de verbo ad verbum concordat, meliori tamen semper salva; Et in fidem de mandato oretenus Illustris Domini Marchionis Castri novi D. Vincentii Frascone Præsidentis Commissarii subscriptus Magnificus Antonius de Masi Regius Archivarius hic se subscripsit. Datum Neapoli & in eodem Regiæ Cameræ Archivo die 13. Junii 1718.

ANTONIUS DE MASI.

(L.S.)

XII.

7. d'Août.

JULII *Papæ* II. *Literæ quibus ob causas ibidem expressas, remittit Ferdinando Regi Catholico, successoribusque suis in Regno Siciliæ citra Farum, & Hierusalem, Censum annuum,*

aliasque

ANNO 1510.

aliasque Pecunias ad quem & quas Reges sanctæ Sedi Apostolicæ antehac tenebantur; volens quod in posterum, Palafrænus unus, loco præfati census, singulis annis, Pontifici Romano mittatur, & assignetur. Datum Romæ septimo Idus Augusti Anno Incarnationis Dominicæ 1510. [Authentique tiré des grandes Archives de la Chambre Royale de Naples.]

JULIUS &c. Ad perpetuam rei memoriam, Apostolicæ Sedis providentia circumspecta fideles omnes liberalitatis suæ dextera libenter complectitur, sed erga Catholicos Reges & Principes, quorum studia, & conatus in Orthodoxæ fidei exaltationem, Divini nominis gloriam, & universæ Christianæ Reipublicæ amplitudinem semper intendunt, & quorum ad Romanam Ecclesiam constantis fidei probata sinceritas, ac singularis devotionis affectus, observantia, & reverentia in ejusdem Sedis conspectu clarere noscuntur, munificentiæ suæ dona largius effundit, justumque, & debitum arbitratur, ut quam iidem Reges, & Principes, ex eorum bene beateque gestis apud Deum gratiam meruerint, etiam ejus Vicarii in Terris erga se, & eorum posteros officiosa largitate cognoscant. Nuper siquidem nos Regnum Siciliæ, & Jerusalem cum tota Terra citra Farum, usque ad confinia Romanæ Ecclesiæ, quod ad nostrum & ejusdem Romanæ Ecclesiæ, Jus, proprietatemque pertinet, Civitate nostra Beneventana illiusque Territorio, & districtu, exceptis, tunc certo modo ad nos, & dictam Ecclesiam devolutum, seu alias ad Romani Pontificis dispositionem pertinens, cum omnibus Juribus, & pertinentiis suis charissimo in Christo filio nostro Ferdinando Aragoniæ, & utriusque Siciliæ, & Jerusalem Regi Catholico, pro eo ejusque liberis, hæredibus, & successoribus in Regno Aragoniæ, tam masculis, quam fœminis ex eo recta linea descendentibus natis, & nascituris, de venerabilium fratrum nostrorum consilio pariter, & assensu, ac ex certa nostra scientia, & de Apostolicæ potestatis plenitudine, in feudum perpetuum concessimus, & largiti fuimus. Volentes inter cætera, quod pro toto generali censu dicti Regni Siciliæ, citra Farum, & Hyerusalem dictus Ferdinandus Rex, ejusque liberi, hæredes, & successores præfati, octo millia unciarum auri ad pondus ipsius Regni, in festo beatorum Petri, & Pauli Apostolorum, ubicumque Romanus Pontifex foret, ipsi Romano Pontifici, ac eidem Romanæ Ecclesiæ annis singulis sub certis tunc expressis censuris, & ipsius feudi amissionis, ac aliis pœnis, & in quolibet triennio unum palafrænum album, pulcrum, & bonum, in recognitionem veri Dominii ejusdem Regni Siciliæ, & Hyerusalem eidem Pontifici Romano, & Ecclesiæ Romanæ, nec non pro qualibet investitura de eodem Regno Siciliæ citra Farum ipsi Ferdinando Regi, per nos tunc facta, & in posterum ejus liberis, hæredibus, & successoribus prædictis successive facienda, summa quinquaginta millium Marcharum Sterlingorum in certis terminis, etiam tunc expressis solvere, & assignare teneretur, prout in nostris aliis inde confectis Litteris, quarum tenores, ac si de verbo ad verbum insererentur, præsentibus haberi volumus pro expressis, plenius continetur: Nos igitur attendentes labores immensos, & gravia discrimina, quæ in ejus propria, & suorum Subditorum Personis, præfatus Ferdinandus Rex in Saracenorum, qui Granatæ, & Almeriæ Regna, à Saracenis ipsis Africam incolentibus brevissimo freti spacio distincta, in totius Europæ dedecus, & assiduam fidelium stragem, per tot secula occupaverant, & in plurium tam Insularum, quam continentium Terrarum, & Populorum Iudici maris expugnatione, & ad Christi vexillum reductione, ab ipsa pene infantia, & superioribus annis in dicti Regni Siciliæ citra Farum ab eorum manibus, qui illud indebite occupabant recuperatione subiit, ac inextimabilem pecuniæ quantitatem, quam inde exposuit, nec non proventuum suorum non parvam jacturam, quam in expulsione ab omnibus ejus Regnis, & Dominiis Judeorum, qui Regna, & Dominia ipsa hæreticæ pravitatis livore fœdaverunt: susceptum quoque per eum nuper constanti fidie amplianda desiderio adversus Africam bellum, quod jam dextera Domini assistente, Regnum Bugiæ, ac urbem Orani Saracenorum commeatibus celeberrimam ipsiusque Africæ alumnam, cum aliis terris, & Arcibus Christianæ ditionis Jugo subegit, quantamque in bello hujusmodi, quod navalibus, & terrestribus præliis, & non contra unum, sed plures Reges, ac gentem indomitam Christiani nominis hostes acerrimos geritur, exhauriri pecuniam oportuerit, considerantesque ipsius Ferdinandi Regis erga Nos, & Sedem prædictam devotionem, fidem, observantiam, & reverentiam singulares, quibus Personam suam Regiam illarum largitor decoravit Altissimus, & per quæ inter universos alios Reges, & Principes, Catholicum nomen, & titulum meruerit adipisci, & sperantes, quod idem Ferdinandus Rex more Progenitorum suorum in suæ fidei sinceritate, & devotione erga Nos, & Sedem prædictam eo constantius perseverabit, & quoad vires suæ se extendere poterunt, pro Nobis, & ipsa Romana Ecclesia adversus quoscumque, nec non pro fidei Catholicæ exaltatione, ac Reipublicæ Christianæ adversus Infideles defensione, illorumque depressione, & expugnatione pugil, & propugnator eximius erit, quo Nos, & Ecclesiam ipsam erga se, Posterosque suos magis indies invenerit liberales, & prædictis, ac certis aliis rationabilibus causis, animum nostrum ad hoc moventibus, nostraque mera liberalitate, & ex certa scientia, ac de Apostolicæ potestatis plenitudine: habita prius super his cum dictis fratribus nostris deliberatione matura, de eorum consilio pariter & assensu, Authoritate Apostolica tenore præsentium censum octo millium unciarum auri hujusmodi, ac omnem, & quamcumque pecuniarum summam, ad quam Nobis, & dictæ Ecclesiæ, qui ipsum Regnum Siciliæ citra Farum, & Hyerusalem hactenus tenuerunt usque in præsentem diem, occasione dicti census, vel quavis alia causa forsan, obligati existunt, nec non integram summam dictarum, quinquaginta millium Marcharum Sterlingorum pro jure dictæ investituræ tam Ferdinando Regi, quam ejus liberis, & hæredibus, ac successoribus masculis, & fœminis, natis, & nascituris præfatis, in Nostra, & successorum nostrorum Romanorum Pontificum canonice intrantium, obedientia, & devotione persistentibus, liberaliter, & gratiose remittimus, & elargimur: Ipsosque Ferdinandum Regem, liberos, & hæredes, & successores, quamdiu in dictis obedientia, & devotione perseverabunt, ab illorum solutione, & à Palafræno prædicto, de triennio in triennium, ut præmittitur, assignando absolvimus, quietamus, & liberamus, decernentes eosdem Ferdinandum Regem, liberos hæredes, & successores suos ratione dicti Regni Siciliæ citra Farum, & Hyerusalem ad prædictas octo millium unciarum auri, aut cujuscunque alterius annui census, ac quinquaginta millium marcharum Sterlingorum pro investitura hujusmodi Cameræ Apostolicæ, aut cuicumque alteri faciendam solutionem, nec non Palafreni quolibet triennio assignationem, & ad censuras, & pœnas etiam privationis in dictis Literis contentas ob non solutionem, vel assignationem hujusmodi, quam diu illi in dictis obedientia, & devotione perstiterint, ut præfertur, de cætero non teneri, & ad id a quoquam quavis authoritate compelli non posse, neque debere, ac mandantes Venerabili fratri Raphaeli Episcopo Portuensi nostro, & pro tempore existentis dictæ Romanæ Ecclesiæ Camerario, cæterisque dictæ Cameræ Officialibus, ne Ferdinandum Regem, ejus liberos, hæredes, & successores prædictos, prædictorum occasione nullatenus gravent, atque molestent: Nos enim remissionem, donationem, absolutionem, & liberationem prædictas vim, robur, & efficaciam veræ solutionis, & satisfactionis habere, de similibus, consilio, scientia, potestatis plenitudine, & authoritate volumus, statuimus, & declaramus, non obstantibus prædictis, ac Constitutionibus, & ordinationibus Apostolicis, natura quoque, usu, & consuetudine, feudi, & censuum, omnibus, & singulis in Literis prædictis contentis conditionibus, adjectionibus, modis, formis, clausulis, cautelis, obligationibus, promissionibus, voluntatibus, & ordinationibus, nec non Juramento, quod de illis observandis, adimplendis juxta ipsarum literarum tenorem, dictique Regni Siciliæ citra Farum, & Hyerusalem consuetudinem Ferdinandum Regem, ejusque liberos, hæredes, & successores prædictos præstare contingerit, quod quidem Juramentum eis, & eorum cuilibet, quoad octo millium unciarum auri, & quinquaginta millium marcharum Sterlingorum solutionem, ac Palafreni quolibet triennio assignationem hujusmodi dumtaxat habita super his cum venerabilibus fratribus Nostris, per-

ANNO 1510. perpetuo relaxamus, cæterisque contrariis quibuscumque. Volumus autem quod singulis annis proxime futuris, dictus Ferdinandus Rex ejusque liberi, hæredes, & successores in prædicto Regno Siciliæ citra Farum, & Hyerusalem in dicto festo unum palafrænum album, & pulchrum, ac bonum, & decenter ornatum pro ipsius Regni Siciliæ citra Farum, & Hyerusalem recognitione veri Dominii Sanctæ Romanæ Ecclesiæ hujusmodi Nobis, & successoribus nostris prædictis mittere, & assignare omnino teneatur: Nulli ergo &c. nostræ remissionis, donationis, absolutionis, quietationis, liberationis, decreti, mandati, statuti, declarationis, relaxationis & voluntatis infringere, siquis &c. Datum Romæ apud sanctum Petrum Anno Incarnationis Dominicæ millesimo quincentesimo decimo septimo, idus Augusti, Pontificatus nostri anno septimo.

D. de Comitibus.

Ego Julius Catholicæ Ecclesiæ Episcopus.
Ego P. Sancti Ciriaci Presbyter Cardinalis Regnensis.
Ego F. Basilicæ duodecim Apostolorum Presbyter Cardinalis Volter. subscripsi.
Ego N. titulo Sanctæ Priscæ Presbyter Cardinalis de Flisco subscripsi.
Ego Al. titulo Sanctæ Mariæ in Cosmedin Presbyter Cardinalis Senogaliensis propria manu subscripsi.
Ego R. titulo Sanctæ Anastasiæ Presbyter Cardinalis Navatensis subscripsi.
Ego F. titulo Sanctæ Ciciliæ Presbyter Cardinalis Papiensis subscripsi.
Ego Joannes Sanctæ Mariæ in Dominica Diaconus Cardinalis de Medicis manu propria subscripsi.
Ego Ant. Sancti Eustachii Diacouns Cardinalis de Farnesio manu propria subscripsi.
Ego L. Sanctæ Mariæ in Cosmedin Diaconus Cardinalis de Aragonia manu propria subscripsi.
Ego A. Sancti Nicolai in carcere Diaconus Cardinalis de Albredo manu propria subscripsi.
Ego M. Sanctæ Mariæ in Porticu Diaconus Cardinalis manu propria subscripsi.
Ego S. Sanctæ Mariæ novæ Diaconus Cardinalis de Consaga manu propria subscripsi.
Ego R. Episcopus Portuensis Cardinalis Sancti Georgii Camerarius manu propria subscripsi.
Ego D. Episcopus Tusculanus Cardinalis Sancti Marci manu propria subscripsi.

Exemplata est præsens Copia à Libro intitulato: Bullarum, Confirmationum, & aliarum notabilium rerum præsentis Regni Neapolis folio LXXIX. asservato in Magno Regiæ Cameræ in Camera prima Archivo sub littera O. Scanzia V. numero CXXVI. Cum quo facta collatione de verbo ad verbum concordat, meliori tamen semper salva: Et in fidem de mandato oretenus Illustris Domini Marchionis Castrinovi D. Vincentii Frascone Præsidentis Commissarii subscriptus Magnificus Antonius de Masi Regius Archivarius hic se subscripsit. Datum Neapoli & in eodem Magno Regiæ Cameræ Archivo die 15. Junii 1718.

ANTONIUS DE MASI.

(L. S.)

XIII.

1513. 14. Août. **Erneuertes Pactum Advocatiæ & Protectionis, zwischen JOHANN den dritten, Hertzogen zu Jülich und Berg, dann dem Rath der Stadt Dortmundt aufgerichtet auf den nächsten Montag nach St. Jacobi Anno 1513.** [LUNIG *Teutsch Reichs-Archiv* Part. Special. Continuat. 2. Abtheilung 4. Absatz. 16. pag. 407.]

C'est-à-dire,

Renouvellement du Pacte d'Avocatie & de Protection entre JEAN III. *Duc de Cleves & de Monts & la Ville de* Dortmund *fait le lundi après la St. Jacques l'an 1513.* ANNO 1513.

WY Johann rc. Doen kundt allen Luiden hiemit: Als die Hochgebohren Fürsten weyland Hertogh Adolff und Hertog Johan van Cleve und Greven van der Marck / unse Vör-alderen / den GOtt Allmächtig beyden gnadig und barmhertzig erschienen will / und darnae die Hochgebohren Fürste unse werde und freundliche lieve Herr und Vader / Herr Johan Hertogh van Cleve / Grave van der Marck und Catzenellenbogen / in vürtyden und biß noch mit der Stadt Dortmund in freundlicher Verschrivinge und Verbindtniß staen / die duren und weren soll / biß ter tyt unse lieve Herr und Vader / oder jetzunde wy alß Greve von der Marck oder unse Erven und Nakommen / der vorgemeldter Stadt Dortmund heben weder geven und vergnoegen doen drie dusent schwere Reichs-Gulden gut van Gold und uprecht van Gewichte / und dit alles na lüydt Brieve und Siegel / und insonderheit nae den lesten / die unsen lieven Herren und Vader Hertogh van Cleve und Grave von der Marck rc. Durst gemelt darup verschnet und gegeven von Worden tho Worden hiernach geschreven folgende aldus ludende.

Wy Johan von GOttes Gnaden rc. So dan unse lieve Herr und Vader Hertogh van Cleve vürschreven uns unlanx tot unser Bestädung und Vollführung unsers Hillichs mit der Hochgebohren Fürstinnen und werden lieven Hauß-Frauen und Gemahl Fraue Maria gebohren Hertogin von Gülich und von dem Berge / Gräfin von Ravensberg rc. dat Landt van der Marck mit allem Anhanck inne und tho behör / vort mit aller Hochheit und Overigkeit over al daraff nit uthgescheiden gentzlich / geheel und alle hefft upgetragen und overgegeven / inhalt Brieff und Siegel daraff wesende / hefft sich unlängst dieweil wy / als gewildige Herren des helen Landes van der Marck gewest / etliche twist und unwillen erhaven tusschen uns und der Stadt Dortmunde eines Gerichts halven durch die unse von Lühnen / aver etliche vergangen Jahren und by Tyden und villicht van wegen und bevele des unsers lieven Herren und Vaders vürschreven upgerichtet / und nu durch die van Dortmunde in kurtz weder nieder gelegt / der Ursachen (Mangel des Gerichtes und Galgen tusschen den Lünischen und Dordmund) sie gäntzlich vermeinen / dat in ihren Geviche und der Grafschafft van Dortmundt tho nahe staen / und sie daimt an ihrer Hochheit beenget und verkortet seyn sollen / mit höflicher erbietung des thor Besichtiging und Billigkeit uthdracht tho komen: Bekennen wy nu vor uns unse Erven und Nakomen / dat tusschen uns und der vürgeschreven Stadt Dortmunde durch ettige Gude Freunde mit Rade / Weten und Willen unser trefflichen Räten und Frunde gütlich verdragen und overkomen is / also dat uns vürschreven Bürgermeister / Raidt und Gemeine Bürger der gemelten Stadt Dortmundt vür einen Vogt und Beschirmer mit Weten / believen / und doch sunderliche Begehren und *Commission* der Römisch-Käyserliche Majestaet unsers Allergnädigsten Herren / bewilliget verkoren und angenommen hebben / unse levelanck gedurende / des Sie uns Jahrlixes und alle Jahr up v. L vür eine bekennen und Danckbahrkeit sollen vermoegen und uthrichten up unse gebührliche Qwitantz 50 bescheiden Gold-Gulden overländische gewichtige Rr. gl. darthe sollen und willen de vürsl. Borgermester Rath und gemeinen Börger des Stadt Dortmundt uns und unse Landt van der Marck / die Tyt unsers Levens / so ducke und vacke / als wy in denselven unsen Lande von der Marck von jemandts / wie die ock wäre / niemand uthbescheiden / dan alleine unse Christliche Overhovede allgemeinlich / unse Heilige Vader de Pawest / und unser Allergnädigste Herr Römisch Kayser / und Römisch König / mit der Gewalt und Heerkrafft overtogen werden mochten / op Ihren eygen Kosten und Schaden na allen ihren Vermögen / redden, beschüdden und beschirmen helpen / und sich darinne nicht anders halben / noch bewisen / dan off Sie unse eigen und Natürliche Undersaten wären / und darum hebn wy / und nu insonderheit die vürschreven Brüdliche Verschrievung und Verbündnisse durch unse Voralderen mit der Stadt Dortmund opgerichtet / alles wie vürschreven bestediget und *confirmiret*, bestedigen und *confirmiren* die so velle uns alß Greven von der Marck de itzundt antreffen / oder nachmahels antreffen werden mag: Und dessen unsen Brieff sollen und willen wy ock volkomlich nakommen / vestiglich nakommen und redlich halden laten / sonder alle Geferde und Argelist / und dabey hebn wy de vürschreven Bürgemeister Rath und gemeine Börger der Stadt Dortmundt tho fürder durch begehrte und *Commissie* der Römische Kayserliche Majestaet und durch dedinge wie vürschreven der vürschreven Beschrievinge und Verbündnisse noch in Unser Fürstliche gnädliche Beschirmung und vertedinge empfangen und angenommen de Tyt unsers Levens gedurende / und wy sollen und willen Sie und alle Ihre Bürger und Insäter tegen einen ideren / wie die ock sye / so wohl unser eigen Ondersaten als Frömbden / niemandes darin uthbehalden / dan alleine unse Christliche Overigkeiten / wie vürschreven / bey Ihren Rechten handhaven / sie für Gewalt und alle Wiederwertigkeit / Last und Overfall in unseren Landen und Gebieden süren / beschüdden und beschirmen na unsen Vermögen / doch by also / dat wy Ihne und alle Ihre Börger und Inwohner / und mit Nahmen der Gemeine / darahn sich diese

Sache

ANNO 1513. Sache gelangen möchten / tho Rechte und sonsten aller Billigkeit oder redlicher Scheidung und Verdrag mögig und machtig solten seyn / und nit anders / und so dan wy vermeinen de van Dortmunde vürschreven uns mit Nedderleggen des Gerichts unschuldig suillen hebbn / seyn wy nu durch den genen Dedings Frunden mit sampt unsen Reden dafür in Stadt und von wegen der in Dortmunde fleissig und getruwelich gebeden worden / und ist darum mit bedinget und verdragen worden: Nachdem sich die von Dortmunde mannigfältig und hochlich beklagen durch uns und die unse in dem Lande von der Marck ahn ihren und ihrer Graffschafft / Gerichte und Herschap merklich beenget / und verkortet tho werden / dat wir hernegst tho gelegen Tyden / uns treffliche Räde und Frunde dartho geven und verordnen sollen / beyder gebrecke und verkortung thoe steden / die belegen syn / tho besichtigen und gütlichen Verhör tho stellen / und dan na Befinden der Sachen darinne handeln und geschehen laten alß sich billig eigen und gebörn sall / darby ein jederman Genoich geschehen / und an den Synen unverkortet blieven möge:

Alle und jdeliche Articul und Puncten und ein jder besonder / hebn Wy Johan van GOTTes Gnaden altheste Sohn tho Cleve / Hertogh tho Gülich / tho dem Berge / Graffe tho der Marck vürschreven in guden truwen Ehren und Gloven für uns unsere Erven und Nakommen gesekert und gelovet / stede vest und onverbrocklich tho halden / in aller Manier / Wyse und Formen / alß diese Brieff daraf inhelt / alle Behändigkeit / ferpele / bedrogh / nye fünde und alle des geinen / dar men diesen Brieff mede machtloß / krafftloß / oder von unwerden machen mögte: Er worde locherich / veserich / nat oder anders gestalte / dat man des ein Theil nit lesen könte / und vort alle Argelist genßlich / deger und alle / hierin verlaten und uyt gescheiden / des in Urkunde der Warheit und aller vaster Stedigheit hebe wy Unse Siegel ahn diessen Brieff doen und laten hangen: Gegeven in den Jaren unsers Herren 1513 Up den nechsten Mandach na St. Jacobi Tage des Heiligen Apostels.

XIV.

1514. 29. Avril. *Constitutio Papæ* LEONIS X. *Quâ conceduntur Regibus Portugalliæ partes decimarum, Tertiæ nuncupatæ, de quibuscumque Metropolitanis, Cathedralibus, & aliis Ecclesiis, ac Monasteriis, cæterisque Ecclesiasticis Beneficiis cujuscunque qualitatis fuerint, in Regnis, Provinciis, Insulis, & locis, dictis Regibus subjectis, & subjiciendis, donec Bellum Africanum bona fide, & sine fraude gesserint. Datum Romæ apud S. Petrum Anno* 1514. *tertio Kalendas Maji.* [Sur la Copie imprimée à Lisbonne en 1707. in 4. avec permission & privilege.]

Leo Episcopus, servus servorum Dei. Charissimo in Christo filio nostro Emanueli Portugalliæ Regi Illustri salutem, & Apostolicam benedictionem.

PRovidum Universalis Ecclesiæ Pastorem, cujus fidei Christianæ plebis cura, & salus divinitus commissa est, in primis decet fortes pro Christi fide Pugiles Reges, ut de Assæ filio legitur, Domini nostri Jesu Christi, qui Salvator interpretatur, non gratiis solum, spiritualibusve donis prosequi, quæ in benemeritos de Catholica fide ex largo Sedis Apostolicæ fonte jugiter profluunt, verum condignis favoribus, meritis eorum paribus auxiliis impartiri, ut ipsis Regibus pro Religione pugnantibus, ac fidei etiam propagationi pariter consulatur.

§. 1. Sane cum uti dilecti filii Tristanus de Cunia, Didacus Pacechus, & Joannes de Faria tuæ Majestatis Oratores ad nos, & Sedem Apostolicam pro præstanda obedientia destinati, vestri nomine exposuerunt, Portugalliæ olim Reges claræ memoriæ Progenitores tui, non absque gravibus dispendiis, & sanguinis effusione, ejectis è suo Regno Mauris, qui, non parva Lusitaniæ parte occupata, in illis coaluerant locis, zelo fidei, arma in Africam transtulerint: & claræ memoriæ Joannes I. ejus nominis Rex, pari fervore Religionis accensus, comparata ingenti Classe, munitissimam Urbem Septam vi pugnando cœperit, quæ in Gaditano freto sita, Christianoque nomini infesta, ex Oceano in Mediterraneum mare ultro, citroque commercia impediebat, præbebatque occasionem Mauris Christiani nominis hostibus, invadendi Hispaniam, eamque crebris incursionibus deripiendi, non absque magna jactura fidelium animarum; favente postea piis cœptis Deo, Successores Reges pari in armis virtute, & pietate in Deum, trajectis exercitibus in Africam, munitissima Oppida Alcassar, ANNO
Arzillam, & Urbem Tingi expugnasse, quo gravi 1514.
& diuturno bello non magna tantum Christi fidelium multitudo hostilibus est absumpta gladiis, verum incredibiles labores, summa discrimina, ac gravia dispendia Reges ipsi perpessi sunt; Et tu in præsentiarum, æquatis sæpe numero periculis, ut credere par est, graviora pateris, quoniam cum major sit virtus in hostilibus præsertim terris, tueri parta, quam ea tunc forsitan aspirante fortuna, armis quæsivisse, ipsique Mauri tam assiduitate pugnandi, quam quod periculo suo disciplinam militarem edocti, validiores in dies effecti sunt, afluuntque magis armis, bellicisque machinis, & tormentis, quorum prius fuerant expertes, plane eorundem Oppidorum, locorumque custodia, & defensio longe gravior, & difficilior reddita est, præsertim cum plerique, qui rerum hujusmodi periti erant, Granatensi bello, quod nostra ætate, dextera Domini assistente, prospere gestum, & perfectum est, ex Hispania pulsi, in Africam trajicere coacti fuerint, quorum accessu, stimulante metu, ac desiderio recuperandi amissa, Rex Fecensis, uti etiam fide dignorum relatu accepimus, qui bellicosus est, ac qui Christiano nomini infensissimus dicitur esse, ejectis, cæsisque fidelium præsidiis, Arzillam munitissimum Oppidum ad litus maris positum recepit, recuperatamque rursus, simulque Civitatem Tingi, licet frustra, gravissima tamen cinxerit obsidione, in cujus Oppidi recuperatione, munitioneque aliorum locorum, ne eisdem periculis subjacerent, tum maximi sumptus facti sunt, tum etiam est non absque extremo periculo laboratum; quibus incommodis commotam Majestatem tuam, ut prorsus impios infidelium conatus frangeret, & renascentia Bella penitus extingueret, Dei auxilio freta, ac vere Emmanuel, qui nobiscum Deus interpretatur, resumpsisse arma, captaque jam Urbe Zafi, cum cerneret pro sua prudentia perfidos hostes nequaquam quieturos, trajectis denuo ingenti Classe magnis exercitibus, quibus dilectum Filium Nobilem Virum Jacobum Ducem Brangantiæ Sororis Filium præfecit, celebres, opulentasque Urbes Azamor, Almedinam, & Tyti, partim armis, partim deditione captas, ac nonnulla etiam Oppida in Marochitarum Regno Christianæ Reipublicæ, & ditioni tuæ adjecisse.

§. 2. Verum cum ob Bellum Africum, quod adversus duos potentissimos Reges infideles fervore Fidei suscepit, & quibus non devictis, ac ad Fidei agnitionem conversis, Christiana res nedum in Africa, sed in Portugalliæ Regno nunquam tuta erit: magnis præsidiis, assiduisque stipendiis, & milite, ac valida Classe ei opus sit: Accedatque etiam, quod non magis ad utilitatem tuam, & gloriam, quam ad Fidei dilatationem, & exaltationem pertinet, prout fide digna relatione percepimus, Duces tuos, circumactis à tergo Africæ per Atlanticum litus Classibus, Æthiopiam, Arabiam, Persidem, & Indiæ partem ingressos cum Sultano Mahumetanæ spurcitiæ assertore, aliisque Regibus, qui illis Provinciis, & Regnis præsunt, contusis hostium viribus, captisque plerisque Oppidis, & Civitatibus, gravissimum Bellum gerere, eam magnopere dubitare, non suppetentibus ad tanta gerenda Bella sui Regni opibus, distantia, & inhospitalitate locorum, illatis ab Occidua ora in Orientem Christianis armis, ne longo cursu, & diuturnitate bellorum languescant prosperi conatus, & incredibiles ferre sumptus, tot, tantisque pro propaganda Christi Fide operibus sufficere possit.

§. 3. Quare Oratores præfati pro parte tua nobis humiliter supplicarunt, ut tam utili, tamque pernecessario, & sancto Operi, sicut pro eadem Fidei caussa Romani Pontifices pluribus Christiani Orbis, & præsertim Castellæ Regibus, ac postremo felicis recordationis Alexander PP. VI. Prædecessor noster charissimo in Christo filio nostro Ferdinando, ac claræ memoriæ Elisabetæ, ejus conjugi, Regibus Catholicis indulserunt, auxilia, ac subventiones præbere, proque tanti Belli, quod contra Arabes, Persas, & Indos feliciter cœptum ad Fidei exaltationem, propagationemque prosequi intendis, onere supportando, in præmissis opportune providere de benignitate Apostolica dignaremur.

§. 4. Nos mente revolventes Pietatem tuam, Progenitorumque tuorum in ipsum Deum, absque cujus nutu, ope, & auxiliis, præclara opera effici non possunt, singularem constantiam, & in Christianam Religionem, quam Unigenitus Dei Filius, cujus

No-

Anno 1514. Nos vices gerimus in terris, innocentissimo suo sanguine fundavit, Devotionem, aliasque eximias tui animi dotes, atque in Sanctam hanc Sedem merita, quam exemplo Abrahæ, qui contra aliquot Reges victoria potitus est, nuperrime piis, & religiosis muneribus recognoscere voluisti, in memoriam Victoriæ toties Divina ope contra Infideles habitæ ob assidua Bella, quæ contra perfidos Fidei nostræ hostes, forti, ac constanti animo geris: considerantesque præterea quam difficillimum esse tui Regni opes, animo tuo impares, ac vires in tanta mole Bellorum, quæ in pluribus, & diversis locis geris, validissimis, potentissimisque hostibus vix sufficere, & ad nostrum in primis Pastorale Officium spectare, pro ea cura, & solicitudine, quæ tuendi, & propagandi Religionem nobis incumbit, non solum pias, & devotas supplices preces tuas benignis accipere auribus, verum tot assiduis laboribus, incommodis, periculis, ac innumerabilibus dispendiis, quæ ad honorem Dei, & Christianæ Fidei exaltationem indefesse perfers, pro tuitione, munitione, & custodia Oppidorum, & Locorum, quæ Christianæ Reipublicæ tua Virtute, & industria adjecisti, & in futurum, non minore Fidei ardore, Divina favente Clementia, totis conatibus adjicere intendis, proque continuatione, & instauratione tam sancti, ac Deo accepti Belli, de certis decimarum partibus, Tertiis nuncupatis, in Portugalliæ, Algarbiorumque Regnis, cæterisque Provinciis, Insulis, & locis tibi subjectis, & quæ, ut præfertur, subjicientur, providere, sicuti Prædecessores præfati ipsis Castellæ Regibus ad expulsionem Infidelium ex Regno Granatæ, & plures alios pro re hujusmodi susceptos labores, de similibus partibus Decimarum, Tertiis nuncupatis providerint, hujusmodi supplicationibus inclinati tibi, ac Successoribus tuis, ut de quibuscumque Metropolitanis, Cathedralibus, & aliis Ecclesiis, ac Monasteriis, cæterisque Ecclesiasticis Beneficiis quibuscumque, cujuscumque qualitatis forent, in Regnis, Provinciis, Insulis, & locis tibi subjectis, & quæ, ut præfertur, subjicientur, consistentibus, partes decimarum, Tertias nuncupatas, ad instar Regum Castellæ, & Legionis Regnorum levandas, & percipiendas, donec bellum in Africa contra dictos Fecensis, & Marochitarum Infideles Reges, actualiter, ac bona fide, & sine fraude gesseris, & dicto duntaxat, sic durante Bello, & non ultra, exigere, levare, & percipere valeant in omnibus, & per omnia, prout præfati Castellæ Reges, ex Apostolica concessione percipiunt, & percipere consueverunt.

§. 5. Ita tamen quod ab Ecclesiis, quorum fructus, redditus, & proventus quinquaginta ducatorum auri de Camera secundum communem æstimationem valorem annuum non excedunt, nihil prætextu concessionis hujusmodi exigi valeat, nisi qui duas, aut plures Ecclesias, seu Beneficia obtinuerit, quarum, aut quorum insimul fructus, & proventus dictam quinquaginta ducatorum similium excedat summam, tunc à dicta solutione nequaquam immunis intelligatur, auctoritate Apostolica, & ex certa nostra scientia, ac potestatis plenitudine tenore præsentium concedimus, & indulgemus.

§. 6. Non obstantibus Generalis Concilii, & aliis Apostolicis, ac in Provincialibus, & Synodalibus Conciliis editis generalibus, vel specialibus Constitutionibus, & Ordinationibus, ac Statutis, & consuetudinibus Ecclesiarum, & Monasteriorum, & Ordinum quorumcumque, juramento, confirmatione Apostolica, vel quavis alia firmitate roboratis, nec non privilegiis, & indultis Apostolicis, illis forsitan concessis, quibus, etiamsi ad illorum derogationem de illis, eorumque totis tenoribus specialis, specifica, & expressa, ac de verbo ad verbum, non autem per generales clausulas, id importantes, mentio, seu quævis alia expressio habenda, aut aliqua alia exquisita forma servanda foret, illorum tenores pro sufficienter expressis, & insertis habentes, illis alias in suo robore permansuris, hac vice duntaxat specialiter, & expresse derogamus cæterisque contrariis quibuscumque.

Nulli ergo omnino hominum liceat hanc paginam nostræ concessionis, indulti, & derogationis infringere, vel ei ausu temerario contraire.

Siquis autem hoc attentare præsumpserit, indignationem Omnipotentis Dei, ac Beatorum Petri, & Pauli Apostolorum ejus se noverit incursurum.

Datum Romæ apud Sanctum Petrum anno Incarnationis Dominicæ 1514. 3. Kalend. Maji, Pontificatus nostri anno 2.

XV.

Anno 1514. 7. Juin.

Leonis X. *Papæ Constitutio quâ Regibus* Portugalliæ *confirmat & de novo concedit Jus Patronatus & præsentandi ad quascumque Ecclesias & Beneficia Ecclesiastica, in locis & Terris à Capitibus de* Bojador, *& de* Naon, *usque ad* Indos, *& in quibuscunque Africæ, & aliis Provinciis & Terris ultramarinis ab Insidelibus recuperatis, & recuperandis, acquisitis & acquirendis. Nec non Militiæ Jesu Christi Portugallensi omnem Jurisdictionem Ecclesiasticam in illis, per Vicarium de Thomar exercendam. Datum Romæ Anno* 1514. *septimo Idus Junii, Pontificatus Anno* 2. [Sur la Copie imprimée à Lisbonne en 1707. in 4. avec permission & privilege.]

Leo Episcopus, servus servorum Dei, ad perpetuam rei memoriam. Charissimo in Christo filio Emanueli Portugalliæ & Algarbiorum Regi Illustri.

Dum fidei constantiam, eximiæque devotionis affectum, quibus in nostro, & Apostolicæ Sedis conspectu clare dignosceris, diligenti consideratione pensamus: illa tibi libenter concedimus, per quæ tuæ Serenitati honor accrescat, & ad præclaræ memoriæ Prædecessores tuos Portugalliæ, & Algarbiorum Reges per inchoatam, & per te feliciter continuatam infidelium expugnationem, ac Ecclesiarum ad Divini nominis gloriam fundationem, & constructionem constantior efficiaris.

§. 1. Sane nobis nuper pro parte tua per dilectum filium Joannem de Faria Militem Militiæ Jesu Christi Oratorem tuum ad Nos, & Sedem prædictam pro præstanda obedientia destinatum exhibita petitio continebat, quod alias postquam dicti Prædecessores tui plures Provincias, Terras, Civitates, & loca in Ultramarinis partibus per infideles occupata, pro exaltatione Catholicæ fidei suæ ditioni subjugaverant, nonnulli Romani Pontifices Prædecessores nostri omnes, & singulas Ecclesias in Locis, & Terris à Promontoriis, sive Capitibus de Bojador, & de Naon usque ad Indos partium Ultramarium ab eisdem Infidelibus recuperatas dumtaxat ædificandas, ac construendas, ac omnem jurisdictionem spiritualem earumdem Ecclesiarum ædificandarum Militiæ Jesu Christi Regni tui concesserunt, & applicarunt, ac voluerunt, quod ex tunc in antea Prior Major dictæ Militiæ, nunc Vicarius de Thomar nuncupatus pro tempore existens, jurisdictionem spiritualem in eisdem Ecclesiis ædificandis haberet, prout in ipsorum Prædecessorum nostrorum Literis desuper confectis plenius continetur.

§. 2. Cum autem, sicut eadem petitio subjungebat, tu ut bonus, atque intrepidus Redemptoris Nostri Jesu Christi Athleta pro ejusdem Fidei Catholicæ exaltatione circa recuperationem aliarum Terrarum, & Provinciarum, quæ per Crucis Christi inimicos occupantur, non absque grandi impensa, nullis parcendo laboribus, semper intendas, & Domino concedente, propensius intendere proponas, si omnes, & singulæ Ecclesiæ in quibuscunque Africæ, & aliis Provinciis, Terris, & Locis Ultramarinis, etiam in Civitate, & Regno Marochitarum, & aliis quibuscumque ab eisdem Infidelibus per te recuperatis, & acquisitis erectæ, seu ædificatæ, & etiam in illis, ac recuperandis, & acquirendis, in posterum erigendæ, seu ædificandæ eidem Militiæ juxta tenorem Literarum prædictarum subjiciantur, quodque de cætero perpetuis futuris temporibus præfatus Vicarius in eisdem erectis, & erigendis Ecclesiis, ac Provinciis, & Terris recuperatis, & recuperandis hujusmodi omnimodam jurisdictionem Ecclesiasticam, & Spiritualem exercere possit, & debeat, ipsæque Ecclesiæ eidem Militiæ applicatæ esse censeantur; Ac tibi, & Successoribus tuis Portugalliæ & Algarbiorum Regibus, qui pro tempore fuerint, Jus Patronatus, & præsentandi personas idoneas ad quascumque Ecclesias, & Beneficia Ecclesiastica cujuscumque qualitatis fuerint, in Terris, & Provinciis hujusmodi à dictis Infidelibus per te dumtaxat à biennio citra recuperatis,

ANNO 1514. ratis, & acquisitis erecta, seu ædificata, & etiam in illis, ac recuperandis, & acquirendis in posterum canonicè erigenda, quoties illa ex tunc perpetuis futuris temporibus vacare contigerit, reserventur, & concedantur.

§. 3. Nos votis tuis in hac parte favorabiliter annuentes, tuisque supplicationibus inclinati, omnes, & singulas Ecclesias in quibuscumque Africæ, & aliis Provinciis, Terris, & Locis Ultramarinis, etiam in Civitate, & Regno Marochitarum, & aliis quibuscumque ab eisdem Infidelibus per te dumtaxat à biennio circa recuperatis, & acquisitis erectas, seu ædificatas, & etiam in illis, ac in posterum recuperandis, & acquirendis erigendas, & constituendas, eidem Militiæ Auctoritate Apostolica subjicimus tenore præsentium; ac quòd de cætero in perpetuum præfatus Vicarius de Thomar in eisdem erectis, & erigendis Ecclesiis, ac Provinciis, Terris, & Locis recuperatis, & recuperandis, ac acquirendis hujusmodi omnimodam jurisdictionem Ecclesiasticam, & Spiritualem exercere possit, & debeat, ipsæque Ecclesiæ eidem Militiæ applicatæ sint, & esse censeantur, juxta tenorem Literarum Prædecessorum hujusmodi, eisdem auctoritate, & tenore statuimus, & ordinamus: Et nihilominus tibi, & Successoribus tuis Portugalliæ, & Algarbiorum Regibus pro tempore existentibus Jus Patronatus, & præsentandi personas idoneas ad quascumque Ecclesias, & Beneficia Ecclesiastica cujuscumque qualitatis fuerint in eisdem Provinciis, Terris, & Locis, ut præfertur, ab eisdem Infidelibus à biennio citra acquisitis, & recuperatis erecta, & etiam in illis, ac acquirendis, & recuperandis in posterum erigenda, quoties illa vacare contigerit, auctoritate, & tenore præmissis reservamus, atque concedimus.

§. 4. Quocirca Venerabilibus Fratribus nostris Visensi, & Egitaniensi Episcopis, ac Dilecto Filio Officiali Ulixbonensi per Apostolica Scripta mandamus, quatenus ipsi, vel duo, aut unus eorum per se, vel alium, seu alios Majestati tuæ, & tuis Successoribus præfatis in præmissis efficacis defensionis, præsidio assistentes faciant auctoritate nostra te, & Successores præfatos subjectione, statuto, & ordinatione, necnon reservatione, & concessione prædictis pacificè frui, & gaudere: non permittentes te, & Successores tuos præfatos, seu vestrum aliquem per quoscumque desuper quomodolibet indebitè molestari, perturbari, aut inquietari. Contradictores per censuram Ecclesiasticam, appellatione postposita, compescendo.

§. 5. Non obstantibus Constitutionibus, & Ordinationibus Apostolicis, necnon quibuscumque unionibus, annexionibus, & incorporationibus de quibusvis Ecclesiis etiam Cathedralibus, & Metropolitanis, & Locis in eisdem partibus Infidelium, etiam in dictis Marochitarum Regno, & Civitate, & aliis quibuscumque consistentibus, quibusvis Ecclesiis, etiam Cathedralibus, & Metropolitanis, Monasteriis, & illorum mensis, ac personis cujuscumque qualitatis, status, gradus, ordinis, vel conditionis existentibus, ac Cathedralium etiam Metropolitanarum Ecclesiarum earundem provisionibus eisdem personis, etiam per quoscumque Romanos Pontifices Prædecessores nostros, ac Nos, & Sedem eandem, etiam ad instantiam Regum, Reginarum, Ducum, Principum, & Prælatorum Ecclesiasticorum, ac etiam S. R. E. Cardinalium, & ex quibusvis causis, etiam ratione obsequiorum nobis, & Romanæ Ecclesiæ, ac Sedi præfatæ, etiam pro Fide Catholica impensorum, perpetuò, vel ad tempus, & sub quibusvis verborum formis, absque expresso consensu tuo, hactenus factis, & concessis, confirmatis, & innovatis, ac in posterum faciendis, & concedendis, quæ omnia, & singula, etiamsi de nominibus, cognominibus, Dignitatibus, & Titulis Ecclesiarum, & Personarum, quibus, & causis propter quas illa concessa sint, vel fuerint, mentio specialis, specifica, & expressa, ac de verbo ad verbum, non autem per generales clausulas id importantes, habenda, aut aliqua alia exquisita forma servanda foret, eorum tenores præsentibus pro sufficienter expressis habentes, illorum omnium vim, & effectum omnino suspendimus, & suspensa esse decernimus, illisque specialiter, & expressè derogamus, cæterisque contrariis quibuscumque, aut si aliquibus communiter, vel divisim ab eadem sit Sede indultum, quòd interdici, suspendi, vel excommunicari non possint per Literas Apostolicas non facientes plenam, & expressam, ac de verbo ad verbum de indulto hujusmodi mentionem. ANNO 1514.

§. 6. Nulli ergo omnino hominum liceat hanc paginam nostræ subjectionis, statuti, ordinationis, reservationis, concessionis, Mandati, suspensionis, decreti, & derogationis infringere, vel ei ausu temerario contraire. Si quis autem hoc attentare præsumpserit, indignationem Omnipotentis Dei, ac Beatorum Petri, & Pauli Apostolorum ejus se noverit incursurum.

§. Datum Romæ apud S. Petrum anno Incarnationis Dominicæ 1514. septimo Idus Junii Pontificatûs nostri anno secundo.

XVI.

Nova & Amplissima Donatio, & Concessio per LEONEM X *Papam facta* EMANNUELI *Portugalliæ Regi & successoribus ejus, de omnibus Regnis, Terris, Provinciis, Civitatibus, Oppidis, Insulis, Portubus, Littoribus, & Bonis quibuscunque mobilibus, & immobilibus, per eumdem* EMANUELEM *Regem, & Prædecessores, ac Successores suos Portugalliæ Reges, de manibus Infidelium recuperatis, & recuperandis, acquisitis, & acquirendis, detectis, & detegendis, non solùm, à Capitibus de Bojador, & de Naon usque ad Indos, sed etiam ubicunque, & in quibuscunque partibus etiam temporibus* LEONIS *forsan ignotis. Datum Romæ anno* 1514. *tertio Nonas Novembris.* CUM *Insertis, confirmatisque Constitutionibus* NICOLAI V. *de annis* 1452. *&* 1454. *&* SIXTI IV. *de anno* 1481. *in eadem materia factis.* [Sur la Copie imprimée à Lisbonne en 1707. in 4. avec permission, & privilege] 3. Novem.

LEO Episcopus, Servus Servorum Dei, ad perpetuam rei memoriam.

PRæcelsæ devotionis affectum & indefessum fervorem, integræ fidei puritatem, ingeniique in Sanctam Sedem Apostolicam observantiam, excelsarumque virtutum flagrantiam, quibus Charissimus in Christo filius noster Emmanuel Portugalliæ, & Algarbiorum Rex Illustris se se nobis, & dictæ Sedi multipliciter gratum, obsequiosum, & acceptum præbuit, apud arcana mentis nostræ dignè revolventes, præsertim cùm, magistra rerum experientia teste, perpendimus, ac apertis documentis indies clarè conspicimus, quàm sedula vigilantia sua Sublimitas, & Serenitas, suorum Prædecessorum Portugalliæ Regum gesta sequendo, plerumque in persona non sine gravissimis laboribus, & expensis nixa sit, & continuò ferventiùs enititur, ut Salvatori nostro, aut nomini Christiano infensa Maurorum, & aliorum Infidelium immanitas, nedum à fidelium finibus arceatur, quinimo suis flagitiis male perdita, & arctetur, funditùs & deleatur, & Christiana Religio optata pace freta votiva in omnibus suscipiat incrementa; his considerationibus, & plerisque aliis legitimis causis suadentibus, congruum, & opere pretium existimamus ea, quæ à Prædecessoribus nostris Romanis Pontificibus ipsius Emmanuelis Regis Prædecessoribus præfatis concessa comperimus, nostro etiam munimine confovere, ac alia etiam de novo concedere, ut exinde Celsitudo sua Apostolicæ Sedi prædictæ ulteriori munificentia præmunita in prosecutione promissorum non solùm ardentiùs inflammetur, sed & liberali, ac munifica compensatione accepta, cæteros reddat & faciat ad similia promptiores, & ejus erga nos, & Sedem prædictam devotio augeatur, & pro laboribus, quos Universali Ecclesiæ circa Catholicæ, & Apostolicæ fidei exaltationem bene serviendo sustinet, condignos honores & gratias reportet.

§. 1. Dudum siquidem à felicis recordationis Nicolao PP. V. & Sixto IV. Romanis Pontificibus Prædecessoribus nostris emanarunt diversæ Literæ tenoris subsequentis: Nicolaus Episcopus, servus servorum Dei. Charissimo in Christo Filio Alfonso

Anno 1514. so, Portugalliæ, & Algarbiorum Regi Illustri, salutem, & Apostolicam benedictionem. Dum diversas, nobis licèt immeritis superna providentia commissi Apostolicæ servitutis Officii curas, quibus quotidie nos urgentibus angimur, sedula quoque hortatione pulsamur, in mente revolvimus, illam nostris potissimè gerimus præcordiis solicitudinem, ut Christi nominis inimicorum rabies, Christi fidelibus in orthodoxæ vilipendium fidei semper infesta reprimi, Christianæque Religioni valeat subjugari, ad id quoque, cùm rerum expostulat opportunitas, nostrum liberum studium impendimus operosè, nec non singulos Christi Fideles, præcipuè Charissimos in Christo Filios Reges Illustres Christi fidem professos, qui pro æterni Regis gloria fidem ipsam defendere, ac illius inimicos potenti student brachio expugnare, paterno prosequi tenemur affectu: singula quoque, quæ ad hujusmodi salutiferum opus, dictæ videlicet defensionem, augmentationemque Religionis cooperari conspicimus, nostra non immeritò debent provisione procedere, Christi fideles quoque singulos, ut vices suas in adjutorium fidei exagitent, spiritualibus muneribus, & gratiis invitamus,

§. 2. Sanè sicut ex pio, Christianoque desiderio tuo procedere conspicimus, tu Christi inimicos Saracenos videlicet subjugare, ac ad Christi fidem potenti manu redigere intendis, si ad id tibi Apostolicæ Sedis suffragetur auctoritas. Nos igitur considerantes, quòd contra Catholicam fidem insurgentibus, Christianamque Religionem extinguere molientibus, ea virtute, & tali constantia à Christi fidelibus est resistendum, ut fideles ipsi fidei ardore succensi, virtutibusque pro posse succincti, detestandum illorum propositum non solùm obice intentionis contraire intendant, sed & oppositione roboris iniquos conatus prohibeant, & Deo, cui militant, ipsis assistente, perfidorum substernant molimenta, nosque divino amore commoniti, Christianorum charitate invitati, officiique Pastoralis astricti debito, ea, quæ fidei, pro qua Christus Deus noster sanguinem effudit, integritatem, augmentumque respiciunt, probis fidelium animis vigorem, tuamque Regiam Majestatem in hujusmodi Sanctissimo proposito confovere meritò cupientes, tibi Saracenos, & Paganos, aliosque Infideles, & Christi inimicos quoscumque, & ubicunque constitutos Regna, Ducatus, Comitatus, Principatus, aliaque Dominia, Terras, Loca, Villas, Castra, & quæcunque alia, possessiones, bona mobilia, & immobilia in quibuscunque rebus consistentia, & quocumque nomine censeantur, per eosdem Saracenos, Paganos, Infideles, & Christi inimicos detenta, & possessa, etiam cujuscumque, seu quorumcumque Regis, seu Principis, aut Regum, vel Principum Regna, Ducatus, Comitatus, Principatus, aliaque Dominia, Terræ, Loca, Villæ, Castra, possessiones, & bona huiusmodi fuerint, invadendi, conquirendi, expugnandi, & subjugandi, illorumque personas in perpetuam servitutem redigendi; Regna quoque, Ducatus, Comitatus, Principatus, aliaque Dominia, possessiones, & bona hujusmodi, Tibi, & Successoribus tuis Regibus Portugalliæ perpetuò applicandi, & appropriandi, ac in tuos, & eorundem Successorum usus, & utilitates convertendi, plenam, & liberam Auctoritate Apostolica tenore præsentium concedimus facultatem; eandemque Regiam Majestatem tuam rogamus, requirimus, & hortamur attentè, quatenus virtutis gladio præcinctus, ac forti animo præmunitus, pro divini nominis augmento, fideique exaltatione, ac animæ tuæ salute conquirenda, Deum præ oculis habens in hujusmodi negotio, potentiam virtutis tuæ extendas, ut fides Catholica per tuam Regiam Majestatem contra inimicos Christi triumphum se reportasse transiliat, Tuque coronam æternæ gloriæ, pro qua militandum est in Terris, quamque promisit Deus diligentibus se, nostramque, & dictæ Sedis benedictionem, & gratiam exinde valeas uberiùs promereri.

§. 3. Nos enim, ut Tu, ac dilecti filii Nobiles Viri, Duces, Principes, Barones, Milites, aliique Christi fideles tuam Regiam Serenitatem in hac fidei pugna concomitantes, seu imitantes, ac de bonis suis contribuentes, eò animosiùs, ferventiorique zelo opus hoc aggrediaris, ac illi aggrediantur, seu de bonis suis contribuant, aut mittant, ut præfertur, quò ex hoc tu, ac illi suarum animarum salutem consequi posse speraveris, ac illi speraverint, de Omnipotentis Dei misericordia, ac Beatorum Petri, & Pauli Apostolorum ejus auctoritate confisi, tibi, necnon omnibus, & singulis utriusque sexûs Christi fidelibus tuam Majestatem in hoc fidei negotio concomitantibus, nec non illis, qui Te personaliter comitari non valuerint, sed in subsidium juxta suarum facultatum, vel devotionis exigentiam miserint, seu de bonis eis à Deo collatis rationabiliter contribuerint, ut Confessor idoneus, quem Tu ad hoc, & eorum quilibet duxeris, seu duxerint eligendum, plenariam remissionem omnium, & singulorum peccatorum, criminum, & delictorum, & excessuum, de quibus Tu, & illi corde contriti, & ore confessi fueritis, tibi, ac eisdem concomitantibus, quoties bellum aliquod contra præfatos Infideles te, & illos inire contigerit, non concomitantibus verò, sed mittentibus, & contribuentibus, ut præfertur, in sinceritate fidei, unitate Sanctæ Romanæ Ecclesiæ, ac obedientia, & devotione nostra, & successorum nostrorum Romanorum Pontificum canonicè intrantium persistentibus semel duntaxat in mortis articulo concedere valeat, Devotioni tuæ eadem auctoritate indulgemus. Sic tamen quòd idem Confessor de his, de quibus alteri satisfactio impendenda, eam tibi, concomitantibus, mittentibus, & contribuentibus, per te, ac illos, si supervixeris, & illi supervixerint, aut tuos, vel illorum hæredes, si fortè tunc transieris, seu illi transierint, faciendam injungat, quam tu, & illi, ac hæredes præfati facere teneamini, ut præfertur.

§. 4. Et nihilominus si te, seu aliquos ex concomitantibus præfatis contra Saracenos, & alios Infideles hujusmodi, eundo, stando, vel redeundo ab hoc sæculo migrare contigerit, te, ac eosdem concomitantes in sinceritate, & unitate prædictis persistentes, puræ innocentiæ, qua, Baptismate suscepto, extitisti, & illi exciterunt, restituimus per præsentes.

§. 5. Volumus autem quòd omnia, & singula, quæ Christi fideles ipsi te non concomitantes in subsidium tuum pro hujusmodi fidei negotio peragendo contribuerint, per Prælatos singulorum locorum, in quibus contributiones hujusmodi pro tempore constitutæ fuerint, leventur, & simul reponantur, tibique per securos Nuntios, seu Literas cambiorum sine quacumque diminutione, expensis, & salariis rationabilibus in his laborantibus duntaxat reservatis, & sub Authentico computu transmittantur; quòdque, si Prælati ipsi, seu quicunque alii de summis in subsidium hujusmodi mittendis, quidquam præter expensas, & salaria hujusmodi subtraxerint, alienaverint, seu in suos usus usurpaverint, seu fraudulenter, vel dolose subtrahi, alienari, seu usurpari permiserint, vel consenserint, excommunicationis, à qua præterquam per Romanum Pontificem, seu in mortis articulo constituti, absolvi nequeant, sententiam incurrant eo ipso.

§. 6. Cæterum cùm difficile foret præsentes Literas ad singula, in quibus de eis fides forsan facienda fuerit, loca deferre, volumus, & dicta auctoritate decernimus, quòd illarum transumptis, manu publici Notarii subscriptis, & sigillo alicujus Episcopalis, aut Superioris Curiæ munitis, perinde plenaria fides adhibeatur, ac si originales Literæ hujusmodi exhibitæ forent, vel ostensæ.

§. 7, Nulli ergo omnino hominum liceat hanc paginam nostræ concessionis, restitutionis, voluntatis, indulti, & decreti infringere, vel ei ausu temerario contraire. Siquis autem hoc attentare præsumpserit, indignationem Omnipotentis Dei, ac Beatorum Petri, & Pauli Apostolorum se noverit incursurum. Datum Romæ apud Sanctum Petrum, anno Incarnationis Dominicæ millesimo quadringentesimo quinquagesimo secundo, quarto decimo Kalendas Julii, Pontificatus nostri anno sexto.

§. 8. * Nicolaus Episcopus, servus servorum Dei. Ad perpetuam rei memoriam. Romanus Pontifex Regni Cælestis Clavigeri Successor, & Vicarius Jesu Christi, cuncta mundi climata, omniumque Nationum in illis degentium qualitates paterna considera-

* Cette Seconde Bulle de *Nicolas V.* se trouve dans *Leibnitz*, Corpus *Juris Gentium* Part. I. Num. 165. d'où elle a été tirée, & inserée au Grand Recueil de Holl. Tom. 1. pag. 530. & ensuite dans la premiere partie de ce Corps universel Diplomatique; mais d'une Copie fort inferieure à celle-ci, & moins entiere. [DUM.]

Anno 1514.

ANNO 1514.

deratione discutiens, ac salutem quærens, & appetens singulorum, illa perpensa deliberatione salubriter ordinat, & disponit, quæ grata divinæ Majestati fore conspicit, & per quæ oves sibi divinitus creditas ad unicum ovile Dominicum reducat, & acquirat, ejus felicitatis æternæ præmium, ac veniam impetret animabus, quæ attentiùs, auctore Domino, provenire credimus, si condignis favoribus, & specialibus gratiis eos Catholicos prosequemur Reges, & Principes, quos velut Christianæ fidei Athletas, & intrepidos Pugiles, non modò Saracenorum, cunctorumque Infidelium Christiani nominis inimicorum conatus reprimere, sed etiam ipsos, eorumque Regna, ac loca etiam in longissimis ubique incognitis partibus consistentia, pro defensione, & augmento fidei hujusmodi debellare, suoque temporali dominio subdere, nullis parcendo laboribus, & expensis factis evidentibus cognoscimus, ut Reges, & Principes ipsi, sublatis quibusvis dispendiis, ad tam saluberrimum, tamque laudabile prosequendum opus peramplius animentur.

§. 9. Ad nostrum siquidem nuper non sine ingenti gaudio, & nostræ mentis lætitia pervenit auditum, quòd dilectus filius Nobilis Vir Henricus Infans Portugalliæ, Charissimi in Christo filii nostri Alfonsi Portugalliæ, & Algarbiæ Regnorum Regis Illustris Patruus, inhærens vestigiis claræ memoriæ Joannis dictorum Regnorum Regis, ejus genitoris, ac zelo salutis animarum, & fidei ardore plurimùm succensus, tanquam Catholicus, & verus omnium Creatoris Christi Miles, ipsiusque fidei acerrimus, ac fortissimus Defensor, & intrepidus Pugil, ejusdem Creatoris Gloriosissimum Nomen, per universum terrarum Orbem, etiam in remotissimis, & incognitis locis divulgari, extolli, & venerari; necnon illius, ac mirificæ, quâ redempti sumus, Crucis inimicos, perfidos Saracenos videlicet, ac quoscumque alios Infideles ad ipsius fidei gremium reduci, ab ejus ineunte ætate totis aspirans viribus, post Ceptensem Civitatem in Africa consistentem per dictum Joannem Regem ejus subactam dominio, & post multa per ipsum Infantem, nomine tamen dicti Regis contra hostes, & Infideles prædictos, quàm etiam in propria persona, non absque maximis laboribus, & expensis, ac rerum, & personarum periculis, & jactura, plurimorumque naturalium suorum cæde gesta bella, ex tot, tantisque laboribus, periculis, & damnis non fractus, neque territus, sed ad hujusmodi laudabilis, & pii propositi sui prosecutionem indies magis, atque magis exardescens in Oceano Mari quasdam solitarias Insulas fidelibus populavit, ac fundari, & construi inibi fecit Ecclesias, & alia loca pia, in quibus divina celebrantur officia, ex dicti quoque Infantis laudabili opera, & industria, quamplures diversarum in dicto Mari existentium Insularum incolæ, seu habitatores ad Dei Veri cognitionem venientes sacrum Baptisma susceperunt, ad ipsius Dei laudem, & gloriam, ac plurimarum animarum salutem, Orthodoxæ quoque Fidei propagationem, & divini cultus augmentum.

§. 10. Præterea cùm olim ad ipsius Infantis pervenisset notitiam, quòd nunquam, vel saltem à memoria hominum non consuevisset per hujusmodi Oceanum Mare versus Meridionales, & Orientales Plagas navigari, illudque nobis occiduis adeò foret incognitum, ut nullam de partium illarum gentibus certam notitiam haberemus, credens se maximum in hoc Deo præstare obsequium, si ejus opera, & industria Mare ipsum usque ad Indos, qui Christi nomen colere dicuntur, navigabile fieret, sicque cum eis participare, & illos in Christianorum auxilium adversus Saracenos, & alios hujusmodi fidei hostes commovere posse, ac nonnullos Gentiles, seu Paganos nefandissimi Mahometis sectâ nimium infectos populos inibi medios existentes continuò debellare, eisque incognitum Sanctissimum Christi nomen prædicare, ac facere prædicare, Regia tamen semper auctoritate munitus à viginti quinque annis citra exercitum ex dictorum Regnorum gentibus, maximis cum laboribus, periculis, & expensis in velocissimis navibus, Caravellas nuncupatis, ad perquirendum Mare, & Provincias maritimas versus partes Meridionales, & Polum Antharticum, annis singulis fere mittere non cessant; sicque factum est, ut cùm naves hujusmodi quamplures Portus, Insulas, & Maria perlustrassent, & occupassent, ad Guineam Provinciam tandem pervenirent, occupatisque nonnullis Insulis, Portibus, & Mari eidem Provinciæ adjacentibus, ulterius navigantes ad ostium cujusdam magni Fluminis Nili communiter reputati, pervenirent, uti contra illarum partium Populos nomine ipsorum Alfonsi Regis, & Infantis per antiquos annos guerra habita extitit, & in illa quamplures inibi vicinæ Insulæ debellatæ, ac pacificè possessæ fuerunt, prout adhuc cum adjacenti Mari possidentur: Exinde quoque multi Guinei, & alii Nigri vi capti, quàdam etiam non prohibitarum rerum permutatione, seu alio legitimo contractu emptionis ad dicta sunt Regna transmissi, quorum inibi in copioso numero ad Catholicam fidem conversi extiterunt, speraturque, divina favente clementia, quòd si hujusmodi cum eis continuentur progressus, vel Populi ipsi ad fidem convertentur, vel saltem multorum ex eis animæ Christo lucrifient.

ANNO 1514.

§. 11. Cùm autem, sicut accepimus, licèt Rex, & Infans præfati, qui cum tot, tantisque periculis, laboribus, & expensis, nec non perditione tot naturalium Regnorum hujusmodi, quorum inibi quamplures perierunt, ipsorum naturalium duntaxat freti auxilio, Provincias illas perlustrari fecerunt, ac Portus, Insulas, & Maria hujusmodi acquisiverunt, & possederunt, ut præfertur, ut illorum veri Domini, timentes ne aliqui cupiditate ducti ad partes illas navigarent, & operis hujusmodi perfectionem, fructum, & laudem sibi usurpare, vel saltem impedire cupientes, propterea seu lucri commodo, aut malicia, ferrum, arma, lignamina, aliasque res, & bona ad Infideles deferri prohibita, portarent, vel transmitterent, aut ipsos Infideles navigandi modum docerent, propter quæ eis hostes fortiores, ac duriores fierent, & hujusmodi prosecutio, vel impediretur, vel forsan penitus cessaret, non absque offensa magna Dei, & ingenti totius Christianitatis opprobrio; ad obviandum præmissis, ac pro suorum juris, & possessionis conservatione, sub certis tunc expressis gravissimis pœnis prohibuerunt, & generaliter statuerunt, quòd nullus nisi cum suis Nautis, ac Navibus, & certi tributi solutione, obtentâque prius desuper expressa ab eodem Rege, vel Infante licentia, ad dictas Provincias navigare, aut in earum Portibus contractare, seu in Mari piscari præsumeret; tamen successu temporis evenire posset, quòd aliorum Regnorum, seu Nationum personæ, invidia, malitia, aut cupiditate ducti contra prohibitionem prædictam absque legitima, & tributi hujusmodi solutione ad dictas Provincias accedere, & in sic acquisitis Provinciis, Portibus, Insulis, & Mari navigare, contractare, & piscari præsumerent, & exinde inter Alfonsum Regem, ac Infantem, qui nullatenus se in his sic deludi paterentur, & præsumentes prædictos quamplura odia, rancores, dissensiones, guerræ, & scandala in maximam Dei offensam, & animarum periculum verisimiliter subsequi possent, & subsequerentur.

§. 12. Nos præmissa omnia, & singula debita meditatione pensantes, & attendentes, quòd cùm olim præfato Alfonso Regi, quoscumque Saracenos, & Paganos, aliosque Christi inimicos ubicumque constitutos, ac Regna, Ducatus, Principatus, Dominia, Possessiones, & mobilia, & immobilia bona quæcumque per eos detenta, ac possessa invadendi, conquirendi, expugnandi, debellandi, & subjugandi, illorumque personas in perpetuam servitutem redigendi, ac Regna, Ducatus, Comitatus, Principatus, Dominia, Possessiones, & bona sibi, & Successoribus suis applicandi, appropriandi, ac in suos Successorumque suorum usus, & utilitatem convertendi, aliis nostris Literis plenam & liberam, inter cætera concessimus facultatem; dictæ facultatis obtentu idem Alfonsus Rex, seu ejus auctoritate prædictus Infans justè, & legitimè Insulas, Terras, Portus, & Maria hujusmodi acquisivit, ac possedit, illaque ad eundem Alfonsum Regem, & ipsius Successores de jure spectant, & pertinent, neque quivis alius etiam Christi fidelis, absque ipsorum Alfonsi Regis. & Successorum suorum licentia speciali, de illis se hactenus intromittere licitè potuit, nec potest quoquomodo; ut ipse Alfonsus Rex, ejusque Successores, & Infans eò ferventius huic tam piissimo, ac præclaro, & omnium ævo memoratu dignissimo Operi, in quo in illo animarum salus, fidei augmentum, & illius hostium depressio procurentur, de ipsiusque fidei, ac Reipublica Universalis Ecclesiæ re agi conspicimus, insistere valeant,

ANNO leant, & insistant, quò sublatis quibusvis dispendiis amplioribus, se per Nos, & Sedem Apostolicam
1514. favoribus, & gratiis munitos fore conspexerint, de præmissis omnibus, & singulis plenè informati,

§. 13. Motu proprio non àd ipsorum Alfonsi Regis, & Infantis, vel alterius pro eis nobis super hoc oblatæ petitionis instantiam, maturâque prius desuper deliberatione præhabita, auctoritate Apostolica, & ex certa scientia, de Apostolicæ potestatis plenitudine Literas facultatum præfatas, quarum tenores de verbo ad verbum præsentibus haberi volumus pro insertis, cum omnibus, & singulis in ejus contentis clausulis, àd Ceptensem, & prædicta, ac quæcumque alia, etiam ante datam dictarum facultatum Literarum acquisita, & ad ea, quæ in posterum nomine dictorum Alfonsi Regis, suorumque Successorum, & Infantis, in ipsis, ac illis circumvicinis, & ulterioribus, ac remotioribus partibus, de Infidelium, seu Paganorum manibus acquiri poterunt, Provincias, Insulas, Portus, & Maria quæcumque extendi, & illas sub eisdem facultatum Literis comprehendi ipsarum facultatum, & præsentium Literarum vigore jam acquisita, & quæ in futurum acquiri contigerit, postquam acquisita fuerint ad præfatum Regem, & Successores suos, ac Infantem: ipsamque Conquestam, quam à Capitibus de Bojador, & de Naon, usque per totam Guineam, & ultra versus illam Meridionalem Plagam extendi harum serie declaramus, etiam ad ipsos Alfonsum Regem, & Successores suos, ac Infantem, & non ad aliquos alios spectasse, & pertinuisse, ac in perpetuum spectare, & pertinere jure.

§. 14. Necnon Alfonsum Regem, & Successores suos, ac Infantem prædictos in illis, & circa ea, quæcumque prohibitiones, statuta, & mandata, etiam pœnalia, & cum cujusvis tributi impositione facere, ac de ipsis, ut de rebus propriis, & aliis ipsorum Dominiis disponere, & ordinare potuisse, ac nunc, & in futurum posse libere, & licite tenore præsentium decernimus, & declaramus. Ac pro potioris juris, & cautelæ suffragio tam acquisita, & quæ in posterum acquiri contigerit Provincias, Insulas, Portus, Loca, & Maria quæcumque, quotcumque, & qualiacumque fuerint, ipsamque Conquestam à Capitibus de Bojador, & de Naon prædictis Alfonso Regi, & Successoribus suis Regibus dictorum Regnorum, ac Infanti præfatis perpetuò donamus, concedimus, & appropriamus per præsentes.

§. 15. Propterea cùm ad id perficiendum opus hujusmodi multipliciter sit opportunum, quòd Alfonsus Rex, & Successores, ac Infans prædicti, necnon personæ, quibus hoc duxerint, seu aliquis ipsorum duxerit committendum, illius dicto Joanni Regi per felicis recordationis Martinum Quintum, & ulterius indultorum etiam inclytæ memoriæ Eduardo eorundem Regnorum Regi ejusdem Alfonsi Regis Genitori per piæ memoriæ Eugenium Quartum Romanos Pontifices Prædecessores nostros concessorum versus dictas partes cum quibusvis Saracenis, & Infidelibus, de quibuscumque rebus, & bonis, ac victualibus emptiones, & venditiones, prout congruerit, facere, necnon quoscumque contractus inire, transigere, pacisci, mercari, ac negotiari, & merces quascumque ad ipsorum Saracenorum, & Infidelium loca, dummodo ferramenta, lignamina, funes, naves, seu armaturarum genera non sint, deferre, & ea dictis Saracenis, & Infidelibus vendere, omnia quoque alia, & singula in præmissis, & circa ea opportuna, vel necessaria facere, gerere, vel exercere.

§. 16. Ipsique Alfonsus Rex, Successores, & Infans in jam acquisitis, & per eum acquirendis Provinciis, Insulis, ac Locis, quascumque Ecclesias, Monasteria, & alia pia loca fundare & construere, ac fundari, & construi facere; necnon quascumque voluntarias Personas Ecclesiasticas sæculares, & quorumvis etiam Mendicantium Ordinum Regulares de Superiorum suorum licentia ad illa transmittere, ipsæque Personæ inibi etiam quoad vixerint commorari, ac quorumcumque in dictis partibus existentium, vel accedentium confessiones audire, illisque auditis in omnibus, præterquam Sedi prædictæ reservatis, casibus, debitam absolutionem impendere, ac pœnitentiam salutarem injungere; necnon Ecclesiastica Sacramenta ministrare valeant, liberè, & licitè decernimus: ipsisque Alfonso, & Successoribus suis Regibus Portugalliæ, qui erunt in posterum, & Infanti præfatis concedimus, & indulgemus. ANNO

§. 17. Ac Universos, & singulos Christi fideles Ecclesiasticos, Sæculares, & Ordinum quorumcumque Regulares ubilibet per Orbem constitutos, cu- 1514.
juscumque status, gradûs, ordinis, conditionis, vel præeminentiæ fuerint, etiamsi Archiepiscopali, Episcopali, Imperiali, Regali, Reginali, Ducali, seu alia quacùmque majori Ecclesiastica, vel Mundana Dignitate præfulgeant, obsecramus in Domino, & per aspersionem sanguinis Domini nostri Jesu Christi, cujus, ut præmittitur, res agitur, exhortamur, eisque in remissionem suorum peccaminum injungimus, necnon hoc perpetuo prohibitionis Edicto districtiùs inhibemus, ne ad acquisita, seu possessa, nomine Alfonsi Regis, aut in Conquesta hujusmodi consistentia Provincias, Insulas, Portus, Maria, & Loca quæcumque, seu aliàs ipsis Saracenis, Infidelibus, vel Paganis, arma, ferrum, lignamina, aliaque a jure Saracenis deferri prohibita quoquo modo:

§. 18. Vel etiam absque speciali ipsius Alfonsi Regis, & Successorum suorum, & Infantis licentia, merces, & alia à jure permissa deferre, aut per maria hujusmodi navigare, seu deferri, vel navigari facere, aut in illis piscari, seu de Provinciis, Insulis, Portibus, Maribus, & Locis, seu aliquibus eorum, aut de Conquesta hujusmodi se intromittere, vel aliquid, per quod Alfonsus Rex, & Successores sui, & Infans prædicti quominus acquisita, & possessa pacifice possideant, ac Conquestam hujusmodi prosequantur, & faciant per se, vel alium, seu alios, directè, vel indirectè, opere, aut consilio facere, aut impedire quoquomodo præsumant.

§. 19. Qui vero contrarium fecerint, ultra pœnas contra deferentes arma, & alia prohibita Saracenis quibuscumque à jure promulgatas, quas illos incurrere volumus ipso facto, si personæ fuerint singulares, excommunicationis sententiam incurrant, si Communitas, vel Universitas Civitatis, Castri, Villæ, seu loci, ipsa Civitas, Castrum, Villa, seu locus interdicto subjaceat eo ipso, nec contra facientes ipsi, vel aliqui eorum ab excommunicationis sententia absolvantur, nec interdicti hujusmodi relaxationem Apostolicam, vel alia quavis auctoritate obtinere possint, nisi ipsi Alfonso, & Successoribus suis, ac Infanti prius pro præmissis congruè satisfecerint, aut desuper amicabiliter concordaverint cum eisdem.

§. 20. Mandantes per Apostolica scripta Venerabilibus Fratribus nostris Archiepiscopo Ulixbonensi, & Sylvensi, ac Ceptensi Episcopis, quatenus ipsi, vel duo, aut unus eorum per se, vel alium, seu alios, quoties pro parte Alfonsi Regis, & illius Successorum, ac Infantis prædictorum, vel alicujus eorum desuper fuerint requisiti, vel aliquis ipsorum fuerit requisitus, ipsos, quos excommunicationis, & interdicti sententias hujusmodi incurrisse constiterit, tamdiu Dominicis, aliisque festivis diebus in Ecclesiis, dùm major inibi populi multitudo convenerit ad Divina, excommunicatos, & interdictos, aliisque pœnis prædictis innodatos fuisse, & esse, auctoritate Apostolica declarent, & denuntient, necnon ab aliis nunciari, & ab omnibus arctiùs evitari faciant: donec pro præmissis satisfecerint, seu concordaverint, ut præfertur; contradictores per censuram Ecclesiasticam appellatione postposita compescendo.

§. 21. Non obstantibus Constitutionibus, & Ordinationibus Apostolicis, cæterisque contrariis quibuscumque.

§. 22. Cæterùm, ne præsentes Literæ, quæ à Nobis de certa nostra scientia, & maturâ desuper deliberatione præhabita emanarunt, ut præfertur, de surreptionis, vel obreptionis, aut nullitatis vitio à quoquam in posterum valeant impugnari; volumus, & auctoritate Apostolica, scientia, ac potestate prædictis harum serie decernimus pariter, & declaramus, quod dictæ Literæ, & in eis contenta de surreptionis, vel obreptionis, vel nullitatis, etiam extraordinariè, vel alterius cujuscumque potestatis, aut quovis alio defectu impugnari, illarumque effectus retardari, vel impediri nullatenus possint, sed in perpetuum valeant, ac plenam obtineant roboris firmitatem, irritum quoque sit & inane, si secus super his à quoquam quavis auctoritate scienter, vel ignoranter contigerit attentari.

§. 23. Et insuper, quia difficile foret præsentes

nostras

nostras Literas ad loca quæcumque deferre, volumus, & dicta auctoritate harum serie decernimus, quod earum transumptis manu publica, & sigillo Episcopalis, aut alicujus Superioris Ecclesiasticæ Curiæ munitis, plena fides adhibeatur, & perinde stetur, ac si dictæ originales Literæ fuerint exhibitæ, vel ostensæ, & excommunicationis, aliæque Sententiæ in illis contentæ infra duos menses computandos à die, qua ipsæ præsentes Literæ, seu chartæ, vel membranæ earum tenorem in se continentes valvis Ecclesiæ Ulixbonensis affixæ fuerint, perinde omnes, & singulos contra facientes supradictos ligent, ac si ipsæ præsentes Literæ eis personaliter, & legitime intimatæ, ac præsentatæ fuissent.

§. 24. Nulli ergo omnino hominum liceat hanc paginam nostræ declarationis, constitutionis, ordinationis, concessionis, appropriationis, decreti, obsecrationis, exhortationis, injunctionis, inhibitionis, mandati, & voluntatis infringere, vel ei ausu temerario contraire. Si quis autem hoc attentare præsumpserit, indignationem Omnipotentis Dei, ac Beatorum Petri & Pauli Apostolorum ejus se noverit incursurum.

Datum Romæ apud Sanctum Petrum, anno Incarnationis Dominicæ millesimo quadringentesimo quinquagesimo quarto, sexto Idus Januarii, Pontificatus nostri anno octavo.

§. 25. Sixtus Episcopus, servus servorum Dei. Ad perpetuam rei memoriam. Æterni Regis clementia, per quam Reges regnant, in suprema Sedis Apostolicæ specula collocati Regum Catholicorum omnium, sub quorum felici gubernaculo Christi fideles in justitia, & pace foventur, statum, & prosperitatem, ac quietem, & tranquillitatem sinceris desideriis appetimus, & inter illos pacis dulcedinem vigere ferventer exoptamus, ac his, quæ per Prædecessores nostros Romanos Pontifices, & alios propterea provide facta fuisse comperimus, ut firma perpetuo, & illibata permaneant, & ab omni cunctationis scrupulo procul existant, Apostolicæ confirmationis robur favorabiliter exhibentes.

§. 26. Dudum siquidem ad audientiam felicis recordationis Nicolai PP. V. Prædecessoris nostri deducto, quod quondam Henricus Infans Portugalliæ, Charissimi in Christo filii nostri Alfonsi Portugalliæ, & Algarbiorum Regnorum Regis Illustris Patruus, inhærens vestigiis claræ memoriæ Joannis dictorum Regnorum Regis ejus Genitoris, ac zelo salutis animarum, & Fidei ardore plurimum succensus, tanquam Catholicus, & verus omnium Creatoris Christi Miles, ipsiusque Fidei acerrimus, & fortissimus Defensor, & intrepidus Pugil, ejusdem Creatoris Gloriosissimum Nomen per universum terrarum Orbem, etiam in remotissimis, & incognitis locis divulgari, extolli, & venerari, nec non illius, ac vivificæ, qua redempti sumus, Crucis inimicos perfidos Saracenos, ac quoscumque alios infideles ad ipsius Fidei gremium reduxit, ab ejus ineunte ætate totis viribus aspirans post Ceptensem Civitatem in Africa consistentem per dictum Joannem Regem ejus subactam dominio, & post multa per ipsum Infantem, nomine tamen dicti Regis contra hostes, & Infideles prædictos, quandoque etiam in propria persona, non etiam absque maximis laboribus, & expensis, ac rerum, & personarum periculis, & jactura, plurimorumque naturalium suorum cæde gesta bella, eis tot tantisque laboribus, periculis, & damnis non fractus, nec territus, sed hujusmodi laudabilis, & pii propositi sui prosecutionem indies magis, atque magis exardescens, in Oceano mari quasdam solitarias Insulas fidelibus populaverat, ac fundari, & construi inibi fecerat Ecclesias, & alia loca pia, in quibus Divina celebrantur officia, ex dicti quoque Infantis laudabili opera, & industria, quamplures diversarum in dicto mari existentium Insularum incolæ, seu habitatores ad Dei veri cognitionem venientes, sacrum Baptisma susceperunt, ad ipsius Dei laudem, & gloriam, ac plurimarum animarum salutem, Orthodoxæ quoque Fidei propagationem, divinique cultus augmentum.

§. 27. Propterea, cum olim ad ipsius Infantis pervenisset notitiam, quod nunquam, vel saltem à memoria hominum non consuevisset per hujusmodi Oceanum Mare versus Meridionales, & Orientales plagas navigari, illudque nobis occiduis adeò foret incognitum, ut nullam de partium illarum Gentibus certam notitiam haberet, credens se maximum in hoc Deo præstare obsequium, si ejus opera, & industria mare ipsum usque ad Indos, qui Christi nomen colere dicuntur, navigabile fieret, sicque cum eis participare, & illos in Christianorum auxilium adversus Saracenos, & alios hujusmodi Fidei hostes commovere posset, ac nonnullos Gentiles, seu Paganos nefandissimi Mahometi secta nimium infectos populos inibi medio existentes continuo debellare, eisque incognitum Christi Sanctissimi nomen prædicare, ac facere prædicari, Regia semper auctoritate munitus, & a viginti quinque annis ex tunc exercitum dictorum ex Regnorum gentibus, maximis cum laboribus, periculis, & expensis, in velocissimis navibus, caravellis nuncupatis, ad perquirendum mare, & Provincias maritimas versus Meridionales partes, & Polum Antharcticum annis singulis fere mittere non cessaverat, sicque factum fuit, ut cum naves hujusmodi quamplures Portus, Insulas, & Maria perlustrassent, & occupassent, occupatisque nonnullis Insulis, Portubus, ac mari, eidem Provinciæ adjacentibus, ulterius navigantes, & ad Guineam Provinciam tandem ad Ostium cujusdam magni fluminis Nili communiter reputati pervenissent, & contra illarum partium populos nomine ipsorum Alfonsi Regis, & Infantis per aliquos annos guerra habita extiterat, & in illa quamplures inibi vicinæ Insulæ debellatæ, & pacifice possessæ fuissent, prout adhuc tunc cum adjacenti Mari possidebantur. Exinde quoque multi Ghinei, & alii Nigri vi capti, quidam, etiam non prohibitarum rerum permutatione, seu alio legitimo contractu emptionis ad dicta erant Regna transmissi, quorum inibi in copioso numero ad Catholicam fidem conversi extiterunt, sperabaturque, divina favente clementia, quod si hujusmodi cum eis continuaretur progressus, vel populi Christi ad fidem converterentur, vel saltem multorum ex eis animæ Christo lucrifierent.

§. 28. Et per eundem Prædecessorem accepto, quod licet Rex, & Infans præfati, qui cum tot, & tantis periculis, laboribus, & expensis, nec non perditione tot naturalium Regnorum hujusmodi, quorum inibi quamplures perierant, ipsorum naturalium duntaxat freti auxilio Provincias ipsas perlustrari fecerant, ac Portus, Insulas, & Maria hujusmodi acquisiverant, & possederant, ut præfertur, ut illorum veri Domini, timentes ne aliqui cupiditate ducti ad partes illas navigassent, & operis hujusmodi perfectionem, fructum, & laudem sibi usurpare, vel saltem impedire cupientes, propterea lucri commodo, aut malitia ferrum, arma, lignamina, aliasque res, & bona ad Infideles deferri prohibita portassent, vel transmisissent, aut ipsos Infideles navigandi modum edocerent, propter quæ hostes eis fortiores, ac duriores fierent, & hujusmodi prosecutio vel impediretur, vel forsan cessaret, non absque Dei magna offensa, & ingenti totius Christianitatis opprobrio.

§. 29. Ad obviandum præmissis, ac pro suorum Juris, & possessionis conservatione sub certis tunc expressis gravissimis pœnis prohibuerant, & generaliter statuerant, quod nullus, nisi cum suis Nautis, & Navibus, & certi tributi solutione, obtentaque prius desuper expressa ab eodem Rege, vel Infante licentia ad dictas Provincias navigare, aut in earum Portubus contractare, seu in Mari piscari præsumerent, tandem successu temporis evenire potuisset, quod aliorum Regnorum, seu Nationum personæ invidia, malitia, aut cupiditate ducti contra prohibitionem absque licentia, & tributi solutione hujusmodi ad dictas Provincias accedere, & in sic acquisitis Provinciis, Portubus, Insulis, ac Mari navigare, contractare, & piscari præsumerent: Et exinde inter Alfonsum Regem, & Infantem, qui nullatenus se in his sic deludi paterentur, & præsumentes prædictos quamplura odia, rancores, dissentiones, guerra, & scandala in maximam Dei offensam & animarum periculum subsequi possent, & subsequerentur.

§. 30. Idem Prædecessor præmissa omnia, & singula debita meditatione pensans, & attendens, quod cum olim præfato Alfonso Regi quoscumque Saracenos, & Paganos, aliosque Christi inimicos ubicumque constitutos, ac Regna, Ducatus, Principatus, Dominia, possessiones, & mobilia, ac immobilia bona quæcumque per eos detenta, ac possessa invadendi, conquirendi, expugnandi, debellandi, & subjugandi, illorumque personas in perpetuam servitutem redigendi, ac Regna, Ducatus, Comitatus, Principatus, Dominia, Possessiones, & bona sibi & Successoribus suis applicandi, appropriandi, ac in suos,

Suc-

ANNO 1514. Successorumque usus, & utilitatem convertendi, alisque suis literis plenam, & liberam inter cætera concessit facultatem. Dictæ facultatis obtentu idem Alfonsus Rex, seu ejus auctoritate prædictus Infans juste, & legitime Insulas, Terras, Portus, & Maria hujusmodi acquisiverat, & possederat, & possidebat, illaque ad eundem Alfonsum Regem, & ipsius Successores de Jure spectabant, & pertinebant, nec quivis alius etiam Christi fidelis absque ipsorum Alfonsi Regis, & Successorum suorum licentia speciali de illis se catenus intromittere licite poterat quoquomodo, ut ipse Alfonsus Rex, ejusque Successores, & Infans eo ferventius huic tam piissimo, præclaro, & omni ævo memoratu dignissimo Operi, in quo, cum in illo animarum salus, fidei augmentum, & illius hostium depressio procurarentur, de ipsius fidei, & Reipublicæ Universalis Ecclesiæ rem agi conspiciens, insistere valerent, & insisterent, quo sublatis quibusvis dispendiis amplioribus, se per eundem Prædecessorem, & Sedem Apostolicam favoribus, & gratiis munitos fore conspicerent, de præmissis omnibus, & singulis plenissime informatus,

§. 31. Motu proprio, maturaque prius de super deliberatione præhabita, auctoritate Apostolica, & ex certa scientia de Apostolicæ potestatis plenitudine Literas facultatis præfatas, quarum tenores de verbo ad verbum haberi voluit pro insertis, cum omnibus, & singulis in eis contentis clausulis, ad Ceptensem, & prædicta, ac quæcumque alia ante datam dictarum facultatis Literarum acquisita, & ad ea, quæ in posterum nomine dictorum Alfonsi Regis, suorumque Successorum, & Infantis, in ipsis, ac illis circumvicinis; & ulterioribus, ac remotioribus partibus de Infidelium, seu Paganorum manibus acquiri poterunt Provincias, Insulas, Portus, & Maria quæcumque extendi, & illa sub eisdem facultatis, & dictarum Literarum vigore jam acquisita, & quæ in futurum acquiri contingeret, postquam acquisita forent, ad præfatos Reges, & Successores, ac Infantem, ipsamque Conquestam, quam a Capitibus de Bojador, & de Naon, usque ad totam Ghineam, & ultra versus illam Meridionalem Plagam extendi declaravimus, etiam ad ipsos Alfonsum Regem, & Successores suos, & Infantem, & non ad aliquos alios spectasse, & pertinuisse, ac in posterum spectare, & pertinere debere.

§. 32. Nec non Alfonsum Regem, & Successores, ac Infantem prædictos, in illis, & circa ea quæcumque prohibitiones, statuta, & mandata, etiam pœnalia, & cum cujusvis Tributi impositione facere, ac de ipsis, ut de rebus propriis, & aliis ipsorum Dominiis disponere, & ordinare decrevit, & declaravit. Ac pro potioris Juris cautelæ suffragio, tam acquisita, & quæ in posterum acquiri contingeret, Provincias, Insulas, Portus, Loca, & Maria quæcumque, quotcumque, & qualiacumque forent, ipsamque Conquestam à Capitibus de Bojador, & de Naon prædictis Alfonso Regi, & Successoribus Regibus dictorum Regnorum, ac Infanti præfatis perpetuo donavit, concessit, & appropriavit.

§. 33. Præterea cum ad perficiendum opus hujusmodi multipliciter esset opportunum, quod Alfonsus Rex, & Successores, ac Infans prædicti, nec non personæ, quibus hoc ducerent, seu aliquis eorum duceret committendum, illius dicto Joanni Regi per felicis recordationis Martinum V. & alterius indultorum etiam inclytæ memoriæ Eduardo eorumdem Regnorum Regi, ejusdem Alfonsi Regis Genitori per piæ memoriæ Eugenium IV. Romanos Pontifices Prædecessores nostros concessorum versus dictas partes cum quibusvis Saracenis, & Infidelibus de quibuscumque rebus, & bonis, ac victualibus emptiones, & venditiones, prout congrueret, facere; nec non quoscumque contractus inire, transigere, pascisci, mercari, & negotiari, & merces quascumque ad ipsorum Saracenorum, & Infidelium loca, dummodo ferramenta, lignamina, funes, naves, seu armaturarum genera non essent, deferre, & ea dictis Saracenis, & Infidelibus vendere, omnia quoque alia, & singula in præmissis, & circa ea opportuna, vel necessaria facere, gerere, vel exercere.

§. 34. Ipsique Alfonsus Rex, Successores, & Infans in jam acquisitis, & per eum acquirendis Provinciis, Insulis, & locis quascumque Ecclesias, Monasteria, & alia pia loca fundare, ac fundari, & construi; nec non quascumque voluntarias personas Ecclesiasticas, sæculares, & quorumvis etiam Mendicantium Ordinum Regulares, de Superiorum suorum tamen licentia, ad illa transmittere: ipsæque personæ inibi etiam quoad viverent, commorari, ac quorumcumque in dictis partibus existentium, vel accedentium confessiones audire, illisque auditis, in omnibus, præterquam Sedi prædictæ reservatis casibus, debitam absolutionem impendere, ac pœnitentiam salutarem injungere, nec non Ecclesiastica Sacramenta ministrare valerent, libere, & licite decrevit: ipsisque Alfonso, & Successoribus suis Regibus Portugalliæ, qui essent in posterum, & Infanti præfato concessit, & indulsit. ANNO 1514.

§. 35. Ac universos, & singulos Christi fideles Ecclesiasticos, sæculares, & Ordinum quorumcumque Regulares ubilibet per orbem constitutos, cujuscumque status, gradus, ordinis, conditionis, vel præeminentiæ forent, etiamsi Archiepiscopali, Episcopali, Imperiali, Regali, Reginali, Ducali, seu alia quacumque majori Ecclesiastica, vel Mundana Dignitate præfulgerent, obsecravit in Domino, & per aspersionem sanguinis Domini Nostri JESU Christi, cujus, ut præmittitur, res agebatur, exhortatus fuit, eisque in remissionem suorum peccaminum injunxit, nec non perpetuo prohibitionis edicto districtius inhibuit, ne ad acquisita, seu possessa nomine Alfonsi Regis in Conquesta hujusmodi consistentia Provincias, Insulas, Portus, Maria, & loca quæcumque, seu alias ipsis Saracenis, Infidelibus, vel Paganis arma, ferrum, lignamina, aliaque Saracenis de Jure deferri prohibita quoquomodo.

§. 36 Vel etiam absque speciali ipsius Alfonsi Regis, & Successorum suorum, & Infantis licentia, merces, & alia à jure permissa deferre, aut in illis piscari, seu de Provinciis, Insulis, Portubus, Maribus, & Locis, seu aliquibus eorum, aut de Conquesta hujusmodi se intromittere, vel aliquid, per quod Alfonsus Rex, & Successores sui, & Infans prædicti cominus acquisita, & possessa pacifice possiderent, & Conquestam hujusmodi prosequerentur, & facerent, per se, vel alium, seu alios, directe, vel indirecte, opere, vel consilio facere, aut impedire quoquomodo præsumerent.

§. 37. Qui vero contrarium facerent, ultra pœnas contra deferentes arma, & alia prohibita Saracenis quibuscumque promulgatas, quas illos incurrere voluit, ipso facto, si personæ forent singulares, Excommunicationis sententiam incurrerent, si Communitas, vel Universitas Civitatis, Castri, Villæ, seu Loci, ipsa Civitas, Castrum, Villa, seu locus Ecclesiastico Interdicto subjaceret eo ipso, nec contra facientes ipsi, vel aliqui eorum ab Excommunicationis sententia absolverentur, nec Interdicti hujusmodi relaxationem Apostolica, vel alia quavis auctoritate obtinere possent, nisi ipsi Alfonso, & Successoribus suis, ac Infanti prius pro præmissis congrue satisfecissent, aut desuper amicabiliter concordassent cum eisdem.

§. 38. Præfatus quoque Prædecessor Venerabilibus Fratribus Ulixbonensi Archiepiscopo, & Sylvensi, ac Ceptensi Episcopis suis Literis dedit in mandatis, quatenus ipsi, vel duo, aut unus eorum per se vel alium, seu alios, quoties pro parte Alfonsi Regis, & illius Successorum, ac Infantis prædictorum, vel alicujus eorum desuper fuerint requisiti, vel aliquis ipsorum foret requisitus, illos, quos Excommunicationis, & Interdicti sententias hujusmodi incurrisse constaret, tandiu Dominicis, aliisque festivis diebus in Ecclesiis, dum major inibi populi multitudo conveniret ad Divina, excommunicatos, & interdictos, aliisque pœnis prædictis innodatos fuisse, & esse, auctoritate Apostolica declararent, & denuntiarent, nec non ab aliis nuntiari, & ab omnibus arctius evitari facerent, donec pro præmissis satisfecissent, seu concordassent, ut præfertur. Contradictores per Censuras Ecclesiasticas, appellatione postposita compescendo.

§. 39. Non obstantibus Constitutionibus, & Ordinationibus Apostolicis, cæterisque contrariis quibuscumque.

§. 40. Cæterum ne dictæ Literæ, quæ de certa scientia, & matura desupér deliberatione præhabita, ab eodem Prædecessore emanarunt, ut præfertur, de surreptionis, vel obreptionis, aut nullitatis vitio à quoquam in posterum valerent impugnari, voluit, & auctoritate, scientia, ac potestate prædictis decrevit pariter, & declaravit, quod dictæ Literæ, & in eis contenta de surreptionis, obreptionis, vel nullitatis etiam extraordinarie, vel alterius cujuscumque potestatis, aut quovis alio defectu impugnari, illarumque effectus retardari, vel impediri nullatenus possent,

sed

ANNO 1514. sed in perpetuum valerent, & plenam obtinerent roboris firmitatem: Irritum quoque esset & inane, si secus super his à quoquam, quavis auctoritate, scienter, vel ignoranter contingeret attentari.

§. 41. Et deinde pro parte Alfonsi Regis, & Henrici Infantis prædictorum piæ memoriæ Calisto PP. III. etiam Prædecessori nostro exposito, quod ipsi supra modum affectabant, quod spiritualitas in eisdem solitariis Insulis, Terris, Portubus, & Locis in Mari Oceano versus Meridionalem Plagam in Ghinea consistentibus, quas idem Infans de manibus Saracenorum manu armata contraxerat, & Christianæ Religioni, ut præfertur, conquisiverat, Militiæ Jesu Christi, cujus reddituum suffragio idem Infans hujusmodi Conquestam fecisse perhibebatur, per Sedem Apostolicam perpetuo concederetur. Ac declaratio, Constitutio, donatio, concessio, appropriatio, decretum, obsecratio, exhortatio, injunctio, inhibitio, mandatum, & voluntas, nec non Literæ Nicolai Prædecessoris præfati, ac omnia, & singula in eis contenta confirmarentur.

§. 42. Idem Calistus Prædecessor attendens Religionem dictæ Militiæ in eisdem Insulis, Terris & Locis, fructus afferre posse in Domino salutares, hujusmodi supplicationibus inclinatus declarationem, Constitutionem, donationem, appropriationem, decretum, obsecrationem, exhortationem, injunctionem, inhibitionem, mandatum, voluntatem, Literas, & contenta hujusmodi, & inde secuta quæcumque rata, & grata habens, illa omnia, & singula auctoritate Apostolica, & ex simili scientia confirmavit, & approbavit, ac robore perpetuæ firmitatis subsistere decrevit, supplens omnes, & singulos defectus, siqui forsan intervenissent in eisdem.

§. 43. Et nihilominus auctoritate, & scientia prædictis perpetuo decrevit, statuit, & ordinavit, quod Spiritualitas, & omnimoda Jurisdictio ordinaria, Dominium, & Potestas in spiritualibus duntaxat, in Insulis, Villis, Portubus, Terris & Locis, prædictis à Capitibus de Bojador, de Naon, usque per totam Ghineam, & ultra illam Meridionalem Plagam, usque ad Indos acquisitis, & acquirendis, quorum situs, numerum, qualitates, vocabula, designationes, confines, & loca suis Literis pro expressis haberi voluit, ad Militiam, & Ordinem hujusmodi perpetuis futuris temporibus spectarent, & pertinerent, illaque eis ex tunc concessit, & largitus fuit. Ita quod Prior Major pro tempore existens Ordinis dictæ Militiæ omnia, & singula Beneficia Ecclesiastica cum cura, & sine cura, Sæcularia, & Ordinum quorumcumque Regularia in Insulis, Terris, & Locis prædictis fundata, & instituta, seu fundanda, & instituenda, cujuscumque qualitatis, & valoris existerent, seu forent, quoties illa in futurum vacare contingeret, conferre, & de illis providere: Nec non excommunicationis, suspensionis, & privationis, interdicti, aliasque Ecclesiasticas sententias, censuras, & pœnas quoties opus foret, ac rerum, & negotiorum pro tempore ingruentium qualitates id exigerent, proferre, omniaque alia, & singula, in quibus locorum Ordinarii spiritualitatem habere censerentur, de jure, vel consuetudine facere, disponere, & exequi potuerant, & consueverant, pariformiter absque ulla differentia facere, & disponere, ordinare, & exequi posset, & deberet: super quibus omnibus, & singulis ei plenam, & liberam concessit facultatem. Decernens Insulas, Terras, & loca acquisita, & acquirenda hujusmodi nullius Diœcesis existere, ac irritum, & inane, si secus super his à quoquam quavis auctoritate scienter, vel ignoranter contingeret attentari.

§. 44. Postmodum vero cum inter præfatum Alfonsum Regem, & Charissimum in Christo Filium nostrum Ferdinandum Castellæ, & Legionis Regem Illustrem, eorumque subditos, humani generis hostis causante versutia, guerræ aliquandiu ingruissent, tandem, divina operante clementia, ad pacem, & concordiam devenerunt, & pro pace inter ipsos firmanda, & stabilienda nonnulla Capitula inter se fecerunt, inter quæ unum Capitulum fore dignoscitur hujusmodi tenoris.

§ 45. *Item voluerunt præfati Rex, & Regina Castellæ, Aragoniæ, & Siciliæ, & illis placuit, ut ista pax sit firma, & stabilis, ac semper duratura, promiserunt ex nunc, & in futurum, quod nec per se, nec per alium secrete, seu publice, nec per suos hæredes, & Successores turbabunt, molestabunt, nec inquietabunt de facto, vel de jure in judicio, vel extra judicium dictos Dominos Regem, & Principem Portugalliæ, nec Reges, qui in futurum in dicto Regno Portugalliæ regnabunt, nec sua Regna super possessione, & quasi possessione, in qua sunt in omnibus Commerciis, Terris, & permutationibus, sive Resignatis Ghineæ, cum suis Mineris, seu Aurifodinis, & quibuscumque aliis Insulis, Litoribus, seu Costis Maris, Terris detectis, seu detegendis, inventis, & inveniendis, Insulis de la Madera, de Portu Sancto, & Insula Deserta, & omnibus Insulis dictis de los Açores, id est, Accipitrum, & Insulis Florum, & etiam in Insulis de Cabo Verde, id est Promontorio Viridi, & in Insulis, quas nunc invenit, & quibuscumque Insulis, quæ demceps invenientur, acquirentur ab Insulis de Canaria, ultra, & citra in conspectu Ghineæ ita quod quidquam est inventum, vel invenietur, & acquiretur ultra in dictis, terminis, id quod est inventum, & detectum, remaneat dictis Regi, & Principi de Portugallia, & suis Regnis, exceptis duntaxat Insulis de Canaria, Lanzarote, Lapalma, Forteventura, Lagomera, Oserro, Agratiosa, La gran Canaria, Tanarife, & omnibus aliis Insulis de Canaria acquisitis, aut acquirendis, quæ remanent Regnis Castellæ; & ita non turbabunt, nec molestabunt, nec inquietabunt quascumque personas, quæ dicta mercimonia, & contractus Ghineæ nec dictas Terras, & Litora, aut Costas inventas, & inveniendas nomine, aut potentia, & manu dictorum Dominorum Regis & Principis Portugalliæ, vel Successorum tractabuntur, negotiabuntur, vel acquirent quocumque titulo, modo, vel maneria, quo sit, & esse possit.*

§. 46. Immo per istam præsentem promittunt, & asseruerunt bona fide, sine dolo malo dictis Dominis Regi, & Principi Portugalliæ, & Successoribus suis, quod non mittent per se, aut per alios, nec consentient, immo defendant, quod sine licentia dictorum Dominorum Regis, & Principis Portugalliæ non vadent ad negotiandum dicta commercia, & tractus, nec insulis, Terris Guineæ inventis, vel inveniendis gentes suas naturales, vel subditos in quocumque loco, & in quocumque tempore, & in quocumque casu opinato, vel inopinato, nec quascumque alias gentes exteras, quæ morarentur in suis Regnis, & Dominiis, vel Insulis, Portubus, armarent; vel caperent victualia, vel necessaria ad navigandum, nec dabunt illis aliquam occasionem, favorem, locum, auxilium, nec assensum directe, vel indirecte, nec permittent armari, nec onerari ad eundum illuc aliquo modo.

§. 47. Et si aliqui ex naturalibus, vel subjectis Regnorum Castellæ, vel extranei quicumque sint, irent ad tractandum, impediendum, damnificandum, depredandum, ac quærendum in dicta Guinea, & in dictis locis mercimoniorum, & permutationum, & Mineriarum, seu Aurifodinarum, & Terris, & Insulis, quæ sunt inventæ, & in futurum inveniendæ, sine licentia, & expresso consensu dictorum Dominorum Regis, & Principis Portugalliæ, vel Successorum suorum, quod tales sint puniendi eo modo, loco, & forma, quod ordinatum est, per dictum Capitulum istius Novæ Reformationis Tractatus Pacis, quæ servabuntur, & debent servari in rebus maritimis contra eos, qui descendunt in Litora, & Portus ad depredandum, damnificandum, vel ad male agendum, vel in mari medio dictas res faciant.

§. 48. Propterea Rex, & Regina Castellæ, & Legionis promiserunt, & concesserunt modo supradicto pro se, & Successoribus suis, ut se non intromittant ad inquirendum, & intendendum aliquo modo in Conquesta Regni de Fez, sicuti se non intromiserunt Reges Antecessores sui præteriti Castellæ, immo libenter dicti Domini Rex, & Princeps Portugalliæ, & sua Regna, & sui Successores poterunt prosequi dictam Conquestam, & eam defendant, quomodo eis placuerit, & promiserunt, & consenserunt in omnibus dicti Domini Rex, & Regina Castellæ, nec per se, nec per alios, nec in judicio, nec extra judicium, nec de facto, nec de jure non movebunt super præmissis, nec in parte, nec super re, quæ ad illud pertineat, litem, dubium, quæstionem, nec aliquam condemnationem, immo totum præservabunt, complebunt integre, & facient observari, & complere sine aliquo defectu; nec in posterum posset allegari ignorantia de vetationibus, & pœnis dictarum rerum contractarum, dicti Domini miserunt illico Justitiis, & Officialibus Portuum dictorum suorum Regnorum, ut totum, quod dictum est, servent, compleant, & fideliter exequantur, & mittant ad præconizandum, & publicandum in sua Curia, & in dictis Portubus Maris eorum supradictorum Regnorum, & Dominorum, ut id perveniat ad eorum notitiam.

§. 49.

ANNO 1514. §. 49. Nos igitur, quibus cura universalis Dominici gregis cælitus est commissa, quique, ut tenemur inter Principes, & Populos Christianos pacis, & quietis suavitatem vigere, & perpetuo durare desideramus, cupientes, ut Literæ Nicolai, & Calixti Prædecessorum hujusmodi, ac præinsertum Capitulum, nec non omnia, & singula in eis contenta ad Divini nominis laudem, & Principum, & Populorum singulorum Regnorum prædictorum perpetuam pacem firma perpetuo, & illibata permaneant: Motu proprio, non ad alicujus nobis super hoc oblatæ petitionis instantiam, sed de nostra mera liberalitate, ac providentiâ, & ex certa scientia, nec non de Apostolicæ potestatis plenitudine Literas Nicolai, & Calisti Prædecessorum hujusmodi, ac Capitulum prædicta rata, & grata habentes, illa, nec non omnia, & singula in eisdem contenta, auctoritate Apostolica tenore præsentium approbamus, & confirmamus, ac præsentis scripti patrocinio communimus. Decernentes illa omnia, & singula plenam firmitatis robur obtinere, & perpetuo observari.

§. 50. Et nihilominus Venerabilibus Fratribus Elborensi, & Sylvensi, ac Portugallensi Episcopis per Apostolica scripta, motu, & scientia similibus mandamus, quatenus ipsi, vel duo, aut unus eorum per se, vel alium, seu alios, singulas Literas, ac Capitulum prædicta, ubi & quando opus fuerit, solemniter publicantes, ac eisdem Regi, & Principi Portugalliæ, eorumque Successoribus in omnibus, & singulis præmissis efficacis defensionis præsidio assistentes, non permittant eosdem Regem, & Principem, & Successores contra præmissa, vel eorum aliquod per quoscumque cujuscumque Dignitatis, Status, Gradus, vel Conditionis fuerint, molestari, seu etiam impediri, Molestatores, & Impedientes, nec non Contradictores quoslibet, & rebelles auctoritate nostra, appellatione postposita, compescendo.

§. 51. Non obstantibus omnibus supradictis, aut si aliquibus communiter, vel divisim ab Apostolica sit Sede indultum, quod interdici, suspendi, vel excommunicari non possint per Literas Apostolicas non facientes plenam, & expressam, ac de verbo ad verbum de indulto hujusmodi mentionem.

§. 52. Nulli ergo omnino hominum liceat hanc paginam nostræ confirmationis, approbationis, communitionis, constitutionis, & mandati infringere, vel ei ausu temerario contraire. Siquis autem hoc attentare præsumpserit, indignationem Omnipotentis Dei, ac Beatorum Petri, & Pauli Apostolorum ejus se noverit incursurum.

Datum Romæ apud Sanctum Petrum, Anno Incarnationis Dominicæ millesimo quadringentesimo octuagesimo primo, undecimo Kal. Julii, Pontificatus nostri Anno decimo.

§. 53. Nos igitur, qui ejusdem Emmanuelis Regis fidei augmentum, & propagationem jugiter procurantis, commoda, & utilitates supremis desideriis affectamus, motu proprio, non ad ipsius Emmanuelis Regis, vel alicujus alterius pro eo nobis super hoc oblatæ petitionis instantiam, sed de nostra mera deliberatione, & ex certa nostra scientia, ac de Apostolicæ potestatis plenitudine, omnes, & singulas Literas prædictas, ac omnia, & singula in eis contenta, & inde secuta quæcumque rata, & grata habentes, auctoritate Apostolica tenore præsentium approbamus, & innovamus, ac confirmamus, supplentes omnes, & singulos defectus tam juris, quam facti, si qui forsan intervenerint in eisdem, ac perpetuæ firmitatis robur obtinere debere decernimus.

§. 54. Et pro potiori cautela, omnia, & singula in eisdem Literis contenta, ac quæcumque aliâ Imperia, Regna, Principatus, Ducatus, Provincias, Terras, Civitates, Oppida, Castra, Dominia, Insulas, Portus, Maria, Litora, & Bona quæcumque mobilia, & immobilia, ubicumque consistentia per eumdem Emmanuelem Regem, & Prædecessores suos à dictis Infidelibus, etiam solitaria quæcumque recuperata, detecta, inventa, & acquisita, ac per ipsum Emmanuelem Regem, & Successores suos in posterum recuperanda, acquirenda, detegenda, & invenienda tam à Capitibus de Bojador, & de Naon, usque ad Indos, quam etiam ubicumque, & in quibuscumque Partibus, etiam nostris temporibus forsan ignotis, eisdem auctoritate, & tenore de novo concedimus; Literasque supradictas, ac omnia, & singula in illis contenta ad præmissa etiam extendimus, & ampliamus, ac in virtute sanctæ obedientiæ, & indignationis nostræ pœna quibuscumque fidelibus

Christianis, etiam si Imperiali, Regali, & quacumque alia præfulgeant Dignitate, ne eundem Emmanuelem Regem, & Successores suos quomodolibet in præmissis impedire, ac eisdem Infidelibus auxilium, consilium, vel favorem præstare præsumant, auctoritate, & tenore præmissis inhibemus. ANNO 1514.

§. 55. Quo circa Venerabilibus Fratribus nostris Archiepiscopo Ulixbonensi, & Egyptanensi, ac Funchalensi Episcopis per Apostolica scripta motu simili mandamus quatenus ipsi, vel duo, aut unus eorum per se, vel alium, seu alios, præsentes Literas, ac omnia, & singula in eis contenta, ubi & quando expedierit, ac quoties pro parte Emmanuelis Regis, & Successorum suorum prædictorum fuerint super hoc requisiti solemniter publicantes, ac eisdem Emanueli Regi, & Successoribus in præmissis efficacis defensionis præsidio assistentes faciant auctoritate nostra præsentes, & alias Literas, & in eis contenta hujusmodi inviolabiliter observari, non permittentes eos super illis per quoscumque quomodolibet molestari; contradictores per censuram Ecclesiasticam, appellatione postposita, compescendo: Invocato etiam ad hoc, si opus fuerit, auxilio brachii sæcularis.

§. 56. Et nihilominus legitimis super his habendis servatis processibus, illos, quos censuras, & pœnas per eos pro tempore latas eos incurrisse constiterit, quoties expedierit, iteratis vicibus, aggravare procurent.

§. 57. Non obstantibus recolendæ memoriæ Bonifacii PP. VIII. similiter *Prædecessoris nostri*, qua inter alia cavetur, ne quis extra suam Civitatem, & Diœcesim, nisi in certis exceptis casibus, & in illis ultra unam Dietam à fine suæ Diœcesis ad judicium evocetur, seu ne Judices ab Apostolica Sede deputati extra Civitatem, & Diœcesim, in quibus deputati fuerint, contra quoscumque procedere, aut alii, vel aliis vices suas committere præsumant, & de duabus Dietis in Consilio Generali edita, ac aliis Apostolicis Constitutionibus, ac omnibus illis, quæ idem Nicolaus, & alii Prædecessores, qui similes eidem Regi Portugalliæ fecerunt concessiones, in eorum Literis voluerunt non obstare, contrariis quibuscumque. Et si aliquibus communiter, vel divisim ab eadem sit Sede indultum, quod interdici, suspendi, vel excommunicari non possint, per Literas Apostolicas non facientes plenam, & expressam, ac de verbo ad verbum de indulto hujusmodi mentionem.

§. 58. Nulli ergo omnino hominum liceat hanc paginam nostræ approbationis, innovationis, confirmationis, suppletionis, decreti, concessionis, Extensionis, Ampliationis, inhibitionis, & mandati infringere, vel ei ausu temerario contraire. Siquis autem hoc attentare præsumpserit, indignationem Omnipotentis Dei, ac Beatorum Petri, & Pauli Apostolorum ejus se noverit incursurum.

Datum Romæ apud Sanctum Petrum Anno Incarnationis Dominicæ millesimo quingentesimo quartodecimo, tertio Non. Novembris. Pontificatus nostri anno secundo.

XVII.

Instrumentum Cessionis, & Translationis facta per GABRIELEM, CHRISTOPHORUM & ALBERTINUM *de Incisâ* GULIELMO *Marchioni Montisferrati de omnibus Juribus, quæ dicti de Incisâ habebant in Marchionatu, & districtu Incisæ ante præsentem cessionem, & violentam occupationem* ODDONIS, *& expulsionem ipsorum per eundem factam; cum juramento fidelitatis, quod erunt boni, & legales Subditi Ligii Marchionis. Actum in Castro Civitatis Casalis 22. Januarii Anno 1515. * Indictione I.* [Autentique tiré des Archives Archiducales de Mantoue.] 1515. 22. Janvier.

* *Indictione I. lisez III.*

IN Nomine Domini Amen. Anno Nativitatis ejusdem, millesimo, quingentesimo, decimo quinto, Indictione prima, die vero, vigesimo secundo mensis Januarii. Actum in Castro Civitatis Casalis, videlicet in Camerino veteri ipsius Castri versus meridiem, præsentibus spectabilibus Domino Gulielmino, & Domino Anselmo fratribus de Vicecomitibus Marchionibus primis Camerariis, & Nobili Gulielmo Bogieto de Tridino Marchiali Camerario, testibus notis, idoneis, ad omnia, & singula infrascripta vocatis, & spe-

ANNO 1515.

spetialiter rogatis. In quorum quidem testium, & mei publici Notarii infrascripti præsentia, ibique Illustrissimus Princeps, & Excellentissimus Dominus Gulielmus Marchio Montisferrati recolens, quot, & quantas perpessiones tam in personis, quam in bonis tulerint Spectabilis Dominus Gabriel de Incisa, filius quondam Spectabilis Legum Doctoris Domini Antonii, & Spectabiles Domini Christophorus, & Albertinus, etiam de Incisa, filii quondam Domini Laurencini, & quanta damna supportaverint propter privationem, & violentiam eis factam per quondam Oddonem etiam de Incisa, tunc eorum Consortem a Castro Incisæ, & aliis locis districtus, & Mandamenti, & pertinentiarum ejusdem loci, quibus compatiendum esse ratione Nobilitatis eorum generis censuit; Ex ejus certa scientia, animoque deliberato per se, ejusque Illustrissimos hæredes, & Successores prefatum Dominum Gabrielem suo proprio nomine, & memoratum Dominum Christophorum ejus nomine, ac nomine, & vice dicti Albertini ejus fratris, ac ipsorum quemlibet restituit, & reintegravit ad omnia bona, res, & proprietates, quæ, & quas ipsi, & quilibet ipsorum tenebant, & possidebant in dictis locis, & eorum Territoriis, ac Mandamento, ante privationem de qua supra, Et præfati Domini Gabriel, & Christophorus suis, & dictis nominibus considerantes, prout ibidem dixerunt, & prothestati fuerunt in præsentia mei Notarii, & testium suprascriptorum, & prælibatus Illustrissimus Dominus Marchio, ultra Delli pericula in loci, & Arcis Incisæ expugnatione, delictis ipsius quondam Oddonis ita causantibus, graves quoque sustinuit expensas. Pro aliquali ipsarum expensarum retributione, & satisfactione, non vi, dolo, metu, aut aliqua machinatione seducti, vel circunventi, sed quia sic eis facere placuit, & placet, rationibus, & causis, de quibus supra, & etiam ex aliis per se se, eorumque hæredes, & successores, dederunt, cesserunt, remiserunt, mandaverunt, atque transtulerunt, ac dant, cedunt, remittunt, mandant, & transferunt, & unusquisque ipsorum singulariter, & de per se dat, cedit, remittit, transfert, & mandat prelibato Illustrissimo Domino Marchioni stipulanti, & acceptanti pro se, ac Illustrissimis ejus hæredibus, & successoribus, ac mihi Notario publico, uti publicæ personæ, & officio publico fungenti, stipulanti, & recipienti vice, & nomine omnium, & singulorum, quorum interest, & interesse poterit quomodocunque, & qualitercunque in futurum, omnes, & quascunque portiones, & partes, jura, & actiones reales, & personales, utiles, directas, mixtas, ac hypotecarias, & alias quascunque quibusvis nominibus sint, memoratis Dominis Gabrieli, Christophoro, & Albertino, & cuilibet ipsorum competentia, & competentes, & seu quæ in futurum competere possent quovis modo, jure, & titulo, & ex quavis causa, quæ dici, & excogitari possit in dictis Castro, loco, Terris, & Villis Incisæ, & illius districtu, Jurisdictione, homagiis, fidelitatibus hominum, mero, mixtoque Imperio, omnimoda Jurisdictione, & Gladii potestate fodris, rodiis, subsidiis dotium, furnis, Molendinis, & aliis pertinentiis dicti Marchionatus, & ejus districtus, aliisque cujusvis generis, & maneriei sint, vel existant, quæ omnia utsupra cessa, remissa, & translata a se ipsis dictus Dominus Gabriel, & Dominus Christophorus suo, & dicti Domini Albertini ejus fratris nominibus abdicando, & renuntiando, ac in prælibatum Illustrissimum Dominum Marchionem præsentem, & acceptantem utsupra totaliter transferendo, ponentes suis, & nominibus, quibus supra, ipsum Illustrissimum Dominum Marchionem præsentem, & acceptantem utsupra, quoad præmissa omnia in locum, & statum eorum, & cujuslibet ipsorum, ac prefatum Illustrissimum Dominum Marchionem uti in rem propriam Procuratorem constituentes, ita & taliter quod ipse, suique Illustrissimi hæredes, & successores deinceps in perpetuum dictum Castrum Incisæ, locaque, & Marchionatum pro dictis portionibus, ac Jura, & pertinentias, & alia, de quibus supra, habeat, teneat, possideat, seu quasi, & de eis faciat, & disponat, prout, & quemadmodum Excellentiæ suæ, ejusque Illustrissimis hæredibus, & successoribus placuerit faciendum, necnon prædicta omnia utsupra cessa, remissa, & renunciata tueatur hiis modis, & formis, iisdemque actionibus, & juribus quibus, & prout dicti Domini Gabriel, & Christophorus, ac Albertinus potuissent, & poterant, ante præsentem Contractum, & ante illorum violentam occupationem dicti Oddonis, & expulsionem per ipsum factam. Constituentesque dictus Dominus Gabriel, & predictus Dominus Christophorus suo, & dicto nomine dicti Albertini, ejusque fratris, se se tenere, & possidere, seu quasi dictas Portiones, Jura, & actiones cum aliis de quibus supra cessis nomine, & vice prælibati Illustrissimi Marchionis ejusque Illustrissimorum hæredum, & successorum in perpetuum, donec de eis corporalem, seu quasi acceperit possessionem per se, vel alium, quam accipiendi, deinceps & captam rettinendi, quoad ipsorum Dominorum Gabrielis, Christophori, & Albertini partes, & portiones supradictas eidem Illustrissimo Domino Marchioni stipulanti, & stipulanti utsupra auctoritate propria Excellentiæ suæ omnimoda contulerunt, atque dederunt, ac conferunt, & dant licentiam, & possessionem, quam habet prælibatus Illustrissimus Dominus Marchio, seu quasi præmissorum jurium, actionum, & pertinentiarum, prout habet, & quemadmodum dictus Dominus Gabriel, & dictus Dominus Christophorus suo, & dicti Domini Albertini sui fratris nominibus confitentur prælibatum Illustrissimum Dominum Marchionem habere illam suis, & dicto nomine, confirmarunt, & confirmant, & hoc, animo, & intentione omne Dominium, & omnem possessionem civilem, naturalem, seu quasi, ac omne jus, quod, & quam prefati Domini Gabriel, Christophorus, & Albertinus habent, & seu habere prætendunt, ac dicti eorum hæredes, & Successores habere prætenderent, & seu prætendere possent in dictis portionibus, juribus, & pertinentiis, ac Marchionatu Incisæ, & aliis, utsupra remissis, & cessis in prælibatum Illustrissimum Dominum Marchionem transferendo. Insuper præfatus Dominus Gabriel, & dictus Dominus Christophorus suo, & dicti fratris sui nominibus per se, ac suos hæredes, & Successores in perpetuum ad majorem cautellam quietaverunt, & absolverunt, quietant, & absolvunt prælibatum Illustrissimum Dominum Gulielmum Marchionem præsentem, stipulantem, & acceptantem pro se, suisque Illustrissimis hæredibus, & successoribus ab omni, & toto eo, quod ipsi Domini Gabriel Christophorus, & Albertinus, ipsorumque hæredes, & successores occasione præmissorum jurium, & pertinentiarum, ac aliorum quorumcunque cessorum, & remissorum quovis modo, causa, & occasione quomodocunque, & qualitercunque ab ipso Illustrissimo Domino Marchione habere, petere, consequi, & vendicare potuissent, & possent; pactumque de ulterius quicquid non petendo ipsi Domino Marchioni, ejusque Illustrissimis hæredibus, & successoribus in futurum de, & pro præmissis omnibus fecerunt, & faciunt. Renuntiando in præmissis omnibus, & singulis exceptioni doli mali, vis, metus, actioni in factum, conditioni indebiti, sine causa, ob causam, vel ex injusta causa, ac omni Juri, & Legum auxilio, omnibusque aliis juribus, statutis, consuetudinibus, quibus contra præmissa, vel aliquid præmissorum dicere, opponere, vel venire possent etiam de jure, vel aliter quomodocunque, & qualitercunque, reique non sic, vel aliter gestæ. Quæ quidem omnia suprascripta, & in præsenti Instrumento contenta prælibatus Illustrissimus Dominus Marchio in verbo veri Principis, & suprascripti Domini Gabriel, & Christophorus suis, & nomine præmissis promiserunt, & promittunt sibi ipsis ad invicem solemnibus stipulationibus hinc inde intervenientibus, se se semper, & perpetuis temporibus habere, & tenere rata, grata, valida, & firma attendereque & observare, & in aliquo non contrafacere, dicere, opponere, vel venire, nec alicui contravenienti causam præstare, nec consentire per se se, vel alium, seu alios directe, vel indirecte, tacite, vel expresse, aliqua ratione, vel causa, de jure, vel de facto, etiam si de jure possent, sub mutua, & reciproca obligatione omnium, & singulorum bonorum suorum mobilium & immobilium, ac se moventium præsentium, & futurorum, & eorum, quæ non veniunt in generali obligatione. Et præcipue predicti Domini Gabriel, & Christophorus suis, & dicto nominibus hypotecaverunt, & obligaverunt ipsi Illustrissimo Domino Marchioni bona, & proprietates per suam Excellentiam eis remissa, & remissas, quæ in casum alicujus contraventionis, & imbrigamenti, utsupra

ANNO 1515.

ANNO utsupra constituerunt, se tenere, & possidere nomine, & vice prælibati Illustrissimi Domini Mar-
1515. chionis ac ejus Illustrissimorum hæredum, & successorum in perpetuum pro satisfactione præmissorum. Et nihilominus præsens Renunciatio, Cessio, & remissio in casu alicujus contraventionis a dicto Castro, locis, & Marchionatu Incisæ cum pertinentiis, & aliis omnibus, de quibus supra, eos excludere habeant, illisque privati sint. Et ad majorem presentis Contractus corroborationem juraverunt, & jurant dicti Domini Gabriel, & Christophorus suis, & dicto Nominibus ad Sacra Dei Evangelia, tactis manibus corporaliter Sacris Scripturis in manibus mei Notarii infrascripti præmissa omnia, & singula fore, & esse vera, ac ea omnia attendere, & observare utsupra, sub pæna perjurii, & pænarum Juris, & sub obligatione, & restitutione supralcriptis. Item juraverunt utsupra, se absolutionem, & habilitationem à dicto juramento non petere neque impetrare, & ea impetrata non uti. Præterea cum prefati Domini Gabriel, Christophorus, & Albertinus, prout asseruerunt & prothestati sunt ipsi Gabriel, & Christophorus suis, & nomine præmissis, vitam suam ducere intendunt in ditione, & Dominio prelibati Illustrissimi Domini Marchionis quod erunt boni, veri fideles & legales Subditi ligii suæ Excellentiæ; ejusque Illustrissimorum hæredum, & Successorum, & quod nullo unquam tempore dicent, facient, tractabunt, vel machinabuntur, neque consentient dicenti, facienti, tractanti, vel machinanti aliquid, quod sit contra personam, Statum, honorem, & jura prælibati Illustrissimi Domini Marchionis, suorumque Illustrissimorum hæredum, & successorum; imo si talia dici, fieri, aut tractari sentient, totis viribus impedient ne fiant. Et nihilominus ea omnia Illustrissimo Domino Marchioni, suisque Illustrissimis hæredibus, & successoribus personaliter, aut per fidum Nuntium fideliter, & cito intimabunt, & notificabunt. Et demum ea omnia, dicent, facient, observabunt, & adimplebunt, quæ unusquisque bonus, fidelis, & legalis Subditus ligius erga Principem, & Dominum suum facere tenetur, & debet, & quæ in Capitulis veteris, & novæ formæ fidelitatis plenius continentur. Et deinde prælibatus Illustrissimus Dominus Marchio jussit, & præcepit, præfati vero Dominus Gabriel, & Dominus Christophorus suis, & quo supra nominibus rogaverunt per me Notarium infrascriptum de præmissis omnibus, & singulis fieri publicum Instrumentum dictamine Sapientiæ, si fuerit opportunum.

L. H. T. Ego Petrus de Vinea filius quondam Domini Johannis de loco Cerri Astensis Diocesis publicus Imperiali auctoritate Notarius, & prælibati Illustrissimi Domini Marchionis Secretarius, præmissis omnibus, & singulis, dum sic, ut præfertur, agerentur, interfui jussusque, & rogatus suprascriptum Instrumentum recepi, quod aliis negotiis occupatus per alium Notarium mihi fidum ab Originali meo exemplari, & extrahi feci, & quia facta diligenti ausculatione cum Originali meo predicto illud concordare inveni, Ideo hic me cum soliti signi mei Tabellionatus appositione subscripsi in fidem, & testimonium omnium, & singulorum præmissorum.

Cum ejus Authentico in pergamena scripto, sicut supra expedito in secretiori Archiducali Mantuæ Archivio adservato præsentem sumptam Copiam omnino conferre attestor.

Ego Ludovicus Nob: olim H. Octavii de Mazziis filius Civis, publicusque Imperiali auctoritate, Mantuæ Notarius, ac dicti secretioris Archivii Cancellarius. In quorum &c. hic me, solita cum attestatione, subscripsi hac die 25. Julii 1720.

Ita verum esse affirmo Ego Joseph Maria Castileonus ejusdem Archivii Præfectus, hac die 26. Julii 1720.

XVIII. ANNO 1515.

Instrumentum Restitutionis, ac Redintegrationis per GULIELMUM *Marchionem Montisferrati factæ* DOMINICO, JOANNI GULIELMO, OTTAVIANO, *&* INNOCENTIO *Marchionibus de Incisâ in res, bona, & proprietates, quæ possidebant in Castro de Incisâ, & aliis locis ante expulsionem factam per* ODDONEM, *& Cessionem, ac translationem voluntariam eorum in Marchionem Montisferrati. Actum in Castro Civitatis Casalis 6. Junii Anno 1515. Indictione III.* CUM *Mandatis hujus Cessionis, ac Translationis faciendæ, altero dato Incisæ 15. Aprilis Anno 1515. Indictione III. altero Bergamaschi 28. Maji. Anno & Indictione iisdem.* [Autentique tiré des Archives Archiducales de Mantouë.] 6. Juin.

IN Nomine Domini Amen. Anno nativitatis ejusdem millesimo quingentesimo decimo quinto, Indictione tertia die vero sexta mensis Junii, in Castro Civitatis Casalis, videlicet in Camarino novo voltato existente versus meridiem. Presentibus Reverendo, & Magnifico Domino Gulielmo, & Domino Anselmo fratribus de Vicecomitibus Marchionibus, primis Camerariis, spectabili Domino Secondino de Incisa quondam Domini Boarelli, testibus, ad infrascripta omnia, & singula vocatis, & rogatis: In quorum quidem testium, & mei Notarii infrascripti presentia, ibique Illustrissimus Princeps, & Excellentissimus Dominus Gulielmus Marchio Montisferrati, mente repetens quanta, mala calamitatesque passi fuerint Spectabiles Domini Dominicus quondam Domini Victoris, Johannes Gulielmus, Octavianus, & Innocentius fratres, filii quondam Domini Antonii Militis, propter violentam privationem, & expulsionem factam, per quondam Oddonem etiam de Incisa, eorum tunc Consortem à Castro Incise, & aliis locis, districtus, & mandamenti, ac pertinentiarum ejusdem loci, eorumque Nobilitati compatiens: Ex ejus certa sciencia animoque deliberato, per se, & ejus Illustrissimos hæredes, & Successores ipsos Dominos Dominicum mediante persona Domini Thomæ ejus filii, & Procuratoris, & memoratum Johannem Gulielmum suo proprio nomine, ac Procuratorio nomine dictorum Ottaviani, & Innocentii ejus fratrum, prout de eorum mandatis, & procuris constat publicis Instrumentis superinde rogatis, & pro quibus ad cautellam de rato promiserunt, sub obligatione omnium bonorum suorum presentium, & futurorum singula singulis congrue refferendo, quorum quidem Instrumentorum & Mandatorum tenores sequuntur, ut infra, videlicet.

In Nomine Domini Amen, Anno Nativitatis ejusdem millesimo quingentesimo quintodecimo, Indictione tertia, die decimo quinto Mensis Aprilis: Actum in loco Incisæ, videlicet in Domo habitationis infrascripti Domini Dominici sita in contrata Sancti Johannis, cui cohæret Johannes, sonora voce Communis, & si qui &c. Presentibus venerando Domino Jacobino Archipresbitero Ecclesiæ Plebis Incisæ, Spectabili Domino Secondino, Domino Johanne Gulielmo quondam Domini Antonii Militis, Domino Jacobo, quondam Domini Alexandri omnibus ex Marchionibus Incisæ, & Antonio Vico de Incisa, testibus ad infrascripta omnia, & singula vocatis specialiter, & rogatis: In quorum, & mei Notarii publici infrascripti presentia constitutus spectabilis Dominus Dominicus, quondam Domini Victoris, ex Marchionibus Incisæ, considerans grandia beneficia ipsi Domino Dominico collata per Illustrissimum Principem, & Excellentissimum Dominum Dominum Gulielmum Marchionem Montisferrati, mediante expugnatione, & debellatione quondam Oddoni, ex dictis Marchionibus, qui ipsos Nobiles omnes privaverat, & expulerat eorum bonis, & Juribus, ac dietim ipsos ad mortem insequebatur, considerans quoque magnas expensas, quas prælibatus Illustrissimus, Dominus Marchio fecit in expugnatione ipsa, in-

 tendens-

ANNO 1515.

tendensque vivere in dominio, & ditione suæ Excellentiæ, & tanquam ejus fidelis Subditus omni meliori modo, Jure, causa, & forma quibus melius potuit, & potest, per se, & suos hæredes, ac Successores constituit, ordinavit, creavit, & fecit suum verum, certum, & indubitatum Nuntium, Procuratorem, Actorem, & negotiorum gestorem specialiter, & expresse Nobilem Dominum Thomam ejus filium legitimum, & naturalem ibidem presentem, & acceptantem, ac præsens Mandatum Investituræ suscipientem, videlicet ad specialiter transferendum, & comparendum, ad conspectum, & presentiam prelibati Illustrissimi Principis, & Excellentissimi, Domini Domini Guilelmi Marchionis Montisferrati, & ad nomine ipsius Domini Dominici constituentis, & mandantis faciendum, & prestandum fidelitatem; ligium, & homagium, cum debito Juramento in animam ipsius Domini Constituentis, & ad omnia alia faciendum nomine ipsius, que circa prestationem dicti homagii fidelitatis ligiæ, & juramenti fieri solent per quemcumque fidelem Subditum ligium, nec non ad renunciandum, cedendum, & transferendum omnes, & singulas portiones, jura, & actiones reales, & personales, mixtas, & hippothecarias, ac in rem scriptas ipsi Domino Dominico constituenti competentia, & competentes in Castro, & loco, ac aliis locis; districtus; & Marchionatus Incisæ, cum Jurisdictione, mero, mixto Imperio, gladii potestate, & omnimoda Jurisdictione, homagiis, fidelitatis hominum, molendinis, furnis, pedagiis, fodris, rodis, & erdis, ac Regaliis quibuscumque, cum omnibus pertinentiis, & ad transferendum omnia Jura, actiones reales, personales, mixtas; & hippothecarias, ac in rem scriptas competentia, & competentes ipsi Domino Dominico constituenti in dicto Castro, loco, districtu, & Marchionatu Incisæ, & ad ponendum ipsum Illustrissimum Dominum Marchionem quoad præmissa omnia in locum, & statum ipsius Domini Dominici, etiam cum constituto, & omnibus aliis necessariis, & opportunis ad translationem Dominii, & possessionis tam civilis, quam naturalis &c: Nec non ad omnia alia dicendum, faciendum, & gerendum, que in premissis, & circa premissa fuerint necessaria, & opportuna, & quæ ipsemet Dominus constituens dicere, & facere posset si presens adesset: Promittens per se suosque hæredes, & successores dictus Dominus Dominicus mihi Notario infrascripto, uti publicæ personæ officio publico fungenti, stipulanti, & recipienti nomine prelibati Illustrissimi Domini Domini Marchionis, ac omnium, & singulorum, quorum interest, seu interesse poterit quomodolibet in futurum, quicquid per prefatum Dominum Thomam ejus filium, & Procuratorem, ut supra constitutum, actum, dictum, gestum, juratum; promissum, renunciatum, & cessum fuerit erga prelibatum Illustrissimum Dominum Dominum Marchionem, habere ratum, gratum, & firmum, ac ratta, gratta, & firma eaque omnia, & singula gesta per dictum ejus Procuratorem, & renunciata, ac factum fuerit in præmissis, & circa præmissa habere ratta, gratta, & firma, ac ea perpetuo attendere, & observare, nulloque unquam tempore contrafacere, vel venire de Jure, vel de facto, etiamsi de Jure posset per se, vel alium, seu alios directe, vel indirecte, sub obligatione, & hipotheca omnium, & singulorum bonorum suorum mobilium, & immobilium, presentium, & futurorum, sub refectione, & restitutione omnium, & singulorum damnorum, expensarum, & interesse litis, & extra, & quæ bona pro præmissis firmiter attendendis, & observandis vice, & nomine prælibati Domini Marchionis tenere, & possidere constituit, renuncians in prædictis omnibus, & singulis primo Dominus Constituens omni exceptioni doli, mali, vis, metus causa, actioni in factum, condictioni, sine causa, ob causam, ex injusta, & non vera causa, Reique non sic gestæ, vel aliter gestæ quam scriptæ, & omni alii Juri, & legum auxilio, beneficio, sive statuto, quibus melius contra præmissa, vel aliquod premissorum facere, vel venire posset, aut aliter se tueri. Dans, & concedens prædictus Dominus Constituens prædicto ejus Procuratori ibidem presenti in præmissis, & circa premissa plenam, liberam, amplam, & largam potestatem, cum plena, libera, & larga administratione omnium, & singulorum premissorum &c. & ad majorem roboris firmitatem omnium premissorum prædictus Dominus Dominicus Consticuens juravit, & jurat ad Sancta Dei Evangelia tactis manibus corporaliter scripturis in manibus mei Notarii infrascripti, prædicta omnia, & singula fuisse, & esse vera eaque attendere, & observare, ut supra, præcipiens de præmissis omnibus, & singulis prædictus Dominus constituens per me Notarium infrascriptum fieri publicum Instrumentum ad dictamen Sapientiæ si opus fuerit. Ego Johannes Vincentius, Pilori filius quondam Domini Leonardi de Incisa Aquensis Diocesis publicus Imperiali auctoritate Notarius suprascriptum Instrumentum Mandati mihi fieri jussum, una cum prænominatis testibus rogatus recepi, & in hanc publicam formam redegi meque subscripsi, & signum meum tabellionatus consuetum apposui in testimonium veritatis.

ANNO 1515.

In Nomine Domini Amen Anno Nativitatis ejusdem millesimo quingentesimo decimo quinto, indictione tertia, die vigesimo octavo mensis Maii: Actum in loco Bergamaschi, videlicet in Domo habitationis infrascriptorum Dominorum Joannis Gulielmi, Ottaviani, & Innocentii fratrum, ex Marchionibus Incisæ. Presentibus ibidem spectabili, Domino Secondino, ex Marchionibus Incisæ, Nobili Domino Thomá filio Domini Dominici, ex dictis Marchionibus, Venerabili Domino Presbitero Dominico de Oddonis de Incisa, & Domino Presbitero Matheo de Praaliis de dicto loco Bergamaschi; Testibus, ad infrascripta omnia, & singula vocatis specialiter, & rogatis; In quorum quidem testimonium, & mei Notarii publici infrascripti præsentia constituti spectabiles Domini Ottavianus, & Innocentius Fratres filii quondam Domini Antonii Militis, ex Marchionibus Incisæ, considerantes grandia beneficia ipsis Dominis Ottaviano, & Innocentio collata per Illustrissimum Principem, & Excellentissimum Dominum Dominum Gulielmum Marchionem Montisferrati mediante expugnatione, & debellatione quondam Oddoni, ex dictis Marchionibus, qui ipsos Nobiles omnes privaverat, & expulerat eorum bonis, & juribus, ac dietim ipsos ad mortem insequebatur: Considerantes quoque magnas expensas, quas prelibatus Illustrissimus Dominus Dominus Marchio fecit in expugnatione ipsa intendentesque vivere in Dominio, & ditione suæ Excellentiæ, & tanquam ejus fideles Subditi, omni meliori modo jure, causa, & forma, quibus melius potuerunt, & possunt per se se, & suos hæredes, ac Successores constituerunt, ordinaverunt, creaverunt, & fecerunt, ac constituunt, ordinant, creant, & faciunt eorum, & cujuslibet ipsorum verum, certum, & indubitatum Nuntium, Procuratorem, Actorem, & negotiorum gestorem specialiter, & expresse spectabilem Dominum Johanem Gulielmum fratrem ipsorum Dominorum Ottaviani, & Innocentii Constituentium ibidem presentem, & acceptantem, ac presens Mandatum in se sponte suscipientem videlicet ad se personaliter transferendum, & compendium ad conspectum, & presentiam prelibati Illustrissimi Principis, & Excellentissimi Domini Domini Gulielmi Marchionis Montisferrati, & ad nomine ipsorum Dominorum Ottaviani, & Innocentii constituentium mandandum, faciendum, & prestandum fidelitatem ligiam, & homagium, cum debito Juramento in Animam ipsorum Dominorum Constituentium, & ad omnia alia faciendum nomine ipsorum, quæ circa prestacionem dicti homagii fidelitatis ligæ, & juramenti fieri solent per quoscumque fideles Subditos ligios, necnon ad renunciandum, cedendum, & transferendum omnes, & singulas portiones, jura, & actiones reales, & personales, mixtas, & hipothecarias, ac in rem scriptas ipsis Dominis constituentibus competentia, & competentes in Castro, & loco, ac aliis locis districtus, & Marchionatus Incisæ, cum Jurisdictione, mero, mixto Imperio gladii potestate, & omnimoda Jurisdictione, homagiis fidelitatis hominum, molendinis, furnis, pedagiis, Fodris, rodis, & erdis; ac regaliis quibuscumque, cum omnibus pertinentiis, & ad transferendum omnia jura, & actiones reales, personales, mixtas, & hipothecarias, ac in rem scriptas, competentia, & competentes ipsis Dominis Ottaviano, & Innocentio Constituentibus in dictis Castro, loco, districtu, & Marchionatu Incisæ, & ad ponendum ipsum Dominum Marchionem, quoad præmissa omnia in locum, & statum ipsorum Dominorum Constituentium;

Anno 1515. tium, etiam cum constituto, & omnibus aliis necessariis, & opportunis, ad translationem Dominii, & possessionis, tam civilis, quam naturalis &c, nec non ad omnia alia dicendum, faciendum, & gerendum, quæ in præmissis, & circa premissa fuerint necessaria, & opportuna, & que ipsimet Domini Constituentes dicere, & facere possent, si presentes addessent, promittentes prædicti Domini Ottavianus, & Innocentius Constituentes, per se se, suosque hæredes, & Successores mihi Notario infrascripto, uti publicæ persone officio publico fungenti, stipulanti, & recipienti nomine prelibati Illustrissimi Domini Domini Marchionis; ac omnium, & singulorum quorum interest, seu interesse poterit quomodolibet in futurum, quicquid per præfatum Dominum Joannem Gulielmum eorum fratrem, & Procuratorem, ut supra constitutum actum, dictum, gestum, juratum, promissum, renunciatum, & cessum fuerit erga prælibatum Illustrissimum Dominum Dominum Marchionem habere rattum, grattum, & firmum, ac ratta, gratta, & firma eaque omnia, & singula gesta per dictum eorum Procuratorem, & renunciata, ac factum fuerit in præmissis, & circa præmissa habere ratta, gratta, & firma, ac ea perpetuo attendere, & observare, nulloque unquam tempore contrafacere, vel venire de jure, vel de facto, etiamsi de jure possent per se se, vel alium, seu alios, directe, vel indirecte, sub obligatione, & Hypotheca omnium, & singulorum bonorum ipsorum Dominorum Constituentium mobilium, & immobilium, presentium, & futurorum, sub reffectione, & restitutione omnium, & singulorum damnorum, expensarum, & interesse litis, & extra. Et quæ bona pro præmissis firmiter attendendis, & observandis vice, & nomine prelibati Illustrissimi Domini Marchionis tenere, & possidere constituerunt. Renunciantes in prædictis omnibus, & singulis prædicti Domini Constituentes omni exceptioni doli mali, vis, metus causa, actioni in factum, conditioni sine causa, ob causam, ex injusta, & non vera causa reique non sic gestæ, vel aliter gestæ. quam scriptæ, & omni alii Juri, & Legum, auxilio, benefitio, seu Statuto, quibus melius contra premissa, vel aliquid premissorum facere, vel venire possent, aut aliter se tueri: Dantes, & concedentes præfati Domini constituentes prædicto ejus Procuratori ibidem presenti in præmissis, & circa premissa plenam, liberam, amplam, & largam potestatem, cum plena, libera, ampla, & larga administratione omnium, & singulorum præmissorum, ac posse plenissimum &c, & ad majorem roboris firmitatem omnium præmissorum juraverunt, & jurant ipsi Domini Constituentes, & quilibet ipsorum juravit, ad Sancta Dei Evangelia manibus corporaliter tactis scripturis in manibus mei Notarii infrascripti, predicta omnia, & singula fuisse, & esse vera, eaque attendere, & observare, utsupra, & de prædictis omnibus, & singulis predicti Domini Ottavianus, & Innocentius Constituentes præceperunt, & rogaverunt, per me Notarium infrascriptum fieri publicum Instrumentum, & plura dictamine Sapientis, si fuerit opportunum. Et ego Johannes Vincentius Piliotti filius quondam Domini Leonardi de Incisa Aquensis Diocesis publicus Imperiali auctoritate Notarius prædictis omnibus, & singulis, una cum prænominatis testibus vocatus interfui, & rogatus sic scripsi, in cujus rei testimonium me subscripsi, & signum meum Tabellionatus apposui consuetum, in fidem, & testimonium præmissorum: Ac ipsorum quemlibet restituit, & reintegravit, ad omnia bona, res, & proprietates, que, & quas ipsi, & quilibet ipsorum tenebant, & possidebant in dictis locis, & mandamento, & eorum Territoriis, ante expulsionem de qua supra, & prædicti Domini Thomas, & Johannes Gulielmus suis, & dictis nominibus consideran tes prout ibidem dixerunt, & protestati fuerunt in presentia mei Notarii, & testium suprascripto rum, quod prælibatus Illustrissimus Dominus Marchio ultra belli discrimina in locis, & arcis Incisæ expugnatione, criminibus, & demeritis ipsius quondam Odoni ita causantibus graves quondam subiit expensas, pro aliquali ipsarum expensarum retributione, & satisfactione, non vi, dolo, metu, aut aliqua machinatione inducti, seducti, vel circumventi, sed quia sic eis facere placuit, & placet rationibus, & causis, & aliis de quibus supra, per se se, eorumque heredes, & successores dederunt, cesserunt, remiserunt, & transtulerunt, atque mandaverunt, ac dant, cedunt, remittunt, transferunt, atque mandant, ac unusquisque ipsorum singulariter, & de perse dat, cedit, remittit, transfert, & mandat prælibato Illustrissimo Domino Marchioni stipulanti, & recipienti pro se, ac Illustrissimis ejus hæredibus mihique Notario publico, uti publicæ personæ, & Officio publico fungenti, stipulanti, & acceptanti vice, & nomine omnium, & singulorum quorumcumque interest, aut quomodocumque, & qualitercumque in futurum interesse poterit, omnes, & singulas portiones, & partes, Jura, & actiones reales, & personales, utiles, directas, mixtas, & hipothecarias, & alias quascumque quibusvis nominibus nuncupentur, memoratis Dominis Dominico, & Thomæ, ac Johanni Gulielmo, Ottoni, & Innocentio, & cuilibet ipsorum competentes, & competentia, & seu que in futurum competere possent quovis modo, Jure, titulo, & ex quavis causa que dici, vel excogitari possit, in dictis Castro, loco, Terris, & villis Incisæ, & illius districtu, Jurisdictione, homagiis, fidelitatibus hominum, mero mixtoque Imperio, omnimoda Jurisdictione, & gladii potestate, Fodris, Rodiis, subsidiis dotium, furnis, molendinis, & aliis pertinentiis dicti Marchionatus, & ejus districtus, aliisque cujusvis generis, & maneriei sint, vel existant, quæ omnia cesserunt, remiserunt, & transtulerunt prædicto Illustrissimo Domino Marchioni presenti, stipulanti, & acceptanti, ut supra, ex rationibus, & causis de quibus supra, dicta jura, & actiones, ac alia omnia, ut supra cessa, remissa, & translata a se ipsis dicti Domini Thomas, & Johannes Gulielmus suis, & dictis nominibus abdicando, & renunciando, & in prelibatum Illustrissimum Dominum Marchionem presentem, & acceptantem, ut supra totaliter transferendo, ponentes suis; & dictis nominibus ipsum Illustrissimum Dominum Marchionem presentem, & acceptantem, ut supra quoad præmissa omnia in locum, & statum ipsorum, & cujuslibet eorum. Ac præfatum Illustrissimum Dominum Marchionem Procuratorem, ut in rem propriam constituentes ita, & taliter quod ipse suique Illustrissimi hæredes, & successores in perpetuum deinceps dictum castrum Incisæ, loca, & Marchionatum pro dictis portionibus, ac jura, & pertinentias de quibus supra, habeat, teneat, possideat, seu quasi, & de eis faciat, & disponat prout, & quemadmodum Excellentiæ suæ ejusque Illustrissimis hæredibus placuerit faciendum, nec non prædicta omnia, ut supra cessa, & remissa, ac renunciata tueatur hiis modis, & formis, iisdemque actionibus, & juribus, quibus, & prout dicti Domini Dominicus Thomas, Johannes Gulielmus, Ottavianus, & Innocentius potuissent, & poterant ante presentem Contractum, & ante illorum violentam occupationem dicti Odonis, & expulsionem per ipsum factam, constituentes, quod dicti Domini Thomas, & Johannes Gulielmus suis, & dictis nominibus se se tenere, & possidere, seu quasi dictas portiones, Jura, & actiones cum aliis de quibus supra nomine, & vice prælibati Illustrissimi Domini Marchionis suorumque Illustrissimorum hæredum, & successorum in perpetuum, donec de eis corporalem seu quasi acceperit possessionem per se, vel alium, quam accipiendi deinceps, & captam retinendi, quoad ipsorum Dominorum Dominici Thomæ Johannis Gulielmi, Ottaviani, & Innocentii partes, & portiones supradictas eidem Illustrissimo Domino Marchioni stipulanti, & acceptanti, ut supra auctoritate propria Excellentiæ suæ omnimodam contulerunt, atque dederunt, ac conferunt, & dant licentiam, & possessionem, seu quasi quam habet prelibatus Illustrissimus Dominus Marchio premissiorum jurium, & actionum, ac pertinentiarum, prout habet, & quemadmodum dicti Domini Thomas, & Johannes Gulielmus suis, & dictis nominibus confitentur prælibatum Illustrissimum Dominum Marchionem habere illam, suis, & dictis nominibus confirmarunt, & confirmant, & hoc animo, & intentione omne Dominium, & omnem possessionem civilem, naturalem, seu quasi, ac omne Jus, quod, & quam prædicti Domini Dominicus, Thomas, Johannes Gulielmus, Ottavianus, & Innocentius habent, & seu habere pretendunt, ac dicti eorum hæredes, & Successores habere pretenderent, & pretendere possent in dictis Juribus, Anno 1515.

ANNO 1515. Juribus, & pertinentiis, & Marchionatu Incisæ, & aliis ut supra remissis, & cessis in prelibatum Illustrissimum Dominum Marchionem transferendi; insuper prædicti Domini Thomas, & Johannes Gulielmus suis, & dictis nominibus per se, ac suos hæredes, & successores in perpetuum ad majorem cautellam quietaverunt, & absolverunt, ac quietant, & absolvunt prelibatum Illustrissimum Dominum Gulielmum Marchionem presentem, stipulantem, & acceptantem pro se suisque Illustrissimis hæredibus, & successoribus ab omni, & toto eo quod ipsi Domini Dominicus, Thomas, Joannes Gulielmus, Ottovianus, & Innocentius eorumque hæredes, & successores occasione præmissorum Jurium, actionum, & pertinentiarum, & aliorum quorumcumque cessorum; & remissorum quovis modo, causa, & occasione quacumque, & qualitercumque ab ipso Illustrissimo Domino Marchione herede petere, consequi, & vendicare potuissent, & possent, pactumque ulterius quicquid. . . . . Ipsi Domino Marchioni ejusque Illustrissimis hæredibus, & successoribus in futurum de, & pro præmissis omnibus fecerunt, & faciunt modo in præmissis omnibus, & singulis exceptioni doli mali, vis, metus, actioni in factum, conditioni indebiti, sine causa, ob causam, vel ex injusta causa, ac omni jure, & legum auxilio omnibusque aliis Juribus, statutis, consuetudinibus, quibus contra præmissa, vel aliquid præmissorum dicere, opponere, vel venire possent, etiam de Jure, vel aliter quomodocumque, vel qualitercumque, reique non sic vel aliter gestæ. Quæ quidem omnia, & singula suprascripta, & in præsenti Instrumento contenta prelibatus Illustrissimus Dominus Marchio in verbo veri Principis, & suprascripti Domini Thomas, & Johannes Gulielmus suis, & dictis nominibus promiserunt, & promittunt sibi ipsis ad invicem solemnibus stipulationibus hinc inde intervenientibus . . . . & perpetuis temporibus habere, & tenere rata, grata, valida, & firma attendereque, & observare, & in aliquo non contrafacere, dicere, opponere, vel venire, nec alicui. . . . . nec consentire per se se, aut alium, vel alios directe, vel indirecte, tacite, vel expresse, aliqua ratione vel causa, de Jure, vel de facto, etiamsi de Jure posset, sub mutua, & reciproca obligatione omnium, & singulorum bonorum suorum mobilium, & immobilium presentium, & futurorum, & eorum quæ non veniunt in generali obligatione, & precipue dicti Domini Thomas, & Johannes Gulielmus suis, & dictis nominibus hippothecaverunt, & obligaverunt ipsi Illustrissimo Domino Marchioni bona, & proprietates per suam Excellentiam eisdem suis, & dictis nominibus remissa, & remissas, quæ in casum alicujus contraventionis, & imbrigamenti ut supra constituerunt se tenere, & possidere nomine, & vice prelibati Illustrissimi Domini Marchionis, & ejus Illustr. heredum, & successorum in perpetuum pro satisfactione præmissorum, & nihilominus presens renunciatio, Cessio, & remissio in casu alicujus contraventionis a dictis Castro, locis, & Marchionatu Incisæ cum pertinentiis, & aliis omnibus, de quibus supra, eos excludere habeant, illisque privati sint, & ad majorem presentis Contractus corroborationem juraverunt, & jurant dicti Domini Thomas, & Johannes Gulielmus suis propriis, & dictis nominibus, & in animas dictorum Principalium suorum ad Sancta Dei Evangelia, in manibus mei Notarii Infrascripti tactis corporaliter manibus scripturis præmissa omnia, & singula fore, & esse vera, ac ea omnia attendere, & observare ut supra, sub pæna perjurii, & penarum Juris, & sub obligatione, & restitutione suprascriptis. Item juraverunt ut supra se absolutionem, & habilitationem a dicto Juramento non petere, nec impetrare, & ea impetrata non uti; insuper quia dicti Domini Dominicus Thomas, Johannes Gulielmus Ottavianus, & Innocentius, prout ipsi Procuratoriis suis, & dictis nominibus dixerunt, & protestati fuerunt, vitam suam ducere intendunt in Ditione, & Dominio prelibati Illustrissimi Domini Marchionis, & tanquam veri boni, & fideles subditi suæ Excellentiæ juraverunt suis, & dictis nominibus corporaliter tactis scripturis in manibus prelibati Illustrissimi Domini Marchionis, quod erunt veri, boni & fideles subditi ligii suæ Excellentiæ, ejusque Illustr. hæredum, & successorum, & quod nullo unquam tempore dicent, facient, tractabunt, vel machinabuntur, neque consentient dicenti, facienti, tractanti, aut machinanti aliquid quod sit contra personam, statum, & jura prædicti Illustrissimi Domini Marchionis suorumque Illustrissimorum hæredum, & successorum; Immo si talia dici, fieri, aut tractari sentient, totis viribus impedient ne fiant, nihilque ominus ea omnia ipsi Illustrissimo Domino Marchioni, suisque Illustrissimis hæredibus, & successoribus personaliter, aut per fidum nuntium fideliter, & cito intimabunt, & notificabunt, & demum ea omnia dicent, facient, observabunt, & adimplebunt, quæ unusquisque bonus, & fidelis subditus ligius erga Principem, & Dominum suum facere tenetur, & debet, & quod in Capitulis veteris, & novæ formæ fidelitatis plenius continetur, & deinde prelibatus Illustrissimus Dominus Marchio precepit, dicti vero Domini Thomas, & Johannes Gulielmus suis, & præmissis nominibus rogaverunt, de prædictis omnibus, & singulis per me Notarium infrascriptum fieri publicum Instrumentum dictamine sapientis si fuerit opportunum. ANNO 1515.

L. H. T. Ego Petrus de Vinea filius quondam Domini Johannis de loco Cerri Astensis Diocesis publicus Imperiali auctoritate Notarius, & prelibati Illustrissimi Domini Marchionis Secretarius premissis omnibus, & singulis, dum sicut præfertur agerentur, interfui, jussusque, & rogatus suprascriptum Instrumentum recepi, quod aliis negotiis occupatus, per alium Notarium mihi fidum, ab Originali meo exhiberi feci & quod facta diligenti auscultatione cum Originali ipso illud concordare inveni, ideo hic me cum soliti signi mei Tabellionatus appositione subscripsi, in fidem, & testimonium omnium & singulorum præmissorum.

Cum ejus Authentico in pergamena scripto, sicut supra expedito in secretiori Archiducali Mantuæ Archivio adservato præsentem sumptam Copiam omnino conferre attestor.

Ego Ludovicus Nob: olim H. Octavii de Mazziis filius Civis, publicusque Imperiali auctoritate, Mantuæ Notarius ac dicti secretioris Archiducalis Archivii Cancellarius. In quorum fidem hic me, solita cum attestatione, subscripsi, hac die octavo mensis Augusti 1720.

Ita verum esse affirmo Ego Joseph Maria Castileonus ejusdem Archivii Præfectus, hac die 9. Augustii 1720.

XIX.

Fœdus arctissimum perpetuoque duraturum, inter MAXIMILIANUM I. *Romanorum Imperatorem*, & HENRICUM VIII. *Angliæ, atque* JOANNAM & CAROLUM *Hispaniarum Reges, ad mutuam eorum Dignitatam, Regnorum, Statuum & Subditorum defensionem, nec non ad effrenatam quorundam Principum libidinem dominandi compescendam sancitum: eo quidem intuitu, ut non solum universalis Ecclesiæ Christi, ac Reipublicæ Christianæ Pax subsequatur; verum etiam Expeditio generalis contra Turcas unanimi Christianorum Principum consensu haberi & fieri possit, his autem præliminarie positis, Pontificem Romanum,* LEONEM X. *in Fœdere comprehendunt, minime dubitantes de sua grata & jucunda acceptatione. Omnes insuper Reges ac Principes* CHRISTIANI *ad idem Fœdus invitantur, maxime Cantones uniti Helvetii, quibus certæ Pensiones sive largitiones annuatim solvendæ destinantur Actum Lundini 29.* Octobris 1516. PLENA *mandata inserta sunt in Instrumento. Accedunt Sacramenta Regum* 1516. 29. Octob.

per

ANNO 1516.

per se aut per eorum Legatos ad firmitatem, Fœderis præstita in Manerio de Grenuch, die 1. *mensis Novembris* 1576. NEC NON *Articulus separatus de Pensionibus per Confœderatos Cantonibus Helvetiis solvendis. Actum Londonii die* 7. *Novembris* 1516. [Copie ancienne; & comme il semble, écrite du tems même que le Traité fut fait.]

NOs Mattheus miseratione Divina Sacro sanctæ Romanæ Ecclesiæ tituli Sanctæ Potentianæ Presbyter Cardinalis Sedunensis, Sacri Romani Imperii Princeps, Marchio Viglevani, Comes & Præfectus Valesii &c. nosque Bartholomeus Ticionus Comes Decianæ, & Clarasci Oratores, Ambasciatores, Consiliarii, Procuratores, & Commissarii Sacratissimi & Invictissimi DD. Maximiliani Divina favente clementia Electi Romanorum Imperatoris semper Augusti, &c. nec non assistente in hoc actu spectabili viro Domino Johanne Hedim Oratore, pro sua Cæsarea Majestate apud Charissimum Regem Angliæ & Franciæ agente, ad infrascripta sufficienter deputati, constituti, & auctorizati, universis, & singulis ad quorum notitiam præsentes pervenerint, innotescere volumus, quod nos Oratores prædicti nomine, & authoritate ejusdem metuendissimi & Invictissimi Electi Romanorum Imperatoris nobis, ab eo per suas Litteras patentes data, & concessa: quarum Literarum tenor inferius ad verbum inseritur, cum Reverendissimo in Christo Patre, & DD. Thoma miseratione Divina sacrosanctæ Romanæ Ecclesiæ tituli Sanctæ Cæciliæ Presbytero Cardinali Eboracensi Archiepiscopo, Angliæ Primati, & Apostolicæ Sedis Legato, ejusdemque Regni Angliæ Cancellario, ac cum Illustrissimo D. Thoma Duce Norffolc. Angliæ Thesaurario, & cum Reverendo Domino Thoma Dunelmeti Episcopo, & privati Sigilli Regii Custode, Excellentissimi, Serenissimi, & Potentissimi Principis Henrici Dei gratia Regis Angliæ, ac Franciæ, ac Domini Hiberniæ, nec non & cum Reverendo in Christo Domino Bernardo de Mesa Helnensi Episcopo Potentissimorum, & Excellentissimorum Catholicorum Johannæ, & Caroli Hispaniarum, & Navarræ, ac utriusque Siciliæ, & Hierusalem Regum, nec non Archiducum Austriæ, Ducum Burgundiæ, & Comitum Tyroli, Flandriæ &c. Oratoribus, Consiliariis, Ambasciatoribus, & Commissariis sufficienter, & specialiter constitutis, deputatis, & authorizatis per Regum suorum patentes Literas, eisdem datas, & concessas: quarum Literarum tenor inferius ad verbum inseritur. Ad laudem, gloriam, & honorem Omnipotentis Dei, Gloriosissimæ Virginis Mariæ, totiusque Curiæ Cælestis & Orthodoxæ Fidei, & Christianæ Religionis exaltationem & incrementum, Sacro-Sanctæque Romanæ Ecclesiæ, & Sedis Apostolicæ Defensionem & Conservationem: nec non pro Statuum, Personarum, & Dignitatum Principum prædictorum, & eorundem cujuslibet conservatione, ac Regnorum, Dominiorum, Civitatum, Terrarum, Oppidorum, Villarum, castrorum, & Territoriorum suorum, & cujuslibet eorundem tuitione, & defensione, Subditorumque suorum, tranquillitate, & quiete, ac etiam ut quorumcunque Principum suis finibus minime contentorum effrenata dominandi, & aliena invadendi, ac diripiendi libido eo facilius cohibeatur, compescatur, & reprimatur, utque ceteri Principes Christiani, quibus omnibus & singulis, præsentem Ligam intrandi libera facultas & locus inferius reservatur, ex prædictorum Principum Confœderatorum indissolubili unione, fida, atque perfecta amicitia, ad dictam Ligam, & Confœderationem intrandam citius invitentur, & alliciantur: ex quo non solum universalis Ecclesiæ Christi & Reipublicæ Christianæ Pax subsequi: verum & contra immanissimos Turcas unanimi omnium Christianorum Principum consensu pariter & assensu generalis possit haberi, & fieri expeditio, quæ eorundem Principum dissensione, discordia, simultatibus, & ambitu in hunc usque diem præpedita, neglecta fuit, & omissa: convenimus, concordavimus, contraximus, & conclusimus: ac per præsentes convenimus, concordamus, contrahimus, & concludimus omnes & singulos pacis, amicitiæ, Ligæ, & Confœderationis Articulos sequentes.

Inprimis conventum, concordatum & conclusum est, quod inter præfatos Cæsaream Majestatem, ac Potentissimos Angliæ, & Hispaniarum Reges, eorundemque Hæredes, & successores, Vassallos, incolas, habitatores, & Subditos quoscunque præsentes, & futuros tam Ecclesiasticos, quam seculares, cujuscunque dignitatis, status, gradus, ac conditionis existant, seu quacunque dignitate, statu sive gradu præfulgeant, eorumque Regna, Provincias, Terras, Dominia, Civitates, Castra, Territoria, Villas, & Oppida, & loca quæcunque, modo per eorum aliquem habita, tenta, possessa, & occupata, vel imposterum obtinenda, sit bona, syncera, vera, integra, fidelis, perfecta, & firma amicitia, unio, Liga, intelligentia, Confœderatio, & Pax per Terram, Mare, & Aquas dulces, Portus maris, & ubique locorum futuris temporibus perpetuo duratura.

ANNO 1516.

Item conventum est, concordatum, & conclusum, quod pro conservatione tuitione, & defensione dignitatum, personarum, & Statuum præfatorum Confœderatorum omnium, & singulorum, & eorum cujuslibet, eorundemque Hæredum, aut successorum, Regnorum, Provinciarum, Terrarum, & Dominiorum Civitatum, Castrorum, Villarum, Territoriorum, emolumentorum, sive proventuum contra invasores, perturbatores, & hostiles aggressores quoscunque prædicti Cæsarea Majestas, & potentissimi Angliæ, & Hispaniarum Reges erunt perpetuis futuris temporibus amici, Confœderati, uniti, & invicem alligati sine aliqua exceptione, aut contradictione: Itaque si posthac Rex, Princeps, Potentatus sive Communitas, aut alius quicunque per se, vel Locumtenentem, Capitaneum Generalem, aliumve quemcunque potenti, valido, vel magno exercitu aut alio quovis modo directe, vel indirecte Regna, *Provincias*, Terras, Dominia, Castra, Civitates, Oppida, territoria, emolumenta, atque proventus sive loca quæcunque per dictorum Confœderatorum aliquem inpræsentiarum habita, tenta, possessa, & occupata sive in posterum habenda, tenenda, possidenda, & occupanda hostiliter invaserit, vel perturbaverit, aut invadi, seu perturbari procuraverit, sive cuiquam ex Fœderatis violentia, aut damnum grave vel intolerabile inferre, facere, vel irrogare attemptaverit: tunc & in eo casu Princeps invasus, perturbatus, vel ut præmittitur damnificatus cupiens habere suppetias dictorum Confœderatorum pro sua defensione, aut damnificatione, ut prædicitur, tenebitur admonere, & requirere omnes, & singulos Confœderatos per suas Literas patentes manu sua subscriptas, ac sigillo suo sigillatas super hujusmodi invasione, perturbatione, violentia, & damnificatione. Qui super hoc certiores effecti, & ut præmittitur, admoniti, & requisiti tenebuntur unanimiter, & unico contextu una cum ipso requirente Regem, Principem, Potentatum, sive Communitatem sic invadentem, aut hujusmodi invasionem fieri, ut prædicitur, procurantem, perturbantem, violentiam, damnum grave, vel intolerabile inferentem, facientem, vel irrogantem per Oratores, Litteras, sive Nuncios suos monere, & requirere, monebitque, & requiret eorum quilibet, ut ab hujusmodi hostili invasione, & guerra sive procuratione ejusdem, perturbatione, violentia, & damnificatione totaliter desistat, & ab eadem, & eisdem cesset realiter, & cum effectu: & pro dictis sic de facto attemptatis, & damnis exinde subsecutis condignam rependat emendam, & satisfactionem, significantes eidem, quod vigore, & virtute istius Fœderis, sive Ligæ defensivæ tenentur ipsi Confœderati omnes & singuli sibi invicem assistere, suppetias dare, & se mutuo defendere. Quod si illico, & absque mora facere recusaverit, aut distulerit, tunc omnes, & singuli Confœderati infra mensem ex tunc proxime sequentem se hostes, & inimicos Regis, Principis, Potentatus sive Communitatis sic invadentis, perturbantis, damnificantis, sive violentiam inferentis, aut invasionem, perturbationem, damnum sive violentiam hujusmodi fieri procurantis publice, & expresse declarabunt & manifestabunt, ac sic declarabit, & manifestabit eorum quilibet, ac infra duos alios menses, ex tunc proxime, & immediate sequentes ad summum, absque omni dolo, fraude, malo ingenio, aut alio quovis colore, sive excusatione quacumque Regna, patrias, Terras, & Dominia Regis, Principis, Potentatus sive Communitatis, aut alterius cujuscunque sic, ut præfertur, invadentis, perturbantis, damnificantis, seu violentiam inferentis, vel hujusmodi fieri procurantis ab ea parte, quæ sibi propinquior existit, vel qua id commodius fieri posse sibi visum fuerit, unanimiter, unicoque contextu ingredientur, & hostiliter invadent, ac sic ingredietur, & in-

ANNO 1516.

invadet eorum quilibet propriis ſuis expenſis realiter, & cum effectu, cum tanto, & tam valido exercitu tam equitum, quam peditum, equis, armis, bombardis, & Inſtrumentis bellicis aliiſque rebus, quibuscunque ad tantam belli molem neceſſariis, & requiſitis ac ſufficienter inſtructis, quantus, & qualis inferius deſcribitur. Videlicet Cæſarea Majeſtas cum quinque millibus equitum, & viginti millibus peditum, equis, armis, bombardis Inſtrumentis bellicis, aliiſque rebus quibuscumque ad bellum gerendum neceſſariis, & requiſitis, ſufficienterque, ut præfertur, inſtructis, & communitis, loco, tempore, modoque, & forma præſcriptis Terras, & Dominia communis inimici antedicti propriis ſuis expenſis hoſtiliter invadet, & aggredietur, ac bellum realiter, & cum effectu geret, & proſequetur. Potentiſſimus vero Rex, Angliæ cum quinque millibus Equitum, & viginti millibus Peditum, etiam equis, armis, Bombardis, Inſtrumentis bellicis, ceteriſque rebus quibuscunque ad bellum gerendum neceſſariis, & requiſitis ſufficienter, ut præfertur, inſtructis & communitis, loco, tempore, modoque, & forma prædictis Terras, & Dominia præfati communis inimici propriis ſuis expenſis hoſtiliter invadet, & aggredietur, ac bellum realiter, & cum effectu geret, ac proſequetur. Nec non dicti Catholici Hiſpaniarum, Navarræ, &c. Reges, cum quinque millibus equitum, & viginti millibus peditum, equis, armis, bombardis, Inſtrumentis bellicis, aliiſque rebus quibuscumque ad bellum gerendum neceſſariis, & requiſitis, etiam ſufficienter, ut præfertur, inſtructis, & communitis, loco, tempore, modoque & forma prædictis Terras, & Dominia communis inimici antedicti propriis ſuis expenſis hoſtiliter invadent, & aggredientur, ac bellum realiter, & cum effectu gerent, & proſequentur. A qua quidem invaſione deſiſtere, aut Tractatum pacis, ſive Treugas, guerrarum abſtinentiam, intelligentiam, aut appunctuationem aliam quamcumque cum communi inimico per ſe, vel per alium ſive alios inire, facere, tractare, aut concludere, vel alicui ineunti, facienti, tractanti, aut concludenti, ſive tractare, aut concludere volenti tacite, vel expreſſe, directe vel indirecte conſentire nullo modo poterunt, aut eorum aliquis poterit, abſque ſcientia, notitia & voluntate omnium, & ſingulorum prædictorum Confœderatorum, ac de expreſſo conſenſu eorundem.

Item conventum, & concordatum eſt, & concluſum, quod ſi Rex, Princeps, Potentatus, ſeu Communitas ſeu quivis alius aliquem Principum, ſive Confœderatorum, ut prædicitur, invadens, perturbans, violentiam ſive damnum ut ſupra inferens, vel ea procurans habeat, teneat, vel poſſideat Dominia, Terras, loca maritima, portus, aut litora mari Hiſpanico, Britannico, aut Germanico adjacentia ſive contigua: tunc & in eo caſu potentiſſimi Angliæ, & Hiſpaniarum Reges non ſolum per terram modo & forma ſupraſcriptis guerram facient, verum etiam per mare bellum gerent, & eorum uterque faciet & geret cum tanta navium claſſe, quanta inferius declarabitur, militibus ſive hominibus armatis, bombardis, ſive inſtrumentis bellicis, cellis, victualibus, & aliis quibuscunque ad bellum navale gerendum neceſſariis, & requiſitis ſufficienter inſtructa. Quam infra menſem poſtquam dictum bellum hoſti communi ſic, ut præfertur, indici, & inferri ceperit, ad mare realiter, & cum effectu propriis ſuis expenſis mittent, ac mitti curabunt, & facient, ac ſic mittet, & mitti curabit, ac faciet eorum uterque modo, & forma ſequentibus: Videlicet Potentiſſimus Angliæ Rex naves quinque millibus hominum armatorum, ac ceteris neceſſariis, ut præfertur inſtructas, & ad bellum navale gerendum aptas, ut prædicitur, mittet, nec non prædicti Catholici Hiſpaniarum utriusque Siciliæ eorum Reges naves quinque millibus hominum armatorum, & ceteris neceſſariis ſimiliter, ut præfertur, inſtructas ad bellum navale gerendum aptas, ſicut prædictum eſt, mittent: quæ quidem naves omnes, & ſingulæ ad mare communis hoſtis Regnis, Provinciis, Terris & Dominiis proximo adjacens navigabunt, ac ibidem continue remanebunt huc, & illuc navigando, communem hoſtem, ejusque Regna, Patrias, Terras, & Dominia, ac Subditos ſuos quantum poterunt moleſtando, ſeſe ac ceteros amicos, & Confœderatos eorumque Regna, Provincias, Terras, & Dominia defendendo, ac quotiens, & quando opus fuerit, ſimul ſe conjungent, ut unitis viribus communi hoſti reſiſtere, atque eundem infeſtare, & debellare poſſint: Nec licebit alteri Regum prædictorum naves ſic, ut præfertur, miſſas inde revocare, aut earundem navium, ſive hominum numerum diminuere ſine mutuo eorundem expreſſo conſenſu, & voluntate: Sed ſi caſu aliquo contingat numerum navium, aut gentis armorum hoſtium invaſione aut maris tempeſtate capi, devinci, aut alio quovis modo diminui. Quod Deus avertat: tenebitur ille, cujus claſſis ſic, ut præfertur, caſu capietur, ſeu diminuetur, illam infra menſem de novo reficere, & ad perfectum numerum ſuperius limitatum realiter, & cum effectu reſarcire, & reparare, ſine omni dolo, fraude, dilatione, aut alia excuſatione quacunque.

ANNO 1516.

Item conventum, & concordatum eſt, & concluſum, quod nullus Confœderatorum prædictorum, eorumve Hæredes, aut ſucceſſores vel alius quisquam eorum alicujus nomine, ſive authoritate, ſcientia, vel conſenſu cum alio quocumque Principe non Confœderato Tractatum Pacis, amicitiæ, guerrarum, ſive belli abſtinentiæ in præjudicium præſentis Confœderationis iniet, faciet, contrahet, tractabit, aut concluder, ſive iniri, contrahi, tractari vel concludi procurabit, aut permittet: vel inire facere, tractare, aut contrahere vel concludere volenti quoquo modo tacite, vel expreſſe conſentiet, ſine expreſſo conſenſu, aſſenſu, & voluntate omnium, & ſingulorum Confœderatorum prædictorum. Et ſi quid tale alicui Confœderatorum prædictorum motum vel ſuaſum fuerit, ille, cui talia mota, aut ſuaſa fuerint, ſtatim, & immediate, & abſque omni dilatione id ipſum ceteris Confœderatis clare per Literas ſuas ſignificabit, & explanabit cum omnibus, & ſingulis ejusdem motionis, & ſuaſionis qualitatibus, & circumſtantiis. Et ſi contra aliquem Confœderatorum prædictorum ſuſpicio ſuper hoc exoriatur, ille, contra quem talis oritur ſuſpicio per aliquem Confœderatorum admonitus & requiſitus, ſtatim, & immediate ejusdem ſuſpicionis occaſionem quam primum amovebit, & amoveri curabit.

Item conventum, & concordatum eſt, quod nullus Confœderatorum prædictorum aliquid aget, faciet, tractabit vel attemptabit, aut ab aliis agi, fieri, tractari vel attemptari procurabit, ſive procurari conſentiet quocumque in loco, ſive cauſa, & occaſione quacumque in præjudicium, damnum, & injuriam alicujus eorundem, eorumve Regnorum, Terrarum, Provinciarum, Dominiorum, Civitatum, Villarum, Oppidorum, Territoriorum, aut Subditorum quorumcumque, aut alicui alteri aliquid tale facere volenti, conanti, ſive molienti conſilium, auxilium, aſſenſum vel favorem dabit, ſive præſtabit, aut dari, ſive præſtari tacite, vel expreſſe conſentiet, aut procurabit, ſed omnibus viis, & modis ac tota Poteſtate ſua reſiſtet, ac realiter, & cum effectu obſtabit, impediet, & contradicet, ac Principem ſive Confœderatum contra quem talia moliuntur, ejus rei per Literas ſuas manu ſua ſubſcriptas, ac ſigillo ſuo ſigillatas quam primum poterit, certiorem faciet. Item conventum, concordatum, & concluſum eſt, quod datur cuilibet Regi ſive Principi Chriſtiano, Potentatui, vel Communitati in hanc Ligam, amicitiam, vel Confœderationem intrandi & ingrediendi locus, ejusdemque beneficio utendi, & gaudendi, infra octo menſes poſt datam præſentium immediate ſequentes, dummodo ad id acceſſerit conſors, & unanimis omnium Confœderatorum conſenſus, & aſſenſus: ac infra idem tempus Rex, Princeps, vel Communitas ſive Potentatus per Literas ſuas patentes manu ſua ſubſcriptas, & magno ſigillo ſuo ſigillatas, & corroboratas ſe ingredi velle præſentem Ligam, ſingulis Confœderatis prædictis ſignificaverit, & declaraverit, ac etiam eandem Amicitiam, & Tractatum nec non omnia, & ſingula Capitula in eodem contenta, per alias ſuas Litteras patentes, & ſua manu ſubſcriptas, & magno ſuo ſigillo ſigillatas infra duos menſes, ex tunc proxime ſequentes confirmaverit, ratificaverit, & approbaverit, ac ad obſervanda omnia, & ſingula capita ejusdem Tractatus Juramentum præſtiterit corporale.

Item conceſſum, & concordatum eſt, quod per præſentem Amicitiæ Tractatum, aut aliquem ejus Articulum non cenſeatur derogatum, ſive receſſum ab aliquibus Tractatibus Pacis, & Amicitiæ ſive Mercium intercurſus inter aliquos Confœderatorum prædictorum antehac initis, factis, & concluſis, ſed quod permaneant in ſuo robore, & virtute, niſi in quantum præſenti Tractatui contrariatur, & repugnat: quibus quantum ad illum Articulum, vel Arti-

ANNO 1516.

culos solum; si qui tales fuerint, derogatum, & ab eisdem recessum esse volumus per præsentes.

Et quoniam supradicti Confœderati firmiter sibi persuadent, & indubie sperant Sanctissimum Dominum nostrum Leonem X. Papam modernum, propter nonnullos egregios, salutares, & præclarissimos effectus, nec non ingentia, & salutaria beneficia, quæ ex hac Liga universæ Reipublicæ Christianæ ejusdemque tranquillitati, & quieti verisimiliter perventura sunt, eandem Ligam prompto, grato, ac libenti animo acceptaturum: & præsertim quod ex ea universalis tantopere exspectata, & affectata Pax post tot discordias, simultates, & diuturna bella in maximum ac pene irrecuperabile totius Reipublicæ Christianæ damnum, detrimentum, & dispendium hucusque habita, & continuata incunctanter provenire, & subsequi speratur. Ex quo notabilis aliqua, & fœlix expeditio contra immanissimos Turcas, Crucis Christi atrocissimos hostes geri, fieri, & instrui poterit. Idcirco dicti Principes Confœderati omnes, & singuli præfatum Sanctissimum Dominum Nostrum, ac Sanctam Sedem Apostolicam tanquam primum, præcipuum, & principalem Confœderatum; dictique sanctissimi Fœderis Aurigam, Caput, & Apicem comprehenderunt, & per præsentes comprehendunt; adeo plene & efficaciter, ac si sua Sanctitas mediante sua Commissione unus principalium Contrahentium, ab initio extitisset. Reservaveruntque dicti Confœderati, ac per præsentes reservant suæ Beatitudini honorificum, condecentem, & condignum in hanc Ligam intrandi, & ingrediendi locum, tenore etiam præsentium declarantes, quod dicta sua Sanctitas integro ejusdem Ligæ beneficio cum omni ipsius effectu, & commoditate utetur, & gaudebit in eisdem modo & forma, quibus ipsi Principales Confœderati, & Contrahentes quovis modo uti, & gaudere debeant, & possint; dummodo Sanctitas sua, casu quo hanc Ligam acceptare, ac intrare, ac beneficio ejusdem uti voluerit, Articulos, & Capitula, ad quæ prædicti Confœderati obligati obligantur, & astringuntur, tam pro suorum Statuum, & Personarum tuitione auxilioque, & assistentia contra quoscunque dictorum Confœderatorum hostiles aggressores, & invasores, perturbatores, ac damnificantes ut supra, vel invasionem, sive damnum hujusmodi fieri procurantes: quam in contribuendo communibus sarcinis secundum ratam condecentem, ac etiam omnia alia, & singula, Articulos & Capitula in ipsa Liga comprehensa, concordata, & conclusa firmiter, & inconcusse pro sua parte, perimpleverit & observaverit: Et insuper Sententias Excommunicationis in personas aliquem Confœderatorum invadentes, aut invadere procurantes: ac Interdicti in eorum Regna, Provincias, Dominia, Terras, Civitates, Oppida, Villas, & Territoria quæcumque feret, & fulminabit, aut ferri, & fulminari faciet, & mandabit absque dilatione, excusatione, aut alio quovis quæsito colore: ac Sententias sic latas publice denunciabit, aut denunciari realiter, & cum effectu faciet, & mandabit, cum earundem Sententiarum aggravatione, si & quatenus in sua contumacia perstiterint aut perseveraverint, aut steterit & perseveraverit eorum aliquis: quas quidem Sententias, aut earum aliquam quovis modo non revocabit, suspendet, relaxabit vel ab eisdem absolvet Sanctitas sua per se, vel per alium tacite vel expresse, aut sic fieri permittet vel consentiet, sine voluntate, & consensu expresso ceterorum Confœderatorum, super quibus omnibus & singulis, sic, ut præmittitur, faciendis & perimplendis Sanctitas sua (si etiam præsentem Ligam intrare voluerit) infra sex menses datam præsentis Tractatus proxime & immediate sequentes non modo animum, voluntatem, & intentionem suam declarabit, sed & præsentem Tractatum, ac omnia, & singula in eodem contenta per suas Literas patentes suo sigillo plumbeo munitas, & roboratas approbabit, ratificabit, & confirmabit, seque ad firmam observantiam eorundem per easdem suas Literas astringet, & obligabit.

Item inter nos Oratores prædictos unanimi consensu & assensu, ac nominibus Principum nostrorum, principaliter contrahentium conventum, concordatum, & conclusum est, quod in præsenti Tractatu & Fœdere nova, & antiqua Liga, Societas, Communitas, & Cantoni Helvetiorum omnes, & singuli includantur, & comprehendantur, ejusdemque Confœderationis beneficio & commoditate ad omnem effectum, qui exinde sequi poterit, utantur, & gaudeant, modo comprehensionem hujusmodi acceptandam duxerint, Confœderatisque prædictis adhærere & ad dictorum Confœderatorum stipendia contra quoscunque arma gerere, nullique alii Principi contra eos, aut eorum aliquem inservire decreverint, promiserint, se astrinxerint, & obligaverint. Et ut prædicti Helvetii, quos Principes nostri ob eorum merita, virtutes, probitates, & res strenue gestas intimo amore prosequuntur, eo citius ad id inviten-tur, & alliciantur; nos Oratores, Ambasciatores, & Commissarii prædicti communi concordia, nominibus, & authoritatibus Principum nostrorum, & de expresso Mandato, consensu, & assensu eorundem non modo decrevimus certam, annuam portionem, pensionem, sive largitionem communi contributione omnium dictorum Confœderatorum & aliorum hanc Ligam ingredi volentium eis constitui, assignari, dari, & solvi: sed & Tractatus, Conventiones, obligationes, securitates, & pacta hinc inde super hoc fieri, concludi, & firmari debere; & quum dictis Principibus Dominis nostris supremis nobisque eorundem Principum Oratoribus ad præsens otium, tempus, aut commoditas concludendi super hujusmodi pensione, portione, sive largitione dictis Helvetiis assignanda, & constituenda non dabatur, eo præsertim, quod tractandi modus, consuetudo, & forma contrahendi in similibus cum præfatis Dominis Helvetiis usitata nobis incognita existit. Nos igitur Oratores prædicti authoritate, & Potestate Principum nostrorum nobis in hac parte data & concessa promittimus, & eosdem Principes nostros omnes, & singulos per præsentes astringimus, & obligamus, quod ipsi & eorum singuli respective, ne temporis procrastinatione aut dilatione dicti Helvetii elabantur, & in aliorum partes declinent, illico; & absque mora destinabunt, & mittent Oratorem, sive Oratores suum, aut suos sufficienti, plena, & ampla potestate, & instructione fulcitum, seu fulcitos ad tractandum, communicandum, paciscendum, & finaliter concludendum cum dictis Dominis Helvetiis tam de, & super prædicta comprehensione, modo, & forma præscriptis finienda, quam etiam super annuæ pensionis, portionis, sive largitionis assignatione tam in communi, quam in particulari, ipsosque Principes omnes, & singulos ad hujusmodi portionis, pensionis sive largitionis, sic constituendæ, & assignandæ solutionem efficaciter astringendi, & obligandi; modis, formis, temporibus, & locis in ea parte advisandis, præfigendis, & assignandis.

Item conventum, & concordatum est, quod omnes, & singuli præfati Confœderati infra duos menses datam præsentium proxime, & immediate sequentes præsentem Tractatum, ac omnia, & singula Capitula in eodem contenta per distinctas, & separatas Literas patentes harum seriem de verbo ad verbum continentes manu sua subscriptas, & sigillo suo magno sigillatas, supplentes omnes, & singulos tam juris, quam facti defectus, siqui ratione Mandati vel alio quovis modo fortasse intervenerint, ratificabunt, approbabunt, & confirmabunt, ac easdem Literas patentes confirmatorias sic, ut præfertur, subscriptas, & sigillatas singulis Confœderatis eorum, vel Commissariis, Oratoribus, aut Procuratoribus ad hoc sufficienter deputatis, & auctorizatis infra dictum tempus tradent, & liberabunt, seu sic tradi, & liberari facient, tradentque, & liberabit, seu sic tradi & liberari faciet eorum quilibet realiter, & cum effectu.

Item conventum, & concordatum est, quod omnes, & singuli Confœderati prædicti, quando per Oratorem, sive Commissarium alicujus eorundem sufficientem authoritatem, & potestatem habentem ad hoc debite requisiti fuerint, & eorum quilibet requisitus fuerit, tactis Sacro-sanctis Dei Evangeliis juramentum corporale præstabunt, & præstabit ille sic requisitus in præsentia Oratoris, sive Commissarii prædicti, quod omnia, & singula in præsenti Tractatu specificata, & contenta bene & fideliter observabunt, & adimplebunt, ac observabit, & adimplebit eorum quilibet, nec non a Subditis suis, & eorum cujuslibet, quatenus ipsos tangunt, aut tangere poterunt, observari, & adimpleri facient, & faciet eorum quilibet cum effectu.

ANNO 1516.

ANNO 1516.

Sequuntur Tenores Commissionum.

MAximilianus Divina favente Clementia, Electus Romanorum Imperator semper Augustus, ac Germaniæ, Hungariæ, Dalmatiæ, Croatiæ &c. Rex, Archidux Austriæ, Dux Burgundiæ, Brabantiæ, Comes Palatinus &c. Tenore præsentium recognoscimus, & profitemur, quod quamvis pacem, unionem, mutuamque concordiam inter Christianos Principes semper ex animo desideraverimus, & omni studio, ac solicitudine, apud universos fere Christiani Orbis Principes solicitaverimus, edocti quantum intestina illa Christianorum Principum inter se discordia, & dissensio hactenus Rempublicam Christianam turbaverit, afflixerit, & illius vires contriverit, & quod gravius duximus, Christiani nominis hostes animo, ac viribus invalescentes opulentiores reddiderit. Nihilominus cum nonnullorum Principum, ac Potentatuum Christianorum animi usque adeo dominandi effrenata libidine videantur succensi, ut nec cupiditati suæ immensæ rationem aut modum sistere possint, imo posthabita omni ratione æqui, atque honesti, & communi Reipublicæ Christianæ utilitate, nihilo magis studeant quam sine discrimine aliorum fines, & Terras Armis, ac bello impetere, singula pro libitu, quantum possunt, deprædari, ac depopulari, & universam Christianitatem in perpetuo tenere incendio, ac turbine, ut cum aliorum injuria, atque oppressione ipsi continuo locupletentur, & crescant, cogitavimus tandem illorum molestis, ac perniciosis conatibus opportunis remediis obviare; & primos, ac potentiores Christiani Orbis Principes contra illorum perfidissimorum rabiem Tyrannorum ad mutuam defensionem cohortari: Confisi itaque de amplissimo ingenio, fide, ac prudentia Reverendissimi in Christo Patris Domini Matthæi tituli Potentianæ Sanctæ Romanæ Ecclesiæ Presbyteri Cardinalis Sedunensis, Amici nostri Carissimi eundem Reverendissimum Dominum Cardinalem omni meliori modo, via, forma, & ordine, quibus validius, atque efficacius de jure possumus, ac debemus constituimus, & deputavimus, ac tenore præsentium constituimus, deputamus, & ordinamus Procuratorem seu Mandatarium nostrum specialem ad tractandum, prosequendum, firmandum, & concludendum vice, ac nomine nostro cum Sanctissimo in Christo Patre Domino Leone Divina providentia Sanctæ Romanæ Ecclesiæ summo Pontifice, Domino nostro Reverendissimo, & cum Serenissimis Principibus Domino Henrico Angliæ, & Franciæ, & Domino Karolo Hispaniarum Catholico Regibus Fratribus, & Filio nostro Charissimis aut cum eorum Procuratoribus, plenum, atque sufficiens ad id mandatum habentibus, Confœderationem, unionem, intelligentiam seu Ligam pro communi omnium rerum nostrarum conservatione ad mutuam defensionem contra quoscunque, unum, aut plures ex nobis offendere volentes, his modis, formis, conditionibus, sicuti magis commodum atque opportunum præfato Reverendissimo Domino & Dominis Confœderatis videbitur, dantes & concedentes eidem Reverendissimo Domino Cardinali plenam atque omnimodam facultatem, & potestatem omnia & singula tam prædicta agendi, disponendi, & concludendi, quæ Nosmet, si præsentes interessemus, facere possemus, nec non jurandi in animam nostram, & de rato promittendi. Promittentes insuper in verbo nostro Cæsareo omnia, & singula, ut præmittitur, per præfatum Reverendissimum Dominum Cardinalem concludenda, in quantum nos concernunt, firmiter, atque inviolabiliter velle servare, & exsequi: & illis nequaquam nullo quæsito colore, vel causa directe vel indirecte contravenire: & hoc sub obligatione, & hypotheca omnium bonorum nostrorum mobilium & immobilium, dolo, & fraude penitus seclusis: Harum testimonio Literarum sigilli nostri appensione munitarum. Datum in Civitate nostra Imperiali Augusta die XXV. Mensis Septembris Anno Domini M. D. XVI. Regnorum nostrorum Romani tricesimo primo, Hungariæ vero XXVII. Per Regem proprium Ad Mandatum Majestatis Cæsareæ proprium. Sperancius Sst.

Maximilianus Divina favente Clementia Electus Romanorum Imperator semper Augustus, ac Germaniæ, Hungariæ, Dalmatiæ, Croatiæ &c. Rex, Archidux Austriæ, Dux Burgundiæ, Brabantiæ &c. Comes Palatinus, &c. recognoscimus, & tenore præsentium profitemur, quod nos ex animo cupientes quietem, & tranquillitatem populorum nedum fidei nostræ commissorum, sed etiam universæ Christianitatis, & ad reprimendam insolentiam cujuscunque in contrarium adnitentis, operæ pretium duximus nos cum Sanctissimo in Christo Patre, & Domino D. Leone X. Sacrosanctæ Romanæ, & universalis Ecclesiæ summo Pontifice, Domino nostro Reverendissimo, ac Serenissimis & Potentissimis Principibus Regibus arctiori vinculo sanguinis nobis conjunctis, ac ceteris Statibus. & Universitatibus & populis nobis finitimis, ut tandem & reliquum vitæ quod nobis omnipotens præstare dignabitur, illud servitio Divinæ Majestatis impendere possimus: Cum igitur nuper destinaverimus ad Serenissimum Principem, & Excellentissimum Dominum Henricum Angliæ, & Franciæ Regem Consanguineum, & Fratrem nostrum Carissimum Magnificum, nostrum & Imperii Sacri fidelem dilectum Bartholomæum Ticionum Comitem Decianæ, Consiliarium, & Oratorem nostrum ad tractanda, & peragenda hujusmodi negotia, confisi de fide, prudentia, & dexteritate ipsius Bartholomæi Oratoris nostri ipsum absentem tanquam præsentem motu proprio, & ex certa nostra scientia, ac animo deliberato, citra etiam revocationem aliorum quorumcunque Mandatorum nostrorum, & præsertim illius, quod nuper dederamus pro Fœdere particulari inter nos, & Serenissimos ipsum Regem Angliæ, & Johannem Reginam Castellæ, & claræ memoriæ quondam Ferdinandum Regem Aragonum, sed semper in suo robore permanentibus, constituimus, creavimus, & ordinavimus; & tenore præsentium constituimus, creamus, & ordinamus prædictum Comitem Decianæ Oratorem nostrum solum & in solidum Procuratorem, actorem, & negotiorum infrascriptorum Mandatarium specialem omnibus melioribus modo, via, jure, & forma, quibus melius & validius de jure possumus, & debemus, specialiter & expresse, vice, & nomine nostro tractandi, transigendi, componendi, concordandi, & concludendi cum Sanctissimo in Christo Patre, & Domino D. Leone X. Sacrosanctæ Romanæ, ac universalis Ecclesiæ summo Pontifice, Domino nostro Reverendissimo, ac Serenissimis, & Potentissimis Principibus Dominis Henrico Angliæ, & Franciæ, Domino Carolo Hispaniarum, utriusque Siciliæ, & Jerusalem Regibus: ac nostris, & Sacri Romani Imperii fidelibus dilectis Confœderatis Helvetiorum, & aliis quibuscunque Principibus, Rebuspublicis, & Potentatibus, qui dictum fœdus intrare voluerint vel ipsorum Oratoribus, Procuratoribus, Agentibus, vel Mandatariis Mandatum sufficiens ab eisdem Pontifice, Regibus, Principibus, Statibus, & Communitatibus habentibus, de, & super unione, amicitia integra, mutua intelligentia, ac indissolubili Confœderatione, & Liga speciali super defensione mutua contra quoscunque, conservatione unionis, & dignitatis Sanctæ Matris Ecclesiæ & commodo, & decore nostrorum omnium, & etiam pro offensione, & expeditione contra Infideles, & alios communes hostes nostros quoscunque, pro nobis & successoribus nostris, cum conventionibus & Articulis, prout conventum fuerit, & eidem Oratori expediens, & opportunum videbitur, & aliis dependentibus, emergentibus, connexis, & annexis. Non derogando tamen in aliquo nec in aliqua parte aliis nostris Confœderationibus particularibus, quas habemus cum eisdem Pontifice, Regibus & Communitatibus, sed eis in suo robore stantibus, & permanentibus: dantes, & concedentes eidem Oratori nostro plenam, & amplam Potestatem gerendi, & exercendi omnia, & singula in præmissis necessaria, & opportuna, quæ verus, legitimus & indubitatus Procurator, liberam, & generalem Potestatem habens, posset, & quæ nosmet facere possemus, si in præmissis personaliter præsentes essemus: etiam si talia forent, quæ Mandatum magis speciale exigerent: non obstante quacunque clausula, aut alia quacunque requisita, quæ nos hic pro insertis & expressis habere volumus: promittentes omnia & singula, quæ per eundem Oratorem acta, gesta, tractata & conventa fuerint, rata, & grata habituros, & ea omnia, & singula approbabimus, & ratificabimus, & grata, & firma tenebimus Harum testimonio Literarum sigilli nostri appensione munitarum. Datum in Londek, die vigesima mensis Februarii Anno Domini millesimo quingentesimo

ANNO 1516. mo decimo sexto, Regnorum nostrorum Romani tricesimo, Hungariæ vero XXVI. Per Regem Proprium. Ad Mandatum Cæsareæ Majestatis proprium.

JACOBUS DE BANNISIS. sſt.

JOhanna & Karolus, Dei gratia Reges Castellæ, Legionis, Granatæ, Aragoniæ, Navarræ, utriusque Siciliæ, Hierusalem, Majoricarum, Valenciæ, Sardiniæ, Corsicæ, &c Archiduces Austriæ, Duces Burgundiæ, Lotharingiæ, Brabantiæ, Stiriæ, Carinthiæ, Carniolis, Limburgiæ, Lucemburgiæ, & Gueldriæ, Comites Flandriæ, Habsburgenses, Tirolis, Artesiæ, Burgundiæ, Palatini & Hanoniæ, Landgravii, Alsatiæ, Principes Sueviæ, Marchiones Burgoviæ & Sacri Romani Imperii, Holandiæ, Zelandiæ, Ferretis, Kiburgiæ, Namurci, & Zutphaniæ Comites, Domini Frisiæ, Marchiarum Slavoniæ, Portus Naonis, Salinarum, & Mecliniæ, universis & singulis præsentes inspecturis salutem. Cum nuper ob nostrorum Regnorum, Principatuum, Dominiorum, Confœderatorum quietem, tutelam, & amplificationem Nos Reverendum in Christo Patrem, Fratrem Bernardum de Mesa Episcopum Helnensem ad Serenissimum Potentissimumque Regem Angliæ Henricum Fratrem & Avunculum nostrum Carissimum destinaverimus, ut in ejus Aulâ, & apud ipsum, tanquam Orator, & Legatus noster versaretur, rebusque nostris assidue intenderet; censeamusque ipsum sufficientem a nobis authoritatem habere, ut ea quæ ipse ex nostra, Amicorum Confœderatorum, populorumque nostrorum utilitate, dignitate, & amplificatione esse compererit, gerere, tractareque possit: tamen quia rerum futurarum series, & figurâ uno Mandato difficulter exprimi valet, etiamsi Mandatis explorata voluntas accedat: decreverimusque quæcunque negotia nostra, quæ præfato serenissimo Fratri, & Avunculo nostro notissima, conjunctissimaque esse volumus penitus, & cum absolutæ nostræ authoritatis certitudine per præfatum Oratorem & Legatum nostrum geri, atque tractari: Notum facimus, quod nos memoratum Mandatum nostrum etiam ad infrascripta extendi, ampliari, & pro extenso, & ampliato haberi volentes, ac si specifice super ipsis confectum esset, dicto Reverendo Episcopo Helnensi, fratri Bernardo, citra illam derogationem eorum quæ prius nostro nomine gesserit, plenam, & irrefragabilem, absolutam, & indubiam facultatem, authoritatem, & Potestatem, ac Mandatum generale, & speciale per præsentes damus, tribuimus, & concedimus, ut nomine, & vice nostris tam cum ipso Fratre, & Avunculo nostro Angliæ Rege, ejusque Consiliariis, Proceribus, Commissariis, aut Oratoribus, quam cum quibuscunque Amicis, & Confœderatis nostris: & præsertim cum Oratoribus, Legatis, Ambasciatoribus seu Commissariis Sanctissimi Domini nostri Leonis Papæ moderni: ac cum Oratoribus, Legatis, Ambasciatoribus, & Commissariis Sacratissimi Romani Imperatoris, Maximiliani semper Augusti, Avi nostri observandissimi, de pace, fœdere, & Amicitia quibuscumque inter nos, & præfatum Sanctissimum Dominum nostrum, Cæsaream Majestatem, & Regem Angliæ, omnes & singulos seu nostrum aliquos, ac Subditos nostros, & populos omnibus, & singulis, aut aliquibus nostrum subjectos tractet, communicet & concludat, ac pacta, leges, & conventiones quascunque, per quas seu quæ in bello inferendo, & pace ineunda erga quoscunque alios Principes, Populos, aut Nationes nostrarum cum ceteris idem fœdus facientibus, eadem conditione efficere valeat nomine nostro cum præfatis Sanctissimo Domino nostro, Papa Cæsareque, & Rege Angliæ, seu eorum aliquibus, aut quibuscumque ineat, contrahat, pacificatur, & concludat, ac nos obliget, promittatque nostro nomine pro Helvetiorum, sive Suittensium Dominio & Republica ipsos in istam fœderum, ita initorum conditionem, & sponsionem ituros: & si locum habere in ipsis & comprehendi voluerint, locum habituros, accepto etiam ab ipsis vadimonio, atque jurejurando, quod contra nos, & hanc nostram Confœderationem & in ea comprehensos arma non sument, nec sumentibus aperte vel occulte suo milite, commeatu, vel armis opitulabuntur: sed quotienscunque a nobis Confœderatis requisiti fuerint arma in ipsos, & quoscunque alios hostes nostros aut alicujus nostrum accipient, eumque hostem habebunt, quem nos habituri sumus. Damus irrevocabile, & indeficiens Mandatum præfato nostro Oratori, ut nostro nomine consentiat, promittat, & stipuletur pensionem certam annuam, quæ quotannis præfato Helvetiorum Dominio Corpori Reipublicæ, & Rectoribus a nobis Principibus, & Confœderatis præscriptis persolvetur, pro cujuscunque taxa & virili, juxta pacta conventa, & conditiones latius in Tractatu fœderum ineundorum exprimendas: promittimusque in Regium nostrum pectus atque Sacramentum sub quacunque obligationum forma, & verborum conceptu nos perpetuo ratum, gratum, & stabile habituros quicquid in præmissis etiamsi expressiore Mandato egere videretur, per Oratorem nostrum præfatum nomine nostro gestum, tractatum, conclusumque fuerit. In quorum omnium fidem, & testimonium præsentes sigillo, quo nos Carolus Principatus nostri tempore usi fuimus, & nostri nominis subscriptione muniri fecimus. Datum in Oppido nostro Bruxellensi XXIV. die mensis Junii Anno M. D. XVI. & Regnorum nostrorum primo. ANNO 1516.

Henricus Dei gratiâ Rex Angliæ, & Franciæ, & Dominus Hiberniæ universis, & singulis ad quorum notitiam præsentes Literæ pervenerint, salutem. Recognoscimus, & tenore præsentium profitemur, quod nos ex animo cupientes quietem, & tranquillitatem Populorum nedum fidei nostræ commissorum; sed & universæ Christianitatis & ad reprimendam insolentiam cujuscunque in contrarium adnitentis, operæ pretium duximus, nos cum Sanctissimo in Christo Patre Domino Leone Decimo, Sacrosanctæ Romanæ, & Universalis Ecclesiæ summo Pontifice, ac Serenissimis, & Potentissimis Principibus Regibus, arctiori vinculo sanguinis nobis conjunctis ac ceteris Statibus, Universitatibus, & Populis nobis finitimis, ut tandem & reliquum vitæ, quod nobis Omnipotens præstare dignabitur, illud servitio Divinæ Majestatis impendere possimus. Nos igitur confisi de fide, prudentia, & dexteritate Reverendissimi in Christo Patris D. Thomæ permissione divina tituli Sanctæ Cæciliæ trans Tiberim Sacrosanctæ Romanæ Ecclesiæ Presbyteri Cardinalis Eboracensis Archi-Episcopi, Angliæ Primatis, & Apostolicæ Sedis Legati, Canzellarii Regni nostri Angliæ, ac Carissimi consanguinei nostri Thomæ Ducis Norfolc. Marescalchi, & Thesaurarii dicti Regni nostri Angliæ: nec non Reverendi in Christo Patris Thomæ Dunelmensis Episcopi, Custodis privati Sigilli nostri, Consiliariorum nostrorum, motu proprio, & ex certa nostra scientia, ac animo deliberato plenarie confidentes, constituimus, creavimus, & ordinavimus & tenore præsentium constituimus, creamus & ordinamus præfatos Dominum Cardinalem, Ducem & Episcopum conjunctim, & divisim nostros Procuratores, Actores, & negotiorum infrascriptorum Mandatarios speciales omnibus melioribus modo, via, jure, & forma, quibus melius, & validius de jure possumus, & debemus, specialiter & expresse, vice, & nomine nostro tractandi, transigendi, componendi, concordandi, & concludendi, cum præfato Sanctissimo in Christo Patre, & Domino Leone Decimo Sacrosanctæ Romanæ, ac universalis Ecclesiæ Summo Pontifice, ac Sacratissimo Principe Maximiliano Divina favente Clementia Romanorum Imperatore semper Augusto, ac Germaniæ, Hungariæ, Dalmatiæ, Croatiæ &c. Rege, Archiduce Austriæ, Duce Burgundiæ, Brabantiæ &c. Comite Palatino &c. ac Catholicis Principibus Domina Johanna & Carolo Regibus Castellæ, Legionis, Granatæ, Aragoniæ, Navarræ, utriusque Siciliæ, Hierusalem Majoricarum, Valenciæ, Sardiniæ, Corsicæ, &c. Archiducibus Austriæ, Ducibus Burgundiæ, Lotharingiæ, Brabantiæ, Stiriæ, Carinthiæ, Carniolis, Limburgiæ, Lucemburgiæ, & Gueldræ, Comitibus Flandriæ, Habsburgensibus, Tirolis, Arthesiæ, Burgundiæ, Palatinis & Hannoniæ, Lantgravii Elsatiæ, Principibus Sueviæ, Marchionibus Burgoviæ, & Sacri Romani Imperii, Holandiæ, Zelandiæ, Ferretis, Kiburgi, Namursi, & Zutphaniæ Comitibus, Dominis Frisiæ, Marchiarum Sclavoniæ, Portus Naonis, Salinarum, Mechliniæ, nec non Dominis Helvetiorum, & aliis quibuscunque Principibus, Rebuspublicis, & Potentatibus, qui dictum fœdus intrare voluerint, vel ipsorum Oratoribus, Procuratoribus, Agentibus vel Mandatariis, Mandatum sufficiens ab eisdem Pontifice, Imperatore, Regibus, Principibus, Dominis, Statibus, & Communitatibus habentibus de, & super unione, Amicitia integra, mutua intelligentia, ac in-

ANNO 1516. indissolubili Confœderatione, & Liga speciali super defensione mutua, seu offensione, si opus fuerit, contra quoscunque, conservatione unionis, & Dignitatis Sanctæ Matris Ecclesiæ & commodo, & decore nostrum omnium pro nobis, & successoribus nostris cum conventionibus, & articulis, prout conventum fuerit, & eisdem Oratoribus nostris expediens, & opportunum videbitur, & aliis dependentibus, emergentibus, connexis, & annexis: Dantes & concedentes eisdem Procuratoribus nostris plenam, & amplam Potestatem gerendi, & exercendi omnia, & singula in præmissis necessaria, & opportuna quæ veri, legitimi, & indubitati Procuratores liberam, & generalem Potestatem habentes possent, & quæ nosmet facere possimus, si in præmissis personaliter præsentes essemus, etsi talia forent, quæ Mandatum magis speciale exigerent, non obstante quacunque clausula, aut re alia quacunque requisita, quæ nos hic pro insertis, & expressis habere volumus: nec non jurandi in animam nostram. Promittentes omnia, & singula per eosdem Procuratores nostros acta, gesta, tractata, & conventa rata, & grata habituros, & ea omnia, & singula approbabimus, & ratificabimus & rata, & firma tenebimus. Harum testimonio Litterarum sigilli nostri appensione munitarum. Datum in Civitate nostra Londonii XX. die Octobris Anno Domini M. D. XVI. Regni vero nostri Octavo. Per ipsum Regem, PORTER.

In quorum omnium, & singulorum præmissorum fidem, & Testimonium nos Matthæus tituli Sanctæ Potentianæ &c. ac nos Joannes Bartholomæus Ticionus Comes &c. Oratores & Commissarii antedicti his præsentibus Literis sigillum nostrum apponi fecimus, & easdem subscriptione manus nostræ roboravimus. Datum in Londonio XXVIII. die Mensis Octobris M. D. XVI.

M. Cardinalis Sedunensis.

JOANNES BARTHOLOMAEUS
Ticionus Comes Dex.

Sacramentum HENRICI Regis Angliæ.

NOs Henricus Dei gratia Rex Angliæ, & Franciæ, & Dominus Hiberniæ promittimus, & per hæc sancta Dei Evangelia, & Canonicæ Missæ, per nos corporaliter tacta juramus, quod pro parte nostra bene fideliter, & inviolabiliter observabimus Tractatum Concordiæ, Pacis, & Amicitiæ, ac omnes & singulos Articulos, ejusdem authoritate nostra inter nostros, & Cesareæ Majestatis, ac Catholicorum Johannæ, & Caroli Castellæ, Legionis, Granatæ, Aragoniæ &c. Regum, Archiducum Austriæ, Ducum Burgundiæque Oratores, Procuratores, & Commissarios de dato vigesimi noni diei, mensis Octobris, anni Domini millesimi quingentesimi decimi sexti initum, & conclusum: & similiter eundem Tractatum ac omnes & singulos Articulos, ejusdem per Subditos nostros, quatenus nos, & eosdem Subditos nostros tangit, & tangunt, observari faciemus. Ita nos Deus adjuvet, & hæc sancta Dei Evangelia: Modo dicta Cæsarea Majestas, & præfatus Carolus Catholicus Rex pro se, & nomine Dominæ Johannæ Matris suæ, & eorum singuli in præsentia Commissarii nostri, ad hoc deputandi consimile juramentum præstiterint corporale. In cujus rei Testimonium nos supradictus Rex Angliæ, & Franciæ hanc cedulam manu nostra subscripsimus, & signavimus. Datum in Manerio nostro de Grenucho, primo die mensis Novembris, Anno Domini supralcripto & Regni nostri octavo.

Subscripta

HENRICUS.

Sacramentum Oratorum Cæsareorum.

NOs Matthæus miseratione Divina tituli sanctæ Potentianæ, Sacrosanctæ Romanæ Ecclesiæ Presbyter Cardinalis Sedunensis, & Novariensis Episcopus Sacri Romani Imperii Princeps, Marchio Viglevani, Comes, & Præfectus, Valesii Sacratissimi, & Potentissimi Principis Maximiliani, Electi Romanorum Imperatoris semper Augusti, ac Germaniæ, Hungariæ, Dalmatiæ, Croatiæ &c. Regis, Archiducis Austriæ, Ducis Burgundiæ, Brabantiæ &c. Comitis Palatini &c. una cum strenuo ac Magnifico viro Domino Bartholomæo Ticiono Comite Decianæ, & Claraści, Oratores, Ambasiatores, Procuratores, & Commissarii sufficienter & legitime deputati nomine præfatæ Sacratissimæ Cæsareæ Majestatis promittimus, & per hæc sancta Dei Evangelia, & Canonicæ Missæ per nos corporaliter tacta in animam ipsius Cæsareæ Majestas ambo, & singuli juramus, quod eadem Cæsarea Majestas, pro parte sua bene, fideliter, & inviolabiliter observabit Tractatum Concordiæ, Pacis, & Amicitiæ, ac omnes, & singulos Articulos ejusdem inter nos Oratores, & Ambasiatores prædictos authoritate, & vigore Commissionum suarum nobis, & utrique nostrum in hac parte factarum & concessarum, & Serenissimi, ac Invictissimi Principis Henrici Regis Angliæ, & Franciæ &c. moderni: nec non Potentissimorum Catholicorum Johannæ, & Caroli Castellæ, Legionis, Granatæ, Aragoniæ &c. Regum, Archiducum Austriæ, Ducum Burgundiæ &c Oratores, Procuratores, & Commissarios de data vicesimi noni diei mensis Octobris Anni Domini millesimi quingentesimi decimi sexti initum, & conclusum: & similiter eundem Tractatum Pacis, & Amicitiæ, ac omnes & singulos Articulos ejusdem per suos Subditos, quatenus suam Cæsaream Majestatem & suos hujusmodi Subditos tangit, & tangunt, observari faciet: Modo dictus Carolus Catholicus Rex pro se, & nomine Dominæ matris suæ in præsentia Commissarii dictæ Cæsareæ Majestatis, ad hoc deputandi consimile juramentum præstiterit corporale. Ita eundem Dominum nostrum Cæsaream Majestatem Deus adjuvet, & hæc sancta Dei Evangelia. In cujus rei Testimonium nos præfati Matthæus Cardinalis Sedunensis, & Bartholomæus Comes Oratores, & Commissarii antedicti singuli & singillatim hanc cedulam manibus nostris subscripsimus. Datum in Manerio Regio de Grenucho Rossensis Diœcesis primo die mensis Novembris, Anno Domini supralcripto. ANNO 1516.

Idem Matthæus Cardinalis Sedunensis juravimus. & promisimus.

Idem J. BARTHOLOMAEUS
De. & Cla. Comes sst.

Sacramentum Oratoris Regum Hispaniarum.

NOs Bernardus de Mesa Helnensis Episcopus, Serenissimorum, ac Potentissimorum Catholicorum Johannæ, & Caroli Castellæ, Legionis, Granatæ, Aragonum, Navarræ, utriusque Siciliæ, Hierusalem Majoricarum, Valenciæ, Sardiniæ, Corsicæ, &c. Regum, Archiducum Austriæ, Ducum Burgundiæ, Lotharingiæ, Brabantiæ &c. Comitum Flandriæ &c. Orator, Procurator, Ambasiator, & Commissarius solus, & in solidum in hac parte sufficienter, & legitime deputatus, ordinatus, & constitutus, nominibus dictorum Catholicorum Regum, promittimus, & per hæc Sancta Dei Evangelia, & Canonicæ Missæ, per nos corporaliter tacta, in animas ipsorum Catholicorum Regum, juramus, quod ipsi Catholici Reges, pro partibus suis bene, fideliter, & inviolabiliter observabunt, & eorum uterque pro parte sua observabit Tractatum Concordiæ, Pacis, & Amicitiæ, ac omnes & singulos Articulos, ejusdem inter Sacratissimæ Cæsareæ Majestatis, nec non Potentissimi, & Invictissimi Principis, Henrici Regis Angliæ, & Franciæ eorum moderni Oratores, Procuratores, ac Commissarios & nos virtute, & authoritate Commissionis a dictis Catholicis Regibus nobis datis, & concessis, de data vicesimi noni diei mensis Octobris, Anni Domini millesimi, quingentesimi Decimi sexti initum, & conclusum. Et similiter eundem Tractatum Pacis, & Amicitiæ ac omnes, & singulos Articulos ejusdem per suos Subditos, quatenus se, & suos hujusmodi Subditos tangit, & tangunt observari facient. Modo dicta Cæsarea Majestas in præsentia Commissarii dictorum Catholicorum Regum ad hoc deputandi consimile juramentum præstiterit corporale. Ita eosdem Dominos nostros Reges Catholicos, Deus adjuvet, & hæc sancta Dei Evangelia. In cujus rei testimonium nos Bernardus Orator antedictus hanc cedulam manu nostra subscripsimus. Datum in Manerio regio de Grenucho Rossensis Diœcesis primo

ANNO 1516. primo die mensis Novembris Anno Domini suprascripto.

BERNARDUS HELNENSIS EPISCOPUS.

Articulus separatus de constituta certa Helvetiis Pensione.

QUamvis inter cetera quæ in Tractatu Pacis, Amicitiæ & Fœderis defensivi inter nos Ambassiatores, Commissarios, & Oratores Maximiliani Sacratissimæ Cæsareæ Majestatis, & Serenissimorum Principum Henrici Angliæ, & Franciæ, ac Caroli Catholici Regum jamdudum inito, & concluso de data vicesimi noni diei mensis Octobris, Anni Domini millesimi quingentesimi decimi sexti provisum, concordatum, & decretum fuerat, quod pro continendis, & conservandis Dominis Helvetiis, in firma amicitia, & solida benevolentia erga Dominos nostros supremos, & eorum singulos, sic quod eis adhæreant, nullique alii Principi, aut Potentatui sive Communitati contra eos, aut eorum aliquem hostiliter inserviant, aut arma gerant, annua quædam largitio, portio, sive provisio eisdem Helvetiis largiretur, constitueretur, & assignaretur, prout in dicto Tractatu diffusius, & copiosius continetur. Quia tamen per dictum Tractatum hujusmodi largitio, portio, sive provisio specifice & in particulari nondum nominata aut designata existit: Operæ pretium igitur, & conducibile nobis Oratoribus prædictis visum est, ut omni postposita mora, ulteriorique procrastinatione semota ipsa largitio, portio, sive provisio quotannis, Amicitia cum eisdem Helvetiis percutienda durante, solvenda specifice, & in particulari constituatur, & designetur. Nos igitur Oratores prædicti vice, & nomine Principum nostrorum prædictorum, & authoritate Commissionum nostrarum a dictis Principibus nostris in ea parte nobis respective datarum, convenimus, concordavimus, & conclusimus; quod pro parte Serenissimorum Principum Angliæ, & Catholici Regum, summa triginta millium florenorum auri bene & fideliter dictis Dominis Helvetiis quotannis, durante dicta Amicitia, consignabitur, & solvetur; videlicet pro parte Regis Angliæ, quindecim millia florenorum auri, & pro parte Caroli Catholici Regis, alia quindecim millia similium Florenorum: Cæsarea quoque Majestas portionem sive largitionem, ad quam dictis Helvetiis se aliis Confœderationibus dandam, & annuatim contribuendam astrinxit, pro parte sua fideliter persolvet. Quod si hujusmodi summa, pro continendis dictis Dominis Helvetiis in hujusmodi amicitia non sufficiat, sed ampliori pro communibus, & privatis largitionibus vel sarcinis opus erit: inter nos dictos Cæsareæ Majestatis, & Caroli Catholici Regis Oratores nominibus, & authoritate Principum nostrorum prædictorum conventum, concordatum, & conclusum est: quod tunc & in eo casu dicti Cæsarea Majestas, & Catholicus Rex totum, & omne id quod præter & ultra dictam summam triginta millium florenorum auri, dictis Helvetiis pro eorum publica & privata largitione, portione, sive intertentione opus fuerit, æquis portionibus persolvent, & eorum quilibet persolvet, aut persolvi faciet, modo portio hujusmodi supereroganda summam sex millium florenorum auri non excedat.

Et insuper inter nos Oratores prædictos conventum, concordatum, & conclusum est, quod si dicta summa sex millium florenorum auri per Cæsaream, & Catholicam Majestates ad intertenendos Helvetios in publico, ac privato, & particulari minime sufficiat, tunc summa per dictos Confœderatos principaliter Contrahentes super his, qui prædictam Ligam, communi consensu ipsorum Confœderatorum admittentur, & ingredientur, taxabitur pro intertenendis dictis Helvetiis in publico, ac privato, applicabitur, convertetur, & erogabitur: ut eo prætextu dictis Helvetiis ex omni parte provisis ipsi unanimiter eisdem Confœderatis libentius adhæreant, & indissolubili vinculo conjungantur. Ad quarum omnium, & singularum summarum ut præmittitur, solutionem modo, & forma, locisque & temporibus ad hoc per Oratores dictorum Majestatum apud dictos Helvetios agentes, designandis, deputandis, præfigendis, paciscendis, ac promittendis sic ut præmittitur bene, & fideliter fiendam nos dictorum Cæsareæ Majestatis, Angliæ, & Catholici Regum Commissarii, & Oratores vigore, & authoritate Commissionum nobis per Principes nostros in hac parte datarum, & concessarum eosdem Principes nostros, & eorum singulos (quatenus eos respective tangit, & concernit) bonâ fide, & in vim pacti astringimus, & obligamus per præsentes, promittentes quod dicti Principes, & eorum singuli præsentem articulum, & omnia in eodem contenta infra duos menses datam præsentium immediate, & proximè sequentes per Literas suas patentes magnis suis sigillis respective munitas, & manibus suis subscriptas ratificabunt, seque ad hujus articuli observantiam bonâ fide astringent, & obligabunt, sicque eorum quilibet se astringet, & obligabit. In quorum omnium, & singulorum fidem, & testimonium nos Oratores Majestatis Cæsareæ præsens Capitulum manu, ac sigillis nostris firmavimus, & corroboravimus. Datum in Londonio septimo die Mensis Novembris Anno suprascripto. ANNO 1516.

M. CARDINALIS SEDUNENSIS.

J. BARTHOLOMÆUS
De. & Cla. Comes sst.

XX.

Remontrances du Parlement de Paris à FRANÇOIS I. *Roi de France lui exposant les Raisons qui l'ont empêché d'enregistrer, & publier le Concordat fait avec le Pape* LEON X. [GG. LEIBNITZII *Codex Juris Gentium*, in Mantissâ part 2. pag. 335.] 1517.

EN ensuivant le bon plaisir. & commandement du Roy les principales raisons, qui ont meu la Cour à non publier les Concordats, ont esté redigés par escrit en la forme & maniere qui ensuit.

2. *Premierement* les Presidens & Conseillers de la Cour supplient treshumblement le Roy, que son plaisir soit les tenir pour excusés de ce qu'ils n'ont publié les dicts Concordats; car ils n'ont ce faict pour luy desobeir & desplaire, par ce que le plus grand desir qu'ils ont en ce monde, c'est d'obeir tres humblement à ses commendemens, ainsi que ses treshumbles tresobeissant serviteurs & subjects doivent & sont tenus de faire; mais l'ont faict pour garder ses droicts & authorité & le bien de la chose publique de son Royaume & pour la conservation de l'Eglise ainsi qu'il sera deduit-cy apres.

3. Et pour ce clairement entendre, convient presupposer, que combien qu'és dicts Concordats y ait plusieurs choses conformes aux saincts Decrets & Ordonnances Royaulx, toutesfois en y a plusieurs autres de tres grand prejudice & dangereuse consequence; les quelles ne se pourroient dissimuler sans grandement mesprendre envers Dieu & le Roy: à cette cause supplient treshumblement le Roy, que son bon plaisir soit les vouloir ouir & entendre.

4. Les quelles choses consistent principalement en *trois poincts*: c'est à sçavoir en l'expression de la vraye valeur, estant expressement decidé par les dicts Concordats qu'és provisions Apostoliques de tous Benefices collatifs, qui vacqueront en ce Royaume & aussi Graces octroyés par le Pape sur la retention des Benefices faut necessairement exprimer la vraye valeur d'iceux Benefices, à ce que le Pape puisse prendre & lever l'Annate, autrement les dictes Provisions & Graces Apostoliques par les dicts Concordats sont nulls & de nul effect & valeur.

5. Le quel poinct & article seroit grandement prejudiciable à la chose publique de ce Royaume, & pour *evacuer en peu de temps ce Royaume d'or, d'argent & de finances*; tant pour la grande & quasi infinie multitude des Benefices collatifs, qui sont en ce Royaume fort opulens & de grande valeur & aussi pour le grand & excessif nombre des Graces & Provisions Apostoliques, que l'on impetre chacun an, voire chacun jour, en Cour de Rome, de Benefices de ce Royaume vaccans par mort, par resignation, par devolu & autrement; desquels il faudroit payer des *Annates* en Cour de Rome, si les dicts Concordats estoient publiés; sur quoy l'on peut penser quelle finance & quantité d'or & d'argent

ANNO 1517. gent feroit transportée chacun an de ce Royaume en Cour de Rome par le moyen desdicts Annates, qui estoit [feroit] cause d'appauvrir le Royaume en peu de temps, ainsi que chacun peut confiderer.

6. Et fur ce, faut entendre qu'en ce Royaume y a grand nombre de gros Prieurés collatifs de moult grand valeur, pareillement de grosses Dignités collatives, Prebendes d'Eglises parochialles, Chapelles & autres plusieurs Benefices & Offices Ecclesiastiques de moult grande valeur & plus des deux parts, qu'en nul autre Royaume de Chretienté, ainsi qu'on a recogneu par experience.

7. Faut aussi confiderer la multitude des resignations, qui se font une fois l'an à Rome des Benefices de ce Royaume & fera trouvé par la commune renommée de gens connoisans ce faict de Cour de Rome que puisnagueres furent trouvés en Cour de Rome *dix neuf mil procurations à resigner benefices dont les dix sept ou dix huit estoient des benefices de France.*

8. Aussi faut bien confiderer la pluralité des provisions, que le Pape faict une fois l'an par prevention, devolution ou autrement, des ditz Benefices des quels faudroit payer l'Annate, & à cette fin ceux de Rome veulent, que l'on exprime la vraye valeur, comme dict est.

9. Outre ladicte Annate & payement d'icelle faut encores payer en Cour de Rome grands *deniers pour l'expedition* des dictes Bulles de Provisions & Graces, dont les Taxes font aujourd'huy merveilleusement excessives, ainsi que chacun fcait; & n'est à doubter qu'encores feront augmentées de beaucoup, s'il faut exprimer la vraye valeur, ainsi que les Concordats le contiennent, qui feroient deux grandes ouvertures pour porter à Rome la finance de ce Royaume, c'est à fçauvoir le payement des Annates & expeditions des Bulles, & y a de present à Rome telle taxe d'un ducat, qui ne fouloit estre qu'à un carlin.

10. Et si l'on vouloit dire, que le Pape leve les Annates des Benefices collatifs en plusieurs autres pais, & partant qu'il les peut aussi lever en ce Royaume: Responfe, qu'il ne faut comparer les autres pais à ce Royaume, pour ce que, comme dit est, il y a en ce Royaume trop plus grand nombre de Benefices collatifs tant Dignités & autres & de plus grande valeur, & aussi l'on impetre chacun an en ce Royaume beaucoup plus de Provisions & Graces Apostoliques, qu'en nul autre pais, ou il n'y en a si grand nombre.

11. Faut aussi confiderer qu'és pais ou on leve les Annates des Benefices collatifs, les Benefices, ou la plus part d'iceux font defolés & ruinés, & la plus part d'iceux mal defervis, quant au divin fervice, l'hospitalité mal gardée & peu d'aumosnes distribuées: car les deniers, qui se devront employer à la reparation d'iceux Benefices pour les Aumosnes & fervice divin, les faut employer au payement des dictes Annates, mais en ce Royaume communement les Benefices font beaucoup mieux entretenus communement & reparés, le divin fervice mieux faict & continué, & a plus d'aumônes distribuées, qu'és autres pays.

12. Et feroit bien difficile d'exprimer *la vraye valeur* desdicts Benefices collatifs, ainsi que les dicts Concordats le contiennent, par ce qu'il n'y a aucune taxe touchant la dicte valeur & vaut un Benefice une année plus, & l'autre année moins. Car felon la sterilité ou fertilité du temps les Benefices font de plus grande ou moindre valeur, & n'y a celuy en ce Royaume, qui ne fut circonvenu, s'il falloit par necessité exprimer la dicte valeur au moyen de l'incertitude & varieté d'icelles.

13. Et de ce enfuit que l'expresfion de ladite vraye valeur feroit caufe de multiplier en ce Royaume plus que jamais impetrations des Graces & Provisions Apostoliques, & par consequent s'enfuivroit multiplication de procés, differends & debats, au moyen de quoy les Eglises & Benefices de ce Royaume tomberoient en grand trouble, confusion & defordre, a quoy plaira au Roy de fa benigne grace avoir efgard.

14. Et si l'on vouloit dire que la vraye valeur fe doibt entendre felon la commune estimation d'une année portant l'autre: Reponfe que ce est incertain & consiste en diversité d'opinions; car l'un estimera la commune valeur à un Taux & l'autre a un autre, & pour en avoir declaration, faudra faire un proces & avoir fentence de juge; & pour ce, l'on peut voir clairement que l'expresfion de la vraye valeur cauferoit infinis procés, joinct que pour fçauvoir la verité de la vraye valeur faudroit faire grosses enquestes aux grands frais & despens des pauvres Parties. ANNO 1517.

15. Aussi par les dicts Concordats est dict, que les *gradués* nommés feront tenus exprimer en leur nominations la vraye valeur de leurs Benefices, aliàs lesquelles font nulles; la quelle chose feroit grandement prejudiciable aux Universités de ce Royaume & Supposts d'icelles, qui pourroient estre fort molestés par les Collateurs ordinaires, qui allegueroient, que la vraye valeur n'avoit esté exprimée és dictes nominations, & fous couleur de ce refuferoient les pourvoir, Pourroient aussi les dicts Suppôts des dictes Universités estre travaillés par les Courtisans & Officiers de Cour de Rome fous umbre de n'avoir exprimé la vraye valeur par provisions Apostoliques & autrement; qui pourroit tourner à grand prejudice & dommages des dictes Universités & diminution des gens lettrés & Suppots d'icelle.

16 Et si l'on vouloit dire que felon raison escrite l'on doibve exprimer la vraye valeur des Benefices & Provisions, que l'on impetre au Pape: Réponfe, que de ce ne fe trouvera aucune decision efcrite en Droict commun, ainsi que dict expressement la glose de Jean André en la Const. premiere *de Prabendis*, mais ceux de Rome par leur *Regle de Chancellerie*, ont ordonné de certain temps en çà d'exprimer la vraye valeur par convoitise d'avoir les dicts Annates & tirer argent à Rome de toutes parts; ce que jamais ne fut gardé ne pratiqué en France, & Benefices collatifs, mais au contraire telles exactions d'Annates ont esté prohibées par les Rois de France, connoissans, que par tels moyens le Royaume feroit grandement appauvry & mis en grande necessité d'argent, & de ce y a plusieurs Ordonances enregistrées en la Cour, comme fera touché cy-aprés en quelque Article.

17 Et par autre raison le dict Article de l'expression de la vraye valeur est fort odieux & contre l'honneur de Dieu & de l'Eglise, & ne fe pourroit practiquer fans commettre le peché de *Simonie;* attendu que telles exactions d'Annates font prohibées par les faints Decrets des Conciles generaux de Saincte Eglise, mesmement du *Concile general de Calcedonie*, qui est l'un des quatres principeaux Conciles de l'Eglise; au quel est expressement prohibé de prendre or & argent ou autre chose temporelle pour la Collation des Benefices Ecclesiastiques: & si l'on faict le contraire, tant celuy, qui donne, que celuy, qui prend, font Simoniaques, ainsi que bien au long est efcrit au chapitre *ex multis*, 43. & par *le St. Decret de Annatis au Concile general de Basle*, ceux qui payent & prennent les Annates, doibvent estre punis des peines introduictes contre les Simoniaques, & les pourveus qui payent Annates pour leur provisions, font pourveus [f. decheus] de leur droict comme par Simonie, ainsi que bien au long est declaré au Decret des Annates.

18. Et par le quel Decret les dictes exactions d'Annates font nommément prohibées au Pape, qui doit estre lumiere & exemple aux autres Prelats de Chrestienté, & en faifant les provisions de Benefices doit avoir efgard à l'honneur de Dieu, au falut des Ames & au merite & vertu des pourveus & non aux Annates & autres biens temporels. Plus est dit par ledict Decret, que si le Pape contre la prohibition leve les Annates, il en pourra estre deferé au Concile general en la maniere accoustumée contenue au Decret.

19. Et *ex his fequitur*, que l'Authorité du Pape ne peut excufer, que ce ne foit Simonie, de prendre les dicts Annates; ainsi qu'il est decidé par les Saincts Decrets & par *l'opinion de Monsieur S. Thomas*, & de plusieurs Sts. Peres & aussi de plusieurs grands Docteurs tant Theologiens que Canonistes qui ont clairement tenu & decidé, que l'Authorité du Pape ne peut excufer, que ce ne foit Simonie, de prendre argent pour les Benefices Ecclesiastiques, par plusieurs raisons peremptoires tant de Droit divin que possesfifs [positifs] qui feroient trop longues à decider [deduire] & partant le dict Article de l'expresfion de la vraye valeur, veu qu'il n'a

ANNO 1517. n'a esté faicte à autre fin que pour prendre les Annates, causeroit & faisoit regner plus que jamais le peché de Simonie en ce Royaume, qui seroit directement contre l'honneur de Dieu & de l'Eglise Catholique.

20. Et ne faict rien, si on vouloit dire, que, supposé que les dicts Concordats fussent publiés, toutes fois touchant le dict Article de l'expression de la vraye valeur l'on en pourroit faire comme auparavant & juger les procés sans y avoir esgard; car à ce dire (sauf correction) n'y a apparence, veu que par les dicts Concordats expressement est dict, que le Roy les fera publier & juger à tous les Prelats & personnes Ecclesiastiques de son Royaume & à toutes les Cours de ses Parlements, & à chacun an les fera publier, comme ses Ordonnances, & les garder & observer inviolablement & cum effectu, ensemble tous & uns chacuns les poincts & articles convenus en iceux; & en deffault de ce faire les dicts Concordats & tout ce qui auroit esté faict en vertu d'iceux seroient nuls & de nul effect & valeur; par vertu des quelles clauses, si apres la publication des dicts Concordats l'on ne gardoit le dict article de l'expression de la vraye valeur, le Pape pourroit dire, que le Roy n'auroit gardé de son costé les dicts Concordats, & par consequent, qu'il ne s'en pourroit ayder; & voudroit par ce moyen pourvoir à son plaisir & ainsi que bon luy sembleroit, des Eveschés & autres Dignités electives de ce Royaume, & ainsi faire reservation, donner expectatives & autrement faire tout ainsi, qu'il faisoit auparavant *les Saincts Decrets de Pragmatique*.

21. Quant au *second poinct & article des dicts Concordats*, qui concerne le faict des *evocations de causes de ce Royaume en Cour de Rome;* il consiste en ce, que par les dicts Concordats il est dict, que *les grandes causes*, les causes des Cardinaux & Officiers de Cour de Rome ne seront traictées en ce Royaume, mais en ladite Cour; au moyen de quoy les causes des Eveschés, Archeveschés & Abbayes seront evoquées de ce Royaume en Cour de Rome, comme estans du nombre des grandes causes [comme aussi les causes] des dicts Cardinaux & Officiers; & par ce moyen la plus part des causes Beneficiales de ce Royaume seront evoquées en Cour de Rome: & est vray-semblable, que plusieurs de ce Royaume feront cession de leur droict à aucuns Officiers de Cour de Rome pour molester leurs parties en icelle Cour: & qui plus est, les *causes & matieres personelles* tant contre gens d'Eglise qu'autres de ce Royaume seront evoquées en ladicte Cour de Rome à la requeste desdicts Officiers, ainsi que l'on souloit faire auparavant *les Saints Decrets de Pragmatique*.

22. Et de ce s'ensuivra une autre grande ouverture pour tirer en Cour de Rome l'argent de ce Royaume & aussi pour molester & travailler les pauvres Subjects d'iceluy; tant à cause des grands voiages, qu'il conviendra faire à Rome pour les dictes evocations, que aussi des frais & despens des procés, qui sont grands & excessifs en la dicte Cour de Rome, que pour les grands frais, qu'il conviendra faire pour la demeure & residence en Cour de Rome par les Parties à la sollicitation de leurs Procés; & aussi pourront estre causes les dicts evocations que les dicts Subjects de France, qui seront tirés en Cour de Rome, comme dessus est dict, ennuiés des frais, peines & labeurs, que leur conviendroit supporter au moyen desdicts procés, cederont leur droict à tout le moins, bailleront bonne recompense & grosses pensions ausdicts Officiers de Cour de Rome.

23. Et si l'on vouloit dire, que par lesdicts Concordats le Decret *de causis inseré en la Pragmatique* est approuvé de mot à mot; & qu'en iceluy Decret de causis la dicte evocation des grandes causes, des causes des Cardinaux & autres Officiers de Cour de Rome y est exprimée tout ainsi qu'és dicts Concordats; & sic que l'on ne s'en doit, ne peut plaindre: Responſe, que ledict Decret de causis, en tant que touche l'article de l'evocation en Cour de Rome des dictes grandes causes, des causes de Cardinaux & Officiers de Cour de Rome n'avoit esté usité en ce Royaume; mais au contraire les dictes grandes causes ont esté traictées & decidées en ce Royaume, tant pardevant Juges ordinaires que delegués. Pareillement les dicts Cardinaux & Officiers de Cour de Rome ont poursuivis en ce Royaume leurs procés tant en defendant qu'en demandant, sans les tirer en Cour de Rome, & talis semper fuit usus & consuetudo in Regno. ANNO 1517.

24 Et si la cause de l'introduction de la dite usance a esté pour les inconveniens que l'on a veus par experience advenir à cause desdictes evocations; aussi pour ce que *le Decret de numero Cardinalium*, inseré par la dicte Pragmatique, par lequel fut ordonné que le Pape ne pourroit ordonner & creer que vingt quatre Cardinaux, n'a esté observé & gardé; & aussi *le nombre des Officiers de Cour de Rome* n'a esté limité, ainsi qu'il fut advisé par l'Eglise Gallicane à Bourges; la quelle accepta le dict Decret de causis soubs les dictes modifications.

25. Et par ce que ce seroit un merveilleux dommage au Royaume & Subjects d'iceluy, de rompre le dict usage & par ce moyen tirer les dicts Subjects en leurs causes en Cour de Rome; attendu mesmement la grande multitude des Cardinaux & Officiers qui ont este créés depuis que les dicts Concordats on esté passés & est vraysemblable, que si les dicts Concordats sont publiés, le dict nombre des Officiers sera augmenté, & n'y aura Benefice en ce Royaume, qui leur eschappe en tout ou en partie, ce qu'ils desirent singulierement pour l'opulence des dicts Benefices de France.

26. Et est encor à noter que l'Article de *l'exception des dictes grandes causes* est autrement couché és dicts Concordats qu'au dict Decret de causis; car en celuy Decret y a restriction, qui n'est mise ne apposée és dicts Concordats, és quels sont seulement exceptées *majores causæ in jure enumeratæ:* & par ce moyen les causes des Eveschés & Archeveschés, Monasteres & autres grands Benefices tant reguliers que seculiers, que ceux de Cour de Rome pretendent estre nommés en droict, comme estants de grandes causes, seront evoquées en Cour de Rome.

27. Et quant au *tiers Article*, c'est à sçavoir de la disposition des Evechés, Monasteres & Prieurés conventuels electifs de ce Royaume, il y a plusieurs choses és dicts Concordats, qui sont contre le droict du Roy & du Royaume. Primo en ce qu'és dicts Concordats est expressement decidé que le Pape seul & sans la nomination du Roy aura la provision plainement des dicts Eveschés, Archeveschés, Abbayes & Prieurés conventuels de ce Royaume, *qui vacqueront par mort en Cour de Rome*, qui est contre le droict du Roy & du Royaume. Car par les saincts Decrets, Ordonnances royaux & aussi de Decret commun, la disposition des dictes Dignités (supposés qu'elles vacquent en Cour de Rome) appartient aux Elisans & confirmateurs in Regno, & est en ce le Roy à present fort grevé, veu qu'à present il y a plusieurs Cardinaux residans en Cour de Rome, qui tiennent gros Eveschés, Archeveschés & Abbayes en ce Royaume; & est vraysemblable que cy-apres y en aura encores plus, attendu le nombre excessif des Cardinaux, qui est à present: or par les dicts Concordats le Pape seul pourvoira à son appetit des dictes Dignités, y a aussi aucuns Prelats en ce Royaume, qui demeurent à Rome, & d'autres qui y vont & viennent chacun jour: & s'il advenoit qu'ils allassent de vie à trespas en Cour de Rome, le Pape seul & sans la nomination du Roy pourvoira de leurs Eveschés & autres Dignités vacantes par leur trespas, & est à noter qu'en ce cas, le Pape entend les Dignités de ceux, qui meurent *à Rome ou à deux journées de Rome* selon la decision du chapitre present de præbendis in 6. qui est toujours pour amplier la faculté du Pape & diminuer celle du Roy.

28. Outre par les dicts Concordats le Roy n'a aucune nomination és Eveschés, Archeveschés, Abbayes, Prieurés conventuels qui ont privilege d'eslire & à cette fin soit veu le texte des dicts Concordats: d'où s'ensuit que le Pape en pourra pourvoir qui bon luy semblera en derogeant au dit privilege, ce qui se faict facillement en Cour de Rome. Et mesmement pour ce que par les dicts Concordats est dict, que le Pape ne pourra user de *reservations* que ad Beneficia vacatura, mais quant aux Benefices vacans les dicts Concordats n'en parlent point. Donc il s'ensuit que post illorum vacationem le Pape les pourra reserver & en pourvoir, que bon luy sembleroit, derogando privilegio; & par

ANNO 1517. par ce n'y a difficulté, que le Pape aprés la vacation des dictes Eglises Cathedrales, Metropollitaines, Monasteres, Prieurés conventuels & autres, qui ont puissance d'eslire, pourra prevenir les Elisans, aut providendo aut reservando tant par ce que (comme dit est) par les dicts Concordats la faculté de reserver vacantia luy est permise, tant aussi que par les dicts Concordats est octroyé au Pape de pourvoir par prevention de toutes Dignités, Personats, Administrations, Offices & Benefices Ecclesiastiques tant seculiers que reguliers quæcunque & quomodocunque qualificata.

29. Et faut bien considerer, que par le dict article la nomination d'une grande partie des Dignités de ce Royaume est ostée au Roy: car il y a en ce Royaume grand nombre d'Evesches, Archeveschés, Abbayes & Prieurés conventuels, *qui ont le privilege d'eslire*, en toutes les quelles le Roy n'a aucune faculté de nommer; mais en pourra pourvoir le Pape seul, post illarum vacationem aut præveniendo aut reservando, comme dessus est dict.

30. Et ultra præmissa, par les dicts Concordats le Pape a faculté de pourvoir par *prevention* de toutes Dignités de quelque qualité qu'elles soient ainsi que dessus est dict, qui est contre les droicts du Royaume; car par les saincts Decrets de Pragmatique le Pape n'a prevention si non in Beneficiis merè collativis; qui est un assés gros moyen pour tirer & emporter à Rome l'argent & les Benefices du Royaume.

31. Est aussi à noter qu'es dicts Concordats n'est faicte aucune mention *des Monasteres & Prieurés electifs de Religieuses*, ex quo sequitur, que le Pape seul en pourra pourvoir præveniendo aut reservando saltem post illorum vacationem, qui est aussi contre les Decrets du Royaume; car par les saincts Decrets de Pragmatique le Pape ne peut empescher par reservation, prevention ou autrement l'Election & confirmation des dicts Monasteres & Prieurés electifs de Religieuses.

32. Et ex supradictis il apert evidement, que par les dicts Concordats le Pape est trop mieux advantagé que le Roy, par ce que par iceux la provision de la plus part des Dignités Electives de ce Royaume [luy appartient.]

33. *Primo* touchant les Monasteres des Religieuses le Roy n'a aucune nomination, mais en pourra le Pape seul pourvoir præveniendo aut reservando, comme dit est.

34. *Secundo* touchant les Dignités inferieures Virorum comme Prevostés, Doyennés & autres, qui ne sont principales és Eglises Seculieres ou Regulieres; par les dictes Concordats le Roy n'a en icelles aucune nomination, mais le Pape par iceux a faculté d'en pourvoir *Jure præventionis*.

35. *Tertio* quant aux Dignités principales comme Eveschés, Archeveschés, Abbayes, Prieurés conventuels electifs, vacans par mort en Cour de Rome, le Roy n'a aucune nomination, mais appartiendra pleinement la provision au Pape.

36. *Quarto* quant aux dictes Eglises Seculieres ou Regulieres, qui ont Privileges d'eslire, le Roy n'a aussi aucune nomination, mais en pourvoira le Pape en la maniere dessus dicte, sans plus repeter.

37. *Quinto* quant aut autres Dignités Electives és quelles le Roy a nomination, le Roy est tenu nommer un Docteur ou Licentié de l'aage pour le moins de trente trois ans ou autrement idoine; & en sont bien à noter ces mots, *aut alias idoneum*, qui sont mis & apposés és dicts Concordats en confus & en general sans declarer ny specifier la qualité de l'idoineté requise quant au dict Article; & partant le jugement de la dicte idoinité demeurera en la volonté du Pape, le quel, quand bon luy semblera, reputera idoine celuy, qui sera nommé par le Roy, & ausi, quand bon luy semblera, il dira, qu'il n'est idoine & capable, & alleguera quelque inhabilité ou insuffisance arripiendo occasionem pro causa: & sic soubs umbre de ces mots *aut alias idoneum*, & ausi de ces mots *vel alias inhabilem* mis sur l'Article des Eglises Regulieres, le Pape pourra mettre en difficulté toutes les nominations du Roy & [est] à croire, que ceux de la Cour de Rome ont voullu mettre les dicts mots ainsi generalement & interminanter pour amplier la faculté du Pape & diminuer la nomination du Roy.

38. Et s'y a autre inconvenient: car sur Idoineté & insuffisance, que le Pape pourra pretendre, se pourra sourdre Procés, le Roy maintenant son nommé suffisant, & le Pape disant au contraire, & de ce faudra plaider à Rome; par ce que le Pape maintiendra telle cause debvoir estre playdée à Rome, comme estant de majoribus causis, aux grands frais & despenses, vacations & labeur de celuy, qui auroit la nomination du Roy. Et combien qu'on pourroit dire *illam clausulam de jure subintelligi;* toutes fois l'expresion d'icelles potest aliquid operari; & mieux seroit qu'elle n'eust esté exprimée, car elle pourra estre cause d'inviter le Pape, les Cardinaux & autres à trouver & exquerir moyens pour troubler & empescher la nomination du Roy & tirer l'eau à leur moulin. ANNO 1517.

39. Et pour plus ample declaration de ce dernier poinct & article concernant les Benefices Electifs, est à considerer soubs treshumble correction; que par les Concordats *le droict d'eslire* que de tout temps etiam immemorial & par Saincts Conciles & Constitutions des Sts. Peres appartient aux Eglises, est du tout & perpetuellement aboly; qui semble estre chose dure, veu la longue jouissance & possession immemoriale, en la quelle l'Eglise de France tant par les Saincts Decrets que par les sainctes & louables Constitutions des Roys a tousjours esté maintenue, attendu mesmement que la dicte Eglise demeure perpetuellement privée du droict d'eslire sans avoir esté ouie, qui est une estrange forme; car selon disposition de raison le Pape ne peut priver l'Eglise de France de tel droict sans l'ouir, car ce seroit tollir à la dicte Eglise sa deffence, qui est de droict naturel: & à ce propos dict le texte vulgaire chap. 1. de causis possess. & propi. nec nos contra inauditam partem aliquid possimus definire, & est à peser le mot, possimus, apposé au dict texte. Facit textus in c. Deus omnipotens 2. 4. 1. par le quel appert que nostre Seigneur Dieu ne vouloit donner sentence contre ceux de Sodome & Gomorrhe sans les ouir: descendam, inquit, & videbo utrum clamorem, qui venit ad me, ediderunt an non.

40. Et est *le droict d'eslire* en celles Dignités Archiepiscopalles, Episcopalles, Abbatialles & autres Benefices Electifs, *moult encien*, & fondé en droict divin & mesmement en ce, qui est escrit au sixiesme chapitre de Monsieur St. Luc. Factum est autem in illis diebus, exiit Jesus in montem orare, & cum dies factus esset, vocavit Discipulos suos & elegit duodecim ex ipsis, quos & Apostolos nominavit: & au premier chapitre des Actes des Apostres est escrit, qu'au lieu de Judas prevaricateur, comme est escrit libro Psalmorum, Episcopatum ejus accepit alter; les Saincts Apostres congregés ensemble esleurent deux Saincts Disciples, Joseph qui vocabatur Barrabas, qui cognominatus est justus, & Matthiam, & dixerunt; tu Domine, qui corda nosti omnium, ostende, quem elegeris ex his duobus unum accipere locum Ministerii ejus & Apostolatûs, de quo prævaricatus est Judas, ut abiret in locum suum; & dederunt sortes illis, & cecidit sors super Matthiam, & annumeratus est cum duodecim Discipulis. Et en ce mesme livre des Actes chapitre 6. dict le texte convocantes XII. elegerunt septem Diaconos, inter quos erat Stephanus plenus gratia & Spiritu Sancto, ut ibidem habetur.

41. A ce propos dict le St. Pape & Martir Anaclete 3. cap. *Electionis* 70. dist. Electionem summorum Pontificum & Sacerdotum sibi Dominus reservavit, licet Electionem eorum bonis Sacerdotibus & spiritualibus Populis concesserit. Et est chose louable & recommandable d'ensuivre les faicts & Actes des Saincts Apostres, qui sont les vrais & fermes fondemens de nostre foy & de ce avons un beau texte in C. *Ecclesiæ Principes* in fine 35. dist. Aussi en plusieurs Saincts Conciles de l'Eglise est ordonné l'eslection des Eveschés, Abbayes, & autres Dignités electives appartenir aux Chapitres & aux Colleges Ecclesiastiques, comme in Sancto Concilio Niceno qui est l'un des quatre principaux Conciles de l'Eglise, auquel fut condemnée la faulse & perverse doctrine d'Arius Prince des Heretiques; semblablement aussi fut ordonné par le Pape Pius Martir premier de ce nom dés la Nativité de nostre Seigneur 154. de quo meminit textus in capit. *de Electione:* pareille Ordonnance fut faicte par Leon Pape premier de ce nom Sainct Confesseur, ut habetur

ANNO betur in cap. *nulla* 62. dist. Nulla, inquit ille textus, ratio vetat, ne inter Episcopos habeantur, qui nec
1517. à Clericis sunt electi, nec à plebibus sunt expetiti, nec à comprovincialibus Episcopis cum Metropolitani judicio consecrati.

42. La dicte Ordonnance fut confirmée par les Decrets des Sainćts Peres au Concile celebré en Antioche, comme il est escrit in Cap. 189. sub hac verborum forma: Servetur autem jus Ecclesiasticum id continens non aliter oportere fieri, nisi cum Synodo & Judicio Episcoporum, & Electione Clericorum, qui post obitum quiescentis potestatem habent, eum, qui dignus est, eligere & promovere.

43. Cette Sentence & Constitution pleut aux Sainćts Peres assemblés in Concilio Carthaginensi aliàs Toletano, ut habetur in cap. *qui in aliquo* 2. dist. où il est escrit: Sed nec ille deinceps Sacerdos erit, quem nec Clerus propriæ Civitatis elegit.

44. Furent les dictes Elections approuvées par le Concile de Latran au quel presidoit le Pape Innocent troisieme de ce nom l'an 1205. où estoient grand nombre des Prelats congregés jusques au nombre de 1225. de quo meminit textus in capite *cum in cunctis*, & in cap. *ne pro effectu* de Electione.

45. Et ainsi fut ordonné estre faict in Concilio Sardiensi, ou fut faict le chapitre *fuis* de Electione, & depuis in Concilio Lugdunensi, comme il est escrit en plusieurs chapitres du Texte au chap. de Electione, mesmes au chapitre *sunt cuncti*: & plusieurs autres & in Concilio Viennensi, ainsi qu'on peut voir en plusieurs chapitres du Titre de Electione.

46. Et a le Droict civil, lequel non dedignatur sacros Canones imitari, voulu cette forme d'eslire en telles dignités électives, comme juste, saincte & Canonique estre inviolablement observée, mesmes l'Empereur Leo in L. *si quemquam de Episcop. & Cler.* ou, dict le texte, si quemquam in hoc Orbe Terrarum ad Episcopatus gradum provehi contigerit, Deo authore, puris hominum mentibus, munda, Electorum conscientia, sincero omnium proferatur judicio: & dict la glose ordinaire in L. *disputare.* cap. de crimine sacrilegii, parlant de l'Empereur Frederic, qui se vouloit entremettre de faire les Evesques, que les Prelats esleus par les Princes & Empereurs ne doivent estre receus en l'Eglise ains les en doit on debouter.

47. Et outre ces choses dessus dictes, est bien à considerer que les anciens Roys de France ont faict Ordonnances & solemnelles Constitutions touchant les faicts des Elections des Prelatures & Dignités Ecclesiastiques. Et trouve-t-on que du *Roy Clovis* premier Roy Chrestien de François, est un Concile, qui fut tantost apres la foy par luy receüe tenu en la Ville d'Orleans, ou estoit Monsieur Sainct Mellone Evesque de Rennes, fut ordonné & estably les Elections devoir avoir lieu.

48. Finallement Sainct Charlemagne Empereur & Roy de France fit une belle ou noble Constitution ou Ordonnance, qui se commence, *Sacrorum Canonum* qui est au Livre appellé, *liber Caroli & Ludovici Capitulorum*, la quelle est tenüe par l'Eglise, canonisée & incorporée au Decret 6. 3. dist. au c. *sacrorum*, contenant ce qui s'ensuit en substance: nous non ignorans les Sainćts Canons, consentons à l'ordre Ecclesiastique à ce que Ste. Eglise puisse au nom de Dieu jouir en toute liberté de son honneur, que les Evesques soient esleus par election du propre Diocese selon les Statuts des Sts. Canons, toutes acceptions de dons & de personnes cessantes.

49. Depuis l'an 1267. par *Mon Seigneur Sainct Louis fut faicte une autre Constitution & Edict general qu'on trouve és Registres de la Cour de Parlement*, par lequel il ordonna, que l'on procedast par Elections aux Prelatures & Dignités Electives du Royaume & par collations & presentations des Collateurs & Patrons aux Benefices non electifs; que toutes exactions & autres importables charges de pecunes imposées & à imposer en ce Royaume cessassent & ne fussent plus levées: & fut la dicte Ordonnance causée tant sur les droicts anciens des Conciles & Constitutions des Sainćts Peres, que sur la grande & enorme evacuation des finances & appauvrissement du Royaume par le faict de ceux de Cour de Rome.

50. Et consequemment le fit aussi le Roy Philippes le Bel l'an 1302. & pour ce que le Pape Boniface huictiesme, qui presidoit lors à Saincte E- ANNO
glise, s'efforca d'user de reservations en ce Ro- 1517.
yaume & Graces expectatives contre les Sainćts Decrets, ledict Roy Philippes le Bel tantost apres le deceds du dict Boniface fit remonstrer à son successeur Pape Benedict les choses dessus dictes, au moyen de quoy le dict Pape en feit revocation & envoya sa Bulle au dict Philippes le Bel.

51. Et de puis le Roy Louis Hutin l'an 1315. confirma ce que par les Roys St. Louis & Philippes le Bel avoit esté ordonné.

52. Et pareillement le Roy Jean en l'an 1351. confirme ce que le Roy Philippes le Bel, son grand Oncle, avoit sur ce faict.

53. Et apres en l'an 1406. au mois de Septembre pour ce que le Roy Charles VI. eut de grandes plainctes des grandes exactions d'or & d'argent, que faisoient en ce Royaume les Collecteurs & Soubscollecteurs de Cour de Rome tant pour le Pape que pour les Cardinaux, fut ordonné que le Procureur du Roy seroit sur ce oui avec les dicts Collecteurs & Soubscollecteurs en la Cour de Parlement: par la quelle, icelles parties ouyes, fut faict deffence aux dicts Officiers du Pape & des Cardinaux de plus faire les dictes exactions & de lever aucuns deniers pour les Annates vacans & decimes, & que doresnavant elles cessassent, & furent arrestés les deniers qu'ils avoient vers eux & ceux qu'ils avoient encore à recevoir.

54. Apres lequel Arrest prononcé qui n'estoit qu'à temps, c'est à sçavoir jusques à ce que par la dicte Cour autrement en auroit esté ordonné, ledict Roy Charles VI. en Febvrier ensuivant voulut & ordonna, que le dict Arrest fut gardé pour Loy & Edict perpetuel: & en ce mesme temps c'est à sçavoir au mois de Febvrier l'an que dessus 1406. les Officiers du Pape & autres Officiers de Cour de Rome, par ce qu'ils s'efforcerent de plus en plus faire les dictes exactions & empescher les Elections par reservations & Graces expectatives; le Roy connoissant, que par ce moyen le Royaume estoit fort denué & appauvri d'or & d'argent, en son Conseil, auquel estoient les Ducs d'Anjou, de Berry, de Bourgongne, le Comte de Nevers, & plusieurs Barons & Nobles de ce Royaume, Prelats & autres gens d'Eglise en bien grand nombre, pour obvier aux grands maux & inconveniens, qui à cause de ce advenoit au Royaume; ordonna, que tout cesseroit, & que les Elections & collations ordinaires auroient lieu, en maintenant l'Eglise Gallicane en sa liberté d'eslire.

55. Finallement le Roy *Charles septieme à Bourges* avec plusieurs Seigneurs de son sang & plusieurs Prelats en moult grand nombre à la supplication de l'Eglise Gallicane avec grande & meure deliberation de Conseil, receut *les sainćts Decrets de Constance & de Basle*, mesmes les Decrets *de electione & de Annatis*; par les quels est ordonné la provision aux Dignités electives debvoir estre faicte par election; & que les elections auront lieu és Benefices electifs sans que le Pape ou autre y puisse donner aucun obstacle; & aussi que les Annates & exactions d'ycelles cesseroient, n'obstant quelque coustume & usance introduicte au contraire.

56. Et par ce, que dessus est dict, apert clairement le droict d'eslire és Dignités electives tant par l'exemple des Sainćts Apostres, Sainćts Conciles & Constitutions des Sainćts Peres; que par tel & si long temps qu'il n'est memoire du contraire; que aussi par Ordonance des bons Roys de France qui tousjours ont eu cette devotion & singuliere reverence à l'Eglise de garder & maintenir les Eglises & Colleges Ecclesiastiques en leur liberté & ancien droict de pourvoir aux Dignités eslectives par eslections du quel ne peuvent bonnement estre privés * sans estres ouis & avec connoissance de cause.

57. Puis donc que sur ce y a Loy certaine en l'Eglise, comme dessus est dict, statuée & establie à l'imitation des Apostres par les Sainćts Conciles de l'Eglise; on pourroit raisonnablement mettre en avant ce que dict le Pape Urbanus in causis quidem 25. q. 1. sunt quidam, inquit, dicentes, Romano Pontifici semper licuisse novas condere leges, quod nos non solum negamus, sed etiam falsum affirmamus. Et sequitur ad propositum, sciendum vero summopere est, quia judex novas concedere

Anno 1517. leges potest, ubi Evangelista aliquid & Prophetæ nequaquam dixerunt, ubi vero apertè Dominus, vel ejus Apostoli & eos sequentes Sancti Patres sententiabiliter aliquid deffiniverunt, ibi non legem novam Romanus Pontifex dare, sed potius, quod prædictum est, usque ad animam & sanguinem confirmare debet; si enim, quod docuerunt Apostoli & Prophetæ, destruere, quod absit, niteretur, non sententiam dare, sed magis errare convinceretur.

58. Et par ce seroit raisonnable qu'il pleust à nostre Sainct Pere le Pape ensuivre ce que *le Pape Leon* quatriesme de ce nom a escrit au Chapitre *Ideo* 25. q. 1. Ideo permittente Domino Pastores hominum sumus effecti & quod Patres nostri sive in Sanctis Canonibus, sive in mundanis affixere legibus, excedere minime debeamus.

59. A ce propos disoit le Pape *Ormisdas* eadem quæstione & causa, prima salus est fidei Regulam custodire & a Constitutis Patrum nullatenus deviare.

60. Disoit aussi un autre Pape nommé *Leon*, quæ ad perpetuam generaliter ordinata sunt utilitatem, nulla commutatione varientur; nec ad privatum trahantur commodum, quæ ad bonum sunt commune præfixa: sed manentibus terminis quos constituerunt Patres, nemo injustè usurpet alienum, infra fines proprios atque legitimos, pro ut quisque valuerit, in latitudine se exerceat Caritatis.

61. Et est escrit par le Pape Nicolas in dist. Ridiculum est, nec satis abominabile dedecus, ut traditiones, quas antiquitus a Patribus suscepimus, infringi patiamur.

62. Et generalement attendu ce que dessus est dict, on pourroit dire ce qui est escrit in C. *videtur* 36. q. 6. nam quod contra interdictum & ordinem factum est, ratum non haberi, tam humanæ quam divinæ legis proclamat authoritas.

63. Il semble soubs correction treshumble que du tout & perpetuellement abolir les Elections, mesmes, comme dict est, sans ouir l'Eglise, soit induire un scandale & *decoloration* en l'Eglise Gallicane, ce qui ne se doibt faire, ainsi que dict le St. Canon in Cap. inquisitioni de sententia excommunicationis & la glose C. cuncta per mundum 9. q. 3. les quelles choses ont lieu non seulement, quando agitur de decoloratione & scandalo universalis Ecclesiæ, sed etiam particularis, ut est textus ad hoc notabilis in cap. cum teneamur de præbendis; & par plus forte raison, ubi agitur de la decoloration d'une si grande & excellente Eglise, comme est l'Eglise de France, de la quelle Monsr. Sainct Hieronyme dict pour singuliere louange & recommendation, que monstris & erroribus semper caret, & par ce seroit convenable & secundum Regulas, quod sua Privilegia Ecclesiæ servarentur, ut habetur in cap. conquestus 9. q. 9.

64. Et faut diligemment entendre que, si le droict d'eslire est osté aux Eglises, faudra necessairement de toutes les Dignités electives payer Annates contre la prohibition des Saincts Decrets, par ainsi en payant Annates tant des Benefices collatifs, comme dessus est dict, que des electifs, en bref temps demeurera le Royaume denué d'or & d'argent, pauvre & desolé, car la force d'un Royaume [est en or & argent] sans les quels on ne se peut deffendre de ses ennemis. Et pourroit on dire ce que dict le Sainct Prophete Jeremie en ses lamentations: *Princeps provinciarum facta est sub tributo.* Et ont les anciens Roys bien conneus que le singulier remede de garder les richesses d'un Royaume estoit en deffendant la liberté des Elections & en prohibant les exactions que ceux de Rome se sont de tout temps efforcés de faire en ce Royaume.

65. Et si l'on vouloit dire que mieux seroit de pourvoir aux Dignités Electives par les Concordats que par Elections, pour les Symonies & parjuremens, qui aucune fois se commettent aux dictes Elections, à ce peut on respondre qu'en tous Estats y a des fautes & quand le bon plaisir du Roy fera faire garder les Sts. Decrets de Basle, facilement y pourra-on remedier pour l'advenir, & sera grande louange & gloire à luy de chasser le vice & planter la vertu.

66. Encore y a une autre response: car en cuidant eviter une Symonie on pourroit tomber en autre plus grande & plus dangereuse, que celle qu'on auroit voulu eviter: & est certain que jaçoit que la nomination du Roy soit pure & nette ab omni labe Simoniæ, toutes fois le nommé par le Roy n'aura expedition de ses provisions à Rome sans payer Annates, & ainsi le voit-on tous les jours advenir. Et neantmoins par les Saincts Conciles telles exactions d'Annates sont tres estroictement deffendues & ceux, qui les payent & recoivent punis des peines introduites contre les Simoniaques, comme il est dict, & ainsi cuidant eviter un peril, on tomberoit en un autre. Anno 1517.

67. Plus est grandement à craindre que les successeurs du Roy ne soient si enclains à bien & discretement pourvoir és dictes Dignités Ecclesiastiques que le Roy qui est à present; & si aucun mal en advenoit par leur coulpe, faute ou negligence, le Roy en pourroit avoir sa conscience chargée, par ce qu'il auroit faict telle ouverture en ce Royaume. Et si son bon plaisir est de reduire à sa memoire ce qui est recité en l'Histoire tripartite du bon & recommandable Empereur Valentinianus, qui apres le deceds de Maxence (maistre de la mauvaise & desloyalle doctrine des Arriens, qui par longs temps avoit travaillé & vexé l'Eglise de Milan) ne voulut accepter la charge de nommer ou eslire l'Evesque au lieu du dict Maxence à luy presentée par ceux, à qui appartenoit l'Authorité d'eslire: mais bien benignement leur respondit: super vos est talis Electio, vos etenim divina gratia potiti & illo splendore fulgentes melius poteritis eligere. A vous appartient, dict le bon Empereur, l'Authorité d'eslire, qui estes munis & resplandissans de la grace & lumiere divine: & selon aucuns expositeurs par les dictes paroles l'Empereur entendoit, qu'aussi aux dictes Elections appartient la puissance d'eslire, aussi le peril & danger de l'Election doit redonder sur eux, s'ils ne font digne eslection. Et lors fut esleu Monsieur St. Ambroise, l'un des quatre Docteurs de Saincte Eglise.

68. Et si un tel & si sage Prince, comme estoit le dict Valentinianus, pour le danger qui en pouvoit advenir, ne voulut soy entremettre de nommer à un seul Evesché etiam du consentement de ceux à qui en appartenoit ladicte Election, par plus forte raison, est moult à craindre prendre sur soy la faculté de nommer à tous Archeveschés, Eveschés, Abbayes & autres Dignités eslectives d'un si grand & si noble Royaume que le Royaume de France; au moyen de quoy demeureroient les Eglises privées de leur droict & sans estre ouies, qui seroit chose, sauf correction, moult estrange; mesmes attendu les qualités requises à un Evesque, les quelles sont amplement declarées ad Timotheum Cap. 3. & ad Titum Cap. 1. oportet, inquit beatus Paulus, Episcopum sine crimine esse, sicut Dei dispensatorem, non superbum, non iracundum, non vinolentum, non percussorem, non turpis lucri cupidum, sed hospitalem, benignum, sobrium, justum, sanctum, continentem, complectentem eum, qui secundum doctrinam est, sermonem fidelem, ut potens sit exhortari in doctrina sana, ac eos qui contradicunt arguere, de quibus in §. *nunc autem* & en plusieurs distinctions subsequentes. 25. distinct. les quelles qualités peuvent plus parfaictement connoistre les Elisans, qui communement sont en grand nombre, qu'un seul, qui facilement pour quelque zele qu'il aye, pourroit estre circonvenu par l'importunité des Requerans ou par la grace & faveur de ceux, à qui il demanderoit conseil, qui desireroient la promotion d'aucuns de leurs amys ou autres qui leur seroient recommandés.

69. Et est bien à noter que par les Sainctes Escritures & histoires les Princes qui ont voulu s'entremettre des choses reservés aux gens d'Eglise se sont communement mal trouvés & ont esté punis en leurs personnes, biens & posterités; ainsi qu'on lit au sixiesme Chapitre du second livre des Roys de Osa, qui cuidant bien faire toucha à l'arche de nostre Seigneur la voulant redresser, lequel soudainement mourut en la presence de David & autres qui conduisoient ladicte Arche, & Daniel en dernier chapitre 5. de Balthasar, qui voulut boire aux vaisseaux d'or & d'argent que Nabuchodonosor son Pere avoit apportés du Temple de Jerusalem, le quel, ainsi que luy annonça le Sainct Prophete Daniel, pareillement mourut & luy succeda Darius & fut transferé son Royaume de Chaldæis ad Medos; semblablement de Theopompus noble

Anno 1517. noble & elegant Historien grec qui voulut illustrer de son eloquence la Saincte & Sacrée Histoire des Juifs, par ce qu'il estoit payen dedié du tout à choses mondaines & seculieres, cela ne pleut à nostre Seigneur & pour icelle outrecuidance en perdit la veüe, & de ce avons plusieurs autres exemples tant és Sainctes Escritures qu'autres, les quels seroient trop longs à reciter & doivent les bons & religieux Princes Dei Sacerdotes honorare & tueri, ut habetur in cap. *boni Principis*. 36. dist. & se doibt soubs correction treshumble, nostre Saincte Pere le Pape contenter du tres haut & eminent estat auquel nostre Seigneur par sa misericorde l'a esleve, sans vouloir priver l'Eglise Gallicane de la liberté d'eslire en la quelle elle a de tout temps ancien & immemorial tant par les Saincts Conciles que Constitutions des Roys esté maintenue & gardée.

70. Et seroit chose moult convenable qu'il luy pleut reduire à sa memoire, ce qui est moult dignement escrit par Monsieur St. Gregoire in Cap. *Ecce* 99. distinctione, in præfatione Epistolæ, quam ad me ipsum, qui prohibui, direxistis super Appellationis verbum, universalem me Papam dicere curastis, quod peto, mihi dulcissima Sanctitas vestra ultra non faciat, quia vobis subtrahitur, quod alteri, plusquam ratio exigit, præbetur. Ego non verbis quæro prosperari, sed moribus, nec honorem esse deputo, in quo fratres meos honorem suum perdere cognosco. Meus namque est honor universalis Ecclesiæ, meus honor est fratrum meorum solitus vigor; tunc ego honoratus sum, cum singulis quibuscunque honor debitus non negatur. Si enim me *universalem Papam* vestra Sanctitas dicit, negat se hoc esse, quod me fatetur universum; sed absit hoc, recedant verba, quæ vanitatem inflant & caritatem vulnerant. Et à ce convient ce que Monsr. Sainct Pierre premier Vicaire de nostre Seigneur Jesus Christ escrit: pascite, quantum in vobis est, gregem Dei, providentes, non coactè sed spontaneè secundum Deum, neque turpis lucri gratia sed voluntariè, neque ut dominantes in Clero, sed forma facti gregis ex animo: & dicit Monsr. St. Bernard ad Eugenium Papam: considera ante omnia Sanctam Romanam Ecclesiam cui Authore Deo praes, Ecclesiarum matrem esse, non dominam; te vero non Dominum Episcoporum esse, sed unum ex illis.

71. Et si aucuns vouloient dire que par les droicts anciens & au commencement de l'Eglise la puissance de pourvoir aux Eveschés appartenoit au Pape, ut singulariter voluit Glossa Joannis Andreæ in cap. *quamquam* de Electione in 6. & facile unaquæque res redit ad suam naturam; soubs correction *la dicte glosse n'est approuvée* & ont souvent veu les Advocats du Roy en Parlement requerir à la Cour que silence fut imposé à ceux, qui la voudroient alleguer: & aussi le texte auquel se fonde Jean André, sçauvoir est, chapitre premier dist. 22. parle en autres termes; car il s'entend, quand on voudroit de nouvel eriger un Evesché ou autre plus grande dignité, auquel cas le Pape y debvroit pourvoir, car comme dict la Glosse au dict chapitre 1 22. dist. ad illum spectat novarum dignitatum creatio, mais aux vacations subsequentes faut suivre les Sts. Conciles & Constitutions des Saincts Peres & pourvoir par Election, & ainsi se doibt entendre ladicte Glosse, vel Doctor debet intelligi secundum textum, quem allegat, ut est tex. & ibi Bart. in L. *Imperatores* & ce que dessus est dict s'est aux Remonstrances concernans *la revocation de la Pragmatique* la quelle a semblé moult estrange à la Cour pour les raisons qui s'ensuivent.

72. *La premiere*, par ce que touchant le faict de la dicte revocation le Pape en avoit faict accord avec le Roy, ainsi qu'il est contenu esdicts Concordats; au moyen desquels le differend ensemble les citations & procedures mentionnées en icelle revocation estoient assoupies & esteintes; & neantmoins le Pape & ceux de Cour de Rome par vertu d'icelles ont procedé à la dicte revocation, ce qui ne se pouvoit faire; nam super instantia eadem non potest intervenire translactio & sententia in judicio contradictorio, cum ex utraque exceptio litis finitæ juribus vulgaribus.

73. *La seconde*, l'Ambassadeur du Roy à Rome pour les dicts Concordats ne fut aucunement adverti d'icelle revocation, ainsi qu'il a plusieurs fois declaré en parlant de cette matiere; le quel, quand il partit de Rome, cuidoit que l'on ne devoit passer outre, ce qui avoit esté convenu par les dicts Concordats. Anno 1517.

74. *La tierce*, en ladicte Revocation y a plusieurs clauses & articles qui sont soubs correction directement contre l'auctorité du Roy, mesmes en ce que par les dictes Revocations *le Pape faict commendement aux gens seculiers de ce Royaume de ne tenir ny garder la Pragmatique sur peine de perdition des Fiefs, qu'ils tiennent des Eglises & d'estre inhabiles de plus les tenir*, en quoy est attenté contre l'Authorité du Roy au quel seul appartient de faire tels commendemens comme celuy de qui tous les Fiefs de ce Royaume sont tenus en Souverainté, supposé qu'ils sont tenus de l'Eglise: & à cette cause les Prelats de ce Royaume font le serment de fidelité au Roy pour raison des choses qu'ils tiennent de luy en fief ou arriere-fief: & partant tels commandemens concernans la Souveraineté des dicts Fiefs, ne debvroient estre mis en la dicte revocation. Car au moyen de ce, ceux de Rome voudroient inferer cy-apres, que *le Pape pourroit pretendre la Souveraineté sur les Fiefs tenus des Eglises de ce Royaume*, qui pourroit estre de dangereuse consequence contre les droicts & Souveraineté du Roy.

75. Et aussi en la dicte Revocation le Pape & ceux de Rome innovent & approuvent la Constitution du Pape Boniface huictiesme commenceant *Unam sanctam* par la quelle il declare, que le Pape est souverain sur le quant à la Jurisdiction Spirituelle & temporelle; mais quant à la temporelle les Roys & Princes l'exercent ad nutum & patientiam Sacerdotis; la quelle Constitution fut faicte en haine principallement du Roy Philippes le Bel, par le dict Boniface, qui pretendoit estre souverain sur le Roy etiam in temporalibus, & la dicte innovation & approbation pourroit estre cause d'une perilleuse ouverture contre la Souveraineté du Roy

76. Et supposé que la dicte revocation contienne ces mots *sine tamen præjudicio declarationis sanctæ memoriæ Clementis Papæ quinti*, quæ incipit: *meruit*, toutes fois seroit chose estrange de mettre en doute & en difficulté la Souveraineté du Roy soubs umbre d'une telle protestation, veu qu'il est clairement decidé, que le Roy; superiorem in temporalibus non recognoscit; ainsi que dict le texte exprés in capite *per venerabilem* qui si sunt legitimi, & partant on ne doibt permettre en ce Royaume de dire, faire ou escrire aucune chose; qui puisse prejudicier nunc vel in futuro à la dicte Souverainité du Roy: & ainsi s'il advenoit que le Pape revoquast la dicte Constitution; *merito*, ceux de Rome diroient que la dicte Constitution comprehendit Regem & Regnum, attendu la dicte revocation & approbation d'icelle inferée en la dicte revocation.

77. *La quatriesme* s'y est, par ce que le Pape en revocant la dicte Pragmatique Sanction revoque l'Ordonance du Roy Charles septiesme faicte par luy sur l'acceptation des Saincts Decrets, presens & appellés les Princes du sang & autres Seigneurs du Royaume, ainsi qu'il est contenu bien au long en la dicte Pragmatique. Or si on veu permettre & souffrir que le Pape casse & annulle les Ordonnances Royaux, ce pourroit estre de consequence prejudiciable aux droicts du Roy: car cy aprés pourroit on attenter de revoquer le droict de regale; le droict de conferer, & autres beaux droicts que le Roy a en plusieurs Eglises de son Royaume; pareillement *de connoistre & decider des Benefices en possessoire*, du jugement des clericatures & plusieurs autres beaux droicts que le Roy a, concernant l'estat Ecclesiastique.

78. L'autre cause s'y est, par ce que le Pape revoque & annulle les Saincts Decrets du Concile general de Basle receus & acceptés en ce Royaume dés l'an 1428. & des quels on a usé dés le dict temps, qui est chose de merveilleuse consequence, veu que les dicts Decrets concernent l'estat universel de l'Eglise & la generalle refformation d'icelle: ainsi que l'on peut voir par la teneur des dicts Saincts Decrets. Or il y a determination expresse de l'Eglise universelle contenant veritatem fidei Catholicæ, que le Pape est tenu d'obeir au Concile General en ce qui concerne

ANNO 1517. ladicte generalle refformation de l'Eglise, ainsi qu'il est decidé par deux Decrets *du grand & indubitable Concile de Constance*.

79. Et mesmement car il n'y a rien de plus sainct, plus canonique ne plus raisonnable que les dicts Sts. Decrets contenus en la dicte Pragmatique & soient veus iceux à cette fin: nihil enim sanctius quam quod rejectis reservationibus, l'on procede és Dignités electives post illarum vacationem par election & confirmation, ainsi qu'il est contenu és deux Decrets de reservationibus.

80. Pareillement que *rejectis expectativis Apostolicis* les Collateurs ordinaires conferent les Benefices vacans aux gens gradués & lettrés, & autres gens idoines, prout continetur in Decreto de collationibus.

81. Pareillement que le Pape ne prenne ou exige les Annates pour la provision des Dignités & Benefices, soit electifs ou collatifs; & aussi que les autres Collateurs ordinaires ne puissent exiger aucune chose temporelle pour leurs collations, soit par forme d'Annate vacant, depost ou autrement.

82. Et sic des autres droicts contenus en la dicte Pragmatique, qui sont fondés en toute Saincteté & tendent à ce que de l'Eglise de Dieu le vice de Simonie & autres vices soient extirpés & l'Eglise Catholique reformée & reduicte à toutte honnesteté, tellement que le Pape devroit faire garder & observer de poinct en poinct les dicts Saincts Decrets de Pragmatique par toutes les Eglises de la Chrestienneté; & seroit besoing, que pour l'honneur de Dieu & de l'Eglise ainsi fut faict & signamment attendu que les dicts Saincts Decrets de Basle contenus en la dicte Pragmatique sont totalement consonans & conformes aux Saincts Decrets des Conciles generaux de l'Eglise universelle, aux Constitutions anciennes des Saincts Peres & aux decisions de droict commun faictes pour le regime, gouvernement & conduite de l'Eglise universelle & estat d'icelle. Et par consequent la dicte revocation, *vergit in decolorationem status Ecclesiastici & confusionem Ordinis hierarchici ipsius Ecclesiæ*.

83. Outre les choses dessus dites par ledicts revocation non solùm les Saincts Decrets du Concile de Basle sont annullés, mais aussi le Decret *frequens*, & deux autres Decrets du dict *grand Concile de Constance* inserés en la dicte Pragmatique, per verba quæ sequuntur *omniaque & singula Decreta*, *Capitula*, *Statuta*, *Constitutiones seu Ordinationes in eadem quomodolibet contentas seu insertas ac ab aliis prius editas*; per quæ il est tout clair que le Pape veut & entend revoquer lesdicts Decrets du grand Concile de Constance inserés en la dicte Pragmatique, le quel Concile de Constance est Concilium indubitatissimum, approuvé par tous les Papes, qui ont esté depuis le dict Concile par le quel fut esleu Pape Martin cinquiesme, aprés le quel & post ejus obitum consecutivement ont esté esleus les autres Papes jusques à celuy qui est à present.

84. Et est à noter que par deux Decrets du Concile de Constance inserés en la dicte Pragmatique au Decret, *Sancto Sancta*, est expressement declaré, que le Concile general de l'Eglise deuement assemblé habet potestatem à Christo immediate, & est sur le Pape en trois cas, & à sçauvoir in his quæ tangunt fidem, extirpationem schismatis & generalem reformationem Ecclesiæ Dei in Capite & in membris; dont s'ensuit qu'au moyen de la dicte revocation des dicts deux Decrets, le Pape pretend, qu'il est en tous cas sur ledict Concile general, qui ne peut revoquer, casser ou annuller les actes faicts ou approuvés par icelluy; qui est de grosse consequence: car par ce moyen il pourra pretendre avoir faculté de revoquer, casser & annuller les dicts Concordats au prejudice du Roy, le quel en ce cas demeureroit sans remede, attendu la dicte revocation de la dicte Pragmatique, si non que contre icelle revocation soit pourveu par remedes juridiques & convenables.

85. Et faut bien considerer que le Pape revoque purement & simplement la dicte Pragmatique, sans faire aucune mention des dicts Concordats: ex quo sequitur, qu'en ce faisant, taisiblement les dicts Concordats demeurent revoqués; nam cum aliquid revocatur, omnia quæ illius occasione fuerunt facta, etiam censentur revocata cap. *accedens* 1. in fine, juncta glossa fin. ut lite non contestata.

86. Plus y a, le Pape en faisant ladicte revocation s'est desisté & departy, entant qu'a luy est, des dicts Concordats; puisque, comme dict est, transaction & sentence en jugement contradictoire ne peuvent estre ensemble sur une mesme instance & de raison actu contrario dissolvitur transactio l. *si diversa pars*. c. de transactionibus. ANNO 1515.

87. Et par le texte de la dicte revocation, du narré d'icelle, le Pape donne assés à entendre qu'il n'entend garder les dicts Concordats, par ce qu'il dict, qu'au moyen de ladicte Pragmatique il est empesché de pourvoir les Cardinaux & autres de Cour de Rome des Eveschés, Abbayes & autres gros Benefices de France: dont s'ensuit, que par vertu de ladicte revocation il pretend les en pourvoir & par consequent d'en avoir la pleine disposition & provision.

88. Et si on vouloit dire, que le Pape le jour mesme, qu'il revoqua la dicte Pragmatique, fit approuver les dicts Concordats au Concile de Latran: Response que cela ne suffit pas, par ce qu'il n'appert si l'approbation est devant la dicte revocation ou aprés, & ceux de ladicte Cour de Rome maintiendront tousjours ladicte revocation estre subsequente; & que par vertu d'icelle les dicts Concordats sont revoqués & sic; que le Pape peut pourvoir à son plaisir des Dignités de ce Royaume.

89. Et ex his sequitur, que le Roy sans aucun scrupule se peut desister & departir desdicts Concordats, veu que le Pape de son costé s'en est departy en revoquant purement & simplement iceux Concordats: car de raison, quis non tenetur implere id, quod promisit alicui, qui ex parte sua respectiva promissum non implevit, comme dict le texte au chap. *pravenit*, de jure jurando; attendu aussi & consideré que lesdicts Concordats sont contre l'honneur de Dieu & les libertés de l'Eglise, contre les Droicts du Roy & Bien public du Royaume; ainsi que dessus a esté dict, & contre le chapitre: si aliquid incautius jurare contigerit, quod observatum in pejorem vergat exitum, libere illud salubriori consilio mutandum duximus ac magis instanti necessitate pejerandum nobis quam pro vitando perjurio in aliud crimen gravius esse divertendum 22. q. 3. cap. *si aliquid*.

90. Et outre les choses dessus dictes, il y a encores plusieurs grandes raisons & peremptoires pour monstrer que ladicte revocation est nulle & ne se peut aucunement soustenir, sauf correction.

91. *Primo* les Prelats du Royaume, Chapitres, Convents & autres qui y ont interest n'y ont esté appellés, igitur la dicte revocation est nulle: nam citatio est de jure naturali, nec potest Princeps ejus defectum supplere, cum Deus eam constituerit c. *Deus omnipotens* 2. q. 1. & est de jure naturali, Clem. *pastorali* & Clem. *judicata*. Nec obstat que le narré de la dicte revocation contiendroit la forme de la dicte citation, quod id non sufficit: verba enim narrativa in tam grave præjudicium tertii non faciunt fidem, ut in decreto *de sublatione*: & esto, quod faciant, toutes fois les dictes citations avoient esté faictes ad locum notoriè non tutum, ainsi qu'il appert expressement par le narré de la dicte citation. Igitur talis narratio non citat de d. Clem. past. cap. *ex parte*, de appellatione, ubi dicit glossa, quod in tali casu quis non tenetur comparere, etiamsi ei præstetur salvus conductus c. *accedens*. 2. ut lite non contestata.

92. *Secundo* les dictes citations ont esté faictes coram judicibus notoriè suspectis, car il est certain qu'il n'est rien plus odieux à ceux de Rome que la Pragmatique Sanction & de ce il appert assés par la dicte revocation, en la quelle la dicte Pragmatique est intitulée nefaria Sanctio, corruptela, abusio, improba Constitutio, & plusieurs autres choses, qui sont inserées en ladicte revocation in odium Pragmaticæ Sanctionis. Ex quibus clarissimè liquet, que ceux du Concile de Latran erant suspectissimi en cette affaire, ut omnia jura clamant, & etiam experientia docet, periculosissimum esse coram suspecto judice litigare, & naturale est suspectorum judicum insidias declinare & inimicorum judicium refugere. cap. *quod suspectum* in quæst. 5. & signanter en cette matiere: oportet enim locum judicii tutum esse partibus, non solum quoad securitatem personæ, sed etiam quoad justitiam causæ, & expresse decidit Joannes Andreas in additionibus

Anno 1517. ditionibus ad Speculatorem de accusatione, § *si vero quis sit bannitus.* Facit glossa in C. *statutum* §. *si vero non audens* De releriptis lib. 6.

93. *Tertio* il est tout notoire que le Pape Jule assembla le dict Concile de Latran in odium Gallicanæ Nationis, & principalement pour revoquer la dicte Pragmatique Sanction; igitur citati n'ont esté tenus de comparoir au dict Concile au moyen des dictes citations, ad imitationem Sancti Joannis Chrysostomi, qui Concilii contra se congregati renuit intrare collegium d. c. *quod suspecti.* & la glosse super Verbo *intrare.* Et est à noter, que dicit, quod ideo non comparuit, quia citatio contra eum facta ad dictum Concilium non tenuit. *L'autre moyen de nullité* de la dicte revocation en parlant en toute reverence & soubs correction, continet evidenter iniquitatem, pour les grands maux & inconveniens, qui au moyen d'icelle auroient cours en ce Royaume, c'est à sçauvoir la desolation des Eglises, diminution du divin service, accroissement d'ambition, multiplication de Simonies, evacuation des finances du Royaume & autres plusieurs recités au long au commencement de la Pragmatique, pour lesquels faire cesser furent faicts & acceptés les dicts Saincts Decrets de Pragmatique.

94 Et aussy comme dit est, les dicts Saincts Decrets de Pragmatique sont totalement conformes aux anciens Decrets des saincts Conciles generaux de l'Eglise universelle, des Saincts Peres & de constitution du droict commun. Igitur la revocation de la dicte Pragmatique & Decrets y contenus, n'est autre chose que la revocation desdicts anciens Decrets, qui sont fondés super doctrina fidei & bonis moribus & ont esté faicts & promulgués instinctu Spiritus sancti ad honorem Dei & decorem Ecclesiæ & pour le regime, gouvernement & reformation d'icelle: ex quo sequitur que la dicte revocation seroit faicte contra divinam dispositionem generalium Conciliorum, sacrorum Decretorum & Canonum; contra dispositionem sanctorum Romanorum Pontificum, contra naturalem æquitatem, contra rationem juris Canonici & civilis, contra bonos mores, contra la liberté & privileges de l'Eglise Gallicane & le Bien public du Royaume & partant nullo modo decet aut expedit, que telle revocation sortisse effects, & debvroit nostre Sainct Pere le Pape faire garder & observer lesdicts Decrets & non les revoquer. Debet enim pascere gregem Dominicum & non dispergere aut necare, & Ecclesiam Deo ædificare & non deprimere & decolorare. Et à ce propos dict le texte *generali* 25. q. 1. generali decreto censemus & constituimus, ut execrandum anathema sit & velut prævaricator fidei catholicæ semper apud Deum reus existat, quicumque Regum seu Episcoporum vel potentium deinceps Romanorum Pontificum decretorum censuram in quoquo crediderit vel permiserit violandam. Et le texte au decret *violatores* eadem causa & quæstione. Violatores canonum voluntarie à sanctis Patribus judicantur & à Sancti Spiritus instinctu, cujus dono dicati sunt, damnantur.

95. Par autre moyen la dicte revocation est nulle, par ce que les Saincts Decrets contenus & inserés en la dicte Pragmatique, sont Decrets & Constitutions des Conciles generaux de Constance & de Basle, qui ont esté faicts pour la generale reformation de l'Eglise de Dieu, & pour ce doibvent estre inviolablement gardés & observés & ne peut le Pape les revoquer: ainsi que par la determination de l'Eglise universelle a esté declaré au dict Concile de Constance par deux Decrets, dont la teneur s'ensuit, & primo declarat, quod ipsa Synodus in Spiritu sancto legitime congregata generale Concilium faciens & Ecclesiam militantem repræsentans potestatem habet à Christo immediaté & quilibet, cujuscunque status, conditionis vel dignitatis, etiamsi Papalis existat, obedire tenetur, in his quæ pertinent ad fidem & extirpationem dicti schismatis & generalem reformationem Ecclesiæ Dei in capite & membris, & sequitur &c. Item declarat, quod quicunque, cujuscumque status vel dignitatis etiamsi papalis existat, qui Mandatis, Statutis seu Ordinationibus aut præceptis hujus sacræ Synodi & cujuscunque alterius Concilii generalis legitime congregati præmissis seu ad ea pertinentibus, factis vel faciendis contumaciter obedire contemserit, vel contraria præsumpserit, nisi resipuerit, condignæ pœnitentiæ subjiciatur & debite puniatur, etiam ad alia juris subsidia, si opus fuerit, recurrendo. Et combien qu'auparavant la dicte Saincte declaration dudit Saint Concile de Constance, il y eut diversité d'opinions en cette matiere; toutes fois toutes les difficultés sont assoupies par la dicte declaration, & de ce ne faut plus disputer: car la dicte declaration est ex proposito catholicæ veritatis, à la quelle, omissis disputationum ambagibus, se faut du tout arrester. Anno 1517.

96 Et aussy auparavant ledict St. Concile de Constance *les bons & anciens Docteurs du Droict canon*, comme Hugues l'Archidiacre & autres ont toujours tenu & escrit touchant le dict article, que non licet etiam Papæ venire contra Statuta Concilii in his; quæ pertinent ad fidem & salutem animarum & generalem statum Ecclesiæ, c. *contra* &c. *sunt quidem* 25. q. 1. nisi interpretando, quia interpretatio decretorum hujusmodi venit & permittitur, cap. *licet ex quadam, de sext.* c. *lector* 39. dist. *placuit*, &c. *subdiaconus* 76. dist. Et ratio est, nam [etsi] Papa habeat plenitudinem potestatis, tamen, quod supra dictum est, debet ita eam commensurare ac si eam non haberet, & late per eosdem Doctores in c. *sunt.* 25. distinct.

97. Et ne faict au contraire si on vouloit dire, que la dicte revocation n'a esté seulement faicte par le Pape, mais a esté approuvée par le Concile de Latran; car le dict Concile [n'est] general pour ce que les Prelats & autres personnes qui y doivent estre necessairement appellés, n'y ont assisté.

98. *Secundo* les raisons pour les quelles le Pape ne peut revoquer les Decrets du dict Concile general * voudroient faire les dicts decrets; & combien que l'on puisse aucunement le dispenser contre iceux pour quelque grande chose, ou les moderer; toutes fois de les revoquer in totum, cela ne se peut faire, quando dicta decreta concernunt fidem, extirpationem schismatis, & generalem reformationem Ecclesiæ Dei in capite & in membris: alias seroit mettre l'Eglise en confusion; & n'y auroit en l'estat d'icelle aucune stabilité.

99. *Tertio* comme dict est dessus, les dicts Concordats contenus & inserés en la dicte Pragmatique sont du tout conformes aux anciens Decrets des Conciles generaux & des Sts. Peres & n'est rien plus sainct ne plus raisonnable. Igitur ils sont de trop plus grande authorité sans comparaison que la revocation approuvée par le dict Concile de Latran, comme dit le texte in c. *Domino sancto* 50. dist. qui est le texte de Sainct Isidore: quotiescunque in gestis Conciliorum discors sententia invenitur, *illius Concilii sententia magis teneatur, cujus antiquior & potior extat authoritas*, & la glose ordinaire in c. *qui distinct.* en traittant cette matiere dict, que in Conciliis generalibus antiquis obtinet, si est potioris authoritatis. Ad hoc facit c. *placuit* 36. quæst. 2. ubi *dictum Hieronymi super matrimonio inter raptorem & raptam prævaluit decisioni Concilii generalis*, donc par le dict chapitre *placuit*, pour ce que l'on trouva dictum Hieronymi corroboratum authoritate divinæ Scripturæ & Concilii generalis Meldensis.

100 Veu donc & consideré que les dicts Decrets contenus & inserés en la Pragmatique Sanction sont corroborés par plusieurs autres Conciles generaux & infinies Constitutions des Saincts Peres, & qu'ils ne contiennent si non choses sainctes & conformes aux commandemens de Dieu & doctrine Apostolique, n'y a difficulté qu'ils ne doivent estre preferés & ne soient de plus grande authorité que la dicte revocation & à ce propos on lit au livre des Actes des Apostres chapitre 15. que Paulus perambulans Syriam & Ciliciam confirmabat Ecclesias præcipiens custodire præcepta Apostolorum &c. Cum autem pertransirent civitates, tradebant custodire dogmata, quæ erant decreta ab Apostolis & senioribus, qui erant Hierosolimis.

101. Pareillement ne faict contre ce que dit est, ce qu'aucuns ont voulu dire *que le Concile de Basle n'avoit esté Concile general*, par ce qu'il n'y a apparence de ce dire, veu & consideré que le dict Concile general fut deuement assemblée par l'auctorité du Pape Martin cinquiesme & aussy d'Eugene quatriesme, qui fut aprés le dict Pape Martin; & au Concile general de Sienne qui fut tenu aprés celuy de Constance du mois de Febvrier 1434. fut esleue

ANNO 1517.

la cité de Basle pro futuro Concilio celebrando & extat commissio du dict Pape Martin addressante à Julien Cardinal de Sainct Ange & Legat du St. Siege Apostolique pour presider au dict Concile de Basle, ce qu'il faict ; & aprés le trespas du dict Martin le Pape Eugene decerna aussy commission au dict Julien pour presider audict Concile general de Basle, ce qui aussy il feit par vertu de la dicte commission & depuis le dict Pape Eugene mesme par ses Lettres patentes approuva le dict Concile de Basle, tamquam verum & universale Concilium & declara ipsum Concilium fuisse debite continuatum & prosequutionem semper habuisse, en revocquant expressement certaine dissolution qu'on disoit avoir esté faicte par luy du dict Concile, ainsy qu'il est contenu aux Actes dudict Concile de Basle. Et de ce ne faut faire difficulté, attendu mesmement, que les dicts Decrets contenus & inserés en la dicte Pragmatique ont esté acceptés par le Roy Charles septiesme presents les Princes & Seigneurs du sang & plusieurs autres Seigneurs de ce Royaume, par l'advis & deliberations de l'Eglise Gallicane deüement assemblée à Bourges ; & furent acceptés iceux Decrets comme vrays Decrets emanés du Concile General de l'Eglise universelle ; & les fait publier és Cours de Parlement du dict Royaume, commenda à tous ses Officiers & autres Subjects de les garder & faire garder inviolablement en tout & par tout, selon leur forme & teneur ; & que ceux qui viendroient au contraire fussent punis de telle & si grande peine que ce fut exemple aux autres : & dés la dicte acceptation & publication d'iceux, ont esté gardés & observés en ce Royaume.

102. Ne faict aussy au contraire ce qui par la dicte revocation est dict que la dicte Pragmatique fut faicte tempore schismatis ; par ce que cela soubs correction ne se peut soutenir, par ce que quant au grand schisme pour raison du quel le Concile de Constance principalement fut assemblé, il estoit du tout pacifié & terminé longtemps auparavant le dict Concile de Basle, ut clarum est ; mais quant au Schisme d'entre le Pape Eugene & le Pape Felix il n'estoit vist encores advenu, mais furent les dicts Decrets receus & approuvés en France auparavant le dict Schisme imo auparavant la deposition du dict Pape Eugene dont proceda le dict Schisme, car les dicts Saints Decrets furent receus & acceptés à Bourges le septiesme Juillet 1438. & la promotion du Pape Felix en Novembre suivant.

103. Ne vaut aussy que les dicts Decrets auroient esté faicts aprés la *translation du Concile de Basle à Ferrare*, & à ce y a deux solutions peremptoires.

104. *La premiere* que les dicts Decrets excepté le Decret *de collationibus* furent faicts auparavant la dicte translation, vray est, que quant au Decret *de causis* y a quelque doubte, par ce qu'aucuns disent, qu'il fut faict avant la dicte translation, les autres aprés. Mais quant à tous les autres (illis duobus exceptis) furent faicts auparavant ladicte translation, comme l'on pourra voir par les dattes des dictes translation & Decrets.

105. L'autre solution est, que la dicte translation fut nulle & de nul effect & vertu, par ce que le Pape Eugene en faisant ladicte translation ne garda ne observa la solemnité à ce requise par les Saincts Decrets du grand Concile de Constance & aussy du Concile de Basle, & par consequent elle ne peut aucunement empescher, & de faict n'empescha le dict Concile de Basle, le quel demeura en sa force & vigueur non obstant la dicte translation comme nulle & attentée contre l'auctorité des dicts Sts. Decrets ; & aussy par ordonnance du Roy Charles septiesme fut la dicte translation reputée nulle, & à cette cause inhibé & deffendu aux Prelats de ce Royaume d'y obtemperer & n'aller à Ferrare, mais d'obtemperer au Concile general qui se tenoit à Basle, comme vray Concile general de l'Eglise universelle, non obstant la dicte revocation

106. Pareillement ne vaut au contraire ce que par la dicte revocation est dict, que les dicts Decrets de Basle n'ont esté approuvés par le Pape ; par ce que comme dict est, ils furent approuvés par le Pape Eugene: & apres son trespas le Pape Niclas cinquiesme, qui vint aprés Eugene, approuva les dicts Decrets, ut constat par les Lettres patentes Spoleti 14. Kalend. Julii 1449. sui pontificatus anno 3. par les quelles il approuve ce qui avoit esté faict au dict Concile de Basle per hæc verba : *qualitercunque facta, dicta, gesta, concessa, indulta, disposita & ordinata cujuscumque naturæ existant* &c. voluit omnia in suis Litteris pro expressis haberi. Ainsy que l'on peut voir par les dictes Lettres : joinct *que la dicte approbation n'est requise de necessité*, quand le Concile general est deuement assemblé, ainsy qu'estoit le dict Concile general de Basle.

107. Ex iis il appert clairement que la dicte revocation est nulle, & consecutivement les commandemens & censures inserées en icelle : *primo* quod corruente primario corruit accessorium ; or les dicts commandemens & censures sont accessoires de la dicte revocation, qui est nulle de toute nullité, comme dict est.

108. *Secundo* si l'on obtemperoit aus dicts commandemens & censures, plusieurs grands maux s'ensuivront, mesmement l'exaction des Annates, abolition des Decrets des Conciles generaux, scandale & confusion de l'Eglise de ce Royaume & plusieurs autres dont dessus a esté parlé. Or les censures du Pape, habent in se *tacitam conditionem*, nisi scandalum ex ipsis verisimiliter oriri præsumatur, vel aliqua mala inde provenire, ainsy qu'il est noté par Innocent cap. *inquisitioni*, de sententia excommunicationis, & late per *Felinum qui fut Auditeur de la Rote à Rome* in cap. *si quoniam*, de Rescriptis, ubi ad hoc propositum multa accumulat.

109. *Tertio* le dict Concile de Latran processit ab initio ex fomite odii ainsy que dict est ; & qui livore odii sententiam profert, justitiam Dei, in quem perturbatio non cadit, non imitatur, c. *ira*. II. q. 3. & non semper malum est non obedire præcepto ; si enim bonum est, quod præcipitur, jubentis exequere voluntatem ; si malum, responde, opus Deo magis obedire quam Principibus, comme dict le texte in cap. *non semper* & in c. *si Dominus* II. q. 3. aussy la dicte revocation est procedée ex fomite avaritiæ & cupiditatis, quæ omnium malorum radix est.

110. *Quarto* les dicts commandemens & censures videntur continere intolerabilem errorem, attendu & consideré, que, comme dict est, les dicts Saincts Decrets sont fondés en la Doctrine Apostolique & anciennes traditions des Conciles generaux & des Saincts Peres & concernent l'honneur de Dieu & le bien de l'Eglise & le bien de la chose publique du Royaume, & de raison, tales Censuræ sunt nullæ. cap. *per tuas* & ibi Glossa de excom. cap. *venerabilibus* eodem Titulo libro 6. Et pour ce dict St Augustin in cap. *illud*. II. quæst. illud plane non temere dixerim, quod, si quisquam fidelium fuerit anathematisatus injuste, potius ei oberit, qui facit, quam qui hanc patitur injuriam, Spiritus enim Sanctus habitans in Sanctis, per quem quique ligatur aut solvitur, immeritam nulli ingerit pœnam : & dict le Pape Leon 24. q. I. manet Privilegium, ubicumque ex ipsius æquitate fertur judicium, & nihil erit ligatum aut solutum, nisi quod juste fuerit ligatum.

111. *Quinto* qui est un autre peremptoire, ante lapsum termini, mis & apposé en la dicte Revocation, il y a eu appellation deüement interjettée in scriptis & coram autentica persona tant de ladicte revocation que des commandements & censures contenues en icelle: igitur dictæ censuræ non injecerunt vinculum par la decision du Chapitre *præterea*. 2. de Appellat. facit etiam d. c. *per tuas* & cap. *venerabilibus*, dessus allegués.

112. Et si on vouloit dire qu'on ne peut appeller de la sentence du Concile general : à ce cy a response, quantum Concilia in genere aliquid statuunt, ab eis non licet appellare, si vero Concilium contra privatum aliquid disponeret, vel quod idem est, contra nominationem aliquam particularem ; hinc posset appellari ; ut expresse notat Cardinalis Alexandrinus, qui ad hoc multa allegat in c. *sancta Romana* 15. dist. & à ce faict bien le texte in c. *Joannes* 50. dist. ubi habetur quod Joannes Chrysostomus duabus Synodis orthodoxorum Episcoporum fuit restitutus, contre les quelles Sentences par les remedes de droict, dont il usa, fuit restitutus, ut ibi habetur. Pareillement plusieurs furent restitués ainsy qu'il est contenu au dict chap. *Joannes*, & aussy

Anno 1517. aussy a Constitutione vel Edicto generali, si constet fuisse factum in odium alicujus, potest appellari, ut voluit Glossa in lib. 2. de Excep. doli Barthol. in L. *omnes populi* de institutione & jure.

113. Et entant que touche le remede par le quel on se pourroit, deffendre contre les dicts revocation & censures, outre ce que dessus est dict, on doibt soubs correction fermement adherer a la dicte Appellation, quod est commune remedium de jure introductum adversus gravamina superioris: en vertu du quel remede sont empeschées & suspendues les dictes revocation & censures: du quel remede on usa du temps du Roy Louis unsieme contre la revocation de la dict Pragmatique faicte par le Pape Pie; ainsy que de tout ce appert par les Registres de la Cour; & aussy faire garder & diligement observer les dicts Saincts Decrets de Pragmatique & faire corriger les abus.

114. Et outre supplier treshumblement au Roy que son plaisir soit tant faire envers le Pape qu'il convoque un bon Concile general en lieu de seureté, in quo Ecclesia Gallicana, puisse estre amplement oüye en ses deffenses en tant que touche ladicte revocation, & espererois que le Pape ne refugera pas ce faire, attendu que telle forme fut gardée par Innocent 4. le quel non obstant qu'il eut privé l'Empereur Federic, feit offre audict Empereur de l'ouir en plain Concile general sur le faict de la dicte privation ainsy que dict le texte *ad Apostolicas* de re judicata.

115. Et outre, si les dicts remedes ne semblent suffisans, supplie la Cour treshumblement au Roy nostre souverain Seigneur, que son bon plaisir soit assembler l'Eglise Gallicane & bon nombre des Docteurs & gradués des Universités & autres gens lettrés de ce Royaume, par lesquels pourra estre informé plus amplement de la verité du dict affaire.

116. Et pour faire fin & conclusion à ces presentes Remonstrances, supplions treshumblement au Roy nostre souverain Seigneur qu'il luy plaise de sa benigne grace prendre les dictes remonstrances en la meilleure part & les entendre; les quelles en obeissant à son bon plaisir & commandement avons redigées par escrit non in sublimitate sermonis nec in persuasibilibus humanæ sapientiæ sermonibus, sed in virtute obedientiæ; en considerant, que ses tres humbles & tres obeissans subjects & Serviteurs, les Presidens & Conseillers de sa Cour par le deub de leurs offices & serment qu'ils luy ont faict, sont tenus luy dire verité & le conseiller bien & loyaument, selon Dieu & leurs consciences.

Remontrances ulterieures du Parlement de Paris au Roi de France contre le Concordat. [GG. Leibnitzii *Codex Juris Gentium* in Mantissa part. 2. pag. 356.]

En adjoustant aux Remonstrances cy dessus escrites plaise au Roy nostre Souverain Seigneur considerer, que par serment qu'il & ses predecesseurs Roys de France ont accoustumé faire en leur sacre, il a solemnellement promis garder & deffendre les droicts, libertés & franchises de l'Eglise Gallicane, de la quelle il est vray protecteur, à quoy humblement luy supplions avoir esgard.

Et si on vouloit dire, qu'il est convenable, que le Pape ait quelque subvention & ayde de l'Eglise de France pour supporter les charges & affaires qui de jour en jour surviennent au St. Siege Apostolique, à ce soubs treshumble correction y a solution plus que peremptoire; car il y a infinies expeditions en cour de Rome des quelles nostre Saint Pere le Pape prend & leve en ce Royaume une fois l'an grande quantité d'argent & mesmes es cas qui s'ensuivent.

1. Primo des Mandats dont le Pape, qui est à present, a tiré & tire de jour en jour grande quantité d'or & d'argent.

2. Des collations & preventions, quocumque modo vacent Beneficia collativa.

3. Des provisions par resignation dont y a moult grand nombre, ainsy que dessus a esté touché en parlant de l'expression de la vraye valeur.

4. Des provisions tant des Benefices collatifs qu'electifs & devolus in casibus a jure expressis.

5. Des Provisions.

6. Des Creations de pension.

7. Des confirmations des Dignités electives à luy mesmement subjects. Anno 1517.

8. Des provisions en commande.

9. Des provisions & collations des Benefices collatifs vaccans en Cour de Rome ou à deux journées prés.

10. Des graces de tenir Benefices avec Archeveschez, Eveschez ou autres gros Benefices.

11. Des graces octroyées aux Evesques pour estre consacrés per alios quam per Metropolitanum & comprovinciales.

12. Des dispenses de non consecrando infra tempus juris.

13. Des permutations des Benefices qui se font en Cour de Rome & des translations des Evesques & autres grandes Dignités in casibus permissis.

14. Des dispenses & derogation de la Regle de viginti diebus & autres Regles de chancellerie.

15. Des dispenses qui tous les jours s'obtiennent à Rome pour tenir Benefices incompatibles, deux, trois, quatre ou plusieurs.

16. Des dispenses super defectu ætatis.

17. Des dispenses pour tenir Benefices par ceux, qui ne sont legitimes, qu'on appelle dispenses super natalibus aut deffectu natalium.

18. Des dispenses d'irregularité & rehabilitations.

19. Des dispenses des vices corporels.

20. Des dispenses requises en plusieurs cas de droict, comme d'obtenir le Benefice du pere par le fils, combien qu'il soit legitime & de loyal mariage.

21. Des dispenses de visiter par Procureur.

22. D'octroy de privileges en plusieurs & divers cas.

23. Des dispenses de contracts de mariage en cas & degrés deffendus.

24. Des dispenses de voeux de pelerinages de Rome, d'outre mer, & de Sainct Jaques; des vœux de Religion, de chasteté & autres.

25. D'absolutions & autres indults de cas reservés au Pape.

26. Des creations de Chanoinies ad finem obtinendæ dignitatis.

27. Des indulgences sur le faict de la penitancerie du Pape.

28. Des graces pour avoir Autels portatifs & elire Confesseurs.

29. Des rescripts ad lites tant en cause d'appel que premiere instance.

30. Des Rescripts pour refformer Monasteres & autres lieux Reguliers, & en autres plusieurs & divers cas és quels le Pape seul peult dispenser; sans le patrimoine de l'Eglise qui est de revenu grand mesme depuis l'augmentation faicte du temps du Pape Jule.

Et ne reste qu'à respondre à ce qu'aucuns ont voulu dire, que si l'on ne publie les dicts Concordats, le Pape donnera le Royaume in prædam: car il ny a cause ny matiere de ce faire: ainsy qu'un chascun peut connoistre: aussy le Roy tient son Royaume de Dieu & non d'autres, nec recognoscit superiorem in temporalibus. Et partant telles parolles sont directement contre l'auctorité & la souveraineté du Roy. Et si l'on vouloit dire que de facto le Pape le pourroit faire; Response, que le Roy graces à Dieu est tres puissant & vertueux pour obvier à telles damnables entreprises: ainsy que par cy devant les Roys ses predecesseurs ont vertueusement faict, & si l'on vouloit avoir esgard à tels langages toutes fois & quantes, qu'il y auroit differend entre le Pape & le Roy, fauldroit que le Roy feit tousjours ce, que le Pape voudroit soubs umbre de telles menaces, que l'on donneroit son Royaume in prædam. Et au contraire, si les dicts Concordats estoient publiés, feroit mettre ce Royaume a pauvreté & desolation grande & tollir à l'Eglise Gallicane sa liberté & la rendre tributaire & en servitude perpetuelle. Et consideré que l'on ne pourroit publier & observer les dicts Concordats sans grandement offenser Dieu, la crainte du Pape & autres Princes ne doibt pouvoir ou induire de ce faire; & seroit trop plus grand mal & inconvenient sans comparaison d'offenser Dieu que le Pape ou autre Prince terrien. Et aussy ne vaut de dire, que le Pape nous declarera schismatiques: car telle declaration ne se pourroit faire sans nous ouir en nos defenses, les quelles consistent & sont tota-

Anno 1517.

lement fondées en l'honneur de Dieu, en la conservation de la liberté de l'Eglise & des Droicts du Roy, du Bien public de son Royaume & observance des Saincts Decrets des Conciles universaux de l'Eglise Catholique: & qui talia agunt, non merentur d'estre declarés schismatiques, ut notorium est: & outre les choses susdites est bien à noter que combien que le Roy Louis unsiesme, qui estoit grandement experimenté au regime de la chose publique & conservation de l'Estat de son Royaume, au commencement de son Regne consentist la revocation de la Pragmatique faicte par le Pape Pie, & en baillast Lettres, toutesfois aprés qu'il fut adverti par sa Cour de Parlement, & voyant la confusion & desordre, qui en pouvoit advenir à l'Eglise Gallicane, les grands maux & inconveniens, qui s'en ensuivroient; se destendit de la revocation auparavant interiettée par son Procureur general & enregistrée en la dicte Cour de Parlement tellement que non obstant son dit consentement, ne voulut la revocation susdicte sortir effect. Mais ordonna les Saincts Decrets de Pragmatique Sanction demeurer en leur entier. Et au regard de certains Concordats faicts par le dict Roy Louis unsiesme avec le Pape Sixte, furent les dicts Concordats faicts seulement touchant les mots * de conferer Benefices entre le Pape & les Ordinaires sans aucunement faire mention du droict d'eslire: & qui plus est, en furent iceux Concordats publiés en la Cour & n'eurent aucun effect, mais non obstant iceux les dicts Saincts Decrets de Pragmatique demeurerent en leur force & vertu. Et est soubs correction tres necessaire de pourvoir à la dicte revocation & promptement par le remede de l'appel, ainsi que dessus a esté touché; par ce que si le Pape ou ses successeurs ne vouloient observer les dicts Concordats, le Roy demeureroit destitué de remede, attendu la revocation dessus dicte. Et si on vouloit maintenir que le dict cas advenant le Roy pourroit retourner à la Pragmatique; Responce, que, si promtement n'est pourveu à la dicte Revocation par laps du temps, icelle revocation prendra force & vertu & voudront ceux de Rome soutenir, qu'elle auroit esté approuvée & passée en forme de chose jugée, tellement que l'on ne pourroit venir au contraire. Et si l'on disoit que les dicts Concordats sont faicts & passés par forme de vrays Concordats, & convention & sic, qu'ils ne se peuvent revocquer; Response que combien que regulierement tous les Concordats & obligations passées tant entre Princes qu'autres se doivent tenir & soient irrevocables; neantmoins quand ils sont faicts sur aucuns droicts Ecclesiastiques & spirituels, les Docteurs Canonistes tiennent, que le Pape les peut revocquer; non enim obligatio fit super re spirituali, nec per contrahentem etiam laicum potest prætendi commodum bursale, comme au cas de present, tunc Papa absolvit ab obligatione quæsita à Laico, per textum, & ibi expresse Innocentius, Panormitanus & alii Doctores in cap. *devoto*, facit glossa in cap. *constitutus*, super verbo *juramento*, & ibi Panormitanus, * a esté amplement touché, que les dicts Concordats sont contre l'honneur de Dieu, les libertés de l'Eglise, l'honneur du Roy & le Bien public de son Royaume.

XXI.

7. Fevrier. *Ligue héréditaire, & perpetuelle entre* MAXIMILIEN I. *Empereur des Romains. comme Archiduc d'Autriche pour lui & ses Etats héreditaires, & pour* CHARLES *Prince d'Espagne son Fils comme Duc de Bourgogne d'une part, & les* Treize Cantons Suisses *avec l'Abbé de* St. Gal *d'autre part. Donné à Bude en Hongrie le 7. Fevrier* 1517. [Etats & Empires du Monde, au Traité de la Republique des Suisses pag. 439. Tresor Politique livre 2. pag. 496.]

NOus Maximilian par la grace de Dieu Empereur des Romains, tousjours Auguste, Roy d'Allemagne, Hongrie, Dalmacie, & Croacie, Archiduc d'Austriche, de Bourgongne, Brabant, Comte Palatin, &c. pour nous mesmes, c'est à sçavoir en nostre propre nom, & aussi comme Protecteur, & au nom de l'Illustrissime Charles Archiduc d'Austriche, & Duc de Bourgongne, & de Brabant, Prince d'Espagne, Comte de Flandres & de Tirol, &c. d'une part & nous, &c. de la Ligue des Suisses, c'est à sçavoir de Zurich, Berne, Lucerne, Uren, Suits, Ondreuald dessus & dessous silve, Zugh avec l'Office de dehors, Glaris, Basle, Fribourg, avec l'Abbaye & Ville de Sainct Gal, & le pays d'Appentzel d'autre part: confessons, publions, & manifestons à chacun par la teneur des presentes, comme nous Maximilian esleu Empereur des Romains, par nostre bonté & benignité speciale, & par le devoir sommes prests, selon qu'il convient de gouverner en bonne paix, tranquilité & concorde, tous les nostres, & ceux qui sont du Sainct Empire, specialement nos hereditaires & fideles, de quelque degré, & sorte & condition qu'ils soient, pour augmenter & accroistre leurs biens, & garder qu'à l'advenir ils ne reçoivent aucun dommage, ayant humainement ordonné & consideré sur ce la commodité de nos Illustrissimes Maisons d'Austriche & de Bourgongne, comme elles sont voisines de ladite Ligue des Suisses, & leur peuvent bien servir; encor que cela ait esté fait humainement par nostre Oncle Sigismond d'Austrichie, comme ayant en perpetuelle union avec nostre cher Frere Louys Roy de France, pour luy & pour lesdits Suisses, lesdites Lettres données à Malines le 10. de Juin mil quatre, & en la teneur suivante d'Union héréditaire.

Et celle qui fut faite à Zurich le Lundy, avant S. Gall' année 1477. avec accord que les Suisses seroient subjects, & se monstreroient fideles executeurs & pleins de bonne volonté, & bons voisins du susdit Empereur des Romains selon qu'il nous convient, & ausdites Maisons d'Austriche & de Bourgongne & ce à l'honneur du tout puissant Dieu.

Nous Empereur Maximilian, comme Archiduc d'Austriche, avons pour cause de nos pays qui nous sont venus par la mort de nostre susdit Oncle Sigismond, & pour les appartenances d'iceux aussi, comme Protecteur de nostre cher & bien aymé Charles Prince d'Espagne, à raison de sa Comté de Bourgongne, avec bon & meur conseil, vraye cognoissance, & pleine consideration, avons ordonné l'Union perpetuelle du Roy Louys, & les suyvantes Unions hereditaires, l'un avec l'autre comme s'ensuit.

Premierement nousdites Parties, & pareillement tous nos successeurs & heritiers, Subjects & Compatriotes, & tous ceux qui naissent de nous, pouvons & devons avoir part à l'advenir perpetuellement à ladicte union avec vrayes deffences & promesses, & toute autre maniere, qu'ils seront aydez par chacune de nos Principautez, Comtez, Seigneuries, Isles pays & limites, & auront tout droict d'achepter, & de se fier l'un de l'autre, sans peril & prejudice des entreprises, & seront asseurez de la personne & des biens, & pourront aussi traicter & practiquer, par tout sans empeschement, charge & innovation d'aucune de nos Ordonnances, en toutes sortes, sans aucune fraude ou dommage.

Pareillement nous Empereur, & Charles susdits voulons qu'aucun de nos Subjects & successeurs ne face contre la Ligue generale, ny en general, ny en particulier n'y face mal à aucun des Confederez, d'où il puisse naistre quelque guerre.

Semblablement nous de la commune Ligue des Suisses voulons que nos Successeurs, tous les nostres, & ceux qui sont à present, ou seront à l'advenir à nous avec charge de deffence & promesses: ou qui en autre sorte seront possedez par nous, tant hommes que Villes & Chasteaux, avec tous peuples, ne facent mal ou scandale dont quelque guerre puisse naistre au gracieux Empereur, & à Charles Archiduc, leurs heritiers, successeurs & Subjets compris en ceste Ligue, ou autres qui deviendront leurs adherans en general & en particulier.

Et afin que ceste loüable conclusion & union entre nousdites Parties, & entre nos Successeurs, subjects, & appartenans puisse perseverer avec plus grande intelligence, nous avons declaré, que s'il advenoit en peu de temps, que nous Empereur en nos pays compris en ceste Union, & comme dessus, & nous Charles Archiduc en nostre Comté de Bourgongne, fussions attaquez ou nos heritiers, & successeurs, que nous susdits Suisses fideles aurons esgard à l'Empereur & aux siens, afin qu'ils ne soient pas offencez contre toute raison.

Et

ANNO 1517.

Et pour meilleure paix & tranquillité nousdites Parties avons specialement consenty que nous Empereur Maximilian, & Charles Archiduc, pays, & gens compris en ceste perpetuelle union, avec ceux qui à l'advenir y seront adjoincts, & appartenans, ne ferons aucune chose qui puisse esmouvoir guerre, & nousdicts Suisses en userons de mesme.

Ceux qui en particulier, ou en general, à present, ou à l'advenir ont, ou auront besoin de protection, & deffence, & qui sont, ou seront adjoincts, & appartenans à nous Archiduc d'Austriche, & à nos Principautez, Villes, & Jurisdictions comprises en ceste Ligue, ou ceux qui en la mesme forme, à present, ou à l'advenir, en general, ou en particulier sont, ou seront adjoincts, & appartenans à nous Suisses, & qui auront quelque plainte, procez, action, & pretention, si les Parties peuvent avec raison estre accordees, le Demandeur peut requerir sa Partie adverse de venir à la raison, & en fin devant les Evesques de Constance, & de Basle, presens, & futurs, la Partie requise se presentera sans autre delay, si non que la forme des Loix le portast autrement, & tel affaire sera terminé dans trois mois, depuis il sera commencé, & si une Partie ne comparoit, & n'obeyt, ce qui sera jugé s'executera sans aucune appellation, ny requeste, si non que quel qu'un fist paroistre qu'il eust esté destourné, & empesché par quelque grande necessité, ou autre chose.

Les differens des Fiefs hereditaires, biens immeubles, de violence, & petites debtes d'argent, & semblables causes se plaideront en la forme suivante: Les Fiefs seront plaidez devant le Seigneur du Fief, & selon le droict des heritages, & causes, au jugement des lieux ou sont les biens, & ou les violences sont faites, sinon que si celuy qui a fait violence s'estoit retiré hors de ladite Jurisdiction, & s'en vouloit fuyr, alors chacun pourra rechercher plus outre justice contre le fuyant, & les autres procez, & differens seront plaidez devant les Juges ordinaires des lieux, ou les deffendeurs habitent, & ce qui sera jugé raisonnable ausdites causes sera observé par toutes les Parties, sans aucun delay, appel, ou requeste.

Afin aussi qu'a l'advenir on soit preservé de telle violence il a esté conclud, avant qu'ils entrent en droict selon l'Ordonnance du jugement, que l'une, & l'autre Partie donnera asseurance qu'en perdant chacun sera satisfaict de son dommage.

Les Parties qui plaideront s'obligeront tousjours par escrit à l'endroit des Juges esleus pour terminer le procez, de n'en prendre aucune mauvaise opinion, & comme il a esté conclud par le Tres Chrestien Roy de France Louys en la perpetuelle intelligence.

Pareillement en l'union hereditaire faicte par nostre Oncle Sigismond Archiduc de bonne memoire, ou les huict Cantons, c'est à sçavoir Zurich, Berne, Lucerne, Uri, Suitz, Ondreuald, Zugh, & Glaris ne sont compris.

Mais nousdites Villes Basle, Fribourg, Schaffuse, cependant avec lesdits huict Cantons, de ladite Ligue, & aussi nous Abbé avec l'Abbaye, & Ville de S. Gall & le pays d'Apenzel avec nostre Ville, nos Chasteaux & pays, & lieux sommes depuis peu en ça venus avec lesditz douze Cantons en perpetuel Droict civil des pays adjoincts, &c. comme dessus.

Et nous Empereur Maximilian, & Charles Archiduc, &c. acceptons en la perpetuelle union, comme dessus, lesdits de Basle, Fribourg, Soleure, Schaffuse, l'Abbaye, & Ville de S. Gal, comme les autres susdits Cantons, ainsi que dessus.

Et afin qu'ausdits endroits toutes discordes soient ostées, on a conclud que de tous costez, tous actes, & propos deshonnestes cesseront, & quiconque y contreviendra sera condamné, selon la forme des paroles sans aucune faveur.

Pareillement tous les dix ans chacune des Parties se fera lire la presente Union pour mieux sçavoir ce qui doit estre observé.

Semblablement nousdites Parties avons reservé en ceste Union le S. Siège, le S. Empire, & tous ceux à qui nous sommes obligez

Nous avons aussi reservé que la Ligue, Union & intelligence, Droict civil, & droict des Parties, & ceste nostre hereditaire Union, declaration, renouvellement avec les meliorations sera en general, & en particulier par nousdites Parties, & par nos heritiers, successeurs, Subjets, &c. à l'advenir inviolablement, & sans fraude observé, & executé.

Et sur ce par grace speciale nous avons consenty, nous Empereur pour nous, & comme Protecteur de Charles Archiduc pour augmentation de bonne volonté, de donner toutes les années ausdits Suisses en la ville de Zurich, le jour de la Saincte Croix de May, & à chacun desdicts Cantons par honneur, deux cens florins de Rhin, & à l'Abbé de S. Gal, & au pays d'Appentzel cent florins chaque année à chacun, jusques à tant que ledit Charles d'Austriche, sera entré en possession de ses Estats hereditaires.

Et nous Empereur voulons aussi que le dit Charles parvenu en aage de maturité, confirme la presente Union avec serment &c.

Et en foy de la presente seellée du seel de nous Empereur, & Charles Archiduc, & heritiers, & successeurs de tous deux, nous nous obligeons d'observer, & executer inviolablement tous les Articles, & Poincts de la Ligue, & pour ce nous avons ici attaché nos seaux, & juré d'observer, &c.

Donné à Bude en Hongrie le 7. Fevrier, 1517. de nostre Empire 15. & de nostre Regne de Hongrie le 21.

XXII.

Permutatio inter GULIELMUM *Marchionem Montisferrati ex una*, & THEODORUM, *ac* FREDERICUM *Fratres ex Marchionibus Incisæ, ex altera parte, qua* GULIELMUS *dictis Fratribus assignat dimidiam partem Castrorum* S. STEPHANI, *Vallis Belbi*, & *Castiglioni Tinellæ pro indiviso cum* ALBERTO *de Incisa, cum omni jurisdictione meri ac mixti Imperii sub certis oneribus, dicti vero Fratres Marchioni cedunt omnia jura sibi competentia in Marchionatu Incisæ. Actum in Castro Casalis 25 Aprilis Anno 1517. Indictione V.* [Authentique tiré des Archives Archiducales de Mantoüe.] 25. Avril.

IN Nomine Domini Amen. Anno Nativitatis ejusdem millesimo quingentesimo decimo septimo, Indictione quinta, die vero vigesimo quinto mensis Aprilis, actum in Castro Casalis, videlicet in Camerino novo voltato, & existenti versus meridiem ante viridarium novum, præsentibus Reverendo, & magnifico Equite Hieronimo, Domino Benvenuto de Sancto Georgio de Blandrate Comite, Marchionalis Senatus Præside, magnificis Equitibus, & Doctoribus Domino Francisco Grosso, & Domino Francisco Pugella Marchionalibus Consiliariis, spectabili Equite Domino Anselmo de Vicecomitibus Marchionali Camerario, ac spectabili Domino Aluysio Papalardo Balisteriorum Marchionali Capitaneo Testibus idoneis vocatis specialiter, & rogatis, in quorum quidem testium, & mei Notarii infrascripti presentia, cum sit quod facta expugnatione Castri, seu Arcis Incisæ, per Illustrissimum Principem, & Excellentissimum Dominum Gulielmum Marchionem Montisferrati, & quidem non mediocri illius sumptu, & impensa. Cum in ea adversus ipsum Illustrissimum Dominum Marchionem se opposuerit quondam Oddo ex Marchionibus de Incisa ipsius Domini Marchionis Vassallus, & Subditus, quod postquam a fide ejusdem Domini Marchionis recesserat, seque rebellaverat, ut validius contra eum persisteret, & in felonia sua perseveraret, in Arce ipsa pro viribus se munierat, fuisset ipse Illustrissimus Dominus Marchio requisitus ab ipsis Nobilibus, qui per dictum quondam Dominum Oddonem expulsi, & bonis eorum fuerant privati, ut dignaretur eos ad bona, que ante expulsionem prædictam tenebant, & possidebant, tam in ipso loco Incisæ, quam in aliis locis, & toto Territorio Marchionatus, & Mandamenti Incisæ, & pertinentiarum reintegrare, & propterea se presentaverint coram prelibato Illustrissimo Domino Marchione Reverendus Dominus Theodorus, ac spectabilis Dominus Fredericus Fratres, & Filii, quondam Spectabilis Domini Bartholomei de Incisa ex dictis Nobilibus, supplicantes humiliter Dominationi suæ, ut velit eis remittere, & restituere nonnullas eorum partes dicti Castri, loci, & Marchionatus, cum Jurisdictione, homaggio, & proprietatibus existentibus in Territo-

Anno 1517.

rio, loco, Terris Marchionatus Incisæ, una cum bonis, & Juribus omnibus quondam Domini Carlini ex dictis Nobilibus Incisæ, eisdem Dominis Theodoro, & Frederico Fratribus spectantibus, & pertinentibus, tamquam proximioribus ejusdem Domini Carlini in gradu succedendi, que eisdem detinebantur, & occupabantur per dictum quondam Oddonem, ut asseruerunt, vel ipsas partes, & portiones, ac jura, & bona in se potius retinere dictus Dominus Marchio, & eis contracambium aliquod & scontrum in Dominio suæ Excellentiæ assignare, & tradere, quod libentius acceptarent, non immemores antiquarum discordiarum, & inimicitiarum inter ipsos Nobiles, jam diu versarum, & etiam nunc vigentium, & vertentium, ex quo longe ab ipso loco Incisæ, & Marchionatu illius ipsorum vitas tutte' ducere cupiunt satis. Ecce quod illorum precibus annuens prelibatus Illustrissimus Dominus Marchio ad infrascriptam permutationem, conventionem, & contractum, cum ipsis Dominis Fratribus modis, formis, pactis, & conventionibus infrascriptis devenit, videlicet, quia prælibatus Illustrissimus Dominus Marchio sponte, & ex ejus certa scientia, ac animo deliberato omnibusque melioribus modo, jure, via, & forma quibus melius, & validius fieri potuit, & potest, pro omni & toto eorum prædicti Dominus Theodorus, & Fredericus habebant, habentque & seu habere pretendere possent, ac sibi competere, nunc, & in futurum in dictis Castro, loco Incise, Oppidis, bonis, locis, & rebus in dicto Marchionatu existentibus, dedit, tradidit, & assignavit, ac dat, tradit, & assignat in cambium, & pro scontro prædictis Dominis Theodoro, & Federico prælentibus, stipulantibus, & acceptantibus pro se, eorumque hæredibus, & successoribus, Ita tamen quod presens assignatio cedat in cambium, & locum ut supra cujuscumque partis, & quorumcumque jurium, & bonorum eorundem Dominorum Theodori, & Federici eisdemque spectantium. & pertinentium, ac spectare, & pertinere valentium in dictis Castris, terris, locis, & pertinentiis Marchionatus Incisæ, Proprietatibus, Bonis, Juribus. & aliis de quibus supra, quodcumque qualitercumque, & ex quavis causa que dici. aut excogitari possit, videlicet dimidias Castrorum Sancti Stephani Vallis Belbi. & Castiglioni Tinelle pro indiviso, cum spectabili Domino Alberto de Incisa filio quondam Domini Joannis Jacobi, cum mero, mixto Imperio. Gladii potestate, & omnimoda jurisdictione, & primis appellationibus dumtaxat, pedagiis, molendinis, Torcularibus, Furnis, aquis, aquaticis, aquarum decursibus. piscationibus, & venationibus, terris, pratis, vineis, nemoribus, Castagnettis, & Gerbidis, Fructibus, Censibus, & redditibus omnibus dictis Castris spectantibus, & pertinentibus, ac spectare consuetis pro dimidia, & pro indiviso ut supra, salvis tamen semper, & reservatis prelibato Illustrissimo Domino Marchioni homagiis, & fidelitatibus hominum dictorum locorum Sancti Stephani, & Castiglioni, nec non ordinariis compositionibus, taxis equorum, subsidiis dotium, & aliis quibuscumque prestari solitis, & consuetis per homines dictorum locorum prælibato Illustrissimo Domino, *Domino Marchioni*, quæ omnia cum omni super indicto prelibata Excellentia Marchionalis in se reservavit, & reservat ea tamen lege, quod prædicti *Dominus* Theodorus, & Dominus Federicus in casum necessitatis possint, & valeant de bonis, & Proprietatibus prædictis vendere, alienare, ippotecare, *pignorare*, & *obligare*, *ita* tamen quod alienatio, venditio & ippotecatio prædicta fiat in gratam personam prælibato Illustrissimo Domino *Marchioni*, & non aliter, & quod talis persona teneatur de bonis ipsis debitam facere recognitionem suæ Excellentiæ, & investituram suscipere intra tempus debitum, salvis tamen, & reservatis dictis Castris, & Jurisdictionibus, cum gladii potestate, & aliis jurisdictionibus, quæ, & quas in dicto casu nullatenus ipsi Dominus Theodorus, & Dominus Federicus vendere, alienare, ippotecare possint, reservatis ipsi Illustrissimo Domino Marchioni, suisque hæredibus, & successoribus super dictis redditibus, ipsis Fratribus ut supra in cambium, datis, & assignatis, singulis annis scutis triginta solis, seu eorum debito valore, que ipsi Dominus Theodorus, & Dominus Federicus suique hæredes, & successores solvere teneantur in Kalendis Maji cujuslibet anni prelibato Illustrissimo Domino Marchioni suisque Illustr. heredibus, & successoribus in perpetuum, aut agentibus pro sua Excellentia. Item reservatis scutis quinquaginta, quæ dicti Fratres, ex redditibus prædictis solvere teneantur Domino Gulielmo de Incisa, alias Militi Sancti Jacobi, omni anno dum vixerit, & post mortem ipsius dicta scuta quinquaginta similiter omni anno solvant, & solvere teneantur, tam ipsi, quam eorum heredes prælibato Illustrissimo Domino Marchioni suisque Illustrissimis hæredibus, & successoribus ut supra in dictis Kalendis Maji, & hoc ultra dicta scuta triginta de quibus supra, ad habendum, tenendum, & possidendum, & quicquid dictis Dominis Theodoro, & Federico, suisque heredibus, & successoribus deinceps perpetuo placuerit faciendum, salvis tamen ipsi Domino Marchioni Jure feudi, & superioritatis, ac Investituræ per ipsos Dominos Theodorum, & Federicum sumendæ de dicta dimidia dictorum Castrorum, cum aliis de quibus supra, constituens, prelibatus Illustrissimus Dominus Marchio, se tenere, & possidere dicta bona, seu quasi traddita, & assignata in locum, & cambium ut supra; salvis tamen promissis, nomine, & vice dictorum Dominorum Theodori, & Federici, donec de eis corporalem acceperint possessionem seu quasi, quam accipiendi, & captam retinendi auctoritate propria, & absque aliqua licentia, suæ *Excellentiæ licentiam omnimodam contulit*, atque dedit, ac confert, & dat dictis Dominis Theodoro & Federico ut supra, & e contrario prædicti Domini Theodorus, & *Federicus* attentis præmissis de quibus supra, protestando, & jurando se nullam fecisse protestationem, aut contractum. quæ vel qui contraria, aut contrarius sit presenti contractui, vel saltem que illi obesse habeat, ut expresse in manibus mei Notarii juraverunt se non fecisse, & siqui in futurum reperirentur, prout non credunt, ipsas protestationem, & contractum ex nunc revocarunt, & revocant, ac eis nolle uti, nec se posse juvari, aut hæredes eorum, & successores in perpetuum voluerunt, medio ipsius juramenti, & illius vigore, eis ex nunc renunciarunt, & renunciant animo deliberato, & non inducti, nec seducti vi, metu, aut aliqua alia machinatione circumventi, sed quia sic eis facere placuit, & placet ut asseruerunt, ac aliis omnibus melioribus modis, Jure, via, forma, & causa, quibus melius, & validius potuerunt, & possunt, cesserunt, remiserunt, transtulerunt, & mandarunt per se ejusque hæredes, & successores in perpetuum, ac dant, tradunt, cedunt, remittunt, transferunt, & mandant in cambium, ac locum, & pro incontro præmissorum superius per Excellentiam suam assignatorum, & traditorum prelibato Illustrissimo Domino Marchioni presenti, stipulanti, & acceptanti pro se, suisque Illustr. hæredibus, & successoribus in perpetuum omnia, & singula Jura, omnesque & singulas partes, & actiones, reales, & personales, utiles, directas, mixtas, & Ippotecarias, ac in rem scriptas, & alias quascumque quibusvis nominibus nuncupentur, ipsis Dominis Theodoro, & Federico competentia, & competentes, & seu quæ in futurum competere possunt quovis *modo*, jure, titulo, & ex quavis causa, que dici, vel excogitari possit in Castro, loco, Terris, & Villis Incisæ, & illius jurisdictione, ac districtu, *homagiis*, fidelitatibus hominum, mero mixtoque Imperio, omnimoda Jurisdictionè, & Gladii potestate, fodris, rodiis, *subsidiis Dotium*, Furnis, *molendinis*, *fructibus*, censibus, redditibus, prediis, tam allodialibus, quam feudalibus, & aliis pertinentiis dicti Marchionatus, ac ejus districtus, aliisque cujuscunque generis, & maneriei sint, vel existant, quæ Jura, ac Bona & predia, & tradiderunt, & cesserunt prelibato Illustrissimo Domino Marchioni præsenti, stipulanti, & acceptanti ut supra titulo suprascripto, dicta jura, & actiones a se ipsis dicti Domini Theodorus, & Federicus abdicando, & renunciando, & in prælibatum Illustrissimum Dominum Marchionem præsentem, & acceptantem ut supra totaliter transferendo. Ponentes ipsum Illustrissimum Dominum Marchionem presentem, & acceptantem ut supra, quoad præmissa in locum, & statum ipsorum Dominorum Theodori, & Federici, ac ipsum Illustrissimum Dominum Marchionem Procuratorem ut in rem propriam constituentes, ita & taliter quod prelibatus Illustrissimus Dominus Marchio suique Illustr. hæredes, & successores in perpetuum deinceps dictum Castrum Incisæ, loca, & Marchionatus pro dictis portionibus, ac prædia, bona, & jura, & pertinentias de quibus supra, habeat, teneat, possideat seu quasi, & de eis faciat. & disponat prout, & quemadmo-

mo-

ANNO 1517. modum Excellentiæ suæ ejusque Illustr. hæredibus, & successoribus deinceps, & perpetuo placuerit faciendum, nec non & bona prædicta, ac jura tueantur his modis, & formis, eisdemque actionibus, & juribus quibus, & prout dicti Domini Theodorus, & Federicus potuissent, & poterant ante presentem Contractum, & ante illorum violentam occupationem dicti Oddoni. Constituentes quoque se dicti Domini Theodorus, & Federicus tenere, & possidere seu quasi dictas portiones, prædia, & jura, ac bona in cambium ut supra data, & cessa nomine & vice prelibati Illustrissimi Domini Marchionis suorumque Illustr. hæredum, & successorum in perpetuum, donec de eis corporalem, seu quasi acceperit possessionem per se vel alium. Quam accipiendi deinceps, & captam retinendi quoad ipsorum Dominorum Theodori, & Federici partes, & portiones supradictas eidem Illustrissimo Domino Marchioni stipulanti, & acceptanti ut supra auctoritate propria Excellentiæ suæ omnimodam contulerunt, atque dederunt, ac conferunt, & dant licentiam, & possessionem quam habet prelibatus Illustrissimus Dominus Marchio præmissorum bonorum, & jurium prout habet, & quemadmodum dicti Domini Theodorus, & Federicus confitentur prelibatum Illustrissimum Dominum Marchionem habere illam, confirmarunt, & confirmant. Et hoc animo, & intentione omne Dominium, & omnem possessionem civilem, naturalem, & corporalem, seu quasi, ac omne jus, quod & quam prædicti Domini Theodorus, & Federicus habent, & seu habere pretendunt, ac dicti eorum hæredes & successores habere prætenderent, & pretendere possent in dictis Bonis, Juribus, & pertinentiis, ac Marchionatu Incisæ, ac aliis rebus, & oppidis ut supra remissis, & cessis in prelibatum Illustrissimum Dominum Marchionem transferunt. Insuper prædicti Domini Theodorus, & Federicus per se, ac suos hæredes, & successores in perpetuum quietarunt, absolverunt, & liberarunt prelibatum Illustrissimum Dominum Marchionem presentem, stipulantem, acceptantemque pro se, se suisque Illustr. heredibus, & successoribus, mediante assignatione eis facta, & contracambio de quibus supra, ab omni, & toto eo quod ipsi Domini Theodorus, & Federicus eorumque hæredes, & Successores occasione præmissorum bonorum, & jurium prelibato Illustrissimo Domino Marchioni ut supra assignatorum pro cambio, ac datorum, & cessorum eidem, quovis modo, causa, & occasione quorumcumque, & qualitercumque habere, petere, & vendicare potuissent, & possent, pactum de ulterius quocumque non petendo ipsi Illustrissimo Domino Marchioni, ejusque Illustrissimis hæredibus, & Successoribus in futurum de, & pro præmissis fecerunt, & faciunt. Renunciando exceptioni doli mali, vis, metus, actioni in factum conditioni indebiti, sine causa ob causam, vel ex injusta causa, ac omni Juri, ac Legum auxilio, ac omnibus aliis juribus, statutis, consuetudinibus, quibus contra præmissa, vel aliquod præmissorum dicere, opponere, vel venire possent, & de jure, vel aliter quocumque, & qualitercumque, reique non sic vel aliter gestæ; quæ quidem omnia, & singula suprascripta, & in presenti Instrumento contenta prelibatus Illustrissimus Dominus Marchio in verbo veri Principis, & suprascripti Domini Theodorus, & Federicus promiserunt, & promittunt sibi ipsis ad invicem solemnibus stipulationibus hinc inde intervenientibus se se semper, & perpetuis temporibus habere, & tenere, rata, grata, valida, & firma, attendereque, & observare, & in aliquo non contrafacere, dicere, opponere, vel venire, nec alicui contravenienti causam prestare per se, aut alium, vel alios directe, vel indirecte, tacite, vel expresse aliqua ratione vel causa de jure, vel de facto, etiamsi de jure possent, immo solemni stipulatione interveniente invicem promiserunt, & promittunt prædicta omnia, & singula bona, & Jura hinc inde assignata, ac in cambium, & pro incontro & cambio data deffendere, & disbrigare ab omni persona, Communi, Collegio, & universitate, & in casum cujuscumque imbrigamenti, sive de jure, sive de facto, vel alias quodcumque fieret, & seu quod fieri contingeret, possit prelibatus Illustrissimus Dominus Marchio ad dicta Castra, bona, & jura, in cambium data dictis Dominis Theodoro, & Federico, redire, & ea sua propria auctoritate capere, & rehabere, sub mutua, & reciproca obligatione, & hippoteca omnium, & singulorum bonorum suorum, mobilium, & immobilium, ac se moventium presentium, & futurorum, & eorum que non veniunt in generali obligatione, & precipue dicti Domini Theodorus, & Federicus hippotecarunt, & obligaverunt ipsi Illustrissimo Domino Domino Marchioni bona sua suprascripta in cambium ut supra data per ipsum Dominum Marchionem, que in casum alicujus contraventionis, & imbrigamenti de quibus supra constituerunt se tenere, & possidere nomine, & vice prelibati Illustrissimi Marchionis, ac ejus Illustrissimorum heredum, & successorum in perpetuum, quæ bona redeant ipso jure, & facto in casu alicujus contraventionis fiendæ per ipsos Dominos Theodorum, & Federicum, vel eorum hæredes, & successores sive habentes, & habituros causam ab eis, vel eorum hæredibus, & successoribus, ac etiam in casum alicujus imbrigamenti ut supra in perpetuum ad ipsum Illustrissimum Dominum Marchionem, sive ejus Illustres heredes, & successores, & predicti Domini Theodorus, & Federicus, ac dicti eorum hæredes, & successores in perpetuum illis privati sint, & esse intelligantur, & nihilominus presens renunciatio, ac remissio, a dictis Castro, loco, & Marchionatu Incisæ, cum pertinentiis, & aliis omnibus de quibus supra eos excludere habeant, illisque privati sint, & ad majorem præsentis Contractus, & in presenti Instrumento corroborationem, juraverunt, & jurant dicti Domini Theodorus, & Federicus ad Sancta Dei Evangelia in manibus mei Notarii infrascripti, tactis corporaliter manibus Scripturis præmissa omnia, & singula fore, & esse vera, ac ea attendere, & observare ut supra, sub pæna perjurii, & pænarum Juris, & sub obligatione, & restitutione suprascriptis. Item juraverunt ut supra se absolutionem, & habilitationem a dicto juramento non petere, nec imperrare, & ea impetrata non uti. Preterea prelibatus Illustrissimus Dominus Marchio, & dicti Domini Federicus, ac Theodorus renunciarunt, & renunciant in præmissis omnibus, & singulis omni exceptioni doli mali, vis, metus, conditioni indebiti sine causa, vel ex injusta causa, ob causam, actioni in factum, reique non sic, vel aliter gestæ, & omni alii Juris, vel Legum auxilio, beneficio, sive statuto, quo vel quibus contra predicta, vel aliquod prædictorum dicere, facere, vel venire possent, vel quomodolibet aliquis ipsorum se juvare posset, & deinde prelibatus Illustrissimus Dominus Marchio jussit, & precepit, dicti vero Dominus Theodorus, & Federicus rogaverunt Instrumentum publicum fieri debere per me Notarium infrascriptum dictamine sapientis si fuerit opportunum. ANNO 1517.

L. H T. Ego Petrus de Vinea filius quondam Domini Johannis de Loco Cersi publicus Imperiali auctoritate Notarius, & prelibati Illustrissimi Domini Marchionis Secretarius premissis omnibus, & singulis dum sic ut prefertur agerentur interfui, jussusque, & rogatus suprascriptum Instrumentum recepi. Quod aliis negotiis occupatus, per alium Notarium mihi fidum ab Originali meo exemplari, & extrahi feci & quod facta diligenti auscultatione cum originali ipso, illud concordare inveni, Ideo hic me cum soliti mei signi Tabellionatus appositione subscripsi in fidem, & testimonium omnium, & singulorum premissorum.

Cum ejus Authentico in pergamena scripto, sicut supra expedito in secretiori Archiducali Mantuæ Archivio adservato præsentem sumptam Copiam omnino conferre attestor.

Ego Ludovicus Nob: olim H. Octavii de Mazziis filius Civis, publicusque Imperiali auctoritate, Mantuæ Notarius, ac dicti secretioris Archiducalis Archivii Cancellarius. In quorum &c. hic me, solita cum attestatione, subscripsi hac die 18. Julii 1720.

Ita verum esse affirmo Ego Joseph Maria Castileonus ejusdem Archivii Præfectus, hac die 19. Julii 1720.

ANNO 1517.

XXIII.

16. Septemb. *Papæ* LEONIS X. *Concessio, facta* EMMANUELI *Portugalliæ Regi, ut Personas idoneas ad quæcumque Monasteria Ordinum quorumcumque etiam S. Augustini, pro tempore vacantia nominare valeat. Datum Romæ* 16. *Septembris* 1517. [Sur la Copie imprimée à Lisbonne en 1707. in 4. avec permission & Privilege.]

LEO PAPA X. Charissimo in Christo Filio nostro Emmanueli Portugalliæ, & Algarbiorum Regi Illustri. Charissime in Christo Fili noster, salutem, & Apostolicam benedictionem.

§. 1. NUper cum statui tuo plurimum expedire dignosceretur, ut Monasteriis Regni tui Personæ tibi gratæ, & fideles præficerentur, aut illa eis in Commendam, seu Administrationem concederentur, qui scirent, vellent, & valerent Personas tibi subditas ad tibi fideliter deserviendum inducere, ac in tuis Fide, & Devotione conservare, Majestati tuæ quoad viveres duntaxat, facultatem nominandi nobis, & Romano Pontifici pro tempore existenti Personas idoneas ad quæcunque Monasteria Ordinum quorumcunque, & de quibus Consistorialiter disponi consuevit, in Regno suo consistentia, & quorum fructus etiam in libris Cameræ Apostolicæ taxati reperiuntur, per decessum, seu alias quomodolibet, præterquam apud Sedem Apostolicam pro tempore vacantia, per nos, & pro tempore existentes Romanos Pontifices ad nominationem hujusmodi Monasteriis prædictis præficiendas: ita ut ad Monasteria ipsa Monachos idoneos, ut illis præficiantur, seu etiam sæculares Clericos, aut Prælatos, quibus illa commendari possent, nominare valeres, per alias nostras *Literas motu proprio*, & ex certa nostra scientia inter alia concessimus, prout in dictis Literis plenius continetur.

§. 2. Cum autem, sicut accepimus, licet per dictas Literas fuerit tibi concessa potestas nominandi Personas ad quæcunque Monasteria Ordinum quorumcunque pro tempore vacantia: quia tamen à nonnullis revocari dicitur in dubium, an liceat tibi nominare Personas ad Monasteria etiam Ordinis S. Augustini, quæ pro tempore vacabunt.

§. 3. Nos igitur ad hujusmodi tollendum dubium, Motu simili, & ex certa nostra scientia, auctoritate Apostolica tenore præsentium decernimus, & declaramus Majestati tuæ licere nominare Personas ad quæcunque Monasteria, etiamsi S. Augustini Ordinis fuerint, dum illa pro tempore vacare contigerit.

§. 4. Non obstantibus omnibus, quæ in dictis Literis voluimus non obstare, cæterisque contrariis quibuscunque.

Datum Romæ apud S. Petrum sub Annulo Piscatoris, die 16. Septembris 1517. Pontificatus nostri anno 5.

XXIV.

1718. 27. Mars. *Appellatio Universitatis* Parisiensis *pro Electionum & Juris Communis Defensione adversus* Concordata Bononiensia. *Actum Parisiis* 27. *Martii Anno* 1517. *ante Pascha.* [GG. LEIBNITZII *Codex Juris Gentium*, in Mantissa part. 2. pag. 358.]

UNiversis præsentes Litteras inspecturis Rector & Universitas Magistrorum, Doctorum & Scholasticorum Parisiis studentium salutem in Domino. Notum facimus, quod nos apud Sanctum Bernardum Parisiis supra infrascriptis & aliis nostris negotiis agendis *per juramentum* convocati, in quodam Codice papireo, cujus tenor quidem Codicis papirii tenor sequitur & est talis.

2. Præmissis expresse protestationibus, quod contra unam sanctam, Catholicam & Apostolicam Ecclesiam, quam totius Orbis esse magistram & obtinere principatum credimus, sanctasque Sedis [f. Apostolicæ] Authoritatem & Sanctissimi Domini nostri Papæ bene consulti potestatem nihil dicere intendimus, si quid ex lubrico linguæ forsan maledictum sit parati emendare; sed quoniam, qui vices Dei agit & gerit in Terris, quem Papam dicimus, quamvis à Deo potestatem immediate habeat, per hanc potestatem non impeccabilis efficitur, nec potestatem non peccandi accepit; ita ut, si quid, quod injustum est, faciendum esse præceperit, patienter sustinere debeat, si non fiat, quod ei prava fuerit insinuatione suggestum, & quod parendum non sit, si quid contra divina præcepta statuendum esse decreverit, immo ei resisti jure potest. ANNO 1518.

3. Quod si illi potestatum auxilio falsa forsan suggestione vel minus sano consilio deceptorum avido [*hæc corrupta sunt*] resisti potest (*) sublataque *sunt resistendi* remedia; unum tamen jure naturali proditum est, quod nullus Princeps tollere potest, appellationis remedium, cum sit quædam defensio, quæ jure divino, naturali & humano cuique competit, nec potest auferri a Principe, ut in Clem. *Pastoralis* de sent. & re jud. & notat splendor Canonistarum Innoc. in c. *qua in Ecclesiarum* de consti. Ad hujusmodi ergo appellationis remedium, quo oppressi relevantur, confugientes.

4. Nos Rector & *Universitas Studii Parisiensis* Illustrissimi ac Christianissimi Principis nostri Francorum Regis *filia primogenita*, antiqua Studiorum parens, vice ac nomine nostris singulorumque Doctorum, Magistrorum & Scholasticorum Parisiis studentium, animoque & intentione provocandi & appellandi à pressuris & gravaminibus infrascriptis, dicimus & proponimus, nosque loco & tempore opportunis & congruis probaturos asserimus, quæ sequuntur. Imprimis, quod, cum priscis illis temporibus hæreses multæ pullularent plurimique errores insurgerent, dissidia orirentur, Ecclesiasticique statûs inter fideles deformatio conspiceretur; fuerunt sacra generalia Concilia proinde statuta, in quibus hæreses extirparentur, mores reformarentur (Christianorum incumbit officio) & præcipue ante omnia sacra Constantiense & Basiliense Concilia, quæ successivè ac legitimè in Spiritu Sancto congregata universalem Ecclesiam repræsentantia quamplurima circa præmissa statuerunt, maxime circa statûs Ecclesiastici tam in capite quàm in membris reformationem, quæ illis diebus precipuè reformatione indigere videbantur, cum deformitates eandem Ecclesiam inficere conspicerent; ut repressis deformitatum scelerumque regnantium enormitatibus perniciosis, quæ super Christianitatem spretis antiquorum Patrum Decretis & institutis salutaribus multas clades multaque crimina incidisse [f. intulisse] videbantur; divinus honor refloreret in terrìs, lumen Catholicæ veritatis (Christo vera luce auxiliante,) effulgeret, & Ecclesiæ veritatis conservatio subsisteret, populusque Christianus salubriter regeretur & ad salutem perduceretur æternam. Et inter cætera perpendit ipsum sacrum Basiliense Concilium, qualiter per Sanctos Patres antiquos sacri Canones salubriaque Decreta pro fœlici regimine jam dicti status Ecclesiastici tam [f. tum] super electionibus modisque Ministros Ecclesiæ assumendi & constituendi conditi fuerunt; qui quamdiu fuerunt observati, Ecclesia Dei fructus honoris & honestatis fœlici libertate produxit, disciplinæ Ecclesiæ vigor perstitit, Religio, pietas, charitas ubertim floruerunt, hominesque in quietudine animi constituti, Deum authorem pacis devotissime coluerunt. Sed postquam damnatæ ambitionis improbitas humanitatis jura violando ipsa Sanctorum Patrum Decreta paulatim cœpit deserere atque contemnere & in vitia ruere; subsecutæ sunt deformationes status Ecclesiastici atque *decolorationes* & usurpationes, præsertim per Prælaturarum dignitatumque & aliorum Beneficiorum reservationes & gratiarum ad vacatura Beneficia expectativarum à jure exorbitantium multiplicationes & innumerabiles concessiones & alia gravissima & importabilia onera, quibus Ecclesiæ Ecclesiasticorumque personæ graviter afflictæ & fere ad æternam evacuationem & destructionem illis diebus ruere conspiciebantur: cum beneficiorum Ecclesiasticorum patrimonia & bona indigni occupabant, & sæpe dignitates ac Beneficia notabilia & opulentiora personis conferebantur incognitis & indignis, quæ in eisdem Beneficiis

(*) f. sensus est: quod si illi Potestatum auxilio falsa forsan, &c. deceptorum *nixo* resisti *non* potest, sublataque sunt [alia] resistendi remedia; unum tamen &c.

ANNO 1518. neficiis minime residebant, *& animarum cura, quæ est ars artium*, neglecta, velut mercenarii temporale lucrum quærebant; sicque cultus minuebatur divinus, animarum cura negligebatur, Ecclesiastica jura peribant, ruebant ædificia, quæ magnificentia extruxerat decessorum, & Clerici Literarum scientiis & virtutibus effulgentes, qui ad Christianæ plebis ædificationem salutarem vacare possent, (quorum perlucida & salutaria documenta prædictam illustrarent Ecclesiam, decorarent virtutibus, & moribus informarent; per quos quasi per luminosas ardentesque lucernas super candelabrum in domo Domini positas errorum tenebris profugatis, totius corpus Ecclesiæ tamquam sydus irradiaret matutinum; eorumque fœcunda facundia, cœlestis iniqui [irrigui] gratia influente Scripturarum ænigmata reserarent, obscura dilucidarent dubiaque declararent; profundisque ac decoris illorum sermonibus ampla ipsius Ecclesiæ fabrica velut gemmis vernantibus rutilaret & verborum elegantia singulari gloriosius sublimata coruscaret; qui etiam Regnorum & Rerumpublicarum consiliis forent opportuni,) propter spem congruæ promotionis eis ablatam divinarum & humanarum scientiarum studia deserebant. Insuper reservationum & expectativarum occasione captandæ mortis alienæ votum ingerebatur, lites suscitabantur, contentiones & rixæ inter Christi ministros oriebantur, ambitio pluralitatis Beneficiorum execrabilis fovebatur, pauperes Clerici variis & innumeris personarum & rerum discriminibus subjiciebantur & per callidos & calumniosos opprimebantur. Beneficia quoque Ecclesiæ per litium involutiones & multiplicationes sæpius injuste occupabantur & sine divinis Officiis sæpius remanebant, materia injustis vexationibus parabatur, abusus Presbyterii, horrenda & detestanda specie labis Simoniacæ respersi, committebantur, juvenibus bonæ indolis qui studiosis & virtuosis artibus intendere deberent, evagandi materia præbebatur, & breviter, status Ecclesiæ confundebatur, plurimaque adversus divina & humana jura in animarum perniciem & Ecclesiæ ac Regnorum atque Provinciarum præcipue *Regni Franciæ & Delphinatus Viennensis* oppressionem & destructionem perpetrabantur: Quorum quarumque Thesauri in extraneas regiones asportabantur, ut eo exhausto sacerdotioque depresso Regna ipsa & Subditi debiliores in adversis redderentur, Beneficiaque jam non gratis (juxta Evangelicam Doctrinam Christique præceptum dicentis; gratis accepistis, gratis date, & contra Concilium Lateranense præcipiens; ut pro conferendis sive collatis Beneficiis nemo aliquid quocumque prætextu exigere ac extorquere præsumat;) sed cum summa ambitione & avaritia, aurique & argenti exactione conferebantur.

5. His igitur tam detestabilibus incommodis, divinæ procul dubio displicentibus voluntati, saluberrimè providere cupiens *Consilium Basiliense* memoratum, contra has saluberrima constituit & edidit Statuta & Decreta, volens & ordinans, ut tales Ecclesiæ præficerentur Pastores, qui tamquam columnæ & bases ipsam Ecclesiam Doctrina & meritis firmiter sustentarent; [&] non quidem per reservationes generales Ecclesiarum hujusmodi, sed *per Electiones & confirmationes Canonicas*, juxta Juris communis dispositionem, Ecclesiis ipsis Metropolitanis, Cathedralibus, Monasteriis, Collegiatis Ecclesiis, & Dignitatibus electivis vacantibus debitè provideretur, *reservationes generales hujusmodi reprobando*, certis duntaxat exceptis; certam salutarem formam, antiquis formis à jure introductis adjiciendo, & insuper ut per singulas Ecclesias Ministri instituerentur idonei, qui scientiis & virtutibus effulgerent, ad Christi gloriam & Populi Christiani salutarem ædificationem; *reprobando multitudinem gratiarum expectativarum*, quæ dignorum Ministrorum institutioni & promotioni obviabant: *ac reservationes quascumque Beneficiorum sive per Papam, sive per Legatos reprobavit* ac nullas & invalidas declaravit. Voluit insuper & statuit, ut per Prælatos & eos, ad quos Beneficiorum collatio & dispositio spectare dignoscitur, *viris studiosis certisque qualitatibus specificatis prædictis, qui per universitates generalium studiorum eisdem Prælatis nominarentur, Canonice provideretur*, certis modificationibus & Decreto irritante adjectis. Præterea ut fraterna charitas in Clero & Populo vigeret, & ne quis Populum suum indebite vexationibus opprimeret, sed justitia ordine debito cuilibet ministraretur; ad obviandum infinitis abusibus & variis incommodis quæ inoleverant, statuit, ut pro salute & quiete Subditorum justitia partibus cum honestate & facilitate ministraretur, *ne studentes & alii Subditi extra Regna & Provincias suas ad Curiam Romanam traherentur & citarentur*; ne etiam per hoc hujusmodi Regnorum & Provinciarum facultates exhaurirentur. Damnavit insuper hujusmodi Sacrum Concilium *abusum illum jam damnatum de Annatis solvendis*, salutiferè prohibens illarum exactionem & solutionem; multaque alia sancta & salutaria statuit idem Concilium ad divini cultus augmentum ac salutem & quietem Subditorum, quæ omnibus innotescunt. ANNO 1518.

6. Quæ quidem Statuta serenissimus ille Princeps divini nominis & Ecclesiastici honoris exaltator devotissimus & conservator excellens, *Carolus septimus Francorum Rex* in suo celebri *Concilio Ecclesiæ Gallicanæ Bituris celebrato* recenseri fecit, & ea si [quasi] salutifera & suo Regno ac Delphinatui utilissima, saluti, & quieti Subditorum consulendo, inconcussè servari præcepit, & per Regnum & Delphinatum promulgari fecit, prout conservata & observata fuerunt; ac ex eorum observantia cultus perseveravit divinus; salus advenit Subditorum, omniaque in eisdem Regno & Delphinatu prospere successerunt. Sed Romani propriis cupiditatibus & commoditatibus intuentes, attendentes his modis aurum & argentum, sicut antea, ex dictis Regno & Delphinatu ad se pro suo voto non deferri; hujusmodi Statutis invidentes, ea per Romanos Pontifices abrogari facere studuerunt; quod auxiliante Domino hactenus prohibitum extitit, donec advenit Dominus Leo Papa decimus, qui Romanis plus debito favens, *in quodam cœtu in Romana Civitate, qui contra nos est, nescimus qualiter, non tamen in Spiritu Domini congregato*, cum quo nihil contra Legem divinam & Sacra Concilia statui, decerni aut ordinari potest (opera enim quæ ego facio, ipsa testimonium perhibent de me) præmissa tam salutifera Statuta abrogata esse, nescimus quo fretus consilio, censuit, contra fidem Catholicam & authoritatem sacrorum generalium Conciliorum veniendo, *sacrum Basiliense Concilium* damnavit, *in quo inter cætera judicatum est gloriosam Virginem Mariam sine peccato originali* conceptam; nec de illa habet Ecclesia aliam decisionem; quædam alia Statuta pro libitu voluntatis (cum venia dictum sit) condendo, in perniciem Regni & Delphinatus prædictorum & Subditorum Illustrissimi Principis nostri Franciæ Regis detrimentum. Per hoc enim Canonicas electiones, quibus sancte & salubriter Ecclesiis Metropolitanis, Cathedralibus, Monasteriis & aliis collegiatis Ecclesiis eorundem Regni & Delphinatus providebatur, destruxit; hujusmodi Ecclesiarum provisiones, cum vacaverint, sibi reservando, collationesque & impetrationes Beneficiorum non expresso vero valore irritas esse declaravit, Subditorumque Regni in prima instantia * Cardinales & Curiales Sedis Apostolicæ passim vocari, & nominationes Universitatum in parte reprobavit & damnavit. Ita ut à modò, si talia Statuta tolerarentur, non hi, quibus virtutum merita & Literarum scientia, sed quibus pecuniarum acervus & potentum favores suffragabuntur, ad ipsarum Ecclesiarum, non dicimus regimen, sed, dolor, perniciem & ruinam assumentur: cum hujusmodi personarum mores & vitia non perscrutabuntur & indigni sæpiùs ad regimen assummentur animarum; contra sacri generalis Concilii salutiferum Statutum rectè judicans nihil esse, quod Ecclesiæ Dei magis officiat, quam quod indigni assumantur Prælati ad regimen animarum, & propterea statuens, ut hic, ad quem pertinet electionis confirmatio processum electionis & electi personam diligenter examinet, antequam eidem electo confirmationis impendat [favorem] pœnam contra facientes imponens. Per hoc etiam & alia, quæ idem Dominus Leo statuendo decrevit, usus studiosis & Literarum . . . . potentibus item promissionis [provisiones] ademit, & amplissimum modum facultates & substantiam totius Regni & Delphinatus exhauriendi invenit.

7. Quo etiam hujusmodi Regni & Delphinatus Subditi improbis machinationibus ad Curiam Romanam evocentur & indebitis vexationibus fatigentur hujusmodi, sic noviter editis Statutis jam dictis

Do-

ANNO 1518. Dominus Leo Papa sereniſſimum Principem noſtrum Franciſcum Regem modernum in partibus illa laicis [Italicis] agentem in maximo ſtrepitu armorum conſenſum præbere quorundam ſua ſic [ſuaſu] coëgit Et ne promiſſion s infractor idem Princeps Illuſtris videretur, jam dicti Domini Papæ monitis obtemperans hæc, quæ dicta ſunt, de novo edita Statuta, quæ *Concordata* vocantur, ruinam Eccleſiæ totius Regni inde imminentem non attendens, nobis dictæque Univerſitati & aliis, quorum intererat, non vocatis nec auditis publicanda eſſe imperavit; non dijudicans quam ei dictoque Regno & Delphinatui ac Subditis perniciosa eſſe viderentur.

8. Ex quibus nos Rector & Univerſitas gravatos læſosque & oppreſſos [nos] eſſe ſentientes, cum per ea ad ſuperius enarrata incommoda ſenſim devenire poſſe proſpiciamus, idcirco a Domino noſtro Papa non recte conſulto, dicti *ſacri Baſilienſis Concilii ac ſubſecutæ & ei adhærentis Pragmaticæ Sanctionis* Statutorum abrogatione, novorum Statutorum editione, conſenſus præſtatione ac attentata illorum quadam publicatione, & omnibus inde ſecutis & ſecuturis, tam pro nobis quam pro ſingulis & omnibus ſuppoſitis ipſius Univerſitatis ac nobis & illi adhærentibus & adhærere volentibus; *ad futurum Concilium* legitime ac in tuto loco, & quod liberè & cum ſecuritate nos, eadem Univerſitas, vel a nobis & ab ea deputandi adire potelimus, & ad ſecum & ſuos [f. ad eum vel eos] ad quem ſeu quos de jure, privilegio, conſuetudine, vel aliàs nobis provocare liceret [licet &] appellare, provocavimus & appellavimus, prout in his ſcriptis *provocamus & appellamus* inſtanter, inſtantiùs & inſtantiſſimé *proteſtantes hanc appellationem proſequi per viam nullitatis, abuſus, iniquitatis & injuſtitiæ & aliàs, prout melius poterimus*, optione nobis reſervata; aſtantibus in teſtimonium vocatis, addendi, demendi, mutandi, corrigendi & in melius reformandi omnique alio juris Beneficio nobis ac noſtris adhærere volentibus ſemper ſalvis. Datum & actum *Pariſiis in noſtra Congregatione generali apud ſanctum Bernardum ſolemniter celebrata, anno Domini milleſimo quingenteſimo decimo ſeptimo die viceſima menſis Martii* ante Paſcha.

9. *Poſtmodum* vero pro inſerta appellatione ſic interjecta *die prima menſis Aprilis* [f. circumſpectus] vir Magiſter Arnulphus Monnart in artibus Magiſter & in Jure civili Licentiatus, *noſter Procurator generalis* & ad hoc ſpecialiter conſtitutus, coram venerabili & circumſpecto viro Magiſtro Guillelmo * huc utriuſque juris Licentiato, inſignis *Eccleſiæ Pariſienſis Decano*, tanquam *coram perſona authentica & in dignitate conſtituta perſonaliter comparens; cùm illum ſeu illos* (*) *ad quem ſeu quos appellamus, adire non poſſimus* hujusmodi appellationem & contenta in ea nomine noſtro & pro nobis *intimavit* & notificavit, *Apoſtolosque cum inſtantia debita ſibi dari petiit* & requiſivit; qui quidem Dominus *Decanus* cum reverentia & honore debitis *eidem appellationi reverenter detulit & Apoſtolos reverentiales & tales, quales de jure & conſuetudine vel privilegio dare poterat & debebat, dedit & conceſſit.* Acta fuerunt hæc ultimo debita [dicta] & facta in Eccleſia Pariſienſi anno & die prædictis, præſentibus ibidem venerabili & ſcientifico viro, Magiſtro Petro de Valle Theologiæ Doctore, dictæ Eccleſiæ Pariſienſis Canonico, & Magiſtro Arthuro Alouf in Artibus Magiſtro teſtibus ad præmiſſa vocatis & rogatis. Sic ſignatum: LE ROY & HUBERT. Et ſigillata in duplici cauda & cera rubea magno ſigillo dictæ Univerſitatis.

Decretum Univerſitatis Pariſienſis *quo impreſſores ſeu Librarii dictæ Univerſitatis prohibentur imprimere, & vendere prætenſum* Concordatum *abrogativum* Pragmaticæ Sanctionis. *Datum 27. Martii* 1517. [GG. LEBNITZII Codex Juris Gentium in Mantiſſa part. 2. pag. 363.]

(*) Videtur potius intimatio facta & Apoſtoli reverentiales petiti apud perſonam in dignitate conſtitutam; quia is, à quo appellabatur, Papa ſcilicet, tunc adiri non poterat. Niſi ſo te deeſt aliquid verbis, ſenſuſque fuit: nec illum à quo, nec illum vel illos ad quem vel quos (nempe futurum Concilium) &c. adiri poſſe.

ANNO 1518. ANno Domini milleſimo quingenteſimo ſeptimo die Sabbathi ante Dominicam in ramis Palmarum viceſima ſeptima menſis Martii, alma Pariſienſi Univerſitate apud Sanctum Bernardum ſuper nonnullis ſuis agendis materiam Concordatorum concernentibus ſolemniter & per juramentum convocata & congregata, maturaque deliberatione *per ſingulas facultates*, ut moris eſt, præhabita, ſuper poſitis in medium inter cœtera ordinavit ipſa Univerſitas, *inhibitiones* omnibus *Impreſſoribus & Librariis ejuſdem Univerſitatis juratis*, ne imprimant ſeu imprimi faciant aut vendant hujuſmodi præſentia Concordata, ſub pœnis privationis à gremio ipſius Univerſitatis & incapacitatis ad aliquod Officium dictæ Univerſitatis *fieri*, & ſignificari per bidellos & etiam affigi in quatriviis & locis publicis dictæ Univerſitatis conſuetis. Et ita organo Domini Rectoris concluſum extitit. Datum anno & die prædictis. LE ROUX.

2. Nos Nicolaus Menuel *Rector Univerſitatis* Pariſienſis ex matura deliberatione ejuſdem Univerſitatis & inſequendo concluſionem ipſius Univerſitatis in Congregatione generali hodie apud Sanctum Bernardum celebrata, inhibemus & quam diſtricte præcipimus, ne quiſpiam *Impreſſor, Calcographus ſeu Librarius* dictæ Univerſitatis juratus audeat *certum prætenſum Concordatum* ſacroſanctæ Pragmaticæ Sanctionis abrogationem (ut fertur) continens imprimere ſeu imprimi facere aut venditioni exponere, ſub pœna privationis à gremio ejuſdem Univerſitatis & incapacitatis ad aliquod ejus Officium obtinendum. Datum ſub ſigillo Rectoris Univerſitatis præfatæ anno Domini milleſimo quingenteſimo decimo ſeptimo, die vero viceſima ſeptima menſis Martii. LE ROUX.

XXV.

Confirmation du Vicariat du St. Empire, *pour le Comte Palatin du Rhyn, donnée par l'Empereur* MAXIMILIEN I. *à Ausbourg le 3. Septembre* 1518. *de ſon Regne Romain le XXXIII. & de Hongrie le XXIX.* 3. Septembre.

N. B. CEtte Piece eſt annexée à la Confirmation de l'Empereur CHARLES V. du 4. Novembre 1520.

XXVI.

Conſtitutio CAROLI V. *Imperatoris Romanorum adverſus Anabaptiſtas promulgata Spiræ in Comitiis. Datum Spiræ* 23. *Aprilis Anno Chriſti* 1520. *Regnorum ſuorum Romani X. ceterorum verò XIII.* [GOLDAST *Conſtitutiones Imperiales* tom. 2. pag. 155.] 1520. 23. Avril.

CAROLUS V. Dei gratia Romanorum Imperator, ſemper Auguſtus; Rex Germaniæ, Hiſpaniæ, utriuſque Siciliæ, Hieroſolymorum, Hungariæ, Dalmatiæ, Croatiæ, &c. Archidux Auſtriæ, Dux Burgundiæ, &c. Comes Flandriæ, & Tyrolis &c Omnibus & ſingulis, noſtris & ſacri Imperii Electoribus, Principibus, Eccleſiaſticis & Secularibus, Prælatis, Comitibus, Baronibus, Dominis, Equitibus, Nobilibus, Capitaneis, Provinciarum Præſidibus, Vicedominis, Advocatis, Præfectis, Adminiſtratoribus, Officialibus, Sculteтis, Conſulibus, Judicibus, Senatoribus, Civibus & Communitatibus, omnibusque aliis noſtris & Imperii fidelibus, in quacunque dignitate, ſtatu aut conditione exiſtant, noſtram benevolentiam, gratiam & omne bonum.

1. Reverendiſſimi & Reverendi, Illuſtriſſimi, dilecti amici, conſanguinei & affines, Electores & Principes, Illuſtres, Generoſi Nobiles, Spectabiles, Venerabiles, dilecti, fideles: Quanquam jure communi ordinatum ac provitum eſt, ne quis, qui ſemel Chriſtiano ritu baptizatus eſt, vel ipſe iterum rebaptizetur, aut aliorum Baptiſmum illicita uſurpatione geminet; & quum maximè Imperatoriis Conſtitutionibus pœna capitis ſancita eſt, tam in eum qui anabaptiſma fecerit, quam qui in ſe fieri

paſſus

ANNO 1520. paſſus eſt. Eaque re initio anni proximè præteriti vigeſimi octaviè minori numero, vobis omnibus ac ſingulis ex Officio, quo Cæſarea dignitate potimur, ut ſupremus Advocatus ac Defenſor S. Chriſtianæ noſtræ fidei, publico Mandato diſtrictè præcepimus, ut ſubditos omneſque alios, qui ad vos ſpectant, ab illo nuper orto errore ac ſecta Anabaptiſmi, ejuſque turbulentis, perditis ac ſeditioſis ſectatoribus, tam veſtris mandatis quam Orthodoxorum Prædicatorum concionibus avocetis, fideliter ac ſeveriter eos admonentes & humani ſupplicii quod in tales conſtitutum, & inevitabilis iræ divinæ, quæ talibus æternum expectanda: præterea ut in eos, qui tale piaculare crimen commiſiſſe detecti fuerint, delati & comprehenſi, jure ac legibus pœnaliter vindicetis pro culpæ qualitate, neve negligentes ſitis in puniendo tanto crimine, quo futuris malorum periculis, quæ exinde ſuboriri præſagiuntur, in tempore occurratur. Tamen quotidie comperimus, ſpreto jure communi, noſtroque publico Mandato, veterem illam & ante aliquot centum annos vetitam atque damnatam ſectam Anabaptiſtarum longiùs longiùſque ſerpere & magis indies invaleſcere.

2. Cui malo, & exorituris inde periculis; ut prævenientes caveamus, pacem & unitatem in ſacro Imperio conſervemus, omnes etiam diſputationes & ambiguitates, quæ ſuper pœna Anabaptiſtarum moveri poſſent, tollamus; renovamus omnes priores Conſtitutiones Cæſareas deſuper editas, noſtrum quoque publicatum illud Mandatum. Ordinamus enim, ſtatuimus, & declaramus de Cæſareæ poteſtatis plenitudine, ex certa ſcientia, voluntuſque, ut omnes & ſinguli Anabaptiſtæ, utriuſque ſexus, & qui fecerint Anabaptiſma, & quibus perſuaſum ſit, (ſi tamen criminis per ætatem capaces ſint) ſupplicio ignis, gladii, aut ſimilium, pro meritis perſonarum, etiam non præhabita Eccleſiaſticorum Judicum inquiſitione, percellantur.

3. Et Prædicantibus quidem, Auctoribus, Circumvagantibus ſeductoribus & ſeditioſis concitatoribus dictæ Anabaptiſtarum ſectæ, item eis qui obſtinatè in errore perſeverant, & qui iterum in eum relabuntur, nulla omnino pœnæ gratia facienda eſt, ſed rigidè ſecundùm tenorem hujus noſtræ Conſtitutionis adverſus eos procedatur. Qui autem errorem, ſive ſponte ſeu aliorum inſtinctu & admonitione, confitentur, eum revocant, pœnitentiam quoque dignam facere prompti ſunt, & pœnam deprecantur, illis Magiſtratus pro qualitate dignitatis eorum, conditionis atque ætatis aliarumque circumſtantiarum, gratiam facere poteſt.

4. Volumus etiam ac jubemus, ut quiſque liberos ſuos, juxta ritum, mores & cærimonias Chriſtianæ Eccleſiæ, in infantili ætate, ſacro baptiſmate tingui faciat. Quod qui facere contempſerit, & infantum Baptiſma non neceſſarium eſſe duxerit, is, ſi eo in errore pertinaciter hærere perſeveret, tanquam Anabaptiſta pœnæ in hac conſtitutione comprehenſæ ſubjiciatur.

5. Nullus autem eorum, quibus ſupraſcripto modo gratia facta eſt, in alias Terras relegetur aut exilietur; verùm adigantur potius & aſtringantur à ſuo Magiſtratu, quod in eorum ditionè velint perſiſtere. Qui porro operam dabit, ut in eos diligenter advertatur, ne rurſus relabantur.

6. Similiter nemo alterius ſubditos aut cognatos, qui prædictis de cauſis è Magiſtratus ſui ditione fugerint & exceſſerint, receptet, defendat, teneat aut foveat; ſed mox ipſe Magiſtratus, ſub quo fugitivus latet, ſimulatque crimen ejus reſcierit, adverſus eundem fugitivum, juxta tenorem hujus noſtræ Conſtitutionis, diſtrictè procedat, neque ulteriùs apud ſe eſſe patiatur, pœna banni mulctando eo, qui contrarium huic Statuto tentaverit.

7. Mandamus igitur & imperamus omnibus ac ſingulis, in quacunque dignitate, ſtatu, aut conditione conſiſtatis, per Sacramentum, quo nobis & ſacro Imperio vadati atque obligatis eſtis, & ut graviſſimam noſtram Imperialem animadverſionem evitare cupitis; ac volumus, ut omnes ſingulique hanc noſtram Conſtitutionem de Anabaptiſtis, diſtrictè atque firmiter in omnibus ejus punctis obſervetis, ſecundum eam judicetis, agatis, & irremiſſibiliter exequamini: voſque ipſos ita obtemperantes & obſequentes oſtendatis, uti debetis, & neceſſitas ipſa poſtulare videtur. Quemadmodum vos facturos certiſſimo perſuaſum habemus, & obſervabitis noſtram ſeveram voluntatem. ANNO 1520.

Datum in noſtra & Imperii Civitate Spira, vigeſima tertia die Aprilis, Anno Nativitatis Chriſti milleſimo quingenteſimo vigeſimo; Regnorum noſtrorum, Romani decimo; cæterorum vero omnium decimo tertio.

XXVII.

Der Kayſerlichen Majeſtät und gemeiner Stände des H. Römiſchen Reichs Teutſcher Nation Ordnung und Specification der zehen Crayß/ unter welchen Crayß ein jeder Stand gehöre/ gemacht und aufgericht auf dem Reichstag zu Worms Anno 1521. 1521. [LUNIG Teutſch. Reichs-Archiv. Partis. Generalis Continuat. pag. 338. d'où cette Pièce eſt tirée. On la trouve auſſi dans GOLDASTI Reichs-Satzungen erſter Theil. pag. 245]

C'eſt-à-dire,

Ordre & Specification des Dix Cercles de l'Empire, & de tous les Etats qui apartiennent à chacun deux; fait & ordonné par l'Empereur en Diete generale à Worms l'an 1521.

Oeſterreichiſch Kreyß mit ſeinen Landen und nachfolgenden Ständen.

Ertz-Hertzog in Oeſterreich.
Trient, Brixſen, Gurg, Seckhau, Lavant } Biſchoff.
Baley in Oeſterreich.
Baley an der Etſch und im Gebirg.
Grafe George von Schaumburgk am Lande der Ens.
Frey-Herrn von Wolckenſtein.
Herrn von Loſenſtein.
Herrn von Regendorff.
Grafen von Hardeck.

Burgundiſch Kreyß mit ſeinen Landen und nachfolgenden Ständen.

Hertzog zu Burgund/ mit ſeinen Fürſtenthumen zum Reich gehörig.

Naſſau Bredau.
Herrn von Hein.
Herrn von Eymond und Iſelſtein.
Herrn von Bergen und Walen.
Grafe Oßwald von Bergen.

Der vier Chur-Fürſten am Rhein Kreyß/ Maintz/ Trier/ Cölln und Pfaltz/ mit ihren Landen und nachfolgenden Ständen.

Meintz.	Trier.
Cölln.	Pfaltz.
Naſſau Beilſtein.	Grafe zu Neuwenar.
Herrn von Reifferſchied.	Herrn von Rieneck.
Baley zu Coblentz.	Abtey Maximin.
Probſt zu Seltz.	Statt Geilnhauſen.
Herrn zu Nieder Eiſenburgk.	

Fränckiſch Kreyß.

Bambergk, Würtzburgk, Eyſtett. } Biſchoff.

Teutſch-Meiſter.	Camberg Probſt.
Abt zu St. Gilgen.	Marg-Graf zu Brandenburg/ und Burg-Graffen zu Nürnberg.
Grafe Herman zu Henneberg.	Grafe Willhelm zu Henneberg.
Grafen zu Caſtel.	Grafen zu Wertheim.
Grafen zu Rieneck.	Grafe Albrecht zu Hohen-Loe.
Grafe George zu Hohen-Loe.	Grafe Wolff zu Hohen-Loe.
Riegelſperg Epiſcopo Herbipolenſi.	Schencken von Limpurgs Erben.
George und Willhelm Schencken von Limberg.	Graffen zu Erppach.

Herrn Hanſen von Schwartzenburgs Erben.

ANNO 1521.

Städte.

Nürnberg.	Rottenburgk.
Windsheim.	Schweinfurt.
Weißenburgk.	

Schwäbisch Kreyß.

Augspurgk, Costnitz, Chur } Bischoff.

Kempten, Reichenau, Sanct Gallen, Wein-Garten } Gefürsteten Abte.

Probstey Ellwangen.

Abte.

Salmsweiler.	Schuttern.
Weißenau.	Sanct Blasien.
St Peter in Schwartzen Wald.	Maideprunnen.
Schafhaußen.	Stain am Rhein.
Petershausen.	Creutzlingen.
Einsiedel.	Pfeffers.
Disidis.	Sanct Johannes im Thurtal.
Schußenriedt.	Toggenburgk.
Ochsenhausen.	Königsbronn.
Marckthal.	Elchingen.
Isen.	Wunnhrode.
Aursperg.	Irsi.
Gengenbach.	

Aebtissin.

Lindau.	Rotten-Münster.
Buchau.	Heckbach.
Gutenzel.	Bund.

Baley in Elsaß und Burgund.
Hertzog zu Würtenbergk.
Marg-Grafe Philippert zu Baden.
Ulrich/ Grafe zu Hel„enstein.
Grafen zu Ottingen.
Christoph/ Grafe zu Wertenbergk.
Grafe zu Lupffen.
Grafen zu Montfort.
Grafe Friedrich zu Fürstenbergk.
Grafe zu Eberstein.
Zollern Jochim und weiland
Grafe Frantzen Kinder.
Grafe Rudolph zu Soltz.
Grafen zu Lewenstein.
Grafen zu Thübingen.
Innhaber der Graffschafft Kirchbergk.
Brandiß Sultz
Grafe zu Zimmern.
Inhaber der Herrschafft Püffringen.
Gundelfingen Herrn.
Grafe Christoph von Thengen.
Truchsassen von Waltpurgk/ und Inhaber der Sonnenbergischen Güther.
Herr Leo von Stauffen Erben.
Herrn Sigmund von Falckenstein.
Herr Hanns von Künigseck
Herr Hanns Dionis zu Künigseckerberg.
Herr Gangolff und Walter zu Geroltzeck.
Herren von Hewen.

Städte.

Augspurg.	Kaufbeuern.
Ulm.	Memmingen.
Kempten.	Bibrach.
Leutkirch.	Isni.
Wangen.	Lindau.
Ravenspurgk.	Buchhorn.
Uberlingen.	Costentz
Pfullendorff.	Sanct Gallen.
Schaafhausen.	Reutlingen.
Eßlingen.	Gmündt.
Weil.	Hailbrunnen.
Wimpffen.	Hall.
Dünckelspihel.	Bopffingen.
Gmümingen.	Alen.
Nordlinge.	Werde.
Buchau.	Offenburgk.
Gengenbach.	Zell in Hammersbach.
Rothweil.	

Bayerisch Creyß.

Saltzburg, Bassau, Freisingen, Regenspurg, Brixen } Ertz Bisthoff.

Bertholts Gaden, Waldsachsen, Rod, Keysheim, zu Sanct Heimeran } Abe.

Aebtißin zu Nieder Monster zu Regenspurgk.
Aebtissin zu Ober Monster.
Hertzog zu Bairn.
Fürstenthumb Neuburgk.
Land Grafen zum Leuchtenbergk.
Grafen von Haag.
Grafen von Ortenbergk.
Frey-Herrn zu Stauff zu Ernfelß.
Herrn zu Degenbergk.
Die von Wolfstein Frey-Herrn zu Ober-Saltzburgk.
Stadt Regenspurgk.

Rheinisch Kreyß.

Bischoff.

Wormbs	Speyer.
Straßburgk.	Basel.
Bisantz.	Sitten in Walßlisann.
Genf.	
Metz.	Thul.
Verdun.	

Fulda, Hirschfeldt, Murbach } Abte.

Probstey Weissenburgk.
Johanniser Meister.
Probst zu Odenheim.
Abt in S. Gregorien Thal.
Abt zu Breun.
Aebtißin zu Hauffingen al Kauffingen.
Hertzogk zu Lottringen.
Hertzogk zu Saphoi.
Hertzogk Hannß Grafe zu Spanheim.
Marg Grafe Ernst zu Baden
Hertzogk Wolfgang Grafe zu Veldentz.
Land Grafe Philips zu Hessen.
Printz von Calm/ alii Colm/ alii Cholm/ al Challen.
Grafen zu Nassau Saarbrücken.
Alle Rhein Grafen.
Herr Wolffgang von Reipoltzkirch.
Herrn von Kriechingen.
Herr Philips zu Eberstein/ zu Rutingen.
Grafe Reinhard von Bitsch.
Grafe George von Bitsch.
Grafen von Salm
Grafen zu Hanau und Liechtenbergk.
Grafen zu Leiningen.
Grafen zu Falckenstein.
Herrn Johanns Jacob von Mersberg und Beffert.
Herrn von Rapolstein.
Inhabere Hohen Königsbergk / gen Ensheim zu antworten
Herrschafft Planckenbergk/ Hertzogen zu Lottringen als Innhabere.
Grafen zu Nassau Wißbaden.
Grafe Erhart von Königstein Herr zu Ebstein.
Grafe Johann und Anthoni von Isenburgk zu Budingen.
Grafe Philipps, Graf Bernhard { von Solms.
Grafen zu Nassau Weilburgk.
Innhabere Grafe Wenckens von Leiningen Güther.
Grafen zu Hanau Müntzenbergk.
Grafen zu Westerburgk
Grafe Wilhelm zu Wichtgenstein.
Grafe Philips und Heinrich von Waldeck.
Herrn von Pleß.

Städte.

Basel.	Mühlhausen in Suntgau.
Colmar.	Keysersberg.
Durchheim.	Monster in Sanct Gregorien Thal.
Oberehenheim.	Straßburgk.
Roßhaim.	Schletstadt.
Hagnau.	Weissenburgk.
Landau.	Speyer.
Wormbs.	Franckfurth.
Friedbergk.	Wetzlar.
Metz.	Thul.
Verdun.	Kauffmansaarbruck.
Bisantz	Friedbergk.
Gailhausen.	

Nieder-Ländisch und Westphälisch Kreyß.

Bischoffe.

Paderborn.	Lüttich.

Utrich.

ANNO 1521.

Utrech. | Münster.
Cammerich. | Osnabrück.
Verden. | Minden.

Abt.

Werden. | Stabeln.
S. Cornell Monster. | Achternach.
Churfoy.
Hervorden
Essin } Aebtissin.
Hertzog Wilhelm zu Gülch und Berg.
Hertzog Johanns zu Cleve und Marck.
Marg-Grafe Bernhardt von Baden zu Lützelburgk.
Grafen in Ost-Frießland.
Grafen Wilhelm von Nassau Dilberg.
Grafen von Sein.
Grafe Philipps von Vierenbergk.
Dietrich
Johanns } Grafen von Manderschied.
Jacob
Grafen zu Wiedt.
Wilhelm Grafe zu Mörß/ Herr zu Radenach.
Brunkorst Herr Jobst.
Grafe Eberwin von Bentheim.
Grafe Arnoldt von Steinfurth.
Innhaber weyland der von Pielnent Güther.
Grafen zu Deckelnburgk.
Grafen zu Oldenburg und Delmenhorst.
Rieperg Herr Ott.
Hey Grafe Jobst.
Diffole Grafe Friedrich / Schaumburg und Gemma.
Herrn zu Spiegelbergk.
Der Herr von Wannenbergk.
Arnberg/ Herrn Eberharten und Ruprechten von der Marck.
Innhaber der Herrschafft Semeruf.
Thun Grafe zu Vierubergk.
Simon/ Herrn zu der Lipp.

Städte.

Cöln. | Aach.
Niederwesel. | Deiberg.
Cammerich. | Dortmund.
Sost. | Dußberg.
Hervorden. | Bragkel.
Marbergk. | Lengab.
Werden.

Ober-Sächsische Kreyß.

Chur-Fürst zu Sachsen.
Chur-Fürst zu Brandenburgk.
Groß-Meister in Preußen und
Der Meister in Liefland seynd nicht angeschlagen.
Meichssen
Mörßburgk
Naumburgk
Brandenburgk } Bischoffe.
Havelnburgk
Libus
Camin.
Saalfelde
Kirrchausen } Abt.
Wolckenriedt
Quedelburg
Gernigsroda } Aebtissin.
Hertzog George zu Sachsen / und sein Bruder.
Hertzog George/ und Barnim/ zu Pommern.
Alle Fürsten von Anhalt.
Burg-Graffen zu Meißen.
Günther der Aelter
Günther der Jünger } Grafen zu Schwartzenburg.
Hanß Heinreich
Alle Grafen von Mannsfelde.
Ber von Stolbergk
Ber von Hohenstein
Ernst von Hohenstein } Grafen.
Adam von Beuchlingen
Grafen von Rayin.
Graf von Barby und Mühligen.
Alle von Gleichen
Leißneck } Grafen.
Wildenfelß
Herrn von Gerau.
Reußen Plauen Herrn zu Graiß.
Herrn von Schönbergk.
Schencken von Tauttenberg/ Frey Herrn.
Die von Brandenstein/ Herrn zu Ranis.
Dantzig
Elbingen } Statt.
Wolckenriedt

Nieder-Sächsisch Kreyß.

König von Dennemarck / von Hollstein / Stormar / Schleßwigk / Dietmarsen/ und andern Landen dem Römischen Reich zugehörig.
Ertz-Bischoff zu Magdenburgk mit Halberstat.
Ertz-Bischoff zu Bremen.
Hildesheim
Lübeck
Schwerin } Bischoff.
Ratzenburg
Schleßwig
Hertzog Magnus zur Lauenburgk.
Erich
Ernst
Philips } Hertzog zu Braunschweig.
Heinrich
Albrecht
Heinrich } Hertzogen zu Meckelnburgk.
Hertzog Friedrich von Hollstein.
Graven von Reinstein.
Grave von Wundsdorff.

Städte.

Lübeck. | Hamburgk.
Mühlhausen / in Düringen. | Northausen.
Goßlar. | Gottingen.

XXVIII.

Capitula conventa inter LEONEM X. *Papam* & CAROLUM V. *Imperatorem Romanorum ac Regem Siciliæ, de Censu septem millium Ducatorum, quem præter solitum Palafrenum* CAROLUS *Sanctæ Romanæ Ecclesiæ offert atque promittit pro dicto Regno Siciliæ citra Farum. Actum Romæ in Palatio Apostolico die 3. Mensis Junii* 1521. CUM *Dispensatione præfato* CAROLO *concessa, ad retinendum Regnum Siciliæ citra Farum una cum Imperio nonobstantibus &c. Dat. pridie Calendas Junii* 1521. CUMQUE *Confirmatione* LEONIS *super iisdem Capitulis. Dat. Romæ 4. Kalendas Julii* 1521. [Autentique tiré des grandes Archives de la Chambre Royale de Naples.] 3. Junii.

LEO X. &c. Ad futuram rei memoriam, cunctorum Christi Fidelium Statum, prout susceptæ Servitutis tenemur officio, solertius intendentes ad ea quæ ipsorum tranquillitati, & successibus prosperis congruere conspicimus, libenter opem, & operam impendimus efficaces, & ea, quæ propterea per Nos Regibus Catholicis, præsertim illi, qui nomen Advocati Ecclesiæ, Sponsæ nostræ, Divina Providentia meruit obtinere, concessa fuerint, pro rei magnitudine, & gravitate de Fratrum nostrorum Sanctæ Romanæ Ecclesiæ Cardinalium consilio libenter approbamus, & confirmamus, ut eo firmius, & tenacius observetur, quo fuerint authoritate nostra consimili consilio sæpius circumunita. Dudum siquidem magnis, & urgentibus causis, magnaque, & matura discussione, & deliberatione præcedentibus, & præhabitis emanarunt à Nobis Litteræ continentes nonnulla Capitula pro Reipublicæ Christianæ pace, & quiete, ac hujus Sanctæ Sedis honore, & utilitate, cum Charissimo in Christo Filio nostro Carolo Romanorum, & Hispaniarum Rege Catholico in Imperatorem electo Divina favente misericordia, ac dispensatione Nostra, ut quoad vixerit, Imperium regere, ac Regnum Siciliæ citra Farum, cum Imperio, & Regno Romanorum retinere valeat, tenoris sequentis: LEO Episcopus Servus Servorum Dei. Ad futuram rei memoriam. Provisionis Nostræ decet provenire subsidio, ut Jus suum cuilibet conservetur, hinc est, quod nos tenorem quorundam Capitulorum inter nos, & dilectum filium nobilem Virum Joannem Emmanuel Charissimi in Christo Filii Nostri Caroli Romanorum, & Hispaniarum Regis Catholici in Imperatorem electi, apud nos, & Sedem Apostolicam Oratorem, ipsius Caroli Regis nomine initorum, & de quibus dilectus filius Joannes Matheus Giber-

ANNO 1521. Gibertus Clericus Panormitanus Noster, & Cancellariæ Apostolicæ Notarius rogatus fuit, & quæ nostræ, & ipsius Joannis Emmanuel Oratoris, manibus propriis subscripta fuerunt, ac quarundam aliarum Literarum Nostrarum dispensationis eidem Carolo Regi concessarum cum originalibus concordatorum, & auscultatorum de verbo ad verbum transcribi, & præsentibus annotari fecimus, qui talis est.

In Nomine Sanctæ, & Individuæ Trinitatis, Patris, Filii, & Spiritus Sancti & Gloriosæ Virginis Matris Mariæ, & Beatorum Apostolorum Petri, & Pauli, & Beati Jacobi, Regnorum Hispaniarum Patroni, totiusque Cælestis Curiæ Triumphantis. Cum itaque sit, quod in Investitura Regni Siciliæ citra Farum caveatur expresse, ne quis ejus Regni Rex erit, quoquo modo procuraret eligi, vel nominari in Imperatorem, vel Regem Romanorum, aut Theutoniæ, vel Dominum Lombardiæ, seu Tusciæ, & electus, seu nominatus nequaquam præstaret assensum, & si post talem electionem de Imperio, seu Regno Romanorum, Dominiove Lombardiæ, aut Tusciæ, manifeste se intromitteret sine expresso Romani Pontificis Mandato, eo ipso a jure Regni hujus Siciliæ citra Farum caderet ex toto, & Serenissimus Carolus Hispaniarum Rex Catholicus, ad quem Jure hæreditario dictum Regnum Siciliæ pervenit, de observandis omnibus in eadem Investitura contentis cum serenissima Regina, matre ejus per certum Procuratorem suum legitimum fidelitatis debitæ ratione feudi hujusmodi, ac observantiæ Juramentum præstiterit, cumque tamen exinde unanimi electorum Decreto in Romanorum Regem, futurumque Imperatorem electus fuerit, Sanctissimus Pater noster Dominus Leo Divina Providentia, Sacro Sanctæ Romanæ Venerabilis Ecclesiæ summus Pontifex Decimus, tum ut Reipublicæ Christianæ commodo consuleret, tum ut suam in dictum Serenissimum Carolum Regem benevolentiam ostenderet, ut Imperium prædictum petere posset, non contradixit, Intendensque, & volens dictum Carolum Regem, suosque in dicto Regno Siciliæ citra Farum hæredes, & Successores in eodem Regno stabiliori fundamento firmare, ac ipsius Regni securitati consulere, & propterea prædictum Carolum Regem, à quibusvis perjurii reatu, Censuris, & pænis, si quas forsan incurrerit, absolvere, Juramentumque prædictum relaxare, & ut electioni de persona, ut præmittitur, facta absque alicujus Censuræ pæna, & Regni Siciliæ hujusmodi ammissione consentire, & se Romanorum Regem, electumque Imperatorem nominare, & Imperium regere, & Regnum Siciliæ prædictum cum Imperio, ac Romanorum Regno retinere valeat, licentiam, & facultatem concedere, eumque ad præmissa habilitare, ac personam suam ad hujusmodi electionem approbare, & legitimam fore declarare, Majestasque sua propter hujusce beneficii magnitudinem suæ Sanctitati infrascripta sua sponte offerre proposuit, quapropter, ut omnia firmius, & inviolabiliter observentur, prædictus Sanctissimus Dominus noster per se ipsum, & pro se, & successoribus suis Dominis Pontificibus canonice intrantibus, ac Romana Ecclesia ex una, & Serenissimus Carolus Rex prædictus, etiam pro se, & successoribus suis in dictum Regnum Siciliæ citra Farum hæredibus, & Successoribus suis per Illustrissimum Virum D. Joannem Emmanuel Aurei Velleris, Equitem suæ Majestatis apud eumdem Sanctissimum Dominum nostrum, & Sedem Apostolicam Oratorem Procuratoremque specialem, & ad infrascripta generalem, prout constat patentibus Literis ipsius Caroli Regis, per Venerabilem Virum D. Joannem Mattheum Gibertum, Cancellariæ Apostolicæ Notarium, visis, & lectis, ac in ejusdem Sanctissimi Domini Nostri manibus remanentibus, ex altera partibus, ad infrascriptas concordias deventum est.

Primo namque Sanctissimus Dominus noster pro se, & successoribus suis Romanis Pontificibus canonice intrantibus, ac Sancta Romana Ecclesia ipsum Carolum Regem a cujusvis perjurii reatu, censuris, & pænis, si quas forsan propter ea, quæ per ipsum circa electionem de persona sua factam hujusmodi acta, sive procurata fuissent, incurrisset, absolvit, & absolutum nunciavit, Juramentumque per eum præstitum quoad hæc dumtaxat Majestati suæ relaxavit, ut electionem de persona sua, ut præmittitur, facta, absque alicujus Censuræ pæna, & labe, ac perjurii reatus respersione, ac Regni Siciliæ citra Farum hujusmodi ammissione consentire, nec non Romanorum Regis, electique Imperatoris titulis uti, & se Romanorum Regem, ac Imperatorem electum nominare, & quoad vixerit Imperium regere, & Regnum Siciliæ hujusmodi, cum Imperio, & Romanorum Regno prædictis, retinere, dummodo Majestas sua, alia quæ in Literis concessionis feudi Regni Siciliæ citra Farum hujusmodi continentur, à quibus per Apostolicam Sedem dispensatio seu remissio facta non appareret, sub pænis in eisdem Literis contentis, quoad vixerit inviolabiliter observare teneatur, libere, & licite valeat, Majestati suæ licentiam, & facultatem concessit, Illumque ad præmissa, si expedierit, habilitavit, personam suam ad hujusmodi electionem approbando, & legitimam fore declarando, prout in Literis Apostolicis eidem Carolo Regi per nos concessis, quarum tenor præsentibus de verbo ad verbum est insertus, ac etiam dictum Regnum Siciliæ citra Farum eisdem modo, & forma, quibus per felicis recordationis Julium Papam secundum illud claræ memoriæ Ferdinando Regi Avo suo, & subditus, quæ tamen per Sedem Apostolicam non apparerent remissa, & insertis conditionibus, in feudum de novo concessit, & de eo etiam ipsum investivit, Joannes vero Procurator sic, ut præfertur, constitutus, & deputatus procuratorio nomine promisit, & eundem Carolum Regem & omnes Regnum ipsum Siciliæ, tam vigore concessionis per prædictum Julium Papam eundemque Sanctissimum Dominum nostrum eidem Carolo Regi factæ pro tempore obtinentes obligavit, & obligat, quod ipsi tenerentur inviolabiliter observare, & implere omnia, & alia in Literis Concessionis feudi factæ per prædictum Julium Papam contenta; super quibus de dispensatione, aut illorum remissione per Sedem Apostolicam facta non constaret, seu appareret, & infrascriptas conditiones sub pænis in eisdem Literis Papæ Julii contentis.

Item obligavit, & obligat ipsum Carolum Regem, quod ipse teneatur ad suæ Sanctitatis, & successorum suorum instantiam, paratas habere ejus expensis duas triremes armatas, & bene munitas septem anni mensibus à Kalendis mensis Aprilis, usque ad finem Octobris pro tuitione Maris Tirreni, & aliorum locorum, & rerum Ecclesiæ tutela, & defensione, tam contra Infideles, quam contra quoscumque Invasores Ecclesiæ loca, & Terras molestantes, nisi Rex ipse justo distraheretur impedimento, quo casu non censeatur huic Capitulationi contravenire.

Item simili modo obligavit, & obligat eumdem Carolum Regem, & Regnum ipsum Siciliæ citra Farum, pro tempore obtinentes, quod ipsi pro recognitione veri, & directi Dominii ipsius Regni Siciliæ teneantur solvere singulis annis in perpetuum Cameræ Apostolicæ septem millia ducatorum auri de Camera in festo ejusdem Beati Petri, ultra solitum Censum parafreni albi.

Item obligavit, & obligat eumdem Carolum Regem, quod ipse permittere teneatur Sanctitatem suam, & Romanum Pontificem pro tempore existentem decem cubia grani penuriarum tempore, dummodo Subditis Regnorum Siciliæ citra, & ultra Farum sufficiens grani quantitas remaneat, extrahere absque aliqua Juris tractæ solutione, nec non ex quibuscumque granis, & victualibus pro usu Apostolici Palatii, Sanctæ vero Romanæ Ecclesiæ Cardinales pro domorum, seu familiarum suarum necessitate duntaxat ex fructibus Ecclesiarum, & Beneficiorum suorum in dictis Regnis consistentium educere, & exportare.

Item obligavit, & obligat dictum Carolum Regem, & Regnum ipsum Siciliæ citra Farum pro tempore obtinentes, quod ipsi ad suæ Sanctitatis, & Cameræ Apostolicæ requisitionem delinquentes in Terris dictæ Ecclesiæ, mediate, vel immediate subjectos ad dictum Regnum Siciliæ citra Farum, & illius Civitates, & Terras, & loca, confugientes, capi, & ad Urbem vel alium locum remitti faciant, dummodo Sanctitas sua, & successores sui Romani Pontifices, & dicta Camera, ad ipsius Caroli Regis, & Officialium suorum requisitionem delinquentes in Terris, & locis dicti Regni, & ad Terras, & loca dictæ Ecclesiæ confugientes pariter ad eos remittant.

Item obligavit, & obligat ipsum Carolum Regem, quod ipse teneatur præstare novum Omagium, fidelitatis Juramentum ratione novæ Concessionis dicti feudi.

Item

ANNO 1521. Item ipsius Caroli Romanorum Regis electi, & futuri Imperatoris nomine, & pro eo, & sub nomine Romanorum Regis, & in Imperatorem electi Ligam, & fœdus inter Majestatem suam ante electionem suam in Romanorum Regem, & eadem Sanctitatem suam inita, & omnia Capitula in eis contenta, approbavit & confirmavit, approbat, & confirmat modis, & formis in eis contentis.

Quæ omnia, & singula supradicta, & infrascripta promiserunt ipse Sanctissimus Dominus Noster, pro se, & successoribus suis, in verbo Pontificis, & prædictus Joannes Procurator in hac parte ipsius Caroli Regis per Juramentum ejus tactis per eum ob hoc corporaliter Scripturis sacro-sanctis, rata, grata, & firma habere, & tenere, observare, & observari facere, & adimplere effectualiter, & in totum, & non contrafacere, dicere, opponere, vel venire per se, vel alium, seu alios modo aliquo, vel ingenio, directe, vel indirecte, tacite, vel expresse, de Jure, vel de facto, aut aliquo quovis quæsito colore in Judicio, vel extra. Pro quibus omnibus, & singulis firmiter observandis, & adimplendis, prædictus sanctissimus Dominus Noster nomine suo, ac successorum, ac Sanctæ Romanæ Ecclesiæ, omnia, & singula Jura, & bona ad dictam Cameram Apostolicam pertinentia, & præfatus Joannes Procurator, nomine quo supra, & utraque earum Partium invicem, & vicissim nominibus antedictis, omnia, & singula ipsius Sanctissimi Domini Nostri, & successorum, & Sanctæ Romanæ Ecclesiæ, & Domini constituentis, bona mobilia, & immobilia, Regna, Status, & Dominia præsentia, & futura, ac etiam Subditos, & bona Subditorum, & cujuslibet eorum, ac etiam Procurator ipse, ipsum Carolum Regem ad servandum omnia, & singula supradicta, ac Regnum ipsum Siciliæ citra Farum, pro tempore obtinentes, omnia feudum dicti Regni concernentia sub pœnis in Literis Julii Prædecessoris contentis, hujusmodi præsertim solutionem Census septem millium ducatorum ratione novæ concessionis feudi dicti Regni de novo impositi; Ita quod nulli liceat allegare, quod non licuit eidem Carolo Regi dictum Censum septem millium ducatorum, de novo imponere, ex quo non sibi, sed Ferdinando Regi ejus Avo concessio dicti feudi facta fuerit, & in eventum, quod id allegarent, aut promissa non observarent, caderent ab omni Jure suo, dictumque Regnum Siciliæ citra Farum ad Romanum Pontificem, & Romanam Ecclesiam hujusmodi libere reverteretur, & ad mittendum ratificationem omnium promissorum per publicum Instrumentum cum præsentis Capitulationis insertione solemniter obligarunt, in quorum omnium, & singulorum fidem, & testimonium, ipsæ ambæ Partes prædicta fieri fecerunt duo ejusdem tenoris Scripta, suis propriis manibus subscripta, & signata pro qualibet parte unum, & Instrumentum Capitulationis hujusmodi debeat inseri in Bulla sub plumbo expedienda, quæ habeat vim novæ concessionis feudi hujusmodi. Acta fuerunt hæc in dicto Palatio Apostolico. Ita promisimus L. & ego D. Joannes Emmanuel Orator, ut supra promitto, juro, ac me obligo, ut superius continetur, & in fidem hic manu propria me subscripsi, ac firmavi, & istas lineas aliena manu subscribere feci, propter difficultatem meam in scribendo —— Joannes Emmanuel. Et pro majori Capitulorum prædictorum supra insertorum robore, Idem Sanctissimus Dominus Noster, & Joannes Emmanuel Orator præfatus voluerunt, quod Capitula ipsa sic inter eos firmata, & per eosdem manibus propriis subscripta coram honorabilibus Viris, Dominis Raphaeli de Medicis Equite Militiæ Sancti Jacobi de Spata, & Felice Trophino Collectore Angliæ testibus ad præmissa vocatis specialiter, atque rogatis —— Ego Joannes Mattheus Gibertus publicus Notarius infrascriptus dum legerentur, & illa, ac in eis confecta, de quibus me tanquam Notarium publicum rogatum esse voluerunt, & ad illa servandum sub certis penis teneri etiam voluerunt. Super quibus omnibus, & singulis præmissis, præfati Sanctissimus Dominus Noster, & Joannes Emmanuel Orator nomine ipsius Caroli Regis petierunt, & quilibet eorum petiit à me Notario publico supra, & infrascripto unum, vel plura publicum Instrumentum, vel Instrumenta publica confici, tradi, & assignari, Acta fuerunt hæc in dicto Palatio Apostolico Anno Domini millesimo quincentesimo vigesimo primo, Indictione nona, die vero tertia mensis Junii, Pontificatus Sanctissimi Domini nostri, Domini Leonis, Divina Providentia Papæ, decimi, Anno nono, præsentibus ibidem eisdem infrascriptis Raphaeli, & Felice testibus ad præmissa vocatis, habitis specialiter atque rogatis —— Ego Joannes Mattheus Gibertus Clericus Panormitanus, publicus Apostolica Authoritate Notarius, quia Capitulationi, conventioni, & omnibus aliis, & singulis præmissis, dum sic, ut præmittitur, agerentur, & firmarentur una cum prænominatis testibus, præsens fui, & quæ sic fieri vidi, audivi, & ideo hoc præsens publicum Instrumentum manu alterius fideliter scriptum, exinde confeci, subscripsi, & publicavi, & in hanc publicam formam redegi, signoque, & nomine meis solitis, & consuetis signavi, in fidem, robur, & testimonium omnium & singulorum præmissorum, rogatus, & requisitus. Tenor vero supradictæ Bullæ dispensationis sequitur, & est talis —— LEO. &c. Charissimo in Christo filio nostro Carolo Romanorum, ac Hispaniarum, & utriusque Siciliæ Regi Catholico in Imperatorem electo salutem &c. Cum in mentis nostræ arcano diligenti consideratione perpendimus singularis fidei constantiam & integritatem, ac eximiæ devotionis affectum, quibus in nostro conspectu semper claruisti, & indies magis clares, dignum profecto, sed potius debitum reputamus, ut tua humilia vota, ac ea præsertim, per quæ universæ Christianæ Reipublicæ utilitati non minus, quam propriæ animæ tuæ saluti consulitur, ad exauditionis gratiam benigne, ac favorabiliter admittamus, sane dilectus filius nobilis Vir Joannes Emmanuel tuus ad Nos & Sanctam Sedem Apostolicam Orator pro parte tua nobis nuper exposuit, quod licet felicis recordationis, Julius Papa secundus Prædecessor noster Regnum Siciliæ, & Jerusalem cum tota Terra citra Farum, claræ memoriæ Ferdinando Catholico Regi pro se, & suis in Regno Aragoniæ hæredibus, & successoribus, tam masculis, quam fœminis, & ex recta linea descendentibus, natis, & nasciturus, in feudum perpetuum concesserit, sine tamen præjudicio Juris ipsi Ferdinando Regi alias in eodem Regno competentis; Ita disponens, quod masculi, fœminis, & natu majores, minoribus in eodem Regno præferrentur, & inter alia voluerit jure jurando firmari, quod tam ipse Ferdinandus Rex, quam ejus in prædicto Regno hæredes, & successores nequaquam procurarent eligi, vel nominari in Imperatores, vel Reges Romanorum, aut Theutoniæ, vel Dominos Lombardiæ, seu Tusciæ, dictique electi, & nominati, nequaquam præstarent assensum, verum si post talem electionem de Imperio, seu Regno Romanorum, Dominiove Lombardiæ, aut Tusciæ manifeste se intromitterent sine expresso Romani Pontificis Mandato, eo ipso a Jure Regni Siciliæ citra Farum hujusmodi caderent ex toto, Majestasque Tua dicto Ferdinando Avo tuo materno vita functo, veluti illius in eodem maxime citra Farum Regno heres, & successor, cum dilecta in Christo filia nostra Joanna Regina matre tua per dilectum filium Hieronymum Vich utriusque Majestatis tunc Oratorem, & Procuratorem legitimum fidelitatis debitæ ratione feudi hujusmodi Regni Siciliæ citra Farum, Juramentum præstiterit, & ut ea omnia Legi Investituræ adjecta inviolabiliter observare proprio Juramento promiserit, quondam tamen inclitæ memoriæ, Maximilianus in Imperatorem electus, Avus tuus paternus, dum in humanis ageret, cupiens Majestatem tuam in Imperatorem, seu Romanorum Regem eligi, cum Sacri Imperii Electoribus tractavit, & procuravit, ut te in Imperatorem, seu Romanorum Regem eligerent, ac nominarent, ipsoque Maximiliano vita functo, Majestas Tua, ut Electoribus ipsis libera eligendi facultas pateret, si quod obligationis vinculum his subesset, sponte sua, & per suas patentes Literas, relaxavit eosdem Electores, ab his omnibus, quæ dictus Maximilianus tractare ceperat penitus quietando, & liberando, liberos, & immunes à quovis obligationis nexu decernendo. Verum cum cerneres, & mente volveres summe convenire Christianorum quieti, & tranquillitati Catholicæ Religionis conservationi, & augumento, ac universæ Christianæ Reipublicæ saluti, & exaltationi, ut electio hujusmodi in tuam Personam cadere possit, ut inde optimæ tuæ intentionis fructus, universo Orbi paterent, iis rationibus freta Majestas tua, bonis quidem persuasionibus utens, ac omnis ambitionis labe semota per Nuncios suos palam, & aperte hujusmodi electionem prosequuta est, in tantum, ut unanimi Electorum

ANNO 1521.

torum voto, Spiritus sancti Gratia, Deique optimi maximi favente clementia, Romanorum Rex, futurusque Imperator electus fueris, cum soliti Decreti interpositione, & si prætendas te justis aliquibus de causis excusari posse, ne quid perperam per te actum, seu attentatum censeatur, more tamen bonarum mentium agendo, timendoque culpam etiam ubi culpa non esset, per eundem Joannem Oratorem pro parte tua, nobis humiliter supplicari fecerit, ut electionem, & nominationem hujusmodi de persona tua factam libere consentiendi, ac titulum in Romanorum Imperatorem electi assumendi, simulque feudum Regni Siciliæ citra Farum hujusmodi, cum ipso Imperio, ac Romanorum Regno retinendi licentiam concedere, nec non personam tuam ad præmissa approbare, & legitimam declarare, & quatenus expedierit super iis dispensare de benignitate Apostolica dignaremur. Nos considerantes, quod etsi prohibitiones hujusmodi non sine rationabili, & magna causa à Prædecessoribus nostris emanarunt; sperantes tamen ac nobis ipsis firmiter persuadentes, quod Majestas tua in suæ fidei sinceritate, & obedientia erga Nos, & præfatam Ecclesiam sponsam nostram, eo firmior, & constantior erit, quo Nos, & illam reperit in se magis munificos, ac in suis opportunitatibus liberales, & quanto major erit, tanto magis eidem Ecclesiæ, cujus Advocatus erit, favere eamque contra improbos perversorum conatus defendere, ac juvare procurabit; præmissis omnibus matura deliberatione pensatis, ac examinatis; petitiones hujusmodi per prædictum Joannem Oratorem tuum nobis porrectas, duximus admittendas, Majestatem tuam à quibusvis perjurii reatus, censuris, & pænis, si quas forsan propterea quæ per te circa electionem hujusmodi acta, seu procurata fuerint, incurrit, Authoritate Apostolica tenore præsentium absolventes, & absolutum fore nuntiantes, Juramentumque prædictum quoad hæc dumtaxat Majestati Tuæ relaxantes, ut electioni de persona Tua, ut præmittitur factæ absque alicujus censuræ pœna, & labe, ac perjurii reatus respersione Regnique Siciliæ hujusmodi ammissione, consentire, & Romanorum Regis, in Imperatorem electi titulo uti, & Te Romanorum Regem, ac in Imperatorem electum nominare, ac quoad vixeris, Imperium regere, ac Regnum Siciliæ citra Farum cum Imperio, ac Regno Romanorum hujusmodi retinere, dummodo Majestas Tua, alia quæ in Literis constitutionis feudi Regni Siciliæ citra Farum, & per nos factæ hujusmodi continentur, à quibus per ipsam Apostolicam Sedem dispensatio, seu remissio facta non appareret sub pænis in eisdem Literis contentis, quoad vixeris, inviolabiliter observare tenearis, libere & licite valeas Authoritate Apostolica, tenore præsentium de specialis dono gratiæ licentiam, & facultatem concedimus, Teque ad præmissa, si expediat, habilitamus, personam tuam ad hujusmodi electionem approbantes, & legitimam fore declarantes, eamque propterea Censuras, & pœnas aliquas minime incurrisse Authoritate, & tenore præmissis decernimus, non obstantibus præmissis, ac Constitutionibus, & Ordinationibus Apostolicis, nec non omnibus illis, quæ prædictus Prædecessor voluit non obstare, cæterisque contrariis quibuscumque: Volumus autem, quod si Majestas Tua, ullo unquam tempore, (quod absit) se à nostra, & dictæ Romanæ Ecclesiæ, dicti Regni Siciliæ citra Farum fidelitate retraxerit, præsentes Literæ nullius sint roboris, vel momenti, dictumque Regnum Siciliæ citra Farum, ex tunc ad nos, & eandem Romanam Ecclesiam libere revertatur. Nulli &c. nostræ absolutionis, relaxationis, concessionis, habilitationis, approbationis, declarationis, Decreti, & voluntatis infringere &c. Si quis &c. Datum Romæ &c. Anno &c. 1521. pridie Kalendas Junii Pontificatus nostri Anno nono. Cæterum ut Capitulorum, & Literarum dispensationis hujusmodi tenor prædictus sic insertus omnimodam rei, seu facti certitudinem faciat, Authoritate Apostolica decernimus, ut illud idem robur, eamque vim, eundemque vigorem, dictus tenor per omnia habeat, quæ habent originalia capitula, & Literæ hujusmodi, & etiam eadem prorsus eidem tenori fides adhibeatur quandocumque, & ubicumque in Judicio, vel alibi, ubi fuerit exhibitus, vel ostensus, & eidem tenori firmiter stetur in omnibus, sicut eisdem originalibus Capitulis, & Literis dispensationis hujusmodi staretur, si forent exhibita, vel ostensa. Nulli ergo &c. nostri Decreti infringere &c. siquis &c. Datum Romæ &c. Anno &c. 1521. sexto Idus Junii anno nono.

Quæ Capitula cum eodem Carolo Rege in Imperatorem electo per Nos, ut præfertur, firmata, ac dispensationem sibi concessam hujusmodi eisdem fratribus nostris Sanctæ Romanæ Ecclesiæ Cardinalibus communicavimus, ac diligenter examinavimus, sperantesque ea, iis præsertim difficillimis temporibus Reipublicæ Christianæ, ac universali Ecclesiæ profutura fore, habita super his cum eisdem fratribus matura deliberatione, Literas prædictas, ac Capitula, & Dispensationem, omniaque; & singula alia in eis contenta de eorumdem Cardinalium consilio, & unanimi consensu, & nostra certa scientia, & de Apostolicæ potestatis plenitudine approbamus, confirmamus, & innovamus, ac etiam potiori pro Cautela, Capitula, dispensationem, & dicti Regni Siciliæ citra Farum Investituram, modo, & forma per præfatum Julium Prædecessorem, & per Nos concessi, & limitata fuerunt, de simili consilio de novo concedimus, eaque omnia inviolabiliter & irrefragabiliter observari, & custodire mandamus, roburque firmitatis obtinere, nosque, & successores Nostros ac eundem Carolum Regem in Imperatorem electum ad eorundem omnium observationem, juxta earumdem Literarum tenorem, & formam teneri, & obligatos fore decernimus, & declaramus, & insuper quia de omnibus Censibus, nobis, & dictæ Cameræ ratione hujusmodi Investituræ dicti Regni, tam per recolendæ memoriæ Alexandrum Papam sextum Prædecessorem nostrum, quam Julium prædictum eidem Ferdinando Regi, quam nos Carolo Regi, in Imperatorem electo factæ usque in pristinam diem debitis, per eundem Joannem Oratorem nomine ipsius Caroli Regis in Imperatorem electi, fuit Nobis integre satisfactum, ea propter de illis Carolum ipsum Regem in Imperatorem electum, & Joannam Reginam, ejus matrem, authoritate, & tenore præmissis quietamus, & plenarie liberamus, & per dictam Cameram sibiquietantiam in forma solita ad omnem ipsius Joannis Oratoris requisitionem dari mandamus, & ratione dictorum Censuum hactenus decursorum à quoque nullatenus molestari posse decernimus; non obstantibus Constitutionibus, & Ordinationibus Apostolicis, ac omnibus illis, quæ in præ insertis Literis volumus non obstare, Cæterisque contrariis quibuscumque. Nulli ergo &c. nostræ approbationis, confirmationis, nominationis, concessionis, liberationis, & voluntatis infringere &c. Siquis &c. Datum Romæ apud Sanctum Petrum, Anno &c. 1521. quarto Kalendas Julii, Pontificatus nostri anno nono

——————— A. de Castello.

——————— Cott. Hipp. de Cecis.

Exemplata est præsens Copia à Libro intitulato Bullarum, Confirmationum & aliarum Notabilium rerum præsentis Regni Neapolis folio LXXXIV. asservato in Magno Regiæ Cameræ Archivo in Camera prima sub Littera O. scanzia V. numero CXXVI. cum quo facta Collatione de verbo ad verbum concordat, meliori tamen semper salva; Et in fidem de mandato oretenus Illustris Domini Marchionis Castri novi D. Vincentii Frascone Præsidentis Commissarii subscriptus Magnificus Antonius de Masi Regius Archivarius hic se subscripsit. Datum Neapoli & in eodem magno Regiæ Cameræ Archivo die 10. *Junii* 1718.

ANTONIUS DE MASI.

(L.S.)

XXIX.

4. Septembre.

Excommunicatio lata per LEONEM *Papam X. contra* FRANCISCUM I. *Regem Franciæ, Duces & Milites suos, ratione Induciarum violatarum, Invasionis Civitatum Parmæ, & Placentiæ, Bellique in Imperatorem* CAROLUM V. *moti; quâ etiam Subditos ejus plenissime absolvit ab omni fidelitatis nexu & juramento & obligatione quacunque. Datum Romae*

ANNO 1521.

Romæ pridie nonas Septembris 1521. [Autentique tiré des grandes Archives de la Chambre Royale de Naples.]

LEO Episcopus &c. Ad futuram rei memoriam. Ad bonorum tutelam, & malorum perniciem, scelerumque vindictam Justitia cælitus emanavit, ut qui virtutis amore peccare non verentur, pœnæ formidine compescantur, & quos Dei timor à malo non revocat eorum audaciam Ecclesiastica severitas reprimendo castiget, cum itaque Nobis tradita sit potestas pœnarum spiritualium, & temporalium, jure ac merito noster excitari, ac insurgere debet animus, cum talia à Christi fidelibus, præsertim illis, quibus Regnorum cura à Deo commissa est, fieri, ac perpetrari audimus, propter quæ Deus offenditur, Jus Gentium violatur, & Justitia ipsa perturbatur, disciplina confunditur, Censuræ Ecclesiasticæ & Mandata Apostolica vilipenduntur, scandalizatur fidelis Populus, & in superbiam erigitur indevotus. Sane qualis circa Regnum, & Principum Christianorum Pacem, & concordiam mens Nostra semper fuerit quantumve circa eam componendam laboraverimus ipsosque Reges, & Principes non solum Literis, sed etiam propriis Nuntiis paterna charitate hortati fuerimus, ut ipsam pacem, tamquam bonum hæreditarium Nobis à Deo relictum complecti vellent, omnibus notum esse, apertissimeque constare non dubitamus, neque ad alium finem nostra unquam aspiravit intentio, quam ut Christianorum rebus compositis, atque pacatis, sanctam contra Infideles expeditionem per Nos & fælicis Recordationis Julium Papam secundum, Prædecessorem Nostrum toties in moderni Lateranensis Concilii sessionibus, non solum propositam, & promissam, sed etiam, sacro ipso approbante Concilio, de cætero sumere, & prosequi, ac dextera Domini assistente propitia, ad laudem Dei, Christianæque fidei exaltationem terminare possemus, & propterea ne tam sanctum, & salutiferum, ac necessarium opus impedimento aliquo differri, seu retardari posset, inter claræ memoriæ Maximilianum Imperatorem electum, & alios Reges, Principes, & Potentatos Christianos, Respublicas, Communitates, cæterosque Christi Fideles quinquennales inducias, seu Treguas de Fratrum Nostrorum consilio induximus, easque sub Excommunicationis lata sententia, ac anathematis, & aliis tunc expressis pænis dicto durante quinquennio, inviolabiliter servari debere decrevimus, ipsosque in virtute sanctæ obedientiæ monuimus, ut dictis induciis durantibus in Charitate mutua, firmaque amoris & benevolentiæ unione persistente ab omni prorsus abstineretur injuria, & offensione, ut cum metu, & suspitione invicem carentes eidem expeditioni contra Turchas libere intendere possent, & licet Nobis persuaderemus, omnes Reges tamquam veros, & Catholicos Principes, ac Romani Pontificis, ut patet, Mandatis obsequentes, dictas inducias de ipsorum consensu per Nos indictas, & per eos acceptatas servaturos fore, nullum tamen fidelius, & constantius id facturum specabamus, quam Carissimum in Christo filium Nostrum Franciscum Francorum Regem Christianissimum, & porissimum ratione, quod postquam Ducatu Mediolanensi, quem contra Nostrum, & fere omnium Christianorum Principum voluntatem, qui tunc Ducem Mediolani in Ducatu suo, publicæ utilitatis, & quietis causa manutenere volebamus, non sine maxima rerum prope omnium confusione, ac plurimorum Christi fidelium sanguine, & strage affectaverat, nostrorum Militum potius negligentia, quam virtute sua potitus fuerat. Nosque ejus furori resistere non valentes, ac majora scandala propter ejus insolentiam, & minas formidantes Parmam, & Placentiam Civitates ad Nos & Romanam Ecclesiam pertinentes, quiete, & pacifice reliqueramus, & ut eum ad arma deponendum, & filialem obedientiam Nobis personaliter præstandam induceremus, Nos ad Civitatem Nostram Bononiensem contuleramus, ipsumque tamquam peculiarem filium Nostrum receperamus, ac etiam mentem Nostram super Induciis, & Expeditione hujusmodi declaraveramus, & ad eum, ac alios Reges Sanctæ Romanæ Ecclesiæ Cardinales Legatos a latere nostro destinaveramus, & Legatus ad eum destinatus, ad Nos rediens in Consistorio Nostro secreto coram eisdem fratribus Nostris retulerat eumdem Franciscum Regem dictas Inducias libentissimo animo acceptasse, ac expeditionem ipsam propriis expensis, & militaribus Copiis suis suscepturum, ac non solum Ducatum Mediolani in Nostris, & Sacri Cardinalium manibus, sed proprium etiam filium, usque ad finem expeditionis hujusmodi depositurum fore, ut omnes tutos, ac securos redderet, quod nullis præterquam Infidelibus ipsis bellum inferret, quibus adeo magnis promissis, ac pollicitationibus persuasi, credentesque ipsum, ut nomine, ita etiam re Christianissimum esse, ac præstitam fidem servare didicisse, nihil tale suspicabamur, quale nuper non sine gravi mentis Nostræ perturbatione cognovimus, manifesteque deprehendimus; homo enim fortuita victoria illa, qua dictum Mediolani Ducatum sibi comparavit nimium elatus, ac propriis viribus, ultra quam sapientem decet confidens, ignarus, divina permissione sæpius fieri, ut stulti successibus abundent, ac immodicas cupiditates suas expleant, ut prosperitatum dulcedine inebriati in adversa præcipites corruant, ac merita supplicia, & stultitiæ pœnas tandem luant, causa Fidei pænitus relicta, & præclaris illis promissionibus oblivioni traditis, universalem Pacem, in qua omnes quiescebant, perturbare adortus est. Cum primum itaque intellexit populares dissensiones per absentiam Carissimi in Christo filii nostri Caroli Romanorum, & Hispaniarum Regis Catholici in Imperatorem electi in ipsis Hispaniarum Regnis exortas fuisse, non solum eas extinguere ac eidem Carolo Regi in Imperatorem electo auxilium contra seditiosos, ac Rebelles, ut fraterna charitate tenebatur, afferre, ac præstare neglexit, sed nimia dominandi, ac imperandi libidine victus, inde occasionem sibi datam putavit, qua ex malis alienis propriæ utilitati consulere, & Regnum suum in manifestam totius Christianitatis perniciem magis dilatare, atque ampliare posset, unoque & eodem tempore multa partim clandestinis insidiis, & tractatibus, partim aperto Marte contra eumdem Carolum Regem in Imperatorem electum, præter dictas seditiones variis, ac diversis curis implicitum, nulla injuria ab eo provocatus moliri cepit, siquidem ad Regnum Navarræ, quod claræ memoriæ Ferdinandus Rex Catholicus dicti Caroli Regis in Imperatorem electi Avus Maternus sibi a præfato Julio prædecessore propter tunc Regis Navarræ Conciliabulo per scismaticos congregato adhesionem concessum, justo, ac legitimo bello ceperat, & deinde sibi ab eodem Julio prædecessore confirmari obtinuerat, quodque Carolus Rex in Imperatorem electus, tamquam ejusdem Ferdinandi Regis legitimus hæres, & verus successor, pacifice possidebat, magnum, & copiosum Exercitum misit, qui dictum Regnum defensoribus vacuum, & à nonnullis auro corruptis proditum, facile occupavit, ac nonnullas etiam proximas Civitates Regni Hispaniarum tormentis bellicis admotis invasit, si forte eas propter intestinas discordias capere posset; nec defuit idem Franciscus Rex in Regno Neapolitano in Civitate Gaetana quosdam ejusdem Civitatis primarios rerum novarum cupidos, corrumpere, & ad Rebellionem, & tumultus in dicto Regno excitandos sollicitare, in Comitatu etiam Flandriæ cuidam Roberto de la Marcha, ut ab ipsius Caroli Regis in Imperatorem electi debita obedientia recederet, similesque seditiones, ac tumultus in dicto Comitatu excitare, vires, & animum præstare præsumpsit, quæ profecto ab aliis malis operibus suis minime aliena fuerunt; memores enim sumus, quod superioribus annis non solum humanam, sed etiam divinam iram contra se provocare non timuit, quippe qui postquam decimas super fructibus omnium Ecclesiarum, Monasteriorum, ac aliorum beneficiorum Ecclesiasticorum in toto Regno Franciæ consistentium exigendas, & sibi consignandas, & per eum in Sanctæ Cruciatæ dumtaxat usum convertendas, à Nobis importunissimis precibus, ac flagitationibus obtinuit, illasque in nullum alium, quam dictæ expeditionis usum exponere Nobis promisit, ac Jure jurando confirmavit. Nosque audientes Turcharum Tyrannum orientalibus rebus pro se compositis, & paratis ingentem Classem, formidandumque Exercitum parare, & uno eodemque tempore Christianos Terra, Marique aggredi posset, eumdem Franciscum Regem requisivimus, ut tam grandi, ac universæ Christianæ Reipublicæ imminenti periculo, cum pecuniis ad dictum usum collatis juxta Jus jurandum per eum præstitum, occurrere vellet, superbo responso id negavit, & negotium hoc ad se minime pertinere dixit, causamque Christianæ Fidei, cui Christi fideles omnes astricti, & obligati tenentur, à se tamquam alienam abdicando,

ANNO 1521.

ANNO 1521.

ac præstitum Jusjurandum non servando, se non verum Christianum, sed infidelem, ac perjurum esse declaravit, ex pluribus, quæ contra libertatem Ecclesiasticam, quam præ cæteris omnibus contra quoscumque defendere, & illæsam servare tenetur, facere præsumpsit. Illud silentio præterire non possumus, quod cum in Concordatis inter Nos, & hanc Sanctam Sedem, ac ipsum Franciscum Regem pro abrogatione Pragmaticæ initis inter alia contineretur, quod impetrantes Beneficia Ecclesiastica in dicto Regno Franciæ consistentia, verum eorum valorem exprimere tenerentur, ac nonnulli valorem hujusmodi expressissent, sicut Nobis relatum fuit, pro eorum collatione Bullas Apostolicas de super expeditas alligari, ipsasque in flumine mergi, sævitia plusquam tyrannica jussit, & quondam Joannem Abbatem Monasterii Sancti Tiberii, Ordinis Sancti Benedicti Agatensis Diocesis de Mandato dilectorum filiorum Parlamenti Tolosani in proprio Monasterio captum, ac publicis Carceribus in Civitate Tolesana, quia Literarum Apostolicarum vigore eis inhibuerat, ne de causa certæ absolutionis sibi commissæ se intromitterent, incarceratum, & ibi per plures annos detentum, licet pluribus Literis non solum benigne hortatus, ac requisitus, sed etiam rogatus fuisset, ut eum contra omnem Justitiam, & in maximum Ecclesiasticæ libertatis præjudicium diu, indebiteque detentum, in dictis Carceribus pro Nostro, & hujus Sanctæ Sedis honore, tandem relaxari mandaret, id facere semper pertinacissime negavit, donec dictus Abbas pluribus corporis incommodis, & moerore animi confectus in carceribus ipsis miserabilem vitam finivit. Nec veritus est idem Franciscus Rex innumeris aliis modis dictam libertatem Ecclesiasticam impugnare, benignas, ac paternas monitiones nostras continue respuendo, & in Nostrum, ac dictæ Sedis contemptum ea consentiendo, & faciendo, quæ Nos in præsentiarum referre quodammodo pudet, ut merito dicere possimus in eo, quem omnibus gratiis & favoribus prosequuti semper fuimus, bonum triticum seminasse, & spinas invenisse. Postremo, ut conceptum contra Nos, & hanc Sedem odium universo Terrarum Orbi notum, ac manifestum faceret, Civitatem Nostram Regii per iniquitatis filium Thomam de Fuso Domini de Lutrech Gubernatoris dicti Ducatus Mediolani Fratrem germanum, ejusdem in dicto Ducatu Locumtenentem, dolo, & insidiis occupare tentavit, qui dictam Civitatem equestribus, & pedestribus Copiis incredibili celeritate eo adductis ex improviso adortus, cum eam capere non potuisset, ac illius Agros, & Territorium depopulatus fuisset, sal Cameræ nostræ Apostolicæ, quod per ipsius Cameræ Officiales in Civitate Mediolani vendebatur, ad manus suas, ipsis Officialibus ejectis, recepit, ac Fructus Ecclesiarum & Monasteriorum, aliorumque beneficiorum Ecclesiasticorum per Cardinales, & alios Prælatos, & Curiales obtentorum sequestrari fecit, & alia plura in nostrum & hujus Sanctæ Sedis dedecus, damnum, & præjudicium commisit, quæ omnia de ipsius Francisci Regis consensu, & voluntate facta fuisse nemo dubitare potest, ipseque Franciscus Rex omnibus apertissime ostendit, qui non modo ipsum Thomam pro talibus excessibus nullo supplicio jussit affici, sed etiam ipsum Odetum cum pluribus Militum Copiis in Italiam misit, qui dictum Thomam foveret, ejusque temerarios conatus juvaret. Præterea ut majori injuria Nos afficeret, Mercatores Florentinos, quos tamquam Cives Nostros, paterna charitate diligi a Nobis sciebat, in Civitate sua Lugduni commorantes, contra salvum Conductum, eis concessum, detineri mandavit. Sed benedictus sit semper Deus noster, qui superbis, ac propria temeritate confidentibus resistit, & vias occultas invenit, quibus mala opera non solum effectu careant, ac victis, & innocentibus nihil obsint, sed quandoque etiam in bonum, & utile vertantur, si quidem prædicti Francisci Regis contra dictum Carolum Regem in Imperatorem electum conatus non solum irriti, ac vani ceciderunt, nihilque eidem Carolo Regi in Imperatorem electo, ejusque Regnis nocere potuerunt, sed etiam dictas seditiones, quæ nullis humanis remediis sedari posse videbantur, repente quasi in totum extinxerunt, ac Hyspaniarum Populos invicem Bellis Civilibus dissidentes univerunt, adeo quod paucorum dierum spatio, non solum Gallos Hyspaniam aggressos, ac Civitates, & Rebellionem sollicitantes, inde profligarunt, sed etiam amissum Navarræ Regnum recuperarunt, ipseque Carolus Rex, in Imperatorem electus, omnia Castra dicti Regni ab eo rebellare ausa fere sub oculis Francisci Regis, vi, & armis expugnavit, Populus autem ipsius Civitatis Regii acriter se & dictam Civitatem defendit, & ad pericula prospicienda, & vitanda factus est in posterum cautior & diligentior, Nobisque tot injuriis aperte lacessitis, & provocatis, juxta ac legitima occasio data est, Ecclesiasticam libertatem in pristinum statum vendicandi, ac Parmam, & Placentiam Civitates prædictas, ad Nos, & Romanam Ecclesiam pertinentes recuperandi, quarum Possessionem, cum ut præfertur, dictus Franciscus Rex Ducatum Mediolani cœpit, per ejus Ministros capi toleravimus, cum illius victoris, & armati potentiæ nullo pacto resistere, ac Jura nostra tueri possemus. Et propterea singulis annis in die Cœnæ Domini declaravimus, ac palam protestati fuimus, Juribus Sedi Apostolicæ, & dictæ Romanæ Ecclesiæ, undecumque, & quomodocumque quæsitis per quoscumque actus contrarios, aut quomodolibet præjudiciales, tacitos, vel expressos à Nobis, vel Sede Apostolica quomodolibet factos, & faciendos, aut quemcumque temporis fluxum, seu patientiam, vel tolerantiam nostram nullatenus quomodolibet præjudicari debere, aut posse; Cum itaque tot rationes, & causæ tam divinæ, quam humanæ Nos irritent, vel potius compellant, ut non solum temporalibus, sed etiam spiritualibus armis eumdem Franciscum Regem, tamquam publicæ Christianorum Pacis, & quietis turbatorem, ac Induciarum ipsarum violatorem, fideique Catholicæ, & Christianæ Religionis, ac Religiosorum hostem Christianissimique nomine, quod ejus Prædecessores Christianæ fidei terminos propagando, & hanc Sanctam Sedem Apostolicam contra quoscumque eam molestantes, defendendo, non sine maximis laboribus, & periculis compararunt, penitus indignum, ulciscamur, & Prædecessorum Nostrorum exemplo, qui Reges Francorum libertati Ecclesiasticæ contravenire, eamque temere violare præsumentes excommunicarunt, contra eumdem Franciscum Regem, quo agente, jubente, & judicante divina, humanaque Jura omnia sunt confusa, ac Odetum, & Thomam prædictos, aliosque eorum adhærentes, sequaces, & fautores, ac eis consilium, auxilium, & favorem quomodolibet præstantes modis a Jure permissis, procedamus, licet eos ob præmissa, & alia quæ recensere longum fuisset, majoris excommunicationis, & anathematis, aliisque sententiis, censuris, & pœnis in Literis Induciarum, & Treguarum hujusmodi, ac Constitutione per Nos, & Prædecessores Nostros, in dicta die Cœnæ Domini singulis annis publicata contentis, & in terminis generaliter promulgatis damnabiliter irretitos, & ligatos esse censeamus. Ad convincendam tamen ipsorum Francisci Regis, ac Odeti, & Thomæ, Parmæ, & Placentiæ Civitatum hujusmodi occupatorum, & detentorum, Cameræque Apostolicæ & Ecclesiasticorum bonorum direptorum, aliorumque adhærentium, sequacium, & fautorum nec non auxilii, & consilii præstitorum, malitiam, & pertinaciam, & ut omni excusationis adminiculo penitus careant, eos ipsos, ac omnes, & singulos ad eorum stipendia militantes, eorumque complices, sequaces, & fautores auctoritate Apostolica tenore præsentium requirimus, & monemus, eisque sub excommunicationis & anathematis pœnis prædictis, nec non maledictionis æternæ districte præcipiendo mandamus, ut infra quindecim dierum spatium post publicationem præsentium in locis infrascriptis quorum quinque pro primo, quinque pro secundo, & reliquos quinque pro tertio, ultimo, & peremptorio termino eorum cuilibet assignamus, Parmam, & Placentiam Civitates Nostras, ac sal ablatum eidem Cameræ, seu Nostro, & dictæ Sedis Legato in Castris Sanctæ Ligæ inter Nos, & eumdem Carolum Regem in Imperatorem electum, ut præfertur, initæ existenti, omni prorsus exceptione, & procuratione cessantibus restituant, & fructuum sequestrum hujusmodi relaxent, ac de damnis illatis, satisfaciant, Alioquin Franciscum Regem, Odetum, & Thomam, ac Complices, & ad eorum stipendium militantes hujusmodi cujuscumque status, gradus, ordinis, & conditionis fuerint, ex nunc prout ex tunc, & ex tunc prout ex nunc Sententias, censuras, & pœnas prædictas, incurrisse, eosque excommunicatos, & anathematizatos esse declaramus, ita quod ab eisdem sententiis, censuris, & pœnis absolvi nequeant, nisi Parmæ, & Placentiæ Civitatum, ac salis hujusmodi restitutione, & sequestri relaxatione, ac congrua damnorum satisfactione prævia, qua mediante, à Nobis, &

Sede

ANNO 1521.

Sede prædicta mereantur absolutionis beneficium obtinere, Civitates vero, Terras, Oppida, Castra, & Loca sub ipsius Francisci Regis ditione constituta, Ecclesiastico subjicimus Interdicto, ad nostrum beneplacitum firmiter observando, & quia juxta Canonicas, & legales Sanctiones non carent scrupulo societatis occultæ, qui manifesto facinori desunt obviare, universos Duces, Marchiones, Comites, & Barones, atque alios Nobiles Dominos, Civitatum quoque Communitates, Universitates Terrarum, Oppidorum, & Locorum Dominos, Vassallos, & Subditos sub ditione sua hujusmodi, & alibi existentes, quocumque nomine nuncupentur, donec ipse Franciscus Rex in hujusmodi Censuris permanserit, ab omni Subjectionis, Homagii, & Fidelitatis juramento, ac obligatione quacumque, quibus dicto Francisco Regi antea quomodolibet tenebantur, & obligati erant, plenissime absolvimus, & absolutos fore, nec deinceps eos ad observationem alicujus eorum teneri, nec Jure constringi, aut propter non observationem de infamia, vel alia quavis macula notari posse, vel debere decernimus, sublata cuicumque quavis aliter interpretandi facultate, aut potestate. Quo circa Venerabilibus Fratribus nostris, universis Patriarchis, Archiepiscopis, Episcopis, Electis, & locorum Ordinariis, in virtute sanctæ Obedientiæ, & sub pœna suspensionis à Sacerdotali Ministerio præcipimus, & mandamus, quatenus præsentes Literas in lingua materna, sive vulgari Idiomate Civitatum, & Diocesum suarum, ita quod ab omnibus etiam indoctis intelligi valeant, verti, & transferri, ac ubi, quando, & quatenus opportunum fuerit, in Ecclesiis, & aliis locis ipsarum Civitatum, & Diocesum, diebus Dominicis & Festivis faciant solemniter publicari, ac Franciscum Regem, Odetum, & Thomam aliosque omnes, & singulos in præmissis culpabiles nominatim, & in specie, ut eorum nomina & cognomina sciri poterunt, alioquin in genere tam diu excommunicatos, anathematizatos, & maledictos publicari procurent, donec resumentes spiritum consilii sanioris, Parmam, & Placentiam Civitates, ac sal ablatum restituerint, & sequestrum relaxaverint, ac de damnis prædictis integraliter satisfecerint, & absolutionis beneficium consequuti fuerint, ut præfertur. Postremo quia difficile foret, præsentes Literas ad singula quæque loca deferri, in quibus earum publicatio necessaria foret, volumus, & Apostolica authoritate decernimus, quod earum transumpto manu Notarii publici confecto, seu saltim subscripto, & sigillo alicujus Prælati Ecclesiæ munito, ubique stetur, prout originalibus Literis staretur, si essent exhibitæ vel ostensæ, & cum eædem præsentes Literæ Civitatibus, & locis dicto Regi subjectis propter ejus potentiam tuto publicari nequeant, ne Franciscus Rex, Odetus, & Thomas, ac alii, quos ipsæ Literæ concernunt, quibus aliquid mandatur, aut prohibetur, per easdem valeant de præmissis ignorantiam allegare, & prætextu ignorantiæ hujusmodi, si illis non paruerint excusationis velamen assumere; Volumus Literas ipsas in Basilicæ Principis Apostolorum de Urbe, ac Sancti Joannis Lateranensis, & deinde Bononiensis, Imolæ, & Mutinæ Ecclesiarum valvis affigi, & hujusmodi affixione publicari, decernentes quod earumdem Literarum publicatio sic facta, perinde Franciscum Regem, Odetum, & Thomam & alios, quos Literæ ipsæ tangunt, arctent, ac si Literæ ipsæ à die affixionum, & publicationum hujusmodi eis personaliter lectæ, & insinuatæ fuissent, cum non sit verisimilis conjectura, quod ea, quæ tam patenter fiunt, debeant apud eos incognita remanere. Non obstantibus Constitutionibus, & Ordinationibus, Privilegiis, Indulgentiis, Concessionibus, & Literis Apostolicis prædicto Francisco Regi, vel quibuscumque aliis personis quavis dignitate fulgentibus, ac Regnis, Dominiis, Provinciis, Civitatibus, Terris, Oppidis, & Locis quomodolibet concessis, etiam quibus caveretur, quod ad Privilegiorum exhibitionem compelli, seu ipsi, & eorum Regna, & Civitates interdici, suspendi, vel excommunicari non possint, quibus, illorum omnium tenores, ac si præsentibus insererentur, pro expressis habentes, dicta authoritate Apostolica, ac ex certa scientia, & po estatis plenitudine derogamus, cæterisque contrariis quibuscumque. Nulli ergo &c. Nostræ requisitionis, monitionis, assignationis, declarationis, Interdicti, absolutionis, Constitutionis, præcepti, mandati, voluntatis, decreti, & derogationis infringere &c. siquis &c. Datum Romæ &c. Anno Millesimo Quincentesimo vigesimo primis Pridie Nonas Septembris Pontificatus Nostri Anno nono D. de Comitibus ——————

—————— Collat. Hip. de Cesis.

Exemplata est præsens Copia à Libro intitulato: Bullarum, Confirmationum, & aliarum notabilium rerum præsentis Regni Neapolis folio LXXXX. asservato in Magno Regiæ Cameræ Archivo in Camera prima sub littera O. Scanzia V. numero CXXVI. Cum quo facta collatione de verbo ad verbum concordat, meliori tamen semper salva: Et in fidem de mandato oretenus Illustris Domini Marchionis Castrinovi D. Vincentii Frascone Præsidentis Commissarii subscriptus Magnificus Antonius de Masi Regius Archivarius hic se subscripsit. Datum Neapoli & in eodem Magno Regiæ Cameræ Archivo die 15. Junii 1718.

ANTONIUS DE MASI.

L. S.

XXX.

1524. 26. Novembre.

Résolution des Etats de Bretagne, par laquelle en conséquence du Testament de la Reine CLAUDE, *ils reconnoissent le Roi* FRANÇOIS I, *pour Usufructuaire, & le Dauphin son Fils aisné, pour Propriétaire du Duché de Bretagne. Fait au Convent des Jacobins de Rennes le 26. Novembre* 1524. [LOBINEAU *Histoire de Bretagne.* Aux preuves du 22. livre. Col. 1597.]

EN la Congregation & Assemblée generale des gens des Estatz ce jourd'huy faite en la Ville de Rennes devant hault & puissant Seigneur Guy Comte de Laval, de Montfort, & de Quintin, Vicomte de Rennes, Sire de Vitré, de la Roche, & d'Acquigny, Gouverneur & Lieutenant General pour le Roy usufructuaire de ce pays & Duché de Bretaigne, pere & legitime Administrateur de Monseigneur le Daulphin Duc proprietaire d'icelluy Duché; Maistre Jean Briçonnet Vi-Chancelier, Maistre Gilles le Rouge sieur de Herberie President dudit pays, & Maistre Gilles de Comacre Notaire & Secretaire dudit Sieur & de mondit Sieur le Daulphin, Commissaires & Procureurs especiaulx ezdites qualitez, pour prendre & recevoir les obeïssances & sermens de fidelité des Prelatz, Barons, Abbez, Chapitres, Nobles, Vassaux, & Subgetz, Officiers, tant de Justice, Finances, que autres d'iceluy Duché; aussi bailler sourseance & souffrance aux Barons, Nobles, & Vassaux de faire foy & hommage, continuer lesdits Officiers en leurs Offices, tant pour le fait & exercice de ladite Justice, que pour recevoir les deniers, & faire faire autres Actes necessaires & requis, & à ceste cause les faire assembler en tels lieux ou Villes dudit pays comme eust esté advisé par lesdits Commissaires, selon le Mandement de commission dudit Sieur signé de sa main & de Dorne l'un de ses Notaires & Secretaires expedié à Avignon le xxv. Septembre dernier: Sont comparuz devant lesdits Commissaires les Evesques qui ensuivent personnellement, savoir les Evesques de Rennes & de Leon, les VII. autres par Procureur; pareillement ont comparu en personnes les Abbez de Beaulieu, de S. Aubin des Bois, & de S. Jehan des Prez, & les autres par Procureur; aussi les Procureurs des Barons & d'aulcuns Bannerets, Chevaliers, & autres Nobles; les Procureurs des Bourgeois & Deputez des Citez de Rennes, Nantes, S. Malo, Dol, Cornoüaille, Vennes, S. Brieuc, Treguer & Leon; mesme les Procureurs des Villes de Ploermel, Dinan, Guerrande, Lamballe, Fougeres, Morlaix, Guingamp, Kerahez, & autres bonnes Villes de cesdits pays & Duché; pareillement ont comparu personnellement les Sieurs de Beaufort, de Vieille-vigne, du Bois-Yvon, de la Marzeliere, du Tiercent, du Pleissiz-Angier, de Bruillac, d'Espinay, de Tregomar, de Vau-

ANNO 1524. Vauvert, du Bordage, & autres plusieurs Nobles; plus ont comparu les Conseillers & Gens de la Court de Parlement; les Conseillers, Secretaires & Gens des Chancelerie & Conseil; les Gens des Comptes, les Officiers de la Justice; les General, Tresorier, & Contrerolleur General des Finances, Receveurs, Capitaines, Lieutenans & autres Officiers; auxquels assemblément a esté par mondit Sieur le Vichancelier donné à entendre & à plain declaré le bon vouloir, amour, & tres-grande affection que ledit Sieur a envers lesdits Gens des trois Estats, Gens de la Justice, & autres les Officiers & Sujets dudit pays & Duché: aussi l'effet & teneur de ladite Commission, leur remonstrant & faisant savoir (entr'autres choses) que la feuë Royne Claude de tres-recordable & loüable memoire (que Dieu absoille) par son Testament & Ordonnance de derniere volonté avoit fait le Roy son Seigneur & espoux usufructuaire dudit Duché & ledit Seigneur Daulphin son filz aisné propriétaire son seul & universel heritier. Et aprés la lecture dudit Mandement de Commission, ont lesdits Gens desdites Cours de Parlement, Conseil, & Chambre des Comptes, & tous autres Officiers fait les sermens audit Sieur (ezdites qualitez) de bien & loyaument le servir & obeïr; & ce fait ont esté lesdits Officiers confermez & continuez en leursdits Offices, aussi ont lesdits Procureurs des Bourgeois desdites Citez & bonnes Villes fait serment de fidelité audit Sieur; & semblablement les Evesques, Abbez, Barons, Banneretz, & autres. Fait au Convent des Jacobins de Rennes le XXVI. Nov. MDXXIV, *Signé* du Val, Beauconché, Texier, & Pelerin. *Et scellé de 2. petits sceaux.*

XXXI.

1525. 8. Avril. **Vertrag / so zwischen SIGMUND König in Pohlen und ALBRECHT Marggrafen von Brandenburg / gewesten Hochmeister des Teutschen Ordens in Preussen über den Besitz und Erbschafft mehrgedachten Preussen-Landes ins künfftig geschlossen / nemlich / daß mehrgedachter Marggraff solches als ein Lehen von der Cron Pohlen empfangen und besagter Cron einen Eyd als seinen natürlichen Erbherrn thun / und daß nach gedachter ALBRECHTEN und seiner Brüder GEORG, CASIMIR und JOHANNS, Marggrafen zu Brandenburg und derselben Leibs-Lehen-Erben abgang / benanntes Preußen an die Cron Pohlen wiederum erblich gelangen solle. Geben zu Crakau am Palm-Abend den 8. April 1525.** [GOLDASTI **Copeylicher Bericht der Reichshandlungen.** pag. 175.]

C'est-à-dire,

1526. *Contract entre* SIGISMOND *Roi de Pologne, &* ALBERT *Marcgrave de Brandebourg, ci devant grand Maître de l'Ordre Teutonique en Prusse, touchant la Possession & l'hérédité du Païs de Prusse, savoir que ledit Marcgrave la recevra comme Fief de la Couronne de Pologne, & qu'il lui en fera le serment comme à son Seigneur héréditaire, & qu'au defaut dudit Marcgrave* ALBERT, *& de ses Freres* GEORGE, CASIMIR *&* JEAN, *& de leurs héritiers légitimes, ladite Terre de Prusse devra retourner à la Couronne de Pologne. Fait à Cracovie le Samedi veille du Dimanche des Palmes*, 8. *Avril* 1525.

CEtte Pièce se trouvera cy-après sous la date du 14 Novembre 1530. annexée à l'Edit de l'Empereur *Charles V.*

XXXII.

Traité d'Alliance entre BERNE, FRIBOURG *&* GENEVE, *conclu à* BERNE *en l'année* 1526. [Histoire de Geneve, Tom. III. p. 347. Ed. de Geneve. 1730.] ANNO 1526.

Traduit de l'Original Allemand.

AU NOM DE LA SAINTE ET TRES HAUTE TRINITE', DIEU LE PERE, LE FILS ET S. ESPRIT, AMEN.

NOus, les Avoyers de Berne & Fribourg, d'une part; Et NOUS, les Sindics, Conseil & Bourgeois de la Ville & Communauté de Geneve, de l'autre: Faisons savoir à tous ceux qui desormais verront la presente Letre, ou l'entendront lire; Qu'après une mûre déliberation & un consentement unanime, portez principalement par les motifs d'une bonne amitié & ancien voisinage, de même que par la situation de nos Villes, Païs, Contrées, Hommes & Mandemens, afin de nous maintenir en paix & en tranquillité, doresnavant, dans les Possessions & les Droits que Dieu nous a donnez; NOUS, Avoyers, Sindics, Conseils, Bourgeois & Communautez des Villes de Berne, Fribourg & Geneve, nous nous sommes reçûs sincerement & loyalement dans chacune de ces trois Villes, pour nous & nos Successeurs & ceux des nôtres, qui habitent dans lesdites Villes, en Bourgeoisie, comme nos Mœurs, nôtre Droit, nôtre Liberté, nos loüables & anciennes Coûtumes nous donnent le pouvoir & l'autorité de le faire; En vertu dequoi nous nous recevons reciproquement & de bon gré, pour Combourgeois: En sorte, que nous jurons à Dieu & aux Saints, les mains élevées, ce qui suit.

Nommément que chacune de nos Villes se conduira envers les autres fidellement, sincerement, & tâchera d'avancer leurs profits, honneurs & avantages, & détourner leurs dommages, & de faire tout ce qui apartient à de loyaux Bourgeois de faire.

Et pour marquer de quelle maniere l'un doit assister & secourir l'autre; Nous avons conclu entre nous, que s'il arrivoit, pendant que cette Combourgeoisie durera, qu'un ou plusieurs, quels qu'ils soient, ou quels qu'ils puissent être, voulussent molester ou endommager contre droit & raison les susdits Syndics, Conseil & Bourgeois de la Ville & Communauté de Geneve, au Corps, Honneurs & Biens, aux Païs & Personnes, Seigneuries, Franchises, bonnes Coutûmes & anciens Usages, ou qu'ils entreprissent de les inquieter, attaquer, ou tourmenter de quelqu'autre maniere que ce soit, contre droit & raison; Alors, Nous, dessus nommez, Avoyers, Conseils & Bourgeois des Villes de Berne & Fribourg, examinerons & considererons, conformément aux Sermens que nous avons prêtés, si telles agressions, outrages & autres violences sont faits contre Droit & Equité: Et s'il se trouvoit après qu'il en auroit été connu, que ces violences eussent été entreprises contre ceux de Geneve, contre Droit & Equité, Nous sus-nommez de Berne & de Fribourg, serons tenus de donner à ceux de Geneve, qui auront été ainsi attaquez, endommagez & grevés, l'assistance, le secours, & la deffense nécessaire, selon nôtre pouvoir, toutes fois à leurs dépens.

D'un autre côté, Nous, Sindics, Conseil & Bourgeois de la Ville & Communauté de Geneve, avons juré & promis, que, si lesdits Avoyers, Conseils, Bourgeois & Communautez des Villes de Berne & Fribourg, étoient pareillement attaquez, molestez & fachez de la maniere susdite, nous les assisterons, selon notre pouvoir, de nos Corps & de nos Biens, & à nos propres depens.

Et afin que cette Combourgeoisie soit bien établie pour les tems à venir, & bien observée & gardée; Nous sommes demeurez d'accord d'observer les uns envers les autres, les Articles & les Points ci-après, savoir, que Nous, Parties ci-dessus nommées, devons demeurer en possession de nos Territoires, Païs, Contrées, Gens, Seigneuries, Jurisdictions, Droits, Franchises, Graces, Privileges, de même que de nos bonnes Coûtumes, & d'en user comme d'ancienneté: Et s'il y avoit quelcun, qui que ce fût, qui à l'occasion de Nous tous, ou de quelcun de nous en particulier, voulût nous attaquer de force de la maniere susdite, ou nous molester & troubler dans nos Biens, & qu'une des Parties

ANNO 1526. ties eut besoin du secours & de l'assistance de l'autre, & le demandât par écrit ou par quelque Messager, alors chacune des Parties ci dessus nommées, sera obligée d'envoyer secours à l'autre selon l'exigence du cas, en observant cependant, par raport aux frais & à la solde, la difference ci-dessus marquée.

Il a été de plus convenu entre nous; Que dans nos Guerres ouvertes & justes, chaque Partie sera obligée de donner passage à l'autre, par chacune de ses Villes & de ses Châteaux, soit à nous, soit aux nôtres, selon que les affaires de chacun l'exigeront; En sorte qu'il sera permis à chacun de faire ses affaires, d'habiter, d'aller & de venir toutes fois qu'il en aura besoin; de maniere pourtant, que chaque Seigneurie dûëment avisée, & informée n'y soit obligée que sous cette condition, que les dommages qui pourroient être causez aux Habitans & aux Païs, par ces allées & venuës seront réparez & les frais payez, ainsi que le Droit & l'equité l'exigeront. Aussi chaque Partie ne devra recevoir ni proteger dans ses Etats, les ennemis des autres, ni leur accorder aucun passage; mais tâcher au contraire, autant qu'il sera en son pouvoir de les en expulser, toutes les fois que le cas arrivera, sous cette reserve pourtant, que la justice ne soit pas refusée à celui qui la demandera.

Et en cas que, dans les tems à venir, pendant que cette Bourgeoisie durera, il s'élevât entre nous susdites Parties ou entre nos Sujets quelques differens, plaintes ou querelles, dont il falut décider selon les Coûtumes & le Droit, il a été reglé entre nous; Que si Nous, susdites deux Villes, Berne & Fribourg en commun, ou chacun à part, eussions quelque demande ou prétention, de quelque nature qu'elle fût, contre ceux de Geneve, ou eux contre nous, laquelle il falut décider par le Droit; alors la Partie qui se plaindra, pourra faire citer la Partie adverse, à une Journée generale à Lausane, & là prendre deux de nous deux Villes Berne & Fribourg, & deux de la susdite Ville de Geneve, pour Arbitres, auxquels on donnera Plein-pouvoir d'entendre les Parties, de prendre les Informations nécessaires, & ensuite de prononcer sur le tout, suivant leur conscience & le mérite de la Cause, conformément au serment qu'ils ont prêté à Dieu & à ses Saints, & ce dans le terme d'un mois, sans prolonger davantage; Et ce que ces quatre, ou la plûpart d'eux, auront prononcé, doit avoir sa force, sans qu'on en puisse appeller. S'il arrivoit que les quatre Arbitres fussent partagez dans leurs opinions, en sorte qu'ils ne pussent convenir d'aucun expedient, pour rendre leur Jugement uniforme, alors la Partie qui se plaint peut & doit, soit que ce soient les deux Villes en commun, ou l'une d'elles en particulier, choisir un Sur-arbitre du Païs de Valley; Et si c'est la Ville de Geneve qui se plaigne, elle pourra prendre pour Sur-arbitre un du Conseil de la Ville de Bienne: Et l'on devra demeurer à la Sentence de ceux des Arbitres, pour laquelle ledit Sur-arbitre se déclarera. S'il arrivoit qu'il s'élevât quelque Procès, querelles ou prétentions entre quelques Particuliers ou quelcun de nos Sujets, contre un ou plusieurs des susdites trois Villes, pour quelque affaire que ce fut; le Demandeur poursuivra sa Partie devant son Juge ordinaire, lequel devra proceder sans delai, & rendre bonne & briéve Justice: Si le Deffendeur disoit qu'il n'est pas en état de répondre à la premiere Juridique, alors on lui apointera un autre jour, & s'il ne répond pas à ce jour-là, on assignera le troisieme & dernier jour, auquel il sera contraint de répondre. Et s'il étoit nécessaire de prendre des informations dans cette Cause, & que les Témoins demeurassent au Païs des Ligues, ou dans leur Voisinage, on sera obligé de les faire comparoitre dans trois semaines; Et si c'étoit des Etrangers & des personnes éloignées, ces Témoins devront être produits dans dix-huit semaines. Si l'une des susdites Parties se trouvoit être grevée par la Sentence, il lui sera permis de faire citer l'autre à une Journée generale devant les quatre Arbitres & le Sur-arbitre, de la maniere ci-dessus expliquée; Et ce qui sera prononcé par ces Arbitres, ou par le plus grand nombre, ou par le Sur-arbitre, doit être observé sans aucune opposition ulterieure, & sans en pouvoir appeller; Et la Cause portée devant eux, par Appellation, devra être vuidée dans la quinzaine. ANNO 1526.

Ensuite, nous avons arrêté que chaque Partie accordera aux Bourgeois & aux Sujets des autres, la liberté de négocier & trafiquer dans ses Villes & Dépendances, les protegera & les laissera aller & venir librement, & jouïr des mêmes Franchises que leurs Bourgeois, de quelque nature qu'elles soient. De plus, nos Sujets respectifs ne devront proceder les uns contre les autres, soit en arrêtant les Personnes, soit en saisissant leurs effets, sinon pour des Dettes bien fondées, & qu'on pourra prouver par Actes authentiques.

Il a aussi été convenu entre nous; Que s'il arrivoit que Nous de Berne & Fribourg, donnassions des Troupes à quelques Rois, Princes ou Etats, & que ces Puissances ou leurs Officiers prissent aussi à leur service quelques Gens de Geneve, Nous dits de Berne & de Fribourg, prierons ces Rois, Princes & Etats, ou leurs Officiers, de leur donner la même solde qu'aux nôtres.

Enfin, il a été conclu que cette Bourgeoisie devra durer, & être en sa vigueur, pendant vingt-cinq ans consecutifs, & être confirmée & renouvellée par serment, de cinq ans en cinq ans, par les Avoyers, Sindics, Conseils & Bourgeois, en présence des Deputez de Nous des trois Villes, le second Dimanche du Carême, qu'on nomme *Reminiscère*; Et à la fin de ces vingt & cinq ans, nous les susdites trois Villes, ou nos Successeurs, si nous ou eux le trouvons bon, pourrons derechef renouveller cette Bourgeoisie: Et à cause d'icelle, nous les deux Villes, Berne, & Fribourg, reservons le Saint Siege de Rome, le Saint Empire Romain, tous & un chacun de nos chers Alliez des Ligues, de même que tout & un chacun de ceux avec lesquels nous sommes ci-devant entré en Confederation, Union, Bourgeoisie & Amitié, ou avec lesquels nous avons quelque engagement.

De même Nous dits de Geneve, reservons nôtre très-gracieux Seigneur l'Evêque de Geneve, & ses Successeurs dûëment élus, lequel nous reconnoissons pour nôtre Seigneur, avec toute Puissance & Superiorité; Et de plus, on a aussi reservé ici expressement & specialement Son Altesse de Savoye, & le ci-devant nommé Reverendissime Evêque de Geneve, les Franchises de tous deux, Droits, Puissances, Superiorité & Seigneuries qu'ils pourroient avoir, sans qu'on puisse leur porter aucun préjudice ni dommage, en vertu des presentes: Et afin que tout le contenu ci-dessus puisse avoir sa force & vigueur: Nous les Avoyers, Conseils & Bourgeois des Villes de Berne & de Fribourg; Et nous Sindics, Conseil & Bourgeois de la Ville & Communauté de Geneve, avons fait dresser trois Instrumens de cette Lettre, qui est un monument de l'amitié que nous avons liée entre Nous, lesquels nous avons promis d'observer & maintenir inviolablement; En foi de quoi, Nous y avons fait apposer les grands Sceaux de nos Villes. Fait à Berne, le huitiéme jour de Fevrier de l'année de l'Incarnation de nôtre S. J. C. 1526.

Les Sceaux de Berne & de Geneve pendent au bas de l'Acte.

XXXIII.

Literæ criminatoriæ CLEMENTIS VII *Papæ ad & adversus* CAROLUM V. *Romanorum Imperatorem Regemque Catholicum Hispaniarum. Datum Romæ, sub Annulo Piscatoris die 23. Junii anno 1526. Pontificatus sui III.* [GOLDASTI *Politica Imperialia* Part. 22. de Actis Imperialibus, cum Papa pag. 987.] 23. Juin.

CLEMENS PAPA VII.

CHarissime in Christo Fili noster! Salutem, & Apostolicam Benedictionem. Non opus esse arbitramur, apud Serenitatem tuam multis verbis uti ad demonstrandum, quó jam per tres annos studio, quibus nos curis, & actionibus, à nostri videlicet Pontificatus initio, tum pacem communem totius Christiani nominis, tum privatim tuam amicitiam, & conjunctionem nobiscum procuraverimus, atque appetierimus: Sunt

ANNO 1526.

enim omnia acta, cogitataque nostra tibi propemodum æque nota, ac nobis. Sumus nos quidem conscii, nihil prætermisisse, quod vel ad boni pastoris officium erga universum gregem, vel ad fidelis amici animum, in tuam Serenitatem speciatim pertineret. Quorum tamen bonorum operum, atque amoris erga te nostri eum sumus exitum consecuti, ut repulsi jam totiens à benevolentia, & conjunctione tua, cum nullam æquitatem conditionum, nullum indicium veri amoris apud te inveniremus: sive eorum artibus & dolis, qui nos cum Serenitate tua nunquam conjunctos esse voluerunt; sive tua mente oppressionem Italiæ, & imminutionem nostræ dignitatis meditante, ad ea consilia, à quibus & natura, & voluntate semper abhorruimus, necessario sumus compulsi: serius quidem multo, quam aut plurimarum rerum indignitas, aut honoris nostri, & publici Italiæ boni ratio postulabat. Sed cum ad extremum ventum esset, cum patientiæ nostræ diuturnæ atque magnæ, jam nomen, atque opinio ad negligentiam rerum publicarum converteretur, coacti sumus tandem ea capere arma, quæ & justitiæ & Italiæ libertati, & nobis ipsis possent esse præsidio. non offendendi cujusquam causa, sed tuendi, & conservandi honoris, atque officii nostri. Etenim ut commemoremus breviter causas, quibus adacti sumus ita facere, meminisse potest Serenitas tua nos cum in Cardinalatu essemus, tibi summe addictos, atque conjunctos, & vivo fel. rec. Leone X. fratre nostro patruele, & deinde etiam mortuo, quo rerum tuarum is exitus esset, & ea gloria, quam tumet optabas, non laboribus, non periculis nostræ personæ propriæ, non impensis pepercisse. Cumque deinde divina providentia ad Pontificatus honorem vocati fuissemus, tuique tunc hostes in Italia magnas copias haberent, etsi pro pastoralis officii debito, ab illis armis abstinendum nobis erat, tamen ne rationes tuas impeditas relinqueremus, non solum Florentinorum auxilia, sed sanctæ etiam Romanæ Ecclesiæ copias in tuis subsidiis & castris versari permisimus: nec vero pecunias suppeditare cessavimus, nec antequam depulsum illud periculum fuit, destitimus Ducibus tuis favere & juvare. Postea vero cum hic Pontificatus honor, communis in nobis Patris personam exposceret, decrevissemusque abesse ab armis, & bellis, exercitusque & milites nostros, tuis jam bene constitutis rebus, & non modo non inferioribus, sed superioribus etiam, quam hostium tuorum, revocavissemus, tamen armis à nobis depositis, neque ita fideli consilio Ducibus tuis in Galliam transeuntibus, neque inde pedem referentibus, pecuniarum auxilio pro rerum nostrarum tenuitate adfuimus. Successit ex illo intempestivo in Galliam Transalpinam tuorum transitu celerior, & gravior in Italiam Gallorum irruptio, Rege maximi nominis exercitum ducente, ac Urbis opulentissimæ Mediolani ab illis receptio. Quo tempore quum Duces tui de defensione illarum regionum spem totam posuissent, ac de earum insuper, quæ tuæ erant propriæ, periculo commoverentur, nos vero in magno etiam nostrarum rerum metu essemus, eis conventionibus occurrere coacti fuimus imminenti periculo, quas tu optime nosti. Ex quibus vidisti tu profecto, & cognovisti, quæ nobis esset cura, quæ cautio rerum tuarum, cum nihilominus tibi rebusque tuis, quam & nobis & nostris caveremus. Hæc tu si nosti, quæ ad te certe pervenerunt, nihil opus est illius temporis actiones nostras apud te, singularemque quoddam studium nostrum status, honorisque tui ostendere, facile enim hoc tibi res ipsa declarabit. Sin autem, vel non cognovisti, vel oblitus es, erit tempus commodius, quo ista exponamus, qui & Gallorum transitum in tui regni fines multis rebus remorati fuimus, & cum si societatem eorum voluissemus sequi, maxima nobis præmia non solum proponerentur, sed etiam essent parata, ab instituto nostro non discessimus, plusque apud nos amicitiæ tuæ memoria, quam præmium ullum valuit. Secuta est victoria tuorum adversus Gallos, qua adepta, cum omnis nobis sublata contentio videretur, cumque jam sine cupiditatis, & partium suspicione tibi videremur etiam fœderis vinculo hærere posse, magnumque in eo beneficium Italiæ, & Christianitatis totius positum arbitraremur, non fœdus solum fecimus, sed quo tui Duces egentes pecuniæ, alere & sustinere exercitum possent, eumque ab nostris finibus abducerent, centum illis dedimus Ducatorum millia, conditione apposita, ut si de fœdere aliqua dubitatio tibi oriretur, illæ nobis pecuniæ restituerentur. Eo fœdere abs te non plane accepto, nec probato, cum propter æmulationes quorundam ex Ducibus tuis, & ingrata cæteris consilia bonæ memoriæ Pischariæ Marchio nonnulla jactare, tractareque cœpisset, quæ in detrimentum tui status intendi videbantur, nosque illa etiam consilia audivissemus, neque fœdere abs te rejecto, essemus penitus aspernati, quærentes videlicet si tu nobis deesses, sicuti jam deeras, ubi possemus niti, atque confidere, tamen neque à verbis ad facta aditum ullum tentavimus, & vincente tuam in nos duriciam amore erga te nostro, recordamur te admoneri mandasse, ut Duces tuos in Italia, quorum in manu res tuæ essent, curares de te esse contentos. Quo certe officio tibi probare debuimus, esse nobis vehementer curæ quietem & stabilitatem rerum tuarum. Deinde vero maximo cum gemitu & dolore nostro atque Italiæ totius, cum iidem Duces tui Statum Mediolani occupavissent, atque Arcem, in qua Francisc. Maria residebat, circumvallare instituissent, tum postulante à nobis curam & severitatem adversus indignitatem tantam, Italiæ periculo, omnibus notis, atque ignotis flagitantibus, paratis qui arma & auxilia conferrent, cunctis prope Christianitatis Regibus nos animantibus, quum non videremur posse resistere monitis, querelis, precibusque illorum, cum nos officii nostri debitum, Italiæ calamitas, & periculum commune commoveret, tamen adveniente per eos dies dilecto filio Commendatore Herrera à te ad nos tractandi causa (ut ipse ferebat) misso, relapsi in pristinam spem & cupiditatem benevolentiæ tuæ nobis quoquo modo conciliandæ, dimissis consiliis, conspirationibus, oblationibusque cunctorum, gravi omnium indignatione, & querela, qui se à nobis desertos conquerebantur, ad te denuo confugiendum putavimus: quærentesque tibi comparare gloriam pacandæ Christianitatis, & moderationis tuæ omnibus declarandæ, meminimus ea conventionum capitula, quæ dictus Herrera attulerat, paucis in locis leviter immutata remisisse ad te comprobanda, scripsisseque manu nostra Literas, quibus te per Dei misericordiam obsecrantes, ut depellere velles hanc suspicionem, quæ de tua nimia cupiditate omnibus adhærebat, & perpetuitatem, ac fructum amicitiæ nostræ tibi pollicebamur, & consilium fidele dabamus, & quæ petenda erant, omni cum humanitate & benevolentia abs te petebamus, securitatem videlicet Italiæ, Duci Mediolani, siquo pacto errasset, clementiam, nobis ipsis amorem. Quæ tot nostra opera atque officia erga Serenitatem tuam, nec non alia quam plurima, quæ tibi quotidie à nobis postulanti prompte semper concedebamus, ex quibus tibi commodum atque honor quotidie accrescebat, quemadmodum à te accepta & recompensata sint, in promptu est cognoscere. Primum omnium tuorum in Italia agentium iniquitati, & contumeliis ita fuimus expositi, ut cum non omnia statim ex illorum præscripto & cupiditate egissemus, de nostra fide & voluntate obloquerentur, nosque apud te suspicionibus sinistris onerare non desinerent: nec reputantes quid officium nostrum, honorque deposcerent, vellent nos secum in omne consilium quod illis placeret, ruere præcipites, atque ubi primum moderatius, & circumspectius nos contineremus, omnium præteritorum officiorum periret gratia, quibus tu profecto fidei multo plus, quam conveniebat, habebas. Deinde in Senensi Civitate omnes nobis amicos & benevolos tanta tuorum acerbitas & iniquitas infectata est, ut exterminata pene omni nobilitate, cædibusque multis factis, nihil fieret apertius, quam eas contumelias & opprobria nobis ipsis impingi, cum nos patientia, & dissimulatione, atque ut omnes modestiæ partes erga te servaremus, nullum aliunde remedium tot innocentium calamitatibus, nisi à te ipso quæsissemus, quod tantum abfuit ut præstaretur, ut quotidie pejus, atque acerbius illi in clades benevolorum nostrorum, & nostrum dedecus grassarentur. Fœderis autem ipsius tua rejectio, quod nos cum tuis Oratoribus & facultatem habentibus ictum, & à dilecto filio nobili viro Carolo de la Noy Vicerege Neapolitan. comprobatum, & ratificatum pro firmissimo habebamus, cum ejus non tam ratificatio abs te, quam executio sola expectaretur, quid tandem tibi erga nos animi esse ostendit? cum siquid in illo pro te esset, id libenter asciceres, in quo vero aut dignitati nostræ, aut commodo inserviretur, id infectum irritumque dimitteres, sicut in iis quæ separatim stipulata fuerant, spolii videlicet terrarum, & locorum Sedis Apostolicæ, & aliorum

quo-

Anno 1526. quorundam repudiatio tua declaravit. Quo etiam eventu, non solum pecunias nostras ex pacto convento non recuperavimus, verum etiam contra promissum, & fidem datam, exercitus tui bona pars in Sanctæ Roman. Ecclesiæ locis, & terris prope assidue versata est, tantis & tam gravibus injuriis, & detrimentis Subditorum nostrorum, ut crudelitatis, & avaritiæ, & innumerabilium scelerum, ac inauditæ immanitatis horribilis sit, & auribus humanis intoleranda commemoratio. Accessit in eis conditionibus, quæ inter Serenitatem tuam, & Charissimum in Christo filium nostrum Francisc. Regem Christianissimum apud te existentem tractabantur, ut de illis nostri Legati & Nuncii aut penitus celarentur, aut vix atque ægre, quum ipsi studiose inquirerent, de levissimis docerentur, & neque ea, quæ auditu, aut conjectura assequebantur, id nos scribere permitterentur. Quo quidem tempore maximum dabatur signum tuæ & à nobis alienæ, & fidei nostræ derogantis voluntatis. Mittimus innumerabilia alia, in quibus nulla unquam habita est ratio nec honoris nec voluntatis nostræ. Ad illas ipsas Literas, quas ad te tam humane, & tam liberaliter scripsimus, ita responsum à te est, ut ubi clementiam Duci Mediolani petebamus, tu rigorem justiciæ offerres, ita tamen, ut nequaquam ex ordine justiciæ, judicium, atque sententiam pœna antecederet, ubi eorum quæ tunc adversus rationes tuas à tuis Ducibus jactata, & ad nos delata etiam fuerant, culpam in quibusdam esse dicebamus, tu quo nos quodammodo criminarere, illos immunes criminis faterere. Quæ tibi benigne, & large pollicebamur, ea tu tanquam tibi debita & obligata flagitares. In quo vero perspicuum indicium constitit nos abs te illudi, & pro nihilo haberi. Ipsa capitula Herreræ remissa ad te, ut comprobarentur, cum illi facultas primo concessa uberior esset, quod jam confectam concordiam cum Christianissimo Rege habebas, tu restrictiora multo, quam prius, & jejuniora transmisisti, apertissime indicans nos postremos esse, & contemni abs te, ut tibi cum aliis amicitia convenisset. Quibus tot animi tui erga nos non bene dispositi significationibus animadversis, cum, sive ea tua propria esset voluntas, tuæ in nos voluntati vehementer diffidere cepissemus, sive quorundam ex tuis, quod magis credimus, perversitas, & maligna suasio, tantum tamen illos apud te posse vehementer periculosum intelligeremus nobis, totique Italiæ: perstitimus tamen in studio, & amore pacis. & perstitissemus perpetuo, solitaque nostra arma patientiæ induentes, permisissemus Deo omnes actiones, cogitationesque nostras, si non tuorum pertinacia in obsidenda Arce Mediolani, illiusque ultimum prope discrimen nos ad sustentandam libertatem Italiæ, discernendumque facta à verbis prope supremo tempore excitavisset. Præsertim cum, quo minus de tua voluntate dubitare possemus, tua in Hispania ad deprimendam authoritatem Sanctæ Sedis Apostolicæ, & Summi Pontificis dignitatem infringendam proposita Pragmatica Edicta Ecclesiasticæ facultati, & libertati derogantia, quibus in Regno Neapolitano Ecclesiæ Romanæ Feudo similia alia consequuta sunt: supradicti quoque Viceregis Neapolitani, qui ut ad nos veniret, electus fuerat, apud Christianissimum Regem remansio, & cum ea novarum tecum conventionum occulta, & à nostris ibidem agentibus abscondita tractatio, fixum in te illud consilium nostræ auctoritatis deprimendæ, & amicitiæ omnino repudiandæ, perseverantemque in ea opinione sententiam indicaret. Quod confirmavit nobis etiam magis dilecti filii Hugonis de Moncada ad nos firmandæ amicitiæ causa cum amplis Mandatis (ut ferebatur) missi in Regno Franciæ mora, tanquam eventum speculantis, ut si illæ res tibi ex sententia confectæ essent, nos tum penitus posthaberemur, ac deinde eodem animo cum Duce Mediolani potius pacisci contendentis, cum quidem interea tui in Italia agentes, ut omnia & extra, & intra appareret contra nos quoque & Sanctæ Romanæ Ecclesiæ Statum iniri consilia, Parmam Urbem nostram proditione occulta eripere nobis tentavissent. Quibus tot & tantis injuriis & causis, inviti quidem & gementes de te desperare, & diffidere sumus coacti, nostramque amicitiam & benevolentiam, quam tu totiens repudiasti, multis & magnis Regibus adjungere, quorum optimum in Christianam rem, & Sedem Apostolicam animum si aspernati essemus, non jam pastoris, & communis patris laudem, sed superbi & insolentis nomen acquisissemus.

Quod cum esset à nobis jam factum, & fides invicem data, fœdereque constricti cum eis Regibus Anno 1526.
essemus, accessit tum demum itineribus lente & tarde confectis dictus Hugo, nobis tecum conjunctionem & conditiones eas offerens, quas nos cupidi tuæ amicitiæ, & ut nobis quidem videbatur, cum communi Italiæ & Christianitatis commodo, tui etiam & commodi, & honoris privatim appetentes, tam sæpe abs te, tamque vehementer quum requisissemus, fuimus totiens repudiati, ac repulsi, quarum nunc accipiendarum occasio & tempus præteriere. Atque ut impendens Italiæ grave servitutis periculum, ac turbationem universæ Christianitatis, quantum in nobis est, propulsemus, armis & exercitu Sedem Apostolicam munire sumus compulsi, abhorrentes quidem ab ipsa armorum tractatione, sed tamen nullam aliam viam defendendæ justitiæ, & pacis inter omnes æquis conditionibus sperandæ nunc cernentes. Habes rationem nostrorum actorum, & consiliorum, quæ idcirco summatim à nobis tibi explicata est, ut justificemus non solum coram Deo (is enim inspector cordium est) sed etiam coram omnibus hominibus actiones nostras: & nunc eo animo sumus, atque ita coram Deo, & te testamur, si Serenitas tua ad æquitatem, & humanitatem referre se voluerit, nostra arma non solum non adversa tibi, sed etiam ad res vere gloriosas propicia futura. Sin autem in occupanda quotidie magis Italia, & aliis partibus Christianitatis perturbandis tu non tam naturæ tuæ (quam nos probam esse semper existimavimus) quam cupiditati & consiliis tuorum obsequi perseveraveris, nos neque justiciæ, neque libertati Italiæ, in qua hujus quoque Sanctæ Sedis tutela continetur, defuturos, sed justa, & sancta arma moturos, non tam ad offensionem tuam (tibi enim omnia semper honesta, & prospera optamus) quam ad defensionem nostrorum, & patriæ salutis, communisque dignitatis. Quod ut ne nobis nimium ægre, & invite hæc ipsa tractantibus facere necesse sit, obsecramus te, fili Charissime, per viscera misericordiæ Dei nostri, & per eam spem, quæ de tua virtute, tanquam futura Christiano nomini salutari, omnium mentes occuparat, ut providere velis, quo immoderatis cupiditatibus repulsis, & aliquid potius publico Christianitatis bono condonando, quam omnia nimium ad te trahere conando, hæc Italiæ, & Christianitatis incommoda, & pericula tua moderatione sedentur. Est enim tibi profecto hujus curæ onus commune nobiscum, & ambo à Deo in hanc sollicitudinem pro commissis nobis honoribus sumus vocati. In quo nos officio, & debito nostro neque defuimus, nec quantum justiciæ patrocinium nobis permiserit, defuturi sumus. Tu vero si quæ de tua in pacem generalem voluntate passim ferebantur, veras prudentiæ & pietatis radices habebant, habes occasionem declarandi, quæ sentiebas, omnia vere te, & ex animo sensisse, atque operibus verba comprobando, singularem optimi Principis laudem tibi acquirendi. Qui si tam nobis vere amorem tuum cupientibus, in liberanda Italia, quam fœderatis nostris in suis justis, & plenis humanitatis æquitatisque petitionibus, satisfacere institueris, erit id Serenitatis tuæ, famæ, & sapientiæ melius multo accommodatum, & paci universali, securitatique tam rerum tuarum, quam totius Christianitatis magis consentaneum. Datum Romæ apud Sanctum Petrum sub annulo Piscatoris, die XXIII. Junii. M. D. XXVI. Pontificatus nostri anno tertio.

Ja. Sadoletus.

Charissimo in Christo Filio nostro Carolo electo Imperatori, Hispan. &c. Regi Catholico.

XXXIV.

Speyrischer Reichs-Abschied durch den Stadthalter Kaysers CAROLI V. wie auch dessen Commissarien und des H. R. Reichs Ständen geschlossen/ daß keine Neuerung und Beschluß in Sachen den Glauben und Religion betreffend fürgenommen werden solle / daß ein General- oder doch National-Concilium beruffen werde / und eine Botschafft an Ihro Majestät 27. Août.

gesen-

ANNO 1526. gesendet/ um sich in eigener Person in Teutschland zum förderlichsten zu begeben und selbiges zu beförderen: Indessen aber das Edict von Worms und der Gemeine Landfriede gehalten werde/ denen lezteren aufrühriſchen Unterthanen soll Gnad ertheilet und sie in vorigen Ehren-Stand gesetzet werden; damit aber ins künftig weitere aufruhren mögen verhütet werden/ sollen Churfürsten/ Fürsten und andere Stände/ wann sie von den Benachbarten ersucht werden/ selbigen so stark und viel ihnen möglich/ zu hülf kommen: Des Cammergerichts Durchsuchung und Erneuerung wird wegen unterschiedlicher wahrgenommenen fehler eingestanden. Geben und geschehen zu Speyr den 24. Augusti nach der Geburth Christi 1526. [LUNIG Teutsches Reichs-Archiv. Partis Generalis Continuatio pag. 460.]

C'est-à-dire,

Recès de l'Empire conclu dans la Diete tenüe à Spire par le Vicaire, & les Commissaires de l'Empereur CHARLES V. *On y conclut que rien ne sera entrepris de nouveau dans les affaires concernant la Foi & la Religion; qu'un Concile Général, ou du moins National, sera convoqué, que sa Majesté Imperiale sera supliée d'y employer ses soins & son autorité; & de venir en personne en Allemagne le plustôt qu'il sera possible; que cependant l'Edit de Worms, & la Paix publique seront observez. Qu'il sera pardonné à ceux qui ont eu part aux dernieres rebellions, & qu'ils seront même rétablis en leurs biens & honneurs; mais que pour empêcher celles qui pourroient arriver à l'avenir, les Electeurs, & autres Princes & Etats de l'Empire, viendront aux secours de leurs Voisins, le plus tôt, & avec les plus grandes forces qu'il sera possible lors qu'ils en seront requis; & enfin que l'on fera une Visitation & Reformation de la Chambre Imperiale de Justice, pour remedier aux divers abus qu'on y a remarqués. Donné à Spire le 27. Août 1526.*

WIr Ferdinand von GOTTES Gnaden/ Printz und Infant in Hispanien/ Ertz-Hertzog zu Oesterreich/ Hertzog zu Burgund rc. Graff zu Habspurg/ zu Flandern und Tyrol rc. Und von denselben Gnaden/ wir Philips/ Marggraff zu Baden/ Bernhard/ Bischoff zu Trient/ Casimir/ Marggraff zu Brandenburg/ zu Stettin/ Pommern/ der Cassuben und Wenden Hertzog/ Burggraff zu Nürnberg/ und Fürst zu Rügen/ und Erich/ Hertzog zu Braunschweig und Lünenburg rc. des Allerdurchleuchtigsten/ Großmächtigsten/ Hochgebornen Fürsten und Herrn/ Herrn Caroli des Fünfften/ erwählten Römischen Käysers/ unsers allergnädigsten Herrn/ verordnete und Gewalthabende Statthalter im Römischen Reich/ und zu dem verrückten Reichs-Tag allhier gen Speyer verordnete Commissarien/ bekennen und thun kund öffentlich mit diesem Brieff: Nachdem obgemeldte Römische Käyserliche Majestät einen gemeinen Reichs-Tag und Versammlung auf Sanct Michaelis Tag/ im 1525. Jahr nechst verschienen/ gen Augspurg ausgeschrieben und verkündiget/ welcher Tag fürter/ aus zufallenden mercklichen ehehafften Ursachen/ durch uns/ mit Rath und Bewilligung der Churfürsten/ Fürsten/ Ständ und des heiligen Reichs Bottschafften/ so dannahls zu Augspurg gewesen/ fürter bis auf den ersten Tag des Monats Maji nechst verrückt/ gen Speyer verlegt und geschoben. Darauf dann wir in eigener Person/ als verordnete Käyserliche Statthalter und Commissarien/ desgleichen Churfürsten/ Fürsten und Stände des heiligen Reichs/ und derselben Bottschafften in tapfferer Anzahl erschienen. Daß wir demnach an statt und von wegen Hochgedachter Römischer Käyserlicher Majestät/ sambt jetzgemeldten Churfürsten/ Fürsten/ Prälaten/ Graffen und Ständen des heiligen Reichs/ und derselben Bottschafften/ die Puncten und Articul/ in Ihrer Käyserlicher Majestät Ausschreiben/ und sonderlich uns den Commissarien zugeschickter Instruction verleibt/ für Handen genommen/ dieselbige mit zeitigem tapffern Rath berathschlagt/ und uns darauf sambtlich eines Abschieds aller unser gehabten Rathschläg und Handlung vereiniget und verglichen/ wie der von Articul zu Articuln hernach geschrieben steht. ANNO 1526.

1. Und erstlich/ nachdem Käyserliche Majestät Instruction fürnemlich ausgetruckt und innhält/ daß auf diesem Reichs-Tag/ in Sachen den heiligen Christlichen Glauben und Religion, auch die Ceremonien und wohl hergebrachte Bräuch der heiligen Christlichen Kirchen belangend/ kein Neuerung oder Determination beschehen oder fürgenommen werden sollen. Und dann ermessen und erwogen/ daß der Zwyspalt nicht die geringste Ursach sey/ der vorgangenen Empörung des gemeinen Manns/ darzu alles Unfriedens/ so sich jetzunder in Teutscher Nation erhelt: Also/ wo mit zeitigem tapffern Rath nicht darein gesehen/ daß noch grössere Aufruhr und Empörung zwischen hohen und niedern Ständen zu besorgen. Demnach und damit in solchem ein einhelliger gleichmäßiger Verstand in dem Christlichen Glauben gemacht/ auch Fried und Einigkeit in Teutscher Nation zwischen allen Ständen gepflantzt und erhalten werde/ so haben wir/ auch Churfürsten/ Fürsten und Stände solches nicht fruchtbahrer/ besser/ angenehmer und geschicklicher zu beschehen/ ermessen und befinden mögen/ dann durch ein frey General-Concilium, oder aufs wenigst National-Versammlung/ welche in einen Jahr/ oder anderthalben aufs längst/ in Teutschen Landen fürgenommen werden soll. Damit dann solches also zum förderlichsten Fortgang erlange/ so haben wir/ die Churfürsten/ Fürsten und Stände sämptlich/ ein treffentliche Bottschafft/ nemlich N. N. und N. zu Käyserlicher Majestät abgefertiget/ mit notdürfftiger Instruction. aus darin verleibten Ursachen/ Ihr Käyserliche Majestät zum unterthänigsten zu ersuchen/ und zu bitten/ daß Ihr Käyserliche Majestät die schwere Last Teutscher Nation, solches Zwyspalts und Mißhellung halben/ gnädiglichen behertzigen und bedencken/ sich zum förderlichsten in eigener Person herauß in Teutsche Nation verfügen/ Einsehens haben und verschaffen wolte/ damit angezeigt General Concilium, oder zum wenigsten ein National Versammlung in bestimmter Zeit/ ohn längern Aufzug/ fürgenommen werden möchte/ alles weiters Inhalts derselbigen Instruction.

2. Und dieweil auf solche Bottschafft in Betrachtung Ferre des Wegs/ Gelegenheit der Landschafft/ auch künfftiger winterlicher Zeit/ nicht ein gering Darlegen und Kosten/ (wie wir das überschlagen) gehört/ so ist darauf ein zimlicher gemeiner Anschlag auf Churfürsten/ Fürsten und Stände für gut angesehen und gemacht/ also/ daß ein jeder sein gebührend Antheil zwischen aller Heiligen Tag nechst künfftig/ Bürgermeister und Rath der Stadt Speyer gewißlich liefern soll/ wie dann einem jeden derselbig Antheil und Malstatt der Erlegung in Schrifften ferner angezeigt werden soll.

3. Und sollen dieselbe Geschickten/ zu ihrer Wiederankunfft/ uns Ertz-Hertzog Ferdinand/ Statthalter/ und unsern Oheimen/ Herrn und Freund/ dem Cardinal und Ertz-Bischoff zu Mäyntz/ als Ertz-Cantzlern/ ihrer Handlung/ und was ihnen begegnet/ Relation und Anzeig thun/ des fürter die andern zu berichten

4. Demnach haben wir/ auch Churfürsten/ Fürsten und Stände/ und derselben Bottschafften/ uns jetzo allhie auf diesen Reichs-Tag/ einmütiglich verglichen und vereiniget/ mitler Zeit des Concilii, oder aber National-Versammlung/ nichts desto weniger mit unsern Unterthanen/ ein jeglicher in Sachen/ so das Edict. durch Käyserl. Maj. auf den Reichs-Tag zu Wormbs gehalten/ ausgangen/ belangen möchten/ für sich also zu leben/ zu regieren und zu halten/ wie ein jeder solchs gegen GOTT und Käys. Ma. hoffet und vertraut zu verantworten.

5. Zum andern/ als sich verschiener Jahr erschreckliche/ unerhörte und unchristliche Empörung der Unterthanen fast an allen Orten Ober-Teutscher Nation gegen der Ober- und Erbarkeit begeben und entstanden/ zu mercklichem Christen-Blut-Vergiessen/ Verheeren und Verderben Land und Leut/ derhalben dann Ihr Käyserliche Majestät/ in ihrer/ zu diesem Reichs-Tag gefertigten Instruction mit ausdrücklichen Worten insonderheit gewolt und befohlen hat/ ernstlichs Einsehens zu haben/ damit künfftiglich dergleichen Aufruhr und Empörung der Unterthanen verhütet und fürgekommen werden möchten. Dieweil wir uns nun Ihr Käyserlichen Majestät hierinn zu unterthänigen Gehorsame schuldig erkennen/ des auch für uns selbst wohl geneigt seynd/ so haben wir Ihrer Käyserlichen Majestät zu unterthänigem Gehorsam und Gefallen/ auch Teutscher Nation, derselben Unterthanen/ und dem gemeinen Nutz zu gutem/ einander zugesagt und versprochen/ daß unser jeder den andern mit Ehren und guten Treuen meynen/ auch den hiebevor Käyserlichen und des heiligen Reichs zu Wormbs aufgerichten Land-Frieden/ festiglich halten und handhaben sollen und wollen/ also daß keiner den andern bekriegen/ berauben/ fahen/ überziehen/ belägern/ auch keiner dem andern Städt/ Schloß und Flecken einnemmen/ absteigern/ mit Brandt oder in einige andere Weg beschädigen/ oder einer dem andern das sein mit Gewalt und der That spoliiren/ entsetzen/ oder davon dringen/ durch sich selbst/ oder jemand anders/ darzu soll keiner des andern Feind und Beschädiger gefährlicher Weiß enthalten oder fortschieben/ noch Hülff/ Rath und Beystand erzeigen/ in einige Weiß/ sonder wer zu dem andern zu sprechen hat/ soll das mit gebührlichen Rechten thun/ alles weiters Inhalts/ auch bey Peen und Straff des berührten Land-Friedens.

6. Und

Anno 1526. 6. Und wiewol der gemein Mann und Unterthanen in vergangener Aufruhr sich etwas schwerlich vergessen / und gegen ihre Obrigkeit gröblich gehandelt / jedoch damit sie die Gnade und Barmhertzigkeit ihrer Obern und Mitler / dann ihr vernünfftige That und Handlung / spühren mögen / so soll ein jede Oberkeit Macht und Gewalt haben / ihre Unterthanen / so sich in Gnad und Ungnad begeben / und gestrafft worden sind / nach Gelegenheit und ihrem Gefallen / wiederum in vorigen Stand ihrer Ehren zu setzen / zu qualificiren und geschickt zu machen / Rath und Gericht zu besitzen / Kundschafft zu geben und Ampt zu tragen / darzu sie und andere in ihren Anliegen und Beschwerden jederzeit gnädiglich zu hören / und nach Gestalt der Sachen gnädiglichen und förderlichen Bescheid zu geben. Sie auch durch sich selbst / ihre Amptmann / Schultheissen und andere Diener / mit unbillig beschweren / sonder welcher Recht leyden mag / dabey bleiben zu lassen.

7. Ob auch einiger Oberkeit Unterthanen jemands beleydigte / und deshalben Zuspruch und Forderung nicht erlassen werden wolte / alsdann sollen sie den Beschädigten ihren zugefügten Schaden / nach Ermessung ihrer ordentlichen Obrigkeit / unter deren sie gesessen / oder am Käyserlichen Cammer-Gericht / nach des Reichs Ordnung / kehren und erstatten / und was also durch ihre Oberkeit / wie jetzt gemeldt / gemäsiget wird / dabey soll es bleiben / und der Beschädigt den andern Beschädiger deshalben weiter / mit That oder sonst / unangefochten lassen / es sey mit oder ohne Recht / in einige Weiß. Es were dann Sach / daß einiger Theil vermeynt / mit gethanem Spruch oder Erkändtnuß vor dem ordentlichen Richter ergangen / beschwert zu seyn / soll denselben sein Appellation ordentlicher Weiß / auch biß an das Cammer-Gericht inclusive zu gebrauchen unbenommen seyn. Und soll hiemit den Verträgen und Verordnungen / die der Schwäbisch Bund in Bäverischer Empörung gemacht / nichts entzogen oder abgebrochen seyn.

8. Es soll sich auch eine jede Oberkeit gegen denen / so der Bäwrischen Auffruhr halben ausgetretten / nach Gelegenheit eines jeden Verhandlung / dermassen erzeigen / damit sich die Unterthanen / so viel sich die immer leyden will / mehr Gnad und Gütigkeit / dann die Schärffe und Ungnad spühren und finden mögen. Doch sollen ohn sonderliche treffentliche Ursach und Bewegung / die zu jeder Oberkeit Bedencken und Macht stehen / die jenige / so gedachter Aufruhr Anfänger / Aufwickler / und Hauptsacher / oder sonderliche Forderer gewesen / zu keinen Gnaden angenommen / noch von jemand behauset / behöfft / oder fortgeschoben / sonder wo sie betretten / gegen ihnen ihrer Uberfahrung nach / wie sich gebühret / ernstlich gehandelt und gestrafft werden. Und sollen sich hinfürter die Unterthanen gegen ihrer Oberkeit / geistlichs oder weltlichs Stands / gehorsamlich / trewlich / friedlich / und dermassen halten und erzeigen / wie sie zu thun schuldig / auch sie ihre Pflicht und Eyd weiset / und zu ihrem selbst Verderben und Unrath nichts Ursach geben.

9. Darauf so haben wir uns / sampt Churfürsten / Fürsten / Prälaten / Graffen und Ständen / Käyserlicher Majestät zu unterthäniger Gehorsam vereinget und verglichen / wo über obgemelt erzeigte Gnad und Miltigkeit einiger Oberkeit Unterthanen / geistlichs oder weltlichs Stands / ferner zusammen lauffen / wiederum Aufruhr und Empörung erwecken / alsdann sollen die anstossende Churfürsten / Fürsten / Graffen und andere Oberkeit / darinn die Aufruhr entstanden / ansuchen / von Stund und Angesichts / auch zum eylendsten / zu Roß und Fuß aufseyn / zuziehen / und helffen retten. Und wo derselben Hülff / so also ersucht / zu der entstandenen Aufruhr zu schwach were / alsdann sollen die andere nechst gesessene Churfürsten und Stände auf Erfordern / wie obsteht / gleicher weiß / zum stärckesten ihnen möglich / auch zuziehen / die ungehorsamen Aufrührigen wiederumb zu stillen / in Gehorsam zu bringen / und der Gebühr zu straffen / und uns alle einer gegen dem andern hierinn nicht anders erzeigen und halten / als ob sich solche Aufruhr und Empörung in unser jeder eygen Fürstenthum / Herrschafften und Gebiet begeben und zugetragen hett / und inmassen ein jeder von dem andern gern gethan haben und nemmen wolt.

10. Damit auch der Hülff halben zwischen dem Helffer / und denjenigen / so geholffen worden / in solchem kein Irrung oder Mißverstand entstehe / so soll die Hülff der Churfürsten / Fürsten / Prälaten / Graffen oder Stand / so zu Rettung und Hülff von dem andern erfordert werden / der Oberkeit / in des Fürstenthumb / Herrschafft oder Gebiet die Aufruhr entstanden wäre / zu Roß und Fuß aufs stärckest / und so von nöthen / auf ihren selbst Kosten und Schaden / ein Monat lang wider die ungehorsamen Unterthanen beschehen: doch daß in solchen Monat der An- und Abzug gerechnet. Würde sich aber solche Hülff über ein Monat erstrecken und verziehen / soll alsdann derjenige / dem die Hülff beschehen were / sich mit dem Helffer um die Hülff / so er über den Monat thun und erzeigen wird / vergleichen. Darzu sich der Helffer / gegen dem er geholffen / also leidlich / freundlich und nachbarlich solcher Hülff halben halten und erzeigen soll / wie er dann von andern in gleichem Fall gern gehabt und gethan haben wolte.

11. Und nachdem auf diesem gegenwärtigen Reichs-Tag bedacht und erwogen / wie an vielen Orten die Geistliche oder Weltliche ihres Leibs und Lebens Gefahr stehen / ihnen auch ihre Zinß / Renth / Gült und Zehenden vorgehalten / und die einzubringen und zu verleyhen / verhindert werden / und aber niemands des seinen wider Recht spoliert und entsetzt werden soll / so soll ein jede Oberkeit geistlich oder weltlich / ihre Unterthanen / geistlich oder weltlich / bey dem ihren / Inhalt und Vermög des Land-Friedens / oder des heiligen Reichs aufgerichten Ordnung / biß zu künfftigem Concilio, trewlich für Gewalt und Unrecht vertheidigen / schützen und schirmen / damit biß zu künfftigem Concilio zwischen Geistlichen und Weltlichen auch Fried / Einigkeit und Gleichheit gehalten / und sich weder Geistliche oder Weltliche einiger ungebührlicher Verwaltung / oder Entsetzung / zu beklagen / Ursach haben. Sie sollen sich auch sonst freundlich und geschicklich gegen einander halten / wie jedem Stand wohl gebühret. Anno 1526.

12. Weiter / als Königl. Würde zu Hungern ein eylende Bottschafft allhier auf diesen Reichs-Tag gefertigt / welche uns auf übergebenden Credentz / von wegen ihrer Liebden und Königlichen Würde eröffnet und zu erkennen gegeben / wie der Feind des Christlichen Nahmens und Glaubens / der Türck / mit grosser Macht / zu Roß und Fuß / in eygner Person / im Anzug stünde / das Königreich Hungern zu überziehen / und unter seinen grausamen Gewalt zu bringen / mit höchster Bitt und Ersuchen / Ihr Liebde und Königliche Würde / als einen Christlichen König / in solchen eussersten Nöthen / mit eylender tapffer tröstlicher Hülff / und sonderlich / wie die hievor bewilligt / nicht zu verlassen. Und nachdem uns allhie gen Speyer deshalben je länger je gewisser und schwerlicher Bottschafft und Bericht / von der Kron zu Hungern und sonst zukommen / daß alles / wie ob erzehlt / dermassen und etwas schwindlich gestalt / und sonderlich / daß der Türck die Befestigung Peterwardein / und andere mehr Schlösser gewaltiglich erobert / und kein nothwerige Befestigung mehr vor ihm / sondern einen ebnen Zugang auf Oesterreich und Teutsche Nation habe / also daß sich kein ander Widerstand / Trost / Hülff / oder anders zu versehen / dann einer Feld-Schlacht / und daß also alle Wohl- und Ubelfahrt zu GOTT / und auf dem Glück derselben stünden; Haben wir sampt Churfürsten / Fürsten und Stände bedacht die grosse Macht und Gewalt der Türcken: auch so er (da GOTT der Allmächtige für sey) in solcher Schlacht obliegen / den Sieg behalten / und Hungern erobern solt / daß er den nechsten (nachdem er dardurch sein Macht und Gewalt etwas höchlich gemehrt) in Teutsche Nation fortrücken / und ihm darnach schwerlich Widerstand zu thun seyn würde. Und haben darumb nicht allein zu Schutz und Beschirmung unserer selbst Land und Leut / für hohe Notturfft / sondern auch Christlich und billich geacht und angesehen / die Kron und das Königreich zu Hungern / als ein Christgläubiges Königreich / dieser Zeit mit Hülff nicht zu verlassen / und darumb aus jetzt erzehlten nothwendigen Ursachen der Kron Hungern zu einer eylenden Hülff / die zwey Viertheil von den zwantzig tausend zu Fuß / so auf jüngst gehaltenem Reichs-Tag zu Wormbs Römischer Käyserlicher Majestät zu ihrem Rom-Zug / und fürter der Kron zu Hungern / hievor auf dem Reichs-Tag im 1523. Jahr nechst verschienen zu Nürnberg / zugesagt und verordnet gewesen / aber keinen Fortgang gehabt: jetzo wiederumb sechs Monat lang zugesagt und bewilligt. Und darauf / dieweil der Handel keinen Verzug erleyden mag / sondern grosse Eyl erfordert / allhie Hauptleut gestellt / die solche Knecht annemmen / und fürter hinab in Hungern gegen den Türcken führen / und gebrauchen sollen. Aus den jetzt erzehlten Ursachen / und solcher Eyl / seynd auch die obgemeldte zwey Viertheil / an ein Geld geschlagen worden / welches Geld / Innhalt des Ausschreibens / was einem jeden Stand im heiligen Römischen Reich an solchen zweyen Viertheilen / sechs Monat zu erlegen gebühret / der halb Theil auf Sanct Michaelis Tag schierst / und der ander halb Theil auf Sanct Martins Tag nechst darnach folgend / Burgermeistern und Rath der Stadt Augspurg / Nürnberg / Franckfurt und Straßburg / welche Stadt jedem Stand am gelegensten seyn wird / gewißlich geliffert werden. Und sollen 15 Batzen / 60. Creutzer / 21. Meißnischer Groschen / und 26. Albus / für den Gülden erlegt werden / die dasselbig empfangen / und fürter diesen hernachgenandten / von wegen Churfürsten / geistlichen und Weltlichen Fürsten / Prälaten / Graffen und Ständen / nemlich Philipsen von Gundheim / Ulrich Schellenberg / Ritter / Bastian Schilling / Ritter / und Christoffel Pleyer / alle vier des Käyserl. Regiments Rath / oder welche an statt der Reg. gesetzt würden / die wir sonderlich verordnet haben / solch Geld zu empfahen: und nirgends anders / dann zu Erhaltung solcher zweyer Viertheil zu Fuß / sechs Monat lang auszugeben / zu reichen und zu antworten. Die auch ihr gebührliche Rechnung / Churfürsten / Fürsten und Ständen davon auf ihr Gesinnen thun sollen. Und hat Käyserlicher Majestät Fiscal ernstlich Befehl / wer zu angezeigten Zielen säumig erfunden / und sein angebührend Theil nicht erlegen würde / wider dieselben förderlich zu procediren / wie sich gebührt.

13. Es haben sich auch / wir der Statthalter und Commissarien / Churfürsten / Fürsten und Stand des heiligen Reichs / sonderlich vereinigt und beschlossen / wie dann unser Schreiben auch inhelt / wo solcher Zusatz der zweyer Viertheil obgemelt diesen Sommer keinen Fortgang erlangen: oder aber solch Volck angezogen / und vor Ausgang der sechs Monat wieder abgefordert würden / daß einem jeden Stand / nach

guter

ANNO 1526.

guter bescheidener Rechnung / sein Gebühr wiederumb ohn Verhinderung oder Eintrag heraus gegeben werden soll / wie dann wir / auch Churfürsten / Fürsten und Stände des Heiligen Reichs / denselbig obgenandten vier verordneten Einnehmern sonderlich in ihre Pflicht gebunden haben / alsdann in diesem Fall solch Gelt by ihnen zu behalten / und das auf niemands Erfordern / oder einig Gebott nirgend hin zu kehren oder zu wenden / biß auf ein kunfftigen Reichs-Tag: alsdann soll einem jeglichen Stand / nach guter Rechnung sein Anzahl durch Churfürsten / Fürsten / Prälaten / Graffen und Stånd des Reichs / so daselbst erscheinen / gewißlich wiederum gegeben werden / und niemands solcher seiner Anlag halben an jemands anders einige Forderung thun / dann an uns Statthalter und Commissarien / auch Churfürsten / Fürsten / Prälaten / Graffen und Stand des Reichs samptlich. Als wir auch hie mit diesen Abschied såmptlich gereben und versprechen / ob Burgermeister und Rath der genandten Stådt Augspurg / Nürnberg / Straßburg und Franckfurt / der vorgemeldten verordneten Empfahung halben solchs Gelds / von jemands angesprochen / und angefochten wurden / rechtlich und thätlich / oder sonst deshalben einigen Schaden nemmen oder leyden würden / sie in solchem zu vertretten / zu verantworten / und schadloß zu halten ohn alle Gefährde.

14. Und damit solche eylende Hülff desto fruchtbarlicher angelegt und geleistet werden mög / so haben wir die Wohlgebornen Georgen / Graffen zu Wertheym / Philipsen von Feilitsch / Ritter / und Veit Arenbergern mit Instruction, Credenß / und etlichen Articuln / zu Königlicher Würde zu Hungern gefertigt / sich mit ihrer Liebden / und Königlicher Würden auf Form und Maß zu unterreden und zu vergleichen / wie solche Knecht zum nützlichsten und fruchtbarlichsten gebraucht werden sollen / als dann solchs hievor auf obgemeldten Reichs-Tag zu Nürnberg auch berathschlagt gewesen / und also gehandelt / daß dieselbige Verordneten / was sie hören und vernemmen / und ihnen zu Antwort entstehen wird / darzu / wie es allenthalben mit des Türcken Handlung und Fürnemmen / auch der Gegenwehr der Hungern / gestalt / sollen uns Ertz-Hertzogen Ferdinanden / Statthalter ꝛc. als dieser Sachen verordnetem Kriegs-Herrn / dergleichen unserm Herrn und Freund / dem Cardinal und Ertz-Bischoff zu Mäntz / Churfürsten ꝛc. als dem Ertz-Cantzlern / zu erkennen geben / solchs anderen zu berichten.

15 Es ist auch hierinn sonderlich einmüthiglich beschlossen / und für gut angesehen / wo die Sachen dieser Kriegs-Ubung der Kron zu Hungern gegen den Türcken dermassen stünden / daß sie solcher Hülff der zwey Viertheil nicht zu gebrauchen hätten: Als wo der Türck (da GOTT der Allmächtig für sey) das Königreich Hungern erobert / oder seins Gefallens einen Vertrag erlangt / oder aber aber von Hungern auf das Haus Oesterreich / oder andere anstossende Fürstenthumb mit seinem Kriegs-Volck kehren und wenden würde / daß alsdann solche Hülff zu dem Hauß Oesterreich / oder andere anstossende Fürstenthumben / wo es am nötigsten / gebraucht werden soll.

16. Nachdem der Abschied des jüngst gehaltenen Reichs-Tags zu Nürnberg unter andern innhalt und vermag / daß wir / der Statthalter / sampt dem verordneten Regiment / Nachtrachtung thun / und auf Mittel und Weg gedencken sollen / wie und welcher Maß ein beståndige und beharrliche Unterhaltung Regiments und Cammer-Gerichts funden werden möcht: Derhalben auf jetzigen Reichs-Tag etliche Puncten und Articul in Schrifften übergeu / davon wir sampt Churfürsten / Fürsten und Ständen / jetzo allhie zum fleißigsten und trewlichsten bedacht und berathschlagt / welche unter denselben fürgeschlagenen Mitteln und Wegen / allen Ständen des Reichs am wenigsten beschwerlich / und am träglichsten sein möchten; Haben uns aber aus treffentlichen Ursachen dißmals keiner derselbigen Puncten endlich entschliessen können oder mögen / sondern die zu weiterem Bedencken und Rathschlägen des geordneten Regiments gewiesen und gestalt.

17. Damit aber das aufgericht Regiment und Cammer-Gericht in Wesen bestehe / und das heilig Reich Teutscher Nation bey Recht / Fried und Einigkeit bleiben möge / haben sich Churfürsten / Fürsten und Stände / und derselbigen geschickte Bottschafften bewilligt und zugesagt / das Regiment und Cammer-Gericht / von Pfingsten an / nechst verschiener Zeit sich dann die zwey hiebevor zu Nürnberg bewilligte Jahr geendet / biß auf nechst künfftig S. Michaelis Tag uber ein Jahr / nemlich im 1527. Jahr / das zusammen trägt sechsthalb viertheil Jahrs / auf Form und Maß das auf jüngst gehaltenem Reichs-Tag zu Nürnberg bewilligt / nemlich zum halben Theil / und Käyserlicher Majestät zum andern halben Theil / zu unterhalten. Und soll die Bezahlung zu zweyen Zielen geschehen / nemlich in den zweyen Franckfurter Messen. Und das erst Ziel solcher Bezahlung / zu nechst künfftiger Franckfurter Fasten-Meß im 1527. Jahr angehen und beschehen / und hinter Burgermeister und Rath der Städt Augspurg / Franckfurt / Nürnberg / oder Speyer unverzüglich und unwidersetzlich gelegt und bezahlt werden / welches Geld furter den Einnemmern / so darzu sonderlich verordnet / geliefert und uberantwort werden soll: Dieselbe Einnehmer auch zu Ausgang der sechsthalb viertheil Jahrs davon ein grundliche lautere Rechnung thun sollen

18. Es soll auch die Ordnung / wie die sechs Churfürsten / und zwölff Fürsten / in eigener Person / und durch ihre Räth jeden Quatember daran sitzen / gehalten werden. Und nemlich / nachdem in dem Nürnbergischen Abschied in der Ordnung / Pfaltzgraff Ludwigen / Churfürsten / dem Bischoff zu Bamberg / und Hertzog Georgen von Sachsen zu sitzen gebührt / soll jetzo auf Michaelis nechst kommend / der Bischoff zu Bamberg / als der geistlich Fürst / in eigner Person sitzen / und Pfaltz und Sachsen ihre Räth schicken.

ANNO 1526.

19. Das ander viertheil Jahr / so dem Ertz-Bischoff zu Trier / Bischoff zu Würtzburg / und Hertzog Wilhelm in Obern-und Niedern-Bäyern / zu sitzen gebühret / soll Hertzog Wilhelm / als der weltlich Fürst sitzen / und Trier und Würtzburg ihre Räth schicken.

20. Das dritt viertheil Jahrs / darinn Hertzog Hans von Sachsen / Churfürst / und Bischoff zu Speyer / und Marggraff Casimir von Brandenburg sitzen / soll der gemeldt Churfürst von Sachsen in eigner Person sitzen / und Speyer und Brandenburg ihre Räth schicken.

21. Das vierdt und letzt viertheil Jahrs / darinn der Ertz-Bischoff zu Cölln / Bischoff zu Straßburg / und Hertzog Heinrich von Mechelburg / sitzen / soll in eigner Person der Bischoff von Straßburg / als der geistlich Fürst / sitzen / und Cölln und Mechelburg ihre Räth schicken.

22. Doch ist den Prälaten auf fleißige Bitt verwilligt / daß sie ein beharrliche geschickte Person / die von ihrer aller wegen am Regiment sey / verordnen mögen. Und sollen Statthalter und Regiment in aller Form und Maß zu handeln Macht und Gewalt haben / vermög der Regiments-Ordnung / auf jetzo Käyserlicher Majestät erst gehaltenen Reichs-Tag zu Wormbs aufgericht / und folgends auf dem Reichs Tag zu Nürnberg / im 1524. Jahr geändert / also / daß dieselbige Aenderung von ihnen gehalten werden soll.

23. Und haben wir / sampt Churfürsten / Fürsten und Ständen aus beweglichen Ursachen gemeldt Regiment und Cammer-Gericht allhier gen Speyer verändert: und darauf den Verwaltern beyder Regiments und Cammer-Gerichts Cantzley / durch unsern Oheymen / Herrn und Freund / den Cardinaln und Ertz-Bischoff zu Mäyntz / als dem Ertz-Cantzler / Befehl gegeben / sich zum förderlichsten mit den Cantzley-Acten und Handlungen / sampt derselbigen zugehörigen Personen / gen Speyer zu verfügen / also / daß sie vor S. Michaelis Tag schierst gewißlich allhie zu Speyer seyn / damit fürter in allen Sachen und Handlungen / wie sich gebühret / vollfahren werde.

24. Und nachdem allerley Gebrechen und Mängel am Käyserlichen Regiment und Cammer-Gericht befunden / also / daß die Notturfft erfordert / deren Reformation zu thun / und gute Ordnung zu geben / und aber solches jetzo Kürtze halben der Zeit nicht beschehen mögen / so haben wir uns vereiniget und verglichen / daß wir Ertz-Hertzog Ferdinand an statt und von wegen Käyserlicher Majestät / unsere Oheymen / Herrn und Freunde / Herr Albrecht / Cardinal und Ertz-Bischoff zu Mäyntz ꝛc. Herr Ludwig / Pfaltzgraff bey Rhein / Hertzog in Bäyern ꝛc. beyde Churfürsten / unser jeder einen Rath: unsere Oheymen und Freunde / Herr Georg / Bischoff zu Speyer / und Herr Hans / Hertzog in Bäyern / Gevettern / beyde Pfaltzgraffen ꝛc. eigner Person / unser Freund / Herr Wilhelm / Bischoff zu Straßburg / Landgraff in Elsaß / und Philips / Marggraff zu Baden ꝛc. auch jeder einen Rath zu solcher Visitation und Reformation verordnen / die alle auf S. Michaelis schierst gewißlich allhier zu Speyer / oder wo der Zeit des Regiments oder Cammer-Gerichts Personen seyn werden / erscheinen / und von unser des Käyserlichen Statthalters und Commissarien / auch Churfürsten / Fürsten und Stånd wegen / völligen Gewalt und Befehl haben sollen / den wir ihnen auch hie mit diesem Abschied geben / beyde das Regiment und Cammer-Gericht mit höchstem Fleiß der Notturfft zu visitiren / und zum fleißigsten und besten / an Personen und andern Mängeln und Gebrechen zum treulichsten zu reformiren / das in gute nützliche Ordnung zu stellen / wie sich das gebühret.

25. Item, als auff dem Reichs-Tag 1523. Jahr zu Nürnber gehalten / die obgemeldte zwey Viertheil der zwantzig tausend Mann / erstlich der Cron zu Hungern zu Hülff gegen dem Türcken bewilligt / und sich der Zeit etwa viel von Churfürsten / Fürsten / Prälaten / Graffen und Ständen der ubermäßigen und ungleichen Anschlag etwas höchlich beschwert / beklagt / und in dieselbige Hülff der zweyer Viertheil nicht anders gewilligt / dann daß die übrige Theil an den zwantzig tausend zu Fuß / auch vier tausend zu Roß / so die hernachmals geschickt werden sollen / darzu in keine neue Anlag bewilligen / oder etwas geben wollen / es seyn dann zuvor solche Anschlag / nach eines jeden Stands Gelegenheit und Vermögen geringert ꝛc. Und dann von etlichen Churfürsten / Fürsten Prälaten und den Graffen in der Wedderaw / in Schwaben / Francken / Hartz und Düringen / und andern Ständen ꝛc. abermahls bey jetziger weiter bewilligter Unterhaltung Regiments und Cammer-Gerichts deshalben Anregung beschehen ꝛc. Daß wir demnach sampt Churfürsten / Fürsten und Ständen / ihnen solch hiebevor / auff obgemeldten und dem letzten zu Nürnberg gehaltenen Reichs-Tags Abschied / deshalben geschehene Zusag / hiemit erneuert / und wiederum zugesagt haben wollen.

26. Item, nachdem die Monopolien und grosse Gesellschafften ein eigennützige unleidliche Handlung / die in gemeinen Käyserlichen Rechten bey hoher Peen und Straff verboten ist / so soll der Käyserlich Fiscal gegen dieselbige / wie sich im Rechten gebührt /

ANNO 1526.

bühr/ ernstlich procedi'ren und handeln/ damit solche abgethan/ und der gemein Nutz gefordert werde.

27. Als auch hiebevor/ vermog des genommen Abschieds des Reichs-Tags 1522. Jahrs nechst verruckt/ wir der Statthalter und Regiment/ ein Ordnung der Müntz halben im H. Reich aufgericht/ die aber noch nicht in Gebrauch und Vollziehung bracht: so wollen und meynen wir/ auch Churfürsten/ Fürsten und Ständ des Reichs/ daß dieselbe Müntz-Ordnung durch die Regiments-Rath nochmahls zum fleißigesten besichtiget/ und zu endlicher Vollnziehung bracht werde.

28. Item, als sich im Anfang des Reichs-Tags etliche Fürsten/ Prälaten und andere Ständ/ in der Session geirret/ welches etwas zu Verlängerung des Reichs Handlung und Sachen gelangt: Deshalben sich Fürsten/ Prälaten und Stände/ auf unsere des Statthalters und Commissarien freundlich an sie am neundten Tag des Monats Julii gethane Bitt/ dieses Reichs-Tags ihre Session geselliglich/ ungefährlich/ und ohn alle Ordnung gehalten/ wollen wir von wegen Käyserlicher Majestät/ daß einem jeden Fürsten/ Prälaten und Stand solche dieses Reichs-Tags ungefährliche gethane Session und Umfrag an seinem hergebrachten Gebrauch und Gerechtigkeit in einigem Weg nicht nachtheilig/ schädlich oder vergreifflich seyn soll.

26. Item, als etliche Stände des Heil. Reichs/ wider das Mandat und Verbott/ auf jüngst gehaltenem Reichs-Tag zu Nürnberg/ der Batzen halber keine mehr zu müntzen/ ausgangen ꝛc. Der Käyserlich Fiscal gegen dieselbige Ständ/ von Ampts wegen/ procedirt und gehandelt/ und aber solch müntzen in der vergangenen Bäurischen Aufruhr aus mercklichen Nottürfften beschehen: Ist unser von wegen Käyserlicher Majestät/ auch der Churfürsten/ Fürsten und Ständ Befehl und Meynung/ daß der Fiscal gegen solche/ usuo dasjenig also geschehen/ nicht weiter procediren/ sonder von seinem Process abstehen/ und denselben fallen lassen soll.

30 Item, als sich zu vorgehaltenen Reichs-Tägen begeben/ daß die Abschied je zu Zeiten dem rechten Original nicht gleichförmig getruckt und verkaufft worden: wollen wir/ daß diesen Abschied dieses gehaltenen Reichs-Tags niemand trucken soll/ es were dann durch Andressen Rucker/ Mäyntzischen/ und des Reichs-Handlung Secretarien/ dem Trucker das besiegelt Original angezeigt/ auch keinem Truck davon geglaubt werden/ er sey dann durch ihn Andressen Rucker collationirt/ auscultirt/ und mit seiner Hand unterschrieben.

31. Darauff so gereden und versprechen wir Ferdenand/ Printz und Infant in Hispanien/ Ertz-Hertzog in Oesterreich/ zu Burgund ꝛc. Käyserlicher Majestät Statthalter/ und wir die verordnete Commissarien obgemeldt/ in Krafft unsers Gewalts/ von wegen Römischer Käyserlicher Majestät/ unsers allergenädigsten Herrn/ alles und jedes/ so obgeschrieben steht/ und Käyserliche Majestät berühren mag/ stet/ fest und unverbrüchlich und aufrichtiglich zu halten und zu vollziehen/ dem stracks und ungeweigert nachzukommen und zu geleben/ darwider nichts zu thun/ fürzunemmen und zu handeln/ oder ausgehen zu lassen/ noch jemands andern von unsert wegen zu thun gestatten/ sonder alle Gefährde. Des zu Urkund haben wir Ferdinand/ Printz und Ertz-Hertzog obgemeldt/ unser Insiegel/ für uns und gedachte unsere Mit-Commissarien/ an diesen Abschied thun hangen.

32. Und wir Churfürsten/ Fürsten/ Prälaten/ Graffen und Herrn/ auch der Churfürsten/ Fürsten/ Prälaten/ Graffen/ und des H. Reichs Frey- und Reichs-Städt Gesandte/ Bottschafften und Gewalthaber hernach benennt/ bekennen auch öffentlich mit diesem Abschied/ das alle und jede obgeschriebene Puncten und Articul mit unserm guten Wissen/ Willen und Rath fürgenommen und beschlossen sind/ bewilligen auch dieselbe allesampt und sonderlich/ hiemit und in Krafft dieses Brieffs/ gereden und versprechen in rechten guten wahren Treuen die/ so viel einen jeden sein Herrschafft oder Freund/ von denen er geschickt oder gewalthabend ist/ betrifft oder betreffen mag/ wahr/ stet/ fest/ aufrichtig und unverbrüchlich zu halten/ zu vollnziehen/ und dem nach allem unsern Vermögen nachzukommen und zu geleben/ sonder alle Gefährde.

33. Und seynd diese hernach geschriebene/ wir die Churfürsten/ Fürsten/ Prälaten/ Graffen/ Herren/ und des Heiligen Reichs Frey- und Reichs-Städt Bottschafften und Gewalthaber. Von GOttes Gnaden wir Albrecht/ der heiligen Römischen Kirchen/ des Titels S. Petri ad vincula Priester/ Cardinal/ des Heiligen Stuls zu Mäyntz/ und des Stiffts Magdeburg Ertz-Bischoff/ Administrator zu Halberstatt/ Marggraff zu Brandenburg/ zu Stettin/ Pommern/ der Cassuben und Wenden Hertzog/ Burggraff zu Nürnberg und Fürst zu Rügen. Hermann zu Cölln/ Ertz-Bischoff/ Hertzog zu Westphalen und Engern. Reichhard zu Trier Ertz-Bischoff/ des heiligen Römischen Reichs/ in Germanien/ Gallien/ und durch das Königreich Arelat/ und durch Italien Ertz-Cantzler Ludwig/ Pfaltzgraff bey Rhein/ Hertzog in Bäyern ꝛc. Johann/ Hertzog zu Sachsen/ Landgraff in Thüringen/ Marggraff zu Meissen ꝛc. Von wegen Marggraffen Joachims von Brandenburg ꝛc. Georg von Schirn. Des Ertz-Hertzogen zu Oesterreich ꝛc. Georg Truchseß/ Freyherr zu Walpurg.

Geistliche Fürsten persönlich. Conrad/ Bischoff zu Würtzburg. Heinrich/ Coadjutor zu Wormbs. Georg/ Bischoff zu Speyer. Wilhelm/ Bischoff zu Straßburg. Johann/ Coadjutor zu Fulda. Der Geistlichen Fürsten Bottschafften. Des Bischoffs zu Saltzburg/ Wilhelm/ Bischoff zu Saltzburg/ Wilhelm/ Bischoff zu Straßburg. Des Bischoffs zu Bremen/ Ewald von Bambach. Des Bischoffs von Bamberg/ Daniel von Rewitz. Des Bischoffs zu Eystet/ Wilhelm von Seckendorff. Des Bischoffs zu Augspurg/ Conrad Reyntz/ Doctor. Des Bischoffs zu Costentz/ Johann Faber/ Doctor, mit Befehl des Bischoffs zu Basel. Des Bischoffs zu Freysingen/ Georg/ Bischoff zu Speyer. Des erwehlten zu Münster/ Wilhelm/ Graff zu Mörß. Des Administrators zu Regenspurg/ Augustin Roß/ Doctor. Des Bischoffs zu Brixen/ Leonhard der Junger/ Freyherr zu Ubelfels. Des Bischoffs zu Ratzenburg/ Johann Michaelis. Des Teutschen Meisters/ Walther von Kronberg. Weltliche Fürsten persönlich/ Friederich/ Hertzog in Bäyern ꝛc. Johann/ Hertzog in Bäyern. Ernst/ Hertzog zu Lüneburg. Philips/ Landgraff in Hessen. Ernst/ Marggraff zu Baden. Georg/ Hertzog zu Pommern. Georg/ Landgraff zu Leuchtenberg/ von wegen seines Vaters/ Wilhelm/ Graff zu Henneberg. Der weltlichen Fürsten Bottschafften. Hertzog Wilhelms und Ludwigs von Bäyern/ Christoff/ Freyherr zu Schwartzenburg/ und Wolff von Sebolsdorff. Hertzog Georgen zu Sachsen/ Ott von Pack/ Dieterich Hertzog Ott Heinrichs und Philipson von Bäyern/ Reynhard von Neunneck/ Ritter/ und Conrad von Rechberg. Hertzog Ludwigs von Bayern/ Graffen zu Veldentz/ Wendel Thür/ D. Hertzog Heinrichs von Braunschweig/ Ewald von Bambach. Hertzog Albrechts von Mechelburg/ Georg von Schirn. Hertzog Hans von Cleve und Gülich/ Wilhelm/ Herr zu Neuenberg. Johann Georgen/ und Johann/ Graffen zu Anhalt/ Lorentz Zöcht/ Doctor.

Prälaten persönlich. Gerwig/ Apt zu Weingarten/ von wegen sein und der hernach geschriebenen Prälaten wegen. Nemlich/ Johanns Bastian zu Kempten. Rudolffs von Fridingen. Conrads zu Kreytzheim. Josten zu Salmanswyler. Hieronymus zu Elchingen. Andreas zu Ochsenhausen. Peters zu Ursin. Johanns zu Rod. Jacobs zu Minderauw. Johanns zu Schussenried. Heinrichs zu Marckthal. Rüdiger zu Weissenburg/ alle Apt. Des Apts zu Rockenburg/ Bernhard Besserer/ Burgermeister zu Ulm. Des Apts zu S. Cornelien/ Leonhard Stockheymer. Des Apts zu S. Heymeran zu Regenspurg/ Augustin Roß/ D. Von wegen der Eptissin zu Obern- und Niedern-Münster zu Regenspurg/ Augustin Roß/ D. Der Eptissin zu Essen/ Ulrich von Thun. Der Eptissin zu Rottenmünster/ Conrad Mock/ Burgermeister zu Rotweil. Von wegen der Graffen und Herren in der Wedderaw/ Schwaben/ Francken/ Thüringen/ Hartz/ und anderer/ hat Gewalt Bernhard/ Graff zu Solms. Graff Georg zu Wertheym. Ulrich/ Graff zu Helffenstein. Hoyer Graff zu Manßfeld. Der Frey- und Reichs-Städt Bottschafften. Cölln/ Arnold Brunnweyler/ Arnold von Siegen/ und Johann von Freysen/ Doctor. Straßburg/ Martin Herlin/ und Jacob Sturm. Metz/ Gerhard Thammer. Wormbs/ Philips Wolff. Franckfurt/ mit Befehl der von Wetzlar/ Haman von Holtzhausen/ und Berchtold von Rhein. Bisantz/ Johann Libelin. Hagenaw/ Johann Huß. Colmar/ Johann Humel. Goßlar/ Conrad von Düringshausen. Mülhausen/ Bastian Roderman. Northausen/ Jacob Hoffman. Dortmund/ N. Burgermeister. Offenburg/ Johann Gostenhoffer/ Stadt-Schreiber. Regenspurg/ Georg Schneider/ und Johann Heymer. Augspurg/ Conrad Herwart. Nürnberg/ Christoff Kreß/ Bernhard Baumgarter/ Johann Müller. Costentz/ N. Geyßberg. Ulm/ Bernhard Besserer. Reutlingen/ Paulus Kleyn. Nördlingen/ Jacob Weidman/ Johann Rottinger. Rottenburg an der Tauber. Conrad Eberhard/ Bonifacius Wernitzer/ genandt Böhem. Schwäbischen Hall/ Herman Büchler/ Michael Schütz. Rotweil/ Conrad Mock. Uberlingen/ Johann N. Häylbrun/ Caspar Helm. Memmingen/ Eberhard Zangmeister. Schweinfurt/ Andreas Gluckeysen. Wimpffen/ Johann Fisch. Gemünd/ Giengen/ Alen/ hat Gewalt Bernhard Besserer. Schlettstat/ Weissenburg/ Landaw/ Obern-Ehenheim/ Keysersberg/ Münster in Sanct Gregorienthal/ Roßheym/ Türckenheym/ hat Gewalt Johann Humer. Dünckelspühel/ Windsheym/ Weissenburg am Nortgaw/ hat Bernhard Baumgarter Befehl.

Des zu Urkund haben wir Albrecht/ Ertz-Bischoff zu Mäyntz und Churfürst ꝛc. Ludwig/ Pfaltzgraff bey Rheyn ꝛc. Churfürst/ von unser und unsern Mit-Churfürsten wegen. Und wir Georg/ Bischoff zu Speyer ꝛc. Johann/ Pfaltzgraff bey Rhein ꝛc. Von unser und der Geistlichen und Weltlichen Churfürsten wegen. Gerwig/ Apt zu Weingarten/ von unser selbst und der Prälaten wegen. Wir Bernhard/ Graff zu Solms/ von unser und der Graffen und Herren wegen. Und wir Burgermeister und Rath der Stadt Speyer/ von unser und der Frey- und Reichs-Städt wegen/ unser Insiegel an diesen Abschied thun hangen. Geben und geschehen in des Heiligen Reichs Stadt Speyer/ am sieben und zwantzigsten Tag Augusti, nach Christi Geburt/ im funffzehen hundert und sechs und zwantzigsten Jahr.

ANNO 1526.

ANNO 1526. 17. Septemb.

XXXV.

Responsum Apologeticum CAROLI V. *Romanorum Imperatoris ad* CLEMENTEM *Papam VII. quo omnes Criminationes suas refelluntur, totum negotium Fœderis paulo ante initi elucidatur, & culpa omnis in eum rejicitur, cum Appellatione ad Concilium Generale futurum, cujus Indictionem vehementer postulat. Datum Granatæ* 17. *Septembris anno* 1526. *Regnorum suorum Romani VIII. Aliorum vero omnium XI.* CUM *Instrumento publico de prælectione, & traditione ejusdem Responsi Reverendissimo Nuncio Apostolico facta in Civitate Granatensi in Hispaniis die* 17. *Septembris Anno à Nativitate* 1526. *Pontificatus* CLEMENTIS VII. *Anno III. Indictione IV.* [GOLDASTI *Politica Imperialia.* Part. 12. de Actis Imper. cum Papa pag. 990. Le même en ses *Constit. Imp.* Tom. I. pag. 479.]

IN nomine Domini amen. Noverint universi hoc præsens publicum Instrumentum visuri, lecturi, seu audituri, quod anno a nativitate ejusdem millesimo quingentesimo vicesimo sexto, Indictione decima quarta, die Mensis Septembris decima septima, hora circiter nona ante meridiem, Pontificatus Sanctissimi in Christo Patris & Domini nostri Clementis, Divina Providentia Papæ Septimi, anno tertio: in mei Notarii publici, testiumque infrà scriptorum ad hoc specialiter vocatorum, & rogatorum præsentia, personaliter constitutus Illustris, & excellens Dominus Dominus Mercurinus Arboriens. Gattinariæ, Valentiæ, & Sartiranæ Comes, Baro Ozani, Terriculæ &c. Sacratissimique & Invictiss. Principis & Domini Domini Caroli ejus nominis quinti, Divina favente clementia, electi Romanorum Imperatoris semper Augusti, Germaniæ, Hispaniarum, utriusque Siciliæ, Hierusalem, Hungariæ, Dalmatiæ, Croatiæ, &c. Regis, Archiducis Austriæ, Ducis Burgundiæ, & Brabantiæ &c. nec non Comitis Habspurgi, & Flandriæ &c. Clementissimi Domini nostri, per Sacrum Roman. Imperium, cæteràque omnia suæ Cæs. & Catholicæ Majestatis Regna, & Dominia supremus Consiliarius & Cancellarius, gratiosus Dominus meus, nomine, & ex Mandato (uti asseruit) ejusdem Cæsareæ, & Catholicæ Majestatis, habuit, & tenuit in suis manibus unam quandam Epistolam apertam, in papyro conscriptam, viginti duo folia in se continentem, quam esse affirmabat Sacratiss. Cæsar. & Catholicæ Majestatis Responsivam ad unum quoddam Breve, de data diei vigesimi tertii, mensis Junii, anni præsentis, à dicto Sanctissimo Domino nostro, Reverend. Domino Comiti Balthassari Castilioneo Apostolico Prothonotario, & Nuncio apud Cæsaream & Catholicam Majestatem, in sua Curia Imperiali agenti, & legationis munere nomine præfati Sanctiss. Domini nostri fungenti, transmissum & per eundem Nuncium suæ Majestati redditum, cujus quidem Epistolæ tenor sequitur, & est talis.

BEatissime Pater, Domine Reverendissime. Eramus profecto in magna mentis nostræ anxietate, & communem totius Christiani Populi calamitatem nobiscum tacite deplorabamus, ob ea, quæ Sanctitatem vestram contra nos, Statumque nostrum, & Sacri Roman. Imperii dignitatem moliri audieramus. Verum hanc nostram anxietatem mirum in modum auxerunt vestræ Sanctitatis Literæ, quas vicesima die elapsi mensis Augusti ejusdem Sanctitatis vestræ Nuncius vicesima tertia Junii expeditas nobis legendas tradidit: quum nihil ex his perspicere liceat, quam justiciæ suæ, ut inquit, laudem, nostræ vero, ac nostrorum causæ acerrimam damnationem, arma, bella, minas, cædes, pecuniæ, avaritiæ, & ambitionis studium, regnandi, dominandique cupidinem nobis impingi. Quæ profecto nec verum pastorem decent, nec nostræ in Apostolicam Sedem, vestramque Sanctitatem, ac illius dignitatem, devotioni, pietati, ac filiali observantiæ convenire videntur: quin immo ab eo affectu, & studio, quo Christianam Rempub. ab ipsis ineuntis Principatus nostri annis semper complexi fuimus, quo illius pacem, quietem, ac incrementum omni conatu concupivimus, ac pro viribus curavimus, prorsus aliena censentur, ac nos talibus afficiunt spiculis, quod ni honori proprio tacendo detrahere, immaculatamque famam nostram tacita objectorum approbatione lædere velimus, cogimur emissa in nos jacula refellere, nostramque innocentiam purgare, ac ab his calumniis exemptam & immunem ostendere. Nos enim, Pater beatissime, nobis ipsis conscii, nostræque etiam conscientiæ arcanis perlustratis, nullam objectorum culpam fateri, nullamque horum nobis calumniam asscribere possumus. Testamur enim Deum, nos nihil antiquius unquam habuisse, quam vestram Sanctitatem, post illius ad Sacri Apostolatus apicem felicem assumptionem, velut Christi in terris Vicarium, ex innata nobis filiali observantia colere & venerari. Quem etiam, dum in minoribus ageret, singulari amicitia, & benevolentia continue complexi sumus, prout & Leonis, & Adriani temporibus, Sanctitas V. satis experta fuit, universoque Orbi notum extitit, nullo modo existimantes, gradus, & dignitatis augmentum (post Deum, nostrorum etiam assistentia quæsitum) id posse efficere, ut quicquam ab eadem Sanctitate procederet, quod à pristinis suis moribus, atque institutis alienum videretur: etsi multa in nos moliri audiverimus, ut dignitati, æstimationi ac auctoritati nostræ detraheretur, ut fœlicitas, potestas, & magnitudo Regnorum, ac Principatuum nobis à Deo Opt. Max. collatorum minueretur, & si fas esset, penitus supprimeretur. Hæc tamen neque Sanctitati vestræ ascribenda censuimus, nec etiam contrarium affirmantibus fidem dedimus, nec ideo minus pacis vocem æquo animo semper audivimus, vestramque etiam Sanctitatem ad illam proponendam, & amplectendam, velut rectum pastorem monuimus & incitavimus. Semper enim in quacunque fortuna pacis ac quietis cupidi esse studuimus, ad quam noster animus suapte natura inclinatur, nec unquam inter Christianos, (nisi provocati, coactive) bellum gessimus, neque tentavimus. Quum enim Classem in hostes dispositam haberemus, Menice Insula ad deditionem coacta, majora pro fide Catholica tentaturi, Gallorum arte & copiis undique invasi, ad propria tuenda reducimur, vestræque etiam Sanctitatis opera, ac ministerio, cum Leone Decimo fœdus percussimus, ac pro Apostolicæ Sedis, sacrique Imperii viribus ac dignitatibus tuendis, ipsius Pastoris autoritate & impulsu, in Insubria, ac Liguria arma movimus, nostrumque exercitum Pontificio (cui tunc vestra Sanctitas in minoribus agens, munereque Legationis fungens, præfectus erat) adjunximus, quam provinciam profecto non nisi recta, & justa intentione pro ipsius Christianæ Reipubl. quiete, proque Italiæ liberatione non ex cupiditate suscepimus. Testis est nostrorum operum Deus, verus scrutator cordium, qui intima prospiciens à longe cognoscit, & qui nostram ob id justam causam semper tutatus est, totque insignibus victoriis comprobavit, ac justificavit. Testis erit Sanctitas V. si præteritorum rationem ac memoriam habeat, veraque in lucem promere libeat. Testes sunt ejusdem vestræ Sanctitatis Ministri, sæpius ad pacis, ac induciarum media proponenda transmissi, qui aperte experti sunt, nos semper, rebus etiam nostris secundissimis, quascunque honestas pacis, ac induciarum conditiones suscipere paratos, quibus & honoris nostri, & fœderatorum justa, æqua, ac secura ratio haberetur. Testantur id etiam multiplicia Mandata nostra, tum Adriani, tum vestræ Sanctitatis temporibus per nos in Urbem missa, variæque Legationes ad id pro tempore dispositæ, ac destinatæ, ut nihil à nobis de his, quæ ad pacem attinent ullo unquam tempore prætermissum arbitremur: qui non minus æquæ ac honestæ pacis studiosi, ac zelatores fuimus, sumusque, quam injuriarum alacres, ac prompti propulsatores, ac etiam ubi ratio suadet, clementissimi remissores, hilaresque bonorum pro malis, & conviciis retributores.

ANNO 1526.

Ait vestra Sanctitas *se consciam nihil prætermisisse, quod vel ad boni Pastoris Officium erga universum gregem, vel ad fidelis amici animum in nos speciatim pertineret.* Nolumus in hoc vestræ Sanctitatis officium impugnare, nec de illius conscientia, & animo contendere, sed operibus credere, reliqua Deo perscrutanda relinquere. Licet autem sic esset (ut ait) id potius divinæ benignitati, cujus gratuito munere id fit, quam humanis viribus, aut cujuspiam industriæ tribuendum foret: esto quod multa nobis secus relata fue-

ANNO 1526. fuerint, quæ apertius inferius respondendo detegentur.

Quod autem vestra Sanctitas subjungit, *suorum bonorum operum, suique erga nos amoris eum exitum consequutum esse, ut repulsa totiens à benevolentia, & conjunctione nostra, nullum indicium veri amoris apud nos invenerit, sive eorum artibus & dolis, qui eundem Sanctitatem nunquam nobiscum conjunctam esse voluerint, sive nostra mente oppressionem Italiæ, & imminutionem dignitatis Sanctitatis vestræ, meditante.* Miramur hæc quidem ab ejusdem Sanctitatis vestræ præcordiis emanasse, adeoque intempestive, rei veritate non cognita ab ipso summo Judice, qui Christi vices gerit in terris, tam ab ipsa facti veritate prorsus alienam pronunciationem factam. Non enim hi sumus, qui bonorum operum ingrati esse didicerimus, nec qui pro amore odium, seu repulsam rependere soleamus: quinimo potius reciprocas vices reddere, ac etiam pro acceptis beneficiis majora, dum licet, impendere, amorisque & benevolentiæ vicissitudinem abunde referre solemus. Nec quippe tantæ imbecillitatis censendi sumus, ut cujuspiam artibus, seu dolis à vera conjunctione, & amicitia divelli valeamus, ubi perfectus amicitiæ nodus intercesserit, qui contrario operum laqueo non dissolvatur. Minusque nobis oppressio Italiæ, minutioque Sedis Apostolicæ dignitatis ascribi potest, qui teste Deo, nihil horum tentavimus, nec unquam cogitavimus. Verum omnem conatum, omneque studium adhibuimus, ut Italiam liberam, ac quietam redderemus, ut Apostolicam Sedem in suo decore velut illius protector & defensor stabiliremus, ac servaremus, utque pacata Christiana Repub. communia Christianorum arma in perfidos Christianæ Religionis hostes communi consilio verterentur. Ubi igitur oppressionis actus non intercessit; nil sinistri de nobis præsumendum fuit, cum in dubiis meliorem præsumptionem sumendam omnia jura testentur, quæ etiam neminem ex præsumptionibus damnant, ni evidentissimæ accedant probationes, aut talis esset præsumptio, adversus quam jura probationem non admitterent; quod profecto hoc in casu omnino alienum patebit, quum non solum nulla talis nobis obstet præsumptio juris, vel facti, verum omnis sinistræ suspicionis labes à recta nostra intentione, nostrisque operibus omnino abesse videatur. Nec quippe hanc nostram synceram mentem, nostramve æstimationem lædere potuit Mediolanensis Status per nostri exercitus Duces captus, &, ut ajunt, occupatus. Hanc enim technam omnium recte sentiendum judicio à nobis repellendam curabimus; dum suo loco ea de re vestræ Sanctitatis objectis particularius respondebimus, omnem rei gestæ seriem, non palliatam, nec obumbratam, sed mera veritate suffultam, aperte, ac palam differentes, ab omnibus recti judicii capacibus videndam, inspiciendam, ac recto intellectus oculo judicandam.

Si igitur ex his Sanctitas vestra *se compulsam* (ut ait) prætendat *ad ea consilia, à quibus & natura, & voluntate semper abhorruisse asserit, idque serius actum dicat, quam plurimarum rerum indignitas, aut honoris sui, & publici Italiæ boni ratio postulabat, arma scilicet capere, quæ & justiciæ, & Italiæ libertati & sibi ipsi possint esse præsidio:* videat quæso Sanctitas vestra quibus fundamentis moveatur, consideret an hæc pastorali congruant officio, an hic sit gladius per vestram Sanctitatem evaginandus, exercendusve, quem Christus in vaginam potius recondendum censuit, & qui etiam in hostes fidei ab ipso Christiani gregis Pastore regulariter exerceri prohibetur. Animadvertat vestra Sanctitas an ex his honoris sui, aut publici Italiæ boni ratio habeatur, an hæc justiciæ conveniant, an Italiæ libertati, seu quieti consulatur, an potius ex opposito suggilletur Summi Pastoris honor & autoritas, injuste agatur cum ipso Apostolicæ Sedis protectore, & defensore, turbetur Christiana Respub. universæque Ecclesiæ status, incendatur quoque ignis, qui tam facile extingui nequeat, ut inde Christianorum viribus debilitatis, hostes perfidi velut lupi rapaces, paulatim Christianum abigant gregem, novique errores dies pullulent, ac demum hæreticorum dogmata magis, atque magis invalescant, Christianæ quoque Religioni irreparabile afferant detrimentum.

At protestatur vestra Sanctitas in ipso exordio, *id non offendendi cujuspiam causa, sed tuendi, ac conservandi honoris, officiique sui.* Sancta quippe hæc protestatio, si per actum contrarium non tolleretur, ac inefficax redderetur, si in ipsis defensionis terminis staretur, nec ad ea quæ offensionem sapiunt, transitus fieret. Qualiter enim defendendi causa parantur arma, ubi nullus adest offensor, qui vestram Sanctitatem, illiusque honorem aut dignitatem lædat? quin potius si offensor apparuisset, omni conatu, totisque viribus tueri, atque protegere studuissemus, nil antiquius in animo habentes, quam ea in Apostolicam Sedem officia exhibere, quæ ad officium Christianissimi Imperatoris pertinent, quæve Imperiali congruunt Dignitati. At si, ut ipsa vestra Sanctitas protestatur, defendendi duntaxat erat animus, cur prius, quam protestatio illa in lucem prodiret, ad manusque nostras scripta vestra pervenirent, tentata est offensio in Statu Mediolani, sacri Imperii Feudo, Laudensi Civitate occupata, & è nostrorum (nil tale cogitantium) manibus erepta? Cur vestræ Sanctitatis, ac fœderatorum copiis & viribus, nulla etiam præcedente monitione, seu diffidatione, exercitus noster apud Mediolanum (non impune tamen) impetitur, ac invaditur? Hæc si defensionem, an potius apertam offensionem sapiant, lippis etiam patet. Verum vestra Sanctitas hanc notam putans evadere, longam exorditur tragœdiam, narrans quæ suo congruunt proposito, his tacitis, quæ magis ad veram rei seriem discernendam facere videntur.

Unde ut altius repetendo, tota facti series in lucem prodeat, liceatque unicuique animi nostri syncceritatem inspicere, si ea quæ Sanctitas vestra nobis, rebusque nostris dum in Cardinalatu esset officia præstitit, animadvertamus, id quidem antecessisse dignoscitur, quod vita functo Maximiliano Cæsare avo nostro paterno fœlicis recordationis, dum is vivens cum sacri Imperii Electoribus fundamenta jecisset, quibus eidem in Imperio successor effici possemus, tuncque cum Gallorum Rege, qui filiam suam nobis spoponderat, fœdere arctissimo juncti essemus, ut & nos filium nuncuparet, nilque ab eo, quod à paterno amore alienum, seu indignum videretur, prodire putaremus, is taliter ad Imperii assequutionem allectus, incitatusque extitit, ut etiam cum taxatione personæ nostræ proposita inhabilitate ipsius Imperialis Dignitatis capessendæ, conatus fuerit variis modis inducere Electores, ut illum eligerent, Imperatoremque designarent (quod non ad ipsius Gallorum Regis promotionem tentatum extitit, sed ut per hujusmodi Galli concurrentiam, utroque nostrum excluso, nostroque soluto fœdere, tertius subintraret minori potentia præditus, cui potius imperaretur, quam imperare posset) nihil prætermittendo, ut ab ipsius Imperii adeptione penitus excluderemur. Et quum hujusmodi conatus irriti facti forent, vicissetque ipsius Sacri Imperii Electorum virtus, qui nec vi, nec metu, nec ullis artibus dimoveri potuerunt, quin Sancto afflante Spiritu, ab omni præambula promissione prius liberati, unanimi omnium consensu, ac nemine discrepante, eorum electionis vota uniformiter in nos contulerint, nosque Imperatorem solito more designaverint, quam quidem electionem non tamen voluimus prius acceptare, quam ipsius Leonis summi Pontificis vestræ Sanctitatis patruelis consensus, & auctoritas accederet, cum ea dispensatione, ut cum Imperio nobis etiam Neapolitanum Regnum retinere liceret, lege investituræ minime refragante. Hinc nova cogitantur media, ut ipsius Imperii Sacri dignitas illudatur, ut illius authoritas deprimatur, viresque nostræ minuantur, præter id tamen, quod tentatum extitit & Literis, & Nunciis, variisque practicis, ut nostra Coronatio apud Aquisgranum differretur, impedireturve, ac inde Wormaciens. Conventus protelaretur, seu potius inutilis, inefficaxque redderetur. Fuit etiam organo, ac medio Alberti Pii Carpensis Comitis, non sine vestræ Sanctitatis ministerio & opera, ut fertur, percussum fœdus inter Leonem & Gallum, quo etiam de auferendis à nobis utriusque Siciliæ Regnis deque Protectionibus Potentatuum ac Civitatum Italiæ inter se dividendis, Imperioque Italico penitus usurpando, seu verius enervando, & subvertendo agebatur, prout hæc ex nonnullis interceptis Literis, quas originaliter in manu nostra servamus, liquido constare poterit. At quum Gallus Rex hujus spe fœderis fretus, cupidus suæ Ditionis fimbrias ampliandi, violato fœdere, quod prius nobiscum inierat, per Robertum de Marchia rebellem Subditum nostrum ad ipsius Gallorum

Anno 1526.

rum Regis stipendia conductum, arma in Dominia nostra Galliæ Belgicæ movisset, ipsiusque Galli Regis Duces, & milites in Italia agentes, etiam ipsius Apostolicæ Sedis Dominia tunc possessa, Urbem scilicet Rhegium clanculum occupare conati fuissent: fatemur tunc Sanctitatis vestræ opera Divum ipsum Leonem Gallorum amplitudinem magis, quam nostram potentiam perhorrescentem, de ipsorumque fide hæsitantem, in partes nostras adductum esse, nobiscumque fœdus iniisse, quo suam Sanctitatem in sua Apostolica dignitate tueri, & Romanam Ecclesiam ad occupata per Gallos restituere, & redintegrare, nec non Illustrem Franciscum Sfortiam in paternum solium & statum à Rege Gallo detentum reducere convenimus, quod quidem adeo alacri animo suscepimus, postergatis, oblitisque anterioribus gestis in status, honoris, ac dignitatis nostræ præjudicium molitis, ut nil aliud putaremus, quam duo magna Orbis luminaria vestræ Sanctitatis opera adeo inseparabiliter conjuncta censeri, ut inde mutua horum correspondentia Orbis universus illustrari posset, ad perpetuamque unionem, & quietem reduci. Hoc itaque fœdere freti, cum ipsius Divi Leonis copiis nostris adjunctis, &, ut antea retulimus sub vestræ Sanctitatis Præfectura, & Legatione per nos actum, executumque extitit, ut Parma; & Placentia Ecclesiæ restitutis, ipsoque illustri Francisco Sfortia in paterno solio stabilito, Galli etiam non sine magna illorum strage, Ducum nostrorum virtute, illustrium videlicet Prosperi Columnæ, Marchionisque Piscariæ, ac aliorum nostri exercitus Ducum, & militum, ab Italia omnino expulsi fuerint. Et hæc sunt quæ Leonis tempore vestra Sanctitas pro nobis egit, quæ tamen non ita passim irremunerata fuere, quum & ipsa Romana Ecclesia suum ex his auxerit patrimonium, non solum Parmæ, & Placentiæ recuperatione, sed etiam novi census onere Regno nostro Neapolitano injuncto; vestra quoque Sanctitas (quod non improperandi causa sit dictum) aureorum decem millium pensionem annuam supra Metropoli Toletana, nostra quidem liberalitate obtinuit.

Quid autem Adriani tempore gestum fuerit, differamus. Novit Sanctitas vestra quibus tunc favoribus Adrianus in ejus gratiam suscepisset Cardinalem Vulterranum vestræ Sanctitatis æmulum, acerrimumque adversarium, quid illius artibus, & mediis in vestræ Sanctitatis caput moliretur ac qualiter eandem vestram Sanctitatem à Florentinæ Reipub. administratione excludere conabatur. Novit etiam nos ita suarum rerum, suæque familiæ, ac ipsius Reipub. Florentinæ protectionem, ac patrocinium suscepisse, etiam cum status sui, ac suorum nepotum incremento, ut hinc Adrianus ipse nostro favore, nostrique intuitu, non solum vestram Sanctitatem in gratiam tunc susceperit, verum tanta gratia prosequutus fuerit, ut nihil in rebus status, quæ alicujus momenti censerentur, vestra Sanctitate inconsulta tentaret. Hincque Vulterranus vestræ Sanctitatis adversarius, quum indignatus nonnulla cum Gallis (suis interceptis Literis) moliri videretur, Adriani jussu capitur, in vinculaque conjicitur, debitas pœnas daturus, ni Adriano morte prævento, autoritate sacri Cardinalium Collegii pro novi Pontificis electione liberatus fuisset, & inde electione facta, eorundem Cardinalium intuitu, à vestra Sanctitate veniam obtinere meruisset, licet paulo post dies suos clauserit extremos. Non diffitemur tamen, ipso Adriano vivente, postquam in illius gratiam Sanctitas vestra reducta extitit, illius operam non modicæ frugi nobis fuisse in alliciendo eundem Adrianum ad Fœdus illud defensivum: Quo medio Galli iterum in Italiam redeuntes, Mediolanumque obsidentes, fœderatorum præsidiis denuo victi, repulsique fuere. Quod etsi in vestræ Sanctitatis Pontificatu fuerit exequutum, id tamen sub vexillis, & copiis ejusdem Adriani, in vimque præambuli fœderis actum extitit, quod vestra Sanctitas opus manuum suarum despiciens (novus homo factus, novaque dignitate assumpta) nequaquam approbandum, seu innovandum censuit: licet ipsius fœderis exequutionem, in qua cæteri fœderati tunc firmiter insistebant, concurrentibus etiam Venetorum copiis, prout ratio suadebat, nequaquam impediendam censuerit, quum etsi præsidia Ecclesiæ eo tempore cessassent, non ideo minus nostrorum victoria in manu esse videbatur. Non tamen ob id vestræ Sanctitatis auxilia, atque consilia tunc præstita parvipendenda censemus, verum pro his & gratias tunc egimus & adhuc agimus, simulque nos vestræ Sanctitati debere, & obnoxios esse profitemur, qui etiam vices non solum reciprocas, sed & multiplicatas, & longe majora præsidia, si casus se obtulisset, vestræ Sanctitati ipsique Apostolicæ Sedi, pro illius tutela, & augmento semper exhibere parati fuimus, & ut filius patri correspondere: à quo etiam proposito, quicquid in nos falso suggestu molitum videatur, nequaquam animum nostrum alienavimus, nec alienaturi sumus, ni major nos urgeat necessitas in occupandis nostris viribus ad rerum nostrarum tutelam, & defensionem, quam tamen ita moderatam sumpturi sumus, ut ab offensionis limitibus, quantum fas fuerit, abesse videatur. Hoc enim moderatum temperamentum nos Christo, cujus vestra Sanctitas vices in terris gerit, debere profitemur.

Anno 1526.

Reprehendit vestra Sanctitas quod *non fideli consilio exercitus nostri Duces in Galliam transiverint*, inferens quod *ex eo intempestivo*, ut ait, *transitu successerit celerior & gravior in Italiam Gallorum irruptio, Rege maximi nominis exercitum ducente, ac urbis opulentissimæ Mediolani ab illis receptio*. Nos, Beatissime Pater, nec excusamus illius transitus consilium, nec impugnamus. Id tamen nobis inconsultis actum non extitit, qui id nulla justa ratione negare poteramus Illustri consanguineo nostro Carolo Duci Borbonii Anglicis etiam præsidiis freto, pro sui status recuperatione, quo, eo quod nostris se addixit obsequiis, privatus extiterat. Durum enim, ac prorsus inhumanum visum fuisset, si eo Duce, vicesque nostras in Italia agente, obtenta de communi hoste victoria, ejectisque inde Gallis, victricia arma eidem denegassemus ad rerum suarum nostri causa, ut prætendit, occupatarum consequutionem, ubi potissime ex eo exercitus nostri in Galliam transitu Italia quietior, ac liberior remanere videbatur, à militum quoque gravaminibus & insolentiis, quibus plerumque victores milites uti solent, magis exonerata & exempta reddebatur. Sed quum aliter res tunc successerit, quam putabatur, non quidem nostra, seu Ducum, culpa, sed belli sorte ita suadente, ut victoria quæ à Deo est, non ita passim pro voto hominum valeat obtineri, valuit saltem Ducum prudentia, audacia, ac magnanimitas in reducendo opportuno tempore exercitum illæsum in Italiam, quo ipsius Gallorum Regis impetus compesci posset, illiusque conatibus obsisti: qui profecto, ut à fide dignis nobis relatum extitit, à vestra Sanctitate ejusque Ministris ad id persuasus, & incitatus (quod tamen pro certo non habemus, nec ita passim credendum putavimus) eam provinciam belli Italici tam acriter, impetuoseque tentavit, ut favente Altissimo justæ causæ nostræ, victus cum maxima suorum clade, nobis per Viceregem nostrum Neapolitanum captivus sit redditus, & inde à nobis sub conditionibus vestræ Sanctitati notis liberatus.

Excusat vestra Sanctitas, quod *quum Duces nostri de defensione illarum regionum spem totam posuissent, ac de earum insuper, quæ nostra erant propria, periculo commoverentur, eademque Sanctitas vestra in magno etiam suarum rerum metu esset, eis conventionibus occurrere coacta fuerit imminenti periculo, quas ait nos optime nosse*. Nos tamen earum conventionum veram notitiam habere non possumus, quæ nobis insciis transactæ sunt, quasque nunquam vidimus seu legimus, quæ etiam Ministris nostris nunquam ostensæ fuere, ni ipsorum Gallorum relationi stare vellemus, qui aliter rem gestam aiunt, quam vestra Sanctitas suis nobis Literis nunciaverit. Volumus nihilominus potius vestræ Sanctitatis assertioni confidere. Recolimus enim dum eadem Sanctitas nos de hujusmodi conventionibus (rebus adhuc sub ancipiti Marte laborantibus) suis Literis monuisset, asserens nil inde eidem Sanctitati quæsitum, quam fidem, & securitatem, id exigente, ut ajebat, necessitate, eliciens inde futuræ pacis auspicium, quum ipsa Sanctitas de consueto suo erga nos animo, atque voluntate nihil omnino remisisse asseveraret, cepimus tunc hæc in benigniorem partem, vestræ Sanctitatis culpam nequaquam arguentes, nec de ejusdem, ut ajebat, erga nos animo & voluntate diffidentes. Id enim potius quorundam suasionibus tribuendum censuimus, qui vires nostras sua detractione deprimendo, hostiumque potentiam extollendo, vestræ Sanctitati suaserant, res nostras

in

ANNO 1526. in summo discrimine consistere, hostium vero robur in excelso culmine florere: sic pristinam vestræ Sanctitatis voluntatem in quandam depictam necessitatem transformantes, licet revera nulla urgens necessitas subesse videretur, nec tanta erat in ipsis nostri exercitus Ducibus desperatio, aut trepidatio, prout Sanctitati vestræ insinuabant illius fœderis autores, qui Sanctitatem vestram terrere studebant, quod ex ipso rei exitu sequuta victoria clarius enituit, ex qua potius, quam ex eo fœdere pacis auspicium sumendum videbatur, ni quorundam malignantium artes suis potius passionibus, & cupiditatibus, quam saluti Reip. intentæ, sanctum id opus perturbassent.

Commemorat vestra Sanctitas, *quæ sibi fuerit cura, quæ cautio rerum nostrarum*, asserens *tunc rebus nostris non minus quam propriis cavisse, Gallorum transitum in Regni fines multis rebus remoratam fuisse.* Merebatur quidem nostra in vestram Sanctitatem devotio, ut Sanctitas ipsa tali officio fungeretur, idque exposcebat Reip. salus, ne uberior ignis incenderetur, licet ex ipso effectu potius patuerit illos Gallos ipsos tunc aliquandiu itinere detentos, ut à Sacri Imperii Civitatibus Lucensi, & Senensi pecunias ac tormenta ad bellum contra nos, ac Regnum nostrum disponendum extorquerent, ut quietum ipsius Senensis Civitatis statum tunc turbarent, tyrannos intromitterent, ac pro eorum voto ejus Civitatis gubernium mutarent, eam Civitatem à Sacri Imperii devotione omnino divertere satagentes, novas interim copias in terris ac patrimonio Romanæ Ecclesiæ ex ipsis pecuniis ab Imperialibus Civitatibus extortis congerentes, quibus ad Regni nostri invasionem munitiores, ac potentiores esse possent, ni Deus Optimus Maximus victoria nostris apud Ticinum collata, eorumque Rege captivato, tantum his terrorem incussisset, ut non amplius de invasione, sed potius de eorum salute & fuga cogitare visi fuerint.

Sed ait Sanctitas vestra, quod *si societatem eorum sequi voluisset, maxima eidem præmia non solum proponebantur, sed etiam parata essent.* At quæsumus, quæ ratio? quæ justa causa? quis honestus color vestram Sanctitatem directum ejus Feudi Dominum movere debuisset, ad juvandam invasionem contra proprium feudatarium nil tale merentem, nec tale facinus cogitantem, absentemque, nec monitum, nec impetitum, nec de aliqua justa causa subtrahendi feudum convictum; Tenebatur enim vestra Sanctitas jure feudi, tanquam directus illius Dominus, potius nos in feudo tueri, quam invasoribus aditum præbere, aut se socium invasionis præstare. Eodem enim ordine, quo tenetur Vasallus pro Feudo Domino servire, eodem ordine Dominus Vasallum in Feudo tueri: & ex quibus causis Vasallus Feudum amittit, ex eisdem causis Dominus directa proprietate Feudi, illiusque directo dominio privatur. Est enim ipsius Feudi natura, ut ultro citroque obligationem pariat. Facile quidem fuisset, improvisum regnum, ac ad defensionem non paratum, nil tale metuens aggredi, & forsan in parte occupare, sed an id fieri licuisset, an hæc pastoris officio convenissent, cogitet Sanctitas vestra. Quæ enim præmia offerri poterant, quæ Christi Vicarium ad tam immane facinus induxissent? Sanctius itaque tunc consultum extitit vestræ Sanctitati, ut præmiis illis neglectis, non tentaret, quod forsan pro voto non successisset, nec tentatum, ceptumve consummari potuisset, sicque merito, ut vestra inquit Sanctitas, plus apud eam valuisse debuerunt amicitiæ nostræ merita, quam præmium ullum. Verum etsi meliorem præsumptionem amplecti velimus, nilque de intrinsecis vestræ Sanctitatis cordis judicare præsumamus, quod vero Christi Vicario non congrueret; non tamen pro comperto habemus, quid cessante victoria Sanctitas vestra actura fuisset, quæ jam sub ancipiti Marte Statum Mediolani colore sequestri, ac depositi, à nostrorum Ducum manu, & protectione eripere, ac in suam potestatem, quamdiu de pace tractaretur, reponere, ac reducere conabatur: quæ etiam, ut ad id nos, & Duces nostros cogeret, illorumque vires minueret, ac necessitatem induceret, asserens antecessoris fœdus successorem non ligare, curavit, ut ajunt, non solum Florentinorum, aliorumque Potentatuum præsidia, quæ ex Adriani fœdere ad contributionem defensivam debebantur, subtrahi, & denegari, verum & nostris Venetorum præsidia, ad quæ particulari fœdere tenebantur, sustulisse dicitur, his suadendo ne copias suas, ut tenebantur, nostris jungerent, ut sic nostri omni fœderatorum auxilio destituti, priusquam in campum prodirent, hostesque adorirentur, coacti fuerint non sine summo labore, & nostris ac Serenissimi Archiducis fratris nostri impensis novas tum equitum tum peditum copias ex Germania educere, & cum his exercitum nostrum augere, quo bellum aggredi, speratamque victoriam nancisci possent. ANNO 1526.

Subdit eadem Sanctitas, quod *sequuta nostrorum victoria contra Gallos, quum omnis sibi sublata contentio videretur, sineque cupiditatis & partium suspicione nobis hærere posset, magnumque in nobis Italiæ beneficium, & Christianitatis totius positum arbitraretur, non solum fœdus firmavit, sed quo nostri Duces egentes pecuniæ, exercitum alere, ac sustinere possent, centum illis dederit Ducatorum millia, conditione apposita, ut si de fœdere aliqua nobis dubitatio oriretur, illæ Sanctitati vestræ pecuniæ restituerentur.* Fatemur quidem, Beatiss. Pater, victoriam illam, omnem sibi contentionem merito sustulisse, sineque cupiditatis (à qua semper fuimus alieni) partiumque suspicione, cujus nulla suberat causa, nobis hærere potuisse, omnique ratione arbitrandum fuisse, ea in re totius Italiæ, ac Christianitatis beneficium repositum, ni zizaniorum seminator illius fructum suffocasset. Diffitemur tamen eam in fœdere conditionem appositam, quod si dubitatio oriretur, pecuniæ nostris Ducibus solutæ vestræ Sanctitati restituerentur, quandoquidem ipsius rei gestæ seriem longe aliter se habere constet, nec de tali conditione ulla in ipso fœdere mentio facta appareat, verum in quodam articulo separato, & à capitulis fœderis penitus excluso narretur: quod quum vestra Sanctitas ad satisfaciendum exercitui nostro in Italia existenti, Civitatesque & Oppida Sacræ Romanæ Ecclesiæ subjecta ab oppressionibus militum sublevanda, salutemque & tranquillitatem Italiæ constituendam, summam pecuniæ inter vestram Sanctitatem, nostrosque Oratores expressam, suo & excelsæ Reip. Dominorum Florentinorum nomine se soluturam promisisset, quæ pro tunc ad sexaginta millium ducatorum auri erat ascensura, Oratores nostri eidem vestræ Sanctitati sub juramento promiserunt, quod casu, quo fœdus cum ipsis nostris Oratoribus percussum, & capitula in ipso fœdere contenta non approbaremus, nec ratificaremus, omnis summa pecuniæ, quæ per vestram Sanctitate Dominos & Florentinos soluta fuisset, eidem Sanctitati & Florentinis integre restitueretur, cum ea adjectione, quod donec restitutio integre & plane facta foret, fœdus interea, & omnia ipsius fœderis capitula ad unguem observarentur. Quum itaque fœdus ipsum, ac singula capitula in eo fœdere comprehensa quam primum ad nos delata fuere, rata & grata habuerimus, nostræque ratificationis Literas cum ipsorum capitulorum fœderis insertione, in forma debita expeditas vestræ Sanctitati exhiberi fecerimus, quas & vidit, & legit, & palpavit, & dando suas reciprocas, retinere potuit, inficiari non potest, quin purificata fuerit per nos conditio illa, qua deficiente, pecuniarum restitutio erat fienda. Quæ quidem conditio, & particularis conventio, prout illius verba sonant, nequaquam nos urgebat ad alia extrinsecus à fœdere, aut separatim gesta, vel tractata, quinimo potius, etiamsi pecuniarum restitutioni locus esset (cujus tamen contrarium ostenditur) servandum tamen erat fœdus interim à quo juxta ipsius separati articuli seriem, sine pollicitorum violatione excedi non potuit, nec ad contraria fœdera licite deveniri valuit, sicque satis erronee, & (salva pace sit dictum) præter veritatem refertur, quod id fœdus non plane à nobis acceptum, nec probatum fuerit, qui & plane, & integre, ut præfertur, omnia in fœdere contenta, probavimus, rataque habuimus, nihil penitus de contentis in eo, nec etiam syllabam, aut literam omittentes. Quod si vestra Sanctitas hujusce nostræ ratificationis Literas recipere, suasque reciprocas, ut par erat, tradere renuit, ni simul traderetur ratificatio duorum aliorum articulorum, de quibus extra ipsum fœdus per scripta particularia, nobis tamen inconsultis, separatim, & ad partem tractatum fuerat, ad quorumque approbationem ex vi fœderis, ut præmittitur, non adstringebamur, nil est quod culpæ nostræ ascribi valeat, si fœdus illud minime servatum, sed potius

ANNO 1526.

ANNO 1526.

inde violatum extiterit, ab hac enim culpa & labe omnino alieni sumus. Et ut id plane liqueat, placet illorum duorum articulorum extrinsecus tractatorum substantiam referre, causasque differere, quibus non ita passim per nos approbandi viderentur. Ex his enim duobus articulis separatis, alter salis in Statu Medionali distribuendi, quum id à nostris Oratoribus sua Sanctitas exposceret, ut juxta fœdus per nos cum Leone percussum curaremus cum Duce Francisco Sforcia sal eisdem modis, & conditionibus à Sede & Camera Apostolica recipi, nostrique Oratores ad id respondissent, non esse amplius nobis jus utilis Dominii Ducatus Mediolani, prout ante fuerat cum Leone, data jam per nos eidem Duci Investitura, sicque rem cum ipso Duce necessario decidendam esse: Tandem ipsi Oratores nostri, non expresso quod id nostro nomine agerent, simpliciter vestræ Sanctitati medio eorum juramento promiserunt, quod illustris Vicerex curaret, ut Illustris Dux Mediolani cum vestra Sanctitate pro hujusmodi sale conveniret. Si igitur hæc promissio, quæ non nisi factum tertii pollicetur, de ipsoque tertio nil ultra promittit, quam tertium illum curaturum, ut Dux ad concordiam veniret, nil certi decernendo, nos urgere videatur, ut hanc promissionem præcise ratam habere debeamus, ita ut sine ea fœderis per nos approbati & ratificati observantia evanescat, judicet id quicunque mentis compos. Quandoquidem nostra sententia, & ut peritorum consilio freti dicimus, nos nequaquam ad ipsius promissionis observantiam astrictos censebamus, respondimus tamen in hoc modestius vestræ Sanctitati. Quod si hujusmodi Sanctitatis vestræ desiderium nobis prius innotuisset, quam de ipsa salis distributione in Statu Mediolani id opus Sereniss. Archiducis, fratris nostri cum ipso Illustri Francisco Sfortia transactum esset, nostram libenter operam navare studuissemus, ut vestra Sanctitas hujusce voti compos fieret. Verum etsi fratri deesse non possemus, nos tamen cum eo curaturos, ut mediante aliqua honesta recompensa pecuniaria, ipse frater noster jus hujusmodi distribuendi salis vestræ Sanctitati ad illius vitam concederet. Id enim æquum, ac justum videbatur, ne jus illud, quod eidem fratri nostro pro recompensa præsidii per eum præstiti ad defensionem Status Mediolani, deficientibus viribus, ac copiis vestræ Sanctitatis aliorumque fœderatorum, eidem infructuosum redderetur. Alter vero ex ipsis duobus articulis id continebat, quod ad tollendam difficultatem, quæ inter vestram Sanctitatem & nos incidere posset super controversia Mutinæ & Rhegii, offerebant nostri Oratores, ut vestra Sanctitas consequeretur utile ipsarum Civitatum dominium, superioritatis, & directi Dominii jure nobis semper salvo, ita ut vestra Sanctitas & tunc recognosceret & acceptaret hujusmodi directum nostrum dominium, ac superioritatem, vestraque Sanctitas nobis, aut agentibus nostris centena millia ducatorum aureorum (post recuperatam possessionem eorum, quæ illustris Dux Ferrariæ à tempore obitus Leonis decimi Ecclesiæ subtraxerat) persolvere deberet. Huic propositioni, & oblationi respondebat vestra Sanctitas pro se & Sede Apostolica, hujusmodi oblata acceptare, prout proponebantur, excepta superioritate, & directo dominio nostro super dictis Civitatibus, quam vestra Sanctitas recognoscere renuit, ne juribus & superioritati ab Apostolica Sede prætensis præjudicium fieret: offerente tamen vestra Sanctitate se contentam esse, ut ipsius superioritatis controversia videretur, & decideretur infra tres menses tunc proximos, per vestram Sanctitatem & Illustrem Viceregem, aut alios, qui ab utraque parte simul eligerentur. Et si hujusmodi superioritas nobis adjudicaretur, Apostolica Sedes recognosceret, prout ab agentibus nostris fuerat propositum, si vero Apostolicæ Sedi adjudicaretur, vestra Sanctitas ex sua liberalitate, & ex eo amore, quo nos prosequi profitebatur, nobis condonaret recompensam, de qua deberemus esse contenti. Hanc vestræ Sanctitatis responsionem, & oblationem ipsi nostri agentes ita demum acceptarunt, ut salva essent nobis omnia jura superioritatis, & Dominii directi in ipsis Civitatibus competentia, & pertinentia, quibus ob talem acceptationem præjudicium afferre non intendebant, consentientes nihilominus de hujusmodi juribus cognosci modis, & formis per dictam vestram Sanctitatem propositis. Si hæc igitur tam difformiter, tam irresolute, extra fœderis capitula descripta in ea essent forma, quæ vel nos ad ratihabitionem (quam nostri nostro nomine non promiserunt) obligaret, vel in nos actionem pareret, qua ad id urgeri possemus, nulla accedente valida stipulatione, nec pacto firmiter vestito, ubi etiam tempus decisioni præfixum illam impossibilem redderet, consulat in his vestra Sanctitas peritos, & comperiet, nos nec ad hujusmodi particularem ratihabitionem astrictos, nec ex hujus defectu percussi nobiscum fœderis, & per nos indifferenter, ac plane approbati observantiam fuisse differendam, nec contrario fœdere frustrandam, seu irritandam. Ut tamen moderatius cum vestra Sanctitate pro suæ personæ qualitate ageremus, ostendimus ea, quæ per nostros Oratores in hac re tractata fuerant, nequaquam in nostra potestate consistere, qui nec Imperii juribus præjudicare, nec jus tertii auferre deberemus, nec in nostra esset potestate illustrem Ducem Ferrariæ urgere ad restitutionem petitorum, nisi is armis offensibilibus coerceretur, qui se Imperii Vasallum profitebatur, & ea quæ restitui petebantur, de Sacri Imperii feudo tenere recognoscebat: durumque videretur, pro ea re bellum in Italia instaurare, supplicavimus vestræ Sanctitati, ut pro Italiæ quiete, & ne inde novi motus ibidem causarentur, dignaretur eadem Sanctitas consentire, ut res ipsa aut per justiciæ tramites, aut per compositionem amicabilem cum ipso Duce Ferrariæ fiendam terminaretur. Et quum hujusmodi oblata vestræ Sanctitati non placuissent, superveniente postea Reverendissimo Sanctitatis vestræ Legato Cardinale de Salviatis ad nos transmisso, & vestræ Sanctitatis mente percepta, non recedentes à recto justiciæ tramite, cupientesque nihilominus, quantum fas esset, vestræ Sanctitati gratificari, obtulimus eidem nos operam daturos cum effectu, quod sine præjudicio jurium Sacri Romani Imperii, seu alterius cujuslibet, posset vestra Sanctitas dum sibi expedire videretur, sine cujuspiam resistentia, sineque armorum apparatu, sua sponte, per se, aut suos ad id deputandos recuperare possessionem Rhegii, & Ruberiæ, cum suis pertinenciis tenendam & possidendam, prout antea tenebat, & possidebat, quod tamen Sanctitati vestræ non placuit. Licet credere non possemus, eum qui Christi vices in terris gerit, vel unius guttæ humani sanguinis jactura quamcunque sæcularem ditionem sibi vendicare velle, quum id ab Evangelica doctrina prorsus alienum videretur. Quid igitur rebus sic stantibus, nobis impingi possit, quod fœdus à nobis non plane acceptum, seu approbatum fuerit, quo colore nostræ ratificationis Literæ receptæ non fuerint, quo jure ipsius Vestræ Sanctitatis reciprocæ Literæ nobis fuerint denegatæ, qua fronte fidei religio, quam vestra Sanctitas in verbo Romani Pontificis super ipsius fœderis observantia personaliter præstitisse dignoscitur, spreta fuerit, ac neglecta, cogitet Sanctitas vestra, ac de ipsa judicet, an sic decuerit ab eo fœdere discedere, penitusque repugnantia pacisci, cum his potissime, qui eo tempore pro hostibus habebantur contra quos potius paranda erat defensio ad eorum conatus repellendos.

Quod autem Sanctitas vestra ad id subjungit, *quum propter æmulationem quorundam ex Ducibus, & ingrata cæteris consilia, Pischariæ Marchio nonnulla jactare, tractareque cœpisset in nostri status detrimentum, vestram Sanctitatem illa etiam consilia audivisse, ne fœdere à nobis rejecto, penitus aspernata, eidem Sanctitati deesset, ubi niti, ac confidere posset.* Non possumus profecto non mirari, quæ in hoc vestra Sanctitas suis Literis profitetur, quæ etsi nobis sæpius à nostris Ducibus, aliisque quampluribus scripta, relataque fuissent, nusquam tamen à nobis credita sunt, nec adhuc crederemus, ni vestra Sanctitas id asseveraret, cujus confessione, & assertione, in his potissime, quæ proprium factum concernunt, nulla plenior, liquidiorque probatio esse potest. Qualia autem fuerint ea, quæ Marchio Pischariæ in nostri status detrimentum jactare, aut tractare dicebatur, & quæ vestra Sanctitas audivisse fatetur, quum in vestræ Sanctitatis Literis non specifice declarentur, sed sub verborum involucro res tam nephanda tegi videatur, comprobanda res erit per ipsius Marchionis Literas, quæ penes nos servantur,

ANNO 1526. tur, ac per aliorum quorundam adhuc viventium testimonia, qui hujusce facinoris conscii, participesque fuere, quibus satis aperte detegitur ipsum Pischariæ Marchionem non ita proprii honoris, ac conscientiæ immemorem fuisse, quod quidquam in status nostri detrimentum moliri cuperet, sed potius aliter finxisse, quam in animo haberet, ut aliorum in nos, ac Statum nostrum molientium factiones, ac incendia parata, quorum jam fumum senserat, verioribus indiciis, ac argumentis detegeret, hincque facilius nobis præmonitis, extingui possent: sicque finxit se de nobis male contentum, ut inde liberius in molientium partes vocaretur, omnemque rei seriem audire, ac funditus intelligere posset. Hincque Marchio ipse ad eam tragœdiam vocatus, simulata fide, in eam conspirationem cum cæteris illius autoribus convenit, atque consensit: perlustratisque omnibus ad tantum facinus parandum dispositis, atque paratis, ac totius negotii serie plane perspecta, & intellecta, cum in his vestræ Sanctitatis principalis esset authoritas, audivissetque Marchio Nuncium ad id per vestram Sanctitatem transmissum, eidem sui parte, ut ait, offerentem sub cujusdam Apostolici Brevis credentia, Regni nostri Neapolitani Investituram, & possessionem, si is in ejusdem Sanctitatis ac fœderatorum partes cum copiis nostri exercitus eidem Marchioni magis affectis transiret atque transfugeret, ut inde communibus fœderatorum copiis, inter quas etiam Gallorum copiæ cum ingenti Helvetiorum manu ad sui Regis liberationem anhelantes, & Venetorum præsidia concurrere debebant, ut etiam populis ad liberationem Italiæ concitatis, uno ictu, atque contextu nostrum exercitum prorsus delerent, nosque non solum à Statu Mediolani, sed etiam à Regno Neapolitano, ac ab omni Imperio Italiæ excluderent, ut inde Sanctitas vestra nos etiam ab omni Imperiali Dignitate deponeret: Finxit Marchio se contentum his annuere, si id cum honore sineque incursu criminis læsæ Majestatis exequi liceret: & ut super ea re peritiores consuleret, petiit quindecim dierum dilationem, quibus pendentibus, illi erat in animo nobis rei seriem conscribere, prout & fecit. nec ideo minus se à practicis abstinuit, quin etiam ad hanc factionem magis colorandam habuit ex Urbe consilium peritorum, quo eidem Marchioni persuadebatur, eundem licite posse, ac sine honoris, seu fidelitatis præstitæ læsione, seu præjudicio, sineque incursione criminis læsæ Majestatis, in partes vestræ Sanctitatis tanquam supremi *Domini* illius Regni transire, feudumque ab eadem Sanctitate suscipere, ubi potissime ipsius Sanctitatis jussus accederet. Si hæc igitur, Pater Sancte, vera sint, prout narrat Marchio, qui usque ad ultimum vitæ spiritum in ea semper Sententia perstitit: si sint illa jactata, atque tractata consilia, quæ vestra Sanctitas etiam audivisse fatetur, videat ipsa Sanctitas recto sui intellectus oculo, si hæc tanto Pastore digna censeantur, inspiciat qualis fructus inde colligi posset, quale scandalum, quantusque tumultus ex his in Ecclesia Dei, ac in universa Christiana Republ. nasceretur. Miseranda quippe res esset, ac ab omni fideli Catholico deploranda, in qua ita occupatur mentis nostræ judicium, ut quasi somnium illusorium putemus, cui fides tribui non deberet: quum potissime, ut antea liquido ostendimus, cesset fundamentum illud satis manifeste erroneum, immo penitus falsum, de fœdere à nobis rejecto, quod nunquam rejectum, sed plane acceptatum constat. Sed ait vestra Sanctitas se à verbis ad facta nullum aditum tentasse: utinam sic se res haberet, nilque de facto tentatum esset, quia facilius pro verbis verba reddi possunt, facta autem pro infectis haberi nequeunt. At quod vestra Sanctitas se de officio commendat, nos admoneri mandasse, ut Duces nostros in Italia, quorum in manu res nostræ erant, curaremus de nobis esse contentos, hinc probationem eliciens, eidem esse curæ quietem, & stabilitatem rerum nostrarum: noluimus inficiari id officium à Sanctitate vestra præstitum, eo tamen tempore, quo idem Marchio totius rei seriem nobis aperte disseruerat. Cur autem tunc vestra Sanctitas re jam detecta, id nobis nunciandum censuerit, id ejus judicio ac conscientiæ commendamus. Volumus tamen hoc in benigniorem partem suscipere. At subjungit vestra Sanctitas quod maximo cum gemitu, & dolore suo, atque Italiæ totius, quum Duces nostri Statum Mediolani occupassent, atque Arcem, in qua Franciscus Maria

ANNO 1526. residebat, circumvallare instituissent, postulante à se curam, & severitatem adversus indignitatem tantam Italiæ periculo, omnibusque notis, atque ignotis flagitantibus, paratis qui arma, & auxilia conferrent, cunctis prope Christianitatis Regibus vestram Sanctitatem animantibus, quum non videretur posse resistere monitis, querelis, precibusque illorum, quum vos officii vestri debitum, Italiæ calamitas, & periculum commune commoveret: tamen adveniente per eos dies ad vestram Sanctitatem Commendatore Herrera Nuncio nostro tractandi causa misso, relapsa eadem Sanctitas in pristinam spem & cupiditatem benevolentiæ nostræ sibi quovis modo conciliandæ, dimissis consiliis, conspirationibus, oblationibusque cunctorum, gravi omnium indignatione & querela, qui se à vestra Sanctitate desertos conquerebantur, ad nos denuo confugiendum putavit, quærendo nobis comparare gloriam pacandæ Christianitatis, & moderationis nostræ omnibus declarandæ: sicque ea conventionum capitula paucis, ut ait, in locis leviter immutata remisisse ad nos comprobanda, scripsitseque manu sua Literas, quibus per Dei misericordiam obsecrando, ut depellere vellemus eam suspicionem quæ de nostra nimia cupiditate omnibus adhærebat, perpetuitatem, & fructum amicitiæ suæ nobis pollicebatur, consiliumque fidele dabat, & quæ petenda erant, omni cum humanitate, & benevolentia à nobis petebat, securitatem videlicet Italiæ, *Duci Mediolani*, si quo pacto errasset, clementiam, vestræ Sanctitati amorem. Quæ tot illius opera, atque officia erga nos, aliaque quamplurima, quæ nobis quotidie postulanti concedebat, ex quibus nobis commodum, atque honor quotidie accrescebat, ut ait, parvipendimus: his multiplicium querelarum, accusationum, & criminationum fasciculum adjungit: Quibus tot, & tantis, ut inquit, injuriis, & causis invita vestra Sanctitas & gemens, de nobis desperare, & diffidere est coacta, suamque amicitiam, & benevolentiam, quam totiens, ut asserit, repudiavimus, multis, & magnis Regibus adjungere, quorum optimum in Christianam rem & Sedem Apostolicam animum, si vestra Sanctitas aspernata esset, non jam pastoris, & communis patris laudem, sed superbi, & insolentis nomen acquisivisset. Hæc Pater Sancte, horrenda quidem, & penitus abominanda censerentur, ni scuto veritatis circundati, hujusmodi calumnias, convitia, improperia, crimina, facinoraque nobis objecta refellere, ac singulatim suo ordine extirpare, & enervare studeremus. Non quidem hæc Christiano Principe digna (si vera forent) sed potius apud inferos recondenda censerentur. Ut igitur hujusmodi calumniarum nobis falso objectarum fasciculum dirumpamus & colligata spicula in nos conjecta, separatim, ac gradatim enervemus, cogimur historiam, non fabulam recensere, qua rerum gestarum veritas in lucem prodeat. Et quum ab occupatione Status Mediolani, Arcisque obsessione, hujusmodi calumniarum principalior sumatur occasio, hincque pendere videantur Leges & Prophetæ horum omnium, quæ in nos moliuntur & tentantur, consequens est, ut pro nostræ villicationis debita ratione reddenda, & nequid occulti remaneat, neve servi nequam nobis nomen, & famam comparemus, sed potius servi fidelis, & boni, qui in regnum Domini intrare valeamus, ab ipso stipite initium sumamus, & à capite rationem reddamus oportet, nihil quod ad rem faciat, omittentes. Res igitur, ut aptissimis ostendetur argumentis, sic se habet.

Postquam Franciscus Sfortia hujus nominis primus, & moderni Francisci avus paternus Ducatum, ac Statum Medioloni nactus est, seu verius occupavit, quum is non intraret per ostium, sed per fenestram, nec descenderet à linea Vicecomitum Ducum Mediolani, sed ex persona uxoris ad tale Feudum incapacis jus dicti Ducatus prætenderet, & tanquam strenuus, prudens, ac fortunatus belli Dux non habuerit in ipsius Ducatus assequutione contradictorem, nunquam tamen is, neque ejus filius primogenitus Galeacius Maria Sfortia, nec ex eo primogenito nepos Joannes Galeacius Sfortia ipsius Ducatus Mediolani Investituram à Sacro Imperio obtinere potuerunt. Successit his Ludovicus Sfortia moderni Francisci pater, quod affinitate cum Divo Maximiliano Cæsare Avo nostro contracta, primus ex Sforcianis Investituram obtinuit pro se, & filiis, ac descendentibus suis ordine successivo, gradu primo-

ANNO 1526.

mogenituræ servato. Quo Ludovico primo investito adhuc vivente insurrexit adversus eum Ludovicus Aurelianensis Dux, inde Francorum Rex, ejus nominis duodecimus, prætendens, quod si ex fœminea linea quispiam in eo Ducatu recte succederet, ipse præferendus foret, qui ex descendentia Valentinæ Philippi Mariæ Vicecomitis veri Ducis filiæ legitimæ ortum trahebat, pacto etiam in contractu matrimonii adjecto, ut deficientibus masculis, ipsa Valentina succederet, quod vacante Imperio à Sede Apostolica approbatum dicitur: de cujus tamen approbationis viribus nunc disceptandi occasio non offertur: ipsa autem familia Sforciaca ab illegitima posteriore genita originem duceret. Ortum est hinc bellum inter ipsum Ludovicum Aurelianensem, inde Francorum Regem, & dictum Ludovicum Sfortiam, qui Gallorum viribus, & potentia non solum à Ducatu, & Statu ejectus extitit, sed etiam captivus in Galliam ductus est, ubi tandem diem suos clausit extremos. Hinc Ludovicus Rex intelligens se non esse tutum in Ducatu Mediolani, nisi à sacro Imperio Investituram obtineret, inito fœdere cum Divo Maximiliano Cæsare Avo nostro recolendæ memoriæ, actoque de matrimonio, seu sponsalibus contrahendis inter nos, & Claudiam ipsius Ludovici Regis primogenitam, revocataque per dictum Divum Maximilianum Investitura eidem Ludovico Sfortiæ, & liberis antea concessa, Investituram dicti Ducatus obtinuit pro se, & dicta Claudia ejus filia, casu quo nobiscum nuberet, ea lege adjecta, de expresso ipsius Regis Ludovici, suorumque Oratorum consensu, quod si sine culpa nostra dictum matrimonium inter nos, & Claudiam quovis modo effectum non haberet, prout non habuit, redderetur ipsa Investitura dicto Regi, & Claudiæ filiæ concessa, penitus inefficax, nulliusque momenti, verum omne jus dicti Ducatus, & Status Mediolani ex ipsa investitura concessum, in nos recta via transiret, concessa ex tunc illis consentientibus in eum casum nova investitura, in nostri personam, præsente ad id, & nostro nomine stipulante & acceptante reliquaque ad id requisita solennia peragente Serenissimo, felicis memoriæ, Philippo Castellæ Rege, patre nostro. Quam investituram in solenni forma conceptam, & per ipsum Divum Maximilianum tunc expeditam, adhuc hodie penes nos habemus Et licet eo fœdere per Regem Ludovicum violato, dictaque Claudia ejus filia matrimonio copulata cum tunc Duce Angolemensi Francisco moderno Francorum Rege, sicque conditione purificata, Investitura nobis, ut præfertur, conditionaliter concessa validum robur & effectum obtineret, ut jus dicti Ducatus, & Status Mediolani in nos translatum censeretur. Ipse tamen Divus Cæsar Maximilianus tum quia publicam potius, quam privatam utilitatem curabat, tum quia putabat jus nobis ex Investitura prædicta quæsitum, salvum esse, nullumque præjudicium nobis tunc posse afferri, qui in pupillari ætate constituti, sub illius tutela regebamur: quo tutelæ officio fretus, jus illud liquidum, quod nobis competebat, nec tacite, nec expresse remittere poterat, novam eidem Ludovico Gallorum Regi pro se, & dictis Claudia filia, & Francisco genero investituram concessit, nonnullis etiam conditionibus nequaquam observatis astrictam, ac à nobis, quod jus potissimum prætendere poteramus, minime approbatam. Qua de re Divus ipse Cæsar Maximilianus violati fœderis vindictam prosequens, expulso ab ipso Ducatu Mediolani dicto Ludovico Francorum Rege, sub colore prioris Investituræ Ludovico Sfortiæ concessæ, &, ut præmittitur, revocatæ, nobis iterum in pupillari ætate, ac sub illius tutela degentibus Maximilianum Sforciam ejusdem Ludovici Ducis filium primogenitum, ad ipsum Ducatum & Statum Mediolani admisit & induxit. At is possessor effectus, immemor beneficii in eum collati, plura cum Gallis hostibus, in Sacri Imperii dedecus, & detrimentum molitus est, indeque inito, ac percusso cum his fœdere. prodidit eisdem Arces, & Statum, ac ad hostes transivit, cessitque Ducatu. Ex cujus felonia, si quod jus in eodem Ducatu habuisset, ad Sacrum Imperium devolvebatu. At quum modernus Rex Francorum tum ex prætenso jure investituræ Ludovico Regi ejus socero concessæ, tum etiam ex jure cesso per dictum Maximilianum Sfortiam, ipsius Ducatus possessionem post Ludovici Regis mortem nactus esset, nulla per eum, seu alium ejus nomine nova investitura ab ipso Maximiliano Cæsare, nec à nobis petita, seu obtenta, sic nos & Sacrum Imperium contemnendo, pleraque etiam contra decus & honorem nostrum, & ipsius Sacri Rom. Imperii moliendo, & in nos ejusdem Feudi Dominum cervicem elevando, armaque movendo, prout suis propriis Literis, ac notoriis gestis innotuit, etiamsi validam antea Investituram habuisset, prout non habuit, omni illius commodo, omnique jure, ipso facto privatus extitit, idque totum ad nos, & sacrum Rom Imperium devolutum fuit, ut sic Illustris Franciscus Sforcia in eodem Ducatu Mediolani nullum jus posset prætendere, nisi id ex nostra liberalitate & gratia consequeretur. Non enim ex Investitura paterna jus aliquod habere potest, stante revocatione, ut præmittitur, facta per ipsummet concedentem, eo scilicet tempore. quo nondum eidem Francisco Duci jus in re quæsitum dici poterat, sed duntaxat in spe, quod facilius tollitur, ubi potissime plenitudo accedit potestatis cum certa ipsius concedentis, ac revocantis scientia. Non etiam ex cessione, seu renunciatione dicti Maximiliani ejus fratris primogeniti, qui nullam de eo Statu habuit investituram, sed simplicem detentionem nullo jure suffultam, cui pariter obstabat paternæ investituræ revocatio, sicque illius cessio nullius fuit effectus. Nemo enim plus juris in alium transferre potest, quam ipse habeat. Sed demus investituram eidem Ludovico patri concessam, in suo robore permanere, ipsumque Ducem Franciscum juxta illius ordinem ad successionem vocandum, non vocatur ex ea nisi post mortem primogeniti, qui adhuc vivit, sicque non evenit casus qui ipsum Franciscum admittat. Non enim primogenitus simpliciter refutavit Feudum ante Feudi adeptionem, ut fieret locus sequenti in gradu, sed adepto Feudo, ubi de fructibus pro libito ejus vita comite disponere poterat, etiam invito propinquiore successore, cessit, ac renunciavit. Et quum id egerit paciscendo cum hostibus & delinquendo in Dominum Feudi, totum illud jus, quod eidem Maximiliano primogenito competiisset, ad sacrum Imperium devolutum extitit, sicque nos nullo jure cogebamur, etiam firma stante illa prima investitura hujusmodi Ducatum Mediolani concedere ipsi Illustri Francisco Sforciæ, saltem vita comite ipsius Maximiliani primogeniti, quin immo jure merito poteramus Ducatum ipsum penes nos retinere, eoque interim uti, frui. Objicietur nobis fœdus percussum cum Divo Leone, super quo tamen nullum validum fundamentum in favorem dicti Francisci Sforciæ ædificari potest, res est inter alios acta, nihil ibidem cum Duce Francisco tractatum est, nec quispiam pro eo ibidem intervenit, nullusque pro eo stipulatus extitit, cui jus stipulandi esset. Etsi inter contrahentes res ageretur, emergeret quæstio; an is qui ex eo fœdere se fundaret, pro parte sua implevisset quod debebat. Sed fateamur omnia solenniter gesta & impleta, ipsumque fœdus percussum & stipulatum cum ipsomet Duce Francisco, non datur illi ex eo fœdere plus juris, quam ante haberet. Sic enim sonant illius fœderis verba. *Item quia Illustris Franciscus Sfortia Dux Barri, prætendit Ducatum Mediolani sibi deberi ex vi investituræ per fœlicis memoriæ Maximilianum Cæsarem factæ, attenta renunciatione fratris sui primogeniti, per quam se primum successionis locum asserit obtinere: actum extitit, & conventum, quod si idem Illustris Franciscus Sfortia Ducatum ipsum recuperaverit, præfati contrahentes eundem in suis juribus conservare curabunt, ac ab omni violentia tueri nitentur.* Ecce igitur, quod hic nullum aliud jus prætendebat Dux Franciscus, quam quod prædictum est, abunde tamen enervatum: ecce quod hic est conventio conditionalis *si ipse Dux Ducatum recuperaverit*, quæ conditio implenda erat in forma specifica, eaque non impleta, prout ipse implere non poterat, obligatio illa evanescit. Et esto, quod foret ipsa conditio formiter impleta, & purificata, ecce obligatio illa non disponit nisi de eo conservando in suis juribus, quæ ut antea ostensum est, nulla sunt, nulliusque momenti. Si igitur nos tot titulis, totque juribus fulti (qui Ducatum ipsum fœderatorum nostrorum præsidiis freti, nostra tamen ut plurimum impensa, non sine magna nostrorum jactura, tot præclaris Ducibus ac militibus amissis cum tanta Christiani sanguinis effusione, ex hostium manibus recuperavimus, ab eorumque faucibus eripuimus, & toties illis redeuntibus, repulsis, ac victis servavimus, ac tutati sumus)

ANNO 1526.

sumus) nulla nos ad id urgente necessitate, ac munificentia, juribus nostris tam claris, tamque apertis, omnino postpositis, ac postergatis, consensimus eundem Illustrem Franciscum Sforciam, tanto munere dignum facere, eundemque ad dictum Ducatum admittere, ac eidem ipsius Ducatus investituram concedere: quisnam vir sani capitis nos de cupiditate, de ambitione, de indebita occupatione recte arguere poterit? quisnam ex his gestis potest elicere sinistram aliquam suspitionem, quod non recto animo intenti videamur ad ea omnia, quæ Reip. Christianæ quietem & tranquillitatem, Italiæque libertatem concernere videntur? At hæc non verbo tantum obtulimus, sed & effectu præstitimus. Fecimus enim ipsum Ducem Franciscum totius status possessorem, fecimus in ejus potestatem reponi, & consignari omnes Arces, omnesque Civitates, autoritatem, & administrationem omnimodam eidem permisimus, ut non solum regere, & pro libito administrare posset, fructus percipiendo, sed etiam alienando, vendendo, ac pro ejus voto disponendo: cujus etiam alienationes, dum ad id requisiti fuimus, tanquam à vero Duce factas, confirmavimus, & approbavimus. Fecimus in fœderibus per nos initis tum cum Adriano, tum cum Venetis, tum etiam cum cæteris, cum quibus tractavimus, eundem tanquam Mediolani Ducem nominari & includi, de ejusque tutela & conservatione transegimus, concessimusque tandem investituram dicti Ducatus & pertinentiarum in forma amplissima, quam ad manus Equitis Billiæ ipsius Ducis Francisci Oratoris realiter consignavimus, sub certis conventionibus & obligationibus per ipsum Ducem implendis pro parte impensarum per nos in ejus beneficium factarum pro adeptione, & conservatione dicti Status: in quibus tamen nos ita moderate habuimus, ut nec vix quartam ipsarum impensarum partem per annorum terminos essemus recuperaturi. Hæc profecto scripto patent, nullaque tergiversatione celari possunt, quum jam in notorietatem transiverint.

Insuper quum de ipsius Illustris Francisci morte dubitaretur, physicique de illius salute desperarent, hincque nova oriretur in nos suspicio vestræ Sanctitatis, Venetorum, ac aliorum Italiæ Potentatuum, si Statum ipsum Mediolani, per mortem dicti Ducis Francisci ad Sacrum Imperium recta via, rectoque ordine justiciæ devolvendum, aut in nostra potestate retineremus, aut Serenissimo fratri nostro charissimo Ferdinando Archiduci Austriæ concederemus: quum & nostram, & ipsius fratris nostri potentiam exosam, & formidabilem habere viderentur, potius Deo (qui nobis hæc sua clementia & benignitate contulit) ipsique fortunæ invidentes, quam aliqua alia justa causa perciti, placuit vestræ Sanctitati nos per dictum ejus Legatum monere, & hortari, quatenus pro Italiæ quiete, ac ad submovendum cujusvis suspitionis scrupulum, in casum mortis dicti Illustris Francisci Sforciæ, Ducatum ipsum Mediolani nequaquam in nostra potestate retineremus: nec pariter ipsi Sereniss. fratri nostro concederemus, sed ipsum Ducatum tali personæ traderemus, de qua Italiæ Potentatus nullum metum, nulliusque suspitionis objectum habere possent: ad eumque effectum vestra Sanctitas per dictum Legatum, alterum duorum nobis ad id proponi fecit, aut Ducem Borbonii, aut Don Georgium de Austria Cæsaris Maximiliani naturalem filium. Annuimus tunc, licet ad id nullo jure astringeremur, quod Ducatus ipse in casum devolutionis minime penes nos retineretur, nec etiam ipsi Sereniss. fratri nostro concederetur: obtulimusque in eum casum, dictum Ducatum conferre in personam jure merito gratam, & acceptam vestræ Sanctitati, & de qua nihil suspicari posset, quod ad turbandam Italiæ quietem tendere videretur: licet etiam id à vestra Sanctitate acceptatum non fuerit, nec etiam aliis Potentatibus gratum extiterit, nisi personam, cui in eum casum Ducatum conferre vellemus, prius nominaremus, ut discerni posset, an grata & accepta foret: non fuimus ab hac instantia alieni, nominavimus in eum casum ipsum Illustrem Borbonii Ducem, quem vestra Sanctitas primo proposuerat, in eum quidem investituram conferre parati, non pro commodo, aut augmento nostro, sed pro tollenda ea suspitionis rubigine, qua vestræ Sanctitatis ac Potentatuum animi angebantur, pro submovenda ea umbra nostræ magnitudinis, qua intrinsecus premebantur, proque ipsius Italiæ quiete, quæ semper nobis cordi fuit, ut potius Christianæ Reipubl. causam quam nostram privatam tueremur. Quid igitur cupiditatis nobis ex his ascribi possit, si Ducatum, & Statum Mediolani tanti momenti, tantique valoris, ut præmittitur, per nos recuperatum & quem licite retinere poteramus tot titulis, totque juribus suffulti, semel Illustri Francisco Sforciæ concessum, iterum si per illius mortem ad nos devolveretur, ad vestræ Sanctitatis nutum alteri concedere annuerimus? ei videlicet, quem vestra Sanctitas prius nominaverat, atque tam justis juribus, tamque amplo & importanti dominio suffulti (pro quo si Julius Cæsar revivifcens nostram personam indueret, aut hi qui nobis cupiditatem impingunt; forsan etiam jusjurandum violandum censerent) nos ipsi, non coacti, nulloque juramenti, seu cujusvis obligationis vinculo astricti, nostra sponte, pro ipsa Repub. jus nostrum tam liquidum abrogare, & à nobis auferre consenserimus, excluso etiam proprio fratre, qui jure merito post nos cæteris omnibus anteponendus videbatur, quum hunc loco filii haberemus in succedendi gradu proximiorem, cui nulla ratione, nulloque jure Divino, naturali, vel civili, extraneus quispiam anteferendus erat. Fateamur necesse est, non hic cupiditatem, non ambitionem, non avaritiam, non dominandi, seu aliena occupandi appetitum inesse, sed potius amplissimam, uberemque largitatem, munificentiam, ac si dicere fas est, prodigalitatem, dominandique contemptum argui. Quod tamen publicæ rei causa, læto, hilarique animo ultro ac sponte præstabamus.

Sed nunc submovenda restat causa illa gemitus, & doloris Sanctitatis vestræ ac totius Italiæ, qua vestra Sanctitas affligitur, occupationis scilicet ipsius Status Mediolani inde per nostros Duces factæ, cum obsessione Arcis, in qua Dux erat. In qua re licet nos ab omni culpa excludere, & liberare possemus, illam, si qua foret, in Duces belli referendo, quibus, dum nos monuissent de practicis, & molitionibus, quæ adversus nos fiebant, & in nos, ac Statum nostrum parabantur, Marchioque Pischariæ, ut præfertur, rei conscius, nobis illius seriem radicitus detexisset, affirmans ipsum Ducem Franciscum hujusce facinoris reum, ut se, Statumque illum à nostra obedientia subtraheret, ac fœderatorum viribus, non habita ratione Investituræ, nec fidelitatis per eum præstandæ, nec impensarum, quæ nobis erant resarciendæ, in eo Statu de facto potius quam de jure tueretur, utque etiam eo decedente, fœderatorum præsidio, nobis exclusis, subintraret in eo Statu ejus frater Maximilianus Sfortia, quem jam ipso jure privatum diximus, consentiente etiam Gallorum Rege, cui jus dicti Maximiliani, si quod habuisset, cessum erat, ut quoque exercitus noster tumultuantibus populis, ad ipsiusmet Ducis Francisci, suorumque agentium, & fœderatorum instantiam, & sollicitudinem deleretur, & in ruinam, ac præcipitium deduceretur; &, si fieri posset, omnes ipsius exercitus Duces, ac milites trucidarentur: eo etiam signanter adjecto, quod quum ipse Illustris Marchio Pischariæ, habito de ea re cum ipso Duce Francisco colloquio, ut magis illius intrinsecum animum tentaret, an firmus in ea factionis practica remaneret, eidem Duci persuadendo dixisset, quod postquam jam à nobis Investituram obtinuerat, eratque de suo statu securus, non oporteret amplius eam practicam prosequi: idem Dux respondisse fertur, firmius, & commodius esse, quod jam practicatum erat, atque conclusum, quam quod ex investitura assequi poterat, occurrente ibidem publica Italiæ salute, quæ etiam rei privatæ anteferenda censeretur. Instabant propterea Duces ipsi, ut ad has molitiones repellendas, neve majora scandala inde sequerentur, his licentiam præberemus, ut de ipso Duce Francisco, & Statu Mediolani se nostro nomine assecurarent pro nostri exercitus tutela, utque exercitum ipsum, quem minuendum, & pene dissolvendum (nil tale metuentes) jusseramus, non solum sustineremus, sed etiam augeremus, ni penitus ab Italia excludi vellemus. Nos autem, qui hæc non facile credebamus, sed potius conficta simulataque putabamus, eo quod qui bella tractare solent, potius belli, quam pacis media cogitant, aliisque libentius animos eorum adaptant, arbitrabamur enim, quod sub eo colore putassent nos cogere, & urgere ad ipsum nostrum exercitum integre servandum, sustinendumque. Dubitantes itaque ne velut

ANNO 1526.

ANNO 1526.

lut belli cupidi, in id præcipites ruerent, ac arma præter nostram voluntatem moverent, quum etiam nil aliud quam pacem, & quietem cuperemus, mandavimus eisdem, nequid novi tentarent in dicto Statu Mediolani, nisi in tribus casibus, si Dux Franciscus moreretur, si Galli cum Helvetiis Italiam intrarent, vel si factionum practicatarum exequutio ex adverso tentaretur, ut hi prius arma contra nos, exercitumque nostrum moverent. In quolibet enim horum trium casuum consensimus, quod pro tutela exercitus nostri, & rerum nostrarum, se assecurarent de dicto Statu Mediolani. Verum quum Hieronymus Moronus primarius ipsius Ducis Francisci Consiliarius, ac ejus factionis, ut fertur, principalis Minister, multiplicatis suis Literis monuisset dictum Marchionem Pischariæ, quem putabat factionis participem habere, ut rem suam disponeret, eidem affirmando reliquos factionis socios jam dispositos, paratosque esse, ut in octo vel decem dierum spacio in nostros irruendum esset: idem Marchio participato cum cæteris Ducibus nostris consilio, captivatoque Morono, illius habita confessione totam seriem negotii complectente, satis conformi ad ea, quæ Marchio nobis suis Literis insinuaverat, collecto exercitu nostro, undique sparso, aliquot Civitatibus munitis, Mediolanum progreditur, Ducem Franciscum interpellat, ut pro securitate nostra, nostrique exercitus, arces, & castra dicti Status in nostrorum manu reponeret, idque custodibus illarum exequendum committeret. Annuit Dux ipse, ut omnia nostris traderentur, prout effectu tradita fuere, duabus duntaxat arcibus principalioribus, quas ipse munierat, Mediolanensi scilicet, in qua ipse recludebatur, & Cremonæ exceptis. Has enim duas sibi reservandas censuit, donec de nostra voluntate certus fieret, offerens interim illas nostro nomine tenere, ac etiam obsides dare, ac per se, & per præfectos arcium juramentum præstare, quod ex ipsis arcibus nullum exercitui nostro damnum, seu præjudicium fieret. Non placuit hæc securitas Ducibus nostris: vident periculum in mora, si arces illæ magis munirentur, liberæque permanerent, posse inde exercitus nostri ruinam succedere, resque nostras in evidenti periculo manere. Interpellant denuo, ac iterum atque iterum requirunt sub rebellionis pœna, & læsæ Majestatis criminis confessi, & convicti, quatenus ipse arce Mediolani in potestate nostra ac nostrorum posita, exiret, suique copiam faceret, & adversus ea, de quibus culpabatur, defensiones, ac justificationes, si quas habebat proponeret, duosque ejus rei conscios, quos penes se habebat in arce reclusos, dimitteret interrogandos ad ampliorem rerum gestarum dilucidationem. At quum Dux ipse his non annueret, nisi à nobis mandatum haberet, nostri arcem circumvallant, interimque nos de gestis admonent, necessarias causas, per quas ad hæc coacti fuerint, enarrant: approbationem gestorum à nobis expostulant, instant, ut eidem Duci Francisco rescribamus, mandemusque, ut arcem nobis, aut nostris tradat. Nos ægre ferentes rem hanc præter mentem nostram tentatam, nunquam voluimus nec illorum gesta approbare, nec Duci, ut petebatur, mandare, quod castrum dimitteret. Semper enim in animo habuimus, eam accusationem, quæ in Ducem ferebatur, debito juris ordine tractare ac terminare. Verum nunc perspecto ejus rei exitu, ex quo præteritorum veritas elici potest, quum præparatæ jamdiu factionis effectus illuxerit, quo magis deinceps eisdem nostris Ducibus credere debeamus, non possumus non laudare & approbare eorum prudentiam, & fidem in conservatione dicti Status, ipsiusque nostri exercitus, illiusque arcis assecuratione, ne amplius muniri posset; neve inde majoris mali & incommodi occasio præstaretur: Nec id quidem ita perperam, & injuste gestum videtur, prout vestra Sanctitas sibi persuadet. Dato enim fundamento, quod ipse Dux Franciscus læsæ Majestatis reus accusaretur, etsi unius duntaxat testis adesset depositio, ubi plurium tamen adest testimonium, ex quibus, etiamsi essent socii criminis, ac factionis participes, poterat juramento contra ipsum Ducem procedi & ad capturam, & ad torturam, & cogi ut sui copiam faceret, ac in vinculis causam diceret, suasque defensiones & justificationes carceratus adduceret: non autem in arce reclusus audiri debuit, quinimo contra eum vocatum, & non comparentem, ac se subtrahentem, & resistentem potuit in ejus contumaciam pronunciari, ut pro confesso, & convicto haberetur. Sed & priusquam id fiat, accusato non comparente, nec sui copiam faciente licite ad manus Curiæ reducuntur illius bona, quæ etiam à die ingressi criminis, ipso jure publicata, confiscataque censentur. Sicque hinc non tanta causa gemitus, & doloris vestræ Sanctitati parata videtur, si dominus vasallum ingratum, & læsæ Majestatis reum puniendum censeat, ni forsan (quod in mentem nostram cadere non potuisset) id gemendum, dolendumve putent, quod eidem hanc foveam, in quam incidit, sub charitatis specie paraverint, ipsumque ad hujusmodi discrimen deduxerint: Sed potius ingemiscere, ac dolere deberet non solum vestra Sanctitas, sed universa Respub. quod sine justa causa, sineque culpa nostra, tam ingens excitetur incendium, quo & turbatur universus Ecclesiæ status, & tota scandalizatur Christiana Religio.

Nec sane intelligere possumus, quod cuncti Christianitatis Reges id, ut vestra Sanctitas ait, efflagitaverint, nec parati fuerint in re tanti præjudicii arma, & auxilia conferre. Scimus enim ac pro comperto habemus, nec Hungarum, nec Polonum, nec Portugallensem, nec Danum hujusce consilii participes, seu conscios unquam fuisse. Anglus autem etsi ejus fœderis conservator, & protector nominetur, nobis tamen aperte suis Literis significavit, se nequaquam in id fœdus consensisse nec mandatum dedisse, nec talem protectionem acceptasse, nec acceptare velle, licet ad id a parte vestræ Sanctitatis interpellatus, ac instanter requisitus extiterit, se pacis, quam semper efflagitavimus, Mediatorem offerendo. Gallus vero etsi cum vestra Sanctitate ac aliis Italiæ Potentatibus fœdus percusserit, ut eo medio mitiores si possit, quam jam ex nostro fœdere obtinuerit, à nobis pacis conditiones exhauriat, liberosque obsides recuperet: retulit tamen aperto ore, quod vestræ Sanctitatis impulsu, ac suasu, etiam prius, quam liber in regnum suum remitteretur, de ipso novo fœdere ineundo sollicitabatur. Et sunt qui affirment, ut ex quibusdam Literis percepimus, quod vestra Sanctitas, ipso etiam Gallorum Rege non petente, eidem juramentum relaxaverit, quod nobis præstiterat pro fœdere nobiscum prius inito (quod tamen credere nolumus, quandoquidem res talis omnino à Pastore Christi Vicario aliena esse deberet, ne ipsius jurisjurandi sine causa spreta religio ad deteriora incentivum præberet) merito tamen vestra Sanctitas verbis utitur, *dimissis consiliis & conspirationibus*, si verbis addatur effectus, si vere omnis conspiratio dimittatur, quum secundum rectam intelligentiam crimen denotet.

Quod autem ad ea conventionum capitula, quæ attulit Herrera, videamus qualiter vestra Sanctitas prætendat illa paucis in locis leviter immutata. Si enim bene cuncta rimentur, omnes articuli, qui cum ipsius Legato sic compositi, remanserant cum vestra Sanctitate concludendi, licet ipsam conclusionem vestræ Sanctitati reservandam asserat, ejus potestate, postquam ad nos pervenerat, resecata atque restricta, mutati penitus ad nos remissi fuere, ita ut nullus fere remaneret intactus, qui non aliam substantiam, aliumque sonum præ se ferret. Omnes tamen hujusmodi mutationes, non quidem leves admisimus, in quatuor duntaxat articulis hujusmodi conventionum, duodecimo, decimo tertio, decimo quarto & decimo quinto moderationem petentes. In duodecimo enim ipsorum articulorum, qui rem Ducis Ferrariæ complectebatur, licet omnis substantia ultra quam tractatum esset, mutari videretur, consensimus tamen nos affecturos cum effectu, quod eadem Sanctitas vestra intra præfixum tempus, dum sibi expedire videretur, sine cujuspiam resistentia, sineque armorum apparatu, recuperare posset possessionem Regii & Ruberiæ, tenendam, & possidendam, prout antea tenebat, ita ut non intelligeretur præjudicatum juribus Imperii, aut cujuslibet alterius, prout eadem Sanctitas admittebat: id solum addidimus, quod ad alliciendum ipsum Ducem Ferrariæ ad ipsius fœderis contributionem, ut nulla subsisteret in Italia turbationis causa, vestra Sanctitas eidem Duci concederet investituram Ferrariæ, remittendo eidem quascunque pœnas, & jus commissi, ac absolvendo eum à censuris forsan incursis: quod profecto non nisi ad majorem quietem Italiæ petebamus, non ignorantes ipsum Ducem non aliter sine armis cogi posse, ut Regium, & Ruberiam dimitteret, ac Sanctitati vestræ restitueret, in quibus & jure Feudi Imperialis, & ratione prioris spolii se potius tuendum censebat. Unde ad præcidendos novos belli tumultus, & ne remaneret

Anno 1526. neret cujusvis incendii scintilla, sed universa Italia in eo fœdere sine quovis scrupulo concurreret, id ita agendum necessario censentes, ni, prout nunc agit vestra Sanctitas, nos etiam sub specie defensivi fœderis jam percussi ad ipsius Ducis Ferrariæ offensionem astringere voluissemus. In qua re novos bellorum tumultus timebamus, quos tamen effugere nequivimus, qui dum ab offensione nos abstinere curamus, defensioni status, dignitatis, & autoritatis nostræ intendere cogimur, & inviti trahimur. Qua de re hujusmodi nostram additionem nequaquam respuendam à vestra Sanctitate reputabamus. In hoc enim nec vestræ Sanctitatis autoritati derogabatur, nec à veri Pastoris officio declinabatur, sed potius publicæ quieti consulebatur.

In tertio decimo ipsius fœderis, seu Capitulationis articulo, illam salis distributionem in Statu Mediolani continente, ex quinque correctionibus per vestram Sanctitatem factis, omnes admisimus, eo duntaxat excepto, quod ubi vestra Sanctitas deleri fecerat illa verba, *ad ejus vitæ decursum*, satagens illud jus sibi & successoribus perpetuare, nos qui duntaxat personæ Sanctitatis vestræ, ejus vita comite, gratificari volebamus, non autem Statum ipsum Mediolani, sacri Imperii Feudum perpetuo Ecclesiæ Romanæ astringere, & tali onere semper gravatum remanere spe libertatis, nolentes etiam ipsum Sereniss. Archiducem fratrem nostrum jure sibi in ea re concesso, perpetuo exclusum remanere, noluimus illam cancellationem approbare, sed verba illa, *ad ejus vitæ decursum*, prout in capitulatione, quam attulit Herrera, firma manere censuimus. Ex ultima vero ipsius articuli correctione admisimus eam partem additionis ibidem per vestram Sanctitatem factæ, ut esset illa conventio absque præjudicio jurium Sedis Apostolicæ. Ea autem verba, quæ his subjungebantur, videlicet *de sale ipso in Ducatu Mediolani distribuendo*, quum viderentur relativa & subsequentia ad jura Sedis Apostolicæ, videremurque fateri jus esse Apostolicæ Sedis illius distributionis, noluimus admittere, ne fateremur quod non erat: sicque ex hujus articuli correctione nulla vestræ Sanctitati fiebat injuria, sed potius nos, & fratrem nostrum, ac sacrum Romanum Imperium ab injuria eximebamus, & non sub verborum involucro disceptationis causam relinquere volebamus, sed clare, & aperte dubium omne tollebamus.

In quarto decimo autem articulo ipsius Capitulationis, unde illæ lachrymæ, illæ angustiæ prodiere, addiderat vestra Sanctitas in fine ipsius articuli disponentis de Statu Mediolani, & de Duce Francisco Sfortia, hæc verba formalia. *Et quia ipsi Francisco Mariæ Duci nonnulla imputantur, contra Cæsarem, aut à sua Majestate sibi concessam investituram, & Feudum perpetrata, cupiens eadem Majestas quantum in se est, fovere Italiæ quietem, quæ servari non posse creditur cum ejusdem Ducis à Statu, & Ducatu remotione, ideo conventum est, quod idem Dux in Statu ipso permaneret, & quatenus opus sit, in eo per Cæsarem de novo confirmetur, non obstantibus quibuscunque per eum contra Majestatem suam, ut supra dictum est, attentatis, etiamsi saperent crimen læsæ Majestatis. Cæsar namque Ducem ipsum pro innocente haberi vult, & ex mera liberalitate sua, ac totius Italiæ intuitu, totum sibi remittit, & indulget, si etiam plus, quam dicitur aut creditur, errasset.* Videat quæsumus Sanctitas vestra quam levis existimanda foret hæc immutatio, quam justa, & quam honesta petitio, quam optimum esset exemplum ad Resp. bene gerendas, ad Vassallos, & Subditos in debita fide, & erga Dominos obedientia continendos: Quam egregiam præberet formam augendi, ac conservandi Sacr. Rom. Imperium à Deo institutum, à Prophetis prædictum, ab Apostolis prædicatum, & ab ipso Domino nascente, vivente, & moriente approbatum. Nos tamen qui nil aliud, quam pacem, quam quietem Christianæ Reip. cupiebamus, & quantum fas esset, vestræ Sanctitati satisfacere, nullumque rectæ nostræ intentionis testimonium intactum, aut dubitationis scrupulum in vestræ Sanctitatis mente relinquere putabamus, reformavimus dictum quartum decimum articulum ipsius capitulationis in hæc verba. *Ut autem nihil dubietatis, seu suspitionis in hoc fœdere relinquatur, sed omnis scrupulus de medio tollatur, quum in priori fœdere potius sub nomine proprio, quam appellativo includi videatur Illustris Franciscus Sfortia Dux Mediolani, qui aliquibus jam mensibus gravi vexatus ægritudine, & in summo vitæ discrimine constitutus: fuit etiam de felonia, ac læsæ majestatis crimine accusatus, seu inculpatus, & si hunc aut naturali morte, aut civili (justicia prævia) ab ipso Ducatu Mediolani excidere contingeret, hæsitari posset, an fœdus ipsum ad alium in eodem Ducatu ex Cæsaris concessione vel dispositione, succedentem protenderetur: Ideo ad ampliorem ipsius fœderis declarationem, actum extitit, quod sive ipse Illustris Franciscus Sfortia vitam obierit, & ab hoc seculo migraverit, sive per viam justiciæ dicto Ducatu fuerit privatus, in eum casum Cæsarea Majestas pro Italiæ quiete, & contemplatione Sanctissimi Domini nostri, ipsius Ducatus Mediolani investituram concedit Illustri Carolo Duci Borboniæ & Alverniæ, ita ut Sanctissimus Dominus noster, ac cæteri confœderati, qui in hoc fœdere voluerint comprehendi, sint & censeantur astricti ad defensionem ipsius Status Mediolani, etiam ad opus dicti Illustris Ducis Borbonii, dum de ipso Ducatu Mediolani fuerit investitus, quo casu quantum ad omnia in fœdere contenta, tanquam suffectus in locum dicti Illustris Francisci Sfortiæ, fungatur omnibus honoribus, & oneribus, quibus ille vivens, & in tali statu permanens fungi debuisset.* Hæc est immutatio, quam in hoc articulo fecimus, quam velut justiciæ, & æquitati consonam approbandam, & nequaquam respuendam censebamus, minimeque in mentem nostram cadere poterat, summum Pastorem vices Dei gerentem in terris adeo pertinaciter insistere debuisse: quod si Dux Franciscus tanti criminis reus appareret, impune evaderet, cogeremurque inviti illi indulgere, ac eum in statu illo conservare, sic incentivum majoris ingratitudinis, majorisque delicti illi præstando. Arbitramur enim vestræ Sanctitati sat esse debere, si Ducatu illo ad nos & sacrum Imperium devoluto, consentiebamus vestræ Sanctitatis intuitu, ut nec illum retineremus, nec proprio fratri concederemus, si personam quam vestra Sanctitas antea ad id gratam habuerat, nobisque nominaverat, moriente Duce Francisco providendam, non minus gratam esse putaremus ipso Duce Francisco per justiciam privato, ut quod in naturali morte consenserat, in illius etiam morte civili recusatura non esset.

In quinto decimo vero ipsius Capitulationis articulo continente prætensas novitates tentatas contra Ecclesiasticam libertatem in regno nostro Neapolitano, quum vestra Sanctitas fere totum articulum in verbis dispositivis delevisset, & cancellasset, his duntaxat verbis pro dispositione dicti articuli additis, & commutatis, quod *circa hujusmodi observentur, quæ in investitura Regni Neapolitani ipsi Cæsari concessa continentur.* Nos hanc etiam correctionem & mutationem pro Sanctitatis vestræ nutu admisimus, additis duntaxat in fine articuli verbis sequentibus, *his modis & formis, quibus per Ferdinandum Regem Catholicum ejus antecessorem observata fuere, & juxta ipsius Regni privilegia, ac jura.* Quid enim in hoc immutatum, quod respuendum videretur, si antecessoris rectos tramites insequendos putamus, si jura, ac privilegia Regni nostri servare studemus? Qualiter autem ex his mutationibus tam justis rationibus suffultis, sumat vestra Sanctitas illud perspicuum, ut ait, indicium se à nobis illudi, & pro nihilo haberi, qualiter inferat ex his facultatem primo concessam Herreræ uberiorem fuisse, & quod facta concordia cum Christianissimo, restrictiora, & jejuniora transmiserimus, qualiter & quo colore ex his prætendat indicari eandem Sanctitatem postremam esse, & à nobis contemni, ubi nobis cum aliis amicitia convenisset: quicunque recti sensus, & à passione alienus facile judicare poterit. Nos enim semper recti, integrique propositi remansimus, prius cum vestra Sanctitate quam cum quovis alio conveniendi. Nos & ante, & post fœdus cum Rege Gallo initum, semper in eodem proposito permanentes, vestram Sanctitatem ejusque Ministros pro hujusmodi fœdere ineundo sollicitavimus, pulsavimusque, nec quicquam unquam habuimus in ore, quod non haberemus in corde. Nos Herreram ad vestram Sanctitatem pro eo fœdere ineundo misimus longe ante, quam cum ipso Rege Gallo concluderemus, citiusque illum, aut alium misissemus, ni vestræ Sanctitatis Legatum Reverendissimum venientem, ut ajebant, cum amplissimo Mandato nobiscum concludendi, præstolandum censuissemus: ni etiam post illius ad nos adventum, viso Mandato, quod à vestra Sanctitate habebat, & confisi, quod illo uti posset, diutius cum eo de ipsius fœderis capitulis tractantes, tempus inaniter consumptum esse cognovissemus, ubi capitulatione jam formata, & cum eo prope concordata, dum de con-

Anno 1526.

M 2

conclusione ageretur, nobis insinuaverit, quid, ex quo post ejus à vestra Sanctitate recessum, mutata essent negocia, intenderet conclusionem differre, donec vestram Sanctitatem consuluisset: ob quod sanctius putavimus, capitulationem ipsam, prout formata fuerat, ad vestram Sanctitatem per Herreram transmittere, putantes rem ibidem celerius posse concludi, licet spe nostra frustrati fuerimus, vestra Sanctitate ad alios fines tendente, prout exitus demonstravit.

Nunc ad Literas manu Sanctitatis vestræ conscriptas, de quarum responsione conqueritur, deveniendum est, ut etiam inde omnem à nobis repellamus culpam. Ea enim per vestram Sanctitatem ejus responsionis culpa nobis in tribus impingitur, primo quod ubi Sanctitas vestra clementiam Duci Mediolani petebat, nos rigorem justiciæ obtulerimus, ad quod satis diffuse responsum dedimus, dum ipsius Ducis negocium antea discussimus, ut sic repetitione non egeat: id solum hic adjiciendum censemus, non videri in hoc justam vestræ Sanctitatis querelam, si justiciæ viam amplectendam censuimus, sine qua vera pax esse non potest, quum justicia & pax se invicem deosculentur. & ut ad clementiam deveniatur, prius veritas est habenda. Sunt enim (teste Psalmista) quatuor sorores concatenatæ, Justicia & pax osculatæ sunt, misericordia & veritas obviaverunt sibi: Qui igitur misericordiam expectat, reatum fateatur oportet: qui pacem vult, justiciam amplectatur: nec ita passim utendum est clementia, ut delinquendi incentivum præbeatur, sed potius ad bonum regimen spectat, *parcere subjectis, & debellare superbos.* Non enim indulgendum videtur his, qui contumaciter in rebellione persistunt, his qui in arcibus munitis se continent, his qui justiciæ exequutionem satagunt evitare.

Secundo redarguitur nostra responsio, quod pro culpa, quam vestra Sanctitas in quibusdam esse dicebat, vestram Sanctitatem quodammodo criminaremur, illos immunes criminis fatendo. Sed absit tantus error, quia nil in ipsa responsione, quam propria manu conscripsimus, legi poterit, quod criminationem sapere videatur, sed potius venerationem, & observantiam vestræ Sanctitatis, quam semper velut in verum patrem & pastorem præcipuam habuimus. At si id vestra Sanctitas criminationem putet, quod ea asserente Ducem Franciscum in aliquem forsan errorem, alios quosdam in veram, ut ajebat, ribalderiam incurrisse, ex quibus aliquis forsan jam Deo computum reddebat, nos intelligentes hæc à Sanctitate referri ad criminandum Marchionem Pischariæ tunc vita functum, qui, ut præfertur, antea vivens nobis illius factionis practicas detexerat: respondimus de mortuis modeste loquendum esse, ac in dubio potius bene, quam male præsumendum, hominemque mortuum qui per se respondere non poterat, potius laudandum, quam accusandum, seu culpandum: nosque cupere mortuum vivere, ut de seipso rationem redderet. In Duce autem non errorem, qui in facto proprio cadere non poterat, sed si ea quæ illi erant objecta, vera apparerent, crimen potius acerrimum, ac exemplari punitione dignum censeri. Hæc quippe nullam in vestram Sanctitatem criminationem afferunt, nisi forsan vestra Sanctitas seipsam dijudicans, fateri vellet (quod non credimus) se ejus factionis consciam, auctoremque fuisse, prout Marchio vivens nobis retulerat: quem forsan ob id de ribalderia arguendum censeret, quod præter fidem datam, illius factionis secreta detexisset, quæ tamen ex eo fidelitatis debito, quo nobis prius astringebatur, tacere non poterat, quin seipsum ejusdem criminis reum faceret, ubi propalando tale facinus, veniam, præmiumque & laudem, jure ita disponente consequebatur.

Tertio redarguitur eadem nostra responsio, quod quæ vestra Sanctitas nobis benigne, & large pollicebatur, ea nos tanquam debita, & obligata flagitaremus. Sed videamus qualia essent ejusdem Sanctitatis pollicita, qualisque fuerit responsio nostra, ut etiam hanc culpam diluamus; Hæc enim vestra Sanctitas in suis Literis sub silentio pertransit, aliis causam deterius cogitandi relinquens. Ut igitur horum veritas clare pateat, offerebat nobis vestra Sanctitas, si illius votis, quo ad ipsum Ducem Franciscum annueremus, se nobis non solum decimas & cruciatas, ac pileos, & quicquid per spiritualem, ac temporalem potestatem facultatis haberet, præstiturum, sed etiam sanguinem, & vitam ad nostram exaltationem & satisfactionem exhibiturum: respondimus non convenire Christianæ Reip. cruciatam tali conditione perstringi, sed potius libere, ac sponte offerendam, nec congruum videri, ut illa differretur: Petieramus enim illam in nostris his Regnis concedi eo ordine, quo nostri prædecessores illam semper à vestris antecessoribus obtinuerant, pro promontoriis in Aphrica quæsitis adversus hostes fidei tuendis, ac propugnandis, quibus ad effectum nusquam fuerat denegata, & minus nobis hujusmodi Ecclesiæ thesaurum à vestra Sanctitate denegandum, seu differendum censebamus, qui ultra res Aphricanas, prout vestræ Sanctitati insinuavimus, cupiebamus etiam cum ea pecunia, quæ ex ipsa cruciata colligeretur, rebus Hungaricis adversus Turcas succurrere, prout & religionis, & officii nostri, & sanguinis ratio nos incitabant, pollicebamurque eam pecuniam nequaquam in alios usus implicandam. Quod si ex ipsius cruciatæ denegatione, seu dilatione quid sinistri Christianitati contingeret, hostesque fidei quicquam molirentur, quum jam tot bellis contra nos, & Statum nostrum tentatis, exhausti essemus, nec sine ipsa cruciata occurrere possemus, protestati fuimus, id nequaquam nostræ culpæ ascribendum, sed potius eidem imputandum, qui id denegaret, quod sibi non noceret, & toti Christianæ Reip. summe prodesse poterat. De pileis autem diximus unum duntaxat à vestræ fœlicis promotionis exordio à nobis petitum, quem non putabamus tandiu differendum, quum esset prima gratia à vestra Sanctitate manu etiam nostra conscriptis Literis petita, ac instanter flagitata. Alter vero pileus petitus non fuerat, sed ultro à vestra Sanctitate oblatus, nostroque consensu acceptatus: sicque alienum censebamus, eos nunc pileos tali conditione perstringi, quos tamen vestræ Sanctitatis arbitrio tunc relinquendos putavimus, pollicentes nos de cætero pro his, nec pro aliis quibuscunque pileis ullam facturos instantiam. Reliquas autem ipsius Sanctitatis vestræ oblationes non solum gratas, & acceptas habuimus, pro hisque gratias, ut decebat, egimus, sed etiam reciproce quicquid facultatis haberemus, vitam quoque & sanguinem pro vestræ Sanctitatis honore & incremento libere obtulimus. Hæc sunt, Pater sancte quæ illis Literis vestræ Sanctitatis manu conscriptis, nostra etiam manu in effectu respondimus, quas in lucem prodire cupimus, ut utriusque nostrum scriptis bene perspectis, plane discerni possit, an justa sit culpa, quæ de his nobis ascribitur, anne hujusmodi nostra responsio talem redargutionem & criminationem mereatur.

Ad eam autem accusationem & querelam, quam ut præfertur, vestra Sanctitas proponit de nostrorum in Italia agentium iniquitate, & contumeliis, ac obloquutionibus: id teste Deo affirmandum censemus, nil tale à nobis, nec nostro jussu prodiisse, nec sub generali nostro Mandato comprehendi potuisse quicquam, quod crimen, seu delictum saperet. Quod si tale quid nobis legitime constitisset, fuissemusque de his, ut decet, edocti, vel etiam adhuc edoceremur, non remanerent hæc impunita, taliterque pro justiciæ cultu provideremus, ut nulla nobis horum culpa ascribi possit. De re autem Senens. non recte taxamur, nulla enim justa culpa nobis impingi potest, qui ad ipsius Civitatis quietem stabiliendam, ac bene regendam egimus, quicquid vero ac justo Principi convenire videretur. Est enim Civitas illa antiquissima, illiusque Respub. Imperiali ditioni subjecta, & supra alias omnes Italiæ Civitates adeo ab omni ævo sacro Imperio Romano addicta, illisque devotioni affecta, ut nil ultra desiderari queat: habetque propterea ab ipso sacro Imperio, à nostrisque prædecessoribus amplissima privilegia etiam per nos confirmata, quibus ipsa Respub. regenda, ac gubernanda conceditur. Et quum pluribus jam annis, præter ipsorum privilegiorum mentem, ejusdem Reip. regimen & gubernium esset à tyrannis usurpatum, qui non amore, sed timore, non jure, sed potentia, ac potius vi illius Subditos continebant: quorum primus Pandulphus Petrucius, inde eo mortuo, Borghesius ejus filius, ac eo postea autoritate Leonis Pontificis à regimine expulso, falcem in alienam messem immittentis, cum sua Sanctitas novum tyrannum immisisset Cardinalem Petrucium, qui eo prætextu quotannis decem aureorum millia eidem Sanctitati persolvere convenerat, sic eandem Remp. Senens. unire satagendo Reipub. Florentinæ, ut inde magis Imperii vires in Italia debilitari, seu verius enervari possent. quem Cardinalem tyrannum nos etiam quamdiu vixit, ut potius

Leoni

ANNO 1526.

Leoni & ipsi vestræ Sanctitati, quam nobis & sacro Imperio, ac illi Reip. satisfieret, in eodem regimine passi sumus. Eo autem Cardinale mortuo, dum inter nostros esset contentio, quid magis illi Reip. conveniret, an sub solo gubernatore forent regendi, an sub ordine Civium ex Montibus dictæ Civitatis erigendo, rem vestræ Sanctitatis consilio & ordinationi remittendam censuimus, ut nostrorum contentionem tolleremus: quorum pars una ad unum illius Civitatis regimen deferendum putabat, altera vero pars Civibus & Populo id committendum satagebat. electa est tandem inter eos media via, ut nec unus solus, nec reliqui sine capite gubernarent, ad idque per Cives nostrorum auroritate Præfectus extitit primo Franciscus Petrucius Borghesii patruus. Et quum is vestræ Sanctitati minus idoneus ad id munus esse videretur, vestra Sanctitas cum Fabio Petrucio Borghesii fratre affinitate contracta, hunc ipsius Civitatis regimini præficiendum putavit, ut Franciscum Petrucium illius patruum excluderet, illamque Rempubl. ad suæ voluntatis libitum in manu haberet. Consenserunt in id nostri, qui nil aliud quam vestræ Sanctitati in his, & aliis omnibus occurrentibus nostro jussu morem gerere studebant. Admissus est Fabius ipse Petrucius vestræ Sanctitatis intuitu, qui intrans ut agnus, & cum omni humanitate receptus, tandem adveniente Duce Albaniæ Gallorum Duce, illius præsidiis fretus, se non agnum, sed lupum ostendit, ipsamque Rempublic, non Imperiali, sed Gallicæ factioni adjicere conatus est: eam cogendo, ut Gallis & pecuniam & tormenta bellica ad Regnum nostrum Neapolitanum invadendum erogarent, ipsique Duci Albaniæ contra nos, & Statum nostrum faverent, ac ad illius nutum extorres, ac seditiosos Gallicæ factionis autores in Civitatem reducerent. At quum annuente Altissimo, de nostrorum victoria certiores effecti Senens. ipsi à jugo hujusmodi servitutis se excutere curarent, Franciscus & Fabius, eorumque adhærentes, Civium, ac Populi intentione perspecta, Civitatem cum regimine pro derelictis habent, seque ab ipsa Civitate absentant. Proceditur contra culpabiles, aliqui (ut ajunt) justicia prævia plectuntur, aliqui certis limitibus proscribuntur, & confinantur, resque eo deducitur, ut Civitas, & Respublic. Senens. per se ipsam libertatem proclamet, Reipublic. quieti juxta suorum privilegiorum formam intendat, nostræque ditioni (ut par erat) se totaliter devoveat. His vestra Sanctitas, ut ajunt, percita, conqueritur suos turbari, maleque tractari, remedium à nobis exposcens. Nos qui nihil aliud cupiebamus, quam vestræ Sanctitati in his, & longe majoribus satisfacere, nostrorumque in Italia agentium opiniones pro debito justiciæ concordare, commisimus Commendatori Herreræ, quem ad vestram Sanctitatem, ut præmittitur, mittebamus, ut is per dictam Civitatem Senensem transeundo, in accessu, aut reditu se informaret de ipsius Civitatis gubernio, & regimine tam antiquo, quam moderno, tam cum ipsis Civibus in Civitate manentibus, quam cum extorribus ante expulsis: quid magis Civitati, & Reip. convenire videretur, an uni soli regimen conferendum esset, an pluribus Civibus ex Decurionum decreto hujusmodi regimen esset concedendum, ut hujusmodi informationibus secrete sumptis, & sub debito Sigillo secreti ad nos transmissis, opportune provideremus. Interea tamen extorres ad suorum bonorum possessionem & fructus, prout prius tenebant, restituendos censuimus. Adimplevit Herrera quod ei commissum fuerat: sumpsit informationes ab utrisque tam civibus, quam extorribus, providit extorribus super suorum fructuum perceptione, juribus Reipub. salvis. Misit ad nos informationes omnes clausas, & sigillatas, comperimus melius Reipubl. convenire præsens Civium gubernium, quam unius tyrannide utentis: Duximus nil immutandum, donec aliter rebus omnibus bene perspectis, ordinandum censeremus. Interim in lucem prodeunt aliquorum factiones, qui pecunia corrupti, & Civitatem prodere, & extorres, ac factiosos in eam inducere, & ipsam Rempub. subvertere conantur, viam per subterraneos cuniculos, perque alia media hostibus & rebellibus ad Civitatis ingressum præparantes: inter quas tres apertissimæ conspirationes, & ut ajunt, proditiones detectæ sunt, compertis in factiosorum domibus, meatibus, foveis, scalis, armis, munitionibus, ac aliis omnibus ad id facinus perpetrandum dispositis. Deprehenduntur, ut audivimus, hi facinorosi in flagranti crimine, capiuntur, fatentur delictum, detegunt factionis practicas, damnantur justicia prævia, debitoque plectuntur supplicio. Si hos vestra Sanctitas inter suos amicos, & benevolos annumerandos censuerit, si pro his quæ in eos gesta sunt, querelas prætendat, si ex his sibi contumelias, & opprobria impingi putat, si cum his omnem Nobilitatem exterminatam censeat, quæ potius in ipsa virtute consistit, animadvertat vestra Sanctitas ne gravius pondus humeris suis imponat, neve hujusmodi factionis se consciam tacite fateatur, quod nequaquam illius dignitati, & officio convenire videretur, quum potissime autore Deo, cujus nutu cuncta reguntur, ipsa Reip. Senensis suæ justæ causæ apertum præstiterit testimonium, à tot invasorum congressibus se suis solis viribus liberando.

ANNO 1526.

Ad illam autem querelam, quam vestra Sanctitas profert, quod contra promissum, & fidem datam, tot mala per nostros in Sanctæ Roman. Ecclesiæ terris & locis, ut ait, patrata fuerunt: etsi nostrorum militum insolentias, resque injuste gestas si quæ sint, nequaquam approbare nec excusare velimus, quin potius ubi fas erit, debita castigatione compescere, non possumus tamen non mirari, quod hic vestra Sanctitas se promissis & fide data juvare velit, quibus antea contradixit, & quæ etiam per nos ratificata vestra Sanctitas respuit, atque rejecit, nostram ratificationem impugnans, suamque ut prædiximus, denegans, indeque ad fœdus omnino contrarium transitum faciens. In quem casum non tantum exacerbandum videretur, si nostri Duces & milites, qui sua virtute & viribus Parmam, & Placentiam Ecclesiæ reddidere, ac ab hostium faucibus evulsere, totiensque tutati sunt, in illis victum quærerent, ac de his, prout de reliquis ab hostibus recuperatis disponendum censerent, potissimum quum ita hæ Civitates essent Ecclesiæ ex fœdere Leonis consignatæ, tenendæ dumtaxat eo jure, quo ante per ipsum Leonem tentæ fuerant: quod jus nullum erat, quandoquidem ad Feudum pertinerent Imperii, essentque pars Ducatus Mediolani, & de illis nullum Ecclesia Romana validum titulum nec ab Imperio, nec ab eo qui dare posset, obtinuerit.

Quæ autem de Legato, & Nuncio objiciuntur, quantum illa à veritate distent, etiam ex ipsorum Legati & Nuncii assertione patebit. Quam primum enim Legatus in Curiam Nostram pervenit, quum jam Nuncius se Mandatum non habere profiteretur, ut in pace cum Gallo ineunda, & tractanda interveniret, interrogatus Legatus, si ad id Mandatum haberet, respondit se non habere quid tractaret, nisi ut se Mediatorem inter nos & Gallum pro pace componenda interponeret, si ita nobis expedire videretur. Egimus illi gratias, nec ejus operam ubi opus esset, refutandam censuimus, & cum illo de fœdere inter vestram Sanctitatem & nos ineundo, ut prædiximus, tractantes, non cessavimus inter consilia nostra, & ea quæ inter nos & Gallum diætim gerebantur, ipsis Legato & Nuncio communicare, ut de his vestra Sanctitas moneretur: in quo profecto non secus, quam in patre plene confidebamus, nihil omnino ei occultandum censentes, fecimusque primo eidem Legato copiam fieri earum pacis conditionum, quas nos primo obtuleramus, dum adhuc ipse Rex Gallus in Italia detineretur, simul & earum quæ parte ipsius Gallorum Regis per Don Hugonem de Montecateno nobis allatæ sunt, quibus Rex ipse Gallus in Italia novos belli motus ad nostrum, ut ajebat, commodum, suscitare satagebat, quos tamen respuimus, nil aliud quam universorum pacem, & quietem appetentes. Dedimus illi pariter copiam aliorum pacis articulorum moderatius nostri parte propositorum, postquam Rex ipse in Hispaniam deductus fuerat, & postquam rem cum Ducissa Alanzonii ejus sorore communicavimus, simul & copiam responsionum, novarumque oblationum parte ipsius Regis factarum. Communicavimus etiam eidem Legato disputationes & fundamenta nostra, & Gallorum Regis circa jus Ducatus Burgundiæ, & aliarum rerum nostri parte petitarum, ut sane intelligeret nos optimo jure suffultos esse, nilque injustum petere. Et inde quum ejus negocii conclusio delata fuerit usque in tertium decimum diem Januarii, omni negociatione interrupta ob recessum ipsius Ducissæ Alanzonii, non destitimus, quin mox ipsum Legatum de singulis moneri fecerimus, omnem substantiam negocii eidem detegendo. Et quidem si desiderasset originaliter videre omnia capitula fœderis per nos cum dicto Rege Gallo initi, & copiam eorum omnium, quæ sibi viderentur, extrahi facere, id nequaquam ei denegatum fuisset. Et si adhuc vestra Sanctitas, ad omnem tollendam suspitio-

Anno 1526.

Anno 1526.

tionem, cuperet ipsius fœderis capitula videre, erimus adhuc nunc contenti, hujusmodi fœdus originaliter communicare vestræ Sanctitatis Nuncio, & illius etiam copiam eidem ex integro concedere vestræ Sanctitati transmittendam. Non enim erubescimus, sed potius summe cupimus ut fœdus ipsum in lucem prodeat, utque actiones nostræ omnibus palam fiant, ex quibus etiam clare liquebit, nil ibidem actum, tractatum, vel cogitatum, quod tum vestræ Sanctitatis, tum nostræ & aliorum Dignitatibus non congruat, nil quod non tendat ad Apostolicæ Sedis, Christianæque Religionis incrementum, infideliumque & hæreticorum extirpationem, nil etiam quod non dirigatur, & disponatur ad universalis pacis, & quietis beneficium: nec unquam constare poterit, ipsos Legatum, aut Nuncium impeditos, seu prohibitos fuisse, quin pro eorum libito ad vestram Sanctitatem quicquid eis videretur, perscriberent, quum de his nil mali suspicaremur, vestræque Sanctitati in omnibus deferre cuperemus, ut in nobis nullum unquam signum alienæ voluntatis, seu fidei derogationis elici potuerit. Ad illa igitur multa alia, quæ vestra Sanctitas dicit se omittere, non possumus divinando respondere, licet tanquam nostrarum actionum conscii, nil putemus nobis objici posse, quin re intellecta, congruum responsum, prout in superioribus objectis, accommodare valeamus. Non habet igitur ex his vestra Sanctitas significationem aliquam nostri erga eam animi non bene dispositi, non causam justam de nostra in eam voluntate diffidendi, non rectam rationem præsumendi, quod aliquorum ex nostris perversitas, seu maligna suasio tantum apud nos possit, ut nos à recto tramite deviare compellat: Hæc enim rectius, & rationabilius (si fas sit dicere) in eandem vestram Sanctitatem nos, vel illius Ministros retorquere possemus.

Minusque potuit vestra Sanctitas de nostra voluntate dubitare ex pragmaticis in Hispania Edictis, quæ, prout à nostris etiam Consiliariis accepimus, (quibus in his quæ juris sunt, merito credere debemus) confirmari videntur & antiquis Regnorum nostrorum privilegiis, moribus, & consuetudinibus, ac etiam Bullæ Adriani nobis pro Patronatibus ipsorum Regnorum concessæ, ut his provideretur, ne in ipsa Rom. Curia ipsa jura nostri Patronatus, prout diætim tentabatur, supprimi possent. Erat tamen in illis capitulis, quæ attulit ad vestram Sanctitatem Herrera, unus articulus per Legatum, & inde per vestram Sanctitatem approbatus, in quo deputabantur Judices, seu arbitri, qui de hujusmodi pragmaticarum viribus, deque forma conservandi Patronatus Regios cognoscerent, atque componerent. Quam viam etiam sine fœdere semper libenter amplectemur, parati semper æquitati, & rationi jura nostra subjicere, itidem facturi de his, quæ ad Regnum Neapolitanum pertinent, pro quibus nec ab investitura, nec à privilegiis Regni quovis modo recedere intendimus, nec illis derogare. Viceregis etiam in Gallia remansio, quicquid vestræ Sanctitati persuasum fuerit, non ad tractandum quicquam nec occultum, nec publicum, sed ad persistendum in observatione promissorum: & licet nova per Gallos media proponerentur, ut fieret novatio, nunquam tamen id admissum fuit, nec à priori fœdere recedendum putavimus. Et si idem Vicerex ad vestram Sanctitatem venire nequiverit, id quia noluit Gallus eidem transitum per Regnum suum permittere, sed eum ad nos redire coegit, quod prout ipsemet Rex Gallorum, suique Ministri, testati sunt, actum dicitur, ne fœderati in suspitionem aliquam inducerentur, quod Rex ipse non ita syncere in fœdere procederet, si talem Ducem, cui tanti regni sarcina incumberet, qui inde pecunias ex eo Regno ad nostri exercitus sustentationem colligere poterat, in id Regnum ire permitteret, ubi totius expeditionis in nos paratæ turbari, aut impediri posset exequutio. Ajuntque quod vestra Sanctitate & Venetis, eorumve Ministris id flagitantibus, & sollicitantibus impeditus fuerit ipsius Viceregis in Italiam transitus, qui etiam ut fertur, si Don Hugo intra limites ipsius Regni Franciæ eo tempore repertus esset, illum pariter detineri curabant, ut ad vestram Sanctitatem pervenire nequiret, sicque magis colorari posset animi Sanctitatis vestræ à nobis alienatio, & apertius incusari posset ipsius Don Hugonis tardatio, quam etiam vestra Sanctitas sine justa ratione accusare nititur, ubi biduo duntaxat in Curia Regis Gallorum apud Viceregem se continuit, ad quem missus erat, ad eum duntaxat finem, ut ipsum, si fas esset, ad iter illud Italicum secum peragendum excitaret. Quod si illum ad id dispositum, seu præparatum non reperiret, reciperet ab ipso Vicerege uberiorem instructionem de his, quæ in Regno Neapolitano post expeditum cum vestra Sanctitate negocium acturus esset, & inde ipso Don Hugone Vice rege dimisso, solus ad exequenda commissa in Italiam transiret ut sic non recta videatur illatio, quod ibidem se continuerit, ut rerum specularetur eventum. Minusque incusanda videtur ipsius Don Hugonis mora in Mediolano facta, quæ 5. diem non excessit, cujus etiam mora potius coacta censetur, quam voluntaria, quum in illius ad Mediolanum primo accessu apparuerint ipsius Ducis Suessæ vices nostras in Urbe agentis Literæ, quibus nunciabat fœdus jam per vestram Sanctitatem cum cæteris esse conclusum, eamque non potuisse induci, ut ipsius Don Hugonis adventum per aliquot dies præstolaretur: quinimo resolute respondisse, quod nec per diem, nec per horam ipsius fœderis conclusionem differret: nunciabat etiam arma jam parata, exercitum ad iter dispositum, ut nostros adorirentur. Erat quoque rumor publicus & fama, quod clausi essent passus, & aditus ad Urbem, quod nostri cursores sive euntes, sive venientes ubique detinebantur, nullusque erat tutus accessus ad vestram Sanctitatem. His rationibus coactus fuit Don Hugo ibidem supersedere, ac iter suum per eos dies differre, donec à vestræ Sanctitatis Ducibus, ac Ministris Salvumconductum impetrasset, prout fecit. Qui sic interim cum Duce Francisco tractare visus est, ut si posset, illum induceret nostris, ut tenetur, obedire Mandatis utque omni rebellione cessante, se nostræ justiciæ & gratiæ, ut par erat, subjiceret: nosque & Duces nostros de arce in qua continebatur, securos faceret, ne inde rebus nostris, ac exercitui nostro damnum aliquod emergeret, seu incommodum afferri posset: Non est igitur cur de his vestra S. conqueri debeat, cui nulla ob id fiebat injuria, quinimo ipso Duce nobiscum, vel cum dicto Don Hugone, nostro nomine transigente, facilior reddebatur nostra cum vestra Sanctitate conventio, tollebaturque principalior difficultas illius novi fœderis quod inter nos tractabatur, & quod cum vestra Sanctitate inire putabamus, ni forsan vestra Sanctitas suis cogitationibus atque conatibus obviam iri putaret, si Francisc. Sfortia sine vestræ Sanctitatis autoritate in gratiam nostram reciperetur, illumque sibi obnoxium non haberet.

Quod autem asseritur nostros interim Parmam occulta proditione eripere tentavisse, id quum nobis penitus ignotum sit, nec arbitremur Duces nostros rem tam arduam nobis inconsultis ausos fuisse tentare, credimus potius ab aliquo maligno spiritu ad discordiam seminandam adinventum atque confictum: quandoquidem ubi nos Parmam, simulque Placentiam recuperare, feudumque Imperii, prout antea fuerat, reunire, & redintegrare voluissemus, id non occulta proditione, sed palam, & juste, ac per juris tramites exequendum fuisset: licet nos semper ita à cupiditate alieni fuerimus, ut potius nostra, & Imperii jura negligere, quam publicam quietem turbare maluerimus, & potissime illam Sanctam Apostolicam Sedem, & Catholicam Ecclesiam, cui semper, ut par est, deferre conati sumus. Sicque nostros à prætensa proditione omnino immunes censemus, quum potissime nihil aliud, quam de eorum defensione cogitare viderentur adversus invasionem contra eos præparatam, prout rei exitus demonstravit.

Unde ex his omnibus criminationibus, & querelis in nos adductis, recto super his sumpto judicio, resultare non possunt tales injuriæ, seu causæ, quibus vestra Sanctitas invita, ac gemens, ut ait, de nobis desperare, aut diffidere debuerit, nec ob id, ut asserit, suam amicitiam & benevolentiam à nobis repudiatam censere, quam potius semper in summo precio habuimus: nec propterea necesse fuerat vestræ Sanctitati se tot magnis, ut ait, Regibus adjungere, nec hos in odium nostri convertere, qui non his minorem in Christianam rem, & Sedem Apostolicam animum semper habuimus. Et profecto si vestra Sanctitas ab his fœderibus, & colligationibus contra nos & statum nostrum, ac dignitatem tentatis abstinuisset, non propterea Pastoris, seu communis Patris laudem amisisset, sed potius magis atque magis confirmasset & auxisset, sicque merito cum Psalmista dicere possumus. *Quare fremuerunt gentes, & populi meditati sunt inania? Astiterunt Reges terræ, & Principes convenerunt in unum, adversus*, non inquam Dominum, & Christum, sed adversus Ministrum, & Regnum divinitus institutum ab ipsomet Christo, à

quo

ANNO 1526. quo omnis nostra pendet autoritas & potestas, qui propterea *disrumpet vincula* & ligam *eorum*, *& projiciet à nobis jugum ipsorum*, prout in sua divina benignitate, & clementia, recta nostra intentione & conscientia freti, plene confidimus.

Subjungit vestra Sanctitas, quod quum esset res gesta, & fides invicem data, eademque Sanctitas fœdere astricta cum eis Regibus, accessit tum demum itineribus lente, & tarde confectis, dictus Don Hugo, eidem Sanctitati conjunctionem, & conditiones eas offerens, quas quum vestra Sanctitas tam sæpe, tamque vehementer petiisset, toties, ut ait, repulsa & repudiata fuerit, quarum tunc accipiendarum occasio & tempus prætererant. Duo hic, Pater Sancte, consideranda intuendaque videntur, quæ profecto non nos tantum, sed omnes recte sentientes in summam admirationem debent inducere, & pro quibus nos in Sanctitatem vestram justiores querelas possumus prætendere. Alterum quod vestra Sanctitas sciens Don Hugonem præsto venturum, & jamdiu ad iter accinctum cum amplo Mandato, & grata resolutione, noluerit per aliquot dierum spatium, nostris id summe flagitantibus, ac cum omni instantia requirentibus, illius adventum præstolari, sed solam illius tarditatem incusando, non habito respectu, quod is etiam cursoris more, per equos ad id dispositos, quantum illius ætas, ac personæ qualitas ferre poterat, die noctuque iter suum festinabat, adeo voluntarie proruperit in hujus damnosi, ac scandalosi fœderis præcipitationem. Alterum vero, quod eodem Don Hugone jam ad vestram Sanctitatem perveniente, & (ut vestra Sanctitas profitetur) optatas eidem conditiones nostro nomine offerente, priusquam aliqua armorum executio tentaretur, eadem Sanctitas vestra illas ita rejiciendas censuerit, ut earum accipiendarum occasionem, & tempus præteriisse assereret, nec animadvertens, quam difformiter nobis egisset, fœdus quod antea cum nostris Oratoribus defensivum inierat, jam hinc inde publicatum, & per nos ratificatum, ac approbatum respuendo, sineque ulla justa ratione ejus Literas ratificatorias nostris reciprocas concedere denegando: nunc è contrario fœdus aliud illi repugnans, sub defensionis nomine penitus offensivum, sub colore universalis pacis disponendæ, pacem jam ubique contractam disrumpens, atque perturbans, & loco pacis bellum, ac arma commovens, adeo inviolabiliter sustinere conetur vestra Sanctitas, ut etiam optatas, ut fatetur, conditiones, armorum causam submoventes recipere recusaverit. Dura quidem hæc difformitas in ipso Pastore, & communi Patre, qui omnibus æqualis esse debuisset. Esto enim quod in nobis, nostrisve Ministris mora aliqua argui potuisset, prout revera non poterat, non tamen ipsius moræ purgatio in re tanti momenti erat deneganda, ubi potissime nullum erat ad id tempus præfixum, nec dies qui interpellaret pro homine, nullaque pœna ad id adjecta, quæ moræ excluderet purgationem, nec etiam aderat contrahentium interesse, ubi armorum motibus nondum exequutis, radix præcidebatur, ubi publica quies facilius parabatur. Hæc enim, Beatissime Pater, non ad propulsandum, ut ait, Italiæ servitutis periculum, Christianitatisque turbationem, sed potius ad affectus penitus contrarios disposita videntur: non pro Sede Apostolica armis, & exercitu munienda, quæ illis non indiget, ubi nullus adest offensor, sed potius pro ipsius Apostolicæ Sedis munitionibus profundendis, Ecclesiæque thesauro exhauriendo, & effundendo contra ipsummet Christum, ac in Christianæ Reip. detrimentum inventa sunt, non ad justiciæ & pacis viam, ut inquit, inter omnes æquis conditionibus parandam, sed potius ad omnem justiciam perturbandam, pacemque jam partam infringendam, ac quasi desperandam. Non etiam videntur hæc consilia, seu gesta, quibus vestra Sanctitas nec coram Deo, nec coram hominibus rectam justificationem recipere debeat, sed potius, si fas est dicere, scandalum, ecclesiasticique status gravem turbationem peperisse videntur. At si omnia vestra Sanctitas recto intellectus sui oculo, diligentique circumspectione perlustraverit, comperiet profecto nullum esse Regem, aut Principem nobis recto ordine anteferendum, nullum, cui Apostolica Sedes magis debeat, quemve magis tueri, fovereque deberet, nullum à quo plus filialis observantiæ, ac devotionis ipsa Apostolica Sedes receperit, seu recipere possit, nullum, qui magis Romanam Ecclesiam, Apostolicamque Sedem stabilire, conservare, ac augere cupiat, nullum ex cujus Regnis, ac Dominiis magis honoris, commodi ac pecuniæ ad Apostolicam Sedem, Romanamque Curiam affluat. Si enim ad ea recte advertat vestra Sanctitas, comperiet, quod ex Imperio Regnisque ac Dominiis nostris Hispaniarum, utriusque Siciliæ, Germaniæ, Galliæ Belgicæ, ac superioris Burgundiæ, plus quam ex cæterorum omnium Regnis, & Dominiis simul junctis, lucri, ac commodi Sedi Apostolicæ, ac Romanæ Curiæ accedit. Non enim patiuntur Reges alii ita passim & laute Ecclesiarum spolia, & annatas ex eorum regnis ad Romanam Curiam deferri. Qualia autem sint ea lucra, ex *centum illis Gravaminibus nationis Germanicæ* colligi poterit: quibus tamen ex ea devotione, & observantia, qua semper vestræ Sanctitati ac Apostolicæ Sedi affecti fuimus, nusquam aures præstare curavimus, nec his animum adjicere. Quod si justa aliqua ratione, vel causa, Apostolica Sedes his lucris careret, non essent claves aureæ, quæ bellorum archivia pro libito aperire, ac claudere solent, nec vestra Sanctitas ex Regnorum nostrorum pecuniis, atque redditibus exercitum in nos conflaret, nec temporalia arma moveret, quibus potius justum videretur ad nostram defensionem uti. ANNO 1526.

Quod igitur vestra Sanctitas testatur se nunc etiam eo animo esse, ut si ad æquitatem & humanitatem nos referre voluerimus, illius arma non solum nobis non adversa, verum etiam ad res vere gloriosas propitia sint futura. Sin autem in occupanda quotidie magis Italia, & aliis partibus Christianitatis perturbandis, nos non tam naturæ nostræ, quam cupiditati, & consiliis nostrorum obsequi perseveraverimus, vestram Sanctitatem neque justitiæ, neque libertati Italiæ, qua illius Sedis tutela continetur, defuturam, sed justa & sancta arma moturam, non tam ad offensionem, quam ad defensionem: Sancta quidem est hæc protestatio, si verbis facta respondeant. Habet enim vestra Sanctitas ex illis justificationibus, quas superius adversus ea, quæ nobis objecta fuerant, retulimus, nostram & æquitatem, & humanitatem, simulque admixtam justitiam, ut si talis ejusdem Sanctitatis sit animus, primam ipsius protestationis partem ad effectum deducere valeat. Quod si fecerit, & à nobis gratias, & à Deo præmium reportabit. Habet etiam ex eisdem justificationibus late ostensum, nos ab occupatione Italiæ, ac Christianitatis turbatione, ab omnique cupiditate alienos esse, nilque unquam injustum, nil Italicæ libertati contrarium, nil quod Apostolicæ Sedis tutelæ non conveniret, per nos tentatum, imo nec cogitatum fuisse: sicque merito cessabit secunda ipsius protestationis pars, ut nec arma juste in nos moveri possint, nec offensione, aut defensione opus esse videatur. Nos enim, ut omnis à nobis absit suspirio, si vestra Sanctitas, ejusque fœderati pro illorum parte arma deponere consentiant, erimus pariter ad ipsorum armorum depositionem promptissimi: Veram quippe hanc & rectam viam censentes, ut vestra Sanctitas in his, quæ per viscera misericordiæ Dei obsecrat, & per spem, quam de nobis, ut inquit, concepit, obviam eat immoderatis cupiditatibus, & magis publico Christianitatis bono condonet, quam ut nos ad id attrahendos putet. Hæc enim ipsius Christianitatis incommoda & pericula, sic non nostra moderatione, sed rectius vestræ Sanctitatis clavibus oleo charitatis delinitis sedabuntur, & ea cura, quam vestra Sanctitas nobis dicit esse communem, quum ambo à Deo, ut recte inquit, in hanc solicitudinem pro commissis nobis honoribus simus vocati, sic agendo, facillime poterit expediri. in quo pariter officio, & debito nostro non minus, quam vestra Sanctitas, nos etiam neque defuimus, neque defuturi sumus, quinimo totis viribus atque conatibus anhelamus, ut hæc duo magna Luminaria à Deo instituta, ita sibi invicem debito ordine correspondeant & ministrent, ut inde Orbis universus rectam illustrationem recipiat, nec per ipsorum Luminarium objectum eclipsis in Christiana Religione & doctrina caussari & generari, seu diutius sustineri valeat in maximum Christianæ Reipubl. detrimentum.

At quod vestra Sanctitas in suarum Literarum calce subjungit, sub conditione tamen, quasi rem dubiam, seu incertam proponens, dum inquit, *quod si, qua de nostra in pacem generalem voluntate passim fere-*

ANNO 1526. *ferebantur, veras prudentiæ & pietatis radices habebant, habemus occasionem declarandi, quæ sentiebamus*, omnia vere nos, & ex animo sensisse, atque operibus verba comprobando, singularem optimi Principis laudem nobis acquirendi: qui si tam vestræ Sanctitati amorem nostrum cupienti, in liberanda Italia, quam suis fœderatis in eorum justis petitionibus satisfacere instituerimus, fore id nostræ famæ, & sapientiæ melius multo accommodatum, & paci universali, securitatique tam rerum nostrarum, quam totius Christianitatis magis consentaneum. Putamus, Pater Beatissime, satis dilucide & aperte ostensum esse, qualis fuerit nostra in pacem generalem voluntas, ut nec illa in conditione ponenda nec de ea dubitandum videretur: qui nullo unquam figmento, nullave simulatione usi fuimus, nil unquam in ore habuimus, quod in mente ac voluntate non sederet, omnia vere ex animo sentientes, quæ loquebamur, operibus verba comprobaturi, si hi, quos res tangebat, & sine quibus pax generalis obtineri non poterat, justæ nostræ inclinationi, ut decebat, correspondissent. Sed quum ea sit universalis pacis natura, atque substantia, ut in ea omnium consensus universaliter exigatur, omniumque voluntas necessario debeat concurrere, & è converso ab uno solo ex contendentibus, quicunque fuerit, dependeat, & in solius potestate ac voluntate consistat, ipsam universalem pacem impedire, & etiam si facta foret, turbare, bellumque movere, & partem alteram etiam invitam ad ipsum bellum trahere, non potuit ob id, aliis renitentibus, nostra optima voluntas operibus comprobari, qui propterea (tanquam omni culpa carentes) non putamus illam optimi Principis laudem à nobis auferendam, seu cujuspiam maledicentia subtrahendam. Si igitur Sanctitas vestra prout flagitare videtur, consulere intendat publicæ quieti, justæque Italiæ libertati, deponat arma, reponatque gladium Petri in vaginam, idque efficiat, ut etiam sui Fœderati arma deponant: Quod & nos, ut prædiximus, vicissim facturi sumus, ut sic juxta Canticum Zachariæ: *Sine timore ab inimicis nostris liberati serviamus illi.* Hoc enim jacto fundamento, poterit facilius vestra Sanctitas eam superficiem pacis universalis ædificare, & laborare (ut inquit Psalmista) in congregando populos in unum, & Reges ut serviant Domino. Et quum ea quæ Dei sunt, cunctis rebus sint anteponenda, & inde publica privatis justa ratione præferantur, ne privatorum passio perturbet ea quæ Dei sunt, & quæ ad publicam salutem pertinent, consentaneum videtur, ut prius de hostibus fidei à Christianorum cervicibus propulsandis, & si fas sit, ad Ovile Christi adducendis, deque Lutheranorum aliorumque hæreticorum sectis & erroribus comprimendis, corrigendis atque sedandis, & si licuerit, ad gremium Ecclesiæ reducendis, de illis quoque omnibus, quæ Romanæ Ecclesiæ, totiusque Christianæ Reipubl. statum, salutem, conservationem & incrementum concernere possunt, tractetur & conveniatur. Demum de justis, ut ait vestra Sanctitas, ac à ratione & æquitate non alienis privatorum, seu fœderatorum querelis & petitionibus merito transigi aut conveniri poterit. In quibus tam publicis, quam privatis, si vestra Sanctitas recto ordine intendere, ac ad ea animum adjicere velit, veri Patris, ac Pastoris officium assumendo, comperiet nos velut devotissimum, ac observantissimum filium illi obtemperantem & obsequentem, ita in omnibus juri, rationi, ac æquitati subnixum, ut nil injustum, indebitumve petituri simus, quin potius justis aliorum petitionibus satisfacturi, ac si expedierit, de proprio daturi, & dimissuri pro ipsius Christianæ Reipubl. commodo, proque Christianæ Religionis augmento, pro quo etiam Imperium, Regna, Dominia, & quicquid nobis Deus & natura concessit, ac denique vitam ipsam exposituri sumus: rursus pollicentes, nos hæc verba nostra (si vestra Sanctitas rem paterno amore complectatur) factis & operibus comprobaturos, nihilque omnino pro parte nostra omissuros, quod ad rem ipsam recte disponendam, ac peragendam facere videatur. Quod si secus quam putamus evenerit, vestraque Sanctitas justas nostras rationes & requisitiones obaudiat, protestamur coram Deo & hominibus, quod si quid inde sinistri Christianæ Religioni evenerit, id nequaquam nostræ culpæ ascribi posse, à quo omnino nos immunes servare curabimus, nil tamen prætermissuri de his, quæ ad nostram necessariam defensionem videbuntur pertinere, quam totis viribus atque conatibus persequi cogemur, omnibus illis viis ac mediis, quibus & divino & humano jure nos & nostra tueri licebit, & quibus honor, status, & dignitas nobis salvi ac illæsi permaneant, & integre conserventur. Obsecramus igitur vestram Sanctitatem ea reciproca obsecratione, qua erga nos utitur, per viscera videlicet misericordiæ Dei nostri, & per eam spem, quam de vestra Sanctitate ad Christiani nominis salutem conceperamus, obsecramus etiam per claves illas, quas Dominus noster Jesus ad parandam Christicolis viam in regnum cœlorum Petro commisit, quarum etiam administrationem vestra Sanctitas, ut ejusdem beati Petri successor, assumpsit, illis, ut decet, utendo, dignetur hæc Christianitatis incommoda & pericula sua moderatione sedare, ipsamque universalem pacem dirigere, disponere, ac perpetuo fundamento stabilire. ANNO 1526.

Habet nunc vestra Sanctitas veram & apertam actorum & consiliorum nostrorum rationem, habet legitimas excusationes nostras adversus crimina & opprobria, quæ nobis injuste quidem objiciebantur, habet nostram sanam rectamque intentionem, ac voluntatem ad bonum publicum, ad pacem generalem, quietemque universalem: Habet filialem nostram devotionem & observantiam, si vestra S. paterno amore nos ut filium complectendum censuerit, si ipsas excusationes, ac justificationes nostras tanquam veras & legitimas, ratas & gratas habeat, hisque se contentam reddat, ac sibi de culpis nobis objectis satisfactum putet, nosque his culpis carere profiteatur, & sua pronunciatione declaret. Id demum supplicantes, ut vestra Sanctitas non putet, cogitet, seu recordetur injuriam, seu offensam nobis fuisse illatam, nec arbitretur nos præteritorum memoriam habituros, sed vestra Sanctitas eorum omnium obliviscatur, ut sic recedant vetera, novaque sint omnia, quum & nos itidem facturi simus, si vestra Sanctitas id, prout supplicamus, admiserit. Verum si vestra Sanctitas nos ab his culpis & objectis immunes non censuerit, nostrasque excusationes & justificationes pro veris & legitimis non habuerit, si arma contra nos continuaverit, & illorum dispositioni non consenserit, si universalem pacem amplecti nolit, quum tunc non patris, sed partis, non pastoris, sed invasoris officium assumeret, sicque rectus horum Judex non censeretur, nullo alio superstite, cui nos & nostra subjicere deberemus, ea omnia, quæ nobis objiciuntur, aut in posterum objici possent, vel tentari, sive personam, sive Imperium, Regnaque & Dominia concernant, simul & ea omnia, quæ nos ex adverso pro nostra justificatione, & innocentia ad Christianæ Reipubl. quietem prætendimus, & prætendere possumus, ad sacri Generalis Concilii totius Christianitatis cognitionem & judicium remittenda censemus, illique nos, & omnia, quæ cum vestra Sanctitate habere possumus, aut deinceps habituri sumus, omnino subjicimus. Supplicantes propterea eidem vestræ Sanctitati, illamque in Domino hortantes, quatenus pro suo pastorali officio, proque cura & solicitudine gregis sibi commissi, dignetur ipsum sacrum Generale Concilium indicere & convocare in loco tuto & congruo, cum debita termini præfixione. Nos enim quum ex his & aliis satis notoriis causis turbari videremus universum Ecclesiæ & Christianæ Religionis statum, ut nobis ac ipsius Reipubl. saluti consulatur, pro his omnibus ad ipsum Sacrum universale Concilium per præsentes recurrimus, ac à futuris quibuscunque gravaminibus, eorumve comminationibus provocamus, appellamus, & supplicamus à vestra Sanctitate ad dictum sacrum Concilium, cujus etiam officium per viam querelæ, his de causis implorandum censemus: petentes cum ea qua decet instantia, Apostolos & Literas dimissorias, semel, bis, ter, & pluries nobis concedi, & de harum præsentatione testimoniales Literas fieri, ac expediri in ea qua decet forma, quibus suis loco & tempore uti valeamus. Et quum ad hæc solenniter peragenda ejusdem Sanctitatis vestræ præsentiam nunc habere nequeamus, ut inde futuris forsan gravaminibus occurramus, has nostras ejus Nuncio Apostolico penes nos agenti, & Legationis munere nomine vestræ Sanctitatis fungenti, per actum publicum coram Notario & testibus exhibendas intimandasque censuimus. Datum in nostra Civitate Granatæ, die decima septima mensis Septembris, Anno Domini

ANNO 1526.

mini millesimo, quingentesimo, vicesimo sexto, Regnorum nostrorum Romani octavo, aliorum vero omnium undecimo.

CAROLUS *divina favente clementia, electus Romanorum Imperator, semper Augustus, Rex Germaniæ, Hispaniarum, &c.* Eratque eadem Epistola in ipsius calce de propria manu, & consueta nota dictæ Sacratiss. Cæsareæ & Catholicæ Majestatis subscripta & signata: videlicet hisce Hispanicis verbis, *El Rey.* & inferius per suæ Majestatis Secretarium ordinarium, sic, *Alphonsus Valdesius.* Demum vero ita subscripta:

Sanctissimo in Christo Patri & Domino, Domino CLEMENTI *Septimo, Divina providentia Sacrosanctæ Romanæ ac universalis Ecclesiæ Summo Pontifici, Domino Reverendissimo.* Quam quidem Epistolam præfatus Illustris & excellens Dominus, Dominus Cancellarius (præbito mihi Notario infrascripto, quodam ejusdem conformi exemplo) eidem Secretario Alphonso Valdesio tradidit, illamque coram dicto Domino Reverendo Nuncio tunc ibidem præsenti, alta & intelligibili voce legere & recitare, ac deinde Cæsareo Sigillo, quod sua Illustr. Excellentia ad hoc depromere fecit, obsignare mandavit. Id omne quod & idem Secretarius officiose exequebatur, reddens exinde eandem Epistolam sic lectam, recitatam, & obsignatam in manus dicti Illustris & excellentis Domini, Domini supremi Cancellarii. Cujus Illustr. excellentia eam deinde ex speciali Cæsareæ & Catholicæ Majestatis Mandato, uti asseruit, per manus eidem Reveren. Domino Apostolico Nuncio, loco & vice Sanctissimi Domini nostri exhibuit, intimavit, insinuavit, & suæ Sanctitati primo quoque tempore transmittendam tradidit, eamque sic pro rite & legitime exhibitam, intimatam, insinuatam & traditam esse, & haberi voluit & dixit: ipsius Sacratiss. Majestat. Cæsareæ nomine dicens, protestans, requirens, appellans, ac alia agens in omnibus & per omnia, prout in dicta Epistola seu scriptura continetur.

Itaque eam ipsam Epistolam præfatus Reveren. Dominus Apostolicus Nuncius acceptavit, simulque per hæc, aut in substantia similia verba respondit: se quidem recepisse proximis ante diebus à Sanctiss. Domino nostro unas quasdam Literas, quibus sibi mandatum fuisset, illud ipsum Breve, de quo ab Illustriss. Domino suæ Cæsareæ & Catholicæ Majest. Cancellarii mentio facta, & quod sibi tum una simul transmissum fuisset, eidem Sacr. & Cæsareæ & Catholicæ Majest. quam primum exhiberet & redderet. Id quod statim, ut eadem mandata acceperit (illis, ut debuerit, reverenter parens) omni sedulitate, bonaque diligentia & fide fecisset, & ad quod in præsentiarum sua Cæsarea & Catholica Majestas Sanctissimo Domino nostro per prædictam Epistolam sibi nunc exhibitam & intimatam respondisset. At rursus post easdem se quoque recepisse ab eodem Sanctissimo Domino nostro unas alteras quaspiam Literas, quibus sibi inter cætera commissum fuisset, nisi jam tempore receptionis illarum ipsarum Literarum, prædictum Breve Cæsareæ & Catholicæ Majestatis exhibuisset, id in antea non exhiberet, sed eo penes se aut retento, aut suppresso, unum alterum quoddam Breve, quod illi tum una simul cum illis ipsis secundis Literis admissum, unumque tantum diem post prius Breve expeditum, atque datum fuisset, suæ Cæsareæ & Catholicæ Majestati prioris Brevis loco exhiberet & redderet. Quod quidem tametsi prius Breve eo tempore, quum ad ipsum alterum subsequens reciperet, suæ Cæsareæ & Catholicæ Majest. vel jam reddiderit, tamen etiam exhibuisset. Atque liqueret ex hujusmodi Sanctiss. Domini nostri posterioribus Literis, ad illum, ut jam fertur datis, juxta certum quendam articulum in eisdem contentum, quem & eodem tempore ex Lingua Italica in Latinam interpretabatur (in hæc videlicet verba, quod sua Sanctitas quemadmodum hucusque non dederat causam tractandi arma, sic nunc nolebat dare contentionum, quæ scribendo hinc inde fortassis animos utrorumque magis exacerbarent) quod propterea hæc responsio haud conveniens esset. Præterea vero in dicta Epistola complurima contineri, ad quæ, si ea ipsi communicata fuissent, antequam hæc responsio à Cæs. & Catholica Majest. deliberata & conclusa fuisset, habuisset quidem quæ recte respondisset. Atquum id suæ Majestati ita placitum extiterit (tametsi inter Sanctissimum Dominum nostrum, & Sacratissimam Cæsaream & Catholicam Majestatem concordiæ quam discordiæ, internuncius esse mallet) eam ipsam Epistolam suæ Majest. responsivam pro rite & legitime sibi exhibitam, intimatam, insinuatam & traditam haberet, eandem Sanctissimo Domino nostro quam primum transmissurus. Super quibus omnibus & singulis rebus, præfatus Illust. & excellens Dominus summus Cancellarius, nomine, & mandato, sicuti affirmavit, Sacratiss. Cæsareæ & Catholicæ Majestatis & itidem præfatus Reveren. Dominus, Dominus Apostolicus Prothonotarius & Nuncius, loco & vice Sanctissimi Domini nostri, requisiverunt sibi à me Notario publico infrascripto, tanquam publica & authentica persona, unum aut plura, tot quot forent necessaria, publicum seu publica edi, atque confici Instrumentum aut Instrumenta. Acta sunt hæc in Civitate Granatensi in Hispaniis, domi nobilis viri Stephani Centurionis Civis Januen. nunc videlicet hospitio prædicti Illustris & excellentis Domini, Domini supremi Cancellarii, anno, indictione, mense, die, hora, & Pontificatu, quibus supra: præsentibus ibidem Magnificis & nobilibus viris & Dominis, Domino Bartholomæo de Gattinaria Regente Cancellariam Coronæ Aragonum, præfatæ Sacratissimæ Cæsareæ & Catholicæ Majestati à Consiliis, Domino Joanne Alemano, Domino de Bouclans, ejusdem suæ Cæsareæ & Catholicæ Majestatis Secretario primario, & prædicto Domino Alphonso Valdesio, etiam suæ Majestatis Secretario ordinario, testibus ad præmissa specialiter vocatis, rogatis, & legitime requisitis.

Et ego Alexander Schweys, Clericus conjugatus Treveren. Dioc. publicus Sacrosancta Apostolica auctoritate Notarius, nec non præfatæ Sacratissimæ Cæsareæ & Catholicæ Majestatis Domini nostri Clementiss. etiam Secretarius ordinarius, quia prædictis Illustris & excellentis Domini, Domini supremi Cancellarii, gratiosi Domini mei, prædictæ Cæsareæ & Catholicæ Majestatis responsivæ Epistolæ exhibitioni, intimationi, insinuationi, & traditioni: contra autem Reveren. Domini, Domini Nuncii acceptationi ejusdem, responsionique ad eandem, aliisque omnibus & singulis, dum sic, ut præmittitur, fierent & agerentur, una cum prænominatis Dominis testibus interfui, eaque sic fieri vidi & audivi: Idcirco hoc præsens publicum Instrumentum, viginti tria scripta in se folia continens, manu alterius fideliter scriptum, exinde confeci, & in hanc publicam formam redegi, signoque, nomine, & cognomine meis solitis & consuetis signavi, in fidem & testimonium omnium & singulorum præmissorum legitime requisitus.

Ejusdem CAROLI V. *Imperatoris aliud Rescriptum ad* CLEMENTEM VII. *Papam. Rogat eum, ac per effusum Jesu Christi Redemptoris sanguinem obtestatur, ut Christiani Populi calamitatibus prospiciat. Datum Granatæ* 18. *Septembris Anno Domini* 1526. *Regnorum suorum Romani octavo, aliorum vero omnium undecimo.* [GOLDASTI *Constitutiones Imperiales* tom. 1. pag. 499.] 18. Septembre.

BEATISSIME Pater, Domine Reverendissime; Non mediocri cordis dolore ad Literas Sanctitatis Vestræ, quas vicesima tertia Junii ad nos dedit, rescripseramus, quum novissime ejusdem Sanctitatis Vestræ Nuncius alias Literas postridie à priorum data scriptas nobis exhibuit: in quibus licet adhuc videamus Sanctitatem vestram aliam certe opinionem de nostra erga universam Rempublicam Christianam, & sacrosanctam istam Sedem animo atque voluntate retinere, quam actiones ipsæ nostræ promerentur, non potuimus tamen non lætari, perspicientes in eisdem Literis Sanctitatem vestram propensiori æquiorique animo pacem optare, blandiusque quàm anteà nobiscum agere. Atque utinam ita in potestate nostra esset, labantis Christianæ Reipubl. rebus consulere, & pacem universalem denuo componere, prout in aliorum manu bellum movere, & pacatam Christianam Rempub. turbare extitit. Videret profecto Sanctitas vestra ac cæteri ejus Fœderati, quàm sit animus no-

ster

ANNO 1526. ster ab eorum opinione alienus, licet (ut verum fateamur) nequaquam nobis persuadere possumus Sanctitatem vestram (quæ actiones nostras novit) hæc ex animo & vere dicere, sed potius terroribus quorundam, quibus Christiana tranquillitas minus expedit, perterrefacta ad hæc impulsa videtur. Speramus tamen Deum Opt. Max. cujus gratuita benignitate justa nostra causa hactenus approbata est, Sanctitatis vestræ animum mutaturum, ejusque electi Populi saluti potius quàm privatis quorundam affectibus atque dolis consulturum: & Nos, qui & meritis & viribus nostris quodammodo semper divisi, in solius Dei præsidio spem nostram collocavimus, ejusque Clementiæ victorias nobis ab eo concessas acceptas tulimus, nostraque ita protecturum, ut evidentiori etiam testimonio animus noster cunctis patefiat, nosque commodius & liberius ipsius nomen & gloriam, qua nihil nobis charius unquam fuit, promovere valeamus.

2. Sanctitatem igitur vestram quanto possumus affectu rogamus, ac per effusum Jesu Christi Redemptoris nostri sanguinem obtestamur, ut Christiani Populi calamitatibus prospiciat, nec tot cædes, tot vulnera, totque horrenda mala in Christi corpus, cujus Sanctitatem vestram caput esse profitemur, inferri patiatur. Nos enim, Beatissime Pater, quandoquidem Sanctitas vestra de nostro erga Deum animo (quid enim erga Rempub. Christianam dicemus, quum quicquid vel boni vel mali ejus populo fit, ipsemet vel ingratum vel acceptum ferat?) dubitare videtur, ipsummet Deum immortalem testamur, pro virili semper conaturos esse, ut & Sanctitas vestra, cæterique Christiani nominis Principes intelligant, nihil æque nobis cordi esse, quam Dei gloriam, ejusque Populi salutem, pacem, & tranquillitatem ferventiori studio indies stabilire.

3. De peculiari vero nostra erga Sanctitatem vestram voluntate ingenue fatebimur, nos nihil unquam prætermisisse, quod ad obedientis filii officium pertinere possit. Quæ omnia Sanctitas vestra facile experiri poterit, si non privatis, sed publicis rebus consulere, nostrumque animum (qui à Sanctitatis vestræ observantia, dum eam Christi vices gerere recolimus, minime abesse potest) tanquam communis Pater amplecti, Christianisque rebus in deterius prolabentibus, prout latius in aliis Literis nostris ad Sanctitatem vestram scripsimus, pio studio adesse voluerit. Quod ut faciat, Sanctitatem vestram etiam atque etiam rogamus, illique veram à Deo Opt. Max. fœlicitatem ex animo optamus.

Datum in Civitate nostra Granatæ, die XVIII. mensis Septembris, anno Domini M. D. XXVI. Regnorum nostrorum, Romani octavo, aliorum vero omnium undecimo.

CAROLUS divina favente Clementia, Electus Romanorum Imperator, semper Augustus, ac Germaniæ, Hispaniarum, &c. Rex.

EL REY

Alphonsus Validius.

XXXVI.

6. Octobre. *Literæ* CAROLI V. *ad Senatum sive Collegium Cardinalium, quibus eos hortatur, & admonet, ut negante vel differente Pontifice Generalis Concilii indictionem, eandem ipsi indicent. Datum in Civitate Granatæ 6. Octobris Anno Domini 1526. Regnorum suorum Romani VIII. aliorum vero omnium XI.* [GOLDASTI *Constitutiones Imperiales* Tom. I. pag. 500. Le même en ses *Politica Imperialia* Part. 22. de Actis Imp. cum Papa. pag. 1013.]

CAROLUS divina favente Clementia, &c. Reverendissimis in Christo Patribus, Dominis N. Sa. Rom. Ecclesiæ Cardinalibus, amicis nostris charissimis, salutem cum incremento omnis boni.

1. Reverendissimi in Christo Patres, amici charissimi, tanto profecto animi dolore mens nostra discruciatur, dum ea, quæ Romanum Pontificem suæ Pontificiæ Dignitatis oblitum non contra nos tantum (id enim æquiori animo pateremur) verum in maximum Christiani nominis dedecus, contraque totius Reipub. (quam induxeramus) pacem & tranquillitatem moliri audimus, ut tametsi animo certe perturbato, moderatis tamen verbis mentem nostram vobis aperire, actionum nostrarum (quanta pro rei magnitudine licebit brevitate) rationem reddere, & à Reverendissimis Paternitatibus vestris nostro ac totius Christiani populi nomine auxilium implorare cogamur. ANNO 1526.

2. Quum enim in ipso Imperii nostri initio à Deo Opt. Max. in tanti Principatus culmine nos constitutos arbitraremur, non ut Imperii limites cum Christiani sanguinis jactura extendere propagareve studeremus, sed quo Imperialis Dignitas autoritate & potentiâ decorata, & observaretur à multis, & contemneretur à paucis, indeque Christiana Respub. bellorum injuriis in extremum fere Discrimen adducta, sempiterna tandem Cæsareæ dignitatis beneficio pace frueretur. Hoc itaque animo relicta Hispania ad Germaniam venimus, ortas ibidem seditiones inter quosdam Principes, divino favore sedamus, nihilque omittimus, quod (judicio nostro) ab optimo Cæsare sperari poterat.

3. Verum dum nos Christianam tranquillitatem stabilire curamus, ecce Gallorum Rex, quem uti patrem colebamus, nostræ Dignitati subinvidens, in statum ac honorem nostrum nihil non moliri conatur, nosque tandem ad arma provocat invitos. Fatetur hoc Summus Pontifex Leo, fatetur Serenissimus Angliæ Rex, quos pro pace à Gallo obtinenda sæpius sollicitari fecimus, quique suis viribus justæ nostræ causæ adesse non negarunt. Fatetur & hoc divina Justicia, quæ ita nobis adfuit, ut post tot partas victorias, omni humano tandem auxilio destituti, victis hostibus, eorumque Rege capto, victores evaserimus. Hinc data opportunitate, qua nostro de Republ. bene merendi studio satisfacere liceret, ab ipsis hostibus victis pacem primi flagitamus, tantumque petimus, ut quæ à prædecessorum nostrorum manibus eripuerant, & contra jus fasque occupabant, nobis restituerentur. Æquissima postulata nostra impetramus, pacem inimus, fœdus percutimus, & nihil in eo cautum volumus, nisi quæ ad Dei gloriam, communem Reipubl. pacem, Christianæ Religionis decorem & augmentum, & sanctæ Sedis Apostolicæ veram dignitatem pertinere arbitramur. Percusso fœdere, Gallorum Regem captivum nostrum convenimus, omnibus beneficiis, omni humanitate atque benevolentia ejus animum pro Christiana tranquillitate nobis devincire curamus, & mutuo data acceptaque fide, amicitiam firmamus, ac maximo eum honore affectum in Galliam, datis obsidibus, redire permittimus: ad Pontificem cæterosque Christianos Reges scribimus, ut si Christianam Remp. pacatam optarent, eorum patentes Literas ad nostrum utrumque mitterent, quibus, an hujusmodi fœderis beneficio uti vellent, prout conventum fuerat, declararent.

4. Nondum tamen sempiternam in Christi Populo pacem firmasse gloriari cœperamus, quum novos bellorum tumultus pullulare gravissima animi nostri molestia sentimus. At ubi à Pontifice, de nobis (ut ajebant) non bene contento, id manare audimus, Don Hugonem de Moncada Oratorem nostrum mittimus cum facultate amplissimisque Mandatis, ut omnibus mediis, quibus id fieri posset, Pontificem de nobis contentum reddere curaret, ita ut homine audito, nostro animo perspecto, nil aliud à nobis optasse suis ipsemet verbis fateretur. Dumque nil tanto Pastore indignum nobis pollicentes, ejus optimum responsum præstolamur, Pontificis Nuncius Literas Sanctitatis suæ in forma Brevis proxime elapsi mensis Junii die XXIII. scriptas, XX. Augusti nobis legendas dedit. quibus perlectis, quum non tantum à summo Ecclesiæ pastore, à communi omnium Patre, Christique Vicario, sed etiam a Reverendissimis Paternitatibus vestris sacroque vestro Ordine, quibus Apostolorum autoritas tribuitur, emanatas esse credamus (nec enim rem tanti momenti vobis inconsultis factam putamus) quo simus animi dolore affecti, vos ipsi judicate. Quis enim non miraretur stuperetque, videns à tanto Pontifice, à tot tantisque tanta religione, pietate, atque prudentia præditis Patribus tales Literas in Christiani Principis, Rom. Cæsaris, atque Apostolicæ Sedis Protectoris, hono-

Anno 1526. honorem & dignitatem tam inconsulte prodire? in quibus nihil præter bella, sediriones, proditiones, perniciosa consilia, temeraria judicia, improperia, injuriæ, falsæ criminationes, aliaque hujusmodi tam à Pontificiâ Dignitate aliena tractantur, idque in Nos optime de Republ. Christiana meritos, & qui nullum unquam nec Cæsarem, nec Regem, nec Principem, nec privatum aliquem fuisse fatebimur, qui majori (nec tanta quidem) fide, religione, atque observantia sanctam Sedem Apostolicam veneratus sit, qui cæteris posthabitis majori studio ejus ditionem & dignitatem tutatus sit.

5. Parmam enim & Placentiam, à Romani Imperii Feudo disjunctas, Sedi Romanæ, nullo jure coacti, possidendas restituimus; importunasque Germaniæ & universi Romani Imperii preces contra Gravamina & oppressiones, quas à Sede Romana pati, quum in Wormatiensi Conventu essemus, passim conquerebantur, obturatis auribus pro innata nostra erga Apostolicam Sedem observantia obaudivimus. Subortæ sunt ea de causa variæ rerum difficultates & incommoda; pullulat indies magis Lutheranorum insania; Gravamina ubique divulgantur; omnes unanimes remedium implorant, petunt fieri Generale Concilium, in quo & Lutheranæ impietati, & Romanæ Curiæ (ut ajunt) oppressionibus obviam iri possit. In Civitate Spirensi Conciliabulum indicunt, ut in seditionibus ortis usque ad Generalis Concilii decisionem ordo aliquis statueretur. Vidimus Germanorum animos in Sedem Romanam graviter commotos, verentesque ne hujusmodi Conciliabulum Germaniam à Romani Pontificis obedientia diverteret, Spirensem Congregationem gravissimis pœnis prohibemus; eis tamen pollicemur, quanto citius fieri possit, Generalis Concilii indictionem fieri curaturos. De hac re ad Pontificem scribimus, ut Germaniam ab imminenti periculo per hujusmodi Generalis Concilii indictionem liberare dignaretur, instamus. Ipse vero de Conciliabuli prohibitione gratiam habet, Generalis tamen Concilii petitionem in tempus (ut ajebat) magis conveniens differendam censuit, ita ut pro nostra erga sanctam istam Sedem observantia, maluerimus Pontificis affectibus potius quam Germaniæ precibus annuere.

6. Nunc vero Sanctitas sua, vestro etiam (si id credendum est) accedente consilio, tot crimina in nos jactitat, ac si penitus Romanæ Ecclesiæ adversarii hactenus fuissemus. Hinc enim de nostro erga publicam pacem animo (nullo profecto recto judicio) dubitat, nosque à Christianæ Reipubl. perturbatione deterret. Quasi vero noster erga Rempub. animus clarior non sit, quàm ut cujuspiam admonitione egeat. Si enim de C. Cæsare judicatum est, quod maluisset non dimicare quàm vincere, eoque victoria adepta pacis autores libenter audiverit, cur de nostra voluntate à communi omnium Patre per contrarium discernitur? Ille pacis autores audivit, nos vero hostibus victis pacem primi obtulimus, nec tantum hostem captivum Regiæ Dignitati restituisse contenti, Lusitaniæ Reginam, sororem nostram natu maximam, & in successionis gradu secundam ipsi matrimonio copulavimus, quod profecto ante victoriam minimè à nobis impetrare potuisset. Quanto igitur nostra C. Cæsaris Clementiam excedere deberet, vos ipsi judicate.

7. Adhæc etiam Pontifex consilia nostra ad suæ Dignitatis & Ecclesiasticæ libertatis oppressionem tendere, videtur asseverare, quum ea, quæ pro Romana Sede præstita commemoravimus, adeo omnibus nota sint, ut inde nonnihil Germanorum animos à nobis alienaverimus.

8. Perpendite igitur, Patres Reverendissimi, an in hoc Pontificis Beatitudo suis, & Apostolicæ Sedis rebus consulat, an sit Pontificiæ Dignitatis Christianorum Principum animos adversus Ecclesiæ protectorem ad arma (ut ipsi ajunt) incitare, ac suis stipendiis tot corporibus atque animabus æternum exitium parare. Causam audite, ut Subditum nostrum magni sceleris accusatum, nobis jure prævio punire non liceat, ob idque armis nobiscum certare contendit. Quod tametsi ei ex sententia succederet, quid quæso Christi Vicario dignum facturus esset, nisi ut justiciam, quam promovere tenebatur, impediat; Ecclesiæ thesaurum in alios certe usus convertendum exhauriat, ac Romanam Ecclesiam, & universum Populum Christianum in extremum discrimen adducat? Hæc ergo atque hujusmodi alia ingenti cordis dolore, perturbato animo pensitantes, publicam Christianam calamitatem nobiscum deplorare cœpimus, atque non nostro tantum honori, sed Christi gloriæ, ejusque electi Populi saluti consulere ex animo cupientes, ad Pontificis Literas rescribimus, justificationem de his, quæ nobis falso objiciuntur, damus, petimusque ut Generale Concilium indicat, ac alia faciat, quæ ex incluso Literarum nostrarum exemplo vobis videre licebit. Anno 1526.

9. Quæ omnia, Patres Reverendissimi, vos latere noluimus, ut si ex Literis Pontificis, ejusve suasionibus sinistram aliquam suspicionem animi nostri erga sacrosanctam istam Sedem non bene dispositi concepistis, justificationibus nostris, recto judicio, perspectis, pristinum vestrum erga nos animum induatis, ac omnem prorsus iniquam opinionem abjicientes, labanti Christianitati subveniatis.

10. Agite igitur, Patres Reverendissimi, & tanti mali causam cognoscite, Romanum Pontificem à tam impio avertite consilio, vestrisque monitis tantum apud eum efficite, ut meminerit se à Deo Opt. Max. non ad perniciem, sed ad salutem sui Populi; non ad arma, sed patientiam & humilitatem in Romani Pontificatus solio constitutum; recordeturque nos eadem ratione in Romani Principatus apicem evectos, unde peculiari quodam affectu Christianæ Reip. rebus consulere præ cæteris tenemur, ni à Principe nostro Christo degenerare velimus. Si vero Beatitudo Pontificis votis nostris tam pro nostra justificatione, quam pro Christianæ Religionis salute in Generalis Concilii indictione annuere negaverit, tunc juxta juris ordinem Reverendissimas Paternitates vestras, ac sacrum vestrum Collegium hortamur, requirimus, atque monemus, ut quæ de indictione Concilii à Pontifice petimus, eo negante, aut plus æquo differente, vos debito ordine procedentes, præstare non differatis. Protestantes apud omnipotentem Deum, si quid inde incommodi ac detrimenti Romanæ Ecclesiæ & Reip. Christianæ accesserit, id non nostra, sed eorum culpa futurum, qui suis affectibus potius quam Christi gloriæ, ejusque Populi saluti inservire maluerint: quod de vestro erga Christianam Remp. animo atque voluntate nobis minime persuadere volumus. Si vero Reverendissimæ Paternitates vestræ æquissima hujusmodi postulata nostra concedere negaverint, eorumve exequutionem plusquam decet, ac Dignitatis nostræ ratio expostulat, distulerint, nos pro nostra erga Deum gratitudine, proque Dignitate nostra Imperiali, qua ejus gratuita benignitate fungimur, quibus licebit remediis, ita in his pro virili providere curabimus, ut nec Christi gloriæ nec justiciæ nostræ, nec Christianæ Reip. saluti, paci, & tranquillitati quovis modo defuisse videamur.

Datum in Civitate nostra Granatæ, die sexta mensis Octobris, anno Domini M. D. XXVI. Regnorum nostrorum, Romani octavo, aliorum vero omnium undecimo.

YO EL REY

Alphonsus Valdesius.

XXXVII.

Kaysers Carl des V. Schreiben an Heinrich den VIII. König in Engelland über des Pabsts Untreu und falsche Practiken wider die Kayserliche Majestät und das Heil. Röm. Reich / wodurch er gezwungen worden die Stadt Rom einzunehmen und den Pabst zu züchtigen Geben zu Valladolid den 7. Augusti Anno 1527. [Goldasti Reichs-Satzungen Theil. 2. pag. 224] 1527. 7. Aout.

C'est-à-dire,

Lettres de Charles V. *Empereur des Romains à* Henri VIII. *Roi d'Angleterre où il se plaint de l'Infidélité du Pape, & de ses fausses pratiques contre lui, & l'Empire qui l'avoient enfin obligé à prendre Rome, & à le châtier. Donné à Valladolid le 7. Aoüt 1527.*

Anno 1527. CArol von Gottes Gnaden Römischer/ rc. König in Teutschland und Hispanien; Dem Durchleuchtigsten Fürsten/ Heinrichen König zu Engellandt/ rc Unserm insonders lieben Vettern und Brudern/ Wolfarth/ neben täglicher Zunehmung der brüderlichen Lieb/ zuvor. Durchleuchtigster Fürst/ gar lieber Vetter und Bruder/ Wiewohl wir uns gar keinen Zweiffel machen/ daß ihr von vielen Orten werdet berichtet seyn/ deß Unfalls/ der sich neulich zu Rom zugetragen/ und daß ihrs nach ewerem sondern Verstand werdet bewogen haben/ wie es der Billichkeit nach zu bewegen seyn wird/ als der unser Neigung und Intention zuvor gar wohl berichtet: Haben wir doch nicht unterlassen wollen/ euch solches zum Uberfluß zuwissen zuthun/ damit ihr desto baß verstendiget/ wie sich der Unfall zugetragen/ und was unsere Meinung deßwegen ist: Damit ihr uns desto baß rathen und helffen köndt/ was hierinnen ferner zu dem Dienst Gottes/ und Wohlfarth der Christenheit zuthun und fürzunehmen. Wir sindt auch der gäntzlichen Meinung/ daß wir kein gut Mittel biß anhero unterlassen/ das zu Ruhe und Fridt der Christenheit/ auch zu Ehre und Unterhaltung des Apostolischen Stuls hette gereichen mögen; Wie wir dann glauben/ daß keiner/ der eines rechten Verstandts/ an unserer guten Intention und fürhaben zweiffeln kan.

Denn erstlich/ da wir uns gar wohl an dem König zu Franckreich/ wegen der grossen Beschwernus und Unrecht/ das er uns erzeiget/ auch alles deß jenigen/ was er uns mit Unrecht genommen/ rechen mögen/ haben wir doch ihme lieber/ umb deß gemeinen Nutzens willen/ loß lassen wollen/ auch das unsere wider einzunehmen unterlassen/ als den Krieg um unsers eigenen Nutzens willen zu führen.

Und weil der Römischen Kirchen Beschuldigung/ die uns die Ständt deß Römischen Reichs/ als wir in Teutschlandt waren/ gethan/ offentlich auch umb einsehen und Hülff derowegen angeruffen/ ohn Nachtheil und Verkleinerung der Römischen Bäpste/ ins Werck nicht hette können gerichtet werden: Haben wir lieber gantz Teutschlandt als den Römischen Bischoff wollen uncontentirt lassen.

Und obwohl auß diesem allem viel Böses erfolget/ haben wir doch in diesem nicht schuldt zu haben vermeint/ weil unser Intent gut gewesen: Welches durch den Bapst Leonem den Zehenden/ und Adrianum den Sechsten/ durch das Geistliche und Weltliche Schwert ist erkennet worden: welche auch unserer Gerechtigkeit allzeit beygestanden.

Wie aber hernach unser Heil. Vatter der Bapst/ Clemens der Siebende/ im Bistumb folgete/ und unserer erzeigten Wohlthat/ die wir dem Heil. Stuel/ auch ihme für seine Person/ gethan/ sich nicht erinnert/ ließ er sich von etlichen bösen Leuten/ die umb ihme waren/ verführen/ daß an statt er als ein guter Hirdt/ den Frieden/ den wir mit dem König zu Franckreich geschlossen/ hette helffen erhalten sollen/ er sich understunde newe Unruhe und Blutvergiessen in der Christenheit anzurichten Und so bald d König seiner Gefängnus von uns war loß gezehlet/ thet er sich mit ihme und andern Fürsten in Italien verbunden/ in Vorhaben unser Kriegsheer aus Italien zuvertreiben/ und uns unsers Königreichs Neapolis zuberauben/ das sie dann bereit untereinander außgetheilet hetten Und ob wir wol gutwillig ihme alles das jenige angebotten und bewilliget/ was er selbst von uns begehret/ ungeachtet/ daß es allen Leuthen unbillich seyn däuchte/ wolt er es doch nicht annehmen: in gewisser Hoffnung/ er würde uns können von unserm obgemelten Königreich dringen.

Wann wir dann letzlichen also uns überall mit Gefahr umbgeben sahen/ ungeachtet wir ein solch gut Werck/ den König auß Franckreich umb deß gemeinen Nutzens willen loß zugeben verbracht/ und wir gezwungener massen unsere Unterthanen/ die uns von Gott befohlen zubeschützen/ die Wehre in die Hand nehmen müssen/ uns aber eben das/ was jetzund geschehen/ befahrten/ umb mehrer Justification und Rechtfertigung gegen Gott und der Welt/ ehe daß wir zur Wehr griffen/ dachten wir/ den Bapst und das Collegium der Cardinal zu ersuchen/ damit sie sich dessen zu beschweren/ kein Ursach hätten/ daß sie doch von ihrer Kriegsrüstung absehen wolten/ und uns zukriegen nit Ursach geben/ zu so grossem mercklichen Schaden der Christenheit/ neben gnugsamer Verwahrung/ im Fall durch diesen Krieg dem Apostolischen Stul einiges Unglück oder Schaden entstünde/ daß sie ihnen selbst die Schuldt zurechnen wolten/ weil sie dessen so offentlich Ursach weren. Aber diß unser ersuchen und verwaren hat so wenig bey ihnen gewürckt/ daß sie nicht allein den angefangnen Krieg verführten/ sondern brachen auch den zwischen ihm und Don Hugo de Monca a in unserm Namen gemachten Friedens-verstandt.

Wie wir aber gesehen/ daß wir an keinem Ort Trawen und Glauben funden/ damit wir in deme/ was wir unsern Unterthanen zuerzeigen schuldig/ keinen Mangel an uns erwinden lassen/ schickten wir ein Kriegsheer aus diesem unserm Königreich Hispanien/ zu Vertheidigung und Beschützung unsers ehegemelten Königreichs Neapolis: so theten wir auch unser Kriegsvolck in dem Hertzogthum Meylandt mit einem stattlichen Teutschen Volck stercken.

Wie aber die Sach so weit kam/ daß uns der Bapst ein groß stück Landes von unserm gemelten Königreich eingenommen/ und unser Kriegsvolck dem Ort/ da es am meisten vonnöthen/ zuhülff kommen wolt/ ohne Erwartung unsers Befelchs/ thaten sie ihren Weg auff Rohm nehmen. Anno 1527.

Welches als es der Bapst vernommen/ und unsers Kriegsvolcks Ankunfft befahret/ macht er einen Anstandt unserm Königlichen Statthalter zu Neapolis auff acht Monat: Und obwohl dessen Condition also beschaffen/ daß man außtrucklichen wohl erkennen kundte/ was wir guten willen etliche/ die um seine Heyligkeit waren/ zu unsern Sachen trugen; So haben wir doch solche zu unserm Nachtheill lieber ratificiren und bestettigen wollen/ (inmassen wir dann solche alsbaldt ratificirt) denn uns an dem Papst gebührlichen zu rechen/ welche Rache wir dann gleich in Händen hatten.

Wann aber Gott in seinem Gericht bereit versehen hat/ was da geschehen solte/ ehe und zuvor unser Ratification und Bekräfftigung ankommen/ und sich unser Kriegsvolck befahrete/ es würde in diesem Kriegs Anstandt/ eben der Betrug seyn/ als in den vorigen/ der mit Don Hugo gemacht ware worden/ gewesen were/ haben sie wider ihrer Hauptleuth Willen und Meinung/ und denen zu Trotz/ ihren Weg wollen auff Rom nemmen/ alda ihnen ihr * Feldobrister/ gleich in dem sie die That und den Einfall begangen/ Todt blieben/ inmassen ihr dann von diesem allem nach Notturfft werdet gehört haben. Und wir in der Warheit solchen Schaden nit so gar zu groß zu seyn vermeinen/ als unsere Mißgünstige hin und wider außgebreitet.

So auch befunden/ daß dieses mehr auß Verhengnus Gottes/ als aus menschlichem Fürsatz/ Will und Meinung geschehen/ und daß eben der Gott/ in dem wir unsere Hoffnung gesetzt/ und wegen unbillichen erbitterter Beschwernus/ auch ohne unsere einige Bewilligung/ zu solchem vornehmen/ hat rechen wollen. Also haben wir doch so grossen Schmertzen und Betrübnus über diesen des Apostolischen Stuls unfall empfunden/ daß wir in Warheit lieber nit überwunden wollen/ als mit dergleichen Victoria ein Uberwinder zu seyn.

Weil es aber Gott also gefallen (welcher wegen seiner grossen Güte auß dergleichen Ubel grosse Nutz und Frommen zu verursachen pflegt/ wie wir dann in diesem Fall zugeschehen auch verhoffen) gebürt sich/ daß wir ihme umb alles dancken/ was er thut und zugibt/ dargegen wir uns/ und ein jeder für seinen Theil zubefleissigen/ und zugedencken/ all unser fürnehmen/ zu Abhelffung deß Bösen/ daß überall die Christenheit leidet/ zurichten/ umb welches wir den unser eigen Blut/ Leib und Leben/ auffzusetzen im fürhaben.

Wann wir dann bey euch guten Willen und Affection vernehmen/ thun wir gantz lieber Vetter und Bruder freundlichen bitten/ daß ihr uns ewer gut bedencken übersendet/ Was wir in diesem Fall ferner thun sollen/ und also durch ewer Antwordt dem Ubel/ dardurch die Ehre Gottes und Christenheit leid/ Rat zuschaffen helffet/ solchen gegen dem Feind unsers Christlichen Glaubens haben zugebrauchen Durchleuchtigster Fürst/ gar lieber Vetter und Bruder/ Gott unser HErr gebe euch ewige Wolfarth/ rc. Geben zu Vallidalit den 7. August. Anno 1527.

Ewer williger Bruder

Carolus.

Alfonso de Valdez.

* der Hertzog von Burbon.

XXXVIII.

Lit de Justice tenu par FRANÇOIS I *Roi de France au Parlement de Paris le* 16. *Decembre* 1527. *pour se liberer du Traité de Paix qu'il avoit fait à Madrid avec l'Empereur, & Roi d'Espagne* CHARLES V. *& de toutes les choses qu'il y avoit promises, & du Serment qu'il y avoit fait.* AVEC *l'Arrêt rendu sur ce sujet, toutes les Chambres assemblées, & les Deputés des autres Parlemens de France y assistants. Le* 18. *Decembre* 1527. 18. Decembre.

[GODEFROI, *Ceremonial François* Tom. 2. pag. 478. où il cite un Registre du Conseil du Parlement de Paris, qui commence l'an 1527. au 12. Novembre & finit au 9. Novembre 1528.]

LE Lundy seiziéme jour de Decembre mil cinq cens vingt sept, *mane*, le Roi étoit en son Siege Royal au parquet de Parlement tenant son Lict de Justice; pour monter auquel il y avoit sept degrez, couverts d'un tapis de veloux bleu, semé de fleurs de lys d'or en façon d'orfeverie; & au dessus un Ciel de mesme.

Au

Anno 1527.

Au coſté dextre du Roy, aux hauts ſieges dudit parquet, eſtoient le Duc de Vendoſme Pair de France, le Prince de Navarre, le Comte de Sainct Paul, le Duc d'Albanie, le Duc de Longueville, le Prince de la Roche-ſur-Yon, & Meſſire Louys de Cleves, Chevalier de l'Ordre, Sieur de Cayeu & de Sainct Valery.

Au coſté feneſtre dudit Seigneur, aux hauts ſieges dudit parquet, eſtoient, le Cardinal de Bourbon, Eveſque, & Duc de Laon Pair de France; le Cardinal de Lorraine, Eveſque de Mets; le Cardinal du Prat, Archeveſque de Sens, & Chancelier de France.

Aux pieds du Roy eſtoient Meſſire Louys de Brezé, Chevalier de l'Ordre, Sieur dudit lieu, Gouverneur & Grand Seneſchal de Normandie, & premier Chambellan, couché en terre ſur le troiſiéme degré en deſcendant: Meſſire Jean de la Barre, Chevalier Sieur dudit lieu, Prevoſt de Paris, au-deſſous droit aux pieds du Roy, tenant un baſton blanc en ſa main, auſſi couché en terre ſur le plus bas degré.

Au ſiege bas où ont accouſtumé les Preſidens ſeoir és jours de Conſeil, eſtoient Meſſires Jean de Selve Premier Preſident, Charles Guillart, Antoine le Viſte, & Denys Poillot, *Preſidens*. Jacques Minut, Premier Preſident du Parlement de Toulouſe: Jean Brinon Premier Preſident du Parlement de Roüen.

Et devant ledit ſiege, environ deux pieds de large, y avoit une forme de bois un peu plus baſſe que ledit ſiege, couverte d'un tapis ſemé de fleurs de Lys, ſur laquelle eſtoient M. Claude Patarin, Premier Preſident du Parlement de Dijon: Falco Aurillac, Preſident du Parlement de Grenoble: Jean Feu, ſecond Preſident du Parlement de Roüen: & François Banquet, quatriéme Preſident du Parlement de Bordeaux.

Au bas ſiege du coſté dextre, & du coſté des gens Laics, eſtoient Meſſires Anne de Montmorency, Chevalier de l'Ordre, Sieur dudit lieu, Grand Maiſtre, & premier Baron de France, & Gouverneur de Languedoc: Philippes Chabot, Chevalier de l'Ordre, Sieur de Brion, Admiral de France, & Gouverneur de Bourgongne & de Coucy: Robert Stuart, Chevalier de l'Ordre, Sieur d'Aubigny, Capitaine de la Garde Eſcoſſoiſe du Corps du Roy: & Jacques de Genoüillac, dit Galliot, Chevalier de l'Ordre, Sieur d'Aſſier, Grand Eſcuyer de France, & Seneſchal d'Armaignac.

Au bas ſiege du coſté feneſtre, & des Gens d'Egliſe, eſtoient les Archeveſques de Lyon, de Bourges, & de Roüen. Les Eveſques de Paris, de Meaux, d'Auxerre, du Puy, & de Chartres.

Et devant ledit ſiege eſtoit une forme de bois, un peu plus bas, auſſi couverte d'un tapis ſemé de fleurs de lys, ſur laquelle eſtoient les Eveſques de Baſas, de Liſieux, de Comminges, de Troyes, de Limoges, de Carcaſſonne, de Mande, & d'Avranches.

Et pource que tous les Eveſques ne pouvoient ſeoir ſur ladite forme, fut miſe une autre forme de bois, couverte comme deſſus, devant le ſiege bas du coſté dextre où eſtoient les Chevaliers de l'Ordre, ſur laquelle eſtoient aſſis les Eveſques de Maſcon, de Xaintes, de Conſerans, & de Vance.

Aux bas ſieges où les Baillifs & Seneſchaux ont accouſtumé eux ſeoir és jours de Plaidoiries, & auquel ſe tient le Bureau és jours de Conſeil, eſtoient les Maiſtres des Requeſtes, ſçavoir: M. Adam Fumée, Pierre de la Vernade, Girard le Cocq, Matthieu de Longuejoüe, Guillaume Luillier, & P. Antoine.

Et devant ledit ſiege eſtoit une forme de bois, couverte comme deſſus, ſur laquelle eſtoient M. Germain de Marle Prevoſt des Marchands, & Germain de Lycur, Jacques Pinelle, Nicole Guedon, & François Gayant, Eſchevins de la Ville de Paris.

Aux autres ſieges du parquet d'un coſté & d'autre; eſtoient les Conſeillers, & autres Officiers de la Cour, & les Conſeillers des Cours de Parlemens, de Toulouſe, Bordeaux, Roüen, Dijon, Grenoble, & Aix en Provence, mandez par le Roy pour aſſiſter à cette Aſſemblée; c'eſt à ſçavoir les Conſeillers du Parlement de *Paris*, dont les noms ſont pour la pluſpart les meſmes y aſſiſterent aux trois Licts de Juſtice precedens, dont on obmet la repetition pour eviter la redite; & les Conſeillers des autres dites Cours, ainſi qu'il s'enſuit. M. J. Riviere, Eſtienne de Paulo, & Durand de Sarta, Conſeillers du Parlement de *Toulouſe*. Pierre Ciret, & Salvat de Pommiers, Conſeillers du Parlement de *Bourdeaux*. Thomas Poſter, Conſeiller du Parlement de *Rouen*. André Bocard, Conſeiller du Parlement de *Dijon*. Bertrand Rabot, & I. Matheron, Conſeillers du Parlement de *Grenoble*. Ie. Mainier, & Geoffroy Salla, Conſeillers du Parlement d'*Aix* en Provence. Anno 1527.

M. Seraphin du Tillet, *Greffier* de ladite Cour eſtant en ſon Bureau: Nicole Aurillot Greffier des Preſentations. Et Nicole Malon, Greffier Criminel: Jean Parent, Jean de Vignoles, & Louys Fumée *Notaires* de ladite Cour: Jean Ruzé, *Advocat*: Et François Roger, *Procureur* General du Roy: P. Perdriel, *Greffier* de la ville de Paris.

Et derriere les bancs d'un coſté & d'autre, eſtoient aucuns Gentilshommes de la Chambre, Maiſtres d'Hoſtel du Roy, Baillifs, Seneſchaux, & les Capitaines des Gardes qui avoient la garde des huys de la Chambre du Parlement.

Devant que le Roy vint arriva Madame Mere dudit Seigneur, Ducheſſe d'Engoulesme, & d'Anjou, accompagnée du Comte de Nevers Pair de France, & de Guillaume de Moutmorency, Chevalier de l'Ordre, ſon Chevalier d'honneur, & de pluſieurs Princeſſes, *Dames* & *Damoiſelles*; & ſe mit ladite Dame en un petit échaffau eſtant prés dudit parquet fermé de treillis, auquel la Reyne ſe met quelquesfois quand elle vient en ladite Cour.

Auſſi envoya le Roy Meſſire Jean Robertet, Chevalier, Conſeiller & Secretaire des Finances devers ladite Cour, dire que ledit Seigneur vouloit & avoit ordonné l'aſſiette de cette Aſſemblée eſtre telle que deſſus, ſans prejudice toutesfois des droicts de ladite Cour; ne que les Princes, Archeveſques, & Eveſques, Gentils-hommes, & autres qui aſſiſtent à ladite Aſſemblée, & ne ſont du Corps de ladite Cour, le puiſſent cy-aprés tirer à conſequence.

Et pource que debat ſe meut entre l'Archeveſque de Lyon, Primat des Gaules; l'Archeveſque de Bourges, ſoy diſant auſſi Primat des Gaules & d'Aquitaine; & l'Archeveſque de Roüen, ſoy diſant Primat de Normandie, & n'eſtre ſujet à aucun autre Primat, ains ſeulement au Saint Siege de Rome, qui pretendoient chacun d'eux à cauſe de leurs dignitez devoir preceder l'un l'autre, & avoir le premier ſiege en cette Aſſemblée; A eſté ordonné par le Cardinal Archeveſque de Sens, Chancelier de France, aprés avoir eu advis avec les Preſidens, & aucuns autres de cette dite Aſſemblée, que pour le preſent Acte l'Archeveſque de Lyon precedera ledit Archeveſque de Bourges, & ledit Archeveſque de Bourges precedera ledit Archeveſque de Roüen, ſans prejudice des droicts, prerogatives, & préeminences des Parties, & de leurs Dignitez: Et ſans que cy-aprés ils le puiſſent tirer à conſequence l'un à l'encontre de l'autre.

Ce meſme jour le Roy eſt venu en la Cour de ceans, en laquelle les Princes du Sang, Cardinaux, Archeveſques, & Eveſques, Chevaliers de l'Ordre, Gentilshommes & Nobles, les Preſidens, Conſeillers, & Officiers de ladite Cour de toutes les Chambres; les Preſidens, & Conſeillers deputez par les Cours de Parlemens de Toulouſe, Bordeaux, Roüen, Dyon, Grenoble, & Aix en Provence eſtoient aſſemblez par le commandement, & Ordonnance dudit Seigneur; & aprés que le Cardinal Archeveſque de Sens, Chancelier de France a eu parlé à iceluy Seigneur, il a ordonné aux Capitaines des Gardes faire retirer ceux qui n'eſtoient deputez pour aſſiſter à cette Aſſemblée: Et pource qu'on voulut faire retirer les Advocat, & Procureur General du Roy, ledit Seigneur ordonna qu'ils y demeureroient. Et ce fait ledit Cardinal Chancelier fit lever les mains à tous ceux de ladite Aſſemblée, & leur fit jurer, que de choſe que le Roy leur diroit, & declareroit preſentement, ils ne le reveleroient. Et aprés ce le Roy eſtant aſſis en ſon ſiege Royal, tenant ſon Lict de Juſtice, a dit, Qu'il a fait cette Aſſemblée pour

faire

ANNO 1527.

faire le devoir de son Office, & leur declarer la verité des choses passées, pour leur donner à connoistre le bon vouloir qu'il a à ses Sujets, & à la chose publique du Royaume de France; & connoissant le desir, affection, & amitié que ses Sujets ont à leur Roy, Seigneur & Maistre, a pensé ne pouvoir faillir de leur communiquer de ses principaux affaires; Que la matiere dont il parle n'est de si petite consequence, qu'elle n'ait esté de longue main precogitée, & pense faire honneur à ses Sujets de se monstrer si familier envers eux, que de vouloir avoir leurs advis, & deliberations: A fait parler de cette matiere à plusieurs gros personnages, & gens de bien; & trouve que de soy il le pouvoit faire, mais il ne s'y est voulu fier, sans premierement en communiquer à ses Sujets, non pas par forme d'Estats, ains les a voulu assembler en ce lieu, qui est le Liêt de Justice, esperant qu'il n'y aura celuy d'eux qui ne luy donne secours, confort & ayde, & qui ne le conseille bien & loyaument selon leurs consciences, au bien de luy, de son Royaume, & de la chose publique.

Et pour commencer, dit ledit Seigneur, que depuis qu'il fut appellé en ce Royaume pour y porter titre, & nom de Roy, en avoir le Gouvernement, & administration, il trouva ledit Royaume chargé de plusieurs guerres, dissensions & divisions, & en arriere de finances de bien dix-huit cens mille francs, les gens d'armes non payez, & le reste de l'administration du Royaume quasi en confusion, trouva les feu Pape Leon, l'esleu Empereur Maximilian d'Austriche, & le Roy d'Angleterre, joints ensemble avec les Suisses, deliberez de luy mener la guerre, croyans qu'il ne deust pourvoir à son affaire: Au moyen dequoy il entreprit le voyage d'Italie, où il mena une grosse & puissante Armée; & à la fin eut la victoire, recouvra le Duché de Milan, & la Seigneurie de Gennes; & depuis vint la paix qui dura deux ou trois ans: Et pour la sauver, & empescher la guerre, tant audit esleu Empereur Maximilian, qu'aux Suisses, & Venitiens, luy a cousté un gros & merveilleux argent. Et aprés ce, les Princes ses voisins le pensans surprendre, se rallierent & conspirerent contre luy, & fut par eux défié: Que la coustume est de louer la prosperité, car d'elle mesme elle se louë. De l'adversité il s'en veut justifier; car combien qu'il eut alliance, & confederation avec le Pape, & autres Communautez, & Potentats d'Italie, & aussi avec le Roy d'Angleterre; tous ses Alliez luy faillirent, & se rallierent avec l'esleu Empereur, qui à present est, & vindrent assaillir le Royaume. Voyant la guerre pour gaster & destruire le Pays de France, & le Peuple, il envoya le feu Sieur de Bonnivet Admiral de France en Italie, pour conserver de son party les Venitiens; Voyant qu'il les perdoit, s'il n'y envoyoit une Armée forte & puissante: A la fin les perdit. Et connoissant fortune le laisser, se delibera & voulut demeurer en son Pays, & abandonner toutes les querelles qu'il a és Terres qui luy appartiennent, & dont il a esté iniquement, & injustement dechassé, & depossedé par ses ennemis; esperant se renforcer tant de gens que d'argent, & se contenter pour quelque temps pour soulager son Peuple. Mais au retour trouva la trahison de Charles de Bourbon qui estoit en ce Royaume cachée, & la conspiration qu'il avoit faite avec les ennemis, qui vouloient butiner & departir le Royaume, & l'en vouloient chasser & déposseder contre tout droict divin & humain, & le vindrent assaillir dedans le Royaume, de sorte qu'ils mirent le siege devant Marseille. A quoy ledit Seigneur en toute diligence pourveut; fut le siege levé, & les ennemis chassez, & mis hors du Royaume à leur grande honte. Et aprés avoir remedié à la salvation du Royaume, se trouva chargé d'une grosse & merveilleuse Armée, tant de Corses, Italiens, Suisses, Lansquenets, que Avanturiers François; & mesmement des Suisses, lesquels il devoit entretenir à son service, & les payer pour trois mois, & neantmoins ne l'avoient servy qu'un mois: Et se voyant ainsi fort & puissant, & contraint d'entretenir l'Armée, voulant avoir victoire seure, delibera d'aller en Italie, & passer les Monts; ce qu'il fit, & fit la plus grande diligence qu'il luy fut possible; Que s'il y fut arrivé quatre jours plûtost, la fortune de sa prise ne fust pas arrivée; & ne luy doit-on point imputer qu'il se laissast surprendre; car il y employa sa personne tellement que l'honneur luy en est demeuré: Et si ses Sujets ont eû du mal, il en a eu avec eux, y a mis sa personne pour les penser sauver. Aprés sa prise le Sieur de Beaurain apporta instructions de par l'esleu Empereur, qui ne portoient, que la seureté de Charles de Bourbon, & le delaissement du Duché de Bourgongne audit esleu Empereur. Surquoy ledit Seigneur considerant le danger qui estoit de quitter un tel Duché, le mettre hors de ses mains, & le démembrer de la Couronne de France, se resolut qu'il ne le feroit point; & pensa qu'il n'estoit qu'un homme qui estoit pour mourir, & valoit mieux qu'il demeurast toute sa vie prisonnier, que ledit Duché fust démembré, & en vinst aucun mal à ses Sujets: Et voyant que Beaurain ne parloit si ce n'est comme serviteur dudit Charles de Bourbon, & qu'il tendoit remettre ledit de Bourbon en ce Royaume, qui eust esté ignominieuse fortune audit Royaume, pour y jetter la guerre, y faire les divisions, & dissensions intestines pour le destruire; consulta en soy mesme qu'il valoit mieux qu'il demeurast prisonnier: Et fit faire réponse audit Beaurain, qu'il n'entendoit rien faire sur lesdites instructions. Et ce voyant ledit Charles de Bourbon le fit persuader par le Vice-Roy de Naples, & le Capitaine Alarcon, de le faire transporter en Espagne. A quoy ledit Seigneur ne voulut lors entendre. Cependant Madame sa Mere, Duchesse d'Angoulesme, & d'Anjou, lors Regente en France, envoya le Sieur de Brion, à present Admiral de France, & autres ses Ambassadeurs audit pays d'Espagne, devers ledit esleu Empereur: Qui luy firent réponse que ledit Seigneur aimeroit mieux toute sa vie demeurer prisonnier, que de démembrer le Royaume, & bailler ledit Duché de Bourgongne: Mais que si par autre honneste composition on vouloit entendre à sa delivrance, & à la paix, que ledit Seigneur, & madite Dame estoient prests d'y entendre. Durant ces menées ledit Vice-Roy de Naples, & les gens dudit esleu Empereur, qui estoient avec ledit Seigneur, voyans sa resolution le persuaderent derechef, à la poursuite dudit de Bourbon, luy disans que s'il pouvoit parler audit esleu Empereur, il estoit Prince de telle clemence & honnesteté, que eux d'eux mesmes s'accorderoient, & qu'ils ne doutoient qu'ils ne fissent ensemble une paix profitable à toute la Chrestienté, l'asseurans de la douceur & benignité dudit esleu Empereur, & luy remonstrans que quand on avoit affaire du feu, qu'il le falloit aller chercher: Et que les Conseillers d'Espagne estoient gens si vertueux, qu'ils conseilleroient plûtost audit esleu Empereur la delivrance dudit Seigneur, que la prison; Que de le mener au Royaume de Naples ce seroit trop grands frait, tant pour luy, que pour ledit esleu Empereur; & que quand il seroit question d'envoyer l'un devers l'autre, ils n'eussent seu avoir réponse plustost de trois ou quatre fois l'an, veu la distance des lieux. Bref ledit Seigneur fut tellement persuadé, qu'il s'accorda d'aller en Espagne, jugeant dudit esleu Empereur ce qu'il eust fait de luy, & esperant que chacun jour ils se verroient, parleroient ensemble, & s'accorderoient, & le traitteroit ledit esleu Empereur, comme ledit Seigneur l'eust voulu traitter en pareille fortune: Mais quand il fut en Espagne tout fut rompu, & trouva ledit Seigneur tout le contraire de ce qu'il pensoit, & que on luy avoit dit; mesme les Articles que ledit esleu Empereur luy avoit envoyé par Beaurain en Italie on ne les voulut tenir, & fut la chose desesperée. De sorte que ledit Seigneur tomba en maladie, qui luy dura longuement, tellement qu'il n'y avoit point d'espoir de le sauver. Cependant ledit esleu Empereur luy fit dire, que si la Reyne de Navarre sa sœur venoit devers luy, que eux trois seuls concluroient l'Appointement; Au moyen dequoy il fut meu d'envoyer querir sadite sœur, & pour la faire venir luy fut baillé un Saufconduit qui ne valoit rien; & si sous la fiance dudit Saufconduit elle fust venuë, elle estoit en danger d'estre prisonniere, & pour un prisonnier en eust eû deux. Et pourchassa ledit Seigneur un autre Saufconduit plus seur; au moyen duquel sadite sœur

vint

ANNO 1527.

vint, & aprés sa venuë ledit esleu Empereur ne voulut entendre audit Appointement sans ce que ledit Seigneur laissast ledit Duché de Bourgongne: Ce qu'il ne voulut faire, parquoy fut la chose rompuë, & fut contrainte ladite Reyne de Navarre sa sœur s'en revenir en ce Royaume. Et aprés son retour madite Dame sa Mere dépescha ledit Admiral, par lequel elle luy manda qu'il s'en vinst en quelque sorte que ce fust, & qu'il accordast tout ce que l'on lui demanderoit plûtost qu'il ne s'en vinst: Mais il se resolut de ne partir, & aima mieux demeurer toute sa vie prisonnier que de faire chose qui démembrast le Royaume, & qui fut contre le bien, union, & conservation de ses Sujets, pour lesquels il vouloit employer sa vie, & sa personne; & delibera de faire son fils Roy, & en bailler le Gouvernement à Madame sa Mére, & remettre & quitter le serment que les Sujets du Royaume ont à luy; estant seur en ce faisant que le Royaume demeureroit en son entier, comme sçavent lesdits Grand Maistre, & Admiral, Archevesque de Bourges, & le Premier President qui sont icy presens, qui estoient lors avec luy. Et commanda ledit Seigneur audit Premier President de dresser un Edict, pour faire couronner sondit fils, tel que l'Assemblée verra, lequel il envoya par ledit Grand Maistre. *Et sur ce s'est ledit Grand Maistre leve, qui a dit qu'il avoit ledit Edict, & l'a exhibé.* Ce fait, a dit ledit Seigneur, que les Espagnols voyans que aprés le retour de ladite Reyne de Navarre n'y avoit esperance en la paix, craignans la guerre le voulurent restraindre en plus forte prison. Au moyen dequoy ceux qui avoient pouvoir de Madame sa Mere se condescendirent à faire le Traité de Madrid; par lequel ils promirent de laisser le Duché de Bourgongne, & autres choses y contenuës en iceluy: Auquel Traité fut accordée sa delivrance; & aima mieux madite Dame bailler les propres enfans dudit Seigneur, & les siens, & les mettre au lieu dudit Seigneur, que de bailler les Princes & Seigneurs de ce Royaume, lesquels on luy demanda; esperant qu'ils serviroient pour la conservation dudit Royaume beaucoup plus que sesdits enfans, qui sont encore en âge d'impuberté. Le Traité fait, les Espagnols ne s'y voulurent fier, disans que les Ambassadeurs de madite Dame n'avoient puissance de le passer, & le conneurent bien: Au moyen dequoy vindrent à luy, & luy demanderent sa foy. Et ce que ledit Seigneur en dit n'est que pour la décharge de sa foy; car ils le voulurent faire jurer qu'il retourneroit en Espagne au cas que ledit Traité ne fust accomply dedans quatre mois, & les choses contenuës en iceluy executées. Dequoy ledit Seigneur s'excusa faire, disant qu'il estoit Gentilhomme, & que eux qui estoient gens de vertu & d'honnesteté, & qui avoient longuement hanté & suivy les guerres, sçavoient bien que un Gentil-homme prisonnier de guerre on le laissoit aller sur sa foy; mais puisqu'il y avoit Traité, & Contract entre madite Dame. & eux, ils ne pouvoient avoir le Contract, & la foy. Lesquels luy firent réponse, qu'ils sçavoient bien qu'il estoit Gentil homme, & ne demandoient que sa foy: Qu'il est vray qu'ils laissoient les Gentils-hommes aller sur leur foy, & sans Contract, mais non pas les Roys: Et voulurent qu'il jurast; ce qu'il fit, sçachant ledit serment n'estre valable, au moyen de la garde qui luy fut baillée, & qu'il n'estoit en sa liberté, & encore depuis luy baillerent plus grande garde. Et quand ledit Seigneur fut à Fontarabie, prest d'arriver dedans le Royaume, lesdits Espagnols luy demanderent derechef la foy de retourner en Espagne, en cas que ce qui avoit esté accordé à Madrid par ledit Traité ne fust fait dans quatre mois, & luy dirent qu'ils vouloient qu'il jurast de ce faire incontinent qu'il seroit en liberté: Et quand il eut passé l'eau, il ne voulut bailler sa foy, & s'en garda bien de la bailler, sçachant que le serment qu'il avoit fait estoit nul, veu la garde que on luy avoit baillée plus grande qu'il n'avoit eu en la prison; & est miracle comme il est venu en cette sorte, & ont esté les choses plus conduites par œuvre divin, que des humains; & voyoient bien les Espagnols que ledit Seigneur s'en venoit fort mal content, & le luy dirent aucuns d'entre eux. Et quant à madite Dame, elle a fait ce qu'elle a pû, & sçait-on bien la

ANNO 1527.

grande diligence, les grandes peines, ennuys, & travaux qu'elle a eus pour recouvrer ledit Seigneur, & pour la conduite du Royaume pendant son absence, & aussi le grand deüil & ennuy qu'elle a porté de bailler ses enfans pour la delivrance; pensant que la presence dudit Seigneur estoit requise pour le Gouvernement & seureté du Royaume. Depuis son retour le Pape, les Venitiens & autres Potentats & Communautez d'Italie traitterent ensemble; fit ledit Seigneur difficulté d'entrer en la Ligue jusques à ce qu'il eust envoyé devers ledit esleu Empereur luy offrir faire tout ce qui seroit possible, reservé de bailler ledit Duché de Bourgongne. Eut réponse par Hugues de Monteade, que ledit esleu Empereur envoya devers ledit Seigneur luy estant à Coignac, que iceluy Empereur vouloit entierement ledit Traité de Madrid: Au moyen dequoy le Vice-Roy de Naples, qui estoit venu pour la paix, s'en retourna sans rien faire. Depuis ledit Seigneur, & le Roy d'Angleterre, ont pacifié ensemble, sont bons freres & bons amis, ont promis de defendre & secourir l'un l'autre envers tous, & contre tous. Par le moyen duquel Accord, & aussi pour la guerre que ledit Seigneur a mise en Italie, ledit esleu Empereur s'est condescendu à delaisser audit Seigneur ledit Duché de Bourgongne, & est ce dequoy la Ligue a servy: Et moyennant ses Alliez fait ledit Seigneur tout ce qui luy est possible pour parvenir à la paix, & recouvrer sesdits enfans. Ont envoyé ledit Seigneur, & le Roy d'Angleterre devers ledit esleu Empereur lui offrir la paix s'il veut venir à la raison, sinon luy signifier la guerre à feu & à sang; & bien tost en aura ledit Seigneur réponse, & acceptera ledit esleu Empereur la paix ou la guerre; qui est la cause pourquoy ledit Seigneur fait cette Assemblée: Car si ledit esleu Empereur accepte la paix, il luy faut la somme de deux millions d'or à laquelle ils sont convenus, & dont il luy faut promptement fournir douze cens mille écus, & en ce faisant il rendra ses enfans. Y a quelques autres Articles dont ils ne sont bien d'accord, & pense que ledit esleu Empereur ne les refusera; toutesfois s'il ne le fait faut par necessité venir à la guerre, & le contraindre à rendre sesdits enfans, & venir à la raison: La mettre en Flandres & Artois, où il faut que ledit Seigneur fournisse vingt mille hommes, & le Roy d'Angleterre dix mille, sans la gendarmerie ordinaire qui est sur les frontieres des Pays de Picardie, Champagne, & Bourgongne; car ils ont convenu que ledit Seigneur fournira les deux tiers des frais, & ledit Roy d'Angleterre l'autre tiers. A fait calculer ledit Seigneur ce qu'il peut faire & fournir de ses finances, qui n'est pas grande chose; car si on veut regarder la dépense qu'il a été contraint de faire pour le passé, & le fruict qui en est venu, on trouvera qu'il ne peut avoir grande somme de deniers, & que ce qui a été frayé n'a point été mal employé, & ne peut faire la guerre sans rompre l'Armée d'Italie, laquelle il n'est tenu rompre, & qui servira beaucoup si elle est entretenuë, a fait compasser ce qu'il a pû dependre, & trouve qu'il luy a fallu pour l'extraordinaire de la guerre d'Italie fournir trois cens cinquante mille francs par mois, qui viennent à deux millions de francs. A veu que sur son Estat il ne peut prendre que neuf cens mille francs qu'il y a de bon, car il faut que les gens d'armes soient payez, autrement ils ne serviroient, & détruiroient son Peuple; La Justice soit payée, qui est continuellement occupée pour le bien public du Royaume; Et de ne payer ceux qui sont autour de sa personne, qui le conseillent, & font des grosses dépenses, ce ne seroit raison, car ils ne pourroient fournir aux frais: N'a voulu rien faire sans en demander conseil à ceux qu'il pense être de ses amis; Qu'il parle à ses Sujets & Vassaux, se confiant en leurs foy, & loyautez; Qu'il est leur Roy, leur Prince, leur Maistre, & Seigneur, & qu'en sa personne gist tout l'honneur du Royaume de France, & feroit mal de rien faire en cette matiere, s'il ne les en advertissoit; Qu'il considere qu'il est homme, & mortel, & s'est trouvé en maladie, où il n'y avoit esperance de salvation; Ne sçait quand il plaira à Dieu de l'appeller, & si la fortune arrivoit, au lieu d'un Roy qu'ils ont prisonnier, ils en auroient deux prisonniers; Est tenu de

leur

leur dire pour le devoir de ſon Office, & la décharge de ſa conſcience, ce qu'il fait, qui eſt pour avoir l'opinion de l'Aſſemblée, & ſçavoir ce qu'il a à faire: Car ſi ledit eſleu Empereur accepte la paix & la rançon, il faut bailler promptement ladite ſomme de douze cens mille écus, & payer le reſte aprés; & s'il veut la guerre faut ſe defendre, & la luy jetter tellement qu'elle n'entre en ce Royaume pour le ſoulagement des Sujets, & afin que ledit Royaume ne tombe en ruine; ou bien il faut tenir le Traité fait à Madrid, & en ce faiſant bailler le Duché de Bourgongne, (ce qu'il n'a jamais voulu faire) ſinon faut qu'il retourne en Eſpagne priſonnier; ce qu'il offre s'il eſt trouvé par le Conſeil qu'il le doive faire: Parquoy les prie & exhorte de bien penſer en cet affaire, & le conſeiller ſur ce qu'il en doit faire ſelon la fiance qu'il a en leurs prud'hommies & loyautez, & qu'ils y adviſent bien: Et s'ils trouvent que le Royaume ne puiſſe porter les frais pour faire la guerre, & qu'il faille qu'il retourne en Eſpagne, eſt preſt, afin que inconvenient n'advienne au Royaume, de s'y en retourner, & renvoyer ſes enfans; & offre de porter ſeul la peine, eſtant content demeurer toute ſa vie priſonnier, & uſer de ſes jours en captivité pour la ſalvation de ſon Peuple: Et ſi on penſe que ſa demeure en ce Royaume ſoit neceſſaire, fera ce que l'on voudra; mais faut que l'on luy ayde à retirer ſesdits enfans:. Parquoy les prie & exhorte derechef d'y bien penſer, & le conſeiller; Non comme on conſeille en telles matieres les Roys, & Princes, mais le conſeiller comme d'un affaire qui ne touche ſeulement ledit Seigneur & ſes enfans, ains qui concerne entierement l'univerſelle Monarchie du Royaume, la liberté & conſervation du Roy, des Princes, & Sujets, & de la choſe publique d'une telle Seigneurie que eſt le Royaume de France, car il eſt deliberé de ſuivre leur conſeil.

Surquoy le Cardinal de Bourbon parlant pour l'Egliſe de France, luy a dit qu'il ne ſçauroit aſſez humblement remercier le Roy de ce qu'il luy a plû les appeller pour leur communiquer de cet affaire: Que les principaux Archeveſques, & Eveſques de ce Royaume ſont en cette ville de Paris, leſquels s'aſſembleront, & le conſeilleront ſelon leurs conſciences en tout ce qu'ils pourront, & luy feront tout le ſervice qu'il leur ſera poſſible.

Et aprés a le Duc de Vendoſmois dit, qu'il remercioit tres humblement le Roy, tant pour luy, que pour les Princes. Gentils-hommes, & Nobles de France, de ce qu'il luy avoit plû les convoquer en cette Aſſemblée, & avoir leur advis de cet affaire: Qu'ils eſtoient deliberez de eux aſſembler, & luy en faire réponſe, le ſervir & honnorer, & y employer corps, biens, & leurs propres vies.

Et auſſy Meſſire Jean de Selve Premier Preſident, portant la parole tant pour la Cour de ceans, que pour les autres Cours Souveraines de ce Royaume, & pour les Prevoſt des Marchands, & Eſchevins, Bourgeois, Manans, & Habitans de cette ville de Paris, a dit audit Seigneur, qu'il y a occaſion de le remercier très humblement, de ce qu'il luy plaiſt faire tant d'honneur à cette Compagnie que de leur vouloir communiquer ſes très-hauts, & très grands affaires. Et peut dire comme fit Eſdras aprés que le Roy Artaxerxes eut permis que le Temple de Hieruſalem fuſt redifié aprés la grande ruine & deſolation de ladite ville de Hieruſalem, & la longue captivité du peuple de Judée, *Benedictus Dominus Deus, qui dedit hanc voluntatem in cor Regis:* Et meſmement le doit la Cour de ceans, auſſi les Deputez des autres Cours Souveraines, remercier très humblement de ce qu'il luy a plû les appeller en cet affaire: Et que ainſi que le chef du corps humain, dont dépend le mouvement de tous les membres, & ſans lequel ils ne pourroient avoir vie, & leſquels ſubviennent en toutes choſes à leur Chef; auſſi la raiſon eſt que audit Seigneur, qui eſt le Chef de la choſe publique, les Peuples François qui ſont les Membres luy ſubviennent: Et puis qu'il le demande ſi gracieuſement, où il peut commander, faut que ſon Peuple & ſes Sujets luy faſſent tout le ſervice, ſecours & ayde qu'ils pourront de conſeil, & autrement; meſmement pour la delivrance & liberation de Meſſeigneurs ſes enfans, qui ſont nez pour gouverner aprés luy le Royaume; & prie Dieu qu'il donne grace à l'Aſſemblée de le faire au ſalut & profit dudit Seigneur, & de meſdits Seigneurs ſes enfans, & de la choſe publique.

Ce fait, ledit Seigneur a dit, qu'il prie l'Aſſemblée de bien penſer à cet affaire; de voir ledit Traité fait à Madrid, regarder le bon vouloir qu'il a; & s'il y a aucun qui s'adviſe de quelque autre moyen plus profitable pour le Royaume, qu'il le diſe, & luy en faſſe reponſe dans trois ou quatre jours.

Et ſur ce a le dit de Selve Premier Preſident, demandé audit Seigneur ſi ſon plaiſir eſtoit que les Cardinaux, Archeveſques & Eveſques, & autres Gens d'Egliſe; les Princes & Nobles, ceux de la Juſtice, & de la Ville adviſaſſent enſemble, ou ſeparément, le ſuppliant d'en ordonner: A quoy ledit Seigneur a fait réponſe, que les Gens d'Egliſe s'aſſembleront à part, la Juſtice à part, & ceux de la Ville à part, & qu'ils en viennent faire réponſe chacun à part: Ce fait, s'eſt ledit Seigneur retiré, & l'Aſſemblée ſeparée.

Le Mardy dix-ſeptiéme jour de Decembre mil cinq cens vingt-ſept, *manè*, Le Cardinal Archeveſque de Sens, Chancelier de France, vint en la Cour de ceans, en laquelle eſtoient aſſemblez les Deputez des Cours de Parlemens de Toulouſe, Bordeaux, Roüen, Dijon, Grenoble, & Aix en Provence pour ce mandez, lequel Cardinal fit lire l'Edict, dont la teneur s'enſuit: *François par la grace de Dieu Roy de France, Duc de Milan, Seigneur de Gennes, &c.* Et aprés qu'il a eſté leu, iceluy Cardinal a dit, Que enſuivant ce qui fut le jour precedent au matin dit au Roy ſur les remonſtrances par luy faites, les Cardinaux, Archeveſques, & Eveſques qui eſtoient en cette ville, s'aſſemblerent le meſme jour aprés diſner, leſquels delibererent de faire leur devoir envers ledit Seigneur, & luy en devoit faire réponſe le Cardinal de Bourbon; & eſtoit requis que ladite Cour, enſemble les Deputez des autres Cours Souveraines preſens adviſaſſent à luy en faire réponſe, & ne falloit mettre cette matiere en diſpute de Droict, ne autrement, mais le plus legerement que l'on pourroit adviſer ſur les trois poincts propoſez par ledit Seigneur, & meſmement ſur la matiere de fournir la ſomme de deux millions d'or pour la delivrance de Meſſeigneurs les Dauphin de Viennois, & Duc d'Orleans enfans dudit Seigneur, & la trouver promptement ſi la Paix eſt concluë, & adviſer ſur qui, & comment on les levera. Ce fait, la matiere fut miſe en deliberation en pleine Aſſemblée; & aprés que Meſſires Jean de Selve Premier Preſident, Charles Guillard, Antoine le Viſte, & Denys Poillot auſſi *Preſidens* en ladite Cour, Jacques Minut Premier Preſident du Parlement de *Toulouſe*, Jean Brinon Premier Preſident du Parlement de *Roüen*; & Claude Patarin Premier Preſident du Parlement de *Dijon*, ont eu opiné en ladite matiere; & qu'on a apperceu que ſi toute ladite Aſſemblée opinoit particulierement, ce ne ſeroit fait de long temps, ce qui viendroit tres-mal pour les affaires du Roy, veu que le cas requiert celerité; A eſté ordonné que tous les Preſidens, & Conſeillers de cette Cour s'aſſembleront aprés diſner en leurs Chambres, tant en la grande Chambre de Parlement, que és Chambres des Enqueſtes, & delibereront ſur cette matiere eſdites Chambres, & auſſi que les Preſidens & Conſeillers des autres Parlemens & Cours Souveraines s'aſſembleront chacun Parlement à part, & communiqueront de cette matiere, afin que demain matin ils viennent tous rapporter par l'organe de leurs Preſidens, ce qu'ils trouveront eſtre à faire en cette dite matiere.

Ledit jour *poſt prandium*, fut achevé d'eſtre employé à ſe conſeiller tant en la grande Chambre que dés Enqueſtes, ſur la matiere miſe ce matin en deliberation par le Cardinal Archeveſque de Sens, & Chancelier de France, toutes les Chambres aſſemblées, appellez les Deputez des autres Cours de Parlemens, & Souveraines de ce Royaume pour ce mandez.

Du Mercredy dix-huitiéme jour de Decembre mil cinq cens vingt-ſept, *manè*, veu par la Cour toutes les Chambres aſſemblées, & auſſi par les Preſidens & Conſeillers des Cours de Parlemens de

Tou-

ANNO 1527. *Toulouse*, *Bordeaux*, *Roüen*, *Dijon*, *Grenoble*, & *Aix* en Provence mandez par le Roy, & ordonnez assister en ladite Cour, les remonstrances faites par ledit Seigneur le Lundy seiziéme jour de ce present mois à l'Assemblée qui fut faite en icelle Cour; ensemble l'Ediƈt fait par ledit Seigneur, luy estant en Espagne, donné à Madrid au Royaume de Castille au mois de Novembre mil cinq cens vingt-cinq. Et tout consideré; La Cour du vouloir, consentement, & opinion desdits Presidens, & Conseillers des autres Cours de Parlemens, & d'un commun accord, a ordonné & ordonne, que réponse sera faite audit Seigneur sur lesdites remonstrances par Messire Jean de Selve Premier President de ladite Cour; & luy sera dit, qu'il n'est aucunement obligé de retourner en Espagne prisonnier és mains de l'esleu Empereur, par vertu de la foy & serment qu'il bailla luy estant audit Pays d'Espagne detenu par ledit esleu Empereur, & que ledit serment est nul; ne aussi de tenir & accomplir le contenu du Traité fait en ladite ville de Madrid, comme fait en prison par induƈtion, & extorqué par force dudit Seigneur par ledit esleu Empereur, ou ses gens, & ne doit pareillement bailler le Duché de Bourgongne suivant ledit Traité, & peut ledit Seigneur sainƈtement & justement lever sur ses Sujets, sçavoir est l'Eglise, la Noblesse, les Villes Franches, & le Peuple du Royaume de France, des Dauphiné & Comté de Provence, & autres ses Terres & Seigneuries exempts & non exempts, la somme de deux millions d'or, pour icelle employer à la delivrance de Messeigneurs les Dauphin de Viennois, & Duc d'Orleans ses enfans, Ostages pour ledit Seigneur en Espagne, & pour parvenir à la paix; de laquelle somme sera mis en un coffre à part la somme de douze cens mille écus, à laquelle ne sera touché aucunement mais sera reservée pour employer à ladite delivrance de mesdits Seigneurs les Dauphin & Duc d'Orleans; & du reste de ladite somme de deux millions d'or, montant à huit cens mille écus, ledit Seigneur s'en pourra ayder, si bon luy semble, pour le faiƈt de ses guerres à l'encontre dudit esleu Empereur, où il ne voudroit par conditions honnestes venir à la paix, & entendre à la delivrance de mesdits Seigneurs les Dauphin & Duc d'Orleans, & que pour faire le departement & assiette de ladite somme de deux millions d'or sur l'Eglise, la Noblesse, Villes Franches, & Peuple du Royaume, Dauphiné, Provence, & autres Terres & Seigneuries, ledit Seigneur pourra, si bon luy semble, commettre cinq ou six Prelats de l'Eglise, & autant des Princes & Nobles, & de ceux desdites Cours Souveraines, tels qu'il luy plaira, ou autrement en ordonner à son bon plaisir.

XXXIX.

20. Decembre. *Autre Liƈt de Justice tenu par le même* FRANÇOIS I. *Roi de France au Parlement de Paris, touchant le Traité fait à Madrid avec l'Empereur & Roi Catholique Charles V. Il fut résolu que le Roi n'étoit point obligé d'executer ce Traité, ni faute d'execution, de retourner Prisonnier en Espagne; & qu'il pouvoit lever deux Millions d'or sur l'Eglise, la Noblesse, & le Peuple pour la délivrance de ses deux Fils prisonniers; même sans le consentement du Pape Fait le 20. Décembre 1527.* [GODEFROI *Ceremonial François* Tom. 2. pag 490.]

LE Vendredy 20. jour de Decembre 1527. *matiné*, Le Roy estoit en son Siege Royal au Parquet de Parlement, tenant son Liƈt de Justice, lequel estoit comme le Lundy precedent.

Au costé dextre du Roy aux hauts Sieges du dit Parquet, estoient le Duc de Vendosme Pair de France, le Prince de Navarre, le Comte de S. Paul, le Duc d'Albanie, le Duc de Longueville, le Prince de la Roche-sur-Yon, Messire Louys de Cleves, Chevalier de l'Ordre, Sieur de Cayeu & de Sainƈt Vallery.

Au costé senestre dudit Seigneur, aux hauts Sieges dudit Parquet, estoient le Cardinal de Bourbon, Evesque & Duc de Laon, Pair de France: Le Cardinal de Lorraine, Evesque de Mets: Le Cardinal Archevesque de Sens, Chancelier de France. ANNO 1527.

Aux pieds du Roy estoient Messires Louys de Brezé, Chevalier de l'Ordre, Sieur dudit lieu, Gouverneur & Grand Seneschal de Normandie, & premier Chambellan, couché en terre sur le troisiéme degré en descendant: Et Jean de la Barre, Chevalier, Sieur dudit lieu, Prevost de Paris, au dessous droiƈt aux pieds du Roy, tenant un baston blanc en sa main, aussi couché en terre sur le plus bas degré.

Au siege bas où ont accoustumé les Presidens seoir és jours de Conseil, estoient Messires Jean de Selve President, Charles Guillart, Antoine le Viste, Denys Poillot, *Presidens*. Jacques Menur Premier President du Parlement de *Toulouse*. Et Jean Brinon, Premier President du Parlement de *Roüen*.

Et devant le dit siege deux pieds de large, y avoit une forme de bois un peu plus basse que ledit siege, couverte d'un tapis semé de fleurs de lys, comme ledit Lundy precedent; sur laquelle estoient, Messires Claude Patarin, Premier President du Parlement de *Dijon*; Falco Aurillac President du Parlement de *Grenoble*; Jean Feu, second President du Parlement de *Roüen*; Et François Banquet, quatriéme President du Parlement de *Bordeaux*.

Au bas siege du costé dextre, & du costé des gens Laics, estoient Messires Anne de Montmorency, Chevalier de l'Ordre, Seigneur dudit lieu, Grand Maistre, & premier Baron de France, & Gouverneur de Languedoc, Philippes Chabot, Chevalier de l'Ordre, Sieur de Brion, Admiral de France, & Gouverneur de Bourgongne & de Coucy. Robert Stuart, Chevalier de l'Ordre, Sieur d'Aubigny, Capitaine de la Garde Escossoise du Corps du Roy. Jacques de Genoüillac, dit Galiot, Chevalier de l'Ordre, Sieur d'Assier, Grand Escuyer de France, & Seneschal d'Armagnac. Charles de Luxembourg, Chevalier de l'Ordre, Comte de Brienne & de Roussy. Et Alberto Pio, Chevalier de l'Ordre, Comte de Carpie en Lombardie.

Au bas siege du costé senestre, & des gens d'Eglise, estoient les Archevesques de Lyon, de Bourges, & de Roüen. Les Evesques de Meaux, du Puy, & de Chartres.

Et devant ledit siege estoit une autre forme de bois, couverte comme dessus; sur laquelle estoient les Evesques de Basas, de Lisieux, de Comminges, de Troyes, de Limoges, de Mande, & d'Avranches.

Et devant le Siege bas du costé dextre, où estoient les Chevaliers de l'Ordre, fut mise une autre forme de bois, couverte comme dessus; sur laquelle estoient les Evesques d'Auxerre, de Mascon, de Xaintes, de Conserans, de Carcassonne & de Vance.

Au bas siege où les Baillifs & Seneschaux ont accoustumé se seoir és jours de Plaidoiries, & auquel se tient le Bureau és jours de Conseil, estoient les Maistres des Requestes.

Et devant ledit siege estoit une forme de bois, couverte comme dessus; sur laquelle estoient le Prevost des Marchands, & les Eschevins de la Ville de Paris.

Aux autres sieges du parquet, d'un costé & d'autre, estoient les Conseillers, & autres Officiers de ladite Cour: aussi y estoient les Conseillers, des autres Cours de Parlemens, de Toulouse, Bordeaux, Roüen, Dijon, Grenoble, & Aix en Provence, mandez par le Roy pour assister à cette Assemblée, comme cy dessus.

Et derriere les bancs, d'un costé & d'autre, estoient aucuns Gentils-hommes de la Chambre, Maistres d'Hostel du Roy, Baillifs & Seneschaux, & les Capitaines des Gardes, qui avoient la garde des huys de la Chambre de Parlement.

Cedit jour le Roy vint en la Cour de ceans, en laquelle les Cardinaux, Archevesques, & Evesques, Princes du Sang, Chevaliers de l'Ordre, Gentils-hommes & Nobles; les Presidens, Conseillers, & Officiers de ladite Cour de toutes les Chambres; les Presidens & Conseillers Deputez par les Cours des Parlemens de Toulouse, Bordeaux, Roüen, Dijon,

ANNO 1527. Dijon, Grenoble, & Aix en Provence, eſtoient. Auquel Seigneur eſtant en ſon ſiege Royal tenant ſon Liét de Juſtice, le Cardinal de Bourbon parlant pour l'Egliſe de France, a dit; Que la plus petite portion de l'Egliſe Gallicane, qui eſt en cette Aſſemblée, & en cette Ville, ſe ſont aſſemblez pour enſemblement communiquer à lui donner conſeil de la matiere dont ledit Seigneur leur a demandé advis: Et pource que ladite matiere leur a ſemblé ſi juſte & raiſonnable, qu'il n'eſt poſſible de plus, d'un commun accord & d'un meſme vouloir, ont conclu enſemblement, que juſtement & ſainctement, l'Egliſe pourra donner & faire preſent audit Seigneur de la ſomme de treiſe cens mille francs. Requerans & ſupplians tres-humblement ledit Seigneur, pource que la ſomme eſt fort grande, & ſera difficile à lever, ſon plaiſir ſoit d'aviſer aux moyens & termes de la lever, ainſi qu'il luy plaira; ſans toutesfois retarder la delivrance & liberté de Meſſeigneurs les Dauphin, & Duc d'Orleans ſes enfans; & eſt ce à quoy ladite Egliſe Gallicane conſent de luy faire preſent, le ſuppliant s'en vouloir contenter: Et que pour l'humanité & gracieuſeté, qui eſt en la perſonne dudit Seigneur, de laquelle il a uſé envers les Prelats eſtans en cette Aſſemblée, ils ont deſſein de le requerir de trois choſes. La premiere qu'il luy plûſt avoir compaſſion de la miſerable & damnable captivité du Pape, & vouloir comme Roy Tres-Chreſtien, & fils aiſné de l'Egliſe, ſuivant les mœurs des Roys ſes predeceſſeurs, & comme un vray fils doit faire, le ſecourir & ayder à remettre dans ſon Siege. La deuxiéme eſt, que ſon plaiſir fuſt de vouloir déraciner les Hereſies, qui depuis quelque temps eſtoient latitement entrées en ce Royaume, & y pulluloient; & en ce faiſant feroit le devoir d'un Prince portant le nom de Roy Tres-Chreſtien. Et pour la troiſiéme, le ſupplient qu'il luy plaiſe entretenir les Franchiſes, Libertez, & Droicts qui concernent ladite Egliſe Gallicane, les maintenir, garder, & augmenter ainſi que les Roys ſes predeceſſeurs ont fait: Et en ce faiſant ils pourront dire ce que Eſaye dit en ſon 40. Chapitre; *In proximo eſt qui veniet in fortitudine, Brachium ejus dominabitur, & erit gloria Domini ſuper terram.* Qui eſt à dire, qu'il eſt prochain que la gloire ſera renduë, qui ſera s'il plaiſt à Dieu bien toſt: Et le ſupplient que ce ſoit la delivrance de meſdits Seigneurs ſes enfans, & la concluſion de la paix.

Ce fait, le Duc des Vendoſme s'eſt levé, qui a dit audit Seigneur, qu'il parle pour les Princes, Seigneurs, & Gentils-hommes eſtans preſens, comme pour ceux qui ont accouſtumé plus faire que dire; Leſquels, & luy en leur Compagnie, ſe ſont aſſemblez pour adviſer ſur le faict, dont il a plû audit Seigneur leur communiquer, & le remercier tres-humblement de l'honneur que ledit Seigneur leur fait, & de l'amitié & familiarité qu'il leur porte. Et quant aux preſens, ils l'ont prié offrir audit Seigneur, non ſeulement la moitié de leurs biens, mais le tout, leurs corps, & leurs vies: ce qu'il offre de ſa part. Quant eſt des autres Nobles qui ſont par le Royaume, & n'ont eſté appellez, il eſpere qu'ils feront le ſemblable; car la cauſe eſt la liberté & delivrance de Meſſeigneurs les enfans dudit Seigneur, qui ne ſont ſes enfans ſeulement, mais de la choſe publique du Royaume: Et quand ils entendront les douces & amiables paroles dudit Seigneur, penſe que les Nobles de ce Royaume, eſtans & ayans vrais cœurs de Gentils-hommes, n'ont ne corps ne biens qu'ils ne luy offrent, & ſupplient ledit Seigneur envoyer les Gouverneurs des Provinces chacun en leur Gouvernement; & és lieux où il n'y a Gouverneurs, gros & notables perſonnages, pour faire aſſembler par les Bailliages & Seneſchauſſées les Nobles & Gentils-hommes, & leur faire remonſtrer la cauſe pour laquelle ledit Seigneur a fait cette Aſſemblée: Et il ne fait point de doute qu'en leur gardant & conſervant leurs libertez & franchiſes de Nobleſſe, ledit Seigneur ne faſſe d'eux ce qu'il luy plaira, & qu'ils n'employent à ſon ſervice leurs corps, leurs vies, & leurs biens.

Et aprés ce, ſe ſont Meſſire Jean de Selve Premier Preſident, les autres Preſidens, Conſeillers, & Officiers de ladite Cour; enſemble les Preſidens & Conſeillers des Cours de Parlement de Toulouſe, Bordeaux, Roüen, Dijon, Grenoble, & Aix en Provence, Deputez par leſdites Cours pour eſtre & aſſiſter à cette dite Aſſemblée, mis à genoux; leſquels le Roy a incontinent fait lever. ANNO 1527. Et a ledit de Selve Premier Preſident, dit, Que les Gens tenans ſa Cour de Parlement, auſſi les autres Preſidens & Conſeillers des autres Cours Souveraines icy aſſemblez, ont adviſé à luy faire réponſe ſur ce qu'il luy a plû vouloir avoir leur advis, & leur communiquer ſes tres-hauts & tres-grands affaires: Qu'ils ont eu à conſiderer les trois poincts propoſez par ledit Seigneur. Le premier, qui eſt la grande charité qu'il porte au Peuple François, d'avoir offert ſa liberté, & ſa perſonne pour retourner en captivité; qui eſt une choſe de ſi grande conſequence, qu'il n'eſt poſſible de plus. Et peut dire que ledit Seigneur fait comme fit David aprés la defaite de l'Armée de ſon fils Abſalon, parlant au Peuple de Judée: *Vos fratres mei eſtis, os meum, & caro mea;* ainſi qu'il eſt écrit au 19. Chapitre du deuxiéme Livre des Roys. Et que le Fils de Dieu noſtre Redempteur, Chef de toute puiſſance celeſte & terreſtre, & de tout le monde, dit à ſes Apoſtres, ainſi qu'il eſt écrit au 15. Chapitre de l'Evangile Sainct Jean, *Majorem charitatem nemo habet, ut animam ſuam ponat quis pro amicis ſuis*, lorſque noſtredit Seigneur, le vray Paſteur, ſe voulut offrir pour ſes brebis; & doit-on remercier très-humblement ledit Seigneur de ce qu'il s'humilie tant pour le ſalut de ſon Peuple: Mais conſideré que tout ainſi que nature abhorre que le chef ſoit ſeparé du corps, lequel oſté il n'y a plus de vie; Auſſi le Peuple François, qui eſt le corps myſtique, & duquel ledit Seigneur eſt le Chef, demeurant ſans luy, & qu'il en fuſt eſloigné, ſeroit ſans vie, & ſans ſeureté: A cette cauſe cette Aſſemblée l'a chargé ſupplier ledit Seigneur très-humblement laiſſer ce poinct, & n'y plus entendre: Et le prier & requerir luy dire comme il eſt écrit au 24. Chapitre de l'Evangile Sainct Luc, *Mane nobiſcum Domine, quoniam adveſperaſcit:* Car ſon abſence ſeroit tenebres en ce Royaume, & n'y auroit clarté, ny lumiere; & voudroit qu'il pluſt à Dieu qu'il euſt la grace d'exprimer ce qui a eſté dit en cette Aſſemblée, & le zele qu'on a eu à deliberer en cette matiere: Et ſupplie ledit Seigneur vouloir excuſer la rudeſſe de ſon petit entendement, & prendre le tout de bonne part; & penſer que quand ledit Seigneur voudroit s'en aller hors du Royaume, & retourner en captivité, que ſon Peuple & ſes Sujets ne le ſouffriroient jamais, mais pluſtoſt les demembreroit-on, & mettroit on en pieces, qu'ils l'enduraſſent, ne ſouffriſſent: Car ils peuvent dire audit Seigneur ce que le Peuple d'Iſraël dit à David: *Nos os, & caro tua ſumus*, que le Royaume eſt au Roy, & le Roy eſt auſſi au Royaume; & ſera ſon bon plaiſir de permettre que ſes Sujets demeurent avec luy, & n'avoir plus cette penſée de les laiſſer. Au deuxiéme poinct, eſt queſtion ſi enſuivant le Traité fait en la ville de Madrid, & la foy qu'il a baillée à l'eſleu Empereur, ou à ſes gens, ledit Seigneur doit bailler, & laiſſer le Duché de Bourgongne; A eſté la matiere debatuë en cette Aſſemblée, en laquelle y a de grands & notables Perſonnages, & n'a trouvé homme qui ait eſté d'opinion que ledit Seigneur ſoit obligé de ſa foy, ne de bailler ledit Duché de Bourgongne, ne entretenir ledit Traité de Madrid: A, luy qui parle, voulu voir les Docteurs decidans de ſemblables matieres, & n'a trouvé par iceux que ledit Seigneur y ſoit aucunement obligé; meſmement par Franciſque Zabarella, qui fut un grand perſonnage, & trouvé ſi homme de bien qu'il parvint à la Dignité de Cardinal, lequel decide d'un cas ſemblable d'un Roy de Cypre qui fut priſonnier des Genevois, & qui avoit baillé ſon fils pour oſtage, & promis de retourner priſonnier, fut trouvé qu'il n'eſtoit obligé de ce faire, ainſi qu'il appert par ſon 137. Concile. Franciſque de Accoltis de Aretio, le tient formellement en ſon 14. Concile. Et pour parler des modernes, Philippes Dece, qui a eſté conneu eſtre tel perſonnage que on a veu, le decide au 219. de ſes Conciles. A voulu voir ce qu'en diſent Pierre de Ancarano en ſon Concile 299. Balde en ſon Concile 364. & en ſon 26. Concile de ſon troiſiéme Volume, & en ſon 240. Concile de ſon premier Volume. Et Alexandre de Ymola en ſon 48. Concile de ſon quatriéme Volume.

ANNO 1527.

lume. Et aussi Dominique en son 24. Concile; & n'y a celuy d'eux qui ne tienne que ledit Seigneur n'y est obligé. Davantage la Mer & le comble de la Terre sont témoins qu'il n'y a aucune obligation: Car l'esleu Empereur ne delivra ledit Seigneur à sa foy, & ne fut une heure qu'il ne fust prisonnier, mais luy fut baillé plus de garde en revenant d'Espagne qu'il n'avoit en la prison; Le sçait luy qui parle; Le sçavent aussi les Sieurs de Montmorency Grand Maistre, de Brion Admiral de France, l'Archevesque de Bourges, & le Prevost de Paris, qui sont icy presens, qui estoient, & ne bougerent d'avec ledit Seigneur; & le supplient de se reposer & mettre en son esprit qu'il n'est tenu de sa foy, & serment, ne aussi entretenir ledit Traité de Madrid. Et quant est du Duché de Bourgongne, y a des raisons pour lesquelles ledit Seigneur ne le peut ne le doit bailler; car c'est la premiere Pairrie de France, qui est inalienable, & ne se peut mettre hors de la Couronne; & si ledit Seigneur l'avoit baillée, il auroit baillé l'un des principaux boulevarts de son Royaume; & faudroit que les Villes prochaines, & mesme cette Ville de Paris, qui est le cœur, & la Ville capitale de ce Royaume devinssent boulevarts, qui seroit une chose déraisonnable, & très-dommageable pour la chose publique. Davantage ledit Seigneur ne le pourroit faire; car il est tenu d'entretenir les Droicts de la Couronne, laquelle est à luy, & à son Peuple, & à ses Sujets commune; A luy comme le chef, & aux Peuple & Sujets comme aux membres: Et est un mariage fait entre ledit Seigneur & sesdits Sujets; & le droict de ce mariage que ledit Seigneur est tenu garder, est d'entretenir & conserver les Droicts de sa Couronne: Ne veut venir à la Loy Salique, qui a tousjours esté entretenuë de si longtemps comme une saincte & juste Loy, par laquelle les Droicts de la Couronne sont inalienables: Sçait & a veu ledit Seigneur, comme deux ans avant que le Roy Jean fist l'alienation du Duché de Bourgongne, il l'avoit incorporé à la Couronne, & ordonné qu'elle ne seroit jamais alienée, ne mise hors, & en faisant ladite alienation ne pouvoit prejudicier à son premier Edict; aussi par iceluy il n'y a revocation, ains seulement le bailla au Duc Philippes son fils pour Appanage; & de permettre que ledit Duché aille ailleurs ne tombe en autres mains, ne le peut, ny ne doit ledit Seigneur le faire. Ledit Admiral qui est Gouverneur dudit Pays, Messires Denys Poillot President ceans, & Claude Patarin Premier President du Parlement de Dijon qui sont icy presens, furent envoyez devers ledit Seigneur par le Pays, lequel contredit ladite alienation, & où ledit Seigneur la voudroit faire en appella; disant que ledit Seigneur ne peut aliener ledit Duché sans le consentement de ses Sujets, lesquels ne veulent, ny ne voudroient estre separez de la Couronne, mais y veulent perpetuellement demeurer; Que le Royaume est audit Seigneur, & luy au Royaume, & ne permettra son Royaume estre divisé, mais rejettera cette alienation en arriere sans jamais en parler. Le tiers poinct est de la conclusion de la Paix, avec la delivrance de Messeigneurs les Dauphin de Viennois, & Duc d'Orleans, ses enfans; & où l'esleu Empereur seroit si mal advisé de refuser, & ne vouloit bailler la paix, de luy faire & mener la guerre pour le faire venir à la raison: Qui est une matiere de grande importance, & de poids; & en deliberant de ladite matiere, n'a trouvé homme qui n'ait dit que le Seigneur doit accepter la Paix; & doit lever les deux millions d'or, dont il a parlé, sur l'Eglise, la Noblesse, les Villes franches, & le Peuple du Royaume des Dauphiné, & Comté de Provence, & de ses autres Terres & Seigneuries: Que mesdits Seigneurs les Dauphin, & Duc d'Orleans, sont enfans naturels dudit Seigneur, & aussi ils sont enfans du Peuple François, & de la chose publique, nez pour les dominer, gouverner, & regir: Et peut dire ce que David disoit au Peuple d'Israël; *Nos os, & caro tua sumus.* Sont mesdits Seigneurs audit Seigneur, & au Peuple François, *Puer natus est nobis, & filius datus est nobis*; Et puisque mesdits Seigneurs sont à tous, si par faute de biens on les laissoit entre les mains de leur ennemy sans pourchasser leur delivrance & liberté, ce seroit une merveilleuse ingratitude des Sujets à leurs Seigneurs. Et faut que le Peuple François fasse, comme dit Nebemie au 5. Chapitre, *Nos redimemus fratres nostros Judaeos qui venditi fuerunt gentibus secundùm possibilitatem nostram.* Et n'est pas tout de faire ce que l'on pourra, mais il faut adjouster davantage. Le bon Tobie durant la captivité des Juifs en Babylone, faisoit à ses freres plus qu'il ne pouvoit: *Cùm omnia quæcumque habere poterat quotidie dividebat captivis fratribus, qui erant ex ejus genere:* Et n'est à cette heure question de bailler tout ce que l'on a, mais quand on auroit baillé la moitié des superfluitez y en auroit assez, & davantage, pour delivrer mesdits Seigneurs les enfans. Et faut faire comme ont fait ces Anciens, qui faisoient le possible de bailler non seulement ce qui étoit superflu, mais ce dequoy ils se devoient entretenir, & alimenter; mesmement pour un tel œuvre que la liberation de mesdits Seigneurs les enfans: Lesquels jamais homme ne vit qu'il ne s'en trouvast tout resjouy & consolé; tant ils sont beaux, gracieux, & honnestes Princes. Et avant que parvenir à la conclusion, recitera une Histoire des Romains servant à ce propos: Qui est, que aprés la Bataille de Cannes, où les Romains furent défaits par Hannibal, qui fut celle où ils eurent la plus grande pertes tellement que on pensoit la Seigneurie de Rome devoir tomber és mains de leurs ennemis: Le Peuple Romain se voyant en cette perplexité, voulant remettre leur Estat sus, delibera que on prendroit les daces, les tributs & gabelles qui estoient deuës au Tresor commun à plus haut prix qu'ils n'avoient esté mis du temps des guerres qui avoient esté auparavant, tellement qu'il fut mis pour une année deux subsides. Et lors que Sempronius Graccus eut la charge de lever une Armée nouvelle pour envoyer au devant dudit Hannibal, & empescher qu'il n'approchast de la Ville de Rome, y eut plusieurs desdits Romains qui se firent enroller; & voulurent servir sans avoir aucun payement; y en eut d'autres à qui il estoit deu argent qui ne le voulurent prendre, mais liberalement pour la salvation de la chose publique le baillerent. Davantage firent un exercite de serfs; Ce qui n'avoit jamais esté permis, & aimerent mieux faire militer les serfs, veu la necessité du temps, que racheter les prisonniers qui estoient és mains des Cartaginois; voulurent achepter lesdits serfs pour les employer à la guerre, mais leurs Seigneurs & Maistres ne les voulurent vendre, ains les baillerent sans aucun prix: Ceux à qui la chose publique avoit donné permission de lever aucuns tributs sur leurs Terres, & Sujets n'en voulurent jouyr, mais dirent qu'ils seroient levez pour la conservation de leur Seigneurie. Les hommes & femmes qui avoient ornemens & joyaux, les porterent pour y estre employez. Et ne fut pas tout; car les petits enfans baillerent les signes d'ingenuité qu'ils portoient au col, qui est la pretexte & la bulle d'or: Et faut bien que les François soient imitateurs de la liberalité des antecesseurs. A Camille quand il fut question de defendre le Capitole, & de lever une Armée contre les Gaulois Senonois qui tenoient Rome assiegée, les Matrones & Dames Romaines offrirent & baillerent leurs bagues. Et doit le Peuple François imiter & ensuivre les mœurs & bons vouloirs des Anciens; car il a plus d'affection envers son Prince, que les Romains n'avoient envers leurs Dictateurs, Gouverneurs & Superieurs: Est le Roy né, ont les Roys ses predecesseurs esté nez, sont mesdits Seigneurs les enfans dudit Seigneur nez pour estre Dictateurs, Gouverneurs & Superieurs des François: Et puis que l'on voit l'amour, l'honnesteté, & la bienveillance dudit Seigneur, & qu'il craint de trop demander, la raison veut que l'on ait crainte de peu offrir, & de peu bailler. Que la conclusion commune de cette Cour, & de ceux des autres Cours Souveraines qui sont icy presens, a esté que raisonnablement ledit Seigneur peut lever sur les Estats de son Royaume la somme de deux millions d'or; c'est à sçavoir sur l'Eglise, la Noblesse, les Villes franches, & le Peuple; & aussi sur les Estats du Dauphiné, & Comté de Provence, & autres ses Terres & Seigneuries. A voulu parler si les gens d'Eglise peuvent estre contraints de contribuer, mais le Cardinal de Bourbon luy a clos la bouche, veu l'offre qu'il a faite, & de traiter & entretenir l'Eglise en sa liberté, & en ses prerogatives, préeminences & franchises le doit ledit Seigneur

ANNO 1527. gneur faire: Mais ils y peuvent & doivent raisonnablement contribuer pour le cas qui s'offre, sans se conseiller ne attendre le consentement du Pape; attendu mesmement la captivité dudit Saint Pere, distance du lieu où il est, & la promptitude & necessité de cet affaire. Il y a quelques choses en particulier qui ont esté dites en deliberant de cet affaire, qu'il recitera: Car il semble que les Religieux de l'Ordre des Hospitaliers de Sainct Jean de Hierusalem doivent contribuer, les raisons ont esté touchées pour la cause qui cesse, qui est que les biens des Templiers leur furent donnez par le Roy Philippes le Bel pour la defense de la Foy, & de la Chrestienté, ont perdu Rhodes, & n'est nouvelles de mener la guerre aux Turcs & Infideles, au moyen dequoy cesse la cause, & se peut ledit Seigneur ayder de leur revenu, & en prendre la moitié. A semblé aussi qu'il y a des gens en ce Royaume riches, qui ont eu les biens qu'ils ont dudit Seigneur, & sont ceux qui plus liberalement les devroient offrir, & s'en pourra ledit Seigneur ayder: Y en a d'autres à qui ledit Seigneur a donné le revenu des Greniers du Sel, aussi plusieurs Terres & Seigneuries des appartenances de son Domaine; lesquels pour cette année se doivent contenter que ledit Seigneur s'en ayde comme du sien. A la conclusion & resolution de cet affaire y a eu deux opinions, dira la moindre la premiere; Qui est que l'on doit demander en particulier aux Archevesques, Evesques, & autres Prelats de Royaume ce qu'ils voudront de leur chef donner, & aprés les exhorter qu'ils ayent à assembler leur Clergé pour sur eux imposer ce qu'ils pourroient raisonnablement porter, & sembleroit que cet advis seroit pour parvenir à lever plus grande somme que si on la levoit par Decimes; Mais on a consideré qu'il y auroit du murmure, & de la longueur, & ne sçauroient si tost les deniers estre levez. L'autre opinion, qui est la plus grande, a esté que l'Eglise, & la Noblesse doivent contribuer, & n'en doivent estre exempts, combien qu'ils soient francs, & se doit lever la portion qui sera mise sur l'Eglise par Decimes, pour avoir les deniers plus promptement, & sans scandale. Ne doivent les Nobles pour la part & portion qui leur sera imposée, reculer sous ombre de leurs libertez: Car les Roys qui leur ont donné leurs Franchises & Privileges, ne leur ont donné contre eux, ne contre leurs successeurs; mesmement en ce cas particulier, qui est de la rançon du Roy, ou de la delivrance & liberté de Messeigneurs ses enfans, estans ses Ostages, & en son lieu prisonniers & captifs: Et pour parvenir au demeurant, & parfaict de ladite somme, les Villes franches, & le Peuple la doit porter. Et a semblé que ledit Seigneur doit prendre cinq ou six des Archevesques & Evesques, autant des Princes & Nobles, & autant de ceux des Cours Souveraines, tels qu'il luy plaira, pour adviser à la distribution, assiette, & departement desdits deux millions d'or; & aprés dépescher ses Mandemens adressans aux Archevesques, Evesques & autres Prelats, pour faire lever tant sur eux, que sur leur Clergé, les sommes qui leur seront imposées; & leur doit ledit Seigneur donner main forte pour faire venir les deniers, s'il en est besoin, & l'Eglise le requiert. Et touchant la Noblesse doit ledit Seigneur y proceder à les avoir plus par honnesteté que par rigueur: Et semble advis qu'il doit adresser ses Commissions aux Gouverneurs des Pays; & és lieux où il n'y aura Gouverneurs, y envoyer grands & notables Personnages, pour faire assembler les Nobles par Bailliages & Seneschaussées pour leur remonstrer ce qui a esté dit; & pense qu'ils useront de si grande bonté, & gracieuseté envers leur Prince, qu'il ne sera refusé de chose qu'il demande; Car les Vassaux qui tiennent leurs terres de leur Seigneur ne luy peuvent en cas tel que cettuy-cy, refuser secours & ayde; & s'il y avoit aucuns particuliers qui fussent deraisonnables, on les y doit contraindre: Et que les deniers qui viendront de l'Eglise soient mis en un lieu à part és mains de l'un d'eux, ou trois Archevesques, ou Evesques qu'il plaira audit Seigneur: Ceux qui viendront de la Noblesse en un autre lieu à part: Et aussi ceux qui viendront des Villes franches, & du Peuple jusques à la somme de douze cens mille écus, n'y toucher aucunement, *Non licet mittere in corbonam, quia pretium sanguinis est*; & doit estre destiné pour la liberation & delivrance de mesdits Seigneurs. Et pour le faict de la guerre, doit ledit Seigneur prendre argent ailleurs, toutesfois se pourra ayder des huit cens mille écus restans desdits deux millions d'or. Et aprés que le tout sera octroyé & departy, espere que, mais que on prenne la voye gracieuse & douce, & que l'on procede par honnesteté, ledit Seigneur trouvera des gens qui luy en offriront plus qu'il n'en demandera, & trouvera façon moyennant la permission divine, que mesdits Seigneurs ses enfans luy seront rendus & delivrez, & qu'il aura de brief la conclusion de la Paix; & seroient la Cour de ceans, aussi ceux des autres Cours de Parlemens, & Souveraines de ce Royaume, bien mal-heureux s'ils n'estoient participans de cecy, & n'en veulent estre exempts, mais offrent au dit Seigneur leurs corps, leurs vies, & leurs biens, pour en disposer & faire à son bon plaisir. ANNO 1527.

Ce fait, les Prevost des Marchands, & Eschevins de la Ville de Paris, se sont mis à genoux; & a ledit Prevost des Marchands dit au Roy, que la bonne Ville & Cité de Paris, qui est la principale & capitale du Royaume, le remercie tres-humblement, autant qu'il est possible à bouche de faire, de ce qu'il luy a plû usant de son humanité & bonté accoustumée, leur declarer les tres-hauts & tres-grands affaires, pour sur iceux avoir leur advis; qu'ils se sont assemblez en la Maison de la Ville pour luy en faire réponse, & touchant les trois poincts. Le premier, qui est de l'offre que ledit Seigneur a fait de retourner en Espagne prisonnier; ceux de la Ville n'ont voulu entrer en cet advis, mais d'un commun accord ont dit; Que si la sacrée personne, & Majesté Royale avoit deliberé d'y retourner, ils mettroient toute la peine qui seroit possible pour l'empescher; d'autant qu'il est Pere de la chose publique, qui pour son absence demeureroit orpheline; le supplians tres-humblement vouloir rejetter, & n'entrer en ce propos. Quant à la redemption, & delivrance de Messeigneurs ses enfans, ils sont prests, & appareillez de leur part d'y employer eux, leurs corps, & leurs biens, & de promptement fournir ce qui leur sera taxé pour leur part & porcion. Car mesdits Seigneurs ses enfans ne sont seulement à luy, mais à la Ville de Paris, laquelle le supplie n'épargner ne corps, ne vies, ne biens pour cet affaire, & avoir le Peuple de ladite Ville aux autres affaires pour recommandé; lequel il trouvera tousjours prest à obeyr à tous ses commandemens.

Et aprés s'est levé le Cardinal de Bourbon, qui a dit audit Seigneur, qu'il a obmis luy faisant l'offre de l'Eglise Gallicane, de luy demander s'il sera content que les Conciles Provinciaux s'assemblent en chacune Province, & le supplie tres-humblement adviser laquelle des deux voyes il voudra que l'on prenne.

Ce fait a ledit Seigneur dit, qu'il est tres-aise de voir & connoistre la grande amitié, & fidelité que ses Sujets lui monstrent & portent, & que au lieu qu'il les devroit persuader de luy donner conseil, eux mesmes le persuadent. Et quant à l'Eglise, les remercie du secours & ayde qu'ils luy font, deliberé de garder l'immunité des Privileges & franchises de l'Eglise Gallicane, autant ou plus que Roy qui ait jamais esté en France; Qu'il ne demande l'argent pour luy, mais pour le Royaume; Ne le veut appliquer à son profit, mais pour retirer ses enfans, qui doivent estre & sont nez pour avoir le regime & gouvernement dudit Royaume, & de sesdits Sujets. Quant au faict du Pape, pour le mettre hors de captivité, est aprés, & y fait tout le possible: Et sçait chacun ce qu'il a fait depuis sept mois, & le grand argent qu'il a dépendu pour cette cause. Quant au faict des Heresies, n'est deliberé de les porter, mais fera qu'elles seront toutes extirpées, & mises hors; & s'il s'en trouve qui en soient entachez, en fera faire telle punition, qu'on connoistra qu'il ne porte seulement le nom, mais est Roy tres-Chrestien. Quant à la Noblesse, dit qu'il est né Gentilhomme, non pas Roy, & aussi ses predecesseurs sont nez Gentils-hommes, & n'y a homme qui plus voulut augmenter, garder, & observer les Privileges de Noblesse, que luy: Car ses enfans sont nez Gentils-hommes, & des principaux de France: & ne voudroit pour rien leur oster, ne aux au-

ANNO 1527. autres Gentils-hommes, les droicts qui leur ont esté donnez par les Roys ses predecesseurs, & qu'ils doivent avoir de nature; Et croit que les Gentils-hommes de ce Royaume ont le cœur si honneste, que pour le cas dont est question, ils ne voudront reculer à luy secourir & ayder; aussi ne leur demande ledit Seigneur que par honnesteté, & pense que par honnesteté ils le luy octroyeront: Et combien qu'il soit seur que de soy il le peut prendre sur eux, neantmoins ne le veut faire, si ce n'est de leur bon vouloir, & par gracieuseté; & l'a l'Assemblée très-sagement conseillé, dont il les remercie. Quant à son retour en Espagne, ne l'a dit par hypocrisie; car s'il eust esté besoin il l'eust fait: De sa foy ne la bailla jamais, & s'il l'eust baillée, l'eust voulu garder. Et est Dieu seul témoin, si pour le bien & conservation du Royaume il ne vondroit employer sa personne, ainsi que fit Camille quand il vit le Capitole de Rome estre en danger d'estre pris par les Gaulois Senonois; & ce qu'il veut demeurer en ce Royaume, c'est que ce luy sera plus d'honneur de defendre le Royaume, que s'il estoit en lieu où il ne pûst rien faire: Et quand il n'y auroit autre esperance de salut, sinon que sa personne y fust employée, il s'y en iroit; car il ne peut servir au Royaume que de cela. Quant à bailler le Duché de Bourgongne, qui luy en demanderoit son opinion, comme privé & simple Gentil-homme, & non comme Roy, il seroit d'avis que l'on luy devroit plustost passer sur le ventre que de consentir qu'elle se fist: Et par plus forte raison comme Roy ne le voudroit faire, & aussi n'a-ce jamais été son intention; & seroit une merveilleuse honte & deshonneur au Royaume, & lascheté de cœur audit Seigneur, & à ses Sujets, si par faute d'argent, ou de soustenir une guerre, il convinst faire une telle playe que de bailler ledit Duché de Bourgongne, & le laisser démembrer de la Couronne; & devroient les François plustost bailler leurs vies que d'y consentir, veu la consequence telle qu'elle est. A leur offre les remercie, & aussi ceux de la ville de Paris, veu le bon vouloir qu'ils ont envers luy, & la liberalité & le bon courage dequoy ils procedent: Et est cecy plus œuvre de Dieu que des hommes, & cela fait presumer que les affaires de France se porteront bien, & que Dieu ne les laissera point: Que ceux de cette Assemblée, tant en general que en particulier, regardent & advisent entre eux ce qu'il peut faire comme Roy, pour le bien & utilité du Royaume, & des Sujets, & l'en advertissent; car il ne peut pas le tout sçavoir, & s'il y a rien le disent, prendra leurs advertissemens de bonne part, & les écoutera benignement, & ce qu'il le trouvera de raison le fera, & que ce qu'il dit ne le dit par feinte, mais le dit privément, afin qu'ils n'ayent crainte de eux retirer en general & particulier devers luy; & les remercie de leur bon vouloir & conseil. Ce fait, s'est ledit Seigneur retiré, & l'Assemblée separée.

XL.

1528. 8. Mai. *Concessio & Facultas per* CLEMENTEM *Papam VII.* CAROLO V. *Imperatori & Hispaniarum Regi, ut perpetuo tempore ipse, & successores ejus Reges possint nominare Episcopatibus, Archiepiscopatibus, aliisque plurimis Beneficiis Ecclesiasticis in Regnis Hispanicis. Datum Romæ octavo Idus Maji, anno sexto Pontificatus sui.* [Autentique, tiré des grandes Archives de la Chambre Royalle de Naples.]

CLemens Septimus Carissimo in Christo Filio Nostro, Carolo Romanorum, & Hyspaniarum Regi Catholico in Imperatorem electo salutem & cætera. Intra Arcana pectoris, & mentis Nostræ diu, multumque revolventes, quæ, & quanta claræ memoriæ Ferdinandus Rex Catholicus, Avus tuus Maternus pro Catholicæ fidei tutela, & exaltatione, ac Religionis Christianæ propagatione contra Mauros, & alios Christi nominis hostes, proque hac Sancta Sede, cui benignitate Divina præsidemus, gesserit, sperantes te, qui ejusdem Regis in Hispaniarum, ac Siciliæ citra, & ultra Farum, Regnis hæres, & Ecclesiæ Sponsæ Nostræ Advocatus existis, ANNO 1528. ejus vestigiis insistendo, ejusque præclara opera imitando, etiam majora pro dictæ fidei incremento terrestri exercitu, & Classe Maritima præstitisti, ut pote qui præter Insulas, Spagnolas vulgo nuncupatas, per ipsum Ferdinandum Regem repertas, & illarum habitatores ad agnitionem Fidei reductos, alias quoque in Mari Indico Insulas, antea prorsus incognitas, Mundum Novum non immerito appellatas, tuo ductu, tuisque auspiciis, tuæ ditioni subjecisti, illarumque Nationes de Christiana Religione nihil comperti habentes, ad illam agnoscendam, & agnitam custodiendam, omni studio, & diligentia hactenus procurasti, deinceps quoque confidimus te, quoad in humanis egeris, barbaras Nationes ad rerum omnium opificem, & Conditorem, Deum cognoscendum, non solum edictis, admonitionibusque, sed etiam armis, & viribus, si opus fuerit, ut earum animæ Cælestis Regni fiant participes, compulsurum, omnique studio effecturum: quo circa merito inducimur, illa tibi propensissimo animo concedere, per quæ tuæ Celsitudini honor accrescat, ac tuo intuitu, gratis, acceptisque tibi Ecclesiasticis personis, de beneficiis Ecclesiasticis opportune valeat provideri: ea propter motu proprio, non ad tuæ, vel alterius pro te nobis super hoc oblatæ petitionis instantiam, sed de Nostra mera liberalitate, & Authoritate Nostra, quilibet ex Episcopis, & Archiepiscopis, per te semel dumtaxat eligendis, pro personis Ecclesiasticis per te eis ad hoc nominandis, etiam quæcumque, quodcumque, & qualiacumque Beneficia Ecclesiastica cum cura, & sine cura, etiam, ex quibusvis dispensationibus, obtinentibus, & expectantibus quorum beneficiorum qualitates, & valores, ac dispensationum hujusmodi tenores, haberi volumus pro expressis, ipsasque personas, & earum singulas, à quibusvis excommunicationis, Suspensionis, & Interdicti, aliisque Ecclesiasticis sententiis, censuris, & pœnis à Jure, vel ab homine, quavis occasione, vel causa latis, si quibus quolibet innodati existunt, ad effectum validandarum nominationum de eis faciendarum consequendum, harum serie absolvimus, & absolutos fore volumus atque nunciamus in singulis, (preterquam quibus Venerabiles Fratres Nostri Sacræ Romanæ Ecclesiæ Cardinales præsunt) Cathedralibus, & Metropolitanis, Secularibus, & quorumvis Ordinum Regularibus, & Collegiatis Ecclesiis in Castellæ, & Legionis, ac Aragoniæ, & Valentiæ, Granatæ, Siciliæ, ac Majoricarum Regnis, nec non Principatum Cataluniæ, tibi subjectis consistentibus unum Canonicatum, & unam Præbendam, ac unam Dignitatem, Personatum, Admistrationem, vel officium, ac unum Locum, & Canonicatum, portionem in Ecclesiis, ubi dimidiæ portiones erunt, alias duas integras portiones, & ad dignitates, Personatus, administrationes, & officia hujusmodi consueverint qui per electionem assumi, eisque cura immineat animarum; Nec non quatuor præstimonia, seu præstimoniales portiones, aut simplicia Beneficia in quibusvis Civitatibus, & Diocesibus Regnorum & Civitatum prædictarum, prærterquam Ecclesiarum, in quibus Cardinales hujusmodi præsunt, consistentia unius, duorum, trium, aut quatuor, cedentis, vel decedentis, aut cedentium, vel decedentium ipsarum Ecclesiarum Canonici, vel Canonicorum, aut alias in illis, seu Civitatibus illis & Diocesibus prædictis beneficiati, seu beneficiatorum cujuscumque Taxa, seu annui valoris illorum fructus, redditus, & proventus existant, dummodo aliqua Dignitatum in Cathedrali, seu Metropolitano post Pontificalem major, aut in Collegiata Ecclesiis hujusmodi principalis, & illæ, ac integræ, vel dimidiæ portiones aut simplicia Beneficia hujusmodi dispositioni Apostolicæ specialiter reservatæ, seu ex generali Apostolica reservatione affecta non existant, ad collationem, provisionem, præsentationem, electionem, seu quamvis aliam dispositionem quorumcumque Archiepiscoporum, Episcoporum, vel aliorum Collatorum, & Collatricum in prædictis Regnis & Principatu, preterquam prædictorum Cardinalium, nec non dilectorum filiorum singulorum Capitulorum, & Canonicorum, & Personatuum, earumdem Ecclesiarum, etiam ratione Dignitatum, Personatuum, administrationum, vel Officiorum, quæ in illis obtinent, communiter, vel divisim

ANNO 1527. divisim pertinentia, si qua pro tempore nominationis faciendæ hujusmodi vacabunt, aut cum etiam in aliquo, vel aliquibus ex mensibus per Nos ordinariis Collatoribus, & Collatricibus per Constitutionem Nostram, aut per alternativas, seu alias Literas Apostolicas Archiepiscopis, & Episcopis, nec non aliis Collatoribus, & Collatricibus sub quacumque verborum forma, & cum quibusvis clausulis, & derogatoriarum derogatoriis, ac clausulis talibus, quod eis nisi sub certa forma specifice, & etiam individualiter Cognominum, & Dignitatum, etiam Archiepiscopi expressione, derogari non possit, quomodolibet concessæ, & concedendæ, simul, vel successivè vacaverint, quæ ipsæ nominandæ Personæ per se, vel Procuratores suos ad hæc ab eis, & qualibet earum specialiter constitutos infra unius mensis spatium, postquam cuilibet eorum, vel earum Procuratoribus vocatio illorum innotuerit, duxerit acceptanda, conferenda, eisdem nominandis personis post acceptationem hujusmodi cum omnibus Juribus, & pertinentiis suis donationi suæ, hac vice dumtaxat authoritate Nostra reservare, & etiam illas ex dictis nominandis personis, quas in Canonicos aliquarum Ecclesiarum prædictarum creavit, ut pro eis inhibi Præbendæ, seu Dignitates reserventur, per te ad hoc nominari contingerit, ipsarum Ecclesiarum Canonicatus, cum plenitudine Juris Canonici authoritate prædicta conferat, & de illis etiam provideat, ac faciat personas ipsas in Canonicos dictarum Ecclesiarum recipi, & in Fratres, ac stallo cuilibet eorum in Choro, & loco, in Capitulo omnium ipsarum Ecclesiarum, cum dicti Juris plenitudine assignatis, nec non Archiepiscopis, Episcopis, Canonicis, Personis, Collatoribus, Collatricibus, ac illi, vel illis, ad quem, vel ad quas Canonicatus, & Præbendæ, Dignitatum, Personatuum, administrationum, vel Officiorum Collatio, & portionum, nec non præstimoniorum, seu præstimonialium portionum, aut simplicium Beneficiorum Collatio, provisio, præsentatio, seu quævis alia dispositio, communiter, vel divisim pertinet, nè de illis interim, etiam ante acceptationem eamdem, nisi postquam eis constiterit, quod personæ per Majestatem tuam ad illam nominandæ, vel earum Procuratores hujusmodi illa voluerint acceptare, disponere quoquomodo præsumet, districtius cum irritanti decreto inhibendo, nec non Canonicatus, & Præbendæ, loca, & Canonicales portiones ad Dignitates, Personatus, & Officia, integras, & dimidias portiones, nec non præstimonia, præstimoniales portiones, & simplicia Beneficia, hujusmodi, quæ reservabit, si vacabunt, vel cum vacaverint, ut præfertur, cum omnibus Juribus, & pertinentiis prædictis eisdem per te nominandis personis, post acceptiones ipsas Authoritate prædicta conferre, & de illis etiam providere, nec non per te, vel alium, seu alios, easdem per te nominandas personas, vel suis nominibus earum Procuratores, in Corporalem possessionem Canonicatuum, & Præbendarum, ac Dignitatum, personatuum, administrationum, vel Officiorum, ac portionum, & præstimoniarum, seu præstimonialium portionum, & simplicium Beneficiorum, Juriumque, & pertinentiarum prædictorum inducere, & inductos defendere, & ad Dignitates, Personatus, administrationes, vel Officia, ac portiones, & præstimonia, præstimoniales portiones, aut simplicia Beneficia hujusmodi, ut est moris, admittere; sibique de Canonicatuum, & Præbendarum, ac locorum, ac Canonicalium portionum, nec non Dignitatum, Personatuum, administrationum, & Officiorum, & integrarum, & dimidiarum portionum, nec non præstimoniorum, præstimonialium portionum, aut simplicium Beneficiorum hujusmodi fructibus, redditibus, proventibus, Juribus, fructibus, & obventionibus universis integrè responderi facere, Contradictores authoritate Nostra, appellatione postposita, compescere, & quascumque lites, & causas occasione reservationum, & inhibitionum, ac collationum inter nominatas, & alias personas pro tempore occurrentes, & exortas in prima instantia dumtaxat cognoscere, ac fine debito infra tamen annum terminare, & finire, quibus effluxis, liceat cuilibet litigantium ad Romanam Curiam causam devolvere: Nec non duodecim nominandis personis, ut quilibet earum, quæ unum obtinuerit, cum illo unum aliud, vel absque eo ipse, & aliæ, ex dictis personis nullum obtinentes, quæcumque duo Curata, seu alias invicem incompatibilia Beneficia, Ecclesiastica, vel eorum perpetuæ Vicariæ, aut Dignitates, Personatus, administrationes, vel Officia in Cathredalibus, etiam Metropolitanis, vel Collegiatis, & Dignitates ipsæ, quas alias obtineat in Cathedralibus Ecclesiis Metropolitanis, post Pontificales majores; seu Collegiatis hujusmodi principales. seu talia mistim fuerint, & ad Dignitates, Personatus, administrationes, vel Officia hujusmodi consueverint qui per electionem assumi, eisque cura immineat animarum, etiam si unum ex ipsis cuilibet eorum vigore præsentium conferatur, aut eligatur, præsentetur, vel assumetur ad alia, & instituetur, in illis recipere, & insimul, quoad vixerit, retinere, illaque simul, vel successivè simpliciter, vel ex causa permutationis, quoties cuilibet earumdem duodecim personatum placuerit, dimittere, & loco dimissi, vel dimissorum aliud, vel alia, simile, vel dissimile, aut similia, vel dissimilia, Beneficium, seu Beneficia Ecclesiasticum, vel Ecclesiastica, duo dumtaxat invicem incompatibilia similiter recipere, & quoad vixerit, ut præfertur, retinere, nec non etiam cum duodecim nominandis personis, quæ ætatis, ut quam primum vigesimum annum attingerint, quamcumque Dignitatem, Personatum, aut cum cura administrationem, vel Officium, quæ & Natalium defectus patiantur, etiam ex damnato coitu geniti, si alias ad hoc geniti capaces fuerint, ut hujusmodi Dignitates, & quæcumque alia Beneficia, si eis vigore præsentium conferantur, similiter recipere, & retinere valeant, & cum eis super hujusmodi defectibus, si sufficienter dispensatum non sit, defectibus prædictis, ac generalis, & Lateranensis, nec non Pictavensis Conciliorum, ac aliis Constitutionibus, ac Ordinationibus Apostolicis, Statutis quoque, & consuetudinibus supradictis nequaquam obstantibus, eadem authoritate dispensare, ac cuilibet, ex nominandis personis super præmissis exequutores, ubi, & quando necessarium & expediens fuerit, qui præmissa omnia, & singula in præmissa, & circa ea necessaria, & oportuna facere, disponere, & ordinare, & exequi libere, & licite possint, & valeant eadem authoritate plenam, & liberam tenore præsentium concedimus facultatem; cæterum cupientes tui contemplatione, ut eædem per te nominandæ personæ, quanto citius præsentium consequantur effectum, motu simili, prædictis personis, & earum singulis concedimus, quod in Canonicatum, & Præbendarum, ac Dignitatum, Personatuum, administrationum, Officiorum, ac integrarum & dimidiarum portionum, nec non locorum, & Canonicatuum portionum, præstimoniorum portionum, aut simplicia per eos vigore præsentium Beneficiorum hujusmodi assequutione omnibus, & singulis expectantibus, quibus Beneficia hujusmodi fuerint in Canonicos recepti vel recipiendi, & quibusvis actis, & processibus diligentioribus, & quibusvis antelationum prærogativis, privilegiis, Indultis, favoribus, & gratiis etiam nomine Universitatum, Capitulorum, Collegiorum, & singularium personarum etiam motu simili, & cum quibusvis verborum formis, & cum quibuscumque etiam reductionibus ad Jus commune, & aliis derogatoriis, & favorabilibus clausulis, etiam ad instar familiarium Nostrorum descriptorum, aut majoribus, & fortioribus etiam quibusvis aliis per quemcumque cujuscumque dignitatis, status, gradus, vel conditionis fuerint, & quavis dignitate fulgentibus nominatis, & forsan nominandis, & pro quibus speciales reservationes, uniones non tantum perpetuæ, ammissiones, & Incorporationes de proximè vacaturis Canonicatibus, & Præbendis ac Dignitatibus, Personatibus, administrationibus, vel Officiis, ac locis, & Canonicalibus portionibus, & integris, & individuis portionibus, nec non præstimoniis, seu præstimonialibus portionibus, aut simplicibus Beneficiis, cum inhibitione, & decreto irritanti, sub quacumque verborum forma per Nos, vel Sedem prædictam jam forsan factæ, vel inposterum faciendæ, etiam si expectantes, vel alii nominati, seu nominandi, vel illi pro quibus speciales reservationes, aut uniones, ammissiones, & incorporationes hujusmodi pro tempore emanaverint, fuerint Illustres, & qualitercumque graduati, ac Nostri, & ejusdem Sedis Notarii etiam participantes, ac Subdiaconi, Caustarum Palatii Auditores, Clerici Cameræ Apostolicæ, Literarum & de majori præsidentia Abbreviatores; Scriptores, & quicumque Nostri continui Commensales fuerint, ac de ipsarum propriis nominibus, ANNO 1527.

ANNO 1528.

nibus, & cognominibus, ac totis earumdem gratiarum antelationum, prærogativarum, privilegiorum, & Indultorum tenoribus, quos præsentibus haberi volumus pro expressis, specifica, & expressa mentio habenda foret, quovis respectu, & quacumque grandi, & excogitabili contemplatione eis gratiose expectative speciales, vel generales reservationes, collationes, mutationes, revalidationes, uniones, ammissiones, & incorporandi mandata, privilegia, & indulta per Nos concessa, & concedenda fuerint, solis personis dictorum Cardinalium, & nonnullis familiaribus Nostris, in quibusdam Nostris Literis prærogativarum, eis concessarum descriptis, dumtaxat exceptis, possint, ac debeant omnino, & penitus anteferri & quod clausula motus proprii præsentibus inserta, & alias quam ad tollendum, & excludendum subreptiones omnes, & singulas habeat, & operetur effectus, quos tam de Jure Communi, & per Constitutiones Nostras, ac alias quomodolibet operari possit, non obstantibus omnibus supradictis nec non aliis Nostris, per quas volumus, quod nullus gratiam expectativæ extra suam Nationem impetrare possit, nisi idioma, quod communiter ibidem loquitur, intelligant, & intelligibiliter loquantur, & quod clausula & verba motus proprii hujusmodi non in aliud operentur, nisi ad tollendum subreptionem dumtaxat, ac in favorem Ordinariorum quomodolibet editis; nec non fælicis recordationis Bonifacii Papæ octavi prædecessoris Nostri, & de una, & duabus dietis, etiam in Concilio generali editis, ac aliis Apostolicis, & Provincialibus, ac Sinodalibus Constitutionibus, & Ordinationibus, ac de certo Canonicorum numero, & de non obtinendis præstimoniis, seu præstimonialibus portionibus, aut simplicibus Beneficiis in Civitatibus, & Diocesibus Regnorum prædictorum, nisi per Ecclesiarum Metropolitanarum, vel aliarum Cathedralium hujusmodi Canonicos actu præbendatos, & aliis dictarum Ecclesiarum, etiam Juramento, confirmatione Apostolica, vel quavis firmitate alia roboratis, statutis, & consuetudinibus, Privilegiis, quoque indultis, & Literis Apostolicis per quoscumque Romanos Pontifices, prædecessores Nostros, & Nos, ac dictam Sedem, etiam per viam generalis Legis, Statuti perpetui, ac motu proprio, & ex certa scientia, & de Apostolicæ potestatis plenitudine, & cum quibusvis iritationis, annullationis, cassationis, revocationis, reservationis, acceptationis, restitutionis, declarationis, mentis attestationis, & derogatoriarum derogatoriis, aliisque efficacioribus, efficacissimis, & insolitis clausulis quomodolibet etiam plenius concessis, confirmatis, innovatis, & approbatis, quibus omnibus, etiam si pro sufficienti illorum derogatione, de illis, eorumque totis tenoribus specialis, & individua ac de verbo ad verbum, non autem per clausulas generales id importantes, mentis, seu quævis alia expressis habenda, aut aliqua alia exquisita forma formanda foret, & in eis caveatur expresse, quod illis nullatenus derogari possit, illorum omnium, nec non quarumcumque scripturarum occasione præmissorum, & infrascriptorum, quomodolibet confectarum tenores, præsentibus pro sufficienter expressis, ac de verbo ad verbum insertis, nec non modos, & formas ad id servandas pro individuo servatis habentes hac vice dumtaxat, illis alias in suo robore permansuris, harum serie specialiter, & expresse derogamus, contrariis, quibuscumque, aut si aliqui Apostolica, vel quavis alia auctoritate in dictis Ecclesiis in Canonicos sint recepti, vel recepturi, insistant, seu si super provisionibus sibi faciendis de Canonicatibus, & Præbendis, locis, & Canonialibus portionibus, ac Dignitatibus, Personatibus, administrationibus, vel Officiis, ac integris, & dimidiis portionibus, nec non præstimoniis, seu præstimonialibus portionibus; aut simplicibus Beneficiis hujusmodi speciales vel aliis Beneficiis Ecclesiasticis generales in illis partibus dictæ Sedis, vel Legatorum, ejus Literas impetrarint, etiam si per eas ad inhibitionem, reservationem, & decretum, vel alias quomodolibet sit processum, aut si Archiepiscopis, Episcopis, Capitulis, Collatoribus, Collatricibus, Canonicis, ac personis prædictis, vel quibusvis aliis communiter, vel divisim ab eadem sit Sede indultum, quod ad receptionem, vel provisionem alicujus minime teneantur, & ad id compelli, aut quod interdici, suspendi, vel excommunicari non possint, quodque & Canonicatibus, & Præbendis, nec non locis & Canonialibus portionibus, ac Dignitatibus, Personatibus, administrationibus, vel Officiis, ac integris, vel dimidiis portionibus, nec non præstimoniis, præstimonialibus portionibus, aut simplicibus Beneficii hujusmodi ad eorum collationem, provisionem, præsentationem, electionem, seu quamvis aliam dispensationem conjunctim, vel separatim nulli valeant provideri per Literas Apostolicas, non facientes plenam, & expressam, ac de verbo ad verbum de Indulto hujusmodi mentionem, & qualibet alia dictæ Sedis indulgenda generali, vel speciali cujuscumque tenoris existat, per quam præsentibus non expressam, vel totaliter non insertam effectus hujusmodi gratiæ impediri valeat quomodolibet, vel differri, & de qua ejusque toto tenore habenda sit in Nostris Literis mentio specialis, seu si dictæ nominandæ personæ præsentes non fuerint ad præstandum de observandis Statutis, & Consuetudinibus ipsarum Ecclesiarum respectiva solita Juramenta, dummodo in absentia sua per Procuratores idoneos, & cum ad Ecclesias ipsas accesserint, corporaliter illa præstent; Nos cum quibuscumque Archiepiscopis, Episcopis, Capitulis, Canonicis personis, Collectoribus, & aliis prædictis, ne de Canonicatibus, Præbendis, Dignitatibus, Personatibus, administrationibus, vel Officiis, præstimoniis, seu præstimonialibus, portionibus, aut simplicibus Beneficiis prædictis contra præsentium tenorem modo aliquo disponere, ac expectantibus prædictis, nec etiam prætextu gratiarum expectaturarum, & quarumvis Literarum Apostolicarum, ac reservationum, & unionum, eis, & quibusvis locis concessarum Canonicatus, & Præbendas, locos, & Canonicales portiones, ac Dignitates, Personatus, administrationes, vel Officia, portiones, vel præstimonia, præstimoniales portiones, aut simplicia Beneficia, Beneficia hujusmodi, vel eorum aliquod per se, vel alium, seu alios acceptare, seu de illis sibi provideri, aut aliis Ecclesiis, & Monasteriis, Prioratibus, Canonicatibus, & Præbendis, Dignitatibus, Personatibus, administrationibus, vel Officiis, seu mensibus, & Beneficiis, uniri, annecti, & in Corpore pateri facere, vel procurare, Nec non Judicibus delegatis, ne ad executionem Literarum eis de supradictorum in aliquo procedere, aut Collationes, Provisiones, uniones, annexiones Incorporationis, vel alias dispositiones de Canonicatibus, & Præbendis, locis, & Canonicalibus portionibus, Dignitatibus, Personatibus, administrationibus, & Officiis, portionibus, præstimoniis, seu præstimonialibus portionibus, aut simplicibus, vel aliis Beneficiis prædictis per se, vel alium, seu alios facere quoquo modo præsumant, districtius inhibemus, & insuper Nos, qui etiam dudum inter alia volumus, quod nullus duabus gratiis expectantibus, seu specialibus reservationibus, aut expectativa, & reservatione, simul etiam si ambæ vel altera earum motu simili concessa forent, nisi una illarum tempore datæ Concessionis consumpta extitisset, uti possit, ipsis nominandis Personis concedimus, quod gratiis expectativis, eis jam per Nos concessis, & in posterum forsan concedendis, nec non nominatione vigore præsentium de eis faciendis, Constitutione prædicta non obstante, uti, potiri, libere, & licite valeant: quodque Majestas tua unam eamdem personam ad Canonicatum, & Præbendam, & Dignitatem, Personatum, administrationem, vel Officium, ac locum, & Canonicalem, seu integram, & dimidiam portionem in singulis Cathedralibus, etiam Metropolitanis, & ad præstimonia, seu præstimoniales, portiones aut Beneficia hujusmodi nominare possit, & valeat. Ita tamen ut infra trium mensium spatium à die tibi factæ præsentationis præsentium computandum, eadem Majestas tua easdem personas nominare debeat, alioquin præsentes Literæ nullius sint roboris, vel momenti & habeantur prorsus, pro infectis, volumus autem, quod si contingat, aliquam, seu aliquas ex personis per te nominatis, seu nominandis, antequam nominatio ipsa sortiatur effectum, ab hac luce discedere, liceat eidem Majestati tuæ, loco sic diffinitæ, seu diffinitarum personarum, alias, seu aliam personam, seu personas ad Canonicatum, aut Præbendam, aut Dignitatem, vel portionem, seu præstimonia, vel præstimoniales portiones, aut Beneficia, ad quæ, ad quos, vel ad quem persona, seu personæ ipsæ distincte nominatæ erant, de novo nominare. Verum quum difficile admodum foret hujusmodi præsentes Literas ad singula, in quibus de eisdem fides forsan facienda fuerit, loca deferre, eadem authoritate decernimus, quod ipsarum transumpto, manu publici Notarii, & sigillo alicujus Episcopi, vel personæ in dignitate Ecclesiastica constitutæ, munitis tamquam præsentibus originalibus Literis hujusmodi plena fides adhibeatur,

ANNO 1528.

ANNO 1528. tur, & perinde stetur, ac si præsentes originales Literæ forent exhibitæ, vel ostensæ, quodque præsentibus Literis per quascumque Nostras Literas etiam motu, & scientia similibus emanatas, & emanandas, etiam facientes plenam, & expressam de toto tenore præsentium mentionem, non sit, nec censeatur esse derogatum, nisi derogatio hujusmodi de expresso consensu tuæ *Majestatis*, & de plenitudine potestatis facta fuerit, atque ex nunc omnes alias Collationes, provisiones, præsentationes, electiones, uniones, annexiones, Incorporationes de ipsis Canonicatibus, Præbendis, Dignitatibus, Personatibus, administrationibus, & Officiis, ac portionibus præstimoniis, præstimonialibus portionibus, aut simplicibus Beneficiis per te resignandis hujusmodi, aliis per nos etiam, vel Sedem prædictam, aut Legatos ejusdem aut Archiepiscopos, Episcopos, Prælatos, Capitula, & Collatores hujusmodi, etiam in mensibus, ut præmittitur, sibi concessis seu concedendis forsan faciendas, nec non totum, & quidquid secus super his à quoquam, quavis auctoritate scienter ignoranter contingerit attentari. Nulli ergo &c. Datum Romæ &c. octavo Idus Maji anno sexto &c.

Exemplata est præsens Copia à Libro intitulato: Bullarum, Confirmationum, & aliarum notabilium rerum præsentis Regni Neapolis folio CX. *asservato in Magno Regiæ Cameræ Archivo in Camera prima sub littera O. Scanzia V. numero CXXVI. Cum quo facta collatione de verbo ad verbum concordat, meliori tamen semper salva: Et in fidem de Mandato oretenus Illustris Domini Marchionis Castrinovi D. Vincentii Frascone Præsidentis Commissarii subscriptus Magnificus Antonius de Masi Regius Archivarius hic se subscripsit. Datum Neapoli & in eodem Magno Regiæ Cameræ Archivo die* 15. *Junii* 1718.

ANTONIUS DE MASI.

L.S.

XLI.

1529. *Epistola* CLEMENTIS *Papæ VII. ad* CAROLUM V *Imperatorem pro Electione Romanorum Regis.* [Autentique tiré des grandes Archives de la Chambre Royale de Naples.]

Carissimo in Christo Filio nostro Carolo Quinto Romanorum Imperatori, semper Augusto, ac dilectis filiis Principibus Imperii Electoribus Ecclesiasticis, & Secularibus, Salutem, & Apostolicam benedictionem. &c:

CUm non sine animi Nostri molestia intra Nos assidue cogitemus, quo temporibus Nostris res fidei, & Religionis Christianæ redacta sit, quæ ut remedia inveniri, adhiberique possint, quibus hæreticorum, atque Turcarum immanitatibus occurratur, & Christianis Populis vera illa pax, atque tranquillitas restituatur, & præservetur, quam licet mundus dare non possit, potest tamen, Domino permittente, turbare, impedire, & auferre, nullum magis opportunum, ac salutare remedium Nobis occurrit, quam quod ad Electionem Regis Romani unanimi vestro consensu procedatur: ille enim Romanorum Rex, tibi, Fili Carole, cum eligetur, futurus est, ut multorum laborum tuorum partem assumat, ac in pluribus te relevet, & in omnibus, quæcumque illa fuerint, magno tui, tuorumque solatio, ac omnium Nostri Juvamine Majestati tuæ, & Corpore, & animo præsto adesse possit, quâ de re cor Nostrum, meditationemque nostram eo præcipue dirigentes, ut orthodoxæ fidei, & Dominico Gregi curæ Nostræ commisso, incunctanter omnibusque opportunis remediis succurratur; vos Filii Principes Electores hortamur in Domino, quantumque Nobis licet in virtute Sanctæ obedientiæ vobis mandamus, quatenus toti Reipublicæ Christianæ, de cujus nunc summa agitur, pari nobiscum affectu compatientes, ad electionem ipsius Romani Regis in Cæsarem promovendi, quam primum si tui, fili Carole Imperator, ad id expressus accesserit assensus, procedere velitis, ANNO 1529.
quem sane consensum, ut tu, Fili Carole Imperator, pro Sacri Romani Imperii tutamine, cui authore Domino feliciter præes, fæliciori statu, ac incremento libenti animo præstare velis, etiam in Domino te hortamur, hinc enim, Altissimo concedente, futurum speramus, ut aliquando tandem tantorum malorum finis expectari, ac fieri possit. Datum &c.

Exemplata est præsens Copia à Libro intitulato Bullarum, Confirmationum & aliarum Notabilium rerum præsentis Regni Neapolis folio CXXXVIII. asservato in Magno Regiæ Cameræ Archivo in Camera prima sub Littera O. scanzia V. numero CXXVI. cum quo facta Collatione de verbo ad verbum concordat, meliori tamen semper salva; Et in fidem de Mandato oretenus Illustris Domini Marchionis Castri novi D. Vincentii Frascone Præsidentis Commissarii subscriptus Magnificus Antonius de Masi Regius Archivarius hic se subscripsit. Datum Neapoli & in eodem magno Regiæ Cameræ Archivo die 20. *Junii* 1718.

ANTONIUS DE MASI.

L.S.

XLII.

Bulla CLEMENTIS VII. *Papæ de non admittendo* JOANNE *Duce Saxoniæ, in proxime futura Electione Romanorum Regis, ut notorie Lutherano, ac Fautore* LUTHERI *& ejus sectatorum.* [Authentique tirée des Archives de la Chambre Royalle de Naples.]

CLemens &c. ad futuram rei memoriam. Decet Romanum Pontificem ex Divina tradita sibi potestate pænarum spiritualium & temporalium pro meritorum diversitate dispensatorem constitutum, pro animarum salute, in eos, qui Monitionum, Sententiarum, & Mandatorum Apostolicorum transgressores, ac censurarum, & Apostolicæ authoritatis & Clavium contemptores existunt, debite animadvertere, & acrius insurgere, ne tales sic damnati, & contemptores dati in reprobum sensum eorum exemplo alios decipiant, & in errorem, & ruinam secum trahant, ac eorum participatione, & conversatione alios fideles inficiant, & contaminent, nec non ad ipsorum damnatorum confusionem, quod censurarum, & pænarum rei existant, ad omnium aliorum privatam, & certam notitiam deducere, & declarare, ad hoc, ut alii eorum exemplo discant à similibus abstinere, & ab eorum damnatorum prohibita conversatione, & participatione se subtrahant, ut Divinam ultionem evadant, & eorum damnationis participes non existant. Sane fælicis recordationis Leo Papa decimus Prædecessor Noster multos & varios errores per Sacra Concilia, & Romanorum Pontificum Prædecessorum Nostrorum Constitutiones damnatos, hæresim etiam Germanicam, & Boemicam expresse continentes, hæreticos, vel falsos, scandalosos, aut piarum aurium offensivos, vel simplicium mentium seductivos à falsis fidei cultoribus suscitatos, & in inclita natione Germanica seminatos, & veritati Catholicæ obviantes de fratrum suorum consilio, de quorum numero tunc eramus, damnavit, & reprobavit, & pro damnatis, & reprobatis ab omnibus fidelibus haberi debere decrevit, & declaravit, nec non sub excommunicationis latæ Sententiæ, & aliis pænis, tunc expressis, secularibus, & Ecclesiasticis personis, etiam Cardinalibus, Regibus, & Imperatoris Electoribus, ac Principibus, quacumque dignitate fulgentibus per universum Orbem præsertim in Alemania existentibus mandavit, ne præfatos errores defendere, prædicare, aut illos fovere præsumerent, ac Libellos, & Scripta Martini Lutheri, in quibus dicti errores continentur, simili modo damnavit,

ANNO 1527.

navit, & reprobavit, & ne in Domibus, sive aliis locis retinerentur, prohibuit. Quinimmo illa comburi damnavit, & nisi ipse Martinus, ipsiusque adhærentes, ac fautores infra certum tempus sibi præfixum errores hujusmodi revocarent, & de revocatione hujusmodi per publica Documenta ad eumdem Leonem Prædecessorem deferenda, eumdem Prædecessorem certiorem efficerent, & alia sibi injuncta non adimplerent, ipsum Martinum, & ejus complices, adhærentes, & fautores, receptatoresque præfatos, & eorum quemlibet notorios, & pertinaces hæreticos fuisse, & esse declaravit, & ut tales condemnavit, & eos pro talibus ab omnibus Christi fidelibus haberi voluit, & mandavit, eosque omnes, & singulos, omnibusque tunc expressis, & aliis à Jure in hæreticos insertis pœnis subjecit, ac omnes, & singulos Christi fideles hujusmodi monuit, ut hæreticos prædictos declaratos, & condemnatos, mandatis ipsius Leonis Prædecessoris non obtemperantes evitarent, & quantum in eis foret, evitari facerent, nec cum eisdem, vel eorum aliquo commercium, aut aliquam conversationem, seu communionem haberent, nec eis necessaria ministrarent, & ad majorem ipsorum hæreticorum declaratorum, & condemnatorum confusionem, quibusvis personis Ecclesiasticis, Secularibus, & Regularibus, ac universis Principibus, etiam Regibus, & Imperatoris Electoribus, Ducibus, & Marchionibus, Comitibus, Communitatibus, Universitatibus, Potestatibus, ac Civitatibus, & Incolis, & aliis quibusvis personis, præsertim in eadem Germania, sive Alemania constitutis mandavit, quatenus Martini Complices, adhærentes, receptantes, fautores personaliter caperent, & captos ad ipsius Prædecessoris instantiam retinerent, & ad eum mitterent, seu ex eorum locis expellerent, & loca, ad quæ Martinum, vel aliquem ex complicibus, adhærentibus, receptantibus, & fautoribus declinare contingeret, Ecclesiastico subjecit interdicto, ac Patriarchis, Archiepiscopis, Episcopis, Prælatis, Capitulis, & aliis Personis Ecclesiasticis, Secularibus, & Regularibus, ubilibet constitutis, sub similibus censuris, & pœnis mandavit, omnes Martini Complices, adhærentes, receptatores, & fautores declaratos hæreticos, & condemnatos publice nunciarent, ac facerent, & mandarent ab aliis nunciari & ab omnibus evitari, prout in ipsius Leonis Prædecessoris Nostri Literis plenius continetur; Cùm autem notorium sit, nobisque ex legitimis probationibus constiterit, & constet; quod Joannes Dux Saxoniæ unus ex Electoribus Imperii post affixionem, & publicationem Literarum Prædecessoris Nostri hujusmodi singulorum terminorum in eisdem Literis per Leonem Prædecessorem præfixorum, Literarum & Mandatorum in eis contentorum potitiam habens, suæ salutis immemor Deique timore postposito eidem Martino publice favere, ipsum palam recipere, & protegere, ac dictos errores sequi non fuit veritus, & propterea tanquam dicti Martini hæretici fautorem & receptatorem per Leonis Prædecessoris hujusmodi Literas declaratum, & condemnatum fuisse constet, ut igitur Joannes Dux præfatus cum Martino, & aliis hæreticis merito computetur, & sicut in eodem Martino favendo, ejusdem Martini pertinaciam, & hæresim sequutus fuit, ita pœnarum particeps sit, cum præmissa adeo manifesta, & notoria sint, & facti etiam permanentis; Ita ut nulla probatione, vel monitione, aut Citatione indigeant, prout sic fore attestamur, ipsum Joannem Ducem propter favores eidem Martino præstitos, & illius receptationem juxta declarationem Leonis Prædecessoris factam hujusmodi hæreticum fuisse, & esse, ac propterea in electione Regis Romanorum in Cæsarem proxime promovendi facienda, admittendum non esse, manifestissime constat, non obstante, quod ipse Joannes Dux in proximo Augustensi Conventu celebrato ex quadam Urbanitate in negotiis ibidem tractatis, admissus & toleratus fuit, cum id ad ejus pertinaciam molliendam, seu conveniendam, factum fuerit, & propterea omnibus Principibus Electoribus, & aliis ad quos spectat, sub excommunicationis latæ Sententiæ pœna mandamus, ut dictum Joannem Ducem in electione Regis Romani in Cæsarem promovendi nullatenus admittant & nihilominus electionem de Rege Romanorum faciendam per alios Principes Coëlectores sine ipso Joanne Duce, libere fieri posse, ac electionem ipsam de ipso Romanorum Rege per alios Principes Coëlectorales factam valere, & validam esse in omnibus, & per omnia, ac si dictus Joannes Dux legitime vocatus fuisset, & electioni hujusmodi interfuisset, & vocem in electione facienda, postquam facta fuerit, legitime dedisset, de potestatis plenitudine, decernimus, & declaramus, Nulli ergo &c. Datum &c.

Exemplata est præsens Copia à libro intitulato Bullarum, Confirmationum, & aliarum Notabilium rerum præsentis Regni Neapolis, folio. CXXXIX. asservato in Magno Regiæ Cameræ Archivo in Camera prima sub Litera O. Scanzia V. Num: CXXVI. Cum quo facta Collatione de verbo ad verbum concordat, meliori tamen semper salva, & in fidem de mandato oretenus Illustris Domini Marchionis Castri novi D. Vincentii Frascone Præsidentis Commissarii subscriptus Magnificus Antonius de Masi Regius Archivarius hic se subscripsit. Datum Neapoli, & in eodem Magno Regiæ Cameræ Archivo die 13. Junii 1718.

ANTONIUS DE MASI.

(L. S.)

XLIII.

1531. 6. Avril.

Instrumentum publicum Exsecutionis Edicti Cæsarei die 20. Octobris 1530 lati, pro Confirmatione Privilegiorum Reipublicæ Florentinæ, nec non pro Institutione ALEXANDRI DE MEDICIS *in caput ejus Regiminis quamdiu vixerit, hoc pacto addito, ut post suum decessum, Liberi & Descendentes ejus Masculi, ordine Primogenituræ semper servato, illi succedant. Actum in Palatio Magnificorum Dominorum Florentinorum die 6. mensis Aprilis Anno Incarnationis Dominicæ 1531. Indicti. V. Pontificatus vero Clementis VII. Anno VIII.* [Nova eaque plena assertio Juris, quod Cæsar. Maj. ac S. Imperio in Magnum Tusciæ competit Ducatum. In Append. pag. 76. d'où cette Piece est tirée; elle se trouve aussi dans *Recherche de la Verité du Memoire sur la Liberté de Florence.* In Appendice Documentorum. pag. 13. lit. L. & dans THOMÆ FRITSCH *Exercitatio Juris Publici, de Jure Imperii in Magnum Ducatum Etruriæ.* In Append. Documentorum pag. 18. Lit. L.]

In nomine Individuæ Trinitatis.

PEr hoc præsens publicum Instrumentum cunctis pateat evidenter, quemadmodum convocatis, ac personaliter constitutis in Sala magna inferiori palatii magnificorum Dominorum Florentinorum excellent. Dominis, Dn. Prioribus libertatis, & Vexillifero justitiæ populi Florentini, una cum venerabilibus Collegis, cæterisque magistratibus Civitatis. Quorum nomina sunt &c.

Hinc est quod in præsentia magnificorum Dn. Magistratuum prædictorum, nec non plurimorum aliorum civium Florentinorum, in prædicta Sala magna existentium, ubi ad infra scripta audienda, & peragenda, januis apertis, & in maxima multitudine, veluti in actu publico convenerant, personaliter existentes, & in medium assurgens magnificus Vir, & U. J. D. præclarissimus Dn. Jo. Antonius Musetola, de Neapoli, Orator, Nuntius, & Commissarius à sacratissimo Domino, Dn. Carolo V. Rom. Imp. semper Augusto ad infra scripta, & alia peragenda, ut dictum, specialiter deputatus, & legitima facultate suffultus, cum ea qua decuit circumspectione, non minus ornate, quam copiose, in Latino sermone, ut melius ab omnibus intelligi possit, ita elocutus dixit: Cum idem Seren. Dn. Imperator, ut rebus Italiæ, diuturno bello non mediocriter afflictis occurreret, & pacem inter dissidentes componeret, ad effectum ut rebus pacatis, arma Christianorum in Turchas, Christiani nominis hostes,

ANNO 1531.

res, felicius converti possent, ex Hispania in Italiam applicuisset, & cum Venetis, & aliis Civitatibus & Dominiis ab eo dissidentibus capitula pacis, & concordiæ, modum in pace vivendi concernentia inisset.

Cum Illustri Florentinorum Dominio, quod semper ipse, & sui prædecessores, Romani Imperatores, peculiari quodam amore prosecuti fuerunt, quod tum ab eo discordabat, & contra eum arma sumpserat, & ab obedientia, & reverentia Sedis Apostolicæ discesserat, & Sanctissimum Dominum nostrum, cum quo dudum fœdus percusserat, & ejus Illustrissimam familiam, de hac excelsa Republica amantissimam, sine causa expulerat, seu recedere coëgerat, in eum statum, à quo expulsus, una cum ejus familia Illustrissima erat, admittere & restituere negabat. per diversa media, honestatis & concordiæ conditiones proponeret; sed particularium Civium pertinacia, qui tunc Rempubl. potius arbitrio, quam ratione regebant, & ad privatum commodum magis, quam ad publicam utilitatem, non sano consilio ducti, respiciebant, id assequi non posset; ut improborum malitiam expugnaret, & injuste oppressis subveniret, coactus fuit, licet contra ejus mentem, exercitum comparare, ac vestrum Territorium armis invadere, & obsidione Civitatem vestram cingere, armis infestare, ac fame premere, quo resipiscentes, & sua errata cognoscentes, more pii patris, qui filios errantes sæpe corrigit, & reductos paterna charitate avidius complectitur, benignius exciperet. Licuit eidem Serenissimo Imperatori, si voluisset, Civium vestrorum pertinacia exigente, vestram Civitatem longa obsidione oppressam, fame supra modum laborantem, omnium humanarum ferme rerum auxilio destitutam, facile superare, diripere, & expugnare; sed suæ Imperialis Celsitudinis bonitate, ac ejusdem Sanctissimi Domini nostri intercessionibus delinitus, potius divino auxilio, quam humano consilio, sui exercitus milites repressit, atque continuit, vosque tandem ad cor reversi, vos errasse fatentes, saniori consilio ducti, ad capitula pacis, & concordiæ, cum sua Cæs. Majestate ac Serenissimo Domino nostro devenistis, illaque observare, & adimplere promisistis, & ad ea vos, & Civitatem vestram obligastis. Et quia & in dictis capitulis inter alia cautum fuit, quod idem Serenissimus Dn. Imperator, intra certum tempus, *modum & formam, quibus Civitas ipsa in posterum regi, & gubernari deberet, declararet & ordinaret*, ideo his, & aliis rationibus, idem Serenissimus Dn. Imperator ad Civitatis vestræ, suæ curæ commissæ pacificum ac tranquillum statum attendens, sanctissimi Domini nostri contemplatione, ac intuitu, qui suam hanc patriam paterna charitate prosequitur, & illius status, ac honoris & gloriæ incrementa summis desiderat affectibus, pro indulgentia, & remissione à Cæsarea Majestate, eidem Reipubl. Florentinæ facienda, & sæpius præstita, per Imperiale Edictum, sive Decretum, sigillo ejus aureo, ut videtis, munitum, de suæ Imperialis Celsitudinis suprema auctoritate & potestate declaravit, statuit, & ordinavit Illustrissimam familiam de Medicis, & consequenter Illustrissimum Dn. Alexandrum Medicem, Ducem Civitatis Pennæ, ex qua familia Dux ipse descendit, ipsius Serenissimi Domini Imperatoris Generum dilectissimum, ad gradum, statum, honores, privilegia immunitates & jurisdictiones, in privilegio contentas, etiam uti ante eorum ultimum discessum erant, recipiendos, & acceptandos, ac restitui, redintegrari, & plenarie reponi ac admitti debere, juxta tenorem ipsius privilegii & Indulti.

Itemque idem Illustrissimus Dominus Alexander Dux sit, & esse debeat primus, caput & præpositus in regimine dictæ Civitatis, & in quolibet officio, & magistratu ejusdem, ad illa regenda, & gubernanda, & alias, prout, & sicut alias per legem municipalem dictæ Civitatis sancitum & ordinatum fuit.

Item, quum idem Serenissimus Dominus Imperator *omnia & singula privilegia, indulta, gratias, & concessiones, per suos prædecessores, divos Imperatores, Florentinæ Civitati, & ejus Illustri Dominio concessa & facta, ac concessas & factas, ex sua mera liberalitate confirmavit, atque de novo concessit, mandavit, jussit & voluit*, præmissa, sic per eum declarata, & ordinata, inconcussa servari, & adimpleri, atque nulli liceat illa infringere, vel eis ausu temerario contravenire, sub eorundem privilegiorum revocatione, & aliis pœnis tunc expressis, ipso facto incurrendis, prout latius hoc, & alia in publico documento dicti Edicti, sive Decreti, quod idem Magnificus Domin. Orator in suis manibus tenebat, & eisdem magnificis Dominis Prioribus, & Vexillifero justitiæ, cæterisque Magistratibus ibidem congregatis ostendit, ac in manibus egregii viri Domini Francisci Campani, primi Cancellarii dicti Comitis, tradidit, ac publice legi, ac intimari, illius formam fieri, & debitæ exequutioni mandari petiit, latius contineri dixit.

Vide Diploma Cæsareum.

Quibus sic peractis, & dicto Instrumento Imperialis Edicti, sive Decreti, per Dominum Dn. Cancellarium publice lecto, & omnibus in eo contentis diligenter discussis, & consideratis, præsentes Domini excellentissimi Priores, & Vexillifer justitiæ, communicato inter se consilio, matura deliberatione præcedente, de eorum voluntate Dominus Benedictus Buondelmontes Vexillifer justitiæ, nec non ipsius Reipubl. Florentinæ nomine, in hæc, vel similia verba respondit: Primum Omnipotenti Deo gratias egit, asserens Civitatem, & Populum Florentinum, qui semper Cæsareæ Majestati magnopere tribuit, ejusque nomen syncera *fide*, *devotione*, affectu, & religionis veneratione, semper coluit & colere intendit, ob servatam Rempublicam, Civitatem ejus Cives è faucibus militum liberatos, pupillos, & viduas defensas, libertatem denique restitutam: & demum, ob regiminis gubernii caput ejusdem, Illustrissimum Dominum Alexandrum Medicem, qui possit eorum infirmitatibus mederi, datum, quicquid ingenio, labore, opibus, industria, & potentia præstare possit, eidem Cæsareæ Majestati perpetuum debere: dictumque Decretum, Ordinationem, & Declarationem, & Cæs. Edictum, gratanter, nomine totius Civitatis recipiendo, eundem Illustrem Dominum Alexandrum ibidem præsentem, ac Illust. Mediceorum familiam in particulari, ac universali, ad gradum, statum, honores, & privilegia, immunitates & jurisdictiones, in privilegio contentas, & in quibus ante eorum ultimum discessum erant, accepit, restituit, reintegravit, & plenarie reposuit: ipsumque Illust. Dn. Alexandrum Ducem, & ejusdem Serenissimi Domini Imperatoris Generum in primarium dictæ Civitatis, ejusdemque regiminis, & gubernii, ac omnium ac singulorum Officiorum, & Magistratuum dictæ Civitatis caput, præpositum, & directorem acceptavit, & illum nomine totius Civitatis, & Populi Florentini pro tali, & ut talem perpetuo tenere, habere, colere, & observare velle asseruit, & ita ab omnibus teneri & reputari mandavit, juxta continentiam, & tenorem dicti privilegii: promittens præfato Illust. Dn. Alexandro præsenti, pro se ipso, ac ejus hæredibus, & successoribus, & eidem Magnifico Domino Johanni Antonio Oratori præsenti, & pro dicta Cæs. Majestate recipienti, prædicta omnia & singula, ac omnia in privilegio prædicto contenta, perpetuo attendere, & observare, & contra non facere, dicere, vel venire, per se vel per alias submissas personas, sub quovis quæsito colore, & sub pœnis, & aliis censuris in dicto præinserto privilegio contentis, & sub omni juris & facti renuntiatione, ad hoc necessaria pariter cautela: Et dicti Domini Vexilliferi sermone completo, magn. XVI. Gonfalonerii societatum populi Florentini, ... eorum respective locis assurgentes, & coram præfatis Dominis, magnifico Domino Oratore Cæsareo & Illustrissimo Duce Alexandro personaliter existentibus, in unam, & eandem animi sententiam convenientes prædicta omnia, & singula per dictum magnificum Dominum Benedictum de Buondelmontibus, Vexilliferum præfat. dicta, exposita, narrata & promissa, nomine dictorum respective laudaverunt, & approbaverunt, ac rata, & grata perpetuo habere, & tenere voluerunt, & velle dixerunt, & prædictum Imperatorium Edictum, ut præmittitur, publicatum, & præinsertum, & omnia contenta in illo, nemine dissentiente approbaverunt, & illud gratum, & ratum, & firmum se perpetuo habituros, nomine dictorum respective Magistratuum, & dictæ Reipubl. Florentinæ promiserunt & convenerunt: ac prædictum Illustrissimum Ducem Alexandrum Medicem, ibidem præsentem, & omnia super & infra scripta pro se, & posteris suis *juxta formam, & dispositionem producti Imperialis Edicti recipientem*,

ut

ANNO 1531.

ut perpetuum caput primarium regiminis, & gubernii Civitatis, & illius pacifici & quieti status, & præpositum omnium & singulorum Magistratuum ejusdem, in omnibus, & per omnia juxta tenorem præinserti privilegii receperunt, admiserunt & acceptaverunt, promittentes, & solemni stipulatione convenientes, tam prædicto Magnifico Domino Oratori Cæsareo, quam Domino Illustrissimo Domino Alexandro de Medicis, & nobis Notariis infra scriptis, ut præfertur, & pro omnibus quorum interesse poterit, quomodolibet stipulantibus & acceptantibus, *se perpetuo observaturos prædictum Imperatorium Edictum, & non venire contra illud quovis modo, sub pœnis, & aliis in prædicto Imp. Edicto contentis*, & non obstantibus his, quæ prædictus Serenissimus Imperator in prædicto suo Cæs. Edicto voluit non obstare, de & super quibus omnibus, & singulis, tam prædictus Illustrissimus Dominus Alexander Medices, nec non prædictus Vexillifer, mandaverunt, & petierunt præsens fieri documentum, & Instrumentum unum, seu plura.

Acta & celebrata fuerunt omnia, & singula supra scripta, in prædicto Palatio prædictorum Magnificorum Dominorum Florentinorum, & in Sala magna inferiori dicti Palatii, anno Incarnationis Dominicæ 1531. Indictione V. & die 6. mensis Aprilis P. Serenissimi in Christo Patris & Domini nostri, Clementis divina providentia P. P. VII. anno VIII. & præsente & assistente magna parte populi, nec non venerabilibus Viris, Domino Albizo . . . . de Nobilibus, Clerico Floren.

Ego Johannes Juliani de Durazinis, Imperiali, Apostolicaque autoritate Notarius, & Scriba prædictorum excellentissimorum Dominorum libertatis Civitatis Florentinæ, præmissis omnibus, & singulis, quæ in præsenti, & in novem aliis semper procedentibus certis in hoc libello, simul lectis, & meo signo interlineatis descripta sunt, dum sic agebantur interfui, & agitari, ut scripsi, vidi & auscultavi, in superscripto loco, & demum de mandato Magnifici Domini Vexilliferi justitiæ, & excellentissimorum Dominorum, requisitus una cum infra scriptis aliis Cancellariis Palatii, in præmissorum fidem, & robur, & testimonium, me subscripsi, & signum meum consuetum apposui.

XLIV.

1533. 19. Decemb.

Pieces concernant les premieres Procedures qui se firent en France contre les Lutheriens, savoir Extrait des Registres du Parlement de Paris, Mandement du Roi FRANÇOIS I. *à cette Cour de proceder rigoureusement contre les Hérétiques, sans exception de personne, en vertu du Pouvoir qu'il en avoit du Pape, deux Lettres, l'une du Cardinal de* SENS, *l'autre du Maréchal de* MONTMORENCI *écrites à la même Cour sur le même sujet, deux Bulles du Pape* CLEMENT VII. *adressées l'une aux Prelats du Royaume, & l'autre au Roi sur le même sujet, & enfin une Commission du Cardinal Legat adressées à un President, & à un Conseiller du Parlement de Paris, nommés par le Roi pour connoitre en dernier ressort des Appellations pour crime d'hérésie, auxquels il donne pour cet effet un plein & entier Pouvoir au nom du Pape.* [*Histoire du Divorce de Henri VIII. Roi d'Angleterre.* Aux preuves pag. 597.]

Du Vendredy 19. jour de Decembre 1533.

M. C. Guillart.
M. A. le Viste.
M. D. Poillot.
} Presidens.

M. J. Ruze.
M. L. de Besançon.
M. N. Sanguin.
M. N. Brachet.
M. A. Baudry.
M. Ja. le Roux.
M. le Seguier.

M. L. du Bellay.
M. R. Tiercellin.
M. J. de Thumery.
M. de la Barde.
M. J. Tronson.
M. N. Hurault.

ANNO 1533.

Dudit jour post prandium.

M. P. Licet premier.
M. C. Guillart.
M. A. le Viste.
M. D. Poillot.
} Presidens.

M. A. Verjus.
M. F. Disque.
M. F. Crespin.
M. N. Dorigny.
M. J. Viole.
M. A. Baudry.
M. N. Brachet.
M. R. Dauvet.
M. Ja. de la Barde.
M. M. Boulioud.
M. L. Gayant.
M. M. Fumée.
M. J. Allegrin.
M. J. de Thumery.
M. N. Hurault.
M. R. Brinon.
M. J. de Louviers.
M. J. Barthomier.
M. Ja. Boulenc.
M. C. le Vois.
M. J. Lhuilier.
M. J. Degroy.
M. G. de Vaudelat.
M. C. Anjorrant.
M. F. Charron.
M. J. le Charron.
M. E. de Montmirel.
M. J. de Serre.

M. J. Tronson.
M. N. Quelain.
M. J. Hennequin.
M. Ja. le Roux.
M. J. Prevost.
M. N. Hennequin.
M. L. de Besançon.
M. F. Demyer.
M. P. Viole.
M. P. le Clerc.
M. R. Thiboust.
M. N. Sanguin.
M. Ja. Spifame.
M. L. Seguier.
M. A. de Lyon.
M. P. de Hacqueville.
M. J. Picart.
M. A. Ruze.
M. X. de Marle.
M. R. Berceau.
M. N. Berruyer.
M. L. Lescot.
M. G. Bourgoing.
M. N. Coton.
M. M. Gilbert.
M. J. Samson.
M. M. Buze.
M. X. de Harlay.

CE jour toutes les Chambres assemblées; la Court a receu par Richer Huissier d'icelle, une Lettre Missive du Roi, une du Cardinal de Sens Legat & Chancellier de France, & une de Messire Anne de Montmorency Chevalier de l'Ordre, Grand-Maistre & Mareschal de France, ensemble les Vidimus de deux Bulles du Pape. Semblablement Maistre André Verjus Conseiller President ès Enquestes Et Nicole Bracher Conseiller ceans, ont receu une Lettre Missive dudit Cardinal, avec un Rescript ou Commission attachée au Vidimus de la premiere desdites Bulles, & a le tout esté leu en ladite Court; & la matiere mise en deliberation, ont esté esleus Maistre Nicole Quetain Conseiller, President ès Enquestes, & Jacques de la Barde Conseiller ceans, pour estre Vicaires de l'Evesque de Paris, à faire & parfaire les procez des Heretiques, sans prejudice de la jurisdiction; suivant ce qu'il plaist au Roi mander presentement à ladite Court, & audit Evesque de Paris, ou ses Vicaires, & m'a ladite Court ordonné inserer en ce Registre les teneurs desdites Lettres Missives. Vidimus des Bulles, & Rescript ou Commission dudit Cardinal de Sens, selon qu'elles ensuivent.

De par le Roy.

Nos amez & feaulx. Nous avons entendu le contenu aux Lettres que par ce Porteur avons acceptez. Nous sommes tres-marris & desplaisans de ce que en nostre bonne Ville de Paris, Chef & Capitalle de nostre Royaume, & où y a Université principale de la Chrestienté, cette maudicte Secte heretique Lutherienne pullulle, ou plusieurs pourront prendre exemple; A quoy de tout nostre pouvoir & puissance voulons y obvier, sans y espargner personne qui soit. Et pour ce voulons & entendons que telle & si griefve punition en soit faicte, que ce soit correction aux maudits Heretiques, & exemple à tous autres. A cette cause, Nous vous mandons, & tres expressement enjoignons, que vous commetez aulcuns d'entre vous, pour toutes choses laissées, curieusement & diligemment eulx enquerir de tous ceulx qui tiennent icelle Secte Lutherienne, & qui en sont suspects, & vehementement suspectionnez, & qui y adherent & les suivent, afin que vous procedez contre eulx sans nul excepter, par prise de corps, en quelque lieu qu'ils soyent trouvez, & contre les fugitifs adjournement a trois briefs jours, prinse de biens & establissement de Commissaires.

Et quand a ceulx que avez fait constituer prisonniers, qui sont chargez, de blasphemes procedez à leur punition, selon l'exigence des cas: Et au regard

Anno 1533.

gard des Heretiques, Nous escripvons à l'Evesque de Paris ou a ses Vicaires, qu'ils commettent deux de nos Conseillers tels que adviserez, pour faire & parfaire le Procez d'iceulx Heretiques, sans prejudice de sa jurisdiction en autres choses, ny quelque chose que nous avons par cy devant escrit. D'autant que attendu que iceluy delict pullule a faute d'avoir eu le soin & cure de l'extirper dez le commencement & besoing que tout promptement par gens d'autorité & nos Officiers cela soit executé, qui vous pourront de jour à autre rapporter, en quel estat seront les matieres, pour en avoir vostre advis & conseil. Si voulons que à ce que dessus soit par vous procedé reellement & de fait par main forte & armée, si mestier est, & nous envoyez en diligence Memoires necessaires pour avoir de nous toutes Provisions requises, tant par Lettres Missives que Patentes, pour faire accomplir & executer ce que dessus. D'autre part vous envoyons, & aussi audit Evesque de Paris ou à ses Vicaires, le Vidimus des Bulles qu'il a pleu à nostre Saint Pere le Pape nous octroyer, pour extirper icelle Secte Lutherienne de nostre Royaulme. Nous avons faict par ci-devant expedier Lettres Patentes sur le faict des Prescheurs, qui ont bien aydé à augmenter ladicte Secte, on nous a dict qu'elles vous avoient esté presentées, toutes fois que n'y avez donné aucun ordre. Pareillement avons entendu que le Docteur qui a presché certaines propositions dont avez faict informations de vostre part & le Recteur de la sienne & que l'aviez envoyé querir pour parler à vous, quant fut à la Salle du Palais quelqu'un de nostre dite Court vint parler à luy, qui fut cause qu'il s'enfuyt. Nous, à cette cause, vous mandons & enjoignons vous informer de celluy qui est cause d'icelle fuitte, & qui parla audit Recteur, & le faisissez & constituez prisonnier, & nous mandez qui il est, afin que nous vous mandons ce que en voullons estre faict. Il a assez monstré en ce faisant qu'il est fort suspect d'estre du nombre des Heretiques. Si vous prions que à tout ce que dessus vous marquez, & entendez diligemment, & vous nous ferez service en ce faisant, tres-agreable. Donné a Lyon le 10. jour de Decembre 1533. Ainsi signé, Francois Bayard.

Au dessus desdites Lettres est escript, A nos amez & feaulx les Gens tenans nostre Court de Parlement a Paris.

Messieurs, le Roy ayant receu les Lettres que luy avez escriptes par l'Huissier present porteur, pour pourvoir a satisfaire au contenu d'icelles, a ordonné vous estre envoyée l'expedition telle que a esté baillée audit Huissier, laquelle ledit Sieur desire estre diligemment executée pour extirper cette malheureuse Secte Lutherienne, & vous prie asseurer oultre ce, que ledit Sieur vous escript que plus grand plaisir ne luy sçauriez faire que de prendre garde & pourvoir promptement contre ceulx qui en seront maculez par toutes les voyes & moyens que verrez estre necessaires, afin que la punition & correction qui en sera par vous faicte serve d'exemple & crainte a ceulx qui en pourroient par cy-après tomber en cet inconvenient, & si pour ce faire est de besoing d'autre expedition, en le faisant sçavoir audit Seigneur y sera promptement satisfaict. Messieurs, apres m'estre recommandé de tres-bon cœur à vous prieray le Createur, vous donner sa grace. De Lyon le 10. jour de Decembre. Ainsi signé, vostre frere & bon amy. A. Cardinal de Sens & au dos est escript. A Messieurs & freres, Messieurs de la Court de Parlement de Paris.

Messieurs, j'ay receu vos Lettres du 26. du mois passé, ensemble celles que escripvez au Roi, auquel j'ay amplement faict entendre le tout, qui vous y fait tres bonne responce. Et afin que vous puissiez mieux entendre l'affection qu'il a en ceste matiere, il m'a donné charge de la vous dire de bouche, ce que j'espere faire entre cy & quinze jours, & cependant je vous puis asseurer que vous ne pouvez mieux faire ne service plus agreable audit Sieur que d'executer vivement, & sans acception de personne, ce qu'il vous mande par ses Lettres. Au demourant, s'il y a chose en quoy vous advisez que je vous puisse faire plaisir, soit en general ou particulier, vous m'en advertirez & je le feray de tres-bon cueur, priant Dieu, Messieurs, à vous donner ce que desirez. Escript a Lyon le 8. jour de Decembre. Ainsi signé, le tout entierement vostre à vous faire service. Montmorancy.

Et au dos est escript. A Messieurs, Messieurs les Gens tenans la Court de Parlement à Paris.

Anno 1533.

Guillermus miseratione divina, & Sanctæ Sedis Apostolicæ gratia Electus Claromontensis Episcopus, Universis presentes Litteras inspecturis, salutem. Testamur notumque facimus. Nos vidisse, & de verbo ad verbum perlegisse quasdam Bullas Sanctissimi Domini nostri Papæ Clementis septimi integras, non rasas nec cancellatas, aut in aliqua sui parte suspectas, super correctione & punitione Hereticorum sub plumbo fili serici rubei & crocei colorum appenso, datas Romæ apud Sanctum Petrum anno Incarnationis Dominicæ 1533. Kalend. Septembris, Pontificatus vero sui anno decimo, signatas super plicam L. Sauli. Quarum quidem Bullarum tenor hic totidem verbis insertus, nullo prorsus addito vel omisso, talis est.

Clemens Episcopus, Servus servorum Dei, Universis & singulis Venerabilibus fratribus Archiepiscopis, Episcopis, ac dilectis filiis Inquisitoribus hereticæ pravitatis Regni Franciæ & Ducatus Britanniæ & Delphinatus nec non Comitatus Viennensis, & Provinciæ, salutem & Apostolicam benedictionem. Id nostri præcipue cordis, ut pro quibus superorum ascribendis cœtibus ipse omnium rerum summus Opifex humanos dolores perpeti voluit, Nos quibus gregis sui curam, regimenque universale commisit, illos ab errorum præcipiciis vigilanti studio eripere curemus, & eorum saluti divina nobis prospiciente gratia jugiter intendamus; sane cum sicut non solum ex Litteris charissimi in Christo filii Francisci Francorum Regis Christianissimi, sed etiam veridica relatione dilectorum filiorum nostrorum Francisci Sanctorum Petri & Marcellini, & Gabrielis, Sanctæ Cæciliæ ritu Presbiterorum, ac Augustini S. Adriani Diaconi Cardinalium in Curia nostra Romana ad præsens residentium & aliorum fide dignorum nobis displicenter innotuit, in Regno Franciæ & Ducatu Britanniæ ac Delphinatu nec non Comitatu Viennensi & Provincia Provinciæ, cæterisque Dominiis ipsius Francisci Regis e diris & execrabilibus blasphemiis impii Lutheri, ac aliorum Hæreticorum, quos iniquus homo, qui dissipare, & supra semen jactare non cessat, ab unitate Sanctæ Matris Ecclesiæ seducit & seducere indies modis omnibus nititur, maxima prodeunt scandala, pestiferumque virus illud latius infidelium diffunderetur, ac passim cum maximo universalis Ecclesiæ detrimento pervagaretur, nisi super hiis nostræ vigilantiæ curas adhiberemus, ac hujusmodi Hæresis pravitatis labe respersos, ut ad viam veritatis redire & resipiscere vellent monuerimus & exhortati fuerimus: Illos vero qui sanæ doctrinæ minime acquiescerent, sed animo petulanti, & pertinaci in sua malitia perseverarent excommunicaverimus & anathematizaverimus, ac tanquam membra putrida, ne reliquum corpus inficerent, abscindi decreverimus, nihilominus adhuc plures existunt qui per hujusmodi monitiones & exhortationes a suis erroribus & impietate deduci non curant, sed confidentes primum in appellationum licentia, & suis subterfugiis quibus lites presertim criminales prope immortales fiunt: Deinde, quod felicis Recordationis Leo Decimus Papa tertius prædecessor noster statuerit, ut quicumque manifeste in heresi deprehensus esset, si Clericus foret, vel cujuscumque Religionis obumbratione fuscatus totius Ecclesiastici Ordinis prærogativa nudaretur, & sic omni officio & beneficio destitutus secularis relinquetur arbitrio potestatis animadversione debita puniendus, nisi continuo post deprehensionem erroris ad fidei Catholicæ unitatem sponte recurreret, & errorem suum ad arbitrium Episcopi Religionis publice consentiret abjurare & satisfactionem condignam exhibere, Laicus autem, nisi, ut præfertur, abjurata hæresi & satisfactione exhibita confestim ad fidem orthodoxam confugeret, sæcularis judicii arbitrio relinqueretur debitam pro qualitate facinoris recepturus ultionem, in hujusmodi erroribus & impietate, à quibus juxta Statutum Leonis Decimè predecessoris, ac monitiones nostras hujusmodi revocari debuerant, tamquam suo in lecto sese involvunt, & ad Pastoris eorum vocem obsurdescentes eamque ignoscendi facultatem tamquam erroris sui clipeum arripientes in sua perfidia perdurant ac in illa permultos imbuere indies nituntur, & quamvis statutum Leonis X. predecessoris hujusmodi sui Pontificatus tempore justum, & rationabile foret,

ANNO 1533.

ret, cum Clementia Romani Pontificis maxime conveniret, ut iis qui ab errore ad fidem veram redire vellent, aditus pateret, nec janua Ecclesiæ quæ semper ad ignoscendum prona fuit, præcluderetur, tamen ea ratione illi qui ad viam veritatis redire debent, multo magis indurati non nisi in deterius profecerunt & proficiant. ac eo pretextu impunitatem sibi pollicentes ipsius Lutheri impias assertiones perfidaque dogmata dogmatizare & publicare ac disseminare execrabili & detestando totius Ecclesiæ malo non verentur, & cum deprehenduntur, & vindicandum videtur, se illa abjurare, & ad fidem redire paratos dicunt, quo fit ut Ecclesiastica authoritas sæpe eludatur & errorum licentia crescat, maxime cum ii qui ab illis didicerunt pari modo dogmatizare & prædicare pro oblectamento studeant, sicque non desinit per quos ea perfidissima Secta virus suum diffundat & magis atque magis divulgetur, & nisi desuper debita medela adhibeatur, verendum sit, ne reliquus grex eodem modo inficiatur. Verum si illis tanta appellationum & subterfugiorum licentia, & abjurandi facultas, & impunitatis spes adimeretur, hujusmodi erroribus obviaretur & saluti animarum consuleretur. Nos qui statum Ecclesiæ in sua perdurare unitate sinceris exoptamus affectibus, habita super his cum venerabilibus fratribus nostris ipsius Ecclesiæ Cardinalibus matura discussione & diligenti examinatione, attendentes, Legum auxilio dignos non esse qui in Leges committunt, neque Canonibus juvari debere qui eorum beneficio abutuntur, & pro ludibrio habent, quodque crescente hominum malitia crescere debet & pœna, ac volentes precibus dicti Regis, qui Ecclesiam ipsam & hanc Sanctam Sedem Apostolicam summa semper devotione & honore prosecutus est, ne posthac hujusmodi occasio & materia delinquendi præbeatur, in hac parte votis favorabiliter annuere, de eorundem fratrum consilio vobis & vestrum singulis in Regno Franciæ, & Ducatu Britanniæ ac Delphinatu, & Comitatu Viennensi, nec non Provincia Provinciæ, aliisque terris ac locis Dominio temporali dicti Regis subditis infra duos menses à die publicationis præsentium, quas in singulis partium illarum Provinciis per vos fratres Archiepiscopos & Episcopos vestrosque Officiales, nec non dilectos filios Metropolitanarum & aliarum Cathedralium Archidiaconos, aut Parochialium Ecclesiarum Provinciarum earundem Rectores infra Capitularium & aliarum Majorum Missarum solennia publicari volumus, computandos, omnes & singulos tam Clericos etiam quorumvis, & Mendicantium Ordinum Religiosos, quam Laicos, impias assertiones & propositiones dicti Lutheri dogmatizantes, vel publice docentes & asserentes, cujuscumque status, gradus vel conditionis existant, tam Apostolica quam vestra authoritatibus etiam per Edicta publica locis publicis, de quibus verisimilis conjectura, quod hujusmodi monitio ad ipsorum notitiam possit pervenire affigenda, quæ eos arctent & compellant, ac si præsentes eis & eorum singulis solenniter & personaliter intimatæ fuissent anathematizandi, & ut ab errore suo desistant & resipiscant, ac culpam suam fateantur, nec non dictam hæresim abjurent, nec de cetero in sua impia doctrina insistant requirendi, & monendi, eisque districtius præcipiendo mandandi, & si recipiscant, & dictam hæresim sponte abjuraverint, ipsos ab hujusmodi hæresis crimine ac censuris & pænis inde provenientibus, injuncta eis prius pænitentia salutari absolvendi; si vero id non fecerint, seu facere noluerint, lapsis duobus mensibus ipsis illos omnes, qui tamquam in hæresim relapsi eo ipso habeantur, nec non quoscumque, alios similiter tam Clericos etiam Religiosos, quam Laicos cujuscumque status, gradus, vel conditionis existentes, qui de cætero easdem impias assertiones & propositiones Lutheri dogmatizare, vel publice legere, docere & asserere, aut proponere præsumpserint, ac reperti, ac a vobis judicialiter convicti fuerint juxta Sacrorum Canonum dispositionem omni Officio & Beneficio Ecclesiastico destitutos arbitrio secularis potestatis animadversione debita puniendos, etiamsi publice hæresim hujusmodi abjurare paratos, vel ad fidem reverti velle dicant, relinquendi, & ut præmissa debito effectui mancipari possint, Dilecto Filio nostro Antonio & Sanctæ Anastasie Presbytero Cardinali in partibus illis nostro & Apostolicæ Sedis Legato duos in Parisiensi & alios duos probos & circum spectos viros per dictum Regem nominandos, ad quos appellationes in hujusmodi causis interponendæ deferantur; & qui processus per vos contra dictos hæreticos pro tempore formatos videre & examinare ac non obstante ulla oppositione vel appellatione causas ipsas terminare & diffinire possint, in Tholosana Civitatibus deputandi plenam & liberam auctoritate Apostolica tenore præsentium facultatem concedimus, non obstantibus præmissis, ac Constitutionibus & Ordinationibus Apostolicis cæterisque contrariis quibuscumque. Vos igitur fratres filii in hujus nostræ concessionis executione, tales vos gerite, & Sanctam Dei Ecclesiam contra hæreticos sincera fide tuemini & defendite, ut merito lætari in Domino possimus. Sic enim speramus tandem extirpari dictam hæresim, si severiores vos præbueritis ultores, quarum transumptis, manu Notarii publici subscriptis, & sigillo alicujus Curiæ Ecclesiæ munitis, eandem prorsus fidem in judicio, quæ ipsis præsentibus adhiberetur, si forent exhibitæ vel ostensæ, adhiberi debere decernimus, post triennium minimè valituris. Nulli ergo omnino hominum liceat hanc paginam nostræ concessionis, voluntatis & Decreti infringere, vel ei ausu temerario contraire, si quis autem hoc attemptare præsumpserit, indignationem omnipotentis Dei, ac Beatorum Petri & Pauli Apostolorum ejus se noverit incursurum. Datum Romæ apud Sanctum Petrum, anno Incarnationis Dominicæ 1533. Kal. Septembris Pontificatus nostri anno decimo. In cujus rei fidem & testimonium has Litteras per Notarios infrascriptos subsignari, sigilloque nostro muniri jussimus. Datum Lugduni tertia mensis Decembris, anno Domini 1533. Ainsi signé sur le reply, De Mandato Præfati Reverendi Domini Claromontensis Episcopi J. Maupin Notarius Apostolicus.

Guillermus miseratione divina & Sanctæ Sedis Apostolicæ gratia Electus Claromontensis Episcopus universis præsentes Litteras inspecturis salutem. Testamur notumque facimus Nos vidisse, tenuisse, ac de verbo ad verbum perlegisse quasdam Bullas Sanctissimi Domini nostri Pape Clementis septimi integras, non rasas nec cancellatas, aut in aliqua parte suspectas super degradatione Presbyterorum & Clericorum hæresi damnatorum facienda, datas Massiliæ anno Incarnationis Dominicæ 1533. quarto Idus Novembris, Pontificatus vero sui anno decimo, sub plumbo funiculi canapis appenso signatas super plicam. B. Mota. Quarum quidem Bullarum tenor hic totidem verbis insertus, nullo prorsus addito vel omisso, talis est.

Clemens Episcopus, Servus Servorum Dei, Charissimo in Christo Filio nostro Francisco Francorum Regi Christianissimo salutem & Apostolicam Benedictionem. Præclaræ devotionis affectus, quo erga Nos, & Romanam Ecclesiam splendere dignosceris non indigne meretur, ut in illis nos favorabiles invenias, quæ ad justitiæ cultum pertinere dignoscuntur. Cum itaque sicut nuper nobis exposuisti in tuis Regno Franciæ & Dominiis nonnulli Presbiteri, Clerici ac alii in sacris Ordinibus constituti propriæ salutis immemores, & à fide Catholica deviantes damnatam hæresim Lutheranam sequi & nefanda committere non vereantur, in animarum suarum perniciem, & Divinæ Majestatis offensam ac perniciosum exemplum & scandalum plurimorum, & licet contra hujusmodi pestiferos hæresis sectatores & illius labe infectos vigore Litterarum, quæ a nobis etiam de procuratore desuper emanarunt debite procedatur & formato processu tales velut in profundum malorum immersi juxta Sacrorum Canonum instituta veniant degradandi, & Curiæ sæculari relinquendi, tamen interdum contingit, ut presentia & interessentia ac numerus Episcoporum ad similia de jure requisitus in partibus illis non nisi cum magna difficultate, & gravi incommodo propter locorum distantiam, viarum discrimina, haberi nequeat, quo fit, ut executio debita contra tales degradandos in carceribus detentos plurimum retardetur, & interdum fieri non possit, quod si tempore debito fieret, ob metum pœnæ ceteris de fide prædicta male sentientibus exemplum cautelæ exemplario concederetur. Nos impedimenta quæcumque per quæ Episcopo justitia contra hujusmodi nefaria hæresi respersos plus debito retardetur, aut impediatur, de medio subvertere, & ne hujusmodi morbus inficiando ulterius excrescat, opportunis remediis, prout

Anno 1533. nostro incumbit officio providere volentes zelo fidei, & ad hoc nos impellente auctoritate Apostolica tenore presentium statuimus & ordinamus, quod in Reguo & Dominiis prædictis Ordinarii locorum, assistente sibi uno alio Catholico Episcopo, seu duo Catholici Episcopi, quos ipsi Ordinarii ad hoc duxerunt eligendos, aut unus Catholicus Episcopus assistentibus sibi duobus aut tribus Abbatibus, ad degradationem actualem talium nefaria hæresi Lutherana hujusmodi infectorum, & aliorum hæreticorum, eorumque Curiæ sæculari traditionem alias prout de jure procedere libere, & licite valeant in omnibus & per omnia, perinde ac si cum ipsis Ordinariis seu Episcopis ad hoc pro tempore deputandis hujusmodi Episcopi in numero a Canonibus definito presentes forent, & in hoc sibi assisterent, non obstantibus Constitutionibus, & Ordinationibus Apostolicis, cæterisque contrariis quibuscumque. Datum Massiliæ anno Incarnationis Dominicæ 1533. quarto Idus Novembris, Pontificatus nostri anno decimo. In cujus rei fidem & testimonium has Litteras per Notarium Apostolicum infrascriptum subsignari, sigilloque muniri jussimus. Datum Lugduni die octava mensis Decembris anno Domini 1533. Ainsi signé sur le reply. De Mandato præfati Reverendi Domini Claromontensis Episcopi. David Notarius Apostolicus.

Messieurs, le Roy considerant le gros inconvenient, peril & scandalle que pourroit advenir de l'Heresie Lutherienne & autres Sectes reprouvées, pullulans en aulcuns endroits de son Royaulme, parce mesmement que ceulx qui estoient atteints d'iceulx crimes, n'estoient punis selon leur demerite & pour l'exemple des autres, au moyen des appellations & subterfuges dont ils usoyent: Pour à quoy obvier, ledit Seigneur a obtenu de nostre Saint Pere le Pape une Bulle de la teneur que verrez par le Vidimus que de present je vous envoye attaché a la Commission, que suivant le contenu desdictes Bulles je vous ay adressées apres ce que ledit Seigneur vous a nommé pour juger & decider les appellations qui seront interjettées des Procez faicts & qui se feront contre lesdits Heretiques. A cette cause vous ay bien voulu escripre la presente & prier affectueusement d'executer ladite Commission, ainsi que sçaurez tres-bien faire, & vous fairez œuvre tres-agreable à Dieu, & chose dont ledit Seigneur vous sçaura aussi bon gré que de service que luy pouriez faire pour le temps present, & de ma part ne fauldray a l'advertir de ce que j'entendray avoir été par vous faict en cette charge. A tant Messieurs apres m'estre recommandé à vous prie le Createur, vous donner son amour, & grace. A Lyon le 8. jour de Decembre. Ainsi signé, vostre frere & bon amy, A. Cardinal de Sens. Et au dos est escript, A Messieurs Verjus President des Enquestes, & Nicole Brachet, Conseiller en la Court de Parlement a Paris.

Anthonius miseratione divina tituli sanctæ Anastasie Sacro-Sanctæ Romanæ Ecclesiæ Cardinalis, Archiepiscopus Senonensis, Galliarum & Germaniæ Primas, Episcopus Albiensis & Franciæ Cancellarius, Sanctissimi Domini nostri Papæ, & Sanctæ Sedis Apostolicæ in Regno Franciæ, & aliis Civitatibus, Terris, & Dominiis Christianissimo Francorum Regi subjectis de latere Legatus. Dilectis nobis in Christo Magistris Anderæ Verjus Præsidi Inquestarum, & Nicolao Brachet Consiliario in Curia Parisiensis Parlamenti, salutem in Domino. Cum nuper Sanctissimus in Christo Pater & Dominus noster, Dominus Clemens divina Providentia, Papa septimus, pro celeriori pravissime & nefandissime, ac seu hæresis, immo pestis Lutherane, quæ a certis temporibus citra in Regno Franciæ & Ducatu Britanniæ, ac Delphinatu, nec non Comitatu Viennensi & Provincia Provinciæ, ceterisque Dominiis præfato Christianissimo Regi subjectis, ex diris & execrabilibus blasphemiis impii Lutheri, ac diversorum aliorum ejus Sectantium virus ac zizaniam undique diffundentium ac disseminantium, proh dolor, invaluit, ac etiam indies pullulat, extirpatione, quasdam Litteras Apostolicas, quarum copia hic annexa est sub forma in ipsis Bullis expressa, ad præfati Christianissimi Regis qui Sectam ipsam Lutheranam à Regno & aliis Dominiis suis prædictis cum omnipotentis Dei adjutorio in brevi omnino evellere sperat & intendit, supplicationem de fratrum suorum Reverendissimorum Dominorum Sanctæ Romanæ Ecclesiæ Cardinalium consilio expediverit, per quas inter alia in eis contenta vobis tanquam ipsius & Sedis Apostolicæ in Regno Franciæ, ac aliis ipsius Christianissimi Regi subjectis Dominiis Legato duos probos & circumspectos viros, ad id tamen prius per eundem Christianissimum Regem nobis nominandos, in Civitate Parisiensi, ad quos appellationes a Sententiis, quæ in Regno ac aliis Dominiis prædictis pro parte Lutheranorum, ac seu de secta & hæresi Lutherana infectorum & accusatorum ratione processuum, contra eos propterea intentatorum pro tempore interjectæ deferantur, & qui processus contra dictos hæreticos pro tempore formatos videre & examinare, ac non obstantibus ulla oppositione seu appellatione, causas ipsas terminare & definire possent, deputandi facultatem concesserit; Hinc est quod nos postquam præfatus Christianissimus Rex vos tanquam sibi plurimum gratos & acceptos nobis ad id verbo, seu viva voce nominavit, vos & vestrum quemlibet, quos fidei Catholicæ semper zelatores maximos jam dudum cognovimus, ac etiam de quorum Litterarum scientia, ac longa rerum etiam arduarum experientia, ac probitate non parum in hoc confidimus, in Civitate Parisiensi ad hoc ut ad vos appellationes a Sententiis, quæ in Regno, ac aliis Dominiis prædictis pro parte Lutheranorum, ac seu de secta ac hæresi Lutherana infectorum & accusatorum ratione processuum contra eos propterea intentatorum pro tempore interjectæ deferantur, vosque processus contra eosdem hæreticos pro tempore formatos videre & examinare, ac non obstante aliqua oppositione seu appellatione, causas ipsas terminare & definire possitis & valeatis auctoritate Apostolica Nobis Litterarum Apostolicarum prædictarum vigore commissa deputamus ac etiam committimus, Vos imprimis hortantes in hujus Commissionis executione tales vos geratis; ut in partibus vestris Sanctam Dei Ecclesiam ab impiis heresum erroribus vindicare & tueri possimus. In quorum fidem præsentes Litteras fieri, nostrique sigilli appensione muniri fecimus. Datum Lugduni anno Incarnationis Dominicæ 1533. Kal. Decembris, Pontificatus prælibati Sanctissimi in Christo Patris & Domini nostri, Domini Clementis divina providentia Papæ septimi anno undecimo. Ainsi signé sur le reply. De mandato præfati R. Domini Legati & Cancellarii Franciæ. De la Forest. Anno 1533.

XLV.

Caroli V. *Romanorum Imperatoris Sententia definitiva in Causa Marchiæ & Status Montisferrati lata, inter Duces Sabaudiæ & Mantuæ atque Marchionem Saluciarum prætendentes Jus universale & particulare in Marchiam prædictam. Datum* 3 (1) *Novembris* 1536 [Replica *per parte del Serenissimo Sigr: Duca di* Savoia, *alla Risposta fatta per parte del Signor Duca* di Mantoua pag. 20.] 1536. 3. Novembre.

Carolus Divina favente Clementia, Romanorum Imperator Augustus. Defuncto Illustr. Jo. Georgio, ultimo Marchione Montisferrati ex Linea Paleologa, Marchiam, & Statum Montisferrati sub nostram Imperialem manum reduximus tum ut quod Cæsareæ dignitati, & justitiæ conveniret præstare possemus, tum ut provideremus, ne quid de facto, & vi attemptaretur, quod Italiæ paci, & tranquillitati obsisteret, cumque pro more nostro nihil magis cuperemus, quam in hoc negotio de plano procedi, & cum summa æquitate, & justitia prospici, ut omnibus volentibus de jure suo experiri æqua lance, vera, & brevis justitia administraretur, causam dictæ Marchiæ, quondam Antonio de Leyva Principi Asculi, Marino Carvacciolo Protonotario tunc Apostolico, nunc Cardinali, & aliis condelegatis cognoscendam, & usque ad Sententiam exclusive instruendam commisimus, ut illam legitime instructam cum eorum consilio, & sententiis nobis decidendam remitterent. Coram quibus delegatis comparuere Procuratores Illustr. Principum Ducum Sabaudiæ, & Mantuæ, ac Marchionis Saluciarum prætendentes jus universale, & particulare ad Marchiam prædictam, ac nonnulli alii prætendentes jus particulare super aliquibus locis, & castris dictæ Mar-

(1) 3 *Novemb.* C'est l'Auteur de la Réponse qui fournit la Date de cette Piece.

ANNO 1536. Marchiæ, & tam coram dictis delegatis, quam coram aliis nostris Delegatis in dicta causa Neapoli, videlicet Majo Vice-Cancellario, &c. Usque ad conclusionem in causa exclusive processerunt, & ita causam instruxerunt, ut merito illius decisioni incumbere, illique ultimam manum imponere, & id præstare debeamus, quod hujusmodi causæ, & personarum gravitati, & temporibus istis convenire arbitramur. Idcirco habita prius, & audita à dictis nostris Delegatis diligenti causæ relatione, & intellectis eorum judiciis, & suffragiis, ac visis, &c. omnibusque diligenter, & mature discussis, & examinatis. Accedente etiam consilio, & matura deliberatione aliorum Procerum nostrorum, Partibus pro hac die, & hora ad audiendam Sententiam coram nobis legitime citatis. Ante omnia ex suprema nostra potestate, & Cæsareo officio, causam hanc inter dictas partes tam jus universale, quam particulare, super dicta Marchia Montisferrati, & bonis, locis, & castris dictæ Marchiæ prætendentes, tam in possessorio, quam in petitorio concludentes, & pro conclusa habere volentes, Christi nomine invocato, in hunc, qui sequitur modum diffinitive pronunciamus, & declaramus. In primis quoad petitionem universalem Illustr. Francisci Marchionis Saluciarum petentis sibi Marchiam adjudicari causis de quibus in processu; Pronunciamus, & declaramus, nullum Jus dicto Marchioni Saluciarum competere in dicta Marchia Montisferrati & Statu, & bonis per eum petitis. Ad petitionem autem particularem dicti Illustr. Marchionis Saluciarum reintegrationis possessionis, & adjudicationis Civitatis Albæ; Pronunciamus, & declaramus in Judicio possessorio nullum jus competere dicto Marchioni Salutiarum, in petitorio tam dicto Marchioni Salutiarum, quam Civitati Albæ, Jus, quod eis competere prætendunt, reservando. Ad petitiones vero universales Illustr. Ducis Sabaudiæ tam ratione pacti dotalis, quam ratione successionis ex persona, & Jure Violantæ filiæ Theodori primi Marchionis Montisferrati ex Linea Paleologa, quam ex persona & Jure hæreditario Blancæ filiæ Marchionis Gulielmi; Pronunciamus, & declaramus nullum jus universale ex dictis causis, & petitionibus dicto Illustr. Sabaudiæ Duci in dicta Marchia Montisferrati, & bonis supradictis competere. At in petitione particulari dotis octuaginta mille Ducatorum dictæ Blancæ, declaramus dictam dotem deberi prædicto Duci Sabaudiæ, ut hæredi dictæ Blancæ eamque sibi adjudicandam esse, prout adjudicamus super bonis allodialibus mobilibus, & immobilibus, & super melioramentis factis in Marchia, Castris, & locis per tunc Marchionem Gulielmum dictæ Blancæ patrem possessis ratione hypothecæ, & jurium dotalium, salvis exceptionibus tam solutionis, quam aliis, si quæ competunt, in executione reservatis. In petitione vero universali Illustr. Federici de Gonzaga, & Margaritæ Paleologæ conjugum Ducum Mantuæ tam circa possessorium, quam petitorium, Pronuntiamus, & declaramus dictam Marchiam Montisferrati, & castra, & loca feudalia, & alia per Marchiones Paleologos possessa, fore, & esse illis adjudicandam, & adjudicanda, prout illa eis adjudicamus. Reservatis locis, bonis, & castris de quibus in donatione facta à Joan. Jacobo Marchione Montisferrati Illustr. Amedeo tunc Duci Sabaudiæ, ut infra, super quibus pronunciamus, & declaramus, quoad dicta bona de quibus est contentio inter dictas Partes ratione, & causa dictæ donationis, & infeudationis per dictum Illustr. Ducem Sabaudiæ prætensarum, prædictos Duces Mantuæ immittendos esse in possessionem dictorum locorum, bonorum, & castrorum, & totius Marchiæ. Reservata tamen nobis diffinitione petitorii, ex eisdem actis super bonis, & castris prædictis. Ita tamen, quod prædicti Illustr. Duces Mantuæ in prædictam possessionem non immittantur, nec illam quovis modo assequi possint, quin prius præstiterint ad manus nostras idoneam, & sufficientem cautionem pro arbitrio, & satisfactione nostra de relaxatione, & dimissione reali, & effectuali possessionis locorum, & castrorum prædictorum, & se submiserint sub pæna amissionis omnium Jurium, quæ prætextu hujus sententiæ dictis Illustr. Ducibus Mantuæ in dicta Marchia, & bonis competere possent, casu quo repertum fuerit, & pronunciatum, prædicta loca, & castra, & bona ad Illustr. Ducem Sabaudiæ spectare, & pertinere. Quam quidem Sententiam intendimus proferre infra annum, & interim quandocunque; & ad dictam Sententiam audiendam Partibus mandamus, ut suos idoneos Procuratores in Curia nostra habeant, prolatu-

ri Sententiam eorum contumacia non obstante. Quantum vero attinet ad fructus perceptos tempore Sequestri de dicta Marchia, locis & bonis Illustr. Ducibus Mantuæ adjudicatis fructus, omnes prædictos præfatis Illustr. Ducibus Mantuæ adjudicamus; Ita tamen, quod habeatur ratio impensarum & sumptuum pro gubernatione conservatione, & manutentione prædicti Marchionatus tempore dicti sequestri rationabiliter factorum per Ministros nostros, quas quidem expensas prædicti Illustr. Duces compensare, & solvere teneantur. Circa petitionem dotis, & castrorum per Illustr. Annam de Alenconio factam, quia plene non constat de ejus intentione, reservamus jura quæ sibi competunt in alio Judicio. In petitione vero dotis, & donationis propter nuptias quatuordecim mille scutorum Illust. Dominæ Juliæ de Aragonia, pronunciamus, & declaramus dictam summam quatuordecim mille scutorum dictæ Illustr. Juliæ deberi, & pro illis fore, & esse sibi obligata, & hypothecata bona omnia feudalia dictæ Marchiæ, & alia Castra omnia, & bona per dictum Joannem Georgium ejus virum tempore obitus possessa. Ad petitionem & supplicationem Casalensium, dicimus, & declaramus, dictos Duces Mantuæ esse immittendos in possessionem dictæ Civitatis Casaleæ. Ad alias vero petitiones particulares dictæ Civitatis Casalis, de quibus in processu, quia non plene constat de juribus per eos prætensis, dicta Jura, si quæ eis competunt in petitionibus prædictis, fore, & esse eis reservanda. In petitionibus etiam, & supplicationibus Vassallorum dicti Status, & Marchiæ: Declaramus illorum supplicata locum non habere. Ad petitiones vero particulares Civitatis Januensis, Vercellensis, &c. Quoniam processus causarum prædictarum non sunt plene instructi, earum deliberationem nobis reservamus, committentes earum cognitionem, & diffinitionem admodum Reverendo Cardinali Marrino Carracciolo, & ita in omnibus supradictis pronunciamus, & declaramus & ad majorem corroborationem manu propria scripsimus &c. ANNO 1536.

XLVI.

Lettre des Gens du Roi au Parlement de Paris, écrite au Chancelier DU BOURG, *contre la Bulle* in Cœna Domini. *A Paris le 27. Mars 1536.* [Preuves des Libertez de l'Eglise Gallicane Tom. I. pag. 315.] 1536. / 1537. 2. Mars.

MOnseigneur, Nous avons trouvé ce jourd'huy un petit Livre intitulé, *Bulla Cœnæ Domini*, glosé & commenté par M. Pierre Rebuffi Docteur Regent en Decret en l'Université de Paris, lequel livre a esté nouvellement imprimé & exposé en vente en ladite ville: au texte de laquelle Bulle avons trouvé plusieurs clauses merveilleusement estranges, & contre l'authorité du Roy, & de ses Cours de Parlement, ingerans grand scrupule aux Subjets & Officiers dudit Seigneur, ainsi que le sçaurez trop mieux considerer & entendre par la lecture dudit livre, que nous vous envoyons signé & marqué és endroits qui plus nous ont semblé estre de consequence, & toucher ledit Seigneur, les Cours, Officiers, Conseillers, & Subjets, & l'Eglise Gallicane. Si-tost que avons veu ledit livre au Parquet, nous sommes allez en parler à la Cour, afin de y pourveoir, ainsi que pensons qu'elle fera, & avons requis que devant tout œuvre, lesdits Livres fussent arrestez & saisis, parce que l'on ne sçauroit mieux publier ladite Bulle que de l'imprimer & publiquement exposer en vente, mesmement en ce temps qui est le temps *Cœnæ Domini*. Et pour ce que la matiere est de consequence & importante, il nous a semblé, *Monseigneur*, que outre le devoir que en avons fait à ladite Cour, nous vous en devions advertir, afin si voyant que bon soit, le faire entendre au Roy, pour puis apres nous faire sçavoir son bon vouloir & intention, pour y obeir a nostre pouvoir. *Monseigneur*, vos tres-humbles, & tres-obeissans serviteurs, Cappel, N. Thibault, Remon.

De Paris, ce Mardy 27. Mars 1536. *Et au dessus.* A Monseigneur, Monseigneur le Chancelier.

LA Chambre ordonnée par le Roy au temps des vacations, sur la Requeste faite par le Procueur Ge-

ANNO 1536. — 1537.

General dudit Seigneur, a ordonné & ordonne, que commandement & injonction sera faite à tous les Baillifs & Seneschaux de ce ressort, esquels y a Siege Episcopal & Archiepiscopal d'eux enquerir diligemment si les Archevesques & Evesques de leurs Bailliages & Seneschaussées, ou leurs Vicaires, ont receu une Bulle du Pape, ou Vidimus d'icelle intitulée *Litteræ processus*, & par qui elle leur a esté envoyée pour icelle faire publier. Et si aucune publication n'a encores esté faite, pour leur faire expresses inhibitions & defenses de ne la publier, & retirer desdits Archevesques, ou Evesques ou leurs Vicaires, ce qui leur en a esté envoyé pour estre publié, & envoyer le tout par devers ladite Chambre, huict jours aprés que le present Arrest leur sera presente, & ou aucune publication auroit esté faite, enjoint ladite Chambre ausdits Baillifs & Seneschaux, ou leurs Lieutenants, de donner jour & assignation ausdits Archevesques, Evesques, ou leurs Vicaires, de l'ordonnance desquels ladite publication aura esté faite, pour comparoir en ladite Chambre, pour repondre à telles demandes, fins & conclusions que ledit Procureur General voudra prendre contre eux. Et neantmoins ordonne que le temporel des Archevesques ou Evesques de ce ressort, où la publication aura esté faite, sera saisi & mis en la main du Roy. Ordonne qu'à ce que dessus, sera vaqué diligemment par lesdits Baillifs & Seneschaux, ou leurs Lieutenans. Enjoint aux Substituts dudit Procureur General esdits Bailliages & Seneschaussées de faire executer le present Arrest huict jours aprés qu'il leur aura esté presenté, & en certifier ladite Chambre huitaine aprés ensuivant, à peine de privation de leurs Estats Et sera en ce que dessus procedé par lesdits Baillifs, Seneschaux, ou leurs Lieutenans, nonobstant oppositions ou appellations quelconques. A fait inhibitions & defenses à toutes personnes de quelque estat & qualite qu'ils soient, de les empescher à l'execution du present Arrest, sur peine d'estre declarez rebelles au Roy, & crimineux de leze Majesté: & sera le present Arrest imprimé, & à l'impression d'iceluy signée par le Greffier, ou l'un des quatre Notaires de la Cour foy sera adjoustée comme au propre Original. Fait en ladite Chambre, le quatriesme jour d'Octobre mil cinq cens quatre vingts.

XLVIII.

1537. 30. Septembre.

Diploma CAROLI V. *Romanorum Imperatoris*, *pro* COSMO DE MEDICIS, *quo inhærendo Privilegio suo Cæsareo de anno* 1530. *& ratificando ea quæ* FERDINANDUS *Comes a Cifuentes ejus Commissarius in eo Negotio declaraverit ac fecerit*, *præfatus* COSMUS *instituitur*, *excluso* LAURENTIO, *in Primatum*, *& Caput Reipublicæ Florentinæ*, *pro ipso & Descendentibus ejus Masculis. Datum Montisoni die ultima Mensis Septembris anno Domini* 1537. *Imperii sui XVII. & Regnorum XXII.* CUM *inserta Declaratione Domini Comitis a Cifuentes Mandatarii Cæsarei*, *Datum in Civitate Florentiæ die* 12. *Julii anno Domini* 1537. [Nova eaque plena Assertio Juris, quod Cæsari Maj. ac S. Imperio in Magnum Tusciæ competit Ducatum. In Appendice pag. 79 Ex Archivo Imper.]

CArolus Quintus Divina favente Gratia Romanorum Imperator Augustus, ac Germaniæ, Hispaniæ, utriusque Siciliæ, Hierusalem, Ungariæ, Dalmatiæ, Croatiæ, Insularum Balearium, Sardiniæ, Fortunatarum ac Indiarum, & Terræ firmæ, Maris Oceani &c. Rex, Archidux Austriæ, Dux Burgundiæ, Lotharingiæ, Brabantiæ, Limburgii, Lucemburgiæ, Geldriæ, Virtembergiæ &c. Comes Hapsburgi, Flandriæ, Tirolis, Artesiæ, & Burgundiæ, Palatinus Hannoniæ, Hollandiæ, Zelandiæ, Ferreti, Kiburgi, & Zutphaniæ, Landgravius Alsatiæ, Marchio Burgoviæ, & Sacri Romani Imperii, Princeps Sueviæ, Dominus Phrisiæ, Molinæ, Salinarum, Tripolis, & Mechliniæ &c. ad perpetuam rei memoriam recognoscimus, & notum facimus tenore præsentium universis &c. Ad alias rationes Imperialis Dignitatis & muneris Nostri, quo Dei Opt. Max. voluntate fungimur, hoc vel inprimis pertinere arbitramur, ut fidelium rebus ad otium & tranquillitatem redigendis, & confirmandis assidua cura & perenni studio incumbamus, eorum præcipue, qui pro summa sua erga nos, *devotione* & observantia à Nobis omnia expectare, suæque dignitatis, nedum asserendæ, verum etiam augendæ, & stabiliendæ, in Nobis spem omnem ponere & velle, dignoscuntur; Qua de re, cum excelsæ Reipublicæ Florentinæ status aliquandiu, & præsertim post fata illustris quondam Alexandri de Medicis, Ducis Pennæ, affinis nostri, *non nihil fluctuari*, atque periculo expositus, & ob id præsenti ope juvandus, videretur, Nos qui nihil antiquius aut carius unquam habuimus, quam ejus Status, cujus patrocinium jam olim susceperamus, augmentum & existimationem promovere, & rerum ipsius firmitati consulere, etsi aliis maximis Christianæ Reipublicæ negotiis eramus impediti, noluimus tamen deesse, quin ad depellendum motus & pericula ipsi Statui & Reipublicæ Florentinæ impendentia, & ad providendum ea, quæ optime illius administrationi congruere viderentur, omnem curam, operam & diligentiam Nostram converteremus. Itaque inter cæteros Nostros in Italia & pacis & belli Ministros, Illustri Johanni Ferdinando Manrique Marchioni ab Aquilar consanguineo Nostro, & Magnifico fideli Nobis dilecto Ferdinando à Silva, Comiti à Cifuentes, Consiliariis & apud Beatitudinem Pont. Max. Oratoribus Nostris, dedimus in mandatis, ut uterque, aut alter ipsorum Nostro nomine hanc provinciam susciperet, atque ea omnia ageret, tractaret, faceret & exequeretur, quæ huic rei convenire, expedireque viderentur, quemadmodum ex ipsius Mandati & facultatis Nostræ serie, inferius inferenda, quam hoc loco pro recitata haberi volumus, perspicere est. Cumque alter ipsorum Mandatariorum, videlicet præfatus Comes à Cifuentes, inhærendo eisdem Mandatis & Decreto per Nos alias pro Illustri quondam Duce Alexandro, & familia Medicea facto, virtute facultatis & auctoritatis sibi à Nobis traditæ, communis tranquillitatis & quietis præfatæ Reipublicæ Florentinæ causa declaraverit, *Magnificum Nostrum & Imperii Sacri fidelem dilectum Cosmum de Medicis*, ut proximiorem ex ipsa familia Medicea, majoremque natu, & tam *vigore memorati Edicti seu Privilegii Nostri & in ejus executione*, quam ex Decreto publico, vocatum ad ipsum *Primatum & caput gubernii & status Reipublicæ Florentinæ*, adsciscendum fuisse, eundemque Primatum ipsi Cosmo deberi hac lege, ut *excluso Laurentio nuncupato à Medicis, qui ob parricidium in persona præfati quondam Illustris Alexandri Ducis, affinis sui, perpetratum læsæ Majestatis reus factus, condemnatus, atque ipso jure expers omnis gratiæ declaratus fuerat, & ejusdem Laurentii posteris uti inhabilibus & legitime privatis*, ipse Cosmus de Medicis durante sua vita sit, & esse debeat prædictæ *Reipubl. Florentinæ Gubernii Status, Dominii & Regiminis Caput & Primarius*, ac sub ejus præcipua cura & protectione ipsa Civitas & Respublica cum universo ejus Statu & Dominio regatur, manuteneatur, & conservetur, quamdiu ipse Cosmus superstes fuerit, eo autem vita functo, ipsius *filii hæredes & successores ex ejus corpore legitime descendentes masculi*, ita ut tam ipse Cosmus quam ejus successores jam dicti possint & valeant ac debeant omnibus Magistratibus interesse ac præesse ut primarii & Caput omnium prædictorum Magistratuum, possitque *ex gratia Nostra* uti & frui ea omni auctoritate, qua præfatus quondam Dux Alexander tempore sui obitus uti poterat, & utebatur, in contrarium facientibus non obstantibus quibuscumque, & quemadmodum hæc omnia in ipsa Declaratione supradicti Comitis Mandatarii Nostri, in qua prædictum Mandatum & Edictum Nostrum inserta sunt, diffusius continentur, quorumque omnium tenor sequitur in hæc verba: Nos Ferdinandus de Silva, Comes de Cifuentes, magnus Vexillifer Castellæ, Consiliarius Cæsareus, & in hac causa per Sacram Cæsaream, Catholicam & Regiam Majestatem specialiter delegatus, prout constat Cæsareo privilegio, cujus tenor talis est: Carolus Quintus & quæ sequuntur: Nos cupientes virtute facultatis & auctoritatis Nobis à Cæsarea Majestate concessæ, quieti & tranquillitati hujus Excelsæ Civitatis & Dominii Florentini prospicere, ac consulere, quæ ob infra scriptum obitum Ducis Alexandri quasi fluctuari videtur: Declaramus mentem Cæsareæ Majestatis fuisse,

&

ANNO 1537.

ANNO 1537.

& esse, hanc Excelsam Rempublicam & protegere & quotidianis Beneficiis & gratiis semper afficere, & ab imminentibus procellis & periculis illæsam servare, Illustremque Mediceorum familiam, prout semper fecit, paterna caritate amplecti, & sub sua protectione fovere & conservare. *Cumque ex privilegio* concesso Illustri Duci Alexandro & Mediceorum familiæ clare constet, quod post obitum Ducis Alexandri absque filiis decedentis, proximior ex familia de Medicis ad Primatum & caput gubernii Magistratuum omnium Civitatis Florentinæ vocetur, ad quod iniquitatis filius, Laurentius de Medicis, parricida, si hujusmodi *crimen Læsæ Majestatis* non commisisset, aspirare potuisset, & ob dictum crimen, & parricidium Jure Læsæ Majestatis reus, judicatus, & condemnatus, ac ipso Jure privatus ab omni gratia, declaratus existit, ob quam causam Primatus prædictus ad Illustrem Cosmum de Medicis ut proximiorem ex familia de Medicis, & majorem natu devolutus est, ac *Decreto publico & municipali Edicto in executionem dicti Privilegii & juxta intentionem Sacræ Cæs. Maj. contentam in dicto Privilegio, ad Primatum & Caput Reipublicæ, Status & Gubernii Florentini ascitus fuit*, cujus Privilegii tenor dicitur esse talis: Carolus Quintus & quæ sequuntur. Inhærentes Nos dicto Privilegio, Cæsarea, qua fungimur, auctoritate, dicimus & declaramus, Primatum Reipublicæ, Status & Gubernii Civitatis & Dominii Florentini deberi Illustri Cosmo de Medicis, filio Magnifici Joannis de Medicis, exclusis penitus dicto Laurentio & ejus posteris ut inhabilibus & incapacibus & legitime privatis, quodque Illustris Cosmus de Medicis sit atque esse debeat Reipublicæ Florentinæ, Gubernii, Status atque Dominii, & Regiminis caput & Primarius, & sub ejus præcipua cura & protectione ipsa Civitas & Respublica cum universo ejus Statu & Dominio regatur, manuteneatur, & conservetur, quamdiu præfatus Cosmus vixerit, eoque è vivis sublato ejus filii hæredes, & successores, *ex suo corpore legitime descendentes masculi*, ita ut tam præfatus Cosmus, quam sui successores prædicti possint & valeant ac debeant in omnibus Magistratibus interesse & præesse, ut primarius & caput omnium prædictorum Magistratuum, possitque ex *Cæsaris gratia* uti frui ea omni auctoritate, qua Illustris quondam Alexander tempore ejus obitus uti poterat, & utebatur: In contrarium facientibus non obstantibus quibuscumque in quorum omnium fidem & testimonium præmissorum, Nos præfatus Ferdinandus de Silva, Comes de Cifuentes, nomine quo supra has patentes Literas fieri jussimus, manu nostra firmatas, sigilloque nostro munitas, & ex nostro Secretario roboratas. Datum in Civitate Florentina, in Domo & Palatio Illustris Familiæ de Medicis, in parte inferiori in Camera nostræ solitæ residentiæ, die 12. Mensis Junii Anno à nativitate Domini 1537.

Conde Alferetz.

Nos igitur omnia & singula per prædictum Comitem à Cifuentes, Mandatarium nostrum, ut præmittitur, Nostro nomine & auctoritate in vim Mandati, ac executionem Decreti seu Privilegii nostri, in beneficium publicæ quietis prædictæ excelsæ Reipublicæ Florentinæ, & pro ornamento familiæ Mediceæ facta & declarata plenum effectum sortiri cupientes; atque eo quidem magis, quod id ipsum non solum præfatus Cosmus, verum etiam ipsa Respublica Florentina se gratum habere declarantes, per suos ad Nos Oratores Magnificos *Nostros & Imperii sacri fideles dilectos*, Averardum Serristorum & Joannem Bandinum *à Nobis suppliciter & cum omni studio petierunt, ut præmissa confirmare & ratificare dignaremur.* Idcirco attentis præmissis, & tam ipsius Reipublicæ & Status Florentini, quam supradicti Cosmi & familiæ Mediceæ causa, quam una cum ipsa Republica & Statu, paterno amore & benevolentia prosequimur, ac non modo fovere ac protegere, sed etiam beneficiis augere & ornare semper cupimus; harum præsentium tenore, ex certa scientia, non ducti errore aut improvidentia, sed de omnibus prædictis bene edocti animoque deliberato ac sano & maturo *Procerum Nostrorum & Imperii Sacri fidelium, dilectorum accedente consilio*, prænarratam declarationem, atque alia omnia & singula per sæpe nominatum Comitem à Cifuentes Mandatarium Nostrum, ut præfertur, acta, gesta, & superius enarrata, & inserta, in omnibus suis punctis, clausulis, ac articulis, partibus, & sententiis, rata, & grata habentes, approbamus, ratificamus, confirmamus, & authorizamus de Imperialis Nostræ potestatis plenitudine, & quatenus opus est ea omnia de novo decernimus, declaramus & constituimus, ac Imperialis auctoritatis & Decreti Nostri robore, & firmitate munimus; decernentes ea omnia & singula valida & firma & perpetua esse & censeri & intra extrave judicium, plenumque sortiri effectum, ac inviolabiliter observari debere. Promittentes in verbo Nostro Cæsareo & Regio, Nos quoque ea omnia & singula inviolabiliter observaturos & non contraventuros ullo ingenio, colore, seu prætextu, omni dolo & fraude semotis; supplentes etiam ex præfata Nostra vera scientia & potestatis plenitudine omnes & quoscunque defectus tam Juris, quam facti, & solennitatis, cujuscumque omissiones, qui quæve in præmissis quovis modo intervenissent, seu dici & allegari possent; non obstantibus quibuscumque Legibus, Statutis, Decretis, ordinationibus, consuetudinibus, privilegiis, concessionibus, aut aliis in contrarium facientibus quibuscumque, etiamsi talia forent, de quibus in præsentibus specialis mentio fieri deberet. Nos enim eis omnibus & singulis, ac si specifice & de verbo ad verbum hic inserta & expressa essent, derogamus, & derogatum esse volumus, & decernimus, & jubemus scientia, auctoritate & potestate supradictis, *Nostra tamen & Imperii superioritate & juribus semper salvis.* Nulli ergo omnino hominum liceat has Nostras violare, aut eis quovis ausu temerario contraire, aut contra præmissa aut præmissorum, aliquid, sive intra sive extra judicium facere aut venire, si quis autem secus attentare præsumpserit, Nostram & Imperii Sacri indignationem gravissimam, ac pœnam mille marcarum auri puri Imperiali fisco seu ærario Nostro irremissibiliter applicandam se noverit incurrisse, harum testimonio Literarum manu Nostra subscriptarum, & Bullæ Nostræ aureæ appensione munitarum. Datum in Oppido nostro Montisoni, die ultima mensis Septembris, anno Domini millesimo quingentesimo trigesimo septimo, Imperii Nostri decimo septimo, & Regnorum Nostrorum vigesimo secundo.

Carolus

V. Perenotus

Ad Mandatum Cæsareæ & Catholicæ Majestatis proprium.

Jo. Obernburger.

XLVIII.

1541. 22. Avril.

*Lettres d'*ANTOINE *Duc de Lorraine & de Bar, & de* FRANÇOIS *son Fils par lesquelles ils se reconnoissent Vassaux, & hommes liges de la Couronne de France pour le Duché de Bar. A Nanci le 22. Avril* 1541. [GODEFROI, *Ceremonial François* Tom. 2. pag. 669. où il cite *La Genealogie des Comtes & Ducs de Bar.* par T. G. M. P.]

ANTOINE par la grace de Dieu Duc de Calabre, de Lorraine, de Bar & de Gueldres, Marchis, Marquis du Pont, Comte de Vaudemont & de Zutphen, & François de Lorraine son fils aisné, A tous presens & advenir: Comme nous soyons homme lige & vassal du Roy, nostre souverain Seigneur, à cause de nostre Duché de Bar, selon les reprises faites par nous & nos predecesseurs, & autres Terres par nous possedées, tenuës nuëment & ligement de la Couronne de France. Au moyen dequoy soyons tenus & obligez, selon la nature, qualité & condition des Fiefs, de le servir de nos personnes, & des biens que nous tenons par ligence de ladite Couronne, envers tous, & contre tous, sans nul excepter. Sçavoir faisons, que nous voulans demonstrer la volonté & affection que nous avons au Roy nostredit Souverain Seigneur, & à sa Couronne, & en commemoration des grands biens & honneurs que nous, & nostre Maison avons receus de sa Majesté, & de ladite Couronne de France: Et voulans faire reconnoissance du devoir, sujettion, & obeyssance que nous y devons, & sommes tenus & obligez,

ANNO 1541. gez, Nous avons promis & promettons par ces presentes, & un chacun de nous, tant conjointement que divisément, pour nous & nos successeurs, & sous l'obligation & hypotheque de tous & chacuns de nos biens presens & advenir estans desdites Reprises, & sous la fidelité & obeyssance que nous devons à sa Majesté, & à sadite Couronne pour raison de nostredit Duché de Bar, selon les Reprises dessusdites, & autres choses tenuës en Hommage lige de ladite Couronne, de le servir, honorer & obeyr de nos personnes envers tous, & contre tous, sans nuls excepter, & en toutes les guerres & divisions que luy, ou ses successeurs en sa Couronne, pourroient avoir cy-aprés contre tous ceux qui luy seroient ennemis ou mal-veüillans, pour quelque cause ou raison que ce soit; & de nos biens, en tant que nous y sommes & pouvons estre tenus, pour raison des choses que nous tenons de ladite Couronne. Et encore de luy bailler, & faire bailler passage par tous nos Pays, Terres & Seigneuries, pour les gens de guerre qu'il voudroit faire passer ou repasser pour son service par nosdits Pays, ou aucuns d'iceux: Sans prejudice des droicts du Sainct Empire. En témoin de ce, Nous Antoine & François, dessus dits, avons signé ces presentes de nos mains, & y fait mettre & appendre nostre grand seel. En nostre ville de Nancy, le 22. jour d'Avril, l'an mil cinq cens quarante & un. Signé sous le reply, *Anthoine*, & *François de Lorraine*. Et sur le reply, par Monseigneur le Duc, *&c.* Les *Baron de Vienne*, son Grand Chambellan & Bailly de Clermont; & Messire *Jean de Haulsonville*, Seneschal de Lorraine, presens, *C. Mengein*. Et seellé d'un grand seel de cire rouge, sur double queuë de parchemin.

XLIX.

15. Novembre. *Autres Lettres d'*ANTOINE *Duc de Lorraine & de Bar, & de son Fils* FRANÇOIS, *touchant certains Droits Royaux dont ils ne jouissent dans le Duché de Bar que par la permission du Roi de France. A Bar le 15. Novembre 1541.* [GODEFROI, *Ceremonial François*. Tom. 2. pag. 671. Tiré de la même Genealogie.]

ANTOINE par la grace de Dieu Duc de Calabre, de Lorraine, Bar & Gueldres, Marchis, Marquis du Pont, Comte de Vaudemont, & de Zutphen, & François Duc de Bar, son fils aisné, A tous ceux qui ces presentes verront, salut. Comme nous soyons hommes liges & vassaux du Roy nostre Souverain Seigneur, à cause de nostre Duché de Bar, selon les Reprises qui en ont esté faites par nous, & nos predecesseurs, & autres Terres par nous possedées, tenuës nuëment & ligement de la Couronne de France. Au moyen dequoy ne puissions user d'aucuns Droicts de Regale, & Souveraineté esdits Duché, & choses par nous tenuës de ladite Couronne, sans la grace & permission du Roy nostredit Seigneur: Lequel à nostre grande priere & requeste, Nous a ce jourd'huy par les Lettres Patentes permis & octroyé pour le cours de nos vies, & de chacun de nous tant seulement, user des Droicts de Regale & Souveraineté esdits Duché de Bar, & choses par nous tenuës de ladite Couronne, tout ainsi que nous en ayons joüy & usé du vivant du feu Roy Louys XII. dernier passé, & du Roy nostredit Souverain Seigneur, qui à present est. Sçavoir faisons, que nous ayans regard à la grande grace & liberalité que avons sur ce receuë du Roy nostredit Seigneur: Et ne voulans que par le moyen d'icelle se puisse faire aucun prejudice aux Droicts de sa Couronne, Nous & chacun de nous, avons reconneu & confessé, reconnoissons & confessons, que par le moyen de la jouyssance desdits Droicts de Regale, & Souveraineté en nostredit Duché de Bar, & Terres par nous tenuës de la Couronne, tant pour le passé, que pour l'avenir, n'avons entendu & n'entendons pretendre ne acquerir lesdits Droicts de Regale, & de Souveraineté en nostredit Duché de Bar, & choses tenuës de la Couronne, ne iceux nous competer, ne appartenir, mais en joüyr par le moyen de la grace & permission du Roy nostredit Souverain Seigneur, & pour le cours de nos vies, & de chacun de nous tant seulement; sans ce que nos autres successeurs, ne ayans cause, y puissent aucune chose quereller, ne demander. Et encore, que ladite grace & permission nous a esté faite, en consideration de ce que pour le bien de la Couronne de France, & seureté des frontieres d'icelle, nous avons cedé, delaissé & transporté, cedons, delaissons, & transportons au Roy nostredit Souverain Seigneur, & à sadite Couronne, & pour luy & ses successeurs en icelle, la Ville, Terre, Seigneurie, & Prevosté de Sathenay, avec toutes & chacunes ses appartenances & dépendances, moyennant toutesfois la recompense que pour ce nous en sera baillée d'autres Terres, pour contreschange & permutation de ladite Terre de Sathenay, & dont nous sera faite cession & delivrance, aprés les appreciations & evaluations sur ce deuëment faites. En témoin dequoy nous avons signé ces presentes de nos mains, & y fait appendre nostre grand seel. En nostre ville de Bar, le quinziéme jour de Novembre 1541. Signé sous le reply, *Antoine*, & *François de Lorraine*. Et sur le reply, par Monseigneur le Duc, *&c.* Les *Baron de Vienne*, Grand Maistre & Chambellan, & President de Barrois, *presens*. C. Mengin. *Registrata*. Beurges. Et seellées d'un grand Seel de cire rouge sur double queuë de parchemin.

Et sont lesdites Lettres enregistrées de l'Ordonnance de la Cour de Parlement de Paris, & à la Requeste du Procureur General du Roy, par Arrest donné audit Parlement l'an 1563. le 18. Mars.

L.

1546. 19 Novembre. *Transactio inter* CAROLUM V. *Romanorum Imperatorem, tanquam Ducem* Lutzenburgensem, & THEODORICUM *Comitem in* Manderscheid, Blanckenhem, *Dominum in Schleida, Cronenburg, & Novo Castro, tam super recognitione, quam forma & modo recognitionis dictorum Feudorum, ab antiquo spectantium ad dictum Ducatum. Actum Bruxellæ die 19. Novembris 1546.* [Recueil d'Edits, Ordonnances, & Reglements concernant le Duché de Luxembourg. pag. 92]

CUm super controversiis, & quæstionibus motis inter Procuratores Fiscales, tam magni Consilii in Mechlinia, quam Ducatus Lutzenburgensis nomine Cæsareæ Majestatis, tanquam Ducis Lutzenburgensis ex una, & generosum Dominum Theodoricum Comitem in Manderscheidt, Blanckenhem, Dominum in Schleida, Cronenburg, & novo Castro ex altera, partibus, tam super recognitione, quam forma, & modo recognitionis feudorum, ab antiquo spectantium ad præfatum Ducatum Lutzenburgensem, simul & superioritate Jurisdictionis, & ressortus, ac contributione in subsidiis, per communes Status dicti Ducatus admissis, & concessis, nec non etiam super quibusdam mutuis petitionibus, seu reconventionibus dicti Domini Comitis prætendentis sibi deberi aliquot redditus super Theloniis & aliis Juribus dicti Ducatus, Domini Carolus Boisot & Violius de Swichem J. U. Doctores & Cæsareæ Majestatis Consiliarii & Deputati ex una parte, & generosus Dominus Franciscus filius præfati Comitis in Manderscheidt; Petrus de Monheim & Joannes de Xantis præfati Comitis Theodorici Deputati & Ministri, ex altera die 28. mensis Novembris anni 1545. ultimo dati, post longam communicationem & conferentiam habitam in Oppido Anterpiæ in aliquot articulos, quibus finis dictis controversiis tunc videbatur posse imponi, sub beneplacito Cæsareæ Majestatis, dicto Comiti communicandos concepissent, ac scripto mandassent, suisque signis manualibus subscripsissent, itemque Dominus Comes postea Cæsareæ Majestati per suos Deputatos supplicari fecisset, aliquos articulos ex bono & æquo moderari; Tandem nova communicatione inter Deputatos suæ Majestatis, & præfati Comitis desuper habita convenerunt, consenserunt, & accordarunt, dicti Deputati articulos qui sequuntur.

In primis licet & juris ratio, dispositioque dictet, & Constitutio Cæsareæ Majestatis in Ducatu Lut-

ANNO 1548. Lutzenburgensi edita ac generalis consuetudo hæreditariarium ditionum Cæsareæ Majestatis exigat, ut Vasalli specialem declarationem singularum pertinentiarum uniuscujusque feudi Domino eam requirenti exhibeant, & hac de causa lis per Procuratorem Fiscalem Ducatus Lutzenburgensis contra eundem Comitem de Manderscheidt intentata fuerit, ac indecisa adhuc pendeat, nihilominus Cæsarea Majestas prædicto Comiti ejusque successoribus ex speciali gratia necessitatem ejusmodi declarationis, ac denombrementi remittet, ac Procuratoribus Fiscalibus desuper silentium cum cassatione processuum institutorum imponet, ea tamen conditione, quod Comitatum & Dominum de Manderscheidt cum omnibus suis pertinentiis, item Castrum de Schleiden cum suis pertinentiis, Item Castrum, & Dominium de Cronenburg etiam cum suis pertinentiis in feudum recognoscat & relevet, eo modo, tenore, & formâ, quem seu quam antiquarum Investiturarum Litteræ demonstrant, Dominium autem novi Castri retinebit antiquam naturam, ut sit feudum Comitatus Viande, & secundarium prædicti Ducatûs, à quo scilicet idem Comitatus jure feudi tenetur, præter trecentas libras terræ censualis, quas à Cæsarea Majestate tanquam. Duce Lutzenburgensi, dictus Comes de Manderscheidt super territorio novi Castri immediate recognoscere, & relevare tenebitur.

Et quia nonnulli alii feudi jus in prædicto Dominio de Cronenburg prætendere dicuntur, Cæsarea Majestas contra illos suis expensis defensionem præfati Comitis in se suscipiet.

De Castro autem, & Dominiis Junckenrode, Duna, cujus portiunculam tantum Comes ab Archiepiscopo Trevirensi in feudum possidet, ac aliis per Procuratorem Cæsareæ Majestatis prætensis, quæ prædecessores ipsius Comitis olim tenuerunt, ac ipse Comes se possidere, (præter prædictam portiunculam Dominii Dhunæ:) negat, Cæsareæ Majestati jus suum contra quoscunque salvum manebit.

Secundo Cæsarea Majestas ejusque successores, Duces Lutzenburgenses, ipsi Domino Comiti, suisque hæredibus in omnibus & singulis Dominiis supradictis, liberum exercitium omnimodæ Jurisdictionis, merum item & mixtum imperium, prout hactenus ab antiquo habuit, & habet, permittent, nec in eo Consilium Lutzenburgense, seu ullos alios officiatos, seu Subditos suos, eum vel eos perturbare sinent, ita quod ipse, & ejus successores suique Locum tenentes, Judices & Scabini, in prima instantia, & prout hactenus omnem cognitionem inter Subditos, & eos qui reali, & personali actione litem prædicti Comitis Subditis movent, habeant, possintque sine ullo impedimento secundum antiquam consuetudinem, ante sententiæ prolationem ad loca seu capita consueta pro consultatione recurrere, absque tamen alicujus Jurisdictionis in extraneos Dominos, seu Judices prorogatione. Quod si vero quisquam de Justitia sibi denegata, vel malitiose dilata conquestus fuerit, debebunt antea à Consilio Ducali Lutzenburgi residente, ad ipsum Comitem, seu ejus Judices pro administranda Justitia Litteræ promotoriales obtineri, nec ante causarum cognitionem sibi prædictum Consilium assumet, quam de denegata seu malitiose dilata Justitia legitime eidem constiterit.

Quod si tamen causa aliqua per sententiam ipsius Comitis, seu suorum Judicum in prædictis Dominiis definita fuerit, & altera pars gravatam se sentiens ad Principem ejusque Consilium appellandum duxerit, nullum ei impedimentum quo minus appellationem prosequi possit, per Comitem, suosque Judices, seu successores præstabitur.

Attamen ut appellationibus frivolis ac de rebus modicis occurratur, Cæsarea Majestas ut Dux Lutzenburgensis consentiet, ut in causis, quæ non excedunt valorem annui reditus viginti florenorum Rhenensium, aut summam quadragintorum similium florenorum semel solvendorum, seu eorum valorem in bonis mobilibus, appellari non possit, sed quod sententia per Comitem, seu ejus Judices inter suos Subditos lata, hoc casu transeat in rem judicatam, & executioni mandetur.

Similiter Cæsarea Majestas ut Dux Lutzenburgensis pro se & successoribus consentiet, quod omnes & singulæ sententiæ per prædictum Comitem seu ejus Judices in causis ad suam seu suorum Jurisdictionem pertinentibus ferendæ præfatas summas excedentes, etiam debitæ executioni mandentur, nonobstante appellatione, modo ille, qui sententiam obtinuit, cautionem præstet de restituendo, si Judex superior sententiam retractaverit.

ANNO 1548. Ipse autem Comes in actionibus realibus rerum feudalium prædictarum motis tenebitur jure stare, sicuti cæteri Vasalli Comites & Barones Ducatus Lutzenburgensis, coram Justitiario Nobilium, in personalibus autem actionibus ad forum Justitiarii non pertinentibus inspicietur domicilium ipsius Comitis, ut siquidem in aliquo prædictorum Dominiorum residentiam habuerit, & quisquam contra eum actionem intentare voluerit, in hoc casu ipse Comes coram ipso Duce, seu ejus Consilio respondere teneatur, in quo tamen providebitur, ut Consilium non temere ipsum Comitem, ejusdemque hæredes & successores processibus implicet, rationemque eorum habeat, ideoque prius transmissa ad eos petitione agere volentis, per Literas clausas eos requirat, ut vel conquerenti satisfaciant, vel causam, quare non teneri se prætendant rescribant, ut viso ejus & eorum responso, ad ulteriorem prosequentis instantiam, per prædictum Principem seu Consilium Ducale, id quod jure convenit, ordinetur.

Tertio, prædictus Comes, suique hæredes, & successores de prædictis feudis servitia debita & consueta, sicut cæteri Ducatus Lutzenburgensis Vasalli ac feudales Comites, & Barones, omni tempore, quoties requisiti fuerint, Cæsareæ Majestati, suisque successoribus in prædicto Ducatu Lutzenburgensi præstare tenebuntur.

Si vero per communes Status Ducatus Lutzenburgensis alicujus subsidii contributio, ad Principis requisitionem admissa fuerit, ipsius Comitis Subditi in Dominio novi Castri seu ipse Comes eorum nomine commune onus cum aliorum Comitum, Baronum & Vasallorum prædicti Ducatus Subditis, una ferent, Subditi autem præfati Comitis in Dominiis de Manderscheidt, Schleiden, & Cronenburg in hujusmodi contributionibus, ea gaudebunt libertate, qua hactenus usi sunt, neque cogentur aliud solvere, quam doceri possit antiquitus illos legitime solvisse. Ac prædicti Comitis suorumque hæredum, & successorum annui redditus, atque proventus sunt, & erunt ab omni contributione immunes.

Vice versa, Cæsarea Majestas præfatum Comitem, de omnibus præterito tempore per Imperium nomine prædictorum Dominiorum ipsi Comiti impositis Procuratori Fiscali Cameræ Imperialis perpetuum imponet silentium, deque eo sufficientes Litteras ipsi Comiti Majestas sua dabit, ac in futuro de prædictis Dominiis ab antiquo de feudo Ducatus Lutzenburgensis existentibus, ipsum Comitem suosque successores, Cæsarea Majestas, suique in prædicto Ducatu successores immunes servabunt, ac contra quoscumque eos defendent, omnesque processus dicto Comiti, aut suis hæredibus, & successoribus à Procuratore Fiscali intentatos, & intentandos, executionesque, & banna contra eos inferenda impedient, ac in omnibus uti suos fideles Vasallos tractabunt, omnique meliori via, & modo contra quamcumque injuriam defendent.

Per præmissa tamen in nullo præjudicabitur privilegiis, libertatibus, juribus, jurisdictionibus, auctoritatibus, immunitatibus, vectigalibus, nundinis & consuetudinibus, quibus dictus Comes, & sui prædecessores, & illorum in dictis Comitatu, & Dominiis subditi hactenus usi, & gavisi sunt, Quæ Cæsar ut Lutzenburg: Dux vult esse, & manere integra, & illæsa pro eo, & suis successoribus.

Quantum autem ad redditum triginta florenorum pertinet, quem idem Comes, inter cætera per reconventionem prætendit sibi deberi, sustinuerunt Deputati Reginæ, illum per Cæsarem non deberi, juxta præfatum Tractatum cum Literis originalibus ostensis ex parte Comitis constet, redditum illum duntaxat constitutum fuisse per Joannem Comitem Palatinum, quem certum est nunquam fuisse verum, & proprietarium Ducem, & ita non potuisse tale onus bonis patrimonialibus suæ conjugis imponere, similiter sustinuerunt iidem Deputati Reginæ, non deberi redditum nonaginta florenorum, quondam assignatum cuidam Conrado Domino de Schleiden, per præfatum Comitem quoque prætensum, cum is successisse videtur in feudum, pro se & suis legitimis hæredibus masculis, & quod ex Litteris originalibus, constat, dictum Conradum fuisse Ecclesiasticum, & ita non potuisse relinquere legitimos hæredes descendentes; in contrarium sustinuerunt Deputati Comitis, prædictos redditus debere annuatim solvi, juxta dictarum

ANNO 1546.

tarum originalium Litterarum tenorem cum certum sit Comitem illum Palatinum fuisse maritum Dominæ Elisabeth filiæ Ducis Moraviæ, ad quem dictus Ducatus jure hæreditario spectabat & ita potuisse constituere redditum illum per modum feudi, non titulo omnino gratuito, sed oneroso, nempe ea intentione, quod ea de causa Comes de Manderscheidt se constituit Vasallum, & promisit in feudum particulare recognoscere dictum redditum, prout prædecessores dicti Comitis hactenus fecerunt. Quod autem Conradum de Schleiden attinet, licet non reliquerit legitimos hæredes descendentes, reliquit tamen fratrem nomine Joannem, qui in dicto Dominio, & redditu illi annexo tanquam legitimus hæres successit, qui & omnes sui posteri eundem reditum recognoverunt, & receperunt in feudum, & alias solutionem recepit, absque eo, quod verbum illud in præfatis Literis (*divers enfans*) debeat restringi ad legitimos hæredes descendentes, cum alioqui verbum illud nihil importaret, cum constet ex Literis Conradum illum tunc temporis fuisse Ecclesiasticum & ita non potuisse relinquere legitimos hæredes descendentes, sustinentes eam ab causam verbum illud (hæredes) debere extendi ad collaterales, & non descendentes duntaxat, sustinentes per supradicta præfati Comitis Deputati, quum de constitutione redditus per Literas originales docuerint, quod redditus illi exsolvi præfato Comiti debeant, remittentes nihilominus arbitrio Cæsareæ Majestatis, ut ex æquo & bono declaret debitos, vel indebitos esse dictos redditus & per hæc supradicta cessabunt, supprimentur, & extinguentur omnes processus occasione prædictorum cœpti & intentati, tam in magno Consilio Mechliniensi, & Consilio Lutzenburgensi quam in Judicio Nobilium dicti Ducatus Lutzenburgensis compensabunturque impensæ hinc inde factæ, imponetque Cæsarea Majestas dictis Fiscalibus suis silentium perpetuum, facietque id notari dictis Consiliis apud Acta in perpetuam rei memoriam, curabuntque dicti Comitis Deputati, hunc Tractatum Transactionis per præfatum Dominum Comitem acceptari & ratificari, & super eodem Litteras suas ratificatorias sub suo sigillo Cæsareæ Majestati, aut serenissimæ Reginæ Mariæ viduæ Hungariæ, &c. in partibus inferioris Germaniæ loco suæ Majestatis Gubernatrici illius nomine transmitti, infra duorum mensium spacium, à data præsentium computandorum, quibus receptis, statim mittentur eidem Domino Comiti Litteræ ratificatoriæ Cæsareæ Majestatis ut Ducis Lutzenburgensis, & Dominus Comes pro se suisque hæredibus, & successoribus, contenta in iisdem Litteris adimplere & observare in omnibus & singulis articulis, omnibus dolo, fraude, & machinationibus seclusis, tenebitur. In quorum omnium fidem & testimonium præfati Deputati per serenissimam Reginam ex una, & dicti Comitis Deputati & Ministri ex altera, propriis manibus huic Tractatui subscripserunt. Actum Bruxellæ die XIX. mensis Novembris Anno Domini 1546. Estoient ainsi signez, Pierre de Monheim, Jean Axantis.

LI.

1548. 19. Janvier.

Instruccion del Emperador CARLOS V. *al Principe su hijo. Dada en Augusta a 19. de Henero de* 1548. [SANDOVAL Historia del Emperador Carlos V. Lib. 30. pag. 75.]

HIjo, porque de los trabajos passados, se me an recrecido algunas dolencias, y postreramente me e hallado en el peligro de la vida, y dudando lo que podria acaecer de mi, segun la voluntad de Dios, me à parecido auisaros por esta de lo que para en tal caso se me ofrece.

Y aunque segun la continua instabilidad y mudança de las cosas terrenas, seria impossible daros ley cierta y entera para vuestra buena gouernacion, y de los Reynos, Señorios, y Estados que yo y os dexaré; toda via con el amor paternal que os tengo, y desseo que aceteys por el seruicio de Dios, y descargo de mi conciencia y vuestra tocare aqui algunos puntos para vuestra instrucion, rogando à la diuina clemencia y bondad, que es la que haze reynar los Reyes, quiera guiar en esto y en lo demas vuestro coraçon, para que lo endereceys todo a su sancto seruicio. Y assi por principal y firme fundamento de vuestra buena gouernacion deueys siempre reconocer todo vuestro ser, y bien de la infinita benignidad de Dios, y someter vuestros deseos y acciones a su voluntad, haziendo lo qual, con temor de offenderlo, tendreys su ayuda y amparo, y acertareys lo que mas conuerna para bien reynar y gouernar.

ANNO 1548.

1 Y paraque el os alumbre y sea mas propicio deueys tener siempre por muy encomendada la obseruancia, sostinimiento y defension de nuestra sancta Fè, y generalmente, y en especial en todos los dichos Reynos, Estados y Señorios que heredaredes, fauoreciendo la deuida justicia, mandando que se haga curiosamente, sin excepcion de personas, y contra todos sospechosos y culpados, y teniendo cuydado y solicitud de obviar en ellos por todas las vias y maneras que podreys con derecho y razon las heregias y sectas contrarias a nuestra antigua Fè y Religion.

2 Y porque despues de tantos trabajos, y gastos que e hecho y sostenido por reducir a nuestra dicha Fè los desuiados en esta Germania no se hallò otro medio, ni remedio sufficiente que el del Concilio, al qual a instancia mia se an sometido todos los Estados della, os ruego y encargo; que si no se acauare antes de mi fallecimiento, tengays la mano, y procureys con el Rey de Romanos mi Hermano, y los otros Reyes y Potentados Christianos, que se celebre y effectue: hagays en esto de vuestra parte, por los Reynos, e Señorios y Estados, que os dexare, toda la buena obra y officio deuido, conueniente a buen Rey y Principe obediente a nuestra Sancta Madre Iglesia.

3. Demas desto sereys, y os mostrareys siempre obediente de la sancta Sede Apostolica, y la respectareys y acatareys en todo como conuiene a buen Rey y Principe Christiano, y si socolor o sombra dello se hizieren abusos, y excessos en los dichos Reynos, y Señorios en prejuyzio vuestro, dello tendreys siempre gran aduertencia y respectos, que se procure el remedio, y que se haga con deuido acatamiento, y en quanto se podra euitar, sin escandalo, teniendo sin solamente al remedio de los perjuycios, dannos, e inconuenientes de los dichos Reynos y Señorios.

4. Y quanto a las Iglesias y Dignidades, y Beneficios, de los quales el Patronazgo, presentacion ò nominacion os pertenecera, deueys tener muy gran cuydado y miramiento, que sean proueydos en personas de letras, experiencia, buena vida, y exemplo, y calificadas para la buena administracion de los dichos beneficios, y cada uno respetiuamente segun su ser y fundacion. Y para esto informaos maduramente, y de gente que podays hazer confiança, y sea fuera de sospecha, y que no tenga otro fin que al seruicio de Dios, y descargo de vuestra conciencia. Y demas desto tendreys aduertencia, que los tales administren, y rijan sus Iglesias y beneficios, y hagan el officio que cada vno es obligado, sin apartarse dello sino con justas y legitimas causas, porque importa muy mucho por el seruicio de Dios, exaltacion y conseruacion de nuestra sancta Fè y Religion, buen bibir, y salud de las almas de todos.

5. Y porque la cosa que a Dios mas encomendado, es la paz, sin la qual no puede ser bien seruido, de mas de los otros infinitos inconuenientes que traen las guerras, y se siguen dellas, deueys tener continuo cuydado y solicitud, de ouiarlas por todas las vias y maneras possibles, y nunca entrar en ellas, sino forçadamente, y que Dios y el mundo sepan, y vean, que no podeys hazer menos.

6. Y tanto mas deueys euitar la dicha guerra por lo que los dichos Reynos, Estados y Señorios que heredareys, son y quedan muy cansados, gastados, y trauajados de las guerras passadas, a las quales e sido forçado siempre por la defension dellos, y obiar su oppression, y segun las guerras me an sido mouidas tantas vezes, y en tantas partes con este fin como se deue y es notorio; y assi Dios me a ayudado de manera que si bien e pasado muchos trauajos, con su ayuda (y el sea loado por ello) los e guardado, defendido y añadido a ellos otros de harta calidad y importancia: pero a sido con gran gasto de todos ellos, tanto que es mucho menester, que descansen, quanto fuere possible, y assi os lo encomiendo.

7. Tambien porque no se a podido hazer menos de

Anno 1548. de enagenar y empeñar en todos los dichos Reynos y Señorios por grandes cantidades, y con gran diminucion de la renta y hazienda, y tener yo que hazer en reſcatarlo, y cobrar, en lo qual deueys entender con cuydado, como yo e ſiempre deſeado de poder deſcanſar y hazerlo anſi, por la obligacion y aficion que e tenido de contino en los dichos Reynos y Eſtados, y tengo de dexarlos enteros. Y aunque de euitar la guerra, y apartarſe della no ſea ſiempre en la mano de los que lo deſearián, como muchas vezes me a acaecido, y es tanto mas difficultoſo a los que tienen tantos y tan grandes Reynos, Eſtados y Señorios, algunos lexos de otros, como Dios por ſu diuina bondad me a dado, y os dexare placiendo a el, y que eſto conſiſte en la buena, o mala voluntad de los vecinos, y otros Potentados, toda via me a parecido auiſar ſegun la experiencia que puedo tener deſtos, como os aueys de auer y guiar, y la aduertencia que es meneſter en ellos.

8. La principal y mas cierta amiſtad, y confiança, que deueys tener es con el Rey de Romanos mi Hermano; y mis ſobrinos ſus hijos, los quales ſe cierto, haran toda buena y entera correſpondencia con vos, y aſſi uſareys de eſtrecha intelligencia con el dicho Hermano mio, y procurareys ſu bien y de los ſuyos con toda entera ſinceridad, y fauorecereys ſu autoridad Imperial, y ſus coſas, como de vueſtro buen Tio, porque demas que es eſto lo que conuiene, y ſegun Dios y obligacion de parenteſco tan cercano; eſta conjuncion y union ſera cauſa, que los que no ternan buena voluntad, dexen de moſtrarlo contra el y vos; y la grandeza del vno fauorecera, y reputara al otros y le podreys comunicar con toda confiança, y conſultar vueſtras coſas, y vos auiſalle tambien de lo que os parecera en las ſuyas, con el reſpeto que vn buen Sobrino deue a vn tal Tio, y ſegun lo e hallado ſiempre muy buen Hermano.

Y aſſi e hecho todo lo que e podido, para que fueſſe elegido en la dignidad de Rey de Romanos, y eſtablecido en ella y endereçado, para que en mi auſencia y caſo de fallecimiento pueda gouernar eſta Germania, y por eſto hare aun todo lo que podre, y a Dios gracias con el fauor y buen ſuceſſo que me a dado en eſta poſtrera guerra, ſe an endereçado y ordenado las coſas de ſus Reynos y Eſtados del dicho mi Hermano de manera, que eſtan en buena proſperidad, y podra reynar deſcanſadamente.

9. Tanto mas con lo que e dicho arriba; y hecho por la ſubmiſſion deſta Germania al Concilio; y la orden que eſpero poner a la obſeruancia de la paz y juſticia en ella, y auiendoſe hecho la tregua quinquenal con el Turco, y que en todo mi dicho Hermano tendra cuydado qual ſe conuiene, para que las coſas ſe ſuſtenten en eſtos terminos, pues ſabe, y entiende quanto le va, y por el bien general deſta Germania; y para que pueda gouernar en ella con deuida autoridad, y tambien por el reſpeto de ſus dichos Reynos y Eſtados; que los tenga pacificos; y en obediencia y ſujecion.

10. Demas deſto eſpero acabar con los Eſtados deſta Germania, que ſe cobre, y aya una buena ſuma de dinero prompta, para emplealla en la defenſion della, ſea contra el dicho Turco, o otros eſtrangeros que la quiſieren inquietar, y eſto eſtiendo procurar en beneficio comun deſta Germania, y aun en fauor del dicho Rey mi Hermano. Y viendo claramente, y conociendo que me ſeria impoſſible auer dineros en mis Reynos y Señorios para tal neceſſidad, ni vos menos terniades la poſſibilidad de aſſiſtir al dicho Rey deſpues de mi fallicimiento, ni los Reynos, ni Eſtados lo querrian hazer; como ſeria juſto, ſiendo tan geſtados como eſtà, y teniendo un continuo gaſto contra infieles, ſin los otros vezinos y Potentados de quien vos deureys tener ſiempre rezelo, y eſtar ſobre auiſo.

11. Y aſſi viendo la impoſſibilidad de ſacar dineros de mis Reynos y Señorios; para lo que pudieſſe ſuceder aca; ſin dar cauſa demas inconuenientes, y manifieſto rieſgo dellos, os encargo, que lo eſcuſeys enteramente, ſino fueſſe por cauſa y reſpeto de los Eſtados y tierras de Flandres, y de las partes de alla, concertandolas como eſpero hazerlo en los Eſtados de la Germania; porque en tal caſo ſea por agora, o de aqui adelante me parece muy bien, que ellas ayuden contra el Turco, y otras neceſſidades deſta Germania, conforme al aſſiento que ſe hiziere, y eſto deua baſtar para tenores deſcargado de otra ayuda y aſſiſtencia, quanto a lo demas. Anno 1548.

12. Y quanto a la dicha tregua que e de mi parte ratificado, mirareys que ella ſe obſerue enteramente de la vueſtra, porque es razon que lo que e tratado, y tratareys, ſe guarde de buena ſe con todos, ſean infieles, o otros, y es lo que conuiene a los que reynan, y a todos los buenos. Y quanto al dicho Turco que importa, no ſolamente para lo de vueſtros Reynos y Señorios que heredaredes: pero aun para lo deſta Germania, y toda la Italia ſeñaladamente: y por no dar ocaſion a Franceſes de turbar, e inquietar la Chriſtiandad, como lo an hecho en lo paſſado. Y aunque a algunos podra parecer, que deueys tener ſolamente cuydado del gouierno de los dichos Reynos, Eſtados, y Señorios que os dexare, ſin ſer mas codicioſo de las coſas fuera dellos, aſſi deſta Germania, como de otros, dexandolas a quien la tuuiere á cargo, toda via la razon, experiencia, y exemplo de lo paſſado, an moſtrado, que ſin mirar y tener cuydado de entender los andamientos de los otros Potentados y Eſtados de las coſas publicas, y tener amiſtades, e intelligencias en todas partes, ſera dificil, y como impoſſible poder viuir deſcanſadamente, ny obrar; proueer, y remediar lo que ſe podria emprender contra vos, y vueſtros Reynos, Eſtados, y Señorios que tuuieredes; y tanto mas ſiendo (como es dicho) apartados unos de los otros, e enuidioſos, aunque ſin razon, y que nunca an faltado a los malignos diuerſas ocaſiones para inquietar, y reboluer; y mouer guerra, y ſeñaladamente contra los que pienſan que eſtan deſapercebidos.

13. Y aſſi ſera bien que con la buena amiſtad y eſtrecha diligencia del Rey mi Hermano tengays tambien cuydado de entretener la amiſtad de los Electores, Principes, Potendados deſta Germania, que es coſa que no puede ſino conuenir, y ſera a propoſito de lo que terneys, ſeñaladamente en la parte de Italia, y hazia Flandres: pero ſin gaſtar mucho dinero en eſto, ny dar penſiones tanto quanto pudieredes euitar, porque los de aca quieren preciſamente ſer pagados; y no embargante eſto, hazen poco ſeruicio ſin gratificarlos ſiempre, haziendo alguno: y ſe a viſto de contino, que quando es meneſter hazer gente de guerra deſta Germania, ſe haze con el dinero en la mano, y no os faltaran, pagandolos bien, y los aureys tanto mas fauorablemente, por el credito que e conſeruado con ellos, y con el fauor del dicho mi Hermano, y de los ſuyos.

14. Y quanto a los Suyzos deueys tener la meſma aduertencia, y de no tomarlos en vueſtro ſeruicio, quando no os faltaren Alemanes; porque e ſiempre hallado que es lo mas cierto: pero es bien moſtralles buena voluntad y aficion, y ſi hazerles bien tratar, y pagar a ſus plaços lo que ſe les da por la Liga hereditaria que tiene la caſa de Auſtria y Borgoña con ellos, y tambien ſi otra coſa ſe tratare ſeñaladamente por lo que teneys en Italia, ſi ſe acaba toda la Liga que agora ſe trata con ellos.

15. Y quanto al Papa preſente y a ſabeys como ſe a auido con migo, y ſeñaladamente, como a cumplido mal lo capitulado por eſta ultima guerra, y dexandome en ella, y la poca voluntad que a moſtrado, y mueſtra a las coſas publicas de la Chriſtiandad, y eſpecialmente en lo de la celebracion de Concilio, no embargante que con eſperança que el haria buena obra en todo, hize el caſamiento de mi Hija Margarita con el Duque Octauio ſu Nieto. Pero con todo eſto que a paſſado, os ruego, que teniendo mas reſpeto al lugar y dignidad que el dicho Papa tiene, que a ſus obras, le ayais (todo el tiempo que viuiere) el deuido acatamiento, y tengays por encomendada la dicha mi Hija, y ſus hijos, y por ſu reſpeto al dicho Duque Octauio: porque ella me a ſido de contino obedientiſſima ſin otro reſpeto alguno, ni aun de ſus Hijos propios, para ſeguir mi voluntad, y ſeañladamente en lo de Placencia, y aſſi la deueys amparar, y tener cuydado de la proteccion della; y de ſus hijos.

16. Y quanto a lo ſucedido en Placencia, a me deſplacido de la muerte del Duque de Caſtro: pero quanto a lo demas hecho por Don Ferinando de Gonzaga, como mi miniſtro, y en mi nombre, pretendo que con buen derecho y razon la pueda,

Anno 1548.

y deua tener, y por la autoridad del Imperio, y por el bien publico de toda la Italia, y por las obras del dicho Duque, si tanto mas auiendo embiado a ofrecer al Papa que este negocio se vea, y examine, para hazer por via de concierto, o de otra manera, como se viere conuenir, y se hallara poder hazer concierto, se entendra con el, y sino os haze priuilegio del derecho Imperial, para que segun se viere fundado, como tiene que es, os pongays en razon con el Papa, y los suyos, y si fuere menester con la Sede Apostolica, segun vereys que fuere justo.

17. Demas desto tendreys aduertencia, que el Papa presente es cargado de años, y si falta despues de mi, procurareys todo lo que podreys buenamente, que la eleccion del futuro Pontifice se haga, como lo requiere la gran necessidad de la Christiandad, o por menos mal, siguiendo la instrucion, y memoria que para esto e embiado a mi Embaxador en Roma, en que no se pretende otro, ni tengo otro fin, sino que se haga buena eleccion, y se obuie a las platicas contrarias. Y en esta, y en las otras creaciones deueys hazer siempre lo semejante, confiando en Dios, que con esto el mirara, y aceptara vuestra santa intencion.

18. Teneys con el Papa tres principales difficultades. La una, la del feudo del Reyno de Napoles, y el concierto que sobre el se hizo con el Papa Clemente; la segunda de la Monarquia de Sicilia, y la tercera por la prematica hecha en Castilla, y en todo estareys con aduertencia para hazer de vuestra parte lo que es de razon, y si otras diferencias huuiesse, las tratareys, como es dicho arriba con la submission, y acatamiento que un buen hijo de la Iglesia lo deue hazer, y sin dar a los Papas justa causa de mal contentamiento: pero esto de manera que no se haga, ny intente cosa prejudicial a las preeminencias Reales, y comun bien y quietud de los dichos Reynos, y otros vuestros Estados.

19. Con los otros Potentados de Italia no tendreys querella, ny pretension alguna que se sepa, ny pienso auerles dado ocasion della. Y assi guardareys el Tratado y Liga que tengo con Venecianos, por lo que toca a los Reynos de Napoles, y Sicilia, y Estados de Milan, del qual os e inuestido, y tambien de Placencia, como dicho es, y monstrareys querer y guardar en todo buena amistad con ellos, fauoreciendolos como a buenos Aliados todo lo que buenamente aura lugar.

20. El Duque de Florencia se me a siempre mostrado desde que le prouey del Estado, muy deuoto y aficionado, y tambien a mis cosas, y creo que continuara esta amistad con vos, pues a recibido de mi tan buenas obras, y que haziendolo assi, sera su propio bien, y por las pretensiones de Franceses contra su Estado: demas desto por el deudo que tiene con los de la casa de Toledo. Y assi sera bien que lo entretengays en su buena voluntad, y fauorezcays en todas sus cosas: porque demas de lo dicho, es de buen seso y juyzio, y tiene su Estado en buena orden, y en parte que importa, y puede, por estar donde el dicho Estado està situado.

21. El Duque de Ferrara me es muy obligado por la buena justicia que le hize en lo de Modena, Rezo, y Rouere, y posponiendo todos otros respetos contra el Papa Clemente, por lo qual se mouiò a hazer muchas cosas contra mi. Y aunque el dicho Duque aya siempre dicho y confessado la obligacion en que me es, toda via se a entendido, que con el deudo que tiene en Francia, y estar alla el Cardenal su Hermano en fauor, el es muy inclinado a aquella parte, y assi contemporizareys con el, teniendo aduertencia deste auiso, y de mirar sus andamientos.

22. Del Duque de Mantua podeys hazer confiança, como yo la tengo de sus Tios el Cardenal, y Don Fernando, y tambien por el deudo y parentesco que se a tratado con su voluntad, y de la Duquessa con su sobrino, y hija del Rey de Romanos. Y demas desto sus Estados de Mantua, y Monferrat son muy a proposito de las cosas de Italia, y el dicho Monferrat a padecido mucho por las guerras, y auer tenido mi parte, en que la Marquessa abuela, y la Duquessa madre del dicho Duque se an mostrado siempre muy aficionadas, y lo an tenido por bien los dichos Cardenal, y Don Fernando.

23. De Genoua no pienso assegurarme mas por agora y en lo venidero, y efectuandose la cosa, o no, deueys tener cuydado que ella estè en vuestra deuocion, por lo que toca, y importa a la seguridad de toda Italia, y a los Reynos y Estados de Napoles, Sicilia, y Milan, y no solamente para esto, pero aun para los otros Reynos de España, Islas de Cerdeña, Mallorca, y Menorca, de las quales tambien todos los Genoueses tienen necessidad, y señaladamente de la vezindad de Milan. Y por estas consideraciones, y con los seruidores que tengo de dentro de la dicha Ciudad, por beneficios recebidos de mi, y con buena dexteridad, espero que ellos se podran tener en vuestra deuocion, tambien por el respeto del Rey de Romanos mi Hermano, y por ser amparados de la proteccion y sombra del Imperio, de la qual reconocen su libertad.

24. Quanto a Sena, confiamos que el Rey de Romanos mi Hermano tomara la proteccion y amparo della, y como yo siempre la e tenido, por auer sido de contino deuota al sacro Imperio, y a mi aficionadissima, y aquietandose las discordias que son al presente alla, segun espero que sera. Y sera bien que la fauorezcays todo lo que pudieredes, y tambien la Republica de Luca, porque ellas por conseruacion de sus libertades querran estar debaxo del Imperio, y ser contrarias a todos mouimientos que se recreciessen en perjuyzio de la quietud de Italia.

25. En la dicha Italia està el Conde Galeote fuera de la concordia, por el perdon del qual algunos me an hecho grande instancia, pero no lo he querido perdonar, por la grauedad de los delitos hechos por el, y respeto de su parte aduersa, que me a sido buen seruidor, y creo que no faltara quien os ruegue para que intercedays que el Rey de Romanos mi Hermano le perdone, y vos lo recibays en gracia: pero parece que conuiene, por los respetos assi dichos, y agora se deue hazer menos, por auer venido a mis manos Placencia, y tambien a sido su vida tal, y se a metido tan adelante con Francia, que no se podira tomar confiança alguna del.

26. Quanto a Francia, yo e hecho siempre todo lo que se a podido desde que comence a reynar, por viuir en paz con el Rey Frances difunto, y muy buenas obras por ello, y en su consideracion ay, passados muchos Tratados de paz y de tregua, los quales nunca a guardado, como es notorio, sino por el tiempo que no a podido revocar guerra, o que a querido esperar oportunidad de dañarme con dissimulacion: ny an aprouechado todos mis grandes beneficios hechos. Y lo que se puede imaginar, y entender del Rey moderno su hijo, y de las platicas que lleuaua en todas partes, se comprehende que està puesto en seguir sus pisadas, y heredar la dannada voluntad de su padre, y que los passados Reyes de Francia an tenido a los nuestros. Pero como quiera que sea, os aconsejo, que mireys y tengays grande aduertencia de guardar con el paz, tanto quanto pudieredes, y señaladamente por el seruicio de Dios, bien publico de la Christiandad, y por lo que importa a los Reynos, Estados y Señorios que yo os dexare. Pero por quanto le entiende ya que el dicho Rey moderno no quiere passar por los Tratados hechos entre su padre y mi, y querria sin ratificarlos venir a hazer nueuos Tratados, que innouassen los hechos, con fin de tornar tarde o temprano quando pudiesse hallar la oportunidad de contradezir las renonciaciones tocantes a los Reynos de Napoles y Sicilia, y los Estados de Flandres, Artoys y Tornay, y el Estado de Milan, y otras cosas contenidas en los dichos Tratados, y señaladamente de Madrid, y Cambray, siempre os deueys firmar en que las dichas renunciaciones queden siempre y expressamente en su fuerça y ser, y en ninguna manera vays fuera desto, porque todo lo e adquirido, y os vendra y pertenecera con buen derecho y sobrada razon. Y si afloxassedes en cosa alguna desto, seria abrir camino para tornarlo a poner todo en controuersia, segun la experiencia a mostrado, que estos Reyes padre y hijo, y sus passados an querido usurpar de continuo de sus vezinos, y donde an podido usado de no guardar Tratado alguno, señaladamente con migo, y nuestros passados, con achaque y color de no poder perjudiciar a su corona: y pues esto es assi, sera mucho mejor, y lo que conuiene sostenerse con todo, que dar ocasion a ser forçado despues de defender el resto, o ponerlo en auentura de perderle.

27. Y

ANNO 1548.

27. Y pues vueſtros paſſados an ſoſtenido lo de Napoles y Sicilia, y tambien las tierras de Flandres contra los Franceſes, con ayuda de Dios, aſſi miſmo deueys fiar en el que os ayudara a guardallos, quando los heredaredes, y os perteneceran con ſobrado derecho, como dicho es: y ſiendo mas poderoſo en la parte de Italia, con lo de Milan y Placencia, la adherencia que terneys en aquella parte, y por lo ſemejante en la de Flandres, con lo que e acre centado y annadido, es a ſaber, el Ducado de Gueldres, y Sennorios de Vtrech, Friſa, Hoberiel, y otros: con los quales los Eſtados de alla ſon mas poderoſos, y teniendolos vnidos ſe podran mejor ſoſtener y defender.

28. Y ſi os quiſieren mouer guerra en la parte de Italia, teneys el dicho Eſtado de Milan fortificado, y ſera bien proueydo de artilleria, la que embiò alli de la conquiſta de Saxa, y ſe podra defender del primer impetu, que es lo que mas ſe deue temer de Franceſes: y ſi penſaſſe paſſar adelante hazia Napoles, le ſeria muy dificil, dexando atras dicho Milan, con el embarazo que podra auer en el camino de la parte de Florencia, y no ſe podra ayudar de la mar, porque tendreys vos mas fuerças en ella, con las quales ſe podian reſiſtir los dichos Reynos de Napoles y Sicilia, quanto mas, que la Ciudad de Napoles eſtà bien fortificada con dos buenos caſtillos, y tambien otras muchas tierras y caſtillos del Reyno, y proueyendo de artilleria con la que aſſi miſmo embiò a el. Y por ſemejante el Reyno de Sicilia eſtà fortificado; ſennaladamente las Ciudades de Mecina y Palermo: y reſiſtiendo el dicho primer impetu, do quiera que ſea, como dicho es, Franceſes deſpues vienen a perder el animo, y no pueden durar, ſegun la experiencia ſiempre lo a moſtrado, alli y en todas partes.

29. Y como dicho es, deveys tener aduertencia de no dar ocaſion al Papa, ni a Venecianos de rompimiento, tanto quanto lo pudieredes evitar. Y no es de creer, que los unos ni los otros ſean traydos facilmente a romperos guerra con el dicho Rey de Francia, por la poca confiança que ſegun ſu coſtumbre ſaben que deven tener, y por no ponerle en gaſto, y no arriſcar ſus Eſtados, con quien no pudieſen ſuſtener, ni defendellos a la larga; y conocer los poderoſos Reynos, Eſtados y Allegados; y que teneys las fuerças de mar, con las quales podreys embiar ſiempre que fuere meneſter, ſocorro de gente, y averlo auſſi miſmo deſta parte con el credito que os dexare en ella, y favor del Rey de Romanos mi Hermano. Y aunque los de Napoles ayan moſtrado ſer alterados poſtreramente todavia, todo bien mirado, no ſea viſto coſa de que el Papa ni Franceſez ayan podido tomar fundamento: antes ſe a entendido, que los que an empeçado la coſa, y de quien ſe tiene ſoſpecha de infidelidad, y querrian innovacion, ſon pocos, y que la generalidad del Reyno eſtà con la voluntad que conviene a buenos vaſſallos, y demas deſto los Napolitanos tienen experiencia del mal ſucedido por los dichos Franceſes.

30. Tambien ſe a viſto y experimentado de la parte de Milan, que tampoco quieren en aquel Eſtado Franceſes, y ſi los dichos de Napoles y Milan pueden deſcanſar de las grandes guerras que a la verdad an ſoſtenido haſta aqui, y con gouernarlos con buena juſticia, de lo qual terneys cuydado, ellos ſon y ſeran ſiempre buenos y fieles vaſallos.

31. Y aunque os ſea neceſſario mirar en ahorrar tanto quanto pudieredes, ſegun que quedareys adeudado, y vueſtros Eſtados alcançados, no por eſto ſe podran eſcuſar de tener ſiempre alguna gente Eſpañola en Italia, y conforme al tiempo, y como vieredes los andamientos de Franceſes, y otros que os podrian ſer contrarios, porque ſera el verdadero freno para impedir innouamiento de guerra, y que no ſe hagan empreſas para robar tierras, y al fin ſera alli al propoſito de la neceſſidad, y ſi ſe ofreciere. Pero deueſe tener aduertencia, que la dicha gente ſe entretenga, quanto ſe podra hazer, en las plazas y fronteras, donde parecera ſer meneſter auer guarda, y con el menos danno y trabajo de los ſubditos y allegados a vos que ſer pudiere: y que los que tendran cargo de la dicha gente de guerra, ſe les haga viuir en obediencia, y buena diſciplina y regla, y que no den indeuidamente ocaſion de rompimiento, ni deſeſperacion en la parte donde ſe entretuuieren.

32. Y ſiguiendo eſto, ſi Dios fuere ſeruido lleuarme, e ordenado que la Gente Eſpañola que eſtà aca, ſe paſſe al Eſtado de Milan, para que eſte alli de reſpeto, y ſera a propoſito para ſi algunos quiſieſſen hazer mouimiento, y ſeñaladamente Franceſes, y ſiendo alli, ſe terra ſiempre en la mano para todo lo que ſe pudieſſe ofrecer en Italia, y aun para tener los dichos Franceſes, que no mueuan algo de mueuo en otra parte. Y en quelquier tiempo que nueſtro Señor diſpuſiere de mi, deueys hazer, que lo de alli ſea a recaudo, y proueydo breuemente, y ſegun vieredes la aparencia de algun mouimiento. Y aſſi miſmo ſera bien tener apercebidas las fronteras házia Eſpaña, ſeñaladamente a la parte de Nauarra y Perpinnan, porque quanto a la de Flandres no ay que temer, que de golpe Franceſes pudieſſen hazer inuaſion de momento.

33. Y quanto a las galeras, no veo que ſe puedan dexar de entretener las de Eſpaña, Napoles y Sicilia, por la guardia ordinaria de los Reynos y Subditos dellos, y contra Turcos y Moros, que no ſe puede hazer tanta confiança de la tregua con el Turco, que ſe deua dexar de Tener las dichas galeras armadas, aunque no fueſſe ſino para obuiar las correrias de Piratas y coſarios, quanto y mas por el reſpeto de Franceſes, y otros que quiſieſſen inquietar la Italia, o házia Eſpaña: y ſi ſe dexaſſe el entretenimiento de las dichas galeras, no podria deſpues ſer a punto de la neceſſidad que ſobreuinieſſe. Y por eſta miſma cauſa tengo ſer neceſſario no dexar las galeras de Genoua, y que conviene, para entretener el fauor de Genoueſes, y tambien que ſi ſe deſpidieſſen podrian yr en mano de Franceſes, los quales ſi ſe hallaſſen ſuperiores en la mar de Italia, ſeria en manifieſto peligro; y aſſi meſmo podria paſſar trabajo, lo de las partes de Cataluña, y otras maritimas de Eſpaña: y por eſto no os deueys perſuadir a dexar el entretenimiento de las dichas galeras, ſeñaladamente por el gaſto, porque aunque ſera grande es peor euitar lo que podria ſuceder en mayor danno, ſino fueſſe que huuieſſe una buena ſeguridad de paz con Francia, y que no huuieſſe que temer del Turco, en lo qual no podemos ver experiencia ni aparencia alguna, antes ſe nos figura inconveniente ſin el entretenimiento de las dichas galeras.

34. Quanto a las tierras de Flandres, ellas eſtan fortificadas, y aun ſe fortifican con los deſeños que e hecho hazer; y todos aquellos Señorios tienen la voluntad y fidelidad que ſe puede desſear, y ſeñaladamente los grandes dellos, y con la reducion de lo de Gante, y caſtillo que ſe a hecho en aquella Ciudad, que ſe a fortificado en Cambray, y no ay que temer de Franceſes, que puedan auer eſperança, aſſi como antes ſe lo perſuadian: y ſi ellos quiſieren mouer guerra házia aquella parte, las dichas tierras podran muy bien reſiſtirles, y no faltaran de hazerlo, eſpecialmente con que aya alguna ſuma de dinero de reſpeto, ſea de las ayudas que ſe podrian auer de las meſmas tierras, y de otra manera, con que tengan eſperança de ſer aſſiſtidas de vos, como ſera razon que lo hagays, ſegun vieredes la neceſſidad, y ſi ellas pueden deſcanſar algun tiempo, ſoſternan el gaſto que fuere meneſter alli.

35. Solo ay en la parte de aca el Condado de Borgoña, el qual eſtà aparrado, y muy lexos de los otros Eſtados y Señorios, y tanto, que ſeria coſa dificultoſa y coſtoſa, ſocorrer el dicho Condado dellos: y aſſi e tenido ſiempre por bien, que durante las guerras paſſadas trataſſe y eſtuuieſſe en neutralidad con Franceſes, y ſe fauorecieſſe la Liga hereditaria que tiene la caſa de Auſtria con Suyzos, en la qual eſtà comprehendido el dicho Eſtado, y ſe deuria hazer en caſo de rompimiento. Pero como no ay que fiar en los dichos Franceſes, ni muchos de los Suyzos, por lo que quieren complacer a los dichos Franceſes, y tambien porque deſſearian auer en ſus manos parte del dicho Condado que eſtà cerca dellos, y ſeñadalamente las ſalinas, e mandado fortificar la villa de Dolo, que es la cabeza del Eſtado, y empleado en ella las ayudas que en el me an otorgado: y vos debreys tener la mano que ſe acaue la dicha obra, y la de Grey, y que ſe repare el caſtillo de Ioulx, y que ſe for-

ANNO 1548. fortifiquen otras tierras, y que los otros feruicios que fe haran fea para efto, y reparo y prouifion de artilleria y municiones y otros gaftos por el tiempo que fera menefter, porque el dicho Condado es el mas antiguo patrimonio de la caffa de Borgoña, y a propofito de dañar Francefes por aque la parte fegun la occafion, y que los vaffallos de alli an tenido, y tienen fiempre gran fidelidad, y hecho feruicios a nueftros pafados, y vos podreys fer feruido dellos, y afi os encomiendo la fortificacion, deffenfion y conferuacion del dicho Eftado.

36. Quanto a la parte de Efpaña, no es de temer que Francefes mueuan guerra auiertamente en fu nombre, ni aun affiftir el Señor de Albret, fegun que les an mal fuccedido las paffadas, y que fe les podria facilmente refiftir como fe a hecho hafta aqui, y fi los dichos Francefes pueden embadir, en muchas partes tambien temeran de lo mismo, y aun a ellos fera impoffible proveerfe de gente de guerra, ni foftener el gafto en tantas partes fegun fe a vifto.

37. Y quanto a las Indias debeys tener cuydado de mirar fiempre fi los dichos Francefes querrian embiar armada házia alla a la difimulada, o de otra manera, y debreys aperceuir los Gouernadores de aquellas partes para que eften fobre auifo, y donde y quando fueffe menefter conforme a ello refiftir a los dichos Francefes, y aunque ellos auian emprendido muchas vezes de yr alli fe a vifto que fus armadas no an durado, y demas defto quando fe las refiften, luego afloxan y fe deshazen, y affi haze mucho al cafo falirles prefto a la mano, y deureys tener buena intelligencia con Portugal feñaladamente por lo que tocare a las dichas Indias, y defenfion dellas..

38. Y affi no debeys en alguna manera hazer concierto con el dicho Rey de Francia, con dar ni quitar cofa alguna de lo que terneys y os pertenecera, fino eftar conftante y guardarlo todo, y fiempre fobre avifo fin fiaros en platica de paz ni palabra de amiftad, y teniendo continua advertencia de fortificar y proveer lo que pudieredes en todas partes por fer a punto y aparejado para fi os quifieren mouer alguna guerra, defenderos, y que los dichos Francefes no os puedan hurtar algo figuiendo fu coftumbre de hazerlo fennaladamente quando mueftran querer mas afegurar, pero efto offreciendo fiempre a guardar los Tratados pafados y buena amiftad, y a eftrecharla con medios razonables, y conveniente feguridad con prefupuefto y eftando firme en lo que es dicho arriba: y haziendolo affi debeys confiar, que Dios como os avia dado los dichos Reynos, Eftados y Señorios dafcargados de las querellas y pretenfiones de dichos Francefes, os ayudara afoftener y defenderlos, y no os movays a hazer otra cofa por amoneftaciones de quien quiera que fea, ni por neceffidad o peligro de guerra que fe os refirieffen en alguna parte.

39. Y vafta y aun es mucho dexar fufpendido el Ducado de Borgoña, proprio y verdadero patrimonio mio por refpecto de la paz y Tratados hechos, y affi no entiendo de renovar guerra por effo: pero vos no dexareys, ni difimulareys el derecho tan jufto, y tan favorable que me pertenece y os pertenecera al dicho Condado de Borgoña todas las vezes que fe ofreciere hablar de la parte de Francia de las querellas que an expreffa, y devidamente renunciado, y con jufta y vaftantiffima caufa y razon.

40. Y demas defto la reftitucion de Hefdin, que los dichos Francefes deven hazer con razonable recompenfa, en lo qual perfiftireys quando vieredes la ocafion, pero no por efto folo me parece que deveys tornar en guerra, porque aunque el dicho Hefdin fea al propofito de las tierras de alla, no folo es tanto, quanto importa mas evitar la guerra, y los inconvenientes que dello fe podrian recrecer.

41. Y por los que mas recelan los Francefes fegun continuamente fe entiende es de lo que ocupan al Duque de Saboya affi de aca, como de alla de los montes: en la reftitucion de lo qual e fiempre perfiftido, quando fe a platicado de eftrechar amiftad con los Reyes defunto y moderno de Francia fegun era y foy obligado por lo que fe deve a la autoridad Imperial, y deudo que tengo con el dicho Duque, y por el refpecto de fu Hijo mi Sobrino, y de lo que tengo capitulado con el dicho Duque, y que a dicho de continuo abfolutamente que no queria hazer concierto fin lo reftituydo feñaladamente de Piamonte, el qual como fe entiende pienfan guardar para fiempre los dichos Francefes, tanto mas hallo difficultofo, y peligrofo de hazer concierto, pues fe deve tener por certiffimo que los dichos Francefes fe obtienen, y guardan el dicho Piamonte para defde alli poder turbar las cofas de Italia: y con fin de tornar a ocupar el Eftado de Milan, fugetar a Genova, paffar a Florencia, y hazer alli lo femejante, y defpues yr a Napoles, y a Sicilia, y fe vee claramente por todas fus platicas, que es efta fu intencion, y no fe podria poner limite a fu ambicion, que fe a fiempre entendido y an moftrado los dichos Francefes atrevidamente. ANNO 1548.

42. De maner aquea qui concurre el perjuycio del Imperio dar pie a Francefes para poder turbar la Italia, todas las vezes que pudieren, y emprender contra los Reynos y Eftados que tengo alla, y los demas Allegados y amigos, y eftar de continuo en gafto y cuydado, y no veo que pueda aconfejar tal concierto, y aun fi entre ellos lo quifieffen hazer confentillo hafta no poder mas: y afi e tenido y tengo por mejor dexallo como eftà, que confentir, o difimular coffa tan perjudicial al dicho Duque, ni tan perniciofa y de tanto inconueniente, efperando que Dios podra dar la via para remediar efta inhumanidad, y crueldad, que padre y hijo an moftrado, y mueftran contra fu propio Tio, y primo.

43. Es verdad que tengo la ftima de los dichos Duque, y Principe fu hijo, y de que queden tanto tiempo fuera de fu Eftado. Pero pues an fufrido efta injuria, violencia, y danno fafta agora, menos mal es que fe eften anfi, aun efperando en la voluntad de Dios, que dar a algun medio y camino para cobrar lo que es fuyo, como dicho es, y reintegrar fu cafa tan antigua, que hazer algun concierto quitando o dexando la principal parte della: y apocarla tanto ellos mismos, y fer caufa de tantos males que podrian fucceder defto, y el dicho Duque a moftrado eftar fiempre en efta voluntad. Y a lo que dize y mueftra el Principe fu hijo, no va fuera della, y feñaladamente fe a conocido en la platica que fe a mouido del matrimonio del dicho Principe con la hija del de Francia, haziendo el qual, tampoco fe debria efperar reftitucion, pues el mismo Rey de Francia la niega ya expreffamente. Y es de creer, que de contino fe obftinara mas en ella, con lo que fe funda de auer heredado lo que fu padre occupo al dicho Duque, y como el dicho Rey de Francia fabe la gran fin razon que fu padre del, y el, an tenido y tienen, nunca fe fiauan de los dichos Duques, y Principes: antes por todas las vias y maneras que podia, el dicho Rey queria abaxar, y fugetar los dichos Duque, y Principe, y feñaladamente, fin refpecto de tal affinidad, y matrimonio, como fe a vifto, y es la natura de los dichos Francefes, y efpecialmente en la del Señor de Albret, fiendo cafado con Hermana del dicho Rey difunto, y aunque el dicho Rey difunto aya moftrado tomar occafion de indignacion con el dicho Duque de Saboya, porque inclinaffe de mi parte, pero ya algunos annos antes, y desde que el dicho Duque vino a heredar, el dicho Rey y fu madre le auian mouido la querella, y paffado tan adelante, hafta defafiarle, y entimarle guerra para occuparle fu Eftado, como lo a hecho, y an declarado muchas vezes el dicho Rey a los fuyos expreffamente, de manera, que fu fin a fido fiempre de abaxar, y opprimir al dicho Duque, y tenerle fugeto, y annadir fus dichos Eftados a Francia, y tener el camino abierto para tyrannizar la Italia.

44. Y yo attendiendo a efto, fuy fiempre de parecer, y aconfeje defpues que vine en rompimiento con Francia, y feñaladamente que me cafe, que el dicho Duque hizieffe todo lo que pudieffe por quedar neutral, y temporizar con el dicho Rey difunto, y que fe entretuuieffe con los Suyzos, lo que no hizo, de manera, que Francefes, y ellos fe concertaron, y le occuparon fu Eftado de aca, y de alla los montes, mas por paffion y particular intereffe que por caufa y refpecto mio.

45. Pero aunque efto aya fido fin mi culpa, ni auer dado occafion a ello, e fauorecido fiempre al dicho Duque, y affiftido en todo lo que e podido;

Anno 1548. do, y obuiado, que no perdiesse lo que se queda: y assi hareys bien de continuar buena amistad con el, por el respecto del deudo que dellos teneys, y de la voluntad que padre y hijo muestran, y an mostrado, de obseruarla de su parte, y de favorecerlos, y assistirlos en todo lo que podreys, señaladamente por la guarda y defension de lo que el dicho Duque tiene y possee, demas de, por su respecto, por ser cosa que importa a la seguridad de las Tierras y cosas de Italia, especialmente del Estado de Milan.

46. Y quanto a las pensiones que e constituydo a los dichos Duque, y Principe, para ayuda de su entretenimiento, hareys en lo venidero lo que buenamente podreys, porque quanto a lo passado se deue contentar, pues no se a faltado a lo que se a podido, y que quando otorguè la pension al dicho Duque, fue pensando, que ella se cobraria del Estado de Milan, estando por entonces de manera que se podia cumplir: pero con la continuacion de la guerra, y sospecha della, y señaladamente por las cosas del Piamonte, y sostener y defender las Tierras del dicho Duque, an se recrecido continuamente muy grandes gastos, y tantos, que no se a podido hazer mas con el, ni en lo venidero podria el dicho Estado sufrir tanto peso, y os podreys con razon y honestidad escusar de lo passado con lo que se a hecho, y en lo venidero, con dezir que hareys lo que podreys. Y quanto al dicho Principe, sera bien que proueays la continuacion de su pension, o parte della, segun vieredes la necessidad que conuenga, y tuuieredes la possibilidad.

47. Y quanto a lo que toca assistirles para cobrar sus Estados, deueys tener en ello mucho miramiento, y no os dexar persuadir a que ellos comiencen guerra por esto, ni que vos os metays en ella, sin ver primero que aya buen fundamento, y oportunidad, sea con el fauor y assistencia del Imperio, y que Franceses fuessen impedidos con Ingleses, o de otra manera que se viesse ser la cosa muy a la mano, y señaladamente teniendo ojo a los Suyzos, y que voestros Reynos, Estados, y Señorios no se auenturassen, y no se vee que esto se pueda hazer en algunos años, segun estan las cosas desta Germania, y que es verisimil que los Ingleses dissimularan con los Franceses, durante la menor edad de su Rey, y tambien por lo que es necessario, y forçado que los dichos Reynos, y Estados, que dexareys descansen: y demas desto, quando se deuiesse hazer, debreys mirar, que Franceses no puedan tomar achaque, que vays contra los Tratados, ni se os pueda imputar que seays causa de reuocar la guerra de la Christiandad, y en perjuyzio del bien publico della. Y si los dichos Duque, y Principe no quisieren esperar la coyuntura, o oportunidad, que Dios querra embiar a sus Estados, sino concertarse con Franceses, no obstante las razones y consideraciones ante dichas, y vieredes que no lo podreys estoruar, en tal caso mirareys que la cosa se haga con mas prouecho y menos daño dellos que ser pudiere, y terneys aduertencia de os asegurar en todo lo que vuiere lugar por lo que toca a las cosas de Italia, y señaladamente por lo de Lombardia, como Milan, Genoua, Monserrat, e Florencia, y otros Aliados y amigos, y de manera que todos vean y conozcan que aueys tenido cuydado tal que conuiene de vuestra seguridad y dellos.

48. Y porque e capitulado con el dicho Duque, y prometido de cobrar libremente las rentas de sus Tierras, en las quales ay gente de guerra mia, y no tengo otro fin en esto, sino por lo que toca a la guardia, y seguridad mia y suya, terneys cuydado de entretanto que sera menester aver guardia en las dichas Tierras, exar gozar dellas al dicho Duque conforme al Tratado, mirando primero de no alçar la mano de la dicha guardia señaladamente de las Tierras mas importantes. Pues se podra tener por cierto, que haziendose concierto con los dichos Franceses, ellos lo cobrarian despues, aunque no quisiessen el dicho Duque Principe, de manera que esto toca a su proprio bien. Y demas desto no seria razon que huviesse y defendido las dichas Tierras en tiempo de su enemistad con Franceses confiando de los dichos Duque y Principe, y que despues se perdiessen por ellos, y me succediesse desto inconueniente sin pretender otro de las dichas Tierras, sino de ser asegurado dellas, como dicho es.

49. Y entre otras Tierras y fortalezas terneys cuydado del Castillo de Niza, y que los que ternan cargo del, sea na vuestra devocion, y si es possible os hagan juramento de no consentir que Franceses se apoderen y valgan de la dicha plaça por ser ella muy importante. Anno 1548.

50. Y aunque se haga el dicho concierto, no dexareys por ello de tener por amigos los dichos Duque y Principe, pero con que tengays siempre advertencia, que Franceses haran todo lo que podran por desuiarlos, y apartarlos de vuestra amistad.

51. Tendreys cuydado de entretener amistad con los Ingleses, y de guardar los Tratados hechos entre el padre difunto del Rey moderno y mi, porque esto importa a todos los Reynos y Señorios que yo os dexare, y sera tambien para tener suspensos a Franceses, los quales tienen muchas querellas con los dichos Ingleses, assi por lo de Bolonia, como de las pensiones, y deudas, y se tiene por dificil que puedan guardar amistad entre ellos que dure. Y demas desto es virisimil que el Rey de Ingalaterra que aora es moço, veniendo en edad, abra sentimiento de las cosas que an hecho, y haran Franceses contra el en perjuyzio durante su menor edad: pero mirareys de no os empachar en ello, tanto quanto pudieredes, y os firmareys siempre en los Tratados que tenemos hechos con los vnos y con los otros, y señaladamente no hareys ni trateys con los dichos Ingleses cosa alguna que direta, o indirectamente pueda ser contraria de nuestra sancta Fè y auctoridad de la Sede Apostolica.

52. Y quanto a los Escoceses si se puede concertar con ellos por lo que toca a la seguridad de la contratacion y nauegacion, no ay que hazer en lo demas en aquella parte.

53. Quanto al Rey que possee a Dinamarca sera bien, que entretengays el Tratado hecho con el sin entrar en querella. Por lo que toca al Rey Christierno y nuestras sobrinas, por las quales, y concertarlas con el dicho Rey, hareys todo lo que dieredes, y por el buen tratamiento del dicho Rey, pero de manera que no venga en libertad tal que procediesse tornar a renouar guerra ni hazer daño a los Estados de Flandres como otras vezes.

54 Demas de lo de arriba va muy mucho por la seguridad y quietud de los Reynos, Señorios y Estados que os dexare, que pues no podeys ser pressencialmente en todos, ni visitar muchas vezes, como conuenia que ellos sean continuamente proveydos de buenos Visorreyes, y Governadores que tengan cuydado de entretener los Subditos en justicia, y policia, y que sean calificados para ello, y la buena governacion de los dichos Reynos y Estados cada uno segun lo que se le encomendare, y de mas desto que tengan continuo cuydado de la guardia, y seguridad dellos, y vos tendreys gran miramiento que hagan, y exerciten sus officios como conviene, y no excedan sus instrucciones, ni usurpen mas auctoridad de la que se les diere, y que sepan que haziendo el contrario sereys deservido y descontento dello, y que no lo sufrireys, y lo mandareys remediar muy de veras como quier que sea, y aunque no debreys creer las quexas si algunas se hiziessen de los dichos Virreyes o Governadores, no dexareys de entendellas, y informaros de la verdad, porque no lo haziendo seria dar occasion a que los dichos Virreyes, o Governadores fuessen mas absolutos, y a los vasallos de desesperarse.

55. Y señaladamente quanto al govierno de las Indias es muy necessario que tengays solicitud y cuydado de saver y entender como passaran las cossas de alli, y asegurarlas para el seruicio de Dios, y para que tengays la obediencia que es raçon, con la quas la dichas Indias seran gouernadas con justicia, y se tornen a poblar, y rehazer, y para que se obuie a las opresiones que los conquistadores, y otros que an sido alla con cargo y auctoridad y socolor desto, y con sus dañadas intenciones, an hecho, y hazen para que los Indios sean amparados en la que fuere justo, y tengays sobre ellos y los dichos conquistadores, y sus haziendas, la auctoridad, superioridad, preeminencias, y conocimiento que es raçon y conuiene para ganar, y auer la buena voluntad y fidelidad de los dichos Indios, y que el Consejo de las Indias se desuele en esto sin otro al-

ANNO 1548.

gun particular respecto y como cosa que importa muy mucho.

56. Y quanto al repartimiento de los Indios, sobre lo qual a auido diuersas informaciones y processos, y se a platicado muchas vezes, y tenido diversos pareceres y respectos, y ultimamente exemplo, y mandado a Don Antonio de Mendoça nuestro Visorrey en la nueua España para que se informasse y embiasse el suyo como aureys entendido, la cosa es de mucha importancia para agora, y en lo venidero, y sera bien que tengays grande aduertencia en la determinacion que en esto hizieredes por los respectos tocados en este otro capitulo de arriba, y assi no dexeys auida la dicha informacion de examinarla muy bien, y aun consultar todo el negocio con hombres de buen juyzio, y que entiendan las cosas de alla, y que tengan principal fin y respecto de la preeminencia Real, y lo que toca al bien comun de las dichas Indias, y que con esto el repartimiento que se hara sea moderado y menos prejudicial que se pudiere.

57. Allende desto la cosa que mas entretiene los Vasallos y Subditos de qualquier Nacion que sean en la fidelidad de sus Señores es ver, que tienen hijos en que consiste la firmeça de los Estados, con esperança de auer cada uno dellos Señores de quien puedan ser gouernados, y tanto mas por lo que toca a las dichas Tierras de Flandres. Y por esto me parece no solamente conueniente, pero necessario, que os torneys a casar, tomando parentesco y partido conueniente al bien publico en quanto se podra hazer, y del qual con la ayuda de Dios podeys auer hijos, señaladamente por la consideracion arriba dicha, y assi por el amor paternal que os tengo, y lo que quiero a los dichos Estados os aconsejo y ruego que lo hagays.

58. Y no os quiero apremiar al partido que deueys tomar, pero bien os aconsejo en ello principalmente mireis al seruicio de Dios y bien publico de Christiandad, beneficio y satisfacion de los dichos Reynos y Estados: y si el casamiento con la hija del Rey de Francia se pudiesse concertar, y con la firmeça de las cosas tratadas, y restitucion de lo del Duque de Saboya, y bastante seguridad, me a parecido, y aun parece, que seria lo que conuendria. Y si esto no a lugar me pareceria podria conuenier la Princesa de Albret con tanto que se tratasse de manera que se quitasse la differencia, y pretension sobre el Reyno de Navarra, y con medios convenientes, y que se pudiesse sacar la dicha Princesa de Francia: porque aunque los Franceses tuviessen desto sentimiento, viendo la cosa hecha es de creer que lo dissimularan por os ver mas fuerte, con lo que tiene el Señor de Albret, y no auiendo forma de poder boluer de golpe hazia alla, y que ni por esto se dañaria mas de lo que està la voluntad de los Franceses no debriades dexar de entrar con el, por lo que se a algunas vezes apuntado de la differencia que podria ser de los hijos deste matrimonio, lo qual todo bien examinado no tiene fundamento, y se entiende que la dicha Princesa es de buena disposicion, virtudes, cuerda y bien criada.

59. Pero si uno de los casamientos suso dichos no se puede hazer, no veo por agora otro partido sino de la una de las hijas del Rey de Romanos mi Hermano, o de la Infanta hija de mi Hermana la Reyna viuda de Francia. Y como estos partidos no son menester para estrechar amistad y deudo, lo que mas conuendria seria quietar, y juntar otra amistad con los respectos suso dichos, y sino os remito de escoger el partido que os satisfaciere. Mas pues la voluntad que tengo a ambas sobrinas es una solamente, ruego a Dios que acertays por lo mejor.

60. Y quanto al matrimonio de mis Hijas vuestras Hermanas, y señaladamente de la mayor, despues de examinado, y pesando todo lo que en ello se ofrece, no veo para ella partido mas a proposito, y aun que conuenga como el del Archiduque Maximiliano mi sobrino, porque quanto a lo que e hablado de casarla en Portogal con el Principe mi sobrino, ni las edades conuendrian, ni seria honesto ni razonable yr contra lo que se a tratado de su hermana del dicho Principe de Portugal, antes en perjuyzio suyo siendo este partido muy conueniente a las edades, y todo lo demas como lo sera el de vuestra Hermana major con el dicho Duque Maximiliano, y de gran contentamiento a mi dicho Hermano. Las cosas del qual como se a dicho, arriba se an proueydo y remediado de manera que el dicho Duque quedara muy bien, y el padre y el ternan mas satisfacion a todo lo que os tocare para lo de Italia, y la parte de Flandres, y ansi nós firmamos en que se haga con la bendicion de Dios, y siguiendo lo que sobre esto, nos y la Emperatriz, que sea en gloria, auiamos considerado por nuestros testamentos, y constituyendole la dote, y las sumas contenidas y ordenadas por nosotros en ellos. Y quanto a lo que se auia mirado por los dichos testamentos, por lo que toca a las Tierras de Flandres y Borgoña auiendo despues pensado mas en ello quanto a la importancia de los dichos Estados, y que conuienen a vuestra grandeça, y que de mas e conquistado el Ducado de Gueldres, y unidolo a ellos, estamos en que los guardeys, confiando en que Dios dara mas hijos, y os ruego y encargo muy mucho, que este matrimonio se effectue lo mas presto que ser pudiere teniendo respeto a que vuestra dicha Hermana es de edad, y que como dicho es no se ofrece otro partido tan conueniente.

61. Demas desto ofreciendose vuestra venida aca podreys traer con vos la dicha vuestra Hermana, y no se podria auer ocasion, ni medio mas conueniente para que venga honradamente, y como se requiere a su calidad, y aunque no vengais vos, no se debra dexar su venida, ni diferir mas el dicho matrimonio: y assi os ruego que tengias por bien que se haga, y os lo encomiendo y encargo quan encarecidamente puedo.

62. Ansi mismo se a platicado muchas vezes que haziendose este matrimonio del dicho mi sobrino el Archiduque de Austria Maximiliano co vuestra Hermana mayor, se le podria encomendar el gouierno de los Estados y Tierras de la parte de Flandres: porque como se a visto, y entendido, los de alli no pueden bien ser gouernados por estrangeros, ni tampoco entre los de la misma Nacion se podria hallar persona a este proposito, ni sin inuidia, y assi serà siempre proueydo de alguno de nuestra sangre. Pero no se a dexado de apuntar, que metiendo al Archiduque en este cargo, no faltaria quien pusiesse en su cabèça, de tener fin, y emprender de quedarse con los dichos Estados, y por no poder vos residir en ellos, muchas vezes la gente dellos si se podrian aficionar a los dichos Archiduques y vuestra Hermana tanto mas dandoles Dios hijos, toda via siendo la cosa tan grande y de tanta importancia, se podrian dexar persuadir con el. Y por esto no e querido tomar en ello resolucion hasta vuestra venida, y que ayais visto la importancia de las Tierras, y que conozcays al Archiduque Maximiliano. Es verdad que si se pudiesse acauar con la Reyna Viuda de Ungria mi Hermana continuasse el dicho cargo, que a tanto tiempo tenido, seria lo que mas conuenia: porque ella lo a hecho muy bien en paz, y en guerra. Pero està puesta en descargarse del, y en fin se remitira todo hasta vuestra venida placiendo a Dios.

Y quanto a mi segunda hija vuestra Hermana deveis effectuar en su tiempo el matrimonio della con el Principe de Portugal como està concertado, por guardar buena se, y ser lo que conuiene a la corona de España, y al deudo y amistad que se deue a Portugal: a la obseruacion de la qual tendreys siempre buena aduertencia, segun la afficion que el Rey mi cuñado a de contino mostrado de su parte a ello, y tambien el Infante Don Luis, y el Cardenal, y lo que se deue a la Reyna mi Hermana, que e hallado en todo lo que se a ofrecido muy aficionada a mi y a todas mis cosas.

Lo mismo siempre e hallado en la Reyna Viuda de Francia, y en la Reyna viuda de Ungria mis Hermanas, y tengo por cierto, que entrambas y cada una continuara esta voluntad con vos, y assi reciprocamente deueis cor esponder, y tenellas siempre por buenas tias, y fauorecellas en todo lo que pudieredes, y os lo ruego, y os las encomiendo. Y por la fin os encomiendo muy mucho la obseruacion y cumplimiento de mis testamentos y codicilos, y tambien los de la Emperatrix que Dios aya. Y assi por lo que toca a nuestras almas, mandas pias, como en lo demas, yo confio que lo hareis enteramente como buen Hijo, y lo merece la paterna voluntad que os auemos tenido, y tengo, y ruego a Dios que os ampare de su mano, enderece y guie vuestros de-

seo

ANNO 1548. ſeos a ſu ſeruicio, y para bien reynar y gouernar, y finalmente alcançar la gloria con mi bendicion. De Augusta a XIX. de Henero de M. D. XLVIII.

LII.

1549. Novemb. *Loi & Pragmatique de l'Empereur* CHARLES V. *Prince & Seigneur des* Dix ſept Provinces des Païs Bas, *par laquelle à la requiſition des Etats des mêmes Provinces, il etablit & ordonne qu'à l'avenir elles demeureront unies & conjointes en une ſeule Maſſe ſous un ſeul & même Prince, & qu'à cet effect l'ordre de la Repreſentation ſera ſuivi & obſervé unanimement dans tous les Cas de ſucceder qui ariveront. Donné à Bruxelles au Mois de Novembre* 1549. [Suite du Dialogue ſur les Droits de la Reine T. C. pag. 219.]

CHARLES par la divine clemence Empereur des Romains tous jours auguſte Roy de Germanie, de Caſtille, de Leon, de Grenade, d'Arragon, de Naples, de Navarre, de Secille, de Maillorcque, de Sardaine, des Iſles, Indes & Terre ferme de la Mer Oceane, Archiduc d'Auſtriche, Duc de Bourgoigne, de Lothric, de Brabant, de Lembourg, de Luxembourg & de Gueldres, Comte de Flandres d'Artois & de Bourgoigne, Palatin de Haynaut, de Hollande, de Zelande, de Ferrette, de Haguenaut, de Namur & de Zutphen, Prince de Souave, Marquis du S. Empire, Seigneur de Friſe, de Salins, de Malines, des Villes, Cité & Pays d'Utrecht, Overyſſel & Groeningue, & Dominateur en Aſie, & en Affrique, ſçavoir faiſons à tous preſents & advenir, que comme Nous ayons touſjours ſoigneuſement & curieuſement veillé a tout ce que a concerné le bien, repos & tranquillité de nos Pays de pardeça, & pourveu non ſeulement a ce que nous ſembloit neceſſaire pour le preſent, mais auſſi aux choſes a l'advenir, afin que noſdits Pays fuſſent tant mieux regis, gouvernez, & conſervez en leur entier, & eſtant noſtre intention de tousjours faire le meſme envers iceux avec tous convenables moyens, qui ſe pourront offrir, Nous avons conſideré qu'il importoit grandement à noſdits Pays pour l'entiere ſeureté & eſtabliſſement d'iceux, que pour l'advenir ils demouraſſent touſjours ſoubs un meſme Prince pour les tenir en une maſſe, bien connoiſſant que venans à tomber en diverſes mains, par droit de ſucceſſion hereditaire, ce ſeroit l'evidente everſion & ruine d'iceux. D'autant qu'ils ſe trouveroient deſmembrez & ſeparez les uns des autres, & par conſequent leurs forces affoiblies & diminuées dont leurs voiſins pourroient eſtre tant plus animez de les moleſter. A quoy ſeroit obvié, moyennant que noſdits Pays fuſſent touſjours poſſedez par un ſeul Prince, & tenus en une maſſe. Ce que pour les reſpects ſusdits & plusieurs autres avons trouvé grandement convenir au bien de tous noſdits Pays. L'ayant ainſi fait propoſer aux Eſtats diceux, & jointement leur declarer, que pour introduire ce que deſſus, il ſeroit requis de rendre uniformes les Couſtumes parlans & diſpoſants diverſement du Droit de repreſentation: Laquelle comme entendons n'auroit lieu en aucuns de noſdits Pays, ſi comme Flandres, Arthois, Haynau, & aucuns autres, & ſtatuer pour Loy & Decret irrevocable, que d'oreſenavant repreſentation auroit lieu en tous noſdits Pays, en ce que attouche la ſucceſſion du Prince. Requerant ausdits Eſtats de le vouloir conſentir, à quoy, iceux Eſtats, aprés pluſieurs aſſemblées, & communications ſur ce tenues chacun en ſon endroit, ſe ſont unanimement & volontairement condeſcendus, meſmes ont fait inſtance devers nous, que vouluſſions introduire ladite Loy, & Pragmatique, ſans par ce attoucher à ce que concerne la ſucceſion des particuliers ſujets de pardeça, & demeurans quant à iceux les Couſtumes des Pays chacun en droit ſoy en leur entier. Pource eſt-il, que les choſes deſſusdites conſiderées. Deſirans ſur toutes choſes pourveoir, & donner ordre ſi avant qu'en nous eſt, au bien, repos & tranquillité de noſdits Pays de pardeça, & conſerver iceux en une maſſe, & qu'ils ſoyent inſeparablement poſſeſſez par un ſeul Prince, pour les cauſes avant dites. ANNO 1549.

L'ayant premiers fait conſulter aux principaux Conſaulx de noſdits Pays de perdeça. Leſquels ont trouvé ladite Pragmatique non ſeulement raiſonnable, mais auſſi utile, & tres neceſſaire à la Republique de noſdits Pays. Nous à grande & meure deliberation, par l'advis de noſtre tres-chere & tres-amée Sœur la Royne Doüagiere de Hongrie, de Boheme, &c. pour nous Regente, & Gouvernante en noſdits Pays de pardeça, des Princes de noſtre ſang, Chevaliers de noſtre Ordre, Chefs, Preſidens, & gens de nos Conſaulx d'Eſtat, privé & des Finances. Avons du conſentement & à la requiſition desdits Eſtats de noſdits Pays de pardeça, de noſtre certaine ſcience, authorité, & puiſſance abſolute, que nous compete ou competer peut, tant en qualité d'Empereur qu'autrement, comme eſtant reſpectivement ſouverain Prince, & Seigneur desdits Pays, Ordonné, ſtatué, & decreté, Ordonnons, ſtatuons, & decretons pour Loy perpetuelle & irrevocable par ces preſentes, Que doreſenavant en tous noſdits Pays Patrimoniaux, & hereditaires d'embas, & de Bourgogne, repreſentation en matiere de ſucceſſion, ſoit de maſles ou femelles, eſtans ſelon les anciennes Couſtumes, Droicts, & Privileges de noſdits Pays-Bas, capables à ſucceder, ait & aura lieu en ce que touche la ſucceſſion du Prince ou Princeſſe d'iceux Pays tant en Ligne directe que tranſverſalle, & juſques au nombre infini, nonobſtant toutes Couſtumes d'aucuns de noſdits Pays à ce contraires; diſpoſans que repreſentation ne doit avoir lieu: Auſquelles pour les cauſes, & conſiderations ſusdites avons de noſtre dite authorité & pleiniere puiſſance derogué & derogeons par ceſdittes preſentes, en ce que pourra cy-aprés toucher la ſucceſſion du Prince deſdits Pays. Veuillant neantmoins que les Couſtumes parlans dudit Droit de repreſentation ayent lieu, & demeurent en leur force, & vigueur, au regard de nos Vaſſaux, & Sujets particuliers d'iceux Pays, & qu'elles ſoient entretennës, & obſervées comme du paſſé. Si donnons en mandement auſdits de nos Conſaulx d'Eſtat & privé, Preſident, & Gens de noſtre grand Conſeil, Chancellier, & Gens de noſtre Conſeil de Brabant, Gouverneur, Preſident, & Gens de noſtre Conſeil à Luxembourg, Gouverneur, Chancellier, & Gens de noſtre Conſeil en Gueldres; Gouverneur de Lembourg, Faulquemont, Daelhem, & d'autres nos Pays d'Outremeuſe, Gouverneur, Preſidents, & Gens de nos Conſaulx en Flandres, & Arthois, Preſident, & Gens tenant noſtre Cour de Parlement à Dole; Grand Bailly de Haynau, & Gens de noſtre Conſeil à Mons en Haynau; Gouverneur, & Gens de noſtre Conſeil en Hollande, Gouverneur, Preſident, & Gens de noſtre Conſeil à Namur, Gouverneur, Preſident, & Gens de noſtre Conſeil en Friſe, Gouverneur d'Overyſſel, & Groeninghen; Gouverneur, Preſident, & Gens de noſtre Conſeil à Uytrecht; Gouverneur de Lille, Doüay, & Orchies; Preſidens, & Gens de nos Chambres des Comptes à Lille, à Bruxelles, à la Haye; Prevoſt le Comte, à Valenciennes, Rentmeſtres de Beweſt, & Beoiſterſchalt, en Zelande; Eſcouteth de Malines, & à tous autres nos Juſticiers, Officiers, Serviteurs, Vaſſaux & Sujets, preſens & advenir, & chacun d'eux en ſon regard, que cette noſtre preſente Ordonnance, Statut, Decret, & Pragmatique, ils entretiennent & obſervent, & faicent entretenir & obſerver inviolablement & à toûjours pour Loy perpetuelle, & irrevocable. En procedant par ceux de nos Cours Souveraines de pardeça, & deſdits de nos Comptes à Lille, Bruxelles, & la Haye, à l'Interinement de ceſdites preſentes, & les faiſant enregiſtrer pour l'entier accompliſſement d'icelles au temps advenir. Car ainſi nous plaiſt il, & voulons eſtre fait. Et afin que ce ſoit choſe ferme, & eſtable a toûjours, nous avons ſigné ceſdites preſentes de noſtre nom & a icelles fait mettre noſtre ſeel: Donné en noſtre Ville de Bruxelles, au mois de Novembre, l'An de Grace 1549. de noſtre Empire le trentieſme, & de nos Regnes de Caſtille, & autres le trentequatriéme; Signé CHARLES.

Anno 1549.

Sur le Reply estoit escrit:

PAr l'Empereur, la Royne Regente, &c. Monseigneur le Prince, le Duc d'Alve Grand Maistre d'Hostel; le Comte de Rœulx, Gouverneur de Flandres, d'Artois, de Lille, &c. le Sieur de Praet second Chambellan, le Sieur de Bevres, Admiral, Gouverneur de Hollande, & d'Uytrecht; le Comte de Mansfelt, Gouverneur de Luxembourg, & Namur; le Comte de Lalaing, Grand Bailly de Haynau, le Comte de Hoochstrate Gouverneur de Gueldres & Zutphen; le Comte d'Aremberge, Gouverneur de Frize, d'Overysel, & Groeningen, le Sieur de Boussu grand Escuier; le Sieur de Rye, premier Sommelier de corps, tous Chevaliers de l'Ordre; le Sr. de Granvelle premier Conseillier d'Estat & garde des seels; l'Evesque d'Arras Conseillier, Messrs. Jean de S: Maury, Sieur de Montbarrey, President du Conseil d'Estat, Viglius de Zwichem Chevalier, Chief, & President du Conseil Privé; Philippe Nigri Chancellier de l'Ordre; Cornille Schepperus Chevalier, Sr. Deecke, Conseillier d'Estat, & Maistre Vincent Cornelissen Tresorier General des Finances, & autres du Conseil des Finances presens, & soubsigné Verreyken. Et estoient lesdites Lettres seellées du grand seel de l'Empereur en cire rouge, pendant à un las d'or, & de soye noire.

Du costé il y avoit:

CEs presentes ont esté leües, & publiées au grand Conseil de l'Empereur nostre Sire à Malines, en plein Consistoire, present le Procureur General de Sa Majesté Messire Adolf vander Aa, Chevalier, Escoutette dudit Malines, Desiré de Symandres, Secretaire ordinaire de sadite Majesté les Practiciens dudit Conseil, & plusieurs autres, le 10. jour de May l'an 1550. plus bas, il y avoit par moy & soubsigné Boulitre.

Plus bas il y avoit:

CEs mesmes presentes ont esté leües, & publiées au Conseil de l'Empereur nostre Sire, ordonné en Brabant, en Consistoire, en presence de Messire Engelbert van Dale, Seigneur de Leefdale, & de Wildere, Chevalier Chancellier, & les Seigneurs Conseilliers, & Secretaires d'iceluy Conseil, les Advocat, & Procureur General de Sa Majesté, audit Conseil de Brabant, & de Maistre Desiré de Symandres, Secretaire Ordinaire de sa Majesté, & autres presents, & au surplus interinées, & enregistrées comme il appartient le 12. jour de May l'an 50. devant escrit, & estoit signé Bulot.

Au Dos il y avoit:

CEs presentes Lettres ont esté leües, & publiées au grand Bureau, de la Chambre des Comptes, de l'Empereur nostre Sire, à Lille; publicquement en plein College, & Consistoire, presents les Advocat, & Substitut du Procureur Fiscaux, de sa Majesté, au Gouvernement dudit Lille, de Maistre Desiré de Symandres, Secretaire Ordinaire de sadite Majesté, & plusieurs autres, & au sur plus y ont esté enregistrées, & interinées selon leur forme, & teneur, le 16 jour de May 1550. plus bas par moy, & Signé Tementes.

Du costé il y avoit:

CEste presente Lettre a esté veüe au grand Bureau de la Chambre des Comptes de l'Empereur nostre Sire, à Bruxelles, & ensuite le contenu d'icelle illecq interinée, & enregistrée au Registre y tenu, commençant au mois de Novembre 1542. Signé par la Lettre H. Fol. 156. le 22. jour du mois de May 1550. par moy, & Signé Vledincx.

Plus bas il y avoit:

CEtte Lettre a esté presentée par Maistre Desiré de Symandres, Secretaire Ordinaire de l'Empereur nostre Sire, à la Haye, & en ensuivant le contenu d'icelles, illecq les susdites Lettres interinées, & enregistrées, au Registre nommé. T'brezyle Roode Register, beginnende te Kersmisse, anno 1540. Fol. 175. le 28. jour du mois de May l'an 1550. plus bas par moy, & estoit signé Splinter. Anno 1549.

Les presentes collationnées avec les Originels, depeschées, signées, seellées, publiées, enregistrées, & interinées, comme dessus reposantes en la Tresorie des Chartres de Brabant, ont par moy soubsigné Secretaire du Roy, en son Conseil, ordonné en Brabant, esté trouvées accorder de mot à autre. Le 12. Jan. 1668. Signé Loyens.

LIII.

Investiture de la Terre & Seigneurie de Lingen *donnée par l'Empereur* CHARLES V. *en qualité de Duc de Gueldres & Seigneur d'Overissel à la Damoiselle* ANNE D'EGMONT *Comtesse de Buren, fille de* MAXIMILIEN *Comte de Buren. A Bruxelles le 7. Mai 1550, de son Empire le XXXI. & de ses Regnes de Castille & autres le XXXV* [Demonstration du Droit de son Altesse Jean Guillaume Frise Prince d'Orange & de Nassau, sur les Comtés de Meurs & de Lingen. Aux Pieces pag. 15.] 1550. 7. Mai.

C*Harles* par la Divine Clemence, Empereur des Romains, tousjours Auguste, Roy de Germanie, de Castille, de Leon, de Grenade, d'Arragon, de Navarre, de Naples, de Cicille, de Majorque, de Sardenie, des Isles, Indes, & Terre ferme, de la Mer Oceane: Archiduc d'Austrice, Duc de Bourgoigne, de Lothier, de Brabant, de Lemburg, de Luxemburg, & de Gueldres, Comte de Flandres, d'Artois, de Bourgoigne, Palatin, & de Haynnau, de Hollande, de Zeelande, de Ferrette, de Haguenault, de Namur, de Zutphen, Prince de Zwave, Marquis du Sainct Empire, Seigneur de Frise, de Salins, de Malines, des Villes, Cité & Pays d'Utrecht, Overyssel, & Groeninge; & Dominateur, en Asie, & en Afrique. A tous ceux qui ces presentes verront salut;

Comme pour consideration des grands, leaux, notables, & agreables services, que feu nostre Cousin Messire *Maximiliaen d'Egmont*, en son vivant *Comte de Buiren* & de Leerdam, Sr. d'Ysselstein, de Cranendonck, Saincte Martinsdijck, & Gouverneur, & Capitaine General de nos Pays de Frise, d'Overyssel, & Groeningen, nous a ci devant faits; mesmement au temps de la derniere Guerre en Allemaigne: pour reduire a nostre obeyssance aucuns Princes, Seignieurs, & Villes a nous rebelles, nous luy eussions donné & accordé la Comte de Teckelenbourg, & les Seigneuries de *Lingen*, & Reede, leurs appartenances, & dependences, & autres ses biens a nous advenus, & escheus par droict de confiscation: au moyen, de ce que *Conraerd Comte dudit Teckelenbourg* tenoit de parti de nos dits rebelles; & en iceux investi & infeudé le dit feu *Comte de Buiren* pour les tenir, par lui, & ses hoirs feoudaulx en fief de nous, & du Sainct Empire, & en jouir & posseder, selon le contenu de nos Lettres de donation & investiture sur ce expediées en nostre Chancellerie Imperiale données en nostre Camp de Suntham le troisiesme jour de Novembre 1546.

Et combien que depuis eussions reçeu le dit Comte *Coenraerd de Teckelenbourg* en grace, ayant icellui Comte *Coenraerd*, & le dit feu Comte *Buiren* fait certain Accord, & *Transaction*; en vertu duquel ledit Comte *Coenraerd* doit retenir la dite Comté de Teckelenbourg, & la dite Seigneurie de Reede, & autres ses biens, *Saulfs, & exceptés* les Chasteau, Maison, Ville, Terre, & Seigneurie du dit *Lingen*: avec ses appertenances, & *quatre autres Villages* ensemble tous les fiefs, & hommages y appartenans, & les actions contre l'Evesque, & l'Eglise de Munster, lesquelles doivent demeurer selon la susdite confiscation, & nostre donation, & investiture Imperiale, au profit du dit *Comte de Buiren*, neantmoins pour ce que icelui feu *Comte de Buiren*, avant

ANNO 1550.

avant nous avoir fait le ferment de fidelité, tel que pour les fusdits fiefs il estoit tenu de faire, conforme à nostre dite donation, & investiture, auroit entendu, que le dit Chasteau, Ville, Terre, & Seigneurie de *Lingen* & leurs dites appartenances n'avoient de toute ancienneté esté tenues ou mouvantes en fief du Sainct Empire; ains que feu le Comte *Claes de Teckelenbourg* en son vivant Seigneur & proprietaire du dit *Lingen* Oncle & Prædecesseur du dit Comte *Coenraerd*, le feroit pour lui, ses Hoirs, & Successeurs, des le treisiéme de May mil cinq cens vint & six, mis avec le dit Chasteau, Ville, Terre & Seigneurie de *Lingen* & ses appartenances sous la protection du Duc, & Duché de Geldres, pour estre tenu, & deffendu comme autres Barons de la dite Duché, faisant & recognoissant pour à tousjours la Maison comme Baenrehofstadt, & Maison ouverte, envers, & contre tous, pour le dit Duc, & Duché de Geldres, & que a raison de ce, nostre terschere & tres aimée *Sœur*, la Reine Douaigiere de Honguerie, de Boheme, & pour nous Regente, & Gouvernante en nos Pays de par deca, depuis la reduction du dit Duché de Geldres en nostre obeyssance, & auparavant nostre dite donation, & investiture, auroit fait semondre & requerir le dit *Comte Conraerd de Teckelenbourg*, qu'il devist recognoistre de nous, comme Duc de Geldres la dite Maison, Ville, Terre, & Seigneurie du dit *Lingen*; & au surplus faire son devoir, comme il estoit tenu; en quoy il avoit esté deffaillant, & dont nostre dite *Sœur* nous avoit adverty, depuis la dite donation; afin de y vouloir guarder le Droit, que en qualite de Duc de Geldres nous competoit, & appartenoit au dit *Lingen*: dont au temps de nostre dite donation n'estions informés; le dit feu *Comte du Buiren* de nostre sceu, congie, & consentement auroit differé de nous faire le serment susdit, tant, & jusques a ce, que nostre dite *Sœur* la Reine, & lui se trouvoyent devers nous en nostre Cité Imperiale d'Augspurgh: que lors considerant, que icellui de *Buiren* estoit content de reprendre le dit *Lingen* de nous, en fief a cause de nostre Pays *d'Overyssel*, pour estre asses prochain d'icellui; moyennant qu'il nous plust abolir nostre Investiture Imperiale, pour n'avoir jamais esté tenu du dit Sainct Empire, apres avoir sur les dits points, & autres concernans le dit *Lingen* fait communiquer par aucuns nos Ministres avec le dit feu de *Buiren*; yceux nos Ministres se sont finablement de nostre sceu, & agreation le treisiéme du Mars 1548. stil de l'Empire appointés, & accordés avec le dit feu en la maniere que s'ensuit.

Premiers, que icellui feu *Comte de Buiren* reprendroit la dite Maison, Ville, Terre, & Seigneurie de *Lingen* avec toutes ses appertenances & Haulteurs de Justice; comme icelle est venue a lui par nostre don, & *transaction*, avec le dit Comte de *Teckelenbourg*, en francq fief de nous *comme Seigneur d'Overyssel*, pour lui & ses Heritiers, qui lui debvroient, selon la nature des fiefs *d'Overyssel* succeder en icellui, & qu'il, & ses Successeurs, nous feroient le serment feodal accoustumé, & le releveroient toutes, & quantes fois, que besoin seroit; aux Droits accoustumes illecq.

Secondement, tiendroit la dite Ville, & Maison pour Ville, & Maison ouverte à nous, comme Duc de Geldres, & *Seigneur d'Overyssel* contre un chacun, pour en temps de besoin, y mettre guarnison, & gens de guerre, & s'aider d'icelle sans dommage du dit feu, ou de ses Subjects; & au despens de nous, & nos Successeurs, Ducx & Seigneurs comme dessus.

Tiercement, que le dit feu, & ses Successeurs, nous recongnoistroient, & nos Successeurs Seigneurs *d'Overyssel* en la dite Seigneurie de *Lingen* pour Souverains; à condition toutes fois, qu'ils, & leurs Subjects du dit *Lingen*, demeureront quites & exemptes de toutes tailles, & charges quelsconques; aussi seroient exempts de la justice *d'Overyssel*, & ne resortiroient illecq aucunement.

Et que allencontre, nous pour nous, nos hoirs, & Successeurs Ducx de Geldres, & *Seigneurs d'Overyssel* prendrions le dit feu comme Seigneur du dit *Lingen*, aussi ses Successeurs & Subjects illecq en nostre protection, & celle de nos dits Duché de Geldres & Seigneurie *d'Overyssel*: promettant les deffendre, & assister comme autre nos Subjects, envers, & contre tous, qui les voudroient grever, & qui ne se voudroient contenter de prendre droict contre le dit feu devant nous en nos Successeurs Seigneurs *d'Overyssel*: suivant quoy & mesmes consideré que en infeodant le dit *Comte de Buiren* en qualité d'Empereur n'estions informé de la nature de la dite Seigneurie de *Lingen*, avons depuis, de nostre certaine science, & puissance absolue, & par authorité Imperiale, & en qualité telle selon les Lettres soubs nostre Seau Imperial sur ce depechees, confirmé le dit Accord, & joinctement aboly, casse, & revocque la susdite condition, & Investiture Imperiale: permettant, & agreant, *que la dite Seigneurie soit doresnavant relevée de Overyssel*. Et pour ce que depuis le fusdit accord d'Ausbourg, le dit feu *Comte de Buiren* est decedé sans avoir fait le dit debvoir, & reprinse nouvelle *d'Overyssel* ni obtenu nos Lettres de relief & de Investiture, suivant icellui Accord, combien que a ceste fin il ait fait ses diligences & debvoirs vers nous; a quoy pour certains nos grans, & urgens affaires n'ayons eu moyen d'entendre, & dont l'avons tenu & tenons pour diligent: ayant le dit feu delaisse nostre *Cousine Damoiselle Anne d'Egmont*, *Comtesse de Buiren*, sa Fille & Heritiere unique; laquelle nous a tres-humblement supplié, & requis la vouloir recepvoir, investir, & infeoder, de la ditte Ville, Chasteau, & Seigneurie de *Lingen*, avec toutes leurs appertenances, & dependences, conformement au susdit Accord dernierement traicté; & fait entre nous, & son dit feu Pere, en la dite Acte d'Augspurgh, & la confirmation susdit, offrant d'en faire la reprinse, & recognoissance telle que son dit feu Pere, s'il fut vivant, eust peu, & deu faire.

Sçavoir faisons; que inclinant favorablement à la Supplication, & Requeste de nostre dite *Cousine*, *Damoiselle Anne d'Egmont*, *Comtesse de Buiren*, aggreant pareillement de nostre dite vraye, & certaine science & en qualité de Duc de Geldres & Seigneur d'Overyssel l'Accord & *Transaction* fait tant *entre son dit feu Pere*, & le Comte *Coenraerd de Teckelenbourg*, que depuis entre nous, & le dit feu *Comte de Buiren*, entant que besoing soit, apres que nostre trescher & feal Cousin Chevallier de nostre Ordre, Admiral de la Mer & Gouverneur de Hollande, & d'Utrecht, Messire, *Maximilian de Bourgonge*, Seigneur de Bevres, &c. *Mambour* de la dite *Damoiselle Anne d'Egmont*, comparant au nom d'elle, ce jourd'hui date de cestes, par devant nostre dite Sœur la Reine Regente a ce par nous *comme Seigneur du Pays d'Overyssel* especialement commise, nous ait en la dite qualité de *Mambour* fait ferment de fidelité de la dite Maison, Ville, Terre, & Seigneurie de *Lingen*, appartenances, & dependences, & Haulteurs de Justices, & icelles reprins en francq fief, de nous *comme Seigneur du dit Pays d'Overyssel* pour la dite *Damoiselle Anne d'Egmont* & ses Heritiers, qui lui devront selon la nature des fiefs *d'Overyssel* succeder en icellui, & aux droits accoustumes, illecq, & promis de tenir la dite Ville, & Chasteau pour Ville, & Maison ouverte a nous, comme Duc de Geldres & Seigneur d'Overyssel, & a nos Successeurs en iceux Pays, envers, & contre tous, pour en temps de besoing y mettre guarnison, & gens de guerre, & nous aider d'icelle; sans dommage de la dite *Damoiselle Anne d'Egmondé*, & ses Successeurs, ou leurs Subjects du dit *Lingen*; & aux despens, de nous, & de nos dits Successeurs Ducx, & Seigneurs de Geldres, & d'Overyssel, & en oultre nous ait recognu *comme Seigneur d'Overyssel* en la dite Seigneurie de *Lingen* pour Souverain, à condition toutesfois, que elle, & ses Subjects demeureront quittes, & exempts de outes tailles, & charges quelscuncques, aussi que elle, & ses Subjects seront exempts de la Justice *d'Overyssel*, & ne ressortiront illecq aucunement:

Nous pour ces causes avons pour nous, nos dits Hoirs, & Successeurs *Seigneurs d'Overyssel* la dite *Damoiselle Anne d'Egmonde* investi, & infeodé en la dite Ville, Chasteau, Terre, & Seigneurie de *Lingen*, avec toutes leurs appertenances, & dependences, Haulteurs de Justice, & autres Franchises, & præeminences de toute ancienneté y observées, pour par elle, ses Heritiers, qui lui debvront *selon la nature des fiefs d'Overyssel succeder*, en icellui, les tenir en francq fief, de nous a cause de nostre dit Pays *d'Overyssel*, & en jouïr, & posseder perpetuellement & tousjours, comme de droict & cou-

stumes

ANNO 1550. ftumes *d'Overyſſel* l'on doit tenir, & poſſeder fiefs mouvans de noſtre dit Pays *d'Overyſſel*.

Avons auſſi pour nous, nos dits Hoirs, & Succeſſeurs Ducx de Geldres, & Seigneurs d'Overyſſel, la dite *Damoiſelle Anne d'Egmonde* comme Dame du dit *Lingen* auſſi ſes Succeſſeurs, & ſes Subjećts illecq prins, & mis, prenons & mettons par ces dites preſentes en la protećtion de nous, & de nos dits Duché, & Pays, promettant les deffendre, & aſſiſter comme autres nos Subjećts envers & contre tous, qui les vouldroient grever, & qui ne ſe vouldroient contenter de prendre droit contre elle, ou ſes Heritiers devant nous, & nos Succeſſeurs *Seigneurs d'Overyſſel*, ains les moleſter ou attirer devant autrui que devant nous, ou nos Succeſſeurs en qualité ſusdit: à condition que la dite *Damoiſelle Anne d'Egmonde* & ſes Manbours l'authoriſant a ce, ſeront tenus nous bailler en dedans ſix mois prochainement venans, Lettres renverſales, avec denombrement ſouffiſant de toutes les appertenances de la dite Terre, & Seigneurie de *Lingen*, pourveu auſſi que la dite *Damoiſelle Anne d'Egmonde* eſtant pervenue a l'age competant ou allié par mariage, ſera tenue par elle, ou eſtant mariée en preſence, & de l'authorité de ſon mary, renouveller le dit ſerment, repriſe, & recognoiſſance par devant, nous ou nos Succeſſeurs, *Seigneurs d'Overyſſel*, ſaulf noſtre Droit & d'autrui, en teſmoing de ce, avons ſigné ces preſentes, de noſtre nom, & a ycelles fait mettre noſtre Seel. Donné en noſtre Ville de Bruxelles le ſeptiéme jour de May l'an de grace 1550, de noſtre Empire le trente-uniéme & de nos Regnes de Caſtille, & autres le trente-cinquiéme.

Ainſi ſubſigné,

Charles.

Et plus bas eſtoit eſcript,

Par l'Empereur.

Et ſigné,

Verreycken.

LIV.

1554. 25. Fevrier. Teſtament Kayſers FERDINANDI I. damahls noch Römiſchen Königs/ wodurch er anfangs ſeine Land und Leuthe unter ſeine drey Herren Söhne theilet/ alſo daß er dem älteſten MAXIMILIAN die Königreiche Hungarn und Böheimb nebſt Ober-und Unter Oeſterreich mit der Veſten und Stadt Steyer/ wie auch der Hallſtadt und dan Jſchland/ Grafſchafft Neuburg am Jnn und Wildenegg: Ertz-Hertzog FERDINANDO aber die Grafſchafft Tyrol mit dem Land an der Etſch und dem Jnnthal/ ſamt dem Puſterthal und Herrſchafft Linz/ wie auch den Marggrafſchafften/ Landgrafſchafften/ Grafſchafften/ Herrſchafften Landen/ Leuthen und Gütern innerhalb des Arls und des Ferren ob dem Bodenſee/ und dann zu Schwaben/ am Schwartz-Wald/ im Elſaß/ Sundgau und Breysgau/ ſonderlich auch die Löſung der Marggrafſchafft Burgau und Landvogthey Hagenau; Und dann an Ertz-Hertzog CARL das Fürſtenthum Steyer ſamt der Grafſchafft Cilly/ Fürſtenthum Kärnthen und Crain/ ſamt der Herrſchafft Windiſchmark/ Mettling/ Jſterreich und Karſt/ item die Grafſchafft Gortz und St. Trieſte; und die es alles ſo/ daß zwar ein jeder ſeinen Theil vor ſich allein beſitze/ jedoch aber in einer ſolchen Einung und Harmonie untereinander/ als wann ſie ſolche Länder mit einander in Gemeinſchafft regierten. Ferner ordnet er/ daß der älteſte unter dieſen ſeinen 3 Söhnen ſolle im Namen der andern die Lehen vom Römiſchen Käyſer empfangen/ wie auch die Lehen über das Hertzogthum Wurtemberg in Namen des gantzen Hauſes/ und ſolches Hertzogthum hernachmahlen Hertzog Chriſtophen und Graf Georgen zu Würtemberg/ und nach deren Tod ihren Männlichen Ehelichen Leibes-Erben zu rechter Affterlehen verleyhen. Solte einer von dieſen ſeinen 3 Söhnen ſterben ohne Männliche Eheliche Leibes-Erben/ ſo ſetzet er/ daß deſſen Lande an den oder die noch lebende andere Söhne fallen und kommen ſollen/ welche Ordnung in Obacht zu nehmen/ ſolange Männliche Erben des Hauſes Oeſterreich im Leben. Einer jeden ſeiner Töchter deputiret er zum Heyrathgut und Heimſteuer/ wie auch fürs Vätterliche und Mütterliche Erbtheil 100000 fl. Rheiniſch/ an Clainodien/ Claidern/ Silber-geſchirr ꝛc. 20000: fl. werth. Seinen älteſten Herrn Sohn obligiret er/ keine Bündniß zu machen/ es ſey denn/ daß er darin ſeine Herren Brüder aufnehme: Und endlich will er/ daß keiner von allen dreyen weder ſich ſelbſt noch ſeine Kinder ſolle verheyrathen ohne der andern vor-wiſſen und willen. Endlich und zum Schluß vermahnet er ſie alle ernſtlich/ beſtändig bey der Catholiſchen Religion zu verbleiben. Geben Wien den 25. Februari 1554 [Tiré des Archives, de la Regence Archiducale d'Inspruch.] ANN 1554.

C'eſt-à-dire,

Teſtament de FERDINAND I *Empereur des Romains par lequel il partage ſes Eſtats entre ſes trois Fils, laiſſant à l'Aîné* MAXIMILIEN, *les Royaumes de Hongrie & de Boheme, la Haute & Baſſe Autriche, la Ville & Château de Steyer, Hallſtat, &, Iſchland, le Comté de Neubourg ſur l'Yn & Wildenegg; à* FERDINAND *le Comté de Tirol, avec le Pays de l'Adige, l'Ynthal, le Puſthertbal, la Seigneurie de Lienz, les Marck-Graviats, Land-Graviats, Comtés, Seigneuries, Terres, Hommes, & Biens ſitués entre les Montagnes d'Arl, & de Verner, ſur le Lac de Bodenſée & en Suabe, à la Foreſt Noire, en Alſace, en Sundgau, & Briſgau, & particulierement le Retrait du Marc-Graviat de Burgau, & du Bailliage de Haguenau; A* CHARLES *la Stirie, & Comté de Cilly, la Carinthie, la Carniole, les Seigneuries de Windiſmarch, Meddling, Iſtrie, & Karſt, comme auſſi le Comte de Gorice, & la Ville de Trieſte. Il veut que chacun d'eux poſſéde ſon Partage en propre, mais avec tant d'union & de correſpondence qu'il ſemble que ce ſoit une ſous une Regence commune; Que l'Aîné des trois prendra au nom de tous l'Inveſtiture de l'Empereur; Qu'il la prendra de même pour le Duché de Wirtemberg, au nom de toute la Maiſon; & qu'il le redonnera en Arriere-Fief au Duc* CHRISTOPHLE, & *au Comte* GEORGE, *pour eux & pour leurs Deſcendans mâles; Que ſi l'un des trois freres ou ſes Fils viennent à deceder ſans poſterité maſculine, les autres lui ſuccederont, & que cet ordre ſera gardé tant qu'il y aura des Mâles dans la Maiſon. Il laiſſe à chacune de ſes Filles, la ſomme de cent mille Florins du Ryhn pour leur Dot, & 20. mille autres Florins pour leurs Bijoux, ornemens, & habits, ce qui tout enſemble leur tiendra lieu de Patrimoine. Il obli e ſon Fils aîné* MAXIMILIEN *à ne pouvoir faire d'Alliance ſans y comprendre ou reſerver ſes Freres, & eux, en échange, à n'en pouvoir faire aucune, & même*

ANNO 1554.

me à ne pouvoir se marier sans son consentement. Il leur recommande à tous le maintien & les Interest de la Religion Catholique. Fait à Vienne le 25. Fevrier 1554.

WIr Ferdinand von Gottes Gnaden Römischer König zu allen Zeiten Mehrer des Reichs in Germanien / zu Hungarn und Böheimb / Dalmatien / Croatien und Sclavonien König / Infant in Hispanien / Ertz-Hertzog zu Oesterreich / Hertzog zu Burgundi / zu Brabandt / zu Steur / zu Kernbten / zu Crain / zu Lutzemburg / zu Würtenberg / Ober- und Nieder Schlesien / Fürst zu Schwaben / Marggrave des H. Römischen Reichs zu Burgau / zu Mähren / Ober- und Nieder Laußnitz / Gefürsteter Graf zu Habspurg / zu Tyrol / zu Pfürdt / zu Khiburg / zu Görtz / Land-Graf in Elsaß / Herr auf der Windischen Markh / zu Portenau und zu Salins 2c. Bekennen für uns / unser Erben und Nachkommen / öffendlich mit diesem Brief / und thuen kund allermenigelich: Wiewohl wir aus Christlicher einbsiger Betrachtung der zergenklichkait dieser Welt und ungewißen zeit und Stund / darinn wir nach dem willen des Allmächtigen aus diesem Jammerthal beruffen und erfordert mögen werden / fürnemlich aber dem Allmächtigen zu Lob / auch unser Seel zu Trost / und damit nach unserm tödlichen abgang zwischen unseren Erben / Nachkommen / Landen und Leuthen alle schädliche Spaltungen / Unainigkeit / Widerwill / Nachtheil und Schaden / so viel immer möglich / verhütet und fürkommen würde / verschiener Jahren ain Testament unsers lesten willens / des Datum stehet. Geschehen und geben auf unserm Königlichen Schloß Praag den ersten Tag des Monats Junii / nach Christi unsers lieben Herrn geburt funfzehenhundert und in drey und viertzigsten / Unserer Reiche / des Römischen im dreyzehenden / und der andern im siebenzehenden Jahr: Und dann auch ain Codicil an seinem Dato lautend / beschehen und geben in unserm Königlichen Geschloß Praag den vierten Tag des Monats Februari nach der Geburt Christi unsers lieben Herrn und Seeligmackers tausendt neunhundert und sieben und viertzigsten Jahre / Unserer Reiche / des Römischen im siebenzehenden / und der andern im ain und zwanzigsten: Und darinnen auch unter andern Maaß und Ordnung geben haben / wie durch unsere Geliebte Söhne unsere Land und Leuth regiert und gehalten sollen werden: So haben wir doch seither gantz vätterlich und genädiglich bedacht und bewogen: Nachdeme beede unsere geliebte Söhne / König Maximilian zu Böhemb 2c und Ertz-Hertzog Ferdinand zu Oesterreich 2c. ihre mannbare Jahre nunmehr erlanget: Und dann wir uns unsers geliebten Sohns Ertz Hertzog Carls zu Oesterreich 2c. welcher seine Vogtbahre Jahr noch nit erraicht / wol mächtiglich annemmen und in solcher unser vorhabenden Disposition und Ordnung sein Lieb vertretten mögen: daß zu Erhaltung und Mehrung brüderlicher Liebe / freundschafft und ainigkeit nit nutzers oder bessers seye / dann daß wir mit Ihrer Liebden allerseits vorwißen und Bewilligung ain Vätterliche Ordnung / auszeigung und Theilung unserer Königreich / Fürstenthum / Landen und Leuthen zwischen ihren Liebden machen / beschließen und aufrichten / damit Ir jeder wissen möge / was ihme nach unserm tödlichen ableiben für Land und Leuth ohne Irrung und Verhinderung der anderen und sonst meniglichs ein zu nemmen und zu regieren ausgezaigt und zugethailt seyen: Wie dann wohl bemeldte unsere geliebte Söhne nit allein hier zu ihren Söhnlichen gehorsamen guten willen auch gegeben / sondern auch umb ihrer Liebden und aller ihrer Erben und Nachkommen / auch aller unser und ihrer Landt und Leuthen mehrer fried und ainigkeit willen uns darumb gantz söhnlich und vleißig gebetten haben. Dem allen nach haben wir mit zeitlicher vorbetrachtung / gueten Rath und rechten wissen / unserer Königreich / Fürstenthumben / Landen und Leuthen halb / zwischen wolbemeldten unseren geliebten Söhnen diese nachvolgende Vätterliche Ordnung / auszaigung und thailung mit ihrer Liebden guetem Vorwißen und Bewilligung fürgenommen und beschlossen / wie hernach volgt:

Des ersten soll und mag unser geliebter Sohn König Maximilian zu Böhemb 2c. nach unserm tödlichen Abgang als unser eltister Sohn in der Regierung baider unser Königreich Hungarn und Böhemb also bald eintretten / die Possession und gewähr nemmen / und solche mit allen ihren incorporitten und zugehörigen Königreichen / Fürstenthumben / Landen und Leuthen erblich regieren / besitzen / innhaben / nutzen und nießen / von denen andern unsern Söhnen und Erben daran ungeirrt und unverhindert.

Dieweil aber bey zeiten unserer Vorfahren Königen zu Hungarn und Böhemb löblicher und milter gedechtnus auch gebräuchig gewesen / daß ein regierender König zu Hungarn seiner L. Brüderen ain Hertzogthumb / oder doch Ducales expensas und Fürstliche Unterhaltung / aber ein regierender König zu Böhemb seinen Brüderen im Marggrafthumb Mähren ihren Würden und hohen Standt gemäß Unterhaltung und Einkommen verordnet und zuegelaßen / derowegen sich wol gebühren will / daß wolbenannter unser geliebter Sohn König Maximilian den andern unsern geliebten Sohnen und seiner Liebd Brüderen / Ertz-Hertzog Ferdinand und Ertz-Hertzog Carlen / auch nach jetziger und zu zeiten unsers todtlichen Abgangs besundner gestalt und gelegenheit beeder Unser Königreich Hungarn und Böhemb Einkommen und Nutzung / auch etwas Ergetzung und jährlicher Nutzung ervolgen laße: dann nun aber unsers Königreichs Hungarn noch überbliebener Thail dem Erbfeindt unsers heiligen Christlichen Glaubens / den Türken also nahend gelegen / daß wo die Sachen schon durch Göttliche Genad in diesen jetzigen weesen bleiben und erhalten werden / daß dannoch wolbemelten unseren Sohn König Maximilian von wegen des merklichen kostens / so auf Bewahrung und Erhaltung der Gränitzen aufgehet / bey weiten nit möglich seyn würde / also viel Unterhaltung wolbemeldten andern unsern Söhnen zu geben / wie viel Unsere Vorfahren regierende König zu Hungarn und Böhemb etwan ihren Brüdern assignirt und verfolgen haben laßen: So haben wir dennach Vätterlich / freundlich und genädiglich bedacht / bethädiget und gemäßiget / daß sein Lieb und ihre Erben / alleweil das Königreich Hungarn in seiner Lieb und derselben Erben Handen und gewalt in denen wüsten Staat / und Nutzung / wie jetzo stehet / verbleibe / obbemeldter unserer anderer Söhnen jedem und ihr jeder ehelichen Leibs-Erben aus denen Gefällen und Nutzungen unsers Königreichs Hungarn Zehentausend Gulden Hungarisch in Gold / und aus denen Gefällen und Nutzungen unsers Königreichs Böhemb und deßelben incorporirten Landen zehen tausend Taller jährlich und jedes Jahrs besonders / ohne ainig Ihrer Liebden Beschwehrung oder Bürde / wie die genant werden möchte / entrichten und bezahlen laßen / und derohalb Ihre Liebden auf desselben Königreich gewiße und sichere Einkommen und Nutzungen verweisen solten: Und an denen allen sollen wolbemeldte unsere geliebte Söhne Ertz-Hertzog Ferdinand und Ertz-Hertzog Carl sich freundlich und brüderlich sättigen laßen / in Betrachtung / daß wolbenanter Ihrer Liebden Eltister Bruder / unser geliebter Sohn König Maximilian von wegen Erhaltung des Königreichs Hungarn gegen den gewaltigen Erbfeind / denen Turken mit dermaßen überschwenklichen außgaben so hoch beladen seyn würde / daß seiner Liebden nit wol ain mehrere Recompens und Unterhaltung gehen Ihren Liebden aufgelegt werden mechte / und daß darüber sein Liebden so wol ihrer brüderlichen als ihres aignen Land und Leuthen Vorschild und Beschützer seyn wird.

So viel aber Unser Nider- Ober- und Vorder- Oesterreichsche Fürstenthum und Land / damit wir von dem Allmächtigen und unsern Hochlöblichen Vor Eltern auch begabt seyn / belangen thuet / obwol bey unsern Leb-zeiten / in Betrachtung daß nit gewiß ist / wie dieselben zu zeiten unsers tödtlichen abgangs in auf oder abnehmen seyn werden / kein solche gleiche durchgehende richtige außzaigung und abthailung beschehen mag / daß man gewiß seyn mag / daß zu zeiten unsers todtlichen abgangs jeder darvon gemachter Theil ungefehrlich so viel werth sey und so viel jährlicher Nutzung ertragen werde / als der ander: So haben wir doch für nutz und gut angesehen / jetzo mit wolbemeldten unserer geliebten Söhne gutem wißen und willen auszuzaigen und zu bestimmen / daß ihr jedem vier Fürstenthumb / Land und Leuth / als dann / so wir nach dem willen Gottes aus dieser welt erfordert und abgeleibt seyn / zu seinem Theil / ohne der andern seiner Brüder und meniglichs Hinderung und Irrung zustehen und vervolgen soll: Doch mit der sondern maß und lautern geding und Beschaidenheit / daß von zeit an unsers tödtlichen abgangs / wo nit ehe / doch innerhalb eines Jahrs / auf form- und gestalt wie hernach volgen wird / ordentliche Erkundiging fürgenommen werde aller obberührter unsers Löblichen Hauß Oesterreichs Fürstenthumben / Landen und Leuthen jährlicher Nutzungen und Einkommen / und alsdann die Thail gegen einanderen also verglichen werden / daß auch den jährlichen Nutzungen und Einkommen nach / keiner für den andern beschwährt / noch vervortheilt werde / sonder durch Erlangung seines gebührenden gleichen Thails um so viel mehr Naigung / Lust und Liebe gewinne / sich bey und neben seinen Brüdern gleicher mitleydens und Bürde zu unterziehen / und bey ihnen freundlich und brüderlich in Lieb und Land zu zu stoßen und zu halten; dann ob wir wohl vätterlich / freundlich und genädiglich bewilligen und zugeben und verordnen / daß unserer geliebten Söhne jedem sein besonderer Thail Land und Leuth ausgezaigt und zugethailt werde / so ist doch nicht desto weniger unser vätterlicher hertzlicher will und mainung / wie wir sie dann hiemit aus rechter wahrer Lieb und Treu gantz Väterlich / freundlich und genädiglich vermahnt haben wollen / daß sie sich unter und gegen einander nit anderst halten und beweisen / als wann sie gar ungethailt und unsers Hauß Oesterreichs Land und Leuth durch ain ainträchtige gemaine und gesambte Regierung unverschaidentlich versehen und regierten.

Und hierauf wollen / setzen und ordnen wir / daß unser geliebter Sohn Maximilian zu Böhemb 2c. und seiner Liebden Erben zu ihrem Thail / nach unserm tödlichen abgang also bald in ihr Posseß und gewalt einnemmen / haben / besitzen und nießen sollen / unser Ertz-Hertzogthumb Oesterreich unter- und ober der Enß mitsambt der Vesten und Stadt Steyr und aller ihrer zuegehörung / die in die gemärk des Lands zu Steyr nitt treffen noch rüren / und mit der Hallstadt und den Ischland / Grafschafft Neuburg am Inn und Wildeneck und allem dem so darzue gehort / von denen Bayrischen gemärk an / und des von Saltzburgs gebürg-Gerichts / dem Steyrischen gemärk nach ab unz an das Hungarisch / und darzu was in das Land Oesterreich unter- und ob der Ennß gehört / es sey aigen Lehen / oder Pfandt / mit allen Herren / Rittern und Knechten / und mit allen den Vesten / Märkten / Dörffern und Gütteren / Meurthen / Zöllen / Gerichten / Vogteyen / Gelaiten / Wildpan / Schätzen / Saltz- und Perckwerken / und allen andern Ambte-

en

ANNO 1554.

ANNO 1554.

ren Nutzen und Gülten / wie die genant / und wo die gelegen seyn / mit Fürstlicher Herrschafft und vollen gantzen gewälten und mit aller Lehenschafft und Mannschafft / Geistlich und Weltlicher / wie das alles in bemeldte unsere Fürstenthumb unter und ob der Enß und obbemeldte Herrschafften gehöret / und wie wir das alles zu zeiten unsers tödtlichen abgangs nach unß verlaßen werden.

Zum anderen und da entgegen soll unser Geliebter Sohn Ertz-Hertzog Ferdinand zu Oesterreich &c. für sich und seiner Lieb Erben nach unsern tödlichen Abgang also bald in ihr Possess und gewalt einnehmen / haben / besitzen / nutzen und niessen unser Fürstlich Graffschafft Tyrol mit dem Land an der Etsch und in dem Innthal samt den Pusterthal und Herrschafft Lintz samt den Marggrafschafften / Graffschafften / Herrschafften / Landen / Leuthen und Güttern en halb des Aerls und des Ferren / ob dem Boden-See / so man im Oberland nennet / und dann zu Schwaben / am Schwartz-Wald / im Elsaß / Sundgau und Breisgau / oder an welchen Enden die enhalb der vorgenanten Gebürg Aerlen und Ferren gelegen seynd / sonderlich auch die Losung unser Marggrafschafft Burgau und Land-Vogtey Hagenau und alles anders / es sey eigen Lehen oder Pfandt / wo das gelegen / oder wie das genant ist / Geistlich und Weltlich / nichts ausgenommen / mit allen Herren / Rittern und Knechten / und mit allen den Vesten / Städten / Märkten / Dörffern und Gütern / Meuthen / Zöllen / Gerichten / Vogteyen / Gelaiten / Schätzen / Saltz- und Berkwerken / Wildtpannen und allen andern Aembtern / Nutzen und Gülten / wie die genant / oder wo die gelegen seyn / mit Fürstlicher Herrschafft und vollen gäntzen gewalten / und mit aller Lehenschafft / Mannschafft / Geistlicher und Weltlicher / als wir das aller bisher gebracht und ingehabt / und zu zeiten unsers tödtlichen abgangs nach uns verlassen werden.

Zum dritten soll unser geliebter Son Ertz Hertzog Carl und seiner Lieb Erben nach unserm tödlichen Abgang zu ihrem Thail alsobald in ihr Possess und gewalt einnehmen / haben / besitzen und nießen unser Fürstenthumb und Land Steyr sambt der Graffschafft Cilli mit dem gemärk auch von des von Saltzburg Gebiet-Gerichts ab uitz an das Hungarisch und alls das alles in die Land-Haubtmanschafft deßelben unsers Fürstenthumbs Steyr und in die Land-Schrang zu Grätz gehört hat / und darzu die fürstenthumb Kärnten und Crain sambt den anrainenden Herrschafften Windischmarckt / Mettling / Isterreich und Karst / und was in die Lands-Haubtmanschafften in Kärnthen und Crain gehört / dergleichen auch unser fürstliche Grafschafft Görtz und Stadt Triest / und was zu solchen Fürstenthumben / Graffschafften und Herrschafften seiner gehöret / es sey aigen Lehen oder Pfandt / wo das gelegen / oder wie es genant ist / Geistlich und Weltlich nichts außgenommen / mit allen Herren / Rittern und Knechten / und mit allen den Vesten Städten / Märkten / Dörffern und Gütteren / Meuthen / Zöllen / Gerichten / Vogteyen / Gelaiten / Schätzen / Saltz- und Berkwerken / Wildtpannen und allen andern Aembtern / Nutzen und Gülten / wie die genant / oder wo die gelegen seyn / mit Fürstlicher Herrschafft und vollen gantzen gewalt / und mit aller Lehenschafft und Mannschafft / Geistlicher und Weltlicher / als wir die bisher ingehabt / und zu zeiten unsers tödtlichen abgangs hinter uns verlaßen werden.

Verer belangend unser gerechtigkeit der sechzig tausend Ducaten jährlicher und erblicher Einkommen / so unß von weilandt unserm lieben Herrn und Anherrn König Ferdinand zu Hispanien löblicher und seeliger Gedächtnus / im Königreich Neapels legirt und verschafft / und von der Röm. Kayserl Maj. unsern lieben Brudern und Herrn auf gewißen Stüken verschrieben seyn: Ist unser Vätterlicher / freundlicher und genädiger will und Ordnung / daß wolbenanter unser geliebter Söhnen jeder daran seinen dritten thail haben / und denselbigen zu seiner gelegenheit aus deren Handen / den er jetzo verpfändt / zu sein- und seiner Erben Handen wieder lösen und erledigen sollen und mögen.

Aber unsers Fürstenthumbs Wirttemberg Teckes halben ordnen / setzen und wollen wir / daß es nach unserm tödtlichen abgang unser geliebter Sohn König Maximilian / und nach seiner Liebd Todt allweg der aeltist unter den anderen unsern geliebten Söhnen und deroselben Lehens-Erben / neben und mit andern unsers Hauß Oesterreichs Fürstenthumben / Landen und Herschafften von dem heiligen Röm. Reich zu Lehen empfahe / innmaßen hernach in ainem sonderen Artikel von den Oesterreichischen Reichs-Lehen vermeldet wird / und wie auch wir als Lehentrager / im Nahmen und anstatt der Römischen Kayserl. Maj unsers lieben Bruders und Herren / und für uns selbst / als Ertz-Hertzogen zu Oesterreich und regierende Landsfürsten und aller seiner Lieb und Kayserl. Maj und unsere Erben solch Fürstenthumb Wurtenberg und Töck von den Heil. Röm. Reich zu Lehen empfangen und noch tragen Wolbenannter unser geliebter Sohn König Maximilian / und nach seiner Liebd tödtlichen abgang jederzeit der Aelteste unserer anderer geliebten Söhnen / und wo ihr kainer mehr im Leben / abermahlen der Aeltist unter aller unser geliebten Söhne Lehens-Erben soll auch / als offt es zu schulden komt / sambtlich mit den andern / oder doch für sich und in des andern aller Namen Hertzog Christoph zu Württemberg / und nach ihren tödlichen Abgang ihrer Liebden Männlichen Ehelichen Leibes-Erben solch Fürstenthumb Württemberg und Töck zu rechten affter-Lehen verleihen / und von ihnen die gebührende Lehen-pflicht empfahen / auf form und maß / wie wir uns des im Passauischen Vertrag und derhalb gestellter und unterschriebener Copi ainer Investitur und Lehen-pflicht zu thun bewilliget haben. ANNO 1554.

Würde es sich aber nach dem willen des Allmächtigen zutragen / daß wolbenanter Hertzog Christoph und Graf Georg von Wirtemberg ohne männlich eheliche Lehens-Erben von Todts wegen abgiengen / oder nach ihrer Liebd. tödtlichen abgang über kurtz oder lang ain Männlicher Nam und stam abstürbe / und also solch fürstenthumb als unser und unsers löblichen Hauß Oesterreich affter-Lehen wieder eröffnet würd / und demselben unserm Hauß Oesterreich also heimbfiele / so mainen / setzen und wollen wir / daß es verer kainem anderen zu affter-Lehen hingeliehen werden / sonder unsern geliebten Söhnen / oder wo sie zu derselben zeit nit mehr in Leben wären / ihrer Liebden Erben zugehören und bleiben soll / mit dieser maß und Beschaidenheit / daß der Aeltist unser geliebten Söhnen / oder ihr Liebden Erben die zu derselben zeit seyn werden / die Regierung haben / und alle Nutzung so über nothwendige Unterhaltung des regierenden und Kriegs wesens bevor seyn würde / die komme von besetzten gülten oder ander zufälligen Einkommen / Steuern oder andern Anlagen / wie die genant mögen werden / mit den andern gleich thailen soll / also daß es alleshalb von Ihme den andern jährlich guete aufrichtige Raittung gethan und jedem unserer geliebten Söhnen / und nach ihme seinen ehelichen Leibs-Erben ihr dritter Thail gegeben werde und vervolge / ohngeverde.

Was aber die Thailung unser beweglichen Gütter und varenden Haab anbetrifft / ordnen / setzen und wollen wir / nachdem wir unter andern unsern Clainnoteren unser Königlich Claid und Ornat haben / daß dieselbig unser Königliche Cron / Szepter / Apfel und Ornat unserm geliebten Sohn König Maximilian zuestehen und bleiben sollen: Aber all andere unser Clainoten / Perlen und Edelgestain / so wir nach unserm tödtlichen Abgang hinter uns laßen werden in zween gleiche Thail abgethailt werden / und der ain Thail unserm geliebten Soh Ertz-Hertzog Ferdinanden / und der ander Thail unserm geliebten Sohn Ertz-Hertzog Carl zuestehen und vervolgen soll / nichts ausgenommen noch hindan gesetzt / dan allein unser Truchen mit allerley alten Müntzen und Antiquitäten / welche wir auch unserm geliebten Sohn König Maximilian zueordnen / mit dieser Beschaidenheit / daß sein Liebden dieselben unzertrennt bey einander behalten und verwahren soll. Dann obwohl solche Müntzen dem Gold / Silber und andern Metallen nach zeraitten / eines gar schlechten und geringen werths seyn: so achten wir sie doch ihrer Aelte und manigerley Sorten / auch Ordnung halb wol wirdig / daß sie an ains Schatz statt behalten werden / wie sie dann in solcher menge und guten Ordnung nicht leichtlich an ainigen andern Orth unsers Erachtens gefunden werden.

Das Geschütz und Munition / sambt andrer zuegehörung zum Krieg / wie die in jedes unserer geliebten Söhne ausgezaigten thail / Fürstenthumb und Landen / zu zeiten unsers tödtlichen abgongs befunden werden / also sollen sie demselben unserm Sohn zu Schütz- und Handhabung seines Liebden Fürstenthumb / Land und Leuthen bleiben; Aber die übrigen unser Claider / Baarschafft und varende Haab sollen und mögen unsere Geliebte Söhn nach unserm tödtlichen abgang in drey gleiche Thail abthailen und ihr jeder ainen darunter empfahen und haben.

Und gegen dem allen will sich auch gebühren / daß wolbenante unsere gelibte Söhne alle Geld- und ander redliche und beweißliche Schulden / so nit auf sondere Strikgütter oder Aembter und Einkommen verwiesen seyn / so wir nach unß unentricht verlaßen werden / zum aller ehisten entrichten und die Glaubiger unclaghafft machen: Und damit solches desto fürderlicher und aller ihrer Liebden halben unbeschwehrlicher beschehen mög; so ist unser Vätterlicher / freundlicher und genädiger will / Maimung und Verordnung / daß unser geliebter Sohn König Maximilian / als Erb und Besitzer unserer Königreich Hungarn und Böhmen / zu welcher Nutz und Nothdurfft wir uns auch nit wenig mit Schulden beladen müßen / und dann auch als Erb aines dritten Thails an unsern Oesterreichischen Fürstenthumen und Landen aller und jeder Schulden / so wir nach uns verlaßen werden / und nit auf sonderbahre Stückguetter / Aembter / oder jährliche gefäll verschrieben und verwiesen seyn / halben thail durchaus auf sich nemme / und als obstehet / enrichte und bezahle / aber den übrigen halben Thail sollen die andere beede unsere geliebte Söhne / Ertz-Hertzog Ferdinand und Ertz-Hertzog Carl zubezahlen über sich nemmen / und ihr jeder so viel als der ander daran zuentrichten schuldig seyn.

Dann was für Schulden mit oder ohne Zinß oder Interesse auf unsere Königreich Hungarn und Böheimb und derselben incorporirten Königreich / Fürstenthumb / Landen und Herrschafften / Aembtern / liegenden Güttern / oder andern Gefällen und Nutzungen / zu Zeiten unsers tödtlichen abgangs verwiesen und verschrieben zu seyn befunden werden / die seyen also geschaffen / daß sie sich mit der zeit selbs abzahlen und ledigen / oder nit / dieselben alle soll unser geliebter Sohn König Maximilian / als solcher Königreich / Land und Leuth Erb und angehender Herr allein auffsich nemmen / und unsern und unserer vorfahren derhalb gegebenen Verschreibungen nach bezahlen und entrichten. Daneben sollen auch sein Liebden und derselben Erben König zu Hungarn und Böheimb / und die-

ANNO 1554. diejenige/ denen sie es vergünnen/ allein fueg und Recht haben an sich zu lösen und zu wieder kauffen, die Versatzungen/ Pfandschafften und Käuff auf wiederkauff/ so wir oder unser Vorfahren berührter unserer Königreichen und derselben zugehörigen und incorporirten Königreichen/ Fürstenthumben/ Herrschafften und Guetter halben angetroffen haben/ gegen Erlegung der Satz-Pfand-und Kauff-Schilling/ darumb sie verpfandt/ oder auf wiederkauff verkaufft worden.

Belangend aber die Schulden/ die zu Zeiten unsers todtlichen Abgangs auf unsers Hauß Oesterreichs Fürstenthumben/ Landen und Herrschafften/ Berkwerk/ Saltz-Einkommen/ Aembtern oder andern Gülten/ Gefällen und Einkommen verwiesen und beschrieben zu seyn befunden werden/ die mit der zeit ihrer Haubt Summa und Interesse halb darauß sich selbst abzahlen/ setzen/ ordnen und wollen wir/ daß dieselbe unserer löblichen Vor-Eltern und unsern gegebenen Verschreibungen gemäß von denjenigen unserer gelibten Söhnen entricht und bezahlt sollen werden/ auf welches Fürstenthumben und Herrschafften/ Berkwerken/ Saltz-Einkommen/ Aembtern/ oder andern jährlichen Gefällen sie verschrieben seyn Damit aber unserer Geliebten Söhne hierinnen kainer für den andern beschwäret werde/ so soll nach unserm todtlichen Abgang fleißig überschlagen und gerait werden/ wie viel solcher Schulden in jedes unserer Geliebten Söhne Thail befunden werden/ und was derhalben ihr jeder an seinen jährlichen Einkommen und Nutzung für einen Abgang und wie viel Jahr gedulden müße/ und als dann die anderen/ so wenigern abgang haben dem so mehrern gedulden muß/ die Zeit oder Jahr auß/ bis die Schulden bezahlt werden/ so viel von ihren Einkommen erstatten und nachgeben sollen/ damit derselbig neben den andern seiner Liebden Brüderen gleiche Nutzung habe/ und von der Schulden wegen/ die aus seiner Liebden verschriebenen Aembtern oder Gütter in einer bestimmten anzahl Jahr entricht werden müßen/ nit vor andern seiner Lieb Brüdern Nachthail und Schaden leyde.

Verer aber/ was die Zinß-Verschreibungen antrifft/ derenhalb gleichwol die jährliche Zinß oder Gülten aus den darumb verschriebenen Aembtern/ liegenden güttern und jährlichen Nutzungen und gefällen bezahlt werden müßen/ aber sich doch durch kain Anzahl Jahr abzahlen noch ledigen/ es werden dann die Haabt-Summen/ darumben sie erkaufft/ wieder erlegt und hinaus gegeben/ ordenen/ setzen und wollen wir/ daß unser geliebter Söhne jeder die Zinß und gülten so auf seiner Lieb thails Fürstenthumben/ Herrschafften/ liegenden gütter/ Aembter oder jährlichen gefällen und Nutzungen zu Zeiten unsers tötlichen Abgangs verwiesen und verschrieben zu seyn befunden werden/ laut der darüber ausgangenen Zinß-Verschreibungen entrichte und bezahle; Aber daneben mainen/ ordnen und wollen wir auch/ daß ihrer Liebden jedwederen ihres thails Fürstenthumben und Herrschafften also beschwärte Aembter/ liegende Gütter und andere gefäll und Nutzungen umb ain so viel geringere Summa jährlichs Einkommens angeschlagen und gerait werden/ wieviel die jährliche Zinß und Gülten/ so sein Lieb davon bezahlen muß/ lauffen und treffen/ in betrachtung/ daß sein Liebden desselben Einkommen und Nutzungen umb so viel als die darauf stehende Zinß und Gültent treffen/ weniger genießen kan und so lang entbehren muß/ bis sie mit Erlegung der Haubt-Summa die Zinß wieder lößt und abkäufft/ und zu solcher Ablösung so viel Geld ausgeben muß/ daß sie anderer Enden darumb auch so viel jährlicher Zinß erkauffen möcht.

Belangend aber die Pfandschafften und Käuff auf wiederkauf/ ist unser Vätterlicher/ freundlicher und genädiger Will/ mainung und ordnung/ daß jeder unser geliebter Sohn und deßelben Erben allein fug und macht haben soll zu lösen und zu wiederkauffen die Versatz und Pfandschafften und Käuff auf wiederkauf/ die in seiner Liebden ausgezaigten thail Fürstenthumben/ Herrschafften und Landen von uns oder unsern löbliche Vor-Eltern beschehen seyn/ wie die zu zeiten unsers tödlichen Abgangs befunden werden/ mit Erlegung der Sätz-Pfand-und Kauff-Schillingen/ nach Sag derhalb ausgangener Verschreibungen. Dann ob wir wohl stattlich berathschlagt und bewogen haben/ daß wolbenanter Unser geliebten Söhn/ ainer für dem andern oder andere mit was mereren und besseren Pfandrschafften und Käuffen auf wiederkauff versehen seyn möcht/ also daß derselbig/ wo er ablösen oder wiederkauffen wolt/ seiner Liebden und ihren Erben ainen mehrern Nutz schaffen möcht dann der ander oder die anderen, in ihrem Thail/ in dem fall thun künten: So haben wir doch/ in Erwägung der Sachen befunden/ wo man hierinn die gantze Gleichheit treffen wolt/ daß auf die Erkundigung solcher Verpfandten und verkaufften Gütter rechten Werths und jährlicher Nutzung und Treffung der rechten gleichheit viel Zeit und Jahr lauffen würden/ und dannocht die schnurschlecht gleichheit nicht wol treffen/ wie zu geschweigen/ was es für zerrüttlichkeit in den Landen und andere Unfreundschafft zwischen unsern Söhnen verursachen möchte/ und aber über alles dieses haben wir den vortheil so groß nit befinden können/ daß wir sie ziemlich achten hätten mögen/ daß wir anderst dann wie obstehet/ derhalb ordnen und thailen hätten sollen: Darumben ist unser Vätterlicher freundlicher und genädiger will und maiming/ daß unsere Geliebten Söhne/ aus obberührten und andern mehr billigen Ursachen/ sich zu ainigem andern disputirlichen Weg/ Vergleichung der Pfandtschafften belangend/ kaines wegs bewegen/ sonder an dieser unser Vätterlichen/ treuen und wolmainender verordnung und Satzung söhnlich und gehorsamblich benügen laßen.

Wie wol wir auch in unserem Testament und letzten Willen unter andern geordnet/ wie unsere geliebte Tochter unterhalten und verheyrath werden sollen: so haben wir doch für uns und guet angesehen/ hierinnen verrer unterschiedlich zusetzen und zu bestimmen/ was unserer Geliebten Söhne jeder zu solcher ihrer Liebden Unterhaltung und Aussteur seines Thails für Costen tragen und erstatten soll Und demnach setzen/ ordnen und wollen wir/ daß wolbemelte unser geliebte Söhne/ unsere geliebte Töchter/ so wir nach uns unverheyrath verlaßen/ ihren Ehren/ Würden und hohen Herkommen nach stattlich wol unterhalten/ wie ihr Liebd. bisher von uns unterhalten worden und noch gehalten werden/ und wo ihr Liebden vor oder nach Endung ihrer Vogtpahren Jahren ehrlich Heyrath/ ihrem Stand und Herkommen gemäß zustehenden/ als dann Ihre Liebden nach der Röm. Kayserl. Maj. unsers lieben Bruders und Herrns (: ob Ihr Maj. dann zu mahl noch in Leben wär:) auch unserer Königreich und Erbland Rath/ verheyrathen/ und ihr jeder zu rechten Heyrathguet und Haimb-Steur/ und für ihren Vätterlichen und Mütterlichen Erbthail ainhunderttausend gulden Reinisch/ und an Clainoter/ Claider/ Silber-Geschirr/ Haußrath und anderen bis in zwaintzig tausent gulden werth/ oder so viel Gelds dafür/ welches ihnen/ unsern Söhnen/ gefälliger seyn würd/ bezahlen/ geben und ausrichten/ und an solcher Heyrath-Gütter und abfertigung/ dergleichen an dem Costen/ so auf unserer unverheyrathen Töchter jährliche Unterhaltung lauffen würd/ soll unser Gelibter Sohn König Maximilian durchaus einen halben Thail/ und den andern halben Thail beed unser geliebte Söhne/ Ertz-Hertzog Ferdinand und Ertz-Hertzog Carl zu gleichen Thailen auf sich nemmen/ entrichten und bezahlen.

Wann nun aber/ als obstehet/ zu zeiten unsers tödtlichen ableibens (wie auch jetzo sich wol zugetragen mag/ daß obbemeldte drey Thail von wegen ihrer gülten und jährlichen Nutzungen ungleich seyn werden/ derwegen die Nothdurfft erfordert/ auch hierinnen Maß und Ordnung zu geben/ wie solche thail gegen einander verglichen werden sollen/ so ist unser Vätterlicher/ freundlicher und genädiger will und Mainung/ daß wolbemeldte unser geliebte Söhne nach unserm tödtlichen Abgang zu fürderlich ihrer gelegenheit/ und auf das längst in aines halben Jahres frist nach unserm tödtlichen Abgang ihre verständige/ schiedliche und friedliebende Räth in gleicher Anzahl/ und nemblich jeder drey seiner Räth/ die hierzu ihme für tauglich und geschikt bedünken werden/ an ain gelegne Malstatt zusammen schiken sollen/ mit volkommenen gewalt/ alle obbemelbte unser Fürstenthumben/ Marggrafschafften/ Land-Grafschafften/ Herrschafften/ Stuk und Gütter/ jährlicher Gült-und Nutzungen ehrbarlich und fleyßig zu erkunden/ wie dann daßelbig bey unserm Hoff/ Nieder-und Ober-Oesterreichischen Cammeren richtig wolbefunden mag werden/ und darauf die Thail nach genugsamer Erwägung und austhailung der Schulden und jährlichen Zinß und Gülten wie obstehet/ und dann der bevorstehenden Nutzungen und Einkommen gegen einander auf das gleichest anzu ordnen und zu machen/ damit welcher Thail an seiner jährlichen Nutzung und Einkommen beßer seyn wird/ daß von demselbigen so viel abgezogen und dem oder den andern/ so schwehrer befunden werden/ so viel Nutzung und Gült zugelegt werde/ damit wolbemeldte unsere geliebte Söhne/ von unseren und unsers Löblichen Hauß Oesterreichs Landen/ so viel die jährliche Gülten und Nutzungen antrifft/ gleiche Thail und Nutzungen empfahen und haben/ und kainer für dem andern beschwehrt werde/ sondern der/ deme etwas von des andern Thail zu erstatten seyn würde/ deßelbigen von dem andern unverzogenlich vergnügt und nothdürfftiglich wol versichert werde/ auf jährlichen Gefällen und sicheren Einkommen/ daran er wol habhafft seyn mög.

Wir ordnen und wollen auch/ daß unserer geliebten Söhn also zusammen verordnete Räth solch ihr Erkundigung und Vergleichung der Thail auf das fürderlichest so es immer seyn kan/ und zum längsten innerhalb ains Jahrs/ dem nächsten nach ihrer ersten zusammenkunfft volgend/ zu End bringen und aussprechen/ und ohne sonder ehehafft kundlich Ursachen länger nit verziehen/ und sonderlich von wegen Bezahlung der Schulden/ auch Zinß und Gülten/ und dann auch der Pfandschafften halb/ unserer hieoben gesetzter Vätterlicher Disposition und Ordnung nach/ sich gehorsamblich richten/ und derselben in allweg gemäß handelen/ und wie dieselben neun Regieruns-Räth demnach solche Vergleichung der Thail machen und mit ihrem Ausspruch beschaiden werden bey ihren Aiden/ dabey soll es ungewaigert bleiben/ und sollen und wollen unsere geliebte Söhne daßelbig vest/ stätt und unverbrüchlich halten/ und kainer gegen des andern verordneten Räthen darumb kainen unwillen/ feindschafft noch Ungnad haben noch gewinnen in kaine weiß: Wär aber Sach/ daß die bemeldten Neun Räth in solcher anbevohlnen Vergleichungs-Handlung in ainigen stük mißhellig und stößig würden/ daßelbig sollen sie bringen an unsern lieben Sohn/ Vetter und Fürsten Hertzog Albrechten zu Bayern/ und ob sein Lieb dann zumahl nit mehr in Leben wär/ an unsern lieben Sohn und Fürsten/ Hertzog Wilhelm zu Gülch Clef und Berg rc. Wär aber Sach/ daß zu derselben zeit Ihr entweder am Leben wär/ so sollen unser geliebte Söhne sich aines andern Obmanns freundlich und brüderlich vergleichen/ ANNO 1554.

ANNO 1554.

vergleichen / und wo sie sich deßelbigen halb in der gütte nit vermöchten / so soll ihr jeder ainen fürschlagen und benennen / und alsdann aus denselben dreyen ainen durch das Loß ziehen und wählen / und den also erwählten sonderlich fleyßig erbitten / sich der Sachen ihren Liebden zu freundschafft und zu guten zu unterziehen und zu entschaiden / und darauf ihme die Sach und mißhellung durch die Räth fürbringen laßen / und was ihr ainer / an den solche der Räth Stoß und mißhellung anbracht wird / und dieselben mißhellung und Stöß bey seinen Treuen spricht / und wie er die ausricht / darbey soll es bleiben / ohn widerred und geferd / und demnach die Vergleichung als obstehet / ohne aufschub oder verzug gemacht und volzogen werden. Begäbe es sich auch / daß wolbemelter unser geliebten Söhne ainer auf der andern aines oder ihr beeder Ersuchen solche Verordnung der Räth oder auch die bevohlne und jetzo bewilligte Vergleichung verzöge / irrete oder nit volführen ließe / als vorbeschaiden ist / so sollen die Haubtleuth und Ambtleuth deßelbigen Land denen oder dem ersuchenden mit allen Gülten / Rechten und Gewalten gehorsamen und gewärtig seyn / biß der so die Irrung gethan / davon absiehet und die Vergleichung gäntzlich widerfahret und vollführet würden / als vorgeschrieben stehet / ohn aller Geverd und Arglist.

Nachdem aber vermög unsers löblichen Hauß Oesterreichs wol und lang hergebrachten freyheiten verordnet worden / daß der Aeltist unter den Ertz-Hertzogen die Herrschafft der Lands haben / und daß die Ertz-Hertzogthumb nimmer gethailt sollen werden / derwegen es in künfftiger zeit bey ainem Römischen Kayser / auch Churfürsten / Fürsten und Ständen etwas verwunderlich seyn möcht / wo ain jeder unser geliebten Söhne seine Fürstenthumb und Land selbs von der Kayserl. Maj. und dem Heil. Reich insonderheit empfiengen / und dann dadurch wol Ursach gegeben werden möchte / daß die Stände auf ihr jeden noch ainen sonderbaren Anschlag in des Reichs Obliegen machen würden wollen / oder mit Bestättigung unsers Hauß Oesterreichs freyheiten etwas Aenderung unterstanden werden möcht / darumb und dieweil sich auch sonst wol gebühret / daß unser geliebte jüngere Söhne auf ihren ältesten Bruder unsern geliebten Sohn König Maximilian ihr freundlich und brüderlich aufsehen haben / ihme für ihren Vorgeher erkennen / und in ihren fürfallenden wichtigen Geschäfften seiner Liebden Raths pflegen und derselben nach gelegenheit der Sachen / auf ihrer aller gemainen Nutz und Nothdurfft allermaist volgen / wie dann billich ist / und wir unß gantz Vätterlich / freundlich und genädiglich wol zu ihren Liebden versehen / daß sie es zu thun selbs freundlich und brüderlich wol genaigt seyn: Dem allen nach setzen / ordnen und wollen wir / was für Lehen / auch Confirmation und Bestättigungen ihre Liebden als Ertz-Hertzogen zu Oesterreich von dem Heil. Röm. Reich zu empfahen haben / daß unser geliebter Sohn König Maximilian / und nach seiner Liebden tödtlichen Abgang / jeder Aeltest unter unsern andern geliebten Söhnen und ihren Erben dieselbigen Lehen / auch Bestättigung und Confirmation zu ihrer aller Handen unverschahdenlich und gemainlich als offt es zu schulden kombt / ersuchen und empfangen soll; Doch mügen die andere unsere geliebte Söhne und ihrer Liebden Erben (ob sie wollen) bey solcher Lehen-Empfahung / so jeder altist thun wird / auch wol erscheinen / und mit seiner Liebden samentlich dieselben verrichten helfen. Wir wollen auch / daß der Aeltist allweg ihr Liebden allen zeitlich genug dieselben anzaigen und verkünden soll / damit sie darzu (ob sie wollen) wie sich gebühret erscheinen mögen. Aber die anderen Lehen / die insonderheit zu unserer geliebten Söhnen jeder Fürstenthumb / Landen und Herrschafften gehörig / und von anderen Lehen-Herren zu Lehen rühren / dieselben soll ain jeder von derselben Lehen-Herren durch sich oder ainen andern Lehen-trager / nach gestalt und Aigenschafft derselben Lehen ersuchen und empfahen / wie sich nach Art und Aigenschafft derselben gebührt und Herkommen ist.

Wir ordnen und wollen auch / daß die obbemeldte unsere Land / nemlich Oesterreich unter- und ob der Enß / Steur / Kernten und Crain gegen einander mit Straßen / Meuthen / Zöllen und Niderlegungen bleiben und gehalten werden sollen / als das bey unser Regierung herkommen ist / und zu zeiten unsers tödtlichen Abgangs gebraucht wird / und darwider jedweder unserer Geliebten Söhne kain Neuerung ohne des andern willen und gwist nit machen noch thun in kainen weg. Es sollen auch unsere Saltz-Sieden zu-außer- und an der Hallstatt und das zu Gmünden mit den Saltz-führen und Verkauffen bey Innhabung unserer geliebten Söhne und ihrer Liebden Erben stehen und bleiben / als es unz herkommen ist / und zu zeiten unsers tödtlichen Abgangs befunden wird.

Verer setzen und verordnen wir / daß sich wolbemelte unser geliebte Söhne all und ihr jedweder von allen obbemeldten unsern und unsers Hauß Oesterreichs Landen und Herrschafft wol schreiben und davon Wappen und Panier führen mögen / so wol als ob diese auszaigung und Thailung nit beschehen wär.

Und ob sich zutrüge / daß unserer geliebter Söhne ainer oder mehr / oder nach ihnen ihre männliche Lehens-Erben ohne Erb-Söhn in absteigender Linie absterben / so sollen alle des / oder derselben Fürstenthumb / Land und Herrschafften auf den oder die noch lebende andere unsere geliebte Söhne / oder wo die nit wären / ihre Männliche Lehens-Erben / gäntzlich erben und fallen / damit solche Fürstenthumb und Herrschafften von denen Männlichen Stammen unsers geblüts nit kommen / als lang derselbe währet. Hätte aber der / so als ohne Erb-Söhne abgelebt / ain oder mehr Töchter verlaßen / so sollen der oder die welche / als obstehet / saine Fürstenthumb und Herrschafften geerbet und gefallen seyn / dieselbigen Töchter auch annehmen / ziehen / unterhalten und sie mit Heyrath versorgen nach ihren Ehren und Würden treulich und fleißiglich.

Und damit zwischen wolbemeldten unsern geliebten Söhnen und ihren Erben umb so viel mehr beständige brüderliche Lieb / freundschafft und ainigkeit erhalten werde / setzen / ordnen und wollen wir / daß unserer geliebten Söhne kainer von dem andern nichts glaube / dann brüderliche Treu und alles guts / und wäre Sach / daß jemmer zu ainiger zeit Fürsten oder Fürstinnen / Herren oder Frauen unsers geschlechts / oder ander Geistlich oder Weltlich / Edel oder Unedel unser und ihr Liebden Unterthanen / oder ander haimisch oder fremd oder jemand anderer / ihren ainem von dem andern jetz anders sagte oder entbiethe / dann Treu und guts / das soll ihr jedlicher dem andern unverzogenlich sagen oder kundt und zuwißen thun gäntzlich / und soll auch den ohne alles Verziehen neimen oder unter augen stellen / der die Unwahrheit gesagt hat und ihre Liebden also ain anderen laiden und gegen einander verweisen wolt / und würden derselb oder dieselben unwahrhafften Versager oder Verirrer ungerecht befunden / als alle solche böse Leuth mit Gottes Hülff zwischen ihren Liebden alle weg funden sollen werden / so sollen der oder dieselben in aller unser geliebten Söhne und ihrer Erben Ungenad seyn und in ihr kains geheimb / freundschafft und genad nimmermehr kommen. Es sollen auch ihre Liebden gemainlich nacher solcher Leuth Leib und Gut stellen in solcher maß / daß sie solche falschheit gegen und zwischen ihren Liebden nit mehr beginnen. Würde aber / da Gott vor sey / unter wolbemeldten unsern Söhnen befunden / daß ihr ainer wider den andern nach der ehegenanten Meinung mit worten oder mit werken ainigen weg gethan hätte / der soll sich darvon weissen laßen / und das mit Beßerung awiegen und erkennen / in allermaß als sie / die anderen Brüder und ihre Räth beschaidentlich und billich urtheilen werden. Es soll auch unserer Geliebten Söhne jeder den andern in allen Sachen / die unser und ihrer Liebden vorbemeldte Oesterreichische Land und Leuth angehend / treulich rathen und beyständig seyn / als ob die sein selbst Sachen wären: Aber wolbemeldte unser geliebte Söhne / Ertz-Hertzog Ferdinand und Ertz-Hertzog Carl / sollen weder sambtlich noch sonderlich ohne unses sonders geliebten Sohns Königs Maximilians Vorwissen und willen gegen jemand ainigen Krieg anfahen noch machen in kai: weiß / es wäre / dann / daß sie oder ihr ainer angefallen oder überzogen würde / in solchen Sachen sollen sie alle drey ain anderen getreulich und ohn gevärde hülfflich und beyständig seyn.

Und nachdem unser geliebter Sohn König Maximilian mit unserm Königreich Hungarn und deßelben zugehörigen Königreichen und Landen mit dem beschwerlichen Erbfeindt der Christenheit gemitzen wird / derwegen sein Liebden der anderen unseren Söhnen und ihrer Land und Leuth brüderlicher Christenlichen Hülf gegen diesen gewaltigen feindt zum höchsten bedürffig seyn wird / wie dann auch sie die anderen geliebten Söhne und ihre Land und Leuth mit solchen ihren Hülfen / so wol ihnen selbs / als seiner Liebden dienen und helffen werden / in Betrachtung / daß nach gäntzlicher Abtringung des noch bevorstehenden Thails unsers Königreichs Hungarn und deßelben incorporirten Königreichen und Landen unsere Oesterreichische und andere mehr Christenliche Land vor Verlust und endlichen Verderben gar beschwehrlich erhalten werden möchten / und allweg rathsamber ist / das entstanden feür an des Nachperen Hauß löschen / dann still sitzen bis es ainen in sein Hauß bricht / darumben dann wir gleich im ersten Eintretten unserer Regierung unserer Oesterreichischen Landen / Weilandt unsern Schwagern und Brudern Ludwig zu Hungarn seel. und löblicher Gedächtniß zu Erhaltung der Crabatischen Orth und flecken und Granitzen jährliche treffliche Hülfen gelaistet / und sonst auch seiner Liebden in ander weg freundlich und brüderliche Hülf zugeschikt; und dann aus solcher Christlichen und billichen Ursach auch die Röm. Kays. Maj. sambt Churfürsten / Fürsten und Ständen des Heiligen Reichs wider diesen feind zum öfftermahl auch ansehendliche Hülfen bewilligt und gelaist haben / damit das Christenlich Bluet gerett und der feindt umb so viel desto weiter von ihren Landen und Leuthen aufgehalten werden möchte / darumb und dieweil dann unser geliebte Söhn Ertz-Hertzog Ferdinand und Ertz-Hertzog Carl umb so viel mehr wider diesen Erbfeind helffen sollen / wie viel näher ihnen des König Maximilian als ältister Bruder verwandt / und wie viel näher sie auch mit unseren Oesterreichischen Landen gegen diesen gewaltigen feinds Landen anrainen und genachpürt seyn. So ist hierauf unser Vätterliche / freundlich- und genädige Verordnung / will und mainung / daß ihre Liebden obbemeldten unsern geliebten Sohn König Maximilian wider diesen Erbfeind / sambt ihren Fürstenthumben / Landen und Leuthen / ihres besten Vermögens helffen und beyständig seyn / auch jederzeit zum treulichsten und fleyßigsten bey ihrer Liebden Landschafften handeln / anhalten und sie dahin bewegen / daß sie zu solchem nothwendigen Christlichen werk ihre ersprießliche Hülfen ihres besten vermögens gutwillich und gehorsamblich laisten / das würde sonder zweifel ihren Liebden und derselben Landschafften gegen dem Allmächtigen verdienstlich und bey männiglich rüamblich seyn / zu dem daß es auch ihrer Liebden und ihren Landen und Leuthen unvermeidenliche aigne Nothdurfft selbs hochlich erfordert und ohne derselben gründlich Verderben nit wol unterlaßen mag werden.

Verer / und damit der Allmächtig Gott / von dem wir Seel und

ANNO 1554.

und Leib/ menschlich vernunfft / Ehr und Gut haben / in des Willen und Gewalt auch alle Ding stehen / wolbenante unser geliebte Söhne durch sein Göttliche genad auf solche Sinn und Weg ze richten geruhe / daß ihre Liebden und derselben Sam aufnemmen / und wachsen / ihme zu Lob an Würden und Ehren / und auf daß sie sein Volk / das er ihnen nach unserm tödtlichen ableiben befelchen wird / bey Recht halten / in Ruhe des friedens und der genad setzen / in solcher maß / daß es auch seiner Göttlichen mildigkeit dankbar sey / und er auch ihren Liebden sein Barmhertzigkeit an dem jüngsten Tag des strengen Gerichtes genädiglich erzaig / also daß sie an dieser welt verdienen den ewigen Lob / und denselben mit den Seeligen / die dann zu seiner rechten Hand stehen / in der ewigen freud besitzen / so ist unser freundliche / Vätterliche und genädige Verordnung / Satzung / Will und Maimung / daß wolbenante unsere geliebte Söhn sich für dieser zeit schwebenden / und allen künftigen Secten und verführischen Lehren verhütten / und bey der gehorsamb / Ainigkeit und gemainschafft der Heiligen Allgemainen Christlichen und Romischen Kirchen beständiglich bleiben und verharren / auch sich treülich befleyßigen / die dawider eintreißende Secten und leichtfertig schädliche Opinionen und Lehren sambt ihren Lehrern und ausbreitern aus unsern und ihrer Liebden Königreichen / Fürstenthumben und Landen auszu reuten / und die Sachen der strittigen Religion Christenlicher Catholischer Ainigheit ihres besten Vermügens zu befürderen: Daß auch ihre Liebden unsere fürgenommene und zum Theil aufgerichte Spital und andere Stifftungen / wie die in ihr jeder Fürstenthumb und Landen befunden werden / Söhnlich / freundlich und gehorsamblich umb unser löblichen Vor-Eltern und unser Seelen Hail willen / bevohlen haben / schützen und handthaben / auch darob setzen / wo zu zeiten unsers todtlichen Abgang noch etwas daran nit erbauen oder sonst noch nit in das Werk kommen wäre / daß daßelbig unserer Verordnung nach erbauen / volzogen / aufgericht und in weesen erhalten werde. Und auf daß ihr Liebden alles waß vor und nach geschrieben stehet / mit desto weniger Verhinderung / Mühe und Arbeit / und mit mehreren Nutz und frommen Suhnlich und gehorsamblich verrichten mogen / so sollen sie sich zum hochsten befleißigen in ihre Regierungen / auch zu ihren Land Haubtmannschafften / Verweeser / Vitztomb und andern Aembtern so viel immer moglich / allein die Personen an zu nemmen / und darinnen zu gebrauchen / welche unser alten / wahren allgemainen Christlichen und Romischen Kirchen Religion und Ordnungen anhertzig setzen / ihnen auch in ihren Instructionen auf zu legen / ob solcher unser Alten wahren Christlichen Religion ernstlich zu halten / und darwider kain neuerung eindringen zu laßen; doch soll unser geliebter Sohn Konig Maximilian und seiner Liebden Erben und Nachkommen Konig zu Bohemb / in unserm Konigreich Bohemb diejenige so beederley gestalt seyn / innhalt der Compacta bleiben laßen / wie unser Vorfahren und wir auch gethan.

Und aus den obangeregten Christlichen billichen Ursachen sollen und wollen auch ihre Liebden sambtlichen und ihr jeder insonderheit halten und führen in allen ihren Landen rechte und ungeverliche Gericht / und das Recht vestiglich üben und beschirmen / doch zu zeiten mit der Barmhertzigkeit und Milde gemischt / nach Gelegenheit der Läuff in billigen und möglichen Sachen / als jeher solches mit Gott und mit Glimpfen oder fueg seyn mag / ohngeverde. Ihre Liebden sollen und wollen auch allen unsern und ihren Geistlichen und Weltlichen Unterthanen / Reichen und Armen gleich richten und straffen gericht zu werden ohne alles Verziehen ungevärde / und darzu alle Gotts-Häuser / Prälaten / Pfaffheit und Clerisey in allen unsern Landen / der Vogt und Schirmer sie seyn werden / auch all unsere Land-Herren / Ritter und Knecht / Bürger und Landsaßen in unsern Städten und Landen bey allen und jeden ihren Würden und Ehren / Freyhaiten / Rechten und Gerichten / Leuthen und Güttern halten und schirmen vor allem Gewalt und Unrecht / dergleichen sollen auch unsere geliebte Sohne all unser jetzig und künfftig Zinß / Pfand / Gnaden / und andere unser Verschreiben unverbrüchlich halten / und niemand darwider beschwähren ohn aller gevärd. Es sollen auch alle gewohnliche Straßen in unser Land und daraus auch bey unserer geliebten Sohn Regierung offen und frey gehalten werden / in aller maß als das von alters loblich herkommen und zu Zeiten unsers todtlichen abgangs befunden wird.

Und damit auch unsere Geliebte Söhne und derselben Erben sich bey diesen hohen Würden und Ehren / darein Uns und ihre Liebden der Allmächtig Gott gesetzt hat / desto stattlicher erhalten mogen / so ist unser Vätterlicher / freundlicher und genädiger Rath / Will und Maimung / daß unser Geliebter Sohn kainer sich selbs noch seine Kind / die ihme Gott gegeben hat oder noch geben mag / verheyrathen noch berathen woll ohne der andern Vorwißen und Räthe.

Wo auch unserer geliebten Sohn ainer oder mehr nach dem Willen des Allmächtigen von todes wegen abgienge und unvogtbahre Kinder hinter ihm ließ / so sollen der oder die / so am Leben blieben / dieselben Kinder als derselben nächst gesipte Agnaten / Vetter und Vormünder annehmen / innhaben / und nach ihrer allerseits Würden und Ehren erziehen / unz sie zu ihren beschaidenen Vogtbaren Jahren kommen und vogtbar werden / es wäre dann / daß derselbigen unmündigen Kinder Vatter bey seinem Leben in seinem Testament oder sonst seiner Kinder Gerhabschafft halb ihrer Liebden noch jemand anderen zugeordnet hätte; dann in solchem fall achten wir billich / daß ihres verstorbenen Vatters Ordnung oder letzter will / wie sich gebühret / kräfftig seye und vollzogen werden.

ANNO 1554.

Begebe sich auch / daß unser geliebter Sohn Konig Maximilian mit jemand ainig nachpürlich Verständnus oder Bunds-Ainung eingehen würde / so soll er doch dieselben kaines wegs anders schließen noch annemmen / dann daß er darinnen die anderen seiner Lieb Brüder ausdruklich ausnemme und vorbehalte; Aber die anderen unsere geliebte Söhn / Ertz-Hertzog Ferdinand und Ertz-Hertzog Carl sollen sich auch in ainig Bunds-Ainung für sich selbs sambt oder sonders anderst nit begeben / dann mit wolbenants unsers geliebten Sohns Konigs Maximilians als ihrer Liebden ältisten Bruders Vorwißen und gepflogenen Raths. Und auf daß auch desto weniger Ursach geben werde zu unfreundlichen unbrüderlichen Willen / so ordnen und wollen wir / daß kainer unser geliebten Sohn des andern Diener und Unterthanen wider deßelben getreuen Diener mit einnemme noch empfahe / daß auch ihr Liebden des andern Diener und Unterthanen in seinen Haubtmannschäfften und andern seinen Gerichten des Rechts / so offt es zu schulden kommt / verhelffe und sie gleich seinen aigenen Dienern und Unterthanen in seinen Fürstenthumben / Landen und Gebieten schütze und schirme. Und aus gleicher Ursach mainen und wollen wir / daß unser geliebten Sohne kainer in des andern Landen und Gebieten nichts kauffen noch verpfändten soll / ohne deßelben willen und gunst / in des Landen und Gebieten solch gut gelegen ist. Ob auch unserer geliebten Sohn ainer mit seinen Land-Herren / Rittern und Knechten oder mit jemand anderen in seinen Landen jechts zu schaffen oder zu thun hätt / des soll sich der ander entweder mit annemmen in kain weiß / ohne allein was er mit freundlicher Bitt an ihme gehaben mag.

Wann nun aber kundt und wißend ist / daß durch unfürsichtige particulär Trennungen und Hingebung große Königreich und Fürstenthumb geschwächt und in Abnehmen kommen / darumb dann unserer löbliche Vor-Aelteren in ihren Ordnungen unsers Hauß Oesterreichs Burg / Städt / Märkt und Dörffer / ohne ihr aller gemainer Wißens / willen und Räth gäntzlich verbothen und abgestellt haben / welches dann ohne zweifel nit die geringste Ursach gewesen / daß unser Hauß Oesterreich sich also vermittelst gottlicher Genaden erbraitet und zu solchen scheinbaren hohen Würden und Ehren kommen ist: So haben wir für nutz und nothwendig bedacht / Vätterlich / Freundlich und genädiglich zu verordnen und zu besätzen / wie wir dann hiemit beständig setzen / ordnen und wollen / daß unserer geliebten Söhne kainer von unseren und unsers Hauß Oesterreichs Fürstenthumben / Landen und Herrschafften / die sie durch unsern tödtlichen Abgang als obstehet / erlangen werden / kain ansehenlich Stuk erblich verschenken noch hingeben sollen mügen.

Begebe es sich aber / daß ainer oder mehr unserer Geliebten Söhnen von ihren Herrschafften oder namhaffter ansehenlichen Vesten oder Schlößer und Gütter etwas erblich verkauffen wolte / so soll er doch solches nit eher thun / er habe dann den andern zweyen solche Verkauffung zu vor angebotten / und die andern beede haben die anzunemmen abgeschlagen / oder seiner Liebden über zween Monat nach gethaner Innerung verzogen / oder sonst so viel als sein Liebden von ainem andern gehaben mag / darumben zu geben gewaigert; dann auf dieser fäll jeden hat er Macht und fueg / solche Verkauffung andern zu thun / wie und gegen wem er das bekommen mag / doch nit anderst / dann daß dieselbe verkaufften Stük und Gütter bey und in der Oesterreichischen Lands-Fürstlichen Oberkait und gebiet bleiben / und davon naines weegs abgesundert noch entzogen werden.

Was nun verrer unser gemaine Handt-Vesten und Brieffe / und derselben Verwahrung und Gebrauch belanget / ist unser Vätterlich / freundlich und genädige Maimung und Verordnung / daß unserer geliebten Söhne jedem die Handvesten und Brieffliche Urkunden zuegestellt und zu verwahren übergeben werden / die allein über die Land / Herrschafften / Leuth und Gütter lauten / die ihme zu seinem Thail ausgezaigt und zugethailt worden. Aber die übrigen Hand-vesten und brieffliche Urkunden / die in gemain über unser und unsers Hauß Oesterreichs Land und Leuth / Freyhaiten und Begnadigungen sagen / wollen und ordnen wir / daß dieselben unser geliebter Sohn König Maximilian bey seiner Liebden Handen und berwahrung als der Aeltist / doch nit anderstwo / dann an ainem sichern orth seiner Liebden zugethailt in Oesterreichischen Landen behalt / und der andern unseren Söhnen jedem von denselben allein glaubwürdige Vidimus und Transumpta unverzogenlich nach unserm tödtlichen abgang überantwortten und zustellen soll / damit ihr Liebden derselben aller auch gründlichs guts wissen haben / und sich in ihrer Regierung und Handlungen desto stattlicher darnach gerichten mögen.

Und wie wol wir uns zu wolbemeldten unsern geliebten Söhnen Vätterlich / freundlich und genädiglich wol versehen / wie wir sie dann hierzu auch aus Vätterlichen wahren Treuen hertzlich vermahnt haben wollen / daß sie ainandern brüderlich und freundlich mainen und sich gegen

ANNO 1554.

ainandern zu kainen widerwillen bewegen laßen / sondern in allen Sachen mit ainandern freundlich brüderlich und ainmuthig leben werden / nicht destoweniger ordnen setzen und wollen wir / wo sich begebe / daß nach unserm tödlichen abgang zwischen ihren Liebden (da für Gott genädiglich seyn wolle) umb ainigerley Sach gegen ainandern sich indert Brüderlicher Mißverstänntniß und Irrung zu trüge / daß sich ihr Liebden derselben selbs Brüderlich versöhnen / oder durch Nieder und Ober Oesterreichische Statthalter / Land-Marschalch in Oesterreich unter der Enß / auch unser Lands-Haubtleuth ob der Enß / in Steyr / Kärnthen / Crain / an der Etsch und Landvogt in Ober Elsaß / so jederzeit seyn werden / als ihr getrene Räth / gütlich vergleichen / und hin und wieder sich zu allen Thailen der Billichkait beschaiden und weisen laßen wollen. Ob aber solch Irrung so beschwährlich fürfiel / daß die durch obbestimbte Räth gütlich nicht hingelegt werden möchte / als dann sollen ihr Liebden ihr Beschwährung an die Röm. Kayserl. Maj. gelangen laßen / und ihrer Maj. oder derselben Commissarien gütlichen oder Rechtlichen Handlung oder Erörterung und Entschieds erwarten / volgen und geleben / wäre aber die Röm. Kayserl. Maj. zu derselbn Zeit nit mehr in Leben / so sollen unsere Geliebte Söhne solch ihr Irrung an unser Freundlich Lieb / Vetter / Sohn und Fürsten Herrn Philippen / Printzen in Hispanien / Hertzog Albrechten zu Bayern / und Hertzog Wilhelm zu Gülch / oder den mehrern Thail aus ihnen bringen / und wo deren keiner als dann in Leben wäre / so sollen unsere geliebte Söhn sich aines andern Fürsten / der sie ihrer Irrung entschaide brüderlich vergleichen / und ob sie sich dhes nit verainigen mochten / ihr jeder ainen fürschlagen und aus denselben dreyen ainen durch das Loß erwählen / und darauf denselben sambtlich ersuchen und bitten / sich ihnen zu Freundschafft der Sachen Verhor und Entschied zu unterfahen und darauf dieselben anbringen / und was diselben darüber in der Güte bethädigen oder Rechtlich entscheiden / darbey soll es ungeweigert gelaßen werden / und unsere Sohn demselben allen geleben und nachkommen ohngeverde / darzu auch / ungeachtet solcher Irrung / vor und nach mit einanderen friedlich und Brüderlich leben / und sich vor aller unfreundlichen und todtlichen Handlung gäntzlich enthalten.

Beschlüßlich haben wir wiederumb zu unserm Koniglichen Gemüth geführet und bedacht / nachdem wir alle nichts gewißers haben / dann daß wir ainmahl sterben müßen / und herwiederumb nichts ungewißers dann die Stunde des Todes / darau uns der Allmächtig aus dieser zeit erfordern will / und wo sich nach dem genädigen Willen des Allmächtigen zu trüge / daß wir von dieser Welt beruffen und erfordert würden / ehe noch unser geliebter Sohn Ertz-Hertzog Carl seine Vogtbare Jahr volkommentlich erlangte / daß die Nothdurfft wohl erforderte / jetzo auch ordnung und Maß zusetzen / wie es mit Regierung und Vorsehung seiner Liebden angeerbten und zugethailten Fürstenthumben und Landen / bis sein Liebden Vogtbahr würde gehalten soll werden. Und demnach ist unser Vätterlich / Freundlich und genädige Verordnung / Satzung / will und Mainung / wo wir von todtswegen abgiengen / ehemahlen wolbenanter unser geliebter Sohn Ertz-Hertzog Carl sein vogtbahre Jahr / nemblich das achtzehend seines Alters volkommenlich erfüllet hätte / daß nicht destoweniger obbemeldter dritter Thail unserer Oesterreichischen Fürstenthumb / Landen und Leuthen / so wir seiner Liebden ausgezaigt und zugetheilt haben / als bald vervolgen / und von Ihro ohne männiglichs Verhinderung eingenommen und behalten werden soll / doch mit socher Maß und Beschaidenheit / daß unsere geliebte Aeltere Sohn / Konig Maximilian zu Bohem etc. / und Ertz-Hertzog Ferdinand seiner Liebden Vormünder und Versorger seyen / bis sie das achtzehend Jahr Alters volkommentlich erlangen würde / und in Crafft solcher anbevohlnen Vormundschafft sollen Ihre Liebden Verordnung thun / daß wolbedachter unser geliebter Sohn Ertz-Hertzog Carl solche Zeit auf seinem Stand gemäß wol unterhalten / aber seiner Liebd. Fürstenthumb / Land und Leuth nachvolgender Gestalt regiert und verwalten werden / nemblich daß obbemeldte unsere geliebte eltere Sohne aus seiner Liebd. Fürstenthumben und Landen aindlif Persohnen erwehlen / nemblich aus unseren Fürstenthumben Steur / Kernten und Crain / jeden drey / und aus unser Fürstlichen Graffschafft Gortz zwo / und aus denselbigen aindliffen ainen zu seiner Lieb. Statthalter / die andern aber zu Räthen und Regenten verordnen / welche als dann die berührten seiner Liebden Land und Leuth treulich und fleißig regieren / aber was etwas wichtig und ansehenliche Sachen seyn werden / zuforderist allweeg mit ihrem Rath und Gut-Beduncken an wolbemeldte unsere geliebte altere Sohn Belangen / und ihrer Liebden Beschaid und Bevelch nach entschaiden und verrichten sollen / wie sie das gegen ihren Liebden auch unsern geliebten Sohn Ertz-Hertzog Carl / wann sein Lieb obbemeldte ihre Vogtbare Jahr erlanget hat / zu verantworten getrauen.

Es soll auch unser Geliebter Sohn Ertz-Hertzog Carl bey solchen seiner Liebden Räthen / sonderlich in wichtigern ansehenlichen Sachen selbs persönlich im Rath seyn / die Sachen hören / aber nit seiner Liebden Kopf volgen / sondern den Rathschlag fürgehen laßen. Wo auch unser geliebten älterer Söhn ainer / auch vor Unsers Sohns Ertz-Hertzog Carls Vogtbarheit von todes wegen abgienge / so soll der ander / so im Leben bleibt / allain das verrichten / so wir beeden ihren Liebden solcher Vormundschafft halb aufgelegt haben.

Damit aber die Vergleichung der obbemeldeten von uns gemachten dreyer Thail jährlicher Nutzung und Einkommen / solcher unsers geliebten Sohns Ertz-Hertzog Carls unvogtbahren Jahren halb / nit verschoben werden müge / so ordnen / mainen und wollen wir / daß anstatt seiner Liebden dreyer Räth die sie als obstehet / zu der Vergleichungs-Handlung schiken soll / zu solcher Vergelichungs-Handlung verordnet seyn und geschikt werden sollen / unserer drey Fürstenthumben Steur / Kernten und Crain Lands-Haubt-Leuth / die zu derselben zeit seyn werden / des genädigen Versehens / sie als unsere und seiner Liebden fürnembe getrene Räth werden obbeschriebener unser Vätterlichen genädige Verordnung und Disposition / darvon ihnen als dann auch glaubwürdige abschrifften zugestellt sollen werden / gehorsamblich und treulich nachkommen / und derselben gemäß handlen und sich kaines andern unternehmen / noch andern zuthun bewilligen. Wann aber unser geliebter Sohn Ertz-Hertzog Carl die bemeldte Vogtbahrheit / nemblich die achtzehen Jahr seines Alters vollkommenlich erlangt hat und das neunzehendte Jahr eintretten würde / so hat er Macht und Gewalt seiner Liebden obbestimbter Fürstenthumb / Graffschafften und Herrschafften Regierung / als regierender Fürst anzunehmen / und die / wie sich gebühret / ohne anderer unserer geliebten Söhne und männiglichs Irrung und Eintrag innzuhaben / zu nutzen und zu meßen / wie oben unterschiedlich davon genugsamblich verordnet und gesetzt ist.

Das alles heißt und ist unser Vätterlich / Freundlich und genädige Satzung / Ordnung und Thailung zwischen obbemeldten unsern geliebten Söhnen / aus obberührten und andern tapfern ansehenlichen redlichen Ursachen unser Königlich und Vätterlich gemüth billich darzu bewegend / fürgenommen / darüber wir auch unser Vätterlich / Königlich und Landsfürstliche Auctorität und Decret hiemit wißendlich interponiren / und ordnen / mainen / setzen und wollen / daß sie durch mehrbenante unsere geliebte Söhn sambtlich und sonderlich also vest / unverbrüchlich gehalten und vollzogen / und darwieder durch sie nichts fürgenommen noch gethan / oder anderen zuthun gestattet werde / alle provocation / Restitution und alle andere Behelff so darwider fürgewendt oder erdacht werden mochten / hierinnen gäntzlich ausgeschloßen und hindan gesetzt.; Dan wir hierzu alle Mängel und gebrechen so vielleicht beschehen seyn oder angezogen werden mochten / und sonderlich den Mangel unsers geliebten Sohns Ertz-Hertzog Carls minderjährigen Alters / welches Wir uns selbs mächtiglich angenommen und sein Liebden hierinnen Vätterlich bedacht und vertretten / aus Vätterlicher auch Römischer Koniglicher und Landsfürstlicher macht vollkommenheit wißentlich erfüllt und erstattet haben / und thun solches alles hiemit wißentlich in Crafft dieses Briefs / deren wir drey gleiches Lauts aufrichten und mit unser / auch wolbemelter unser dreyen Sohnen aigenen Handen unterschrieben / und mit unser aller anhangenden Insigeln vergegelt / verfertigen haben laßen.

Und Wir Maximilian von Gottes Genaden Konig zu Bohemb etc. Ferdinand und Carl all drey Gebrüder / Ertz-Hertzogen zu Oesterreich / Ertzogen zu Burgundi / Steyr / Kernten Crain und Wurttemberg etc. Grafen zu Habspurg / Tyrol u. bekennen hiemit offentlich / daß solch obberührte Vätterlich- und gnädigste Ordnung / außzaigung und Thailung / sambt allen und jeden obbeschriebenen Puncten und Artikeln durch die Hoch- und obgedachte Romische zu Hungarn und Bohemb etc. Konigliche Maj. unsern gnädigsten liebsten Herrn und Vatter zwischen uns mit unserm gueten wißen und willen und durch uns selbs auch mit Ihrer Koniglichen Maj. genädigsten und Vätterlichen Bewilligung und Beliebung also fürgenommen / geschloßen und aufgerichtet worden. Darumben geloben und versprechen wir Konig Maximilian bey unsern Koniglichen worten / und wir Ertz-Hertzog Ferdinand und Ertz-Hertzog Carl bey unser Fürstlichen Würden und Treuen solch ihrer Konigliche Majestät genädigste Vätterliche Disposition / Ordnung und Thailung mit allen obbeschriebenen Puncten / Artikelen und Mainungen unverbrüchlich / vest und stätt zu halten / und denen allen zugeleben und nach zu kommen / dar wider nit zu thun noch schaffen oder gestatten gethan zu werden in kain Weiß noch Weg ungeverlich. Und deß alles zu vesten wahren Urkund haben wir die hier über aufgerichte drey Brief mit und neben Hochgenanten unsern gnädigsten Liebsten Herrn und Vatter / der Königl. Maj. mit unsern aigenen Händen unterschrieben und mit unsern anhangenden Insiegelen bekräfftigt. Die geben seyn in unser obbemeldts König Ferdinanden Stadt Wienn den fünf und zwanzigsten Tag des Monats Februari nach Christi unsers lieben Herrn Geburt im fünffzehenhundert und vier und funfzigsten / Unserer Reiche des Römischen im vier und zwantzigsten und der andern im acht und zwantzigsten Jahren.

Ferdinand.

Maximilian.

Ferdinand

Carolus.

LV.

ANNO 1554.

LV.

6. Juin. *Testamento del Emperador* CARLOS V. *Rey de Alemaña, de Castilla, de Leon, de Aragon &c: hecho en quatro quadernos los dos en Lengua Latina, y los otros dos en Lengua Castellana; en la Villa de Brusselles en la Casa de Palacio a 6 dias del Mes de Junio de* 1554. CON *El Codicillo del mismo Emperador hecho a S. Geronymo de Juste a* 9. *de Setiembre de* 1558. Y *Una Carta que el Rey Don* PHELIPPE II. *escrivio de Flandes a los Testamentarios del Emperador su Padre. De Brusselles a* 22 *de Março de* 1559 [SANDOVAL *Historia del Emperador Carlos V.* Tom. 2. pag. 859.]

ANo del nacimiento de nuestro Señor Iesu Christo de mil y quinientos y cinquenta y quatro, a seys dias del mes de Iunio, en la villa de Bruselas, en la casa de Palacio, donde estaua y posaua la Magestad Cesarea y Catholica, Don CARLOS por la diuina clemencia Emperador de los Romanos, Rey de Alemaña, de Castilla, de Leon, de Aragon, &c. Archiduque de Austria, Duque de Borgoña, y de Brabante, Conde de Flandres, &c. Pareciò su Magestad personalmente, y mostrò en presencia de nos los escriuanos, y del Obispo de Arràs del su Consejo de Estado, y de Guillelmo de Nassao Principe de Orange, y Iuan de Pope Señor de Laxao, Don Luys de Zuñiga Comendador mayor de Alcantara, Don Fernando de la Cerda, Florencio de Memoransi Gentilhombre de la casa de su Magestad, y el Regente Iuan de Figueroa del Consejo, testigos para ello llamados y rogados, quatro quadernos o volumenes de papel, de los quales es este el vno, e dixo y afirmò que ante todos, e cada vno dellos estaua escrito, y se contenia vn Testamento y vltima voluntad, y auia hecho los dichos quatro quadernos y escritura en vna misma sustancia, firma y tenor, los dos en Lengua Latina, y los dos en Lingua Castellana, respetiuamente para perpetua memoria, para que quando sea menester, aga cierta fe y prouança. E assi mismo dixo su Magestad que reuocaua y reuocò qualesquier Testamentos, y Codicilos que viuesse hecho, y oforgado antes de agora, hasta el dia de la fecha desta, para que no valgan, ni hagan fè, y que queria y ordenaua que los dichos quatro volumenes, y cada vno dellos, esten y queden secretos, cerrados y sellados con los sellos de su Magestad, hasta que la voluntad de nuestro Señor sea seruido de lleuarle, y le aya lleuado desta presente vida, y requiriò a los dichos testigos, que sobre escriuiessen y firmassen este otorgamiento, los quales vieron sobre escriuir y firmar a su Magestad en los dichos quatro quadernos, y a cada vno dellos de su propria mano y sellos, y cada vno firmaron en todos ellos, en fè y testimonio de todo lo sobredicho. YO EL REY. Perenot Obispo de Arras, Guillelmo de Nassao Principe Lachaul, y Don Luys de Zuñiga y Auila, Don Fernando de la Cerda, Francisco de Mont Morency, Iuan de Figueroa, y nos Francisco de Erasso, y Diego de Bargas, y Iuan Rabec todos tres Secretarios de su Magestad, y Notarios publicos, que a todo lo susodicho nos hallamos presentes, requeridos para ello, y vimos a su Magestad firmar en presencia de los dichos testigos, en los dichos quatro quadernos, y assi mismo sellados y cerrados vimos firmar en ellos a los dichos testigos, y cada vna dellos a requisicion de su Magestad lo sobre escriuimos, y los dos de nos lo signamos, en fè de todo lo susodicho con nuestros signos acostumbrados. Francisco de Erasso, Diego de Bargas, y Iuan de Babe, año, mes, y dia, y lugar sobredichos.

En el mismo instante los dichos testigos escusandose que no trayan consigo sus sellos para ponerlos en este dicho Testamento, requirieron y rogaron al dicho Obispo de Arras, que tenia su sello, que pusiesse aqueste en lugar y nombre de todos, lo qual fue fecho en presencia de nos los dichos Secretarios y Notarios, y Babe, y Diego de Bargas, Francisco de Erasso.

En el nombre de Dios todo poderoso Padre, Hijo, y Espiritu sancto tres personas y vn solo Dios verdadero; y de la gloriosa siempre Virgen Madre Suya, Santa Maria nuestra Señora, y de todos los Santos y Santas de la Corte celestial. No, Don CARLOS por la diuina clemencia, Emperador de los Romanos, de Alemaña, de Castilla, de Leon, de Aragon, de las dos Sicilias; de Ierusalem, de Vngria, de Dalmacia, de Nauarra, de Granada, de Toledo, de Valencia, de Galizia, de Seuilla, de Mallorca, de Cerdeña, de Cordoua, de Corcega, de Murcia, de Iaen, de los Algarues, de Algezira, de Gilbartar, de las Islas de Canaria, de las Indias, Islas y Tierra firme del Mar Oceano, Archiduque de Austria, Duque de Borgoña, de Brabante, de Loteringia; de Corincia, de Carniola, de Luzaburque, de Luemburque, de Gueldres, de Athenas y Neopatria, Conde de Brisma, de Flandres, de Tirol, de Abspurque; de Artoes, y de Borgoña, Palatino de Nao, de Holanda, de Zelanda, de Ferut, de Fribuque, de Amuque; de Rossellon, de Ausania, Lantzgraue de Alsacia, Marques de Borgoña, y del sacro Romano Imperio, de Oristan, y de Gociano, Principe de Cataluña, y de Sueuia, Señor de Frisa, y de la Marca y de Labomo, de Puerta, Señor de Vizcaya, de Molina, de Salinas, de Tripol, &c.

Conociendo que no ay cosa mas cierta a los hombres que la muerte, ni mas incierta que la hora della. queriendo allarme, y estar preuenido para yr a dar cuenta a quien muriò, siempre que por el fuere llamado de lo que por su infinita bondad en este mundo me tiene encomendado, auemos deliberado y deliberamos de hazer nuestro Testamento, y postrimiera voluntad, estando sano de nuestro cuerpo, seso y entendimiento que Dios nuestro Señor nos quiso conceder, en la manerà y forma siguiente.

Lo primero confessando firmemente como creemos y confessamos todo lo que tiene y cree la Santa Madre Iglesia, y lo que nos enseña. Encomendamos nuestra anima a Deos poderoso, nuestro Redemtor, suplicandole humilmente, que por su infinita misericordia, y por los meritos de su sacratissima passion, que por todos los pecadores quiso sufrir en la cruz, aya piedad de mi anima, y la ponga en su santa gloria: y suplico a la sacratissima y purissima virgen Madre de Dios, Abogada de los pecadores y mia, y al Archangel S. Miguel, y a los bien nauenturados S. Pedro y S. Pablo, S. Iacobo, S. Andres, S. Carlos, y S. Gregorio. S. Ana, la gloriosa Madalena, S. Catherina, y a todos los Santos y Santas, que sean para esto intercessores ante la Santissima Trinidad. Ordenamos y mandamos que doquiera que nos hallaremos, quando nuestro Señor fuere seruido de nos lleuar para la otra vida, nuestro cuerpo sea sepultado en la capilla Real de los Reyes Catholicos de gloriosa memoria nuestros Abuelos; y del Rey Don Felipe mi Señor y padre, que santa gloria aya, esta enterrados, que los dichos Reyes Catholicos mandaron edificar, y dotaron, y nos despues mandamos acrecentar y dotar en el lugar y parte de la dicha capilla, què pareciere a mis testamentarios, con que sea que mis Padres y Abuelos sean preferidos. Y cerca de mi cuerpo se ponga el de la Emperatriz mi muy cara y muy amada muger, que Dios tenga en su gloria: y si Dios nos llamare estando fuera de España, en parte donde luego no pueda ser lleuado nuestro cuerpo a la dicha Ciudad de Granada, queremos que sea depositado en la ciudad mas cercana que sea de nuestro patrimonio en la Iglesia principal della: y mandamos a nuestros testamentarios, que lo mas presto que se pueda lo trasladen y lleuen a la dicha Ciudad de Granada donde sea sepultado como dicho es. Y ordenamos que las obsequias funerarias sean celebradas y fechas deuotamente a seruicio y honra de Dios, sin pompa, como a mis testamentarios les pareciere.

Otrosi, ordenamos y mandamos que dentro del año de nuestro fallecimiento, y lo mas breue y antes, que dentro del dicho año sean celebradas en diuersos Monasterios y Religiones reformadas, y si a mis testamentarios pareciere, tambien en algunas Iglesias parrochiales treynta mil Missas, que la mayor parte dellas sean de la Passion, y las otras se digan de la Virgen nuestra Señora, y de la Cruz, y de Requiem. Las quales se repartan en las partes a Prouincias de nuestros Reynos y Señorios, que y mis testamentarios pareciere, paraque breuemente

ANNO 1554.

se digan; y darase de limosna por cada vna Missa que en España se dixere, vn real, y por las que se dixeren en nuestros Estados de Flandres y Tierras baxas tres placas. Y porque en nuestra vida auemos mandado hazer capellanias, y dezir Missas cantadas y rezadas en la capilla Real de Granada, nos ordenamos de nueuo otras Missas y sacrificios perpetuos, y encomendamos afectuosamente a nuestros executores y testamentarios que ellos impetren por mi de la Sede Apostolica jubileo è indulgencia plenaria, las quales desde aora para entonces nos pedimos, y para ello suplicamos, paraque las dichas Missas que se dixeren, y limosnas que se hizieren sean mas acetas a Dios, y de mayor gracia por la salud de mi anima.

Otrosi, ordenamos y mandamos, que dentro del dicho año de mi fallecimiento se distribuyan treynta mil ducados de limosna en està manera. Diez mil para redimir Christianos cautiuos en tierra de infieles, y los que mas iusto parecieren, perferiendo a los que vuieren sido cautiuos en nuestras armadas, donde nos ayamos hallado presentes, y despues los que en las otras armadas nuestras vuieren sido cautiuos: y los diez mil en casar mugeres pobres necessitadas, perfiriendo las que fueren huerfanas, y de buena fama: y los diez mil restantes, para pobres vergonçantes que mes necessitados sean.

Otrosi, porque despues que fuymos jurados por Rey y Señor de los Reynos de la corona de Castilla, y de Aragon, a nuestro parecer, sin culpa nuestra, se nos an ofrecido grandes guerras, assi contra el Turco enemigo de la Christiandad, como contra otros Principes y potestades della, de cuya causa se nos an seguido grandes e ineuitables gastos, y auemos venido en grande necessidad, por lo qual no hemos podido hazer lo que desseauamos, que era cumplir enteramente los Testamentos del Rey Don Felipe nuestro Señor y padre, y de los Reyes Catholicos Emperador Maximiliano, y Madama Maria mis Abuelos, que ayan santa gloria, como teniamos obligacion. Porende mandamos, que los mas presto que ser pudiere, sean obseruados, cumplidos y executados en todo lo que faltare y restare por cumplir dellos, y que en especial se cumpla lo que toca a la construcion y dotacion de la capilla del dicho Rey Don Felipe nuestro Señor padre, que mandò hazer en nuestra casa de Bruselas, y sea vna Missa cantada perpetuamente en la dicha capilla cada dia.

Otro si, mandamos que ante todas cosas se paguen todas las deudas y cargos assi de partidos como de quitaciones y salarios, acostamentos, tenencias y sueldos, descargos, deseruicios, y otro qualquier genero de deudas, cargos e interesses de qualquier cantidad especial y calidad que sean, que se hallare yo ser obligado a pagar assi en nuestros Reynos de Castilla, e Aragon, como en nuestros Señorios de Flandres, Tierras baxas, y qualesquier otras partes, las quales mando que mis testamentarios aueriguen, paguen y descarguen lo mas presto que pueda ser, sobre lo qual muy estrechamente les encargo la conciencia: y para el cumplimiento y execucion desto obligamos y sometemos todos y qualesquier bienes nuestros muebles presentes y venideros. Y mandamos y es nuestra voluntad, que todos los tales bienes que dexaremos a la hora de nuestra muerte pot nuestros herederos y subditos sean luego puestos, y con efeto y derecho librados en las manos y poder de nuestros executores y testamentarios, o de la mayor parte dellos, para que se cumpla sin dilacion, y paguen las dichas deudas, y todo lo que somos obligados: pero queremos y ordenamos que las piedras preciosas, joyas de valor, tapizeria rica y otras cosas que se hallaren, en nuestros bienes muebles, en especial algunas joyas e cosas amazinas, que ayan sido de nuestros abuelos e bisabuelos, que viendolas el Principe Don Felipe nuestro hijo y nuestro heredero le sean dadas, y las pueda tomar en precio moderado a arbitrio de mis testamentarios, con que sea obligado, que dentro de nos años dara en manos dellos el valor en que fueren apreciadas las sobredichas cosas.

Otro si, por quanto nos procuramos con nuestro muy Santo Padre Leon X. y despues con Adriano que incorporasse en nuestra corona de Castilla, y de Leon los tres Maestrazgos de Santiago, de Calatraua, y Alcantara, y assi fueron incorporados perpetuamente, lo qual es claro y cierto auer sido y ser en mucha utilidad y pronecho de la dicha corona Real, y bien y pacificacion dellos, ordenamos y mandamos conforme a vn breue que para ello tenemos dè nuestro muy Santo Padre, que nuestros herederos o sus tutores (sobre lo qual les encargamos las conciencias) hagan librar y libren, acudan y recudan a nuestros testamentarios con los frutos y rentas, y todos derechos en qualquiera manera pertenecientes, mesas maestrales de los dichos tres Maestrazgos por nueue años primeros siguientes despues de nuestro fallecimiento, pagados los salarios y gastos de Alcaydes y otros ministros que se suele acostumbrar pagar, para qua de lo que a passado lo remedien y enmienden como conuenga, que por la presente de mi propio motiuo y poderio Real absoluto reuoco, caso y anulo, e doy por ninguno y de ningun efeto y valor qualquier uso y costumbre que vuiere e ayà auido, para que del no se puedan los dichos grandes Caualleros, ni otras personas aprouechar ni alegarlo en tiempo alguno, para tiempo de prescripcion, ni dexar de incurrir en las penas en que caen los que vsurpan la juridicion Real. Y porque la Reyna Catholica mi Abuela en su Testamento dexò y declarò, que daua por ningunas y de ningun efeto y valor las mercedes que hizo de las cosas pertenecientes a la corona Real de sus Reynos, y afirmò que no emanaron de su libre voluntad: porende conformandome con lo contenido en el dicho Testamento ordeno y mando, que la clausula del que en esto habla, sea guardada, como en ella se contiene. Y digo que declaro, que si yo alguna mercede e hecho de las cosas de la dicha corona Real, y de mano de qualquiera de mis Reynos y Señorios: o mande o dispense contra ella, haziendo de nueuo, aprouando, o confirmando lo que por los Reyes mis predecessores estaua hecho en perjuyzio de la dicha casa Real, e dominio, e patrimonio della, yo lo reuoco y doy por ninguno, y de ningun valor y efeto, paraque della no se pueda persona alguna aprouechar en algun tiempo.

Otro si, porque a causa de las grandes necessidades que e tenido, vue vendido y vendi mucha suma de marauedis de juro de alquitar, los quales yo tenia gran desseo y voluntad de quitar y rescatar luego que Dios me librasse de las dichas necessidades: porende encargo a mi heredero que por tiempo fuere, o sus tutores, que por todas las vias y formas justas que hallaren y pudieren, tenga manera de lo quitar, y sean tornadas y bueltas a la corona Real lo mas presto que ser pueda: lo qual es nuestra voluntad, y queremos que se entienda no solamente en los marauedis de juro vendido como dicho es en los nuestros Reynos en la corona de Castilla, mas en lo vendido con facultad de lo poder quitar en qualquier manera empeñado en los nuestros Reynos de la corona de Aragon, Napoles, Sicilia, paraque aquello se rescate y buelua a la corona, y patrimonio Real, y dominio, y lo mismo en lo que toca a los bienes vendidos, y empeñados, por las necessidades en los nuestros Estados de Flandres y Tierras baxas, paraque aquellos se quiten y rediman en todo lo que se pudiere.

Otro si, porque los Reyes Catholicos mis Abuelos y yo vendimos algunos marauedis de juros, hizimos otras mercedes de por vida a alcunas personas, encargo la conciencia a mi heredero, que luego que las personas a quien fueren vendidos los dichos juros de por vida, o fuere hecha la tal merced murieren, se consuman y bueluan a la corona Real, y que no se les passe ni alargue por otra vida, ni mas o menos tiempo: y a sus tutores y gouernadores mando, que no hagan ni puedan hazer otra cosa, y que si lo hizieren, sea ninguno y de ningun valor ni efeto. E ansi mismo mandamos, que las donaciones hechas por nuestra vida a los Oficiales y Seruidores, criados y criadas de la Emperatriz que aya santa gloria, no se puedan como quier ceder, vender, ni proueer a otras personas algunas, antes se consuma todo segun la formas de las consignaciones que se les fueren hechas.

Item, porque deuo a Dios nuestro Señor, y por el grande amor paternal que tengo al serenissimo Principe mi muy caro y amado Hijo, desseando mas el aumento de sus virtudes, y saluacion de su alma, que del acrecentamiento de los bienes temporales, efetuosamente le encargo y mando, que como muy Catholico Principe, y temeroso de

los

ANNO 1554. los mandamientos de Dios, tenga muy gran cuenta de las cosas de su honra y seruicio, y sea obediente a los mandamientos de la santa Madre Iglesia, especialmente le encargo e mando, que fauorezca y haga fauorecer al santo Oficio de la Inquision contra la heretica prauedad y apostasia, por las muchas y grandes ofensas de nuestro Señor, que por ella se quitan e castigan: y guarde y haga guardar a las Iglesias y personas Ecclesiasticas sus libertades, y fauorezca y haga fauorecer las Religiones, y procure el aumento y reformacion dellas donde fuere menester, y que sea zelador, y que tenga mucho cuydado del Culto diuino, y que con todo coraçon y animo animè a la justicia, la qual haga administrar sin excepcion de personas, teniendo, como es obligado, mucha vigilancia y cuydado de la buena gouernacion de los Reynos y Señorios, en que despues de nos sucedera, y de la paz y sossiego dellos, y que sea benigno y humano a sus Subditos y naturales, y no les consienta que sean fatigados, ni les sean hechos agrauios, y que señaladamente lese encomendado la protecion y amparo de las viudas, y huerfanos, pobres, miserables personas, para que no permita que sean vexados, o presos, nien manera alguna maltratados de las personas ricas, y personas poderosas, a lo qual los Reyes tienen grande obligacion.

Item, conformandome a lo que deuo y soy obligado, de lo que assi restare, sean pagadas y satisfechas nuestras deudas y cargos, y todo lo que restare en los dichos nueue años de los dichos Maestrazgos, dende aora lo aplicamos y consignamos para lo susodicho, por virtud del dicho Breue y facultad Apostolica, que para ello tenemos, pues que las dichas deudas preuienen de los que emos sido y somos forçados gastar por el bien publico, y defension y conseruacion de la Christiandad de nuestros Reynos. Y porque puede ser que por razon de los grandes gastos y costas que auemos tenidò por las dichas guerras que no auemos podido escusar, por ventura los sobredichos muebles, frutos, y rentas, y consignaciones señaladas no bastaren para pagar y satisfazer los cargos y deudas que assi deuemos; en tal caso ordenamos y mandamos al Principe nuestro hijo y nuestros herederos, y sus tutores que realmente y con efeto ellos libren en pòder de nuestros executores y testamentarios de la renta de nuestros Reynos tanta suma de marauedis en dinero, quanta fuere menester al cumplimiento de lo susodicho, y encargamos y mandamos a nuestros herederos, y a sus tutores que por ninguna necessidad, que se ofrezca, se dexe de librar, cumplire, pagar, por manera que nuestra anima sea descargada, y todos los Consejos y lugares, y personas particulares a quien se deuieren, sean satisfechos y pagados enteramente todo lo que les fuere deuido. Y encargamos y mandamos a los dichos nuestros testamentarios, que tengan especial cuydado de pagar amis criados todas las quitaciones y gajes que se les deuieren infaliblemente, y con mucha atencion y equidad, teniendo respeto a que los pobres y personas que tuuieren mas necessidad sean preferidos a los ricos para ser primero pagados. Y quiero y es mi voluntad que no se haga diferencia entre los naturales de los otros nuestros Reynos, Estados y Señorios, criados nuestros que nos an seruido en los dichos Reynos en el tiempo y pagas que se les an de hazer, de sus deudas: antes teniendo respeto y consideracion que los que estuuieren fuera, y quieren boluer a ellas, sean satisfechos con la mayor presteza que ser pueda.

Otrosi, por quanto a causa de las dichas necessitades que nos an ocurrido despues que sucedimos en estos nuestros Reynos de la corona de Castilla y Aragon, y Señorios dellos, y tolerado que algunos Grandes y Caualleros ayan lleuado las alcaualas, tercias, pechos y derechos pertenecientes a la dicha corona y patrimonio Real y de nuestros Reynos, y no e podido cumplir ni executar la clausula que dexò en su testamento la Catholica Reyna mi Señora y Abuela, que habla sobre las dichas alcaualas, las prouisiones que mandò dar y dio antes que falleciesse. Porende porque los dichos Grandes, Caualleros y otras personas a causa de la dicha tolerancia y dissimulacion, que emos tenido, no puedan dezir que tengan uso y costumbre; ni prescripcion pueda perjudiciar al derecho de la corona y patrimonio Real, y a los Reyes que despues de nos otros que sucedieren en los dichos Reynos y Señorios, y por la presente por descargo de mi conciencia digo y declaro, que la tolerancia y dissimulacion que a tenido cerca de lo susodicho no pare perjuyzio a la corona y patrimonio Real, y a los Reyes que despues de nosotros sucedieren en los dichos Reynos y Señorios, y de nuestro proprio motu y cierta ciencia y poderio Real absoluto, de que en esta parte queremos vsar e vsamos como Rey y soberano Señor, no reconociendo superior en lo temporal en la tierra, reuoco y anulo. y doy por ninguno, e de ningun efeto y valor la dicha tolerancia, y qualquiera dissiemulacion o licencia de palabra o por escrito, que yo aya fecho o dado, en qualquiera transcurso de tiempo, aunque fuesse tanto, que bastasse causar prescripcion, aunque fuesse de cien años, o mas tiempo, que no se tuuiesse memoria de hombres en contrario, paraque no les pueda aprouechar, y siempre quede el derecho de la corona Real saluo, illeso, que pueda yo, o los Reyes que despues de mi sucedieren en los dichos Reynos e Señorios, incorporar en la corona y patrimonio Real, las dichas alcaualas, tercias, pechos e derechos Reales, como cosa anexa a la dicha corona, y que della no sea pedido, ni pueda apartar por alguna tolerancia, dissimulacion, permission, o transcurso de tiempo, ni por expressa licencia e concession que vuiesse de nos, o de los Reyes nuestros predecessores, mas por le hazer merced le hago gracia, donacion de lo que hasta aqui an lleuado, paraque en algun tiempo a ellos, ni a sus herederos le sean pedido ni demandado. ANNO 1554.

Otro si, por quanto yo e sido informado, que algunos Grandes y Caualleros de mis Reynos y Señorios por formas y maneras que an tenido, an dado y hecho e puesto impedimento a los vezinos y moradores de sus tierras, paraque no apelen dellos, ni de sus Ministros de justicias para nos e nuestras Chancillerias, como por derecho y leyes de nuestros Reynos lo pueden y deuen hazer: y si esto passasse adelante, y no se remediasse, seria en mucho detrimento de la justicia y preeminencia Real e suprema jurisdicion y daño de los Subditos y naturales de nuestros Reynos. Porende por descargo de mi conciencia digo y declaro, que si algo de lo susodicho e passado y quedado por remediar, a sido por no auer claramente venido a mi noticia, y encargo, y mando al Principe mi hijo, mis herederos, o sus tutores, que no le consientan ni permitan, e pongan diligencia en saber la verdad de lo que en esto dederecho, e leyes, e establecimientos de mis Reynos, Estados, e Señorios establezco e instituyo por mi heredero y sucessor vniuersal en todos los dichos mis Reynos e Señorios, assi de Castilla, de Leon, Aragon, Cataluña, Nauarra, Galizia, Seuilla, Granada, e las Islas de Canaria, y de las Indias y Tierra firme del Mar Oceano, Mar del Norte, y Mar del Sur, y otras qualesquier Islas y Tierras descubiertas, e que se descubriran e señorearan de aqui adelante, como en todo los otros mis Reynos de Napoles, Sicilia, Mallorca, Menorca, Cerdeña, y de todos los demas Señorios y derechos como quiera que sea pertenecientes a la corona de Castilla, Aragon, en los mis Estados, Señorios de Borgoña, y de Brabante, Lucemburq; Ariamburq; Gueldres, Flandres, Holanda, Zelanda, Frisa, Namurq; Artoes, Henaut, Malinas, y en todos los otros Estados, Tierra y Señorios en las Tierras baxas, o qualquiera otra parte a nos pertenecientes, en qualquiera manera, y sus derechos y acciones, y pertenencias al Seren. *Prin.* D. Felipe mi muy caro y amado hijo primogenito heredero, el qual quiero que los aya, herede y suceda en todos ellos, y en todo el derecho, titulo que me pertenecen y pertenecer pueden en qualquier manera a todo ello, y las aya con benedicion de Dios y con la mia despues de mis dias. El qual luego que Dios me lleuare desta presente vida, se intitule, llame y sea Rey, como se hizo comingo despues de la muerte del Rey Catholico mi Señor abuelo. Y mando a todos los Perlados, Grandes, Duques, Condes, y Marqueses, e ricos hombres, e a los Priores, Comendadores, Alcaydes de casas fuertes y llanas, y a los Caualleros, Adelantados, Merinos, y a todos los Consejos, Justicias, Alcaldes, Alguaziles, Regidores, y Oficiales, hombres buenos,

ANNO 1554.

nos, y a todas las Ciudades, villas y lugares, y tierras de mis Reynos y Señorios, y a todos los Viſorreyes, Gouernadores, Caſtellanos, Capitanes y guardas de las fronteras de alliende y aquende el mar, y a otros qualeſquier Miniſtros y Oficiales de los mis Reynos, aſſi de la corona de Caſtilla, e Aragon, Napoles, Sicilia, como de los nueſtros Eſtados y Señorios de Borgoña, Brabante, Flandres, y de todos los demas de las Tierras baxas a nos pertenecientes y de ſuſo declarados, y a todos los otros mis Vaſſallos, y Subditos, y naturales de qualquier eſtado y preeminencia, y dignidad que ſean, por la fidelidad y reuerencia, ſujecion, vaſſallage que me deuen, y ſon obligados como a ſu Rey y Señor natural, y en virtud de los juramentos y fidelidad, y pleyto omenage que me hizieron al tiempo que ſucedi en los dichos Reynos, Eſtados y Señorios, cada y quando que pluguiere a Dios me lleuar deſta preſente vida, a los que ſe hallaren preſentes, y a los auſentes, dentro del termino que las leyes de los dichos Reynos y Señorios en tal caſo diſponen, vengan, hagan y tengan, y reciban al dicho Don Felipe mi hijo por ſu Rey y verdadero Señor, natural proprietario de los dichos mis Reynos, Eſtados, Tierras y Señorios, y alcen pendones por el, haziendo las ſolenidades que en tal caſo ſe ſuelen y acoſtumbran hazer, ſegun el eſtilo, vſo y coſtumbre de cada Prouincia, y aſſi le nombren e intitulen dende en adelante, y le den preſentes, y exhiban, y le hagan preſtar y exhibir toda la fidelidad, lealtad y obediencia, que como ſus Subditos y naturales ſon obligados a ſu Rey y Señor. Y mando a todos los Caſtellanos, Alcaydes, de alcaceres, fortalezas, caſtillos, y caſas llanas y fuertes, y ſus lugares tenientes de qualeſquier Ciudades, villas y lugares, y deſpoblados, que hagan pleyto omenage y juramento, ſegun coſtumbre y fuero de Eſpaña, de los que fueren de las coronas de Eſpaña, y en los otros Eſtados y Señorios de Flandres, y las Tierras baxas, ſegun la coſtumbre de la Prouincia donde ſeran por ellas al dicho Principe Don Felipe mi hijo, y de las tener y guardar para ſu ſeruicio durante el tiempo que ſe las mandare tener. Lo qual todo lo que dicho es, y cada vna coſa y parte dello les mando que cumplan e hagan realmente y con efeto, ſo aquellas penas y caſos en que caen incurren los rebeldes, e inobedientes a ſu Rey y Señor natural, y quiero y aſſi lo otorgo y mando al ſereniſſimo Principe mi hijo, que en quanto viuiere la ſereniſſima, y muy alta, y muy poderoſa Reyna mi Señora Madre, reyna juntamente con ella, ſegun y por la orden que yo lo e hecho y hago al preſente, y por aquella miſma manera. Y mando al dicho Principe mi hijo, y a qualquiera heredero mio, y ſus tutores, y gouernadores, que la ſiruan y acaten, y hagan que ſea ſeruida y acatada, como a ſu Real perſona conuiene y es neceſſario, y le hagan acudir e acudan, e ſeñalen, e ſean ſeñalados los quentos de marauedis que yo le e mandado librar, y de todo lo que a meneſter cada año para la prouiſion y ſalarios, y quitaciones de ſu caſa y criados, ſin que en ello aya falta ni defeto alguno. Y ordenamos y mandamos, que quando nueſtro Señor pluguiere de lleuar para ſi a ſu Alteza, (que ſea deſpues de muchos años) ſu cuerpo ſea lleuado a la Ciudad de Granada, y ſepultado en la capilla Real arriba dicha, cerca del Rey Don Felipe mi Señor y padre, que aya ſanta gloria, con las ſolenidades y pompa que a ſu Real perſona conuiene.

Otro ſi, encargo al dicho Principe mi hijo y heredero, que mire mucho por la conſeruacion del patrimonio Real de los dichos Reynos, Eſtados y Señorios, y que no venda ni enagene, ni empeñe algunas de Las Ciudades, o villas, o vaſſallos, o juriſdiciones, rentas, pechos, y derechos, ni otra coſa alguna perteneciente a lo corona Real de los dichos Reynos e patrimonio dellos, y de los otros Eſtados y Señorios, y que haga guardar y mirar las preeminencias Reales en todo aquello que al cetro Real, y al Señorio conuenga, y guarde y mande guardar a los hijos-dalgo ſus libertades y exenciones, como ſu gran lealtad y fidelidad lo merece: y le encargamos que haga mercedes, y mande hazer buen tratamiento a los criados de la Reyna mi Señora, y mios.

Item, porque ſe a conſiderado, que ſeria muy conueniente por juſtas cauſas y reſpetos procurar con nueſtro muy Santo Padre, que ſe diſpenſaſſen y efetuaſſen tantas Canongias en las Igleſias Cathedrales de Eſpaña en los Obiſpados principales, donde reſiden los Inquiſidores contra la heretica prauedad, paraque de cada vno dellos tuuieſſe vna reprehenſion en el Obiſpado principal del partido do reſide, con el qual el ſanto Oficio ſeria mas honrado y fauorecido, y los dichos Inquiſidores mejor entretenidos, y ſe ſiguirian otros prouechos, afetuoſamente encargo al dicho ſereniſſimo Principe mi hijo, que ſe quando Dios me lleuare deſta preſente vida, no eſtuuiere deſpachado, lo haga deſpachar, y procurar, y efetuar como coſa en que Dios ſera muy ſeruido, y el ſanto Oficio fauorecido como dicho es. Y deſpues de los dias del ſereniſſimo Principe ſuceda en los dichos mis Reynos y Señorios, el ſereniſſimo Infante Don Carlos ſu hijo y nieto: y deſpues del, ſu hijo mayor varon, ſi lo vuiere, y en defeto de varon, ſi hija mayor, ſiendo ſiempre vn ſolo ſuceſſor, con declaracion quanto a los Eſtados y Señorios de Flandres, y Tierras baxas que adelante en eſte Teſtamento ſe pornan y eſpecificaran. Y ſi por ventura, lo que Dios no quiera, ni permita, vuieſſe lleuado deſta preſente vida al dicho Principe Don Felipe mi hijo al tiempo de ſu fin y muerte, en tal caſo deſde luego eſtablezco y conſtituyo por mi heredero y ſuceſſor vniuerſal en todos los mis Reynos y Señorios con la dicha declaracion que de yuſo ſe dira al dicho ſereniſſimo Infante Don Carlos ſu hijo, mi nieto; el qual mando que ſea auido y tenido deſpues de mis dias por Rey, ſegun por la forma que eſtà dicho y declarado en la perſona del dicho Principe mi hijo, padre del dicho Infante, teniendo ſiempre la obediencia a acatamiento que eſtà dicho a la Catholica Reyna mi Señora Madre, como a ſu Real perſona es deuida. Y en caſo que del dicho Infante Don Carlos no quedaſſe ſuceſſion legitima, y vuieſſe quedado otro hijo o hija del dicho Principe Don Felipe mi hijo, el tal hijo o hija ſuceda en todo ſegun de ſuſo, prefiriendo ſiempre el mayor al menor, y el varon a la hembra, y en ygual linea y grado, el nieto o nieta, hijo del primogenito que muriò en vida del padre al hijo ſegundo genito, que ſe hallò viuo al tiempo de la muerte del padre, conforme a la diſpoſicion de las leyes y prematicas de las partidas, y otras de nueſtros Reynos y Señorios.

Y por quanto en los dias paſſados con voluntad y expreſſo conſentimiento, y poder ſuficiente nueſtro, y del ſereniſſimo Principe Don Felipe ſe concertò matrimonio entre el y la ſereniſſima Reyna de Ingalaterra y de Francia, Maria primera deſte nombre, y ſus legitimos procuradores, y ſe contraezo el dicho matrimonio por palabras de preſente, en la forma que ſe ordena, y tiene ordenada la ſanta Madre Igleſia, y entre otras coſas que en el Tratado del dicho matrimonio ſe aſſentaron, y concertaron, y prometieron, ay vn capitulo que diſpone cerca de la ſuceſſion de los dichos Eſtados de Borgoña y Brabante, Flandres y todas las Tierras baxas. Porende dezimos y declaramos, ordenamos y mandamos, conformandonos con lo capitulado, aſſentado, aprouado, y ratificado en el Tratado del dicho matrimonio, que conſumiendoſe aquel matrimonio, y quedando hijos de tal matrimonio, que el hijo mayor varon de alli procedido, ſuceda en todos los dichos nueſtros Eſtados y Señorios de Borgoña, de Brabante, Gueldres, Flandres, Holanda, Zelanda, y todas las Tierras baxas que a nos pertenecen, y pertenecer pueden en qualquier manera, enteramente. Y ſi hijo varon no quedare ni fincare del dicho matrimonio, que ſuceda la hija mayor, que del precediere en todo y por todo como eſtà dicho en el hijo. Y para en qualquiera de los dichos dos caſos de hijo o hija del tal matrimonio, porque mi vltima voluntad ſe conforme con lo capitulado y aſſentado en el dicho Tratado matrimonial, y todo venga en vna conformidad, y entre nueſtros herederos, y los Reyes que deſpues de nos vinieren, no aya diferencia alguna, por falta de declaracion mia, y ultima diſpoſicion, queremos, y ordenamos, y mandamos lo aſſentado en eſte caſo, y contratado por cauſa oneroſa ſea guardado inuiolablemente, y el dicho ſereniſſimo Infante Don Carlos nueſtro Nieto ſea apartado y excluydo de la ſuceſſion de los dichos Eſtados y Señorios de Borgoña, Brabante, e Gueldres, Holanda y Zelanda, Flandres, y Friſa, y todos los otros que a nos pertenecen, y pertene-

cer

ANNO 1554.

cer pueden en las Tierras baxas: porque aſſi conuiene al ſeruicio de Dios nueſtro Señor, y bien de ſu ſanta Catholica religion, y a la paz vniuerſal de la Chriſtiandad, contra los infieles, y enemigos della, y a la guarda, y aumento, y conſeruacion de todos nueſtros Reynos, Eſtados y Señorios, aſſi de la corona de Caſtilla, Aragon, como de las dichas Tierras baxas, y las demas, y a la quietud y ſoſſiego, aumento, tranquilidad y ſoſſiego, y ſatisfacion de todos nueſtros ſubditos, y naturales de todas partes, y por otras muy importantes cauſas honeſtas e juſtas, e deuidos reſpetos. Pero quando del dicho matrimonio no quedaſſe hijo ni hija, en tal caſo el dicho Illuſtriſſimo Infante Don Carlos ſuceda en todos los dichos Eſtados de Borgoña, Brabante, Gueldres, Flandres, Holanda, Zelãda, y todas las Tierras baxas, bien aſſi como eſtà diſpueſto en la perſona del dicho ſereniſſimo Principe Don Felipe mi hijo, y como ſi el dicho Tratado matrimonial, no fueſſe hecho ni otorgado. Y en caſo que hijo quedaſſe del dicho matrimonio que aya de ſuceder en los dichos Eſtados por falta de varon, ordenamos y mandamos conformandonos con vn capitulo del dicho Tratado, que la tal hija caſandoſe con hombre, que ſea originario Ingles, o de las dichas Tierras baxas lo pueda hazer libremente: pero que ſi quiſiere caſarſe con otra fuera de Ingalaterra, o de las dichas Tierras baxas, no originario de la vna ni otra parte; que ſea obligada a tomar para ello conſejo, y tener conſentimiento del dicho Infante Don Carlos ſu hermano nueſtro nieto: y que quãdo aſſi no ſe cumplieſſe, que al dicho Infante le quede ſu derecho a ſaluo, para ſuceder en los dichos Eſtados y Tierras baxas.

Y en caſo que al dicho Principe mi hijo Don Felipe, ni al dicho Infante Don Carlos no quedaſſe ſuceſſion legitima, nombro por vniuerſal heredera y ſuceſſora de todos los dichos Reynot y Señorios de todas las dichas partes a la ſereniſſima Infanta Doña Maria Reyna de Bohemia nueſtra hija: la qual mandamos que luego ſea jurada por Reyna y Señora, ſegun y como eſtà dicho en la perſona del dicho ſereniſſimo mi hijo, teniendo reſpeto, y acatamiento, y reuerencia que es deuida a la Catholica Reyna mi Señora madre. Y deſpues de los dias de la dicha Infanta Reyna nueſtra hija, nombro a ſu hijo varon mayor legitimo, y en defeto de varon, ſu hija major legitima con prerogatiua del mayor al menor, y el varon a la hembra, y el nieto hijo del primogenito al ſegundo, ſegun de ſuſo eſtà declarado.

Y quando acaeciere fallecer la dicha Infanta Doña Maria nueſtra hija ſin ſuceſſion legitima, en tal caſo ordenamos y mandamos, que ſuceda en todos los dichos nueſtros Reynos y Señorios la ſereniſſima Infanta Doña Iuana Princeſa de Portugal nueſtra ſegunda hija: y deſpues della ſu hijo el mayor varon, y en defeto de varon ſu hija mayor, prefiriendo ſiempre el varon a la hembra, y el mayor al menor, y el nieto al hijo ſegundo genito del ultimo Rey o Reyna que falleciere, ſegun de ſuſo eſtà dicho y repetido.

Y en caſo que la dicha Infanta Princeſa nueſtra hija Doña Iuana falleciere ſin dexar decendientes legitimos, en tal caſo llamamos e auemos por llamado a la ſuceſſion de los dichos Reynos, Eſtados y Señorios uniuerſalmente al ſereniſſimo Infante Don Fernando Rey de Romanos y Ungria nueſtro hermano, teniendo el acatamiento y reuerencia que eſtà dicha a la Catholica Reyna mi Señora madre: y deſpues de los dias del dicho ſereniſſimo Rey mi hermano, a ſu mayor varon legitimo: y en defeto de varon ſu hija mayor legitima, con las prerogatiuas y declaraciones ſuſodichas,

Y en defeto de ſuceſſion legitima del dicho nueſtro hermano, declaramos y eſtablecemos por nueſtra heredera vniuerſal de todos los dichos Reynos, Eſtados y Señorios, de ſuſo declarados, a la Chriſtianiſſima Reyna viuda de Francia Doña Leonor mi hermana, y deſpues de ſus dias a ſu legitima ſuceſſion, ſegun de ſuſo eſtà pueſto y repetido.

Y en defeto de ſuceſſion legitima de la Chriſtianiſſima Reyna ordenamos y mandamos, que ſuceda en los dichos nueſtros Reynos, Eſtados, Tierras y Señorios, la perſona que deuieſſe ſuceder, ſegun derecho y razon, leyes de las partidas, y de las otras ſuſodichas.

Item porque la ſereniſſima Emperatriz y Reyna mi Muger, que aya ſanta gloria, por vn codicilo otorgado en la ciudad de Toledo a veynte y ſiete de Abril del año de mil y quinientos y treynta y nueue diſpuſo, que el tercio y remanente del quinto de ſus bienes derechos y acciones quedaſſe a nueſtra diſpoſicion, porque ſu voluntad era de mejorar, y mejoraua en ello al Principe nueſtro hijo, o a la Infanta Doña Maria, o Infanta Doña Iuana nueſtras hijas, o a qualquier dellas, que nos declaraſſemos en nueſtra vida, o vltima voluntad, dandonos facultad para que lo pudieſſemos dar, o repartir entre ellos, como nos pareciesſe, e vieſſemos mas conuenia, inſtituyendo en todo lo demas (cumplido ſu Teſtamento) por vniuerſales herederos a los dichos Principe Don Felipe, Infante Doña Maria, y Doña Iuana nueſtras hijas por yguales partes, reuocando quanto a lo ſuſo dicho, ſi neceſſario era, ſu Teſtamento que primero auia hecho, ſegun que en el dicho codicilo mas particularmente ſe contiene, y mas queriendo vſar, como vſamos de la dicha facultad a nos dada por la dicha ſereniſſima Emperatriz y Reyna cerca de la dicha mejora del tercio remanente del quinto de ſus bienes, derechos, acciones, conſiderando lo que eſtà hecho, tratado, y aſſentado en los caſamientos de las dichas Infantas nueſtras hijas, que paſſa deſta manera. Al tiempo que ſe concerto el caſamiento de la Infanta Doña Iuana mi hija con el Principe de Portugal, le nombraron por dote a la dicha Infanta nueſtra hija; trezientos y cinquenta, o trezientos y ſeſenta mil cruzados, de a valor de a quatrocientos res cada vno, moneda de Portugal, los dozientos mil de nueſtras partes, y por lo que de nos le podia pertenecer, y las ciento y cinquenta, o ciento y ſeſenta, por lo que le podia pertenecer de la legitima y herencia de la ſereniſſima Emperatriz y Reyna ſu madre, creyendo entonces, y ſiendo nos dicho que no montauan mas la dicha legitima. Y deſpues de aquello eſtando nos en Alemaña ſe concerto el caſamiento de la Infanta Doña Maria nueſtra hija mayor con el Rey de Bohemia; y ſe le prometio en dote trezientos mil ducados, o eſcudos, dozientos mil por nueſtra parte, y cien mil de la legitima de ſu madre, como por la capitulacion parece, no auiendo entonces recuerdo de lo que a la Infanta Doña Iuana ſu hermana ſe le auia dado, ni teniendoſe noticia de lo que ſus legitimas maternas podrian montar, y le podia pertenecer, por lo qual deſpues eſtando en Iſpruch mandamos en vn codicilo que ſe le dieſſen cinquenta, o ſeſenta mil ducados que faltauan para la ygualar con la dicha Infanta Doña Iuana ſu hermana. Y para mayor ſatisfacion nueſtra e aueriguacion de la verdad, y que la cuenta ſe hizieſſe de rayz y con fundamento mandamos eſcriuir a Eſpaña, para que el ſereniſſimo Principe nueſtro hijo lo hizieſſe bien ver y examinar, y auiendoſe hecho aſſi alla y aca, y conmigo conſultado, ſe a determina, que las joyas y muebles que quedaron y fincaron de la ſereniſſima Emperatriz ſe an de juntar con las nouecientas mil doblas que traxo en dote, y que todo junto es herencia de ſus hijos. Lo qual todo, ſacadas ciertas partidas de las dichas joyas, que ſe devieron ſacar y reduzir, monta liquidamente vn millon, y ciento y ſeſenta mil y ochocientas y ſeſenta y nos doblas, las nouecientas mil del dicho dote, y los reſtantes del valor de las dichas joyas y bienes muebles. De la qual ſuma, ſacando el tercio y quinto entero, porque las mandas hechas por la ſereniſſima Emperatriz nos las hezimos cumplir por otra parte, que monta tercio y quinto quinientas y quarenta y ſeys mil y quatrocientas y ſiete doblas, lo remanente ſe a de repartir por yguales partes entre los dichos ſereniſſimo Principe e Infantas nueſtras hijas, como legitimas que a cada uno dellos pertenece, que monta cada legitima dozientas y ocho mil y ciento y cinquenta y cinco doblas: de manera que el que de nueſtros hijos fuere mejorado en el tercio y quinto, a de auer dello, y de la legitima ſetecientas y cinquenta y quatro mil y quinientas y cinquenta doblas. Y nueſtra voluntad a ſido ſiempre y es, aſſi lo declaramos, de majorar como mejoramos en el dicho tercio y quinto enteramente al dicho Don Felipe nueſtro hijo, para que lo aya e goze, de mas e aliende de lo que de ſu legitima le cabe, y cada una de las dichas nueſtras hijas Reyna de Bohemia y Princeſa de Portugal aya las dichas dozientas y ocho mil y ciento y cinquenta y cinco doblas de ſu legitima materna, con que ſe cumple el dicho vn- ANNO 1554.

Anno 1554. millon, y ſeſenta mil y cienta nouecientas y ſeſenta y cinco doblas, lo qual aſſi declaramos. Y mandamos que cada vna de las dichas Reyna de Bohemia, Princeſa de Portugal Infantas Donna Maria, y Donna Iuana nueſtras muy caras y muy amadas hijas ſe cumpla por ſu legitima materna la ſuma de las dichas dozientas, y ocho mil e ciento y cinquenta e cinco doblas, la qual ſe a de cumplir en la manera aqui expreſſada: conuiene a ſaber, la ſereniſſima Reyna de Bohemia tiene ſeñadalos cien mil ducados por la legitima de ſu madre como dicho es, y por eſtas, y por las dozientas mil, que de nueſtro parte ſe le ſeñalaron, ſe les reſponde y da por ſu entretenimiento y ſuſtentacion de ſu caſa y Eſtado, en cada vn año lo que montare a razon de diez por ciento, en tanto que no le fueſſe pagada toda la ſuma o ſeñalada renta perpetua por ella: y aſſi mandamos qui ſe haga y cumpla ſin dilacion y falta alguna, y que lo que eſtuuiere por pagar al tiempo de mi fallecimiento, aſſi de lo principal, como de lo que a ella ſe a de dar para ſu entretenimiento, ſe le de y pague, para que la ſuma toda ſe conuierta y cumpla en renta ordinaria para ſeguracion de ſus dotes y ſuſtentacion de ſu Eſtado, conforme a lo aſſentado en los capitulos del matrimonio. Demas deſto tiene recibido de las dichas joyas que ſincaron de la Emperatriz que aya gloria, que por yguales partes fueron partidas entre todos los hermanos el valor de nouenta y ſiete mil y quinientas y ſeſenta y ſiete doblas, ſegun el precio juſto y taſſacion que ſe hizo de las dichas joyas, aſſi que juntando eſta ſuma con los cien mil ducados, o eſcudos ſeñalados por legitima faltarian para cumplimiento entero de las dichas dozientas y ochenta mil y ciento y cinquenta e cinco doblas a ſatiſfacion cumplida ſu legitima materna diez mil y quinientas y ſeſenta y ocho doblas, las quales emos mandado que ſe le paguen de contado. Y porque con eſto ſe cumpla con la dicha Reyna Maria mi hija todo lo que le es deuido, queremos y mandamos que la ſuma de los dichos cinquenta o ſeſenta mil ducados que le auiamos mandado añadir, ceſſe y no ſe le pague.

Item lo que toca a la ſereniſſima Infanta Princeſa Doña Iuana, lo que mas paſſa es, que quando ſe concerto ſu caſamiento con el Principe de Portugal, y el de la Infanta Doña Maria hija del ſereniſſimo Rey de Portugal con el ſereniſſimo Principe Don Felipe nueſtro hijo, ſe prometieron por el dicho ſereniſſimo Rey a ſu hija, quinientos y cinquenta haſta quinientos y ſeſenta mil cruzados, y nos prometimos a la dicha Infanta Doña Iuana nueſtra hija, trecientos y cinquenta haſta trecientos y ſeſenta mil cruzados: por manera que ſe preſupoſo que lo que auia de recibir en dote el dicho Principe nueſtro hijo eran dozientos mil cruzados, mas que lo que el Principe de Portugal auia de auer en dote con la Infanta nueſtra hija, y en efeto no a recibido mas de los quatrocientos mil. Fueron en deſcuento de otros tantos de lo que auiamos de dar a la Infanta nueſtra hija, que fue la parte que ſeñalamos por lo que le podia pertenecer de la legitima de la ſereniſſima Emperatriz que aya gloria, porque los dozientos mil fueron ſeñalados de nueſtra parte, y por lo que de nos le podria pertenecer, como dicho es, y por el tratado de los dichos caſamientos parece por vn capitulo dellos, la obligacion de los otros ciento y cinquenta, o ciento y ſeſenta mil cruzados quedo a nos para con nueſtra hija. Y porque el matrimonio de entre ella y el dicho Principe de Portugal es diſuelto por muerte del, quedando ella viuda, aunque con hijo del dicho matrimonio, es mi voluntad, y mando, que ſi yo no vuiere de otra manera cumplido con ella lo que toca a la ſuma de los dichos ciento y cinquenta, o ciento y ſeſenta mil cruzados, que ſe vea lo que de razon y juſticia ſe deue hazer, y aquello ſe haga, y lo que ſe hallare ſer deuido ſe cumpla, porque nueſtra intencion no fue ni es de hazer perjuyzio a alguno. Y aſſi miſmo dezimos y declaramos, que la dicha capitulacion en quanto toca a los ciento y cinquenta, o ciento y ſeſenta mil cruzados, que el Principe nueſtro hijo a recibido menos en dote con la Princeſa ſu muger, que aya gloria, por razen del dicho deſcuento, no le pare perjuyzio al Infante Don Carlos ſu hijo nueſtro nieto, ſino que ſe les haga juſticia y razon como eſtà dicho en lo de la Infanta Doña Iuana. Y porque ella tiene recibidos del valor de las dichas joyas, que fueron de la ſereniſſima Emperatriz, la ſuma de los nouenta y ſiete mil y quinientas y ſeſenta y ſiete doblas como dicho eſtà, dezimos, declaramos y mandamos, que ſobre la dicha ſuma ſe aya de cumplir lo que fueremos obligados de razon y juſticia, haſta ſer cumplido lo que de ſu legitima materna le toca, y arriba eſtà declarado, para que ambas hermanas queden yguales. Y por quanto el repartimiento de las dichas joyas, que fueron de la dicha ſereniſſima Emperatriz, que aya gloria, y ſus muebles, ſe hizo por virtud de vna carta nueſtra eſcrita deſde Augſta a la ſereniſſima Reyna de Bohemia nueſtra hija, que entonces gouernaua en Eſpaña, eſtando con nos el ſereniſſimo Principe nueſtro hijo, por la qual le eſcriuiamos, que nueſtra voluntad era, y aſſi lo auiamos colegido de voluntad de la Emperatriz, que aya gloria, que las joyas ſe repartieſſen entre el Principe y ſus hermanas, por yguales partes, y que aſsi ſe hizieſſe como en efeto ſe hiyo, y ſe entrego cada vno de ſu tercia parte. La qual carta ſe eſcriuio deſpues de nos auer determinado de mejorar en el dicho tercio y quinto de los bienes que ſincaron de la dicha ſereniſsima Emperatriz al dicho Principe Don Felipe nueſtro hijo, y de hecho lo auemos aſsi ordenado y diſpueſto en el teſtamento que en Bruſelas antes auiamos otorgado. Y nunca fue nueſtra intencion de perjudicar por la dicha carta, ni tocar al tercio y quinto, ſino que de lo que de las joyas ſe dieſſe a cada vna de nueſtras hijas fueſſe en cuenta y pago de lo que de ſu legitima materna le podia caber. Porende deſde agora para mayor claridad lo dezimos, y diſponemos, y mandamos aſsi, que el dicho Principe Don Felipe aya elleue enteramente en el diche tercio y quinto de mejora de mas de ſu legitima, ſegun que de ſuſo eſtà dicho e declarado. Y en lo que toca a los dozientos mil cruzados, que por nueſtra parte, y lo que de nos podia pertenecer a la dicha Infanta Princeſa nueſtra hija, mandamos que lo que no eſtuuiere en ello cumplido, ſe cumpla y ſatisfaga enteramente como le fuè ſeñalado en lugar de la legitima, que de nos le podia caber: y aſsi inſtituimos a cada una de las dichas nueſtras hijas, Infanta Doña Maria, y Doña Iuana Reyna de Bohemia, y Princeſa de Portugal por nueſtras herederas, a cada vna de las quales ſe ſatisfara de ſus legitimas, que de nos les pueden pertenecer, con los dozientos mil ducados que le eſtan ſeñalados a cada vna, y en todo lo demas tocante a nueſtros Reynos y Señorios, bienes muebles, derechos e acciones que nos pertenecen, o pertenecer pueden, excluymos y emos por excluydas a las dichas nueſtras hijas, y a cada vna dellas: porque con la ſuma ſuſo dicha eſtà cumplido ſuficientemente con ellas,

Item es mi voluntad, declaro, e ordeno, y mando que las ſumas que ſe deuieren al tiempo de mi fallecimiento a las dichas Reynas de Bohemia, e Infanta Princeſa Doña Iuana mis hijas, por razon de ſus dotes y legitimas, por ſer cargo de los Reynos, y deuda que yo deuo como Rey y padre ſuyo, ſe paguen de las rentas Reales y patrimonio de los dichos Reynos y Señorios, y no ſe toque para la ſatisfacion deſto a la renta de los tres Maeſtrazgos de Santiago, Calatraua, y Alcantara, que yo dexo conſignado por virtud del Breue Apoſtolico que tengo para la paga y ſatisfacion de otras deudas que deuo y ſoy obligado a pagar por deſcargo de mi conciencia: y lo miſmo declaro y mando que ſe entienda y guarde en las ſumas que fueren deuidas a Mercaderes por aſſientos y cambios que con ellos ſe ayan hecho, los quales an ſido por coſas que ne ſe an podido eſcuſar para la defenſa y amparo, y conſeruacion de mis Reynos, por la autoridad y reputacion de nueſtra perſona, y por tanto ſon a cargo nueſtro como Rey, y de nueſtro ſuceſſor, y ſe an de pagar de las rentas Reales y patrimoniales de nueſtros Reynos, Eſtados y Señorios, y no de los dichos Maeſtrazgos. Y aſsi encomiendo, y encargo al dicho Principe mi hijo, que lo haga inuiolablemente guardar y cumplir, pues tambien la ſatisfacion de los dichos cambios le cumple a el por la conſeruacion del credito que tanto aura meneſter. Y quando ſobrare algo de las rentas de los dichos Maeſtrazgos pagadas las otras deudas para que eſtan ſeñaladas, alli ſe quadera, para que lo goze el dicho Principe mi hijo como adminiſtrador que a de ſer dellos, pues de la tal ſobra yo no diſpongo: Anno 1554.

que

Anno 1554. que ſe gaſte en otros vſos. Y a mis teſtamentarios mando, que guardan, y cumplan y executen lo ſuſo dicho, ſegun eſtà declarado.

Item, porque la manda que hago arriba de los treynta mil ducados para caſamientos de mugeres pobres, y redencion de cautiuos, y limosnas a pobres euergonçados, no ſe defiera, ni en ello aya eſtoruo, ni dilacion, ni impedimiento alguno por algun reſpeto ni cauſa, ni que ſe diga que no ay dineros apreſtados para ello, y que ſean meneſter esperar que ſe ayan: porende ordeno y mando, que los treynta mil ducados que ya antes agora tengo mancados, que ſe metan en vna arca con tres llaues, y ſe depoſiten en la fortaleza de Simancas, y alli eſten haſta el tiempo que Dios fueſſe ſeruido de me lleuar deſta preſenta vida, los quales treynta mil ducados, ſon de los que ſe cogen de los derechos de onze y ſeys al millar, que algunos años a que lo mando recoger, y que adelante ſe contiene, eſtos mismos treynta mil ducados deſto depoſito ſe conuiertan y emplen todos en el cumplimiento y efetuacion de la dicha menda, y en aquellas mismas tres obras pias preciſamente, y no en otra coſa alguna. Y para eſte efeto mando a las perſonas que las tres llaues de la arca tuuieren del dicho depoſito, que las entreguen luego a mis teſtamentarios, que en España ſe hallaren al tiempo de mi muerte, y ellos ſe apoderen de los dichos treynta mil ducados, para en cumplimiento de lo ſuſodicho: y al Alcayde de la dicha fortaleza y ſu lugar teniente mando en virtud de la fidelidad que nos deuen, omenaje que nos tienen fecho, y ſin pena de caer en caſo feo, que libremente y ſin dilacion alguna dexen a los dichos mis teſtamentarios, o a quien ellos embiaren ſacar la dicha arca y dinero.

Item mando y es mi voluntad, que ſi quando yo falleciere quedare viua la Reyna mi Señora madre, que del dinero recogido y depoſitado en Simancas ſe tomen diez mil ducados, y aquellos ſe diſtribuyan en obras pias por el anima de ſu Alteza, como yo antes de agora le tenia mandado, y la diſtribucion ſe haga al ſeruicio de Dios como a mis teſtamentarios parecera, de quien yo confio. Y ſi demas e allende de la ſuma de los dichos treynta mil ducados del dicho depoſito, y de los diez mil ducados ſe hallare alguna cantidad de dineros de lo perteneciente a los dichos derechos de onze y ſeys al millar, que auemos como dicho es, mandado recoger, y que adelante ſe contiene, de los quales dineros yo ayamos diſpueſto en vida, mandamos que la tal cantidad ſe conuierta y diſtribuya en obras pias de las demas ſuſo dichas, como a mis teſtamentarios les pareciere: de manera que ſe haga como mas cumpla al ſeruicio de Dios nueſtro Señor y beneficios de mi anima. Y para eſto efeto encomiendo mucho al Principe mi hijo, que prouea y mande, que ſe tomen y ſenezcan las cuentas con los que vuieren tenido cargo de cobrar los dichos derechos, por manera que aya buen recaudo, y no permita ni de lugar a que coſas deſtas conſignaciones que ſe aya cobrado, o fuere corrido, o ſe deuiere haſta el dia de mi muerte ſe conuierta en otro vſo alguno.

Otroſi, en lo que toca al Cuento de juro en las Indias, que el Duque de Alua mi Mayordomo mayor me ſuplico, que le perpetuaſe y confirmaſſe, y declare por vna cedula que fue incluſa en mi Teſtamento, que otorgue en Bruſelas a diez y nueue de Mayo, año 1550. lo que aura en aquel negocio paſſado, y diſpusè y mandè lo que en ella ſe auia de hazer y executar, y otra del mesmo tenor yra incluſa en eſte Teſtamento, y despues eſtando yo en Aguſta, y defiriendoſe por embaraços que auia con el cumplimiente de la merced que le hize ſobre el Eſtado de Neobuc, quando ſe acabò la guerra de Saxonia, ſe la mude y paſſe en las Indias por le hazer merced, donde le conſigne ciento y treynta y ſeys mil ducados de trecientos y ſetenta y cinco marauedis, por eſto el Duque ſe aparto de la pretenſion del dicho Cuento y confirmacion del, y dixo y ofrecio que entregaria los titulos que dello tenia, para que ſe rasgaſſen, e anſi me a eſcrito el Principe mi hijo que ſe a hecho. Porende ordeno y mando, que lo que no eſtuuieſſe fecho, y cumplido con lo que el dicho Duque ofrecio y conſintio, como de lo que en la dicha cedula ſe contiene, ſe effectue y cumpla, que gozando el dicho Duque el dicho Cuento por ſusdias en el ſeruicio y montazgo donde le fue ſeñalado en lo que toca a las Indias, no ayan el ni ſus herederos recurſo alguno, y ſe aya por ninguna la confirmacion que dello vuo, e de ningun valor y efeto: porque por tal yo la pronuncio por las cauſas en la dicha cedula contenidas. Y demas deſto mando que ſe cobre el titulo primero del dicho Duque Don Fadrique, abuelo del Duque que oy es, que vuo del Rey Catholico mi Señor y Abuelo, del dicho Cuento, y ſe rasgue, pues demas de lo que eſtà dicho, y aquello ſe inouo a mas de treynta años, y ſe permitio y dio recompenſa con voluntad del dicho Duque Don Fadrique, y de la recompenſa en vſado y gozado haſta el dia preſente, y el titulo que quedo ya es ninguno, por aquello y otras cauſas, y por tal yo le doy, y pronuncio, y mando que del no ſe vſe en tiempo alguno direta ni indiretamente.

Anno 1554. Item por quanto eſtando en eſtas partes de Flandres, antes que caſaſſe ni despoſaſſe, vue vna hija natural, que ſe llama Madama Margarita de Auſtria: la qual al preſente es caſada con el Duque Octauio Farneſio, y aſſi al tiempo que ſe caſo con el Duque, Alexandro de Medicis ſu primero marido difunto, como despues quando caſo con el dicho Duque Octauio, la dotamos ſuficientemente, declaramos que el dicho ſereniſſimo Principe nueſtro hijo no ſea obligado a hazer con ella mas, ſino fueſſe ſu voluntad, teniendo ella en algun tiempo neceſſidad: pero bien le encargamos que la honra y fauorezca, y mandè honrar y fauorecer como hija nueſtra, y ſegun ſu mucha virtud y bondad.

Item por quantò el año paſſado de mil y quinientos y cinquenta y ſiete, auiendonos acabado la guerra de Alemaña, el Duque de Caſtro Pero Luys Farneſio fue muerto por algunos de la ciudad de Plaſencia, con proteſtacion de no lo querer por Señor, y otras cauſas, y despues de ſu muerte los que corregian y gouernauan la ciudad con acuerdo de los del pueblo, embiaron a llamar a Don Fernando de Gonçaga Gouernador y Capitan General nueſtro en el Eſtado de Milan, y le entregaron la dicha ciudad y ſus pertenencias, como coſa anexa, y tocante al dicho Eſtado de Milan, y al ſacro Romano Imperio, con ciertos apuntamientos que en el dicho Don Ferdinando hizieron para ſeguridad de ſus perſonas y otras coſas. Y deſpues la dicha ciudad y ſus pertenencias a eſtado en diſpoſition y obediencia nueſtra, y ſe a guardado y tenido en juſticia por nueſtros miniſtros, pareciendonos despues de auer en ello mucho mirado, conferido y conſultado, que aſſi lo deuiamos de hazer, y eramos obligados, por lo que deuiamos al dicho ſacro Imperio, y a la conſeruacion de ſus preeminencias e prerogatiuas, y que nos podiamos ni deuiamos ſoltar la dicha ciudad de nueſtra mano por muchas razones, haſta que por juſticia ſe aueriguaſſe no pertenecernos, ni al ſacro Imperio, ni al dicho Eſtado de Milan. Y porque dado que por parte del ſanto Padre Paulo III. de felice recordacion, y los ſuyos ante de ſu merte nos vuo pedido y hecha inſtancia, paraque la mandaſſemos reſtituyr en perſona del dicho Octauio, hijo del Duque Pero Luys muerto, y en perſona de la dicha nueſtra hija Madama Margarita, para que la vuieſſen y tuuieſſen, y despues dellos ſus hijos, como dizen la tenia el dicho Duque de Caſtro, por cierta donacion e inueſtidura que della le hizo el Papa, y por reſpeto de la dicha nueſtra hija e ſus deſcendientes, y por conceder a lo que ſu Santidad auia pedido, y a que el Duque Octauios nos auia entonces ſeruido, holgamos de lo hazer: pero no ſe pudo, ni a podide hazer ni efetuar por las cauſas y a dichas, y por no ſalir del deuer, y lo que al dicho ſacro Imperio ſomos obligados, y haſta agora, aunque ſe aya por nueſtra parte pedido, que ſe moſtraſſen los titulos que la Igleſia Romana tiene a aquella ciudad, y ſe ayan preſentado algunas eſcrituras, las quales fueron viſtas y examinadas por perſonas dotas, y de retitud y buenas conciencias, en preſencia del mundo, ſu Santidad del Papa Paulo no parecio ni a parecido auer fundamento ni coſa de ſuſtancia en ellas: y por otra parte ſe a alegado y moſtrado auer ſido anexa, y pertenecer al dicho Eſtado de Milan, y que no ſe halla cauſa por donde ſe aya podido apartar ni desmembrar del. Toda via por deſcargo de nueſtra conciencia, y porque no es ni a ſido nueſtra intencion ni voluntad, que por nos ni de los que de nos vuieren titulo y cauſa, ſea retenida coſa alguna ſin juſto titulo, y deſſeando que en eſto de Plaſencia ſe aclare la verdad, y ſe haga lo que

ANNO 1554. que fuere ſeruido y juſticia, ordenamos y mandamos, y aſſi afetuoſamente lo encargamos al dicho ſereniſſimo Principe Don Felipe nueſtro hijo, que ſi al tiempo de nueſtro fallecimiento no eſtuuiere determinado y dado aſſiento a lo que toca a la ciudad de Plaſencia y ſus pertenencias, que con la mayor breuedad que ſer pueda ſe auerigue, determine y declare lo que ſe deue hazer de juſticia, y ſiendo conforme a ello determinado, que nos no la podemos retener, ni dexar a nueſtros ſuceſſores, ni pertenecer al dicho Eſtado de Milan, ſe haga luego della reſtitucion llanamente a la Igleſia Romana y ſus miniſtros en ſu nombre, y no a otra perſona particular alguna por conjunta que ſea a nos auiendo en eſto el recaudo que conuiene con la ſolenidad que ſe requiere. Y porque algunas perſonas deuotas y aficionadas al Imperio an procurado e inſiſtido en que nos quedaſſemos con la dicha ciudad, como miembro del dicho Eſtado de Milan, y haziendoſe la dicha reſtitucion podria ſer que fueſſen mal tratados, encargamos al ſereniſſimo Principe nueſtro hijo, que haga tener la mano para que las tales perſonas ſean ſeguras de no ſer moleſtadas ni injuriadas por tal cauſa y razon.

En lo que toca al Reyno de Nauarra, nos remitimos a lo que va eſcrito en vna hoja ſuelta, firmada de nueſtro nombre, incluſa en eſte Teſtamento, y aquello mandamos que ſe cumpla, como clauſula y parte del, y aſſi miſmo mandamos, que qualquiera otra hoja o pliego firmado de nueſtro nombre, que vaya incluſa, y paſſada por los hilos de qualquier de los volumes de nueſtro Teſtamento valga, como clauſula y diſpoſicion del, con la que arriba eſtá dicho y ordenado, auemos diſpueſto y declarado a nueſtra voluntad, y lo que deuemos hazer quanto a la ſuceſſion de nueſtros Reynos y Señorios, y la orden y forma que en ello ſe a de tener, para que conformemente vengan en el dicho ſereniſſimo Principe Don Felipe nueſtro hijo y ſus decendientes, que a todos los deman ſe an de preferir, con la declaracion que eſtà echa tocante al Tratado matrimonial de Ingalaterra: aunque confiamos en la infinita bondad y miſericordia de Dios nueſtro Señor, que al dicho ſereniſſimo Principe nueſtro hijo ſera viuo al tiempo de nueſtra muerte. Pero ſi, lo que Dios no quiera, faltaſſe, y vuieſſe de ſuceder el dicho Infante Don Carlos ſu hijo quedando en la edad menor de catorze años, en la qual edad no podra regir ni gouernar por ſu perſona los dichos Reynos y Señorios, en tal caſo nombramos por ſus tutores y gouernadores, aſſi para ſu perſona, como para los dichos Reynos y Señorios durante la menor edad, para que los de la Corona de Caſtilla y Aragon, y todo lo de Italia, a las perſonas, que quando nos pareciere nombraremos y ſeñalaremos en otra eſcritura a parte fuera deſte nueſtro Teſtamento, las quales conforme a las leyes, fueros, y conſtituciones, y capitulos, y prematicas, buenas y leales coſtumbres de los dichos Reynos y Señorios, teniendo a la Catholica Real Mageſtad Reyna mi Señora, la reverencia, reſpeto y acatamiento que eſtà dicho en lo del ſereniſſimo Principe nueſtro hijo, como a ſu Alteza ſe deue, tenga cargo de regir y adminiſtrar la perſona del dicho Infante Don Carlos, que luego a de ſer auido y tenido por Rey e Señor natural, jurado y obedecido por tal, en la manera que eſtà dicho en la del ſereniſſimo Paincipe mi hijo de la adminiſtracion y gouierno de los dichos Reynos y Señorios: para lo qual les damos poder y facultad tan baſtante y cumplido, como es meneſter para el dicho efeto. Los quales antes que entren en el gouierno, y adminiſtracion, y tutoria, juraran ſolenemente aquello que ſon obligados, y deven jurar, de mirar con gran vigilancia y cuydado por la vida, y ſalud, y buena criança del dicho Infante, como al Real eſtado conuiene, y de fiel y bien regir y gouernar ſus Reynos con toda fidelidad, y teniendo a Dios ante ſus ojos, para que en todo ſigan las coſas a ſu ſeruicio, y del dicho Infante Rey niño, bien e vtilidad publica de los dichos Reynos y Señorios declarados, como nos dellos, y cada vno dellos muy enteramente confiamos: y por eſto los auemos nombrado y ſeñalado para la coſa de mas importancia, que deſpues de nueſtros dias podria ſuceder en los dichos Roynos. El qual dicho cargo e adminiſtracion a de durar haſta que el dicho Infante porſi ſin ellos pueda regir los dichos Reynos, como verdadero Rey y Señor natural dellos, y para los quatro años que faltara de edad para cumplimiento de los veynte o mas o menos, ſegun las leyes, fueros y coſtumbres de los dichos Reynos y Señorios del, nos perpetuamente diſpenſamos, para que no obſtante que no aya cumplido los años ſuſo dichos pueda regir y gouernar ſus Reynos, Eſtados y Señorios por ſu perſona, derogando para eſto todas y qualesquier leyes, capitulos, que en contrario diſponen por eſta vez, y lo habilitamos al dicho Infante Don Carlos nueſtro nieto, y lo hazemos habil y capaz, bien aſſi como ſi vuieſſe cumplido la edad de los dichos veynte años, o otra mayor. Y ſi fueſſe meneſter (quedando en lo demas las dichas leyes y fueros en ſu fuerça y vigor para adelante, y la dicha diſpenſacion y cumplimiento de edad) queremos y es nueſtra voluntad y merced que ſe entienda generalmente, que en todos los Reynos, Eſtados y Señorios de todas partes, y en lo que toca a la gouernacion y adminiſtracion de los nueſtros Señorios de Borgoña, y Brauante, Flandres, y los otros Eſtados a ellas anexos, y todos los de las partes baxas, durante la menor edad del dicho Infante en el caſo que en ellos a de ſuceder, haſta auer cumplido los dichos veynte años, nombramos por ſu tutora, curadora de las dichas partes, a la ſereniſſima Madama Maria Reyna viuda de Vngria nueſtra hermana, para pue ella durante la menor edad del dicho Infante Don Carlos nueſtro nieto tenga cargo de regir, e adminiſtrar, e gouernar los Eſtados, y Señorios, y Tierras de las dichas partes, a la qual afetuoſamente rogamos que quiera aceptar al dicho cargo por ſeruicio de Dios, y ſatisfacion y contentamiento nueſtro, como confiamos que lo hara. Y en defeto de la dicha ſereniſſima Reyna nueſtra hermana, nombramos para el dicho cargo a las perſonas que nombraremos y ſeñalaremos en otra eſcritura a parte, como eſtà dicho, en lo que toca a los Reynos de la Corona de Caſtilla, Aragon, y lo demas de Italia. ANNO 1554.

Otro ſi, por quanto auiendo ſido debuelto a nos y al ſacro Imperio el Eſtado de Milan con ſus pertenencias por linia finida y rematada de los Esforcias y muerte del Duque Francisco Esforcia, vltimo Duque y poſſeedor del dicho Eſtado por inueſtidura nueſtra, y no ſe hallando ni auiendo perſona alguna que pueda tener derecho ni razon baſtante para ſuceder en el, perteneciò a nos tener, poſſeer, gozar del dicho Eſtad, o como Emperador, y ſoberano Señor, haſta que hizieſſemos conceſſion e inueſtidura de la otra perſona. Y aſsi deſpues, fallecido el dicho Duque Francisco Esforcia por nos y nueſtros miniſtros en nueſtro nombre fue aprehendido, tenido, poſſeydo el dicho Eſtado, y lo auemos regido, e amparado, e defendido en nueſtro nombre, y del ſacro Imperio. Y auiendo muchos penſado, y tratado, y conferido, ſobre la perſona a quien conuenia inueſtir el dicho Eſtado, y darle el titulo de Duque de Olque, fueſſe a nueſtra ſatisfacion y de los Emperadores que deſpues de nos vernan, y con quien ſe conſeruaſſe la honra e autoridad del Imperio, y ſus preeminencias, y que la tal perſona ſea poderoſa, para amparar y defender el dicho Eſtado; de quien ſin razon ni derecho lo quiera inquietar, e inuadir al exemplo de lo paſſado, y con quien las coſas de Italia eſten en paz, tranquilidad y ſoſſiego, como ſiempre a ſido nueſtra intencion. Finalmente deſpues de auer en lo ſuſodicho mucho mirado, deliberado y conſultado con communicacion de perſonas principales, prudentes, expertas, y de buena conciencia, naturales de la Germania y otras partes, todas deuotas y aficionadas al ſacro Imperio, y denotas de la paz y bien Chriſtiandad, y conſiderando que las vezes que el dicho Eſtado a ſido en poder de quien no a tenido otros Señorios y tierras, a auido con el comociones, y deſaſſoſſiegos, y guerras, y de alli ſe an eſtentido por toda Italia y la Chriſtiandad por no auer tenido los Duques fuerças ni caudal, para porſi poderſe defender, conſiderando lo dicho que la ſuſtentacion del dicho Eſtado a coſtado a nueſtros Reynos de la Corona de Caſtilla, e Aragon, y los muchos vaſſallos y ſubditos nueſtros de todas partes, que ſobre lo defenſa del an muerto y derramado du ſangre, nos determinamos y reſoluemos con maduro conſejo y deliberacion, y parecer de las perſonas ſuſodichas, que ninguna auia mas conueniente, ni al propoſito para todos los buenos fines de

ANNO 1554. de ſuſo declarados, que la del ſereniſſimo Principe nueſtro hijo vniuerſal heredero y ſuceſſor en nueſtros Reynos y Señorios: y aſſi el año paſſado de mil y quinientos y quarenta y ſeys, le hezimos conceſſion y inueſtidura del dicho Eſtado en ampla forma, y con las ſolenidades que ſe requieren, como por el tenor de la eſcritura della, mas particularmente parecera: el qual auiendo acetado la dicha inveſtidura, y echo el juramento que ſe requiere a nos, y a los Emperadores que deſpues de nos ſucedieren en el dicho ſacro Imperio: de manera que en efeto el es ya Duque, y Señor del Eſtado, aunque por algunas cauſas retuuimos en nos la adminiſtracion del con voluntad del dicho ſereniſſimo Principe, y con voluntad de ſe la dexar deſpues de algun tiempo, paraque en vida mia el por ſi, y ſus miniſtros gouernaſſen e rigieſſen el dicho Eſtado como legitimo Duque y Señor del, y aſſi lo entendemos agora hazer muy en breue. Porende ordenamos y mandamos, que ſi al tiempo de nueſtro fallecimiento no eſtuuiere aun entregado al dicho Principe nueſtro hijo, y pueſto en la tal poſſeſſion, adminiſtracion y gouierno del, que luego que Dios nos lleuare deſta preſente vida, le ſea entregado el dicho Eſtado con todas ſus fuerças, pertinencias, derechos, eſenciones, e aciones, como Duque y Señor que es del, y eſtrechamente encargamos e mandamos al que fuere a la ſazon Gouernador y Capitan General nueſtro del dicho Eſtado, y a todos los otros Gouernadores, Caſtellanos, Alcaydes y ſus lugares tenientes, aſſi de las ciudades de Milan, Cremona, Alexandria, Lodipania, y las otras ciudades, villas, tierras y lugares del dicho Eſtado, y ſus pertenencias, que ayan, y tengan, e obedezcan al dicho ſereniſſimo Principe nueſtro hijo, por Duque y verdadero Señor del dicho por virtud de la dicha conceſſion y inueſtidura, y le acudan y hagan acudir, entregar y entreguen, ellos y cada vno dellos las dichas ciudades, tierras y villas, lugares y caſtillos, fortalezas, roquetas, caſas fuertas y llanas, de qualquier calidad que ſean, entregandolas a ſu perſona, o a las que el para eſte efeto nombrare, y quando ſe tardare de embiallas a tomar, las tengan en ſu nombre, y por todo el tiempo que fuere ſu voluntad de ſe las dexar tener a quien en ellas ſe hallare al tiempo que nos fallecieremos, lo qual todo les mandamos que hagan y cumplan, y no falten en eſto coſa alguna en virtud de los juramentos que nos tienen fechos, y ſo la pena dello, y la fidelidad que nos deuen, y ſo las penas y caſos feos en que caen e incurren los que caen e incurren los que caen e vienen contra juramentos, e omenajes, e a la fidelidad y lealtad que ſon obligados tener a ſu verdadero Señor. A mismo mandamos al Preſidente, y a los del Reuerendiſſimo Senado, y a los Magiſtrados, y a qualeſquier otros tribunales, Capitanes de juſticia, y otros miniſtros della, y todos los Marqueſes, Condes, Varones, Gentiles-hombres, Caualleros, officiales, pueblos, y otros qualeſquier ſubditos del dicho Eſtado y ſus pertenencias, y todos los Coroneles, Maeſtres de Campo, Capitanes, aſſi de gente de armas, como Infanteria, cauallos ligeros, alferez, y otros hombres de cargo, y qualeſquier ſoldados en general y particular que eſtan a nueſtro ſueldo, de qualquier grado, nacion y condicion que ſean, que ayan, tengan y obedezcan por Duque y Señor del dicho Eſtado al dicho ſereniſſimo Principe Don Felipe nueſtro hijo, y le ſeruan, y obedezcan, y acudan con todas ſus fuerças, como el les mandare, o quien ſus vezes terna: ſo pena que qualquiera que lo contrario hiziere, ſiendo naturel del dicho Eſtado, ſea auido y tenido por la preſente desde agora para entonces lo auemos, tenemos y declaramos por inobediente, rebelde a ſu Señor verdadero y legitimo Duque de Milan, y le auemos por caydo e incurrido en las penas corporales y confiſcation de bienes en que caen e incurren los que ſon rebeldes, ſegun las leyes, conſtituciones y ordenamientos del dicho Eſtado, y a los otros Coroneles, Capitanes y hombres de guerra de otras partes, ſo pena de caer e incurrir en las penas e caſos, en que caen e incurren los inobedientes, y los que faltan a lo que deuen ſegun derecho, leyes y coſtumbres de exercito y arte militar, que ſeran auidos, allende en lo ſuſodicho por inobedientes a ſu Rey y Señor natural, ſin embargo los ſubditos nueſtros. Y todo lo de arriba contenido, aſſi quanto a las perſonas de paz y de guerra, como a las perſonas declaradas queremos y mandamos, que aya lugar en la ciudad de Plaſencia y ſus pertenencias, y ſi al tiempo de nueſtro fallecimiento eſtuuiere como agora eſta en nueſtro poder y gouierno, no vuieramos mandado hazer otra coſa della, conforme a la clauſula arriba contenida, en lo que toca a la ciudad de Plaſencia. ANNO 1554.

Y para la buena execucion y cumplimiento deſte nueſtro Teſtamento y poſtrimera voluntad nombramos por executores y teſtamentarios para lo que toca a los dichos Reynos de la Corona de Caſtilla, Aragon, aſſi a los que eſtan dentro de Eſpaña, como fuera della, y para todo lo de Italia al dicho ſereniſſimo Principe Don Felipe nueſtro hijo, y a Don Fernando de Valdes Arçobispo de Seuilla, Inquiſidor General, y a Don Antonio de Fonſeca Patriarca de las Indias, Preſidente del nueſtro Conſejo, y a Iuan Vazques de Molina nueſtro Secretario, y al Licenciado Bribieſca de Mañatones Alcalde de nueſtra Corte de nueſtro Conſejo. Y queremos que ſi alguno de los dichos teſtamentarios muriere, los otros que quedaren, puedan eligir otro en ſu lugar, que ſea perſona de autoridad, y buena conciencia, el qual tenga tanto poder, como ſi yo en eſte Teſtamento le nombraſſe.

Y para lo que toca al cumplimiento deſte mi Teſtamento en los nueſtros Reynos y Señorios de Flandres y Tierras baxas nombramos por nueſtros executores y Teſtamentarios a la ſereniſſima Madama Maria Reyna viuda de Vngria nueſtra hermana, y al dicho ſereniſſimo Principe nueſtro hijo, e a Antonio Perenot Obiſpo de Arràs de nueſtro Conſejo de Eſtado, y a Don Luys de Flandres, Señor de Praſt, y a Charles de Lalayn, y a Iuan de Lanoy Señor de Molan Bues, y a Odoardo de Briſſaques nueſtro Limosnero, Breboſe de ſanto Omart, y a Charles Señor de Verlamon del nueſtro Conſejo de hazienda.

Y queremos que en caſo que alguno de los dichos teſtamentarios muriere, los otros que quedaren puedan elegir otro en ſu lugar, perſona de autoridad y buena conciencia, como arriba eſtà dicho, el qual tenga tanto poder como ſi nos en eſte Teſtamento le nombraremos. Y porque ſiendo muchos teſtamentarios ſi ſe vuiera de eſperar a que todos eſtuuieſſen juntos para entender cada coſa de las contenidas en eſte mi Teſtamento, la execucion del ſe podria algo diferir y retarnar, quiero y mando, que tres de los ſuſo nombrados, eſtando los otros auſentes de la Corte, entiendan en la execucion deſte mi Teſtamento, bien aſſi como ſi todos juntos ſe hallaſſen preſentes. Y en lo que toca a los dichos Señorios de Flandres y Tierras baxas, hallandoſe al preſente la ſereniſſima Madama Maria Reyna viuda de Vngria nueſtra hermana con vno teſtamentarios, aunque eſten auſentes los de los otros valga lo que hizieren y executaren, como ſi todos fueſſen preſentes, y faltando la dicha ſereniſſima Reyna, que todos los nombrados que ſe hallaren preſentes en la nueſtra villa de Bruſelas, puedan cumplir y executar eſte mi Teſtamento, bien aſſi como ſi todos los otros teſtamentarios fueſſen preſentes. Para lo qual todo aſſi hazer y cumplir y executar, doy por la preſente mi poder cumplido a los dichos mis teſtamentarios y executores de ſuſo nombrados, ſegun que mejor e mas cumplidamente ſe requiere y es meneſter, de mi poderio Real abſoluto, y por la preſente les apodero en todos los dichos mis bienes de oro, plata, moneda, joyas, y todas las otras coſas que de ſuſo enos nombrado, declarado y conſignado, para pagar y ſatisfazer las nueſtras deudas y cargos, mandas, legados, y les doy poder cumplido con libre y general adminiſtracion, para que puedan entrar y entren, ocupar y tomar los dichos bienes como dicho es, para que libremente con ellos puedan deſcargar mi anima, y cumplir y ſatisfazer todas mis deudas y cargos: y doy poder a los dichos mis teſtamentarios para que declaren todas y qualeſquier deudas que vuieren cerca deſte mi teſtamento, como ſi yo mismo las declaraſſe: y con toda eficacia les encargo cumplan eſte mi Teſtamento, y todo lo en el contenido con la mas preſteza y breuedad que ſer pueda: y les mucho ruego y encargo, que tengan tanto cuydado de las rehazer y cumplir, como cada vno dellos fueſſe ſolo para ello nombrado, y que con toda diligencia que ſe cumpla todo lo que

ANNO 1554.

de mas ser pudiere dentro del año de mi fallecimiento, y lo que no fuere possible cumplirse se haga en el segundo año y años, el el tiempo que sea necessario para el cumplimiento y execucion entera de todo lo en este mi Testamento contenido: por manera que cumpla e acabe de cumplir lo mas presto que sera possible. Es mi voluntad, y mando que esta escritura valga por mi Testamento, y sino valiere por Testamento, que valga por codicilo, y sino valiere per codicilo, que valga por mi vltima y postrimera voluntad, en la mejor manera e forma que puede y deue valer, y mas vtil y prouechose puede ser. Y si alguna mengua y defeto ay en este mi Testamento, o falta de sustancia y solenidad, yo de mi propio motuo y ciencia y poderio Real absoluto, de que en esta parte quiero vsar, y vso, suplo y quiero que sea auido y tenido como tal suplido, y alço y quito todo estaculo y empedimento, assi de hecho como de derecho, y quiero y mando que todo lo contenido en este mi Testamento se guarde y cumpla, sin embargo de qualesquier leys, fueros y derechos comunes y particulares de los dichos mis Reynos, Estados y Señorios, que en contraaio desto sean y ser puedan, y cada cosa y parte deste mi Testamento, y de lo en el contenido quiero y mando, que sea auido, tenido y guardado por ley, y que tenga fuerça y vigor de ley fecha y promulgada en Cortes con grande y madura deliberacion, y no la embargue ni estorue fuero ni derecho, ni costumbre, ni otra cosa alguna, segun derecho: porque mi merced y voluntad es, que esta ley, que yo aqui hago, derogue e abrogue, como postrera, qualesquier leyes, fueros y derechos, estilos y vsanças, y otra cosa qualquier que lo pueda contradizir, y por este mi Testamento reuoco y doy por ninguno e de ningun valor ni efeto, qualesquier testamento o Testamentos, codicilo o codicilos, manda o mandas, postrimero voluntad que yo aya otorgado hasta aqui en qualquiera manera, las quales y cada vna dellas, en caso que parezcan, quiero e mando que no valgan ni hagan fè, en juyzio ni fuera del, saluo este que agora fago y otorgo en mi postrimera voluntad, como dicho es. En fè y testimonio de lo qual yo el sobredicho Emperador y Rey Don CARLOS lo firmè de mi nombre y mano, y lo mandè sellar con mis sellos pendientes de Castilla y Aragon, y las Tierras baxas, que fue fecha y otorgada en la nuestra villa de Bruselas, a seys dias del mes de Iunio, año de nuestro Señor Iesu Christo de mil y quinientos y cinquenta y quatro años. YO EL REY.

Codicilo del Emperador Carlos Quinto de gloriosa memoria.

IN Dei nomine Amen. Notorio sea a todos los que este instrumento publico de Codicilo vieren, como en el Monasterio de Iuste de la Orden de San Geronymo, que es en la vera de Plasencia, a nueue dias del mes de Setiembre del año del Nacimiento de nuestro Señor de mil y quinientos y cinquenta y ocho, en presencia de Martin de Gazteiu escriuano de su Magestad, y de los testiga infra escritos, la S. C. C. M. del Emperador Don CARLOS nuestro Señor, estando enfermo en su buen juyzio y entendimiento naturel dixo, que por quanto su Magestad a fecho y otorgado su Testamento ante Francisco de Celajo su escriuano y Secretario, estando en la villa de Bruselas, que es en el Ducado de Brauante, en seys dias del mes de Iunio del año que passo de quinientos y cinquenta y quatro, a que se refiriò. Por tanto que quedàndo el dicho Testamento en tode lo demas, exceto en lo que en este Codicilo sera declarado y especificado, en su fuerça y vigor, y no lo inouando ni derogondo, reuocando y anulando, enmendando ni limitando en otra cosa alguna, es su voluntad, que los Albaceas en el dicho Testamento, y en este Codicilo nombrados, cumplan todas las mandas, y cosas en ellas contenidas: con tanto que los testamentarios, que de nueuo aqui se nombraran y acrecentaran, quedan por si solos, sin consultarlo con los demas, cumplir las cosas en este Codicilo especificadas y declaradas, el qual quiere su Magestad que valga en aquella mejor via e forma que puede y deue, y de derecho ay lugar en la manera siguiente.

ANNO 1554.

Primeramente, puesto que luego como entendi lo de las personas que en algunas partes destos Reynos se auian preso, y pensauan prender por Luterano, escriui a la Princesa mi hija lo que me pareciò para el castigo y remedio dello, y que despues hize lo mismo con Luys Quixada, aquien embie en mi nombre a tratar desto. Y aunque tengo por cierto, que el Rey mi mijo, y ella, y los ministros, a quien toca, auian hecho y haras las diligencias que les fueren possibles, para que tan gran danno se desarraygue y castigue, con la demostracion y breuedad que la calidad del caso requiere, y que la Princesa conforme a esto, y a lo que vltimamente le escriui sobre, ello mandara proseguir en ello hasta que se ponga en execucion. Toda via por lo que deuo al seruicio de nuestro Señor y ensalçamiento de su Fè, y conseruacion de su Iglesia y Religion Christiana, en cuya defension e padecido tantos y tan grandes trabajos y menoscabo de mi salud, como es notorio, y por lo mucho que desseo, que el Rey mi hijo como tan Catholico haga lo mismo, como lo confio de su virtud y Christiandad, le ruego y encargo con toda instancia y vehemencia, que puedo y deuo, y mando, como padre que tanto lo quiero, y como por la obediencia que me deue, tenga desto grandissimo cuydado, como cosa tan principal, y que tanto le va, para que los herejes sean oprimidos y castigados con toda la demostracion y rigor, conforme a sus culpas, y esto sin ecepcion de persona alguna, ni admitir ruegos, ni tener respeto a persona alguna: porque para el efeto dello fauorezca y mande fauorecer al santo Oficio de la Inquisicion, por los muchos y grandes daños que por ella se quitan y castigan, como por mi Testamento se lo dexo encargado: porque de mas de hazello assi cumplira con lo que es obligado, y nuestro Señor encaminara sus cosas, y las fauorecera, y defendera de sus enemigos, y dara buen sucesso en ellas, y a mi grandissimo descanso y contentamiento.

Item, que porquanto en vna clausula del dicho mi Testamento dezia y declaraua, que do quiera que me hallasse, quando Dios nuestro Señor le pluguiesse de me lleuar desta presente vida, que mi cuerpo se sepultasse en la ciudad de Granada en la capilla Real, en que los Reyes Catholicos de gloriosa memoria mis abuelos, y el Rey Don Felipe mi Señor y padre, que santa gloria ayan, estan sepultados, y que cerca de mi cuerpo se pusiesse el de la Emperatriz mi muy cara y muy amada muger: y que si Dios me lleuasse estando fuera de Espana, en parte donde luego no pudiesse ser lleuado mi cuerpo a la dicha ciudad de Granada, se depositasse en otra la mayor, y mas cercana de mi patrimonio. Y porque despues que otorguè el dicho Testamento, hize renunciacion de todos mis Reynos, Estados y Señorios en el serenissimo Rey Don Felipe, mi muy caro y muy amado hijo, que al presente possee, y me retirè a este dicho Monasterio, donde agora estoy, y tengo voluntad de acabar los dias de mi vida, que Dios sera seruido concederme. Por tanto digo y declaro, que si yo muriere antes, y primero que nos veamos el Rey mi hijo y yo, mi cuerpo se deposite, y este en este dicho Monasterio, donde querria y es mi voluntad qne fuesse mi enterramiento, y que se traxesse de Gradada el cuerpo de la Emperatriz, mi muy cara y muy amada muger, para que los de ambos esten juntos. Pero sin embargo tengo por bien de remetillo, como lo remito al Rey mi hijo, para que el haga y ordene lo que sobre ello le pareciere, con tanto que de qualquiera manera que sea, el cuerpo de la Emperatriz y el mio esten juntos, conforme a lo que ambos acordamos en su vida, por cuya causa mandè que estuuiesse en el entre tanto en deposito, y no de otra manera, en la dicha ciudad de Granada, como lo està, para que esto aya afeto, quando Dios sea seruido de disponer de mi.

Otro si, ordeno y mando, que si yo muriere antes dè verme con el Rey mi hijo, y si acordare y le pareciere que mi enterramiento, y el de la Emperatriz sea en este dicho Monasterio, que en tal caso se haga vna fundacion por las animas de ambos, y de mis difuntos con los cargos y sacrificios que al Rey y mis testamentarios a quien lo remito pareciere.

Y assi mismo yo ordeno y mando, que en caso que mi enterramiento aya de ser en este dicho Monaste-

ANNO 1554. naſterio, ſe haga mi ſepultura en medio del altar mayor de la dicha Igleſia y Monaſterio en eſta manera, que la mitad de mi cuerpo haſta los pechos eſte debaxo del dicho altar, y la otra mitad de los pechos a la cabeça ſalga a fuera del: de manera que qualquiera ſacerdote, que dixere miſſa, ponga los pies ſobre mis pechos y cabeça.

Item, ordeno y es mi voluntad, que ſi mi enterramiento vuiere de ſer en eſte dicho Monaſterio, ſe haga en el altar mayor de la Igleſia del vn retablo de alabaſtro y medio relieue del tamaña que pareciere al Rey y a mis teſtamentarios, y conforme a las pinturas de vna figura que eſta mia, que es del juyzio final de Ticiano, que eſtà en poder de Iuan Martin Eſteur, qui ſitue en el officio de mi guardajoyas, añadiendo o quitando de aquello lo que vieren mas conuenir. E aſſi miſmo ſe haga vna Cuſtodia de alabaſtro o marmol conforme a lo que fuere el dicho retablo a la mano derecha del altar, quod para ſubir en ella aya haſta quatro gradas para adonde eſte el Santiſſimo Sacramento, y quod a los dos lados della ſe ponga el bulto de la Emperatriz, y el mio, que eſtemos dexodillas con las cabeças deſcubiertas, y los pies deſcalços, cubiertos los cuerpos como con ſendas ſabanas del miſmo relieue, con las manos juntas, como Luys Quixada mi Mayordomo, y F. Iuan Regla mi conſeſſor, con quien lo e communicado, lo tienen ententido de mi. Y que en caſo que mi enterramiento no aya de ſer ni ſea en eſte dicho Monaſterio, es mi voluntad, que en lugar de la dicha cuſtodia y retablo ſe haga vn retablo de pinzel de la manera que pareciere al Rey mi hijo, y a mis teſtamentarios, y aſſi lo ruego y encargo.

Otro ſi, ordeno y mando, que despues de yo fallecido ſe inchan y entreguen los priuilegios y cedulas de penſiones firmadas en blanco de el Rey mi hijo, que eſtan en poder de Martin de Gaztelu eſcriuano ſobre dicho y mi Secretario, conforme a la cantidad que en nueſtra nomina firmada de nueſtro nombre eſta ſeñalado, de penſion a cada vno de mis criados, para que gozen della durante ſus vidas, y las penſiones de que no vuiere aca los priuilegios y cedulas ſe deſpachen conforme alli declarè. Y porque e entendido que las penſiones que mande ſeñalar a mis criados, que quedaron en Flandres, y fueron desde Garandilla al tiempo que en eſte Monaſterio entrè, an ſido mal pagados dellas, ruego y encargo mucho al Rey mi hijo, que aſſi a los dichos mis criados, que eſtan en Flandres, y Borgoña, como a los que me eſtan ſiruiendo aqui, les mande conſignar ſus penſiones en receptores particulares, paraque ſean bien pagados a ſus tiempos ſin que aya falta, mandando que no ſe les toque a la conſignacion que aſſi les mandara ſeñalar por algun caſo neceſſitad que ſe pueda ofrecer, ni ſe les deſcuente coſa alguna de ſus penſiones, ſino que aquellas ſe les paguen cumplida y enteramente, porque aſſi es mi voluntad.

Aſſi miſmo ordeno y mando, que demas de darle a mis criados los dichos deſpachos de las penſiones de que an de gozar despues de mis dias, como dicho es, ſe les dè juntamente con ellos las ayudas de coſtas que van ſeñaladas en la dicha nomina de que les hago merced, para que puedan boluer a ſus tierras, y que ſe cumpla con breuedad antes que alguna otra coſa de la mitad de lo corridon de los dichos ſeys y onze al millar, que auia de ſer haſta el fin del año paſſado de quinientos y cinquenta y ſeys, y lo que despues aca auran corrido y correran haſta el dia de mi fallecimiento: porque la otra mitad a cumplimiento de lo que montare a de mandar el Rey mi hijo dar de limoſna en las fronteras de los Eſtados de Flandres, como entre los dos eſtà acordado: mandando al fator general Hernan Lopez del Campo, o a la perſona o perſonas a cuyo cargo eſtuuiere la cobrança de los dichos juros, que dellos entreguen lo que en eſto ſe montare la nomina dello al dicho Martin de Gaztelu, para que lo dé a mis criados conforme a ella. Y ruego a la ſereniſſima Princeſa mi hija y governadora deſtos Reynos, que para deſcargo del dicho fator o de la perſona que lo pagare, mande dar el recaudo neceſſario para que eſto aya efeto con breuedad, para que los dichos mis criados ſe puedan luego boluer a ſus tierras.

Aſſi miſmo ordeno y mando, que las treynta mil miſſas que dexo ordenado por el dicho mi teſtamento, que ſe digan, ſe cumplan, y la limosna que para ellas eſtà ſeñalada de la mitad de los dichos derechos. Y mando aſſi miſmo al dicho fator o a la perſona o perſonas, a cuyo cargo eſtuuiere la cobrança dellos, que cumpla y pague lo que en ella ſe montare a les perſonas que mis teſtamentarios ordenaren. Y ruego a la Princeſa que dè el deſpacho neceſſario para la execucion y cumplimiento dello. ANNO 1554.

Otro ſi, es mi voluntad de criar de nueuo, como de nueuo crio y ordeno por mis teſtamentarios albaceas a Luys Quixada mi Mayordomo, y a F. Iuan Regla de la orden de S Geronymo mi conſeſſor, y al dicho Martin de Gaztelu eſcriuano y mi Secretario, para que les ayude y aſſiſta con ellos en lo que fuere, por la confiança e ſatisfacion que tengo de ſus perſonas, y el amor con que me an ſeruido, para que juntamente con los demas albaceas y teſtamentarios entiendan en el cumplimiento delo que por mi teſtamento y eſte codicilo, y conforme a ello dexo diſpueſto, ordenado y mandado.

Oro ſi, ordeno y mando, que atento el cuydado y trabajo con que algunos Frayles hijos deſta caſa y de otras fuera della que reſiden aqui me an ſeruido, es mi voluntad que ſe les dè y ſeñalè por via de limosna, con que bueluan a ſus caſas y fauorezcan à ſus parientes, lo que a los dichos Luys Quixada y F. Iuan Regla, y Martin de Gaztelu parezca, como perſonas que los conocen y an viſto ſeruir, teniendo reſpecto a la calidad de ſus perſonas, y al tiempo, y a lo que an ſeruido. Y mandado al dicho fator Hernan Lopez de Campo, o a la perſona o perſonas, a cuyo cargo eſtuuiere la cobrança de los dichos derechos de ſeys y onze al millar, que lo que eſto montare lo paguen y cumplan de lo corrido dellos haſta el dia de oy: y para el efeto y execucion dello ruego a la Princeſa mi hija que dè luego el recaudo para el deſcargo del dicho fator o de la perſona a cuyo cargo eſtuuiere, y lo pagare, porque aſſi es mi voluntad, ſin que en ello aya dilacion.

Aſſi miſmo ordeno y mando que a Fray Iuan Regla mi confeſſor ſe le ſeñale el entretenimiento que les pareciere a los otros mis teſtamentarios, para que goze del desde que ſaliere de ſu caſa y Monaſterio todo el tiempo que eſtuuiere y reſidiere fuera del en la Corte, entendiendo en mis deſcargos, para con que ſe pueda ſuſtentar, y que ſe le den deſpues de yo fallecido quatrocientos ducados de ayuda de coſta por vna vez para con que buelua a ſu caſa y Monaſterio, y que eſtos ſe le paguen de los dichos derechos de ſeys y onze al millar, juntamente con lo de la limosna que ſe a de dar a los dichos Frayles, como dicho es en el capitulo antes deſte. Y aſſi miſmo ruego al Rey mi hijo, que dè al dicho F. Iuan Regla quatrocientos ducados de penſion ſobre alguna dignidad donde le ſean bien pagados.

Otro ſi, ordeno y mando que todo lo demas que ſobrare de la mitad de lo corrido de los dichos derechos haſta el año de mi fallecimiento, como dicho es, cumplido que ſe aya todo lo ſobredicho, ſe cobre luego y conuierta en caſa huerfanas y obras pias a parecer de mis teſtamentarios, como eſtà declarado en el dicho mi teſtamento.

Otro ſi, ordeno y mando que en caſo que la voluntad del Rey ſea que yo me entierre en el dicho Monaſterio, y atento el cuydado que en el ſe a tenido de ſeruirme, y el gaſto que dello ſe a ſeguido a la caſa, por auer acrecentado mas Frayles, y en otra manera, es mi voluntad que ſe haga la merced y gratificacion que al Rey mi hijo parecera: porque yo no les e hecho alguna por tenerlo remitido haſta ſu venida: y lo miſmo le ruego en caſo que mi enterramiento aya de ſer aqui, aunque en eſte ſe a de tener diferente conſideracion, auiendoſe de hazer fundacion como dicho es.

Aſſi miſmo es mi voluntad que el trigo, cenada, carneros, vino y otras coſas de comer, que al tiempode mi muerte ſe hallaren en el guardamengier y fuera del, ſe dè luego a eſte dicho Monaſterio, de que yo le hago limosna porque tengan los Frayles de mas cuydado rogar a Dios por mi anima: y aſſi miſmo la botica con las medicinas, drogas, y vaſos que en ella ſe hallaren, con que no ſea, ni ſe entienda de oro, ni plata, ni coſa deſta calidad, lo qual hagan y executen los dichos, Luys Quixada y Fray Iuan Regla Gatzelu, ſin aguardar a conſultallo con el Rey ni los otros teſtamentarios por ſer coſa poca.

Otro

ANNO 1554.

Otro si, es mi voluntad, que el dinero que sobrare del, que se prouee para mi gasto y entretenimiento de los tres meses en que yo falleciere, pagado a mis criados lo que se les deuiere de sus gajes, y los otros gastos assi ordinarios, como extraordinarios se dè de limosna como pareciere al dicho Luys Quixada, y mi confessor, y al dicho Gaztelu, sin aguardar a consultallo con los otros testamentarios: porque yo lo tengo por bien, por ser cosa de limosna.

Item assi mismo ordeno y mando, que los dichos mis criados contenidos en la dicha nomina, que lleuaren mis gajes, se les pague enteramente al tercio de sus meses en que yo falleciere, aunque no los ayan seruido, ni sean cumplidos, conforme a lo que cada vno a de auer.

Assi mismo ruego y encargo a la Princesa mi hija, que mande luego dar cedula para que las penas aplicadas para la Camara de las condenaciones que el Licenciado Murga a hecho y hara durante el tiempo que a residido, y residira en mi seruicio en Quacos, juntamente con las que aplicare el jues que le sucederà adelante, y se den a la persona que los dichos Luys Quixada, F. Regla y Gaztelu nombraran, para que ellos las hagan dar de limosna, señaladamente a probos del dicho lugar de Quacos, sin que tenga necessidad de consultallo con alguno de los otros testamentarios, porque assi mi voluntad, que les que se an cobrado y cobraren esten en el entretanto en peposito en poder de persona abonada.

Otro si, que acatando el mucho tiempo y bien que Luys Quixada mi Mayordomo me á seruido, y la voluntad y amor con que lo a hecho, y el que mostrò en su venida aqui, trayendo a su muger y casa, como de mi parte se le pidiò, sin embargo de las incommodidades que se le ofrecian, y atenta la poca merced que en recompensa de todo ello le e fecho, ruego y encargo mucho al Rey mi hijo, que demes de la que es mi voluntad que se le haga en su casa, segun va declarado en la dicha nomina, tenga memoria del para hazerle merced y honrarle: porque demas que el lo tiene tan seruido y merecido, me hara en ello mucho plazer por el amor y buena voluntad que siempre le tuue.

Item, por quanto el dicho Martin de Gaztelu a recibido por mi orden y mandado diferentes sumas de marauedis que la Serenissima Princesa mi hija, Gouernadora destos Reynos a mandado embiar para mi gasto y entretenimiento, despues que entrè en este recogimiento, de que hasta aora no se le a le a tomado cuenta, es mi voluntad que se dè razon de todo el cargo que el dicho Gaztelu a recibido desde que entrè aqui adelante, al dicho Luys Quixada mi Mayordomo, para que le tome cuenta de todo ello, como persona que se a hallado presente, y sabe las cosas que a pagado, y en que, y como: y que todo aquello que el dicho Luys Quixada recibiere y admitiere en cuenta al dicho Gaztetu se la dè finiquito dello en forma para su descargo y seguridad. Y junto con esto quiero y tengo por bien que los dichos Luys Quixada y Martin de Gaztelu prosigan y fenezcan las cuentas que an començado a tomar por mi mandado a algunos Frayles y otras personas deste dicho Monasterio de los dineros que an recibido, assi del dicho Gaztelu, como de otras personas, para el gasto de la despensa ordinaria y extraordinaria de mi casa y obras y, otras cosas con la limitacion que le e dicho de palabra, y sin pedilles otros recados mas de los que ellos presentaren: y que se dè finiquito a las partes con aprobacion de las dichas cuentas, y a los dichos Luys Quixada, y Gaztelu por libres y quitos de todo ello. Y con estas clausulas, y declaraciones, y limitationes, y mandas, y reuocaciones es mi voluntad, y mando que lo contenido en este dicho mi testamento y en el codicilo, y en la nomina, que dentro de del estara firmada de mi nombre, aya efeto, y se cumpla por los testamentarios en ella declarados, no derogando, ni reuocando, alterando, ni inouando al dicho mi Testamento en otra cosa alguna, mas de en lo en este mi codicilo contenido, como dicho es, quedando todo lo demas en su fuerça, y vigor. De lo qual todo segun y de la manera que dicha es otorgò su Magestad Cesarea esta carta por via de codicilo o como mejor de derecho aya lugar, estando en el dicho Monasterio de San Geronimo de Iuste.

Y demas de lo susodicho es mi voluntad, que si se hallare otra qualquier hoja, o pliego de papel escrito de mi mano, o de agena, firmada de mi nombre y sellada con mi sello secreto pegado o cosido en este codicilo demas de lo contenido en el y en el dicho mi Testamento, ora sea de mandas, o de otra qualquiera calidad, quiero y mando, que valga como clausula e parte del, como mejor de derecho aya lugar todo lo que en el dicho escrito se hallare. Y mando a mis testamentarios, que cumplan y executen lo en el contenido, con lo demas en el dicho Testamento en el codicilo. Y para mayor firmeza lo firme de mi nombre. CARLOS.

ANNO 1554.

NOMINA.

NOmina de mis criados y otras personas que me an seruido y siruen en este Monasterio de Iuste de la Orden de San Geronymo, y lo que cada vno dellos tiene de gajes al año, y la pension que en lugar dellos les e mandado señalar, para que gozen della durante su vida, desde el dia que nuestro Señor sea seruido de disponer de mi en adelante, para que conforme a esto y despues de yo fallecido se inchan los priuilegios y cedulas en blanco, firmadas del Serenissimo Rey mi hijo, que estan en poder de Martin de Gaztelu mi Secretario, y para que de las pensiones que aqui yran señalades, y no estuuieren aca los despachos dellas, los mande dar el Rey mi hijo, y assi lo ruego conforme a lo que a qui yra declarado a cada vna de las partes con la mas breuidad que ser pudiere. Y es mi voluntad que demas e allende de lo suso dicho se les den los marauedis de ayuda de costa de que les hago merced, librados señaladamente en los derechos corridos de seys y onze al millar, como va declarado en vna clausula de mi codicilo pera con que bueluan a sus tierras, como abaxo yra especificado en esta manera.

Ayudas de costas. Pensiones.

PRimeramente en lo que toca a Luys Quixada mi Mayordomo, como quiera que yo aya escrito al Rey mi mijo, y dicholo de palabra al Conde Ruygomez de Sylua, que no podia dexar de seruirme del, e pareciendole bien embie comission al dicho Conde, para que con mi licencia lo tratasse, y le ofreciesse lo que a mi me pareciesse: y porque las cartas en que le embiaua este comission llegaron a tiempo que el estaua de partida para Flandres, y no se pudo hazer, mandò tratar con Luys Quixada sobre su quedada a qui y que traxesse su muger y casa, lo qual aceptò de buena voluntad sin embargo de las incomodidades que se le ofrecian, aunque se le apuntò, que dexer a lo que pretendia, el se escuso de tratar dello, remitiendolo a mi, por cuya causa lo cometi al Rey, y le escrivi sobre ello, y el ayuda de costa que se le deuia. A lo qual deue responderme con el Arçobispo de Toledo lo que en ambas cosas auia acordado. Pero toda via, porque no es llegado a qui ni sadello de cierto, es mi voluntad, que de qualquiera manera que sea, atento a lo sobredicho de hazer merced al dicho Luys Quixada, que el entretenimiento que el Rey mi hijo le auia señalado, o me auise que le parece, se le podria señalar en cada vn año de los que me siruiesse y residiesse aqui, que aquello se le de, y situe, y pague por pension, durante su vida, librado por vna librança en rentas de Reyno, residiendo en su calo, o hasta que le haga otra merced equiualente en ella, y que aya de gozar desde primero dia de Iunio del año passado de cinquenta y siete, que acordo el dicho Luys Quixada a venir aqui a seruirme, y traer su muger y casa, en adelante: y assi mismo tengo por bien de hazelle merced de otros dos mil ducados de ayuda de costa por vna vez, que montra setecientos y cinquenta mil marauedis.

Al Dotor Enrique Mathesio mi Medico, que tiene, y se le paguen aqui ciento y quarenta y nueue mil marauedis dellos en lugar de las treynta placas que tenia y lleuaua de gajes al dia en los libros de la casa del Rey mi hijo por razon de su assiento, y los quarenta mil marauedis restantes que yo les mandè señalar en cada vn año de los que aqui residiere y me siruiere por via de ayuda de costa, atento lo que dexo de ganar en su oficio por no estar en la Corte, tengo por bien de señalarle y hazerle merced en lugar de lo sobredicho de quatrocientos florines de a diez placas cada vno de pension al año, para que goze dellos desde el dia que yo falleciere en adelante:

por

ANNO 1554.

por toda ſu vida como dicho es, y de ciento y quarenta y nueue mil y quinientos marauedis de ayuda de coſta por vna vez.

A Guyon de Maoran mi Guardaropa que tiene quatrocientos florines de penſion al año, tengo por bien de hazerle merced en lugar dellos de trezientos florines de penſion al año, para que goze dellos durante ſu vida deſde oy dia en adelante, y de ochenta mil marauedis de ayuda de coſta por vna vez.

A Martin Gaſtelu mi Secretario, que tiene ciento y cinquenta mil marauedis de ſalario al año, es mi voluntad de hazelle merced de los mismos ciento y cinquenta mil marauedis que tiene en cada vn año para en toda ſu vida, ſituados en Nauarra, o en Caſtilla, por vna libranҫa qual mas quiſiere: y demas deſto otros ciento y cinquenta mil marauedis de ayuda de coſta por vna vez.

A Guillermo de Male, Ayuda de mi camara, que tiene trezientos florines de gajes al año es mi voluntad, que ſi tomare la poſſeſſion, y comenҫare a gozar antes de mi fallecimiento de la conſergia de la caſa de Bruſelas que el Rey mi hijo le a hecho merced, para deſpues de los dias del que lo poſſee, tengo por bien de hazelle merced en tal caſo de ſeſenta y dos florines al año de penſion por ſu vida, y deſpues de yo fallecido mientras no gozare de la dicha conſergia de ciento y cinquenta florines al año de penſion, haſta que vaque, y deſde que vacare que le den y goze los dichos ſeſenta y dos florines de como dicho es, que lo de mas ſe conſuma: y demas deſto ſeſenta mil marauedis de ayuda de coſta por vna vez.

A Charles Pubeſt aſſi mismo Ayuda de mi Camara, que tiene aſſi mismo otros trezientos florines de gajes al año, es mi voluntad de hazelle merced en lugar dellos de dozientos y veynte florines de penſion al año por ſu vida, y ſeſenta mil marauedis de ayuda de coſta por vna vez.

A Ogier Bodant mi Ayuda de Camara, que tiene otros dozientos florines de gajes al año, tengo por bien de le hazer merced en lugar dellos de dozientos florines de penſion al año por ſu vida, y otros ſeſenta mil marauedis de ayuda de coſta por vna vez.

A Materu Donjart Ayuda de mi camara, que tiene otros trezientos florines de gajes al año, tengo por bien de le hazer merced en lugar dellos de dozientos florines de penſion por ſu vida al año, y de ſeſenta mil marauedis de ayuda de coſta por vna vez.

A Iuan el Lotoriano mi Reloxero, que tiene ſeſenta y cinco mil marauedis de gajes al año, le hize merced en Flandres de dozientos eſcudos de penſion en Milan por ſu vida, y por eſto no ſe le da aora alguno: pero tengo por bien de hazelle merced de ſeſenta y cinco mil marauedis de ayuda de coſta por vna vez: y demas deſto y de lo que a recebido a buena cuenta por el pie del relox que me a fecho, es mi voluntad que ſe le pague lo que juſtamente pareciere que auia de auer.

A Nicolas Beringue Barbero de mi Camara, que tiene dozientos y cinquenta florines de gajes al año, tengo por bien de ſeñalarle y hazerle merced en lugar dellos de ciento y ochenta florines de penſion al año por ſu vida, y de cinquenta mil marauedis de ayuda de coſta por vna vez.

A Guillermo Vvik Eiſlort Barbero de mi Camara, que tiene dozientos y cinquenta florines de gajes al año, tengo por bien de hazelle merced en lugar dellos de ciento y ochenta florines de penſion al año, y de cinquenta mil marauedis de ayuda de coſta por vna vez.

A Direk Barbero aſſi mismo de Camara, que tiene dozientos y cinquenta florines de gajes al año, tengo por bien de hazelle merced en lugar dellos de ciento y ochenta florines de penſion al año por ſu vida, y de cinquenta mil marauedis de ayuda de coſta por vna vez.

A Gabriel de Suet aſſi mismo Barbero de mi caſa y Camara, que tiene dozientos y cinquenta florines de gajes al año, tengo por bien de hazelle merced en lugar dellos de ciento y ochenta florines de penſion al año por ſu vida, y de cinquenta mil marauedis de ayuda de coſta por vna vez.

A Preteuan Oberiſtraten mi Boticario, que tiene otros dozientos y ochenta florines de gajes al año, es mi voluntad que en lugar dellos tenga ciento y ochenta florines al año de penſion por ſu vida, y de cinquenta mil marauedis de ayuda de coſta por vna vez.

A Petre Guillen Ayuda de la botica, que tiene ochenta florines de gajes el año, tengo por bien de hazelle merced de cinquenta florines por ſu vida, y de diez y ſeys mil marauedis de ayuda de coſta por vna vez.

A Andres Platineques que ſirue en la panateria y tiene dozientos y veynte florines de gajes, tengo por bien de hazelle merced de ciento y ſeſenta florines de penſion al año por ſu vida, y de quarenta y quatro mil marauedis de ayuda de coſta por vna vez.

A Preteruan Vvocis Ayuda en la panateria, que tiene ochenta florines de gajes el año, tengo por bien de hazelle merced en lugar dellos de cinquenta florines de penſion al año por ſu vida, y de diez y ſeys mil marauedis de ayuda de coſta por vna vez.

A Cornelio Bugeion que ſirue en la caua, que tiene dozientos y veynte florines de gajes al año, tengo por bien de hazelle merced en lugar dellos de ciento y ſeſenta florines de penſion al año por ſu vida, y de quarenta y quatro mil marauedis de ayuda de coſta por vna vez.

A Vbet Criſpian que ſirue de Ayuda de la caua, y tiene ciento y diez florines de penſion al año por ſu vida, y de veynte y dos mil marauedis de ayuda de coſta por vna vez.

A Heurique Bander Heſen que haze la cerueҫa, y tiene dozientos y cinquenta florines al año, es mi voluntad de hazelle merced en lugar dellos de ciento y quarenta florines de penſion por ſu vida, y de cinquenta mil marauedis de ayuda de coſta por vna vez.

A Franciſco Imbreſchſic que ſirue de Tonelero, y tiene ciento y diez florines de gajes al año, tengo por bien de hazelle merced en lugar dellos de ochenta florines de penſion al año por ſu vida, y de doze mil marauedis de ayuda de coſta por vna vez.

A Adrian Guardel que me ſirue de Cozinero, y tiene dozientos florines de gajes el año, tengo por bien de hazelle merced en lugar dellos de ciento y cinquenta florines de penſion al año, y quarenta mil marauedis de ayuda de coſta por vna vez.

A Enrique de la Puerta que ſeruia aſſi mismo de Cozinero, y tiene ciento y diez florines al año, tengo por bien de hazelle merced de ochenta florines de penſion por ſu vida, y de veynte y dos mil marauedis de ayuda de coſta por vna vez.

A Geronymo de Eſpaña Moҫo de cozina, que tiene ſeſenta y cinco florines de gajes al año, tengo por bien de hazerle merced en lugar dellos de cinquenta florines al año de penſion por ſu vida, y de quinze mil marauedis de ayuda de coſta por vna vez.

A Antonio Flahault aſſi mismo Moҫo de cozina, que tiene otros ſeſenta y cinco florines de gajes al año, tengo por bien de hazerle merced de cinquenta florines de penſion al año por ſu vida, y de quinze mil marauedis de ayuda de coſta por vna vez.

A Cornelio Gutiman, que ſirue de Paſtelero, y tiene ciento y ochenta florines de gajes al año, tengo por bien de hazelle merced en lugar dellos de ciento y diez florines de penſion al año, y de treynta y ſeys mil marauedis de ayuda de coſta por vna vey.

A Enrique Bau Ofeſtad, que ſirue en el eſtado, tiene ciento y ochenta florines de gajes al año, tengo por bien de hazelle merced en lugar dellos de ciento y diez florines de penſion al año, y de treynta y ſeys mil marauedis de ayuda de coſta por vna vez.

A Gelibortorle Ayuda en el eſtado de la Camara, y tiene ochenta florines de gajes, tengo por bien de hazelle merced en lugar dellos de cinquenta florines de penſion al año, y de diez y ſeys mil marauedis de ayuda de coſta por vna vez.

A Nicolas de Merne que ſirue en la ſalſeria, y tiene dozientos y veynte florines de gajes al año, tengo por bien que ſe le den en lugar dellos cinquenta florines de penſion al año por ſu vida, y quatro mil marauedis de ayuda de coſta por vna vez.

A Vtin de Auſtreui Ayuda en la ſalſeria, que tiene ochenta florines de gajes, tengo por bien que ſe

ANNO 1554.

se le dé en lugar dellos cinquenta florines de pension al año, y diez y seys mil marauedis de ayuda de costa por vna vez.

A Francein Ningali, que sirue en la fruteria, y tiene ciento y ochenta florines de gaje al año, tengo por bien que se le den en lugar dellos ciento y diez florines de pension al año por su vida, y treynta seys mil marauedis de ayuda de costa por vna vez.

A Martin Raliot que ayuda en la fruteria, que tiene ciento y diez florines al año de gajes, tengo por bien que en lugar dellos tenga nouenta florines dè pension por su vida, y veynte y dos mil marauedis de ayuda de costa por vna vez.

A Iuan Balin Reloxero, que tiene dozientos florines de gajes al año, tengo por bien que se le den en lugar dellos nouenta florines de pension al año por su vida, y quarenta mil marauedis de ayuda de costa por vna vez.

A Hipolyta Lauandera de corpus, que tiene quatro cientos florines de gajes al año, tengo por bien que se le den en lugar dellos ciento y diez florines de pension al año, y ochenta mil marauedis de ayuda de costa por vna vez.

A Ysabel Plantin, que es Lauandera de boca, que tiene trezientos y sesenta y cinco florines al año, tengo por bien de señalarle en lugar dellos nouenta florines de pension por su vida, y treynta y cinco mil marauedis de ayuda de costa por vna vez.

A Iuani Esterch Ayuda de guarda joyas, que tiene ciento y cinquenta florines al año, tengo por bien de señalarle en lugar dellos a razon de nouenta florines al año de pension por su vida, y de treynta mil marauedis de ayuda de costa por vna vez.

A Iuan Geatan, que sirue de Ayuda en la cereria, mande dar licencia, como a otros criados, al tiempo que entrò en este Monasterio, y las cinco placas que tenia de gajes cada dia, se le pagassen en Valladolid, como y quando a los otros mis criados Españoles que alli estan, aguardando hasta que el Rey mi hijo acordasse lo que pensaua dellos en sus cazas, y visto que auia aqui necessidad del dicho Iuan Gaetan, se le mandò que quedasse despues a seruir, como lo haze para tener cuenta con ver lo que se le entregasse al guarda manger, y cozina, y labrar la cera que fuesso menester, y sobre las dichas cinco placas que tenia, le mando acrecentar otros cinco a cumplimiento de diez, de las quales goza desde primer de Henero del año passado de quinientos y cinquenta y siete que sirue, en adelante. Y como quiera que entre los despachos de mis criados, que el Rey mi hijo me embiò, venia vna cedula, por la qual haze merced al dicho Iuan Gaetan de diez mil y nouecientos y cinco marauedis en cada vn año por su vida, librados en su casa en Valladolid, que estos se le crezcan a cumplimiento de diez y ocho mil y docientos y cinquenta marauedis, que sale a razon de cinco placas al dia respetiuamente por cada placa diez, que se le de cedula dellos, rasgandose la que està aqui, para que se le paguen por vna librança en su casa, durante el tiempo de su vida, y assi mismo le den treynta y seys mil marauedis de ayuda de costa por vna vez.

A Christioual Perez Panadero natural de Vizcaya, que tiene ciento y diez florines de gajes al año, es mi voluntad, que en lugar dellos tenga quinze mil marauedis en cada vn año por su vida, libradas por vna librança en rentas del Reyno, y veynte y dos mil marauedis de ayuda de costa por vna vez.

A Martin Arche Panadero Aleman, que tiene otros ciento y diez florines de gajes al año, tengo por bien de le señalar en lugar de ellos ochenta florines de pension por su vida, y veynte y dos mil marauedis de ayuda de costa por vna vez.

A Iuan Rodriguez Español Ayuda de litera, que al presente tiene cinquenta y cinco florines de gajes al año, es mi voluntad que en lugar dellos tenga doze mil marauedis de que le hago merced en cada vn año de su vida, librados en rentas de Reyno, y de otros onze mil marauedis de ayuda de costa.

A Diego Alonso Español, Ayuda assi mismo de litera, que tiene otros cinquenta y cinco florines de gajes al año, es mi voluntad que en lugar dellos tenga doze mil marauedis, que le hago merced en cada vn ano por toda su vida, y de otros onze mil marauedis de ayuda de costa por vna vez.

ANNO 1554.

A Antonio Solayguies Ayuda de litera que tiene los mismos cinquenta y cinco florines de gajes al año, tengo por bien que se le den sesenta florines de pension por su vida, y de onze mil marauedis de ayuda de costa por vna vez.

A F. Iuan Alis de la Orden de San Francisco natural de Flandres, que a entendido en confessar mis criados, y administrarles los Sacramentos, y aunque para su sustentacion del y vn compañero le an dado a razon de a quatro reales cada dia, toda via es mi voluntad que se le den en lugar dellos por via de limosna quatorze mil y seys cientos marauedis en cada vn año por toda su vida, que sale a quarente marauedis al dia, para libros y otras cosas de que tendra necessidad, y que se le paguen en Salamanca donde està su casa, o en la parte destos Reynos donde residiere, y si quisiere yr a Flandres se los libren alla, de manera que donde quiera que estuuiere sea bien pagado, con cargo de dizir vna missa cada dia de los que pudiere por mi anima, y veynte mil marauedis de ayuda de costa por vna vez.

A Hans Fait natural de los Estados de Flandres, que sirue de Gallinero, y tiene quarenta y cinco florines de gajes al año por su vida, y nueue mil marauedis de ayuda de costa por vna vez.

A Iuan Ballestero Caçador, natural Español, que tiene quarenta mil marauedis, que le mandè señalar salario en mi casa, es mi voluntad, que en lugar dellos se le libren en la suya los gajes que tenia en su assiento en la casa del Rey mi hijo, que dizen que son diez y ocho mil marauedis por toda su vida, librados por vna librança, y de hazelle merced de veynte mil marauedis de ayuda de costa por vna vez.

A Pascual Gomez que me sirue de Hortelano, y tiene doze mil marauedis de salario, es mi voluntad, que se le den otros doze mil de ayuda de costa por vna vez.

A Martin de Soto, que me sirue de escriuiente en el officio de Fray Lorenço, y tiene de salario dos ducados cada mes, que sale a razon de a nueue mil marauedis el año, es mi voluntad que se le libren otros nueue mil de ayuda de costa por vna vez.

A Iorge de Diana Moço de Ianelo mi Reloxero, es mi voluntad que se le den siete mil y quinientos marauedis de ayuda de costa por vna vez.

Al Licenciado Murga y Iuan Rodriguez su Escriuano, y Francisco de Malaguilla su Alguazil, que me an seruido y siruen en Quacos, ruego y encargo a la Princesa mi hija, que les dè la ayuda de costa que le pareciere, a lo qual me remito.

Por manera que montan las dichas pensiones que arriba estan señaladas en la manera que dicha es cinco mil y nouecientos y setenta y cinco florines y vn quarto, respetando por cada florin dozientos marauedis. Y ruego afetuosamente al Rey mi hijo, que conforme a lo que aqui e declarado mande dar los priuilegios y cedulas que faltan, de mas de las que aca estan, a las personas que los an de auer, con la mayor breuedad que ser pueda, como dicho es, y la dicha ayuda de costa que monta dos cuentos y seys cientos y treynta y vn mil marauedis. Y mando al fator general Hernan Lopez del Campo, o a la persona o personas a cuyo cargo estuuiere la cobrança de los dichos dineros de seys y onze al millar, que de lo corrido dellos, y de lo que correra hasta el dia de mi fallecimiento, cumpla y pague luego los dichos dos cuentos, y seys cientos y treynta y vn mil y quinientos marauedis, a la persona a quien en mi codicilo dexo nombrada. Y mando y ruego a la Princesa mi hija que dè el recaudo necessario para el descargo del dicho fator o de la persona o personas que lo pagaren, porque es assi mi voluntad. Fecha en San Geronimo de Iuste a nueue de Setiempre de mil y quinientos y cinquenta y ocho. CARLOS.

Copia de vna carta que el Rey nuestro Señor escriuiò de Flandres a los Testamentarios del Emperador nuestro Señor que sea en gloria.

EL REY.

TEstamentarios de los descargos del Emperador y Rey mi Señor, que sea en gloria. Vuestras cartas de treynta de Otubre del año passado, diez y

ANNO 1554.

y quinze de Henero deste presente año auemos recebido, y entendido por ellas, y la relacion particular que Gaztelu nos a hecho, la indisposicion de su Magestad, y de su buen fin, y del deposito que de su cuerpo se hizo en Iuste, y como se abrieron sus Testamentos y codicilo, y la orden que distes para que se dixessen luego las treynta mil missas, y lo que auiades dado, y quedauades dando sobre las distribuciones de los treynta mil ducados que estavan depositados en Simancas, conforme a lo que su Magestad dexo ordenado, y la causa porque començastes a executar estas cosas antes de consultarnos, ni aguardar orden nuestra para ello, con lo de mas que acerca desto dezis, lo qual nó a parecido bien, y en esta se os respondera y satisfara a lo necessario dello.

En lo que toca al cuerpo de su Magestad por la que os escriuimos vltimamente, cuya duplicada va con esta, aureys entendido y sabreys lo que en esto auemos acordado cerca de su traslacion a Granada, en que no ay que dezir, sino que en el entre tanto que està en deposito en el Monasterio de Iuste, se continuen las quinze missas que cada dia se dizen por su anima, como alla se acordò, pues son las que se pueden dezir segun los Frayles sacerdotes que ay en aquella casa, que llegado yo a essos Reynos, vere lo que en ello se deue hazer, segun lo que dexo su Magestad ordenado en su codicilo.

En lo que toca a lo que entre su Magestad y mi passò sobre la consignacion que haze por su Testamento sobre los Maestrazgos, y de sus bienes muebles, para el cumplimiento de sus descargos, yo espero con el ayuda de Dios ser breuemente en essos Reynos, y llegado a ellos me lo acordareys; que entonces entendereys lo que en todo me pareciere y se deuiere hazer. En lo de la orden que pedis para lo demás del cumplimiento del Testamento para su Magestad, no conuernia que se alçasse la mano, ni dexasse de passar adelante, por lo que se podria juzgar. Y lo que junto con esto nos traheys a la memoria, os agradecemos mucho, que es conforme a lo que se deue esperar de tan buenos criados de su Magestad, y mios, y a lo que deueys para cumplir con vuestra obligacion, y la mia es tan grande, y el amor y obediencia que a su Magestad tuue y deuo, que aunque estuuiesse en mayores necessidades de las en que me hallo, que son las que sabeys, no tengo de dexar de cumplir todo lo que dexò ordenado y mandado en su Testamento y codicilo, como es razon. Y entre tanto que se assienta y da orden a ello, pues la examinacion y comprobacion de muchos descargos, especialmente de los principales, no se podra hazer con tanta breuedad, que no seamos primero llegado a essos Reynos, auemos acordado de mandar señalar desde luego, para que comience a entender en ello, ochenta mil ducados en cada vn año, los diez mil dellos librados en derechos de seys y onze al millar, que se presupone que montaran esto, o lo que mas o menos fuere, veynte mil que su Magestad tiene consignados sobre las minas en cada vn año para los gastos y entretenimientos de su casa y Estado, treynta mil ducados en la casa de la contratecion de Seuilla sobre el primero oro o plata que viniere de Indias, prefiriendo esto a todas las otras consignaciones, hasta que se cumpla esta cantidad. Y porque en los Reynos de la Corona de Aragon aura algunos descargos, y sera justo que se auran de cumplir, sea del seruicio que otorgaren, y que del se reserue y tome alguna parte para este efeto, es nuestra voluntad, que se consignen los veynte mil ducados restantes a cumplimiento de los dichos ochenta mil ducados repartidos por rata entre los dos Reynos, segun lo que cada vno dellos otorgare. Y pues yo tengo de tener las Cortes entonces, seremos a tiempo de mirar a que plazos se pagaran, y que todo esto comience a correr desde primero de Henero desde presente año de quinientos y cinquenta y nueue en adelante. Para cuyo cobrança y tener cuenta con ello, auemos nombrado al fator Hernando Lopez del Campo por el tiempo que fuere nuestra voluntad. Y porque se escuse de acrecentar nueuo oficio y salario para todo esto, y que como fuere recibiendo el dinero se vaya poniendo en vna caxa, estè en su poder con tres llaues, la vna en el, y las dos en el vuestro, para que no se pueda disponer ni conuertir este dinero sin vuestra sabiduria, ni en otra cosa, sino en cumplir y descargar, y que se le aya de tomar cuenta en fin de cada año, no embargante que se vuiesse ya nombrado alla persona para este efeto: porque esta es nuestra voluntad. De todo lo qual dareys cuenta a la serenissima Princesa mi hermana, para que mande ordenar ella los despachos necessarios con esta sustancia en la forma que conuenga, y que se nos embie luego por duplicadas vias, para que los firmemos, auisandonos de como se haze.

La copia del inuentario que traxo Gaztelu de la recamara de su Magestad, que tenia en Iuste, al presenta està en essa villa, auemos visto y mandado declarar y señalar en la margen de la copia del, que se os embia con esta, lo que vereys: y es mi voluntad que se guarde; y no se disponga dello, y hazerlo heys assi, y proueereys que aquello se aparte y diuida de lo otro: porque llegado yo a essos Reynos, los mandare ver y determinar lo que dello se auia de hazer, y de lo demas contenido en el dicho inuentario podreys disponer por la orden que se acostumbra, y vieredes mas conuenir, que yo os lo remito.

En lo que està a cargo de Bartolome Conejo e visto la relacion que nos embiastes en el dicho Gaztelu, y en aquello no ay por aora de qui disponer, sino que este assi a su cargo, como està, sin hazer mundança ni tocar nada hasta que llegue yo a essos Reynos, que lo mande ver y ordenar como me parecera.

Lo mismo se hara en lo que toca al armeria que està a cargo de Iuan de Ortega, de que e visto la relacion que embiò Don Antonio de Toledo.

Tambien vi la relacion de lo que està en Simancas a cargo de Piti Iuan Buene ya difunto, y agora està al de su muger, de que tan poco se disporna de nada hasta que seamos en essos Reynos, si ya no lo aueys hecho. Embiareys con el primero el inuentario que de nueuo auian de yr a hazer el Licenciado Briuiesca y Ledesma por duplicado.

En lo que toca a lo corrido de seys y onze al millar, cuya cobrança està a cargo del fator, visto lo que entre su Magestad y mi estaua acordado, y dexa mandado en su codicilo, y lo que el dicho Gaztelu me a referido de vuestra parte, escriui a la serenissima Princesa mi hermana la carta que va con esta, para que si no se vuiere hecho, mande tomar luego cuenta al dicho fator de todo lo corrido de los dichos derechos, desde que en su nombre se tomò la possession deste officio hasta el fin de quinientos y cinquenta y ocho passado, haziendole cargo del alcance que se hiso a los herederos de Garcia de Castro ya difunto su antecessor, y Alonso de Herrera que despues tuuo cuenta en el exercito desde oficio, durante el tiempo que estuuo vaco. Y de lo que liquidamense se alcançare al dicho fator escriuimos que cumpla seys mil ducados que aqui se tomaron a cambio para dar de limosna en las fronteras destos Estados, en cuenta de lo que en ellos se a de dar, y todo lo mas que quedare y cobrare se dè y pague por la orden y las personas que vosotres nombraredes, para que aquello se dè de limosna en essos Reynos a quien y conforme a lo que su Magestad dexo ordenado, porque lo demas que correra de los dichos derechos desde primero de Henero deste presente año en adelante, para en parte de la dicha consignacion de los descargos de cuya cobrança con lo demas terna cargo el dicho fator, segun arriba està dicho.

Auisarnos heys particularmente con el primero, que genero y calidad de descargos pensays, segun lo que teneys ententido, que se vernan a pedir ante vostros, y para el qualquiera cosa es bien que esteys preuenidos de no admitir demanda calificada, como de vasallos, tierras y otras cosas principales y de calidad, sin consultarlo primero, y auisarnos de lo que os pareciere sobre ello, porque ay algunas cosas en que es menester mucho mirar. Tambien podrian ser, que acudiessen algunos mercaderes con deudas de cambios hechos con su Magestad para los gastos que se le ofreciessen en exercitos, que juntò para conseruacion y defensa de la Religion y de sus Reynos y Estados, que monta mucho, en esto aueys de tener entendido, que la paga o cumplimiento dello le auemos tomado y està a nuestro cargo, assi por confirmaciones que auemos hecho de los tales assientos, como por nueuas negociaciones en que se an incorporado aquellos socorriendonos

Anno 1554. nos de nueuo con mas dineros para ayuda a los gastos.

En lo que toca al sueldo de la gente de guerra, como quiera que aquel les va corriendo, y que es deuda y mucha parte della del tiempo de su Magestad, y lo demas del nuestro despues que hizo la renunciacion, escriuiamos que la paga, de lo vno y de lo otro està a nuestro cargo, y assi se va pagando segun la possibilidad, y se continuara, con que parece que se va descargando primero lo de su Magestad. De lo qual y de lo que toca a las deudas de los dichos mercaderes, nos a parecido preueniros, porque si os ocurrieren alguna cosa sobre ello, nos lo auisareys.

Quanto al sueldo de las naos y gente de las armadas, que an ydo a empressas que se an hecho en tiempo de su Magestad, y otros viages particulares: porque en esto no ay continuacion de seruicio, y es diferente de lo sobredicho, por auerseles dado licencia despues de auer acabado las dichas jornadas y viages, y ser todo deudas hechas antes de la renunciacion, que parece que su Magestad està directamente obligado, toda via mirareys si esto se entiende que pueda ser conforme a lo de arriba, y de calidad que se aya de descargar, de que tambien nos auisareys, no embargante que queriamos que de los mas pobres, viudas, huerfanos se prefiriessen a los otros, y pudiendose buena y honestamente hazer, sin notable agrauio de nadie.

Mirareys si cumpliendo primero con lo que su Magestad dexo ordenado por su Testamento, sobre los diez mil ducados que se an de conuertir en redempcion de cautiuos, de los treynta mil que estan depositados en Simancas, se podria emplear alguna parte de ellos en rescatar algunos de los de Cidadela en manera, que el año passado se perdiò, que son muy pobres: porque de mas destos me dizen que llegan a quarenta mil los que Turcos tienen en su poder del Reyno de Napoles, verlo heis: en pudiendose buenamente hazer, holgariamos dello.

Terneys sobre todo gran cuydado de juntaros todas las vezes que pudieredes y dieren lugar los negocios en que estuuieredes ocupados para tratar de los dichos descargos, porque desseo mucho, como es razon, que en el cumplimiento dellos aya gran breuedad, que demas que complireys con vuestra obligacion me hareys particular plazer y seruicio. De Brusselas a veynte y dos de Março de mil y quinientos y cinquenta a nueue años.

LVI.

18. Octobre. *Testament d'*ANNE D'EGMONT *Comtesse de Buren & Princesse d'Orange, de laquelle sont provenus grande partie des Biens dela Succession de* GUILLAUME III. *Roi de la Grande-Bretagne. Fait le* 18. *Octobre* 1554. AVEC *l'Instrument Notarial de l'Ouverture du dit Testament à Breda le* 27. *Avril* 1558. [Copie communiquée par un des Seigneurs Pretendans à la Succession de GUILLAUME III. Roi de la Grande-Bretagne, & non contestée.]

A tous ceux qui ces presentes lettres verront salut. Nous Corneille de Corput, Bourguemaitre & Eschevin, Adrien van Doren, Adrien Schote, & Nicolas van den Brant aussi Eschevins de la Ville de Breda, sçavoir faisons, qu'aujourdui date de cette, par devant Nous sont comparus en leurs propres personnes, le tres haut, & tres puissant Prince Guillaume de Nassau par la Grace de Dieu Prince d'Oranges, Comte dudit Nassau Catzenelenbogen &c. tant en son nom que comme; Montbour Administrateur, & ayant la Garde Noble, comme il disoit des personnes, & biens de Philippes Guillaume & Marie de Nassau ses enfans par lui procréez en la personne de fetie haute memoire Madame Anne d'Egmont en son tems Princesse & Comtesse desdits lieux, sa treschere Compagne, & Madame Franchoise de Lainoi Comtesse Douairiere de Buren, Dame dudit Launoi, Mere de ladite Dame Anne d'Egmont, & Mere grande des dits enfans en presence de plusieurs nobles personnes & temoins à ce expressement mandés, & convoqués, en partie cy-dessous nommés, & nous ont declaré comme à leur connoissance étoit venu que ladite Dame Princesse en son vivant avoit fait son Testament & derniere volonté de ses Biens & chevances, lequel elle avoit clos & icellé de son seau, & étant en sa derniere maladie, dont elle est trepassée, reconnu devant deux Eschevins de la Ville de Breda, Baptiste Vogelsang Secretaire de la Chambre de comptes dudit Prince, & Secretaire de ladite Ville, & icelui delivré es mains de Adrien de Camons Drossaert de Jaerfelt, pour garder un certain petit Cofret, auquel elle étoit accoutumée enserrer ses secrets; ayants ledit Seigneur Prince & Dame Douairiere de Buren par la bouche de Maistre Thomas Vlas Conseiller dudit Seigneur Prince, demandé audit Adrien de Camons, si ce que dessus n'étoit ainsi fait par ladite feüe Dame Princesse, a quoi ledit Adrien a declaré bien expressement que ladite Dame Princesse ayant reconnu ledit Testament, en sa derniere maladie, comme dessus lui auroit delivré ledit Testament & requis de le garder bien soigneusement dedans le dit Cofret, dont a cette fin elle lui en auroit donné aussi les Clefs; quoi oyant ont ledit Seigneur Prince & Dame par la bouche dudit Maitre Thomas Vlas, requis exhibition dudit Testament, & ce ensuivant a ledit Adrien de Camons en nostre presence ouvert ledit Cofret tirant hors d'icelui certain Cahier, & papier clos, & fermé avec une corde de soye rouge, a laquelle étoit pendant le sceau de feüe ladite Dame Princesse armoyé de ses Armes, lequel sceau en presence de nous, à la requisition dudit Maistre Tomas Vlas Conseiller, faite au nom desdicts Comparans a été reconnu judiciellement par Messire Jean de Renesse Chevalier Seigneur de Elderen, Manui &c. Damoiseau Thieri de Grevendanck Seigneur de Loon, Messire Jacques Peraetz Chevalier, Drossart de ladite Ville, & Païs de Breda, Maistre Anthoine Valyant Chanoine & Vice Doyen de Breda, Damoiseau Henry de Wilsperch, Maistre d'hostel & Capitaine du Chateau, audit Breda; Damoiseau Godefroy de Warembourg aussi Maistre d'hotel, & Damoiseau Quillie de Barcon Gentilhomme de l'hotel dudit Seigneur Prince, declarant tous ensemble & chacun d'eux qu'ils connoissent bien que le sçeau pendant audit Cahier, étoit le sçeau dont elle avoit usé en son vivant, & étoit sur le dos dudit Cahier escrit en Langue Theoise, ce que s'ensuit; Die Hoochgeboorne Vrouwe Vrouwe Anne van Egmont Princesse van Orangien Gravinne tot Nassauw, Bueren &c. Siek te bedde liggende huer verstandt nochtans gebruickende soo 't scheen, en perfectelyck spreekende, heeft verclaert dat het inhouden van deelen beslooten papiere is heur Testament en uyttersten wille d'welke heur Genade by consente van mynen Ge. Heere den Prince van Orangien &c. heuren Heere en Man d'welke sy seyde heur toe te hebben gemaeckt, heeft ende wilde te subsisteren ende te daegen, mitsgaeders de codicille allum daer by ghemaekt ende by heure Ge. gepassiert voor Schepenen naer beschreven, in vougen soomen dat daer by bevinden sal, willende heur Testament voorsz. van waerden te syn in al der manieren soo een jegelyche Testament en uyttersten wille alderbest daeghen maek, nietregenstaen alwaert soo dat alle solemniteyten die men naer rechte schuldich is en waere te onderhouden, niet achtervolcht en waeren. Aldus ghedaen in myne Genaede Vrouwe Slaepcamer op 't Bolwerck van den Casteele tot Breda des Sondachs de 20. dach Meert Anno 1558. Luy dix style ontrent d'en vier uren naer noene, daer by een aen waeren Mr. Adriaen van Dooren en Mr. Claes van den Brant Schepenen in Breda Baptista Vogelsanch Secretaris van Reekencamer ende Jan van Corput Secretaris tot Breda, & estoit soubsigné A. Dooren, N. Carpur, Vogelsang, & Johan de Carput; ce qui a été montré audit Adrien van Dooren, & Nicolas van den Brant, & Jean du Corput qui ont reconnu leur subscription & seings manuels, declarans avoir été present, ou ladite Dame Princesse étant en son lict & derniere maladie avoit reconnu & devant eux passé ledit Testament & derniere volonté, tout ainsi comme la notule escript de la main du fils dudit Johan de Corput aussi Secretaire de ladite Ville de Breda le demontre; & pource que ledit Cahier étoit

ANNO 1554.

étoit fermé comme dessus, ledit Seigneur Prince, & Dame Comtesse Douairiere de Buren ont par ledit Conseiller nous requis bien justement de vouloir ouvrir ledit Testament, & si avant que besoin de le publier; & pour ce que ledit Testament ne se pouvoit ouvrir sans oster le sçeau, dont il étoit clos, si avons nous osté ledit sçeau a condition que estant ledit Testament ouvert on le remetroit par notre Authorité, & que sur la legature au noed de la çorde seroient mis deux de nos sçeaux comme fait a été, & estant ledit Testament ouvert en la maniere comme dit est, ont ledit Maitre Autholne Vaillant, Mr. Engelbert Moutens, Chanoine Thiery de Grevendonch, Messire Jacques Sewarts, Henry de Wilsperch, & Guillie de Barean Temoins ayants soubscript, & seellé de leurs cachets ledit Testament a la requisition dudit Conseiller Vlas, au nom desdits Comparants chacun d'eux a part juridiquement devant nous reconnu leur subscriptions & les sçeaulx, ayant aussi attesté qu'ils avoient veu subsigner ladite Dame Princesse ledit Testament de son nom Anne d'Egmont, & davantage ont attesté, qu'ils avoient vu que au même tems feu Messire Jerome du Bliant, en son vivant Doyen de Breda, avoit avec eux & en leur presence signé & seelé de son cachet ledit Testament, & derniere volonté, & même que les dernieres clauses écrits d'une autre main que le principal Testament, commençant, Et nous Sire Jerolme du Bliant Doyen de Breda, & jusque au bout étoient descripts en leur presence de la propre main dudit Seigneur Jerome du Bliant; Quoi fait avons nous Bourguemaistres, & Eschevins, a la requisition comme dessus & pour autant que besoin soit, publié ledit Testament, & l'ayant fait lire publiquement en notre presence & ordonné a nos Secretaires Jehan du Corput, & Nicolas du Corput, d'inserer la teneur dudit Testament ou derniere volenté de mot a l'autre en cette notre Lettre, & le tout rediger en bonne forme pour valoir audit Seigneur Prince, ses Enfans, ladite Dame Comtesse Douairiere de Buren, & tous autres auxquels il touche, & cy-apres toucher pouroit, duquel Testament s'ensuit icy la teneur.

En invoquant en premier lieu le nom de notre Souverain Seigneur Dieu, sans l'aide duquel la personne humaine ne peut aucune chose bien concevoir, commencer ni achever. Nous Anne d'Egmont Princesse d'Orange; Comtesse de Nassau, de Buren, Laerdam &c. étant graces à Dieu en disposition entiere de corps & d'entendement, & neantmoins considerant la fragilité, & imbecilité de notre humaine condition; & l'incertitude de notre vie avant d'aucune surprise de violente maladie ou autre advenüe impourveüe de quelque accident, qui me pouroit jeter en tel état, que je n'aurois moyen ou loisir de tester & ordonner de mes biens, & pourvoir a ce que desirons en estre fait apres notre deces, nous les avons voulu faire & le faisons par ce present escript en la forme & maniere que s'ensuit. Premierement au cas que nous decedasmes de ce Monde sans delaisser autres enfans que notre fille Marie de Nassau que nous avons presentement de notre tres cher Seigneur & Mari Messire Guillaume de Nassau Prince d'Oranges, Comte de Nassau &c. elle sera & l'avons par celui notre Testament & ordonnance de derniere volonté institué notre heritiere, seule & universelle en tous & quelconque, nos biens, chevances, & facultes, soient feaudeaux, ou autres, soient meubles au immeubles, droits & actions, ou d'autres de quelque titre, espece & nature ils soient, en quelque nombre, quantité, & état ils soient & pouroient estre trouvé au jour de notre Trepas au cas dessusdit. Mais si lors nous eussions & delaisassions un Fils; il sera & l'avons par eslui notre Testament, & ordonnance de derniere volonté, institué notre heritier seul & universel, en tous & quelconques nosdits Biens, Chevances, Facultes, Noms, Droits & Actions a la charge de faire partage gratieux & raisonnable à la dite Marie sa sœur, si lors elle fut vivante, si non a autre sa sœur, que lors seroit trouvée en vie, & ce au dire & Arbitrage de quatre bon Personnages qui lors seront trouvés les plus prochains parens d'iceux notre fils & fille, les deux du costé paternel, & les autres deux de notre costé. Et si nous decedassions de ce monde, *avant notre dit Seigneur & Mari, sans delaisser enfans*, ou si iceux enfans decedassent par apres sans enfans legitimes *avant ledit Seigneur Prince leur Pere;* en ce cas nous voulons & ordonnons que notre dit Seigneur & Mari ait l'entiere Joüissance sa vie durante de tous & quelquonques nosdits bien & Chevances & Facultez; & plus s'il eut enfans d'autre subsequent Mariage, qu'iceux enfans ayent en pure proprieté tous iceux nosdits Biens, Chevances & Facultez, desquels des maintenant pour lors leur faisant donation entiere & universelle, & les faisons & declarons par cette notre ordonnance de derniere volonté, nos vrais & indubitables successeurs, en iceux biens, chevances, facultés, & en fournissant par eux aux debtes, & autres charges, que lors seront trouvées en proceder, & depeindre, bien entendu toutes fois que si entre iceux il eut deux fils, le second aura seul tous iceux nosdits Biens, facultez & Chevances, prendant & portnt le nom, & Titre de Comte de Buren, procedant cette notre ordonnance de causes justes, & considerables en notre endroit, *respect que ne voulons icy declarer, comme aussi n'avons voulu par cette presente ordonnance plus avant pourvoir, sur la disposition de nos dits biens*, Considerant que si Dieu nous retient plus longuement en vie, plusieurs occasions pouroient advenir de autrement en disposer; dont je me reserve entier pouvoir & faculté, & de le changer accroistre, & diminuer; aussi de faire autres ordonnances particulieres soit par forme de Codicille ou autrement, ainsi que bon nous semblera. Si est ce que pour maintenant entendons & voulons ceste estre notre principale ordonnance testamentaire, pour valoir en forme de Testament en escript ou autrement de derniere volonté, en la meilleure forme & espece qu'on la poura entreprendre, soit de *fidei commis* ou d'autre, comme precedant de concept bien deliberé, y employant l'Octroi de l'Empereur notre Sire Duc de Brabant, Comte de Hollande &c. par moi sur ce obtenu, & aussi l'Authorisation de Mon Seigneur & Mary de tant qu'il fust besoin, & que par droit municipal elle y fust requise & non autrement; & pour verification de cette presente Ordonnance l'avons escript & soubscript de notre propre main, & avons requis a nos chers & bons Amis, Messire Jerome Doyen de Breda; & Messire Anthoine Vaillant Vice Doyen dudit Breda, & Messire Engelbert Moutens, Thiery de Gravenbronch Seigneur de Loene; Jacques Heraertz Drossart de Breda, Henri de Wilspurgh Capitaine du Chateau de Breda, Guillaume de Pourchon le vouloir soubscrire, & y imprimer leurs signets, ce qu'ils ont volontiers fait le 18. Octobre 1654. Ainsi soubscript Anne d'Egmont, & subsecutivemen de la main comme il aparoist de cy dessus est attesté, & declaré dudit Seigneur Jerome du Bliant étoit escript ainsi: Et Nous sur ce Jerome du Bliant Doyen de Breda, & Messire Anthoine Vaillant Vice Doyen de Breda, & Messire Engelbert Montens, Thiery de Grevenbronc Sieur de Loen, Jaques Tserarts Drossard de Breda, Henri de Wilsbourg Capitaine du Chateau de Breda, Guillaume de Barchan, a la requisition de ladite Dame d'Egmont, Princesse d'Orange, Comtesse de Nassau, Buren &c. & apres qu'elle nous a declaré que cet Escript de deux feuilles de Papier que lui avons veu subscrire de sa propre main, contenoit son Testament & ordonnance de derniere volonté, nous l'avons aussi soubscript de nos propres mains & soubscription accoutumées, & avons aussi imprimez de nos signets, & par occasion que Messire Anthoine Vaillant, & Messire Engelbert Montens n'avoient point de Signet, m'ont prié y metre le mien; pour nous trois. Pareillement Thiery de Grevenbronk pour non avoir son signet icy a requis, audit Jaques Tseraertz Drossart de Breda y mettre le sien pour eux deux. Fait audit 18. Oct. 1554. & embas soubscript & soubsigné ainsi. Ita attestor Jeronimus du Bliant manu propria. Ita attestor A. Vaillant, Engelbert Montens, Thiery de Grevenbronck, Jacques Tserraertz, Henri de Wilspurgh, Guillaume de Barchon, & seellé de sept sçeaux, comme est mentionné cy-dessus. Et ayant ledit Seigneur Prince oui ladite Lecture a, tant en son nom que au nom de ses dits enfans, autant que besoin fust approuvé & accepté ledit Testa-

ment

ANNO 1554. ment & derniere volonté en tous ses Points & Articles. Ainsi fait devant nous sur la Maison de Ville de Breda le Mecredi 27. d'Avril l'an 1558. environ les neuf heures devant midy & Tesmoins desquelles choses dessusdites, nous Bourguemaistres & Eschevins de la Ville de Breda dessus nommez avons a ces presentes Lettres mis, & fait metre le sceau aux Causes de ladite Ville de Breda, & aussi nos propres sceaux.

LVII.

23. Octobre. *Investitura Regni Siciliæ & Hierusalem, cùm totâ Terrâ citra Farum, excepta Civitate Beneventana, à* JULIO *Papa* III PHILIPPO *Hispaniarum Principi concessa, sub obligatione septem millium Ducatorum, & unius Parafreni albi, pro censu, singulis annis solvendorum. Datum Romæ* 10. *Kal. Novembris* 1554. CUM *Formulâ Juramenti per præfati* PHILIPPI *Procuratorem in animam ejus præstiti, ibidem verbotenus enarratâ.* [Autentique tiré des grandes Archives de la Chambre Royale de Naples.]

JULIUS III. &c. Ad perpetuam rei memoriam Illius, qui in Cælestibus habitat, & immobilis permanens providentia mirabili dat suo ordine cuncta moveri, quique statuit, & decrevit, ut homo homini præferatur, Humanum genus Potestatum regimini submittendo, Vices licet immeriti gerentes in Terris, Catholicos Reges, & Principes, quorum studia & conatus ad Divini nominis gloriam, & Catholicæ fidei exaltationem ac universæ Reipublicæ Christianæ amplitudinem tendunt, quorumque erga Romanam Ecclesiam eximiæ fidei constantia, & sinceræ devotionis affectus in Nostro, & Apostolicæ Sedis conspectu, gratiam promeretur, in Regnis, & Terris ad jus, & proprietatem ipsius Ecclesiæ spectantibus in locum cedentium favorabiliter substituimus, ut quem ex eorum bene beatèque gestis, a Deo fructum sperare possunt, etiam à Nobis ejus in Terris Vicario consequantur. Dudum siquidem postquam fel. rec. Julius Papa Secundus Predecessor Noster Regnum Siciliæ & Hierusalem cum tota Terra, quæ est citra Farum usque ad confinia Terrarum Sanctæ Romanæ Ecclesiæ, Civitate Nostra, tunc sua, Beneventana cum ejus Territorio, & pertinentiis duntaxat excepta, ad jus, & proprietatem ejusdem Ecclesiæ pertinens, & tunc ad ipsum prædecessorem, & dictam Ecclesiam devolutum esset, quovis modo, & ex quâvis causa, illud ad eamdem Ecclesiam devolutum, aut alias ejus dispositio ad prædictum prædecessorem pertineret, cum omnibus Juribus & pertinentiis suis Claræ Memoriæ Ferdinando Aragoniæ, & utriusque Siciliæ, ac Hierusalem Regi pro se, suisque in dicto Regno Aragoniæ hæredibus, & Successoribus tam masculis, quam fæminis, ex eo recta Linea descendentibus, natis, & nascituris, in feudum perpetuum pro certo tunc expresso annuo Censu, & sub diversis conditionibus, modis, formis, adjectionibus, promissionibus, clausulis, cauthelis, voluntatibus, & ordinationibus etiam tunc expressis, sine tamen præjuditio juris ipsi Ferdinando Regi alias in eodem Regno forsan competentis, cui tunc noluit derogari, de fratrum suorum consilio pariter, & assensu, ex certa scientiâ, & de Apostolicæ potestatis plenitudine concesserat, & elargitus fuerat, dictam Civitatem Beneventanam cum ejus Territorio, districtu, & pertinentiis per ipsum prædecessorem sui Romanum Pontificem distinctis, seu distinguendis cum eorum incolis, prout illam sibi dudum antea prædicta Ecclesia specialiter retinuerat, & reservaverat, sibi & eidem Ecclesiæ specialiter reservando, prout in ipsius prædecessoris desuper confectis Litteris, in quibus idem prædecessor inter alia voluit, quod dictus Ferdinandus Rex, & sui in dicto Regno Siciliæ citra Farum hæredes, & Successores darent prædecessori, & Ecclesiæ prædictis eorum privilegium aurea Bulla bullatum, in quo proprio Juramento faterentur, & recognoscerent expresse Regnum Siciliæ, & Hierusalem ac totam eorum Terram, quæ est citra Farum, usque ad confinia ejusdem Ecclesiæ excepta Civitate Beneventana prædicta cum Territorio, districtu, & pertinentiis suis ex sola gratia, & mera liberalitate Sedis, & prædecessoris prædictorum sibi suisque hæredibus, & successoribus fuisse concessa, ac eos recepisse, & tenere Regnum Siciliæ, & Terram hujusmodi à prædecessore, & Ecclesia prædictis sub pactis, modis, & conditionibus, tunc, ut præfertur, expressis, plenius continetur, Piæ memoriæ Leo Papa X etiam prædecessor Noster dictum Regnum Siciliæ citra Farum Carissimo in Christo Filio Carolo Romano Imperatori semper Augusto tunc Romanorum, & Hispaniarum Regi Cattolico in Imperatorem electo in Feudum, eisdem modo, & forma, quibus per dictum Julium prædecessorem prædicto Ferdinando Regi concessum fuerat, & sub prædictis, quæ tunc per eamdem Sedem remissa non apparerent, & certis aliis tunc expressis conditionibus de novo concessit, & de eo etiam ipsum Carolum Imperatorem investivit, & dictus Carolus Imperator per quondam Joannem Emanuelem aurei velleris Equitem tunc in humanis agentem, & ipsius Caroli Imperatoris apud Leonem prædecessorem & Sedem prædictos Oratorem, & Procuratorem specialem promisit, & se ac omnes, Regnum ipsum Siciliæ vigore illiusmodi concessionum tam per Julium, quam per Leonem prædecessorem prædictos factarum pro tempore obtinentes obligavit ad inviolabiliter observandum, & adimplendum omnia in Literis Julii prædecessoris hujusmodi contenta, super quibus de dispositione, aut illorum remissione per eamdem Sedem facta non constaret, seu appareret, & solvendum singulis annis in perpetuum Cameræ Apostolicæ septem mille ducatos auri de Camera in festo Beati Petri ultra solitum Censum palafrani albi pro recognitione veri, & directi Dominii ipsius Regni Siciliæ, & ad Leonis predecessoris, & Cameræ prædictorum requisitionem delinquentes in Terris eidem Ecclesiæ mediatè, vel immediate subjectis, ad dictum Regnum, & illius Civitates, Terras, & loca confugientes capi, & ad Urbem, vel alium locum remitti faciendum, sub pœnis in Literis Julii prædecessoris hujusmodi contentis, dum modo idem Leo prædecessor, & Successores sui Romani Pontifices, ac prædicta Camera ad ipsius Caroli Imperatoris, & Officialium suorum requisitionem delinquentes in Terris, & locis dicti Regni ad Terras, & loca Ecclesiæ confugientes pariter ad eos remitteret, prout Instrumento publico desuper confecto, & in certis ipsius Leonis prædecessoris Litteris de verbo ad verbum inserto, etiam plenius continetur. Cum autem dictus Carolus Imperator, qui etiam Hispaniarum & Siciliæ ultra Farum Rex Catholicus existit, non valens ob adversam valetudinem tot Regnorum, negotiis indies emergentibus commodé vacare, & considerans qua gravitate, integritate, solertia, rectitudine, atque prudentiâ Carissimus in Christo Filius Noster Philippus Angliæ Rex Illustris ipsius Caroli Imperatoris natus, Regna Castellæ, & Coronæ Aragonum, quorum idem Carolus Imperator etiam Rex existit, diutius ob ejusdem Caroli Imperatoris absentiam, cum maxima illorum subditorum satisfactione regit, Regna, ipsa in Pacis otio, & tranquillitate cum Justitia gubernando, & omnia alia, quæ ad optimum, & Justitiæ amatorem Principem pertinent, faciendo, ac cupiens dicti Regni citra Farum subditis de se ob eorum fidelitatem & officia præstita optime meritis rem gratam facere, & ut ipsi Principem haberent ætate robusta, & vegeta valetudine, qui & publica & privata minori incommodo pertractare, & subditos ipsos tueri & defendere, ac quotiens necessitas postularet, illis personaliter adesse posset, opportune providere, nec non matrimonium inter eum, & Carissimam in Christo Filiam Nostram Mariam Angliæ, Franciæ Reginam Illustrem, tunc jam dudum tractatum honorare, & prædicto Philippo Regi præstare, ut gradum, honorem, & dignitatem suam Regiam proveheret, & haberet unde de se meritis beneficia, & munera impartiretur, ex his, & aliis justis, & dignis considerationibus motu suo proprio, & ex certa scientia, ac Regia auctoritate deliberate, & consulto ex gratia speciali & de plenitudine potestatis maturaque Consilii sui ad id accedente deliberatione, aliasque omni modo, via, Jure, causa, & forma, quibus melius validius, & efficacius fieri potuit, & debuit, Regnum Siciliæ citra Farum hujusmodi cum omni ejus districtu, finibus, limitibus, Territorio, & litoribus maritimis, & titulo, ANNO 1554.

ANNO 1554.

lo, & honore regali, Baronibus, Vaxallis, Vaxallorumque reditibus, nec non omnibus, & singulis eorum Civibus, Castris, Locis, fortalliciis, Territoriis, feudis, feudatariis, collectis, debitis, reditibus, angariis, & perangariis, servitiis personalibus, & realibus, meroque & mixto, ac supremo Imperio, & gladii potestate, omnimodaque jurisdictione, juribus, actionibus, accessibus, ingressibus, pertinentiis, adjacentiis, coherentiis, servitutibus, aliisque Juribus universis, quocumque vocabulo, & appellatione distinctis, nec non omnibus, & singulis, quæ supra, & infra, intra, & extra dicti Regni continentur, & ad illius Regem naturalem, & verum Dominum pertinent, & quovis modo pertinere possunt & debent, ac privilegiis, prærogativis, potestatibus, authoritatibus, immunitatibus, commodis, redditibus, & proventibus, quibus dictus Carolus Imperator, suique in eodem Regno Siciliæ citra Farum predecessores illud tenuerunt, habuerunt, & possederunt, prædicto Philippo Regi, qui Hispaniarum Princeps, & immediatus suus hæres, legitimusque Successor in dicto Regno prout in reliquis ipsius Caroli Imperatoris, Regnis, Terris, & Dominiis existebat, & quem ob prudentiam, magnanimitatem, integritatem, ingenium suum huic muneri obeundo egregie acturum, & opinioni ejusdem Caroli Imperatoris industria sua responsurum esse non verebatur, & in ipsius Philippi Regis favorem, & non alias aliter, & inrevocabiliter cum pacto de ulterius non petendo renunciaverit, transtulerit, dimiserit, & refutaverit, ita quod dictus Philippus Rex esset Rex naturalis, Verusque, & legitimus dicti Regni Siciliæ citra Farum Dominus, ipsumque Regnum libere, pure, & simpliciter haberet, habereque posset, & deberet, ac eumdem Philippum Regem pronuntiaverit, proclamaverit, nominaverit, ac ab universis cujuscumque dignitatis, præheminentiæ, status, gradus, ordinis, & conditionis forent, reputari, honorari, nominari, & proclamari voluerit, decernens quod dictus Philippus Rex à Nobis Regnum ipsum in feudum recognosceret, & ipsius Regni, prout juris est, investituram acciperet, ac debitum homagii, & fidelitatis Juramentum, ad id quod natura feudi facere tenetur, faciendum, præstaret, dolo, & fraude semotis, prout in patentibus ipsius Caroli Imperatoriis desuper confectis Literis dicitur plenius contineri, & idem Philippus Rex volens debitum fidelitatis, & homagii Juramentum in manibus Nostris, vel alterius personæ per Nos deputandæ præstare, & ea ad quæ ratione ipsius Feudi tenetur adimplere: Dilectum filium Nobilem Virum Ferdinandum Franciscum Avalos de Aquino Marchionem Piscariæ ipsius Philippi Regis Consiliarium Collateralem, Procuratorem, & Mandatarium suum specialem fecerit, constituerit, & deputaverit specialiter & expresse adesse, nomine prædicti Philippi Regis, quotiens opus foret, coram Nobis, vel persona per Nos deputata humiliter, ac cum omni reverentia præsentandum, ac Nobis vice, & nomine ejusdem Philippi Regis pro dicto Regno Siciliæ citra Farum debitam obedientiam exibendum nec non fidelitatis, & homagii Juramentum in manibus Nostris faciendum, & præstandum quod requisitum, necessarium, & opportunum foret ex ipsius feudi natura, & quemadmodum illud præstitum fuerat a Carolo Imperatore, & Ferdinando Rege prædictis, atque ab aliis prædecessoribus suis in eodem Regno solitum fuerat præstari, dans & tribuens idem Philippus Rex prædicto Ferdinando Francisco Marchioni, & Procuratori omnem potestatem, omneque arbitrium, & authoritatem ea agendi, & jurandi præmissa ex causa in animam suam, quæ ipsemet Philippus Rex agere, & jurare posset, si personaliter ea faceret & dictus Ferdinandus Franciscus Marchio, & Procurator nomine ipsius Philippi Regis Nobis, & Sedi Apostolicæ, ac Romanæ Ecclesiæ prædictis in Nostro publico Consistorio in Palatio Apostolico, & Aula Regum habito, coram Venerabilibus fratribus Nostris ipsius Romanæ Ecclesiæ Cardinalibus, & quam pluribus Archiepiscopis, & Episcopis, ac dilectis filiis aliis Prælatis inibi tunc astantibus, obedientiam, itemque homagium, & Juramentum Fidelitatis sub forma inferius annotata præstiterit. Nos Mandatis Procurationis Philippi Regis hujusmodi, & Literis tam per Carolum Imperatorem, quam Philippum Regem prædictos Nobis super hoc scriptis in eodem Concistorio publico, & alta voce perlectis, & diligenter inspectis, & consideratis, ac habita super iis cum eisdem Fratribus deliberatione matura, & considerantes ipsius Philippi Regis gentilem, & hæreditariam pene à rerum primordio regnandi consuetudinem in commissos sibi Populos recte, & fæliciter gubernando prudentiam, & in conservando studium, in corrigendo Clementiam, in administrando mansuetudinem, & in defendendo potentiam, ac summam denique rebus in omnibus religionem, & pietatem, & quod ipse, qui postquam in Angliam pervenerit ob ejus rectam, & constantem in Deum mentem nunquam cessavit, prout nec cessat omni cum sedulitate, & diligentia procurare, ut nobilissimum illud Regnum Angliæ, quod jam diu quorumdam impietate à reliquo Catholicæ Ecclesiæ corpore avulsum fuit, ad ejusdem Catholicæ, ac Universalis Ecclesiæ unionem reducatur, sciet, volet, & poterit commissos sibi populos in Pacis amoenitate, & Justiciæ cultu confovere, ac Nos & Romanam Ecclesiam ipsius Regni proprietarios, & directos Dominos, grata devotione, & fide sincera recognoscere, & sperantes, quod idem Philippus Rex in suæ fidei sinceritate, & erga nos, ac præfatam Ecclesiam obedientia, & devotione eo constantior erit, quo Nos, & illam erga se repererit magis munificos, & liberales ad Dei laudem, & gloriam, ac hujus Sanctæ Sedis honorem, atque ipsius Regni Siciliæ citra Farum, illiusque Principum, Ducum Marchionum, Comitum, Procerum & Populorum, ac totius denique Reipublicæ Christianæ pacem, quietem, & tranquillitatem, de ipsorum fratrum Nostrorum consilio pariter, & assensu, & ex certa Nostra scientia, & de Apostolicæ potestatis plenitudine, in nomine Patris, & Filii & Spiritus Sancti, renunciationem, translationem, dimissionem, & refutationem Regni Siciliæ citra Farum hujusmodi a dicto Carolo Imperatore ut præfertur, factam, & obedientiam ab eodem Ferdinando Francisco Marchione, & Procuratore nomine ipsius Philippi Regis Nobis, & Sedi, ac Ecclesiæ prædictis, ut præmittur, præstitam, itemque homagium, & Juramentum fidelitatis hujusmodi læto atque hilari animo admittimus, & Regnum ipsum Siciliæ, & Hierusalem cum tota Terra prædicta citra Farum usque ad confinia Terrarum ejusdem Ecclesiæ Romanæ, excepta prædicta Civitate Beneventana cum ejus Territorio, districtu, & pertinentiis per Nos, seu Romanum Pontificem distinctis, ac eorum Incolis, quam Nobis, prout illam sibi dudum prædicta Ecclesia specialiter retinuit ac reservavit, harum serie Nobis, & eidem Ecclesiæ specialiter reservamus, dicto Philippo Regi, pro se suisque hæredibus, & successoribus Aragoniæ Regibus tam masculis, quam feminis ex eo recta linea descendentibus, natis, & nasciturìs, ac aliis personis in concessionibus Julii, & Leonis prædecessorum hujusmodi comprehensis, & per eos vocatis in Feudum perpetuum pro solito annuo censu septem mille Ducatorum similium & unius Palafreni albi, ut præfertur, solvendo, & sub conditionibus, modis, formis, adjectionibus, promissionibus, clausulis, cautelis, voluntatibus, & ordinationibus in Literis Julii, & concessione Leonis Predecessorum hujusmodi contentis, quarum remissio per Sedem prædictam factam fuisse non apparebit, omni meliori, quo possumus modo concedimus, & elargimur, ac Regnum ipsum prædicto Philippo Regi, modo, & forma prædictis infeudamus, eumque de illo per ipsum Ferdinandi Franciscii Marchionis, & Procuratoris ad osculum pedum Nostrum admissionem investimus, volentes & intendentes, ut *infra* annum à data præsentium computandum idem Philippus Rex privilegium suum aurea Bulla bullatum, In quo proprio Juramento fateatur & recognoscat expresse Regnum Siciliæ, Hyerusalem, ac totam Terram eorum, quæ est citra Farum usque ad confinia ipsius Ecclesiæ Romanæ, excepta Civitate Beneventana, cum illius Territorio, districtu, & pertinentiis, quæ eidem Ecclesiæ remaneat, prædicto Philippo Regi, suisque hæredibus, & Successoribus, ex sola gratia, & mera liberalitate Sedis Apostolicæ, ac Nostra, fuisse concessa, eosque recepisse, & tenere Regnum Siciliæ, & Terram hujusmodi à Nobis, & dicta Romana Ecclesia sub pactis, modis, & conditionibus supradictis, Nobis, seu Romano Pontifici pro tempore existente dare, & tradere teneatur. Per præmissa autem non intendimus juri Carissimæ in Christo Filiæ Joannæ Hispaniarum,

ANNO rum, & utriusque Siciliæ Reginæ Illustris, vel alicujus alterius in aliquo præjudicare.

1554. Forma vero Juramenti per ipsum Ferdinandum Franciscum Marchionem & procuratorem præstiti, talis est:

Ego Ferdinandus Franciscus Avalos de Aquino Marchio Piscariæ serenissimi Domini Philippi, Dei Gratia, Regis Siciliæ citra Farum, & Hyerusalem, ac Hispaniarum Principis Domini mei Consiliarius Collateralis & Procurator ad hæc omnia specialiter constitutus, speciali Mandato Sanctitati Vestræ exhibito, plenum homagium, ligium, & Vaxallagium nomine ipsius Philippi Regis, & Principis faciens Vobis Domino Nostro, Domino Julio Papæ Tertio, & Ecclesiæ Romanæ pro Regno Siciliæ, & Hyerusalem, ac tota Terra, quæ est citra Farum, usque ad confinia Terrarum ipsius Ecclesiæ, excepta Civitate Beneventana, ac toto Territorio, ac omnibus districtibus, & pertinentiis secundum antiquos fines Territorii & pertinentiarum, & districtus, & distinguendos in posterum, In animam dicti Serenissimi Domini Philippi Regis Principalis mei, juro, quod idem serenissimus Dominus Philippus Rex ab hac hora in antea fidelis, & obediens erit Beato Petro, & Vobis Domino Julio Papæ Tertio, vestrisque successoribus Romanis Pontificibus canonice intrantibus sanctæque Apostolicæ Romanæ Ecclesiæ, non erit in consilio, consensu vel facto, ut vitam perdatis, seu perdant, aut membrum, seu capiamini, vel capiantur mala captione, Consilium vero, quod sibi credituri estis per Vos, aut Nuncios Nostros, vel per literas ad vestrum vel eorum damnum scienter nemini pandet, & si sciverit fieri vel tractari, seu procurari aliquod, quod in vestrum, vel eorum damnum cedat, illud pro posse impediat, & si hoc impedire non poterit, illud Vobis, vel eis significare curabit, Papatum Romanum, & Regalia Sancti Petri tam in Regno Siciliæ prædicto, quam alibi consistentia Adjutor Vobis, & eis erit ad defendendum, & retinendum, ac recuperandum contra omnem hominem, universas, & singulas conditiones supradictas, & quascumque alias in Literis fælicis recordationis Julii Papæ secundi, super ipsius Regni, & Terrarum infeudatione, seu Investituræ confectis, contentas, ac omnia, & singula, quæ in eis continentur, plenarie adimplebit & inviolabiliter observabit, & nullo unquam tempore veniet contra ea, nec procurabit per se, vel alium, seu alios quoque modo ut eligatur, vel nominetur in Regem, vel Imperatorem Romanum seu Regem Teutoniæ, aut Dominum Lombardiæ, vel Tusciæ, & si electionem, vel nominationem ad Imperium, vel Regnum Romanum, seu Regnum Teutoniæ seu Dominum Lombardiæ, vel Tusciæ, aut majoris partis eorumdem de eo celebrari continget, nullum hujusmodi electioni, seu nominationi assensum præstabit, nec intromittet, se modo aliquo, de eorum, vel alicujus eorum regimine, nec de Civitate Beneventana, & suis Territoriis, districtibus, & pertinentiis, seu Campania, neque de maritimo Ducatu Spoletano, Marchia Anchonitana, Patrimonio Beati Petri, & Tuscia, & Massa Trebaria, Romandiola, Alma Urbe, in Civitatibus Perusina, Civitate, Castelli, Bononiensi, Ferrariensi, Avinionensi, & Comitatu Venaisini, seu aliis Terris quibuscumque vestris, & Feudis ipsius Ecclesiæ ubilibet constitutis ex successione, vel legato, seu donatione, aut venditione, vel alio quovis titulo, vel contractu nihil unquam sibi acquiret, seu vendicabit, vel poterit acquirere, vel quomodolibet vendicare, & nihil unquam recipiet, nel habebit, seu retinebit, vel poterit recipere, habere, vel etiam retinere in illis, nec ullam Potestariam, Capitaniam, vel Rectoriam, nullumque aliud Officium recipiet, vel recipere poterit, in eisdem, seu ipsorum aliquo, Nec etiam occupabit, vel occupari permittet, seu faciet præmissa, vel partem aliquam eorumdem, nec illa offendet, aut molestabit, neque etiam Romanam Eccleam quoquomodo, sub censuris, pænisque, spiritualibus, & temporalibus, in conditionibus, & infeudatione prædictis contentis, quas hic haberi volo in singulis suis partibus, aliàs pro specifice repetitis, & expressis, scismatico, aut hæretico cuiquam, vel à fide devio, & ab ipsa Ecclesia præciso ejusque sequacibus, & dantibus eis axilium, consilium, vel favorem, non dabit, quovis modo per se, vel alium, seu alios directe, vel indirecte, publice, vel occulte auxilium, consilium, vel favorem, nec ab aliis quantum in eo erit, si impedire poterit, dari permittet, sed eos juxta posse suum donec convertantur, persequetur, & impugnabit, sic dictum Philippum Regem, & Principem Deus adjuvet, & hæc Sancta Dei Evangelia Juravi ut supra.

Ego prædictus Marchio. Nulli &c. Nostræ admissionis, reservationis, concessionis elargitionis, infeudationis, Investituræ, Voluntatis, & intentionis. &c, si quis &c. Datum Romæ apud Sanctum Petrum Anno Incarnationis Dominicæ 1554. decimo Kalendas Novembris Pontificatus Nostri Anno quinto. ANNO 1554.

Ego Julius Cattolicæ Ecclesiæ Episcopus.
Ego Jo. Petrus Episcopus Hostiensis.
Ego R: Cardinalis de Carpo.
Ego J. Episcopus Albanensis Cardinalis Compostellanus.
Ego M. Cardinalis de Sylva manu propria.
Ego Joannes tituli Sancti Laurentii in Lucina Cardinalis Morronus.
Ego B. Cardinalis de Cueva.
Ego Fredericus Cardinalis Cesinus.
H. Cardinalis Verallus.
Joannes A. Cardinalis de Medicis.
Ego Julius Cardinalis Perusinus.
Ego Joannes Mi. Cardinalis Saracenus.
Ego Jo: Cardinalis Sancti Vitalis.
Ego Joannes Andreas Cardinalis Messanensis.
Ego Jacobus Cardinalis Puteus.
Ego Fab. Cardinalis Mignanellus.
Ego Jo. Baptista Cicala Cardinalis Sti. Clementis.
Ego Hyeronimus Cardinalis Sancti Georgii.
Ego In. Cardinalis de Monte.
Ego Aloysius Cardinalis Cornelius.

Extracta est præsens Copia à Libro intitulato Bullarum, Confirmationum & aliarum Notabilium rerum præsentis Regni Neapolis folio CXXX. asservato in Magno Regiæ Cameræ Archivo in Camera prima sub Littera O. scanzia V. numero CXXVI. cum quo facta Collatione de verbo ad verbum concordat, meliori tamen semper salva; Et in fidem de Mandato oretenus Illustris Domini Marchionis Castri novi D. Vincentii Frascone Præsidentis Commissarii subscriptus Magnificus Antonius de Masi Regius Archivarius hic se subscripsit. Datum Neapoli & in eodem Magno Regiæ Cameræ Archivo die 28. Junii 1718.

ANTONIUS DE MASI.

(L.S.)

LVIII.

Vertrag zwischen FERDINAND den I. Römischen Kayser/ Grafen zu Tyrol eines Theils und CARL wie auch CHRISTOPH von Waldsperg andern Theils/ wegen gewisser Rechten/ so benennte Freyherren sagten ihnen zuzukommen von wegen des Schloß Stain und gerichtlicher Jurisdiction in Primör/ welche sie von den Grafen zu Tyrol zu Lehen trugen. Mehrgemeldte Freyherren überlaßen ihre Rechtsame an besagten Kayser auf diese Bedingnüße/ daß sie erstlich bis zu ewigen Zeiten vor ihre des Schloßes nothwendigkeiten Holtz schlagen dürffen auf gewißen ihnen angezeigten Plätzen/ dan/ daß ihnen andertens der Kayser auf einmahl zahle 12000. fl. Rheinisch/ vor welche Summ Er ihnen zur Versicherung verschreibt die Herrschafft Telfan. Wegen der Jurisdiction ist es also ausgemacht worden/ daß die Bergwerke und was dazu gehöret/ wie nicht weniger die Holtz-Käuffer und Verkauffer/ wie auch Hauer zu der Königlichen angestellten Berggerichtlichen Obrigkeit/ die andere unter dem Landgericht mehrgemelter Freyherren stehen sollen. Geben zu Inspurg den 12. Julii Anno 1557. seiner Reiche/ des Römischen im 27. der andern im 31. Jahr. [Simple Copie mais sûre.] 1557. 12 Juillet.

C'est-à-

ANNO 1557.

C'est-à-dire,

Accord entre FERDINAND I. *Empereur des Romains comme* Comte de Tirol *d'une part*, CHARLES & CHRISTOFLE *Barons de* Wellperg *d'autre part, touchant certains Droits que les dits Barons prétendoient leur appartenir à cause du Château de* STAIN *qu'ils tenoient en Fief du Comté de Tirol, avec la Jurisdiction Territoriale de Primor, les dits Barons cedent leur Droit à l'Empereur, moyennant une somme de 12000 florins pour laquelle la Seigneurie de Telfan leur est hypotequée; l'Empereur leur accorde aussi le Droit de couper du bois en certaine Forest, pour l'usage de leur Château de Stain, & à l'égard de la Jurisdiction des Mines, il en est convenu en sorte que les Mineurs, les Coupeurs de Bois, les Vendeurs & les Acheteurs demeureront sous la Jurisdiction Royale, & que le reste sera de la Jurisdiction desdits Barons. Fait à Insprug le 12. Juillet 1557. de son Regne Romain le 27. & des autres le 31.*

WIr Ferdinand von Gottes Gnaden Römischer König/ zu allen Zeiten Mehrer des Reichs/ in Germanien/ zu Hungarn/ Behemb/ Dalmatien/ Croatien König/ Infant in Hispanien/ Ertz-Hertzog zu Oesterreich/ Hertzog zu Burgund rc. Grave zu Tyrol rc. Und wir mit Namen Carl ihrer Küngl. Maj. Rath/ und Christoph/ die Gevettern/ Freyherren zu Welsperg bekennen sammtent/ sonder und unverschiedlich/ offendlich mit diesem Brief/ Nachdem sich zwischen uns Künig Ferdinand als regierenden Herrn und Landts-Fürstl. Graffschafft Tyrol an ainem/ und uns den Freyherrn zu Welsperg als Innhabern der Vesten und Schloß genant Stain und der Gerichts in Primör ihrer Künigl. Maj Aigenthumb/ und unserm von ihrer Maj. habenden Lehen am andern Theil in nachvolgenden Haubt-puncten und Artikelen/ als erstlichen von wegen der Wäld und Höltzer/ zum andern des Monerolici Zolls/ zum dritten der jurisdiction halben daselbs in Primör/ und zum vierdten von solcher Wäld und Höltzer auch Monerolici Zolls aufgehabenen Nutzung wegen/ und was in dem allen beruhret/ etwas Irrung gehalten/ also daß wir Künig Ferdinand uns der Wäld und Höltzer/ auch des Monerolici Zolls als Regalis, so der hochen Landfürstlichen obrigkeit zugehörig/ desgleichen der jurisdiction über die Berk-und Holtz-werks-Verwanten Persohnen nit zu begeben/ und wir die Freyherrn zu Welsperg solche aber als ein Pertinenz und Zugehör ietztgemelts unsers tragenden Lehens der Vesten und Gerichts Primör zu seyn verstanden und vermaint/ daß wir demnach für uns und unser beeder Theil Erben und Nachkommen/ wir Künig Ferdinand mit ihnen/ denen von Welsperg genädigst/ und wir die Freyherren zu Welsperg mit ihrer Künigl Maj aller-unterthänigst auf gepflogene gütliche Unterhandlung hierinnen nachvolgender massen auf ain stäts und in Ewigkeit baiderseits in der Güte mit ainander verglichen und vertragen haben/ dem ist also.

Erstlich sollen und wollen wir Künig Ferdinand den gedachten von Welsperg und ihren ehelichen Männlichen Leibs-Lehens-Erben zu bemelten ihren von uns und unserem Hauß Oesterreich tragenden Lehen/ als zu gemelten Schloß Stain und Gericht Primör volgen und bleiben laßen die zween Burckwäld/ so sich anfachen/ nemblichen der erst gelegen hinter berührten Schloß/ so man hinein in Canali gehet/ schattenhalb auf der rechten Hand/ zu nächst neben denen zu mehr gedachten Schloß gehörigen Wiesen und raicht mit dem hinteren und End-Orth an ain Stain-Leger/ da wir ain Creitz gehauen/ so stehet neben und ob dem schwartzen prunnen/ und get auf über das abschneidend Egg an alle Höche bis an den hochen Spitz und von gemelten Stain-Leger am schwartzen prunnen hinab gegen dem Tall werz bis an Pach Canali/ so hinaus unter dem Schloß/ gegen und auf die fürwerz fleyst/ der ander Burckwald ligt innhalbs Schloß über den Pach/ so von der Zerers rinnt auf der rechten Hand Schattenhalb in höchstgedachter Königl Maj rc. Waldung/ genant Lafeneye/ facht sich an am Obristen Weeg der wisen im ersten Langental oder Steiner/ in welchem gegen einander über obswegs zween groß Stein-Legerling/ in der jedem Sanct Andreas Creitz gehauen ist/ und raicht mit dem hinteren Orth hinein bis in das negsterscheinend Tall oder Steier/ welche baide Tall oder Steiner gehen unter das gewendt an alle Höch und im hintern Tall oder Steiner als dem Ende berührts Schloß gehörig und geaigneten Stuck Burkwäld/ ist auch ein Marckstein gesezt und ain Craitz darein gehauen/ dergleichen auch das Holtz und Gestepdach allernechst bey und umb berührt Schloß und an deßelben Schloßberg stehend/ und sich anfacht unter dem Schloß bey der Caßelpruggen die übern Pach Canali geht und ligt zwischen denen baiden/ als dem jezt bemelten Pach Canali und dem Pach Zerrer für den Anger oberhalb der Saag so zum Schloß gehört/ da ist auch ain Creitz zu ain Mark in ain Stain gehauen/ also und dergestalt/ daß sie die von Welsperg solche zween Purkwäld Holtz und gestein/ doch wie das alles obbestimbter maßen ausgemerkt ist/ allein zu täglicher Nothdurfft des Schloß nutzen und gebrauchen/ aber sonst unverschwendt auch unverkaufft/ unverwandt und unverschrieben/ bleiben und hauen laßen/ damit solch Gehültz in Ewigkeit zur Nothdurfft bemeltes Schloß erhalten werde.

Zum andern sollen und wollen wir Künig Ferdinand denen von Welsperg für alle ihre Zuspruch und Anforderungen so sie von wegen aller und jeder anderer Wäld und Hölzer auch des Monolerici Zolls und von diesem allen aufgehobenen Nutzung halber/ und was darinnen berühret/ nichts ausgenommen/ zu haben vermaint/ ervolgen und zufiehen laßen/ benantlichen auf ainmahl zwelfftausend gulden Reinisch in Müntz jeden derselben Gulden zu sechzig Creutzer gerait/ und ihnen solche jeztbestimbte Haubt-Summa auf unser Schloß und Herrschafft Thelfan ihrer von uns inhabenden Pfandschafft/ zum andern ihrem darauf ligenden Pfandt Schilling schlagen/ also und dergestalt/ daß sie solche zwelfftausent Gulden auf bemelter Herrschafft Telphan/ und dar unter zehen tausent Gulden ohne ainiche Verzinsung/ als ain Pfand-Schilling ligen haben/ und ihren Erben alle/ weil wir sie deren nit entrichten/ nun hinfüro von heut dato an zu raitten/ mit fünff von hundert/ thuet des Jahrs ainhundert Gulden obgemelter Wehrung/ von und aus denen gefällen und Einkommen der Wäld und Holtz-Zolls in Primor/ verzinsen und mit erster Zins-bezahlung von heut dato über ain Jar anfachen/ sie die von Welsperg auch ihre Erben angedeutes unsers Schloß und Herrschafft Telphen nit entsetzen/ sie der auch abzutretten nit schuldig seyn sollen/ sie werden und sehen dan zuvor der gemelten zwelfftausent Gulden und des Zinß von den obstehenden zweytausent gulden/ so unter dieser Haubt-Summa verzinst werden/ wo deren ainicher zu derselben Zeit ausstendig seyn würde/ sambt und neben anderen auf der bemelten Herrschafft Telphan habenden Pfandschilling/ vermög ihrer von uns habender verschreibungen vollkommenlich entricht und bezahlt und ihnen derwegen darumben ain notdurfftige verschreibung von unß in bester form und nach Ordnung Tyrolischer Cammer insonders aufgericht/ verfertigt und zu gestelt worden.

Zum dritten solle es der Jurisdiction halben also gehalten werden/ nemblichen was den Berkwerken zugethan und verwant ist/ das solle mit Leib/ Haab und Güetter sich mit gehorsamb/ Gepotten/ Verpotten/ Straffen/ Inventirungen/ Entrichtungen der Erbschafft/ Vegerhabungen und sonst in allen anderen fällen/ nichts ausgenomben/ unß Künig Ferdinand/ unseren Erben und Nachkommen/ und unser Berg-Gerichtlichen Obrigkeit in Primör zuständig seyn und gehalten werden/ wie solches bey den Berkwerken zu Schwatz/ Sterzingen/ Gufsdann/ Villanders/ Terlan und anderer Orthen in diesem Landt gebräuchig ist.

Was dann die Holtz-werks gewerb und Handlungen betrifft/ sollen gegenwertige und künfftige Holtz-Kaufleuth in allen Holtz-handlungen und sonsten in allen andern fällen unß Künig Ferdinanden/ unseren Erben und Nachkommen und der angeregten unsrer Berkgerichtlichen obrigkeit/ inmaßen wie die vorgemelten Berkwerks-Verwandten unterworffen und zugethan seyn und bleiben/ doch außerhalb der Handlungen ihre der Holtz-Kauffleuth Grund und poden/ ob sie deren ainige aigenthumblich oder in anderweg in Primör hätten oder überkommen/ betreffend/ die sollen unseren der Freyherren zu Welsperg Landgerichtlichen Obrigkeit unterwürffig seyn/ dergleichen auch die Inzicht und Malefiz-Sachen/ aber in demselben mit ihnen inmaßen wie mit denen Berkwerks-Verwanten gehalten werden; wo aber ainer andere mit unzuchtigen (unziglichen) Worten aus Zorn/ ainen übrigen Trunk oder sonst mit fürsetzlichen injurierte/ und auf solch Scheltung nit verharrte/ alsdan soll unser Künig Ferdinands Berk-Gerichtliche obrigkeit auf derselben Personen Bewilligen dieselb Injuri und Schelt-wort güetlichen hinzulegen und zu vertragen haben; Wo aber dieselben Personen auf solchen unzichtigen Worten verharren würden/ soll unser Künig Ferdinanden Berk-Gerichtliche Obrigkeit die zu Austrag zu unser der Freyherren zu Welsperg Landgerichten weisen. Ferer wann genugsambe Inzicht/ Indicia oder böß Leumbden ainiges Malefitz auf die Holtz-Kaufleuth vorhanden/ oder sonst die that an ihr selbst offenbar das der Erkantnus von der Berk-Gerichtlichen Obrigkeit/ ob dem also sey oder nicht/ vonnöthen wäre/ so mag alsdan unser der Freyherren zu Welsperg Land-Richter dieselben Personen/ unverhindert unsers Künig Ferdinanden Berk-Gerichtlichen Obrigkeit/ fänglichen annemmen/ und mit ihnen/ wie sichs gebührt/ handlen; wo aber solch Malefiz darnach an ihnen nit befunden würde/ soll er als dan dieselben Persohnen unser Künig Ferdinanden Berk-Gerichtlichen Obrigkeit überantworten laßen. Was sich auch zwischen ihnen/ den Holtz-Kauffleuthen/ ihren Bemessern und Factoren/ auch denen Holtz-Knechten und andern dem Holtz-werk zugehörigen Persohnen zuträgt in Holtz-werks-handlungen/ es sey in Pacten/ Gedingen/ Contracten/ ver-

ANNO 1557.

ANNO 1557.

leyhungen/ Abraittungen/ Bezahlungen / Wald-Ordnungen/ Handlungen Gepotten / Verpotten und Holtz-verführungen / sambt den darauß folgenden Straffen / das solle auch Uns Künig Ferdinanden / unseren Erben und Nachkommen und unserer Berkgerichtlichen Obrigkeit zugehörig seyn/ dieselben Sachen und Handlungen vor unser Tyrolischen Cammer / oder alda in Primör vor unsern Berk-gericht gehandelt / ausgetragen und gestrafft werden / so aber sonst obgemelte Persohnen / so dem Holtz-Handel / außerhalb gedachten Holtz-Kaufleuthen / verwandt seyn / es seyen Verweser / Factoren Fürdinger/ Clausmaister / Triftmaister/ Holtz-Knecht/ Arbeiter / fuhrleuth / und welche sonst im Holtz-Handel gebraucht werden/ und den Berkwerken mit verwandt seyn/ dieselben sollen/ wie andere unsers Künig Ferdinanden Unterthanen / und als Gerichtlich in Primör mit ihren Persohnen/ Hab und Gütteren / auch Gepotten und Verpotten unserer der Freyherren zu Welsperg Landtgerichtlichen Obrigkeit daselbs in Primör unterworffen seyn / und was sie außerhalb bemelter Holtzwerks-handlungen inn-oder außerhalb der Wäld / es sey in Bürgerlichen Unzuchten / Inzichten oder Malefizischen Sachen verhandlen / frävelen und verwürcken / daßelbig auch vor und durch unser der Freyherren zue Welsperg Landt-Gerichtlichen Obrigkeiten in Primör ausgetragen und wie sich gebührt und recht ist / gestrafft werden.

Derentwegen auch zum vierdten und letzten / so verzeihen und entschlagen wir mehr vielgenante Carl und Christoph die Freyherren zu Welsperg uns für uns selbs / auch für unsere Erben und Nachkommen gegen der hochernennten Künigl. Maj. derselben Erben und Nachkommen am Hochlöblichsten Hauß Oesterreich mit stäter / ewiger / und widerrufflicher Verzihe aller und jeder unserer Zuspruch / Anforderungen / Recht und Gerechtigkeiten / die wir von wegen aller und jeder Wäld und Höltzer in bemelter Herrschafft Primör gelegen / auch des Monerosici Zolls daselbs und von diesem allen aufgehabten Nutzung / auch aller Anspruch / so ain Thail zu dem andern der jurisdiction halben / und was in dem allen berühret / nichts ausgenommen / zu haben vermaint oder gehabt. Verzeyhen / entschlagen und begeben uns deß auch hiermit wissendlichen in Crafft dieß Briefs / also daß wir / unsere Erben oder Nachkommen zu ihrer Koniglichen Majest. derselben Erben und Nachkommen in ewige Zeit derhalben weiter kein Zuspruch / Anforderung / Recht noch Gerechtigkeit mehr haben / auch weder mit oder ohne Recht in kainerley Weiß suchen / sondern Ihr Künigl. Maj. derselben Erben und Nachkommen ... mit denen bemelten Wälden und Höltzern / auch dem Monoserico Zoll und der jurisdiction in Primör ... derselben Geneß und Nutzung nach Vermög und Innhalt diß Vertrags / als mit ihrem frey aignen ... gefahren / handlen / thuen und laßen nach ihrem gnädigst ... willen / gefallen / bestem Nutz und gelegenheit. Wir verzeyhen uns auch hiemit wissendlich in Crafft dieß Briefs für uns / unsere Erben und Nachkommen aller Freyheiten und Rechten / sambt denen Rechten gemainer Verzeyhung widersprechend / auch des Anzugs / als ob wir hierinnen bevorthelt oder übergewältigt wären worden / und aller anderer Behelff hiewider gegen ihrer Künigl. Majest. derselben Erben und Nachkommen in ainicherley weiß noch weeg / wie die erdacht oder fürbracht möchten werden / nit zu gebrauchen / doch sonst in allen andern fällen / davon in diesem Vertrag nit fürsehung beschehen / Uns Künig Ferdinanden / unseren Erben und Nachkommen an unser Landsfürstl. Hochheit und Obrigkeit / und uns den Freyherren zu Welsperg an unseren Lehen-Rechten unvergreifflichen.

Alles genädiglichen / treulichen und ohne Geverde / und des zu wahren Urkundt / und daß dieser Vergleichung und Vertrag baiderseits gelebt und nachgangen werde / so haben wir Künig Ferdinand dieser Brief zween in gleichen Laut nach Ordnung unserer Tyrolischen Cammer fertigen und mit unserm Königl. Insigel bekräfftigt aufrichten laßen: Und wir die Freyherren zu Welsperg unsere Insigel auch daran gehangen / und unß mit unseren Tauff-und zunamben mit aignen Handen dabey unterschrieben / da von der ain Brief auf bemelter Tyrolischen Cammer behalten / und der ander Uns denen Freyherren zue Welsperg zugestellt worden. Beschehen zu Innsprug am zwelfften Tag des Monats Julii nach Christi unserer lieben Herren und Seehgmachers Geburth funfzehenhundert und im sieben undfunfzigsten / Unser Künig Ferdinanden Reiche des Römischen im sieben und zwanzigsten und der anderen im ein und dreißigsten Jar.

Wilhelm Freyherr zu Wolkenstain.

Carl Freyherr zu Welsperg /
Christoph Freyherr zu Welsperg.

B Khuer von Vilas Ritter.

J. B. Brandiß.

Pennyeger.

LIX.

1558. 9. Janvier. *Traité d'Alliance & de Combourgeoisie entre les Magnifiques Seigneurs de* BERNE *& de* GENEVE, *du 9 Janvier 1558. Traduit de l'Original Allemand.* [HISTOIRE *de Geneve de M.* SPON *rectifiée & augmentée.* Tom. III. p. 381. Ed. de Geneve. Ed. in 12. 1730.]

ANNO 1558.

AU NOM DE DIEU, AMEN. Nous, les AVOYER, Conseil & Bourgeois de Berne, d'une part; Et Nous les SINDICS, Conseil, Bourgeois, & toute la Communauté de la Ville de Geneve, d'autre part. Savoir faisons, à tous ceux qui verront, liront ou entendront les Présentes; Comme ainsi soit, que Nous les susdites Villes Berne & Geneve, & avec nous les Pieux, Prudens, Honorables & Sages Avoyer, Conseil & Bourgeois de la Ville de Fribourg, soyions entrez le 8. Fevrier de l'Année 1526. dans une Bourgeoisie, Alliance & Confederation, pour un certain nombre d'années, conformément aux Lettres qui ont été alors dressées pour cet effet, & munies de nos Sceaux; & qu'ensuite (le cas étant arrivé que les susdits de Fribourg se sont départis de cette Bourgeoisie) Nous les susdites deux Villes ayions conclu & juré le 7. Août 1536. de demeurer encore quelque tems dans cette susdite Bourgeoisie, dans la forme qu'elle étoit, (cependant avec quelque changement) savoir pendant vingt cinq ans depuis la datte de la susdite Lettre de Bourgeoise, Nous avons renouvellé & prolongé cette Bourgeoisie le 16. Decembre mille cinq cens quarante huit, pour cinq ans, à compter dès l'expiration du terme d'années cidessus marqué, dans la même forme & teneur, comme il paroit par les Lettres dressées à cet effet. Ces cinq années étant expirées, & ladite ancienne Bourgeoisie entre nous deux Villes étant finie, nous sommes derechef entrez en negociation d'une nouvelle Bourgeoisie, & après avoir tenu, pour cet effet, plusieurs Journées & Conferences, nous sommes enfin convenus pour nous & pour nos Successeurs à perpétuïté, d'une Combourgeoisie, Alliance & Confederation perpétuelle, équitable, raisonnable & profitable, pour nous & pour nos Sujets, dans la forme & maniere qui suit.

PREMIEREMENT: Que Nous les deux Villes Berne & Geneve, par une mure déliberation & d'un commun consentement, singulicrerent en consideration de la bonne amitié & du voisinage, de même que de la communication qu'il y a entre nos Villes, Seigneuries, Sujets & Jurisdictions, & particulierement parce qu'il a plû à Dieu Tout-puissant Eternel & Bon, que nous nous soyons réünis ensemble dans la foi, pour nous y maintenir & pour jouïr, d'oresnavant, en paix & en bonne union. de tout ce que nous possedons par la grace de Dieu, nous nous sommes reçûs reciproquement, pour nous & nos Successeurs habitans dans nos deux Villes, pour Combourgeois fidelles, loyaux & perpetuels, de la maniere que nous avons l'autorité & le pouvoir de le faire, en vertu des Droits, Libertez, & des loüables & anciennes Coûtumes des nos deux Villes, comme nous nous prenons & recevons les uns & les autres, de nôtre certaine science, pour vrais & perpétuels Combourgeois, jurans à Dieu solemnellement les mains élevées, que chaque Ville sera fidelle & sincere envers l'autre, tâchant d'avancer son bonneur & ses avantages, de détourner tout ce qui lui pourroit causer du dommage. & de se rendre l'une à l'autre tous les bons offices que de fidelles Bourgeois se doivent reciproquement.

En second lieu: Touchant le secours, la défense & l'assistance que chaque Ville aura à donner à l'autre, il a été arrêté & conclu entre nous, que s'il arrivoit dans la suite des tems, que quelcun entreprit, contre droit & raison, de faire tort ou quelque dommage aux Sindics, Conseil, Bourgeois & Communauté de Geneve, soit dans leurs Corps, Honneurs, Biens, Païs, Gens, Seigneuries, Franchises, Us & Coûtumes, ou quelqu'autre violence, insulte & trouble, de quelque nature que ce soit, & qu'eux demandassent à Nous de Berne, secours & assistance; Alors, Nous l'Avoyer, Conseil & Bourgeois de la Ville de Berne, examinerons & considererons, conformement au Serment que nous avons prêté, si une telle attaque, offense, ou autre violence ont été faites contre le droit & la raison, & si après l'examen & la connoissan-

Anno 1558. ce de la chose, il se trouvoit qu'on eut usé de violence envers ceux de Geneve contre droit & raison, alors Nous de Berne devrons secourir, assister & proteger, selon nôtre pouvoir, lesdits de Geneve qui auront été attaquez, endommagez & molestez de la maniere qu'il a été dit. D'un autre côté, Nous les Sindics, Conseil, Bourgeois & Communauté de la Ville de Geneve, devrons aussi assister de nos Corps & de nos Biens, la Ville de Berne & les leurs, lors qu'ils seront attaquez, envahis, oppressez & molestez de la maniere qui a été declarée ci-dessus.

Touchant les fraix de Voyages & le payement des Troupes, on observera ce qui suit; Savoir, lorsque Nous les susdits de Berne aurons reconnu par nôtre Serment, que l'on fit à la Ville de Geneve la guerre ou quelqu'autre violence injustement, & qu'elle eut besoin de défense & de secours, comme on l'a dit ci-dessus, en sorte qu'il falut que Nous les susdits de Berne assistassions & secourussions cette Ville de nôtre pouvoir: Nous lesdits de Geneve, devrons alors suporter sans aucune difficulté, la moitié des fraix dudit Secours, & en décharger la Ville de Berne. Et Nous lesdits de Berne devrons aussi être chargez de même, de l'autre moitié des fraix de la Guerre, parce qu'ils ont été employez en partie à la défense de nos propres Etats, sans en charger dans la suite nos Combourgeois de Geneve. Pareillement, Nous de Berne payerons aussi à la Ville de Geneve, lorsque nous aurons demandé son secours & son assistance, la moitié des fraix de la Guerre que ce secours aura coûté, & l'autre moitié sera suportée par la Ville de Geneve; Mais si la Ville de Geneve demandoit une Garnison à Nous de Berne, pour la sûreté & la défense de leur Ville, Châteaux, Seigneuries, Territoires, ou Jurisdictions, qui seroient menacées de la Guerre, & qu'elle fut accordée, ladite Ville de Geneve devra entretenir cette Garnison à ses dépens, sans en charger en aucune maniere Nous lesdits de Berne, pendant que ladite Garnison sera à leur service: En échange lors-que Nous les susdits de Berne demanderons à la Ville de Geneve, une Garnison pour la sûreté & la défense de nôtre Ville, de nos Châteaux, Païs & Mandemens; Alors, Nous lesdits de Berne, devrons aussi entretenir cette Garnison entierement à nos dépens, pendant qu'elle sera à nôtre Service, sans en charger la Ville de Geneve

En troisieme lieu: Nous lesdites deux Villes avons aussi arrêté & conclu, que chaque Ville doit demeurer inviolablement dans la possession de tous les Païs, Sujets, Seigneuries, Châteaux, Jurisdictions, Franchises, Graces, Privileges, bonnes Coûtumes, Us & anciens Usages, & s'en servir & aider comme d'ancienneté sans aucune contradiction; & si quelcun, en general ou en particulier, entreprenoit d'attaquer par la force Nous lesdites deux Villes ou les nôtres, singulierement à cause de la Parole de Dieu, & de nous en détourner & nous troubler ou molester à cet égard; Alors, si l'une des Parties avoit besoin du secours & de l'assistance de l'autre, & qu'elle le demandât par écrit ou de bouche, la Partie sommée devra envoyer à celle qui l'aura sommée, son bon & fidelle Secours, selon l'exigence du cas, de la maniere ci-dessus déclarée.

En quatrieme lieu: Nous sommes convenus, que dans les Guerres ouvertes & justes, de Nous les deux Villes, chaque Partie accordera à l'autre un passage libre, & que chacune de nos Villes, Châteaux & Passages seront ouverts, soit pour les affaires de Nous des deux Villes ou des nôtres; en sorte que chacun puisse sûrement frequenter ces endroits là, y demeurer, & entrer & sortir toutes les fois qu'il sera nécessaire, ce qui se devra faire toutefois, par ordonnance & à la requisition de chaque Seigneurie, qui en sera dûëment informée, & à condition qu'en entrant, passant & repassant, on ne causera point de dommage au Païs ni à ses Habitans, & que l'on payera tout ce que l'équité exigera.

En cinquieme lieu: Nulle des Parties n'accordera dans ses Etats, à l'ennemi de l'autre de retraite, protection, ni passage; mais elle tachera de le faire sortir par force, autant qu'il sera en son pouvoir, toutes les fois que le cas se présentera, sans refuser pourtant la justice à celui qui la demandera.

En sixieme lieu: Quant à l'administration de la Justice, il a été arrêté & conclu entre nous, que

Anno 1558. si dans la suite, l'une des Villes avoit quelque prétention contre l'autre, ou quelque particulier sujet des deux Villes, contre l'une d'elles, ou qu'ils entrassent en Procès, pour quelque sujet que ce soit, & qu'ils ne voulussent point s'en désister, de sorte qu'il falut les vuider juridiquement alors le Demandeur ajournera & citera le Deffendeur aux communes Journées dans la Ville de Moudon, à la Marche, devant quatre Juges commis & déleguez, qui devront être pris d'entre les deux Parties; savoir, deux du Conseil de chaque Ville, & avec eux un Sur-arbitre, qui sera nommé par le Demandeur, & requis conjointement par les Lettres des deux Villes, de se charger de ce Sur-arbitrage; savoir, un ancien ou nouveau Landamman, un ancien ou nouveau Banderet de Schwitz, un ancien ou nouveau Bouguemaitre, un ancien ou nouveau Oberster Zunfftmeister de la Ville de Bâle, entre lesquelles susdites huit personnes, l'Acteur aura le choix de nommer celui qu'il lui plaira, & celui-ci, avec les quatre Juges députez par les deux Villes, devra assister au Procès & entendre les Parties, pour être en état de donner la Sentence plus promptement & à moins de fraix, & ce que les quatre Juges, ou la plûpart d'entr'eux auront alors determiné par la voye amiable (laquelle doit toûjours être essayée avant que d'en venir a la rigueur du droit) ou par une Sentence donnée selon la rigueur du droit, devra être tenu pour ferme, & d'être agréé par les Parties, sans en pouvoir appeller; Et cette Prononciation amiable ou juridique devra être renduë par ces quatre Députez, d'abord, ou pour le plus tard, dans le terme d'un mois: Mais si lesdits quatre Députez n'étoient pas d'accord dans leur Jugement, en sorte qu'ils formassent deux Parties égales, alors le Sur-arbitre donnera la décision dans le terme d'un mois, sans plus long délai, & le sentiment de celle des Parties auquel le Surarbitre se joindra, devra demeurer ferme sans aucune oposition: Mais pour ce qui regarde les Marches, lesquelles ont été en usage entre les particuliers, Sujets des deux Villes, du tems de l'ancienne Combourgeoisie, expirée en dernier lieu, en vertu de ladite Combourgeoisie; Il a été expressément arrêté entre Nous les susdites deux Villes, que ces Marches seront entierement abolies à l'égard des Particuliers, Seigneuries & Communautez, qui auront entr'eux des differens, & qu'elles n'auront plus lieu, comme elles l'avoient dans la precedente ancienne Combourgeoisie, mais chaque Partie sera obligée de convenir sa Partie adverse devant son Juge ordinaire, savoir pour toutes sortes d'actions personnelles, devant le Magistrat où le Deffendeur a son Domicile, & pour des actions réelles, comme pour Seigneuries, Heritages, Proprietez & autres Biens immeubles, devant les Juges ou Magistrats du lieu, où lesdits Biens ou Seigneuries sont situez; Et dans lesdites Actions personnelles & réelles, les Juges ordinaires de la premiere Instance ou Inferieurs donneront leur Sentence, de laquelle la Partie grevée ne devra apeller que devant les Juges Superieurs, & attendre d'eux la décision finale de leur different, soit à gain ou à perte, à profit ou dommage, sans aucun Appel: Et chaque Ville devra recommander à ses Officiers, d'administrer, en tel cas, bonne & brieve Justice; Les cas d'excès devront aussi être punis & amendez aux lieux où ils auront été commis.

En septieme lieu: Nous les deux susdites Villes sommes convenuës, qu'à l'avenir, les emprisonnemens pour Dettes & autres actions, par lesquelles l'un faisoit partie à l'autre, comme on l'appelloit, & que l'on achetoit des actions étrangeres, ne soit plus en usage, mais entierement aboli, & que les Sujets de Nous de Berne ne soient plus emprisonnez, que pour des Dettes liquides, confessées par écrit & non payées, & contractées dans la Ville de Geneve, dans ses Franchises, Païs & Mandemens, où elle a la haute domination ou la Souveraineté, pour lesquelles on se seroit expressément obligé par écrit, ou l'on s'obligeroit dans la suite, de subir la prison. Mais quant aux autres Dettes confessées & munies d'un écrit, qui auront été contractées dans la Ville de Geneve & sa Haute ou Basse Jurisdiction, & pour lesquelles on ne s'est pas expressement obligé à la peine de l'emprisonnement; les Sujets de la Ville de Berne ne pourront pas être mis en prison pour ces sortes de Dettes, mais seulement arrê-

ANNO 1558.

tez & détenus. Et en cas qu'ils méprisassent cet Arrêt, & qu'ils se retirassent de la Ville de Geneve, ils devront être renvoyez & rendus à la requisition du Demandeur, à qui la Dette est dûë, par les Baillifs de la Ville de Berne, ou ils auront leur Domicile, à l'endroit où cet Arrêt a été donné. Que si quelcun ayant été ainsi rendu par les Baillifs de Nous de Berne, ne satisfailoit point le Demandeur sur sa prétention, dans l'espace d'un mois, ou ne s'accordoit pas d'une autre maniere avec lui, ou n'obtenoit pas un plus long terme, alors, Nous lesdits de Geneve, pourrons bien, en vertu de nos Franchises, le faire emprisonner, jusqu'à-ce qu'il ait contenté le Demandeur: Mais, pour toutes autres affaires, Faits, Dettes, ou Actions achettées, qui ne sont pas reconnus ou confessez par écrit, comme a été dit ci-dessus, l'emprisonnement n'aura point lieu. Nul Particulier ne devra point aussi faire partie contre l'autre, pour des susdites ou autres semblables Actions *civiles*, ni pour des actions criminelles, comme pour larcin ou autres, ni le faire emprisonner; mais chacun devra convenir & accuser l'autre, devant son Juge ordinaire, & en attendre le droit, à gain ou à perte: Cependant, il sera libre au *Magistrat d'emprisonner* ceux qui auront manqué de respect envers lui, & de les châtier selon qu'ils l'auront mérité. Mais si le Magistrat de l'une des deux Villes, soupçonnoit que quelques personnes malicieuses voulussent entreprendre des Actions *fausses*, *inventées* & suspectes, contre des gens de bien, pour attenter à leur Honneur, Corps ou Biens, & puis laisser tomber la chose, chaque Magistrat pourra, si bon lui semble, arrêter & détenir de tels accusateurs, jusques à ce qu'ils ayent ou verifié leur accusation, ou l'ayent abandonnée avec punition. Il n'est pas non plus deffendu à chaque Seigneurie, d'arrêter & d'emprisonner dans leur Ville, Haute Jurisdiction & Souveraineté, ceux qui auront commis ailleurs quelque crime, lorsqu'ils les y pourront atteindre, & de les punir selon leur mérite, & suivant la justice & l'équité; Et cet Article qui regarde les emprisonnemens, de même que les autres, devra valoir également dans chaque Ville,

En huitieme lieu: Que chaque Ville protegera fidellement dans ses Villes, Païs & Mandemens, les Bourgeois & les Sujets de l'autre, de même que leurs Trafics & Négoces, leur permettant d'aller & de venir en toute sûreté.

En neuviéme lieu: Que les Bourgeois & les Habitans de la Ville de Geneve & leurs Sujets, seront obligez de payer, comme d'ancienneté, dans les Villes, Païs & Mandemens de la Ville de Berne, les Peages & les Droits de passage qu'elle a exigés ci-devant, ou lesquels elle a acquis dans la derniere Guerre; mais la Ville de Berne & les siens, seront francs & libres des Peages & Droits de passage dans la Ville de Geneve, sans toutefois comprendre, dans cette exemption, les Sujets qu'ils ont conquis dans ladite Guerre.

En dixieme lieu, Comme le Départ de Bâle est expiré avec l'ancienne Bourgeoisie, & que quelques Articles y ont été définis à perpétuïté, Nous les susdites Villes sommes convenus qu'il soit aboli, & nul, comme il est porté en icelui; Et quant aux Articles qui y ont été conclus jusqu'à l'expiration de cette ancienne Bourgeoisie, chaque Partie pourra à l'avenir se servir de ses Titres, pour soutenir son bon droit; mais ce qui a été reglé à perpétuïté, demeurera dans sa force.

En onzieme lieu: Touchant les Lods des Biens censez ou feodaux, qu'une des Villes ou les siens possedent ou pourront acquerir, riere la Jurisdiction de l'autre, il a été conclu & arrêté entre nous les deux Villes, que ces Lods auront lieu, & seront payez sans aucune contradiction, selon les Coûtumes du Païs, & l'usage du Lieu où les Biens sont situez. Les personnes taillables, Biens & Fiefs, garderont aussi leur nature, & les Bourgeois & Sujets de chaque Ville, qui voudront posseder ces sortes de Biens & Fiefs de Main-morte, devront rendre à leurs Seigneurs directs, les devoirs qui leur sont dûs, à cause de ces Biens, & s'ils desiroient affranchir leur Bien feodal, ils s'adresseront, pour cela, à leurs Seigneurs directs, comme de raison, attendant là-dessus leur résolution, & s'accorderont avec eux sur cette liberation & affranchissement. Et comme Nous les susdits de Geneve, avons allegué par écrit: par nos Députez, que nôtre Ville de Geneve a cette franchise, que lors qu'un homme taillable s'y retire, & y établit son domicile pendant un an & un jour, & que son Seigneur, pendant ce tems-là, ne le poursuit ni ne le redemande pas, alors il soit libre & franc de taillabilité; Nous de Berne leur accordons cela, sous cette condition, que de même nous nous servirons de nos franchises & preéminences contenuës dans une Bulle d'Or, Lettre, Sceaux & Titres; de sorte que quand un taillable de nos Sujets, se retirera dans la Ville de Geneve, & ne nous les notifiera dans un mois, alors ses Biens nous seront échûs & confisquez, & remis entre nos mains, & que nous serons en droit de repéter un tel homme comme nous appartenant, & sans que la Ville de Geneve puisse former opposition; Et pour ce qui concerne les Fiefs Nobles, il a été convenu entre Nous les deux Villes, que les personnes qui seront issuës de vraye & incontestable Noblesse, seront des deux côtez capables de posseder des Fiefs Nobles, sans payer de soufferte; Mais que ceux qui ne sont ni ne seront issus d'une telle Noblesse, ne seront pas reputez capables de posseder des Fiefs Nobles, mais il restera à la connoissance de chaque Ville & des Seigneurs de Fief Noble, de loder de telles gens, avec soufferte ou non, & qu'on se tiendra à cette connoissance.

En douzieme lieu: Comme Nous de Berne avons prétendu que lorsque nous imposerions des Taxes & Tailles generales, alors la Ville de Geneve & les siens dussent les payer comme font nos Sujets, de tous leurs Biens qu'ils possedent & pourront posseder à l'avenir, en Fief Noble ou Lige, riere nos Païs & Jurisdictions, & que la Ville de Geneve a prétendu au contraire, qu'elle en a été déclarée libre & exempte ci-devant par les Ducs de Savoye, en vertu des Lettres & Sceaux qu'elle a produit: Nous les susdits de Berne, après avoir vû ces Lettres & Sceaux, & après plusieurs Conferences entre nous les deux Parties, contenuës dans les Recés qui en ont été dressez, sommes convenus à l'égard de cet Article, comme ci-après; Savoir, que Nous de Berne, en consideration de ce que la Ville de Geneve a condescendu à l'offre que Nous lui avons fait, pour les dépens du secours, Nous consentons que ladite Ville de Geneve, ses Bourgeois & ses Sujets, doivent demeurer, pour ce qui regarde les Tailles & Subsides que nous demandions d'eux, à forme du contenu & de la teneur de la Requête présentée au Duc Charles, le 1. Fevrier 1521. & des provisions accordées par ce Duc ledit jour & an, & successivement le 15. du même mois, lesquelles Pieces nous ont été exhibées par lesdits de Geneve, sous cette reserve expresse, que les Sujets de Nous de Berne, qui auront des Biens, riere la Ville de Geneve, doivent de même être exempts desdites Tailles & Subsides.

En treizieme lieu: Il a été arrêté & expressément reservé par Nous de Berne, que tout ce que dessus ne doit en aucune maniere, déroger ni apporter aucun préjudice au Traité perpetuel, que nous avons fait avec la Ville de Geneve, le Lundi septieme Août mille cinq cens trente six, mais qu'il doit être corroboré par le present Traité & demeurer perpetuellement & inviolablement en vigueur, dans tous ses points & articles, comme une chose perpétuelle & toujours durable; Ajoûtant à ceci, que Nous les susdits de Berne, sommes dans l'intention d'accomplir à la Lettre, la promesse faite à la Ville de Geneve, l'an mille cinq cens quarante neuf, d'essayer par prieres amiables, de procurer à nos Combourgeois de Geneve, d'entrer en Alliance avec les Louables Cantons, comme ceux de Mulhousen & Rotwil, ou dans la Paix avec la Couronne de France.

En quatorzieme lieu: Que cette nouvelle Bourgeoisie doit commencer le second Dimanche après le premier jour de l'an mille cinq cens cinquante huit, & de là durer & subsister à perpetuité, comme il a été dit au commencement des presentes, & être renouvellée & confirmée par Serment solemnel, de dix ans en dix ans, en présence des Députez du Conseil des deux Villes, le premier Dimanche du mois de Mai; Et quand même le renouvellement ne se feroit pas, ainsi qu'il a été dit, cette Bourgeoisie demeurera néanmoins dans sa force.

En quinzieme & dernier lieu: Nous lesdits de

Bern,

ANNO 1558. Berne, avons expressement reservé & reservons par ces Presentes, à cause de cette Bourgeoisie, l'Empire, de même que tous nos Alliez, Confederez & Combourgeois, avec lesquels nous sommes deja entrez auparavant en Alliance, Combourgeoisie, Union, & Intelligence. De l'autre côté, Nous de Geneve reservons seulement l'Empire Romain, à cause de l'Empire. Tout ce que dessus sincerement & de bonne foi, en vigueur de cet Instrument, dont nous avons fait dresser deux doubles, munis des grands Seaux de Nous les deux Villes, pour servir à perpétuité de témoignage, & pour sa constante durée. Donné à Berne, le second Dimanche après le premier jour de l'an mille cinq cens cinquante huit, après la Naissance de nôtre unique Sauveur Jesus-Christ.

Les Sceaux de Berne & de Geneve sont pendens au bas de l'Acte.

LX.

16. Decembre.

Bulla PAULI IV. *Papæ approbans & innovans omnes & singulos Excommunicationes aliasque sententias, Censuras, ac pœnas à Romanis Pontificibus Prædecessoribus suis latas, & approbatas contra Ambientes Papatum, aut Papa vivente, eoque inconsulto tractantes de eligendo futuro Pontifice, ac eorum complices, & fautores. Datum Romæ 17. Kal. Januarii Anno 1558. Pontificatûs sui Anno IV.* [Bullarium Magnum Tom. I. pag. 825. col. 1.]

PAulus Episcopus Servus Servorum Dei. Ad perpetuam rei memoriam.

Cum secundum Apostolum nemo debeat sibi honorem assumere, sed qui tanquàm Aaron vocatur à Deo, facile ab omnibus judicari potest quàm graviter excedant, errent, & peccent, qui tam inferiores quàm superiores dignitates Ecclesiasticas, & ipsam denique beati Petri Sedem, ac Apostolicæ dignitatis culmen, & apicem à Deo Optimo Maximo, à quo omnia bona procedunt, nulla prorsus humana ope, nec cujusvis auxilio, consilio, vel favore interveniente, provenire non arbitrantur, sed illas tamquàm venales, aut alias in dispositione mortalium constitutas, diversis modis, & mediis ambire, & assequi, seu potius usurpare præsumunt. Nam ut Romanæ, & cujuslibet alterius, tam ante quam post Domini DEI, & Redemptoris nostri JESU-CHRISTI in Terris adventum, bene institutæ Reipublicæ de ambitu, & contra ambitus reos sanctissime promulgatas, & inviolabiliter observatas leges ad præsens omittamus, nonne hujusmodi detestabile ambitus scelus, etiam jure divino gravissime punitur, cum Absalon, qui regnum genitoris sui adhuc viventis ambiebat, ex mulo cui insederat elevatus, capillis capitis sui quercui suspensus remansit, & à Joab tribus lanceis in corde transfixus fuit? Nonne illud Sacrorum Conciliorum à Sancta DEI Ecclesia receptorum, & approbatorum auctoritas diversimode detestatur, & punit, cum quemcumque presbyterum, aut diaconum seu clericum, qui Papa incolumi, & eo inconsulto, subscriptionem pro Romano Pontificatu commodare, aut pictatia promittere, seu Sacramentum præbere tentaverit, aut aliquod suffragium polliceri, vel de hac causa privatis conventiculis factis, aliquid deliberare, & decernere præsumpserit, loci sui dignitate, & communione privandum, anathematisque pœna plectendum censeat, & propter occultas fraudes, & conjurationum hujusmodi secretas insidias, si quis harum actionum particeps, consilia eorum qui de Pontificali agunt ambitu, ad notitiam Ecclesiæ deferat, & rationali probatione convincat, eum non solum ab omni culpa purgatum remanere, verum etiam remuneratione non indigna sublevari velit, & statuat, & exinde non modo sacrorum Canonum, sed etiam sæcularium legum interpretes peritissimi, & probatissimi ambientes Papatum, aut super eo, Papa vivente, & inconsulto, tractantes seu conventiculas facientes, crimen læsæ Majestatis in primo capite, & simoniacæ hæreseos incurrere decreverint, non sine clara, & aperta ratione, cum omnis tractatus, de loco, dignitate, & bono alicujus viventis, eo non consentiente ab utroque jure prohibeatur, & reprobetur, præsertim cum inde præstetur votum captandæ mortis, quod sacri Canones, & venerandæ leges passim abhorrent, & detestantur. Accedit quod cum inter Pontificem & Ecclesiam contrahatur spirituale conjugium, quod fortius carnali, gravissimæ pœnæ ex utriusque juris censura imponuntur iis, qui constante matrimonio, de alio conjuge tractare præsumunt. Quare cum peccatis exigentibus, plures indies B. Petri Sedem, nobis viventibus & inconsultis, ambire, & conventiculas superinde facere dignoscantur, & ad hoc suffragia S. R. E. Cardinalium obtinere, & quodam modo subhastare procurent & satagant. ANNO 1558.

§. 1. Nos cupientes hujusmodi detestabile ambitus, & illi conjuncta simoniacæ hæreseos, & læsæ Majestatis crimina non solum nostris, sed etiam successorum nostrorum Romanorum Pontificum pro tempore existentium temporibus perpetuo abolere, & non solum ex usu, sed etiam ex mentibus hominum præsentium in electione Romani Pontificis, qui Domini DEI & Salvatoris nostri JESU-CHRISTI in Terris Vicarius existit, radicitus revellere, & in præmissis pro tantæ rei necessitate, & periculi magnitudine, ut tenemur, salubriter providere, habita super his cum venerabilibus fratribus nostris ipsius S. R. E. Cardinalibus deliberatione matura, de eorum consilio, & unanimi assensu, hac nostra perpetuo valitura Constitutione, Apostolica auctoritate & de nostræ Apostolicæ potestatis plenitudine, omnes & singulas excommunicationis, suspensionis, & interdicti, ac privationis, & quasvis alias sententias, censuras, & pœnas dudum à Romanis Pontificibus prædecessoribus nostris, aut sacris Conciliis, seu Sanctorum Patrum nostrorum Decretis, Statutis, Capitulis, Canonibus, & Constitutionibus, & Ordinationibus contra sic ambientes quomodolibet latas, & promulgatas, approbamus & innovamus, ac perpetuo observari, & in viridi observantia, si forsan in ea non sint, reponi, & esse debere.

§. 2. Nec non quoscumque in præmissis tam nostro quàm successorum nostrorum prædictorum tempore, publice, vel occulte, aut alias quomodolibet delinquentes cujuscumque status, gradus, ordinis, conditionis, & præeminentiæ existant, etiam si Episcopali, Archiepiscopali, Patriarchali, aut alia majori Ecclesiastica Dignitate, seu Cardinalatus honore, vel mundana, etiam Ducali, Regali, Reginali, aut Imperiali auctoritate, seu excellentia præfulgeant, & eorum quemlibet, sententias, censuras, & pœnas prædictas incurrere volumus, & declarando statuimus, ordinamus, & decernimus, quod sententiis, censuris, & pœnis prædictis in suis robore, & efficacia remanentibus, ac effectum suum sortientibus, omnes, & singuli, tàm clerici quàm utriusque sexus laici, qui per se vel alios nobis viventibus, & inconsultis, verbis, vel scriptis, aut nunciis cum aliquo de futuro Pontifice eligendo, hactenus tractarunt, vel tentarunt, seu in posterum, Romano Pontifice vivente, & inconsulto tractabunt, vel tentabunt, etiam si ut præfertur qualificati, & dignitate, honore, & auctoritate, & excellentia prædicti existant, sint ipso jure, & facto absque alia desuper ferenda sententia excommunicati excommunicatione majori, & maledictione æterna damnati, & ab excommunicatione, & maledictione hujusmodi per alium quàm per nos, & Romanum Pontificem pro tempore existentem, præterquàm in mortis articulo, absolvi non possint, incurrerintque, & incurrant respective crimen simoniacæ hæreseos, & læsæ Majestatis in primo capite, ac privationem omnis etiam Episcopalis, Archiepiscopalis, & Patriarchalis, ac cujusvis alterius majoris, vel minoris Dignitatis, ac Cardinalatus honoris, necnon Ducalis, Regalis, Reginalis, & Imperialis auctoritatis, & excellentiæ, ac omnium, & singularum Ecclesiarum Cathedralium, etiam Metropolitanarum, & Patriarchalium, Monasteriorum quoque ac Prioratuum, aliorumque Beneficiorum, & officiorum Ecclesiasticorum, cum cura, & sine cura, sæcularium ac quorumvis Ordinum regularium per eorum quemlibet obtentorum, necnon quorumvis fructuum, redditunm & proventuum Ecclesiasticorum, ac pensionum annuarum super similibus fructibus, redditibus, & proventibus reservatorum, & assignatorum, ac Regnorum, Dominiorum, feudorum, & bonorum, Spiritualium, & temporalium, vel ministrorum, etiam patrimonialium, & allodialium, necnon jurium patronatus, & jurisdicti-

Anno 1558. dictionum quarumcumque, carèantque voce activa, & passiva, ac effecti sint, & efficiantur respective perpetuo inhabiles, & incapaces omnium dignitatum, honorum, bonorum, jurium, & legitimorum actuum, perpetuaque infamia ubique gentium sint notati, & notentur respective, nec infamia hujusmodi ab eis aboleri, neque ipsi ullo umquàm tempore ad vocem, dignitates, honores, bona, jura, & actus hujusmodi, nisi ex speciali verbo, & mandato nostro, seu Romani Pontificis pro tempore existentis, nostra, seu illius manu propria subscripto, ac specifica, & individua reatus, & culpæ suæ qualitate expressa, restitui possint.

§, 3. Quodque similes sententias, censuras, & pœnas respective incurrerint, & incurrant ipso jure, & facto, ac sine alicujus sententiæ prolatione, omnes, & singuli, etiam ut præmittitur, qualificati, & dignitatibus hujusmodi præditi, cujusvis sexus, & ordinis existant, qui per se vel alium seu alios à die nostræ ad summi Apostolatus apicem assumptionis, usque in hanc diem, in præmissis aut eorum aliquo quodvis auxilium, consilium, vel favorem, seu operam, verbis vel scriptis, aut re vel facto, seu promissione, pollicitatione, suasione, vel his omnibus insimul, aut quovis alio modo directe, vel indirecte, principaliter, vel incidentaliter præstiterunt, seu in futurum quovis etiam successorum nostrorum Romanorum Pont. tempore præstabunt, aut in præmissis meditatores, proxenetæ, Nuncii, mandatarii, Procuratores, seu trapezitæ fuerunt, vel in posterum, ut præfertur, seu aliàs se in præmissis quovis modo intromiserunt, vel immiscuerunt, seu in posterum etiam tempore successorum hujusmodi habebunt, nisi ea nobis, aut successoribus nostris, quorum tempore id continget, vel alteri, cui id per nos, vel successores prædictos commissum fuerit, per se vel alium seu alios, cum primum commode potuerint, revelaverint, etiam si in præmissis aliquod aliud auxilium, consilium, vel favorem, aut opem non præstiterint.

§. 4. Nos enim iis qui præmissa revelaverint, etiam si complices fuerint, non solum veniam, sed etiam gratiam, & præmia pollicemur, prout etiam successores nostros præfatos facturos esse confidimus, ad hoc, ut eorum judicio, participes tanti criminis valeant coërceri.

§. 5. Et si quis ullo umquàm etiam dictorum successorum nostrorum tempore præsentes Literas, & in eis contenta quæcumque injusta, illicita, vel iniqua existere, aut in toto vel in parte non valere, seu aliquo tempore non valitura esse, vel à nobis sic fieri non potuisse, aut non debuisse, ausu temerario asserere præsumpserit, cujuscumque dignitatis existat, etiam si Cardinalatus honore, aut Regia, vel Imperiali præeminentia, & excellentia præfulgeat, ipso jure, & facto anathematis mucrone percussus sit, & contra eum, tamquàm vere schismaticum, & hæreticum inquiri, & tamquàm talis puniri, ejusque memoria damnari possit.

§. 6. Non obstantibus Constitutionibus, & Ordinationibus Apostolicis, necnon cujusvis Conclavis capitulis, etiam juramento, confirmatione Apostolica, vel quavis firmitate alia robaratis, privilegiis quoque, indultis, & Literis Apostolicis sub quibuscumque tenoribus, & formis, ac cum quibusvis etiam derogatoriarum derogatoriis, aliisque efficacioribus, & insolitis clausulis, necnon irritantibus, & aliis Decretis, quibusvis personis sub præsentibus comprehensis, per quoscumque Romanos Pontifices prædecessores nostros, ac nos, & Sedem Apostolicam, etiam motu proprio, & ex certa scientia, ac simili potestatis plenitudine, aut consistorialiter seu aliàs quomodolibet concessis, & etiam iteratis vicibus approbatis, & innovatis, (quibus omnibus etiam si pro illorum sufficienti derogatione, de illis, eorumque totis tenoribus specialis, specifica, expressa, & individua, ac de verbo ad verbum, non autem per clausulas generales idem importantes mentio, seu quævis alia expressio habenda, aut aliqua exquisita forma servanda esset, tenores hujusmodi ac si de verbo ad verbum, nihil penitus omisso, & forma in illis tradita observata inserti forent, præsentibus pro expressis habentes, illis alias in suo robore permansuris, hac vice dumtaxat specialiter, & expresse derogamus, & sufficienter derogatum esse decernimus,) cæterisque contrariis quibuscumque.

§. 7. Ut autem præsentes Literæ ad omnium quorum interest notitiam deducantur, nec aliquis earum ignorantiam prætendere valeat, volumus eas in Basilicæ Principis Apostolorum de Urbe, & Cancellariæ Apostolicæ, ac acie Campi Floræ, per aliquos ex Cursoribus nostris publicari, earumque copiam inibi affixam dimitti, nec non publicationem, & dimissionem copiæ affixæ hujusmodi sufficere, & omnes quos eædem Literæ tangunt arctare, perinde, ac si eis personaliter intimatæ, & notificatæ fuissent. Anno 1558.

§. 8. Nulli ergo omnino hominum liceat hanc paginam nostræ approbationis, innovationis, declarationis, statuti, ordinationis, derogationis decretorum, & voluntatum infringere, vel ei ausu temerario contraire. Si quis autem hoc attentare præsumpserit, indignationem Omnipotentis Dei, ac Beatorum Petri, & Pauli Apostolorum ejus, se noverit incursurum.

Datum Romæ apud S. Petrum, Anno Incarnationis Dominicæ, millesimo quingentesimo quinquagesimo octavo, 17. Cal. Januarii, Pont. nostri Anno quarto.

LXI.

Translatio Marchionatûs Saluciarum *per* JOANNEM ALOYSIUM *Marchionem ejusdem in lineâ rectâ postremum in* EMANUELEM PHILIBERTUM *Ducem Sabaudiæ facta. Actum Vignarelli 9. Novembris Anno* 1560. *Indictione III.* [Autentique tiré des Archives Archiducales de Mantoue.] 1560. 9 Novembre.

IN nomine *Domini* Amen. Anno Nativitatis ejusdem millesimo quingentesimo sexagesimo, Indictione tertia, die nona mensis Novembris actum in loco Vignarelli Diocesis Novarensis, videlicet in Domo Magnifici Domini Petri Francisci Tornielli in quadam Camera superiori, in qua de presenti habitat infrascriptus Illustrissimus Dominus Joannes Aloysius Marchio Saluciarum, cui cohæret Dominus Joannes Matheus de Torniellis ab una, ab alia Dominus Joannes Baptista etiam de Torniellis, & ab alia via publica, salvis etc. presentibus testibus infrascriptis in quorum præsentia ibidem personaliter constitutus prædictus Illustrissimus Dominus Joannes Aloysius Marchio Saluciarum, considerans, & animadvertens se jam in ea ætate fore decrepita constitutum, ut spes ulla amplius non supersit suscipiendæ sobolis legitimæ, & naturalis, & in ipso veluti ultimo defecturam esse rectam lineam Illustrissimorum Marchionum Saluciarum, ob quem hujusmodi Lineæ defectum attenta Juris communis Feudorum dispositione consolidandum esse utile Dominium dicti Marchionatus cum directo quod ad infrascriptum serenissimum Emanuelem Philibertum Ducem Sabaudiæ spectat, & pertinet, ut ex variis, & multiplicibus initis, & factis inter prædecessores prædicti Serenissimi Ducis, & dicti Illustrissimi Marchionis apparet, presertim, cum Illustrissimo quondam Ludovico Marchione Saluciarum Patre ipsius moderni Marchionis, & de quibus in Instrumento recepto per Joannem Bombat, & Ludovicum per Pariscrum de anno 1413. die 22. Junii per Guhelmum Bolomier die 24. Augusti 1424. & Antonium de Palastro die 11. Novembris 1466. ad quæ Instrumenta opportuna si expediat habeatur relatio, attento, quod maximis beneficiis in ipsum Dominum Marchionem per prædictum Dominum Ducem collatis, & factis, & quoniam sic sibi facere placuit, & placet, titulo puræ, meræ simplicis, & irrevocabilis donationis quæ ad presens dicitur, & inter vivos, habituræ tamen effectum post mortem ipsius Domini Marchionis ex nunc, prout ex tunc, & e contra, dedit, donavit, tradidit, cessit, & remisit, ac dat, donat, tradit, cedit, & remittit prædicto serenissimo Domino Duci ejusque legitimis successoribus scilicet absenti, me Notario publico infrascripto stipulante, acceptante, & recipiente nomine, & vice prædicti Serenissimi Domini Ducis, & ejus successorum totum, & universum predictum Marchionatum Saluciarum, nec non omnia, & quecumque Jura, & actiones personales, reales, & mixtas, utiles, & directas eidem Marchioni competentes in, de, & super ipso Marchionatu, Terris, locis, & pertinentiis ejusdem tantum, prædicta Jura, & Actiones a se omnino abdicando, & in prædictum Dominum Ducem ejusve successores omnino transferendo, quem seu quos Procuratorem, & Procuratores constituit veluti in rem propriam, quem Mar-

ANNO 1560. Marchionatum prædictus Marchio constituit se tenere & possidere nomine, & vice prædicti Domini Ducis ejusque hæredum, & successorum, donec ipsius Marchionatus corporalem acceperit possessionem, quam propria auctoritate accipiendi, & aprehensam retinendi licentiam contulit, atque concessit, quæ quidem omnia, & singula supra, & infrascripta cum juramento tactis corporaliter Scripturis dixit esse vera promisitque ea attendere, & observare, in nullo quoque contrafacere, vel venire, nec contrafacienti, vel venienti consentire de Jure, vel de facto, & si de Jure posset, protestando se nullum contractum, vel aliquod aliud fecisse, nec facturum quod huic sit contrarium, & si forsan contingat in futurum aliquid facere quod huic nocere possit, protestatur ex nunc se id vi, metu, & per impressionem, ac reverentiam potentioris fecisse, & propterea nullum, & irritum esse, ac præsenti Donatione, & cessione in suo robore permanente, Renunciando exceptioni rei non sic vel aliter gestæ, doli mali & quod metus causa omnique alii Legum, Statutorum, & Decretorum auxilio, de quibus omnibus, & singulis jussit mihi Notario Infrascripto fieri Instrumentum, Præsentibus Magnificis Dominis Jacobo Philippo Oliva Juris Consulto cive Alexandriæ, Petro Francisco Torniello, cive Novariæ; & Condomino Vignarelli, Nobili Lanzeroto Cazaguerra etiam cive Alexandriæ Testibus notis, & idoneis.

L. H. T. Et Ego Joannes Gulielmus Cinagius filius quondam Domini Gulielmi de Conzano Montisferrati, & Civis Casalis, publicus Apostolica, & Imperiali auctoritatibus Notarius, ac prelibati Marchionis Saluciarum Secretarius suprascriptum Instrumentum mihi jussum rogatum recepi, & in publicam formam reddigi, & ideo hic me subscripsi, cum appositione soliti signi mei Tabellionatus in fidem præmissorum.

Cum ejus Authentico in pergamena scripto, sicut supra expedito in secretiori Archiducali Mantuæ Archivio adservato præsentem sumptam Copiam omnino conferre attestor.

Ego Ludovicus Nob: olim H. Octavii de Mazzolis filius Civis, publicusque Imperiali auctoritate, Mantuæ Notarius ac dicti secretioris Archiducalis Archivii Cancellarius. In quorum fidem hic me, solita cum attestatione, subscripsi, hac die 12. Septembris 1720.

Ita verum esse affirmo Ego Joseph Maria Castileonus ejusdem Archivii Præfectus, hac die 13. Septembris 1720.

LXII.

1561. 2. Decembre. *Arrest du Parlement de Paris contre* JEAN TANQUEREL, *Bachelier en Theologie, qui avoit posé & soutenu en These, que le Pape peut déposer les Princes qui lui sont rebelles, & les priver de leurs Dignitez. Fait le 2. Decembre 1561. Avec le Procez verbal de ce qui s'est passé en Sorbonne à ce sujet le 13. Novembre de la même année. Et l'Acte de l'Interrogatoire & confession dudit Tanquerel.* [Preuves des Libertés de l'Eglise Gallicane Tom. 1. pag. 59. On trouve aussi cette Piéce dans les *Moyens d'Abus, Entreprises, & Nullités du Rescript & Bulle du Pape* SIXTE V. Chap. 29. pag. 285. où l'Arrest se trouve mais non pas le Procez verbal ni les autres Piéces, ici ajoutées.]

L'An M. D. LXI. le Vendredy douziéme jour de Decembre. Nous Christofle de Thou, Conseiller du Roy, President en sa Cour de Parlement: Charles de Dormans, Barthelemy Faye, Conseillers en icelle, Juges commis & deputez par ladite Cour pour l'execution de l'Arrest donné en icelle le deuxiéme jour de ce present mois, à l'instance & requeste du Procureur general en ladite Cour: Contre Maistre Nicol le Maillard Doyen, Jean Alleaume, Jean Pelletier, Jean Allain, Jacques Cayn, & Noel Paillet, Docteurs en la Faculté de Theologie: pour raison des propositions tenuës par Jean Tanquerel, Bachelier formé en ladite Faculté, duquel Arrest la teneur s'ensuit. ANNO 1561

Ce jourd'huy après que le Procureur general du Roy, presens Maistres Nicolle Maillard Doyen, Jean Alleaume, Jean Pelletier, Jean Allain, Jacques Cayn, & Noel Paillet, Docteurs en la Faculté de Theologie, pour ce mandez, a requis à la Cour qu'ils eussent suivant les injonctions à eux plusieurs fois faites par ordonnance d'icelle Cour, de representer Maistre Jean Tanquerel Bachelier en Theologie, pour respondre sur la position par luy disputée: lesdits de la Faculté oüys en leurs diligences & excuses, ensemble ledit Procureur general en ses conclusions; eux retirez, & la matiere mise en deliberation, les grandes Chambre & du Conseil assemblées la Cour a ordonné & ordonne, que suivant la declaration baillée par Maistre Jean Tanquerel signée de sa main, & pour son absence au lieu de luy, le Bedeau de la Faculté de Theologie, declarera en pleine Sorbonne, en presence des Doyen & tous les Docteurs de la Faculté, mesmes dudit Cayn, & Bacheliers de cette licence prochaine, qui seront pour cet effet congregez & assemblez: sur peine d'estre privez des privileges à eux octroyez par le Roy & ses predecesseurs, assistans l'un des Presidens, deux Conseillers du Roy en icelle Cour, & le Procureur general dudit Seigneur: Qu'il deplaist audit Tanquerel d'avoir tenu telle proposition, qui sera leuë, que indiscrettement & inconsiderément ladite proposition a esté tenuë & disputée, & qu'il est certain du contraire. Suppliera tres-humblement au Roy luy pardonner l'offense qu'il a faite pour avoir tenu ladite position, & icelle avoir mise en dispute. Et ce fait, leur seront par ladite Cour faites deffenses à l'avenir de tenir telles positions. Et d'abondant, que deux d'entre eux seront deputez pour aller devers le Roy, afin de le supplier tres-humblement, qu'il leur veüille pardonner l'offense, en laquelle ils peuvent estre incourus, pour avoir permis ladite dispute: & les tenir en sa bonne grace, en laquelle ils desirent demeurer comme ses tres-humbles & tres-obeïssans sujets & serviteurs. fait en Parlement le second jour de Decembre 1561.

Appellez avec nous ledit Procureur general, & Claude Berruyer l'un des quatre Notaires de ladite Cour, & Barat premier Huissier en icelle sommes transportez heure de sept heures au matin en la grande Salle de Sorbonne, auquel lieu, après que les Doyen, Docteurs & Bacheliers de ladite faculté, qui ensuivent: sçavoir, Maistres Nicolle Maillard Doyen, Jean Daval, Jean Benedicti Guillaume de Pectu, Jean Aleaume, Jacques Chrestien, Jean Pelletier, Gerard du Mesnil, Hubert Guychenor, Jacques Cosson, Guillaume Des-prez, Jean Moreau, Denys Camus, Theodore Rouzée, Philippes Maheut, François Dampmartin, Pierre Bouraine, Jacques le Febure, Jean de Poretus, Jacques Cayn, Nicolas Idoine, Lazare Broichet, Guillaume Chausse, Antoine Bouchelu, Pierre Vigneron, Nicolas Cousin, Charles le Maistre, Nicolas Pugnance, Olivier de Quitte-beuf, Jean Paris, Estienne Corneul, Guillaume Gaillard, Jean Falaize, Jacques Muldrac, Pierre Fournier, George Peron, Audebert Maceré, Marin Everard, Joseph Bofot, Jacques le Hongre, Antoine de Bailly, tous Docteurs en la Faculté de Theologie: Maistres Jean Nicolas, Pierre Boucher, Jacques Violet, Nicolas Bernart, Pierre Gemelli, Thomas Groult, Maximilian Guilland, Firmin Ballesdens, Nicolas Gauthier, Pierre Thierry, Pierre Viel, Jean Godier, Jacques de Lassus, François Carreau Bacheliers de ladite Faculté, representans la plus grande partie d'icelle, ont esté deuëment assemblez au son de la cloche, selon & ensuivant l'ordonnance verbale ausdits Doyen & autres Docteurs le jour precedent faite: A esté remonstré par maistre Gilles Bourdin, Procureur general susdit: Que la Faculté de Theologie a esté suffisamment advertie par le témoignage de plusieurs grands personnages, & *Augustissimo Sacri Senatus* ora-

ANNO 1561. *oraculo*, du mécontentement que le Roy avec occasion grande, la Reyne Mere, & Princes du sang, ont conceu à leur tres-grand regret de la position tenue & mise en dispute au College de Harcourt, le sixiéme Novembre dernier, par un nommé Jean Tanquerel, Bachelier en Theologie. Et comme le Roy non seulement de bouche, mais aussi par Lettres, a fait entendre que telle position, ainsi mal digerée, mesmes *hoc turbine rerum*, touchoit & regardoit la seureté, & establissement de son Estat, la dignité, excellence & souveraineté de sa Couronne, & avoit ici devant engendré en ce Royaume grandes divisions & sections entre les Roys de France, *& summos Pontifices;* combien qu'entre eux il y eust une confederation & societé presque divine & humaine. Et sur ce vous prie Messieurs, vous representer quelle destresse pouvoient apporter au Roy, estant *in tenella & nondum confirmata ætate*, telles nouvelles que ses subjects, je dy ceux qu'il a tousjours recogneu *& venerandos in Christo parentes & pædagogos*, & qui ont acquis reputation de sagesse & prudence, non seulement en ce Royaume, mais en toutes les parties de l'Europe, disputent de l'Estat de sa Couronne, & de ce Royaume, comme de chose, vacillante & fluctuante, & estant en quelque incertitude. Et d'autant que les choses sont plus grandes & plus hautes, les passions & impressions de l'esprit sont plus aiguës, & mal-aisées à composer. Car veritablement la plus grande infelicité qui pourroit advenir à un Prince, ainsi que dit Saint Jean Chrysostome, est, *dum regnante secura pace, ac legibus optimis fundatâ status Regius a subditis percellitur, aut interturbatur & velut intestino morbo respub. laborat.* Messieurs, chacun sçait l'obeissance, mais aussi la timeur, crainte & dilection filiale, commandée par la bouche de nostre Seigneur, & de ses Saincts Apostres envers les Roys & Princes. Et comme par le témoignage de S. Paul *in epistola ad Romanos*, non seulement cette obeïssance est desirée en la personne des subjets, mais aussi est dit, qui se rend irreverent, desobeissant & moins qu'officieux envers son Prince, il se declare adversaire, ennemi & resistant à la volonté de Dieu. Et pour cette cause nous est sur tout commandé de faire prieres, oraisons & obsecrations *pro Regibus, Principibus, & omnibus in sublimitate constitutis, ut sub eis placidam & tranquillam vitam degamus: hoc enim acceptum coram Deo, qui vult omnes salvos fieri & ad agnitionem veritatis pervenire.*

En maniere, que quand il est question de parler des Roys, & de nos superieurs, il y faut bien exactement penser, adviser & considerer, & eviter, sur toutes choses propos intempestifs, indiscrets, & n'apportans aucune edification, ains plustost confusion, scandale & desolation. *Ista quippe* (comme dit *Gregorius Nazianzenus & Chrysostomus*) *à Christi discipulis remota sunt, neque illo digna ore, quod quidem Sacris constitutionibus est dicatum & consecratum. Nihil durum ea lingua proferat, quæ quidem divinis & mysticis rebus est assueta, ne ad iracundiam Deum provocet.*

Et certainement la prudence humaine qui est requise pour la conservation de l'Estat public, consiste principalement en ce que disoit *Epictetus* en son histoire, de ne tenir ne mettre en avant propos, si non ceux qui sont necessaires pour l'establissement & pour le repos de la Monarchie: (& comme disoit *Simonides*) *silentii justior & dulcior fructus est, quàm quæ non decent dicere: opportunaque est oratio ea* (comme disoit Isocrates) *quæ quidem ea quæ sunt tacenda subticet, quæ dicenda proloquitur.* Pour cette cause disoit avec grande raison *Anaxarchus*, que le grand estude & cognoissance de beaucoup de choses souventesfois nuit à celuy, qui est si sçavant & cognoissant, quand il ne considere de mesme le temps & saisons, en quoy gist la principale partie de sapience.

Or Messieurs, la Cour, qui est *æqui & boni moderatrix*, ayant entendu *quam esset exulceratus animus Regis & Principum*, a voulu par sa prudence accoustumee *huic vulneri mederi.*

Et pour cet effet, *ne quem indictâ caussâ damnare diceretur*, a fait ouyr ledit Tanquerel sur la position susdite, par Messieurs le President de Thou, Conseiller de Dormans: lequel après remonstrance à luy faite de la part desdits Sieurs, a recogneu telle position avoir esté par luy indiscrettement & intempestivement dicté, proposée & soustenuë, avoir supplication, de luy vouloir pardonner, offrant de sa part faire declaration contraire, tant en public qu'en privé. Ledit Tanquerel après ses interrogatoires s'est rendu absent, ne sçay par le conseil de qui. Et combien que la Cour, usant de la rigueur de la loy ordinaire & accoustumée & *formulis assuetis*, eust pu faire proclamer & appeller à ban, & *tribunali eum evocare*, toutes fois *hæc omnia sinu suo continens*, pour éviter tous scandales, a ordonné que le Bedeau de la Theologie en l'absence dudit Tanquerel, feroit la declaration telle qu'il est porté par l'Arrest, de l'execution duquel est à present question. ANNO 1554.

Messieurs, vous sçavez que si les hommes par cas fortuit, ou autrement tombent en quelque maladie, indisposition, éluxation, ou dislocation de membres, *peritissimos quosque medicos & chirurgos sibi asciscunt, uri se & secari patiuntur*, pour l'esperance qu'ils ont de guerison, comme dit Isocrates *in Areopagetico:* Mais quant aux maladies & infirmitez d'esprit, & quand quelqu'un par temerité & inadvertance *lapsus est aut erravit, medicina unica animi est oratio*, comme dit *Clemens Alexandrinus*, à sçavoir l'admonition, l'exhortation, reprehension: laquelle encor qu'elle ait quelque amertume en soy, toutesfois comme dit Saint Paul, *in posterum gaudii est & exultationis, & fructus dulces adfert.* Et n'y a chose qui se doive recueillir de si bonne part, *quam justa illa reprehensio, quæ est verus & veluti proprius medicus animi.* Et partant recueillant en soy *omnes rationes mansuetudinis, & clementiæ*, dont le Roy & la Cour ont usé en cet endroit, ne peut moins faire que de requerir l'execution de l'Arrest En ce faisant, en premier lieu, que la declaration portée par iceluy, soit presentement executée, & faite par le Bedeau de la Faculté.

En second lieu; Que la Faculté aye à deputer des personnages pour eux retirer vers le Roy & la Reyne Mere, aux fins contenuës en l'Arrest, lesquels ils trouveront pleins de douceur, de clemence, & prests à les recueillir en toute humanité, en recognoissant la faute par eux commise. Et au surplus qu'il vous plaise pareillement les admonester, qu'en tous leurs actes qui se presenteront, esquels l'on voudra toucher aucunement à l'Estat du Roy & de son Royaume, soit en predications, soit en disputes, ou autrement, qu'ils l'empeschent, & qu'il ne sorte rien de leur escole & de leur bouche, qui ne soit à l'edification & establissement du repos & tranquillité publique, *& sit sermo illorum sale sapientiæ semper conditus.* Et finalement, qu'ils se comportent tellement en faits & en dicts, *ut omnium reddendam rationem* (comme disoit Africanus) *esse arbitrentur.* Ce fait, avons commandé audit Berruyer de faire lecture dudit Arrest, Interrogatoire, & Confession faite par devant nous & ledit de Dormants audit Tanquerel: ce qu'il a fait, duquel Interrogatoire & Confession la teneur ensuit.

L'An mil cinq cens soixante & un, le Jeudy treizieme jour de Novembre, Nous Christofle de Thou, Conseiller du Roy, President en sa Cour de Parlement, & Charles de Dormans Conseiller en icelle, suivant l'ordonnance de Monsieur le Cancelier & de ladite Cour, appellez avec nous Maistres Gilles Bourdin Procureur general, & Jean Camus Notaire & Secretaire du Roy, & de ladite Cour, Avons mandé en nostre maison d'habitation de nous de Thou President, Maistre Jean Tanquerel Bachelier formé en Theologie, demeurant au College de Harcourt, lequel en la presence desdits Procureur general, & Camus Secretaire, & de Maistres Nicolle Maillard Docteur en Theologie, & Jacques Cayn aussi Docteur en ladite Faculté, demeurant au College des Cholets: & aprés serment fait par ledit Tanquerel de dire verité, avons enquis quelles positions il avoit tenues & disputées à son Acte de grand Ordinaire Jeudy dernier, & s'il en avoit copie. Nous a à l'instant ledit Tanquerel exhibé une copie de cesdites positions, escrites en un feuillet de papier, qu'il a signée de nostre ordonnance, & laquelle a esté paraphée par ledit Camus *ne varietur*. Et sur ce par nous enquis, a dit & confessé, que veritablement il avoit tenu & disputé lesdites positions le sixiéme de ce mois, sous ledit Docteur Cayn és escoles du College de Harcourt, mesmes le premier article d'icelles, duquel la teneur ensuit.

Ec-

ANNO 1561. *Ecclesia, cujus solus Papa Christi Vicarius Monarcha Spiritualem & secularem habens potestatem omnes fideles subjectos continens Principes, suis praeceptis rebelles regno & dignitatibus privare potest: nec suam haeresim occultam alteri revelare tenetur.* Et que sept ou huit mois auparavant il les avoit colligé & mis par escrit à son privé, & qu'aprés les avoir communiqué à quelques Docteurs en la maniere accoustumée, il en fit faire plusieurs copies qu'il bailla aux Docteurs & Bacheliers en Theologie & ses amis: les invitant en son Acte qu'ils appellent le grand Ordinaire. A ouy dire que ledit Article a esté souvent disputé aux Escoles, & est traitté aux Questionaires, & n'a pensé aucunement offenser la Majesté du Roy, ny personne: & s'il eust estimé que ledit Article eust esté mal pris, il ne l'eust proposé en la dispute, disant que les questions qu'on a accoustumé de proposer aux Escoles, ou Actes de Theologie, sont problematiques & disputables, & non toutes tenues pour veritables. Luy avons remonstré que le contenu audit Article ne devoit estre mis en dispute, ayant esté autrefois condamné aprés le decés du Pape Boniface huictiéme, lequel avoit mainteny cette proposition veritable, & icelle fait publier en forme de Constitution: A dit qu'il sçait que cette opinion a esté condamnée, toutes fois que plusieurs la tiennent pour soustenir & defendre la puissance du Pape, & quant à luy sçait & confesse qu'il y a distinction de Puissances, & qu'au Pape appartient la Spiritualité, & aux Roys & Princes la Temporalité. Luy avons pareillement remonstré que cette proposition a esté disputée en temps mal à propos, & plein de troubles, auquel il devoit plustost tenir propositions pour contenir le peuple en l'obeïssance du Roy, que pour l'esmouvoir. Nous a dit qu'il luy desplaist grandement qu'il n'a consideré & esté adverty de ce que dessus, & que s'il y eust bien pensé il ne l'eust fait ny voulu faire. Et supplie tres humblement le Roy luy pardonner l'offense qu'il pourroit avoir faite en cet endroit, qui n'a esté par malice ny mauvaise volonté, & a desiré, & desirera toute sa vie, demeurer tres-humble & tres-obeïssant serviteur & sujet de sa Majesté, & fera tousjours prest d'en faire telle declaration qu'il luy plaira ordonner, soit en privé, soit en public. Et tout ce qu'il a respondu, qu'il a signé de sa propre main. Ainsi signé de Thou, de Dormans, Tanquerel.

Et en executant ledit Arrest au premier chef, avons commandé audit Barat premier Huissier, de lire & faire prononcer à Pierre Goux Bedeau de ladite Faculté present, estant nud teste & sur pieds, la declaration y contenue comme ensuit.

Je declare en l'absence de Jean Tanquerel, & pour & en son lieu qu'il me desplaist d'avoir tenu la position ensuivant: *Quod Papa Christi Vicarius Monarcha Spiritualem & secularem habens potestatem, Principes suis praeceptis rebelles, regno & dignitatibus privare potest:* Et qu'indiscrettement & inconsiderément j'ay icelle proposition tenuë & disputée, & suis certain du contraire: supplie tres-humblement au Roy me pardonner l'offense que j'ay faite, pour avoir tenu ladite proposition, & icelle mis en dispute.

Procedant en outre à l'execution dudit Arrest, leur avons remonstré que l'Arrest de la Cour, l'execution duquel estoit poursuivie par le Procureur general en icelle, & pour lequel executer nous avions esté commis, avoit jà esté executé pour le premier chef d'iceluy, concernant la personne de Maistre Jean Tanquerel absent; restoit à executer le second chef, qui estoit bimembre, concernant les Docteurs & Bacheliers formez de ladite Faculté dont l'un se pouvoit executer presentement, l'autre ne se pouvoit executer sinon en la presence du Roy & de sa personne. Ce qui se pouvoit presentement executer, estoit touchant les defenses ordonnées estre faites par ledit Arrest à ceux de ladite Faculté, de non souffrir telles positions que celles dont est venue la plainte, estre disputées à l'advenir. A cette cause, en executant ledit Arrest & suivant iceluy, nous avons fait & faisons defenses de par le Roy, & la Cour de Parlement ausdits de la Faculté de Theologie, de non doresnavant souffrir telles positions estre mises en disputes: sur peine de cent marcs d'or, applicables au Roy, de privation des privileges à eux octroyez par le Roy & ses predecesseurs Roys, & autres plus grandes peines s'il y eschet, à la discretion de ladite Cour. ANNO 1561.

Leur remonstrant que telles disputes qui ne tendoient à aucune edification, mais plustost à la subversion des escoutans, estoient & avoient esté specialement & nommément defenduës; & comme Saint Paul avoit escrit aux Philippenses, eux qui estoient la lumiere du monde, & le sel de la terre, devoient estre tels, & se monstrer tels, *ut nemo de eis queri posset:* usant de ces mots: *Tales estote, ut sit nemo qui de vobis queri possit: irreprehensibiles in medio nationis pravae & tortuosae, inter quos lucete tanquam luminaria in mundo, Sermonem vitae sustinentes, quem in vobis inhabitare oportet abundanter cum omni sapientia.* Et en autre passage dit, *Cum convenitis unusquisque vestrum alius habet linguam, alius Psalmum, alius revelationem, omnia ad aedificationem fiant.* Au demeurant leur avons enjoint en ce qui reste à executer, qu'ils ayent à eux humilier vers le Roy, *cujus* veritablement *justa fuit indignatio:* & que pour cet effet ils eussent presentement à nommer deux d'entre eux, à ce qu'ils eussent à se transporter vers ledit Seigneur, afin de le supplier tres-humblement d'oublier l'offense, en laquelle ils peuvent estre encourus, & de leur pardonner & remettre; & de les tenir en sa bonne grace, le tout jouxte & conformément audit Arrest. A quoy a esté respondu par lesdits de la Faculté, portant la parole pour eux ledit Maistre Nicolas Maillard Doyen, Qu'elle est toûjours tres-humble & tres-obeyssante au Roy, & à la Cour, & fera en telle sorte que le Roy & ladite Cour se devront contenter, Laquelle response a esté baillée par escrit audit Berruyer, pour inserer en ce nostre present Procés verbal, comme ensuit,

Response de la Faculté de Theologie faite par Monsieur le Doyen.

Messieurs, La Faculté est toûjours tres-humble obeïssante au Roy & à la Cour, & fera en telle sorte que le Roy & la Cour se devront contenter. Fait le douziéme de Decembre mil cinq cens soixante & un. Ainsi signé, Ruelle, par le commandement des Doyen & Docteurs de la Faculté de Theologie de Paris.

Extraict des Registres de la Cour de Parlement.

Ce jour la Cour pour executer l'Arrest par elle donné à l'instance & requeste du Procureur general du Roy, à l'encontre de ceux de la Sorbonne, a commis, nommé & deputé, commet, nomme & depute Maistres Christofle de Thou President. Charles de Dormans, & Berthelemy Faye, ou Maistre Jacques de Varade Conseillers du Roy, en l'absence de l'un des deux. Fait en Parlement le second jour de Decembre mil cinq cens soixante & un. Ainsi signé, Berruyer.

Ce fait nous sommes departis: Ainsi signé, de Thou, de Dormans, Faye, & Berruyer.

LXIII.

Articuli de Reformatione Ecclesiae in Capite & in Membris, per Oratores FERDINANDI I. *Romanorum Imperatoris, in Concilio Tridentino propositi, ubi inter alia de Communione Corporis Christi sub utraque specie Laicis restituenda, ac de Conjugio Clericorum aliquibus Nationibus concedendo.* [GOLDASTI Constitut. Imp. Tom. 2. pag. 376.] 1562.

ORANDUM in primis Summum Pontificem, ut seipsum & Romanam Curiam reformari benignè patiatur.

2. Ut numerus Cardinalium reducatur, si non ad duodenarium, saltem ad duplicatum cum duobus supernumerariis, nempe XXVI.

3. Providendum, ne fiant amplius dispensationes scandalosae.

4. Revocandas omnes exemptiones contra Jura communia passim concessas, Monasteriaque omnia sub Episcopi potestate constituenda, sub cujus sunt Dioecesi.

ANNO 1562.

5. Tollendam prorſus pluralitatem Beneficiorum, & ſtatuendum, quòd ſingula Collegia ſingulas erigant ſcholas: & quod Eccleſiaſtica non dentur conductitiis Presbyteris.

6. Epiſcopos omnino ad reſidentiam cogendos; niſi in extrema Eccleſiæ neceſſitate, ut officia ſua per ſeipſos, non per Vicarios exerceant. Quod ſi Epiſcopi non ſint idonei vel potentes, non uni Vicario totius Diœceſeos curam mandandam, ſed pluribus perſonis & Theologis Theologica, & Canoniſtis Canonica negotia, inſuper Viſitationes diœceſianas Synodosque quotannis habendas.

7. In Eccleſia omnia Miniſteria gratis præſtanda, & quæ ſunt adeò tenuis reditus, ut miniſteria Eccleſiæ abſque quotidianis emolumentis nequeant ſupportare, incorporanda cum aliis Beneficiis non Curatis pinguioribus.

8. Revocandos veteres Canones contra Simoniacam pravitatem.

9. Fortaſſis expediret humanarum Sanctionum multitudinem nonnihil contrahere, ſuperfluis reſectis, nec Prælatos ſuas conſtitutiones æquare obligationi Juris divini.

10. Excommunicatione non utendum extra caſum peccati mortalis, & notoriæ irregularitatis.

11. Providendum ut diligenter & devotè in divinis Officiis preces effundantur, quæ aliquando ita præcipitatè à celebrantibus proferuntur, ut nec ipſi ſe intelligant, nec ab aliis intelligantur.

12. Breviaria & Miſſalia purganda, reſecandaque omnia, quæ non ex divinis ſint deſumpta Litteris, & tædioſam prolixitatem Pſalmorum & Orationum, habito delectu, contrahendam.

13. Fortaſſe permittendum, ut liceat alicubi Latinis Canticis preces Lingua vernacula fideliter verſas intermittere.

14. Cogitandum qua ratione Clerus ad vitam priorem reducatur.

15. Quo pacto Monaſticus Ordo ad primitivam Inſtitutionem redintegretur, ne tantæ Monaſteriorum divitiæ tam flagitioſè diſſipentur.

Et hæc de morum abuſuſque Reformatione.

16. Quod autem ad Dogmata attinet, conſiderandum ſacro Concilio, an non res ipſa efflagitet aliqua Juris poſitivi relaxare, & circa Communionem ſub utraque ſpecie conſuli deſiderio exterarum Nationum.

17. De eſu carnium & jejuniis aliquid de priſtino rigore remittendum, ſuper quo tamen prudenter conſiderandum.

18. Conjugium Clericorum aliquibus Nationibus concedendum.

19. Et ita conciliatis Populorum animis, tollendas deinde multiplices Evangeliorum Poſtillas, & novam per peritos Theologos faciendam, & ſimiliter novam Agendam, quam ſi qui Parochi noluerint recipere, tunc pœnas graves eis injungendas.

20. Verùm quia hoc modo mali Parochi citius poterunt expelli, quàm ſubſtitui meliores, ideò quædam ad hanc difficultatem amovendam neceſſariò recenſeantur.

21. Primò unum Catholicum Parochum præficiendum interim pluribus Eccleſiis.

22. II. Videndum diligenter, an aliqui ex iis Sectariis poſſint ad Catholicam Fidem reduci, & ideò eos, qui ſanioris mentis videbuntur, in proximam Catholicam Academiam mittendos & breviter erudiendos.

23. III. Injungendum Epiſcopis Academiam non habentibus, ut in Academia vicina eligant Collegium pro Adoleſcentibus Theologiæ ſtudioſis alendis & inſtituendis.

24. IV. Limitatum Auctorum Catalogum edendum, qui legi debeant in Scholis, nec alios admittendos.

25. V. Plures Epiſcopatus in latioribus Provinciis erigendos, & opulenta Cœnobia in hunc uſum converti poſſe.

26. VI. Quod autem ſpectat ad Bona Eccleſiaſtica in uſus profanos conversa & diſtracta, præſtaret fortè hoc tempore ut hæ diſſimulentur injuriæ.

27. Ultimò, Romanos Patres Concilio præſidentes dare operam debere, ne quæſtionibus, quæ offendiculas parere poſſint & contentiones, ut hæc, an ſit Reſidentia de Jure Divino nec ne, aut ſimiles proponantur, aut ſi id vitari non poſſit, non patiantur ſaltem effundi in bilem, nec efferri in fabulam Adverſariorum.

ANNO 1562. 27. Juin.

Eorumdem Oratorum aliud Scriptum de Communione Corporis Chriſti ſub utraque ſpecie, Patribus Concilii Tridentini exhibitum 27. die Menſis Junii 1562. [GOLDASTI Conſtitutiones Imp. Tom. 2. pag. 376.]

ILLUSTRISSIMI & Reverendiſſimi Domini Legati, ac Reverendiſſimi Patres: Domini Oratores Sacræ Cæſareæ Majeſtatis, Domini noſtri Clementiſſimi, officii ſui ratione, ac ſingulari quodam Sedis Romanæ auctoritatis & poteſtatis propagandæ ſtudio adducti, faciendum ſibi exiſtimaverunt, ut Dominationes veſtras Reverendiſſimas nonnullis de rebus admonerent, antequam ad dicendas ſententias veniretur. Quæ quidem res ejusmodi planè ſunt, ut iis velut fundamentis quibuſdam tota præſentis Conſultationis veſtræ ſumma niti videatur.

1. Ac primum quidem, ut inde initium ſumatur, auditi ſunt per hoſce dies omnium Ordinum Theologi de propoſitis per Illuſtriſſimos Dominos Legatos Articulis, præclarè illi quidem & copioſè, ſed ad Regnorum & Provinciarum exterarum ſtatum ac rationem, non ſatis accommodatè diſſerentes.

2. Neque verò mirum id videri debet. Etenim ita illi felici Sidere ſunt nati, & iis maximè à Deo in Regionibus collocati, in quibus integra adhuc ſunt omnia, ut ſuis tantum bonis, ſua illi felicitate contenti, de alienis malis, deque iis miſeriis, quibus exteræ Nationes conflictantur, non magnoperè ſoliciti eſſe videantur. Precandus eſt Deus Omnipotens, ut hanc illis felicitatem diuturnam eſſe velit. Utinam verò eo loco res noſtræ eſſent, ut nos quoque ad iſtam tranquillitatem adſpirare poſſemus. Sed ut res ire cœpit, niſi nos Deus miſericordiæ ſuæ oculis aſpexerit, & Sacroſanctum Oecumenicum Concilium pro ſua benignitate noſtris Nationibus conſuluerit, magnopere verendum eſt, ne his etiam, quæ nunc quidem peſſima eſſe videntur, non ita multò poſt longè etiam deteriora in Eccleſia Dei ſuboriantur.

3. Quapropter Dominationes veſtras Reverendiſſimas iidem Domini Oratores vehementer rogatas volunt, ut hæc paucula, quæ nunc perlegentur, attentè audiant, diligenter conſiderent, ac ſuis ponderibus examinent, atque ita ſe ad dicendas ſententias comparent, ut orationem atque adeo omnem curationem ſuam non tantum ad ſanos & incolumes Reipublicæ Chriſtianæ partes accommodent, quæ nullo remedio egent, ſed morboſa & malè affecta Eccleſiæ membra ob oculos proponant, inque illis ad priſtinam ſanitatem revocandis omnes curas, omnes ſuas cogitationes defixas habeant.

4. Id autem longè commodiùs fiet, ſi prius quæ ſint illæ partes, quæ veſtram opem auxiliumque implorant, ac quomodo affectæ ſint, quàm optimè intelligatis. Primum igitur de Boëmiæ Regno; poſt de aliis dicendum eſt, idque quàm fieri poterit breviſſimè.

5. Nihil opus fuerit hoc loco rem altiùs jam inde à Conſtantienſis Concilii exordio repetere. Neminem enim hìc eſſe arbitrantur, qui illorum temporum Hiſtoriam planè cognitam non habeat. Illud dicendum eſt tamen, ab eo usque tempore eam in Boëmia retentam eſſe conſuetudinem, quam nulla Conſilia, nullæ rationes, nulla unquam vis, neque ipſa arma & bella eripere potuerunt, ut Populo etiam Calix in Communione à Sacerdotibus præberetur, à quo quidem Calice ea Populi pars, quæ hujus partis eſſet, Calixtinorum ſive Subutraque nomen accepit.

6. Atque hæc quidem Factio latiſſimè in eo Regno patet, & primarios etiam Viros & Magiſtratus quosdam complectitur.

7. Antea quidem huic parti benigniſſima Mater Eccleſia pro ea poteſtate, quam à Deo habet, pro rerum ac temporum ratione leges & conſtituendi & abrogandi certis quibusdam conditionibus permiſerat, ut Calice uti poſſent.

8. Poſtea cum, ut fieri adſolet, non ſatis religioſè neque verò diligenter conditiones & pacta illa ſervarentur, proviſio illa cœpta eſt à Pio II. Pontifice Maximo revocari. Sed cum Sedes Apoſtolica aberrantem hanc Ovem ad cæteras aggregare cuperet, primùm Paulus III. deinde etiam Julius III. felicium recordationum Summi Pontifices, Nunciis quibusdam ſuis negotium dederunt, ut Boëmis in

Eccle-

ANNO 1562. Ecclesiæ gremium receptis Calicis usum permitterent. Tum etiam inchoata, sed propter graves quasdam difficultates impedita, perfici non potuit.

9. Ad extremum Cæsarea Majestas & Dominus noster Clementissimus, hoc tempore post centum & quadraginta fere annos, pro singulari sua pietate ac Christianæ & Catholicæ Religionis nostræ conservandæ & propagandæ studio, cùm unicum in illo Regno Archiepiscopatum Pragensem veluti à mortuis excitaverit, & magnis curis, laboribus, sumptibus & impensis fundaverit ac constituerit, visum est Sacræ ejus Majestati Cæsareæ, si unquam anteà, nunc commodissimam iniri posse rationem, ut inclura illa Natio tota ad S. R. E. Matris nostræ obedientiam suam tandem veluti postliminiò reverteretur, præsertim verò cum isti Calixtini, qui Subutraque vocantur, in proximis Comitiis Boëmicis publice sacræ Cæsareæ Majestati supplicaverint, dignaretur suas apud S. D. N. partes interponere, ut eorum Sacerdotes non ab alio quoquam, sed à novo Archiepiscopo ordinarentur. Promiserunt autem hoc si impetrent, daturos se operam, ut ipsi eorum Presbyteri Dominum Archiepiscopum pro suo legitimo Prælato agnoscant, & obedientiam illi præstent.

10. Itaque per Reverendissimum Dominum Episcopum Pharensem, qui nunc apud sacram ejus Majestatem Sanctissimi D. N. Nuncium agit, ac per Magistrum D. Prosperum Comitem ab Arco sacræ ejus Majestatis Romæ Oratorem à S. D. N. postulavit, ne tantam tamque optatam Ecclesiæ restituendi ac conservandi illius Regni occasionem de manibus sibi elabi pateretur. S. autem D. N. totam hanc rem ad vestram, Illustrissimi Domini Legati, & Patres Amplissimi, disceptationem & vestrum judicium rejiciendum putavit. Vestræ igitur pietatis fuerit, nobile illud Regnum Ecclesiæ Catholicæ conservare, quod tum demum fiet, si necessariis de causis Calicis usum illis permittendum esse putaveritis.

11. In reliquis illi rebus, aut omnibus S. R. E. Matris nostræ institutis consentiunt, aut in paucis quibusdam à recta illi via deflexerunt.

12. Sacerdotibus illi non aliis uti unquam voluerunt, quàm qui cælibem vitam agerent, & quos à Catholico & communionem Sedis Apostolicæ habente Episcopo legitimè ordinatos esse constaret.

13. Solent illi inter alias suas preces, etiam Summi Pontificis, sacri Cardinalium Collegii, Episcoporum atque universi Ecclesiastici Status & Ordinis meminisse, ac Deum pro eorum incolumitate & felici rerum successu in publicis Supplicationibus & Litaniis exorare, Populumque ad id faciendum in Concionibus frequenter cohortari. Quod ipsum satis indicat, quomodo erga Sedem Apostolicam affecti sint.

14. Si quid autem est omninò in reliquis rebus, in quibus à recta sanctæ Romanæ Ecclesiæ Doctrina discessum est, id nullo propè negotio emendari ac corrigi poterit, modo Calicem, quem tantoperè expetunt, vestra benignitate consequantur.

15. Neque verò mirum est, si rudis & imperita multitudo in eum errorem induci potuit, ut sine magno Conscientiæ scrupulo à Calice se abstinere non posse persuasum habeat, cum etiam peritissimos & maximè pios ac Catholicos viros eam sententiam multis rationibus tueri videamus, ut sub utraque quam sub alterutra tantum specie communicantes majorem se consequi gratiam arbitrentur. Vestra igitur misericordia digni sunt, Patres sanctissimi.

16. Quare diligenter providete, ne per nimiam vestram severitatem in eam desperationem adducantur, ut cum nullum apud vos misericordiæ sibi locum relictum esse sentiant, ad impios Sectarios transeant, à quibus quidem magna diligentia omnibus artibus, omnibus illecebris, perpetuo ad defectionem sollicitantur.

17. Sunt & in aliis etiam clarissimis & nobilissimis Regnis ac Provinciis pii quidam ac Catholici viri, ut in Ungaria, in Austria, in Moravia, in Silesia, in Carinthia, in Carniola, in Styria, in Bavaria, in Suevia, in permultis Germaniæ partibus, qui magno quodam zelo Calicem sibi dari expetunt.

18. Non fuit hoc ignotum Paulo III. felicis recordationis Pontifici Maximo, qui omnibus per Germaniam Episcopis concessit, sub utraque specie communicandi, iis qui devotionis causa sub utraque mallent quàm sub una communicare. Sed ne hæc quidem propter gravissima quædam impedimenta ad effectum perduci potuerunt.

19. Eadem ferè est ratio, idem de aliis quoque Nationibus, quas paulo ante nominavimus, periculum est, ne si Calix eis adimatur, ad Lutheranos atque alios Sectarios transfugiant. ANNO 1562.

20. Neque verò existimare debet quisquam, quod hisce dieb. publicè à Theologis dubitatum est, eos qui Calicem petunt, prorsus hæreticos esse. Quis ignorat, nullam nobis cum Hæreticis communionem esse? Non hæc Hæreticis, sed iis procurantur, qui aliis in reb. & Catholici sunt, & obedientes se S. R. E. filios præbent.

21. Quod si hoc ipsi à vestra benignitate consequantur, magna spes est, plurimos etiam Hæreticos, qui hanc unam ob rem à nobis desciverunt, ad nos iterum reversuros esse. Audiuntur enim à nobis non pauci passim in mediis Sectariorum gregibus versantes, qui palam profitentur, si sub utraque specie Eucharistiam sumere liceat, cupidissimè sese ad nos transire velle.

22. Certè præterquam quod æquiores deinceps se nobis præberent, Hæretici, dictis etiam nostris facilius ac libentius aures accommodarent, & libentius in vestram se Disciplinam traderent. Sic etiam confideremus fore, ut Sacrosanctum Missæ Sacrificium longè in majori veneratione esse inciperet.

23. Plurimos etiam tot novitatum tædet, qui hoc uno remoto impedimento libentissimis animis ad nos se reciperent. Quod si quo casu hæc illis utriusque speciei communicatio non permittatur, contraria omnia sunt pertimescenda.

24. Jam si quis est, qui quærendum existimet, quod etiam hisce diebus auditum est, qui ille tandem sit, qui hæc petat: En sacra Cæsarea Majestas à S. D. N. petit, ut Domino Archiepiscopo Pragensi Calixtinos Sacerdotes ordinare liceat. Id autem fieri nullo modo potest, nisi illi primùm in Ecclesiæ gremium recipiantur. Recipi autem non poterunt, si Ritu Schismatico propria auctoritate Calicis sibi usum usurpent, ac mordicus retineant.

25. Adsunt etiam Canadiensis & Tininiensis ex Ungaria Domini Archiepiscopi, & Episcoporum Ungariæ Nuncii, qui humiliter supplicant, ut aliqua Ratione illius Regni Ecclesiis ab hoc Sacrosancto Oecumenico Concilio provideatur. Non enim ulla ratione Plebs, atque adeo jam ipsa etiam Nobilitas in officio contineri potest.

26. Ac nisi hæc illis spes in hunc usque diem facta fuisset, futurum ut in hoc Sacrosancto Oecumenico Concilio Calicis usus à vestra bonitate & charitate, Ampliss. Patres, ipsis impetraretur, exiguas jam Catholicæ Religionis ac in S. R. E. & Sedem Apostol. obedientiæ illis in partibus reliquias haberemus.

27. De Ungaria quidem hoc certè affirmare possumus, eo jam ventum esse, ut Sacerdotes per vim ad Calicis porrectionem adigantur. Quod ni faciant, bonis Ecclesiasticis direptis magnum infortunium atque adeò vitæ periculum evitent.

28. Fuerunt ex illius Regni Episcopis nonnulli pii viri, atque Ecclesiasticæ consuetudinis observantissimi, in primis autem Reverendus Dominus Strigoniensis Archiepiscopus, qui hos tales Sacerdotes exilio atque illis pœnis ob hanc causam mulctaverint. Factum jam est, ut tum illis, tum aliis etiam Catholicis Presbyteris careant.

29. Ita fit, quod vix sine lachrymis dici potest, ut Infantes sine Baptismo & intereant & adolescant; viri ac fœminæ omnium ordinum, omnis ætatis, belluarum more, in summa Dei ignoratione, & vivere & mori cogantur. Ita nihil propius est, quàm ut ad Paganismum redeatur.

30. Sunt enim loca non pauca, in quibus à multis jam annis nullus Sacerdos visus est, qui rudem & imperitam Plebem ad Christianæ pietatis normam instituere atque erudire queat. Hoc quoque ad summas ac innumerabiles illius Regni miserias accedit.

31. Cujus vos, Patres Amplissimi, miserescite, & qua ratione hos tantos totque Populos in S. R. E. fide conservare, & alios quàm plurimos hac de causa à nobis profugos ad nos iterum retrahere possitis, aliquam jam tandem cogitationem suscipite.

32. Hæc sunt, quæ dicenda videbantur, quæ ut Dominationes vestræ Reverend. in optimam partem interpretentur, & totum hoc negotium diligenter perpendere velint, iidem Oratores etiam atque etiam vehementer rogant. Quæ tamen omnia sanctissimo & prudentissimo judicio vestro subjecta esse volunt.

ANNO 1562. 9. Octobre.

LXIV.

Constitutio seu Bulla PII *Papæ* IV. *de Electione Summi Pontificis, atque de Potestate Sacri Collegii, Cardinalium & Officialium Romanæ Curiæ Sede vacante. Dat. Romæ apud S. Petrum septimo Id. Octobris. Anno Incarnationis 1562. Pontificatus sui III.* [Ceremoniale Electionis Romani Pontificis, jussu GREGORII XV. editum. pag. 54.]

SUMMARIUM.

Quanta maturitate, ac diligentia fieri debeat Romani Pontificis electio.

IN eligendis Ecclesiarum Prælatis, quibus & humana & divina ministeria committuntur, quantam adhiberi curam oporteat, testantur Patrum nostrorum sacratissimæ Constitutiones, quas illi magna severitate de Episcoporum, & aliorum Prælatorum qualitate ediderunt: propterea quod a bonis bona omnia, videlicet charitas, vigilantia, ecclesiastica disciplina, denique Animarum eis commissarum salus proficisceretur, à malis vero contra, non nisi mala, nempe avaritia, negligentia, fastus, & Animarum periculum possit expectari. Quod si in quibuslibet Ecclesiarum Pastoribus tantopere providendum est, ne quis assumatur indignus, majorem certe, & perspicaciorem diligentiam in Rom. Pont. eligendo, qui cæteris Pastoribus est præfuturus, & totius dominici gregis curam habiturus, oportet adhiberi.

Recensentur Pontifices, qui Constitutiones ediderunt de Romani Pontificis Electione.

§. Hac sancta meditatione permoti Prædecessores nostri, & præsertim fel. rec. ALEXANDER III. GREGORIUS X. CLEMENS V. CLEMENS VI. & JULIUS II. nonnullas Constitutiones sanxerunt ad providendum, ut Summorum Pontificum Electiones libere, & recte, & mature fierent. Sed quoniam res humanæ semper in deterius prolabuntur, nisi sit qui eas assidue retineat, & conservet: verendumque sit, ne aliquando propter earum Constitutionum transgressionem suborti abusus longius serpant, & progrediantur.

Cardinales absentes per decem dies expectantur, & interim fiunt exequiæ Pontificis mortui, quarum expensæ taxantur.

§. Nos quantum cum Deo possumus, futuris casibus, & periculis occurrere volentes, eorundem Prædecessorum nostrorum Constitutiones, tum innovando, tum declarando, & pro rerum, & temporum necessitate supplendo, de Fratrum nostrorum unanimi consilio atque assensu definimus, statuimus, & declaramus, ut cum Pontificem de hac vita migrare contigerit, Cardinales præsentes, decem tantummodo diebus juxta dicti GREGORII Prædecessoris Constitutionem in Consilio Lugdunensi editam, Cardinales absentes expectare teneantur, & interim solitas novem continuorum dierum exequias, omnino peragant, nec ullo prætextu ulterius differant. Et ne quid impedimento esse possit, quominus exequiæ ipsæ nono die absolvantur, si quando per observantiam alicujus magni, & præcipui Festi Cardinalibus videretur Officium exequiarum intermitti debere; dies illi sic intermissi in numerum novem dierum nihilominus computari debeant, & impensâ quæ in eis pro exequiis facienda esset, inter pauperes Christi distribuatur. Ac ut superfluis quoque sumptibus, qui jam in immensum excreverunt, modus imponatur, Funus simplicius quam consueverit fiat, ita ut illius ratione (præter Regalia Populo Romano præstari solita) decem millium Ducatorum summam pannis lugubribus, & regalibus, tam Camerarii, & Clericorum, ac aliorum Cameralium, quam aliorum quorumcumque Ministrorum, & Officialium, ac aliis omnibus omnino computatis, impensa non excedat. Summa autem decem millium hujusmodi, vel si Collegio visum fuerit etiam minor, ac nullo modo major, per tres Cardinales antiquiores, unum videlicet de quolibet Ordine, & Camerarium proportionabiliter pro rata distributionis alias fieri solitæ, inter prædictos omnes, & singulos dividatur.

ANNO 1562.

Lapsis decem diebus post Missam de Spiritu Sancto, Cardinales ingrediuntur Conclave, & ad negotium Electionis procedunt, & singulis diebus fieri debet Scrutinium, & licet etiam in primo Scrutinio accedere.

§. Lapsis vero decem diebus à die obitus Pontificis, ingressus Conclavis nullatenus prorogetur, aut differatur: sed sequenti die, Missa de Spiritu Sancto celebrata, sive Cardinales absentes venerint, sive non, qui fuerint præsentes statim Conclave ingredi teneantur, & ingredientes ipsi absque mora aliqua, omissa omnino Capitulorum confectione primis diebus fieri solitorum, in Electionis negotio procedant, & singulis diebus Scrutinium fiat, & in primo Scrutinio etiam accedere liceat.

Nolentes ingredi Conclave, pœnam Gregorianæ Constitutionis incurrunt.

§. Si qui vero forte intrare noluerint, vel ingressi absque manifesta infirmitatis causa, juramento medicorum, & à majori parte Cardinalium per secreta suffragia approbata exiverint, dictæ Constitutionis GREGORII X. pœnam incurrant.

Cardinales præsentes, in Conclavi, & extra, lapsis decem diebus, possunt eligere Pontificem.

§. Declarantes nihilominus, quod postquam Card. præsentes, aliis Cardinalibus etiam de latere Legatis, aut ex alia quacunque etiam publica causa, etiam cum licentia Summi Pontificis absentibus, ulterius non expectatis, post tamen lapsum dictorum decem dierum à morte Pontificis, electionem, sive intra, sive extra Conclave fecerint, electio sic facta ex itineris, aut alterius etiam probabilis, & notorii ipsorum Card. absentium impedimenti prætextu, impugnari minime valeat, cum publica utilitas ex matura electione proveniens, cuivis alteri rationi præferri debeat.

Potestas Sacri Collegii Sede vacante ponitur.

§. Sedis autem vacatione durante, Collegium Cardinalium in iis, quæ ad Pont. Max. dum viveret pertinebant, nullam omnino potestatem, aut jurisdictionem habeat, neque gratiam neque justitiam faciendi, aut factam per Pontificem mortuum executioni demandandi: sed ea omnia futuro Pontifici reservare teneatur. Neque de statu temporali S. R. E. neque de pecuniis Cameræ Apostolicæ, aut Datarii, vel pro solutione debitorum ante obitum Pontificis quomodolibet contractorum, aut alias ex quavis causa (casibus infrascriptis dumtaxat exceptis) quicquam disponere, nec contra dictam GREGORII Constitutionem pro seipsis aliquid percipere, nec æs alienum ultra necessarios sumptus præsentibus comprehensos contrahere debeat, neque Camerarius, Thesaurarius, Datarius, Depositarius, Castellanus Arcis S. Angeli, aut alii Officiales contra harum Constitutionum tenorem Collegio obedire teneantur, sive debeant: quinimo si eis in talibus obtemperaverint, aut ipsi Cardinales, vel Officiales ex eorum Officiis contra præmissa aliquid attentare præsumpserint, de suo proprio Cameræ Apost. plenarie satisfacere, & pecunias erogatas restituere, ac quævis damna ad eligendi Pontificis arbitrium resarcire cogantur. Quod autem expendi possit, erit præfata decem millium Ducatorum summa: Illud item quod pro victu familiæ Pontificiæ ante Conclavis ingressum, ac post ingressum, pro pauperum Officialium palatii tantum per Camerarium, & Priores Ordinum describen. victu, ac etiam pro eleemosynis Sede vacante fieri consuetis, itemque pro defensione Terrarum Eccl. vel partis earum, nec non pro Regalibus Pop. Rom. & illius Magistratibus, ac custodia Urbis, & Conclavis, illiusque provisionibus opportunis necessarium erit. Quæ vero impensa pro defensione Terrarum, & locorum Eccl. & securitate, ac provisionibus Conclavis facienda sit, Cardinales præsentes per secreta suffragia ordinare debeant, ita ut majoris partis sententia obtineat id, quod observandum erit; etiam in Gubernatoribus Urbis, tam ultra Pontem, quam citra

ANNO 1562.

citra, & aliis Officialibus etiam pro Status Ecclesiastici regimine si opus fuerit eligendis. Si vero ultra prædicta aliquod grande periculum immineret, cui omnibus, & singulis Cardinalibus præsentibus juxta Ordinationem GREGORII X. aut saltem duabus illorum tertiis partibus per secreta suffragia videretur celeriter occurrendum: tunc Collegium juxta majoris partis tententiam similiter per secreta suffragia de remedio opportuno; ac provide de necessaria impensa providere possit, & debeat.

Tres Cardinales antiquiores, unus ex quolibet Ordine, & Camerarius, occurrentes necessitates proponunt in Congregationibus, & curam habent clausuræ Conclavis.

§. Statuimus etiam quod tres Cardinales antiquiores, unus videlicet ex quolibet Ordine, unà cum Camerario post Pontificis obitum, reliquos Card. congregandi, & occurrentes necessitates, in Congregationibus Generalibus proponendi, & ut Conclave bene undique claudatur, curandi jus habeant.

Potestas trium Cardinalium, de qua in præcedenti §. expirat tertio die, & transit ad sequentes in ordine, singulis tribus diebus, manente semper potestate Camerarii.

§. Ipsorum autem Officium tertia die post Conclavis ingressum, omnino expiret, eorumque loco, tres alii sequentes in ordine, quolibet tertio quoque die cum eodem Camerario in eadem potestate succedant.

Ponitur potestas Camerarii, & ejus Officialium Sede vacante.

§. Camerarii quoque & majoris Pœnitentiarii officia, quæ etiam Sede vacante durante ita durare decernimus, & declaramus, ut non solum ea quæ præsenti Constitutione prohibentur, & quæ Pontifice vivente exercere non consueverant, seu à quibus pro ejusdem Pontificis reverentia, aut alias quomodolibet abstinebant, minime usurpent: sed Camerarius, ac Præsidentes, & Clerici, aliique Ministri, & Officiales Cam. Apost. exactioni pecuniarum eidem Cameræ debitarum, ac provisionibus ratione Sedis vacantis juxta præmissa necessario faciendis dumtaxat incumbere, & propterea a solutione debitorum ante Pontificis obitum contractorum, aut illorum declaratione, rationum solidatione, extractionibus frumentorum, remissionibus delictorum, assecurationibus delinquentium, & quibuscumque aliis expeditionibus, tam gratiam, quam justitiam, aut illarum executionem quomodolibet concernentibus omnino abstinere debeant.

Ponitur potestas Pœnitentarii, & ejus Officialium.

§. Pœnitentiarius, vero & ejus Officiales ea tantum facere, & expedire valeant, quæ ad forum conscientiæ pertinent, in reliquis officium eorum conquiescat, itaque à quibuscumque matrimonialibus, & aliis dispensationibus, ac absolutionibus, & declarationibus, nec non quibusvis aliis expeditionibus forum (quod aiunt) fori, mixtim, vel separatim quomodolibet respicientibus, omnino abstineant: Alioquin in quibus, tam Camerarius, quam Pœnitentarius, & alii prædicti etiam de licentia, aut mandato totius Collegii contrafecerint, ea nulla, & irrita sint, ac nemini suffragentur. Et nihilominus eorum excessus, & inobedientiæ rationem, Pontificis arbitrio quandocumque reddere teneantur. Litteris etiam nostris super reformatione Cameræ, & Pœnitentiariæ hujusmodi editis in suo robore permansuris.

Datarii officium expirat morte Papæ.

§. Datarii vero ministerium per ejusdem Pontificis obitum omnino expiret, ita ut non solum Datas per eum antea notatas extendendi potestatem minime habeat: sed quascumque supplicationes gratiarum, & justitiæ penes eum, aut ejus Ministros adhuc existentes, etiam si datæ fuerint Collegio Cardinalium, statim sub sigillo clausas præsentare teneatur futuro Pontifici reservandas. Quod si contra præmissa quicquam, ad cujusvis etiam Card instantiam attentare præsumpserit, irritum & inane existat, & nihilominus falsi crimen incurrat, illius rationem futuro Pontifici redditurus.

Potestas Cardinalium, & Prælatorum signaturæ gratiæ, & justitiæ, conquiescit.

§. Prohibentes insuper, ne Card. & Prælati signaturæ gratiarum, & justitiæ præfecti, Sede vacante supplicationes, & commissiones aliquas, etiam si supplicantes parvas datas, ut moris est, antea obtinuerint, signare valeant: sed officia eorum omnino cessare intelligantur. Quod si aliter fecerint, pro excessibus hujusmodi futuri Pontificis arbitrio puniantur.

Cellæ Conclavis sorte distribuantur.

§. Mandamus quoque quod Cellæ Conclavis, Card. sorte distribuantur, nec liceat eas etiam infirmitatis prætextu mutare, aut desuper ædificare, vel illas dilatare: sed quilibet, etiam Decanus, sit sua sorte contentus.

Apud Conclave habitare, vel morari prohibitum.

§. Post Conclavis vero ingressum, interdicimus, & expresse prohibemus sub Officiorum, & Beneficiorum privationis pœna, atque etiam sub alia arbitrio Gubernatoris ad custodiam Conclavis deputari soliti infligenda, ne quis immediate supra, aut infra Conclave, seu à lateribus habitare, vel morari possit. Quæ loca muris claudi, & à Præsidentibus custodiæ Conclavis, ac à dicto Gubernatore sæpius visitari debeant. Et si qua fraus commissa fuerit, teneatur ipse Gubernator sub perjurii pœna eo ipso incurrenda, & alia arbitrio futuri Pontificis infligenda, delinquentes hujusmodi Cardinalibus pro tempore deputatis revelare, curareque ut delinquentes ipsi carcerentur, & acriter puniantur.

Conclavis clausura à Card. deputatis visitari debet.

§. Teneantur quoque Card. pro tempore deputati Cellas Card. & alia Conclavis loca sæpius visitare, & diligenter perquirere, ne in ipsius Conclavis muris, aut laquearibus, seu pavimentis vetita foramina fiant. Et si quid tale deprehensum fuerit, auctores privationis Officiorum, & Beneficiorum, ac aliis etiam corporalibus, & severissimis pœnis, Gubernatoris, ac etiam futuri Pontificis arbitrio afficiantur, & conscii de præmissis eisdem pœnis teneantur; nisi statim, si intra Conclave fuerint, eisdem Card. deputatis, si vero extra Conclave, Gubernatori, & Prælatis præpositis revelaverint. Qui quidem Gubernator, & Prælati sub perjurii pœna in hoc invigilare, & opportune providere debeant.

Numerus Servorum Cardinalium diffinitur.

§. Quilibet autem Card. in Conclavi duobus servientibus Clericis, vel Laicis contentus sit, infirmis autem, & graviter affectis à majori parte Collegii per secreta suffragia, tertius ad summum indulgeri possit.

Conclavistæ à Cardinalibus approbandi.

§. Qui servientes familiares domestici, & continui commensales ipsius Card. & ab anno ante fuisse, & tunc esse debeant, & non mercatores, ministri Principum, domini temporales, & jurisdictionem habentes, neque fratres, aut nepotes Card. etiam si expensis eorum viverent: Et de qualitatibus Conclavistarum, Card. deputati ante Conclavis ingressum diligenter inquisitionem habere, & eos approbare, ac post ingressum denuo diligenter providere debeant.

Sacrista, Magistri Cæremoniarum, & alii Officiales Conclavis determinantur.

§. Sacrista quoque cum uno Clerico coadjutore in Officio Sacristiæ, duo quoque Magistri cæremoniarum, Conclave ingrediantur, Missis celebrandis, & aliis quæ ad ipsos pertinent vacaturi. Adsit prætere-

rea

Anno 1562. rea unus Religiosus, pro Confessionibus audiendis à majori parte Card. per secreta suffragia eligendus, unus Collegii Secretarius tantum, duo Medici, unus Chirurgus, unus Aromatarius cum uno, aut duobus servientibus, unus Faberlignarius, unus Cementarius, duo Barbitonsores, cum uno aut duobus servientibus. Item octo, aut decem servientes publicæ utilitati, & commoditati omnium, veluti pro lignis portandis, pro verrendo Conclave, & similibus necessariis ministrandis, qui omnes à Collegio Card. non tamen ex familia alicujus Card. per fabas secretas eligantur, ita tamen ut is obtineat qui plura vota tulerit, & eis salaria de publico persolvantur. Quod si ultra præfatas personas, in Conclavi aliquis inventus fuerit, expelli statim debeat. Et si quis uspiam se occultasse deprehendatur, ignominosè expellatur, & infamia notetur, & Officiis atque Beneficiis privetur: conscii vero sub eadem pœna illos Collegio revelare teneantur, præmium reportaturi si indicaverint.

Clauso Conclavi, prohibentur colloquia cum iis, qui sunt extra Conclave.

§. Clauso Conclavi nulli ad colloquium, etiam extra portam Conclavis, etiam Principum Oratores, nisi ex magna, & urgenti causa à majori parte Collegii approbanda admittantur. Et si quis forte (quod absit) clam ipsum Conclave, & aliunde quam per ostium ingrediatur, omni honore, gradu ac Officio, & Beneficio ipso facto privatus existat, & tradatur Curiæ sæculari acerrimis pœnis puniendus.

Literæ, & signa Clauso Conclavi similiter prohibentur.

§. Literas vero, aut cujusvis generis scripta ad eos, qui in Conclavi erunt, seu nuncium, vel notam, aut signum mittere, seu recipere, aut contra, e Conclavi ad eos, qui foris erunt, nullo modo liceat: qui contrafecerint, quacumque dignitate, etiam si Cardinalatus honore præfulgeant, pœnæ excommunicationis latæ sententiæ subjaceant, absolvendi facultate, præterquam in mortis articulo, soli Pont. Max. reservata, à quo nihilominus pro qualitate delicti, ultra dictam excommunicationis pœnam puniendi erunt.

Excommissæ super electione Romani Pontificis damnantur.

§. Prohibentes etiam super futura electione Pontificis sponsiones, quas Excommissas vocant, fieri; & si forte contra præsentium tenorem factæ fuerint, illas nullas, & irritas in judicio, & extra fore, & omnino censeri, & contrafacientes, ac proxenetas, arbitrio Gubernatoris, & futuri Pontificis, puniri debere decernimus.

Cardinales unico ferculo moderato, & in propria Cella vescantur.

§. Cardinales autem, primo ipso die, quo Conclave ingressi fuerint, tam in prandio, quam in cœna uno solo ferculo unius speciei tantum, eoque moderato, & alias juxta Constitutionem præfati Clem. VI. qualificato contenti sint, & esse debeant, nec quisquam in alterius Cella, vel de alterius ferculo vescatur.

Prælati custodes Conclavis inspicere debent epulas, ne Literæ, notæ, vel signa una cum eis intus Conclave mittantur.

§. Prælati quoque ad custodiam Conclavis deputati sub pœna perjurii, & suspensionis à divinis, maxima, & exquisita diligentia utantur in inspiciendis, ac perscrutandis epulis, & aliis rebus, ac personis Conclave intrantibus, & de eo exeuntibus, ne sub earum rerum velamine literæ, aut notæ, vel signa aliqua transmittantur. Quod si tale quid inventum fuerit, familiares Card. aut alii delinquentes, pœnam privationis Officiorum, & Beneficiorum, ac inhabilitatis ad obtenta, & obtinenda incurrant. Et ulterius per Gubern. carceribus mancipentur, exinde nisi de mandato novi Pontificis minime relaxandi: sed ejus arbitrio acrius puniendi, omni facultate Collegio Card. in favorem quorumcunque, qui in præmissis vel eorum aliquo deliquerint omnino interdicta. Anno 1562.

Conclavistæ discedentes, non ingrediantur ulterius.

§. Conclavistæ vero, & quicumque alii servientes, Conclave ex causa infirmitatis manifestæ, & notabilis à Medicis medio juramento probatæ, & de consensu Deputatorum, quorum etiam conscientiam desuper oneramus, & non aliter exituri, nullo modo reverti possint: sed eorum loco, alii eodem prorsus tempore, quo infirmi exibunt, ingrediantur.

Card. non Diaconus non habet votum in Electione.

§. Statuimus etiam, & declaramus, quod si forte aliquis Card. saltem in Diaconatus Ordine constitutus non fuerit, is nullatenus ad eligendum admitti debeat.

Monitio ad Card. circa ea, quæ debent servare in electione facienda.

§. Cardinales autem per viscera misericordiæ D. N. Jesu Christi enixe rogamus, & hortamur, ac eis nihilominus sub divini interminatione judicii præcipimus, & mandamus, ut attendentes magnitudinem Ministerii, quod per eos tractatur in dandis suffragiis, ac aliis omnibus, & singulis electionem quomodolibet concernentibus, omni dolo, ac fraude, factionibus, & animorum passionibus remotis, ac Principum sæcularium intercessionibus, cæterisque mundanis respectibus minime attentis: sed solum Deum præ oculis habentes, sese pure, libere, syncere, quiete, & pacifice gerere, & habere debeant, nec pro ipsius Pontificis electione conspirationes, condicta, pactiones, & alios illicitos tractatus inire, signa, aut contrasigna votorum suorum alteri dare, minasve aliquibus inferre, tumultus excitare, aut alia facere per quæ electio retardetur, vel minus libere suffragia præstentur per se, vel alium directe, vel indirecte, quovis colore, vel ingenio audeant, vel præsumant. Quod si secus fecerint, aut contra prohibita in præsenti Constitutione, aliquid admiserint, ultra divinam ultionem arbitrio futuri Pontificis pro modo culpæ in eos quandocumque animadverti possit.

Executores Bullæ deputantur.

§. Quia vero parum esset jura condere, nisi forent, qui executioni ea demandarent; statuimus, & ordinamus, ut Prælati, Rectores, Officiales Urbis, ac Principum Oratores, Illustres Viri, quosomnes à Collegio pro custodia Conclavis eligi continget (eligere autem Collegium debebit eos, qui ad id magis idonei videbuntur) præmissa omnia plene, & inviolabiliter, ac sine fraude, & dolo aliquo observari faciant, de quo corporale juramentum coram ipso Collegio ante ingressum Conclavis, & quoties opus fuerit, præstare teneantur: quæ quidem nisi fecerint, vel si in eis dolum, & fraudem commiserint, prædictas pœnas, & cæteras in dicta Constitutione Gregorii X. contentas incurrant.

Cardinales non possunt mutare hanc Constitutionem.

§. Volumus autem neque per Prælatos, neque per Rectores, aut Officiales præfatos ultra, quam præmittitur, Card. arctari, neque præsentes has nostras Constitutiones per Collegium Card. ullo modo alterari, corrigi, aut immutari posse: sed illas coram omnibus de verbo ad verbum in prima congregatione post obitum Pontificis fieri solita, & deinde post Conclavis ingressum legi, & jurari eo modo quo leguntur, & jurantur constitutiones Julii Secundi, & aliorum prædecessorum nostrorum: quorum Constitutionibus, & pœnis in eis contentis ultra præmissa, per hanc nostram Constitutionem derogare non intendimus: sed magis eas confirmare, innovare, & comprobare.

Cardinales non excluduntur ab electione ob censuras.

§. Et ne dissensionis occasio, aut Schismatis oriatur, volumus censurarum, & excommunicationum præ-

ANNO 1562. præfatarum, & aliarum quarumcumque prætextu, Card. à Pontificis electione active, vel passive excludi nullo modo posse, quas quidem excommunicationes, & censuras ad electionis effectum tantum, illis alias in suo robore permansuris, suspendimus, & suspensas esse volumus, & declaramus. Decernentes quoque excommunicationes, & censuras ipsas, cum solum afficere, qui deliquerit, non autem alios Conclavi durante cum eo conversantes.

Ponuntur Clausulæ executivæ, & derogatoriæ.

§. Ac præsentes nostras ubicumque electionem Summi Pontificis etiam si extra Urbem fieri contigerit locum habere, & observari debere.

§. Ac insuper illas in valvis Basilicæ Principis Apostolorum, & Cancellariæ Apostolicæ, ac in acie Campi Floræ per aliquos Cursores nostros legi, & publicari, ac illorum copiam ibidem affixam dimitti, & deinceps omnes, & singulos Card. etiam absentes, præsentes, & futuros, & alios quoscumque quorum interest, vel interesse poterit quomodolibet in futurum afficere, & ligare, nullumque earum ignorantiam prætendere posse, ac si eis personaliter intimatæ forent, præmissis ac aliis Constitutionibus, & Ordinationibus Apostolicis cæterisque contrariis non obstantibus quibuscumque.

§. Nulli ergo omnino hominum liceat hanc paginam nostrorum definitionis, statutorum, declarationum, decretorum, prohibitionum, mandatorum, interdicti, præcepti, rogationis, hortationis, & voluntatum infringere, vel ei ausu temerario contraire. Si quis autem hoc attentare præsumpserit, indignationem Omnipotentis Dei, ac Beatorum Petri, & Pauli Apostolorum ejus, se noverit incursurum. Datum Romæ apud S. Petrum, Anno Incarnationis Dominicæ Millesimo quingentesimo sexagesimo secundo, septimo Id. Octobris; Pontificatus nostri anno tertio.

✠ Ego Pius Catholicæ Ecclesiæ Episcopus.

✠ Ego R. Card. de Carpo Episc. Ostieñ.
✠ Ego F. Card. Pisa Episc. Portueñ manu propria.
✠ Ego Fed. Card. Cæsius Episc. Tusculañ.
✠ Ego Io. Card. Moronus Episc. Prænestinus ss.
✠
✠ Otho Truchses de Waldburg Episc. Card. Albanen.
✠ Ego Ti. Card. Crispus.
✠ Ego Io. Mi. Card. Saracænus.
✠ Ego Io. Card. Sancti Vitalis.
✠ Ego Iac. Card. Puteus.
✠ Ego Io. B. Cicada Card. S. Clemen.
✠ Ego B. Card. Tranen.
✠ Ego Scipio Card. Pisarum.
✠ Ego Io. Card. Reumanus.
✠ Ego Io. Ant. Card. Capisuccus.
✠ Ego F. M. Card. Alexandrinus.
✠ Ego Clemens Card. Aracæli.
✠ Ego Io. Ant. Card. Sancti Georgii.
✠ Ego Aloysius Card. Cornelius.
✠ Ego Bernardus Card. Salviatus.
✠ Ego Ph. Card. Aburd.
✠
✠ Ego M. Ant. Card. Amulius.
✠ Ego R. Card. Navagerius.
✠
✠ Ego A. Card, Farnesius Vicecanc.
✠ Ego G. As. Card. Cam.
✠ Ego Ju. Card. Urbin.
✠ Ego Hier. Card. Simoncellus.
✠ Ego Vitellotius Card. Vitellus.
✠ Ego Carolus Card. Borromæus.
✠ Ego Francisc. Card. Gonzaga.
✠ Ego Ind. Avalos Card. Avalos.
✠
✠
✠

Cæs. Glorierius.

Franc. de Lyon.

Anno à Nativitate Domini, Millesimo quingentesimo sexagesimo secundo, Indictione quinta, die vero 21. mensis Octobris, Pontificatus Sanctiss. in Christo Patris, & D. N. D. Pii divina Providentia Papæ IV. anno III. suprascriptæ Literæ Apostolicæ affixæ, & publicatæ fuerunt Romæ in locis suprascriptis, ut est moris, inibi earundem copiis dimissis affixis per nos Andream de Curia, & Franc. Faya ejusdem S. N. D. Papae Curs. ANNO 1564.

Pro Mag. Curs. Franciscus Rogerius Curs.

LXV.

Kaysers FERDINANDI des I. von Pabst PIO dem IV. vor sich und seine unterthanen erhaltene Erlaubnuß wegen Empfahung des heiligen Abendmahls nach der Einsetzung des Herrn Christi unter beyderley gestalt durch den Herrn Bischoff von Gurk auf dem Predig-Stuhl zu Wien in Stephans-Kirche dem Volck offendlich verkündigt den 18. Junii Anno 1564. [GOLDASTI Reichs-Satzungen Theil 2. pag. 287.] 1564. 18. Juin.

C'est-à-dire,

Permission accordée par le Pape PIE IV. *à l'Empereur* FERDINAND I. *pour lui & pour ses Sujets, afin qu'ils puissent recevoir le Sacrement de la Sainte Eucharistie sous les deux Espèces, selon l'Institution du Seigneur. Publiée & annoncée, au Peuple par l'Evesque de Gurck à Vienne dans l'Eglise de St. Estienne le* 18. *Juin* 1564.]

ES ist männiglich kund und wissen / was sich biß anher für Jammer / Zwyspalt und Widerwillen wegen deß Glaubens in unserm Vatterlande verlauffen: Item / was für Blutvergiessen und allerley Mißverstandt / auch Verführung der Menschen Hertzen / durch denselben erfolget. Derwegen die Keys. May. als getreuer Regent und Vatter seiner Underthanen / hat also bald anfänglichen seiner Königl. Regierung / jetz regierender Röm Keyser in alleweg dahin gedacht / wie jre May. im Reich / und sonderlich in derselben Erbkönigreichen und Landen / Fried und Einigkeit wiederum auffrichten möchten. Auß deren Ursachen dann zum offtern mit den Chur und Reichs-geistlichen und weltlichen / Handlungen gepflogen / und diß befunden / daß der Artickel wegen deß Abendmal deß HErren einer sey / dadurch die Christliche Einigkeit enspriessen und auffwachsen möchte. Denn jre Keys. May. von langen Jahren her auch in dem Wercke befunden und gespüret / daß viel guter Christen auß rechtem guten Willen / und sonderer Begier das Abendmal deß HErrn unter beyderley Gestalt zu nemen von Hertzen begierig gewesen / und sich hefftig darnach gesehnet.

2. Welche Empfahung under beyderley Gestalt etwa für hundert und viertzig Jahren zu Costnitz auff dem Concilio wegen etlicher Ursachen / so sich damals verlauffen / auff eine zeitlang verlegt gewesen / daß sie dann damals gutwilliglich eingangen und angenommen.

3. So haben ihre Keys. May. neben den Chur- und Fürsten / so wol derselben Rähte / auch diß allergnädigst befunden / daß solche Empfahung unter beyderley Gestalt / auff dem jetz verschienen Concilio mit Bewilligung der Päpstl. Heiligk. zugelassen solt werden / welches auch also beschehen. Dieweil dann jre Päpstl. Heiligk. eine sondere vätterliche Neigligkeit / nit allein zu ihrer Keys. May. eigner Person / sondern auch zu derselben Königreichen und Erbländern / welche ihre Heiligk. in gutem Bekantnus seyn / tragen / also haben ihre Heiligk. durch solches Ansuchen und Begeren / erstlich zu Lob und Ehr GOtt dem Allmächtigen und Vatter unsers HErrn JEsu Christi seines H. Nahmens / und denn zu Trost diesen Königreichen / und derselben zugehörigen Ländern / so wol den betrübten Gewissen auß seiner vätterlichen Macht bewilligt / vergunt und zugelassen / daß solches Abendmal deß HErrn unter beyderley Gestalt genommen solt werden. Und welche Zulassung und Bewilligung sollen wir GOtt dem HErren in Ewigkeit dancksagen / und uns auch darzu bereiten / das nun hinfortan die Christliche Liebe und Einigkeit unter uns auffwachsen / und desto mehr zunehmen möchte.

4. Doch soll man wissen / welcher Gestalt sich männiglich zu solchen Dingen bereiten soll / damit hinfurt solche Zulassung und Bewilligung deß Abendmals deß HErrn nicht etwa zu einer Verachtung und anderm bösen lauffen möchte.

5. Erstlichen sollen alle fromme und getreue Christen / unsern Christlichen Glauben wider alle Secten und Schwermereyen vestiglich und beständiglichen behalten und glauben / daß da allhie neben dem Wort Gottes sein wahrer Leib und Blut sey. Darnach daß sich jederman / wie vor Alters gebräuchlich / mit Bekentnus seiner Sünden rechtschaffen darzu bereiten soll.

9. Item / es soll auch keiner dieselben / die da unter einerley Gestalt seyn / und ihre Hertzen und Gemüter darauff gegründet / richten oder verdammen / deßgleichen sie auch denen / die

da

ANNO 1564.

da unter beyderley Gestalt seynd/ keines Weges nit thun sollen/ sondern miteinander brüderlich/ freundlich/ und eintrachtiglich leben/ wie es dann für dem Concilio zu Costnitz/ ehe es unter einerley Gestalt eingesetzt/ also gehalten worden.

7. Dann der heilige Paulus lehret/ wir sollen brüderlich unter einander leben. Weil wir dann alle von einem Brodt essen/ und auß einem Kelch trincken/ so sollen wir auch alle einerley Gemüther haben/ und alle unsere Sachen/ der Christlichen Liebe nach richten. Da aber einer den andern verachten und richten wolte/ und vermeinen/ daß der sub utraque oder sub una specie einer mehr als der ander empfinge/ derselbe sündigete also wider die rechte Liebe/ und wenn er es unter zweyerley Gestalt empfangen hette/ und die Liebe dabey nicht wer/ so trüge es ihm doch kein Nutz

8. So ist auch deß ferner vonnöthen/ da einer communiciren/ und sich darzu/ wie obstehet/ bereiten wolt/ soll er solches zeitlich dem Priester anzeigen/ auff daß er wissen möchte/ wie viel er Communicanten haben/ und wie viel er auch celebriren soll/ damit also auß dem Abendmal deß HErren nicht etwa ein Ergernuß oder Unehr entstünde/ wie es sich dann bey unsern Zeiten zugetragen/ daß dasselbe/ so überblieben/ auff die Wande gegossen/ oder im Wetschken behalten wird. Denn bey dieser Speise viel andere Weiß/ denn in der täglichen/ gehalten soll werden.

9. Item/ was aber die Krancken anlangt/ die soll man auch vermahnen/ daß sie die Communion nicht einstellen/ vielweniger biß auff die letzte Stunde verziehgen wolten/ sonder ein jeglicher Mensch wenn er sich selbst fühlet/ soll er sich zeitlich mit Christo dem HErren versöhnen/ und dem Priester sich erzeigen. Dann viel besser ist es mit dem HErren Christo auff dem Bette zuligen/ denn ohn ihn zu seyn/ fürnemlich weil der Mensch hierdurch nicht stirbet/ sondern das ewige Leben empfähet.

10. Ferner sey auch männiglichen kund und wissen/ daß solche Communication nicht allein zu Wien zu S. Steffan zugelassen/ sondern das auch in allen andern Kirchen der Gestalt celebrirt soll werden.

LXVI.

1568. *Articuli* PHILIPPO II. *Regi Hispaniarum propositi pro Belgio in Regnum erigendo :* [J. J. PONTANUS Hist. Gelricæ lib. 14. pag. 895. (1)]

1. UT Majestas sua, redactis in formam Regni Provinciis, earum se Regem coronari jubeat, addito titulo, quo Belgicæ seu inferioris Germaniæ Regnum appellet: Metropolim sive locum Aulæ statuens Urbem Bruxellensem, ut Lutetia in Gallia, in Anglia Londinum.

2. Ut Majestas sua generalem aliquem politicumque Magistratum universo Regno præficiat, cui quies & conservatio Catholicæ nostræ Religionis incumbat, ut autem prædictus ille Magistratus fideliter constitutus sit, totius Populi omniumque Regni Statuum Provinciarumque consensu, ne tamen ullo modo inquisitionis nomine appelletur, propterea quod hæc, licet honesta sanctaque sit, summo à Belgis odio ac horrore fugiatur.

3. Ut Rex certum Episcoporum eximiâ integritate vitæ ac eruditione fulgentium numerum seligat, qui suis quique locis perpetuò resideant, quia nihil magis communem Vulgum ad seditionem ac tumultus impellit, quam seduli Pastoris absentia, ut ex iis, quas hactenus passi sumus, calamitatibus liquido apparet.

4. Ut in omnibus prædicti Regni sui locis ac Civitatibus Rex abroget formam illius, quod Amplum Consilium appellant, cum satis superque constet ejus Consilii motus ac inconstantiam omnium populi tumultuum ac factionum fontem extitisse, idque præcipuè in Urbibus, Antverpiâ, Amstelredamo, Valencenis, quorum eousque crevit audacia ac temeritas, ut suo se Regi legem imposituros arbitrarentur.

5. Ut in omnibus hujus Regni Urbibus ac Locis constituatur à Rege, innocentiâ juxta prudentiâque eximius vir, qui Capitaneus seu Vicarius Regis appelletur, & ex vi muneris sui liberè universis Consiliis ac Congregationibus Urbis illius aut Loci, cui præsidet, adesse possit, ut præsentiâ ejus prohibiti, nihil unquam Regiæ Majestati adversum pronunciare ac statuere audeant.

(1) Ces Articles se trouvent rangés dans *Pontanus* sous l'an 1567. mais sa narration semble les renvoyer à l'année suivante 1568. *Articuli ipsi, gallicè initio concepti, atque inde in Germania Latine redditi, sub anno 1568 excusi apud Ulricum Merbart Fuera.* (Dum.)

ANNO 1568.

6. Ut Majestas sua in quibusdam aptis locis, à quibus timeri possit, Arces ac Munimenta erigat, valido tormentorum ac militum præsidio instructas, ut eâ ratione & futuram prohibeat, & præteritam castiget audaciam: nihil enim adeò efferam compescit plebem, docetque Principis voluntati ac imperio colla subjicere, quam si omnem eis armorum usum atque conspectum abstulerit.

7. Proinde Rex arma, tormenta, & quicquid ad belli usum pertinet, auferri prædicti Regni Populis (exceptis modò iis, qui in limitibus versantur) & in Arcibus ac Munimentis accuratè custodiri mandet, ut si qua necessitas postularit, ea aptè ex Regis voluntate dispensari valeant: nihil enim magis factiosum vulgus, quàm Regem ac Dominum omni armorum genere probè instructum verentur. Cæterùm naturâ comparatum est, egentes opum, divitesque armis, rerum novarum avidos esse, & optare præsentis status mutationem, quam opulenti contra armorumque inopes vehementer abhorreant.

8. Ut Regia Majestas Armamentarium ad eorum, quæ Venetiis, Constantinopoli, Olyssiponæ & Parisiis visuntur, similitudinem exstrui ædificarique curet, eodem quo illa jam dictis Regnis, huic etiam futurum auxilio. Hoc autem Armamentarium in Urbe Mechliniensi statuatur, ut quæ in Regni centro sita & tam mari quam terrâ dulcibusque aquis percommoda, facillimam efficiat armorum ad quævis loca in necessitate distributionem. Locus autem ædificationi deligatur is, ubi jam Vestalium, quas Beginas vocant, Aula visitur, quo in loco exiguis sumptibus totius Christiani Orbis fortissimam validissimamque munitionem erigere, aquarum paludiumque opportunitate perfacile est. Hæc autem trium imprimis rerum certum Regem efficient. Primò quidem fortissimi ac insuperabilis in Regni sui centro munimenti, deinde verò de copia armorum, quibus quadraginta vel quinquaginta millium hominum exercitum instruere armareque valeat; postremò etiam de subditorum suorum quiete: nihil enim esse quod timeat moturos arma quibus abstulerit. Cæterùm experientia constat insitum esse à natura Belgis, ut nitidam domi supellectilem magis quam fulgentia in castris arma desiderent. Nec obstabit Beginarum numerus, qui in alias Urbes aut domos commodè dispensari potest.

9. Ut Rex triginta omnis generis navium classem instruat, quæ tam pacis quam belli tempore à Mercatoribus sustentetur; aliorum Principum exemplo, qui suas hoc modo ditiones ac regna ad occiduum inprimis mare defendunt ac tuentur. Neque verò huic rei quidquam aliud hoc Regno opportunius, idque negotiationum ac mercatorum copia, quâ nulli in orbe loco cedit hæc patria. Ausim enim affirmare, & magistra rerum docuit experientia, quas abhinc septem annos Regiæ Majestatis subditi, Anglorum piratarum prædationibus ac rapinis merces opesque amiserunt, ad diuturnam Classis illius sustentationem satis abundeque futuras fuisse, cujus auxilio vel ipsum Angliæ Regnum acquiri posse spes esset, ubi jam ne minima quidem recuperandorum bonorum appareat. Præterea quantumlibet terrâ valeat Rex, si mari deficiat, potens appellari nequit, nec subditos sibi Populos à Piratarum injuriâ incursioneque defendere. Accedit quod Vicinorum contemptui, bonorumque jacturæ erunt obnoxii, quam unam subinde mari graviorem patientur, quam ut toto vitæ suæ tempore acquirere terrâ possint.

10. Ut Regia Majestas Arces munitionesque suas, quas in medio Regni exstructurus est, Hispano ac peregrino milite impleat, ut Italis, Burgundionibus & Germanis. Constat enim, qui in Regis præsidiis peregrini sunt, longè incolis fidelitate præstare; hujus verò patriæ populi magis ad commoditates suas, quam ad bella propendent.

11. Ut per universum hoc Regnum visitari jura ac privilegia, renovarique Rex jubeat, statuatque & publicari curet, ut eadem Magistratuum, Privilegiorum, Religionis ac Cæremoniarum forma, idem quoque mensuræ, ponderum monetæque modus observetur ab omnibus, eo quod ferè in regnis, ex harum conformitate rerum, oriatur mutua quoque animorum voluntatumque consensio cum obedientiâ erga Regiam Majestatem & verâ tranquillitate conjuncta,

12. Ut Regia Majestas jura libertatesque nonnullas, communi negotiationi quàm maximè oportunas, omnibus hujus Regni Provinciis ac Civitatibus largiatur

ANNO 1568. tur & confirmet: quia reverà experimur universæ Nobilitatis totiusque Regni fortunas præsertim ex negotiatione pendere, quâ, tum ob naturalem situm commoditatemque loci, tum ob Populi jura ac libertatem terrâ marique negotiandi imprimis floret hæc Patria omnium Nationum Gentiumque commercio.

13. Ut Majestas sua generali ac publicâ remissione, stultitiam, ignorantiam, tumultus, seditionesque Populi sepeliat, revocetque eos; qui ob illas causas patrio solo relicto ad exteras Nationes profugerunt; mediocri tamen auctores ac capita factionum punitione castiget: decet enim convenitque Regiæ potestati clementia, ut innuit etiam Julius Cæsar, inquiens; *Fortitudinem potentiamque Principis, plus in amicâ peccatorum populi sui remissione, quam severâ castigatione consistere.* Nihil enim pulchrius est Gubernatori ac Principi, quantus demum sit, quàm ut virtutis optimque suarum edat specimen, & postquam vi subjecerit, clementiâ ac bonitate conservet. Itaque concludo nihil in Principe pulchrius, nihil excellentius excogitari posse, quam misericordiam cùm justitiâ & veritate conjunctam.

LXVII.

1569 24. Août. *Déclaration de* PHILIPPES II. *Roi Cath. d'Espagne contenant une Convention entre lui &* GERARD DE GROESBECK *Evêque & Prince de Liège pour le maintien du bon voisinage, & la prompte définition des Procez entre les Sujets de part & d'autre, à Bruxelles le 24. Août. 1569.* [LOUVRER, Recueil d'Edits, Réglemens, Concordats & Traitez.]

PHILIPPE &c.

A tous ceux qui ces presentes Lettres verront salut. Sçavoir faisons; 1. comme par le Traité de l'Alliance & Confederation faite par feu de tres haulte memoire l'Empereur Charles-cinq nôtre bon Seigneur & Pere, pour ses Subjets & Païs Patrimoniaux d'une part, avec tres Reverend Pere en Dieu feu Messire Erard de la Marche en son tems Evesque de Liege, des Païs subjects dudit Evesché & Eglise dudit Liege d'aultre, avoit été accordé de certaine forme, selon laquelle se debvroit cognoistre, decider & terminer les questions & differents qui sourdroient entre eux, leurs Païs, Mannans, & Habitans en iceux, ayant en premier lieu été convenu & accordé que les Consaulx & Deputéz des deux Princes, à sçavoir tant de la part de feu sadite Majesté Imperiale, que de la part dudit Evêque de Liege, par ensemble auroient la connoissance desdits differents, faisans aux Parties icelles sommairement oüies, bonne & breve justice sans aucune faveur, port ou dissimulation, comme plus amplement peut apparoir par ledit Traité d'Alliance en date du 12 de Novembre l'an 1518. lequel entendons encore durer, & voulons de nôtre part maintenir & observer 2. & d'avantage pour donner meilleur ordre & consideré que plusieurs questions & differents sont demeuré indecis, & afin que par faute d'administration de justice, l'amitié & bonne intelligence entre nous, nosdits Païs & Subjects, & tres Reverend Pere en Dieu nôtre Cousin Messire Gerard de Groesbeck à present Evêque de Liege, son Eglise, Païs & Subjects ne soit empeschée, ni divertis, ains que laditte Alliance, Confederation & bonne voisinnance soit de mieux entretenuë & gardée, avons de nouveau traité & accordé, que toutes questions & differens entre nous, lesdits Païs, Subjects & Mannans d'iceux, se trouveront préallablement & en premier lieu par nos Deputez d'un côté & d'aultre par ensemble & conjonctement lesquels Deputez en premier lieu appoincteront les Parties amiablement & de commun accord si aucunement faire se peut, sinon & qu'il faille venir au Proces ordinaire, deputerons deux Conseillers de chacun côté ou autre tels que bon nous semblera absouds de toute obligation & serment qu'ils ont ou pourront avoir envers nous, lesquels 4. Deputés se joindront & trouveront ensemble en la Ville de Mastricht ou autre tel lieu qu'il sera advisé & orront les Parties pleinement sur les questions & differens, & recevront d'eux leurs raisons & moyens par escripts, par demandes, reponces, replicques & duplicques avec tels titres & enseignement qu'ils voudront produire: & sur iceux vuideront & termineront les Proces si faire se peut. & s'il est besoin d'oüir temoins & faire ulterieure enqueste, feront icelle enqueste par ensemble, & conjonctement, receveront reproches & salvations, & y instruiront les procés comme il apartient, & après le visiteront & termineront par ensemble comme dit est, si faire se peut, & selon la pluralité des voix entre eux. 3. Sinon, en cas qu'ils se trouvent contraires & égaux en opinions, denommeront par ensemble un notable personnage lettré & non suspect pour Surarbitre: Et si en cette denomination ne se peuvent accorder, lors denommeront chacun desdits Deputez un personnage de qualité comme dessus, & s'envoyeront icelles deux denominations au Duc de Lorraine, lequel pouldra faire choix & déclarer lequel desdits deux denommez devera estre le Surarbitre: Et ce fait se joindra & s'assemblera le dit Surarbitre avec les quatre Députés susdits en la dite Ville de Mastricht ou autre lieu par nous, où le dit Sgr. Evesque de Liege à choisir, & feront serment respectivement l'un à l'autre que selon Dieu & leur conscience, sans respects, dissimulation ou faveur ils diront Droit & administreront justice aux Parties, & ce fait procederont à la visitation, decision, & termination d'iceux Proces, selon que de Droit trouveront apartenir, ne fust que pour l'importance & grandeur de matiere & chose ils trouvent convenir d'avoir conseil & avis d'autres gens sçavans & lettrés en Droit, que pour leur instruction & en ce cas ils pourront prendre de quelque Université ou autres, esquels ils s'accorderont, & s'ils n'en sçavent accorder, la nomination & choix en sera remise au Duc de Lorraine, & feront à iceux dont se prendra conseil & avis, envoyez les Procés avec toutes les pieces clos & cachetés aux depens des Parties qui à ces causes seront tenuës de namptir telles sommes que par ambedeux nos dits Deputés leur seront ordonné: Et ce fait & les Procès étant pleinement instruicts rendront Surarbitres & Deputés leurs sentence & l'envoyeront tant a nous qu'audit Sgr. Eveque ou le prononceront aux Parties si elles concernent personnes particulieres: laquelle Sentence ferons entretenir & observer selon la forme & teneure sans admettre aucune provocation, appellation, supplication, reduction ou restitution par entier soubs quelque cause ou pretexte que ce soit, & sera la ditte Sentence mise à execution deüe par lesdits Surarbitres & Deputés d'une & d'aultre part, tiendrons la main à ce qu'ainsi se fasse: bien entendu qu'en ladite communication ou connoissance desdits Juges Deputés ne seront admises ne receüs autres matieres que celles qui concernent les Seigneuries, Domaine ou Jurisdiction de nos Princes dessus nommés ou de nos hoirs & Successeurs ou les limites de nos Païs & celles dont il est traité par ladite Alliance: Et quant aux autres matieres & differens, se remettront & traiteront devant les Juges ordinaires des Parties selon & ainsi qu'en Droit convient: En temoing de ce avons fait appendre à ces dites Presentes nôtre seel accoustumé. Donné en nôtre Ville de Bruxelles ce 24. jour d'Août l'an de grace 1569. de nos Regnes à sçavoir des Espagnes, Sicile le 14. & de Naples le 6. ainsi signé par le Roy Vander Aa, & seellé en cire rouge & double queüe: la dussus étoit escript: Collationé à son Original & icelui trouvé accorder, par moy: & signé de la Brug; Concordat per copiam simplicem per me Notarium publicum infrascriptum Apostolica & Imperiali authoritatibus & in Consilio Brabantiæ admissum seu juratum, Trajecti Mosæ residentem de Wonch, & étoit signé M: Hustin pour copie.

ANNO 1569.

LXVIII.

1577. 15. Octobre. *Bulla Papæ* GREGORII XIII. *quâ* SEBASTIANO *Portugalliæ Regi concedit facultatem, deputandi personas Ecclesiasticas tot, quos judicaverit expedire, ad dispensandum authoritate pontificia, super matrimoniis inter Incolas & Habitatores Regni de Congo, clandestine, vel non obstante consanguinitatis, aut affinitatis impedimento contractis. Datum Romæ die 15. Octobris anno 1577.* [Sur la Copie imprimée à

ANNO 1577. à Lisbonne en 1707. in 4. avec permission & privilege.]

Charissimo in Christo Filio nostro Sebastiano Portugalliæ, & Algarbiorum Regi Illustri. Gregorius PP. XIII. salutem, & Apostolicam benedictionem.

CHARISSIME IN CHRISTO FILI NOSTER.

CUNCTORUM Christi fidelium præsertim Neophytorum statui, & animarum Saluti intendentes, illis nonnunquam ea ex Apostolicæ potestatis plenitudine specialiter indulgemus, quæ Sacrorum Canonum decreta prudenti consilio generaliter interdicunt.

§. 1. Cum itaque (sicut nobis exponi fecisti) copiosus numerus Incolarum, & habitatorum utriusque sexus Regni de Congo tuæ, & pro tempore existentium Regum Portugalliæ Conquistæ, & Ditioni Apostolica auctoritate concessi, adhuc tamen à Gentili Rege detenti, Religiosorum, & aliorum doctrinæ insignis, probitateque vitæ virorum illic per te, & Progenitores tuos transmissorum opera, & ministerio, Divina etiam cooperante Gratia, ab infidelitatis tenebris, in quibus errabant, ad veram lucem, quæ est Christus, & Sacri Baptismatis lavacrum perductus, & conversus fuerit: ac postmodum plerique ex eis Divini, Humanique Juris adhuc expertes, nec dum in Orthodoxa Fide, Ecclesiæque præceptis satis instructi, vel confirmati, seu alias credentes forsan id sibi (prout ante eorum conversionem hujusmodi permissum erat) licere, nulla super cognationis spiritualis, ac consanguinitatis, & affinitatis graduum, quibus invicem conjuncti sunt, seu se attinent, aliisque impedimentis, etiam multiplicibus, dispensatione obtenta, matrimonia inter se contra Canonicas Sanctiones, etiam forsan clandestine contraxerint, & carnali copula consummaverint.

§. 2. Ipsique in tam longinquis, ac remotissimis partibus degentes ad Sedem Apostolicam pro opportuno remedio desuper obtinendo venire, aut mittere commode nequeant: & si matrimonia hujusmodi dissolverentur, verisimiliter credendum sit, ne propter prolem exinde susceptam, & diuturniorem cohabitationem, vel alias gravia scandala exoriantur.

§. 3. Et propterea nobis humiliter supplicari feceris, quatenus Incolarum, & habitatorum, ut præfertur, conversorum statui, & imbecillitati, animarumque saluti, ac alias in præmissis opportune providere de benignitate Apostolica dignaremur.

§. 4 Nos illius vices gerentes in terris, cujus est proprium misereri semper & parcere, hujusmodi supplicationibus inclinati, Tibi tot, quot expedire judicaveris, Personas in Dignitate Ecclesiastica, seu si tales commode haberi non poterunt, saltem in Presbyteratus ordine constitutas seculares, vel quorumvis Ordinum Regulares ab Ordinariis locorum, vel aliis Superioribus, quibus subsunt, approbatas ad effectum Infrascriptarum, auctoritate nostra deputandi, & illis decedentibus, seu alias quomodolibet deficientibus, alias loco illarum subrogandi: ipsisque sic Deputatis omnes, & singulos utriusque sexus Incolas, & habitatores prædictos in locis, in quibus nulli adhuc sunt constituti Episcopi, sic post eorum conversionem stantibus Impedimentis prædictis, matrimonialiter copulatis, si hoc humiliter petierint, ab incestus reatu, & excessibus hujusmodi, ac quibusvis excommunicationis, aliisque Sententiis, censuris, & pœnis per eos, ac eorum singulos propter præmissa quomodolibet incursis, injuncta inde eis aliqua pœnitentia salutari, dicta auctoritate nostra In utroque foro absolvendi, ac cum eisdem Incolis, & habitatoribus utriusque sexus aliquo consanguinitatis, vel affinitatis gradu invicem conjunctis, seu se attingentibus, ut cognationis spiritualis, & quorumcumque a primo, ac primo & secundo insimul hujusmodi inferiorum consanguinitatis, & seu affinitatis graduum, ac aliis ex decretorum Concilii Tridentini, & Sacrorum Canonum dispositione, vel alias provenientibus Impedimentis: nec non Apostolicis, ac in Provincialibus, & Synodalibus, ac Universalibus Conciliis, editis specialibus, vel generalibus Constitutionibus, & Ordinationibus, cæterisque contrariis nequaquam obstantibus, matrimonia hujusmodi, servata forma Concilii Tridentini, de novo contrahere libere, & licite valeant, eadem auctoritate nostra dispensandi, prolemque exinde susceptam, & suscipiendam legitimam decernendi, & nuntiandi, ac distantias graduum hujusmodi eis non obstare declarandi, plenam, liberam, ac omnimodam facultatem Apostolica auctoritate prædicta tenore præsentium concedimus, & elargimur, eisdem præsentibus post decennium ab illarum data computandum minime valituris. ANNO 1577.

§. 5. Volumus autem quod Personæ à te deputandæ prædictæ Incolas, & habitatores hujusmodi sedulo moneant, & coerceant, eisque districte interdicant, ne de cætero in casibus à Decretis, Conciliis, & Sacris Canonibus hujusmodi prohibitis matrimonia quoquomodo contrahere audeant, vel præsumant.

Datum Romæ apud Sanctum Petrum sub Annulo Piscatoris die 15. Octobris, anno 1577. Pontificatus nostri anno 6.

LXIX.

Brieven van Koningh PHILIPS, *houdende Transport van het Graefschap* Lingen *aan Prins* WILLEM I. *in dato den aght en twintighsten November* 1578. [Aenwysinge van het Recht tot de twee Graefschappen van Meurs en Lingen, competerende S H. JOHAN WILLEM FRISO, Prins van Orange en Nassau. Aen Bylagen. p. 17.] 1578. 28. Novembre.

C'est-à-dire,

Lettres de PHILIPPES II. *Roi d'Espagne portant Cession & Transport de la Comté de Lingen à* GUILLAUME *Comte de Nassau, Prince d'Orange en consideration de ses grands services, & en aquit d'une somme de* 160000 *francs qui lui étoient duës, à la charge de relever ladite Terre en foi & hommage de la Seigneurie d'Overissel; comme aussi d'en payer une Rente perpetuelle de* 3000. *francs à sa Fille* CATHERINE-BELGIQUE *de Nassau. Données à Anvers le* 28. *Novembre* 1578.

PHilips, by der gratie Godts Koningh van Castillien, van Leon, van Arragon, van Navarre, van Napels, van Sicilien, van Maillorcke, van Sardeyne, van den Eylande Indien, ende vasten Lande der Zee, Oceaenen, Ertshertoge van Oostenrijck, Hertoge van Bourgoignen, Lothrijck, van Brabant, van Limborg, van Luxemburgh, van Gelre, ende van Milaenen, Grave van Habsborgh, van Vlaenderen, van Artoiz, van Bourgoignen, Paltzgrave en van Henegouwen, van Hollandt, van Zeelandt, van Namen, ende van Zutphen, Prince van Swave, Marckgrave des Heyligen Rijks, Heere van Vrieslandt, van Salms, van Mechelen, van de Stadt, Steden, ende Landen van Utrecht, Overyssel, ende Groninge, ende Dominateur in Asie, ende in Affrijcke; Allen den geenen, die desen jegenwoordigen sien sullen, saluyt; Alsoo onse seer lieve, ende welbeminde die Generale Staten van Onse Landen van herwertsovere, gedelibereert, ende gelet hebbende op de giften, die men souden mogen doen, aen Onse seer lieve, en getrouwe Neve, Ridder van Onser Orden, Stadthouder, ende Capiteyn Generael van Onse Landen, van Hollandt, Zeelandt, ende Utrecht, ende Gouverneur particulier van Onsen Lande, ende Hertoghdomme van Brabandt, Heere *Willem*, *Grave van Nassau*, *Prince van Orange*, &c. In getuygenisse van het doopsel van sijn Dochter, genaemt Catharina Belgia van Nassau, aen welck doopsel, de voorschreve Staten, by seeckere haere Gedeputeerde geassisteert hebben, soo zijn de selve geadviseert, en geresolveert geweest, dat overmits de groote redenen, eenen yegelijcken bekent, die sy hebben, om te erkennen die sorge, weldaet, ende moeyte, die hy gedaen, ende genomen heeft, ende die hy continuelijck neemt, voor de welvaert, ende conservatie van den Lande, men aen hem egeender bequaemer, en aengenamer gifte, en soude mogen doen, dan van de Heerlijckheyt, Graefschap, ende Stadt van *Lingen*, met de gerechtigheden, ende oock de *vier* Dorpen, *Ippenbuiren*, *Recke*, *Mettingen*, ende *Brugterbeeke*, met alle andere Appendentien ende Actien, soo, ende als wylen *Maximiliaen van Egmont*, *Grave van Buiren*, die gehadt heeft, mitsgaders van het Slot ofte Sterckte, Geschut, ende Munitie aldaer zijnde, op de lasten daer op staende, om van stonden aen, daer van,

ANNO 1578. van, ende van alles daer toe behoorende, de possessie te nemen; op expresse conditie, dat Onsen voornoemden Neve, den *Princr van Orange*, of andere Actien van hem hebbende, van het voorschreve Graefschap gehouden sal wesen daer vooren jaerlijcks te betalen, tot profijte van sijne voorschreve Dochtere een erffelijcke Rente van drie duysent ponden van veertigh grooten onser Vlaemscher Munten 't pondt 's jaers, te lossen den penningh sestienne, ende dat daer van gedepecheert sullen worden Brieven in deughdelijcke, ende behoorlijcke formen, tot profijte van sijne voorschreve Dochtere. Ende want Onse voorschreve Neve *recht heeft*, ons te eyschen, de somme van *hondert t'sestigh duysent gelijcke ponden*, uyt saecken van sijne Wedden, Pensioenen, Tractementen, Obligatien, ende geliquideerde Schulden, verschenen in het eynde van de maendt van Julii in dit jegenwoordigh jaer 1578., sal Onse voornoemde Neve gehouden wesen de selve schulden quyt te schelden, soo als hy de selve vryelijck quytgescholden heeft. Mits welcke quytscheldinge van den schulden voorschreven, ende in recompense van de voorschreve weldaden van Onsen voorschreven Neve, die de voorschreve Staten bekennen tot welvaren van den voorsz. Landen ontfangen te hebben, hebben de selve Onsen voornoemden Neve geaccordeert, dat hy hebbe ende gebruycke van het voorsz Landt, ende Graefschap van *Lingen*, met ten Tollen, ende alle andere Actien, ende de voorschreve toebehoorten, ende alle andere gerechtigheden, hoogheden, ende dependentien, Ons in eeniger manieren aldaer competerende, ende van de voorschreve vier Dorpen, blyven sal op de conditien voorschreven; met quytscheldinge, ende liberale gifte uyt oorsaecke voorschreve, van het geene dat wesende de voorschreve Heerlijckheyt, Dorpen, en Actien van veele meerdere weerde, dan de somme by den selven Onsen Neve quytgescholden; oock met belofte van de voorschreve Staten, dat sy betalen ende voldoen sullen den Drossart, andere Officieren, ende Soldaten, die jegenwoordelijck tot Lingen zijn, tot haren eygen kosten, ende laste, ende dat tot den dagh toe dat Onsen voornoemde Neve, de *Prince van Orangie* in de reële, ende actuële possessie van de voorschreve Heerlijckheyt, ende Graefschap van *Lingen* gestelt sal wesen, of sal by faulte van desen, de voornoemde *Prince*, Onse Neve, in sijn geheel blyven, om te eyschen de voorschreve sijne geliquideerde schulden, ende de gifte, aen sijne Dochtere voorschreve mits desen gedaen. Daerenboven in gevalle dat voor de beschermenisse van het gemeyne Landt Onse voornoemde Neve genodight ware op de selve plaetse eenige extraordinaire Garnisoenen te leggen, gelijck nu jegenwoordelijck aldaer ligt, en sal niet gehouden wesen, het voorschreve Garnisoen op sijnen kost te onderhouden, maer sal het selve extraordinaris Garnisoen betaeldt worden by de voorschreve Generale Staten, of andere, die het behooren sal, blyvende alsoo Onsen voornoemden Neve alleenlijck verbonden het ordinaris Garnisoen tot sijnen kost te onderhouden. Waer op de voornoemde Generale Staten Ons versocht hebben te doen expedieren, ende overleveren Onse behoorlijcke opene Brieven tot verseeckertheyt van Onsen voorschreven Neve, den *Prince van Orange*, ende sijne voorschreve Dochtere, hare Erven, ende Nakomelingen of Actie van hem hebbende. *Doen te weten*: Dat Wy de saken voorschreven aengemerckt hebbende, voor aengenaem houden alle het geene des hier inne by de voorschreve Generale Staten geaccordeert is geweest uyt redenen voorschreven; ende willende dat alle het selfde sijn volkomen effect sortere, hebben by advise ende deliberatien van Onsen seer lieven, en seer beminde Neve, ende Broeder, den Ertshertoge van Oostenrijck, Hertoge van Bourgoignen, &c. Gouverneur ende Capiteyn Generael van Onse voorschreve Landen van herwertsovere, ende van Onse seer lieve ende getrouwe die Luyden van Onsen Rade van State neffens hem wesende, ende van de Generale Staten voorschreven, mitsgaders van de Hoofden, Tresorier Generael ende Gecommitteerde van onse Domeynen, ende Finantien, *gegeven, gecedeert, ende getransporteert, geven, cederen, ende transporteren by desen*, aen Onsen voornoemden Neve, den *Prince van Orange*, op die conditien ende bespreecken boven verhaelt, *Onse Heerlijckheyt, Graefschap, ende Stadt van Lingen*, met den voorschreven appendentien, mitsgaders de Tollen, ende alle andere Actien, hoogheden, gerechtigheden ende dependentien van dien, met de Sterckte, of het Slot, het Geschut; ende Munitien, ende de *vier Dorpen* voorschreven, in sulcken staet, als die jegenwoordelijck zijn op de lasten daer toe staende, ende behoorende, *om daer van by hem, sijne Erven ende Nakomelingen, of Actie van hen hebbende, eeuwelijck ende erffelijck* te gebruycken, ende genieten als van sijne andere eygen Goederen in sulcker voegen, ende in alle manieren, ende vryheden, als Wy tot noch toe selfs gedaen hebben, of hebben vermogen te doen; hem consenterende by desen van stonden aen, daer van de possessie ende gebruyckenisse te nemen, behoudelijck dat Onsen voornoemden Neve, sijne Erven, ende Nakomelingen, ofte Actie hebbende, schuldigh sullen wesen het voorschreve Graefschap, Stadt, ende Slot, van *Lingen* met de toebehoorten van dien, van Ons, *als Heere van Overyssel*, te ontfangen ende te houden tot een *vry Leen* in alle manieren, en conditien, als wylen hooghlosselijcker gedachten die *Keyser Carolus* die Vijfde Onse lieve Heere, ende *Vader*, het selve by sijne opene Brieven gegunt ende verleent heeft gehadt den voorschreven wylen *Maximiliaan van Egmont, Grave van Buiren*, volgende de opene bezegelde Brieven, daer van zijnde, in dato van den derden Maert anno 1549. alles op den last van de voorschreve erffelijcke Renten van drie duysent ponde munte voorschreven 's jaers den penningh sestiene tot behoef ende profijte van sijne voorschreve Dochtere Catharina Belgia van Nassau, onder obligatie, ende verbintenisse, haer daer van te doen passeren behoorlijcke Brieven van constitutie. Ende om dese jegenwoordige Donatie, en Transport te doen effectueren, hebben Wy het voorschreve Graefschap van *Lingen* met de voorschreve *Dorpen*, appendentien ende dependentien, gescheyden, en gesepareert, scheyden en separeren by desen, met consente van de voorschreve Staten van alle Onse Domeynen van Onse voorschreve Landen van herwertsovere; sonder dat Onsen voorschreven Rentmeester aldaer of eenigen anderen Officieren, of yemandt bevel hebbende van Onsent wegen, wie hy zy, daer van eenigh recht, authoriteyt, administratie of onderwint sal mogen hebben, of prætenderen. En tot meerder verseeckertheyt van Onsen voornoemden Neve, den *Prins van Orange*, sijne voorschreve Erven, Nakomelingen, of Actie van hen hebbende, hebben Wy gerenuncieert, en renuncieren by desen voor Ons, Onse Erven, ende Nakomelingen van alle Koninghlijcke Rechten, ende alle anderen, die Princen souden mogen pretenderen, om dese Onse jegenwoordige Donatie en Transport te invalideren, en sonderlinge den Rechte seggende dat generale renunciatie van geender weerden en is, ten zy dat 'er speciale Renunciatie voorgae, alles sonder bedrogh, of argelist. Ontbieden daerom en bevelen Onsen lieven ende getrouwen, die Hoofdt-presidenten en Luyden van Onsen Secreten; ende grooten Raden, Stadtholder, Cantzeler, en Luyden van Onsen Rade, in Gelderlandt, der voornoemden Onsen Finantien, Stadtholder, en Capiteyn Generael van Onse Landen van Vrieslandt, Overyssel, ende Groeningen, &c. die Luyden van Onse Reeckeningen in Hollandt, ende allen anderen, Onsen Rechteren, Amptluyden en Onderzaten, dien dit aengaen sal, dat sy Onsen voornoemde Neve, den *Prince van Orange*, sijne voorschreve *Erven*, en *Nakomelingen*, of *Actie van hen hebbende*, van dese Onse jegenwoordige Gifte, en Transport, op de conditien, in der voegen, en manieren boven verhaeldt, doen laten en gedogen, rustelijck, vredelijck, ende eeuwiglijck genieten, ende gebruycken, sonder hen te doen, of laten geschien, nu noch in toekomende tijden, eenigh hinder, letsel, of moyenisse ter contrarien; procederende by de voornoemde van Onse Finantien, ende Reeckeningen in Hollandt tot verificatie, ende interinemente van dezen Onsen jegenwoordigen Brief, na sijne forme, ende inhouden: want Ons alsoo gelieft, niet jegenstaende die Ordonnantie hier voortijds gemaeckt op het stuck van Onse Domeynen, ende Finantien, by dewelcke expresselijck verboden, ende geinterdiceert is, Onse Domeynen, ofte ee-

ANNO 1578. nige partyen van dien te mogen verkopen, verpanden, belasten of alieneren, het welck Wy Onzen voornoemden Neve, zyne voorschreve Erven, en Nakomelingen, of Actie van hen hebbende, geenzints in dezen willen prejudicieren, of nadeeligh te zyne, maar hebben de selve om redenen, en consideratien voorschreven, daar van gereleveert, en releveren by desen, ende by de zelve ontlast de voornoemde van Onze Finantie ende Reeckeninge in Hollandt, ende allen anderen onzen Officieren, dien dit aangaen magh, van den Eeden by hen respectivelyck gedaen, op de onderhoudenisse en observantie van de voorschreve Ordonnantie, blyvende nochtans andersints in haere volle kragt, en vigeur, niet tegenstaende oock eenige Ordonnantien, Restrictien, geboden, of verboden ter contrarien, des te oirkonden hebben Wy Onzen Zegel hier aen doen hangen, gegeven in Onzer Stadt van Antwerpen den aght en twintighsten dagh van November in het jaer Ons Heeren 1578. van Onzen Rycke, te weten van Spaengnien, Sicilien, &c. het drie en twintighsten, ende van Napels het vyf en twintigsten; op de plicque stondt, by den Koningh, die Eertshertoge van Oostenryck, Hertoge van Bourgogne, &c. Gouverneur Generael, de Marquis van Haurech, Hooft-heeren Gasparen Schetz, Heere van Grobendonck, Tresaurier Generael Joost de Damhoudere, Ridders, Jacques Remgour, en Engelbert Doeyenbrugge, Gecommitteerde van de Financien, ende andere jegenwoordigh; was onderteyckent, *Puttelsberge.* Hebbende onder uythangen een groot Zegel in rooden Wassche aen eene roode Syde Snoer, doorvlogten met Goudt en Silver. Op de rugge stondt, die Hoofden, Tresorier General, ende Gecommitteerde van de Domeynen, ende Finantien, Ons's Heeren des Koninghs, consenteren voor alzoo veele als het in hen is, den inhouden in het witte van deze te worden gefurneert, end volbracht, in aller voegen ende manieren, alzoo zyn Majesteyt dat wilt, ende beveelt; gedaen te werden by den zelven witte geschreven; te Antwerpen ten Burele van de voorschreve Financien onder die handtteeckenen van de zelve Hoofden, Tresaurier Generael, ende Gecommitteerde, den vyf en twintighsten dagh van April 1579. Was onderteyckent, *Charles Philippes de Croy*, *J. Damboudere*, *Remgout*, *A Hoogenvrugge.* Laeger stondt op de rugge, na dien deze opene Brieven van gisteren ten Burele van de Kamere van Reeckeninge des Koninghs, jegenwoordigh residerende binnen Utrecht, gesien, ende gevisiteert zyn geweest, zyn de zelve aldaer als geinterineert, geregistreert in 't swarte Registre van Belastinge en Verkopinge van 's Koninghlycke Majesteyts Domeynen, beginnende den eersten Januarii 1576. Folio 82. *verso & ultra.* Actum te Utrecht voornoemt den naestlesten Mey 1579.

Onderstondt my present,

En was geteyckent,

J. de Jonge.

Noch lager stondt,

Accordeert met zynen principaele ter Griffie van zyne Majesteyt van Groot Brittagne, glorieuser memorie, berustende in de kennisse van my,

En was geteyckent,

W. v. Schuylenburgh.

LXX.

1579. 8. May. *Traité perpetuel fait & passé par la Royale Majesté & Couronne de France, pour la conservation & deffense de la Cité de* Geneve *& de son Territoire, avec les Magnifiques, Puissans & Très-honorez Seigneurs de* Berne *&* Soleurre [HISTOIRE de Geneve de M. SPON rectifiée & augmentée. Tom. III. p. 404. Ed. de Geneve in 12. 1730.]

ANNO 1579. AU NOM DE LA SAINCTE TRINITE', AMEN. A tous presents & advenir. Comme ainsi soit, que l'une des principales choses que le Tres Chrestien Roy de France & de Poloigne, Henry troisieme de ce nom, a present regnant, se soit proposée des son advenement à la Couronne, ait esté, à l'exemple de ses Predecesseurs Roys, de desirer & pourchasser tout ce qu'il estimeroit pouvoir servir à la conservation du repos & seureté de l'Estat de ses Tres Chers, Grands Amys, Allies & Confederes les Seigneurs des Ligues de Suisse, & à l'entretenement de l'ancienne Amitie, Alliance & bonne intelligence, qui a cy devant esté entre sesdits Predecesseurs, & est encores de present entre Sa Majesté & lesdits Seigneurs des Ligues; Et considerant qu'il ne se pourroit faire aucune entreprinse sur la moindre des Places appartenantes ou Alliées du Corps en general desdittes Ligues, ou en particulier d'aucuns Cantons d'icelle, sans apporter quelque trouble à leurs commune unyon & bonne intelligence avec affoiblissement de leur dit Estat. De tant plus, si telle nouveaute advenoit pour la surprise ou occupation de Place de telle importance, comme est la Ville & Cité de Geneve Alliée des Seigneurs de la Ville & Canton de Berne pour estre icelle Ville de Geneve l'une des Clefs & principal Boulevard du Pays desdites Ligues, & qui peult tenir le passaige libre & ouvert entre Sad. Majeste & lesdits Seigneurs des Ligues; Et ayant entendu que pour obvier aulx dittes entreprinses & desseings qui se pouvoyent faire sur icelle pour la surprendre & faire changer de mains, Et par consequent clorre & interdire ce passaige, qui de tout temps a este libre entre lesdits Roys de France & Seigneurs des Ligues: Les Seigneurs des Villes & Cantons de Berne & Solleurre, considerans le peu de moyen que laditte Ville de Geneve auroit de subsister d'elle mesme en l'estat qu'elle est de present, estoyent deliberés de faire entre eulx quelque Traicté particulier, pour la conservation & deffense d'icelle Ville, pour le bien & seureté comune de toutes les Ligues; Sad. Majeste ayant esté par eulx requise d'y entrer, a estimé (a l'exemple de ses Predecesseurs, qui ont tousjours esté tres prompts d'embrasser tout ce qui s'est presente pour le bien & repos desdites Ligues) de ne les en devoir esconduire; Ains au contraire s'efforcer par tous moyens de rendre & tenir a jamais ledit Passaige libre & asseuré au benefice & seureté des Pays, Terres & Seigneuries desdits Seigneurs des Ligues. POUR A QUOY PARVENIR, Sadite Majesté, par advis & meure deliberation de son Conseil, en auroit dès l'année passée mil cinq cents soixante dixhuit, envoyé ses Lettres Patentes, signées de sa main & de Monsieur Brulart, l'un de ses Conseillers & Secretaires d'Estat, en datte du dixiesme jour de Juillet, portant Pouvoir & Procuration speciale a Monsieur Messire Jehan de Bellievre, Seigneur de Haultefort, Conseiller au Conseil Privé de S. M., Premier President en Daulphiné, & son Ambassadeur en ce dit Pays des Ligues, de traicter, convenir & negocier avec les Cantons ou Alliez desdits Seigneurs des Ligues, en general ou particulier, & adviser avec eulx de tout ce qui pourroit servir à la continuation & fortification du repos general d'icelles & specialement de ce qui pourroit toucher à la conservation de laditte Ville & Cité de Geneve & Territoire d'icelle, en l'estat qu'elle se trouve à present, & empescher les entreprinses qui se pourroyent faire sur icelle, par quelques personnes ou Potentat que ce soit, sans nul excepter; Et pour cet effect, accorder au Nom de Saditte Majeste tout tel secours, faveur, ayde & adsistance pour ce regard, qu'il seroit trouvé expedient & necessaire; De sorte que laditte Ville puisse demeurer & se maintenir, ainsi qu'elle est de present, & de ce en passer par ledit Seigneur de Haultefort, au nom de Saditte Majeste, telles promesses & obligations qu'il verroit bon estre, ainsi que plus a plain le contiennent lesdittes Lettres de Pouvoir, qui seront cy-apres transcriptes en fin de ces Presentes, suivant & en vertu desquelles & d'aultres Lettres que Sa Majesté lui en a depuis particulierement escriptes. Ledit Seigneur de Haultefort desirant satisfaire au desyr & affection, que Nobles & Magnifiques Seigneurs les Seigneurs des Villes

&

ANNO 1579. & Cantons de Berne & Solleurre ont demonſtre avoir a la conſervation de laditte Ville & Cité de Geneve; Et à la Requeſte qu'ils en ont faicte à Sa Majeſte, au commun benefice, repos & ſeurete de tous les Pays des Ligues; Apres en avoir par diverſes fois traicte & negocie avec eulx, & conſideré ce qui faiſoit ſur ce à conſiderer, ſeroit enfin par l'advis & en preſence de Monſieur de Harlay, Seigneur de Sancy, Baron de Montglat, Conſeiller & Me. des Requeſtes ordinaire dudit Sgr. Roi Tres Chreſtien, & Ambaſſadeur pour Sa Majeſté aulxdites Ligues, apres ledit Sieur de Haultefort, tombé d'accord avecq lesdits Seigneurs de Berne & de Solleurre, des conditions cy-après declarées; qui ont ſemblé neceſſaires pour la deffenſe & conſervation de laditte Ville, Cité & Territoire de Geneve, en l'eſtat qu'elle ſe retrouve à preſent. C'EST A SCAVOIR:

EN PREMIER LIEU; Que pour ſatisfaire à la Requeſte que leſdits Seigneurs de Berne & Solleurre en ont faicte à Sa Majeſté Tres Chreſtienne, & à l'opinion qu'ils ont qu'il importe grandement à leur bien & repos, & de tout le general des Ligues. Que les Pays appartenants aulxdits Seigneurs de Berne, & à eulx delaiſſés par les Accords cy-devant faits entre Monſieur le Duc de Savoye & eulx, ſoyent compris au Traicté de la Paix perpetuelle, qui eſt entre la Coronne de France, & le general deſdittes Ligues: Il a été accordé; Qu'iceux Pays delaiſſés par ledit Seigneur Duc de Savoye, aulxdits Seigneurs de Berne, ſeront & demeureront compris en laditte Paix perpetuelle, aulx meſmes qualités & conditions des autres Pays, appartenants d'ancienneté aulxdits Seigneurs de Berne, tout ainſi que ſi elles eſtoyent icy deſignées & ſpecifiées par le menu. POUR LES MESMES conſiderations que deſſus, & en faveur & contemplation desdits Seigneurs de Berne & Solleurre, a eſté auſſi accordé; Que laditte Ville & Cité de Geneve avecq ſon Territoire, ſera comprinſe audit Traicté de Paix perpetuelle; A la charge que les Habitans d'icelle ſe comporteront envers Sa Majeſté & la Coronne de France, avec le reſpect qu'il appartient, & qu'il eſt porté par ledicts Traicté de Paix perpetuelle, SANS NEANMOINS que par le moyen de laditte comprehenſion les Habitans d'icelle Ville de Geneve, jouyſſent d'aucune exemption des Droicts de Gabelles, Peaiges & autres Subſides & Impots, pour raiſon du Trafficq & Marchandiſe, qu'ils feront en France; ains ſe contenteront leſdits Habitans d'eſtre traictés comme les propres Subjects du Roy, pour raiſon dudit Commerce, Peaiges, Gabelles & Impots, tant pour l'achapt & debitement des Denrées & Marchandiſes, que pour les Droicts d'Entrées & Sorties d'icelles, enſemble pour la liberté d'aller, venir & negocier par le Royaulme de France, Terres & Seigneuries de ſon obeïſſance. ET S'IL INTERVIENT quelque different entre les Subjects de Saditte Majeſté, & les Particuliers de la ditte Ville de Geneve, le Demandeur ſera tenu de pourſuivre ſon Droict par devant le Juge ordinaire, & au domicile du Deffendeur, tant d'une part que d'aultre; mais s'il eſchoyſt aucune difficulté ou different ſur le faict de la Garniſon ou du ſecours dont ſera parlé cy après, le Roy en ſera au Droict de Marche, ſuivant & à la forme du Traicté de la paix perpetuelle. S'IL ADVIENT que pour la conſervation de laditte Ville de Geneve, leſdits Seigneurs de Berne & Solleure ayent occaſion de mectre Garniſon dans icelle, Sa ditte Majeſté en ce cas ſera tenue de ſoldoier laditte Garniſon à ſes fraiz & deſpends, juſques au nombre de cinq Compagnies de gens de guerre, de la Nation de Suiſſe, ſi tant en eſt beſoing pour la ſeureté de laditte Ville, chacune deſdittes Compaignies composée de trois cents hommes, qui ſeront payées à raiſon de treize cents Eſcus de quatre Teſtons piece par mois, pour chacune Compaignie; Et ce ſeulement pour le temps & au *pro rata* des jours qu'elles auront ſervi pour la neceſſité qui ſe preſentera, oultre cinq jours pour l'aller, & autres cinq jours pour le retour. MAIS afin que l'on ne faſſe entrer le Roy en deſpens inutils & ſuperflus, pour laditte Garniſon, il a été accordé; Que lhors qu'il conviendra la mectre, la deliberation s'en fera avec l'Ambaſſadeur de Sa Majeſté aulxdittes Ligues, lequel y aura ſa voix, comme un des Cantons qui ſeront entrés en ce Traicté, & ſera faicte la reſolution de bonne foy ſelon la pluralité des voix. ET POUR NE demeurer court de ce qu'il fauldra pour ſoldoyer laditte Garniſon, & que à faute de deniers, il n'advienne quelque inconvenient à laditte Ville, & par conſequent aulxdicts Seigneurs des Ligues, a eſté accordé; Que Sa Majeſté ſera tenue de faire conſigner es mains des Seigneurs de la Ville & Canton de Solleurre, la ſomme de treize mil Eſcus de quatre Teſtons piece, à quoy monte la ſolde de cinq Compaignies cy deſſus accordées pour ladicte Garniſon, pour deux mois entiers. ET S'IL ADVENOIT que ladicte Ville de Geneve fuſt aſſiegée par qui que ce ſoit; Et que pour la ſecourir leſdicts Seigneurs de Berne & Solleurre, & aultres Cantons, qui entreront en ce Traicté, fuſſent contraincts dreſſer une Armée; En ce cas Saditte Majeſté ſera tenue de les ſecourir & aider de la ſomme de quinze mil Eſcus de quatre Teſtons piece par chacun mois pour tout ſecours, tant & ſi longuement qu'il y aura Armée en campaigne, pour la deffenſe de ladicte Ville, moyennant leſquels quinze mil Eſcus par mois, Sadicte Majeſté demeurera deſchargée du payement des cinq Compaignies cy deſſus accordées pour la Garniſon de ladicte Ville, à compter du jour que ladicte Armée ſera en campaigne, pour la défenſe d'icelle. ET AFIN QUE leſdits Seigneurs de Berne & Solleure, & autres Cantons, qui entreront en ce preſent Traicté, ayent plus de moyen de ſe fortifier, & dreſſer une belle Armée pour le ſecours de ladicte Ville, quand le beſoin y ſera; ſi aucuns des Subjects de Sadicte Majeſté les veulent venir ayder & ſecourir, il ne leur ſera aucunement deffendu ny empeſché par Sadicte Majeſté, ny par ſes Miniſtres & Officiers, QUE SI A L'OCCASION ou en hayne de la deffenſe & conſervation de ladicte Ville de Geneve, aucun Prince ou Potentat venoit à mouvoir guerre contre leſdicts Seigneurs de Berne & Soleurre, & aultres Cantons qui pourront cy aprés entrer en ce Traicté ou aucun d'iceulx; En ce cas, Sa Majeſté ſera tenue les ayder & ſecourir de la ſomme de dix mil Eſcus de quatre Teſtons piece par moys, tant & ſi longuement qu'ils auront Armée en campaigne, pour raiſon de laditte querelle. COMME AUSSI en cas pareil, ſi quelqu'un venoyt à mouvoir guerre contre Sa Majeſté Tres Chreſtienne, à l'occaſion de laditte deffenſe & conſervation de Geneve, lesdits Seigneurs de Berne & Solleurre, & aultres Cantons qui y entreront, ſeront tenus de ſecourir Saditte Majeſté jusqu'au nombre de ſix mil hommes de guerre de laditte Nation, ſi tant elle en a beſoing, en faiſant les levées & ſoldoyant les Compaignies ſuivant & à la forme des Traictés d'Alliance que Sa Majeſté a desja avec aucuns Cantons desdittes Ligues. ET POUR recongnoiſſance du bien que ladicte Ville de Geneve recevra du Roy, par le moyen de ladicte deffenſe & conſervation, les Subjects de Sa Majeſté auront ſeur & libre accés en icelle, tant pour le regard du trafficq & aultres affaires qu'ils y pourroyent avoir, que auſſi pour le paſſaige des gens de guerre qu'Elle pourroit avoir à tirer desdittes Ligues, ou à envoyer de France delà les Monts, lesquelles gens de guerre paſſans à la ſile ſans deſordre & avec toute modeſtie, ils ſeront receus & logés, & à iceulx adminiſtré vivres & aultres choſes neceſſaires, en payant raiſonnablement, & ſeront pour ceſt effect les Seigneurs de laditte Ville premierement advertis du paſſaige desdictes Gens de guerre, attendu la qualité de ladicte Ville à ce qu'ils ne ſoyent ſurpris ou ſurchargés. COMME auſſi ne ſera donné aucun paſſaige, ny retraicte en ladicte Ville de Geneve aulx ennemys de Sa Majeſté & Coronnè de France. ET EN OULTRE a eſté dict & accordé; que le preſent Traicté durera & tiendra à perpetuité, de meſme que la Paix perpetuelle, ſans que par cy après il puiſſe eſtre faict d'une part ny d'aultre, aucune choſe au prejudice d'iceluy; Ains ſera inviolablement entretenu & gardé par Saditte Majeſté, & par lesdits Seigneurs de Berne & Solleurre, & autres Cantons & Alliez desdictes Ligues, qui par cy aprés y pourront entrer de poinct en poinct, ſelon ſa forme & teneur, ſans aller jamais au contraire en quelque ſorte & maniere que ce ſoit, ſe reſervant neantmoins ledit Seigneur de Haultefort de faire entendre à Sa Majeſté tout le contenu ANNO 1579.

tenu

ANNO 1579.

tenu cy dessus, pour en avoir son bon plaisir; Et l'ayant agreable d'en envoyer auxdits Seigneurs de Berne & Solleurre, dans trois mois prochains, Lettres & Seaulx de Sadite Majesté, & lhors seront prestés, d'une part & d'autre, les Serments en tel cas requis & accoustumés: EN TESMOING de quoy, lesdits Seigneurs de Haultefort & de Sancy, ont signé les Presentes de leurs mains, & à icelles de faict mectre le Seel de leurs Armes, comme aussi lesdits Seigneurs de Berne & Solleurre, les ont pareillement signées, & à icelles faict mectre & apposer leurs Seaulx le huictiesme jour de May, l'an de grace mil cinq cents soixante dix neuf.

S'ensuit la teneur des Lettres Patentes de Sa Majesté Tres Chrestienne, portant Pouvoir audit Seigneur d'Haultefort de faire & traitier le contenu cy-dessus.

HENRY, PAR LA GRACE DE DIEU ROY DE FRANCE ET DE POLOIGNE: A nostre Amé & Feal Conseiller en nostre privé Conseil, President en nostre Cour de Parlement de Daulphiné, & Ambassadeur ordinaire pres les Seigneurs des Ligues de Suisse; Me. Jehan De Bellievre Seigneur de Haultefort, Salut & Dilection. Comme l'une des principales choses que nous nous soyons proposées, des la premiere congnoissance que Dieu nous a donnée des affaires de nostre Royaulme, specialement depuis que nous sommes parvenus à la Coronne d'iceluy ait esté de cherir, aymer & avoir en singuliere recommandation l'Amitié, Alliance & Confederation, que ja dés longtemps nos Predecesseurs Roys ont eue & continuée, & par tant d'années inviolablement observée avec nos tres chers & bons Amis Alliés & Confederés les Seigneurs des Ligues de Suisse & Grisons, & à l'exemple de nos Predecesseurs, désirer & pourchasser tout ce que nous estimerions pouvoir servir à la conservation du repos & seurté de l'Estat, & commune Alliance desdits Seigneurs des Ligues; en intention de n'y espargner nos moyens ny nostre propre personne, quand le cas le requerroit; Et considerant qu'il ne se pourroit faire nulle entreprise sur la moindre des Places, appartenantes ou Allyées du Corps en general desdittes Ligues, ou en particulier d'aucuns Cantons d'icelles, sans danger de quelques grands troubles à leur commune union & bonne intelligence ou affoiblissement de leur dict Estat, que ne pourrions entendre qu'avec nostre grand regret & desplaisir; De tant plus, si telle nouveaulté advenoit par la surprise d'une Place de telle importance, comme est la Ville de Geneve, allyée de nos tres chers & bons Amys Allyés & Confederez les Seigneurs de de la Ville & Canton de Berne, & l'une des Clefs & principaulx Boulevards dudit Pays des Ligues, sur laquelle Ville nous ayans aucuns desdits Seigneurs des Ligues, fait entendre que puis quelques temps ont esté faictes plusieurs entreprises au prejudice du repos d'icelle; Et que pour y obvier les Seigneurs des Cantons & Pays, plus voisins de laditte Ville de Geneve, estoient deliberés de faire entre eulx quelque particulier Traicté, pour la protection & defense d'icelle, nous requerants d'y vouloir entrer, à l'exemple de nos dits Predecesseurs, qui ont tousjours esté prompts d'embrasser tout ce qui s'est presenté pour le bien, repos & tranquillité desdits Seigneurs des Ligues & de leur Pays; A quoy ne voulant deffaillir, Nous pour ces causes & autres grandes & dignes considerations, à ce nous mouvans, vous avons, de l'advis de nostre Conseil, auquel ce faict a esté bien & meurement deliberé, commis, ordonné & depputé, commectons, ordonnons & depputons, donné & donnons Plain-pouvoir, Authorité & Mandement par ces Presentes, de vous assembler une & autant de fois qu'il sera besoing, en tel lieu ou lieux qu'il sera advisé, avec tel nombre de personnaiges d'un ou de plusieurs Cantons, ou Allyés desdits Seigneurs des Ligues, qui vouldront entrer en Traicté general ou particulier, pour la protection & deffense de laditte Ville de Geneve, & avec eulx adviser de tout ce qui pourra servir à la continuation & fortification du repos general desdittes Ligues, & de nostre ditte Amitié & commune intelligence; Et en special traicter, convenir & negocier avec lesdits Deputés de ce qui pourra toucher à la conservation de laditte Ville de Geneve & Territoire d'icelle, en l'estat qu'elle se retrouve à present, & empescher les entreprises qui se pourroyent faire sur icelle, par quelques Personnes ou Potentats que ce soyt, sans nul excepter, accorder pour Nous & en nostre Nom tout tel secours, faveur, ayde & adsistance pour ce regard, qu'il sera avec lesdits Deputés trouvé expedient & nécessaire: De sorte qu'elle puisse demeurer & se maintenir, ainsi qu'elle est de present au benefice & seurté des Pays, Terres & Estats desdits Seigneurs des Ligues; Et de ce passer pour Nous & en nostre Nom, telles promesses & obligation que vous verrez bon estre, & generalement de faire par vous en cet endroict dire, gerer, promectre, accorder & negocier tout ce que nous ferions & faire pourrions si presens en personne y estions; Jaçoyt que le cas requist Mandement plus special que ces Presentes; PAR LESQUELLES promectons en bonne foy & parole de Roy, avoir agreable, tenir ferme & stable à tousjours, ce que par vous sera fait, dict, negocié, promis & accordé pour ce regard, sans jamais y contrevenir en quelque maniere que ce soit, & le tout ratiffier toutes les fois qu'en serons requis. EN TESMOING dequoy, NOUS avons signé ces Presentes de nostre main, & à icelle faict mectre nostre Seel. Donné à Paris le dixiesme jour de Juillet l'an de grace mil cinq cents soixante dixhuict. Ainsi signé, HENRY. Et au dessoubs, par le Roi, estant en son Conseil, *Brulart*, & scellé sur simple queuë du grand Seau de Sa Majesté en Cire jaulne.

Ratification du susdit Traité, faite par le Roy.

HENRY, PAR LA GRACE DE DIEU ROY DE FRANCE ET DE POLOIGNE; A TOUS PRESENS ET ADVENIR; Salut. Comme cy devant & de long temps, Nos tres Chers & Grands Amys, Allyés & Confederés les Seigneurs des Villes & Cantons de Berne & de Solleurre, sur les bruicts qui ont par diverses fois couru de plusieurs entreprises & desseigns sur la Ville de Geneve fussent entrés en opinion, qu'icelle venant à changer de main, la paix & tranquillité generale de tous les pays des Ligues en pourroit estre beaucoup alterée, pour estre icelle Ville l'une des Clefs & boulevards desdits pays des Ligues; Et d'ailleurs, Allyée par ancienne Combourgeoisie avec lesdits Seigneurs de Berne: Ils nous auroyent faict entendre, que pour obvier à telles entreprises (dont le seul bruit troubloit grandement leur repos) Ils estoyent deliberés de faire entre eux quelque Traicté pour maintenir & conserver ladite Ville de Geneve en l'estat qu'elle se retrouvoit, comme chose qu'ils estimoyent des plus importantes & necessaires, non seulement au bien & seurté commune de toutes lesdittes Ligues, mais aussi à la conservation & entretenement de l'ancienne Amitié & Allyance, qui est entre nous & elles; Nous requerans que à ceste occasion, à l'exemple de nos Predecesseurs Roys, qui ont tousjours esté tres prompts d'embrasser tout ce qui s'est présenté pour le bien & repos d'icelles Ligues, Nous voulussions entrer avec eux audit Traicté; A quoy ne voulans defaillir pour l'ancienne amitié & bienveillance que nous leur portons, apres avoir par diverses fois mis l'affaire en deliberation; Nous aurions envoyé nos Lettres Patentes en datte du dixiesme jour de Juillet mil cinq cents soixante dix huit, à nostre Amé & Feal Conseiller en nostre Conseil privé, Premier President en Dauphiné, & lhors nostre Ambassadeur auxdittes Ligues le Seigneur de Haultefort, portant Pouvoir expres de traicter avec lesdits Seigneurs des Ligues en general, ou avec aucuns Cantons ou Allyés d'icelles en particulier, qui y voudroient entrer de ce qu'ils jugeroient & adviseroyent estre propre & necessaire, pour la conservation & deffense de laditte Ville de Geneve & Territoire d'icelle, en l'estat qu'elle se retrouve de present; Et empescher les entreprises qui se pourroient faire sur icelle, au prejudice du repos desdittes Ligues, par quelque personne ou Potentat que ce soit. Et pour cest effect accorder par ledit Sieur de Haultefort en nostre nom tel Secours, Faveur, Ayde & Adsistance, qu'il seroit trouvé expedient & necessaire pour la continuation & fortiffication du repos general desdittes Ligues, & de nostre amitié &

ANNO & commune intelligence avec icelles, suivant lesquelles nos Lettres de Pouvoir & aultres Lettres,
1579. Memoire & Instructions que nous en aurions depuis envoyées audit Sieur de Haultefort; Apres en avoir par diverses fois traicté & negocié avec lesdits Seigneurs des Villes & Cantons de Berne & de Solleurre, Nos tres Chers & Grands Amis, Alliés & Confederés; iceluy Sieur de Haultefort, par l'advis & en presence de Nostre Amé & Feal Conseiller en nostre dit Conseil, & nostre Ambassadeur, après luy auxdittes Ligues, le Sieur de Sancy, seroit enfin demeuré d'accord avec lesdits Seigneurs de Berne & de Solleurre soubs nostre bon plaisir, des articles cy après declarés & inserés de mot en mot.

Continuation & suitte de laditte Ratification.

SCAVOIR FAISONS, Que Nous après avoir veu & meurement consideré tous lesdits Articles ainsi faicts & acordés en nostre nom, par lesdits Sieurs de Haultefort & de Sancy nos Ambassadeurs susdits avec lesdits Seigneurs des Villes & Cantons de Berne & de Solleurre, & les ayants bien agreables avons iceulx loués, approuvés & ratiffiés, loüons, approuvons & ratiffions par ces Presentes, selon qu'ils sont couchés & escripts cy dessus; Tout ainsi que si par Nous en personne ils avoyent été faits & accordés: Et partant avons promis & promettons en bonne foy & parole de Roy tant pour Nous, que pour nos Successeurs Roix à perpetuité, tenir, garder & inviolablement observer tout le contenu en iceulx de poinct en poinct selon leur forme & teneur sans jamais aller, ni permettre qu'il soit allé de nostre part au contraire directement ou indirectement en quelque sorte & maniere que ce soit. MANDANT & ordonnant pour cest effect audit Sieur de Sancy à present nostre Ambassadeur auxdittes Ligues (auquel nous en donnons tout Pouvoir par ces presentes) de faire & prester pour nous en nostre nom & sus nostre foy & conscience à l'endroict desdits Seigneurs de Berne & de Soleurre & aultres Cantons ou Alliés desdits Seigneurs des Ligues qui vouldront entrer audit Traité, le serment en tel cas requis & accoutumé. Et de mesme le recevoir pour & en nostre Nom desdits Seigneurs de Berne & de Solleurre, & autres Cantons que besoing sera pour l'entretenement desdits Articles & Traicté selon & ainsi qu'il a esté promis & convenu en iceulx faisant & accordant. ET D'AULTANT que nous avons esté advertis par lesdits Sieurs de Haultefort & de Sancy nos Ambassadeurs susdits, qu'en faisant la conclusion desdits Traictés & Articles, les Seigneurs de laditte Ville & Canton de Berne avoyent en leur Conseil faict expresse reserve, que le Droict & Action que nostre tres cher & tres Amé Oncle le Duc de Savoye pretend sur icelle Ville de Geneve, seroit decidé amiablement & par Justice, la ou les Parties se sont assignées; Ne voulant ceder à aucun aultre en amitié, affection & bonne volonté envers nostre dit Oncle; Nous avons dict & declairé, que nous avons laditte reserve pour bien agreable: VOULONS & entendons que de nostre part elle ayt lieu, en la mesme forme & maniere que lesdits Seigneurs de Berne l'ont faicte & resolue en leur dit Conseil, en faisant & accordant ledit Traicté. EN TESMOING de quoy, Nous avons signé ces Presentes de nostre propre main, & icelle fait mectre nostre Seel. Donné à Paris au mois d'Aout l'an de grace mil cinq cents soixante dix neuf, & de nostre Regne le sixiesme. Ainsi signé, HENRY. Et plus bas, Par le Roy, *Brulart.*

Serment presté par les Deputés des trois Villes, & l'Ambassadeur de Sa Majesté.

NOUS BEAT LUDOVIC DE MÜLLINEN Ancien Advoyer, Nicolas de Diesbach, Hauts Anthoni Tillier Boursier, du Petit Conseil, Vincent Tachselhoffer Secretaire, Hans Rudolff de Boufteten, Hans Rudolff Wiftemberger au nom du Grand Conseil Deputtés de la Ville & Canton de Berne; Et Nous Urs Sury, Urs Ruchty Nouveau & ancien Advoyer, Steffan Schualler Banderet, Urs Rodolff Boursier, Petter Manslyb Aedile du Petit Conseil, Jean-Jacques de Staal Secretaire, Balthzard de Grissach, Ulrich Vogelsang, Petter Brunner, Jeronimus Kallenberg du Grand Conseil, ANNO
aussi Deputtés de la Ville & Canton de Solleurre. 1579.
SCAVOIR FAISONS, qu'après avoir esté leuë en nos Cantons devant noctre Grand & Petit Conseil, la Ratification du Traicté dernierement faict entre le Roy de France nostre tres redoubté Seigneur, Allyé & Confederé, pour la conservation & deffense de la Ville de Geneve, Nous avons eu charge de nos Seigneurs & Superieurs, de remercier tres humblement Sa Majesté, de ce qu'il luy a pleu se declarer tellement affectionnée au bien & repos de ces Ligues, que d'avoir voulu ratifier ledit Traicté, avec la reserve que la Ville & Canton de Berne, en faisant la conclusion dudit Traicté, auroit expressement faicte; Assavoir que le Droit & Action que Monsieur le Duc de Savoye, comme heritier des feus Ducs de Savoye ses predecesseurs, pretend sur laditte Ville de Geneve, seroit decidé amiablement ou par Justice, là où les Parties se sont assignées; Et avons eu aussi commandement de nosdits Seigneurs & Superieurs, de jurer en leur nom ledit Traicté. ET PARTANT, Nous les Deputtés susdits, au nom & comme ayants Pouvoir de nos Seigneurs & Superieurs, Avons juré & promis par nos sermens accoustumés, jurons & promectons par ces Presentes, tant pour nous que pour nos Successeurs à perpetuité, tenir, garder & inviolablement observer tout ce qui est contenu audit Traicté & Accord, de poinct en poinct, sans jamais aller ny venir au contraire; ET D'AULTANT, qu'en faisant icelui Traicté, nous nous serions faicts forts que la Ville de Geneve accepteroit tout ce que en iceluy Contract nous aurions promis à Sa Majesté, qui les peult concerner. Nous avons iceluy Traicté & Accord communiqué aux Seigneurs Sindicques & Conseil de la ditte Ville de Geneve, lesquels l'ont accepté dès le vingt quatriesme de Juing dernier passé; Et avons, Nous Deputtés de la Ville & Canton de Berne estimé, qu'entant que ledit Traicté peult toucher & concerner laditte Ville de Geneve, ils deussent faire serment de le garder aussi inviolablement de leur part, & de poinct en poinct observer selon sa forme & teneur. POUR à quoi satisfaire lesdits Seigneurs de Geneve ont Deputtés, Nous Michel Roset & Ami Varro, Conseillers & Anciens Syndicques de laditte Ville de Geneve, pour en leur Nom venir jurer ledit Traicté à qui il appartiendra, & en vertu du Pouvoir a nous donné par Nos Seigneurs & Superieurs, Nous Deputtés susdits de laditte Ville de Geneve, Jurans au nom de Dieu, avons promis à Monsieur de Sancy Ambassadeur de Sa Majesté Tres Chrestienne en ce pays des Ligues, & à mesdits Seigneurs les Deputtés de Berne, Nos tres Chers Combourgeois, de garder & inviolablement observer ledit Traicté entant qu'à nous touche & peult toucher sans jamais aller au contraire en quelque forme & maniere que ce soit. ET D'AULTRE PART, Nous Nicolas de Harlay Seigneur de Sancy Ambassadeur pour Sa Majesté aux Ligues de Suisse, promectons & jurons pour & au nom de Saditte Majesté, aux susdits Deputtés des trois Villes, suivant le pouvoir special à nous donné transcript en la Ratiffication que nous avons mise es mains de Messieurs de Berne & de Solleure, tant pour Sa Majesté de present que pour ses Successeurs Roys à perpetuité, tenir, garder & inviolablement observer le contenu audit Traicté de poinct en poinct, selon sa forme & teneur, sans jamais aller de la part de Sa Majesté au contraire, directement ou indirectement, en quelque forme & maniere que ce soit; COMME AUSSI, Nous Deputtés de Berne, promectons & jurons comme dessus aux susdits Deputtés de Geneve, d'observer ledit Contract envers eulx inviolablement, selon que cy dessus nous avons promis & juré; EN TESMOING dequoy, Nous Ambassadeur susdit de Sa Majesté Tres Chrestienne, avons faict seeller le present Acte du Seel de nos Armes; Et Nous susdits Deputtés des Villes de Berne & Solleure du Seel & Armes de nosdittes Villes & Cantons; Et nous susdits Deputtés de laditte Ville de Geneve, avons pareillement fait seeler le present Acte du Seel de nos Seigneurs & Superieurs, lequel Nous avons seulement mis entre les mains de mon dit Seigneur l'Ambassadeur de Sa Majesté Tres Chrestienne, & de Messieurs de

ANNO 1579. de Berne; Et avons tous, selon qu'il est porté cy devant, fait transcrire à la fin de ces Presentes les Pouvoirs à nous donnés, dont & de toutes lesquelles choses Nous susdit Ambassadeur de Sa Majesté & Deputtés susdits, avons chacun retiré un Acte à part, pour nous servir entant que raison. FAICT A SOLLEURRE le vingt neufviesme jour d'Aoust, l'an de grace mil cinq cents soixante dix neuf.

Ensuyt le Pouvoir donné par Messieurs de Berne à leurs Deputtés.

NOUS LE LIEUTENANT ET CONSEIL DE BERNE faisons sçavoir par la Presente; Comme ainsi soyt que entre le Roy de France, d'une part; Et nos Chers & bien aymés Allyés, Combourgeois & Freres de la Ville de Solleurre, & nostre Petit & Grand Conseil de Berne, d'autre part. Il ait esté dressé, convenu & ratifié au Nom de Dieu certains Articles, pour la deffense de la Ville de Geneve & conservation du passage libre de France en ces Pays, & de ces Pays en France, sans que pour fin de cette Negociation il faille aultre chose que de jurer, & faire serment solemnel de garder & observer purement, simplement & inviolablement, les uns envers les aultres, le contenu desdits Articles ratiffiés. NOUS A CES RAISONS, avons depeschés à Solleure Nobles & Spectables Monsieur Beat Ludovic de Muillinen nostre cher Ancien Advoyer, Monsieur Niclaus de Diesbach, Monsieur Hans Tillier nostre Boursier, nos aymés Conseillers, pour & en nostre nom; Vincens Taschselhoffer nostre Secretaire d'Estat, Noble Hans Rudolff de Bosteten, & Hans Rudolff Westenberger, de la part de nostre Grand Conseil dict les Bourgeois; avec charge & Plein-pouvoir de satisfaire pour entiere deffinitive de ce pour parler aux solemnités, en tel & semblables cas requises; leurs donnons derechef, au Nom du Dieu Vivant, la puissance du serment, & tout Pouvoir de conclurre en la forme que Monsieur l'Ambassadeur de Sa Majesté, nosdits bien aymés Allyés, Combourgeois & Freres de la Ville de Solleurre & nosdits Deputtés adviseront; Promettant par la Presente d'approuver, & avoir pour agreable tout ce que nosdits Deputtes feront, suivant ce nostre Pouvoir, en forme & de mesme que si ung chacun de nous particulierement en eussions faict le serment. En foy dequoy y avons fait apposer le Sceau secret de nostre Ville, le vingt huictiesme jour d'Août, mil cinq cents soixante dix neuf.

Ensuyt le Pouvoir donné par Messieurs de Solleure à leurs Deputtés.

NOUS LE LIEUTENANT PETIT ET GRAND CONSEIL DE LA VILLE ET CANTON DE SOLLEURRE; Faisons sçavoir à tous par ces presentes Lettres; Comme ainsi soit, que cy devant il auroit esté dressé quelque Traicté, pour l'asseurance & conservation de la Ville de Geneve, à ce qu'elle soit un libre passaige d'entre la Coronne de France & le Pays des Ligues, entre nos chers Alliés, Combourgeois & Freres de la Ville & Canton de Berne, & Nous; Et que à la tres-humble Requeste de Nous lesdittes deux Villes, il auroit pleu au Roy de France nostre tres Redoubté Seigneur, Allyé & Confederé d'entrer audit Traicté, & de le tenir pour agreable, ayant là dessus Saditte Majesté donné Plain-pouvoir & charge aulx Magnifiques & Nobles Seigneurs Monsieur de Haultefort, Conseiller au privé Conseil de Sa Majesté, Premier President en la Cour de Parlement de Daulphiné, & pour lhors Ambassadeur en ce Pays des Ligues; Et à Monsieur de Harlay Seigneur de Sancy, aussi Conseiller audit Conseil Privé, & a present Ambassadeur en ces Ligues, apres ledit Seigneur de Haultefort, de contracter avec lesdits Deputtés desdittes deux Villes, pour l'asseurance & conservation de la susdite Ville de Geneve, aucuns Articles que lesdits Seigneurs Ambassadeurs auroient acceptés soubs le bon plaisir de Sa Majesté, & que pour mectre en effect ceste Negociation, Sa Majesté en auroyt envoyé l'approbation & Ratiffication dudit Contract, signé de sa main & seellé de son Sceau à mondit Seigneur de Sancy, avec charge & Pouvoir exprès de le confirmer & jurer avec les Députtés de nosdits Alliés, Combourgeois & Freres de la Ville de Berne & les nostres. A CESTE CAUSE & pour effectuer ceste Negociation, Nous avons de nostre part, en cest endroict, nommés & ordonnés, nommons & ordonnons, pour resouldre ledit Traicté par ces Presentes, Nobles, Honorables, Prudens & Saiges Seigneurs Urs Sury, & Urs Ruchty nos deux Advoyers, Steffan Schualler Banderet, Urs Rudolff Boursier, Petter Manslyb, tous de nostre Petit Conseil, ensemble nostre Aymé & Feal Secretaire d'Estat Jean-Jaques de Staal; avec Ulrich Vogelsang, Balthzard de Grissach, Petter Brunner & Jeronimus Kallenberg, tous de nostre Grand Conseil, ausquels nous avons donné Plain-pouvoir & charge de convenir avec ledit Seigneur de Sancy, au nom de Sa Majesté, & avec les Deputtés de nosdits Alliés Combourgeois & Freres de laditte Ville de Berne dudit Faict, & de jurer & confirmer en nostre nom avec Serment solemnel, ledit Traicté de poinct en poinct, suivant la teneur de la Ratiffication de Sa Majesté Tres Chrestienne; AYANS toutte fois expressement reservé, que pour ceste heure nous n'entendions de contracter avec aucuns aultres, que avec Saditte Majesté & nosdits Alliés de Berne, ainsi que nous pouvons faire legitimement & sans reprehension quelconque pour l'asseurance & prospérite des deux Estats. PAR QUOY nous promectons, pour nous & nos Successeurs à perpetuité, de tenir pour agreable & d'observer fermement & inviolablement tout ce qui sera faict & resolu en cest endroict par nosdits Deputtés, sans jamais aller, faire, dire, ne venir au contraire, ny permectre qu'il y soit contrevenu, en maniere quelconque; ains que le tout sera fidellement & syncerement observé, tenu & gardé en vertu des presentes Lettres que nous avons fait seller du Seel de nostre Ville, le Vendredy apres la Sainct Barthelemy, mil cinq cents soixante dix-neuf. *Signé*, Vom Staal. ANNO 1579.

Ensuyt le Pouvoir donné par Messieurs de Geneve à leurs Deputtés.

NOUS SINDICQUES ET CONSEIL DE GENEVE; Par meure deliberation de nostre Conseil, & suivant la declaration par nous desja faicte & passée en nostre Conseil general, le vingt quatriesme de Juin dernier, dés lhors envoyée aux Magnifiques, Puissans & Tres Honnorés Seigneurs de Berne nos bons Voisins, tres chers & singuliers Amis & feaulx Combourgeois, portant l'acceptation du Traicté qu'il a pleu à la Majesté du Roy Tres Chrestien faire, par Messieurs ses Ambassadeurs au Pays des Ligues le huictiesme de May, An present, avec lesdits Magnifiques Seigneurs nos tres chers Combourgeois de Berne, & les Magnifiques, Puissants & Tres honnorés Seigneurs de la Ville de Solleurre, nos bons Voisins tres chers & singulliers Amys en nostre faveur, & pour la seurté & conservation de nostre Cité & Territoire d'icelle, & estant informés de la loyauté, suffisance & experience de Nobles Michel Roset & Amy Varro, nos bien aymés Citoyens, Conseillers & Anciens Sindicques; AVONS à iceulx ensemblement, ou à faute de l'un d'eulx separement, donné & donnons par ces presentes, Plein-pouvoir, charge & Procuration expresse, pour & en nostre nom promectre & confirmer par serment solemnel, au nom du Dieu Vivant, ledit Traicté entant qu'il nous concerne, tant à Saditte Majesté, par la stipulation de Monsr. de Harlay Seigneur de Sancy, Baron de Montglat, Conseiller & Maistre des Requestes Ordinaire de Sad. Majesté, de present son Ambassadeur audit Pays des Ligues; Que auxdits Magnifiques & Puissants Seigneurs de Berne & Solleurre, & reciproquement le recevoir & stipuler d'iceux, pour & au Nom de nostre ditte Cité & Republique, avec & soubs toutes les promesses, clauses & obligations en ce necessaires & expedientes. Et en general de faire & negocier tout ce que requis sera en cest endroict, & tout ainsi que nous pourrions faire, si nous y assistions en nos propres personnes; PROMECTANS d'avoir pour agreable tout ce que sera fait par nosdits Procureurs & Deputtés, en ce que dessus par ses presentes; Données à Geneve sous nostre seau & le Seing de nostre Secretaire d'Estat, ce vingt-deuxiésme d'Aoust, mil cinq cents septante-neuf. *Signé*, Par mesdits Seigneurs Sindicques & Conseil, *Gallatin*.

S'en-

ANNO 1579.

S'ensuit la teneur des Lettres de l'Acceptation dudit Traicté, par Messieurs de Geneve.

MAGNIFICQUES, PUISSANS ET TRES HONNORES SEIGNEURS, finguliers Amys & feaulx Combourgeois. Nous nous recommandons de bien bon cœur à vos bonnes graces. Magnifiques Seigneurs, sur le Traicté qui a esté dressé entre les Seigneurs Ambassadeurs de la Royale Majesté de France, & vos Magnificences, & les Magnifiques Seigneurs de Solleurre, ainsi qu'il a esté couché, selon une copie qu'il pleust à Monsr. de Haultefort de livrer en passant par ceste Cité, nous hussions pieçia respondu, n'estoit qu'il avoit instamment prié de tenir l'affaire secret; maintenant que Vos Seigneuries estiment estre convenable que nous prenions resolution, ainsi qu'il vous a pleu nous escripre par vos Lettres du dixhuictiesme de ce mois: Apres Dieu tout puissant, nous remercions tres affectueusement Vos Seigneuries & Messieurs vos Alliés de Soleurre, du grand soing & tres louable affection de laquelle vous avés consideré, & cherché la conservation de nostre Estat & de la Commune Partie; Esperans, moyennant la grace du Souverain & la continuation de vos bonnes faveurs, que la bienveillance de sa Mayesté Royale de France, croistra de plus en plus envers nous, pour nous alleger de la reserve que nous desirons n'estre poinct audict Traicté, touchant le privilege de peages de France; En ceste confiance nous acceptons, entant qu'il nous concerne, le contenu dudict Traicté, nous asseurans bien que Vos Magnifficences n'entendent pas & ne vouldroient, comme de nostre part nous n'entendons, ny ne vouldroions aulcunement prejudicier à nostre commune Religion, en tout ny en partie, tant peu que ce soit, ny comprendre ny entendre soubs ce mot de ne retirer les ennemis de Sa Majesté & Couronne de France, ceulx qui se retireroient pour la Religion; Ainsi Magnifiques Seigneurs & tres chers Combourgeois, nous prierons Dieu qu'il luy plaise de benir de plus en plus vos bons Conseils à sa gloire & à l'entretenement de la tranquilité publicque & de nostre perpetuelle Combourgeoisie vous presentant pour revanche le tres affectionné & fidelle service que nous vous debvons de nostre petit pouvoir, Et prians le Createur vous maintenir, Magnifiques Seigneurs & tres chers Combourgeois, en sa saincte & digne garde & protection. Donné ce vingt quatrieme de Juing mil cinq cent septante neuf. *Subscripst*, LES SINDICQUES, Petit, Grand & General Conseil de Geneve vos bons Voisins Amys & Combourgeois.

Lesdittes Lettres d'acceptation ont esté cy elcrites & inserées du commandement de Messieurs les Advoyers & Conseil de la Ville de Berne par moy soussigné leur Secretaire d'Estat en faveur des Seigneurs de Geneve. *Signé* V. DACHSELHOFFER.

Le Seau de Mr. Sanci, & ceux de Berne & de Geneve, sont pendans au bas du Traité.

LXXI.

1580. 10. Martii. **Diploma RUDOLPHI II. Römischen Kaysers/ Crafft dessen derselbe Hertzog JOHANN zu Gülich/ Cleve und Berg die Union der besagten Fürstenthümer und Landen/ so zwischen weyland desselben Eltern aufgerichtet worden/ bestättiget. Geben zu Praag den 10. Martii 1580. [LUNIG Teutsches Reichs-Archiv. Part. Special. Continuat. 2. Abtheilung 6. Absatz. 30. pag. 103.]**

C'est-à-dire,

Diplome de RODOLPHE II. *Empereur des Romains, confirmant en faveur de* JEAN *Duc de Mons, Cleves, & Juliers, l'Union desdits Principautez faite par ses Predecesseurs & Ancestres. A Prague le* 10. *Mars* 1580.

WIr Rudolph der andere von GOttes Gnaden/ erwehlter Römischer Kayser/ zu allen Zeiten Mehrer des Reichs/ in Germanien/ zu Hungarn/ Böheim/ Dalmatien/ Croatien und Sclavonien rc. König/ Ertz-Hertzog zu Oesterreich/ in Kerndten/ zu Krain/ zu Lutzemburg/ zu Würtemberg/ Obern und Niedern Schlesien Hertzog/ Fürst zu Schwaben/ Marggraffe des H. Römischen Reichs zu Burgau/ zu Mehren/ Ober- und Nieder-Laußnitz/ Gefürsteter Graff zu Habspurg/ zu Tyrol/ zu Pfiert/ zu Kyburg und zu Görtz rc. Landgraff zu Elsaß/ Herr auf der Windischen Marck/ zu Portenau/ und Salins rc. Bekennen öffentlich mit diesem Brieff/ und thun kund allermänniglich/ daß uns der Hochgebohrne Wilhelm/ Hertzog zu Gülich/ Cleve/ und Berg/ Graff zu der Marck und Ravensperg/ Herr zu Ravenstein rc. unser lieber Oheim/ Schwager und Fürst/ unterthäniglich zu erkennen gegeben/ welcher massen weiland auch der Hochgebohrne Johann/ Hertzog zu Cleve/ und Graff zu der Marck/ und Maria Hertzogin zu Gülich und Berg/ Gräfin zu Ravensperg S. L. Vater und Mutter/ ihrer beyderseits Ehebethedigung/ sich vermög Brieff und Siegel/ mit Bewilligung und Erinnerung aller Ihrer Lieb Fürstenthumb und Landen/ nemlich Gülich/ Cleve und Berg/ Marck und Ravensperg/ einmütiglich verglichen und vertragen/ daß jetzt bemelte Fürstenthumb und Lande zu den ewigen Tagen bey einander unirt seyn und verbleiben sollen. Und darauf uns demütiglich angefallen und gebeten/ daß wir solchen aufgerichtegen Vertrag/ Union und Bewilligung obbenannter S. L. Fürstenthumb und Landen/ von Käyserlicher Macht zu confirmiren/ und zu bekräfftigen/ gnädiglich geruheten/ immassen dieselbe jüngst hievevor/ von weiland dem Durchläuchtigsten Fürsten und Herrn/ MAXIMILIAN, Römischen Käysern/ unserm geliebten Herrn und Vatern/ hochlobseliger Gedächtniß/ auch confirmiret und bestetigt worden. Das haben wir angesehen/ solch des gedachten unsers lieben Schwagers und Fürsten/ Hertzog Wilhelms von Gülich/ gehorsame und ziemliche Bitte/ auch die getreue/ angenehme und nützliche Dienste/ so seiner Liebden Voreltern und seine Liebden selbsten/ weiland unsern lieben Vorfahrern/ Römischen Käysern und Königen/ auch uns und dem H. Römischen Reiche/ in mannigfaltige Wege offt und dick willig erzeiget haben/ und S. L. hinführo nicht weniger zu thun unterthänig urbietig ist/ auch wohl thun mag und soll/ und darumb mit wohlbedachtem Muth/ guten zeitigen Rath und rechten Wissen/ gedachten Vertrag/ Union, Bewilligung gnädiglich confirmiret/ bekräfftiget und bestätiget/ confirmiren/ bestettigen/ und bekräfftigen dieselben auch von Römischer Käyserl. Maj. Macht Vollkommenheit hiemit wissentlich/ in Krafft diß Brieffs/ und meynen/ setzen und wollen/ daß obbestimmte seiner Liebe Fürstenthumb und Lande Gülich/ Cleve/ und Berg/ Marck und Ravensperg/ so lange die Succession Seiner Liebe Erben und Posterität in absteigender Linien währen und verhanden seyn wird/ zusammen unirt/ und gäntzlich bey einander ungesondert und unzertrennet bleiben sollen und mögen/ von allermänniglich unverhindert/ doch uns und dem H. Reich/ unser Recht und Gerechtigkeit/ so viel die gemeinen Reichs-Steuer und anders belangen/ in allweg vorbehalten. Und gebiethen darauf allen und jeglichen Chur-Fürsten/ Fürsten/ geistlichen und weltlichen/ Prælaten/ Graffen/ Frey-Herren/ Rittern/ Knechten/ Land-Hauptleuten/ Landvögten/ Schultheissen/ Bürgemeistern/ Richtern/ Räthen/ Bürgern und Gemeinden/ und sonst allen andern unsern und des Reichs Unterthanen und Getreuen/ was Würden/ Standes oder Wesens die seyn/ ernstlich und festiglich mit diesem Brieff/ und wollen/ daß sie ermannten unsern lieben Oheim/ Schwagern und Fürsten/ Hertzog Wilhelm von Gülich/ und obgerührte S. L. Fürstenthum und Lande/ bey angeregtem aufgerichtem Vertrag/ Union und Zusammen verbleibung/ obstehender massen nicht verhindern noch irren/ sondern dabey geruhlich verbleiben lassen/ darwider nicht dringen/ beschweren/ noch jemand anders zu thun gestatten/ in keine Weise/ als lieb einem jeden sey unser und des Reichs schwere Ungnade und Straffe/ darzu noch ein Peen nemlich 40. Marck löthiges Goldes/ zu vermeiden/ die ein jeder/ so offt er freventlich darwider thäte/ halb in unser und des Reichs Kammer/ den andern Theil mehrgemelten unsern lieben Oheim/ Schwagern und Fürsten/ Hertzog Wilhelm zu Gülich/ unnachläßlich zu bezahlen schuldig seyn solle. Das meynen wir ernstlich/ mit Urkund dieses Brieffs besiegelt mit unsern Käyserl. anhangenden Insiegel. Geben auf unserm Königl. Schloß zu Prag/ den zehenden Tag des Monats Martii nach Christi Geburth funffzehenhundert und im Achtzigsten/ unserer Reiche des Römischen im Fünfften/ des Hungarischen im Achten/ des Böhemischen auch im Fünfften Jahre.

Rudolff.

Vice ac nomine Reverendissimi D DANIELIS *Archiepiscopi, Archicancell. & Electoris Moguntini.*

Vt. Viehenser D.

Ad Mandatum Cæsareæ Majestatis proprium

Obernburger.

ANNO 1581.

30. Decembre.

LXXII.

Verzicht-Brief Frauen MAGDALENA Pfaltz-Gräfin am Rhein / gebohrner Hertzogin zu Julich / Cleve und Berg über alle Vater-und Mütterliche Erbgerechtigkeit an denen Fürstenthumben Julich / Cleve und Berg. Beschehen Zweybruken den 30. Decembris 1581. Benebst der Protestation obgenanter Pfaltz-Gräfin / worinn dieselbe sich alles Successions-Recht / auf den Fall / da dero Eltern ohne männliche Erben abgehen solten / reserviret. [LUNIG Teutsches Reichs-Archiv. Partis Specialis Continuatio 2. Abtheil. 4. Absatz. 30. pag. 105.]

C'està-dire,

Renonciation de MAGDELEINE *Comtesse Palatine du Rhyn, née Duchesse de Juliers, à tout Droit de Succession paternelle & maternelle sur les Principautez de Mons, Cleves, & Juliers. Fait à Deux Ponts le 30. Décembre 1581. Avec la Protestation de ladite Comtesse pour la reservation de ses mêmes Droits, en cas que son Pere vint à deceder sans heritiers mâles.*

DEr Durchläuchtig Hochgebohrne Fürst und Herr / Herr Johannes / Pfaltz-Grafe bey Rhein / Hertzog in Bäyern / Grafe zu Veldentz und Spanheim 2c. Desgleichen die auch Durchläuchtige Hochgebohrne Fürstin und Frau / Frau Magdalena / Pfaltz-Gräfin bey Rhein / Hertzogin in Bäyern 2c. Gebohrne Hertzogin zu Gülich / Cleve und Berg / Gräfin zu der Marck und Ravensberg / Frau zu Ravenstein / lassen euch Notarien und hiezu erforderten Gezeugen gnädiglich vermelden und eröffnen:

Nachdem in der Heyraths-Verschreibung zwischen beyden Ihren Fürstlichen Gnaden und den Durchläuchtig Hochgebohrnen Fürsten und Herrn / Herrn Wilhelmen / Hertzogen zu Gülich / Cleve und Berg / Grafen zu der Marck und Ravensberg / Herrn zu Ravenstein / Ihrer F. G. freundlichen auch gnädigen geliebten Vettern / Schwagern / Schweher / Vatter und Gevattern / im Jahr 1576. aufgericht / unter andern versehen und geordnet / welcher Gestalt iezt hochgedachte Fürstin und Frau Magdalena / auf Ihre F. G. Herrn Vaters hochermeltes Hertzog Wilhelmen zu Gülich / Clev und Berg 2c. Land und Leut / auch künfftige Anfäll / gegen Empfahung N. Goldfl. Heyrath-Guts renunciren / verzeihen / und sich derselben begeben solle / alles Vermög und Inhalt der darüber aufgerichten Heyraths-Verschreibung / auch des abgeredten Verzugs / welcher von Wort zu Wort also lautet:

VOn GOttes Gnaden wir Magdalena / gebohrne Hertzogin zu Gülich / Cleve und Berg / Pfaltz-Gräfin bey Rhein / Hertzogin in Bäyern 2c. Bekennen und thun kund vor uns / unsere Erben und Nachkommen / als der Hochgebohrne Fürst / unser gnädiger geliebter Herr und Vater / Herr Wilhelm / Hertzog zu Gülich / Cleve und Berg 2c. uns an den Hochgebohrnen Fürsten / Herrn Johannsen / Pfaltzgrafen bey Rhein / Hertzogen in Bayern 2c. unsern freundlichen lieben Herrn und Gemahl / mit unserm guten Willen nach göttlicher Ordnung vermählet / und zu einem ehelichen Gemahl gegeben / auch uns vor unser angebührend Erbtheil zur Ehesteuer und Heyraths-Guth N. Goldfl. neben andern / Innhalt der darüber sonderbahren aufgerichten Heyraths-Verschreibung / nach Jahres-Frist / wenn das eheliche Beylager zwischen uns beyden gehalten und vollnzogen / in der Stadt N. gegen gebührlicher Quittirung zu erlegen / richtig zu machen und zu bezahlen / gnädig verwilliget und zugesagt / und wir dargegen Vermög angeregten Heyrath-Brieffs / auf alle unsere Gerechtigkeit / Forderung und Zuspruch zu unsers gnädigen Herrn und Vaters Fürstenthumben und Lande der Gebühr zu verzeihen versprochen. Dieweil denn obbestimbte N. Goldfl. Heyrath-Gut uns baar erlegt / daß wir demnach in vorberührter Heyraths-Verschreibung / bevor auch mit Gunst / Wissen und Willen gedachten unsers freundlichen lieben Herrn Gemahls / verziegen haben / und verzeihen uns auch hiemit aus wolbedachtem Muth / auf gnugsamen deshalben empfangenen Rath und Bericht / in Krafft dieses Brieffs / vor uns / alle unsere Erben und Nachkommen / auf alle und jede väterliche und mütterliche Erb-Gerechtigkeit / Forderung und Anspruch / die wir als eine gebohrne Hertzogin zu Gülich / Cleve und Berg / zu den Fürstenthumen / Graffschafften und Herrlichkeiten / die unser gnädiger Herr Vater ietzo innhat / oder künfftig bekommen mag / (doch dißfalls da der Hochgebohrne Fürst / Herr Johannes Wilhelm / unser Frau lieber Bruder / ohne einige eheliche Leibes-Erben abgehen würde /) unserm Herrn Ehe-Gemahl / uns und unsern Erben und Nachkommen in bemeltem Heyraths-Brieff ausdrücklich vorbehalten / in allweg unbegeben / also daß wir / oder unsere Erben und Nachkommen / ausserhalb jetzo angeregten Falls / zu den ewigen Tagen nimmermehr einige Anforderung / Anspruch oder Erb-Gerechtigkeit / an obbestimmten Fürstenthumen und Landen suchen noch gewinnen sollen oder wollen / in keine Weise / wie das Menschen Sinn erdencken möchte. Gereden und versprechen demnach in Krafft diß Brieffs bey unsern Fürstlichen Ehren und Treuen / diesen Verzieg / wahr / stet / und fest zu halten / darwider nichts zu thun / oder gestatten gethan zu werden / wie wir uns auch aller geistlichen und weltlichen Rechten / Privilegien / Indulten und Beneficien / wie die jetzo gemacht oder künfftig verliehen und gegeben werden möchten / die dißfalls uns / unsern Erben und Nachkommen / gegen diesen Verzieg einiges Wegs zustatten kommen möchten / gantz begeben / Geschede und arge List herinn ausgeschlossen. Und wir obgemelter Pfaltz-Gräfe Johannes / bekennen hiemit sonderlich / daß dieser Verzieg / und alles / was von der Hochgebohrnen Fürstin / Frau Magdalena / unserer freundlichen hertzliebten Gemahl und unser beyder Erben und Nachkommen in diesem Brieff ausserhalb des Falls / wie oben gemelt / so wir uns vorbehalten / geschrieben stehet / mit ihrer Liebden wohlbedachtem Muth / rechter Wissenheit / auch mit unserm Vorwissen und Bewilligung fürgenommen und beschehen ist / denselben auch mit eigener Hand unterschrieben. Des zu Urkund haben wir Magdalena / Hertzogin obgemelt / diesen Brieff mit unserem Hand-Zeichen befestiget / und zur Bestetigung aller vorgeschriebenen Sachen mit obgedachts unsers freundlichen lieben Herrn und Ehe-Gemahls Insiegel bekräfftiget / und geben zu Zweybrücken / den dreyßigsten Tag Decembris, im Jahr Christi unsers lieben Herrn Geburth 1581.

Johannes Pfaltz-Graff bey Rhein 2c. manu propria subscripsit, &c.

Magdalena Pfaltz-Gräffin bey Rhein / gebohrne Hertzogin zu Gülich 2c.

Und es jetzunder an dem / daß Hochernennter Fürst / der Hertzog zu Gülich / das versprochene Heyrathgut endlich liefferen zu lassen verwilligt / auch Hochermelte Fürstin und Frau / Frau Magdalena / Pfaltzgraffin / Gebohrne Hertzogin zu Gülich / Cleve und Berg 2c. mit Bewilligung und Consens Ihrer F. G. geliebten Herrn und Gemahls / Hertzog Johannsen / Pfaltzgraffen 2c. dargegen den oberzehlten Verzieg / wann die Liefferung geschehen / in Schrifften hinaus geben solte / auch solches durch dero hierzu verordnete Gesandten zu thun uhrbietig und ingrossiren lassen 2c.

So protestiren / bezeugen und bedingen sich beyde Ihr F. G. für sich / ihre Erben und Nachkommen / wofern es der allmächtige GOtt / nach seinen göttlichen Willen (welches doch ihre F. G. keines Wegs verhoffen oder begehren / sondern zu seiner Allmacht sich getrösten wollen / er werde das Hochlöbliche Hauß Gülich / und desselben Männlichen Stammen und Nahmen noch lange Zeit erhalten / wie dann beyde ihre F. G. solches von GOtt dem Allmächtigen von Hertzen wünschen und hoffen /) also schicken würde / daß der Männlichen Stammen von Hochgedachten Hertzog Wilhelmen zu Gülich 2c. in absteigender Linien kein vorhanden seye / daß alsdann beyde Hochernannte Hertzoge und Hertzogin Pfaltzgraff Johannes / und Frau Magdalena / alle die Anwartung / Recht und Gerechtigkeit / Spruch und Forderung / so ihrer Frau Magdalenen F. G. auch dero Erben und Nachkommen / in Krafft und nach Ausweisung derselben Vor-Eltern Dispositionen / Pacten / Ordnungen / Satzungen und Vergleichungen / auch vor Jahren erlangten Kayserlichen und Königlichen Privilegien und Begnadigungen / wie dieselben Nahmen haben / und ausgerichtet seynd / und was ihnen ferner anhängig seyn mag / zu den Fürstenthumen / Gülich / Cleve und Berg / auch den Graffschafften Marck und Ravensperg / und der Herrschafft Ravenstein / zustehen und gebühren möchten / hiemit ausgenommen / und darauf keines wegs verziegen / sondern dieselben alle und jede / Ihrer F. G. und dero Erben und Nachkommen ausdrücklich reserviret und vorbehalten / auch den jetzigen Verzieg / wie der hie oben inseriret / keineswegs anders verstanden / noch weiter extendiret haben wollen / also daß derselbige / wie auch alles anders / so in dero aufgerichten Heyraths-Verschreibung den obgemeldten Dispositionen / Pacten / Ordnungen / Satzungen und Vergleichungen / auch Keyserlichen und Königlichen Privilegien zuwider seyn / oder verstanden werden möchte / auf obgesatzten Fall / (welchen GOtt lang verhüten wolle) Ihre F. G. dero Erben und Nachkommen mit nichten præjudicirlich / oder in etwas nachtheilig seyn solle und möge / sondern Ihre F. G. dero geliebten Schwestern durchaus vor sich und ihre Erben gleich gehalten werden solle / alles in bester und beständigster Form / wie solches von Rechts und Gewohnheit wegen am kräfftigsten geschehen soll / kan und mag / hierüber zum zierlichsten und höchsten protestirend / und sich bedingend / auch euch den Notarium ersuchen / eines oder mehr Instrumenta davon aufzurichten / und Ihren F. G. mitzutheilen.

LXXIII.

ANNO 1582.
24. Fevrier.

LXXIII.

Constitutio GREGORII *Papæ XIII. pro approbatione & introductione novi Kalendarii ad usum universæ Ecclesiæ Romanæ; quâ inter plura cætera præcipit & mandat, ut de mense Octobris hujus anni* 1582. *decem dies inclusive à III. Nonarum usque ad pridie Idus eximantur, & dies qui festum S.* FRANCISCI IV. *Nonas celebrari solitum sequitur, dicatur Idus Octobris, Datum Tusculi Anno Incarnationis Dom.* 1582. *Sexto Kal. Martii. Pontif. sui anno X.* [Bullarium magnum Tom. 2 pag. 454. col. 2. d'où cette Piéce est tirée. On la trouve aussi dans GOLDASTI *Constitutiones Imperiales* tom. 3. pag. 577.]

GRegorius Episcopus servus servorum Dei. Ad futuram rei memoriam.

Inter gravissimas Pastoralis officii nostri curas, ea postrema non est, ut quæ à sacro Tridentino Concilio Sedi Apostolicæ reservata sunt, illa ad finem optatum Deo adjutore, perducantur.

§. 1. Sanè ejusdem Concilii Patres, cùm ad reliquam cogitationem, Breviarii quoque curam adjungerent, tempore tamen exclusi, rem totam ex ipsius Concilii decreto ad auctoritatem & judicium Romani Pontificis retulerunt.

§. 2. Duo autem Breviario præcipuè continentur, quorum unum, preces laudesque divinas, festis profestisque diebus persolvendas complectitur, alterum pertinet ad annos Paschæ, festorumque ex eo pendentium recursus Solis & Lunæ motu metiendos.

§. 3. Atque illud quidem fel. record. Pius V. prædecessor noster absolvendum curavit, atque edidit.

§. 4. Hoc verò, quòd nimirum exigit legitimam Calendarii restitutionem, jamdiu à Romanis Pontificibus prædecessoribus nostris, & sæpius tentatum est, verùm absolvi, & ad exitum perduci ad hoc usque tempus non potuit; quod rationes emendandi Calendarii, quæ à cælestium motuum peritis proponebantur, propter magnas, & fere inextricabiles difficultates, quas hujusmodi emendatio semper habuit, neque perennes erant, neque antiquos Ecclesiásticos ritus incolumes (quod inprimis hac in re curandum erat) servabant.

§. 5. Dum itaque Nos quoque, creditâ Nobis, licet indignis, à Deo dispensatione freti, in hac cogitatione curaque versaremur, allatus est Nobis liber à dilecto filio Antonio Lilio Artium & Medicinæ Doctore, quem quondam Aloysius ejus germanus frater conscripserat, in quo per novum quemdam Epactarum Cyclum ab eo excogitatum, & ad certam ipsius Aurei numeri normam directum, atque ad quamcumque anni Solaris magnitudinem accommodatum, omnia quæ in Calendario collapsa sunt, constanti ratione, & sæculis omnibus duratura, sic restitui posse ostendit, ut Calendarium ipsum nulli umquam mutationi in posterum expositum esse videatur. Novam hanc restituendi Calendarii rationem exiguo volumine comprehensam ad Christianos Principes, celebrioresque Universitates paucos ante annos misimus, ut res quæ omnium Consilio perficeretur, illi cùm, quod maxime optabamus, concordes respondissent, eorum Nos omnium consensione adducti, viros ad Calendarii emendationem adhibuimus in Alma Urbe harum rerum peritissimos, quos longè ante ex primariis Christiani Orbis Nationibus delegeramus. Ii cum multum temporis & diligentiæ ad eam lucubrationem adhibuissent, & Cyclos tam veterum quam recentiorum undique conquisitos, ac diligentissimè perpensos inter se contulissent, suo & doctorum hominum qui de ea re scripserunt judicio, hunc præ cæteris elegerunt Epactarum Cyclum, cui nonnulla etiam adjecerunt, quæ, ex accurata circumspectione visa sint ad Calendarii perfectionem maximè pertinere.

§. 6. Considerantes igitur Nos, ad rectam Paschalis festi celebrationem juxta Sanctorum Patrum, ac veterum Romanorum Pontificum, præsertim Pii & Victoris primorum, necnon magni illius Oecumenici Concilii Nicæni, & aliorum Sanctiones, tria necessaria conjungenda, & statuenda esse, Primum certam Verni æquinoctii sedem; Deinde rectam positionem XIV. Lunæ primi mensis, quæ vel in ipsum æquinoctii diem incidit, vel ei proximè succedit; Postremò primum quemque diem Dominicum, qui eandem XIV. Lunam sequitur; curavimus non solum æquinoctium Vernum in pristinam sedem, à qua jam à Concilio Nicæno decem circiter diebus recessit, restituendum, & XIV. Paschalem suo in loco, à quo quatuor & eo amplius dies hoc tempore distat, reponendam, sed viam quoque tradendam & rationem, qua cavetur, ut inposterum æquinoctium, & XIV. Luna à propriis sedibus numquam dimoveantur.

§. 7. Quo igitur Vernum æquinoctium quod à Patribus Concilii Nicæni ad XII. Calend. Aprillis fuit constitutum, ad eamdem sedem restituatur, præcipimus, & mandamus, ut de mense Octobris anni 1582. decem dies inclusivè à tertia Nonarum usque ad pridie Idus eximantur, & dies, qui festum S. Francisci IV. Nonas celebrari solitum sequitur, dicatur Idus Octobris, atque in eo celebretur festum SS. Dionysii, Rustici, & Eleutherii Martyrum, cum commemoratione S. Marci Papæ & Confessoris, & SS. Sergii, Bacchi, Marcelli, & Apulei Martyrum. Septimo-decimo verò Cal. Novembris, qui dies proxime sequitur, celebretur festum S. Callisti Papæ & Martyris. Deinde XVI. Calen. Novemb. fiat officium & Missa de Dominica XVIII. post Pentecosten, mutata littera Dominicali, G. in C. Quintodecimo denique Cal. Novemb. dies festus agatur S. Lucæ Euangelistæ, à quo reliqui deinceps agantur festi dies, prout sunt in Calendario descripti.

§. 8. Ne verò ex hac nostra decem dierum subtractione, alicui quod ad annuas vel menstruas præstationes pertinet, præjudicium fiat, partes Judicum erunt in controversiis, quæ super hoc exortæ fuerint, dictæ subtractionis rationem habere, addendo alios X. dies in fine cujuslibet præstationis.

§. 9. Deinde ne in posterum à 12. Cal. April æquinoctium recedat, statuimus Bissextum quarto quoque anno (uti mos est) continuari debere, præterquam in centesimis annis: qui quamvis Bissextiles antea semper fuerint, qualem etiam esse volumus annum 1600. post eum tamen, qui deinceps consequentur centesimi, non omnes Bissextiles sint, sed in quadringentis quibusque annis primi quique tres centesimi sine Bissexto transigantur, quartus vero quisque centesimus Bissextilis sit, ita ut annus 1700. 1800. 1900. Bissextiles non sint. Anno verò 2000. more consueto dies Bissextus intercaletur, Februario dies 29. continente. Idemque ordo intermittendi, intercalandique Bissextum.

§. 10. Quò item XIIII. Paschalis rectè inveniatur, itemque dies Lunæ juxta antiquum Ecclesiæ morem ex Martyrologio singulis diebus ediscendi fideli populo verè proponantur, statuimus, ut amoto aureo numero de Calendario, in ejus locum substituatur Cyclus Epactarum, qui ad certam (uti diximus) aurei numeri normam directus efficit, ut Novilunium, & XIV. Paschalis vera loca semper retineant. Idque manifestè apparet ex nostri explicatione Calendarii, in quo descriptæ sunt etiam tabulæ Paschales secundum priscum Ecclesiæ ritum, quo certius & facilius sacro sanctum Pascha inveniri possit.

§. 11. Postremò quoniam partim ob decem dies de mense Octobris anni 1582. (qui correctionis annus rectè dici debet) exemtos, partim ob ternos etiam dies quolibet quadringentorum annorum spatio minimè intercalandos interrumpatur, necesse est Cyclus litterarum Dominicalium 28. annorum ad hanc usque diem usitatus in Ecclesia Romana; Volumus in ejus locum substitui eumdem Cyclum 26. annorum ab eodem Lilio tum ad dictam intercalandi Bissexti in centesimis annis rationem, tum ad quamcumque anni solaris magnitudinem accommodatum; ex quo littera Dominicalis beneficio Cycli solaris æquè facile ac prius, ut in proprio Canone explicatur, reperiri potest in perpetuum.

§. 12. Nos igitur ut quod proprium Pont. Max. esse solet, exequamur, Calendarium immensâ Dei erga Ecclesiam suam benignitate jam correctum atque absolutum hoc nostro Decreto probamus, & Romæ unà cum Martyrologio imprimi, impressumque divulgari jussimus.

§. 13. Ut verò utrumque ubique terrarum incorruptum, ac mendis & erroribus purgatum servetur, omnibus in nostro & S. R. E. Dominio mediate vel immediatè subjecto commorantibus Impressoribus sub

ANNO 1582. amissionis librorum, ac centum ducatorum auri Cameræ Apostolicæ ipso facto applicandorum: aliis verò in quacumque orbis parte consistentibus sub excommunicationis latæ sententiæ arbitrii nostri pœnis, ne sine nostra licentia Calendarium aut Martyrologium, simul vel separatim imprimere, vel proponere, aut recipere ullo modo audeant vel præsument, prohibemus.

§. 14. Tollimus autem & abolemus omnino vetus Calendarium, volumusque, ut omnes Patriarchæ, Primates Archiepiscopi, Episcopi, Abbates, & ceteri Ecclesiarum Præsides, novum Calendarium (ad quod etiam accommodata est ratio Martyrologii) pro divinis officiis recitandis, & festis celebrandis, in suas quisque Ecclesias, Monasteria, Conventus, Ordines, Militias, & Diœceses introducent, & eo solo utantur, tam ipsi quàm ceteri omnes Presbyteri & Clerici, seculares & regulares utriusque sexus; necnon milites, & omnes Christi fideles; cujus usus incipiet, post decem illos dies ex mense Octobris anni 1582. exemptos, iis verò, qui adeo longinquas incolunt regiones, ut ante præscriptum à Nobis tempus harum Litterarum notitiam habere non possint, liceat, eodem tamen Octobris mense in sequentis anni 1583. vel alterius, cùm primum scilicet ad eos hæ nostræ Litteræ pervenerint, modo à Nobis paulo ante tradito ejusmodi mutationem facere, ut copiosius in nostro Calend. anni correctionis explicabitur.

§. 15. Pro data autem Nobis à Domino auctoritate hortamur & rogamus Charissimum in Christo filium nostrum Rodulphum Romanorum Regem Illustrem in Imperatorem electum, ceterosque Reges, Principes, ac Respublicas, iisdemque mandamus, ut quo studio illi à Nobis contenderunt, ut hoc tam præclarum opus perficeremus, eodem, immo etiam majore, ad conservandam in celebrandis Festivitatibus inter Christianas Nationes concordiam, nostrum hoc Calendarium & ipsi suscipiant, & à cunctis sibi subjectis populis, religiose suscipiendum, inviolatèque observandum curent.

§. 16. Verùm quia difficile foret, præsentes Litteras ad universa Christiani Orbis loca deferri, illas ad Basilicæ Principis Apostolorum, & Cancellariæ Apostolicæ valvas, & in acie Campi Floræ publicari & affigi, & earumdem Litterarum exemplis, etiam impressis, & voluminibus Calendarii, & Martyrologii insertis & præpositis, sive manu Tabellionis publici subscriptis, necnon sigillo personæ in dignitate Ecclesiastica constitutæ obsignatis, eamdem prorsus indubitatam fidem ubique gentium & locorum haberi præcipimus, quæ originalibus Litteris exhibitis omnino haberetur.

§. 17. Nulli ergo omnino hominum liceat hanc paginam nostrorum præceptorum, mandatorum, statutorum, voluntatis, probationis, prohibitionis, sublationis, abolitionis, hortationis, & rogationis infringere, vel ei ausu temerario contraire. Si quis autem hoc attentare præsumpserit, indignationem Omnipotentis Dei, ac Beatorum Petri & Pauli Apostolorum ejus se noverit incursurum.

Datum Tusculi, anno Incarnationis Dominicæ 1581. sexto Kal, Martii, Pontificatus nostri anno 10.

LXXIV.

7. Novembre. *Declaratio* GREGORII *Papæ* XIII. *super Observatione Kalendarii nuper editi pro illis, qui de mense Octobri 1582. illud servare non cœperunt. Datum Romæ 7. Novembris Anno 1582 Pontificatûs sui 11.* [Bullarium Magnum Tom. 2. pag. 455. col 2.]

GRegorius Episcopus servus servorum Dei. Ad perpetuam rei memoriam.

Cupientes pro Pastoralis officii Nobis divinitus injuncti solicitudine, Calendarium nuper, cura & jussu nostro correctum atque editum, ubique locorum ab omnibus, qui illud propter diversa impedimenta, statuto die mensis Octobris proximè præteriti, observare non cœperunt, quam primum in usum recipi, & prout maximè expediens est, diligenter & exactè servari. Idcirco ne subsequens mensis Octobris, quod quidem nimis longum esset, expectetur: volentes vigilantiæ nostræ providentiâ, opportuna remedia hisce difficultatibus celeriter adhibere.

§. 1. Motu proprio, & ex certa scientia, maturaque deliberatione nostra, ac de Apostolicæ potestatis plenitudine, hac nostra perpetuò valitura Sanctione statuimus, præcipimus & mandamus, ut quicumque in quibusvis Regnis, Provinciis, Civitatibus, & locis constituti, Calendarium emendatum prædictum hactenus nondum observare cœperunt, illud modo & formula infrascriptis, semotis cunctis excusationibus, & impedimentis, omnino servent, videlicet, cùm perventum fuerit ad diem 10. Februarii anni millesimi quingentesimi octogesimi tertii, in quem cadit Dominica Quinquagesimæ secundum antiquum Calendarium, transitus statim fiat ad diem 21. ejusdem mensis Februarii, omissis decem diebus inter diem decimum, & diem 21. Februarii hujusmodi interpositis, quæ erit feria secunda post Dominicam Quinquagesimæ (mutata Littera Dominicali F. in B.) in qua dicatur officium, & Missa de S. Valentino presbytero & Martyre, cum commemoratione SS. Faustini & Jovitæ Martyrum, & S. Simeonis, Episcopi & Martyris, & feria tertia de Cathedra; proxima autem feria quarta erit dies Cinerum, atque hoc pacto nulla amplius erit discrepantia in Festorum, tam mobilium quàm fixorum celebratione.

§. 2. Verum quia difficile foret præsentes Litteras ad universa Christiani Orbis loca deferri, volumus quod illarum transumptis etiam impressis manu Notarii publici subscriptis, & sigillo personæ in dignitate Ecclesiastica constitutæ obsignatis, eadem prorsus indubitata fides ubivis gentium & locorum habeatur, quæ originalibus Litteris adhiberetur, si forent exhibitæ vel ostensæ.

Datum Romæ apud S. Petrum sub annulo Piscatoris, die 7. Novemb. 1582. Pontificatus nostri anno 11.

LXXV.

Concordata inter Archiepiscopum Salisburgensem, cæterosque per Bavariam Episcopos ab una, & WILHELMUM *Ducem Bavariæ à parte altera, mediante Nuntio Apostolico, de Jurisdictione Ecclesiastica, Clerique Immunitate. Actum Monachii die 5. Septembris 1583.* [ERTEL Chur Bayerischen Atlantis 2. Theil. absatz 12. pag. 286. LUNIGS Spicilegium Ecclesiasticum des Teutschen Reichs Archivs. fortsetzung ersten Theils pag. 1037.] 1583. 5. Septembre.

In Dei nomine.

NOtum sit universis & ad futuram memoriam pateat evidenter. Cum superioribus annis per reverendissimos in Christo Patres ac Dominos Archiepiscopum Salisburgensem Metropolitanum, cæterosque per Bavariam Episcopos, gravamina iis de rebus, quæ Jurisdictionem Ecclesiasticam, Clerique immunitatem concernerent, ad Sedem Apostolicam fuissent explicata, unde adductus sanctissimus Dominus noster Gregorius XIII. Pontifex maximus, per Reverendissimum in Christo Patrem, Dominum Felicianum, eo tempore Scalensem, nunc S. Agathæ Episcopum, qui tum ad superiores Germaniæ partes suæ S. Nuntius, cum potestate Legati a Latere destinatus erat, primum apud serenissimum Principem Albertum, Bavariæ Ducem, piæ memoriæ, anno Christi Salvatoris nati M. D. LXXVIII. deinde ab ejus obitu, cum successore filio Serenissimo Duce Guilielmo, de iis gravaminibus varie hucusque egisset, dictusque serenissimus Dux Guilielmus, pro sua in Deum pietate in Religionem Catholicam studio, & erga Ecclesiasticum Statum amore & benevolentia singulari, ad se maxime pertinere judicaret, curare & efficere, ut ea ipsa, quæ sic controversa viderentur, per Provincias ac ditiones suas, ad æquas & honestas rationes componerentur: facile probavit, ut ad ipsum Reverendissimum Dominum Nuntium Apostolicum Ordinarii Bavariæ huc convenirent. Itaque ubi ad præscriptum tempus, nimirum ad festum assumptionis Deiparæ Virginis Matris Reverendissimus in Christo pater D. Georgius a Kuenburg Coadjutor ac præpositus Salisburgensis in propria persona, & hujus alii Metropolis Episcopi per honestissimas Legationes comparuissent, de omnibus & singulis, in quibus gravari visi sunt, me-

ANNO 1583. mediante Reverendissimo Domino Nuntio Apostolico, ordine propositum est, & cum deputatis Serenissimi Ducis Consiliariis collatum ac deliberatum, donec hinc inde concordatis sententiis ac animis per Dei gratiam, omnia ista in septem capita redacta placide & amicabiliter componerentur, ordine ac modo sequentibus.

I. De Visitationibus & Juribus D. D. Ordinariorum in Bavaria.

Primum de Visitationibus ac Juribus Episcoporum. Ut Visitatio cum præscitu Principis, & adjunctis Ducalibus sive Commissariis, sive Consiliariis instituatur, ipseque Princeps de tantæ molis negotio intra Provinciarum suarum fines conficiendo certior fiat, æquum judicatur in tribus casibus. Primo, ubi Laici simul cum Clericis visitandi & examinandi erunt. Secundo, ubi in visitatione temporalium rerum tractatus suscipiatur. Tertio, si quando solius etiam Cleri visitatio, tamen generalis, seu universalis instituenda videbitur. Ac tum Commissarii Ducales, qui examini Ecclesiasticarum Personarum interfuturi sunt, ut ipsi quoque sit Ecclesiastici status, conveniens erit, nisi urgentes causæ postulent, ut propter rerum temporalium maxime concurrentiam seculares quoque personæ addantur. Quarto vero casu, ubi reverendissimi Domini Ordinarii visitationem frequentabunt particularem, ac pro sui officii ratione in clerum ac utriusque sexus religiosas personas, circa Religionis negotium ac disciplinam Ecclesiasticam inquisituri sunt, rem per se soli, suo suorumque arbitratu administrabunt: atque in omnibus supradictis visitandi casibus, serenissimus Dux promotionis studium & brachii secularis auxilium benigne prompteque offert.

Quod si Prælati de mala rerum temporalium administratione suspecti fiunt, Principes pro Interesse suo ab iis, vigore immemorabilis usus, ac indulti specialis, sicut etiam ipsi Ordinarii quoque, vel visitationis tempore vel alio, rationes exigere possunt. Ut sic communi consilio & opera Ecclesiarum commodum procuretur. At loca illa a neutra parte itineris expensis graventur. Itidem curetur pari opera circa Rectores seu Parochos Ecclesiarum sive Hospitalium, de bonorum temporalium dissipatione accusatos, scilicet visitationis vel alio tempore. Haud prohibeatur etiam Clerus Ordinariis subsidia charitativa & alia jura Episcopalia tribuere: dummodo non fiat insolita exactio, aut præter antiquarum Transactionum formulam. Ut ne vero vitrici Ecclesiarum, aliorumque piorum locorum Præfecti, redditus ac proventus eorundem pro lubitu dissipent, in iis observabitur quod in Ratisponensi reformatione, Anno Domini M. D. XXIV. publicata decimo octavo provisum legitur in hunc modum: Ut autem Christi fidelium Eleemosinæ in usum, quo erogantur, vertantur, non liceat procuratoribus seu vitricis fabricarum in singulis Ecclesiis quicquam de pecuniis ad fabricam provenientibus distribuere, aut in ædificiorum seu alterius rei usum dispensare, sine Rectoris scitu, sed ad armaria fabricæ reponantur, ut hactenus servatum est, duobus vel tribus clavibus, pro loci consuetudine tenendis, quarum una ipsi Rectori servanda tradatur, observato usu in clavibus, & rationibus reddendis à Principibus & Superioribus hactenus recepto.

II. De Electionibus & Confirmationibus Prælatorum.

Secundo: Quod ad Electiones Prælatorum, mortuo Prælato ad utrumque & Ecclesiasticum & secularem Magistratum referatur, qui inter se conveniet de die electioni constituenda. Cujus electionis tractatui intererunt Ducales Commissarii, ipsi autem electioni non aliter, quam si in Compromissarios seu scrutatores assumantur, atque ubi Electio canonice processerit, & electus statim confirmari debebit Principis nomine qui adsunt electioni factæ assensum præstabunt. Si vero ex intervallo confirmatio seu institutio petenda erit, tum electus & confirmandus approbationis seu assensus Literas Ducales secum feret. Nec etiam vacanti alicui Monasterio Principis nomine dabitur, aut imponetur administrator sine Ordinarii consensu.

III. De Personarum Ecclesiasticarum delictis & pœnis. ANNO 1583.

Tertio: De personis Ecclesiasticis, ita est conventum, quod Clerici delinquentes ad Ordinarium quisque suum, vel deputatum ab Episcopo remittantur, quod si iis ab Episcopis pecuniaria pœna fuerit irrogata parte ejus aliqua Notariis causæ ac Pedellis cessura, residuum in Ecclesiarum fabricas, vel similes pios usus, intra Bavariæ fines collocetur, ideoque significabunt Ordinarii Præfectis in quanto mulctaverint, ne intercipiantur istæ pecuniæ. Deprehensi vero Clerici cum prohibitis armis, in amissione eorum, a magistratu seculari plectentur. Laici quoque Provinciales, ubi ex causa citationi inserta, spirituale esse negotium constiterit, comparere non prohibebuntur: sed contumaces in comparendo pœnis potius coercebuntur & adigentur. Ac de Clericis percussoribus, ubi conveniendi puniendique ii sint, jam supra commemoratum est. Laici vero percutientes Clericum, ut ultra pœnam à sæculari Magistratu irrogatam, etiam absolutionem Canonicam petere teneantur, tanquam juri consonum recipitur. Clericus porro delinquens, nisi criminis atrocitas exigat aliud, de sistendo se apud suum Ordinarium, vel ejus Delegatum suæ promissioni, vel ubi fugæ aliqua suspicio est, fidejussoriæ cautioni committetur. Ac si delicti qualitas capturam postulet, in traductione tamen superfluus sumptus ac quantum diligentis custodiæ ratio ac necessitas patitur, Ordinis irreverentia vitabitur. Interim autem providendum, ne captivus in ædibus suis aut bonis jacturam vel damnum patiatur, nisi ipse per suos prospiciat.

IV. De Collatione Beneficiorum Ecclesiasticorum.

Quarto: Circa Beneficiorum Collationem. Omittetur primum Ducale examen, quod subierunt hucusque Sacerdotes, quibus animarum cura commendata fuerat, sed finem in eo examine quæsitum præstabit Episcopalium examinum rigor ac frequens visitatio. Ita quoque ut Sacerdotes ad animorum curam admittendi pro respectu ac necessitate loci, ad quem mittendi fuerint, denuo ab Episcopis examinentur, suæque sufficientiæ testimonium investituris inseratur. Jam ubi per Ecclesiasticam personam, ex Episcopi delegatione beneficiatus in possessionem inducitur, Præfectus loci sæcularis adhibetur, (quod vulgariter den Einsatz vocant) ut Principis loco assensum temporalis Administrationis, sicuti hactenus consuevit, præstet. Ad quam rem ex regimine cujuscunque loci permissionis literas (quas Possess-Brieff dicunt) beneficiati requirent. Præfecto tamen ipsi, pro impertita opera, ultra Taxam statuti Provincialis recentis, nihil prorsus præstabunt. Ut autem Clerici vel resignent dignitates & beneficia Ecclesiastica secularibus absque præscitu & consensu Ordinariorum, aliique ad eandem promoti, ante Ordinarii confirmationem & investituram, administrationem eorum, suscipiant: vel vacanti Beneficio aut dignitati Magistratus secularis sua quadam authoritate provideat, id vero nunquam admitti debet. Pontificii quoque mensis jus præscriptum non extendet Serenissimus Dux ad ea beneficia in quibus alteri Jus Patronatus competit. Et quia de paucioribus forte adhuc disceptari contingit, inibitur utrinque talis controversiæ sopiendæ commoda aliqua ratio.

V. De Personis & Bonis Clericorum.

Quinto: De personis ac bonis Clericorum: Primum Angariarum usus ita temperabitur, ut in gravius Ecclesiarum dispendium non cedat. Deinde in contractibus super rebus Ecclesiarum celebrandis, pro eorum legalitate utriusque superioris consensus requirendus est. Etsi seculares per Bavariam de offertoriis, eleemosinis, & aliis rebus ad Ecclesias oblatis, per se simpliciter disposuerunt, vel Præfecti, Judices, Provincialesque seculares, cum Possessio daretur Clericis, aut annui celebrantur rusticorum conventus, quos Ehehafft appellamus, Sacerdotibus & Parochis graves fuerunt hucusque, id ut in posterum ne fiat: Et tales conventus in parochialibus ædibus non amplius celebrentur, per Serenissimum sedulo curabitur. Sic etiam in causarum decimalium cognitione, Ordinariis Jus suum conceditur. Eæ tamen in certis casibus a Jure permissis, ad secularem quo-

ANNO 1583. que Magistratum spectant, puta in iis decimis, quæ jam effectæ sunt juris Laici: ac ubi vel uterque vel reus tantum Laicus est: Item in contractibus decimalibus temporariis, scilicet ubi fructus tantum decimarum ad tempus venditi locative sunt, atque etiam in casu soluti, vel non soluti, & in possessoriis ubi nuda facti questio est, nihilque proprietatis admixtum continetur, & similibus casibus, de quibus ad jus ejusque Interpretes relatio habeatur. Querelæ denique circa secularem super bonis Ecclesiasticis sigillationem remedium adhibet novum Statutum Provinciale, ut scilicet Prælatis & Clericis super fundis suis sigillandi Jus regulariter competat. Ac ubi Præfecti Ducales, vel alibi ab antiquissimo tempore hoc Jus præscripserunt, ut tamen indemnitati Ecclesiarum consuleretur, nec tunc solis sigillare licet, sed fundi Dominus pro consigillando semper est requirendus.

VI. De Testamentis Clericorum.

Sexto, super Testamentis Clericorum transactum est superiori tempore, nimirum a Christi nativitate M. D. XXXIX. inter Episcopum Ratiponensem Pancratium, & Ludovicum Bavariæ Ducem, quæ quidem formula cum Reverendissimo & Illustrissimo Cardinali Tridentino, Legato nuper in Comitiis Augustanis, atque ipsi quoque Reverendissimo Domino Nuntio Apostolico visa sit discreta & æquitati consona huc quoque accepta est ab omnibus æqualiter observanda, eaque sic se habeat:

Clerici, qui legitimo Testamento confecto mortem obeant, bona relicta Testamentarii, sive Ecclesiastici ii sint sive seculares, describant, ipsum Testamentum Vicario Ratisponensi pro confirmatione offerant, illudque deinceps exequantur, nec tamen id alio, quam eo loco, ubi Sacerdos vita functus est, bonaque ista relicta sunt: Ubi vero quis intestatus decedat, tum vel Vicarii Ratisponenses vel officiarii Ducales, ad quos primum de obitu perlatum fuerit, bona relicta obsignent etiam absente altera parte: ad quam tamen de eo statim referatur, ut deinceps communi consilio diem statuant in qua Inventario simul ab iis confecto Creditoribus ante omnia satisfiat, cum residuo id agatur, quod Ratisponensis reformatio jam antea edita præscribit, sumptusque majores & gravamina hæreditati minime imponantur diutius; hæc ex Transactione illa, in reliquis stetur dispositioni Juris communis & consuetudini loci. Et ne quid desit hoc loco, etiam Reformationis Ratisponensis caput hic allegatum, quod XXIII. est, addere libuit, quod ita habet: Inhibemus insuper, ne imposterum Episcopi Clericis legitimis, ab intestato decedentibus, in patrimonialibus bonis seu industria propria acquisitis, succedere possint ac debeant.

VII. De causis matrimonialibus.

Ultimo causæ matrimoniales æque ac aliæ liquido consistoriales foro Ecclesiastico libere committuntur, sic etiam pœnitentiarum injungendarum judicium, Ordinariis, eorumque Deputatis in populo Catholico liberum semper erit: Si tamen delicti qualitas, & persona conditio satisfactionem pecuniariam imponendam suaserint curabunt ii, ut ea pecunia ad pios usus intra Bavariæ fines collocetur. Atque hæ sunt de quibus inter Reverendissimos Dominos Coadjutorem Salisburgensem Metropolitanum, aliosque istius Provinciæ Episcopos, ac Serenissimum Bavariæ Ducem Gvilielmum, amicabiliter & placide conventum est in iis, quæ Ecclesiasticæ Jurisdictionis esse censebantur. In quæ quidem Concordata eatenus consentit pientissimus Princeps, ut tamen in casibus non expresse specificatis, sibi Jus suum reservet, ac, quod jam testatissimum esse vult etiam in expressis casibus eo usque conventis stabitur, dum Reverendissimi Domini Ordinarii, quod liberaliter pieque pollicentur, & sua Serenitas plane confidit, ita rem per se vel suos administrabunt, ut Catholicæ Religionis profectus, ac circa Clerum Ecclesiasticæ Disciplinæ nervus conservari possit: sin quid secus ipsi aut remissius egerint, vel etiam aliquas prætactarum conventionum jam supra memorato instituto, ac proposito fini minime deservire ostenderit sequens usus certissimus legum & consiliorum explorator, Princeps tunc pro sua pietate, & publicæ salutis cura, de opportunis & efficacibus remediis vigilantissime curabit semper. Atque hæc quoque ea ratione Reverendissimi Domini Ordinarii admittunt, ut in casibus tamen hic non expressis, vel declaratis, atque in iis, in quibus aliqui ex Dominis Ordinariis peculiares habent cum Serenissimis Bavariæ Ducibus Transactiones, Jus suum sibi conservant, & dato, quod absit, casu, quo Ordinarii etiam admoniti, officio suo minus fecerint satis, tunc hæc Juris communis, & sacrorum Canonum dispositionibus relinquantur. Quibus tamen protestationibus utrinque factis non obstantibus, iisque quo de jure valere possunt, modo, vel non in suo vigore relictis, in supra specificatis negotium hoc in præsentiarum amicabiliter compositum sit & maneat. Acta sunt hæc Monachii & concordata penitus, quinto die Septembris, Anno Christi Salvatoris nati, M. D. L. XXXIII. præsentibus Reverendissimis in Christo Reverendis, Generosis, Nobilibus, Doctissimis & Clarissimis Viris sequentibus. ANNO 1583.

Primum Metropolitanæ Ecclesiæ Salisburgensis nomine, cum ipso Reverendissimo D. Coadjutore sæpedicto, D. Sigismundus Fridericus Fuggerus, Baro in Kirchberg & Weissenhorn, Decanus P. Sebastianus Cathaneus Dominicanus, Theologus & D. Balthasar Hofinger J. U. D. Consiliarius. Ex Frisingensi Ecclesia D. Bartholomæus Schollius, S. Theologiæ L. Episcopus Duriens. Suffraganeus, &c. D. Ludovicus Schrenckius J. U. D. Canonicus, Vicarius & officialis, ac S. Andræ Frisingæ Præpositus.

Pro Ratisponens. Ecclesia D. Sbineo Bercka Baro de Duba & Leippa &c. Administrator Episcopatus Ratisponens. Præpositus Wissegraden. & Oettingen. Protonotarius Apostolicus & Sanct. Dn. nostri Cubicularius, D. Joannes Baptista Pihelmair S. Theologiæ D. Episcopus Almirensis Suffraganeus.

Cum Pataviens. Ecclesiæ mandatis, Hector Wegmann S. Theologiæ L. Episcopus Symbaliens. Suffraganeus & Officialis, Præpositus Ilcensis. D. Antonius Fabricius, S. Theologiæ D. Decanus. D. Wolffgangus Mollius J. U. D. Consiliarius. D. Caspar Heldius, Congregationis Notarius.

Chimen. quoque Episcopi vice, supradicti D. Fuggerus, Decanus & P. Cattaneus. Ex parte vero Serenissimi Ducis Bavariæ, D. Georgius Lautherius, S. Theologiæ Doctor, Præpositus Monachiensis & Canonicus Pataviensis. D. Christophorus Elsenhaimer in Hampersperg J. U. D. supremus Bavariæ Cancellarius, Præfectus in Fraunstein. D. Sebastianus Francius, S. Theologiæ L. Decanus Monachiensis & Canonicus Frisingensis.

D. Antonius Welserus, Canonicus Monachiensis. D. Joannes Chrysostomus Kraisser, Jur. Utr. Doctor, Cancellarius Burckhusiensis. D. Casparus Lagus in Erlhouen. Jur. Utr. Doct. & Professor Ingolstadiensis. D. Theodorus Peisser in Magersdorff Jur. Utr. Doctor. & Erasmus Vendius, omnes Consiliarii Ducales.

Et in horum omnium perpetuam memoriam istorum Concordatorum pro singulis partibus singuli scripti sunt libelli, quibus Reverendissimus Dn. Coadjutor & Præpositus Salisburgensis ac Serenissimus Dux Gvilielmus, ad propriæ manus subscriptionem sigilla quoque sua secreta appendi curarunt, atque ipse Reverendissimus Dominus Nuncius Apostolicus manum sigillumque suum addidit. Quod felix faustumque accidat & Religioni & Reipublicæ Bavaricæ. Amen.

LXXVI.

Testament des Durchlauchtigsten Fürsten/ Ertz-Hertzog CARLS von Oesterreich/ worinnen er seine mit Frauen MARIA, gebohrnen Pfaltz-Gräffin am Rhein erzeugte Herren Söhne FERDINAND und MAXIMILIAN, wie auch sechs Töchter zu Erben seiner Land und Leuth einsetzet/ und zwar also/ daß der Aeltist Ertz-Hertzog FERDINAND, und wo dieser ohne männliche Erben abgienge/ MAXIMILIAN, und so fort allezeit der älteste in Steyr/ Kärnthen/ Crain, Görtz/ Trieste/ Gradisch und St. Veit succediren/ alle Theilung aber der Lande vermieden bleiben solle: 1584. 1. Juin.

Seine

ANNO 1584.

Seine hinterlaßende wahrnuß verordnet er unter seine 2. Söhne zu theilen/ und will/ daßeinem jeden der jungern Söhne 20000. floren jährlich Einkommens und ein gelegener Ort zu einer Wohnung, und Hofhaltung ausgezeichnet werde: Die Töchter anlangend/ diesen solle/ solang sie onverheyrathet bey ihrer Fr. Mutter verbleiben/ ihre nöthige Unterhaltung gericht werden/ dabey bindet er ihnen ernstlich ein/ keine andern als allein Fürstliche Catholische Persohnen zu heyrathen/ in welchem fall er einer jeden 45000. floren Heyrath-Gut und an Clainodien und Kleydungen 15000. floren werth für Vätterliches Gut zur abfertigung assignirtl dagegen sie/ wie bey dem Ertz-Hertzogthumb Oesterreich gebräuchlich/ renunciiren sollen: Würden aber Söhne oder Töchter die Catholische Religion verändern/ bleiben sie von aller Succession, ausgeschloßen/ auch aller Unterhaltung und Hülff privirt: Nicht weniger will er/ daß niemand zu Aemtern und Diensten/ als nur Catholische sollen gezogen werden. Geben Grätz den 1. Junii 1584. [Tiré des Archives de la Regence Archi Duca le d'Autriche à Inspruch.]

C'est-à-dire,

Testament de CHARLES *Archi-Duc d'Autriche par lequel il institue ses Fils & ses Filles nés ou à naitre de son Mariage avec la Princesse* MARIE *née Comtesse Palatine du Rhyn, pour ses heritiers l'un au défaut de l'autre en tous ses Estats, Provinces, & Sujets, en sorte que* FERDINAND *l'aîné lui succedera en Stirie, Carinthie, Carniole, & Comté de Gorice, comme aussi aux Villes de Trieste, de Gradisca, & de St. Vit. lequel venant à mourir sans enfans males, ladite succession passera à son second Fils* MAXIMILIEN, *& ainsi toujours d'aîné en aîné; qu'à l'égard de ses Meubles, ils devront estre partagés entr'eux; que chacun de ses Fils Cadets aura pour sa subsistance un Revenu annuel de 20 mille Florins lequel lui sera assigné avec un Domicile convenable à un Prince de sa Maison, que ses Filles demeureront, tant qu'elles ne seront point mariées auprès de leur Mere, où l'on devra leur fournir tout ce qui sera nécessaire à leur entretien; que leur Dot, quand elle se marieront sera, de 45. mille Florins; avec 15 mille Florins en habits ornements, & Bijoux, ce qui leur tiendra lieu de Patrimoine, & moyennant quoi elle devront renoncer à toute succession selon la coutume de la Maison d'Autriche; que de plus elle ne pouront se marier qu'à des Princes Catholiques, & que si l'un des Fils ou des Filles susdits, vient à changer de Religion, ils seront de ce moment là, exclus de tout entretien, & assistance. À Gratz le 1. Juin 1584.*

In dem Namen der Heiligen unthailten Dreyfaltigkeit/ des Vatters/ des Sohns und heiligen Gaists/ der ainigen/ wahren ewigen Gottes/ amen!

WIr CARL von Gottes Gnaden Ertz-Hertzog zu Oesterreich/ Hertzog zu Burgundi/ Steys/ Kärndten und Crain/ Grave zu Tyrol und Görtz rc. bekennen wie wir für uns genommen und betracht haben das zeschlipfrig zergänglich Leben dieser Welt/ darinnen nichts gewißers dann der Tod/ und nichts ungewißers/ dann die stund des sterbens/ wann und wie uns Gott der Allmächtig aus diesem Elend abfordert: Und demnach auch in bedacht/ daß wir nunmehr aus Göttlichen Gnade die beste zeit unsers zergenglichen Lebens henburch gebracht/ und daß darinn wir als menschen aus Göttlicher Fürsehung die Schuld der Natur bezahlen sollen/ herzu nähern werde/ zumahl weil wir alhie khain bleibende statt/ sonder als Pilgram und wanderer immer anderen und ewig werenden zuezichen/ wir nicht unbillig bewegt werden/ zugleich Gott und der Natur zu gehorchen/ und aus den mühseligkaiten dieser Jammerthals gantz willig und gern zu der von Gott angebottenen ewigen Ruhe ainmals zu begeben/ der Natur auch das ihrig widerfahren zulaßen; Ja zugleich als ein stetter unnder gast dieses elenden Lebens unsern abzug von dannen mit fröhlichem gemüth zunemen. Damit aber solches desto bequemer beschehen möge/ haben wir für notwendig erachtet/ bey guter zeit und weyl den wanderpindel zuzurichten/ und nemlich dasjenig/ so wir nach unsern hinschaiden unserer unsterblichen Seelen/ des verwesenlichen Chrpers und zeitlichen Gueter halben zustattuiren und zu beschehen vermainen/ zuvor anzuordnen/ und uns also wie ain Wanderer allerdings auf die Raiß zu staffieren und fertig zu machen. Nachdem aber one Göttliche Hilff nichts recht angefangen noch vollendet werden kan/ so bitten sein Allmacht wir hiermit gantz demütiglich anietzo/ als gütiger und gerechter Gott mit seiner Gnad dermaßen gegenwertig zu seyn/ damit wir in diesen unsern vorhabenden Testament und letzten Willen recht und ordentlich disponiren/ auch nichts schreiben oder verordnen/ so der Billigkeit zu wider/ oder jemanden zum Krieg und Rechtfürung verursache.

Vor allem aber/ weil nach Absterben der Menschen/ sonderlich bey diesen verwirrten laidigen Zeiten allerley von derselben Religion und Glauben geredet/ also daß zu mehrmalen auch die bewusten wolbekandten Catholischen und höchsten Häubter der Christenheit/ wie Gottselig und christlich dieselbe immer abgeleibt/ bey den Secten und Ketzern dannocht dahin/ als ob sie zur Zeit ires Abschaidens von irem hievor bekhenten Catholischen Glauben abgefallen/ und sich zu der neuen vermainten Religion begeben/ fälschlich und nicht one sondere Schmach der frommen abgestorbenen/ ausgeschrieben worden/ seynd wir zu Verhüttung deßelben/ auch damit meniglich unserer Religion und Glaubens-bekhantnuß waren Grundt auch lauttern Bericht haben mögen/ höchlich verursacht und gedrungen/ uns folgender gestalt hiemit öffenblich zu erklären:

Anfänklich bekennen und glauben. Wir von Grund unsers Hertzens alles das/ so in den C. Catholischen und Apostolischen Symbolo begriffen ist/ und die C. Röm. Kirch allenthalben implicite & explicite bevilcht zu glauben/ zumal auch alles dasjenig/ so von den C. Canonen und allgemeinem Concilio zu Trident zu glauben fürgehalten/ gebotten/ beschloßen und erkläret ist/ mit Verwerf- und Verfluchung zugleich aller Lehr/ Secten und Opinionen/ wes Namens und Condition sie immer seyndt/ die obgeschriebenen Stükhen entgegen und zu wider weren diesem wahren Catholischen Glauben (außerhalb welches ainiche Seligkait nicht zuegewarten) den wir alhie zugegen freywillig und standhafft bekennen/ denselben/ wills Gott/ wollen wir gantz unverlezt bis an unser letstes Ende vestlich halten und bekennen/ also/ obschon zur Zeit unsers Sterbstündleins die Anfechtung so groß/ daß wir bey unserm Verstandt nimmer wären/ und aus Schwächung oder Mangel der Vernunfft wider den jetzgemeldten Glauben handeln würden/ daß doch solches alles zugleich cassiert/ annulliert und für verwerffig erkent werden solle. Neben dem wißen und erkennen wir unß auch mit allen Menschen ainen armen brechhafftigen Sünder/ der wir wider die Gebott Gottes und die Lieb unsers Nechsten vielfältig gehandelt/ und damit nach dem gerechten Urthel Gottes nit allein den zeitlich/ sondern den ewigen todt und Zorn Gottes wol verschuldt hätten; Dieweil wir aber aus Gottes Wort underrichtet/ entgegen auch wißen/ daß der Allmächtige Gott unß Arme Sünder so hoch und also geliebet/ daß er seines eingebornen Sohns und Haylandts Jesu Christi nit verschonet/ sondern denselben bis in den todt des Creutzes dargeben/ auf daß alle die in Jne glauben/ nicht verloren/ sondern durch Jne das ewig Leben haben sollen/ so bekennen wir hiemit vor Gott dem Allmächtigen/ unß alles das jenige/ so wir die Zeit unsers Lebens wider seinen Göttlichen willen vielfeltig und sündlich mit Gedanken/ Wortten und Werken/ auch Unterlaßung des Guetten/ begangen haben/ unß hertzlich rew und laid zu seyn/ mit inbrinstigen wunsch und Verlangen/ daß wir dieselben alle durch ordenliche Catholische Ohrenbeicht/ auch ware Christliche Reue und Bueß alhie also ablegen/ und die übrige Zeit unsers Lebens/ so unß aus Göttlichen Gnaden noch verlichen würde/ also Christlich und Gottselig zuebringen/ damit wir als dannen von diesem Jammerthal rain von Sünden abschaiden/ und in jhener Welt vor dem strengen Richterstuel Christi in dem Cristum hemetlein/ welches uns in H. Tauff geben ist worden/ als ein unvermailigtes Kindlein erscheinen/ und so wohl der zeitlichen als der ewigen Straff überhoben seyn/ auch mit klarificierten Leib die ewige Gottheit mit allen Außerwählten loben und preisen mögen. Wie wir unß dann und beyneben in allweg des bittern Leidens und Sterbens Jesu Christi unsers Erlösers und Hailandts auch der wehrten Muetter und immerwährenden rainen Keuschen Junkfrauen Maria und aller lieben Heiligen Gottes fürbitt trösten zu geniessen/ und durch daßelbig selig zu werden verhoffen. Bevelch auch auf diese veste Zuversicht und Hoffnung dem Allmächtigen Gott jetzo und allezeit/ im Leben und Sterben unsere arme Seel in sein Grundtlose Barmhertzigkhait/ Amen!

ANNO 1584.

In

ANNO 1584.

In diesem H. Catholischen Glauben nuhe / in welchen unß Gott der Allmechtig bey diesen letsten versuerischen Zeiten so gnädig und Vätterlich bishero erhalten / wollen wir / vorgemeldter Ertz-Hertzog Carl zu Oesterreich / gesunds Leibs / bey guetter Vernunfft / witz und Sinnen / auch der Zeit / da wir solches zuthun guet fug / Recht und Macht gehabt / unser Testament und letzten Willen in bester form / wie das immer am krefftigsten und bestendigsten seyn solle / kan oder mag / freywillig und unbezwungen hiemit geordnet und gemacht haben wie volgt:

Erstlich / wann Gott der Allmechtig über lang oder kurtz über unß pieten / und unß aus diesem Zächer-thall zu sich fordern würde / soll unser Leichnam in ain Sarg gelegt und in das Ehrwürdig Gotts-hauß Seggaur / in der Obern Steyrmarck gelegen / ehrlich und wie sichs gebürt / gefüert und belaittet / daselbst in die Thumb-Kirch und Capelen / da unsere abgeleibte fürstliche Kinder alberait ligen / mit gewöhnlichen und unserm Stand gebürenden Ceremonien ins Grab gelegt / also auch die Begenknus des ersten / siebenden und dreissigsten / nach Christlicher Röm. Kirchen Ordnung andechtiglich gehalten / volgends am selbigen Ort (wo solches in unserm Leben durch uns selbst nit beschehe) uns ain Epitaphium oder Grabstain aus roten und weißen Marmel sauber gemacht / darauf unser Titel / Namen / Herkommen / auch Jahr / Tag und Ort unsers Absterbens gehauen und aufgericht werden: Wie dann auch unser Will und Mainung ist / daß am selbigen Ort unserer Begrebnus ainhundert armer Leuth / die unsers alten wahren Catholischen Glaubens seyn / in schwartzen langen Röcken geklaidet und mit brennenden gelben Wachs Kertzen in iren händten den gantzen Kirch-Ort bey unsrer Begrebnuß ordenlich bey einander kniend Gott in aller demüthigen andacht für uns und unserer lieben Vor-Eltern Seelen bitten sollen.

Damit auch unserer armen Seelen Hail nach mehrers befürdert / ordnen und wollen wir / daß zu Trost und Hülff derselben in obberürter Capellen unser Begrebnus durch ainen Chor-Herrn des Gotshauß und Ordens alle Tag / und also fortan zu ewigen zeiten / so viel sich one und außer der hochen Fest immer thun läßt / ain Seel Ambt andechtig gesungen / und derwegen mit dem Probst daselbst zu sein billigen Benügen mit Verstifftung ainer Gült oder hinausgebung ainer gebürlichen Recompens / in Paren Geld / durch unserer Erben abkommen / auch ob solcher Stifft zu ewigen Zeiten steiff und vest handtgehabt werde.

Zum andern / das Zeitlich belangend / Nachdem uns der Allmechtig neben andern zeitlichen Gaben aus sondern Vätterlichen Gnaden mit Landen / Leuthen und Ohrten begabt / wir auch vermög Göttlichen Segen mit der Durchleuchtigen Fürstin / Frauen Maria Ertz-Hertzogin zu Oesterreich / gebornen Pfaltz-Gravin bey Rhein / Hertzogin in Bayern / unserer freundlichen hertzliebsten Gemahel in Standt der heiligen Ehe die hernach benennen Kinder / so noch Gottlob im Leben / erworben / als nemblich zween Söhn Namens Ferdinandt und Maximilian / auch sechs Döchter / Anna Maria / Christerna / Catharina Renna / Elisabetha / Gregoria Maximiliana und Leonora / so ordnen und setzen wir / wie one das von Gott / der Natur und allen Rechten billig ist / ermelte unsere liebe Söhn und Döchter so als obstehet / in Leben / auch Wir noch künfftig haben oder überkommen möchten / zu unsern unwidersprechlichen / rechten / natürlichen Erben / nach unserm tödlichen Abgang / aller unserer Fürstenthumb / Land und Leuth / ohne meniglichs Irrung und verhinderung erblich zu besitzen / zu regieren zu niessen und zu handlen / als solches hernach begriffen und ausgeführt ist.

Nemblich soll obgemelter unser Sohn Ertz-Hertzog Ferdinand / als jeziger Zeiten der älter / und nach ihme / wo er zu unsern Sterbs-Zeiten nit im Leben / und eheliche Leibs-Erben / das Söhne wären / nit verliesse / unser ander Sohn Maximilian hieob vermeldt / und nach demselben / wo er / one Männliche Leibs-Erben zu verstehen / abgehen würde / allzeit der Eltist unter unsern Söhnen / wover er anderst Alters und anderer Gelegenheiten halber zum Regieren qualificiert und tauglich / unsere drey Fürstenthumb und Lande / als Steyr / Kärndten / Crain / die Grafschafft Görtz / die Stadt Triest. Gradisch und St. Veit Pflaumb einnemen / dieselben samt iren Zugehörungen / als wirs in unsern Leb-Zeiten innengehabt / regieren / inhaben / besitzen / nutzen und niessen / auch unverhindert der andern unser Sohn und Dochteren darbey verbleiben / wie wir dann solche Succession jeztermenter sonderer massen / in Crafft unsers Hauß Oesterreichs wohlhergebrachten Freyhaiten / auch aus sonderbaren fürtreflichen wichtigen Ursachen also verordnet / und sie unsere liebste Sohn hie ob vermeldt / aus rechter wahren Treu hiemit gantz Vätterlich vermahnet und ersuecht haben wollen / daß sie unsere und ihrer Vorfahren fueßstapffen gehorsamblich und guetwillig nachvolgen / und die Zerthailung obgemelter unserer Lande und anderer benenten Stukhen inn selbs / auch gedachten iren Landen und Leuthen zu Ehren / Nutz / Trost und Wolfart / gleicher weiß umbgehen und vermeiden / sich einträchtiger / gehorsamer / ungethailter / brüderlicher friedsamer Regierung befleißigen und gebrauchen wollen.

Damit aber fürs dritte / auf einen solchen fall auch die anderen unsere Sohn / so wir mer als ainen verließen / auch die Dochter irem erleuchten Herkommen und Stand gemäß / gepürlich erhalten / und sie irer Notturfften nach Gelegenheit derselben Zeit und anderer Umstände gehaben mochte / so solle obbemelte unser geliebte Gemahlin / da sie anderst noch im Leben / mit Rath unserer hernach benenten Gerhaben und Executorn als unser baiden nechsten Befreundten / auch etlicher der Vertrautisten unserer vornemen Räthe und Landleuth / erstlichen unser hinterlaßene Warnung zwischen unsern Sohnen zugleich verthailen / und dann in Sachen ein Ordnung / Vergleichung und freundlichen Vertrag zwischen gedachtem unsern eltisten Sohn und denen andern seinen Brüdern und Schwestern aufrichten / darinnen fürgesehen und betracht werden solle / wie / wo und auf welchen weeg jedweder aus den jüngern Söhnen zu seiner fürstlichen Unterhaltung in die zwaintzig tausend floren jährlichs einkommen / sambt ainen gelegnen Ort zu ainer Wohnung und Hofhaltung ausgezaigt / auch sie die Döchter / weil sie je aus zuvor angedeuten Ursachen auf ainen solchen fall zum Regiment der Lande nicht kommen mögen / irem Fürstlichen Stand gemäs gepürlich unterhalten und versehen werden. Sonderlich wäre unser Wille und Mainung / daß unsere libe Döchter / so lang sie nit verhäurat / bey offtgemelter unserer geliebsten Gemahl / irer frommen Frau Muetter / verbleiben und inen die Notturfft ain und den anderen der Gepür nach / ohne Entgeltnis Ir unserer Gemahl / von dem unserigen ordentlich geraicht / und sie dießfalls / wie auch in ander weg unclaghafft gehalten werden sollen.

So viel aber die Verhäuratung berürter unserer lieben Döchter anlangt / ist unser Will und Meinung / daß dieselben kainen andern / dann allein Fürstlichen Catholischen Personen / so unserer wahren / uralten Röm. Religion in allen zugethan / verehelichet / also wann durch Gottes gnädigen Segen aine oder mehr mit Rath und willigung unserer liebsten Gemahl / wie auch der andern nächsten Freund und Gerhaben / sich mit einer Fürstlichen Catholischen Person gehörter maßen verheuraten würde / so solle einer jeden under inen zu rechtem Heurath-Guet fünff und viertzig tausendt floren / und dan in Klainotern / Claidungen und dergleichen Notwendigkeiten auch funffzehen tausend floren werth für Vätterliches Guet zur Abfertigung gegeben und bezahlt / ire Verzichten aber so sie dargegen herauszugeben schuldig / sollen auf die form und Weiß / wie solches bey unserm löblichen Hauß Oesterreich bis hero in üblichen gebrauch erhalten / und von Alter Herkommen / gestelt werden: Doch daß auch über obangezeigte zwo Posten / so sich auf sechzig tausend floren erstrecken / der Uncosten so auf haltung der Hochzeit auflauffen möchte / besonder war aus unsers geliebten Sohns / so zu derselben Zeit am Regiment seyn würde / aignem Darlegen gleichfalls richtig gemacht werde: Und solches alles / wie gemeldt / dahin zu verstehen / woferr gedachte unsere Sohne und Döchter / zur zeit der hieob begriffnen fäll unserer Catholischen Religion / das ist / der Römischen Kirchen / in allen Articlen durchaus anhängig und ainiger Secten aber andern Religion nicht zugethan seyn werden. Denn sonst und im widrigen fall (dafür sie doch Gott der Allmechtig gnädig und ewig behüten wolle) sie nit allein von obbemeldter Succession gäntzlich ausgeschlossen / sondern auch aller ander gewartenden Unterhaltung und Hilff privirt seyn sollen; inmaßen wir dann auch mit allem sie unsere Söhn und Tochter für ire Personen zu angeregter Catholischen Religion / in derselben neben andern hochen Christlichen Geistlichen und Weltlichen Potentaten standthafft zu verbleiben / und bis in ir Ende darinn zu verharren / solche auch in unsern Landen zu erhalten / und das schädlich Sectisch Wesen / so viel möglich aus zureitten / sondern auch sich dahin zu bearbeiten / in irer Regierungen / auch zu Lands-Haubtmannschafften / Verweserеyen / Vizdomb und anderen Aemptern / zu Hof und sonst allenthalben im Landen / die alten unsere getreue Diener (wover sie darzue zue bewegen) und solche Personen / so der alten wahren Catholischen Religion seyen / zu nemmen und zu gebrauchen / darunter auch unsere Catholische Landtleuth vor anderen und frembden zu bedenken / gantz Vätter-und und ernstlich hiemit ermahnet und ersuecht haben wollen / wie dann auch unß gar nit zu wider / sondern unser Wille ist / wann ains oder mehr aus gedachten unseren Kinderen in Geistlichen Standt treten wolte / daß ime solches mit nichten verwehret / sondern darzue alle guette Anlaittung und Befürderung gegeben werde.

Begäb sichs dann zum Vierdten / daß unsere Sohne alle hieobvermeldt / nach dem Willen Gottes vor den Dochteren mit Todt abgehen würden / so solle alles das ihrige so hie oben von Unterhalt-und Ausheurattung der Dochter verordnet worden / durch die anderen Erben / wer die immer nach unsers löblichen Hauß Oesterreichs gebrauch und gewonheit seyn werden / beschehen / auch sie in allweg daßelb zu vollziehen schuldig seyn.

Belangend zum fünfften zuvorgedachte unsere freundliche hertzliebe Gemahel / will uns ja in allweg gepüren / weil dieselb in gantzer Zeit unserer Kunlichen Beywohnung sich gegen uns aller möglichster kunlicher beständiger hertzlicher Lieb und Treuer freundschafft / nach unserm dankbarlichen begnügigen Wolgefallen verhalten und erzaigt / daß dagegen (da wir nach dem Willen des Allmächtigen vor irer L. abgiengen) sie aber den irer L. angehändigten ordentlichen Heurat-

Anno 1584. Heurat Brieff / darbey es dann ohne alles Mittel noch ferner gäntzlich verbleiben soll / mit genuegsamer fürsehung in ain und dem anderen zu bevreuen und freundlich zu bedenken / also in angeregtem Heurat-Brieff unter andern ain Articl / dahin lautend begriffen / wann nach dem Willen des Allmächtigen sich begebe / daß wir Ertz-Hertzog Carl / vor unserer geliebten Gemahel mit Todt abgiengen / solle alsdann sie unser nachgelassene Wittib / iren widem- und Leib-Sitz haben auf und in unser Burg zu Görtz mit mehrern Inhalt deßelben Articls / Item daß Irer L. die Sechstausend floren von denen Görtzerischen Einkommen geraicht werden / und sie dahin verwisen seyn solle rc. Daß doch wir den Sachen seithero mit mehrern umständen / fürnemlich Irer L. zum nutzlichsten und besten weitleuffigers nachgesonnen / wie auch mit Irer L. selbst vertreulich davon geredet / und letzlichen von wegen allerley gnugsamer Bedenken nit fur thuenlich befinden konnen / daß es bey obangezeigten Widem- oder Beysitz / so wol auch der Verweisung halben füglich verbleiben solle; Darumben und damit Ihr. L. anstatt des obangezeigten verschriebnen Widem-Sitz / so wol der Verweisung halben / allweil solches gantz angelegen von uns in ander weeg notdürfftig versehen: So ist dennach unser endlicher Will und Mainung / als wir dann uns auch deshalben mit Irer L. gueten Willen und Vorwissen gäntzlichen verainigt / daß anstatt obangezeigten Orts zu Görtz unser Stadt Judenburg / in unserm Fürstenthumb Steyr gelegen / Ihr zu einem Widem- oder Beysitz nachbenanter maßen ausgezaigt und eingegeben werde / nemblichen / nachdem alda beym Obern Thor ain ziemliche große Behausung / so dieser Zeit Frantzen von Teuffenbachs Freyherren Erben gehörig / wollen wir dieselb käufflich an uns erhandeln / da aber solches in zeit unsers Lebens nit beschehe / sollen es in allweg unsere Erben hernach fürderlich vollziehen / daßelb Hauß als dann allenthalben der Notturfft nach / zum nützlichsten es immer seyn kan und mag an die statt aus pauen und völlig zubereiten / solches auch mit allerley nothwendigen Haußrath / als Tapezerey / Teppichen / Bett / Bett-Gewandt und dergleichen Haußraths-zugehör sauber versehen / und in summa alles verrichten / auf daß Ihr L. sambt den Iren darinnen stattlich und wol bewohnet / vor des feuers und aller andrer gefahr so viel möglichen verhütet werde: Es solle auch allda ain sauberer gewölbter gang hinüber in das Münch-Closter gemacht werden / damit Ihr L. die Kirchen desto füglicher und mit beßerer gelegenheit besuchen mögen; zu dem bedenken wir / daß Ihr. L. mit dem so wir Iro vermög Heuraths-Brieff verschrieben / bey diesen theuren Jahren und Zeiten beschwerlich und nit wol gelangen werden mögen / deßhalben und damit Ir L. unser gegen Irer L. tragende wolmeinende zuneigung und freundschafft um so viel mehrers im werk zu spüren / so wollen wir über das alles / so im Heuraths-Brieff ausfürlich begriffen / Irer L. noch jährlich und jedes Jahrs besonderbar aus unserem Haal-Ambt zu Außer zehentausendt Gulden Rheinisch / jeden zu 60. Kreutzer gerait / dergestalt / daß allweg zu Quatembers zeit zweytausent fünffhundert floren als ain zupueß dahin gen Judenburg gegen Quittung ordentlich geraicht / und Sie über die jetz benenten Termin nit aufgezogen / sondern vor allen andern alda liegenden Verweisungen den billigen Vorgang haben solle.

Ferner so wollen wir sie auch hiemit in krafft dieses unsers letsten willens mit denen im Heurat-Brieff begriffenen zweyen unterschiedlichen Posten / als erstlich denen sechstausendt floren zinß von den ainmal hundert tausendt floren Heurat-Guet / widerlag und Morgen-gab herrürend / Item mit denen noch übrigen viertausendt gulden bringen thuet / auf obgedacht unser Haal Ambt zu Außer / wie gehört / vor allen andern Partheyen / wer die auch immer seyn möchten / zum beständigsten und kräfftigsten verwiesen und versichert haben / also / weil die zwo im Heurat-Brieff begriffene Posten der zehentausendt floren / und dann die von neuen bewilligte zehentausendt floren in allen 20000. fl. bringen / sollen dieselben / wie auch vor angedeutet / zu quatembers zeiten / nemblich zu jeder 5000. floren ohne abgang gen Judenburg zu Irer L. aignen oder dero Handen / dahin sie es verordnen / gegen quittung guet gemacht werden. Entgegen aber ist die ältere Verweisung / so auf die Graffschafft Görtz beschehen / hiemit ab.

Dann so verordnen wir Irer L. für deroselben Mundt-Trank zwelf Saumb Terrant / Item 40. Störtin gueten Marchwein / mehr Waitz Viertel zweyhundert / Korn Viertel fünffhundert / Haber-Viertel ain tausendt / alles Graitzer Maß / auch die süße welsche wein zwelf Saumb / welches man Irer L. one alle Bezahlung dahin gen Judenburg jährlich zu rechter bequemer Zeit antworten solle.

Wie dann auch hiemit unser Bevelch / daß Irer L. von Außer und Eisenärtz die Notturfft der edlen Visch und des Saltz auf Ir Begehren unwaigerlich geraicht / es sollen auch die Vitzdomb in Kerndten / wann und so offt es die gelegenheit und zeit geben würde / die Notturfft von Hechten und Krebsen zu denen fast-Tägen hin auf auf Judenburg schiken / also auch der forstmeister alda sein fleißig Aufsehen auf Ir L. haben / damit sie auf Ir Begehren mit Feder- und andern Wildtbret / so viel seyn mag / wol versehen werde. Bevorab wollen vorgemeldte unsere Söhne und Döchter sie / unser liebste Gemahel / als Ir getreue Mueter und Frauen ihnen gantz gehorsamblich und treulich bevolchen seyn laßen / Ir L. vor Unrecht und gewalt beschützen und schirmen / immaßen sichs dann von Natur und Gebott Gottes nach in allweg zu thuen gebürt. Anno 1584.

Also auch zum Sechsten sollen sie unsere liebe Söhne in zeit irer Regierung die Clerisey und Geistlichkeit / deßgleichen Wittib und waisen vor andern in gueter Protection haben / wie auch sonst und in gemein sich gegen allen und jeden unseren Landen / Leuthen / Unterthanen und Verwandten gnädiglich halten und erzaigen / Sie bey ihren Rechten / Gnaden und Freyheiten / auch alten löblichen Gebräuchen / Herkummen und gueten Gewohnheiten vestiglich handthaben / bey nebens alle Verlängerung des Rechtens gäntzlichen abschneyden und daßelb männiglich im Landt schleunig und unaufzügig ervolgen laßen.

Weiter und zum Siebenden / damit gedachte unser liebste Söhne und Döchter nach unserm Abgang / bis sie zu iren Vogtbaren Jahren (die wir dann ihnen den Söhnen das 18 Jahr ihres alters inclusive hiemit bestimbt haben wollen) gelangen / so ordnen und setzen wir die Romische Kayserl. Maj. unsern gnädigsten / geliebten Herrn Vettern / Item Ertz-Hertzog Ferdinanden zu Oesterreich / unsern freundlichen lieben Brudern / und Hertzog Wilhelm in Bayrn / unsern auch freundlichen lieben Vettern / Brudern / Schwagern und Gevattern / aus sonderm hochen Vetter- und Brüderlichen Vertrauen / so wir zu Irer allerseits Kayserl. Maj. und L. L. tragen / berürten unseren Sohnen und Dochteren zu vollmächtigen gewalthabern / Vormund und Gerhaben / mit sonderm hochen und freundlichen fleiß bittend / Ir Kayserl. Maj. und LL. wollen sich uns und unsern Erben zu Ehren / Nutz und Gueten / solcher Gewalthabung / Vormundt- und Gerhabschafft Vetter- und Brüderlich beladen / dieselb durch sich selbst / oder Ire ansehenliche Commissarien / so viel von notten / handlen und verwalten / zumal ob diesem unsern Testament / Ordnung und letsten willen gnädigst und steiff halten / anbey unsere liebste Söhn und Dochter in allen iren Obliegen und Sachen Vätterlich bevohlen seyn laßen / welcher Vormundt- und Gerhabschafft dann wir unser freundlich hertzliebste Gemahel hieob vermeldt / als ain getreue Muetter solcher unser mit ainander erzeugten Eheleiblichen Kinder als Mit-Gerhaben / in allen hiemit zugeordnet haben wollen.

Dann zum achten ordnen und wollen wir / Nachdeme weilandt unser geliebter Herr und Vatter / Kayser Ferdinand hochloblicher Gedächtniß ain Testament und lezten willen aufgericht / und darinnen seinen Erben allerley zu vollziehen auferlegt / daß dennach unsere Erben und Nachkommen hievor benent alles dasjenig / so uns zu unserm Thail zu vollziehen gebürt / und bishero noch nit vollzogen worden / in allweg mit ehister gelegenheit und moglichkait exequiren und vollziehen / auch hierin weder unser noch Ihr selbst Gewißen nicht beschwehren wollen.

Item zum Neundten ist unser Will und Mainung / daß nach unserm abgang unserm Hofgesindt und Dienern so gegenwärtig noch in Dienst seyn / dasjenig so wir ihnen schuldig bleiben / one allen Abgang entricht und bezahlt / und darüber noch jedem / so länger nicht dienen wolt / oder Dienst nicht haben mochte / drey Monat Sold für den Abzug gegeben / und also ohne Clag abgefertigt werden.

Damit nun zum zehenden dieß unser Testament / Ordnung und letster will desto gewißer / fleißiger und fürderlicher vollzogen werde / so ordnen wir hiemit zu unseren Testamentarien die Ehrwürdige Fürsten / unsere liebe andächtige Christoff Andern Bischove zu Burgg / unsern gehaimen Rath und Statthalter Unser Nieder Oesterreichischen Fürstenthumb und Landen / und Johann Bischoffen zu Laibach / unsern Rath / sie beyde gantz gnädiglich ersuchendt und ernstlich begehrend / daß sie / oder ihre Nachkomen / wer dieselben zu jeder zeit am Stifft seyn werden / sament- und sonderlich / nach äußerstem Vermogen / so offt es die notturfft ervordert / bey unsern liebsten Söhnen / derselben Vormünderen / der Rom. Kayserl. Maj. Ertz-Hertzog Ferdinanden / Hertzog Wilhelm in Bayern / unserer liebsten Gemahl und unserer Land-Regierung mit getreuen embsigen fleiß sollicitiren und anhalten wollen / damit dieß unser Testament seines gantzen Inhalts zum allerehhisten exequirt und vollzogen / auch darwider kain Theil durch den andern beschwehrt / sondern solcher unser Ordnung und letsten willen in allen Puncten und Articlen steiff nachkommen werde / als dann unser Gnädiges Vertrauen zu Ihnen stehet.

Doch zum Ailfften behalten wir uns ausdruklich bevor / über kurtz- oder lange zeit / unserer gelegenheit nach / solch Testament und letsten willen zu verändern / zu mehren / zu mindern / oder gar aufzuheben.

Wie dann auch zum zwolfften hiemit unser wille ist / ob wir über dieß Ordnung / Testament und letzten willen / ichtes weiters setzen / ordnen oder schaffen / das mit unserer aignen Handt verfertigt / geschrieben oder gezaichnet / und hierin nit benent / noch ausgedrukt wäre / daß solches alles nichts weniger auch in seinem Inhalt vollzogen werden solle / allermaß und gestalt / als ob es von wort zu wort hierin begriffen / gesetzt und geschrieben wäre.

Deß zu rechten wahren Urkundt und Bevestigung dieß unsers letsten Willens / Testaments und Ordnung / haben wir uns mit aigner Handt underschrieben / und unser Fürstlichs Insigel anhangen laßen / auch zu mehrer gezeugnus

Anno 1584. nus dieß alles / gebeten und verordnet unserer Räth und Diener / welcher jeder seinen Tauff-und zu-Namen mit eigner Handt zu Ende dieses Testaments geschrieben und gestelt hat. Beschehen und geben in unser Stadt Gratz den ersten Tag Junii / nach Christi unsers lieben Herrn Geburt / funffzehenhundert und im vier-und achzigsten Jahr.

Im fall daß dieses zu Endern so bald nit geschrieben / so ist es doch mein endlicher Will und Mannung / derohalben ich es mit aigner Handt underschrieben und mit meinen Petschafft verfertigt / und bitte solches zu vollziehen.

Carolus.

LXXVII.

30. Août. *Traité de l'Alliance & Confoederation perpetuelle entre les trois Villes*, ZURICH, BERNE & GENEVE, *fait & conclu le* 30. *Aoust* 1584; *Et qui a été juré solemnellement à* GENEVE, *le Dimanche* 18. *Octobre, à* BERNE, *le Dimanche* 25. *dudit mois, à* ZURICH, *le Samedi dernier dudit mois. Traduit de l'Original Allemand & collationné par Mr. Escher Secretaire d'Etat de Zurich, le* 17. *Octobre.* 1584. [HISTOIRE de Geneve de M. SPON rectifiée & augmentée Tom. III. p. 446. Ed de Geneve Ed. in 12. 1730]

AU NOM DE LA TRES SAINCTE INDIVIDUE TRINITE', DIEU LE PERE, LE FILS ET S. ESPRIT, AMEN.

VEu que les faicts & amitiés perpetuelles doivent estre à bon droict corroborées & confirmées par escriptures, afin qu'elles soient tant moings mises en oubly entre les hommes, par les temps & occurrents; Ains que l'amitié traictée & acceptée obtienne un bon commencement, meilleur succes & tres heureuse fin, & soit & demeure ainsi permanente; NOUS BOURGUEMAISTRE, Petit & Grand Conseil nommés les Deux Cens, & toute la Communaulté de Zurich; Et Nous l'ADVOYER Petit & Grand Conseil, dict les Deux Cents de Berne, d'une part; ET NOUS SINDIQUES; Petit & Grand Conseil, dict les Deux Cents & le General de Geneve, d'autre part: FAISONS NOTOIRE ET MANIFESTE à tous ceux qui verront, liront ou orront les Presentes, maintenant & à l'advenir. Que nous avons tres expressement consideré la feaulté, affection & amitié que nos Predecesseurs & nous avons heus des longtems ensemble, & specialement avons reduict en memoire, comme des environ soixante ans en ça; Nous des deux Villes Berne & Geneve, & avecq Nous les Magnifiques, Prudens, Honnorables & Saiges Advoyer, Petit & Grand Conseil de la Ville de Fribourg estions entrés pour ung nombre d'années en Combourgeoisie, Alliance & Confederation. Ce qui a esté continué par quelques années entre Nous les deux Villes Berne & Geneve; & finalement depuis vingt huit ans par nous desdittes deux Villes d'amitié singuliere, & principalement heu esgard aux exhortations qui ont esté faictes à Nous de Berne, par nos tres chers Alliés des douze Cantons ès communes Journées, d'adviser non seulement à l'avancement de l'apparente seurté de nosdictes deux Villes, mais aussi à la prosperité de toute la Loüable Communaulté des Ligues. Estant une Ville de Geneve recognue pour Clef de Pays & commode passage, au contenu des Desparts lors passées, estre accordé & reduit en Combourgeoisie perpetuelle, laquelle nous aurions despuis mutuellement & fidellement observée.

Afin donc que telle amitié soit de plus en plus accreuë, premierement à la gloire de Dieu, & aussi pour le bien, seurté & tranquillité de Nous & de la Loüable Communaulté des Ligues & des Confederés d'icelle, & pour prévenir l'injuste violence envers l'Estranger ès veritables occurens.

Nous de bonne volonté & par meure deliberation & unanime conseil, pour le profit, bien, paix & deffense de l'Honneur, Corps, Biens, & du Pays en general de tout nous & de tous nos Successeurs; AVONS FAICTE & reciproquement passée Alliance, Amitié & Confederation perpetuelle en ceste sorte que Nous les trois Villes,

NOUS SOMMES reciproquement acceptés & receus à perpetuels & vrais Alliés & Confederés, & faisons & jurons serment formel à Dieu Toutpuissant à mains levées; Que l'une des Parties sera fidelle & veritable envers l'aultre, & avancera le proffit, honneur, bien & prosperité, & detournera le dommage d'icelle, & de faire & maintenir les ungs envers les autres, tout ce qui convient & appartient à fidelles & vrays Alliés & Confederés, jouxte les Poincts & Conditions suivantes. Anno 1584.

PREMIEREMENT S'IL ADVENOIT; Que nous les deux Villes de Zurich & de Berne, ou l'ung de Nous en particullier, eussions ou entrassions de present ou à l'avenir en querelle ou en guerre, avec aulcun quel qu'il puisse estre, ou que nous fussions assailli contre droict & raison, Iceluy aura puissance & faculté de demander à Nous lesdits de Geneve, Sindicques, Petit & Grand Conseil, ou à nos Sindicques & Conseil à part, secours. Et nous lesdits de Geneve devrons sans delay & sans contredit, aller vers celuy ou ceulx qui nous auront advertis tantost apres l'advertissement, & les secourir & assister de nos Corps, Biens & Pouvoir, selon nostre faculté, ches ceux qui nous auront advertis ou ès lieux où nous serons demandez, & ayder à dommager leurs ennemis, & en cela faire le mieux qu'il nous sera possible, comme si c'estoit en nos propres affaires, fidellement & sans fraude, laquelle aide, secours & assistance se fera la moitié aux despends de Nous de Geneve, & l'aultre moitié restante aux despends de Nous les Villes Alliées sincerement.

S'IL ADVENOIT AUSSI, Que les susnommés Nos Allies de Geneve entrassent jamais en guerre, fussent mollestés, dommagés ou assaillis, ou fussent par quelque autre maniere de force, audace ou violence attaqués, surpris, travaillés ou outragés contre droict & raison par qui que ce fust à cause de leur Ville, Seigneuries, Jurisdictions, Pays, Personnes ou Biens qui leur apartiennent de present & eussent besoin de nostre secours, ils le nous pourront nottiffier & faire à sçavoir par Messagers ou par Lettre en nos Conseils. Alors Nous lesdictes deux Villes de Zurich & de Berne, debvrons sans delay envoyer à nosdits Alliés de Geneve, nostre secours & leurs ayder & assister en bonne foy, & les soustenir, deffendre & maintenir en ce qui leur appartient comme dict est. Dont Nous les dictes deux Villes Zurich & Berne voulons nous mesmes supporter la moitié des despens de la guerre & secours; Tout ainsi comme nosdits Alliés de Geneve font envers nous; Et eulz nosdits Alliés de Geneve nous debvront payer l'aultre moitié restante desdits despends; Et nous devrons contenter de chascune part du secours envoyé de part à aultre par un chascun Canton & à chascune fois; selon que chacune Partie aura estimé estre honorable & raisonnable, jouxte l'exigence du cas.

Et S'IL ADVENOIT, Que nous de Geneve fussions hostillement assaillis à l'inproveuë par pillage ou par feu, ou attaqués en quelque aultre maniere, nous pourrons bien poursuivre à la chaude nostre ennemy, & nous mectre en revanche pour nostre deffense & pour avoir le nostre & suivre en après plus oultre selon le conseil de nosdits Alliés sans aulcune fraude.

ADVENANT AUSSI, Que une guerre s'ensieust & que nous des deulx Parties y allions ensemble & qu'on baille solde ou bien qu'on gaigne quelque chose par une heureuse victoire, cela sera distribué entre nous selon le nombre du secours & des hommes que chascung y aura selon la disposition & estat des affaires.

S'IL ADVENOIT AUSSI, Que Nousdits de Geneve eussions quelque affaire avec aulcun de present ou à l'advenir, & que celuy ou ceulx-là devant la guerre ou pendant que nous serions en guerre avec eulx, presentast le droict si egal raisonnable & satisfactoire que nous les susdits de Zurich & Berne estimassions estre honnorable à eulx & à nous d'accepter cette voye convenable de Droict; Nous lesdits de Geneve le debvrons faire & leur complaire en cela.

NOUS LES SUSDITS DE GENEVE & nos Successeurs, ne debvrons de present ny à l'advenir nous lier à aulcuns par aulcunes promesses & serments qui puissent estre contraires ou prejudiciables à ceste Alliance.

Nous

ANNO 1584. NOUS DE GENEVE & nos Successeurs, debvons & voulons à present & à l'advenir estre prests & appareillés fidellement & sans fraude envers nosdits Alliés en general & particulier, & faire que la Ville de Geneve leur soit ouverte en toutes leurs necessités, affaires & negoces, pour y sejourner, y passer & repasser selon leur commodité sans contredite, ensorte toutes fois que cela se fasse toujours selon l'ordonnance & deliberation d'une Ville de Geneve, estans prealablement de bonne heure advertie & informée, Et leur debvrons faire bailler & ministrer à manger & boire, & ce qu'ils auront de besoing à honneste prix, pour leur argent; Et semblablement Nous lesdits de Zurich & de Berne ferons de mesme à nos Alliés de Geneve, & les traicterons de la mesme façon que lus est dict.

S'IL ADVENOIT AUSSI, Qu'aulcung quel quil soit vienne à assaillir ou endommager sans droict quelcung de nous des deux costés, ou bien qu'aucung quel quil soit avec lequel ou lesquels nous des deux costés avons de present ou pourrions à l'advenir avoir affaire, ne se voulust contenter d'ung Droit esgal, qui luy seroit presenté par nous des deux costés ensemblement ou separement; & que celuy ou ceulx là entrent en nos Seigneuries & Terres, on les debvra arrester & assaillir, & tous leurs adherans & serviteurs, leurs personnes ou biens, & faire selon ce que la necessité le requerra, pour faire reparer & restituer le dommage qui aura esté faict, & qu'en cela ils se contentent d'ung Droict esgal, sans delay & sans fraude.

IL A ESTE' CONCLUD, Quant aux debtes & aultres tels affaires, que chascun actionne sa Partie & subisse Jugement, au lieu & en la Justice du domicille du Deffendeur, sans fraude, & neanmoings chascun pourra bien faire arrester son vrai debiteur principal ou fiances, qui ont respondu pour luy, & pourra chascun demander & poursuivre ses Causes, comme il a esté pratiqué jusques icy sans tromperie, Et quant aux Censes, chascun les pourra exiger comme d'ancienneté.

EN CAS D'HOMICIDE, excés amandables, heritages & semblables choses, le Jugement & Vuidange s'en fera selon la Coustume, Loix & Statuts de la Justice & Seigneuries où elles adviendront ou escherront, en sorte que ceste Alliance n'en garantisse ny privilegie auçung en façon que ce soit.

PRINCIPALEMENT, Il a esté accordé entre les Parties & expressement reservé, que chascune Ville qui entre en ce Traicté demeure en tous les Droicts, Libertés, Proprietés, bonnes coustumes, Jurisdictions, Destroicts, Bamps & Privileges, tel que chascun a heu & apporté en entrant en ceste Alliance, en sorte neantmoings qu'il soit toujours satisfait au contenu de ceste Alliance.

NE DEVRA AUSSI aulcune des Parties imposer ny entreprendre quelque nouveauté à l'endroit des aultres ou des leurs aux peages & aultres choses, ains debvra estre le tout entretenu & observé comme jusques à present, principalement une Ville de Geneve & les siens debvront estre traictés pour les Peages, asseurances, & aultres choses, tant en Allemagne que Pays estranger, comme nous autres des Ligues & les Nostres, autant que les Lettres & Privileges que Nous Alliés des deux Villes avons aveq les autres, le peuvent porter & permettre; Et principalement chascune Partie debvra laisser à l'aultre le Commerce libre, sans fraudeleux empeschement ny grevance.

ADVENANT AUSSI, Que Nous les susnomés des deux Villes en general, ou un Canton d'entre nous en particulier, eussions quelque different ou mesintelligence aveq les susnommés nos Alliés de Geneve, ou bien eulx aveq nous en general, ou aveq aucune Ville en particulier (ce que Dieu veuille destourner) Nous des deux costés debvrons assigner Journée à Baden ou à Arow en Argow. Et debvrons nous les susdits Alliés de Zurich & Berne en general, ou un Canton en particulier, qui aura different avec Nous de Geneve, ou nous avec eulx, eslire deux hommes de bien & aussi ceulx de Geneve deulx autres de nos Conseils pour ces differents, lesquels debvront formellement jurer à Dieu de decider sans delay à l'amiable, ou par le droict, si on ne peut obtenir à l'amiable, tous ces differents; Et ce que lesdits quatre ou la pluspart d'entre eulx aura prononcé en droict, debvra estre tenu & observé par nous des deux costés; Que si lesdits quatre establys estoyent discordans en leurs advis & se trouvoyent esgaulx, ils debvront eslire sur leurdict serment un Super-Arbitre en la Ville de St. Gall, Mülhuse ou Bienne, du Petit Conseil; Et celuy qui aura esté esleu par eulx, estant ainsi accordé par l'une desdittes trois Villes, debvra prendre les affaires en main, & les decider sans delay aveq les Arbitres sur leurdit Serment selon sa conscience, & selon ce qu'il jugera estre équitable & de droict; Et du costé que le Super-Arbitre enclinera par sa voix, cela debvra estre observé & accomply par les deux Parties, sans contredit & sans fraude: Et le susdit Super-Arbitre debvra estre deschargé du Serment qu'il a à ses Seigneurs, jusques à la decision du Procès. ANNO 1584.

NOUS AVONS AUSSI ACCORDÉ, Que ceste Alliance par cy apres debvra estre jurée & renouvellée de dix en dix ans; Et encor que cela ne s'ensuivit pas au terme, que neantmoins elle demeure en sa force & vigueur, & soit observée inviolablement.

NOUS RESERVONS en cecy, Nous de Zurich & de Berne de nostre costé, le St. Empire Romain, comme à cause de l'Empire; Et aussi tous nos aultres Alliés, Confederés & Bourgeois, aveq lesquels nous sommes auparavant en Alliance, Bourgeoisie, Traicté & Intelligence, & tous nos aultres Privileges, Droicts & Preheminences, Lettres & Seaulx, ensemble le Traicté perpetuel avec la Majesté Royale de France. Et nous de Geneve avons reservé le Sainct Empire Romain, comme à cause de l'Empire, & le Traicté perpetuel aveq la Majesté Royale de France, & nos aultres Droits, Privileges, Lettres & Seaulx.

NOUS LESDITTES VILLES DE ZURICH ET BERNE, ET NOUS LESDITS DE GENEVE, Nous sommes expressément retenu & reservé; Que nous tous ensemblement puissions bien changer, moderer ou augmenter les poincts sus escripts en general ou un chascun en particulier, selon la necessité & volonté de nous tous, quand nous tous en demeurerons unanimement & ensemblement d'accord, & qu'il nous semblera à tous concordablement utile & expedient, sans empesche d'aulcun & sans aulcune fraude.

ET AUSSI ne soit refusé aux aultres Cantons de la Loüable Communauté des Ligues d'entrer aussi en ceste Alliance & Amitié.

ET POUR VRAYE, ferme, stable & perpetuelle asseurance de toutes ces choses, Nous desdittes Villes Zurich, Berne & Geneve, avons faict ouvertement attacher les grands Sceaux de nos Villes aux trois Instruments de ceste Alliance, d'une même teneur. Donné à Zurich le trentiesme jour d'Aoust, l'An, dès la Nativité de Christ nostre chier Seigneur, courant quinze cents huictante quatre.

Les Sceaux de Zurich, Berne & Geneve sont pendants à l'Original.

LXXVIII.

1558. 9. Septembre. *Bulle du Pape* SIXTE V. *par laquelle* HENRI DE BOURBON, *Roi de Navarre, & depuis Roi de France IV. du nom, est excommunié & declaré dechu & privé de la partie du Royaume qui lui restoit, de la Principauté de Bearn, & de tous ses autres Biens; comme aussi* HENRI DE BOURBON *Prince de Condé. Donné à Rome le 9. Septemb.* 1585. [Moyens d'Abus, Entreprises & Nullitez du Rescript & Bulle du Pape SIXTE V. du nom, au commencement.]

L'Authorité baillée à S. Pierre, & à ses successeurs par l'infinie puissance du Roy Eternel, surpasse tous les pouvoirs des Roys, & Princes terriens, si bien qu'estant fondée sur la pierre ferme, & n'estant jamais esbranlée par quelques vents, & orages contraires, ou favorables, prononce des Arrests & jugemens irrevocables, Et avec toute diligence,

ANNO 1585. ligence, prend garde à faire obſerver les loix; Et quand elle en trouve aucuns contrevenans à l'ordonnance de Dieu, les punit de griefue punition, les privant de leurs Sieges, & les terraçant, quelques grands qu'ils ſoyent, comme miniſtres de Satan, Parquoy, ſuyvant la charge, & ſoin qui nous a eſté commis de toutes les Egliſes, & Nations, afin que en premier lieu on donnaſt ordre au ſalut des ames, Et que non ſeulement le temps de noſtre Pontificat, ou Miniſtere, mais encore celuy qui eſt à l'advenir, repurgé des monſtres deteſtables, apporte paix à toutes les parties de la Chreſtienté. Et principalement au fleuriſſant Royaume de France, auquel la Religion Chreſtienne a touſjours perſeveré, la Pieté, Foy, & devotion des Roys d'iceluy, a eſté ſi grande, leurs merites auſſi ſignalez en l'Egliſe Romaine, qu'à tresbon droit ils ont obtenu d'icelle le nom de tres-Chreſtien: afin auſſi de n'eſtre jamais accuſez devant Dieu, du meſpris de noſtre charge, ſommes contraints d'exercer les armes de noſtre Milice: leſquelles ne ſont point charnelles, ni provenantes de nous, ains de Dieu tout-puiſſant, pour la ruine des puiſſances adverſaires, à l'encontre principalement de deux enfans d'ire, Henry de Bourbon, jadis Roy de Navarre, & contre Henry de Bourbon jadis Prince de Condé. Car le ſusdit jadis Roy des ſon bas aage, à ſuyvi les erreurs de Calvin, & ſouſtenu obſtinéement les hereſies, jusques à ce que feu d'excellente memoire Charles neufieme Roy de France, & noſtre treschere fille en Jeſus Chriſt Catherine, Royne, ſa mere tres-debonnaire. Joint auſſi noſtre bien-aimé fils, Charles du titre de Saint Chryſogon, Preſtre, Cardinal de Bourbon ſon Oncle: & Loys de Montpenſier, Duc, par leurs religieuſes, & frequentes exhortations: & par les evidentes demonſtrations, & remonſtrances des Theologiens, de rare doctrine, & vertu, il fut reduit & ramené comme il ſembloit, à la Foy de l'Egliſe Catholique, Apoſtolique, & Romaine, abjurant, condamnant, & anathematizant toutes les opinions heretiques contraires à la Foy Catholique, publiquement, à l'Egliſe, dans Paris, Eſcrivant incontinent Lettres, à jadis d'heureuſe memoire Gregoire treziéme, Pape, mon predeceſſeur: par leſquelles il le prioit, le recognoiſſant pour ſouverain Chef de l'Egliſe Catholique: qu'il euſt pour agreable ſa penitence, converſion, & profeſſion d'obeiſſance, & qu'il daignaſt luy ottroyer pardon, & remiſſion de tout le paſſé, promettant aſſeuréement, de garder à jamais entierement, & inviolablement la Foy Catholique. Auſquelles Lettres comme Royaux, mon jadis Predeceſſeur croyant, & eſmeu d'une charité paternelle: d'ailleurs aſſeuré de ce, par le teſmoignage indubitable du Roy, de la Royne ſa mere, du Cardinal, & du Duc ſusdit: ſçavoir eſt de ſon entiere converſion, declara abſoult iceluy, jadis Roy de Navarre. Confeſſant ſes erreurs paſſées; demandant humblement pardon, du crime d'hereſie, & des cenſures Eccleſiaſtiques, que à ceſte occaſion il avoit encouruës, le reuniſſant au giron de l'Egliſe Catholique, & l'admettant à la communion des Fideles, tout empeſchement oſté. En outre, afin que d'un plus eſtroit & ferme lien, il fuſt retenu en icelle, il le diſpenſa: comme auſſi Marguerite ſœur dudit Roy Charles: laquelle iſſuë de la race tres-Chreſtienne, & nourrie en icelle, on eſperoit qu'elle maintiendroit, & feroit contenir en devoir ſon futur mary le retenant en l'obſervance de la Religion Chreſtienne, afin que nonobſtant l'empeſchement du troiſième degré, ou peut eſtre autres degrez de conſanguinité & parenté Spirituelle, qui eſtoit entr'eux, ils peuſſent traiter mariage comme ils firent en face de l'Egliſe. De là à quelques mois, iceluy Roy de Navarre, envoya ſon Orateur Jean Duras, par devers noſtre predeceſſeur, pour en ſon nom proteſter de ſa penitence, converſion, foy, & conſtance, en face du Saint Siege Apoſtolique. De façon qu'ayant tenu Conſiſtoire public, en l'aſſemblée de tous les Cardinaux, & Prelatz de l'Egliſe ou infinis eſtoyent accourus, en la Sale Royale, comme on a de couſtume. Iceluy Henry, entant que Roy, nouvellement converti à la Foy, & comme Catholique y a eſté admis: la Ville en eſtant toute eſmeuë de joye, & rendant graces à Dieu, de la reduction de la brebis eſgarée, Mais iceluy, comme variable, & inconſtant, peu apres ſe departant de la Foy Catholique, & de l'obeiſſance deuë au Saint Siege Apoſtolique enſemble de toutes autres promeſſes, que publiquement, & avec Serment il avoit faites, & jurées, ſe ſouſtrayant & retirant couvertement, & ayant aſſemblé en un lieu, aſſez eſloigné de la Court, le plus grand nombre qu'il peut des plus meſchans heretiques, & autre maniere de gens de ſon humeur: audit lieu il revoqua publiquement tout ce qu'il avoit fait auparavant, ſçavoir eſt la deteſtation du Calviniſme, abjuration d'hereſies, & profeſſion de la Foy Catholique, Apoſtolique, & Romaine proteſtant de vouloir continuer le Calviniſme comme il avoit promis, & l'a fait auſſi, adherant à iceluy d'une volonté opiniaſtre, & endurcie, vivant en iceluy, jusques à ce jourd'huy, Et non content, à diverſes foys, à eſmeu & armé les mutins & ſeditieux heretiques, deſquels il eſt Chef, guyde, protecteur en France: meſme grand deffenſeur des eſtrangers, contre le ſusdit Charles, & contre noſtre tres-cher fils en Jeſus Chriſt, Henry tres-Chreſtien Roy de France. Jaçoit qu'il le deuſt honorer & reſpecter, comme ſon beau frere, & le ſuyvre comme ſon Roy, & Seigneur. Mais bien qui plus eſt, comme ingrat, & peu ſouvenant de la douceur & courtoiſie receuë, à animé meſme les Catholiques contre leur Roy, aſſemblant des armées tres pernicieuſes, & dommageables, y appellant les heretiques d'eſtrange Nation: leſquels preſque par tout leur paſſage, ont enſanglanté les Villes, par la boucherie qu'ils ont fait des gens de bien, les Egliſes ont eſté prophanées, & ruinées, les Eccleſiaſtiques, & Religieux Sacrez, & les villes, & fortereſſes des Catholiques, ou de force, ou de trahiſon occupées: Deffendant l'exercice de la Religion Catholique. Il a fait à ſa poſte des Miniſtres, & Predicans heretiques, contraignant les citoyens & habitans Catholiques, d'aller à leurs preſches, pour les faire inſtruire à toute impieté; & par ce moyen abolir du tout la Religion Catholique. Et non content de ce, il a façonné & inſtruit un des plus intimes qu'il euſt de ſes ruſes & cauteles; & l'a envoyé hors la France, en divers endroits, par le moyen duquel, il a communiqué tous les malheureux deſſeins, aux principaux des heretiques, provoquant les armes, & forces a l'encontre de la Religion Catholique, & la puiſſance Papale. A auſſi fait faire pluſieurs aſſemblées d'heretiques, en diverſes provinces, en aucunes deſquelles il a non ſeulement aſſiſté, mais qui pis eſt, preſidé, pendant qu'on y reſolvoit. & promettoit de ſe bander directement contre la Foy Catholique, & principalement contre les Egliſes, contre le Clergé, & contre tous les Catholiques du Royaume de France, Quant à Henry de Bourbon, Prince de Condé, né de pere & de mere heretiques, & nourri au Calviniſme, ſuyvant les traces de ſes pere, & mere encor adoleſcent a commis les meſmes forfaits: par meſme moyen que le Roy de Navarre, fut ramené à l'Egliſe, ave la plus grande humilité de cœur dont on ſe pourroit adviſer, abjurant, & deteſtant publiquement les erreurs, & reſveries des heretiques, fiſt pareille profeſſion de Foy Catholique, que le ſusdit de Navarre. Ce qu'eſtant rapporté à ſa Sainteté, & luy ayant uſé de pareilles prieres, Noſtre jadis predeceſſeur le declara abſoult: enſemble Marie de Cleves ſa femme, infectée de meſme hereſie dès ce temps. Le ramenant à penitence, & deteſtant le meſme en l'Egliſe, & leur permiſt de ſe pouvoir marier: nonobſtant le ſecond degré de conſanguinité qui les empeſchoit. Mais ledit de Condé, peu apres, retombant en ſon premier erreur: & ſuyvant la voye que ſon pere, jadis Loys Prince de Condé, tres-celebre, luy avoit tracé, & frayé, par les veſtiges, de perſecuteur d'l'Egliſe Catholique. Tenant donc la meſme route, & carriere du pere, ſe rendit auſſi Chef des heretiques, & effrenez de toute la France, eſtant autheur des ſeditions, & guerres civiles, y amenant troupes, & bandes de Soldats eſtrangers, heretiques: & auquel voyage a eſſayé à prendre les villes & chaſteaux, a renverſé les Egliſes, violé les choſes Sacrées, & ravagé, a fait mourir les Preſtres, de cruel, & indigne genre de mort, & a ſubſtitué en leur lieu un tas de Miniſtres, a auſſi commandé l'hereſie eſtre preſchée, & obſervée. Bref, il a uſé de toute ſorte de cruauté, & inhumanité, l'exerçant envers les Preſtres, comme

ANNO 1585. me aussi envers tous les Catholiques, Toutes lesquelles choses estant assez manifestes, publiques, & notoires, & que nous en sommes entierement & legitimement informez, principalement par les procedures faites du temps de nostre predecesseur Gregoire treziéme, de bonne memoire: & par plusieurs documens, & tesmoignages tres-certains. Iceluy Henry jadis Roy de Navarre, & Henry Prince de Condé, estre notoirement attaints d'heresie, Relaps, & inexcusablement recheus en iceluy crime: & en outre, fauteurs des heretiques. Nous voulons desguainer le glaive de vengeance contre eux, suyvant le deu de nostre charge, dont contraints de ce faire sommes grandement marris, qu'il nous faille user d'iceluy glaive, contre ceste generation detestable, degenerant d'illustre; & signalée famille des Bourbons; En laquelle la pureté de la vraye Religion, & l'or de vertu à reluy: ensemble l'observance, & respect qu'en tout temps les Princes d'icelle ont deferé au Siege Apostolique, & ce pour les forfaits susdits. Donques en ce tres-haut Siege, & en la pleine puissance que le Roy des Roys, & le Seigneur des Seigneurs, & Monarques, nous à donné, (jaçoit qu'indignes) establis; de l'authorité de Dieu tout-puissant, & de Saint Pierre, & Saint Paul ses Apostres, & de la nostre: ensemble du consentement, & conseil de nos venerables freres, Cardinaux, de la Sainte Eglise Romaine, Prononçons, & declarons, Henry jadis Roy, & Henry Prince de Condé, estre tels que dessus, Heretiques, Relaps, & non repentans, Chefs, Fauteurs, Protecteurs manifestes, publics, & notoires d'iceux: & par ainsi coulpables de leze Majesté divine, & ennemis jurez de la Foy Catholique, si evidemment, qu'ils ne sçauroyent faire poroistre du contraire: par couverture, ambage, ou excuse quelconque. Et partant donc avoir damnablement encouru les sentences, censures, & peines contenues aux Saints Canons, Constitutions Apostoliques, & autres Loix generales & particulieres ordonnées contre les heretiques, relaps, non repentans, Et estre par le mesme droit privez: Sçavoir est, Henry, jadis Roy, de son pretendu Royaume de Navarre, & de la partie qu'il en occupe encore pour le jourd'huy: ensemble aussi de Bearn. Et l'autre, Henry de Condé, eux deux, & tous leurs successeurs, de tous & quelconques autres Principautez, Duchez, Domaines, Seigneuries, Citez, Lieux, Fiefs, & Biens, Emphiteoses, successions: & non seulement de ce, mais encore de toutes Dignitez, honneurs, dons, charges, & offices Royaux, directes, & Droits, que de fait ils tiennent. Et ausquels comme que ce soit, ont eu quelque droit, ou pretendent avoir, les declarant s'estre rendus indignes d'iceux: & avoir esté & estre incapables, & inhabiles pour les retenir: & d'obtenir à l'advenir, quelque autre chose que ce soit. Et pareillement qu'ils sont par le mesme droit, privez, incapables, & inhabiles, de succeder à quelque Duché, Principauté, Seigneuries, & Royaume: Et specialement au Royaume de France, auquel ils ont commis de si enormes forfaits, & crimes, & aux Domaines, annexes, & dependences d'iceluy Royaume, jurisdictions, & autres lieux. Comme aussi d'abondant, & entant qu'il en est besoing; nous les privons, & toute leur posterité, à jamais: Sçavoir est, Henry, jadis Roy, du Royaume de Navarre, & de Bearn: Et l'autre Henry de Condé, Tous les deux, & leurs successeurs, d'autres Principautez, Duchez Domaines, Fiefs, & tous autres biens: & encores du Droit de succeder, & acquerir, & toutes autres choses susdites, tant en general qu'en particulier. Davantage les declarons incapables, à jamais, eux & leurs hoirs, à iceux Domaines, & des successions de toutes Principautez Duchez, Domaines, Fiefs, & Royaumes, & signamment au Royaume de France, & à toutes annexes d'iceluy, comme dessus suppleant à tous deffaux, de Droit ou de fait, si quelqu'un en advient en iceux. En outre, tous Magistratz, ou Gouverneurs, tenans fiefs, Vassaux, Subjets, & Peuples, de Royaume, Duchez, Principautez, & autres Domaines dessusdits: mesmes ceux qui ne recognoissent autre Souverain. Lesquels auroyent presté serment de fidelité, sçachent qu'ils sont absouls à jamais de tel serment, soit de fidelité, & d'obeissance, ou d'autre quelconque. Comme aussi nous les absolvons, tant en general qu'en particulier, & delivrons par l'authorité des presentes. Commandons, & interdisons à tels Subjets, de ne leur rendre obeissance aucune, où à leurs advertissemens, loix, & commandemens. ANNO 1585.
Et ceux qui à ceci contreviendront, sçachent qu'ils sont deslors enveloppez, & comprins à ladite excommunication. Au reste, nous exhortons nostre susdit fils en Jesus Christ, Henry Roy de France tres Chrestien; par l'infinie bonté & misericorde de Dieu, le prions & admonnestons, qu'il soit memoratif de la tres-excellente Foy, & Religion des Roys ses Ancestres: laquelle il a receu d'iceux, comme un heritage beaucoup plus excellent que n'est tout le Royaume. Qu'il se souvienne du serment presté en son couronnement, d'exterminer les heretiques. Afin que de son authorité, puissance, vertu, & grandeur de courage, veritablement Royal, il travaille à l'execution de nostre si juste sentence: & qu'en ceci il se monstre aggreable à Dieu tout-puissant, payant, & s'acquittant du service qu'il doit à sa Mere l'Eglise. Commandons en outre à nos venerables freres Primatz, Archevesques, & Evesques, tant du Royaume de France, que de Navarre, & de Bearn. & residans en autre lieu, sus nommez, en vertu de sainte obedience, que tout aussi tost que la coppie des presentes leurs sera communiquée, ils la facent publier, & tant qu'en eux sera s'efforcent de la faire effectuer. Si voulons que ces nos presentes Lettres, soyent affichées aux portes d'Eglises du privè des Apostres, & en la poincte du Champ Floré de la ville, comme est la coustume. Voulons aussi qu'aux coppies tirées de cest original, par Impression, par main de Notaire publicque, ou Prelat Ecclesiastique; & seellees du seau d'iceluy, on adjouste autant de foy, en jugement & hors, comme si l'original leur estoit exhibé. Ne sera donq permis à homme du monde, de violer ou rompre ce present sommaire, de nostre prononciation, arrest, declaration, privation, inhabilitation, supplément, absolution, delivrance, precepte, commandement, interdict, exhortation, priere, monition, & volonté, ou d'y contrevenir d'audace temeraire. Que si aucun presume de l'entreprendre, qu'il sçache qu'il encourra l'indignation de Dieu Tout-puissant, & de ses Saints Apostres, Pierre, & Paul.

Donné à Rome à Saint Marc, l'an de l'incarnation de nostre Sauveur & Redempteur Jesus Christ, mil cinq cents quatre vingts cinq. Et le neufiéme de Septembre.

LXXIX.

Vertrag zwischen CHRISTIAN Hertzogen zu Sachsen/ und JULIUM Bischoff zu Würtzburg der strittigen Schloß und der Stadt Meinungen halber aufgerichtet/ wodurch selbige jenem/ seinen Descendenten/ und in Ermanglung deren/ denen Hertzogen zu Sachsen-Coburg zu Lehen aufgetragen wird: Jedoch/ daß nach absterben besagter Linien/ dieselbe hinwiederum dem Stifft heimfallen: Dagegen sollen die Hertzogen zu Sachsen denen Hennebergischen Eigenthums-Herren die dreyßig tausend Gulden bezahlen/ so ihnen vermög der Verträge zugeeignet worden; dan auch dem Stifft einige Dörffer und Güter eigenthümlich übergeben Geben zu Schleusingen den 9/19 Tag Julii anno 1586. 1586. 9-19. Juillet. [LUNIG Teutsch Reichs-Archiv Part. Spec. Continuat. I. Fortsetzung 3. pag. 343.]

C'est-à-dire,

Accord & Transaction entre CHRISTIAN *Duc de Saxe &* JULES *Evêque de Wurtzbourg au sujet de la Ville & Château de* Meiningen *par lequel l'un & l'autre sont donnés en Fief, avec toutes leurs Dependances, audit Duc & à ses Descendants, & à leur defaut à ceux de la Ligne de Saxe-Cobourg, en sorte neantmoins*

ANNO 1586.

moins que ces deux Lignes venant à manquer, ledit Fief retournera aux Evesques & à l'Evesché de Wurtzbourg, auxquels d'ailleurs d'autres Biens sont cédés à titre heréditaire. A Schleusingen le 9-19. Juillet 1586.

VOn GOttes Gnaden / wir Christian / Hertzog zu Sachsen / des Heil. Römischen Reichs Ertz-Marschall und Chur-Fürst / Land-Graff in Thüringen / Marggraff zu Meissen / und Burggraff zu Magdeburg / und von denselben Gnaden wir Julius, Bischoff zu Würtzburg / und Hertzog zu Francken; auch wir von GOttes Gnaden Friedrich Wilhelm / Hertzog zu Sachsen / Land-Graff in Thüringen / und Marggraff zu Meissen / und wir Dom-Probst / Dechant / Senior und gantzes Capital des Dombstiffts zu Würtzburg / thun kundt / Nachdeme durch Absterben weylandt des Hochgebohrnen Fürstens / Herrn George Ernstens / Graffen und Herrn zu Henneberg / die Graffschafft Henneberg / vermöge und Krafft des zu Kala Anno Funffzehenhundert Vier- und Funfftzig auffgerichteten Vertrags / und hernach erfolgter Kayserlichen Begnadigung und Belehnung / Uns obbemelten Chur- und Fürsten zu Sachsen heimbgefallen / und Uns dem Bischoff zu Würtzburg und Unserm Capitul und Stifft / das Schloß / Stadt und Ambt Meinungen / als Unser Lehen / eröffnet / und aber zu Verhütung allerley Weitläufftigkeit / so aus dem Gemenge erfolgen mögte / und zu Erhaltung freundlichen Nachbarlichen guten Willens / für gut und räthsamb angesehen worden / daß obbemeldt Schloß / Stadt und Ambt Meinungen / so mitten in gedachter Graffschafft gelegen / Uns den Chur- und Fürsten zu Sachsen zugehandelt / und Uns dem Bischoff und Unserm Stifft dagegen mit andern Güthern Erstattung geschehen.

Derowegen denn und zu Richtigmachung dieser Auswechselung und etzlicher anderer nachbarlicher Irrungen und Gebrechen / anfänglich von Unsern des Chur-Fürstens zu Sachsen geliebten Herrn Vatern / weyland dem Hochgebohrnen Fürsten / Herrn Augusto, Hertzogen zu Sachsen / Chur-Fürsten / Christseeligster Gedächtnüs für sich und in Vormundschafft Unser Hertzog Friedrich Wilhelms / und Unsers freundlich geliebten Bruders / Hertzog Hanßen zu Sachsen / so wohl Uns dem Bischoff zu Würtzburg / die Hochgebohrne Fürsten / Herrn Wilhelm / Pfaltz-Grafen bey Rhein / Hertzog in Ober- und Nieder-Beyern / und Herrn Philipp Ludwig / Pfaltz-Graff bey Rhein / Hertzog in Beyern / Graff zu Veldentz / und Spanheimb zu gütlichen Unterhändlern erbethen / deren Ldd. hierzu verordnete Räthe / auch in dem verschienen Vier und Fünff- und achtzigsten Jahren / zwischen seiner seel. Ldd. und Unser des Bischoffs Abgesandten zu Erffurth und Schweinfurth / dieser Sachen in Verhör und Handlung genommen und unterschiedlich ungefährliche Abreden auff Sr. seel Ldd. und Unser des Bischoffs ratification gehandelt und gestellet / derowegen aber allerley Bedencken hernacher eingefallen. Alß haben wir / der Chur-Fürst zu Sachsen / nach Absterben Unsers geliebten seeligen Herrn Vatern / und wir der Bischoff zu Würtzburg / auch wir Hertzog Friedrich Wilhelm zu Sachsen / für Uns / und von wegen Unsers geliebten Bruders / Hertzog Hansens zu Sachsen / Unser allerseits Räthe / auff den Fünfften nach dem alten / und nach dem neuen Calender den Fünffzehenden Julii dieses Funffzehenhundert Sechs- und achtzigsten Jahres / gegen Schleusingen zu endlichen Schluß dieser Sache wieder zusammen geordnet / welche sich obberührter Auswechselung und Nachbarlichen Irrungen halber / verglichen und vereiniget / wie von Worten zu Worten hernach folget:

Der Durchleuchtigsten / Hochwürdigen / Durchleuchtigen / Hochgebohrnen Fürsten und Herrn / Herrn Christian Hertzogen zu Sachsen / des Heyligen Römischen Reichs Ertz-Marschalln und Chur-Fürsten / Land-Grafen in Thüringen / Marggraffen zu Meissen und Burg-Graffen zu Magdeburg / Herrn Julien / Bischoff zu Würtzburg und Hertzog zu Francken / auch Herrn Friederich Wilhelms vor sich und Sr. Fürstl. Gnaden Brudern / Herrn Johannsen / Hertzogen zu Sachsen / Land-Graffen in Thüringen und Marggraffen zu Meissen / Unsern gnädigsten und gnädigen Herren / verordnete Räthe / wir Abraham Bock zu Kirphausen / auch Neudhardt von Tüngen / Dom-Probst zu Würtzburg / Probst zu Neuenmünster daselbst / und Dom Herr zu Bamberg / Johann Conrad Retwitz von Aulenbach / Dom-Dechant zu Würtzburg / Dom-Herr zu Meyntz und Probst zu Wachters-Winckel / Balthasar von Fell genandt / von Geliks Hoffmeister des Stiffts Würtzburg und Ambtmann zu Neustadt an der Sala / Veit Krapfer / der Rechten Doctor und Cantzlar / desgleichen Otto von Starschedel / Michael Strauß / der Fürstlichen Graffschafft Henneberg Cantzlar / Caspar von Hohenstein zu Henffstedt / Hunnpart von Langen / George Schmidts / Rentmeister und Johann Martin / Lehen-Secretarius, bekennen und thun kund; Nachdem bey Regierung des Durchlauchtigsten / Hochgebohrnen Fürsten und Herrn / Herrn Augusti Chur-Fürsten und Hertzogen zu Sachsen / Hochlöblicher Gedächtnüß vor sich und damahls in Vormundschafft Sr. Churfürstlichen Gnaden Vettern der Hertzogen zu Sachsen / des Weymarischen Theils an einem: und Hochermeldtem Unserm gnädigen Fürsten und Herrn / dem Bischoff und Einen Ehrwürdigen Dom-Capitul zu Würtzburg am andern Theil / auch freundliche Unterhandlung der auch Durchleuchtigen Hochgebohrnen Fürsten und Herrn / Herrn Wilhelms / Pfaltz-Graffens beym Rhein / Hertzogen in Ober- und Nieder-Beyern / und Herrn Philipsen Ludwigen / Pfaltz-Graffen bey Rhein / Hertzogs in Beyern und Graffen zu Veldentz und Spanheimb als hierzu erbethener Freunde unter dem Dato Schweinfurth den zehenden des Monaths Julii, des vergangenen Funffzehenhundert Fünff und Achtzigsten Jahrs / von wegen der Stadt / Schloß und Ambt Meynungen / dessen Auswechselung / auch sonsten den achten gedachten Monaths Junii desselben Jahres durch ihrer Chur- und Fürstl. Gnaden Räthe / etzlicher zwischen dem löblichem Stifft Würtzburg und der Graffschafft Henneberg irriger nachbarlicher Gebrechen / auf Belieben und Ratification Hochgedachter Unser gnädigsten und gnädigen Herren zween unterschiedliche Verträge / der gestalt auffgerichtet / vollzogen / und unter andern ferner verglichen / vorderist / daß sich ein Theil gegen dem andern zwischen demselben dato und nachfolgenden Tag Bartholomæi angeregter und damahls einverleibter Articul halben, erklähren / die Puncta aber / darüber ein oder ander Theil Bedencken haben mögten / zu fernerer Ihrer Chur- und Fürstl. Gnaden Vergleichung derselben Gelegenheit nach / gestellet werden solten / und aber in denen von beeden Theilen erfolgten Erklährungen erfunden worden / daß Ihre Chur- und Fürstliche Gnaden in etzlichen hernach benannten Punckten ausgezogenen Uhrsachen die Schweinfurthische Abhandlung etlicher massen zu moderiren, und zu mildern gebethen / zu solcher endlichen Vergleichung sich auch zu einer neuen zusammen Verordnung derselben Räthe und Gesandten auf den Fünfften dieses Monaths dem alten und dem Funffzehenden dem corrigirten Calender nach / anhero gegen Schleusingen vereiniget / daß demnach von wegen hochermelter Unser gnädigst- und gnädigen Herren nicht allein die Auswechselung solcher Stadt / Ambts und Schlosses Meinungen / verglichen / sondern auch die andern noch unerledigten nachbarlichen Irrungen Krafft empfangenen Befehl / auf gehaltene freundliche Communication zu Grunde vertragen worden seyn / folgender gestalt und also:

Erstlich / obwohl Hochgedachter Unser gnädiger Fürst und Herr / der Bischoff zu Würtzburg aus allerley angezogenen Uhrsachen Bedencken gehabt / ermeldte Stadt / Schloß und Ambt Meinungen und dessen Zugehörung von Sr. Fürstl. Gnaden Stifft kommen zu lassen; Dieweil aber Sr. Fürstl. Gnaden dem Hochlöblichen Chur- und Fürstl. Hause zu Sachsen zu besondern Ehren und Gefallen zu Schweinfurth und sonsten gewilliget / ermeldte Stadt / Schloß und Ambt Höchstgedachten Chur-Fürsten und Hocherwehnten Gebrüdern Hertzogen zu Sachsen Weymarischen Linien gegen gebührlicher Erstattung zu Lehen auffzutragen und anzusetzen: So sollen auch Ihre Chur- und Fürst. Gnaden und derselben männliche Leibes-Lehens-Erben / und da dergleichen nicht mehr am Leben verhanden wären / alsdann und nicht eher die Hertzogen zu Sachsen des Coburgischen Theils solche Stadt / Schloß und Ambt sammt allen dessen Ein- und Zugehörungen zu Lehen empfangen und tragen / auch ihres Gefallens / jedoch mit Vorbehalt der Praelaten und anderer des Orths hergebrachter Gerechtigkeit / besage des zu Schweinfurth auffgerichteten Abschiedes geniessen und gebrauchen; Gleicher gestalt solten Ihr Chur- und Fürstl. Gnaden / welche ermeldte Stadt / Schloß und Ambt / in derselben Vergleichung zukommen wird / durch einen angesessenen Adelichen Rath / vermöge einer allhier verglichenen und zu Ende dieses Vertrags inserirten notul, zu Mannlehen empfangen / die Unterthanen auch beyde in der Stadt und den zugehörigen Dorffschafften die Erbhuldigung nach Inhalt der zu Schweinfurth abgeredeten und nach Beschluß dieses Vertrags annectirten form dergestalt leisten lassen / da die Chur- und Fürstlich-Sächsischen Weimarische Linien männliches Stammes und nach derselben die Fürstlich-Coburgische Linien und also der gantze Männliche Stamm der Chur- und Fürsten zu Sachsen ic. abgedachter dreyer Linien gar absturben / daß auff solchen Fall das Schloß / Stadt und Ambt Meinungen / sambt allen seinen Ein- und Zugehörungen dem Stifft Würtzburg wieder frey / ledig heimgefallen / verinnnet und ohne männigliches Verhinderung zuständig seyn soll.

Uber das sollen die Chur- und Fürsten zu Sachsen das Stifft Würtzburg gegen die Hennebergische Eigenthumbs-Herren der dreyssigtausendt Gülden / die ihnen vermöge der Verträge zugeeignet / ohne desselben Zuthun vergnügen / und solches deren befreyen und benehmen; und wiewohl in angeregten Schweinfurthischen Abschiede unter andern verglichen / daß die Chur- und Fürsten zu Sachsen über erwehnte dreyssig tausendt Gülden dem Stifft Würtzburg noch Sechtzigtausendt Gülden an Dörffern / Höffen und liegenden Güthern auf die damahls abgeredete masse zu vergnügen schuldig seyn solten / dieselben Güther auch specificiret / und darüber die Jährliche Nutzungen und Einkommen mit beyder Theilen Wissen und Willen auf die bewilligte Summa taxiret / angeschlagen / gegeben und angenommen worden / alles nach Inhalt angeregter unterschriebener Specification, und hernach erfolgter Justification, dieweil aber bey solcher Verfertigung der Anschläge das Stifft Würtzburg noch hundert Gülden Jährlicher Unkosten / item hundert Gülden an statt der Schäfferey-Nutzung begehret / auch darüber einen ansehnlichen Abgang bey dem Hoff Ottelsmannshausen angegeben / und also noch zu eine Summa Sechstausendt Neunhundert zwey und achtzig Gülden ersetzet haben wollen; Dargegen.

Anno 1586. gegen aber von des Hauses Sachsen wegen angezogen / daß der geforderte Unkosten albereit abgekürtzet / die Schäfferey und hundert Gülden Bestandts weise ausgelassen / der Abgang auch aus den Neun-Jährigen Rechnungen beleget worden / daß also solcher von Würtzburg angegebener Mangel durch das Hauß Sachsen nicht allein nicht eingeräumet / sondern auch / daß dasselbe Erstattung einer guten Anzahl Holtzes gen Otelmanshaussen und zu Hart gehörig / des Lehens-Pferdes wegen des Hoff-Sannpach / der Gebeuden / Jäger-Atzung zu Eußenhaußen und anders halben / desgleichen auch die ausgelassenen Gerichtlichen Bussen an dem Anschlage abkürtzen wollen / und zu Uberlegung des neuen Anschlages ein solcher Abgang nicht befunden worden / so sind derselben beyder Theile gegen einander habende Forderung zugleich compensiret / und aufgehoben / also daß Würtzburg solchen Abgang der angegebenen Sechstausendt Neunhundert Zwey und Achtzig Gulden fallen / dargegen Sachsen das angeregte Holtz / Lehen-Pferd / Bussen / Jäger-Atzung und Gebäude zuangeschlagen / folgen lassen / und sollen also ermelte Dörffer / Höfe und Güther mit allen Rechten und Gerechtigkeiten / Zu- und Eingehörungen / nichts ausgenommen / Inhalts des Schweinfurtischen Abschiedts dem Stiffte Würtzburg hinführo erblich und eigenthumblich zustehen / die Einwohner und Unterthanen derselben zu förderlicher Gelegenheit ihrer Eydt und Pflicht / damit sie dem Chur- und Fürsten zu Sachsen bis dahero verwandt gewesen / erlassen / das Stifft Würtzburg / als nunehro ihre ordentliche Obrigkeit mit dem davon empfangenen Nutzungen von Zeit an mehrerwehntes Schweinfurtischen Abschiedes gewiesen / und über die abgetrettene Unterthanen derselben Zinns / Dienst und Gülte ein ordentlich versiegelt Erb-Register oder Saalbuch zwischen dato und schierstkünfftigen Tag Michaelis, hergegen auch von Hochgedachten unserm gnädigen Fürsten und Herrn / und einem Ehrwürdigen Domb-Capitul zu Würtzburg den Chur- und Fürsten zu Sachsen gleicher gestalt ein solch versiegelt Erb-Register oder Saalbuch über das Ambt Meinungen / dessen Unterthanen und Einkommen verfertiget und also hinc inde übergeben werden / auch ein Theil dem andern der eingeräumeten Güther halber zu gnugsamer Gewehrschafft verbunden und verpflichtet seyn; Wie denn auch ferner beyderseits bey dieser Uberweisung bedinget worden / daß alle hinc inde überwiesene Unterthanen bey ihren ehrbahren wohlhergebrachten Rechten und Gewohnheiten gelassen und mit einiger Neuerung nicht beleget werden sollen. Deßgleichen ist von des Hauses Sachsen wegen verwilliget worden / den vierdten unstreitigen Theil der Zehend / Hals-Gerichts und Blutbahns / wie denn auch des Zolles zu Mennersteten / inhalts der Käyserl. Lehen-Brieffe / dem Stifft Würtzburg abzu treten / auch dasjenige so etliche Jahr lang von solchen vierten Theil daselbst eingenommen / und in Deposito blieben / demselbigen weniger nicht folgen zu lassen / Jedoch mit der Maaß / daß solches weiter nicht extendiret / sondern dem Hause Sachsen seine Zuspriche wieder die Grafen von Stollberg von wegen des vierdten Albertischen und wieder die Grafen von Mannsfeldt des vierdten Bertholdischen Theils vorbehalten bleiben sollen. Als auch nach tödtlichen Abgang der jüngst verstorbenen Fürsten zu Henneberg das Dorff Zuchsen und Hauß Gutsberg mit seinen ein- und Zugehörungen von dem Stifft Würtzburg / als Söhne und Töchter Lehen / vermöge des anno Funffzehenhundert Vier und Funffzig zu Kala aufgerichteten Vertrags und Seiner Fürstl. Gnaden erfolgten Testaments, dem Hause Sachsen / als Universal Successorn und Lehens-Folgern die Graffschafft Henneberg eröffnet; So hat hochermeldter unser gnädiger Fürst und Herr / der Bischoff zu Würtzburg / dem hochlöblichen Chur- und Fürstlichen Hause Sachsen zu Ehren bewilliget / das solche Lehen auch auf die Masse und vermöge der notul, die oben bey Meinungen disponiret / durch einem Adelichen Rath empfangen werden soll. Dargegen ist von dem Sächsischen Theil bewilliget / ob wohl ermelte Eigens-Erben in Krafft des vorangezogenen Käyserlichen Vertrags und darauff erfolgten Hennebergischen Testaments an solchen Güthern Zuchsen und Gußberg nichts zufordern / sondern dieselbe ihre Gerechtigkeit in andere Wege contentiret seyn / da Sie aber mehr Hochermelten Bischoffen zu Würtzburg diese Belehnung halber anzusprechen sich vermuthlich unterstehen würden / daß Sr. Fürstl. Gnaden und Dero Stifft durch die Chur- und Fürsten zu Sachsen in Rechten vertreten und Schadloß gehalten werden solle. Ferner sind die noch unerledigten Articul der nachbarlichen Gebrechen / derentwegen zu Schweinfurth unter dem dato achten Junii Anno Funffzehenhundert Funff und Achtzig / wie obstehet / ein sonderlicher Abschied aufgerichtet / folgender massen abgehandelt und verglichen worden / und erstlich die streitige Jacht-Gerechtigkeit belangend / ist es dahin vermittelt worden / daß vermöge angeregtes Schweinfurtischen Abschiedes und darauff erfolgter Unsers gnädigsten Fürsten und Herrn zu Würtzburg resolution die Jagt-Grentzen gegen desselben Aembter Auersberg und Fladungen / diese seyn / auch dermassen versteinet werden sollen / nehmlich von dem Ober-Wiederschlag an der Haal am Entzler-Waldt hinauff / nach der hintern und mitlern Landt-Wehr / und dann ferner nach dem jetzigen Rege-Scheck zu / von dannen der Haal hinauff nach dem Stolberger Schlage und von demselben wieder herunter nach der Wustung Volckers / wie dasselbe versteinet / förder nach der hohen Strassen und dem Nordtheimer Gehöltze / also / daß die Gräntz und deren Versteinung oberhalb dem Lichtenberger Hain hero gerichtet und angestellet werden solle / der gestalten / daß das Chur- und Fürstliche Hauß Sachsen / was ausserhalb solcher Gräntz gegen dem Ambt Kalten Nordheim und Maßfeld gelegen / alle Jagens-Gerechtigkeit alleine / was aber nach den elteren Auersberg und Fladungen / dem Stifft Würtzburg auch alleine zu bejagen / folgen und bleiben sollen; In dem Ambte Mellrichstett soll das Hauß Sachsen die beyde Mellrichstettische und Stockheimische Arten / wie dann auch die Wüstung Ellenbach / gleicher gestalt alleine zu bejagen haben; Hier gegen die beyden Lohe sambt dem Fussenhäusser Gehöltze (ausserhalb erstgemelter Wüstung) dem Stifft Würtzburg mit der Wildbahn bleiben / und allenthalben an der Gräntze / die Schützen aber die Wild-Gruben von beyden Chur- und Fürstlichen Theilen gäntzlich abgeschaffet werden / mit dieser fernern Maß / daß hier durch keinem Theil / wie auch sonst männiglich an habenden Grund und Boden / Holtz und Beholtzungen / Trieb / Huth / Weide und andern hergebrachten Rechten und Gerechtigkeiten / nichts benommen oder entzogen / sondern alleine auf die Wildbahn und Jagens Gerechtigkeit gemeinet und verstanden werden soll. Darneben ist abgeredt / daß das Hauß Sachsen dem Stifft Würtzburg die Zehentbarliche Obrigkeit zu Franckenheimb / und dagegen das Stifft Würtzburg dem Hause Sachsen die Zehentbarliche Obrigkeit zu Stadtlingen und Hermansfelden sambt der Wüstung Ottenhausen / zu Vermeidung künfftigen Mißverstandes / zukommen lassen / wie denn ermeldte bede Dörffer Städtlingen und Hermannsfeldt mit der Zehend des Ambts Meinungen Erb-Register inseriret worden / und hierdurch dem Ao. Funffzehenhundert Zwey und Zwantzig auffgerichteten Mellrichstedtischen Weisthumb nicht derogiret seyn / sondern derselbe nichts minders bestättiget / auch die vier Malter Haber von solchen beyden Dörffern ins Ambt Mellrichstedt unverhindert gefolget werden sollen; Deßgleichen sollen die Unterthanen derselben bey den Dorffschafften die nächsten zehen Jahre nach einander an die Zehend gegen Mellrichstedt von dato dieses Vertrages anzurechnen / so offt sich Fälle zutragen / gewiesen / nach Ausgang der zehen Jahr aber an die zehende Meinungen remittiret / und dabey hinführo gelassen werden / auch in Krafft dieser Vergleichung alsdenn angewiesen seyn; die vier Malter Haber aber einen Weg als den andern dem Stifft Würtzburg erblich und unverhindert bleiben und gegeben werden. Weil auch zu Schweinfurth unter andern verglichen worden ist / wie es hinführo mit dem Novat Zehenden zu Neuenbrunn gehalten werden solte / Nehmlich / daß dem Grundherrn die Sechste Garbe von neuen Gewenden gereiten folgen / was aber künfftig und weiters gereitet werden mögte / einen Ehrwürdigen Domb-Capitul gegeben / und solche Novat Zehenden beschrieben werden soll / deßgleichen / daß die Jagt-Grentzen versteinet / und die Weite von Rieneck zu Urspringen von wegen des halben Theiles des Schlosses zu Urspringen / die Weite von Saltzburg von wegen des Forst-Ambts über den Saltz-Forst / Burckhardt Herrmann Trotte gedachte Weite von Saltzburg / und Caspar von Stein / von wegen der Sackzehenden zu Heitingen / an dem Stifft Würtzburg gewiesen / auch der Haal oder Landt-Wehr auf die verglichene funff Gärten oder Ruden gefertiget werden soll; So ist solches alles bey dieser Unserer Zusammenkunfft verordnet und ins Werck gerichtet / auch dieser Punct halben bey den angezogenen Schweinfurtischen Vergleichung und den darauff hinc inde erfolgten Erklährungen gelassen worden / und wiewohl bey den jetzt vorfallenden Handlungen / das Stifft Würtzburg zween Brieffe / einen Graff Bertholds von Henneberg unter dem dato Nürnberg Sonabends vor Georgi Anno dreyzehenhundert drey und dreyßig / den andern Graff Friedrichs von Henneberg unterm dato Mittwochen nach Elisabeth Anno vierzehenhundert und zwantzig produciren lassen / der eine besaget / daß die Zehend Frickelshaußen umb Tausend Pfund Heller / der ander / daß der vierte Theil am Hauße Riedtersdorff / umb vierhundert Gulden gelöset werden möchte; So hat doch Hochgedachter Unser gnädiger Fürst und Herr / der Bischoff zu Würtzburg / auf beschehene Unterhandlung / und zu Vermeidung künfftiges Mißverstands / solche beede Brieffe in originali dem löblichen Hause Sachsen wiedergeben / und alle dißfalls habende Zuspriche gäntzlich fallen lassen. Ferner ist bey dieser Handlung fürgelauffen / daß Würtzburg dem verstorbenen Fürsten zu Henneberg / von wegen eines dem Closter Aussen eingezogener Sackzehenden zu Meinsfelden / am Keyserl Cammer-Gericht Klag fürgenommen / auch so weit verfahren / daß darinnen zum Urtheil beschlossen; Ob nun wohl kein Theil an seiner verhofften Gerechtigkeit etwas zu weichen vermeinet / dieweil aber die Chur- und Fürsten zu Sachsen mit dem löblichen Stifft Würtzburg durchaus freundlich und nachbarlich verglichen seyn wolten / das Hauß Sachsen sich auch als Lehens-Folgere nicht schuldig erachtet / da gleich Würtzburg im Stande des Rechtens etwas erhalten möchte / die eingenommene Nutzung desselben zu erstatten; So ist dieser Puncte dahin gestellet / daß Würtzburg den angeregten Cammer-Gerichts-Proceß, auch die hinterständigen Nutzungen gäntzlich fallen lassen / dagegen ist von des Hauses Sachsen wegen bewilliget / daß dem Stiffte Würtzburg von dato an solcher gantzer Stuckzehend ganghafftig seyn / und unverhindert folgen solle.

Weiln denn hierdurch mehr hochgedachte Unsere gnädigste und gnädige Herren / die Chur- und Fürsten zu Sachsen / und der Bischoff zu Würtzburg nicht allein der Meinungischen / sondern auch aller und jeder alter und neuer

ANNO 1586. neuer Land-Rechten halber freundlich und gäntzlich vertragen/ und verglichen/ Ihre Chur-Fürstliche und Fürstl. Gnaden Uns auch befohlen/ solche endliche Vergleichung dreyfach auffs Pappier zu bringen/ zu versiegeln und zu unterzeichnen; So ist solches Ihrer Chur-und Fürstl Gnaden Befehl zu gebührender Folge geschehen/ und ferner verglichen/ daß solche freundliche wohlgemeinte Vereinigung in des Chur-Fürsten zu Sachsen/ Unsers gnädigsten Herrn/ Cantzley ingrossirt/ vollnzogen/ hernach gen Weymar und Würtzburg geschicket/ durch Ihre Fürstl. Gnaden und neben Unsern gnädigen Fürsten und Herrn zu Würtzburg/ durch ein Ehrwürdig Domb-Capitul daselbst auch vollzogen/ und jedem Chur- oder Fürstlichen Theil ein Exemplar künfftiger Nachrichtung halber gegeben werden solle/ alles treulich und ohne Geferde.

Zu Uhrkund ist solches mit Unseren angebohrnen und gewöhnlichen Petschafften versiegelt und mit eigenen Händen unterschrieben/ welches geschehen ist zu Schleusingen/ den neundten dem alten/ und den neunzehenden Tag des Monaths Julii dem corrigirten Calender nach/ nach Christi Unsers lieben Herrn und Seeligmachers Geburth im Funffzehenhundert und Sechs und Achtzigsten Jahre.

LXXX.

1586. 21. Avril. 1587. 6. Novembre. 1588. 27. Avril.

Bullæ Tres SIXTI V. *Papæ de decies centenis millibus nummorum aureorum in Arce S. Angeli ternis vicibus sepositis, nullo unquam tempore nisi in præscriptis casibus, certaque desuper servata forma depromendis. Quarum* PRIMA *data est Romæ* 11. *Kal. Maji, Anno Incarnationis Dominicæ* 1586. *Pontificatus sui I.* SECUNDA *ibid.* 8. *Idus Novembr.* 1587. *Pontificatus sui III.* TERTIA *ibid. quintò Kal. Maji* 1588. *Pontificatus sui Anno IV.* [Bullarium Magnum Tom. 2. pag. 573. col. 1. pag. 653. col. 1. pag. 685. col. 1.*]

SIXTUS EPISCOPUS.

Servus Servorum Dei. Ad perpetuam rei memoriam.

AD clavum Apostolicæ servitutis in puppi Militantis Ecclesiæ, non meritis nostris, sed divinæ voluntatis dispositione, difficillimis his temporibus constituti, non solum præsentes fluctus, quibus B. Petri navicula sæpius jactatur, mente pervigili circumspicimus, sed procul etiam atque à longe impendentes tempestates, non sine magna animi solicitudine prospicimus, easque consilio & vigilantia, quantum cum Domino possumus, præcavere, ac vitare studemus. Circumstant nos undique multorum generum pericula; mala intestina quotidie magis ingravescunt, bello ardent Provinciæ, Hæretici implacabili odio inflammati in Nos rapiuntur, hostis teterrimus & potentissimus Turca, alter Assur virga furoris Domini cervicibus nostris semper imminet, quique communes sunt Catholicæ Religionis, & Christiani nominis inimici, iidem Romanam in primis Ecclesiam, & Apostolicam hanc Sedem, fidei petram, & fidelium omnium Matrem acerbissimè oderunt, ejusque auctoritatem, amplitudinem, statum convellere, quod Deus avertat, ac labefactare, vehementer atque avide concupiscunt. Et Nos quidem dubios rerum eventus, & occulta discrimina, quæ non sine causa timere cogimur, sæpenumero expendentes, non in Nobis ipsis spem collocamus, neque carnem ponimus brachium nostrum, sed oculos in cœlum sustollimus, ad custodem Israel, eumque ipsum qui nunquam dormit, neque dormitat, sæpe cum lacrymis excitamus, ut aliquando è somno exsurgens mari & ventis imperet, & tranquillitatem faciat; sed tamen ab eodem, in quo spes omnes nostræ resident, edocti sumus, noctu vigilandum esse patrifamilias, ne fures domum perfodiant, servumque supra ejus familiam constitutum non solum fidelem esse debere, sed & prudentem; nec temere tentandum Dominum, ut in iis quæ consiliis nostris ratione gubernari possunt, non tam divinam opem, quæ semper expetenda est, quam miracula requirere videamur. Quare ad humanæ prudentiæ subsidia ita confugimus, ut in Deo potissimum speremus, ad cujus gloriam, atque ad Sanctæ Romanæ Ecclesiæ utilitatem, populorumque nostrorum quietem & defensionem omnia dirigimus. Nam cum illius vicem in terris, licet immeriti geramus, qui Rex pacificus & Sacerdos est in æternum, utraque potestate Sacerdotali & Regali eorum præcipue commodis & incolumitati consulere debemus, qui sub peculiari tutela, & ditione hujus sanctæ Sedis sunt constituti; in quo quidem Pastoris etiam officium exercemus, ut præclare nos admonet Beatissimus Pontifex Gregorius, à quo Pastores objurgantur, qui de externa gregis utilitate non sunt soliciti. Pastores, inquit, sic erga interiora studia subditorum suorum ferveant, quatenus in eis exterioris quoque vitæ providentiam non relinquant. ANNO 1586.

§. 1. Quod igitur à Nobis Pastoralis providentiæ debitum requirit providere cupientes, ne aliquando repentina aliqua & improvisa vi, quod superiorum temporum luctuosa monent exempla, Nos Successoresve nostri, & populi Nobis subjecti opprimantur, neve ad dubios casus à pecunia omnino imparati simus, quæ in ipso motu & trepidatione difficulter admodum, non sine magno Civitatum & Provinciarum incommodo conficitur, quibus parcere cupimus, & quod gravius est, jam sera & inopportuna diligentia sæpius frustra & inutiliter conficitur, quæque si in tempore curata & præparata sit, ad copias aliaque præsidia comparanda, magno usui & adjumento esse potest; ob eas causas decrevimus certam pecuniæ summam, benedicente Domino, nullo nostrorum extraordinario onere congestam, sed præter alias rectè colligendæ pecuniæ vias, nostra etiam parsimonia, frugalitateque Pontificiâ comparatam, hoc est, ad decies centena millia aureorum nummûm seponere, tamquam factum Ecclesiæ Romanæ peculium, & præcipuum ærarium, quod bonorum immobilium instar sit; atque ad certos casus hoc nostra Ordinatione præscriptos erogandum, fideliter, integreque reservatum, ac præclarè paratum, ipsa Sedes Apostolica, Ecclesiaque Romana habeat. Etenim inter omnia præsidia ac firmamenta, quæ ad Reipublicæ defensionem & conservationem necessaria, sapientum judicio putantur, magnam sapientissimus Salomon vim & facultatem pecuniæ tribuit verbis: Utilior est sapientia cum divitiis, & magis prodest, sicut enim protegit sapientia, sic protegit pecunia. Quod sanè divino consilio à veteris Testamenti Patribus factum esse animadvertimus, cùm in Dei etiam templo, magnam auri argentique copiam, ingentemque thesaurum ad necessitates reservatum esse, sacris Libris, & Regum, & Machabæorum testatum sit. Habuit etiam Christus Dominus loculos, & quæ à fidelibus oblata erant, reservavit, ut Ecclesiæ necessitatibus subveniret, sicque formam instituit Ecclesiasticæ pecuniæ servandæ, inquit Sanctus Augustinus; Habet etiam Ecclesia aurum, ait Beatus Ambrosius, ut cum necesse est, illud tunc non servet, sed servatum eroget; & ex eo tempore, quo prima Christianæ Religionis jacta fuerunt fundamenta, Sanctus Sixtus, prædecessor noster & Martyr, Levitæ *Laurentio, qui martyrio insignis fuit*, Ecclesiæ thesauros tradiderat asservandos, quos idem Christi athleta fortissimus, ex manibus Tyranni, qui præter Christianorum innocentem sanguinem, & aurum Ecclesiæ sitiebat, in pauperes celeriter distribuendo eripuit.

§. 2. His itaque rationibus & causis, aliisque ad Dei gloriam, atque Ecclesiæ utilitatem spectantibus Nos adducti, motu proprio, & ex certa nostra scientia, habita super hoc cum venerabilibus fratribus Nostris S. R. E. Cardinalibus in Consistorio nostro secreto matura consultatione, de eorum consilio, & unanimi assensu, hac nostra perpetuò valitura Constitutione, atque Ordinatione, supradictam à Nobis simul congestam pecuniæ summam, in Pontificia S. Angeli arce, certo sanctiori ærarii loco, quem eo nomine constituimus, in quibusdam certis designatis scriniis collocamus, reponimus, asservamus atque assignamus, eamque ita collocatam & asservatam, Christo Domino, cujus in terris vices gerimus, Beatissimæ Virgini Dei genitrici MARIÆ, ac Sanctis Apostolis Petro & Paulo, ea lege offerimus atque dicamus, ut inde, ne Nobis quidem eam, neque totam nec verò partem aliquam etiam minimam promi umquam liceat, præterquam si pro recuperatione Terræ sanctæ, & generali contra Turcas expeditione bellum aliquando suscipiendum erit; tuncque etiam postquam Christianus exercitus comparatus erit, ac mare ad ipsorum Turcarum fines trajecerit. Si præterea tanta Annonæ, & rei frumentariæ inopia sit, ut fames populo interitum allatura videatur, aut si pes-

(*) On a jugé à propos de joindre ces trois Piéces, comme regardant la même affaire.

tilentiæ

ANNO 1586.

tilentiæ lues graſſetur. Si manifeſtum periculum immineat, ne aliqua ex Chriſtianis Provinciis ab infidelibus, & Catholicæ Eccleſiæ hoſtibus occupetur, tuncquam ſubſidii tantum ferendi cauſa. Si bellum contra Statum Sanctæ Romanæ Eccleſiæ in Italia inferretur, tuncquam dumtaxat, cum juſtus atque integer exercitus in ipſos etiam Eccleſiaſticæ ditionis fines pervaſerit, vel prope jam ſit, ut qui loca finitima invaſerunt, ad occupandum Civitates & loca ditionis Eccleſiaſticæ irrumpant. Si belli ſumptus faciendus erit pro Civitatis, quæ temporali ditioni Sanctæ Romanæ Eccleſiæ ſubjecta, ab ipſius obedientia, (quod Deus avertat) defecerit, recuperatione & conſervatione, aut pro Civitate, ac ditione, quæ ad Sedem Apoſtolicam devolveretur, recuperanda & conſervanda. Si quando quis in eam ſe intruderet ſeu occuparet, aut occupationis & intruſionis periculum inſtaret atque urgeret. In his autem omnibus caſibus præſcriptis ac permiſſis, in quibus aliqua pecuniæ portio, ſemel aut ſæpius ſumi licebit, id ſemper moderatè fiat, eaque cautio ratioque adhibeatur, ut omnino ſaltem integra medietas conſtitutæ hujus ærarii pecuniæ remaneat. Præterea conſenſum duarum ſaltem ex tribus partibus Cardinalium, qui Conſiſtorio interfuerint præſtari, decretumque ipſum eorumdem Cardinalium conſentientium ſubſcriptione roborari volumus.

§. 3. Extra hos autem præſcriptos caſus, omnem hujus pecuniæ, Deo ut ſuprà dicatæ, vel omnino, vel aliqua ex parte amovendæ aut erogandæ poteſtatem à Nobis prorſus abdicamus, abdicatamque planè eſſe volumus. Statuentes quemadmodum ſuprà dictum eſt, ut inſtar bonorum immobilium Eccleſiæ ſit & habeatur; eamdemque ſic aſſervatam & repoſitam, ac Deo dicatam, Nos integram conſervaturos eſſe, ac perinde omnino atque res & bona Eccleſiæ immobilia Nos habituros eſſe promittimus, juramus & vovemus. Cujus rei ſervandæ vinculo, ſicut Nos adſtringimus, ita ſucceſſores etiam noſtri ſe eodem devinctos eſſe norint. Tum boni publici cauſâ, quod ſummo ſtudio procurare debent, tum Pontificalis muneris religione, qua obſtrictos non modò non reſcindere, ſed inviolatè obſervare oportet, quæ à Prædeceſſoribus utiliter ſancteque conſtituta eſſe vident. Tum denique divinæ juſtitiæ lege, ex qua intelligant ſe, prout divinæ Litteræ, exemplaque ſignificant, ac Patrum documenta declarant, graviſſimas pœnas daturos eſſe, ſi rem Deo dicatam, aliter ac præſcriptum eſt, diſpenſarint.

§. 4. Cujus rei non minus inſigne, quam tremendum exemplum in Machabæorum hiſtoria memoriæ traditum eſt, de impio atque audaci Heliodoro, qui cùm pecuniam à ſacro templi Dei ærario auferre moliretur, armato quodam equite, aſpectu terribili ſubito divinitus apparente, equi calcibus impetitus à duobus quoque juvenibus, Dei ita juſſu apparentibus flagellis verberatus, ac plagis graviſſimis affectus eſt. At verò Nos religioſa eorum conſcientia, Pontificiaque caritate confiſi, non modo non dubitamus, ſed planè ſperamus fore, ut ærarium hoc noſtrum, quod noſtra Pontificali ſolicitudine partum, ac Deo dicatum ad neceſſarios præſcriptos caſus reſervavimus, ita diligentiſſimè reſervent, ut Nos maxime facturos eſſe profeſſi ſumus, ac profitemur.

§. 5. Si verò alii caſus aliquando inciderint, qui etiam majorem ex ærario promendæ pecuniæ rationem haberent, nolumus tamen quod de his certis caſibus, conſtituimus & præſcripſimus, ullo unquam tempore, nec etiam dùm Sedes Apoſtolica per obitum Romani Pontificis vacaverit, ad illos qui majoris rationis vim habere viderentur, extenſionem fieri, aut ullo modo de illis interpretari licere. Sed noſtram hanc Ordinationem, Conſtitutionemve ad litteram intelligi debere decernimus. Nam Succeſſoribus noſtris æque ac Nobis etiam, ſiqui alii caſus inciderint, in quibus magnæ etiam impenſæ inſumendæ aliquando erunt pecuniæ, opes aliunde non deerunt, quibus, conſervata hac in hoc à Nobis conſtituto & ſancito ærario ſumma, occurri neceſſitatibus incidentibus poterit. Et enim ſi à Nobis, qui in hoc ipſo Pontificatus noſtri ingreſſu multis difficultatibus oppreſſi, ad ſublevandam Annonæ inopiam, ad exules facinoroſque homines publicæ quietis perturbatores coercendos, atque ob Baſilicas religioſiſſimas, & toto terrarum Orbe celeberrimas reficiendas, atque inſtaurandas, cultumque divinum in hac Alma Urbe, quæ Chriſtianæ Religionis Sedes eſt & domicilium, novis etiam ſacris ædificiis, atque ad loca Urbis acclivia, quæ

ANNO 1586.

illa maximè indigent operoſam deductionem, aliasque graviſſimas ob cauſas, multiplices & maximas impenſas ſubire coacti ſumus, ærarii hujus pecunia, noſtra ſedulitate & diligentia repoſita, & ad certos præſcriptos caſus reſervata non eſſet, ſed in varios alios uſus à Nobis pro juſto arbitratu noſtro erogaretur; nullus quidem locus juſtæ adverſus Nos querelæ ſucceſſoribus noſtris relinqueretur, & nihilominus pro neceſſitatibus, etiam quæ de repente inciderent, ſumptus ſubire & eis providere cogerentur. Propterea iis durum videri nullo modo debet, ſi conſervata ærarii prædicti ſumma, quæ faciliorem ad alios nummos ſibi comparandos viam munit, aliunde pecuniam ſumere debeant, quam in ſumptus, pro temporum varietate neceſſarios erogent.

§. 6. Immo verò illud rationi valde conſentaneum eſt, ut quam inde pecuniæ partem in præſcriptis illis caſibus ſumpſerint; eam integram cum primum ſumptus in iis faciendi occaſio ceſſaverit; planè in ipſum ærarium unde acceperunt, reſtituant ac reponant.

§. 7. Et verò, ut ob cauſas tantum ſupra planè præſcriptas, ex eodem ærario pecunia juſte legitimeque ſumatur, ad illius cuſtodiam ſex claves adhiberi jubemus, quarum tres Cardinalibus item tribus, qui Ordinum capita dicuntur, quique in Romana Curia præſentes adſint, illis verò abſentibus, tribus aliis, qui in eiſdem Ordinibus eis proximi erunt, eorumque locum eo tempore geſſerint, ſigillatim aſſignentur, quarta S. R. E. Camerario, quinta Decano Clericorum Cameræ Apoſtolicæ, à quo illam aliàs tradi non liceat, niſi præſentibus & conſentientibus ejuſdem Cameræ Clericis duobus, ſexta denique Theſaurario generali. Claves verò duæ portarum ærarii hujus ſic à Nobis conſtituti, altera Collegii Cardinalium Decano, eoque abſente antiquiori in ordine Cardinali in Urbe exiſtenti, altera noſtro & pro tempore exiſtenti Romani Pontificis Theſaurario ſecreto aſſervandæ tradantur; qui omnes jurabunt, ſe neque claves daturos, neque extractioni præfatæ pecuniæ conſenſuros, niſi in caſibus ſupraſcriptis, & tunc niſi conſenſu duarum partium Cardinalium, ut ſuprà interveniente.

§. 8. Volumus inſuper ejuſdem Caſtri S. Angeli, nunc & pro tempore Præfecto juramentum deferri, atque, ad illud præſtandum in manibus Sanctæ Romanæ Eccleſiæ Camerarii teneri, ſe non permiſſurum, quavis juſſione, & quibuſvis clauſulis munitâ non obſtante, ex ærario per Nos conſtituto aliquam pecuniarum quantitatem auferri, niſi forma per Nos tradita obſervata. Si verò contra hoc juramentum fecerint, pecuniæque ex ærario partem aliquam vel minimam contra hujus ordinationis, conſtitutionisque noſtræ præſcriptum ſumi, promi, detrahique permiſerint, anathematis pœnam ipſo facto ſubeant.

§. 9. Id quoque ſtatuimus & ſancimus, ut omnes & ſinguli, tam ſæculares quavis dignitate, etiam Ducali, aut Regia fulgentes, quam Eccleſiaſtici, cujuſvis ordinis & dignitatis, etiam Epiſcopi vel Archiepiſcopi vel Cardinales, qui de pecuniis ex eodem ærario, præter caſus & formam ſuprà præſcriptos, ſumendis, amovendiſve tractarint, conſuluerint, ſuaſerint, aut ſuadere tentarint, eo ipſo ſententiam excommunicationis incurrant, à qua niſi ab ipſo Pontifice, præterquam in mortis articulo abſolvi nequeant, ac præterea Sanctæ Romanæ Eccleſiæ, Sedique Apoſtolicæ iidem rebelles, læſæque Majeſtatis rei eſſe cenſeantur, omnibuſque Eccleſiis, Monaſteriis, & aliis per eos quomodolibet obtentis Eccleſiaſticis beneficiis eo ipſo privati, cum ad illa, tum ad alia in poſterum obtinenda inhabiles exiſtant. Quod ſi aliquando eos reintegrari contigerit, nihilominus infames etiam remaneant, nec vero unquam iis ad honores gradus, dignitateſque in poſterum aditus pateſiat.

§. 10. Volumus autem quod ſicut omnes & ſinguli Cardinales præſentes Conſtitutionem hujuſmodi quantum in eis erit obſervare, illique non contravenire, nec Pontificibus contrafacientibus conſentire, aut abſolutionem à juramento præſtito non petere, nec oblatam aut conceſſam acceptare in Conſiſtorio noſtro ſecreto promiſerunt & jurarunt, idem per abſentes Cardinales à Conſiſtorio in habitatione eorum & à Romana Curia, ut quandocumque ad eamdem Curiam ſe contulerint, ac per futuros pro tempore Cardinales in aſſumptione pilei promitti & jurari debeat, ac promiſſionem & juramentum hujuſmodi in formula juramenti per eoſdem Cardinales præſtari ſoliti, adjungi & inſcribi debere, & contrafacien-

ANNO 1586. facientes pœnam perjurii & perpetuæ infamiæ, juris & facti eo ipso incurrere decernimus.

§. 11. Præterea quod ipsi Cardinales, occurrente Apostolicæ Sedis vacatione, in Conclavi quando de observando felicis recordat. prædecessorum nostrorum Julii Secundi Litteris super electione Romani Pontificis, & Pii Quinti, ne Civitates & loca S. R. E. infestentur, & aliis Constitutionibus juramentum præstare solent, etiam de inviolabiliter præsenti Constitutione nostrâ, per quemlibet eorum qui in Romanum Pontificem electus fuerit, & postmodum idem ad Summi Pontificatus fastigium assumptus post ejus assumptionem hoc ipsum promittere ac jurare, & deinde post coronationem suam promissionem & juramentum hujusmodi per Litteras suas speciales harum confirmatorias reiterare debeat. Quod si illud a Pontifice, quod credendum non est, recusabitur, aut differetur, tunc dicti Cardinales in primo Consistorio secreto, & præcipuè eorum Decanus, & Capita Ordinum apud eum omni cum instantia, & instantissime pro Præsentium observatione petere & rogare, ac obtestari non cessent. Quod si semel atque iterum enixè rogatus ejusmodi juramentum præstare diutius etiam distulerit, tunc deinum omnes singulosque Cardinales ea lege adstringimus, ut in singulos annos quinquies, in die scilicet Natali Domini, in Pascha Resurrectionis, in festo solemni S. Petri, die præterea Anniversario Creationis & Coronationis ipsum Pontificem instanter, instantius, atque instantissimè rogent, orent, obsecrent, atque obtestentur, ut de sancito hoc ærario, quod Deo obtulimus & dicavimus, ad præscriptum custodiendo servandoque sanctè juret, idque ut omnino efficiat, tamdiu quoad plenè effecerit, diligentissime curare studeant, statuimus & ordinamus.

§. 12. Has verò nostras *Litteras in libellum* redigi, & post prædictas Julii Secundi & Pii Quinti Literas, quæ in ipso Conclavi legi solent, aliisque Constitutionibus Apostolicis adjungi, & in quinterno etiam Cancellariæ Apostolicæ una cum aliis Constitutionibus nostris describi, & in valvis Basilicæ B. Petri Principis Apostolorum, & in Cancellaria nostra Apostolica, ac in acie Campi Floræ publicari.

§. 13. Earumque transumptis & exemplis etiam impressis, manu Notarii publici subscriptis, & sigillo alicujus Prælati seu personæ in dignitate Ecclesiastica constitutæ munitis, eamdem fidem ubique haberi, in judicio & extra, quæ *Præsentibus* haberetur, volumus & jubemus.

§. 14. Si quis autem fortasse nostrorum Successorum, id quod minimè credimus, huic nostræ Constitutioni omnino aut aliqua ex parte derogare, aut contra statuere voluerit, aut depromptam pecuniam, ut supra sancitum est, in idem ærarium non restituerit, admonemus, post derogantis, aut contra statuentis, contraque facientis obitum liberum esse Successoribus, ea derogatione & quibusvis aliis, quæ contra statuta sunt non obstantibus, pro pecunia contra hujus Constitutionis præscriptum sumpta ac deprompta recuperanda adversus Pontificis derogantis, & contrafacientis, & Cardinalium idem consentientium posteros, seu conjunctos omnes, quibus ab ipso Pontifice aut Cardinalibus bona quovis titulo, vel quavis ratione obvenerint, agere, & possessionem bonorum, quæ ad ipsos posteros pervenerint, adipisci, retinereque, donec quicquid pecuniæ depromptum est, id omne in ærarium referatur & restituatur, eaque ipsa bona, si quo modo, ut supra dictum est, à forma per Nos constituta recedi contigerit, hujusmodi obligationi atque oneri, obnoxia & addicta esse voluimus, singulis quà in nostris Literis adversari possent, vel quoquo modo obesse penitus remotis, ac non obstantibus.

§. 15. Nulli ergo omnino hominum liceat hanc paginam nostræ constitutionis, collocationis, repositionis, asservationis, assignationis, oblationis, dicationis, abdicationis, promissionis, juramenti, voti, professionis, sanctionis, adstrictionum, decretorum, statutorum, ordinationis, jussionum, admonitionis, & voluntatum infringere, vel ei ausu temerario contraire. Siquis autem hoc attentare præsumpserit, indignationem omnipotentis Dei, ac beatorum Petri & Pauli Apostolorum ejus, se noverit incursurum.

Dat. Romæ apud Sanctum Petrum, Anno incarnationis Dominicæ millesimo quingentesimo octogesimo sexto, undecimo kal. Maji. Pont. nostri anno 1.

Ego Sixtus Catholicæ Ecclesiæ Episcopus promitto, voveo, & juro. ANNO 1586.

De ventre matris meæ tu es Deus protector meus.

Ego A. Cardinalis Farnesius Episcopus Ostien. Vicecancellarius, promitto, voveo, & juro.
Ego Jacobus Cardinalis Sabellus Episcopus Portuen. promitto, voveo, & juro.
Ego Joannes Antonius Cardinalis S. Georgii, Episcopus Tusculanus, promitto, voveo, & juro.
Ego Jo. Franciscus Card. de Gambara Episc. Prænestin. promitto, voveo, & juro.
Ego M. S. Car. ab Altaemps, promitto, voveo, & juro.
Ego Innicus Avalus Card. de Aragonia, promitto, voveo, & juro.
Ego Marcus Antonius Card. Columna, promitto voveo, & juro.
Ego P. Card. Sanctacrucius, promitto, voveo, & juro.
Fr. Michael Bonellus Card. Alexandrinus, promitto, voveo, & juro.
Ego Ludovicus Mudrucius, promitto, voveo, & juro.
Ego N. Card. Senonensis, promitto, voveo, & juro.
Jul. Antonius Card. Sanctæ Severinæ, promitto, voveo, & juro.
P. Card. Cæsius, promitto, voveo, & juro.
Ego Hieronymus Card. Rusticucius, promitto, voveo, & juro.
Ego Jo. Hieronymus Card. Albanus, promitto, voveo, & juro.
Ego Philippus Boncompagnus Card. Sancti Sixti, promitto, voveo, & juro.
Ego Hieronymus Card. Simoncellus, promitto, voveo, & juro.
Ego P. Card. Deza, promitto, voveo, & juro.
Ego Antonius Card. Caraffa, promitto, voveo, & juro.
Ego Jo. Antonius Card. Sanctorum Quatuor, promitto, voveo, & juro.
Ego Jo. Baptista Card. Sancti Marcelli, promitto, voveo, & juro.
Ego Vincentius Card. Montis Regalis, promitto, voveo, & juro.
Ego Scipio Card. Lancellottus, promitto, voveo, & juro.
Ego Vincentius Card. Gonzaga, promitto, voveo, & juro.
Ego Henricus Card. Cajetanus, promitto, voveo, & juro.
Ego Jo. Baptista Card. Castrucius, promitto, voveo, & juro.
Ego Federicus Card. Cornelius, promitto, voveo, & juro.
Ego Dominicus Card. Pinellus, promito, voveo, & juro.
Ego Decius Card. Azzolinus, promitto, voveo, & juro.
Ego Hippolytus Card. Aldobrandinus, promitto, voueo, & juro.
Ego Ferdinandus Card. de Medicis, promitto, voveo, & juro.
Ego Philippus Vastavillanus, promitto, vovéo, & juro.
Ego Franciscus Card. Sfortia, promitto, juro, & voveo.
Ego Alexander Card. Montaltus, promitto, juro, & voveo.

Anno à Nativitate Domini 1586. indictione 14. die verò 3. mensis Maji, Pontificatus Sanctiss. in Christo patris, & D. N. D. Sixti divina providentia Papæ V. anno 2. retroscriptæ litteræ Apostol. affixæ, lectæ, & publicatae fuerunt in valvis seu portis S. Joannis Lateranen. & S. Petri Principis Apostolorum de Urbe, nec non Cancellariae Apostolicae & acie Campi Florae, & per aliquod temporis spatium dimissae per nos Claudium Mongeat, & Nicolaum Taglietum S. N. D. Papae Curs.

Alex. Parabiacus Mag. Curs.

SIX-

ANNO 1587.

SIXTUS EPISCOPUS.

Servus Servorum Dei. Ad perpetuam rei memoriam.

ANno superiore decies centena millia nummum aureorum in Pontificia Sancti Angeli Arce, & certo Sanctiori Ærario reposuimus & collocavimus, ac de illis asservandis, ac nunquam, nisi certis præscriptis casibus, promendis & erogandis, Constitutionem perpetuo valituram edidimus, cujus tenor infra descriptus est.

Omittitur tenor quia habetur supra.

§. 1. Verum cum ob culpas, peccataque nostra multiplicia, quibus divinam Majestatem in dies magis ad iracundiam provocamus, usque eo necessitates superius enarratæ multiplicentur, periculaque gregi Dominico impendentia adaugeantur, ut illis, nec dum prioris pecuniæ collectione, satis provisum esse videatur. Nos quamvis in omnibus difficultatibus, curisque nostris, in DEI Omnipotentis auxilio spem nostram fixam habeamus, ad illius opem, (qui nisi custodierit Civitatem, frustra vigilat, qui custodit eam) ex intimo cordis affectu confugiamus, tamen ab eo ipso Pastorum Principe CHRISTO, frequenter admoniti, ut pro ovibus nostræ fidei creditis, earumque salute & utilitate, modis omnibus vigilemus, facere non possumus, pro nostro Pastorali munere in hac quoque parte obeundo, quin humanis etiam consiliis ac viribus (pro eo ac nobis ab eodem clementissimo Domino elargitum est) ad tot mala, periculaque propulsanda, nova quotidie præsidia conaremur. Quamobrem alia decies centena millia aureorum nummorum, non ad nostra, aut cujusque nostrorum privata commoda, sed ad publicum bonum, ad S. R. E. cui Deo auctore præsidemus defensionem, ad fidei Catholicæ conservationem, ac propagationem nostra sedulitate ac frugalitate collegimus, quæ eadem in Arce, ut priora altera decies centena millia reponi, asservari, nec inde amoveri, erogativè, nisi in supradictis expressis necessitatibus, eodem plane modo volumus. Motu proprio igitur, & ex certa nostra scientia, ac habita super hoc cum Venerabilibus Fratribus nostris S. R. E. Cardinalibus in Consistorio nostro secreto maturâ deliberatione, de eorum Consilio, & unanimi consensu, hac præsenti nostra perpetuo valitura Constitutione, dicta alia decies centena millia aureorum nummûm in eadem Arce nostra Pontificia Sancti Angeli, & Sanctiori Ærario nunc recondimus, reponimus, & collocamus, ac CHRISTO Domino nostro, Beatæ MARIÆ semper Virgini, & Sanctis Apostolis Petro & Paulo offerimus & dicamus, iisdem omnino legibus & conditionibus, quæ in nostra superius descripta Constitutione præscriptæ & præfinitæ sunt.

§. 2. Declarantes nostræ voluntatis, mentisque esse, ut quod in ipsa Constitutione, de recuperatione Terræ Sanctæ, & generali expeditione contra Turcas dictum fuit, idem etiam locum obtineat, quoad utramque Deo dicatam pecuniæ summam, in recuperatione Regnorum à quibuscumque Catholicæ Romanæ Ecclesiæ hostibus occupatorum, & in expeditione, quàm contra eosdem decerni, ac fieri contigerit.

§. 3. Ubi vero in præscriptis casibus, pecuniarum aliquid sumi necessitas postulaverit, volumus ut de tota summa, tam superiori anno quam etiam nunc reposita, hoc prorsus, & non alio modo pecuniæ sumantur & erogentur, nimirum, ut in Consistorio secreto præscriptarum necessitatum qualitate, ac rerum & temporum ratione diligenter perpensa, atque ita cogente, non duarum, ex tribus partibus Cardinalium, sicuti in priori Constitutione nostra sancitum erat, sed trium saltem ex quatuor partibus Cardinalium, qui Consistorio interfuerint, consensu, decreto, & subscriptione adhibitis, ex binis decies centenis millibus aureorum nummûm à nobis repositis, non ultra quartam partem, id est, non ultra quingenta millia nummûm promi liceat, & ea quidem quingentorum millium summa, non tota simul, sed paulatim moderate & successivè depromatur, per certas portiones, quæ in eodem Consistorio, in quo de tota re deliberabitur, à tribus partibus Cardinalium, ut dictum est, omnibus diligenter examinatis, decretæ & præfinitæ fuerint. Quod si ipsis quingentis millibus erogatis & consumptis, præscripti casus & necessitates novam impensam requisiverint, tunc iterum proposita & adhibita in Consistorio consultatione, si consensus, decretum, & subscriptio trium ex quatuor partibus Cardinalium, ut supra dictum est, accesserint, aliam summam, non tamen quingenta millia aureorum excedentem, illamque pariter non statim totam, sed moderatione ea servata, eoque quem diximus modo limitatam, & præfinitam sumi posse permittimus.

§. 4. Cæterum statuimus, prout alia nostra Constitutione ordinatum est, ut partes & portiones pecuniæ supradictæ, quæ in aliquo ex præmissis casibus sumptæ fuerint, cum ejus impensæ faciendæ ratio cessaverit, omnino in ærarium unde deprompta fuerint, integre restitui, ac reponi primo quoque tempore debeant.

§. 5. Has autem Deo dicatas pecunias, nullo unquam tempore, nisi aliqua ex iis quas diximus necessitas urgeat & requirat, neque in totum, neque ex aliqua parte amoveri, erogativè quovis modo à nobis posse volumus, eamque amovendi & erogandi potestatem & facultatem à nobis ipsis abdicamus. Idque successores nostros Romanos Pontifices, proposito sibi tremendo judicio, in quo summo patri familias de administrata villicitatione exquisita reddetur ratio, eodem plane modo facturos esse confidimus & speramus. Tandemque Deo per præsentes oblatam pecuniam, una cum illa priori, nos integram, ut dictum est, conservaturos esse, ac perinde omnino, ac res & bona Ecclesiæ immobilia nos habituros promittimus, juramus, & vovemus, & sicuti omnes Cardinales præsentes, & infrascripti voverunt, promiserunt, ac jurarunt, ita per alios Cardinales nunc & pro tempore existentes, ac per successores nostros, quando & quoties superius ordinatum fuit, & juxta formam nunc traditam jurari, promitti, ac voveri debere decernimus.

§. 6. Denique cætera omnia & singula in eadem Constitutione supraescripta, quomodolibet expressa, constituta, & decreta, etiam in hac pecunia à nobis, ut præfertur nunc collocata & recondita, & quod præsentes nostras Literas, in omnibus & per omnia, penitus, omnino, & inviolabiliter observari, & locum habere volumus, præcipimus & mandamus.

§. 7. Si quis autem fortasse nostrorum successorum, id quod minime credimus, huic nostræ Constitutioni omnino, aut aliqua ex parte derogare, aut contra statuere voluerit, aut depromptam pecuniam, ut supra sancitum est, in idem ærarium non restituerit, admonemus post derogantis, aut contra statuentis, contràque facientis obitum, liberum esse successoribus ea derogatione, & quibusvis aliis quæ contra statuta sunt non obstantibus, pro pecunia contra hujus Constitutionis præscriptum sumpta ac deprompta, recuperanda, tam adversus Pontificis derogantis & contra facientis, posteros seu conjunctos omnes, quam adversus Cardinales idem consentientes, aut quoscumque eorum Hæredes, quibus ab ipso Pontifice, aut Cardinalibus bona quovis titulo vel quavis ratione obvenerint, agere, & possessionem bonorum quæ ad ipsos posteros pervenerint adipisci, retinereque donec quicquid pecuniæ depromptum est, id omne in ærarium referatur & restituatur, eaque ipsa bona, si quo modo, ut supra dictum est, à forma per nos constituta recidi contigerit, hujusmodi obligationi, atque oneri obnoxia & addicta esse volumus, singulis quà in nostris Literis adversari possent, vel quoquo modo obesse, penitus remotis, ac non obstantibus.

§. 8. Nulli ergo omnino hominum liceat hanc paginam nostræ reconditionis, repositionis, collocationis, oblationis, dicationis, declarationis, permissionis, statuti, voluntatum, abdicationis, promissionis, juramenti, voti, decreti, præcepti, mandati, & admonitionis infringere, vel ei ausu temerario contraire. Si quis autem hoc attentare præsumpserit, indignationem Omnipotentis Dei, ac beatorum Petri & Pauli Apostolorum ejus, se noverit incursurum.

Datum Romæ apud Sanctum Petrum, Anno Incarnationis Dominicæ, millesimo quingentesimo octuagesimo septimo, octavo Idus Novembris, Pontificatus nostri Anno tertio.

Ego

ANNO 1587.

Ego Sixtus Catholicæ Ecclesiæ Episcopus.

Ego A. Card. Farnesius Viceeancellarius Episcopus Ostien.

Ego Jac. Card. Sabellus Episc. Portuen.

Ego Jo. Anto. Episcopus Tuscul. Card. S. Georgii.

Ego Alph. Card. Gesualdus, Episc. Albanen.

Ego Inn. Avalus Card. de Arag. Episc. Sabinen.

Ego Marcus Ant. Card. Columna Episc. Prænestin.

Ego *Marcus* Siticus Card. ab Altæmps. S. Mariæ Transtiberim.

Ego Ptolemæus Cardinalis Comensis tituli Sanctæ Mariæ de Populo.

Ego Prosper Card. Sanctacrucius tit. S. Clementis.

Ego Gabr. Cardinalis Paleottus tit. S. Laurentii in Lucina.

Ego Frater Michaël Bonellus Cardinalis Alexandrinus tit. S. Mariæ super Minervam.

Ego Ludovicus Card. tit. S. Anastasiæ Madrutius.

Ego Nic. de Sens tit. S. Praxedis.

Jul. Anton. Card. S. Severinæ tituli S. Bartholomæi in Insula.

Ego Hieronymus Card. Rusticucius tit. S. Susannæ.

Ego Jo. Hieron. Card. Alban. tit S. Joannis ante portam Latinam.

Ego P. Card Deza tit. S. Hier. Illyricorum.

Ego Ant. tit. SS. Joannis & Pauli Card. Caraffa.

Ego Jo. Antonius Card. SS. Quatuor.

Ego Jo. Baptista Card. tit. S. Marcelli.

Ego Franciscus Card. de Joyeuse tit. S. Silvestri.

Ego Ant. Maria Card. Salviatus tit. S. Mariæ de Pace.

Ego Aug. Card. de Verona tit. S. Marci.

Ego Vincentius tit. S. Mariæ in Via Card. Montis regalis.

Ego Philippus Card. Spinola tit. S. Sabinæ.

Ego Scipio Card. Lancellottus, tit. Sancti Salvatoris in Lauro.

Ego Vincentius Card. Gonzaga tit. S. Alexii.

Ego Henricus tituli S. Pudentianæ Cardinalis Caëtanus Camerarius.

Ego Jo. Baptista Card. Castruccius, tituli S. Mariæ in Aracæli.

Ego Federicus Card. Cornelius tituli S. Stephani in Monte Cælio.

Ego Dominicus tit. S. Laurentii Card. Pinellus.

Ego Hippolytus Card. Aldobrandinus tit. S. Pancratii, Major Pænitentiarius.

Ego Hier. tit. S. Petri ad Vincula Card. de Ruvere.

Ego Fr. Hier. Card. Ascul. tit. S. Thomæ in Parione.

Ego Fr. Constantius Card. Sarnanus tit. S. Petri in Monte Aureo.

Ego Guglielmus Alanus tituli S. Martini in Montibus Cardinalis Aug.

Ego Alexander Cardinalis Montaltus, Diaconus Sancti Eustachii.

Ego Hieronymus Matthæjus, Diaconus S. Mariæ in Cosmedin.

Ego Benedictus S. Agathæ Diaconus Cardinalis Justinianus.

Ego Ascanius SS. Vidi & Modesti & Crescentiæ Diaconus Card. Columna.

Anno à Nativitate Domini 1587. Indict. 15. die vero Veneris 27. mensis Novembris, Pontificatus Sanctiss. in Christo Patris, & D. N. D. sixti Divina Providentia Papæ V. Anno ejus 3. retroscriptæ litteræ Apostolicæ, affixæ, lectae, & publicatae fuerunt in valvis seu portis S. Joannis Lateranensis, & S. Petri Principis Apostolorum de Urbe, nec non Cancellariae Apostolicae, & acie Campi Florae, & per aliquod temporis spatium dimissae, per nos Jo. Baptistam Bagni, & Octavium Taglietum S. D. N. Papae Cursores.

Parabiacus Mag. Curs.

ANNO 1589.

SIXTUS EPISCOPUS,

Servus Servorum Dei. Ad perpetuam rei memoriam.

ETsi nos permultis temporum experimentis edocti, satis superque intelleximus, quot quantisque casibus humana sit obnoxia conditio, mens tamen nostra divina quadam inspiratione à Patre luminum Deo est tandem admonita, ad ea pro viribus paranda præsidia, quibus B. Petri Navis, cujus gubernacula nobis, licèt immeritis, commissa sunt, inter varias miserabilis hujus vitæ procellas tuta incolumisque servari posset. Proindè cùm ad res difficiles explicandas, ac maxima pericula, gravissimàque discrimina evitanda, pecuniarum copiam quamplurimùm conferre dignosceremus, primo nostri Pontificatus Anno decies centena nummum aureorum millia: altero verò, altera itidem decies centena millia in certum sanctiúsque Ærarium (quod in Pontificia S. Angeli Arce constitutum est) summa diligentia industriàque retulimus; ac de utriusque decies centenis millibus nummum perpetuò asservandis, nec ullo indè umquàm tempore nisi ad præscriptos, maximeque necessarios usus depromendis & erogandis binas Constitutiones edidimus, quarum tenores tametsi hic pro insertis, & expressis haberi volumus, illos nihilominùs etiam de verbo ad verbum, quatenùs opus sit, inseri mandamus.

§. 1. Verùm tamen cùm adversus ejusdem Apostolorum Principis Navem, novos quotidiè concitari fluctus, ac Turcarum præcipuè Tyrannum atrocissimum Christiani nominis hostem, ab immanissimis hæreticis & schismaticis (qui jam non ampliùs de fide, & de religione contendunt, sed de Catholicorum pernicie & interitu, dies noctesque cogitant, & sollicitari audiamus, ut ingentem instruat classem, totisque viribus in Christianorum exitium insurgat, eosdemque Ecclesiæ Dei perduelles, nihil indies enixius moliri, quam ut inconsutilem Christi JESU Redemptoris Tunicam (hoc est Catholicam Ecclesiam, discindant, ac Regna & Populos à Christianis Principibus teterrimo impietatis eorum schismate alienent. Quocircà ingentes & luctuosas turbas in florentissimo Galliæ Regno jamdiù excitatas quotidie magis alere atque conflare non desistunt, atque adeò in variis Germaniæ locis, equitum peditùmque collecta manu passim, ac impunè acerbiores injurias, gravioraque damna minitantur. Venerabiles fratres nostri S. R. E. Cardinales, quibuscum à nobis hac de re sæpiùs actum est, animadvertentes, majoribus malis ingruentibus majori etiam pecuniarum præsidio Apostolicæ Sedi opus esse, operæ precium duxerunt, ut à nobis alia decies centena nummum aureorum millia præter bina superiora Pontificio nostro in Ærario collocaremus.

§. 2. Nos verò, qui non ignoramus, & Præsidem Civitatis frustrà vigilare, nisi eam Dominus custodiat, & ipsum Dominum tentari, nisi qui præest vires nervosque omnes intendat, ut ea faciat & præstet, quæ ad Civitatem tuendam, servandàmque pertineant, eorumdem fratrum nostrorum consilium summoperè probantes, clementissimi Dei benignitate freti, ad hujusmodi pecuniarum summam cogendam, eamque in idem Pontificium Ærarium referendam, mentem omnem animúmque adjecimus, Motu proprio igitur, & ex certa nostra scientia, ac habita super hoc cum eisdem venerabilibus fratribus nostris S. R. E. Cardinalibus in Consistorio nostro secreto, matura deliberatione, de eorum consilio, & unanimi consensu, hac præsenti nostra perpetuò valitura Constitutione, dicta alia tertio loco decies centena millia nummum aureorum in eadem Arce nostra Pontificia S. Angeli, & sanctiori Ærario nunc recondimus, reponimus; & collocamus, ac Christo Domino nostro, B. MARIÆ semper Vigini, & Sanctis Apostolis Petro & Paulo offerimus dicamus, iisdem omninò legibus & conditionibus, quæ in prioribus nostris superiùs descriptis Constitutionibus, præscriptæ & præfinitæ sunt. Declarantes nostræ voluntatis, mentisque esse, ut quod in ipsis prioribus Constitutionibus de recuperatione Terræ Sanctæ, & generali expeditione contra Turcas dictum fuit, idem etiam locum obtineat quoad omnes has Deo dicatas pecuniæ summas, in recuperatione Regnorum à quibuscumque Catholicæ Romanæ Ecclesiæ hostibus occupatorum;

&

ANNO 1589. & in expeditione, quam contrà eosdem decerni ac fieri contigerit.

§. 3. Ubi verò &c:

Reliqua Constitutioni præcedenti secundæ omnino concordant, usque ad: 1588. quinto Kal. Maji, Pontificatus nostri anno 4.

LXXXI.

1589. 9. Fevrier. *Bulla* SIXTI PAPÆ V. *confirmatoria Decreti Synodalis Provincialis Patricoviensis, ut nemo unquam agnoscatur, nec recipiatur in Regem Poloniæ nisi fuerit vere Catholicus. Datum Romæ 5. Idus Februarii anno Incarnationis Dominicæ 1589. Anno Pontificatus quinto.* [Andreæ Chrys. in Zaluski Episc. Darmiensis Epist. Tom. 2. Epist. 76. pag. 432.

Sixtus Episcopus, Servus Servorum Dei. Ad perpetuam rei memoriam.

PAstoralis nostra solicitudo, quam pro tuenda ubique gentium & locorum, propagandaque Catholica Religione suscipere tenemur, Paternaque charitas, quam erga inclytum Poloniæ Regnum, in visceribus Christi præcipue gerimus, & singularis Zelus Orthodòxæ fidei, sinceraque erga Romanos Pontifices, sanctamque hanc Sedem devotio, quam ipsum Regnum præsertim vero illius Prælati hoc maxime tempore præseferunt, jure optimo Nos inducunt, ut iis, quæ pro conservatione ejusdem Catholicæ fidei, & publica ejusdem Regni quiete, & tranquillitate, piè ac prudenter à Prælatis præfatis statuta fuerunt, Apostolicæ confirmationis robur eiusdem Præsulibus supplicantibus benigne impertiamur. Nuper siquidem, sicut expositum Nobis fuit, in Synodo Provinciali Petricoviensi, de more celebrata, Venerabiles Fratres Nostri Archiepiscopi & Episcopi Metropolitanarum & Cathedralium dicti Regni Ecclesiarum, simul congregati, & convenientes in unum, ut more vigilum Pastorum, Gregem Dominicum suæ curæ creditum, ab imminentibus luporum periculis incolumem, quantum in eis est, præservarent, simulque unioni & paci ipsorum Prælatorum ac Procerum & Populorum ejusdem Regni consulerent, inter alia sub Nostro & Sedis Apostolicæ beneplacito statuerunt, ordinarunt, & decreverunt.

Quod tam in præsens, quam in futurum, nemo unquam agnoscatur, nec recipiatur in Regem Poloniæ, nisi fuerit vere Catholicus: Quique Sanctam Catholicam & Orthodoxam fidem, quam Sancta Romana & Apostolica Ecclesia tenet docet, palam, & publice profiteatur, & sequatur, & in unitate ejusdem S. Romanæ Ecclesiæ permaneat. Quodque pro tempore existens Archiepiscopus Gnesnensis, cui jus renuntiandi seu publicandi Regem ex Privilegio competere dignoscitur, neminem renuntiet, aut publicet, qui fuerit dubiæ fidei, & non sit manifeste Catholicus. Ad tollendum vero dissidii & intestini belli periculum nullus Episcoporum & Prælatorum, contra jus Archiepiscopi prædicti post renuntiationem ab eo factam, scilicet de Persona Catholica, & servatis Regni statutis & consuetudinibus, in Electione Regis audeat nominare, renuntiare, aut coronare alium in Regem, alioquin à regimine & administratione Cathedralis, seu Metropolitanæ Ecclesiæ, cui præest, in perpetuum eo ipso suspensus, atque omnibus beneficiis Ecclesiasticis, quæ quomodolibet obtinet, privatus existat, & nihilominus hujusmodi nominatio, renuntiatio, aut coronatio, invalida, & nulla censeatur, ac nullius sit roboris vel momenti.

Ne quis nominatus à Rege Poloniæ pro tempore existente in Episcopum vel Archiepiscopum ad Ecclesiam aliquam Cathedralem vel Metropolitanam, ex iis, quas pro tempore vacantiæ Jus nominandi, ipsi ex Privilegio Apostolico competit, assumat sibi honorem, nec locum neve in regimine, & administratione Ecclesiæ hujusmodi, illiusque Bonorum, quoquo modo se immisceat: nisi prius à Sede Apostolica eidem Ecclesiæ de Persona sua sic nominata provideri, seu in Episcopum vel Archiepiscopum, Præsulem, & Pastorem præfici obtinuerit, Literis Apostolicis desuper expeditis, si secus fecerit, ad illam & ad aliam quamcumque inhabilis omnino censeatur. Quicunque sive ex Senatoribus, sive ex Nobilibus, in promovendo Rege Hæretico, opem, consilium, auxilium, vel favorem præstiterit, vel consenserit, aut ei jam promoto adhæserit, præter alias Censuras Ecclesiasticas & pœnas, in quas eos incurrere SS. Canonibus & Constitutionibus Apostolicis constitutum est, tam ipse, quam posteri ejus, & descendentes ad omnes honores, dignitates, & Beneficia Ecclesiastica obtinenda, perpetuo inhabiles & incapaces sint, & esse censeantur. Nullus Episcoporum, seu inferior Prælatus audeat hæreticum hominem ad honores, dignitates, Officia, vel Beneficia spiritualia vel temporalia promovere, vel promoveri facere, aut intercessione, opibus, aut alia quacunque ratione, ad ea assequenda juvare. Quodsi id attentare præsumpserit, pœnam privationis omnium & quorumcunque Beneficiorum Ecclesiasticorum, vel Officiorum, quæ obtinet, nec non suspensionis, ut præfertur, à regimine & administratione suæ Ecclesiæ ipso facto incurrat, & ad alia obtinenda incapax prorsus existat. Quicunque ex iis, qui pro Catholicis se gerunt, tepidis nimirum & falsis fratribus, Apostolicæ Sedis Authoritatem, Jurisdictionem Ecclesiasticam, & Jura Decimarum publice, vel privatim, directe, vel indirecte in Conventibus, aut aliis in locis impugnaverit, tam ipse, quam ejus posteri, ab Ordinibus, & honoribus, dignitatibus, & beneficiis Ecclesiasticis, in perpetuum arceantur, & ad illa semper inhabiles existant. Quoties ex necessaria communi & publica causa, ac de licentia seu permissione Sanctæ Sedis Apostolicæ conferendum est consensu publico ex Bonis Ecclesiæ subsidium, seu donativum aliquod Regi, vel Reipublicæ, illud per Deputatos suos Episcopi exigant, nè Subditi & Bona Ecclesiarum à sæcularibus exactoribus expilentur & prophanentur, ac variis injuriis & damnis, prout plerumque factum est, afficiantur. Si Episcopi aliter fecerint, pœnis in Concilio Generali Lateranensi novissime celebrata, & in Bulla Cœnæ Domini legi solita, aliisque Sanctionibus Apostolicis contra eos, qui etiam sponte offerunt, inflictis, eo ipso subjaceant. Demum quod propter omnes subitas dicti Regni necessitates, & improvisos eventus, thesaurus, sive ærarium publicum, & commune omnium Regni prædicti Ecclesiarum, in aliqua Ecclesia, Arce, seu Castro provide, & accurate instituatur, & cum omni diligentia & custodia asservetur. Quæ omnia statuta & Decreta, quo firmius & accuratius perpetuis futuris temporibus observentur, iidem Prælati, per dilectum Filium Vincentium de Seve Præpositum Lascentum & Internuntium ab ipsa Synodo Provinciali ad Nos missum, nobis humiliter supplicari fecerunt, ut illis Apostolicæ comprobationis robur adjicere, aliasque præmissis opportune providere de benignitate Apostolica dignaremur. Nos igitur eorundem Prælatorum, ac ipsius Synodi pietatem sanctumque & laudabile propositum plurimum in Domino commendantes, eorumque supplicationibus hac in parte annuentes statuta, Ordinationes, & decreta prædicta, prout superius descripta, fuerunt, ex certa nostra scientia deque Apostolicæ potestatis plenitudine, tenore præsentium perpetuo confirmamus, & approbamus, eaque præsentis scripti patrocinio communimus, & illis perpetuæ & inviolabilis firmitatis robur adjicimus, ac per eos, quos illa concernunt, & concernent in futurum, perpetuo, firmiter, & inviolate observari præcipimus, & mandamus, omnesque & singulos juris & facti, ac solennitatum, & substantialium, si qui in eis intervenerunt defectus supplemus. Decernentes irritum, & inane, si secus super his, à quoquam quavis authoritate scienter vel ignoranter contigerit attentari. Non obstantibus prædictarum Ecclesiarum, & quibusvis aliis contrariis statutis & consuetudinibus, etiam juramento, confirmatione Apostolica, vel quavis firmitate alia roboratis, & immemorabili tempore pacifice observatis, nec non Privilegiis, Indultis, & Literis Apostolicis quomodolibet concessis, approbatis, & innovatis. Quibus omnibus & singulis, etiamsi de illis, eorumque totis tenoribus, specialis, specifica, expressa, & individua mentio habenda foret, tenores hujusmodi præsentibus pro expressis habentes, ac effectum præsentium duntaxat specialiter & expresse derogamus, illaque omnia & singula, quatenus præsentibus Literis in aliquo adversentur, penitus tollimus, & abrogamus, ac nolumus deinceps cuiquam suffragari, cæterisque contrariis quibuscun-

ANNO 1589. cunque aut si eisdem Prælatis, vel eorum alicui, seu aliis personis communiter vel divisim, ab Apostolica sit Sede indultum, quod interdici, suspendi, vel excommunicari non possint, per Literas Apostolicas non facientes plenam & expressam, ac de verbo ad verbum de Indulto hujusmodi mentionem. Volumus autem quod præsentium Literarum transumptis etiam impressis, Notarii Publici manu subscriptis, & sigillo personæ in dignitate Ecclesiastica constitutæ obsignatis, eadem ubique fides adhibeatur, quæ ipsis originalibus adhiberetur, exhibitis vel ostensis. Nulli ergo hominum liceat hanc paginam Nostræ confirmationis, approbationis, communitionis, adjectionis, præcepti, mandati, suppletionis, Decreti, derogationis, sublationis, & voluntatis infringere, vel ei ausu temerario contraire. Si quis autem hoc attentare præsumpserit indignationem Omnipotentis Dei, ac Beatorum Petri & Pauli Apostolorum se noverit incursurum.

Datum Romæ apud S. Petrum, Anno Incarnationis Dominicæ Millesimo, Quingentesimo, Octogesimo Nono. Quinto, Idus Februarii, Pontificatus Nostri Anno Quinto. E Cardinalis Prat. Locus (✠) sigilli plumbi in filo variegato serico penden.

Andreas de Alexiis M. Vestrius Barbianus.

LXXXII.

1589. 16. Mai. *Traité entre* HENRI III. *Roi de France & de Pologne, & la Seigneurie de Geneve.* [HISTOIRE de Geneve. Edition de 1730. in 12. p. 461.]

Collat. sur l'Origin.

COMME AINSI SOIT, que l'une des principales choses, que le Tres Chrestien Roy de France & de Pologne Henry Troisiesme de ce nom à present regnant, se seroit tousjours proposé, ayt esté de desirer & pourchasser, tout ce qu'il estimeroit appartenir, au bien & au repos de son Estat & des Subjets, que Dieu luy a commis en sa garde, comme aussi de ses tres chers Amis, Alliés & Confederés, les Seigneurs des Ligues de Suisse, & à la conservation de la paix & tranquillité publique, le desir de laquelle auroit esté cause que sans aucune apparence de raison luy ayant esté pris & usurpé par Monsr. le Duc de Savoye, le Marquisat de Saluces membre despendant de sa Couronne, combien que sa dignité l'obligeast d'en poursuyvre la reparation par les Armes, toutesfois, pour n'exciter nouveaux troubles en la Chrestienté, Sa Majesté auroit trouvé bon de patienter & d'essayer premierement toute voye de douceur, pour la restitution de ce que lui auroit esté injustement occupé: Mais voyant que ledit Sgr. Duc de Savoye ne faisoit compte de prendre autre resolution que de se tenir saysi de sa prise, s'aydant de divers artifices & desguisemens, pour tirer l'affaire en longueur, en esperance de gagner par le temps, ce que la raison ne luy peut attribuer, Considerant aussi qu'en mesme temps les Ministres dudit Sgr. Duc, auroyent fait diverses praticques pour surprendre la Ville de Geneve, comme ils avoyent fait souvent auparavant: Ayant aussi ledit Sgr. Duc de Savoye assailly hostilement & par guerre ouverte laditte Ville, & despuis tousjours continué toute maniere d'hostilité, envers icelle, mesme en hayne de ce qu'il a pleu à Sa Majesté par Traicté passé avec les Seigneurs des Cantons de Berne & de Soleurre en faveur de laditte Ville, la comprendre avec son Territoire, au Traicté perpetuel, fait entre la Couronne de France, & tous les Seigneurs du Pays des Ligues, suivant lequel Sadite Majesté est obligée d'assister auxdits Seigneurs de Geneve, pour la conservation de leur Ville & Territoire. Pour donc satisfaire au debvoir d'un bon & legitime Prince, qui est obligé d'employer sa vie & ses moyens, non seulement pour conserver ses Subjets & son Estat en leur entier; mais aussi pour s'opposer aux desseings de ceux qui manifestent assez par les effets, le desir & intention qu'ils ont de troubler la paix universelle & le repos public, de rompre l'union & intelligence d'entre lesdits Seigr. des Ligues, dont laditte Ville de Geneve est une Clef & entrée, pour s'accroistre & profiter à leur dommage, & particulierement au prejudice desdits Seigneurs de Geneve. SA MAJESTE' par advis & meure deliberation de son Conseil, auroit resolu de prendre revanche sur les Pays dudit Sgr. Duc de Savoye, pour luy donner occasion de se contenir & empescher un plus grand progrès de ce mal, & pour y parvenir, auroit par ses Lettres Patentes signées de sa main & du Sr. Revol l'un de ses Conseillers & Secretaire d'Estat, en datte du 2. Febvrier dernier passé, donné Pouvoir & Mandement special aux Seigneurs de Sillery & de Sancy, Conseillers en son Conseil d'Estat, & ses Ambassadeurs auxdites Ligues, & à chacun d'eux en particulier, de traicter, composer & accorder, avec tel Canton desdits Seigneurs des Ligues & leurs Alliés, & à telles conditions qu'ils estimeront pour le mieux, & pour l'avancement de la dite entreprise, suivant lesquelles Lettres ledit Sr. de Sancy, aprés avoir par diverses fois traicté avec lesdits Seigneurs de Geneve, & consideré ce que faisoit sa considerer selon l'estat present des affaires, seroit demeuré d'accord avec lesdits Seigrs. de Geneve des conditions qui s'ensuyvent: C'EST ASSAVOIR: Que Sa Majesté, soubs le nom, authorité & aux despends de laquelle la Guerre sera conduite, pour gratifier lesdits Seigneurs de Geneve, heu esgard aux grands & indicibles frais, dommages & interests qu'ils ont esté contraints supporter dès plusieurs années en çà, par le moyen des hostilités sus mentionnées, comme aussi en recognoissance des frais extraordinaires, que ladite Ville de Geneve a faits jusques ici, à l'acheminement de ceste Guerre, & pour le service de la Couronne de France, Sadite Majesté, par la stipulation dudit Seigneur de Sancy, auroit promis auxdits Seigneurs de Geneve, leur bailler & remettre la possession du Balliage de Ternier & Mandement de Gaillard, ensemble la Souveraineté sur les Terres de Sr. Victor & Chapitre, lesquelles Terres appartiennent auxdits Seigneurs de Geneve, le tout ainsi que lesdits Seigneurs de Berne en ont cy devant jouy; Et en outre les Terres adjacentes audit Ternier, assavoir les Mandements du Wache, Curfille & Chaumont, depuis le Rosne jusques au Torrent des Husses, pour le tout tenir & posseder doresnavant en toute proprieté, par icelle Ville de Geneve; POUR LA CONSERVATION desquelles Terres Sa Majesté sera tenue assister & secourir lesdits Seigneurs de Geneve, tout ainsi que pour ladite Ville, & autres Terres auxdits Seigneurs de Geneve apartenants. ITEM, & d'autant que lesdits Seigneurs de Geneve, pour ayder à la presente Guerre, ont presentement secouru Sa Majesté, de Sommes notables de Deniers, Vivres, Artillerie & Munitions de Guerre, suyvant l'estat qu'en a esté fait avec eux, signé par ledit Seigneur de Sancy & lesdits Seigneurs de Geneve, de la datte d'aujourdhuy revenant à la somme de cinquante cinq mil deux cents escus d'or sol, desirans les rendre contents d'icelle somme, en vertu de ce present Traicté, & du susdit pouvoir qu'il a pleu à Sadite Majesté, donner audit Seigneur de Sancy, il auroit dès à present obligé & oblige tous les Biens & Domaines de Sa Majesté, presens & advenir, Pays, Terres, Seigneuries, Censes, Rentes, Tributs, Gabelles, Fruits, Revenus, Obventions & Emolumens quelconques de sesdits Biens, Meubles & Immeubles, de quelque espece & qualité qu'ils soyent, tant generalement que specialement. Et d'abondant pour plus grande assurance desdits Seigneurs de Geneve, ledit Seigneur de Sancy, au nom susdit leur a accordé & accorde la Souveraineté de tout le Païs de Foucigny, pour d'icelui tirer & percevoir les Fruits & Revenus lesquels ledit Seigneur de Sancy laisse & abandonne entierement auxdits Seigneurs de Geneve, pour les Charges qu'il leur conviendra supporter, pour la garde & conservation dudit Pays & de leur Ville. Et davantage ledit Seigneur de Sancy, au nom susdit, a promis & accordé payer auxdits Seigneurs de Geneve, l'interest de ladite somme de cinquante cinq mil deux cents Escus sol, à raison du denier douze, jusques à l'entier payement d'icelle, à condition toutesfois qu'en remboursant par Sadite Majesté auxdits Seigneurs de Geneve, icelle somme principale avec les susdits interests, ensemble tout ce qu'ils fourniront cy aprés, pour la presente guerre, & pour le service de Sadite Majesté, ANNO 1589.

ANNO 1589. té, ils feront tenus rendre & restituer à Sadite Majesté, ou à qui Elle ordonnera, ledit Pays de Foucigny, avec ses apartenances, sauf & reservé toutesfois la Terre & Mandement de Thiez, appartenant à la Ville de Geneve. Item, les Mandemens de Monthous & de Bonna, & ce qui en despend, enclavés entre ladite Ville de Geneve & ladite Terre de Thiez, lesquels trois Mandemens seront laissés & appartiendront dès à present, comme dès lors, en toute proprieté, ausdits Seigneurs de Geneve, tout ainsi comme ladite Terre de Ternier, Gaillard & appartenances, avec le surplus que leur a esté cy dessus laissé & remis, despuis les Husses jusques au Rosne. SERA EN OULTRE la Ville de Geneve avec son Territoire, ensemble le susdit Pays, tant celuy qui luy est laissé en proprieté, que celuy qui lui est baillé en hypoteque & engagement, compris au mesme Traicté de la Paix perpetuelle de la Couronne de France, avec le General des Seigneurs du Pays des Ligues, comme dessus. SA MAJESTE', ny lesdits Seigneurs de Geneve, ny aucun de leur part, ne feront Paix ny Accord avec ledit Seigneur Duc de Savoye, ses Successeurs, Subjets & Adherans, sans le sceu & consentement les ungs des autres, & ne sera rien innové ou changé au fait de la Religion, és Pays qui seront conquis sur ledit Seigneur Duc de Savoye. QUE SONT les conditions traitées & convenües entre ledit Seigneur de Sancy, pour & au nom de Sa Majesté & lesdits Seigneurs de Geneve, lesquelles conditions seront inviolablement & de bonne foy observées, tant par Sa Majesté, que lesdits Seigneurs de Geneve, ausquels ledit Seigneur de Sancy auroit d'abondant promis faire ratifier par Sa Majesté, tout le contenu cy dessus, & leur en fournir Lettres & Seaux, en bonne forme. En tesmoignage dequoy ledit Seigneur de Sancy a signé ces Presentes de sa main, & apolé le Seel de ses Armes, comme aussi lesdits Seigneurs de Geneve, les ont pareillement aussi fait signer par leur Secretaire d'Estat, & à icelles fait mettre & apposer leur Seau, le 19. jour d'Avril mil cinq cens quatre-vingts & neuf.

Ensuit la teneur des Lettres Patentes de Sa Majesté, portant Pouvoir ausdits Sieurs de Sillery & de Sancy, de faire & traicter le contenu cy-dessus.

HENRY PAR LA GRACE DE DIEU, ROI DE FRANCE ET DE POLOGNE. A nos Amés & Feaulx Conseillers en nostre Conseil d'Estat, les Seigneurs de Sillery nostre Ambassadeur en Suisse & de Sancy, Salut. Comme le Duc de Savoye ayant nagueres usurpé par force, nostre Marquisat de Saluce, membre de nostre Couronne, laquelle nous sommes obligés conserver & maintenir en son entier, autant qu'il nous est possible; Nous avons advisé d'en prendre nostre revanche contre ledit Duc de Savoye, & à cest effect, traicter avec les Cantons des Ligues de Suisse, pour le secours & assistance que nous y desirons de leur part, suivant les Traittés de l'Amitié, Confederation & Alliance, qui est entre nous & autrement, le plus à l'advantage de nos affaires & service que faire se pourra, à quoy faire est besoing commettre quelques bons & dignes personnages, sur lesquels nous nous en puissions repoter. A CES CAUSES, nous à plain confians de vos sens, suffisance, loyaulté, bonne diligence & singuliere affection à nostre service, vous avons commis & deputés, commettons & députons, faisons, creons & constituons nos Procureurs generaux & speciaux en ceste partie, & chacun de leur Conseil en particulier, pour traicter, composer & accorder avec lesdits Cantons & leurs Alliés en general, ou avec tel d'iceux, que vous connoistrés estre à propos de l'entreprise qui sera à faire, pour l'effect susdit, conduite & execution d'icelle, en nostre nom & pour nostre service; faisans par eux l'advance & prest de la soulde des hommes qui y seront employés, & autres frais necessaires pour ladite entreprise, selon l'estat qui en sera par vous fait & arresté avec eux, à la charge que les Pays, qui seront conquestés par le moyen susdit, sur ledit Duc, demeureront entre leurs mains, & qu'ils en jouyront par forme de gages jusques à ce qu'ils soient par nous remboursés, de la despense susdite, qu'ils y auront advancée, selon l'estat susdit & la verification qui en sera par vous nosdits Procureurs, ou l'un de vous faite, vous donnant par ces Presentes, Plain-pouvoir, Puissance & Authorité, de faire lesdits Traictés & Accords, aux plus grands avantages & commodités de nosdites affaires, qu'il sera possible; Et sur ce passer telles Cappitulations, Contracts, Obligations & autres Actes, qu'il sera besoing pour l'asseurance reciprocque des choses qui seront promises respectivement d'une part & d'autre, pour l'effect, & ainsi que dit est, promettans en bonne foy & parole de Roy, avoir agréable, tenir ferme & stable tout ce que par vous, conjointement ou separement, sera ainsi fait, geré, traicté & accordé és choses dessus dites, circonstances & dépendances d'icelles, les ratifier, approuver, observer, garder & entretenir, & vous relever & indemniser de tous despens, dommages & interests, que pourriés encourir pour ce regard, obligeans tous & un chacuns nos biens, & de nostre Couronne, presens & advenir, à l'accomplissement & observation de ce que dessus. Car tel est nostre plaisir. Donné à Bloys le deuxiesme jour de Febvrier, l'an de grace mil cinq cents quatre vingts & neuf, & de nostre Regne le quinziesme. *Signé* HENRY, & plus bas, par le Roy, *Revol*, & seelé du grand Seau de Cire jaune à simple queuë. ANNO 1589.

Signé DE HARLAY. Et plus bas; Par mondit Seigneur *Mareschal*.

Et veu par *De Fesnes*.

Et signé, GALLATIN Secretaire d'Estat de Geneve, & seellé du Seel dudit Seigneur de Sancy, & de la Seigneurie de Geneve.

Et au reply dudit Contract est écrit; Controllé & enregistré par moy Emery Thizard Sr. du Couldray, pour servir & valoir, ainsi qu'il appartiendra, fait le seixiesme jour de May, mil ancien mil cinq cents quatre vingts & neuf. *Signé* THIZARD.

Les Séeaux de Mr. de Sancy & de Geneve sont pendans au bas de l'Acte.

Ratification du susdit Contract par le Roi HENRI IV.

HENRY, PAR LA GRACE DE DIEU, ROY DE FRANCE ET DE NAVARRE. A tous ceulx qui ces presentes Lettres verront salut. Le feu Roy dernier nostre tres cher Seigneur & frere, aprés l'usurpation faicte par le Duc de Savoye du Marquisat de Salluces, membre de ceste nostre Couronne, voulant rechercher tous moyens licites & raisonnables, pour avoir la raison & réparation de cette injuste entreprinse, faicte sur luy & son Royaume, & pareillement s'oposer, à celle que ledit Duc faisoit, par voye d'hostilité, contre la Ville de Geneve, auroit commis & depputé les Sieurs de Sillery & de Sancy, Conseillers en son Conseil d'Estat & ses Ambassadeurs vers lesdittes Ligues, pour, conjoinctement ou separément faire tels Traictés, Conventions, & Accords en son nom, qu'il verroyent bon estre, avec tous Estats, Seigneurs, Republicques ou autres qu'ils trouveroyent disposés à luy prester ayde, assistance & confort, pour l'effect susdit, ayant sur ce donné Plain-pouvoir & puissance à lesdits Ambassadeurs, & chacun d'eulx, par ses Lettres patentes données à Bloys le second jour de Febvrier, mil cinq cens quatre vingt & neuf dûëment signées & scellées, en vertu desquelles, ledit Sieur de Sancy, auroit passé ung Contract, avec les Seigneurs de ladite Ville de Geneve, sur le faict susdit, à l'advantaige du service & intention dudit Seigneur, & en son nom, contenant plusieurs chefs particulierement specifiés audit Contract cy attaché, soubs le contreseel de nostre Chancellerye, portant entr'autres choses, promesse faicte par iceluy Sieur de Sancy, de faire iceluy Contract ratiffier & confirmer; ce que n'ayant esté faict par ledit Seigneur Roy defunct, à cause de son trepas advenu auparavant, & estant ceste obligation demourée sur nous, comme son Successeur à cette dite Couronne. A CES CAUSES, aprés que lecture à esté faicte en nostre Conseil, de la teneur dudit Contract, de mot à autre, & iceluy meurement consideré NOUS, de l'advis de nostre Conseil, avons ledit Contract, & tout le contenu, approuvé, ratifié & confirmé, approuvons, ratifions

ANNO 1589. fions & confirmons par ces Présentes, voulons & nous plaist iceluy sortir son plain & entier effect, en ce qui nous touche, & estre de même force & vertu, que si par nous avoit esté fait & passé, en propre personne, sans toutes fois en rien deroger, ni préjudicier avec les Traictez, soient generaux ou particuliers, qui sont entre nous & lesdits Seigneurs des Ligues; PROMETTANT en bonne foy & parolle de Roy, & soubs l'obligation de tous & chacuns nos biens, & de cette dite nostre Couronne, presens & advenir, ledit Contract & tout ce qui y est contenu, garder & faire garder observer & entretenir, ainsi que dict est, de poinct en poinct, selon sa forme & teneur, sans y contrevenir, ne souffrir estre contrevenu en aucune maniere. Car tel est nostre plaisir. En tesmoing dequoy Nous avons signé ces Presentes de nostre main, & à icelles fait mettre nostre seel. Donné à S. Denis le 20. jour du mois d'Octobre, l'an de grace mil cinq cent quatre vingts douze & de nostre Regne le quatriesme. *Signé*, HENRY, *Et sur le reply*, Par le Roy, *Revol.*

Et seellé sur double queuë de cire jaune.

Le grand Sceau du Roi est pendant. Et le petit Sceau du même Prince lie le Traité & la Ratification.

LXXXIII.

1583. 4. Août. *Declaration de* HENRI IV. *Roi de France a son Avenement à la Couronne, portant Promesse avec serment de maintenir la Religion Catholique, Apostolique & Romaine en son entier, & qu'il ne desire rien davantage que d'estre instruit par un bon, legitime, & libre Concile General, ou National. Donnée à St. Cloud le 4. Aoust 1589.* [GG. LEIBNITZII Codex Juris Gentium in Mantissa part. 2. pag. 374.]

NOus Henry par la grace de Dieu Roy de France & de Navarre, promettons & jurons en foy & parolle de Roy par ces presentes signées de nostre main à tous nos bons & fidelles subjects, de maintenir & conserver nostre Royaume dans la Religion Catholique & Romaine en son entier sans y innover ny changer aucune chose, soit en la police & exercice d'icelle, ou aux personnes & biens Ecclesiastiques, provision & economie d'iceux à personnes capables & Catholiques, selon qu'il a esté cy devant accoustumé: & que suyvant la declaration patente par nous faitte à nostre advenement à cette couronne Nous sommes tous prests, & ne desirons rien d'avantage, que *d'estre instruicts par un bon legitime & libre Concile general ou national*, pour ensuyvre & observer ce qui y sera conclud & Arresté, qu'à ces fins *Nous* ferons convoquer & assembler dans six mois, ou plustost s'il est possible: cependant qu'il ne se fera aucun exercice d'autre Religion que de la ditte Catholique Apostolique & Romaine, que és villes & lieux de nostre Royaume où elle se fait à present, suyvant les articles accordés au mois d'Apvril dernier entre le feu Roy Henry troisiesme de bonne memoire, nostre treshonoré Seigneur & frere, & nous; jusques à ce qu'autrement en ayt esté arresté & advisé par une paix generalle en nostre dit Royaume, ou par les estats Generaux d'iceluy, qui seront pareillement par nous convoqués & assemblés dans le dict temps de six mois. Nous promettons en outre que les villes, places & fortresses, qui seront prises sur nos rebelles, & reduictes par force ou autrement en nostre obeissance, seront par nous commises au gouvernement & charges de nos bons sujects catholiques & non d'autres; sauf & reservé celles, qui par les susdicts articles furent reservées, par le dit feu Sieur Roy à ceux de la Religion reformée en chacun Bailliage & Seneschaussée; aux conditions y contenuës.

2. Nous promettons aussy que tous Offices & Gouvernements venans à vacquer ailleurs que dans les villes & places, qui sont au pouvoir de ceux de la ditte Religion reformée, en chacun Bailliage & Seneschaussée, aux conditions y contenues; Il sera par Nous durant le mesme temps de six mois pourveu de personnes Catholiques suffisantes & capables, qui nous soient fidelles sujets. Davantage Nous promettons conserver, garder & maintenir les Princes, Ducs, Pairs, Officiers de la Couronne, Seigneurs, Gentilshommes, & tous nos bons obeissants sujets indifferemment en leurs biens, charges, dignités, estats, offices, privileges, preeminences, prerogatives & droict, devoirs accoustumés, & specialement de reconnoissance (de reconnoistre) autant qu'il nous sera possible; les bons & fidelles serviteurs du dict feu Seigneur Roy; finalement d'exposer, si besoin est, nostre vie & nos moyens, avec l'assistance de tous nos bons sujects, pour faire justice exemplaire de l'enorme meurtre, meschanceté, felonnie & desloyauté commise en la personne dudict feu Seigneur Roy. Faict au Camp de St. Cloud le quatriesme jour d'Août, l'an mil cinq cent quatre-vingts neuf. Signé Henry. ANNO 1589.

Acte par lequel les Princes, Ducs, Pairs & autres Seigneurs du Royaume de France reconnoissent HENRI IV. *pour leur Roi, aux conditions par sa Declaration donnée le même jour 4. Aoust 1589.* [GG. LEIBNITZII Codex Juris Gentium in Mantissa part. 2. pag. 375.] 1589. 4. Août.

NOus Princes du sang & autres, Ducs, Pairs & Officiers de la Couronne de France, Seigneurs, gentilshommes & autres soubsignés: attendant une assemblée des Princes, Ducs, Pairs & officiers de la Couronne & autres Seigneurs, qui estoient fidelles Serviteurs & sujects de feu Roy Henry troisiesme de ce nom (que Dieu absolve) lors de son deceds; reconnoissons pour nostre Roy & Prince naturel selon les Loix fondamentales de ce Royaume Henry 4. & luy promettons tout service & obeissance *sur la promesse & serment qu'il nous a fait cy dessus escripts*, & aux conditions que dans deux mois sa Majesté faira interpeller & assembler les dicts Princes, Ducs, Pairs, & Officiers de la Couronne & autres Seigneurs, qui estoient fidelles Serviteurs du dict defunct Roy lors de son deceds; pour tous ensemble prendre plus ample deliberation & resolution sur les affaires de ce Royaume: *Attendant la decision des Conciles & Estats generaux*, ainsy qu'il est porté en la promesse de sa Majesté. La quelle aura aussy aggreable, comme nous l'en supplions treshumblement, que de nostre part soient delegués quelques notables personnages *vers nostre Sainct Pere le Pape*, pour luy representer particulierement les raisons, qui nous ont meu de faire cette promesse; & sur ce impetrer de luy ce que nous connoistrons necessaire, tant pour le bien de la Chrestienté, utilité & service de sa Majesté, que conservation de ce Sainct Estat & Couronne en leur entier.

2. Nous supplions aussy sa Majesté suyvant ce, qu'elle nous a offert volontairement & promis, comme Chef de la justice & Pere commun de tous les Sujets interessés en leur dommage, de faire justice exemplaire de l'enorme meschanceté, felonnie, desloyauté & assacinat commis en la personne du dict feu Roy Henry nostre bon Roy dernier decedé, & que Dieu absolve, promettant à la ditte Majesté toute l'assistance & le treshumble service, qui nous sera possible de nos vies & de nos moyens, pour ce faire, & pour chasser & exterminer les rebelles & ennemis qui veulent envahir cet estat.

3. Faict au camp de Sainct Cloud le 4. jour d'Aoust, l'an 1589. Ainsy signé, François de Bourbon, Henry d'Orleans, François de Luxembourg, Louis de Rohan, Biron, d'Aumont, d'Inteville, Charles Martel Vicomte d'Auchy, Sieur d'Agenes, Chaumieux, Clermont, Maurit, le Marquis de Bryves, R. d'Angénes, la Curée, François du Plessis, Boinet & autres.

LXXXIV.

Bulla Cruciatæ dicta PHILIPPO II. *ut Regi Portugalliæ a* GREGORIO XIV. *Papâ concessa, in sublevationem sumtuum ingentium quos in Bello contra Sarracenos continenter im-* 1591. 6. Avril.

Anno 1591. *impendit. Datum Romæ die 6. Aprilis* 1591. Relation de la Cour de Portugal pag. 521. en Latin & en François.]

Gregorius XIV. Papa.
ad perpetuam rei memoriam.

DEcens esse videtur, rationique maxime convenire, ut iis qui pro Christianæ Religionis, & populorum illam excolentium tuitione & defensione adversus Christiani nominis hostes militant, & corpora sua periculo necis exponunt, congrua subventionis auxilia ad eorum manutentionem à Christianis suppeditentur, ipsique populi Christiani ad id Romani Pontificis Christi Vicarii in terris hortationibus excitentur, Spiritualibusque, & aliis gratiis ad hoc propensius exequendum invitentur; præsertim cum Catholicis Regibus, & Principibus temporales facultates deficiunt. Sane charissimi in Christo filii nostri Philippi II. Portugalliæ, & Algarbiorum Regis insinuatione accepimus, quod ipsorum Portugalliæ, & Algarbiorum Regnorum, & Dominiorum Coronæ Portugalliæ facultates adeo reperiuntur exhaustæ, & attritæ, quod ad supportationem onerum ordinariorum vix sufficiant, cogiturque Rex ipse aliunde exquirere pecunias ad complementum eorumdem, & inter alia sibi, & Regnis prædictis incumbentia illud molestum; & grave nimis sibi, & Regnis prædictis redditur, quod ad reprimendum conatus, & incursus Sarracenorum, ora maritima partium Africæ, Hispaniarum Regna; & Provincias respicientia incolentium, Cepten, & Trigen, Civitates, & Mazagani; ac Arzillæ oppida in ipsis Africæ partibus consistentia, olim a suis Prædecessoribus dictorum Regnorum Regibus manu valida ab ipsorum Sarracenorum potestate expugnata, militum præsidio munita defendere, manutenere tenentur: & si Civitates, & loca hujusmodi relaxarentur, vel aliis ad potestatem dictorum Sarracenorum reverterentur, gravia damna & incommoda, nedum Regnis prædictis, verum aliis Regnis, & universæ Reipublicæ Christianæ sequerentur. Quare nos præterquam Charitate & solicitudine excitati, omnes utriusque sexus Christi fideles, in Portugalliæ & Algarbiorum Regnis, aliisque terris & locis Regum Portugalliæ Dominio subjectis commorantes, atque degentes, quo majori possumus animi affectu, in Domino hortamur, ab ipsisque omni pietatis studio contendimus, ut pro subventione manutentionis militum, qui Civitates & loca prædicta custodiunt & defendunt, eleemosynas pia & larga manu conferre non cessent. Ut autem fideles ipsi eo libentius, quæ poterunt, auxilia ad hujusmodi subventionis, & manutentionis effectum studeant exhibere, quo se majora inde Spiritualia munera ad animarum suarum salutem, gratiasque alias ab hac Apostolica Sede noverint adipisci, de omnipotentis Dei misericordia, beatorumque Petri & Pauli Apostolorum ejus auctoritate confisi, eidem Philippo Regi, qui hoc opus maxime urget, ac Christi fidelibus utriusque sexus prædictis, qui intra triennium tantum a die publicationis præsentium Litterarum in singulis locis Regnorum & Dominiorum prædictorum, in quibus a nobis deputandus Commissarius, vel ab eo delegati, illas publicari fecerint & mandaverint, numerandum, pietatis zelo permoti, memoresque in primis verbi illius salutaris: quomodo potueris, ita esto misericors, si multum tibi fuerit, abundanter tribue, si exiguum tibi fuerit, etiam exiguum libenter impertiri stude; quanta maxima pro opibus & facultatibus suis potuerint, subventionis auxilia ad effectum manutentionis militum præfatorum contulerint, plenissimam omnium peccatorum suorum, de quibus corde contriti, & ore confessi, sacraque Communione refecti fuerint, aut non valentes confiteri, neque Communione ipsa refici, id corde optaverint, indulgentiam, & remissionem, quæ anno Jubilæi elargiri consuevit, sexies videlicet dicto currente triennio, ita ut statim post sextum quemque ipsius triennii mensem Indulgentia hujusmodi rursus a prædictis, & aliis eorundem Regnorum, & Dominiorum personis eleemosynas denuo, ut supra, conferentibus, aliaque prædicta toties conficientibus consequi possit, misericorditer in Domino concedimus. Quæ etiam pro cujusque eleemosynam largientis voluntate animabus in Purgatorio existentibus, quæ per Charitatem Christo unitæ ab hac luce migraverint, pro quibus juxta præmissa collatum fuerit, ad relaxationem pænarum, quibus secundum divinam justitiam expositæ sunt, suffragetur. Præterea illos omnium precum, eleemosynarum, peregrinationum etiam Jerosolymitarum, ceterorumque bonorum operum, quæ in militanti Ecclesia universali, & singulis ejus membris fiunt, participes esse volumus. Illis quoque qui, ut præfertur, contulerint, ac etiam aliis, qui intra dictum triennium in manutentionis hujusmodi subsidium alias pias eleemosynas fecerint, pariter concedimus, ut eodem triennio durante libere possint, in privato Oratorio ad divinum cultum dumtaxat deputato, ab Ordinario loci approbando, & visitando etiam in loco interdicto, quavis etiam Apostolica auctoritate suppositis, dummodo ipsi causam non dederint hujusmodi interdicto, vel per eos non steterit, quo minus illud amoveatur; ac etiam Illustribus, & aliis Nobilibus, qui facultatem ad id a Commissario super hoc deputando habuerint, etiam per horam antequam dies illucescat, & per horam postmeridiem, excommunicatis, & interdictis prorsus exclusis, per se ipsos, si Presbyteri fuerint, seu per alium, vel alios Sacerdotes, ut præfertur, approbatos, *in sua ac familiarium*, ac domesticorum, & consanguineorum suorum præsentia Missas & alia Divina Officia celebrare, & tempore interdicti hujusmodi divinis interesse, nec non Eucharistiæ, & alia Ecclesiastica Sacramenta, præterquam in die Paschatis recipere, & eorum decedentium corpora etiam cum moderata funerali pompa Ecclesiasticæ tradi sepulturæ. Ad hæc ultra precum, eleemosynarum, peregrinationum, & aliorum operum prædictorum participationem eos, qui in loco, ubi ipsos morari contigerit, singulis quadragesimalibus, & aliis anni temporibus, & diebus Stationum Ecclesiarum almæ Urbis, & extra illius muros, quinque Ecclesias, sive Altaria, seu si ibi tot Ecclesiæ, vel Altaria non fuerint, quinquies unam Ecclesiam, seu unum Altare devote visitaverint, precesque ad Deum pro Sanctæ Romanæ & universalis Ecclesiæ Catholicæ conservatione, & salubri directione, paceque inter Christianos Principes conferenda, & alias, prout cujusque suggeret devotio, pie effuderint, omnes, & quascunque indulgentias tam pro se, quam per modum suffragii pro illis, qui in *Christi* Charitate decesserint, & pro quibus ipsi visitaverint, consequantur, quas consequerentur, si eisdem temporibus & diebus singulas Ecclesias dictæ Urbis, & extra illius muros hujusmodi pro eisdem Stationum indulgentiis consequendis deputatas personaliter visitassent. Et ut purius preces Deo fundere, & eo efficacius divinum auxilium implorare possint, quo magis peccatorum vinculis absoluti in his Litteris contenta adimpleverint, ut iidem omnes dicto triennio durante quemcumque Presbyterorum secularem, vel cujusvis etiam Mendicantium Ordinum regularem ex his, qui ab Ordinario, & quoad regulares semel tantum, approbati fuerint, confessorem eligere possint, qui eorum confessione audita ipsos a quorumcunque Ecclesiæ mandatorum, nec non votorum transgressionibus, jejuniorum, & horarum Canonicarum omissionibus, cæterisque omnibus peccatis, criminibus, excessibus, & delictis quantumcumque gravibus & enormibus, etiam talibus propter quæ Sedes Apostolica merito consulenda foret, ac etiam in casibus, qui Litteris Die Cœnæ Domini publicari solitis continentur, exceptis hæresis, conspirationis in personam & Statum Romani Pontificis, falsificationis Litterarum Apostolicarum, & supplicationum, ceterisque omnibus aliis casibus, qui undecimo, & quatuordecimo capitulis, sive Articulis dictarum Litterarum Cœnæ Domini scripti sunt, semel in vita, & in mortis Articulo; aliis vero eidem Sedi non reservatis casibus, quoties confitebuntur, absolvere, ac pro modo culpæ pœnitentiam salutarem injungere, plenam omnium peccatorum suorum remissionem impendere, ac vota quæcumque ultramarina, castitatis, & religionis votis duntaxat exceptis, in subventionem prædictam commutare licite possit: in casibus tamen, in quibus satisfactio necessaria fuerit, ea per seipsos vel eis impeditis per hæredes, aut alias fieri debeat. Declarantes absolutiones vigore præsentium satisfacta parte faciendas ab excommunicationibus, & aliis censuris Ecclesiasticis, ab homine latis & ferendis, nemini omnino, sive Ecclesiastico, sive laico in foro judiciali prodesse, sed eum tamdiu ex- Anno 1591.

ANNO 1591. excommunicatum ubique, & ab omnibus nihilominus reputari; nec si Sacerdos Presbyter, aut alias in Sacris Ordinibus constitutus fuerit, nullibi Missam celebrare, aut alias se Sacris immiscere posse, donec is a suo judice absolutionis beneficium ab hujusmodi censuris meruerit obtinere. Volentesque & fructus beneficiorum, qui ad ratam omissionis horarum Canonicarum illicite percepti fuerint, pro dimidia parte Ecclesiis, vel aliis locis Ecclesiasticis, quorum ratione horas prædictas recitare debeant; altera vero dimidia pars in subventionem manutentionis militum hujusmodi integre præstari, vel cum Commissario super hoc deputando componi: ita quod compositione hujusmodi soluta, sit componens a portione etiam quæ Ecclesiæ deberetur, integre absolutus. Eos etiam, quos dicto triennio durante contigerit ob repentinam mortem, vel confessorum absentiam sine confessione decedere, modo ipsi contriti decesserint, & prius statuto tempore confessi, nec hujus nostræ concessionis fiducia negligentiores fuerint, volumus plenariam, ut præfertur, remissionem consequi posse, eorumque corpora, nisi forte vinculo excommunicationis innodati decesserint, non obstante etiam interdicto, etiam Apostolica Auctoritate apposito, Ecclesiasticæ tradi sepulturæ. Præterea indulgemus, ut dicto triennio durante, carnibus de consilio utriusque Medici temporibus jejuniorum tam quadragesimalium, quam quorumque dierum totius anni vesci, ac pro eorum libito ovis & lacticiniis, ita quod qui carnes comederint, servata in ceteris jejunii Ecclesiastici forma, dicto jejunio satisfecisse censeantur. Ceterum universos & singulos Archiepiscopos, Episcopos, aliosque locorum Ordinarios Regnorum & Dominiorum prædictorum, enixe rogamus, eisque in Virtute Sanctæ obedientiæ præcipimus, ut omnes pœnas pecuniarias etiam loco corporalium, durante ipso triennio, ab ipsis erogandas, seu exigendas huic pio operi omnino debeant applicare, prout nos eas omnes, de quarum quantitate illorum assertioni omnino stetur, ipsorum tamen conscientias super hoc oneramus, Thesauro ejusdem subventionis ex nunc, prout ex tunc applicamus. Et quoniam fideli ad hæc ministerio opus esse certum est; Nos fide, industria, & probitate nostri Nos nobis plurimum in Domino commendata, eum in Commissarium, & receptorem in toto isto negotio constituimus generalem, eique facultatem tribuimus, ut libere & licite possit super hujusmodi pœnis ab Ordinariis impositis inquirere, & contra eos qui in præjudicium hujus Eleemosynæ aliquid fecerint, procedere & super illicite habitis, ac dimidio legatorum, omniumque si propter male ablata facta sint, si legatarii per annum in exactione negligentes fuerint, ac illis etiam, quæ facta erunt, & dicto triennio durante fient, si legatarii adhibita per Commissarii diligentia inveniri non poterunt, ac etiam super male ablatis, & per usurariam pravitatem, aut aliter male acquisitis, dummodo in omnibus prædictis casibus, præterquam dictæ annalis negligentiæ, personæ per Commissarium, & receptorem prædictum non reperiantur, componere ac ita debitores liberare; ac etiam super irregularitate per eos, qui quibusvis Ecclesiasticis Sententiis, censuris, & pœnis ligati Missas, & alia Divina Officia, non tamen in contemptum clavium celebraverint, quomodolibet contracta; quodque in Ordinibus, per eos alias tamen rite susceptis ministrare libere, & licite valeant dispensare, omnemque inhabilitatis, & infamiæ maculam exinde provenientem abolere, & super indebita perceptione fructuum Ecclesiasticorum propterea facta etiam componere. Et ad effectum præmissorum dumtaxat omnes similes indulgentias, ac peccatorum remissiones a nobis, & dicta Sede, vel ejus auctoritate quibusvis Ecclesiis, Monasteriis, Hospitalibus, piis locis, Universitatibus, Confraternitatibus, & singularibus personis in Regnis & Dominiis prædictis, etiam in favorem Basilicæ Principis Apostolorum de Urbe, etiamsi clausulas aliquas contra suspensionem hujusmodi facientes continerent, ita ut interim quæ publicatæ fuerint, etiam communiter, vel divisim nulli hominum suffragari: sed ne sub pœnis pecuniariis, ac etiam cum invocatione auxilii brachii sæcularis prædicari, aut alias publicari, nec alia quævis præterquam pro subventione manutentionis militum, hujusmodi suffragia postulari possint, ad dictum triennium dumtaxat suspendere, alios Commissarios ad singulas hujusmodi provincias per Ordinarios locorum, quorum etiam conscientias oneramus, prævia matura deliberatione approbandos cum simili, aut limitata facultate, ac etiam pro collectione pecuniarum constituere. Notarios item, quorum opera utendum erit ab ipsis Ordinariis, in quibus illi deputandi erunt, itidem approbandos, vel jam approbatos deputare. Tabelliones, ac quoslibet alios ad exhibitionem quorumcumque instrumentorum, aut scripturarum ad hoc negotium pertinentium compellere, & quibus inhibendum erit, etiam inhibere. Præsentium autem publicatio non nisi per probos & idoneos Prædicatores, Presbyteros seculares, vel Ordinum etiam Mendicantium regularis observantiæ professores ex his, qui a locorum Ordinariis approbati, & si regulares fuerint, per eundem Commissarium a Provincialibus singulorum Ordinum hujusmodi petendi, & recipiendi; quorum Provincialium conscientiam oneramus, eisque in virtute Sanctæ obedientiæ injungimus, ut hujusmodi Prædicatores, idoneos, integrisque moribus proponant, quibus etiam in hujusmodi obedientiæ virtute injungatur, ut nihil aliud, tanquam è nobis concessum proponant, nisi quod præsentibus Litteris est expressum. In locis vero pauperibus per proprios Parochos hoc publicationis munus fiat, Omnibus autem prædicatoribus per quotas alimenta constitui prohibemus. Quod si locus, ubi publicatio hujusmodi facienda erit, subjaceat Interdicto, Commissarius ipse illud octo ante Dierum spatio suspendere; idemque & alii ab eo deputati compellere possint, etiam per censuras & pœnas Ecclesiasticas, habentes scripturas ad permissa pertinentes, ut eas exhibeant, ac pariter omnes, ut rationem earum rerum reddant quæ in singulis Diœcesibus fidei eorum committentur, & quidquid a sponte dantibus fuerit in singulis Diœcesibus receptum, statim sibi consignari faciant. Postremo auditores ad prædicta per Prædicatores hortari dumtaxat permittimus, ut clare intelligant nos neminem ad quidquam præstandum, vel elargiendum cogere, sed tantummodo eorum Devotionem, & Charitatem ad id excitare, hortarique, & rogare. Volumus etiam moneri omnes, quos contigerit habere pecunias, aut bona in hoc opus destinata, seu instrumenta, vel scripturas aliquid continentes, quod ad hoc negotium principaliter, vel secundario pertineat, ut debeant, sicut habuerint, statim cum copiam Commissarii, vel ab eo deputati habere poterunt, omnia ipsi Commissario, seu Deputato propalare sub ejusdem pœnis pecuniariis, & in subsidium censuris Ecclesiasticis, quas Episcopi videlicet, & alii majores Prælati suspensionis a Divinis, & interdicti ingressus Ecclesiarum; alii vero omnes excommunicationis latæ sententiæ ipso facto incurrant, quas solus Romanus Pontifex, excepto mortis articulo, valeat relaxare. Declarantes hos tales, si scienter aliquid prædictorum retinuerint, nullo modo harum litterarum, & gratiæ beneficio frui posse. Expleto autem triennio prædicto volumus pariter gratias, & indulta hujusmodi prædicta expirare, nihilque penitus ipsarum vigore fieri; causas tamen tunc cœptas, & pendentes ad finem perduci posse. Cum vero non deceat Officiales, seu Ministros Officii Inquisitionis hæreticæ pravitatis in aliis manifestam hæresim non sapientibus occupari, aut detineri, prohibemus aliquem ejusdem Inquisitionis Officialem, seu Ministrum in prædicatorem ad ipsas præsentes Litteras publicandas assumi, vel alias ad gerenda aut pertractanda hujusmodi negotia quovis modo deputari, non obstantibus Constitutionibus, & Ordinationibus Apostolicis, ac Ecclesiarum, Monasteriorum, Conventuum, & Ordinum quorumcumque juramento, confirmatione Apostolica, vel quavis firmitate alia roboratis, statutis, & consuetudinibus privilegiis quoque, indultis, indulgentiis, facultatibus & Litteris Apostolicis quibusvis Ecclesiis etiam Cathedralibus, & Metropolitanis, necnon Monasteriis, & Conventibus tam virorum, quam mulierum, etiam Mendicantium, etiam quæ Mare magnum appellantur, & quorumvis aliorum Ordinum etiam Militarium, illorumque superioribus & Personis, Universitatibus etiam Studiorum generalium Collegiis sæcularium, & regularium personarum, sive in causam etiam pro expeditione contra Turcas, & alios fidei hostes, necnon pro fabrica Basilicæ Principis Apostolorum de Urbe sub quibuscumque tenoribus, & formis, ac cum quibusvis clausulis & Decretis, etiam motu proprio

&

ANNO 1591. & ex certa scientia ac Apostolicæ potestatis plenitudine quomodolibet concessis, confirmatis, & innovatis. Quibus omnibus etiam pro illorum sufficienti derogatione de illis, eorumque totis tenoribus habenda foret præsentibus Litteris mentio specialis, tenores hujusmodi pro expressis habentes, illis alias in suo robore permansuris, hac vice dumtaxat, & ad effectum præmissum motu, scientia, & potestate similibus, præterquam facultates concessas Mendicantium Ordinum Superioribus quoad suorum Ordinum fratres, specialiter, & expresse derogamus, ceterisque contrariis quibuscunque. Et quia difficile nimis esset præsentes, quocumque illis opus erit, perferri, volumus, ut illarum transumptis, seu exemplis etiam impressis, manu Notarii publici subscriptis, & prædicti Episcopi Commissarii sigillo munitis eadem omnino fides in judicio, & extra illud adnibeatur, quæ ipsis præsentibus adhiberetur, si essent exhibitæ, vel ostensæ. Datum Romæ apud Sanctum Petrum sub annulo Piscatoris, die VI. Aprilis. M. D. LXXXXI. Pontificatus nostri Anno primo.

LXXXV.

13 d'Aout *Arrest du Parlement de Normandie* (1) *seant à Caen; contre le Pape* GREGOIRE XIV. *& sa Bulle d'Excommunication & d'Interdiction fulminée à Rome le* 1 *Mars* 1590. *contre* HENRI IV. *Roi de France, où il est declaré Ennemi du Roi & de l'Estat de France: Ordonné que sadite Bulle sera lacerée & brulée par l'Executeur de haute Justice, & que le Nonce* MARSILIANUS LANDRIANUS *sera aprehendé vif ou mort pour estre representé à la Justice. Prononcé à Caen le* 13. *d'Aoust* 1591. [Preuves des Libertez de l'Eglise Gallicane Tom. 1. pag 98.]

VEu par la Cour, les Chambres assemblées, les Lettres de declaration du Roy, données à Mantes le quatriéme Juillet dernier, par lesquelles, ensuivant autre declaration faite par ledit Seigneur à son advenement à la Couronne, il confirme la volonté qu'il a de conserver en son entier la Religion Catholique, Apostolique, & Romaine en ce Royaume, remettant à ses Cours de Parlement de proceder à l'encontre d'un, soy disant Nonce du pretendu Pape Gregoire XIV. voulant contre la dignité, authorité dudit Royaume, & Libertez de l'Eglise Gallicane, publier certaine Bulle, en forme de Monitoire, à l'encontre du Roy, Princes, Prelats, Ecclesiastiques, Officiers de la couronne, & tous ses autres fideles subjets & serviteurs. Autre Arrest de la Cour du 30. de Janvier 1590. sur les Lettres patentes du Roy du dit mois & an, à l'encontre d'un pretendu Legat venu en France: par lequel ladite Cour avoit fait inhibitions & defenses à tous Curez & Vicaires, & autres Ecclesiastiques, & à toutes personnes, de quelque qualité & condition qu'ils soient, de recevoir aucun Mandement, ne quelconques Actes, ou Expeditions, procedans dudit pretendu Legat: & si aucuns se trouvoient si temeraires que de l'entreprendre, & proceder à la publication & lecture, enjoint à tous ceux qui se trouveront presens, à peine d'estre declarez criminels de leze Majesté, se saisir de leurs personnes, les representer en Justice pardevant le Iuge Royal. Autre Declaration publiée en la Cour le 18. jour d'Aoust 1589. copie de ladite pretenduë Bulle dudit Gregoire, soy disant Pape, en date du premir jour de Mars 1590. Signée, *Vestrius Barbianus* & sur le reply, *A. de Alexiis* & sur le dos, *Registrata apud Marcellum Secretarium.* Conclusions du Procureur General, pour lequel Thomas, Advocat dudit Seigneur, a remonstré, qu'entre les choses naturelles il y a un tel ordre, que l'une dépend de l'autre, & que pour eviter confusion, les inferieures sont subjettes aux superieures Aussi entre les hommes la divine Providence a donné une inclination naturelle, aux uns pour commander, aux autres pour obeïr: En quoy gist la grandeur, repos, & bien d'un Royaume & Republique, où les Roys, Princes, & Magistrats ordonnez d'enhaut, ont des marques & prerogatives plus que les autres, qui les rendent sacrez & inviolables, comme representans plus vivement les graces de la Divinité: ausquels partant on est tellement obligé d'obeir, que tous les sages du temps passé ont d'une voix temoigné, que les liens qui nous retiennent les uns avec les autres, quels qu'ils soient, ne sont de telle efficace & vertu, que celuy par lequel nous sommes contraints & obligez à respecter, & honorer nos Roys, & exposer nos vies, biens, & moyens, pour leur conservation, & pour l'execution de leurs commandemens, Mais outre cette naturelle inclination, il n'y a rien si exprés en toute l'Escriture sainéte, & qui plus religieusement ait esté observé en l'Eglise de Dieu, que de faire prieres publiques & particulieres, pour la prosperité des Rois & Empereurs, bien qu'ils fussent infideles & payens. Tellement que ce n'estoient que vœux & oraisons des Prelats & Pasteurs pour la vie de leurs Princes, & prosperité de leurs subjets, suivant mesmes les anciens Conciles, & determinations des bons Peres & Saincts personnages. Et tant que cet ordre a esté conservé, on a veu florir la Religion Catholique, & les Royaumes & grandes Seigneuries remplies de patience & charité, avec continuelle & libre invocation du nom de Dieu. Ce qui est principalement remarqué en ce Royaume de France, vray appuy & refuge du S. Siege Apostolique en toutes ses afflictions, jusques à ce qu'aucuns ambitieux & ingrats ne s'estants peu contenter des excessifs bien-faits qu'ils auroient receus de nos Roys, & aspirans à leur Estat & vie, ont remply ce Royaume de sedition, felonnie, barbarie, cruauté. Et comme il n'y a droict ny pieté que la malheureuse & insatiable ambition ne fasse oublier, sçachans bien les rebelles & conjurez, que de tout temps la religion a une tres-grande puissance sur les hommes, & que sous l'ombre d'icelle, les Payens mesmes ont retenu leurs monarchies, estats, & puissances, ils ont jugé que sur ce pretexte ils devoient jetter leurs pernicieux desseins: & faisans trafic des dons & benedictions du S. Esprit, ont à deniers comptans acheté les langues venales de plusieurs Ecclesiastiques, enyvrez de pareille ambition, & des grandes promesses des autheurs de la rebellion, & par blaspheme & hypocrisie, ont remply la Maison de Dieu d'abominations execrables, fait retentir la chaire, où se doit prescher la parole de Dieu, de bruslemens, meurtres, massacres, & saccagemens: & par artifices subtils, espouvantemens, & rage, deceu & attiré le menu peuple, & les foibles & fanatiques esprits: puis appellé au partage & dissipation de ce florissant Royaume les Espagnols, anciens ennemis des vrais Catholiques, & de cet Estat François: sans l'aide desquels neantmoins, les predecesseurs de leur Roy n'eussent obtenu la couronne d'Espagne, & tout le peuple vivroit encore en l'Arrianisme, & heresie Gothique: & pour comble d'impieté & malediction, ont fait executer le cruel, abominable, & detestable parricide du feu Roy tres-Chrestien, religieux, & Catholique Prince, que Dieu absolve, & voyant que la Providence divine à miraculeusement suscité & preservé le Roy Henry IV. à present regnant, qui en si juste cause est assisté de tous les Princes de son sang, des Cardinaux, Archevesques, Evesques, & de la pluspart des bons Prelats, & des principaux Officiers de cette Couronne, avec la Noblesse, lesquels tous demandent de vive voix, & ne respirent que l'expiation d'un tel forfait & restablissement de cet Estat, & de la Religion Catholique, Apostolique, & Romaine, & la restitution des grandes Seigneuries qu'injustement ils luy detiennent en son Royaume de Navarre, dés le temps de son Bisayeul, à titre aussi reprouvé, qu'ils pretendent exposer & usurper ce Royaume. Iceux rebelles, pour s'y opposer, ont fait & font, par leurs artifices accoustumez, courir sous main divers libelles scandaleux, contre l'honneur du Roy, des Princes de son sang, & de ses bons & fideles subjets, pour renverser tout ordre, & les induire à secoüer le joug d'obeïssance, les distrayant du service & fidelité qu'ils luy doivent par la disposition de tout Droict divin. &

(1) Tous les Parlemens du Royaume rendirent alors de pareils Arrêts mutatis mutandis.

ANNO 1591.

& humain, lesquels toutesfois ne seront ébranlez par tels sinistres desseins, moyennant la grace de Dieu, prudence & valeur du Roy, & leur fidelité en la defense de la dignité de ce Royaume, & Libertez de l'Eglise Gallicane: De ce Royaume, dis-je, exempt de toutes pretenduës excommunications & interdicts. Ce que les Papes, mesmes les plus ardents & audacieux, ont esté contraints de confesser par plusieurs Bulles authentiques; & en cas de commination ou declaration de telles censures, par grande & meure deliberation de tous Ordres, on s'y est unanimement opposé, tant par substraction d'obeissance, que de pecune; & de finance; dont les exemples; & la consequence du cas, pouvoient & devoient démouvoir le pretendu Pape Gregoire XIV, d'entreprendre en ce Royaume chose si temeraire & monstrueuse, que l'envoy & publication de certains Libelles diffamatoires, scandaleux, & pleins d'impieté, sedition, & heresie, sous un masque de Religion; en forme de Bulle, par son pretendu Nonce M. Marsilius Landrianus Referendaire, comme il dit; de ses deux signatures. Et plustost se representer que le Pape Sixte V. son predecesseur, s'estant au commencement de son Pontificat laissé pipper par les perturbateurs de ce Royaume, & ayant depuis esté par aucuns Princes, & plus signalez Seigneurs, informé au vray de l'estat d'iceluy, & que tous les principaux Catholiques, & gens de bien de toutes qualitez estoient, au grand mépris de la Religion Catholique, poursuivis par les Ligueurs & rebelles, dechassez de leurs maisons; la pieté & religion foulée aux pieds, les Eglises par eux contamineés & abatuës, les Prestres & Religieux rançonnez & tuez, & un million d'ames innocentes de ceux qui ont esté massacrez cruellement, demandant continuellement vengeance à Dieu de tels forfaits, & de son sainct nom, si malheureusement prins en vain, voulant par un soin paternel y pourvoir, auroit esté, au scandale de la Christienté, par l'abregement du cours de sa vie, meschamment pratiqué par la faction Espagnole, empesché d'y apporter le remede convenable, qui fust tourné à la honte & confusion des Ligueurs & rebelles. Requerant partant iceluy Procureur General estre receu appellant comme d'abus dudit pretendu Rescrit ou Bulle, en forme d'excommunication & interdict, dudit pretendu Pape, soy disant Gregoire XIV. contre le Roy à present regnant, & tous les bons Catholiques de ce Royaume: & pour l'observation de l'ordre judiciaire ordonner que ledit Marsilius Landrianus, pretendu Nonce, sera, comme ennemy public, & boutefeu couru & poursuivy, prins & apprehendé, vif ou mort, & estre representé à justice, si possible est: & si apprehendé ne peut estre, qu'il sera adjourné à trois briefs jours, afin de ban, en la ville du Pont de l'Arche, comme estant la plus proche de la ville de Roüen; en laquelle il a fait publier ledit Libelle scandaleux, pour estre à l'encontre de luy procedé selon les Loix du Royaume: & cependant faire defenses tres-expresses à tous les subjets du Roy, de quelque estat ou qualité qu'ils soient; de recognoistre, ou prester obeissance audit soy disant Pape; ne luy payer, directement ou indirectement, aucun Droict sous le nom d'Annate, ou autre pretexte, & ne poursuivre ou recevoir de luy, ny d'autres, de quelque qualité & condition qu'ils soient, ses complices & adherans; aucunes, collations, confirmations, ou provisions de benefices electifs, ou collatifs de cette province & primatie de Normandie, graces, dispenses, & autres expeditions: ne de respondre, porter ne faire porter, par voye de banque ou autrement; or, ny argent en Cour de Rome: ne pareillement obeïr, ny aucune chose payer aux Archevesques, Evesques, & autres Prelats, collateurs, adherans, mettans, ou ayans mis à execution lesdits pretendus Libelles diffamatoires & scandaleux, en forme d'excommunication & interdict, à peine de confiscation de corps & de biens, comme perturbateurs & infracteurs de la paix publique: & que les Ecclesiastiques sont admonestez de s'assembler, suivant la volonté du Roy contenuë en ses Lettres, afin que despoüillez de Ligue & d'ambition, & se mettans devant les yeux la crainte de Dieu, le repos des consciences, l'honneur & dignité de leurs charges, la conservation de la Religion Catholique, la vertu & probité de ceux qui les ont devancez, qui n'ont jamais voulu permettre la Liberté de l'Eglise Gallicane estre en façon aucune diminuée estans assistez des Roys, & de leur justice souveraine, se sont opposez à toutes les entreprinses des Papes, voire jusques à ne les avoir reconneu, quand ils ont jugé qu'à leur promotion ceux qui estoient ennemis de la Couronne de France, avoient usé de quelques pratiques & menées comme il advint à l'endroit du Pape Martin V. à cause de l'Empereur Sigismond, qui s'estoit declaré contre le Roy, & de plusieurs autres, ils restablissent cette belle Eglise Gallicane en son entier, en la repurgeant des vices qui s'y sont glissez, par les violentes passions de ces perturbateurs, & de ceux qu'ils ont attiré à leur faction: & que pour ce faire, ils tiennent les Conciles & Synodes, seuls & vrais remedes, pour en oster les Schismes & heresies. Et au surplus, que par la Cour soit pourveu & obvié au scandale qui pourroit arriver, par l'exposition & lecture de tels Libelles & pretendus Monitoires. Ladite Cour, les Chambres assemblées, a ordonné & ordonne, que lesdites Lettres seront leuës, publiées, & enregistrées, oüy & requerant le Procureur General du Roy, lequel elle a receu & reçoit appellant comme d'abus, l'a tenu & tient pour bien relevé; & faisant Droict, tant sur sondit Appel que conclusions, a declaré & declare ladite Bulle, donnée à Rome le premier jour de Mars mil cinq cens quatre vingts dix, nulle, abusive, scandaleuse, & injurieuse, tendant à Sedition, & trouble de tout l'Estat Chrestien contraire à la parole de Dieu, Saincts Decrets, & Libertez de l'Eglise Gallicane, procedant de faict; & non de Droict, & remplie d'erreur, imposture, & impieté: Et ordonné qu'elle sera lacerée & bruslée devant la porte du Palais, par l'executeur de la haute justice: defendu à toutes personnes, de quelque qualité ou condition qu'ils soient, de la porter, lire, publier, ou communiquer, sur peine de confiscation de corps & de biens, & à tous Chapitres, Colleges, Convents, Corps de villes, Communautez, Curez, Vicaires, & autres, de assister ou favoriser telles communications, publications, & lecture, sur peine d'estre attaints & convaincus du crime de leze Majesté, & de privation de tous privileges, prerogatives, & exemptions. A enjoint à toutes personnes, qui auront cognoissance de ceux qui seront saisis d'icelle; la lisant & communiquant, les deferer promptement au Procureur General du Roy, & à ses Substituts sur les lieux, ausquels est commandé en faire enqueste secrette, & en certifier la Cour, sur les peines susdites: Comme aussi ladite Cour a declaré ledit Gregoire, soy disant Pape XIV. de ce nom, ennemy du Roy, de l'Estat de la France, & de la paix de la Chrestienté, troublant la Religion Catholique, Apostolique & Romaine, & participant à la Ligue & conjuration faite, tant à l'encontre du Roy à present regnant, que du feu Roy Henry III. de tres-heureuse memoire, proditoirement & cruellement massacré, par l'instigation & menée desdits rebelles: Et defendu à toutes personnes de cette province & primatie de Normandie, d'envoyer à Rome pour obtenir Bulles, Rescrits, Collations, Graces, Dispenses, ou autres Expeditions, ny d'y porter, ou faire porter, directement ou indirectement, or ou argent, sur peine d'estre declarez ennemis de l'Estat, & de décheoir de leurs Droicts & pretentions. Et au surplus ledit Marsilius Landrianus soy disant Nonce dudit Gregoire, sera apprehendé, vif ou mort, pour estre representé à justice: & où apprehendé ne pourroit estre, sera adjourné à trois briefs jours, afin de ban, aux places publiques du Pont de l'Arche, plus proche de la ville de Roüen; le premier à huictaine du lendemain de l'exploict, les deux autres de trois jours en trois jours: lesquels Exploicts ladite Cour a declaré bons & valables: Et que le present Arrest sera envoyé par tous les Sieges des Bailliages de ce ressort, à ce qu'aucun n'en pretende cause d'ignorance. Prononcé en jugement à Caën, le treiziéme jour du mois d'Aoust 1591. Signé, De Mesdines.

LXXXVI.

ANNO 1591.

21. Septembre.

LXXXVI.

Declaration des Cardinaux, Archevesques, Evêques & autres Ecclesiastiques de France assemblez à Chartres contre certaines Bulles Monitoriales, de Suspension, Interdict & Excommunication emanées de Rome, contre HENRI IV. *Roi de France, portant qu'elles sont nulles tant en la matiere qu'en la forme & qu'on ne doit point y obéir. A Chartres le 21. Septembre* 1591. [Preuve des Libertez de l'Eglise Gallicane Tom. 1. pag. 104.]

Les Cardinaux, Archevesques, & Evesques Abbez, Chapitres, & autres Ecclesiastiques, convoquez, & assemblez à Mente, & depuis à Chartres, pour adviser & pourvoir aux affaires de l'Eglise.

A tous les Estats, Ordres, Villes, & peuples Catholiques de ce Royaume, salut.

L'Apostre parlant aux Pasteurs de l'Eglise: Prenez, dit-il, garde à vous, & à tout le troupeau sur lequel Dieu vous a establis, pour regir & gouverner son Eglise, qu'il a acquise par son sang. Ce que reconnoissans estre de nostre devoir, & de ne souffrir les ames Chrestiennes, qui sont soubs nostre charge, se divertir des Loix, & commandemens de Dieu.

Advertis que nostre Sainct Pere Gregoire XIV. à present seant, mal informé de l'estat des affaires de ce Royaume, & de nos deportemens, auroit, par les pratiques & artifices des ennemis de cet Estat, esté persuadé d'envoyer quelques Monitoires, Suspension, Interdict, & Excommunication, tant contre les Prelats, & Ecclesiastiques, que contre les Princes, Nobles, & Peuples de France, qui ne voudroient adherer à leur faction & rebellion.

Aprés avoir conferé, & meurement deliberé sur le faict de la dite Bulle, avons reconnu par l'authorité de l'Escriture Saincte, des Saincts Decrets, Conciles generaux, Constitutions Canoniques, & exemples des Saincts Peres, dont l'Antiquité est pleine, Droits, & Libertez de l'Eglise Gallicane, desquelles nos predecesseurs Evesques se sont tousjours prevalus, & defendus contre pareilles entreprises: Et par l'impossibilite de l'execution de ladite Bulle, pour les inconveniens infinis qui en ensuivroient au prejudice & ruine de nostre Religion.

Que lesdites Monitions, Interdictions, Suspensions, & Excommunications, sont nulles tant en la forme, qu'en la matiere injustes, & suggerées par les artifices des estrangers, ennemis de la France, & qu'elles ne nous peuvent lier, ny obliger, ny autres François Catholiques estans en l'obeïssance du Roy.

Dont nous avons jugé estre de nostre devoir & charge de vous advertir, comme par ces presentes (sans entendre rien diminuer de l'honneur, & respect deu à nostre Sainct Pere) vous en advertissons, le signifions, & declarons, afin que les plus infirmes d'entre vous ne soient circonvenus, abusez, ou divertis de leur devoir envers leur Roy, & leurs Prelats, & lever en cela tout scrupule de conscience aux bons Catholiques, & fideles François.

Nous reservant de representer, & faire entendre à nostre Sainct Pere la justice de nostre cause, & sainctes intentions, & rendre sa Saincteté satisfaicte; de laquelle nous nous devons prometre la mesme responce que fit le Pape Alexandre, écrivant ces mots à l'Archevesques de Ravenne: *Nous porterons patiemment, quand vous n'obeyrez à ce qui nous aura esté par mauvaises impressions suggeré & persuadé.*

Cependant, nous admonestons au nom de Dieu tous ceux qui font profession d'estre Chrestiens, vrays Catholiques, & bons François, & particulierement ceux de nostre profession, de joindre leurs vœux & prieres aux nostres, pour impetrer de sa divine bonté, qu'il luy plaise illuminer le cœur de nostre Roy, & le reünir à son Eglise Catholique, Apostolique, & Romaine comme il nous en a donné esperance dés son advenement à la Couronne, & promis par ses declarations de conserver nostre Religion, & les Ecclesiastiques en toutes leurs libertez, authoritez, & Franchises: & que nous soyons si heureux de voir l'Eglise Catholique, Apostolique, & Romaine, & ce Royaume, fleurir comme auparavant par une bonne & saincte paix. Fait en l'Assemblée à Chartres, le vingt-unieme du mois de Septembre, mil cinq cens quatre-vingts onze. ANNO 1591.

Est mandé à tous Curez, ou leurs Vicaires, publier la presente declaration en leurs prosnes, & par affiches és portes des Eglises.

Signé en l'original.

Charles, Cardinal de Bourbon.
Philippes, Cardinal de Lenoncourt.
Renaud de Beaune, Archevesque de Bourges.
Philippes du Bec, Evesque de Nantes.
Nicolas de Thou, Evesque de Chartres.
Nic. Fumée, Evesque & Comte de Beauvais, Pair de France.
Henry d'Escoubleau, Evesque de Maillezais.
Claude d'Angennes, Evesque du Mans.
Cosme Clausse, Evesque & Comte de Chaalons, Pair de France.
René de Daillon, nommé, à l'Evesché de Bayeux.
Jean Touchard, Abbé de Belosane.
Jacques Davi du Perron.
Cl. Govin, Doyen de Beauvais.

LXXXVII.

Instrumentum Cessionis, & Translationis, quo 1592.
Commune, & Civitas Alba *omnem jurisdic-* 31. Juillet.
tionem, merumque, & mixtum imperium, ac gladii potestatem in se, ac subdito suos VINCENTIO GONZAGÆ *Duci Mantuæ Marchioni Montisferrati certis Pactis & Capitulis circa finem hujus instrumenti appositis tradit, atque remittit, reservato Cæsareo assensu, quatenus requiratur. Actum Mantuæ 31. Julii Anno* 1592. *Indictione V.* CUM *Decreto & Procurâ Consilli Civitatis Albæ de ac pro eâdem Cessione faciendâ. Actum Albæ* 8. *Junii Anno* 1592. *Indictione V.* NEC NON *Aliâ Procurâ pro eâdem re. Ibidem* 12. *Junii eodem Anno & Indictione eâdem.* [Autentique tiré de Archives Archi-ducales de Mantoue.]

Renuncia Civitatis Albæ ad favorem Serenissimi Domini Domini Ducis Mantuæ, & Montisferrati, &c. cum Promissione ejusdem Serenissimi D: ad favorem dictæ Civitatis.

In Christi Nomine Amen. Anno à Nativitate ejusdem millesimo quingentesimo nonagesimo secundo, Indictione quinta, die Veneris, ultimo mensis Julii, in Pallatio infrascripti Serenissimi Domini posito in loco Marmiroli Dominii Mantuæ, ulterius, in Camera Cubiculari suæ Celsitudinis, præsentibus ibidem multum Illustri, & Reverendissimo Jur: Cons: Domino Jullio Petrozanno Prothonotario Apostolico, & Ecclesiæ Sancti Andreæ de Mantuâ Primicerio, à Secretis, & Consiliario benemerito infradicti Serenissimi D: N: Contratæ Equi, multum Illustri Domino Comite Matthia tanquam Illustris Com: Silvestri de Hippolitis ex Condominis Gazoldi, Generali Superiore venationum ejusdem, infrascripti Serenissimi Domini Contratæ Montisnigri, multum Illustri Domino Comite Gandulpho tanquam multum Magnifici Domini Nardini della Ghienga Cubiculario ejusdem Serenissimi Domini Nostri Contratæ Aquilæ, ac multum Illustri Juris Consulto Domino Guedobono tanquam multum Magnifici Domini Joseph de Guidobonis a Secretis, & Consiliario ejusdem infrascripti Serenissimi Domini nostri Contratæ prædictæ Aquilæ, omnibus Patritiis, & habitatoribus Mantuæ testibusque notis, & idoneis ad infrascripta omnia, & singula vocatis atque rogatis, ex quibus dictus perillustris Dominus Guidobonus tactis ejus dextera corporaliter Scripturis ad delatio-

nem

ANNO 1592.

nem mei Notarii infrascripti ad Sancta Dei Evangelia juravit se bene cognoscere omnes, & singulos suprascriptos ejus Contestes, & Partes infrascriptas, & de ipsis omnibus, & singulis plenam, & claram habere notitiam veramque cognitionem, & presentibus, & multis aliis Nobilibus Curialibus ejusdem infrascripti Serenissimi Domini Nostri.

Cum noverint Magnifici Cives, & Homines Civitatis Albæ, Ducatus Montisferrati antiquissimi subditi Dominii, & Status predicti, &c. quanto magis, & libentius juxta temporum, & rerum occurentiam se in gubernio, & Regimine rerum publicarum dispositioni Principum, Marchionum, & Ducum eorum Serenissimorum Dominorum tam preteritorum, quam presentis dederint, & remiserint, tanto magis utilia, & commoda dictæ Civitati evenerunt, agnoscentesque sibi de presenti maxime auxilio opus esse ut se manutenere valeant, presertim cum ad talem statum devenerint, quod eorum introitus non excedat scutos ducentum viginti quinque, quibus nedum expensis extraordinariis, sed neque ordinariis, cum graves sint, providere possint, matura consideratione prehabita in eorum pluries reiterato Consilio, ac sepius, & interpellatis temporibus habito superinde longo tractatu maturaque diutius habita consideratione. Tandem recursum facere decreverunt ad Serenissimum Principem, & Dominum Nostrum Dominum Vincentium Gonzagam, Dei gratia Ducem Mantuæ quartum, & Montisferrati secundum, & eorum presentem Colendissimum Dominum Celsitudinem suam suppliciter exorando, ut sua solita clementia inopem eorum statum presentem considerando illis opportunum dignaretur prebere auxilium, pro ut magis suæ Celsitudini congruum, & proficuum fore & Civium, & Civitatis bono statui videretur; Qua de re cum idem Serenissimus Dominus ad eorum Civium preces mandaverit, presertim prædicto multum Illustri, & Excellentissimo Domino Jullio Petrozanno Sancti Andreæ Mantuæ Primicerio, suæ Cel. Consiliario, & multum Illustri Domino Berino Scociæ Comiti Benevelli, & Senatus Ducalis Montisferrati Præsidi, ut diligenter re intellecta omne adhiberent studium, ut iidem Cives, & Homines voti fierent compotes eo meliori modo, quo, & Principis ipsius dignitati, & sepedictorum Civium desiderio consulatur, prædictorum Dominorum Petrozani, & Scoziæ interventu hic, & respectivè in Civitate Casalis, post rem prius discussam auctoritate Illustrissimi, & Excellentissimi Domini Domini Ferdinandi Gonzagæ Principis Melfici, & Domini Guastalleæ &c., cum interventu quoque, & Consilio multum Illustris, & Reverendissimi Domini Alberti Capriani Episcopi Albensis, & Comitis, demum cum supscriptis Civibus, & Hominibus, mediantibus personis infrascriptorum Magnificorum Dominorum Procuratorum firmata fuerunt, & conclusa Pacta, & Capitula superinde tenoris in fine presentis Instrumenti registranda, ad quorum executionem cum modo supersit, ut mutuo, & respective singula singulis congrue referendo deveniatur, Hinc est quod debita cum reverentia personaliter constituti coram prædicto Serenissimo Domino Domino Duce Vincentio multum Magnifici Domini Joanni Gulielmus Serralonga, Thomas Gallinius Jurisconsultus, Bartholomeus Verrus, & Joannes Petrus Cuppa Cives nobiles prædictæ Civitatis Albæ, uti & tamquam Sindici Procuratores, & Actores legitime constituti, a generali Consilio totius Civitatis Populi, & Universitatis Albæ predictæ, ut publico constat Instrumento, de quo rogatus fuit nobilis Dominus Cristophorus Reisius Notarius, & Cancellarius dictæ Urbis sub die 21. Mensis Junii proxime preteriti, relatione ad aliud Procuræ Instrumentum per eundem Notarium receptum die octava ejusdem Mensis, quæ ambo Instrumenta in forma autentica, & legalitatis fide munita tradiderunt mihi Notario infrascripto in fine hujus presentis inserenda, & registranda, nomine, & vice dictæ Civitatis Albæ, ac totius illius populi, Communitatis, & Universitatis, ac per se, & successores suos, & etiam ipsi DD: Procuratores ex eorum propriis personis, ac pro quocumque eorum interesse tanquam ex hominibus dictæ Civitatis, Communitatis, & Universitatis, ac per se se, & hæredes suos in executione terminationis, & decreti per eos factorum, tractatorum, & irrevocabiliter conclusorum in predicto eorum generali Consilio, prout in dictis Procuræ Instrumentis, nec non, & predictorum Pactorum, & Capitulorum ibi exhibitorum, & per me Notarium relatorum, & plenam, & claram intelligentiam suæ Celsitudinis, & dictorum Dominorum Procuratorum, ac Dominorum Testium predictorum, & ad que omnino habeatur relatio, omnique alio meliori modo, via, jure, forma causa, & causis quibus magis melius, & validius de Jure dici fieri, & esse potest, ac ipsis licuit, & licet, non vi, dolo, metuve, aut alio Juris, vel facti errore ducti, sed sponte, voluntarie, motu proprio, & animo bene deliberato, salvo semper, & reservato Cæsareo assensu, quatenus requiratur, & non aliter, nec alio modo dederunt, tradiderunt, & remiserunt, cesseruntque, & transtulerunt pleno Jure predicto Serenissimo D: D: Vincentio Mantuæ, & Montisferrati Duci presenti, & acceptanti pro se, & hæredibus, ac Successoribus suis omnimodam Jurisdictionem merumque, & mixtum Imperium, & gladii potestatem quæ, qualia, & quanta habent in dicta Civitate Albæ, & toto illius Territorio ex quavis ratione, & causa, cum omnibus, & quibuscumque pœnis ad ipsam Civitatem quomodocumque pertinentibus. Nec non omnia, & quæcumque Dacia, Pedagia, & Vectigalia, ac Jus transitus super Flumen Tanari, seu Tanagri, cum omnibus, & quibuscumque redditibus ejusdem Universitatis in futurum ex eis percipiendis, & cum auctoritate, & Jure dicta Dacia redimendi, prout redimere posset Civitas ipsa, item, & Pascua, & Goretta, & Jura ipsius Civitatis contra debitores ex mala registracione, omniaque, & quecumque alia ipsius Civitatis, Communitatis, & Universitatis bona, Jura, rationes, & actiones, qualia, & quantacumque sint, publica, & communia, & ad eam spectantia, & pertinentia, & quæ in futurum spectare, & pertinere possent generaliter quomodocumque, & qualitercumque, & ex quacumque causa tam tacita, quam expressa, & tam cogitata, quam incogitata, etiam radicitus de futuro; itaque hæc præsens cessio, translatio, & renunciacio sit generalis, & generalissima, omniaque comprehendat, & nil excludat, factaque sit, & intelligatur modis, & formis, & cum tota illa plena autoritate ipsis attributa in dictis Procuræ mandatis modisque, & formis in dicta Capitulorum scriptura contentis. Ad habendum, tenendum, & possidendum seu quasi utendum fruendum, & gaudendum, & quicquid dicto Serenissimo Domino Duci, ejusque hæredibus, & successoribus deinceps perpetuo placuerit faciendum, una cum omnibus, & singulis, quæ dicta Bona, res, & Jura ut supra cessa, & translata habent supra se, infra, seu intra se in integrum, omnique Jure, & actione, usu seu requisitione prædictæ Civitati, Civibusque, hominibus, & Universitati ex ipsis rebus, aut rebus ipsis, vel earum occasione, modo aliquo spectante, & pertinente, & una cum omnibus, & singulis, quæ infra suos quoscumque respectivè continentur confines, accessibus, ingressibus, & egressibus suis viis, usantiis, & pertinentiis usque in vias publicas. Constituentes dicti Domini Procuratores dictis nominibus, se nomine, & vice dicti Serenissimi Domini Ducis tenere, & possidere, seu quasi, & respectivè dicta Jura, res, & bona ut supra cessa, & translata, donec Celsitudo sua illorum tenutam, & corporalem accepit possessionem, quam accipiendi sua propria auctoritate, & in se deinceps perpetuo retinendi eidem Celsitudini suæ licentiam omnimodam contulerunt, atque dederunt, & si quam habet, vel habebat, illam ei plenissimè confirmaverant. Dantes, cedentes, atque in ipsum Serenissimum Dominum Ducem transferentes, & mandantes omnia, & quæcumque dictæ Civitatis, Communitatis, & Universitatis Jura, omnesque actiones, & rationes reales, & personales utiles, & dirrectas, meras, mixtas, tacitas, & expressas, ac hippothecarias, omnesque alias, & alia generis, & nominis cujuscumque, quæ, quas, quales, quantas, & quot habent, habebant, vel habere possent eorumque Juris erant, & esse poterant, & possent in dictis rebus, bonis, & Juribus ut supra cessis, & translatis, ante presentem contractum, facientesque, & constituentes dictum Serenissimum Dominum Ducem Procuratorem suum irrevocabilem ponentesque Celsitudinem suam in eorum locum, ut in rem propriam, itaque a modo antea, & in futurum juribus, & actionibus prædictis, ut supra cessis, & aliis quibuscumque Celsitudo sua possit, & valeat agere, petere, excipere, causari, prossequi, vendicare litemque movere, ac se deffendere, vel tueri, & generaliter omnia alia, & singula dicere, facere, & exercere in

Judi-

ANNO 1592.

Juditio, & extra, prout, & quemadmodum dicti Civitas, Communitas, & Universitas, Civesque, & Homines poterant, & potuissent ante presentis Instrumenti celebrationem. Deinde prædicti multum Magnifici Domini Procuratores, & Sindici nominibus dicte Civitatis, Universitatis, & Communitatis Civiumque, & hominum, ac respective propriis, & ut supra promiserunt prædicto Serenissimo Domino Nostro presenti, stipulanti, & acceptanti pro se, & hæredibus, ac successoribus suis de dictis Juribus rebus, & bonis, ut supra cessis, translatis, & renunciatis, vel eorum parte aliqua ullo unquam tempore in futurum litem, Causam, vel questionem aliquam non inferre, nec inferenti consentire, Quinimo illas, & illa perpetuo, & omni tempore legitime deffendere, aucthorizare, & desbrigare, ab omni persona Communi, Collegio, & Universitate in Judicio, & extra, in Dominio, & in Possessione, omnibus ipsius Communitatis, Universitatis, & Populi Civiumque, & hominum sumptibus, & Expensarum, quantum sit pro dato, & facto tamen suo, sub obligatione bonorum de qua infra; Promittentes predicti Domini Procuratores dictis nominibus, & etiam ex eorum personis propriis, quod prædicta omnia, & singula in presenti Instrumento contenta legitime ratificabuntur in omnibus, & per omnia ad dictos Civitatem, Universitatem, & Cives pertinentia per omnia capita scamnorum prædictæ Civitatis Albæ in forma Juris valida. Renunciantes exceptioni non sic per eos sponte facti, & celebrati presentis Instrumenti modis, & formis quibus supra, & infra, ac exceptioni doli mali, vi metusve causa, actioni infactum, condictioni indebiti, sine causa saltem justa, aut non vera, vel non legitima causa, beneficioque allegatæ læsionis etiam enormis, & enormissimæ, & cujuscumque quantitatis existat, nec non querelæ supplicationis, & alterius cujuscumque reclamationis, omnique, & cuicumque remedio restitutionis in integrum, tam speciali, quam generali, & tam de Jure speciali, quam Communi, & ex generali clausula siqua mihi justa causa esse videtur competenti, & competituro quomodocumque, qualitercumque, & ex quacumque causa, omnique demum alii eorum Juri, legum auxilio & Statutorum beneficio, quibus unquam possent, aut vellent contra presens venire Instrumentum, & contenta in eo, aut in aliquo se deffendere, vel tueri.

Et econtra prædictus Serenissimus Dominus Dux attendens affectum devotionis prædictæ Civitatis Albæ, Civiumque, & Hominum supradictorum solitamque suæ Cels. benignitatem illos veluti suos charissimos subditos amplectens, & una desiderium quod ita enixe preseferunt, volens benigne confovere, per se hæredesque, & successores suos promisit, & promittit supradictis Dominis Procuratoribus, ac mihi Notario uti publice personæ omnibus stipulantibus, & acceptantibus nominibus, & vice prædictorum Civitatis Universitatis Civium, & Hominum, Promisit inquam eisdem Dominis Procuratoribus etiam pro eorum particulari interesse recipientibus attendere perpetuo futuris temporibus, exequi, & exequi facere omnia, & singula pacta, concessiones, donationes, beneficia, remissiones, & reliqua in dictis infrascriptis Capitulis contenta respectivè tamen cernentia utilitatem, & commodum eorumdem Civitatis, Universitatis, Civium, & hominum & ad que in eisdem Capitulis legitur S: Celsitudinem, vel obligatione, vel gratia, vel aliter quomodocumque prestare debere, & prestari facere versus sepedictos Civitatem, Communitatem, Cives, & Homines, & eorum Successores, Mandans ex nunc quibuscumque ipsiusmet Serenissimi Domini Nostri Ministris, Officialibus, & potissimum perillustrissimo Consilio Montisferrati, & aliis qualitercumque suam Celsitudinem representantibus, ut prout cujuscumque Officium, & auctoritas tangit, debeant hi qui sunt, & pro tempore erunt, observasse, & adimplevisse, & per alios subordinatos Officiales observari, & adimpleri fecisse quæcumque in eisdem pactis, & capitulis contenta, & ad que idem Serenissimus Dominus Dux teneri voluit, vel etiam graciose concessit, & hæc omnia semper pactis modis, formis, & conditionibus in eorundum Capitulorum scriptura, ut supra lecta, & registranda descriptis. Renuncians cuicumque Juri quo contra isthæc venire posset, nam firma est suæ Cels: intentio, ut diligenter cuncta serventur suprascriptis Civitati, Universitati, Civibus, & Hominibus, a quorum fide, & devotione presenti autumat non tantum fidei, & devotionis augumentum erga Celsitudinem suam, & Statum suum, verum sibi persuadet promptissimos eos fore ad attendendum, & exequendum quæ tam hilariter facere, & convenire re ipsa significarunt. Prædictaque omnia, & singula suprascripta, & in presenti Instrumento contenta, apposita, & inserta predictus Serenissimus Dominus Dux per se, hæredes, & Successores suos promisit predictis Magnificis Dominis Procuratoribus, ac mihi Notario uti publicæ personæ præsentibus, & respectivè stipulantibus, & acceptantibus, ut supra, Prædicti vero Magnifici Domini Procuratores Procuratoriis nominibus quibus supra, ac respectivè propriis, & ut supra promiserunt predicto Serenissimo Domino Nostro presenti, stipulanti, & acceptanti pro se hæredibus, ac successoribus suis singulis congrue refferendo perpetuo, & omni tempore firma, rata, & grata habere, tenere, attendere, & observare, & in aliquo non contrafacere, nec contravenire per se, vel alium, seu alios eorum nominibus aliqua ratione, vel causa, modo, vel ingenio, de Jure, vel de facto, sub pæna dupli dictis Civitati, Communitati, Civibus, & Hominibus valoris, jurium, rerum, & bonorum, ut supra cessorum, Quæ pæna toties committatur, & exigi possit, quoties in prædictis, vel aliquo prædictorum fuerit aliqualiter contrafactum, non attenditum, vel non observatum, & ea pæna soluta, vel non, semel, aut pluries, nihilominus præsens Instrumentum, & omnia, & singula in eo contenta firma maneant, & perdurent, cum reffectione, & restitutione omnium, & singulorum damnorum, interesse, & expensarum litis, & extra, & sub obligatione omnium, & singulorum suæ Celsitudinis, & predictæ Civitatis, Communitatis Civium; & Hominum respective bonorum presentium, & futurorum, & quoad ipsam Civitatem, Communitatem, Cives, & Homines, tam allodialium, quam pheudalium, vel aliter quomodolibet obnoxiorum, salvis tamen juribus Dominorum Directorum illorum, & ab eis habita licentia, quatenus requiratur, & non aliter nec alio modo, ad quam petendam, & obtinendam prædicti D: D: Procuratores, Agentes, ut supra constituerunt Procuratorem irrevocabilem predictum Serenissimum Dominum Ducem, & quoscumque suæ Celsitudinis Ministros, & Officiales presentes, & futuros, & quemcumque eorum, que Procura morte non extinguatur, sed transeat ad hæredes, & Successores, & quæ bona constituerunt se nomine suæ Celsitudinis tenere, & possidere pro inviolabili observatione omnium, & singulorum in presenti Instrumento contentorum. Et ad majorem rei firmitatem predictus Serenissimus Dominus Dux sub fide veri, & legalis Principis, & prædicti Domini Procuratores nominibus predictorum Universitatis, & Communitatis Civiumque, & hominum, ac propriis, & in eorum omnium animas manibus propriis tactis corporaliter Scripturis ad delationem mei Notarii infrascripti ad Sancta Dei Euangelia juraverunt, & jure jurando asseruerunt prædicta omnia, & singula fuisse, & esse vera, nec non illa attendere, & observare promiserunt ut supra, sub pæna, & obligatione prædictis, ac sub vinculo, & virtute presentis per eos prestiti Juramenti a quo promiserunt non petere, nec obtinere absolutionem pro agendo, vel excipiendo seu ad quemcumque alium effectum contra presentis Instrumenti executionem, dictisque habilitatione, & absolutione impetratis, vel etiam motu proprio concessis non uti promiserunt, illi, seu illis ex nunc, prout ex tunc penitus, & omnino renunciantes. Mandans predictus Serenissimus Dominus Dux, & rogantes prædicti Domini Procuratores me Notarium prædictum, quatenus de prædictis omnibus, & singulis publicum conficiam documentum ad perpetuam rei memoriam.

Sequitur tenor Instrumenti facti die octava Junii videlicet.

In Nomine Domini Amen. Anno Nativitatis ejusdem millesimo, quingentesimo nonagesimo secundo, indictione quinta, & die Lunæ octava mensis Junii, Actum in Civitate Albæ in salla majori Palatii Communis ejusdem Civitatis. Presentibus ibidem Nobilibus Dominis Thomeno Broxia, & Joanne Urbano Rocha Notario, ambobus Civibus Albensibus, testibus ad infrascripta omnia, & singula vocatis, & rogatis, in quorum

ANNO 1592. quorum & mei Notarii, & Cancellarii infrascripti præsentia, convocato, & congregato generali Consilio dictæ Civitatis Albæ de Mandato Illustris Domini Joannis Carretti Juris Consulti ex Marchionibus Savonæ, & ex Dominis Gorzegni honoratissimi Prætoris ejusdem Civitatis, ad instantiam infrascriptorum Dominorum Sindicorum, & præmisso sono Campanæ ter pulsatæ, & præcedentibus relationibus Nunciorum eorum vocationis, ac, sono tubæ more solito, aliisque solemnitatibus in hujusmodi expeditionibus servari solitis; in quo quidem Consilio interfuerunt primo prædictus Illustris Dominus Prætor, nec non & Magnifici D. D. Bartholomeus Scottus Consindicus, Jacobus Capus substitutus per Dominum Hectorem Valsicam alterum Consindicum, Joannes Vincentius Phalettus, Zaccarias Cagnolius, Bartholomeus Verrus, Marcus Antonius Hiella, Michael Antonius Marenghus, Joannes Petrus Cuppa, Albertinus Gallinus, Joannes Vincentius Ferrarius, Joannes Baptista Garinus, Joannes Stephanus Parutia, Antonius Canis, Petrus Pellerius, Orsellus de Orsellis, Gabriël Buscius, Joannes Theobaldus Corbelinus, Gulielmus Altavilla, Bartholomeus Porta, Joannes Thomas Alferius, Petrus Calderarius, Mercurius Altavilla, Bernardinus Scotus; Mattheus Montanus, Antonius Cantonus, Thebaldus Amadeus, & Jacobus Spertinus, omnes Consiliares prædicti Concilii qui facientes, & representantes totam Universitatem ipsius Civitatis, cum sint plusquam due Partes totius Consilii, quod est numero Consiliariorum triginta sex, cum alii in dicto Consilio intervenire non potuerint propter plurium egritudinem, & plurium absentiam, & per quorum sic ut supra convocatorum numerum, & per quos sic ut supra congregatos negotia ipsius Civitatis quantumcumque ardua tractari, & expediri consueverunt, & solent. Qui quidem prædicti D. D. Consiliares postquam à tribus mensibus citra, & ultra tractatum fuit de facienda remissione, & Jurium cessione, primo respectu rerum fiscalium, pro delictis, & pænis criminalibus, & exercitio Jurisdictionis, & inde etiam pro Juribus civilibus, & mixtis, ac omnimoda Jurisdictione, & Jurisdictionis exercicio apud ipsam Communitatem existentes, & ad eam spectantes, & pertinentes, ut latius apparet in ordinamentis, & mandato super inde facto sub die sexto mensis Maji proxime fluxi, & ex causis in ipsis ordinationibus, & mandatis enarratis, & novissime Domini Procuratores, & Sindici ad hujusmodi mandata exequenda electi redierint a Civitate Casalis, & habita benigna audientia a Serenissimo Domino Domino Vincentio Duce Mantuæ, & Montisferrati Domino Nostro, & etiam habito tractatu cum Illustribus Dominis ministris suæ Celsitudinis retulerint, reportasse certam formulam Instrumenti superinde conficiendi, continentem ampliorem renunciationem, & Jurium cessionem quam contineretur in prioribus mandatis ipsius Communitatis, & continentem strictiores gratias, & provisiones optatas ex his descriptis in prioribus memorialibus ipsius Communitatis, & postquam super præmissis omnibus Consilium ipsum prævia matura deliberatione Decretum edi, dicique, fieri, & expediri debeat Instrumentum mandati ut infra, & ut in ipso decreto in pede præsentis Instrumenti inserendo. Ideo in illius exequtionem, & observationem, inherendo jam sepius propositis & dispositis in præcedentibus ordinationibus & mandatis, & quæ hic pro repetitis habere volentes sponte, & ex eorum, & cujuslibet ipsorum certa scientia, ac animis deliberatis, non vi dolo, metu, nec aliquo errore Juris vel facti ducti, seducti, vel circumventi, sed ex eorum, & cujuslibet ipsorum spontanea, & libera voluntate, & dispositione, omnibusque melioribus modo, via, jure, causa, forma, & effectu quibus melius, & validius potuerunt, & possunt omnes unanimes, & concordes, & ipsorum nemine discrepante, & per expressum eorum, & cujuslibet consensum tam omnes simul sedentes, quam etiam omnes simul elevantes fecerunt, constituerunt, creaverunt, & solemniter ordinaverunt, ac faciunt, constituunt, creant, & solemniter ordinant eorum, & totius universitatis ipsius Communitatis Albæ Sindicos, Procuratores, Actores, Factores, & Negotiorum infrascriptorum gestores, & quæ quidem melius, de jure fieri, dici, & esse possent, multum Magnificum Dominum Gulielmum Serralongam in Civitate Casalis existentem licet absentem tamquam presentem, & Magnificum Dominum Joannem Petrum Cuppam ambos ex prioribus electis, nec non Magnificos Dominum Bartholomeum Verrum, & Dominum Petrum Pelerium ex Consiliariis prædictis. Quos ibidem presentes, & onus hujusmodi mandati in se suscipientes elligerunt, & elligunt, tamquam de mente ipsius Consilii & de tractatu in eo informati, qui quatuor tractare, procurare, & supplicare habeant pro admissione supplicationum ipsius Communitatis super facto contento in memorialibus, & in civitate Casalis apud Illustrissimum, & Excellentissimum Dominum Dominum Don Ferrantem Gonzagam Principem, & Producem, & alios multum Illustres Dominos Ministros pro S. A. id quod obtinere poterint, & quatenus obtinere ibi non possint, quod desideratur, quondam dicti Domini Domini Cuppa, Verrus, & Pellerius, quoniam Dominus Serralonga ob ejus senectutem, & malam valetudinem sine maximo ejus incommodo, & vitæ periculo se conferre forte non poterit ad Civitatem Mantuæ, vel alio quo expediret, ad Serenissimum Dominum Dominum Ducem prædictum Dominum nostrum insequenter ordinatum, & decretum in mandatis dederunt, & dant ut supra prædictis Dominis Cuppæ, Verro, & Pellerio accedendi ad Civitatem Mantuæ, & quo expedierit ad prelibatum Serenissimum Dominum Dominum Nostrum Ducem, & qui tres mandatum ipsum, & infrascriptum exequantur modis, & formis prout infra, cum potestate, & mandato expediendi hujusmodi negotium coram prelibato Serenissimo Domino Domino Duce, constituendi ad hoc respective Procuratores ut supra speciales, & generales, ita quod specialitas generalitati non deroget, nec contra specialiter, & nomine totius Civitatis, & totius Populi ejusdem se tranferentes ad prelibatum Serenissimum Dominum Dominum Vincentium Gonzagam Mantuæ, & Montisferrati Ducem ut supra, & ad dicto nomine, ut bonis, & devotis subditis convenit omnes Cives, & Incolas ipsius Civitatis remittendum bonæ gratiæ suæ Celsitudinis, & ad transferendum in S. A. & ejus Serenissimos Successores remittendumque, & cedendum pleno Jure omnimodam Jurisdictionem, merumque, & mixtum Imperium, & gladii potestatem, quod, quale, & quam habent ex quavis causa, cum omnibus, & quibuscumque pænis ad ipsam Civitatem quovis modo pertinere, Item & ad transferendum pariter in S. A. ut supra remittendumque, & cedendum pleno Jure omnia, & quecumque Dacia, Pedagia, ac Vectigalia, ac Jus transitus super Flumine Tanari, quod & quæ, & qualia ipsa Communitas habet, & cum omnibus, & quibuscumque redditibus ejusdem Universitatis in futurum ex eis percipiendis, & cum facultate, & Jure in S. A. possidendi ipsa Dacia, & loca super eis reddimere, & recatare his modis, & formis prout, & qualiter ipsa Communitas Jus habet, ita tamen quod possessores, & Jus habentes super ipsis Daciis Jus suum habeant, & non molestentur in eorum Possessione, & perceptione emolumentorum, & fructuum juxta solitum, donec fuerint à Ducali Camera Dacia ipsa recuperata, & recatata, & ad cedendum in ipsam Ducalem Cameram omne, & quodcumque Jus ipsius Communitatis pro eis recuperandis, & etiam quoad Pascua, & Gorretta, atque etiam quoad Jura ipsius Communitatis contra debitores ex mala regione, vel etiam omnia, & quecumque alia Jura, rationes, & actiones publica, & communia, seu publicas, & communes ipsius Communitatis, & ad eam spectantia, & pertinentia, seu spectantes, & pertinentes generaliter quomodocumque, & qualitercumque & ex quacumque causa cogitata, & incogitata etiam radicitus de futuro, ita etiam ut presens cessio, & renunciacio sit generalis, & generalissima, & omnia comprehendat, & nihil excludat, remittendi, cedendi, & transferendi in dictam Ducalem Cameram his modis, & formis quibus eisdem Dominis Procuratoribus melius visum fuerit, & pro pleniori remissione, & translatione Jurium, Rationum, & Actionum sic ut supra remittendorum, & renunciandorum, & cedendorum, ut supra, & modis, & formis, quibus supra predicti D. D. Consiliares modis, & nominibus quibus supra contulerunt, & conferrunt dictis D. D. Procuratoribus ad ea in predictum Serenissimum Dominum Dominum Ducem ejusque Dominos Successores transferenda cum constitutione & aliis Clausulis opportunis, & ad cedendum etiam S. A. & ut supra omnia alia, & quæcumque Jura in prædictis, & circa prædicta ipsi Civitati competentia, & competitura; Constituentes ipsam S. A. uti Dominam, & procuratricem in rem propriam ANNO 1592.

prout

ANNO 1592. prout ita faciunt, & constituunt, ita ut possit S. A. & Serenissimi ejus successores in Ducatu Montisferrati pro his omnibus agere, excipere, replicare, & consequi, & tam in Judicio, quam extra se tuheri, & alia quecumque facere quæ Civitas ipsa facere potuisset ante presentem remissionem omnium, & singulorum de quibus supra, & ad constituendum se nomine S. A. eorumque Serenissimorum Successorum ut supra tenere, & possidere, seu quasi ipsam Jurisdictionem merumque & mixtum Imperium, ac omnia alia, & singula que supra, cum omnibus suis pertinentiis, donec, & usque quo S. A. seu alius ejus nomine corporalem, & actualem possessionem seu quasi acceperit, & quam accipiendi, & acceptam retinendi sua propria auctoritate facultatem, & liberam potestatem tribuere possint ipsi Domini Procuratores, prout ipsi Domini Constituentes tribuunt, nec non, & ad dictis Procuratoriis nominibus promittendum S. A. Quod Civitas ipsa, & totus Populus ipsius Civitatis perpetuo observabit omnia prædicta, & nullo unquam tempore predictis, etiamsi de Jure possent, contravenient neque contravenire, vel contravenientibus quoquo modo tacite, vel expresse consentient, sed potius prædictà omnia ut supra ex causis prenarratis in S. A. translata sumptibus & expensum disbrigabunt, & in Judicio defendent ab omni persona Communi, Collegio & Universitate, qui pro prædictis molestiam aliquam in Dominio, vel in Possessione in Judicio, vel extra inferret ex facto ipsius Civitatis, nec non & nomine totius Universitatis, & Populi jurantes in manibus suæ Celsitudinis, seu cujus expedierit, prout & quilibet eorum Juravit in manibus mei Notarii, & Cancellarii Infrascripti tactis cotporaliter Scripturis, quod omnia, & singula prædicta fuerunt, & sunt vera, & quod facta sunt ex causis de quibus supra, & ad nomine ipsius Populi Albensis renunciandum exceptioni doli mali, vi metus, condictioni indebiti, sine causa, vel ob turpem causam, beneficioque enormis, & enormissimæ læsionis cujuscumque quantitatis existat, querelle supplicationis, & alterius cujuscumque reclamationis, omnique & cuicumque remedio restitutionis in integrum, tam specialis, quam generalis, & tam de Jure speciali, quam Communi, & ex generali causa si qua mihi justa causa esse videbitur competente, & competitura quomodocumque, qualitercumque, & quacunque causa, & Beneficio habilitationis Juramenti, vel Juramentorum, & quod illam aliquo modo, vel tempore non petent, vel neque impetrabunt, nec aliquis eorumdem Civium, & Incolarum petet, neque impetrabit, & etiam mero Judicis Officio concessa non utentur, nec populus ipse utetur, & quamvis contingeret obtinere questione tamen facti, non Juris attentis quibus supra quod pretensa habilitatio quocumque modo, & quocumque Jure obtenta habeatur, & sit nulla, & pro nulliter concessa, & obtenta, & omnia, & singula acta, facta, & facienda, illius prætextu sint ipso Jure, & facto nulla nulliusque valoris, & momenti & ipsi impetrantes ipso Jure, & facto habeantur pro perjuris, & tamquam perjuri in Judicio, & non possint, nec audiri debeant, & demum omni alii Juris, & Legum, Statutorum, & consuetudinum favori, Beneficio, seu auxilio, quibus contra premissa venire, vel quomodolibet se juvare possent, & de quibus omnibus, & singulis habuerunt, & se habere asserunt perfectam scientiam, & notitiam saltem in genere pro prædicta omnia, & singula sibi velint, & importent, adeo ut de prædictis ignorantiam aliquam pretendere non possint, & quatenus possent illi expresse renunciant, & de prædictis omnibus nomine totius Populi, & Universitatis rogandum publicum Instrumentum, cum Clausulis de quibus supra, & aliis quibuscumque opportunis, & necessariis ad prædictorum omnium perpetuum robur & firmamentum, & prout ipsis D. D. Procuratoribus libere placuerit, & prout illi voluerint, quia hæc est deliberata, & libera voluntas ipsorum Constituentium, nec non specialiter, & expresse ad nomine totius Universitatis, & totius Populi Albensis supplicandum S. A. & ab eo obtinendum si fieri poterit omnes gratias, provisiones de quibus in memorialibus datis, & novissime porrigendis per eosdem electos Procuratores, & ad ipsas gratias, & promissiones acceptandum, & ad perpetuitatem firmandum debitasque gratias, & in quantum fieri poterit humiliter prelibato Serenissimo Domino Domino Duci Domino Nostro agendum, & cum omnibus, & singulis Clausulis in hujusmodi Mandatum necessariis, & opportunis ratihabitionibus, satisdationibus, rellevationibus bonorum, obligationibus aliisque clausulis, & cautellis in similibus opportunis apponique solitis, & consuetis, ita etiam, & taliter quod de, & super his omnibus sit, & esse intelligatur resservatus assensus, sive confirmatio suæ Cæsareæ Majestatis, si & quatenus expediat, de quibus omnibus & singulis prædicti Magnifici Domini Consiliarii rogaverunt per me Notarium, & Cancellarium infrascriptum fieri debere publicum Instrumentum Sapientis dictamine si fuerit opportunum, præsentibus testibus quibus supra ad præmissa omnia, & singula adhibitis, vocatis, & rogatis. Acta fuerunt præmissa uti supra sub anno, Indictione, mense, & die quibus supra. ANNO 1592.

Sequitur Decretum de quo suprascriptum.

Qui prædicti Magnifici Domini Consiliares repetitis omnibus difuse tractatis in præcedentibus pluribus Consiliis coram prædicto Illustrissimo Domino Prætore factis super facto libere renunciationis & Cessionis fieri tractate, ut in precedentibus Consiliis, & iterato discussis omnibus contentis in formula super conficiendo Instrumento reportata, & de qua infra, & his omnibus mature consideratis, & perpensis post multa in concordandis plurium opinionibus tandem concluserunt, & in hanc Sententiam devenerunt, & sperantes ampliores gratias, quod in dicta formula, & in Beneficium hujus Civitatis a Serenissimo Domino Domino Duce, Domino Domino Nostro, & consequenter ad servicium S. A. decreverunt ut infra. Decretum itaque fuit, & stabilitum fieri debere Instrumentum Mandati in ampliori & sufficienti forma prout infra dictabitur, & in personas eligendas ad renunciandum, cedendum & transferendum prælibato Serenissimo Domino Domino Vincentio Gonzaga Mantuæ, & Montisferrati Duci, ejusque Successoribus in ipso Ducatu omnia, & singula jura, & bona specificata in dicta formula his modis & formis quibus ipsis Sindicis, & Procuratoribus visum fuerit, & obtineri poterit, ita ut in ipsos Procuratores, & apud eos sit collata omnis plenissima, & totalis facultas dictæ renunciationis, & cessionis, quæ tamen fiat, & fieri debeat immediate coram prelibato Serenissimo Domino Domino. Duce, cum Mandato expresso supplicandi a S. A. tam in voce, quam in scriptis gratias, & provisiones necessarias ad conservationem dictæ Civitatis, & presertim in Memorialibus exprimendas, & quod ad hoc etiam differant priora Mandata, & priora memorialia, & his recognoscatur qualis fuerit ipsius Communitatis intentio, & devotio, & qualis bonus animus erga ejus Celsitudinem, ita etiam, & taliter in conclusione quod his prius expositis, & cognitis postremo fiat quicquid mandaverint S. A., & id omne Procuratores ipsi exequantur virtute Mandati in eos conficiendi, & prout, & in quantum cognoverint esse de mente suæ Celsitudinis, à qua ipsum Consilium, & ipsi Consiliares nequaquam deviare intendunt, & ita protestantur; Mandatum autem fieri ordinaverunt, & decreverunt in multum Magnificos Dominos Gulielmum Serralongam nunc in Civitate Casalis existentem, & Joannem Petrum Cuppam ex prioribus electis, nec non & in Magnificos Dominos Bartholomeum Verrum, & Petrum Pellerium, quos noviter eligunt tamquam de mente Consilii, & de tractatis in eo informatos. Qui quatuor tractare, procurare, & supplicare habeant pro admissione supplicationum ipsius Communitatis super facto contentorum in Memorialibus, & in Civitate Casalis apud Illustrissimum, & Excellentissimum Dominum Dominum Don Ferrantem Gonzagham Principem, & Producem, & alios multum Illustres Dominos Ministros pro sua Celsitudine, id quod obtinere poterunt, & quatenus ibi obtinere non possint, quod desideratur, quod dicti Domini Cuppa, Verrus, & Pellerius quoniam, Dominus Serralonga ob ejus senectutem, & malam valetudinem sine maximo ejus incommodo, & vitæ periculo se conferre forte non poterit ad Civitatem Mantuæ, vel alio quo expedierit ad Serenissimum Dominum Dominum Ducem, in Mandatis dederunt, & dant ut supra prædictis Dominis Cuppæ, Verro, & Pellerio accedendi ad Civitatem Mantuæ, & quo expedierit ad prelibatum Serenissimum Dominum Dominum Ducem, & qui tres Mandatum ipsum, & infrascriptum exequantur modis, & formis, prout infra in Instrumento Mandati

 Ee

Anno 1592.

dati statim rogando explicabitur. Et quia hoc Decretum aliquantulum tardius plusquam fuisset de mente Consilii expeditum fuit, causarum difficultatibus occursis, ordinaverunt ad removendum quicquid finistrum, mox expedire Litteras predicto Illustrissimo, & Excellentissimo Domino Don Ferranti, & multum Illustri Domino Præsidi, & quibus expedierit, & quod celeriter, ut admoveri possint de expeditione Mandati in sufficienti forma, & simul interim provideri omni meliori modo de pecuniis pro expensis per dictos electos in Civitate Casalis & Mantuæ, & per tempus, & donec præordinata adimpleta fuerint, & successive deventum fuit ad actum expeditionis, & registrationis dicti Mandati prout infra.

Ego Christophorus Reysius Civis Albensis publici Imperiali auctoritate Notarius, & Communitatis prædictæ Civitatis Albæ Cancellarius, ante scriptum Instrumentum Mandati, & Consilii Decretum vocatus, & rogatus recepi, licet scriptum aliena manu, & a proprio originali meo levatum, & facta debita collatione utrumque concordare inveni; Ideo in præmissorum fidem hic me subscripsi cum appositione mei soliti signi tabellionatus &c.

Sequitur tenor Instrumenti Procuræ facti die 21. Mensis Junii 1592. videlicet.

In Nomine Domini Amen. Anno Nativitatis ejusdem Millesimo quingentesimo nonagesimo secundo, Indictione quinta, & die vigesimo primo Mensis Junii, convocato, & congregato generali Concilio Civitatis Albæ sono Campanæ ter pulsatæ, & voce præconia, ut moris est in Salla majori Pallatii communis prædictæ Civitatis de Mandato Illustrissimi Domini Joannes Caretti Juris Utriusque Doctoris honoratissimi Prætoris ejusdem Civitatis, & coram eodem Domino Prætore ad instantiam infrascripti Magnifici Domini Sindici, in quo quidem Consilio aderant Primo Magnifici Domini Bartholomeus Scottus Sindicus, Zacharias Cagnolus, Marcus Antonius Hiella, Michael Antonius Marenghus, Joannes Petrus Cuppa, Mattheus Montanus, Mercurius Altavilla, Joannes Franciscus Martinenghus, Jacobus Spertinus, Antonius Cantonus, Antonius Canis, Petrus Pellerius, Gabriel Busfius, Joannes Scottus, Bernardinus Scottus, Joannes Stephanus Parutia, Jacobus Capris, Oriellus de Oriellis, Thebaldus Amadeus, Gulielmus Altavilla, Joannes Thebaldus Corbellinus, Vincentius Pergamus, Joannes Vincentius Ferrarius, Joannes Thomas Alpherius, Bartholomeus Porta, Albertinus Gallinus, omnes Consiliares, & plusquam due partes ex tribus ejusdem Consilii, in quo quidem Consilio predictus Magnificus Dominus Bartholomeus Verrus jam electus, & constitutus ut in Mandato antea̅cto absens adhuc reperitur, & Nuntius ad ipsum hac de causa destinatus nondum advenit, imminetque periculum retardationis, quod in servicium suæ Altitudinis debet omnino evitari, sed quam primum res expediri ad mentem Litterarum Illustrissimi Domini Præsidis, propterea instat loco dicti Domini Verri alium eligi, aut electionem jam factam in jam electos confirmari ad formam cellebrati Mandati prædicto Illustrissimo Domino Præsidi transmissi alias protestantes de omnibus damnis, & interesse tam suæ Altitudinis, quam Civitatis, & per se non stare, & testimoniales &c. Dominus Joannes Petrus Cuppa approbavit exposita per prædictum Magnificum Dominum Sindicum, & ejusdem fuit, & est mentis. Quinimo tamquam unus ex electis in Mandato Generalis Renunciationis Jurium hujus Civitatis in suam Celsitudinem, in manibus Illustrissimi Domini Præsidis ex parte Civitatis transmisso obtulit, & offert se promptissimum ex latere suo onus in Mandato prædicto impositum, & susceptum pro viribus adimpleturum, prout ita protestatur expresse, & Testimoniales obtulit, etiam Illustrem Dominum Gulielmum Serralongam etiam ex electis in dicto Mandato tamquam de ejus mente informatus promptissimum ex latere suo exequturum omne id ad quod per prædictum Mandatum fuit idem Dominus Serralonga destinatus, prout ita ejus nomine protestatur, & Testimoniales ut supra, & predicti Domini Consiliares super dictis expositis prehabita consideratione, & inter ipsos discursu omnes unanimes elegerunt, & nominarunt Dominos Michaelem, Antonium Marenghum, Antonium Cantonum, Joannem Stephanum Parutiam, & Mercurium Altavillam, qui adeant multum Magnificum Dominum Thomam Gallinum Juris Consultum, & ipsum totius Consilii nomine requirant, & rogent quatenus vellet assumere onus Mandati Generalis Renunciationis suæ Celsitudini fiendæ juxta preordinata attenta absentia Magnifici Domini Verri, cujus ingressus ignoratur, & legitimis excusationibus Domini Petri Pellerii, cujus Commissionis virtute predicti Domini Consiliares supra nominati accesserunt Domum perillustris Domini Prothonotarii Prati, in qua ipsum Dominum Gallinum adesse intellexerunt, & ipso inibi reperto, & de mente Consilii cerciorato ab ipso Domino Gallino responsum hujusmodi reportarunt, quod si servicium suæ Celsitudinis, & Civitatis concernit, aut se in Negotio dictæ Renunciationis, & Mandati ingerat, defuturum nunquam, circa quod se remittit Judicio tam Magnifici Consilii, quam prædicti perillustris Domini Prothonotarii suæ Celsitudinis, à Secretis, & eidem præmissis communicatis dixit ipsis D. D. electis servicium suæ Celsitudinis requirere, ut quam primum fiat dicta electio, Ipsum Dominum Gallinum hortando ad hujusmodi provinciam suscipiendam, prout ipse Dominus Gallinus audita hujusmodi responsione se promptum edocuit, & protestatus est. Qua relatione audita prædictus Magnificus Dominus Sindicus Scottus proposuit expedire pro resolutione presentis Negotii, ut elligatur ipse Dominus Gallinus una cum aliis ellectis ad formam Mandati antecedentis, & ita sibi videri protestando per se non stare, & Testimoniales, & prædicti Magnifici D. D. Consiliares omnes unanimes, & concordes, nemineque ipsorum discrepantiam faciente, & representantes totam Universitatem ipsius Civitatis, cum sint plusquam due Partes totius Consilii quod est numero Consiliariorum triginta sex, cum alii in dicto Consilio intervenire non potuerint, tum ob nonnullorum absentiam, tum etiam aliquorum egritudinem, & per quos sic ut supra congregatos Negotia ipsius Civitatis quantumcumque ardua tractari, & expediri consueverunt, & solent, visis, revisis, & diligenter perpensis, & consideratis expositionibus predicti Magnifici Domini Sindici inherentes Mandato facto sub die octavo presentis Mensis Generalem Renunciationem, & cessionem Jurium presentium Civitatis in suam Celsitudinem concernentem, & attenta absentia prædicti Magnifici Domini Bartholomei Verri & excusationibus Domini Petri Pellerii devenientes ad novam ellectionem Dominorum Procuratorum ad ipsam cessionem, & remissionem faciendam, prout in dicto Mandato ad voces elegerunt, & elligunt multum Magnificos Dominos Joannem Gulielmum Sertalongam, Thomam Gallinum Jurium Consultum, Bartholomeum Verrum, absentes tamquam præsentes, & Joannem Petrum Cuppam presentem, & onus hujusmodi in se suscipientem. Ita ut tres aut saltem duo ipsorum ob aliorum Impedimentum supplere possint specialiter & expresse, ad Nomine & vice ipsius Consilii, & totius Universitatis, & Populi presentis Civitatis se sè transferendum ad Civitatem Casalis coram multum Illustribus D. D. Ministris, & ad Civitatem Mantuæ coram Serenissimo Domino Domino Vincentio Dei gratia, Mantuæ, & Montisferrati Duce Domino nostro, vel ejus multum Illustribus D. D. *Ministris*, & prout à sua Celsitudine ordinatum fuerit, cedendumque, & remittendum pleno Jure in suam Celsitudinem, & ejus Serenissimos Successores omnimodam Jurisdictionem merumque & mixtum Imperium, & gladii Potestatem cum omnibus, & quibuscumque pœnis ad ipsam Communitatem quovis modo pertinentibus, Nec non, & omnia, & quecumque Dacia, Pedagia, & vectigalia, ac Jus transitus Portus super flumine Tanari, cum omnibus, & quibuscumque redditibus ejusdem Universitatis in futurum ex eis percipiendis, & cum auctoritate, & Jure ipsa dacia redimendi prout redimere possit Civitas ipsa. Item Pascua, Goretta, & Jura ipsius Civitatis contra debitores ex mala registratione omniaque alia Communitatis bona, Jura, rationes, & actiones publicas, & communes, & ad eam spectantia, & pertinentia generaliter quomodocumque, & qualitercumque causa cogitata, & incogitata etiam radicitus de futuro, ita ut cessio hujusmodi, & renunciatio sit generalis, & generalissima omnia comprehendat, & nihil excludat, nec non & ad supplicandum, & obtinendum si fieri poterit à prædicta sua Celsitudine gratias, & provisiones in Memorialibus datis, & novissime porrigendis per eosdem electos ad formam, & mentem prædicti Mandati quod in omnibus suis partibus, punctis, & clausulis, ac de verbo ad verbum prout in eo legitur confirma-

Anno 1592.

firmarunt, & confirmant prædicti Domini Consiliares omnem opportunam auctoritatem, & facultatem ipsius Dominis electis tribuentes, Intervenientibus in præmissis, & circa debitis promissionibus, ratihabitionibus; bonorum obligationibus, Juramento per ipsos Dominos Consiliares, & eorum singulos; tactis corporaliter Scripturis sponte ad delationem mei Notarii, & Cancellarii subsignati prestito, renunciationibus, & aliis Clausulis in similibus debitis, & opportunis, ac opportune apponi solitis, & consuetis, de quibus omnibus, & singulis prædicti D. D. Consiliares rogaverunt, & uterque eorum, rogavit per me Notarium, & Cancellarium subsignatum publicum fieri debere Instrumentum, & plura etiam dictamine Sapientis, si expediet. Acta fuerunt præmissa ut supra presentibus ibidem Domino Dominico Berrutto de Loco Gorzegni, Servitore prædicti Illustris Domini Prætoris, & Antonio de Plano Albensi Testibus ad prædicta adhibitis, vocatis, & rogatis sub anno, Indictione, Mense, & die supralcriptis.

Ego Christophorus Reisius, Civis Albensis publicus Imperiali auctoritate Notarius, & Communitatis prædictæ Civitatis Albæ Cancellarius antescriptum Mandati, & Consilii Decretum vocatus, & rogatus recepi, & scripsi, & à proprio Originali descripto in libro Ordinamentorum prædicti Consilii levavi, & facta debita collatione utrumque concordare inveni: Ideo in præmissorum fidem hic me subscripsi cum appositione mei soliti signi tabellionatus.

Quoniam sæpe numero propter Civitatum; & locorum distantiam de fide, & legalitate Notariorum dubitari contingit; Idcirco nos Præses, & Senatores Ducales Status Montisferrati, fidem facimus, & attestamur supralcriptum Dominum Christoforum Reysium, qui de præmisso Mandati Instrumento rogatus fuit, tempore rogatus ipsius, & ante fuisse, & esse publicum, fidum, legalem, & autenticum Notarium; Ad eumque tamquam ad Notarium publicum, fidum, & legalem pro Instrumentis, & aliis Actis publicis per eum receptis, ac debito modo subscriptis adhibitam fuisse, & adhiberi fidem in Judicio & extra, in quorum fidem presentes nostras per infrascriptum Notarium, & Cancellarium Nostrum fieri jussimus sigillique hujus Nostræ Civitatis munimine roborari.

Casal. die ultimo Junii 1592.

Sigilli Locus. Joannes Augustinus.

Sequitur tenor Scripturæ Capitulorum de quibus supra ult.

Capitoli stabiliti trà il Serenissimo Signor Nostro il Signor Duca di Mantoua, e di Monferrato, & li Magnifici Cittá, Communitá, e Cittadini della Citta d'Alba per stipularui sopra Instrumento publico à Dittáme di Sapiente, non per sostanzà del Negozio, ma per Maggior prova d'esso.

Cedono, e rimettono li predetti Communità, Universitá, e Cittadini á S. A. ogni ragione, ch' essi hanno, & in qual si voglia modo á loro apartengha, e possa apartere tanto nelle Cause Civilli, quanto Criminali, & miste, & nella loro cognizione, siche ogni Impero, giurisdizione, & autorità resti immediatamente á S. A. libera, & assoluta, con tutti i Regali, & raggioni in qualunque modo pertinenti alla detta Città, & Communità. Piu remettano à. S. A. come sopra tutti li dacci della Cittá, & ogni raggione degl'emolumenti, & essattioni d'essi, come anco del transito del Fiume Tanaro, & in oltre tutti li beni, e raggioni, che si godono, e tengono hora à nome del publico, con ogni pretensione cosi sopra, li beni non registrati comé altri de qualsivoglia sorte, che si possino pretendere per essa Città, riservando peró sempre li Contratti fatti dal Commune, che restino fermi per conto de daccj, & altro, si che possa ciaschuno godere li prouenti soliti, & frutti, fin che dalla Camera serano riscossi detti Daccj, & altri beni ove havesse raggione la Cittá, la qual Camera Ducale s'intenda in tutto, & per tutto surrogata per tal conto in loco della Cittá, & alla quale perció cedono ogni raggione per recuperarli, Et quanto alli Beni non registrati si contenta S. A. d'usar la remissione del terzo d'essi beni alli Colpevoli come vien affermato esser stato il solito d'essa Communitá. Concede S. A. che li Consiglieri, ch' ora sono di detta Cittá possino di qui à Natale prossimo solamente congregarsi con intervento del Podestá, ad effetto di liquidar debiti, & crediti massimamente per le persone ch' hanno amministrati li beni della Cittá, per ispedizione di che se vorrano elleggere altri Ragionatti, che quelli che sono adesso, vi habbia nondimeno á intervenire Mr. Gio: Pietro Coppa Fiscale Ducale, sicche peró le conclusioni, che si faranno siano con participatione del Podestá. Che li Pascoli de Gorretti adesso tenuti come publichi per tutto l'anno restino similmente á uso publico, & parimenti i Gorretti di Barbaresco, eccetuato l'annuo censo qual detti di Barbaresco pagano alla Cittá d'Alba ó á chi há causa da lei, el qual Censo overo Raggioni d'esso, cioè di poterlo ricatare restará ora alla Camera, si como anco s'intende riservato á detta Camera ogn' altro utile d'Arbesi, tagliamenti, & d'altra sorte, ch'oltre il Pascolare delli animali si caverá di tempo in tempo da essi Pascoli, & Gorretti, siano tenuti li sodetti Cittadini, & Cittá consegnare per Inuentario alli Ministri di S. A. tutti gl'Instrumenti, Privileggi, Libri, Scritture, & Raggioni, che si ritrovano havere appresso concernenti la detta Cittá, i Beni, & raggioni d'essa, dando particular nota delli Contratti, overo distratti fin ora fatti de beni, raggioni, & redditi di essa Cittá, exprimendo i tempi, le qualitá, & quantitá d'esse cose, & raggioni, & i nomi delli Notari; che ne sono rogati, quando non si trouino haver apresso tutti l'Instrumenti; Per iscambio S. A. prometti de mantenere in essa Cittá un Senatore con titolo di Podestá delli suoi Dominij, la condotta, & ricondotta delli mobili, del quale si faccia conforme á quello che si faceva quando si conducevano, & riconducevano le robbe de Governatori che S. A. S. mandava in detta Cittá d'Alba, Il qual Podestá rissiederá ivi, & amministrerá giustizia in tutte le Cause Ciuili, Criminali, & miste della prima instanza solamente, & per tutti li delitti, che saranno comessi in essa Cittá, & suo Territorio, & non altrove, se non conforme alla dispofizione della Legge Commune, riseruata sempre l'appellazione al Senato, fuori che nelle cause che non eccederando scudi cinquanta di moneta, nelle quale giudicherá inappellabilmente, ma si habbi da pagare la data in Camera, si delle cause, ch' esso Podestá giudichera inappellabilmente come è detto, come anco delle cause sianno quali, & quanti si vogliano, quali saranno terminate dalli Jusdicenti de Vassalli, o dalli Vassalli proprii nelle Terre del Monferrato, come S. Domiano, Isola, Diano, Rodello, Grinzane, Verduno, Barrolo, & la Volta, Perno, Sopano, Rochetta, Pelasea, Muasca, & Sesiano, le prime Appellazioni de quali si contenta S. A. che siano conosciute dal medesimo Podesta d'Alba col pagamento della data come sopra, delle quali date habbia da tenere, & rendere bon conto il predetto Fiscale, & ogn' altro, che á lui succederá. Et in oltre potrano li Cittadini, & habitanti etiamdio nelle sodette Causi inappellabili prevalersi se vorranno del rimedio della revisione ó sia supplicazione, senza peró pagamento di nova data, riservando le altre appellazioni, & ricorsi al Prencipe, & al Senato, riservando apresso S. A. di poter auocare, & delegare secondo á lei parerá delle sodette cause si in prime, che in seconde Instanze per qualche condegna raggione, che moverá il animo di S. A. intendendo delle cause dei giusdicenti, & Vassalli delle terre sopranominati, & ancó di quelle della Cittá propria d'Alba conforme peró alla Convenzione del 1564. & Privileggio ch'essa Cittá ha del Foro. Sarà l'Ufficio del medesimo Podestá triennale, doppo il quale terrá il Sindicato comme è di raggione, & á esso Podestá provederá S. A. del Salario conveniente, come anco per il Cauagliero solito á tenersi per servizio dell' Ufficio d'esso Podestá; & per li Tanti, Messi, & altri Ufficiali servienti per bisogno della Corte, & Giustizia. Provederá parimente del Salario conveniente al Medico, Mastro di Scola, & ad ogni altra ragionevol spesa. Piu promette S. A. di far osservare tutti li Statuti, & buone uzanze di essa Cittá con il Privileggio del foro, senz' alterar le pene d'essi Statuti, ma dichiararle solamente, se alcune ve ne fossero giudicate inconvenienti, & non permettera, che per conto di Citadini habitanti, loro robbe, famiglie, laboratori, & Animali siano alterati li Daccy, passaggio de Porto del Tanaro, su quel Territorio, come si usa die presente anco con le Terre confinanti, intendendo peró questo per conto solamente del transito del Fiume, restando

ANNO 1592.

il pagamento de daccii da farſi á ſua Altezza come ſi faceva anco alla Citta, & ſua Altezza ſará prouedere di Porto, & Ponte come ſará biſogno. Piu concede ſua Altezza, che dal Podeſtá ſiano nominati ogn' anno ſei Cittadini, trè de quali á ellezione di ſua Altezza habino cura, che li Beni della Campagna ſiano ben cuſtoditi, & che nella Cittá ſi tenga buon ordine per le coſe del vivere, conforme di quello di Caſale, con applicare la terza parte delle pene che s'imponeranno á contraventori ad eſſi deputati, l'altra alli dannificati oltre il danno, & il reſtante alla Camerá di ſua Altezza. Douranno anco li ſuddetti intervenire al governo del Oſpitale, luoghi pij, & alla diffeſa de minori, & aſſiſtere alli Contratti alla forma de quelli Statuti, con intervenimento di quel Podeſtá, & ſimilmente potranno havere cura della conſervazione delli preſenti Capitoli. Concede l'Altezza ſua, che la Piazza di eſſa Cittá reſti perpetuamente libera, & franca all' uſo di ciaſcuno. Concede parimente che ſempre, & in perpetuo ſiano ſalve, & franche le adaquature delle Roggie preſenti per ſervizio de ſoli Cittadini, & habitanti, & altri poſſidenti ſopra il Finaggio per le loro proprietá, conducendo l'aqua ſenza pregiudizio del terzo, & fuori del tempo del macinare, ma ſe i ſodetti vorranno ſervirſi di Roggia, ó d'Aque, che faceſſe venire ſua Altezza ſopra quei fini, ſiano obligati á conferire, e pagare all' Altezza ſua quello che ſará honeſte. Provedera ſua Altezza, che la Molenda ſia regolata con la miſura di ferro, ó rame inalterabile, & che ogni molino habbia la peſa, acció ogn' uno poſſi conſignare il grano; & riconoſcere la farina al peſo, dedotta la molenda ſolita, Piu concede ſua Altezza, á detti Cittadini, che i luoghi di Barbareſco, & Montelupo come fini di eſſa Cittá non ſi poſſano smembrare da eſſa, ma reſtino ſempre uniti, & ſi deputi per Podeſtá da ſua Altezza ogn' anno un Cittadino d'Alba de quelli che ſaranno nominati nel Rotolo, che ſogliono fare gl' huomini delli medemi luoghi. Piu rimette ſua Altezza á detti Cittadini ogni pagamento dovuto da queſto giorno indietro per conto de Donativi, & anco il termine che reſtarebbono á pagare per il preſente Donativo all' Agoſto proſſimo per compito pagamento d'eſſo faciendone loro libero dono, come anco rimette per l'aveniri ogni pagamento dell' ordinario cenſo in perpetuo, & delli ſtraordinarii, che occoreſſe imponere, concede immunitá per anni dieci, eccettuati peró i Carichi concernenti la publica utilitá, neceſſitá, & conſervazione di Stato, nelli quali ſiano tenuti alla ratta conforme alla Convenzione gia con loro fatta dell' anno 1564. concede in oltre general abolizione di qual ſi voglia dellitto paſſato, & pena nella quale foſſero incorſi eſſi Cittadini, riſſeruati i delitti di offeſa Maeſtá Diuina, & umana, aſſaſſinaggi, homicidij deliberati, & proditorii incendii, falſa moneta, & Sacrilegii, che come enormi delitti, non meritan remiſſione. Concede di più, che la Caccia, & peſcaggione ſia laſciata libera alla Cittá come prima, má che l'autoritá di provedere á diſordini ſia preſſo il Podeſtá, il quale faccia le proviſioni, con participazione di Proveditori della medema Cittá. Promette ſua Altezza, che tutti li Cittadini, & habitanti in detta Citta d'Alba poſſano tenere, & portare le Armi, intendendo arme ordinarie non prohibite, come ſono Arcobuggi da ruota, & ſimili, ſicche peró li Cittadini, & habitanti non ſiano aſtretti á militare fuori della Cittá, ſalvo che in caſo del ſervizio della perſona, & Stato di ſua Altezza, la quale arbitrará ſecondo le occorenze quando douranno militare fuori della Cittá per ſuo ſerviggio, & de ſuoi Stati. Più concede ſua Altezza le fere ſolite á farſi al S. Lorenzo, & S. Giafreddo nel modo ſolito, Et per benigna demoſtrazione verſo d'eſſa Cittá affine che il trafico ſi faccia maggiore, concede che tutte le robbe, quali ſi conduranno di Piemonte per entrare nella detta Cittá non paghino il Dacio generale, má ſolamente all' uſcire, mentre che eſſa Cittá ſia la prima poſta del Dacio che tochino. Si contenta di piu ſua Altezza, che ſe occorrerá caſo, per il quale veneſſe impoſta pena arbitraria del Prencipe, ſia all' ora in facoltá del Podeſta di limitare alli imputati una certa quantitá, per la quale habbino da dar ſicurtá, accioche poſſano deffenderſi ſenza entrare in prigione, la qual limitazione habbia da eſſere fatta conſiderate le debiti circonſtance del caſo, delle perſone, dei luoghi, tempi, ſimili qualitá reſtando poi, data che ſará la Sentenza á ſua Altezza di arbitrare la pena delle Leggi, Statuti, & Ordini rimeſſá all' Arbitrio dell' Altezza ſua, vuole ſua Altezza eſſer tenuta al pagamento delli debiti d'eſſa Cittá liquidi, & legitimi, ſino alla ſomma de ſcudi cinque cento d'oro, & non piu oltro, ſe occorrerá caſo, una, ó piu volte di metter preſidio nella detta Citta d'Alba, ſi contenta ſua Altezza, che i Cittadini non ſiano tenuti per cauſa di eſſo Preſidio á niente più di quello ſa la Cittá di Caſale. Nel reſto, tanto l'Altezza ſua, como eſſi Cittadini confermano, & approbano le Conceſſioni, & Conventioni paſſate particolamente del 1564. & 1589. ſe non in quanto di preſente è ſtato derogato, ó dichiarato reſpetivamente come di ſopra.

Ego Jacobus Antonius, filius quonda Domini Joannes Philippi de Bonariis Civis Mantuæ publicus Apoſtolica Imperiali auctoritate Notarius ſupraſcriptis omnibus, & ſingulis præſens fui; & rogatus ſcribere publicè ſcripſi & ſubſcripſi etc.

L. H. T. Ego Carolus Magnifici Domini Franciſci de Cambiatoribus Civis Mantuæ publicus Imperatoria auctoritate Notarius ſupraſcriptum Inſtrumentum rogatum, & abbreviatum per ſupraſcriptum Magnificum, ac legalem Dominum Jacobum Antonium Bonatium Civem quoque Mantuæ, Notarium publicum; ac Cancellarium Senatorium ab illius abbreviaturis fideliter in hanc ſupraſcriptam publicam formam redegi, factaque de eo cum dictis abbreviaturis diligenti averatione hic me, meaque ſolita cum atteſtatione in præmiſſorum fidem ſubſcripſi &c.

L. H. T. Ego Jacobus Antonius filius quondam Domini Joannes Philippi de Bonariis Civis Mantuæ publicus Imperiali auctoritate Notarius ſupraſcriptis omnibus, & ſingulis preſens fui, & de eis rogatus publice ſcripſi, ſed. aliis implicitus ſupraſcriptum Inſtrumentum per me rogatum ſupraſcripto Domino Carolo de Cambiatoribus & Notario publico in ſupraſcriptam formam relevando tradidi ab abbreviaturis meis; & facta debita auſcultatione cum ejus Originali, & reperta in omnibus concordantia in præmiſſorum fidem hic me ſubſcripſi, cum appoſitione ſoliti ſigni mei Tabellionatus.

Cum ejus Authentico in pergamena ſcripto, ſicut ſupra expedito in ſecretiori Archiducali Mantuæ Archivio adſervato præſentem ſumptam Copiam omnino conferre atteſtor.

Ego Ludovicus Nob: olim H. Octavii de Mazziis filius Civis, publicuſque Imperiali auctoritate, Mantuæ Notarius, ac dicti ſecretioris Archiducalis Archivii Cancellarius. In quorum &c. hic me, ſolita cum atteſtatione, ſubſcripſi hac die 11. Junii 1720.

Ita verum eſſe aſſirmo Ego Joſeph Maria Caſtileonus ejuſdem Archivii Præfectus, hac die 12. Junii 1720.

LXXXVIII.

Conſtitutio Regni Poloneii de Libera Electione Anno 1593. [Tiré de la Regiſtrature d'Eſtat de la Chancelerie de la Cour Imperiale à Vienne Faſc. 34.] 1593.

ETſi Libertates Polonæ & Lithuanæ Gentis dubiæ non ſint, ſed univerſo Orbi pateant; attamen *ex occaſione moderni abitus noſtri viſum eſt* Nobis, pro nunc declarare, quod quemadmodum Nos juxta Conſtitutionem in elect. Henrici ſancitam, & conſtitutam non præſumemus, nec præſumere poterimus nominare, nec deſtinare, aut procurare ſucceſſorem, multo minus per Ceſſionem Regno

ANNO 1593. Regno quempiam imponere; & si hoc ipsum, quod Deus avertat faceremus, esset hoc irritum & inane.

Ita etiam Prætensiones qualescunque & quascunque quoquo modo ortas, & cujuscunque demum unquam factæ fuerint, aut sint cessione, validæ non sunt, nec esse possunt.

Et quisquis demum tam internus, quam externus viventibus & regnantibus Nobis sive post fata Nostra hac ratione præter futuram liberam Electionem (etiamsi ipsam Coronationem vi adipisceretur) regendo huic Regno immineret, & se intruderet, ille pro hoste patriæ reputabitur, Et omnes quicunque ipsum hoc in casu juverint pro perduellibus. Omnes etiam Leges tam naturales quam scriptæ, pœnæ & processus, & Confœderationes, ad insurgendum contra hostes Patriæ & Perduelles factas contra Ipsos iniri, & executioni mandari debent.

Quæ quidem Lex in perpetuum sacrosancte & inviolabiliter observari debet, & qui eam in dubium vocaverit, haberi & puniri debet, ut hostis patriæ & perduellis.

LXXXIX.

1593. 12. Fevrier.

Jhro Röm. Kayserl. Maj. RUDOLPHI II. Confirmation des Erst-Geburths Rechts / Graf SIMONI von der Lippe ertheilet / auf dem Schloß zu Praag den 12. Februarii 1593. [Tiré d'une Information de Droit publiée en 1713. de la part de Frederic, Christian, & Philippes Ernest, Comtes de Lippe, sous le Titre de **Kurtze Vorstellung über den Anfall des im Gräflich-Lippischen Hause erledigten** Appanagii]

C'est-à-dire,

Confirmation du Droit de Primogeniture accordée par RODOLPHE II. *Empereur des Romains à* SIMON *Comte de la Lippe. A Prague le* 12. *Fevrier* 1593.

WJr Rudolff der ander / von Gottes Gnaden erwählter Römischer Kayser / zu allen zeiten Mehrer des Reichs / in Germanien / zu Hungarn / Böheimb / Dalmatien / Croatien und Sclavonien König / Ertz-Hertzog zu Oesterreich / Hertzog zu Burgund / zu Braband / zu Steyer / zu Würtenberg / Ober- und Nieder Schlesien / Fürst zu Schwaben / Marggraf des Heil. Röm. Reichs zu Burgau / zu Mähren / Ober- und Nieder-Laußnitz / Gefürsteter Graf zu Habspurg / zu Tyrol / zu Pfirdt / zu Kyburg / zu Görtz / Landgraf zu Elsaß / Herr auf der Windischen Marck / zu Portenau und zu Salins / bekennen für uns und unsere Nachkommen am Heil. Röm. Reich offendlich mit diesem Brief und thuen kund allermänniglichen / daß uns der Edle unser und des Reichs lieber getreuer / Simon Graf und Herr zur Lippe in unterthänigkeit zu erkennen geben und vorbringen laßen / was maßen mit etlichen Glaubwürdigen / Uralten / für 200. und mehr Jahren seinen Unterthanen zu Land und Städten gegebenen Privilegien zu bescheinigen / auch sonsten des Orts männiglichen bewust und unverborgen sey / daß bey den Grafen und Herrn zur Lippe über unverdenkliche Jahr eine stete gewohnheit gewesen / auch noch sey / und also vorders bis auf ihne Graf Simon continuiret verblieben / daß die gantze Grafschafft Lippe und was derselben zugehorig und den Grafen und Herren zur Lippen an Lehen / Erb-Verbrüderung / Einigungen und aufgerichteten Vertragen / oder sonsten an liegenden und unbeweglichen Gütern zu stünde / jederzeit zu desto stattlicher Erhalt- und fortpflantzung deßelben Gräflichen Stamms und Nahmens / und um gemeines Landes besten willen / unzer stätt und unzertheilt von dem Aeltesten Leibs-Lehens Erben nach dem Prærogatorio und Succession der Primogenitur oder Ersten-Geburt alleinig regieret / innen gehabt und gebraucht / die Unterthanen auch allein einem Manns-Erben in eine Hand gehuldiget / den andern Brüdern aber ihr gebührlicher Unterhalt / ihrem Grafen-Stand gemäß / nach Ertrage und Vermogen angeregter Grafschafft und Güter hievon verschafft und verordnet / desgleichen die Tochter und Weibliche Erben / wie des Orts bey den Grafen zu Lippe gewohnlich Herkommen / durch den regierenden Herrn und Land-Ständte botirt und ausgestattet worden / und uns darauf gehorsamblich angeruffen und gebetten / sintemahl er / Graf Simon der zeit / ausgenommen seiner Eheleiblich erzeugten Sohne und Tochter / der lezte dieses Geschlechts / Stamms und Nahmens wäre / und solche seiner lieben Vor-Eltern / der Grafen und Herren zur Lippe / Uhr alte / wohlbedachte Gewohnheit hinfüro nicht weniger gern seinen Kindern und der gantzen Posterität und Nachkommenden also perpetuiret / fortgesetzt und beständiglich erhalten haben wolte: Daß wir als regierender Romischer Kayser von besondern Gnaden wegen / auch damit diesem allen in künftig zu Wolstand des Gräflichen Stammes von der Lippe / und zu gemeinen Besten / Ruhe und frieden deren dabey interessirten gehorsamen Unterthanen / desto steiffer / fester und unverbrüchiger gelebt und nachgegangen werde / unsere sonderbare Kayserliche Confirmation und Bestättigung ihme / seinen Nachkommen und Unterthanen darüber gnädiglich bewilligen / ertheilen und folgen laßen wolten: Des haben wir angesehen ermeldeten Grafens demüthig ziemlich Bitt / dazu die willige / getreue / nützliche und wohlersprießliche Dienste / so Weyland seine Vor-Eltern und Er selbst unsern Loblichen Vorfahren Romischen Kaysern und Konigen / auch uns und dem Heil. Reich in viel wege / und noch neulicher zeit in etlichen hochwichtigen Legationibus und ansehenlichen Commissionen gehorsam und gantz unverdroßentlich erzeigt und bewiesen / noch täglich thue / und hinführo sambt seinen Nachkommen und Erben Uns und dem Reich nicht weniger zu bezeigen und zu leisten erbietig ist / auch wohl thuen mag und soll: Und darumb mit wohlbedachtem muth / gutem zeitigen Rath und rechter wißen / aus Romisch-Kayserlicher Macht Vollkommenheit vorgemeldten Graf Simon zu Lippe und deßen nachkommenden Männlichen Leibs-Lehens-Erben samt derselben Erben / und endlich allen denen / so auf maß wie hernach vermeldet zu dem Vor- oder Erb-Rang der Erstgebuhrts Gerechtigkeit die nächsten seyn und anwartung haben werden / solche hievor angezogene und über verwährte Zeit des Rechtens in dem Stamm und Geschlecht der Grafen und Herren zu der Lippen erstandene gewohnheit Successionis, genädiglich confirmirt und bestättet / confirmiren und bestätten dieselbe auch hiemit und in krafft dieser Brieffs wißentlich in bester form und maß solches von Rechts und Billigkeit wegen beschehen soll und mag / und wollen / daß nach todlichen Abgang mehrgenanten Graf Simons die gantze Grafschafft Lippe und was dazu gehöret / ohne einige Theilung und zertrennung vollnkomlich folgen und gebühren solle dem Erstgebohrnen Sohn / der eines Lehens fähig / und der Regierung Land und Leuthe vor seyn mag / und nach Ableiben deßelben abermahls dem Erstgebohrnen / oder da sich zu trügt / daß dieselbe erste Linie ohne Männliche Lehens-Erben gäntzlich verfiele / alsdenn Graf Simons ander gebohrnen Sohne / ob der noch im Leben wäre / oder da er todtlich abgangen / gleicher gestalt seinem Erstgebohrnen / und da auch deßelben absteigende Linien aufhorte / solche Nachfolge also fort auf den dritten / vierdten und nachgebohrnen und derselben absteigende Linien Männlicher Ehelicher Gebuhrt / immer und ewiglich / dahin zu verstehen / daß zwischen bemeldten Grafen zur Lippe und demselben Geschlechte Männlichen Stammer zu ewigen und unaufhorlichen Recht die Succession der Grafschafft Lippe sambt ihren Pertinentien und zugehorungen nach Ordnung und Erbgangs Recht der Erstigkeit und Primogenitur vererbt / die Unterthanen zu Land und Städten, auch demselben Primogenito und Erstgebohrnen Mann-Erben in eine Hand allein gehuldigt seyn sollen. Da gegen soll derselbe Erstgebohrne regierende Graf nicht Macht haben / zu Nachtheil und Schmälerung seines Successorn und Nachfolger die Grafschafft oder zugehörige Güter zu verkauffen / zu trennen / oder in andere wege zu alieniren / zu entäußern und zu beschwehren in keine weise / sondern als viel müglich / dieselbe zu vermehren und zu beßern befließen / auch danebenst verpflichtet seyn / den andern seinen Gebrüdern ihr gebürlich Deputat und Unterhalt von zeiten zu zeiten / wie von Alters Herkommen / ordentlich und richtig zu liefern und zu reichen / desgleichen seine Schwestern und weibliche Erben / wie bey der Grafschafft gewöhnlich ist / mit nothwendiger Alimentation und ehrlichen aussteuer zu versehen / mit welchem auch die andern / dritten und nachgebohrne Brüder so wohl als derselben Schwestern und weibliche Erben gäntzlich zu frieden seyn / sich daran begnügen und darwider keine Einrede noch fürwendung haben sollen. Jedoch Uns und dem Heil. Reich an unsern und sonst männiglich an seinem Rechten und Gerechtigkeiten unvergriffen und unschädlich. Und gebieten darauf allen und jeden Churfürsten / Fürsten (Geist- und Weltlichen / Praelaten / Grafen / Freyherrn / Rittern / Knechten / Land-Vogten / Hauptleuthen / Vitzthummen / Vogten / Pflegern / Verwesern / Amtleuthen / Schuldheißen / Bürgermeistern / Richtern / Räthen / Bürgern / Gemeinden und sonsten allen unsern und des Reichs Unterthanen und getreuen / was Würdens / Stands und Wesens die seyn / von Römischer Kayserlicher Macht ernstlich / und wollen / daß sie ob- und mehr gedachten Graf Simon und deßelben Erstgebohrnen Männlichen Leibs-Lehens-Erben und alle nachkommende eheliche Erbens Erben und Nachfolgere / wie auch nicht weniger die Landstände und Unterthanen der Grafschafft Lippe bey vielgedachter altherkommener nutzlicher Gewohnheit und unserer darauf gerichten Kayserlichen Begnadung / Versehung und Bestättigung der Primogenitur und Erst Geburt-Gerechtigkeit in allen derselben ob ausgeführten Inhalt und Begriff ruhiglich bleiben / sie deren gäntzlich erfreuen / gebrauchen und genießen laßen / und daran mit nichten hinderen / irren noch beschwehren / noch solches jemand anders zu thuen gestatten ANNO 1593.

noch

ANNO 1593. noch sehen noch verholffen seyn / heimlich noch öffentlich in gar zu mahl kein weiß / als lieb einem jeden sey unser und des Reichs schwere Ungnad und Straff / und darzu ein Pön / nemblich fünfzig Mark lötigen Goldes zu vermeiden / die ein jeder / so offt er freventlich hiewider thäte unß halb in unsere Keyserliche Kammer / und den andern halben Theil dem Beschwehrten und beleydigten unablässig zu bezahlen schuldig seyn solle. Mit Uhrkund dieses Briefes / besiegelt mit unserm Kayserlichen anhangenden Insiegel / so geben ist auf unsern Königlichen Schloß zu Prage den zwölften Tag des Monats Februarii nach Christi unsers lieben Herrn und Seligmachers Geburt funfzehenhundert und im drey und neunzigsten / unserer Reiche / des Römischen im achtzehenden / des Hungarischen im Neunundzwanzigsten / und des Böhmischen im achtzehenden Jahren.

RUDOLFF.

Jacob Kurtz von Senfftenau.

Ad Mandatum Sac. Cæs. Maiest. proprium
Aric. Hanniard.

Daß vorgesetzte Confirmation des Juris Primigeniture mit dem Originali von Wort zu Wort gleichlautend und von weyl. Kayser Ferdinand dem II. und folgenden Römischen Kaysern auch selbst von jetzo regierender Kayserl. Majestät gleichen Einhalts confirmirt sey / Solches wird facta Collatione hie durch attestiret.

von mir

Johann Ernst Kostern Not. Cæs. Publ. immatriculato, Krafft hieneben gedrukten Notarial-Insiegels. In fidem requisitus subscripti M. Pr.

L.S.

XC.

28. Juin. *Arrest du Parlement de Paris pour empecher que sous pretexte de Religion la Couronne ne soit transferée en main étrangere, au prejudice de la Loi Salique & autres Loix fondamentales du Royaume. Donné le 28 Juin 1593.* [Memoires de la Ligue Tom. 5. pag. 397. Satyre Mennipée. Tom. 3. aux Pieces ajoutées. pag. 352. FAVIN Histoire de Navarre Liv. 16. pag. 991. Petit: Chron. de Holl. & de Zelande Tom. 2. Liv. 25. ann. 1593.]

SUr la Remontrance cy devant faite par le Procureur du Roi, & la matiere mise en deliberation, la Cour toutes les Chambres assemblées, n'ayant comme elle n'a jamais eu autre intention, que de maintenir la Religion Catholique, Apostolique, & Romaine, en l'Estat & Couronne de France, sous la Protection d'un Roi T. C. Catholique & François, a ordonné & ordonne, que Remontrances seront faites cette apres disnée par Monf. le President le Maire, assisté d'un bon nombre de Conseillers, à Monsieur de Mayenne Lieutenant General de l'Estat, & Couronne de France, en la presence des Princes, & Officiers de la Couronne étant de present en cette Ville, à ce que aucun Traité ne se face pour transferer la Couronne en la main de Prince ou Princesse Etrangers; Que les Loix fondamentales de ce Royaume soient gardées, & les Arrests, donnés par ladite Cour pour la Declaration d'un Roi Catholique, & François soient executez, & qu'il ait à employer l'Autorité qui lui est commise, pour empecher que sous le pretexte de la Religion, la Couronne ne soit transferée en main étrangere, contre les Loix du Royaume, & pourvoir, le plus promptement que faire se poura, au repos du Peuple, pour l'extréme necessité en laquelle il est reduit, & neantmoins dès à present, a declaré & declare tous Traitez faits, & qui se feront cy apres pour l'Etablissement d'un Prince, ou Princesse etrangere nuls & de nul effect & valeur, comme fait, au prejudice de la Loi Salique & autres Loix fondamentales du Royaume de France. Fait à Paris le 28 Juin. mil cinq cents nonante trois. ANNO 1593.

XCI.

Proces verbal de ce qui s'est passé à Saint Denis pour l'Instruction & Absolution de HENRI IV. Roi de France le 22. Juillet 1593. 22 Juillet. [GG. LEIBNITZII Codex Juris Gentium in Mantissâ part. 2. pag. 375.]

L'An mil cinq cent quatre vingt treize, le Jeudy vingt deuxiesme jour du mois de Juillet, suivant *la Convocation* des Prelats & Docteurs Catholiques, indicte par le Roy *en la Ville de Mantes* au 25. du dict mois, & depuis continuée en celle de Sainct Denis pour par leurs bons enseignements estre esclaircy des difficultés qui le tenoient separé de l'Eglise Catholique Apostolique & Romaine; sont comparus en l'Abbaye de la ditte ville en l'Abbaye & Hostel de Monseigneur l'Illustrissime Prince & Reverendissime Cardinal de Bourbon, Archevesque de Roüen & Primat de Normandie; mondit Seigneur Illustrissime, & tres Reverend Pere en Dieu Maistre Renauld *Patriarche Evesque* [*Archevesque*] de Bourges, Primat d'Aquitaine, grand Aumosiner de France, Messire Philippes Dubec Evesque de Nantes, Messire Louis Evesque de Sens, Messire . . . . . Descoubleaux Evesque de Maillezay, Messire Nicolas de Thou Evesque de Chartres, Messire Claude Evesque du Mans, Messire René de Daillon Abbé de Chastelliers nommé à l'Evesché de Bayeux, Messire Jaques David Duperron nommé à l'Evesché d'Evreux; Messire Louis Seguier Doyen de l'Eglise Cathedrale de Paris, M. Jean de la Valeur Abbé de la Couronne, Messire Vincent Got Archidiacre & Chanoine d'Avranche nommé en l'Abbaye S. Estienne de Caen, M. Eduard de Chaniguac [inf. Chavaillac] Curé de St. Sulpice lés Paris Docteur en Theologie, Frere Nicolas. Estelin & Jean Gobelin Religieux de la ditte Abbaye St. Denys Docteurs en Theologie, Frere Olivier Beranger Religieux de l'Orde St. Dominique Docteur en Theologie & Predicateur ordinaire du feu Roy, M. Anthoine Chevreau Curé de l'Eglise St. Gervais, & Claude Morcim Curé de l'Eglise St. Mederic en la Ville de Paris, & M. Claude Gouyure Docteur en Droict Canon, Doyen & Chanoine de l'Eglise Cathedrale de Beauvais. Tous les quels comparans, aprés avoir conferé ensemble de l'occasion pour laquelle ils estoient pour lors prendre aulcune resolution, & qu'il estoit necessaire de parler à sa Majesté & entendre plus particulierement ce qu'elle desiroit d'eux, & de la voye & façon qu'il luy plairoit tenir pour son instruction, & qu'il estoit necessaire de parler & se presenter à elle pour la saluer & sçauvoir son intention, & le soir mesme, estant sa Majesté arrivée, se presenteroient à luy en la chambre mondit Seigr. le Cardinal, accompagné des dits Sieurs Evesques & autres Ecclesiastiques; auxquels elle fit entendre, vouloir, premierement que parler à toute la Comagnie, communiquer & conferer avec trois ou quatre d'eux & commanda que les dicts Sieurs Archevesque de Bourges, Nantes, du Mans, & du Perron nommé d'Evreux se trouvassent le lendemain sur les six heures à son lever.

2. Le lendemain 23. du mois sur les trois heures aprés midy s'assemblerent en la chambre de Monseigneur le Cardinal, mondict Sieur l'Archevesque de Bourges avec tous les dicts Sieurs Prelats & autres Ecclesiastiques; où se fit rapport de ce qui s'estoit passé le matin au cabinet du Roy entre sa Majesté, luy & les dicts Eveques de Nantes & du Mans & nommé d'Evreux; & comme sa dicte Majesté y estant entrée sur les sept ou huict heures, aprés avoir sorty & fait sortir toutes autres personnes, demeurée seule avec eux leur auroit dit, que dès son advenement à la Couronne, à la grande instance & priere que luy auroyent faict les Princes & Officiers de la Couronne & toute la Noblesse, & generalement tous ses bons & loyaux Sujets

ANNO 1593. Sujets Catholiques de tous Ordres, il auroit resolu & promis recevoir instruction pour se reunir à l'Eglise Catholique Apostolique & Romaine, & ne l'ayant peu faire si tost pour les continuelles guerres, empechements & traverses, que luy ont donné ses ennemis; Et connoissant de plus en plus l'extreme desir de tous les dicts Sujects, & touché de compassion de la misere & calamité du Peuple, connoissant aussy que plusieurs excellents personnages en doctrine & pieté contredisoient aux opinions, qui le tenoient separé de la dicte Eglise; touché & inspiré de l'esprit de Dieu, auroit desiré avec seureté de conscience pouvoir contenter ses dicts Sujets; & pour cet effect entré en discours par diverses fois avec plusieurs hommes doctes Catholiques, par les quels il auroit esté asseuré & confirmé, que l'Eglise Catholique Apostolique & Romaine estoit la vraye Eglise, à la quelle appartenoit l'interpretation des Sainctes Escriptures, mais qu'il avoit esté persuadé & nourry en cette opinion, qu'il y estoit entré beaucoup d'abus, qui le tenoient separé de la dicte Eglise; les-quels ayant entendu *estre plustost en l'usage & practique & aux mœurs qu'en la doctrine*, se seroit resolu de se reünir à la dicte Eglise, & recepvoir instruction. Et à cette fin auroit convoqué une Assemblée de prelats & personnes Ecclesiastiques pour luy expliquer plus particulierement la Doctrine & les Constitutions d'icelle Eglise; pendant le temps de la quelle Convocation certains personages Catholiques & doctes, qu'il avoit appellées prés de sa personne pour l'advancer en cette connoissance, l'auroient instruict touchant quelques uns des principeaux poincts, nommement du Sacrement de l'Eucharistie, du quel il estoit presque entierement instruict, & qu'il desiroit en estre plus à plein enseigné, comme aussy des autres poinctz dont se n'estoit encor assés esclaircy; & entendre d'eux la Doctrine de l'Eglise Catholique, Apostolique & Romaine, *pour l'asseurance de sa conscience, sans la quelle il ne voudroit pas* quatre Royaumes tels que le sien, pour se departir de la Religion en la quelle il a esté nourry.

3. *Surquoy* estans entrez en conference, ils auroient demeuré cinq heures & plus sans intermission, parlé & rendu raison à sa Majesté de tous les principeaux controverses en ce temps; des quels auroit fait demonstration d'estre contenté & satisfaicte, & leurs auroit declaré qu'il se trouvoit amplement instruict & asseuré en sa conscience sur les poincts dont il estoit en doubte, & pour les quels jusques à present il n'avoit peu donner le contentement à ses bons Sujets & Catholiques; qu'ils desiroient de luy, & suyvre avec eux en mesme Religion, & partant ne se vouloit plus differer & desiroit d'estre reçeu dés Dimanche à la Messe, a [s. &] avoir pour cet effet l'absolution qui luy estoit necessaire; & pour ce *leur ordonna de dresser la Profession de foy, telle qu'ils estimeroient qu'il luy faudroit faire* & luy apporter dés le soir pour la voir, & faire entendre sa resolution à la dicte Compagnie.

4 *Sur ce rapport fut* advisé entre les dicts Sieurs, estre necessaire delibrer & resoudre entre eux touchant l'absolution de sa Majesté, si sans attendre Mandement du Saint Siege, elle le pouvoit donner; de quelle façon on y procederoit, ou bien si l'on renvoyeroit le tout à sa Sainteté, laissant cependant sa Majesté & l'execution de sa bonne volonté en suspens. Et comme les dicts Sieurs deliberoient sur ce que dessus, sa Majesté envoya demander si *la ditte profession de foy* estoit faicte & dressée, la quelle ayant esté leüe & trouvée conforme à celle qui a esté dressée par ordonance du Concile; fut approuvée de toute la Compagnie & portée par les dicts Sieurs Archevesque de Bourges, Evesque du Mans & nommé d'Evreux à sa Majesté, l'avoit leüe tout du long. Et continuant la deliberation commencée, aprés plusieurs raisons debattües de costé & d'autre; enfin pour plusieurs grandes considerations, mesmement pour la necessité du temps, le peril ordinaire de mort à quel est sa Majesté exposé à cause de la guerre, & qu'elle ne peut aller ny envoyer commandement à Rome; & pour ne laisser une si belle occasion & tant importante à l'Eglise de la reunion d'un si grand Prince à icelle; fut arresté que *l'absolution de l'excommunication* luy seroit donnée par Monsieur l'Archevesque de Bourges Primat d'Aquitaine & grand Aumosnier de France selon la forme contenüe au Pontifical, aprés accommodation faitte du territoire par les Religieux & Convents de la ditte Abbaye, lesquels ont Jurisdiction Episcopale, & à la charge, que sa ditte Majesté envoyera vers nostre Sainct Pere le Pape, sitost que commodement faire le pourra, pour le reconnoistre, & promettra obeyr aux commandements justes & raisonables de l'Eglise; Le tout suyvant la disposition de droict. ANNO 1593.

5. Et le XXIV. du dict mois s'estans les dicts Prelats [&] Ecclesiastiques assemblés en la chambre du dict Sieur Cardinal; de là allés tous ensemble trouver sa Majesté, auroient esté introduicts dans son Cabinet, & là leur auroit declaré que ce que le jour precedent il auroit voulu conferer avec trois ou quatre d'entre eux seulement par luy choisis, n'auroit esté qu'elle estimast [n'estimast] tous tres dignes, mais par ce qu'en plus grande compagnie il eust esté malaisé d'eviter confusion; & fit de nouveau nouvelles Declarations qu'il auroit faittes le jour precedent aux quatre par luy choisis, comme cy dessus est contenu; adjoustant qu'il auroit esté instruict & satisfaict par eux des principeaux doutes és quels il estoit; & partant estoit resolu de vivre & mourir en l'union de l'Eglise Catholique, Apostolique & Romaine, assujettir sa foy & creance à la Doctrine qui [y] est enseignée; & qu'on ne devoit faire difficulté, ayant pris nourriture & instruction au contraire, de la quelle il ne s'estoit pas voulu legerement departir; le salut de son ame luy estant plus cher que toute autre chose. Et quant il auroit pensé n'estre de son salut de faire ce qu'il faisoit, qu'il ne le feroit pour quatre Royaumes; & qu'il devroit se presenter le lendemain à l'Eglise, pour y estre receu. Ce qu'entendu par les dicts Prelats & Ecclesiastiques, en auroient rendu graces à Dieu, loüé & gratifié sa Majesté de cette bonne volonté; & à fait [& luy fait] entendre ce que le jour precedent ils auroient arresté pour son absolution.

6. Et le Dimanche 25. du dict mois sur les neuf heures du matin sont comparus en la ditte Abbaye mondit Seigneur Illustrissime & Reverend. Cardinal de Bourbon, tres reverend Pere en Dieu Messire Regnaut Patriarche, Archevesque de Bourges & Primat d'Aquitaine, Messieurs les Evesques & les nommés Archevesques estans revestus de Rocquets, les dicts Doyens & les Abbés ou nommés au dittes Abbayes, ensemble les Docteurs & Ecclesiastiques dessuz dicts; & outre Messire Henry de Magnam Evesques de Digne & d'Angers, Abbé de Belosanne & Curé de Sainct Eustache; mesdicts Sieurs Cardinal & Archevesque auroient fait entendre la resolution prise le dict jour 23. pour l'absolution de sa Majesté & autres choses passées en la ditte assemblée; la quelle resolution ils auroient approuvé & eu pour aggreable; tous lesquels comparans, comme aussy les Religieux, Soubsprieur, & Convent de la ditte Abbaye se seroient acheminés en ordre & avec la Croix aux portes de la ditte Eglise; ou estans Messieurs les dicts Prelats avec le dict Sieur Archevesque de Bourges, revestus d'habits pontificaux, *se seroit rendu & presenté aux portes d'icelle Eglise treshaut & tres-puissant Prince Henry Roy de France & de Navarre*, accompagné de plusieurs grands Princes, Officiers de la Couronne, Seigneurs & autres Gentilshommes en grand nombre, convoqués par sa Majesté pour cet effect, ses Gardes de Suisses & autres Gardes de corps tant Escossois que François marchans devant luy; & illec ayant sa Majesté la teste nüe & descouverte, & mis les deux genoux en terre, auroit requis l'absolution de la ditte excommunication, & à cet effect auroit abjuré toute erreur & heresie contraire à la doctrine Catholique Apostolique & Romaine, ensemble faict profession de la foy selon icelle Eglise, & baillé le sommaire de la ditte profession, comme aussy la promesse de son obeissance au Sainct Siege, & à nostre Sainct Pere, signée de sa main, ecritte & contresignée du Sieur Beaulieu & de l'un de ses Secretaires d'Estat; Et soudain les prieres & oraisons accoustumées telles, qu'elles sont portées par le Pontifical, estans faittes, auroit esté absouls de la ditte excommunication par le dit Sieur Archevesque, remis & reintegré à la participation des Sacrements de la ditte Eglise, & de là conduict au grand autel, Monseigneur le Cardinal l'accompagnant & les dits Prelats & autres Ecclesiasti-

ANNO 1593. siastiques allans devant & aprés les Religieux d'icelle Abbaye.

7. Et estant sa ditte Majesté mise à genoux devant le dict grand autel ayant fait sa priere auroit de nouveau reiteré sa profession de foy comme dessus & promis de vivre & mourir en l'union de l'Eglise Catholique, Apostolique & Romaine & ayant le dit Sieur Archevesque dit les oraisons contenües audit Pontifical; sa Majesté s'estant levée auroit baisé l'autel, & à l'instant auroient esté rendües graces à Dieu & le cantique *Te Deum* chanté; pendant le quel se seroit le dit Sieur Roy retiré en un oratoire preparé derriere le grand autel, ou il auroit esté reçeu au Sainct Sacrement de penitence, & oüy en confession par son dict grand Aumosnier: Aprés la quelle confession seroit retourné au Siege qui luy estoit preparé devant le dict grand autel pour oüyr la grande Messe du Sainct Esprit, qui auroit esté celebré pontificalement par Monsieur l'Evesque de Mantes; pendant la quelle sa Majesté se seroit comportée fort devotement & reveremment, & y auroit esté servy & les ceremonies observées, comme à ses predecesseurs Roys. La quelle finie, sa Majesté se seroit retirée en la mesme compagnie dans son palais & logis, & aprés disner auroit assisté à la Predication faitte par Monsieur l'Archevesque de Bourges, & aprés la Predication & Vespres dittes dans le Chœur de l'Eglise & Abbaye.

8. Dont mesdits Sieurs ont commandé à moy Claude Goint [Gouyné, cy dessus Gouyure] Doyen de Beauvais soubsigné, qu'ils auroient commis pour Secretaire, dresser & expedier le present Procés verbal, lequel mes dicts Sieurs ont signé en la minutte de leurs Seings, & ordonné d'en bailler copie soubs mon Seing ou il appartiendra; faict les An & jour que dessus. Ainsy signé Charles Cardinal de Bourbon.

9. R. Archev. de Bourges, Philippes du Bec E. de Nantes, Henry E. de Digre, [Digne] H. de Thou & de Chartres, Claude Dumans!, Charles d'Angres, René de Daillon Abbé des Chastellenies [supra: de Chastelliers] Jaques Davy du Perron, Jean de Voleurs [supr: de la Valeur] Abbé de la Couronne, Louys Seguier, Jean Touchart, Benoist A. de Chavaillac, F. H. Hesselin, F. J. Gobelin, Berenger, C. de Moravie, [aliter supra] le Got; & plus bas, de l'ordonnance de Messieurs Gouyné.

25. Juillet. *Profession de Foi prononcée de bouche, & donnée par ecrit par* HENRI IV. *Roi de France dans le tems de son Abjuration & absolution. A St. Denys le 25. Juillet* 1593. [GG. LEIBNITZII Codex Juris Gentium in Mantissâ part. 2. pag. 380.]

MOy Henry par la grace de Dieu Roy de France & de Navarre, je croy de ferme foy & confesse tous & un chacun les Articles contenus au symbole de la foy, du quel use la Saincte Eglise Romaine, sçavoir est.

2, Je croy en Dieu le Pere tout puissant, createur du ciel & de la terre, chose visible & invisible, & en un souverain Seigneur Jesus Christ Fils unique de Dieu engendré du Pere avant tous les siecles, Dieu de vray Dieu, engendré, non pas crée, consubstantiel au Pere, par le quel toutes choses ont esté creées; le quel pour tous hommes & pour nostre salut est descendu du ciel, a esté incarné du Sainct Esprit, nay de la Vierge Marie, fait homme & crucifié pour nous soubs Ponce Pilate, a enduré mort & passion & aprés ensepulturé & resuscité le tiers jour selon les Escritures, & monté au ciel à la dextre de son Pere, dont derechef il viendra juger les vivants & les morts.

3. Je croy au St. Esprit souverain Seigneur, vivifiant, qui procede du Pere & du Fils & qui avec le Pere & de Fils est adoré & glorifié, & qui a parlé par les Prophetes.

4. Je croy à une Saincte Eglise Catholique & Apostolique, je confesse un Baptesme pour la remission des pechés & attends la future resurrection des morts avec la vie du siecle avenir, Amen.

5. Je croy & embrasse fermement les traditions des Apostres de la Saincte Eglise avec toutes les Constitutions & observations d'icelle.

6. J'admets & reçois la Saincte Escriture selon & au sens que cette Mere Saincte Eglise tient & a tenu, à la quelle appartient de juger de la vraye intelligence & interpretation de la ditte Escriture. Et jamais je ne la prendray ny exposeray que selon le commun accord & & consentement des Peres. Je confesse qu'il y a sept Sacremens de la nouvelle Loy, vrayement & proprement ainsy appellés instituës par nostre Seigneur Jesus Christ & necessaires, mais non pas tous & un chacun pour le salut du genre humain; les quels sont le Baptesme, la Confirmation, la Saincte Eucharistie, la Penitence, l'extreme Onction, l'Ordre & le Mariage; & que par iceux la grace de Dieu nous est conferée & que d'yceux [le Batesme] la Confirmation & l'Ordre ne se peuvent reiterer sans sacrilege. ANNO 1593.

7. Je croy aussy & admets les ceremonies approuvées par l'Eglise & usitées en l'administrasion solemnelle des dicts Sacrements.

8. Je croy aussi & embrasse tout ce qui a esté deffiny & declaré *par les Saincts Conciles*, touchant le peché original & la justification.

9. Je reconnois qu'en la Saincte Messe on offre à Dieu un vray, propre & propiciatoire Sacrifice pour les vivans & pour les morts & que au Sainct Sacrement de l'Eucharistie est vrayement, reelement & substantiellement le corps & sang de nostre Sauveur Jesus Christ avec l'ame & la divinité, & qu'en iceluy est faict une conversion de la substance du [pain à la chair & du] vin au sang, la quelle conversion l'Eglise appelle Transubstantiation.

10. Je confesse aussy que soubs l'une des Especes on prend & reçoit Jesus Christ tout entier en son vray sacrement.

11. Je confesse qu'il y a un Purgatoire où les Ames detenües peuvent estre soulagées des suffrages & bien faicts des fidelles.

12. J'advoüe qu'on doit honorer & invoquer les Saincts & Sainctes bien heureux & regnans avec Jesus Christ, les quels prient & offrent à Dieu leurs oraisons pour nous, & desquels on doit venerer les sainctes Reliques.

13. Comme aussy que l'on doit avoir & retenir les ombrages, ou images de nostre redemteur Jesus Christ, & de sa bien heureuse Mere perpetuellement Vierge. & des autres Saincts & Sainctes, en leur faisant l'honneur & reverence qui leur appartient.

14. J'advoüe d'avantage que nostre dit Redemteur à laissé en son Eglise la puissance des Indulgences, & que l'usage en est tres salutaire au peuple Chrestien.

15. Je reconnois la Saincte Eglise Catholique, Apostolique & Romaine Mere & Superieure de toutes les Eglises, promets & jure vraye obedience *ainsy que l'ont rendüe les Roys de France mes predecesseurs* au St. Pere de Rome, Successeur de Sainct Pierre, Chef des Apostres & Vicaire de Jesus Christ.

16. J'approuve sans aucun doubte & fais profession de tout ce qui a esté decis & determiné *par les Saincts Canons & Conciles Generaux*, & rejette, reprouve & anathematise tout ce qui est contraire à iceux, & toutes Heresies condamnées rejettées & anathematisées par l'Eglise.

17. En cette foy Catholique, hors la quelle il n'y a point de salut, & nul ne se peut sauver, & dont je fais presentement profession, je promets moyenant la grace de Dieu, persister entierement & inviolablement jusques au dernier souspir de ma vie.

Fait à S. Denys le 25. jour de Juillet M. V c. IIII xx. & treize. Signé Henry. Et plus bas Rusé.

Abjuration de la Religion Reformée, avec Promesse de rendre au Pape l'obeissance accoutumée, & de vivre & mourir dans la Religion Catholique. Faite & signée dans l'Eglise de St. Denis, par HENRI IV. *Roi de France le 25. Juillet* 1593. [GG. LEIBNITZII Codex Juris Gentium in Mantissâ part. 2. pag. 379.]

MOy Henry par la grace de Dieu Roy de France & de Navarre, reconnoissant l'Eglise Catholique Apostolique & Romaine estre la vraye Eglise de Dieu, Maistresse de verité & hors des toute erreur, promets à Dieu & jure garder, obser-

ver

ANNO 1593. ver & entretenir tout ce qui a esté arresté & determiné par les Saincts Conciles, Canons & Constitutions receües en la ditte Eglise, suyvant l'Instruction qui m'en a esté donnée par les Prelats & Docteurs, qui m'ont assisté & les Articles, qui m'ont esté leus & donnés à entendre; & d'obeyr aux Commandements & Ordonnances d'icelle, & me departir, comme de faict je me departs, de toutes opinions & erreurs contraires à la Saincte Doctrine de la ditte Eglise. Promets aussy obedience au Sainct Siege Apostolique & à nostre Sainct Pere le Pape telle qu'elle a esté cy devant rendüe par nos predecesseurs; & ne me departir jamais de la ditte Religion Catholique; ains d'y perseverer, vivre & mourir avec la grace de Dieu. Ainsi me soit il en ayde.

Fait à St. Denys le 25. jour de Juillet, Mil cinq cent nonante trois. Ainsi signé. Henry. Et plus bas Ruzé.

XCII.

1594. 19. Fev. *Summa Diplomatis & Obligationis per* SIGISMUNDUM *Regem Sueciæ ante Coronationem suam Senatui & Ordinibus Regni datæ, in conservationem & manutentionem omnium Privilegiorum, Libertatum, & Legum, tam in Ecclesiasticis quam in Politicis, præsertim in puncto Religionis secundum præscriptum Augustanæ Confessionis. Upsaliæ* 19. *Februrarii* 1594. [JOAN. LOCCENII Historiæ Suecanæ Lib. 7. pag. 420.]

QUum clementissima Dei omnipotentis providentia & hæreditario successionis jure, communi omnium Regni Sueciæ Ordinum consensu & voluntate fideque data, ad Coronam & Imperium Regni Suetiæ pervenerit, se vicissim sibi subjectis & Civibus omnibus gratiam & benevolentiam Regiam spondere & promittere. Primum, quod omnes superioris, & inferioris Ordinis, Ecclesiasticos & Politicos, Nobiles & non Nobiles, in sua Religione tueri & conservare velit, ita ut eâ liberè & absque ullo impedimento fruantur, secundum tenorem & præscriptum veræ Augustanæ Confessionis Anno MDXXX. Carolo V. in Comitiis Augustæ exhibitæ, & postremis avi sui beatæ Recordationis Gustavi & primis Gubernationis Joannis III. parentis annis in Suedia receptæ, & nuper anno MDXCIII. in Martio mense ab omnibus Regni Ordinibus approbatæ & confirmatæ. Nec commissurum aut permissurum, ut contra eam in ullis hujus Regni locis, scholis aut Ecclesiis amice aut per vim aliquid admittatur, vel intrudatur, aut obstaculum, vel fraus huic ullo modo fiat: nec se in Sacris aut Civilibus Officiis hujus Regni ullis hominibus usurum, qui communi huic Regno Religioni modo memoratæ non sint addicti. Alioqui si quiete & pacate vivant, Suetiæ jure, privilegiis & libertate, cum aliis Regno Suetiæ Subditis, pro cujusque status & ordinis conditione frui licere. Deinde quod velit amare dilectam suam patriam, Suetiæ Regnum & incolarum ejus fidelium salutem & commoda fideliter procurare: omne jus & justitiam corroborare & omnia Regni membra tam superioris quàm inferioris loci, tàm sacri quàm Politici Ordinis, Nobiles & non nobiles, pauperes & divites in debito honore & respectu habere, eorumque jura & commoda legitimè fovere. Quod velit jus Sueticum in omnibus articulis & capitibus sanoque intellectu conservare, excepta Regni successione hæreditaria, quæ unanimo Consilio liberaque voluntate accepta est. Item omnia privilegia & immunitates confirmare, quas ab antecessoribus Regibus habuerunt & usi sunt, ut Regiæ ejus Literæ, quas peracta inauguratione Regia singulis daturus sit, prolixius continebunt. In summa, se justum Suediæ Regem fore, & omni ratione tuiturum Leges Sueticas tàm superioris quàm humilioris loci hominibus, tam egenis, quam divitibus, tam alienis, quam amicis, omne injustum prohibiturum & sublaturum. Postremo: se omnes Regni sui Ordines, Ecclesiasticos & Politicos, Nobiles & non nobiles, egenos & divites, cum omnibus suis quæ ad eos jure pertinent, in Regiam suam tutelam & patrocinium recipere. Vicissim omnes Regni Ordines præsentes & absentes, pro se & sua posteritate promisisse ipsi sive in Regnò sive extra Regnum versanti & ejus posteris maribus subjectionem, fidem & obedientiam, ut eorum jusjurandum & reciproca, Literis consignata, obligatio testantur. Majoris securitatis causa, ut ante dicto Regi Subditi his omnibus satis confidere queant, per Christianam suam fidem, Regiam existimationem & veritatem promittit, se omnes & singulos dictos Articulos integrè servaturum. In majorem rei fidem hæc propria manu subscribit, Regiumque suum sigillum imprimi curat. Datum in Arce Regia Upsaliæ a. d. 19. Februarii MDXCIV.

ANNO 1594.

Summa Juris jurandi per Regem SIGISMUNDUM *ante Coronationem suam Senatui & Ordinibus Regni Sueciæ præstiti. die* 19. *Februarii* 1594. [JOANN. LOCCENII Historiæ Suecanæ. Lib. 7. pag. 420.]

SE in Regno suo hæreditario Suetiæ omnibus Regni Ordinibus & incolis, summis & infimis, Ecclesiasticis & Politicis veram Religionem ejusque libertatem servaturum, ut scripta ejus obligatio clarius indicat. Justitiam & veritatem se culturum ac defensurum, injustitiam ac mendacium jure & potentiâ regia compressurum. Se fidum fore omni Populo, ita ut nullius divitis aut egeni corpus aut membra lædat, nisi justè, secundum scriptas Regni leges convictus sit. Neque ulli bona sua aut immobilia eripi aut alienari passurum; nisi ex lege & legitima sententia. Regnum se cum Principe Carolo & Regni Suetici Senatu, per indigenas Suedos, non exteros, administraturum. Neminem extraneum in Senatum Suetiæ adsciturum, neque Regni arces, provincias aut Upsaliæ patrimonium ac possessiones ab exteris administrari permissurum, & tam antiqua Coronæ bona, ut nemo meminerit aut sciat, quomodo primò sub Coronam venerint. Arces & provincias se cum annuis Reditibus ac censu servaturum, ac limites Regni pro viribus defensurum, ita ut nihil eorum, quæ Suetiæ Corona possidet, imminuatur pro ejus posteris quocunque modo; nisi cum omnium Suetiæ Ordinum consensu fiat, aliàs integrum fore successori ea juste recuperare, si possit. Se aulam suam sustentaturum Upsaliæ bonis & Coronæ annuis ac legitimis Reditibus, nec ulla nova onera aut tributa Provinciis suis impositurum, nisi necessitate in casibus expressis urgente; si nimirum exercitus extraneorum, paganorum aut Christianorum Provincias Regni populentur, aut indigenæ seditionem excitent in Regno: si Filius aut filia Regia matrimonium contrahat: aut ad iter Erici, vel circuitionem Regni solennem, aut ad arces Coronæ, vel Upsaliæ possessiones reficiendas quidquam necessario requiratur. Tunc Judices provinciales singuli in suis territoriis cum sex Nobilibus & sex ex plebe perpendent, quantum contributionis populus tolerabiliter præstare possit, nec supra id se ullum ullo modo coacturum. Principibus, Comitibus, Baronibus, Equitibus, Nobilibus, Episcopis & Prælatis, & omni Regni Populo, Ecclesiasticis & Politicis, & omnibus eorum familiis & bonis, omnes antiquas immunitates & privilegia ab ejus decessoribus ipsis tradita & obsignata se conservaturum, & Suediæ leges, quas libera voluntate receperunt, firmaturum & defensurum, ita ut iniquum æquo ac justo non anteponatur. Imprimis ut nullum jus extraneum, ad gravandum Populum, Regno inferatur, nec novum jus Populo, nisi cum unanimi omnium consensu imponatur. Pacem & securitatem omni Populo procuraturum. Præcipuè quietos & tranquillos, qui pacifice & secundum leges vivent, adversus inquietos & perversos sive indigenas, sive extraneos defensurum. Pacem Ecclesiasticam, forensem, conjugalem & domesticam tutaturum, & omnem discordiam ac turbas pro virili suppressurum & prohibiturum. Populi querelas ipsum auditurum, & secundum leges omneque verum cogniturum, quoties ita necesse erit & desiderabitur. Hoc jusjurandum promittit se servaturum omni Populo suo, juvenibus & senibus, natis & nasciturus, charis & non charis, absentibus & præsentibus, nec ullo modo violaturum, sed potius omni bono aucturum, & imprimis Regia sua bene-

ANNO 1594. benevolentia & amore, addita jurisjurandi Clausula: Ita Deus meo corpori & animæ propitius sit, ut hæc omnia ex fide servo.

XCIII.

29. Decembre. *Arrest du Parlement de Paris rendu contre* JEAN CHATEL *Parisien, qui avoit blessé d'un couteau & voulu tuer* HENRI IV. *Roi de France, & contre les Jesuites à l'occasion de ce Parricide. A Paris le 29. Decembre 1594.* AVEC *Les Inscriptions de la Pyramide ignominieuse elevée sur la place où avoit été le Maison du Pere de* JEAN CHASTEL. [Apologie de Jehan Chastel executé à mort, & pour les Peres & Escholiers de la Societé de Jesus, bannis du Royaume &c. FAVIN Hist. de Navarre Liv. 17. pag. 1066.]

VEu par la Cour (les grand Chambre & Tournelle assemblées) le proces criminel commencé à faire par le Prevost de l'Hostel du Roy, & depuis parachevé d'instruire en icelle, a la requeste du Procureur general du Roy, demendeur & accusateur, a l'encontre de Jehan Chastel, natif de Paris, escholier ayant faict le cours de ses estudes au College de Clermont, prisonnier es prisons de la conciergerie du Palais, pour raison du tresexecrable, & tresabominable parricide, attenté sur la personne du Roy, interrogatoire & confession dudict Jehan Chastel, ouy & interrogé, en ladicte Cour ledict Chastel sur le faict dudict parricide, ouys aussi en icelle Jehan Gueret Prestre, soy disant de la congregation & Societé du nom de Jesus, demeurant audict College, & cy devant precepteur dudict Jehan Chastel, Pierre Chastel & Denise Hazard, pere & mere dudict Jehan, conclusions du Procureur general du Roy, & tout consideré.

Il sera dict, que ladicte Cour a declaré, & declare ledict Jehan Chastel, atteint & convaincu, du crime de leze majesté, divine & humaine au premier chef, par le tresmechant & tres detestable parricide, attenté sur la personne du Roy, Pour reparation duquel crime, a condamné & condamne ledict Jehan Chastel, a faire amende honorable, devant la principalle porte de l'Eglise de Paris, nud en chemise, tenant une torche de cire ardante, du poix de deux livres, & illec a genoux, dire & declarer, que malheureusement, & proditoirement, il ha attenté ledict tres inhumain, & tres abominable parricide, & blessé le Roy d'un cousteau en la face: & par faulses & damnables Instructions, il a dict audict proces estre permis de tuer les Roys, & que le Roy Henry quatriesme a present regnant, n'est en l'Eglise, jusques à ce qu'il ait l'approbation du Pape, dont il se repent & demande pardon a Dieu, au Roy, & a Justice. Ce faict estre mené & conduict en un tombereau, en la place de Greve, & illec tenaillé aux bras & cuisses, & sa main dextre, tenant en icelle le cousteau, duquel il s'est efforcé commettre ledict parricide couppée. Et apres son corps tiré & demembré avec quatre chevaux, & ses membres & corps jettez au feu, & consumez en cendres, & les cendres jettées au vent, A declaré tous & chacuns ses biens acquis & confisquez au Roy. Avant laquelle execution, sera ledict Jehan Chastel appliqué a la question ordinaire & extraordinaire, pour sçavoir la verité de ses complices, & de aucuns cas resultant dudict proces. A faict inhibitions & deffenses, a toutes personnes, de quelque qualité & condition qu'elles soyent, sur peine de crime de leze Majesté, de dire ne proferer en aucun lieu, public, ne aultre, lesdicts propos, lesquels ladicte Cour a declarè & declare scandaleux, seditieux, contraires a la parolle de Dieu, & condamnez comme heretiques, par les Saincts Decrets. Ordonne, que les Prebstres & Escholiers du College de Clermont, & tous autres soy disant de ladicte Societé, comme corrupteurs de la jeunesse, perturbateurs du repos public, ennemis du Roy & de l'Estat viendront dedans trois jours apres la signification du present Arrest, hors de Paris, & aultres villes & lieux, ou sont leurs Colleges, & quinzeine apres hors du Royaume: sur peine, ou ils y seront trouvez, ledict temps passé, d'estre punis, comme criminels & coulpables dudict crime de leze Majestè. Seront les biens tant meubles qu'immeubles, a eux appartenans employez en œuvres pitoyables, & distribution d'iceux faicte, ainsi que par la Cour sera ordonné. Oultre faict deffense a tous Subjects du Roy, d'envoyer des Escholiers aux Colleges de ladicte Societé, qui sont hors du Royaume, pour y estre instruicts, sur la mesme peine de crime leze Majesté. Ordonne ladicte Cour, que les Extraicts du present Arrest seront envoyez aux Balliages & Seneschaussées de ce ressort, pour estre executé selon sa forme & teneur. Enjoinct aux Ballifs & Senechaux, leurs Lieutenans, generaux & particuliers proceder a l'execution dedans le delay, contenu en iceluy: & aux Substituts du Procureur general, tenir la main a ladicte execution, faire informer des contraventions, & certifier ladicte Cour, de leur diligence au mois, sur peine de privation de leurs Estats. Signé du Tillet. Et plus bas. Prononcé audict Jehan Chastel, executé le Jeudy 29. Decembre 1594. ANNO 1594.

La Maison du Pere de Jean Chatel qui étoit située vis à vis du Palais, fut rasée jusqu'aux fondements & l'on y erigea une Pyramide, haute d'environ vingt pieds, avec les Inscriptions suivantes. *

Sur la premiere face.

QUod sacrum votumque sit memoriæ perennitati, longævitati, salutique maximi, fortissimi, & Clementiss. Principis Henrici IV. Galliæ & Navarræ Regis Christianiss.

Audi viator, sive sis extraneus.
Sive incola urbis quoi Paris nomen dedit.
Hic alta quæ sto pyramis, domus fui.
Castella: sed quam deruendam funditus.
Frequens Senatus crimen ultus censuit.
Huc me redegit tandem herilis filius.
Malis magistris usus, Scholâ impia.
Sotericum, eheu, nomen usurpantibus.
Incestus, & mox parricida in Principem.
Qui nuper Urbem perditam servaverat,
Et qui favente sæpe victor Numine
Deflexit ictum audaculi Sicarii,
Punctusque tantum est dentium septo tenus.
Abi viator, plura me vetat loqui.
Nostræ stupendum Civitatis dedecus.

Sur la seconde face.

Quæ trahit à puro sua nomina Pyramis igne,
Ardua barbaricas olim decoraverat urbes,
Nunc decori non est, sed criminis ara piatrix!
Omnia nam flammis pariter purgantur & undis.
Hic tamen esse piis monimentum insigne senatus
Principis incolumis statuit, quo sospite casum
Nec metuet pietas, nec res grave publica damnum.

Sur la troisieme face.

PRo salute Henrici IV. Clementiss. ac fortiss. Regis, quem nefandus parricida perniciosiss. factionis hæresi pestifera imbutus, que nuper abominandis sceleribus pietatis nomen obtendens, unctos Domini vivasque Majestatis ipsius imagines occidere populariter docuit, dum confodere tentat, cælesti numine scelestam manum inhibente, cultro in labrum superius delato, & dentium occursu fœliciter retuso, violare ausus est, Ordo ampliss. ut vel conatus tam nefarii pœna, terror, simul & præsentiss. in Opt. Principem ac Regnum, cujus salus in ejus salute posita est, divini favoris apud posteros memoria extaret, monstro illo admissis equis membratim discerpto, & flammis ultricibus consumpto, Aedes etiam unde prodierat hic sitas funditus everti, & in earum locum, salutis omnium ac gloriæ signum erigi decrevit.

IIII. Non. Jan. Ann. Dom.
CIↃ IↃ XCV.
Ex S. C.

Heic

* Aubigné Hist. universelle Tom. 3. Liv. 4. chap. 5. an 1595.

ANNO 1594. Heic domus immani quondam fuit hospita monstro.
Crux ubi nunc celsum tollit in astra caput.
Sancit in miseros pœnam hanc sacer ordo penates.
Regibus ut scires sanctius esse nihil.

Sur la quatrième face.

QUum Henricus Christianiss. Francor. & Navarr. Rex bono Reip. natus inter cætera victoriarum exempla, quibus tam de Tyrannide Hispanica, quam de ejus factione priscam Regni hujus Majestatem justis ultus est armis, etiam hanc urbem & reliquas Regni hujus pene omnes recepisset, ac denique felicitate ejus intestinorum Franciæ nominis hostium furorem provocante, Joannes Petri F. Castellus ab illis submissus sacrum Regis caput cultro petere ausus esset, præsentiore temeritate, quam feliciore sceleris successu; Ob eam rem ex ampliss. Ordin. consulto, vindicato perduellione, dirutâ Petri Castelli domo, in qua Joannes ejus F. inexpiabile nefas designatum Patri communicaverat, in area æquata, hoc perenne monumentum erectum est, in memoriam ejus diei, in quo sæculi fælicitas inter vota & metus urbis liberatorem Regni, fundatoremque publicæ quietis à temeratoris infando incœpto, Regni autem hujus opes adtritas ab extremo interitu vindicavit: pulso præterea tota Gallia hominum genere novæ ac maleficæ superstitionis, qui Remp. turbabant, quor. instinctu piacularis adolescens dirum facinus instituerat.

S. P. Q. P.

Extinctori pestiferæ factionis Hispanicæ incolumitate ejus & vindicta parricidii læti Majestatique ejus devotiss.

Duplex potestas ista fatorum fuit.
Gallis saluti quod foret, Gallis dare.
Servare Gallis, quod dedissent optimum.

XCIV.

1595. 19. Juillet. *Arrest du Parlement de Paris contre une These dans laquelle on soutenoit que la Puissance du Pape est egalement Spirituelle & Temporelle, & que c'est d'elle que les Roix tiennent leur Souveraineté. Prononcé le 19. Juillet 1595.* [Collectio variorum Tractatuum de Auctoritate Papæ & Politica Potestate. Num. 20. Preuves des Libertés de l'Eglise Gallicane Tom. I. pag. 120.]

VEu par la Cour, les grandes Chambres & Tournelles assemblées, les positions imprimées, dressées par Frere Florent Jacob, Prêtre Religieux de l'Ordre S. Augustin, Bachelier en Theologie, pour icelles soutenir & deffendre publiquement, le dixiéme jour de Mai dernier, en la dispute de grande Ordinaire, en Sorbonne, sous Maitre Thomas Blanzy, Docteur en Theologie Principal du College de Calvy, dont le cinquieme Article contenoit ce qui ensuit. „ Huic porro Sedi successor in qua sedet etiam nuc Clemens hujus nominis Octavus omnium Pontificum Maximus & supremus. Qui cum in terris vices „ Dei gerat, ab eodem esse spiritualia & temporalia non est ambigendum, Spiritualem enim & temporalem in omnibus habet potestatem, eique Universi Cardinales Episcopi & omnes omnis generis homines parere & obedire, & veluti membra capiti adhærere perpetuo tenentur. Et le „ neuviéme. Domus Ecclesiastica cum duplicis „ gladii habeat potestatem, Temporalis usum ad „ bonorum defensionem & malorum exterminium „ Regibus & Magistratibus concedit". Les Interrogatoires faits par l'un des Conseillers en ladite Cour à ce commis, ausdits Jacob & Blanzy prisonniers és prisons de la Conciergerie du Palais. Conclusions du Procureur General du Roy: Oüis, & interrogez en ladite Cour lesdits Jacob & Blanzy, sur lesdites propositions: Oüi aussi le Syndic de la Faculté de Theologie pour ce mandé en icelle. Et tout consideré: Dit a esté, Que la dite Cour a declaré & declare lesdits cinq & neuviéme Articles desdites Propositions, faux, schismatiques, contraires à la Parole de Dieu, Saints Decrets, Constitutions Canoniques, & Loix du Royaume, tendantes a Rebellion & perturbation du repos public: Condamne ledit Jacob pour les avoir composées, fait imprimer, & presentées pour les soutenir en son Acte de grand Ordinaire, etre conduit des prisons de la Conciergerie en la grande salle de Sorbonne, en la quelle les Doyen & Syndic, Docteurs Licentiez, & Bacheliers seront assemblés au son de la cloche, & illec etant tête nüe, & a genoux, assistant ledit Blanzy, tête nüe & debout, dire & declarer, Que temerairement & indiscretement, il a composé & publié lesdites positions, pour être disputées & par lui soutenües en son Acte de grand Ordinaire, dont il se repent & en demande pardon à Dieu, au Roi, & à Justice. Ce fait seront lesdites positions rompües & lacerées. Fait ladite Cour inhibitions & deffences à tous Bacheliers d'en composer & presenter de semblables ne autres, contre la puissance du Roi, & obeïssance a lui deüe par tous ses sujets: établissement de l'Etat Royal & Droits de l'Eglise Gallicane; & au Doyen, Syndic, & Docteurs de la Faculté de les recevoir, ne permettre qu'elles soient imprimées ou disputées, sur peine d'être declarez criminels, de leze Majesté, & indignes de joüir des privileges octroiez à la Faculté de Theologie, par les Roix predecesseurs du Roi regnant, & confirmez par lui. Ordonne que ce present Arrêt sera ecrit és Registres d'icelle Faculté, & leu par chacun an à la premiere Assemblée de la Sorbonne, par le Bedeau de ladite Faculté; & enjoint au Syndic de certifier ladite Cour de la lecture dans trois jours aprés qu'elle aura été faite, sur peine de desobeïssance aux Arrêts: Et sera le present Arrêt executé par l'un des Presidens & quatre Conseillers en ladite Cour, en la presence du Procureur General du Roy. Prononcé & executé en la Salle de Sorbonne, le Mercredi dix neuviéme Juillet, Mil cinq cent quatre-vingt quinze: Collationé.

Signé, Voisin.

XCV.

Requeste donnée au Pape CLEMENT VIII. *par* JAQUES DAVY *Sieur du Perron &* ARNAULT D'OSSAT *au nom de* HENRI IV. *Roi de France demandant l'absolution de sa Sainteté.* [Lettre du Cardinal D'OSSAT Année 1595. pag. 160. Par Annotation sur la 30. Lettre.] 30. Juillet. ANNO 1595.

Très Saint Pere.

EXposent à Vôtre Sainteté de la part de Henri IV. Roy de France & de Navarre, & au Nom de Sa Majesté, Jaques Davy Sieur du Perron, son Conseiller au Conseil d'Etat, & son premier Aumonier, & Arnaud d'Ossat Doyen de Varen, au Diocese de Rodez, Procureurs de S. M. à ce expressement deputez; Qu'ayant pleû à Dieu, depuis quelques années, toucher le Cœur dudit Seigneur Roy, & l'inspirer de s'unir à l'Eglise Catolique, Apostolique & Romaine, il recherchà tous les moyens a lui possibles, pour y être receu, & incorporé par Autorité de ce Saint Siége: & pour cet effet, ja du temps de Sixte V. envoia à Rome le Sieur de Luxembourg; & depuis, s'étant en dix-huit mois plus eclairci des points contentieux entre les Catoliques & les Heretiques, envoya à Rome, au commencement de vôtre Pontificat, Monsieur le Cardinal de Gondi, & puis le Marquis de Pisany, pour suplier V. S. de lui commander les formes, & moyens qu'il devoit tenir en sa conversion, afinque toutes choses s'y passassent avec l'Autorité, & bon plaisir de vôtre Beatitude, & qu'il n'y fut rien omis de tout ce qu'elle auroit estimé convenable. Mais V. S. ne l'aiant reputé digne de ses commendemens, & luy le voyant en danger continuel de mort, tant pour les Exploits de guerre, esquels il se trouvoit tous les jours, que

ANNO 1595.

que pour les fréquentes conspirations, & aguets, qui se faisoient contre sa Personne; il fut enfin contraint de s'adresser aux Prelats de France, pour executer son pieux & saint desir, par lesquels Prelats, & par plusieurs Docteurs de Teologie, aiant été sufisamment instruit en la foy Catolique, Apostolique, & Romaine, il fit toutes les soumissions en tel cas requises & acoutumées, & même l'Abjuration de ses erreurs passées, & ensemble la profession de foy qu'il veut garder & observer inviolablement. Et par l'un desdits Prélats avec l'avis & assistance des autres, receut l'absolution des censures & excommunications par lui encouruës, à cause des susdites erreurs, & néanmoins fut par les mêmes Prélats remis à V. S. Souverain Pasteur & Chef de l'Eglise, pour la suplier d'agréer ce qui par eux pouvoit avoir été fait en ce cas de necessité trés urgente. A quoi, luy, aiant voulu satisfaire, sans aucun retardement, comme à toutes les autres choses à lui par lesdits Prélats imposées, & ne pouvant luy même en propre personne venir vers V. S. qu'il reconnoit pour Souverain Pasteur en l'Eglise, deputa Mr. le Duc de Nevers, acompagné de l'Evêque du Mans, & d'autres Prelats, luy donnant charge de suplier V. S. de lui acorder ce qu'elle connoitroit luy être necessaire. Et combien que le dit Seigneur Duc ne peut raporter à S. M. la consolation, qu'elle desiroit de cé voyage, néanmoins ne laissant S. M. de se confier toujours en la Bonté paternelle de V. S. elle retourne de nouveau aux piés de V. B. & la suplie en toute humilité, par les éntrailles de N. S. Jesus-Christ, qu'il vous plaise luy octroyer vôtre Sainte Benédiction & souveraine absolution des censures, par lui encourues, & contre lui declarées, à cause des erreurs susdites, pour plus grande seureté & repos de son ame, & bien de tout son Royaume, & pour la reconciliation & reunion d'iceluy avec le saint Siége: soumettant S. M. sa Personne aux commandemens de V. B. & de la Sainte Mére Eglise, en la forme en tel cas deüe & requise; & vous suppliant lesdits Procureurs de vouloir considerer, que pour le divorce, qui, depuis sept ans en ça, est entre ce Saint Siége & cette Couronne, les choses de la Religion, & de l'Ordre Ecclesiastique, sont en trés grande confusion, & en danger evident de ruine en France, pour la Vacance d'un grand Nombre d'Evechez, Abbayes, & infinies Eglises Paroissiales; & pour les atentats, que tous les jours font les Cours & Magistrats seculiers sur la puissance Spirituelle; & les gens de Guerre sur les biens Ecclesiastiques voisins; & pour les heresies ou l'Ateisme; ou la Barbarie & Paganisme, qui vont ocupant les esprits de ces peuples destitués de Pasteurs, & privés de toute cure d'Ames, & direction Spirituelle; & pour l'horrible Schisme, qui va se glissant en tout & par tout ce Royaume, au peril, ains dannation certaine de millions d'Ames, qui sont, & és siecles à venir seront en France. Choses qui doivent mouvoir à compassion & pitié, non seulement un Pere pitoyable, Vicaire de Jesus-Christ, qui avec son precieux sang à racheté son troupeau; mais aussi toutes autres personnes, qui ayent tant soit peu de sentiment du Christianisme, ou d'humanité; & mêmement qu'à tant & tant de maux, & à une si grande ruine de la Religion Catolique, & dannation de tant d'Ames, n'y a autre remede que cette Absolution, qu'on vous demande, & la reconciliation, & reunion de la Couronne trés-Chrestienne avec le Saint Siege Apostolique: dont s'ensuit incontinent la restitution de l'Autorité de V. B. en ce Royaume, les Provisions des Eglises, l'Ordination des Prestres, & Curez, le recouvrement des biens Ecclesiastiques, la restauration du Divin service, de la Religion, de l'Ordre & Discipline Ecclesiastique, la fin d'infinies desordres, abus, & mechancetez, avec la preservation & salut de tant d'Ames, & au reste, puis aprés, acroissement de grandeur de puissance & de gloire à ce Saint Siege, & faculté & moyen à V. B. de pacifier ensemble les Princes Chretiens, & de faire tres-haute & salutaire entreprise de Pape, pour le Bien de toute la Chrestienté, & en tous temps & occasion, recevoir de la France tous les plus grands secours, tant au temporel comme au Spirituel, que jamais le Saint Siége ait receus de ce très-Chretien & trés-devot Royaume.

ANNO 1595. 17. Septembre.

Instrumentum Publicum de Comparitione, petitione & supplicatione Procuratorum HENRICI IV. *Franciæ Regis coram summo Pontifice* CLEMENTE VIII *pro absolutione dicti Regis à Censuris & pœnis Ecclesiasticis ab eo incursis; Deque abjuratione hæresium & errorum, fideique Catholicæ professione, & Promissione de stando Mandatis Sanctæ Romanæ Ecclesiæ, nec non de Mandatis & pænitentiis per eundem Pontificem ei injunctis, eorumque Mandatorum acceptatione & absolutione. Actum Romæ in Portica Basilicæ S. Petri die 17. Septembris, Indict. VIII. anno 1595.* CUM *Inserto Mandato præfati Regis Procuratoribus suis hunc in effectum dato. In Fontebel aqueo 20. Maji. 1595.* NEC NON *Decreto Papæ supradicti, de Absolutione dicti Regis.* ET *Alio Decreto Ejusdem, de Pœnitentiis memorato Regi injunctis.* [Ambassades & Negociations du Cardinal du Peron. pag. 162.]

IN Nomine Domini nostri Jesu Christi, Amen. Per hoc præsens publicum Instrumentum, cunctus pateat evidenter & sit notum, ac manifestum, quod anno à Nativitate ejusdem Domini Nostri Jesu Christi, millesimo quingentesimo, nonagesimo quinto, Indictione octava, die verò decima septima mensis Septembris, Dominica XVIII. post Pentecosten, de mane, Pontificatus Sanctissimi in Christo Patris & Domini nostri, Domini Clementis divina providentia Papæ octavi, anno quarto, Romæ in porticu Basilicæ Sancti Petri, in latere dextro, videlicet à parte Capellæ nuncupatæ de Febre, & Ecclesiæ campi Sancti, & è regione Scalarum Palatii Apostolici, prælibato Sanctissimo Domino nostro, Domino Clemente Papa octavo, sedente in supremo Throno suæ Majestatis, ac assistentibus sibi, & considentibus Illustrissimis & Reverendissimis Dominis Sanctæ Romanæ Ecclesiæ Cardinalibus, Episcopis, Presbyteris, & Diaconibus: videlicet ex Episcopis, Domino Alphonso Episcopo Ostiensi, Decano Gesualdo, Domino Gabriele Episcopo Sabinensi, Paleotto: ex Presbyteris vero Domino Julio Antonio, tituli Sanctæ Mariæ trans Tyberim, Sanctæ Severinæ, Majori Pænitentiario, uno ex generalibus Inquisitoribus adversus hæreticam pravitatem, D. Hyeronimo tituli Sanctæ Susannæ, Rusticucio, Sanctissimi D. N. Papæ in urbe Vicario, D. Petro tituli Sancti Hyeronimi Illyricorum, Deza, alio ex eisdem generalibus Inquisitoribus, D. Alexandro Medices, tituli Sanctæ Praxedis de Florentia, D. Francisco tituli Sancti Petri ad Vincula, de Giogola, D: Antonio Maria tituli Sanctæ Mariæ de Pace Salviato, D. Augustino tituli Sancti Marci de Verona, D. Simeone tituli Sanctæ Anastasiæ de Terra nova, D. Scipione tituli Sancti Salvatoris in Lauro Lancelotto. D. Henrico tituli Sanctæ Pudentianæ, Caitano, S. R. E. Camerario, D. Dominico tituli Sancti Chrysogoni Pinello, alio ex Inquisitoribus prædictis, D. Antonio Mariæ tituli Sanctæ Agnetis in Agone, Gallo, D. Fratre Constantio, tituli Sancti Petri in monte aureo, Saviano, alio ex generalibus Inquisitoribus prædictis D. Antonio tituli Sancti Stephani in monte Cælio, Saulio, D. Joanne Francisco tituli Sanctæ Mariæ in via, Moresino, D. Mariano tituli Sancti Marcellini & Petri de Camerino, D. Fratre Gregorio tituli Sancti Augustini de Monte, Elparo, D. Paulo Camillo, tituli Sanctæ Ceciliæ Sfondrate, alio ex generalibus Inquisitoribus prædictis, D. Benedicto, tituli Sancti Marcelli, Justiniano, D. Augustino, tituli Sanctorum Joannis & Pauli, Cusano, D. Francisco Maria, tituli Sanctæ Mariæ Aræ Cæli, de Monte, D. Octavio tituli Sancti Alexii, Paravicino, D. Philippo tituli Sancti Honuphrii, Sega, D. Hyeronimo tituli Sancti Pancratii, Mattheio D. Flaminio, tituli Sancti Clementis, Platto, D. Lucio, tituli Sanctæ Mariæ traspontinæ, Toledo, alio ex generalibus Inquisitoribus prædictis: Ex Diaconibus verò D. Alexandro tituli Sancti Laurentii in Damaso, S. R. E. Vice Cancellario de Monte alto, D. Ascanio, tituli Sanctæ Mariæ in Cosmed, Columna, D. Joanne Antonio, tituli Sanctorum quatuor Coronatorum, D. Petro tituli Sancti Nicolai in Carcere, Aldobran-

ANNO 1595. brandino, D. Cinthio tituli Sancti Georgii in Velabro. Ac ibidem præsentibus & stantibus nonnullis Reverendissimis Dominis Prælatis, videlicet D. Dominico Tusco Episcopo Tyburtinensi, almæ urbis Gubernatore, & Vice Camerario, nec non Illustrissimis Dominis Oratoribus Serenissimæ Reipublicæ Venetiarum, & Serenissimi Magni Ducis Hetruriæ, D. Camillo Burghesio, Cameræ Apostolicæ generali Auditore, & utriusque signaturæ Sanctissimi D. N. Papæ Referendario, D. Bernardino Cæsio, ejusdem Sanctissimi D. N. Papæ, & Cameræ Apostolicæ generali Thesaurario, D. Sylvio Patriarcha Constantinopolitano, D. Guillielmo Archi Episcopo Ebrodunensi, D. Alphonso, Archiepiscopo S. Severinæ, D. Ludovico Archi Episcopo Montis Regalis, D: Christophoro Archi Episcopo Ravennæ, D. Octavio Archi Episcopo Firmi, D. Francisco Episcopo Tarvisino, D. Audeno Episcopo Cassanensi, D. Christophoro Episcopo Orielensi, D. Francisco Episcopo Aquensi, D. Antonio Episcopo Torcellano, D. Francisco Episcopo Balneoregiensi, D. Petro Francisco Episcopo Neocastrensi, D. Anselmo Dandino Protonotario Apostolico, de numero participantium & Referendario Sanctitatis suæ, in utraque signatura, & Officii Sanctæ Romanæ & Universalis Inquisitionis Consultore, D. Alexandro Caracciolo, D. Hyeronimo Julano, D. Maffeo Barberino, etiam Protonotariis Apostolicis, de eodem numero Participantium, D. Hyeronimo Avila, similiter utriusque signaturæ Referendario, & Abbreviatore de Parco majori, D. Dyonisio Ratta, etiam in utraque signatura Referendario, & ejusdem Sanctæ Inquisitionis Consultore, nec non etiam adstantibus cæteris ejusdem Sanctæ Romanæ & Universalis Inquisitionis Consultoribus, & Officialibus, videlicet, D. Cosmo Angelio Bargeo U. J. D Assessore, Magistro, Alberto de Florentiola, Ordinis Prædicatorum Commissario Generali, fratre Agapito Curteregio de Bergomo, ejus Socio, D. Julio Monterentio U. J. D. Domino Marcello Philonardo Procuratore Fiscali: Nec non Illustrissimis Dominis, Joanne Antonio Ursino, Duce Sancti Gemini, D. Federico Cæsio, Duce Aquæ Spartæ, D. Jacobo Malatestæ, Marchione Montis Jani, D. Paulo Æmilio Cæsio, Marchione Riani: Ac insuper compluribus Cubiculariis, Officialibus, & familiaribus Sanctitatis suæ, ac item pluribus familiaribus præfatorum Dominorum Cardinalium, aliisque quam plurimis personis in maxima multitudine: Adstantibus etiam Reverendis Patribus pœnitentiariis ejusdem Basilicæ Sancti Petri, ac adhibitis etiam Clericis, seu Magistris Cæremoniarum, videlicet D. Paulo Alaleone Materatensi, & Guidone Prevosto.

Comparuerunt ibidem, coram Sanctitate sua, Reverendi Domini, Jacobus Davy, Perroni Dominus, Consiliarius in Consilio Status, ac primus Eleemosynarius, ac Arnaldus de Ossato, Decanus Vareni, Diœcesis Ruthenensis, Procuratores Henrici IV. Christianissimi Regis Franciæ & Navarræ, ducti à Reverendo Paulo Alaleone, uno ex prædictis Magistris Cæremoniarum, tribus genu flexionibus præcedentibus, & prostrati ante pedes Sanctitatis suæ, illos deosculati sunt, & deinde rettrocedere jussi, & intra dictum Concessum prædictorum Illustrissimorum & Reverendissimorum Dominorum Cardinalium, in extremitate inferiori solii suæ Sanctitatis, genu flexi, supradictus Jacobus Davy, Procurator, alta & intelligibili voce; supradictus vero Arnaldus de Ossato, summissa voce, ex scripto quod præ manibus illorum quilibet habebat, legerunt petitionem & supplicationem tenoris infrascripti, videlicet.

Sanctissime ac beatissime Pater, Ego Jacobus Davy, Perroni Dominus, Consiliarius in Consilio Status, ac primus Eleemosynarius, alter ex Procuratoribus Henrici IV. Christianissimi Regis Franciæ & Navarræ, una cum Arnaldo de Ossato, Decano Vareni, Diocesis Ruthenensis, altero ex Procuratoribus prædicti Regis, Collega meo, prout de nostro Procurationis Mandato sufficienter constat Literis patentibus ejusdem Henrici Regis, quas sufficienter recognitas, nunc exhibeo & produco, tenoris: *Nous Henry par la Grace de Dieu Roy de France, & de Navarre, declarons par ces presentes, que &c.* & pro quo de rato, & ratihabitione, in forma juris valida promitto; humiliter & supplex compareo coram Sanctitate vestra, Vero Domini nostri Jesu Christi in terris Vicario, & beato Petri Apostolorum Principis successore, & cum omni qua decet reverentia & humilitate, supplico, quatenus stante quod dictum nostrum Principalem, plurimum pœnitet errorum, per ipsum, contra Sanctam fidem quam tenet, docet, & prædicat Sancta Catholica, & Apostolica Romana Ecclesia, ipsamque Sanctam Dei Ecclesiam, illiusque jura, & personas, non solum perperam credendo, sed etiam male operando, commissorum, ac ab illis in futurum, divina sibi assistente gratia, abstinere, & Sanctitatis vestræ & Sanctæ Ecclesiæ Mandatis, parere & stare, & ita promittere paratus existit, & ego ejus nomine cum Collega meo, paratus existo. Ac attentis etiam quam pluribus aliis justis & legitimis causis, eidem Sanctitati vestræ probe notis, dignemini eidem Henrico Regi Christianissimo, qui dudum in partibus Franciæ à quodam illius Regni Prælato, de Consilio & consensu quam plurium aliorum ejusdem Regni Prælatorum, absolutus fuit, concedere suam Sanctam benedictionem, & supremam absolutionem à censuris per eum incursis, & contrà eum declaratis, propter supradictos errores, ac ipsum in Communionem Sanctæ Sedis Apostolicæ, recipere, & cum eadem reconciliare in forma Ecclesiæ consueta, offerens & promittens errores & hæreses quascunque, corde sincero, & fide non ficta abjurare, fidemque Catholicam profiteri, juxta formam nobis assignandam; cæteraque omnia alia & singula pro parte nostra, & nostri Principalis adimplenda, bona fide adimplere, ad omne Mandatum Sanctitatis vestræ, & hujus Sanctæ Sedis Apostolicæ. Ita suppliciter & humiliter petimus, & supplicamus instanter, & instantissimè, nos Procuratores prædicti & infrascripti, Ego Jacobus Davy Procurator, Ego Arnaldus Ossatus Procurator.

Quâ petitione & supplicatione lecta per dictum Jacobum Davy, supradictus Arnaldus alta & intelligibili voce, dixit se etiam eisdem modo & forma petere & supplicare; exhibentes Literas patentes Mandati Procuræ supradicti Christianissimi Regis Franciæ, eorum Principalis, idiomate gallico in Pergameno descriptas, & manu propria ejusdem Regis subscriptas, & Sigilli Regni Franciæ in cera rubra, ut apparebat, affixione munitas, & per Illustrem Dominum Alexandrum d'Alberie, & Reverendum D. Claudium le Fevre, Presbyterum Cænomanensis Diœcesis, & Franciscum Joulet, Clericum Parisiensem, recognitas, unà cum earundem Literarum patentium tenore, in idioma latinum interpretato & translato, per dictum Claudium le Fevre, & Ludovicum Rinaldi, Presbyterum Lemovicensis Diœcesis, sanas & integras, & omni suspicione carentes, tenoris infrascripti videlicet.

Nos Henricus Dei gratia Rex Franciæ & Navarræ, declaramus per has præsentes; quòd cùm Deo placuisset nobis tangere cor, & inspirare ut uniremus nos Ecclesiæ Catholicæ, Apostolicæ & Romanæ, perquisiimus omnes modos nobis possibiles, ut in eam reciperemur, & incorporaremur, à Prælatis Ecclesiæ, per vias ordinarias & solitas, juxtà sancta Decreta & Constitutiones Canonicas: & considerantes evidentia pericula quibus vita nostra erat quotidie exposita, tam propter continua bella in quibus necessariò & perpetuò occupabamur, quàm propter sceleratas insidias, quas inimici nostri contrà vitam nostram faciebant, direximus nos ad Prælatos nostri Regni, ut exequeremur tam justum & sanctum desiderium nostrum, ad honorem Dei, & totius Ecclesiæ suæ, & ad quietem nostræ conscientiæ. A quibus Prælatis & à multis Doctoribus in Sacra Theologia, cùm fuissemus instructi in fide Catholica, Apostolica, & Romana, & cùm fecissemus omnes submissiones necessarias in tali casu requisitas & solitas, & præsertim abjurationem nostrorum errorum præteritorum, & simul nostram professionem fidei, quam volumus inviolatè retinere & observare: Accepimus absolutionem ab uno dictorum Prælatorum, de Consilio aliorum, à censuris & Excommunicationibus per nos incursis ob dictos nostros errores. Et nihilominus prædicti Prælati nos remiserunt ad Sanctissimum D. N. Papam, supremum Pastorem, & Caput Ecclesiæ, ut approbaret quod ab eis fieri potuisset in hoc casu necessitatis urgentissimæ. Quod cùm vellemus sinè ulla retardatione adimplere, ut etiam omnia alia quæ ab eis nobis fuerant injuncta, nec propter continuas occupationes quibus in nostro Regno distinemur, possemus nosmet ipsi adire suam Sanctitatem, quam nos agnosci-

ANNO 1595. noscimus pro supremo Pastore in Ecclesia: deputavimus Charissimum & amantissimum nostrum Consobrinum Ducem Nivernensem, comitatum Episcopo Cenomanensi & aliis Prælatis: Cui commisimus, ut pro nobis, & pro nomine nostro, supplicaret Sanctitati suæ, ut nobis concederet, quod ipsa cognosceret esse nobis necessarium, juxta prædicta Sancta Decreta, & Constitutiones canonicas. Qui non potuit nobis referre satisfactionem quam ab hoc suò itinere desiderabamus, propter impedimenta ipsi allata ab inimicis juratis nostræ Coronæ. Tamen confidentes magis ac magis in bónitate paterna suæ Sanctitatis, & quòd ipsa tandem cognóverit imposturas nostrorum inimicorum, qui suis falsis persuasionibus nobis hoc bonum retardarunt, fecimus de integro, constituimus & ordinavimus, facimus, constituimus, & ordinamus per has præsentes, nostros Prócuratores speciales in hac parte, Dominos Jacobum Davy, nominatum ad Episcopum Ebroicensem, Consiliarium in nostro Consilio Status, & nostrum primum Eleemosynarium, & Arnaldum Ossatum, Decanum Vareni, in Diœcesi Ruthenensi, & Priorem Bellesimi, ad nostro nomine se transferendum versùs prædictum Sanctissimum Patrem, se presentandum cum omni humilitate, ad pedes suæ Sánctitatis, faciendum nostram Declarationem, protestátionem & excusationem super eo, quod actum & factum fuit in nostra receptione in Ecclesiám Catholicam, Apostolicam & Romanam, ei supplicandum, & requirendum, ut eam velit approbare & validare quatenus opus esset, & insuper nobis concedere suam sanctam Benedictionem, & supremam absolutionem à censuris per nos incursis, & contra nos declaratis, propter errores à quibus recessimus, ad majorem securitatem & quietem animæ nostræ, & in Beneficium hújus nostri Regni, sub protestationibus & submissionibus in tali casu debitis, & requisitis. Quás nostro nomine faciendi, nos damus plenam facultatem & potestatem, prædictis Procuratoribus nostris, cum obligationibus & promissionibus quibus opus erit, & in ea forma, qua de jure & ratione fieri oportet Capiti supremo Ecclesiæ, & sicut nos ipsi faceremùs, aut facere possemus, si præsentes personaliter interessemus. Promittentes bona fide & in verbo Regis, nos habituros gratum, firmum, & stabile, omne id quod per dictos Procuratores nostros in hoc casu, & in hac Commissione, nostro nomine factum, & promissum fuerit; & pro ipsius executione nos id omne approbaturos, ratificaturos & confirmaturos, nec unquam in contrarium venturos, vel aliquid facturos, quolibet modo. In quorum fidem his præsentibus manu nostra subscripsimus, & eisdem nostrum sigillum apponi fecimus, & uni ex nostris Secretariis Status jussimus ut eas contrasignaret; In Fontebellaqueo die decima mensis Maji, anno millesimo quingentesimo nonagesimo quinto. Henry de Neufville. Suprascriptum Mandatum procurationis fuit, & est rité, legitimè, & fideliter ex vulgari Gallico Sermone, in Latinum interpretatum; & ita attestamur nos infrascripti. Romæ die XII. Septembris 1595. le Fevre, Cantor Ecclesiæ Cenomanen. Ego Ludovicus Ryvaldi, Presbyter Lemovicensis Diœcesis.

Qua quidem petitione & supplicatione, per prælibatum Sanctissimum D. N. Papam audita & intelléeta, idem Sanctissimus ut supra sedens, Salvatoris Domini nostri Jesu Christi nomine invocàto, pronuntiavit, prout in schedula suæ Beatitudinis manu subscripta, quám tradidit & consignavit, supradicto Reverendo D. Cosmo Angelio Bargeo, Clerico Lucanæ Diæcésis U. J. D. & Sanctæ Inquisitionis prædictæ assessori, legendam & publicandam. Quám quidem schedulam idem D. Cosmus, genu flexus humiliter recepit: Et deinde parendo, ut decet, Mandatis sanctitatis suæ stans in plano solii ad finistram ejusdem suæ Sanctitatis, alta & intelligibili voce ad præsentiam supradictorum Dominorum Jacobi Davy, & Arnaldi de Ossato, Procuratorum, audientium & intelligentium perlegit & publicavit tenoris infrascripti, videlicet.

Clemens Papa VIII. Salvatoris Domini nostri Jesu Christi, de cujus vultu recta judicia prodeunt, nomine invocato, in Throno Justitiæ pro Tribunali sedentes, & solum Deum præ oculis habentes, visis videndis, & consideratis considerandis, decernimus, & declaramus præsentem absolutionem Henrico IV. Franciæ Regi & Navarræ, à quodam ut dicitur, Regni Franciæ Prælato, de nonnullorum aliorum ejusdem Regni Prælatorum Consilio, aut alias impertitam, fuisse & esse nullam, ac nullius roboris vel momenti, & quatenus de facto processit, annullandam fore & esse, prout illam annullamus & irritamus. Volumus tamen, ut actus Religionis, alioqui Catholici & approbabiles, in consequentiam illius absolutionis facti, qui nisi absoluto & ab absoluto fieri nequiverunt, validi, rati, & firmi sint, perindeac si à nobis tunc absolutus fuisset: Et nihilominus nonnullis de causis, animum nostrum digne moventibus, decernimus etiam, & declaramus eumdem Henricum Regem, id jam diu à nobis humiliter petentem, & instantissimè postulantem fore & esse à quibusvis majoris excommunicationis, aliisque Sententiis, censuris & pœnis Ecclesiasticis, quas idem Henricus quibuscunque hæresibus adhærendo, & quæcumque facta hæreticalia committendo, seu permittendo, aut illorum occasione quomodolibet incurrit, & in quás per felicis recordationis Sixtum Papam V. prædecessorem nostrum, per ejus Literas datas quinto Idus Septembris anni M. D. L. XXII. Pontificatus sui anno primo incurrisse declaratus fuit, etiamsi de anno M. D. L. XXII. eosdem errores & hæreses Parisiis abjuraverit, & detestatus fuerit, & postea in eosdem errores & hæreses relapsus sit, absolvendum & liberandum, & in gremium Sanctæ Matris Ecclesiæ recipiendum, sanctorumque Sacramentorum participationi restituendum, facta prius rité & legitimé, ac juxta Canonicas Sanctiones, Calvinismi, cum omnibus Calvinistarum erroribus hæresibus, ac omnium & quorumcunque aliorum errorum & hæresium, quomodolibet contra Sanctám Ecclesiam Catholicam, & Apostolicam Romanam, sese extollentium, abjuratione, & anathemizatione, professioneque Sanctæ fidei Catholicæ, juxta modum & formam à nobis tradendam, mediante juramento, legitimè emissa: Et facto simili juramento mediante promissione canonica, de stando, & parendo Sanctæ Matris Ecclesiæ Mandatis, & per nos sibi injungendis, & ea bona fide adimplendo, ac alia in forma Ecclesiæ consueta, ad laudem & gloriam Omnipotentis Dei, & Ecclesiæ suæ sanctæ. Ita pronuntiamus. Hippolytus.

Quá quidem Pronuntiationis & Decreti schedula, per dictum Dominum Cosmum, ut præfertur, lecta, iidem Domini Jacobus & Arnaldus Procuratores, & eo nomine supradicti Christianissimi Regis dixerunt, & quilibet ipsorum dixit, Decretum, ut præfertur, per suam Sanctitatem latum, lectum, & publicatum intellexisse, ac illud & in eo contenta se humiliter & reverenter accipere, ac eidem parere & satisfacere velle: Et successive in executionem Decreti hujusmodi Procuratores prædicti Procuratario nomine quo suprà continuò constituti, & genuflexi ante conspectum suæ Sanctitatis in supradicto loco, habentes, & quilibet ipsorum habens præ manibus schedulam continentem hæresium abjurationem, fidei orthodoxæ professionem, & promissionem de parendo Mandatis Ecclesiæ, & de adimplendo & Mandata & Pænitentias per suam Sanctitatem Christianissimo Regi eorum Principali, injungenda & injungendas, ac Sacro Sanctis Dei Evangeliis supra pulvinare coram positis, ac per eos, & eorum quemlibet manibus propriis tactis, abjuraverunt, professi fuerunt, promiserunt & juraverunt, & alia fecerunt, prout in dicta schedula latius continetur. Quam schedulam legerunt, & quilibet ipsorum legit, videlicet D. Jacobus alta & intelligibili voce, D. verò Arnaldus submissa voce, in hunc qui sequitur modum & tenorem, videlicet.

Ego Jacobus Davy Perroni Dominus, Consiliarius in Consilio Status & primus Eleemosynarius, alter ex Procuratoribus Henrici IV. Christianissimi Regis Franciæ & Navarræ, una cum Arnaldo de Ossato Decano Vareni, Diæcesis Ruthenensis, altero ex Procuratoribus prædicti Regis Collega meo, coram vobis Sanctissimo ac Beatissimo in Christo Patre & Domino nostro D. Clemente Papa VIII. humiliter constitutus, & genuflexus, Sacro Sanctis Dei Evangeliis coram nobis positis, ac propriis manibus pèr nos corporaliter tactis, procuratorio nomine, ac cum infrascripta rati promissione, agnoscens neminem salvum fieri posse citra Sanctam Catholicam fidem, quam tenet, docet, profitetur, & prædicat Sancta Catholica, Apostolica & Romana Ecclesia, & Henricum Regem prædictum Principalem nostrum, adversus illam gravissimè errasse, præsertim

sertim

ANNO 1595. sentim malè & perperam sentiendo circà numerum Sacramentorum Ecclesiæ, circa transsubstantiationem panis & vini in Corpus & sanguinem Christi, in Eucharistia, circa supremam Potestatem, & auctoritatem summi Romani Pontificis, in Universa Ecclesia, circa Purgatorium animarum, & suffragia pro eis, circà Venerationem & invocationem Sanctorum, & circa eorum Reliquiarum, & Sacrarum imaginum venerationem, & denique amplectendo impium & detestandum Calvinismum, cum suis erroribus & hæresibus, ac in eisdem erroribus & hæresibus, & toto Calvinismo, ab ineunte adolescentia sua, etiam post absolutionem à fratre vestro Gregorio Papa XIII. Sanctitatis vestræ Prædecessore, desuper sibi concessam, perseverando & manendo, ac erroribus, & hæresibus prædictis, animo, corde, verbis, & factis ipsis, firmiter credendo, & pertinaciter adhærendo, & demum deanno M. D. XCIII. divina inspirante gratia, & infinita Christi & Salvatoris nostri Dei misericordia operante, ipse Henricus Rex, ab omnibus & singulis hujusmodi erroribus & hæresibus, ex corde resipuit, & recessit. A quo tempore &ante, à dictis erroribus & hæresibus, & à quibusvis Sententiis & censuris propterea incursis, & declaratis absolvi, & in gremium Sanctæ Matris Ecclesiæ recipi, & Sanctorum Sacramentorum participationi restitui, humiliter sæpius petiit, & institit, & cum ad ad effectum hujusmodi, inter alia errores & hæreses prædictas, & quascunque alias abjurare, & detestari, fidemque Catholicam profiteri teneatur. Propterea Ego Jacobus Procurator qui suprà cum supradicto Arnaldo Collega meo, & Procuratorio nomine supradicto, & cum infrascripta promissione de rato, volens Sanctæ Ecclesiæ & Sanctitati vestræ, ut par est, satisfacere, corde sincero & fide non ficta, abjuro, detestor & anathematizo universas & singulas hæreses, & errores supradictos, ac Calvinismum cum omnibus ejus erroribus, & hæresibus: Nec non omnes alias quascunque Sectarum hæreses & errores, se se quomodolibet extollentes contra Sanctam, Orthodoxam, & Catholicam fidem, quam tenet, docet, & prædicat Sancta Catholica, & Apostolica Romana Ecclesia: & sub eodem juramento, cum eodem Arnaldo Collega meo, polliceor & promitto, quod idem Henricus Rex noster Principalis deinceps nec hæreses, nec errores prædictos, nec aliquam etiam hæresim aut errorem credet, neque illis adhærebit, neque prædicta aut aliqua alia hæreticalia committet, aut faciet, neque in posterum hæreticis opem, auxilium, consilium, aut favorem circa hæreses, & errores illorum, seu eorundem occasione præstabit, aut impendet, nec ab aliis præstari aut impendi faciet. Ac præterea cum eodem Collega meo, juro ipsum Henricum Regem, Deo juvante, servaturum pænitentias sibi à Sanctitate vestra injungendas, & hujus Sanctæ Sedis Apostolicæ mandatis, libenter obtemperaturum.

Insuper, Ego Jacobus Procurator prædictus, cum prædicto Arnaldo Collega meo, ad confirmationem & corroborationem præmissorum, & ad majorem expressionem & declarationem sinceræ voluntatis, & Catholicæ fidei dicti Regis nostri Principalis, infrascriptam Sanctæ Catholicæ, & Orthodoxæ fidei Professionem expresse facio, & emitto, pro quo similiter de rato promitto ut infrà, firma fide credo, & profiteor omnia & singula quæ continentur in Symbolo fidei, quo Sancta Romana Ecclesia utitur, videlicet: Credo in unum Deum, Patrem Omnipotentem factorem Cæli & Terræ, visibilium omnium & invisibilium: Et in unum Dominum Jesum Christum, filium Dei unigenitum, & ex Patre natum ante omnia sæcula, Deum de Deo, lumen de lumine, Deum verum de Deo vero, Genitum non factum, consubstantialem Patri, per quem omnia facta sunt. Qui propter nos homines, & propter nostram salutem descendit de Cœlis, & incarnatus est de Spiritu Sancto ex Maria Virgine, & homo factus est. Crucifixus etiam pro nobis sub Pontio Pilato, passus & sepultus est. Et resurrexit tertia die secundum Scripturas, & ascendit in Cœlum, sedet ad dexteram Patris. Et iterum venturus est cum gloria judicare vivos & mortuos. Cujus Regni non erit finis. Et in Spiritum Sanctum Dominum, & vivificantem, qui ex Patre filioque procedit, qui cum Patre & filio simul adoratur, & conglorificatur. Qui locutus est per Prophetas, Et unam Sanctam Catholicam & Apostolicam Ecclesiam, confiteor

ANNO 1595. unum Baptisma in remissionem peccatorum. Et expecto resurrectionem mortuorum, & vitam venturi sæculi Amen. Apostolicas & Ecclesias traditiones, reliquasque ejusdem Ecclesiæ observationes & Constitutiones firmissimè admitto & amplector. Item Sacram Scripturam juxta eum sensum, quem tenuit & tenet Sancta Mater Ecclesia, cujus est judicare de vero sensu, & interpretatione Sacrarum Scripturarum, admitto: nec eam unquam nisi juxtà unanimem consensum Patrum accipiam & interpretabor. Profiteor quoque Septem esse verè & propriè Sacramenta novæ Legis, à Jesu Christo Domino nostro instituta, atque ad salutem humani generis, licèt non omnia singulis necessaria, scilicet Baptismum, Confirmationem, Eucharistiam, Pœnitentiam, extremam Unctionem, Ordinem & Matrimonium, illaque gratiam conferre: Et ex his Baptismum, Confirmationem, & Ordinem sine Sacrilegio reiterari non posse. Receptos quoque & approbatos Ecclesiæ Catholicæ ritus in Sacramentorum supradictorum omnium solemni administratione recipio & admitto. Omnia & singula, quæ de peccato Originali & de justificatione in Sacrosancta Tridentina Synodo definita, & declarata fuerunt, amplector & recipio. Profiteor pariter in Missa offerri Deo verum, proprium & propitiatorium Sacrificium pro vivis & defunctis, atque in Sacratissimo Eucharistiæ Sacramento esse verè, realiter, & substantialiter corpus & sanguinem, unà cum anima & Divinitate, Domini nostri Jesu Christi, fierique conversionem totius substantiæ panis, in corpus, & totius substantiæ vini in sanguinem. Quam conversionem Catholica Ecclesia Transsubstantiationem appellat. Fateor etiam sub altera tantum specie, totum atque integrum Christum verumque Sacramentum sumi; Constanter teneo Purgatorium esse, animasque ibi detentas fidelium suffragiis juvari, similiter & Sanctos una cum Christo regnantes, venerandos atque invocandos esse, eosque Orationes Deo pro nobis offerre, atque eorum reliquias esse venerandas. Firmissimè assero imagines Christi, ac Deiparæ, semper, nec non aliorum Sanctorum, habendas & retinendas esse, atque eis debitum honorem & venerationem impartiendam. Indulgentiarum etiam potestatem à Christo in Ecclesia relictam esse, illarumque usum Christiano populo, maxime salutarem esse affirmo. Sanctam Catholicam, & Apostolicam Romanam Ecclesiam, omnium Ecclesiarum Matrem & Magistram agnosco: Romanoque Pontifici Beati Petri Apostolorum Principis successori, ac Jesu Christi Vicario, veram obedientiam, sicut alii Catholici & Christianissimi Reges Franciæ Prædecessores sui reddiderunt, spondeo ac juro. Cæteraque omnia à Sacris Canonibus, & Oecumenicis Conciliis, ac præcipue à Sacro Sancta Tridentina Synodo tradita, definita, & declarata, indubitanter recipio, atque profiteor, simulque contraria omnia, atque hæreses quascunque ab Ecclesia damnatas, rejectas, & anathematizatas pariter damno, & rejicio & anathematizo. Hanc vero Catholicam fidem, quam spontè Procuratorio quo supra nomine dicti Henrici Regis in præsenti profiteor, & veraciter teneo: Eandem integram & inviolatam, atque ad extremum vitæ spiritum constantissimè, Deo adjuvante, retinere, & confiteri, Ego Jacobus Davy Procurator supradictus, una cum supradicto Arnaldo Collega meo, quo supra nomine spondeo, voveo ac juro, & simili juramento mediante, promitto eundem Henricum Regem, præsentem errorum, cohæresium abjurationem, & fidei Catholicæ professionem, ac in ea contenta quæcunque, ad omne Mandatum Sanctitatis vestræ, & hujus sanctæ Sedis sufficienter & legitimè ratificaturum, ac Literas patentes ratificationis hujusmodi, seu publicum Instrumentum, in forma authentica, ad eandem Sanctitatem vestram, & hanc sanctam Sedem Apostolicam, intra tempus competens, absque aliqua interpellatione, realiter & effectualiter transmissurum. Ita nos, dictumque Henricum Regem, Deus adjuvet, & hæc Sancta Dei Evangelia. Ego Jacobus Davy Procurator supradictus, & Procuratorio nomine supradicto ita abjuravi, detestatus fui, & anathematizavi, ac professus sum, spopondi, vovi, promisi, & juravi respective, & præsentem abjurationis, fidei professionis, promissionis, & juramenti schedulam manu mea propria subscripsi, unà cum infrascripto D. Arnaldo Collega meo. Ego Arnaldus Ossatus Procurator supradictus, & Procuratorio nomine supradicto ita abjuravi, detes-

tatus

Anno 1595. tatus fui, & anathematizavi, ac professus sum, spopondi, vovi, promisi, & juravi respectivè & præsentem abjurationis, fidei professionis, promissionis, & juramenti schedulam, manu mea propria subscripsi, una cum supradicto Domino Jacobo Davy Collega meo.

Et cum perventum esset ad finem, unusquisque ipsorum Dominorum Procuratorum, tangendo manibus Sancta Dei Evangelia, alta & intelligibili voce legit & protulit verba illa, Ita nos, dictumque Henricum Regem Deus adjuvet, & hæc Sancta Dei Evangelia, & eodem modo quilibet ipsorum legit verba subscriptionis, manu propria cujuslibet ipsorum respective facta, videlicet Dominus Jacobus Davy in hunc qui sequitur modum.

Ego Jacobus Davy Procurator supradictus, & Procuratorio nomine supradicto, ita abjuravi, detestatus fui, & anathematizavi, ac professus sum, spopondi, vovi, promisi, & juravi respective, & præsentem abjurationis, fidei professionis, promissionis, & juramenti schedulam, manu mea propria subscripsi, eam cum infrascripto D. Arnaldo Collega meo. Et D. Arnaldus hoc modo, videlicet, Ego Arnaldus Ossatus Procurator supradictus, & Procuratorio nomine supradicto, ita abjuravi, detestatus fui, & anathematizavi, ac professus sum, spopondi, vovi, promisi, & juravi respectivé, & præsentem abjurationis, fidei professionis, promissionis & juramenti schedulam, manu mea propria subscripsi, una cum Infrascripto D. Jacobo Davy Collega meo, Et quilibet ipsorum iterum tactis & deosculatis eisdem Sacrosanctis Dei Evangeliis juravit.

Qua heresium abjuratione, sanctæ fidei professione, & promissione, juramento, aliisque præmissis legitime factis, supradictus Sanctissimus D. noster Papa, injunxit eidem Regi licèt absenti, & pro eo & ejus nomine supradictis Dominis, Jacobo & Arnaldo Procuratoribus ibidem præsentibus, & coram Sanctitate sua genuflexis permanentibus, ac audientibus & intelligentibus, pœnitentias & mandata per eundem Henricum Regem Christianissimum, adimplendas & adimplenda, descriptas & descripta, in quadàm schedula tenoris infrascripti: Quam quidem schedulam prælibatus Sanctissimus D. noster P. dedit & tradidit supradicto Reverendo D. Cosmo Angelio, legendam per eum, & publicandam, qui D. Cosmus eandem schedulam genibus flexis reverenter ad se recepit, & deinde stans in plano solii ut suprà ad sinistram suæ Beatitudinis, eandem schedulam, alta & intelligibili voce de verbo ad verbum legit, & publicavit, hujusmodi sub tenore videlicet.

Clemens Papa VIII. mandamus charissimo in Christo filio Henrico IV. Regi Franciæ & Navarræ Christianissimo, & vobis Jacobo Davy, & Arnaldo de Ossato, Procuratoribus illius & eo nomine: Quòd idem Henricus Rex restituat exercitium Religionis Catholicæ, in Principatu Bearni, & quam primum nominet Episcopos Catholicos ad Ecclesias ejusdem Principatus, & donec bona Ecclesiis restituantur, der Episcopis hujusmodi tantum de suo proprio, quo digne interim sustentari possint.

Quod infra annum proximum, educat è manibus hæreticorum, Henricum Principem Condensem, & illum consignet educandum personis verè & sincerè Catholicis, quæ eum in Catholica Religione, & Christiana pietate vere nutriant.

Quod Concordata cum Sede Apostolica, tam in provisionibus, seu nominationibus, quam in omnibus aliis integre servet, & illa non excedat.

Quod neminem hæreticum, aut de hæresi suspectum, ad Episcopatum, Abbatias, & ea beneficia ad quæ jus nominandi habet, nominet.

Efficiat ut Concilium Tridentinum publicetur, & observetur in omnibus, exceptis tamen, ad vestram supplicationem, & instantissimam petitionem, si quæ forte adessent, quæ re vera sine tranquillitatis perturbatione executioni demandari non possint.

Ordinem Ecclesiasticum in particulari commendatione & protectione habeat, & personas Ecclesiasticas, tam seculares quam regulares, ab iis qui gladium portant, aut ab ullis aliis opprimi, aut vexari, nec eorum bona detineri patiatur, sed si quæ occupata sint, vel fuerint, ea quam primum, per universum Galliæ Regnum, ubicunque sita sint, sine ulla litis aut processus forma, restitui faciat.

Infeudationes & Concessiones quascunque de quibuscunque castris, locis & bonis ad Ecclesias, monasteria, & pia loca quæcunque quomodolibet spectantibus, si quæ ab ipso Henrico Rege, seu ejus præfectis, gubernatoribus, vel ministris ad favorem sive Catholicorum, sive hæreticorum facta fuerint, revocet & annullet. Anno 1595.

Verbis & factis etiam in conferendis gradibus Regni, ostendat Catholicos sibi esse charissimos, ita ut omnes clarè cognoscant ipsum Regem percupere, ut unica tantum Religio, & illa Catholica, & Apostolica Romana, quam ipse profitetur, in Franciæ Regno sit, & perpetuo vigeat.

Singulis diebus, legitimo cessante impedimento, recitet Coronam beatæ Mariæ Virginis: Quarta quoque feria Litanias, singulis diebus Sabbathi Rosarium ejusdem beatæ Mariæ, quam assumat pro sua Advocata in Cælis. Jejunia, & cætera Præcepta Ecclesiæ observet: Et saltem quater in anno sua peccata Sacerdoti idoneo Sacramentaliter confiteatur, & publice communicet. Singulis item diebus Sacram Missam more Regum, & Principum Catholicorum devote audiat. Dominicis vero & festis diebus, cessante legitimo impedimento, intersit Missæ Conventuali, vel solemni in Ecclesia vel Cappella regia, prout alii Christianissimi & Catholici Reges consueverunt facere.

Ædificet seu ædificari faciat in singulis Provinciis Regni Franciæ, & Principatu Bearni, unum Monasterium virorum, vel mulierum Religionis Monasticæ, vel Mendicantium, ex Religionibus reformatis.

Ratificet & approbet sufficienter & legitime, & absque alia interpellatione in Francia, in manibus Legati vel Nuntii Sanctæ Sedis Apostolicæ quam primum ibi fuerit, hæresium & errorum abjurationem, & Sanctæ fidei Catholicæ professionem, & omnia alia & singula per vos ejus Procuratores in præsenti, negotio facta & promissa, ac præsentia nostra Mandata acceptet & recipiat, Instrumentumque ratificationis ad Nos & Sanctam Sedem Apostolicam, in forma authentica transmittat, & realiter consignari faciat.

Ad Catholicos Principes scribat, significando & congratulando quòd in gratiam Sanctæ Romanæ Ecclesiæ receptus sit, in qua Deo favente, profitebitur se perpetuo permansurum.

Jubeat in omnibus locis Regni gratias agi Omnipotenti Deo, pro tam insigni beneficio ab eo recepto.

Nos Procuratores infrascripti procuratorio nomine Christianissimi Regis prædicti Principalis nostri humiliter & reverenter grato animo recipimus, & acceptamus omnia & singula Mandata & pœnitentias, per Sanctitatem vestram Christianissimo Regi Principali nostro, & nobis Procuratorio nomine, injuncta & injunctas, illaque & illas Deo favente, observare, & bona fide adimplere, inhærendo etiam promissionibus aliis per nos quomodolibet factis, iterum promittimus & juramus. Ego Jacobus Davy Procurator Regius & Orator. Ego Arnaldus Ossatus Procurator.

Qua quidem schedula pænitentiarum & Mandatorum, per dictum Dominum Cosmum perlecta, & per eosdem Dominos Procuratores Regios, ut dixerunt, & asseruerunt, bene intellecta, iidem Domini Procuratores, videlicet primo loco D. Jacobus alta & intelligibili voce perlegit eorundem Mandatorum & pœnitentiarum acceptionem, ejusdem Jacobi manu propria scriptam, & subscriptam in calce schedulæ injunctionis pœnitentiarum hujusmodi, in hunc qui sequitur modum, videlicet: Nos Procuratores infrascripti, Procuratorio nomine Christianissimi Regis prædicti Principalis nostri, humiliter & reverenter grato animo recepimus, & acceptamus omnia & singula Mandata & pœnitentias per Sanctitatem vestram Christianissimo Regi Principali nostro, & nobis Procuratorio nomine injuncta & injunctas, illaque & illas, Deo favente, observare & bona fide adimplere, inhærendo etiam promissionibus aliis per nos quomodolibet factis iterum promittimus, & juramus. Ego Jacobus Davy Regius Procurator & Orator. Et deinde statim similiter alta & intelligibili voce, D. Arnaldus alter Procurator, legit eandem schedulam acceptationis scriptam manu propria supradicti D. Jacobi ejus Collegæ, & subscriptam manu propria etiam ipsius D. Arnaldi, tenoris infrascripti, videlicet: Nos Procuratores infrascripti, Procuratorio nomine Christianissimi Regis prædicti Principalis nostri, similiter & reverenter grato animo recepimus & acceptamus omnia & singula Mandata & pœnitentias per Sanctitatem vestram

ANNO 1595.

tram Christianissimo Regi Principali nostro, & Procuratorio nomine nobis injuncta & injunctas, illaque & illas, Deo favente, observare & bona fide adimplere, inhærendo etiam promissionibus aliis per nos quomodolibet factis, iterum promittimus & juramus. Ego Arnaldus Ossatus Procurator; Pœnitentiasque & Mandata prædicta humiliter recipientes & acceptantes, promiserunt, & quilibet ipsorum inhærendo etiam quibusvis aliis promissionibus per eos quomodolibet erga Sanctitatem suam & sanctam Sedem Apostolicam, factis promisit, quod dictus Christianissimus Rex suus Principalis, Pœnitentias & Mandata hujusmodi, Deo favente, observabit, & bona fide adimplebit, & ita tactis Sacrosanctis Dei Evangeliis coram positis, iterum juraverunt.

Quibus peractis, procumbentibus humi, eisdem Dominis Jacobo & Arnaldo, Procuratoribus, ante pedes suæ Sanctitatis, in plano solii Pontificialis, & solemnitatibus observatis in talibus assuetis, dum Cantores cantabant Psalmum, Miserere mei Deus; Prælibatus Dominus noster Papa, finito dicto Psalmo surrexit, & recitavit Kyrie Eleison, & reliqua prout in Pontificiali subrubrica, ordo excommunicandi & absolvendi. Quibus recitatis iterum in suo Throno resedit, & sæpedictum Henricum Regem licèt absentem, & supradictos Jacobum & Arnaldum Procuratores illius, præsentes & Procuratorio nomine prædicto, ab omnibus Excommunicationis majoris, aliisque Sententiis, censuris, & pœnis Ecclesiasticis, quas idem Henricus Rex quibuscunque hæresibus adhærendo; & quæcunque facta hæreticalia committendo seu permittendo, aut illorum occasione quomodolibet incurrit, & in quas per felicis recordationis, Sixtum Papam V. prædecessorem suum, per ejus Literas datas 5. Id. Septemb. 1585. Pontificatus ejusdem Sixti anno primo, quarum Literarum tenorem & continentiam idem Sanctissimus D. noster Papa haberi voluit & habuit pro expressis & insertis de verbo ad verbum, & quatenus opus fuerit exprimi & inseri possint, quomodocumque incurrisse declaratus fuit, etsi de anno 1572. eosdem errores & hæreses Parisiis abjuraverit, & detestatus fuerit, & postea in eosdem errores & hæreses relapsus sit: Absolvit & liberavit, & in gremium Sanctæ Matris Ecclesiæ recepit, & Sanctorum Sacramentorum participationi restituit, in forma Ecclesiæ consueta, ad laudem & gloriam Omnipotentis Dei, & Ecclesiæ suæ sanctæ.

Et successive idem Sanctissimus D. N. Papa commisit, & mandavit supradicto Illustrissimo & Reverendissimo D. Julio Antonio Cardinali Sanctæ Severinæ majori Pœnitentiario, ut supradictos Dominos Jacobum, & Arnaldum Procuratores, in Basilicam Sancti Petri, ut moris est, juxta ritum Sanctæ Romanæ Ecclesiæ, introduceret.

Super quibus omnibus & singulis præmissis, Dominus Joannes Jacobus Nerettus, Sanctissimi D. N. Papæ, & Cameræ Apostolicæ Procurator Fiscalis, alta voce rogavit in hæc verba, videlicet: Et Ego Joannes Jacobus Nerettus Sanctissimi D. N. Fisci, & Cameræ Apostolicæ Procurator Generalis, rogo vos omnes Prothonotarios, Secretarios, & Notarios Apostolicos, quoscunque hic præsentes, ut de prædicta petitione & supplicatione per suppositos Henrici Regis Franciæ Procuratores facta, de Decreto per S. D. N. Papam desuper lato, hæresium abjuratione, ac Orthodoxæ fidei professione, & promissione de stando Mandatis Ecclesiæ per eosdem Procuratores facta & emissa, de Mandatis & Pœnitentiis per eundem S. N. D. Papam injunctis, & eorumdem Mandatorum, & Pœnitentiarum acceptatione, ac absolutione, cæterisque præmissis ad perpetuam rei memoriam, unum seu plura publicum seu publica, conficiatis Instrumentum, & Instrumenta. Et similiter Reverendus D. Marcellus Philonardus Sanctæ Romanæ & universalis Inquisitionis Procurator fiscalis rogavit hoc modo videlicet: Et ego Marcellus Philonardus Procurator fiscalis Sanctæ Romanæ & universalis Inquisitionis, vos omnes Procuratores super præmissis pariter rogo. Ac in specie de præmissis ego Notarius publicus infrascriptus, rogatus fui una cum infrascriptis testibus. Et ad extremum idem Sanctissimus D. N. Papa facto signo Crucis benedixit eisdem Dominis Jacobo & Arnaldo Procuratoribus, atque adstantibus, & interessentibus universis, eosdem Procuratores iterum ad pedum beatorum oscula admisit, & deinde recessit.

Acta sunt hæc in Porticu Basilicæ Sancti Petri de quo supra, Anno, Indictione, mense, die, & Pontificatu supradictis, præsentibus ibidem infrascriptis, videlicet Reverendissimo Patre D. Anselmo Dandino, Reverendissimo Patre D. Ratta, Reverendissime Patre Magistro Alberto Tragagliolo de Florentiola, Reverendissimo fratre Agapito Curteregio, Reverendissimo D. Julio Monterentio, prædictis testibus ad præmissa una mecum Notario specialiter adhibitis atque rogatis. Et Ego Flaminius Adrianus de monte Sancto, Clericus Firmanæ Diœcesis, publicus, Apostolica Authoritate, in Archivio Romanæ Curiæ Scriptorum descriptus, Officiique sanctæ Romanæ, & universalis Inquisitionis Notarius, à Sancta Sede Apostolica specialiter deputatus, quia de supposita comparitione, petitione, & supplicatione ac instantia supradictorum Dominorum Procuratorum Henrici IV. Christianissimi Regis Franciæ, & Navarræ, de S. D. N. Papæ Decreto, de hæresium & errorum abjuratione, fideique Catholicæ & Orthodoxæ professione, emissione, & promissione de stando & parendo Mandatis Sanctæ Romanæ Ecclesiæ Catholicæ, & prælibati Sanctissimi D. N. Papæ, per eosdem Dominos Procuratores factis, nec non de Mandatis, & Pœnitentiis per eundem Sanctissimum D. N. injunctis, & eorum Mandatorum & Pœnitentiarum acceptatione, & absolutione, cæterisque omnibus & singulis præmissis, una cum prænominatis Testibus, præsens rogatus fui, eaque omnia & singula in notam sumpsi; Ideo præsens publicum Instrumentum, aliena manu, mihi tamen fida scriptum, subscripsi, & publicavi; atque in hanc publicam & authenticam redegi, signumque quo in talibus utor, apposui, atque sigilli dicti Sancti Officii quo in talibus utitur, ad perpetuam rei memoriam appensione munivi, in fidem præmissorum, rogatus & requisitus.

Bulla absolutionis per CLEMENTEM *Papam VIII. Franciæ Regi Henrico IV. de omnibus Censuris & pœnis Ecclesiasticis, ob quoscunque errores & hæreses incursis, concessa. Romæ apud S. Petrum 15. Calendas Octobris anno 1595. Pontificatus Anno 4.* [Ambassades & Negotiations du Cardinal du Perron, pag. 167. 17. Septembre.

CLemens Servus servorum Dei, carissimo in Christo filio Henrico Francorum & Navarræ, Regi Christianissimo, salutem & Apostolicam benedictionem. Divinæ gratiæ abundantiam in tua Conversione contemplantes, & quomodo ex densissimis errorum & hæresium tenebris, & veluti ex profundo quodam malorum, in lucem Catholicæ veritatis dextera Domini virtutem faciente, emerseris, intentis mentis nostræ oculis intuentes, pro stupore & admiratione cogimur cum Apostolo exclamare, O! altitudo divitiarum sapientiæ & scientiæ Dei, quam incomprehensibilia sunt judicia ejus, & investigabiles viæ ejus, & certe teipsum sæpe cogitare oportet, quod te facere existimamus, quam magna fecerit tibi Deus, qui te longissime à via salutis aberrantem & peccatis mortuum convivificavit in Christo, & ad Ecclesiæ Catholicæ Unionem, per pœnitentiam salutarem, & per hujus sanctæ Apostolicæ Sedis authoritatem reduxit. Ex qua cogitatione illud merito consequitur, ut intelligas & profitearis ad Dei gloriam, quantum debeas Patri misericordiarum, qui non dereliquit te usque in finem, qui abstulit à te cor lapideum, & dedit tibi cor carneum, ut deponeres veterem hominem secundum pristinam conversationem erroris tui. Confitearis etiam quantum debeas Ecclesiæ Sanctæ Catholicæ Romanæ, tuæ ac omnium fidelium Matri, quæ multarum injuriarum oblita, quibus olim à te afflicta est, ubera materna & gremium charitatis tibi aperuit iterum, te in Christo genuit iterum, filiis suis carissimis adnumeravit, & singulari cum gaudio, gloria & honore coronavit. Hoc enim optavit pia Mater quæ te ad amplexus suos invitabat, quæ pro te assidue orabat, & de tua spirituali morte multis cum lachrymis acerbissime dolebat. Nam quando te justo judicio à suo corpore separavit, multo id cum doloris sensu & viscerum suorum cruciatu egit, quemadmodum id Literis suis publice testatus est, felicis recordationis, Sixtus V. Pontifex Maximus prædecessor noster, quas V. Id. Septemb. anno sui Pontificatus I. contra te promulgavit: Tunc

ANNO 1595.

enim disertis verbis expressit, se vehementer indolere quod ex Officii sui debito gladium vindictæ contra te exercere cogeretur, sed quanto superioris illius temporis recordatio est acerbior, tanto nunc jucundior est sensus reversionis & conversionis tuæ. Gratias enim ex intimo corde agimus Deo, qui hoc gaudium singulare, Ecclesiæ Catholicæ in nostri Pontificatus tempus reservavit, nostræque humilitati concessit, ut te in eandem Ecclesiam Catholicam, post abjuratos impii Calvini errores, omnesque hæreses damnatos, & post fidei Catholicæ Professionem rite factam, cælo terraque gaudentibus, reduceremus: quod ipsum ardentissime semper exoptavimus ab eo primum die quo nos divinæ providentiæ dispositio, quamvis immeritos & imbecilles ad Universalis Ecclesiæ gubernacula sedere & gregi suo præesse voluit. Movebant nos Nobilissimi Regni Franciæ tam diuturnæ dissensiones & ærumnæ; cæteræque Christianæ Reipublicæ multiplices calamitates, quæ regno illi olim florentissimo mirandum in modum afflicto, & propter intestinas discordias divulso & debilitato; multo graviores erant, & in majora pericula redundabant, cum tam magna & insignis portio veluti corporis populi & Universitatis Christianæ, sine gravi cæterarum partium ruina, concidere non posset: quod cum omni tempore triste & calamitosum, tum hoc potissimum luctuosissimum foret, quo Ecclesia Dei ab Hæreticis & Turcis perpetuis nomini Christiano hostibus, vehementissime oppugnatur. Namque multis cum lacrymis, non cessamus dies noctesque adire ad Thronum divinæ Clementiæ, idemque à piis Catholicis & servis Dei hortatu nostro fieri curavimus, ut multorum precibus placatus is qui dives est in misericordia, pacem & tranquillitatem redderet Regno amplissimo, eique Regem præficeret vere Christianissimum, vere Ecclesiæ Catholicæ Romanæ filium, quem omnes agnoscerent, & sequerentur. Audiebat interea preces nostras benignus Deus; quanquam id nondum extrinsecus appareret, ille enim cor tuum paulatim molliebat & disponebat, ut veteri duritie infracta, gratia Dei in corde tuo per Spiritum Sanctum diffunderetur. Ergo ipso te excitante cœpisti Catholicam veritatem, quam antea respuebas, appetere, & idoneos Magistros quærere, & ad te intromittere, qui illam docerent: cumque jam non mediocriter instructus videreris, & hæreses destrueres, fidemque Catholicam te amplecti profitearis, à nonnullis equidem Præsulibus, cum hac injunctione, ut ad Apostolicam Sedem mitteres, & ipsius Mandata humiliter susciperes, absolutus es, & ab eis in Ecclesiæ Communionem receptus. Quod tametsi festinantius & minus recte & rite factum erat, quod sine nostra & hujus Sanctæ Sedis Authoritate hujusmodi omnino absolutio & receptio irrita atque inanis esset: gaudebamus tamen in Domino, quod exoptata conversionis tuæ tempus, tanquam aurora quædam exoriri videbatur, sperabamusque fore, cælesti gratia juvante, ut cresceret usque ad perfectum diem. Egisti igitur nobiscum per Literas & Nuncios, ut te ad Communionem & gratiam reciperemus, ejusque rei causa misisti ad nos dilectum filium nostrum Petrum Cardinalem Gondium, deinde dilectum filium Marchionem Pisanium, tum demum Ludovicum Ducem Nivernensem, Principem non solum generis splendore, sed & omni virtute & pietate præstantem virum, & nobis multis nominibus in primis carum. Et licet summo animi ardore tuum ad Ecclesiam Catholicam reditum optaremus, nihilque optatius nobis esset quam te vinculis, quibus propter Hæresim jure constrictus eras, absolvere, quod ad animæ tuæ salutem, ad Regni istius pacem, & tranquillitatem totiusque Christanæ Reipublicæ utilitatem, summopere pertinere intelligebamus: faciebat tamen rei gravissimæ magnitudo, ut nihil properandum, sed etiam atque etiam deliberandum, in re tanti momenti statueremus. Neque enim adhuc coram Deo & Ecclesia ejus satis causæ afferri posse videbatur, ut tam cito inter bonos & obedientes filios reciperetur, qui tandiu atque adeò paulò antè inobediens & contumax fuerat. Itaque priores Nuntios, quanquam nobis acceptos, ne audiendos quidem existimavimus. Nivernii vero Ducem quanquàm benigne sæpius audivimus, ita tamen dimisimus, ut eo rerum statu te nullo modo absolvendum esse definiremus; neque id negabamus, quod nos ipsi præter cæteros expetabamus, sed in tempus idoneum & opportunum differebamus. Cor autem nostrum multam in Domino fiduciam habebat, fore, siquidem veræ pœnitentiæ & conversionis spiritu movebaris, ut desideria tua dilata crescerent, & ad absolutionem obtinendam, tanto aptior & capacior reddereris. Itaque orationes & preces ad Deum multiplicantes, divini beneplaciti tempus expectabamus. Satis igitur longo temporis intervallo à Ducis discessu interjecto, tandem venit ad nos, à te missus dilectus filius Jacobus Davy, Perroni Dominus, in Consilio Status Consiliarius, ac primus Eleemosynarius tuus, vir spectata prudentia & eruditione, & zelo fidei Catholicæ, qui Literas tua manu ad nos scriptas, nobis reddidit: quarum lectione & ejus sermone valde recreati sumus, ita enim erant scriptæ, ut vere ex animo & ex Regii sanguinis ingenuitate scriptæ viderentur. Petebas omni cum demissione, Apostolicam nostram absolutionem, veteres errores agnoscebas & damnabas, teque in Ecclesiam Catholicam Romanam recipi; suppliciter petebas; in qua & fidei Catholicæ confessione, te & vivere & mori velle asseverabas. Commota sunt viscera nostra; præsertim cum luctuosum afflictæ Franciæ statum idem Jacobus copiose nobis explicaret, & animarum innumerabilium, pericula nobis non ignota, efficaciter ante oculos nostros proponeret. Nihil tamen nisi considerate, & quantum humanæ imbecillitati licet, explorata divina voluntate, in re tanti momenti agere volentes; primum quidem in religiosissimis & antiquissimis Urbis Basilicis orationem sine intermissione adhiberi jussimus, publicasque Processiones & Litanias quotidie celebrari mandavimus, & nos ipsi prostrati ante Deum immaculatam Hostiam offerentes; Spiritus Sancti lumen multo etiam ardentius nobis concedi petebamus. Deinde etiam Jacobo Procuratori tuo, & dilecto filio Arnaldo Ossato, quem pariter ad hoc munus delegeras, permisimus ut venerabiles fratres nostros S. R. E. Cardinales, adirent, eisque distincte narrarent petitionem tuam. Mox eosdem fratres nostros Cardinales convocavimus; & gravem hanc causam eis proposuimus; Literasque tuas legi voluimus; eosque admonuimus, ut quid facto opus esset in re tanti momenti, secum ipsi considerarent, deinde ad nos referrent; eosque paterne hortati & contestati sumus, ut quemadmodum nos per Dei gratiam nullo terreno affectu, aut humana perturbatione, in hoc negotio ducebamur, sed solam Dei gloriam quærebamus, ita & ipsi ad eundem scopum collineantes, libere Sententias dicerent, ut conjunctis Consiliis, id quod salutarius esset, Spiritu Sancto authore decerneremus. Cardinalium igitur Sententiis auditis, illos quidem inveniebamus vehementer optare, ut antequam tibi à nobis absolutio tribueretur, plura & efficaciora à te præstarentur, quibus vitæ veteris emendatio ostenderetur, & quæ eos certos & quodammodo securos redderent, fore, ut Catholica religio in Regno isto, à te farta & tecta omnino conservaretur: sed tamen misero & afflicto statu ejusdem olim florentissimi & religiosissimi Regni permoti, fide etiam qua te per Literas tuas obstringebas, adducti, in eam denique Sententiam eos communiter venire deprehendimus, videri te absolvendum, tibique suppliciter Ecclesiæ Catholicæ januam aperiendam esse. Nos igitur considerantes perseverantiam tuam in venia & absolutione petenda, quod non semel tantum atque iterum, sed tertio & quarto supplicatum ad nos miseris, & quæ Literis tuis manu scriptis receperis & promiseris, quodque id Gallica Nobilitas magna ex parte petebat, Regni vero Franciæ perturbatus rerum status flagitabat, memores etiam nos illius Pastoris & Patrisfamilias locum tenere, qui amissam ovem quæsivit, & ad ovile reportavit, quique filium prodigum qui in longinqua abierat, redeuntem recepit tanto cum gaudio, ne forte nimis asperi aut duri videremur, quod pœnitentem ad fores Ecclesiæ toties pulsantem excluderemus, cum eadem Ecclesia pia Mater fere nulli ad pœnitentiam redeunti, pietatis suæ gremium claudat, teque vere ex animo pœnitentem in Domino confidentes, cum tot Nuntiis, Literis, variisque testificationibus, id profitereris, teque ad hæresim abjurandam, & fidem Catholicam corde & ore confitendam, paratum esse, ambo Procuratores tui supradicti constanter tuo nomine assererent: ob eas causas, & alias complures, quæ connumerare nimis longum esset, post sæpius imploratum lumen Spiritus Sancti, multasque nostras & piorum hominum orationes adhibitas, cum Sacri etiam Collegii hunc sensum & consensum esse perspiceremus: Tandem præsenti die Dominico qui est XVII. mensis hujus Septembris, in porticum Basilicæ Vaticanæ Principis Apostolorum,

de,

ANNO 1595.

descendimus more solemni, cum Venerabilibus Sanctæ R. E. Cardinalibus, nec non Episcopis & Prælatis, ac Magistratibus & Officialibus Romanæ Curiæ, ibique cum maxima populi frequentia, ad tantæ rei spectaculum convenisset, accedere jussimus eosdem Procuratores tuos, Jacobum & Arnaldum, qui coram nobis, genuflexi, patentes Literas manu tua propria subscriptas, & sigilli regni Franciæ impressione munitas & sufficienter recognitas, continentes Mandatum Procurationis à te in eorum personis legitime factum, producentes & exhibentes in omnium ibidem adstantium præsentia, humiliter & devote tuo nomine supplicarunt, quatenus tibi omnium & quorumcunque errorum per te contra Sanctam fidem Catholicam, quam tenet, profitetur & prædicat Sancta Catholica, Apostolica & Romana Ecclesia, non solum perperam credendo, sed etiam male operando commissorum, ex intimo cordis affectu, ut asserebant pœnitenti, nostram Sanctam benedictionem & supremam absolutionem à censuris Ecclesiasticis, propter hujusmodi errores per te incursis, & contra te declaratis, concedere, teque ad Communionem Sanctæ Sedis Apostolicæ recipere, & cum eadem reconcilitre in forma Ecclesiæ consueta, de benignitate Sedis Apostolicæ dignaremur, offerentes Procuratorio nomine quo supra, & promittentes, errores & hæreses quascunque corde sincero, & fide non ficta, abjurare, fidemque Catholicam, juxta formam à nobis assignandam, profiteri, ac à nobis sibi injungendam, cæteraque omnia alia & singula pro parte tua adimplenda, & exequenda, adimplere & exequi, ad omne nostrum, & Sanctæ Sedis Apostolicæ Mandatum. Nos igitur summi & clementissimi illius Pastoris vices, quamvis multi modis impares, in terris gerentes, qui ut antea dicebamus, ovem perditam, toto charitatis affectu perquisivit, & inventam in humeros suos sustulit, & ad ovile magno cum gaudio reduxit, cujus misericordia superexaltat judicium, & cujus cogitationes omnes pacis sunt & misericordiæ, tuam salutem in visceribus Christi cupientes, hæc quæ infra descripta sunt, suo ordine exequuti sumus. Imprimis in Dei nomine prætensam absolutionem, tibi ut præfertur sine authoritate nostra impertitam, nullam & invalidam, ac nullius roboris, & momenti fuisse & esse declaravimus, illamque quatenus de facto processit, irritamus & annullamus, volentes tamen, ut actus religionis, alioqui Catholici & approbabiles, in consequentiam ejusdem absolutionis facti, qui nisi absoluto & ab absoluto fieri nequiverunt, validi, rati, & firmi sint, perinde ac si à nobis tunc absolutus fuisses. Et deinde decrevimus & declaravimus te fore & esse à quibusvis majoris Excommunicationis, aliisque Sententiis, censuris & pœnis Ecclesiasticis, quas quibuscunque hæresibus adhærendo, & quæcunque facta hæreticalia committendo, seu permittendo, aut illorum occasione quomodolibet incurreras, & in quas per felicis recordationis, Sixtum Papam V. prædecessorem nostrum prædictum, per ejus Literas datas V. Idus Septemb. anno Domini 1585. Pontificat. sui anno I. quarum tenorem, formam, ac si de verbo ad verbum præsentibus insereretur, habuimus, & haberi voluimus, pro pleno & efficienti & expresso, incurrisse declaratus fueras, etsi de anno Domini 1572. eosdem errores & hæreses Parisiis abjuraveris, & detestatus fueris, & postea in eosdem errores & hæreses relapsus sis, absolvendum & liberandum, & in gremium Sanctæ Matris Ecclesiæ recipiendum & admittendum esse, illiusque unitati & Sacramentorum participationi restituendum, facta prius per te rité, legitime & juxta Canonicas Sanctiones, Calvinismi cum omnibus Calvinistarum hæresibus & erroribus, ac omnium quarumcunque aliorum hæresium & errorum, quomodolibet contra S. Catholicam & Apostolicam Romanam Ecclesiam se se extollentium, abjuratione, detestatione & anathemizatione, ad Sancta Dei Evangelia jurejurando præstito, nec non Sanctæ Catholicæ & Orthodoxæ fidei professione, per te & juxta modum & formam à nobis tradendam legitime emissa, eodem adhibito juramento ac promissione, de stando & parendo Mandatis nostris & Sanctæ Matris Ecclesiæ, & tibi specialiter injungendis, & de iis bona fide adimplendis & exequendis, ac alias in forma Ecclesiæ consueta, prout in quadam Decreti schedula manu nostra subscripta, & tunc de Mandato nostro per dilectum filium Cosmum Angelium Officii S. Romanæ & universalis inquisitionis Assessorem, alta & intelligibili voce perlecta & publicata, latius continetur. Quibus auditis Jacobus & Arnaldus tui Procuratores prædicti, volentes, ut par est, nostris parere Mandatis, & Sanctæ Ecclesiæ satisfacere, præpositis Sacro Sanctis Dei Evangeliis, & illis eorum manibus corporaliter tactis, Procuratorio nomine quo supra, abjurarunt, detestati sunt, & anathemizarunt hæreses quas hactenus tenueras, & alias quascunque hæreses & errores, promiseruntque sub eodem jurejurando, quod tu deinceps nec errores prædictos, nec aliquam aliam hæresim aut errorem credes, neque illis quomodolibet adhærebis, neque prædicta aut aliqua alia hæreticalia committes, aut facies, neque in posterum hæreticis opem, auxilium, consilium aut favorem, circa hæreses, aut errores seu eorum occasione, præstabis aut impendes, aut ab aliis præstari aut impendi facies: Quodque Deo juvante, servares pœnitentias tibi per nos injungendas, & hujus Sanctæ Sedis Apostolicæ Mandatis libenter obtemperares. Et insuper Sanctæ Catholicæ & Orthodoxæ fidei professionem eodem Procuratorio nomine quo supra emiserunt, & alia fecerunt, promiserunt & jurarunt, prout latius continetur in quadam abjurationis, fidei Catholicæ professionis & juramenti, schedula, eorundem Procuratorum tuorum manu subscripta, quam palam & publice legerunt tenoris infrascripti: *Ego Jacobus Davy, Perroni Dominus, Consiliarius in Consilio Status, & primus Eleemosynarius, alter ex Procuratoribus Henrici IV. Christianissimi Regis Franciæ & Navarræ, una cum Arnaldo de Ossato, Decano Vareni, Diœcesis Ruthenensis, altero ex Procuratoribus prædicti Regis Collega meo, coram vobis Sanctissimo ac Beatissimo in Christo Patre & Domino nostro D. Clemente Papa VIII. humiliter constitutus, ac genuflexus, Sacrosanctis Christi Evangeliis coram nobis positis, ac propriis manibus per nos corporaliter tactis, Procuratorio nomine, ac cum infrascripta rati promissione, agnoscens neminem salvum fieri posse extra Sanctam Catholicam fidem, quam tenet, docet, profitetur, & prædicat Catholica & Apostolica Romana Ecclesia, & Henricum Regem prædictum Principalem nostrum, adversus illam gravissime errasse, præsertim male & perperam sentiendo circa numerum Sacramentorum Ecclesiæ, circa transsubstantiationem panis & vini in corpus & sanguinem Christi, circa præsentiam corporis & sanguinis Christi in Eucharistia, circa supremam potestatem, & auctoritatem summi Romani Pontificis in universa Ecclesia, circa Purgatorium animarum, & suffragia pro eis, circa venerationem & invocationem Sanctorum; & circa eorum Reliquiarum, & Sacrarum imaginum venerationem, & denique amplectendo impium, & detestandum Calvinismum, cum omnibus suis erroribus, & hæresibus, ac in eisdem erroribus, & hæresibus, & toto Calvinismo, ab incunte adolescentia sua, etiam post absolutionem à fratre vestro Gregorio Papa XIII. Sanctitatis vestræ prædecessore, desuper sibi concessam, perseverando, & manendo, ac erroribus & hæresibus prædictis animo, corde, verbis & factis ipsis firmiter credendo, & pertinaciter adhærendo: & demum de anno M. D. XCIII. divina inspirante gratia, & infinita Christi & Salvatoris nostri Dei misericordia operante, ipse Henricus Rex ab omnibus & singulis hujusmodi erroribus, & hæresibus, ex corde resipuit & recessit. A quo tempore & ante à dictis erroribus & hæresibus, & à quibusvis Sententiis & censuris propterea incursis & declaratis absolvi, & in gremium Sanctæ Matris Ecclesiæ recipi, & Sanctorum Sacramentorum participationi restitui, humiliter sæpius petiit & institit, & cum ad effectum hujusmodi, inter alia, errores & hæreses prædictas, & quascumque alias abjurare & detestari, fidemque Catholicam profiteri teneatur: Propterea Ego Jacobus Procurator ut supra, cum supradicto Arnaldo Collega meo & Procuratorio nomine supradicto, & cum infrascripta promissione de rato, volens Sanctæ Ecclesiæ & Sanctitati vestræ, ut par est, satisfacere, corde sincero, & fide non ficta, abjuro, detestor, & anathematizo universas & singulas hæreses & errores supradictos, ac Calvinismum cum omnibus ejus erroribus & hæresibus: Nec non omnes alias quascunque Sectarum hæreses & errores, se se quomodolibet extollentes contra Sanctam Orthodoxam, Catholicam fidem, quam tenet, docet & prædicat Sancta Catholica & Apostolica Romana Ecclesia, & sub eodem juramento cum eodem Arnaldo Collega meo, polliceor & promitto, quod idem Henricus Rex, noster Principalis, deinceps nec hæreses, nec errores prædictos, nec aliquam aliam hæresim aut errorem credet, neque illis adhærebit,*

ANNO 1595.

neque prædicta, aut aliqua alia hæreticalia committet, aut faciet, neque in posterum hæreticis opem, auxilium, consilium, aut favorem, circa hæreses & errores illorum, seu eorundem occasione præstabit, aut impendet, nec ab aliis præstari aut impendi faciet. Ac præterea cum eodem Collega meo, juro ipsum Henricum Regem, Deo juvante, servaturum Pœnitentias sibi à Sanctitate vestra injungendas, & hujus Sanctæ Sedis Apostolicæ Mandatis libenter obtemperaturum. Insuper Ego Jacobus Procurator prædictus, cum prædicto Arnaldo Collega meo, ad confirmationem & corroborationem præmissorum, & ad majorem expressionem & declarationem sinceræ voluntatis, & Catholicæ fidei dicti Henrici Regis, nostri Principalis, infrascriptam Sanctæ Catholicæ & Orthodoxæ fidei professionem expresse facio & emitto, pro quo similiter de rato promitto ut infra, firma fide credo, & profiteor omnia & singula quæ continentur in Symbolo fidei, quo Sancta Romana Ecclesia utitur, videlicet: Credo in unum Deum, Patrem Omnipotentem, factorem Cæli & terræ, visibilium omnium & invisibilium: Et in unum Dominum Jesum Christum filium Dei unigenitum, & ex Patre natum ante omnia sæcula, Deum de Deo, lumen de lumine, Deum verum de Deo vero: Genitum non factum, Consubstantialem Patri, per quem omnia facta sunt, qui propter nos homines & propter nostram salutem descendit de Cælis: & incarnatus est de Spiritu Sancto, ex Maria Virgine: Et homo factus est. Crucifixus etiam pro nobis sub Pontio Pilato, passus & sepultus est. Et resurrexit tertia die secundum Scripturas. Et ascendit in Cælum: sedet ad Dexteram Patris. Et iterum venturus est cum gloria judicare vivos & mortuos. Cujus Regni non erit finis. Et in Spiritum Sanctum Dominum, & vivificantem. Qui ex patre filioque procedit, & cum Patre & filio simul adoratur, & conglorificatur. Qui locutus est per Prophetas. Et unam Sanctam Catholicam & Apostolicam Ecclesiam. Confiteor unum Baptisma in remissionem Peccatorum. Et expecto resurrectionem mortuorum, & vitam venturi sæculi Amen. Apostolicas & Ecclesiasticas traditiones, reliquasque ejusdem Ecclesiæ observationes & constitutiones firmissime admitto, & amplector. Item Sacram Scripturam juxta eum sensum quem tenuit & tenet Sancta Mater Ecclesia, cujus est judicare de vero sensu, & interpretatione Sacrarum Scripturarum, admitto: nec eam unquam nisi juxta unanimem consensum Patrum, accipiam & interpretabor. Profiteor quoque septem esse vere & proprie Sacramenta, novæ Legis à Jesu Christo Domino nostro instituta, atque ad salutem humani generis, licet non omnia singulis necessaria, scilicet Baptismum, Confirmationem, Eucharistiam, Pœnitentiam, extremam Unctionem, Ordinem, & Matrimonium, illaque gratiam conferre; & ex his Baptismum, Confirmationem, & Ordinem, sine Sacrilegio reiterari non posse; Receptos quoque & approbatos Ecclesiæ Catholicæ ritus in Sacramentorum supradictorum omnium solemni administratione recipio & admitto. Omnia & singula quæ de peccato originali, & de justificatione in Sacro Sancta Tridentina Synodo definita, & declarata fuerunt, amplector & recipio. Profiteor pariter in Missa offerri Deo, verum, proprium & propitiatorium Sacrificium pro vivis & defunctis, atque in Sacratissimo Eucharistiæ Sacramento esse vere, realiter & substantialiter corpus & sanguinem, una cum anima & divinitate Domini nostri Jesu Christi, fierique conversionem totius substantiæ panis, in corpus, & totius substantiæ vini in sanguinem. Quam conversionem Catholica Ecclesia, Transubstantiationem appellat. Fateor etiam sub altera tantum specie, totum atque integrum Christum, verumque Sacramentum sumi. Constanter teneo Purgatorium esse, animasque ibi detentas, fidelium suffragiis juvari. Similiter & Sanctos una cum Christo regnantes, venerandos atque invocandos esse, eosque Orationes Deo pro nobis offerre, atque eorum reliquias esse venerandas. Firmissime assero imagines Christi, ac Deiparæ, semper, nec non aliorum Sanctorum habendas & retinendas esse, atque eis debitum honorem ac venerationem impertiendam. Indulgentiarum etiam potestatem à Christo in Ecclesia relictam fuisse, illarumque usum Christiano populo maxime salutarem esse affirmo. Sanctam Catholicam, & Apostolicam Romanam Ecclesiam, omnium Ecclesiarum Matrem & Magistram agnosco: Romanoque Pontifici, beati Petri Apostolorum Principis successori, ac Jesu Christo Vicario veram obedientiam, sicut alii Catholici & Christianissimi Reges Franciæ prædecessores sui reddiderunt, spondeo & juro. Cæteraque omnia à Sacris Canonibus & Oecumenicis Conciliis, ac præcipue a Sacrosancta Tridentina Synodo tradita, definita, & declarata, indubitanter recipio atque profiteor, simulque contraria omnia, atque hæreses quascunque ab Ecclesia damnatas, rejectas, & anathematizatas, pariter damno, rejicio & anathematizo. Hanc vero Catholicam Fidem, quam sponte Procuratorio quo supra nomine dicti Henrici Regis, in præsenti profiteor, & veraciter teneo: eandem integram & inviolatam, atque ad extremum vitæ spiritum constantissime, Deo adjuvante, retinere & confiteri, Ego Jacobus Davy, Procurator supradictus, una cum supradicto Arnaldo Collega meo, quo supra nomine spondeo, voveo ac juro: & simili juramento mediante, promitto eundem Henricum Regem, præsentem errorum, & hæresium abjurationem, & fidei Catholicæ professionem ac in ea contenta quæcunque, ad omne Mandatum Sanctitatis vestræ, & hujus Sanctæ Sedis sufficienter & legitime ratificaturum, ac Literas patentes ratificationis hujusmodi, seu publicum Instrumentum, in forma authentica ad eandem Sanctitatem vestram, & hanc Sanctam Sedem Apostolicam, intra tempus competens, absque aliqua interpellatione realiter, & effectualiter transmissurum. Ita nos, dictumque Henricum Regem Deus adjuvet, & hæc Sancta Dei Evangelia. Ego Jacobus Davy Procurator supradictus, & Procuratorio nomine supradicto ita abjuravi, detestatus fui, & anathemizavi, ac professus sum, spopondi, vovi, promisi, & juravi respective, & præsentem abjurationis, fidei professionis, promissionis, & juramenti schedulam, manu mea propria subscripsi, una cum infrascripto Domino Arnaldo Collega meo. Ego Arnaldus Ossatus, Procurator supradictus, & Procuratorio nomine supradicto ita abjuravi, detestatus fui, & anathemizavi, ac professus sum, spopondi, vovi, promisi, & juravi respective, & præsentem abjurationis, fidei professionis, promissionis, & juramenti Schedulam manu mea propria subscripsi una cum supradicto Domino Jacobo Davy Collega meo.

Quibus legitime peractis, nos, ut facilius a Clementissimo misericordiarum Patre & Domino nostro Deo, erratorum tuorum hujusmodi veniam, & in bono perseverantiam consequi merearis, in salutares pœnitentias & aliquam satisfactionis partem, eisdem Jacobo & Arnaldo Procuratorio nomine prædicto, injunximus & mandavimus, ut restituas exercitium Religionis Catholicæ, Apostolicæ & Romanæ, in Principatu Bearni, & quam primum nomines Episcopos Catholicos ad Ecclesias ejusdem Principatus, & donec bona Ecclesiis restituantur, des Episcopis hujusmodi, tantum de tuo proprio, quo digne interim sustentari possint.

Quod infra annum proximum educas è manibus Hæreticorum, Henricum Principem Condensem, & illum consignes educandum personis vere & sincere Catholicis, quæ eum in Catholica Religione, & Christiana pietate vere nutriant.

Quod Concordata cum Sede Apostolica tam in provisionibus seu nominationibus, quam in omnibus aliis integre serves, & illa non excedas.

Quod neminem hæreticum, aut de hæresi suspectum, ad Episcopatum, Abbatias, & ea Beneficia, ad quæ jus nominandi habes, nomines.

Efficias ut Concilium Tridentinum publicetur, & observetur in omnibus, exceptis tamen, ad tuam supplicationem, & instantissimam petitionem, si quæ forte adessent, quæ revera sine tranquillitatis perturbatione, executioni demandari non possint.

Ordinem Ecclesiasticum in particulari commendatione & protectione habeas, & personas Ecclesiasticas, tam seculares quam regulares, ab iis qui gladium portant, aut ab ullis aliis opprimi, aut vexari, nec eorum bona detineri patiaris: sed si quæ occupata sint, vel fuerint, ea quam primum per universum Galliæ regnum, ubicunque sita sint, sine ulla litis aut processus forma, restitui facias.

Infeudationes & Concessiones quascunque de quibuscunque castris, locis, & bonis ad Ecclesias, Monasteria, & pia loca quæcunque quomodolibet spectantibus, si quæ à te, seu tuis præfectis, gubernatoribus vel ministris, ad favorem sive Catholicorum, sive Hæreticorum facta fuerint, revoces & annulles.

Verbis & factis etiam in conferendis gradibus Regni ostendas Catholicos tibi esse charissimos, ita ut

ANNO 1595.

ut omnes clarè cognoſcant, te percupere, ut unica tantum Religio, & illa Catholica & Apoſtolica Romana, quam tu profiteris, in Franciæ Regno ſit, & perpetuo vigeat.

Singulis diebus, legitimo ceſſante impedimento, recites Coronam Beatæ Mariæ Virginis: Quarta quaque feria Litanias: ſingulis diebus Sabbathi Roſarium ejusdem beatæ Mariæ, quam aſſumas pro tua Advocata in Cælis: Jejunia, & cætera præcepta Eccleſiæ obſerves: Et ſaltem quater in anno peccata tua Sacerdoti idoneo, Sacramentaliter confitearis, & publicè communices. Singulis item diebus, Sacram Miſſam more Regum, & Principum Catholicorum, devotè audias. Dominicis verò & feſtis diebus (ceſſante legitimo impedimento) interſis Miſſæ Conventuali, vel Solemni in Eccleſia, vel Cappella regia, prout alii Chriſtianiſſimi & Catholici Reges conſueverunt facere.

Ædifices ſeu ædificari facias in ſingulis Provinciis Regni Franciæ & Principatu Bearni, unum Monaſterium virorum, vel mulierum Religionis Monaſticæ, vel Mendicantium ex Religionibus reformatis.

Ratifices & approbes ſufficienter & legitimé, & abſque alia interpellatione in Francia, in manibus Legati vel Nuntii Sanctæ Sedis Apoſtolicæ, quàm primum ibi fuerit, hæreſium & errorum abjurationem, & Sanctæ fidei Catholicæ profeſſionem, & omnia alia & ſingula per tuos Procuratores in præſenti negotio facta & promiſſa, ac præſentia noſtra Mandata acceptes & recipias, Inſtrumentumque ratificationis, ad Nos & Sanctam Sedem Apoſtolicam, in forma Authentica transmittas, & realiter conſignari facias.

Ad Catholicos Principes ſcribas, ſignificando & congratulando, quod in grátiam Sanctæ Romanæ Eccleſiæ receptus ſis, in qua, Deo favente, profiteberis te perpetuò permanſurum.

Jubeaſque in omnibus Locis Regni tui, gratias agi Omnipotenti Deo, pro tam inſigni beneficio ab eo recepto. Prout & latius continetur in alia ſchedula, per eundem Coſmum, de Mandato noſtro ibidem publicè lecta & promulgata, & per eosdem Jacobum & Arnaldum Procuratores tuos eorum propriis manibus ſubſcripta: cujus & tenorem hic & pro plenè inſerto & expreſſo haberi volumus. Quas quidem Pœnitentias & Mandata, iidem Jacobus, & Arnaldus Procuratores tui, grato & libenti animo recipere & acceptare dixerunt, receperunt & acceptarunt, & illa, Deo favente, obſervare & bona fide adimplere promiſerunt, & jurarunt, tactis iterum corporaliter Sacroſanctis Dei Evangeliis ſupradictis. Et ſucceſſivè nos te in perſonis Procuratorum tuorum prædictorum à quibusvis majoris Excommunicationis, aliiſque Sententiis, cenſuris & pœnis Eccleſiaſticis, quas quibuscunque hæreſibus adhærendo, & quæcunque facta hæreticalia commitendo, ſeu permittendo, aut illorum occaſione quomodolibet incurreras, & in quas per felicis recordationis Sixtum prædeceſſorem prædictum, per ejus Literas prædictas incurriſſe declaratus fueras, etſi de anno 1572. in eosdem errores & hæreſes delapſus ſis; Authoritate Apoſtolica abſolvimus & liberavimus, & in gremium Sanctæ Eccleſiæ recepimus, & Sanctorum Sacramentorum participationi reſtituimus, in forma Eccleſiæ conſueta: ſperantes & confidentes, quòd tu tandem hujus Sanctæ Sedis & noſtram benignitatem recognoſcens, talem te in futurum factis ipſis præſtabis & oſtendes, ut Sancta Mater Eccleſia de tanto profectu, tuaque in illam devotione ferventiori, in dies magis ac magis, Spiritualis gaudii & lætitiæ ſentiat augmentum: Teque in Domino hortantes, ut Pœnitentias ſalutares prædictas aliaque præmiſſa à nobis, ut præfertur, injuncta non ſolum integrè & inviolabiliter, ſed etiam cumulatè, & ut Catholicum Principem & Regem verè Chriſtianiſſimum decet, ex toto corde adimplere procures, ut in hoc noſtram & Sanctæ Sedis Apoſtolicæ Benevolentiam, in alio verò ſæculo divina tibi aſſiſtente gratia, æternæ retributionis gloriam conſequi merearis, non obſtantibus præmiſſis ac quibusvis aliis tam felicis recordationis Sixti prædicti, & piæ memoriæ Gregorii XIV. quam quorumcunque aliorum Romanorum Pontificum prædeceſſorum noſtrorum, Literis & Conſtitutionibus ac Ordinationibus Apoſtolicis contrà hæreticos & relapſos, illorumque credentes & fautores, quandocunque editis, & in Corpore Juris, clauſis ſub quibuscunque, tenoribus, & formis, & cum quibuſvis derogatoriarum derogatoriis, aliiſque contrariis ac irritantibus & aliis Decretis in contrarium facientibus quibuscunque Quibus omnibus, eorum tenores præſentibus pro ſufficienter expreſſis habentes, illis, alias in ſuo robore permanſuris, hac vice duntaxat ſpecialiter & expreſſe derogamus, & cæteris contrariis quibuscunque. Nulli ergo hominum liceat hanc paginam noſtræ abſolutionis, reſtitutionis, liberationis, receptionis & derogationis infringere, vel ei auſu temerario contraire. Si quis autem hoc attentare præſumpſerit, indignationem Omnipotentis Dei, & beatorum Petri & Pauli Apoſtolorum ejus ſe noverit incurſurum. Datum Romæ apud S Petrum anno Incarnationis Dominicæ 1595. 15. Calend. Octobris Pontificatus noſtri anno 4.

L. Carp. Dat. Silvius Antoniamis.

A: de Alexiis.

Articles (1) *accordez & promis au nom de* HENRI IV. *Roi de France & ſur lesquels il obtint l'Abſolution du Pape.* [Ambaſſades & Negociations du Cardinal du Perron page 155.]

1. QU'ils preſteront le ſerment accouſtumé, d'obeïr aux Mandements du Sainct Siege, & de l'Egliſe.

2. Qu'ils abjureront par devant le Pape, le Calvinisme & toutes autres Hereſies, & feront profesſion de Foy.

3. Que le Roy reſtituera l'Exercice de la Religion Catholique en la Principauté de Bearn, & y nommera au pluſtoſt, des Eveſques Catholiques; & jusques à ce que les biens puiſſent eſtre reſtituez aux Egliſes, donnera & aſſignera du ſien, aux deux Eveſques de quoy s'entretenir dignement.

4 Que le Roy, dans un an oſtera Monſieur le Prince de Condé d'entre les mains des Heretiques, & le conſignera entre les mains de Perſonnes Catholiques, pour le nourrir en la Religion Catholique, & pieté Chreſtienne.

5. Que les Concordats ſeront gardez & entretenus, tant à la proviſion des benefices, qu'és autres choſes.

6. Que le Roy ne nommera aux Eveſchez & Abbayes & autres benefices, auſquels ils a Droit de nomination, perſonnes Heretiques, ny ſuſpectes d'Hereſie.

7. Que le Roy fera publier & obſerver le Concile de Trente, excepté aux choſes, qui ne ſe pourront executer, ſans troubler la tranquillité du Royaume, s'il s'y en trouve de telles.

8. Que le Roy aura en particuliere recommendation, & Protection l'Ordre Eccleſiaſtique, & ne ſouffrira que les perſonnes Eccleſiaſtiques ſoient opprimées ou vexées, par ceux qui portent l'Espée, ny par autres, ny que leurs biens ſoient detenus; s'il y en a d'occupez, les fera rendre au pluſtoſt, par tout le Royaume, ou qu'ils ſoient ſituez, ſans aucune forme, ny figure de Procez.

9, Que ſi le Roy avoit fait quelque Infeodation, des Chaſteaux & Lieux qui apartiennent à l'Egliſe, en faveur de Catholiques, ou d'Heretiques, il les revoquera.

10. Que le Roy monſtrera par faits & par dits, & même en donnant les honneurs & dignitez du Royaume, que les Catholiques luy ſont tres chers, de façon, que chacun cognoiſſe clairement, qu'il deſire qu'en la France ſoit & floriſſe une ſeule Religion, & icelle, la Catholique, Apoſtolique, & Romaine, de la quelle il fait profeſſion.

11. Que le Roy s'il n'a legitime Empeſchement, dira tous les jours le Chapelet de nôtre Dame, & le Mecredy les Litanies; & le Samedy le Roſaire de Noſtre Dame, laquelle il prendra pour ſon Advocate és Cieux, oira la Meſſe tous les jours; & les jours de Feſte, Meſſe haute.

12. Qu'il

(1) L'Editeur advertit qu'outre ces Articles, il y en avoit encore dixhuit autres, dont l'execution avoit été demandée par le Pape, & promiſe par le Roi; mais que le Cardinal, en ayant obtenu l'entiere revocation, il a cru les dévoir ſuprimer, & que c'eut été en lui une temerité de divulguer ce que la modeſtie & la diſcretion doivent ſeller & paſſer ſous ſilence. [DUM.]

ANNO 1595.

12. Qu'il se confessera, & communiera en public, quatre fois pour le moins par chacun an.

13. Qu'il bastira en chacune Province du Royaume, & en la Principauté de Bearn, un Monastere d'hommes, ou de femmes, de Religion Monastique, ou des Mendiants des Religions Reformées.

14. Qu'il ratifiera en France, entre les mains du Legat, ou d'autre Ministre du Saint Siege, l'Abjuration & Profession de Foy, & les autres promesses faites par ses Procureurs, & envoyera au Pape, l'instrument de la Ratification.

15. Qu'il ecrira aux Princes Catholiques, en se conjouïssant de ce qu'il aura eté receu en la grace de l'Eglise Romaine, en laquelle il fait profession de vouloir demeurer à jamais.

16. Qu'il commandera que par tout son Royaume graces soient rendues à Dieu, pour un si grand bien receu de luy.

XCVI.

1596. Janvier.

Premieres Lettres de Naturalité, ottroyées aux Citoyens, Bourgeois, Habitans & Sujets de la Ville de Geneve, par le Roy de France HENRI IV. *au mois de Janvier* 1596. [Histoire de Geneve de M. SPON Ed. 1730. in 12. p. 478.]

Collationnées sur l'Original.

Extrait des Regitres du Conseil du ROI.

SUR LA REQUESTE presentée, par les Seigneurs de Geneve tendans à ce qu'il pleust au Roy, en consequence du Traitté fait avec les Seigneurs de Berne, Solleurre & Eux, en l'année mil cinq cents soixante & dix huict, Declarer que les Habitants & Subjects dudit Geneve seront traittez en France, comme François naturels, tant pour le Droict de Naturalité que Succession, VEU le Traitté de laditte Alliance, fait en laditte année mil cinq cents soixante dix huict, par le deffunt Roy (que Dieu absolve) avec lesdits Seigneurs de Berne, Solleurre & Geneve; LE ROY en son Conseil a ordonné & ordonne en consequence dudit Traitté, Que les Habitants & Sujects de la ditte Ville de Geneve seront traittés en France comme François naturels, tant pour le droit de Naturalité iceulx mourans en France, que pour le Droit de Succession quand ils auront à succeder à quelcun mort en ce Royaulme dont le bien & succession seroit en l'estendue d'icelluy. FAIT au Conseil du Roy tenu à Coucy le vingt deuxieme jour de Janvier mil cinq cents quatre vingts seize. *Signé*, Melliand.

Et collationné.

HENRY, PAR LA GRACE DE DIEU, ROY DE FRANCE ET DE NAVARRE. A TOUS PRESENS ET ADVENIR SALUT Le feu Roy dernier decedé nostre tres cher Seigneur & Frere, considerant de quelle importance est la Ville de Geneve, pour entretenir l'Intelligence & Alliance de cette Couronne avec les Seigneurs des Ligues; Et que la dicte Ville a tousjours porté une Singuliere affection au bien & avancement des affaires de ce Royaume; Auroit l'année soixante dix huict, fait Traicté avec les Seigneurs de Berne, Solleurre & ladite Ville de Geneve, tendant à la conservation d'icelle. Et pour donner plus de Commodité aux Citoyens, Bourgeois, Domicilliés & Subjects de la dicte Ville de trafficquer en ce Royaume, l'auroit comprins avec son Territoire en la Paix perpetuelle de la Couronne de France avec les Seigneurs des Ligues, soubs les privile- & immunitez contenues audit Traicté: Et d'autant que par la Communication frequente & trafficque ordinaire de ceux de ladicte Ville en France; Il est advenu cy devant & de present des particularitez sur lesquelles les Juges font doute en l'explication d'aucuns Articles & de la consequence qu'on en peut tirer, principallement pour le Droict de Naturalité; Afin de prevenir toutes difficultés soit qu'elles soyent ja meues & qui pourroyent mouvoir pour l'advenir, Nos chers & bons Amys les Seigneurs dudit Geneve nous ont faict requerir tant en consequence dudit Traicté, qu'en consideration des services qu'ils ont faict à cette Couronne, principallement és derniers troubles; Que nostre plaisir fust declairer que les Citoyens, Bougeois, Domicilliés ou Subjects de laditte Ville seront traictés en France, tant pour le passé, depuis ledit Traicté fait l'an soixante dix huit, que cy apres comme François naturels, tant pour le Droict de Naturalité mourans en France & y laissant des Biens, comme pour le Droit de Succession ayants à heriter à ceux qui y sont morts. Surquoi ayant mis en consideration, tant ledit Traicté que les services que laditte Ville a faict à ce Royaume, & la fidellité & constance en laquelle elle a perseveré & continue tous les jours, voulans tesmoigner à chacun le desir que nous avons d'y correspondre par tous Offices de bienveuillance & de bonne volonté, que nous leur pourrons departir. POUR CES CAUSES, inclinants à la Requeste desdits Seigneurs de Geneve, Nous avons permis, octroyé & accordé, permettons, octroyons & accordons, voulons & nous plaist, de Nostre grace speciale, plaine puissance & authorité Royale, par ces Presentes, aux Citoyens, Bourgeois, Domicilliés, & Subjects de ladicte Ville, qu'ils puissent venir frequenter, trafficquer & resider en ce Royaume, & y acquerir tous biens, meubles & immeubles, que bon leur semblera, les tenir, posseder, en ordonner & disposer, tant par Testament, Ordonnance de derniere volonté, Donnation entre vifs & autrement, en quelque sorte que ce soit; Et que leurs Heritiers, soit qu'ils n'eussent testé, ou autres auxquels ils en auront disposé, leur puissent succeder, prendre & apprehender la possession & jouïssance de leurs biens; tout ainsi comme s'ils étoient originaires & natifs en ce Royaume; Ce que nous entendons avoir lieu tant pour les Biens qu'ils acquereront, que ceux qu'ils ont ja acquis, & qui à bon & juste tiltre leur sont escheux & pourroient escheoir, en maniere que ce soit. Comme aussi accordons auxdits Citoyens, Bourgeois, Domicilliés & Subjects de laditte Ville de Geneve de succeder plainement à leurs Parents nos Subjects, & autres morts en ce Royaume, dont le bien & succession sera en l'estenduë d'iceluy. Et nostre present Octroy & Declaration avoir lieu à commencer depuis ledit Traicté de l'an soixante dix huit; sans qu'en vertu des Edits, Ordonnances & Statuts faits contre les Estrangiers prohibitifs du contraire, nos Officiers puissent prendre & saisir les Biens desdits de Geneve, comme à nous apartenant par Droit d'aubaine, ou donner empeschement auxdits de Geneve de succeder aux Biens qui leur seront escheux: Et si dès à present il y avoit aucune saisie faicte par nosdits Officiers ou autres, Nous leur en avons fait & faisons plaine main levée; Et quant à ce, les avons Habilités & Dispensés, Habilitons & Dispensons de Nos Puissance & Authorité susdittes par ces Presentes, sans que pour ce, ils soyent tenus nous payer pour le passé ou à l'advenir, ny à nos Successeurs Roys aucune Finance ou Indemnité, de laquelle à quelque valeur ou estimation qu'elle soit ou puisse monter, nous leur avons faict Don: Deffendans aux gens tenants nos Cours de Parlement, Chambre de nos Comptes, & tous autres nos Officiers d'en faire recherche & dresser Inventaires, ou mettre soubs nostre mains les Biens qui appartiendront auxdits de Geneve; encores qu'en semblables choses nos Ordonnances le requierrent, auxquelles & à toutes autres nous avons derogé & derogeons, à la charge, par lesdits Seigneurs de Geneve, de faire le semblable envers nos Subjects; Et neantmoins ordonnons que ceux qui voudront jouïr du present Privilege, seront tenus apporter Acte Authentique de la Seigneurie, comme ils sont Citoyens, Bourgeois, Domicilliés ou Subjects de laditte Ville, & coppie deuement collationnée desdictes Presentes, laquelle servira comme original. SY DONNONS EN MANDEMENT à nos Amez & Feaux les gens de nos Comptes, Tresoriers de France & Generaux de nos Finances, & à tous nos Baillifs, Seneschaux, Prevosts, leurs Lieutenants & autres nos Justiciers & Officiers presents & advenir, & à chacun d'eux, que de nos Presentes, Grace, Congé, Licence, Permission & Habilitation, Don, Quictance & Octroy, & de tout le contenu és dittes Presentes, ils fas-

ANNO 1596.

ANNO 1596. ſent, ſouffrent & laiſſent jouyr & uſer plainement & paiſiblement les Citoyens, Bourgeois, Domiciliés & Subjects deſdits Seigneurs de Geneve, leus Succeſſeurs & ayants cauſe; Ceſſans & faiſans ceſſer tous troubles & empeſchemens au contraire; Nonobſtant les Ordonnances faictes contre les Eſtrangiers, que la valeur de la ditte Finance ne ſoit ici ſpecifiée & declairée, que tels dons ne deuſſent eſtre paſſés que par moitié ou le tiers, les Ordonnances anciennes & modernes, ſur l'ordre & diſtribution de nos Finances, que par l'eſtabliſſement deſdits Treſoriers de France, Generaux de nos Finances, leur ſoit expreſſement deffendu paſſer ſemblables Dons, quelque Mandement, Patente ou expreſſe Juſſion, qui en puiſſe eſtre expediée, EN QUOI ne voulons le preſent Don eſtre comprins ny entendu, ains en avons excepté & reſervé, exceptons & reſervons leſdits Subjects de Geneve, & autres à ce contraires, auxquelles & aux deſrogatoires des deſrogatoires y contenües, Nous avons derogé & derogeons de noſtre dicte Puiſſance & Authorité. Et afin de perpetuelle memoire & que ce ſoit choſe ſtable, Nous avons faict mettre noſtre ſeel à ces dictes Preſentes, ſauf en autre choſe noſtre droit, & l'autruy en tout. CAR TEL EST NOSTE PLAISIR. DONNE' à Folembray au mois de Janvier l'an de grace mil cinq cents quatre vingt & ſeize, & de noſtre Regne le ſeptieme. Ainſy ſigné HENRY. *Et ſur le reply*, par le Roy, *De Neufville.* Et à coſté Viſa. Et ſeellé du grand Seel de Sa Majeſté, de Cire verte, ſoubs lacs de Soye rouge & verte.

Le Sceau du Roi eſt pendant.

XCVII.

1598. 19. Janv. *Bulla* CLEMENTIS *Papæ VIII. quâ ſe Ducatum* Ferrariæ *poſt obitum* ALPHONSI *Eſtenſis, Ducis Ferrariæ ad S. R. Eccleſiam devolutum declarat acceptâſſe, eumque & reditus illius R. Cameræ Apoſtolicæ incorporâſſe. Datum Romæ in Conſiſtorio ſecreto* 19. *Januarii* 1598. [Bullarium Magnum Tom. 3. pag. 67. col. 1.]

SAnctiſſimus in CHRISTO Pater & Dominus noſter Dominus Clemens divina providentia Papa Octavus.

§ 1. Quoniam per obitum Alphonſi Eſtenſis Ferrariæ Ducis, Ducatus & ſtatus Ferrariæ, cum omnibus Civitatibus, Terris, Caſtris, fortalitiis, Portubus, locis, membris, Juriſdictionibus, juribus, ac aliis annexis & connexis, de quibus à Sede Apoſtolica & ſuis prædeceſſoribus Romanis Pontificibus, idem Alphonſus, ſive ejus anteceſſores, inveſtiti fuerunt, ſeu aliàs quomodolibet illos & illa à Sede præfata tenuerunt & habuerunt, ad eandem Sedem & Cameram ſuam Apoſtolicam, tum ex forma inveſtiturarum, ſeu aliarum conceſſionum de eis factarum, tum vigore Conſtitutionis fœl. recordationis Pii Papæ Quinti prædeceſſoris editæ ſub Dat. 4. Calend. Aprilis, Anno Incarnationis Dominicæ milleſimo quingenteſimo ſexageſimo ſexto, Pontificatus ſui Anno ſecundo, reverſi & reverſa, & devoluti ac devoluta exiſtant, & utile eorum dominium cum directo conſolidatum eſt, etiam abſque aliqua alia ulteriori acceptione, declaratione, ac poſſeſſionis apprehenſione, & alias juxta præfatam Conſtitutionem Pii V. ad quam in omnia, & in omnibus ejus partibus relationem haberi voluit.

§. Nihilominus pro potiori cautela, & jura juribus addendo, & Conſtitutioni inhærendo, de venerabilium fratrum ſuorum S. R. E. Cardinalium conſilio pariter & aſſenſu, Statum & Ducatum prædictum cum omnibus Civitatibus, Terris, Caſtris, Fortalitiis, Portubus, locis, membris, & aliis annexis & connexis, per obitum præfati Ducis Alphonſi, ſeu alias ad eamdem Sedem devolutum, & devoluta, & utile eorum dominium cum directo conſolidatum eſſe declaravit, & hujuſmodi reverſionem, devolutionem, & utilis cum directo dominio conſolidationem acceptavit, ipſumque Ducatum & Statum Ferrariæ, cum omnibus ſupradictis, Sedi Apoſtolicæ & Cameræ reverſum, unitum, & incorporatum eſſe, ac cenſeri decrevit, & declaravit omni meliori modo.

ANNO 1598. §. 3. Et quatenus opus ſit, eumdem Ducatum & Statum de novo eidem Sedi & Cameræ univit & incorporavit, & diſpoſitioni conſtitutionis præfatæ Pii V. ſubjacuiſſe, & ſubjacere, ſimiliter decrevit & declaravit, Deoque Omnipotenti, Beatæ Virgini, ac SS. Apoſtolis Petro & Paulo, perpetuo tribuit & dedicavit.

Die 19. Januarii 1598. apud St. Petrum, in Conſiſtorio ſecreto, Romæ.

XCVIII.

Iteratie en Confirmatie van de Acte van Donatie van de Graefſchap Meurs *aen* MAURITS 3. Fevrier.
Printz van Oranien, by WALBURG Gravinne van MEURS *gepaſſeert op den* 3 *Februarii* 1598. EN *in den Hove van Hollandt gearreſteert op den* 7. *van de ſelve Maent Februarii* 1598. [Aenwyſinge van het Recht tot de twee Graefſchappen van Meurs en Lingen, competerende ſyn Hoogheyt, JOHAN WILLEM FRISO Prince van Orange en Naſſau *in de Stucken ende Bewyſen p.* 3.]

C'eſt-à-dire,

Confirmation de la Donation du Comté de Meurs faite par WALBURG *Comteſſe de Nieuwenaer & de Meurs à* MAURICE *Prince d'Orange au Mois de Novembre* 1594. *& renouvellée icy à la Haye le* 3 *Fevrier* 1598. AVEC *L'Enregiſtrement fait à la Cour de Hollande le* 7 *dudit Mois & an.*

WY *Walburch, Grâvinne tot Nieuwenaer, Meurs, ende Limburgh, Vrouwe tot Betburgh, ende Waert*, allen den geenen, die dezen zullen ſien, ofte hooren lezen, ſaluyt, doen te weten; alzoo wy voor dezen, namentlyck op den een en twintigſten dagh der maendt van November, in den jare vyftien hondert vier en tnegentingh, by rype deliberatie van Rade, uyt Onſen vryen wille, ende rechte wetenſchap, ſonder daer toe eenighſints beleyt, noch bedwongen te weſen, overmits gewichtige redenen, ons daer toe moverende, ende uyt ſonderlinge affectie, die wy waren ende zyn dragende den Doorluchtigen ende Hooghgebooren onſen ſeer geliefden Neve, *Heere Maurits, gebooren Prince tot Orange, Grave van Naſſau, Chatzenellebogen, &c. Marckgrave van ter Vere, ende Vliſſingen*, &c. ten opſiene van de oprechte vrientſchap, aſſiſtentie, ende bevorderinge, die wy in allen onſen voorvallende zaeken, ende beſwaerniſſen by S. L. t'allen tyden, ende t'zedert onzen Weduwlyken ſtaet hebben bevonden, ende in ſonderheyt om onſe getrouwe Onderzaten te verſorgen van een goedertieren Hooft-heere ende Voorſtander in toekomende tyden, de zelve S. L. *onder den levenden, gegunt, gegeven, ende anderſints gecedeert, ende opgedragen* hadden, de boven gemelde onſe *Graefſchap, Stadt, ende Sloten van Meurs, ende Cracouwe*, met allen haren Heerlykheden, Landen, Gereghtigheden, ende Goederen, daer onder, ofte ſien behoorende, zoo daer van naeder is blyckende by de opene brieven van gifte, overgevinge ende transport, in dato als boven; mitsgaders van der aenneminge, ende acceptatie, daer op by hooghgemelten onzen Neve gedaen, den ſes en twintighſten der voorſz maent van November deſſelfs jaers,

Ende het zoo zy, dat wy daer na tydts genoegh gehadt hebbende, om zoodanige onſe deliberatie, reſolutie, ende gedane diſpoſitie, wel t'overleggen, terwyle de voornoemde onſe Graefſchap, Steden, Slooten, Heerlykheden, ende Goederen van *Meurs, Cracouwe, Creyvelt*, ende *Frymersheym*, ons van wegen des *Koninghs van Spagnien* ende andere werden onthouden, zonder dat middelerwylen onze voorſchreve gifte, ende tranſport, met der daet ende by werkelyke poſſeſſie (zoo wy dat altoos wel begeert hadden) konde werden, voltogen, ende gecomprobeert, daer en tuſſen veel meer veroor-

zaekt

ANNO 1598.

zaekt zyn geworden ons niet alleen daer inne te bevestigen, maer ook (waer 't mogelyk) onze liefde, ende gunste, tegens hooghgemelten onsen geliefden Neve, zoo veel meer te betoonen, als zyne verdiensten *door de veroveringe onser voorschreve Graefschap, Stadt, ende Slot van Meurs*, ons daer toe zyn verbindende, alwaer 't zoo, dat onse voorgemelde resolutie ende dispositie niet geschiedt en ware, zoo is 't dat wy om zoodanige S. L. weldaet, aen ons, ende onzen getrouwen Onderdanen, t'hun der verlossinge, uyt 's Vyants handen, by zynder ende der Vereenighde Nederlanden Heyrkracht met hooghste sorge, moeyten, kosten, vromigheyt, ende Lyfsgevaer, bewesen, maer onzen vermogen boven de voorschreve gifte, cessie, ende Transport, te erkennen, verschuldigen, ende vergelden, tot meerder *vastigheyt, bestendigheyt*, ende *confirmatie* van s'genes voorschreven is, ende als nogh boven ende behalven dien, van nieuws uyt onzen vryen, ende welbedachten wille, rype deliberatie, ende rechte wetenschap, zonder daer toe eenighsints beleyt, ofte bedwongen te wesen, den hooghgemelten onsen geliefden Neve nochmaels by gifte onder den levenden, gegunt, gegeven, ende andersints van nieuws gecedeert, ende getransporteert hebben, gunnen, geven, cederen, ende transporteren by dezen, onzen openen brieven van *gifte, Donatie, cessie, ende transport*, die boven genoemde onze *Graefschap, Stadt, ende Slot van Meurs*, ook ons *Slot Cracouwen*, met die Stadt ende Landeken van *Cryvelt*, item dat Slot, ende *Heerlyckheyt van Freymersheym*, zulks die alle by wylen onze Voorsaten beseten, ende aen ons verlaten zyn geweest, met alle hare Regalien, Hoogheden, Heerlykheden, Jurisdictien; Rechten, ende Gerechtigheden, appendentien, ende dependentien, mitsgaders ook alle Manschappen, Leenen, Thienden, Cynsen, Pachten, Renten, Diensten, Lyfgewinnen, Kuermonden, ende alle andere nutschappen, ende proffyten, van wat natuyr, ofte conditie die mogen zyn, ook mede allen Landen, ende Goederen, in die voornoemde Graefschap, ende Heerlykheden gelegen, *die by ons, ofte onse Voorsaten, aengekocht, ofte anders verkregen ofte beseten geweest zyn*, hoedanigh die wesen mogen, geen uytgescheyden, insonderheyt mede den *Hof tot Hambourgh*, met de Jurisdictie, ende Weert in den Rhyn; ende alle zyne Rechten, ende toebehoorten, mitsgaders alle andere goederen, die onze Voorsaten van den *Abt van Weerden* te Leen, of Erf-paght, gehouden hebben, geen uytgesondert, insonderheyt ook alle Actien, gerechtigheden, defensien, ende exceptien, ons, *als Gravinne, ofte Vrouwe van de voorschreve Graefschap, Heerlykheden*, ende goederen eenighsints competerende, tegens eenen yegelyken, van wat staet, qualiteyt, ofte conditie, die zelve zoude mogen wesen, het zy of daer van proces gemoveert is, ofte niet, die Hooghgedachten onzen Neve, zyne Erven, ofte Nakomelingen eenighsints zoude mogen dienlyk zyn, om die voornoemde Graefschap, Steden, Sloten, Heerlykheden, ende goederen vredelyk ende volkomentlyk te bekomen, te behouden, ende te genieten.

Verklarende, willende, ende belovende by onse Graeffelyke eere, dat deze onze donatie, gifte, cessie, ende transport, in allen manieren, haer volkomen effect sorteren, ende hebben zal, sonder eenige exceptie, ofte contradictie van ons, onzen Erven, ofte yemant anders, als of die met alle behoorlyke solemniteyten ende insinuatiens (daer de zelve eenighsints mochte schynen, ofte verstaen werden nodigh te wesen) gedaen ware, stellende niet te min tot onze onwederroepelyke Procureurs, ende Volmachtigen, die Eerentfeste onzen lieven ende getrouwen Raedt, *Adriaen van Weresteyn*, misgaders *Nicolaes Bruynynck, Andries Hessels*, ende *Jasper van Kintschot*, Raden van hooghgemelden onzen waerden Neve, gesamentlyk, ende elken van hen t'zynder L. geliefsten, met *irrevocable* last, ende bevel, om die voornoemde *gifte ofte donatie te passeren, ofte insinueren voor eenige Hoven, Raden, Wetten, ofte Gerechten*, tot zulker tydt, ende plaetsen, als 't hooghgemelden onzen Neve gelieven zal, mitsgaders ook S. L. by dezen overgevende, ende leverende *by maniere van volkomene traditie*, boven de brieven ende bescheyden, bevorens overgelevert, alsulke andere voornaemste besegelde brieven ende monumenten, als wy den boven genoemden Graefschap, Heerlykheden, goederen; ende gerechtigheden betreffende, t'zedert hebben konnen bekomen, ende jegenwoordighlyk by der handt zyn hebbende; gevende daer en boven hooghgedachten onsen Neve, zoo veel dat nodigh is, volkomen macht ende authoriteyt, om die vordere possessie ende besit van die voornoemde Graefschap, Heerlyckheden, Steden, Sloten, ende Goederen, te mogen apprehenderen, ende aenvaerden wanneer 't selve S. L. gelegen ofte raetsaem dunken, ofte gelieven zal; lastende ende bevelende mits dezen, onzen Officieren, ende Ondersaten, daer inne te assisteren, ende obedieren, ook den gewoonelyken Eedt, ende Huldinge te doen, ende voorts alle schuldige gehoorsaemheyt te bewysen, als dat behoort. Ende wy *Maurits, geboren Prince van Orange, Grave van Nassau, Marquis vander Veere, &c.* Accepterende, ende danckelyk aennemende, die voorsz. Donatie, Gifte, ende Transport, begeerende wederom welgedachte onse lieve Nigte van ons geneygt danckbaer gemoet, te verzeekeren, hebben in goede trouwen, ende Princelycke woorden, belooft, ende beloven by dezen, welgemelte onse lieve Nichte, haer L. leven langh geduyrende, te houden, ende te mainteneren naer onsen uytersten vermogen, in 't voeren ende gauderen van den Name, Wapen, ende digniteyt van de voorschreve Graefschap, Heerlykheden, Steden, ende Sloten, mitsgaders ook in de perceptie, ende genot van alle vruchten, baten, ende proffyten, die van de voornoemde Graefschap, Heerlykheden, ende andere goederen eenighsints souden mogen komen, ook die zelve mede tot de meeste nutbaarheyt te doen ende helpen brengen, daer benevens ook alle collatien, ende giften van officien, ende beneficien, instellingen van Amptluyden, ende Magistraten, in de voornoemde Graefschap, Heerlykheden, Steden, ende Sloten, naer haer L. dispositie ende goet genoegen te doen, ende laten geschieden, desgelyken mede alle Ingezetenen van dien, by de ware Christelyke Religie, zoo veel ons mogelyk is, mitsgaders by hare ouden vryheden, Privilegien, ende gerechtigheden, te houden, ende te conserveren, gelyk wy ook beloven, alle alzulke dispositien, als haer L. van de andere hare Graefschappen, Heerlykheden, ende Goederen, by Testament, Gifte, ofte andersints, gedaen heeft, ofte namaels noch doen sal, tot proffyt van haer L. Erfgenamen, Donatarissen, ofte andere, na onsen uyttersten vermogen te hant houden, ende in volkomen effect te helpen brengen, sonder yet tegens alle 't geene voorschreve is te doen, ofte gehengen gedaen te werden, in eeniger manieren. Ende want by *Walburgh, Gravinne van Nieuwenaer, Meurs, &c.* ende wy *Maurits, gebooren Prince van Orange*, &c. verstaen, ende willen, dat de bovengenoemde Donatie, Cessie, ende Transport, mitsgaders de acceptatie, ende beloften, hier voren gedaen, in alle poincten, haer volkomen effect sorteren, ende onverbreekelyk werden onderhouden, ende achtervolght, ende eeuwighlyk vast, ende bestendigh zullen blyven, zoo hebben wy gesamenderhant met onderlinge stipulatie, ende bevestinge dezer brieven, twee (namentlyk voor yeder van ons eenen) met onsen namen onderschreven, ende onse Segelen daer aen doen hangen, in 's Gravenhage op den derden dagh der maent Februari vyftien hondert acht en tnegentigh, was onderteekent, *Walburgh, Gravin tot Nuenaer*, ende *Maurice de Nassau*, hebbende onder uyt hangende haer L. beyde Segelen in rooden Wasse aen dobbele Francyne steerten.

Door de voorenstaende Acte is getransfixeert de navolgende.

OP huyden compareerden voor Meesters *Gerardt van Wyngaerden*, Heere van Benthuysen, Ambaghts Heere van Soetermeere, &c. *præsident*, ende *Leonart Casenbroot, Raedt* ordinaris van den *Hove van Hollandt*, als by den zelven Hove ten dezen gecommitteert, ende geauthoriseert zynde, Meester *Adriaen van Weresteyn*, Raet van hare Gen. *Walburgh, Gravinne tot Nuenaer, Meurs, &c.* de welke geëxhibeert hebbende de Brieven van donatie, cessie ende transport, by de zelve hare Gen. ten behoeve ende proffyte van zyne Ex., *Mau-*

Anno 1598. *Maurits geboren Prince van Orange, Grave van Nassau, ende Marquis van ter Vere, ende Vlissingen*, op den derden dezer jegenwoordige maent van Februarii gedaen, deur de welke deze jegenwoordige Acte getransfixeert is, heeft volgende, ende uyt krachte van zyne speciale last, ende procuratie, in den voorschreven brieve geinsereert, die voorschreve Donatie, ofte gifte tot meerder vastigheyt van dien, *geinsinueert*, tot alzulken eynde, ende effecte, als naer Rechte. 't Welk verstaen zynde, by Mrs. *Nicolaes Brunninck*, *Andries Hessen*, ende *Jasper van Kintschot*, Raden van zyne voorschreve Excellentie, die tot dien eynde mede compareerden, hebben uyt den name en van wegen de zelve zyne Ex. de voorschreve Donatie geaccepteert, ende dankbaerlyk aengenomen. Ende op dat 't gunt voorschreven is, strekken ende valideren magh, als naer behooren, soo is volgende de voorschreve authorisatie 't Segel van Justitie van den voorschreven Hove hier onder aengehangen, op den sevenden Februarii anno vyftien hondert acht en tnegentigh, in kennisse van my, ende was op de plikke geteekent, *F. Criex*, 1598., hebbende onder aan het voorschreve Segel van Justitie in rooden Wassche, aan een dobbelen Francynen steerte, getransfixeert door den voorschreven Brief van de Donatie van Meurs.

Onder stondt

Accordeert met syne principaele, ter Griffie van zyne Majesteyt van Groot Brittagne, glorieuser memorie, berustende, in kennisse van my,

En was geteyckent,

W. van Schuylenburgh.

29. Jun. *Noch nader confirmatie van de voorschreve donatie, by de selve* Gravinne *gepasseert op den 29. Junii 1598.* [Aenwysinge van het Recht tot de twee Graefschappen van Meurs en Lingen, competerende syn Hoogheyt, Johan Willem Friso, Prince van Orange en Nassau, *in de Stucken en de Bewysen p. 5.*]

C'est-à-dire,

Seconde Confirmation de la Donation du Comté de Meurs faite en 1594. par Walburg *Comtesse de Nieuwenaer & de Meurs à* Maurice *Prince d'Orange & de Nassau. A Delft le 29 Juin 1598.*

WY *Walburgh, Gravinne tot Nieuwenaer, Meurs, ende Limburgh, Vrouwe tot Betburg, ende Waert*, alle den geenen, die dezen sullen zien, ofte hooren lezen; saluyt, doen te weten; dat wy, zoo by voorgaande onse opene brieven van den een en twintigsten dagh der maendt van November, anno vyftien hondert vier en tnegentingh, als van den derden Februarii in desen jare vyftien hondert acht ende tnegentig, nu lestleden, ende anderlints by rype deliberatie van Rade, uyt onsen vryen wille, ende rechte wetenschap, zonder daer toe eenighzints beleyt, of bedwongen te zyn, uyt sonderlinge gunste, ende gewichtige redenen, ons daer toe moverende, ende in den voorschreven onsen voorgaenden brieven ten deele verhaelt, den Doorluchtigen ende Hooghgebooren onze zeer geliefden Neve, *Heere Maurits, geboren Prince van Orange, Grave van Nassau, Chatzenellebogen*, &c. de zelve Brieven toegestelt, ende daer benessens diverselyk verklaart hebbende, onsen uytterlyken wille, meyninge, ende begeeren geweest, ende als noch te zyn, dat de gifte onder den Levenden, cessie, ende opdrachte, hier bevorens by ons tot zynder L. behoef gedaen, zyn volkomen effect hebben, ende sorteren zal, zonder eenige exceptie of contradictie van ons, onse Erven, ofte yemandt anders, wie die ook ware, te weten, van de *Graeffschap, Stadt, ende Slot van Meurs*, ook het *Slot Cracouwen*, met die Stadt ende Landeken van *Creyvelt*, item dat Slot, ende *Heerlyckheyt van Frymerrheym*, allen heuren appendentien, ende dependentien, zulks die alle by onse Voorzaten beseten, ende ons verlaten zyn geweest, met alle hare Regalien, Hoogheden, Heerlykheden, appendentien, ende dependentien, mitsgaders ook alle Manschappen, Leenen, Tienden, Cynsen, Pachten, Renten, Dienften, Lyfgewinnen, Keurmonden, ende alle andere nutschappen, ende proffyten, van wat natuyren, ende conditie, die mogen zyn, ook mede allen Landen, ende Goederen, in die voornoemde Graeffchap, ende Heerlykheden gelegen, die by ons, ofte onse Voorzaten, aangekocht, ofte anders verkregen, ofte beseten geweest zyn, hoedanigh die wezen mogen, egeen uytgescheyden, insonderheyt mede den Hof tot Homborgh met de Jurisdictie, ende Weert in den Rhyn, ende alle zyne rechten, ende toebehoorten, mitsgaders alle andere Goederen, die onse Voorzaten van den Abt van Weerden, te Leen, of Erf-paght, gehouden hebben, egeen uytgesondert, insonderheyt ook alle actien, gerechtigheden, defensien, ende exceptien, ons als Gravinne, ofte Vrouwe van de voorschreve Graeffchappen, Heerlykheden, ende Goederen eenighzints competerende, tegens eenen yegelyken, van wat staet, qualiteyt, ofte conditie de zelve zoude mogen wezen, het zy of daer van proces gemoveert is, ofte niet, die Hooghgedachten onsen Neve, zynen Erven, ofte Nakomelingen eenighzints soude mogen dienlyk ofte vorderlyk zyn, om die voornoemde Graeffchap, Steden, Sloten, Heerlykheden, ende Goederen vredelyk ende volkomentlyk te bekomen, te behouden, ende te genieten, gelyk wy den hooggemelde onsen Neve tot volkomen traditie, cessie, ende transport der voorschreve Heerlykheden, ende Goederen, de voornaamste Brieven ende Munimenten, den zelven betreffende, als dien hebben overgelevert, ende voor zoo veel eenighsints mogte schynen, ofte verstaen worden nodig te wezen, den Eerenfesten onsen lieven ende getrouwen Raedt, *Adriaen van Weresteyn*, neffens anderen, gelast, ende volmachtight hadden, de voorschreve onse donatie, ofte cessie voor den *Rade van Hollandt*, tot meerder vastigheyt te *insinueren*; ende dat wy dagelyks meer en meer, soo Ons, als onse Onderzaten, aan den hooghgemelden onsen lieven Neve verbonden, ende verobligeert, bevinden; mits dien S. L. niet alleen die Stadt, Slot, ende Graeffchap Meurs, *verovert*, ende *gerecupereert* heeft, uyt het geweldt der geene, die ons die selve datelyk, soo lange jaren hebben onthouden, maer ook dat S. L. by de *Heeren Staten Generael der Vereenighde Nederlanden*, die zaake zulks bevordert, ende bemiddelt heeft, dat die zelve Stadt, Slot, ende Graeffchap in goede neuteraliteyt gerestitueert, het Volk van oorloge daer uytgetrokken, ende die bewaernisse der zelve aen Ons gegeven is geworden, daer door wy tot onsen genoege in zeeckere ruste, ende tranquilliteyt, ende die arme Onderzaten, uyt zoo langhduyrige verderflelykke calamiteyt, tot haare oude verzeekertheyt, ende welvaert verholpen zyn, daerom wy dan billik veroorzaakt worden, *die voorschreve donatie, ende cessie, niet alleen te bevestigen*, maar ook ons verbonden houden, om zulkke resolutie ende dispositie tot S. L. behoef te nemen, ende te doen, al en waere die noch niet gedaan, of geschiet geweest, *Doen te weten:* Dat wy nochmaels tot remuneratie, ende vergeldinge der voornoemde groote bewezene weldaden, gewildt, toegestaan, belooft, ende *geitereert* hebben, willen, toestaan, beloven, ende itereren mits dezen, allen den inhouden van de donatien, giften, cessien, ende insinuatien, hier bevorens tot S. L. profyt, by ons gedaen, ofte bevolen gedaen te werden. Ende na dien wy by de voornoemde dispositie, ende giften, hooghgedachten onsen Neve mede volkomen macht ende authoriteyt gegeven hebben, om die vordere possessie ende besit van de voornoemde Graeffchap, Heerlykheden, Steden, Sloten, ende Goederen, te mogen werkkelyk apprehenderen, ende aanvaarden, wanneer S. L. 't zelve gelegen, ende raetzaem dunkken, ofte gelieven zoude, daar benessens onse Officiers, ende Onderzaten, bevolen, ende gelast hebben, daar aan te assisteren, ende obedieren, ook den gewoonelykken Eedt, ende

ANNO 1598. ende Huldinge te doen, ende voorts alle schuldige gehoorsaemheyt te bewysen, welck doch S. L. tot der Onderzaten meerdere rust ende welvaert, voor dese tijdt differeert selfs te doen, raetsamer achtende, ende mits dien begerende, dat wy het dadelijck besit, gebruyck, ende administratie der voornoemde Graefschap, Heerlijckheden, Steden, Sloten, ende Goederen, aennemen, ende betreden, of door onse Dienaers ende Officiers, souden aennemen, ende bedienen laten, soo ons dat na die gedaene gifte, ende transport in de voornoemde instrumenten, by S. L. wederom bewilligt, ende toegestaen is geweest, ende dat wy daer beneffens oock S. L. possessie, ende gerechtigheyt, aenveerden, conserveren ende betreden soude; Ende nu ons voornemen is, met Godts hulpe, na die voornoemde Graefschap ende Heerlijckheden, te vertrecken, ende aldaer onse residentie te nemen, *soo hebben wy noodigh geacht, by desen te verklaren, dat alle Acten van possessie, die by ons, ofte de onse, gedaen sullen werden, S. L. geensints en sullen præjudiciabel, ofte nadeeligh zijn, aen de giften, ende transporten, hier bevorens by ons tot S. L. profijt gedaen, maer ter contrarie dat die administratie, ende het gebruyck by ons te nemen, ende alles, dat by ons, ofte de onse, in desen gedaen sal worden, niet alleen met sulcken gemoet, ende intentie sal geschieden, als ons na luyt der voornoemde Brieven toestaet, maer oock tot dadelijcke aenneminge, oeffeninge, en de conservatie van S. L. possessie, ende gerechtigheyt, sulcks wy door S. L. begeerte verstaen mede te sullen doen.* In manieren dat 'et selfde niet alleen tot onsen profijt, maer oock tot S. L. behoevende verseeckerheyt, sal strecken, *niet min dan ofte S. L. in eygen Persoon die possessie aengenomen, begaen, ende bestaen, ende alles gedaen, ende volbracht hadde*, willende dat onse Nakomelingen, Officiers, ende Onderzaten, oock alle andere, die sulcks eenighsints raecken, ofte aengaen moghte, *het selve oock alsoo verstaen, ende houden sullen.* Ende ofte by ons, ofte de onse, yet geschiede, dat eenighsints hier tegen moghte geduyt, ofte tot nadeel van S. L. possessie ofte gerechtigheyt verstaen werden; soo verklaren wy by desen van nu af, dat het selve als door versuymenis, erreur, ofte andersints abusivelijck gedaen, nul, krachteloos, ende S. L. geensints præjudiciabel ofte schadelijck zijn sal, *want onse vaste uytterlijcke meeninge ende intentie is, dat alles wat wy tot voordeel, ofte behoef van den hooghgedachten onsen lieven Neve, voor desen gedaen ofte belooft hebben, sijn volkomen effect sorteren, ende onverbreeckelijck achtervolght, ende gehouden sal worden.* Oirkonde hebben wy dese met onsen name onderschreven, ons Zegel daer aen doen hangen, ende de selve den voornoemden onsen lieven Neve in eygener handt gelevert, binnen der Stadt Delft, den negen en twintighsten dagh van Junii in den jare vijftien hondert aght en tnegentigh. Was onderteyckent, *Walburgh, Gravinne tot Nieuwenaer.* Hebbende onder uythangende een Zegel, gedruckt in rooden Wassche, aen een dubbelen Françijne Staerte.

Onder stondt,

Na collatie, gedaen jegens sijne Principale, is dese Copie daer mede bevonden te accorderen, by my Secretaris, ende Griffier van sijne Hoogheyt.

En was geteeckent,

Buysero.

XCIX.

1599. 29. Septembris. Concordata oder Capitulation Graff ENNONIS zu Oostfriesland mit der Ritterschafft / Städten und Ständen besagter Graffschafft / bey Antrettung des Regiments und Einnehmung der Erb-Huldigung / auf dem Land-Tag zu Embden beschlossen am Tag Michaelis den 29. Septembris Anno 1599. Sambt der Ritterschafft / Städten und Ständen Revers / solchane Capitulation treulich zu halten; Geben Aurich den 7. Novembris 1599. [LUNIG Teutsch Reichs-Archiv. Part. Special. Continuat. 2. Abtheilung 4. Absatz. 24. pag. 543.] ANNO 1599.

C'est-à-dire,

Concordat & Capitulation faite par ENNON *Comte de la Frise Orientale, avec les Nobles les Villes, & Estats du Pais, dans le tems de son Inauguration, & de la reception de l'hommage héréditaire. Aux Estats tenus à Emden, le jour Saint Michel 29. Septembre 1599.* AVEC *le Revers ou Promesse desdits Nobles, Villes & Estats, pour l'observation dudit Concordat. A Aurich le 7. Novembre 1599.*

WIr Enno Graff und Herr zue Oistfrieslandt / Herr zue Esens / Stedesdorff / und Wittmundt x. Bekennen offentlich / und thuen kundt jedermenniglich / nach deme der allmechtege GOtt / nach seinen unwandelbaren Rath / Vätterlichen willen / unde gnedigen wohlgefallen / weilandt den Wolgebornen Herrn / Edtzarten / Graffen und Herrn zue Oistfrieslandt x. unsern gnedigen Herrn Vatter / lobseliger gedechtnuß / aus diesem vergencklichen / zue sich in daß ewigen Humlische frewden-leben abgefordert / dadurch diese gantze Graffschafft Oistfrieslandt / zue sampt derselben administracion und verwaltung / auch anhangender dignitet / Hochheyt / Regierung / recht und gerechtigkeit / auff uns / seiner Vätterlichen liebden hinterglassenen / eltesten / erstgebornen Sohn / und unzweifelhafften eintzigen Successorn / verstammet und gefallen: Dern wyr uns / baldt nach seiner Vatterlichen liebden Säligen abschiede / krafft dero in Gräfflichen hauß / weit uber Menschen gedencken / bestendig herbrachten / zu recht erstrittenen / und von der Romischen Kayserlichen Majestet unserm allergnedigsten Herrn x. allergnedigst bestettigten recht / und gewohnheit der erstgebornheit / im nahmen des almechtigen Gottes / als welcher uns dazu duchtig gemacht und erhaben / auch mit volligem consens / und einmütiger belibung samptlicher Ritterschafft / Städte / und Stende / unsere Graffschafft genutlich und wircklich angemast / der tröstlicher und ungezweifelter hoffnung / die Göttliche Majestet werde uns mit weißheit / verstandt / krafft und stercke gnediglich uberschatten / daß wier solch ampt / ihme zue lob / und preiß / auch gemeiner Christenheit / bevorab dieser unser guten Graffschafft / der nehest angelegenen Grentzen / und dem geliebten Vaterlande Teutscher Nation / zu auffnehmen / nutz und wolfahrt / tragen / fuhren und verwalten mögen. In dessen betrachtung / und auß schuldiger zuneygung / und landtvätterlicher inbrunstiger begierde / zu dem auffnehmen und wolfarth unserer landt und leuthe / auch auff unterthenigs bitten und begeren unserer getrewen Ritterschafft / Städte und Stende / seindt wier gnedig bewogen worden / einen algemeinen landtag / in unser Stadt Embden / gegen den zweyten Junii dieses noch lauffenden 99. Jahrs / außzuschreiben / und / nebens einnehmung der gewondtlichen erbhuldigung / mit jetztgemelten unsern Landtstenden / zu beratschlagen / wie allen vor augen schwebenden trennungen / unruhen und gefehrligkeiten / mit fruchtbarer hülff / dapfer zu begegnen / und das gantze Regiment dermassen zu fassen / daß die Warheit und gerechtigkeit / als das rechte bandt bestendiger liebe / und vertrawlicher einigkeit herfur gezogen / und die gemeine wolfahrt des Vatterlandes / nach aller möglichkeit / zu bestendigem gutten auffnehmen / umbge befordert werden / alles nach mehrerm inhalt des publicirten und verkundeten außschreibens.

2. Darauff auch Ritterschafft / Stedte und Stende / gehorsamblich erschienen / und / nach eroffneter landtages proposition, uns ihr underthemiges trewhertziges bedencken / schrifftlich / uberliefferen lassen / welches wier nicht alleine vor uns mit allem vleiß durchlesen / und reifflich erwogen / sondern / nachdem wier befunden / daß das jenige / so darin weitleufftig angezogen / und allenthalben begeret / ohne vorgehende unterredung / von uns nicht gentzlich resolviret und erledigt werden konte: So haben wier zu dem ende unsere ansehenliche Land- und Hoffräthe in Embden abgefertigt / welche sich / mit den allgemeinen Stenden / gesambt / und ein jedes sonderbahren / wie dan auch in specie mit unser Stadt Embden / und des dritten Standes verordneten / von allen und jeden puncten und articulen / freundtlich / und in der gütte / unterredet / und uns davon / und wie weit sie sich / in einem und andern puncten / mit den Stenden verglichen / oder nicht / außfuhrliche relation furbracht / welche wier / ihrer wichtigkeit nach / bey uns ferner erwogen / und auff vorgehende gnugsame beratschlagunge uns / wie hernach folget / mit ihnen / vereinbahret / und verglichen.

3. Erstlich setzen wir dieses / als einen festen unbeweglichen grundtstein / aller unser regierung / daß wier / so wenich uns einer ungebundenen macht und gewalt uber unsere getrewe Stende und unterthanen anzumassen / alß wenich ihnen gebuhret / ihre privilegia, freyheiten / und altes herkommen / absolute, und also anzuziehen / und zu gebrauchen / daß dadurch /

Anno 1599. durch der gehorsamb gentzlich cassiret und auffgehoben / welchen sie unß / ihrer von GOtt / der Römischen Kayserl. Maj. und dem Heyligen Reiche / ihnen vorgesetzten hohen Landts-Obrigkeit / und angebornen Erbherrn / zu reichen und zu leisten schuldig: Sondern wier seinde dessen vielmehr mit ihnen einig / daß alle die Keyserl. privilegia, beneficia, regalia, hochheiten / recht und gerechtigkeiten / welche unsere löbliche vorfahren / uber dasjenige / so ihnen von ihren voreltern / successorio jure, angestammet / mit einmuttiger bewilligung / der domahlig lebenden Stende in Ostfrießlandt / von dem Heiligen Reich erlanget / oder sonst / durch ihre redtliche dapferkeit erworben / gegen unser underthanen privilegien / freyheiten / herrligkeiten und gerechtigkeiten / relative, und in der ordnung zuverstehen / außzulegen und zu gebrauchen / daß jedes dem andern / wie sich dasselbe / zwischen Herren und Underthanen gebühret / die handt biete / und demnach ein jeglicher in seinem Stande / dasjenige beförderen und ubertragen helffe / was zue krefftiger vortsetzung / und bestendiger erhaltung desselben allen / bequem / nutz und nöthig mag erachtet und befunden werden.

4. Allermassen wier uns aber in der proposition dieses Landtags ercleret / also ercleren und erbieten wier uns hiemit abermalß / daß wier Ritterschafft / Stedte / und Stende / in unser Graffschafft Oostfrießlandt / auch alle derselben verwandte und zuegethane / bey allen und jedweden ihren Keyserlichen und anderen privilegien / freyheiten / alten gebreuchen / ordnungen / auch allen / zwischen unsern vorfahren / und den underthanen / bestendig uffgerichteten compacta, vertragen / Siegel und brieffe / geruhiglich geffehren lassen / zu Landt und Städte / in billicher protection, schutz und schirm halten und handthaben / und do jemandt dawider thäte / oder zuthun sich understunde / dieselbe / mit allem ernst / davon abweisen und straffen wollen.

5. Dakegen sich Ritterschafft / Städte / und Stende / dieser unser Graffschafft / hinwiederumb underthenig ercleret / verpflichtet / und verbunden / daß sie auch / ihres theils (wie sie ohne das / von rechts wegen / schuldig und pflichtig) ihnen / mit allem ernst / und fleiß / ungespartes guttes und blutes / angelegen sein lassen wollen / damit sie / nach dem lobwürdigen exempel ihrer vorfahren / uns / an unsern Gräfflichen regalien / digniteten / hochheiten / und rechten / keinen verhinderlichen oder verkleinerlichen eintrag thun / noch jemands zu thun gestatten / sondern unß / mit schuldigem respect / ehrerbietung / gehorsamb / trew / und underthenigkeit / zu jederzeit / ort / und gelegenheit / also zu begegnen / wie getrewen Underthanen gebuhret / und sie darzue ihr gewissen / vor Gott verpflichtet / auch dasselbe vor allen biederleuthen / sonderlich aber der Römischen Kayserlichen Majestet / dem Heiligen Reich / und uns / ihrer angebornen hohen Landes Obrigkeit / und der lieben posteritet / innerhalb und ausserhalb rechtens / bestendiglich zu vertretten / und zu verantworten / und wier dadurch / angereitzet und bewogen werden / alle ihre wolfahrt / und auffnehmen / mit desto freudigerm eyffer vortzusetzen.

6. Wier haben auch ferner uns mit ihnen einmuniglich verglichen / daß das alte Ostfriesische Landt-Teich- und Sihll recht / neben anderen nutzlichen / und mit rath / volwohrt und consent der Stende / von unseren löblichen vorfahren / wolgefasten / und publicirten ordnungen / alten gewohnheiten und gebreuchen / zu Geistlichen und Politischen regiment / auch andere des Landes wolfahrt / auffgerichtet / gesetzt und eingeführet / unverruckt in ihrem vigore und werth sollen gehalten / und waß darinnen / uns und ihnen / auch dem gantzen Lande / zum besten verordnet / steiff und fest / observiret / auch nach denselben / so lang gelebt / erkennet und geurtheilet werden / biß wier uns / in einen oder mehren / eines anderen / mit unser getrewen Landtschafft / bestendig vereinbahret.

7. Und weil hieruber / die Keyserliche Majestet von Anno 89. biß auff den 13. Octobris des abgelauffenen 97. Jahres / underschiedliche decreta, ordnungen und resolutiones, zu erhaltung und Fortsetzung guttes Regiments / in unser Graffschafft / publiciren und eröfnen lassen: und darin / unter andern / disponiret / daß alle die Graffen zu Ostfrießlandt / so hochgeehrten unsern Herrn Vattern / in der Gräfflichen regierung succediren und nachfolgen / verpflichtet sein sollen / bey dieses ordts gewondtlicher huldigung / die resolution / so ihre Keyserliche Majestet ꝛc. den 13. Octobris Anno 97. eröffnet / Ritterschafft / Städte und Stende / zue confirmiren und zue bestettigen: So wollen wier / als jetzo regierender Graff und Herr zue Ostfrießlandt / auß underthänigsten ehren und gehorsamb / damit wier der Keyserlichen Majestet ꝛc. verpflichtet / solche resolution / außspruch und abschiedt / hiemit / der schuldigkeit nach / und wie sich das / von rechts und billigkeit wegen / eignet und gebuhret / confirmiret und bestettiget haben.

8. Demnach aber uber den rechten verstandt derselben / seidt daß sie publiciret / allerley zweifel entstanden / auch dahero / und daß dawider allerhandt attentata und contraventiones, undergelauffen / welche theils mit recht / theils mit gewalt / haben wollen vertheiget und durch getrieben werden / grosse trennung und zerruttungen im Lande entstanden / als haben wier uns der punct halber / so etwa in mehr gemelter Keyserlichen resolution / von einem und dem andern theil / in zweifelhafften verstand angezogen / ihres inhalts nicht erfüllet / oder per contraventionem, auffs newe / streitig gemacht worden / und waß sonst bey einem und dem andern / die Stende von uns underthenig gebeten / nachfolgender gestalt gutlich verglichen und vertragen / und wollen auch / daß darüber hinführo / und zu ewigen zeiten / fest und getrewlich gehalten / und denselben / so woll als der Keyserlichen resolution selbst / in allen und jeden articulen / von jedermenniglich nachgelebet werde / ohne einigen eintrag / verhinderung oder widersetzligkeit / welches niemandt / weder vor sich selbst vornehmen / noch anderen / in einigerley weise / oder wege / vorzunehmen / gestatten sondern vielmehr die ubertretter / alß störer der gemeinen landtruhe und friedens von uns ernstlich gestraffet und abgehalten werden sollen.

9. Anfenglich nun erinnern wier unß / auß Gottes Wort / daß alleine die Gottseligkeit der rechte wahre grundt sey / darauff das glück und wolfahrt eines jeden Regiments / muß gebawet werden: und dancken demnach / billich / dem lieben Gott / hochlich / und von grundt unsers Hertzen / daß derselbe bißhero / das helle Licht seines heiligen und allein Sähligmachenden Worts / neben dem rechten gebrauch der Hochwerdigen Sacramenten in dieser unser Graffschafft / Kirchen und Schulen / krefftiglich herfür leuchten / und unß dadurch / den rechten weg zu der ewigen Sähligkeit zeigen lassen. Und bitten seine Gottliche barmhertzigkeet demutiglich / er wolle dasselbe / bey diesem danckelen abendt der letzen weldt / da wier dessen am höchsten benöttigt / nicht verleschen / sondern / mit dem frewden Oel seines Heiligen Geistes / lange zeit underhalten / darumb ihme auch hinführo / dieses orts / eine rechtschaffene Gemeinde gesamblet werde / durch welche sein heiliger Nahme geehrt / sein Reich vermehret / und sein gnediger wille jederzeit volbracht werde. Erkennen uns auch / in allewege schuldig / bey angehender unser Regierung / dahin zu trachten und zu arbeiten / daß der hohen Majestat GOttes ihr dienst und gehorsamb / ohne einigen menschlichen zusatz / oder abbruch / bezeiget / und was demselben zukegen / abgeschaffet und ernstlich gestrafft werde / und weil der wahre Gottes dienst / darin vornemblich bestehet / daß das Wort Gottes lautter und rein gelehret und geprediget / der rechtschaffne gebrauch der heyligen Hochwerdigen Sacramenten nach deß Herrn Christi erster stifftung / und einsatzung / behalten / und dem Ministerio sein gebuhrnuß / an Ehr und underhalt ohne abzugk / gegeben werde.

10. Alß haben wier / auff unserer getrewen Landtstende eingegebenen bedencken / sehr gerne vernommen / daß sie / neben uns / des vorsatzes und der meinung sein / daß in unserm Lande / Kirchen und Schulen / keine andere lehre dem volcke solle offentlich vorgetragen / beschutzet und gehandhabet werden / alß welche den Prophetischen und Apostolischen Schrifften gemeß / in die Christliche bekandnuß der Augspurgischen Confession zusamen getragen / und verfasset / und von den protestirenden Churfürsten / Fürsten / und Stenden des Heiligen Reichs bestendiglich verfochten und / biß auff diese zeitt erhalten worden.

11. Und wehre freylich von Hertzen zu wünschen / daß alle diejenigen / so sich zu dieser Confession in unserm Lande bekennen / uber den rechten verstandt derselben einich / und uff den Cantzlen dem Volcke nicht zweyerley meinung vorgetragen / noch in ceremonien underschiedliche ordnungen eingeführet worden.

12. Aldieweil wier aber erinnert / daß balde zu anfange reformirter Religion / so wol an diesen als anderen orteren / etzliche particular streitigkeiten / uber den verstandt der Augspurgischen Confession / bey der Kirchen eingerissen / und ein opinion / so wol als die andere / offentlich auff dem Predigstuel / zu lehren / zu predigen / und zue üben / geduldet und nachgelassen worden.

13. Deßwegen unsere getrewe Landtstende uns underthenig angelanget / es bey dem herkommen bewenden / und das offentliche exercitium religionis, in solchem stande / wie wier es in einer / so woll als in der andern meinung / bey annehmung unserer Gräfflichen Regierung / befunden / bleiben zu lassen.

14. Und wier / auß vorlesung der Kayserlichen resolution / so viell vermercket / daß dieselbe / des religion puncts halber / sich auff dem im Heiligen Reich bewilligten und auffgerichten religion frieden zeucht und beruffet / welcher gleichwol einem jeglichen der Augspurgischen Confession verwandten Stende / gestattet und nachlesset / dieser confession / religion und glaubens / auch wegen bestellung der Kirchen- und Schuldienste in ihren Herrschafften und Landen gewisse ordnungen / Kirchengebreuche / und Ceremonien anzurichten / als wollen wier / krafft desselben / in jetzt gerürtes unserer underthanen begern gnedig eingewilligt haben.

15. Setzen / ordnen und gebieten demnach ernstlich / daß alle und jede Städte / Stende / und Gemeinde unser Graffschafft Ostfrießlandt / bey denjenigen exercitio, meinung und verstand Augustanæ confessionis, frey und unverhindert gelassen werde / welches bey jeglicher Gemeinde herbracht / jetzo / ohne contradiction / offentlich geübet wird / und darzue sie sich jederzeit bekandt / und biß auff diese zeit bekennen und halten. Daß auch niemandt / was würden / wesens oder Standes der sey / umb keinerley ursach willen / wie dieselbe nahmen haben mag / auch in was gesuchtem schein es geschehe / den anderen / so seiner meinung nicht ist / anfeinde / heimblich oder offentlich / lestere / schende / schmähe / oder

ANNO 1599.

ANNO 1599.

oder sonsten verfolge / und beleidige: kein theil des andern religion / Kirchengebreuche / und ceremonien / als ob dieselbe der Augspurgischen confession ungemäß und des Religions friedens unfähig / prægravire / und anziehe; Sondern ein jeder bey dem anderen friedlich und ruhig wohne / mit guter rechter freundtschafft / und Christlicher liebe / trewlich meine / und / mit absagung alles desjenigen mißtrawens / so etwa auß dieser spaltung erwachsen / jeder theil den anderen / krafft dieses Landtags einmütigen schlusses / bey seiner religion / glauben / Kirchengebreuchen / ordnungen und Ceremonien / auch allen andern zur Geistlichkeit gehörenden gütteren und rechten / geruhiglich und friedlich / bleiben lasse.

16. Und als mehrgemelten religion frieden / under andern / auch dieses einverleibt / daß die streitigkeiten / so in religion sachen / vorfallen anders nicht / als durch Christliche / freundtliche / friedliche mittel / und wege / zu einhelligem Christlichem consens / verstande und vergleichung mögen gebracht werden: Deßwegen unsere getrewe Landtstenden diß mittel vorgeschlagen / do jehe / wegen dero zwischen den Kirchen der Augspurgischen Confession vorgefallenen streittigkeiten / in unser Graffschafft / keine entliche vergleichung getroffen werden könte / daß dennoch auff eine ordnung zum wenigsten gedacht werde / wornach sich alle Predicanten / in phrasibus & ceremoniis zu achten.

17. Alß haben wier uns dahin erkleret / daß wier mit erster gelegenheit / die vornehmsten Theologen unserer Graffschafft / so der einen oder der andern meinung verwandt / in gleichen anzahll / zusamen verschreiben / und ihnen gewisse Politische persohnen / auch beider meinungen / in gleicher anzahll / zugethan / zuordnen wollen / in welcher beysein und gegenwardt / sie sich de articulis controversis; friedt- und freundtlich / unterreden und versuchen / auch uns getrewlich referiren sollen / ob / und wie sich darüber zu vergleichen / daß ein gewiß corpus doctrinæ, darnach sich alle Prediger im lande / in lehr und Ceremonien / zu achten / zu verfassen / do sie aber / uber verhoffen / hierin keinen einhelligen consens treffen wurden / uff solchen fall / sollen sie gleichwol befehligt sein / uns ihre meinung zu ubergeben / wie etwa in phrasibus & ceremoniis, eine solche moderation gefunden werden konte / welche / wan sie uff allen Cantzlen / und Kirchen / gebracht / das offentliche ergernuß der zuhörer / einstellete / und zu mehrer einigkeit anlaß und ursach gebe / und was sie uns also / uff einen oder andern fall / zu erkennen geben werden / das wollen wier / mit unseren Lande und Hoffräthen / in fernere notturfftige berathschlagung ziehen / die notturfft darauf verfügen / und was zu der ehre Gottes / erbawung seiner Kirchen / und zu abschaffung des ergerlichen gebeisses / unzeitigen Lästerens und verbannens auff den Predigstühlen / nützlich befunden / so viel uns muglich / vortsetzen und befurdern.

18. Es gehe nun diß Collegium vort / und man vergleiche sich / oder nicht / so soll dennoch demjenigen / was hiebevor / des freyen exercitii religionis halber / verordnet ist / sein starcker lauff gelassen / und hierauff das religion-wesen / gar nicht gegründet werden.

19. Was dan ferner die bestellung Kirchen- und Schuldiener anlanget / darin gibt die Keyserliche resolution diese masse / daß diejenigen / welche das jus patronatus haben / dasselbe geruhiglich behalten / sonsten aber in allen / dem religion-frieden gemeß solle verfahren werden.

20. Weil es dan dißfals / mit denen von der Ritterschafft Kirchen und Schulrechten und gerechtigkeiten / in ihren Herrlicheiten / keinen streit hat / so werden dieselbe bey ihren exercitiis, der freyen Kirch- und Schulbestellungen / billich geruhiglich gelassen.

21. Weil auch / so viel Burgermeister und Rath sampt gemeiner Bürgerschafft / unser Stadt Embden betrifft / hierüber besondere richtige vergleichung und ordnungen / wie hierunter folgen wirdt / geschlossen werden:

22. Damit dan nicht von nöthen / weitlufftig zu disputiren / wie es mit den angezogenen donationibus, fundationibus, & præscriptionibus der anderen Städte Norden und Awrich / und des dritten oder Haußmans standes / und deme von ihnen angezogenen Seentrechts / allenthalben bewandt sey / alß haben wier gnedig gewilliget und verabscheidet / daß erstlich keiner Gemeinde / hinfüro / jemandts / von Pastoren / Kirchen- und Schueldiener / auffgedrungen werden / sondern wan sich / an einem ortt / ein Kirchen- oder beharlicher Schuel-dienst / erledigt / daß alßdan die Eltesten und vornembsten der Gemeinde / befügt sein sollen / sich forderlich zusamen zu begeben / und / mit vorgehender anruffung Göttlichen beystandes / zu berathschlagen / mit was für einer persohn / die vacirende stelle / nütz und fruchtbarlich könne besetzt werden. Und wann sie sich / einer oder mehr / einhelliglich verglichen / sol ihnen zugelaßen sein / und frey stehen / sich zuerkündigen / ob dieselbe persohn / in confessione und bekandtnus / mit ihnen einich: Und alßdann / deren geschicklichkeit / leben und wandels halber / durch vorgehende prob und examen desselben cætus, darunter die Gemeinde gehörich / oder / do sie dessen, erheblich bedencken / durch das examen unsers Consistorii, zu erkundigen; auch zu vernehmen / ob derjenige / so ihnen am meisten gefellich / zu ihnen / und dem angebottenen dienst / guten willen trage.

23. Wan solches geschehen / soll die Gemeinde / ehe und bevor sie sich mit demselben in etwas verbindtlichs einlassen / die gelegenheit an uns schrifftlich bringen / und unterthenig bitten / dieser persohn das vacirende Lehen zue conferiren / dieselbe zum Predig- oder Schulampt zu bestettigen / und mit der introduction und investitura gebührlich zu verfahren.

24. Do wier nun befinden / daß die vorgeschlagene persohn / mit der Gemeinde / die ihne uns obgesetzter maßen / præsentiret / in confessione einich und seines lebens und ehrlichen wandels gute gezeugnuß vorzulegen / auch von cætu, darunter das Carspel gehoerich / oder unserem consistorio, diß testimonium erlanget / daß sie zu dem erledigtem ambte düchtig; So seindt wier gnedig gemeinet / darauff die gebettene collation / confirmation / investitur und introduction unweigerlich und unverzuglich / zuzulassen.

25. Die ubrigen persohnen / alß Küster / Kirch- und armen-Vögte / mögen der Pastor / und die gemeinde jedes orts / auch ohne unsere confirmation bestellen. Und sollen es dieselbe gleichwol also machen / daß die jenigen / welche zu Kirch- und Armenvögten verordnet / dermassen begüttert / und im Lande gesessen sein / daß man sich / uff allen fall / wegen ihres unfleisses / oder untrew / do sich davon etwas / zeit ihrer verwaltung / mercken lassen wurde / an ihren güttern / den schaden zu erholen / sonsten wollen wier der Kirchen und armen hiemit außtrucklich vorbehalten haben / allen den schaden / so ihnen dadurch zugezogen wird / bey den jenigen / so diese Kirchen- und armen-vögte bestellet / eintzig und allein zu forderen.

26. Als aber auch hierbey ferner geklagt worden / daß etlichen Gemeinden / die Pastoren und Kirchendiener / wider ihren willen auffgedrungen: Und dahero gesucht und gebetten / selbigen auffzuerlegen / daß sie sich diessfals / dem judicio und approbation eines jeden Carspels underwerffen / und demselben die behaltung oder enturlaubung befohlen und auffgetragen werden möchte. Wier aber nicht unbillich bedencken getragen / jemandt seiner enthabenden possession, vel quasi de facto und unerkandten rechtens zu entsetzen / oder zu gestatten / daß einer in seiner selbst eigenen sache / part- und richter-stelle zugleich vertretten möge.

27. So wollen wier die verordnung thuen / daß vor einnehmung der huldigung / und bey erledigung der special beschwerungen / die klagende Gemeinde / neben ihren Pastorn / vor uns / unsere Land- und Hoffräthen / und andern / so wier in gnaden darzue zu ziehen gemeinet / vorgefordert / gegen einander notturfftig gehöret / und nach befindung der begerten abdanckung halber / die verfuegung gethan werde / damit keine Gemeinde zuklagen / daß sie gedrungen / ihre Seele jemandt / wider ihrem willen zu vertrawen: noch die Pastoren sich zu beschweren / als ob sie ihres dienstes / zur ungebuhr erlassen wehren.

28. Und ob wier wol nicht gemeinet / deßwegen grosse weitleufftige proceß / cum forma & strepitu judicii, zugestatten / so gebühret uns doch / unser gewissens halber / und zu vermeidung beschwerlicher nachrede / zuverhuten / daß unnöttige verfolgungen vermieden werden.

29. Wier erinnern unß / bey dem Geistlichen wercke ferner / daß alles dasjenige / so hieroben / mit dem exercitio religionis, und bestellung des Ministerii, auch sonsten zu verordnen / eingewilligt worden ist / mit nutz und frucht / nicht zu erhalten / woferne nicht ein gewisses Kirchen-Regiment angestellet / deme die oberauffsicht und gubernation der geistligkeit / an unsere Statt / uber unsere, ungemittelte underthanen zu verwalten befohlen.

30. Derowegen seind wier entschlossen / ein sonderbahr Geistlich gericht und Consistorium ecclesiasticum anzuordnen / und dasselbe / mit zweyen vornehmen Theologen / nemblich / Herrn Mensone Altingen / und weme wier ihm sonsten zuordnen werden / auch etzlichen politicis, und Rechtsgelehrten / under denen dan der itzige Burgermeister unser Stadt Embden Gerhardus Bolardus einer sein soll / zu bekleiden / und mit rath und zuthuen unseren Landt- und Hoffräthen / uns / einer gewissen Consistorial- ordnung zuvergleichen / krafft welcher die Consistorialen dasjenige / so zum Kirchen-regiment / und erhaltung guter zucht und disciplin, eigentlich gehörich / beneben deme / was etwa hiebevohr dem Official im lande zu verwalten gebühret / expediren und verrichten sollen.

31. Und weil wier es neben unsern getrewen Landtstenden / davor achten / daß die cætus ecclesiastici, zu erbawung Kirchen und Schulen / auch zue erhaltung guter disciplin, sehr nutz und nöttig / jedoch daß dieselben in ihren terminis verbleiben / darauß mit nichten schreitten / vielweniger sich dessen / so jurisdictionale, im geringsten annassen.

32. So wollen wier / mit jetzbemelten unseren Consistorialen / dieser ordnung halber / berathschlagen / und uns allenthalben vergleichen / wie viell / und an welchen ortten solche cætus anzuordnen / und zu underhalten.

33. So viell dan entlich / die administration und verwaltung der Geistlichen gutteren betrifft / wissen wier uns der Keyserlichen resolution, so wol / als was deßwegen / in Religion-frieden / einem jedem unmiddelbahrem standt des Heiligen Reichs / und also auch unß / als dieser Graffschafft hohen Landts-obrigkeit / gestatten und nachgelassen / wol zuerinnern / krafft welches / wollen wier hiemit gesetzt und geordnet haben / daß alles dasjenige / so privat-personen / Kirchen / Schulen und armen zuestendig / mit keinem rechtmessigen

ANNO 1599. gen titul an sich bracht / und in ihren nuß gezogen / durch die Kirchen-Vögte jedes orts wiederumb rechtlichen vindicirt werde / dazue, wier ihnen die hülffliche handt zu leisten urbietig.

34. Wier sind auch für uns des gnedigen milden erbietens / do etwas in unser gewaldt ist / das hiebevor den Reformirten Kirchen / Schulen / und armen zuestendig gewesen / daß wier dasselbe ihnen nicht vorbehalten wollen. Darüber haben wier unsern getrewen Landt-stenden die gnedige erclerung und zusage gethan / auß und von den incorporirten Closter-güttereen ein gewisses / zue der ehre GOttes / und underhaltung der armen / anzuwenden / und der faulen muthwilligen beller halben / ein solche ordnung im Lande zue publiciren / und ob derselben / mit gebührlicher execution zu halten / daß das Landt von diesem ungezieffer erledigt / und den rechten armen ihr unterhalt verschaffet werde.

35. Alß aber auch bey diesem Landtage zum höchsten geclaget / daß bißhero die Kirchen Vögte / wan sie ihre Kirchrechnungen ablegen wollen / mit grossen unstatten / und schweren der Kirchen kosten / vor die beampte / an die ambtßheuser gefurdert / daselbsten sie / nicht allein ihre rechnung thun / sondern darüber auch den Beampten / und Fueßknechten / sonderbahre schatzung geben mueßen / welches jehe zumahl unbillich.

36. Als wollen wier / daß diese proceß / und deme angehengte schatzunge hinfuro gantzlich cassiret / todt und abe sein / und mit den Kirchenrechnungen kunfftig diese ordnung gehalten werden soll / daß zu gewisser zeit im Jar / die Beampten jedes orts / neben den Pastoren / und der Gemeinde / sich eines tages vergleichen / an welchen die Kirchenrechnung einzunehmen / denselben tag sollen sie den Kirchvögten acht oder vierzehen tagen vorher anmelden / und sie verwarnen / daß sie auff die zeit mit ihrer rechnung gefast erscheinen.

37. Wan nuhn der termin herzue nahet / so sollen sich die beampte in das Carspel / da die rechnung gehalten wirdt / erheben / und neben den Pastoren / und der Gemeinde dieselbe anhören. Und da sie in der einen oder der anderen post mangel befinden / darüber sie sich unter einander nicht zu vergleichen / denselben an uns / oder unser Consistorium samptlich / zu rugke bringen / damit wier die notturfft darauff zubefehlen haben. Im fall aber die beambte jehe zu zeiten ohne eingefallene ehehaffte erhebliche verhinderungen / welche sie der Gemeinde vorher nicht angemeldet / den angestimbten rechnung tag nicht werden besuchen / so mogen der Pastor, und die Gemeinde / mit der Rechnung / nichts desto weniger / auff dosmall / vortfahren.

38. Was alßdan bey solcher rechnung / vor die beambten / an essen und trincken außgezahlet wirdt / dasselbe / do es nicht uberflüßig / sol den Kirchvögten in der rechnung passirt / aber alles anders / so sie den Beambten und Fueßknechten / oder sonsten der ordnung zuwider / außgezahlet / außgelescht werden / und mögen die Kirchvögte ihnen selbsten zurechnen / daß sie etwas / wider bevehl / und ohne ursach außgegeben.

39. Deswegen wier dan / in der Consistorial-ordnung / sonderbahre ferdere erinnerung und befehl zu geben / uns hiermit vorbehalten haben wollen / und dieses so viel das Geistliche wesen / in unser Graffschafft anlanget.

40. Neben der erledigung dieses articuls ist ferner betrachtet worden / welcher gestalt unser vielgeliebter Herr Vatter / Christmilder gedechtnuß / vor etlichen jahren / uff underthenigen anhalten der Landestendt / ein Gräfflichs Hoffgericht / in diesen landen / zu desto schleuniger vortsetzung der lieben gerechtigkeit / angestellet / demselben gewisse ordnung vorgeschrieben / nach deren sich Hoffrichter und Assessoren / auch sonsten jedermenniglich / der vor demselben recht zu geben und zu nehmen / in Burgerlichen sachen / zu achten: Welches Hoffgericht die Römische Kayserliche Majestet unser allergnedigster Herr nicht allein gnedigst bestettigt / sondern in mehr angeregter resolution / in underschiedenen articulen erleuttert und ercleret.

41. Darauff haben wier den gesambten Landtstenden / bey dieser Landtags proposition / gnedig / under andern / vorgehalten / daß unser endtlicher vorsatz / gemuth und meinung sey / bey der vortsetzung und erhaltung des Hoffgerichts bestendig zu verharren; Wie wier dan balde im eintritt unserer Regierung die Hoffgerichts persohnen in unsere gelübde genommen / sie auff die ordnung / und Keyserl. resolution, verwiesen / und dem Hoffgerichte seinen starcken lauff zu laßen / befohlen haben.

42. Und weil wier vernommen / daß bey demselben allerhandt defect und mangel vorhanden / welche durch eine visitation emendiret und verbessert werden mussen / so hetten wier albereits entschlossen / so balde diese zusamenkunfft vollendet / etzliche gewisse personen / auß unseren Räthen / und den Stenden / zu dieser Visitation zu bemechtigen / welche sich darnach achten werden / so balde ihnen unsere instruction und ferner bevehl zuekompt / daß sie ohne seumnuß / sich zusamen begeben / eines gewissen tages / wan sie mit der Visitation den anfanck zu machen vermeinen / sich vergleichen / solchen dem Hoffrichter und assessoren zeitlich vermelden / und darauff dieselbe gebührlich an die handt nehmen / fürderlich verrichten / und wie sie es befinden / zu unserer decision, uns / neben ihren bedencken / getrewlich referiren: So wollen wier dasjenige darbey schaffen und verordnen / was der justitiæ zum besten und furderlichsten wird befunden werden.

ANNO 1599.

43. Auff das auch unsere getrewe Landtstende und Underthanen / desto wircklicher zuvernehmen / daß wir dem Hoffgerichte / seinen starcken lauff zu lassen / und alle disputationes, so wegen unserer Beampten / oder sonsten erreget werden mochten / auffzuheben gentzlich gemeinet: So erkleren wier uns ferner hiemit / daß wier in gnaden zufrieden / daß nicht allein unsere Beampten / vor unserm Hoffgericht / so wol ihrer person / als ihres ampts halben / zu recht stehen sollen: Sondern wir haben auch gnedig gewilligt / wenn jemandt unserer Underthanen zu uns spruch und furderung gewinnen / daß wier derhalben vor gedachten unsern Hoffgerichte / in personalibus & realibus actionibus, zu recht stehen wollen: Und sollen Hoffrichter und Assessoren / uff solchen fall / ihrer Erden und pflichten / damit sie uns verwandt / hiemit erlassen sein: Sie auch citationes, und andere Procels in ihren nahmen / doch unterm Hoffgerichts-Secret / wieder unsern procuratorem generalem, welchen wier diessfals ordnen werden / so wol in wehrendem processu, als in puncto executionis, außgehen lassen mögen.

44. Dagegen dann Ritterschafft / Stadt und Stende sich gegen uns verpflichtet / daß sie uns in allen sachen / wie die nahmen haben / auch an keinem andern ort / als an besagtem Hoffgericht / in erster instanz. besprechen sollen.

45. Damit aber die Jurisdiction des Hoffgerichts / und unser Cantzley / nicht confundiret / noch eine / von den anderen verhindert werde / zudeme auch in den Undergerichten / ein gewisser modus procedendi, und was eine jede Parthey / an Citation / Protocol / Sententien geldt / und andern sportulis, den Gerichten zu erlegen schuldig / richtige ordnung angestellet werde.

46. So haben wier uns dahin erkleret / daß wier unsere Cantzley / so wol als die Undergerichte / mit gewisser ordnung fassen wollen / alles dero Keyserlichen resolution gemeß / und damit die eingerissene mißbreuche / gentzlich abgeschafft / und die Gerichtskosten zur unbilligkeit / nicht uberheufft werden.

47. Wie dann auch ferner unsere getrewe Landtstende und Underthanen / sich dessen gegen uns gewißlich versehen sollen / daß wier durchaus nicht gemeinet / jemandt / waß würden / standes oder wesens der sey / in unsern selbst eigenen / so wenig / als in Partheyen sachen / ungehort / und unerlangten unpartheyschen Rechtens / an seinen gütern / recht und gerechtigkeit / deren possession / vel quasi, wieder recht / zu turbiren / vielweniger zu entsetzen.

48. Sondern wier versprechen hiemit / daß wier / einen jeden / bey gleichmesigen ordentlichen Rechten lassen / schützen und handhaben wollen: So soll auch in der Cantzley und Undergerichts ordnung / mit allem ernste gebotten werden / daß bey den verbrechungen der underthanen / welche nicht an leib und leben zu straffen / diese moderation gebraucht werde / damit dieienigen / welche gnugsamb begüttert / oder burgerliche caution leisten konten / mit gefencklicher hafft verschonet / und nach Landrecht / jederzeit gestraffet werden.

47. Belangende den ortt zu Awrich / da ietzo das Hoffgerichte gehalten wirdt / seindt wier hierin allenthalben einig / daß eines sonderbahren newen gebewves hochlich von nöthen: Und wollen derwegen die Visitatoren des Hoffgerichts zugleich darauff mechtigen / daß sie / bey verrichtung ietzo vorstehender visitation / sich mit dem Hoffrichter / und assessoren / vergleichen / wie etwa dasselbe gebewde fuglich anzustellen / und auffzubawen / und wan sie unß ihr gutt bedencken darüber eingebracht / wollen wier / nach befindung / die verordnung thuen / daß mit demselben newen gebewde / so balde es muglich / verfahren werde.

50 Wie es aber mit dem unterhalt / bestellung / und abstellung / der Hoffgerichts personen / so wol als den visitationibus, zu halten / denen giebt die ordnung / neben der Keyserlichen resolution / und andern execution-recessen / seine klare gewisse masse / dabey bleibt es nicht unbillich. Und wollen wir / demjenigen / waß der procuratoren halber / bey disser Landtages handlung erinnert / und daß dem Hoffgericht / die macht zu gunnen / der procuratoren unfleiß / und untrew / nach gelegenheit der verbrechung / mit Gelt / oder entsetzung ihres diensts zu straffen / zu vorstehender visitation / seine gebürliche masse zu geben / nicht vergessen.

51. Wan wier unß auch in unsern den Stenden beschehen vertrag / dahin ercleret / daß wier die verbesserung des Landrechts / und der Anno 45. auffgerichteten ordnantz / jedoch auff der Landeschafft uncosten / etlichen gewissen persohnen / so der Ostfriesischen rechten und gebreuchen erfahren / wollen committiren.

52 So werden es die Stende gewißlich davor achten / daß solches furderlichst ihres mittels persohnen / so wier unseren Räthen zuordnen wollen / auffgetragen werden solle: Und wan dieselbe unß ihr hierüber gefastes bedencken eingeschicket / wollen wier / mit Rath unserer Landt- und Hoffräthen die billigkeit verschaffen / und in alle wege daran sein / daß dasjenige / was anjetzo / der beschwerdischen Lande halber / erinnert / gnugsamben acht genommen werde: Und was diessfals von unß / und den gesambten Stenden / auff offentlichen Landtage gut gefunden / dasselbe soll von allen theilen / der billigkeit nach effectuiret werden.

53. Ebener massen / lassen wier dasjenige / so der Notarien halber angezogen / bey den buchstaben der Keyserl. resolution ke-

Anno 1599.

bewenden. Und gleichwoll offenbahr am tage / wie leyder / diese gute Graffschafft / mit vielen ungeschickten unduchtigen Notarien uberschwemmet / deren etliche / wie wier glaubwurdig berichtet / nicht wissen / was eines Notarii ampt eigentlich sey / etzliche den titul des Notarii. von denen erlanget / so solchen jemandt zu verleihen gar nicht berechtiget: Etliche aber / alle ihre anschlege dahin richten / damit sie unnotig gezenck stifften / den armen partheyen das gelt absaugen / und unter dem titul des Notariatz / sich vieler licenz und privilegiorum. in Städten / Flecken / und Dorffern anmassen / dern sie gleichwol zu recht / so wenig / als durch einige gewonheit befuegt: Alles denen im Heiligen Reich publicirten ordnungen und abschieden / der Notarien halber auffgerichtet / zuewider und zuentgegen. So seindt wier gentzlich gemeinet / allen diesen unordnungen / durch general edict oder andere rechtmessige remedia. zubegegnen / die unduchtigen Notarien abzuschaffen / und ihr ampt / den Reichs-constitutionen gemeß / zu reguliren / damit zwischen duchtigen / und unduchtigen / guten und bösen / ein unterscheidt gehalten / und deme / der es wurdig / von den unwurdigen / das Brodt vor dem munde nicht wegk gerissen / noch die armut / von dergleichen leuthen / zu ihrem entlichen verderb ferner außgemattet werde.

54. Neben dem vermag die Kayserliche resolution. im buchstaben ferner / daß Ritter und Landtstende / die Keyserliche Majestet &c. embsig gebetten / wolgedachten unsern vielgeliebten Herrn Vattern dahin zuvermögen / daß zu der Landtregierung und Landträthen / eingeborne / und nicht außlendische gebraucht werden. Welches dan die Keyserliche Majestet &c. vermöge gemeiner recht / und fast aller Volcker gewohnheit / vor billich erachten / und gnedigst erwehnen / daß auch seiner Vätterliche liebden / sich darzu / mit der zeit zuversehen anerbotten. So haben wir disem allem nach / und auß bewegnuß der Landtväterlichen zuneigung / allen unsern angebornen Underthanen und Landtsassen / ehre / nutz und befurderung zu erzeigen / baldt bey angehender unserer regierung / gewisse persohnen auß der Ritterschafft an uns gezogen / und dieselbe zue unseren Landräthen darumb bestellen wollen / daß wier uns jederzeit / bey ihnen guten getrewen raths / zuerholen / welcher gestalt dasjenige / was zu vernunfftiger erhaltung guter policey / in Geist- und Weltlichen sachen / nutz und notig an- und auffzurichten / und sonsten von ihnen zu jederzeit / wan wier ihres getrewen raths notturfftig / in genaden vernemen konnten / wie die gemeine wolfahrt unserer Graffschafft weit außgebreitet / auch allem unheil / so derselben / in und ausserhalb Landes zustehen und begegnen konte / vorgebawet werden muchte.

55. Und seindt wier hierüber gnedich gemeinet / auch andere unsere Landtsassen und Underthanen / so darzue bequem und duchtig befunden werden / unserer gelegenheit nach / zu bedienung der Empter / darauff unsere Landtsregierung beruhet / kunfftig zu gebrauchen. Weil wier es selbst davor achten / daß dadurch zwischen unß / und unseren Underthanen / allenthalben gutt vertrawen gestifftet / vieler diffidentz furgebawet / und anderen Unordnungen abgewehret werden konne. Deßwegen unsere getrewe Landtstende / und Underthanen sich der gestaldt gegen uns / mit underthenigem schuldigen gehorsamb / und sonsten præsentiren und bezeigen sollen / daß wier sie / vor anderen außlendischen / zu unseren diensten zu erfurderen / desto mehr ursach gewinnen.

56. Und haben wier in der Landttages Proposition den Stenden unsere bestalte Landträthe darumb nahmbhafft gemacht / do jemandes wehre / den sie etwa auß redtlichen ehrlichen ursachen zu tadlen / daß derselbe an uns solches ohne scheuw bringen möchte: Stellens auch nochmahlen dahin / do jemandes vorhanden / welcher wider unsere Landt- und Hoffräthen / auch alle andere unsere Officianten / und diener / redtliche und ehehaffte exceptiones vorzuwenden hette / oder kunfftig haben wurde / warumb er zu deme ihm vertrawten ampte nicht duchtich / nutzlich / oder uns / ihn zu gebrauchen / nicht ruhmlich / daß unß sollisches libere offenbahret werde / und wollen wier / nach befindung darob halten / daß es an besserer ordnantz deßfals nicht mangeln wirdt.

57. Ferner mit was ordnung und masse die Landtäge außzuschreiben / zu halten / und zu schliessen / deme geben die Keyserliche resolution / und andere receß / seine gewisse form und regulam, dabey lassen wier es nicht allein unbeweglich bewenden / sondern haben auch den unsern ernstlich bevohlen / daß bey außschreibung dieses Landtages / anders nicht / dan wie es der buchstabe der Keyserlichen resolution / endt- und abschiede vermag / solle verfahren werden. Und lassen uns ferner wolgefallen / daß die Ritterschafft ihrer anzeige nach / uns ein formulam uberreiche / damit wier uns darin zu ersehen / und nach befindung unser Cantzley zu bevehlen / wonach sie im außschreiben und tituliren / sich zu achten.

58. Wier wollen auch / daß die außschreiben der Landtage / mit rath der Landt und Hoffräthen verfertiget / und denselben die vornembsten ursachen / warumb der Landtag nottig / einverleibet / auch / nach gelegenheit der zeit und ursachen / den Stenden ein geraumer termin darzue angesetzet werde / da dan iedem Carspel und Gemeinde ihre freye wahl / ohne einigen unserer beampten eintrag und sparrung / wen sie uff landtäge zu schicken gemeinet / sol gelassen sein. So ist vor sich billich / und vermugs die Keyserliche resolution / daß die vota. auff den Landtägen / einem jeden Stande frey gelassen / ordentlich colligiret / und wan sich die Stende eines einmütigen schlusses nicht zuvergleichen / uns / zu unserm bedencken uberantwortet / auch alles dasjenige / so also einmütiglich / oder per majora, von uns / und ihnen geschlossen / exequiret / und darüber von uns so wol als den Stenden festiglich gehalten werde.

59. Daß aber hiebey ferner begeret / etliche gewisse persohnen / auß den Carspelen und Stedten / zu immerwehrenden gevolmachtigden / auff Landtäge zu perpetuiren / und zu bestettigen: Achten wier unnöttig / weil es der Keyserlichen resolution zuentgegen. Jedoch halten wier dieses ein nutzlich werck / daß die Stende / aus ihrem allerseitigen mittel / einen engen außschuß erwehlen / und unß denselben præsentiren / und nambhafft machen / zu dem ende / daß wier / in sachen / das Gemeine Vatterlandt betreffendt / welche uff gemeinen Landtägen / entweder propter moræ periculum, nicht zu bringen / oder daß sie / im engen Rath mussen verschwiegen gehandlet werden / oder sonsten / des Landtages so hoch nicht nöttig / sie zu unß mögen erfordern / und ihr trewhertziges bedencken darüber so woll als unserer Land- und Hoffräthe / einnehmen.

60. Und lassen wier demnach gnedich geschehen / daß unsere getrewe Landtstende / uns darzu ihres mittels persohnen / zu unser confirmation und bestettigung / nambhafft machen / damit wir ihres raths / in obgesetzten fellen / und wo wier dessen sonst bedurfftig / jederzeit gebrauchen mögen: Da dan den Stenden frey stehen soll / uns an statt der abgehenden persohnen / eine andere aus dem Stande / darauß dieselbe deputiret gewesen / wiederumb zu unserer confirmation zu præsentiren.

61. Wan man auch die Keyserliche resolution, im §. Wegen haltung der Landtage: versi: So sol auch &c. recht erwogen / und darnach / von den Stenden / gelebt wirde / so haben sie sich gar nicht zu befahren / daß solche ihre zugelassene zusammenkunfften von unß / mit beschuldigung verbottener conventiculen / und verdechtiger rottirung / sollen beschweret werden.

62. Der Collecten und stewren halber / lesset es die Keyserliche resolution allerdings bey der anno 89. ergangenen außspruchs disposition, und darauff erfolgten Embdischen und Nordischen recessen bewenden. Wan nun dieselbe eigentlich betrachtet und erwogen werden / so ist darauß klarlich zuvermercken / daß Ihre Keyserliche Majestet &c. uns das jus collectandi nicht streitet / sondern nochmalen gestehet / und bekrefftiget: Jedoch mit dieser außtrucklichen condition, maß / und ordnung / daß solches mit rath / einwilligung und zuthuen unserer Landeschafft beschehe: Dasselbe / weil es den rechten gemeeß / und nicht unbillich / wollen wier in acht zu nehmen / und zu halten / uns hiemit außtrucklich erkleret haben.

63. Und weillen von unsern getrewen Landtstenden underthenig begeret / daß wier / neben ihnen / auff mittel und wege zu dencken / und zu schliessen / gnedig geruhen wollen / wie unsere gutte Graffschafft / aus ihren schweren burden und schuldenlasten erlöset werden möchte / wier auch gnedig gemeinet / unseren getrewen Underthanen / und gantzer Landtschafft / so viel an uns ist / zu ablegung solcher beschwerden / gute befurderung zu bezeigen. Als haben wier uns demnach bey dieser Landtags tractation / mit den Stenden einmutiglich dahin verglichen / daß sie uns auß ihrem mittel etliche gewisse persohnen / præsentirt und nambhafft gemacht / auch denselben krafft dieses algemeinen Landtages schlusses liberam & plenissimam potestatem gegeben haben / einen oder mehr modos contributionis zu bedencken / und wan sie sich deßwegen unter einander verglichen / und ihre meinung zu papier gebracht haben / daß sie alßdan desselbige unß / zu unseren nachdencken / und belieben einhendigen / mit unß ferner sich daraus unterreden / und berathschlagen / und wessen wier uns endtlich mit ihnen / und sie sich hinwieder mit unß darüber vereiniget / dasselbe alles / sollt dermassen krefftig und bestendig geachtet werden / als wenn alle und jede Stende / derselben gliedtmassen und verwandte / solches gerathen / gewilligt und beschlossen hetten.

64. So viel aber die einnahme und verwaltung der Collecten belanget / seindt wier entschlossen / sechs gewisse persohnen / auß vorangeregten der Stende allerseits deputirten / und also auß iedem Stande zwo / zu erwehlen / und deren einen unserer Rathe zu zuordnen / und mit vorgehenden rath unserer Landt- und Hoffräthen / wie ingleichen / denen zu dem modo contributionis verordneten / durch diese sieben persohnen / ein sonderbahr collegium der Steur-einnehmer anzurichten / auch dieselbe / beneben denen / so wier ihnen als buchhalter und Schreiber / zuordnen werden / mit Eyden und pflichten / uns und unserm lande zum besten / gebührlich zubelegen / und sie auff eine richtige ordnung / nach deren sie / so wol als alle unsere beamte und Underthanen / bey einfurderung / ausgabe / und Administration der Steuren und Collecten sich eigentlich zu richten und zu achten haben / zu verweisen und alles dermassen anzustellen / damit vergebliche unnöttige uncosten / bey der einnahme / verhuettet / die ausgaben / dahin sie destiniret / mit unser anordnung / und ihren Rath und vorwissen / angewendet / und hierin uns / und unserer getrewen Landtschafft / das wenigste nicht verruckt noch untergeschlagen werde.

65. Wurde sich auch begeben und zutragen / daß einer oder mehr / aus obangeregten deputirten / mit todt oder sonsten / abgehen würde / so seind wier in gnaden zufrieden / daß uns eine andere persohn / von dem Stande / dem er angehörig gewesen / ad confirmandum præsentirt und vorgeschlagen werde.

66. Und weiln die Stende hierbey erinnern / daß auff diesen fall / des Landtpfenningmeisters nicht von nötten: So lassen wier unß gefallen / daß derselbe dienst numehr auffhöre und erlesche.

67. Was

Anno 1599.

67. Was nun also / wie bißhero erzehlet / eingewilliget / gesamblet und einbracht wirdt / darüber haben wier uns mit den Stenden verglichen / und ist einmutiglich beschlossen / daß davon sollen / vermöge der Keyserlichen resolution, und deren vorgehenden execution-recessen / und andere decreta, bezahlet werden / alle hinderstellige Reichs- und Craißsteuren / alle commission, legation, und andere unkosten / von anfange vergangener uneinigkeit / und biß zu diesem Landtagsschluß / von unsern Herrn Vattern / unß / und unser getrewen Landschafft / in- und außer Landes / auffgewandt / alle resta, so dem Hoffgericht und dessen verwandten / bißhero an ihrer verdienten besoldung unentrichtet stehen verblieben: Und der newe baw des Hauses / darin diß Hoffgericht kunfftig zu halten: Und was dergleichen landtschulden mehr mögen befunden werden. Bey welcher schulden-abzahlung dan diese ordnung gehalten werden soll / daß / vor erst alle schulden / so aus dieser collectation, wie obstehet / bezahlet werden mussen / uns / und obgedachten der Stende zu dem modo contributionis verordneten / richtich angegeben / liquidiret / und davon unser geburnuß / nemblich die summa / deren wier uns / wegen unserer auffgewandten kosten / wie hernach folget / mit den Stenden verglichen / zusampt denjenigen schulden / welche gar keinen verzug leiden konnen / auch die / so mit hohen interesse und ungelde verzinset werden / und dan die ubrigen / so viel deren auch sein mögen / abgetragen werden.

68. Und obwol wier also balde gefaßet gewesen / mit unserer unstreitbahren richtigen rechnung in continenti zu belegen / wie hoch sich obgedachte unsere erlittene kosten erstrecken / so haben wier dennoch auf solche rechnung nicht bringen / sondern in vergessung derselben / und in gnediger erwegung unserer Stende ohne des hochbeschwerlicher burden / uns / wegens obgedachter rechnung / mit einer gewissen summen / als benentlich hundert tausent Reichsthaler / abfinden und contentiren lassen / welche sie uns / uff masse und weise / wie uns / wegen der termin und funsten / mit denen zu dem contribution-werck verordneten / ferner zu vergleichen / bezahlen sollen. Und sein wir der ungezweiffelten zuversicht / es werden die Stende / jhrem underthenigen erbieten nach / wann den obangezogenen Landesbeschwerungen / und anderen / unser Graffschafft zum besten / verwilligten und verabschiedeten mitteln der Collectation, geholffen / uns / wie getrewen Underthanen rühmlich und wol anstehet / ferner die handt zu bieten und beyzuspringen / sich nicht verweigeren.

69. Jedoch sol diese der gemeinen Landtstende eingewilligte contribution, und uns versprochene summa der 100000. Reichsthaler / diejenigen schulden / an hauptsumma / zinsen / und andere gebuhrnuß / durchaus nicht angehen noch berüren / welche unß Burgermeister und Rath / auch gemeine Burgerschafft unserer Stadt Embden / absonderlich und vor sich zu bezahlen schuldig / sonderen dieselbe hievon / austrucklich / ausgeschlossen / und wier derentwegen sonsten befriedigt werden / wie davon hernacher disponiret / und in specie in diesem recess, so viell unser Stadt Embden belanget / verordnet worden.

70. Von disen allen / welches also Jahrlich eingenommen / und bezahlet wirdt / sollen die verordnete cinnehmere unß / und den deputirten der Landtstenden / alle Jahr / auf einen gewissen termin / nemblich / den tag nach dem Fest trium regum, vollenkommene richtige rechnung thuen / damit uns / und jhnen / allerseits wißlich werde / wie weit die eingesamblete collecten / zu abtragung der obgemelten schulden reichen / und was noch zu bezahlen uberig und im rest verblieben / damit alßdan / de continuatione oder minutione collectarum, ferner etwas gewisses geschlossen und exequiret werde.

71. Wan sich nun befinden wirdt / daß alle schulden abgelegt / uff dem fall / sol ferner diese contributio so lange continuiret werden / biß daß zu behueff zweyhundert tausenden Reichsthaler ungefehrlich / zusamen gebracht werden / damit von der pension deren haubtsummen / die kunfftige Reichs- und Craiß-steuren / jederzeit richtig erleget / das Hoffgericht bestendig underhalten / und darüber alle andere beschwerden / so unser Graffschafft zuwachsen konten / als weit sich das ærarium erstrecket / durch unserer anordnung / und mit gemeiner Stenden rath und vorwißen / abgetragen werde.

72. Weil auch die Stende / der besatzung unser Häuser und knechte geldes hierbey erwehnung thun / So erbieten wier unß dahin / daß wir forderlichst / mit unsern Landt- und Hoffräthen / und eines jeden Ambts underthanen / berathen und schliessen wollen / in was anzahll die ordinari besatzung auff unsern Heusern zuhalten / und wie dieselbe zu unterhalten / und was alßdan geschlossen wirde / darüber sollen die Ampts underthanen diesfals ferner nicht beschweret werden. Jedoch soll durch diese collectation unß an unseren wolhergebrachten / unstreitigen hebungen / accisen / zollen / zinssen / Pachten / Renten / diensten / und anderen gebuhrnuß / wie solches nahmen haben mag / und wier dessen von rechtswegen befugt / durchaus kein eintrag / oder abbruch geschehen: Sondern wier vielmehr bey deren continuation geruhiglich und unbetrübet gelassen werden / wie dan auch diese eingewilligte collecten / den gemeinen Stenden / sampt und sonderlich / an jhren privilegien / alten herkummen / recht / und gerechtigkeit / nichts præjudiciren / noch auch solche collecten anders / alß obgeschrieben in einige consequentiam kunfftig sollen gezogen werden.

73. Waß dan endlich / wegen einreichung der angewachsenen Lande / an unß begeret / erbieten wier uns hiemit / daß es anders nicht solle gehalten werden / als wie diesfals / der alte gebrauch solches zulest / und freylich / ohne zuziehung und rath unserer Land- und Hoffräthe / auch deren / so darbey vornemblich interessiret / keine newe Lande eingereicht werden. So viel aber die disputationes betrifft / wenne die an- und zuwachse zustendich / das stellen wier zu gutlichem oder rechtlichem außtrag.

74. Nach erledigung dieser general beschwerden / und mißverstende / haben uns die von der Ritterschafft / Stedte und Stände / in specie zu erkennen geben / was eines jeden Standes absonderliche beschwerden und begeren sey / darüber wir / nach notturfftiger berathschlagung / und unterredung uns mit unser getrewen Ritterschafft ihrer clagden halber / dahin verglichen / daß ihnen durch unsere investitur / regalia, privilegia, und oberbotmessigkeit / an ihren herligkeiten / Geistl- und Weltlichen / Peinlichen und Burgerlichen gerichten / alluvion / und jagt-gerechtigkeiten / so viel sie dessen in gesambt / und besonders / ohne rechtmessige widerrede / geruhiglich herbracht / genutzet / gebrauchet / und besessen / kein abbruch noch eintrag beschehen / sondern ein jeder / darbey / dem rechten gemeeß / von unß geschutzet und gehandthabet werden solle. Und so viel darüber / wie auch sonsten albereit proceß entstanden / oder noch entstehen konten / dieselben / auff billiche wege / in der gütte vergleichen / oder da die gütte / uber vermuthen / bey dem einem oder andern theil / entstehen wurde / auff solchen fal / die streitigkeiten in gewisse compromiß / deren wier uns mit ihnen / nach gepflogener und entstandener gütte / vergleichen wollen / gefast / und durch schleunige erörterung geendet / inmittelst aber niemandt / weder wier / noch sie / an seinem besitz / und possession / vel quasi, ferner turbiret / viel weniger dessen entwehret / sondern biß zu endlichem außtrage / geruhiglich / darbey gelassen werden solle.

75. Waß dan / vors ander / unsere Städte / und insonderheit Bürgermeister und Rath unser Stadt Embden angehet / wissen wier uns zuerinnern / was vor beschwerliche weitleufftigkeit / zwischen Hochgeehrten unsern Herrn Vattern / und ihnen / vor und nach publicirter Keyserlichen resolution / erreget / wie dieselbe vortgetrieben / und was dabey / allenthalben attentiret und vorgenommen: Demselben aber uff einmahl gantz und grundlich abzuhelffen / und daß dergleichen hinführo in ewigkeit nicht mehr geschehe / so viel moglich / vorzubawen: haben wier jhnen obangeregte Keyserliche resolution / alles jhres inhalt / puncten / clausulen / und articulen / so viel dieselbe / in specie, die Stadt Embden beruret / nicht allein gnedich confirmiret / sondern auch uns / der streitigen punct halber / mit jhnen / uff nachfolgende maß / verglichen.

76. Anfenglich sollen und wollen sie dasjenige / so jhnen in der Keyserlichen resolution verstattet und zugetheilet / anders nicht anziehen / deuten / noch gebrauchen / als wie es von der Keyserlichen Majestet ꝛc. jhnen gegeben / und mitgetheilet worden / nemblich / daß es / zu conservation gutten Stadt regiments / zu beforderung derselben vornehmen Sehepforten / und Haven / und endlich dahin gemeinet / daß sie sich gegen die Keyserliche Majestet ꝛc. und dem Heiligen Reich / so woll uns / ihrem angebornen Erb-ober- und Landtsherren / umb so vielmehr alles getrewen unterthenigsten gehorsambs befleissen sollen.

77. Zum andern / sein wier gnedig zufrieden / daß / umb mehrer gewißheit / und verhuttung kunfftiges streites willen / es mit den Kirchen- und Schulwesen / nachfolgender gestalt gehalten werde.

78. Erstlich soll uns freystehen / wan wier unser Hofflager wesentlich in der Stadt halten / daß wier auff unserm Hause / vor uns / unsere hertzliebste Gemahlin / Räthe / Ampsleuthe / diener und Hoffgesinde / unsere Predigten / ohne verhinderung halten / und den Gottsdienst daselbst verrichten lassen mögen / als wier dasselbe in unsern Christlichen gewissen gegen Gott verhoffen zu verantwortten / sonsten aber soll hierüber / in der alten Stadt / und Väldern / sowol in den Vorstedten / keine andere religion offentlich gelehret / geübet / und geduldet werden / als die / so an itzo / in der grossen- und Gasthauß Kirchen / geprediget wirdt / darzu dan Burgermeister und Rath die Burgerschafft werden gebührlich anzuhalten wissen

79. Es sol auch niemandt / in seinem gewissen beschweret / noch uber dasselbe / einige inquisitio, und untersuchung gestattet werden

80. Zum andern / sol die vocatio, præsentatio & collatio der Prediger und Kirchendiener / bey der Gemeinde / und ihren gliedmassen / aber die confirmation derselben / bey uns / stehen und verbleiben / welche wier / ohne einige contradiction und einrede der præsentirten personen / mittheilen wollen. Und mögen die Olderlingen / ihr ampt / in den Kirchenbedienten / und die diaconi die armen / jhrer ordnung gemeß / frey und unverhindert versorgen.

81. So mögen zum dritten / die consistoriale und classicale versamlungen / nach inhalt jetztgemelter Kirchen-ordnung / unterhalten werden. Jedoch daß niemandt / zu dem wochentlichen cœtu zu zwingen / und in dieser versamblung anders nicht / als Kirchen-sachen / verhandelt werden / und stehet Burgermeister und Rath jederzeit frey und bevor / einen aus ihrem collegio, oder den Viertzigen / welcher ein gliedtmaß der Kirchen ist / zu Committiren / in demselben Consistorio zu erscheinen.

82. Was

ANNO 1599.

82. Was aber hierüber/ der Geistlichen bottmessigkeit/ an schlichtung der Ehesachen/ und sonsten anhengig/ dasselbe alles sol an unser consistorium verwiesen werden/ Jedoch dadurch der Stadt Embden an ihrer Kirchenordnung/ und was darzue gehörich/ nichts benommen sein

83. Zum vierten/ sol niemandt in der alten Stadt oder uff Faldeven/ ohne Burgermeister und Raths consens Schul halten/ und alle Schulmeister angehalten werden/ sich der ordnung zu accommodiren/ welche Burgermeister und Rath/ hierüber albereits uffgerichtet/oder kunfftig auffrichten wurden/ aber in unseren vorstädten Schulen zuhalten/ wollen wier hiemit gentzlich verbotten haben.

84. Zum funfften/ die güter/ so zu unterhalt Predicanten/ Schulen und armen/ in der grossen und Gasthaus-Kirchen verordnet/ und anjetzo darzue gebrauchet werden/ sollen dabey bleiben. Auch wollen wier/ daß die zwey und siebentzig graß landes/ zu Hincha gelegen/ welche unsere groß-Fraw Mutter/ löblicher gedechtnuß/ auß den Probstey-guttern/ der Kirchen zugewandt/ dabey gelassen werden.

85. So viel aber die zwey und zweintzig graß/ so von der Kirchen zue Embden/ nach Logwart geleget/ betrifft/ wollen wier versehung thuen/ daß sie/ entweder der Kirchen alhier wider restituiret/ oder ihnen/ von uns/ billiche widerstattung geschehe. Und soll den vorstehern/ an administration der Kirchengüter kein eintrag geschehen. Auch hieneben die zum Closter der Gaudenten/ welche jetzo die Gasthaus-Kirche ist/ gehörige güter/ als welche unsere löbliche vorfahren/ mit rechtmeßigem tittul an sich bracht/ und erlanget/ uns alleine bleiben.

86. Was dan/ vors dritte/ der Stadt privilegien betrifft/ lassen wier es allenthalben/ bey dem bewenden/ was die Kayserliche disposition diessfals angeordnet/ darüber wier/ sonderlich über dem privilegio der vorbeyfahrt/ mit allem ernst und eyffer/ halten wollen: Und weil dasselbe der Stadt austrücklich die helffte/ deren darin gesetzte funfftzigk Marck lötiges Goldes/ von den uberfahreren giebt und zuleßt/ so seindt wier des gnedigen erbietens/ sie darbey zu schutzen/ und zu dieser gebührnuß ihnen unweigerlich zu verhelffen.

87. Und so viel dan in specie die manutenention, auch execution und beschirmung jetztberürtes privilegii der vorbeyfahrt: Item die arretta und judicatur: auch die Convoy und versicherung der Schiffwahrenden auff dem Embsstrom belangt/ dasselbe bleibt bey unser disposition, und verordnung billich/ jedoch wollen wier/ mit unseren Landt-und Hoffräthen/ auch zuziehung Burgermeister und Raths/ deswegen eine gewisse ordnung furderlichst verfassen/ und soviel müglich verschaffen/ daß die uberfahrer privilegii, der vorbeyfahrt unseumig/ verfolget/ und zu gebührender straff gezogen: Die commercia, zu Wasser und Lande/ frey/ sicher/ und ungehindert/ getrieben/ und so viel an uns ist/ aller freybeuterey und rauben/ mit ernster strenger verfolgung gewehret werde.

88. Zum vierdten/ sollen und wollen uns Burgermeister und Rath/ in die völlige possession. vel quasi, aller alten zollen/ und angebrachter Wein-und Bier-accisen/ und Inposten/ auch aller anderer einkommen/ rechten und gerechtigkeiten/ wie die nahmen haben mögen/ widerumb setzen/ und völlig/ so wol bey den Burgern noch ausstehender restanten/ als kunfftiger hebung halber restituiren/ welche nicht in der Keyserlichen resolution, und Norder recess in specie, als new angegeben/ und abzuschaffen befohlen/ und dem sie hochgeehrten unsern Herrn Vatter/ vor und nach eroffneter Keyserlichen resolution, de facto, entwehret haben.

89. Da sie aber in specie, wieder unsere zolle/ und accisen/ anspruchs befügt zu sein vermeinen/ bleibt ihnen dieselbe in petitorio zu gutte/ oder zu schleunigem austrag/ vor unpartheyischen Rechtsgelehrten/ wie wier uns des mit ihnen zuvergleichen/ unbenommen/ sondern vorbehalten.

90. Zum funfften/ werden die schulden/ damit uns Burgermeister und Rath verhafftet/ billich in eine summam zusammen geschlagen/ und wier deren befriedigt/ auff maß und weyse wie wier uns dessen/ mit ihnen/ auch denen/ zu berathschlagung gemeiner schatzungs-sachen deputirten/ vergleichen werden.

91. Zum sechsten/ bleibt es der Wahl und beeidigung Burgermeister und Raths/ der Viertziger und ander der Stadt Officianten/ bey der Keyserlichen resolution und derselben buchstablichen einhalt/ billich/ und sollen dieselbe/ sobaldt die huldigung eingenommen/ in unser und der Stadt pflicht genommen/ und in specie, auff diese concordata beeidiget werden.

92. Zum siebenden sol es mit bewahrung/ baw/ und besserung der Stadt/ und Faldern der Keyserlichen resolution gemeß gehalten werden/ also/ daß keine newe befestigung/ oder anschnlichs newes werck/ ohne unser vorwissen und beliebung/ gebawet werde.

93. Zum achten/ sol das untergericht zue Embden hiemit von uns zuegelassen und befestiget sein/ Jedoch/ daß sich desselben cognitio und erkentnuß allein auff Burgerliche sachen/ und hoher nicht/ als funfftzig gulden erstrecke. Die persohnen/ welche jetzo oder kunfftig/ den von Burgermeister und Rath/ zuegeordnet werden/ uns/ so wol als der Stadt/ wie andere derselben Officianten/ vermöge der Keyserlichen resolution/ geschworen sein/ die brüche/ und bussen vleisig verzeichnet/ und des gerichts protocols abschrifft/ zu rechter zeit eingelieffert/ und was uns/ zu unseren halben theyl davon gebühret/ richtig und ohne allen abzugk bezahlet werden. ANNO 1599.

94. Zum neunden/ bleibt es auch/ so viel die criminal Jurisdiction betrifft/ bey den Buchstaben der Keiserlichen resolution unveranderlich/ und sollen Burgermeister und Rath nach wie vor/ mit der apprehension der mißthäter verfahren/ wie dasselbe die Peinliche Halßgerichts-ordnung Caroli quinti allenthalben mit sich bringet. Nach beschehener apprehension/ wil die Keyserliche resolution/ daß ein unterschiedt gehalten werde/ zwischen dem examine, und erkundigung der sachen/ und der persohnen Und ist das examen caussæ, allein dahin gerichtet/ ob das delictum, deßwegen der gefangen eingebracht/ warhafftig geschehen/ und am leben straffbahr Dieser beiden stücken halber/ gebühret Burgermeister und Rath/ in allewege erkundigung einzunehmen/ und wan sie derselben gewisse sein/ ist der Keyserlichen resolution eigentliche meinung diese/ daß sich Burgermeister und Rath/ gegen der gefangenen persohn/ gar keines peinlichen bedrawens/ angriffs oder examinis anmassen/ sondern dieselbe in gewisser zeit/ auff die Burgk lieffern/ und darein verfahren lassen sollen/ wie daselbst ferner zu befinden: Wornach sich Burgermeister und Rath hinfühdo eigentlich achten/ und unseren beampten/ bey der execution/ wider die mißthäter publicirten urtheil/ mit angemaßten gleide/ noch sonsten/ keine verhinderung zuziehen sollen/ sondern sie/ darmit/ wie von alters breuchlich gewest/ geruhiglich gewehren lassen.

95. Befinde sichs dann/ in der examination der sachen/ daß die that zwar geschehen/ aber am leben nicht/ sondern mit ehrenrürigen straffen/ als stupen-schlegen/ verweisung der Stadt/ den Pranger/ und andern manieren und form zu straffen/ auff solchen fall/ bleibt ihnen das examen personæ, nicht unbillich. Do muhn die Peinliche Halßgerichts Ordnung/ ihnen auff solchen und dergleichen fellen/ die scharpffe Frage zuleßt/ haben sie sich deren gleichfalß anzumassen: Jedoch sollen sie hierin eine solche bescheidenheit gebrauchen/ daß alle nichtigkaiten des processes verhütet/ und ihnen ihr gewissen rein/ und unbetrübet/ erhalten werde.

96. Was nun diessfals oder auch sonsten der Keyserlichen resolution zuewideren vorgenommen/ solches/ als bey wehrenden mißverstenden geschehen/ lassen wier zu ewigen vergessen gestelt sein. Und weillen sich Burgermeister und Rath erkleret/ daß ihnen/ und ihren nachfolgeren/ dergleichen gar nicht zum vortheil/ oder einigen actu possessorio, noch uns/ oder unseren successoren/ und nachkommen/ zu geringsten præjuditz oder abbruch unser hohen Obrigkeit gereichen/ angezogen und gedeutet werden solle: So lassen wier auch die clagen/ so deßwegen am Keyserlichen Cammergerichte onder sonsten angestellet/ gutwilligk fallen. Und versehen uns zu Burgermeister und Rath gnedigklich/ sie werden sich/ in diesen/ und andern/ ihren erbieten nach/ dermassen erzeigen/ daß wir ihnen mit beharlichen gnaden jederzeit zugethan und gewogen bleiben mögen.

97. Zum zehenden/ weil die Stadt/ noch etzliche stuck grobes geschutzes in verwahrung hat/ welches unser eigenthumb/ so wirdt uns dasselbe/ vermüge Keyserlichen resolution/ billich gelassen.

98. Zum eylfften/ solle alles Kriegsvolck zu Wasser und Lande/ auch alles Kriegswesen/ Kriegsrath/ und was demselben anhengig/ so von uns/ und ihnen genommen/ und beyderseyts gehalten wirdt/ aus unserer Stadt Embden/ und der gantzen Graffschafft Ostfrießlandt/ vor der huldigung/ ab und ausgeschafft werden. Und wollen wier allein so viel Soldaten/ in bestallung behalten/ als zu notwendiger besatzung unserer heuser/ bey jetzigen gefehrlichen leufften/ nöttig werden befunden werden.

99. Hiergegen bleibt/ nach laut der Keyserlichen resolution, Burgermeister und Rath die verordnung der Stadt wacht/ billich: Und mögen dieselbe ihre gewohnliche wachtordnung continuiren Da sie aber einige Soldaten zur burgerwacht/ in solcher anzahll/ als sich/ zu erleichterung der Burgerschafft/ zu bewahrung der Stadt und Faldern dienlich und nöttig befunden wirdt/ annehmen und gebrauchen/ sollen dieselbe zufurderst/ den gewohnlichen Burger-eidt/ damit sie uns/ und gemeiner Stadt verbunden/ leisten/ under kein sonderbahr fliegendt Fendlein gestellet/ sondern alleine zu bewahrung der Stadtpforten und Bemme/ gebraucht werden.

100. Zum zwölfften/ wollen wier die verordnung thuen/ daß auf unser haus und Burgk/ ein Drost oder Vogt gesetzt werde/ welcher ein Landesaß/ und der Burgerschafft nicht entgegen noch zuwideren.

101. So wollen wier auch/ zum dreizehenden/ uns durch schickung oder schreiben/ zum höchsten angelegen sein lassen/ und befürdern/ daß alle biß anhero angehaltene und arrestirte persohnen/ und gütter/ was wesens oder nahmens die sein/ und wo dieselbe arrestirt und enthalten/ sonder einich ranzion und entgelt/ los gelassen werden mugen. Dagegen auch Burgermeister und Rath verpflichtet sein sollen/ die bey dieser uneinigkeit/ und aus derselben ursache/ sonsten aber keiner andern verbrechung wegen/ ausgewiesene/ eingelegte/ oder vor sich selbsten entwichene Burger und einwohner/ ohne einige widerrede/ einzunehmen/ und sie/ bey ihren Weibe/ Kindern/ heuslicher nahrung und guttern/ den rechten/ und dieser Stadt ordnungen und gebrauchen gemeß/ geruhiglich gewehren lassen. Und bleibt gleichwol/ dieser Concordaten ungeachtet/ denjenigen privat-persohnen/ welche wieder jehmandt/ deren ihnen abge-

Anno 1599

abgenommenen gütter/ zu klagen haben/ unbenommen/ ihre action und zuspruch/ an gebührlichen oerteren/ und ordentlich/ dem rechten gemeß/ anzustellen und zu verfolgen.

102. Was sie dan endlich/ wegen union der Stadt/ und der Vorstädte/ bey uns gesucht und instendich gebetten haben/ daß wier gnedich gestatten wolten/ damit dieselbe sampt und sonders/ ihrer und also einerley botmessigkeit unterworffen sein/ und vielen misbrauchen und ungelegenheiten/ so aus der separation entstehen konten/ abgeholffen werde. Darein haben wier zu willigen bedencken etragen: Jedoch seind wier eigentlich gemeinet/ alle mißbreuche und unordnung in den vorstädten abzuschaffen/ gutte pollicey-ordnung uffzurichten und zubefurderen/ daß zwischen allen und jeglichen unseren Underthanen gutte correspondenz und einicheit erhalten werde. Do auch Burgermeister und Rath bey uns umb confirmation deren Rollen/ so sie den Gilden gegeben/ darumb underthenig bitten werden/ daß dieselbe auch in unseren vorstädten geduldet sein mögen/ seindt wier urbietig/ woferne wier dieselbe der billigkeit gemeß befinden werden/ ihnen dermassen mit gnaden zu begegnen/ daß sie wircklich zu vernehmen/ wie wier unserer getrewen Burgerschafft nahrung gerne befürdert sehen.

103. Was dan vors ander/ die beiden Stedte Norden/ und Awrich betrifft/ haben dieselben gesucht und gebetten/ ihre angegebene gravamina, nach billigkeit abzuschaffen/ und sie bey ihren alten privilegien/ freyheiten/ ordinantien/ und gewonheiten/ auch Siegel und brieffen/ nicht allein geruhiglich gewehren zu lassen/ sondern auch umß/ ihrer ferner in gnaden/ so weit annehmen/ daß ihre privilegia, und Stades gerechtigkeiten vermehret/ und was sonsten zu ihren besten und uffnehmen gedeyen konte/ nach notturfft befurdert werden muchte.

104. Insonderheit haben die zu Awrich embsig angehalten/ ihrer Heidtlande und schweren Hoffdienste halber/ eine billiche ordnung anzustellen/ damit sie mit deren vielfaltigen ubermachung/ nicht also ubermessig beschweret/ und dadurch an ihrer heußlicher nehrung/ woran ihre zeitliche wolfahrt gelegen/ zum hogsten verkurtzet werden.

105. Nun erkennen wier uns nicht allein schuldig/ sie bey allen ihren oberwehnten privilegien/ ordinantien/ freyheiten/ rechten/ und gerechtigkeiten/ wie obstehet/ geruhiglich bleiben zu lassen/ und gegen jedermenniglichen zu schutzen und handtzuhaben: Sondern wier wollen auch/ umb ihrer getrewen dienste willen/ welche sie unseren löblichen Vorfahren/ und uns/ jederzeit bestendig erzeigt und bewiesen/ auch hinfuhro erzeigen und beweisen sollen/ und wollen/ mit allem ernst darzue bedacht sein/ daß ihren beschwerden/ der billichkeit nach/ remedirt/ ihnen ihre privilegia und Stadtsgerechtigkeiten/ vermehret/ ihre gemeine wolfahrt befurdert/ und was ihnen zu gutten gereichen mag/ jederzeit vortgesetzt werden

106. Insonderheit wollen wier/ mit unserer getrewen Burgerschafft zu Awrich/ ihrer Heidelandt und Hoffdienste wegen/ eine solche vergleichung anrichten/ daß sie darauß thatlich zu vernehmen/ wie uns ihre zeitliche wolfahrt vort zu setzen/ am hogsten angelegen.

107. Als viel dan letzlichen/ den dritten oder Haußmans standt betrifft/ dieweil dieselbe/ unter andern vielfeltigen klagen/ vornemblich diese vorbracht/ daß sie mit fron-und Hoffdiensten/ ubermessig/ auch wider alts herkommen/ insonderheit zue behueff der incorporirten Closter güttern/ deren vorwercke/ und andern Schaff-und Graßheusern/ item/ des gemeinen gesindes/ beschweret/ und weitter/ als vom einen ampte zum andern/ die Wagenfuhr zu verrichten/ angehalten worden. So thun wier die gnedige vertröstung/ daß wier in allen und jederen unsern Empteren/ uns mit ihnen/ einer billichen masse/ und moderation/ der Wagen und anderer frondiensten/ oder eines gewissen geldes dafür/ Jährliches an unsere ambtheuser zu entrichten/ vergleichen/ und was also verglichen/ in bestendige gewisse ambtßbücher verfassen/ Insonderheit von wegen unserer Closterglitter/ derselben Vorwercke/ auch Graß- und Schaffheuser unsere getrewe Underthanen mit den diensten/ so dem herkommen zuwider/ verschonen/ und ihre Wagenfuhr weiter nicht/ dan vom einen ampte zu dem andern/ und soviell diejenigen/ so an den grantzen unser Graffschafft wohnen/ betrifft/ uff gewisse masse/ dem herkommen gemeß/ gebrauchen lassen/ und die Wagenfuhr/ niemandt/ als unseren Räthen/ beampten/ und welche sonst special commission davon/ bey uns/ erlangen/ erstatten wollen.

108. So sol auch hinfurter unserer Underthanen Turffuhr/ niemandt anders/ als unseren Graflichen heuseren wie wier dan mit unsern underthanen jedes ampts/ nach gelegenheit einer billichen moderation und masse/ uns vergleichen werden/ zu gutte kommen/ oder gefordert werden/ viel weniger aber sol die entrichtung des dienstbotten lohns (dessen sich unsere Underthanen in Averledinger Vogthey wegen des Closters zur Mählde beschweren) nach diesem continuiret werden.

109. Was dan die dienste betrifft/ so zu unser Vestung/ insunderheit unserer Veste uff dem Ort/ geleistet werden/ wollen wier unserer Underthanen beschehenes suchen/ und was sie daneben underthenig erinnert/ mit unsern Landt-und Hoffräthen/ und eingesessenen unseres ambts Lierort/ zum allerfurderlichsten in berathschlagung ziehen/ und die gebuhrnuß gnedig verfügen lassen

110. Als uns auch clagendt vorbracht/ daß mit dem Bierbrawen/ und an etlichen orten auch mit dem Brodbacken und verkauffen/ monopolia eingeführet werden wollen/ so sollen dieselbige auch abgeschafft/ und daruber ernstlich gehalten werden. Anno 1599.

111. Jedoch/ weilen so wol unsern Unterthanen selbst/ als den frembden durchreisenden Man/ zu verhüttung vieler unordnungen/ insonderheit hochbeschwerlichen underschleiffs der gartenbrüder/ strassenrauber/ und anderm losen gesindtleins/ mercklichen daran gelegen/ daß nicht jedermenniglich/ einen offenen Kruegh zuhalten verstattet/ sondern darein gute masse und auffsicht gehalten werde. So wollen wier mit den Underthanen jeglichen orts daraus reden/ und würcklich anordnen lassen/ wie viel Kruge an jeglichem orte/ nach dessen grösse/ und gelegenheit des durchzugs/ und welchen persohnen dieselbe am füglichsten/ und ohne jemandts beschweren/ zu committiren und zu befehlen.

112. Und weiln sich unsere Underthanen beklagen/ daß ihnen das Fischen in den Embßstromen/ Sieltieffen/ und andern fliessenden und stehenden wasseren und Möhren/ behindert wirdt: Wier uns aber auch erinnern/ daß bey dem fischen grosse mißbrauch geschicht/ in deme sich die leute solcher unbequemen Fischgarn gebrauchen/ daß auch des Schrots und brocks nicht verschonet wirdt. So seind wier entschlossen/ eine solche ordnung verfassen und publiciren zu lassen/ daß die Underthanen/ an denen orten/ da sie zu fischen befugt/ daran unbeeintrechtiget/ die Wasser und Möhre auch unerschöpfft und in gutem wesen bleiben mogen.

113. Und können wier/ so viel die aucupia betrifft/ wol geschehen lassen/ daß unsere Undetthanen deren an wilden gevogel/ so zur flucht gehörich/ geniessen: Doch der Veldthüner/ auch ander Vögel/ uff unsern Glupen/ insonderheit den Gehegen/ so wier anrichten lassen möchten/ sich gentzlich enthalten.

114. Was auch/ von wegen der außminerey/ und darbey angezogener mißbreuche; Item/ von wegen der Kornmatten/ und zwang Muhlen: selbmutigen abhawens der underthanen beume/ deren sich unsere beampte und Zimmerleuthe unternommen haben sollen/ geclagt worden: Dessen seindt wier/ mit unseren underthanen einig/ daß dar ein wandel zu schaffen/ und/ bey verbesserung der landts ordnung/ mit der außminerey/ auch von wegen und beume/ und holtzung/ daß dieselben/ durch unzeytig verhawen nicht verwustet werden/ wie dan auch der Kornmatten/ und zwanck Muhlen halber gutte ordinantz anzustellen sey.

115. Ebenmessig halten wier vor unrecht/ daß unsere beampte/ Fueßknechte/ und andere/ sich unterstehen sollen/ von den gemeinen landes burden/ etliche ihres privat vortheils halber/ zu befreyen/ wier seindt denselben hinfurter zu zusehen nicht gemeinet.

116. Was letzlichen die ubrigen specialia angehet/ deren sich die underthanen in jeglichem ambt/ wegen angezogener ubermasse/ und neuwerung/ auch sonsten/ beclagen/ wollen wier gleichfals uber denselben/ nicht weniger/ als jetztgedachte Knechtegelde/ ohne verzug/ und ehe und zuvor wier von ihnen die Erbhuldigung einnehmen/ nodtwendige erkundigung und tractation pflegen/ und eine billiche moderation/ und respective abschaffung treffen/ und was also beschlossen/ und den underthanen hinfuhro/ zu geben/ und zu leisten/ obliegen soll/ vorangeregten Amptßbücheren und registern einverleiben/ ihnen auch gnugsame uhrkundt davon geben/ und mittheilen laßen: Und uber das alles/ daran mit gnaden sein/ daß ebenmessig/ jedem Carspel/ Dorffschafften/ und privat persohnen in ihrem anliegen/ der billichkeit widerfahren solle

117. Besonders aber und zum beschluß/ versicheren wier unsere samptliche Ritterschaft/ Städte/ und Stende/ hiermit nochmals gnedich/ daß wier/ als ein regierender Landtsherr/ sie und alle und jegliche unsere Underthanen/ zue Wasser und Lande/ bey ihren privilegien/ alten herkommen und gewohnheiten/ vertragen/ schad und guttern/ gegen jedermenniglichen in-und ausserhalb landes/ was würden und standes der auch sey/ anspruch und forderung/ so sie noch auff dieser Graffschafft und dern Glieder/ und in specie uff unser Stadt Embden/ zu haben vermeinen mügten/ die ruren auch her/ aus was prætext sie wollen/ oder konnen/ der billigkeit und den rechten gemeeß/ schutzen/ schirmen/ und verbitten. Und unsern Räthen und beampten/ ob offterwehnter Keyserlichen resolution, und diesen Concordaten/ festiglich zu halten/ mit ernst befehlen/ und solches ihren bestellungen/ darauff sie uns ihre pflicht leisten müssen/ einverleiben lassen wollen

118. Dakegen uns/ Ritterschafft/ Städte/ und Stende/ die gewisse zuesage gethan/ daß sie uns jederzeit/ zu erleichterung der gemeinen landes-nott/ und anderer beschwerungen/ dem herkommen/ und der Keyserlichen resolution gemeß/ getrewlich beystehen wollen.

119. Insonderheit aber sol niemandt/ unserer Stende und underthanen/ auch frembde/ in-und ausserhalb dieser Graffschafft wohnhafft/ wes Standes oder wesens der sey/ der sich in dieser Landtsachen einiger gestalt gebrauchen lassen/ von uns in ungnaden verdacht/ noch dasselbe/ per conniventiam, oder sonst/ in ungutte/ geandet/ geeyffert und angezogen: Noch auch hiergegen/ bey Ritterschafft/ Stedte und Stende/ wieder jemandts/ unserer Räthe/ diener und officianten/ so bey hochgeehrten unsers Herrn Vattern zeitten/ zu diesen sachen gebraucht worden/ einiger haß/ groll/ neidt oder widerwillen/ uberbleiben; sondern/ nach laut der Keyserlichen reso-

ANNO 1599. resolution/ zwischen uns/ und unsern Standen und underthanen/ sampt und sonders/ eine ewige/ vollenkommene/ immerwahrende/ unverfalschte reconciliation/ versonung/ vereinbahrung und hinlegung/ alles desjenigen/ was under wehrenden missverstanden vorgelauffen/ aufgerichtet/ erhalten und behalten werden soll.

120 Wier wollen auch/ zu desto bestendiger ruhe und friede unser Graffschafft/ deinjenigen/ was der Kirchenordnung halber getrewlich erinnert/ nachdencken/ und dieselbe/ mit rath unser Landt- und Hoffrathen/ auch anderer/ so wier auss dem engen aussschuss darzue gebrauchen werden/ aufrichten/ uns hiemit ausdrucklich vorbehalten haben.

121. Dessen zu uhrkundt/ haben wier Enno/ Graff und Herr zue Ostfrieslandt/ und Ritbergh/ Herr zue Esens/ Stedesdorff/ und Witmundt &c. vorbesagtes alles vor uns/ unsere erben/ und nachkommende Graffen und Herren zue Ostfrieslandt/ bey Graflichen worten/ trewen und glauben/ zu halten/ mit eigener handt unterschrieben/ und unser Grafflich insiegel daran gehencket. Publicatum in unser Stadt Embden/ ipso die Michaelis, war der neun und zwantzigste tag Monats Septembris/ im Jahre tausendt/ funffhundert/ neun und neuntzigk. Unterstundt/ mit S. G. eigen handt gezeichnet/ wie folget.

Enno Graff und Herr

zu Ostfrieslandt *subscr.*

(L. S.)

122. Und wier Ritterschafft/ Stedte und Stende in Ostfrieslandt/ bekennen offentlich/ dass alle und jede obgeschriebene puncten und articulen/ mit unsern gutten wissen und willen/ furgenommen/ und geschlossen sein/ willigen auch dieselbe alle sampt und sonders/ so viell deren uff unseren consens beruhen/ in und mit krafft dieses brieffes/ gereden und versprechen in gutten wahren trewen/ auff dieselbe/ wolgeb. unsern gnedigen Herrn/ den Erbhuldigungs Eydt zu leisten/ und was hirinnen verabschiedet/ wahr/ stedt/ fest/ uffricht/ und unverbrochen zu halten/ zu vollenziehen/ und dem/ nach allen unsern vermugen/ nachzukommen und zu geleben. Alles getrewlich/ sonder geferde/ haben wir Jro/ Freyherr zu Jnhausen und Kniphausen/ auch Elterk und Vogelsangk/ Erbmeyer der Stadt Bassenick &c. Eger Beninga/ Geistlicher Ostfriesl. Hoffrichter/ und Landtrath/ zu Grimmersumb/ Mauritz Ripperda/ zu Dornum/ und Petkum/ auch Farmsum und im Dam/ Frantz Frydach von Gortighave/ zue Gotdens und Uterstewehr &c. und Schwer von Dehlen/ zum Harsskamp/ Ryssum/ und im Hom/ respective Heubtlinge/ wegen der Ritterschafft/ und Hero Ulrichen/ Menne Circks/ Pewes zu Hatzum/ Ulricus Schatenborch/ und Gessbrant Ennens/ wegen der Hausleute/ und gemeinen Standes/ als hierzue sonderbahrlich gevolmechtiget/ diesen abschiedt/ mit eigenen Handen underschrieben/ und/ neben der dreyen Stadte grossen/ unsere angeborne insiegel/ gewohnliche pitschafft/ und gemercke/ an denselben thuen hengen. Actum Aurich uff offenem Landtage/ den siebenden tag Monats Novembris Anno neun und neuntzigk.

Darunder stundt mit verschiedenen Henden/ Siegeln und Gemercken.

Jro von Jnhausen und Kniphausen Freyher.

Eger Beninga.	Mauritz Ripperda.
Frantz Frydach.	Swehr von Deelen.
Here Ulrychen.	Menno Syrcks.
Jarch tho Hatzum.	Ulrich von Schatenborch.
Dessbrandt Ennen.	

C.

1598. 11. Octobre. *Déclaration* (1) *du Roi* HENRI IV. *pour l'Inclusion de la Republique de* GENEVE, *dans le Traité de Vervins.* [Histoire de Geneve de M. SPON Ed. 1730. in 12. pag. 487.]

Collationné sur l'Original.

HENRY, PAR LA GRACE DE DIEU ROY DE FRANCE ET DE NAVARRE. A TOUS CEUX QUI CES PRESENTES LETTRES VERRONT SALUT. Comme au Traicté de Paix, Alliance & Amitié faict, conclu & arresté entre Nous & nostre tres cher & tres amé bon Frere & Cousin, le Roi d'Espagne, & nostre aussi tres cher & Amé Frere le Duc de Savoye: Nous y ayons de commun accord & consentement, comprins plusieurs Princes, Seigneurs & Potentats, & entr'autres nos tres chers & bons amis Alliez & Confederez; les treize Cantons des Ligues de Suisse, les Seigneurs des trois Ligues Grises, l'Evesque & Seigneur du Païs de Vallays, l'Abbé & Ville de de St. Gall, Toukembourg, Milhausen, le Comté de Neufchastel, & autres Alliez, & Confederez desdits Seigneurs des Ligues, & que soubs le nom desdits Alliez & Confederez desdits Seigneurs des Ligues, soit comprise la Ville & Cité de Geneve, & le Territoire d'icelle, Alliée par ancienne Combourgeoisie avec aucuns desdits Seigneurs des Ligues, & encores avec Nous par Traicté faict avec le feu Roi nostre Tres honoré Seigneur & Frere, & aucuns Cantons desdites Ligues. Toutes fois parce que ladite Ville n'est pas expressement nommée audit Traicté de Paix, nos Tres-chers & bons Amis, les Sindicqs & Conseil de laditte Ville, pour tous les Habitans d'icelle & dudit Territoire, craignant que l'on veuille revocquer en doubte, qu'ils ayent eu part audit Traicté, & les exclurre d'icelui; Et sur ce, nous ont très-humblement requis & suplié de déclarer nostre intention. SAVOIR FAISONS, que Nous désirans tesmoigner en toutes occasions auxdits Habitans de ladite Ville, & Territoire de Geneve, le soing que nous avons tousjours eu, & voulons encores avoir, de leur conservation; Avons en consequence du contenu au XXXIV. Article dudict Traicté de Paix, qui fait mention de ceulx qui sont compris de nostre part en ladite Paix, Alliance & Amitié, dict & déclaré, disons & déclarons par ces présentes; Que comme soubs le nom des dits Alliez & Confederez desdits Seigneurs des Ligues, plusieurs sont compris, Nous avons entendu, comme encores nous entendons, que laditte Ville & Territoire de Genève & les Habitans de l'un & de l'autre, soient de ce nombre, & demeurent compris au dict Traicté, suivant ce qui a esté déclaré par nos Deputez en faisant ledit Traicté de Paix, bien qu'ils ne soient specialement & particulierement nommez par icelui; Ayant esté Nostre intention, comme elle est encore, que lesdits Habitans de ladite Ville & Territoire de Geneve, jouyssent du fruict de ladite Paix, tout ainsi que s'ils y estoient nommez & specifiez. En tesmoing de quoi, Nous avons fait mettre Nostre Seel aux presentes, données à Monceaulx le 11. jour de Novembre, l'an de grace mil cinq cents quatre vingt dix huict. Et de nostre Regne le dixieme. *Signé* HENRY. *Et au Reply*, par le Roi, *De Neufville.* Et scellées du grand Seel, en Cire jaune.

ANNO 1598.

Le grand Sceau du Roi est pendant.

Autre Déclaration du Roi HENRY IV. *pour l'Inclusion de la République de Geneve, dans le Traité de Lion.* [HISTOIRE de Geneve de M. SPON Edit. 1730. in 12. p. 490.] 1601. 13. Août.

Collat. sur l'Original.

HENRY, PAR LA GRACE DE DIEU ROY DE FRANCE ET DE NAVARRE. A TOUS CEUX QUI CES PRESENTES LETTRES VERRONT, Salut. Comme pour esclaircir le doubte où l'on eust peu estre, que la Ville & Territoire de Geneve eust esté comprinse de nostre part au Traicté de Paix faict & conclud à Vervins, entre nous & feu nostre tres cher & tres Amé bon Frere & Cousin le Roi d'Espagne Philippes deuxiesme dernier déceddé, nous eussions peu de temps après faict expedier nos Lettres patentes, par lesquelles nous aurions déclaré que soubs le nom des Alliez & Confederez de nos tres chers & grands Amis Alliez & Confederez les Treize Cantons des Ligues de Suisse, nous avions entendu comprendre lesdits Habitans de ladite Ville & Territoire de Geneve; Et parce qu'ensuite dudit Traitté de Vervins, estant depuis survenu l'Accord que nous avons faict à Lion, au mois de Janvier dernier, avec nostre tres cher & Amé Frere le Duc de Savoye

(1) Cette piece avoit du être placée à la p. 242. avant l'Article precedent.

ANNO 1601. voye: Auquel ladite Ville & Territoire de Geneve n'estant directement nommée non plus qu'audit premier Traicté, l'on pourroit encore entrer en doubte de nostre intention, si sur ce nous ne faisions expedier nos Lettres necessaire. SÇAVOIR FAISONS, Que Nous, bien mémoratifs dudit Traitté de Vervins, & des Déclarations qui furent faictes lors de la conclusion d'icelui que soubs le nom des Alliez desdits treize Cantons, laditte Ville & Territoire de Geneve demeureroit comprise; mettant aussi en consideration que par ledit Accord de Lion, il est dict, qu'au surplus des Articles portez par icelui, ledit Traitté de Vervins sera suivi, Nous avons, conformément audit Traitté de Vervins, & desdites Lettres que nous feismes expedier ensuite d'icelui, dict & déclaré, disons & déclarons par ces Présentes, qu'en faisant ledit Accord dudit mois de Janvier dernier, avec nostre Frere le Duc de Savoye, nous avons entendu, comme encores nous entendons laditte Ville & Territoire de Geneve, estre comprinse en icelui, comme elle estoit audit Traité de Vervins; Voulons & entendons que ladite Ville & Territoire de Geneve, jouïsse du bénefice d'iceluy, & dudit Accord de Lion, tout ainsi que si nomément elle y estoit comprinse & specifiée. En tesmoing dequoi Nous avons fait mettre nostre Seel à ces dites Presentes. Donné à St. Germain-en-Laye le 13. jour d'Aoust, l'an de Grace mil six cents un & de nostre Regne le treisiesme. *Signé* HENRY. Et *sur le Reply*, Par le Roy, *De Neufville.*

CI.

1602. 17. Mars. *Arrest du Parlement de Bourdeaux defendant toutes excommunications & autres Actes contraires à l'Authorité du Roi de France, sous pretexte de la Bulle* in Cœna Domini. *Fait en Parlement à Bourdeaux le 17. Mars 1602.* [Preuves des Libertez de l'Eglise Gallicane Tom. 1. pag. 194.]

LA Cour, les Chambres d'icelle assemblées, y present, & opinant le Sieur Dornano, Mareschal de France; & Lieutenant General pour le Roy en Guyenne: aprés avoir oüy en icelle Maistre Pierre Bruyer Prestre, & Secretaire de l'Archevesque de Bourdeaux, les Curez & Vicaires des Paroisses de S. Pierre, de S. Simeon, & Puipaulin de ladite presente ville, sur certains interrogatoires qui leur ont esté faits par ordonnance de ladite Cour: & oüy sur ce & requerant le Procureur General du Roy, a fait tres-expresses inhibitions & defenses à tous Curez, Vicaires, & autres personnes Ecclesiastiques de ce ressort, de quelque qualité & dignité qu'elles soient, de publier aux prosnes des Eglises, ny donner, ou signifier publiquement, ou particulierement, aucuns escrits & Mandemens au prejudice de l'Authorité du Roy, de sa Cour de Parlement ou autres Officiers dudit Seigneur, ny aucunes excommunications sur ledit subjet, sous pretexte de la Bulle intitulée *In Cœna Domini*, ou par vertu de quelque autre Mandement que ce soit, à peine d'encourir crime de leze Majesté: Et afin que aucun n'en puisse pretendre cause d'ignorance, ordonne ladite Cour, qu'à la diligence dudit Procureur General du Roy, le present Arrest sera signifié & notifié par tout où il appartiendra. Fait à Bourdeaux en Parlement, les Chambres d'iceluy assemblées le dixseptiesme Mars mil six cens deux, Ainsi signé, & collationné par moy Conseiller, Notaire & Secretaire du Roy, De Pichon.

CII.

1603. 8. Avril. **Hagischer Friedens Accord/ durch Unterhandlung der Herren General-Staaten zwischen Graf ENNE zu Ost-Frießlandt und der Stadt EMBDEN aufgerichtet den 8. Aprilis anno 1603. Benebst der Ratification der Ritterschafft und Stände. Geben den 29. Novembris 1603.** [LUNIG Teutsch Reichs-Archiv Part. Special. Continuat. 2. Abtheilung 4. Absatz 24. pag. 560.] ANNO 1603.

C'est-à-dire,

Pacification, faite par l'intervention des Seigneurs Estats Generaux des Provinces Unies entre ENNON *Comte de la Frise Orientale, & la Ville d'Emden. A la Haye le 8. Avril* 1603. AVEC *La Ratification de la Noblesse, & autres Estats d'Oost-frise. Du* 29. *Novembre* 1603.

IN den eersten/ sullen alle offensien/ verbale ende schrifftlicke injurien/ principalick in die schrifften/ diewelcke durende dese troublen/ directelick offte indirectelick/ uthgegeven syn/ item/ alle misdaden/ beschuldichheden/ ende generalick, alle wegen van feyten ende datelicke wercken/ gedaen/ geschiedt/ ende volbracht/ ter oorsaecke van die tegenwordige geschillen/ veranderinge/ beroerten/ Chrychswesen ende Oorloge/ tot wat plaetsen/ ende in wat plaetsen/ ende in wat manieren dattet sy/ so int general als particulier/ syn ende blyven vergeten/ die injurien hiermede gerevoceert/ opgeheven/ ende alles geacht/ als niet geschiedt/ offte thogekomen/ sulckx dattet saken van dien/ nochte omme einge geschiede beschadicheiden/ affgeeyschte/ opgeheven/ opgebeurde/ ende geexecuteerde contributien/ huiren/ hoofftschattingen (daer van geen obligatien syn gegeven) appendentien ende dependentien van dien/ gheen vermaen/ molestatie/ quellinge/ offt ondersoeck/ nimmermeer/ tot eenige dagen/ nochte plaetse/ jegens jemandt gedaen sal moeghen worden. Ende sullen over sulcx mede cesseren/ ende ghehouden worde/ als onverreghen ende onghedaen/ die mandaten ende executorialen van die Keyserlicke Majestet &c. teghens die Stadt Embden/ den Viertighen/ twintich Mannen/ ende andere van de Borgheren/ ende inwoonderen/ verreghen/ metten ghevolge ende aencleven van dien. Beholdelick dat Borgermeisteren ende Raedt S. G. van de civile actien/ darinne ghervert/ ende by dit verdrach niet gheaccordeert/ behoorlick ende rechtmatich contentement sollen doen/ by vriendelicke verdrach/ binnen den tydt van drye Maenden naestkomende/ ende, so alle offte eenighe van de selven pointen/ binnen denselben tyde niet verdragen souden konnen worden/ sal S. G. vry staen/ alsdan/ diess angaende/ het mandaet van de Keyserlicke Majestet &c. van nieuwes/ te reassumeren/ salvis exceptionibus & defensionibus van die van Embden.

2. Borgemeisteren ende Raet der Stadt Embden sullen restitueren/ aen S. G die huysen/ plaetsen/ ende Geschüt/ geduyrende het Chrychswesen/ van S. G. verkregen/ mitsgaders die opgebeurde huyren/ ende imposten/ van S. G. domeynen ende goederen/ ende van die munitions/ ende andere goederen/ so veel in weesen ende onder den Borgermeisteren ende Raedt is/ van gelicken sall ock S. G. aen die van Embden restitueren tgene geduirende den vorgeschreven tyt/ aen geschut/ ende ontfangen huyren ende imposten/ van die Stadt Embden/ eensamentlick den Borgeren ende inwoonderen derselver/ van S. G. is verkregen/ ende ontfangen/ ende van die munitions/ ende andere goederen/ tgene van denselven in wesen/ ende onder S G is.

3. S. G. is te vreden/ dat die Stadt van Embden niet en sal wesen verobligirt/ uth de Concordaten van den Jahre negen en negentich/ im Collectenwerck/ daerinne gerort/ nochte niet Landtsdachs sluyt/ tot Awrick gehouden/ in den Jaere 1601. in het hyersiede geldt/ ende in de ordre ofte administratie ende employ van des gemenen Landts van Oostfrieslandts penningen Dies sal van nieuwes/ in de naeste Landtsdach van Oostfrießlandt gehandelet ende gesloten worden/ wat die van Embden in plaetse van het Collecten werck/ ende hyersiedegeldt/ sullen hebben te contribueren. Ende de verschryvingen ende reversen/ so S. G. by tyden syner regeringe op den naem van Borgermeisteren ende Raedt syn gegeven/ sullen cesseren ende gehouden worden/ als niet uthgegeven. Daertjegens ock cesseren sall/ alle tgene S. G. van nyeuwes op sulcke verschryvingen ende reversen/ die van Embden geconsenteert ende toegelaten hefft.

4. Die gefangens ende angehoudene persohnen ten wedersyden/ sullen loß ende vry gelaten worden/ sonder enich rantsoen te betalen/ ende S. G. beloefft te intercederen/ ende alle mogelicke behuoren te doen/ daer het behoordt/ dat die ingesetenen van Embden mitsgaders haere angeslaegen schepen ende goederen/ die tot Duynkercken/ ende elders buytens lants/ angehouden ende gefangen syn/ vry uthgaen/ loßgelaten ende ontslagen worden/ ende dat in toecomstigen tyden alsulcke anhoudinge nablyven moegen ende niet meer en geschieden.

5. Al het gheene die van Embden/ in het verdrach van Delfsyl/ ende darop gevolchde Keyserlicke resolutiens gegeven/

beloofft

Anno 1603. beloofft ende geconsenteert/ sal onderhouden worden / uytgenomen waerin by desen tractate/ enige veranderinge gedaen/ offt anders geconditioniert wordt: Ende nae deselve sullen die differentiale poincten/ daerinne geroert/ verstaen worden.

6. Die nominatie/ votatie/ präsentatie/ collatie ende confirmatie der Predicanten offt Kerckendieneren / sal geschieden binnen der Stadt Embden / naer uthwysen het vorgemelte verdrach van Delffzyhl/ met dien verstande/ soe de Heere Grave/ den tydt van 14. dagen differeerde die confirmatie te doen/ dat alsdan die ghene/ die hem sullen syn voorgedragen/ in haren dienst sullen mogen treden/ als offt sy waren van S. G. geconfirmeert. Ende die weder anstellinge des ouden cœtus offt classicale vergaderinge van Grietmer ende Embder ampten/ sal binnen Embden toegelaten worden.

7. S. G. accordeert ende is te vreden/ dat die Viertigen tot Embden/ sullen alle Jaers / op ten ersten Januarii/ vier Borgermeisteren/ ende acht Raden mogen verkiesen/ het sy met continuatie/ offte vernieuwinge/ tot die bedieninge des Magistraets der Stadt/ die sy luyden an den Heere Grave sullen präsenteren/ omme by S. G. offte die ghene/ soe in absentie van S. G. last daertoe sullen hebben/ te worden op ten 7. desselven Maendts geconfirmeert/ ende sullen gehouden wesen/ te doen den gewoonlicken eedt. Welverstaende/ dat geduyrende het lopende Jaer van 1603. ende voorts van Jaer tot Jaere/ die oude Magistraet sall blyven in bedieninge/ tot dat de confirmatie op ten 7. Januarii/ sal wesen gedaen/ ende daer S. G. de confirmatie niet en dede/ sullen die gecosene persoonen gehouden worden voor geconfirmeert/ ende in haere bedieninge treden/ op den selven Eedt.

Welcke Borgermeisteren ende acht Raden/ sullen hebben vrye dispositie van alle des Stadts officien/ ende de ordre in Wapenen/ ende Wachten/ tot bewahringe van die Stadt/ nae dat sy tot verseferinge van die Stadt/ rust ende eenicheit der Borgeren/ ende inwoonderen/ sullen bevinden nodich te wesen.

8. S. G. accordeert ende is te vreden/ dat die van Embden/ die Vorsteden sullen in die Stadt onder eene jurisdictie/ mogen betrecken/ ende fortificeren/ op sulcke manieren/ als sy luyden nutt ende oorbaer te wesen bevinden sullen/ met dien bescheide/ dat sy S. daervoer sullen doen ende geven een behoorlicke recompense/ naer dat sy alsdan sullen kunnen accorderen/ offt tot arbitrage van arbiters/ ten beyden syden/ offte by gemeen consente te verkiesen. Ende dat soe lange die van Embden die voorss. fortificatie niet int werck stellen/ die jurisdiction over die Voorsteden/ by S. G. immediate blyven sal/ als voor desen is gewest. Ende sullen Borgermeisteren ende Raedt/ so in de voorschreven Vorsteden ingetrocken/ ende gefortificeert synde/ als inde geheele Stadt/ sulcke nieuwe wercken/ tot Stadts oorbaer mogen maken/ als sy luyden/ voor de Stadt goedt befinden sullen / mits betalende den geïnteresseerden/ van haere huysen/ gronden ende plaetsen/ die daertoe gebruyckt sullen moeten worden/ naer behooren.

9. Tot die costen van welcke fortificatien/ ende tot verlichtinge van die andere lasten van de Stadt/ sullen Borgermeisteren ende Raedt/ mogen opsetten/ op te consumptien binnen die Stadt/ opten inwoonderen/ ende goederen/ in de Stadt gelegen (niet eigentlick toebehoorende/ S. G. offte van oudes geprivilegeert wesende van vrydom tot des Stades lasten) alsulcke lasten ende middelen/ als die leden van de Stadt sullen willen accorderen/ mits dat van de goederen/ die van buyten comende door der Stadt sullen passeren/ int doorvaren niet en sal worden yet affgenomen/ gelick ock niet en sal mogen entfangen worden/ van de goederen/ die uthgevoert worden/ int uthvaren/ boven ouder gewoonte. Ende is S. G. te vreden/ dat die Stadt/ mette bewillinge van de Stenden/ op eene quote gestelt werde/ in die lasten van de Landtschap van Oostfrieslandt/ darvan op ten naesten Landtdach/ getracteert/ ende alsdan/ so veel mogelick/ van alle schulden/ ende andere lasten/ een pertinenten staet ende begrotinge gemaeckt sal worden.

10. S. G. authoriseert den Drost tot Embden/ in der tyt/ so wanneer hem enige vrybuyters offt Vyanden opten Stroom van de Emds souden presenteren/ omme in absentie van S. G. buyten Embden/ met den Borgermeisteren ende Raedt aldaer / promptelick te adviseren ende resolveren/ opt verfolgen van de selve/ ende op de persoen/ die men van wegen de Heere Grave dar toe commissie sal geven. Ende daer S. G. offte den Drost absent mochte wesen/ ende die saken geenen vertoch lyden coste/ sullen Borgermeisteren ende Raedt daerinne/ sonder präjuditie van S. G. mogen disponeren: doch gehouden syn/ so sy eenige vrybuyters offt roovers gefangen krygen/ dieselve te leveren in de bewaernisse van S. G. omme daertegens nae de gelegentheit van de sacken/ behoorlick te procederen.

11. S. G. belooft/ tot allen tyden/ so wanneer Borgermeisteren ende Raedt/ aen S. G. voor sekere persoenen die sy alsdan sullen benoemen/ exprimerende die groodtheyt van hare Schepen/ ende warhen hare voyage gedestineert is/ Zeebrieven sullen versoecken/ hen promptelick toetesenden/ mits daervoren betalende die gewoonlicke rechten.

12. Die regeringe van die Graffschap sal/ soe veel mogelick/ belegt worden met Landtsaten/ ende dieselve bequaem wesende/ voor anderen/ in den Raedt van S. G. gebruyckt worden/ ende wanneer S. G. met bewilliginge der Standen/ enich Orloch soude willen offte moeten aenfangen/ ende eenich Chrychsvolck int Landt brengen/ offte eenige Contributien uthschryven/ sall sulcx geschieden met consent van de wettelicke Stenden van de Graffschap/ houdende S. G. op die huysen alleenlick nootwendich guarnisoen. Anno 1603.

13. Die Landtdagen sullen op geen vaste huysen worden gehouden. Ende wanneer S. G. opt versoeck van die Landtstenden/ offte van de Ridderschap offte een van de drye Standen/ in saken/ het gemene Landts welvahren betreffende/ geenen Landtdach soude willen uthschryven/ binnen een Maendt: so sullen die Landtstenden/ opte beschryvinge van de versoeckende Ridderschap/ offt Stadt/ offte anders naer ouder gewoonte/ mogen te samen comen/ op die sake ende noot vant Landt adviseren/ stemmen ende naer behooren procederen/ per libera vota, int affwesen van S. G. ende synen gecommitteerden.

14. Tot meerder versekertheit van het onderhouden van dese Vredehandelinge/ ende tot rust van S. G. van Stadt/ ende Landen/ is S. G. te vreden/ dat ses offte sevenhundert/ Mannen by Borgermeisteren ende Raet aengenoumen/ ende tot cost van Stadt ende Landen/ binnen de Stadt in dienst onderhouden worden/ waerover by Borgermeister ende Raedt/ een bequaem Commandeur/ tot noch toe in de Graeffschap van Oostfrieslandt/ offte de Stadt Embden/ in der Oorloge niet gedient hebbende/ van tyde tot tydt/ sall bestellet worden/ dewelcke sall doen Eedt van getrouwicheit/ aen S. G. die Standen van Oostfrieslandt / ende die Stadt Embden/ ende omme hem alleen/ met het voorss. Volck tot bewaringe van de Stadt/ tegens uthwendich assaulte offte overvall/ ende tegens inwendich oproer/ te laten gebruycken/ ende voorts omme goede ordre ende wacht in de Stadt te houden/ ende doen houden. Ende binnen drye offte vier weken uyterlick/ naer dato van desen/ sullen so well S. G. als Borgermeisteren ende Raedt der Stadt Embden/ affdancken ende uth die Graffschap van Oostfrieslandt doen vertrecken/ allen het Chrychsvolck/ te Water ende te Lande/ te Peerde ende te Voet/ twelck tot nootwendich beseth van S. G. Huysen/ ende tot verseferinge van die Stadt Embden/ sulcx hiervooren verhaelt is/ niet en sal in dienste gehouden worden/ ende sullen middelertydt alle acten van hostiliteit/ ten wedersyden cesseren.

15. Eyndelick so neempt S. G. die sake van den Huysmansstandt in recommendatie/ belovende/ op derselver beclach/ favorabelich/ tot haeren redelicken contentemente/ inetten certen/ te versien/ na behooren.

Aldus gedaen ende geaccordeert/ tusschen S. G. voor so veel dieselve S. G. aengaet: Eyntelick ende, vor so veel de beschadicheden van S. G. ondersaten van Oostfrieslande/ het veranderen van de resolutie der Standen/ ende het onderhouden des Volx binnen Embden/ tot last van de Landen/ angaet/ op de aggreatie/ ende goetbevinden van de Stenden/ ende Leden van Oostfrieslandt/ ende die Gedeputeerde van die Stadt van Embden/ op aggreatie/ ende goetbevinden van Borgermeisteren ende Raedt/ Viertigen/ ende Ghemeente der selver Stadt/ in des Graven Hage/ na overstaen ende onderhandelinge van myn Heeren Staten General der vereenichde Nederlanden. Ende syn hier van twee Brieven alleens luydende gemaeckt/ die welcke geteykende onder S. G. Handt/ ende met S. G. ende met S. G. ende der Stadt Embden segelen/ besegelt syn. Waeren boven oock die Heeren Staten Generael van de vereenichde Nederlanden/ als intercessaiers ende onderhandelers / opt versoeck van beyde partheyen/ haer Mog. Edel segel hieran hebben doen hangen. Den 8. Aprilis Anno 1603.

Enno m. pp.

Nadien de van der Ridderschap ende Edelen deser Graveschafft Oostfrieslant mitsgaders die beyde Steden / Norden ende Aurick up seer vlitich anholden ende versoeck van de Heeren Staten General der vereenichde Nederlanden door haer M. E. vordreffelicken Commissaris ende affgesandte den Bayerheeren van Cruiningen &c. gedaen dese bovengeschreven articulen/ so veele dieselve haer luyden concerneren ende bedreffen/ op den Landtdag tot Norden in Sept. deses Jaers pure & simpliciter aggreert/ ende bewilliget hebben/ so aggreeren ende bewilligen dieselve nochmals de voorschreven Hagische articulen in allen puncten ende clausulen/ daer henluyden aggreatie van noode is/ pure & simpliciter, belovende die selve vastelick te onderhouden/ ende hebben voorts soo veel die voorss. van der Ridderschafft ende beyde Steden Norden ende Aurick/ alse die algemeine Huysluyden ende ingesetenen van dese Graveschafft die welcke haer luyden aggreatie ende bewillinge op den voorschreven Landtdag schrifftelick aen den voorss. Branderheer van Cruiningen gedaen hebben/ in präsentie van twee geloffwerdige Notarien/ noemlick Michael Botterman ende Johannes van Oldenborch/ beyde Hoffgerichts procuratoren constitueert ende geauthoriseert/ dese naevolgende persoenen/ te weten die van de Ridderschap Heren Ico van Inhuysen ende Kniphuysen Fryheer &c. ende Eger Beninga van Grimmersum Hoffrichter/ der Stadt Norden Borgermeister Sibrandt van Parkum/ der Stadt Aurich Peter Amels Raedtsverwante/ dese haere goetwillige aggreatie in haer aller namen mit subscription haer handen/ te betuygen ende te bekrefftigen/ ock den voorss. Fryheere van Kniphuysen gebeden ende versocht/ so veel voor sick alse van haer aller wegen synen

ANNO 1603. nen grooten Insegel hier aen te hangen / het welck alſo geſchiet is deſen negen ende twintichſte dach van November int Jaer ſesſtienhondert ende drye.

Ico van In ende Kniphuyſen Fryherr.
Eger Bennigа.
Sibrandt van Petkum.
Peter Arents.

(L. S.)	(L. S.)	(L. S.)	(L. S.)
Sigillum der Herren Staten Generaal.	Sigillum G. G. Graff Emden.	Sigillum Kniphuſen.	Sigillum der Stadt Embden.

CIII.

2. Juillet. Erb-Theilungs-Tractat zwiſchen denen Fürſten zu Anhalt JOHANN-GEORG, CHRISTIAN, AUGUST, RUDOLPH und LUDWIG: Worinnen dieſelbe ihre Fürſtenthums und Lande in 4. Theile voneinander ſetzen / und weilen ihrer fünffe/ ſich mit dem jüngſten/ nemlich Fürſt AUGUSTO abfinden und vergleichen. Geſchehen zu Deſſau den 2. Julii 1603. [LUNIG Teutſch Reichs-Archiv. Part. Special. Continuat. 2. Abtheilung 4. Abſatz. 13. pag. 193.]

C'eſt-à-dire,

Partage Hereditaire entre JEAN-GEORGE, CHRISTIAN, AUGUSTE, RODOLPHE *&* LOUIS *Princes d'Anhaldt par lequel la Principauté eſt diviſée en quatre Portions, & attendu qu'ils ſont cinq Freres, ils conviennent d'une compenſation pour* AUGUSTE *le plus jeune d'entr'eux. A Deſſau le 2. Juillet* 1603.

WIe nichts zuträglichers und erſprießlichers dem gemeinen Nutz / alß wohlgeordneter Friede und Einigkeit / ja Gleichheit in Sachen; Alſo iſt auch der Poſteritæt nichts löblichers zu hinterlaſſen / als durch Tugend und Wohlbedacht ihr verfügthen / damit ſie daraus erkennen und ſehen lerne / die Gnade / die GOtt der einige Geber alles Guten in die Einigkeit und verträglichen Sinne geleget habe.

Demnach dann in dem allerhöchſten Nahmen des unvergänglichen und unſterblichen Gottes / Wir allerſambt durch Göttliche Gnade Gebrüdere / Johann George / Chriſtian / *Auguſtus* Rudolph und Ludwig / Fürſten zu Anhalt / Grafen zu Aſcanien / ꝛc. einmahl entſchloſſen worden / eine gantz verträgliche / brüderliche / auch Land und Leuthen / und Unſerm geſamten Fürſtenthum erſprießliche und wohlbedachte Vergleichung und Erbtheilung unter Unß zu machen. Alldieweiln wir auch zuvoren ohne Zuziehung einiges von Unſern Räthen / Unß in den altväterlichen Verträgen und Erbtheilungen wohl informiret hätten / und darneben von Unß wohl perpenderiret wären / die Conſilia von Unſern Räthen in dieſen Sachen für dem geſtellet; Alß haben Wir ingeſambt für allen Dingen auf drey haupt Puncta achtung geben wollen / welche da geweſen.

Erſtlichen den Anfang von Gott (alß der da der Erſte und der Letzte iſt) zu machen / und ſeine Allmacht und ſeinen Göttlichen Beyſtand und gnädige Hülffe zu erſuchen und anzuruffen / alß ohne welche niemahls nichts einigen guthen Fortgang noch glücklichen Außſchlag gewonnen / vielweniger denſelbigen erlangen mögen.

Dieſemnach haben Wir fürs nothwendigſte und zuträglichſte gehalten / Unß unter einander freundlichen zu erinnern / der brüderlichen vertraulichen Einträchtigkeiten / die bis dahero gantz rühmlichen / Gott Lob / unter Unß floriret und in guter obſervantz gehalten worden / in Betrachtunge der groſſen Verheiſſungen / ſo Gott derentwegen vielfältig in ſeinem heyligen Worte gethan / auch der göttlichen Benedeyung und Succeſs, ſo Wir wohl ſämbtlich in Unſern / ſo ſchweren Sachen vielfältig abnehmen und befinden mögen / Neben dem daß die löblichen Exempla derer Häuſer und ihres erlangten Seegens / ſo für dieſem durch Einigkeit in Geheplickkeit und Zunehmen gebracht worden / Unß davon genugſam Zeugniß geben / und hergegen Wir Unß zu Gemüth führeten / den betrübten Zuſtand in unſern Vaterland Teutſcher Nation, ſo vornehmlich auch dahero verurſachet / daß faſt kein Fürſtl. Hauß zu finden / ſo nicht mit groſſer Uneinigkeit unter ſich ſelb behafftet / darauf dann der Fluch und Vermaledeyung gleich nachgefolget / (wie am Tage) und noch nichts beſſers / ſo lange es ſo bleibet / zu gewarten iſt. ANNO 1603.

Dan vors Dritte haben Wir nichts räthlichers vor unß befinden mögen / alß daß alle dieſe unter Unß ergangene brüderliche Tractatus in gantz brüderlicher Stille und Verſchwiegenheit verbleiben / und niemanden / wie nahe und zugethan er unß gleich wäre oder ſeyn möchte / das geringſte davon eröffnet würde / in ſonderer Erwegung der groſſen Confuſion, ſo aus dergleichen Sachen zu entſtehen pfleget / wann ſie nehmlichen unter viel Köpffe kommen / da ein jeder ſeiner Affection nachhänget / dadurch leichtlichen Unſere brüderliche Einigkeit möchte labefactiret werden / und zu einem abnehmen kommen / hingegen aber da dieſe Sachen unter unß in ſtiller geheim verbleiben / würde es Uns nicht weniger Autorität und Anſehen bey den exteris geben / ſo vielleicht auf dieſen Caſum und ſeine determination acht haben / und alſo in Mangelung guter Fürſichtigkeiten Unß zu ruiniren gedächten / alß auch bey Unſeren eigenen Unterthanen / Räthen und Dienern ſelbſten / denen etwa alles dieſes dadurch benommen und abgekürtzet würde ſeyn / und werden / was jetzo gleichſam bey ihnen latitiret und verdruckt würde / und da es diſſimultates unter Unß geben ſolte / mit hauffen mehr / alß man ſich verſehen / an den Tag kommen möchte / und heraus brechen / wann ſie nehmlich künfftig vernehmen würden / daß Wir unß dieſes groſſen und ſchweren / auch ſo weit ausſehenden Wercks ſelbſt unterfangen / und deren Unß von GOtt verliehenen Verſtandes und Beſcheidenheit gebrauchet hätten / und mit Göttlicher Verleihung zu einen glücklichen und gewünſchten Ende würde gebracht und vollführet haben.

So würde auch dieſe Aufrichtigkeit und vorgegangene Ordnung / deren Wir Unß alſo gegen einander von Mund zu Mund freundlichen gebrauchet / und mit guthen Willen / beliebet und gefallen laſſen / vielmehr Unß in der brüderlichen hertzlichen Vertrauligkeit und Concordanz verknüpffen und verſiegeln / daß zum Allmächtigen zu verhoffen / nicht allein dieſelbe Zeit Unſers Lebens unauflößlich ſeyn würde / ſondern auch Unſere Poſteritæt und liebe Nachkommen alsdann guten Exempels haben ſollen / dieſen unter Unß vergangenen Verlauff rühmlichen nachzuſehen / und denſelben zu folgen.

Auf welches dann Wir Chriſtian, Auguſtus, Rudolph und Ludwig / Gebrüdere Fürſten zu Anhalt / auf vorhergehende freundliche Erinnerung Unſers geliebten ältern Herrn Bruders Ldd. Fürſt Johann Georgens / Unß den Siebenzehenden Junii des 1603ten Jahres zuſammen gefüget / in Unſers geliebten Bruders / Fürſt Chriſtian Zimmer / welches ingemein das Churfürſten Gemach genennet wird / und im Nahmen der Heyligen Dreyfaltigkeit brüderlichen angefangen von dem Weſen zu conſuliren / und denſelben einen gebührlichen Anfang auch ohne Zuziehung eines Rathes gemacht / in welchen dieſe Ordnung gehalten worden / daß der älteſte Herr Bruder / damahls unter Unß proponiret / und das erſte votum voll abermahl den älteſten Bruder nechſt Sr. Ldd. abgenommen / und in ordine alſo verfahren / biß nach des jüngſten Herrn vorgebrachten Voto Sr. Ldd. Fürſt Chriſtian wiederumb dieſelbe acceptiret / ſein brüderliches Gutachten dazu gethan / unſern andern conjungiret / und endlichen auf ratification Unſers geliebten ältern Herrn Bruders / Fürſt Hannß Georgen concludiret und geſchloſſen.

Und alß noch vollbrachten Rathe unter Unß brüderlichen befunden worden / daß wir etliche unterſchiedene Puncta, Unſern geliebten ältern Herrn Bruder würden vorbringen laſſen / haben Wir andere drey jüngere Herren Gebrüdere / Unſern Herrn Bruder Fürſt Chriſtian brüderlichen erſuchet / daß Sr. Ldd. ſolche Bemühung auf ſich nehmen wolte / welches Sr. brüderliche Ldd. dann alſo bald freundlich verwilliget / doch daß Wir anderen allerſeits dabey ſeyn wolten / und wo vonnöthen Sr. Ldd. brüderlich erinnern helffen.

Auff welches Wir den 19. Junii, war der Sonntag der Heyl. Dreyfaltigkeit dieſes inſtehenden Jahres / bald nach der gewöhnlichen Predigt zu Sr. Ld. Ihr Zimmer / weil Sie nicht allerding wohl auffgeweſen / gegangen / und gewöhnlicher brüderlicher Empfahung und Glückwünſchung Unß alle Fünff Gebrüdere zuſammen geſetzet / und iſt darauff Ihro Ld. von Fürſt Chriſtian freundlichen zu verſtehen gegeben worden / worauff Wir andere Herren Gebrüdere nehmlich das Fundament dieſer gantzen Handlung geſetzt / wie kurtz hievon erkläret worden) welches dann nicht zu dem Ende Sr. Ld. vorbracht würde / ſambt Sr. Ld. ſolches zur Erinnerung bedürfftig wären / ſondern Wir vielmehr in der brüderlichen Hoffnung ſtünden / Sr. Ld. in Betrachtung der Sachen Beſchaffenheit es neben Unß für gantz nothwendig erkennen und mit approbiren helffen würden.

Darauf damahls alſobald Sr. Ld. Fürſt Hannß George geantwortet / und Ihro gantz brüderlich und wohlgefallen laſſen / alles dieſes ſo Wir unter einander berathſchlaget hatten / Sr. Ld. danckten auch GOtt von Hertzen / der dieſe Mittel ohne Zweiffel an die Hand gegeben hette / an welchen / ſo ſie proſequiret würden / nicht zu zweiffeln / daß Wir zu einem guten und GOtt wohlgefälligen Ende gelangen ſolten / und wie Sr. Ld. durch Ihren brüderlichens Conſens Unß andern in den erſten beyden Puncten confirmiret; alſo haben Sie nichts minders den Anfang machen wollen / den dritten in ſeine Würcklichkeit zu bringen / welcher von der Verſchwiegenheit in etlichen Sachen / ſo Wir allein unter Unß in geheimb gehalten haben wolten / tractiret / alß da waren / daß nie-

 mand

ANNO 1603.

mand von wircklicher Antretung Unserer bruderlichen Erbtheilunge wissen solte.

Wann Wir Unß getheilet hätten / umb wie viel portiones Wir unß unter einander verglichen / welcher Bruder abgefunden wäre / und mit was vor condition solches geschehen / welche Portion einem jeden zukommen solte.

Wann dieses alles in effectum wurde gebracht werden / und dieses sonderlich auch darumb / daß wir befunden / solches noch das einzig Secretum unter unß währe / daß nicht iederman wissen solte.

Haben also Sr. Ld. Furst Hannß George dessen allen sich gegen unß mit Furstl. Hand und Mund verobligiret und versprochen / und nicht weniger sich solches zu Unß Brudern allerseits bruderlichen versehen / darauf Wir dann solche Verschwiegenheit allesambt einander mit Hand und Mund bey Furstl. treuen und wahren Worten / aus gutwilligen Hertzen geredt und angelobet haben.

Hierauf hat Unser Bruder / Furst Christian weiter furbracht / daß Wir aus ersehung der altväterlichen Vertrage / so wohl auß dem / waß die Räthe vor diesem unterschiedlich in diesen Theilungs-Sachen eingegeben / so viel befinden thäten / wären gantz unter einander damit einig / und stelleten es bloß auf Sr. Ld. alß des ältisten Hrn. Brudern ratification und Beliebung / daß das gantze Furstenthumb in vier gleiche Theile abgesetzet und dividiret werden solte. In erwegung / daß aus den Archivis niemals ersprießlich uber vier Portiones zu kommen erschiene / zu dem es sich der Furstl. Hoflager und habitationum halber auch nicht wohl wolte ändern lassen / wie dann auch unsern Furstl. Hause hiedurch nichts abe / sondern vielmehr zugienge / die Theile auch desto bequemlicher und fuglicher sich aller Gelegenheit nach geben wurden. Dahingegen grosse incommoditates furfallen wolten / auf mancherley Weise / wann funff Theile solten gemacht werden.

Nachdem aber der Allmächtige unser noch 5. Bruder die Zeit am Leben erhalten / solte deren einer / welches guter Wille ihn darzu tragen wurde / ungezwungen mit etlichen Land-Guthe / und numerata pecunia, ratione proportionis & æqualitatis abgefunden werden / dazu dan gantz bequemlich seyn wolte / daß von den baaren Geldern die Sr. Furst Hannß Georgen Ld. beyhanden hierzu ein Vorschub und starcker Anfang gemacht wurde / wann nemlich dadurch ein wohlgelegen Hauß im Lande erkaufft / unter dessen angerichtet / und wo vonnöthen / in bauliches Wesen gebracht wurde; Dieweil aber nunmehro der modus divisionis müste furgenommen werden / und davon wolte zu tractiren seyn / stelleten Wir zu unsers ältern Hn. Bruders bedencken / ob man etlichen geheimen und unß vertraueten Räthen folgende puncta wolte zu deliberiren geben / als daß Sie

Zum Ersten einen Anschlag des Furstenthumbs durch aus gemacht / und dann dasselbe in funff gleiche Theile abgetheilet hetten / nachmals einen andern verfertiget hetten / in welchen Sie das Furstenthumb in vier Theile brächten / und media furschlugen / wie der funffte Bruder / theils mit einem erkaufften Hause / theils aber mit baaren Gelde contentiret möchte werden / und diesen gedoppelten Anschlag gedächten Wir Sie darumb thun zu lassen / daß sie dadurch jedoch noch nicht wissen wurden / zu welchen Wir wurden schreiten / oder greiffen wollen / und geschehe auch hierdurch unser bruderlichen gegen einander vorbrachter Obligation keinen Abgang.

Demnach wolten Wir vier Gebrüdere aus sonderbahren brüderlichen Respect und Affection Unsern ältern Herren Bruder hiermit freundlichen gebethen haben / weil Sr. Lbd. des Fürstenthums Gelegenheit am besten bewust / sie wolten deren brüderlichen Gefallen nach nicht unterlassen / zu vermitteln und Fürschläge an die Hand zu geben / wie die portiones divisionum möchten füglichen angestellet / und zusammen-gesetzet werden / auch wie es nachmahls mit der option würde zu halten seyn / welches alles Unser geliebter Herr Bruder Fürst Hannß George mit grossen Dancke verstanden / in den vorhergehenden Puncten sich mit Uns vereiniget / ohne was Unser Begehren des Fürschlages und der option halben belangte / mit brüderlicher Höfflichkeit / auf diesmahl abgeschlagen / darneben aber brüderlichen erinnert / daß Sie sich zu Unß allerseits freundlich versehen wolten / Wir würden in Betrachtung Sr. Lbd. Zustandes und jetzige Gelegenheit von Sr. Lbd. nicht begehren / daß Sie sich etwa möchte abfinden lassen / sondern wolten vielmehr umb brüderliche Verschonung gebethen haben / welches wir dann alsobald Unsern Herrn Bruder verwilliget / und deswegen / Se. Lbd. befriediget haben.

Darauff seindt etliche von den Visitation- und Land-Räthen / alß Sigmund von Latorff / Curth von Börstell / Hannß Sommer / vnd Hannß Bernd / zu Unsers Herrn Bruders / Fürst Hans Georgens Stüblein erfordert / und Ihnen unter Unser eigenen Hand auffgeschrieben gegeben worden / vorgemeldte zwey Puncta, und neben denen noch nachfolgende zu berathschlagen / waß nehmlichen zu den oneribus publicis auffzusetzen / ob eine vollkommene gesamte Regierung oder eine unterschiedliche mit der Herrschafft so wohl als Land und Leuthen nutz / reputation und Gelegenheit am füglichsten anzustellen / item wie der Adel vnd die Ritter-Dienste zu bestellen / zu theilen / waß von den Regalien zu sondern oder ingesamt zu behalten / wie es mit den streitigen Geistlichen und anderen Lehen und Güthern / die künfftig möchten angefochten werden / zu halten / damit der Bruder / dem solche zukommen / nicht gefähret würde.

Und weil dieses Sachen / die Wir unter Unß pro secretis hielten / wolten Wir unß zu ihnen / alß unsern getreuen und vertrauten Lieben versehen / sie würden solches bey ihnen in stiller Geheimb verbleiben lassen / vnd mit grosser Bescheidenheit und Fürsichtigkeit gleichwohl in dem Wesen also verfahren / damit nicht etwan aus Fahrläßigkeit / da für dem Gesindlein die Consignationes und Protocolla nicht wohl solten verwahret seyn / oder auch liegen bleiben / jemandes so hierum nicht wissen solte / einige Nachrichtung erlangen möchte / und also an mehr Oerthern / als Unser Will und Bequemlichkeit seyn wolte / würde spargiret werden / zu welchen Wir sie dann gantz gnädig auch bey den Pflichten / damit sie unß verwandt und zugethan / wolten ermahnet haben / welches alles sie unterthänig und treuhertzig verwilliget / und darauf Unsern geliebten ältern Bruder dessen Lbd. Ihnen solche Vorhaltung gethan / unterthänig in die Hand angelobet. Nach welchen sie dann inner acht Tagen ihr unterthäniges Gutachten und Bedencken abgegeben / de datis d. 24. und 28. Junii, des Sechszehen hundert und dritten Jahres / darinnen sie ihren Pflichten nach / gleichwohl der Sachen Beschaffenheit also in acht genommen / daß Wir ingesambt nicht alleine damit in allen Gnaden zufrieden seyn konnen / sondern auch so vielmehr unß erfreuet / daß Wir GOttes Seegen und den Fortgang in unsern löblichen Proposito, wie sichtlich / verspühret und gemercket haben. Darum Wir dann den 30. Tag Junii dieses instehenden Jahres umb 8. Uhr Vormittage / der halben Uhr nach / abermahl Unß zusammen in Unsers Herrn Bruders Fürst Hannß Georgen Stüblein auf dem Schloß zu Dessau / über der Liberey gelegen verfüget / (in welchen auch für der Zeit Ihre Lbd. Unser seeliger geliebter Herr Vater ihr geheim Zimmerlein gehabt.) Und weil Unsers ältern Herrn Bruders Lbd. damahls ziemlich unpäßlich / und sich noch in Bettlein befunden / haben Wir Sr. Lbd. allerseits einen brüderlichen guten Morgen gewünschet / und derselben nochmahls durch Unsern Herrn Bruder / Fürst Christian vermelden lassen / daß sich sonder Zweiffel Sr. Lbd. brüderlich und wohl würden zu erinnern wissen / was nicht allein für der Zeit auf dem Land-Tag im Jahr Funffzehen Hundert vnd Acht und Neuntzig / der weniger Zahl / wegen der brüderlichen Theilung verabscheidet / sondern auch was darauff etlichen Räthen für Befehlig erfolget wehre worden / die dann darüber ihr Bedencken auch unterthänig abgegeben / was Wir Gebrüdere ingesambt / Unß auch wegen der bevorstehenden Division der Vier Portionen und des 5ten Bruders Abfindung verglichen / welcher gestalt auch vorerwehnte Visitations Räthe / denen letzlichen das Wesen in geheim vertrauet / ihre Sachen eingebracht hetten / darauß Wir denn so viel befinden könten / daß Wir in der gewissen Hoffnung wehren / in kurtzen mit verleihung Göttlicher Hülffe zu einer brüderlichen ersprießlichen und rühmlichen Theilungs-Vergleichung zu gelangen;

Darum Wir dann hiermit allerseitß Unsern geliebten Herren Brudern / Fürst Hannß Georgen / brüderlich ersuchet und gebethen haben wollen / dafern sie zu ein und den andern kein Bedencken hätten / sie wollen nunmehro alß der älteste im Nahmen GOttes zur Option greiffen / und wozu Ihro Lbd. ihre brüderliche Affection trüge / dasselbe eligiren und nehmen / unter den vier Portionibus, darinnen das Fürstenthum abgetheilet wehre / welches Wir dann nicht unbillig auß sonderbahrer Liebe und brüderlichen geziemenden Respect, seiner Lbd. wolten angetragen haben.

Auff dieses haben seiner Lbd. mit gantz brüderlichen und fröhlichen Gebehrden sich zum allerhöchsten und freundlichsten bedancket / daß Wir Sr. Lbd. so viel würdigten / und eine so grosse brüderliche affection und guthes Gemüth zu Deroselben trügen / Sr. Lbd. wolten solches umb Uns allerseits mit Göttlicher Hülffe / die im Mangel es selbsten ersetzen würde / gantz brüderlich und treulich verschulden / auch sich die Zeit ihres Lebens / welches in GOttes Händen stünde / dahin brüderlichen bemühen / daß sie solches umb Unß verdieneten / wolten auch Ihr. geliebte Kinder dahin anhalten / und ermahnen / daß sie Sr. Lbd. Persohn gebührlich ersetzen solten. Und ob sie wohl Ursache / diese brüderlichen aufgetragene Ehre mit Gebühr wiederumb an Uns zu erweisen / jedoch weil Wir Brüder Unß also verglichen / und Sr. Lbd. uns nicht weniger zu willfahren gantz geneigt; So wüsten sie sich zwar gantz eigentlichen und wohl zu erinnern / alles das / was Unser Bruder / Furst Christian wohl erwehnet hätten / so befinden Sr. Lbd. auch das letzte der Visitations-Räthe Bedencken also beschaffen / daß ausser wenigen Holtze / so dem Cöthnischen Theil zugeschlagen wehren / und für dem dahin gebrauchet worden / Sr. Lbd. nichts sonderes zu erinnern wüste / das länger unsern brüderlichen Vorsatz mochte auffhalten / wolte demnach in Nahmen der heyligen Dreyfaltigkeit optiren und erwählen / daß Dessauische Theil mit allen seinen pertinentien und Zugehörungen / mit mehrern in der Designation der brüderlichen Erb-Vergleichung specificiret / sonderlich auch darumb / weil neben der affection und Gewogenheit / so wohl Sr. Lbd. bewust / dieses Orthes Beschaffenheit / Sie gleichwol nunmehro in das Siebentzehende Jahr / die schwere Regierungs-Last allhier gehabt / und ietzo wiederumb aufs neue acht Jahr / wegen der auffgetragenen gang-

ANNO 1603.

Regierunge nach GOttes Willen zu residiren hetten / auch damit es nicht etwa Suspiciones geben möchte / so Sie dieses Theil nicht nehmen würden / daß etwa eine Verwüstung der Wirthschafft erfolget wehre / stünden demnach in der brüderlichen Hoffnung / Wir würden allerseits damit freundlichen und zufrieden seyn. Auf welches Wir bald alle ingesambt auffgestanden / und ein ieder insonderheit Sr. Ldd. viel Glücks Seegens und Heyls von GOtt nebst erspreßlicher langwieriger gesunder Fortpflantzung auf Sr Ldd. posterität / auch friedliche Regierunge und Besitz / aus rechten brüderlichen auffrichtigen Hertzen gewünschet und gegönnet haben / welches Sr. Ldd. zu sondern hohen und grossen Danck angenommen und verstanden / und sich ferner zu aller brüderlichen Liebe und Treue beneben auch dieses anerbothen / do je / deß sie nicht hoffen wolten / vonnöthen seyn würde / Wir andern vier Gebrüdere uns nicht vergleichen könten / wolten Sr. Ldd. neben Unserm Bruder Fürst Augusto, sich so viel unterfangen und sehen / daß Sie eine freundtliche und brüderliche Vermittelung treffen.

Darauff wir andern Vier Gebrüdere Sr. Ldd. Anerbiethens / Uns gantz brüderlich bedancket / und mit freundlichen Uhrlaub ein wenig auf eine Seite getreten / und haben Sr. Ldd. Fürst Christian brüderlich gegen uns angefangen zu reden / Sie zweiffelten gantz nicht / Göttliche Gegenwart wehre bey Uns / und in unsern Mittel / darumb Sie denn auch desto stärckere Hoffnung hätten / daß Wir ob GOtt wolte / in kurtzen zu endlicher guther Vergleichung gelangen würden / Weil Sr. Ldd. auch aller Heucheley feind und gehässig wehren / und sich mit offenen Hertzen / gegen Uns Sr. Ldd. geliebte Brüdere / billig vernehmen ließ / als müsten Sie zwar ren bekennen / in Betrachtunge der gegenwärtigen Gelegenheit / da Sie könten mit der Absindung verschonet werden / daß sie gantz brüderlich uns darumb wolten ersuchet haben / jedoch stelten es Sr. Ldd. Uns gantz und gar anheim / und wehren Sr. Ldd. gantz bereit in allen nach Unsern Willen sich brüderlich mit uns zu accommodiren / daß da Sr. Ldd. zuvor gnugsam bekandt und bewust / die brüderliche grosse Vertraulichkeit und Liebe / so Wir allerseits zusammen trügen / Darumb Sr. Ldd. dann keine eigene Sorge sich machten / warumb Sie sich Uns nicht brüderlich vertrauen solten / sondern wolten es gleich hiermit gethan / und Uns brüderlich gebethen haben / wir wolten nunmehro ein ieder zu dem elegiren / darzu ihn sein guther Wille und Gefallen trüge / und damit gedächte befriediget zu seyn / doch liessen Sr. Ldd. sich auch nicht weniger gefallen / den Vorschlag den unser geliebter älterer Bruder gethan / und so die beyden jungsten Bruder damit eins / wolten Sie hiermit gegenwärtig unsern Herrn Bruder Fürst Augustum freundlich ersuchen / Sr. Ldd. nach Droselben Gefallen ieden Bruder seyn Erbtheil auffsetzen wolten / und haben Sr. Ldd. mit brüderlicher Reverence ihre Rede beschlossen.

Auf welches Unser Bruder Fürst Augustus gleicher gestalt an Göttlicher Gegenwart nicht gezweiffelt / sondern vielmehr derselben in seinen Hertzen gesichert gewesen / in Betrachtunge der grossen Einigkeit / so unter Uns wehre / und des mercklichen und guten Anfanges / der sich allbereit ereignet / darum Sr. Ld. durch brüderliche Liebe entbrandt / sich anfanges gantz freundlich und brüderlich bedancket / der grossen Zuneigunge / so Sr. Ld. älteste Herren Bruder zu Sr. Ld. wegen der option trügen / Sie könten aber nicht unterlassen / sonsten wie geneigt Sie allen derselben geliebten Herren Brüdern wehren / zu dienen und zu willfahren / Sich solches Ansinnen brüderlichen zu entschuldigen / einmahl darumb / daß Sr. Ld. nicht gebühren wolte / noch wohl geziemte / Sr. Fürst Christian Ld. hierinn fürzugreiffen; Und denn / daß Sr. Ld. GOtt Lob! befinden / es nicht nöthig seye / in Sachen Vermittelung zu treffen / da die Gemüthere noch keines weges von einander gesetzt seyn / sondern vielmehr erwarten / und sie gleichsam verlangte / eines den andern in seinen brüderlichen Begehren zu willfahren. Damit haben Sich Sr. Ld. zu derselben jüngere Gebrüder gewendet / und Jhro Ld. brüderlichen gebeten / da sie sich könten mit Sr. Fürst Augusti Ld. vereinigen / wolten Sie dem vorigen unter Uns rathsam befundenen Gutachten nach / Unsern Herrn Brudern Fürst Christian nunmehr die election brüderlich antragen / und mit derselben zu continuiren bittlichen ersuchen. Damit haben Sr. Ld. Fürst Rudolph sich so bald mit Sr. Ld. Fürst Augusti voto vereiniget / und gantz unnöthig erachtet / in einer gleichmäßigen Sache viel unterschiedene Wege zu deligiren / sondern vielmehr zu Gewinnung der Zeit selbst Unsers Herrn Bruders Fürst Christians Ld. brüderlich ersuchet / es wolten dieselbige unsern freund-brüderlichen Bitten statt geben.

Sr. Fürst Ludwigs Ldd. aber haben viel mehr fürgewendet / weil Sie vernehmen / was Sr. Ld. Herr Bruder Fürst Augustus, und Fürst Rudolph wohlmeinendlich angezogen / daß Sr. Ld. gantz übel wolte gesprochen werden / daß Sie alß der jüngste unter Uns sich etwa in der Option oder sonsten vorziehen solten / sondern vergleichen sich gleich hiermit / mit Unseres Herrn Bruders Fürst Augusti Vorschlag / und bitten damit dem Herrn Bruder Fürst Christianen gantz freundlich Sr. Ldd. wolten sich nunmehr unserer brüderlichen Vereinigung bequehmen / und sich gewiß keinen Zweiffel nehmen / daß zu allen dem / worzu Sie ihr wol geordnetes Gemüth und Meynung tragen würde / Wir darein ingesambt / einen brüderlichen Gefallen tragen und haben wolten. Unter welchen Gespräch dann / wer zugegen gewesen / gnugsam verspühret und vermercket würde haben / die brüderliche gegen einander wallende Hertzen / die fröhligen Antlitze und wohlbedachten Gemüther / auch wie mit lachenden Munde / ohne alles Falsch immer einer den andern begegnet / und mehr gereitzet / welches Unsere geliebte und älteste Herren Gebrüdere mit gnugsamen Freuden und Bewegungen ansehen mögen / alß die nur gern bald gewolt / daß Sie wissen möchten / was Wir unter einander so gantz einmüthig fürgeben / Wir wolten aber Sr. Ld. nicht länger auffhalten / sondern ihr brüderlich Begehren bald mit Freuden contentiren.

Alß nun Unser Herr Bruder Fürst Christian unsere einhellige brüderliche Erklährunge in Sr. Ld. Præsenz vernommen / sintemahl wir nicht eines Schues breit so zu sagen / von einander gegangen / noch eines Härleins breit die Gemüther different gewesen / haben Sr. Ld. mit grosser brüderlicher Affection abermahls angefangen / und vermeinet / Wir andern Herren Gebrüdere wehren Sr. Ld. in etwas sehr unrecht / aldieweil / da Sie bey Uns zu verbleiben gesonnen / und noch in Willen wehren / Wir Seiner Ld. durch die Option gleichsam von Uns absondern wolten / derowegen nochmahls brüderlichen gebethen / Sr. Ld. bey Uns zu verbleiben zu lassen. Es vorbrachten Sr. Ldd. die Anbringen / aber mit solchen freundlichen Geberden für / daß es zwar gleichsam Betrübnis / und etwas ernstes erschiene / im Grunde aber war es lauter Liebe und Höfflichkeit / wiederholten auch des Herren Bruders Fürst Hanns Georgens Vorschlag wegen der Vermittelung und bathen / es brüderlich dabey bewenden zu lassen.

Fürst Augusti Liebden aber wendeten die Vermittelung mit gebührenden Glimpff ab / und bathen gantz brüderlichen / Seiner Liebden Vorschlag nicht für eine Sonderung / sondern vielmehr vor eine Seiner Liebden wohlgebührende Ehre von Uns andern Gebrüdere aus brüderlichen wohlmeinenden Hertzen entsprungen / zu vernehmen / daß demnach Sr. Fürst Christians Ld. unsern brüderlichen Suchen freundlichen statt geben wolte / zu welchen allen die jüngere Herren Gebrüders nicht weniger / sondern mit allen möglichen Fleiß geholffen / und bey Sr. Fürst Christian Liebden angehalten / damit Sie Uns nicht länger auffhalten wolten / Sie wehren doch gnugsam versichert / daß Wir unsere brüderliche Gemüther gegen einander nicht enderten.

Wie nun Sr. Ldd. unsern ernsten und brüderlichen Vorsatz vermercket / haben Sie es dabey müssen bewenden lassen / und mit freundlicher Dancksagunge Unserer Bitte so weit deferiret / daß weil Sie gnugsam unsere brüderliche treue Affection erkennen / wolten Sie auch wiederumb Uns zur Folge brüderlichen ehren / und demnach Sr. Ldd. die Gelegenheit dieser Oerter / als die mehrentheils ausser unsern Fürstenthum sich aufgehalten / wenig bekandt wehre / und darumb nicht wüsten / zu welchen Theil sie kiesen solten / wolten Sie nochmahls gebethen haben / daß der Vorschlag von uns drey jüngsten Gebrüderen herrühren möchte. Alß Sr. Ldd. aber durch gebührliche Ablehnung dies von uns benommen worden / haben Sie vermeinet / Sie müsten bezeugen / daß Sie bey sich in grosser deliberation stünden / sich auch nicht zu resolviren wüsten / es brächte dann Sr. Ldd. etwan das Natale Solum (welches Bernburgk war) ein affection, auf welches Wort Wir alsobald unsern geliebten Herren Bruder nicht weniger alle heylsame und glückliche Wohlfahrt von dem Allmächtigen gewünschet haben / Sr. Ldd. und Droselben gantzen posterität / auch ihren Landen und Leuthen / zu zeitlicher und ewiger Wohlfarth / welche Glückwünschung Sr. Ldd. zu sonder brüderlichen Danck auf und angenommen haben / und darauff gleich bald zu unserm Herrn Bruder Fürst Hannß Georgen sich verfüget / welcher nicht weniger Sr. Ldd. allen Göttl. Seegen gewünschet / doch damahls ist Sr. Ldd. Hannß George noch unbewust gewesen / was Sr. Fürst Christians Ldd. zukommen war.

Weil nun unterdeß die anderen drey Gebrüdere zusammen getreten waren / haben Sr. Ldd. Fürst Augustus den Jüngern beyden Hrn. Gebrüderen zu verstehen gegeben / wie daß sie sich brüderlich mit einander vergleichen solten / und diesen herrlichen Actui und seinen löblichen Progreß seine gebührliche determination und Endschafft machen; Darumb dann Sr. Ldd. Jhro Ldd. beyderseits nicht lange auffhalten wolten / sondern hiermit ihnen beyden die restirende zwey Theile im Fürstenthum offeriren thäten / mit gantz brüderlicher wohlmeynender und treuhertziger Bitte / es wolten Jhro Ldd. sich beyderseits darumb brüderlich und wohl-verträglich vergleichen / und solches anders nicht als brüderlichen von Seiner Liebden vermercken / dann Sie des endlichen Vorsatzes hätten / auch vor längst bey sich beschlossen / zu Erhaltung unserer uhralten und löblichen Familie, auch zu sonderer observanz und allerhand guten Commoditäten den Weg bey sich zu finden / und sich brüderlich und gebührlichen abfinden zu lassen / denn Sr. Ld. mit GOtt und guten Gewissen bezeugen könten und möchten / daß Sie nicht weniger / als sich selbst / Ihre geliebte Brüdere von Hertzen treulich meineten / und ihnen gerne ihr Auffnehmen / und gedeyliche Wohlfahrt gönneten / umb welcher Ursach willen / dann Sr. Ld. gebethen die Herren Brüdere sich nunmehro selbsten nicht auffhalten wolten.

Darauff Sr. Ld. Fürst Rudolph brüderlichen vermeldet / daß Sie wohl vernommen / was Sr. Ld. Fürst Augustus

itzo

ANNO 1603.

itzo Jhro Ld. beyderseits zugegen angebothen / auch die Ursachen / so deswegen Se. Ld. fürgewendet / thäten sich demnach Se. Ld. des brüderlich wohlmeinende Erbiethens zum freundlichsten bedancken / Sie wolten aber hoffen Se. Ldd. Fürst Augustus würde nicht alleine Jhr propositum ändern / sondern auch vielmehr (wie ziemlich) Jhro Ld. beyderseits als den Jüngsten sich darumb zu vernehmen / brüderlichen gönnen / darumb Sie Se. Ld. denn freundlich ersuchet wolten haben / absonderlich daß Se. Ld. nunmehro als der älteste Bruder unter ihnen der anderen Herren Gebrüdere Exempel folgen / und brüderlichen optiren wolten / welches nicht weniger auch Sr. Liebden Fürst Ludwig ihme angelegen seyn lassen / mit sondern vermelden / die Abfindung stünde billig Sr. Ld. als dem Jüngsten zu / und bäthe derowegen gantz brüderlichen / Se. Ld. darbey zu lassen. Weil aber nach etlichen brüderlichen Wechselreden Fürst Augustus Ld. auf ihren brüderlichen Vorhaben beruhet / und wie hart die anderen Brüder als die Jüngsten sich bemühet / Sr. Ld. davon abzuhalten / haben sie doch letzlichen Sr. Ld. endlichen Willen erkandt / darumb Sie denn auch zum öfftern von Sr. Ld. wahren ermahnet worden / daß sie sich nunmehro freundlichen vergleichen wolten / und Jhro Liebden beyderseits es also musten geschehen lassen / Sich auch der grossen und brüderlichen erwiesenen Treue zum freundlichsten bedancket / und sich erbothen / solches nimmermehr in Vergessenheit zu stellen / sondern allezeit darob zu seyn / wie sie es brüderlichen verschulden / und endlichen Sr. Ld. Fürst Augustum vermocht / Sie wolten Sich doch so brüderlich erweisen / und zwischen ihnen beyden einen Aufsatz machen / nach deren brüderlichen Gefallen / wolten sich demselben gantz willig bequemen / welches ob es wohl Se. Ld. etliche mahl abschlugen / mit vermelden / daß Sie als Brüder sich wohl würden zu resolviren wissen / haben Sie doch nach inständiges Anhalten / und ein ieder unter ihnen beyden Ldd. zu verstehen gegeben / daß Sie schon einig / wenn es nur denominiret würde / auf welches Sr. Ld. Fürst Augustus weder Jhro Ld: noch die ältesten Herren Gebrüdere / noch sich selbsten länger aufhalten wollen / sondern zugleich die beyden Jüngern Bruder / als in dero Mittel Sr. Ld. stunden / bey der Händen genommen / GOTT hertzlich gedancket / daß nunmehro dieser brüderlicher Tractatus so weit kommen / und ietzo seine Endschafft nehmen solte / und daß Sr. Ld. vergönnet were / ins Werck zu richten / damit Jhro beyde Ld. gantz brüderlich ermahnet und gebethen / Sr. Ldd. Fürst Rudolph mit dem Zerbster / und Fürst Ludwig mit dem Cöthnischen Theil friedlich und einig seyn wolten / welches den Jhro Ld. mit guten und danckbahren Hertzen alsobald ohne einige Widerrede oder difficultät in GOTTes Nahmen angenommen / darauff Se. Ld. Fürst Augustus ihnen beyderseits Göttlichen reichen und milden Seegen zu allen Jhnen und ihren Landen und Leuthen ersprießliche Wohlfarth gewünschet / und daß Sie mit Freuden / viel langer Jahre Jhro Ld. posterität sehen / und auf dieselbe ihr Fürstenthum fortpflantzen möchten / welches Jhro Ld. Ld. mit hohen und grossen Danck verstanden und angenommen / und haben darauff die drey Gebrüdere einander umfangen. Darauff sind Sr. Ld. Fürst Augustus zu denen beyden ältern Brüdern gegangen / und ieden unter den jüngern Gebrüdern bey einer Hand gehabt / und Jhro Ld. beyderseits erklähret / wie nunmehro GOtt Lob! ein ieder durch GOttes Seegen und Benedeyunge zu seinen Land und Leuthen und Angehörunge gelanget / damit sie denn auch friedlichen gantz wohl content und ruhig wehren / dafür Sr. Ld. nicht allein unsern Herr GOtt / als ohne welches Beystand solch schweres Werck nicht verrichtet hätte werden können / hertzlich danckten / sondern sich vielmehr von Hertzen freueten / daß Sie auch dabey etwas thun solten / damit es so viel friedlicher und brüderlicher zugehen mögen. Haben demnach Sr. Ld. die gebührliche Glückwünschunge wiederhohlet / und den Herren Brüdern allerseits sich zu freundlichen Diensten anerbothen.

Als nun der älteste Herr Bruder Fürst Hannß George von einen ieden Bruder vernommen / nachdem Sie Sr. Ld. befragten / was Sie sich brüderlichen mit einander verglichen hetten / und neben dem Gespräche so unter den Herren Brüdern vorliefe / Bericht erwartet / wie Sr. Ld. Fürst Augustus sich ins brüderliche Mittel gegeben / und die Abfindunge mit willigen Hertzen elegiret hätten / haben Sie sich mit gantz brüderlichen Erbiethen in deren Beytrein erhoben / und hochgerühmet / daß Sr. Ld. Fürst Augustus die Angelegenheit dieses Wercks sich so standhafftig und wohlbedächtig zu Gemüthe geführet / auch die Erhaltung unserer Löbl. Familie mehr / als Deroselben eigenen Interesse geachtet hätten / und darauf alle anwesende Brüdere vermahnet und freundlichen gebethen / solche erzeigete Lieb und Treu um Sr. Fürst Augusti Ld. in allen guten zu erwiedern / welches die sämbtl. Herren Gebrüdere alsobald mit guthen und willigen Hertzen anerbothen.

Es erwehnten aber nochmahls hierbey Sr. Ld. Fürst Rudolph gantz brüderlich / daß wie vormahls gethan / Sie noch ietzund Sr. Ldd. Fürst Augusto Sr. Ld. zugefallenes Erbtheil des Zerbstischen / freundlich offeriret und anerbiethen / mit Bitte / Sie solchen annehmen wolten / Sr. Ld. weren gantz willig und wohl zu frieden / daß sie abgefunden möchten werden / welches brüderlichen Erbiethen / wie es mit grosser Bewegung von den andern Hrn. Brüdern vernommen: also haben sich sonderlich Se. Ld. Fürst Augustus deswegen zum höchsten bedancket und gebethen / Sr. Ldd. wolten dieselbe damit verschonen / auf welches von denen die freundliche Glückwünschung und brüderliche Umfahung angegangen / und ist kein Zweifel / wer diesem Actui zusehen sollen (wie er dann für GOTT und seinen heiligen Engeln gantz kund und offenbahr) er würde haben sagen und bekennen müssen / ihme dergleichen nie vorkommen / noch vielmehr zuvor geschehen wehre / gantz brüderlich vertraulich ohne Argelist und Gefehrde ist es zugegangen / und hat da in Wahrheit die Liebe nicht das ihrige / sondern vielmehr / was des anderen Nutz gewesen / gesuchet und sich darum bemühet.

ANNO 1603.

Es wolle die Posterität dieses auch wohl mercken / daß dieser gantzer Actus in einer halben Stunde oder wenig mehr gantz wohl und richtig zu Ende gebracht gewesen / so gantz vereiniget wahren die brüderlichen Hertzen / und ist zu glauben / es noch kürtzer were zugegangen / wenn es nicht hierunter die brüderlichen und wohlgeordneten höflichen und kurtzen Gespräch / damit ein ieder Bruder den andern sein liebreiches Hertz zu verstehen geben wolte / etwas verzogen / und hat ihr die Feder / die auf freundliche Verordnung solches aufzeichnen sollen / vielmahl und zum öfftern gewünschet / daß ihr die Wort einfliessen mögen / damit sie diesen Handel desto deutlicher der lieben Posterität lassen mögen / Sie muß aber solches bekennen / daß Sie den wenigsten Theil erreichet haben / doch ist ihr wohl angelegen gewesen / so viel unglücheneden Scopum zu erlangen / und nichts hierinnen zu setzen / daß nicht also fürgelauffen / oder erfolget wehre.

Es ist auch nochmahls über die Vergleichunge ein Vertrag aufgerichtet worden / von den Herren Gebrüderen mit eigener Hand unterschrieben / verzeichnet und vollenzogen den 30. Junii des 1603ten Jahres / welcher nicht allein neben diesen eigentlichen Berichte unserer lieben Posterität und Nachkommen / zu einen sondern lebendigen Exempel und Spiegel der Nachfolge in brüderlicher Liebe und Vereinigung der Hertzen dienen soll / sondern Wir allerseits haben Uns dadurch eine gnugsame introduction und Anleitung vorarbeiten wollen / so Uns zu unsern künfftigen und mit Göttlicher Verleihung in Werck habenden pactis Gentilitiis & Familiæ gantz wohl dienlich und ausdrücklich seyn soll.

Mit was für reinen und guthen Gewissen / auch mit was grosser Vertraulichkeit diese Handlung / GOtt Lob! glücklich zu Ende gegangen / werden uns diese und andere Schreiben gnugsam zeigen / wie denn zu allen Überfluß nicht zu verschweigen / was sich noch des Tages begeben / da Wir nehmlich die gesambte brüderliche Vergleichung schon approbiret / als bey deroselben befunden / daß zum theil die Herren Brüder etliche Aembter weit entlegen wehren / als dem Zerbster Theile / Freyleben / und dem Dessauischen Theile das Vorwerg Cölbig in Ambt Warmbsdorff / so etwas ungelegen seyn würde / der Grentze halben / (wie alles mit mehrern die Abtheilunge in dem letzen der Visitation-Räthe eingegebenen unterthänigen Gutachten / im Buchstaben besaget / und alda zu sehen ist) auch befürchtet worden / weil / wie vorgemeldet / das Dessauische Theil in dem Creyß nichts bekommen / ausser dem Kolbergischen Vorwercke / es möchte wegen der Grentze und Hütung Spän und Unwillen geben / so ist eine brüderliche Auswechselunge solcher gestalt erfolget / daß der Zerbster dem Dessauischen Theil zum Ambt Sandersleben / sein zugefallen Ambt Freyleben gelassen / damit eines mit dem andern so viel desto besser bestellet würde / welches Ambts Einkommen sich auf 3500. Thaler erstrecket hat / dagegen hat das Dessauische Theil den Cöthnischen zum Ambte Wormbsdorff das Vorwergk Cölbig mit solchen brüderlichen Vornehmen gestattet / daß von diesen permutirten Stücken die Reditus den Zerbster Theil wiederumb ergäntzet würden / also daß das Dessauische Theil ihme jährlich an baaren Gelde 761. Thaler und das Cöthnische 2739. Thaler ordentlich erlegen sollen / auf welches solche Aembter mit dem darauff hafftenden Oneribus in die Dessauische und Cöthnische Theile / und die brüderliche Vergleichunge gebracht worden. Und ist damit aller Ungleichheit und Widerwillen der Weg verrennet / dieweil sich iedes Theil unter diesen Fünfen / auf ein 300000. Thl. Capital erstreckent / und 6. pro Cent die Abnutzung sich jährlich auf ein 18000. Thl. belauffen / die dem abgefundenen Bruder sowohl entrichtet werden müssen / von den andern vier Gebrüderen (vermöge des Vertrages) so weit sich gewiß befunden / daß keiner vor den andern ein groß Vortheil haben wird / wie denn auch da schon etwas erscheinen solte / Wir solches einander von Hertzen brüderlichen und gerne gegönnet / und darüber im geringsten nicht difficultiret haben wollen. Und ist dieses alles aufs kürtzeste als möglich zu Pappier gebracht / und zu mehrer Beglaubigunge von Uns Gebrüderen insgesambt unterzeichnet / geschrieben und vollenzogen worden. Gantz treulich sonder Argelist und Gefehrde. Geschehen zu Dessau den 2. Julii 1603.

GOTT ein Herrscher über alles / ein Vater aller Einträchtigkeit / ein Band aller Liebe / ja die wesendliche Liebe selbst / erhalte dies sein angefangen Gnaden-Werck / und vollführe es zu seines unaussprechlichen allerheiligsten Nahmens Lob Ehr und Benedeyung / und uns / unsern Erben und Nachkommen / zum zeitlichen und ewigen Seegen / ietz und künfftig / wahrhafftig und wesendlich / Amen.

Hannß

ANNO 1603. Hannß George F. z. Anhalt / rc. Christian F. z. Anhalt / rc. Augustus F. z. Anhalt / rc. Ludwig F. z. Anhalt / rc. Rudolph F. z. Anhalt / rc.

CIV.

21. Juillet. *Traité de Paix fait & conclu à St. Julien le 11/21. de Juillet 1603. entre Son Altesse de Savoye, & la Seigneurie & République de* GENEVE. [Histoire de Geneve, Edit. 1730. p. 493.]

AU NOM DE DIEU, AMEN. Comme ainsi soit que pour la pacification des troubles advenus au mois de Decembre mille six cents deux, entre Tres-Haut, Tres-Puissant, & Serenissime Prince, Monseigneur Charles Emanuel, par la grace de Dieu, Duc de Savoye &c., & les Seigneurs de la Ville de Geneve; Et pour eviter aux sinistres consequences & effects de la continuation d'iceux, auroit semblé bon aux Magnifiques & Puissans Seigneurs des cinq louables Cantons de Glaris, Basle, Solleurre, Schaffuze, & Appentzell, du sceu & consentement des Magnifiques & Puissans Seigneurs des autres Cantons, de deleguer leurs Nobles & prudens Ambassadeurs; Sçavoir pour Glaris, les Seigneurs Jean Henry Schwartz, Lieutenant, & Nicolas Schuler, Landtshauptman: pour Basle les Seigneurs Jacob Gotz, & André Rist Conseillers de ladite Ville: pour Solleurre, les Seigneurs Pierre Suri, Banderet, & Jean Jacob de Stal, Chevalier, & Boursier de ladite Ville: pour Schaffuze, les Seigneurs George Meder, Bourguemeister & Henry Schwartz, Docteur ès Droicts, & Conseiller de ladite Ville: pour Appentzell, les Seigneurs Ulrich Näf, Landaman, Jean de Ham, Chevallier, Landaman & Banderet; & Sebastian Thörig aussi Landaman, & Banderet dudit Canton, par devers Son Altesse, ou bien Monsieur d'Albigny son Lieutenant General deçà les Monts, & lesdits Magnifiques Seigneurs de Geneve; Lesquels Sieurs Ambassadeurs s'y feroyent du consentement des Parties employés d'une bonne & Helvetiale volonté. Pource est-il qu'après plusieurs Assemblées & Conferences sur ce tenuës à S. Julien, par l'entremise, intercession, & à la contemplation desdicts Seigneurs Ambassadeurs, ont les Illustres Seigneurs Charles de Rochette, Seigneur du Donjon & de la Foretz, premier President de Savoye, & Claude de Pobel, Baron de la Pierre & Chambellan de S. A. Deputés de Sadite Altesse, suivant le Pouvoir dont la teneur est inserée au bas du present Acte; Et les Nobles & Prudens Seigneurs Dominique Chabrey, Michel Rozet Sieur de Chasteau-vieux, & Jaques Lect, Docteur ès Droicts & Seigneur de Consignon, tous trois anciens Sindiques & Conseillers de ladite Ville de Geneve, Jean Sarazin Docteur ès Droits, Conseiller & Secretaire d'Estat de ladite Ville, & Jean de Normandie, Docteur ès Droits & Conseiller au grand Conseil de ladite Ville, Deputés d'icelle, ont advisé conclu, & arresté comme s'ensuit:

I.

Que le Commerce & Traffic demeurera libre d'une part & d'autre, tant pour les Personnes, que pour toutes sortes de Marchandises, Vivres, Bleds, Vins, & autres Denrées, en tous les Estats de S. A. sans aucune prohibition, restriction, ou limitation.

II.

Auquel Commerce neantmoins ne s'entendra compris le Sel, l'usage & debitement duquel, ne sera permis dans les Estats de S. A. sinon de celui des Greniers de sa Gabelle, & à la forme de ses Edits.

III.

Pour celui qui sera necessaire aux Citoyens, Bourgeois, Habitans, & Sujets de Geneve hors les Estats de S. A. & riere les Terres & Villages de S. Victor & Chapitre & Maisons y enclavées, pourront lesdits de Geneve le faire transmarcher par dessus les Estats de Sadite A. sans y commettre abus.

IV.

Toutes Procedures faites contre ceux qui ont contrevenu aux Edits de S. A. pour le regard du Sel, comme de mesmes pour le commerce & transmarchement des Graines & Denrées, toutes peines & amendes encouruës pour les faits susdits, sont dès à present declarées nulles, de nul effect & valeur, reservées celles qui se trouveront jugées par autorité de la Chambre des Comptes de Savoye executées & payées par les accusés & condamnés.

V.

Les Biens, Fruicts, & Revenus d'Armoy, Drallians & autres Lieux riere le Duché de Chablaix & Bailliages de Ternier, & Gaillard, possedés par les Seigneurs de Geneve en l'année mil cinq cents huictante neuf lors de l'ouverture de la Guerre, leur seront promptement rendus & restitués sans nulle difficulté, (pour iceux recueillir entierement chacun an) avec restitution de fruicts & arrerages dès la publication de la Paix de Vervins mil cinq cents nonante huict.

VI.

De mesmes sera renduë & restituée par lesdits de Geneve la Ville de S. Genis, & ce qui en peut despendre en l'estat qu'elle se trouve de present, sans rien y alterer, ou innover en quelque chose que ce soit.

VII.

Et pour ce qui concerne les Terres de S. Victor & Chapitre, toutes choses demeureront d'une part & d'autre en mesme estat qu'elles estoyent lors de l'ouverture de ladite Guerre en l'année mil cinq cens huictante neuf, sans rien innover en sorte quelconque.

VIII.

Est accordé de la part de S. A. pardon & abolition general à tous ses Sujets qui ont porté les armes pendant les guerres, & suivi le parti de Geneve, sans qu'eux ni les leurs en puissent jamais estre recherchés ni molestés en leurs personnes ni biens Et ce faisant seront remis & restablis en la possession & jouïssance de tous leurs biens, nonobstant tous Arrests & Sentences de confiscations, qui pourroyent contre eux avoir esté renduës pour ce regard, lesquels Arrests & Sentences, dès à present, demeureront nulles, & de nul effect. Bien entendu, qu'en cest Article ne seront compris les crimes commis hors ledit parti.

IX.

Et quant à ceux qui sont sortis pour la Religion, refugiés à Geneve, ils pourront revenir en leurs biens & maisons, & y demeurer vivans selon les Edits de S. A. Et en cas qu'ils veuillent faire profession d'autre Religion, il leur est permis de jouïr & disposer de leurs Biens, & de revenir en leurs maisons, & y demeurer quatre fois l'année, sept jours pour chaque fois; Et ce à l'intercession desdits Seigneurs Ambassadeurs.

X.

Tous ceux qui sont & seront Citoyens, Bourgeois & Habitans de ladite Ville de Geneve, ne pourront, eux ni leurs Serviteurs & Domestiques, estre troublés ni inquietés pour cause de leur Religion, pendant qu'ils sejourneront dans leurs maisons & biens situés dans les Estats de S. A. Ains y pourront vivre & demeurer en la mesme liberté que par ci devant, à la charge de ne dogmatizer.

XI.

Les Citoyens, Bourgeois & Habitans de ladite Ville de Geneve, suivant les Concessions & anciens Privileges des Serenissimes Predecesseurs de S. A. seront desormais exempts de tous Daces, Peages, Traverses, demi pour cent, sur les Estats de S. A. (reservés les Droits des tiers, Gentilshommes, Particuliers, tels qu'ils ont esté par ci-devant) en consignant toutes fois les Marchandises à tout le moins par les Lettres de Voiture, & Facture; sans qu'il soit loisible aux Daciers & Peagiers de S. A. de faire ouverture des Quaisses, Coffres, Paquets, Tonneaux, ou Bales desdites Marchandises, sinon en cas de fraude & abus. Et quant à la consignation de l'or & de l'argent monnoyé, lesdits de Geneve en demeureront exempts, fors des sommes qui excederont cinquante Escus, lesquelles pour eviter abus, & pour la seureté desdits Marchands de Geneve debvront estre par eux declarées dans ladite Ville à celui qui sera deputé par la Seigneurie à ces fins,

ANNO 1603. fins, lequel en communiquera le Regiftre au Procureur Patrimonial de S. A. lors qu'il luy fera demandé.

XII.

Comme semblablement, suivant les mesmes Privileges, demeureront exempts lesdits de Geneve de toutes Tailles, Contributions, Levées de Graines, Imposts, Rations, Decimes, & de toutes autres charges tant ordinaires qu'extraordinaires, pour leurs Biens qu'ils possedent à present riere les Estats de S. A. Et sont toutes Saisies & Subhastations faictes pour raison desdites Tailles, Contributions, Rations, & Levées pendant les Trefues declarées nulles, au cas que les conditions desdites Trefves ayent porté de ne lever aucunes Rations, ou Contributions &c. Et quant à celles qui auroyent esté faictes pour lesdites Contributions, Rations, ou Arrerages deubs pour le temps de la Guerre, elles tiendront, sauf aux proprietaires de rentrer dans leurs Fonds, en rendant les deniers, despens, & tous legitimes accessoires, demeurans les autres Saisies & Subhastations faites depuis ladite Paix de Vervins, nulles.

XIII.

Tous Abbergemens quels qu'ils soient faits par les Magnifiques Seigneurs de Berne, pendant la tenuë des Balliages tiendront, & si aucuns s'en trouvent spoliés au prejudice desdits Abbergemens, ils feront reintegrés avec restitution de fruits.

XIV.

Ne feront decernées aucunes prises de Corps, ou adjournements personnels contre lesdits de Geneve, sinon pour matiere extraordinaire, & non pour choses legeres, & feront faits tous adjournements tant en Matieres Criminelles que Civiles ès personnes des Accusés ou Deffendeurs, s'il est possible, & à faute de ce, à leurs Domestiques. Et ne trouvans ni les uns ni les autres, se feront en domicile par affiction de Coppie & notification à quelcun des voisins, & non ès lieux limitrophes.

XV.

Confiscations n'auront lieu d'une part ni d'autre, faite à l'occasion de ceste derniere Guerre: Et quant à celles de la precedente, tant pour le regard desdits de Geneve, que ceux qui ont suivi leur parti, sera faite restitution des Biens immeubles à la forme du Traicté de Vervins. Et quant aux debtes actifs pour raison desquels ne feront intervenus Arrests ou Jugemens, estant encor les sommes en estre, sans quittance authentique faite par ci-devant, elles pourront estre exigées & demandées, sans neanmoins aucun renfort de monnoye, ni interests.

XVI.

Les Jugemens rendus par lesdits de Geneve, en derniere cognoissance, pendant la tenuë d'aucune partie des Balliages en Jugement contradictoire, comme aussi toutes autres Sentences renduës par Juges inferieurs, non suspenduës par Appellations cidevant relevées, ensemble toutes Subhastations faites pendant ledit temps, tiendront, & sortiront leur entier effaict.

XVII.

Tous Jugemens rendus, d'un costé & d'autre, pendant ceste derniere Guerre, en Contumace, ou avec Procureur non fondé, sont dès à present declarés nuls & de nul effaict.

XVIII.

Les Provisions & Sentences obtenuës contre ceux de Geneve, pour les Biens & Fruits Ecclesiastiques par eux possedés en ladite année mil cinq cents huictante neuf, demeureront pour ce regard, nulles & de nulle valeur.

XIX.

Se contente S. A. de ne faire assemblée de Gens de Guerre, ni Fortifications, ni tenir Garnisons à quatre lieuës près ladite Ville de Geneve.

XX.

Tous Prisonniers qui n'auront accordé de leur rançon, feront mis en liberté de part & d'autre, le jour aprés la publication du present Traicté, en payant raisonnablement leurs despens. ANNO 1603.

XXI.

Tout ce que ladite Ville de Geneve aura receu dès l'an mil cinq cents huictante neuf, soit en Lods, Dismes, Censes, & Revenus Seculiers ou Ecclesiastiques, demeurera au proffit de ladite Ville. Et ne pourront les Particuliers estre recerchés pour en faire derechef Payement; Et tiendront les Investitures que les Particuliers ont obtenuës desdits de Geneve, sans qu'ils soient tenus d'en prendre de nouvelles, reservé neanmoins ce qui auroit esté prins & retiré en temps de Paix.

XXII.

Lesdits de Geneve, comme aussi tout le contenu au present Traicté, demeureront comprins au Traicté de Paix perpetuelle de Vervins, suivant la Declaration & Patentes de Sa Majesté Tres-Chretienne du treziesme d'Aoust mil six cents & un. Et lequel Traicté de Vervins s'entendra confirmé, nonobstant la prise des Armes, & tous actes d'hostilité survenus dès le mois de Decembre de l'année derniere; la memoire desquels & de toutes aigreurs demeurera à jamais esteinte & abolie; & tous entrepreneurs, & perturbateurs du repos public, feront punis & chastiés comme infracteurs de la Paix.

XXIII.

Sont reservés au present Traicté de la part de S. A., nostre S. Pere le Pape & le S. Siege Apostolique, l'Empereur, & le S. Empire, les deux Rois, & les Traictés que S. A. a avec la Couronne d'Espagne, & les Magnifiques Seigneurs des Ligues. Et de la part desdits de Geneve, sont reservés l'Empereur, & le S. Empire Romain, S. Majesté Tres-Chrestienne, lesdits Magnifiques Seigneurs des Ligues, & les Alliances & Traictés qu'ils ont avec la Couronne de France, & les Magnifiques & Puissans Seigneurs des Louables Cantons de Zurich & Berne.

XXIV.

Promettent lesdits Deputés de S. A. de rapporter la Ratification & Approbation du present Traicté, & au pied d'icelui dans six jours prochains, & de plus de le faire emologuer & interiner ès Senats, & Chambres des Comptes de Sad. A. deçà & delà les *Monts*, sans payement d'aucun emolument.

Faict, passé, arresté & conclu à S. Julien le 21. de Juillet stil nouveau, mil six cents & trois.

Teneur du Pouvoir des Députez de S. A.

CHARLES EMANUEL, par la grace de Dieu Duc de Savoye, Chablais, Aouste, & Genevois, Prince & Vicaire perpetuel du S. Empire Romain, Marquis en Italie, Prince de Piedmont, Marquis de Saluce &c. A nos très chers bien Améz & Feaux Charles de Rochette, nostre Conseiller d'Estat & Premier President de Savoye, & Claude Pobel Baron de la Pierre, nostre Conseiller d'Estat Desirans tousjours de preferer le repos public à toutes autres considerations de nostre particulier interest, & éviter par ce moyen les mauvaises consequences de la guerre. Et estant vraisemblable que si nous venons à condescendre à un Traicté d'accommodement avec ceux de Geneve, ils y entendront aussi vollontiers de leur part, pour éviter les dommages & inconveniens, qu'ils pourroyent encourir par la suite d'une ouverture de guerre. Pource est il qu'estant à cest effect requis de nommer & deputer personnages, qui comparoissent de nostre part au lieu de S. Julin, assigné pour telle Conference, confians en vos prudences, fidelité & integrité, Nous vous avons choisis & deputés, choisissons & deputons par ces Presentes, signées

ANNO 1603.

nées de nostre main, pour comparoir en nostre nom audit lieu, aux fins de traicter avec eux d'une Paix, ou d'un Mode de vivre; Avec Pouvoir & Authorité que nous vous donnons de proposer, traicter, resoudre, promettre & faire tout ce que vous jugerez estre de nostre service, & convenir pour la perfection dudit Traicté: Promettant en foy & parole de Prince, d'avoir à jamais pour ferme, stable & agreable tout ce que par vous sera faict, traité, promis & resolu en ce que dessus, circonstances & dependances, & de le ratiffier, sans permettre que jamais il y soit contrevenu, directement ou indirectement, en maniere que ce soit: De ce faire vous avons donné, & donnons Plain-Pouvoir, Authorité & Mandement special par ces dites Presentes; Pour corroboration desquelles, nous y avons faict apposer le grand Sceau de nos Armoiries, & contresigner par l'un de nos Secretaires d'Estat. Donné à Turin le vingt cinquiesme du mois de Febvrier mil six cents & trois. *Signé*, CHARLES EMANUEL. *Visa*, *Provana*. Et plus bas, *Roncas*, & seellé en Placard en Cire rouge.

Teneur du Pouvoir des Députez de la Seigneurie de Geneve.

NOUS SYNDIQUES, Petit, & Grand Conseil de Geneve; Estans requis d'adviser avec les Seigneurs Deputés de S. A. de Savoye; suivant leur Pouvoir expedié à Thurin le vingt-cinquiesme de Febvrier dernier, à quelque accommodement & moyens de Paix, pour eviter les maux que la guerre traine après soi, Par meure deliberation, preferans le repos public à nostre particulier interest, & estans suffisamment informés de la suffisance, fidelité & experience de Nobles & Prudens Dominique Chabrey, Michel Roset, Jaques Lect, Jean Sarazin, & Jean de Normandie nos Feaux Conseillers; Les avons commis & deputés, commettons & deputons par ces Presentes, pour en nostre nom, comparoir au lieu de S. Julien, conclurre & accorder avec les Députés de S. A. des Articles de laditte Paix, iceux figner en nostre nom, afin qu'ils vaillent à perpetuité, promettants de le ratifier toutes fois & quantes. De ce vous donnons Plein-Pouvoir, Authorité & Mandement special par ces Presentes. Données à Geneve sous nostre Sceau commun & Seing de nostre Secretaire, ce vingt-quatrieme Juin mil six cents & trois. *Signé Gautier.*

ROCHETTE. CHABREY.
POBEL. ROSET.
LECT.
SARASIN.
DE NORMENDIE.

Pour avoir esté presens & Mediateurs les Nobles, Prudens, & Très-honorés Seigneurs, Ambassadeurs des Magnifiques & Puissans Seigneurs des Cantons de Glaris, Basle, Solleurre, Schaffouze & Appentzell, & en tesmoignage de la verité des choses traitées, ont lesdits Sieurs Ambassadeurs figné le present Traicté. Et y seront apposés les Seaux des Magnifiques Seigneurs des Cantons susdits.

HANS HENRICH SCHUVARTZ.
NICLAUS SCHÜLER.
JACOB GÖTZ.
ANDREAS RYFF.
PIERRE SÜRY.
JEAN JAQUES VON STAAL.
GEORGE MEDER.
HENRICH SCHUVARTZ.
ULRICH NAF.
JOANN VON HEIMEN.
SEBASTIAN THORIO.

Ratification de S. A.

NOUS CHARLES EMANUEL, par la grace de Dieu, Duc de Savoye, Chablais, Aouste & Genevois, Prince & Vicaire perpetuel du S. Empire Romain, & de Piedmont, Marquis de Saluces &c. Ayant le susdit Traicté pour agreable, en tous & chacuns les Poincts & Articles y contenus; Avons iceux, tant pour nous, que nos Successeurs à l'advenir quelconques approuvé, ratifié, & confirmé, approuvons, ratifions, & confirmons par ces Presentes, & le tout promettons de bonne foy & parole de Prince, garder, observer, & entretenir inviolablement, sans jamais y contrevenir, directement, ou indirectement, en maniere que ce soit. En tesmoin dequoi nous avons figné cesdites Presentes de nostre main, à icelles faict mettre nostre Seel, & contresigner par nostre premier Secretaire d'Estat. Donné à Thurin le ving-quatrieme jour du mois de Juillet mil six cent trois. ANNO 1603.

C. EMANUEL.
Visa, *Provana*. *Roncas*.

Ratification de Geneve.

NOUS SINDICQUES, Petit & Grand Conseil de Geneve; Ayant veu tous les Articles du Traité conclu & arresté au lieu de S. Julien le vingt ung de ce mois, par les Seigneurs Deputés de S. A. de Savoye & les nostres, en la presence & par l'entremise des Srs. Ambassadeurs des cinq Cantons de Glaris, Basle, Soleurre, Scaffouze & Appentzell, par meure deliberation de nostre Conseil; Avons icelui Traité de S. Julien approuvé, ratifié, & confirmé en tous ses Poincts & Articles, comme par vertu des Presentes nous l'approuvons, ratifions, & confirmons pour nous & les nostres à l'advenir quelconques, promettans l'observer & garder inviolablement, faire observer & garder, sans y contrevenir, directement ou indirectement, en maniere que ce soit. En foy dequoi avons donné les Presentes sous nostre Seau & Seing de nostre Secretaire d'Estat, ce dix-huitieme de Juillet mil six cents & trois. *Signé Gautier.*

Extrait des Registres du Souverain Senat de Savoye, &c.

LE Senat, veus les Articles & Traité d'entre S. A. & les Syndicques, Petit & Grand Conseil de la Ville de Geneve, en date du vingt un Juillet dernier; A iceulx Articles & Traicté esmologué, & veriffié, & intheriné, dict & ordonné, que le tout sera registré és Registres dudit Senat, pour y avoir recours par ci-appres. Faict à Chambery audit Senat, & prononcé le douzieme Novembre mil six cens & trois. Collation faicte, *Raimond.*

Extrait des Registres de la Souveraine Chambre des Comptes de Savoye.

LA Chambre, veu le Traicté d'entre S. A. & les Syndicques & Conseil de la Ville de Geneve, en date du vingt un de Juillet dernier passé: A icelui Traicté esmologué & interiné. Ordonnant qu'il sera registré és Registres de laditte Chambre. Faict à Chambery au Bureau des Comptes, & prononcé le quatorzieme Novembre mil six cents & trois. Collation faicte, *Benoist.*

Il y a sept Sceaux, celui de S. A. en placard de Cire rouge & quenë blanche, & ceux des Cantons Mediateurs.

Vérification du Senat de Piémont.

Il Senato Ducale di quà da Monti in Torino sedente.

AD Ogniuno sia manifesto che visti, & letti li Capitoli presentati per il Trattato con quelli di Geneva, & uditi li Fiscali nelle luoro conclusioni, attesa la giussione di S. A. Serma. habbiamo ordto & ordiniamo doversi, per quanto à noi spetta, detti Capitoli interinar, come gl'interiniamo, Mandando siano registrati nelli Registri nostri per haverli all' avenire raccorso se bisognera. Dat. in Torino nel Senato li vinti sette di Luglio mille sei cento quatro. Per l'Eccmo. Senato sudetto.

Rollando.

CIV.

Investitura Vicariatus generalis, Principatusque Senensis per RUDOLPHUM II. *Romanorum Imperatorem* PHILIPPO III. *Hispaniarum Regi concessa, cum approbatione & confirmatione Subinfeudationis dicti Vicariatus & Prin-* 1604. 21. Januarii.

ANNO 1604.

Principatus, factæ in favorem Ducis Florentiæ & Descendentium ejus ex Linea masculina procreandorum, exceptis Locis Portus Herculis, Orbitelli, Telemonis, Montis Argentarii & Portus Sancti Stephani, haud subinfeudatis; Salvis quoque in totum Sacri Romani Imperii Superioritate & Juribus omnibus. Datum Pragæ die 21. Januarii 1604. [Autentique tiré de l'Original en parchemin, qui se conserve dans les grandes Archives de la Chambre Royale de Naples.]

RUDOLPHUS SECUNDUS DIVINA favente Clementia Electus Romanorum Imperator semper Augustus, ac Germaniæ, Hungariæ, Bohemiæ, Dalmatiæ, Croatiæ, Sclavoniæ & cetera. Rex, Archidux Austriæ, Dux Burgundiæ, Brabantiæ, Stiriæ, Carinthiæ, Carniolæ, Marchio Moraviæ, Dux Lucemburgiæ, ac superioris, & inferioris Silesiæ, Wirtembergæ, & Teche, Princeps Sueviæ, Comes Habspurgi, Tirolis, Ferretis, Kyburgi, & Goritiæ, Landgravius Alsatiæ, Marchio Sacri Romani Imperii, Burgoviæ, ac superioris, & Inferioris Lusatiæ, Dominus Marchiæ Sclavonicæ, Portus Naonis, & Salinarum & cetera. Ad perpetuam rei memoriam recognoscimus, & notum facimus tenore præsentium universis, quod Magnificus sincerè nobis dilectus D, Gulielmus Raymundus de Sancto Clemente. Serenissimi ac Catholici Principis, Domini PHILIPPI III. Regis Hispaniarum utriusque Siciliæ, & Hierusalem, Nepotis, & Consobrini nostri charissimi Consiliarius, & apud nos ordinarie residens Orator, atque ad infrascripta negotia Mandatarius, & Procurator specialiter deputatus nobis nomine, ac loco dicti Serenissimi Regis sui humiliter exposuerit, Divum quondam Imperatorem Carolum Quintum Augustæ memoriæ magnum Patruum, ac Avum maternum nostrum observandissimum superioribus annis, Serenissimum quoque & Catholicum Regem Philippum secundum filium suum, quinque ab hinc annis pie defunctum, ejusdemque Serenitatis descendentes legitimos (servato ordine primogenituræ) creavisse, & deputavisse veros, perpetuos, & irrevocabiles, generalesque Sacri Romani Imperii, Vicarios Civitatis, & Dominii Senarum, cum Authoritate Ducali, Principis Imperii, & Prætorii Præfecti, cumque omnimoda meri, & mixti Imperii Jurisdictionis, & Regalium concessione, absque aliquo onere reddendæ rationis, & cum facultate Locumtenentem in ipso Vicariatu deputandi, prout id ipsum Diplomate, & Literis prædicti Divi Imperatoris Caroli Quinti, datis Bruxellis Brabantiæ die tricesima mensis Maji, Anno Domini Millesimo, Quingentesimo, quinquagesimo quarto, constare dicitur. Deinde recuperata per eundem Divum Imperatorem Carolum Quintum magnum Patruum, & Avum maternum nostrum ipsa Civitate Senarum, cum Senenses ipsi dictum Serenissimum Regem Philippum sibi Protectorem & Dominum dari petiissent, eundem Imperatorem Carolum Quintum ipsam Vicariatus creationem, & deputationem denuo repetiisse, innovasse, & in omnibus & per omnia geminasse, & Senenses tutelæ ejusdem Serenissimi filii sui Regis Philippi commisisse, attributis Serenitati ejus auctoritate, & facultatibus in dicta prima creatione, & deputatione expressis, ac aliis, quæ in secundo Diplomate, & Literis datis Bruxellis die Decimo sexto mensis Januarii, Anno Domini Millesimo quingentesimo, quinquagesimo sexto contineri perhibentur. Postremo, cum sæpe fatus Carolus Quintus perpenderet, eundem Serenissimum filium suum, multorum Regnorum administratione occupatum fortassis ad Civitatem Senarum non accessurum, ut administrationi Vicariatus presens vacare posset, voluisse Majestatem illius in hac quoque parte benignè providere, ne dicta Civitas & Dominium ex ista dicti Serenissimi Regis absentia, aliquid detrimenti caperet, eamque ob rem indulsisse, dedisse, & concessisse ipsi Serenissimo Regi Philippo filio suo, plenam, ac liberam facultatem, & licentiam, quandocumque & quomodocumque Serenitati ejus expedire videretur, prædictum Vicariatum Serenitati ejus concessum, in totum, vel in parte alteri in feudum concedendi, vel libere conferendi, nullo alio assensu pro hujusmodi subinfeudatione, vel alienatione facienda petito, ac insuper etiam sibi in ea translatione reservandi quamcumque vellet partem dicti Dominii, cum prærogativis, & facultatibus, Authoritatibusque, juxta Serenitatis suæ Arbitrium, & cum aliis conditionibus, modis, & formis, quæ omnes in ipso facultatis, & licentiæ Diplomate, & Literis, datis Bruxellis vigesima septima die Aprilis ejusdem Anni millesimi, quingentesimi, quinquagesimi sexti, latius explicantur. Porro ejus facultatis, Indulti, & cessionis vigore sæpedictum Serenissimum Hispaniarum Regem memoratum Vicariatum Senarum, cum authoritate Ducali, & Principis Imperii, & universa ejus ditione, prout Serenitas ejus illa obtinebat, & quemadmodum dictus divæ memoriæ Imperator Carolus Quintus, magnus Patruus, ac Avus noster Maternus, illa Serenitati ejus, ac successoribus suis concesserat, cum omni Jure, prælibato Divo Avo nostro, ipsique Serenissimo Regi Philippo, & successoribus suis pertinente, Illustrissimo quondam Cosmo Duci Florentiæ, suisque filiis, ac descendentibus masculis, & legitimis ex Linea masculina, ac legitimo matrimonio natis (servato semper Jure, & ordine primogenituræ) exceptis tamen, & reservatis oppidis, & locis dicti Dominii Senensis infrascriptis videlicet: Portu Herculis, Orbitello, Telamone, Monte argentario; & Portu Sancti Stephani, cum eorum territoriis, & Jurisdictionibus, cumque authoritate, & omnimoda potestate, prout hactenus idem serenissimus Rex illis fuerat, & tunc utebatur, & fruebatur, in feudum nobile, & francum, ligium, & honorificum, cum omnibus pertinentiis, dignitatibus, prærogativis, honoribus, & oneribus, ad nobile, francum, ligium, & honorificum feudum, de Jure, vel alias pertinentibus dedisse, concessisse, ac pleno Jure largitum esse nomine concessionis, ac irrevocabilis, & perfectæ inter vivos donationis, tituloque, & Jure nobilis, antiqui, & recti feudi, ipsumque Ducem pro se, filiis suis, & descendentibus antedictis de hujusmodi statu Senensi, bonis, & feudis, eorumque Juribus, & pertinentiis cum mero & mixto Imperio, gladii potestate, & omnimoda Jurisdictione, cæterisque Regalibus, ac Jure Regalium, prout eidem serenissimo Regi, ratione jam dicta, pertinebat, subinfeudasse, & investiivisse (reservata semper Serenitati ejus, & successoribus ejus superioritate, & feudali obsequio, ita, quod ipse Dux Florentiæ filiique, & descendentes ejus prædicta omnia, & singula ab ipso serenissimo Rege, suisque descendentibus, & successoribus, immediate recognoscant, & teneant in feudum nobile, francum, ligium, & honorificum, secundum leges feudorum, solitasque, & approbatas feudorum concessiones (præstito fidelitatis Juramento) ea tamen lege & concessione, ut præfatus Dux ejusque filii in dicto Dominio Senensi successuri, quotannis solvere teneantur Romanorum Imperatoribus pro tempore existentibus, eorumque Cameræ Imperiali ea, quæ Senenses ante amissionem Vicariatus ratione suarum Investiturarum, & confirmationum solvere tenebantur, & prout latius continetur Diplomate desuper expedito. Defuncto autem prælibato Divo Imperatore Carolo Quinto, Serenissimum, & Potentissimum quondam Principem Dominum Ferdinandum, ac denique eodem è vivis sublato, Divum olim Maximilianum Imperatores Dominos, Avum paternum, Genitorem, & prædecessores nostros observandissimos inclitæ recordationis suprascripta omnia, & singula expresse, & nominatim ratificasse, approbasse, & confirmasse, ac Serenitatem ejus, cum de supra nominatis locis Serenitati ejus in Subinfeudatione Dominii Senensis reservatis, & exceptis, tum etiam de eodem Dominio subinfeudato ratione superioritatis, & feudalis obsequii, aliorumque Jurium, ipsi serenissimo Regi in illa subinfeudatione reservatorum, vel alias pertinentium pro Serenitate ejus, ac filiis, & descendentibus ejus legitimis, secundum ordinem primogenituræ infeudasse; Nunc vero præmemoratus serenissimus Rex modernus Catholicus Nepos, & Consobrinus noster Charissimus, tamquam nunc post obitum & Genitoris sui Regis Philippi secundi, in Regnis, ditionibus, atque Dominiis ejus verus, & legitimus hæres, ac successor, patriis laudabiliter insistendo vestigiis, nolens quoque iis, quæ sibi erga nos, & Imperium præstanda incumbunt, uspiam deesse, à nobis etiam præmissorum omnium ratificationem, confirmationem, & innovationem, ac insuper etiam feudalem concessionem, seu investituram

ANNO 1604.

ANNO 1604. ram obtinere cupiat, atque per antedictum Consiliarium Oratorem, Procuratorem, & Mandatarium suum. D. Gulielmum Raymundum de Sancto Clemente summo studio rogaverit, ut Serenitati ejus hujusmodi feudalem Investituram, tam respectu dictorum locorum, Portus Herculis, Orbitelli, Telamonis, Montis argentarii, & Portus Sancti Stephani in Dominii Senensis Subinfeudatione reservatorum, quam etiam respectu ipsius Dominii Senensis subinfeudati, ut supra ratione superioritatis, & feudalis obsequii, aliorumque Jurium, ipsi Serenissimo Regi in illa Subinfeudatione reservatorum, & alias quomodolibet competentium, una cum ipsius subinfeudationis approbatione, & confirmatione conjunctim concedere velimus: Nos sane, benevole perpendentes, non solum arctissimam sanguinis conjunctionem, quæ nobis, & præfato Serenissimo Regi intercedit, & nos jure inducere debet, ut nullum Serenitati ejus, quam meritò, ut Nepotem, & Consobrinum nostrum diligimus, gratificandi occasionem præterire patiamur, verum etiam Syncerum, & præclarissimum studium, quo Serenitas ejus Sacrum Romanum Imperium prosequitur, et quo animi ardore ejusdem commoda, & ornamenta jugiter procurare solet, & quod tam eximiam voluntatem suam, haud dubie in futurum etiam constanter conservatura, & ubi opus erit, reipsa manifestè, atque constanter comprobatura sit, memoratis Serenitatis suæ precibus, & postulatis tam justis, tam æquis, tamque opportunis, & idoneis ad tuendam Sacri Imperii Auctoritatem, & existimationem omnino assentiendum esse duximus. Quo circa ex certa nostra scientia, animoque bene deliberato, sano quoque accedente Consilio, & auctoritate Nostra Imperiali memoratam concessionem Vicariatus Generalis à præfato Domino Avo nostro Imperatore Carolo Quinto prænominato Serenissimo filio suo factam, & postmodum repetitam, seu geminatam, ac facultatem, hujusmodi Vicariatum Senensem in aliam personam Serenitatis suæ gratam, & acceptam, vel libere vel feudi nomine transferendi; Item & Subinfeudationem vigore jam dictæ facultatis prædicto Illustri Florentiæ Duci de dicto Vicariatu factam, nec non exceptionem locorum Portus Herculis, Orbitelli, Telamonis, Montis Argentarii, & Portus Sancti Stephani cum eorum territoriis, & Jurisdictionibus, cumque Auctoritate, & omnimoda Potestate per Serenitatem suam sibi, & successoribus una cum feudali obsequio, ratione dicti Vicariatus, subinfeudati reservatorum, in omnibus eorum punctis, Clausulis, Sententiis, Articulis, & verborum expressionibus, prout ea omnia Instrumentis, & Literis præinsertis continentur, ratificavimus, approbavimus, confirmavimus, ac tenore præsentium, ratificamus, approbamus, & confirmamus, ipsumque Serenissimum Regem Philippum Tertium, cum de dictis locis Portus Herculis, Orbitelli, Telamonis, Montis Argentarii, & Portus Sancti Stephani Serenitati ejus in dicti Dominii Senensis subinfeudatione reservatis, & exceptis, tum etiam de eodem Dominio Senensi, ut supra demonstratum est subinfeudato, ratione scilicet superioritatis, & feudalis obsequii aliorumque Jurium Serenitati ejus in eadem subinfeudatione reservatorum, vel alias Serenitati ejus quomodolibet competentium, seu pertinentium investimus, & infeudamus pro Serenitate ejus, ac filiis, & descendentibus ejus legitimis (ordine primogenituræ servato) recepto vicissim non quidem à supra nominato Serenitatis suæ Oratore, Procuratore, ac Mandatario, licet sufficienti ad hoc Mandato, cum facultate nihilominus substituendi loco sui alios, instructo (cum propter corporis sui imbecillitatem actum, ac ceremonias consuetas personaliter facere, & celebrare nequiret) sed ipso præsente per substitutos suos legitimos, nimirum Illustrem nostrum, & Sacri Romani Imperii Principem, Franciscum Gonzagam, Marchionem Castilioni à Stiveriis, & Medularum, Consanguineum, Consiliarium, Camerarium, & ad summum Pontificem destinatum Oratorem nostrum, ac honorabilem doctum, ibidem nostrum, & Imperii fidelem dilectum, Jacobum de Guazzon, Jurium Doctorem Cremonensem nomine, ac loco Serenitatis suæ debito fidelitatis, & homagii Juramento, Volentes, ac decernentes hoc nostro Cæsareo Edicto, quod non modo idem Serenissimus Rex Philippus Tertius, ejusque filii, & descendentes legitimi secundum Ordinem Primogenituræ, Serenitati, suæ successuri, præmissa loca, & Jura in dicta subinfeudatione reservata, aut Serenitati ejus alias virtute præinsertarum Literarum Divi Avi nostri inclitæ memoriæ Caroli Quinti Imperatoris, quomodolibet competentia, & spectantia, una cum ipso Dominio Senensi infeudato, ratione superioritatis, & feudalis obsequii teneant, & possideant Jure, & titulo simplicis feudi, quæ etiam Serenitas ejus, & dicti filii, & descendentes ejus à nobis & nostris in Imperio successoribus quotiescumque casus tulerit, in feudum recognoscere teneantur; Verum ut ipse quoque Illustris Dux Florentiæ à Serenissimo Rege Philippo subinfeudatus vigore ejusmodi subinfeudationis per Nos itidem approbatæ, & confirmatæ; sit, & esse debeat in dicta Civitate, & Dominio Senarum noster, & Sacri Romani Imperii Generalis Vicarius, possitque, & debeat omnia, & singula facere, & exercere, quæ idem Serenissimus Rex Philippus virtute Literarum præinsertarum Serenitatis suæ Parenti à Divo Carolo Quinto ratione prædicti Vicariatus concessarum facere, & exercere quomodolibet posset, & deberet; supplentes ob id omnes, & singulos defectus tam Juris, quam facti, & sollemnitatum omissiones, si qui, vel quæ in præmissis intervenissent, aut allegari possent; non obstantibus quibuscumque Legibus, Statutis, Constitutionibus, Ordinationibus, Decretis, aut aliis quibuscumque in contrarium facientibus, quibus omnibus, & singulis, etiamsi talia essent, de quibus in præsentibus specialis, & individua mentio fieri deberet, eorum tenores hic pro expressis habentes; pro hac vice tenore præsentium derogamus, & derogatum esse volumus, scientia & auctoritate prædictis, nostris tamen & Imperii Sacri superioritate, & aliorum Juribus semper salvis, & illæsis, & hac insuper Lege adjecta, ut dictus Illustris Florentiæ Dux, tamquam Vicarius, ratione ipsius Vicariatus omnia, & singula præstet, ad quæ Vicarius hujusmodi, & ipsa Civitas Senensis, olim de Jure, vel consuetudine quomodolibet tenebatur, dolo, & fraude semotis. Nulli ergo omnino hominum liceat, hanc nostræ ratificationis approbationis, confirmationis, Investituræ, Infeudationis, Voluntatis, Decreti, suppletionis, & derogationis paginam infringere, violare, aut ei quovis ausu temerario contraire: si quis autem id attentare præsumpserit, nostram, & Sacri Imperii indignationem gravissimam, & pœnam centum marcarum auri puri, quarum dimidia Fisco nostro Cæsareo, altera vero pars injuriam passi, seu passorum usibus applicari debet, se noverit irremissibiliter incursurum. Harum testimonio Literarum manu nostra subscriptarum, & sigilli nostri Cæsarei appensione munitarum, mediante. Datum in Arce nostra Regia Pragæ, die Vigesima prima mensis Januarii, Anno Domini, Millesimo, sexcentesimo, quarto, Regnorum nostrorum, Romani Vigesimo nono, Hungarici, trigesimo secundo, & Bohemici itidem vigesimo nono —— RVDVLPHVS —— Rudolphus Coralucius. S. —— ANNO 1604.

Extracta est præsens Copia ab originali Privilegio in Carta Pergamena asservato in Magno Regiæ Cameræ Archivo in Camera prima sub Littera I. scanzia III. Fasc. IV. numero I. cum quo facta Collatione de verbo ad verbum concordat, meliori semper salva; Et in fidem de Mandato oretenus Illustris Domini Marchionis Castri novi D. Vincentii Frascone Præsidentis Commissarii subscriptus Magnificus Antonius de Masi Regius Archivarius hic se subscripsit. Datum Neapoli & in eodem Magno Regiæ Cameræ Archivo die 28. Junii 1718.

ANTONIUS DE MASI.

L.S.

CVI.

Declaration envoyée par Messieurs de la Ville & Canton de Zurich à Sa MAJESTE' TRES CHRETIENNE, *pour estre reçeus & en-* 1605. 28. Août.

Anno 1605.

trer au Traitté fait à Solleure en l'an 1579. pour la conservation de Geneve. [Histoire de Geneve Edit. 1703. pag. 516.]

Collationné sur l'Original.

AU NOM DE LA SAINCTE TRINITE', PERE, FILS, & S. ESPRIT AMEN. Nous Bourguemaistre; Petit & Grand Conseil appellés les Deux Cens de la Ville de Zurich. Recognoissons & savoir faisons par les Presentes: Que comme ainsi soit que en l'an dernier passé mil cinq cents soixante & dix neuf, ung Traicté & Convention aye esté faict soubs certaines conditions, & pour des causes d'importance, entre feu Très-Illustre, Très-Puissant & Très-Chretien Prince & Seigneur Henry troisiesme, de ce nom Roy de France & de Pologne, d'heureuse memoire; Et les Sages, Prudents & Honnorés Bourgmaistres & Conseil des deux Villes, Berne & Solleurre, nos Feaux & trés chers Alliés & Confederés, concernant la tuition & conservation de la Ville de Geneve, & du Territoire qui lui appartient, auquel Traicté auroit esté reservé, que les autres Cantons des Ligues & leurs Alliés y pourroient aussi entrer. Et veu que nous considerons combien il importe à la Loüable Communaulté des Ligues, qu'une Ville de Geneve demeure au mesme estre & estat qu'elle est de present, & que la Paix, Repos, & bon estat de laditte Communaulté des Ligues, ne se pourroit, par aucun moyen, plustost troubler, que si laditte Ville de Geneve, laquelle est une Clef & le principal Boulevart du Pays des Ligues, venoit à tomber en autres mains, & en la puissance d'un Prince ou Potentat, quel qu'il fut, soit par force ouverte, surprinse ou autres moyens; A ceste occasion, de nostre pure & franche volonté, & avec meure deliberation, pour le desir que nous avons avec les susnommés nos très chers Alliés de Berne & de Solleurre d'ayder à tout ce qui peut servir pour le commung bien & repos, conservation & tuition de laditte Ville de Geneve, laquelle nous est aussi conjoincte par Alliance; Et ce, avec le gracieux consentement & bon vouloir de Très-Illustre, Très-Puissant & Très-Chrestien Prince & Seigneur Henry quatriesme Roy de France & de Navarre, nostre très Clement Seigneur & Allié, & le sceu de nos très chers Alliés de Berne & Soleurre; Nous sommes entrés audit Traicté, faict en laditte Année mil cinq cents soixante & dix neuf, & l'avons receu pour nous & nos Successeurs, & l'acceptons par vertu des Presentes; Tellement que nous y soyons & voullons estre comprins, obligez & astrains à tous les Points Clauses & Conditions, portées par icelui Traicté, ne plus ne moins que si dés le commencement, & au temps que ledit Traicté a esté faict, nous y avions esté compris & nommés. PROMETTANS par ces Presentes, sur nos Biens, Foy & Honneur, de garder & observer de point en point à tousjoursmais ledit Traicté, en tout son contenu, fidellement & sans fraude. EN foy & en tesmoignage de quoy, Nous avons fait attacher manifestement, sur les Presentes, le grand Sceau de nostre Ville. Faict le vingt-huictieme d'Aoust, que l'on conte mil six cens & cinq, depuis la naissance de nostre Seigneur & Sauveur Jesus-Christ.

Ensuyt la teneur des Lettres Patentes de Sa Majesté Très Chrestienne, par lesquelles est approuvé la Declaration des Seigneurs de la Ville & Canton de Zurich, & iceux receus au Traicté de l'an 1579.

HENRY, PAR LA GRACE DE DIEU, ROY DE FRANCE ET DE NAVARRE. A tous ceulx qui ces Presentes Lettres verront, Salut. Comme suivant le Traicté faict en l'année mil cinq cents soixante dix neuf, entre le feu Roi dernier decedé, nostre très cher & très honoré Seigneur & Frere; & nos très chers & grands Amis, Alliés & Confederés les Advoyers des Villes & Cantons de Berne & Solleurre, touchant la protection & conservation de la Ville de Geneve, & de leur Territoire, auquel Traicté il estoit reservé à nos très chers & grands Amis, Alliés & Confederés, les aultres Cantons & Coalliés de pouvoir entrer, nos très chers & grands Amis Alliés & Confederés les Bourguemaistres, Conseil & Grand Conseil, composé des deux Cents, de la Ville & Canton de Zurich, ayent faict expedier leurs Lettres Patentes, soubs le gros Sceau de leur Ville, par lesquelles ayans consideré qu'il importoit grandement à toute la Suisse, que ladite Ville de Geneve demeurast au mesme estat & condition qu'elle est à present. Ils ayent resolu & desiré, tant pour eulx que pour leurs Successeurs, d'accepter ledict Traicté & y estre comprins; A la charge d'entretenir tous les Poincts, Clauses & Conditions, portées par iceluy, & qu'au cas que ladicte Ville de Geneve, qui est la Clef & le principal Boulevart du Pays de Suisse, vint à estre assaillie & en hazard de tomber au pouvoir ou domination d'un Prince ou Potentat, quel qu'il fust, soit par la force ouverte, usurpation ou aultre voye; Ils apporteroient volontairement tout ce qui pourroit servir en general pour le repos public, & conservation de ladicte Ville de Geneve, le tout avec nostre gré & consentement, & le sceu desdits Cantons de Berne & Solleurre qui y sont entrez, & y ont aussi esté comprins. Sçavoir faisons, Que Nous ayans veu l'acceptation dudit Traicté de la dicte année 1579. faicte par nosdits Alliés de Zurich, & la Declaration qu'ils ont faicte pour ce regard par leursdictes Lettres Patentes; Avons dict & declaré, disons & declarons par ces Presentes, pour ce signées de nostre main. Que nous avons ladite Acceptation dudit Traicté & entrée en iceluy, par nosdits Alliés de Zurich, bien agreable, la loüons, approuvons & ratiffions, & les y avons receu & recevons par cesdites Presentes, en la mesme sorte & maniere que tout ainsi, que si du commencement que ledict Traicté a esté faict, ils y eussent esté nommés & comprins. CAR tel est nostre plaisir. En tesmoing dequoy nous avons faict mettre nostre Seel à ces dictes Presentes. Données à Paris le douzieme jour de Decembre, l'an de grace mil six cents cinq, & de nostre Regne le dix-septieme. *Signé* HENRY. *Et sur le Reply*, par le Roy, *De Neufville*. Et scellées sur double queuë de Cire jaulne.

NOUS, Conrad Grosseman Bourguemaistre, & Jehan Escher Tresorier, & du Petit Conseil de la Ville & Canton de Zurich. Sçavoir faisons, qu'après avoir esté leu en nostre Canton, devant nostre Grand & Petit Conseil, le Traicté fait en l'an mil cinq cents soixante & dixneuf, par feu Très-Hault, Très-Puissant & Très-Excellent Prince Henri troisieme, Très-Chrestien Roy de France & de Pollongne, d'heureuse memoire pour la conservation & deffense de la Ville de Geneve. Ensemble la Declaration & Patentes dernierement envoyées à nos Seigneurs & Superieurs, par Très-Hault, Très-Puissant & Très-Excellent Prince Henry quatrieme, Roy de France & de Navarre, nostre très redoubté Seigneur, dattées à Paris le douzieme jour de Decembre mil six cents cinq, signées Henry, & plus bas, de Neufville, & scellées du grand Sceau de Saditte Majesté, en Cire jaulne. Nous avons eu charge de nosdits Seigneurs & Superieurs, de remercier très humblement Sa Majesté, de ce qu'il luy a pleu se declarer tellement affectionnée au bien & repos des Ligues, que de les avoir voulu recevoir au dict Traicté. Et partant, Nous Deputez susdicts, au nom & comme ayans Pouvoir de nos Seigneurs & Superieurs, avons juré & promis par nos Sermens accoustumés, jurons & promectons par ces Presentes, tant pour nous que pour nos Successeurs à perpetuité, à Monsieur de Caumartin, Ambassadeur du Roy, pour & au nom de Sa Majesté & des Roys Successeurs d'icelle; A nos très chers Alliez les Sieurs Saguer, Advoyer, & Scharner, Conseiller au Petit Conseil du Canton de Berne, pour & au nom de leurs Seigneurs & Superieurs, & à nos très chers Alliez de Solleurre & Geneve; tenir, garder & inviolablement observer, tout ce qui est contenu audict Traicté & Accord, sans jamais aller ni venir au contraire. Et d'aultant qu'il auroit esté jugé convenable, qu'entant que ledict Traicté touche & concerne ladicte Ville de Geneve, les Seigneurs d'icelle Ville deussent aussi faire serment de le garder inviolablement de leur part, & de point en point l'observer, selon sa forme & teneur. Pour à cela satisfaire lesdits Seigneurs de Geneve, ont depputés nous Jehan Sarazin, Docteur és Droits, Conseiller & ancien Sindicq

ANNO 1606. dicq de ladicte Ville de Geneve, pour en leur nom venir jurer ledict Traicté. Et en vertu du Pouvoir à nous donné, par nosdits Seigneurs & Superieurs, jurans, au nom de Dieu, avons promis à mondict Seigneur de Caumartin, Ambassadeur de Sa Majesté aux Pays des Ligues, & ausdicts Seigneurs Depputez de Zurich, nos trés chers Alliez & Confederez, de garder & inviolablement observer ledict Traicté, en tant qu'il touche & peult toucher nos dicts Seigneurs & Superieurs, sans jamais aller au contraire en quelque forme & maniere que ce soit. Et d'aultre part, Nous Loys le Fevre, Seigneur de Caumartin, Conseiller du Roy en ses Conseils d'Estat & Privé, & son Ambassadeur aux Ligues Suisses; Promettons & jurons, au nom de Sa dicte Majesté; ausdicts Seigneurs de Zurich, tenir & garder le contenu audict Traicté, de point en point, selon sa forme & teneur. EN TESMOING de quoi, Nous Ambassadeur susdict de Sa Majesté Trés-Chretienne, avons signé & faict seeller le present Acte du Seel de nos Armes, & nous susdicts Depputez des Villes de Zurich & Geneve, l'avons signé & faict seeller du Seel de nos Seigneurs & Superieurs. Desquelles choses nous susdict Ambassadeur de Sa Majesté & Depputez susdicts avons chascun retiré un Acte à part, pour nous servir en tant que de raison. Fait à Badden ce second jour de Juillet mil sic cents six.

LE FEVRE

CONRATT GROSSEMAN,

Burgermeister zu Zurich.

JOHANNES ESCHER, Sr.
SARAZIN.

Il y a trois Sceaux à l'Acte; celui de Mr. de Caumartin, celui de Zurich & celui de Geneve.

CVII.

18. Maji. **Reiterirter Erb-Vertrag zwischen JOHANN, GEORG, CHRISTIAN, AUGUST, RUDOLPH und LUDWIG allerseits Fürsten zu Anhalt / wodurch der den 30. Junii 1603. zwischen Ihnen errichtete Erb-Vertrag bestätiget / und dann wegen Possess-Ergreiffung der darinn ergangenen Theilung verglichen wird / geschehen zu Dessau den 18. May 1606. nebst der Notul der Eydes so die Unterthanen bey der Huldigung thun sollen.** [LUNIG Teutsch Reichs Archiv. Part. Special. Continuat. 2. Abtheil. IV. Absatz. 13. pag. 201.]

C'est-à-dire,

Renouvellement de la Transaction héréditaire faite le 30. Juin 1603. entre JEAN GEORGE, CHRISTIAN, AUGUSTE, RODOLPHE, & LOUIS *Princes d'Anhaldt, par lequel en confirmant ladite Transaction, ils conviennent aussi de la maniere dont chacun d'eux sera mis en Possession de la Part qui lui est echüe. Fait à Dessau le 18. Mai 1606.* AVEC *La Formule du serment que les Suiets de la Principauté d'Anhaldt doivent prester au tems de l'hommage.*

In Nahmen und mit Anruffung der H. Dreyfaltigkeit / Amen.

WIr von derofelbigen Gnaden / Johann George / Christian, Augustus, Rudolph und Ludwig / Gebrüdere / Fürsten zu Anhalt / Graffen zu Ascanien, Herren zu Zerbst und Bernburgk / 2c. Bekennen und thun kund hiermit offentlich für Uns / unsere Land-Erben / Lehens-Folgere / Erben und Nachkommen / daß wir dem allmächtigen GOtt zu Lob und Ehren / auch Fortpflantzung seiner allein seligmachenden Wahrheit / und zu Erhaltung standhafftiger brüderlicher Einigkeit / Liebe und Treue und alles freundlichen Willens unter Uns Gebrudere allerseits / sonderlich aber unsern gantzen Weyl. von den Hochgebornen Fursten / Herrn Joachim Ernsten / Fursten zu Anhalt / Unsers gnadigen und vielgeliebten Herrn Vaters / Lobseeliger Gedächtniß / auf Uns ererbten Furstenthum Landen und Leuthen / zu sondern Aufnehmen und Verbesserung Uns mit einander ingesambt freundlichen / wohl und gantz bruderlichen / und auch beständiglich mit guthen Bedacht und Rath erblich und eigenthumlich getheilet / verglichen und vertragen haben / alles nach Inhalt derselben Erb-Vergleichunge und Erb-Verträge / deren Datum Dessau nach Christi unsers lieben Herrn und Heylandes Geburth / in 1603ten Jahre / den 30. Tag des Monaths Junii.

ANNO 1606. Und aber solcher ietzo angezogener Erb-Vertrag auff kunfftigen Johannis Baptistæ Anno 1611. bieweil die Landschafft die Aembtere die Zeit uber in meßlichen Gebrauch / und also in funff Jahren erstlich effectuiret werden sollen.

Aus den abgewichenen drey Jahr-Rechnungen aber befunden / daß mehr nicht alß 25628. Thl. 3. Gr. von gemeinen Schulden abgeleget / auß Ursachen / daß wegen etlicher Ahnlehn Römischer Käyserl. Mayt. Uns und des Chur-Fursten zu Brandenburgk Ld. geschehen / auch wegen dessen / daß allerhand zufällige Gastungen und Eingriffe / jedoch mit unserer Einwilligung vorgelauffen / die Aembter dahero / und der wohlfeilen Jahre und ietziger gefährlicher Zeiten / so hoch / als Sie angeschlagen / nicht ertragen / auch in die 20000. Thl. an Getreydigt / wegen des wohlfeilen Kauffes / noch in Vorrath liegen blieben / der schweren Läuffen des Ungerischen / Niederländischen und Braunschweigischen Wesens / und der vermuthlichen kunfftigen Pesten / auch allerhand Zufalle halber / die ins kunfftige das gemeine Land-Werck / und zu effectuirung unserer kunfftigen Theilung / hinderlich und schädlich seyn mögen.

So haben Wir nach gehaltenen Rath unter unß selbsten / auch mit Bedencken und Vergleichunge unserer getreuen Landschafft / Uns heute dato mit einander abermahls frey und bruderlich durch den einträchtigen Geist GOttes folgender gestalt zu confirmirunge und Bestätigunge obgedachtes Vertrages verglichen und vereinbahret.

Erstlich / daß angezogener Erb-Vertrag sambt allen denen nachfolgenden bis dato in allen ihren Puncten, Clausuln und Articuln stet / fest und unverbruchlich gehalten / nichts præjudicirlich noch diesen in geringsten abbruchig seyn solle. Alleine / daß die eingangene Theilung anticipiret / und auf nechst kommende Johannis Baptistæ ihren vollkommenden effect erlange / ein ieder unter Unß seinen gebuhrenden Erbe und Antheil der Landt und Leuthen / Städten / Schlösser / Dörffer / und allen ihren Ein- und Zubehörunge / mit ihren inventariis angewiesen / possessioniret und erblichen zugeeignet werden / wie solches in gemeinen beschriebenen Rechten am besten und beständigsten geschehen sollen / können oder mögen / folgender gestalt; daß ein ieder sothanen seinen Antheil Landes einnehmen / nach seinen besten Nutz und frommen zu geniessen und zu gebrauchen / zu effectuirung dessen / einen ieden das Inventarium der Aembter und Lehen-Registraturen eingeantwortet / iedoch folgender gestalt /

Daß die adirung der Erbtheilung / der Landschafft Einnahmen und gantzen aufgetragenen Werck die noch Funff währenden Jahre / im geringsten nichts abbruchig noch schädlich / sondern / dieweil unser getreuen Landschafft Einnahmen auf zwey haupt punct und Articul, alß der bewilligten Landt- und Tranck-Steuer / dann derer ihnen zugeschlagenen Aembtern und auf 56000. Thl. jährlich Einkommen geachtet / beruhet / von welchen ihren Einnahmen Sie uns 40000. Thl. jährlichen zu unsern Unterhalt geben und reichen mussen;

So soll hiermit unsere getreue Landtschafft nochmahls die Land- und Tranck-Steure fur sich / wie vor geschehen / Inhalt des Land-Tages-Abschiedes bewilliget / und zu des gemeinen Wercks Ausgaben ankehren und wenden / und bey ietzo Annehmung unserer Herrschafft der 40000. Thl. unseres deputats befreyet seyn.

Und demnach die Aembter auf 16000 Thl. höher dann die 40000. Thl. angeschlagen / so soll ein ieder unter uns Vieren / als Furst Hannß George / Furst Christian, Furst Rudolph und Furst Ludwig / Gebrudere pflichtig seyn / jährlichen mit zwey Terminen alß Ostern nechstkommenden 1609ten Jahres 2000. Thl. und folgenden Michaelis auch 2000. Thl. in die Land-Renterey einantwortten und bezahlen / und solches an gangbarer Reichs-Muntze ieden Thl. zu 24. Silber-Groschen gerechnet.

Damit auch unsere getreue Landschafft dessen desto baß versichert / bey uns nicht lange annoch Muhe thun / und Säumniß zu befahren / so wollen wir derer 4000. Thl. halbe bemelte unsere Landschafft an ein gewisses Ambt / darauß sie dieselben mächtig / verweisen / immassen wir uns mit ihnen deßwegen sonderlich verglichen wollen.

Ingleichen soll ein ieder unter Unß / Furst Johann George / Furst Christian, Furst Rudolph, und Furst Ludwig / unsern vielgeliebten Brudern / Furst Augusto zwey tausend funff hundert Thl. auch halb auf nechst kommende Ostern / die andere Helffte auf folgende Michaelis, die wehrende 5. Jahre in gleicher Reichs-Muntze abtragen und bezahlen / und deren zu mehrer Versicherunge auch an ein gewiß Ambt obbemeldter massen verwiesen / unter diesen soll Jhro Ld. eine commoda habitatio in Ambt Warmbstdorff oder Nienburgk / oder an einen andern Orthe / wie Wir Unß dessen mit

Er-

ANNO 1606.

Sr. Ld. zu vergleichen / diese 5. Jahr über eingeräumet / auch höchster Fleiß angewendet / daß in währender Zeit inhalts unseres Erb-Vertrages einmahl hundert tausend Thaler an eine Herrschafft oder sonsten in oder ausserhalb Landes auf der Nachbarschafft wohl angeleget / denn nach der Vollendung der 5. Jahren Jhro Ld in die possess und jährliche Nützung der 18000 Thl. gesetzt und gebracht werde / auch dieser unser anderweits erwiederte Vertrag zu keinen andern Ende gemeinet / denn das gemeine gantze Werck zu befördern / allen künfftigen Eingriff zu steuren / und den vorgesetzen Zweck zu Ablegung unserer Schulden-Last und Verweiterung Unserer Herrschafft zu erlangen.

Was nun nach Ablegung der gantzen Schulden-Last von gemeinen Werck und intraaen an Baarschafften erübriget / daran soll Fürst Augusti Ld. Jhren gebührenden Antheil / wie dann auch Wir fähig werden / und nach Jhro Ld. gefallen damit zu schalten und zu walten haben.

So wollen auch Wir Fürst Ludwig Unß hiermit verbunden haben / die ietzo noch währende Fünff Jahre / und also in perpetuum, und so lange Wir Unß mit unsern freundlichen und vielgeliebten Herrn Brudern / Fürst Rudolph anderweits nicht verglichen / Sr. Ld 2739. Thl. jährlich auf zwey Termin. alß Ostern nechstkommende 1369. Thl. 12. Gr. und folgenden Michael die andern 1369. Thl. 12. Gr. unfehlbar zu erlegen und zu bezahlen.

Unsern vielgeliebten Herrn Bruder / Fürst Hannß Georgen / sollen Jhro Ld zugleich das Stifft Gernrode mit der Probstey / Großchen Alßleben und Gernrodischen Hoff und dessen Weinberg zu Bernburgk / so wohl zu Abtragung der Reichs-onerum, alß Beschickung der Reichs- Creys- und Deputation-Tage / Cammer-Gerichts-Unterhaltung / Besoldung der Advocaten, Procuratorn und Rechts-Gelahrten / wie solches in Erb-Vertrage außgeführet / ausserhalb Jhrer Ld. Lande und Leuthen hiermit angewiesen seyn.

Und weil Jhro Ldd. die beyden Aembter Bernburgk und Hartzgerode sambt den Weinbergen ins Ambt Bernburgk und Plötzkau gehörig / auch anderthalb hundert Wispel Haffern und 12. Fohlen abgetreten / und in unsere gesambte Theilung kommen und bringen lassen / so verpflichten Wir Fürst Christian / Fürst Rudolph und Fürst Ludwig / Uns hiermit für Unß und unsere Nachkommen / daß Wir sambtlich und sonderlich Fürst Hannß Georgens Ld ein ieder jährlich 3000. und also in allen 9000. Thl. Reichs-Müntze / die übrigen 5. Jahre auf 2. Termin alß auf nechst-kommende Ostern und folgende Michaelis baar heraußer zu geben und zu bezahlen.

Damit sich auch Sr. Ld keine Verzögerung der Bezahlung zu befahren / so wollen Wir Sr. Ld. ein gewiß Ambt verweisen / darauß sie sich bezahlet zu machen / und die Ambts-Diener durch einen Handschlag zu diesen Actu, und ferner nicht Sr. Ld. verwandt gemacht werden / immassen Wir Unß mit Sr. Ld. ein ieder insonderheit brüderlich verglichen / iedoch wann diese Fünff Jahre vorüber / sollen obbemeldte 9000. Thl. an einen ieden Bruder seine quota wieder zurück fallen / trüge sichs auch zu / daß de dato biß auf Johannis Baptistæ des 1611. Jahres in einen oder den andern Fürstlichen Theile Hagel-Schaden oder sonsten kundtbaare Mißgewächße durch GOttes Verhängnüß ergiengen / und sich begeben möchten / solche sollen die von Unß verordnete Inspectoren und Directoren auch mit Zuziehung etlicher von unserer Landschafft besichtigen / und nach ihren Pflichten denselben Schaden moderiren / welcher nicht über den leydenden Theil sondern über die Landschafft ergehen / und von gemeinen Werck soll abgetragen werden. In Erwegung / daß doch auf solchen Fall / wenn unsere getreue Landschafft unsere Aembtere behalten / denselben Herren ertragen müssen. Da auch nach den Willen des Allerhöchsten (welches doch GOtt gnädig verhüten wolle) wegen der gefährlichen benachbarten Kriege / unser ein oder dem andern ohne unsere selbst-Verwahrlosung und Verursachunge in gemeldten fünff Jahren durch Feuers Brunst und Durchzug einiger Schaden zugefüget / der soll dem leydenden Theil aus den gemeinen Werck / oder von Unß sambtlich und sonderlich ersetzet werden / wie denn gleichfalls die Unkosten des Sächsischen Wesens / jedoch / daß die so viel möglich / solten gespahret und eingezogen werden / zu berechnen. Dessen zu Uhrkund / steter / fester und Fürstl. Haltung haben Wir diesen Erb-Vertrag ingesambt mit Unsern Fürstlichen Secret bekräfftiget / und mit eigenen Händen unterschrieben / Geschehen zu Dessau den 18. May welcher war der Sonntag Cantate Anno 1606.

CVIII.

7. Augusti.

Bey-Abschied zwischen GEORG, CHRISTIAN, AUGUST, RUDOLPH und LUDWIG, allerseits Fürsten zu Anhalt / worinnen sie zu Bestättigung des Anno 1603. errichteten Vertrags und glücklicher Continuirung des Geist- und Weltlichen Regiments verschiedener Puncten und Mitteln sich vergleichen. Geschehen Dessau den 7. Augusti 1606. [LUNIG Teutschs Reichs-Archiv. Part. Special. Continuat. 2. Abtheilung 4. Absatz. 13. pag. 209.]

ANNO 1606.

C'est-à-dire,

Recès particulier entre JEAN GEORGE, CHRISTIAN, AUGUSTE, RODOLPHE, *&* LOUÏS, *Princes d'Anhaldt, par lequel ils conviennent de divers points, Articles & moyens propres à corrober la Transaction héréditaire de l'an* 1603. *& à procurer une heureuse continuation de la Régence dans les choses Ecclésiastiques & séculieres. A Dessau le* 7. *d'Aoust* 1606.

VOn GOttes Gnaden / Wir Johann George / Christian, Augustus, Rudolph und Ludwig / Gebrüd. Fürsten zu Anhalt / Graffen zu Ascanien / Herrn zu Zerbst und Bernburgk ꝛc hiermit vor uns / alle nachkommende Fürsten zu Anhalt / und iedermänniglich uhrkunden und bekennen.

Als Wir sub dato Dessau in 1603. Jahre nach Christi Unsers Herrn und Heylandes und Seeligmachers Geburth den 32. Monaths-Tag Iunii eine Christliche Fürstl. rechte und gleichmäßige Brüderliche Theilung angestellet / und solche auf künfftige Johannis Baptistæ Anno 1611. und also in Fünff Jahren / weil Unsere getreue Landschafft mehrentheils Unsere Aembtere die Zeit über noch in nießlichen Gebrauch gehabt / erst effectuiret werden sollen / aus erheblichen bedencklichen Ursachen / bevorab / dieweil Wir Unß mehrentheils Fürstl. mit Rath Unserer Landt-Räthe / mit Unseren getreuen Land-Ständen anderweits verglichen / dahero Wir den 18. May, welcher war der Sohntag Cantate dieses itzlauffenden 1606. Jahres angezogenen unsern Fürstl. Brüderlichen Erb-Vertrag erwiedert / und daß sothane Fürstliche Erbtheilunge ietzo ihren Anfang und effect erreichen sollen / Freund-brüderlichen verabscheidet / und ein ieder seinen Fürstl. Antheil anietzo mit Anruffung GOttes aggrediret und empfangen / darzu die Heylige Dreyfaltigkeit ferner seinen Göttlichen Gnadenreichen Seegen zu ewiger und zeitlicher Wohlfarth geben wolle / Amen / Amen in JEsu Christo / Amen

Wir Unß auch nachfolgender Puncte, alß zu vollkommlicher Bestättigunge Unseres Fürst-Brüderlichen Erb-Vertrages / und glücklicher continuirung unseres geistlichen und weltlichen Regiments / einträchtig ferner zu vergleichen nothwendig erachtet / thun dasselbe auch hiermit und in Krafft dieses Brieffes / folgender gestalt:

Erstlichen / so viel das Illustre Gymnasium zu Zerbst anbelanget / als Weyl. der Hochgebohrne Fürst / Herr Joachim Ernst / Unser gnädiger und geliebter Herr Vater Christ-milder Gedächtnüß aus Christ-und Fürstlichen bewegenden Ursachen / die beyden Schulen zu Zerbst conjungiret / und ein Illustre Gymnasium daselbsten erbauet / Professorn communis mensæ, und Unterhalt aus-und einländischen Knaben / daraus viva membra & salutaria seminaria unserer Kirchen / Schulen / geist-und weltlichen Regiments inskünfftige solten und möchten genommen werden / wohl angerichtet und angestellet / zu besserer Unterhaltung und continuirung desselbigen / Wir auch bey Unserer gesambten Regierunge ein ansehnliches aus den Kirchen redditibus, wie dann aus allen Unsern Aembtern ein ieder insonderheit Zehen Thaler an Gelde / einen Wispel Rocken oder Gersten conferiret / und in perpetuum zu continuiren / Unß Freund-brüderlich verglichen / so wollen Wir auch unser Illustre Gymnasium ingesambt erhalten / und mit gemeinen Rath / da in einem oder dem andern Mangel vorfallen solte / denselben helffen und bestellen lassen

Zum andern / demnach auch Unsere Christliche und Fürstliche Vorfahren ansehnliche Stipendia Nobilia & plebejorum jährlichen der studirenden Jugend zu distribuiren per Testamenta und sonsten angeordnet; So wollen Wir / daß dieselbige in perpetuum und zu ewigen Zeiten sollen erhalten / nicht negligiret / interrumpiret / derer Güther noch Baarschafft nicht vermindert noch verrücket / sondern als ein Christl. Werck / Landen und Leuthen zu gute continuiret werden / auch auf Mittel und Wege gedencken / wie Sie von Unß und Unsern Nachkommen verweitert / und da (wie ob GOtt will / nicht geschehen soll) Wir oder einer von unsern Nachkommen verhetzet und verleitet werden solten / ein oder mehr Stipendia, Kirchen und Schulen / Renten und Güther einzuziehen / dieser soll von dem anderen lebenden Herrn mit Ernst davon abgemahnet und abgehalten werden.

Wie denn das Testament-Werck und die Außtheilung der Stipendiorum bey den Testamentariis, derer Eyde / Pflicht und discretion auch in perpetuum ruhen und bleiben soll / iedoch wann einer von den Testamentarien abgehet / so soll an dessen statt iemandes anders mit Unsern gesambten Rath und Einwilligung geordnet werden / und neben den obgemeldten Testamentarien vier von Unsern Räthen / geist-und weltlichen Standen niedergesetzt / die zusammen das jus præsentandi haben und halten sollen. Der älteste Herr aber das Jus confirmandi und Bestätigung allein. So viel die Stipendiaten insonsonson-

ANNO 1606. sonderheit betrifft / wollen Wir / daß der Numerus in vier Theile getheilet / und einem jeden Herrn Bruder und dieselbige auf vorhergehende cognition der Testamentarien, und dessen Räthe / zu conferiren und zu bestellen bleiben.

Zum dritten soll ein jeder Herr Bruder der Superintendenten seiner Erblande Kirchen und Schulen inspection zu befehlen / und zu verordnen Macht haben / und sollen der Herren hierzu deputirte Räthe neben den Testamentariis jeder Zeit im Jahre / wann sie zusammen kommen / auch gefordert werden / waß für Mängel und Gebrechen in Kirchen / Schulen und Testament-Sachen verlauffen / fleißig und treulich deliberiren / der gemeinen Herrschafft / oder ein jeder seinem Herrn insonderheit referiren / was nützlichen / zu schliessen und zu befordern / das Unheil aber / und was nachtheilig / abzuwenden.

Zum Vierdten / damit Wir auch wegen der einträchtigen reinen Lehre / einerley Ceremonien in Unsern Kirchen und Schulen haben; So wollen Wir Unß so viel möglichen denjenigen Kirchen-Gebrauchen in Catechismo, so in der Chur-Pfältzischen Kirchen gewöhnlich / bequemen / und nach gehaltenen brüderlichen Rath / aufs förderlichste publiciren.

Zum Fünfften / alß auch zu dem gemeinen Nutz / Kirchen und Schulen / und den Publicis zum besten an einer guten und getreuen Druckerey gelegen; So wollen Wir dieselbe mit gemeinen Unkosten erkauffen / erheben und anstellen / die inspection aber soll / in dessen Herrn Land sie gelegen und angeordnet / verbleiben / damit kein Mißbrauch einreissen / noch andere Gefahr und Nachtheil daraus entstehe.

Zum Sechsten / dieweil hochnöthig / daß Wir Unß einer gewissen Matricul vergleichen / wie viel ein jeder unter Unß / und welche von Adel er bekommen; So haben Wir ein sonderbar Matricul und Verzeichnis / auch deren Abtheilung unter Unsern Hand und Siegel / darnach sich ein jeder der Roß-Dienste und Belehnung halber zu achten / auffgerichtet / da aber hinführo aus den Lehen-Brieffen / Ambts-Registern und anderen Nachrichtung sich befinden würde / daß derer von Adel noch mehr / und ein mehrers einem jedem Herrn zu thun schuldig; Alß soll ein Bruder dem andern darinnen nicht hinderlich / sondern vielmehr beforderlich seyn / jedoch daß keinem Herrn Bruder in dem Seinigen einiger Eingriff geschehe / oder einer dem andern wolte etwas abstrecken.

Zum Siebenden / Ob Wir Unß wohl in Unser Fürstbrüderlichen Theilung die Landt-Steuer zu Ausstattung der Fräulein ingesambt und von Unsern gemeinen Landen reserviret und vorbehalten; So declariren und läutern Wir doch diesen punct folgender gestalt / daß damit / und darinnen auch die Fälle in Lehen-Recht begriffen / nicht weniger sollen gemeinet und verstanden seyn / insonderheit auch / da ein oder dem andern Theil ein unverwahrloster Feuers Brunst / Heer- und Durchzug geschehe / daß demselben leidenden Theil von Unß und Unserer gesambten Landtschafft Hülffe geschehen solle.

Zum Achten würden sich auch außländische Grätz-Irrungen erregen / dadurch einem oder dem andern Theil Ungelegenheit zugezogen würde; So sollen und wollen Wir auf Erfuchung einer den andern nicht verlassen / sondern mit Beystand / Rath und That beyspringen / und förderlichst seyn / ingleichen es dann auch / da die geistl. Güther angefochten würden / vermöge des Erb-Vertrags soll gehalten werden.

Vors Neundte / da auch einer oder der andere unter Unß Gebrüdern Holtz zum Mühlen und anderen Gebäuden / wie dann auch Brennung bedarff / so er aus seinem Antheil nicht habhafftig seyn könte / So soll aus den nechst-angelegenen Geholtzungen / da es verhanden / dem manglenden Theil solches williglich und gebührliche Zahlung und Kauff vor andern gefolget / und also auch mit dem Getreydig-Kauff und andern Dürfftigkeiten unter Unß gehalten werden.

Zum Zehenden / behalten Wir Unß sämbtlich die Herren-Brauen / wie es allezeit von Unsern Vorfahren herkommen / vor / also daß Unß / wie gebräuchlich / von einem jeden Wispel Gersten drey Faß Bier müssen geliefert werden.

Zum Elfften / dieweil der Überfluß von hohen und niedern Stande billich gemieden / auch damit Wir selbsten einer dem andern nicht Ungelegenheit zufügen / und aber in gemeinen Sachen die Rathschläge müssen gesetzet und ingesambt gehalten werden / so wollen Wir sothane Sachen und Fälle / so viel müglichen / durch Zusammenschickung verrichten / und da es nicht der Wichtigkeit / an einem gelegenen Orth more majorum, ins Feld Unß zusammen bescheiden / da es aber der Sachen Wichtigkeit erfordert / und Wir je zusammen kommen müssen / so soll der erste Anfang beym ältisten Hn. Brudern zu Dessau / zum andern mahl zu Bernburgk / zum dritten zu Zerbst / und vierdten mahl zu Cöthen gehalten werden / und auf daß keinem Theil seine gute Ordnung zertrennet / so soll ein jeder unter Unß / die Seinigen in einem Gasthoffe speisen / und dieselbigen außlösen lassen.

Zu dessen Ende dann und effect, Wir Unserm Land-Geheimbten-Räthen und Dienern / Siegmund von Latorff / Curth von Börstel / Jobst Schilling / Wilhelm von Petzschwitz / Christoph von Lehendorff / Christoph von Kroßigk / Philip Wilhelm Rieder / Hannß Sommer / Jeremias Keller / und Friedrich Grube befohlen / sich den 15. dieses nacher Wormbsdorff auff gemeine Unkosten zusammen zubegeben / zu deliberiren und zuschliessen / wie in allen Hoffstädten in gantzem Lande in dem Wirthshäusern ein gewisser Tax aller Essen / Speise / und andern Behufs / gemacht werde / darüber dann fleißig von den Beambten solle gehalten / und solche Anordnung auf eheste ins Werck gesetzet werden.

Zum Zwölfften / die Ausschoß- und Land-Rechnungs-Tage sollen die noch wehrende 5. Jahre auf benennte Zeit gegen Dessau gelegt / die Rechnunge und Handlungen auf unsern Fürst Johann Georgen Schloß gehalten und geleistet werden. Die anwesende aber mit ihrem Gesinde im Gasthoffe / wo es ihnen am beqvemensten / sich zumahlen verdingen / und durch den Land-Renthmeister vom gemeinen Werck die Auslösung geschehen / ingleichen / waß der Land-Renthmeister / Hannß Sommer an getreydig und andern aus den Aembtern bis dahero gehabt / soll fortan am Gelde Ihm zugeschlagen / und im titul, Dieser Besoldung / pariret werden / wie denn auch der letzte Ambts-Rechnungs-Tag zu Nienburg auf gemeine Unkosten zu halten billich ist.

Zum dreyzehenden / damit Wir auch Unsere Haußhaltung desto füglicher anstellen / und allerhand Nachrichtung derselben haben mögen / so soll einem jeden Theil die Lehen- und Saal-Bücher / dann auch alle Register jedes Ampts auf 18. oder 21 Jahren der Einnahmen und Außgaben originaliter, wie denn auch Gerichts-Acten, Rechtfertigungs-Sachen und Lehen-Bücher zugestellet werden / aus sonderbahren bewegenden Ursachen aber / wollen Wir Fürst Johann George / von den bis dahero ingehabten Aembtern Hartzgerode und Leimburgk zu solcher Nachrichtung allein die Einnahme und Ambtsschluß / welches denn am meisten dienstl. auszuantworten / Unß brüderlichen erklahret haben.

Zum Vierzehenden / damit aber Unsere Land und Leute ingleichen regiret; So wollen Wir in Unsern gesambt oder gesonderten Nahmen innerhalb Sechs Monathen eine Rechtesmäßige Landes-Ordnung publiciren und ergehen lassen / darnach sich unsere Einwohner sämbtlich und sonderlich zuschicken und zu richten.

Zum Funffzehenden / die Zeit der noch fünff jährigen wehrenden Steur / wollen und sollen Wir / ein jeder mit Fleiß daran seyn / und darüber halten / daß die Steur-Resta ohne einige Säumniß eingebracht / wider die säumende Unsere Beambten / Directoren / Räthen in den Städten / und Richtern in den Dörffern / mit schleuniger Hülffe verfahren / darwider die Justitien-Räthe nichts zu gebiethen / sondern als ein abgesondert Werck sich dessen gäntzlichen entschlagen / enteussern und enthalten / und die obengedachte damit auf ihrer Verantwortung gebahren lassen.

Dessen zu Uhrkund und Fürstl. Haltung haben Wir diesen Bey-Abschied mit Unsern Fürstl. Daum-Secret, und eigen Händen bekräfftiget / Geben und geschehen zu Dessau / den 7. August. 1606.

(L.S.) Hannß George F. z. Anhalt. (L.S.) Christian F. z. Anhalt.

(L.S.) Rudolph F. z. Anhalt. (L.S.) Ludwig F. z. Anhalt.

(L. S.) Churt von Börstell.

CIX.

Constitutio Regni Polonici de libera Electione Anno 1607. [Tiré de la Registrature d'Estat de la Chancélerie de la Cour Imperiale Fasc. 34.] 1607.

Libera Electio Regis in hac Republica etsi Lege publica tam bene firmiterque fundata solidataque sit, ut præterea nihil certius clariusque inter cæteras Gentis Polonæ Libertates esse possit, nunquamque sive per antecessores nostros, sive per Nos in dubium vocata sit, quinimo sub felici jam Regimine Nostro peculiari Constitutione Comitiorum Varsaviensium Anni Domini 1513. iterum iterumque solide & fundamentaliter aucta & confirmata sit: Cum tamen zelus primariæ istius ac potissimæ Libertatis quodam non paucos metu afflaverit, proinde metu hoc Subditos nostros liberare cupientes, suspicionesque quaslibet exuere ipsis volentes, tum ut ostendamus quantæ curæ & æstimationi eorum Jura ac Libertates Nobis semper fuerunt, sunt & erunt, reassumendo omnes, ac singulas Leges de hoc ipso ab Antecessoribus nostris Poloniæ Regibus præsertim Ludovico, Vladislao Jagellone Vladislao Tertio, Casimiro, Joanne Albrechto, Alexandro, Sigismundo primo, Sigismundo Augusto, Heinrico, Stephano nobisque ipsis conditas & latas, easque nunc confirmando & roborando, idem ipsum nunc insuper declaramus & cavemus ac decernimus. Quod quemadmodum alia privilegia, ju-

ANNO 1607.

jura, Libertates, immunitates Regni Poloniæ & Magni Ducatus Lithuaniæ ita & Libertas Eligendi Poloniæ Reges integre & inviolabiliter servari & Sacrosancte perpetuis Temporibus custodiri debeat, ita ut nullus rex Poloniæ per Cessionem Juris, nec quocunque alios humanis ingeniis adinventibiles modos Regem destinare, aut in Regnum promovere, nec ullo prætextu accersere possit, aut præsumere valeat; Verum quandocunque Rege Polonia vacaverit, ad liberas & concordes voces Status Equestris omnium Ordinum Regni Poloniæ & M. D. Lithuaniæ spectare debet, & spectabit decernendum.

Et quidquid demum, sive (quod Deus avertat!) Nos ipsi, sive quispiam alius internus vel externus in vita Nostra vel post fata præter liberam Electionem, omniumque Ordinum Consensum agere velit, omne hoc irritum & inane esse debet & erit.

Ille vero quisquis demum tali & prætensionibus quocunque modo excogitandis Regno Ploniæ immineret aut imminere, & sibi cupere aut asserere vellet, pro hoste Patriæ habebitur & reputabitur, contra quem tanquam contra hostem Reipublicæ procedendum erit, insuperque inhabilis ad Regnum Poloniæ, Magnique Ducatus Lithuaniæ perpetuo haberi debet.

Contra eos vero qui talibus consilio vel opera adstiterint, aut cum illis factiones & cointelligentias de Regno Poloniæ & M. D. Lithuaniæ in oppressionem liberæ Electionis, juriumque & libertatum habuerint, ad Regnumque eosdem clam aut aperte promoverint, tanquam contra perduelles procedi debet, legesque tam naturales quam scriptæ, processus & pœnæ, tum Confœderationes ad insurgendum contra ipsos tanquam contra perduelles, supra ipsis severe & indilate extendi & executioni mandari debent.

Quæ quidem moderna Lex in perpetuum sacro sancte & integre servari debet, quam si quis vocare in dubium, aut contra eandem agere & procedere voluerit, pro hoste patriæ & perduelle haberi, omnibusque his supra memoratis subjici debet.

Prouti quidem de omnibus tanto amplius certificando Ordines, & Status seorsivum Diploma seu Privilegium sub sigillo Regni & Magni Ducatus Lithuaniæ dedimus, illudque præsenti Constitutione roboramus & confirmamus, ipsamque Constitutionem in Volumen Legum Comitiorum præsentium inscribi mandavimus; & pro Lege perpetua haberi & esse volumus.

CX.

2. Junii.

Receß und Gräntz-Vergleich zwischen ERNST, Grafen zu Holstein-Schauenburg und der Stadt HAMBURG, wie auch denen Vorstehern des Closters St. JOHANNIS daselbst getroffen. Geschehen zu Ottensen den 2. Junii 1607. [LUNIG Teutsches Reichs-Archiv. Partis Specialis Continuatio 2. Abtheil. 4. Absatz 10. pag. 313.]

C'est-a-dire,

Convention entre ERNEST *Comte de Holstein Schauenbourg, la Ville de* Hambourg, *& le Prevost du Monastere de* Saint JEAN, *au sujet des Limites de leurs respectifs Territoires. A Ottensen le 2. Juin 1607.*

VOn GOttes Gnaden Wir Ernst / Graff zu Hollstein / Schauenburg und Sternberg / Herr zu Gehmen / und wir Bürgermeister und Raht der Stadt Hamburg / auch Vorstehere des Klosters St. Johannis daselbst / vor uns / unsere Erben / Lehens und Nachfolgere / hiermit thun kund und bekennen / daß die Mißverstände / so sich uf unserer beyderseits Grentz-Scheidung zu Eimeßbüttel / Lockstede / Eppendorff und Altonae / eine Zeit hero erhalten / und welche zuforderst die nicht weit von Joachim von Campenhoffe / auf Schauenburgischer berümbter Hoheit gelegten beiden Brücken verursachet / nach angestalter Besichtigung / Beziehung der Grentze / auch eingenommenen Bericht und Gegen-Berichte / und endlich vielfältiger gepflogener Handlung / heut dato mit Hindansetzung allerhand erhobener Disputat und also gentzlich und zu Grunde / mit allerseits gnädiger und freywilliger Beliebung / verglichen / beygelegt und vertragen sind worden.

Anfänglich und zum ersten / ist aus bewegenden billigmeßigen und vernünfftigen Uhrsachen verabredet und beschlossen / weil unsere Unterthanen und Leute an denen Oertern / da die Grentze entscheiden / die Huete trifft Plackenhauen / Godenstechen ingesambt gebrauchen und geniessen / und derowegen diese Grentz-Ziehung und Entscheidung keinem Theile an seinem hergebrachten Rechte / wie es Nahmen haben mag / soll nachtheilig seyn / also daß unser Graff Ernst zu Hollstein / Schauenburg rc. Unterthanen / was sie an den Oertern / so durch diese neue gemachte Grentze in der Stadt Hamburg Gebiethe gerathen / für Recht und Gerechtigkeit haben / dasselbe auch hinführo männigliches ungehindert behalten / und was dessen hinwiederumb unsere der Stadt Unterthanen / auf den unß Graff Ernst zu Hollstein / Schauenburg / rc. und unseren Unterthanen zugehörigen Oertern hergebracht / ebener Gestalt sollen zu geniessen und zu gebrauchen haben / da aber deßwegen einiger Mißverstand und Differenz verhanden / sollen unsere Graff Ernst Drosten und Beampten zum Peinenberg / Vollmacht haben / nebenst uns dem Rath die Leute zu hören / und nach billigen Dingen zu vergleichen / und damit solche sambt- und Gemeinschafft / und von jeden Theile hergebrachtes Recht und Gerechtigkeit / desto besser in esse bleibe / und keine mehr Uneinigkeit gebiere / soll keinem Theil freystehen / einige Zuschläge noch sonsten zu erlauben / wodurch den angrentzenden unsern beiderseits Interessenten einig Nachtheil und Schade konte und mögte zugezogen werden; Weil dann auch etliche von uns Graff Ernst zu Hollstein Schauenburg / und unsern hochgeehrten Vorfahren und Vorgängern verwiesene Zuschläge / unserer des Raths Hoheit und Jurisdiction nunmehr unterworffen; So soll / was die Einhaber derselben bis dahero von berührten Zuschlägen in unser Graf Ernst Zinß-Register zur Grundhour oder sonsten gegeben / unsern oder unsern mitbemeldten hierzu verordneten Beambten und Dienern / nichts destoweniger zu jeder Zeit entrichtet und unwegerlich gereichet werden:

Demnach ist der Terminus der Grentze a quo mit austrücklichen Vorbehalt unser Graff Ernst zu Hollstein / Schauenburg rc. sowol unser des Raths zu Hamburg und der Vorsteher des Closters jährlicher Hebungen / auch beiderseits Unterthanen und Leuthen genießlichen habenden Rechten und Gerechtigkeiten / auch daß alles in jetzigem Stande / ohne Verweisung einiger mehr Zuschläge / wie zuvor gemeldet / verbleibe / mit beider Theile gnädiger und freywilliger Beliebung der gemachten Grentzen / die Pfeffer-Müllenbecke / da nemblich dieselbe bey dem alten Schlag-Baume hergehet / und itzo ein grosser Gräntz-Stein gelegt / gemacht und bestimbt / und bleibet die dabey herlauffende Herstrasse / und auf diese jenseit denselben / wenn die jetzo vermüge solcher Grentz Urkundt gebuhren will. Darob ziehet man auf den Rosenhoffes-Graben / daselbst auf die Ecke an den Zuschlagen / so den Schenefeldern außgewiesen / ist abermahls ein Grentz-Stein hingelegt worden / von dannen gehet die richtige Schnede bey dem Rosenhofes-Graben / welche unverendert bleibet / und bey Vermeidung gebührlicher Straffe nicht verrucket werden soll / gerad hinan und endiget sich da der Grabe ein Ende hat / da dan wiederumb ein Stein geleget / folgendes ziehet man durch das Feldt auf dem daselbst bey der Brücke gelegten Steine / von darob fehret man aufm Hohenrade oder Hohenfelde / und wird der Grentz-Stein nahe hin bey den Graben / so an der Eidelstätter Wege verhanden / niedergelegt / und bleiben also die obbemelte beyden Brücken in unser Graff Ernst Hoch- und Bottmeßigkeit / umb den Ohrt ziehet man ins Westen niederwerts / also daß der Eimesbütteler Ecker zur rechten Handt liegend bleiben / und ist daselbsten auf der ersten Ecke des umb die Ecker geführten Grabens gegen den Steinfuhrt / wie wir der Raht solchen benahmet / aber nicht gestanden werden wollen / wiederumb ein Grentz-Stein abgeworffen / umb die Eimesbüttler Ecker herumb zur der rechten Hande bey der negsten Ecke / ist nochmahl ein Stein abgelegt / wie auch noch einer nicht weit davon in einer gebogenen Krümme oder Winckel / wann man nun also umb der Eimesbütteler Länderey daselbsten aufm Hohenrade oder Hohenfelde belegen herumb ziehet / und wieder den Wegk unterwerts nach Eydelstätte antrifft / daselbst am Ende des umb solche Länderey gezogenen Grabens ist abermahls ein Gräntz-Stein niedergelassen / von darab ist die Schnöde gerad auf die Otterbecke gerichtet / mitten in der Heyde so wohl als vor an der Otterbecke / ist wieder ein Grentz-Stein geleget / dann ferner von den Zuschlägen / so Hanß Werner / Droste / ausgewiesen / und Joochim Hinsche itzt im Gebrauche hat / und so zur rechten Handt liegen / hinan bis auf die Ecke daselbst auch ein Stein abgeworffen worden / ob auch wohl die Eimsbütteler Ecker zur lincken Hand e leg one des Hohenrades oder Hohenfelds und Hunschen Ackers ins Westen gelegen / in unser des Raths Grentze nicht begriffen / jedoch bleibet all solcher aus der Grentz liegenden Ecker Eigenthumb / Nutz und Grundhour dem Closter / die Hoheit aber und Jurisdiction unß Graff Ernsten zu Hollstein / Schaumburg rc. von deme fehret man forth nach der Stellinger Feldt / und dafür here zur lincken Handt bey de Müntz / immassen wir Bürgermeister und Rath denselben Ort dafür halten und also nennen / wir Graff Ernst aber ihnen nicht geständig gewesen / ist nochmahls ein Stein geleget / daselbsten ferner durch die Heyde fortgefahren / und ist dar wieder ein Stein abgeweltzet / von dar ist man gezogen bis an die Eppendorper Ecker / welche der Kötners Camp genennet werd / und über dieselben / biß da sich solche Ecker nach dem Pfahle / so in der Heyde in unser Graff Ernsten Hoheit stehet / und an dem eines gerechtfertigten Schend-

ANNO 1607.

ANNO 1607.

Schenckel gehangen / endigen / dann vor den Pfahle über / und alsofort nach der Eppendorffer und Lohstetter Felde / inmassen solches alles mit denen daselbst gelegten Grentz-Steinen ist discriminiret / und seindt von darab weiter die Rechte Schneede und Grentze / da sich der Eppendörffer und Lohstetter Ecker mit einander scheiden / nach Anweisung der Steine / so ebenmäßig daselbst hingelegt / wann man nun daselbst / aiß durch das Sandige Landt fortziehet / biß nach der Awe / ist alda erstlich bey der Ecker Ende / und dan ferner bey der Eiche Stubbe / niederwarts nach der Awe und an das Ufer der Awe ein Stein gesetzet / und sollen nun ferner zu schließlicher dieses Wercks Vollziehung von beyden Theilen etzliche verordnet werden / welche vorbemelte Grentzen und Schnede allermassen zuvor specificiret / beziehen / abtheilen / und was alsdann die Linie geben wird / daselbst die Steine / wie in solchen Fällen gebräuchlich / eines vor alles setzen sollen / worbey es hinführo unverrucket bleiben muß / zu welcher Behuff wir Graff Ernst zu Holstein Schaumburgk unsere Drosten und Beambten unsers Gräflichen Hauses Pinnenberg Vollmacht aufgetragen / vorgemelte Grentze itzo verabscheideter massen zu exequiren und zu setzen / wegen der Jagt ist verabredet / daß sich deroselben jedes Theil / wie es von Alters hergebracht / und noch geüber / gebrauchen soll / es were dann / daß man sich eines andern vergleichen würde. Alß auch wegen der Schaafftrifft Irrung und Mißverstand vorgelauffen / und wir der Rath und Vorstehere uns auf ein Privilegium und Besitz uns beruffen / wir Graff Ernst aber berichtet / daß die Schaafftrifft den Hamburgischen Unterthanen in unser Bottmäßigkeit nicht verstattet; So ist dieser Punct dahin ausgesetzet / daß auf ein benandte Zeit unser Drost und Beambten / auch respective unsere des Raths Verordnete zusammen kommen / und auf producirung des berührten Privilegii und Beweisung angezogener possess diesem Streit seine Richtigkeit soll gegeben werden / die Lockstedter aber mögen nach alten Herkommen der Eppendorper Ecker mit ihren Schaffen betreiben / jedoch dann erstlich / wann das Korn vom Felde / und sie mit ihren Viehe die Ecker behütet haben / und stehet ein solches den Eppendorpern auf der Lockstedter Felder / doch anders nicht / wie jetzo gemeldet / auch bevor und frey / und soll nun auf obangedeuteten richtig gemachten / und durch beschehener Versteinigung disterminiten oder discriminirten Oertheren / gleichwie uns Graff ꝛc. also auch uns Burgermeister / Rath und Vorsteher des Closter St. Johannis jedem Theile auff deme ihm assignirten Ohrte / vielberührte Gerechtigkeit / Jurisdiction und Hoheit respective bleiben und zustehen / und keiner den andern auf seinen ihm zugeeigneten Theile an der hohen Obrig-und Hoheit / Jurisdiction, erlangten Rechten und Gerechtigkeit / beeindrechtigen / hindern oder turbiren / auf was masse solches auch ohne / oder unter dem Schein des Rechtens / offentlich oder heimlich / selbst oder durch andere / geschehen / oder verhenget werden kan oder mag.

Was die Irrung an und auf beiden Teichen zwischen Altona und Nöbis-Hause belegen / betreffen thut / ist vor gut angesehen / daß das Ufer nach Altona / am Teiche / so ins Norden gelegen / und nicht das Ufer des umbfliessenden Bächleins / folgends die zweene daselbst gelegene Steine / und dann der Tamm am andern Teiche / so nach den Süden gelegen / und der Bach / so auß dem Teiche in die Elbe streichet / die rechte Grentze seyn soll / wann aber an den obgemelten Uferen / Temmen und des Orths liegenden Siehlen etwas nöthiges ist zu machen / repariren und zu bessern / das soll uns Burgermeister und Rath der Stadt Hamburg unbenommen sein / doch sollen und wollen wir damit Ihr Gnaden und deroselben Unterthanen keinen Abbruch / Nachtheil oder Schaden zufügen. Wormit also diese vielgemelte Gebrechen gänzlich vergleichet und vertragen / ohne Argelist und Gefehrde / dessen zur Urkund sein dieser Recesse drey gleichen Lautes aufgerichtet / von uns Graff Ernst zu Hollstein Schaumburg mit eigen Händen unterschrieben / und mit aller Theile anhangenden Insiegeln befestiget. Geschehen uff unser Graff Ernstes Voigtey zu Ottensen / den andern Tag Junii Anno nach Christi Gebuhrt / Tausendt Sechshundert und Sieben.

(L.S.) Comitis.	(L.S.) Hamb.	(L. S.) Der Closter-Vorsteher.

CXI.

Juillet.

Edit de HENRI IV. *Roi de France par lequel en revoquant ses Lettres Patentes du 13. Avril 1590. il reunit à l'ancien Domaine de la Couronne, les Duchez, Comtés, & autres Seigneuries tant du Royaume de Navarre que de la Souveraineté de Bearn & autres Païs à lui appartenants. Donné à Paris au Mois de Juillet 1607.* [FAVIN Histoire de Navarre Liv. 18. pag. 1227.]

ANNO 1607.

HEnry par la grace de Dieu Roy de France & de Navarre. A tous presens & advenir, Salut. Les Roys nos predecesseurs depuis plusieurs siecles en ça, se sont avec beaucoup de prudence tellement rendus soigneux de leur Domaine que comme chose sacrée ils l'ont tiré hors du commerce des hommes, & par le serment solemnel de leur sacre obligez à la conservation & augmentation, lequel serment ils ont declaré pour ce regard faire part de celuy de fidelité, qu'eux (à qui toute fidelité estoit deüe) doivent à leur Coronne. Ceste conservation a comblé ce Royaume d'autant de bien que la distraction y avoit auparavant apporté de mal, & quant à l'accroissement & l'augmentation, ça esté le principal remede qui a preservé l'Estat de la confusion en laquelle il estoit tombé, esleué & maintenu l'authorité & puissance Royalle en ceste grandeur admirable, entre toutes les grandeurs, reigles & polices qui soient aujourd'huy dessus la face de la terre, relevé l'ordre legitime de la Monarchie par la Reünion de tant de grandes Seigneuries detenues & possedées par les Seigneurs particuliers.

La cause la plus juste de ceste Reunion a pour la plus part consisté en ce que nosdits predecesseurs se sont dediez & consacrez au Public, duquel ne voulans rien avoir de distinct & separé; ils ont contracté avec leur Coronne une espece de mariage communement appellé Sainct & Politique, par lequel ils l'ont dottée de toutes les Seigneuries, qui à titre particulier leur pouvoient appartenir, mouvantes directement d'icelle, & de celles lesquelles y estoient desia unies & r'assemblées. La justification de ce grand & perpetuel dot se peut aisement recueillir d'une bonne partie desdites unions, & specialement de la tres-illustre remarque qu'en fournit la ville capitale de la France auparavant Domaine particulier du tres noble & tres ancien tige de nostre Royale maison, De sorte que s'il y a eu des Reünions expresses, elles ont plustost declaré le droict commun, que rien declaré de nouveau en faveur du Royaume.

Aussi auparavant, & sans icelles Reünions expresses, nosdicts predecesseurs ont esté maintenus par des Arrests de nostre Cour de Parlement en la possession des Terres & Seigneuries qui leur estoient renduës contentieuses, soubs pretexte de quelque pretenduë division, entre le Domaine public & le privé.

Et neantmoins la sincere affection que nous portions à feüe nostre tres-cher, & tres-aimée Soeur unique, & le soing de payer nos creanciers, ausquels nous & nos predecesseurs Roys de Navarre & Ducs de Vendosme, avions engagé & hypothequé plusieurs parts & portions du patrimoine par nous possedé de nostre Chef, & à tittre particulier, nous ont jusques icy retenus de declarer ceste Union.

Au contraire par nos Lettres patentes du treiziesme Apvril mil cinq cens quatre vingts dix: aurions ordonné ce nostre Domaine ancien, tant en nostre Royaume de Navarre, Souverainetez de Bearn, & de Domezan, Païs-Bas de Flandres, que nos Duchez, Comtez, Viscomtez, Terres & Seigneuries, enclavées en ce Royaume fust & demeurast desuny, distraict & separé de celuy de nostre Maison & Coronne de France, sans y pouvoir estre aucunement compris ny meslé, s'il n'estoit par nous autrement ordonné, ou que Dieu nous ayant fait grace de nous donner lignée y voulussions pourveoir. Et à ceste fin pour ne changer l'ordre & formes observées en la conduite & maniement d'iceluy nostre Domaine, aurions declaré nostre intention estre qu'il fust manié & administré par personnes distinctes, tout ainsi qu'il estoit auparavant nostre advenement à la Coronne.

Et sur les difficultez que nostre Cour de Parlement de Paris faisoit de proceder à la verification desdites Lettres aurions fait depescher deux autres Lettres en forme de jussion, les unes au Camp de Chartres du vingt & huictiesme Apvril quatre vingts & unze, les autres du vingt & neufiesme May ensuivant, nonobstant lesquelles nostre Pro-

ANNO 1607. Procureur General se seroit rendu partie pour la deffence des Droicts de nostre Coronne, ayants representé lesquels à nostre Cour, Arrest en seroit ensuivy du vingt & neufiesme Juillet audict an quatre vingts, & unze, par lequel elle auroit dict ne pouvoir proceder à la verification desdites Lettres.

D'ailleurs aucuns de nos autres Parlements, pressez de nos tres exprès commandements, auroient verifié lesdictes Lettres du treiziesme Apvril: Mais depuis ayans consideré les moyens sur lesquels nostredict Procureur General s'est fondé, ensemble les raisons, qui ont meües nosdictes Cours, touchez de l'affection que nous devons à nostre Royaume, auquel nous nous sommes totalement dediez & postposans nostre particulier au public. Sçavoir faisons que de l'advis de nostre Conseil auquel estoit nostre tres-chere Espouse, & assistez de plusieurs Princes de nostre sang, & autres Princes, Officiers de nostre Coronne, & autres grands personnages, & de nostre certaine science, pleine puissance, & authorité Royalle, Avons revocqué & revocquons par cestuy nostre Edict perpetuel & irrevoquable nosdictes Lettres patentes du treiziesme Avril, mil cinq cents quatre vingts & dix, ensemble les Arrests intervenus en consequence d'icelles en aucunes de nosdictes Cours de Parlements. Et entant que besoin seroit confirmé & confirmons ledict Arrest de nostre Cour de Parlement de Paris du vingt & neufiesme Juillet, mil cinq cens quatre vingts & unze. Et en ce faisant declaré & declarons les Duchez, Viscomtez, Baronnies & autres Seigneuries mouvantes de nostre Coronne, ou de parts & portions de son Domaine tellement accreus & reünis à iceluy, que deslors advenement de la Coronne de France, elles sont devenuës de mesme nature & condition que le reste de l'Ancien Domaine d'icelle, les droits neantmoins de nos creanciers demeurants en leur entier, en la mesme force & vertu qu'ils estoient auparavant nostre advenement à la Coronne.

Si donnons en mandement à nos amez & feaux les gens tenans nos Cours de Parlements, Chambre de Comptes, Baillifs Seneschaux, Prevosts, Juges, ou leurs Lieutenants, & autres nos Officiers qu'il appartiendra chacun endroict soy que cestuy nostre present Edict ils facent lire, publier, & enregistrer, & le contenu d'iceluy, garder & observer inviolablement sans souffrir qu'il y soit contrevenu en aucune sorte & maniere que ce soit: Car tel est nostre plaisir. Et affin que ce soit chose ferme & stable à tousjours, nous avons fait mettre nostre seel à ces presentes: sauf en autres choses nostre Droict, & l'autruy en toutes. Donné à Paris au mois de Juillet, mil six cens sept, & de nostre Regne le dix huictiesme. Signé Henry. Et sur le reply. Par le Roy. de Lomenie.

CXII.

1608. *Capitoli dell Ordinazioni della Serenissima Republica di* VENEZIA *spettante all' Officio dell' Inquisizione, fatte dall anno 1551. fin all' anno 16 8.* [P. PAOLO dell' ordine de' Servi, Discorso dell' origine, forma, Leggi ed uso dell' Ufficio dell' Inquisizione pag. 2.]

CAP. I.

SIcome in Venezia per publica ed antica deliberazione sono deputati tre Senatori Inquisitori contra l'Heresia, per assister à tutto cio che nell' Officio dell' Inquisizione vien trattato cosi in ciascuna delle Città soggette sono deputati li Rettori per douer intervenire in persona alla formazione de' Processi, ed a tutto quello che operano li Vescovi, Vicari, ed Inquisitori in materia d'Heresia, cosi essendo per antica consuetudine introdotto, e pratticato, e con molte deliberazioni confermato. Finalmente fu concordato col Pontefice Giulio III. e scritto, à Roma, ed à tutti li Rettori per deliberazione del Consiglio de i Dieci, e Gionta, delli 26. Settembre 1551. c. 19.

ANNO 1608.

CAP. II.

In caso che alcuna volta per necessario impedimento niuno de' Rettori potesse intervenire, debba il Vicario del Podestà ritrovarvisi. Cosi fu deliberato dal medesimo Consiglio del 1548. 29 Novembre c. 26. ouero, quando questo ancora fosse occupato per causa legitima, un altro delli Curiali, od altra persona mandata particolarmente dal Rettore.

CAP. III.

E se alcuno delli Rettori sarà di quelli che si cacciano nelle cose di Roma non deverà intervenire, ne impedirsi in modo alcuno nelle cose dell' Inquisizione, mà doverà lasciar il Carico al suo Collega. E doue fosse un solo Rettore, e si cacciasse, habbia il carico in luogo suo il Camerlingo di maggior età. Cosi fù deliberato nel Consiglio dei Dieci, e Gionta, 1574 9. Giugno. c. 29.

CAP. IV.

Il Carico degl'Assistenti non é intromettersi giudicialemente in alcuna spedizione, ed azione, che sia fatta in quel Tribunale, ne quanto alla cognizione, ne quanto alla sentenza, mà solo di star presenti, ed attender diligentemente à tutto ció che dalli Giudici Ecclesiastici sarà fatto. Douendo essi assistenti in quattro sorti d'occorrenze, che possono auvenire operar in uno de' sequenti quattro modi.

Il primo, se sarà fatta deliberazione ad honor di Dio, estirpatione del l'Heresie, e castigo de' colpeuoli di tali sceleratezze, eseguir prontamente la determinazione fatta, overo dar favore, braccio, ed ayiuto nell' essecuzione.

Il secondo, se l'azione degl'Ecclesiastici si vedesse essere con usurpazione del l'autorita temporale ouero qualche operazione precipitosa, che potesse capitare à scandalo e tumulto della Città, o dello Stato, e turbazione della publica authorita é tranquilita, o pure con ingiusta, e manifesta oppressione del suddito, sotto pretesto di castigar il delitto. Il carico dell' Assistente sarà di operare, con ogni prudente, e destro modo, che l'Ecclesiastico si riduca alli termini della Giustizia, ed equità, e sia fatto capace dell'honesto. Il che, quando non possa otennere, altro non douerà fare, che ouuiare l'essecuzione, dando conto ad Principe, ed aspettando i suoi commandamenti.

Il terzo, quando dagl'Ecclesiastici fosse proposta, o deliberata cosa di momento, quale gl'Assistenti dubitassero esser di pregiudizio all'autorità temporale, o poter terminar à tumulto, scandalo, ouer oppressione, com' é detto di sopra, con prudente, e destra maniera interponer tempo, e far soprasedere scrivendo al Principe li motiui del suo dubio, ed aspettando risposta,

Il quarto, quando vedessero li Giudici Ecclesiastici negligenti nell'estirpar l'heresie, o troppo tardi nelle spedizioni delle cause, accioche qualche infezione non prendesse radice, doueranno con prudenza, e destrezza eccitarli all'essecuzione del loro debito, e non giouando, o non bastando l'opera loro per rimediar al mancamento, dar aviso al Principe.

CAP. V.

Gl'Assistenti non presteranno giuramento di fedeltà, o di segretezza, o di qualsi voglia altra cosa in mano dell' Inquisitore, ed altro Ecclesiastico, mà ben saranno tenuti all'uno, & all' altro, per la fedeltà, e Secretezza che devono al Principe. Cosi deliberò il Senato il di 5. Settembre 1609. c. 50.

CAP. VI.

Per il che doveranno anco dar conto di qualunque cosa si farà di tempo in tempo, e massime di quelle che riputeranno esser d'importanza, o di consequenza. Cosi é publica deliberazione del 1547. 22 Aprile. c. 6.

CAP. VII.

Ocorrendo la morte dell' Inquisitore, overo intendendo che per qualsiuoglia altro rispetto si sia per

ANNO 1608. per far mutazione, debbono immediatamente dar auviso al Principe, & all' Ambasciator à Roma. Cosi fù deliberato in Senato del 1612. 18 Ottobre. c. 50.

CAP. VIII.

Non ammetteranno novo Inquisitore che non venga con Lettere del Principe, essendo ciò anco ordinazione canonica e deliberazione del Senato sotto il dì sopradetto.

CAP. IX.

Doveranno gl'Assistenti esser presenti alli Processi, che si formano nell' Officio dell' inquisizione, non solo contra le persone secolari, mà anco contro l'Ecclesiastiche, etiandio Regolari, quando ben fossero dello stesso Monasterio dell' Inquisitore, essendo cosi giusto, e determinazione del Collegio, con li capi del Consiglio dei Dieci sotto li trenta Giugno 1568. c. 28. &c. e del Senato. 1607. primo Settembre. c 1609. 5. Settembre. c. 80. &c. c 1613. 9. Agosto. Il che s'intenda, non solo quando la denunzia sarà stata data nel medesimo Offizio, mà se ben fosse data altroue, in qualunque luogo si voglia, ed inanzi Prelato di qual autorità si sia.

CAP. X.

Gl' Assistenti, per adempir questo carico, non doveranno permettere, che senza la lor presenza, ò de' loro curiali sia fatto atto giudiziale di qual si voglia sorte, incomminciando dalla denunzi a sino alla diffinitiva. Cosi è deliberazione del Senato delli 5. Settembre 1609. c 50. &c. c 1603. li nove Agosto. Il che comprende doppo la denunzia l'essame de' testimoni, decreti di citazione, o cattura, constituzione de rei; produzione de' Capitoli, ed essame à diffesa; Torture; assoluzioni e condannazioni, abjurationi, e purgazioni, e generalemente tutto ciò che vien scritto nel Processo.

CAP. XI.

Non lasceranno d'intervenire à ciascuno delli atti sudetti, etiandio sotto pretesto, che sia cosa leggiera, e che li sia dall' Inquisitori communicato, ò per qualsivoglia altro rispetto. Cosi è deliberato nella medesima deliberazione del 1609. Ne si assumeranno facoltà di dar licenza, che alcun atto benche minimo sia fatto senza lor presenza, eccedendo cio ogni facoltà del Rappresentante.

CAP. XII.

E Quand accorresse, che dalli Giudici Ecclesiastici senza l'assistenza fosse formato alcun Processo, l'haveranno per nullo, e non l'esseguiranno, overo permetteranno che sia esseguita cosa alcuna, in consequenza di quello: mà ben permetteranno che si possa formar novo processo con l'assistenza. Cosi deliberò il Senato sotto li 18. Gennaio 1591. e fece dire al Nunzio Apostolico il di 8. Giugno 1592. c 33. &c. e li sei Luglio 1599. c. 34. &c. c 1592. 8 Agosto. c 35. &c e finalmente sotto li 18. Febraio 1594. c 36. &c. e 33. & 38. e se in un Processo ben incomminciato fosse fatto atto alcuno particolare senza l'assistenza, procureranno, che sia cassato, overo circondato almeno, e ridotto il Processo ne i termini ch'era inanzi quell' atto.

CAP. XIII.

Non permetteranno che senza l'assistenza sia formato alcun Processo informativo, etiandio per mandarlo altrove, fuori dello Stato. Questa facoltà e stata richiesta del sommo Pontifice all' Eccellentissimo Senato, e non fù concessa: sotto li 9. Marzo 1560. c 20.

CAP. XIV.

E Perche non basta la presenza, quando anco quella non sia notata nel Processo, haueranno avertenza, che nel principio di ciascun Decreto, overo atto, doue dal Notaro saranno nominati il Vescovo, ed Inquisitore come Giudici, immediatemente sia soggionto, con l'assistenza, e presenza del N. Podesta e N. Capitano. E cosi fù accordato del 1551. c. 22. &c. ANNO 1608.

CAP. XV.

Non permetteranno che nelli Processi siano posti Decreti, ò precetti, che venghino da autorità fuori del Dominio: mà se da Roma, o d'altrove sarà scritto cosa, laquale dall' Inquisitore sia giudicata essere di seruizio di Dio, e di Giustizia, non consentiranno che'l Decreto sia fatto ad altro nome, che à quello del l'Officio dell' Inquisizione della Città, con l'assistenza solamente. Cosi è deliberazione del Senato 8. Luglio 1580. c 30. e sette Settembre 1590. c. 33. e 1599. li 4. Settembre. c. 44.

CAP. XVI.

Non concederanno che siano mandati fuori del Dominio Processi ne Priggioni, se ben fossero imputati solo di delitto commesso altrove, e se ben li complici si ritrouassero in altro Dominio priggioni, senza darne prima conto al Prencipe ed aspettare il suo commandamento. Cosi delibrò, quanto à priggioni, il Consiglio dei Dieci e Gionta del 1567. li 17. Giugno. c. 43. &c. E quanto à Processi, per deliberazione del Senato, del 1589. li 8. Luglio. c. 30.

CAP. XVII.

Se il Vicario Pretorio, od altro Curiale, od alcun altra persona sarà assistente in luogo delli Rettori, non faccia in modo alcuno il Consultore, ancorche fosse solito farlo in presenza de Rettori, essendo questi due Offizi distinti, ed incompatibili, mà possa solo parlare, si come li medesimi Rettori ad in oltre, giudicialmente eseguir ciò che sarà decreto, overo soprasedere, secondo l'occorrenza.

CAP. XVIII.

Gl'Assistenti non concederanno retenzione contra qualsivoglia persona, se non sarà prima fabricato il Processo informativo, con la loro assistenza, dal quale appaia, che l'imputazione sia expressamente d'heresia, o di caso spettante all'Offizio dell' Inquisizione. E' decreto del Senato, del 1597. li 5 Luglio c. 40. e l'istesso anno li 23, Agosto. c. 23. E se il caso fosse dubio, o difficile dà distinguere, facendo soprasedere daranno auviso, aspettando ordine dal Principe. Fù deliberato dal Senato nel sudetto Decreto, del 1597. li 23. Agosto. c. 23.

CAP. XIX.

Pertanto non permetteranno, che l'Offizio del l'Inquisizione proceda in casi di sortilegi, o divinazioni, se non conteneranno heresia manifesta, ordinando cosi la Legge Canonica, e per deliberazione del Senato, del 1598. li 10. Ottobre c. 41. &c communicata anco con la Santità del Pontefice, e per deliberazione delli 23. Gennaro c. 42. e per un altra delli 3. Decembre dell' Anno medesimo c. 44. Ed essendo dubio se il caso contenga heresia, o nò, sia giudicato al Foro ordinario, che cosi la Legge Canonica vuole, e li Dottori sentono.

CAP. XX.

Li casi parimente d'Herbarie, stregarie, mali, e maleficii non potranno essere conosciuti dal Sant Offizio, se non vi sarà indizio, o sospetto d'heresia per abuso de' Sacramenti, o per altro rispetto. E quando la stregheria portasse indizio d'heresia, e ne fosse seguito qualche malefizio di morte, debilitazione, o turbazione di mente di alcuna persona, rispetto alli Indizi d'heresia, dovera il caso appartenere all' Inquisizione, e rispetto al Malefizio toccarà al Foro secolare, secondo la parte del maggior Consiglio, del 1410. li 28. Ottobre. c 52. E quello delli Fori che sarà il primo ad assumer la causa, spedira anco prima la parte sua, e fatte ambe le spedizioni, saranno esseguite ambedue le sentenze.

CAP. XXI.

Gl'eccessi di Bestemmia ordinaria non doveran-

 no

ANNO 1608. no esser lasciati all' Offizio dell' Inquisizione, ma giudicati al Foro secolare, conforme alla dispositione della Legge, ed uso di tutto il Christianesimo. Fu confermato in Senato del 1599. li 15. Maggio. c 4. 23. e 44. Le Bestemmie chiamate hereticali, che rendono indizio, e sospetto d'heresia, quanto à questa parte dell' Indizio, e sospetto appartengono all' Offizio dell' Inquisizione: mà quanto alla sceleratezza della Bestemmia sono del Foro secolare, ed ambidoi doveranno far la parte sua, spidendo il suo Processo, prima quello, che sarà stato il primo ad incomminciarlo, e fatte ambedue le sentenze si darà l'essecuzione ad amendue, conforme alle deliberazioni del Senato, del 1595. li 12. Agosto. c. 38. e 39. e gli undeci Novembre c. 39. &c. Il che si osservarà contra chi desse ferite, o tiresse pietre all' Imagini di Christo nostro Signore, o delli Santi, come disse il Senato, del 1599. li 15. Maggio. c. 42. &c. Il simile sarà delle Bestemmie publiche dette per irrisione, come cantando salmi contrafatti, o Letanie sporche, ed empie. Così deliberò il Senato, sotto li 8. Maggio. del 1599.

CAP. XXII.

Il delitto parimente di pigliar due mogli non potrà essere intrapreso dall' Inquisizione, come spettante al secolare, eccetto se vi fosse altro indizio d'heresia: nel qual caso il delitto appartiene al secolare, e dá lui doverà esser giudicato, e quanto all' indizio d'heresia, rimesso all inquisizione, quando il caso sarà spidito, quanto à questo capo, mà la sentenza secolare sopra'l delitto, si mandarà ad essecuzione. Mà se'l delitto di prender due Mogli sarà solo, doverà essere giudicato dal secolare. E deliberazione del Senato fatta, del 1591. li 8 Giugno c. 33. e 34. ed 8. Agosto 1592. li 18. Gennaio. c. 35. e del 1595. li 31. Luglio. c. 31. &c. e del 1599. li 9 Giugno. c. 43. e del 1602. li 23. Marzo. c. 45.

CAP. XXIII.

Similmente non permetteranno gl'Assistenti, che nell' Inquisizione si trattino cause di usura, di qualsivoglia sorte, essendo ciò prohibito dalle Leggi Canoniche.

CAP. XXIV.

Non permetteranno, che nell' Offizio, per qualsivoglia causa, si proceda contra Giudei, ne contra altra sorte d'Infedeli, di qualsivoglia setta, per imputazione di delitti commessi in parole, overa in fatti. E se all' Inquisizione sarà denunziato, che da alcuni di essi fosse detta Bestemmia contra la nostra fede, overo sedotto alcun Christiano, o dato scandalo, di qualsivoglia sorte, doveranno gl'Ecclesiastici haver ricorso al Magistrato secolare, il quale, secondo l'essigenza del delitto, li castighera severamente. Il che essendo statuito per li Decreti Pontificii, fù deliberato del Senato, del 1591, li 12 Ottobre. c. 35. e li 28 Gennaro. c. 38.

CAP. XXV.

Non doveranno permettere, parimente, chel' Officio dell' Inquisizione proceda contra alcuno di Nazione Christiana, laqual tutta intiera viua con riti propri, diversi dalli nostri, e si regga sotto propri Prelati, come li Greci, ed altri tali, ancorche l'imputazione fosse contra articoli tenuti dà ambe le parti. E se sarà notificato à gl'Ecclesiastici, che dà alcuni di loro sia dato scandalo, doveranno ricercar il Magistrato secolare, che proceda; al quale apparterà castigar il delinquente secondo l'essigenza del dellito, e con severità. Così fù risposto al Nunzio nel Collegio, sotto li 4. Settembre del 1609. dicendo, ch' in tal maniera é stato sempre osservato.

CAP. XXVI.

Se alcuno per mercanzia, o per altri negozi andato ad habitar di là dai monti sia imputato à Roma od altroue, che doppo l'essere in quelle parti oltramontane habbia commesso fallo; non permetteranno che sia citato per Gridatore, o per affissione di Cedoloni, overa alla casa de' parenti, mà sia lasciato il giudizio à quell' Inquisizione, chè ne hà hauuto notizia. Di che vi è determinazione del Collegio, del 1610. li 3 Settembre c 29. ANNO 1608.

CAP. XXVII.

Non permetteranno essecuzione alcuna contra i beni de' condannati, o presenti, overo in contumacia, sotto pretesto di confiscazione, havendo il Consiglio dei Dieci, e Gionta deliberato, sotto li 5. Novembre del 1561. c 23. che siano rilasciati à gl'heredi legitimi, à quali però, faranno stretto precetto di non darne parte alcuna ad essi condannati.

CAP. XXVIII.

Non permetteranno, che da quel Offizio sia publicata Bolla Pontificia, overo ordine alcuno della Congregatione di Roma, nè nuouo, nè vecchio, senza darne conto prima al Prencipe: come fù determinato dàl Collegio, del 1607. li 2. Agosto. c. 25. &c.

CAP. XXIX.

Similmente non permetteranno, che sia publicata, o stampata alcuna prohibizione de' libri di qualsivoglia sorte, fatta con qualsivoglia autorità, doppo il 1595. se non osservate la condizioni del Concordato tra la Sede Apostolica, e la Serenissima Republica, conchiuso l'anno 1596. li 24. Agosto. 25. e. 173.

CAP. XXX.

Non permetteranno, che dall' Offizio dell' Inquisizione sia fatta Legge, ò commandamento qualsivoglia ad alcuno di Arte, o Professione Secolare, come sono li Doganieri, gl'Albergatori, Hosti, Beccari, &c. circa li modi d'alloggiare, vendere, ed essercitare l'arte, e professione loro. Mà se'l Vescovo, o l'Inquisitore, riputeranno alcuna cosa necessaria, o conveniente per l'honesto, e regolato vivere, habbiano ricorso al Magistrato secolare. Così è deliberazione del Senato, del 1609. li 5 Settembre. c. 50. &c.

CAP. XXXI.

Ne parimente possa l'Inquisitore far giurar nelle sue mani alcuno delli sopradetti Artefici, nè castigarli per mancamenti, o falli commessi nell'essercizio dell'Arte, o professione loro: mà intendendo che in ciò habbia commesso alcun fallo, habbia ricorso al Magistrato, che doverà castigare ogni errore, e Scandalo. Così decretò il Senato nella deliberazione sopradetta.

CAP. XXXII.

Non permetteranno, che dall' Inquisizione sia fatto alcun precetto, o monitorio, à qualsivoglia Communità, per qualunque rispetto si sia, ne meno ad alcuno Giusdicente in ciò che si aspetta al ministrar la Giustizia: mà tutto ciò che pretenderà dalla Communità, o Fori giudiziali, lo tratti col solo Rappresentante publico, come fù deliberato dal Senato, del 1568. li 3. Settembre. c 24.

CAP. XXXIII.

Volendo l'Inquisitore nel suo ingresso promulgar Editto generale, gli Assistenti lo potranno permettere, non contenendo piu che li sei capi ordinari, liquali sono contra quelli. Prima, che sono o conoscono heretici, o sospetti d'heresia, e non li denunziano. Secondo contra quelli che fanno conventicoli, e riduzioni per trattar di falsa Religione. Terzo, contra quelli che non essendo ordinati celebrano Messa, od ascoltano Confessioni. Quarto, contra li Bestemmiatori hereticali. Quinto, contra quelli ch'impediscono l'Offizie dell' Inquisizione, overo offendono i Ministri di quello, li Denunziatori, o li testimoni per opere spettanti ad esso Offizio. Sesto, contra quelli che tengono, stampano, o fanno stampar libri d'heretici, che trattano de Religione. Così fù risoluto dal Senato, consentendo la Sede Apostolica, sotto li 23. di Maggio, del 1608. c 43. &c. fino al 50. Mà se l'Inquisitore pensasse di metter nell' Editto altro capo, l'Assistente

ANNO 1608.

ftente con deſtra maniera operi che ſopraleda, e ne dia conto al Prencipe, aſpettando riſpoſta.

CAP. XXXIV.

Occorrendo alcun caſo nelli Caſtelli, e Ville, ſia trattato, e ſpidito nella Città, con l'aſſiſtenza ordinaria, ſecondo la determinazone del Conſiglio dei Dieci, e Gionta, del 1551. li 26. Settembre, concordata col ſommo Pontefice. c. 19. e. 27.

CAP. XXXV.

E Quand' occorreſſe caſo in alcun Territorio che non haueſſe Inquiſizione propria, mà che foſſe in Spirituale ſotto Prelato, ed Inquiſitore d'un altra Terra del Dominio, il publico Rappreſentante, nel luogo doue il caſo foſſe occorſo, preſterà ogni aiuto, ed eſſecuzione, mandando anco il reo nel luogo dou' è ſoggetto in Spirituale, accioche là ſi poſſa formar il Proceſſo, ed iſpidir la cauſa, con l'aſſiſtenza del Rappreſentante del medeſimo luogo, dou' è l'Offizio dell' Inquiſizione, ſecondo, la deliberazione del Conſiglio dei Dieci, e Gionta, del 1555. li 13. Marzo. c. 27.

CAP. XXXVI.

Se alcuno citato dall' Offizio, dell' Inquiſizione reſtarà contumace, e ſecondo il coſtume di quell' Offizio ſarà dichiarato heretico, e laſciato alla Corte ſecolare, debbano bandirlo diffinitamente, o per tempo, ſecondo che parerà alle conſcienze loro, di tutte le Terre, e Luoghi, Navili armati, e diſarmati, e dalla Città di Venezia, e ſuo diſtretto ſi come fù deliberato nel Conſiglio dei Dieci, e Gionta del 1563. li 23 Decembre. c. 20.

CAP. XXXVII.

Alli condannati dall' Offizio dell' Inquiſizione à priggione perpetua, overo temporale, ſe fuggiranno di priggione, diano quei bandi, che alla conſcienza loro parerà, ſi come fù deliberato nel Conſiglio dei Dieci, e Gionta del 1564. li 7 Aprile. c 21.

CAP. XXXVIII.

Quelli che foſſero inquiſiti, e citati per hereſia in alcuna giuriſdizione, e fugiſſero nel Dominio, reſtino condannati per quattro anni in una priggione ferrata, e ſeparata dà quelle che ſono per altri delitti, e paghino mille lire de' piccioli, dà eſſer date à quelli, che li daranno nelle mani della Giuſtizia: e finiti li quattro anni reſtino banditi da tutti i luoghi terreſtri, e maritimi navili armati, e diſarmati, e dalla Città di Venezia, e ſuo diſtretto potendo anco l'Offizio dell' Inquiſizione darli maggior pena, ſecondo la parte del Conſiglio dei Dieci, e Gionta, del 1568. li 12. Aprile. c 28.

CAP. XXXIX.

Appartiene al giudizio dell' Inquiſizione di punir il calunniatore, o teſtimonio che haverà depoſto il falſo contro alcuno in quell' Offizio, ſe la falſità apparira dallo, ſteſſo Proceſſo, mà ſe vi foſſe biſogno di nova inſtanza, e Proceſſo per farla apparire, gl' Aſſiſtenti non conſentiranno, che l'inſtanza ſia riceuuta, ed il Proceſſo formato, mà che il tutto ſiâ laſciato al Giudice ordinario d'eſſi imputati di falſo, eſſendo coſì di Giuſtizia, ſecondo il commun parere de buoni Dottori.

CXIII.

Juin. *Secondes Lettres de Naturalité ottroyées aux Citoyens, Bourgeois, Habitans & Sujets de la Republique de* GENEVE, *par le Roy de France.* HENRY IV. *au mois de Juin* 1608. *Collationnées ſur l'Original.* [Hiſtoire de Geneve de M. SPON Edit. 1730. in 12 pag 526.]

Collationnées ſur l'Original.

HENRY, PAR LA GRACE DE DIEU, ROY DE FRANCE ET DE NAVARRE. A tous preſens & advenir, Salut. Depuis que Dieu, par ſa bonté infinie, a remis la Paix en ceſtuy noſtre Royaulme, nous n'aurions rien tant deſiré, que de rendre des effects de gratification aux Princes Eſtrangers & Republiques, leſquels pendant les derniers troubles, ont fait paroiſtre leur bonne affection envers nous. C'eſt pourquoi nos chers & bons Amys les Seigneurs de Geneve, nous ayant faict requerir, qu'en conſideration des ſervices qu'ils ont faicts à ceſte Couronne, & ſpecialement és derniers troubles qu'à cauſe des frequentes communications & trafficqs ordinaires de ceux de ladite Ville, en France; Noſtre plaiſir feuſt de declarer que les Citoyens, Bourgeois, Domiciliés ou Subjects de ladite Ville, ſoyent traictés cy après en France, comme naturels François, tant pour le Droit de Naturalité, mourans en France & y laiſſant des Biens, comme pour le Droit de Succeſſion ayant à heriter de ceux qui y mourront. SURQUOY ayant mis en deliberation tant de bons ſervices que ladicte Ville a faicts à ce Royaulme, & la bonne affection & conſtance en laquelle elle a perſeveré & continue tous les jours, qu'auſſi l'importance de la Ville proche des Pays & Terres de noſtre obeïſſance; Voulans leur teſmoigner la bonne volonté que nous pouvons leur departir. A CES CAUSES, inclinants à la Requeſte deſdits Seigneurs de Geneve, Avons dit & declaré, diſons & declarons par ces Preſentes; Voulons & nous plaiſt, que le Droict d'Aubeine ceſſe d'oreſnavant, & n'ait lieu en ceſtuy noſtre Royaulme contre les Citoyens, Bourgeois, & Domiciliés ou Subjects de ladite Republique de Geneve. Comme auſſi il ne pourra eſtre pratiqué en ladite Republique, contre nos Subjects qui y decederont. Et où, par inadvertance, nous en aurions autrement ordonné & diſpoſé; Nous avons dès à preſent revoqué & revoquons, tout ce qui auroit eſté faict au contraire; Et deffendons à tous nos Juges & Officiers d'y avoir aulcun eſgard. SI DONNONS en Mandement à nos Amez & Feaux les Gens tenans nos Cours de Parlement & de nos Comptes, Treſoriers de France à Paris, Baillifs, Seneſchaulx, Prevoſts, leurs Lieutenants & autres, nos Juſticiers & Officiers, qu'il appartiendra, que ces Preſentes ils facent lire, publier & enregiſtrer, & du contenu en icelles jouïr & uſer plainement & paiſiblement les Citoyens, Bourgeois, Domiciliés & Subjects deſdicts Seigneurs de Geneve, leurs Succeſſeurs & ayans cauſe, ceſſans & faiſans ceſſer tous troubles & empeſchements au contraire, leſquels ſi faicts, mis ou donnés eſtoyent, ils les reparent & remettent, ou facent mettre incontinent, & ſans delay, à plaine & entiere delivrance, nonobſtant les Ordonnances faictes contre les Eſtrangers, auſquelles nous avons derogé & derogeons de noſtre puiſſance, & reſervons leſdits Subjects de Geneve par ces Preſentes; Et afin que ce ſoit choſe ferme & ſtable à touſjours, nous avons faict mettre noſtre Seel à ces dittes Preſentes. CAR TEL EST NOSTRE PLAISIR. DONNÉ à Paris au mois de Juin l'an de grace mille ſix cents huict, & de noſtre Regne le dixneufvieſme. *Signé*, HENRY. *Et ſur le Reply*, Par le Roy, *Brulart*. Et ſeellées du grand Seau de Cire verte.

Et encore ſur le Reply. Regiſtrées, Oy le Procureur General du Roy, pour joyr par les Impetrans du contenu, ſans prejudice des Droits aulx Parties acquiſes auparavant icelles. A Paris en Parlement le quinze Juillet mil ſix cents huict. *Signé*, DU TILLET.

Expediées & Regiſtrées en la Chambre des Comptes au Regiſtre des Chartes de ce temps. Ouy le Procureur General du Roy, pour jouïr par les Impetrans de l'effect & contenu en icelles, ſelon leur forme & teneur, tant qu'il plaira à Sa Majeſté, moyennant la ſomme de trois cents Livres Tournois, par eux payée, & qui convertie a eſté en Aulmoſne. Le vingt deuxieme jour d'Aouſt mil ſix cents huict. *Signé*, BRANDON. Regiſtré.

Regiſtrées en la Chambre du Treſor, Ouy & à ce conſentant le Procureur du Roy, pour jouïr par

ANNO 1608.

par les Impetrans de l'effect & contenu en icelles, aux charges portées par les Arrests de verification d'icelles, tant de la Cour de Parlement, que Chambre des Comptes, & ce suivant le Jugement de Messieurs les Conseillers de Sa Majesté en ladite Chambre du Tresor, le quinzieme jour d'Octobre mil six cents huict. *Signé*, BRUSSIN.

Le grand Seau du Roi est pendant.

Extrait des Registres de Parlement.

VEU PAR LA COUR, les Lettres Patentes du mois de Juin dernier, signé HENRY; Et sur le Reply, Par le Roy, *Brulart*, & sellées du grand Seel de Cire verte; Par lesquelles, inclinant à la Supplication de la Seigneurie de la Ville & Republique de Geneve; Les declare, venans à deceder en France, non subjects à Aubeyne, & au semblable les Subjects, qui decederont à Geneve, ainsi que au long contiennent lesdittes Lettres; Requeste par eulx presentée, afin de verification d'icelles; Conclusions du Procureur-General du Roy, tout consideré. LADITTE COUR a ordonné & ordonne, que lesdittes Lettres seront Registrées en icelle; Ouy le Procureur General du Roy, pour jouïr par les Impetrans du contenu en icelles, sans prejudice des Droicts acquis aux Partyes auparavant icelles. FAIT en Parlement le quinzieme Juillet mil six cents huict. DU TILLET. Collationné.

CXIV.

1609. 9. Juillet. Kaysers RUDOLPH II. Edict / wodurch er denen drey Ständen des Königreichs Böhmen der Augspurgischen Confession zugethan / das freye Exercitium der Religion und Lehr / durch MAXIMILIAN II. seinem Vatter / ebenfalls Röm. Kayser zuvorn bewilligt / gutheisset und bestättiget. Geben auf dem Königlichen Prager Schloß am Donnerstag nach St. Procopii, im Jahr des Herrn 1609. Seiner Reiche des Röm. im 34. der Hungarischen im 37. und des Bohemischen im 34 [GOLDASTI Reichs Satzungen am dritten Theil. pag. 351. en Allemand. Le même dans ses Constitutiones Imperiales tom. I. pag. 383. en Latin, mais d'une Copie fort diferente de celle-cy, & fort defectueuse dans le contenu. Elle difere aussi quelque peu en date; étant marquée du 11 Juillet.]

C'est-à-dire,

Edit de RODOLPHE II. *Empereur des Romains, pour le libre exercice de la Religion, en faveur des trois Estats du Royaume de Boheme faisant profession de la Confession d'Ausbourg; avec confirmation des Edits donnés sur ce sujet, par l'Empereur* MAXIMILIEN II. *Donné au Chateau de Prague, le Jeudi après la St. Procope l'an* 1609. *& de ses Regnes, sçavoir du Romain, le* 34. *de Hongrie le* 37. *& de Boheme le* 34.

WIr Rudolff der Ander / von GOttes Gnaden erwehlter Römischer Keyser / zu allen Zeiten Mehrer deß Reichs / zu Hungern / Böheim / Dalmatien / Croatien / rc. König / Ertzhertzog zu Oesterreich / Marggraff zu Mähren / Hertzog zu Lutzenburg / und in Schlesien / Marggraff zu Lausitz / rc. Thun kunth zu ewiger Gedächtnus mit diesem Brieff allermänniglich: Nachdem alle drey Stände unsers Königreichs Beheim / so den Leib und das Blut des HErrn JEsu Christi unter beyderley Gestalt empfangen / unsere liebe getrewen / bey dem in verwichenen ein Tausend sechs hundert und achten Jahr am Montag nach Exaudi, auffm Schloß gehaltenen / und am Freytag nach Joannis Baptistæ, gemelten Jahrs geschlossenen Landtag / bey uns als König in Böheim / in aller demuth und unterthänigkeit dieses gesuchet / damit sie bey der gemeinen Beheimischen / von etlichen Augspurgisch genendten / beym gemeinen Landtag Anno 1575. beschriebenen / und der Keys. May. weilandt Keyser Maximiliano / unserm geliebsten Herrn Vattern löblichster und seligster Gedächtnus übergebenen Confession (die ihnen bald damals / wie wir gewißlich berichtet / und auß den Schreiben unsers geliebsten Herrn Vattern eigenen Handt / auch andern bey der Landtaffel vorhandenen Gedächtnus vernommen / von ihrer May. bewilligt worden) auch ihrer untereinander auffgerichtet / und in der Vorrede ingebrachter Vergleichung / so wohl andern ihren / im selben Landtag nahmhafft gemachten / ihre Religion betreffenden begehren gelassen werden / und sie ihre Christliche Religion sub utraque frey und ungehindert männiglich exerciren möchten / Solches alles auch von uns ihnen den Ständen / (innmassen derselbe Articul / und ihr in gemeltem Landtag / und der Landtag in die Landtaffel / in die grüne Quatern der gemeinen Landtäg Anno 1608. am Montag nach Exaudi, unter dem Buchstaben R. 8. von wort zu wort eingeleibt und inserirt begehren / alles mehrers in sich helt und außweiset / gnugsam confirmirt werde / Wir aber zu jener Zeit wegen anderer wichtiger Notturfften / derenthalben der Landtag damals außgeschrieben worden / und keinen Auffschub leyden können / solches zu confirmiren / biß zukünfftigen auffn Donnerstag vor Martini / und selbmals nechstkünfftig benendten Landtag / zu aller dieser Sachen fernern Beschluß zu verlegen gnädigst begehret / und unter dessen / so lang dieses bey gemeinem Landtag nit vollzogen würde / die Stände sub utraque also versorget / daß sie ihre Religion frey üben / und vor erörterung und gewisser endung gemelten Puncts / zu keinem Articuln / was also von uns ihnen in der Proposition vorgebracht werden möchte / zu schreiten / zu berathschlagen / ja gar nichts zu handlen schuldig seyn sollen, wie diß unser gnädigst begehrn und Versorgung mehrers in sich halten thut / Und doch voriger Landtags verbleibung nach / als der auff obbeschriebenen Tag / nemblich den Donnerstag vor Martini angesetzte Landtag / von uns gewisser Ursachen halber verlegt / und nachmals ein anderer Dienstages nach Pauli Bekehrung durch unsere Mandata außgeschrieben / und auff das Prager Schloß benennet worden / bey deme gemeldte Stände sub utraque uns auffs newe angeregte Confession / und einhellig gethane Vergleichung überreicht / auch unnachläßlich bey uns ihrem König und Herren nicht allein durch ihr emsiges unterthäniges demütiges bitten / sondern auch durch ansehenliche vornehme intercessiones angehalten / daß wir zu angeregter Stände sub utraque unserer getrewen und lieben Unterthanen begehren gnädigst bewilligen wolten / Daß wir / nach gehabter fleissiger unser Keyserlicher und Königlicher Erwegnug / mit unsern Obristen Land-Offitirern / Landrechtsitzern und Räthen deß Königreichs Boheim alles dessen nit unterlassen / auff gemelter Herren / Ritter / Präger und anderer Abgesandten aus den Stätten / aller drey / den Leib und das Blut deß HErrn Christi unter beyderley Gestalt empfangender / und sich zu dieser Confession bekennender Stände deß Königreichs Boheim / unserer getrewen lieben / unterthäniges / demütiges begehren / allen dreyen Ständen dieses Königreichs unsern lieben getrewen / einen gemeinen Landtag auff den Montag nach Rogationum, anders der Kreutzwochen / dieses 1609. Jahrs durch unsere Königliche Mandata außzuschreiben / auffm Prager Schloß anzustellen / in gemelten offentlich außgangenen Mandaten unter andern auch dieses außtrücklich zu setzen: Daß bey diesem Landtag der Artickel von der Religion zu erorterung und endtbringung gelangen soll / und wir in die Landtags Propositien setzen / auch welcher gestalt alle in gesambt / so wohl ein jeder besonders / wie die sub una also auch die sub utraque; und die / so sich zu der uns hiebevor überreichten Confession bekennen / ihre Religion ungehindert männiglich / so wohl Geistlicher als Weltlicher Personen üben mochten / gebührliche Versorg thun wollen / Innmassen dieses alles besagte unsere Mandata, deren datum auffm Schloß Prag Sambstags nach Jubilate dieses 1609. Jahrs in dem Puncte mehrers außweisen. In deme nun zu solchem von uns außgeschriebenen gemeinen Landtag sich alle drey Stände gehorsamlich und unterthänig finden lassen / und wir unserm gethanen / und in unserm Mandat inserirten anerbieten nach / den Artickel wegen der Religion in unserer Proposition mit eingebracht; haben offtbeschriebene alle drey vereinigte Stände sub utraque ihr vorige uns in Schrifften übergebene Begehr renovirt / und umb gnugsame Versicherung / auch dessen Bekräfftigung mit der Landtaffel unterthänigst gebeten.

2. Weiln dann unser gäntzlicher will / daß in diesem Konigreich unter allen dreyen Ständen / so wohl denen sub una, als denen offtbesagten sub utraque allen unsern getrewen und lieben Unterthanen jetzo und in künfftige Zeit allerseits Lieb / Einigkeit / und gut Vernehmen / zu erweiterung und erhaltung deß gemeinen guten Friedens / erhalten werde / und jedes Theil seine Religion / darinnen es seine seligkeit verhofft / frey und ohne alle bedrängnus eines von dem andern / üben möge / daß auch (wie billich ist) dem Landtags Beschluß / Anno 1609. wie nit weniger unserm offentlich außgangenen Mandat / (in welchem wir angeregte vereinigte / und zu der Confession sich bekennende Stände sub utraque, vor die jenigen / die sie jederzeit gewest / nemblichen vor unsere getrewe und gehorsame / unter unserm gnädigen Schutz / zu allen Ordnungen / Rechten und Freyheiten

ANNO 1609.

Anno 1609.

heiten dieses Konigreichs Boheim gehorende Unterthanen / auff die sich unsere Königl. Pflicht / die Recht und Landsordnung erstreckt / erkläret / und jetzo nachmals erklären thun) ein benügen beschehe: Angesehen so wohl besagter anschenlicher intercessionen / als auch der Stände sub utraque embsiger offter bitt / und ihrer vielfältigen / getrewen / nützlichen / uns die gantze Zeit hero unserer glücklichen Regierung über sie würcklich geleisten Dienst: Als haben wir dieser und vieler anderer Ursachen halber / wohlbedächtig / mit unserm guten wissen / auß Königlicher Macht in Böheim / und mit Rath der Obristen Landofficirer / Landrechtsitzer / unserer Räthe / den Artickel wegen der Religion bey diesem auffm Prager Schloß gehaltenen gemeinen Landtag mit allen dreyen Ständen dieser Cron der gestalt erörtert / und beschlossen / und die Stände sub utraque mit diesem unserm Majestät Brieff versorgt / und versorgen sie anfangs / nach dem hiebevor mit der Landsordnung Anno &c. 32. so vil den Glauben sub una, und sub utraque betrifft / versorgt ist / daß sie einander nit bedrengen / sondern vor einen Mann als gute Freunde beyeinander stehen / auch kein Theil das ander schmähen soll / wird es hierinnen in diesem Artickel bey der Lands-Ordnung außgesetzten Straff verbunden seyn und bleiben. Und sintemahl die sub una ihre Religion in diesem Königreich frey und ungehindert in Ubung haben / und die sub utraque, so sich zu dieser Confession bekennen / ihnen hierinnen keine Hinderung noch Außmessung thun: Damit nun in dem Fall hierinnen Gleichheit gehalten werde / so thun wir herzu bewilligen / und geben Gewalt und Recht / daß auch vielangeregte vereinigte Stände sub utraque, so wohl der Herrn- und Ritter-Standt / als auch die Präger / Kuttenberger und andere Stätte mit ihren Unterthanen / und in summa / alle die jenigen / die sich zu der Böhemischen weyland Keyser Maximiliano unserm geliebsten Herrn Vattern / löblicher und seliger Gedächtnus / beym gemeinen Landtag / Anno 1575. und uns jetzo auffs newe überreichten Confession (darbey wir sie gnädigst bleiben lassen) bekennet und bekennen / keinen hievon außgeschlossen / gleichfals ihre Christliche Religion sub utraque nach inhalt der Confession / und ihrer miteinander auffgerichten Vergleichung und Verbündenus / geraum und frey / an allen und jeden Orthen treiben und üben / bey ihrem Glauben und Religion / so wohl der Priesterschafft / und bey der Kirchenordnung / die jetzo unter ihnen ist / oder angerichtet werden möchte / biß zu gäntzlicher Christlicher einhelliger Vergleichung wegen der Religion im H. Reich gelassen werden: Nach denen allbereit zu vor beym Landtag Anno 1567. auffgehebten / in deß Lands Privilegien und sonst außgelassenen Compacten aber sich zu richten nit schuldig seyn / seyn werden noch sollen.

3. Ferner so thun wir den Ständen sub utraque diese besondere Gnad / und geben ihnen allen dreyen sub utraque zu dieser Confession bekennenden Ständen / das untere Prägerische Consistorium widerumb in ihren Gewalt und Versorgung / und bewilligen darzu gnädigst / daß sie die gedachten vereinigten Stände sub utraque das Consistorium mit ihrer Priesterschafft / inhalt der Confession und ihrer Vergleichung / vernewern / und ihre Priesterschafft / so wohl in Böheimischer als Teutscher Sprach / deren nach ordnen lassen / oder die geordneten auff ihre Collaturen / ohne alle Verhinderung deß Prägerischen Ertzbischoffs oder jemands anders / einsetzen und auffnehmen: Nit weniger auch die Prägerische von alters hero denen sub utraque zugehörige Academiam, die wir den Ständen sampt aller ihrer zugehör ebenfals gnädigst in ihren Gewalt geben / der gestalt / damit sie dieselbe gleichermassen mit tauglichen und gelehrten Leuthen besetzen / gute löbliche Ordnung anrichten / und über diesen beyden gewisse Personen auß ihrem Mittel zu Defensoren verordnen mogen. Unter dessen aber / so lang und viel solches von ihnen nicht ins Werck gerichtet würde / sollen die Stände nitweniger sambtlich bey deme / was obbeschrieben ist / daß sie ihre Religion allenthalben geraum und frey üben mögen / gelassen werden.

4. Und wie viel Personen die vereinigte Stände sub utraque ihres Mittels zu Defensorn über gemelt ihr Consistorium und Academiam, nach ihrer einhelligen Vergleichung / auß allen dreyen Ständen in gleicher Anzahl verordnen / und dieselben uns als ihrem König und Herren übergeben werden / dieselben alle uns nahmhafft gemachte und übergebene Personen / keinen hievon außgelassen / wollen / und sollen wir innerhalb zweyen Wochen / von dato der uns übergebnen Verzeichnus / darzu bestättigen / und sie für defensores erklären / doch über der Stände ihnen gegebne Pflicht und Instruction / in keine andere Instruction noch Pflicht ziehen. Do wir aber anderer Verhinderungen / oder allerhand anderer Ursachen wegen in obbemelter Zeit dieselbigen nit bestättigen konten oder würden: So sollen sie doch eins wegs als deß andern über beyden Defensores verbleiben / alles das thun und verrichten / als wann sie von uns confirmirt und bestättigt wären. Und do auch einer auß ihnen stürbe / werden die Stände sub utraque an statt desselben beym nechst darauff folgendem Landtag einen andern zu denen noch übrig im Leben verbliebenen wehlen und zugeben kunnen. Welches also in künfftig allezeit / obbeschriedener gestalt / wie von uns / unsern Erben / und künfftigen Königen zu Beheim / also auch von ihnen den Ständen sub utraque und den Defensorn observirt und gehalten werden soll.

5. Im fall auch jemand auß den vereinigten dreyen Ständen dieses Koningreichs sub utraque über die Kirchen und Gotteshäuser / deren sie allbereit im Besitz seyn / und die ihnen zuvor zustandig (darbey sie friedlich gelassen und geschützt werden sollen) es sey in Stätten / Märckten / Dorffern / oder anders wo / noch mehr Gotteshauser und Kirchen zum Gottesdienst / oder auch Schulen zu Unterrichtung der Jugend auffbawen lassen wolte / oder wolten / werden solches so wohl der Herren- und Ritterstandt / als auch die Präger / Kuttenberger / und alle andere Stätte / gesambt und sonders jederzeit geraum und frey thun können / ohne allermänniglichs verhindern.

6. Und weiln in etzlichen unsern Königlichen / und in ihrer May. der Königin als Königin in Beheim Stätten / beyder Religionen zugethane / nemblichen sub una und sub utraque beysammen wohnen / Als befehlen wir insonderheit und wollen / zu erhaltung Fried und Einigkeit / daß jedes Theil seine Religion frey üben / nach ihren Priestern sich reguliren und richten möge / und ein Theil dem andern in seiner Religion und Ordnung keine Außmessung thue / das Exercitium Religionis, die Begräbnus der Todten Leich in den Kirchen und auff den Kirchhöfen / auch so wohl das Leutten niemandt gewehret seyn.

7. Ebener gestalt soll auch von dem heutigen Tag an zu rechnen niemand wie auß den höhern Ständen / also auch auß den Stätten / Märckten / und das Bauers-Volck weder von ihren Obrigkeiten / noch andern Geistlichen und Weltlichen Stands Personen / von seiner Religion abgewendet / und zu deß gegentheils Religion mit Gewalt oder einiger anderer erdachten Weiß gedrungen werden.

8. Daß nun alles / was obbeschrieben / zu erhaltung Lieb und Einigkeit von uns trewlich gemeint und verordnet sey / so versprechen wir derowegen mit unserm Königlichen Wort / daß gedachte alle drey vereinigte / zu gedachter Confession sich bekennende Stände unsers Königreichs Beheim / jetzige und künfftige / auch deren Nachkommen / bey diesem allem / was obgemelt / von uns / unsern Erben / und künfftigen Königen in Böheim / vollkommenlich und gäntzlich / ohne verbrechung oder schmälerung gelassen / und dabey geschützt werden sollen / Dann wir sie auch in diesem allem bey dem Frieden deß H. Reichs / wegen der Religion auffgericht / der Religionfried genant / als ein vornehmes Glied deß H. Reichs bleiben lassen / In welchem ihnen / weder von uns noch unsern Erben und künfftigen Königen in Böheim / noch jemands andern Geistlichen oder Weltlichen Stands Personen / keine hinderung beschehen soll / in künfftige ewige Zeit.

9. So soll auch wider obbestimbten wegen der Religion auffgerichten Frieden / und wider diese den Ständen sub utraque von uns beschehene beständige Versicherung kein Befelch / und nichts dergleichen / was ihnen darin in dem allerwenigsten Hinderung oder Veränderung bringen mochte / von uns / unsern Erben / und künfftigen Konigen in Boheim / auch von keinem andern außgehen oder angenommen werden / Und da auch gleich ichtes solches außgienge / oder von jemanden angenommen worden seyn mochte / dasselbe doch kein Krafft haben / und in solcher Sache mit oder ohne Recht nichts mehr geurtheilet und gesprochen werden. Und dieser Ursach halber thun wir hiemit alle und jede / wider das Theil deren sub utraque, und diejenigen / die sich zu solcher Confession bekennen / hievor außgangene Befelch und Mandata, welcher Orthen die immer erfolgt seyn / auffheben / cassirn / zu nichts machen / und erkennen sie todt und null seyn: Also daß dieses alles auch die jetzige und vorige von den Ständen bey uns dieses Artickels halber gesuchte Confirmation / und was entzwischen und biß daher sich verloffen / ermeldten dreyen vereinigten Ständen dieses Konigreichs / samtlich oder sonderlich / zu keinem nachtheil und abbruch ihres guten Leymuts / und zu keiner beschwehr / wie die nahmen haben mochte / ist und gereiche: Dasselbe auch ihnen von uns / und künfftigen Konigen zu Boheim / in keinem bösen gedacht und geandet werden soll / jetzo und zu künfftigen ewigen Zeiten.

10. Daneben allen Obristen Landofficirern / Landrechtsitzern / und unsern Räthen / auch allen Ständen und Innwohnern dieses Konigreichs / jetzigen und künfftigen unsern lieben getrewen / gebietende / gedachte Herrn / Ritterschafft / Präger / Kuttenberger und alle Stätte / alle drey Stände dieses Konigreichs mit allen ihren Unterthanen / und in summa alle sub utraque, die sich zu der Beheimischen Confession bekennen / bey dieser Versicherung und Majestät-Brieff in allen Artickeln / Puncten / Clausuln zu lassen / sie dabey zu schützen / und keine Hinderung oder Eintrag ihnen zu thun / noch jemands andern zu thun zuverstatten / so lieb euch ist unser Zorn und Ungnad zu vermeiden. Und da sich jemandt Geistlichen oder Weltlichen Stands was dergleichen zu Verbrechung dieses Majestät-Brieffs unterstünde / so sollen und werden wir mit unsern Erben und künfftigen Konigen / auch den Ständen deß Konigreich Boheim verpflichtet seyn / zu einem jeden solchem als zu einem Verbrecher deß allgemeinen guten Friedens / zu zu sehen / und die Stände darbey zu schützen und zu beschirmen / aller gestalt und massen / wie der Artickel in der Landsordnung von Beschützung deß Landes / der Ordnung und Recht / außmessung thut.

11. Endlich

ANNO 1609. 11. Endlich befehlen wir den Ober- und Unter-Amptleuthen bey der Landtaffel des Konigreichs Beheim / daß sie künfftiger Gedächtnus willen / diesen unsern Majestät-Brieff auff die Landtags-Relation / die bey diesem Landtag von allen dreyen Ständen deß Konigreichs Beheim zur Landtaffel beschehen soll / in die Landtaffel einverleiben / einschreiben / und nacher dieses Original zu andern Freyheiten / oder Privilegien des Lands auffm Carlstein legen lassen sollen Dessen zu Urkund haben wir unser Keyserlich Insigel an diesen unsern Brieff und Majestät anzuhangen befohlen. Geben auff unserm Koniglichen Schloß Prag / am Donnerstag nach S. Procopii, Im Jahr deß HErrn 1609. unserer Reiche / deß Romischen im 34. deß Hungerischen im 37. und deß Beheimischen im vier und dreyssigsten.

Rudolphus.

Adamus de Sternberg supremus Burggravius Pragensis.

Ad Mandatum Sacræ Cæsareæ Majestatis proprium.

Paulus Michna.

CXV.

20. Août. **Kayser RUDOLPHS II. Bestättigung über das freye Exercitium Religionis Augspurgischer Confession im Lande Schlesien. Geben auf dem Königlichen Schloß zu Prag den 20. Augusti im Jahr nach der Geburt Christi 1609. Seiner Reiche des Römischen im 34. des Hungarischen im 37. und des Römischen im 34. [GOLDASTI Reichs-Satzungen Theil 2. pag. 355.]**

C'est-à-dire,

Confirmation de l'Empereur RODOLPHE II. *en faveur du libre Exercice de la Religion, selon la Confession d'Ausbourg, en Silesie. Donné au Chateau Royal de Prague le 20. Août de l'an 1609. de son Regne Romain le* XXXIV. *du Regne de Hongrie le* XXXVII. *& de Boheme le* XXXIV.

WIr Rudolff der ander von Gottes Gnaden erwählter Romischer Keyser / zu allen zeiten Mehrer deß Reichs / in Germanien / zu Hungern / Bohmen / Dalmatien / Croatien / und Schlavonien / etc. Konig / Ertzhertzog zu Oesterreich / Hertzog zu Burgund / Marggraff zu Mähren / Hertzog zu Lutzemburg / in Schlesien / zu Braband / zu Steyer / Kernten / Crain / Wirtemberg und Teck / etc. Fürst zu Schwaben / Marggraff zu Lanßnitz / Gefürster Graff zu Habspurg / zu Tyrol / zu Pfirt / zu Kyburg / und zu Göritz / Landegrave in Elsaß / Marggraff deß Heiligen Romischen Reichs ob der Ens / und zu Burgau / Herr auff der Windischen Marck / zu Portenau / und Salins / etc.

1. Bekennen für uns / unsere Erben und Nachkommende Konige zu Bohmen / offentlich mit diesem Brieff: Demnach unsere getrene und gehorsame / der Augspurgischen Confession zugethane Fürsten und Stände in Ober- und Nider-Schlesien / verwichener zeit durch ihre Gesandten / Den Wolgebornen / und die Ernveste / auch Gelehrte und Ersame unsere liebe getreue: Weichharten von Promnitz / Freyherrn zu Pleß auff Soran / Triebel und Hoyerswerda: Hans Georgen von Zedlitz auff Stroppen: Sigmunden von Burghauß auff Stoltz: Andreas Geißlern / der Rechten Doctorn / und Wentzel Ottern / unter andern deß Landes beschwerden / zufürderst / und fürnemlich / von uns / als Regierenden Konige zu Bohmen / und obristen Hertzoge in Schlesien / aller unterthänigst gebetten / daß sie bey der Augspurgischen Confession / dero freyem Exercitio gelassen / und dessen von uns gnugsam versichert werden mochten Wir auch sie underm dato den 16. Tag deß Monats December nechst verflossenen Jahrs / mit mehrer außführung gnädigst dahin beschieden: Daß wann ein jeder bey dem jenigen / wessen er befugt und berechtigt / verbliebe / und nicht davon gedrungen würde / wir ihnen nachmals keine unbilligkeit zu zufügen verstatten / sondern es in Glaubenssachen allerdings bey deme / wie es bey unsern Hochgeehrten Vorfahrn / als Kaysers Ferdinandi und Maximiliani zeiten gehalten worden / und wie wir es bey unser angehenden Regierung befunden / in gnaden beruhen lassen wolten /

2. Und aber uns bey dieser jetzigen Absendung sie ferner unterthänigst fürbringen lassen / daß ihnen solche Resolution darum beschwerlichen fallen wolte / weil dieselbe Conditioniret / und dardurch den Catholischen / den Augspurgischen Confessions verwandten streit zuerregen / anlaß gegeben würde / mit unterthänigster bitt / daß in puncto Religionis, ebener massen / wie wir gegen unsern Ständen deß Königreichs Böhmen sub utraque, uns gnädigst resolviret / auch ihnen den gehorsamen Fürsten und Ständen / mit gleichmässiger satisfaction allergnädigst uns zuerzeigen / geruhen wolten. ANNO 1609.

3. Wann wir dann gnädigst angesehen / solch unserer gehorsamen und getreuen Augspurgischer Confessions-verwandten / Fürsten und Stände / unterthänigstes flehen und bitten / beyneben auch wargenommen die vielfältige und grosse Beschwerungen / so wie hin und wider / also im Lande Schlesien / auß den Religions-strittigkeiten erwachsen / und biß dato sich erhalten haben / hinfüro auch noch mehr (wo fern wie biß dieser Zeit beschehen / ein Theil gegen dem andern / sein Recht und Gerechtigkeit / welche sie gegen einander vor Alters / wie auch vor antrettung unserer Regierung zu Stifften / Clöstern / Kirchen / Consistoriis, Renten / Zehenden / Einkommen / und allen andern zugehörungen / sive ex prima fundatione, aut ex jure patronatus, vel alio quovis titulo, wie solcher erdacht / aufgesucht / und herfür gezogen werden könte und möchte / gehabt / im petitorio rügen / eyfern / deßwegen ein ander turbiren / und bedrängen solten) sich gar leicht erheben und überhäuffen möchten.

4. Diesem nach / und damit solchem unraht in der zeit vorkommen / und wie in allen andern unsern Königreichen und Landen / also auch im Land Schlesien / unter beyder Religionen / neimblich den Catholischen und Augspurgischen Confessions-verwandten / unsern gehorsamen Fürsten und Ständen / und getreuen unterthanen / jetzo und allezeit standthaffte liebe / fried / einig- und vertreuligkeit / zu auffnehmung deß gemeinen nutzens / gepflantzet und erhalten / auch fürbaß kein Theil dieser beyder bewilligten Religionen in seinem Posseß und Exercitio bedrängt / sondern dabey geruhiglich / ohne menniglichs inhalts gelassen werden möchte.

5. Als haben wir in Betrachtung dieser aller ietztgesetzten / und sonst vieler andern erheblichen Ursachen und Motiven / bevorauß / deren von uns obgedachten unsern Gehorsamen Fürsten und Ständen / in allen und jeden / die gantze Zeit unserer Keyser- und Koniglichen Regierung vorgefallenen angelegenheiten / mit so standthaffter Treue / gantz nützlichst und willigst geleisten Diensten / welche ihre Treuhertzigkeit / sie auch noch ferners zu continuiren sich gehorsambst anerbieten / auff gehabten genugsamen bedacht / und mit unserm guten wissen und willen / auch zuvor mit unserer Obristen Land-officirern / Landrechtsitzern / Edlen Räthen / und lieben getreuen unsers Konigreichs Bohmen / gepflogenem reiff im Rath den articul die Religion betreffend / gnädigst dahin vermittelt / und beschlossen / und zu desto beständiger wehrenden fest haltung / gedachten unsern gehorsamen Augspurgischer Confessionsverwandten / Fürsten und Ständen / und getreuen Underthanen / solches alles mit darüber ertheilung dieses unsers Kayserlichen und Koniglichen offenen Majestat-Brieffs / versichert und bestettiget.

6. Erstlich: Demnach die Catholischen im Land Schlesien / ihr freyes und ohngehindertes Exercitium Religionis haben / in welchem ihnen die Augspurgischen Confessions verwandten / keinen eintrag thun oder ordnung geben / viel mehr sie bey ihren Kirchen / Gottesdienst / Ceremonien / Clostern / Schulen / Pfarren / Stifftungen / Zehenden / Zinsen / Accidentien / Einkommen und alten Gebräuchen / wie solches alles biß anhero und zu dato sie im Besitz gehabt / dieser Majestat und dem interdicto uti possidetis ita possideatis gemäß / ruhig und ohne verhinderung verbleiben lassen sollen und wollen.

7. Diesem nach und damit hierinnen eine gleichheit gehalten werde / bewilligen Wir und geben Macht und Recht darzu / daß die gehorsamen Fürsten und Stände / und also alle und jede Einwohner deß gantzen Landes Schlesien / sie seyn unter Geistlichen oder Weltlichen Fürsten / Herrn / Commendatorn / auch in unsern Erbfürstenthümern gesessen / auffm Land / Städten / und in Dörffern / welche der Augspurgischen Confession verwand seyn / und sich zu derselben bekennen / keinen außgenommen / ihre Religion laut jetzt erwehnten Confession frey und ungehindert über allen orthen / üben und verrichten / bey solch ihrer Religion / Priesterschafft und Kirchenordnung / welche jetzo bey ihnen ist / oder dieser Confession gemäß möchte auffgerichtet werden / fried- und geruhiglich verbleiben / keiner auß denselben zu einer andern Religion / als wie sie die bißhero gehabt / ungeachtet / unter welcher Geistlichen oder Weltlichen Obrigkeit einer gesessen / oder sich auffhalten thut / gedrungen / oder derwegen verjaget / viel weniger bloß und allein der Religion halben ab officiis removiret, und also auff keinerley weise noch wege in ihren Gewissen bedrenget oder betrübet / sondern viel mehr alle und jede dieser Augspurgischen Confessions-verwandte / bey derselben / auch bey allen jetzo innhabenden Kirchen / Gottesdienst / Ceremonien / Schulen / Pfarren / Clöstern / Stifftungen / Zehenden / Zinsen / Accidentien / einkommen / allermassen wie sie solche bißhero im Besitz und Gebrauch gehalten / ruhig und unangefochten gelassen werden sollen.

8. Zum andern / Wollen und ordnen Wir / daß alles

daß

ANNO 1609.

das jenige / was ein theil zu dem andern / Catholische so wol / als der Augspurgischen Confessions-verwandte / vor Alters / wie auch vor / und nach antrettung unserer löbli- Regierung / zu Stifften Clöstern / Kirchen / Consistoriis, Renten / Zehenden / einkommen / und allen andern zugehörungen / sive ex prima fundatione, aut ex jure patronatus, aut ex alio quovis titulo, wie solcher in petitorio erdacht / aufgesucht / oder herfür gezogen werden könte oder möchte / berechtiget gewesen / oder zu seyn vermeynet / gantz ruhen / und ein jeder bey deme / was er besitzet / insonderheit Kirchen und Schulen / ohnangesehen / wem solche vor alters zugehöret / und deßwegen noch ihre jura patronatus darauff prätendiren möchten / verbleiben / und deßwegen kein Theil das ander / mit oder ausser Recht anfassen / darinnen turbiren / oder im wenigsten bedrangen soll.

9. Zum dritten / verwilligen wir auch dieses / da jemand auß den Fürsten und Ständen / ausser denen Kirchen und Gotteshäusern / welche sie jetzo innhaben / halten / oder ihnen sonsten zuständig seyn (bey welchen sie auch friedlich geschützt / und erhalten werden sollen) etwa in Städten / Städtlein Dörffern oder anderswo / wolte oder wolten mehr Kirchen / Gotteshäuser oder Schulen / zu Unterweiß-und Aufferziehung der Jugend auffrichten und bauen lassen / daß solches gleich wie dem Fürsten-und Herrn-Stand / und derselben allerseits Underthanen / also auch den Erbfürstenthümern / so wol in Städten als auff dem Lande in gemein / und einem jeden insonderheit / an jetzo und in künfftig zuthun / frey und offen stehen soll / von männiglich ungehindert.

10. Zum vierdten / Wöllen wir auch den Augspurgischen Confessions-verwandten Fürsten und Ständen diese sondere Gnad thun / daß die jenigen Fürsten / so zu zeiten unserer Hochgeehrten Herrn Anherrns und Herrn Vatters / auch bey Antrettung unserer Regierung / ihre Consistoria gehabt / und biß dato erhalten / dabey nun und hinführo allezeit von männiglich unbeirret seyn und bleiben / auch daß denen andern Augspurgischer Confession Fürsten und Ständen / so hievor keine Consistoria gehabt / neue auffzurichten / und allermassen mit denselben / wie die andern / so die ihrige bißhero gehalten / in Ordination und Ehesachen zuverfahren frey stehen soll.

11. Dabey wir dann insonderheit den Erbfürstenthümern gnädigst frey stellen / daß sie es in ordinationibus, wie vor diesem beschehen / in künfftig halten / und die Pfarrer ordiniren lassen / In Ehesachen aber sich entweder der Consistorien / der Augspurgischen Confessions verwandten Fürsten und Stände in Schlesien gebrauchen / oder aber durch die Hauptleute und die von Lande darzu verordnete Personen / Augspurgischer Confession / an einem gewissen orte / ein General Consistorium auffrichten mögen / Jedoch auff unser gnädigste Ratification / so innerhalb eines Monats / nach beschehenem ihrem gehorsambsten anbringen / erfolgen / oder in verbleibung dessen / wie es auffgerichtet / gehalten / und von ihren Deputirten ohne allen Eintrag dirigiret werden soll. Dahin dann sie alle und jede Ehesachen remittiren mögen / mit diesem außdrücklichen Vorbehalt / daß in erwehnten Heyraths-und Ehesachen wie bey diesem / also auch in allen andern Consistorien fleissig Auffacht gegeben werde / damit niemand zunahe mit dem Geblüte sich vermische / und da es je beschehen solte / doch der modus coercendi & puniendi, allermassen wie es im Heiligen Römischen Reich / unter den Augspurgischen Confessions verwandten / und deren wolbestelten Consistoriis in üblichen Brauch bißhero gehalten / observiret werde.

12. Zum fünfften / sollen die Begräbnis todter Leichnam / in Kirchen und auff Kirchhöffen / wie auch das Außleuten denjenigen / so darzu gepfarret / nicht abgeschlagen / Gleichwol aber bey den Catholischen Kirchen und Pfarren den Augspurgischen Confessions Verwandten / anders nicht / denn vermöge derer daselbsten gebräuchlichen Ceremonien; Hinwiederumb auch den Catholischen bey deß andern Theils Pfarren ebener Gestalt zugelassen und ertheilt werden. Und da es je geschehe / von den eingepfarreten die zur Zeit so gestalten Verwegerung gebürende und sonst zur Kirchen oder Pfarr schuldige Renth und Decem zu entrichten entnommen / und ihre Obrigkeiten dieselben zu einer andern Pfarr / da es ihr gefällig zuverwenden / und daselbst sie begraben zulassen befugt seyn.

13 Wegen frembder Personen und Leichen aber / soll dieses alles mit deß Collatoris oder Pfarrers selbigen Orts gutem Wissen und Willen verrichtet werden. In welchen Orten aber und Städten die jenigen / so der Augspurgischen Confession seyn / ihr eigne Kirchen und Begräbnus / oder gesampt mit den Catholischen nicht hetten / dieselben sollen vermöge dieser unser Concession / wie Kirchen und Gottshäuser / also Begräbnus und Kirchhöffe auffzubauen / auch stellen darzu außzusetzen Macht haben.

14. Auff daß also hierinn zum sechsten vielgedachten unsern gehorsamen Fürsten und Ständen / auch allen andern unsern im Hertzogthumb Schlesien / und unserer darinn habenden Erbfürstenthumbern getreuen underthanen und Einwohnern / nicht etwas verhinderliches seyn möge. So thun wir hiemit alle Befelch und Mandata, welche vor diesem wider die Augspurgischen Confessions-Verwandte / in specie aber die jenigen / so wegen verbottener gradnum im Heyrathen und andern in puncto Religionis auffgangen seyn / in gegenwärtig gäntzlich auffheben und cassiren.

15. Letzlich / wollen wir auch dieses / daß zu Erhaltung Lieb und Einigkeit / eine Part der andern / Catholische so wol als der Augspurgischen Confession-Verwandte / in so wie vorgesetzt / verwilligter Ubung und Gebrauch ihrer Religion / Kirchenordnung und ertheilten Gerechtigkeiten / nit eingreiffen oder fürschreiben / die geistliche in weltliche / und hinwider die weltliche in geistliche Empter sich nicht einmischen / vielweniger einander verschmähen noch verfolgen / sondern nunmehr als Glieder zu einem corpore gehörig / einander lieben / ehren / fördern / und beyderseits für einen Mann / in allen unsern und deß Vatterlandts Notturfften / und Angelegenheiten / es sey in Mitleidungen oder andern unvermeidenlichen Zufällen / beysamen als treue Freunde stehen: Und in summa also von heutiges Tages Dato an keiner von dem andern / wie auß den Fürsten / Herrn und Ständen / also auch in den Städten / Städtlein und Bauersvolck / weder von ihren Obrigkeiten noch von keinem andern eintzigen geist-oder weltliches Standes Personen / wegen der Religion bedränget / und zu einer andern / es sey durch Gewalt oder anderer unziemlicher Weise / gezwungen und abgeführet werden.

16. Welches alles und jedes wie jetzt erzehlet / verwilligen / versichern / und bestättigen wir hiemit auß regierender Königlicher Böhmischer Vollkommenheit / Macht und Gewalt / und als Oberster Hertzog in Schlesien / meynen / setzen und wollen bey unsern Königlichen Worten versprechend / daß viel erwehnte unser Augspurgischer Confessions Verwandte / Fürsten und Stände / sampt andern obberürten unsern deren Ort / Landen und Erbfürstenthumbern / getreuen Underthanen und Einwohnern für sich und ihre Nachkommen / bey allem dem was obgesetzt / von uns / auch künfftigen Königen zu Böhmen / und Obristen Hertzogen in Schlesien / biß zu einer Christlichen vollkommlichen und endlichen Vereinigung wegen der Religion im Heiligen Römischen Reich gantz und vollkommlich / in Fried und Ruhe gelassen / und gleich andern bey dem Religions-Frieden deß Heiligen Römischen Reichs erhalten / das geringste ihnen hierin weder von uns / noch wie obgedacht / an unsern Nachkommen / oder aber von andern Geistlichen oder Weltlichen Personen zu künfftigen und jeden Zeiten einige Verhinderung oder Eintrag nicht geschehen noch verstattet / weniger wider solchen Religions-Frieden und diese unsere Assecuration einige Befelch / oder etwas dergleichen / so dessen geringste Verhinderung oder Veränderung verursachen möchte / von uns oder mehrerwehnten unsern Nachkommen / oder aber sonsten jemandts andern außgehen / oder von jemandts anzunehmen angehalten: Und im Fall da etwas dergleichen außgienge / oder von jemanden angenommen würde / jedoch unkräfftig seyn / und dafür gehalten / auch auff solche Gestalt / weder mit oder ohne Recht etwas geurtheilet und außgesprochen werden soll.

17. Und gebieten darauff unsern Ober-und allen andern Hauptleuten / in Ober-und Nider-Schlesien / daß sie gemeldte unserer gehorsame Fürsten und Stände / sampt allen andern hierin vermelt unsern getreuen Underthanen und Einwohnern in Ober-und Nider-Schlesien / so sich zu vielberührter bewilligter Augspurgischer Confession bekennen / bey dieser unserer Versicherung und Majestät / wie dieselbe in allen Articuln / Sententzen und Clausuln lautet / vertretten und schützen / selbst ihnen hierin keinen Eintrag thun / viel weniger andern zuthun verstatten. Und wo über diß jemandt / es sey von geistlichen oder weltlichen Personen / diese unsere Assecuration und Mayestät zu übertretten sich unterstünde / zu deme und einem jeden derselben / als zu einem zerstörer deß gemeinen Friedens / an statt unser / und ihres von uns oder mehres erwehnter unsern Nachkommen / ihnen anvertrauten Ampts halben greiffen / und also viel ermeldte unsere gehorsame Fürsten und Stände festiglich schützen / beschirmen und vertheidigen sollen.

18. Und diß alles bey Vermeydung unsers / unserer Nachkommen / und künfftigen regierenden Königen zu Böhmen / auch Obristen Hertzogen in Schlesien Zorns / schwerer Straff und Ungnade. Alles getreulich und ungefehrlich. Urkundlich und um mehrer Sicherheit willen / mit unserm Keyserlichen und Königlichen anhangenden grossern Insigel bekräfftiget. Geben auff unserm Königlichen Schloß Prag / den zwantzigsten Tag deß Monats Augusti / nach Christi unsers lieben HErrn und Seligmachers Geburt / im ein tausend / sechs hundert und neundten Jahr / unserer Reiche deß Römischen im vier und dreissigsten / deß Hungerischen im sieben und dreissigsten / und deß Böhmischen auch im vier und dreissigsten Jahr.

Rudolph.

Adamus de Sternberg,
Supremus Burggravius
Pragens.

Ad Mandatum Sac. Caes.
Majestatis proprium.

Paulus Michna.

Anno 1610.

CXVI.

4. Juin.

Decret de la Faculté de Theologie de Paris, par lequel en conformité de ses precedentes Censures, confirmées par le Concile de Constance, la detestable Doctrine qui autorise le meurtre des Roix, sous le nom de Tyrans, est déclarée seditieuse, heretique, & impie. [FAVIN. Hist. de Navarre Liv. 19. pag. 1287.]

L'An de Nostre Seigneur mil six cens dix. La Sacrée Faculté de Theologie n'ayant peu tenir sa congregation generale & ordinaire le premier & second jour de Juin à cause des festes de Pentecoste, la remit & transfera au quatriesme Juin, auquel jour elle auroit faict assembler au College de Sorbonne, tous les Docteurs, en vertu de l'obediance par eux jurée à ladicte Faculté, pour apres avoir celebré la Messe du Sainct Esprit ainsi que l'on a de coustume, deliberer sur l'execution d'un Arrest de la Cour de Parlement, dont la teneur ensuit;

(*fiat insertio.*)

Pour satisfaire auquel Arrest, ordonnant chose saincte, & necessaire ladicte Faculté en premier lieu, a fait assembler ses Deputez & depuis traicté ledit affaire en la congregation generale, en laquelle ayant consideré qu'elle est obligée de donner son advis, & Censure doctrinale à tous ceux qui la demandent, que l'Université de Paris depuis sa premiere fondation a toujours esté la mere, & la nourrice d'une tres-bone & tres salutaire doctrine, que le bien & repos public provient de l'ordre, & que l'ordre, apres Dieu, depend du salut des Roys, & des Princes; qu'il appartient seulement au Prince, ou à la puissance Politique d'user du glaive, comme il est escript aux Romains 13. Que depuis quelques années, certaines opinions estrangeres, seditieuses, & impies ont tellement perverty l'esprit de plusieurs hommes, qu'ils n'ont eu en horreur souiller les Roys & Princes du nom execrable de Tiran, & en consequence d'un si detestable pretexte, comme aussi sous couleur d'ayder ou advancer la Pieté, la Religion, ou le bien public, de conspirer contre leurs personnes sacrées, & d'ensanglanter leurs mains parricides d'un sang qui est si cher & de si grand prix, & consequemment d'ouvrir la porte à toutes sortes de meschancetez, perfidies, desloyautez, fraudes, tromperies, surprinses, trahisons, meurtres, carnages mutuels des peuples, aux ruines, saccagemens, & razemens de Villes, Provinces, & Royaumes tres fleurissants: bref à une infinité de crimes abominables, causez par les guerres tant civiles, qu'estrangeres: finalement cognoissant que telles opinions pestilentieuses & diaboliques, en ce tems rendent ceux qui se sont separez de l'Eglise Catholique Apostolique & Romaine, obstinez en leurs erreurs, & leur font fuir les Religieux, Docteurs, & Prelats Catholiques, bien qu'ils soyent innocents, comme s'ils enseignoient & authorisoient une si pernicieuse doctrine: Toutes lesquelles raisons & autres semblables, apres avoir esté diligemment examinées.

Ladicte Faculté d'un commun accord, & d'une ferme resolution, deteste & condanne telles doctrines estrangeres & seditieuses, comme impies, heretiques, ennemies de la Societé humaine, de la Paix, tranquillité publique, & de la Religion Catholique: en foy & tesmoignage dequoy, elle a estimé devoir renouveller son ancien Decret, conclu & resolu il y a 200. ans par l'advis de 141. Theologiens, sur la condemnation de ceste proposition execrable. *Un Tyran, quel qu'il soit, peut & doibt licitement & meritoirement estre mis à mort par son Vassal ou Subject, quel qu'il soit, par tous moyens, principalement par secrettes embusches trahisons, flatteries, & autres telles menées, non obstant quelque foy ou serment, que le Subject, ou Vassal puisse avoir avec le Tyran: sans aussi que sur ce faict, doive attendre la sentence, ou le mandement du Juge quelconque.*

Ceste proposition prise ainsi generalement, & selon la signification de ce mot *Tyran*, est une erreur contre la Foy Catholique, contre la doctrine des bonnes mœurs, & contre le commandement de Dieu. *Tu ne tueras point*, ce que la glose interprete, de propre Authorité, c'est à dire sans le commandement du *Magistrat*. Pareillement elle contrevient à ce que dict nostre Seigneur. *Tous ceux qui auront pris le glaive* ce que la mesme Glosse explique aussi, de Authorité *perriront par le glaive.*

Anno 1610.

D'avantage, ceste proposition tend à l'entiere subversion & ruine de tous les Estats, Princes, & Roys du monde. Elle ouvre encores le chemin à plusieurs meschancetez, aux tromperies, trahisons, violements de foy & de son serment, & generalement donne licence aux Subjets à toute sorte de desobeissances contre leurs Seigneurs, mesmement à la desloyauté & deffiance des uns à l'endroict des autres & par consequent a la damnation eternelle.

Partant, quiconque maintient opiniastrement une telle erreur & plusieurs autres qui se peuvent induire de ceste proposition generale, est heretique, & doit estre puny comme tel, mesmement apres la mort, suivant ce qui est noté au Decret, cause vingt & troisieme, question cinquiesme, &c. faict l'an mil quatre cents & treize, le Mercredy treiziesme Decembre.

La susdicte censure de la Faculté de Paris, a esté confirmée au Concile de Constance, session quinziesme, l'an mil quatre cents & quinze, le sixiesme jour de Juillet, en ces propres termes.

Le Sainct Concile voulant employer tout son estude & soing à l'extirpation des erreurs & heresies qui pullulent en divers endroicts du monde, selon qu'il y est obligé, & mesme ayant esté assemblé pour cest effect, estant bien informé que depuis quelque tems on dogmatize, & publie on certaines propositions merveilleusement scandaleuses, erronnées en la Foy, & aux bonnes mœurs, & qui ne tendent qu'à renverser tout l'ordre, & l'Estat des Republiques, entre lesquelles propositions, ceste cy a esté raportée: Un Tyran quel qu'il soit, &c. Elle est couchée cy dessus.

Le Sainct Concile ayant un singulier desir de s'opposer à cest erreur, & de l'extirper du tout, apres avoir meurement deliberé, declare, arreste definit, que ceste Doctrine est erronée en la Foy, & aux bonnes mœurs, & partant la reprouve & condamne comme heretique, scandaleuse, ouvrant le chemin à toutes sortes de fraudes, tromperies, deceptions, mensonges, trahisons, & parjures. Declare en outre, arreste, & definit, que tous ceux qui defendent opiniastrement ceste pernicieuse Doctrine, sont Heretiques, & comme tels, qu'ils doivent estre punis, conformement aux Saincts Canons.

Par tant, la Sacrée Faculté apres avoir exactement & soigneusement examiné les opinions de tous les Docteurs en general, & de chacun en particulier, est d'advis premierement, que l'ancienne censure de ladicte Faculté, confirmée par le Concile de Constance, soit non seulement renouvellée, mais pareillement bien & vifvement imprimée en l'esprit de tous les hommes: Secondement, que c'est chose seditieuse, heretique, & impie d'attenter & metre les mains violentes sur les sacrées personnes des Roys & Princes, quelque pretexte que tout Subject, Vassal, ou Estranger quelconque puisse prendre ou rechercher. En troisieme lieu, elle veut & arreste, que tous les Docteurs & Bacheliers en Theologie, au jour que l'on a de coustume de faire serment de garder les Statuts, & Articles de ladicte Faculté, jureront aussi & prometront soubs leur seing, d'enseigner la verité de ce Decret, soit lisant la Theologie, ou preschant la parolle de Dieu. En quatriesme lieu que ce present Acte sera imprimé & publié.

Par commandement de Monsieur le Doyen, & de la Sacrée Faculté de Theologie, De la Cour.

CXVII.

8. Juin.

Arrest du Parlement de Paris contre le Livre de MARIANA, *intitulé* de Rege & Regis institutione, *portant qu'il sera bruslé par l'Executeur de la haute Justice. Fait le 8. Juin 1610.* [FAVIN Hist. de Navarre Liv. 19. pag. 1301.]

La

ANNO 1610. LA Cour, les grand Chambre, Tournelle, & de l'Edict assemblées, procedant au jugement du procez criminel & extraordinaire faict à la requeste du Procureur General du Roy, pour le tres-mechant, tres cruel, & tres detestable parricide commis en la personne Sacrée du Roy Henry quatriesme, ouy sur ce le Procureur General du Roy a ordonné & ordonne, qu'à la diligence des Doyen & Syndic de la Faculté de Theologie la dicte Faculté sera assemblée au premier jour pour deliberer sur la confirmation du Decret d'icelle du treiziesme Decembre mil quatre cents & treize resolu par la censure de cent quarante & un Docteurs de ladicte Faculté, depuis authorisé par le Concile de Constance. Qu'il n'est loisible à aucun, pour quelque cause & occasion qui puisse estre, d'attenter aux personnes Sacrées des Roys, & Princes Souverains. Et que le Decret qui interviendra en ladicte Assemblée, sera soubsigné de tous les Docteurs de ladicte Faculté ayants assisté à ladicte deliberation: ensemble par tous les Bacheliers qui sont au cours de Theologie, pour ledit Decret communiqué audict Procureur General, & veu par ladicte Cour, estre par elle ordonné ce que de raison. Faict en Parlement le vingtseptiesme de May mil six cents dix.

Signé, Voisin.

CXVIII.

26. Novemb. *Arrest du Parlement de Paris contre le Livre du Cardinal* BELLARMIN, *intitulé* Tractatus de Potestate summi Pontificis in temporalibus, &c. *par lequel cette Proposition est declérée fausse, detestable & tendante à l'aversion des Puissances Souveraines. Fait en Parlement le 26. Novembre* 1610. [Preuves des Libertez de l'Eglise Gallicane Tom. I. pag. 156.]

VEu par la Cour les grand' Chambre, de la Tournelle, & de l'Edict assemblées, le livre intitulé, *Tractatus de potestate summi Pontificis in temporalibus, adversus Guillelmum Barclaium, auctore Roberto Sanctæ Ecclesiæ Romanæ Cardinali Bellarmino*, imprimé à Rome per Barthelemy Zannetti, l'an present mil six cens dix: Conclusions du Procureur General du Roy & tout consideré: Ladite Cour a fait & fait inhibitions & defenses à toutes personnes, de quelque qualité & condition qu'elles soient, sur peine de crime de leze Majesté, recevoir, retenir, communiquer, imprimer, faire imprimer, ou exposer en vente ledit livre, contenant une fausse & detestable proposition, tendante à l'eversion des Puissances Souveraines, ordonnées & establies de Dieu, soulevement des Subjets contre leur Prince, substraction de leur obeissance, induction d'attenter à leurs personnes & Estats, & troubler le repos & tranquillité publique. Enjoint à ceux qui auront exemplaires dudit livre, ou auront cognoissance de ceux, qui en feront saisis, le declarer promptement aux Juges ordinaires, pour en estre faite perquisition à la requeste des Substituts dudit Procureur General, & proceder contre les coupables, ainsi que de raison. A fait & fait pareilles inhibitions & defenses, sur la mesme peine, à tous Docteurs, Professeurs, & autres, de traicter, disputer, escrire ny enseigner, directement, ou indirectement, en leurs Escoles, Colleges & tous autres lieux, la susdite proposition. Ordonne, ladite Cour, que le present Arrest sera envoyé aux Bailliages & Senechaussées de ce ressort pour y estre leu, publié, registré, gardé, & observé selon sa forme & teneur. Enjoint ausdits Substituts dudit Procureur General du Roy, de tenir la main à l'execution, & certifier ladite Cour de leurs diligences au mois. Fait en Parlement le Vendredy vingtsixiéme Novembre mil six cens dix.

Signé, Voysin.

CXIX.

ANNO 1614. — 1615. Du 7. Novembre 1614. jusqu'au 23. Fevrier 1615.

Actes & Resolutions notables prises dans les Estats-Generaux de France pour & contre la Publication du Concile de Trente à Paris depuis le 7. Novembre 1614. jusqu'au 23. Fevrier 1615. [Instructions, Lettres & autres Actes concernant le Concile de Trente pag. 588.]

LE Sieur Abbé de la Vernusse, Agent General du Clergé de France, & Promoteur en ladite Chambre Ecclesiastique desdits Estats, a representé que l'Assemblée ayant deliberé cy-devant de faire choix de quelques Articles, sur des poincts principaux pour les presenter au Roy, attendant que le cahier General soit dressé; il semble que pour plusieurs considerations qu'il auroit déduites, qu'on doit commencer par la demande de la publication du Sacré & Oecumenique Concile de Trente. Surquoy après meure deliberation prise par Gouvernemens, a esté resolu d'un commun consentement, qu'il sera fait Article contenant très-humble supplication au Roy, à ce qu'il luy plaise ordonner que ledit Sacré Concile de Trente sera receu, publié & gardé par tout son Royaume, & les S. S. Decrets & Constitutions d'iceluy, observées par tous dans les Estats, Terres & Pais de son obeissance.

Du Samedy 8. Novembre.

Les deliberations de la Seance precedente ayant esté leuës, & après que sur l'instance pour ce faite de la part des Deputez des Chapitres, & autres de l'inferieur Ordre, il a esté dit, qu'il seroit adjousté à celle qui regarde la demande pour la reception, publication & observation du Sacré Concile de Trente, que ce sera sans prejudice des Libertez de l'Eglise Gallicane, & des exemptions de jurisdiction, & autres Privileges des Chapitres des Eglises Cathedrales & Collegiales, & autres personnes Ecclesiastiques de ce Royaume, dont ils jouissent à present, comme aussi des graces & dispenses cy-devant obtenuës.

Du 28. Novembre.

Après une grande discussion & deliberation a esté arresté par pluralité de Gouvernemens, que l'Article du Cahier General sur la supplication tres-humble, qui sera faite à leurs Majestés, pour la publication & observation du Sacré & Oecumenique Concile de Trente, universelement desirée, & jugée tres-juste par la Compagnie, sera conceu en la forme qui s'ensuit.

Le Roy sera tres-humblement supplié d'ordonner que le S. Concile de Trente soit publié, gardé en son Royaume, si tost & après qu'il aura plu à sa Saincteté d'aggreer que ladite publication soit faite sans prejudice des Droicts de sa Majesté & de sa Couronne, paix, repos, & tranquillité de son Estat, des franchises, libertez & immunitez de l'Eglise Gallicane, des privileges, exemptions, & jurisdictions des Chapitres des Eglises Cathedrales, Collegiales, Monasteres & autres Communautez, dignitez & personnes Ecclesiastiques de ce Royaume.

Aucuns de mesdits Seigneurs ont encore relevé plusieurs difficultez sur ladite resolution, en ce qu'elle differe ladite publication, jusques après que sa Saincteté aura agrée lesdites restrictions, & encor en ce qu'il semble que par icelle quelque mauvais Interprete pourroit gloser qu'on presume que ledit Concile puisse apporter dommage au Roy, ou à sa Couronne, & alterer le repos de l'Estat, qui est neantmoins fort éloigné de la verité, & des intentions de la Compagnie, & que au contraire par son moyen on affermit la paix, le respect, & fidelité deües à S. M. Et ont representé entre autres choses, que le feu Roy és responses par luy faites, sur le cahier de l'Assemblée Generale du Clergé, avoit ordonné & declaré, qu'il entendoit que ledit Concile fust receu & observé en ce qui regarde la doctrine de la foy & Religion, la discipline & mœurs des Ecclesiastiques, qui est un grand prejugé & que pour ce regard pour le moins il n'estoit pas raisonnable que ladite publication fust differée, ny la demande d'icelle limitée ny conditionnée.

ANNO 1614. 1615.

Du 29. Novembre.

Plusieurs grandes difficultez & considerations ayans esté representées sur la resolution cy-devant prise pour demander la publication dudit Concile, & sur les limitations, sous lesquelles elle a esté demandée, le reste de cette Seance a esté employé en divers graves discours, touchant l'Authorité & Dignité dudit Concile, & touchant le respect & l'honneur qui luy doit estre rendu par toute la Chrestienté, comme ayant par une doctrine incomparable, & par ses decisions étouffé toutes les semences des Heresies, couppé les racines des Schismes, & abbatu les erreurs qui depuis cent ans ont affligé l'Eglise Catholique, Apostolique & Romaine. Surquoy toute la Compagnie, sans excepter un seul a protesté d'un commun consentement qu'elle recognoissoit que le S. Esprit avoit presidé en ce Sacré Concile, que il y avoit parlé comme par ses Oracles, par les bouches des premiers Prélats de la Chrestienté, assemblez sous l'authorité du Saint Siege, & qu'il leur avoit inspiré & dicté toutes les resolutions qui y avoyent esté prises. Ensuite de quoy elle a declaré que non seulement en cette Assemblée d'Estats; mais aussi en toutes celles qui ont esté tenues depuis la celebration de ce grand Concile, l'Ordre Ecclesiastique a tousjours avec une grande ardeur & zele, & avec de treshumbles prieres supplié nos Rois, qu'il fust receu & publié dans leur Royaume, comme aux autres Estats de la Chrestienté, que ses Sainctes, & Sacrées Ordonnances y fussent observées avec le respect qui est deu à la voix du S. Esprit. Cependant la mesme Compagnie n'a jamais pensé qu'en demandant cette publication, elle eust le pouvoir, ny mesme que elle deust apporter aucune sorte de difficulté, de modification ou de restriction aux choses qui concernent la Religion, & la doctrine qui y a esté decidée, & passée en loix inviolables: Au contraire, elle a recogneu que toute l'Eglise Gallicane est obligée d'embrasser avec elle cette Saincte Doctrine, comme aussi elle l'embrasse & en fait profession: & a esté dit que sans Sacrilege, heresie, impieté & blaspheme, ny elle ny autre n'en peut parler, ny la proposer en autres termes. Toutefois parce que dés la naissance du Christianisme, & au siecle mesme des Apostres, ceux qui ont gouverné l'Eglise ont jugé qu'aux choses qui regardent la police & discipline exterieure, il estoit permis, voire necessaire d'y admettre de la diversité, de dispenser de changer, & de relascher quelques poincts des Ordonnances que les Conciles Generaux avoient establies touchant cette sorte de police, & pour les mesmes raisons on pouvoit prendre & garder un autre ordre, soit par l'Authorité du Sainct Siege, & permission des Papes, soit par les Reglemens des Conciles Nationaux, qui pouvoient estre induits a y consentir par les longues pratiques fondées en une tradition receüe de toute antiquité, & sur la consideration des circonstances des temps, des personnes, des Nations, & des Provinces, qui ont donné occasion, & fait naistre cette diversité sur laditte Police en beaucoup de lieux. Pour ces Raisons le Clergé de France a aussi estimé que le Sainct & Sacré Concile de Trente estant publié, & son Authorité receüe, & recogneüe en tout ce qui regarde les arrests de la foy, & les definitions de la doctrine, dont la conservation luy est plus chere, que la vie, le S. Siege Apostolique, la Chrestienté, & toute l'Eglise Catholique ne trouvera point mauvais, que pour ce qui regarde la police il pretend & desire que ladite publication s'en fasse, & que ledit Concile soit receu en ce Royaume, & les Constitutions d'iceluy gardées & observées, sans prejudice toutefois des Droits du Roy, libertez de l'Eglice Gallicane, privileges & exemptions des Chapitres, Monasteres & Communautez. Pour lesquels Privileges, libertez, & exemptions, sa Saincteté sera suppliée à ce que elles soient reservées, & demeurent en leur entier, sans que ladite publication leur puisse prejudicier. Après lesquelles protestations & declarations la Compagnie a ordonné. Que l'Article qui doit estre mis au cahier, pour supplier S: M. qu'elle ait agreable ladite publication, sera dressé sous les modifications cy-dessus contenues en la resolution prise en la seance du 7. Novembre dernier, en y adjoustant, que sa Saincteté sera suppliée à ce que lesdits Privileges, Libertez & exemptions soient reservées, & demeurent en leur entier, sans que ladite publication leur puisse prejudicier. L'Article est de cette teneur.

Et premierement remonstrent à V. M. que les premiers fruicts de sa Majorité, & de son Regne tres-heureux sont justement deus à Dieu, qui luy a si miraculeusement conservé ce Sainct Estat en son entier, parmy tant de divers & perilleux accidenz, sous la bonne & sage conduite de la Reyne vostre Mere, vous faisant en vos premiers ans commander si paisiblement à un si grand & si puissant Royaume, & ne luy en peut V. M. offrir de plus agreables que ceux de la Pieté, affermissant & establissant de plus en plus les fondemens de son Eglise, & de la Religion Catholique, Apostolique & Romaine, & remettant la Discipline, & police Ecclesiastique en sa premiere integrité & splendeur. Ce qui ne se peut mieux, & plus certainement faire qu'en obeissant à la voix, & aux enseignemens du S. Esprit, qu'il nous fait entendre & sçavoir par les Conciles Generaux ses vrais & infaillibles Oracles.

Et par tant lesdits Ecclesiastiques de vostre Royaume continuans leurs precedentes supplications, & très humbles requestes faites par plusieurs & diverses fois à vos Predecesseurs, tant aux Estats Generaux, qu'aux Assemblées du Clergé, & ne se pouvans, ny devans jamais lasser d'en faire toutes sortes d'instances, veu qu'il y va si avant de l'honneur de Dieu, & de celui de cette Monarchie tres-Chrestienne, qui depuis tant d'années, avec si grand étonnement des autres Nations Catholiques, porte cette marque de desunion sur le front, supplient tres-humblement V. M. qu'il luy plaise embrassant cette gloire & cette couronne que Dieu luy a reservée jusques à maintenant, ordonner que le Concile universel & œcumenique de Trente sera receu & publié en ce Royaume, & les Constitutions d'iceluy gardées & observées, sans prejudice toutefois des Droicts de V. M. Libertez de l'Eglise Gallicane, Privileges & exemptions des Chapitres, Monasteres, & Communautez, pour lesquels Privileges, libertez & exemptions sa Saincteté sera suppliée, à ce qu'elles soient reservées & demeurent en leur entier, sans que ladite publication y puisse prejudicier.

Après la lecture duquel, la Compagnie l'a approuvé, & ordonné qu'il sera inseré des premiers dans ledit cahier General.

Du 18. Fevrier 1615.

Mess. l'Archevesque de Lyon, & Evesque du Bellai ont esté priez avec deux des Sieurs deputez de Lyonois, d'aller à la Chambre de la Noblesse, pour la prier & exhorter à se joindre à la supplication de cette Compagnie pour la publication du Concile de Trente.

Du 19. Fevrier.

Monf. l'Evesque de Beauvais a esté prié d'aller à la Chambre du Tiers Estat, pour la disposer & prier de se joindre à la supplication que cette Compagnie fait au Roy, à ce qu'il luy plaise avoir agreable la publication du Concile de Trente, en la forme, & avec les modifications contenues en l'Article sur ce dressé: & de retour a dit y avoir satisfait; & qu'après qu'on l'y a proposé quelque difficulté, à laquelle il pense avoir satisfait, & s'est obligé en cas qu'ils y en feroient quelques autres, de leur en aller donner l'éclaircissement: ils luy ont répondu qu'ils en delibereroient, & feroient response.

Dudit jour de relevée.

Monf. du Pont S. Pierre, & cinque Deputez de la Noblesse ont dit estre envoiez pour trois sujets. Le second, pour dire que bien que leur desir & inclination eust esté de demander avec cette Compagnie la publication du Concile de Trente, neantmoins ils n'ont pas pu tout à fait s'y resoudre, à cause de quelques considerations, qui ont esté rapportées en leur Chambre; mesme sur ce que les Rois, quoi que pieux, & tres-affectionnez, non seulement du salut temporel, mais bien plus du Spirituel de leurs Subjets, y ont fait quelque difficulté, & differé non-

nonobstant les instances qui leur en ont esté faites.

Ce qui leur a fait apprehender que peut-estre il y pouvoit aller, ou de l'Authorite de S. M. ou de quelque autre chose qui regarde l'Estat, ou qu'il avoit eu quelque autre consideration importante & que pour ne choquer rien de tout cela, ny faire chose par un prejugé sur un faict, dont ils ne sont eclaircis, qui leur peust causer du reproche: & d'ailleur estans advertis que cette Compagnie demande cette Publication sous quelques modifications, desquelles ils n'ont pas eu cognoissance, que leur Ordre a estimé pour eviter tous ces ecueils, qu'il suffiroit pour témoigner le respect qu'il porte audit Concile, & à l'Eglise, de supplier le Roy qu'il luy plaise de faire voir si ledit Concile apporte de l'interrest, & prejudicie au bien de ses affaires, & de l'Estat, & d'en ordonner la publication sous les modifications, que S. M. jugera estre raisonnables pour les poincts qui pourroient regarder sa Majesté & Couronne, si poinct y en a. Mons. le Cardinal de la Rochefoucaut leur a representé les raisons & considerations de cette Compagnie, & de l'Eglise sur ledit Concile, lequel en ce qui est substantiel & essentiel en iceluy, concernant la foy & Religion, ne recoit aucune limitation, ny modification, toute ame fidelle, & Catholique estant obligée à luy obeir comme à la voix de S. Esprit: & que de faict les Rois predecesseurs n'ont jamais fait difficulté en ladite publication, pour ce qui regarde lesdits poincts de la foy & de la Religion; au contraire, & particulierement le feu Roy d'heureuse memoire à declaré qu'il vouloit que pour ce regard il fust receu & publié, mesme en ce qui regarde la discipline & mœurs des Ecclesiastiques, & que la dificulté à esté sur quelques poincts qu'on s'est immaginé estre audit Concile, concernant la police exterieure de l'Eglise, mesme à la diminution de l'Authorité que le Roy a sur la nomination des Benefices, des exemptions qu'aucunes Communautez du Royaume ont obtenues de sa Saincteté, & sur d'autres choses dependantes de ladite Police: quoy qu'en verité ledit Concile bien entendu n'apporte aucun prejudice, particulierement aux Droicts de S. M. Neantmoins que la Compagnie prevoyant & desirant remedier à toutes lesdites difficultez, & afin que sous pretexte d'icelles le bien que ladite publication apporte, mesme pour la condemnation des heresies, ne soit retardé, elle a mis telles modifications, & conditions, en la demande de ladite publication que sadite Majesté, & les Droicts de sa Couronne, & toutes autres choses sur lesquelles lesdites apprehensions sont fondées, demeurent à couvert & reservées: & qu'afin que leur Ordre puisse mieux estre eclaircy desdites modifications, cette Compagnie a envoyé & remis ès mains du Secretaire de leur Chambre l'Article concernant la demande de ladite publication, avec lesdites modifications, sur lesquelles il est encore raisonnable que Messieurs de la Noblesse entrant en consideration, attendu que par le moyen d'icelles il est plusque suffisamment pourveu aux interests de sa Majesté, puissent encor se resoudre à demander, & se joindre à ladite publication.

Après le depart desdits Sieurs Deputez la Compagnie ayant recogneu par lesdits discours, que la Noblesse estoit disposée à se joindre pour ladite publication, & que les difficultez qu'elle faisoit, c'estoit faute de bien comprendre l'intention de cette Compagnie, & mesme pour n'avoir l'intelligence du faict, ny desdites modifications, a prié Messieurs les Evesques de Bauvais & d'Aure, avec deux Deputez du Gouvernement de Bretagne, de se rendre à la Chambre de la Noblesse pour l'éclaircir des particularitez du faict, dont est question, notamment luy faire entendre comme ledit Concile & la publication d'iceluy ne peuvent aucunement apporter de prejudice aux Droicts du Roy, & de sa Couronne, mesme attendu lesdites modifications, & restrictions; mais seulement la condamnation des heresies, & une grande reformation & reglement ès mœurs & Discipline Ecclesiastique.

Du 21. Fevrier.

Mons. l'Evesque de Beauvais a dit avoir esté à la Chambre de la Noblesse, leur avoir representé ce qu'il a creu estre besoin pour les éclaircir des difficultez qu'ils faisoient sur le Concile de Trente, & pour les resoudre à se joindre pour en demander la publication, qu'après une assez longue conference, & quelques reparties, il luy semble qu'ils y sont fort disposez, & qu'ils ont dit qu'ils en delibereroient, & feroient réponse.

M. le Baron du Pont S. Pierre & autres de la Noblesse ont dit, que sur le Concile de Trente, & sous les modifications rapportées par M. l'Evesque de Beauvais, ils se joignent à cette Compagnie.

Du 23. Fevrier.

Mons. l'Evesque de Lusson Deputé par la Compagnie pour presenter le cahier, & faire la remonstrance sur ce accoustumée, dont il desira avoir les Principaux points. Le V. est de demander le Concile de Trente.

Le premier Article des Principaux Articles tirez du cahier General, que le Roy est supplié de vouloir répondre.

Sire, les Prelats, & Ecclesiastiques de vostre Royaume, assemblez par vostre commandement aux Estats Generaux; qu'il a plû à vostre Majeste convoquer, remercient Dieu de tout leur cœur, de ce qu'il lui a plû conserver en la Maison de S. Louis le Sceptre qu'il a autrefois si glorieusement employé à la defense de nostre Saincte foy, maintien de la Justice, grandeur & reputation de cet Estat par les armes: & benissans sa Saincte memoire, vous souhaittent sa Pieté, comme à celui qui portez le titre de Roy Tres-Chrestien, & premier fils de l'Eglise: sa valeur, comme à celui qui en cette Ligne estes né en plus grand Roy qui ait jamais porté les armes: sa Justice comme à celuy qui portez sur la teste la plus ancienne, & legitime Couronne qui soit au Monde, Desirent aussi correspondre par leur obeissance à vos merites, & vertus, & voir les cœurs de vos Subjets bien unis à celuy de V. M. craindre Dieu, maintenir nostre Saincte foy, garder & observer les Ordonnances de l'Eglise & Saincts Conciles: entre lesquels le Concile de Trente ayant decidé les controverses de nostre temps, & pourveu à la reformation des mœurs, V. M. est très-humblement suppliée de le recevoir, & en permettre la publication, sans prejudice de vos Droicts, Libertez de l'Eglise Gallicane, Privileges, & exemptions des Chapitres, Colleges & Monasteres, pour lesquelles exemptions sa Saincteté sera suppliée.

Article III. de Reglement Spirituel, que les Prelats & Ecclesiastiques de France supplient le Roy de vouloir authoriser.

La justice, & pieté du Roy nous fait esperer, que S. M. commandera la Publication du S. Concile de Trente estre faite par tout son Royaume: & neantmoins s'il arrivoit que ladite publication fust differée, les Ecclesiastiques à la decharge de leur conscience, & conformement aux responses que fit le feu Roy Henry le grand, au cahier que le Clergé luy presenta en l'Année 1602. observeront pour la reformation des mœurs, & de la discipline Ecclesiastique, les Saincts Decrets, & Constitutions canoniques, contenus audit Concile, sans prejudice pourtant des exemptions des Eglises Cathedrales, & Collegiales, Monasteres, & autres Communautez de ce Royaume & des droicts, franchises, & libertez de l'Eglise Gallicane.

Extraict du Procès verbal de la Chambre de Noblesse, des Estats Generaux tenus à Paris l'an 1615.

Du 19. Fevrier.

Mons. l'Archevesque de Lyon accompagné de l'Evesque du Bellay, & trois Capitulans, est venu vers nous, & nous a parlé en ces termes.

Messieurs nous apprenons de quelques Autheurs de notre Nation, qui ont écrit il y a trois cens ans, qu'en ce siecle il y avoit une coustume, que quand les jeunes Gentilshommes estoient, comme l'on dit, hors de page, le pere & la mere les menoient à la Messe, & à l'Offrande, le Prestre leur disoit en leur ceignant l'espée qu'il avoit beniste, qu'ils eussent souvenance de l'employer pour le service de Dieu, du Roy, & des pauvres, veufves & orfelins.

Que depuis que ces coustumes ont cessé, que nos

ANNO 1614. — 1615.

armes ont cessé de passer victorieuses dans la Palestine, & n'avons plus veu que des guerres civiles, & des desordres, qu'ils esperoient que nous continuerions au zele, comme aux vertus de nos Predeceseurs, & que c'estoit la cause qu'ils nous faisoient franchement les propositions qu'ils estimoient pour le service du Roy, & bien de la Religion ; Mais que comme il y a deux choses qui ont un grand empire sur nous, qui est l'oubly & la Souvenance, que nous apprenons que Moise avoit deux bagues, la Pierre de l'une desquelles avoit la proprieté de faire tout oublier, & l'autre de faire ressouvenir de toutes choses, comme si elles estoient presentes ; & que voulant partir d'aupres de sa femme, qui luy estoit si chere, pour ne la laisser desolée par son depart, comme elle l'eust esté, il luy laissa la bague d'oubliance, laquelle luy osta la souvenance, & l'objet de Moyse, luy en ostant tout à fait la memoire. Que nous avons passé ces mois en l'Assemblée des Estats, où nous avons tousjours été de si bonne intelligence, qu'ils nous en estoient extremement obligez, & que nous estions à la fin des Estats, & sur le depart ; & Dieu veuille que nous sortions de l'Egypte ; & des confusions: mais ayans receu tant de faveurs, & de témoignages de bonne volonté de nous, ils craignoient, que nous ne prissions la Pierre d'oubly, pource que les courages genereux oublient facilement le bien qu'ils ont fait & se ressouviennent toujours de celui qu'ils ont receu ; & que nous n'oublions les faveurs que nous leur avons faites ; que pour nous en faire ressouvenir, ils avoient pensé de nous faire une proposition saincte & juste, laquelle nous serviroit de memoire, qui estoit de nous supplier d'employer dans nos cahiers le S. Concille de Trente ; qu'ils sçavent que par les Artifices dont on a usé, on nous a rendus un peu odieux ; mais ils croyent que nous passerons par dessus toutes ces considerations, & que le zele que nous avons au bien de la Religion, & nos bons jugemens nous feroient facilement cognoistre la tromperie de ces opinions ; & que nous y avions interest pour les dismes infeudées, que nous tenons des Conciles de Clermont & de Latran. Repondit aux objections que font ceux qui en empeschent la publication ; Que ces poincts surmontez, il ne laisse plus rien à dire. Qu'ils nous proposent la promesse solemnelle faite par le feu Roy en sa reconciliation.

Que plusieurs de nous ont veu en Italie combien ce Concile a remedié aux abus, desquelles nous nous plaignons tous les jours, voyans nos Eglises si mal servies.

Surquoy deliberé, a esté arresté à la pluralité des voix, que la proposition faite par Mess. de l'Eglise, seroit renvoyée au Roy pour y pourvoir ainsi qu'il verra bon estre.

On a deputé le Baron du Pont S. Pierre, & autres pour rendre réponse à Messieurs du Clergé, sur le faict dudit Concile. Qui a dit, que nous estions bien marris de ne pouvoir se joindre à eux pour ce faict: mais que nous croyons que quand ils auront ouy nos raisons, qu'ils ne les trouveroient mauvaises, mesme s'ils considerent que ne sçachans ce qui est contenu dans ce Concile, mais seulement ce bruit general de Sainct, sans autre particuliere information ny modification, nous nous sommes tenus à ce que nous avons veu avoir este fait par les Rois, qui ont tousjours eu soin particulier de nos biens, & de nos ames, lesquels ne l'ont voulu recevoir. Surquoy lesdits Sieurs du Clergè auroient dit, qu'ils desiroient faire quelques modifications: M. du Pont S. Pierre leur a repliqué, que pour ces modifications il n'avoit aucune charge, & que nous n'avions entierement deliberé sur cet affaire.

Du 20. Fevrier.

Mess. du Clergé ont envoyé vers nous M. l'Evesque de Beauvais, portant la parole, un autre Evesque & six Capitulans, lequel nous a exhortez par un grand discours à nous joindre à eux pour demander la publication du Concile de Trente, & pour ce a baillé copie de l'Article qu'ils en ont dressé, qui est tel.

Que le Concile universel & œcumenique de Trente sera receu & publié en ce Royaume & les Constitutions d'iceluy gardées & observées, san prejudice toutefois des Droicts de V. M. Libertez de l'Eglise Gallicane, Privileges & exemptions des Chapitres, Monasteres & Communautez, pour lesquels Privileges, Libertez & Exemptions sa Saincteté sera supplié à ce qu'elles soient reservées, & demeurent en leur entier, sans que ladite publication y puisse prejudicier.

ANNO 1614. — 1615.

Surquoy deliberé, il a esté arresté à la pluralité de voix après beaucoup de contestations, que le Roy sera très-humblement supplié de faire recevoir & publier le Concile de Trente en son Royaume, & Pais de son obeissance, en conservant les Droicts & authoritez du Roy, Statuts, preéminences, prerogatives du Roy, du Royaume, & les Privileges & libertez de l'Eglise Gallicane, Privileges & exemptions des Chapitres Monasteres, & Communautez, pour lesquels sa Majesté ordonnera, s'il luy plaist, que Commissaires soient à ce deputez, pour regler les modifications à ce necessaires, & sa Sainteté suppliée, à ce qu'elles soient observées, & demeurent en leur entier.

Extraict du Procès verbal de la Chambre du Tiers Estat desdits Estats Generaux de Paris 1614. 1615.

Bref du Pape au Cardinal de Joyeuse.

PAulus P. P. V. Venerabilis frater noster, salutem & Apostolicam benedictionem. Planè dicere possumus, expectavimus pacem & ecce turbatur, superioribus namque diebus spem non levem conceperamus fore, ut Sacro Sancti Concilii Tridentini Decreta in Gallia reciperentur: & dum animum nostrum varietate, atque multitudine Pastoralium solicitudinum oppressum penè sublevare hoc solatio curabamus, repente ad nos allatum est, quid quarto Nonas Januarii in publico conventu istic attentatum fuerit in detrimentum supremæ auctoritatis hujus Sanctæ Apostolicæ Sedis: sed Deo gratias agimus, quod hoc scandalum venerit, ut manifesti fierent qui probati essent; nam quasi ignem discusso cinere ex impetuosa hac commotione exarsisse intelleximus, omnes pariter nostros venerabiles fratres, ac dilectos filios Ordinis Ecclesiastici domus zelo Dei succensos: allata ad nos cuncta fuerunt, ut gesta sunt, atque imprimis ut fraternitas tua, nulla habita valetudinis ratione, deferri Lutetiam Parisiorum voluerit: quod quidem exemplum Zelantis, & verè pii Sacerdotis quantum profuerit non ambigimus. Quare speramus in divina misericordia confisi, quando consensus animorum, qui hactenus in Ecclesiastico Ordine apparuit conservetur, accedente potissimum studio Ordinis Nobilium, audaciam impiorum facile comprimendam esse: præsertim cum satis benigna, atque propensa erga Ecclesiasticos se ostenderit regia voluntas. Erit igitur singularis tuæ prudentiæ, atque pietatis, negotii hujus absolutionem iis officiis quæ tibi opportuniora videbuntur curare, ut à te efficaciter petimus, & ex animo desideramus, sicuti uberius adhuc intelliges ex venerabili fratre Roberto Episcopo Montispolitani, nostro Apostolico Nuntio, qui præterea tibi significabit quid ulterius oportere existimemus. Eum itaque non secus, ac nos loquentes, audies, & nos fraternitati tuæ benedictionem nostram Apostolicam peramanter impartimur. Datum Romæ apud Sanctam Mariam Majorem, sub annulo Piscatoris, prid. Cal. feb. M. D. CXV. Pontificatus nostri anno Decimo. Petrus Stroza

Venerabili fratri Francisco Episcopo Ostiens. Cardinali de Joioza nuncupato.

Le Lundy matin dix neufieme Fevrier, Monsieur l'Evesque de Beauvais est deputé par les Sieurs du Clergè pour venir en la Chambre du Tiers Estat, & prier la Compagnie de se joindre avec eux, pour demander au Roy le Concile de Trente & la publication d'iceluy ; le dit Sieur Evesque de Beauvais fait un long & sçavant discours sur ledit Concile, & entre autres choses dit.

Discours de Monsieur de Beauvais, sur le Concile de Trente.

Que la parole de Dieu est en l'Eglise comme les fleurs dans leurs lis, & les ames dans les corps, & l'Eglise dedans les Conciles, comme nous apprenons du Concile de Nicée, où l'Eglise fit son premier effort. En ce Concile il fut disputé de la foy, & les Evesques non seulement furent divisez entre eux, mais tirerent avec eux tous les peuples, ressemblans à cette estoile, qui descendant du Ciel, tire avec elle les astres les plus brillans. Ce concile tenu, un Evesque de l'Eglise Catholique sig-

nifioit

Anno 16 14. — 1615. nifioit celuy qui n'estoit ny Novatien, ny Arien, & ceux qui ne voulurent souscrire à ce Concile, furent mal menez depuis, pour avoir resisté à la voix du S. Esprit, comme il arriva à Constance, & à ceux qui suivirent son erreur. Le mesme à ceux qui ne voulurent recevoir le Concile de Calcedoine, qui furent cause de la ruine de l'Empire. Pour n'avoir esté obey au huictiéme Concile, ce grand & epouventable Schisme arriva entre les deux Eglises, Il n'y a point d'excuse, ainsi que Photius n'en pouvoit trouver à ceux qui malicieusement ou ignoramment ont resisté à la voix du S. Esprit, il n'y en peut avoir d'assez forte, & si nous ne l'embrassons tout à fait, c'est témoignage d'infirmité, Dieu veuille que ce ne soit par malice.

La France a tousjours esté Catholique, & croi que ceux de cette Compagnie n'ont intention de se separer de l'Eglise, ny de resister à la voix du S. Esprit. Neantmoins il est arrivé par malheur, que le remede que l'on a voulu apporter au desordre de la Religion a esté estimé trop violent. C'est le Concile de Trente complet en toutes ses parties, tenu par les mesmes personnes, qui ont fait les autres Conciles. Ce n'est point un Conseil d'honneur puisque estans assis en ces sieges, les accidens ne peuvent faire que les Evesques ne soient Evêques, ou bien il n'y auroit plus de Religion. L'Eglise n'est pas plus Eglise qu'ils sont Evesques: Les miracles n'estant essentiels en la Religion. Les Conciles anciens ne sont point plus Conciles que ceux qui se tiennent aujourd'huy, & ce Concile nous est l'Oracle, & le propitiatoire des Cherubins, auquel si nous apportons resistance, nous resistons pareillement à la foy.

Je croy que ne revoquerez en doute la foy inviolable de ce Concile. Vous avez formé quelques obstacles en la Police, & cy-devant en avez empesché la publication, comme faisant prejudice à l'Estat, à la Couronne, & aux Libertez de l'Eglise Gallicane. Tout obstacle doncque de Religion est en la Foi, ou en la Police. Quant à la foy, elle est entiere en ce Concile, comme vous sçavez, parce qu'autrement ce seroit faire un divorce avec l'Eglise. Si en la Police, ledit Concile contient une doctrine tenue depuis S. Irenée jusques à present, les Ecclesiastiques, qui semblent les plus interessez en ce Concile, se departent de leur interest pour l'établissement de l'Eglise & conservation de la Religion.

Quant à ce qui est de l'authorité de l'Eglise Gallicane, elle n'a point receu de coup en ce Concile, l'ayant tousjours defendu en son particulier, ainsi que ce qui est ordonné par ledit Concile pour l'Italie, & l'Espagne, ne se doit étendre à la France. Comme pour l'Inquisition qui est une tyrannie pour les consciences, un remede extrême, & contraire aux Edicts, le Concile n'entend l'établir en France, & parmy nous.

Pour ce qui est de la Majesté de nos Rois, encore que hardiment je puisse dire, que quelque prejudice que le Public en puisse souffrir, que ce n'est pas le moyen d'empescher un Concile. En ce Concile il n'y à rien contre l'authorité du Roy. Nous sommes disciples de celuy qui à commandé d'obeir à Cesar, imitateurs de celuy qui a voulu payer le tribut, encore qu'il en fust exempt. Le pere ne donne jamais le scorpion, au lieu d'un œuf. L'Eglise nous dit: Je suis le charme qui lie l'amour entre Dieu & les hommes, pourquoy me fuyez-vous? Il n'est pas possible, tant que je seray Eglise, que je puisse apporter prejudice au repos de vos Rois. C'est par eux que je subsiste, ils sont les fils aisnez de l'Eglise.

Si en ce Concile il y a eu quelque desordre entre les Ambassadeurs, & s'il a prononcé en faveur des Etrangers alencontre de nous: cela n'est point considerable, & n'est un moyen suffisant de le rejetter. Lors que le Clergé à fait instance en toutes ses Assemblées, pour le faire publier en France, il à tousjours offert d'entrer en conference sur ce subjet, soit avec Messieurs du Parlement, soit avec ceux de cette Compagnie, comme ils ont envoyé vers Messieurs de la Noblesse, pour demander leur assistance à cette publication.

C'est le subjet qui nous mene vers vous, & nous vous prions comme tous bons Catholiques se doivent prier, de considerer que l'Eglise ne se peut maintenir en la discipline, que par la vigueur de ce Concile, & authorité d'autres semblables: d'autant que ceux qui gouvernent & sont gouvernez sont hommes. Et plus les choses sont éloignés de leur principe, plus elles se relaschent, comme S. Cyprian se plaignoit de son temps, de ce qu'il y avoit tousjours quelque relasche en la police de l'Eglise. Anno 1614. — 1615.

Conclud ledit Sieur Evesque, à ce qu'il plaise à cet Ordre se joindre avec celuy du Clergé, pour requerir & demander au Roy la publication du Concile de Trente en ce Royaume.

Monsieur le President Miron fait reponse audit Sieur Evesque.

Réponse dudit Sieur Miron.

Que cette Compagnie ne presumera jamais pouvoir fournir d'elle mesme, ce que elle doit puiser en l'Eglise. Que elle est entierement instruite, que la foy & la doctrine ont esté annoncées par les Apostres. Que nous recognoissons Dieu, un en essence, & trine en personne: & comme la foy nous lie à Dieu seul, aussi les trois Divines personnes ont des qualitez & attributs, par lesquels nous sommes liez. Asçavoir à Dieu le Pere, par l'observance du Decalogue. A Dieu le fils, par la manducation de son Corps, qui est la Communication la plus admirable, & la plus étroite, s'estant fait semblable à un chacun de nous. Au S. Esprit, par l'obeissance que nous rendons à l'Eglise, en laquelle il reside, exprime par les Conciles, qui nous sont annoncez par les Pasteurs, remplis de ce divin Esprit.

l'Exemple du premier Concile rapporté aux Actes des Apostres, nous donne asseurance entiere, que l'Assemblée des Conciles est la voye du Sainct Esprit, puisque S. Pierre prononce, *Visum est Spiritui Sancto, & nobis.* Ce n'est à nous qui sommes Laics d'entrer en cognoissance de cause pour ce sujet, nous contentans, d'en apprendre les resolutions par la bouche de nos Pasteurs, ausquels nous adherons très-religieusement.

Mais nous les supplions de considerer, qu'il est inoui que jamais on ait procedé en ce Royaume à aucune promulgation de Concile, combien que Oecumenique; il n'y en a aucun dans les Registres du Parlement, ny ailleurs. Aussi la vraye publication des Conciles gist en l'observance & execution d'iceux, comme pour exemple il se pratique beaucoup de choses du Concile de Trente parmy nous, sans que pour cela il nous soit necessaire d'en exprimer le nom, n'estant ny Trente, ny Constance, ny Basle, qui ayent fait les Conciles, mais les resolutions des Peres qui y ont esté assemblez.

Il nous semble, sauf vostre meilleur advis, qu'il n'est à propos à present de nous envelopper dans la question de sçavoir si le Concile de Trente doit estre publié, ou non. Il y a près de soixante ans que ce Concile a esté tenu, & est demeuré en suspens depuis ce temps que nous tenons les Conciles en France par forme de Decrets.

Pour monstrer que celuy de Trente ne doit estre plûtost receu, & publié en France, que les autres, il y a plusieurs oppositions qui y ont esté formées par nos Rois, Chapitres & Communautez de la France, dont la discussion meriteroit une seconde tenuë des Estats. Et si Messieurs du Clergé nous eussent voulu envoyer leurs raisons par écrit au commencement de ces Estats, l'Affaire encore se pouvoit concerter. Ce qui ne se peut faire à present, notre Cahier étant clos, & à la veille d'estre presenté au Roy.

La bigarure du temps auquel nous vivons, apporte & à vous, & à nous la necessité de rejetter la publication de ce Concile; plustost que de l'embrasser: neantmoins Messieurs du Clergé se peuvent mettre d'eux mesmes dans ce Concile, en pratiquer les resolutions en retranchant la pluralité des benefices, & autres abus, ausquels il a remedié. Et sont très-humblement remerciez du zèle qu'ils témoignent à l'augmentation de la Religion Catholique: à quoy, comme enfans obeissans, nous conformerons très-volontiers, & dont leur sera donné plus certaine asseurance, par la réponse particuliere qui leur en sera faite, après la deliberation de la Compagnie.

Le Vendredy matin 20. du mois, on delibere sur la proposition de Monsieur de Beauvais, touchant le Concile de Trente.

Anno 1614. — 1615.

Paris & Isle de France.

Et d'advis que l'on n'y doit toucher, que ce n'est le temps de le proposer, & que les Francois à present ne sont plus sages que leurs predecesseurs, qu'il y a plus de soixante ans que l'affaire a esté mise sur le tapis, que l'on a eu advis des plus grands personnages qui nous ont precedé & n'ont jamais trouvé bon que l'on receust le dit Concile: qu'à present il y a plus d'occasion de le refuser.

Bourgongne.

De l'advis de l'Isle de France, & qu'encore que le Concile soit bon pour la foy que nous tenons, que neantmoins il ne peut estre publié parmy nous pour la Police.

Normandie.

Est d'avis si le Concile se pouvoit diviser, de le recevoir pour ce qui est de la foy: mais pour la Police, qu'il n'y a apparence & que l'on n'y doit toucher.

Guyenne.

Cet affaire merite une grande discution, & devoit estre plustost proposé pour y adviser, & en cela nous desirons croire que nos peres y ont esté fort sages & retenus & sommes de leur advis.

Bretagne.

Que la proposition, touchant le Concile de Trente, est une affaire de grande importance, laquelle ne se peut resoudre en si peu de temps que reste avant la presentation du cahier. Que si le Roy nous permet de nous assembler en corps d'Estats, après la presentation de notre cahier, ils sont d'avis qu'il en soit disputé & conferé avec Messieurs de l'Eglise, mais quant à present, non.

Champagne.

Il y a soixante ans que ce Concile a esté tenu, & jamais n'a esté trouvé à propos d'y toucher, ny de le publier, & n'y a apparence qu'en ce temps, & qu'à la veille de la presentation de nos cahiers nous en puissions parler.

Languedoc.

Ne sont d'avis du Concile, pource qu'il est contraire à l'Eglise de France, & aux droicts de l'Estat.

Picardie.

De l'advis de l'Isle de France, & n'est à propos de parler du Concile.

Dauphiné.

D'avis d'entrer en conference avec Messieurs de l'Eglise, & de modifier le Concile en ce qu'il est contre l'Estat.

Provence.

Que le Concile soit receu sans prejudice de la liberté de l'Eglise Gallicane, & authorité du Royaume.

Lyon.

Que l'on vient à tard à demander le Concile; si on l'eust proposé au commencement des Estats, on y eust advisé.

Orleans.

Que l'on n'y peut entendre à present, que le temps est trop bref, dans lequel on puisse decider cet affaire, auquel nos predecesseurs ont esté soixante ans sans s'y pouvoir resoudre.

Tellement que les advis pris, il est arresté que l'on ira à la Chambre de Messieurs du Clergé, leur dire qu'il n'est à propos de toucher au Concile de Trente.

Anno 1614. — 1615.

Le Samedy 21. Fevrier la Compagnie estant assemblée après midy, ledit sieur Evesque de Beauvais est deputé par lesdits Sieurs du Clergé, vient à la Chambre du Tiers Estat, pour derechef l'inviter à se joindre aux Sieurs du Clergé, pour demander la publication dudit Concile de Trente. Et après avoir discouru sur ce sujet, lecture est faite de la demande que lesdits Sieurs faisoient au Roy dudit Concile, à laquelle demande s'estoit joint la Noblesse, requerant pareille adjonction du Tiers Estat. L'Article contenoit la demande dudit Concile, sans neantmoins prejudicier aux Privileges & Libertez de l'Eglise de France, ny aux droicts de l'Estat, pour lesquels sa Saincteté seroit suppliée de modifier ledit Concile.

Monsieur le President Miron fait reponse audit Sieur de Beauvais, que la Compagnie ne pouvoit quant à present recevoir ledit Concile. Que neantmoins elle embrassoit la foy y contenuë: mais que pour la police on n'y pouvoit entendre, puisqu'elle estoit prejudiciable aux droicts de l'Estat. Que Messieurs du Clergé pouvoient garder & observer eux mesmes ledit Concile entre eux, & en donner le premier exemple en quittant la pluralité des Benefices. Que ceux d'entre eux qui en avoyent deux ou trois, en pouvoient quitter à ceux qui n'en auroient point.

Prie Messieurs de l'Eglise d'avoir pour agreables les excuses & raisons par luy cy-devant déduites.

Le vingt troisiéme dudit mois, les cahiers sont presentez au Roy, en la salle de Bourbon. Monsieur l'Evesque de Lusson presente le cahier du Clergé, Monsieur le Baron de Senescey President de la Noblesse, presente celuy de la Noblesse, Monsieur Miron presente celui du Tiers Estat.

Extraictes des Articles proposez par M. le Prince de Condé, en la Conference de Loudun.

Du 22. Fevrier 1616.

Que ce qui a esté fait touchant le Concile de Trente, sans l'authorité du Roy, sera reparé, & les choses remises en l'état, qu'elles estoient auparavant.

Reponse faite par le Roy sur ledit Article.

Ce qui à esté fait par le Clergé, sur la publication du Concile de Trente, n'a este approuvé par sa Majesté; aussi n'a-t-il eu aucune suite, & ne permettra point qu'il y soit rien fait cy-après sans ny contre son authorité.

Ce qui fut arresté par le Roy le 6. May 1616. Et cette reponse du Roy passa pour le second Article des Articles particuliers accordez par le Roy en ladite Conference.

CXX.

1615. — 1616.

Acte par lequel, Jacques le Maire, Guillaume Schouten & leurs Compagnons, ayant decouvert un Détroit qui communique de la Mer du Nord a la Mer du Sud, au cinquante cinquieme Degré de Latitude meridionale, ils en prenent possession, comme aussi de la Terre & Isles voisines, au nom des Estats Generaux des Provinces unies. [Atlas Geographique de Janssonius, en sa Description du Detroit de Magellan & de celui de le Maire.]

Au nom de Dieu tout puissant Createur du Ciel, & de la terre & Autheur de tous biens, à la gloire duquel nous venons rapporter le commencement, le progrés & la fin de toutes nos actions. Comme ainsi soit qu'il importe grandement à toutes les Contrées, Provinces & Republiques dont le bonheur depend principalement des voyages, & commerces d'outre mer d'acquerir de la gloire & rendre leur Estat plus puissant, en entreprenant des navigations au dela des mers, pour descouvrir des terres par cy-devant incognues. Nous soubsignés tous en general, & chascun en particulier certifions a tous ceux qui ces presentes Lettres verront, que

ANNO 1615. 1616. que l'an 1615. au mois de Janvier, nous estans partis de Horne avec deux navires dont l'une avoit nom Concorde, & l'autre Hoorn, par l'ordre, & commandement de Mrs. les Estats Generaux, & du Tres Illustre & genereux Prince Maurice, sous la conduicte de Jaques le Maire Gouverneur, & de Wilhelme Schouten Pilote, pour recognoistre, & descouvrir les terres du Midy, enfin apres plusieurs fatigues, tourmentes, & dangers sur mer, avons descouvert, & passé un destroict, lequel avoit esté jusques a present incognu, par lequel nous sommes entrez de la Mer du Nord, en celle du Midy, qui est par dessus le destroict de Magellan & les Isles qui lui sont annexés au 55. degrez & 59. minutes d'Elevation, & que la Mer du Nord se rencontre en cet endroict avec celle du Midy, par un chemin beaucoup plus court, & plus aisé que par le destroict de Magellan, & de plus affirmons que nous ne sçavons point qu'aucun devant nous ait decouvert cette route; & partant que nous les premiers avons donné aux trois Isles qui sont entre l'Ouest & le Midy, les noms des Estats, de Maurice, & de Barnevelt, & quant au destroict, que nous l'avons appellée le destroict de le Maire, & que des a present nous prenons, à juste titre, possession du destroict de la Mer, & des Isles, au nom des trespuissans Estats Generaux, & du Prince Maurice En foy de quoi nous avons apposè nostre seing Manuel. Faict dans le navire de Concorde.

Jaques le Maire, Chef de la Navigation.

Wilhelme Cornelli Schouten, Capitaine du Navire.

Jean Theodori d'Horne, Gouverneur de navire d'Horne,

Conrad Theodori d'Osterblocker, Lieutenant du mesme navire

Nicolas Petri d'Oosthuysen, Gouverneur de la Concorde.

Corneille Kinersz d'Rysdam, Lieutenant de la Concorde.

CXXI.

1618. *Ley* XII. *Que la Christianissima Reina de Francia d'*Ana, *y sus hijos y Descendientes del Matrimonio, con el Christianissimo Rey* Luis XIII. *no puedan succeder en los Reynos de España, ni en sus adjacentes, salvo en los casos que dispone esta Ley.* [Nueva Recipilacion de las Leyes de España. Lib. 5. Tit. 7. Ley. 12.]

EN las capitulationes matrimoniales del casamiento del Sereuissimo Principe nuestro muy caro, y muy amado hijo, con la Serenissima Princesa Doña Isabel, y el de la Serenissima Infanta Doña Ana, con Luis Decimotercio, Christianissimo Rey de Francia, que se otorgaron en esta Villa de Madrid à veynte y dos de Agosto del año de mil y seiscientos y doze, ay dos Capitulos del tenor siguiente.

Que por quanto por las Magestades Catolica, y Christianissima se ha venido, y viene en estos casamientos, para con el vinculo doblado dellos perpetuar, y assegurar mas la paz publica de la Christiandad, y entre sus Magestades el amor, y hermandad que se dessea, y en consideration de las dichas justas causas que muestran, y per suaden la conueniencia de estos casamientos, mediante los quales, y con el fauor, y gracia de Dios se pueden esperar felices successos en gran bien, y aumento de la Fè, y Religion Christiana, y beneficio comun de los Reynos, subditos, y vassallos de ambas Coronas: y por lo que importa al estado publido, y Conseruation dellas que siendo tan grandes, no se junten, y queden prevenidas las occasiones que podia aver de juntarse, y en razon de la igualdad, y conueniencia que se pretende, y otras justas razones se assienta por practo conuencional, que sus Magestades quieren tenga fuerca, y vigor de ley establecida en fauor de sus Reynos, y de la causa publica dellos, que la Serenissima Infanta Doña Ana y los hyos, que tuuiere varones, y hembras, y los descendientes dellos, y dellas, assi primogenitos, como segundo, tercero, y quartogenitos, y de alli adelante en qualquier grado que se hallen, para siempre jamas no puedan suceder, ni sucedan en los Reynos, Estados, y Señorios de su Magestad Catolica, ni en ninguno de todos los demas Reynos, Estados, y Señorios, Prouincias, y Islas adjacentes feudos, guardianias, ni fronteras que su Magestad Catolica al presente tiene, y possee, y le pertenece, on pueda pertenecer, assi dentro de Espana, como fuera della, y adelante su Magestad Catolica, y sus sucessores tuuieren, y posseyeren, y les pertencieren, ni en todos los comprehedidos, inclusos, y agregados à ellos, ni en todo lo que en qualquier tiempo se adquiriere, y acrecentare à los dichos Reynos, Estados, y Señorios, y recobrare, y deboluiere por qualquier titulo, derecho, a causa y sea, ò ser pueda: y aunque en vida del la Serenissima Señora Infanta D. Ana, ò despues en las de qualquier sus descendientes primogenitos, segundogenitos, o ulteriores llegue, y suceda el caso, y casos en que por derechos, leges, y costumbres de los dichos Reynos, Estados, y Señorios, y de las disposiciones, y titulos por do se sucede, y pretendiere suceder en ellos, les auia de pertenecer la succession, porque della, y de la esperanca de poder suceder en estos dichos Reynos, Estados, y Señorios desde luego se declara quedar exclusa la dicha Serenissima Infanta, y todos sus hijos, y descendientes varones, y hembras, aunque digan, y puedan dezir, y pretender que en sus personas nocorran, ni se puedan considerar las raconas de la causa publica, ni otras en se pudo fundar esta exclusion. Y que à falta, lo que Dios no quiera ni permita, de la sucession de su Magestad Catolica, y de los Serenissimos Principes y Infantes, y de los demas hijos que tienne, y tuuiere, y de todos los legitimos successores que por toda via, como dicho es, en ningun caso, ni tiempo, ni acaecimiento han de suceder, ni pretender suceder, sin embargo de las dichas leyes, costumbres, y ordenances, y dispositiones en cuya virtud seha sucedido, y sucede en todos los dichos Reynos, Estados, y Señorios, y de qualesquier leyes, y costumbres de la corona de Francia, que en perjuizio de los sucessores, en ella inpiden esta exclusion assi de presente, como en los tiempos, y casos de diferirse la sucession: todas las quales, y cada una dellas sus Magestades han de derogar, y abrogar en todo, lo que fueren contrarias, o impidan lo contenido en este Capitulo, y su complimiento, y execucion desta Capitulacion las derogan, y han por derogandas. Y que assi mismo sea, y se entienda, quedar exclusa, y exclusos la Señora Infanta, y sus descendietes parano poder suceder en ningun tiempo, ni caso en los Estados, ni Paises baxos de Flandes, y Condado de Borgoña, y Charoloes, con todo lo adjacente, y perteneciete à ellos, que por donacion de su Magestad, Catolica se dieron a la Serenissima Infanta Doña Isabel, y han de bolner a su Magestad Catolica, y sus sucessores. *Pero juntamente* se declara expresamente, que si lo que Dios no quiera, ni permita, acaeciere enviudar la Serenissima Infanta sin hijos deste matrimonio, que en tal caso quede libre de la exclusion que queda dicha, y capaz de poder suceder en todo lo que le puede pertenecer en dos casos. El uno si qua de viuda deste matrimonio, y sin hyos se viniesse a España. El otro, si por conueniencias del bien publico, y justas consideraciones se cassase con voluntad del Rey Catolico su padre, y del Principe de las Españas su Hermano, en los quales hade quedar capaz, y habil para poder heredar, y suceder.

Que la Serenissima Infanta *D.* Ana Luego que aya cumplido la edad de doze años, y antes de celebrar, y contraer el matrimonio, aya de otorgar escritura, obligandose por si, y sus sucessores al cumplimiento, y obseruancia de lo susodicho, y de la exclusion suya, y de sus descendientes, aprobandolo todo segun, y como se contiene en esta capitulacion, con las clausulas necessarias, y juramento, insertando esta Capitulacion y la escritura de obligacion, y aprouacion que su Alteza vuiete otorgado. Hora otra tal juntamente, con el Rey Christianisimo, luego que con su Magestad se aya casado, la qual se aya de registrar, y passar por el Parlamento de Paris, en la forma, y con las fuercas acostumbradas: y su Magestad Catolica aya de aprouar la dicha renunciacion, gratification en la forma, y con las fuercas acostumbradas. Y hechas las dichas renunciaciones, ratificaciones, y aprouaciones, ò dexadas de hazer, desde agora en virtud desta Capitulacion, y del matrimonio, que se siquiere en razon della se dan por hechas, y otorgadas.

Y en execucion, y cumplimiento de lo contenido en los dichos dos Capitulos de suso insertos, la dicha

ANNO 1618.

Anno 1618. cha Serenissima Infanta D. Ana, Reyna Christianissima de Francia, Otorgo escritura de Confirmacion, y ratificacion de todo lo en ellos contenido, paraque inviolable, y sinceramente se guardasen y cumpliesen, como mas largo consta por la dicha escritura, que fue fecha, y otorgada en la Ciudad de Burgos à 26 de Octubre de 1615.

Y por quanto el Reyno, estando junto en Cortes, en lasque se celebraron el año de 1618. desseando que lo Contenido en los dichos Capitulos se guarde, y cumpla como en ellos se Contiene, nos ha suplicado hiziessemos, y mâ dassemos promulgar ley para que lo susodicho tuviesse cumplido efecto. Visto por los del nuestro Consejo, fue acordado, quod devíamos mandar, como mandamos quod lo contenido en los dichos Capitulos, y escritura se guarde, y cumpla, y execute perpetuamente, segun, y como en los dichos Capitulos suso incorporados se contiene.

CXXII.

1622. 19. Avril. **Vergleichs-Recess zwischen Wolffgang Wilhelm Pfaltz-Grafen am Rhein eines und Sybilla Marggräfin zu Burgau/ gebohrner Princessin von Gülich und Cleve andern Theils, wegen dero habenden Praetension auf Gülich und Cleve. Lauingen den 29. April 1622.** [Tiré des Archives de la Regence Archiducale d'Autriche à Inspruch]

C'est-à-dire,

Recès d'Accord entre le Serenissime Prince Wolfgang, Guillaume *Comte Palatin du Rhyn, & la Princesse* Sybille *Marggrave de Burgauw née Princesse de Juliers & Cleves, sur ses Droicts & Pretensions à la succession de Juliers & de Cleves. A Laungen le 29. Avril 1622.*

Zuwißen / als weilandt der Durchleuchtig / hochgebohrne Fürst und Herr / Herr Johann Wilhelm / Hertzog zu Gülch / Cleve und Berg / Graf zu der Mark / Ravenspurg und Mörs / Herr zu Ravenstein ꝛc. Hochlöblicher und Christseliger Gedächtnuß / den 25. Martii Anno 1609. ohne Hinterlaßung einiger Leibs-Erben mit todt abgangen / daß seiner Fürstl. Durchl hinterlaßener Fürstenthumb / Graf- und Herrschäfften / auch anderer Lehenbarer und aigener liegendes und fahrender / beweglicher und unbeweglicher Haab und Gütteren / Rechten / Ober-Herrlich- und Gerechtigkeiten halben / sich allerhand gefährliche Stritt / mißverstand und Irrungen erhaben / indeme unter andern auch die Durchlauchtige / Hochgebohrne Fürstin und Frau / Frau Sibilla / Marggräfin des H. Röm. Reichs zu Burgau / gebohrne Hertzogin zu Gülch / Cleve und Berg / Gräfin zu der Mark / Ravenspurg und Mörs / Frau zu Ravenstein ꝛc. sich für ein Erbin und Interessentin der gestalt angegeben daß Ihren Fürst. Gn. vor allen dingen aus hochselig Gedachtn. Hertzog Johann Wilhelm ꝛc. Verlaßenschafft und unvertheilten Haab und Gütteren jure Crediti gebühre und bezahlt werden solle und müße / nemblichen ihr versprochener Heyrath-Gut / fünff und zwantzig tausend Gold Gülden / sambt der Verzinsung von Anno 1602. hero / nit weniger der Gülchischen / Clevischen / Bergischen und anderer darzue gehörigen Landt-Ständt verwilligte Ergeßlichkeit / auch was Ihren Fürstl. Gn. für Costen zu der Fürstl. Ausfertigung und haimbführung geschöpft worden. Uber das haben Ihro Fürstl. Gn. jure Successionis und in Crafft weiland Kayser Carls den 19. Julii Anno 1546. ertheilten Privilegii den dritten Theil der Gülchischen und aller darzu gehöriger Lehen und Landen / weil mit drey Schwestern den Todtfall ihres Herrn Bruderen erlebt / sambt allen aufgehobenen nutzungen pro Rata ihrer Portion von Anno 1609 hero / seit absterben hochermeldter ihres Herrn Brudern seeligen praetendirt / oder im fall man je berührtes Privilegium Carolinum bestreiten wolte / mit Vorbehalt ihres Rechtens / aufs wenigste vigore der Preussischen Heyraths-Pacten den dritten Theil der darin bedingten summa gelds / als zweymahl hundert tausend Gold-Gülden / welcher dritter Theil 66666⅔ Goldgülden belaufft / sambt den Verzinsungen von angeregtem zeitlichen Todtfall an begehrt. zu zahlen auch / vermög gemeiner beschriebener Rechten / den vierdten Theil aller eigenthumblicher Stück und Gütter / darinnen weilandt ihrer längst abgeleibten eltisten Schwester / Frauen Maria Eleonora / vermählter Marg-Gräfin zu Brandenburg / in Preussen Hertzogin seeligen nachgelaßenen Kinder und Erben zugleich succediren / gesucht und angesprochen / welche oberzehlte Posten sammentlich / gemachten ungefährlichen Anschlag nach / ein nambhaffte summa Gelds belauffen: Dargegen aber der auch Durchläuchtigste Fürst und Herr / Herr Wolffgang Wilhelm / Pfaltz-Graf bey Rhein / Hertzog in Bayrn / zu Gülch / Cleve und Berg / Graf zu Veldentz / Sponheim / der Mark / Ravenspurg und Mörs / Herr zu Ravenstein ꝛc. für sich und im Namen dero Gnädigsten und geliebsten Frau Mutter / als der eltisten überlebenden Schwester / sich erstlichen zu verzinßung obangeregten Heyrath-Guts nit schuldig erkennen wollen / mit dem fürwandt / daß sie nit / sondern Jr. Fürstl Gn. die Fr. Marggräfin bishero in mora gewesen; indem sie sich der Gülischen Landen debito & solito modo nit haben verzeyhen wollen: Ueber das seye auch Ihr. F. Gn an die Landtständt selbst / wegen deroselben angegebener verwilligung remittirt / und beneben ihro keinen zutritt zu den Gülchischen Landen / wegen vorhandenen Erb-Verträg und Privilegii Unionis, vermög deren die eltiste Schwester allein den zugang haben solle / gestendig gewesen

Ob nun wohl beede Ihro Fürstl. Durchl. und Gn. sich erinnert / daß eben diese strittige Handtsach nun etliche Jahr an dem Kayserlichen Hofrecht hängig und erst verschienen Jahrs die Röm. Kayserl. Maj. Unser allergnädigster Herr zu gebührender Reassumption und Beförderung der Proceß alle klagende und erschienene Partheyen erinnert / so haben doch Ihre beederseits Fürstl. Fürstl. Durchl. und Gn. aus sonderen zusammen habenden gueten Vertrauen / in Ansehung der nahen Bluts freundschafft und Verwantnus / auch umb vieler andern hochbewegender dapferer und ansehenlicher Respect und Ursachen willen / sich mit einander freundlich dahin verglichen / daß sie zu gütlicher / vertraulicher Communication / Bericht und Unterhandlung / ihr beederseits vertraute Räthe an ein bequemen Orth zusammen ordnen und möglichen fleiß anwenden laßen wolten / diese Sachen in der Güte / nach billichen dingen zu componiren / und zu vergleichen. Wie dan zu solchem Ende zwar unterschiedliche Tagsatzungen von höchstgedachter Herrn Pfaltzgraf Wolffgang Wilhelmbs Fürstl. Durchl. ernennt und angestellt worden / so aber allerhandt eingefallenen wichtiger impedimenten / und sonderlich der Ursachen halben ihren fortgang nit erraicht / dieweilen damahlen die Frau Marggräfin der Allerhöchst gedachten Kayserl. Maj. ꝛc. wie auch Ihrer Hochfürstl. Durchl Ertz-Hertzogs Leopoldi zu Oesterreich / Bischoffs zu Straßburg und Passau ꝛc. als mit deren Consens und Einwilligung Ihro Fürstl. Gn. diß werck fürgenommen / assistentz und zuordnung der ansehnlichen Räthen / nicht theilhafftig seyn könten / daher solche Tractation bis auf den 25. diß Monats Aprilis verschoben worden / auf welchem Tag dan nicht allein höchstgedachte Ihro Hochfürstl. Durchl. Ertz-Hertzog Leopoldus ꝛc. für sich und im Namen allerhöchst gedachter Röm. Kayserl. Majest. dero ansehnliche Räthe zur Assistentz deputiret / sondern auch beede obvermeldte Fürstl. Principal Partheyen ihre beederseits zu Ende dieses Recess unterschriebene vollmächtige Commissarios hiehero nacher Lauingen verordnet / welche dan auf vorgehende Eröffnung der Tag-farth / auch fürzeig und verlesung ihrer allerseits habenden gnugsamben Vollmacht zu der Handlung geschritten: Und ob sich wohl darbey eines und andern theils nicht geringe Difficultaten befunden / indem die Fürstl. Burgauische abgeordnete nicht allein auf pare Erstattung obspecificirten Heyrath Gutts inständig gedrungen / sondern auch noch darzu Ihrer Fürstl Gn. andere p[r]æ[te]nsiones so Ihr jure crediti gebühren solten / und beneben deroselben angegebene Erb Portion an Lehen und Aigenthumblichen güttern begehrt / doch mit dem Erbieten / darüber in Erwägung aller Umbständ gütige Tractation und Handlung zu pflegen: Dagegen aber die Pfaltz-Gräfische Abgeordnete den jetzigen beschwehrlichen zustand der Gülchischen und zugehöriger Landen / den darauf stehenden fast unerschwinglichen Schulden Last / auch beneben fürgewendt / was Ihre Herrschafft zu Erhaltung derselben Landen bishero von dem ihrigen zugeschoßen / auch noch täglich darzue nothwendig anwenden müße / also daß die Ausgaben die Gefäll und Einkommen weit übertreffen / und Ihr Fürstl. Durchl. wann sie auch schon die Landen völlig und in frieden besitzen solten / dennoch so viel nicht aufzuheben wißen / daß sie allein die Pension ihres hergeschoßenen Geldes davon genießen und haben konten / der vielen andern Praetendenten / so auf diese Land gleichfalls zuspruch zu haben vermeinen / und mit denen man noch der zeit in unentschiedener Rechtfertigung stehet / wie auch anderer mehr fast unzehlichen Ungelegenheiten zu geschweigen: So ist doch endlich nach vieler und langer Tractation die Sache / in der Güte dahin abgeredt und verglichen worden / daß hochgedachter Frauen Marggräfin für alle und jede Ihrer Fürstl. Gn. Prætensiones so sie zu den Gülchischen und zugehörigen Landen bishero gehabt / oder noch künfftig zu haben vermeinet / von Höchstgedachts Herrn Pfaltz-Grafens Fürstl. Durchl. in annemblichen gangbaren Sorten bezahlt werden sollen dreymahl hundert tausend Gulden zu funfzehen Batzen oder sechzig Kreützer gerechnet: Welche Summa an Ihro Fürstl. Gn. in Erwägung der Gülchischen Landen betrübten zustands / vorhin obgelegenen schwehren Schulden Lasts / sonderlich auch zu Erzeigung ihrer Mütterlichen Treu und freundschafft acceptiret und angenommen auf maß und weiß wie hernach volgt.

Nemblichen sollen und wollen Ihre Fürstl. Durchl. zwischen Dato und den ersten Tag künfftigen Monats Junii an der

zeit

Anno 1622.

ANNO 1622. zeit lauffender annemblicher und gangbarer Münz erlegen und bezahlen laßen fünf und zwanzig tausend Gulden. Ihro Fürstl. Durchl. soll auch freystehen / innerhalb den nächsten sechs wochen die übrige gantze und völlige Summam der 275. tausend Gulden in gleicher der zeit leuffigen und gangbaren Münz / oder an groben Güldenen oder silbern sorten / nemblich den Reichs Thaler per zehen Gulden / und den Ducaten per funfzehen Gulden gerechnet / zubezahlen. Im fall aber Ihrer Fürstl Durchl nicht beliebig seyn würde / die völlige Bezahlung in bestimbter zeit der sechs wochen zu leisten / so ist abgeredt / daß nach Umbgang sechs Monat von ersten Junii dis Jahrs anzurechnen / das ist auf den ersten Decembris nächstkünftig 112500. fl. und wiederumb den ersten Junii An. o 1623. 112500. fl. doch in der zeit in solchem werth bezahlt werden sollen / wie die sorten dazu mahl zur zeit solcher bestimbten fristen lauffen / gang und gebig seyn werden / die übrige 50000. fl. sollen und mogen Ihro Fürst. Durchl. in handen behalten / doch daß sie dieselbe Jahrlich mit 2500 fl. so lang der Frau Marggräfin Fürstl. Gn. im leben seyn werden / verzinßen und mit Raichung der ersten zinß auf ersten Junii Anno 1624 anfahen / also daß nach Absterben Ihro Fürst. Gn. solche 50000. fl. Ihro Durchl und dero Erben verbleiben und haimbfallen sollen / es wolte dan Ihro Fürstl Durchl. beliebig seyn / auch solche 50000. fl. zugleich mit den andern Haubt-Summen paar zu erstatten / welches dan zu dero Belieben und Gefallen stehen / und aber auf solchen fall Ihro Fürstl. Gn damit zu disponiren haben sollen / doch versehen sich Ihro Fürstl. Durchl. gegen Ihro Fürstl Gn. in diesem und andern aller mütterlichen Treu und gutwilligen affection. Und damit mehr hochgedachter Frau Marggräfin Fürstl. Gn der obberührter verglichenen Summa der [illegible] fl. halben desto beßer versichert seyn / so hat man sich einer sonderbaren Schuldt-Obligation und Assecuration dergestalt / wie das beyliegendt sub Lit. A notirtes Concept vermag / verglichen / welche dan ehistens mit Ihrer Fürstl Durchl Unterschrifft und Secret verfertigt und Ihrer Fürstl Gn der gebühr nach eingehändigt werden soll.

Dagegen haben die Fürstl Burgauische Abgeordnete im Namen Ihrer Principalin zugesagt und ist verglichen / daß Ihro Fürstl Gn die Frau Marggräfin nicht allein aller Anforderung Recht und Gerechtigkeiten / so sie bishero zu den Fürstenthumben Gülch / Cleve und Berg / auch andern dazu gehörigen Graf und Herrschafften ratione Successionis, und dan der Ausständigen Heyrath-Guts und anderer obspecificirten Posten halber praetendirt / sich gänzlich verzeyhen und begeben / sondern auch alle solch Ihre Jura und Actiones des Herrn Pfalz Grafen Fürstl. Durchl cediren / abtretten und übergeben soll / mit völliger Ausheferung aller deren Schrifften / Uhrkunden und Documenten bishero gebraucht / oder sonsten zu der Gülchischen Succession Sachen dienstlich seyn möchten / zu welchem Ende sich die Abgeordnete allerseits einer gewissen Formb Cessionis verglichen / wie die Beylag sub Lit. B. ausweiset / welche ehists von Ihro Fürstl Gn auf Pergament gefertigt und gegen Einlieferung der ersten Parschafft herausgegeben werden solle.

Deßen allen zu wahrer Uhrkundt / auch stätter / vester und ohnverbrüchlicher Haltung / seynd dieser Receße drey unterschiedliche Exemplaria mit allerseits Abgeordneter und vollmächtigter Räthe Subscription und Pettschafften verfertiget worden / deren eines die Kayserliche und Ertz Hertzogische Assistenz Räthe / das ander die Pfaltzgrafische / und das dritte die Burgauische zu ihren Händen genommen. Beschehen und geben zu Lauingen den Neun und zwantzigsten Monats Tag Aprilis in diesem sechzehen hundert zwey und zwantzigsten Jahr.

(L. S.) Dom. Rodrigo Darogon. (L. S.) Frid. Altstetter zu Caltenburg.

(L. S.) Caßwein Spieringk Hoffmarschalk. (L. S.) Christoph Kellner.

(L. S.) Johann Zeschlin von und zu Schwenningen. (L. S.) Thomas Dußveldt.

(L. S.) Ferd. Seibach.

(L. S.) Jaques Der auue Vincent. (L. S.) Peter Klutsch.

(L. S.) Georg Wagner.

CXXIII.

1629. 31. Juillet. **Endlicher Vergleich zwischen den Durchl. Fürsten FRIEDRICH Marggrafen von Baden Durlach eines- und Marggraf WILHELM von Baden-Baden andern Theils / durch Interposition der Käyserl. Commissarissen über die laut Wienerischen Vertrags de Anno 1627. den 27. May von Marggraf FRIEDRICH an Marggraf WILHELM statt der aus der occupirten Marggrafschafft Baden Baden gezogenen Nutzungen abgetrettenen Aemter Stain und Remchingen / aufgericht zu Ettlingen den 31. Julii 1690.** ANNO 1629. [Tiré de la Registrature d'Estat de la Chancellerie de la Cour de sa Majesté Imperiale.]

C'est a dire.

Transaction finale conclue par l'interposition des Commissaires Imperiaux, entre FRIDERIC *Markgrave de Bade Dourlach, &* GUILLAUME *Markgrave de Bade-Baden, touchant les Bailliages de Stain & de Rembingen cedés au Marckgrave* GUILLAUME *en conscquence de l'Accord fait à Vienne le 27. Mai 1627. & en compensation des fruits tirés du Markgraviat de Bade, par le Marckgrave* FRIDERIC, *durant l'exemption. A Etlingue le 31. Juillet 1629.*

Zuwissen und kunde seye hiemit jedermänniglichen / Nachdem die Röm. Kayserl Maj. unser Allergnädigster Herr zu endlicher Execution und Vollstreckung deß zwischen denen Durchl. Hochgebohrnen Fürsten und Herren / Herrn Friedrichen und Herrn Wilhelm Marggrafen zu Baden und Hochberg / Landgrafen zu Saußenberg / Grafen zu Sponheimb und Eberstein / Herrn zu Roteln / Badenweyler / Lohr und Mahlberg rc. an Ihrer Kayserl Maj. Hoff den 27. May verwichenen 1627. Jahrs über die aufgehabene Nutzungen und andere forderungen von der Obern Marggrafschafft Baden herrührend / aufgerichteten Vertrags den Durchlauchtigsten Fürsten und Herrn / Herrn Leopolden Ertz Hertzogin zu Oesterreich rc. (Tit.) sub dato Herrs den 7. Decembris nächst abgelauffenen 1628. Jahrs gnädigst- und endliche Commission aufgetragen / volgend aber von Ihro Fürstl. Durchl. zu dero subdelegirten fürgenommen worden / der wohlgebohrne Herr Carl Ludwig Ernst / Graf zu Sultz / Landgrave in Cleggau / Erb Hoffrichter der Kayserl Hoffgerichte zu Rotweyl / Röm. Kayserl Maj. Rath und Cammerer: So dan die Edel / gestreng / hochgelehrte und Veste Isaac Volmar beeder Rechten Doctor / und Hannß Reichardt von Schauenburg respective Cantzler und Regiments Räthe unter-Oesterreichischer Landen / daß hiemit die subdelegirte beeden hochermeldten Ihro / Ihro / Fürstl. Fürstl Gn. Gn solche ihre obhabende subdelegation der Gebühr angekündet und den Tag und Mahlstatt auf den 5. hierunten bemeldten Monats Julii gegen Ettlingen einzukommen / auch folgenden Tags der Handlung einen Anfang zu machen benambset und angesetzt / und mithin zwischen beederseits zu der Handlung abgeordneten Bevollmächtigten / als an Seiten Herrn Marggraf Friedrichen den Edlen / gestrengen hochgelehrt und ehrenvesten Ihrer Fürstl. Gn. Cammerer auch Frauen zimmer Hoffmeister / Kirchen Raths Directorn / Geheimen Hoff- und Cammer-Rath / Ernst Ludwig Leutrumb von Ettlingen / Ernst Friedrich von Menchingen / Ernst Friedrich Mollingern / beeder Rechten Doctorn / Johann Georg Castern / derselben Licentiaten und Hanß Philipps Schumachern: An Seiten Herrn Marggraf Wilhelmens aber den Wohlgebohrnen Heinrich Carl van Orselar Freyherrn auf Stauffenberg Ihro Fürstl. Gn. Geheimbden Rath und Statthaltern / auch den Ehrenvesten / hochgebohrnen und Ehrsamben Ober Cammer Räthen und Land Schreibern zu Baden und Lahr / Jacob Cron / Hannß Jacob Opferen / beede der Rechten Doctores / Johann Retzer und Conrat Walther uf ein und andern Theils münd- und geschrifftlich für- und Anbringen / Ersehung beederseits fürgelegter Anschlägen / Neunjähriger Rechnungen / auch anderwerts eingelangter gnugsamer Information und Berichts / nachfolgenden endlichen Schluß / Vergleich- und Entscheidung abgehandelt / beschloßen und in Würckung gebracht haben.

Nemlich und erstlich nachdem Ihr Fürstl Gn. Herr Marggraf Friedrich vor Anfang dieser Commission seinem Vettern Herrn Marggraf Wilhelmen an Bezahlung deren im Wienerischen Vertrag bestimten 380000. fl beede Aempter Stain und Remchingen angetragen / und aber beede Theil in Bescheinung und Anschlag der Jährlichen Renten / Gütter / Gefällen und Einkommen vorderist an deme streitig worden / daß Marggraf Fridrich darunter nicht allein die Schatzung / Beth / Baden Zinß / frevel und Bueßen frohndienste / Zoll / Umbgeld / Leibaigenschafft / Bastardts Fäll und was dergleichen einträglicher Herrlichkeiten / Rechten und Gerechtigkeiten mehr seyn mögen / sondern auch die hohe Landes Fürstl. Obrigkeit sambt allen übrigen Oberherrlich- und Bottmäßigkeiten / wie die ein Herr und Lands Fürst in seinem angehörigen Fürstenthum / vermög gemeiner Rechten / auch der Heyl Röm. Reichs Abschiede und hergebrachter gewohnheit gebrauchen / üben / nutzen und meßen kan / soll und mag / allein Haagen und Jagen ausgeschieden / am Haub Gut per 10000 fl. und davon 5000. fl jährlicher Interesse anschlagen wollen / und

zwar

ANNO 1629.

zwar diß aus dem fundament / weilen im 7. Articul des Vertrags neben andern ausdrüklich gesagt wird / daß der abtrettenden Aempter Gefäll und Einkommen zwar mit 5. pro Cento / innmaßen es die Nünjährige Rechnungen von Anno 1609. bis auf 1618. mit sich bringen thun / die nutzbarkeiten aber der Regalien und Jurisdictionallen dem Landsbrauch nach taxiret und angeschlagen werden sollen: Hingegen Herr Marggraf Wilhelm der meynung gewesen / daß diese Clausula sich allein auf vorbestimbte zu jährlichen Eintrag gerichte Jura Fisci, Rechten und Gerechtigkeiten / aber deren Nutzbarkeit mehr in Erhöhung eines Herrn und Lands Fürsten persönlichen Stand und würdigkeit / als Eintrag jährlicher Renten und Gefällen bestehen thäte / nach Anweisung des andern Articuls bemeldtes Vertrags / sambt und mit den übergebenden Aemptern / doch ohne einigen Abschlag abgetretten und eingeräumt werden solten; So ist hierauf nach fleißiger Anhörung / Umbständ- und wohlbedächtiger Erwegung aller von einem und andern Theil zu Bescheinung seines fürwands eingebrachten Bewegnüßen und Ursachen / dieser Streit also und volgender gestalt vereinbahret / vergliechen und entschieden worden.

Daß nemlich Marggraf Friedrichen zu Baden / seinen Erben und Nachkommen über vorbesagt Ambt Stein und Remchingen / all derselben Innwohner / Leuth und Gütter die Landsfürstl. Obrigkeit und derselben anhangende hohe Regalien allermaß und form / wie Er und seine Vor Eltern selbige hergebracht / geübt / genutzt und genoßen haben / doch mit hernach bedingter ausdrüklicher Moderation beständiglich verbleiben / und Er wie bishero / also auch fürter hin / volgender Abtrettung ungehindert / von allen und jeden Unterthanen / Insaß und Innwohnern dieser Aembter / auch allen welche der Enden zu schaffen / zuhandeln / zuthun oder zulaßen haben / für einen Lands Fürsten erkandt / geehrt und gehalten / nit weniger Ihme Herrn Marggraf Friedrichen seinen Erben und Nachkommen die Land- und Erb-Huldigung / Schutz- und Schirms Gerechtigkeit / sonderlich zu Kriegs- und Unfriedens-Zeiten; Doch Herrn Marggraf Wilhelmen solche angewiesene und übergebene Unterthanen an ihren Leib und Güttern / so offt es die Nothdurfft erfordern würde / von naher Obrigkeit wegen gebührlich zuschutzen und zu schirmen unbenommen / neben andern vorbehaltenen hohen Regalien einzig gebühren und zustehen solle.

Nichtweniger solle Herrn Marggraf Friedrichen von Landesfürstlicher Obrigkeit wegen zu gelassen seyn / in diesen abgetrettenen Aemtern sowohl als in andern seinen Landen / Satzungen / Ordnungen / Land Recht / Lands Ordnung / offentliche Edicta und Mandata / als offt es Ihme noth und gut seyn gedünket / zu machen / aufzusetzen / ausgehen zulaßen und ins Werk zu richten / und sollen auch die Unterthanen und Hintersaßen denselben / wie auch denen bishero uffgerichten und in übrig stehenden Satzungen durch und durch / gleich andern in der Untern Marggrafschafft gesessenen Unterthanen und Hintersaßen zu gehorsamen schuldig seyn.

Item / Herrn Marggraf Friedrichen sollen verbleiben das gelait / Item der Gutschen weg nach Pforzheimb / unter dem Gelait aber soll weder auf offentlichen Straßen noch andern Orthen zu Holtz oder feld einige Gerichtbarkeit in Malefizischen oder Bürgerlichen fällen nit gesucht / sonder da sich dergleichen fäll innerhalb des Ambts Stain und Remchingen zwing und Bann zutrügen / selbige allesamt und sonders ohne Unterscheid von Herrn Marggraf Wilhelmens Ambtsatzung peinlich und bürgerlich berechtigt werden.

Item Restitutiones in integrum in Criminal und solchen Sachen / da es umb Ehr und . . . . . zuthun / doch mit dieser . . . . . wann jemand durch Urtheil und Recht seiner Ehren entsetzt / oder des Ambts verwiesen würde / und volgend umb Restitution anlangen wolte / daß zwar Herrn Marggraf Friedrichs Fürstl. Gn. die gebettene Restitution zuertheilen unbenommen / der restituirte aber nichts desto weniger sich der übergebenen Aempter Zwing Banns zu enthalten schuldig seyn / in Civil und Bürgerlichen Sachen aber / als adversus lapsum fatalium, adversus rem judicatam in Contractibus minorum & majorum, solche genannt gemeiner Rechten jemanden in alten Stand zusetzen bey Herrn Marggraf Wilhelmen stehen solle.

Desgleichen was anlanget die Legitimationes, Dispensationes, Cognitiones in causis matrimonialibus, Jus sequelæ & armorum, das ist / Musterung / Rey und folg / Ehebruch / Erblose Gütter / Confiscationes / in fällen da die in gemeinen Rechten oder nach Lands Gebrauch zugel ßen / die Macht quinquenel oder anstands Brief zu erthei en / Erbschafften und Vermächtnißen / deren sich ein gesetzter Erb- oder Gemächtniß Nehmer durch sein Undankbarkeit unfähig macht: Item Haagen und Jägen / sambt darzu nothwendigen frohn-Diensten / laut Wienerischen Vertrags / samt den Wäldern und Vorstlicher Obrigkeit / laut jetziger Vergleichung; Doch soll dem Ambtmann und Ambt Schreiber / welche Herr Marggraf Wilhelm diesen Aembtern vorsetzen wird / nothwendige Beholtzung / wie bishero beschehen / und o ne Herrn Marggraf Friedrichs Costen gefolget werden: Item Schätz und Bergwerk / ob sich deren ein- und anders künfftige Zeit entdeken würde: Diese Gerechtigkeiten alle sollen Herrn Marggraf Friedrichen / seinen Erben und Nachkommen vollkommenlich verbleiben.

Und damit in Handhabung der Jagbarkeit inskünfftig zwischen beeden Theilen desto weniger Zwietracht entstehen thue / so sollen alle Wildpret-Schützen / oder welche sonst einigerley Sachen der Jagdbarkeit zu Nachtheil unterfiengen / so auf Herrn Marggraf Friedrich verordneter Vorst-Knechten Ansuchen und begehrte Hülff / die Ihnen da nicht zu verweigern / zu hand gebracht / Ihme / Herrn Marggraf Friedrichen auf sein Begehren zu gebührender Abstra[f]ung an Leib oder Gut / überliefert werden: Andere zu Holtz und Veld fallende Frevel und Poen fäll aber / welche nach Herkommen nit in die sonderbare Forst-Rechnung gehören / ohne allein Unterscheid Herrn Marggraf Wilhelmen verbleiben / als die denn bereits unter die Rubric von frevel und Bußen in anschlag einkommen seynd. So dann sollen der angewiesenen und abgetrettenen Aembter Unterthanen schuldig und verbunden seyn / auf allen Land- und Ausschuß-Tagen / darzu sie dann erfordert und beschrieben werden / dem Herkommen nach zu erscheinen / den gefaßten Land Tag-Schlüßen und Bewilligungen / wo es an erst von der übrigen Landschafft auch geschicht / zu ihrer angebühr gehorsamlich nachzukommen und ihre Schuldigkeit abzustatten.

Es solle aber Herr Marggraf Friedrich oder seine Erben und Nachkommen unter dem prætext und fürwand des Lands-Fürstl. Obrigkeit / vorbehaltener Jagdbarkeit / geschloßener Land- und ausschuß-Tages-Handlungen / publicirter Edicten / Mandaten / Satzungen / Land-Rechten / Land-Ordnungen oder einigen andern fürwand wie das Menschen Sinn erdenken möchte / das geringste nit fürnehmen / anschaffen / thun oder laßen / gebieten oder verbieten / dadurch Herr Marggraf Wilhelm / seine Erben und Nachkommen an richtiger und schleuniger Einziehung / Verwahrung / Verführung / verkauffung / Nutz und Nießung seiner Gefällen und Einkommen / auch im Gebrauch und übung hernach gemeldter Obrigkeit / Gericht- und Bottmäßigkeit / Rechten und Gerechtigkeiten in einigerley Weiß oder Weg bekümmert / versaumbt / gehindert oder vernachtheilt werden konte und möchte.

Insonderheit solle Herr Marggraf Friedrich sich derjenigen Unterthanen / welche umb außständiger Zinuß / Gülten / gebührlichen frohn-Diensten oder anderer bekantlichen Schulden / von Marggraf Wilhelmen oder seinen nachgesetzten Beambten mit Gebotten angetrieben / verhafft / verganttet / mit Gefängniß / Thurn-Straff umb dieser oder ander Burger- und Peinlicher Sachen willen angegriffen werden / mit nichten annehmen / noch darunter Marggraf Wilhelmen und seinen Beambten Maaß oder Ordnung fürschreiben oder Irrung und Eintrag thun.

Es sollen auch diejenige Edicta und Mandata / in welchen auf Fruchten und Wein oder andere Failschafften eine gewisse Taxa gesetzt / oder solche Stuk nit ausser Land zu verführen verordnet wird / wie auch andere Lands-Fürstl. Mandata / Satzungen und Ordnungen / Herrn Marggraf Wilhelmen und seine Beambte keineswegs binden / sondern Ihme und denselben nichts desto weniger frey und bevorstehen / wann / so offt und zu welcher Zeit er will / und es ihnen nutzlich seyn gedunckt / seine vorräthige Wein und Fruchte auch andere Gefäll in- und außerhalb Lands zu verführen / zu versilbern und zu verkauffen / so gut er kan / und sollen Ihm hierzu die Unterthanen / der aufgegangenen Mandaten ungehindert / dienstbar und gewärtig / auch diejenige / welche dieß Orts mit Ihme / Herrn Marggraf Wilhelmen oder seinen Beambten handeln / sie seyen unter Herrn Marggraf Friedrich gesessen oder nicht / deßwegen nicht gefrevelt / oder unrecht gehandelt / noch einige Poen den Mandaten einverleibt noch sonsten verwurkt haben.

Ebenmäßig / wann Herr Marggraf Friedrich einem in den abgetrettenen Aembtern gesessenen Unterthanen ein Rescriptum Moratorium ertheilen thut / soll deßen ungehindert Herr Marggraf Wilhelm oder seine Beambte die bey selbigen Unterthanen außen stehende Ambts-Gefäll und Schulden einzuziehen und ihn oder sie darzu mit obrigkeitlichen Mitteln anzuhalten befugt seyn.

Ob dann auch bey künfftigen Land- oder ausschuß-Tagen Herrn Marggraf Friedrich von seinen Landschafften insgemein und einhelliglich eine neue Schatzung solte bewilligt werden / so solle zwar Herrn Marggraf Wilhelmen die neue Bewilligung durch aus ohne Schaden seyn / und er umb die Ihme / laut Anschlags / auch hernach volgender sonderbarer Vergleichung überwiesene Schatzung vor allen Dingen bezahlt / Herrn Marggraf Friedrich aber auch benebens zu dem seinigen zukommen möglichste Hülff geleistet werden.

Und ist hierbey deren nun eine lange Zeit und bißanhero in den Marggräfl. Landen beharrenden / auch noch künfftig befahrenden Einquartirung halber abgeredet und eigentlich beschloßen / daß die vor dießmahl im Amt Stein und Remchingen eingelegte unter die Catholische Bunds Armada gehörige Soldaten / und auferlegte Kriegs oder Quartier Contributiones also gleich vom 2. dieß Monats Julii abgeschafft / geändert und gäntzlich aufgehebt / doch was bemeldter Aembter Unterthanen bis auf besagtes datum an verfallenen Kriegs-Contributionen schuldig verblieben / solches förderlich von Ihnen abgestattet und eingezogen / fürterhin aber ohne Vorwissen und Bewilligung Herrn Marggraf Wilhelms einiges Kriegs-Volck in diese Aemter nit eingelägert / noch derowegen Contributiones an sie gesucht / oder sie damit belegt / und da es je von Kayserl. Befelhs wegen nothwendig beschehen müßte / alsdann eine gleiche proportion gegen ander Unter-Badische Aembter und Unterthanen gehalten / und sie

vor

ANNO 1629.

vor andern nit beschwehrt werden sollen.

Item / wann sich an den Zoll-Städten Contrabanda / oder wegen unrecht versteuerter und beschäzter Güter / wie auch in andern fällen / Confiscationes zutragen würden / so sollen zwar solche hohe Poen fäll Herrn Marggraf Friedrichen von Landsfürstl. Obrigkeit wegen zustehen / aber vorderist aus dem verwürckten Gut / was Herrn Marggraf Wilhelmen wegen der Zoll- und Schatzungs Ordnung / oder sonst von andern bey der Mißhändler und Uebelthäter versessenen Schuldigkeiten außständig seyn mag / Item die Atz und Malefitz Kosten entrichtet / und was nach abzug deßen übrig / Herrn Marggraf Friedrichen zugeeignet werden.

Da aber wider Verhoffen / und wie es dann nit seyn soll / von Herrn Marggraf Friedrich / deßelben Beambten / Leuthen / Dienern und Zugehörigen ichtwas angeschafft / geordnet / fürgenommen / gethan oder gehandelt werden solte / es geschehe in was weyse und wie es nur immer seyn mag / dadurch Herr Marggraf Wilhelm / seine nachgesetzte-Beambte und Diener / dieser ausbedingten Erläuterung entgegen an nachbenannten seinen nahen Obrigkeitlichen Rechten / Herrlichkeiten und Gerechtigkeiten / Nütz- und Nießung seiner Gefäll und Einkommen beunruhiget / beschädigt / bekümmert / gehindert / und vernachtheilet würden / und darümben über beschehen gütlich Ersuchen (darzu dann vorderist beede Theil zu Erhaltung guter Freundschafft gewiesen seyn sollen) Kehr und Wandel nit erfolgen / sondern das geklagte Attentatum von Herrn Marggraf Friedrichen oder den seinigen mit wißen / Willen und Zusehen seiner Fürstl. Gn. oder Ihrer Erben und Nachkommen mit der That behaubtet werden wolte / so solle alsdann Er / Herr Marggraf Friedrich / seine Erben und Nachkommen / solang diese Pfandschafft währen wird / einige Lands-Fürstl. Obrigkeit / noch einigen derselben anhangenden Actum über die abgetrettene Aembter / derselben eingeseßene und incorporirte Leuth und Güter fürterhin nit mehr zu üben noch zu gebrauchen haben / sondern derselben also gleich und mit der That selbst verlustig / und selbige Herr Marggraf Wilhelm / seine Erben und Nachkommen / doch uff vorgehendes Richterliches declaratorisch Urtheil / vollkommentlich an sich ziehen / und Crafft dessen alles dasjenig ohne männiglichs Eintrag zuschaffen / zuthun und zu laßen befugt seyn / was einem Herrn und Lands Fürsten von Rechts und Gerechtigkeit wegen in seinem ungemittelten Fürstenthum zuthun und zu laßen gebühret / fugt / eben und gelegen ist.

Hingegen und damit Herr Marggraf Wilhelm für sich / seine Erben und Nachkommen und Ihme angewiesene Gefäll und Einkommen nach Nothdurfft versichert seyn / und hierzu die Unterthanen dienstbar und gewärtig haben mögen / sollen Ihm vor allen dingen dieselbe Huldigung für sich / ihre Erben und Nachkommen erstatten / Ihrer Fürstl. Gn. derselben und Nachkommen von Malefitzischer auch aller Niedergerichtlichen Obrigkeit wegen mit gebotten / Verbotten / frohndiensten / frevel / Bußen / Zöllen / Ungelten / Renten / Gülten / Zehenden / Zinsen / Steuer und Schatzungen / Burgergeld / Abzug und Nachsteuer / auch allen andern Rechten und Gerechtigkeiten / wie sie solches alles Herrn Marggraf Friedrich Fürstl. Gn. und deßelben Vorderen bis anhero geleistet und zu erstatten schuldig gewesen / treu und hold / gehorsamb und gewärtig zu seyn / und sein Herrn Marggrafs Wilhelm Fürstl. Gn auch deßen Erben und Nachkommen Nutzen und frommen getreulich zufürderen / den Schaden aber nach bestem Vermögen zu warnen und zu wenden / und in Summa alles das zuthun / was getreuen und gehorsamben Unterthanen gegen ihren Pfandt Herrn und fürgesetzte Obrigkeit zuthun gebühret und wohl anstehet / doch mit außnahm deren für Herrn Marggraf Friedrichen obbedingter maßen vorbehaltenen Landes Fürstl. Obrigkeit.

Sodann soll Ihme Herrn Marggraf Wilhelm gebühren und ohne einige æstimation und Anschlag frey überlaßen seyn der Blut-Bann / oder die Malefitzische / auch alle bürgerliche Obrigkeit / also und dergestalt / daß er peinlich und bürgerlich Gericht besetzen und entsetzen / alle Uebeln und Mißethaten / welche innerhalb der angewiesenen Aembter Zwing und Bann begangen / oder sonst der Uebelthäter darinnen betretten und in Hafft gebracht würde / nach ausweisung der gemeinen geschriebenen Rechten / auch Kayser Carl des fünften Halsgerichts Ordnung berechtigen und abstraffen / über alle und jede Bürgerliche Händel / Schuld und Geld-Sachen / die rühren gleich von Contracten so unter lebendigen geschehen / oder von Vermächtnüß der Abgestorbenen her / Gericht und Recht ertheilen / Gebott und Verbott anlegen / Poen-fäll aufsetzen / Aembter / Vogteyen / Pflegschafften besetzen und entsetzen / und in summa alles das thun und verhandeln / gebieten und verbieten soll und möge / was nach Ausweisung gemeiner Rechten und üblicher Gewohnheit derjenige / welcher Malefitzische und niedere Gerichtbarkeit hat / doch ausgescheiden und ohne Abbruch der hohen Landsfürstl Obrigkeit / wie obvermeldt / thun / handeln / laßen / gebieten und verbieten soll / kan und mag / ungehindert Herrn Marggrafs Friedrichen / seiner Erben und Nachkommen / seiner Räthe / Ambtleuthe / Diener / Unterthanen und sonst jedermänniglichs.

Und nachdem es sich je zu zeiten zuträgt / daß etwan eine hohe Obrigkeit einen Gefangenen umb mancherley bewegender Ursachen willen Genad zuthun / ihn der peinlichen Straff zu entlaßen und selbige in eine Geld oder andere ringere Leibs-Straff zu verändern pflegt; deßwegen aber / und ob solches der hohen Lands Fürstl. oder der Fürstl. und Malefitzischer Obrigkeit zustehe bey den Rechtsgelehrten ein streitige Meynung ist / so solle es dieß Orths also gehalten werden:

ANNO 1629.

Wann Herr Marggraf Wilhelm einen Uebelthäter umb was mißethat er dann in Verhafftung kommen wär / aus seinen bewegenden Ursachen Gnad thun / und ihme des peinlichen Rechtens / nachdem er seiner Uebelthat bekanntlichen oder überwiesen / erlassen / aber eine Geld oder andere leydentliche Straff auflegen wolte / so solle er das / ungehindert Herrn Marggraf Friedrichs / von näher Obrigkeit wegen zu thun / und die abgenommene Geld Straff zu seinen Nutzen zu verwenden / auch darauf den Uebelthäter zu begnadigen wohlbefugt seyn.

Wann aber der Uebelthäter für öffentlich Malefitz-Recht gestellt und berechtigt wird / so soll dem Rechten sein Lauff gelaßen / und wann vor oder nach ausgesprochenen Urtheil auf einkommene fürbitt der Uebelthäter zu begnadigen / solches an Herrn Marggraf Friedrichen als den Landsfürsten gebracht / und seiner auf den fall erfolgender Begnadigung statt gethan werden.

Item es sollen Herrn Marggraf Wilhelmen auch die appellationes gebühren / und wann von niedern Gericht jemand von deren wider sich ausgefällten Urthel appelliren wolt / so soll solche Appellation in der andern Instanz nirgends anderstwohin / als an Ihr Fürstl Gn. Herrn Marggraf Wilhelmen oder sein Hoffgericht gen Baden / folgends aber in der dritten Instanz an das Kayserl. Cammergericht zu Speyer gezogen / und hierinnen sonst der Fürstl Durlachischen Lands Ordnung gemäß verfahren werden.

Und wie die Abzug- und nach-Steuer Herrn Marggraf Wilhelm allbereit in anschlag der Gefällen zugerechnet worden / so sollen Ihme ebenmäßig auch das Einzug- und Bürger-geld gebühren; doch ist hiebey der angewiesenen Aembter Unterthanen / innmaßen es bey der Untern Marggrafschafft Baden von alters herkommen / von einem Ambt in das ander der freye Ab- und Zuzug vorbehalten.

Desgleichen hat es mit den übrigen Obrigkeitlichen Gefällen als Schatzung mit hierunten gesetzter Erläuterung / Beth / Badenzinß / frevel und Bußen / Frohndiensten insgemein / (allein soviel deren Marggraf Friedrich zum Haagen und Jagen / doch ohne gefährde / zum Gebrauch nöthig ist / ausgenommen) Zollen / Ungeld / Leibeigenschafft / Bastards-fäll welche auch bereits in einen ordentlichen Anschlag gebracht / und anstatt jährlicher Gefällen übergeben worden / seine Richtigkeit / also daß selbige der vorbehaltenen Landsfürstl Obrigkeit ungehindert / Herrn Marggraff Wilhelm verbleiben und abgestattet werden sollen.

So dann haben Herr Marggraf Friedrich Furstl Gn. ebenmäßig bewilligt und zugelaßen / daß auch hiemit und in Crafft dieß / daß da etwan der in die assignirte Aembter eingesetzte Ambtmann für sich / sein Weib / und Kind / Diener / Knecht und Mägd / oder andere seine Haußgenoßen / zu Gesund- und Krankheits Zeiten des Catholischen Religions-Exercitii bedurfftig / solches in seinem innhabenden Ambt-hauß zu jederzeit sicherlich und ungehindert männiglichs / wohl möge geübt / gebraucht und verrichtet / deßgleichen diejenige Malesicanten / so Catholischer Religion zugethan seynd / von Catholischen Priestern versehen / zur Richt-Statt begleitet / und dieß Falls ihnen einiger Eintrag nit gethan werde / sondern in solcher ihrer Verrichtung von männiglich mit Worten und Werken ohnbeschädigt bleiben / auch in von- und zureysen frey und sicher Gelait haben sollen.

Solchem nach solle Herr Marggraf Wilhelm und seine Beampte Herrn Marggraf Friedrich an Uebung der hohen Lands-furstl. Obrigkeit / auch was derselben von Rechts und gewohnheits wegen anhängig / einigen Eintrag nit thun / noch zuthun verstatten / und ob dergleichen etwas und hierobgeschriebener Erläuterung zuwider vorgenommen wurde / solches als bald auf Erinnern gutlich abstellen und verbeßern: Im fall aber uber gutlich erinnern und ansuchen ein solches nit geschehe / sondern die furgangene Turbation und Einträglichkeit mit Wißen und Willen Herrn Marggraf Wilhelms also beharret und mit der That behauptet werden wolte / so solle Herrn Marggraf Friedrich frey und bevorstehen / sich auch darwider bey seinen Landsfürstl Rechten mit der That hand zu haben / und Ihme deßwegen keine frevelheit beygemeßen werden.

Wenn aber kunfftiger Zeit uber kurtz oder lang / dieser bis daher specificirter Erläuterung der Landsfurstl und näheren Obrigkeit halben einiger Streit / Zweifel und Mißverstand fürfielen / sollen vor allen Dingen beede Partheyen sich uff einen unpartheyischen Obmann gutlich vergleichen / oder einer dem andern etlich unpartheyische Vorschlagen / darauß der andere den Schied- und Obmann zuerwählen / auch folgends der erkießte Schiedmann sich der Mittlung und billigmäßigen Außspruchs zu unterziehen haben / oder da dergleichen Mittel nit verfänglich / alsdann dem beschwehrten Theil sich seines Rechtens zugebrauchen / und bey Ihro Kayserl. Maj. oder dero Kayserl. Cammer Gericht umb richterliche Hülff anzusuchen unbenommen seyn: Und dieß soviel die hohe Obrigkeitliche Recht / Herrlichkeiten und Gerechtigkeiten anlanget.

So dann und zum andern / ist der Schäffereyen halb zu Trayß / item Hiegen und kleinen Steinbach abgeredet worden / daß dieß Orts mehrer nichts / dann allein die Nutzbar-

keit

ANNO 1629.

keit in anschlag der jährlichen Intraden eingebracht/ beneben aber solche Schäffereyen mit allen Stükken/ wie sich die in Abzehlen befinden/ als benanntlich bey der Schäfferey Trayß/ Hämmel 291. Stuk/ Schaaf 266. Stuk/ Hammel-Lämmer 941. Stuk/ Kälber Lämmer 77. Stück: bey der Schäfferey Remchingen Hämmel 47. Stük/ Schaaf 208. Stuk/ Hammel-Lämmer 88. Stuck/ Kälber Lämmer 82. Stuk Herrn Marggraf Wilhelm übergeben und eingeantwortet/ bey der Wiederlösung auch in solcher Anzahl und Beschaffenheit wiederum zurük geliefert und ausgeantwortet/ im fall aber wenig oder viel Stük bey der Wiederlieferung ermangelten/ als als dann für ein Hammel 40. Batzen/ für ein Schaaf 50. Batzen/ und für ein Lamb 12 Batzen in geld bezahlt werden solten: Und belaufft sich hierauf der beeden Aembter Stein und Remchingen jährliche Gefällen/ Einkommen und Nutzbarkeiten gegen einander verglichener An- und Ueberschlag wie folget:

Inseratur.

Und dieweil zu Ergäntzung des jährlichen Interesse von 320000 fl auf 5. vom hundert gerechnet noch 1776. fl. 35. Creutzer zu diesem Anschlag der Stein- und Remchingischen Gefällen erfordert werden/ so ist

Zum dritten abgeredet/ verglichen/ versprochen und zugesagt worden/ daß solche 1770 fl 35. Creutzer/ jeden gulden zu 15. Batzen oder 60. Creutzer gerechnet/ guter grober in Ober- und Unterer Marggrafschafft gangbahrer Müntz und Währung/ jährlich/ so lang diese Pfandschafft währet/ und jedes Jahrs besonders auf Georgii des Heil Martyrs Tag von/ usser und abe dem Ampt Mühlburg allen deßselben Renten/ Gülten/ Zöllen/ Zehenden/ Zinsen/ gefällen und Einkommen/ die dann allesambt und sonders/ wie die Namen haben/ hiemit und in Crafft dieß/ darumb ein recht und ausgedruktes Unterpfand heissen und seyn/ durch einen jeweils daselbst zu Verwaltung des Ambts bestellten Ambtsverweser zu der Kellerey Ettlingen ohne allen Herrn Marggraf Wilhelms Costen und Schaden richtig/ sammenthafft/ unzertrennt und ohnauffhaltlich bezahlt/ und die erste Bezahlung uff Georgii nechst von Gott erwarttenden 1630. Jahrs gethan/ darwider auch Ihme hierin durch Herrn Marggraf Friedrichen/ seine Erben und Nachkommen/ deßen oder derselben Regiment/ Statthalter/ Hoff-Cammermeister/ Rath/ Ambtsleuth und Diener noch sonst männiglich mit Worten/ Werken/ schrifft- oder mündlichen Befelchen/ einige Hinderniß/ Eintrag und aufenthalt/ unter was Schein und fürwand es immer geschehen könte/ nimmer angefügt noch zugemuthet werden/ und ob es je zu Zeiten geschehen und unterstanden würde/ er Ambtsverweser sich doch an solche Einträg und Hinderniß durchaus nit kehren noch denen von Ihr Fürstl. Gn. selbst oder deßelben Räthen/ Ambtleuthen und Dienern abgehenden Befelchen zu gehorsamen schuldig/ auch daß er deme also nachkommen/ Herrn Marggraf Wilhelm/ deßelben Erben und Nachkommenschafft vorstehender maßen die jährliche 1776 fl 35. Creutzer auf bestimbte Zeit und Tag vor allen andern seinen Ausgaben/ ohne einige Säumigkeit/ Aufzug/ Ein- und Widerred/ richtig lieffern und bezahlen solle und wolle/ neben denjenigen Pflichten/ mit denen er Herrn Marggraf Friedrichen oder deßen Erben und Nachkommen zugethan seyn würde/ auch Herren Marggraf Wilhelmen/ oder künfftig deßen Erben und Nachkommen/ als offt sich dann eine Aenderung mit dieses Ambts Mühlburg Verwesern zuträgt/ einen leiblichen und gelehrten Aydeschwöhren/ und zu solchem Ende der je zu künfftiger Zeit neu angenommne Verweser gleich nach seinem Aufzug gen Baden oder Ettlingen/ wohin ihne dann Herr Marggraf Wilhelm oder deßen Erben und Nachkommen erfordern werden/ würklich erstatten und schwören sollen: als dann mit Aufrichtung dieses Abschieds der jetzige Mühlburgische Ambts verweser/ Heinrich Keffer allhie zu Ettlingen in beyseyn der Kayserl. Commissarien solche Eydspflicht würklich erstattet und geschwohren hat.

Die dieser Aembter angehörige Ambts- und Herrschaffts-Häuser betreffend/ ist abgeredt und verglichen/ daß die in das Ambt Remchingen samt datzu gehörigen Gärten und Weyhern/ außerhalb der Scheur/ Herrn Marggraf Friedrichen zu seiner Gelegenheit bewohnen zulaßen/ verbleiben/ des Schloß- und Ambt Schreibers Behausung und andere Herrschaffts-Gebäu im Ambt Stein aber Herrn Marggraf Wilhelm eingehändigt und von demselben im Dach und Gemach erhalten/ doch die haubtsächliche Gebäu und Meliorationes, so mit Herrn Marggraf Friedrichs Bewilligung vorgenommen/ zur Zeit der Wiederlösung wieder gut gethan werden sollen. Desgleichen solle die Pfitzbach bey dem richtigen Lauff mit flotzen und Wäßerung wie herkommen/ item die Lehen und Freyheiten in altem Stand gelaßen werden.

Als nun zum vierdten Sach solcher Erörterung und Anweisung der 380000. fl. zu Abhandlung der übrigen Puncten und Articuln des Wienerischen Vertrags geschritten werden sollen/ und neben andern im 12. Articul ausdrukenlich versehen/ daß Herr Marggraf Friedrich die von Zeit beschehener occupation der Oberen Marggrafschafft Baden bis zu dero Wieder-abtrettung entweder deren von Herrn Marggraff Ernst Friedrich/ oder Herrn Marggraf Georg Friedrich bemeldter Obern Marggrafschafft auferlegte und von derselben übernommene/ oder durch jährliche angeschwollene Pensiones vermehrte schulden/ sie seyen wenig oder viel/ von gemeldter Obern Marggrafschafft sich oder die Aembter seines Unteren Theils übernommen/ und sein/ Herrn Marggraf Wilhelms Unterthanen von der Creditorn Anforderung zu befreyen schuldig/ doch von solchen übernommenen Schulden abzuziehen befugt seyn soll so viel von der Untern Maggrafschafft gefällen an alten und vor der Occupation auf den Obern Theil gestandenen Capital Schulden beweißlich abgelegt und mit anderwts allbereit aus der Obern Marggrafschafft refundirt und erstattet worden: Deßgleichen im 16 Articul des Erb-Nachtrags der 1500. Malter früchten und 52. fuder Weinshalber/ so weyland Herr Marggraf Eduardus Fortunatus seinem Herrn Vettern auch weyland Herrn Marggraf Ernst Friedrichen für und umb 40000. fl bar dargeliehenen Geldes ersetzt haben solle/ geordnet wird/ im fall Herr Marggraf Friedrich beweisen und darthun könte/ daß es ein beständig- und unablößlicher Kauff gewesen/ es billich dabey verbleiben/ wo aber nit/ Herrn Marggraf Wilhelmen die Wiederlösung verstattet werden solte/ und dann dieser beeden Puncten halber beede Theil vielfältige Disputation und mißhallige Meynungen gegeneinander gewechselt/ darüber viel Tag vergeblich verzehrt und zugebracht/ so ist endlich auf der Herren subdelegirten Kayserl. Commissarien gepflogene ernstliche und mühsambe Unterhandlung/ auch beederseits beliebte Genehmhaltung so wohl zum haubtsächlichen Beschluß dieser über offt besagten Wienerischen Vertrag fürgenommener Executions-Tractation/ als insonderheit zu beständiger Entscheidung bestimter beederseitiger Articulen verglichen/ eingewilliget und vereinbahret worden:

Daß nemlichen Herrn Marggraf Friedrich zu Erfolg besagten 12. Articuls alle diejenige Schulden/ welche deßelben Herr Vater oder Vetter Marggraf Georg und Ernst Friedrichen in ihrer währenden Regierung auf den Obern Theil aufgenommen/ auf die Unterthanen geschlagen/ oder bey denselben durch Anlehenschafften und versprochene Wiedergeltung gemacht/ und durch anstand der jährlichen Zinnß-Richtungen aufschwellen laßen/ wie dieselbe hernach unterschiedlich unter dreyen besondern Ueberschrifften von Posten zu Posten specificiret und verzeichnet seynd/ auf vorgehende gebührliche liquidation über sich/ seine innhabende Land und Leuth zu übernehmen und umb dieselbige/ auch alle davon außstehende Zinß/ Kosten und Schaden/ Herrn Marggraf Wilhelmen/ seine Erben und Nachkommen/ derselben Land und Leuth/ Renten/ Gülten/ Zinß/ Zehenden/ Zöll/ gefäll und Einkommen zu Waßer und Land zufrieden/ zufreyen/ gäntzlich ledig und clagloß zumachen/ zu vergnügen/ und insonderheit alle deswegen bey dem Kayserl. Cammer-Gericht zu Speyer/ auch allen andern Geist und Weltlichen Gerichten angetraute/ angefangene/ durch supplication/ Citation oder sonst anhängig gemachte Mandats- und Executions-Proceß in seinen selbst eigenen Costen also gleich abzustellen/ auch da nach aufrichtung diß hochgedachter Herr Marggraf Wilhelm/ deßen Erben und Nachkommen/ Land und Leuth/ Geistlich oder Weltlich Stands/ samt oder sonders in ferner Costen Schaden und Ungelegenheit geführt werden solten/ solches alles Ihme und denselben völliglich wieder zu erstatten hiemit und in Crafft diß zum allerzierlichsten und cräfftigsten verhafftet und er verbunden seyn solle und wolle.

Und folgt erstens die Specification jeniger Schulden/ welche Herr Marggraf Georg Friedrich in währender Innhabung der Obern Marggrafschafft Baaden auf dieselbe von neuen dingen aufgenommen/ soviel derselben sich bey gehaltener Kayserl. Creditor-Commission in Ensisheimb den 19. Decembris Anno 1625. und widerumb zu Baaden den 4. October Anno 1627. umb Bezahlung vor den Commissariis angemeldet.

In anno 1608.

Inseratur per totum.

Folgt die andere Summarische Designation derjenigen Schulden und Anlehenschafften/ welche Fürstl. Marggräf. Bad. Theils in währender Detention des Obern Theils der Marggrafschafft Baaden von deren Unterthanen uff Zinßung und Fürstl. Obligationes aufgenommen worden.

In Anno 1611.

Inseratur.

Volget die dritte Designation/ über verseßene Zinnß von alten auf der Obern Marggrafschafft Baden stehenden Capitalien/ wie die bey obermeldten Badischen Creditor-Commission angeben/ ausstehend befunden und dem Protocollo einverzeichnet worden.

Inseratur.

Alles mit dem fernern ausdrücklichen Anhang/ im fall über kurtz oder lang andere mehr dergleichen Schuldner sich angeben/ und ihre forderungen mit rechtmäßigem Beweißthum liquidiren werden/ daß dieselbige Herr Marggraff Friedrich nicht weniger als die obverzeichnete/ ohne Herrn Marggraf Wil-

Anno 1629.

Wilhelms / auch deßelben Land und Leuthen Schaden und Nachtheil / Klagloß zu machen schuldig / doch hiervon die Sponheimische versetzene Zinnß-Gülten ausgeschlossen / und Herr Marggraf Friedrich derselben erledigt seyn solle.

Sodann weil sich befunden / daß beeder Aembter Stein und Remchingen angehörige Unterthanen Herrn Marggraf Friedrichen nun von etlichen Jahren her bey diesen fürgegangenen schwehren Kriegs-einlägerungen und dannenhero erlittenen grossen Beschwerden an früchten / Wein und Geldgefällen ein nahmhafften Außstand uf viel 1000 fl. belauffend in Extanzen hinterstellig verblieben / die dann Seiner Fürstl. Gn. der beschehenen abtrettung ungehindert nach gelegenheit einziehen zulaßen gebührt hätte. So haben jedoch dieselbe sich bey dieser Summarischer Schluß-Handlung derselben Extanzen und hinterstelligen Gefällen allerdings und gäntzlich verziehen und begeben / dergestalten / daß Herr Marggraf Wilhelm dieselbe sambt und sonders / der seyen wenig oder viel / ohne Unterschied / woher die rührend und aufgewachsen seyen / ungehindert männiglichs / für sein Eigenthumb inbehalten / einziehen und in seinen Nutzen verwenden solle und möge.

Gleicher gestalt und obwohl in hierob einverleibten Anschlag der Gefällen neben andern auch die jährliche Schatzung per 2565 fl. 8. Creutzer gewürdiget / darbey es zwar nochmahlen sein Verbleibens hat / und benebens bedingt worden / daß Herr Marggraf Wilhelm allein 20. Batzen von hundert einzuziehen gebühren / die übrige bar auff Landtags abschied Anno 1624. gesteigerte 12. Batzen aber Herrn Marggraf Friedrich und deßen Unterer Landschaffts-Einnehmern erfolgt werden sollen:

So hat doch jetzt hochgedachter Herr Marggraf Friedrich sich solcher vorbehaltenen 12. Batzen auch begeben / also daß Marggraf Wilhelmen neben obigen 20. Batzen auch nunmahlen diese 12. Batzen / 32. Batzen von hundert / doch ohne mehrer Würdigung und Anschlag / auch solches wie gebräuchig / allein zu zweyen Terminen des Jahrs / zu seinen Nutzen einziehen und forderen laßen / auch die Unterthanen Ihme / Herrn Marggraf Wilhelmen / als von anderen Unter-Badischen Unterthanen gegen Herrn Marggraf Friedrichen geschicht / abzustatten und ohnverweigerlich zu entrichten schuldig seyn / und fürterhin an solchen 32. Batzen / solang diese Pfandschafft währet / weder Herr Marggraf Friedrich noch deßelben Landschafft einige Sprach und forderung nit mehr suchen noch haben sollen.

Sodann soll Herr Marggraf Friedrich alle hinter sich habende Haubt- und Schuld-Verschreibungen / Handschrifften / Cession- und Uebergabs-Brief / Quittungen / Lieferzettelen und Rechnungen über alle diejenige auf den Obern Theil vor der Occupation gestandene / oder hernach darauf gemachte und abgelößte Schulden / die seyen gleich current und lauffende Schulden / oder Haubt-Gülten / vor oder nach der Occupation durch Herrn Marggraf Ernst Friedrich / oder Herrn Marggraf Georg Friedrichen mit Auslegung baares Gelds abgelößt / oder durch Donation / Verwesung / Uebergab / Abtauschung und Auswechselung / oder in einig ander Weg / wie das immer geschehen ist / oder geschehen können und mögen / an sich gebracht / von hand geben / auch / damit alle Spruch und forderungen / welche Crafft dieser bisher in Handen gehabten Siegel und Briefen Herr Marggraf Friedrich an den Obern Theil der Marggrafschafft Baden / derselben Gefäll und Einkommen / Land und Leuth / oder an jetzigen Herrn Marggraf Wilhelmen / deßen Erben und Nachkommen / innen gehabt hat / inskünfftig hat gehaben / gewinnen und suchen können / allerdings hiemit und in Crafft diß / ewiglich gefallen / todt und ab seyn / und ob über kurtz- oder lange Zeit andere mehr desgleichen Haubt- und Schuld-Verschreibungen so durch darschießung Gelds / oder durch andere Wege in Herrn Marggraf Friedrichen oder deßelben Vorderen Gewalt und hand kommen / sich herfür thun solten / so sollen doch dieselben ebenmäßiger Gestalt / als wie diejenige / so anjetzt ausgeantwortet werden / Crafftloß und von Unwürden seyn und bleiben.

Und dieweil sich bis dahero nicht befindet / daß der Erb-Nachtrag auf ein Ewigkeit hingeben und verkaufft / sondern allein für und umb 400000. fl. von Herrn Ernst Friedrichen in Anno 1590. Herrn Edoardo Fortunato Marggrafen zu Baden beeder Christmilden Angedenkens fürgeliehenen baaren Geldes auf Wiederlösung dergestalten versetzt zuseyn erscheinet / daß nemlich Marggraf Ernst Friedrich darfür und anstatt jährlichen Zinßes 937. Malter 7. Scheffel $3\frac{1}{2}$ Metzle Dünkel und 40. fuder Weins anzuhalten befugt / und fürterhin bis zur Wiederlösung Herrn Marggraf Eduardo Fortunato allein jährlichs 524. Malter. 8. Scheffel und 3. Viertel Habern / und 12. Fuder 8. Ohmen 10. Viertel $1\frac{1}{2}$ Schoppen Weins zu liefern schuldig seyn sollen: So ist hiebey bedingt und abgeredet / daß Herr Marggraf Wilhelm / seine Erben und Nachkommen / wann und zu welcher Zeit es ihnen belieben wird / solche versetzte Nachtrags Gefäll an Dünkel und Wein mit 40000. fl. baares Gelds in dem Valor und Werth / wie die Müntz-Sorten zur Zeit der aufnahmb / Laut eines bey der Handlung fürgewiesenen und ad Protocollum genommenen Sorten-Zedduls gäng und geb gewesen seynd / zu erledigen und wieder zukauffen frey- und bevorstehen / doch wann Herr

Anno 1629.

Marggraf Wilhelm / seine Erben und Nachkommen solche Lösung thun wolten / solches Herrn Marggraf Friedrichen / seinen Erben und Nachkommen ein Viertel Jahr vor außgang des Jahrs ankünden / hierzwischen und bis auf erfolgende Lösung aber Ihme Marggraf Wilhelmen / seinen Erben und Nachkommen die ausbedingte 524. Malter / 8. Scheffel und 3 Viertel Habern / wie auch die 12. fuder 8. Ohmen 10. Viertel $1\frac{1}{2}$ Schoppen Weins / Laut der alten Nachtrags-Verschreibung / hinfüro jährlichs auf Martini gen Ettlingen in die Stadt uff abhohlen gefolgt / und uff nechstkünfftig Martini dieses lauffenden 1629. Jahrs wiederumb die erste Lieferung gethan werden. Benebens Herrn Marggraf Friedrichen vorbehalten seyn solle / alle / als sich dann Seiner Fürstl. Gn. Deputirte bey der Handlung deßen ausdrücklich bedingt haben / fernere Nachforschung zuhalten / ob dieser Nachtrag beständigen Kauffs / oder allein Pfands- und Versatzungweiß verwendet worden / und da deßentwegen bis auf künftiger Zeit angekündete Wiederlösung glaubwürdige und unverdächtige / unter Herrn Marggraf Eduardi Fortunati Hand und Siegel ausgefertigte Kauff-Brief würde fürbringen / daß es alsdann darbey / Laut des 16. Articuls im Wienerischen Vertrag unwiederrufflich verbleiben: Da aber solches nit beschehen / alsdann unter dem Schein und Fürwand fernern Nachsuchens die Wiederlösung nit aufgezogen / sondern auf den auslauffenden Termin derselben / ohne Ein- und wider-red Statt gethan werden solle.

Dargegen / und obwohl die die Ober-Baadische Deputirte fürgebracht / daß zwar / Laut vorangeregter Versetzung von anno 1590. an bis auf dato die übrige 524. Malter Haber und die 12. Fuder Weins jährlich hätten herausgeben und bezahlt werden sollen / solches doch nicht beschehen wäre / deswegen sie dann über die 20879. Malter Haber und 468. fuder Weins belauffen / wie nit weniger von Martini Anno 1617. als auf welche Zeit die Anweisung und Abtrettung der Aembter / vermög Wienerischen Vertrags hätte geschehen sollen / bis auf Anno 1621. von 380000. fl. Haubt-Gut 19000 fl. Interesse / und wiederumb was sie mehrers wegen der abgelösten alten Capitalien aus den Ober-Badischen Haubt-güttern und Eigenthumb refundirt und wieder gut gethan seyn erwiesen / als sich die Summa abgelöster Haubt-Güter belauffen thät / wiederum zu fordern hätten: So ist doch ebenmäßig verabschiedet worden / daß solche forderungen alle samt und sonders gegen vorbestimbte / wegen Herrn Marggraf Friedrichs beschehene Verweisung compensirt / vergleichet und vergnügt heißen und seyn; deßentwegen auch Sein Fürstl. Gn. derselben Erben und Nachkommen nimmermehr besprochen und angefochten werden sollen / können und mögen.

Damit aber auch Herr Marggraf Wilhelm für sich / seine Erben und Nachkommen bey denen Ihme abgetrettenen Aembtern und darauf angewiesenen Renten / Gülten / Zinnsen / Zehenden / Zöllen / Gefällen und Einkommen / Häusern / Höfen / Leuth- und Gütern / und allen deme was hierob verschriben ist / sicherlich bleiben / dieselbe vollkommenlich und ohne Schmälerung oder Abgang inhaben / besitzen / nutzen und nießen / auch alle Gefährde dabey gesichert seyn und bleiben möge: So ist fürters und

Zum fünften abgeredt / beschloßen und verglichen worden / daß Herr Marggraf Friedrich alle Briefliche Documenta / Urbarn / Schatzungs-Register / Ambts-Schrifften / diese beede abgetrettene Aembter Stein und Remchingen betreffend gegen einer ordentlichen Bekanntnuß herauß geben und Herrn Marggraf Wilhelmen einantworten laßen solle.

Dergleichen so soll er auch schuldig und verbunden seyn ermeldte beede Aembter / derselben Leuth und Güter aller Schulden / mit denen sie von Sein Marggraf Friedrich Fürstl. Gn. derselben Vorderen / oder auch im Namen gemeiner Landschafft beschwerd / dafür ingemein und insonderheit verpfände und verschrieben seyn möchten / in Zeit dieser währender Pfandschafft allerdings und gäntzlich zu entheben / und sie deswegen in kein Verlust / Schaden oder Kosten kommen laßen / in keinerley Weiß noch Weg.

Un ob dann über kurtz oder lang sich begeben und zutragen thät / daß wegen ausständigen Schulden diese Aembter sambt und sonders / derselben Einkommen / Leuth und Güter inn- oder außerhalb Rechtens bekümmert / angefochten / in Verlust / Kosten und Schaden gesetzt / oder auch eins oder mehr derselben Renten / Zinnßen / Zehenden / Zöllen / Schatzungen / Gülten / Gefällen und Einkommen / bewegliche oder unbewegliche Güter von andern Geist- oder Weltlichen Collegiis oder sonderbaren Personen angefochten / abgewehrt und außgewonnen / oder anderwerts angegebener maßen in ihrer Substantz sich nicht befinden würden / so soll Er / Marggraf Friedrich / deßen Erben und Nachkommen jederzeit schuldig und verbunden seyn / in solchen und allen andern fällen / darin vermög gemeiner Rechten die Wehrschafft dem versprechenden Theil obliegen thät / Herrn Marggraf Wilhelmen / deßen Erben und Nachkommen in- und außerhalb Rechtens zu vertretten / Sie alles diß Orths aufgehenden Costens und Schadens zu entheben / und was dergestalt abgängig erfunden würde / also gleich mit andern richtigen nützlichen Stücken / Gütern / Gefällen und Einkommen / zu seinem Marggraf Wilhelms guten Benügen zu ersetzen / alles bey Pfandbarer Verbindung aller des Un-

ters

ANNO 1629.

ter Baadischen Theils angehöriger Fürstl. Renten / Gülte / Zehenden / Zinsen / Zöllen / Rechten und Gerechtigkeiten / nichts davon ausgenommen / also und dergestalt / daß Herrn Marggraf Wilhelms Fürstl. Gn. selbige sambt und sonders jedesmahl solang und viel innzuhalten gut fug und Macht haben soll / bis er und Ihm vorenthaltene oder abgehende oder abgewehrte Stück / Güter / Gefäll und Einkommen / auch anderwerts um Schuld-forderung willen erlittener Kosten und Schaden völlig und gänzlich wird vergnügt seyn.

Belangend zum Sechsten die Ueberantwortung noch ermanglender Brieflicher Documenten / solle nach Erläuterung deß im Wienerischen Vertrag begriffenen 12. Articuli die völlige Lieferung hierzwischen Weyhnachten nechstkünftig endlich geschehen / und nächster Tagen alle diejenige / so bereits abgeschrieben sind / auch deren Abschrifft Herrn Marggraf Friedrichs Fürstl. Gn. nit begehren / geliefert / wie nit weniger / ob man bey der Ober-Badischen Cantzley der übrigen einer / so eylfertig vonnöthen hätte / auch auf Begehren vertreulich communicirt werden.

Zum Beschluß / so soll der angezogene Wienerische Vertrag in andern Puncten und Clausulen / in welchen demselben durch diesen gegenwärtigen Abschied nit ausdrücklich benommen wird / in Specie was in dem fünften Articul wegen der Kellerey Malsch / Pfleg Otterswehyr und Langen Steinbach gesetzt ist / bey seinen Kräfften beständig verbleiben / auch eine und andere Parthey uff begegnende fäll denselben zu geleben und sich darnach weisen zulaßen schuldig seyn / insonderheit solle die daselbst in der Kayserl. Confirmation angehängte Verpoenung auch in diesem jetztverglichenen Executions-Abschied zu begebenden fällen Statt haben / also und dergestalt / ob ein oder ander Theil diejenige Puncten / darzu er Crafft dieß Abschieds verbunden / nit halten würde / noch dem andern des zugefügten oder begegneten Schaden und Nachtheils halben Kehr und Wandel thun wolte / daß alsdenn dem Beleidigten bevorstehen / er auch deßen guten fug und Macht haben solle / nit allein die abgeschriebene Mittel zu seiner Versicherung und Erhohlung seines erlittenen Schadens zugebrauchen / sondern auch zumahl auf die Verwürkung der 40. Marck löthigen Goldes gehöriger Orten zu klagen. Alles getreulich und ohne Gefährde.

Und wir Friedrich Marggraf zu Baden und Hochberg bekennen hiemit für unß / unsere Erben und Nachkommen / daß dieses alles / was hieroben von Puncten zu Puncten geschrieben stehet / mit unserm guten wißen und Willen verhandelt worden / wie auch unß / unsere Erben und Nachkommen darzu vestiglich verbunden haben wollen. Wir versprechen und gereden auch bey unsern Fürstl. wahren Worten / deme allen und jeden / darzu unß dieser Abschied in ein- und anderm verbunden thut / beständiglich nochzukommen und zugeleben / alles getreulich / stett und vest zuhalten in rechter Wahrheit und in werk zu leisten / und darwider nimmer zu handeln oder zuthun / noch unsern Räthen / Ambts- und Bevelchs-Leuthen / Dienern / Burgern und Unterthanen / oder jemands anderen von unsertwegen zuthun oder zu handeln gestatten: Doch haben wir unß die Wiederlösung / Laut Wienerischen Vertrags / zu den abgetrettenen beeden Aembtern in obspecificirten Anschlag / wie nit weniger zu deren uf unser Ambt Mühlburg assignirten jährlichen Pension sambt oder sonders zuthun / vorbehalten / also daß Wir solche Pension mit 35531. fl. 40. Creutzer wohl absonderlich ledig machen und wieder kauffen mögen.

Desgleichen Wir Wilhem / Marggraf zu Baden und Hochberg rc. bekennen auch hiemit für unß / unsere Erben und Nachkommen / daß ebenmäßig diß alles / was hieroben von Puncten zu Puncten verschrieben steht / mit unseren guten Wißen und Willen also abgeredet / gehandelt und geschloßen worden / deßentwegen Wir mit unsers freundl. lieben Vettern Liebd. an deme / was Seiner Liebd. uns Crafft dieser Handlung zuthun und zu leisten schuldig / ein freundlich Benügen haben / gereden und versprechen darauf nit weniger bey unseren Fürstl. wahren Worten / deme allen und jeden / was bishero verabschiedet und beschloßen worden / so viel ein und ander Punct uns / unsere Erben und Nachkommen hinwiederum gegen hochgedachten unsers Vettern Liebd. und derselben Erben und Nachkommen verbinden thut / getreulich zu geleben / solches alles stet / vest und unverbrüchlich zu halten / darwider für uns selbst oder durch andere nit zuthun / noch zugestatten / daß durch unsere Räth / Ambtleuth / Diener und Unterthanen / noch sonst jemands anders darwider mit Worten oder Werken / Rath oder That in einigerley Weiß noch Weg gehandelt und gethan werde. Wir sollen und wollen auch sein unsers Vettern Liebd. derselben Erben und Nachkommen der Wiederlosung obbenannter uns eingeräumbter Aembter und angewiesener Pension / allermaß und form / wie Sein Liebd. unß selbige übergeben und einantworten laßen / doch daß unß / oder unsern Erben und Nachkommen ein Viertel Jahr vor Außgang des Jahrs die Losung ankündet werde / gutwillig statt thun / ohne einige Widerrede: Alles getreulich und ohne Gefährde.

Deßen zu wahrer unzweiffentlicher Urkund haben Wir Marggraf Friedrich / und wir Marggraf Wilhelm uns eigener Handen unterschrieben / auch unsere Insiegel anhenken laßen / und seynd zu mehrerm gezeugnuß auf beede Ihrer Fürstl. Gn. Gn. Begehren von unß den Eingans benambseten subdelegirten Kayserl. Commissarien / neben unserer Hand- und Nahmens Unterzeichnuß / auch unsere Insiegel an diesem Brief gehenkt / zween gleichlautend aufgericht / von einer Hand geschrieben und jedem Theil einer zugestellt worden. Geschehen und geben in der Stadt Ettlingen den letzten Tag Monats Julii nach Christi unsers lieben Herrn und Seeligmachers Geburth im sechzehen hundert neun und zwanzigsten Jahr.

Daß diese Abschrifft gegen dem Concept verglichen und demselben gleichlautend befunden / auch darauf die Originalia auszufertigen verabschiedet worden / bezeugen nachgesetzte Unterschrifften. Actum Baden den 2. Augusti anno 1629.

Isaac Vosmas D. H. R. von Schawenburg.

CXXIV.

Diploma SIGISMUNDI TERTII, *Regis Poloniæ de libera Electione. Anno* 1631. [Tiré de la Registrature Imperiale d'Estat de la Haute & Basse Autriche à la Chancelerie de la Cour Imperiale à Vienne. Fasc. 34.] 1631.

ETsi tales tantæque sint prærogativæ Libertatum, quibus hujus inclyti Regni Magnique Ducatus Lithuaniæ Nobilitatem jam olim Majores Nostri ob præclara utriusque Gentis merita, ac præcipue militarium Virtutum studium, fidemque constanter Principibus & Patriæ servatam cohonestare & insignire voluerunt, ut si cæteris Nationibus hac in parte conferatur, longe multumque cunctis emineat, illa tamen, quæ cæterarum Libertatum est Origo & Fundamentum, habita est propria & peculiaris hujus Regni & Magni Ducatus Lithuaniæ prærogativa, quod nemo ad regimen Regni, vel sanguinis, vel successionis beneficio, vel alicujus Pactionis, aut Juris Transfusionis prætextu, aut ullo quæsito colore se insignire, Rexque dici possit, quem non antea universi Regni, & Magni Ducatus Lithuaniæ Ordines, collatis in unum suffragiis, concordibus votis elegerint, Regemque esse suum jusserint. Nos quoque quemadmodum Divi Prædecessores Nostri Serenissimi Reges Poloniæ spontanea Ordinum voluntate & studio in Nos singulari ad Gubernationem hujus Regni liberis Universæ Nobilitatis suffragiis vocati, Rexque appellati, & Sacra Corona insigniti sumus, Ea lege & conditione, ut interposito Jurejurando Nos Leges & Immunitates, ac præcipue Regis libere eligendi potestatem, cæterasque omnes prærogativas in omnibus earum punctis & clausulis conservaturos sancte promitteremus.

Quod etsi in ipso Felicis Coronationis nostræ Actu sufficienter præstiterimus, legeque lata id ipsum declaraverimus, tamen, ut omnem ex animis subditorum nostrorum metum eximeremus, atque pro nostra solita benignitate desideriis eorum satisfaceremus, ex Senatus nostri Consilio præsentibus Literis Nostris securos reddimus & promittimus, neque nos ipsos admissuros, ut Viventibus nobis de substituendo Rege tractatus ineatur: neque passuros ut quispiam alter hoc ipsum attentare præsumat: quinimo talem & tales omnes hostes Patriæ & publicæ libertatis subversores judicamus, pœnisque iis, quibus criminis perduellionis rei tenentur, subjacere decernimus. Et nihilominus, quidquid in derogationem Libertatis Eligendi Regis a quoquam factum attentatumve fuerit, id irritum nulliusque roboris fore pronunciamus. Nosque vigore hujus privilegii Verbo Nostro regio ad hoc ipsum diligenter, & inviolabiliter servandum Nos ipsos successoresque nostros obstringimus & obligamus. Harum Litterarum tenore, quas manu nostra subscriptas sigillis Regni & Magni Ducatus Lithuaniæ communiri jussimus.

CXXV.

Ihro Kayserl. Majest. FERDINANDI II. Donation und Cession der Graf- und Herrschafft 1635. 7. Juillet.
Isenburg-Budingen mit allen zugehörungen an Land-Graf Georgen zu Heßen Darmstadt / dero Erben und Nachkommen. Beschehen

Wien

ANNO 1635.

Wien den 7ten Julii/ 1635. [LUNIG Teutsch Reichs-Archiv. Part. Special. Abtheilung 1. pag. 124.]

C'est-à-dire,

Donation du Comté & Seigneurie d'Ysenbourg Budingen avec toutes ses appartenances, faite par FERDINAND II. *Empereur des Romains à* GEORGES *Land-Grave de Hesse Darmstadt pour lui, ses Heritiers & successeurs. A Vienne le 7. Juillet 1635.*

WIr Ferdinand der Ander von Gottes Gnaden erwählter Röm. Kayser/ zu allen Zeiten Mehrer des Reichs in Germanien/ zu Hungarn/ Böheim/ Dalmatien/ Croatien/ und Sclavonien ꝛc. König/ Ertz-Hertzog zu Oesterreich. ꝛc. Bekennen hiermit öffentl. für uns und unsere Nachkommen am Reich Röm. Kayser und Könige und thun kund allermänniglich/ gleich wie wir von Anfang unser Kayserl. und Königl. Regierung unserer löblichen Vorfahren rühmlichen Exempeln nach/ jederzeit zum höchsten beflissen gewesen gegen diejenige/ so im beständigen Gehorsam und auffrichtigen Treuen bey uns beharret/ und in Ertragung unserer obliegenden schweren Bürden und Kayserl. Regierung mit getreuem Rath und gehorsamer willfähriger Bezeig und Dienst-Leistung beygesprungen/ unsere Kayserl. Gnade würcklich erscheinen/ als auch gegen diejenige/ welche ihren Pflicht-schuldigen Gehorsam vergeßlich hindan gesetzt/ und uns mit feindlicher Macht überziehen/ und bekriegen helffen/ einen nöthigen Ernst und Bestraffung ergehen zu lassen/ damit das Gute belohnet/ und das Böse abgestrafft und dessen Exempel bey der Posterität in künfftigen Zeiten vorhanden gespühret/ und gefunden werden möchten.

Und dann der weil. Hochgebohrne/ Ludwig/ Landgraff zu Hessen/ Graff zu Catzenelnbogen/ Dietz/ Ziegenhain und Nidda/ unser lieber Oheimb und Fürst sich in die 30. Jahr gegen weil. Unsern geliebten Hn. Vettern/ Vatern und nächsten Vorfahren/ Kays. Rudolph und Kayser Matthias mildseliger Gedächtnüß/ und folgend gegen uns selbst in vielen besondern hochwichtigen Sachen zu Kriegs-und Friedens-Zeiten/ so gutwillig/ getreu und gehorsam erzeigt/ daß wir Sr Ld. gehorsamste Dienstwilligkeit und Treu auch nach ihrem Todte/ gegen dero Sohn und Nachfolgern/ den gleichfalls Hochgebohrnen Georgen/ Landgrafen zu Hessen ꝛc Unsern auch lieben Oheimb und Fürsten in Kayserl. Gnaden zu erkennen bedacht und geneigt sind/ zumahl weil Sr. Land-gräffl. zu Hessen Ld. dero Vaters löblichen Exempel nach/ gleichfalls bey uns in auffrichtigem wahren und beständigem Gehorsam mit unerschrockenem tapfferen und heroischem Gemüth beharret/ darüber auch von unsern Wiederwärtigen und Feinden viel ausgestanden/ geduldet und erlitten/ sich auch mit Wagnüß Seiner Ld. eigenen Person/ dero getreuen Räthe und Diener/ auch Land und Leuten gegen uns und dem H. Reiche aller treuen Dienste und gehorsamster Bezeigung/ auch hinführo noch ferner zu thun willig ist und wohl thun solle u. mag. Dem allen nach und aus sonderbahren Kayserl. Gnaden so haben wir mit wohlbedachtem Muth/ gutem Rath/ rechten Wissen und aus eigner Bewegnüß Ihme Landgr. Georgen zu Hessen und S. Ld. Erben und Nachkommen/ Fürsten zu Hessen/ Darmstädtischer Linie/ diese nachfolgende Gnade gethan: Nachdem wir/ als Röm. Kayser die Graffen zu Ysenburg-Büdingen umb dero anhero unserer Kayserl. Majest. und dem H. R. Reich vielfältig begangener Beleydigung und anderer sehr schweren ohne einige Scheu und Reue verübter notorischen Verwirckung willen/ in die Reichs-Friedens-Tractaten/ und der darinnen sancirter Amnestie nicht eingenommen/ sondern dieselbe sampt dero Erben und Nachkommen/ von gedachter Amnistia per expressum excipirt und ausgeschlossen/ auch ex eodem capite beleidigter unserer Kayserl. Maj. sie die Graffen aller Ihrer Graff-und Herrschafften/ Landen und Leuten/ Haab und Güter/ Regalium & jurium privirt und entsetzt/ und solches alles unserm Kayserl. Fisco zugeeignet. Als haben wir als Römischer Kayser/ aus unserm Kayserlichen Fisco alle solche Ysenburgisch-gewesene/ uns aber und unserm Kayserlichen Fisco ipso Jure & facto an-und heimgefallene Graff-und Herrschafften/ Land und Leute/ Haab und Güter/ mit allen und jeden Juribus und andern Zubehörungen mehrermeldten Landgraffen Georg zu Hessen ꝛc. und Sr. Ld. Erben und Nachkommen/ Fürsten zu Hessen/ Darmstädtischer Linie/ Krafft dieses in der allerbesten Maß/ Form und Weise/ als solches am kräfftigsten ist/ und von uns geschehen kan und mag/ unwiederrufflich donirt/ cedirt/ conferirt/ übergeben und eingeraumet; doniren/ cediren/ conferiren/ tradiren/ übergeben und einraumen auch hiemit wissentlich/ Krafft dieses Brieffs vor mehr benandten Landgraff Georgen zu Hessen ꝛc. Seiner Ld. Erben und Nachkommen alle und jede der Grafen zu Ysenburg-Büdingen Güter/ von Graff-und Herrschafften/ Aempter/ Schlösser/ Häusern/ Gebäuen/ Höffen/ Landen/ Leuten/ Aeckern/ Bergen/ Thälern/ Wälden/ Büschen/ Wassern/ Waiden/ Wiesen/ ohne einige Ausnahm und solches mit aller Lands-Herrligkeit und Qualitäten/ Obrigkeitlicher Hochheit/ Regalien und Rechten/ Gerichten und Gerechtigkeiten/ Ritter-und Mannsafften/ Lehnschafften/ Leibeigenschafften/ Renten/ Zinsen/ Zöllen/ Wildbahnen/ Jagten/ Diensten/ Freveln/ Bussungen/ Nutzungen/ Gefällen und allen andern Juribus und Zugehörungen/ überall nichts ausgenommen/ allermassen die Grafen zu Ysenburg-Büdingen vor begangener Rebellion/ und an unser Kayserl. Majest. verübter Hostilität/ ein und anders innen gehabt/ genutzet und gebrauchet/ oder geniessen/ nutzen und gebrauchen können/ also und dergestalt/ daß nunmehr gedachter Grafen Güter und Jura, die haben Nahmen/ wie sie wollen/ Landgraff Georgen zu Hessen/ auch Sr Ld. Erben und Nachkommen erblich gebühren und zustehen/ auch eben die Eigenschafft Art und Natur/ wie andere Sr. Ld. erbliche Landen/ Aempter und Güter haben sollen. Geben auch bemeldtem Landgrafen Georgen zu Hessen hiemit diese besondere Macht und Gewalt/ daß Sr. Ld. alle und jede gedachter Grafen zu Ysenburg Büdingen Güter und Jura sampt ihren Ein-und Zugehörungen/ ohne männigliches Verhinderung und Eintrag/ so bald es Sr. Lden gefället/ in den Besitz nehmen/ inhaben/ besitzen/ behalten/ nutzen/ und geniessen soll und mag. Jedoch aber dasjenige/ so Reichs-oder ander Lehen ist/ von uns und dem Reich/ oder von weme es sonsten zu Lehen rühret/ zu Lehen erkennen/ empfangen und davon und darumb thun und leisten sollen/ wie von alters herkommen/ und solcher Lehen Eigenschafft und Recht ist/ insonderheit aber soll Sr. Landgraff Georgen zu Hessen Ld. und dero Erben und Nachkommen alle und jede Reichs-und Crayß-Hülffen/ Anlagen/ Steur und Contributiones nach dem ordentlichen Anschlag der Reichs-Matricul/ wie es dahevor nach Gelegenheit gegeben worden/ wie auch aller und jeder unschuldigen Wittiben und Waisen und anderer Creditorum darauff hafftende Prætensionen (wie sich solches ohne das den Rechten nach verstehet) auf vorgehende gebührende Liquidation abzurichten und zu bezahlen schuldig und verbunden seyn.

Wir und unsere Nachkommen am Reich wollen/ als Römischer Kayser/ Landgraff Georg zu Hessen und Sr. Ld. Erben und Nachkommen bey dieser unser Kayserl. Donation Kayserl. handhaben und schützen/ sollen und wollen auch wieder den sampt-oder sonderlichen Inhalt dieses Brieffs kein Mandat/ Geschäfft/ Gebot oder Verbot/ wie das Nahmen haben möge/ ausgehen lassen/ und ob über kurtz oder lang einige Begnadigung Restitution, Absolution, Mandat, Geschäfft/ Gebot von uns oder unsern Nachkommen ergiengen/ so sollen doch dieselbige Begnadigungen Restitution, Absolution, Ledigungs-Mandat, Gebot oder Bewilligung mehrgedachten Landgraff Georgen auch Sr. Liebden Erben und Nachkommen/ nicht obligiren/ noch demselben zu præjudiß angezogen werden. Und ob wir und unsere Vorfahren im Reich in favorem der Grafen zu Ysenburg-Büdingen ichtwas statuirt/ angeordnet/ oder confirmirt hätten/ oder auch sonsten einiger Behelff vorhanden wäre/ daraus etwas inskünfftig wieder diese von uns beschehene Donation einiges Argument, oder Præjudicium angezogen werden könte/ das alles thun wir hiermit/ als caduc und verfallen/ gantz cassiren und auffheben; und gebieten darauff allen und jeden Churfürsten/ Fürsten/ Geist-und Weltlichen Prälaten/ Grafen/ Freyen/ Herren/ Rittern/ Knechten/ Lands-Hauptleuten/ Landvögten/ Hauptleuten/ Vitzthumen/ Vögten/ Pflegern/ Verwesern/ Amptleuten/ Landrichtern/ Schultheissen/ Bürgermeistern/ Richtern/ Räthen/ Bürgern/ Gemeinden/ insonderheit aber allen und jeden der Graffschafft Ysenburg-Büdingen/ und der darein und darzu gehörigen Graff-und Herrschafften/ Aembtern/ Schlössern/ Häusern/ Städten/ Gan-Erbschafften/ Flecken/ Dorffern/ Weiler und Hofen/ auch Gemeinschafften und aller und jeder derselben Oerter Ein-und Zugehörigen/ Lehenleuten/ Lands-Ständen/ Officirern/ Beamten/ Dienern/ Unterthanen und Einwohnern/ und sonst allen andern/ unsern und des Reichs Unterthanen und Getreuen/ in was Würde/ Stand oder Wesen die seynd/ ernst-und festiglich mit diesem Brieff/ und wollen/ daß sie den gemeldten unsern lieben Oheimb und Fürsten/ Landgraff Georgen zu Hessen/ und Sr. Lden Erben an dieser unserer Kays. Gnäd. Zustellung/ Gabe und Ubergabe/ Ordnung und Satzung nicht irren noch hindern/ sondern sie derselben geruhiglich gebrauchen/ geniessen und gäntzlich dabey bleiben lassen/ auch hierwieder nicht thun/ noch jemanden zu thun gestatten/ als lieb einem iedem sey unser und des Reichs schwere Ungnad und Straff und darzu eine Poen/ nemlich fünff Marck lotiges Goldes zu vermeiden/ die ein jeder/ so offt er freventlich hierwieder thäte/ uns halb in unsere und des Reichs Cammer/ und den andern halben Theil offt-besagtem Landgraff Georgen zu Hessen ꝛc. oder Sr Liebd. Erben und Nachkommen unnachläßig zu bezahlen verfallen seyn solle.

Die Ysenburgisch-gewesene Lehenleute/ Land-Stände/ Diener und Unterthanen vber/ sobald sie diesen unsern Kayserl.

ANNO 1635.

ANNO 1635. serl. Concession-Anweisung-und Ubergabs-Brief originaliter oder in vidimirter Copia vernehmen/ sollen Landgraff Georgens zu Hessen ꝛc. Liebden für dero rechten Lehenherrn und Lands-Fürsten erkennen und Gehorsam leisten/ das meinen wir ernstl. Mit Urkund dieses Brieffs besiegelt/ mit unserm Käyserl. anhangenden Insiegel/ der geben ist in unser Stadt Wien/ den 7. Monats-Tag Julii, nach Christi unsers lieben HErrn und Seligmachers Geburt im 1635ten/ unserer Reiche ꝛc. Jahre.

Ferdinand.

(L. S.)

Vt P. H. von Stralendorff/
Freyherr.

Ad Mandatum Sac.
Cæs. M. proprium

Joh. Soldner.

CXXVI.

1636. 14-24. Av. **Traditions-Receß/ wodurch Kayser FERDINAND III. JOHANN GEORG I. Churfürsten zu Sachsen wegen seiner in der Böhmischen Unruhe geleisteten treuen Diensten und dabey nothwendig angewendeter Kriegs-Costen beyde Marggrafthümer Ober-und Nieder Laußnitz nicht nur allein Nomine Hypothecæ verschreibt/ wie solches die Pfandt-verschreibung de dato den 6. Junii anno 1620 ausweiset/ sondern solche auch durch dazu verordnete Commissarien zu einem wahren Manns-Lehen auf dem Land-tag zu Görlitz Seiner Churfurstl Durchl Commissarien mit allen Rechten abtritt und übergiebt/ Geschehen zu Gorlitz den 14. (24.) Aprilis 1636.** [LUNIG Teutsches Reichs-Archiv. Partis Specialis Absatz. 1. pag. 127.]

C'est-à-dire,

Reces d'Extradition par lequel FERDINAND III. *Empereur des Romains remet à* JEAN GEORGES *Electeur de Saxe le Marc Gravial de la haute & basse Lusace non seulement à Titre d'Engageure pour ses bons & fidelles services rendus dans les Troubles de Boheme, & pour les Depenses de Guerre qu'il y a faites, comme il fut fait par le Recez du 6 Juin 1620, mais en vrai Fief Masculin. A Gorlitz le* 14--24 *Avril* 1636.

Kund und zu wissen sey hiermit: Nachdem die jetzo hochloblichst-regierende Rom. Käyserl. auch zu Hungarn und Bohmen Konigl. Majestat/ unser allergnadigster Käyser/ Konig und Herr ꝛc. nicht allein Anno 1620. den 6. Junii stylo novo. Dem Durchlendtigsten/ Hochgebohrnen Fürsten und Herrn/ Herrn Johanns Georgen/ Hertzogen zu Sachsen/ Jülich/ Cleve und Berg/ des Heil. Rom. Reichs Ertz-Marschallen und Churfürsten/ Landgrafen in Thüringen/ Marggrafen zu Meissen/ und Burggrafen zu Magdeburg/ auch Grafen zu der Marck und Ravensberg/ Herrn zu Ravenstein/ ꝛc. Unserm gnädigsten Herrn/ und dero allerhochstgedachter Ihrer Käyserl. Majestät und derselben glorwürdigsten Ertzhause Oesterreich/ zu Ihrer Churfürstl. Durchl. und dero hochloblisten Chur-Hause Sachsen und gantzen Posterität/ bey aller Welt verbleibenden ewigen Lob/ und unsterblichem Nachruhm bey der Bohmischen Unruhe geleisteten ansehnlichen hochpreislichen Diensten und würcklichen Hülffe (die Ihre Käyserl. Majestät iederzeit mit Käser-und Konigl. Gnaden erkennet) und dabey nothwendig auffgewandten liquidirten und von Ihrer Käyserl. Majestät allerdings acceptirten und beliebten Krieg-Kosten gebührliche Erstattung zu thun/ nicht allein mit ihren Käyserlichen Worten versprochen und zugesaget/ sondern auch zu dessen mehrer Assecuration dero beyde Marggraffthümer Ober-und Nieder-Laußnitz/ mit allen Nutzungen und Gerechtigkeiten dermassen nomine hypothecæ eingesetzt; wie solches die hierüber auffgerichtete Pfand Verschreibung de dato den 6. Junii Anno 1620. mit mehrern ausweiset/ auch Anno 1623. hernach den (13.) 23. Junii zu Budissin in Ober-und den (30.) 20. Junii zu Luckau in Nieder-Laußnitz Ihre Churfl. Durchl. dero Erben und Nachkommen in völlige Possess und Niessung solcher Lande auf offenen Landtägen/ nicht alleine Pfands-Weise setzen und würcklich an-und überweisen lassen: Sondern auch hernacher mit Ihrer Churfürstl. Durchl. im Majo des jüngsthin verwichenen 1635. Jahrs/ wegen allerhochstgedachter Ihrer Kayserl. Majest und dero hochstloblichsten Konigl. und Ertzhertzoglichem Hause geleisteten treuen Dienste und vor sie aufgewendete Kriegs-Kosten/ so sich auf eine richtig verbriefste ansehnliche Schuld-Forderung/ und damahls über zwey und siebentzig Tonnen Goldes/ an Capital und Zinsen/ belauffen/ liquidirt befunden worden/ zu derselben Abstattung/ und damit dadurch der werthe Friede zwischen Ihrer Kayserl. Majestät und Seiner Churfl. Durchl. um so viel desto ehender erhalten/ auch das alte gemein-nutzige gute Vertrauen zwischen Ihrer Kayserl. Majestät und Churfürstl. Durchl auch beyderseits Häusern kräfftig wieder auffgerichtet/ und auf die Posterität stabiliret werden mochte/ nach länglicher mühesamer Handlung/ endlich eine solche verbindliche und unwiederruffliche Vergleichung getroffen/ daß Ihre Kayserl. Majestät kräfftigl. versprochen und zugesaget/ Sr. Churfl. Durchl. vor alle solche Schuld-Summa/ überhaupt und in solutum (neben etzlichen andern benannten und specificirten Posten und præstationibus) Ihre beyde Marggraffthümer Ober-und Nieder-Laußnitz/ mit allen Landes-Fürstlichen Obrigkeiten/ Hoheiten/ Regalien/ Titul, und Wapen/ ingleichen denen Zollen/ welche nicht denen Ständen und Privatis zugehoren. Item dem Saltz-Zoll zu Guben/ (jedoch daß Kayserl. Majestät hierdurch an Ihrem Saltz-Wercke in Schlesien kein Eintrag geschehe/ wie auch entgegen Ihrer Churfürstl. Durchl. in der Laußnitz mit dem Schlesischen Saltz-Wercke keine Hinderung gethan werden soll) Item Geleiten/ Berg Wercken/ Müntzen/ Geist-und Weltlichen Lehnen/ Lehenschafften/ Folgen/ Steuern Landen und Leuten/ Schlossern/ Städten/ Ritterschafft/ Mannschafften/ Geholtzen/ Bergen/ Thälern/ Wälden/ Püschen/ Wildbahnen/ Jagden/ Stromen/ Wässern/ Wasser Läufften/ Dorffern/ Diensten/ Pflichten/ Ehren/ Würden/ Herrligkeiten/ Freyheiten/ Gerichten/ Oberst und Niederst/ Nutzungen/ Gerechtigkeiten und allen andern Einkünfften Ein-und Zugehorungen über und unter der Erden/ benannt und unbenannt/ wie die Nahmen haben mogen/ gantz nichts ausgeschlossen/ gesucht und ungesucht/ allermassen Ihre Kayserl. Majestät und vorige Konige in Bohmen/ als Marggraffen in Ober-und Nieder-Laußnitz/ solche innen gehabt/ genutzet/ genossen/ gebraucht/ oder nutzen/ niessen und gebrauchen konnen oder mogen/ erblich/ eigenthümlich und unwiederrufflich/ jedoch Lehens-Weise/ und wie rechte Mann Lehens-Art und Eigenschafft mit sich bringet/ zu einem rechten Mann-Lehen abzutreten/ und auf offenem Landtage ehest und aufs längste noch vor Ausgang der nechsten 5. oder 6. Monaten/ von dato solcher Vergleichung/ würcklich zu übergeben allermassen es der darüber de dato Prag den (30.) 20. Maji aufgerichtete Recess, mit mehrern ausweiset/ und von Wort zu Wort also lautet: ANNO 1636.

Kund und zu wissen sey männigl. Nachdem von etlichen Jahren hero bey der Romischen Kayserl auch zu Hungarn und Bohmen Konigl. Maj. unserm allergnädigsten Herrn ꝛc. die Churfürstl. Durchl. zu Sachsen wegen dero in der Bohmischen Unruhe Ihrer Kayserlichen Majestät und dero hochloblichsten Koniglichem und Ertz-Hertzoglichem Hause geleisteten treuen Diensten und vor sie aufgewandten Kriegs-Unkosten/ eine richtige/ verbriefste/ ansehenliche Schuld-Summa zu fordern gehabt/ so bey gegenwärtiger Friedens-Handlung über zwey und siebentzig Tonnen-Goldes an Capital und Zinsen liquidirt befunden worden. Als ist zu derselbigen Abstattung/ und damit hierdurch der werthe Friede zwischen Ihrer Kayserlichen Majestät und Sr. Churfürstl. Durchl. umb so viel desto ehender erhalten und das alte gemein-nutzige gute Vertrauen zwischen Ihrer Kayserl. Majestät und Churfl. auch beyderseits Häusern/ kräftig wieder angerichtet/ und auf die Posterität stabilirt werde/ nach länglicher mühsamer Handlung endlich folgende verbindliche und unwiederruffliche Vergleichung getroffen worden/ nehmlichen:

Es wollen Ihre Kayserl. Majest. Seiner Churfürstl. Durchl. vor solche Schuld-Summa überhaupt und in solutum Ihre beyde Marggrafthümer Ober-und Nieder-Laußnitz/ mit allen Landes-Fürstlichen Obrigkeiten/ Hoheiten/ Regalien/ Titul und Wapen ingleichen denen Zollen/ welche nicht denen Ständen und Privatis zugehoren Item/ dem Saltz-Zoll zu Guben/ jedoch daß Kayserl. Majestät hierdurch an Ihrem Saltz-Wercke in Schlesien kein Eintrag geschehe/ wie auch entgegen Ihrer Churfürstl. Durchl. in der Laußnitz mit dem Schlesischen Saltz-Werck keine Hinderung gethan werden soll/ Item/ Geleiten/ Berg-Wercken/ Müntzen/ Geist-und Weltlichen Lehnen/ Lehenschafften/ Folgen/ Steuern/ Ritterschafft/ Mannschafften/ Geholtzen/ Bergen/ Thälern/ Wälden/ Püschen/ Wildbahnen/ Jagden/ Stromen/ Wassern/ Wasserläufften/

Dorffern/

ANNO 1636.

Dörffern / Diensten / Pflichten / Ehren / Würden / Herrlichkeiten / Freyheiten / Gerichten / Oberst und Niederst / Nutzungen / Gerechtigkeiten und allen andern Einkünfften / Ein- und Zugehörungen über und unter der Erden / benant und unbenant / wie die Nahmen haben mögen / gantz nichts ausgeschlossen / gesucht und ungesucht; Allermassen Ihre Käyserl. Majestät und vorige Könige in Böhmen / als Marggrafen in Ober- und Nieder-Laussnitz / solche innen gehabt / genutzet / genossen / gebraucht / oder nutzen / niessen und gebrauchen können oder mögen / erblich / eigenthümlich und unwiderruffllich / jedoch Lehns-Weise / und wie rechte Mann-Lehns-Art und Eigenschafft mit sich bringet / zu einen rechten Mann-Lehen / wie hernach mit mehrern folget / abtreten / und auf offenen Land-Tägen cheslens und aufs längste noch vor Ausgang der nächsten 5. oder 6. Monaten / von dato dieser Vergleichung würcklichen übergeben; Bey solcher Abtretung und Ubergebung sollen Ihrer Churfürstl. Durchl. zugleich alle Homagial- und Lehns- sowohl Recess- und Consens Bücher / auch die Register und Verzeichniß über die Einkünfften / samt allen andern Acten und Actitaten / und zum Regiments-Wesen gehörigen Documenten und Urkunden / so viel deren in den Königl. Ambts-Cantzleyen beyder Marggrafthümer zu befinden / bona fide ausgehändiget werden / was auch etwan bey Ihrer Käyserl. Majestät Königl. Cantzleyen oder am Käyserl. Hofe und bey der Königl. Cantzley zu Prag verhanden / daran Sr. Churfürstl. Durchl. möchte gelegen seyn / davon soll wahre Abschrifft ebenmäßig bona fide ertheilet werden; Und demnach Ihre Käyserl. Majestät vor diesem Ihr in Dero Pfand-Verschreibung der Bestellung der vier Aemter in beyden Marggrafthümern / als nemlichen: des Land-Voigts / Landes-Hauptmanns / Gegenhändlers und Cammer-Procuratoris, neben andern Sachen reserviret und vorbehalten / und aber Sr. Churfürstl. Durchl. anjetzo die Lande in solutum übergeben werden: So sollen solche Reservaten / ausserhalb was jetzt expressè nach dieser Handlung reserviret wird / fallen / und Ihrer Churfürstl. Durchl. verbleiben.

Wegen des Tituls und Wapens ist verglichen / daß Ihre Käyserl. Majest. Dero Erben und Nachkommen des hochlöbl. Ertz-Hertzoglichen Hauses Oesterreich / Könige zu Böheim und alle ihre Nachfolger an der Cron zu Böhmen / dieselben als Könige zu Böhmen und Lehens-Erben / auch ins künfftige noch ferner führen mogen / doch gantz unbeschadet dieser Ubergabe / und also Ihro Churfürstl. Durchl. zu Sachsen und allen ihren unten benannten Lehens-Folgern ohne einigen Abgang / Schaden oder Ringerung. Die Abtretung und Belehnung beyder Marggrafthümer wird Ihrer Churfürstl. Durchl. verwilliget / vor sich und dero männliche Leibes-Lehens-Erben Ihres Chur-Hauses dergestalt: daß / wann GOtt über Ihre Churfürstl. Durchl. von Todes wegen gebieten würden / so sollen Ihrer Churfürstl. Durchl. in solchen beyden Marggrafschafften succediren dero männliche Leibes-Lehens-Erben Ihres Chur-Hauses / und / auf gäntzliche Erlöschun derselben / die Hertzoge zu Sachsen Altenburg rc. männlichen Geschlechts in absteigender Linea, und / wenn diese nicht mehr wären / Sr. Churfürstl. Durchl. als primi Acquirentis, geliebte eheleibliche Tochter / die jetzt am Leben seyn / samt oder sonders / oder da dieselben samt oder sonders den Anfall nicht erlebeten / der von ihren Leibern posterirende Manns-Stammen seinen Antheil nicht juxta Capita, sondern juxta stirpes geniessen / beyde Marggrafthümer aber darum nicht getheilet / sondern unter einer gesamten Regierung gelassen werden sollen.

Wann aber der gäntzliche männliche Stamm der jetzigen Sächsischen Chur-Linie / wie dann auch der Manns-Stamm der jetztlebenden Hertzogen zu Sachsen Altenburgischer Linie erloschen / und das Lehen auf Ihrer Churfürstl. Durchl. Tochter / oder da dieselben alsdann auch nicht mehr am Leben wären / auf derer Manns-Stamm / samt oder sonders / wie obvermeldet / fallen würde / soll doch das Lehen nichts desto minder ein recht Mann-Lehen bleiben / und selbigen Falls Ihrer Käyserl. Majestät und Dero hochlöblichsten Hause von Oesterreich / succedirenden Konigen in Böhmen und allen deroselben Successoren / an der Cron die Option gelassen werden / entweder die Churfürstl. Sächsische Tochter / oder da dieselben samt oder sonders nicht mehr am Leben wären / ihren Manns-Stamm in berührter Lehen succediren zu lassen / oder dieselbe mit Erstattung der Haupt-Summa (vor deren Erlegung dann sie auch zu weichen nicht sollen schuldig seyn) abzufertigen.

Wann aber die Chur-Sächsische Tochter und Dero gäntzlicher Manns-Stamm gäntzlich erloschen thäte / sollen die beyden Marggrafschafften ohne Entgelt wieder zurück an Ihre Käyserl. Majestät und Dero Hauses Konige zu Böheim und die Cron zu Böheim fallen / welches auch dem Lehens-Eyde und Revers also mit einverleibet werden soll.

Innerhalb Jahres und Tages / von dato an zu rechnen / sollen bey Ihrer Kayserl. Majestät als Konige zu Böheim / Churfürstl. Durchl. zu Sachsen / die Lehen über beede Marggrafthümer / Ober- und Nieder-Laußnitz / suchen / und solches eben so wohl thun vor sich und Ihre Nachkommen / so offt ein Fall an den Lehens-Herrn oder würcklichen Besitzern des Lehens erfolget / daß nemlich allezeit innerhalb Jahres und Tages von Zeit des Falles / das Lehen / wie recht / gemuthet werde / auf so beschehene Ansuchung und Muthung wollen die Römisch Kayserl. Majestät deren Herren Successores aus dem Ertzhertzoglichen Hause Oesterreich regierende Könige zu Böheim / und alle nachkommende Könige zu Böhmen Ihrer Churfl. Durchl. und künfftig nach derselben denjenigen Chur oder Fürsten zu Sachsen / oder auch diejenige Churfürstl. Töchter / oder da dieselben alsdann nicht mehr am Leben wären / deren D[illegible] eines männlichen Stammes / welche / nach Ordnung der Rechte / berührte Lehen zu muthen und darinnen zu succediren haben / so ferne die Töchter deroselben Manns Stamme nicht / wie obgemeldet / mit Gelde abgefunden wären / unweigerlich leihen / auf Maaß und Weiß / wie die andere Ihrer Kayserl. Majestät als Könige in Böheim / und von der Cron Böheim zu Lehen tragende Stück / dem Churfürstlichen Hause Sachsen gereicht und geliehen werden; und soll es ebenfalls bey der Formul desselben Juraments auch Lehens Reverses (deren nota, dann / um mehrer Gewißheit willen / hinten an diesen Vertrag registriret / und verzeichnet worden) allerdings verbleiben / jedoch mit nachfolgenden Conditionibus:

Erstlich / daß Ihre Churfürstl. Durchl. und derer Nachkommen die Catholische Geistlichkeit und Stände in specie das Thum Stifft S. Petri und Capitul zu Budißin / die Jungfrauen Closter zu Marien Stern / Marienthal und Priorat zum Lauben / auch die Abtey zur Marienzell und andere Geistlichen und Religiosen / sampt ihren Leuten und Beambten / Dienern und Unterthanen / bey ihren Privilegiis und Juribus, insonderheit bey ihrer Exemption in Spiritualibus ab omni seculari foro, wie auch bey allen andern ihren Freyheiten und Gerechtigkeiten / so sie bey vorgehenden Zeiten erlanget und hergebracht / schützen / auch deren ordinariis und General-Visitatoribus, jetzigen und künfftigen / ihre Inspection und Visitation darüber / wie sie dieselbe bißhero / ehe noch die Böhmische Unruhe ergangen / und Seiner Churfürstl. Durchl die Lande verpfändet worden / gehabt und deren befugt gewesen / so wohl der Kayserl Majestät / als Könige zu Böheim / und allen derselben nachkommenden Königen zu Böhmen / ihr obers Jus protectionis über solche Stifft / Closter und Geistlichkeit / und die Administration in spiritualibus durch beyde Marggrafthümer; Allermassen solche noch bey währender Verpfändung observiret / geruhig und unverhindert lassen / die Stifft und Closter nicht aussterben / sondern / wann einer oder der andere darinnen stirbet / einen Catholischen wieder an dessen Stelle setzen lassen: die Catholische Pfarrherren auch im vorigen Stand und Wesen und bey ihren Collatoribus erhalten: die Catholischen von wegen ihrer Schulden mit der Executio nicht übereilen / noch dadurch zu Grunde gehen lassen / was den Catholischen Geist- und Weltlichen Ständen und Unterthanen etwan bißanhero / bey währender Unruhe / an liegenden Gütern und Gründen / wie auch den Stifft und Clöstern etwan von ihren zu Dresden / und sonsten unter Ihrer Churfürstl. Durchl. Gebiethe / seponirten Kirchen-Ornat, Privilegiis, Registern und Urkunden / so viel sie deren zeigen können / daß sie eingesetzt / oder ihnen genommen worden / abgenommen oder aufgehalten / wieder erstatten und restituiren lassen / und es mit denselben in allen / wie bey Regierung voriger Könige / halten / auch in Religions-Sachen / was die Catholische Religion und Augspurgische ungeänderte Confession betrifft / keine Neuerung vornehmen / sondern beyderseits Religionen zugethane Geist- und Weltliche Stände und deren Unterthanen in beyden Marggrafthümern Ober- und Nieder-Laußnitz / die Catholische so wohl als die Augspurgische Confessions-Verwandte / bey ihrer Religion, deren freyen Ubung / Kirchen-Gebräuchen / Ceremonien / Rechten / Gerechtigkeiten / Haab / Gütern und von denen Königen zu Böhmen und Marggrafen in Ober-Laußnitz erlangten auch sonst wohlhergebrachten Privilegiis und Freyheiten / alten Herkommen und guten Gewohnheiten schützen und handhaben; Allermassen dann auch in denen vorigen auffgerichteten munitions Recessen versehen gewesen.

Zum andern / sollen Ihre Churfürstl. Durchl. und dero Lehens-Folger / jedesmahl bey Empfahung der Lehen den König zu Böhmen durch sonderbahre / und dann der Catholischen Geistlichkeit und Ständen / bey Einnehmung der Huldigung / durch gewöhnliche Revers dessen auf Maasse und Form / wie nechst vorher gesetzt / Versicherung thun.

Drittens / sollen hierdurch mehrbemeldte beyde Marggrafthümer von dem Königreich Böhmen nicht abgesondert / sondern demselben / als ein hohes und vornehmes Stück desselben / dergestalt zugethan verbleiben / daß Ihre Churfürstl. Durchl die Kayserl Majestät dero Erben und Nachkommen von Hause Oesterreich / regierende Könige zu Böhmen / und alle derselben Successores an der Cron / von wegen dieser beyder Marggrafthümer vor ihre Lehens-Herren & pro supremis Dominis directis erkennen / ehren und halten / und denselben dafür hold und gewärtig seyn / auch beyde Marggrafthümer nirgends anders / als vor den Königen zu Böhmen zu recht verspreechen sollen.

Weil aber Ihre Churfürstl. Durchl. diese beyde Marggrafthümer

ANNO 1636.

ANNO 1636.

thümer Titulo oneroso vor Ihre Schuld / wie oben berührt / zu Lehen annehmen; So sollen sie derselben wegen nicht schuldig seyn / einige Contribution, Steuer / oder andere Anlage / zur Cron Böheim zu contribuiren / noch deswegen oder sonsten zu Landtägen oder andern Zusammenkünfften beschrieben werden / sondern sie sollen von allen solchen / dergleichen und andern Bürden und Beschwerungen / sie haben Nahmen / wie sie wollen / gänßlich exempt seyn. Ausserhalb in allgemeiner Noth wieder den Türcken und Erb-Feind Christlichen Nahmens / oder andern dergleichen gemeinen Feind der Könige zu Böhmen. Dann da sollen Ihre Churfürstl. Durchl. und dero Mitbenannte / auf gebührendes Ersuchen / Ihre Ratam, nach Ausweisung dieser Länder alten quotæ und Eintheilung / gegen die Cron Böhmen zu entrichten / beschweret seyn / auch dasselbe dem Lehens-Revers einverleiben lassen. Darneben sollen Ihre Churfürstl. von aller Territorial- und andere Jurisdictions und Botmässigkeit befreyet seyn / auch dahero aus obangeregten beyden Marggrafsthümern Ober und Nieder-Laußnitz / alle und jede Appellationes und alle andere Remedia suspensiva an Se. Churfürstl Durchl zu Sachsen und an dero obbemeldte Lehns Erben und Nachkommen / und nicht mehr an die Cron Böhmen gehen / dirigiret und aldar justificiret / auch daran unter keinem Schein einiger Einhalt gethan werden.

Die sämtlichen Stände und Unterthanen beyder Marggrafsthümer Ober und Nieder Laußnitz sollen auch bey deme / was in Sr. Churfürstl. Durchl. Appellation Gerichte erkannt und gesprochen wird / würcklich sich begnügen lassen / nicht weniger / als wie zuvorn / da sie noch im Königreich Böhmen sich Rechtens erholet / sie bey dem Königl. Appellation Gerichte und bey dessen Ausspruch zu acquiesciren auch schuldig gewesen / so wohl sonsten Sr Churfürstl. Durchl. und dero Nachkommen Decreten / Befehl und Anordnungen / nicht weniger als bey regierenden Königen in Böhmen beschehen / wie neuen Unterthanen gebühret / zu gehorsamen verpflichtet seyn / welche Gerechtigkeit / daß nehmlich die Appellation und alle Remedia suspensiva nicht mehr an die Cron Böhmen / sondern an Ihre Churfürstl Durchl. und dero Nachkommen / wie vorher umständig vermeldet / und ausgedruckt / gehen und ausgerichtet werden sollen / Ihro Kayserl. Majestät als König zu Böhmen Sr. Churfürstl. Durchl. Krafft dieser erblichen Verhandlung und demnach ex speciali hoc pacto mit verliehen und also dieselbe der Belehnung ausdrücklich mit einverleibet werden solle; Und obwohln Sr. Churfürstl. Durchl. darbey ansuchen lassen / daß Ihre Kayserl. Majestät die alten Kayserl. Schulden und Onera, so etwa noch auf diesen beyden Marggrafsthümern vor derselben Verpfändung gehafftet / und seithero nicht alle bezahlet seynd / über sich nehmen wolten; Dieweil aber Ihrer Kayserl Majestät Gesandte dargegen andere bewegliche Ursachen angezogen / warum dasselbige nicht seyn könte: So seynd Ihre Churfürstliche Durchl. von solchem Begehren zur Helffte endlich abgestanden / und wollen geschehen lassen / daß gemeldte Onera und Schulden zur Helffte aus den Contributionibus und Gefällen des Landes / nach und nach abgetragen / die in Ländern dafür hafftende Bürgen und Creditorn sonderlich darbey in acht genommen und / wann die Kayserl. Brieff und Siegel eingelöset seyn / solche Ihrer Kayserl. Majestät und dero Erben und Nachkommen / ohne Entgeld wieder zugeschickt werden sollen: Mit der andern Helffte der angeregten Schulden solle die Churfürstl. Durchl zu Sachsen sich nicht zu bemühen haben / sondern die Römische Kayserl. Majestät wollen solche von beyden Marggrafsthümern auf erlangte richtige Specification abnehmen und die Creditores anderwerts gnädigst versichern oder sonst befriedigen.

Im übrigen so sollen beede Marggrafsthümer von der Kayserl. Majestät und dero Ertz-Hertzoglichen Hause / Königen zu Böhmen und dero Nachkommen an der Cron zu Böhmen Ihrer Churfürstl. Durchl. und dero obspecificirten Lehens-Folgern / als ein Lehen / nach gemeinem Lehen-Recht vollständig und kräfftig in alle Wege / wie Gewehrs-Recht / Art und Natur mit sich bringet / gewehret / und darneben der Königl Majestät in Hispanien / und des gantzen Ertz-Hertzoglichen Hauses Oesterreich / wie auch aller vier Stände der Cron Böhmen ausdrücklicher Consens und Approbation über diese unwiederruffliche Alienation, Verkauffung / Abtretung / und darauff erfolgte Belehnung von allerhöchstgedachter Ihrer Kayserl. Majestät zum längsten innerhalb Zeit eines Jahres von dato ausgebracht / und Sr. Churfürstl. Durchl eingehändiget werden.

Und weiln zwischen der Cron Böhmen und dem Hause Sachsen vor Alters eine gewisse Erbeinigung auffgerichtet / wie weit einer dem andern zu begebenden Nothfällen zu helffen schuldig / von deren Erneuerung und Erleuterung bey dieser Handlung zwischen beyderseits Abgesandten auch geredet worden / aber nichts gewisses geschlossen werden können. So soll deswegen förderlichst eine andere Zusammenkunfft von Schickung beyderseits Räthe vorgenommen / und derselbige Punct mit beyder Theile einmüthigen gutem Belieben weiter tractiret / und gehandelt / unter dessen aber es damit bey dem buchstäblichen Inhalt der alten Erbeinigung / biß so lange ein mehrers mit gutem Willen abgehandelt würde / gelassen werden.

Dieweil aber gleichwohl hierbey befunden / und von Se. Churfürstl. Durchl. zu Sachsen hoch angezogen worden / daß dero Schuld-Forderung groß und wichtig / entgegen die Intraden und Einkünfften dieser beyder Marggrafthümer schwach und gering / dawider iedoch an Seiten der Herren Käyserl. Gesandten / die Herrlichkeit derselben / und was dem mehr anhängig / trefflich urgiret / auch daß solche ansehnliche auf viel Meilweges sich erstreckende Land und Leute / grosse Ritterschafft und starcke Mannschafft mit allen Landes-Fürstlichen Hoheiten um Geld / (man gebe auch dafür so viel / als man immer wolte) sonst nicht zu erlangen noch zu erkauffen wären / mehrmahls ausgeführet und angezogen: So haben Ihro Käyserl. Majestät endlich zu desto mehrer Contentirung und Vergnügung Sr. Churfürstl. Durchl. bewilliget / daß deroselben folgende Summen und Stücke nachgegeben werden solten.

Erstlich dasjenige / was noch bey dem Landes-Hauptmann in der Ober-Laußnitz / Adolffen von Gersdorff / restiren möchte.

Zum andern die funffzig tausend Thaler Meißnisch / bey den Standen in Nieder-Laußnitz alter Contributions-Rest.

Drittens / was sonsten in beyden Marggrafthümern an der neulichst bewilligten Contribution rückständig / wie denn allerseits Summen anderer Gestalt nicht gemeinet / dann so viel an einem und dem andern Orte nach richtiger Abrechnung noch restirend ist.

Vierdtens / dreyzehen tausend Gülden Meißnisch von den Seidenbergischen Kauf-Geldern / so nach jüngst-verflossenen 1634ten Jahre von Terminen zu Terminen fällig.

Zum fünfften / noch vier Aemter / welche hiebevor cum utili & directo dominio zum Ertz-Stifft Magdeburg gehörig gewesen / auf Maaß und Weise / wie darüber unter heutigem dato ein absonderlicher Recess über solche Aemter aufgerichtet worden.

Wan nun die Immission auf dem Land-Tage / wie auch die Belehnung obgedachter Massen erfolget / auch der Churfürstl. Durchl zu Sachsen von wegen Ihrer Käyserl. Majestät / der Königlichen Würde zu Hispanien / des gantzen Ertz-Hertzoglichen Hauses Oesterreich und der Cron Böheim Consens über diesen Contract ausgehändigt seyn wird / alsdann sollen Ihrer Käyserl. Majest. Se. Churfürstl. Durchl. zu Sachsen hinwieder aushändigen / Ihrer Käyserlichen Majestät inhabende Anno 1620. daurte Pfands-Verschreibung und Assecuration, nebens dem Immissions-Abscheiden und den zu Regenspurg Ao. 1631. über obberührte Schuld-Forderung erfolgten und von Ihrer Käyserl Majestät confirmirten Recess vollständig / samt vollkommentlicher Quittung und Verzeichung auf alle weitere Ansprüche und Forderungen / von wegen obgedachter Schuld / und was derselben mehr anhangen thut / iedoch ist hierbey ausgedinget / daß von denen Immissions-Recessen / deren von Sr. Churfürstl. Durchl. damahls darzu deputirten und mit unterschriebenen Räthe Siegel und Unterschrifft abgenommen / und Sr. Churfürstl. Durchl. eingeliefert werden sollen.

Und wann etwa beyde Marggrafthümer wieder zurück an die Cron Böhmen / wie obgedacht / fallen solten / so sollen allerseits Stände und Unterthanen derselbigen geist- und weltliche / bey ihren Privilegiis, Freyheiten und Gewohnheiten / so sie bißhero in Religion und Politischen Sachen gehabt / und noch haben / allerdings zu iederzeit gehandhabt und geschützet werden.

Diese Verschreibung soll als eine Käyser-König- und Churfürstl. wohlbedächtige, und reyfferwogene Abrede / Zusage und Gelöbniß zu ewigen Tagen so gültig und kräfftig seyn / als ob sie mit leiblichen Eyden beschworen / und sich aller dawider redender Exceptionen jurato begeben worden wäre / wie man sich dann auch deme hiermit / als ob sie ausdrücklich gesetzet / kräfftig begeben und Ihre Käyserl. Majestät vor sich und Dero Ertz-Hertzogliches Hauß Oesterreich succedirende Könige in Böhmen / und derselben Nachkommen an der Cron / wie dann auch Ihre Churfürstl. Durchl. vor sich und deroselben Nachkommen / Käyser / Könige und Churfürsten / solches alles / was hierinnen gehandelt und zugesaget / steiff / fest und unverbrüchlich zu halten / und dawider unter keinem Vorwenden nichts zu thun noch vorzunehmen / noch andern zu thun zu verstatten / hiermit und Krafft dieses versprechen treulich und ohne alles Gefährde. Zu Urkund ist dieser Brief in duplo ausgefertiget / ein Exemplar in Ihrer Kayserl. Majestät / das ander aber in der Churfürstl. Durchl. zu Sachsen Verwahrung genommen und ein iedes mit der Röm. Kayserl Majest. und Churfürstl. Durchl zu Sachsen eigenhändigen Subscriptionen / auch mit Anhangung Kayser- und Churfürstl. Insiegeln bestärcket worden. Geschehen zu Prag den 30. May / im Jahr Christi unsers Erlösers und Seligmachers / eintausend sechs hundert und fünff und dreyßig.

Ferdinand.

Johann George Churfürst.

Vt. Peter Heinrich von Strahlendorff.
Johann Soldner. D. mpp.

In Krafft nun und zu Folge dieses vorstehenden Recessus wird hiemit heut unten gesetztem dato von allerhöchstgedachter Ihrer Kayserl. Majestät als Königen zu Böhmen / dero Erben und nachkommenden Königen zu Böhmen wegen / die würckliche Loßzehlung / Abtretung / Tradition und Ubergabe vielbesagtes Marggrafsthumbs Ober-Laußnitz vollzogen / und dasselbe mehr höchstgedachter Ihrer Churfürstl. Durchl. Dero Erben

und

Anno 1636. und obbenannten Lehens-Folgern durch die Wohlgebohrnen/ Wohledlen/ Gestrengen und Hochgelehrten/ Herrn Christophen/ Freyherrn auf Schellendorff/ Herrn auf Königsburg/ Kittschdorff/ Saatz/ Cuna/ und Haibau/ Ihrer Kayserl. Maj. Hoff-Cammer-Rath/ Cammerern und Cammer-Praesidenten in Ober-und Nieder Schlesien/ auch vollmächtigen Landes Hauptmann des Fürstenthums Sagan/ etc. Herrn Felixen von Rüdiger auf Spitz/ Cunersdorff und Weisdorff/ Dero Reichs-Hoff-Rath/ und Herrn Melchior Erben von Ehrnburg/ beyder Rechte Doctorn, Dero Rath etc. als hierzu deputirte und mit genugsamer Plenipotenz, Special-Vollmacht und Instruction versehene Herren Commissarien/ mit allen und jedes Landes Fürstl. Obrigkeiten/ Titul, Wapen/ Ein und Zugehörungen über und unter der Erden/ wie sie in dem Pragerischen Recess, Abhandlung und Verbindung/ als obstehet/ weitläufftig specificirt/ und wie sie sonsten Nahmen haben mögen/ benennet und unbenennet/ gesucht und ungesucht/ und überall gantz nichts ausgeschlossen/ sondern allermassen wie es Ihre Kayserl. Majestät und vorige Könige in Böhmen/ als Marggrafen in Ober Laussnitz/ innen gehabt/ genutzt und gebraucht/ oder nutzen/ niessen und brauchen können oder mögen/ erblich/ eigenthümlich/ und unwiederrufflich/ jedoch Lehns Weise/ und wie rechten Mann-Lehens-Art und Eigenschafft mit sich bringet/ in optima & amplissima Juris forma abgetretten/ übergeben und eingeräumet/ die sämtliche Stände/ Innwohner und Unterthanen/ geist und weltliche/ Abwesende und gegenwärtige/ aller Lehens und Unterthanen Eyd und Pflicht/ womit sie bißhero Ihrer Kayserl. Majestät als Könige zu Böhmen/ und der Cron Boheim unmittelbahr verwandt und zugethon gewesen/ allerdings und völlig erlassen/ relaxirt und loßgezehlet/ und hingegen mit solchen Eyden und Pflichten/ Erbhuldigung/ völligem Gehorsam/ und was sonsten demselben allenthalben mehr anhängig/ an Ihre Churfürstl. Durchl. zu Sachsen/ als Ihren nunmehr unzweifflichen Erb- und Lehen-Herrn und Marggrafen in Ober Laussnitz/ (allermassen sie dann auch dafür öffentlich hiermit declariret und erkläret werden) würcklich angewiesen/ und dero völligen Territorial- und anderer Jurisdiction und Bothmässigkeit/ wie solches in obinserirtem Recess mit mehrern versehen und ausgeführet/ untergeben/ wie nicht weniger die hiebevorn in der Pfands-Verschreibung beyden Theilen ingesamt reservirte Bestellung der vier Aembter/ als nehmlich des Land Voigts/ Landes-Hauptmanns/ Gegen Händlers und Cammer-Procuratoris, nunmehr und nachdem Ihrer Churfl. Durchl. anietzo diese Länder in solutum übergeben werden/ zu dero eigenen/ freyen und willkührlichen Disposition. (ausser was die hinterstelligen Raittungen betrifft) aufgelassen/ heimgegeben und allein verbleiben/ auch überdis diejenige Reste und Anweisungen/ so Ihre Kayserl. Majestät/ wie in obvermeltem Recess verstanden/ Ihrer Churfürstl. Durchl. zu deroselben desto mehrerer Contentirung und Vergnügung/ nachzugeben verwilliget/ so viel Ihro nach richtiger Abrechnung noch zuständig/ würcklichen angewiesen/ cedirt und übergeben werden/ wie dann auch alle das übrige/ was offterwehnter Pragerische Recess, Abhandlung und Verbindung in seinem buchstäblichen Innhalt/ und dessen rechtem und gesunden Verstande nach/ mit sich bringet/ und an Seiten Ihrer Kayserl. Majestät/ Dero gantzen Ertz-Hertzoglichen Hauses Oesterreich und nachkommenden Königen zu Böheim und der Cron Böheim erfordert wirdt/ von deroselben als Könige zu Böheim/ Dero Erben und nachkommenden Königen zu Böheim und der Cron Böheim/ zu rechter bestimmter Zeit/ vestiglich und unwiederrufflich gehalten/ und allen demselben begnügliche und vollständige satisfaction gegeben und geleistet/ hierbey aber Ihrer Kayserl. Majestät/ dero Erben und nachkommenden Königen zu Böheim/ die im Recess specificirte und ausgemessene Rückfälle dieses Marggraffthumbs/ so wohl auch beydes das supremum directum Dominium darüber/ als das obere Jus Protectionis über die Catholische Geistlichkeit daselbst/ und was sonsten besagter Recess dero zu gute vorbestellt/ hiermit per expressum reservirt und vorbehalten wird und seyn soll.

Hingegen ist ebenfalls von Ihrer Churfürstlichen Durchl. zu Sachsen wegen durch Dero Cammer-Berg-Hoff-und Justitien-Räthe und Praesidenten/ des Obern Consistorii, die Wohl-Edle/ Gestrenge/ Veste/ Großachtbare und Hochgelehrte/ Herrn Caspar von Ponickau auf Grossch/ Herrn Friedrichen Metschen zu Reichenbach und Friesen/ und Herrn Gabrieln Tüntzeln/ der Rechte Doctorn, als hierzu sonderlich deputirte und gevollmächtigte Herren Commissarien/ diese erbliche und würckliche Loßzehlung der Eyde und Pflicht/ so wohl unwiederruffliche/ eigenthümliche Abtretung/ Tradition, und Ubergabe dieses Marggraffthums Ober-Laußnitz/ mit allen Landes Fürstl. Obrigkeiten/ Hoheiten/ Regalien/ Titul und Wapen; Ingleichen den Zöllen/ Geleiten/ Bergwercken/ Müntzen/ geist- und weltlichen Lehnen/ Lehnschafften/ Folgen/ Steuern/ Landen und Leuthen/ Schlössern/ Städten/ Ritterschafft/ Mannschafften/ Gehöltzen/ Bergen/ Thälern/ Wälden/ Püschen/ Wildbahnen/ Jagden/ Strömen/ Wassern/ Wasserläufften/ Dörffern/ Diensten/ Pflichten/ Ehren/ Würden/ Herrlichkeiten/ Freyheiten/ Gerichten/ oberst und niederst/ Nutzungen/ Gerechtigkeiten/ und allen andern Einkünfften/ Ein- und Zugehörungen über und unter der Erden/ benannt und unbenannt/ wie die Nahmen haben mügen/ gantz nichts ausgeschlossen/ gesucht und ungesucht; Allermassen Ihre Kayserl. Majestät und vorige Könige in Böhmen/ als Marggrafen in Ober Laussnitz/ solche innen gehabt/ genützet/ genossen/ gebraucht/ oder nutzen/ niessen/ und gebrauchen können oder mögen/ wie nicht weniger/ daß die hiebevor in der Pfands-Verschreibung und darauf gerichteten Immissions-Recess Ihrer Kayserl. Majestät vorbehaltene mit-Bestellung der vier Aembter in dem Marggraffthum/ nehmlich des Land-Voigts/ Landes-Hauptmanns/ Gegenhändlers und Cammer-Procuratoris gäntzlich fallen/ und zu Ihrer Churfürstl. Durchl. und Dero Mitbeschriebenen eigenen/ freyen und willkürlichen Disposition. (ausser was die hinterstellige Raittung betrifft) aufgelassen/ heimgegeben/ und Ihr allein verbleiben; Ingleichen/ daß Ihre Churfürstliche Durchleucht. und Ihre Mitbenannte/ von aller Territorial- und anderer Jurisdiction und Botmäßigkeit befreyet seyn sollen/ daß auch über dieses diejenigen Reste und Anweisung/ so Ihre Kayserl. Majestät/ wie in obbemeltem Recess verstanden/ Ihrer Churfürstl. Durchl. zu deroselben desto mehrern Contentirung und Vergnügung nachzugeben verwilliget/ so viel nach richtiger Abrechnung noch rückständig/ würcklichen angewiesen/ cediret und übergeben/ wie dann/ daß alle das übrige/ was offt erwehnter Pragerische Recess, Abhandlung und Verbindung von Appellationen und andern Remediis suspensivis, wie auch Exemtion von Steuern und Contributionen der Gewehr und andern/ so Ihrer Churfürstl. Durchl. und Dero Mitbeschriebenen zum besten/ in seinem buchstäblichen Innhalt/ und dessen rechtem und gesundem Verstande nach/ besaget und mit sich bringet/ und an Seiten Ihrer Kayserl. Majestät Dero gantzen Ertz-Hertzoglichen Hauses Oesterreich/ und allen nachkommenden Königen zu Böhmen/ und der Cron Böhmen erfordert wird/ von deroselben als Königen zu Böhmen/ Dero Erben und nachkommenden Königen zu Böhmen/ und der Cron Böheim zu rechter bestimmter Zeit festiglich und unwiederrufflich gehalten/ und allen denselben begnügliche und vollständige Satisfaction gegeben und geleistet werden soll/ hiermit in Krafft dieses mit gehorsamen Danck und gutem Willen in optima & amplissima Juris forma solenniter acceptiret und übernommen/ und den Catholischen geistlichen und gesambten Ständen/ bey Einnehmung künfftiger Huldigung/ derjenige Revers, worzu Ihre Churfürstl. Durchl. der Pragerische Recess verbinden thut/ ausgefolget/ auch im übrigen/ worzu Ihre Churfürstl. Durchl. Dero Erben und benannte Lehens-Folger/ offtbesagter Pragische Recess in einem und andern obligirt/ von deroselben Ihren Erben und specificirten Lehens-Folgern treulich und aufrichtig in acht genommen/ gehalten und zu Werck gestellt werden soll.

Zu Uhrkundt dieses beschehenen würcklichen und unwiederrufflichen Traditions Actus ist gegenwärtiger Schein also ad perpetuam rei memoriam zu Pappier gesetzt/ unter beyderseits vorbenannten Ihrer Kayserl. Majestät und Churfürstl. Durchl. Räthe Commissarien/ und hierzu gevollmächtigten Abgesandten Unterschrifften und fürgedruckten Insiegeln in duplo verfertiget/ und jedwedern Theil ein Exemplar davon zugestellet/ auch den Land-Ständen in publico ab- und fürgelesen worden; So geschehen und geben in der Stadt Görlitz/ auf offenen Landtage/ den 14. Altes- und 24. Neues Calenders Monats Tag Aprilis, nach Christi unsers einigen Erlösers und Seligmachers Geburt in sechzehenhundert und sechs und dreyßigsten Jahre.

(L. S.) Christoph Freyherr von Schellendorff.

(L. S.) Felix von Rüdiger/ Freyherr.

(L. S.) Melchior Erb von Ehrenburg.

(L. S.) Caspar von Ponickau.

(L. S.) Friedrich Metzschen.

(L. S.) Gabriel Tüntzel/ D. Mpp.

CXXVII.

Testament de FREDERIC-HENRI *Prince d'Orange par lequel, après avoir institué son Fils* GUILLAUME *pour son Heritier Universel, avec tous ses enfans & descendants, les mâles toujours preferés aux femelles, & les Aisnés aux Cadets, il leur substitue ses propres filles, d'aisné en aisnée avec leurs descendants. Fait à la Haye le 30. Janvier 1640.* [Produit en Hollande en 1703. de la part du Roi de Prusse, dans l'affaire de la succession d'Orange.] 1640. 30. Janv.

Au nom de Dieu. Amen.

NOus Frederic Henri par la grace de Dieu Prince d'Orange, Comte de Nassau, Catzenellen-

ANNO 1640.

nellebogen, Vyanden, Diets, Lingen, Mœurs, Buyren, Leerdam, &c. Marquis de Veer & de Flessingue &c. Seigneur & Baron de Breda, de la Ville de Grave, & du Païs de Cuyck, Dieſt, Grimberg, Herſtal, Cranendonck, Warneſton, Arley, Noſeroy, St. Vyth, Doesbourg, Polanen, & Willemſtat, Niervaert, Yſſelſtein, St. Martensdyck, Geertruydenberg, Château Regnard, du Haut, & bas Swaluwe & de Naeltwyck, Vicomte Héréditaire d'Anvers, & de Beſançon &c. Maréchal Héréditaire de Hollande, Gouverneur de Gueldres, Hollande, Zelande, Weſtfriſe, Zutphen, Utregt, Overyſſel, de la ville de Groningue & des Ommelandes, de Drenthe, &c. Capitaine Général & Amiral des Provinces-Unies des Païs-Bas, Sçavoir faiſons. Que conſidérant la certitude de la mort, & l'incertitude du temps & de l'heure d'icelle, Nous avons trouvé bon, de faire nôtre Teſtament, & diſpoſition de derniere volonté, & par iceux de diſpoſer ce qui ſuit.

En premier lieu nous avons révoqué & rappellé, révoquons & rappellons par ces préſentes, tous autres Teſtamens par nous faits avant la date de celui-ci.

En ſuite nous recommandons nôtre ame à la grace & à la miſericorde de Dieu le Pere tout puiſſant, & entre les mains de Jeſus-Chriſt nôtre Redempteur & Sauveur; priant Dieu tout puiſſant de nous pardonner nos pechés, pour les mérites de nôtre Seigneur & Sauveur Jeſus-Chriſt.

Et nous déſirons que nôtre corps ſoit inhumé dans la Ville de Delft, où nous ſommes nez, dans la ſepulture du Prince d'Orange nôtre Seigneur & Pere de haute & glorieuſe memoire.

Et quant à ce qui eſt de la forme & maniere de nôtre enterrement, nous en remettons le ſoin à la diſcrétion de nos Héritiers, & exécuteurs de ce preſent nôtre Teſtament, ci-deſſous nommez.

Et pour paſſer outre à la diſpoſition de nos biens temporels, qu'il a plu à Dieu Tout-puiſſant de nous accorder, nous avons, en vertu & pouvoir de l'octroy par nous obtenu à ce ſujet, pour conſerver l'honneur, la grandeur, & la dignité de nôtre Maiſon & Famille, nommé & inſtitué, nommons & inſtituons par ces preſentes, nôtre héritier dans toutes nos Seigneuries, Terres, Villes, Châteaux, Maiſons, Fonds d'héritages, Joyaux, Vaiſſelle, Or, Argent monnoyé & non monnoyé, Armes, Chevaux, Actions, Rentes, Crédits, & tous autres tant Mobiliaires qu'Immobiliaires, & tant Fiefs que Biens propres, ſans en rien excepter ou reſerver, nôtre Fils Guillaume, & au défaut de lui, ou en quelque temps qu'il vienne à décéder ci-après, y inſtituant & ſubſtituant par ces preſentes, ſes enfans & deſcendans legitimes, & les enfans & les deſcendans d'iceux ſucceſſivement, préférant toûjours les Aînez, & les Fils aux Filles.

Le tout ſous conditions expreſſes, que lui, ou nos autres héritiers inſtituez & ſubſtituez, ſeront tenus de nourrir, & d'entretenir de toutes choſes, nos filles, *Louiſe*, *Albertine-Agnez*, & *Henriette-Catherine*, comme auſſi *Marie*, ſelon leur état & qualité juſques à ce qu'Elles ſoient mariées, *au lieu des Fruits de leur légitime;* & de leur donner pendant ce temps, & non au delà, tous les ans, pour leurs menus plaiſirs, outre leſdits nourriture, vêtemens & entretien, à chacune d'elles, la ſomme de deux mille livres *Carolus*.

Et quand elle ſeront mariées reſpectivement, & non devant, de leur compter & payer, à ſçavoir à nôtre dite fille aînée *Louiſe*, la ſomme de deux cens cinquante mille livres *Carolus*, & à chacune de nos autres filles, une ſomme de cent cinquante mille livres *Carolus* une fois payée, de vingt ſols la livre, argent courant alors en Hollande; ou la rente deſdites ſommes au denier ſeize, *au choix de nôtre dit fils*, ou de nos autres Héritiers inſtituez & ſubſtituez; dans leſquelles ſommes de deux cens cinquante, & de cent cinquante mille livres reſpectives, & non plus, nous avons inſtitué & inſtituons par ces preſentes chacune de noſdites filles de même nos heritieres; bien entendu que ſur leſdites ſommes ſera rabbattuë la ſomme que nous avons déja promiſe par le Contract de Mariage de nôtre fille Henriette-Catherine pour ſa Dot, & ce que nous pourions encore promettre pour celles de nos autres filles. Mais s'il avenoit, qu'au temps de nôtre décez il y eût encore une ou pluſieurs filles en vie, outre les ſuſnommées, nous avons voulu & ordonné, voulons & ordonnons par ces préſentes, que ce qui a été diſpoſé ci-deſſus à l'égard de nos ſuſdites Cadettes, touchant la nourriture, la rente annuelle, & le reſte, ait auſſi lieu à leur égard.

Bien entendu, que nôtre dit fils *Guillaume*, ou nos autres Héritiers inſtituez, ſeront tenus de payer toutes les Dettes, dont nous pourrons être redevables au temps de nôtre décez, ſans en rien mettre à la charge de noſdites filles, ni en rien rabbattre ou retenir ſur leſdites deux cens cinquante mille, & cent cinquante mille livres reſpectives, dans leſquelles nous les avons inſtituées chacune d'elles par ces preſentes.

Que ſemblablement nôtre dit fils, ou nos autres Héritiers inſtituez & ſubſtituez, ſeront tenus de ſatisfaire & de payer tous les legs, que nous avons déja faits & ſignez, ou que nous pourrions encore faire & ſigner après la date des preſentes, leſquels nous voulons être tenus & eſtimez de même force & effet, que s'ils étoient inſerez dans ce préſent nôtre Teſtament, ſans en rien porter à la charge de nos autres enfans, mais que lui, ou nos autres Héritiers inſtituez, devront les en indemniſer & tenir quittes.

De ſorte que nôtre dit fils, ou nos autres Héritiers inſtituez & ſubſtituez, toucheront au contraire, joüiront, & retiendront les revenus & les fruits deſdites ſommes reſpectives, dans leſquelles chacune de nos filles ſont inſtituées, juſques à ce que noſdites filles ſoient parvenuës à l'état de mariage.

Et s'il arrivoit qu'une ou pluſieurs de noſdites filles, ou que toutes vinſſent à mourir, ſans laiſſer aucuns enfans légitimes; nôtre derniere volonté & deſir eſt, que ce que nous leur aurons laiſſé reſpectivement en conſequence de ce nôtre Teſtament, retourne & ſuccéde à nôtre dit fils *Guillaume*, ou à nos autres Héritiers inſtituez & ſubſtituez, & non à nos autres filles, qui ſeroient alors en vie.

Au défaut de nôtre dit *fils Guillaume & de ſes enfans & deſcendans légitimes*, *comme deſſus*, en quelque temps qu'ils puiſſent ci-après venir à mourir; en vertu des Clauſules de pouvoir auſſi ſubſtituer dans tous les degrez, de même inſerées & mentionnées dans nôtre dit Octroy, nous inſtituons & ſubſtituons reſpectivement dans tous noſdits biens, tant Fiefs que propres, Mouvans & non Mouvans, Rentes, Actions & Crédits, ſans en rien excepter ni reſerver, nôtre dite fille aînée LOUISE, & au défaut d'elle, *comme auſſi après elle*, *ſes enfans & deſcendans légitimes*.

Au défaut de nôtre dite fille *Louiſe & de ſes enfans & deſcendans légitimes*, comme ci-deſſus, en quelque temps qu'ils puiſſent venir à défaillir ci-après, nous inſtituons & ſubſtituons ſemblablement, dans tous noſdits Biens, Rentes, Actions, & Crédits, ſans en excepter aucun, l'aînée de nos autres filles, & au défaut d'elle, comme auſſi après elle, ſes enfans & deſcendans légitimes.

Et ainſi de ſuite ſucceſſivement, juſques à la derniere, préferant, inſtituant & ſubſtituant toûjours les aînez, & les fils devant les filles, de ligne en ligne, & de degré en degré.

Sans que noſdits inſtituez & ſubſtituez reſpectivement, puiſſent aliener noſdits Biens Immeubles, Rentes, Accroiſſemens, & Actions, ou en *defalquer*, *ni retenir aucunes Portions Trebellianiques*.

Et le tout aux mêmes charges & conditions que ci-deſſus a été déclaré & ordonné, au regard de nôtre fils *Guillaume* & de ſes enfans & deſcendans légitimes.

Mais le tout néanmoins à cette condition, que, ſi nous venions encore ci-après à avoir un fils, en ce cas, tous noſdits Biens, Rentes, Actions, & Crédits, ſans aucune exception, au défaut de nôtre dit fils *Guillaume* & de ſes enfans & deſcendans mâles légitimes, écherront & parviendront à ce nôtre fils à naître; & au défaut de lui & après lui, à ſes enfans & deſcendans légitimes; & cela de la même maniere, & aux mêmes charges & conditions, qu'il a été déclaré & ordonné ci-deſſus au regard de nôtre fils *Guillaume*.

Inſtituant au reſte nôtre dit fils à naître, pour

ſa

ANNO 1640.

la portion héréditaire, dans nôtre Comté & Païs de Vyanden, Seigneuries & Terres de Doesburg, St. Vyth & Butgenbach, Geertruydenberg, & le Haut & Bas Swaluwe, ensemble les Pêches qui y appartiennent, avec toutes leurs appartenances, appendances & dependances, ainsi qu'elles nous sont échuës & dévoluës, & ensuite comprises dans la recepte de nôtre Intendant, & dont il doit rendre compte, sans en rien excepter, & specialement aussi ce dont quelques-unes desdites Seigneuries pourroient être trouvées de temps en temps meliorées, soit par accroissement ou autrement.

Et comme nous avons chargé & specialement engagé ladite Seigneurie de Geertruydenberg, avec les Pêches & autres Domaines qui y appartiennent, pour le Douaire que nous avons promis & legué à la Princesse d'Orange nôtre bien aimée Epouse; Nôtre vouloir & intention est, que nôtre dit fils *Guillaume* ou nos autres dits héritiers instituez & substituez, en affranchissent absolument & en tout nôtre dit fils à naître, & qu'il en supporte seul la charge sur les revenus de ses biens, sans aucune diminution de l'Héritage ou portion Héréditaire de nôtre dit second fils.

Sous condition expresse, que, s'il venoit aussi à mourir sans laisser d'enfans légitimes, tous lesdits biens doivent échoir, appartenir, & être devolûs à nôtre dit fils *Guillaume*, s'il est en vie; ou au défaut de lui, à ses enfans & descendans légitimes, s'il en laisse quelques-uns: Et au défaut d'eux tous, à nos filles successivement, & par représentation, de la maniere qu'il a par nous été declaré & ordonné ci-dessus.

Item, s'il arrivoit que nous vinssions à mourir, avant nosdits enfans & Héritiers instituez & substituez, ou qu'aucun d'eux fût parvenu à l'état de mariage, ou à l'âge propre pour pouvoir euxmêmes regir & administrer leurs biens; nous voulons & ordonnons en ce cas, que nosdits enfans demeurent chez Madame la Princesse d'Orange nôtre bien-aimée Epouse, leur Dame & Mere, pour être instruits & élevez ainsi qu'il appartient à des personnes de cette qualité; & specialement nosdites filles, jusques à ce qu'elles soient parvenuës à l'état de mariage; Mais à l'égard de nôtre dit fils, ou de nos dits fils, jusques à l'âge de vingt ans, à moins que l'état ou condition de nôtre dit fils *Guillaume* ne l'exige autrement.

Et touchant la Tutéle de nos enfans, ensemble le Gouvernement & administration de tous nosdits Biens delaissez, comme aussi tous les apointemens, & Droits en dépendans, dont nôtre dit fils *Guillaume* pourra jouir, & qu'il pourra recevoir des charges qu'il viendra à exercer alors; nous désirons & ordonnons, que ladite nôtre bien-aimée Epouse, leur Dame & Mere, aura & recevra ladite Tutéle; comme nous l'y nommons, instituons, & autorisons par ces présentes, comme lui confiant pleinement la Tutéle & bonne inspection de nosdits enfans, ensemble le gouvernement & ménage desdits Biens.

Et cela, à l'égard de nôtre dit fils *Guillaume*, jusques au temps qu'il sera parvenu à l'âge de vingt ans; mais à l'égard de nos filles, jusques à ce qu'elles soient parvenuës à l'état de mariage. De plus, si l'état & condition de nôtre dit fils *Guillaume* pouvoit venir à exiger qu'il tint sa Cour à part avant ce temps-là, en ce cas, nôtre dite bien-aimée Epouse aura à pourvoir aux Charges de la Cour de nôtre dit fils *Guillaume* avec leurs suites & dépendances.

Nôtre intention étant cependant, que ladite Dame dans le Gouvernement & administration desdits Biens se serve du conseil, & de l'assistance de telles personnes qu'elle trouvera à propos d'y employer; Et dans les affaires d'importance, qu'elle agisse avec le secours de quelques habiles de la Régence; qu'Elle requerra pour cela; ausquelles nous recommandons de vouloir avec ladite Dame prendre garde à la conservation & au maintien de la Grandeur, honneur, éclat, dignité & hautesse de nôtre Maison.

Excluant tous autres de la Tutéle, Inspection, & Elevation de nos enfans, ensemble du Gouvernement & de l'administration de leurs Biens.

Et nôtre intention & desir est, que ce qui viendra à se trouver de reste au de là des fraix de la Cour, & de l'éducation de nosdits enfans, soit chaque fois bien & seurement employé au bien & profit de nôtre dit fils *Guillaume*, ou au défaut de lui, de nos autres Héritiers institués & substituez.

Mais nôtre dit fils *Guillaume* étant parvenu à son âge de vingt ans, nous entendons & ordonnons, qu'il paye à nôtre dite bien aimée Epouse, sa Dame & Mere, des revenus de ses biens, pour l'entretien & Education de chacune de nos filles, & pour leurs Vestemens, une somme de six mille livres *Carolus* par an; & cela hors & outre les deux mille livres, qu'il est tenu de payer tous les ans à chacune de nosdites filles pour leur menus plaisirs; comme il a été plus amplement dit ci devant; & tout cela jusques à leur Etat de mariage. Et, s'il arrivoit aussi que nôtre dite bien-aimée Epouse vînt à mourir, avant que toutes nos Filles delaissées fussent mariées, nous voulons & ordonnons, que nosdites filles demeurent chez nôtre dit fils *Guillaume*, ou nos autres Héritiers instituez & substituez respectivement; lesquels seront alors encore outre cela obligés de payer annuellement à chacune de nosdites filles pour leurs Vestemens, une somme de six mille livres *Carolus*, outre les deux mille livres annuelles pour leurs menus plaisirs, comme il a été ordonné ci-dessus, & tout cela jusques à ce qu'elles soient parvenues à l'état de mariage.

De plus nous voulons, ordonnons, & statuons, par ces présentes, que le Douaire de dix mille livres *Carolus* de rente annuelle, que nous avons promis par nôtre Contract de mariage à nôtre dite bien-aimée Epouse, soit accrû & augmenté de la somme de quatorze mille semblables livres annuellement; de sorte que ladite Dame recevra & profitera après nôtre décez, au lieu desdites *dix mille livres*, la somme de *vingt mille livre Carolus*, tous les ans, prise du plus clair de nos biens; pour laquelle somme nous engageons specialement nos Seigneuries de *Gertruydenberg avec les Pêches* & les autres Domaines en dependans, comme nous avons engagé lesdites Seigneuries, Pêches & Domaines, dans nôtre dit Contract de mariage, pour ledit Douaire de *dix mille livres*.

Nous voulons & desirons de plus, que tous les joyaux & Bijoux, comme aussi la vaisselle d'or, de vermeil, ensemble celle d'argent, ce qui est compris dans deux inventaires respectifs, ou listes qui en ont été faites & signées par nous le premier de Mai 1640. soient & demeurent en propre à nôtre dite bien-aimée Epouse, comme à elle déja appartenants.

De plus nous permettons & accordons aussi par ces présentes, que nôtre dite bien aimée Epouse, puisse avoir l'usufruit sa vie durant, de la vaisselle d'argent & du Linge, que la dite Dame & nos Heritiers trouveront & jugeront être nécessaires pour son service, & pour sa Table.

Et comme nous avons accordé par nôtre dit Contract de mariage, que nôtre dite bien-aimée Epouse puisse après nôtre décez choisir pour sa demeure une de nos Maisons que nous avons dans le Païs de Hollande; Et nous étant portez à disposer à cet égard au plus grand avantage de ladite Dame: Si est-ce que nous déclarons, ordonnons, & accordons par ces présentes, que nôtre dite très-aimée Epouse puisse prendre & jouir après nôtre décez, pour sa demeure, *nos deux Maisons* sises en Hollande, l'une sise & scituée dans le *Nort-einde* ici à la Haye; & l'autre près de *Ryswick*, & icelles meublées ainsi qu'il appartient, sçavoir la Maison près de *Ryswick*, avec les meubles qui s'y trouveront au moment de nôtre decez; & la Maison du *Nort-einde*, avec les meubles que nôtre dite bien-aimée Epouse & nos Héritiers trouveront & jugeront y être nécessaire & appartenir pour le service & la Cour de ladite Dame, selon sa qualité; pour lesdites Maisons & meubles, comme dessus, être habitées & possedez en usufruit par ladite Dame, sa vie durant; à condition d'entretenir cependant lesdites Maisons dans les réparations convenables.

Ordonnant & commandant à nôtre Heritier de se regler là dessus, & de laisser nôtre dite très-aimée Epouse jouir pleinement & parfaitement de l'effet de tout ce que dessus.

Toutes

Toutes lesquelles choses nous déclarons être nôtre derniere volonté & intention.

Demandant tout à fait affectueusement par ces presentes *aux Hauts & Puissans Seigneurs les Etats Generaux*, comme aussi aux Nobles, Grands, & Puissans Seigneurs les Etats de chaque Province en particulier, de celles sur tout où nos biens sont situez, d'y vouloir tenir la bonne main, à ce que la Teneur de ce nôtre Testament, ensemble des Codicilles, qui ont déja par nous été faits & signez, ou que nous pourons après la date des presentes faire & signer, puisse pleinement & inviolablement être mise à exécution, dans tous ses Points, Clauses, & Articles.

Nous confiant, que leurs Hautes Puissances respectivement ne le refuseront ni dénieront, mais que par leur bonté, faveur & affection ils l'accepteront & l'effectueront.

Veu nos occupations, nous avons faits décrire ce nôtre Testament & derniere volonté de la propre main de nôtre Secretaire & Greffier *Laurens Buysero*, & l'avons confirmé de nôtre signature ordinaire & Cachet.

Fait à la Haye ce *trentiéme Janvier mil six cens quarante*. Etoit signé *Frederic-Henri de Nassau*, & à côté le Cachet de Son Altesse, imprimé en cire rouge, couvert d'un morceau de papier taillé en losange. Sur le dos étoit ce qui suit. Aujourd'hui le *douziéme Fevrier*, de l'an de nôtre Seigneur *mil six cens quarante quatre*, comparut par devant moi *Guillaume van Velde* Notaire public, admis par la Cour de Hollande, résident à la Haye, & les temoins sousnommez, tres Illustre & Grand Prince & Seigneur, Seigneur *Frederic-Henri*, par la grace de Dieu Prince d'*Orange*, Comte de *Nassau*. &c. & nous a montré ce Papier plié, & cacheté de son Seau en trois endroits, & a de plus déclaré que dedans étoit écrit & contenu son Testament & derniere volonté, desirant que ce qui y est compris, ait sa parfaite vigueur, & sorte son effet, soit comme Testament, Codicille, ou autre derniere volonté; ainsi & de telle maniere qu'il pourra & devra le mieux se faire selon le droit & la coûtume.

Ainsi fait & passé à la Cour, à la Haye, en présence de *Laurens Buysero* Secretaire & Greffier de son Altesse, & de Mr. *Quiryn van Stryen*, Advocat devant ladite Cour, comme temoins à ce specialement requis, lesquels avec sadite Altesse, ont signé en présence de Moy Notaire, jour, Mois, & An, comme dessus. Et étoit soussigné *Frederic-Henri*, *L. Buysero*, *Q. van Stryen*, *W. van Velde*.

CXXVIII.

12.-22. Septemb. **Vergleich zwischen denen fünff Fürstlichen Häusern / Pommern / Würtemberg / Hessen / Baden und Meklenburg wegen des Alternirens im Sitzen / Votiren und subscribiren auf denen Reichstägen. Geschehen auf dem Reichstag zu Regenspurg den 12. (22.) September 1640.** [LUNIG Teutsch Reichs-Archiv. Part. Spec. Abtheil. 2. pag. 306.]

C'est-à-dire,

Accord entre les Cinq Maisons des Princes de Pomeranie, de Wirtemberg, de Hesse, de Bade, & de Mecklenbourg, touchant l'Alternative à observer entr'elles dans les Dietes de l'Empire à l'egard de l'ordre des Seances, votations, & subscriptions. A Ratisbonne en Diete generale le 12.--22. *Septembre* 1640.

Kund und zu wissen seyn hiermit männiglichen in Krafft dieses gegenwärtigen Recesses; ob die hochlöbl. vier Fürstl. Häuser / Poumern / Würtenberg / Hessen und Baden von undencklichen Jahren unter sich solcher gestalt conjungiret und verglichen / daß selbige bey gemeinen Reichs-Versammlungen / offentlichen Conventen und Zusammenkünfften / im Sitzen / votiren und *subscribiren* / gewisser Ordnung und Massen / wie in dem darüber ebenmäßig den 12ten neuen / und zweyten alten Calenders des Monats Sept. dieses 1640sten Jahres aufgerichteten und erneuerten Vergleich verfasset und bedinget / unter sich alterniren und umwechseln / auch einig ander Fürstl. Hauß zwischen sich nicht kommen oder einmischen lassen / sondern solchenfalls vor einen Mann stehen / und mit einhelliger Zusammensetzung / sich wie vor alters opponiren / auch ihre wohlhergebrachte Sessions-Ordnung behaupten wollen und sollen. Nun aber von langen Jahren hero entzwischen ob-hochgemeldten mit seiner Maß alternirenden vier Fürstlichen Häusern an einem / und dann dem Fürstlichen Hauß Mechelnburg andern theils / der Session, votiren und Subscription halben / sich nicht geringe weitläufftige Streit-Spän und Differenz enthalten / welche bißanhero weder durch verschiedener Römischen Kaysern und Königen / oder hiebevoriger Reichs-Tägen gevollmächtigten hochansehnlichen Herrn Commissarien / noch anderer Chur- und Fürsten vielfaltige mühsame Interpositionen und Unterhandlungen / vollentlich abgemittelt und verglichen werden können; Daß gleichwohl bey gegenwärtigen Reichs-Tag / zu Abschneidung aller fernerer verfänglicher Weiterung / und hingegen Wieder-Einführung der alten vertraulichen Fürstlichen Correspondenz, auch besserer Beförderung des boni publici selbsten / auch derer vom Fürstl. Hauß Mechelnburg-Gustrau zu jetzigem Reichs-Convent Deputirter / und bey dem Reichs-Directorio legitimirter Herrn Abgesandten anmelden / und mit den übrigen vier Fürstlichen Häusern / zu ebenmäßiger beliebiger Alternation, und mit beschehenem Fürstl. Anerbieten / auch darüber sambtlich gepflogener gütlicher Conferenz, von allerseits Fürstl. Herren Räthen / Gesandten und Bottschafften / jedoch mit vorgehender ausdrücklicher Protestation, Vorbehalt und Reservation eines jeden Fürstl. Hauses Recht und Gerechtigkeiten / auf Ratification und Gutheissen deren Gnädigsten Herrschafft / und Fürstl. Principaln nachgesetzte un-præjudicirliche Ordnung und Alternation aller fünff Fürstl. Häuser / unter einem jeden den gantzen Fürstl. Stammen / und alle dessen Vota begreiffend / wissentlich verglichen / vereinbaret / eingangen und angenommen worden / daß bey gegenwärtigem Reichs-Tag / zuforderst bey Anhörung der Kayserl. Proposition, und den ersten gantzen Tag des Fürsten-Raths / in welcher Ordnung auch der bey jetzigen Reichs-Tag ausgehende Abscheid zu unterschreiben / folgende Ordnung / so viel / jedoch Pommern den Anfang zu machen / per sortem gehalten werden solle / nehmlich:

Pommern / Würtenberg / Hessen / Baden / Mechelnburg.

Den andern gantzen Raths-Tag;

Würtenberg / Baden / Mechelnburg / Hessen / Pommern.

Den dritten Raths-Tag;

Mechelnburg / Würtenberg / Pommern / Hessen / Baden.

Den vierdten Raths-Tag;

Pommern / Würtenberg / Mechelnburg / Baden / Hessen.

Den 5ten Raths-Tag;

Wurtenberg / Hessen / Baden / Mechelnburg / Pommern /

Welche Ordnung hernacher wiederum von vornen anzufangen / und also von einem Tag zum andern zu alterniren und abzuwechseln / biß zu Ende des Reichs-Tages.

Den nechst hernach folgenden Reichs-Tag aber soll hernach gesetzte Ordnung im Sitzen und Votiren observiret / auch selbiger Reichs-Abschied / wie den ersten Tag die fünff Fürsten-Häuser sitzen / also unterschrieben werden / Nemlich:

Bey Anhörung Kayserlicher Proposition und ersten gantzen Raths-Tag /

Wurtenberg / Baden / Mechelnburg / Hessen / Pommern.

Den andern Tag:

Mechelburg / Wurtenberg / Pommern / Hessen / Baden.

Den dritten Raths-Tag.

Pommern / Wurtenberg / Mechelnburg / Baden / Hessen.

Den vierdten.

Wurtenberg / Hessen / Baden / Mechelnburg / Pommern.

Den

ANNO 1640.

Den fünfften.

Pommern/ Wurtenberg/ Hessen/ Baden/ Mecheinburg.

Welche Ordnung ebenmäßig hernacher wiederum fornen anzufangen/ und also durch den gantzen Reichs Tag/ von Tag zu Tag alterniren.

Den dritten Reichs Tag darauf ist abermahln die erste Ordnung in sessione, voto & subscriptione zu observiren;

Nehmlich:

Bey Anhörung Kayserlicher Proposition und ersten gantzen Reichs-Tag.

Pommern/ Wurtemberg/ Hessen/ Baden/ Mechelnburg.

Den andern gantzen Raths-Tag.

Wurtemberg / Baden / Mechelnburg / Hessen / Pommern.

Den dritten.

Mechelnburg/ Wurtenberg/ Pommern/ Hessen / Baden.

Den vierdten.

Pommern/ Wurtemberg/ Mechelnburg/ Baden/ Hessen.

Den fünfften.

Wurtemberg / Hessen / Baden / Mechelnburg/ Pommern.

Welche Alternation wiederum täglich in acht zu nehmen und zu halten wie oben/ daß also consequenter obgesetzte Abwechselung je einen Reichs-Tag um den andern/ ohne einige fernere Difficultät/ Disputat, Controversia unter mehr gemeldten fünff Fürstl. Häusern/ stet/ fest/ unverbrüchlich/ observiret und gehalten/ und manutenuret werden solle.

Zu dessen wahren Uhrkund/ u bis zu Einkommung allerseits Gnädigster Herrschafften Ratificationen und approbationen ist hierzwischen von denen anwesenden Herren Räthen/ Botschafften und Gesandten dieser Recess interims-Weise subsignet und unterschrieben worden So geschehen in des Heiligen Reichs-Stadt Regenspurg/ den 12. (22.) Septembris im 1640sten Jahre.

Schemata.

Der zwischen den hochlöbl. Fürstl Häusern Pommern/ Wurtemberg/ Mechelnburg/ Hessen und Baden/ auf drey nechstfolgende Reichs-Täge verglichener Ordnung und Alternation, geschehen zu Regenspurg den 2. (12.) Septembris 1640.

I.

Uf selbigem Reichs-Tag zu Regenspurg.

P.	W.	H.	B.	M.
W.	B.	M.	H.	P.
M.	W.	P.	H.	B.
P.	W.	M.	B.	H.
W.	H.	B.	M.	P.

II.

Künfftigen Reichs-Tag.

W.	B.	M.	H.	P.
M.	W.	P.	H.	B.
P.	W.	M.	B.	H.
W.	H.	B.	M.	P.
P.	W.	H.	B.	M.

III.

Dritten Reichs-Tag.

P.	W.	H.	B.	M.
W.	B.	M.	H.	P.
M.	W.	P.	H.	B.
P.	W.	M.	B.	H.
W.	H.	B.	M.	P.

ANNO 1641. Avril.

CXXIV.

Foi & hommage rendu à LOUIS XIII. *Roi de France par* CHARLES *Duc de Lorraine & de Bar pour le Duché de Bar à St. Germain en Laye au Mois d'Avril* 1641. [GODEFROI Ceremonial François. Tom. 2. pag. 673.]

LE Mardy deuxiéme Avril 1641. le Roy donna ordre au Sieur de Chavigny, Secretaire d'Estat, de proposer au Duc Charles de Lorraine de rendre la Foy & Hommage qu'il estoit tenu de faire à sa Majesté à cause de son Duché de Bar mouvant de sa Couronne, suivant le troisiéme Article du Traité qu'il venoit de faire avec sadite Majesté, le 29. Mars precedent: Surquoy ledit Duc Charles dit audit de Chavigny, qu'il estoit prest de rendre la Foy & Hommage pourveu que l'on adjoustast en la forme de l'Acte, que l'on luy avoit fait voir, qu'il rendoit cette Foy & Hommage comme avoient fait les Ducs de Lorraine ses Predecesseurs; Ce que sa Majesté trouva bon; Neantmoins estant en son Cabinet, & attendant que ledit Duc fust venu pour rendre cette Foy & Hommage, ainsi qu'il estoit demeuré d'accord, il pria ledit de Chavigny de faire sçavoir à Monsieur le Chancelier, qu'il desiroit luy proposer quelques difficultez sur la prestation de ladite Foy & Hommage; ce qui donna sujet audit Chancelier de venir trouver ce Duc qui estoit proche la porte du Cabinet du Roy; où estant il lui dit, Qu'il ne sçavoit ce que l'on desiroit de luy; qu'il n'avoit aucune connoissance de la forme de la Foy & Hommage que ses Predecesseurs avoient renduë pour le Duché de Bar, & qu'il doutoit mesme, s'il estoit obligé de la rendre en la forme que l'on proposoit; Qu'il avoit ouy dire autresfois à ses Officiers, que les trois derniers Ducs ses Predecesseurs n'avoient fait aucune Foy & Hommage; Qu'il avoit en son Duché de Bar tous les Droicts Regaliens, & que mesme il pouvoit faire des Loix, suivant lesquelles le Parlement de Paris estoit obligé de juger en cas d'appel de ses Juges; Qu'il n'avoit aucune personne de conseil auprès de luy pour prendre resolution de ce qu'il devoit faire sur ces difficultez, neantmoins qu'il estoit prest de rendre obeyssance aux commandemens du Roy, & de faire tout ce qu'il luy ordonneroit. Surquoy le Chancelier luy representa, Que lors qu'il avoit fait le Traité, il avoit proposé les mesmes difficultez, & que l'on luy avoit fait voir que les Ducs de Lorraine estoient homme liges du Roy à cause du Duché de Bar, mouvant de la Couronne de France, que jamais la mouvance n'avoit esté revoquée en doute par les Ducs ses Predecesseurs, qui en avoient rendu la Foy & Hommage lige aux Roys de France; Que si les Roys Charles IX. & le Roy Henry III. avoient donné aux Ducs ses Predecesseurs les Droicts Regaliens, cela ne les exemptoit pas de la Foy & Hommage; d'autant que par les Lettres Patentes verifiées à la requeste mesme des Ducs ses Predecesseurs, les Roys de France se reservent le Ressort & la Souveraineté, & l'Hommage lige; & est porté par lesdites Lettres, que le Duc de Lorraine, qui estoit lors, en avoit fait la Foy & Hommage; Qu'il estoit vray que les appellations de ses Juges ressortissoient aux cas du Presidial au Bailliage de Sens, & aux autres cas en la Cour de Parlement, qui juge suivant les Coustumes du Barrois, qui ont esté verifiées en ladite Cour de Parlement; Que les Ducs de Lorraine, comme Ducs de Bar, ne pouvoient changer les Coustumes, ny donner de nouvelles Loix à leurs sujets sans verification du Parlement, qui estoient des marques asseurées de Souveraineté; & que partant il ne devoit faire aucune difficulté de rendre la Foy & Hommage lige, ainsi qu'il estoit porté par l'Acte qui luy avoit esté presenté. Que les Roys d'Angleterre, les Ducs de Bretagne, les Ducs de Bourgongne, l'Archiduc d'Austriche l'avoient renduë autresfois aux Roys de France pour les Terres qu'ils possedoient mouvantes de la Couronne en la mesme forme que l'on desiroit de luy; neantmoins que

s'il

ANNO 1641. s'il faisoit quelque difficulté, il representeroit au Roy ce qu'il luy avoit dit pour recevoir sa volonté. Ensuite dequoy ledit Chancelier estant venu trouver le Roy, & luy ayant fait entendre les difficultez proposées cy-dessus par ce Duc, sa Majesté luy commanda de luy faire sçavoir qu'elle ne vouloit point le presser, qu'elle desiroit qu'il prist du temps pour s'instruire de ses Droicts, & que l'on luy feroit voir par bons Titres l'obligation qu'il avoit de rendre cette Foy & Hommage lige: Ce qu'ayant esté rapporté par le Chancelier audit Duc, il dit; Que la difficulté qu'il avoit proposée n'estoit pas qu'il eut dessein de differer de rendre la Foy & Hommage, au contraire qu'il estoit prest ainsi qu'il avoit dit, de rendre l'obeyssance aux commandemens du Roy, & de se jetter à ses pieds; qu'il prioit sa Majesté de luy accorder cette grace qu'il le fist: Et de fait s'estant approché de sa Majesté, il luy auroit dit; Que la difficulté qu'il avoit faite n'estoit pas pour differer de rendre la Foy & Hommage, & l'auroit prié par trois & quatre fois, avec grande instance, de luy permettre de la rendre, & qu'il vouloit obeyr à ses commandemens. Surquoy sa Majesté luy auroit fait réponse; Qu'elle avoit resolu de luy donner du temps pour connoistre ses Droicts, & que dans huit jours il pourroit, estant bien informé, faire la Foy & Hommage; & que l'on luy feroit voir les Actes qui justifient les Droicts de sa Couronne. Huit jours après, les difficultez pour l'Hommage de ladite Duché de Bar estans levées, le Roy commanda au Comte de Brullon, un des Introducteurs des Princes estrangers & Ambassadeurs, de mener ledit Sieur de Lorraine, lequel l'attendit dans son Cabinet, sans se mouvoir ny oster son chapeau, ayant le Chancelier à costé de luy: Ce Duc estant en bas dessous, se mit à genoux sur un carreau qui luy estoit preparé, & ses mains nuës entre celles du Roy, fit Hommage lige pour la Duché de Bar, avec ses dépendances, selon les formes ordinaires pratiquées en semblables occasions. Peu de jours après il fit ses adieux, & se retira comblé d'honneurs, & de bienfaits de sa Majesté.

CXXX.

1642. 9-19. Av. **Braunschweigischer Haubt-und Friedens-Recess zwischen Ihro Hochfürstl. Durchl. Ertz-Hertzog LEOPOLD WILHELM von Oesterreich/ im Namen Ihro Kayserl. Majest. FERDINANDI III. eines-und denen Durchl. Fürsten FRIEDRICH, AUGUST und CHRISTIAN LUDWIG Hertzögen zu Braunschweig-Lüneburg andern Theils/ wodurch diese den Prageriſchen Frieden annehmen/ das kleinere Stifft und Stadt Hildesheim abtretten/ auch beyde Theil das eroberte zu restituiren versprechen. Braunschweig den 9/19 April 1642. Mit zweyen Neben-Recessen zwischen eben denselbigen sub loco & dato eodem, zu Erläuterung des Haubt-Recess geschlossen: Nebst der daruber von höchstermeldtem Ertz-Hertzog ertheilten Confirmation/ wie auch Ihro Kayserl. Maj. über diese Confirmation erfolgte Ratification.** [Tiré de la Registrature d'Estat de la Chancelerie de la Cour de sa Majesté Imperiale.]

C'est-à-dire,

Recès (1) *principal de Paix entre le Serenissime Archiduc d'Autriche*, LEOPOLD GUILLAUME *au nom de l'Empereur* FERDINAND III. *d'une part, les Ducs de Brunswig-Lunebourg*, FRIDERIC, AUGUSTE, & CHRISTIAN LOUIS, *d'autre part, par lequel ils acceptent la Paix de Prague, & cedent l'Eveſché d'Hildesheim dit le moindre, les parties occupées de part & d'autre étant reciproquement restituées A Brunswig le 9—19. Avril 1642.* AVEC *deux autres Recès particuliers faits le même jour, au même lieu & entre les mêmes pour l'elucidation du Recès principal.* ET *avec la Confirmation du Serenissime Archiduc, & la Ratification Imperiale.* ANNO 1642.

Zuwißen/ demnach die jetzund herrschende Kayserl. auch zu Hungarn und Böheimb Königl. Maj. die gantze Zeit Ihrer geführten muhsamen Kayserl Regierung/ Ihro mit höchstem Eyfer und Sorgfalt angelegen seyn laßen/ wie doch das Heil. Römische Reich Teutscher Nation aus der so lange Jahre emporgehenden und alles verzehrenden Kriegs-flammen dermaleinst gerißen/ vornemlich aber vermittelst Aufhebung aller bishero fürgeschwebten hochschädlichen Diffidenzen innerlich und in sich selbst beruhiget/ und also zwischen Ihr Kayserl. Majest. als dem höchstgeehrten Oberhaubt und den Ständen als Gliedern des Reichs/ auch den Gliedern unter sich selbst ein wahres aufrichtiges Teutsches Vertrauen restabliret und gepflantzet werden möchte; allerhöchstgedachte Ihro Kayserl. Maj. auch zu berührtem Ende dem hochwürdigsten Durchleuchtigsten hochgebohrnen Fürsten und Herrn/ Herrn Leopold Wilhelm Ertz-Hertzogen zu Oesterreich/ die zwischen Ihr Kayserl. Maj und dem Fürstl. Hauß Braunschweig-Lüneburg eingerißene Diffidenz und Mißverständniß in der Güte aufzuheben/ absonderliche allergnädigste Commission aufgetragen/ die Herrn Hertzögen auch zu einer solchen gütlichen Hin-und Beylegung aus ebenmäßig tragender Friedens-Begierde mit aller unterthänigstem Respect sich willigst und gern verstanden/ und darauf so wohl Ihro Hochfürstl. Durchl. als die Durchlauchtige Hochgebohrne Fürsten und Herren/ Herr Friedrich/ Herr Augustus und Herr Christian Ludwig/ Gevettern/ Hertzoge zu Braunschweig und Lüneburg Ihre Deputirte/ Gevollmächtigte Räthe und Gesandte abgeschickt und in der Kayserl. Freyen Reichs-Stadt Goßlar/ und nachgehends in der Stadt Braunschweig zusammen kommen laßen/ daß demnach obermeldte Mißverstände/ mittelst Verleyhung Göttlichen Beystands heut dato nachfolgender Gestalt abgehandelt und verglichen worden.

1.

Erstlich sollen und wollen die Herren Hertzogen zu Braunschweig und Lüneburg vor sich und ihre Land-Ständ und Unterthanen der Röm Kayserl. Maj. als Ihrem im Heil. Röm. Reich vorgesetzten Oberhaupt/ wie vor dieser entstandenen innerlichen Unruhe/ also auch künfftig/ immaßen solches gehorsamen Fürsten des Reichs uf Ihro Kayserl Maj. allergnädigst geschehene Gegen Erklärung/ gezienet und wol anstehet/ allerunterthänigste treuschuldigste Devotion und Respect erweisen/ sich allen heylsamen Reichs und zuläßigen Creiß-Schlüßen/Constitutionen und Abschieden gemäß bezeigen/ nicht weniger den Prägerischen frieden und letztens publicirten Regenspurgischen Reichs-Schluß/ gleich andern gehorsamen Catholischen und der Augspurgischen Confession zugethanen Churfürsten und Ständen des Heil. Reichs/ annehmen/ demselben würcklich nachleben und alles das jenige praestiren und leisten/ was getreuen Fürsten und Ständen des Reichs gebühret und obliget. Solte aber bey künfftigen Reichs-Deputations-Compositions oder dergleichen Ihr Kayserl. Maj. und das Heil Römische Reich concernirender unverbottener Tägen/ darinnen etwas declarirt/ gemildert oder geändert werden/ soll daßelbe denen Herren Hertzogen gleich andern des Reichs gehorsamen Ständen in allweg zu statten kommen/ und sie deßen zu genießen haben/ welche durch gegenwärtigen Recess anderer Gestalt verabschiedet/ sollen hierunter nicht verstanden werden/ sondern obgemeldter Acceptation ungeacht/ in ihrem völligen vigor verbleiben.

2.

Zum andern sollen und wollen die Herren Hertzoge zu Braunschweig und Lüneburg allen-mit den Ausländischen Cronen Fürsten/ Republiquen/ desgleichen und wie auch etwan mit andern Ständen des Reichs/ wie die Namen haben oder genannt werden mögten/ wieder Ihr Kayserl. Maj. und das Reich getroffenen Foederibus, Ligis, Allianzen/ Verbündnußen/ do deren einige vorhanden/ wie auch allen wider des Heil. Röm. Reichs Satzungen/ Constitutionen und Reichs-Abschieden lauffenden andern Schlüßen/ deren sich jedoch hochgedachte Herren Hertzoge eben ebener Gestalt nicht zu erinnern wißen/ hiemit wie solches am kräfftigsten geschehen soll/ kan oder mag/ renunciiren/ absagen und davon würcklich abstehen: Es will auch im übrigen höchstermeldter Fürstl. Hauß sich Ihro Kayserl. Maj. und dem Heil. Röm Reich weder mit Rath oder That nicht wiedersetzen/ keine Waffen wider

(1) Il est bon d'avertir que le Recès de *Goslar*, qui se voit dans les Acta publica de *Landorpius* Part. 5. Lib. 2. cap. 19. pag 762. quoi que muni de toutes ses formalités & signatures, n'est que le Projet de celui-cy. [DUM.]

Anno 1642. wider dieselbe führen / noch ihren Ständen und Unterthanen vergleichen vorzunehmen gestatten / sondern zu Jhro Kayserl. Maj. und des Heil. Reichs Nutzen und Besten alles der jenige leisten / was getreuen Fürsten und Ständen des Reichs eignet und gebühret.

3.

Zum dritten sollen und wollen mehr hochermeldte Herren Hertzoge Jhro Kayserl. Maj und des Reichs-Armaden aus ihren Städten und Vestungen soviel immer ohne Abbruch derselben geschehen kan / an Proviant / Munition und dergleichen / jedoch umb richtige ammentliche Bezahlung allen Vorschub thun / und zu solchem Ende sicher und frey Ein- und Außreuten / soviel ohne Verdacht und Gedacht der Posten geschehen kan / gestatten.

4.

Als auch vierdtens der Herren Hertzogen Fürstl. Gn. Gn. sich zu der in dem Pragerischen Frieden und letztern zu Regenspurg versehener wircklicher Conjunction ihrer Völcker mit Jhro Kayserl. Maj. und des Reichs Waffen / und Verpflichtung ihrer Guarnisonen an Jhro Kayserl. Maj. und das Reich nicht zu vermögen gewesen / sondern dagegen unter andern auch dieses eingewendet / daß sie ihre Soldaten zu Roß und fuß / sonderlich bey jetzigem Zustand zu Besetzung der vesten Plätze und Defension ihrer Land und Leuth nöthig: So ist endlich dieser Punct dahin abgehandelt / daß den Herren Hertzogen ihre Volker zu Roß und fuß zu Defension ihrer Plätze und vesten Oerter und zu solchem Ende die freye ungehinderte Dißposition darüber verbleiben / auch außer unumbgänglicher Noth; und da es die unvermeidentliche Ratio belli nicht erfordert / mit keinen Oneribus, wodurch ihren extraordinari Guarnisonen der Unterhalt entzogen werden könte / beschwehrt werden; dahin gegen aber dieselben sich hiemit und Crafft dieses dahin beständigster maßen verobligiret und verpflichtet / daß sie dero uff den Beinen habende Völker wider Jhro Kayserl. Maj. und das Heil. Röm. Reich auf keine Weise oder Wege nicht anwenden / noch gebrauchen / sondern die Städt und Veste Plätze höchstgedacht Jhro Kayserl. Maj. und dem Heil. Röm Reich / wie auch dero Land und Leuth zum besten und Nutzen wider alle feindliche Actiones nach aller Müglichkeit defendiren wollen / damit höchstgedachte Jhro Kayserl. Maj. und dem Reich kein Schaden und Nachtheil erfolgen möge.

5

Nichtsweniger haben sich die Herren Hertzoge erkläret / daß sie ihr anjetzo noch mit den Allürten Armeen in Conjunctione stehende Völker alsobald nach geschloßenen / unterschriebenen und vollnzogenen Accord würcklich separiren und abziehen / jetztgedachten Allürten hinfüro den geringsten Vorschub an Volk nit mehr thun / auch soviel sie von bemeldten Völkern zu Defension und Beschützung ihrer Städte und vesten Plätze zubehalten nicht vonnöthen / nachdem mehr erwehnte Allürte von ihren Hertzogthumen und Landen / ohnerachtet die etwan Minden / Nienburg / Bickhede / Wolffsburg oder dergleichen noch innen behielten / durch die Kayserl. und der Heil. Röm. Reichs Waffen abgetrieben / vördersamst und ohne einig ungebührlichen Verzug abdanken wollen.

6.

Sollen und wollen die Herren Hertzogen so offt es die Noth und Ratio belli erfordert / in Verfolgung Jhro Kayserl Maj. und des Reichs feinden / dero und des Reichs Armada alle freye und sichere Päß und Durchzüge / jedoch mit diesem Beding gestatten / daß sie zuvor darumb ersucht / und Jhnen die darauf lauffende Uncosten / vermög der Executions Ordnung / entweder an ihren gebührenden Römerzug (dafern über die darauf des Fürstl. Hauses Völker verwendende / und vermög nächstkommenden Art. 7. zu compensiren verwilligte Spesen und Uncosten / noch etwas überschiessen solte) decourtirt / oder da diese nicht erklecklich / aus dem Reichs-Pfennings-Amt / Vermög des Pragerischen Frieden Schlußes / oder sonst in ander weg erstattet werden

7.

Soviel die hiebevor auch bey dem letzten Regenspurgischen Reichstag zu Anfang deßelben gewilligte 120. Monat betreffen thut / seynd dieselbige / wie auch alle vorige / umb Friedens willen vollig nachgesehen / dergestalt / daß weder jetzt noch künfftig davon nichts gesuchet oder sie Herren Hertzogen / wie auch dero Land-Stände und Unterthanen darumben nicht besprochen werden sollen noch mögen

Was aber die übrige und letztere bey gedachtem Reichstag von den Ständen verwilligte 120. Monat / auch andere inskünfftig im Heil. Reich verwilligende Anlagen anreichen thut / ist verabschiedet / daß zwar die Herren Hertzogen / Jnhalt der letzten Reichs-Schlußes sich darzu verstehen und bekennen sollen; Jedennoch seyn dabey Jhro Kayserl: Maj. absonderlich allergnädigst zu frieden / daß jetzt erwähnte 120. Monatliche und dergleichen künftige Anlagen / so uff diesen noch continuirenden Teutschen Krieg von denen Ständen verwilliget werden möchten / so lang es Ratio belli und des Reichs Nothdurfft erfordert / daß die Herren Hertzogen Extraordinari Guarnisonen halten / und die Reichs Feinde selbiger Enden und in den nächstbenachbarten Landen oder Gränzen stehen / und in den innhabenden Vestungen seyn werden / Anno 1642.
. . . . . mehr hochgedachter Herren Hertzogen zu Defension und Besatzung ihrer Vestungen und Städte / und also nach Jnhalt dieses Accords zu Nutzen und besten Jhrer Kayserl. Maj. und des Reichs behaltenen Völker verwendet / und so viel uff deren Verpflegung gehört / dargegen compensirt und abgezogen werden solle und möge.

8.

Es sollen und wollen auch achtens die Herren Hertzoge weder jetzo noch künfftig für sich selbsten oder durch die ihrige einzige gefährliche Correspondentz wider Jhro Kayserl Maj. und das Reich mit deren feinden nicht führen / sondern für sich von allen diesem abstehen / auch den ihrigen / Land-Ständen / Landsaßen / Bedienten / Räthen / Officierern / Beambten und Unterthanen / Crafft tragender Landsfürstl. Obrigkeit / alles Ernsts verbieten; Da aber ein oder ander darwider handlen würde / hat es der Confiscation halber / wie auch sonsten bey der Kayserl. Wahl Capitulation / den Reichs-Constitutionibus und denen gemeinen beschriebenen Rechten sein Verbleiben.

9.

Es soll und will Jhro Fürstl. Gn. Hertzog Christian Ludwig zu Braunschweig und Lüneburg und seine Assistenten den kleinen also genannten Stifft Hildesheimb / benantlich die drey Aembter Peina / Neuenwald und Marienburg / so dann alle und jede dem Dom Probst / Dom Capitul und sambtlichen Clerisey inn- und außerhalb der Stadt Hildesheimb zustehende unbewegliche Güter / so wohl an Zehenden / Zinsen als andern Auffkommen / nichts davon ausbescheiden / ingleichen auch alle Archiven / Acten / Kirchen-Ornat / Fundationen / Stifftungen / Documenten / Briefliche Urkunden / wie die Namen haben mögen / soviel deren anno 1634. bey der Occupation vorhanden gewesen / und beweißlich an die Herren Hertzoge / oder jemand anders / über welche sie zu besehen / die sie auch ad restitutionem anstrengen wollen / kommen / allermaßen Jhr Churfürstl Durchl zu Cöllen / als Administratorn des Stiffts / und die Clerisey zu Hildesheim / und ehe selbige von Jhr Fürstl. Gn. Hertzog Friderich Ulrichen zu Braunschweig und Lüneburg Christmildten Angedenkens / und jetzigen Herrn Hertzogen Christian Ludwigs Fürstl. Gn. kommen / und wie gedachte Clerisey obbemeldte unbewegliche Güter für Anno 1634 in posseß gehabt / und wie dieselbige jetzo / soviel die Verordnung und Kriegs-Schäden betrifft / befindlich / hochgedacht Jhro Churfürstl. Durchl. zu Cöllen als Administratorn des Stiffts Hildesheimbs / dem Dom Probst / Dom Capitul / Clöstern und Clerisey restituiren und abtretten: Wann auch an Seiten Jhro Churfürstl. Durchl zu Cölln und der Clerisey zu Hildesheimb / beweißlich beygebracht werden solte, daß in der Herren Hertzogen zu Braunschweig Lüneburg Händen etwas von Brieflichen Urkunden kommen / welche die Chur-Cöllnische Räthe an einem andern Orth consigniret oder deponiret gehabt / welche auch die Herren Hertzoge zu Braunschweig-Lüneburg vor anno 1629. niemahls in posseß gehabt; sollen dieselbige Jhrer Churfürstl. Durchl. und der Clerisey restituirt werden. Jedoch seyn unter dieser Restitution diejenige Documenta und Registier nicht gemeinet / welche die Chur Cöllnische Ministri und Beamte von anno 1629. bis in Annum 1634 bey Administration der alten occupirten Stiffts-Aempter gehalten und aufgerichtet / sondern es sollen dieselben bey den Herren Hertzogen verbleiben.

10.

Die sieder Annis 1600. bis hieher aus gedachten großen und kleinen Stifft und der Stadt Hildesheim erhabene fructus, auch welche erhoben werden mögen / sodann eingenommene Gülden / Renten und Zinsen / deßentwegen auch die Debitores so viel daran sieder obbemeldter Zeit an berührte Hertzogen erlegt und bezahlt / von männiglich unangefochten bleiben sollen / mit und nebenst den Kriegs-Schäden / Costen / Deterioration und dergleichen aus dem Krieg rühenden forderungen an einem Theil / dann die occasione deren von Jhro Churf. Durchl zu Cölln und dem Dom Capitul zu Hildesheim in Anno 1629 und in Anno 1630. vorgenommenen Occupation des großen und alten Stiffts / und hiernächst bis auf dato geführten Krieg / dem Fürstl. Hauß Braunschweig zugefügten Schaden / uff die recuperation verwandte Kosten / und anderer von dem hochermeldten Fürstl. Hauß Braunschweig-Lüneburg prätendirende forderungen seynd beyderseits des lieben Friedens halber gegen einander hiemit beständig aufgehoben / dergestalt / daß ein Theil dem andern und in Specie der jetzige und künftige Bischoff / Dom-Capitul / Clöster und gantze Clerisey / die Herren Hertzoge zu Braunschweig-Lüneburg / insonderheit Hertzog Christian Ludwig Fürstl. Gn. oder dero Successorn / wie hingegen weder diese / noch ihre Erben und Successorn / hochermeldt Jhro Churf. Durchl. noch künftige Bischoffe / Dom-Capitul /

Dom Probstey / Praelaten / oder iemand von der Clerisey / noch iemand anders tieserwegen / weder inn- noch ausserhalb Rechtens zu ewigen zeiten nicht besprechen / dieselbe fordern / oder auf einigerley weise ahnden sollen oder mögen.

11.

An dem von dem Fürstenthumb Calenberg auf die Stadt Hildesheim praetendirenden Erbschutz / dafern den Herren Hertzogen hiebevor einiger zugestanden / und von Ihnen hergebracht / wie auch an denen von Herrn Hertzogen Augusto zu Braunschweig und Lüneb. Fürstl. Gn. bey dem Ambt Peina angegebenen Juribus in Ecclesiasticis, Politicis, Feudalibus & Territorialibus, oder wie sie sonsten genennt werden mögten / sodann etwan denen Unterthanen und Adelichen Landsaßen gebührenden Rechten / Lehenschafften und Freyheiten / dafern und wie die Ihnen hiebevor zugestanden und hergebracht / solle durch diesen Accord nichts entzogen / sondern den Herren Hertzogen / dero Landsaßen und Unterthanen / so gut sie daßelbe ersessen und hergebracht / gantz ungeschmählert verbleiben.

12.

Gleichmäßig soll der Stadt und Unterthanen des Ampts Peina das praetendirte Exercitium der Augspurgischen Confession / wann und so gut sie solches hiebevor erseßen / gelaßen / und sie darin nicht gekränkt werden.

13.

Alles was sieder Anno 1634. im kleinen Stifft und der Stadt Hildesheim in Justitz- als Partheysachen unter den weltlichen ins gemein / unter den Geistlichen aber in Civilibus / so viel selbige den weltlichen Gerichten unterworffen / von Ihro Fürstl. Gn. Cantzlern und Räthen / Hoffrichtern und Hoffgerichts Assessorn / auch den Beampten auf dem Lande / an Decreten / Sententien / Verträgen und dergleichen fürgangen / soll alles in seinem völligem vigore verbleiben / und in keine weg ratione incompetentiæ nicht aufgehaben / oder sonst als unkräfftig cassirt werden. Hätte aber jemand die abgesprochene Urtheil per leuterationem oder appellationem gebührlich angefochten / wird den Rechten dießfalls sein starker Lauff billich gelaßen.

14.

Diejenige Sachen / welche an noch in unentschiedenen Rechten schweben / sollen in dem Stande / darinnen dieselbe jetzo befindlich / reassumirt und ausgeführt werden.

15.

Sollen und wollen Ihro Fürstl. Gn. Hertzog Christian / Ludwig und seine Assistenten die Stadt Hildesheim samt aller Artillerie / Munition / Proviant / Archiven / Acten / beweglich und unbeweglichen Gütern / welche Ihr Fürstl. Gn Gn. Gn. oder derselben angehörigen nicht zuständig / nichts davon ausgeschieden / auch unbeschadigt der Stadt Fortification in dem Stand und mit dem Recht und Gerechtigkeiten / wie sie vor dem von Anno 1630. geführten Kriege Ihr Churfürstl. Durchl. zu Cölln zuständig gewesen / jetzt hochgedacht Ihro Churf. Durchl. nach Innhalt dieses Accords restituiren und widerum abtretten / Ihro biß dahero darin gehabte Guarnison ohne einigen Schaden und Nachtheil der Stadt / Clerisey / Bürgerschafft / und gesambten Inwohnern uf die zu End verglichene zeit abführen / und die Stadt der Kayserl. Maj. und des Reichs Guarnison überliefern / auch von denen etwa restirenden Contributionen von dem Unterthanen und Bürgern ferner nichts einfordern.

16.

Alle Artillerie / Munition Proviant / Acta / Actitata / Archiven / Documenten und andere Mobilien / wie die Nahmen haben mogen / so von denen Herren Hertzogen zu Braunschweig und Lüneburg / dero Kriegs- und andern Officieren / Räthen / Dienern / Unterthanen / Soldaten hineingebracht und ihnen in andere weg zuständig / sollen einem jeden unweigerlich / damit seines Gefallens zuschalten und zu walten / und an andere ihme gefällige Oerter sicherlich abzuführen und zu verschaffen freye macht gelaßen / und da etwa alles auf einmahl nicht abgeführet werden könte / solches nach eines jeden bequemlichkeit jederzeit zu thun / ohne einigen Anspruch vorbehalten bleiben.

17.

Damit aber die Kayserl. Maj. und das gantze Röm. Reich bey jetzigen beschwehrlichen Läufften und Postur der Conjungirten und noch im Land stehenden feindlichen Armeen gedachte Stadt Hildesheim / und daß durch deren Occasion Ihro Kayserl. Maj. und dem Heil. Röm. Reich kein schaden entstehe oder zugefügt werden möge / versichert seyn und bleiben: So ist verabredet / daß in bemeldte Stadt Hildesheimb / und bey Abzug der jetzigen Fürstl. Braunschweigischen eine Guarnison von Ihro Kayserl. Maj. und des Heil. Röm. Reichs unmittelbaren Reichs-Armee / welche nebenst dero Commendanten und andern zugehörigen Obern- und Untern Officiren von keinen andern Churfürsten oder Stand des Reichs nicht dependiren / weniger daselbsten mit sonderbaren Pflichten und Ayden verwandt / ohne einige Verweigerung der Herren Hertzogen oder der Stadt / hineingeführet / welche auch bey währender Besatzung in kein andere Pflicht genommen / und da etwan mit dero Commandanten oder gantzen Guarnison ein veränderung vorgehen solte / dannoch keine andere als obgemeldte wieder hinein gelegt werden solle.

18.

Damit auch solche Guarnison gedachter Stadt erträglich fallen / und die Bürgerschafft bey derselben zu bleiben haben möge / zu dergleichen Anstellung Ihro Kayserl. Maj wie auch Ihre Hochfürstl. Durchl. sich gnädigst erklähret / als wird hochstgedachter Ihro Kayserl. Maj. und des Herrn Ertz-Hertzogen als Generalissimi Hochfürstl. Durchl. allergnädigsten und gnädigsten æstimation anheimb gestellet / wie stark dieselbe wegen der jedermahligen Bewandtnüß des Kriegs und Postur der feindlichen Armeen anzuordnen / und sollen von der Stadt zu Unterhaltung bemeldter Guarnison / wann dieselbe schon gestärkt / ein mehrers nicht als 500. Mann zu fuß / in zwo Compagnien vertheilt / samt denen zu bemeldten beeden Compagnien gehörigen Officieren / unter einen Obristen mit Unterhaltung des halben Regiment-Stabs / nach der Kayserl. Verpflegungs-Ordinantz / und für die gantze Guarnison / die Servicen gereicht und gegeben werden. Zu Anschaffung des übrigen aber von der Kayserl. Maj. aus andern Orten (jedoch daß darunter die Fürstl. Braunschweigisch-Lüneburgische Fürstenthumb / Graf-Herrschafften und Lande / in specie aber das alte oder grossere Stifft nit gemeynt seyn / und darunter gantz nicht beschwehret werden solle) zureichende Anordnung gemacht / auch wann etwa solcher Anordnung nicht nachgelebt / und der Unterhalt kurtz oder lang zuruk bleiben möchte / alsdann die Stadt solchen mit Geld oder Speisen zu ersetzen durch aus nit schuldig seyn solle; wann auch die Guarnison unter 500. Mann geringert / soll die Stadt auch auf solchem fall ein mehrers nicht / als was effective vorhanden / zu unterhalten verbunden seyn.

19.

Und weiln die Stadt angezogen / daß sie das Jus præsidii / und was demselben anhängig / von undenklichen Jahren hergebracht / hingegen solches von Ihro Churfürstl. Durchl. nicht gestendig werden will / so ist hiemit an Seiten Ihro Kayserl. Maj. und Ihro Hochfürstl. Durchl. versprochen und zugesagt / daß diese Besetzung keinem Theil an seinen habenden und hergebrachten Gerechtigkeiten und Privilegien nachtheilig / schädlich oder Praejudicirlich seyn / noch einem oder dem andern dadurch ein neues Jus zu wachsen / und also an keiner Seiten so wenig für ein Acquisition als interruption einiger Possession angezogen werden solle.

20.

Wie dann hiemit nochmahls versprochen wird / daß die Stadt so wohl ins gemein bey allen und jeden ihren Privilegien / Recht- und Gerechtigkeiten / so gut sie selbige bis dahero gehabt / erseßen und hergebracht / insonderheit aber bey dem Exercitio Augustanae Confessionis in allen denen Kirchen und Capellen / in welchen sie daßelbe vor der Pappenheimischen Occupation würklich gehabt / dann auch ihre Stadt-Schulen mit allen Pfarrherren / und Kirchen Dienern / allermaßen und auf die weiß / wie sie solche zu vor innen gehabt / allerdings unbetrübt verbleiben / dabey geschützt / auch da jemand / und in specie I. K. Churfürstl. Durchl. zu Cölln als Administrator dieses Stiffts Hildesheimb / der Dom-Probst / das Dom-Capitul und jemand von der Clerisey hierüber zu besprechen vermeynte / solches anderer Gestalt nicht / dann in güte / oder in deren Entstehung / mit ordentlichen Rechten coram Judice competente, wie das gebührt / vornehmen / bis zu dero Verfahrung oder ordentlichen Entscheidung aber nichts wider gemeldte Stadt vorgenommen werden solle.

21.

Und damit gemeldte Stadt deßen allen desto mehr gesichert seyn möge / so seynd Ihr Kayserl. Maj. des allergnädigst milden Erbiethens / die Stadt bey demjenigen / was von ihr vorberührter maßen erseßen und hergebracht / wider jedermänniglichen zu schützen / niemand dagegen etwas vorzunehmen / auch denen jedesmahligen Commandanten zu Hildesheim ernstlichen Befehl zu ertheilen / daß er gedachte Stadt dabey gebührlich schützen / gute scharffe Disciplin und Ordre / sonder einige Exaction und Auflagen in den Thoren oder sonst halten / den Rath bey der Jurisdiction über die Bürgerschafft / und was demselben anhängig / ingleichen die Billetirung / wie sie solches hergebracht / nicht hindern / keines weges auch / so wenig vor sich / als auf jemand anders Befelch / begehren / sollicitiren oder anhalten / etwas zu unterfangen / vielweniger selbst oder durch jemand seiner Untergegebenen Guarnison zu verüben / wodurch mehr ermeldte Stadt in berührten ihren hergebrachten Juribus und Possession derselben turbirt und beeinträchtigt werden sollte.

ANNO 1642.

22.

Wann auch die gefährliche Läuffte in diesem Nieder-Sächsischen Crayß / entweder durch Redintirung des lieben allgemeinen friedens / Abzug und Abtreibung des feinds aus diesen Landen / und also der Kriegs-Raison nach die Stadt der Guarnison hinwieder zu entfreyen / zumahlen wenn andere dergleichen Guarnisonen im H. R. Reich / insonderheit dem Nieder-Sächsischen Crayß und Fürstenthumb Braunschweig und Lüneburg abgeführet / allbemeldte Unterhaltungen auch aufgehört / und die Stadt in den Stand / wie sie vor dem Krieg gewesen und von den Bürgern besessen und hergebracht / mit allen ihr gehörigen Stücken / Munition / und was dem anhängig / gesetzt werden.

23.

Soll mehrgedachte Stadt Hildesheim / Bürgermeister und Rath / derselben Geist- und Weltliche Diener / nebens der gantzen Burgerschafft mit allen den übrigen in die Amnestia / welche die Herren Hertzogen zu Braunschweig-Lüneburg Crafft dieses Friedens-Receß erlangt und erhalten / plenarie eingeschloßen und also die Stadt von allem / was bey diesen Kriegsläufften von Anno 1630. bis auf den Schluß dieses Receß fürgefallen / gäntzlich loßgezehlt seyn und bleiben / und in keinerley weyse inn- oder außerhalb des Rechtens deßhalben belangt / da auch einer oder der andere Bürger und Innwohner vom vornehmsten bis zum niedrigsten sich deß in den Rechten und des H. R. Reichs Abschieden erlaubten Juris emigrandi gebrauchen wolte / solches einem jeden an die Hand zu nehmen ohne einige Hinderniß / Auffenthalt oder Sperrung frey gestellt und zugelaßen seyn.

24.

Bey allen vorgesetzten Puncten / welche von deme an seiten des Herrn Hertzogen zu Braunschweig und Lüneburg an der Stadt Hildesheim praetendirten Erb Schutz / wie auch deren bey den Aemptern des kleinen Stiffs / zumahlen dem Amt Peina angezogenen Juribus, sodann von der Stadt und Unterthanen des Ambts Peina praetendirten Exercitio & praesidio Civitatis und anderen angegebenen Juribus, Rechten und Gerechtigkeiten / Privilegien oder deren hergebrachten Possession meldung thun / ist per expressum und ausdrukentlich bedingt / daß durch diesen Accord und Friedens-Schluß keinem Theil / weder Ihro Churf. Durchl. zu Cölln / noch den Herren Hertzogen / deroselben Unterthanen / der Stadt Hildesheim / Stadt Peina / oder den Unterthanen selbigen Ampts ein mehrers nicht / als ein jedweder / und im Stand / wie es er vor dem Anno 1630. angefangenen Krieg gehabt / gegeben / auch keinem nichts benommen werden solle / sondern einem jedweden / so gut sie es entweder gehabt / oder besessen / oder sonsten quocunque modo detiniret / also daß kein eintziger erweißlicher actus violentus, invasion, unbilliche occupation und usurpatio, wie das Namen haben möchte / an keiner seiten pro possessione oder rechtmäßigen Besitz nicht angezogen / sondern das alles in dem Stand / so gut / oder wie es vor Anno 1630 gewesen / die Stadt und Ambt Peine aber / wie die droben beym zwölfften Articul vermeldet / gewesen / gelaßen werden solle / könne oder möge

25.

Hingegen soll die Stadt und Vestung Wolffenbüttel samt allen Inn und Außen-Werken / auch zugehörungen aller Munition / Artollerie (jedoch ausgenommen was die jetzige Guarnison hineingebracht) dem Archivo obenermaßen / wie droben bey der Restitution des Hildesheimischen Archivi Art. 9 verordnet / es seyn gleich die zu solchem Archivo gehörige Acta und Documenta deponirt / obsignirt / oder sonsten außerhalb desselben befindlich gewesen und von handen kommen / ohne Beschwehrung der Bürger und Innwohner / ohne Beschädigung des Orths / ohne einige Beding und Aufenthalt / maßen man sich des modo in restituendo der Oerther verglichen / Hertzogen Augusti zu Braunschweig-Lüneburg Fürstl. Gn. Händen / eigenen / freyen / ungehinderten Besatzung restituiret und würklich eingeräumt / die Guarnison ausgeführt / und von derselben vorhero alle in der Stadt gemachte Schulden den Bürgern und Einwohnern richtig bezahlt werden / wegen praetendirender restirender Contribution aber vom Land und Bürgerschafft nichts gefordert werden / was aber die jetzige Guarnison an Munition und Artigleria / wie auch Proviant hineingebracht: Ingleichen was den Officieren und Soldaten eigenthümblich zustehet / solches soll bey Abzug der Guarnison abzuführen frey- und bevorstehen / und da alles auf einmahl nicht abgeführet werden könte / solches nach eines jeden bequemlichkeit jederzeit zu thun ihme ohne einige Sperrung vorbehalten bleiben: Solten aber ein oder mehrere neue Stük von alten Stük Materialien oder Brüchen / so vorhero in der Vestung gewesen / gemacht und umgoßen seyn / bleiben dieselben billich in der Vestung. Was auch in der Vestung Wolffenbüttel beweißlich an Stükken genommen / an andere Oerter gebracht und annoch vorhanden / sollen ebener gestalt ohne Auffenthalt restituiret / und in gedachte Vestung hinwieder geliefert werden. Da auch jemand von der Guarnison etwan Häuser in der Vestung / oder Aeker auf dem Land rechtmäßig an sich gebracht / soll darbey gleich andern Ihr Fürstl. Gn. Unterthanen des Fürstenthumbs Braunschweig / wann sie sich wie getrewen gehorsamben Unterthanen gebühret / verhalten werden / geschützt / oder solche Häuser und Güter ungehindert zu verkauffen bemächtigt seyn. ANNO 1642.

26.

Betreffend das Eltere oder grössere Stifft / sollen alle und jede darüber zwischen Ihro Churfürstl. Durchl. zu Cölln als Administration des Stiffts Hildesheim / auch dem Dom Capitul und Clerisey und den Herren Hertzogen zu Braunschweig und Lüneburg schwebende streitigkeiten zu gütlichen Tractaten ausgesetzt und alsobalden nach geschloßenen diesen Trattaten / vorgestellt werden: Dafern aber solche Tractaten über alles verhoffen nicht verfangen würden / soll die Sach zu Erörterung des puncti Revisorii remittirt seyn und bleiben: inmittelst aber und von nun an den Herren Hertzogen dieses grössere und ältere Stifft / samt allen Pertinentien gelaßen / was denselben an Häusern und Stadten bey jetziger Kriegs Expedition abgenommen / restituirt / und sie davey bis zu Verfangung der Güte oder Erörterung der puncti Revision, so wohl in possessorio als petitorio allerdings manuteniret und geschützt / auch denselben weder von der Hildesheimischen Guarnison / noch von Ihro Churf. Durchl. zu Cölln / Dom Probst / Dom Capitul und Clerisey zu Hildesheim / oder jemand anders / wer der auch seyn möge / so wenig aus dem kleinen Stifft Hildesheim als aus andern Orthen der geringste Eintrag nit geschehen / noch demselben einiger Schaden oder Nachtheil / es sey unter dem Praetext einiger Contribution / Zulag / oder wie solches Namen haben oder genannt werden mögte / nicht zugefüget werden: Hingegen versprechen die Herren Hertzogen Ihre Churf. Durchl. und künfftigen Successoren in der Stadt Hildesheim und dem gantzen kleinen Stifft künfftig eintzigen Eintrag nicht zuthun / viel weniger Schaden zu zufügen / sondern Ihro Churf. Durchl. das Dom Capitul und gantze Clerisey in solchem unturbirt und ruhig bleiben zu laßen.

27.

Wie dann Ihro Kayserl. Maj. und des Herrn Ertz Hertzogen Hochfürstl. Durchl. als Kayserl. Generalissimus hiemit versprechen / daß sie ein und andern Theil bey demjenigen was allhier vorberührter maßen verglichen und verabredet / vestiglich wider männiglich schützen und nit zulaßen wollen / daß das geringste darwider attentiret / verhenget und zu werk gerichtet werden solle / könne oder möge.

28.

Nicht weniger sollen alle und jede dem Fürstl. Hauß Braunschweig Lüneburg zugehörige / auch in dem alten Stifft Hildesheim gelegene Städte / Schlößer / Päße / Adeliche Sitze und Plätze / sie seyen groß oder klein / vor oder bey diesen Friedens Tractaten von den Kayserl. oder dero assistirenden waffen occupirt und eingenommen / samt allem / was so wohl den Hertzogen als dero Land Ständen / Land Saßen / Dienern und Unterthanen / wie auch dem Rath gemeiner Stadt / Bürgern und Einwohnern daselbst darinnen zuständig / ohne einige Praetension und Einrede / wie dieselbige auch genannt oder erdacht werden möchten / so bald hinwieder quittirt und abgetretten werden.

29.

Absonderlich aber soll die Stadt Einbeck samt allen Inn- und Außen Werken / auch alle zugehörige Munitions / Artigleria jedoch ausgenommen was die jetzige Guarnison hineingebracht: ohne Beschwehrnuß des Raths / der Burger und Einwohner / oder dero habenden Güter / beweg- und unbeweglich / ohne einige Exaction / Exorbitantien / Ranzion / Wegführung der Personen / oder Abnahm und Anspruch der eingeflehten oder sonsten occasione der Commercien daselbst vorhanden / auch in die Kirchen / Armen-Häuser und andere Loca, so bey privatis niedergesetzten Güter / sie gehören zu wem sie wollen / ohne Beschädigung des Orts / ohne einige Demolition oder Devastation der alten / oder von der jetzigen Kayserl. Guarnison gemachten Werker und Fortification / mit hinterlassung der Glokken / auch auf dem Rath Hauß / oder sonst anderswo befindlichen Acten / Documenten und Nachrichten / wie die Nahmen haben mögen / ohne einig Beding und Aufenthalt / maßen man sich des modi restituendi verglichen / zu Hertzog Friedrichen zu Braunschweig und Lüneburg Handen und eignen freyen ungehinderten Besatzung restituirt und würcklich eingeräumet werden.

30.

Ingleichen sollen alle und jede bis anhero an seiten des Fürstl. Hauses Braunschweig Lüneburg geführte Actiones, Conjunctiones, Consilia, wie die Namen haben mögen / nach Innhalt des Pragerischen friedens / jetziger zu Regenspurg publicirter Amnestia und absonderlich dieses gegenwärtigen Vergleichs als bald und von nun an sopirt und aufgehoben seyn / und derselbigen in Ewigkeit nicht mehr gedacht / auch die Herren Hertzoge zu Braunschweig-Lüneburg samt und sonders / wie

sich

Anno 1642. auch dero Successores / Erben und Nachkommen dessentwegen weder von der Röm. Kayserl. Maj. selbst / noch jemand dero Mitglieder / mittel- oder unmittelbarer / hohes oder niedriges Standes / sive publico nomine sive privato auf einigerley weise und wege / inn- und außerhalb Rechtens / ob damna illata, Interesse / oder sonsten nicht belangt noch angefochten werden / gestalten dann Ihro Kayserl. Maj. gedachte Hertzogen dessen allen hiemit nit allein vor sich beständiglich versichern / sondern auch dieselbige wider jetzt erwehnte und andere dergleichen Praetensiones kräfftiglich zu manuteniren versprechen. Da auch seit dieser letztern Unruhe von den Herren Hertzogen oder dero Land-Ständen / Dienern / Officiern und Unterthanen etwan bey Ihro Kayserl. Maj. selbst oder andern gebührenden Oertern die Lehen nicht gemuthet / oder sonsten andere Terminos Judiciales, zustehende Recht und Gerechtigkeit verabsäumet oder versessen / soll solches alles so wenig den Herren Hertzogen / als vorgemeldten dero Land-Ständen / Landsassen / Dienern / Officiern und Unterthanen im geringsten nicht Praejudiciren noch schädlich seyn / sondern dessen ungehindert ihnen samt und sonders alle Jura und Gerechtsame salva & integra, ob wäre deren keines versäumet oder versessen / geacht und gehalten werden; doch daß sie nach vollzogenen und confirmirten diesem Accord sich gebührlich innerhalb zu nächst verstatteter frist an gehörigen Oertern anmelden und ihre Schuldigkeit erweisen sollen.

31.

Unter jetztgedachter Amnestie sollen nicht allein die Hertzogen zu Braunschweig-Luneburg fur ihre Furstliche Personen oder Gemahlinnen / Fürstl. Frau Witttben / Junge Herrschafft / Agnaten / Frauen und Fräulein Schwester des Hauses Braunsch. Luneb. alle ihre angehörige / Successoren / Erben / Nachkommen / sondern auch Herr Johann Landgraf zu Hessen / jetzgedachtes Fürstlichen Hauses General / nicht allein dieser / sondern auch aller vorigen kriegsdiensten halber / welche sein Fürstl. Gn. vor dieser zeit geführet; so dann die beeden Herren Hertzogen zu Holstein Sonderburgischer Linie in der beständigsten maß und form / jedoch daß hiergegen Ihr Fürstl. Gn. Gn. Gn. diesem Schluß so viel es sie betrifft / sich gemäß bezeigen sollen / begriffen seyn und bleiben.

32.

Deßgleichen seyn in solche Amnestie aufgenommen alle und jede hoch- und nidrige Kriegs-Officier / wes Standes oder Würden die seyn mögen / und gantze Soldatesca zu Roß und fuß / welche sich nicht mehr nach diesem Accord wider Ihro Kayserl. Maj und das Reich gebrauchen laßen werden / wie nitweniger der Herren Hertzogen zu Br. Lün. samt und sonders alle und jede Räthe / Hof-Officier / Land-Stand / Landsassen / Beambte / Diener sie seyen ihrer Dienst erlaßen oder nicht / Unterthanen / Einwohner / Vasallen / Lehenleuth und Schutzverwandte / so sich bey ein oder anderer Occasion von Anno 1630. bis auf dato vel toga, vel saga, oder sonsten mit Rath oder That / worten und werken gebrauchen laßen / vom höchsten bis zum niedrigsten / und also jedermänniglich ohne Unterscheid / zusambt ihren Haab und Gütern jetzt und künfftigen / inn- oder außerhalb der Landen Braunschweig-Lüneburg gelegen / also und dergestalt / daß dieselbe so wohl für sich / als ihre Weib- und Kinder / hiemit und in Crafft dieses in eine völlige allerdings beständige sicherheit gesetzt seyn / auch allen ihren Haab und Gütern / Intraden und Einkommen / Privilegien / Recht und Gerechtigkeiten / und in summa allen zustehenden Juribus, nichts davon ausgescheiden / plenarie gelaßen und beschützt / und an dem allen / vielweniger aber an Leib und Leben / guten Namen / Ehr und Leumuth / über lang oder kurtz / weder inn- oder außerhalb Rechtens im geringsten nicht betrübt noch gekränkt werden sollen.

33.

Soll hochermeldtes Fürstl. Hauß und ein jeder Fürst absonderlich bey seinem Fürstl. Statu / Ehren / Würden / Praeeminentz / Hoheit / Regalien / Privilegien / Immunitäten / Freyheiten / Lehenschafften / Erb-Schutz / Land und Leuthen / Fürstenthumber / Stiffter / Clöster / Geistlichkeiten / Graf- und Herrschafften / auch dero aigenthumb völlige Administration / Haab- und Nießung / und in summa bey allen hergebrachten Rechten und Gerechtigkeiten in Ecclesiasticis & Politicis völliglich und ohne einigen Abbruch und Behinderung gelaßen / manuteniret und erhalten werden: Da auch etwan deme zu wider von Kayserl. Maj. ichtwas statuiret / verabschiedet und angewendet / oder Keyserl. Edicta, Decreta, Declarationes, Commissiones und Gebots Brieff erkanndt und ausgelaßen / oder sonst Kayserl. Rescripta / Begnadigung- und Verschreibungen jemand ertheilt seyn möchten / solches alles gäntzlich cassirt und ufgehoben seyn / also daß deren keines zu einiger Praetension gebrauche / noch zu Execution immermehr kommen / noch einigen Effect zu ewigen Tagen haben / oder wider den einen oder andern / dessen Ehr und Würdigkeit / Städte / Aembter / Clöster / Häuser und Güter / Land und Leuthe jemahls angezogen / oder im umbesten aufgerukt werden solle.

34.

Alle und jede Kriegs- und andere Gefangene von dem Land und aus den Städten / was Condition die auch seyn mögen / und in specie Graf Crafft Magnus von Hohenlohe / sollen hinc inde und beederseits ohne einige Löse-Geld / alsobald nach geschloßenen Accord erledigt und auf freyen fuß gestellt / auch alle hinc inde angelegte Contributiones von allen Orthen beederseits aufgehoben seyn / und deßwegen da nöthig gebührende Ordre und Befelch ertheilt werden. Anno 1642.

35.

Alle des Fürstl. Hauses und eines jedweederen dabey interessirten Fürsten mit dero Mit-Ständen und anderen inn- und außerhalb Rechtens habende Strittigkeiten und Irrungen / als in specie die Tyllische forderung / derhalben im Prager-frieden §. die Tillische Erben &c. praesupponirt worden / daß von den Hertzogen zu Braunschweig und Lüneburg solche Schulden vormahls beliebet und zu zahlen bewilligt / die Hertzogen aber dessen nicht geständig / und daß der Consens niemahls wie sich gebühret / producirt worden / oder producirt werden können / beharrlich fürgebracht: So ist beliebet / daß uf den fall ernannte Tyllische Erben besagten Original Consens der Herren Hertzogen nicht legitimo modo producirt / noch künfftig derselbe producirt werden könte / alsdann der bemeldte Prager Schluß in erwähnten § als wann er niemahls darein gesetzt / gehalten / und keinem Theil zu Nutz oder Schaden gereichen soll: Was aber die Polnische / Holsteinische / Lothringische / Merodische und dergleichen Streitsachen anlanget / sollen dieselbe anderer gestalt nicht / dann in der Güte oder Recht aufgehoben / in entstehender Güte aber ein jeder sich an gehörige Orth und Instanz verwiesen / daselbst durch ordentliche Weg Rechtens justificiret und abgehandelt / und entzwischen gegen hochgedachte dabey interessirte Fürsten de facto durchaus und keines wegs / noch durch Executions-Proceß / anders nicht / dann dafern ein oder andere und in specie die Tyllische Forderung in terminis debiti liquidi & confessati unstreitig bestände / beschwehrt werden: Wäre es aber Sach / daß in diesen forderungen ein beständige / rechtmäßige litispendenz in judicio befangen / welches aber an seiten der interessirten Herren Hertzogen / so wohl des liquidi als des litispendenz halber / nit gestanden / lässet man es solcher litispendenz halber / uff den Event bey den gemeinen beschriebenen Kayserl. Rechten allerdings verbleiben.

36.

Als auch das Fürstl. Hauß Braunsch. Lüneb. bey den fremden Cronen und in specie bey denen / Gott gebe bald antrettenden General Tractaten zu gütlicher Accommodation und wiederbringung eines beständigen Universal friedens zu cooperiren / sich so wohl zu Nürnberg auf dem Collegial-Tag / als dem neulichsten Reichs-Tag zu Regenspurg anerbietig gemacht / solches auch von Ihro Kayserl. Maj. nebenst Churfürsten / Fürsten und Ständen allergnädigst und wohl aufgenommen: so werden Dieselbe Ihnen ferner solch heylsames werk eyfrig angelegen seyn laßen / reserviren sich aber danebens / was bey gedachten General Tractaten / auf alle fäll in Ab- und Anwesenheit der Herren Hertzogen dem Heil. Reich zum besten verhandelt und geschloßen werden möchte / daß sie dessen gleich andern Ständen mit genießen und darwider die Particular Tractaten (welche doch im übrigen in ihrem völligen vigor verbleiben) nicht praejudicirlich oder hinderlich seyn sollen / allermaßen dann auch Ihro Kayserl. Maj. Ihro bey selbigen Tractaten aequas & honestas Conditiones nicht wollen zuwider seyn laßen.

37.

Die Execution und vollstreckung gegenwärtigen Accords soll innerhalb 10. Tagen nach ingelangter Kayserl. Ratification (welche des Herrn Ertz-Hertzogen Hochfürstl. Durchl. zum längsten innerhalb vier wochen / nach deme die Originalia von denselben und den Herren Hertzogen vollzogen / zuverschaffen versprochen) und darauf hinc inde extradirten Originalien obverglichene und abgeredter maßen zu werk gericht werden: Wofern aber Ihro Hochfürstl. Durchl. die vollstreckung dieses Accords Crafft habender vollmacht auf sich nehmen / und die Herren Hertzogen darein verwilligen würden / so soll bemeldte Execution gleichmäßig innerhalb 10. Tagen / nachdem die Originalia von Ihro Hochfürstl. Durchl. und denen Herren Hertzogen vollzogen und gegen einander ausgewechselt / auf des Kayserl. Ratification (welche doch auf diesen fall Ihro Hochf. Durchl. innerhalb 4. wochen ebenmäßig einzuschaffen versprochen) unerwartet / vollstreckt und zu werk gerichtet werden: Und sollen alle Hostilitäten beederseits / so bald von der zeit an / wann Ihro Hochf. Durchl. wie auch der Herren Hertzogen Vollziehung anhero eingelangt / gäntzlich cessirt und eingestellt / zu dero Behuf auch nöthige ordres an die Commandanten mit zurük gebracht werden.

38.

Was in diesem Receß abgehandelt / das werden und wollen nit allein Herrn Ertz-Hertzogen Leopold Wilhelms hochfürstl.

ANNO 1642.

fürstl. Durchl. nebens den Herren Hertzogen sobald vollziehen / besondern auch Ihro Kays. Maj. innerhalb 4. Wochen / die Herren Churfürsten aber und ein jedweder absonderlich innerhalb 6. Monaten (dazu dann Ihro Kays. Maj. die Herren Churfürsten allergnädigst ersuchen und vermögen werden) diesen Vergleich mit ihren Handzeichen und Sigillis becrafftigen / und die ernstliche Verfügung thun / daß demselben von den sämbtlichen Kayserlichen / Königl. Spanischen und allen andern assistirenden Armeen würklichen nachgelebt werde.

Wie dann Ihro Kays. Maj. bey dero Kayserl. Würden und Wort / die Herren Churfürsten und Hertzogen zu Braunschweig und Lüneburg aber bey ihren respective Chur- und Fürstlichen Ehren und wahren Worten demselben in allen Puncten gebührlich nachzukommen sich obligiren und verpflichten / auch allen und jeden Exceptionibus, Einreden und Beneficiis Geistl. und Weltlichen / wie die Namen haben und durch Menschen-Sinn erfunden und erdacht werden möchten / insonderheit daß gemeiner Verziecht nicht beständig / wo nicht zuvor ein absonderlicher vorhergangen / oder daß die Sachen in einen andern Stand gerathen / und in specie dem §. Was aber diesen wohlbedächtig &c. im Prager Frieden-Schluß und andern dergleichen wider diesen Particular Accord angezogen werden möchten / crässtiglich renunciren und sich deßen wißendlich verzeyhen und begeben. De Dato den 19—9. April Anno 1642.

Neben-Receß zwischen Ihro Hochfürstl. Durchl. Ertz-Hertzog Leopold Wilhelm von Oesterreich / im Namen Ihro Kayserl. Majest. Ferdinandi III. eines- und denen Durchl. Hertzogen von Braunschweig-Lüneburg Friedrich, August und Christian Ludwig andern Theils / wegen der im Haubt-Recess versprochenen Annehmung des Prager Friedens / abtreibung der feindlichen Alliirten Guarnisonen aus denen Hertzogl. Vestungen und der denen Kayserl. zuzustehenden Paß- und Repaßirung und Retirade in dero Fürstl. Landen und Städten. Braunschweig den $\frac{9}{19}$ April 1642. [Tiré de la Registrature d'Estat de la Chancelerie de la Cour de sa Majesté Imperiale.]

C'est-à-dire,

Recès particulier conclu au nom de l'Empereur Ferdinand III. *par le Serenissime* Leopold Guillaume *Archiduc d'Autriche, avec les Ducs de Brunswig-Lunebourg,* Frideric, Auguste, & Christian Louis, *sur l'acceptation de la Paix de Prague, sur l'expulsion des Garnisons ennemies hors des Places desdits Duc, & sur la libre entreé, retraite, passage & repassage des Troupes Imperiales dans leurs Terres, & par leurs Terres. Brunswig le 9.—19. Avril* 1642.

Zuwißen / als bey denen zwischen dem Hochwürdigsten Durchlauchtigsten / Hochgebohrenen Fürsten und Herrn / Herrn Leopold Wilhelm / Ertz-Hertzogen zu Oesterreich / als Kayserl. hochansehnlichen Bevollmächtigten / sodann denen Durchlauchtigen / hochgebohrnen Fürsten und Herren / Herrn Friedrich / Herrn August und Herrn Christian Ludwigen / Gevettern / Hertzogen zu Braunschweig continuirten und am 19—9. Aprilis Anno 1642. geschloßenen Friedens-Tractaten / unterschiedliche Puncta vorkommen und abgehandelt / welche aus bewegenden Ursachen dem Haubt-Vertrag nicht einzuverleiben / sondern in diesem Neben-Receß zu verfaßen allerseits rathsamb befunden / daß demnach nachfolgende Puncten nicht weniger beständiglich verabredet und in Crafft dieses mit gleichem Effect beliebet und geschloßen worden.

1.

Erstlich / obwohl die Herren Hertzoge zu Braunschweig und Lüneburg bey dem ersten Punct des Haubt-Recessus / wegen deren bey Schließung des Prager-Friedens etwan uffgerichteten Neben-Receßen ausdrüklich hinein zu rücken ingiret / daß Ihnen von dem Innhalt derselben nichts bewust / und sie demnach sich darzu tanquam rebus ignotis nicht bekennen könten / so versichern doch Kayserl. Maj. die Herren Hertzoge hiermit beständiglich / daß gemeldte Neben-Receß dem Fürstl. Hauß Braunschweig Lüneburg und diesem Accord ohne einiges Präjudiz und Nachtheil seyn sollen.

ANNO 1642.

2.

Zum andern sollen und wollen die Herren Hertzoge weder denen ausländischen Cronen / noch innländischen Fürsten und Ständen / so wieder Ihro Kayserl. Maj. und das Reich die Waffen führen / einigen Vorschub weder öffentlich noch heimlich / es sey mit Völkeren / Munition / Geld / Ertheilung der Paß und Repaß / Annehm- und Beschützung derselben / oder wie es sonsten immer Namen haben möchte / so viel an ihnen / nicht leisten noch thun / auch einige Bündniß wider Ihro Kays. Maj. und das Reich nicht eingehen / wie auch auf dem fall da ein oder der ander Orth in ihren Fürstenthumb- und Landen vom Gegentheil feindlich attaquirt werden solte / nicht allein Vermög der Executions-Ordnung die benachbarte / sondern auch die nächst angelegene Kayserl. und Reichs-Waffen zu hülffe ruffen / maßen dann zu mehrer Sicherheit Ihro Kays. Maj. und des Reichs die Herren Hertzoge auch versprochen und zugesagt / ihre Commandanten und Guarnisons in den Vestungen dahin per expressum juramentum ihnen den Herren Hertzogen verpflichten zulaßen / daß sie die Vestungen zu Nutzen und Besten / und auf weise / wie im Haubt-Receß vermeldet / manuteniren und schützen sollen: Da auch die Alliirten Armeen / nachdem sie einmahl von diesen Landen durch die Kayserl. Waffen abgetrieben / auf gedachte Lande inskünfftig wieder herandringen und sich deren zu bemächtigen unternehmen solten: Alsdann versprechen die Herren Hertzogen gleich andern getreuen und gehorsamben Chur-Fürsten und Ständen des Reichs dieselbe vermög der Reichs-Abschiede / der Executions-Ordnung und des jetzigen Haubt-Recessus nach aller müglichkeit abzuhalten / und soviel an Ihnen / einigen Paß nicht zugestatten.

3.

Sollen und wollen die Herren Hertzoge deren im Lande noch stehenden Armeen / ihre Vestungen und Städte verschließen und denselben durchaus nichts abfolgen laßen; jedoch dergestalt / daß solang und viel die jetztgemeldte Alliirte für dießmahl noch im Lande stehen bleiben / und die Herren Hertzoge also zu Verhütung einer Combustion und Ruin ihres Landes ihnen die Ausfolgung etwas an Proviant / jedoch umb die annehmbliche und richtige Bezahlung nicht allerdings versagen könten (darinnen sie doch als getreuen Fürsten und Ständen des Reichs wohl anstehet / eine geziemende Moderation gebrauchen wollen / damit dem feind dadurch nicht Ursach gegeben werde länger im Lande zustehen) solches ihnen als dann nicht verdenklich aufgenommen werden solle. Im fall auch / welches Gott gnädig verhüten wolle / der Feind über kurtz oder lang / nach dem er eins mahls abgetrieben / ob er schon die bis dato in händen gehabte Vestungen und Plätze behielte / sich wiederum zu diesen Landen nähern und derselbigen sich zu bemächtigen unternehmen möchte; alsdenn werden zwarten die Herren Hertzoge auf maße / wie zu Ende des vorgehenden Articuls vermeldet / sich erweisen: Hingegen aber solle auch hochermeldten Herren Hertzogen was andern obbemeldten Churfürsten und Ständen in solchen und dergleichen fällen hiebevor und noch zugelaßen ist / ihnen auch gegönnet und verstattet / und was nit abzuwenden möglich / den Herren Hertzogen nicht imputiret werden. Was auch den Guarnisonen in Münden / Nienburg / Wolffsburg / Blekede / Hoya / Lawenförda &c. von den Unterthanen zu Rettung aus Noth contribuirt werden muß / darinnen soll denselben nachgesehen werden.

4.

Es wollen die Herren Hertzoge ihnen eyfrig angelegen seyn lassen / daß die fremde Besatzungen aus nachbenannten Vesten Oerthern und Plätzen / als Nienburg / Blekede / Minden an der Weser / Wolffsburg / Hoya / Lawenförde / und da noch etwan andre mehr Oerther in Ihr Fürst. Gn. Gn. Gn. Fürstenthumb- und Landen / welches doch Gott gnädig verhüten wolle / in fremde Gewalt gerathen solten / mit güte herausgebracht und abgeführt werden mögen: Solte aber über verhoffen und allen angewandten fleiß ungeacht / die güte nicht zu reichen und per Rationem Status & Belli (worüber mit denen Herren Hertzogen zu Braunschweig und Lüneburg eine absonderliche Conferenz vorhero angestellt und dabey derselben Rationes attendirt werden sollen) obgedachte Oerther mit ernstlicher real bloquir- oder belägerung / dadurch nach aller Kriegs-raison dieselbe zu erobern seyn möchten von den Kayserl. Waffen angegriffen werden müßen / auf solchem fall wollen die Herren Hertzoge nach Müglichkeit würklich cooperiren. Ihr Kayserl. Maj. auch mit denen Herren Hertzogen / wie der Sachen am besten zu rathen / allergnädigst zeitig vorhero communiciren / sie die Herren Hertzogen auch sich alsdann super modo cooperandi bey vorgehendem Vergleich allerunterthänigst vernehmen laßen.

Es werden auch oberwähnte Oerter / soviel deroselben dem Fürstl. Hauß Braunschweig-Lüneb. zuständig / entweder durch Bloquaden oder Belägerung (wann die Herren Hertzogen

Hertzogen darzu würklich cooperiren) oder sonsten durch gütlichen Accord / Auswechselung / Anschläge / oder durch die General Tractaten und in Summa / auf was Weiß und maß solches immer geschehen und sich zutragen möchte / aus der fremden Detentorn Händen hinwieder gebracht / so sollen die Herren Hertzoge zu Braunschw. Lüneb. obgleich dieselbige zu den gütlichen Accorden / Auswechselung / Anschlägen / general Tractaten oder andern hierinnen specificirten mediis recuperationis nicht würklich cooperirten / gedachte Oerther und Plätze / nach Abzug oder abtreibung der fremden Guarnisons / mit keinen andern Völkern besetzt / sondern den Herrn Hertzogen alsobalden zugelaßen werden von ihren aigenen Völkeren allein dieselbige mit einer Guarnison zu versehen / und dagegen einige Exception / Prätension und forderung / wie das Namen haben oder erdacht werden möchte / nicht eingewendet werden.

5.

Wann die Abdankung der Völker / vermög des Haubt-Receß-Articuls V. geschehen soll / erbieten sich die Herren Hertzoge dahin / nicht allein keinen einztzigen Unterschleiff oder Vorschub den Officiern und Soldaten zugeben / dadurch sie etwan mehrers zu offterwähnten Allürten / als der Kayserl. Parthey geleitet würden / besondern auch ehe und zuvor solche Abdankung ins Werk gerichtet wird / solches des Herren Ertz-Hertzogen Hochf. Durchl. oder dem bey der nähisten Kayserl. Armada anwesenden General / nebst Specification der Compagnien so abgedankt werden sollen / notificiren und wißen laßen.

6.

Es haben sich auch / auf inständiges Begehren Jhro Kayserl. Maj. die Herren Hertzoge sich endlich dahin erkläret / wann etwa inskünfftig / wider Verhoffen die gantze Kayserl. Armada durch einen in dero Landen begebenden Unfall und niederlag eine Retirada an einer oder anderer Vestung des Haußes Braunsch: Lüneb. aus äußerster und unumbgänglicher Noth zu nehmen / und sich unter die Stüke der Vestung zustellen genöthiger werden solte / daß alsdann eine solche gantze Armada bey den Vestungen gelitten und soviel möglich daraus geschützet werden solle: Jedoch daß solche Retirada an die würk- und wesentliche Residenzen nicht genommen; an den übrigen Oerthern aber über 4. Tage nicht continuiret / keine fortification an dieselbe gemacht / auch die Commandanten jedes Orths niemand von der Armada / er sey auch wer er wolle / ohne der Herren Hertzogen / oder ihrer der Commandanten vorbewust und guten Willen in gedachte Vestung einzulaßen / vielweniger einige Besatzung einzunehmen keines weges schuldig seyn / noch sonsten einige Gefährlichkeit darunter gesucht werden solle.

7.

Was die bey dem 6. Punct des Haubt-Receßes angeregte Durchzüge / auch frey- und sichern Paß betrifft / sollen dieselbe mittelst verschaffung nothdürfftiger Brüken / ohne sonderbare Verliehrung der Zeit und große Gefahr nicht umhin gegangen werden können / jedoch Trouppenweiß / und zum höchsten einhundert Mann auf einmahl / auf die an gedachten Articul angehaltene Conditiones verstattet werden.

8.

Als auch die Herren Hertzoge zu Braunschweig-Lüneburg inständig angehalten / daß derselben Land-Ständen / Landsaßen / Dienern / Officiern / Soldaten / Unterthanen und Angehörigen / so auch vor Anno 1630. von Anfang dieses innerlichen Kriegs wider die Kayserl. Maj. sive toga sive saga sich gebrauchen laßen / gäntzlich sowohl ihrer Person als Güter halber unbesprochen und ungestrafft seyn und bleiben mochten / solches aber aus fürkommenden wichtigen Ursachen dem Haubt-Receß ein zuverleiben bedenklich gefallen / so ist dannoch die Sache dahin vermittelt / wann sich vor hochgedachter Herren Hertzogen Landstände / Landsaßen / Diener / Officier / Soldaten / Unterthanen und angehörige / welche deßen benöthiget und vor Anno 1630. sive toga sive saga wider die Kayserl. Maj. sich gebrauchen laßen (Jedoch Jhro Kays. Maj. und des Löbl. Haußes von Oesterreich Erb-Unterthanen hiervon per expressum ausgezogen) bey demselben entweder insgesamt / oder ein jedweder absonderlich sich anfinden und darauf bey Jhro Kayserl. Maj. hochgedachte Herren Hertzoge ingesamt oder absonderlich / für den oder dieselbe intercediren werden / alsdann dieselbe und jeder in Specie von Jhro Kayserl. Maj. per modum singularis gratiæ, und dero zu Regenspurg publicirten Amnestie unnachtheilig / auch unerachtet der Disposition des jetzigen Haubt-Receß / allergnädigst und gäntzlich / sowohl der Personen als Güter halber pardonnirt werden sollen. Was aber absonderlich die Herrschafft Warberg und die Lohneißische Güter betrifft / ist die Vertröstung geschehen / daß Jhro Kayserl. Maj. der Herrschafft Warberg halber von Jhr Churf. Durchl. zu Sachsen / auch hochermeldts Herren Ertz-Hertzogens Hochf. Durchl. Pardon allergnädigst confirmiren / auch wegen der Lohneißischen Güter der Herren Hertzogen Intercession statt geben werden.

9.

Demnach an Seiten Jhro Kayserl. Maj. vest und unbeweglich darauf bestanden / daß die Herren Hertzoge deme mit der Frau Landgräfin zu Heßen-Caßel getroffenen Fœderi ausdrüklich renunciren möchten / so erklären sich die Herren Hertzoge endlich dahin / daß sie hochgedachte Frau Landgräfin zu Acceptation dergleichen billigmäßigen Conditionen / dardurch sie benebens ihren Unmündigen Herrn Sohn / gleich dem Hauß Braunschweig-Lüneburg / Jhres Fürstl. Status und angehöriger Land und Leuthe vergewißert seyn könne / nach aller Müglichkeit ferner disponiren / auch derselbigen nach vollnzogenen und ratificirten diesem Accorde wider Jhro Kays. Maj. und das Reich keine eintzige Assistenz leisten wollen. Dafern aber mehr hochernannte Frau Landgräfin über alles verhoffen innerhalb vier Monaten nach allerseits ratificirten diesem Accord obbeschriebene æquas Conditiones (welche innerhalb jetzt berührter vier Monat Jhr Kays. Maj. der Frau Landgräfin zu geben hiemit versprechen) nicht annehmen würde / so wollen die Herren Hertzogen gedachtem Fœderi jetzt als dann / und dann als jetzt / in Crafft dieses beständiglich renuncirt haben.

10.

Wegen des Termini Executionis dieses Neben-Vergleichs soll es gleicher Gestalt wie im Haubt-Receß Articuls 37. vermeldet / gehalten werden.

11.

Solte auch nach Anleitung des 38. Articuls im Haubt-Receß die Subscriptio und Vollziehung des einen oder andern Churfürsten über Verhoffen nicht erfolgen / so soll nichts desto weniger sowohl gedachter Haubt- als dieser Neben-Receß / und was darinnen abgehandelt einen weg wie den andern gültig / bündig und cräfftig seyn / auch deßen ungehindert steiff und vest darüber gehalten werden.

12.

Da auch schlüßlichen die Herren Hertzogen samt und sonders occasione und von wegen des Haubt- und Neben-Vertrags von jemand wer der auch seyn möchte / über kurtz oder lang einiger gestalt angefochten und betrübt werden solten / wollen Jhro Kayserl. Maj. Sie darbey Kayserl. und Kräfftiglich schützen.

Zu Urkund und vester haltung alles deßen / was obstehet / seynd dieser Receß fünff Exemplaria ausgefertiget und so wohl von unß den Kayserl. Subdelegirten / als Uns den Fürstl. Braunschweigisch-Lüneburgischen Abgesandten / Crafft allerseits habender Instruction / auch producirten Vollmacht und Ratificationes bis zu unser Allergnädigsten und Gnädigen Herren Committenten und Principalen selbst eigenen Vollziehung / eigenhändig unterschrieben und versiegelt / und sollen die von Allerhöchst-höchst und hochgedachten unseren Herren Committenten und Principalen auf Pergament vollziehende und mit anhängenden Sigillis bestärkende Originalia innerhalb 4. Wochen von unten benannten Dato des jetzigen Accords an zu rechnen / an diesem Orth gegen einander unfehlbarlich extradiret und ausgewechselt werden.

So geschehen in der Stadt Braunschweig an dem Heil. Osterabend / welcher war der 19. Tag Styl. nov. und des 9. veteris des Monats Aprilis im Jahr Christi unsers Erlösers 1642.

Wilhelm Leopold / Graff
zu Tattenbach (L. S.)

Henrik Jordans
(L. S.)

(L. S.) Paul Joachim von Bülau

(L. S.) Jacob Arendt Pape

(L. S.) Joachim Götz

(L. S.) Justus Ripius D.

(L. S.) Heinrich Schrader D.

(L. S.) Johann Schwartzkopf D.

(L. S.) Heinrich Langenbek D.

(L. S.) Johann Christoph von Kötteritz.

Anderer

ANNO 1642. **Anderer Neben-Receß zwischen denenselben / zu Erläuterung des 37. Articuls im Haubt-Receß in puncto der Einstellung aller Hostilitäten. Braunschweig den 9/19 April 1642.** ANNO 1642.

[Tiré de la Registrature d'Estat de la Chancelerie de la Cour de sa Majesté Imperiale.]

C'est-à-dire,

Autre Recès particulier entre le Serenissime LEOPOLD GUILLAUME, *Archiduc d'Autriche, au nom du tres Auguste* FERDINAND III. *Empereur, d'une part, & les Ducs de Brunswig-Lunebourg,* FREDERIC AUGUSTE, & CHRISTIAN LOUIS, *d'autre part, pour l'eclaircissement du Recès principal, dans le point de la cessation des hostilités. Brunswig le 9--19. Avril 1642.*

Zu wißen sey hiemit / daß zu mehrer Erlauterung des 37. Articuls im Haubt-Receß nachfolgende Verabredung zwischen denen Kayserl. Herren Subdelegirten und Fürstl. Braunschweigischen Abgesandten getroffen worden / welche nicht weniger als der Haubt- und Neben Receß selbst cräfftig und bündig seyn / auch steiff / vest und unverbrüchig gehalten werden sollen.

1.

Erstlich soll unter Abstellung der Hostilitäten auch gemeint seyn / daß die Kayserl. und deroselben assistirende Armeen und Soldatesca im feld und Guarnison der Herren Hertzogen Diener / Land-Stände / Landsaßen und Unterthanen insgemein keineswegs feindlich hinfüro tractiren In Specie aber die jetzige Guarnison und Commandant in der Vestung Wolffenbuttel Ihro Fürstl. Gn. Hertzogen Augustum zu Braunschweig und Lüneburg in völliger geruhiger Anord- und Erhebung desjenigen in der Justiz / der Cammer und Land-Renterey gefällen / und was davon dependiret / in dem Ambt / Stadt und Vestung Wolffenbuttel / auch andern umliegenden Oerthern / wie sie daßelbe vor den angefangenen Hostilitäten gehabt / ferners keineswegs behindern sollen.

2.

Fürs andere sollen von nun an alle und jede Contributiones, Exactiones, Præstationes und abforderungen / wie das Namen haben mag / welche biß dahero nacher Hoyar / Leingau / Pirmont und andere außerhalb der Fürstenthumber Braunschweig und Lüneburg gelegene Oerther gefordert / durchaus ab- und eingestellet seyn / und keineswegs hinfüro mehr exequiret / auch alle Excussiones in die Fürstl. Braunschweig Lüneburgische Graf- Herrschafft- Land und Fürstenthumbe aus solchen Oerthern eingestellt werden.

3.

Soviel aber fürs Dritte diejenige Contribution betrifft / welche bis zu Delogirung der Vestung Wolffenbüttel der Guarnison und Commandanten daselbsten zu reichen / ist verabredet / daß dieselbe nach Proportion jetziger von Ihro Hochf. Durchl. andern und übrigen Oerthern dieser Fürstenthumb und Lande zugelaßenen Erleichterung dergestalt moderirt werden sollen / damit die armen Unterthanen auf dem Lande zu bleiben / den Ackerbau zu bestellen / und wie bishero geschehen / nicht zur Austrettung genöthiget werden mögen. Inmaßen dann förderlichst eine Vergleichung getroffen werden soll / was nach jetziger Beschaffenheit und Zustand des Lands von jedem nacher Wolffenbüttel bishero in Contribution gezogene Orthe zu reichen seyn möge. Von Lüneburg- und Calenbergischen Theilen aber wird gleichwie für diesen letzt eingerißenen Hostilitäten ebenmäßig nicht geschehen / auch inskünfftig zu Behuf der Wolffenbüttelischen Guarnison nichts zugesteuert / dieserwegen aber auch dem Wolffenbüttelischen Theile nichts aufgebürdet.

4.

Zum Vierdten soll von der Guarnison und Commandanten zu Eimbek von mehrern Orthen nicht / als bey welchen er und sie zu Bewilligung und würcklicher Hebung des Simpli zu Anfang gelanget / einige Contribution / Anlage oder Beysteuer / unter was prätext oder prästation solches auch immer geschehen möchte / nicht erfordert / noch exigiret / sondern es dieserwegen allerseits auf dem Lande bey sothanem Simplo als dem ersten dahin nacher Eimbek eingebrachten gelaßen: die Contribution und onera in der Stadt Embek aber wenigers auch nicht nach selbiger proportion moderirt und erleichtert werden: Und sollen auch die Oerther / welche mit der Fürstl. Hauser Volkeren besetzt / und vormahls nach Eimbek nicht contribuiret haben / außerhalb Northeim / so ebenmäßig ausgezogen wird / hierinnen ausdrüklich eximirt seyn / und werden / allermaßen dieser auch vorgesetzt- und anderer Puncten wegen von denen Herren Subdelegirten an selbigen auch übrige Commandanten die Nothdurfft ausführlich überschrieben / auch erlaubt worden / und hiemit freygelaßen wird / daß man gegen dieselbe / so sich diesem zuwider zuhandeln unternehmen wolten / sich der Gegenwehr gebrauchen / Gewalt mit Gewalt vertreiben / und dadurch die exorbitirende in- und abhalten moge / worbey denn auch die Gefangene auf abforderung der Commandanten zu schleuniger und exemplarischer Bestraffung nicht verweigert werden sollen.

5.

Die Einforder- und außzahlung desjenigen was dergestalt verglichen und in die Vestungen noch wird pro interim geliefert werden müßen / soll den Beambten und Gerichts-Herren jedes Orths heimgestellt verbleiben; jedoch wann etwan einer militarischen Execution vonnothen seyn solte / und die Beambte oder Gerichts-Herren darumb bey denen Guarnisonen anhalten würden / sollen ihnen darzu so viel Soldaten als die Beambten vor nöthig finden mochten / ausgefolgt und zugeordnet werden.

6.

Was dann den Modum Extraditionis der Städte und Festungen Hildesheim / Wolffenbüttel und Eimbek / und also selbige Execution betrifft / soll damit zu seiner Zeit nach voriger Veranlaßung durch genugsame Geißel / Abwechselung und sonsten / wie das unter Teutschen Glauben und Vertrauen zum besten / füglichsten und sichersten geschehen kan und mag / verfahren werden. Und weil des Herrn Ertz-Hertzogen Durchl. dero Behueff den ihrigen allbereit Plenipotenz ertheilet hat / man sich hierunter den nächsten durch die darzu deputirende fernere gründ- und gütlich mit einander zu vereinbahren und zu vergleichen. Deßen zu Uhrkunde ist diese Verabredung von dem Kayserl. Herrn Subdelegirten und Fürstl. Braunschweig-Lüneburg. Gesandten mit eignen Händen und Pettschafften unterschrieben und bedruckt. So geschehen Braunschweig den neundten und neunzehenden April Anno 1642.

Unterzeichnet durch dieselbe Personen
als im vorgehenden Neben-Receß.

Confirmation Ihro Hochfurstl. Durchl Ertz-Hertzog LEOPOLD WILHELMS **von Oesterreich über den zwischen Sich im Namen Ihro Kayserl. Maj.** FERDINANDI III. **eines- und denen Durchl. Hertzogen zu Braunschweig-Lüneburg** FRIEDRICH, AUGUST **und** CHRISTIAN LUDWIG **andern Theils den 9/19 April 1642. zu Braunschweig geschloßenen Haubt- und Neben-Receßen. Wien den 16 May 1642.** 16. May.

C'est-à-dire,

Confirmation du Serenissime LEOPOLD GUILLAUME *Archiduc d'Autriche, de toutes les choses traitées & conclues entre lui au nom de l'Empereur* FERDINAND III. *& les Ducs de Brunswig-Lunebourg* FRIDERICK, AUGUSTE & CHRISTIAN LOUIS *à Brunswig le 9---19. Avril 1642. Donnée à Vienne le 16 May 1642.*

Wir Leopold Wilhelm rc. bekennen offentlich mit diesem Brief und thun kundt allermänniglich / Demnach der Allerdurchlauchtigste rc. (pleno titulo) unser Gnädigster Fürst und Herr und viel geliebtester Herr Bruder aus Väterlicher Kayserlicher Sorgfalt zu Beruhigung des Heil. Röm. Reich / auf die von des Herren Hertzogen zu Braunschweig-Lüneburg Liebden angegeben gütlichen Tractaten zu schleuniger Beförderung derselben dero Kayserl. Plenipotenz und Vollmacht de dato 15. Junii des verwichenen 1641. Jahres uns allergnädigst aufgetragen / wir uns auch derselben gehorsambst unterzogen / und unsere Subdelegirte darzu gnädigst abgeordnet / und nunmehr vermög Göttlichen Beystands bemeldte Tractaten zu einem endlichen Schluß gebracht / und unter andern auch ein Neben-Receß und gewiße Puncta verglichen und von unsern Subdelegirten und von den sämbtlichen Fürstl. Braunschweig-Lüneburgischen Abgesandten den 19. nächst verwichenen Monats

ANNO 1642. nats Aprilis in der Stadt Braunschweig unterschrieben und besiegelt / wie solche von Wort zu Wort lauten und hernach folgen /

Inseratur der gantze Haubt-und Neben-Recesse.

Als haben Crafft der Kayserl. Maj. uns gegebener Plenipotenz und vollmacht / wir vorgesetzte verglichen-und von unsern Subdelegirten unterschriebene und gefertigte Puncten gnädigst ratificirt / bekräfftigt und bestättigt / ratificiren und bekräfftigen dieselbe auch hiemit in Crafft dieß Brieffs / also und dergestalt / daß alle und jede darinn verglichene Articuli in allen ihren Puncten und Clausuln allerseits cräfftig und vestiglich gehalten werden sollen / inmaßen wir denselben stett / vest und unverbrüchlich nachkommen und geleben / auch dargegen nichts vornehmen / noch andern darwider zu handeln gestatten sollen noch wollen. Zu Urkund dieses Brieffs / besiegelt mit unsern Ertz-Hertzoglichem anhangenden Insiegel und eigener Hand-Unterzeichnung. Geschehen zu Wien den 16. May / Anno 1642.

(L. S.) Leopold Wilhelm.

26. May. Ratification Ihro Kayserl. Majest. FERDINANDI III. uber des Durchl. Ertz-Hertzog LEOPOLD WILHELMS, ausgefertigte Bekräfftigung / den zu Braunschweig zwischen den Durchl. Ertz-Hertzog im Namen Ihro Kayserl. Maj. und denen Durchl. Hertzogen von Braunschweig-Luneburg den $\frac{9}{19}$ April 1642. aufgerichteten Haubt-Receß betreffend. Wien den 26. May 1642. [Tiré de la Registrature d'Estat de la Chancelerie de la Cour de sa Majesté Imperiale.]

C'est-à-dire,

Ratification Imperiale de l'Acte de Confirmation donné par le Serenissime Archiduc LEOPOLD GUILLAUME, *sur toutes les choses convenues à Brunswich le* 9--19. *d'Avril* 1642. *avec les Ducs de Brunswig-Lunebourg. A Vienne le* 26 *May* 1642.

Wir Ferdinand der Dritte (Titulo pleno majori) bekennen für unß und unsere Nachkommen am Reich offentlich mit diesem Brieff und thun kundt allermänniglich: Demnach wir aus Kayserl. Vätterlicher Sorgfalt zu Beruhigung des Heil. Röm. Reichs auf die von denen Hertzogen zu Braunschweig-Lüneburg angegebene gütliche Tractaten / dem Hochwürdigen rc. Ertz-Hertzog Leopold Wilhelm rc. Zu Schließung berührter Tractaten unsere Kayserl. Plenipotenz und vollmacht den 15. Junii des verwichenen 1641. Jahrs aufgetragen / und nunmehr vermittelst Göttlichen Beystandes dieselbige zu einem Schluß gebracht / und von jetzt gedachter Unsers freundlich geliebten Bruders Ertz-Hertzog Leopold Wilhelms zu Oesterreich Liebden Subdelegirten und den sämtl. Fürstl. Braunschweig-Lunenburgischen Abgesandten den 19. nächst verwichenen Monats Aprilis in der Stadt Braunschweig unterschrieben und besiegelt / und von jetztbesagter Ihrer Ldd. als unserm Kayserl. Plenipotenziario bestättigt worden / welche Bestättigung von Wort zu Wort lautet wie hernach folget:

Inseratur Confirmatio Serenissimi Archiducis LEOPOLDI WILHELMI mit dem gantzen Haubt-Receß.

Als haben Wir mit wohlbedachtem Muth / zeitlichem Rath und rechten Wißen vorgesetzte unsers freundlich geliebten Bruders Ertz-Hertzog Leopold Wilhelmbs zu Oesterreich Ldd. Bestättigung mit allen derselben einverleibten Puncten als regierender Römischer Kayser gnädigst ratificirt und bekräfftigt / und bestättigen / ratificiren und bekräfftigen jetztermeldter Ihrer Ldd. Bestättigung samt allen darinn begriffenen Articuln wißendlich Crafft dieses Brieffs / mainen / setzen und wollen / daß die jetztgemeldte Bestättigung und alle darzu verglichene Articul in allen ihren Puncten und Clausuln allerseits cräfftig seyn / vestiglich gehalten und vollzogen werden solle. Innmaßen Wir denn bey unser Kayserl. Würden und Wortt für Unß / unsere Nachkommen am Reich / auch unsers Ertz-Hauses / stett / vest und unverbrüchlich demselben nachkommen und geleben / auch weder aus Vollkommenheit noch einigem andern Schein / wie der Namen haben möchte / nichts dargegen fürnehmen oder handeln laßen / noch jemands zuthun gestatten sollen noch wollen. Zu Uhrkund dieß Brieffs / besiegelt mit unserm Kayserl. anhängendem Insiegel. Geben zu Wienn den 26. May Anno 1642.

(L. S.) Ferdinand.

CXXXI.

ANNO 1544. 14. May.

(1) *Octroy de l'Empereur & Roi Catholique* CHARLES V. *pour* RENE' DE CHALON *Prince d'Orange, afin qu'il puisse librement, & valablement Tester de tous ses Fiefs, Terres, & autres Biens, situés aux Païs-bas. Donné à Bruxelles le* 14 *May.* 1544. AVEC *le Testament même dudit Prince fait le* 20. *Juin* 1544. [Copie produite en Hollande en 1703. de la part du Roi de Prusse, dans laffaire de la succession d'Orange: Comme aussi dans l'affaire de la succession de Neufchatel en 1707.]

CHARLES par la divine clemence Empereur des Romains toûjours Auguste, Roi de Germanie, de Castille, de Leon, de Grenade, d'Arragon, de Navarre, de Napels, de Sicile, de Maillorque, de Sardénie, des Isles Indes & Terre Ferme de la Mer Oceane, Archiduc d'Austrie, Duc de Bourgoigne, de Lotricq, de Brabant, de Limbourg de Luxembourg & de Gueldres, Comte de Flandres, d'Artois, de Bourgoigne, Palatin de Haynau, de Hollande, de Zeelande, de Ferette, de Haguenault, de Namur & de Zotphen, Prince de Swabe, Marquis du Saint Empire, Seigneur de Frise, de Salins, de Malines, des Cité, Ville & Pays d'Utrecht, Overysel & Groningen, & Dominateur en Asie & Afrique; A tous ceux qui ces presentes verront, Salut. Sçavoir faisons à l'humble supplication de nôtre très-cher & feal Cousyn, Chevallier de nôtre Ordre, Gouverneur & Capitaine Général de Hollande & d'Utrecht, le Prince d'Orange, Comte de Nassau; Nous à icelui Prince d'Orange avons ottroyé, consenty & accordé, ottroyons, consentons & ordonnons, en lui donnant congié & licence de grace speciale par ces presentes, que de tous les Fiefs, Terres, Heritages & autres Biens quelquonques, quelque part qu'ils soyent situés, & gisans en nos pays de par deça, lesquels il a presentement ou pourra acquerre cy-après, il puist faire & ordonner son Testament & ordonnance de derniere volonté, soit par devant Notaire & Témoins, Hommes de Fief, ou autrement, ainsi que bon lui semblera, & par iceluy son Testament & ordonnance de derniere volonté disposer & ordonner de sesdits Fiefs, Terres, Heritaiges & autres Biens quelconques, quels qu'ils soient, soit en les delaissant ou donnant en tout ou en partie, selon la coustume des lieux où lesdits Fiefs, Terres, Heritages & Biens sont situez, & gisans, ou sur iceux assignant Rentes heritables ou viaigieres pour le saluyt de son Ame en aulmosne, en partaigie entre les Enfans ou Amys, ou autres, ainsi que bon luy semblera, & iceluy son Testament & ordonnance de derniere volonté, augmenter, diminuer, changer & rappeller à son plaisir, toutes & quantes fois qu'il entendra que bon soit; lequel son Testament, que ainsi fait & ordonné aura été, Nous confermons, ratifions & approuvons & des maintenant pour lors voulons & declarons par ces presentes, qu'il soit de valeur, effet & vertu, & pour tel regardé & entretenu à tousjours, & que ceux, ausquels ledit Prince d'Orange aura par son dit Testament donné & delaissé lesdits Fiefs, Terres & Heritages ou autres Biens quelconques ou sur iceux assigné aucunes Rentes, en joüissent tout ainsi, comme si la confirmation en fust faite par devant Nous, & Nos hommes de Fief, ou par devant les Seigneurs, & hommes, dont lesdits Fiefs sont tenus & mouvans; pourveu toutefois que nôtre Cousin le Prince d'Oranges n'en ordonnera ou disposera au profit d'aucuns Cloistres, Eglises, Hospitaux ou main morte en aucune maniere, & que en dedans six semaines après son trespas, celuy, ou ceux, ausquels il aura donné ou delaissé par son Testament lesdits Fiefs, ou sur iceux assigné lesdites Rentes, sera tenu d'en faire à Nous & ausdits Vassaux, de qui ils sont tenus,

(1) On s'est aperçu trop tard que Mr. *Dumont* avoit placé par megarde sous l'année 1644 cette Piece qui appartient veritablement à l'année 1544. Comme elle étoit deja imprimée, nous n'avons pu remedier à cet inconvénient, qu'en avertissant ici le *Lecteur* de la méprise.

ANNO 1544. tenus, debvoirs & payer les droits reliefs & redebvances y appartenans, Si donnons en Mandement à Nos amez & feaux le Chef President & Gens de nos Privé & Grand Consaulx, Gouverneur President & Gens de nos Conseil à Luxembourg, Gouverneur President & Gens de nos Consaulx de Flandres, Artois & Namur, le Premier & autres de nos Consaulx en Hollande, Frise & Utrecht, Grand Bailli de Haynau; & Gens de nôtre Conseil à Mons, Gouverneur de Ville Douay & Orchies, Rentmaistres de Bewestende Beoost ter Schelt en Seelande, Bailli de Tournay & de Tournesis, Prevosts, Escoute à Vallenchiennes, Escoute de Malines, & à tous autres nos Justiciers, Officiers, & Sujets, & ceux de nos Ballains, Seigneurs Ojevassaulx ou leurs Lieutenants qui ce peut & pourra toucher & regarder, & à chacun d'eux endroit soy & si comme à luy appartiendra, que le Testament de nostre Cousin le Prince d'Orange, quant fait l'aura, si déja fait ne l'a, & presentement par Nous conferme, ratifié & approuvé comme dit est, ils gardent, observent & entretiennent, & fassent garder, observer & entretenir, & ceux, auxquels il aura par son dit Testament donné lesdits Fiefs & Biens & assigné lesdites Rentes, fassent, souffrent & laissent d'iceux dons & assignations des Rentes plainement, paisiblement & entierement jouir & user; sans luy faire mettre ou donner, ne souffrir estre fait, mis ou donné aucun trouble ou empéchement au contraire; Car ainsi nous plait, Et en temoin de ce, nous avons fait mettre nostre Seel à ces presentes, donné en nostre Ville de Bruxelles le XIIII jour de Maye, l'an de grace, Mil cinq cens & quarante-quatre, de nostre Empire le XXV. de nos Regnes de Castille & autres le XXIX.

Op de plyck stond geschreven; Par l'Empereur en son Conseil, ende was onderteyckent, Verreyk, en hebbende een uithangend Seegel in roden Wassche aen dubbelen francyne Steerte.

1544. 10. Juin. *S'ensuit le Testament du même* RENE DE CHALON *Prince d'Orange par lequel il institue pour Héritier universel son fils aisné, & à son defaut ses autres fils & leurs Descendants, & par substitution les Enfans mâles de* GUILLAUME *Comte de Nassau, toujours d'aisné en aisné. Fait au Camp de l'Empereur à Richemont le 20. Juin 1544.* AVEC *la Confirmation de l'Empereur donné le 14. Juillet 1544.*

NOus René de Châlon, par la grace de Dieu Prince d'Orange, Comte de Nassau, de Vianden, de Diets, de Catsenelleboge, de Tonnere, de Pointhieure, de Charny &c. Seigneur Baron de Breda, de Diest, Warneston, Arlay, Noseroy, Chatelbelyn, &c. Constitué, graces à Dieu, en disposition entiere de corps & d'entendement & neantmoins considerant l'incertitude de vie & de mort, mesmement la fragilité de nostre humaine condition, perils, dangers & calamitez soudaines & impourvues, auxquelles elle est subjecte, & singulierement endroit ceux qui ont à traiter les armes & faits de guerre, comme pour nostre devoir & acquit nous avons presentement à faire & rendre à l'Empereur nostre Seigneur Charles le Quint nostre Souverain Prince & naturel Seigneur, le service que devons à Sa Majesté à recouvrir les Principautez, Terres, Villes, Chastaux & Seigneuries, que luy detient & occupe injustement le Roy de France & à la reparation des autres injures, outrages & excès, que luy a fait & inferé (sans raisonable occasion) ledit Seigneur Roy, & finalement parvenir à une bonne & ferme Paix publique, avant toute surprinse, & advenüe de danger qui Nous y peut empécher, avons voulu disposer & ordonner, & de fait avons disposé & ordonné, disposons & ordonnons par ce present escrit, des Principautez, Rentes, Fiefs, Terres, Seigneuries & autres biens quelquonques Meubles, Immeubles, Noms, Droits & Actions dont Dieu par sa divine bonté & providence nous a donné l'administration, par ordonnance de derniere volonté militaire ou autre plus favorable, si aucune en fust, que peut mieux estre prise & entendue pour sortir son effect, mesmement & en tout que besoin fust en vertu des Octrois par nous impetrez, en la forme & maniere que s'ensuit. Premier, Nous remettons és mains de Dieu nostre Createur nostre Ame, dés maintenant pour lors quand par ordonnance de Sa Majesté Divine elle aura à partir de nôtre corps, luy suppliant la recevoir en sa misericorde, par l'intercession du très precieux sang de nôtre Redempteur & Sauveur Jesus-Christ son Fils, qu'il a constitué & ordonné propiciation, & reconciliation pour tous croyans en luy. En cette foy & credence Nous voulons & entendons vivre & mourir, en quel estat & disposition ce puisse eschoir; & quant à la Sepulture de nôtre corps, Nous l'avons choisy en l'Eglise Collegiale de nostre Dame à Breda en la Chapelle où feu mon Seigneur & Pere est sepulturé, ou en celle de Noseroy, celle des deux; où plus convenablement faire selon la vicinité du lieu, ou nous serons terminé, & s'il ne se peut convenablement faire en l'un d'iceux, ceux qui en ont entrepris la charge; adviseront du lieu le plus convenable, à la discretion & providence desquels & de nos Executeurs cy-après denommez; ou l'un d'eux nous remettons toutes solemnitez d'Obseques & Funerailles. Et pour venir au Chef & point principal de Testament & ordonnance de derniere volonté, portant que ne pouvons avoir cercitude, à quel point d'apparence d'avoir hoirs; nostre très-chere Compagne Anne de Lorraine à nostre dernier partement sera par nous delaissée ou pourroit cy aprés estre delaissée: Nous voulons & ordonnons en premier lieu; Que si nous delaissons hoir masle legitime, il soit nostre Heritier seul & universel, & si nous en eussions plusieurs, l'aisné d'iceux sera nostre heritier universel, à la charge toutefois de faire & donner heritaige à autres ses freres, un, ou plusieurs, jusques à la somme de quinze mille florins de Rente par an, en Terres, ou Seigneuries, où autres bonnes Rentes, telles que par nosdits Executeurs sera advisé, desquelles quinze mille livres, le second aura les dix mille & le troisiéme les cinq mille livres, & s'il n'y eust que deux fils, le second aura les quinze mille livres entiers. Et si nous ne delaissons que filles, l'aisnée sera nostre Heritiere universelle à la charge de donner à ses sœurs, une, ou plusieurs, pareille somme de quinze mille livres par an, en la forme que dessus, comme nous aussi seroit tenu faire nostre fils aisné, en cas qu'il fust seul fils, & eust aucune Sœur, ou qu'il y eust deux Fils, & la troisiéme fust Fille. Et s'il advint, que nous allassions de vie à trespas sans delaisser Enfans legitimes, nez ou apparants à naistre, ou iceux nez Enfants decedassent sans hoirs legitimes procréés de leurs corps & leal Mariage: Nous avons audit cas institué & ordonné, instituons & ordonnons nostre Heritier universel ou substitué à nosdits Enfans, le fils aisné de nostre bon S. & Oncle Paternel, Monsieur le Comte Guillaume de Nassau, qui sera survivant au jour de nostre trespas sans Enfant legitime; *Et si iceluy fils aisné, après estre venu en nostre hoirie & succession, decedast sans Enfans, ou Enfant legitime, le second fils de mon dit Sieur le Comte Guillaume luy succedera*, ou en faute de luy, autre plus prochain masle, & en faute de masle, la plus prochaine femelle, issue de mon dit Sieur le Comte Guillaume, & en defaillant la ligne masculine, ou feminine dudit Sr. Comte Guillaume; Nous voulons & ordonnons que tous nosdits Biens, Principautez, Fiefs, Terres, Seigneuries, Droits, Noms & Actions, pour quelque Terre & Seigneurie que ce soit, & en quelles Provinces ils soyent gisans, succedent & appartiennent au prochain hoir masle, qui lors seroit descendu de defuncts le Comte Jean de Nassau & Dame Elisabeth Lantgravinne de Hessen, nos Grands-Pere & Mere paternels. De tous lesquels Biens en telle qualité, que dit est, à nous advenus tant du costé paternel que maternel, nous sommes debuement informez pouvoir librement disposer, mesmement y entrevenant le bon vouloir & gré dudit Sg. Empereur, tant en qualité d'Empereur que de Seigneur Patrimonial des Pays & Provinces esquelles la meilleure partie de nosdits biens sont gisans, sans que les dispositions de nos Predecesseurs y puissent donner empéchement comme purifiées & enaniées, & n'avons pris le nom de Châlon, comme-y tenus & submis en ver- ANNO 1544.

ANNO 1544. tu desdites dispositions, mais pour certains autres bons regards que nous voulons icy declarer. Tout ce que dessus neantmoins bien entendu; Si nous decedons sans Enfans legitimes nés où apparans à naître, que nôtre dite Compagne, hoire comme usufructuaire, tant qu'elle démeure en viduité, de tous nos dits biens, meubles & immeubles, sauf ce dont nous aurons particulierement disposé, en payant toutes doibtes passives, & prenant à son prousit toutes doibtes actives, & rendant chacun an à cestuy qui lors en vertu de cette disposition testamentaire sera nôtre héritier, la somme de vingt mille florins Carolus par an, jusques à tant que nôtre dit héritier par le trespas ou mariage de nôtre dite Compagne perviendra à la jouissance de nos biens, auquel cas de remariage nostre dite Compagne aura tel douaire & traitement que lui est ordonné par nôtre traité de mariage; Et est nostre intention, que Moeres, Gorsinges & les deniers qui procederont de l'alienation d'icelles, & pareillement ceux qui pourront venir des jugemens & appointemens; concernans les Droits & actions que nous prétendons sur Terres & Seigneuries possedées par nos parties adverses, deussent en proprieté appartenir & démeurer à nostre héritier. A Palamedes nostre fils naturel, pour son entretiennement luy avons donné & donnons la somme de quinze cens livres de quarante gros de rente par an, que nostre héritier principal sera tenu lui assigner en terres, ou Seigneuries, ou autres rentes deuement asseurées, pour en jouir ledit Palamedes & ses hoirs legitimes procrées de son corps, lesquels defaillant en quelque temps ce peut advenir, ladite rente ou parties des biens, que pour iceluí serout baillez, retourneront à nostre dit héritier, ou ceux qui lui seront succedés, sans que le dit Palamedes en peut faire aucune alienation. Et quant à Alexis F. de Nassau, femme de Messire Jean de Renesse Sr. de Maele, pour la bonne & naturelle affection que leur portons, leur avons donné & donnons à chacun d'eux par dessus les bienfaits, qu'ils ont par cy-devant receu de feu mon Sr. le Comte Henri de Nassau nostre Pere, & de Nous, la somme de cinq cens livres dudit prix de rente chacun an, à lever sur nos terres & Seigneuries de Steenbergen & Rosendaele, pour en jouir sans pouvoir d'alienation, pour eux & chacun d'eux, & leurs hoirs procrées en leal mariage, en defaut desquels ladite rente sera soupie & esteinte au profit de nostre dit Heritier, ou de cetuy qui luy seroit lors succedé & comme d'autres biens, que par cy-devant leur été donné en mariage ou autrement. Au regard de Damoiselle Jeanne de Chalou, F. de Chalon, Fille naturelle de feu Monseigneur le Comte Philibert nostre Oncle maternel, pour son entretiennement & avancement de mariage luy avons donné & donnons la somme de quinse cents Carolus de rente chacun an, à prendre sur nos terres & Seigneuries de Bourgogne, ou nostre partage en la Seigneurie de Salms, & en jouir pour elle & ses hoirs procrées d'elle en leal mariage, en defaut desquels ladite rente sera aussi esteinte au profit de nostre dit heritier, sans que ladite Damoiselle Jeanne F. de Chalon en peut faire aucune alienation, & moyennant ce present don, & legat, elle ne pourra, ne debura aucune chose pretendre en vertu du Testament, ou autre disposition de feue Madame la Princesse Douariere d'Orange nostre grand-mere maternelle, de mon dit Sr. Prince Philibert, ou autre. Nous avons aussi ordonné & ordonnons, que toutes pensions ou autres traittements annuels par nous accordez à nos Conseillers, Officiers, ou autres serviteurs, dont pourra debuement apparoir par nostre Seau ou Seing manuel, leur soient continuez leur vie durant; Quant aux bienfaits privez & particuliers par Nous ordonnez à aucuns nos amys & Serviteurs pour considerations singulieres, nous en avons certain escrit à part, escrit & signé de nostre main, auquel nous voulons & ordonnons pleine foi & credence être adjoustée, & qu'il soit effectué & servi sans contredit, lesquelles, ensemble toutes autres dispositions, contenues en ce present Testament seront fournies & accomplies par nostre dite Compagne si longtemps qu'elle aura la jouissance de nosdits biens comme dessus, & après par nostre dit heritier, quand il en aura la dite entiere jouissance; Et pour mettre cette presente ordonnance en execution debue, Nous supplions en premier lieu à Sa Majesté Imperiale, nostre Souverain & naturel Seigneur, en tant que besoing fût la vouloir aggreer, approuver & confirmer, en entremettant son Decret & Autorité oultre & par dessus le consentement & octroy que luy a plu nous en accorder; avons choisi & ordonné nos Executeurs testamentaires, haut & puissant Prince François Duc de Lorraine & de Bar, nostre beau-frere; Adolff Comte de Holstein & de Scauenbourg, Coadjuteur de l'Archieveque de Coloigne nostre Cousin germain; Messire Louys Sgr. de Praet, Chevalier de l'Ordre, second Chambellain de l'Empereur; Messire Nicolaus Perrenet, Sgr. de Grantvelles, premier Conseiller d'Estat, & Louys de Schorre President du Conseil privé de Sa Majesté; leur donnant tout & tel pouvoir, que à Executeurs Testamentaires de droit & de coustume peut & doibt appartenir, tellement toutefois que les uns en absence des autres y pourront vacquer & entendre, & aussi prendre pour adjoints ceux de nos Consaillers qu'ils verront le mieux convenir à l'executions Testamentaires, que Nous pouvons par cy-devant avoir faites, en retenant plein & entier pouvoir de accroistre diminuer où autrement changer la presente, ainsi que nous bon sembiera. En tesmoing & approbation de tout ce que dessus, Nous avons escrit de nostre propre main & souscrit de nostre nom cette presente Ordonnance & Disposition de dernieré volonté, & puis l'avons close & consignée de nostre cachet armoyé de nos armes, pour plus ample verification. Au Camp de l'Empereur à Richemont le XXme. de Juin, l'an quinse cens, quarante quatre.

Dessous escrit & signé,

René de Châlon.

1544. 14. Juillet. *Confirmation de l'Empereur* CHARLES V. *sur le Testament de René Prince d'Orange, en date du 14. Juillet 1544.*

CHARLES par la divine Clemence Empereur des Romains toûjours Auguste, Roy de Germanie, de Castille, de Leon, de Grenade, d'Arragon, de Navarre, de Napels, de Sicile, de Majorque, de Sardenie, des Isles Indes & Terre Ferme de la Mer Oceane, Archiduc d'Austrie, Duc de Bourgoigne, de Lothier, de Brabant, de Limbourg; de Luxembourg & de Gueldres, Comte de Flandres, d'Artois, de Bourgoigne, Palatin de Haynau, de Hollande, de Zeelande, de Ferette, de Haguenault, de Namur & de Zutphen, Prince de Swabe, Marquis du St. Empire, Seigneur de Frise, de Salms, de Malines, des Cité, Ville & Pays d'Utrecht, d'Overysel & de Groeningen, & Dominateur en Asie & Afrique; A tous ceux qui ces présentes verront, Salut. Comme aujourd'huy nostre très-cher & feal Cousyn, Chevallier de nostre Ordre, Chef & Général de mille Chevaux & vingt enseignes de pietons bas Allemans, Mre René Prince d'Orange, estant attaint d'un coup d'Artillerie tiré par ceux de dedans la Ville de St. Desier, laquelle tenons presentement assiegée, Nous ait remonstré, que en vertu de nostre Ottroy à lui concedé sous les Seels dont usons en nos Pays d'embas, il auroit fait un Testament de derniere volonté militaire, escrit de sa propre main, clos & scellé de son Cachet & par lui superscript, lequel il desiroit après son trespas sortir son plein & entier effet; requerant très-instamment, que à son repos & plus grande corroboration d'iceluy Testament, il Nous plust le agréer, confirmer & approuver: Sçavoir faisons, que les choses dessus considerées, singulierement les grands, notables, beaux & aggreables services que nostre Cousin, le Prince d'Orange, nous a tousjours fait sans en rien espargner sa personne, & esperons fera encor cy apres, s'il plaist à Dieu luy donner guerison; Nous, pour ces causes & autres raisonnables considerations à ce Nous mouvans, desirans nostre Cousin le Prince d'Orange & les siens favorablement traitter, avons son Testament & ordonnance de derniere volonté militaire, escrit & cacheté comme dessus, aggréé & confirmé, ratifié & approuvé, aggreons, confirmons, ratifions & approuvons par ces presentes; Veuillant & decla-

ANNO 1544. clarant, que iceluy Testament soit valable & sortisse effect, en & par tous nos Pays, Terres & Seigneuries, tant de nos Pays-bas, qu'en nostre Franche-Conté, Conté de Bourgoigne, & que icelui & ceux auxquels il aura delaissé, donné & legaté, ses Contés, Baronies, Terres, Seigneuries, fiefs & nobles ténéments & autres les biens tant meubles que héritages quelconques, en tout ou en partie, ou sur icelui assigné rentes heritables ou viagieres pour le salut de son Ame & ausmone, ou autrement, les puissent & pourront apprehender & en joyr & posseder tout ainsi, comme si la donation, constitution ou assignation en fust faite par devant Nous ou nos Hommes de fiefs, ou par devant ceux de nos Vassaux & Seigneurs Bassins, dont sont tenus & mouvans lesdits fiefs, & par devant les bancqs, loix & justices sous lesquelles lesdits biens, fiefs & héritages sont gisans & ressortissans, pourveu toutefois que nostre Cousin, le Prince d'Orange, n'ait disposé d'aucuns manoirs fiefs, dismes ou autres biens qui doivent retour, & que par sondit Testament n'ait legaté aucuns biens immeubles au profit des Cloistres, Eglises ou main morte, pourveu aussi qu'en dedans un an après son trespas celuy ou ceux, auxquels il aura delaissé lesdits fiefs, ou sur iceluy assigné lesdits rentes, seront tenus de les prendre & en faire à nous & auxdits Seigneurs Bassains de nos pays dont ils sont tenus & mouvans, tous debvoirs, & de payer tous droits & redevances qu'il appartiendra, sans fraude & malengin ; Si donnons en mandement à nos amez & feaux, les Chef, President & gens de nos privé & grand Consaulx, Chancellier & gens de nostre Conseil en Brabant, Gouverneur, President & gens de nostre Conseil à Luxembourg, President & gens tenans nostre Cour de Parlement à Dole, Premier Conseiller & autres de nostre Conseil en Hollande, Selande & Friese, Nos Lieutenants & hommes de fiefs, Baillis & Receveurs & à tous autres nos Justiciers & Officiers & ceux de nostres Vaisseaux & nostres Bassains Seigneurs Ojevassaux ou leurs Lieutenants, qui ce peut & pourra toucher & regarder, & à chacun d'eux endroit soy & si comme à luy appartiendra, que le Testament de nostre Cousin le Prince d'Orange par nous confirmé comme dit est, ils regardent & entretiennent selon sa forme & teneur, & celui ou ceux auxquels il a donné, legaté, delaissé ses biens, ou sur iceux assigné rentes, fassent, souffrent & laissent pleinement & paisiblement joyr & user, sans en ce leur faire mettre ou donner destourboir ou empechement au contraire; Car ainsi nous plait &c. En temoin de ce nous avons fait mettre nostre Seel à ces presentes. Donné en nostre Camp devant la Ville de St. Desier le XIV. jour de Juillet, l'An de grace, Mill cinq cens quarante quatre, de nostre Empire le XXVI. & de nos Regnes de Castille & autres le XXIX.

Et escrit sur le ply par l'Empereur & Roi, & signé Baue, & seelé d'un grand Seau de cire rouge pendant à doubles queues.

Extrait de l'Acte de Confirmation des Tuteurs, Donné au Prince René par l'Empereur Charles V.

CHARLES par la divine Clemence Empereur des Romains, toûjours Auguste, Roi de Germanie, de Castille, de Leon, Grenade &c. A tous ceux qui ces presentes verront, Salut; Comme feu nostre Cousin Messire René Prince d'Orange, Comte de Nassau, de nostre congé & consentement, en vertu de nos Lettres d'Octroy que luy avons accordées, ait institué par son Testament & Ordonnance de derniére volonté, son heritier Univerſel Guillaume Fils aîné de nostre Cousin le Comte Guillaume de Nassau son Oncle paternel; lequel Testament eussions depuis agreé, confirmé, ratifié & aprouvé, pour plusieurs bons respects & raisonnables considerations; voyant même que nostre defunt Cousin soit decedé en nostre service exerçant les armes & fait de guerre. Et il soit que le Comte Guillaume de Nassau nous ait fait remonstrer, que combien que selon droit il devoit avoir la Tutelle, Gouvernement & administration des Corps & Biens de son dit Fils Prince d'Orange, étant constitué en bas âge, & non habile de les regir & administrer, Que neantmoins &c.

ANNO 1644.

CXXXII.

Declaration & Protestation de LOUIS *Comte d'Egmond pour la conservation du Droit qu'il pretend avoir au Duché de Gueldre & Comté de Zutphen, faite à Londres le 22. Decembre 1643. ET instrumentée par main de Notaire audit Londres le 6. Aoust 1644.* [Feuille volante, imprimée en Hollande. in 4.] 1644. 6-16. Août.

A TOUS QU'IL APPARTIENDRA SALUT. Le sixiesme jour du mois d'Aoust l'an de Grace mil six cens quarante quatre, le Tres-haut, Tres-illustre & Tres-puissant Prince, LOUYS Duc de Gueldre & de Julliers, Comte d'Egmont, & de Zutphen, Comte de Buren, Leerdam & Hornes, Prince de Gaure, & Souverain Seigneur des Ville & Territoire de Malines, pays d'Arxel & Iielsteint & de l'Isle d'Amelant &c. Chevalier de l'Ordre de la Thoison d'Or. Afin qu'il soit notoire & connu à tous, & qu'à l'advenir luy puisse servir & à sa posterité en ce qu'ils jugeront à propos ce qui est escrit cy apres, a en son Hostel, où il est demeurant à Londres, rue Holborne, & en la presence du Notaire & Tabellion Royal demeurant audit Londres, par l'authorité du Roy de la grande Bretagne admis & juré, & des tesmoins cy-dessous nommés, faict faire lecture à haute & intelligible voix de tout le contenu en certain acte en parchemin qu'il a reconnu & confessé avoir signé de sa main, & y faict appendre le grand Seau de ses armes en double ruban de soye, de couleur jaune & bleu, auquel est escrit ce qui s'ensuit.

LOUYS par la Grace de Dieu, Duc de Gueldre, de Julliers & de Cleve, Comte d'Egmont, Zutphen, Buren Leerdam & Hornes, Seigneur Souverain du pays d'Arxel des Ville & Territoire de Malines & Iselsteint & de l'Isle d'Amelant, &c. Chevalier de l'Ordre de la Thoison d'Or.

Considerans qu'il n'y a rien de si ferme & de si constant que le temps à la fin n'en sappe les fondemens & ne l'ensevelisse si avant dans l'oubly, que souvent il n'en reste aucune memoire à la posterité: Nous craindrions que le droict, que nos Ancestres nous ont laissé au Duché de Gueldre & Comté de Zutphen, ne passast par la rigueur de cette Loy, si par des moyens propres nous ne taschions de l'en garantir.

Jusques aujourd'huy nos Predecesseurs & nous avons faict, pour nous conserver ce droict, ce que le temps, la consideration de nos interests domestiques & le lieu, où nous estions, nous ont permis.

Guillaume Comte d'Egmont, frere de Gueldre, ayant declaré la guerre au Prince Adolphe son nepveu, l'a continuée, & ses successeurs, tant de leur Chef que comme Alliés avec le Duc de Bourgoigne, & successivement avec la Maison d'Austriche, contre le Prince Charles son fils, dernier possesseur des Duchés de Gueldre & Comté de Zutphen: Et en l'an 1478. lors qu'il receut l'Ordre de la Thoison d'Or au Chapitre tenu à Bruge par l'Empereur Maximilian, protesta judiciairement qu'il lui estoit deu un tableau de ses armes, tel qu'aux Chapitres de l'Ordre qu'on donne aux Souverains.

Charles Comte d'Egmont nostre grand oncle, apres la mort arrivée du Duc Charles son cousin, durant un an & demi qu'il l'a survescu, demanda de l'Empereur Charles-Quint, en vertu du droit qui lui estoit ouvert, comme son unique & legitime heritier, la possession du Duché de Gueldre & Comté de Zutphen, mais ne receut autre response, que de ce pourvoir en Justice, quoi que ce fust l'unique motif qui le fit accompagner l'Empereur aux despens de sa vie en son expedition d'Afrique.

Quand Amoral Comte d'Egmont nostre pere-grand fut heritier de son frere, il réitera ses instances pareilles à l'Empereur; & lors qu'il fit baptiser le Comte Philippe son fils aisné, le Roy Philippe second estant parain, il luy ordonna l'apparat, la pompe & la ceremonie, qu'en ceste occasion l'on observe pour les Ducs.

Quand le Prince de Gaure nostre fils receut le Bap-

ANNO 1644

Bapteſme dans la Chapelle Royale à Bruſſelles, le Cardinal de la Cueva le tenant pour le Roy d'Eſpagne, & l'Infante Princeſſe des Pays-bas en perſonne, par ſon ordonnance & par reſolution du Conſeil, les honneurs appartenans aux Ducs lui furent decernés.

En l'an 1624. lors que le Chapitre de l'Ordre de la Thoiſon d'Or aſſemblé dans l'Egliſe de ſaincte Goulde en Bruſſelles, nous receuſmes le Collier des mains du Comte de Berlaymont comme Doyen de l'Ordre nous fiſmes faire une proteſtation par Notaires, laquelle fut acceptée par concertation, qu'en qualité de Duc conformement aux Statuts de l'Ordre, nous entendions d'eſtre preferé, en l'Ordre de la reception, à ceux qui le recevoient avec nous.

Et d'autant que le droit aux Principautez Souveraines, quand un plus puiſſant en tient la poſſeſſion actuelle, ſe conſerve par le port des armes & des tiltres, nous avons dés le decez de defunct noſtre Seigneur & Pere, pris le tiltre de Duc de Gueldre apres celui de Comte d'Egmont, & en nos armes avons mis ſur tout celles de Gueldre & de Julliers, comme avoient faict auparavant nous, nos predeceſſeurs.

C'eſt ce que nous avons peu pour lors; & bien que ces actes conſiderez ſelon les circonſtances qui accompagnoient noſtre perſonne & celle de nos predeceſſeurs, ont deu valloir pour parer l'injure du temps, maintenant que nous ſommes en eſtat de pouvoir exercer les actions de noſtre liberté naturelle, & qu'il n'y a plus de reſpect ny de conſideration qui doive nous empeſcher de declarer à bouche ouverte les droicts qui nous appartiennent, noſtre ſilence pourroit nous prejudicier, & l'uſage obſervé en Allemagne, au regard des tiltres, pourroit donner à tous ces actes anterieurs une interpretation contraire à nos intentions, ſi clairement nous ne faiſons entendre nos penſées par les moyens que le malheur du ſort nous a laiſſez.

Franchiſſans donc les bornes du ſilence, & de tout ce qui nous a ci-devant retenu, nous avons reſolu & arreſté de prendre en chef le nom & le tiltre que nous avions pris ſecondairement, & de faire une proteſtation publique pour la conſervation de noſtre droict, & la repetition que nous pretendons en faire lors que Dieu, de qui dependent les Principautez, nous fera ouverture des moyens neceſſaires.

Et afin que le Sainct Siege, les Roys, Princes, Eſtats & Republiques ne deſaprouvent noſtre reſolution, & qu'ils nous faſſent l'honneur d'aggréer & recevoir noſtre proteſtation, & proteger de leur authorité & puiſſance la juſtice de nos droicts. Nous avons jugé neceſſaire de faire une declaration du fondement de nos juſtes pretentions, comme nous venons de la faire des ſujets de noſtre reſolution.

Noſtre deſcente legitime de Jean, qui fut fait le premier Comte d'Egmont par l'Empereur Sigiſmond en l'an 1423. eſt connuë à toute l'Europe, & perſonne n'ignore que Charles, Comte d'Egmont noſtre Pere, eſtoit fils d'Amoral & de Sabine, fille de Jean, Comte Palatin, Duc de Baviere, & de Beatrix de Baden: La moral noſtre ayeul, eſtoit fils de Jean & de Françoiſe, fille de Jacques de Luxembourg, Comte de Gaure, Baron de Fiennes, & de Marie de Bruge, Princeſſe de Stenhuyſen: que ce Jean eſtoit fils d'un autre Jean, & de Magdeleine, fille de George Comte de Vuerdemberg, & de Catherine de Baden: que celui-là eſtoit fils de Guillaume, & de Walburge, fille de Fredericque, Comte de Meurs, & d'Engelberte de Cleves: Et Guillaume, frere d'Arnould, tous deux fils d'un autre Jean, le premier Comte d'Egmont, & de Marie, fille de Jean, Seigneur Souverain du pays d'Arkel, & de Jeanne de Gueldre, ſœur de Guillaume & Reynould, qui furent ſucceſſivement Ducs de Julliers, du chef de Guillaume leur Pere, & Ducs de Gueldre, Comtes de Zutphen, Seigneurs de Malines, du Chef de Marie leur Mere, fille d'un autre Reynould, Duc de Gueldre & de Sophie, héritiere de Malines.

La mort ſucceſſivement arrivée des deux freres, Guillaume & Reynould, Ducs de Gueldre, tous deux decedez ſans enfans, le dernier en l'an mil quatre cens vingt-trois, comme il ne reſtoit aucun maſle du ſang de Gueldre qui fuſt deſcendu par ligne Maſculine, Arnould & Guillaume fils de Jean premier Comte d'Egmont, leurs nepveux, par Jeanne de Gueldre leur ſœur, ſuccederent en leurs principautez & Seigneuries comme les plus proches & plus habils.

En conſequence de ceſte ſucceſſion tous deux furent adherités au Duché de Gueldre & Comté de Zutphen, & en l'an mil quatre cens vingt trois furent declarés par l'Empereur Sigiſmond Ducs de Gueldre & Comtes de Zutphen, & inveſtis pour en jouir ſubordinément, ſçavoir Guillaume comme puiſné, au cas qu'Arnould ſon Frere decedaſt ſans enfans.

Arnould, après avoir jouy des Duchez de Gueldre & Comté de Zutphen l'eſpace de quarante-neuf ans, par acte paſſé ſous ſon ſeel à Ruremonde le ſeptieſme jour du mois de Decembre l'an M. IV. c. LXXII. pour les cauſes & raiſons declarées audit acte, ait engagé ſes principautez de Gueldre & de Zutphen à Charles Duc de Bourgoigne, pour la ſomme de trois cens mil florins d'or du Rhin, ſe reſervant & à celui à qui en quelle façon ce ſoit il en delaiſſera le droict, le pouvoir de deſengager les principautez, en reſtituant en quel temps ce ſoit le prix de l'engagere, excluant de ce pouvoir Adolph ſon fils, & tous ſes deſcendans, leſquels pour cauſe d'ingratitude il declare exheredés Le Duc de Bourgoigne, par acte donné à Bruge le penultieſme jour du même mois de Decembre de la même année, a reconnu & declaré ne tenir ces principautez qu'à tiltre d'engagere, pour la ſomme de trois cens mil florins d'or, prometant de s'en departir toutes les fois qu'ils lui ſeront rendus & reſtitués. Par un autre acte donné encor à Bruge les mêmes jour mois & an que le precedent, le même Duc de Bourgoigne confeſſe que pour le ſuject de l'engagement des Duché de Gueldre & Comté de Zutphen à lui fait par Arnould Duc de Gueldre, il luy doit la ſomme de quatre vingt douze mil florins d'or qu'il promet payer en ſix ans à divers termes.

Ces choſes ainſi paſſées, Arnould Duc de Gueldre eſtant de retour en ſes Eſtats, pour nonobſtant l'engagement qu'il avoit fait, en continuer la jouiſſance durant ſa vie, conformement un troiſieſme acte donné par le meſme Duc de Bourgoigne les meſmes jour mois & an que les precedens, il eſt decedé environ deux mois après la paſſation de ces Traictez, ſçavoir le 23. de Fevrier de l'an 1473.

De ſorte que le Duc de Bourgoigne, qui tenoit priſonnier le Prince Adolph de Gueldre fils d'Arnould, pour rendre ſa priſe de poſſeſſion aſſeurée, en tenant en ſa puiſſance celuy qui auroit peu la luy conteſter, bien qu'exheredé, eſt entré en jouiſſance du Duché de Gueldre & Comté de Zutphen, en vertu de ſon droict d'engagere, ſans avoir rien payé des quatre-vingt douze mil florins d'or, les termes du payement deſquels n'eſtoient encore eſcheux.

Arnould donc, qui avoit pour cauſe d'ingratitude exheredé ſon fils le Prince Adolph & ſes deſcendans, eſtant decedé ſans enfans, du moins qui fuſſent capables de poſſeder ſes Principautez, quand il y avoit un maſle deſcendu du ſang par ligne maſculine, leſquelles couſtumes tant generales regardantes les fiefs maſculins, que les particulieres touſiours obſervées dans la ſucceſſion du Duché de Gueldre, & de toutes les Principautez voiſines, preferent aux femelles de la ligne directe meſme, & aux maſles deſcendus d'elles; Guillaume ſon frere, qui deſia avoit eſté fait avec lui heritier deſdits Duché & Comté, declaré tel par l'Empereur, & inveſty pour en jouyr ſubordinément, & au cas declaré dans l'inveſtiture conforme à la Couſtume, s'eſt trouvé le ſeul qui fuſt le plus proche, & conjoinctement le plus habille & capable à recueillir ſa ſucceſſion.

Et ce droict & pouvoir de deſengager ce Duché & Comté, eſtant de meſme nature & condition que la choſe engagée, & par conſequent inalienable, & d'une ſucceſſion neceſſaire à celui qui par la Loy & la Couſtume eſt le plus habil à ſucceder, l'on ne ſçauroit douter que Guillaume Comte d'Egmont ne l'ait acquis par la mort de ſon frere, & que ſucceſſivement par les decez de nos predeceſſeurs il ne ſoit parvenu juſques à nous, qui de ſon chef, nous trouvons dans la meſme condition de capacité que luy.

Et

ANNO 1644.

Et comme les quatre vingt douze mil florins d'or, que le Duc de Bourgoigne confesse devoir au Duc de Gueldre pour le sujet de l'engagement de ces Principautez, & lesquels il promet payer en six années, n'ont jamais esté acquittés ny au Duc Arnould, lequel est decedé avant l'escheance d'aucun payement, ny au Prince Charles son fils, le pere ayant esté jusques à sa mort retenu prisonnier par le mesme Duc de Bourgoigne, & le fils en une guerre continuelle avec luy & ses successeurs, ny à aucun de nos predecesseurs, à qui neantmoins ils devoient estre payés, comme estans de mesme condition que les Estats, pour lesquels ils estoient deuz, & qu'en tout cas ils ont esté mal payés à tous autres qu'à nous, il est constant que l'action pour l'aquitement de ceste somme & toute telle autre, que la faute de payement peut produire, nous appartient à l'exclusion de tous.

Ainsi, quand bien pour en vertu des conditions de l'engagere r'entrer en possession actuelle du Duché de Gueldre & Comté de Zutphen, nous devrions faire restitution du prix de l'engagement, il faudroit faire deduction des quatre vingt douze mil florins d'or qui n'ont point esté payés, & sur le restant compenser les interests d'icelle somme, depuis les termes des escheances jusques aujourd'huy, ou telle somme à quoy peut avoir monté jusqu'à maintenant la peine d'un gros de Flandre pour chacun florin d'or, à quoy le Duc de Bourgoigne s'est obligé par chacun jour depuis qu'il seroit en demeure de satisfaire en tout ou en partie aux payemens des quatre vingt douze mil florins d'or aux termes declarez en l'Acte de sa promesse.

Tellement que soit que sur le reste de la somme capitalle nous voulions deduire les interests des quatre vingt douze mil florins d'or, ou donc compter les peines pecuniaires forfaittes & encourues jusques ce jourd'huy, à cause du non-payement de la somme entiere des mesmes IV. xx. XII. mille florins d'or, soit encor qu'aimions mieux demander compte des fruicts levés & perceus depuis que l'on est en faute de ce payement, & d'iceux faire une computation contre le total prix de l'engagere à proportion de la somme qui n'a esté delivrée, il se trouvera que tant s'en faut que nous en redevrons quelque chose, qu'au contraire il nous en sera deu beaucoup de reste.

Si l'on nous dit que les Estats Souverains sont inalienables, & que ceux de l'Empire ne se peuvent charger, ny engager qu'avec certaines formalités & ceremonies, & des octroys qu'il en faut obtenir, les coheritiers interessés appellés, & consentans que ladite engagere est formellement contre le serment presté par le Duc Arnould au Corps des Estats en son advenement au Duché & Comté, que les ingratitudes & les fautes estans personnelles, celles commises par les peres ne passent point aux enfans à l'effect de leur en faire porter la peine, & qu'ainsi, Arnould Duc de Gueldre ayant justement exheredé, le Prince Adolphe son fils, le Prince Charles, qui a esté exempt du crime de son pere, n'a deu estre l'object de l'indignation de son ayeul, aux Principautez de qui il a justement esté receu par les Estats, à l'exclusion de Guillaume Comte d'Egmont son Oncle; nous dirons que posé tout cela pour veritable, parce qu'il ne nous importe point de le desavoüer, nostre droict neantmoins est autant & plus constamment certain du Chef du Prince Charles nostre cousin, que de celui du Duc Arnould.

Les raisons fondamentalles lesquelles, cessantes toutes ces considerations, ont deferé à Guillaume Comte d'Egmont les Estats de son frere après sa mort, les mesmes subsistantes, ces considerations, ont donné à Amoral nostre ayeul ceux du Prince Charles son cousin, après le decez de qui s'estant trouvé (son frere mourant) le seul & unique masle descendu par ligne masculine du sang des Ducs de Gueldre du Chef de Guillaume son ayeul, qui avoit esté faict avec son Frere héritier des mesmes Duché & Comté, reconnu & declaré tel, & comme tel investi par l'Empereur, & adherité par les Estats, il est hors de controverse que la loy & la coustume l'a trouvé seul & le plus habil & le plus proche, accompagné des qualitez & des conditions essentielles, pour posseder les principautez que le Prince Charles a delaissées après sa mort.

Ces sujects donc nous ayans meu, & aussi pour faire connoistre à toute l'Europe avec combien d'injustice le Conseil du Roy Catholique nous a declaré criminel pour avoir secondairement pris en nos despesches & patentes de provision d'office & autres, les tiltres de Duc de Gueldre, Comte de Zutphen, Seigneur de Malines, & condamné nostre personne, quand posée la verité de tout ce qu'il nous a à tort imposé, il n'a contre nous qu'une action feodalle sur les Terres que nous possedons relevantes de lui par les Pays bas, & nostre droict se trouvant estabi sur toutes raisons que nous venons de dire & sur autres que nous reservons, nous avons resolu de nous declarer à la connoissance de tout l'Univers, comme par ceste, après meure deliberations, nous nous declarons Duc de Gueldre, Comte de Zutphen, Seigneur de la Ville & territoire de Malines, nous professans & voulans porter pour tel, & dés maintenant prenons le tiltre de Duc de Gueldre en chef; disons que de tous chefs ces principautez nous appartiennent, sans obligation de rendre aucune chose du prix de leur engagement, & au cas qu'en Justice nous y serions tenu, nous protestons en estre plus qu'acquittés, au moyen & à cause des quatre vingt douze mille florins d'or, qui n'ont esté payés; protestons pour ceste cause contre tous les possesseurs, detenteurs & occupateurs, à quel tiltre que ce soit, de nostre dit Duché de Gueldre, Comté de Zutphen & Seigneurie de Malines, de la nullité de leur possession, detention & occupation, à effect de ne pouvoir en aucun temps en acquerir la proprieté, faute de tiltre suffisant, de bonne foy, ou d'autre condition necessaire à la prescription.

ANNO 1645.

Offrons à l'Empereur nostre Souverain Seigneur, avec le respect que nous devons, de lui faire toutes les fois qu'il lui plaira nous y recevoir, les foy & hommages que nous luy devons à cause de ses Principautez, en la forme que l'on doit pour les Fiefs de ceste qualité tenus de luy & du sainct Empire, & comme les ont faict les Ducs de Gueldre, Comtes de Zutphen nos predecesseurs, le suppliant avec le mesme respect de vouloir nous en donner l'Investiture: Prions & requerons sa Sainćteté, tous les Roys, Princes Potentats, Republiques & Estats de la Chrestienté, d'agréer ces presentes declarations & protestations, les recevoir pour memoire à l'advenir, & pour nous en prevaloir quand nous ou nos successeurs se trouveront à la faveur & ayde de leur puissance, en estat de revendiquer le legitime patrimoine de nos peres: Et afin que foy soit donnée à ces presentes, & qu'elles soient vallables à nos intentions, nous les avons signées de nostre nom, & y faict appendre nostre grand seel en la ville de Londres l'an de grace mil six cens quarante trois, le XXII. jour du mois de Decembre.

Signé Louys Duc de Gueldre & Julliers, Comte d'Egmont & Zutphen.

Plus bas est escrit, Par son Altesse. Dubois, Et seellé de son grand seel d'armes y appendant.

LAquelle lecture ayant ainsi esté faicte, iceluy Prince a derechef en la presence de moy ledit Notaire & tesmoins cy apres nommez, faict ces mesmes declarations & protestations en la forme & tout ainsi qu'elles sont contenues audit Acte, dont la teneur est cy-dessus transcrite, & m'a requis de luy en donner cet Acte Notarial, que je lui ai accordé pour luy valoir en ce que de raison; ainsi faict & passé audit Londres és presences du Sieur Rober de Mortimer Escuyer, du Sieur Robert Boyde Escuyer, Seigneur de Strubé, du Sieur Philippe de Circourt de l'ancienne Chevallerie de Lorraine, Seigneur dy Nort & la Neufville, Louys Noel, Richard Clay, Eduard Lock, témoins à ce requis.

Et plus bas est escrit, *Quod attestor rogatus & requisitus,*
Et signé *Josua Mainet, Notarius publicus.*

CXXXIII.

Friedens-Tractat / so durch Interposition der Cron Frankreich zwischen CHRISTINAM Kö- 1645. 13. d'Aoûst.

ANNO 1645.

Königin in Schweden/ dann CHRISTIAN den IV. König in Dännemark aufgerichtet worden: Worinnen sie eins werden / daß fürohin die Schiffahrt und das Commercium auf den Sund und Belt Ihro Majestät in Schweden frey / und von allen Inquisitionen und Visitationen exempt seyn / anbey auch alle beiderseits währendem krieg occupirte Land und Plätze restituirt werden sollen. Geschehen Brömsebro den 13. Augusti 1645. Benebst der Schwedischen Ratification. Geben Stokholm den 3. September 1645. [LUNIG Teutsch Reichs Archiv. Part. Special. Continuat. 2. Abtheil. IV. Absatz. 10. pag. 85.]

C'est-a-dire.

Traité de Paix fait par la mediation de la Couronne de France, entre CHRISTINE *Reine de Suede, &* CHRISTIAN IV. *Roi de Dannemarc. On y convient qu'à l'advenir la Navigation & le Commerce seront absolument libres à sa Majesté Suedoise & à ses Sujets par le Sund & dans toute la mer Baltique, avec une entiere exemption de Peages, d'Impositions, de recherche, & de Visite; Et que de part & d'autre, il se fera une Restitution Generale de tout ce qui a esté pris, & occupé pendant la Guerre. A Bromsebro le 13. d'Août 1645.* AVEC *la Ratification de la Reine de Suede. Donnée à Stocholm le 3. Septembre 1645.*

DEr Großmächtigsten Hochgebohrnen Fürstin und Fräulein/ Fräulein Christinen/ der Schweden/ Gothen und Wenden erwehlten Königin und Erb-Fürstin/ Groß-Fürstin in Finland/ Hertzoginnen zu Estland und Carelln/ Fräulein über Ingermanland &c. unser allergnädigsten Königin und Fräul wie auch der Reiche Schweden/ &c. Räthe und gevollmächtigte Commissarien.

WIr nachgeschriebene Axel Oxenstirn / Freyherr zu Kymitho/ Herr zu Fyholm und Tydorn/ Ritter / Reichs-Cantzler/ und Ober-Landrichter in Wester-Nordland und Lapmarcken: Matthias Soop / Freyherr auff Möllsöcker u. Binrum und Ober-Landrichter in Ingermanland: Turo Bielcke/ Freyherr zu Salstadt / Herr zu Froswyck: Und Turo Sparre/ auf Ohrstadt und Kaffwelovs/ alle drey Assessores in dem Königlichen Hoffgericht zu Stockholm etc. Thun hiermit kund und zu wissen / nachdem nun eine zeithero zwischen höchstbemeldter Ihro Königlichen Majestät auf der einen/ und dem Durchleuchtigsten / Großmächtigsten / Hochgebohrnen Fürsten und Herrn/ Hn Christian dem Vierdten zu Dennemarck/ Norwegen/ der Wenden und Gothen Könige/ Hertzog zu Schleßwig/ Hollstein/ Stormarn/ und der Ditmarschen/ Graffen zu Oldenburg und Delmenhorst/ und der Cron Dennemarck auf der andern Seiten / einige Mißverstände und Irrungen und unter andern insonderheit wegen der Segelation/ Commercien und Zoll-Freyheit in Ohre-Sund und was deme anhängig/ entstanden und erwachsen/ welche alle zuletzt so weit ausgebrochen/ daß sie die jetzige schwebende und brennende Kriegs-Flamme/ so zwischen Ihr. Ihr. Mayestät Mayestät und diesen löblichen Nordischen Reichen/ zu beyder Reichen und derer Unterthanen u. Einwohnern grossen Schaden und Verderben/ angezündet haben/ daß der Durchläuchtigste/ Großmächtigste Fürst und Herr / Herr Ludwig der Viertzehende/ Christlicher König in Franckreich und Navarra/ wie auch von seinetwegen dessen geliebte Fr. Mutter und Regentin in Franckreich / die Durchlauchtigste/ Großmächtigste Fürstin und Frau/ Frau Anna/ Königin in Franckreich und Navarra/ aus sonderlicher affection und Christlichem Mitleyden/ so wohl mit diesen Nordischen Reichen/ als auch der gantzen nunmehr eine lange Zeit hero perturbirten Christenheit/ für gut befunden/ alle mügliche und billiche Mittel zu suchen und zu ergreiffen/ wordurch solche angezündete und umb sich fressende Kriegs-Flammen/ insonderheit in diesen Nordischen Reichen / ausgeloschen und gedämpffet/ und in deren Stelle Friede/ Ruhe/ Freundschafft und gutes Vertrauen wiederum gestifftet und auffgerichtet/ und also allem fernern Unglück vorgekommen/ auch solcher Gestalt zu dem so hoch nöthigen/ und von männiglich mit Verlangen wünschenden allgemeinen Frieden in der Christenheit/ ein Anfang gemacht werden könte: auch zu solchem Ende in verflossenen Jahre zu beiderseits Ihr. Ihr. Majest. Majest. in Schweden und Dennemarck / den Wolgebohrnen Herrn/ Herrn Caspar Caynet de la Toullerie, Rittern/ Cursans/ Freyherrn / Consistorial / Graffen / und in diesen Nordischen Reichen extraordinarie Ambassadeuren abgefertigt/ mit Ordre, beyden Ihr. Ihr. Majestät Majestät der Christenheit Zustand zu remonstriren / dannechst zu dem Vergleich und friedlichen Consiliis dieselbe zu vermögen/ und seines Herrn Unterhandlung und Interposition, so auch seinen selbst eygenen Fleiß/ Mühe und Arbeit/ und solches alle je ehe je lieber in Wercke zu erweisen; Dahero dann Ihre Königliche Majest. so wohl durch den Respect gegen Ihr. Ihr. Mayest. Mayest. zu Franckreich/ als aus eygener Begierde und Verlangen diese Kriegs-Flamme auszulöschen und zu dämpffen/ und hingegen Friede und Ruhe in allen ihren Reichs-Grântzen/ wie auch vertrauliche Freundschafft und gut Verständnüß mit all dero Nachbaren/ insonderheit mit Dennemarck und Norwegen/ welche so wohl wegen der weitläufftigen Gräntze/ als in viele andere Wegen grosse Gemeinschafft mit diesem Reiche haben/ auffzurichten und zu conserviren bewogen/ sich Ihro Mayestät in Franckreich freundlichen Rath und dargebottene Unterhandlung gefallen zu lassen/ und genehm zu halten/ und indem Ihr. Majestät zu Dennemarck gleicher Gestalt dero Belieben darin gegeben/ ist darauf erfolgt/ daß vermittelst wohlberührten Frantzösischen Ambassadeurs Unterhandlung/ eine Zusammenkunfft auff der Gräntze bey Brömsebroo zwischen beyder Reichen Commissarien und Gevollmächtigten von jeglicher Seiten vier an der Zahl/und von gleicher Condition, gegen den achten Februarii nechst entwichenen Jahres bewilliget und verabschiedet worden/ woselbst wir vorgedachte auch an gesetztem Tage und Stelle/ höchstbemeldter Ihr. Mayestät und der Cron Dennemarck Reichs-Räthen und Gevollmächtigten Commissarien / den Wolgebohrnen / und Wohl-Edlen Herrn Corfitz Uhlefeldt zu Ebeskatz/ Rittern/ Reichs-Hoffmeistern und Stadthaltern auff Mön / Herrn Christian Tommsson zu Stugardt/ Rittern Ihr. Königlichen Majestät Cantzlern/ und Stadthaltern über Sanct Kunst-Kloster/ Hn. Christoffer Urne zu Asmarck/ Rittern und Stadthaltern auff Dragsholm/ und Herrn Jürgen Seefeldt zu Refft/ Königlichen Land-Richtern in Seeland und Statthaltern in Ruckstadt-Kloster / begegnet / und nachdem wir einer des andern Vollmacht und Procuratorium durchgesehen / richtig und genugsafft befunden / und auff beyden Seiten verwechselt und überliefert/ seynd wir in den Nahmen der Heiligen Dreyfaltigkeit zusammen getreten / diese gantze zeithero die zwischen den Reichen gewesene Zwist- und Streitigkeiten mit höchstem Fleiß ponderiret und examiniret auch alle Mittel und Wege/ umb selbige beyzulegen/ und einen guten beständigen sichern Frieden und Freundschafft wiederum zu stifften/ und anzurichten betrachtet/ worbey dann höchstbemeldter Ihrer Mayestät Mayestät in Franckreich Ambassadeur seinen höchsten Fleiß/ Dexterität/ Mühe und Arbeit so lange und unverdrossen angewendet/ biß daß endlich im Nahmen/ und von wegen Ihrer Mayestät Mayestät unserer allergnädigsten Könige/ deren Successoren/ und der Cronen Schweden und Dennemarck/ wir uns der Abschaffung aller schwebenden Irrungen/ Streit- und Zwistigkeiten halber/ und hingegen über einen ewigwehrenden/ unwiederrufflichen / beständigen Frieden und Freundschafft verglichen/ vereiniget/ verabscheidet und beschlossen/ auch von beyder Ihrer Maj. Maj. deren Successoren/ Räthen/ Dienern u. Unterthanen in Schweden/ Dennemarck und Norwegen zu ewigen Zeiten beständig / vest und ungeändert/ auf Art/ Form und Weise/ als folget/ gehalten werden solle.

I.

Erstlich/ weiln die Fahrt und Segelation durch den Sund und Belt aus der Ost- in die West-See / und von dar wieder zurück/ wie auch selbiger Segelation und Durchfahrt angehende Gerechtigkeit/ Zoll und Accis, ingleichen andere Beschwerungen der Freyheit / nebenst den Certificationen über die Wahren auf Schiff und Güter/ die wegen besahrenden Unterschleiffs angestellte Inquisitiones, Visitationes, Verhinderungen/ Arreste/ und Rechts-Processen/ sampt was davon mehr dependiret/ zu den jetzigen Motibus und Oorlog die Haupt-Ursachen seyn/ als ist nach weitläufftigen und mannigfaltig gepflogenen Conferentzen und Unterhandlungen solches endlichen dergestalt gütlichen verglichen / verabscheidet und beschlossen / auch im Nahmen und von wegen Ihr. Königl. Mayestät in Dennemarck / derer Successoren und der Cron Dennemarck zugesaget und versprochen / daß Ir. Königliche Mayestät in Schweden dero Successoren die Könige in Schweden/ und dero Unterthanen und Einwohner in dem Königreich Schweden/ und dem Groß-Fürstenthum Finnland / in Ingermanland/ Estland und Liefland/ das Recht / die Freyheit und Macht hiernechst zu geniessen haben sollen / mit ihren eygenen/ so wohl auch gemieteten Schiffen/ Schuten / und andern groß und kleinen Schiffs-Gefässen/ mundiret und ungemundirten Orlog- oder Kauffarthey-Schifften durch den Sund und Belt zu segeln/ wie auch ihre Wahren und Güter/ von was Orten oder Eygenschafft dieselbe auch seyn mögen/ nach Beschaffenheit der Zeit/ und eines jedweden eygenen guten Willens und Gelegenheit / ohn eintzig Verbodt/ Hindernüß und Auffenhaltung in einigerley massen durch den Sund und Belt zu führen und führen zu lassen.

II.

Und ist dieses dergestalt zu verstehen/ daß Ihr. Königliche Ma-

Anno 1645.

Mayestät / dero Successoren und vorbeschriebene dero Unterthanen und Einwohnern in Schweden / Finnland / Jngermanland / Estland und Liefland / soll frey und offen stehen / nach deren Gefallen und guten Gelegenheit / allerhand Wahren und Güter ohn Unterscheid / Exemption, oder Limitation, es seyn Landwahren / aus andern Reichen / oder Städten gekaufft / und zur Hand gebracht / in- oder außerhalb Reichs gewachsen / oder gefallene und bearbeitete / insonderheit allerhand Kriegs-Ammunition / oder was darzu dienlich / als da seyn mit Nahmen: Kupfer / Meßing / oder eisserne Stücken / grosse und kleine Mußqueten / Pistolen / Waffen / Degen / Kugeln / Pulver / Lunten / Salpeter / oder was zu der Arbeit und Artillerie gehörig / und wie es immer Nahmen haben mag / und zum Kriegegebrauch dienlich ist / es werde gleich aus Schweden / Finnland / Jngermanland / Estland / Liefland / als Pommern / Mecklenburg / Lübeck und dem Preußisch- und Churländischen Städten in die Landen / welche an der West-See liegen / oder auch aus diesen in die Ost-See nach Schweden und den vorberührten darunter belegenen Provinzien oder des nechsten Weges nach Pommern / Mecklenburg / Lübeck / den Preußisch- und Churländischen oder anderen Städten gebracht / ohne Hindernüß / Auffhalten / Beschwer / Verbott / oder einige Taxation, durch den Sund und Belt zu führen.

III.

So sollen auch alle Jhr. Königl. Mayestät und dero Unterthanen und Einwohnern in Schweden / Finnland / Jngermanland / Estland und Liefland Schiffe und Güter / von was Sorten dieselben auch seyn mögen / nebenst deren Schiff-Kauffleuten und andern Passagieren / die Schiffe mogen ihnen gantz eigen / oder Schwedischen Unterthanen darein ein Part zugehören / wegen der Zöll / Accisen / Jmposten / Ungelder / oder was für dergleichen Namen sie jetzo haben oder künfftig unter einigem Prætext, wie der auch seyn möchte / erfunden und erdacht werden könten / so wohl mitlerzeit die Schiffe in dem Sund und Belt stille liegen / als wann sie dadurch und wieder zurück gehen / in erstberührtem Sund und Belt / frey und ausser Beschwehrung seyn. Solten aber die Schiffe gantz und gar Frembden zustehen / oder Frembde darinnen Part haben und von Schwedischen Unterthanen gemiethet seyn / so mögen dieselbe Jhr. Majestät in Dennemarck die Gerechtigkeit / welche sie vermöge der Pacten und Gewohnheiten von den Schiffen abzustatten schuldig / entweder von dem gantzen Schiffe / daferne es Frembden gantz zugehörig / oder nach Proportion des Antheils / erlegen / und solches alles / der in diesem Vertrag für die Schwedischen Schiffe / Personen und Güter beschriebenen Freyheit / Gerechtigkeit und Immunität / in allwege ungekräncket.

IV.

Welche der Schwedischen Unterthanen / Segelation und Freyheit / wegen der Beschwehrungen dergestalt veraccordiret / und von Jhr. Maj. in Dennemarck / auch dessen derofelben Successoren / der Dänischen Konige und Cronen Nahmen angelobet und vergewissert ist / daß alle Jhr. Königliche Majestät und dero Unterthanen in Schweden / Finnland / Jngermanland / Estland und Liefland / diese vorhin erzehlte Freyheit und Gerechtigkeit / auf Persohnen / Schiffe / Güter / Wahren / sie mögen in- oder ausserhalb Reichs erworben oder beygebracht werden seyn / ohne Unterscheid geniessen / und hinführo alle vorbeschriebene Schwedische Schiffe / Güter / Brieffe / Schrifften / wie auch diese Schiffe / welche Schwedische Güter führen / nebenst darauf befindlichen Persohnen / so wohl im Sund als Belt / von allen Inquisitionen / Visitationen / Messungen / Arresten / Anhaltungen / Rechts-Processen / Confiscationen oder andern Beschwerden befreyet und exempt seyn / und über dieselben / so weit sich die Durchfahrt / Navigation / Commerzien / und deren dependentien erstrecken / kein jus superioritatis, oder daraus erwachsende jurisdiction exerciret / vielweniger ohne ihr und des Eygeners Jawort und guten Willen jemand / oder etwas aus den Schiffen genommen / noch dieselbige einigermassen zu Dienst gezwungen werden sollen.

V.

Dieweilen aber die Certificationen / und die wegen der Genughafftigkeit von den Parten gefassete unterschiedliche Meynungen und Auslegungen / nicht wenig die in dem Sunde angestellte Inquisitionen / darüber eingerissene Mißverstände / und darauff den zwischen den Reichen erfolgten Krieg veranlasset und verursachet haben / derohalben / und damit hinführo solchem allem vorzubauen / auch die Schwedische freyen Schiffe und Güter von den andern / welche dem Zoll und Beschwerden unterworffen / destobesser und richtiger zu unterscheiden seyn mögen / so hat man bey diesem Articul einen solchen Unterscheid gemacht / und sich dahin verglichen und verabscheydet / daß / wann einige Schwedische Orlogs-Schiffe groß oder klein / eines oder mehr / beladen oder unbeladen durch den Sund lauffen / solches oder dieselben in dem Sund gegen Cronenburg kommende / jetzt berührtem Schloß Cronenburg zu Ehren / und nirgends anders in dem Canal deß Sundes / sein oder ihre zween Topffeegel auf der grossen Mast / biß solches oder dieselben die Vestung passiret / fallen lassen / und die Schwedische Lösung schiessen / auch mit der Dänischen Lösung von dem Schlosse wiederum geehret werden / und da die Orlogs-Schiffe als bald darauff ohne niederlassung des Anckers ihren Cours fortsetzen / ihnen solches frey stehen / und dieselben zu keinem andern Bescheid verbunden seyn sollen. Würden aber einige Schwedische Orlogs-Schiffe aus ein oder ander Ursache in dem Sund für Ancker setzen / und der Gouverneur auff Cronenburg den Capitain des Schiffes / oder die Schiffe beschicken / dieselbe / woher sie kommen / mit Freundlichkeit befragen und ihren Seepaß / jedoch ohne Zumuthung einiger weitern Beschwerde / zu sehen begehren lassen / alsdann soll der Capitain auff dem Schwedischen Orlogs-Schiffe sich nicht weigern / des Gouverneurs abgeordneten seinen Seepaß vorzuzeigen / und sie also bey allen Begebenheiten einander mit Freundschafft und Höfflichkeit begegnen / sonsten in andere wege aber mit Einziehung der Flaggen / oder dergleichen nicht beschweret werden. So viel aber den Belt betrifft / stehet es den Schwedischen Orlogs-Schiffen frey / nach Anleitung des Windes und der Gelegenheit Nyeburg zu passiren / doch daß sie in der Nähe des Schlosses Nyeburg die Anker fallen lassen sollen / und wird es allda wie bey Cronenburg im Sund gehalten.

VI.

Alle andere Schwedische / Jhr Königlichen Mayestät Unterthanen und Einwohnern in Schweden / Finnland / Jngermanland / Estland / und Liefland zugehörige / und mit lauter Bürger und Einwohner-Güter und Wahren beladene Schiffe / als welche vermöge dieses Vertrags und Vereinigung / von allen Molestien und Beschwehrungen exempt und befreyet seyn / sollen von Jhr. Königl. Majestät selbst / oder dero Bedienten / in dero selbst angehen den Sachen oder von Burgermeistern u. Rath in den Städen einen General-Paß über die Schiffe u. Güter / welche Bürgern und andern des Reichs Einwohnern zuständig / mit sich führen / welcher mit General-Worten daß Schiff und Gütern vorbemeldten Schwedischen Unterthanen und Einwohnern zugehören / bezeuget: und soll solcher Paß nachfolgender Gestalt lauten:

Concept eines General-See-Passes für ein Schwedisch Schiff / so gantz Schwedisch / und mit Schwedischen Gütern beladen ist / welches mutatis mutandis auf frembde Schiffe / so lauter Schwedische Güter führen / aptiret und gerichtet werden kan.

Wir Bürgermeister und Rath N. N. thun zu wissen / daß dieses Schiff N. worauff N. Schiffer / ist Schwedisch / und in unser Stadt (oder einer andern Schwedischen Stadt) zu Hause / und mit Gütern und Wahren / so alleine Schwedischen Leuthen zuständig / beladen / und nach der West-See zu gehen gewilliget / wie solches dessen Reder N. nebenst seinen Mitredern und Consorten (so ferne mehr Mitreder gefunden werden) für uns und unserm Gerichte bezeuget / u. darüber diesen unsern Paß u. Urkund zum Beweiß / daß Schiff und Gut vermöge der Gerechtigkeit und den Reichs-Abscheiden / in dem Sunde und Belt ohn allem Zoll und Beschwerden befreyet zu seyn gebühret / begehret hat. Urkundlich haben wir dieses mit der Stadt Jnsiegel und des Stadtschreibers Unterschrifft bekräfftiget. Actum, &c. Welchen Paß / nachdem er auf der Zoll-Buden in Helsingör von denjenigen / so durch den Sund segeln; und in Nyeburg von denen / welche durch den Belt gehen / aufgewiesen worden / Jhr. Königl. Maj. zu Dennemarck Zöllnern eingelieffert werden / und dieser hingegen verpflichtet seyn soll / als fort ohne Aufhalten seinen Beweiß mit dem Tag und Dato, daß selbiges Schwedisch Schiff und Güter durch passiret / und seinen See-Paß vorgezeiget / von sich zu geben und solchen des Jnhalts / wie folget:

Concept des Beweisses / so den Zöllnern in Helsingöer und Nyeburh den Schiffern / so ihre See-Pässe und Certificationen einliessern / zu geben oblieget.

Anno 1645. den in dem Monat hat Schiffer N. in N. zu Hauffe mit seinem Schiffe. N. mir seinen See-Paß oder Certification auf Schiff und Güter überantwortet. Datum N. Tag und Jahre x. Zu mehrer Gewißheit ist ihm dieser Schein mitgetheilet / und mag also das Schiff mit den Gütern und Leuten ohne Hinderniß / Nachtheil / Beschwehr / oder fernere molestie seinen Weg und Cours gehen.

VII.

Gleicher Gestalt soll es mit den von Schwedischen Bürgern und Einwohnern gemieteten Schiffen / so mit nichts anders / als eitel Schwedischen Gütern beladen / gehalten werden / welche nachdeme sie ihren mit General-Worten abgefasten See Paß / vorerwehnter massen / auf der Zoll-Buden zu Helsinghör oder Nyeburg gezeiget und eingelieffert / und von dem Zöllner daselbst ihren Beweiß (so auch ohne Verzögerung ihnen gegeben werden soll) empfangen / wie auch wegen des frembden Schiffes / oder dessen Antheils die Gebühr (jedoch des Schwedischen Schiffs oder dessen Amparts-Güter und Personen Freyheit ungekräncket) abgestattet haben / ebenermassen ohne fernere Beschwehr Hinderniß / oder Molestie / nach derselben Gelegenheit ihren Weg und Cours gehen mögen.

ANNO 1645.

ANNO 1645.

VIII.

Da auch einig Schwedisch geballastet Kauffarthey-Schiff den Sund oder Belt passirete / das soll auch auf Art und Weise / wie vorhin gesaget ist / auf der Zoll-Buden zu Helsinghöer und Nyeburg durch einen General-See-Paß seine Beschaffenheit / und daß es in Schweden / Finnland / Ingermanland / Estland / oder Liefland zu Hause / angeben / und hernacher ohne fernere Beschwehr / Hinderniß oder Aufhaltung / gleich wie vor erwehnet / nach dessen Gelegenheit seinen Weg und Cours fortsetzen mögen.

IX.

Solte aber einig groß oder klein Schiff / so mit theils Schwedischen / theils andern ausländischen Gütern und Wahren / welche dem Zoll im Sund und Belt unterworffen / beladen wäre / durch den Sund und Belt gehen / selbiges soll eine sonderliche Certification auf die Güter und Wahren / so es für Schwedische Bürger und Einwohner in Schweden / Finnland / Ingermanland / Estland und Liefland geladen hat / mit sich führen / und selbige Certification der gestalt formiret seyn / daß darinnen alle Last-Güter / welche offen / loß und ungebunden / mit ihrem Gewicht / Zahl und Masse an Schiffpfunden und Lasten specificiret / als da ist Kupfer / Meßing / Eyssen / Theer / Pech / allerhand Getreydig / Saltz / eingesaltzene Fische / Butter / Talch / Hanff / Flachs / oder dergleichen Wahren: Aber Kramer-Wahren / und was in den Kisten / Packen / Fässer oder Tonnen / geschlagen und eingefasset werden kan / solches soll ohne Specification der Wahren mit Schwedischen und eines schweden Marck- oder Kennzeichen auf den Kisten / Packen / Fässern und Tonnen gezeichnet / und daß selbige Packen / Kisten / Fässer und Tonnen / nebenst darinnen befindlichen Wahren / Schwedischen Bürgern und Einwohnern zugehören / in der Certification ohne Specification der Sorten / bezeugt werden: Gestalt dann mehrerer Richtigkeit halber / und um alle disputen und Miß-Verstände zu verhüten / das Formular der Certificationen hierbey folget:

Concept der Certificationen für ein Schwedisch Schiff / so mit einem Theil Schwedischen / und mit einem Theil unbefreyeten Gütern beladen / welches mutatis mutandis auf ein befrachtet / oder ungemiethetes frembdes Schiff zu accommodiren.

Wir Burgermeister und Rath N. N. thun zu wissen / daß für uns und unserm Gerichte an untergesetztem dato N. N. Bürger in dieser Stadt (oder einer andern Schwedischen Stadt oder sonsten ein Schwedischer Einwohner) sich eingestellet / und zu erkennen gegeben hat / was gestalt er in das Schiff N. so N. zugehörig / und worauff N. Schiffer einschiffen lassen / Kupffer / Eisen / Flachs / Hanff / Schiffpfund / &c. Weitzen / Roggen / Gersten · Last oder Tonnen / &c. Breter / Dielen / &c. Masten / Stück &c. Weinpeipen / Oxhöfft-Ahmen / Bier Last &c. Packen / Kisten / Fässer und Tonnen / mit allerhand Schwedischen Kram-Guter und Wahren (den Zahl darzu gesetzet) bezeichnet mit N. Kennzeichen / so ihme oder dem Bürger und Einwohner N. zugehöret / begehrende darnechst zum Beweiß diese unsere Certification, daß das Schiff gantz / oder weniger / nebenst obspecificirten Gütern / vermöge der Gerechtigkeit und der Reichs-Abschieden / in dem Sund und Belt / von allem Zoll und Beschwerde befreyet zu seyn gebühret. Uhrkundlich haben wir dieses mit der Stadt Insiegel und mit des Stadtschreibers Unterschrifft bekräfftiget. Actum.

Und wann eine dergleichen Certification, wie erwehnt / nach Anleitung der Wahren eingerichtet / auf der Zollbuden zu Helsinghöer oder Nyeburg vorzeiget und eingeliefferet worden / alsdann sollen die dergestalt certificirte Wahren hernacher mit fernerer Visitation, Inquisition, Arrest und detention und Gerichts-Processen oder Consifcation nicht beschweret oder angefochten werden. Da es sich auch begebe / daß wegen der andern dem Zoll unterworffenen Gütern einige Inquisition anzustellen / Anlaß und Ursach gefunden / und der Unterschleiff so groß seyn würde / daß das Schiff und die Segelation durch Ausstellung einiger Bürger nicht zu salviren seyn könte / so sollen sie mit der Zollbeschwerende Gütern / worauff man einen Argwohn oder Action haben wird / alsofort ausgeladen und alda zu Helsinghör oder Nyeburg aufgebraucht / und solches zum höchsten innerhalb acht Tagen verrichtet werden / damit das Schwedische oder gefrachtete Schiff / samt den Schwedischen Gütern auf das längste ehe acht Tage vergehen / ungehindert seinen Cours möge fortsetzen können / und die Schwedische nicht länger aufhalten vielweniger der Schwedischen Finnischen / Ingermanländischen Ehestischen und Liefländischen Unterthanen und Einwohner Schiffe / Güter und Wahren / von wegen solcher Fauten oder Versehens / mit einiger Action oder Beschwerde beleget oder bekümmert werden.

X.

Wird ein Schwedisch / Finnisch / Ingermannländisch / Ehstnisch oder Liefländisch Schiff gefrachtet / und mit frumbden dem Zoll unterworffenen Gütern beladen / soll selbiges nicht weniger auf Schiff und Leute / aller Freyheit / Gerechtigkeit und Immunität / so den Schwedischen mit Recht und Krafft dieses Vertrags zustehet / geniessen / doch daß der frembde Kauffmann in dem Sund / und Belt wegen seiner Güter die Schwedische Freyheit unverletzt / Bescheid gebe und Richtigkeit mache.

XI.

Und damit vorberührter Schwedischer Unterthanen Schiffe und Güter in ihrer Reyse wieder ihren Willen / oder zu ihrem Schaden und Abgang / nicht aufgehalten oder versäumet werden mögen / so hat man an Dännemärckischer Seiten versprochen in Helsinghöer und Nyeburg dergleichen Anstalt zu machen / daß der Zöllner / oder welcher darzu verordnet wird / sich alle Tage Vor- und Nachmittag zu gewissen Stunden an der Zollbuden finden lassen / und allda die See-Päße und die Certificationen annehmen / und alsofort ohne Verzug die Beweiße in dergleichen Form / wie vorhin beschrieben / aussertigen / und den Schiffern überantworten soll / damit also die Schwedischen Schiffe und Gütere ohne alle fernere Hinderniß und Beschwerde ihren Cours fortsetzen / und in allen unangefochten pasiren mögen.

XII.

Begiebt es sich hiernechst / daß vorbesagte Ihr. Königl. Majestät Orlog-Schiffe oder der Unterthanen einige oder gemiethete Schiffe durch Ungewitter oder andere Ungelegenheit getrieben in Norwegen oder andere Häffen in Dännemarck Sicherheit und Anfahrt suchen / so soll ihnen solches ohne Zoll / Inquisition, und einigerley Beschwerung frey stehen / allein daß die Schwedischen Schiffer das Anckergeld und was andern Freunden und Frembden aufgeleget ist / oder wird / bezahlen; sonsten aber / wegen des Zolls und anderer Beschwerung auf die Güter / oder mit einiger Inquisition nicht molestiret werden. Jngleichen sollen auch selbige Schiffe der Freyheit und Gerechtigkeit geniessen / daß sie zu ihrer Reparation, oder zu der darauff befindlichen Leuten Erquickung / was sie von nöthen haben und bedürffen / für die Billigkeit einkauffen mögen. Selbiger Gerechtigkeit sollen die Dähnischen Schiff in den Schwedischen / oder der darunter gelegenen Provintzien Häfen / da dieselben entweder durch Sturm und Ungewitter / oder sonsten um ihre Erquickung zu suchen dahin gerathen / hinwiederum zu geniessen haben.

XIII.

Wann es sich auch zuträgt / daß Ihre Königl. Majestät oder dero Successoren / die Könige in Schweden / &c. entweder in denen an der West-See gelegenen ihrer Fremde Ländern einig Kriegs-Volck zu Pferd und zu Fuß werben lassen / und solches in der Ost-See bedörffen / oder auch einig Kriegsvolck aus Wester-Gothland in die Ost-See durch den Sund und Belt / und wieder zurück zu führen suchen solten / so ist veraccordiret und verabscheidet / daß Ihr. Königl. Majestät in Schweden und dero Successoren solches solle frey stehen / damit sie darinnen auf keinerley Weyse verhindern werden. Jedoch daß man nicht mehr als auf das höchst zwölffhundert Mann / oder weniger / zugleich durchführe / und daß man es zum wenigsten drey Wochen vorhero / ehe es anlanget / Ihr Königl. Majestät in Dännemarck &c. und dero Successoren notificire damit alle Ombrage benommen und die Paßage ungehindert und unperturbiret gelassen werden möge. Da aber sonsten Officirer oder Schwedische mit ihren Pferdten und andern Reysezeug durch den Sund und Belt schiffen möchten / das soll ihnen ohne einige Notification frey und offen stehen.

XIV.

Damit auch künfftig kein Mißverstand einreissen oder zwischen diesen Reichen erwachsen möge / wann etwan beyder Reichen Schiffs-Flotten sich begegnen / oder ein Orlogs-Schiff dem andern begegnet / oder das Schwedische ex occasione in den Sund oder Belt kommen / und allbar Ihr. Königlichen Majest in Dännemarck Schiffe oder Flotten für sich finden / oder diese an einige Oerter oder Häfen / da Schwedische Schiffe oder Flotten sich befinden / kommen mochten / so hat man sich hierüber auch dergestalt verglichen / daß / wenn des einen Reichs Flotte der andern in der Ost oder West-See begegnet / oder in einige Hafen kombt / soll die eine die andere freundlich empfangen / und beyde einander mit freundlicher Lösung begrüssen und ehren / aber nichts darüber versuchen oder eine Justification, was für Prætension auch eine oder ander über das Dominium Maris, oder den Hafen zu machen hat / oder vermag / anmuthen: dasselbige soll auch geschehen / wenn ein oder zwey Schiff einander begegnen / inacht genommen werden. Da aber eines oder zwey Schiffe einer gantzen Flotte begegnen / alsdann soll dasselbe oder beyde / nebenst der Lösung das grosse Topffsegel so lang fallen lassen / bis solches oder selbige die Flotte pasiret / oder die Flotte in den Hafen gesetzet hat / und werden nicht weiter weder zu Einwickelung der Flaggen oder dergleichen gehalten / noch ihnen ein mehrers zugemuthet. Auf dem Fall aber / daß mehr als zwey Schiff einander folgen / und also eine Flotte machen / alsdann vergnügen lassen / und keinen weder die Fällung des Topffsegels / noch etwas anders angemuthet werden.

XV.

Anno 1645.

XV.

Durch den Sund und Belt mögen eins / zwey / drey / vier / oder zum höchsten fünff Orlogs-Schiffe in einer Flotte zugleich / ohne einige Jhr. Königl. Majest. zu Dännemarck oder dero Successoren vorhero beschehene Notification passiren und wann sie in den Sund kommen / sollen sie wie vorhin angedeutet ist / die Schwedische Lösung schiessen / und für der Vestung Cronenburg / bis sie selbige vorbey / das grosse Topsevel fallen lassen. Finden sie auch allda vor sich Jhr. Königl. Majest. zu Dännemarck Schiffe oder Flotte / alsdann sey alles für eines gerechnet / und keiner zu einen mehrern verbunden. Vielweniger ist einige andere Justification nach Entwickelung oder Einziehung der Flaggen anzumuthen. Auf den Fall aber Jhr. Königl. Majest. in Schweden / ꝛc. oder dero Successoren mit mehr Schiffen und grösser Flotte durch den Sund oder Belt auf einmahl zu gehen vermöthen haben möchten / so ist verabscheidet und verglichen / daß solches Jhr. Königl. Mayest. zu Dännemarck und dero Successoren zum wenigsten drey Wochen vorhero notificiret werde / damit der Flotte Ankunfft keine ungleiche Gedancken oder diffidenß verursachen möge. Und wann nun derselben Ankunffte notificiret ist / soll solches ohne alle Gegenrede von Dänischer / und ohne allen zufügenden Schaden von Schwedischer Seiten / vollführet und zu Werck gestellet werden.

XVI.

Was den Zoll bey Ruden / allwo Jhr. Mayestät zu Dännemarck ꝛc. nun etzliche Jahr hero dero Galleye liegen gehabt / und den Zoll haben einnehmen lassen / betrifft / selbigen haben Jhre Mayestät zu Dännemarck ꝛc. hiermit abtreten und renunciret sich dessen hinkünfftig nicht mehr anzunehmen / seiner zu geniessen oder zu gebrauchen / noch hiernach auf einigerley Weise einiger Gerechtigkeit sich alldar anmassen.

XVII.

„ Belangend den Zoll / welchen Jhre Königliche Mayestät „ zu Dännemarck nun etzliche Jahre hero von denen auf der „ Elbe nach und von Hamburg passirenden Schiffen und Gütern zur Glückstatt heben lassen / ist man deßfalls so weit „ veraccordiret und verglichen / daß wenn Jhro Königliche „ Mayestät zu Dännemarck ꝛc. mit dem Hamburgern / über „ Beyder vorgewesenen Mißverstände und Abschaffung des „ Zolls / jetzo in Handlung stehen / es ingemein dabey verbleibet / dafern sie sich verglichen / und der Zoll abgeschafft wird / „ Jhr. Königl. Mayest. in Schweden / ꝛc. auf der Elbe „ trafiquirende Unterthanen dessen auch zu geniessen haben / da „ aber über Verhoffen mit den Hamburgern diese Zollstreitigkeit annoch eine Zeitlang continuiren / oder die Hamburger „ zu einigem Zoll sich solten verstehen können / so haben die „ Dänischen Commissarien im Nahmen ihrer Königlichen „ Mayestät zu Dennemarck ꝛc wie auch wegen des Hertzogs „ von Hollstein / zugesaget und versprochen / daß alle Jhre „ Königlichen Mayestät Unterthanen und Land-Einwohnere „ in Schweden / Finnland / Jngermanland / Estland und „ Liefland / so auff der Elbe tranquiren / von allen Jhre Königlichen Mayestät zu Dännemarck ꝛc. und des Hertzogens „ von Hollstein / entweder in Vestungen oder auf Schiff und „ Pramen befindlichen und hingelegten Bedienten / unangefochten / ingleichen von den Zoll- und andern Beschwehrungen befreyet / und ohnangefochten seyn / auch nicht zu Vorzeigung einiges See-Passes / vielweniger einer Certification „ oder zu anderer Justification genöthiget werden sollen.

XVIII.

Und weil in den vorgangenen Zeiten und deren Verlauff befunden worden / daß die Freyheit und Gerechtigkeit / welche zum Theil aus alter Gewohnheit / zum Theil vermittelst einiger zwischen den Reichen gemachten Vertrag- und Pacten / die Schwedischen in Dännemarck und Norwegen / und die Dänische und die Nordische in Schweden / so wohl wegen des mutuellen Handels und Wandels / als der Zoll-Freyheit genossen / zum öfftern zwischen beyden Reichen Hader und Streit / wie auch Unlust verursachet / und zu verschiedenen mahlen des einen Reichs Herren und Unterthanen gegen des andern Obrigkeit und Einwohner aufgewickelt haben / so daß auch die Freundschafft zwischen den Reichen mehrentheils aus dieser Ursach ihren Anstoß bekommen / und fast keine Zusammenkunfft zwischen der Reiche Commissarien gehalten zu seyn befunden wird / welche nicht dieses Gravamen mit sich auf die Bahn geführet / ohnangesehen / daß solche Freyheit wegen des gegenwärtigen allgemeinen Weltlauffs viel weniger jetzo als vorhin / vermag gehalten zu werden: Als ist auf beyden Seiten für gut befunden worden / veraccordiret und verabschiedet / daß für die Dänische und Nordische in Schweden / und für die Schwedischein Dännemarck und Norwegen alle Zoll- und Freyheits-Beschwehrungen sollen aufgehoben und cassiret seyn; jedoch den Schwedischen die Durchfahrt und Zoll-Freyheit in dem Sund und Belt / wie gesaget ist / ungekrencket. Ebener massen soll aller Schwedischer Kauffmanns-Lauff mit den Wahren über die Grantze in Dennemarck und Norwegen / und der Dänischen und Nordischen Kauffleute Lauff mit ihren Wahren über die Grentze in Schweden verbotten seyn und solches so wohl auf dem Lande / als in dem Land oder Ober-Städten. Wann auch hiernechst einiger Schwedischer Kauffmann in Dännemarck und Norwegen einigen Handel treiben wolte / solte er dessen in den ander See verordneten Stapel-Städern / wohin andere Frembde und Fremde kommen mögen / Recht und Macht / wie auch selbiger Freyheit und Gerechtigkeit zu geniessen haben / deren andern Frembde und Freunde / nach Dänischen Rechten und Statuten / auch der Städte Privilegien / ungekrenckt geniessen: Und wenn hiernechst einiger Dänischer oder Nordischer Kauffmann in Schweden / oder dem darunter belegenen Provintzien einigen Handel treiben wolte / soll er in den an der See verordneten Stapel-Städten / wohin andere Frembde und Fremde kommen mögen / solches zu thun dasselbige Recht und Macht wie auch selbiger Freyheit und Gerechtigkeit zu geniessen haben / so andere Frembde und Freunde nach Schwedischen Rechten und Statuten auch der Städte Privilegien / ungekrenckt geniessen auf daß Jhr Königl Maj. in Schweden / und Jhro Königl. Mayestät zu Dennemarck ꝛc. ungeturbiret / und der eine ohne des andern Einrede in seinem Reiche / und mit den Seinigen nach Gelegenheit und eygener Willkühr disponiren und ordiniren möge.

XIX.

Mit dem Lauff der Ebbe zwischen Wester-Gothland und Bahus / wie auch der Segelation nebenst den Commercien auf der Ebbe / soll es auf die Art und weise / wie auch / bey selbiger Gerechtigkeit und Freyheit / als es von Alters hero gewesen / verbleiben. Die Ebbe haben ihren freyen / ungeturbirten und ungehinderten Lauff zu beyden Auslauffen / nach Gothenburg und Kungelle / und was zu dieser einigen præjudicio, in der Ebbe gebauet und niedergesencket / solches ist aufzunehmen und wieder zu reinigen / insonderheit mag dasjenige / so bey Bahus / umb die Ebbe zu stopffen / eingesencket / von demjenigen / so einige Hindernüß darob empfunden / wieder aufgebracht / und der Lauff so gut / als er vor diesem gewesen / hinwiederum gemachet werden / auch sollen die Schwedischen von den Dänischen und Nordischen / und diese von den Schwedischen hierinnen nicht gehindert / sondern vielmehr nach Billigkeit und der Gebühr befördert und ihnen geholffen / wie nicht weniger dahin gesehen werden / daß die Segelation und Fahrt in der Ebbe / nach und von Gothenburg von allerhand Hinderniß / Beläsitg- und Beschwehrung in allewege / wie von Alters hero / auf- und abwarts befreyet seyn möge.

XX.

Es ist auch verglichen und verabscheidet / daß Jhro Königliche Mayestät in Schweden / wie bishero / also auch hinführo / dero Postverwalter in Helsinghöre haben / ingleichen zwischen der Schwedischen Gräntz und Hamburg / dero Posten / welche Jhro Königliche Mayestät und dero Unterthanen / auch mehr andern Schreiben / so hier im Reiche hin und wieder verschickt werden / tragen / ohne Hinderniß / Aufhaltung und Inquisition lauffen lassen mögen; Gleichermassen soll auch Jhrer Mayestät zu Dennemarck freystehen / dero Diener in Stockholm zu haben / umb alldar dero und deroselben Unterthanen Geschäffte zu verrichten.

XXI.

Die Land-Güter / welche die von der Ritterschafft / die Schwedische in Dännemarck und Norwegen / und die Dänische und Nordische in Schweden / vor dieser Fehde gehabt haben / und nun auf einer und andern Seiten confisciret seyn / selbige sollen dem rechten Eigner restituiret werden; und dieser solche nach jedwedem Reichs-Rechte und Statuten / auch den vorigen Verträgen / besitzen / derselben ungehindert und unabgekürtzet geniessen.

XXII.

Und weiln der Krieg auf einer oder der andern Seiten etliche Confiscationes verursachet hat / oder sonsten den Unterthanen in währendem Kriege einiger Schade zugestanden seyn mag; Als ist solches alles zu beyden Seiten beygeleget / aufgehoben und vergessen. Auch soll alles / was auf der einen oder der andern Seiten ist confisciret und bereits executiret / oder zu Abbruch und Schade genommen hat / wie es ist / verbleiben und von keinem Theil / oder dessen Unterthanen hiernechst einiger massen erwiedert / noch die da schuldig gewesen / und auf Ordre bezahlet / hiernechst von ihren Creditoren darüber in- oder ausserhalb Reichs besprochen oder molestiret werden.

XXIII.

Befindet sich aber auf heutigem dato etwas ungeexecutiret / es sey zu der Confiscation verurtheilet oder nicht / wie auch / was für Schuldforderung des einen oder andern Reichs-Unterthanen und Einwohner / beyder Cronen selbst / und also die Schwedischen bey ihrer Königlichen Mayestät zu Dännemarck / und die Dänisch- und Nordischen bey Jhro Königl. Mayestät zu Schweden / für der Fehde ausstehend gehabt / und ge-

ANNO 1645.

gebührlicher massen beweisen können / darzu soll ihnen ohne Verzögerung aufs förderlichste verholffen und Contentement verschafft werden.

XXIV.

Solte auch auf einer oder ander Seiten / entweder in Schweden oder Dennemarck / seythero der Fehde / einig Uhrtheil in jemands Præjuditz oder Nachtheils / es sey Schwedischen in Dennemarck / oder Dänischen und Nordischen in Schweden gefället und ausgefertiget seyn / selbiges soll als unausgefertiget und ungefället geachtet werden / und jedwederm freystehen / sein Recht aufs neue zu suchen und zu beweisen.

XXV.

Nachdem Ihrer Königlichen Mayestät die Königin Christina in Schweden ꝛc. sich in dieser Fehde etlicher Ihr Königlichen Mayestät zu Dännemarck ꝛc. Vestungen / Provintzien / Länder und Städten in Jütland / Schonen / Halland / Bleking / Bornholm / Hollstein / Stormarn und Dittmarschen / insonderheit aber und mit Nahmen / Christian-Preiß / Pinnenburg / Helsingburg / Lands-Cron / Laholm / Engelholm / Elffsburg / Hammerhusen / oder wie sie sonsten Nahmen haben und genennet werden / durch die Waffen bemächtiget haben / und selbige jetzt jure belli besitzen; Als hat im Nahmen und von wegen der Königlichen Mayestät in Franckreich wohlbemelter deren Ambassadeur fleissig angehalten / suadiret und vermahnet / daß Ihre Königliche Mayestät unsere allergnädigste Königin Ihrer Mayestät in Dennemarck erstberührte Provintzien / Vestungen / Städt und Länder restituiren / wieder überlassen und abtretten wolten; Welche fleissige und offtmahlige Vermahnung und Rath Ihre Königliche Mayestät so wohl in Betrachtung des manngfältigen Unglücks / so die Continuation des Kriegs mit sich führet / und welchen sie lieber vorkommen wollen / als auch in Erwegung / wie hochnöthig es sey / daß durch diesen der Nordische Reiche Frieden und Freundschafft / zu der nun eine lange Zeit hero perturbirten Christenheit Vereinigung und Ruhe ein guter Eingang gemacht werden möchte / bey sich haben gelten und statt finden lassen; Nicht wollende / daß die grosse Begierde / affection und Verlangen / so beyde Ihrer Mayestät der König und dessen Frau Mutter die verwittibte Königin / Regentin in Franckreich / wegen Abhelffung der zwischen diesen Nordischen Reichen entstandenen Streitigkeiten / Verwirrungen / Unlust und Orlog / getragen und erwiesen / ohne Effect und Frucht ablauffen solten. Bevorab nachdeme Ihre Mayestät zu Dennemarck von dem Königlichen Frantzösischen Ambassadeuren suadiret und vermahnet / für sich und ihre Successores, die Dänische und Nordische Könige und Cronen zur Vergeltung und Satisfaction vorbemelter restituirten Provintzien / Vestungen / Städten und Länder / Ihrer Königlichen Mayestät und dero Successoren den Schwedischen Königen und Cronen Jemterland und Herrdalen / so sich auf der Schwedischen Seyten des Fjälles / welches ist das grosse Gebürge / so Schweden und Norwegen scheidet) etwas belegen zu seyn befindet. Gothland mit Wysby / Stadt und Schloß / nebenst darzu gehörigen Insuln und Scheeren / wie auch Oesel mit Arensburg / und darunter liegenden Insuln und Zubehörungen / sambt allen darzu belegenen Land und Leuten / Hoheit / Herrlichkeit / geist- und weltlichen / Jurisdiction, Schatz / Zoll / Ingeldt / Renten und Gerechtigkeit / zu Lande und zu Wasser / gleichwie die Dänischen und Nordischen Könige / insonderheit Ihre Königliche Mayestät jetzt regierender König / Christian der Vierdte / selbige bisher genossen und besessen / abzustehen und abzutreten bewilliget und beliebet hat / und daß solche hinführo Ihrer Königliche Mayestät / dero Successoren und der Cron Schweden zu ewigen unwiedersprechlichen Eygenthum verbleiben und Folge leisten sollen / wie dieses alles die darüber absonderlich abgefassete / und von Ihrer Königl. Mayestät und den gesampten Reichs-Rathen in Dennemarck unterschriebene und versiegelte Cessions Brieffe mit mehrern ausweisen Ausser dem haben Ihre Königliche Mayestät zu Dennemarck für sich / dero Successores und die Cron Dennemarck beliebet / Pfandtweiß und zur Versicherung / daß alles / was in diesen Patenten wegen Ihrer Königlichen Mayestät / dero Successoren und Unterthanen in Schweden / Finnland / Ingermanland / Estland und Liefland / Commercien- und Segelations-Freyheit durch den Sund und Belt vorerzehlter massen verabscheidet worden / recht gehalten und nachgelebet werden soll / Ihrer Königlichen Mayestät / dero Successorn und dero Cron Schweden die nachstfolgende dreyssig Jahr / gantz Halland / mit dessen Vestungen / Laholm / Helmstatt und Warburg / wie auch die darinnen und darunter gelegene Stadten und Flecken / Laholm / Helmstadt / Falckenburg / Warburg und Königslaecka / sambt dem nach den alten rechten Gräntzen und Landzeichen darunter belegenen Land und Lehen / mit dergleichen Condition abzustehen und abzutreten / daß Ihre Königliche Mayestät und dero Successoren und die Cron Schweden erstgedachte Provintzien Halland mit ihren Vestungen / Städten und Lehen sambt alle Recht und Gerechtigkeiten / Renten / Zoll / ordinaire und extraordinaire Ingeldern / Hoheit / Herrlichkeit geist- und weltlicher Juridiction, nebenst allen andern Nutzbarkeiten an Insuln / Wasser / Hafen und Ströhmen / wie auch Land und Leuten / nichts / wie es Nahmen hat / oder haben kan / ausgenommen / sondern allerdings wie die Könige in Dennemarck / und sonderlich Ihre Königliche Mayestät jetzt regierender König / Christian der Vierdte / selbige genossen und besessen haben / besitzen und geniessen / und alle deren Einwohner auf dem Lande und in den Städten / Geist- und Weltliche / Adel und Unadel / so alldar wohnhafft verbleiben / allein Ihrer Königliche Mayestät und dero Successoren den Schwedischen Königen und Cronen in vorberührten 30 Jahren / und bis sie ordentlich und nach Inhalt dieses Vertrags wieder zurück geliefert werden / mit Eyd und Pflichten zur Huldigung / Treu / Gehorsam und Diensten verobligiret seyn sollen. Wie solches der ausgefertigte / von Ihrer Königlichen Mayestät zu Dennemarck und den sämptlichen Reichs-Räthen unterschriebene und versiegelte Pfand und Versicherungs-Brieff weiter besaget und erkläret. Und ist bey dieser Versicherung dieses insonderheit verabscheidet und versprochen / daß / wann die 30. Jahre verflossen / und Halland restituiret werden solle / alsdann Ihre Königliche Mayestät / dero Successorn und der Cron Dennemarck ehe und bevor Halland zu restituiren / entweder dasselbige oder an dessen Stelle ein anders / so gleich gut / und womit Ihro Königliche Mayestät dero Successorn und die Cron Schweden sich eben wohl versichert und vergnügt befinden / gegeben werden solle

„ Hinggegen haben auf Ihrer Königlichen Mayestät unser „ allergnädigsten Königin Ordre und Befehl / wie aus vorer„ zehlten Ursachen in Krafft dieses Vertrag alle das Jus und „ die Gerechtigkeit / so Ihre Königliche Mayestät zu den „ Vestungen / Schantzen / Provintzien / Städten und Terri„ toriis, welche Ihre Königliche Mayestät in dieser Fehde „ vermittelst göttlichen Beystandes / und durch Kriegesmacht „ erobert und hier nicht per expressum ausgenommen seyn / „ jure belli haben könten / abgestanden / und selbige Ihrer „ Königlichen Mayestät und der Cron Dennemarck wieder„ umb abgetreten und überliefert / nehmlichen dergestalt / daß „ Jütland nebenst den Fürstenthumern / Schleßwig / Hollstein / „ Stormarn und Ditmarschen / so viel darvon in Ihrer Kö„ nigl Mayest Händen befindlich / insonderheit die Vestung „ Christianpreiß / wie auch Pinneberg mit der Schantze bey „ Neustadt / sambt mehr andern in vorgedachten Fürsten„ thümbern eingenommen / und besitzten Schantzen / Vestun„ gen oder adelichen Häusern; Item Helsingburg und Lands„ Cron / Sieburg / nebenst ein Theil vesten Adelichen Häu„ sern in Schonen und Bleckingen / wie auch Bornholm sampt „ darauff liegenden Haus Hammershausen / mit all den „ Städten / Aemptern / Land-Gütern / so in Jütland / den „ Fürstenthümbern Schleßwig / Hollstein / Stormarn und „ Ditmarschen / Schonen und Bornholm / oder zu erwehn„ ten Vestungen gehörigen / abgetreten werden / und sollen „ selbige / jedoch nur die blosse Vestungen / nebenst denen „ Land-Gütern / und anders nichts / hernacher / wann sie nach „ Inhalt dieses Vriedens-Vertrags wieder geliefert seyn / „ Ihr Königl. Mayestät und der Cron Dennemarck in all„ wege ungehindert Folge leisten.

XXVII.

So ist auch im Nahmen und von wegen Ihrer Königlichen Mayestät zu Schweden / Ihrer Mayestat zu Dennemarck / dero Successorn und der Cron Dennemarck / wiederum zugesaget und versprochen / daß mitlerweil Halland in Krafft dieses Vertrags zu Versicherung unter Ihre Königliche Mayestät / dero Successoren und der Cron Schweden verbleibet / Ihr. Königl. Mayestät alle diejenigen / so in Halland wohnhafft seynd / Adel und Unadel / Geist- und Weltliche / Bürger und Bauren / bey denselben alten Privilegien / Freyheiten / Dänischen Recht und Gerechtigkeiten / auch die Kirchen-Ordnungen ungeturbiret / und einen jedweden bey den Seinigen verbleiben lassen / regieren und beschützen / auch dieselbigen nicht weniger / wie vorhin / als auch hinführo / mächtig seyn lassen wollen / das ihrige zu besitzen / zu behalten / zu verkauffen oder zu veralieniren / wie auch nach Belieben sich anderswohin zu begeben oder zu verbleiben.

Insonderheit ist denen von Adel / welche beyde in Halland und anderswo in Dännemarck Güter haben / und lieber in Dennemarck verbleiben wollen / bewilliget / daß sie nichts destoweniger ihre Güter in Halland ungeturbiret geniessen / selbe besuchen / besichtigen / und darüber nach ihren guten Willen und Recht disponiren mögen / jedoch dergestalt / daß Ihre Königliche Mayestät und der Cron Schweden darum das Recht / die Gerechtigkeit / der Gehorsam und Dienst / so sie vor diesem den Dänischen Königen und der Cron Dännemarck schuldig gewesen / geleistet werde.

Folgends / da die von Adel / welche keine andere Güter / als in Halland haben / oder sich in Halland auf ihren Gütern mehrentheils und allezeit aufhalten wollen / Ihrer Königliche Mayest. dero Successoren und der Cron Schweden / gleichwie sie vor diesem denen Dänis. Königen zu thun schuldig gewesen / den Huldigungs-Eyd zu leisten und sich zum Gehorsam / Treu und Dienst verobligiren / gehalten seyn sollen.

Alle andere in Halland wohnende Priester / Bürger und Bauern verbleiben / wie vorhin gesagt ist / Ihrer Königlichen Mayestät / dero Successoren und der Cron Schweden in obberührten 30. Jahren / und bis die Restitution ordentlicher weiß geschehen / allein verobligiret / und alle Pröbste oder

Priester

ANNO 1645. Priester gehorchen dem Bischoff oder Superintendenten und Consistorio, so Ihre Königl Mayest. ihnen zuordnen werden. Sonsten ist auch im Nahmen und von wegen Ihrer Königlichen Mayestät / dero Successoren und der Cron Schweden zugesaget und versprochen / daß die Vestungen in wehrender Zeit nach aller Möglichkeit bey Macht und Esse gehalten / und wann die 30. Jahr verflossen / und Ihrer Königlichen Mayestät zu Dännemarck / dero Successoren und die Cron Schweden / dero Successoren mit gleicher guten und satsamen Versicherung contentirt und vergewissert haben / alsdann selbige Provintzien Halland mit vorbenannten Flecken / Vestungen / Landgütern und andern Zubehör Ihrer Königlichen Mayestät zu Dännemarck und dero Nachfolgern / mit guter Richtigkeit restituiret und wieder überliefert werden solle. Wie solches Ihr Königl. Majest. Reversalen alles mit mehrern nach sich ziehen.

XXVIII.

Und damit alles desto richtiger und gewisser auf einer oder andern Seiten zugehen / und kein Mißverstand wegen der Verwechslung / Restitution und Einräumung erwachsen möge; Als haben wir uns mit den Dänischen Commissarien dergestalt darüber vereiniget / daß / nachdeme die Ratificationes auff beyden Seiten verwechselt und ausgeliefert seyn werden / als dann 13. Tag des Monats Septembris in Ihrer Königlichen Mayestät zu Schweden auch dero Gevollmächtigten Händen Halmstadt und Warburg eingeräumet / und auff selbigen Tag zu ihrer Mayestät in Dännemarck Gevollmächtigten Händen Lands-Cron / Helsingburg restituiret / auch darauff also bald die Schwedische Armee und Kriegs-Volck von allen andern besetzten Häusern / Schantzen und Plätzen aus Schonen und Blecking / wie auch aus allen Ländern / so die Dänische behalten / über die Gräntze in Schonen und Halland abgeführet / und solches mit der wenigsten Überlast / als zu geschehen müglich / und dergestalt verrichtet werden soll / daß erwehnte veste Plätze in Schonen und Blecking innerhalb den drey und zwantzigsten Septembris zurück geliefert / und Ihrer Königliche Mayestät zu Dännemarck / rc. Gevollmächtigten sambt denen von Adel eingeraumbt / wie auch alle Schwedische Armeen über die Schwedischen Gräntzen abgeführet seyn sollen. Jedoch ist dieses vorbehalten / daferne einige krancke und untüchtige Soldaten / oder andere / so nicht marchiren können / oder auch einige eintzele Diener wegen dergleichen Dinge / so nicht also fort abzuführen stehen / zurück gelassen werden / daß dieselbe für die Billigkeit bis zu ihrer Gesundheit accommodiret werden / und die andern / bis das hinterlassene abgeführet / verbleiben mögen.

So bald Halmstadt und Warburg in Ihrer Königlichen Mayestät zu Schweden rc. Gevollmächtigten Händen eingeraumet und überliefert / soll Ihrer Königlichen Mayestät General-Feld-Marschall in Schonen / dero Commendanten und Obristen über die in Jütland und Hollstein liegende Armee solches alsbald durch einen expressen Botten und Schreiben notificiren / mit Ordre alsbald aus Jütland / Schleswig und Hollstein / Stormarn / Ditmarschen / und Pinneberg mit allen Ihrer Königlichen Mayestät zustehenden / und an denen Enden befindlichen Kriegs-Völckern sich mit der geringsten Beschwehrung / als geschehen kan / zu erheben und zu marchiren / jedoch daß die vesten Plätze und Vestungen bis zu dem rechten und hiernach beschriebenen Abführungs-Tag conserviret und erhalten werden mögen.

Auf den ein und dreyßigsten Tag Octobris sollen Ihrer Königlichen Mayestät zu Dennemarck rc. Befehlshabere und Völcker in Jempterland Herndalen / so viel / als von den Herrndaler auf der Schwedischen Seiten des Fälles / belegen / quittiren und selbige mit den Schantzen / so alldar aufgebauet seyn können / Ihrer Königlichen Mayestät zu Schweden Gevollmächtigten überantwortet und eingeraumet / desgleichen Oesel / Arnsburg / zusambt Gothland mit Wyßby / Schloß und Stadt (jedoch die blosse Vestungen allein) wie auch alle andere darunter gehörige Insulen / Scheeren / Schantzen / nebenst Land und Leuthen / Ihrer Königliche Mayestät in Schweden Gevollmächtigten angewiesen und eingeraumet werden.

Und ist dieses dabey abgeredet und verabscheidet / daß weiln Gothland und Oesel Insuln / welche in der offenbahren See gelegen seyn / und man also wegen Gewitter und Wind sich nicht so eigentlich und auf Tag und Stunde zu versichern vermag / auf Dänischer Seiten derohalben versprochen und zugesaget worden / daß / dafern Ihrer Königlichen Mayestät zu Schweden rc. Gevollmächtigte und Völcker ein / zwo oder drey Wochen vor gesetzten Tag anlangen solten / solche alsdann daselbst auf dem Lande so lange und bis der rechte zu der Einräumung verordnete Tag heran nahet / und nach Inhalt dieses Vertrags ihnen die Festung Wißby und Arnsburg einzuräumen und die Länder mit den Städten anzuweisen und aufzutragen seyn können / accommodiret werden sollen: Oder da die selbige durch Ungewitter und Wind verhindert / etliche Tag hernach angelangten / soll solches die Überantwortung und Einraumung der Vestungen und Länder / Gothland und Oesel nicht verhindern / oder derselben einig Nachtheil verursachen / und also die Execution der Einräumung nicht weniger / als wäre der Tag recht observiret und in acht genommen worden / ins Werck gestellet werden. ANNO 1645.

„ Worgegen auch versprochen und zugesaget / daß selbigen
„ Tag den 31. Octobris Ihrer Königlichen Mayestät in Dennemarck Gevollmächtigten Bornholm und Hammershusen
„ mit darzu gehörigen Land und Leuthen nebenst Christianpreiß
„ und Pinneberg überliefert / so wohl auch aus der Schantzen
„ bey Neustadt alle Völcker abgeführet / und da ein mehrers
„ oder anders in den Fürstenthümern Schleswig / Hollstein
„ Stormarn und Ditmarschen erobert und eingenommen zu
„ seyn befunden werden solte / solches ingesambt wiederumb
„ quittiret / und denjenigen / so es vor diesen zugehöret hat /
„ hinwieder eingeräumet / auch die Völcker mit so geringer
„ Beschwerung des Landes / als möglich ist / ordentlich und
„ wohl heraus geführet werden sollen.

Wie dann auch / da Ihrer Königlichen Mayestät zu Dennemark rc. Gevollmächtigte und Völcker vor oder nach dem zur Einräumung angesetzten Tage zu Bornholm ankommen solten / selbige gleicher massen / da sie zu frühe anlangen / auf dem Land bis zu rechter Zeit accommodiret werden / und deren spätere Ankunfft / die Überlieferung des Hausses und Landes / gleich wie es zuvor wegen Gothland und Oesel gemeldet worden / nicht præjudiciren solle / und soll nach diesem Tage Jempterland sambt Herrndalen / Gothland und Oesel / nebenst allen ihren Häusern / Vestungen / Territoriis und Gerechtigkeiten Ihrer Königlichen Mayestät / dero Successoren und der Cron Schweden zu ewigwährendem Eigenthum zugehören / und Halland sambt den Vestungen Laholm / Halmstadt und Warburg / wie auch deren Lehen an Städten und Landvolck / Unterthanen / und Gerechtigkeiten / Ihrer Königlichen Mayestät / dero Successoren und der Cron Schweden / Pfandsweise und zur Versicherung auf vorberührte Condition dreyßig Jahr lang Folge leisten / und dagegen alle die übrigen itzt restituirte Vestungen / Länder und Städte in Jütland / Hollstein / Schonen und Bornholm / auch da etwas in Norwegen erobert seyn könte / Ihrer Königlichen Mayestät zu Dännemarck / dero Successoren und der Cron in allewege ungehindert und unwiedersprechlich zustehen / und was etwa Ihrer Königlichen Mayestät in Schweden oder dero Befehlshabere aus vorbesagten Vestungen / oder Ihrer Mayestät zu Dännemarck und dero Befehlichshabere aus den eingeräumten und angewiesenen Vestungen in Halland / Gothland und Oesel / an Stücken / Ammunition / Mobilien / und andern Vorrath (nach deme mahl nichts mehr / als die blosse Vestungen zu liefern) alsbald nicht weg zu schaffen vermögen / der eine Theil von den andern in Abhohlung dessen / so zurück geblieben / nicht behindert / sondern ihm vielmehr darin der Müglichkeit und Gebühr nach geholffen / und an die Hand gegangen werden solle.

XXIX.

Dieses ist auch dabeneben abgeredet / daß / wann Ihrer Königlichen Mayestät zu Schweden Gevollmächtigten die Vestungen und Lande eingeraumet werden / alsdann zugleich / was für Nachricht wegen Gelegenheit der Güter / Renten und Ingelder / wie auch der Gräntzen und Scheidzeichen halber / sambt was die Justitz angehet / bey der Hand gefunden wird / solches / es sey an Schrifften / Land-Büchern und dergleichen Unterrichtungen / zugleich überantwortet / und daß hernach mit dem förderlichsten auf beyden Seiten zwey oder drey gewisse Männer bevollmächtiget werden / welche alle Gräntzen / Scheidzeichen und Streit zwischen den abgetretenen und eingeraumten / und den nechstgelegene behaltenen Provintzien / besichtigen / unterscheyden und justificiren / damit also allem Hader und Mißverstand desto bequemer vorzukommen seyn / und iedweder das / worzu er mit Recht befüget / geniessen möge.

XXX.

Was für Schiffe / Geschütze / Ammunition und dergleichen Dinge mehr / sie seyn auf den Vestungen / im Felde / zur See oder anderswo befindlich / in Zeit dieser Fehde erobert worden / selbige sollen dem Herrn / welcher solche erobert / zugehören / und nimmermehr hernach wieder gefördert werden.

XXXI.

Alle Gefangene / in was Stand, oder wo sie auch seyn / sollen ohne einige Rantzion wieder loßgegeben werden / auch nicht schuldig seyn ihre Kost zu bezahlen.

XXXII.

Der Steinische Friedens-Vertrag so An. 1570. wie auch der Schwedische Friedens-Vertrag / so Anno sechzehenhundert und dreyzehen / zwischen diesen löblichen Königreichen aufgerichtet / sollen in ihrem Esse und Vigore, wie dieselbe gewesen / ehe diese Fehde ihren Anfang genommen / allerdings ungekräncket verbleiben / und denselben durch diese Friedens-Notul / ausgenommen die Artickul / welche in gegenwärtigem Friedens-Vertrag veraccordiret / und specialiter verabscheidet / nichts abgehen und derogiren.

XXXIII.

Anno 1645.

XXXIII.

Alle Ihre Königliche Mayestät zu Schweden Diener und Unterthanen sollen durch Dennemarck und Norwegen/ und die dar unter gelegene Provintzien zu Wasser und zu Land frey und ungehindert wandern und reisen mögen.

Gleichergestalt soll Ihre Mayestät zu Dennemarck Dienern und Unterthanen frey und offen stehen/ durch Schweden und die darunter gelegene Provincien zu Wasser und zu Lande zu reisen und wandern.

XXXIV.

„ Alldieweiln auch die Pommerischen Städte und Wißmar in Mecklenburg wegen der inhabenden Schwedischen Guarnisonen/ mit dem Zoll in dem Sunde andern Nationen gleich gemacht/ und folgens mit dem zwischen diesen Nordischen Reichen entstandenen Kriege eingeflochten seyn;

„ Als ist auch derselben Sache und Interesse zwischen uns allhier abgehandelt/ verglichen und verabschiedet/ und von den Dänischen Commissarien/ im Nahmen u. von wegen Ihr. Mayestät/ dero Successoren und der Cron Dennemarck versprochen und zugesaget worden/ daß alle Bürger und Einwohner in allen Pommerischen Städten/ sambt der Stadt Wißmar in Mecklenburg/ nach diesem in der Segelation/ Handlung und Commercien/ den Odenseeischen Vertrag und Abschyd/ so den 25. Julii Anno funffzehenhundert und sechzig aufgerichtet/ vollkommlich geniessen und behalten: Auch also alle Pommerische Städte nebenst Wißmar in Mecklenburg in diesem der beyden Reiche Vertrag begriffen und eingeschlossen seyn und verbleiben sollen.

XXXV.

Nachdem alle die Irrungen/ Zwist- und Streitigkeiten/ welche Ihre Königliche Mayestät und der Reiche Schweden und Dennemarck rc. zu der nunmehr überstandenen und wolgeendigten Fehd und Orlog veranlasset haben/ derogestalt/ wie vorhin erzehlet/ gütlich beygeleget und vertragen seyn; Als ist auch hiermit abgeredet/ verabschiedet und beschlossen/ daß alle Mißverstände/ Wiederwillen/ Unlust/ Zwietracht/ Uneinigkeit/ Feindschafft/ Krieg und Fehde/ so bishero zwischen Ihren Mayest. Mayest. und den Reichen/ sambt deroselben Dienern/ Unterthanen/ Freunden und Adhærenten gewesen ist/ wie auch was für Schaden/ Ungelegenheit und Abgang ein oder dem andern Theile zugefüget und geschehen/ geendigt/ aufgehoben/ vergessen und nimmer darvon weiter gedacht oder geandet werden soll/ und ist dagegen u. an dessen statt ein sicher/ beständig und unwiederrufflicher Fried/ Freundschafft/ Vertrauen und gute Nachbarschafft bewilliget/ gestifftet/ aufgerichtet und bekräfftiget/ also und dergestalt/ daß der eine Herr dem andern mit aller Freundschafft gewogen/ und zugethan seyn/ dessen Nutzen und Frommen mit Worten und Wercken/ gleich als sein eygen suchen und erhalten/ befördern und verthädigen/ auch was etwa des andern Person/ Regierung/ Reich/ Land und Unterthanen zu nahe/ und Schaden seyn möchte/ solches abwenden/ und nach Möglichkeit verhindern soll.

XXXVI.

„ Alle Schlösser/ Häuser/ Sitz oder andere Landgüter/ so entweder Ihrer Königl. Majestät zu Dennemarck selbst/ oder jemanden Ihrer Majestät Unterthanen/ Officirern oder Bedienten zugehören/ und in Dennemarck/ Hollstein/ Schleßwig/ Mecklenburg/ Rügen/ Stifft Bremen/ und anderwerts gelegen seyn/ und in diesem Krieg occupiret/ erobert oder weggegeben worden/ sollen dem rechten Eygener ohne einige weitere Prætension oder Beschwerung wieder übergeben werden.

XXXVII.

Dieser gegenwärtige zwischen dero beyderseits Mayestät Mayestät in Schweden und Dennemarck wie auch den beyden löblichen Nordischen Reichen Schweden und Dennemarck rc. wohlauffgerichteter und geschlossener Friede nun soll mit Königlichen Brieffen und Patenten innerhalb sechs Wochen à dato den Unterthanen auf beyden Seiten insonderheit auf den Gräntzen kund gethan werden/ damit sie sich aller Feindseligkeit enthalten/ und hiernechst einander in alle Wege/ als gute Freunde und Nachbarn tractiren mögen.

So soll auch von hieraus durch uns beiderseits Commissarien an Ihr. Mayestät Mayestät unsern allergnädigsten Könige verordnete Feld-Herren und General/ Officiern/ wie auch an den Admiral zur See/ und bey den Armaden/ alsobald geschrieben und verordnet werden mit all feindlicher Thätlichkeit einzustellen und innen zu halten/ und dafern nach diesem dato, und ehe der Fried kundt würde/ ein Theil dem andern einig Hauß/ Vestung/ Stadt/ Schiff/ Stücke/ Land oder etwas anders abhändig machen möchte/ soll solches alsofort/ so bald der Friede notificiret worden/ ohn einige Wiedergeltung restituirt werden.

Anno 1645.

XXXVIII.

„ Nachdeme Hertzogen Fridrichs/ Ertz-Bischoffens zu Bremen Fürstl. Gnaden/ auch in diesem Krieg mit eingewickelt seyn/ und vermittelst Ihrer Königlichen Mayestät in Schweden Waffen/ so wohl das Ertz-Stifft Bremen/ als auch Stifft Vherden darüber occupiret und eingenommen worden/ und die Zeit jetzo nicht weiter zulassen will/ daß seiner Fürstlichen Gnaden restitution allhier abgehandelt und beschlossen werden kan. Als ist auf der Herren Königlichen Ambassadeurs vorsichtigen Rath und fleißiges Antreiben den Frieden ohne längern Auffschub zu schliessen/ und diesen blutigen Krieg aus solcher Ursach nicht länger zu continuiren für gut angesehen und beliebet/ daß selbige dem Ertz-Stifft Bremen und dem Stifft Vehrden angehende Sache bey Ihrer Königlichen Mayestät in Schweden selbst tractiret/ gehandelt und beschlossen werden soll.

„ So ist auch dabenebenst beschlossen und verabscheydet/ daß seine Fürstl. Gnaden der Ertz-Bischoff/ nebenst allen dero Officieren/ und Dienern/ dieser Pacification sollen eingeschlossen und begriffen seyn/ auch selbige ihre Landgüter wieder bekommen/ geniessen und behalten/ alle Gefangene ohne Rantzion loßgegeben/ und wegen vorbesagter Ertz- und Stiffter Restitution bey Ihrer Königlichen Mayestät in Schweden/ wie angedeutet ist/ weiter tractiret werden. Gestalt wir dann auch solches bey Ihrer Königlichen Mayestät unser allergnädigsten Königin zu recommendiren/ und zu befördern allhier versprochen und zugesagt haben.

XXXIX.

„ Was in dem Fürstenthum Schleßwig-Hollstein/ von des zu Gottorp residirenden Hertzog Friedrichs Fürstl. Gnaden Landen/ Städten/ Schlossern/ Schantzen/ Flecken/ und Häusern/ die Zeit über dieses Kriegs auf ein und ander Seiten eingenommen und erobert/ soll Ihr. Fürstlichen Gnaden mit allem Zugehör/ wie man es gefunden/ auch dero Fürstlichen Land/ Leuthe/ Hoheit/ Gerechtigkeit und Regalien vorbehalten/ unangefochten/ u. in allewege ungekräncket wiederum restituiret werden/ und da auf Ihrer Fürstlichen Gnaden/ oder dero Bedienten und Unterthanen in dieser Fehde von einem oder andern Theile einige ungleiche Gedancken etwa geworffen/ oder in der Fehde von jemand etwas/ so da konte und mochte anders/ als wohl ausgedeutet werden/ oder einigen Mißfallen verursachet haben/ vorgelauffen/ das soll hiermit gäntzlich aufgehoben/ vergessen und ausgeloschen seyn/ nimmermehr gedacht/ oder zu jemands Nachtheil und Beschwehr geahndet werden/ und also seine Fürstliche Gnaden Hertzog Friedrich zu Hollstein-Gottorff/ nebenst dessen Land/ Hoheit und Gerechtigkeit/ Räthen/ Dienern und Unterthanen/ in diesen Vertrag eingeschlossen und begriffen seyn/ auch dessen vollkommlich zu geniessen haben.

XL.

„ Gleichergestalt sollen die beyden Graffen Anthon Günther und Christian Grafen zu Oldenburg und Delmenhorst/ Herrn zu Jävern und Kniephaussen/ für sich und ihre Erben dieser Pacification vollkommlich zu geniessen haben/ und da etwas/ so entweder ihnen oder ihren Dienern und Unterthanen anders/ als wohl ausgedeutet werden konte/ vorgelauffen/ solches soll hiermit beygeleget und gäntzlich aufgehoben seyn.

XLI.

In diesem Friedens-Vertrage ist auch bewilliget/ daß darinnen alle zu dem Hanseischen Bund gehörige Städte sollen begriffen und eingeschlossen seyn/ und ihrer freyen ungehinderten Commercien in diesen beyden Königreichen zu Wasser und zu Land geniessen/ auch die Observanz der zwischen den Reichen und Hansee-Städten gewesenen alten Pacten und Verträgen bis zu anderer besserer Zeit reserviret werden/ und keinem/ weder Stadt-Bürger oder Unterthanen wegen einiger Action in diesem Kriege etwas wiedriges wiederfahren.

XLII.

So soll auch in specie die Stadt Dantzig mit eingeschlossen und begriffen seyn/ und gleichermassen ihre freye Commercien in beyden Reichen zu Wasser und zu Lande wie zuvor gebrauchen/ und da in diesem Krieg sich etwas begeben/ so dem einem oder andern Theil verärgert haben kan/ dasselbe nicht weniger beygeleget und vergessen seyn.

XLIII.

Alle die/ so einige richtige Schulden in Schweden/ entweder bey Ihrer Königlichen Mayestät/ unser allergnädigsten Königin/ oder einem andern/ so nicht allbereits confisciret/ und nach Inhalt des drey und zwantzigsten Artickels cassiret seyn/ wie auch diejenige/ so auff Gothland/ Oesel/ in Jemptenland/ Herrndalen oder Halland einige richti-

ANNO 1645.

richtige Schuld zu fordern haben/ sollen nach rechtmäßigem Beweiß gebührlich contentirt und mit Recht befordert werden.

Gleicher gestalt sollen auch des Königreichs Schweden und der darunter gelegenen Provintzien Einwohner so wohl als die/ so in Gothland/ Oesel/ Jempterland/ Herrndalen und Halland wohnen/ Macht haben/ ihre rechtmässige Schulden/ und was ihnen mit Recht zugehöret/ entweder bey Ihrer Königlichen Mayestät in Dennemarck selbsten/ oder bey andern einzufordern/ und was nicht/ wie zuvor gesagt/ aufgehoben ist/ soll man ihnen bezahlen/ sie vergnügen/ und zu deme/ was billig und rechtmässig/ mit Recht befördern.

XLIV.

Damit nun alles dieses obbeschriebene in Worten und dem Verstande/ wie gemeldet werden/ und hier verabscheidet und beschlossen ist/ auf beyden Seiten vest/ getreulich/ aufrichtig und wohl/ nun und in das künfftig/ gehalten/ und ihme nachgelebet werden möge: So ist auch beliebet/ versprochen und zugesaget/ daß diese unsere güclich aufgerichtete Pacten und Verträge von beyder Reiche Königen/ der Königin Christina in Schweden/ und dem Könige Christian dem Vierdten in Dännemarck/ mit eygener Hand und Secret confirmiret/ und bevestiget/ auch zu mehrer Versicherung von beyder Reiche Räthen unterschrieben/ und mit deren Insiegel bestättiget werden sollen.

XLV.

Und nachdeme höchstgedachte Ihre Königliche Mayestät der Christliche König/ und dessen vielgeliebte Frau Mutter Ihre Mayestät die Königin/ Regentin in Franckreich/ die Mühe auf sich genommen/ und wegen des Friedens und Wohlstandes dieser Nordischen Reiche sorgfältig gewesen/ auch vermittelst ihrer interposition und angewandten einbsigen suasiones zu jetzigen Stand gebracht haben: Als ist auch auf beyden Seiten für billich/ und zu desto mehrer Vesthaltung u. Bekräftigung eines zwischen denen Mayest. und beyden Reichen Schweden und Dennemarck aufgerichteten beständigen und stetswehrenden Friedens und Freundschafft für gut befunden/ daß hochstgemelte Ihre Mayest. Mayest. der König/ und in dessen Nahmen die Königin/ Regentin in Franckreich/ von beyden Parten mit ansehnlichen Legationen besuchet/ und umb ihre gute affection und Vorsorge über das/ so allhie gemacht worden/ durch Königl. Secret und Hand und der Patten Bestättigung zu bezeugen/ gebührlich vermocht und persuadiret werden sollen/ damit jedweder zu mehrer Versicherung darvon ein eigen Exemplar haben könne.

XLVI.

So ist auch versprochen und verabscheidet/ daß auff jeglicher Seiten einer von den Reichs-Räthen/ und ein Secretarius sich gegen den dreyzehenden Septembris auf den Gräntzen bey Marckaryth begeben sollen/ mit sich habende dieser vorerzehlten Pacten Ratification mit beyder Reiche Hand und Siegel/ nach der Form/ als hier abgeredet ist/ bevestiget und bekräfftiget.

Ingleichen sollen die Dänischen Commissarien die Reversalen wegen der Versicherung daß alles nach der Abrede und gebührlich vollnzogen/ mit sich haben/ solche gegeneinander verwechseln/ und zu Bekräfftigung und Vesthaltung des Friedens nach Billigkeit und alten Gebrauch einer dem andern ausantworten.

Zu desto mehrer Gewißheit und stärckerer Versicherung/ daß dieses dergestalt von uns/ als vorerwehnet/ in allen Puncten gemacht/ abgeredet/ verabscheidet und beschlossen ist/ und an Seiten Ihrer Königlichen Majestät/ unser allergnädigsten Königin und der Cron Schweden x. treulich/ vest und unwiederruflich gehalten/ gehandhabet und nachgelebet/ auch darüber die Ratification gegen vorgemeldten Tag zur Stelle geschafft und überantwortet werden soll/ so haben wir dieses mit eignen Händen unterschrieben/ und unsere Signeten wissentlich darunter setzen lassen/ und dabeneben an Ihrer Majest. Majest. in Franckreich wohlberührten Herrn Ambassadeurn und Mediatorn in diesen Friedens-Tractaten begehrende/ daß zu mehrer Bevestigung und kräfftigerm Gezeugniß er dieses nebenst uns unterschreiben und versiegeln wolle. Actum Bromsebro auff der Gräntze/ den dreyzehenden Augusti Anno 1645.

Diese vorgeschriebene Patten haben wir uns lassen vorlesen/ und dieselbige nach ihrem Verstand in Worten und Articuln/ wie sie lauten/ und vorher verzeichnet stehen/ unserer Ordre und Instruction in allen Dingen gemäß befunden/ dahero wir auch selbigen beygestimmet/ sie bewilliget/ bekräfftiget und beständiglich vollenzogen haben/ auch solche hiemit nochmahlen vor uns/ unsere Nachkommen/ Successores und die Cron Schweden genehm halten/ bekrafftigen/ und beständiglich vollenziehen in allen Puncten/ wie solches bestermassen geschehen kan und mag/ geloben und versprechen bey unser Königl. Treu und Glauben/ daß dieses von uns/ unsern Nachkommen und Successorn, wie ingleichen von allen unsern Räthen/ Befehlshabern/ Dienern und Unterthanen treulich/ vest und unwiderrufflich zu ewigen Zeiten soll gehalten und ihm nachgelebet werden/ und haben wir dieses zu mehrer gewisser Versicherung/ Vesthaltung und Bekrafftigung mit eigner Hand unterschrieben/ und Unser Königl. Secret hierunter hangen lassen.

So haben wir auch zu mehrer Versicherung unser hiernach einander folgende Reichs-Räthe/ so viel deren bey dieser Zeit haben können zusammen kommen/ als da seynd/ Herr Peter Brahe/ Graffe zu Wissingsburg Freyherr zu Rydboholm und Lindholm/ Reichs-Præsident in dem Königl. Hoffgericht zu Stockholm/ auch Ober-Land-Richter über Westmanland/ Bergslagen und Dalen; Herr Jacob de la Gardie, Graff zu Lackoo/ Freyherr zu Eckholm/ Herr zu Kolckakyda/ Hoppsal/ Dagdoo und Kiwsa/ Ritter/ Reichs-Marschall/ General-Feldherr und Præsident in dem Königlichen Kriegs-Gericht zu Stockholm/ wie auch Ober Land-Richter über Upland; Herr Carl Carlson Guldenhelm/ Freyherr zu Barqvara/ zu Sundbyholm und Laßby/ Reichs-Admiral, wie auch Ober-Land-Richter über Norland und Lapmarck; Herr Gabriel Oxenstirn Bengtson/ Freyherr zu Morby und Lindholm/ Reichs-Schatzmeister/ verordneter General-Gouverneur über Liefland/ wie auch Ober-Land-Richter über Warmeland; Herr Philipp Schoeding/ zu Arnoo und Skedwy/ Præsident in dem Königlichen Hoffgericht zu Dorpt; Herr Gustav Horn zu Malla und Haringrid/ Feldmarschall/ wie auch Ober-Land-Richter über Süder-Finnland; Herr Matthias Soop zu Malsacker und Nygard/ Assessor in dem Königlichen Hoffgericht zu Stockholm/ wie auch Ober-Land-Richter über Ingermanland; Herr Carl Bande zu Bardsio und Espelunda/ Præsident im Reichsberg-Ambte/ auch Ober-Land-Richter in Carelen; Herr Acke Axelson/ zu Goksholm und Tiekstadt/ Reichs-Marschall und Ober-Land-Richter in Maricke; Herr Erich Ruinig zu Laghmansoo und Siosa/ Admiral, wie auch Ober-Land-Richter in Sudermannland; Herr Jans Kirck zu Lauko/ Anoyla und Klackeburg/ Præsident in dem Königlichen Hoffgerichte zu Abro/ wie auch Ober-Land-Richter über Wester-Gothland und Daal; Herr Peter Sparr zu Luchbyholm und Engsioo/ Cantzley-Rath/ wie auch Ober-Land-Richter über Calmar/ Lehn und Oeland; Herr Claus Christersohn Horn/ Freyherr zu Amnne/ Herr zu Skolvora/ und Wykhuus/ Ritter/ Assessor in dem Königlichen Kriegs-Gericht zu Stockholm; Herr Johann Oxenstirn/ Frey-Herr zu Kymitho/ Herr zu Fyholm/ Häringshelm und Tullgarn/ Cantzley-Rath und Gevollmächtigter Legat in Teutschland; Herr Thuro Bielke/ Freyherr zu Kallstadt/ Herr zu Freßwick/ Assessor in dem Königlichen Hoffgericht zu Stockholm; Herr Knut Posse zu Hellekies und Hammerskoh/ Ober-Stadthalter auf dem Schloß zu Stockholm/ wie auch Ober-Land-Richter über Nordfinnland; Herr Lienhart Torstensohn/ zu Reste/ Forstenau und Reissche/ Feldmarschall und General-Gouverneur über Pommern; Herr Lars Kagge/ zu Fiallskefft und Raunsinoholm/ General-Major und Kriegs-Rath/ wie auch Ober-Land-Richter über Oster-Gothland/ Herr Friedrich Steinbock/ Freyherr zu Cranebart und Orsteen/ Herr zu Terpa und Leena/ Assessor in dem Königlichen Hoffgericht zu Stuckholm; Herr Thuro Sparr/ zu Keffwcles und Erichstatta/ Assessor in dem Königl. Hoff-Gericht zu Stuckholm; Herr Erich Guldenstern/ zu Nihas und Ahras Cammer-Rath; Herr Sewed Bäät/ zu Felnes und Skersholm Cammer-Rath; Herr Gustav Oxenstirn/ Freyherr zu Kimitho/ Herr zu Tyresiöo Cantzley-Rath/ dieses mit eigenen Händen unterschrieben/ auch einen jeden mit seinem Siegel versiegeln lassen. Gegeben auf unserm Königlichen Residentz-Schloß Stockholm den 3. Tag des Monats Sept. im Jahr nach Christi Geburth 1645.

Christina/

Peter Brahe/
Jacob de la Guardie,
Carl Güldenhelm/
Axel Ochsenstirna/
Gabriel Ochsenstirna/ Freyherr zu Morby und Lindholm/
Karl Bonde/
Gustav Horn/
Acke Axelson/
Peter Sparre/
Thuro Bielke/
Matthias Soop/
Erich Rüynig/
Claß Christerson Horn/
Knut Posse/
Friedrich Steinbock/
Sewet Bäät/
Thuro Sparre/
Gustav Ochsenstirna/

Anno 1646.

CXXXIV.

Decret de l'Empereur Ferdinand III. *en faveur de la Ville de Breme contre les Pretentions de l'Archevesché. Elle y est declarée Ville Imperiale Immediate, & en cette qualité maintenue en son Droit de Voix & de seance aux Dietes Generales. Donné à Lints l'an 1646.* [Fondamentale & brieve Deduction de l'Estat de la Ville de Breme au tems de la Pacification d'Osnabrugh. Aux Additions Lit. A. pag. 23. Imprimée à Breme en 1725. en François.]

Ferdinand Trois, par la grace de Dieu Elu Empereur des Romains toujours Auguste; Roi de Germanie, Hongrie, Boheme, Dalmatie, Croatie, Sclavonie &c. Archiduc d'Autriche Duc de Bourgogne, de Brabant, Stirie, de Wirtemberg, & de la haute & basse Silesie; Prince de Suabe; Marggrave du Saint Empire, à Bourgau, Moravie, haute & basse Lusace; Comte de Habsbourg Tyrol, Pfyrd, Kybourg & Görtz; Landgrave en Alsace; Seigneur de la Marc Vandalique, à Portenau, Salins &c.

Scavoir faisons & reconnoissons pour Nous & pour nos Successeurs à l'Empire, & à tous & à un chacun: que comme notre Ville Imperiale de Breme a été depuis quelque tems inquietée en diverses maniéres, à cause de l'Etat d'immedieté dont Elle a joui & dont Elle jouït encore; & laquelle on a pretendu être une Ville mediate & municipale, dependente de l'Archeveché de Breme; & de ce que nous l'avions appellée & invitée aux Diétes de l'Empire, on a là-dessus intenté Action contre Elle; d'autre coté les Bourguemaitres & le Senat de ladite Ville de même que notre Fiscal Aulique Imperial, ont pour le bien de l'Empire, defendu & prouvé les Droits de ladite Ville & son Etat immediat à l'Empire; & ayant ensuite produit & communiqué au Possesseur de l'Archeveché, ce qu'on avoit allegué pour la defense de ladite ville, lui ont ensuite donné & fixé un terme pour y repondre & agir contre; mais comme il n'a rien été produit par la partie adverse, comme il auroit pourtant été requis, & qu'Elle l'a accusée par diverses fois de Contumace, nous priant de regarder la chose comme conclue, & de donner là-dessus notre sentence definitive: sur quoi ayant ordonné à notre Conseil Aulique de l'Empire, non seulement de nous remettre tous les Ecrits donnés de part & d'autre, & de nous faire un raport exact & circonstancié de cette affaire; mais encore ayant fait rechercher tres soigneusement dans notre Chancellerie Imperiale, tous les Papiers qui s'y trouvoient concernant les Droits & l'Etat de la susdite Ville; on a trouvé après une exacte perquisition, qu'il étoit certain & indubitable que la Ville de Breme a été des les temps les plus reculés, une ville libre & immediate du Saint Empire Romain; & ainsi uniquement & immediatement sujette à Nous & au St. Empire; comme Nous la declarons derechef & la reconnoissons pour telle, en vertu des presentes; & en cette qualité, Nous la recevons sous notre protection, & defense Imperiale; declarant de plus en vertu des Presentes, & par notre Pouvoir Imperial, que les Bourguemaitres & le Senat de notre dite ville Imperiale de Breme, doivent toujours être mandés par nous & par nos successeurs, aux futures Diétes de l'Empire, de même que les autres Villes libres Imperiales; & qu'Elle doit être continuée, & maintenue dans la juste possession de son Droit de Séance & de suffrage. Pour ce qui est des Contingens & autres Droits de l'Empire (qu'ils se sont humblement offerts de payer, suivant les anciennes Matricules de l'Empire & autres Accords faits du depuis) & qui sont payés par la Ville & par ses Citoyens, des Bailliages, judicatures & Banlieues situées dans son District & Territoire, attendu qu'ils les payent & les collectent de ceux qui y habitent & qui sont soumis comme il est juste, à la Ville seule & à ses Magistrats legitimes; lesdits Contingens etant collectés par la Ville, de la même maniere qu'ils le sont par les autres Etats immediats de l'Empire, (qui les payent de même, de leurs revenus & de ce qu'ils tirent de leurs Sujets) en quoi, comme aussi dans leurs autres Droits, Privilèges & liberté, ils doivent être efficacement protegés & maintenus en tout temps, & de tout nôtre Pouvoir Imperial.

A ces Causes Nous ordonnons & enjoignons à tous & à un chacun des Electeurs, Princes Ecclesiastiques & seculiers, Prelats, Comtes, Barons, Seigneurs, Cavaliers, Soldats, Capitaines, Vidames, Prevots, Chatelains, Gouverneurs, Receveurs, Procurateurs, Curateurs, Baillifs, Echevins, Consuls, Juges, Senateurs, Citoyens, Communautés, & à tous nos autres fideles Sujets, affectionés à Nous & à l'Empire, de quelque qualité, Rang, & condition qu'ils soient, de recconnoître à l'avenir, honorer, regarder & respecter notre susdite Ville Imperiale de Breme, de la maniere cy dessus mentionée; savoir comme une Ville libre & Imperiale, dependante immediatement de Nous & de l'Empire Romain: & qu'ils la laissent jouïr comme les autres Villes libres Imperiales, de tous ses Droits reçus, Privilèges & liberté; en particulier la laissant dans la tranquille possession du Droit de Séance & de suffrage dans les Diétes de l'Empire. Sans l'empêcher, la troubler, la molester ou l'inquieter dans la jouïssance desdits Privilèges; ni permettre aux autres de le faire en aucune maniere, & sous quelque pretexte que ce soit, sous peine d'encourir nôtre disgrace & nôtre chatiment. & de plus une amende de cent Marcs d'Or, que chacun des contrevenans, toutes les fois qu'il aura la temerité d'agir contre nôtre present Edict, sera tenu de payer sans delai, savoir, la moitié à nôtre Fiscal Imperial & l'autre moitié à nôtre dite Ville Imperiale de Breme; en Confirmation de quoi nous avons donné les presentes, munies de notre Sceau Imperial. Donné à Linz, dans nôtre Palais Imp. l'an de la Nativité de nôtre Seigneur & Sauveur J. Christ, mille six cens quarante six; de nôtre Regne dans l'Empire le dixiéme; en Hongrie le vingt & uniéme; & en Boheme le dix neufviéme.

Ferdinand

vt.

Ferdinand Comte Kurtz

par le propre commendement de Sa S. M. Imp.

Jean Soldner.

CXXXV.

Protestatio Caroli IV. *Lotharingiæ Ducis contra Oblationem & Cessionem Episcopatuum Metensis, Tullensis, & Verodunensis, per suam Cæsaream Majestatem Regi Galliæ, ad Tractatum Pacis inter eos promovendum, factam. Monasterii 2. Novembris 1646.* [Lunig Teutsches Reichs-Archiv. Partis Specialis Continuat. 2. Abtheilung 4. Absatz. 14. pag. 325.] 2. Novembre.

Antonius Rousselot de Hedival, Seren. Principis Caroli, Dei gratia Lotharingiæ, Barri, Calabriæ, & Gueldriæ Ducis, Marchisii, Marchionis de Nommenii, & Mussiponto, Comitis Provinciæ, Vaudimontis, Blomontii, Zutphaniæ, Sarwerden, Salm &c. Consiliarius Status, & a sua Celsitudine hac in parte gerens potestatem, habensque mandatum speciale, omnibus & singulis præsentes visuris, lecturis & audituris, cum debito cuilibet eorum respectu, Salutem:

Cum mihi ex Lectura cujusdam projectus ineundæ pacis, inter Sac. Cæs. Majestatem & Romanum Imperium, ex una, nec non Coronam Galliæ ex altera parte innotuerit; quod hic non obstantibus meis precibus, instantiis & reclamationibus ulterius procedatur in tractatu Pacis Universalis, & specialiter cum dicta Corona Galliæ, non audito,

nec

ANNO 1646. nec per tuta media seu Salvos Conductus necessarios tamdiu petitos accersito Seren. Duce, Dn. meo Clementissimo, praetereaque fiat secundum talem projectum ex parte Sac. Caes. Majestatis iterata cessio & oblatio summi Dominii & jurium superioritatis in tres Episcopatus, Tull, Metzen, & Verdun: quae sine laesione & maximo praejudicio Seren. Ducis & ejus consensu de jure fieri non potest, ut antehac per Declarationem in hoc celeberrimo coetu publicatam, & ad Dictaturam 19. Julii datam, ostensum est. Ego vigore mandati & Instructionis meae Specialis nomine dicti Seren. Lotharingiae, Barri, Calabriae, Gueldriae Ducis, Marchisii, Marchionis &c. contra dictum Tractatum protestor, eique in quantum obest Seren. Dn. meo Clementissimo, ejusque Seren. familiae Principibus, Amicis, Confoederatis, Vasallis & Subditis, omni, qua fieri potest, meliori forma, via, modoque directe me oppono, praesertim quamdiu illi tractatui Serenissi. non aderit & consenserit, protestorque specialiter contra dictam oblationem & cessionem supremi Dominii & jurium Superioritatis, in dictos tres Episcopatus, illam & omnia, quae in ejus consequentiam fieri possent, nullius valoris, nec ullo unquam tempore Seren. Duci, ejusque Serenissi. familiae Pricipibus, Amicis, Confoederatis, Vasallis & Subditis, praejudicio futuram esse posse, declarans, ante hac factas Seren. Ducis, Domini mei Clementissimi, measque ejus nomine protestationes hac postrema solenni declaratione perpetuum habitura vigorem renovans, omnesque ac singulos, Sac. Rom. Imperium, Electores, Principes, & Ordines tanquam ejusdem Corporis membra ad dictorum jurium conservationem interpellans, & specialiter Sac. Caes. Majestatem humillime supplicans, ut de Imperio hactenus tam bene meriti Principis, & ejusdem Imperii membri jura, bona & regalia, nusquam ab Imperio separari consentiant, nec eo absente quidpiam cum Corona Galliae tractari, unde Serenissimus minimum quolibet modo possit habere praejudicium; quod si contra spem secus fiat, omnia mediantibus hac & praemissis protestationibus ineassum oblata, concessa, & transacta, nomine dicti Serenissimi declaro. Actum Monasterii Westphalorum, & petitum, ut ad Notam & protocollum Imperii sumeretur. Die 2. Novembris Anno 1646.

(L. S.)

Rousselot de Hedival.

CXXXVI.

1647. 15. May. *Arrest du Parlement de Paris faisant defense à tous Archevesques, Evesques &c. de recevoir & publier les Decrets de l'Inquisition de Rome, & en general toutes les autres Bulles ou Brefs des Papes sans une permission expresse du Roi. Fait en Parlement le 15. Mai* 1647. [Preuves des Libertez de l'Eglise Gallicane Tom. 1. pag. 440.]

CE jourd'huy quinziéme May 1647. du matin, la Cour ayant deliberé sur la remonstrance & conclusions du Procureur general du Roy, contenüe au Registre du dixiéme de ce mois, concernant un libelle intitulé *Decretum Sanctissimi D. N. D. Innocentii X. divina providentia Papae, adversus propositionem istam*, Sanctus Petrus, & Sanctus Paulus sunt duo Ecclesiae Principes qui unum efficiunt, *& Libros in quibus illa propositio asseritur, & defenditur*, & imprimé à Paris par Sebastien. Cramoisy, Imprimeur ordinaire du Roy, en la presente année 1647. à la fin duquel est un Acte fait à Paris le treiziéme Mars 1647. Signé, *Nicolaus Archiepiscopus Athenarum*, & sous signé, *Sebastianus, pro D. Secretarius*, par lequel ledit Archevesque d'Athenes se dit Nonce Apostolique du Pape prés le Roy tres-Christien, & en tout le Royaume de France, & que par Special Mandement de sa Sainctété donné à Rome, il a fait imprimer la copie dudit Decret sur son original, gardé dans les Archives de sa Nonciature, pour envoyer à tous les Ordinaires de sa Nonciature & autres ausquels il appartiendroit, ce qui estoit une nouveauté & entreprise contre l'authorité du Roy: & veu ledit Decret fait en l'Inquisition de Rome le vingt cinquiéme jour de Janvier dernier, & autres Bulles, & Decrets, tout consideré: ladite Cour a fait inhibitions & defenses à tous Archevesques, Evesques, leurs Vicaires, & Officiaux, Recteurs, & supposts des Universitez, & à tous autres, de recevoir, faire publier & executer les Decrets, & autres Actes de la Congregation, & Inquisition de Rome; comme aussi toutes les autres Bulles & Brefs, sans permission du Roy, verifiée en la Cour: sans neantmoins que les provisions des Benefices & expeditions ordinaires concernans les affaires particuliéres, qui s'obtiennent en Cour de Rome, suivant les ordres du Royaume, & loix de l'Estat, soient comprises és susdites defenses. A ordonné & ordonne, que tous les exemplaires du Decret de l'Inquisition en datte du 25. Janvier dernier seront saisis à la requeste du Procureur general, & rapportez au Greffe de ladite Cour, pour estre supprimez. Fait defenses à toutes personnes de les avoir & retenir sous les peines des Ordonnances; Enjoint à tous Imprimeurs & Libraires, garder, & observer les Reglemens sur le faict des impressions à peine d'amende arbitraire; & aux substituts du Procureur general de faire diligence d'executer le present Arrest, & d'en certifier la Cour au mois; Et à cette fin sera envoyé copie d'iceluy deuëment collationnée aux Bailliages & Senelchaussées de ce ressort, à la diligence dudit Procureur general, pour estre publié. Fait en Parlement ledit jour quinziéme May mil six cens quarante Sept. Signé, Guyet.

ANNO 1647.

CXXXVII.

Pactum zwischen dem Hochfürstl. Hauß HOLSTEIN GOTTORFF, und dem DOM-CAPITUL zu LUBEK getroffen / krafft welchen sich besagtes Dom-Capitul resolvirt und declarirt / keinen andern als alleinig die aus besagtem Hochfürstl. Hauß herkommende zu Bischoffen und Coadjutoren zu erwählen und zu postuliren; Jedoch daß solches vorhero beym Venerabili Capitulo gesucht / und praestanda praestirt werden sollen. Geschehen zu Lubek den 6 Julii 1647. [LUNIG Teutsch Reichs-Archiv. Part. Special. Abtl. 3. Abs. 3. pag. 551.] 6. Juillet.

C'est-à-dire,

Pacte fait & passé entre la Serenissime Maison de HOLSTEIN GOTTORP *& le* CHAPITRE DE LUBECK, *par lequel ledit Chapitre se declare & promet qu'à l'avenir toutes les fois qu'il faudra elire, ou postuler un Evesque ou un Coadjuteur de Lubeck, il ne le prendra que dans ladite Serenissime Maison, à condition aussi que les Evesques ou Coadjuteurs, ainsi elus, s'acquiteront envers le Chapitre de tout ce à quoi ils seront obligés. A Lubeck le 6. Juillet* 1647.

DEmnach der Durchlauchtige / Hochgebohrne Fürst und Herr / Herr Friedrich / Erbe zu Norwegen / Hertzog zu Schleßwig / Holstein / Stormarn und der Ditmarsen / Graff zu Oldenburg und Delmenhorst rc. Unser gnädiger Fürst und Herr / uns Dechanten / Senioren / und sämtlichen Capitularen der Dohm-Kirchen in Lübek / so wohl hiebevor als anitzo nochmahlen / durch Dero Herrn Abgesandten / den Wohlwürdigen / Hoch-Edlen / Gestrengen / und Vesten / Herrn Johann Friedrichen von Winterfeld / Probsten / und Canonicum vorbesagter Thum-Kirchen in Lübeck und Dechanten zu Eutin, Seiner Fürstl. Gnaden Geheimbten Rath und Amtmann zu Apenrade, wohlmeynend in Gnaden zu verstehen und zu erkennen gegeben / es auch ohne das aus dem gemeinen Geschrey männiglichen nunmehro gantz kund und offenbahr / was gestallt bey den Friedens-Tractaten zu Münster und Osnabrügge / nicht allein alle Reformirte Geistliche Ertz- und Stiffter / inglei-

ANNO 1647.

chen Weltliche Fürstenthümer / Städte und Länder nacheinander / unterschiedenen so wohl frembden / als des H. Röm. Reichs Ständen / an statt abganges des ihrigen / zur respectivè Recompens und geforderter Satisfaction aufgetragen / assigniret / und hengegeben worden / sondern auch / weil der Punctus Satisfactionis noch nicht völlig abgehandelt worden / eben deshalber / wegen dieses einig und allein noch übrigen Reformirten uhralten Löbl. Stiffts Lübeck / gefährliche Anschläge obhanden / daraus dahn / wann dieselbe (so GOtt in Gnaden verhüten wolle) zu Wercke gerichtet werden / und dieses Stifft in frembde Hände gerathen solte / beydes demselben mercklicher grosser Præjudiß und Unheil zuwachsen / wo nicht gar eine gleich etzlichen andern wiederfahrne Secularisirung zu besorgen seyn / und dem angrentzenden Fürstl. Holstein ungleiche wiederliche Nachbarschafft entstehen würde. Nun aber Se. Fürstl. Gnaden aus dero allwege gegen diesem Stifft / und einem Wohl-Ehrwürdigen Dohm-Capittel verspührter Adfection und Wohlgewogenheit / auch mit dem Fürstl. Hause Hollstein continuirlich gepflogener guter Correspondentz halber / wie nicht weniger Fürväterlicher Vorsorge Dero vielgeliebten Herren Sohnes Hans Georgen Fürstl. Gnad. als postulirten Coadjutoris, sothane gefährliche Anschläge mittelst Schreiben und kostbahrer Abschickung abzuwenden / und wohlermeldeten diesem löbl. Stifft / und ein Wohl-Ehrwürdig Dohm-Capitul / bey immerdar gehabter freyer bischöfflichen Wahl / und andern competirenden Juribus und Privilegiis, in unverändertem Stande zu conserviren Ihro höchstangelegen zu seyn lassen wollen / solches gleichwohl ohne schwehre Bemühung / grosse bereits angewandte / und noch weiters anwendende Spesen nicht zu erheben / und dennach hingegen ob venerabile Capitulum auch bey dem Fürstl. Hause Holstein Gottorpischer Linie / mit der bischöfflichen Wahl oder Postulation zu verbleiben gemeynet / vernehmen und desfalls versichert seyn müsse; Jedoch hierunter Sr. Fürstl. Gnad. höchster Bezeugung nach / nichts anders denn vor mehr ermeldten dieses löbl Stiffts / und Wohl-Ehrwürdigen Dohm-Capituls Conservation, und daß nebst ohnstreitiger freyer bischöfflicher Wahl / alle und jede andere dessen Jura und Privilegia ohne einigen Abgang penitus salva, wie auch ein Stand des Reiches / nach wie vor verbleiben / und keine Incorporation oder sonst etwas præjudicirliches einigermassen gesuchet seyn solle / sondern vor hochgedachte Se. Fürstl. Gnaden vielmehr für Venerab. Capituli Hoch- und Herrlichkeit streiten / und desselben Frey- und Gerechtigkeiten wieder männiglichen vertreten helffen / auch desfalls / wie es Capitulum begehret / würckliche Adsecuration zu leisten sich gnädig anerbothen / im wiedrigen aber / und da dieses nicht acceptiret / und künfftig diesem löbl. Stiffte etwas præjudicirliches begegnen / oder auch derselbe Sr. Fürstl. Gnaden von den Herren Subdelegatis angetragen und zugeeignet werden solte / alsdann Venerab. Capitulum alles Unheil und Veränderung Ihnen selb beymessen / und Se. Fürstl. Gnaden entschuldiget seyn / und davon hiermit protestiret haben wolten.

Auff welches des Herrn Abgesandten Vortrag Venerab. Capitulum, nachdem sie dieses alles zuvor in abgemüssigte reiffe Deliberation gezogen / auch danebenst wohlbedächtlich erwogen / daß sie zwar ingesamt / als desselben Anverwandte vi præstiti Juramenti, den Posteris und Nachkommen des Capituls / eine freye Wahl zu hinterlassen gehalten / dennoch bey itzo zerrütetem Zustande / wie sonsten zu allen Zeiten der Effectus sothanen geleisteten Eydes vornehmlich auff die Conservation des Stiffts sein Absehen gewinnet / also auch fürnemlich bey jetzigen Gefährlichen Läufften und da der status Capituli gar invertiret werden dürffte / wohl zu beobachten / der gesicherten Zuversicht / die künfftige Nachfolger am Capitul diese aus dringender Noth und zu Beybehaltung dieses löblichen Capituls / mit gutem Bedacht / genommene Resolution anzufechten oder streitig zu machen keine Ursache haben werden / sich hiemit endlich und beständigst resolviret / und erklähret: Daß zum Falle vorhochgedachte Se. Fürstl. Gnad. nach wie vor für dieses uhralten löbl. Stiffts und Capituls Hoheiten / Frey- und Gerechtigkeiten samt und sonders Fürstlich und unnachläßig vigiliren und streiten / auch alle vorgehabte und künfftig sich weiter ereigende eines Wohl-Ehrwürdigen Dohm-Capitels wohlhergebrachter freyer Bischoffs-Wahl höchst-nachtheilige Alternation (worein Venerab. Capitulum ohne das gar nicht consentiren würde) und alle andere Neuerungen / ohne einigen Entgeld gnädig und getreulich abwenden und verhüten werden; Alsdenn und auff solchen Fall / zu unterthäniger Danckbarkeit sie mit und zu nebenst dem amitzo regierenden Herrn Bischoffen / und bereits postulirten Herrn Coadjutore annoch Sechs Fürstl. Herrn nacheinander aus dem Hause Holstein Gottorpischer Linie (wodurch itzigen im Fürstenthum Holstein Schleßwig regierenden Landes-Fürsten Hertzog Friedrich / und jetzigen dieses löbl. Stiffts Bischoffen Hertzog Hansen Fürstlichen Herrn Gebrüdere Fürstl. Fürstl. Gnaden Gnaden Herrn Söhne / und deroselben erzeugte männliche Leibes-Erben beyderseits und alleine gemeynet und verstanden seyn sollen / zu Bischoffen oder Coadjutoren / und künfftigen bischöfflichen Successoren ohnfehlbar eligiren oder postuliren wollen / jedoch daß solches / der Gewohnheit nach / beym Venerab. Capitulo vorhero gebührend gesuchet und præstanda præstiret / auch nach wie vor allezeit bey der / als der Röm. Catholischen Religion und der Augspurgischen Confeßion-Verwandte / Einhalt des im Reiche publicirten Religion-Friedens und Abschieden geruhiglich geduldet / und darin keiner wieder sein Gewissen beschwehret; Ingleichen dieses Löbl. Stiffts und Wohl-Ehrwürdigen Dohm-Capittels Hoheiten / Herrlich- Frey- und Gerechtigkeiten alle und jede / wie die Nahmen haben / keine ausbescheiden; Insonderheit die uhralte / wohlhergebrachte freye bischoffliche Wahl und Postulation, hierdurch im wenigsten nicht geschmählert werden / oder auff was Art es immer geschehen konte oder mochte / denenselben der geringste Abbruch nicht geschehen; Vielweniger zur Incorporation über kurtz oder lang gemeynet und angesehen seye / oder einiger Prætext, Ursach und Anlaß dazu gegeben werde; Ferner auch Venerabile Capitulum an keine gewisse Fürstl. Persohn gebunden / sondern aus vorerwehnten beyden Fürst. Stämmen einen oder andern freywillig und ohngehindert zu eligiren oder zu postuliren hierunt expreßè vorbehältlich befugt und bemächtiget sey: Item / welcher der gestalt eligiret oder postuliret wird / eine Capitulation / welche pro re natâ, der Zeit und Sachen Nothdurfft nach / vom Venerabili Capitulo auffgesetzet werden wird / gnädig belieben und annehmen; Weiters mit keiner Besuchung Fürstl. Holst. Landtägen oder andere Zusammenkünfften / militarischen Einquartirungen / Contributionen und Collectionen / wie auch allen und jeden andern Oneribus Realibus und Personalibus zu Friedens- und Kriegs-Zeiten / von den Hertzogen aus Holstein / dieses Löbl. Stifft und ein Wohl-Ehrw. Dohm-Capittul beleget und beschwehret: Und also itzgedachtes diese Löbl. Stifft / ein absonderlicher freyer ohnstreitiger Immediat-Stand des H. Röm. Reichs verbleiben / und gelassen werden. Da nun aber diesem zuwieder gelebet werden / oder / (welches der Allmächtige grundgütige GOTT in Gnaden nicht verhängen wolle) dieses Fürstl. Gottorffische Hauß vor hochbenandter beyder Herrn Gebrüdere / und deren Fürstl. männliche Leibes-Erben / bis auff etwan eine noch übrige Persohn aussterben solte / so soll alsdann / weil auff eine Persohn keine Wahl fallen kan / diese gutwillige Verpflichtung / auff solchen unverhofften Fall / wie auch wann in dieser Gottorffischen Linien beyder Fürstl. Herren Gebrüdere keiner der Lutherischen oder Catholischen Religion zugethan / im Leben seyn mochte / ipso jure an Ihr selbst hinwieder todt und erloschen / und von keinen Kräfften mehr seyn / auch kein einiger aus andern Fürstlichen Holsteinischen Linien denenselben succediren / der dieser eines Wohl-Ehrwürdigen Dhom-Capituls Verpflichtung sich anzumassen und zu geniessen / sondern dieselbe / wie und welcher gestalt es ihm beliebig / ohne jemands Einspruch / entweder vorhochbesagte letzte aus Fürstlicher Gottorpischer Linien annoch übrige Fürstl. oder eine andere Person zu eligiren oder zu postuliren berechtiget seyn solle und wolle.

Wie nun Se. Fürstl. Gnaden aus diesem eines Wohl-Ehrwürdigen Dhom-Capituls gethanen demüthigen Erbiethen und Verpflichtung / dessen continuirende gutwillige demüthige Adfection und Zuneigung zu dero Fürstl. Hause würcklich zu verspühren haben / sich auch / daß ihre Posteri oder Nachkommen des Capituls wegen der hohen Meriten vom Fürstl. Hause Holstein sich nach diesem ohne grosse und erhebliche Ursachen / nicht abgeben werden / in Gnaden wohl versichern können / und ein Wohl-Ehrwürdig Dohm-Capitul derowegen der gäntzlichen Zuversicht lebet / offtgedachte Seine Fürstliche Gnaden solches zu sonders gnädigem Gefallen acceptiren / u. für diesen ihr hiermit demüthig recommendirten Löbl. Stifft und Wohl-Ehrwürd. Dohm-Capittul dero gnädiger Zusage nach hinführo mehr und mehr vigiliren werden; so will hierüber Sr. Hochfürstl. Gnaden (als welcher Fürstlichen Worten und Versprechen ohne einige fernere Assecuration ein Wohl-Ehrwürdig Dhom-Capittul gar wohl trauet) gnädige Reversalien / wie sothane à Venerab. Capitulo auffgesetzet / unter dero Fürstlichen Hand und Pitschafft / dasselbe in Demuth erwarten. Zu fester Halt- und Versicherung auch uhrkundlicher Beglaubung dessen allen ist dieses / so in pleno Capitulari Conventu beliebet / mit eines Wohl-Ehrwürdigen Dhom-Capituls Insiegel bedrucket / und bestätiget. So geschehen in Lübeck am 6. Jul. An. 1647.

(L. S.)

CXXXVIII.

13. Juillet.

Capitoli, Patti Constitutioni e Privilegii giurati dal Duca d'Arcos Vice Re in nome del Re Catolico D. PHELIPPE IV. *a Beneficio del' fedelissimo Populo di Napoli. Datum Neapoli in Regio Palatio die 17 Julii 1647.* COLLI *Capitoli e Gratie aggiunte a petitione di detto fidelissimo Popolo.* [BISACCIONI Historia delle

Guer-

Anno 1647.

Guerre civile di questi ultimi tempi. pag. 228.]

IN nome di Dio, della Beatis. V. M, del Carmine, e del Glorioso S. Gennaro, S. Aniello, S. Antonio di Padoua, & altri Padroni, e Protettori di questa fedelissima Citta di Napoli.

Ad honore, conservatione, e gloria della Maestà Catholica del nostro benignissimo Rè & Signore, dell Eminentissimo, e Reverendissimo Signor Cardinale Filomarino nostro Arciuescovo, & Pastore Amatissimo, delle Eccellentissimo Sig. Duca d'Arcos Vicere, & Capitan generale del Regno di Napoli, Padre amorevolissimo di questo fedelissimo Popolo, & del Signor Tomaso Aniello da Amalfi, Capo dell istesso fidelissimo Popolo, per mezzo del quale si è compiaciuto S. E. in nome di sua Maestà Catholica, restituirci, ampliarci, & confirmarci gli infrascritti Privilegii: Videlicet.

PHILIPPUS.

Dei gratia Rex &c.

D. Roderic. Ponce de Leon Dux Civitatis Arcos, Marchio de Zaara, Comes di Bailen, Dominus Domus Villa de Machena, & Garzia in Præsenti Regno Vicerex, Locumtenens, & Capitaneus Generalis, &c.

Essendoci stato supplicato per parte del fedelissimo Popolo di questa fedelissima Citta di Napoli la essecutione delli Privilegii, & concessioni fatte dalla felice memoria del Rè Ferdinando Primo d'Aragona per insino, a Rè Federico, e doppo il Spoglio di detto Rè Federico della metà de' voti alla piazza del Popole, che fù promessa la restitutione da Ferdinando il Catholico à petitione dell' eletto di quel tempo Alberico Terracina, e questo dell' anno 1505. Sempre per detto popolo si è pretesa la restitutione della metà di detti voti, & che per tale effetto se le douesse dare il Privilegio originale, & in caso, che non si trouasse, che da noi si procurasse di hauerlo quanto prima di Spagna, & frattanto tutta la Città, e Regno goda detto Privilegio in perpetuo congli infrascritti Capitoli, che ci sono stati presentati per parte del detto fidelissimo popolo, quali sono gli infrascritti Videlicet.

1. In primis questo fidelissimo popolo di Napoli vuole il proprio privilegio originale del Rè Ferdinando di Aragona in fino al Rè Federico, e di poi il spoglio del Rè Federico della metà delli voti alla piazza del fidelissimo popolo, che fu promessa la restitutione da Ferdinand il Catholico à petitione dell' eletto di quel tempo Alberico Terracina, e questo all' anno mille cinquecento, e cinque, & sempre per detto popolo si è pretesa la restitutione di detta metà dei voti, & senon si trovasse, vadino otto, ò dieci deputati del Popolo a trovarlo, & dato caso, che non si trovasse, che S. E. procuri di hauerlo quanto prima de Spagna, ouero doue si troua, fra tanto tutta la Città, e tutto il Regno goda il detto privilegio in perpetuo.

2. Item, che goda la Città il perdono Generale de Crimine læsæ Majestatis, etiam in primo Capite, quatenus se fosse incorsa, & cosi d'ogni altra cosa, etiam in persona di S. E. benche il popolo non intenda di essere incorso, mentre che sempre hà detto Viva il Rè di Spagna dalli sette del presente mese di Luglio, per tutto il tempo che si dava essecutione à questo privilegio, perche detto popolo pretende essere tantummodo in motione di gente viglivoli, & bassi, per leuamento, oppressione di gabelle, & che li carcerati, che hanno fatti uscire dalle carceri godano l'istesso indulto, non ostante qual si voglia ordine, che non godessero altro indulto in lor favore.

3. Item, che l'Eletto del popolo si faccia per sei mesi in S. Agostino dalli Capi delle Ordine comme concesse Carlo Quinto in Virtù di privilegio, che tiene stampato, & non piacendo al popolo detto elletto, ne possano fare un altro, & di più si debbano mutare tutti li Capitani di strada, Consultori, & Deputati, e Secretario del popolo ogni sei mesi, & che li faccia il popolo in S. Agostino, il tutto conforme alli Capitoli, auvertendo, che da qua avanti per detto Eletto non si passa pretender conferma dalli Capitani, ma dalle Ordine, e che sopra di questo si osservino li Capitoli stampati, e tutti li Officiali di sopra tutti li Officii, che spettano alla Citta detti siano nativi Napolitani. Anno 1647.

4. Item, che l'elletto sopradetto habbia tanti voti, seu voci egualmente quante ne hà tutta la Nobiltà, conforme le teneua avanti che Rè Federico ne lo privasse, & se si occorerà moltiplicar le piazze de Nobili si accrescano altre tante voci al popolo.

5. Item se per caso non si trovasse, che niuna gabella stia in piedi, ma si lievino tutte tanto per la Città, quanto per il Regno etiam fiscali, & anco si leuino le cose spettanti à Mocc.a, seu al Regio Portulano, Montiero Maggiore, l'impositione della Piazza delli Meloni, & ad ogni altra cosa, & impositione spettante alla Città, e Regno, ma debbono solamente restar in piede quelle che ritrouò, & confermò l'Imperator Carlo quinto, & caso che si trouassero à quel tempo gabelle, & impositioni onerose, & gravi, siano nulle: & anco restino in piedi tutti li Privilegii, che concesse Carlo Quinto, & suoi antecessori à beneficio della fedelissima Città, & suo Regno.

6. Item che lo donativo nuovamente imposto dal Sig. Duca di Medina si leui, purche nel Privilegio di Carlo V. non vi fosse, & se è in detto privilegio, si debbia pagare purche non stiano nelli Margini, ò vero aggiunto, e detto donativo duri per il tempo, conforme alla stipulatione delli Baroni.

7. Item che si lievino le impositioni delli sigilli della Regia, Camera, della sommaria della gran Corte, della Vicaria, del Consiglio, delle Regie audienze del Regno, e per la Città, & anco il sigillo per fuori Napoli, & il Jus delli Registri, & dette prerogative si habbiano da firmare sotto il sopradetto Privilegio di Carlo quinto di gloriosa memoria, quando si trouasse da tutto il Collaterale, & Consiglio di Stato, & anco, che si lievi il Jus del l'uno e mezzo per cento, che si paga nelle sentenze del S. C nuovamente introdoto.

8. Item, che non si facci dimostratione alcuna di questo tumulto successo dalli sette del corrente mese di Luglio, insino à tanto che saranno eretti, & affisi gli Epitafy nelli luoghi stabiliti, & data essecutione à tutti li privilegii; & che per detto tumulto in futurum tanto la Città, quanto il Regno non si molestino.

9. Item, che in nissun' altro futuro, tempo non si possa mai piu ponere nessuna gabella, ma hauendo bisogno sua Maestà vuole la Citta souvenirlo con la vita, con la robba, secondo la possibiltà di ciascheduno per servitio di questa fidelissima Città.

10. Item vogliono ancora il popolo che detto privilegio si stipuli nel luogo doue elegerà detto fedelissimo popolo publicamente con li Eletti Nobili, & con quello del popolo fermato da S. E. Collaterale, e Consiglio di Stato, & che detta stipulatione si habbia da fare nella Chiesa maggiore di Santa Maria del Carmine di questa fedelissima Città di Napoli & che venga poi la Ratifica da S. M. frà il detto tempo.

11. Item, che il Grassiero lo facci il popolo conla Nobiltà; quale debba essere Nappolitano gratiando sua E. concedere questo privilegio al Popolo di farlo intervenire à tale eletione gionto con la Nobiltà, accettando detto privilegio.

12. Item, che li delinquenti, e contumaci Napolitani siano liberi, & indultati da qual si voglia loro inquisitione & delitti, ancora che non tenessero remissione di parte offese, ma doue sarà necessario, la debbano procurare fra dieci anni di tempo, ancora che fossero fuor giudicati di sentenza in qual si voglia Tribunale di Regie Gionte, e visite, e tutte le Gionte debbano restar estinte, ma che li negotii si trattino nelli Tribunali ordinarii, & particolarmente, che restino assoluti, liberati, & indultati tutti li inquisiti di intercetti, & contrabandi, che li carcerati per tale causa siano subito escarcerati, tanto Napolitani, quanto forastieri, leuando anche tutte le dellegationi, restando in piede quelle fatte da sua Maestà servata la forma della sua Realle lettera.

13. Item, che le armi non si debbano levare à detto popolo insino à tanto, che non si sia dato l'esecution à detti privilegii, & Capitoli, & che insino, che non se li consegnarà detto privilegio, non

Anno 1647. non se li levino l'armi ringratiando similmente detto popolo S. E. di tal privilegio, accettando detto privilegio.

14. Item, che si levino tutte le gabelle tanto della Regia Corte quanto della fidelissima Città di Napoli, e Regno, non solo quelle imposte de ordine delli Signori Vicerè, & Nobiltà, ma anco del Popolo, & altri, ma che siano manutenuti nella possessione, che al presente si trovano ottenuta anche per violenza di non pagare gabella alcuna così di Corte come della Città, & anco tutti nuovi imposti, & impositioni, che si essigono nelle Dogane & che si lievi qualsi voglia altra, etiam in solutum dato à particolari, & si levino tutte le altre impositioni, ma solo restino in piede tutti li privilegii, & beneficii, che concesse l'Imperador Carlo quinto, & suoi antecessori, & successori à beneficio di detta fedelissima Città, & suo Regno, s'habbia da concludere al modo del Signor Elleto del fedelissimo popolo con li Signori Consultori, Capitani, e Capi delle Ordine.

15. Ittem che le chiavi doue si conservano li privilegii della Città, una di quelle ne habbia da tener l'Eletto del popolo, & un altra la Nobiltà.

16 Ittem in caso, che non si retrovassero li privilegii originali conforme di sopra, S. E. permetta, che il fedelissimo popolo, e Regno faccia le minute del detto privilegio, & di altre gratie, che desidera, che S. E. ce le concederà per li meriti del detto fedelissimo Popolo, e Regno, & così promette, & vuole, che si osserui in futurum.

17, Item, che le attioni fatte dal Popolo, e Regno contro di chi hà consultato dette impositioni, & indebitte gabelle, chi l'haue affittate estorquendo, & essigendo quelle con tanta rigorosità, in havere abbruciato li Mobili, case, & altri stabili di quelli loro in pena, & che detti tali non possano hauere voto nelle cose publiche nella administratione di questa Città; & che di qual si voglia cosa ò delitto per detta causa fatto non se ne possa pigliare informatione, come di sopra.

18. Ittem, che nissuno adesso ò in futurum officiale Regio, tanto di questa fedelissima Citta, quanto di tutto il Regno, non possa giudicare ne intervenire nelle cause di persone popolari così Civili, come Criminali, e miste per esserli sospetti.

19. Item, che le cose commestibili si possano, & debbiano vendere in tutti li luoghi publici, non ostante qual sivoglia prohibitione di Portulano, ò d'altri Ministri.

20. Item che tutte le Contrasisse, che si fanno alli sudditi, etiam à faccia à faccia non si intenda altro di pena, che di Carlini sette, & grana sette.

21. Item, che tutti li forzati di galera, che hanno finito il tempo siano liberati subito, & così si osservi in futurum.

22. Item nel detto indulto generale vada anco compresso Masaniello da Amalfi Napolitano, & suoi compagni, li quali marciando verso la Torre del greco con la sua compagnia accompagnati da molti di Portici a S. Giovanni a Teduccio per incontrare alcune compagnie, ch' entravano nella Città, & hauendone quelle incontrate si possero dietro la Chiesa di Santa Maria di Constantinopoli in difesa, & esso Tomaso Aniello, e compagni per hauer le arme che portavano detti soldati fù necessario di poner fuoco alla porta della Chiesa, & per detto eccesso in detto luogo successo si perdoni ad esso Tomaso Aniello, e compagni, stante che si è fatto per servigio del Popolo, & per osservanza de privilegii, mentre che essi non teneuano armi.

23. Item, che non osservandosi detti Capitoli, & privilegii volendo il popolo pigliar l'armi, non si intenda rebellione quatenus, ce ne fosse di nessuna maniera, ma giusta difensione delle ragioni del popolo, conviene con la prontezza con che sempre haue accudito al servigio di S. M. & merita la sua fedeltà, & è parso concerto, & parere del Regio Collaterale Conseglio appresso di noi assistente in nome di sua Maestà Catholica fare la presente, con la quale assentimo, & condescendemo alli suddetti Capitoli, & dimande. Juxta loro serie continentia, e tenore ita, & taliter, che così si osseruino, & habbiano il loro debito effetto, & essecutione. Datum Neapoli in Regio Palatio die 13. Julii millesimo sexcentesimo quadragesimo septimo. Diego Bernardo de Zuffia Reg. Matthias de Cassanata Reg. Antonius Caracciolus Reg. Hector Capicius Latro Reg. Domino Vicerex Locumtenens, & Capitaneus generalis mandavit mihi donato Copula. Il. Prencipe di Satriano. Pompeo di Genaro Duca di Belforte, il Prencipe di Gellamare. Don Corona Capici Galiota Prencipe di Montelione. Gio: Tomaso Bianco. Il. Marchese di San Sebastiano. Francesco Toraldo Prencipe di Massa. Gio: Babtista de Mari Marchese d'Assigliano. Carlo della gatta. Il. Marchese del Torello. Luccio Caraciolo Duca di S. Vito, Don Gioseppe Mariconda, Achile Minutolo Duca del Sasso. Don Luis Ponze di Leon.

Capitoli, e gratie aggiunte per S. E. Concesse à petitione di detto fedelissimo Popolo.

1. Item che nella Mastria del gouerno della Santissima Annuntiata di Napoli essercitata così dal Mastro, seu Gouvernatore nobile, come da quelli della Piazza del fedelissimo popolo possano entrare, & concluder li Mastri seu Gouvernatori del detto fedelissimo popolo di detta Santa Casa, ancorche non interuenghino lo Maestro, seu Gouvernatore nobile, essendone però di numero, che possano concludere, & essendo il Nobile unito all' audienza di detta Casa Santa con li Gouvernatori del popolo habbia hauere detto Nobile una voce conforme ciascheduno del popolo, & dello stesso modo detti Gouvernatori del popolo debbano hauer li voti nelle cose concernenti il Banco.

2. Item ch' il Regio Protomedico habbia da essere Medico nativo Napolit. tantum con l'istesse prerogative, & emolumenti, che se gli davano anticamente, e detto Protomedico unito con li noue del Collegio dell' arte della Medicina possano far essecuire con loro tasse, e debbia durare un' anno, & anco li detti noue di detto Collegio di Medicina non possano essere nuouamente elletti, se non finiti tre anni, & siano nativi Napolitani.

3. Item, che essendo reintegrati li voti, seu, voci dell' eletto del fedelissimo Popolo siano tanti quanti, quelli di tutte le piazze de Nobili per questo hauendo ogni piazza di Nobili nel Thesoro di san Genaro due Capellani bullati, dal sommo Pontefice, sene habbiano del detto fedelissimo popolo da eleggere otto altri, che in tutto siano dieci quanti ne hanno detti deputati de Nobili, & che si habbiano da pagare conforme li altri gia eletti, e questi Capellani habbiano da essere Preti Nativi Napolitani tantum.

4. Item che li Marinari Pescatori, & altri soggetti alla gran Corte dell' Almirante non habbiano da essere riconosciuti qual si voglia causa da altro Tribunale, eccetto, che da detta gran Corte dell' Almirante assolutamente con semplici requisitorie, restino alli altri Tribunali recluse le vie di pigliare informatione conforme alli antichi privilegii di detta gran Corte dell Almirante, eccetto pero le cose di Grassa.

5. Item, che si levano tanto il Segretario della Vicaria, quanto il Jus di detta Segretaria, conforme anco saranno levatti tutti gli altri sigili Regii, & detta Segretaria si habbia da essercitare dalli Magnifici Mastri dati in Capire della Vicaria conforme l'antico solito etiam con li loro Registri. Datum Neap. 13. Julii 1647.

6. Item, che occorendo di soggiornare il Rè nostro Signor habbia da pigliare ispediente il popolo per la sua rata parte, come anco debbiano fare li Cavalieri per la sua rata parte, & che possano eleggere una persona per portare il donativo a S. M. come anco li Cavalieri debbano ellegere un altra persona come fà il popolo, per condurre detto donativo à Spagna per li bisogni di S. M. & in evento, che li Cavallieri non restassero contenti di elegere detta persona; in tal caso S. E. lo elegga, nominando uno della Nobiltà, che vadi insieme con quella elletta dal Popolo.

7. Item, che in ogni futuro tempo, non si possa dar tratta fuori del Regno di cose comestibili, seu di grasse da S. E. & da Barroni, & da chi spetta ancorche hauessero privilegio di dar tratte, & in futurum.

8. Item, che quando si hà da fare la Cavalcata il popolo possa eleggere il Sindico della Città, che vada con detta Cavalcata ciò è una volta al detto fedelissimo popolo, & un' altra al Seggio, che

ANNO 1647. che toccarà alli Cavallieri, ciò è caso che toccasse al Seggio di Nido doppio debbia toccare al popolo, al Seggio di Porto, e di poi al popolo, & così continouando alternativamente, & ringratiando S. E. delle tante gratie, che ci hà fate, & fà al fedelissimo popolo di Napoli.

9. Item, che il popolo debba ellegere una persona, che vadi in Spagna à rappresentar à S. M. le Capitolationi concesse da S. E. in nome di S. M.

13. Item come insino ad hoggi il jus della Dogana per tutta, & qual si voglia sorte di mercantia si è essato à ragione di Carlini dodici, & grana sei per oncia, & diffcuso al presente quello, che si hà da dedurre per le noue gratie concesse al detto fedelissimo Popolo e rimasta solo l'essatione dell' antico à tempo dell' Imperadore non più che carlini tre e mezzo per oncia etiam in futurum. Con dichiaratione, che detti tre carlini, e mezo per oncia, si debbano pagare di quelle robbe, ch' erano sogette à dette impositioni à tempo di Carlo V. & questo lo debba dimostrare il Doganiero, ò à chi spetta, che robbe erano à quel tempo, altrimente sia lecito al Padrone di non pagar detti Carlini tre e mezzo.

11. Item che il battaglione creato dalla Cesarea Maesta di Carlo V. non possa uscire in futurum fuori del Regno di Napoli. Stante, che lo creò per custodia di detto Regno, & questo si intenda anco per la Cavallaria.

12. Item, che li appretii, misure di territorii, e beni, che occorrerà commetersi in partibus, cioè fuori della Città, e borghi, si possano commettere alli officiali delle terre di detti beni, & quelle debbano elleggere due esperti non sospetti per detti apprezi, e misure, non ostante, qual si voglia pragmatica, e d'ordine, & questo per euitar le spese, & altri danni delli poueri negotianti.

13. Item, che lo danaro da essigersi in futurum per li bisogni di S. M. lo habbia da tenere la fedelissima Città, cioè una chiaue gli eletti Nobili, & un' altra l'eletto del fedelissimo popolo, & quello portarsi a S. M. da due deputati, uno della piazza del fedelissimo popolo, & un' altro della Nobiltà.

El Duque d'Arcos.

Diego Zuffia Reg. Matthia di Casanate Reg. Ant. Caraciolus Reg. Hector Capicius Latro Reg. D. Vicerex Locumtenens, & Capit. Generalis. Mandavit mihi donato Coppola. Il Prencipe di Satriano; il Marchese di S. Sebastiano, il Prencipe di Cellamare, il Marchese della Torella. Gio. Tom. Bianco. Gio: Babtista Mari. Carlo della Gatta. D. Giosepppe Mariconda. Don Corona Capece Galeotta. Don Luis Ponze de Leon.

Gratie, concessioni, restitutioni, privilegii immunità, essentioni, & prerogative quali S. E. in nome di S.M. C. si è degnato far gratia restituire, confirmare, & di nouo concedere al fedelissimo Popolo di questa fedelissima Citta, sono le infrascritte, oltra le prime concedute fino al presente giorno.

P H I L I P P U S.

Dei gratia Rex &c:

DOn Rodericus Ponze de Leon Dux Civitatis Arcos, Marchio de Zaam, Comes de Ballen, Dominus Domus Villæ de Macheda, & Garzia in præsenti Regno Vicerex, Locumtenens, & Capitaneus Generalis, &c.

1. Essendoci stato di novo supplicato per parte del fedelissimo popolo di questa fedelissima Città di Napoli gli infrascritti altri Capitoli, & gratie, & per detto fedelissimo popolo presentatici quali sono li sequenti, Videlicet. In primis, che tutti gli Officiali, & altre persone, che gli sono state incendiate le case in questa Città dalli 7. di Luglio 1647. fino al presente giorno siano disterrati da questo Regno di Napoli in perpetuo, & che non possano ottener gratia alcuna da S. M. Catholica, che Dio le guardi, che fra il termine di un mese numerando dal dì della stipulatione delli detti Capitoli debbano sfrattare dal presente Regno, & doppo detto termine trovandosi ciascheduno di essi nella Citta ò Regno incorrano ipso facto nella pena di morte naturale, & si possano impunè occidere, & di piu li loro descendenti di linea mascolina mai possano essercitare, ne essere eretti officiali, ò ministri Regii di questa fedelissima Citta e Regno, & questo in perpetuo, eccettuatane pero la casa del Magnifico Gio: Battista Buzzacarino, & suoi discendenti, stante, che con il Capitan Stefano suo figlio hanno servito, & servono con puntualità S. M. & fedelissimo popolo di Polvere non apportando essempio ad altri, & eccetuandossi ancora tutti gli incendiati per causa di giuoco, con dichiaratione, che non si comprendano nel presente Capitolo li padroni delle case, nelle quali habitavano gli Incendiati, ma si intenda solamente delle persone predette incendiate. Ciè parso concedere, si come con questa concediamo al fedelissimo Popolo tutto il contenuto nel presente Capitolo, però elasso detto mese ci contentiamo, che si possano cacciar dal Regno dal fedelissimo Popolo à costa delli detti incendiati, & ritrovandosi la seconda volta doppo elasso un' altro mese si possa esseguire la pena contenuta in questo presente Capitolo: però questo non si intenda nelle persone militari.

2 Item, che il Presidente della Regia Camera della Vicaria Giulio Genovino sia privato del suo carico di Presidente, & Vicecancelliero, & così anche il Giudice Giuseppe Santo Vicenzo sia privato di Giudice di Vicaria, & Frà Luca genovino, sià parimente privato del carico di Capitan di Cavalli, & che si soppradetti Giulio, Giuseppe, Fra Luca siano desterrati dal presente Regno insieme con tutti li suoi discendenti de linea mascolina, ut supra, ne possano mai ripatriare ne ottener gratia da S. M. Catholica, & nel suddetto termine di un mesme debbano sfrattare dal presente Regno sotto la stessa pena della vita, per havere macchinato falsamente contra detto fedelissimo popolo di Napoli, & Regno, il che è notorio à detto fedelissimo Popolo, & li parenti di linea mascolina di detto Giulio, Giuseppe, & frà Luca fino al quarto grado, computando, de Jure Canonico non possano essercitare officii Regii di questa fedelissima Città, & Regno, così di administratione di giurisdittione, come di cose publiche. Ci è parso concedere, si come con questa concedemo quello, che si domanda nel presente Capitolo. Verum in quanto alla pena di morte naturale, si intenda conforme nel precedente primo Capitolo.

3. Item, che Alfonso de Angelis sia privato di tutti li suoi officii, che tiene & possiede dentro la Regia Dohana di Napoli, & per tutto il presente Regno e quelli vada in beneficio del fedelissimo popolo di Napoli, etiam, che detti officii si trovassero in testa d'altri, & che detto Alfonso sia desterrato dal presente Regno, nel predetto termine di un mese, ne mai possa essere aggratiato etiam da S. M. & che li figli Mascoli, & loro descendenti per linea mascolina fino al quarto grado non possano haver officii Regii ò Baronali, ne di Città. Ciè parso di concedere si come in questa antecedente conforme sia dimanda.

4. Item, che il Duca di Madaluni, e Giouan Angelo Barrile Duca di Caivano, & loro discendenti in infinito di linea mascolina eccettuandone le femmine, e descendenti della linea feminina siano desterrati dal presente Regno in perpetuo, & che mai possa ottener gratia alcuna da S. M. Catholica, & che frà il termine di un mese debbano sfrattare dal presente Regno, e ritrovandosi ciascuno di essi nel Regno si possano impunè uccidere, & così sempre in perpetuo si debba osservare con detti descendenti di detti Duchi di Madaluni, & Caivano quando si ritrovasse ciascheduno del Regno, & anco Don Carlo Spinello, & Don Lucio San Felice, & suo fratello D. Andrea siano similmente disterrati dal presente Regno di Napoli in perpetuum, & non possano ottener gratia alcuna da S. M. Catholica, & nello stesso termine di un mese debbano sfrattare sotto la stessa pena della vita, & li descendenti dello detto Spinello, & san Felice della linea Mascolina mai possano essercitare, ne possano esser creati officiali, & Ministri Regii di questa fedelissima Città, & presente Regno, & questo in perpetuo, & tutte le dette pene si intendano anco contro li descendenti di

Don

ANNO 1647.

Don Gioseffe Carrafa. Ci è parso concedere, si come con questo concedemo conforme si domanda; però in quanto alla pena di morte naturale, si intenda conforme al primo Capitolo.

5. Item, che tutti li rumori, revolutioni commovimenti, ancor che importassero seditioni, & ribellioni benche il fedelissimo Popolo giustamente pretenda non essere incorso per haver trattato di sua difesa, & osservanza de privilegii aclamando sempre viva il Rè di Spagna, fatti, & successi sotto li 21. del presente mese di Agosto fino ad hoggi tanto avanti li Regii Palazi con li Spagnuoli, & quanto contro li Regii Castelli con Cannoni, mine, trinciere, Bastioni & altre Batterie, & assalti contro detti Regii Castelli, & Pallazzo, con haver anche sparato contro quelli, e tentato darli à terra, & per l'armi pigliare da dentro la Regia Dohana di questa fedelissima Città, e qual si voglia parte del presente Regno, & signanter per la morte del Presidente della Regia Camera della Summaria Fabricio Cennamo, e di qual si voglia altro officiale tanto togati, quanto di Cappacorta, & cosi temporali, come perpetui Regii, & baronali, e di Giovanterio san Felice, & qual si voglia altro hommicidio occorso in detto tempo, anco di Soldati Spagnuoli, & Alemani, dell' armi pigliate dalla casa dell' Illustre Prencipe d'Ascoli, & per qual si voglia altra causa successa dalli 7. di Luglio 1647. fino ad hoggi che mai sene habbia, ne debbia fare dimostratione alcuna, ma se li dia il perdono, & indulto generale in amplissima forma, come se mai le cose sudette, ne alcuna di esse fossero succedute & si intendano similmente aggratiati tutti gli artiglieri, & ingegnieri tanto Cittadini, come forastieri, etiam stipendiarii di sua Maestà Catholica, stante che hanno servito il fedelissimo popolo, & ritrovandosi carcerati per tal causa tanto per il tumulto successo dalli 7. Luglio quanto dalli 21. del presente mese d'Agosto fino ad hoggi, debbano similmente godere di detto indulto tanto li Cittadini di questa fedelissima Città quanto del presente Regno di qual si voglia stato, grado, e conditione siano dette persone, eccetuandone però quelli che machinarono di amazzare il Magnif. Franceleo Antonio Arpaia eletto di questo fedelissimo popolo, quali al presente si trovano carcerati, Ciè parso concedere si come con questa concedemo conforme si dimanda.

6. Item, che il Regio Palazzo di S. E. e tutti li posti, & galitre doue entravano prima le guardie Spagnuole da hoggi auvanti, & in perpetuo si debbano custodire, & guardare per le compagnie di detto fedelissimo popolo per servigio di sua Maestà Catholica, e suoi felicissimi successori, & delli Eccellentissimi Signori Vicerè del Regno, aquali detto fedelissimo popolo desidera servire con ogni fedeltà, & amore conforme per il passato hanno assisto in dette guardie le fantarie Spagnuole, & dette compagnie di detto fedelissimo popolo si debbiano comandare dalli Capitani eligendo dalla piazza di detto fedelissimo popolo, & questo si debba osservare in perpetuum con le prerogative istesse, che dette compagnie Spagnuole hanno sempre godute. Noi non potemo concedere à questo popolo lo che contienne questo Capitolo sene scriverà à S. M. Catholica, che faccia tutte le gratie al detto fedelissimo popolo, chi merita la sua fedeltà.

7. Item che tutti li Nobili, che godono nelli Seggi di Napoli, quanto quelli che godono Nobiltà nel Regno non possano havere, ne essercitare officii Regii ne di Toghe, ne militari, ne qual si voglia altro officio publico, ne di Città, ne di administratione di essa, cosi di Sindico, come di Eletto, come deputatione, ò altro appartenente à detta fedelissima Città di Napoli, & suo distreto, ma quelli si debbano essercitare da Cittadini nativi, & oriundi tantum del fedelissimo popolo di Napoli & non per Cittadini per privilegio, & con essi Cittadini del fedelissimo popolo vadano compresi quelli, che godono Nobiltà nel Regno purche siano nativi, & oriundi Napolitani, & siano anche compresse le famiglie, che godono nelli seggi di Capuano, & di Nido, & le persone tantum, che stano attualmente servendo sua Maestà Catholica nel Consiglio Collaterale, e di Stato, & la persona del presente Segretario del Regno Consigliero Donato Coppola, e tutti gli altri, che al presente stanno servendo sua Maestà Catholica in essercitii militari con dichiaratione, che con questa eccettuatione non si induca essempio à rispetto d'altri ne per li loro descendenti, escludendo il Duca di Madolani, D. Carlo Spiniello, Gio: Angel: Barrile Duca di Caivano, & loro descendenti in infinitum, con li descendenti in infinitum, del 9. D. Giuseppe Carrafa, & anco Fra Vinzenco della Marra, & il Q. Pizo alias Fabricio Carrafa, & altri quali si introvorno all' homicidio del quondam Dottor Camillo Soprano essendo allora Governatore della Casa Santa della Annuntiata di questa fedelissima Città, di Napoli, il quale Fra Vincenzo che al presente vive si intenda frà il medesimo termine del mese desterrato da questa fedelissima Città, e Regno sotto pena di morte naturale nelli tempi, e modi di sopra dichiarati, & li discendenti del quondam Fabricio non siano admessi ad officii, & honori come di sopra, & non si intendano però compresi nel destiero. Ci è parso concedere si come con questa concedemo conforme si domanda.

8. Item, che Francesco Albano, Camillo alias Millo di Franco, & altri affittatori, che tennero l'affitto delle Gabelle de frutti siano disterrati dal presente Regno fra il sopradetto termine di un mese sotto la istessa pena della vita, ne loro descendenti in perpetuum possano essercitare officii Regii, ne Militari di questa fedelissima Città, e Regno etiam mercenarii, & non possano essere aggratiati etiam da sua Maestà Catholica, & detto Francesco Albano sia privato del suo officio di Rationale di Camera, nel quale era stato eletto, e durante il termine di detto mese per detto destiero detti Gabelloti de frutti debbano depositare le mesate, che devono per causa di detto affitto con la rata da loro essatta fino alli 7. di Luglio prossimo passato, & anco tutti gli altri Gabelloti, Arrendatori, & Governatori di qual si voglia Gabella, & impositione, che si essigeva prima nel presente Regno, debbano depositare tutte le quantità per essi debitte per tutto il tempo passato fino al detto giorno 7. Luglio 1647. per quelli dividersi alli Consignatarii de gli arrendamenti, & impositioni per la rata dei loro crediti dadone perveneranno detti danari. Ci è parso concedere, come con questa concedemo conforme si domanda, però al rispetto della pena della vita si osserui conforme stà disposto al primo Capitolo.

9. Item che il Regio Castello di Sant Elmo de questa fedelissima Città di Napoli si debba tenere, & guardare da Cittadini nativi Napolitani di questo fedelissimo popolo, acciò detto Regio Castello si tenghi, e guardi essattamente per Servigio della sua Maestà Catholica, & della fedelissima Città di Napoli, & questo in perpetuum, escludendone però da detta guardia li Janizzari etiam di qual si voglia natione, ancorache siano nati in Napoli. Noi non possendo mai disponere, ne concedere quello che domanda il fedelissimo popolo nel sopradetto Capitolo, se ne scriverà a sua Maestà Catholica.

10. Item, che li Capitani delle Regie Galere della Squadra di questa fedelissima Citta di Napoli siano, e debbano essere Cittadini nativi Napolitani del popolo, escludendone li Janizzari, persone di altre nationi, ancorache fossero quelli nati in questa fedelissima Città di Napoli, & cosi ancora si intenda de gli altri officiali della Squadra di dette Regie galere cosi maggiori, come minori debbiano similmente essere Cittadini Napolitani del popolo, & non Jannizzari; ne d'altra natione come di sopra. Ci è parso concedere, si come con questa concedemo, conforme però andarano vacando.

11. Item, che tutti quelli hanno machinato, & fatto formare una scritura da alcuni Cittadini falsamente contra detto fedelissimo popolo di Napoli debbano insieme con tutti li loro descendenti di linea mascolina fino al quarto grado di Jure Civili sfrattare dal presente Regno nel sopradetto termine di un mese, escluse però le figlie, femine, & descendenti di linea feminina, & havendo si in potere del popolo detti machinanti si possano impunè occidere, escludendo dalle pene predette quelli, li quali hanno firmata detta scrittura, quali machinatori, & capi di far firmare detta scrittura si debbiano dichiarare per la fedelissima piazza del popolo precedente informatione, Juris ordine servato,

ANNO 1647.

vato. Ci è parso concedere, si come con questa concediamo conforme si domanda, però à rispetto della morte naturale si intenda conforme al primo Capitolo.

12. Item, che Francesco Antonio Arpagia eletto del fedelissimo popolo, Domenico Melone, Agatio, Aslanto, Tomaso d'Alfiero Tenente di Mastro di Campo Generale, il Sargente Maggiore, Perez l'Ajutante, Francesco Acito, & altri, che si ritrovano ritenuti nel Regio Castello, eschino dal detto Regio Castello con le medesime prerogative, continouando, & essercitando i loro stessi Officii, & cariche come prima. Ci è parso concedere, si come conquesta concedemo conforme si dimanda.

13. Item, che si debba fare una casa per conservatione delle Artillerie, & altre armi, à dispositione del fedelissimo popolo, & si habbia da custodire da detto fedelissimo popolo, & per le persone da esso eligende. Ci è parso di concedere, si come conquesta concedemo conforme si domanda.

14. Item, che li Giudici della gran della Vicaria Civilli, & Criminali non possano essere di magior numero, che sei Civilli, & sei Criminali, & di età non meno di anni trenta, & siano tutti nativi Napolitani, ò vero oriundi tantum, non escludendo le famiglie delli Seggi predetti di Capuano, & Nido, dalli quali però ne siano sempre escluse le famiglie predette eccetuate, declarate come di sopra, & che li presenti Giudici, si debbano levare, eccettuando però il Giudice Don Tomaso Caravita acclamato generalmente da tutto il fedelissimo popolo, & che li detti Giudici tanto civili, quanto criminali debbiano essere Biennali, & non perpetui, e dare al suo tempo il Sindicato secondo le Regie pragmatiche constitutioni, & Capitoli del Regno. Ci è parso concedere si come con questa concedemo conforme si domanda.

15. Item che li Regii Consiglieri di S. R. C. Presidenti, e Rationali della Regia Camera, & Officiali, e Ministri della Regia Scrivania di Ratione di questà Città, & del Regno, Auvocati fiscali, & de poveri, & ogni altro Officiale, & Ministro, che per prima non davano Sindicato tanto di questa fedelissima Città, quanto del Regno, debbano dar Sindicato ogni tre anni avanti Sindicatori eligendi dalla fedelissima Città, & per le Citta, e luoghi del Regno respectiye nel modo, & forma, che ordinano le Capitoli, & constitutioni, & Pragmatiche del Regno, & però si suplica S. M. non mandare per l'auvenire Visitatori Generali, supplicandosi anco S. M. che il presente Visitatore Generale si licentii, lasciando di essercitare la Regia Visita, eccetuandone dal detto Sindicato triennale le Illustri, & spettabili Regenti della Regia Cancellaria, Presidenti del S. R. C. & il Luogotenente della Regia Camera della Summaria. Ci è parso concedere si come con questa concedemo conforme si domanda, anco, per lo che sperta al presente Visitator Generale rispetto che egli hà dichiarato tener licenza di S. M. di non continouar detta Visita.

16. Item, che li Scrivani, Fiscali, di Vicaria debbano esser nativi Napolitani, & oriundi tantum, & siano nati di legittimo matrimonio, & non inquisiti di delitti, ne privati per causa di Officii, & quelli, che al presenti vi sono, si lievino, & si cassono ritrovandosi inquisiti, convinti però, confessi, e conndenati per causa di Officii tantum, & à respetto delli Scrivani del S. R. C. Regia Camera della Summaria, Vicaria Civile, & altri Regii Tribunali, & Officii per qual si voglia, che si essercitano in questa fedelissima Città, e Regno, ma debbano essere similmenti Napolitani, ò Regnicoli, purche non siano inquisiti ut supra, & la recognitione di essi Notarii spetti solamente al spettabile Presidente del S. R. C. Ci è parso concedere, como con questa concedemo conforme si domanda.

17. Item, che Salvatore, & Carlo Catanæo, Angelo Ardizzone, Andrea Rama, & altri declarandi per la piazza di detto fedelissimo popolo, siano nel predetto termine di un mese disterrati dal presente Regno, & che mai non possano essere aggratiati etiam da S. M. Catholica, & ritrovandosi ciascheduno di essi per il Regno, incorrano ipso facto, nella pena della morte naturale, & si possano impunè occidere, & li loro descendenti in infinitum di linea Mascolina non possano godere Officii Regii ne Baronali di questa fedelissima Città e Regno, stante, che furono machinatori della morte di Masaniello. Ci e parso concedere si come con questa concedemo quanto si domanda nel presente capitolo; però in quanto alla morte naturale si observi quanto fu ordinato nel primo capitolo.

ANNO 1647.

18. Item, che tutti li Reverendi Monaci, & Frati forastieri debbano partire dalli Monasterii, & Conventi di questa fedelissima Città, e Regno dove, si ritroverrano, eccetuati però li nativi dello Stato Ecclesiastico, e Spagnuoli, li quali però non possano essere superiori nelli Monasterii delle Religioni loro di questa fedelissima Citta, e Regno, ma debbano essere Napolitani, ò Regnicoli, che debbano tutti li Priori dare nota delli forastieri, che tengono nelli loro Conventi seu Monasterii, & questa nota si debba fare convocato Capitolo, verum à rispetto del Real Convento di Sant Agostino di questa fedelissima Città si debba osservare la Real carta di S. M. Catholica, & decreti dello spettabile Reg. Casanate, interposto anco in essecutione di quella, & li superiori, & Officiali siano figli di dette Case, riserbata però la riverenza dovuta al sommo Pontefice. Pér lo che tocca à noi ci è parso concedere, si come con questa concedemo conforme si domandà, & per lo di più sene supplicarà sua Santità.

19. Item, che sia lecito, & si possa fabricare in tutti li luoghi prohibiti deutro, e fuori della Città non ostante la prohibitione per il passato, per le fabriche fatti per il passato fino al presente giorno in detti Luoghi prohibiti, non si possano molestare li padroni di quelle, ne meno li fabricatori, & altri inquisiti per detta causà, rimettendo tutte le pene nelle quali vi fossero incorsi per la causà sopradetta. Ci è parso concedere, si come con questa concedemo conforme si domanda.

20. Item, l'Indulto conceduto à Napolitani si estenda anco à quelli, che si ritrovano con il mandato à bocca, ò con pleggiaria accusare ancorche, e poste nel libro del inferno. Ci e parso concedere, si come conquesta concedemo conforme si domanda.

21. Item, che si osservino tutti li Capitoli, gratie, Capitolationi, & privilegii concessi dalli Serenis. Rè, & Excellentis. Vicerè alli Officiali, & lavoranti della Regia Zecca delle monete. Ci è parso concedere, si come con questa concedemo conforme si domanda.

22. Item, che si ricevano da questa fedelissima Città per padroni, & Protettori di questa fedelissima Città il Glorioso Patriarca Sant' Agostino Dottore della Chiesa; San Nicola di Tolentino, la Gloriosa Santa Teresa de Scalzi Carmelitani, il Glorioso Sant' Honofrio, portandosi le Statue con le Reliquie nel thesoro della fedelissima Città, & che la Chiesa di Sant' Honofrio di questa fedelissima Citta si mantenghi nella possessione, nella quale si trova non obstante la lite, & che si ricevano per Padroni, & Protettori di questa Città Sant Ignatio Loyola, San Francesco Xaverii, San Nicoli de Bari, San Francesco de Assissi, e San Paolino Vescovo di Nolà, & San Biasio. Ci è parso di concedere si come con questa concedemo conforme si domanda.

23. Item, V. E. resti servita in nome di S. M C. concedere, & far gratia à detto fedelissimo popolo, che nel Real Monasterio di San Martino delli Reverendi Padri Certosini posto nel monte di Sant Elmo in nessun futuro tempo, & per qual si voglia causa ò protesto, fortificatione, o sicurta di detto Castello di Sant' Elmo in nissuno futuro tempo si possa ò debba fare innovatione, mutatione, ò fabbrica alcuna non ostante l'ingresso à detto Real Monasterio della gente di militia di esso fedelissimo popolo, come successe de facto, & à viva forza militare, allaquale essi padri non poterono resistere, & che detti padri non si possano amovere da detto Monasterio, come al presente si trovano, & cosi anco s'intenda per gli altri Monasterii, & Luoghi dove si fosse entrato, ò fatto il medesimo. Ci è parso concedere si come con questa concedemo conforme si dimanda.

24. Item che ne i Luoghi dove si è fortificato detto fedelis. Popolo per difensione, & manutentione de suoi Privilegii, & buon vivere, non si possa per S. M. Catholica, & suoi Ministri in nissuno futuro tempo, ne per qual si voglia causa ò protesto far fortificatione ò innovatione ò fabrica alcuna. Ci è parso concedere si come conquesta concedemo conforme si domanda.

25. Item, che resti Don Francesco Toraldo d'Aragona Prencipe di Massa Governatore dell' armi del popolo di questa fedeliss. Città, & Ottavio Marchese resti Generale dell' artellaria con li loro soldi, & di più,

ANNO 1647.

più, che reſte il dilegato conceſſo da S. M. C. à detto Illuſtre Prencipe di Maſſa il quale debbia procedere in tutte le ſue cauſe, etiam à quelle, che tiene contro l'Illuſtre Prencipe di Satriano, inteſo però il Regio fiſcale della Regia Camera. Ci è parſo concedere ſi come con queſta concedemo come ſi domanda, & per Ottavio Marcheſe ſene ſupplicherà S. M.

26. Item che li Capitani di Giuſtitia debbiano eſſer ſolo li padroni ad eſſercitare, excludendone ſempre gli Affittatori, acciò che non ſuccedano le ſolite eſtorſioni. Ci è parſo concedere ſi come con queſta concedemo conforme ſi domanda.

27. Item, che ſi debbano mutare tutti li Algozine di Vicaria, che al preſente ſono, & ſi debbiano far gli altri non Inquiſiti, con li ſoliti requiſiti, li quali ſi habbiano da vedere, & ammettere per la piazza del fedeliſſimo popolo e darli al Reggente della Vicaria per la confirma. Ci è parſo di concedere ſicome conqueſta concedemo conforme ſi domanda.

28. Item che li Capitani di Giuſtitia non poſſano eſſer creati Capitani di fantaria della leva del fedeliſſimo popolo, & nelle Compagnie di eſſo non ſi debbano aſſentare gli Algozini di Vicaria, tanto quelli che ſaranno per l'auvenire. Ci è parſo concedere ſin come per la preſente concedemo conforme la domanda.

29. Item, che eſſendo finito il tempo della Inſtitutione, & erettione del Tribunale della Reverendiſſ. fabbrica di S. Pietro di Roma, detto Tribunale ſi diſmeti, & in caſo, che non foſſe elatto detto tempo, overo non foſſe temporanea la ſua erettione, per evitare li danni, che ſi poſſano per l'auvenir ſentire in queſta fedeliſſima Città e Regno, ſi debba moderare la Taſſa delle ſpeſe, e diretti di detto Tribunale con intervento di due deputati della piazza di eſſo fedeliſſimo popolo, & anco il Regiſtro delli decreti, & vederſi detta inſtrutione, & doppo ogni tre anni ſi debba rivedere l'oſſervanza di detta caſſa. Supplicaneo S. E. ſi digni interponere le ſue parti con ſua Santità; Ci è parſo di concedere ſi come con queſta concedemo per lo che tocca à ſua Santità ſi proveder à da eſſe.

30. Item, che il Regio Protomedico habbia da eſſere Nativo Napolitano, ò oriundi tantum con le iſteſſe prerogative, & emolumenti, che ſeli davano anticamente verum à riſpetto delli otto, & due delli ſpeciali di Medicina poſſano eſſer non ſolo Napolitani orti, & oriundi, ma anco Regnicoli, non oſtante, che ſi foſſe altramente diſpoſto, verum in parità delle voci ſiano ſempre preferiti li Napolitani, & detto Protomedico unito con li 8. e due del Collegio dell'arte della Medecina debbano taſſar le liſte, & le eſſecutioni di eſſe ſi facino per li giudici competenti, & detti 8. & due non poſſano eſſere aſſunti in detto Officio ſolo doppo 3. anni finiti elaſſo l'anno della prima adminiſtratione. Ci è parſo concedere ſi come con queſta concedemo &c.

31. Item, perche detta piazza del fedeliſſ. popolo nella proceſſione, che ſi fà ogn' anno del Santiſſimo Corpo del N. Sig. Gieſù Chriſto non era honorata fuorche con una ſola haſta del Pallio conforme ad una ſola voce ò voto, che teneva detta piazza, al preſente eſſendo ſtata reintegrata nelle cinque antiche voci ò voti. Supplica V. E. ad honorarla anco di altretante haſte di detto Pallio da portarſi per le perſoni di detta piazza deputande dall' eletto del popolo, & coſi debba inviolabilmente oſſervarſi in tutte l'altre proceſſioni, funtioni, & attioni ſacre, che occorreranno publicamente in nome, & ſotto forma di Citta, ò vero tante haſte di detto Pallio quante ſaranno ò reſtarano quelle delle ſeggi. Ci è parſo di concedere, ſi come in queſta concedemo etc.

32. Item perche nel riceverſi li Reverendiſſ. Arciveſcovi di queſta Citta la piazza del. D. fedeliſſ. popolo non haveva parte alcuna, ſi ſupplica S. E. à concedere detta piazza del fedeliſſ. Popolo poter portare cinque haſte del Pallio, con il quale ſuole honorarſi D. Reverendiſſ. Paſtore, ſecondo ſteſſi numeri de voti, o voci come di ſopra accio con detto ſegno venghi à moſtrare l'affetto grande che porta al ſuo Amantiſſimo Paſtore. Ci è parſo concedere ſi come con queſta concedemo conforme la dimanda.

33. Item, che l'iſteſſa equalità di voto, ò voci, habbia, & goda la piazza del fedeliſſ. popolo in tutte le deputationi, ò conſeſſi ſtabiliti, & che in futurum ſi haveſſero da ſtabilire, e qual ſi voglia Negotii attinenti à D. fedeliſſ. Città in modo tale, che ſiano ſempre equali di voti, ò voci D. Fed. piazza dell popolo. Ci è parſo &c.

ANNO 1647.

34. Item, che il primario nelli Negotii de apprezi ſia una volta delli ſeggi & un' altra volta del fideliſſ. popolo, & coſi anco al Giuſtintiero una volta ſia del fedeliſſimo popolo, & un' altra delli due ſeggi, quali Officii debbiano durare per un' anno, & ſi debbano provedere una volta in perſona delle perſone del popolo, & una altra volta in perſona di uno delli ſeggi conforme ſtà conceduto à riſpetto del Sindico, & detti Officii ſi debbiano provedere nelle perſone di detto fedeliſſimo popolo in queſta prima volta, verum li Officiale del Regio Giuſtinſiero da hoggi avanti debbiano ſolo eſſere due perſone per Ottine, di buona fama, timoroſe di Dio, & non inquita ne ſuddite, e debbiano durare per ſei meſi. Ci è parſo concedere ſi come &c.

35. Item che nella Maſtria, & governo della S. S. Annuntiatai di Napoli eſſercitata coſi dal Maſtro ſeu Governatore di Seggio Capuano, come da quelli della piazza del fedeliſſimo popolo, poſſano entrare ad adminiſtrare & concludere li Governatori del fedeliſſimo pòpolo di detta Caſa Santa, eſſendo però di numero oportuno, & nelle Giornate & hore ſtabilite, ancorche non intervenghi il Maſtro del Seggio Capuano, ó che ſia preſente, & non concorra, & detto Governadore di Capuano habbia una voce conforme ciaſchedun del popolo. Intanto, che ſi eſequi inviolabilmente quel che la maggior parte conclude, ancorche contradica il governo dei ſeggio Capuano, & di piu l'adminiſtratione delle confidenze purche non contradichi la volontà del Teſtatore, & del Banco di detta caſa Santa ſi debbia fare tanto per lo Menſario che pro tempore ſarà delli 4. Governatori del popolo, quanto ancora per le Governatori di Capuano confirmaſi per tutte due le cartelle de pegni, polize, mandati, bolletini di pagamenti, qual ſi vogli altra ſcrittura, & debbiano godere equalmente le prerogative preeminenze, elemoſine ſecrete, torcie, maritaggi, Officii, anco di Mercugliano, in tanto che non poſſa godere il Governatore di Capuano maggioranza neſſuna di detti honori, & prerogative, ſi non quanto gode ciaſcheduno di detti Governatori del popolo, & che la Rota dell' audienza debbia eſſere tonda, con ponerſi il Campannello in mezzo, acciò ſi poſſa ſonare da tutte nelle occorenze, & con li calamarri d'argento à ciaſcheduno delli Governatori, non obſtante, che per il paſſato ſi ſia altrimente oſſervato, & che la chiave delli Cenſali ſi occupi per il Governatore del popolo della prima ſeggia, ſenza che debbia intrometterſi nella diſtributione della detta chiave il Governatore di Capuano, & di piu che tutte le Maſtrie, Governi d'altri luoghi pii, debbiano durare per li tempi ſtabiliti. Ci è parſo concedere ſi come &c.

36. Item, che S. E. ſi degni reſtituire in nome di S. M. C. & quatenus foſſe neceſſario di nuovo concedere alla piazza di detto fedeliſſ. popolo il ſeggio da coſtruirſi nella ſtrada della ſellaria, oue anticamente reſideva, nel quale ſi poſſi anco congregare & trattare tutti gli ſuoi affari, & negotii. Ci è parſo concedere ſi come con queſta concedemo conforme ſi domanda.

37. Item che gli Officiali, che adminiſtrano Giuſtitia di qual ſi voglia Tribunale, debbiano habitare dentro le mura di queſta fideliſſ. Città di Napoli. Ci è parſo concedere ſi come conqueſta concedemo conforme ſi domanda.

38. Item, che tutti li Negotii del S. Conſiglio di Capuano della Regia Camera, & delli altri Tribunali ſi debbiano attitare dalli Attuarii e Scrivani ordinarii di eſſi Regii Tribunali con reintegrare gli negotii alli Maſtri d'atti di eſſi Tribunali conforme per primo, non oſtante, che ſi ſia praticato il contrario, con proteſto di attuariato aſſunto, ò di vendite fatte di eſſi attuariati per le Regie gionte, ò per Tribunali, ò Superiori & coſi anco li Negotii che ſi trattano avanti il Spettabile Reg. de Vicaria ſi debbiano attitare per tutti li Maſtri d'atti, & Attuarii di detta Gran Corte da dividerſi per edomada, & coſi anco le viſite di carcerati Civili ſi trattino per tutti li Maſtri d'atti di detta Gran Corte, facendo ciaſcheduno il ſuo meſe. Ci è parſo concedere, ſi come &c.

39. Item, che la proviſta del pane ſi debbia fare ſolo per l'eletto del fedeliſſimo popolo, non obſtante che da alcuni anni in qua ſi ſia oſſervato il contrario,

ANNO 1647. rio, & queſto oltre le altri ſue prerogative. Ci è parſo concedere &c.

40. Item, che per l'auvenire non ſi mandino Capitani à guerra nelle terre Luoghi, e Città del Regno, quale terre, e Luoghi da loro medeſimi ſi debbiano guardare. Ci è parſo concedere ſi come con queſta concedemo &c.

41. Item, che per l'auvenire niſſun Napolitano ſi mandi in galera de fatto, ò loco depoſiti, vel carceris, ma ſi ſpediſchi di giuſticia, eccettuando però li accordi volontarii. Ci è parſo concedere, ſi come con queſta &c.

42. Item, che per l'auvenire tutti gli Officii, che tengono ſalario tanto in queſta Città, come nelli banchi, & luoghi pii, ſi debbano conferire a Napolitani nativi, & oriunde del popolo, & ſimilmente l'Officio di carceriero magiore della Gran Corte della Vicaria, ſi debbia conferire à Napolitani come di ſopra. Ci è parſo concedere, ſi come concedemo, conforme ſi domanda.

43. Item, che tutti li caſali di detta fedeliſſima Citta in ogni futuro tempo debbano eſſere, & ſtare in demanio, non obſtante qual ſi voglia alienatione vendita, ò donatione in contrario fatta, quali ſi declarano nulle anco in conformità delle gratie ſopra ciò fatte per il Sereniſſ. Rè Catholico, confirmata per la Ceſarea Maeſtà di Carlo V. Ci è parſo di concedere &c.

44. Item, che li Dottori Napolitani, & Regnicoli non ſi debbano per l'auvenire eſſaminare, non ſolo quando vogliono eſſercitare la Procura, ma ne anco volendo eſſercitare Officii Regii, ò Baronali, qual ſi voglia, ancorche foſſe Regia audienza, & giudicati di Vicaria pur che ſiane Dottorati in Napoli, & pero reſti eſtinta la Gionta dell' eſſame delli dottori conforme ſono eſtinte l'altre, & che venendoſi à fare relatione in Conſiglio, in gradu appellationis delli decreti fatti per l'Almo Collegio de Dottori di queſta fedeliſſima Città di Napoli, debbia ſedere il Relatore, come ſede il Giudice del gran Almirante. Ci e parſo concedere ſi come &c.

45. Item, che circa li deritti delli peſi, ſtatele, e miſure, che ſi portano nella Regia Zecca, ſi debba oſſervare la forma antica dell' inſtitutione di detta Regia Zecca, quali tenghi peſo di eſibire l'Officiale à chi ſpetta eſigere detto deritto, altrimente ſia obligato zeccare ſenza eſſatione alcuna. Ci è parſo di concedere ſi coma con queſta concedemo conforme ſi domanda.

46. Item, che li Capitanei di giuſtitia debbiano ſegnare le caſe per ſervigio delle loro guardie nelli meſi di Genaro, & di Febraro, di quelle però dove ſtando le cartelle per locarſi, con che il piggione ſolito pagarſi, & non meno ſi debbia pagare per il medeſimo Capitanio. Ci è parſo concedere fin come &c.

47. Item ſtante, che ſono levate tutte le gabelle, datii, arrendamenti di qual ſi voglia ſorte, & impoſitione, nelli precedenti Capitoli, & gratie conceſſe da S. E. in nome di S. M. C. per maggiore ſodis fattione del detto fedeliſſimo popolo ſi dichiara, che frà quelle ſe intendano anco levate quella della mezza annata, che ſi pagava per ciaſcheduno Officiale con la ſua delegatione di detta mezza annata, lo cinque cinquine, che ſi paga per la ſupplica, li deritti impoſti per metà piu per le pene delle nullità, & ſuſpenſioni d'Officiali, diritti del Regiſtro delle pleggiarie, e ſètèzè del S. R. Conſiglio, e tutti gli altri regiſtri, ſuggeli, e tutte le altre nuove impoſitioni, anco ſervata la forma di detti nuovi Capitoli, & gratie ut ſupra ſempre s'intenda levata, & anco, che ſi levi il diece per cento delli miniſtri. Ci è parſo concedere ſi come con queſta concedemo conforme ſi domanda, però circa le mezzanata, & dieci per cento delli miniſtri ſi ſoſpenda per ſino à tanto, che ſara altrimente da S. M. ordinato.

48. Item, ſi ſupplica S. M. C. che trattandoſi qualche diferenza trà la piazza del popolo, & Regno, e trà le piazze de ſeggi di queſta Citta è Regno nel Regio Collaterale Conſiglio, che ſi debbino dare tanti miniſtri del popolo per aggiunti quanti ſono gli Reggenti di Cancellaria de ſeggi, e coſi anco ritrovando ſi Reggenti del popolo piu delli Regenti de ſeggi ſi debbiano dare tanti altri aggiunti de ſeggi, & che li decreti, ſi naſcerano da dette differenze ſi debbano Regiſtrare & conſervare da uno delli Regenti Spagnoli, e far libro à parte quando il Segretario non foſſe Spagnuolo. Ci è parſo concedere ſi come con la preſente concediamo conforme ſi domanda. ANNO 1647.

49. Item, che qual ſi voglia perſona tanto titolata, quanto non titolata di qual ſi voglia grado, ſtato, e conditione ſi ſia ardiſca proteggere nè refugiare forgiudicati, ne dilinquenti di qual ſi voglia delitto, del quale ne foſſero giuditialmente attinti, ne darli aiuto ne favore tanto in queſta Città, quanto in tutto il Regno con doverſi oſſeruare irremiſibilmente la pragmatica fatta del Signor Duca di Medina. Ci è parſo concedere ſi come con la preſente concedemo conforme ſi domanda.

50. Item, ſi ſupplica che non ſolo reſtino eſtinte le delegationi, & Regie Gionte fatte da V. E. & predeceſſori di V. E. ma anche da S. M. C. & anco le luoghi Pii, ma reſtano ſolamente, quelle di Eligio, caſe, e Banco della Sanctiſſima Annuntiata, Incurabili, S. M. di Conſtantinopoli, il Monte della Miſericordia, e Natione Venetiana, Ingleſe, e Fiamenghe tantum, per le eſſationi tantum, ma tutti li Negotii ſi trattino nelli Tribunali Ordinarii alli quali ſpettano. Ci è parſo concedere, ſi come conqueſta concedemo &c.

51. Item, che per oſſervanza ancora delli Capitoli Privilegii, & gratie concedute per li detti Rè di queſto Regno, tutte le prelature, Beneficii cujuscunque ordinis, & dignitatis, ſpettantino alla collatione, & preſentatione Regia perpetui, & ammobili ſempre che vacarano, ſi conferiſcano; & ſi debbiano preſentare à Napolitani, & Regnicoli, & non à foraſtieri, e quelle che vacarano in queſta fedeliſſima Città di Napoli, ſi debbiano conferire a Napolitani nativi, & oriundi tantum, ſupplicando, che da hora ſi debbiano conferire l'ammovibili, cioè, Sacreſtie, Cappellanie, & altri in perſona de Napolitani Nativi, & oriundi tanto Regii quanto anco quelle ſpettantino à Governatori de luoghi Pii di queſta fedeliſſima Città. Ci è parſo concedere ſi come con la preſente concedemo per quello, che à noi ſpetta, però à riſpetto di quelle, che ſpettano à S. M. ce ne daremo auviſo.

52. Item, che ſi chiamino il ſpettabile Conte di Mola Preſidente della Regia Camera, & Antonio Capobianco à dar Conto dell' amminiſtratione per eſſi fatta delle Compre, & eſtrattioni di grani. Ci è parſo concedere, ſi come con la preſente lo concedemo, conforme ſi domanda.

53. Item, che li l'Preſidenti di Cappacorta della Regia Camera della Sommaria non poſſano votare nelle cauſe dove ſi tratta articolo di legge. Ci è parſo concedere ſi come con la preſente lo concedemo, conforme ſi domanda.

54. Item, che ſi oſſervi la gratia fatta nel Parlamento Generale fatto à 13. di Gennaro 1639. a queſta fedeliſſima Citta di Napoli, che le ſpeditioni di Cancellaria vadino confirma di S. E. & di due ſpettabili Reggenti. Ci è parſo concedere ſi come con la preſente lo concedemo conforme ſi domanda.

55. Item, che tutti li Officiali di qual ſi voglia Tribunali di queſta Citta è Regno, che non oſſervaſſero li preſenti Capitoli, gratie, & Privilegii, & ciaſcheduno di eſſi, reſtino ipſo jure, ipſoque facto privati delli loro Officii, non eſſere lecito alla piazza di eſſo fedeliſſimo popolo di eligere ſei meſi per l'oſſervanze, e difenſione delli ſudetti Capitoli, & ciaſcheduno di eſſi. Ci è parſo concedere, ſi come con la preſente lo concedemo, conforme ſi domanda.

56. Item, che la medeſima interpretatione, moderatione, ò altro, che pareſſe eſpediente, circa detti Capitoli, & ciaſcheduno di eſſi ſi debba, & poſſa fare per la piazza di eſſo fedeliſſimo popolo, & queſto in ogni futuro tempo quante volte li parera, ò piacerà. Ci è parlo concedere: ſi come con la preſente concedetto conforme ſi domandà, però ſi debba fare con il noſtro conſenſo, & non altrimente.

57. Item ſi ſupplica, che tutte le ſudette gratie, ſi debbano concedere, per via di reſtitutione, confermatione, nuova conceſſione, eſſentione, immunità, prerogative, Privilegio, & per ogni altro miglior modo piu profittevole al detto fedeliſſimo popolo, con certa ſcientia, moto proprio, matura deliberatione, & de plenitudine Poteſtatis, ſupplendo anco de Poteſtate Dominica li diffetti, nullità & cauſe qual ſi voglia, che forſi oſtaſſero, ò impediſſero l'oſſervanza di tutti ſi ſopradetti Capitoli, e gratie, ciaſcheduno di eſſi ut ſupra, & in caſo di ogni dubbio che forſi accaſcarà, ſempre ſi habbia da interpretare, & in-

ANNO 1647. intendere à Beneficio, & utile del detto fedelissimo popolo, & non altrimente, & il tutto concedere anco in Nome di S. M. & con voto, & parere Consiglio, & intervento delli Consegli Collaterale, & di Stato. Ci è parso concedere, si come con la presente concedemo conforme si domanda.

58, item, che per la dispensa dell' età delli dottorandi si supplichi S. M. che debba fare osservare la Real Carta dell' anno 1635. nella quale si ordina, che si possa dispensare alli studenti, che si vogliono Dottorare non ostante, che non habbiano l'età di 21. anno ne qual si voglia ordine doppo spedito per detta prefata Maestà etiam per lo corso dello studio. Ci è parso del Contenuto nel sopradetto Capitolo supplicarne S. Maestà.

E volendomo di nuovo consolare detto fedelissimo popolo, come si conviene per la prontezza, con che sempre have accudito al servigio di S. M. & merita la sua fedelta, ci è parso con il voto, e parere del Regio Collaterale Conseglio appresso di noi essistente in nome di S M. C. concedere al detto fedelissimo popolo si come con questa concedemo per quello, che à noi tocca quanto in detti preinserti Capitoli, & gratie si contiene, conforme ci sono stati adimandati, justa loro forma, continentia, & tenore, ità, & taliter, che così si debba osservare, & esseguire, in futurum havere il loro debito effetto, & essecutione, con conditione, però, che non si habbia à fara da hoggia vanti altro tumulto, & che tutte le cose si riduchino allo stato, nel quale si ritrovavano nelli 20. del corrente mese di Agosto, con dichiaratione, che li tumulti predetti s'intendano essere quelli, nelli quali concorra convocatione di popolo, & in caso detti tumultuanti non si gastigassero dal D. Fedeliss. popolo, overo non si carcerassero, & portassero carcerati avanti di noi, non derogando al contenuto nelli altri primi Capitoli, & gratie concesse, quali di nuovo si intendano concedute; Verum occorrendo qualche novità lo debbano proponere al Magnifico elleto del popolo, il quale lo debba riferire à noi, che se li farà compira gratia, & giustitia, che tale è la nostra volontà, & intentione. Datum Neapoli in Castro novo. Die &c.

El Duque d'Arcos.

Il Prencipe di Cela Mare Gio, Tomaso blanco Marchese dell' Oliveto, Lutio Caracciolo di Torrecuso Duca di Santo Vito. Achille Minutolo Duca del Sasso. Pompeo di Gennaro Duca di Belforte, D. Corona Capece Galiota prencipe di Monteleone. Il Reggente Antonio Caracciolo Marchese di San Sebastiano, Gio Battista de Mari Marchese di Assigliano, il Marchese di Torello, Don Giosefpe Mariconda prencipe di Caraulo, Diego Bernardo di Zufia Reg. Mattias de Casanate D. Vicirex, Locumtenens & Capitaneus Generalis mandavit mihi Donato. Cupula.

CXXXIX.

1648. 15. May. *Declaration des Ambassadeurs de L. H. P. les Seigneurs Estats Généraux des Provinces Unies des Païs-bas, sur les Articles 44. & 45. du Traité de Paix, pour la conservation des Droits entiers de leur Souveraineté & Superiorité à l'égard des choses de la Religion, & de l'Administration des Biens Ecclesiastiques. A Munster le 15. Mai 1648.* [Produit & publié de la part de L. H. P. en 1654. Avec diverses autres Piéces, à l'Occasion du different survenu, touchant le Prêtre de Sevenbergen.

COmme ainsi soit, que par le 44. & 45. Article du Traité de Paix entre le Seigneur Roy des Spagnes &c. & les Seigneurs Estats Generaux des Provinces Unies du Païs-Bas, ayt esté dit, que le contenu de deux divers Escrits l'un du 8. Janvier, l'autre du 27. Decembre de l'an 1647. faits & signés entre les Seigneurs Ambassadeurs extraordinaires & Plenipotentiaires dudit Seigneur Roy des Espagnes, & le Deputé pour, & au nom du Seigneur Prince d'Orangie, sortira son entier effect, ny plus ny moins, que si touts les poincts y compris en general, ou chacun d'eux en particulier de mot a mot estoient inserés audit Traité de Paix, nonobstant aucunes clauses, dudit Traité à ce contraires, lesquelles clauses on entend deroger, comme elles sont derogées expressement par ledit 45. Article, & lesquelles clauses au regard des susdits deux escrits sont, & seront tenues pour non faites. ANNO 1648.

Et que de la Generalité des susdits mots & clauses pourroit cy apres survenir quelque doute, ou mesintellegence, si est il, que pour lever ce doute ou mesintellegence, les Ambassadeurs extraordinaires & Plenipotentiaires desdits Seigneurs Estats Generaux par ordres d'iceux Seigneurs Estats devant l'échange des Rattifications dudit Traicté de Paix, ont declaré auxdits Seigneurs Ambassadeurs extraordinaires &c. & Plenipotentiaires du Roy des Espagnes &c. & declarent par cette n'avoir consenti, que l'adjustement desdits deux Articles, & la relation & inclusion desdits Articles au Traicté de Paix se fit à autre fin, que pour faire accomplir, & effectuer entierement le contenu d'iceux, sans que pourtant se doive entendre, ny inferer, que chose aucune ayt esté traitté ny accordée, par laquelle maintenant, ou cy apres puisse estre derogé ou prejudicié aucunement à la Souveraineté & Superiorité des Provinces Unies du Païs-Bas en general, ou en particulier, ny à l'ordre de la Religion, ny à l'employ, & administration des Biens Ecclesiastiques en icelles, mais que l'Estat des Provinces Unies demeurera & sera tenu à ce regard en son entier & sans prejudice, auquel effect les Ambassadeurs extraordinaires & Plenipotentiaires desdicts Seigneurs Estats Generaux des Provinces Unies devant l'échange des Ratifications, ont insinué cette declaration, & l'ont delivré auxdits Seigneurs Ambassadeurs extraordinaires & Plenipotentiaires dudit Seigneur Roy des Espaignes &c. Signée de leurs mains & cachettée du cachet de leurs Armes, faict à Munster le 15. May 1648. estoit signé & cachetté comme s'ensuit.

L. S. Bartolt de Gent.	L. S. Jean de Matenes.
L. S. Ad. Pauw.	L. S. G. van Reede.
L. S. F. van Donia.	L. S. W. Ripperda.
L. S. A. Clant.	

NOus soussignés Ambassadeurs extraordinaires & Plenipotentiaires du Seigneur Roy des Espagnes &c. certifions que ce jourdhuy datté de la presente, les Ambassadeurs extraordinaires & Plenipotentiaires des Seigneurs Estats Generaux des Provinces Unies du Païs-Bas, devant l'échange des Ratifications du Traitté de Paix entre lesdits Seigneurs Roy & Estats nous ont insinué l'escrit cy dessus inserée signé de leurs mains & cachetté du cachet de leurs armes, qu'après la lecture ils nous ont delivré & nous avons receu de leurs mains, en foy de quoy nous avons apposé le cachet de nos armes, faict à Munster le 15. de May 1648. estoit signé & cachetté comme s'ensuit.

S. L. Alleconde de Pen^da. L. S. A. Bruyn.

CXL.

Actes & Procedures faites contre CHARLES I. *Roi de la Grande Bretagne par le Tribunal impie erigé pour le perdre sous le Nom de Haute Cour de Justice.* SÇAVOIR *Acte des Communes d'Angleterre, erigeant ladite Cour, & nommant les Personnes qui doivent le composer.* Journal *des premieres Procedures de ladite Cour, au Mois de Janvier 1648. stile du Parlement, & 1649. stile commun.* Accusation *de haute Trahison presentée contre le Roi, par le Sollicieur General.* Deposition *des Témoins interrogés contre lui.* Harangue *du President parlant au Roi, avant de lui prononcer sa Sentence.* Sentence *de mort renduë contre ce Prince le 27. Janvier, 6. Fevrier 1648 - 1649 où il est declaré Tyran, Traitre, Meurtrier, & Ennemi public de l'Estat d'Angleterre.* Ordre 1649. 27. Janvier. 6. Fevrier.

Anno 1649.

donné par la même Cour le 29. Janvier, 8 Fevrier pour l'Execution de la Sentence. Relation *de la maniere dont le Roi fut executé à mort, & de ses dernieres paroles. Du 30. Janvier, 9 Fevrier* 1649. S'ENSUIVENT Deux Declarations *du Parlement, ou soi disant tel, sur cette terrible affaire.* [Sur la Copie Françoise imprimée à Londres, chez J. G. l'an 1650. in 12. sous les yeux du Protecteur & du Parlement.]

La Commission, autrement appellée, l'Acte des Communes d'Angleterre, assemblées en Parlement, portant l'establissement d'une Haute Cour de Justice, pour examiner & juger CHARLES STUART, Roy d'Angleterre.

COmme ainsy soit, que Charles Stuart, à present Roy d'Angleterre, non content des diverses usurpations, que ses Predecesseurs ont faites sur le Peuple en ses droicts & franchises, ait fait voir tres-apparemment, qu'il a eu un dessein tres-pernicieux de renverser les loix & la liberté ancienne de cette Nation, & d'introduire en leur place un Gouvernement arbitraire & tyrannique: Et qu'outre plusieurs autres meschantes voyes, & moyens obliques, desquels il s'est servy pour mettre en effect ce dessein, il en ait aussy poursuivi l'accomplissement avec le fer & le feu, ayant levé & entretenu une cruelle guerre dans le Pays contre le Parlement & le Royaume, de sorte que par là il a esté miserablement ruiné, le tresor public espuisé, le commerce interrompu & descheu, plusieurs milliers de ses bons Subjets ont esté tués, & une infinité d'autres meschancetés commises; Pour lesquels hauts crimes, & trahisons ledict Charles Stuart eust pu estre, il y a longtemps, justement amené en Justice, pour recevoir une punition juste & exemplaire; Et comme ainsy soit aussy, que le Parlement, s'estant abstenu de proceder contre luy sur l'esperance, qu'il avoit, que la contrainte & l'emprisonnement de sa personne, depuis qu'il à pleu à Dieu de le livrer en ses mains, pourroit apporter le remede, & mettre fin aux desordres du Royaume, ait neantmoins trouvé par une triste experience, que cette retenuë & Clemence, de laquelle il a usé envers luy n'a servy qu'à l'encourager & ses Complices à continuer leur meschantes pratiques, è esmouvoir des nouveaux troubles, & des nouvelles rebellions dans le Royaume, & causer des nouvelles Invasions des Pays Estrangers: Pour les prevenir à l'advenir & des semblables, ou des plus grands malheurs, . & afin que nul Officier, ou Magistrat, quelque grand qu'il puisse estre, ne presume cy après d'entreprendre d'asservir & destruire la Nation Angloise, par trahison & par d'autres mauvais moyens, & ne s'attende de le faire impunément: Qu'il soit ordonné & arresté par les Communes assemblées en Parlement, Et il est icy ordonné & arresté par leur authorité, Que le Seigneur Thomas Fairefax; Olivier Cromwell, Henry Ireton, Escuyers; Le Chevalier Hardres Waller, Philippe Skippon, Valentin Wauton, Thomas Harrison, Edouard Walley, Thomas Pride, Isaac Ewer, Richard Ingoldsby, Henry Mildemay, Escuyers; Le Chr. Thomas Honywood, Le Seigr. Thomas Grey de Grouby, Le Seigr. Philippe Lisle, Le Seigr. Guillaume Mounson, le Chr. Jean Danvers, le Chr. Thomas Maleverer, Baronnet; le Chr. Jean Boucher, le Chr. Jaques Harrington, le Chr. Guillaume Allenson, le Chr. Henry Mildemay, le Chr. Thomas Wroth, le Chr. Guillaume Massiam, le Chr. Jean Barrington, le Chr. Guillaume Brereton, Baronnet; Robert Wallop, Guillaume Heveningham, Escrs. Isaac Penington, Thomas Atkins, Roland Wilson, Aldermans, ou Eschevins de la ville de Londres: Pierre Wentworth, Chr des Bains, Henry Martin, Guillaume Purefroy, Godefroy Boswile, Jean Trenchard, Herbert Morley, Jean Berkestead, Mathieu Tomlinson, Jean Blakiston, Gilbert Millington, Escuyers; Le Chr. Guillaume Constable, Baronnet; Edmond Ludlow, Jean Lambert, Jean Hutchinson, Escuyers; le Chr. Arthur Hasilrige, le Chr. Michel Liviley, Baronnets; Richard Salwey, Robert Tichborne, Owen Roe, Robert Manwaringe, Robert Lilburne, Adrian Scroope, Richard Deane, Jean Okey, Robert Overton, Jean Hughson, Jean Disborough, Guillaume Goffe, Robert Duckenfid, Corneille Holland, Jean Carey, Escuyers; le Chr. Guillaume Armyn, Baronnet; Jean Jones, Escr. Miles Corbet, François Alen, Thomas Lister, Benjamin Westen, Peregrine Pelham, Jean Gourdon, Escuyers: François Thorpe, Conseiller és Loix; Jean Nut, Thomas Chalonner, Algernone Sidney, Jean Alaby, Jean Moore, Richard Darley, Guillaume Say, Jean Aldred, Jean Fagge, Jaques Nelthrope, Escuyers; le Chr. Guillaume Robert, François Lassels, Alexandre Rigby, Henry Smith, Edmond Wilde, Jacques Chaloner, Josias Barners, Denis Bond, Humphrey Edouards, Gregoire Clement, Jean Fry, Thomas Wogam, Escuyers; Le Chr. Gregoire Norton, Baronnet; Jean Bradshaw, Conseiller és Loix; Edmond Harvey, Jean Dove, Jean Venn, Esr.: Jean Fowkes, Alderman de la ville de Londres; Thomas Scot, Escuyer; Thomas Andrewes, Alderman de la ville de Londres, Guillaume Cawley, Abraham Burrel, Anthoine Stapley, Roger Gratwicke, Jean Downs, Thomas Horton, Thomas Hammond, George Fenwicke, Escrs; Robert Nicholas, Conseiller és Loix; Robert Reynolds, Jean Lisle, Nicholas Love, Vincent Potter, Escuyers; le Chr. Gilbert Pickeringe, Baronnet; Jean Weaver, Roger Hill, Jean Lenthal, Escuyers, le Chr. Edouard Bainton, Jean Corbet, Thomas Blunt, Thomas Boone, Augustin Garland, Augustin Skinner, Jean Dixwell, George Fleetwood, Simon Meyne, Jaques Temple, Pierre Temple, Daniel Blagrave, Escuiers; Le Chr. Pierre Temple, Baronnet; Thomas Waite, Jean Browne, Jean Lowrey, Escuiers, seront, & sont par ce present Acte ordonnés & requis pour estre Commissaires & Juges, pour entendre, & examiner & juger ledict Charles Stuart. Et lesdicts Commissaires, ou vingt, ou plus grand nombre d'iceux, seront & sont icy authorisés & establis pour estre une haute Cour de Justice, qui s'assemblera & se tiendra à tels temps, & en telles places convenables, qu'il en sera convenu & ordonné par lesdicts Commissaires, ou la plus grande partie, ou vingt, ou plus grand nombre d'iceux, par cry public, qui en sera faict en la grande Salle de Westminster, ayans pouvoir de changer lesdicts temps & places, comme ladicte Haute Cour, ou la plus grande partie d'icelle assemblée trouvera à propos de faire: Et de donner ordre, qu'informations & accusations soyent faites contre ledict Charles Stuart des crimes & trahisons cy dessus mentionnés; De recevoir sa response de sa propre bouche là dessus, & d'examiner les tesmoins avec serment; Ce que la Cour a par ce present Acte authorité de faire, ou en toute autre sorte, Et de prendre toutes autres evidences là dessus; Et en cette affaire, ou au defaut de ladicte response de proceder à donner Sentence finale, & definitive selon la justice & le merite de la Cause, & d'executer, ou faire executer une telle Sentence definitive promptement & sans partialité Et ladicte Cour est icy authorisée & requise d'establir & ordonner tous & tels Officiers & Serviteurs, & donner ordre à toutes autres circonstances, qu'icelle, ou la plus grande partie d'icelle jugera estre en quelque sorte que ce soit, utile & necessaire pour le bon ordre & l'execution des choses susdictes. Et le Seigneur Thomas Fairfax & tous Officiers & Soldats, qui sont sous son commandement, comme aussy tous les Officiers de Justice & autres personnes bien affectionnées au bien public sont icy authorisées & requises de prester aide & assistance à la dicte Cour, pour l'execution du pouvoir, qui luy est icy donné: A condition que cet Acte, & l'authorité icy accordée continuera en sa force & vigueur l'espace d'un mois depuis la date du present Acte, & non pas plus long temps.

Estoit signé Henr. Scobell,
Cler. Parlem. Dom. Comm.

Ordre du Parlement en suitte dudit Acte.

IL est ordonné pas les Communes assemblées en Parlement, que les Commissaires nommés en l'Acte, portant l'establissement d'une Haute Cour de Justice pour examiner & juger Charles Stuart, Roy d'Angleterre, s'assembleront Lundy prochain à deux heures aprés midy en la Chambre Peinte.

Signé Hen. Scobell, Cler. Parl.

ET en vertu du susdict Acte & du present ordre, fondé sur iceluy, les Commissaires s'assemblerent le Lundy 8e. de Janvier en la Chambre Peinte au nombre de 54. Et s'estans informés de la teneur de leur Commission, ordonnerent, que la Cour s'assembleroit en la mesme place le Mercedy 10e. dudit Mois; Et que cela seroit publié par cry public dans la grande Salle de Westminster par Edouard Dendy, Sergeant d'Armes, l'authorisant pour cet effect par un commandement signé de leurs mains & seelé de leurs cachets, comme s'ensuit,

EN Vertu d'un Acte des Communes d'Angleterre, assemblées en Parlement, portant l'establissement d'une Haute Cour de Justice, pour examiner & juger Charles Stuart, Roy d'Angleterre, Nous Commissaires soussignés du nombre de ceux, qui ont esté nommés dans ledict Acte, Ordonnons icy, Que la Haute Cour de Justice mentionnée audict Acte s'assemblera en la Chambre Peinte dans le Palais de Westminster Mercredy prochain 10e. jour du present mois de Janvier à une heure aprés midy, ce que nous ordonnons estre publié par cry public, qui en sera faict en la grande salle de Westminster demain 9e. dudict mois entre 9. & 11. heures avant midy. En tesmoignage dequoy nous avons signé la presente & y avons faict apposer nos cachets le 8/18 Janvier 1648/9. &c. Au dessous estoit escrit, Nous Commissaires soussignés ordonnons & authorisons icy Edouard Dendy, Sergeant d'Armes, pour faire publier ce present Ordre selon sa teneur, & en faire son rapport à la Cour au temps & lieu mentionnés. Estoit signé de 37. desdicts Commissaires & seelé de leurs cachets.

Le lendemain 9e. Janvier ledict Sergeant Dendy, suivant le commandement qu'il en avoit receu, fit faire cette proclamation sur les 10. heures du matin, estant accompagné de six trompettes & de deux compagnies de Cavallerie, & entra à cheval portant la Masse jusques au milieu de la salle de Westminster, pendant que la Chancellerie estoit au seau, & aprés le son des trompettes, & des tambours, battans dehors en la cour du Palais, trois fois reiteré, il fit lire cet Ordre à haute voix, lequel il raporta avec ces mots escrits sur le dos, Je soussigné ay faict faire la publication de la presente selon sa teneur. Estoit signé Edouard Dendy, Sergeant d'Armes. Le mesme jour le Parlement estant assemblé ordonna, comme s'ensuit,

Die Martis, 9o. *Januarii*, 1648.

IL est ordonné par les Communes assemblées en Parlement, que la mesme proclamation, qui s'est faicte ce matin dans la Salle de Westminster touchant l'examen & jugement du Roy, se fera incontinent à la vieille Bourse & en Cheapside en la mesme maniere par Edouard Dendy, Sergeant d'Armes; Et que la garde, qui est dans l'Eglize de St. Paul luy assistera pour cet effect.

Suivant lequel ordre ledict Sergeant Dendy accompagné de dix trompettes & de deux compagnies de Cavallerie, estant à cheval & portant la Masse, alla sur le midy à la vieille Bourse de Londres, devant laquelle aprés le son des trompettes, il fit encore faire cette proclamation, & de là passa aussy tost en cet ordre en la grande rue & marché de Cheapside, & y fit aussy la mesme proclamation à son de trompe, ausquels temps les rues se trouverent toutes remplies de peuples, qui y accouroyent de toutes parts à la foulle, sans qu'il s'y fist le moindre desordre, ny aucune violence, dequoy le Sergeant fit son raport à la Cour le jour suivant.

Le Mecredy 10e. du mois la Cour s'estant assemblée entra en consideration de la façon & de l'ordre, ausquels elle procederoit, choisit quelques Officiers, esleut le Conseiller Bradshaw, qui estoit un des Commissaires pour estre le President de la Cour, & a cause qu'il estoit absent, elle en fit un autre pour l'heure & jusques à ce que ledit Conseiller Bradshaw peust exercer sa charge de President.

La Cour establit aussy Mr. Aske, Mr. Steele, le Docteur Dorislaus, & Mr. Cooke pour Conseil au nom de l'Estat, pour preparer les informations & plaider contre le Roy, suivant l'Acte du Parlement, dequoi les Srs Steele & Cooke eurent particulierement charge, comme Advocat & Solliciteur Generaux. La Cour establit de plus un Committé pour considerer de l'ordre & de la methode, qu'elle tiendroit en l'affaire, & de toutes autres circonstances, Et aprés avoir faict toutes ces preparations, & avoir crée quelques autres petits Officiers, les premieres seances s'estant tenuës auparavant à huis clos, on fit ouvrir les portes pour laisser entrer tous ceux, qui y auroyent affaire, & trois proclamations ayans esté faictes, la Commission de la Cour fut leüe tout haut, & la Cour fit appeller tous les Commissaires l'un aprés l'autres, quelques uns, desquels estans absens, il fut ordonné qu'ils seroyent advertis de se rendre à leur charge, puis la Cour remit la seance au Vendredy suivant.

Lequel jour, 12e. de Janvier le Conseiller Bradshaw se trouvant à la Cour, comme il en avoit esté semond, & estant appellé suivant l'ordre, qui en avoit esté passé, pour prendre la place de President, il tascha de s'en excuser, mais la Cour luy ordonna de le faire. En mesme temps les Srs. André Broughton & Jean Phelpes furent faicts Clercs ou Greffiers de la Cour, laquelle authorisa aussy alors le Conseil, & luy donna pouvoir de faire recherche de tous les Registres, papiers & escrits, qui se trouveroyent concerner le procés du Roy, & de s'en servir à cet effect contre luy, luy donnant de mesmes pouvoir de citer, & faire comparoistre toutes personnes & tous les tesmoins, qu'il jugeroit estre à propos, avec commandement de luy obeir.

La Cour deputa aussy vers le Seigneur Fairfax General de l'Armée pour le prier de commander de temps en temps un nombre suffisant de gens de guerre pour la garde & seureté de la Cour, pendant qu'elle seroit assemblée, & donna charge à quelques uns des Commissaires de pourvoir à toutes choses necessaires pour rendre cet examen & jugement du Roy le plus solennel, que faire se pourroit.

Et sur l'advis du Comitté, qui avoit esté estably pour considerer de la forme & maniere en laquelle on conduiroit cette grande affaire, il fut ordonné que l'on procederoit à l'examen du Roy publiquement & à la veüe de tout le monde, & que pendant l'action publique personne de la Cour ne parleroit, que le President & le Conseil, à condition toutesfois, que si aucun des Commissaires trouvoit quelque difficulté és choses, qui se diroyent de part, & d'autre, quoy qu'il n'en peust pas dire son sentiment sur le champ, il pourroit prier le President de donner temps à la Cour d'en deliberer; Estant aussy porté par cet ordre, que lors qu'on viendroit à l'examen des tesmoins, la Cour n'entendoit pas d'oster la liberté à ses Commissaires de donner advis au President de leur proposer toutes telles questions, qu'ils trouveroyent à propos de faire, pour plus grand éclaircissement de la verité.

Il fut aussy ordonné, que la Cour seroit pourveue d'un Prevost des Mareschaux pour s'en servir par tout ou elle en auroit occasion.

Il fut arresté en suitte, que le Seigneur President & le Conseil procederoyent à l'examen du Roy suivant les instructions qu'ils en recevroyent de la Cour, qui donna pouvoir à des Commissaires de s'assembler de temps en temps pour deliberer des circonstances de cette affaire, & des instructions à ce necessaires, desquelles ils confereroyent avec le President & le Conseil, lequel eut ordre de presenter le Lundy prochain l'Accusation contre le Roy.

Et aprés quelques autres deliberations & quelques Ordres donnés ausdits Commissaires, la Cour se separa jusques au lendemain à deux heures aprés midy.

Le Samedy 13e. du mois les susdicts Commissaires ayans faict leur rapport touchant la place, de laquelle ils estoyent convenus, pour y tenir la seance publique, & y faire comparoistre le Roy devant la Cour, Elle ordonna là dessus, que ce seroit dans la salle de Westminster, & donna aussy tost ordre, que l'on fist toutes les preparations necessaires pour cela, puis se separa jusques au Lundy 15e. jour du mois.

Auquel temps s'estant rassemblée, le Conseil luy presenta une Accusation contre le Roy, laquelle ayant esté leüe, elle ordonna les Commissaires pour con-

ANNO 1649. conferer avec ledit Conseil & resouldre sur les difficultés qui s'y rencontroyent, ou s'y pourroient rencontrer, comme aussy pour considerer des preuves & evidences, afin de preparer cette accusation, en telle sorte, que la Cour peust proceder en l'affaire le plus clairement, & le plus promptement, que faire le pourroit.

Il fut aussy donné ordre à d'autres Commissaires de considerer & deliberer de la façon en laquelle le Roy comparoistroit devant la Cour, en quel lieu il seroit logé & gardé pendant qu'on luy feroit son procés, & aussy quel nombre de gens de guerre seroit necessaire pour la garde & seureté de la Cour durant le temps de sa Commission, & du lieu, ou l'on placeroit ladite garde; A quoy lesdicts Commissaires vaquerent le jour suivant, 16e. du mois.

La Cour ayant de plus pris en consideration, que le terme de St. Hilaire approchoit, auquel temps les Cours de la Justice Ordinaire se devoyent tenir au mesme lieu, où elle avoit sa seance publique, elle ordonna, qu'on en donneroit advis au Parlement, lequel en remit le terme à 15. jours plus tard, puis la Cour se separa jusques au 17e.

Le Mercredy 17e. du mois sur le rapport du Committé qui avoit charge de deliberer des formalités touchant la personne du Roy, la Cour ordonna de son logement & de sa garde durant son procés, qu'il seroit logé au logis du Chevalier Robert Cotton, & que trente Officiers de guerre, ou autres personnes choisies & asseurées en auroyent la garde, deux desquels seroyent ordinairement dans sa chambre, & les autres à sa porte, qu'on poseroit un corps de garde de deux cens fantassins dans le jardin prés de la Riviere, Et qu'outre cela, il y auroit tousjours dix compagnies d'Infanterie en garde prés de son logis, duquel on boucheroit toutes les advenues, hormis le passage sombre qui se rend dans la grande salle de Westminster, par où le Roy seroit amené devant la Cour, gardé de ces trente Officiers.

Il fut aussy donné ordre audit Committé de pourvoir à toutes les choses necessaires pour la garde de la Cour pendant sa seance en Public, & que le General seroit prié de commander à cette fin bon nombre de Cavalerie, & que vingt Officiers, ou autres gentilshommes, armés d'espées & de halebardes accompagneroient ordinairement le President.

La Cour donna aussy charge à d'autres Commissaires de considerer de plusieurs autres circonstances, entre autres, quelle despense seroit necessaire pour entretenir le Roy durant le temps de son procés, & quelle seroit celle de la Cour; & donna plusieurs ordres sur quelques autres particularités, puis remit sa seance à trois heures aprés midy; Auquel temps s'estant r'assemblée en particulier, l'accusation contre le Roy luy ayant encore esté presentée par le Conseil, il fut ordonné qu'il la reverroit avec le Committé, pour la reduire en meilleur ordre & la rendre plus succinte, suivant ce qui est porté dans la Commission de la Cour; & fut donné ordre audit Committé de pourvoir, que le Roy fust amené devant la Cour à son premier mandement, & pourtant que ce mesme Committé qui en avoit charge s'assembleroit le lendemain à 8. heures du matin dans la chambre de l'Espargne, afin que le Conseil peust rapporter ladite accusation le mesme jour à deux heures aprés midy, auquel temps la Cour remit aussy tost sa seance.

Le Jeudy 18e. jour & le Vendredy 19e. l'un des Commissaires de la Cour l'ayant informée de la maladie de Mr. Steele, l'un du Conseil, pour excuse de son absence la Cour la receut & l'excusa. Il fut aussy rapporté à la Cour, que l'accusation du Roy estoit preste de luy estre presentée, & aprés quelques consultations sur quelques autres circonstances touchant ladite accusation, il fut ordonné que l'Advocat, & en son absence le Sollicitcur de la Cour luy presenteroit, au nom du peuple d'Angleterre, une accusation de haute trahison & autres hauts crimes contre Charles Stuart, Roy d'Angleterre; Et la Cour ayant releu l'accusation, le Conseil eut encore ordre d'y faire quelque peu de changement en la forme.

La Cour donna en suitte charge à quelques uns des Commissaires de faire mettre en execution l'ordre donné par elle le 17e. du mois pour la garde de la personne du Roy & du President, puis ayant pourveu à quelques autres particularités, elle se separa jusques au lendemain 20e. à neuf heures du matin.

ANNO 1649. Alors il fut ordonné que l'Espée de Justice seroit portée devant le President de la Cour Et avant que l'on passast outre à d'autres matieres; le Sergeant d'Armes du Parlement fut envoyé à la Cour pour luy donner advis, que la Maison estant alors en deliberation sur quelques affaires d'importance, elle avoit faute de quelques uns de ses Membres, qui estoyent de la Cour, qui fut cause qu'elle remit sa seance à l'heure de midy. Et s'estant r'assemblée en ce temps là en la Chambre Peinte à huis clos, elle ordonna de la façon & de la methode, en laquelle elle procederoit, remettant à la discretion du President de parler au Prisonnier du sujet pour lequel il estoit amené devant la Cour, & de luy faire, aprés que son accusation luy auroit esté leüe, telles demandes & questions, qu'il jugeroit estre à propos: Comme aussy, si le Prisonnier se portoit insolemment, ou en ses actions, ou par des paroles outrageuses à l'endroit de la Cour, ou tesmoignoit l'avoir à mespris, de l'en reprendre, & de luy representer son devoir en la condition, qu'il est, ou bien de le faire ramener, & de faire lever & retirer la Cour; Laquelle ne trouva pas bon d'insister ce jour là sur le respect, qu'elle attendoit du Prisonnier, ny de requerir de luy qu'il se descouvrit devant elle; Il fut aussy dit, que si le Roy demandoit du temps pour respondre, le President le luy accorderoit.

Et sur ce que le President desira d'avoir deux des Commissaires pour Assesseurs & Assistans: Mr. Lisle & Mr. Say furent choisis & ordonnés pour cela.

Le Sollicitcur de la Cour presenta alors la grosse de l'Accusation du Roy escrite en parchemin, laquelle fut encor leüe & ayant esté signée dudit Sollicitcur, elle luy fut rendüe pour la presenter contre luy en pleine Cour, quand il comparoistroit; Et là dessus la Cour se leva, & se transporta incontinent dans la Salle de Westminster.

Premiere Seance de la Cour en Public.

LE Samedy 20e. de Janvier, Monsieur Bradshaw * Conseiller és Loix, & faict President de la haute Cour de Justice, vint suivant l'ordre de ladite Cour avec les deux autres Conseillers ses Assistants & les autres Commissaires, de la chambre Peinte au Siege & aux places, qui estoyent preparées pour leur seance en la partie Occidentale de la grande Salle de Westminster, accompagné de divers Officiers de guerre, qui estoient aussy de la Cour, & gardé de plusieurs Gentilshommes armés d'espées & de pertuisanes, l'Espée de Justice & la Masse estans portées devant luy: Ou ledit Seigneur President se plaça dans une chaire de velour cramoisy, eslevée à cette fin au milieu de la Cour, ayant devant luy un pulpitre couvert d'un tapis de Turquie avec un coussin de velour cramoisy dessus; Les autres Commissaires s'assirent sur divers sieges & bancs couverts d'escarlatte au dessus & au dessous de luy, des deux costés, les deux Conseillers ses Assistans se mirent les plus près de luy, l'un à la droite, & l'autre à la gauche, & les Clers, ou Greffiers de la Cour s'assirent auprés d'une table, couverte aussy d'un tapis de Turquie, qui estoit à ses pieds, sur laquelle furent posées l'Espée & la Masse, la susdite garde de pertuisanes s'estant pareillement separée & placée à droite & à gauche au dessous de la Cour. Ausly tost trois proclamations furent faites pour appeller & faire approcher toutes personnes, qui avoyent ordre de se trouver là; Et la Cour estant de la sorte assemblée, & ayant commandé que l'on fist silence, la grande porte de la salle fut ouverte, afin que sans exception tous ceux qui desireroyent de voir & d'oüir y peussent entrer; De sorte que cette salle, qui est d'une grandeur fort extraordinaire, fut aussy tost remplie d'une foule de peuple; Et aprés que l'on eut derechef commandé que l'on fit silence, l'un des Greffiers leut tout haut la Commission, ou l'Acte des Communes d'Angleterre, portant l'establissement de cette haute Cour de Justice pour examiner & juger Charles Stuart, Roy d'Angleterre, & en suitte il leut la liste des Commissaires de la Cour, qui se leverent & respondirent un chascun à son nom.

Aprés

* *Sergeant at Law.*

ANNO 1649. Aprés cela la Cour commanda au Sergeant d'Armes d'envoyer querir le Prisonnier, & là-dessus le Colonel Thomlinson, qui l'avoit en garde, l'amena aussy tost, accompagné du Colonel Hacker, & de 32 autres Officiers, armés de pertuisanes, lesquels le garderent devant la Cour, ses serviteurs le suivans immediatement; Dés qu'il parut à la face de la Cour le Sergeant d'Armes l'alla recevoir avec la Masse, & le conduisit à la Barre, en une place qui estoit garnie de tapis de Turquie, dans laquelle il y avoit une chaire de velour cramoisy; Ou estant venu il regarda la Cour & le peuple, qui estoit dans les galleries des deux costés avec un visage austere & severe, puis s'assist sans faire aucun semblant de saluër, ny tesmoigner le moindre respect à la Cour, & un peu aprés se leva, & se tournant jetta la veüe sur la garde, qui estoit en bas à la gauche, & sur une foule de spectateurs, qui estoyent à la Droite de la Salle; Cependant la garde, qui l'avoit amené se separa aussy en deux & se plaça aux deux costés de la Cour, & ses Serviteurs, qui l'avoyent suivy, s'approcherent de la Barre, & de sa personne du costé gauche, & luy s'estant rassis en sa chaire, la face tournée vers la Cour, aprés que l'on eut encore commandé au Peuple de faire silence, le President s'addressa à luy, & luy dit.

Le President. Charles Stuart, Roy d'Angleterre, Les Communes d'Angleterre assemblés en Parlement, ayans un ressentiment tres-profond des maux & des calamités, qui sont advenües à cette Nation, & du sang innocent, qui y a esté respandu, qui vous sont imputés comme à celuy, lequel en a esté la cause principale: Elles ont resolu d'en faire la recherche; Et afin de s'acquitter de leur devoir envers Dieu, & de la justice qu'elles doivent au Royaume, & à Elles mesmes, selon le pouvoir lequel par les Loix fondamentales reside en Elles, & leur est confié de la part du Peuple, tous les autres moyens leur manquans à present par vostre faute, Elles sont resoluës de vous faire vostre procez & ont pour cet effect estably cette haute Cour de Justice, devant laquelle vous estes maintenant amené, & pourtant vous devés oüir les charges, ou l'Accusation, qui est intentée contre vous, sur laquelle la Cour vous examinera & jugera. Ce qu'ayant dict, aussy tost le Sr. Cooke Sollicitеur General, estant avec le reste du Conseil de l'Estat, à la *Barre*, à *la Droit* du Prisonnier, commenca à parler, & le Roy ayant une canne en la *main* la leva, & l'en toucha deux ou trois fois sur l'espaule, luy disant, qu'il se teust, mais le President luy commandant de poursuivre, il continua en ces mots.

Le Sollicit. Cooke. Monseigneur, j'apporte & presente à cette Haute Cour, suivant l'ordre que j'en ay receu au nom des Communes & de tout le Peuple d'Angleterre, une Accusation de haute trahison & autres hauts crimes, desquels je charge Charles Stuart, Roy d'Angleterre, icy present; Et je demande au nom desdites Communes, que cette charge & Accusation soit leüe & que l'on procede là dessus contre luy selon les formes de justice. Ce qu'ayant dict, il presenta à cette fin l'Accusation par escrit, laquelle ayant esté receüe de la Cour, & delivrée aussy tost au Greffier, Le President commanda de la part de la Cour, qu'elle fust leüe: Et le Greffier la leut, comme s'ensuit.

Accusation de haute trahison & d'autres hauts crimes contre Charles Stuart, Roy d'Angleterre, presentée de la part & au nom du Peuple, à la Haute Cour de Justice par Jean Cooke Escr. Solliciteur General.

QUE ledit Charles Stuart, ayant esté admis Roy d'Angleterre, & luy ayant, à ce regard, esté confié un pouvoir limité de gouverner par, & selon les Loix du Pays, & non pas autrement, & estant obligé par ce pouvoir, qui luy avoit esté confié, par son serment, & par son Office, d'user de cette authorité à luy commise & confiée pour le bien & au profit de ses Sujets, & pour la conservation de leurs Droits & de leurs franchises: Toutesfois au contraire par un pernicieux dessein, qu'il a eu d'establir & fonder en soy mesme un pouvoir illimité & tyrannique de gouverner à son plaisir & à sa volonté, & de renverser & supprimer les Droits & franchises du Peuple, voire mesme de luy en ANNO 1649.
ruiner tous les fondemens, & luy oster tous les remedes contre un mauvais gouvernement, lesquels les Constitutions fondamentales de ce Royaume avoyent reservés pour son bien & pour sa seureté, par les Droits & l'authorité attribués à des frequens & successifs Parlemens, ou Assemblées Nationelles en commun Conseil; Ledit Charles Stuart, pour accomplir un si meschant dessein, & afin de se pouvoir proteger luy mesme & ses Adherens en ses pernicieuses practiques & les leurs, tendantes à mesmes fins, a proditoirement & malicieusement levé la guerre contre ce present Parlement, & contre le Peuple, qui y est representé. Particulierement le 30. jour de Juin, 1642. ou environ ce temps là à Beverley au Comté d'Yorck; Et le 30. Juillet de la mesme année, ou environ de ce temps au Comté de la Ville d'Yorck; Et le 24. jour d'Aoust, ou environ en la mesme année au Comté de la Ville de Nottingham, où alors il dressa son grand Estendard de guerre; Comme aussy le 23. d'Octobre, ou environ de la mesme année à Edg-hil & au champ de Keinton au Comté de Warwic; Et le 30. jour de Novembre, ou environ en la mesme année à Brainford au Comté de Middlessex; Et le 30. d'Aoust, ou environ en l'année, 1643. au pont de Cavesham, auprés de Redding au Comté de Berks; Et le 30. jour d'Octobre, ou environ de laditte année en la Ville de Glocester, ou prés de là; Et le 30 de Novembre, ou environ en l'année susdite à Newbery au Comté de Berks; Et le 31. de Juillet, ou environ de l'année, 1644. au pont de Cropredy au Comté d'Oxford; Et le 30. de Septembre de la mesme année, ou environ ce tems à Bodmin, & autres lieux adjacens, au Comté de Cornwall; Et le 30. Novembre, ou environ en ladite année au susdit Newbery; Et le 8. jour de Juin, ou environ de l'année 1645. en la Ville de Leicester; Comme aussy le 14. jour du mesme mois & de la mesme année au champ de Naseby au Comté de Northampton, Ausquels divers temps & places, ou la plus part d'iceux, & en plusieurs autres endroits de ce Pays à divers autres temps des années susmentionnées, & en l'an de nostre Seigneur, 1646. Ledit Charles Stuart a fait tuer plusieurs milliers du Peuple libre de cette Nation, & en suscitant des divisions, partis, soussevements & revoltes dans ce Royaume, & par des invasions des Pays Estrangers, qu'il a suscitées & procurées, & par plusieurs autres meschantes voyes, & moyens illicites, ledit Charles Stuart n'a pas seulement entretenu & advancé ladite guerre, tant par mer, que par terre durant les années susdites: Mais aussy l'a renouvellée contre le Parlement & le bon Peuple de cette Nation en l'année presente, 1648. és Comtés de Kent, Essex, Surrey, Middlessex, & plusieurs autres Provinces & lieux d'Angleterre & du Pays de Galles, comme aussy sur mer; Et particulierement ledit Charles Stuart a donné à cette fin des Commissions au Prince son filz & à d'autres, par le moyen desquelles, outre une infinité d'autres personnes, plusieurs de ceux ausquels le Parlement s'estoit confié, & lesquels il employoit pour la conservation de la Nation, ayans esté gaignés & corrompus par luy, & par ses Agents, jusques à trahir la cause & se revolter du Party du Parlement, ont eté bien receus du sien, & ont eu des Commissions, pour continüer & renouveller la guerre, & tous actes d'hostilité contre le Parlement & le Peuple, ainsy qu'il a esté dict-cy dessus; Par laquelle cruelle, & desnaturée guerre, levée, continuée, & renouvellée par ledit Charles Stuart, comme dit est, beaucoup de sang innocent des Sujets libres de cette Nation a esté respandu, plusieurs familles ont esté ruinées, le tresor public a esté espuisé, & consumé, le commerce empesché & miserablement descheu, la Nation a fait des despenses, & receu des dommages & pertes extraordinaires, & plusieurs Provinces de ce pays ont esté ravagées, voire quelques unes d'icelles jusques à une entiere desolation.

Et afin de porter plus avant sesdits pernicieux desseins, ledit Charles Stuart continüe encore à present ses Commissions données audit Prince & autres Rebelles & Revoltés, ses Associés, tant Anglois, qu'Estrangers; Et au Comte d'Ormond, aux Rebelles & Revoltés d'Irelande, ses Associés &

ANNO 1649. & Complices; qui menacent ces Pays de plus grandes invasions à l'instigation & en faveur dudit Charles Stuart.

Tous lesquels pernicieux desseins & meschantes practiques d'iceluy Charles Stuart ont esté & sont encore à present fomentées, & poursuivies avec ardeur pour l'advancement & establissement de son interest particulier, de sa volonté propre, de sa puissance, & authorité personnelle, & des prerogatives, qu'il pretend luy appartenir & à sa famille, à la ruine de l'interest public, de la liberté commune, de la Justice & de la Paix, & repos du Peuple de cette Nation, duquel, & pour le bien duquel il avoit receu son authorité, ainsy qu'il a desja esté dict cy-devant.

De toutes lesquelles choses susmentionnées il appert clairement, que ledit Charles Stuart à esté & est la cause, l'autheur & le machinateur de la susdite cruelle, desnaturée, & sanglante guerre; Et pourtant coupable de toutes les hautes trahisons, meurtres, rapines & pillages, bruslemens & incendies, desgasts & desolations, dommages, ruines & meschancetés, qui ont esté faits & commis contre cette Nation en cette guerre, & qui sont advenus, ou adviendront à cause d'icelle.

Et ledit Jean Cooke, en protestant de se reserver, au nom du Peuple d'Angleterre, la liberté de produire & presenter en tout autre temps cy aprés toutes autres charges contre ledit Charles Stuart; Comme aussy de repliquer aux responses, que ledit Charles Stuart fera sur les choses susdites, sur aucunes d'icelles, ou aucune autre charge qui y pourra estre adjoustée: Accuse & charge ledit Charles Stuart, au nom du Peuple, pour lesdites hautes trahisons & crimes, d'estre un Tyran, un Traitre, un Meurtrier, & l'Ennemy public & implacable de l'Estat d'Angleterre; Et supplie, que ledit Charles Stuart, Roy d'Angleterre soit contraint de respondre à tous & à chascun des articles susdits; Afin que toutes procedures, preuves, examens, sentence & jugement se puissent faire & donner là dessus selon les formes de Justice,

Estoit signé John Cooke.

Le Prisonnier pendant que l'on leut l'Accusation se tint quelque temps assis, regardant quelques fois la Cour, & levant quelques fois la veüe vers les Galleries; Et s'estant aussy levé & tourné pour regarder la garde, & les Spectateurs, & Auditeurs, il se rassit avec une contenance superbe & asseurée, ne tesmoignant pas d'estre aucunement esmeu, jusques à ce qu'on vint a ces mots, que Charles Stuart estoit un Tyran, un Traistre, &c. lesquels oyant il se prit à rire à la face de la Cour; Et l'Accusation ayant esté leüe le President luy parla derechef en cette sorte,

Le President. Sire, vous venés d'oüir lire une haute Accusation contre vous, & les choses qui y sont contenües; Vous voyés dans la conclusion, que la Cour est priée au nom des Communes d'Angleterre de vous y faire respondre; C'est pourquoy elle attendra vostre responce & l'oira volontiers. A quoy le Roy luy respondit.

Le Roi. Il me faut premierement savoir par quelle authorité j'ay esté amené icy, avant que je veüille respondre. Il n'y a pas long temps que j'estois dans l'isle de Wight, & de dire comme je suis venu icy, c'est un recit, qui requiert plus de tems, que je ne trouve à present à propos d'employer à le faire; Mais, Monsieur, j'estois entré en ce lieu là en Traité avec les deux Maisons du Parlement sur une foy autant publique, qu'il est possible de l'avoir d'aucun Peuple du monde; Je traitois là avec nombre d'honnorables Seigneurs & Gentilshommes; je traitois avec sincerité & de bonne foy; Je ne saurois dire autre chose d'eux, sinon qu'ils se sont portés fort noblement envers moy, & nous estions sur la conclusion de ce Traité; Je voudrois bien savoir maintenant par quelle authorité, j'entens legitime, car il y en a de plusieurs sortes, qui sont illegitimes; Les Voleurs prennent la bourse des Passans sur les grands chemins par un pouvoir illegitime; Mais je voudrois bien savoir par quelle authorité legitime j'ay esté enlevé de là & mené tousjours depuis de place en place, comme je ne say quoy, jusques à ce que j'aye esté amené icy; Je le voudroy bien savoir: Et lors que je recognoistray, que ç'a esté par un legitime pouvoir, alors je respondray. Souvenés vous, Monsieur, que je suis vostre Roy, voire vostre Roy legitime, & quel peché vous attirés dessus vos testes, outre d'autres grands jugemens sur le pays; Pensés bien, voire pensés y bien devant que de passer plus avant d'un peché à un autre qui soit plus grand; Je ne voy pas, que vous ayés aucune authorité; Et pourtant faites-moy savoir par quelle authorité legitime je suis icy, alors je ne refuseray pas de respondre; Et en mesme temps sachés, que je ne veux pas abandonner le Droit qui m'a esté mis en depost; J'ay un depost, qui m'a esté commis de par Dieu par une ancienne & legitime succession de mes Ancestres, je ne l'abandonneray pas en me soumettant à respondre à une authorité, qui ne soit legitime; C'est pourquoy satisfaites moy en cela & je vous respondray. A quoy le President luy repartit.

Le President. Sire, s'il vous avoit plu de remarquer ce que la Cour vous a limité d'abord, & l'escrit, qui vous a esté leu, vous auriés recognu par quelle authorité nous sommes icy assemblés, à savoir, par l'authorité des Communes d'Angleterre, assemblées en Parlement, au nom du Peuple Anglois, par lequel vous aves esté esleu Roy, laquelle authorité vous semond á present au nom de ce Peuple de respondre à vostre Accusation.

Le Roy. Je nie que l'Angleterre ait jamais esté un Royaume Electif, il a esté Hereditaire despuis prés de mil ans, & pourtant faites-moy savoir par quelle authorité je suis appellé icy devant vous, la vostre estant fondée sur un pouvoir qui est usurpé. Je ne manqueray jamais à mon devoir; On m'a confié la liberté de mon Peuple, pour laquelle je suis plus porté qu'aucun de ceux qui tiennent icy rang de Juges; C'est pourquoy faites-moy voir par quelle authorité legitime je comparois icy, & lors je respondray: Autrement je trahirois la liberté de mon Peuple.

Le Presid. Si vous ne recognoissés l'authorité de la Cour, Elle ne laissera pas de passer outre.

Le Roy. Je vous dy, Monsieur, que l'Angleterre n'a jamais esté un Royaume Electif, &c. comme cy-dessus.

Le Presid. Le moyen de faire paroistre, Sire, que vous vous estes acquitté de vostre devoir selon la confiance qu'on a mise sur vous, c'est de respondre à vostre Accusation, au lieu d'interroger la Cour, comme vous faites; Ce que vous ne devés pas entreprendre en la condition en laquelle vous estes, ainsy qu'il vous a desja esté dict deux ou trois fois.

Le Roy. Voicy un Gentilhomme nommé Cobbet, qui pourra tesmoigner, que j'ay esté amené par force de l'Isle de Wight, Je ne viens pas icy comme me soumettant à la Cour; Je suis autant pour les vrais privileges de la Maison des Communes, qu'aucun qui soit icy; Je ne voy point de Maison des Seigneurs pour composer un Parlement avec leur Roy. Est-ce là ramener vostre Roy à son Parlement? Est-ce là mettre fin au Traité, qui se devoit faire sur la foy publique? Monsieur, faites moy voir une authorité legitime, je dy legitime, & fondée en la parole de Dieu par l'escriture, ou bien sur les Loix & Constitutions anciennes du Royaume, & je respondray.

Le Presid. Sire, vous avés trop souvent proposé une question, sur laquelle vous avés aussy desja receu plusieurs fois response, quoy qu'il semble que vous n'en soyés pas satisfaict. Il ne vous appartient pas, Sire, de faire des interrogations, & pourtant la Cour considerera ce qu'elle doit faire de vous: Cependant ceux, qui vous ont amené icy, vous reprendront en leur charge; Et vous ferés bien, Sire, de considerer aussy de vostre costé, si c'est là la seule responce, sur laquelle vous voulés insister.

Le Roy. Je desire, que vous me donniés, & à tout le monde, satisfaction en cecy; Car permettés moy de vous dire, que ce n'est pas le pouvoir que vous avés à present, qui doit restablir les affaires de ce Royaume; Je suis obligé par serment d'en conserver la paix par mon devoir envers Dieu & envers ce Pays, & je le feray jusques au dernier souspir de ma vie; Et pourtant, Monsieur, vous ferés bien de donner satisfaction à Dieu, & à ce Royau-

ANNO 1649.

Royaume, en faisant cognoistre par quelle authorité legitime vous agissés icy, si c'est par une authorité usurpée, elle ne peut durer long temps, & il y a un Dieu au Ciel, qui vous en fera rendre compte, & à ceux qui vous l'ont donnée; C'est pourquoy satisfaites moy en cela, & je vous respondray, autrement je manquerois à mon devoir, en trahissant la liberté de mon Peuple, pour la conservation de laquelle je suis autant porté qu'aucun de ceux, qui sont icy assis comme Juges; Je tiens que c'est un aussy grand peché de s'opposer à un pouvoir legitime, que de se soumettre en quelque façon que ce soit à celuy qui est tyrannique, ou illegitime; Et pourtant satisfaites en cela premierement à Dieu, puis à moy & à tout le monde, & vous entendrés ma response; Je ne crains rien en cette affaire.

Le Presid. La Cour attend de vous, que vous luy donniés une response positive; Elle a resolu de remettre la seance à Lundy prochain, & si vous persistés dans l'humeur, en laquelle vous estes à present, c'est comme si vous ne disiés rien du tout; Quelques raisons que nous vous donnions, pour vous asseurer que nostre authorité est bien fondée, elles ne vous satisfont pas; Quant à nous, nous en sommes tres-satisfaits & asseurés; C'est pour maintenir la cause de Dieu & celle du Royaume, que nous nous en servons: Et nous ne doutons nullement, qu'aprés que nous aurons fait la justice, que l'on attend de nous, nous n'obtenions & n'asseurions mieux cette Paix, & pourtant pensés bien à ce que vous aurés à faire la premiere fois, que vous comparoistrés encore devant nous.

Le Roy. Permettés moy de vous dire, que si vous me faites voir, que vous avés une authorité legitime, je seray satisfaict; De dire simplement que vous l'avés, cela ne peut donner satisfaction à aucun homme de jugement.

Le Presid. Non pas selon le vostre propre, mais pour nous, qui sommes vos Juges, nous croyons que nous vous donnons là-dessus une satisfaction raisonnable, & suffisante.

Le Roy. Ce n'est pas selon mon propre jugement seulement, car ce n'est ny le mien, ny le vostre, qui doit decider cette affaire.

Le Presid. La Cour a oüy tout ce qu'il vous a pleu de dire, il faut que vous permetriés maintenant, que l'on dispose de vostre personne, ainsy qu'elle l'a ordonné.

Là-dessus le Roy repartit, bien Monsieur, & se retira sans faire aucun semblant de saluer, & en descendant dict, qu'il ne craignoit pas cette Espée, & le peuple le voyant descendre s'escria plusieurs fois en demandant justice. La Cour assigna aussytost aprés la prochaine seance au Lundy suivant à neuf heures du matin dans la chambre Peinte, & de là au Siege dans la Salle de Westminster: Puis ayant faict faire les cris ordinaires auparavant que de se lever, elle commanda à un de ses Officiers de crier *Dieu benie le Royaume d'Angleterre*, au lieu de *Dieu benie le Roy*.

Le 22. la Cour s'estant rendüe en la chambre Peinte au jour & à l'heure assignés, elle delibera de quelques affaires particulieres, & considera sur tout ce qui s'estoit passé en la seance publique, & comme le Roy s'y estoit comporté, approuvant entierement tout ce que le President y avoit faict & dict, & la facon en laquelle il avoit conduict l'affaire de ce jour; Et aprés avoir consideré, que le dessein du Roy estoit de mettre en question, & desadvouer la Jurisdiction de la Cour, & l'authorité, par laquelle elle avoit esté establie, à savoir, celle de ce Corps, qui represente les Communes d'Angleterre assemblées en Parlement, duquel elle ne pouvoit mettre l'authorité en doubte; Et qu'à cette fin il n'avoit pas voulu recognoistre la Cour, ny les Juges, monstrant par là le mespris, qu'il faisoit de l'Authorité Supreme desdites Communes d'Angleterre ainsy assemblées en Parlement, aprés avoir meurement consulté & deliberé sur ce sujet, elle ordonna, que le President ne luy permettroit plus de le faire, & ne souffriroit pas qu'il fist aucune protestation là-dessus; Et qu'en cas qu'il entreprist encore de disputer contre l'Authorité de la Cour, il luy feroit entendre, qu'elle avoit pris en consideration les questions, qu'il avoit faites, & jugeoit qu'il devoit estre satisfaict de ce qui luy avoit alors esté respondu de sa part; Que la Cour avoit receu son authorité des Communes d'Angleterre, assemblées en Parlement, le pouvoir desquelles ne se pouvoit, ny devoit revoquer en doute, ce qu'on ne luy permettroit pas de mettre en question; Que s'il refusoit de respondre, & de recognoistre la Cour: Le President l'advertiroit, que la Cour le luy imputeroit à contumace, & qu'on enregistreroit le defaut contre luy; S'il offroit de respondre à condition, que ce fust sans prejudice de ses prerogatives pretendües sur la Jurisdiction de la Cour, le President rejetteroit au nom de la Cour toutes telles protestations, & le presseroit de respondre ouvertement, s'il la vouloit recognoistre ou non; S'il demandoit copie de son Accusation, promettant d'y respondre, elle luy seroit accordée; Mais s'il persistoit à mespriser la Cour, le President, commanderoit au Greffier de le semondre de donner une response positive sur son Accusation. Puis la Cour se rendit tout aussy-tost au siege dans la Salle de Westminster, & les proclamations ordinaires estans faictes & la liste des Commissaires ayant esté leue, comme auparavant, Elle commanda au Sergeant d'Armes de faire amener le Prisonnier à la Barre, ce qui estant faict, & ayant encore esté commandé, que l'on fist silence sous peine d'emprisonnement, le Solliciteur de la Cour adressa sa parole au Seigneur President en cette sorte,

ANNO 1649.

Le Solliciteur Cooke. Monseigneur, je presentay à l'autre seance à cette Haute Cour, au nom du Peuple d'Angleterre, une Accusation de haute trahison & d'autres hauts crimes contre ce Prisonnier, qui est icy devant vous à la Barre, desquels je le chargeay alors au nom des Communes & du dit Peuple d'Angleterre; L'Accusation luy fut leüe, & il fut requis d'y respondre, mais il ne luy pleust pas d'y donner aucune response, ains, au lieu de le faire, il entreprit de mettre en question l'Authorité de cette Cour, & d'en disputer; C'est pourquoy, Monseigneur, je supplie maintenant la Cour de vouloir ordonner, qu'il donne une response claire & ponctuelle, en confessant, ou en niant les choses, desquelles il est accusé, & s'il refuse de le faire, qu'elles soyent tenües pour confessées, & que la Cour puisse proceder là-dessus contre luy selon les formes de Justice. Sur quoy le President luy parla de la sorte,

Le Presid. Sire, vous vous pouvés ressouvenir qu'on vous fit entendre à l'autre seance pour quelle occasion vous avés esté amené icy devant nous, & vous oüystes lire vostre Accusation, par laquelle vous estes chargé de haute trahison & d'autres hauts crimes, commis contre le Royaume d'Angleterre. Vous oüistes aussi qu'on pria la Cour, au nom de l'Estat, de vous semondre de respondre à ladite Accusation, afin que l'on peust proceder en suitte selon la Justice: Et il vous pleust alors de faire scrupule de recognoistre l'Authorité de la Cour, disant, que vous ne saviés pas par quelle Authorité vous aviés esté amené icy; Vous proposastes à diverses fois vos questions, & l'on vous y respondit autant de fois: Que c'estoit par l'Authorité des Communes d'Angleterre assemblées en Parlement, & qu'elles avoyent trouvé convenable de vous appeller à rendre compte de ces hautes & capitales offenses desquelles vous estes accusé. La Cour, Sire, a depuis ce tems là pris en consideration ce que vous distes alors, & elle est entierement satisfaicte touchant la validité de son Authorité, & tient que vous le devés aussi estre là-dessus; Et pourtant elle requiert de vous, que vous veüilliés donner une response positive & determinée sur l'Accusation qui a esté presentée contre vous. Elle attend de vous que vous confesserés, ou nierés les choses, qui y sont contenües; Et si vous les *niés*, on offre au nom de l'Estat de les prouver contre vous. Elle maintient devant tout le Monde, qu'elle a une Authorité suffisante, & soustient, que tout le Royaume la doit recognoistre, comme vous le devés aussi faire, Sire; Et elle s'attend que vous vous appliquerés, sans perdre plus de temps, à respondre directement à vostre Accusation.

Le Roy. Lors que je fus l'autre fois icy, il est tres vray, que j'y fis cette question: Et certes s'il s'agissoit seulement de mon particulier, je me serois contenté de la protestation, que je pretendois faire contre

ANNO 1649.

contre l'Authorité de cette Cour, en soustenant qu'un Roy ne peut estre appellé à jugement devant aucune Jurisdiction sur la terre. Mais cela ne me concerne pas tout seul en mon particulier, il s'agit des franchises & de la Liberté du Peuple d'Angleterre; Et pretendés tout ce qu'il vous plaira, je me porte tres-justement à la defense de sa liberté; Car si un pouvoir illegitime peut faire des Loix, & changer celles du Royaume, qui sont fondamentales, je ne say pas quel Sujet il y a en Angleterre, qui puisse estre asseuré de sa vie, ou d'aucune chose, qu'il peut dire estre à soy en propre: Et pourtant, quand je suis venu, je m'estois promis, qu'on me donneroit des raisons particulieres, pour me faire entendre en vertu de quelles Loix, & par quelle Authorité vous procedés icy contre moy; C'est pourquoy je me trouve un peu en peine sur ce que je vous dois dire là-dessus, à cause que l'Affirmative le devroit prouver, la Negative ne le pouvant pas estre le plus souvent, que difficilement. Mais puis que je ne vous puis persuader de le faire, je vous deduiray le plus succinctement que je pourray mes raisons, pour lesquelles, à cause de mon devoir envers Dieu premierement, puis envers mon Peuple, en ce qui regarde sa vie, sa Liberté & ses biens, je croy ne pouvoir pas en conscience vous respondre à present, jusques à ce que je sois satisfaict de la validité de vostre pouvoir. Toutes procedures contre quelque personne que ce soit ——. Le Roy fut alors interrompu par le President, qui luy dit,

Le Presid. Sire, il faut que je vous interrompe, quoy que je ne le fasse pas volontiers: Mais ce que vous faites ne s'accorde pas à la façon de proceder d'aucune Cour de Justice, comme tous ceux qui savent ce qui s'y practique le peuvent recognoistre. Il semble, que vous vous disposiés encore à entrer en dispute & raisonnement sur l'Authorité de cette Cour, devant laquelle vous avés à comparoistre, comme un Prisonnier, qui est accusé d'estre un grand Criminel; Ce que vous ne pouvés pas faire; Nous ne vous le pouvons pas permettre, n'y ayant point de Cour, qui vous le permist. Vous devés donner une response ponctuelle & precise, affirmative, ou negative, savoir, si vous voulés respondre à vostre Accusation, ou non; A quoy le Roy repartit.

Le Roy. Monsieur, avec vostre permission. Je ne cognoy pas les formes de Justice, mais bien ce qui est des Loix & de la Raison; Et quoy que je ne fasse pas profession des Loix, j'en ay néantmoins aussi bonne cognoissance, que la pluspart des Gentilshommes de ce Pays; C'est pourquoy je vous diray, avec vostre permission, Monsieur, que je plaide plus pour la Liberté du Peuple d'Angleterre, qu'aucun de vous ne fait; Et pourtant, comme si je forçois aucun homme de croire une chose sans luy en donner des raisons pour l'y persuader, cela seroit desraisonnable: Il faut que je vous dise aussi, qu'avec la raison que j'ay, n'estant pas mieux informé, je ne puis acquiescer à cela.

Le Presid. Je suis contraint de vous interrompre encore: Vous ne devés pas continuër à user de ces termes; Vous parlés des Loix & de la Raison; Il est bien à propos, qu'il y ait des Loix & de la Raison, & l'un & l'autre sont contre vous en cette procedure; Les suffrages & les resolutions des Communes d'Angleterre en Parlement sont la Raison de ce Royaume, c'en sont les Loix, & ce sont elles, qui vous ont donné ces Loix, selon lesquelles vous deviés avoir gouverné & regné. Vous ne devés, pas, Sire, disputer contre nostre Authorité; La Cour vous en advertit encore une fois. On peut, Sire, aisement remarquer que vous mesprisés cette Cour, & l'on ne doit pas plus recevoir vos disputes, qu'oublier vos mespris.

Le Roy. Je ne say pas comment un Roy peut estre criminel; Mais par toutes les Loix, desquelles j'ay jamais oüy parler, les criminels, ou, comme il vous plaira les appeller, je vous diray qu'ils peuvent mouvoir des doutes, & retarder toutes procedures injustes, Je demande la mesme liberté, & que mes raisons soyent oüyes; Si la Cour ne veut pas entendre des raisons, je ne say pas quelle en peut estre la raison.

Le Presid. Sire, vous avés eu le temps de representer ce que vous avés voulu; Je vous diray maintenant quel est le sentiment de toute la Cour là-dessus. La chose, sur laquelle vous insistés tant, a esté bien considerée; Et veritablement, Sire, ni vous, ny aucun autre ne pouvés pas estre receu à disputer sur ce poinct là; Vous avés vos limites, & ne pouvés mouvoir aucun doute sur la Jurisdiction de la Cour, non plus qu'en retarder les procedures; Et si vous entreprenés de le faire, il faut que vous sachiés, que la Cour a resolu de ne vous pas permettre d'apporter ces delays. Vous ne pouvés pas, selon la raison, mettre en question cette authorité, par laquelle vous estes appellé icy pour rendre compte de vos actions; La Cour l'a receüe des Communes d'Angleterre, qui se sont autres-fois attribuées le pouvoir de faire rendre compte à vos Ancestres, voire mesmes aux plus grands d'entre eux.

Le Roy. Je le nie, monstrés m'en un exemple.

Le Presid. Sire, vous ne me devés pas interrompre, lors que je vous parle au nom & de la part de la Cour; Ce n'est pas à vous d'entrer en debat sur ce poinct; Et comme on vous a desja dit par plusieurs fois, la Cour ne vous peut pas permettre de le faire. Il ne vous servira de rien d'y insister, ny de mettre en doute sa Jurisdiction; Elle a suffisamment consideré quelle elle est, & soustient qu'elle est bien fondée; Et pourtant elle vous ordonne encore une fois de respondre.

Le Roy. Je vous dy, Monsieur, avec vostre permission, que les Communes d'Angleterre n'ont jamais esté une Cour de Judicature, je desire de savoir comment elles la sont devenües.

Le Presid. On ne vous doit pas permettre de passer plus avant en ce discours. Et alors suivant l'ordre qu'il en avoit receu, en cas que le Roy entreprit d'entrer plus long-temps en debat là-dessus, il commanda au Greffier de la Cour de lire ce qui suit,

Le Greffier. Charles Stuart, Roy d'Angleterre, vous estes accusé au nom du Peuple Anglois, d'avoir commis plusieurs hauts crimes, & trahisons, portés par l'accusation, qui vous a esté leue; La Cour requiert, que vous y donniés une response positive, à savoir, si vous confessés, ou niés les faicts, qui y sont contenus, ayant ordonné, que vous y devés respondre.

Le Roy. J'y respondray aussi tost, que je sauray par quelle authorité vous estes assemblés.

Le Presid. Sire, si c'est là tout ce que vous voulés dire, Vous [en parlant aux Gardes,] qui avés amené le Prisonnier icy, remenés-le.

Le Roy. Je desire de vous donner mes raisons; Je ne diray rien hors de raison; Je requiers que je vous puisse donner mes raisons, pour lesquelles je ne——.

Le Presid. Sire, ce n'est pas à faire à un Prisonnier de donner des raisons contre l'Authorité de ses Juges.

Le Roy. Monsieur, je ne suis pas un Prisonnier ordinaire.

Le Presid. La Cour a assés declaré le pouvoir de sa Jurisdiction Souveraine.

Le Roy. Monstrés moy cette Jurisdiction Souveraine, contre laquelle on ne doit point oüyr de raisons.

Le Presid. On n'en doit point entendre contre cette Jurisdiction Souveraine, qui a estably cette Cour. La premiere fois, qu'on vous ramenera icy, vous entendrés plus amplement, quel est le bon plaisir de la Cour, & peut estre sa derniere resolution.

Le Roy. Faites moy paroistre quand la Maison des Communes a esté une telle Cour de Judicature.

Le Presid. On ne vous doit pas oüir davantage sur ce sujet. Sergeant emmenés le Prisonnier.

Le Roy. Et bien, Messieurs, souvenés vous, que le Roy n'a pas la liberté de dire ses raisons pour la Liberté & les franchises de ses Sujets.

Le Presid. Sire, on ne vous peut pas permettre plus long temps d'user de ces termes; Non seulement toute l'Angleterre, mais tout le Monde peut assés juger de vos actions du passé, quelle a esté vostre affection pour la conservation des Loix & de la Liberté du Peuple.

Le Roy. Monsieur, avec vostre permission, je vous diray, que ç'a esté à cause de la Liberté & des

ANNO 1649.

des franchises du Peuple & pour maintenir les Loix, que je me suis defendu par les armes, je ne les ay jamais prises contre le Peuple, mais pour la defense des Loix.

Le Presid. Sire, il vous faut obeir icy aux commandemens de la Cour, puis que vous ne voulés pas respondre à vostre Accusation.

Le Roy. Bien, Monsieur,

Alors le President commanda qu'on enregistrast le defaut & les mespris que le Roy faisoit de la Cour, & qu'il ne vouloit pas respondre à son Accusation; Et le fit remener à son logis, puis la Cour assigna la seance prochaine au lendemain sur le midy en la chambre Peinte, pour se rendre de là au Siege en la Salle de Westminster.

La Cour estant en la chambre Peinte le Mardy 23. jour de Janvier, & ayant encore consideré ce qui s'estoit passé en la seconde seance, approuva, comme devant, tout ce que le President y'avoit faict & dict; Et quoy que le Roy persistast à ne vouloir pas recognoistre sa Jurisdiction, elle resolut neantmoins de l'esprouver encore une fois, pour voir, s'il la voudroit à la fin recognoistre; Et pour cet effect ordonna, que s'il continüoit en sa contumace, en refusant de se soumettre au jugement de la Cour, le President l'avertiroit, qu'il ne se devoit pas attendre, qu'on luy donnast plus de temps pour respondre, & le presseroit de donner une response pertinente & finale; Et en cas qu'il ne le voulust faire, on commanderoit au Greffier de l'en sommer encore, comme auparavant; Mais, s'il vouloit respondre, & demandoit copie de son Accusation, elle luy seroit accordée, en luy faisant toutesfois entendre, que la Cour pouvoit dés l'heure proceder à donner jugement sur la contumace & sur son refus de repondre. Et pourtant qu'il seroit requis de donner sa responce sur son Accusation le lendemain à une heure après midy Et aussi tost la Cour s'estant, comme elle l'avoit ordonné, rendue dans la Salle de Westminster, les proclamations & autres formalités estans faites, comme és autres seances, & le Prisonnier ayant esté ramené à la Barre, après avoir commandé le silence, le Solliciteur General Cooke adressa son discours à la Cour parlant au President, en cette sorte,

Le Sollicit. Cooke. Monseigneur, c'est icy la troisieme fois, que par une grace & faveur speciale de cette Haute Cour le Prisonnier a comparu icy à la Barre, sans qu'on ait en rien avancé en la Cause. Je presentay en la premiere seance un Accusation contre luy, laquelle contenoit les plus grandes trahisons, qui se soyent jamais faites sur le theatre d'Angleterre; Qu'un Roy qui avoit receu un pouvoir limité de gouverner selon les Loix, lesquelles il avoit faict serment de maintenir pour le bien & pour la paix du Royaume, & auquel on avoit à cette fin payé tribut, ait neantmoins par un pernicieux dessein de renverser les Loix & d'introduire un gouvernement arbitraire & tyrannique, en mespris, & defy du Parlement, dressé son Estendart de guerre contre luy & contre son Peuple. Je vous suppliay lors tres-humblement, Monseigneur, au nom du Peuple d'Angleterre, qu'il fust sommé de respondre promptement à son Accusation: Mais, au lieu de donner responce, il entreprit alors de disputer contre l'Authorité de cette Haute Cour. Il vous avoit plu luy accorder encore un autre jour pour penser à soy, & respondre, qui estoit le jour d'hier: Et lors je suppliay tres-humblement la Cour, qu'il fust pressé de donner une responce positive & precise, en niant, ou en confessant les choses, dont il est chargé; Mais il voulut derechef apporter des delays, en mouvant encore des doutes contre la Jurisdiction de la Cour, dequoy elle le debouta & luy ordonna de respondre directement & positivement sans delay. Ce qui a, Monseigneur, causé un grand retardement à la justice. C'est pourquoy je requiers à present tres-humblement la Cour, de vouloir donner un jugement prompt contre luy. Je pourrois, Monseigneur, vous alleguer pour instance en cela, ce qui se practique selon les formes de la justice du Pays, qui est, que si un Prisonnier veut demeurer muet, ou contumax & ne veut pas plaider pour sa defense contre l'accusation. qui est intentée contre luy, à dessein d'empescher, qu'on ne puisse librement proceder, on peut selon les formes de justice tenir la chose pour confessée par une confession implicite, comme on l'a faict à quelques uns, qui avoyent merité plus de faveur, que le Prisonnier, qui est icy à la Barre: Mais outre cela, Monseigneur, je vous feray en toute humilité instance sur l'evidence du faict; La Maison des Communes a declaré, que sa trahison est evidente, & que les choses contenües en l'Accusation sont vrayes; Comme en verité elles le sont, Monseigneur, & aussi claires, que du cristal, ou que soleil l'est en plein midy; Et si la Cour ne se trouve pas satisfaicte en cela, j'ay plusieurs tesmoins à produire au nom du Peuple d'Angleterre; Et pourtant je vous prie treshumblement, & non pas tant moy, que le sang innocent, qui a esté respandu, & crie hautement vengeance, qu'il vous plaise, selon la justice de la Cause donner promptement sentence & jugement contre le Prisonnier. Là-dessus le President parla en cette sorte.

Le Presid. Sire, vous avés ouy ce que le Conseil a meu contre vous au nom du Royaume, & vous pouvés vous ressouvenir, [mais, si vous ne le faites, la Cour ne le peut oublier,] de combien d'evasions & de delais vous vous estes voulu servir. Vous avés proposé quelques questions, sur lesquelles on vous a plusieurs fois respondu; On vous a diverses fois repeté, que la Cour soustient, que sa Jurisdiction est fondée sur une Authorité valable, & que ce n'est pas à faire à vous, ny à aucun autre d'entrer en dispute de la Supreme & plus Haute Authorité d'Angleterre, de laquelle il n'y a point d'appel, & contre laquelle on ne peut disputer: Et toutes-fois vous avés continué de vous comporter en sorte, que vous ne vous y estes pas voulu soumettre, & n'y avés pas voulu obeir en aucune facon, ny recognoistre, que ceux qui ont estably cette Haute Cour de Justice, ayent aucune Authorité. Il faut donc, Sire, que je vous dise de la part de la Cour, qu'elle desapprouve fort vos delais, & qu'elle vous declare, qu'estant, comme elle l'est, authorisée par la Cour Souveraine d'Angleterre, elle ne peut souffrir que l'on l'amuse, & qu'on luy fasse perdre le temps comme vous faites; Qu'elle pourroit, s'il luy plaisoit, avec Droit & selon les formes de justice tirer advantage de vos defauts, & passer à prononcer jugement contre vous: Neantmoins il luy plait encore de donner ordre, & je vous semond derechef en son nom, que vous respondiés positivement à l'Accusation, qui est intentée contre vous, Sire, pour vous le dire nettement; Car la Justice n'a point d'esgard aux conditions des personnes. Vous estes accusé de haute trahison, il faut que vous donniés vostre responce, voire une responce positive & finale, à savoir, si vous estes coulpable, ou non, des trahisons desquelles vous estes accusé. Alors le Roy après estre un peu demeuré pensif, parla ainsi.

Le Roi. Estant hier icy je desiray, & avois commencé de parler de la liberté du Peuple d'Angleterre, mais je fus lors interrompu; Je desire encore à present de savoir, si je puis parler librement ou non.

Le Presid. Sire, vous oüystes hier la resolution de cette Cour sur une semblable demande, & l'on vous dit, que vous aviés icy à faire à une Cour de justice, & qu'ayant une Accusation d'une telle nature intentée contre vous, vous deviés recognoistre sa Jurisdiction & respondre à vostre Accusation. Si vous y voulés respondre, Sire, comme elle vous en accorde encore maintenant la liberté, quoy qu'elle puisse se prevaloir du mespris que vous avés faict de son Authorité, toutesfois si vous y pouvés respondre, aussi-tost que vous l'aurés faict, on vous permettra de parler si amplement, que vous voudrés, pour vous defendre le mieux que vous pourrés de ces faicts enormes, desquels vous estes accusé; Mais, Sire, il faut, que je vous dise de la part, & par le commandement de la Cour, que l'on ne vous peut pas permettre de vous engager dans d'autres discours, jusques à ce que vous ayés positivement respondu sur l'Accusation, qui est faicte contre vous, & c'est là le commandement exprés & dernier de la Cour.

Le Roy. Quant à l'Accusation, je ne l'estime pas un festu; C'est pour la Liberté du Peuple d'Angleterre, que je plaide; Et pour moy de recognoistre une Cour d'aujourd-huy, de laquelle je

n'ay

ANNO 1649. n'ay jamais oüy parler auparavant, moy, qui suis vostre Roy, qui dois servir d'exemple à toute la Nation Angloise pour maintenir la Justice & les Loix Anciennes, certes je ne say pas comment le pouvoir faire. Vous distes fort bien la premiere fois, que je comparus icy devant vous, que je suis obligé envers Dieu de maintenir la Liberté du Peuple, que je doibs defendre de tout mon pouvoir les Anciennes Loix du Royaume; C'est pourquoy, jusques à ce, que je puisse savoir, que cecy n'est pas contraire aux Loix fondamentales du Royaume, je ne puis, s'il vous plaist, donner de response sur aucune affaire particuliere; Je vous feray entendre mes raisons, pour lesquelles je ne le puis faire, si vous m'en voulés accorder le temps. Je ne say comme il se peut faire, que je sois icy Prisonnier, il n'y a point de Loy qui mette vostre Roy en une telle condition. J'estois en Traité sur la foy Publique du Royaume, c'est à savoir des deux Maisons recognües du Parlement, qui sont le corps representatif du Royaume, & comme j'estois prest de conclure ledit Traicté, j'ay esté violemment enlevé & amené icy; Et pourtant avec vostre permission——.

Le Presid Maintenant, Sire, il vous faut entendre la volonté de la Cour.

Le Roy. Avec vostre permission——. *Le Pres.* Maintenant, Sire, avec vostre permission, il vous faut oüir ce que la Cour vous ordonne; Et puis que vous ne la voulés pas recognoistre, Elle ne vous doit pas permettre de rentrer en des tels discours; Vous comparoissés comme un criminel devant une Haute Cour de justice, & vous ne luy voulés pas respondre positivement & determinément; Elle ne le demande pas de vous avec prieres mais vous semond encore une fois de le faire. Greffier faites vostre devoir.

Le Roy. Quel devoir?

Le Greffier. Le Greffier leut encore tout haut, Charles Stuart Roy d'Angleterre, vous estes accusé au nom du Peuple d'Angleterre de plusieurs hauts crimes & trahisons, ainsi qu'il est contenu en l'Accusation, qui vous a esté leüe; La Cour requiert à present de vous, que vous donniés une response finale & positive, en confessant, ou niant le contenu en ladite Accusation.

Le Roy. Monsieur, je dy encore, que si je pouvois donner satisfaction au Peuple d'Angleterre de la sincerité de ma procedure, non par forme de response, ny en cette sorte là, mais pour luy faire voir, que je n'ay rien faict contre la confiance, qu'on a reposée sur moy, je le ferois, mais de recognoistre une nouvelle Cour, establie contre ses privileges pour changer toutes les Loix fondamentales du Royaume, vous m'en excuserés, Monsieur, à cause de luy.

Le Presid. C'est icy la troisieme fois que vous avés publiquement desadvoüé & recusé la Cour, & que vous vous en mocqués ouvertement. Il se voit clairement par vos actions du passé quel soin vous avés eu de conserver les Loix fondamentales de l'Estat, & les franchises & privileges de vos Sujets; Car certes, Sire, les Intentions n'ont point de moyen plus certain de se faire cognoistre, que par les Actions, vous avés assés faict paroistre quelles ont esté les vostres, les ayant imprimées en characteres de sang par tout le Royaume: Et, Sire, la Cour entend fort bien, quelle est encore vostre intention à present. Greffier enregistrés le defaut; Et vous qui avés amené le Prisonnier, remenés-le.

Le Roy. J'ay encore un mot à vous dire; Si cette affaire me concernoit tout seul en mon particulier, certes je ne voudroy pas——.

Le Presid. Sire, vous aves oüy le commandement de la Cour, vous devés savoir, quoy que vous fassiés semblant de ne l'entendre pas, que vous estes devant une Cour de Justice.

Le Roy. Oüy bien, Monsieur, je trouve que je suis devant des gens, qui ont du pouvoir, ce qu'il dit assés bas s'en allant.

Alors la Cour assigna la prochaine seance au mesme lieu le lendemain à dix heures du matin, & se transporta aussi-tôt en la Chambre Peinte, où après avoir fait un ordre, qu'aucun des Commissaires ne se pourroit retirer sans permission de la Cour, elle repassa encore sur l'action de la troisieme seance publique, & ayant, comme auparavant, approuvé la procedure du President, & pris en consideration, que le Roy, ayant esté requis par trois fois, & en trois diverses Seances de vouloir respondre, il avoit refusé de le faire, & que selon les formes de la justice on pouvoit prendre son refus & sa contumace pour une confession tacite des choses, dont il estoit accusé, lesquelles estoyent tres-notoires & evidentes: Neantmoins la Cour, pour sa propre satisfaction, & pour oster tous scrupules de conscience, ordonna, qu'on feroit oüir des tesmoins, & donna les ordres necessaires pour cela: Et sur ce que le Roy luy fit demander permission de pouvoir parler à ses Chapelains, qui se presentoyent pour le visiter en secret; Elle ne jugea pas à propos de rien ordonner là-dessus, & s'en desporta, ayant seu que le Parlement avoit pris cette demande en consideration, lequel luy accorda le Docteur Juxon, cy-devant Evesque de Londres, qui l'a assisté jusques à la mort; Puis la Cour se separa jusques au jour suivant 24, du Mois, à 9 heures du matin; Auquel temps s'estant rassemblée en la Chambre Peinte, elle considera en quelle maniere & en quel lieu les tesmoins seroyent examinés; Et ordonna, que ce seroit devant elle en la Chambre Peinte; Puis donna charge à quelques uns des Commissaires d'aller à l'heure mesme trouver le Greffier de la Maison des Seigneurs pour retirer de ses mains toutes les pieces & papiers, qui pouvoyent concerner ce Procez, & servir de preuve à la Cour, avec commandement audit Greffier de les envoyer sans delay; Et après avoir fait faire serment à plusieurs tesmoins, qui furent produicts devant elle jusques au nombre de 30, elle establit un Committé pour les examiner & commanda au Greffier de la Cour d'y assister pour enregistrer leurs depositions; Elle accorda aussi qu'on produiroit davantage de tesmoins, puis remit la seance au lendemain à 9 heures du matin au mesme lieu.

La Cour fut attendue ce jour là sur les 10 heures du matin dans la Salle de Westminster, comme elle l'avoit ordonné, mais elle envoya vers ce temps là un Officier pour s'en excuser sur ce qu'elle estoit empeschée à faire faire serment aux tesmoins, & sur ce que leur examen requeroit plus de tems, qu'elle n'avoit pensé; Et fit faire commandement à toutes personnes, qui y auroyent à faire de se rendre devant elle en la Chambre Peinte.

Le 25. la Cour s'estant assemblée au mesme lieu, elle ordonna, que le grand Prevost de l'Armée, ou son Lieutenant feroit promptement amener devant elle le S. Holden, qui estoit Prisonnier dans Wite-Hall, afin qu'il fust interrogé, & qu'il peust tesmoigner ce qu'il savoit des choses contenües dans l'Accusation du Roy: Mais iceluy estant venu devant la Cour, il la supplia de l'en vouloir excuser, ce qu'elle fit après avoir consideré, qu'il estoit Prisonnier, & que les demandes, qui luy devoyent estre faictes tendoyent à sa propre condemnation, & pourtant le renvoya en Prison.

Les Seigneurs Henry Gouge, & Guillaume Cuthbert produits pour servir de tesmoins contre le Roy, ayans presté serment de dire verité, furent examinés; Puis les autres tesmoins, qui avoyent aussi esté interrogés sur leur serment le jour precedent par le Committé à ce ordonné, furent encor produits devant la Cour; Et leurs depositions leur ayant esté leües à chascun d'eux, ils ne les advoüerent pas seulement, mais affirmerent aussi sur leur serment, que toutes les choses qui avoyent esté leües, & estoyent contenües en leurs respectives depositions, estoyent tres-veritables. Voicy leurs Depositions.

Guillaume Cuthbert de Patrinton en Holdernesse, Gentilhomme a deposé sur son serment, que demeurant au Pont de Hull près de Beverley, il apprit au mois de Juillet 1642. que l'on levoit environ 300. hommes de pied sous le commandement de Robert Strickland pour la garde du Roy; Et qu'environ le 2. dudit mois, qui estoit un Dimanche, il vid entrer dans Beverley sur les 4 à 5 heures après midy une Compagnie de Cavallerie appellée la Compagnie du Prince, au temps que Jacques Nelthorpe estoit Maire du lieu; Et qu'il vid le mesme jour marcher cette Compagnie de Beverley à Holdernesse, où il lui vid distribuer des munitions, qui avoyent esté amenées par eau sur la riviere d'Humbre. De plus ledit Deposant a dit, que

ANNO 1649. que la nuiſt du meſme Dimanche ſur la minuit arriverent à la porte de ſa maiſon, diſte le Pont de Hull auprés de Beverley environ 300 hommes de pied, qui ſe diſoyent eſtre le regiment du Chr. Robert Strickland, ſous le commandement du Lieutenant Colonel Duncombe, & s'appelloyent la garde du Roy, leſquels enfoncerent la porte & prirent poſſeſſion de la maiſon, & que la meſme nuiſt ſe rendirent auprés de ces gens de guerre les Comtes de Neuport & de Carnarvan. & divers autres, auquel temps le Depoſant fut informé, que le Chr. Thomas Gower, Grand Baillif de la Province, s'eſtoit auſſy trouvé à ce rendés-vous, & y avoit laiſſé un ordre & commandement exprés d'arreſter toutes les proviſions de ces quartiers là, & d'empeſcher qu'il n'en fuſt porté aucunes au Chr. Jean Hotham, Gouverneur de la Ville de Hull pour le Parlement: Lequel ordre fut mis és mains du Depoſant, eſtant alors Conneſtable du lieu, par ledit Lieut. Colon. Duncombe. Ledit Guill. Cuthbert a depoſé en ſuitte, qu'il fut chaſſé de ſa maiſon par ces gens de guerre, & fut contraint de ſe retirer à Beverley avec ſa famille; Et qu'aprés, à ſavoir le Jeudy ſuivant, ſelon qu'il s'en peut reſſouvenir, il vid arriver le Roy à Beverley, & deſcendre en la maiſon de la Dame Gees, en laquelle il l'a ſouventes-fois veu avec le Prince Charles, & le Duc d'York; Et que la milice avoit eſté levée en armes à Holderneſſe, & cela au nom & par le commandement du Roy, ainſy qu'il ſe publioit par tout. Il a de plus depoſé, que la nuit d'aprés, que ces gens de guerre ſe furent, comme diſt eſt, ſaiſis de ſa maiſon, qui fut le premier acte d'hoſtilité, qui ſe commit en ces quartiers, ils pillerent auſſy celle du Colonel Ledgers; Et qu'aprés que ce regiment du Colonel Strickland fuſt party du pont de Hull, ou il avoit ſejourné dix jours, le Colonel Wyvell s'en ſaiſit auſſy toſt avec 700 hommes de pied, qui s'y logerent. Item a depoſé, que l'Ordre, qu'il a faiſt voir à la Cour, eſt l'original de celuy dont il eſt cy devant parlé; Comme auſſy, que le Comte de Lindſey avoit eſté faiſt General de ces forces là & de celles qui ſe levoyent alors, & qu'il fut amené devant luy ſur le bruit, qu'il avoit, d'avoir intelligence avec le Chr. Hotham, Gouverneur de Hull; Et ſur ce qu'il fut donné advis audit General, que le Depoſant avoit des proviſions de bleds pour les envoyer en Irelande, il luy defendit de les y faire porter, ny en aucun autre lieu ſans l'exprés commandement du Roy, ou le ſien.

Jean Benner du Comté d'York gantier, ayant porté les armes dans le party du Roy dés le premier jour qu'il fit dreſſer ſon Eſtendart à Nottingham vers le milieu de l'Eſté, il y a ſix ans, eſtant examiné ſur ſon ſerment a depoſé, que travaillant de ſon meſtier audit lieu de Nottingham, il y avoit veu le Roy deux ou trois jours aprés que ſon grand Eſtendart de guerre y eut eſté eſlevé, & en meſme temps, qu'il y eſtoit deſployé ſur la plus haute tour du Chaſteau; Et meſmes qu'il a oüy dire, que le Roy y eſtoit preſent le premier jour, & la premiere fois qu'il y fuſt dreſſé; Il a dit de plus, qu'alors il receut ſa livrée, & que les drappeaux furent auſſy donnés en ce temps là au regiment, duquel il eſtoit, par le Chr. Guillaume Pennyman, qui en eſtoit Colonel, & que l'on donna de meſme les drappeaux au regiment du Comte de Lindſey, qui fut auſſy alors proclamé General de l'Armée à la teſte de chaſque regiment; Ou le Roy fit auſſy publier, que ces forces là combattroyent contre tous ceux, qui s'oppoſeroyent à luy, ou à aucun de ceux, qui ſuivroyent ſon party, particulierement contre le Comte d'Eſſex, General de l'Armée du Parlement, contre le Seigneur Brooke, & divers autres Officiers de ce party là, leſquels furent tous declarés traitres par des proclamations imprimées, qui furent en meſme temps diſperſées dans tous les regimens par les Officiers; A quoy il a adjouſté, qu'il a ſouventes-fois veu le Roy dans ladite Ville de Nottingham pendant que ſes forces y ſejournerent, qui fut environ un mois, que lors on battoit le tambour par tout le pays pour lever des gens pour le Roy, & que pluſieurs furent enrolés, partie de bon gré, & partie par force, de peur d'eſtre pillés, comme fût entre autres le Depoſant, ledit Chr. Pennyman criant alors tout haut, que ce ſeroit bien faiſt de bruſler cette ville là, à cauſe que les habitans ne ſe monſtroyent pas aiſés prompts à prendre les Armes pour le ſervice du Roy. Il a de plus depoſé, qu'environ le mois d'Octobre 1642, il a veu le Roy à cheval à Edge-hill, au Comté de Warwick, regardant mettre ſon Armée en bataille, & luy a oüy commander à tous les Colonels & Officiers, qui paſſoyent devant luy, d'encourager leurs Soldats de paroles & de les animer & exhorter à tenir bon & combattre contre le Comte d'Eſſex, le Seigneur Brooke, le Chr. Guill. Waller, & le Chr Guill. Belfour; Et qu'aprés ce premier combat, il a veu ſur le champ grand nombre de corps morts, deſquels il vit aprés apporter une liſte au Roy à Oxford, que l'on diſoit monter jusqu'au nombre de 6559 Le Depoſant a encore teſmoigné, qu'environ le mois de Novembre enſuivant, il a veu le Roy à la teſte de ſon Armée ſur la plaine de Hownſlow au Comté de Middleſſex avec le Prince Robert auprés de ſoy, & l'a oüy encourager divers Regimens des troupes levées au pays de Galles, qui avoyent fuy à la bataille d'Edge-hill, en leur diſant, qu'il eſperoit, qu'ils regagneroyent à Braineford, l'honneur, qu'ils avoyent perdu à Edge hill. ANNO 1649.

Guillaume Brayne, gentilhomme de Wix-hall au Comté de Salop a depoſé ſur ſon ſerment, qu'au mois d'Aouſt 1642, il a veu le Roy en la Ville de Nottingham, lorſque ſon grand Eſtendart de guerre y eſtoit arboré & deſployé; Et qu'environ ce temps là il marcha avec l'Armée, en laquelle le Roy eſtoit, de là à Darby, & qu'eſtant au mois de Septembre ſoubçonné d'eſtre un eſpion, il fut examiné devant le Chr. Robert Heath & d'autres Commiſſaires en la Ville de Schrowsburie, où le Roy eſtoit en perſonne.

Henry Hartford de Stradford ſur Avon en Warwick-ſhuire a auſſy depoſé ſur ſon ſerment, qu'environ le temps de la moiſſon, l'an 1642, il a veu le Roy au Chaſteau de Nottingham, lors que ſon grand Eſtendart y eſtoit planté & deſployé ſur une des Tours dudit Chaſteau; Et de plus, qu'environ le mois de Novembre, il vid le Roy au bourg de Braineford eſtant à cheval avec grand nombre d'Officiers de guerre un Dimanche matin, immediatement aprés la nuiſt du Samedy, en laquelle grand nombre des gens du Parlement avoyent eſté tués au meſme lieu.

Robert Large, peintre de la Ville & Comté de Nottingham a depoſé ſur ſont ſerment, qu'au temps d'Eſté, l'année 1642, il avoit peinſt par le commandement du Seigr. Beaumont le baſton ou fuſt du grand Eſtendart de guerre, qui fut planté ſur le haut de la vieille Tour du Chaſteau de Nottingham; Et qu'il a veu ſouventesfois le Roy en ce lieu là en meſme temps, que ſon Eſtendart y eſtoit arboré & deſployé.

Edouard Robert du Chaſteau l'Eveſque au Comté de Salop, eſtant auſſy examiné ſur ſon ſerment, a depoſé avoir veu le Roy dans la Vile de Nottingham pendant que ſon grand Eſtendart eſtoit planté & deſployé ſur une haute Tour du Chaſteau; Et qu'il a de plus veu le Roy marcher à la teſte de ſon Armée de Shrowsburie à Edge-hill; L'ayant auſſy veu en l'Arriergarde ſur le champ de bataille; Comme auſſy qu'il l'a veu ce Dimanche matin à Braineford aprés le combat de la nuiſt du Samedy precedent.

Jean Pynneger de la paroiſſe de Hayner au Comté de Darby, eſtant examiné ſur ſon ſerment a teſmoigné, qu'environ le mois d'Aouſt 1642, il avoit veu le grand Eſtendart de guerre deſployé ſur une des Tours du Chaſteau de Nottingham, que le meſme jour il avoit auſſy veu le Roy en la maiſon de Thurland, appartenant au Comte de Clares audit Nottingham avec le Prince Robert, le Chr. Digby & divers autres Seigneurs & gens d'autres conditions, & que le Roy avoit alors du canon dans cette ville là, qui eſtoit toute remplie de ſes gens de guerre.

Samuel Lawſon Marchand d'orge à faire la bierre de Nottingham, a depoſé ſur ſon ſerment, qu'environ le mois d'Aouſt 1642, il a veu deſcendre le grand Eſtendart de guerre du Chaſteau de Nottingham, eſtant porté ſur les eſpaules de pluſieurs Seigneurs qui le tranſporterent de là ſur la montagne prochaine, ayans un Herauld d'Armes, qui marchoit devant eux; Que le dit Eſtendart fut encore arboré ſur cette montagne là avec grands cris de joye & acclamations, ſon & bruit de tambours & de trompettes, & qu'auſſy toſt aprés on

pu-

ANNO 1649. publia un commandement de la part du Roy, qui se trouva là en personne pour voir planter son Estendart. Adjoustant de plus, que la Ville estoit remplie de Soldats; Et que lors que le Roy en partit avec ses forces les habitans furent forcés de payer une grosse somme d'argent à son Armée, qui les menaçoit de pillage, s'ils refusoyent de le faire.

Thomas Whittington, Cordonnier de la ville de Nottingham, a deposé sur son serment avoir veu le Roy en ladite ville le mesme jour que son grand Estendart de guerre y fut dressé dans le Chasteau, qui fut environ le commencement d'Aoust 1642, & que le Roy s'achemina alors de la maison de Thurland vers ledit Chasteau; Et qu'il l'a veu en ce temps là diverses fois dans la ville de Nottingham, laquelle estoit alors pleine de gens de guerre, qui se disoyent estre de l'Armée du Roy, le grand Estendart estant desployé sur la vieille Tour du Chasteau.

Robert Loads, Couvreur de Cottam en Nottingham-shire a affermé avec serment, qu'environ le mois d'Octobre 1642, il avoit veu le Roy dans l'Arriere-garde de son Armée, un jour de Dimanche au champ de Cinton, auquel lieu il vid alors plusieurs corps morts d'un & d'autre costé; Et de plus qu'il y aussy veu le Roy dans son Armée en Cornwal auprés de la maison du Seigneur Mohun environ le temps de la moisson l'an 1644.

Samuel Morgan, Chappelier de Wellington au Comté de Salop a deposé sur son serment, qu'il avoit veu le Roy un Dimanche matin au champ de Kinton sur le haut d'Edge-hill à la teste de son Armée, environ deux heures auparavant, que la bataille se donnast, qui fut après la St. Michel l'an 1642, Et qu'aprés il vid au mesme lieu tres-grand nombre de morts de part & d'autre; Et de plus qu'en l'année 1644, il a veu le Roy en son Armée aupres du pont de Cropredy, auquel lieu il mettoit luy mesme ses gens en bataille.

Jacques Guillaume, Cordonnier de Rosse au Comté de Hereford a deposé aussy sur son serment, qu'environ le mois d'Octobre 1642, il avoit veu le Roy au champ de Kinton au dessous de la montagne, l'espée nüe en la main, ausquels temps & lieu il s'estoit donné une grande bataille, ou plusieurs avoyent esté tués de part & d'autre; Comme aussy qu'il avoit veu le Roy à Brainetord un Dimanche avant midy au mois de Novembre de l'année susdite, pendant que son Armée estoit dans le bourg, & tout à l'entour.

Arthur le Jeune, Chirurgien & Bourgeois de la Ville de Londres estant examiné sur son serment a tesmoigné, qu'estant en la bataille d'Edge-hill, qui se donna entre l'Armée du Roy & celle du Parlement en Octobre 1642, il avoit veu porter le grand Estendart desployé dans l'Armée du Roy, & que l'ayant pris dans le combat, il luy fut aprés repris par un nommé Middleton, que le Roy fit aussy tost Colonel.

Jean Thomas, Laboureur de Llangellen au Comté de Denbigh, a deposé sur son serment avoir veu le Roy à Braineford au Comté de Middlessex un Samedy sur la minuit, un peu aprés la bataille d'Edge-hill, estant suivy de bon nombre de Cavallerie & d'Infanterie, & estant luy mesme armé à cheval, & luy avoir oüy dire à ses gens en passant au travers du bourg, Mrs. vous avés perdu vostre honneur à Edgehill, je veux esperer que vous le recouvrerés icy, & qu'avant que le Roy eut achevé de parler, les deux Partis escarmouchoyent desja & s'engagerent de la sorte, qu'il y eut grand nombre de morts d'une part d'autre.

Richard Blomfeild, Marchand Drappier & Bourgeois de Londres a deposé de mesme sur son serment, qu'il s'estoit trouvé à la desroute de l'Armée du Comte d'Essex en Cornwal sur la fin d'Aoust, ou au commencement de Septembre 1644, où il a veu le Roy à cheval à la teste de son Armée auprès de Foy: Et qu'alors il vid despoüiller & desvalizer assés prés de la personne dudit Roy divers Soldats de l'Armée du Parlement contre les articles sur lesquels ils s'estoyent rendus.

Guillaume Jones, Laboureur de Uske au Comté de Monmouth a affermé sur son serment, qu'il avoit veu le Roy venant de Wards-Harborough, & marchant à la teste de son Armée vers Naseby, ou la bataille se donna peu de temps aprés; Et que ledit Roy s'estant advancé vers le regiment du Col. St. George il demanda aux Officiers & Soldats s'ils n'estoyent pas resolus de combattre pour luy, & que là dessus ils s'escrierent avec des grandes acclamations, qu'ils estoyent tous prests de donner. De plus ce Deposant a dict avoir veu le Roy avec ses forces en la Ville de Leicester, le mesme jour qu'elle fut prise sur le Parlement; Comme aussy qu'il l'avoit veu dans son Armée au temps qu'elle assiegea Glocester. ANNO 1649.

Humphrey Browne de Witiondaye au Comté de Ruttland a deposé, que lors que la Ville de Leicester fut prise par l'Armée du Roy, environ le mois de Juin 1645, le fort de Newark s'y estant rendu par composition, à condition entre autres, que ceux, qui en sortiroyent emporteroient leur bagage en toute liberté sans qu'on leur fist la moindre violence, aussy tost qu'ils eurent rendu la place, nonobstant cette capitulation & contre les Articles, les Soldats du Roy se jetterent sur eux, les despoüillerent & outragerent de coups d'espée & en blesserent plusieurs: Et que là dessus un de leurs Officiers les tançant d'avoir ainsy maltraicté ces pauvres gens contre les loix de la guerre, ce Deposant oüit que le Roy, qui y estoit en personne, armé de pied en cap, luy repartit qu'il voudroit qu'ils leur eussent faict pis, & qu'ils estoyent ses ennemis.

David Evans, Mareschal d'Aburgeny au Comté de Monmouth a tesmoigné, qu'environ demie heure avant le combat de Naseby donné au milieu de l'Esté en Juin 1645, il avoit veu le Roy marchant luy mesme en bataille à la teste de son Armée à un demy mille du lieu, ou le combat se donna.

Diogenes Edouard, Boucher de Carston au Comté de Salop a affirmé qu'au mesme temps il avoit veu le Roy à un mille & demy dudit champ, marchant en bataille à la teste de son Armée environ une heure & demie avant que ledit combat se donnast, & qu'aprés il vid le mesme jour plusieurs corps morts sur le champ de bataille.

Giles Grice, Gentilhomme de Wellington en Shropshire a deposé avoir veu le Roy à la teste de son Armée au Pont de Cropredie l'espée nüe en la main, le mesme jour, qu'il y eut combat donné contre l'Armée du Chr. Guill. Waller, qui fut un Vendredy l'an 1644, vers le mois de Juillet, selon qu'il s'en ressouvenoit; Et de plus l'avoir veu le mesme Esté à la teste de son Armée auprés de Lestithiel, en mesme temps, que le Comte d'Essex y estoit avec la sienne; Comme aussy qu'il a veu le Roy à la teste de ses gens en la seconde bataille donnée auprés de Neubery; Et qu'il l'a de mesme veu armé d'une cuirasse, à la teste de son Armée au champ de Naseby. Le mesme a aussy tesmoigné l'avoir veu à la teste de son Armée à la prise de la Ville de Leicester, en mesme temps, qu'on y donna l'assault, puis entrer dans la Place à cheval aprés quelle fut prise, & avoir veu alors tuer plusieurs hommes d'une part & d'autre, & piller quantité de maisons de ladite ville.

Jean Vinson, Gentilhomme de Damorham en Wiltshire a affirmé avoir veu le Roy à la teste de son Armée en la premiere bataille de Neubery, vers le mois de Septembre 1643, & avoir veu en suitte au mesme lieu un grand nombre de morts de deux Partis. Le mesme a aussy deposé, qu'il avoit veu le Roy à la teste de son Armée, estant armé de pied en cap, l'espée nüe à la main en la seconde bataille de Neubery vers le mois de Novembre 1644, auquel temps il luy vid mener à la charge le Regiment de Cavallerie du Colonel Thomas Howard, & l'oüit haranguer ce Regiment, disant qu'il falloit tenir bon pour luy ce jour là, que sa Couronne estoit à la pointe de son espée, & que, s'il perdoit la bataille, il perdoit son honneur & sa Couronne pour jamais; Et qu'il vid aussy aprés grande quantité de morts, tués en ce combat de part & d'autre. Le mesme a aussy tesmoigné avoir veu le Roy en la bataille de Naseby en Northampton-shire, vers le mois de Juin 1645, estant armé, le casque en teste, & l'espée nüe à la main, où voyant ses gens prendre la fuitte il rallia luy mesme la Cavallerie, & luy fit tenir ferme, auquel temps il vid aussy plusieurs corps morts de deux costés.

George Seelie, Cordonnier de Londres a deposé avoir veu le Roy au siege de Glocester à la teste d'une Brigade de Cavallerie, & l'avoir aussi veu au premier combat de Neubery vers le mois de Septembre 1643, estant à la teste d'un Regiment de Ca-

Anno 1649. vallerie, & qu'il y eut grand nombre d'hommes tués de part & d'autre en ce combat; A quoy il a adjousté, qu'il avoit aussi veu le Roy au milieu de son Armée en la seconde bataille de Neubery vers le mois de Novembre 1644.

Jean Moore, Gentilhomme de la Ville de Corke en Irelande a deposé, qu'en cette seconde bataille de Neubery au mesme mois, il vid le Roy au milieu de sa Cavallerie, ayant l'espée tirée, & qu'en suitte il vid plusieurs de ses Sujets tués des deux costés en ce combat; Et qu'il l'a aussi veu entrer à cheval à la teste d'un gros de Cavallerie dans la Ville de Leicester le mesme jour qu'elle fut prise par ses gens, environ le mois de Juin 1645. Ce Deposant a encore adjousté qu'il avoit veu le Roy au milieu d'un Regiment de Cavallerie au Pont de Cropredy avant la bataille de Leicester & avoit veu les champs couverts de morts, tués en ce combat, où le Roy estoit en personne; De plus il a dit l'avoir veu à la teste d'un Regiment de Cavallerie en la bataille de Naseby, environ le mois de Juin 1645, & que là il y eut aussi grand nombre de morts & de blessés.

Thomas Gees, *Laboureur* de Boysett au Comté de Northampton a tesmoigné, qu'il avoit veu le Roy au premier combat de Neubery en Berk-shire au mois de Septembre 1643, & que là il vit plusieurs corps morts, ayant alors receu commandement avec d'autres d'aller amuser les forces du Parlement avec un Party de Cavallerie, pendant que l'on enleveroit les morts: Comme aussi qu'il a veu le Roy marchant avec son Armée vers le champ de Naseby immediatement avant, que la bataille s'y donna, environ le mois de Juin 1645; Et que son Armée ayant esté mise en desroute, il luy avoit veu faire sa retraite avec un gros de Cavallerie, & qu'il en fut tué grand nombre d'un & d'autre costé en ce combat.

Thomas Rawlins, Gentilhomme de Hanslop au Comté de Buckingam a deposé avoir veu le Roy auprés de Foy en Cornwal, vers le mois de Juillet 1644, à la teste d'un gros de Cavallerie, & qu'il avoit veu piller des Soldats du Parlement assés prés de sa personne, contre les articles dont les deux partis estoyent convenus.

Thomas Reade, Gentilhomme de Maidstone au Comté de Kent à affermé sur son serment, qu'incontinent aprés que l'Armée Parlementaire se fut rendue par composition en Cornwal, il vid le Roy à la teste d'une garde de Cavallerie entre Lestithiel & Foy vers la fin d'Aoust, ou le commencement de Septembre 1644.

Jacques Crosby, Barbier de Dublin en Irelande a deposé qu'à la premiere bataille de Neubery, environ le temps de la moisson de l'orge, l'an 1643, il vid le Roy venant à cheval de la Ville de Neubery accompagné de quantité de Seigneurs, & de Noblesse & allant vers le lieu, où ses gens estoyent alors aux mains avec l'Armée du Parlement.

Samuel Burden, Gentilhomme de Lyneham en Wiltshire a tesmoigné, qu'il estoit à Nottingham environ le mois d'Aoust 1642, auquel temps il a veu le grand Estendart desployé sur une des Tours du Chasteau, & que le jour suivant il y vid le Roy pendant que son Estendart, comme on l'appelloit, y estoit arboré & desployé; Et de plus, qu'il a veu le Roy à la teste de son Armée auprés du Pont de Cropredy en un champ moissonné, estant à la poursuite de celle du Chr. Guill. Waller, qui fut mise en desroute environ le mois de Juillet 1644, & qu'en ce temps là il vit grand nombre de morts par les champs; Il a en outre deposé, que vers le mois de Novembre suivant, il vid le Roy en la derniere bataille de Neubery galopant ça & là de Regiment à Regiment pendant que son Armée estoit aux mains avec celle du Parlement, & qu'il vid là aussi en suite grand nombre d'hommes tués en ce combat des deux costés.

Michel Potts, Tavernier à vin de Sharpeton au Comté de Northumberland a deposé avoir veu le Roy à la teste de son Armée dans un champ, distant environ d'un mille & demy de la Ville de Neubery sur une Plaine, le jour devant que le combat s'y donna, qui estoit vers le temps de la moisson l'an 1643, & qu'il vid le lendemain le Roy au champ de bataille auprés d'une grosse piece de canon pendant le combat; Et qu'il l'a aussi veu à la teste de son Armée en la 2. bataille de Neubery, vers la St. Michel l'année 1644, aprés laquelle il a veu grand nombre d'hommes tués d'une part & d'autre; Adjoustant de plus qu'il l'avoit aussi veu à la teste de ses forces auprés du Pont de Copredy; Et aprés la mesme année vers la moisson, auprés de Lestithiel en Cornwal, auquel temps le Comte d'Essex y estoit avec son Armée. Anno 1649.

George Carnevel, Forgeron d'Aston au Comté de Hereford a aussi deposé, qu'il avoit veu le Roy dans l'Advantgarde de son Armée rencontrer celle du Parlement sur une montagne prés du Pont de Cropredy, au temps que le froment estoit en fleur, & qu'estans venus aux mains, il vid tuer plusieurs personnes d'un & d'autre costé.

Robert Guillaume, Laboureur de St. Martin au Comté de Cornwal a affirmé avoir veu le Roy marchant à la teste de son Armée, ayant une courte casaque sur ses armes, à un mille de Lestithiel audit Cornwal vers le mois de Septembre 1644; Et qu'il le vid aprés dans les Dunes de St. Austel mettant son Armée en bataille; A la teste de laquelle il le vid encore depuis auprés de Foy, n'estant alors esloignée, que d'un mille de celle du Comte d'Essex.

Henry George, Gentilhomme de Grayes-Inne au Comté de Middlessex fut aussi produit pour tesmoin, & deposa qu'environ le 30 jour de Septembre dernier, estant allé en l'Isle de Wight, il eut accés à la personne du Roy par le moyen du Marquis de Hartfort, & du Commissaire Morgant, & luy dit, que sa Majesté avoit beaucoup d'amis, & que sur ce qu'il luy avoit plû de justifier les Armes du Parlement, la plus grande partie du party Presbyterien, tant Soldats, qu'autres, se joindroyent au sien: A quoy le Roy respondit, qu'il vouloit que tous ses anciens amis seussent, qu'encore que pour l'heure il semblast justifier la guerre que le Parlement luy avoit faicte, il n'entendoit pas toutesfois par là abandonner la justice de sa propre Cause, & qu'il ne le feroit jamais. Et sur ce que le Deposant luy dit, que les affaires de sa Majesté estoyent fort retardées, & que ny le Colonel Thomas, ny aucun autre ne pouvoyent rien entreprendre, faute de ses Commissions, il luy repartit, qu'estant en Traicté avec le Parlement, il ne se vouloit exposer à aucun deshonneur, mais que s'il vouloit prendre la peine de passer la Mer pour aller trouver le Prince son filz, auquel il avoit donné tout pouvoir & authorité, iceluy Deposant, ou tout autre pour luy, pourroyent avoir toutes telles Commissions, qu'ils sauroyent desirer, & qu'à cette fin il donneroit ordre au Marquis de Hartford d'escrire à son filz en son nom; Et tesmoigna alors beaucoup de joye & de transport d'entendre que ses bons sujets se vouloyent engager à le restablir.

La Cour aprés avoir oüy tous ces tesmoins se retira une heure, puis s'estant rassemblée, on en produisit encor un devant elle, nommé Richard Price, Notaire de Londres, lequel estant examiné sur son serment, a deposé, que prenant un jour occasion de quelques entreveües, qui s'estoyent faites entre des Royalistes & des Independans dans la ville de Londres & és environs, afin de les desbaucher du party du Parlement, pour les engager à celuy du Roy, ce qui fut descouvert par quelques uns de ces Independans, qui le declarerent à divers des Commissaires establis pour la conservation de la paix du Royaume, & mesnagerent cette affaire, comme s'ils se fussent entendu avec le Roy: Il fit au mois de Janvier 1644, un voyage à Oxford sous un saufconduict, qu'il avoit signé de la propre main du Roy & seelé de son cachet, lequel il recognut luy mesme quand il luy monstra; Et qu'aprés s'estre plusieurs fois trouvé avec le Comte de Bristol pour conferer de ce dessein d'attirer les Independans au Party du Roy contre le Parlement, ce Comte luy dit, qu'il en avoit entretenu sa Majesté, devant laquelle le Deposant fut admis pour en traiter plus amplement; Sur quoy le Roy luy declara, qu'il estoit fort marry, que ceux de ce Party-là se fussent monstrés si actifs pour le Parlement contre luy, & pourtant l'encouragea fort de se servir de toutes sortes de moyens pour faire qu'on les pûst attirer à luy & à son party; Et que pour les y engager d'autant plus facilement, sa Majesté luy promit sur sa foy, que si les*dits* Independans vouloyent se joindre à elle & tesmoigner autant d'affection pour *son* service

ANNO 1649.

vice contre le Parlement, qu'ils avoyent faict au contraire, elle leur accorderoit toute la liberté, qu'ils sauroyent desirer; Et renvoya ledit Deposant au Comte de Bristol, pour recevoir de luy des instructions plus particulieres pour la poursuitte de cette affaire; Lequel luy declara en suitte & le pria d'en asseurer les Independans, afin de les y encourager, que les affaires du Roy prosperoyent fort en Irelande, & que les Irlandois ses Sujets avoyent gaigné une grande Victoire contre les Rebelles, entendant par là les forces du Parlement; De plus que sa Majesté ayant envoyé le Seigneur Biron vers Cheshire avec peu de gens, le nombre s'en estoit tellement accrû, qu'il avoit alors une Armée considerable, & estoit devant Namptwich, où il devoit se renforcer des troupes venües d'Irelande, & de celles que l'on attendoit de là à toute heure. Et que lors que ce Deposant fut prest de partir d'Oxford, il luy fut mis en main pour servir à ce mesme dessein quatre sauf-conduits signés de la main du Roy & seelés de son cachet, ésquels les noms avoyent este laissés en blanc; afin qu'il les pûst remplir comme il trouveroit bon; Et qu'en mesme temps un nommé Ogle fut envoyé d'Oxford avec luy pour traiter de la reddition de la ville d'Alisbury, qui estoit une des places de garnison du Parlement,

On produisit aprés plusieurs lettres & papiers du Roy escrits & signés de sa propre main, avec plusieurs autres escrits, qui estoyent des evidences & tesmoiguages clairs contre luy, & furent leus publiquement.

La Cour aprés cela fit retirer les tesmoins, & le peuple, puis ayant meurement consideré ces evidences & toute la matiere de faict contenue en l'Accusation contre le Roy, elle passa ces resolutions suivantes, pour servir de preparation à la sentence, à condition toutesfois d'y pouvoir aprés changer ce quelle trouveroit à propos.

1. Il a esté resolu sur toute cette matiere: Que la Cour procedera à donner sentence de condamnation contre Charles Stuart Roy d'Angleterre.

2. Que cette condamnation du Roy sera comme d'un Tyran, d'un Traistre, & d'un Meurtrier.

3. Qu'elle le declarera aussy l'Ennemy public du Royaume d'Angleterre.

4. Que cette condamnation sera à mort.

Et ayant esté lors proposé à la Cour de deposer le Roy avant que de le condamner à mort, elle en remit la consideration à une autre fois, & ordonna, que l'on dresseroit la sentence sur les resolutions susdites, nommant des Commissaires pour cet effect. Il fut aussi ordonné que tous les Commissaires de la Cour, qui n'y estoyent pas presens à l'heure, & se trouveroyent dans la ville de Londres, ou és environs, seroyent advertis de s'y rendre le lendemain à une heure de relevée; Et en suitte la Cour se separa à ce temps là.

Puis s'estant r'assemblée le Vendredy 26e après midy en la chambre Peinte au nombre de 63, on dressa la sentence, & après qu'on l'eut repassée diverses fois, & qu'on l'eut mise en bonne forme, il fut ordonné, Que cette sentence leüe en pleine Cour estoit celle de laquelle elle estoit convenue; Que la grosse en seroit escrite en parchemin; Et que le Roy seroit amené le lendemain devant elle dans la Salle de Westminster pour l'oüir prononcer; Puis s'estant levée, elle remit la seance au jour suivant, à 10 heures du matin.

Le Samedy 27e, Les Commissaires de la Cour s'estans rendus dans la Chambre Peinte à l'heure assignée au nombre de 69, la Sentence escrite au net en parchemin fut encore leüe devant eux, puis il fut ordonné; Que cette Sentence là seroit la Sentence de la Cour pour condamner le Roy, & qu'elle luy seroit leüe & prononcée en mesme jour au siege dans la Salle de Westminster. Et aprés on delibera sur quelques instructions, qui furent données au President, pour conduire en public cette grande affaire; Et fut dit, qu'il seroit laissé à sa discretion de faire tels discours & responses au Roy, qu'il jugeroit estre à propos, de l'advis de ses deux Assesseurs; Et qu'en cas qu'il persistast, comme auparavant, à rejetter & mettre en question la Jurisdiction de la Cour, il luy diroit encore, qu'elle la declare valable, & bien fondée; Qu'au cas, qu'il s'y veuille soumettre, & demande copie de son Accusation, la Cour se retireroit pour en deliberer; Et que si le Roy proposoit aucune chose digne de la consideration de la Cour, le President en confereroit avec ses Assesseurs; puis sur leur advis donneroit ordre à la Cour de se retirer à part pour en consulter; Que si le Roy ne se soumettoit pas à donner sa response, de sorte que la Cour n'eust aucun sujet de se retirer, alors le President feroit prononcer la Sentence, en donnant temps au Roy de dire ce qu'il luy plairoit avant qu'elle luy fust prononcée, mais ne luy permettroit pas de parler après; Et là dessus ayant esté mis en question, si le President feroit un discours, ou harangue au Roy, comme on a accoustumé de le faire aux autres Prisonniers qui doivent estre condamnés: Il fut laissé à sa discretion d'en user, comme il en verroit l'occasion, & qu'il le trouveroit convenable à l'action publique. Il fut aussi ordonné, qu'après la lecture de la Sentence faicte, le President declareroit, que c'estoit là le jugement & la resolution de toute la Cour, & que les Commissaires, qui seroyent presens se leveroyent pour l'advoüer; Puis incontinent après la Cour se transporta dans la Salle de Westminster, où s'estant assise, & toutes les formalités estans faites, comme aux seances precedentes, comme le Roy y fut amené, il s'esleva un grand cri par toute la Salle, de gens qui demandoyent justice & execution, Sur quoy ayant esté commandé que l'on fist silence, le President estant en robe rouge se leva en intention d'addresser la parole au Peuple, & non pas au prisonnier, qui avoit tant de fois decliné la Jurisdiction de la Cour, disant, Messieurs, mais il fut interrompu.

Le Roy. Je desire qu'on m'entende parler un mot, & espere que je ne causeray point d'interruption.

Le Presid. On vous pourra entendre à vostre tour, escoutés premierement la Cour.

Le Roy. S'il vous plaist Monsieur, je desire d'estre entendu, & je ne vous donneray point d'occasion d'interruption; Je diray en un mot qu'un jugement trop prompt. ——

Le Presid. Sire, on vous entendra, quand il en sera temps, mais vous devés auparavant oüir la Cour.

Le Roy. Je desire d'estre oüy, & ce que je diray sera à propos de ce que je croy que la Cour veut dire; Pourtant, Monsieur, un jugement precipité ne se peut pas aisément rappeller.

Le Presid. Sire, on vous oira avant que l'on donne le Jugement, & cependant vous vous abstiendrés de parler.

Le Roy. Bien, Monsieur, seray-je oüy devant que le Jugement se donne?

Le Presid. Oüy Sire,

Messieurs, vous tous qui estes icy presens, ou du moins la plus grande partie savés, que ce prisonnier, qui est icy à la Barre a esté amené plusieurs fois devant cette Cour, pour respondre à l'Accusation de trahison & d'autres hauts crimes, qui a esté presentée contre luy au nom du Peuple d'Angleterre, à laquelle estant requis de donner response, tant s'en faut qu'il ait obey aux commandemens de la Cour, en se soumettant à son jugement, qu'au contraire il a entrepris de raisonner & disputer contre son authorité, & mesmes contre celle de la Cour Souveraine, qui nous a commis & establis pour l'examiner, & pour le juger; Mais ayant esté empesché de le faire, & sommé de respondre, il a tousjours continué en sa contumace & à refuser de se soumettre, & donner sa response; Là dessus la Cour, pour ne manquer à son devoir; & à la confiance qu'on a reposée sur elle, & afin que l'opiniatreté d'aucune personne que ce puisse estre, n'empesche le cours de la justice, a crû estre à propos de prendre toute l'affaire en consideration; Et pourtant elle a consideré l'Accusation de la contumace de l'Accusé, comme aussi la confession laquelle selon la Loy de ce Pays se tire de la contumace; Elle a aussi consideré l'evidence du faict, duquel ce prisonnier est accusé; Et sur toute l'affaire elle a resolû d'un consentement unanime de donner contre luy la Sentence qui luy sera maintenant prononcée; Mais veu qu'il desire d'estre oüy avant qu'elle soit leüe, la Cour a resolû de l'entendre encore; Toutesfois, Sire, je vous diray auparavant, comme on vous en a desja adverty aux autres seances, que si ce que vous voulés dire, est pour entrer en aucune dispute de la Jurisdiction de cette Cour, on ne vous escoutera pas sur ce sujet là-

Anno 1649.

Vous l'avés voulu faire cy-devant, & certes en le faisant vous avés frappé droit à la racine, qui est le pouvoir & l'authorité des Communes d'Angleterre; Ce que la Cour ne vous permettra pas de mettre en question, & qu'en effect elle n'auroit point de raison de faire, en donnant lieu de disputer en quelque sorte que ce soit le pouvoir de ses Superieurs, puis qu'elle agit seulement par l'authorité qu'elle a receüe d'eux: Bien loin de vouloir presumer de juger du pouvoir de ceux, desquels elle derive le sien, & desquels il n'y a point d'appel. Mais, Sire, si vous avés quelque chose à dire à vostre defense sur celles desquelles vous estés accusé, la Cour m'a commandé de vous faire savoir, qu'elle vous entendra.

Le Roy. Puis que je voy que vous ne me voulés pas oüir entrer en dispute sur la chose laquelle je confesse, que je croyois estre la plus essentielle pour la Paix du Royaume, & pour la Liberté de mes Sujets, je passe par dessus & n'en parleray point: Mais je vous diray seulement, qu'il y a longtemps, que l'on m'a osté toutes choses, hormis celles, qui me sont plus cheres que ma vie, savoir ma conscience & mon honneur; Si j'avois eu plus d'esgard à ma vie, qu'à la Paix du Royaume, & à la Liberté de mes Sujets, certainement j'aurois entrepris ma defense particuliere; J'aurois à tout le moins, en le faisant, retardé une vilaine Sentence, laquelle, comme je croy, se donnera contre moy; Et pourtant veritablement, Monsieur, si mon vray zele pour mon Pays ne l'avoit emporté sur le soin que j'ay de ma propre conservation, j'aurois, comme un homme qui a quelque entendement, & quelque cognoissance du Monde, pris un autre chemin, que je n'ay faict. Maintenant je vous dy, Monsieur, que je tiens qu'on se peut plustost repentir d'une Sentence donnée avec precipitation, que la rappeller. Et certes le desir que j'ay de procurer la paix de ce Royaume, & pour la Liberté de mes Sujets, plustost que pour mon bien particulier, me fait à present finalement desirer, qu'ayant quelque chose à declarer, laquelle concerne l'une & l'autre, je puisse estre oüy en la chambre Peinte devant les Seigneurs, & les Communes, avant que la Sentence soit prononcée; Ce delay ne peut estre long, & ne vous peut prejudicier: Et si ce que je proposeray ne s'accorde avec la raison, ceux qui m'entendront en pourront juger, ne m'appartenant pas d'en d'estre moy mesme le juge; Et si c'est une chose raisonnable, & effectivement pour le bien du Royaume, & pour la Liberté de mes Sujets, je m'asseure qu'elle vaut bien la peine qu'on l'entende; Pourtant je vous conjure encore, autant que vous aimés ce que vous pretendés d'aimer, [Je veux croire que c'est en effect] la Liberté de mes Sujets & la Paix du Royaume, que vous m'accordiés d'estre oüy de la sorte, avant que vous donniés aucune Sentence contre moy. Je desire seulement, que vous preniés ma demande en consideration, peut estre n'en avés vous pas oüy parler auparavant. S'il vous plaist je me retireray d'icy, si vous le trouvés à propos, Mais si je ne puis obtenir cette liberté là, je proteste dés icy que ces beaux semblans, que vous faites, d'avoir pour but la Liberté, & la Paix du Royaume, sont plustost des apparences specieuses, que rien de reel, & que vous ne voulés pas oüir vostre Roy.

Le Presid. Sire avés vous achevé de parler?

Le Roy. Oüy Monsieur.

Le Presid. Or tout ce que vous avés dict ne tend à autre fin qu'à continuer de decliner la Jurisdiction de cette Cour, qui est cela mesme, qu'on avoit cy devant limité, & defendu, excusés moy Sire si je ——.

Le Roy. Je vous prie excusés si je vous interromps, pour ce que je voy que vous mesprenés mon intention, ce n'est pas decliner la Jurisdiction de la Cour, ce n'est pas le faire en effect, je vous en asseure, Monsieur; Vous me jugés devant que de m'avoir oüy. Je dy que je ne la veux pas decliner; Et quoy que je ne la puisse recognoistre, toutesfois, Monsieur, permettés moy de dire que je le voudrois pouvoir faire, encore que je ne la recognoisse pas en cecy, Je proteste, que ce n'est pas pour la decliner, & que si je dy aucune chose, que ce qui sera pour la Paix du Royaume, & pour la Liberté de mes Sujets, alors la honte m'en demeurera. Je desire que vous préniés incontinent cela en consideration, & s'il vous plaist je me retireray.

Le Presid. Sire, ce que vous nous venés de dire n'est pas nouveau, il ne nous l'est pas tant que vous pensés, bien que ce soit la premiere fois que vous le proposés vous mesme à la Cour. Vous dites, Sire, que vous ne declinés pas en cela sa Jurisdiction.

Le Roy. Non pas en ce que j'ay dict.

Le Presid. Je vous entens bien, Sire, Mais pourtant ce que vous avés proposé semble estre contraire à ce que vous dites. La Cour est preste de donner Sentence contre vous, & n'a pas refusé d'oüir son Roy, comme vous pretendés, car elle vous a plusieurs fois accordé la liberté de vous defendre, & vous en a donné le temps, elle a patiemment attendu vostre plaisir durant trois diverses seances pour entendre ce que vous respondriés à l'Accusation du Peuple contre vous, mais vous n'avés daigné y donner aucune response. Ce que vous desirés à present, Sire, semble tendre à un autre delay; Et certes, Sire, ny le Royaume, ny la Justice ne peuvent plus souffrir ces retardemens. On vous a donné trois divers jours pour dire ce qu'il vous a plû de cette nature là, cela vous doit suffire. Cette Cour est fondée sur l'authorité des Communes d'Angleterre, esquelles reside la Jurisdiction Souveraine de l'Estat, Ce que vous proposés icy est pour en obtenir une autre, ou une Jurisdiction coordinée. J'entens bien comme vous vous exprimés, Sire, que nonobstant ce que vous voulés declarer aux Seigneurs, & Communes dans la chambre Peinte, vous continueriés neantmoins à proceder icy? Je croy vous en avoir oüy parler ainsi: Mais, Sire, quoy que ce soit, que vous leur vouliés faire entendre en ce lieu là, cela ne peut que causer du retardement à la justice de cette Cour; Tellement qu'estant preste de donner la Sentence, elle ne peut estre obligée par aucune raison d'accorder ce que vous demandés: Mais, Sire, pour condescendre en quelque sorte à ce qu'il semble que vous desirés, & afin que vous entendiés plus amplement la volonté de la Cour sur ce que vous avés proposé, elle se retirera pour quelque temps.

Le Roy. Me retireray-je aussi?

Le Presid. Sire, vous saurés incontinent le plaisir de la Cour, elle se retire cependant pour demie heure dans la Cour de la garde Noble.

Sergeant d'Armes, la Cour commande, que vous fassiés retirer le Prisonnier jusques à ce qu'elle donne ordre de le ramener.

La Cour s'estant alors retirée pour demie heure, elle retourna, & renvoya querir le Prisonnier, lequel estant venu, elle proceda de la sorte.

Le Presid. Sire, vous avés faict une demande ou une offre à la Cour sur quelque proposition, que vous vouliés faire aux Seigneurs & aux Communes en la chambre Peinte pour la Paix du Royaume, sur quoy vous avés en effect desja receu response, devant que la Cour se levast. Certes, Sire, ce qu'elle s'est retirée & a changé de lieu, ce n'a esté que *par forme*, car il ne luy sembloit pas qu'il y eut aucune difficulté en l'affaire. Elle a consideré ce que vous avés proposé, comme aussi ce qui est de son authorité, qui est fondée, comme il a souvent esté dict, sur l'authorité Souveraine des Communes de ce Royaume Assemblées en Parlement, qui luy ont donné la Commission en vertu de laquelle elle agit contre vous. Et ce que j'ay à present, Sire, à vous respondre de sa part, c'est qu'elle a desja trop souffert de delais de la vostre, & que ce que vous avés offert à present a encore apporté plus de retardement à la Justice; Ce sont des Juges establis par authorité Souveraine, qui ne doivent pas plus differer la Justice que la refuser; Il y a des bonnes paroles dans la vieille Chartre d'Angleterre, *Nous ne refuserons la justice à personne, nous ne la vendrons à personne, & ne la retarderons point*; La Cour ne peut plus souffrir vos delais, Mais, Sire, la verité est, & un chascun, qui est icy, le remarque fort bien, que vous luy en avés causé de tres-longs par vos mespris, & vos defauts, sur lesquels elle eust pû, il y a longtemps, proceder à donner jugement contre vous; Et pourtant, nonobstant ce que vous avés proposé, elle a resolu de passer à vostre Sentence, & à donner Jugement contre vous, c'est nostre resolution unanime.

Le

ANNO 1649.

Le Roy. Monsieur, je say que c'est en vain pour moy de disputer, Je ne suis pas Sceptique pour nier le pouvoir que vous avés, Je say que vous en avés assés, mais, Monsieur, je confesse que je croy que si vous aviés pris la peine de monstrer que vostre pouvoir est legitime, cela auroit beaucoup faict pour la Paix du Royaume. Quant à ce delay, que j'ay desiré, Je confesse que c'en est un, mais un delay bien important pour obtenir la paix; Car, Monsieur, je n'ay pas seulement esgard à ma personne, mais au bien & à la Paix de ce Royaume. Il y a une vieille sentence, Que *nous devrions penser longtemps, & ne nous resouldre pas soudainement sur des grandes affaires*; Et pourtant, Monsieur, je vous dy encore, que je mets à vostre porte tous les inconveniens, qui peuvent arriver d'une Sentence precipitée. Je confesse, que j'ay esté icy une Semaine, il y a 8 jours, que j'y vins la premiere fois, mais un petit delay d'un jour, ou de deux davantage peut apporter la Paix, au lieu qu'un Jugement donné avec precipitation peut causer de tels inconveniens & de tels troubles à ce Royaume, que l'enfant qui n'est pas encore né s'en pourra repentir; Et pourtant je desire encore une fois pour l'acquit de mon devoir envers Dieu, & envers mon Pays, d'estre oüy des Seigneurs & des Communes en la chambre Peinte, ou en toute autre place, que vous ordonnerés.

Le Presid. Sire, on vous a desja oüy & respondu sur ce que vous venés de dire, qui est ce que vous avés proposé devant que vous eussiés entendu le jugement & la resolution de la Cour là dessus. Elle desire maintenant savoir si vous avés quelque autre chose à dire, que ce que vous nous avés desja dict cy devant, qui luy doive faire differer la Sentence.

Le Roy. Je dy encore, que si vous me voulés oüir & m'accorder ce petit delay, Je ne doute pas que je vous donne satisfaction, à vous tous qui estes icy, & à mon Peuple aussy en suitte; C'est pourquoy je vous requiers, comme vous en devés respondre au jour terrible du Jugement, que vous veüilliés considerer cela encore une fois.

Le Presid. Sire j'ay receu ordre de la Cour——.

Le Roy. Bien Monsieur.

Le Presid. Sire, j'ay charge de la Cour, si vous continués à faire instance là dessus, ou sur aucune chose de mesme nature, de vous faire la mesme response, & de vous dire, qu'elle veut passer à donner Sentence, si vous n'avés rien davantage à dire.

Le Roy. Je n'ay rien davantage à dire, mais, je desire, que ce que j'ay dict soit enregistré.

Harangue du President parlant au Roy devant que de luy faire prononcer sa Sentence.

Le Pres. LA Cour donc, Sire, a quelque chose de plus à vous dire, & bien que cela ne vous doive pas estre fort agreable, neantmoins, elle est resolüe de s'acquitter de son devoir. Vous avez, Sire, faict fort à propos mention d'une chose fort precieuse, que vous appellés Paix; Il eust esté à souhaitter que Dieu vous l'eut aussy bien mise au cœur, & que vous vous fussiés aussy reellement, & effectivement estudié, & porté à la paix du Royaume, que vous pretendés à present par vos discours de l'avoir faict. Mais, comme on vous dit l'autre jour, que nos Actions sont les Interprêtes de nos Intentions, les vostres y ont esté toutes contraires. Et certes, Sire, il ne nous paroist que trop clairement, que vous avés eu des tres-faux principes: Le Royaume en a eu des ressentimens fort cuisans, & vous n'y devés pas penser sans douleur & regret; Car, Sire, vous vous estes tousjours faict fort, & avés tesmoigné par tout par vos discours, que vous n'estiés en aucune sorte sujet aux Loix, & qu'elles n'estoyent point au dessus de vous; La Cour sait tres-bien, Sire, & je veux esperer, que tous ceux de cette Nation, qui ont le sens & le jugement sain le tiennent aussi, que les Loix sont au dessus de vous, & que vous deviés avoir gouverné selon les Loix; Vous le deviés avoir faict, Sire; Et je say bien que vous pretendés l'avoir faict: Mais, Sire, le grand different a esté de savoir, qui sont ceux, qui doivent estre les expositeurs de nos Loix: Si ce doit estre vous & vostre party, qui est hors des Cours de Justice, qui vous devés attribuer le pouvoir de les exposer, ou bien s'il n'est pas bien plus raisonnable & beaucoup plus juste, que les Cours de Justice en demeurent les Interprêtes, voire mesmes, si ce n'est pas le droit de la Souveraine & plus haute Cour de Justice, qui est le Parlement d'Angleterre, lequel n'en est pas seulement le Supreme Interprête, mais mesmes a luy seul le droit & pouvoir de les faire. Pour vous Sire, en vostre jugement particulier, ou pour ceux, qui vous adherent, de vous opposer au jugement, & aux resolutions de la Cour Souveraine de Justice, ce n'est pas faire selon les Loix; Elles sont au dessus de vous, Sire, & veritablement aussi il y a quelque chose qui est au dessus d'elles, & qui en est le Pere & l'Autheur, & c'est le Peuple d'Angleterre; Car, Sire, comme c'est luy, qui du commencement, à l'exemple des autres Pays, s'est choisy à luy mesme cette forme de gouvernement pour l'amour de la justice, afin qu'elle s'administrast en sorte, que la paix se peust conserver; Aussi a-il, Sire, donné des Loix à ses Gouverneurs, selon lesquelles ils le devoyent gouverner, à condition toutesfois, que si elles se trouvoyent defectueuses & prejudiciables au public, il auroit un pouvoir reservé & né en luy mesme de les changer, quand il jugeroit, qu'il en seroit besoin. Quelques uns de vostre party, Sire, ont dit aveque verité, *qu'un Roy n'a point d'esgal en son Royaume*; La Cour vous l'avoüera aussy, & que pendant, que vous estes Roy, vous n'avés point d'esgal en quelque sens; Car vous estes *plus grand qu'aucun de vos Sujets*, mais elle soustiendra aussy que vous estes *moindre qu'eux tous ensemble*. Le mesme Autheur vous dit *qu'en rendant la justice*, là vous n'avés point de pareil, mais *qu'en recevant jugement*, vous estes *comme le plus petit de tous*, & nous recognoissons cecy pour Loy. *Le Roy a*, comme dit encore le mesme Autheur, *Dieu & les Loix, voire mesmes sa Cour, à savoir ses Barons au dessus de luy*; Et certes, Sire, il ose passer encore plus avant, Si le Roy est effrené, & dereglé, alors *ils doivent luy donner une bride*. Nous savons aussy tres-bien, Sire, les histoires du temps passé, & ce qu'elles nous disent de ces guerres, que l'on appelloit les guerres des Barons, esquelles la Noblesse d'Angleterre se souslevа pour la defense de la Liberté publique, & des droits des Sujets, ne voulant pas souffrir, que les Rois, qui empietroyent & usurpoyent sur eux, fissent les tyrans à leur volonté, mais leur fit rendre compte de leurs injustices: Nous savons bien aussy qu'alors *elle leur donna une bride*. Mais, Sire, si ceux d'à present manquent à leur devoir, & ne sont pas si soigneux de leur propre honneur, & du bien du Royaume, que les Barons Anglois l'ont esté autresfois, certainement la Communauté d'Angleterre ne veut pas negliger les choses necessaires pour la propre conservation & pour la seureté. *On a autresfois estably des bons Roys pour rendre la justice*: D'où nous apprenons, que la fin qu'on s'est proposée en faisant les Rois, ou tous autres Gouverneurs, ç'a esté pour joüir de la Justice, ç'en est la seule fin; Et pourtant, Sire, si un Roy veut tendre à une autre fin, qui soit toute contraire à celle là, ou si aucun autre Gouverneur tend à une fin contraire à celle pour laquelle son gouvernement a esté estably, il faut qu'il sache qu'il n'est qu'un Officier, auquel on a confié une charge, & qu'il est obligé d'employer pour le bien du Peuple ce pouvoir qui luy a esté donné: S'il ne le fait, c'est à ce Peuple de donner ordre que l'on corrige & chastie ce Gouverneur qui a commis une telle offence. Cecy, Sire, n'est pas une Loy nouvelle, faicte depuis hier, ny depuis qu'il y a different & debat entre vous & vos Peuples, mais c'est une Loy tres ancienne; Nous avons aussy des Autheurs, & des tesmoignages tres-authentiques, qui nous apprennent quel estoit cy devant le sens des Loix, touchant l'election des Rois & le Serment qu'ils faisoient à leurs Peuples, & que s'ils ne l'accomplissoyent, on avoit recours au remede, que l'on appelle Parlemens: C'estoyent les Parlemens qui devoyent juger [ce sont les termes de l'Autheur] des complaintes, des injustices & des torts faicts par le Roy, la Reyne, ou par leurs Enfans: Et sur tout de ces torts & des injures, qui ne pouvoient trouver remede ailleurs, ç'a esté là, Sire, de tous temps la condition du Peuple d'Angleterre, qui ne pouvant tirer remede d'ailleurs, que

ANNO 1649. que de ses Parlemens, ils ont esté establis à cette fin là, pour remedier aux griefs & souffrances du Peuple, c'estoit là leur fin principale; Et certainement Sire, si les Rois d'Angleterre eussent bien entendu leurs plus grands avantages, ils eussent recognu que leur Majesté & Grandeur n'a jamais un plus grand esclat que dans les Parlemens: Mais les histoires nous apprennent combien quelques uns d'eux l'ont peu consideré; Nous n'avons aussi que trop veu par une triste, tres-miserable, & lamentable experience par toute l'Angleterre, quels ont esté vos sentimens sur ce sujet; Je vous dy ces choses d'autant plustost, qu'il vous plût l'autre jour laisser eschapper en vostre discours, que vous croyés avoir aussi bonne cognoissance des Loix, que la pluspart des Gentils-hommes d'Angleterre; Ce que j'approuve bien fort, Sire, Et certes il est trés-à propos qu'ils entendent les Loix sous lesquelles il faut qu'ils vivent, & par lesquelles ils doivent estre gouvernés: Mais vous savés, Sire, ce que dit l'Escriture, *Ceux qui savent la volonté de leur Maistre & ne la font pas*, ce qui s'ensuit. Les Parlemens avoyent de coustume de se tenir anciennement, deux fois l'année, [comme cela se trouve dans nos anciens Autheurs,] afin que les Sujets peussent à toute occasion avoir un prompt remede à leurs souffrances. Depuis par divers Actes du Parlement és jours de vostre Predecesseur Edouard 3e. il fut ordonné qu'on ne les auroit plus qu'une fois l'an; Mais tout le Monde sait assés, Sire, quelles intermissions de Parlemens on a veües de vostre temps, & quelles en ont aussi esté les tristes consequences; Et ce que dans ces intervales, au lieu de Parlemens vous avés introduit à l'oppression de vos Peuples par la force, & par un pouvoir arbitraire, qui n'a esté que trop connu, & ne s'est que trop faict sentir: Mais quand Dieu par sa providence à tellement traversé vos desseins, que vous n'avés pû plus longtemps empescher la convocation d'un Parlement, on a veu clairement, quel but & quels desseins vous avés eu en l'assemblant contre vostre ancien & natal Royaume d'Escosse: Et le Parlement d'Angleterre n'ayant pas respondu à vostre attente, ny accomply vos desirs & intentions contre les Escossois, vous l'avés aussitost rompu. Vous avés esté forcé par une autre grande necessité d'assembler cettui cy, & depuis il n'a esté que trop connu de tout le Royaume, quels ont esté tous vos desseins, quelles vos machinations & entreprises tout le temps qu'il a esté sur pied, pour le rompre & pour le confondre. Et certes, Sire, suivant le dessein que vous avés eu de faire l'affaire d'un coup, c'eust esté là le vray moyen de venir à bout de ce dont vous estes accusé d'avoir eu l'intention de faire, à savoir de renverser & ruiner toutes les Loix fondamentales de ce Pays, Car le Parlement d'Angleterre estant le grand rempart de la Liberté de vos Peuples, si vous l'eussiés pû renverser par les fondemens, comme vous avés taiché de le faire, certainement vous auriés pû confondre, ruiner, & entierement destruire toutes les franchises & droits du Peuple d'Angleterre. Certes, Sire, cela me fait rapeller en memoire, & je ne me puis empescher de le dire, car il nous faut agir librement avec vous, & selon vos merites, puis que nostre Commission nous le commande; Cela dy-je me fait rapeller en memoire ce que nous lisons d'un grand Empereur Romain, vous me permettrés en passant de l'appeller un grand Tyran Romain, Caligula, qui souhaitroit, que le peuple de Rome n'eust qu'un seul col, afin qu'il le pûst couper d'un seul coup: Et tel en quelque sorte, Sire, a esté vostre procedé; Car le corps de tout le Peuple d'Angleterre ne se represente en aucune autre sorte, ny ailleurs qu'en un Parlement: Et pourtant si vous eussiés pû le confondre, & destruire, vous eussiés d'un seul coup coupé le col de toute l'Angleterre; Mais Dieu a eu pitié de nous, ayant confondu vos mauvais desseins, ayant rompu & dissipé vos forces, & ayant livré vostre personne en nos mains, afin que vous satisfassiés à la justice. Nous savons fort bien, Sire, que l'on insiste fort de vostre costé sur une question, à savoir quel exemple les siecles passés nous fournissent pour proceder de la façon contre vous; Mais certes, Sire, en cette rencontre je ne m'estendray pas beaucoup en mon discours sur ce sujet là pour vous alleguer des exemples, je me contenteray de vous dire que ce ne seroit pas une chose nouvelle, ny mal aisée de vous en apporter de presque toutes les Nations du monde, parmy lesquelles les peuples toutes & quantes fois qu'ils se sont veu le pouvoir en main ont pris la liberté de faire rendre compte à leurs Rois, & où la tyrannie & le mauvais gouvernement de ceux, qui estoyent placés en authorité leur ont donne occasion de changer le Gouvernement; Je ne puis pas perdre le temps à faire mention de ce qui s'est passé de la sorte en France, en Espagne, ny dans l'Empire, ou és autres Pays, on en pourroit escrire des volumes entiers: Mais certes, Sire, je m'imagine que quelques uns de nous se peuvent aisément ressouvenir de l'exemple que nous fournit à ce propos le Royaume d'Arragon, auquel on a la Justice, c'est à dire une Personne *qui tient comme le milieu*, & le lieu d'Arbitre & de Juge entre le Roy d'Espagne & le Peuple de ce Pays là, afin que si le Roy luy fait aucune injure, cette Justice ait le pouvoir d'en faire faire la reparation; Ainsy cet Officier est recognu estre au dessus du Roy & est le grand Conservateur des privilèges de ce Peuple, & a quelques fois faict justice des injustices de ses Rois & de leur mauvais gouvernement. Sire, ce que *les Tribuns* estoyent cy devant *à Rome*, & *les Ephores à Lacedemone*, nous savons que le Parlement l'est au Royaume d'Angleterre; Et encore que *Rome* ait semblé perdre sa Liberté sous le gouvernement des *Empereurs*, toutesfois vous trouverés que pendant ce temps là il s'est faict des actes celebres de justice, mesmes par *le Senat de Rome*, & que *Neron ce grand tyran* de son temps *y a esté jugé & condamné*. Mais, Sire, quant à vous, je n'ay pas besoin de vous apporter ces exemples, & ces histoires des Nations Estrangeres, si vous voulés seulement passer au delà de la riviere Tuede, vous en trouverés asses de tels dans vostre pays natal d'Escosse. Si nous considerons ce que vos histoires nous disent de vostre premier Roy d'Escosse *Fergusius*, nous trouverons que c'estoit un Roy Electif, & qu'en mourant il laissa deux fils, tous deux en leur minorité, ce qui fut cause que le Royaume choisit leur Oncle son frere pour Gouverneur pendant leur bas aage; Mais quelque temps aprés l'Aisné ayant tasché de supplanter son Oncle, qui gouvernoit selon la justice, & donnant par là peu d'esperance au Peuple d'estre bien gouverné, & commandé de luy, Il le rejetta & prit le plus jeune. Si je rapportois, Sire, ce que vos histoires nous fournissent encore sur ce sujet là, vous verriés que vous estes le 109e. Roy d'Escosse, sur un tres grand nombre desquels le Royaume selon son pouvoir & ses privilèges a osé entreprendre, en banissant les uns, emprisonnant les autres, & en mettant quelques uns à mort; Mais il seroit trop long d'en rapporter les particularités, Et, comme dit un de vos Autheurs, il seroit trop long de reciter les divers exemples desquels vos histoires font mention, des Rois lesquels on a traictés de la sorte dans ce Royaume là. *Nous avons*, disent ils, *faict au commencement des Rois legitimes, nous leur avons & à nous mesmes imposé des loix justes & equitables*. Or comme ils sont premierement esleus par les suffrages du Peuple, aussy les peut-il deposer par la mesme voye, quand ils luy en donnent juste sujet; Et nous osons bien dire, Sire, qu'il ne se trouve point de Royaume, qui ait faict plus d'experience, ny donné plus d'exemples de la deposition & de la punition de ses Rois vicieux & oppresseurs, que vostre Royaume natal d'Escosse. Il ne faut pas aller bien loin, Sire, pour en trouver un qui vous touche de fort prés: Vostre Grand' mere fut rejettée & vostre Pere fut couronné n'estant encore qu'un enfant, ce qui fut faict par le pouvoir & l'authorité du Royaume. Nous n'avons pas aussy manqué de tels exemples, icy en Angleterre, où les Parlemens & les Peuples ont faict rendre compte à leurs Rois de leurs injustes actions, comme il appert si nous regardons au temps des Saxons, & à celuy de devant la Conqueste; Nous en trouvons aussy aprés la Conqueste, depuis laquelle les Rois Edouard & Richard 2es ont esté traités de la mesme sorte par leurs Parlemens, qui les ont deposés, & privés de leurs dignités; Et certes, Sire, quiconque lira leurs histoires, il ne trouvera pas, que les choses desquelles ils ont esté accusés, approchent de ce grand & fatal catalogue de crimes enormes dont vous estes chargé. Il vous plût, Sire, de dire l'autre jour, que vous estiés Roy par naissance & par droit de Succession, & je ne vous contredy pas à l'heure; Mais

ANNO 1649.

Mais quoy que c'en soit, vous ne pouvés nier que vous n'ayés aussi esté admis Roy d'Angleterre. Et quant à ce qu'il vous plût alleguer alors, les histoires vous pourront dire, comme cela s'est faict tout autrement durant presque mil ans, si vous remontés au de là du temps de la Conqueste; Et si vous descendés à ce qui s'est faict depuis la Conqueste, vous trouverés que vous estes le 22e Roy depuis Guillaume le Conquereur, & que la moitié d'iceux ont esté admis & establis par le Royaume, & non pas seulement par droit de naissance, ce qu'il seroit aisé de vous prouver, mais nous ne devons pas perdre plus de temps là dessus. Et certes, Sire, nous pouvons dire ce qu'un Juge docte & plein de gravité a dict autres-fois, & a laissé à la posterité: Qu'encore que le droit de Naissance ait souvent lieu en la Succession des Rois, toutesfois les Rois d'Angleterre ont tousjours reconnu, que le plus seur fondement de leurs droits, estoit d'estre declarés Successeurs, par les Estats de leur Royaume, & d'avoir l'approbation de leurs Parlemens; Et veritablement, Sire, le Serment, que vous faites, & la forme de vostre Couronnement le font assés paroistre, en ce qui est de l'Angleterre; Et encore qu'il soit bien vray, que par les Loix la personne la plus proche de sang est en vertu du droit de Naissance ordinairement designée pour succeder, neantmoins, s'il se trouve quelque juste sujet de la refuser, le Peuple le peut faire. Car il se fait un contract & comme un marché entre le Roy & ses Sujets, & le serment qu'il fait, c'est pour leur donner asseurance, qu'il accomplira ses promesses de bonne foy. Et certainement, Sire, l'engagement est reciproque, car comme vous estes leur Seigneur Lige, aussy sont ils vos Sujets Liges; Et aussy nous savons fort bien, que comme il a esté fort souvent declaré, *La ligeance est double ou reciproque, & contient en soy deux liens.* L'un de ces liens & engagemens, est celuy de la Protection, qui est deüe de la part du Souverain, & l'autre est le lien de la Subjection, deüe de la part des Sujets; Et si ce lien, Sire, vient à se rompre, c'est faict de la Souveraineté, *La Protection emporte la Subjection, &* reciproquement *la Subjection la Protection*, On ne le sauroit nier, Sire, & j'en parle pour cause, priant Dieu, qu'il vous touche le cœur, afin que vous ayés le ressentiment que vous devés avoir de vos mesfaits, & de vostre mauvais Gouvernement; Car nous laissons à juger à toute l'Angleterre, & à tout le Monde, qui l'a veu, si vous vous estes acquitté de ce, à quoy vous estiés obligé par vostre Charge, & si au lieu d'estre le Protecteur de ce Royaume, vous n'en avés pas plustost esté le Destructeur. Quand on vous accorderoit, Sire, que vous soyés venu à la Couronne par un tel droit d'heredité & de Succession, comme vous dites, vous ne pouvés pourtant nier, que vostre Office de Roy ne soit une charge, qui vous est confiée, & une Charge, qui requiert la plus haute assurance & confiance que l'on peut mettre sur une seule Personne. Or comme vous aviés esté estably pour estre le grand Administrateur de la Justice, & les autres estoyent tant seulement vos Delegués, pour la voir mettre en execution par tout le Royaume; si vostre plus grande Charge vous a esté commise & confiée pour rendre la Justice, & preserver & proteger le Peuple de tous torts & injures, & qu'au lieu de le faire, vous vous en estes vous mesme monstré le plus grand Oppresseur; Si au lieu d'estre le grand Conservateur de la paix vous en avés esté le plus grand Ennemy, certainement tout cela est contraire aux fins de vostre Office, & à la foy & confiance, que vos Sujets ont mise en vous. Et posé le cas, Sire, que cet Office soit tombé en vos mains par droit d'heredité, comme vous dites, que vostre droit est descendu de vos Ancestres, nous voulons neantmoins que l'on sache que cet Office là peut tomber en saisine & forfaicture, comme si vous ne l'aviés que pour un an, ou pour vostre vie. Et pourtant, Sire, il y va beaucoup de vostre interest de quitter tous vos subterfuges, & considerer serieusement les grandes fautes & offences que vous aves faites; Il n'est pas besoin de particularizer celles que vous avés commises durant vostre Reigne, elles ne sont que trop connües à tout le monde; C'eust esté un tres-grand bonheur pour ce Royaume, & pour vous mesme, Sire, qu'on n'en eust pas tant eu de cognoissance, & qu'on ne les eut pas tant ressenties, comme l'histoire de vostre injuste Gouvernement le fait voir, & ne l'a que trop faict paroistre.

L'affaire, Sire, à laquelle nous sommes maintenant employés par le commandement de la Cour Souveraine, ç'a esté & est encore à present de vous examiner & juger pour ces grandes offenses, que vous avés commises. On vous a chargé, Sire, d'estre un Tyran, un Traistre, un Meurtrier & l'Ennemy public de l'Estat d'Angleterre: Il eust esté à desirer que nous n'eussions point eu besoin d'user de tous ces termes, voire d'aucun d'iceux,

Le Roy. Ha!

Le Presid. Certes, Sire, nous avons appris que *celuy qui gouverne bien ses Sujets est appellé leur Roy, & cestuy là Tyran, qui opprime son Peuple par la force.* Or si c'est là la definition d'un Tyran, voyés comme elle vous convient par vos actions, & si vous n'estes pas un tres-grand Tyran par la procedure, que vous avés tenüe, en establissant un Gouvernement arbitraire, pour lequel introduire vous avés tout ce temps employé la force des Armes pour contraindre vos Peuples de s'y soumettre; Considerés aussy si toutes vos actions n'ont pas esté d'aussi hauts faicts de tyrannie, qu'aucunes de celles dont vos Predecesseurs ont esté coulpables, voire mesmes beauboup au delà.

Nous ne pouvons pas plus, Sire, vous dispenser du mot de Traistre, & ferons voir, que vous l'avés bien merité; Il denote une personne qui a trahy la foy & confiance reposée sur elle, & l'on doit supposer, que cela s'est fait envers un Superieur: Et pourtant, Sire, comme le Peuple d'Angleterre auroit commis la mesme offense contre vous, s'il s'en estoit rendu coulpable selon la definition de la Loy, aussy de vostre part quand vous avés faulsé la foy publique & trompé la confiance qu'il avoit reposée sur vous, vous avés faulsé la foy à vos Superieurs, car c'estoit pour le bien du Royaume qu'on vous avoit confié ce pouvoir; Et pourtant, Sire, lors qu'on vous appelle à rendre compte pour avoir faulsé vostre foy au Public, & abusé de ce pouvoir, qui avoit esté mis en depost en vos mains, cela se fait par l'authorité de vos Superieurs. *Quand le Peuple appelle un Roy en jugement, il devient le moindre, & celuy à qui il doit rendre compte est plus grand que luy.* Et certes, Sire, le Peuple d'Angleterre voyant que Dieu a travaillé si miraculeusement, & si glorieusement pour sa delivrance, & ayant recouvré avec tant du sueur & de sang respandu le pouvoir duquel il s'estoit dessaisy, ayant son plus grand Ennemy en ses mains, il ne peut pas tellement perdre le soin de sa propre conservation, que de ne se rendre pas la justice à soy mesme, & de ne la faire pas de vostre Personne. La Cour souhaitte de bon cœur, Sire, que vous veüilliés mettre la main sur la conscience, & considerer serieusement les offenses que vous avés commises, afin que vous taschiés de faire vostre paix avec Dieu; Certes, Sire, la tyrannie, & la trahison sont des grands & hauts crimes.

Il y en a encore un troisieme outre ceux là, qui est le meurtre, dequoy vous estés aussi chargé en vostre Accusation: Tous ces meurtres sanglans, qui ont esté commis depuis le temps que la division a commencé entre vous & vos Peuples, vous doivent estre imputés, & mis à vostre compte, voire mesmes tous ceux qui se sont faicts & commis en ces dernieres guerres. Ce sont des pechés fort enormes, Sire, & qui crient vengeance contre vous. Et certes, si on nous demande, Sire, quelle punition merite un meurtrier, nous renvoyerons aux Loix Divines & Humaines pour les consulter là dessus. Je vous croy, Sire, si bien versé en l'Escriture, que vous savés, que ce que Dieu à luy mesme prononcé au 9e. de la Genese, & au 35e. des Nombres contre l'effusion de ce sang innocent que vous avés si abondamment respandu, de quoy cette Cour au nom de tout le Royaume est fort sensiblement touchée, & duquel en effect *le Pays est* encore à present *soüillé, ne pouvant pas*, comme le Texte porte, *en estre purgé, qu'en respandant* aussy *le sang de celuy qui l'a respandu.* Nous ne voyons pas, Sire, qu'il y ait aucune dispensation de la punition pour l'effusion de ce sang innocent en ce Commandement *Tu ne tueras point*: Nous ne remarquons pas qu'il ne comprenne aussy bien les Roys, que les moindres Paysans, & les plus contemptibles Sujets, car il est general; Les Loix Divines & Humaines le defendent esgalement, Et Sire, nous ne voyons pas qu'il y ait, pour vous, non pas mesmes en pas une des Loix Humaines, aucune exception, ny exemption de la punition du meurtre, si vous l'a-

Anno 1649.

vés commis. Il est bien vray qu'en cas de Roys, il n'est pas permis à chasque particulier de mettre la main à les reformer & punir; Mais, Sire, ce Corps, qui represente tout le Peuple, ayant l'authorité qu'il a, n'eussiés vous commis qu'un seul meurtre volontairement, a le pouvoir & le droit de vous faire venir à jugement, & de le faire executer sur vostre Personne pour l'expier. Et pourtant, Sire, le grand fais duquel vous estes chargé à ces egards susmentionnés, à cause de vos tyrannies, vos trahisons, & faulsemens de la Foy publique, en abusant de la confiance reposée sur vous, & pour tant de meurtres que vous avés commis, vous doit jetter dans des fort tristes apprehensions touchant vostre condition eternelle, comme je vous l'ay desja representé; Je say bien qu'il vous fasche d'oüir de telles choses, que celles, qu'on vous dit de la part de la Cour: Car c'est là, Sire, la qualité que nous prenons, & nous recognoissons une Haute Cour de Justice, qui tire son authorité de la plus Haute & Souveraine du Royaume, comme on vous l'a desja plusieurs fois repeté: Et quoy que vous fassiés encore *maintenant* vostre possible pour nous disputer nostre authorité, & pour tascher de faire voir que nous ne sommes pas une Cour de Justice: Nous nous recognoissons toutesfois en estre une, laquelle a le pouvoir de vous faire vostre Procez, ce que nous nous tenons estre obligés de faire pour nous acquitter de nostre devoir. Ce que j'ay de plus à vous dire, Sire, avant qu'on prononce vostre Sentence, c'est que la Cour souhaitte de bon cœur que vous veüilliés penser serieusement à ces crimes, dont vous estes coulpable. Vous nous distes l'autre jour fort à propos, que vous souhaittiés que nous eussions Dieu devant les yeux; Et certes, Sire, j'espere aussy que nous l'y avons eu, voire ce Dieu, que nous cognoissons estre le Roy des Roys, & Seigneur des Seigneurs, ce Dieu, lequel n'a point d'esgard à la qualité des personnes, & ce Dieu, qui est le vengeur de l'effusion du sang innocent; C'est ce Dieu là, que nous avons devant nos yeux, ce Dieu, qui maudit ceux, qui refusent d'estendre la main pour respandre le sang des cruels meurtriers, qui sont coulpables de la mort, nous avons ce Dieu là devant les yeux; Et si la conscience de nostre devoir, ne nous avoit fait venir icy, & prendre cet employ, vous n'y verriés pas à present cette Cour assemblée. Mais, Sire, nous devons avoir plus d'esgard à l'acquit de nostre devoir envers Dieu, pour le bien du Royaume, qu'à aucune autre chose; Et encore que tout ce tempscy plusieurs, & peut estre un chascun de nous, soyons dangereusement menacés par quelques uns de vostre Party de ce qu'ils ont dessein de faire: Neantmoins, Sire, nous declarons icy, que nous ne craindrons point de nous acquitter de nostre devoir en rendant la Justice, voire mesmes contre vostre Personne, selon le merite de vos offenses, quand Dieu devroit permettre, que ces gens là peussent executer les desseins cruels & sanglans, qu'ils ont complottés contre nous; Nous dirons, Sire, & nous declarerons, que comme ces Enfans, qui furent jettés dans la fournaise ardente pour ne vouloir pas adorer la Statüe d'or que Nebucadnetsar avoit dressée, disoyent que leur Dieu estoit puissant pour les delivrer du danger, duquel ils estoyent menacés, & que s'il ne le vouloit faire, ils ne s'enclineroyent pourtant pas pour adorer l'Image: Aussy en nous appliquant leur exemple, quoy que nous deussions tomber en ces mains sanguinaires, qui conspirent la ruine entiere de tout le Royaume, & la nostre particuliere, pendant que nous travaillons à ce grand œuvre de Justice, nous declarons, que nostre Dieu est puissant pour nous delivrer de leur rage, & que si nous devions perir en faisant nostre devoir, toutesfois par la grace de Dieu, & par la force de son Esprit nous l'acheverons, & que c'est là nostre resolution à tous. Je dy encore, Sire, pour vostre interest particulier, que nous souhaittons de bon cœur, qu'il plaise à Dieu de vous donner un vray ressentiment de vos pechés, afin que reconnoissant en quoy vous l'avés offencé, vous puissiés tellement crier à luy, qu'il vous pardonne cette grande effusion de sang, de laquelle vous estes coulpable. Un bon Roy se trouvant une fois coulpable de ce crime, mais une seule fois, & un bon Roy sans le peché d'Urie: L'histoire nous apprend, Sire, qu'il s'en repentit, & nous fait assés voir qu'il en auroit esté puny de mort, si Dieu n'eust accepté sa repentance, & ne luy eust octroyé son pardon: *Tu ne mourras pas, mais l'enfant mourra, pour ce que tu as donné sujet aux Ennemis de Dieu de blasphemer.* Je ne vous en diray pas davantage. ———

Anno 1649.

Le Roy. Je desire de dire seulement un mot avant que vous donniés Sentence, qui est, que vous veüilliés m'entendre sur ces vilaines imputations desquelles vous me chargés.

Le Presid. Sire, vous me devés laisser continuer, car je ne suis pas loin de vostre Sentence, & vostre temps de parler est passé.

Le Roy. Mais je desire que vous me veüilliés entendre en peu de paroles là dessus, car certes quelque Sentence que vous prononciés contre moy, elle ne me pesera rien, au prix de ces pesantes imputations, que je voy que vous avés mises sur moy en vostre discours. Monsieur, il est bien vray que——.

Le Presid. Sire il faut que je vous fasse souvenir, [quoy que je ne sois pas bien aise de vous interrompre, sur tout à cette heure-cy, en aucune chose que vous ayés à dire, & que nous puissions recevoir,] que vous n'avés pas voulu recognoistre la Cour, & que vous nous avés estimés comme une Assemblée de personnes fort contemptibles: Et que nous savons bien aussy de quelle façon vostre party parle de nous.

Le Roy. Je ne le say pas.

Le Presid. Vous ne voulés pas recognoistre la Cour, & pourtant de vous adresser à nous, sans advoüer que nous sommes une Cour de Justice, capable de juger de ce que vous dites, cela ne vous peut pas estre permis; Et en effect dés la premiere fois que vous n'avés pas voulu recognoistre la Cour, elle pouvoit vous refuser d'oüir plus aucune parole de vostre part, Car ne la recognoissant pas, il ne vous appartenoit pas de parler; Nous vous avons donné trop de liberté, & vous avons permis d'apporter trop de delays à la Justice, Nous ne le devons plus permettre: Si nous le pouvions faire, nous vous laisserions parler en toute liberté, & ne vous aurions pas refusé de vous estendre plus au long en vostre discours sur les choses que vous auriés pû alleguer, ou prouver en vostre defense, pour vous purger entierement, ou en partie de ces crimes enormes qui vous sont imputés en general & en particulier: Mais, Sire, je ne vous tiendray pas plus long temps en mon discours, vos pechés sont en si grand nombre, que si vous y voulés penser serieusement, cette pensée ne peut que vous esmouvoir puissamment, & vous jetter dans une triste & serieuse repentance, C'est ce que la Cour desire fort, & que vous ayés un tel ressentiment des maux, que vous avés commis, que Dieu puisse avoir mercy, au moins de vostre plus noble partie; Quant à l'autre, Sire, c'est nostre charge & nostre devoir d'en faire ce que les Loix ordonnent. Nous ne sommes pas icy assemblés pour *faire des Loix*, mais pour *juger selon les Loix*. Et nous ne pouvons que nous ne nous ressouvenions de ce que l'Escriture nous dit, qu'*absouldre le coulpable est une abomination esgale à celle de condamner l'innocent*. Nous ne pouvons absouldre le coulpable, & pourtant vous entendrés, qu'on vous prononcera la mesme Sentence, que les Loix ordonnent à l'encontre d'un Tyran, d'un Traistre, d'un Meurtrier, & de l'Ennemy public du Pays; Et c'est là la Sentence de la Cour.

La Cour ayant alors commandé qu'on leust la Sentence, & que l'on fist silence, le Greffier la leut en cette sorte.

SENTENCE

Contre Charles Stuart Roy d'Angleterre.

LEs Communes d'Angleterre, assemblées en Parlement, nous ayans par leur Arrest donné dernierement, intitulé l'Acte des Communes d'Angleterre assemblées en Parlement, portant l'establissement d'une Haute Cour de Justice, pour examiner & juger Charles Stuart Roy d'Angleterre, authorisés & establis pour estre une Haute Cour de Justice, pour examiner & juger ledit Charles Stuart, sur les crimes mentionnés au mesme Acte: En vertu d'iceluì ledit Charles Stuart a esté trois diverses fois amené devant cette Cour, où le premier jour, qui fut Samedy le 20e du present mois de Janvier, une Accusation & charge de haute trahison & autres hauts crimes fut, aux fins dudit Acte, presentée au nom du

Peuple

ANNO 1649. Peuple d'Angleterre & leüe tout haut devant luy, par laquelle il estoit dict: Que ledit Charles Stuart, ayant esté admis Roy d'Angleterre, & luy ayant à cet egard esté confié un pouvoir legitime de gouverner par & selon les Loix du Pays, & non pas autrement, & estant obligé par ce pouvoir, qui luy avoit esté confié, par son Serment, & par son Office, d'user de cette authorité à luy donnée & confiée pour le bien & au profit du Peuple, & pour la preservation de ses droits & de ses Franchises & Libertés: Toutesfois au contraire par un dessein pernicieux, qu'il a eu d'establir & fonder en soy mesme un pouvoir desreiglé & tyrannique de gouverner à son plaisir & à sa volonté, & de renverser & supprimer les droits & Libertés du Peuple, voire mesmes de luy en ruiner tous les fondemens, & de luy oster tous les remedes contre la corruption du Gouvernement, lesquels les Constitutions fondamentales de ce Royaume avoyent reservés pour sa defense par les droits, & l'authorité attribués & conservés à des frequens & successifs Parlemens, ou Assemblées Nationnelles en commun conseil, Ledit Charles Stuart pour accomplir un si meschant dessein & se pouvoir proteger luy & ses Adherens en ces pernicieuses practiques, & les leurs, tendantes toutes aux mesmes fins, a proditoirement & malicieusement levé la guerre contre ce present Parlement & le Peuple, qui y est representé, ainsy qu'il est plus amplement declaré en ladite Accusation par les circonstances des temps & des lieux; Et a par là faict tuer plusieurs milliers du Peuple libre de cette Nation, en suscitant des divisions, partis, soullevemens & revoltes dans ce Royaume, & par des invasions des Pays Estrangers, qu'il a suscitées & procurées, & par plusieurs autres meschantes voyes & moyens illicites, ledit Charles Stuart n'a pas seulement entretenu & advancé ladite guerre, tant par mer, que par terre, mais aussy l'a renouvellée & faict renouveller contre le Parlement, & le bon peuple de cette Nation en l'année presente 1648, en diverses Provinces & places du Royaume, specifiées dans l'Accusation; Et qu'il a pour cet effect donné des Commissions au Prince son filz & à d'autres, par le moyen, & en vertu desquelles, outre une infinité d'autres personnes, plusieurs de ceux ausquels le Parlement s'estoit confié, & lesquels il employoit pour la conservation de la Nation, ayant esté gaignés & corrompus par luy & par ses Agens, jusques à trahir la Cause, & se revolter du party du Parlement, ils ont esté bien receus du sien, & ont receu des Commissions pour continuer & renouveller la guerre & tous actes d'hostilité contre ledit Parlement & le Peuple; Par laquelle cruelle & desnaturée guerre, levée, continuée, & renouvellée, beaucoup de sang innocent du Peuple libre de cette Nation a esté respandu, plusieurs familles ont esté ruinées, le tresor public espuisé & consumé, le trafic interrompu & miserablement descheu, la Nation a faict des despences & receu des dommages extraordinaires, & plusieurs Provinces du Pays ont esté ravagées, voire quelques unes d'icelles jusques à une entiere desolation; Comme aussy qu'il continue encore ses Commissions données à sondit filz, à d'autres Rebelles & Revoltés, tant Anglois, qu'Estrangers, & au Comte d'Ormond & aux Rebelles & Revoltés d'Irelande, ses Associés, qui menacent ce Pays de plus grandes invasions à son instigation & en sa faveur; Et que tous lesdits pernicieux desseins, guerres, & meschantes menées & practiques d'iceluy sont encores continuées, fomentées, & poursuivies avec ardeur pour l'advancement & establissement de son interest particulier, de sa volonté propre, de sa puissance & authorité personnelle, & des prerogatives, qu'il pretend luy appartenir & à sa famille, à la ruine de l'interest public, du droit & de la Liberté commune, de la Justice & de la Paix & repos des Sujets de cette Nation; Et que par là il a esté, & est encores à present, l'occasion & la cause desdites desnaturées, cruelles & sanglantes guerres, & de la continuation d'icelles, & pourtant coulpable de toutes les hautes trahisons, meurtres, rapines, pillages, bruslemens & incendies, degast & desolations, dommages, ruines & meschancetés, qui ont esté faicts & commis contre cette Nation en ces guerres, & qui sont advenus ou adviendront à cause d'icelles. Sur quoy la Cour a esté requise & priée de proceder à donner Jugement contre luy, comme contre un Tyran, un Traistre, un Meurtrier, & l'Ennemy Public de l'Estat, ainsy qu'il appert plus amplement de ladite Accusation. A laquelle, aprés qu'elle luy a esté leüe, comme dict est, ledit Charles Stuart a esté requis de respondre, mais il a refusé de le faire; Et estant encores Lundy 22e jour du present mois de Janvier amené devant cette Cour, & là requis d'y respondre directement, il refusa de mesmes de le faire, & là dessus on enregistra son defaut & sa coutumace; Puis le jour suivant estant amené la troisieme fois devant la Cour, on nous pria alors avec instance au nom du Peuple d'Angleterre de donner jugement contre luy sur ses defauts & sur sa contumace, & sur les matieres contenues contre luy en l'Accusation, comme les tenans pour confessées, pource qu'il refusoit d'y respondre: Toutesfois cette Cour, ne voulant pas tirer advantage de son mespris, le requit encore une fois de respondre à ladite Accusation, ce qu'il refusa aussy encore de faire; Sur lesquels divers defauts cette Cour eut pû en toute justice proceder à donner Sentence contre luy, tant pour sa contumace, que sur les matieres contenües en l'Accusation, les tenant pour confessées, comme dict est; Neantmoins la Cour pour en estre plus clairement informée, & pour sa plus grande satisfaction a jugé à propos d'examiner & oüir des Tesmoins sur leur serment, & de prendre cognoissance de quelques autres evidences sur lesdites matieres, contenües en l'Accusation, ce qu'elle a aussy faict; Et pourtant aprés avoir serieusement & meurement deliberé sur les choses dites cy-dessus, & consideré que les matieres de faict portées par l'Accusation contre luy, ainsy qu'il est dict, sont tres-claires & evidentes: La Cour est pleinement informée en son jugement & satisfaicte en conscience, que ledict Charles Stuart est coulpable d'avoir levé la guerre contre le Parlement & le Peuple, & & de l'avoir maintenüe & continuée, dequoy il est chargé en ladite Accusation; Et par le cours entier de son Gouvernement, par ses conseils & ses practiques devant & depuis le commancement de ce Parlement, lesquels ont esté tres-manifestes & publics, & les effects desquels demeurent suffisamment enregistrés, cette Cour est pleinement satisfaicte en conscience & jugement; Qu'il a esté & est coulpable des pernicieux desseins & attentats declarés en ladicte Accusation, & que la susdicte guerre a esté levée, maintenüe & continuée par luy, ainsy que dict est, pour advancer & accomplir ses meschans desseins; Et qu'il a esté & est l'occasion, l'Autheur & le Continuateur desdictes desnaturées, cruelles & sanglantes guerres; Et pourtant qu'il est coulpable des hautes trahisons, & des meurtres, rapines & pillages, bruslemens & incendies, degasts & desolations, dommages & autres malefices, qui ont esté faicts & commis contre cette Nation en cesdites guerres & qui sont advenus ou adviendront à cause d'icelles. Pour toutes lesquelles trahisons & crimes la Cour ordonne, qu'iceluy Charles Stuart sera mis à mort, comme un Tyran, un Traitre, un Meurtrier & l'Ennemy commun de cette Nation, par la separation qui sera faicte de sa teste d'avec son corps. ANNO 1649.

Aprés que la Sentence eust esté leüe, le President dit tout haut, Cette Sentence, qui vient d'estre leüe & publiée est l'Arrest, la Sentence, le Jugement & la Resolution de toute la Cour: Et en mesme temps un chascun des Commissaires se leva pour l'advoüer.

Le Roy. Monsieur, me voulés vous permettre de parler.

Le Presid. Sire, on ne vous peut pas oüir aprés la Sentence.

Le Roy. Non Monsieur?

Le Presid. Non Sire, avec vostre permission, Sire. Gardes, remenés le Prisonnier.

Le Roy. Je puis parler aprés la Sentence, avec vostre permission, Monsieur, je puis parler aprés la Sentence, avec vostre permission Monsieur, arrestés la Sentence, Je dy Monsieur, je fay——.

Le Presid. Gardes, emmenés vostre Prisonnier.

Le Roy. On ne me veut pas permettre de parler, jugés de là quelle justice on fera aux autres: Lesquelles dernieres paroles il profera en sortant de la presence de la Cour.

Le Roy estant sorty, la Cour se transporta aussy tost en la chambre Peinte, où elle establit des Commissaires pour considerer du temps & de la place, esquels l'execution de la Sentence se feroit, puis elle

remit

ANNO 1649.

remit la seance au Lundy suivant à 8. heures du matin au même lieu; Où s'estant rendue ledit jour à cette heure là, elle ordonna sur le rapport desdicts Commissaires, que l'execution se feroit le lendemain en plaine Rue devant White-Hall & en expedia un Ordre en cette sorte.

Ordre pour l'execution de la Sentence. Faict en la Haute Cour de Justice le 29 de Janv. 1648.

CHarles Stuart Roy d'Angleterre, ayant été attaint, convaincu, & condamné de haute trahison & autres hauts crimes, & la Sentence luy ayant été prononcée par cette Cour Samedy dernier, Qu'il sera mis à mort par la separation, qui sera faicte de sa teste d'avec son corps, de laquelle Sentence l'execution reste encore à faire. Vous estes pour cette cause icy requis de voir que ladicte Sentence soit mise en execution en pleine rue devant White-Hall demain 30. du present mois de Janvier entre 10. heures du matin & 5. heures après midy du même jour, en son plein & entier effect: Et pour ce faire la presente vous servira d'Ordre & de descharge suffisante; Et par icelle sont requis tous Officiers, Soldats & autres personnes du bon Peuple de cette Nation Angloise, de vous prester toute assistance en ce service. Donné sous nostre sing & cachet en la Cour de Justice ce 29. Janvier 1648. Estoit signé du President & de 58. des Commissaires & seelé de leurs cachets, & étoit adressé au Colonel François Hacker, au Col. Henucks & au Lieut. Col. Phray, & à chascun d'eux.

La Cour ordonna aussi qu'on envoyeroit un commandement au Gouverneur, ou à tout autre Officier de la Tour, commis à la garde de l'Arcenal, de delivrer au Sergeant Dendy, ou à ceux qui seroyent envoyés par luy, la Hache de justice pour l'execution des Criminels, qui se garde en ladicte Tour; Puis elle se separa jusqu'au lendemain.

Auquel temps s'estant rassemblée en la chambre Peinte sur les 9 heures du matin, elle delibera de quelques circonstances de ladicte execution, & ordonna entre autres choses, que 5 Ministres savoir, Mr. Mareschal, Mr. Nye, Mr. Caryll, Mr. Salway, & Mr. Dell, seroyent requis d'assister auprès de la personne du Roy pour luy administrer les assistances & consolations spirituelles, qui luy pourroyent être necessaires en la condition en laquelle il étoit: Mais il refusa de conferer avec eux, disant qu'il n'en vouloit pas être incommodé.

Il ne sera pas hors de propos d'adjouster icy ces particularités suivantes.

LE Roy, le jour que la Sentence luy fut prononcée, qui fut le 27 du Mois, pria le Colon. Thomlinson, qui l'avoit en sa garde, que le Docteur Juxon cy devant Evesque de Londres, lequel le Parlement luy avoit accordé, pût coucher en sa chambre & demeurer continuellement auprés de sa Personne jusques à sa mort, afin de s'y pouvoir mieux preparer. Et qu'on luy fist aussi venir ses Enfans de la maison de Sion près de la Ville de Londres, où ils estoyent, ce que le Parlement luy accorda.

Et le 28, ledict Docteur prescha devant luy en sa chambre à White-Hall, ou il coucha deux nuits.

Le même jour 28. les Ambassadeurs Extraordinaire, & Ordinaire des Seigneurs les Estats des Provinces Unies furent visiter le General de l'Armée en son logis, où ils trouverent avec luy le Lieutenant General & plusieurs des premiers Officiers de guerre, & leur firent entendre, qu'ils estoyent envoyés pour cultiver & fomenter la bonne Correspondance & affection laquelle a été de tout temps entre leur Estat & l'Angleterre, & pour faire quelques Propositions au Parlement, ausquelles si on vouloit entendre, ils s'asseuroyent que cela feroit beaucoup pour la Paix & le bonheur de cette Nation; Et les prierent en suitte de se vouloir employer & interceder envers ledit Parlement pour sauver la vie du Roy, ou du moins, faire surseoir l'execution de la Sentence, jusques à ce qu'ils eussent eu audiance des deux Maisons; A quoy il leur fut respondu par le General, & de la part des autres Officiers. Qu'ils tenoyent à tres-grand honneur & faveur tres-particuliere, que Messieurs les Estats les considerassent jusque là que de leur faire parler de leur part, & qu'ils tascheroyent de contribuer tout ce qui seroit en leur pouvoir, pour entretenir & conserver la Paix & l'Union de ce Royaume avec leurs Provinces; Qu'ils pouvoyent en toute asseurance & liberté s'appliquer aux Maisons du Parlement, & qu'ils ne recevroyent de la part de l'Armée aucune interruption, ny empeschement en leurs affaires, ains plus-tôt toute protection & tous bons offices & services: Mais qu'estans une Armée au service & sous le commandement du Parlement & du Royaume, il ne leur convenoit pas bien de s'entremettre de leurs affaires: Neantmoins ils verroyent ce qui se pourroit faire touchant la surseance de l'execution du Roy.

Le 29. le Seigneur Seamer un des Serviteurs du Prince de Galles se presenta pour delivrer au Roy une lettre de la part de son Maistre, mais il ne luy fut pas permis, qu'à condition qu'elle fust leüe publiquement, ce qui fut cause que le Roy la prit & la jetta aussi-tôt au feu sans la lire; Il brusla aussi toutes ses lettres & escrits secrets, & ses chiffres & clefs à dechiffrer.

Le mesme jour la Princesse Elizabeth, & le Duc de Glocester ses Enfans, luy furent amenés, lesquels il embrassa & leur donna sa benediction.

Le Prince Electeur Palatin & le Duc de Richemont s'estans aussi presentés pour le voir, il ne le leur voulut pas accorder, leur faisant dire que ce n'estoit par faute d'affection envers eux, Mais pour n'estre pas diverty de ses dernieres pensées, & après il fut mené en sa maison de St. Jacques, où il coucha cette nuit là.

Ce mesme jour les Ambassadeurs des Seigneurs les Estats eurent audiance des deux Maisons du Parlement, Ausquelles après avoir faict leurs harangues sur les choses mentionnées cy-dessus, & principalement pour faire suspendre l'execution du Roy, ils leurs delivrerent en François copie de leurs Propositions & demandes; Mais la Maison des Communes leur ayant faict entendre qu'elle ne traitoit jamais d'aucune affaire qu'en la langue du Pays, elle desira d'avoir ladite copie en Anglois.

La façon en laquelle le Roy fut mené à la mort, & executé, & ses dernieres Paroles.

LE Mardy 30. Janvier 1648. il fut amené à pied sur les 10 heures du matin de sa maison de St. Jacques à White-Hall par le Parc, gardé d'un regiment d'Infanterie, duquel une partie marchoit devant luy & l'autre après, les tambours battans, & les enseignes desployées, sa Garde particuliere armée de pertuisanes, & quelques uns de ses Gentilshommes ayans la teste descouverte alloyent les plus proches de sa Personne devant & derriere; Le Docteur Juxon & le Colonel Thomlinson, qui commandoit la Garde le suivans immediatement & parlans à luy teste nüe; Ils passerent ainsi à travers du Parc, & monterent dans la gallerie de White Hall, & de là dans la chambre proche de son Cabinet en laquelle il avoit autresfois de coustume de coucher; Ou il fut quelque temps à ses devotions, sans vouloir disner, ayant auparavant receu le Sacrement, seulement sur le midy, une heure avant qu'il sortit en public, il prit un verre de vin, & mangea un morceau de pain.

De là il fut accompagné du Docteur Juxon, & du Colonel Thomlinson & d'autres Officiers, qui avoyent auparavant eu charge de sa Garde & de se tenir auprès de sa Personne, quelques mousquetaires estans en haye des deux costés, à travers de la grande salle des Banquets, joignant laquelle estoit dressé l'Eschafaut, prés de la porte de sa maison de White-hall, & par l'une des fenestres il passa sur ledict Eschafaut, qui estoit presque de la mesme hauteur, & estoit tendu & couvert de noir; Le billot de bois, fort bas & long environ d'un pied & demy, sur lequel le devoit donner le coup, estoit au milieu, la hache dessus; La Place & la rue, où se faisoit l'execution, quoy qu'elles fussent fort spacieuses estoyent pleines d'Infanterie dans des barrieres qu'on avoit faites à l'entour de l'Eschafaut, & de Cavallerie parmy

ANNO 1649.

parmy le Peuple qui estoit en très-grand nombre au delà des barrieres.

Le Roy estant venu sur l'Eschafaut regarda fixement la piece de bois sur laquelle on luy devoit couper la teste, & demanda si elle n'estoit pas ordinairement plus relevée, puis se mit aussi tost à parler en cette sorte, adressant son discours au Colonel Thomlinson au milieu de 8 ou 10 personnes de ses Gardes & d'autres & devant le Docteur Juxon.

Je ne puis pas bien estre entendu de cette grande compagnie, c'est pourquoy je vous parleray icy en peu de mots. Certes je me pourrois bien taire, si je ne croyois que mon silence fit penser à quelques uns que je me soumette à la coulpe, aussi bien qu'au supplice: Et pourtant je tiens estre de mon devoir premierement envers Dieu, puis envers mon Pays de me justifier & faire voir, que je suis aussi bien homme de bien, que bon Roy & bon Chrestien. Je commenceray premierement par l'innocence; Et certes je pense qu'il ne m'est pas beaucoup necessaire d'insister long temps là-dessus, car, comme le monde sait, je n'ay pas commencé la guerre contre les deux Maisons du Parlem. & j'appelle Dieu à tesmoin, auquel il me faut bien tôt rendre compte, que je n'ay jamais eu intention d'empietter sur leurs privileges; Elles ont commencé de le faire sur moy: C'est par la Milice qu'Elles ont commencé; Elles ont confessé qu'elle estoit en ma disposition, mais qu'Elles ont creu estre à propos de me l'oster; Et pour le faire court, si quelqu'un veut revoir les dates de leurs Commissions & des miennes, comme, aussi nos Declarations de part & d'autre, il verra clairement qu'Elles ont commencé ces malheureux troubles, & que ce n'a pas esté moy. Et quant à la coulpe des crimes, desquels je suis accusé, j'ay esperance en Dieu, qu'il m'en declarera innocent; Je ne veux pas, je suis en Charité, à Dieu ne plaise, que j'en charge les deux Maisons du Parlement, il n'est pas necessaire d'en charger ny l'une ny l'autre, & je veux esperer qu'Elles en sont toutes deux innocentes, car je croy que des meschans instrumens entre Elles & moy ont esté la cause principale de cette effusion de sang; De sorte, que je diray par forme de discours que, comme je m'en trouve net, aussi j'espere, & prie Dieu, qu'Elles le soyent: Toutesfois, quoy qu'il en soit, à Dieu ne plaise, que je sois si mauvais Chrestien, que de ne confesser pas que les jugemens de Dieu dessus moy sont justes: Souventes-fois il satisfait à sa Justice par une Sentence injuste, cela arrive ordinairement; Je veux seulement dire qu'une Sentence injuste *a*, que j'ay souffert de prendre effect, est à present punie par une autre injuste Sentence à l'encontre de moy. Ce que j'ay dict jusques icy est pour monstrer que je suis innocent.

Je poursuivray pour vous faire aussi voir que je suis bon Chrestien, J'espere que voila *b* un homme de bien, qui tesmoignera, que j'ay pardonné à tout le Monde, voire mêmes en particulier à ceux, qui ont été les Autheurs principaux de ma mort: Dieu cognoit qui ils sont, je ne desire pas de le savoir, & prie Dieu, qu'il leur pardonne. Mais ce n'est pas encore tout, ma Charité doit passer plus avant; Je souhaitte qu'ils s'en puissent repentir, car certes ils ont en cecy commis un grand peché: Je prie Dieu avec St. Estienne, qu'il ne leur soit point imputé. Voire je ne me contenteray pas de cela, mais je souhaitteray aussi qu'ils puissent prendre le droit chemin pour parvenir à la Paix du Royaume; Et pourtant je souhaitte de toutes les affections de mon ame, & j'espere qu'il y en a icy qui feront passer ce souhait plus loin, qu'ils puissent s'employer pour procurer la Paix du Royaume. Maintenant Messieurs il faut, que je vous fasse voir, que vous n'en estes pas au chemin, & que je vous y remette. Premierement vous n'en estes pas au chemin, car certainement toutes les voyes que vous avés tenües cy-devant, autant que je l'ay pû remarquer de toutes choses, sont les voyes d'une Conqueste; Certes c'est un mauvais chemin, car à mon opinion, Monsieur, il n'y a point de Conqueste, qui soit juste, si ce n'est que la cause en soit juste, ou pour venger un tort receu, ou pour la justice d'un Droit: Et alors, si vous passés plus avant, la premiere querelle que vous faites rend à la fin injuste ce, qui du commencement estoit juste. Mais si c'est simplement un sujet de Conqueste, c'est alors un grand vol & brigandage, comme un Pirate dit à Alexandre, que ce Roy estoit un grand Voleur, & pour luy qu'il n'en étoit qu'un petit. Et ainsi, Mrs. je tiens que le chemin, auquel vous estes, est fort hors du chemin; Mais pour vous y remettre, croyés moy que vous n'irés jamais droit & que Dieu ne vous benira jamais, jusques à ce que vous luy rendiés ce qui luy est deu, au Roy, c'est à dire, à mes Successeurs, ce qui leur appartient, & aussi à mon Peuple ce qui est à luy, je suis autant porté pour son bien qu'aucun de vous. Il vous faut rendre à Dieu ce qui luy est deu, en reiglant droitement selon son Escriture son Eglise, laquelle est maintenant en grand desordre: De vous donner à present une addresse particuliere, je ne le puis faire, je vous diray seulement, qu'un Synode National librement assemblé, & qui ait ses suffrages libres y doit apporter l'ordre, quand on donnera la liberté à un chacun de dire nettement son opinion.

Quant au Roy, je ne veux pas. [alors se tournant vers un des assistans qui touchoit la Hache, dit *c* ne la gastés pas, cela me feroit tort,] Quant au Roy, les Loix du Pays vous informeront clairement là-dessus, Et pourtant à cause que cela me concerne en mon particulier, je vous en parle seulement en passant.

Et quant au Peuple, veritablement je desire sa Liberté & la conservation de ses Franchises autant qu'aucun autre; Mais il faut que je vous dise qu'elles consistent à avoir un Gouvernement, & ces Loix par lesquelles sa vie & ses biens sont proprement à luy; Ce n'est pas à avoir part au Gouvernement, Mr. cela ne luy appartient pas; Un Sujet & un Souverain sont des choses entierement differentes; Et pourtant jusques à ce qu'ils fassent ce que je dy, & que vous remettiés le Peuple en cette liberté là, certainement il ne joüira jamais de la Liberté.

Messieurs c'est pour cela que je suis à present icy: Si j'eusse voulu consentir à un Gouvernement arbitraire, & à laisser changer les Loix, selon le pouvoir de l'Espée, je n'aurois pas eu besoin d'y venir; C'est pourquoy je vous dy, & je prie Dieu, qu'il ne vous soit point imputé, que je suis le martyr du Peuple.

Certes Messieurs je ne vous tiendray gueres plus long temps, car je vous veux seulement dire, que veritablement j'eusse peu demander quelque peu de temps davantage, à cause que j'eusse bien voulu mettre ce que j'ay dit en un meilleur ordre, le digerant un peu mieux que je n'ay faict, & pourtant j'espere que vous m'excuserés.

J'ay deschargé ma Conscience, & prie Dieu, que vous preniés la meilleure voye pour le bien du Peuple, & pour vostre propre salut.

Le Docteur. S'il plaist à vostre Majesté encore, que vostre affection à la Religion soit assés connüe, toutesfois on peut attendre que vous disiés quelque chose sur ce sujet là pour la satisfaction du Monde.

Le Roy. Je vous remercie de bon cœur, Mylord, car je l'avois presque oublié. Certes Messieurs ma Conscience en la Religion est, comme je croy, très-bien connue à tout le Monde; Et pourtant je declare devant vous tous, que je meurs Chrestien selon la profession de l'Eglise d'Angleterre, ainsi que j'ay trouvé qu'elle m'a été laissée de mon Pere; Et je croy que *d* cet homme de bien le tesmoignera aussi; Et se tournant alors vers le Colonel Hacker, luy dit, ayés soin, s'il vous plaist, qu'on ne me fasse pas languir en m'executant, Je vous en prie Mr. Et comme un de la compagnie s'approchoit de la Hache, le Roy luy dict, Prenés garde à la Hache, je vous prie prenés y garde, puis parlant à l'Executeur dict, Je ne feray qu'une fort courte priere & quand j'estendray mes mains——.

Après il appella le Docteur pour luy donner son bonnet de nuit, & l'ayant mis il demanda à l'Executeur si ses cheveux l'empeschoyent, lequel le pria de les mettre tous sous son bonnet, ce que le Roy fit avec l'aide de l'Executeur & du Docteur, luy disant en se tournant vers luy, J'ay une

a Du Comte de Strafford, Vice-roy d'Irland.

b Monstrant le Docteur Juxon.

c Voulant dire qu'il n'esmoussast pas le taillant.

d Marquant le Docteur.

ANNO 1649.

une bonne cause, & un Dieu misericordieux de mon costé.

Le Docteur. Sire, vous n'avés plus qu'une traicte à faire, elle est turbulente & pleine d'inquietudes, mais elle est courte, & vous pouvés considerer qu'elle vous portera bien loin: Elle vous passera de la Terre au Ciel, & là vous trouverés un grand nombre de joyes cordiales, & de consolations.

Le Roy. Je passe d'une Couronne Temporelle à une Eternelle, c'est un bon change; Et alors il demanda à l'Executeur, si ses cheveux étoyent bien, puis osta son manteau & son cordon bleu, les baillant au Docteur en luy disant, *e* Souvenés vous; Aprés cela il mit bas son pourpoint, & estant en camisolle, sentant qu'il failoit fort froid, il reprit son manteau, & regardant le billot de bois, dict à l'Executeur de l'affermir, lequel luy respondit qu'il étoit ferme, & le Roy disant, qu'on l'auroit peu faire un peu plus haut, il luy repartit qu'il ne le devoit pas être davantage.

e On croit que c'estoit l'Ordre d'envoyer au Prince son fils.

Puis le Roy dict encore; Quand j'estendray mes mains alors——.

Et aprés avoir parlé deux ou trois paroles en soy mesme, comme il étoit encore debout, & avoir esleve ses yeux & ses mains en haut, il se coucha incontinent après sur le ventre, & mit son col sur le billot: Et l'Executeur portant la main à ses cheveux pour les remettre sous son bonnet, le Roy *f* luy dict qu'il attendist le signal, ce qu'il promit de faire. Puis aussi-tôt aprés le Roy ayant estendu les mains, l'Executeur separa d'un coup sa teste de son corps, & l'ayant promptement relevée, la monstra au Peuple, puis la remit auprés du corps, qui fut incontinent mis dedans un cercueil couvert de velour noir, puis porté en sa chambre à White-Hall, où il fut monstré quelque temps, & aprés transporté de là en la maison de St. Jacques, pour y estre embaulmé, & depuis a esté enterré au chasteau de Windsor.

f Croyant qu'il allast donner le coup.

Aprés l'execution faicte le Sergeant Dandy, estant escorté de quelques compagnies de Cavallerie, publia par Ordre du Parlement à son de trompe en divers quartiers de la Ville, & devant le Palais de Westminster, qu'aucune personne n'eust à déclarer le Prince de Galles, ny aucun autre, Roy d'Angleterre ny d'Irelande, sur peine d'estre coulpable de haute Trahison.

Declaration du Parlement d'Angleterre, publiée contre le Roi, avant sa mort. Contenant les Resolutions prises de ne plus communiquer avec lui, & de ne plus recevoir aucun Message de sa part. Avec les Raisons de cette conduite. [Sur la Copie Françoise imprimée à Londres, chez J. G. l'an 1650. in 12. & traduite de l'Original Anglois imprimé par Ordre des deux Chambres le 15--25. Fevrier 1647--1648.]

Resolu sur la Question par les Seigneurs & Communes assemblés en Parlement.

1. *Qu'ils declarent, qu'ils ne se veulent plus appliquer davantage au Roy, ny luy envoyer plus aucun message.*
2. *Que personne quelconque n'aura plus aucune affaire avec le Roy sans la permission des deux Maisons du Parlement.*
3. *Que si aucune personne, ou personnes contrevienent à cette Ordonnance, elles encourront les peines de haute trahison.*
4. *Qu'ils declarent qu'ils ne veulent plus recevoir aucun message de la part du Roy.*
5. *Que personne quelconque ne presume de recevoir, ou d'apporter aucun message de la part du Roy à l'une ou à toutes les deux Maisons du Parlement, ny à aucune autre personne.*

C'Est une chose si connüe de tout le Monde combien inutiles & infructueuses ont esté toutes nos negociations avec le Roy, & tant de divers messages que nous luy avons adressés, pour obtenir la Paix, qu'on doit plustost attendre de nous, que nous declarions à present pourquoy nous nous sommes encore appliqués à luy cette derniere fois, ou tant d'autres auparavant, que des raisons pourquoy nous sommes resolus de ne le plus faire cy-après.

ANNO 1649.

Nous n'avons pas de sujet d'esperer, que nos paroles puissent prevaloir davantage sur son esprit, que n'ont faict les souspirs & les gemissemens, les larmes & les cris sanglans, les lamentations, le sang des Peres, des Freres, & des Enfans tout à la fois, & le carnage de plusieurs centaines de milliers de ses Sujets libres dans trois grands Royaumes, dont la cruauté mesme auroit été touchée de compassion.

Aussi ne devons nous pas estre si ingrats envers Dieu, que de ne reconnoistre pas, que ce n'a jamais été par contrainte, ny par aucune necessité, que nous l'avons recherché d'entrer en Traité, & toutes-fois nous ne nous sommes pas moins de sept fois appliqués à luy avec des soumissions si profondes, & luy avons presenté des Propositions si raisonnables, que tout le Monde peut aisément juger de là, que nous ne luy avons pas seulement soumis nos volontés & nos affections, mais mesmes nostre propre raison & jugement, afin de parvenir à un heureux Accommodement, & d'obtenir une bonne Paix; Et neantmoins il n'a jamais daigné accepter aucun offre raisonnable que nous luy ayons faict, & ne nous en a jamais faict aucun, que nous ayons pû recevoir.

On sait fort bien, que les Parlemens des deux Royaumes estoyent convenus entre eux des Propositions, qui luy furent envoyées à Oxford, & sur lesquelles on traita à Uxbridge, & qu'elles avoyent esté trouvées, non seulement justes mais aussi absolüement necessaires pour conserver la Paix & la seureté des Royaumes;

Et quoy qu'en persistant en sa façon de faire, & en ses refus accoustumés, il nous eust pû donner tout sujet de nous servir des grands advantages, que cette prosperité extraordinaire, de laquelle il a plû à Dieu de nous benir, nous presentoit, toutesfois lors que ses Armées ont esté toutes dissipées, & ruinées en sorte, qu'il fut contraint de se deguiser pour s'enfuir d'Oxford, & de se retirer parmy les Escossois à Newarck, & de là à Newchastel; Et après qu'Oxford fut pris & presque toutes ses autres places de garnison reduites en nostre obeissance, nous luy presentasmes encor à Newchastel des Propositions lesquelles estoyent les mesmes en effect, que celles qui luy avoyent été presentées auparavant, au temps de ses plus grands succés, & qu'il avoit ses plus puissantes forces.

Mais nonobstant ce changement de sa condition, & qu'il eust refusé de consentir à ces Propositions-là, depuis qu'il fut laissé à la disposition de nos Commissaires, & que nos Freres d'Escosse s'en furent paisiblement retournés chés eux, après que toutes ses places fortes furent remises en nostre pouvoir, & lors qu'il ne paroissoit plus aucun homme en armes pour luy par tout le Royaume, & qu'il estoit sans aucune dispute à l'entiere disposition du Parlement, les mesmes Propositions luy ont derechef esté presentées à Hampton-Court;

En toutes lesquelles Negociations, les Commissaires d'Escosse se sont accordés avec nous, & se sont joints aux nostres qui ont eu sa Personne en charge.

Ledit Roy n'ayant de la sorte jamais voulu accorder nos Propositions, & monstrant qu'il estoit entierement resolu de les rejetter, nous donnant tousjours des responses si estranges, si esloignées des esperances que nous avions conceües, & si ambigües & conditionelles, ou pour mieux dire, des refus, cela nous eust pû donner assés de sujet de penser à quelque autre voye de pourvoir à l'establissement de la Paix & de la seureté du Royaume, sans l'en solliciter davantage, ce qui estoit aussi le sentiment de nos Freres d'Escosse, lesquels en vindrent jusque là lors qu'ils quitterent Newchastel, que leurs Commissaires declarerent ouvertement, qu'en cas qu'il ne voulust consentir aux Propositions de Paix, ils estoyent toutesfois resolus de demeurer fermes en leurs Traités, & d'entretenir la bonne Union des Royaumes; Mais nous avons toujours été si desireux d'avoir sa concurrence pour le restablissement de la Paix, que nous nous estions resolus de la rechercher encore cette fois, & avions tellement moderé lesdites Propositions

Anno 1649. tions, que nous avions tasché, tant que la seureté publique nous l'avoit pû permettre, de luy oster toutes occasions de faire ses scrupules & ses objections accoustumées.

Et encore que nous n'eussions pas oublié le danger auquel nous nous estions jettés par nos premiers Traités qui n'avoyent eu aucun succés, & que les deux Maisons & les Commissaires d'Escosse eussent fort souvent declaré qu'un Traité Personnel étoit très dangereux, si le Roy ne donnoit auparavant les seuretés & la satisfaction necessaires: Neantmoins nous nous estions relaschés là-dessus, à condition qu'il voulut seulement signer 4 Ordonnances, lesquelles nous n'avions pas seulement jugé être justes & honorables, mais mesmes necessaires, pour la Paix & la seureté requise pendant un tel Traité.

Nous n'avons que trop de sujet de nous ressouvenir qu'il a quelquesfois refusé de recevoir les humbles Requestes, que nous luy avons presentées pour obtenir la Paix, & que l'ayant un jour prié d'assigner quelque lieu, auquel des Commissaires des deux Maisons se peussent trouver pour luy en presenter des Propositions, après avoir nommé le Chasteau de Windsor, & avoir donné sa parole de ne s'esloigner pas de ce lieu là jusques à ce qu'ils l'y fussent venu trouver, il en partit la même nuit, & advança avec ses forces si près de la Ville de Londres, qu'il l'eust surprise dans la securité en laquelle elle étoit, le voyant engagé en un Traité, si quelque Infanterie qui étoit à Braineford ne se fust exposée d'un courage invincible au danger d'une mort apparente, pour s'opposer à son Armée, qui fut contrainte de se retirer avec honte & frayeur après avoir commis des cruautés très-inhumaines & barbares audit lieu de Braineford, qui pouvoyent servir de tesmoignage certain à ladite Ville de Londres du traitement qu'elle eut receu, si Dieu n'eust prevenu & empesché ses cruels & sanglans desseins.

Nous nous ressouvenons aussi fort-bien, que le Roy nous envoya une autre fois un message très-specieux pour renoüer le Traité, lors que son Envoyé avoit en même temps un ordre & des instructions pour travailler à ce sanglant Massacre, qui se devoit alors faire dans Londres en vertu de sa Commission, laquelle a depuis été publiée.

Sur le temps du Traité d'Uxbridge il s'excusa luy même à la Reyne dans une Lettre escrite de sa propre main, qu'il étoit forcé d'y entendre par les instances importunes & seditieuses de son Parlement bastard assemblé à Oxford, n'y pouvant trouver deux personnes, qui eussent les mêmes intentions, que luy, & que sans cela il ne nous eust pas voulu recognoistre pour le Parlement d'Angleterre, ce qu'il ne fit aussi qu'avec une protestation, qui fut enregistrée dans les Registres de son Conseil, *Qu'encore quil nous appellast Parlement, nous ne l'estions pas plus pour cela.*

Toutes lesquelles choses nous devoyent fort peu encourager à luy servir plus long temps de risée & de passe temps en entrant en d'autres Traités avec luy; Et neantmoins nonobstant tout cela, nous avions encore condescendu à cestuy-cy: Mais pour toutes nos soumissions en nos Negociations precedentes, & celle d'à present nous avons maintenant receu un tel refus, que nous desesperons de pouvoir jamais faire aucun bien en nous appliquant davantage à luy; Et pourtant nous ne nous devons pas monstrer tellement ennemis de celuy du Peuple, que de differer plus long temps de pourvoir à sa seureté, & au Gouvernement, en perdant plus de temps à rechercher son consentement sur ces Propositions, ou sur aucunes autres.

Nous ne nous pouvons pas non plus imaginer, que l'on doive esperer, qu'aucun nouvel engagement ait plus de pouvoir sur son esprit, ny l'oblige plus fortement au bien de ce Royaume, que le serment solennellement faict à son Couronnement, & tous les divers autres vœux, toutes les protestations & imprecations, qu'il a si souvent violés durant son Regne entier, après les avoir si frequemment renouvellés en la presence de Dieu & de tout le Monde.

Ceux-là le peuvent encore mieux justifier, lesquels savent ce qui s'est passé entre le Roy & nos Freres d'Escosse, lors que les Articles de la premiere Pacification, qu'il fit avec eux un peu auparavant ces guerres furent accordés & ratifiés, lesquels aussy tost qu'ils eurent tourné le dos, & que leur Armée fut hors de veüe, il desavoüa, & les fit brusler à Londres par la main du Boureau; Ce qui se seroit pû oublier, si son train ordinaire, depuis qu'il porte la Couronne, de violer la foy publique en tous les trois Royaumes ne nous en faisoit ressouvenir malgré nous. Anno 1649.

Car nous ne prenons point de plaisir de repeter nos propres miseres, ny les mal-heurs d'autruy, s'ils se pouvoyent cacher, ou oublier: Mais nous sommes à present contraints de mettre en evidence les choses, que nous n'avons que trop long temps souffertes avec trop de silence & de patience.

Il a par ses discours faits en public, & par ses Declarations, jetté des fondemens très-dangereux & fort propres à establir toute sorte de tyrannie, en posant pour maxime un Principe, qui tend ouvertement à la ruine de l'Estat, toutesfois & quantes qu'il dit & maintient, *Qu'il ne doit rendre Compte de ses actions qu'à Dieu seul, & que les Deux Maisons du Parlement separées, ou jointes ensemble, n'ont aucun Pouvoir de declarer le sens des Loix, beaucoup moins de les faire.*

Les Articles secrets, accordés autresfois à l'Espagne en consideration de son Mariage, & ceux, qui ont été après conclus avec la France sur le même sujet, qui sont si fort au prejudice de la Paix, de la seureté, des Loix, & de la Religion de ce Pays, & l'estroite correspondance, qu'il a tousjours depuis entretenue avec le Pape, sont des choses si claires, & si fort connues de tout le Monde, que l'on ne les sauroit nier.

Nous ne pouvons aussi passer sous silence les procedures, qui furent faites, & ce qui se passa au Parlement tenu la 2. année de son Regne touchant la mort du Roy son Pere le 10. de May 1626. lors que la Maison des Communes accusa le Duc de Buckingham entre autres choses, de celles-cy.

Que les Medecins jurés de nostre dernier Souverain le Roy Jaques d'heureuse memoire, faisans leurs charges auprès de sa Majesté au mois de Mars l'an 22. de son glorieux Regne durant sa maladie, qui étoit une fievre, en s'acquittant soigneusement de leur devoir pour le recouvrement de sa santé & pour la preservation de sa Personne, & ayans sur, & après des serieuses & meures considerations faites pour cet effect à diverses fois en ce temps là, resolu & ordonné, qu'on ne feroit prendre à sa Majesté, & qu'on n'appliqueroit pas sur son corps aucune medecine ny medicamens, & qu'on ne luy feroit garder aucun regime durant sa maladie, que de leur advis & consentement en commun: Et après avoir au prealable serieusement deliberé là dessus avec un soin tres-particulier, & ayans sur des consultations très-exactes très-justement resolu, & donné advis & ordre à tous & pour tous les Gentilshommes & autres Officiers & Serviteurs de la chambre de sadite Majesté qu'on ne luy donnast rien du tout à manger ny à boire trois heures avant le temps que l'accés de sa fievre la prenoit, n'y pendant qu'il duroit, n'y mêmes après qu'il l'avoit quitté, jusques à ce que l'accés de froid fust passé; Ledit Duc de Buckingham, estant un Serviteur juré du Roy defunct, & Gentilhomme de sa chambre, contre son devoir & le tendre respect qu'il devoit avoir eu de la Personne sacrée de Sa Majesté & après les consultations, resolutions, directions & advis susdits, fit neantmoins mal à propos, & sans aucun commandement, ny ordre suffisant pour cela, preparer un certain emplastre, & un certain breuvage ou potion pour l'usage de Sa Majesté, sans en avoir aucun ordre desdits Medecins, & sans leur en donner connoissance, ny que cela fust apresté par aucuns des Apothicaires, ou Chirurgiens jurés de sadite Majesté mais estant composé de divers ingrediens, qui leurs estoyent inconnus, de sorte que ledict emplastre, ou un de cette nature là ayant été appliqué sur Sa Majesté il luy causa des si mauvais effects, que quelques uns desdits Medecins defendirent estroitement, qu'on ne s'en servist plus, & refuserent absolüement de plus traiter Sa Majesté jusques à ce que ledit emplastre, si contraire à sa santé,

ANNO 1649.

santé, fust osté, Et nonobstant cela ledit Duc le fit encore preparer & le même breuvage, lequel sur des pretentions legeres & peu considerables le Lundy 21. jour de Mars de la susdite année, lors que sa Majesté selon le jugement de sesdits Medecins estoit au declin de sa maladie, fit encore appliquer ledit emplastre sur sa poitrine, & sur le poignet; Comme aussi le même jour durant l'accés de sa fievre, & diverses autres fois en suitte, deux heures devant l'accés, & avant que celuy de froid fust passé, il a donné & faict donner, en differente quantité, de ce breuvage à Sa Majesté, qui là dessus, & és mêmes temps, dans les heures defendues par les Medecins, a pris & bû de ce breuvage en quantité par le conseil & à la sollicitation dudit Duc, & a receu par là, comme dict est, de très-grandes incommodités, & enduré de grandes douleurs, & des symptómes très-dangereux sont apparus en elle: En telle sorte, que les Medecins trouvans le matin ensuivant la santé de sa Majesté en beaucoup pire estat, & ayans sérieusement consulté là-dessus, ils envoyérent d'un commun consentement trouver le Duc pour le prier de n'entreprendre plus de donner aucune Medecine à Sa Majesté sans leur adveu & approbation; Et le Roy luy même se trouvant plus malade & plus travaillé de douleurs après cet accés là, au lieu que selon le cours de sa maladie, il en avoit attendu quelque intermission & soulagement, il attribua la cause de ce rengregement de son mal à l'emplastre & au breuvage, que le Duc luy avoit donné, & faict appliquer. Laquelle action trop hardie, commise par une personne obligée par tous devoirs & toute sorte de reconnoissance à la personne d'un si grand Roy, après en avoir auparavant reconnu un si mauvais effect, contre les ordres & advertissemens dits cy-dessus, suivie d'une si malheureuse issue, au grand regret & desplaisir de tous les Sujets de sa Majesté generalement, est une offense & un crime d'une si haute nature, qu'il se peut justement appeller, & est par les mêmes Communes estimé estre un acte d'une presomption transcendante & d'une consequence très-dangereuse. Ce que lesdites Communes presenterent aux Seigneurs en une Conference; & après le Roy vint en leur Maison pour prendre cognoissance de cette Accusation, & leur dit, qu'il pouvoit servir de tesmoin pour descharger le Duc des choses, dont on l'accusoit. Et depuis on ne fit aucune response sur cette Accusation là jusques au 8. de Juin suivant, & 10 jours après qu'il eust esté ordonné en ladite Maison des Seigneurs, qu'on en donneroit communication à celle des Communes; Mais pendant qu'elle se preparoit pour envoyer ausdits Seigneurs les preuves & evidences sur lesquelles elle avoit declaré, qu'elle ne doutoit nullement qu'elle n'obtint jugement contre ledit Duc, le Roy donna aussi tost ordre au Parlement de se separer sans delay; Et quoy que la Maison des Seigneurs fist des grandes instances par ses Requestes reiterées pour la continuation d'iceluy, tesmoignant un très-grand & unanime desplaisir de voir que sa Majesté avoit intention de le rompre, toutes-fois, nonobstant tout ce qu'elle peust representer, ledit Parlement fut rompu le 15. du même mois de Juin.

Au même temps aussi, & devant la dissolution de ce Parlement, le Chr. Dudley Diggs & le Chr. Jean Elliot, lesquels avoyent été particulierement employés à cette Conference, & à dresser ces Informations, & ce Procés, furent emprisonnés fort estroitement à la Tour par un commandement du Roy signé de sa main propre, deux jours après que ladite Accusation fut intentée.

Et tout le temps que la Maison travailla sur ces Informations, le Roy ne cessa de luy envoyer des messages, pour luy causer des interruptions continuelles: Et depuis la dissolution du Parlement, qui se fit manifestement pour empescher le cours de la Justice, il n'a jamais permis que l'on fist aucune recherche ny enqueste de la mort dudit Roy. Et pourtant nous laisserons à juger de là à tout le Monde, qui sont ceux, qui ont esté coulpables de cette mort, & qui en doivent porter le peché.

Nous pourrions faire voir tout à plain, comme le Roy a trahy la Rochelle, & a par là donné un coup fatal à la Cause de la Religion Protestante en France; Et comme il y assista lors le Roy de France de sa Flotte Royalle, & d'autres Navires Marchands pour s'en servir contre ceux là mêmes, lesquels il s'estoit engagé & obligé d'assister & de proteger; Et bien que son intention n'ait point esté executée à cause que quelques Officiers & autres personnes d'honneur, qui estoyent employés dans ces Navires là, le monstrerent si bons Anglois, que de s'opposer à ces ordres & de refuser d'y obeir, nous pouvons toutes-fois produire des Lettres du Roy escrites de sa propre main au Capitaine Pennington, par lesquelles il luy commandoit de les engager au service du Roy de France, ou de les enfoncer, en cas qu'ils refusassent d'y entrer.

ANNO 1649.

Nous ne pouvons aussi oublier les desseins qu'il a eu de nous rendre esclaves par le moyen & l'assistance de la Cavallerie Allemande, [pour ne rien dire du dessein de la Flotte d'Espagne, qui amena une grosse Armée à nos Dunnes l'an 1639.] & de nous accabler par ces taxes excessives, & ces grands imposts & prests, qu'il nous a forcés de payer, par ses exactions pour son Seel Privé, par ces sommes levées pour habiller & defrayer les gens de guerre, par l'augmentation de ses Parcs & Forests & de son Domaine des Terres prises sur les Communautés, par le monopole de la pouldre à canon, avec un nombre infiny d'autres, & de Patentes, sur l'orge preparé pour faire la bierre, sur le sel, le charbon de Terre, le savon, le cuir, le vin, le sucre, l'allun, les liards, les espingles, le tabac & presque sur toutes autres denrées, avec cet abregé de toute oppression & esclavage la taxe pour l'Armée Navale.

Nous aurions plus facilement oublié les tourmens lesquels il a exercés sur nos corps, qu'il a faict à son plaisir foetter & flageller tres-cruellement, en coupant les nez & les aureilles, les faisant brusler & marquer aux joües, & les tortures, les piloris, les prisons & cachots, s'il n'avoit aussi fait passer sa tyrannie jusques sur nos ames en taschant de les mener captives à la Superstition & à l'Idolatrie, & en triomphant sur icelles par des Sermens d'Office, des Excommunications, des Articles de Ceremonies, des nouveaux Canons, & des Sermens ordonnés par iceux, qui obligeoyent implicitement à tout ce qu'on vouloit imposer sous un, *& catera.*

On avoit encore inventé une chose de plus pour rendre nostre condition pire que celle des esclaves, & nous oster toute esperance de pouvoir jamais plus recouvrer nostre Liberté, qui est, que l'on avoit rendu le seul nom de Parlement si odieux à la Cour, que si on donnoit ordre d'en assembler un dans l'espace de 12 années, ce n'estoit pas seulement à dessein de faire voir & sentir le pouvoir exorbitant de ces gens, qui ne se contentoyent pas de le dissouldre sans effect à leur plaisir, mais on nous defendoit aussi par Proclamations publiques de plus parler de Parlemens à l'advenir, voire mêmes d'en plus esperer: Et dans ces dissolutions que l'on faisoit des Parlemens, il n'y avoit point de privileges assés grands pour empescher, qu'on ne visitast les estudes, les cabinets & les prochettes, & que l'on ne cherchast & foüillast par tout sur les personnes de ceux, qui par devoir & en conscience, avoyent seulement opiné, ou agy un peu plus librement que des vrais esclaves; Ce qui estoit un peché assés grand pour estre renfermé dans un cachot, ou estre mis à mort, ainsi qu'il est arrivé à plusieurs.

Et comme si ce n'eust pas esté assés d'asservir de la sorte tout un Royaume, ces machinateurs & entrepreneurs qui avoyent de la façon captivé l'Angleterre, se sont mis en devoir de reduire l'Irlande au même estat, & de contraindre l'Escosse de s'y conformer, afin qu'en meslant les larmes de ces Voisins ensemble, le sentiment de leur misere en devint plus intolerable par une mutuelle sympathie.

L'Ecosse en devoit fournir la premiere Scene, où une nouvelle Liturgie & des nouveaux Canons devoyent servir de Prologue à l'Acte qui suivroit; Ce qui n'ayant pas reüssi ainsi qu'on se l'estoit promis, on leva une Armée pour forcer ce Royaume à s'y soumettre: Mais par l'entremise des Seigneurs Anglois on conclut une Paix, laquelle dura seulement jusques à ce que le Roy fust retourné à la Cour, qui la luy fist aussi tost oublier & la desavoüer; Mais les Articles d'icelle, qui furent

ANNO 1649.

furent bruslés de la main du Boureau à Londres laisserent assés d'estincelles sous la cendre pour causer un nouvel embrasement.

Il manquoit seulement quelques formalités pour justifier le tout de la part du Roy; Afin d'y parvenir, & d'avoir l'assistance necessaire pour faire une seconde guerre, & non pas pour prendre conseil, on se hazarde d'avoir recours à un Parlement, à condition toutesfois, qu'il ne pust pas faire de mal, en cas qu'il ne fist point de bien: Mais iceluy ne se monstrant pas si traitable, ny si favorable qu'on avoit esperé pour contribuer à la guerre d'Escosse, ce fut un crime, grand assés pour en causer la dissolution, qui se fit par une Declaration pleine de faussetés & très-scandaleuse, laquelle se publia lors au nom du Roy; Et le Parlement estant dissous, il prit par force de ses Sujets, ce qu'il n'avoit pû obtenir d'eux par une autre voye.

Nous ne croyons pas qu'il nous soit besoin, de raconter comment au plus fort de nos miseres, nos Freres d'Escosse entrerent dans ce Royaume avec une puissante Armée, marchans comme amis jusques à ce qu'ils furent contrains de se faire un passage sur la riviere de Tinne; Il nous suffira de dire qu'alors il crût luy estre necessaire de convoquer ce present Parlement; Auquel il nous a laissé agir assés librement, tant qu'il a eu quelque esperance, que nous nous voudrions joindre à luy contre les Escossois, & l'assister en cette guerre là; Mais il recognut aussi-tost, qu'il esperoit en vain aucune assistance de nous contre eux. Et quand nous commençames à considerer, comme il s'estoit pû faire, que nous nous trouvassions derechef engagés en une nouvelle guerre, nonobstant la Pacification conclue depuis peu, nous reconnûmes qu'il estoit impossible de ruiner à l'heure ces pernicieux conseils là, & de les prevenir à l'advenir, si nous n'en recherchions & n'en punissions les Autheurs, sur quoy le Roy se monstra si fort & si passionnément affectionné à ces meschans Instrumens & à leurs conseils, qu'il fit assés connoistre, qu'il quitteroit plustost son Parlement, ou entreprendroit de s'en rendre maistre par la force; & de tout le Royaume ensuitte, que de changer de procedé & d'abandonner aux Loix & à la Justice ces pernicieux Conseillers.

Environ ce temps là le pieux dessein la Reyne [comme ils l'appelloyent alors] d'advancer le Papisme, estoit sur le poinct de s'esclorre, à quoy on travailloit bien fort par un Jeusne, que le Nonce du Pape avoit ordonné, lequel se celebroit chasque Semaine, & par les Lettres du Secretaire Windebanck, qui n'osa pas attendre qu'on l'examinast, mais s'en voyant recherché par la Maison des Communes obtint incontinent un passeport du Roy pour se sauver par delà la mer.

Ce qui se brassoit lors au loin, sera declaré cy-aprés; Et quoy que le Roy se mocquast de tous les advis, qui nous venoyent des Pays Estrangers, il ne pût neantmoins bien excuser en ce temps là, ny nier, que des Commissions n'eussent esté données à la Cour au Nonce du Pape, pour faire secretement des gens, & que les Papistes n'eussent commencé à se soulever en armes aux Provinces du Nord & du Couchant d'Angleterre, & du pays de Galles, jusques à ce qu'on les supprimast, comme aussi, qu'il ne se fust levé quelques Regimens dans la Ville de Londres & és environs, sous pretexte que c'estoit pour le Portugal, que quelques uns d'eux ne se fussent presentés pour surprendre la Tour, & que le Gouverneur n'eust esté menacé pour leur en avoir empesché l'entrée: Toutes lesquelles choses il savoit bien que l'on pouvoit suffisamment prouver.

A ce pieux dessein nous pourrons rapporter cette grande Caballe, qui se faisoit pour rappeller l'Armée du Nord, afin de commander & gourmander le Parlement, laquelle le Roy desavoüa & desnia si souvent & si solennellement, disant, que ce n'estoit autre chose, que des discours fondés sur une modeste Requeste, qui avoit esté supprimée, à ce qu'il asseuroit, deux ou trois jours auparavant qu'il en eust entendu parler; Mais il sait assés à present, que nous pouvons prouver, qu'il avoit esté l'Autheur principal de ladite Caballe, & qu'il en avoit donné le dessein à ceux qui en devoyent estre les premiers Acteurs, & que quelques uns d'eux le voulurent dissuader de ce procedé là, lequel estoit si violent, & passoit si avant au delà des bornes de l'honneur & des Loix; Et toutesfois les Propositions de ceux qui concluoyent à se servir d'une voye plus douce, comme ils l'ont declaré dans leurs propre confessions, estoyent beaucoup plus hautes, qu'il ne convient au style de Requestes; Et ce seroit une chose bien estrange que Mr. Percy, le Chevalier Jean Suckling, & Mr. Germain s'en fussent fuy de delá la mer avec ordre & passeport special du Roy sur la descouverture d'une simple & modeste Requeste. Mais nonobstant toutes ces dissuasions le Roy ne laissa pas de persister en son train ordinaire; De sorte qu'ensuitte de ce dessein là, il fit assembler les Officiers de son Armée à Bourrough-bridge, où des Propositions furent dressées sur des instructions secrettes apportées de la part de ses Confidens, qui leur dirent, qu'ils ne faisoyent pas prudemment de monstrer les dents devant qu'estre en estat de mordre; & que le Roy engageroit ses joyaux pour les contenter, s'ils luy vouloyent estre fideles; Et que s'ils vouloyent advancer, le Prince & le Comte de Newchastel leur iroyent au devant avec un bon gros de Cavalerie, & que les François se trouveroyent aussi prests pour les assister. Cela se passa en Avril, & nous n'en eusmes advis qu'au commencement de May, auquel temps on avoit aussi dessein de faire surprendre par des Francois la Ville de Ports-mouth, la Reyne s'y estant alors acheminée à cette fin là, mais les ports se trouverent mieux gardés, que l'on ne pensoit, par la vigilance d'un Committé ordonné pour cela. Et tant s'en faut, que ce dessein se fust evanoüy plusieurs mois avant que le Roy en eust oüy parler, que quelques uns de cette Caballe, aprés avoir esté examinés par nous, furent encor recherchés de sa part pour les y rengager, quelques uns d'iceux ayans esté derechef renvoyés à l'Armée avec des nouvelles instructions, & ordres signés de sa main, comme il apparoit clairement, si l'on compare les Journaux du mois de May 1642. avec ceux des suivans, & avec les temps specifiés és confessions du Chevalier Jacob Astley, du Chevalier Jean Conyers & du Colonel Legg, & d'autres lesquelles ont esté publiées. Et sur les doutes & les delays, qui se faisoyent entre les principaux Officiers, la Cour y depescha un autre Agent pour les haster, & traiter avec eux sur des instructions signées de la main du Roy, luy donnant aussi charge d'aller plus loin vers l'Armée Escossoise, qui estoit lors à Newchastel.

Quels offres on fit alors à cette Armée de luy donner le pillage de la Ville de Londres, si elle vouloit advancer, ou de donner au Royaume d'Escosse les quatre Provinces du Nord d'Angleterre avec trois cens mille livres sterlings, ou des joyaux de très-grande valeur, si elle vouloit seulement demeurer neutre pendant l'execution de ce dessein, cela a desja esté declaré par quelques uns, qui savent mieux qu'aucun autre, quelles propositions leur furent alors faictes par Oneal, qui s'eschappa icy de la prison, & par le Chevalier Jean Hinderson & autres, qui avoyent à cette fin là des Lettres de creance du Roy; Lequel ensuitte prit une telle resolution d'aller en Escosse, que nous ne luy pûsmes jamais persuader par aucunes supplications, que nous luy fissions lors, de remettre ce voyage à une autre fois; Et quoy qu'il ne luy plust pas de laisser au Parlement la Commission qu'il desiroit de luy, il n'avoit toutesfois fait aucune difficulté auparavant en l'année *1639.* de confier au Secretaire Windebanck qui estoit reconnu grand fauteur des Papistes, plusieurs blancs en papier & en parchemin signés de sa propre main, desquels il se servit pour disposer des grandes Charges du Royaume, tant sur Mer, que sur Terre.

On sait assés quelles Lettres ledit Roy envoya en Irelande par le Seigneur Dillon immediatement avant la Rebellion, & où, & és mains de quelles personnes le grand Seau d'Escosse estoit, quand cette Commission là fut seelée à Edimbourg pour les Rebelles d'Irelande, plusieurs copies de laquelle furent dispersées par tout le Pays avec des Lettres Patentes du Roy, ou Proclamations: Nous en avons une copie, qui a esté attestée avec serment & par la deposition de ceux, qui l'ont veu passer sous le Seau. Cette Commission, ainsi que

ANNO 1649.

quelques uns des principaux Rebelles l'ont confessé, avoit esté promise à Londres aux Commissaires d'Irelande, qui estoyent composés la plus grande partie de Papistes, [ce qu'ils tenoyent à bon augure,] & des gens, qui se sont monstrés depuis les plus dangereux des Rebelles, sur la simple mediation desquels le Roy donna alors plus de cinq Provinces, disant, qu'il se promettoit qu'ils le recompenseroyent d'ailleurs, & qu'il estoit fort porté à leur accorder tout ce qu'ils sauroyent demander, mais que le Parlement d'Angleterre s'opposoit à sa volonté, duquel il souhaittoit de se pouvoir venger.

Nous avons desja declaré cy-devant combien de fois nous l'avons prié & avec quelles instances nous l'avons pressé de licentier l'Armée Papiste d'Irelande, laquelle, ainsi qu'il fut verifié au Procés du Comte de Strafford, avoit esté levée pour reduire le trois Royaumes sous son pouvoir absolu: Mais quelques fois il ne daignoit pas nous donner response là-dessus, d'autres fois il nous disoit ouvertement, qu'il ne la pouvoit desbander pour des raisons qu'il avoit par devers soy: Aucunesfois il demandoit, que les Escossois fussent les premiers licenciés, alors il feignoit, qu'il en avoit promis divers Regimens au Roy d'Espagne, lesquels il s'estoit obligé de fournir, & qu'il ne s'en pouvoit dedire; Ce qui ne nous cause aucun estonnement à present, car par la confession de Mac Carte, & de Mac Guire & d'autres, il nous est apparû que cette pretention là de fournir des forces au Roy d'Espagne, n'estoit qu'un pur pretexte pour les tenir sur pied, & par ce moyen là jetter les fondemens de ladite Rebellion; Et que quelques uns des susdits Commissaires venans de Londres forment ce dessein pour la defense du Roy, auquel alors, à ce qu'ils disoyent, on faisoit des grands tors & injures en Angleterre & en Escosse: A quoy s'accorde aussi fort bien, que la premiere clause du serment imposé par le Conseil general des Rebelles, estoit de *garder toute fidelité & loyauté au Roy Charles, & de maintenir par tous moyens ses prerogatives Royalles contre les Puritains du Parlement d'Angleterre.*

Et bien que nous fissions entendre au Roy, qu'ils s'appelloyent son Armée, & celle de la Reyne, neantmoins nous ne pûmes obtenir, quoy qu'avec grande peine, par l'espace de plusieurs mois qu'une seule Proclamation contre eux, encore n'en fut il imprimé que 40. copies, & ce avec defenses tres expresses de n'en publier aucune sans sa permission, ce qui a parû sous le seing de son Secretaire, & qui s'accorde aussy fort bien avec les despesches de la Cour adressées au Seigneur Muskery, un des premieres Rebelles de la Province de Munster, par lesquelles il fût asseuré que sa Majesté estoit fort satisfaicte de ce qu'il faisoit, & l'en remercieroit un jour, quoy que l'estat present de ses affaires ne luy permist pas de l'en avoüer ouvertement, ce que ledit Roy approuva & confirma peu de temps aprés, comme il paroist d'une de ses Lettres prises à Naseby, par laquelle il commande au Comte d'Ormond de remercier particulierement ledit Muskery & Plunket.

Nous nous pouvons aussy facilement ressouvenir, comme le Comte de Leicester fut retardé & empesché par luy sans aucun pretexte d'aller contre lesdits Rebelles; Et qu'il refusa de faire expedier pour les Seigneurs Brookes & Wharton la Commission, que les deux Maisons du Parlement demanderent alors tant de fois, & avec tant d'instances en des temps, que l'on faisoit des tres grandes provisions & preparatifs pour le secours de la Province de Munster & d'autres lieux d'Irelande, lesquels estoyent reduis à des telles extremités, que Limrick fut entierement perdû.

Mais au commencement de la Rebellion, & lors que les Rebelles avoyent faute de Chefs & d'Officiers, plusieurs Papistes & autres personnes de qualité, lesquels nous avons desja autresfois nommés, y furent envoyés d'icy pour les aller commander, avec des passeports & ordres très-exprés du Roy, les Ports du Royaume ayans esté fermés par le commandement des deux Maisons du Parlement.

Nous avons aussy cy devant faict mention des Commandeurs & Officiers qu'il a rapellés de leurs emplois contre les Rebelles, & des Navires, lesquels il a corrompus & gagnés, pour leur faire quitter la garde de la mer, afin que ces Rebelles peussent estre plus facilement assistés des secours estrangers, outre les armes & munitions, qu'ils tirerent des magazins du Roy sur les lieux, & de deçà aussi par le moyen du Comte d'Antrim & du Seigneur Albom & d'autres, lesquels la Reyne employoit pour cela, encore que le Conseil d'Irelande desirant d'avoir d'icy quelques pieces de batterie pour l'assistance des pauvres Protestans, ne les pût obtenir du Roy; Ains au contraire quelques uns de nos Vaisseaux ayans esté envoyés pour les secourir, ils furent pris par ses Navires de guerre, comme furent aussi les habits & autres provisions qu'on leur envoyoit de plusieurs endroits de ce Royaume, lesquels furent vendus & changés pour des armes & munitions de guerre pour son service. Les Rebelles donnerent aussi en même temps des Commissions pour prendre les Navires du Parlement avec ordre exprés de laisser ceux du Roy en liberté, à cause qu'ils estoyent de leurs Amis.

D'où tout le Monde peut juger, si nous n'avons pas eu grande raison de croire les Rebelles, quand ils ont tant de fois protesté avec Serment, qu'ils n'ont rien faict sans en avoir eu bonne authorité & les Commissions du Roy: De sorte, que le Chevalier Phelim Oneale n'a jamais pû estre persuadé, que le General Lesley eust aucun pouvoir, ny ordre de la part du Roy contre lesdits Rebelles.

Et plusieurs mois avant que la Rebellion commençast, l'Archevesque de Cantorbery & d'autres du Conseil du Roy furent asseurés par Serment, Qu'il se brassoit un grand dessein entre les Papistes pour faire un Massacre general de tous les Protestans en Irelande & en Angleterre, & qu'une illustre personne Royalle estoit de la partie, mais que cela se devoit executer par les ordres & par la direction du Pape.

Et outre les Lettres du Roy escrites lors qu'il estoit en Espagne, & d'autres qu'il a escrites long temps depuis son retour en faveur du Duc de Lorraine au Pape, qui fut alors requis par ledit Duc d'envahir l'Angleterre avec une Armée Estrangere sur les desseins dudit Roy, il paroit manifestement qu'il avoit un Agent à Rome quelques mois devant la Rebellion d'Irelande, comme cela se voit aussy des escrits de divers de ses Secretaires.

Que le même dessein se deut aussy executer en Angleterre, si nous n'en voulons croire la confession faicte avec Serment par un des serviteurs de la Reyne Mere, qu'il y avoit plusieurs milliers de personnes ordonnées pour couper la gorge aux Protestans en ce Royaume, lorsque le Roy s'en alla en Escosse, nous nous pourrons du moins souvenir, que des principaux d'entre les Rebelles ont confessé, que leurs Commissaires, qui residoyent icy auprés du Roy, avoyent communiqué ce dessein là à plusieurs Papistes dans l'Angleterre, par l'advis desquels, bien que quelques choses y eussent esté changées, on avoit neantmoins arresté d'un consentement general, que les Papistes feroyent de même icy qu'ils devoyent faire par de là: De sorte que, lors que Charlemont fut pris en Irelande, le Chancellier Phelim Oneale & d'autres Chefs desdits Rebelles affermoyent avec beaucoup de confidence, que leur party s'estoit aussy saisi de la Tour de Londres, & avoit delivré l'Archevesque de sa prison, Et qu'il couroit icy des aussy grands ruisseaux de sang, que dans l'Irelande.

L'on fait aussy très-bien, que lors que le Roy retourna d'Escosse en Angleterre, outre les preparatifs extraordinaires d'armes & de munitions de guerre, & les nouvelles troupes, qu'on avoit faites & assemblées sous le nom de Gardes dedans & és environs de White-hall, & outre la grande quantité d'instrumens & machines à feu, qui fut trouvée és maisons des Papistes, on fit aussy entrer dans la Tour une nouvelle Garde & plusieurs Cannoniers avec grand nombre de grenades & toutes sortes de bombes, mortiers, & toutes autres machines à feu, & que des grosses pieces de batterie furent montées & apprestées contre la Ville, le Chevalier Guil. Balfor, que l'on avoit autresfois mal-traité de paroles & menacé pour avoir refusé d'y recevoir une nouvelle Garde du vivant du

Anno 1649. du Comte de Strafford, estant alors mis hors de sa charge & de la place, de laquelle le Roy donna le commandement à d'autres Officiers, qui ne nous estoyent pas seulement suspects, mais aussy à tous les habitans de la Ville, qui n'osoyent demeurer dans leurs maisons, ainsi que l'on peut voir des diverses Requestes, qu'ils presenterent là dessus.

Depuis ce temps-là le dessein du Roy d'agir à force ouverte contre ce Parlement & ce Royaume commença à paroistre plus clairement; Les Accusations de trahison contre quelques uns des Membres des deux Maisons, & cet acte de violence sans exemple commis par luy en venant accompagné de gens armés dans celle des Communes, aprés qu'il nous eust osté nostre Garde, sans vouloir souffrir que nous en eussions aucune, afin de nous pouvoir plus aisément forcer de faire ce que bon luy sembleroit, n'estoyent que le Prologue d'une sanglante Tragedie, si le Parlement & la bonne affection des Citoyens de la Ville de Londres n'eussent interrompu son dessein, & faict retirer ces nouvelles forces qu'il avoit levées & desja formées en corps sous plusieurs Colonels & autres Officiers, les faisans disparoistre jusques à une autre Scene.

Les Provinces ne se voulurent pas laisser davantage engager dans ses menées, quoy qu'on se servit pour les y faire consentir de raisons fort extraordinaires, savoir de gens armés, pour les y forcer; Ce qui neantmoins reussit si mal aux entrepreneurs, que le Seigneur Digby n'osa demeurer pour respondre aux informations qui furent faites contre luy, mais il fut depesché en toute diligence avec un passeport & commandement expedié de la main du Roy, comme s'il eust esté envoyé pour quelque grande affaire. Or il parut assés quel devoit estre son employ par delà la mer, de la liste des armes & des munitions de guerre escrite de la propre main du Roy, que nous pouvons produire, laquelle se trouva entre ses papiers, & a esté imprimée avec ses Lettres à la Reyne d'abord qu'elle fut arrivée en Hollande., Et les advis qu'il a donné au Roy de se retirer en quelque place de seureté & de se declarer ouvertement, & comment il les a exactement suivis, sont des choses assés connues

Mais avant que le Roy s'establit en la Ville d'Yorck, les advertissemens, que nous receusmes, qu'il avoit donné des Commissions au Comte de Newchastel & au Colonel Legg pour former des desseins, & entreprendre sur les Villes de Newchastel & Hull, nous pouvoient donner assés de sujet de pourvoir à la seureté de ces places, sur tout ayans des advis certains des Pays-Bas, qu'il devoit venir des forces Estrangeres de Dannemarc pour faire une descente aux environs de Hull, où arriverent aussy en même temps avec ledit Seigneurs Digby plusieurs autres Officiers, avec quantité d'Armes & de munitions de guerre amenées de là & d'autres Pays. Et si les Suedois n'eussent alors envahy une partie des Seigneuries du Roy de Dannemarc, nous n'eussions eu que trop de raison de craindre qu'une tempeste ne se fust levée de ce costé là, pour venir fondre sur la Ville de Hull, où il y avoit alors un grand magazin d'Armes; Et avant que nous eussions jamais prié le Roy de le faire transporter ailleurs, nous luy fismes entendre qu'outre tous les autres advis, qui nous estoyent donnés des Pays Estrangers par nos Agens, nous estions advertis de bonne part, qu'il se preparoit une Flotte en Dannemarc, & qu'un des Serviteurs dudit Seigneurs Digby avoit sollicité un Pilote pour la conduire dans ladite Ville de Hull. Et devant ce temps là le Roy avoit depesché un Agent en Dannemarc avec des Lettres de creance pour se plaindre du Parlement d'Angleterre, de ce qu'il avoit entierement arresté & resolu de mettre un homme qu'il affectionnoit, à mort, qui estoit le Comte de Strafford, lequel vivoit encore, y adjoustant, qu'il estoit aussy resolu de son costé, de mettre toute pierre en œuvre pour empescher ce coup, & demandoit secours pour cet effect; Et la response qu'il en receut fut si favorable à son dessein, qu'entre tous les grands offres, qui furent faicts aux Escossois devant qu'il passast en Escosse, on leur fit entendre, qu'il estoit asseuré d'avoir de la Cavallerie & de l'argent

Anno 1649. de Dannemarc; Et pour preuve qu'il en estoit quelque chose, nous descouvrismes par une Lettre interceptée, laquelle estoit escrite de la Haye au Secretaire Nicolas, & a esté depuis publiée, qu'outre quantité d'armes & d'artillerie, dont on avoit faict provision en Hollande, il venoit aussy des Navires de Dannemarc qui apportoyent dequoy armer 10000 hommes de pied & 1500 chevaux pour le service du Roy, & que Cockram s'estoit acquitté de sa negociation avec tant d'addresse, qu'il avoit osté tous les obstacles, qui sembloyent devoir frustrer leur attente de ce costé là. Et dans les dernieres instructions dudit Cockram [car il en avoit eu d'autres auparavant en Dannemarc] lesquelles ont aussy esté publiées & imprimées, le Roy feint que nous commencions alors de faire un parry contre luy, & que nous levions des forces à cette fin là, ce qui l'obligeoit de presser que l'on luy envoyast des hommes & de l'argent, des armes & vaisseaux de Dannemarc, se servant à cet effect de divers argumens & entre autres de cestuy-cy contenu en ces termes.

Qu'en poursuivant leur grand dessein d'extirper le sang Royal, & la Monarchie d'Angleterre, ils avoyent tasché de jetter une grande infamie sur sa famille Royalle, ayans entrepris de declarer illegitimes tous ceux qui estoyent descendus de sa Sœur, afin de retrancher tout d'un coup l'interest & les pretentions de la race entiere. Duquel tres-detestable & scandaleux dessein ils avoyent poursuivy l'execution en examinans des tesmoins, & conferant les circonstances & les temps pour colorer leurs pretextes en une si haute offense; Et lequel sa sacrée Majesté d'Angleterre, ayant le vray ressentiment qu'elle doit avoir de l'honneur de sa Mere, abhorre & veut punir; Et pourtant, Elle attendoit son assistance pour vanger une Sœur de si heureuse memoire & par le moyen de laquelle s'estoit contractée une union si estroite, & une Alliance si ferme & si durable d'estroite affection entre leurs familles & Royaumes.

Ce qui est une calomnie tres-fausse & scandaleuse, d'une chose, qui ne nous est jamais entrée en la pensée: De sorte que nous tenons qu'il ne s'est jamais commis d'action plus indigne par aucun Prince, de trahir ainsi la confiance qu'on a mise sur luy, & son Peuple à une Nation Estrangere, en l'irritant contre ses propres Sujets par une calomnie si noire, à la honte & au deshonneur de sa propre Mere: Et nous le repetons d'autant plustost, que lorsque nous luy declarasmes, que nous avions advis, qu'il envoyoit Cockram en Dannemarc pour en faire venir des forces, il le desavoüa & le nia absolûment l'appellant un *vilain scandale* en sa response à nostre Declaration du 22 jour d'Octobre 1642.

Il declaroit aussy dans ces instructions de Cockram, qu'il attendoit lors du secours de tous les Princes ses Voisins & Alliés, & particulierement la plus grande partie de la Flotte des Estats, qui lui devoit venir d'Hollande, où il confessoit qu'il avoit envoyé la Reyne pour cela.

Il pouvoit aussy adjouster qu'il y avoit envoyé avec elle contre la foy publique les anciens joyaux de cette Couronne d'Angleterre d'une valeur inestimable, pour les engager, ou les vendre, & en achetter des armes & des munitions de guerre, dequoy nous eusmes connoissance certaine devant que de nous resouldre de prendre les armes; Et certes avant que la Reyne fust passée en Hollande nous n'avions encore en aucune sorte demandé l'establissement de la Milice; On se pourra aussy aisément souvenir, que plusieurs mois auparavant qu'elle en entreprit le Voyage, elle vouloit dès l'heure passer la mer, si le Roy ne l'eust retardée sur nos Remonstrances, & sur cette raison, que nous luy donnasmes entre autres, qu'elle avoit faict emballer les joyaux & la Vaisselle de la Couronne; D'où nous pouvions facilement juger, quel dessein il avoit desja en ce temps là, en luy faisant faire ce voyage, si nous ne l'eussions empeschée de le faire jusques à l'hyver. Mais il avoit desja, dès avant la mort du Comte de Strafford, fait asseurer les Officiers de son Armée à Borrough-bridge, qu'il vouloit engager ses joyaux pour eux, & que les Francois les seconderoyent en ses desseins.

Toutes ces choses & beaucoup d'autres que nous pourrions alleguer sur cette Entreprise nous rem-

ANNO 1649. rempliſſent d'eſtonnement quand nous penſons aux proteſtations ſolennelles, qu'il a tant de fois faites à la veüe de tout le Monde, en appellant Dieu à teſmoin, & pour ſe vanger de luy, s'il avoit ſeulement la moindre penſée de faire advancer ſon Armée du Nord, ou de lever aucunes forces pour entrer en guerre contre ſon Parlement, ou d'entreprendre ſur les droits de ſes Sujets, ny de faire venir des forces Eſtrangeres, ou aucun ſecours de delà la mer; Ce qui, comme il dit luy meſme en ſes Declarations, *n'auroit pas ſeulement enveloppé & enſevely ce Royaume dans une ſoudaine deſtruction & ruine, mais auſſi ſa reputation, & ſa Poſterité dans une haine, meſpris, & infamie perpetuelle.*

Neantmoins dés le commencement de nos troubles, lors que luy meſme & les Seigneurs firent cette proteſtation ſolennelle à Yorck de ne lever aucunes forces, il fit publier une Proclamation portant commandement à tous ſes Sujets de s'oppoſer aux ordres du Parlement, & avoit deſja ſigné cette tres-injuſte Commiſſion d'Arroy; Et fit tout ſon poſſible pour tirer ſecrettement des Magazins & Arſenaux, des Vaiſſeaux, ou du moins telle quantité d'artillerie, pouldres, boullets & autres munitions de guerre, qu'il pourroit, de quoy nous pouvons produire une Lettre de ſa main propre du 20e de Juin 1642 adreſſée au Chr. Jean Heydon Lieutenant de l'Artillerie, pour en faire tranſporter en cachette en guiſe de leſt au fond des Navires, & il nous eſt facile de prouver, qu'il fit faire des contributions de vaiſſelle d'argent, de chevaux, & d'armes, comme auſſy, qu'il ſe leva une Garde d'Infanterie & de Cavallerie, & que par ce moyen il ne mal-traita pas ſeulement les Commiſſaires que nous luy avions envoyés, fit battre nos Officiers, & Meſſagers publics, & proteger des inſignes Papiſtes, des traitres, des ſcelerats & criminels, tels que Becwith & autres contre l'authorité des Provinces: Mais meſmes il attenta avec ces Gardes, les armes & le canon apportés de delà la mer, de forcer la Ville de Hull comme Ennemy, & cela peu de jours aprés qu'il eut faict cette proteſtation ſolennelle à Yorck.

En ſuitte dequoy il ne tarda guerres à nous declarer Rebelles & Traitres, dreſſant ſon Eſtendart de guerre contre le Parlement, choſe qui ne s'eſtoit jamais faicte par aucun Roy d'Angleterre avant luy; Et perſonne que le Roy Charles n'a jamais aſſemblé par mocquerie un ſecond Parlement à Oxford, ou en aucun autre lieu du Royaume, pour l'oppoſer, comme il a faict, & le faire proteſter contre le vray Parlement d'Angleterre, pour la continuation duquel luy meſme & les deux Maiſons ont paſſé un Arreſt ſi authentique.

Et aprés avoir faict ces Membres pretendus à Oxford, & qu'il leur euſt faict fauſſer leur foy & renoncer à l'affection qu'ils devoyent à leur Patrie, trouvant qu'il ne les pouvoit porter à tout ce qu'il euſt voulu pour l'execution de ſes meſchans deſſeins, il ſe mocqua de leur Aſſemblée dans une Lettre qu'il eſcrivit à la Reyne, les appellant ſon Parlement Baſtard, d'où ceux de ſon propre party ont bien pû reconnoiſtre quelle doit eſtre leur recompenſe aprés qu'ils auront faict tout leur poſſible pour faire faire naufrage à leur foy & à leur Conſcience, afin de ſatisfaire à ſa volonté & à ſa tyrannie. Et quant à ſon deſſein de faire entrer dans ce Royaume des forces Eſtrangeres, outre ce que nous avons deſja dit ſur ce ſujet, on peut clairement voir par ſes Lettres priſes à Naſeby, & dans le Cabinet du Seigr. Digby, quelles negociations il a entretenues depuis long temps avec tous les Eſtats d'alentour de nous; Et nous avons auſſy entre nos mains une copie authentique de la Commiſſion, qu'il a donnée pour faire venir dix mille Irelandois Rebelles, afin de ſubjuguer ce Parlement & la desloyalle & rebelle Ville de Londres, ainſy qu'il l'appelle; Et pour cette fin, expreſſement contre un Acte du Parlement, il a premierement faict une Treve, & depuis une Paix avec ces cruels & ſanguinaires Rebelles, ſur des conditions ſi honteuſes, ſi odieuſes & ſi indignes, qu'il en rougit luy meſme lors qu'il les luy falut advoüer & les envoyer à ſon Lieutenant le Comte d'Ormond; C'eſt pourquoy il fit donner une Commiſſion ſecrette au Seigr. Herbert, appellé le Comte de Glamorgan, luy commandant de s'en ſervir le plus ſecrettement qu'il pourroit. Et ledit Seigr. pour mieux couvrir ſon jeu, ſe ſoumit à un empriſonnement feinct pour avoir mis en execution ladite Commiſſion, qui fut priſe à Sligo. ANNO 1649.

Ce qui eſt cauſe, que nous nous eſtonnons moins à preſent de voir que le Roy ait pû oublier ſes vœux & proteſtations, qu'il avoit faict de ne jamais conſentir ſous aucun pretexte que ce fut, que la profeſſion de la Religion Romaine fuſt tolerée, ou à l'abolition des Loix eſtablies contre les Papiſtes, avec des imprecations tres-ſolennelles, *Que Dieu le punit & ſa Poſterite, s'il ne perſiſtoit en cette reſolution, & s'il n'obſervoit inviolablement ces proteſtations*, quand en meſme temps il parut clairement de ſes Lettres eſcrites de ſa propre main à la Reyne, & au Comte d'Ormond, qu'il eſtoit reſolu d'accorder la revocation de toutes les Loix, qui ordonnoyent des peines & amendes contre les Papiſtes d'Angleterre & d'Irelande.

Et encore, que nous euſſions auparavant receu des advis tres-certains & des preuves valables de preſque toutes ces choſes ſusdites, & qu'il euſt tant de fois fauſſé ſa foy aux Proteſtans en France, en Eſcoſſe, en Irelande, & à ce Royaume, lequel [outre toutes autres oppreſſions cauſées par ſes injuſtes prerogatives] il a ſi ſouvent, eſſayé d'aſſervir par l'aſſiſtance des Allemands, Eſpagnols, François, Lorrains, Irelandois, Danois & autres ſecours Eſtrangers, nous nous ſommes neantmoins tousjours ſi reellement & ſi ſincérement employés pour luy procurer la Paix & ſa felicité, auſſy bien que celles de ſes Royaumes, qu'aprés tant de refus, nous l'avions encore recherché cette derniere fois, luy faiſant preſenter des Propoſitions ſi juſtes, & ſi honnorables: Que nous ne pouvons que conclure à preſent, *Qu'il a non ſeulement entierement oublié ſon devoir envers ce Royaume, mais auſſy le ſoin & eſgard qu'il doit avoir de ſa propre Perſonne, & de ſa Famille.*

Or ces raiſons ſus-alleguées ne ſont qu'une petite partie de celles, que nous avons en beaucoup plus grand nombre pour leſquelles nous ne pouvons plus mettre aucune confiance ſur luy, & avons pris ces Reſolutions cy-deſſus. Et pourtant nous ferons tous devoirs de reſtablir ce Gouvernement au meilleur ordre qu'il ſe pourra pour recouvrer la Paix de ce Royaume & pour le rendre heureux.

Declaration des Communes d'Angleterre, portant Caſſation, & Annullation de certaines Votes & Reſolutions priſes auparavant, pour traiter de Paix avec le Roy. [Sur la Copie Françoiſe imprimée à Londres, chez J. G. l'an 1650. in 12. & traduite de l'Original Anglois, imprimée par ordre du Parlement le 18-28. Janvier 1648-1649.] 1649. Janvier.

IL eſt reſolu & arreſté &c.

Que le Suffrage de la Maiſon du 8e de Juin 1648, par lequel les Ordres du 7e & du 9e Septembre & du 27e de Janvier 1647, leſquels rendoyent le Commiſſaire Lionel Copley, Denzil Hollis Eſcrs. le Chr. Jean Clotworthy, le Colonel Edouard Maſſey, Mr. Walter Long & autres incapables d'Eſtre Membres de cette Maiſon, ont eſté revoqués, eſtoit d'une conſequence dangereuſe, & tendoit à la ruine & deſtruction de la Juſtice & de la Paix de ce Royaume, & pourtant eſt icy revoqué.

Il eſt reſolu & arreſté &c.

Que le ſuffrage du 30e Juin 1641, par lequel cette Maiſon a concourru & eſt convenue avec les Seigneurs, que pour faire ouverture d'un Traité avec le Roy afin d'obtenir une paix ſeure, les Reſolutions du 3e de Janvier 1647, qui defendoyent qu'on n'envoyaſt plus au Roy & qu'on ne receuſt plus rien de ſa part, fuſſent revoquées & annulées, eſtoit grandement deshonnorable aux procedures du Parlement, & tendoit apparemment à la ruine & deſtruction du Royaume.

Die Mercurii 13e Decemb. 1648.

Comme ainſy ſoit, que le 17e d'Aouſt 1648 cette Maiſon ait concourru avec les Seigneurs, & ſoit convenue avec eux, que pour faire ouverture d'un Traité avec ſa Majeſté, pour obtenir une Paix ferme & bien aſſeurée, ces

ANNO 1649. *ces Resolutions suivantes seroyent revoquées & annulées, savoir,*

1. La Resolution par laquelle les Seigneurs & les Communes ont declaré, Qu'ils ne se veulent plus appliquer davantage au Roy; ny luy envoyer plus aucun Message.

2. La Resolution des Seigneurs & Communes, assemblés en Parlement, par laquelle ils defendent; Que personne quelconque n'aye plus aucune affaire avec le Roy sans la permission des deux Maisons.

3. La Resolution des Seigneurs & Communes assemblés en Parlement portant; Que si aucune personne, ou personnes contreviennent à cette Ordonnance, elles encourront les peines de haute trahison.

4. La Resolution des Seigneurs & Communes, par laquelle ils declarent, Qu'ils ne veulent plus recevoir aucun Message de la part du Roy; Et enjoignent que personne ne presume de recevoir, ou d'apporter aucun Message de la part du Roy à l'une, ou à toutes les deux Maisons du Parlement, ny à aucune autre personne.

Il est resolu & arresté &c.

Que le Suffrage du 21. Juillet 1648, portant qu'on traiteroit en l'Isle de Wight personnellement avec le Roy par des Commissaires ordonnés par les deux Maisons, sur les Propositions qui luy avoyent esté presentées à Hampton-Court, estoit grandement aux deshonneur des procedures du Parlement, & tendoit manifestement à la ruine du Parlement.

Il est aussy resolu & arresté &c.

Que les divers Suffrages du 10e Novembre 1648, touchant le banissement du Seigr. George Goring, du Comte de Hollande, du Seigr. Capel, du Chr. Henry Linguen, de Henry Hastins Escr. appellé à present le Seigr. Loughbrough, du Major General Loland Laughorn, & du Chr. Jean Owen tendent à la destruction de la Paix & du repos, & derogent à la Justice du Royaume, & pourtant sont icy revoqués & rendus nules.

Il est en suitte resolu & arresté &c.

Que le Suffrage du 10e. Novembre 1648, portant, que Jacques Comte de Cambridge sera condamné à une amende de 10000. & de tenir prison close jusques au payement de cette somme, est icy cassé & revoqué, & qu'il est remis és mains de la Justice.

Il est de mesme resolu & arresté &c.

Que le Suffrage du 2e Aoust 1648, portant que les Commissaires qui devoyent estre envoyés au Roy pour traiter avec luy auroyent pouvoir de traiter avec sa Majesté en l'Isle de Wight sur les Propositions qu'il leur presenteroit, tendoit à la ruine de la Paix du Royaume, & pourtant est icy rappellé, & rendu de nul effect.

Il est finalement resolu & arresté &c.

Que le Suffrage du 5e Decembre 1648, portant que les responses du Roy sur les Propositions des deux Maisons pour establir & asseurer la paix du Royaume, est grandement deshonnorable au Parlement, & tend à la ruine de la Paix, & à la rupture de la foy publique du Royaume.

LA DECLARATION

Sur ces suffrages.

LE plus grand service qu'un Parlement peut rendre à un Roy, c'est de l'informer des abus qui se commettent au Gouvernement de l'Estat, afin qu'il y puisse remedier de bonne heure par un conseil prudent: Car, comme toutes nos maladies se terminent par la guerison, ou par la mort, de mesmes les desordres d'un Estat qui sont ses maladies, ne se finissent jamais que par sa ruine, si l'on n'y remedie à temps par une reformation generale.

Ce qu'ayans serieusement consideré, & afin de pouvoir soulager & descharger le Peuple de ce Pays d'une infinité d'oppressions exorbitantes, qui se multiplient journellement sur luy, ce qui menace un grand nombre de Familles de ruine en leur particulier, & tout le Royaume d'une entiere desolation: Nous les Communes d'Angleterre assemblées en ce present Parlement avons avec beaucoup de fidelité & d'affection au bien Public, travaillé depuis ces 8 années dernieres, non sans des grandes craintes, & sans encourir de tres-grands dangers, & passé par plusieurs difficultés & calamités, supprimé plusieurs tumultes, & remedié à des grands desordres pour nous opposer, & resister à un pernicieux party dans ce Royaume, qui a tasché par tous moyens d'asservir le corps & l'ame du Peuple de cette Nation, en ramenant le Papisme & establissant la Tyrannie, comme nous l'avons clairement & amplement representé à tout le Monde dans nos Declarations precedentes; De sorte que nous ne croyons pas, qu'il soit necessaire de le repeter encore icy.

Nous ne pouvons toutesfois faire un tel tort à la verité, que de ne rappeller pas en memoire comment pour obtenir le remede necessaire à ces maux, & pour faire punir selon leurs merites ceux qui en estoyent les Autheurs, nous nous sommes souventes-fois appliqués au Roy pour luy en faire nos justes plaintes; Premierement par plusieurs tres-humbles Requestes, puis par nos Remonstrances & Declarations; Ce qui s'est trouvé sans effect, la Justice nous ayant esté deniée jusques icy, & la principale obstruction d'icelle provenant tousjours immediatement de ses desseins particuliers.

Cela apparoistra fort manifestement à divers regards, si nous nous remettons premierement en memoire, comment il ne sollicita seulement pas l'Armée Angloise, laquelle avoit esté levée par son commandement contre les Escossois, de marcher contre le Parlement & la Ville de Londres, mais aussi qu'il traita avec celle desdits Escossois pour luy faire entreprendre la mesme chose, taschant de la corrompre à cette fin, en luy promettant les quatre Provinces du Nord & le pillage de ladite Ville de Londres; En second lieu, comme il s'en alla promptement & à l'improviste en Escosse, quoy que nous fissions tous devoirs de l'en divertir par nos très instantes prieres; Tiercement comme il a approuvé, si nous ne disons plustost, authorisé & complotté cette abominable Rebellion d'Irelande, par laquelle il a esté massacré en la seule Province d'Ulster, sans parler des autres, mesmes en l'espace d'un mois seulement, plus de cent quarante mille Protestans par tant de differentes sortes de cruautés, que toutes les dix premieres Persecutions contre les Chrestiens de l'Eglise Primitive ne sont rien au prix de cela; Et finalement, comme il a abandonné son Parlement & dressé son Estendart de guerre contre luy, ce que le plus meschant de nos Rois n'a jamais entrepris de faire avant luy: De sorte que l'Authorité Royale, qui avoit esté establie pour le bien & pour la defense du Peuple, a esté par-là employée pour sa destruction, l'Irelande qui estoit l'acquisition de nos Ancestres est en danger apparent d'estre perdüe entierement, & nostre traffic par mer & par terre d'estre ruiné, nos biens consumés & perdus & plusieurs centaines de milliers de personnes de cette Nation d'estre miserablement destruits & massacrés.

Et pourtant desesperans de pouvoir plus obtenir aucune Justice du Roy, nous en avons appellé au grand Dieu du Ciel & de la Terre, lequel apres 4 années de guerres a donné sa Sentence clairement & evidemment à nostre avantage, en nous livrant en nos mains tous les Forts & Chasteaux, les Villes & Personnes de nos Ennemis, voire mesmes celle du Roy, hormis ceux qui ont esté contraints de s'enfuir du Royaume dans les Pays Estrangers, pour s'y sauver & y sejourner comme des exilés.

Et encore qu'il ait plû à Dieu par ces graces & faveurs speciales de nous remettre en une telle condition, & nous restablir en un tel pouvoir, que si nous ne rendions pas la Nation Angloise la plus heureuse de tout le Monde, non seulement ce Siecle present, mais aussi toute la Posterité auroit sujet de juger de nous, que nous aurions manqué de prudence, ou d'affection pour le faire; Toutes-fois nous nous sommes encore trouvés surpris de difficultés non preveües, par la defection & trahison manifeste de quelques uns de nos Membres lesquels n'ayans aucun esgard à la gloire de Dieu, ny au Bien public, mais estans transportés d'une sale avarice, & d'une meschante ambition, ont tasché de restablir le Roy avec toutes ses fautes, sans qu'il tesmoignast le moindre repentir, ou qu'il

ANNO 1649. qu'il eust le moindre ressentiment de ses offenses commises contre Dieu, ou contre le Peuple; Et ayans à cette fin par plusieurs artifices & menées subtiles accreu leur party parmy nous, jusques à un nombre tres-considerable, ils ont taiché de faire par finesse & par fraude ce que nos plus grands Ennemis n'ont jamais pû gagner par la force des armes, quoy qu'ils l'ayent plusieurs-fois tenté.

A cette fin, voyans, que rien n'empeschoit tant l'execution de leurs meschans desseins que nostre Armée, laquelle il savoyent n'estre pas composée d'esprits lasches & mercenaires, mais de personnes, au contraire, qui ont, par une benediction de Dieu fort extraordinaire, finy la guerre en si peu de temps, depuis qu'ils en ont entrepris la charge, qu'ils ont faict voir par là qu'ils estoyent plus affectionnés au Bien public, qu'à leur propre interest, qui estoit de la faire durer, afin de demeurer long temps dans leurs employs, & qui ont rendu en peu de mois au Parlement des services si signalés, que s'ils eussent resolu entre eux de se rendre incapables de les pouvoir servir plus long temps.

Ce qui a esté cause qu'ils ont premierement essayé d'en envoyer la plus grande partie en Irelande, encore que l'Armée Escossoise fut alors en possession des 4 Provinces du Nord, & que la Personne du Roy fut en leurs mains, comme aussi Barwick & Carlisle, les deux clefs du Royaume, outre la Ville de Newchastel, qui est si necessaire à celle de Londres & aux Provinces du Midy, à cause de son charbon de terre, qu'elles en tirent presque tout leur chauffage, lesquelles estoyent à leur entiere disposition; Qui eust esté le vray moyen de nous faire abandonner ceux de nostre sang & de nostre Pays, qui nous avoyent si fidelement & si religieusement servy, pour nous jetter nous mesmes sous la protection d'une Nation Estrangere, & laquelle n'a que trop faict paroistre qu'elle a des interests Estrangers.

Mais, n'ayans pas reüssi en cette premiere entreprise, ils ont taiché en second lieu, aussy tost que les Escossois ont esté retirés chés eux, de ruiner cette Armée en la desbandant de peur qu'elle ne ruinast leurs desseins.

Et cela aussi ne leur ayant pas mieux succedé, ils se sont employés en suitte à faire soulever la Ville de Londres en armes contre elle: En quoy ils se sont encore trouvés trompés en leur attente, les principaux d'entre eux ayans esté à ce regard accusés de haute trahison & d'autres grands crimes & offences, de sorte que la plus grande partie quitta le Pays, & quelques uns furent emprisonnés: Le Roy ne faisant cependant aucunement paroistre qu'il fust touché d'aucune repentance, & ne nous donnant pas la moindre esperance de pouvoir faire une bonne reconciliation avec luy, aprés l'en avoir recherché sans fruict durant sept années entieres avec toutes les soumissions imaginables.

C'est pourquoy estimans, que c'estoit une chose entierement hors de raison, de souffrir, que l'opiniatreté d'un seul homme, quelque grand qu'il puisse estre, fust cause de la ruine de tant de milliers de personnes du bon Peuple de cette Nation, nous arrestasmes entre nous & ordonnasmes qu'on ne s'appliqueroit pas davantage à luy, s'estant rendu indigne de la foy Publique & d'aucune confiance: Et declarasmes, que nous estions tout à faict resolus d'establir sans luy le Gouvernement du Royaume en la forme, qui seroit la plus convenable pour asseurer sa Paix & sa prosperité.

Ce que nous aurions pû dés il y a longtemps heureusement effectuer par la benediction de Dieu qui nous a accompagnée, si un meschant party formé parmy nos Mariniers & dans les Provinces de Kent, Surrey, Sussex, & la Ville de Londres, duquel plusieurs ont depuis paru actuellement en armes contre nous, ne se fut declaré Ennemy, & ne nous en eut empesché, interrompant les bons effects de nos sinceres intentions, & de nos plus ardens desirs, par des instantes & pressantes Requestes, presentées à toutes heures au Parlement, pour le forcer de desbander premierement l'Armée, & d'accorder en suitte que le Roy vint à Londres pour traiter en Personne.

Et bien que ces Requestes nous fussent la plus part presentées d'une façon tumultueuse & seditieuse, & toutes, comme si ceux qui les presentoyent eussent resolu de ne souffrir pas qu'on leur en refusast le contenu, elles furent neantmoins tellement approuvées & secondées par un nombre de gens mal affectionnés au Bien public, qui estoyent parmy nous, lesquels selon toute apparence s'entendoyent avec eux, & estoyent engagés au mesme dessein, que quelques uns de ceux qui les presenterent, furent remerciés, quoy qu'ils eussent manifestement violé les privileges du Parlement, & qu'outre cela la matiere de leurs Requestes fust si contraire à toute raison, que si on les eut accordées, en l'estat auquel estoyent nos affaires, le pays de Galles estant lors en partie revolté, une Armée d'Escossois attendue d'heure à autre dans le Royaume, les Provinces de Kent & d'Essex estans soulevées en armes, & une grande partie de l'Armée Navale s'estant declarée pour le Roy, c'estoit le vray moyen de ruiner d'un coup, tout ce que Dieu avoit faict à diverses fois pour la delivrance du Parlement, & de rendre vaines & sans effect toutes ses benedictions. ANNO 1649.

Et afin de nous empescher d'autant plus de restablir la Paix dans ce pauvre Royaume tellement divisé, ces gens tirans leurs avantages de ce que l'Armée estoit alors si fort partagée & engagée au mesme temps en divers endroits & les plus esloignés du Royaume, & de l'absence de plusieurs Membres bien affectionnés au Parlement, qui estoyent occupés en diverses Provinces à esteindre cet embrasement presque general, que ces gens avoyent visiblement causé par la subtilité de leurs argumens & de leurs discours, tendans à jetter les Peuples dans des apprehensions dangereuses, & par leurs Requestes pleines de menaces; Persuadans à tout le Monde, qu'il estoit impossible de recouvrer la Paix du Royaume sans restablir le Roy: Ils ne revoquerent pas seulement, & casserent ces Resolutions, *de ne se plus appliquer davantage au Roy*, qui avoyent esté si solennellement prises & arrestées en plein Parlement sur tant de raisons de si grand poids, & lesquelles concernoyent si fort & si absoluement le bien du Peuple, qu'ils n'ont jamais pû contredire à la moindre d'icelles, mais ils rappellerent aussi parmy eux ces Membres, qui avoyent esté accusés de haute trahison & d'autres grands crimes, comme nous avons dit, sans les obliger à se justifier, ou donner aucune satisfaction sur la moindre des choses, desquelles ils estoyent chargés.

Et encore qu'il eust plû à Dieu, par la reduction du pays de Galles sous nostre pouvoir, & celle qui se fit si promptement & si miraculeusement de la Province de Kent, par la defaite du Comte de Hollande, & en retenant la plus grande partie de la Ville de Londres dans son devoir & obeissance, par la confusion avenue parmy les Navires Revoltés, par la reddition de la Ville de Colchester, & finalement par cette incomparable defaite du Duc d'Hamilton & de son Armée, de faire cognoistre à la Terre, que le Ciel s'opposoit à leurs mauvais conseils & les detestoit, & qu'il eust encore une fois donné Sentence à l'avantage du Parlement contre le Roy; Neantmoins ces faux Membres là, comme s'ils eussent voulu resister aux Arrests & à la volonté du Ciel, & en despit de Dieu luy mesme restablir le Roy en honneur, en seureté & liberté, ont continué à luy faire des telles Propositions en l'Isle de Wight, pour obtenir, à ce qu'ils pretendoyent, une Paix ferme, & asseurée, que si elles eussent esté accordées & observées, dequoy il n'y avoit point d'apparence, tout le bien qui en pouvoit revenir estoit de rejetter les Peuples dans leur premiere oppression & esclavage, d'autant que par lesdites Propositions, ny ce Parlement, ny aucun autre cy-aprés n'eust pas eu le pouvoir de faire aucunes bonnes Loix: La voix Negative du Roy, à laquelle le Parlement à tant de fois donné ses Suffrages, & a declaré ses raisons, luy estant par là conservée & son pouvoir de refuser & rendre sans effect les justes demandes du Peuple, luy estant confirmé.

Ce Traité Personnel ainsi entrepris & continué, sans avoir faict au prealable aucune Proposition pour l'honneur de ce bon Party, & pour l'asseurance des choses, desquelles on traitoit, l'un & l'autre desquels avoit cy-devant esté estimé necessaire en d'autres Traités, voire par ces mesmes personnes, qui ont à present donné lieu à cettuy-cy: Comme il ne pouvoit manquer de plaire & satisfaire extremement au Party mal-affectionné du Royaume; Aussi les gens de bien, portés au bien public, qui ont hazardé avec nous pour cette Cause leurs vies & fortunes,

ANNO 1649. nes, en ont eu des tres-grandes apprehensions & horreurs, & ont tremblé de peur, quand ils ont veu, qu'au lieu qu'ils avoyent esperé qu'une bonne & heureuse Paix deust estre la recompense de leur sang & de leurs labeurs, au contraire une Paix faite de la sorte devoit estre le commencement de leurs miseres; Et mesmes ils se sont plaints avec sujet, que nous les laissions par là en une condition beaucoup pire, aprés tant de victoires, qu'ils nous ont si glorieusement acquises, que celle en laquelle ils estoyent, lors qu'ils entreprirent la guerre avec nous, & lors que nos affaires estoyent le plus desesperées.

Dequoy certes nous ne les pouvons blasmer, nous ressouvenans, que ce Traité se faisoit sur des Propositions, que le Roy luy mesme eust pû faire à son avantage, & lesquelles avoyent esté cy-devant reputées estre si contraires & si ruineuses à une bonne & ferme Paix, que ny les Maisons du Parlement, ny les Commissaires d'Escosse, n'avoyent jamais jugé qu'elles se pûssent recevoir de sa part, lors mesmes qu'il estoit en sa plus grande prosperité.

Et nous ne nous pouvons aussi imaginer que quelque accommodement & accord que nous eussions pû faire avec luy en l'Isle de Wight en la condition, en laquelle il estoit, il l'eust jamais voulu garder & observer, ny mesmes aucun de son party; Car sans nous arrester aux termes d'honneur, de seureté & de liberté, que le Traité sembloit promettre, ny le Roy, ny aucun des siens n'ont jamais estimé, qu'il fut en un autre condition, que celle d'un Prisonnier.

Pour preuve de cela, dans son Message envoyé aux deux Maisons le 2e. d'Octobre, il proposa, qu'il peust avoir la liberté de venir à Westminster & estre remis en un estat de pleine liberté & seureté, ce qui ne veut dire autre chose, sinon, qu'il ne croyoit pas alors, quoy que ce fut au temps du Traité, joüir de l'une, ny de l'autre; Par ses Lettres à un des premiers du Magistrat de la Ville de Londres il declare, qu'il s'estimoit estre en ce temps là autant Prisonnier, que jamais; Et le Prince son filz en sa Declaration faicte à Gorrée dit ouvertement, que le Roy en effect est tousjours en prison, & invite le Comte de Warwick de se joindre à luy pour delivrer son Pere de cet indigne emprisonnement.

Et puis que la pluspart du Monde est d'opinion, que les Sermens que l'on fait faire par force, ne se doivent point observer, quelle asseurance pouvions nous avoir, que le Roy nous ayant si souvent manqué de foy és promesses qu'il nous avoit faictes, lors qu'il estoit en pleine liberté & en sa propre disposition, il voulust observer de bonne foy les choses, que nous l'aurions forcé de promettre dans ses souffrances & en prison.

Puis aussi qu'on peut à peine produire aucune exemple de ce Royaume, ny des pays Estrangers, d'aucun Prince, qui ayant esté une fois engagé en guerre avec ses Sujets, leur ait jamais tenu aucun accord, qu'il ait faict avec eux, plus longtemps que la necessité de ses affaires ne l'y a forcé: Et qu'il y en a tant, qui sont si fort connus & si ordinaires, de ce qui se pratique tout au contraire: Comme aussi que ce qui s'est passé depuis peu de la sorte à Naples, où les Espagnols ont violé par l'effusion de tant de sang la Paix qu'ils avoyent solennellement faicte & jurée avec les habitans de ce Pays là, est encore si frais en nos memoires: Nous ne pouvions pas esperer, qu'aucune Proposition, de laquelle on pourroit convenir en l'Isle de Wight avec le Roy, le deust plus engager & obliger, que les Loix fondamentales de ce Royaume, & le Serment, qu'il a faict à son Couronnement, outre ses protestations si frequentes, & ses engagemens si solennels sur la foy d'un Roy & d'un Gentilhomme, lesquels il a tant de fois violés.

Si nous eussions desbandé nostre Armée, y a-il rien au Monde de plus vraysemblable, que de croire, que le Roy en eust aussi tost levée une autre? S'il l'eut faict & si nous ne nous fussions mis en devoir de faire le mesme, n'aurions nous pas en cela manqué par lascheté à nostre devoir, & trahy nostre Cause, en abandonnant à une seule fois tout ce que nous avons acquis & asseuré par tant de Victoires? Et si nous eussions repris les armes, qu'eust-ce esté autre chose, que rejetter le Royaume dans de nouvelles combustions? Dans lesquelles de savoir s'il auroit plû à Dieu de nous benir comme auparavant, aprés avoir tiré si peu de fruit de ses benedictions precedentes, comme il n'appartient qu'à sa sagesse Divine de le determiner, aussi eussions nous tesmoigné que nous aurions grandement manqué de prudence & de jugement és affaires du Monde, quand bien ce n'eust pas esté tenter Dieu avec trop de temerité, de nous rengager à en faire l'espreuve. ANNO 1649.

Et encores qu'il luy ait plû d'endurcir tellement le cœur du Roy, qu'il n'a pas voulu consentir à l'abolition, mais seulement à une simple suspension de l'Episcopat, ayant seulement accordé que les terres des Evesques se donnassent à ferme pour un long terme, en reservant les vieilles rentes pour leur entretien, quoy que nous eussions desja vendu leurs terres par advance, & que ces vieilles rentes fussent le droit que plusieurs personnes ont particulierement acheté des biens desdits Evesques; Ce nonobstant ces gens avoyent si grande envie de condescendre à la volonté du Roy, qu'ils n'estoyent pas seulement contents, que les Acquereurs, qui ont adventuré leurs deniers sur la foy publique du Parlement, fussent trompés en leurs marchés, quelques uns en total, & tous en partie, mais ils taschoyent aussi de faire, que l'Episcopat, qu'ils s'estoyent autresfois obligés par serment de destruire & extirper entierement, demeurast tellement en vigueur dedans ses racines, qu'il pûst un jour, comme il y en avoit toute apparence, repousser & recroistre à sa premiere & prodigieuse grandeur.

Et bien que le Roy ne voulust non plus accorder qu'on punit de mort aucun Delinquent, quoy qu'on ne luy en demandast qu'un seul, qui estoit le Juge David Jenkins, les autres s'estans sauvés de delà la mer & hors de nostre pouvoir, toutesfois ces gens là avoyent acquiescé à la responce du Roy là dessus contre la foy de leur Convenant, & contre la principale, voire la seule fin, pour laquelle ils s'estoyent engagés en cette guerre, qui estoit de faire justice des Delinquens suivant leurs merites.

Ce qui, pour en dire nettement la verité, estoit abandonner la Cause du Peuple & prendre la defense de celle du Roy, en trahissant par là la nostre propre & justifiant la sienne, & en faisant par cette action trouver vray ce que nos plus grands Ennemis nous ont fort souvent reproché, qu'il paroissoit bien que nous n'avions pas la Justice de nostre costé, puis que nous n'osions la faire d'aucun de leur party.

D'où l'on peut voir, que ce procedé estoit manifestement contraire à ce que le Parlement a tousjours declaré & protesté au Peuple depuis le commencement de nos troubles, & à ce qui a esté le seul & le vray motif pour l'induire à entreprendre cette guerre, puis que par ce moyen là l'Episcopat demeuroit en vie dans ses racines, n'ayant besoin que d'un peu de chaleur & de beau temps pour rejetter, pendant, que l'on ne prennoit aucun soin d'establir la Religion; Et d'autre part, faute de faire Justice des principaux Criminels, on descourageoit entierement par là les gens de bien, leur donnant sujet de se repentir de s'estre jamais engagés à maintenir la bonne Cause: De plus cette Justice auroit esté si mal & si inegalement administrée par cet accommodement, que si le party du Roy eust esté cent fois defaict, on l'auroit autant de fois indamnifié: Mais si d'autre costé celuy du Parlement eut eu du pire, touts les gens de bien auroyent esté destruits à l'heure mesme, & la Cause de la Liberté & de la Religion en danger d'estre perdue sans ressource pour l'avenir.

Et bien que Dieu se fust tellement declaré fauteur de cette Cause, que l'Ennemy n'a jamais pû prevaloir contre elle par la force des Armes, ny par aucune secrete machination qu'il ait pû brasser; Il fut neantmoins avenu de là, que par la trahison de quelques particuliers, ausquels on en auroit confié la defense, la Cause n'auroit pas seulement esté entierement perdue pour le present, mais la Posterité auroit aussi esté pour jamais rebuttée de plus prendre les armes, & le party du Parlement; Contre lequel si quelques uns de celuy du Roy eussent obtenu la victoire, toutes sortes d'honneurs, de profits, & de felicités temporelles se seroyent aussi tost presentés à eux pour recompense de leurs labeurs; Et s'ils eussent esté vaincus, il ne se fut point

ANNO point trouvé de Tribunal sur la Terre pour leur faire rendre conte de leurs actions, & les punir.

1649. C'est pourquoy, si nous ne voulons desavoüer la Justice de nostre Cause, laquelle Dieu a suffisamment declarée à nostre avantage par des si grandes benedictions, en nous donnant tant de victoires signalées; Si nous ne voulons trahir nos Amis, qui se sont engagés avec nous sur nos Resolutions de ne nous appliquer pas davantage au Roy, & ont hazardé leurs vies & fortunes; Si nous ne voulons plus estimer ce seul homme, savoir le Roy, que tant de millions de Peuples, que nous representons, & preferer son honneur, sa seureté, & sa liberté, à l'honneur, la seureté, & la Liberté de toute la Nation; Si nous ne voulons tourner en mocquerie & mespris la Paix, que le grand Dieu du Ciel & de la Terre, qui est nostre ferme esperance en nostre adversité & destresse, nous a donnée, pour nous asseurer seulement sur une telle Paix, que celle que le Roy, qui est un homme mortel & nostre Ennemy irreconciliable, nous voudra octroyer; Si nous ne nous voulons exposer nous mesmes à la boucherie & tuerie, & ne voulons souffrir que nos propres Membres ruinent le Parlement & l'interest de ces Royaumes; Si nous ne voulons coucher de tout nostre valant contre le rien du Roy, & traiter avec une personne, qui ne nous peut rien donner; Et ne voulons aprés que Dieu nous a mis en possession de tout, & de plus grandes choses, que nous ne luy avions demandées, traiter avec le Roy pour savoir si nous en jouirons, ou non; Finalement si nous ne voulons faire moins d'estime du sang de tant d'Innocens, & d'une si grosse Armée de Martyrs qui sont morts pour la defense de cette Cause, que du sang de peu de personnes coulpables & criminels, quelque titre que l'on leur puisse donner: Nous ne pouvions moins faire que de rappeller, & annuler ces Resolutions cy-devant specifiées, si hautement repugnantes à la gloire de Dieu, si deshonnorables aux procedures d'un Parlement & si apparemment ruineuses & destructives au bien du Royaume;

Et pourtant nous sommes resolus avec l'assistance de Dieu, & cela promptement, d'asseurer la Paix du Royaume par authorité de Parlement d'une façon plus advantageuse, qu'on ne le sauroit esperer du meilleur des Rois.

CXLI.

1649. 1. Martii. *Protestatio & Declaratio Legationis Cæsareæ de vero sensu Paragraphorum* Præterea concedit, *&* Totam Pomeraniam *in Instrumento Cæsareo-Sueco contentarum. Actum Monasterii* 1. *Martii* 1649. [Actes & Memoires de la Paix de Nimegue Tom. 4. part. 1. pag. 105. & aussi la page. 78.]

N*Os infra scripti Sacræ Cæsareæ Majestatis Plenipotentiarii ad Tractatus Pacis Universalis attestamur, cum in Instrumento Pacis Germano-Suedicæ Articulo* 10. §. preterea concedit eidem *hæc verba contineantur:* Ad hæc concedit eidem moderna vectigalia (vulgò Licenten) ad litteras Portusque Pomeraniæ & Megapoleos jure perpetuo, &c. *quod nec nostra, nec Ordinum Imperii mens & intentio unquam fuerit, Coronæ Suedicæ Universale Jus Vectigalium ad omnia littora Germaniæ, omnesque Portus Pomeraniæ & Megapoleos, multo minus ad Portum Warnemundensem concedere, sed cum in præsenti* §. 1. totam Pomeraniam, &c. *saltem antiqua vectigalia concessa essent, in posteriori etiam moderna in portibus Pomeraniæ & Megapoleos*, Plenipotent. *Suedici addere postularant, hoc ipsum in iis locis, qui in Coronam Sueciæ translati sunt, Pacis causa, & nihil amplius, concessum est: proinde vigore Articuli non Instrumenti Pacis, Telonium Warnemundense occasione belli introductum & exercitum, ut nova in Commerciorum præjudicium invecta Telonia & vectigalia, pace jam conclusa cessare, tolli atque aboleri debet, quemadmodum sæpius, atque diversis vicibus, in ipso Tractatu, præsertim vero in publica Conferentia decimo nono & vigesimo secundo Julii, styli novi* 1648. *Osnabrugis, præsentibus Ordinum Imperii Deputatis Extraordinariis, coram Dominis Plenipotentiariis Suedicis & quidem ultimo coram Domino Salvio palam contestati sumus. In cujus rei fidem hanc attestationem è Protocollis nostris desumptam, in Civitatis Rostochiensis & ejus Privilegiorum ac immunitatum majorem securitatem propriis manibus subsignavimus, Sigillorum nostrorum impressione firmavimus. Actum Monast.* 1. *Martii* 1649. ANNO 1649.

(L. S.) JOANNES MAXIMILIANUS Comes à Lamberg.

(L. S.) ISAACUS VOLMAR.

(L. S.) JOHANNES CRANE.

H*Anc suprapositam Dominorum Cæsareanorum Plenipotentiariorum attestationem; cum Electorum, Principum ac Imperii Statuum mente ac intentione, publiceque* 23. *Julii*, 2. *Augusti styli novi Anno* 1648. *Osnabruggis, in puncto Satisfactionis Suedicæ dictato, scripto, & publicis desuper habitis Conferentiis, etiam Actis, Protocollis & Relationibus, in omnibus & per omnia convenire, eandem Sacri Romani Imperii Electorum, Principum & Statuum mentem & intentionem super duobus istis Ducatum Megapolitanum, & in specie Civitatem Rostochiensem, concernentibus punctis semper fuisse, & etiamnum esse, attestatur, ex consensu supra dictorum Statuum eodem die & Anno.*

Cancellaria Maguntina.

[L. S.]

CXLII.

1649. 1. Martii. *Declaratio Legatorum Cæsareorum, ad Pacem Osnabrugensem deputatorum de Telonio Warnemundense in Paragrapho*, ad hæc concedit *non comprehendendo; cum istud Telonium sit prorsus novum. Datum Monasterii die* 1. *Martii* 1649. CUM *adjuncta Declaratione Cancellariæ Moguntinæ in eodem sensu.* [Actes & Memoires de la Paix de Nimegue Tom. 4. Part. 1. pag. 77.]

„ NOs infra scripti Sacræ Cæsareæ Majestatis „ Consiliarii Imperiales Aulici, & ad Tractatus Pacis Legati Plenipotentiarii notum testatumque facimus, Nos Paragraphum: *Ad hæc concedit*, in Instrumento Pacis in Articulo Satisfactionis Suecicæ positum, semper de vectigalibus in Locis Coronæ Sueciæ cessis, intellexisse, atque adeo sub ista dispositione Telonium Warnemundense non comprehendisse, nec porro comprehendere potuisse, cum istud Telonium sit prorsus novum, nulla publica Cæsaris aut Electorum authoritate, sed solummodo occasione belli de facto introductum, quod proinde vigore Articuli noni Instrumenti Pacis, subsecuta jam pace, tolli atque aboleri debet. Quemadmodum sæpius id ipsum in ipso Tractatu, præsertim vero in publica Conferentia die vigesima secunda Julii, anno millesimo sexcentesimo quadragesimo octavo Osnabrugis, præsentibus Statuum Imperii Deputatis, adversus Dominos Plenipotentiarios Regios Suecicos palam contestati sumus. In cujus rei fidem hanc Attestationem è Protocollis nostris desumptam subscripsimus ac sigillis nostris fecimus communiri.

„ Monasterii die prima Martii, anno millesimo „ sexcentesimo quadragesimo nono.

(L. S.) JOANNES MAXIMILIANUS Comes à Lamberg.

(L. S.) JOHAN. CRANE.

(L. S.) ISAACUS VOLMAR.

„ Hanc supra positam Dominorum Cæsareanorum Plenipotentiariorum Attestationem cum Electorum, Principum & Statuum Imperii mente, intentione & consensu, publiceque tertio Julii, Styli novi, anno millesimo sexcentesimo quadragesimo octavo, Osnabrugis in puncto satisfactionis Suedicæ dictato scripto, & publicis desuper habitis Conferentiis, etiam Actis, Protocollis & Relationibus per omnia & in omnibus convenire, eamdemque Sacri Romani Imperii Electorum, Principum, & Statuum mentem & intentionem super isto Civitatem Rostochiensem, & ejus jura speciatim concernente puncto semper fuisse & etiamnum esse, ex Consensu supradictorum Ordinum attestatur, eodem die & anno.

CANCELLARIA MOGUNTINA.

CXLIII.

1649. 16. Avril. **Vergleich zwischen** FRIEDRICH **den III. König in Dennemark und Hertzog** FRIEDRICH **zu Schleßwig-Holstein / dann** ANTON GUNTHERN

ANNO 1649. THERN Grafen zu Oldenburg und Delmenhorst/ wegen der Succession in denen Grafschafften Oldenburg und Delmenhorst im fall deren letzter Graf ohne hinterlassung männlicher Erben versterben solte/ aufgerichtet/ daß nemlich auf solchem fall besagte Grafschafften und was darüber von des Grafens Vorfahren bis auf Graf ANTONIUM den ersten exclusive zugekaufft/ aut quocunque alio Titulo, erworben worden/ Ihrer Königlichen Majestät und Fürstl. Gnaden verbleiben sollen: Was aber seither Graf ANTONIO dem ersten bis jetzt regierenden eingereicht/ zugekaufft/ oder was weys erworben/ obgedachter zu seiner freyen Disposition/ benebst auch das Hauß und Amt Varell behalten möge/ Geschehen zu Rendsburg den 16. April 1640. Sambt Kaysers FERDINANDI III Confirmation/ geben zu Regenspurg den 21. Augusti 1653. [LUNIG Teutsches Reichs-Archiv. Partis Specialis Continuat. 2. Abtheilung 4. Absatz. 19. pag. 317.]

C'est-à-dire,

Convention entre FRIEDERIC III. *Roi de Dannemarc*, & FRIDERIC *Duc de Sleswich Holstein d'une part* & ANTHOINE GUNTHER *Comte d'Oldenbourg* & *Delmenhorst d'autre part sur la succession eventuelle à ces deux Comtés, au cas que ledit Comte vint à mourir sans enfans mâles; Portant que ce cas arivant, lesdites deux Comtés,* & *en general tous les Biens acheptés par les Predecesseurs dudit Comte, ou acquis par eux à quelque Titre que ce soit, jusqu'à* ANTHOINE *premier exclusivement, seront devolus aux susdits Roi* & *Duc, mais que les Biens acquis par ledit* ANTHOINE *premier* & *ses Successeurs, demeurent à la libre disposition dudit Comte, avec toutes leurs appartenances, comme aussi la Maison* & *Bailliage de Varell. Fait à Rendsbourg le* 16. *Avril* 1649. AVEC *la Confirmation de l'Empereur* FERDINAND III. *donnée à Ratisbonne le* 21. *d'Août* 1653.]

WIr Ferdinand der Dritte von GOttes Gnaden/ erwählter Römischer Kayser/ 2c. Bekennen offentlich mit diesem Brieff/ und thun kund allermänniglichen/ daß uns der Durchläuchtigste Fürst/ Herr Friedrich der Dritte/ zu Dennemarcken/ Norwegen/ der Wenden und Gothen König/ Hertzog zu Schleßwig/ Holstein/ Stormar und der Ditmarschen/ Graff zu Oldenburg und Delmenhorst/ unser besonder lieber Freund und Oheimb/ auch der Durchläuchtig/ Hochgebohrne Friederich/ Erbe zu Norwegen/ Hertzog zu Schleßwig/ Holstein/ Stormarn und der Ditmarschen/ Graff zu Oldenburg und Delmenhorst/ unser lieber Oheimb und Fürst/ wie auch der Hoch- und Wohlgebohrne/ unser und des Reichs lieber Getreuer/ Anthon Günther/ Graff zu Oldenburg und Delmenhorst/ Herr zu Jever und Kniphausen/ Freund- Oheimb- und gehorsamlich zu Unterthänigkeit zu erkennen gegeben/ was massen nechst göttlicher Hülffe und Verleihung/ auff vorher gepflogenen reiffen Rath und Wohlbedacht/ noch in Anno 1649. den 16. Aprilis zu Rendesburg/ wie es künfftig der Succession halber in beeden Graffschafften/ sowohl in Feudalibus als Allodialibus, auff dem Fall/ wann nach dem unwandelbahren Willen GOttes obgedachter Graff Anthon Günther von Oldenburg/ ohn männliche eheliche Leibes Erben aus dieser Sterblichkeit gefordert würde/ zu halten/ gäntzlich verglichen/ und darüber einen Erb-Vertrag auffgerichtet/ denselben auch mit allerseits Interessenten Belieben den 19. Martii, und 1. Julii dieses lauffenden Jahrs vollends verabredet/ approbiret/ und die würckliche separation des Allodii vom Feudo geschehen/ durch ihre Unterschrifften und fürgedrückte Königliche Fürstliche und Gräffliche Secreten vollzogen und bekräfftiget haben/ welcher uns dann in beglaubter Form/ Freund- Oheimb- und gehorsambst fürgebracht worden/ und von Worten zu Worten hernach geschrieben stehet/ und also lautet:

WIr Fridrich der Dritte von GOttes Gnaden/ zu Dännemarck/ Norwegen/ der Wenden und Gothen König/ und von desselben Gnaden Fridrich/ Erbe zu Norwegen/ beede Hertzogen zu Schleßwig/ Holstein/ Stormarn und der Dithmarssen/ Graffen zu Oldenburg und Dellmenhorst 2c. Gevettern 2c. thun kund und bekennen hiemit für uns/ unsere Erben und Nachkommen. Demnach der Hochwohlgebohrne Graffe/ Herr Anthon Günter/ Graffe zu Oldenburg und Dellmenhorst 2c. Herr zu Jever und Kniephausen/ unser vielgeliebter Vetter und Gevatter bey sich reifflich und wohl erwogen/ was Gestalt nach Absterben des auch Hochwohlgebohrenen Graffen/ Herrn Christian/ Graffen zu Oldenburg und Dellmenhorst/ Herrn zu Jever und Kniephausen 2c. Hochseligen Angedenckens/ von obgedachten Hochlöblichen Gräfflichen Stammen Gerhardische Linien/ sie nunmehr allein im Leben/ aber noch zur Zeit mit ehelichen Leibs-Lehns-Erben nicht gesegnet/ und uff des allgewaltigen GOttes alleine weisen Rath und Willen/ sie hierfoderst damit zu beseligen beruhen thut. ANNO 1649.

Damit nun uff den in GOttes Handen stehenden undeerbeen Fall/ schier künfftig nach J. L. tödtlichen Hintrit/ (den GOtt lange verhüte) dero gehorsahme Unterthanen und Angehörige/ des unter ihrer von dem Höchsten wolgesegneten Regierung so ersprießlich genossenen Fried- und ruhesamen Standes/ sich ferner weit beständig/ vermittelst J. L. Christlöblichen Vorsorge/ zu erfreuen hätten/ zu dehme auch denen zwischen uns dero Feudal und andern J. L. Allodial-Successoren allerseits etwan ereignenden Streitigkeiten in Zeiten vorgebauet/ gute Einigkeit und beständiges Vertrauen gestifftet/ unterhalten und fortgepflantzet werden möge. Und solcher hochst rühmlicher intention nicht weniger wir hochgedachtes unsers vielgeliebten Vetters Lehens-Folgern uff vorerwehnten Fall einhellig beygepflichtet/ auch unsers Ohres nachzusetzen gnädigst wohl geneigt.

Alß haben wir zu Erreichung solches so hochnöthigen heilsahmen Zwecks dieses das beste Mittel und expediens zu seyn erachtet/ wann neulich unserer sämtlichen hierbey interessirenden darzu absonderlich Deputirte und Abgeordnete an einem benanten Ort sich beysammen thun/ die Sache mit einander examiniren und erwegen/ einem jeglichen seinem gnädigsten und gnädigen Herrn Committenten davon zuforderst unterthänigst/ unterthänig referiren/ folgig nach Befindung und erlangter gnädigster und gnädiger Erklärung einen endlichen Schluß machen und treffen mögten. Darauff dann von Seiten unser König Fridrichs/ und unser Hertzog Fridrichs/ der Erwveste und Hochgelahrte unsere respective Land- und Räthe/ auch HoffCantzler und Liebe Getreue/ Chr. Käy. Ahlefeld Ritter/ Wolff Bluhme/ Christoff von der Lippe und Johan Adolff Kielman/ und von Seiten unser Graff Antan Günters die auch respective Erwveste und Hochgelahrte/ unsere Räthe und Liebe Getreue/ Herr Mathias Waltzhagen zu Mißingdorff/ Johannes Herlogig und Christian von Hatten respective gnädigst gnädig committiret/ und mit denen darzu erfoderten Vollmachten versehen und abgeschicket/ massen dieselbe sich den 3ten Augusti nechst verwichenen eintausend sechshundert acht und viertzigsten Jahres/ anfänglich zu Itersen/ woselbst sie auch ihre Persohnen legitimiret/ folgends zu Rendeßburg/ und zwarten nunmehro zum dritten mahl/ zusammen gefunden/ und nach vielfaltig gepflogenen Conferentzen/ allerseits angebrachten Prætensionen und dabey eingeführten Rationen/ auch hinc inde gethanen Vorschlagen/ dieses so hohe und schwere Successions-Werck/ durch des Allmächtigen allergnädigsten Beystand und Hülffe/ zu Beybehaltung Glimpffs/ Liebe und ungefärbter Freundschafft unter so nahen Häusern und hohen Anverwandten/ folgender Gestalt beständig und zu Grunde verglichen und vertragen.

Erstlich haben wir Graff Anthon Günter/ nachdem zuforderst wir König Fridrich und wir Hertzog Fridrich/ den zwischen Herrn Graff Anthon Günters Ld. und weiland Herrn Graff Christians zu Dellmenhorst/ Hochseligen Andenckens Allodial und Land-Erben den 16. Novembris An. 1647. getroffenen Vertrag/ so wohl Krafft dieses Vergleichs/ als einer absonderlichen darüber ausgefertigten ratification freundvetterlich und gnädigst approbiret und genehmet/ dan auch gnadigst beliebet und versprochen/ uns ferner allermüglichst zu befleißigen/ damit was von des Herrn Graffen Ld. in erlangter neutralität und exemption zu dero unsterblichen Nachruhm/ und ihro von GOtt anvertrauten Unterthanen/ biß hieher sich wohl empfundenen Sicherheit so viel und lange Jahren glücklich beobachtet/ auch Zweiffels lehdig durch göttlichen Beystand ferner weit beschaffet werden wird/ von uns allerseits continuiret werden moge/ auch mit dem hochlöblichen Hauße Braunschweig Lüneburg/ wegen dessen/ was annoch controvers und streitig seyn mochte/ gütlichen Vergleich (jedoch ohne des Herrn Graffen Ld. so einem jeden Theil sein habendes Recht gerne gonnen/ wider willige Einmischung) so viel an uns/ zu treffen/ und deßwegen mit hochgedachtem Hause Braunschweig Lüneburg eine Conferentz kurtz nach Pfingsten entweder in Lübeck/ Hamburg/ oder anderswo/ die Iertahlen geliebts GOtt/ entweder durch Güte/ oder in dessen Entstehung/ per viam juris, daferne das ander Theil sich auch dazu verstehen solte/ zu veranlassen/ und respective in Richtigkeit zu bringen) uns dahin eben wohl freundvetterlich hinwiederumb erkläret und heraus gelassen/ daß auff begebenden allein in GOttes Händen stehenden Todts-Fall/ ohne manliche Leibs-Lehns-Erben/ wie J. Königl. Mayt. und Fürstl. Durchl. als unsern Herren Lehens-

ANNO 1649.

Lehens-Folgern/ was über die alte Graffschafften Oldenburg und Delmenhorst mit ihren pertinentien/ nach geschehener Königlicher und Gräfflicher Abfindung von unsern Herrn Vorfahren/ biß uff Herrn Graffen Anthon den ersten exclusive eingereichet/ zugekaufft/ geschencket/ eingelöset/ confiscirt/ præscribirt und erhandelt/ in solutum angenommen/ oder auch aliis speciebus titulorum singularium erworben/ gäntzlich und zumahl nichts überall/ ohne was in diesem Vertrag anders disponiret/ davon ausgeschlossen/ aus unterthänigster dienstlicher affection, pleno jure, mit allen actionibus activis & passivis, wie auch andern meliorationen überlassen und heimgegeben haben wolten.

Zum andern haben wir König Fridrich/ und wir Hertzog Fridrich/ alles dasselbe/ was sowohl von unsers vielgeliebten Vettern/ des jetzt regierenden Graffen Anthon Günters zu Oldenburg und Delmenhorst Ld. alß dero löblichen Vorfahren/ von Zeit/ daß der communis stipes cessiret/ entweder zu geistlichen und milden Sachen verwendet und gestifftet/ auch wo anderwerts Begnädig- und Befreyungen etwan von dem Feudo, oder geistlichen Gütern und sonsten geschehen/ oder auch expectantien darüber außgegeben/ Krafft dieses genehmet/ gut geheissen und approbiret/ auch die possessores und deren Erben bey solchen Gütern unperturbiret und unbetrübt zu lassen/ gnädigst versprochen/ inskünfftige aber soll ohne special, unser König Fridrichs/ und unser Hertzog Fridrichs Consens, von Lehen und dessen eigentlichen pertinentien alle alienatio krafftloß und unbündig seyn.

Demnach auch drittens wir Graff Anthon Günter weitere freundvetterliche Ansuchung gethan/ daß uns das Hauß und Ambt Varell, (so von Alters hero nach selbiger Zeit Gelegenheit/ etwan siebenzehen hundert Rthlr. jährlich getragen) umb gewisser Uhrsachen willen/ damit unsers Beliebens Anordnung zu machen/ möchte gelassen werden/ dagegen wir das Hammelwarder/ und Wersabeland/ (welche sonsten Krafft dieses Vergleichs unsern Allodial-Erben zugefallen) angetragen/ uns auch erbothen/ da das alte Herkommen/ ausser was seither Herr Graff Anthon des ersten Zeiten anhinzu gekommen/ und ebener massen/ vermüge dieses Vertragen und zuständig/ über siebentzehen hundert Rthlr. obbemelt sich erstrecken solte/ solche anderwerts zu versetzen; Alß haben wir König Fridrich/ und wir Hertzog Fridrich/ auch in diesem passu unserm vielgeliebten Vettern Ld. gratificiren wollen/ und zwarn derogestalt/ daß sie gemeltes Hauß und Ambt Varell in dem Stande/ wie es anjtzo sich befindet/ nebenst denen seither Herr Graff Anthon des ersten Zeiten/ darzu gelegten Ländereyen und dem Anwachs/ mit allen Gebeuden/ Ländereyen/ Zehenden/ Mäyern/ Mühlen/ Schäffereyen/ Holtzungen/ hoher und niedriger Jagt/ Mastungen/ Vischereyen/ Ober- und Nieder-Bothmeßigkeit/ Pein- und Bürgerlichen Gerichten/ Rechten/ Gerechtigkeiten/ und allen übrigen/ wie es die vorige Hautblinge/ benebenst dem dabey befindlichen Zoll/ eingehabt/ gebrauchet und genossen/ (jedoch der territorial-superiorität vorbehältlich/ und durch obige Einwilligung in wenigsten nicht geschmelert/) zu seiner Ld. freyen disposition in vim allodii, und daß sie es einem der ihrigen/ welchem sie es gönnen werden/ zuzuwenden/ oder auch ab intestato zu hinterlassen bemächtiget seyn sollen/ ingleichen das Vorwerck und halbe Voigtey Jhade/ benebenst dem Zuwachs/ (solches noch über das vorige gemeltem Ambt Varel zuzulegen) jedoch unter diesem ausdrücklichen Beding/ daß dagegen vollgeltige vergnügige Erstattung an annehmlichen Oertern von gleichmäßigen intraden/ dehme so wir König Fridrich/ und wir Hertzog Fridrich/ zu Verrichtung solcher permutation schicken werden/ geschehe/ freundvetterlich überlassen.

Quarto ist beliebet/ daß alles/ was von geist- und weltlichen Gütern in den Graffschafften Oldenburg und Dellmenhorst in Statt- und Budjadinger-Land/ mit dem Vorbehalt/ wie jetziger Vergleich mitbringet/ von Zeiten weyland Herrn Graff Anthon des ersten/ biß jetzt regierenden Herrn Graff Anthon Günters Ld. beede inclusive respective eingezogen/ eingereichet und J. L. etwan künfftig einreichen möchten/ erhandelt/ zugekaufft/ (worunter in specie die Güter Johanniter-Ordens/ und was darzu gehörig/ jedoch ohne der territorial superiorität/ sonsten aber mit allen Juribus, Diensten/ Recht- und Gerechtigkeiten/ wie solche Güter erdachter Orthen hiebevorn ersessen/ hergebracht und gebrauchet hat/) præscribiret/ eingelöset/ geschencket/ durch Confiscation, addictionem in solutum und adjudication, vermittelst des Spaden-Rechtens (jedoch dieses sub isto onere, wie es vorige Particulier-Personen innegehabt und besessen/) auch andere species titulorum singularium, (ausserhalb des bekandten und unstreitigen Lehens/) acquiriret werden/ zu des Herrn Graffen disposition und dero Erben und Erb-Nehmen Besten indifferenter, nebenst der niedrigen Jurisdiction, Arrest, Pfandung/ Einschliessung in Polter/ an Brüchen biß zu 12. Rthlr. (jedoch selbe vorgemelte Species, respectu derjenigen Persohnen/ welche immediate unter J. L. Allodial-Erben/ und uff dero Ländereyen würcklich wohnen/ auch Feuer und Rauch haben/ sonst aber der competens Judex zu imploriren und anzuruffen) den Diensten/ Niederjagt (welche gleichwol auff die jetzo bewuste Allodial-Erben/ Edelleute/ und andere vornehme qualificirte Persohnen/ und deren Erben/ zu verstehen) Fischereyen/ nothdürfftiger Feuerung zu den Vorwercken/ (wie man sich desfalls mit nechstem weiter zu vergleichen hat) und sonsten pleno jure verbleiben solle/ damit von Erben zu Erben/ ihrem freyen Willen nach/ mit Verheur- Versetz- Verpfand- Umtausch- oder Veräusserungen/ und in andere Wege/ als mit proper Eigenthums-Gütern zu gebähren/ zu schalten und zu walten/ und davon ohne jemands Hinderniß/ so wol inter vivos als durch letzten Willen/ zu verordnen/ oder ab intestato zu hinterlassen/ jedoch uns König Fridrich/ und uns Hertzog Fridrich/ daran die territorial- und Landes-Obrigkeitliche Superiorität/ und was davon eigentlich dependiret/ vorbehaltend.

Ingleichen fünfftens/ alle zur Zeit J. L. Hochseel. Hintrits befindliche Wahrschafften/ pretiosa, bewegende Haab und bewegliche Güter/ wo die auch anzutreffen/ es wäre dann/ daß an Seiten unser König Fridrichs/ und unser Hertzog Fridrichs/ man eines und anders davon zu behalten/ sich in Güte vergleichen würde/ (jedoch daß in den Vestungen an Ammunition, Stücken und Gewehr/ und was sonsten zur Attollerie gehörig/ nach jedes Ohrts Gelegenheit/ die Nothdurfft verlassen werde/) nebst den fructibus, Gefällen und Hebungen/ ohne Unterscheidt/ wie selbige Früchte den Käyserlichen und üblichen Lehen-Rechten gemaß seyn/ ihrer Ld. Allodial-Erben verbleiben.

Und obwol zum sechsten hiebevor/ was des Herren Graffen Anthon Günters Ld. hertzliebsten Frau Gemahlin/ der Durchlauchtigen Hochgebornen Fürstin/ Frauen Sophiæ Catharinæ, gebohrener Hertzogin zu Schleßwig/ Holstein/ Stormarn und der Dithmarsen/ vermählten Graffin zu Oldenburg und Dellmenhorst/ Frauen zu Jehver und Kniephausen ꝛc. uff den Fall dieselbe J. Ld. nach GOttes unwandelbahren Willen überleben würde/ an Wittumbs Gerechtigkeit aus den Lehen-Stücken des Hauses und Ambts Nienburg/ und des Vorwercks Jhade statt dreytausent Rthlr. jährlich halb uff Ostern/ halb uff Michaëlis, aus der Oldenburgischen Renterey-Cammer ohne Einrede wiederfahren solte/ Vorschlagung gethan worden/ so haben doch wir König Fridrich/ und wir Hertzog Fridrich/ gegen unsere Frau Muhme uns dahin freundvetterlich anerbothen/ J. Ld. nicht allein dasselbe/ so Ihro solcher Gestalt versprochen/ ohne Einrede und Einige Verhinderung/ frey/ sicher geniessen und zukommen zu lassen/ sondern auch Ihro noch darüber/ daferne die aus des Herrn Graffen Ld. Allodial-Gütern zugelegte Stücke über Zuversicht nicht zulangen würden/ solches von den Lehen mit einem Gewissen zu vermehren/ damit hochwolgedachte unsere Frau Muhme deßwegen ein gutes Contento, und uns/ ihren vielgeliebten Herrn Vettern/ Danck zu wissen Ursachen haben mügen.

Wegen des zum siebenden von der R. K. Mayt. und hochlöblichen Churfürstl. Collegio für Jahren erlangten Zolls uff dem Weser-Strohm/ seynd wir König Fridrich/ und wir Hertzog Fridrich/ gnädigst und gantz wohl zufrieden/ daß zum Fall Herr Graff Anthon Günters Ld. deßwegen keine vergnügige Satisfaction bey ihrem Leben erhalten solten/ sie ihres Beliebens sowol des Orts/ woselbsten die Zollstette seyn solle/ als desselben jährlichen intraden/ und derer Theilung halber/ unter ihren Feudal- und Allodial-Erben einige verbindliche disposition machen müge.

Ferner zum achten/ obligiren wir König Fridrich/ und wir Hertzog Fridrich/ uns für uns/ unsere Erben und Erb-Nehmen/ Herrn Graff Anthon Günters Ld. dero Erben und Erb-Nehmen/ wegen der andern Holsteinischen Linien/ da dieselbe über kurtz oder lang einige prætension erregen möchten/ vollenkommene eviction und Gewehr/ damit des Herren Graffen Ld. und dessen Allodial-Erben von aller Ansprach/ Kosten und Schaden frey bleiben/ zu leisten.

Fürs neundte/ weiln dieser Vergleich zu Beybehaltung Lieb und guten Vertrauens/ wie auch Beschutz- und Vertretung der Allodial-Erben/ und dero Erben/ in allen durch jetzt gemelten Vergleich ihnen zukommenden Gütern/ Uffkünfften/ Recht und Gerechtigkeiten/ nicht weniger zu beruhiger Erhaltung allerseits Unterthanen und Abwendung schädlicher Zufälle angesehen/ so haben wir König Fridrich/ und wir Hertzog Fridrich/ solches alles hiemit gnädigst versprochen/ und hinwieder zu desto mehrer unser und der Feudal-Successorn Versicherung des Herrn Graffen Ld. freund-vetterlich bewilliget/ förderlichst geschehen zu lassen/ daß die in den Vestungen Oldenburg/ Delmenhorst und Apen/ wie auch der Schantz auf dem Ellenser-Damm verordnete Commendanten/ in unser König Fridrichs/ und unser Hertzog Fridrichs Pflichten/ jedoch bey jetzigem Zustande des Reichs in die Stelle treten mögen.

Bey welchen allen zum zehenden/ wir Graf Anthon Günter/ zum feyerlichsten bedingen/ daß solches/ was obgesagt/ zwischen uns König Fridrichen/ und uns Hertzog Fridrich/ wie auch uns Graff Anthon Günter/ verabredet/ verglichen und geschlossen worden/ uff den Fall wir Graff Anthon Günter durch GOttes Gnad mit Leibes-Lehens-Erben/ welche nach GOttes Willen unsern Todes-Fall erlebeten/ künfftig solten gesegnet werden/ ohne Kräfften/ als ungethan/ null und nichtig seyn solle/ dafern aber obbesagte Leibes-Lehns-Erben/ die GOtt geben möchte/ noch vor uns Graff Anthon Günter/ oder nach unserm seeligen Hintritt ohne Leibes-Lehns-Erben diese Welt gesegnen würden/ oder wann GOTT allein Fräulein bescheret/ (welche neben gebührender Aussteur aus den Lehen-Graff- und Landschafften/ uff maß und weise/ als dieselbe bey diesem Stamm-Haus in

diesen

ANNO 1649.

diesen Jahren hergebracht/ dieses Vergleichs / und der darin für die Allodial-Erben erhandelten Stücken/ und was sonsten darin begriffen und abgeredet/ sich vollkomlich auch zu erfreuen haben sollen/) dieselbe aber ebenmäßig ohne eheliche Leibes-Erben versterben würden/ uff solchen Fall soll unsern andern Allodial-Erben dasselbe/ was in diesem Vergleich abgeredet/ geschlossen und vereiniget / ohn einigen Zweifel/ Streit und Contradiction, richtig zufallen / und versprechen sowol diessfalles/ als wan des Herren Graffen Ldd. ohne einige Leibes-Erben von GOTT über kurtz oder lang nach seinem gnädigen Willen von dieser vergänglichen Welt in das ewige gefordert würden/ Wir König Fridrich/ und Wir Hertzog Fridrich/ wie auch Wir Graf Anthon Günter/ allentheils für uns/ unsere Erben und Erbnehmen bey Königl. Fürstl. und Gräfl. wahren Worten und Treuen und Glauben/ dasselbe/ was hierin allerseits geschlossen und verabredet/ in jeden seinen Worten/ Puncten und Clausulen/ treu/ fest und unverbrüchlich zu halten/ nicht mißzudeuten noch mißdeuten zulassen/ und dawider nichts vorzunehmen / noch zu verhengen/ begeben uns auch wolwissentlich und mit gutem Bedacht/ sampt und sonders/ für uns / unsere Erben und Erbnehmen/ jetzt und zu ewigen Tagen aller ferner Forderung und Spruch's / so wir allerseits Lehns oder Eigenthums halber unter einigem Prætext jetzo haben oder noch künfftig erlangen mochten.

Zum Eilfften und schließlich wan hiernechst entweder unter uns König Fridrich/ und uns Hertzog Friedrich auch uns Graff Anthon Günter / selbstbey unserm Leben / oder nach unserm sel. Tode zwischen höchstgedachte Feudal-Successorn, und dem jetzgemelten Allodial Erbey bey Separir- und Apprehendirung der in jetzigem Vertrag begriffenen Güter /und was denselben anhängig /oder daraus erfolgig ist/ etwan einige Mißverständen/ Streitigkeiten oder Unwillen/ (so GOtt gnädiglich verhüte) erwachsen solten/ alsdann ist Krafft dieses verabscheidet/ solches zu keiner Weitläufftigkeit kommen zu lassen / sondern zum fürderlichsten/ und ehe mehr Ungelegenheit entstehe/ unter der Bedienten von beyden Theilen in gleicher Anzahl erfahrne und friedfertige Persohnen zur gütlichen Composition zu verordnen / und dieselbe umb desto freyer Handlung / was diesen Actum betrifft / ihrer Aiden und Pflichte zu erlassen.

Wann aber die Vota an beyden Seiten gleich seyn/ alsdann einen unpassionirten und qualificirten Obmann mit aller Herren Principalen Gutbefinden hiebey zufügen / oder wann denen zu selbiger Zeit solcher Vorschlag mißfällig/ auff selbigem Event die streitigen Puncta hinc inde schrifftlich uffzusetzen/ zu communiciren/ mit zweyen oder drey Sätzen von sechs Wochen zu 6. Wochen zu beantworten/ (es sey dann/ daß wegen führenden Beweißthums mit Zeugen/oder Brieffllichen Urkunden / und dergleichen eine längere Frist einzuräumen/) darin zu schliessen / und die Acta auff der Parten Unkosten dreyen hierzu erwehlenden arbitris sive compromissariis auffzutragen/ oder dieselbe an ein/ und nach Befindung/ zwo oder drey Juristen-Faculteten zu verschicken/ und was davon erkandt/ und jeder Theil ohne weitere rechtliche beneficia revisionis, appellationis und dergleichen/ unverzüglich einzufolgen seyn solle.

Hernach aber/ wann die Theilung in Richtigkeit gebracht/ so sollen zwarn / wann etwan unter obgemelten Allodial-Erben/ Fürsten Johans zu Anhalt Liebden und dero Leibes-Erben/ der ends active vel passive mit uns den Feudal-Successorn, und unsern Erben/ in Mißverstand und Irrung gerathen würden/ bey jetzt gemeltem malo & medio sein Verbleiben haben.

Sonsten aber/ und da Hochgemeltes Fürst Johansen Liebden und dero Leibes-Erben/ wie auch übrige Allodial-Erben/ und dero Erbnehmen/ der Oerter unter sich/ und mit andern Persohnen Streitigkeit bekommen solten / haben dieselbe sich der gewöhnlichen Recht- und Gerichts-Mittel zu gebrauchen.

Wie dann Wir König Fridrich / und Wir Hertzog Fridrich/ für uns/ und unsere Nachkommen / uns dahin gnädigst erkläret/ obberürte Allodial-Erben / und deren Mitbeschriebene/ allen günstigen Willen und Gnade / nebst unpartheylicher Administrirung der Justiz, verspühren/ und Krafft dieses wiederfahren zu lassen.

Zu derer aller mehrer Bekräfftig- und vester Haltung Ihrer Käyserlichen Majestät allergnädigste Confirmation im Gebühr gehorsamst und allerunterthänigst allgemeine Darlage auszubringen verabscheidet worden.

Dessen zu wahrer Urkund ist dieser Vergleich dreymahl ausgefertigt/ und sowol von uns Konig Fridrich/ und uns Hertzog Fridrich/ als von uns Graff Anthon Günter/ eigenhändig unterschrieben/ und mit unserm Konig-Fürstlichen und Gräfflichen Secreten bestärcket. So geschehen in Rendeßburg den Sechzehenden April. Anno 1649.

Fridrich. Fridrich.

Anthon Günter.

Und uns darauf obgedachtes Konigs zu Dennemarck/ wie auch des Hertzog Friedrichs zu Holstein/ Erbe zu Norwegen L. Ld. dann der Graffe zu Oldenburg allerunterthänigst angeruffen und gebeten/ daß wir obeinverleibten Vertrag/ ihnen und ihren Nachkommen zum Besten / und desto vester Haltung/ als Romischer Käyser und hochstes Oberhaupt zu confirmiren und zu bestetigen geruheten. Das haben wir angesehen/ Ihr. L. L. Ld. Freund-Oheimblich / dann seine des Graffen zu Oldenburg gehorsamb demüthige Bitte / auch die angenehme/ getreue und unterthänigste Dienste/ so Ihre L. L. Ld. und er uns und dem Heil. Reich zu thun sich Freund-Oheimb und gehorsambst anerbieten / auch wohl thun können/ mögen und sollen/ und darumb mit wohlbedachtem Muth/ gutem Rath und rechtem Wissen/ obinserirten Erb-Vertrag alles seines Inhalts confirmirt und bestet[illegible] das/ confirmiren und bestetigen denselben auch hiemit von Rom. Kayserl. Macht Vollkommenheit/ wissentlich/ und in Krafft dieses Brieffs/ und meinen/ setzen und wollen/ daß mehrberührter Erb-Vertrag in allen seinen Worten/ Puncten / Clausulen / Articulen / Inhalt / Mein- und Begreiffungen/ obverstandener maßen kräfftig und mächtig seyn/ stet/ vest und unverbrüchlich gehalten und vollnzogen / und sie sich dessen alles Inhalts geruhiglich erfreuen/ gebrauchen und geniessen sollen und mögen / von allermänniglich unverhindert/ doch uns und dem Heil. Reich an seinen Rechten unvergriffen und unschädlich.

Und wir gebieten darauf allen und jeden Chur-Fürsten (ad longum ins Reich) ernstlich und festiglich/ mit diesem Brieff/ und wöllen/ daß sie mehr gedachtes Konigs zu Dennemarck/ und Hertzog Friederichs zu Holstein Norwegen L. Ld. Anthoni Günthern/ Grafen zu Oldenburg / deren Successoren/ Erben und Nachkommen allerseits an hie vorgeschriebenen Successions und Erb-Vergleich / mit dieser unser Käyserlichen Confirmation und Bestetigung / von nun an/ und zu ewigen Tagen nicht hindern noch irren/ sondern sie dessen alles geruhiglich erfreuen / gebrauchen / geniessen / und gäntzlich dabey bleiben lassen/ insonderheit aber auch des Konigs zu Dennemarck und Hertzog zu Holsteins L. Ld. und den Grafen zu Oldenburg selbsten/ so weit derselben jeden Theil / und dessen Erben und Erbens-Erben bindet / in allen Worten / Puncten/ Clausulen/ Articulen/ Inhalt / Mein- und Begreiffungen/ wie obstehet / gestracks nachkommen und geleben/ dawider nichtes / es geschehe in was Wege es immer wolle/ mit oder ohne Recht/ directo oder indirecte thun/ handeln oder fürnehmen / noch solches jemandes anders zu thun gestatten / in keine Weis noch Wege / als lieb einem jeden seye/ unsere und des Reichs schwere Ungenad und Straff/ und darzu ein Poen/ nemlich hundert Marck lötiges Goldes zu vermeiden / die ein jeder / so offt er freventlich hierwider thäte/ uns halb in unsere und des Reichs Cammer/ und den andern halben Theil offtgedachtes Konigs zu Dennemarck und Hertzog zu Hollstein Norwegen L. Ld. dann der Grafen zu Oldenburg / deren Erben und Nachkommen unnachläßig zu bezahlen/ verfallen seyn solle.

Zu Urkund und mehrer Bekräfftigung haben wir diese Confirmation unterschrieben/ und mit unserm Käyserl. anhangenden Insiegel bekräfftigen lassen/ der geben ist in unserer und des Heil. Reichs Stadt Regenspurg / den 21. Monats-Tag Augusti Anno 1653. unser Reiche des Romischen im 17. des Hungarischen im 28. und des Boheimischen im 26. Jahre.

Ferdinand.

Johann Philip/ El. A. M. &c.

Ad Mandatum Sacræ Cæsareæ Maj. proprium.

CXLIV.

Cession & Transport de la Terre & Seigneurie de Turnhout, avec le Château & Banc de Schoonbroeck, leurs Appartenances & Dependances, fait par PHILIPPES IV. *Roi d'Espagne au profit d'*EMILIE *Princesse Douairiere d'Orange, pour elle & ses Successeurs. Fait à Bruxelles le 26. Octobre 1649.* [Copie produite de la part du Roi de Prusse aux Estats Generaux des Provinces Unies dans l'affaire de la succession d'Orange.] 26. Octobre.

PHilippes par la Grace de Dieu, Roi de Castille, de Leon, d'Arragon, des deux Siciles, de Jerusalem, de Portugal, de Navarre, de Grenade, de Tolede, &c. à tous ceux qui ces presentes verront, salut. Comme par le Traité de Paix arrêté entre nous & les Seigneurs Estats des Provinces Unies du Païs-Bas, le XXX. de Janvier. 1648., & publié en la Ville de Munster, le XVII. de Mai ensuivant, & certains points separement, conclus entre Don Caspar de Bracamonte, & Gus-

man

Anno 1649. man Comte de Peñeranda, Gentilhomme de nôtre Chambre, de nos Conseils de Chambre & Justice, nôtre Ambassadeur extraordinaire en Allemagne, & nôtre premier Plenipotentiaire pour le Traité, de la paix generale en nôtre nom d'une part; & Messire Jean de Knuyt, Chevalier, Seigneur du Vieux & Nouveau Vosmeer, & representant les Nobles de l'Assemblée des Estats de la Province de Zelande, Ambassadeur extraordinaire & Plenipotentiaire des Estats Generaux desdites Provinces pour ladite Paix, & premier Conseiller du feu Seigneur Prince d'Orange de la part d'icelui d'autre, le 27. Decembre 1647. plus particulierement referez au 45. article du Traité, il a été convenu & promis, que pour entierement eteindre toutes les actions & pretensions que ledit Seigneur Prince pouvoit avoir envers nous, ou à nôtre charge, nous cederions & donnerions, au profit de la Dame Emilie, Princesse Douairiere d'Orange, Mere du Seigneur Prince d'Orange, à present vivant, la Terre & Seigneurie de Turnhout située en nôtre Duché de Brabant, avec le *Chateau*, *Banc* de Schoonbroeck, & toutes autres Appendances & Dependances, *Droits & Jurisdictions*, sans rien reserver, même de *faire* suivre à icelle Dame Princesse avec la même Terre & Seigneurie de Turnhout, les Villages, Hameaux & autres Droits qui d'ancienneté ont dependu, & appartenu à icelle Terre, & Seigneurie, compris ceux qui par cy-devant ont été vendus & démembrez de nôtre part, lesquels nous avons pris à nôtre charge de racheter & d'en contenter & satisfaire tous ceux, qui pourroient avoir quelque Droit ou possedoient quelques parties de ladite Terre, & Seigneurie, en la dechargeant de toutes Rentes à rachapt, deniers levez à interet, engagemens & autres charges, sans rien reserver à l'effet, que ladite Dame Princesse, ses hoirs, successeurs ou ayant cause en puissent jouir librement, purement & plainement, sans aucune controverse ou engagemens, le tout à charge & condition de tenir ladite Terre & Seigneurie de Turnhout avec les appartenances, de nous en fief, à cause de nôtre Duché de Brabant, & que la Religion Catholique y sera maintenüe, ainsi qu'elle y étoit pour lors & les Ecclesiastiques en leurs biens, fonctions, libres exercices & immunitez ainsi qu'il est plus particulierement repris dans le Traité & Accord en dressé sous les respectives signatures desdits *Plenipotentiaires*, en date que dessus dont la teneur est telle,

Fiat insertio.

Et bien qu'en icelle conformité, après ladite publication de Paix, nous ayons, à la deliberation de nôtre tres cher, & tres-aimé bon Cousin Leopold Guillaume, par la Grace de Dieu Archi-Duc d'Autriche, Duc de Bourgogne, &c. Lieutenant Gouverneur & Capitaine General de nos Pays-Bas & de Bourgogne, &c. & par avis de nos tres-chers & feaux les gens de nos Conseils d'Estats & Finances, non seulement fait rachepter les Villages, Hameaux & autres Droits, cy-devant vendus & esclissez de laditte Terre & Seigneurie de Turnhout, & contenté ceux qui y pouvoient pretendre quelque Droit, soit de proprieté ou possession, mais aussi a ladite Dame Princesse d'Orange, de nôtre consentement été mise en l'actuelle possession de la même Terre, avec tout ce qu'en depend. Il semble toutefois pour plus grande seureté de la même Dame Princesse, touchant la realité de la dite Seigneurie être convenable, ainsi qu'elle nous a aussi fait requerir, d'avoir sur ce nos Lettres Patentes en tel cas pertinentes, sçavoir faisons que nous ces choses considerées ayant pour agreable tout ce qu'à été fait & negotié en ce regard de nôtre part, & ne desirant rien plus que de pourvoir promptement à l'accomplissement desdites promesses avec les assurances & solemnitez en tel cas necessaires, avons de nôtre certaine science, autorité, & puissance absolüe, donné, cedé & transporté, au pied & sur les conditions referrées audit Traité, donnons, cedons, & transportons par cestes, au profit de ladite Dame Princesse Douairiere d'Orange, ses hoirs, successeurs, ou ayans cause, ladite Terre & Seigneurie de Turnhout, avec le Chateau, *Bancq* de Schoonbroeck, & toutes autres Appendences & Dependences, Droits & Jurisdictions, sans rien reserver avec les Villages, Hameaux & autres Droits qui d'ancienneté ont dependu & appartenu à icelle Terre & Seigneurie, laquelle nous avons separée, demembrée & esclissée, separons, demembrons, & esclissons des Domaines de nôtre dit Pays & Duché de Brabant, pour par ladite Dame Princesse, ses hoirs & ayans cause, la posseder doresnavant paisiblement & perpetuellement, comme son propre bien, à charge que ladite Dame Princesse & ses successeurs ou ayant cause, seront obligés de tenir doresnavant laditte Terre & Seigneurie avec les appartenances comme dessus, de nous en plain fief, à cause de nôtre Cour feodale dudit Brabant, aux Droits de relief, hommages & autres redevances, que tous autres nos fiefs de Brabant nous doivent & sont soûmis, & au surplus, que la Religion Catholique y sera maintenüe à l'avenir, ainsi qu'elle y est, & les Ecclesiastiques conservez en leurs biens, fonctions, libres exercices, & immunitez, moyennant quoi mandons & ordonnons aux Lieutenant & hommes de fiefs de ladite Cour feodale de Brabant, de recevoir ladite Dame Princesse Douairiere d'Orange à Titre que dessus, pour *Dame proprietaire* & feodale de laditte Terre, & Seigneurie de Turnhout, & ce qu'en depend; si donnons en mandement, à nos très chers & feaux les Chefs Tresorier General & Commis de nosdits *Domaines*, & *Finances*, Chancellier, & gens de nôtre Conseil en Brabant, President & gens de nôtre Chambre des Comptes, audit Brabant, & tous autres nos Officiers, sous lesquels laditte Terre & Seigneurie est située, & lesquels cy-devant en ont eu la maniance & recepte, ensemble à tous autres Justiciers, Officiers & Subjects, qui ce regardera, presens ou futurs, qu'ils & chacun d'eux, à qui il appartiendra fassent, souffrent, & laissent ladite Dame Princesse ses Hoirs, successeurs, representans ou ayans cause plainement, & paisiblement joüir & user de laditte Terre & Seigneurie en la forme & maniere avant dite, procedant par lesdits de nos Finances & Comptes en Brabant, à la Verification & Interinement de ces presentes, selon leur forme, & teneur, & en apportant par nosdits Officiers à qui il touchera Vidimus ou Copie authentiques de cettes pour une & la premiere fois, tant seulement nous voulons lesdits nos Officiers, être tenus francs, quittes, & dechargez, en leurs Comptes des parties concernantes laditte Seigneurie ordonnons auxdits de nôtre Chambre des Comptes d'ainsi le faire, sans aucune difficulté, car ainsi nous plait-il; Donné en nôtre Ville de Bruxelles le vingt-sixiéme d'Octobre, l'an de grace mil six cents quarante neuf, & de nos Regnes le vingt-neufiéme Paraphé Tuldnt. plus bas, par le Roi Monsieur l'Archiduc Lieutenant Gouverneur & Capitaine General, le Comte de Ifenbourg, Chevalier de l'Ordre de la Toison d'Or, premier Chef, Messire Francois de Kintschot, Chevalier, Seigneur de Riviere, Tresorier General, *Loüis Rogier Clarisse*, Chevalier de l'Ordre *Militaire* de St. Jaques, & Philippe le Roi, aussi Chevalier, Seigneur de Broechem, Commis des Finances, & autres presens, signe Verrycken, & étoient lesdits Lettres patentes seélées, avec le seau de sa Majesté en cire rouge, y appendant à double queüe de parchemin, plus bas étoit encores escrit les Chefs Tresorier General, & Commis des Domaines & Finances du Roi, consentent & accordent (en tant qu'en eux est) que le Contenu de ces Lettres Patentes soit fourni, & accompli tout ainsi & en la même forme, & maniere que sa Majesté le veut, mande être fait par icelles, fait à Bruxelles au Bureau desdites Finances sous les seings manuels desdits Chefs Tresorier General & Commis le vingt neufieme de Juillet 1651. signé d'Ifenbourg, J. Dennentiers, de Grylpere, Ph. le Roy; plus bas étoit encore écrit, aujourd'hui le huitieme d'Août 1651. ont ces presentes Lettres patentes été veües, lües au Bureau de la Chambre des Comptes du Roy en Brabant, & illecq selon leur forme & teneur été interrinées & enregistrées au Registre des Chartres; Octroys & autres affaires dudit Brabant, y tenu & reposant, commençant l'an 1646. an dehors marque de la lettre M. fol. 83. verso & seq. paraphé le R. signé B. Havet. Plus bas, accordé avec son Original sauf la *Lettre*, signé J. Verleyen.

Collationné à la Copie authentique concordat.

Quod Attestor.

Il. van Asten.

CXLV.

1656. Anno

CXLV.

15. May. **Vertrag zwischen Joachim Abt und dem Stifft Fulda / dann der freyen Reichs Ritterschafft in Franken im Canton Buchen über alle unter einander gehabte Irrungen und Rechthängige Processen / Krafft dessen die Ritterschafft sich erkläret / dem Abt und seinen Successoren / in Ansehung der vom Stifft tragenden Lehen-Stücken / ihre Lehens-Pflicht zu leisten / und jederzeit als getreue Vasallen sich zu erzeigen: Der Abt hingegen dieselbe für unmittelbare Riechs-Ritterschafft erkennt / und die Einsammlung der Reichs-Steuer selbiger zuläßt: Jedoch solle sie auf jedesmahlige allgemeine Reichs-Steuer-Bewilligung 2000. fl. in gemeine Leg-Stadt nacher Frankfurt erlegen. Geschehen den 15. May 1656. Benebst des Abts Ratification / geben Fulda den 3. September 1656. [Lunig Teutsch-Reichs-Archiv. Part. Special. Continuat. 3. Abtheil. 7. Abs. 3. pag. 63.]**

C'est-à-dire,

Accord entre Joachim *Abbé de Fulde & son Abbaye d'une part, & la Noblesse immediate de Franconie habitante au Canton de Buchen d'autre part sur tous leurs anciens differents. La Noblesse y promet de faire hommage à l'Abbé pour les Fiefs qu'elle tient de lui, & de se comporter toujours à cet égard, en bons & fidelles Vassaux. L'Abbé en échange la reconnoit pour Noblesse immediate de l'Empire & promet de la maintenir dans son Droit de collecter les Steures, à condition neantmoins qu'à chaque Collecte Imperiale elle sera obligée d'en apporter & deposer* 2000. *florins à la Caisse de Francfort. Fait le* 15. *Mai* 1656. Avec *La Ratification dudit Abbé Donnée à Fulde le* 3. *Sept.* 1656.

Wir Joachim von GOttes Gnaden / Abbt des Stiffts Fulda / des Heil. Römischen Reichs Fürst / Römischer Kayserin Ertz-Cantzler / durch Germanien und Gallien Primas, &c. So dann wir Dechant / und das Capitul gemeinlich desselben Stifftes / bekennen hiermit vor uns / unsere Nachkommen und Stifft / als sich eine lange Zeit hero Strittigkeiten / Irrungen und Gebrechen / zwischen unsern hochseeligen Vorfahren / auch uns / und unserm Stifft / so dann der Ritterschafft in Buchen / enthalten / auch vor und rechthängig gewesen / selbige aber endlich durch Vermittelung und Interposition des hochwürdigsten Fürsten und Herrn / Herrn Johann Philippen / des Heil. Römischen Reichs durch Germanien Ertz-Cantzlern und Chur-Fürsten / auch Bischoffen zu Würtzburg / und Hertzogen zu Francken / unsers hochgeehrten und respective gnädigsten Herrns / in dero Stadt Würtzburg den 15. May, mit beederseits Belieben / gütlich verglichen und abgehandelt worden / allermassen der darüber aufgerichte Recess mit mehren ausweiset / wie hernach folget.

Zu wissen / nachdem zwischen den hochwürdigen Fürsten und Herrn / Herrn Joachim / Abbten des Stiffts Fulda / der Römischen Kayserin Ertz-Cantzlern / und durch Germanien und Gallien Primaten / und S. F. Gn. und dem Stifft Fulda Herrn Vorfahren hochseeligen Andenckens an einem / dann der Ritterschafft in Buchen am andern Theil / von vielen und langen Jahren hero / schwere Irrungen / Mißverständnüß und Differentien sich enthalten / daraus sowol am Kayserlichen Hoff / als Cammer-Gericht zu Speyer / auch bey impetrirten Reichs-Commissionen kostbare / beschwerliche / und theils noch in ohnerörtertem Stand schwebende Processen entstanden. Nun aber beeden Theilen länger in diesen Mißhellig- und Streittigkeiten zu stehen / nicht gelegen seyn wollen / sondern allerseits die rühmliche Intention gefast worden / durch beederseits begehrende Vermittelung des hochwürdigsten Fürsten und Herrn / Herrn Johann Philippen / des Heil. Römischen Reichs durch Germanien Ertz-Cantzlern und Chur-Fürsten / Bischoffen zu Würtzburg / und Hertzogen in Francken / rc. sich in der Güte zu Beyleg- und gäntzlicher Aufhebung / aller biß dahero zwischen hochgedacht S. F. Gn. zu Fulda / dero Stifft und Capitul / und dem gesamten Ritter-Corpore in Buchen / obgeschwebte Irrungen / und dißfalls rechthängigen Processen zu vergleichen / als ist nacher Würtzburg auf den zweyten May / eine gewisse Tagfahrt beederseits beliebt / und um höchstgedacht ihrer F. Gn. höchstansehnliche wolmeinende Chur-Fürstliche Interposition, gebührend und unterthänigst gebetten worden; Massen darauf ihre Chur-Fürstl. Gnaden zu solcher güt- und mündlichen Conferenz dero Räthe / den Hoch-Ehrwürdigen und Wol-Edelgebornen Herrn Wilberich von Walderdorff / Dom-Probsten zu Speyer / und Dom-Capitular-Herrn zu Mayntz und Würtzburg / wie auch Herrn Franciscum Schilden / Dom-Capitularischen Syndicum, und Tobiam Reibold / beede der Rechten Doctores gnädigst deputirt / dabey dann an Seiten und im Namen Ihrer F. Gn. zu Fulda / und dero Adelichen Capituls / mit exhibirten genugsamen Gewalt / Vollmacht und Consens, dero Abgesandten / der Hoch-Ehrwürdig Wol-Edelgeborne Herr Matthias Benedictus von Amdorff / des Stiffts Fulda Dechant / und Probst zum Neuenberg / wie auch dero Räth / Herr Wilhelm Ignatius Schüp / und Johann Preler / Capitularischer Syndicus, der Rechten Doctorn / dann an Seiten und von wegen der interessirten Ritterschafft / dero Deputirte / die Wol-Edelgeborne und Gestrenge / Herrn Johann Volprecht von Schlitz / genannt von Göetz / des Orts Rohn und Werra Hauptmann / und der Zeit Fränckischen Ritter-Crayses Director, dann Friderich von und zu der Thann Obrist-Lieutenant / mit gleichmäßigem genugsamen Gewalt erschienen / und darüber nach reiffer der Sachen Überlegung / und nach verschiedentlich Ihro Fürstl. Gnaden zu Fulda / so sich der Zeit zu Hammelburg befunden / gethane Relationes, und Freystellungen / und dero darauf erfolgte Ratificationes; die Sach endlichen auf nachfolgenden beständigen ewigen ohnwiderruffflichen Vertrag gebracht worden.

Anno 1656.

Nemlichen und vors 1. damit vorderst zwischen den verglichenen Partheyen / um so viel besser Vertrauen / Ruhe und Einigkeit gestifftet werde / so erkennet sich wolgedachte Ritterschafft in Buchen schuldig / itziger Ihrer F. Gn. zu Fulda / und dero ordentlich erwehlt und postulirten Successorn / auch dero Dechanten und Adelichen Capitul / in Ansehung dieselbe von hochgedachten Stifft / ansehnliche Lehen-Stück tragen / allen gebührenden Respect zu erweisen / und sich gegen dieselbe als getreue Vasallen jederzeit zu bezeigen / auch ihre Lehens-Pflicht / und andere davon dependirende Lehen-Schuldigkeiten / bißherigem ohndisputirlichem Herkommen gemäß / zu leisten / dahingegen S. Fürstl. Gn. zu Fulda / dero Dechant und Capitul / was einem Lehen-Herrn seinem Vasallo zu thun oblieget / der Ritterschafft in Buchen gleichfalls dem Herkommen gemäß zu prästiren schuldig seyn sollen.

So erstermehnte zu Fried und Einigkeit dienende löbliche Intention fortzuführen / und alles dasjenige / was zwischen Ihrer Fürstl. Gn. dero Dechant und Adelichen Capitul / und dann der Ritterschafft zu neuen Zwispalt und Irrungen Anlaß geben konnte / gäntzlichen aus dem Weg zu räumen und abzuthun / haben zum 2. Ihre Fürstl. Gnaden zu Fulda / vor sich und dero ordentliche Successorn / auch Dechant und Adelich Capitul zugesagt und versprochen / von nun an mehr wolbesagten Adel in Buchen / vor des Reichs ohnmittelbaren freyen Ritterschafft in Francken / des Orts Rohn und Werra zugethane Mit-Glieder / gleich andern dem Fränckischen Creyß incorporirte ohnzweiffentlich freye Adeliche Ritter-Glieder / beständig zu erkennen / zu achten und zu halten / und wider dieselbe und ihre Freyheit und Immedietät / zu keinerley Weiß / unter was gesuchtem Schein und Nahmen es immer seyn möge / einen Anspruch mediatæ subjectionis, nicht zu führen / allermassen dieselbe bey allen Rechten und Gerechtigkeiten / Freyheiten und Begnadigungen / absonderlich denen Reichs-Constitutionen / dem Münster- und Oßnabrückischen / der freyen Reichs-Ritterschafft zu statten kommenden Frieden-Schluß / dem darinn bestättigten Religion- und Prophan-Frieden / und was deme anhängig / vor sich / dero Familien / Unterthanen und Bedienten / je und allweg / frey / sicher und ohnbehindert zu lassen / dieselbe auch bey so erwehnter ihrer freyen Immedietät / in Religion- und Prophan-Sachen / weder mit noch ohne Recht / weniger eigenen Gewalts / vor sich oder durch andere / an Person oder Güter zu molestiren und beeinträchtigen.

Nach diesem und zum 3. die Einsamml- und Lieferung der Reichs-Steuer belangend / ist beederseits einmüthig geschlossen und verglichen / daß die Buchische Adeliche Mit-Glieder dißfalls bey ihrer Possession, vel quasi Juris Collectandi, auf ihren Unterthanen & inferendi Steuras, zur Rohn-Werrischen Orts Cassa, wie auch sonsten insgemein / bey ihrer dahin behaffter Ritter-Verwandnüß gelassen werden sollen. Gleichwol aber soll und will mehr wolgedachter Ritterschafft in Buchen / auf alle künfftige jedesmalige allgemeine Reichs-Steuer-Bewilligung / es falle dieselbe so hoch oder nieder / als sie wolle / offtgedacht S. Fürstl. Gn. und dero Stifft Fulda / zu einem verglichenen Beytrag / eine beständige gewisse Summam / als benanntlichen 2000 Gülden Franckischer Währung / den Reichs-Thaler zu 18. Batzen gerechnet / in gemeine Legstadt nacher Franckfurt / dem jenigen / welchen Ihre Fürstl. Gn. zu Fulda / auf vorhergehende Denunciation, daß sie / die Ritterschafft in Buchen / mit den Geldern gefast seyn / benennen werden / gegen eine auf diesen Vertrag gerichtete Qvittung / ohnfehlbar zu erlegen /

ANNO 1656. gen/ in Krafft dieses hiermit versprechen/ eingewilliget und sich verbunden haben. Jedoch mit diesem ausdrücklichen Beding/ daß solcher Beytrag keine Reflexion auf den Fuldischen Reichs-Anschlag haben/ und der Ritterschafft zu keinem Præjudiz oder Verfung dero Reichs-Immedietät/ und einig widrigen Sequelen gereichen/ noch ausgedeutet werden solle; Massen dann in specie dieser Beyschluß der Reichs-Steuer/ keines weges auf andere Assignationes, Einquartierungen Kayserlicher oder des Reichs geworbener Völcker/ oder auf einig andere beschwerende Zumuthungen (so viel bey Ihrer Fürst Gn. und bey dero Stifft Fulda bestehet) gezogen/ sondern diese freye Ritterschafft in Buchen/ bey ihren sonsten unter des Fränckischen Ritter-Corpors gewöhnliche Assignationen/ einzig und allein gelassen/ und darüber ferner Last/ oder Beschwerung/ Fuldischen Theils nicht aufgebürdet werden solle; Es sey dann Sach/ daß von der Römischen Kayserlichen Majestät/ solche Einquartierungen von Reichs wegen/ an statt der ordentlichen Reichs-Steuer und der Römer-Monaten assigniret würden/ alsdann die Ritterschafft weiter/ und anderer Gestalt nicht/ als mit obgemeldtem Beytrag der 2000. Gülden baaren Gelds zu concurriren schuldig seyn solle und wolle Falls aber einige Saumsal hierinnen vorgehen solle/ ist verglichen/ daß alsdann gegen die Saumselige nach Inhalt der Reichs-Constitutionen/ durch gewöhnliche Kayserliche Executiones verfahren werden solle.

Uber dieses auch und vors 4. ist beederseits abgeredt und zugesagt/ dafern die freye Ritterschafft in Buchen/ wie auch ihre Unterthanen einige Stifftische/ oder diese hingegen jene zu beklagen hätten/ daß so denn jedem Theil/ der die Klägers-Stell führet/ nach der bekannten allgemeinen Rechts-Regul/ des Beklagten ordentlich Forum, als die von Adel/ und die Ihrige bey jedes Orts Beamten/ darunter die Beklagte gesessen/ und in Entstehung der Amts-Hülff/ bey Fürstl. Cantzley zu Fulda/ und der Stifft oder dessen Angehörige/ bey des Beklagten ordentlicher Herrschafft suchen/ und von beederseits ohnpartheyische Justiz, mit Ertheilung schleuniger Obrigkeitlicher Amts-Hülff/ ohnfehlbar administrirt: Im übrigen aber alle des Adels/ gegen Ihre Fürstl. Gnaden zu Fulda/ dero Dechant und Capitul/ und vicissim des Stiffts gegen den Adel vorkommende Anspruch und Forderungen/ wofern sie sich nicht in der Güte vereinbahren und vergleichen würden/ vor Ihr Kayserl. Majestät/ oder dero Kayserlichen Cammer-Gericht/ denen Kayserlichen Constitutionen gemäß/ fürgenommen/ ausgetragen und entschieden werden sollen.

Demnach auch bey diesem Puncto zum 5. vorkommen/ daß zuweilen wegen der Buchischen freyen Adels unter dem Stifft Fulda/ und hingegen des Stiffts Fulda/ unter dem Adel gesessenen Zinß- und Lehen-Leuten/ der Civil Jurisdiction, Juris collectandi, Frohn-Dienst/ Folg/ Reiß und anderer Obrigkeitlicher Gebühr halben/ einige Mißverständnüß sich erhoben/ als ist auch zu dessen gütlicher Hinlegung abgeredt und verglichen/ daß Ihre Fürstl. Gn. zu Fulda/ wegen des Adels Zinß- und Lehen-Leuten/ als Stifftischen Unterthanen/ an dero Jurisdiction und anderer Obrigkeit Lands-Fürstlicher Hoheit und Gebühr/ künfftig nicht angefochten/ sondern dieselbe darinn ruhig verbleiben/ von dem Stifft aber und dessen Beamten/ auf vorhergehendes Ersuchen/ dem Lehen- und Zinß-Herrn aus der Ritterschafft jedesmal zu seiner gebührenden Forderung schleunig verholffen werden solle; Hingegen haben Se. Fürstl. Gn. vor sich/ und dero Nachkommen/ auch Dechant und Capitul zugesagt/ daß auch der freyen Adelichen Buchischen Ritterschafft wegen/ Ihrer Fürstl. Gn. unter des Adels Obrig- und Bottmäßigkeit gesessenen Zinß- und Lehen-Leuten/ an ihrer competirender Jurisdiction und Obrigkeitlichen Juribus, als gleichfalls dem Jure Collectandi, Frohn-Dienst/ Folg/ Reiß und andern/ kein Eintrag beschehen/ ex parte der Ritterschafft/ jedoch Ihrer Fürstl. Gn. zu Fulda und dero Stifft/ ohne einzigen Aufzug/ zu dero gebührenden Rechten/ gleichfalls durch Obrigkeitliche Hülffe die Hand gebotten werden solle.

So dann 6. soll der Vormundschafft halber/ der Ritterschafft ohnverwehrt/ sondern frey stehen/ deren Bestellung entweder in Camera, Aula Cæsarea, oder bey Ihrer Fürstl. Gn. zu Fulda zu suchen/ vorzuschlagen oder zu begehren/ jedoch daß der Ritterschafft wider ihren freyen Willen/ von Ihrer Fürstl. Gnaden zu Fulda dißfalls das geringste nicht zugemuthet/ wie ingleichen Falls einige freywillige Vormunds-Verordnung/ bey Ihrer Fürstl. Gnaden zu Fulda/ durch einige Ritter-Glieder gesucht würde/ solches zu keiner Consequenz oder Præjudiz ihres Immediat Standes ausgedeutet oder gezogen werden/ sondern die auf solchen Fall freywillig suchende Vormunds-Bestellung/ oder der allbereit benamter Vormunder Confirmation, ausgehende Citationes ad videndum se confirmari, und was diesem anhängig/ vor Ihrer Fürstl. Gnaden zu Fulda/ als von Ihr Röm. Kayserlichen Majestät darzu verordnetem Commissario (wie dann darunter Ihre Kayserl. Majestät/ bey bevorstehender suchender Confirmation dieser Vergleichs beederseits allerunterthänigst zu belangen seynd fürgehen/ und anderer Gestalt nicht beschehen sollen.

Endlichen was Ihre Fürstl. Gnaden zu Fulda/ mit einem und andern Geschlecht der Ritterschafft in Buchen/ und diese hinwiederum mit Ihrer Fürstl. Gnaden zu Fulda/ für Burgfrieden Ganerben-Vertrag und res judicatas und sonsten noch in Recht schwebende Processen mit einander haben/ so weit und viel sie diesem Vertrag in Puncto der Immedietät/ verglichen Beytrags/ Fori und Vormunds-Bestellung nicht zuwider/ lässet man/ so viel Rechtens/ beederseits an ihre Ort gestellet bleiben/ hingegen und solchen nach/ sollen über die obangezogene und verglichene Puncten/ alle und jede sowol am Kayserlichen Reichs Hoff-Rath/ als Cammer zu Speyer/ geführete anhängige und ohnerörterte Process, hiermit und in Krafft dieses gäntzlichen aufgehebt/ denenselben per expressum auf ewig renunciret und sammtlichen cassiret seyn. ANNO 1656.

Es sollen auch bey der Römischen Kayserl. Majestät/ unserm allergnädigsten Herren beede Theil/ oder wo es sonsten ein und ander Theil gut befindet/ um Confirmation dieses Vergleichs gebührend anlangen/ und höchstgedacht Ihr. Chur-Fürstl. Gnaden dabey/ so viel möglich gnädigst cooperiren heissen/ damit die Kayserliche allergnädigste Confirmation erfolge/ und auf derselben Erfolgung/ solle dieselbe der Kayserlichen Cammer nicht weniger von beeden Theilen nachrichtlich insinuirt werden/ auf daß um so viel besser und steiffer in allen Puncten beederseits nachgelebt/ und darob ohnverbrüchig gehalten noch im wenigsten contraveniret werde/ sondern dieser Vergleich vim Processus Executivi & rei judicatæ haben soll.

Dessen zu wahrer Urkund/ steter und vester Haltung/ haben mehrhochstgedacht Ihre Chur-Fürstl. Gn. als erbettener Mediator diesen Vertrag eigenhändig gnädigst unterschrieben und besiegelt/ wie ingleichen dero obbenannte hierzu deputirte Räthe/ dann sowol die von Seiten Ihrer Fürstl. Gn. zu Fulda/ und dero Adelichen Capituls Abgesandte/ als der Ritterschafft Deputirte/ diesen Vertrag unterzeichnet/ und mit ihren Ring-Pitschafften bekräfftiget/ über dieses ist abgeredt/ daß über das allbereit an Ihre Chur-Fürstl. Gnaden zu Mayntz eingeschicktes den 3. May zu Hammelburg datirtes Ratification-Schreiben/ Ihrer Fürstl. Gnaden zu Fulda/ dero Dechant und Capitul/ eine unter hochgedacht Ihrer Fürstl. Gnaden und dero Capituls Siegel/ wie auch die Buchische Ritterschafft/ eine mit dero Ritter-Orts Insiegel bekräfftigte absonderliche Ratification, beederseits gegeneinander extradiren und auswechseln wollen. So geschehen Würtzburg den 15. May, Anno 1656.

(L. S.) Johann Philipp.

(S. L.) Wildericus a Walderdorff/ Præpositus Spirensis.

(L. S.) Franciscus. D.

(L. S) Tobias Reibold. D.

(L. S.) Johann Volprecht von Schlitz/ genannt von Görtz.

(L. S.) Matthias Benedictus von Neudorff/ Dechant.

(L. S.) Wilhelm Ignatius Schütz. D.

(L. S.) Johann Breler. D.

(L. S.) Friderich von der Thann.

Wann dann in so erwehnten Recess, über die sowol von Seiten unserer/ als der Ritterschafft Deputirten beschehenen Unterzeichnissen und Subsignation ferner abgeredet und beliebet worden/ daß zu mehrerer gedachten Recess Bekräfftigung/ noch eine absonderliche und unter unsern respective Fürstlichen und Capitularischen Insiegel verfertiget/ der Ritterschafft in Buchen/ eine gleichmäßige/ und dero Ritter-Orts bekräfftigte absonderliche Ratification extradirt/ und also beederseits gegen einander ausgewechselt werden solle; Als haben zu dessen Folg/ Urkund und nochmaliger Bekräfftigung/ Confirmation und Ratification ermeldten Recesses/ und allen dessen Inhalt/ Wir Joachim Abbt/ unser Stiffts-Secret, und wir Dechant und Capitul/ Eingangs gemeldt/ unser Capitularisches grössest Insiegel hievor trucken/ und dieses der Buchischen Ritterschafft wissentlich aushändigen/ auch hingegen von ihnen eine gleichmässige Ratification, unter dero Ritter-Orts Insiegel empfangen und uns zu stellen lassen. So geschehen Fulda den 3. Septembris 1656.

(L. S.) P. Fuld. (L. S.) Capitular.

CXLVI.

Nieuwe Oostindische Compagnie opgerecht in Engelandt en geprivilegieerd door de Protector OLIVIER CROMWEL, *onder 't groot Zegel van date* 19. *October* 1657. [Feuille volante imprimée en Hollande, cette même année 1657.] 1657. 19. Octobre.

C'est-à-dire,

Nouvelle Compagnie des Indes Orientales, établie

ANNO 1657.

blie en Angleterre & Privilegiée par le Protecteur OLIV.ER CROMWEL, *sous le grand Sceau, en date du 19. Octob. 1957.*

TErwyl het believen, ende wel-behaghen is van zyn Hoocheyt OLIVIER Heer Protector van Engelant, Schotlant, ende Yerlant, &c. op preallable advys van zynen RAET, ende bewogen door den yver, ende begeerte die zyn opgemelde Hoocheyt heeft om te advanceren, ende bevorderen de Trafycke van de Orientaelsche Landen, tot eere, ende proffyt dezer Natie. Soo heeft hy gedeclareert, ende geordonneert, dat van nu voortaen de zelfde Traffycke, by forme van een eenich gemeen FONTS, gemesnageert zoude werden: ende dat tot encouragement van de persoonen, die geraden vinden zullen, van in de zelfde Compaignie Avonturiers te werden. Het heeft gelieft aen zyn Hoocheyt door zyne speciale grade, niet alleen te ratificeeren, ende confirmeren, aan de boven-schreven Avonturiers, alle de Privilegien, ende immuniteyten, vervadt in de Brieven van Patenten, van den Koninck Jacobus, onder 't groot Zeghel van Engelandt, van date 31. Juny in 't sevende Jaer zynder regeeringe van Engelandt, VRANCKRYCK, ende Yerlant, ende in 't twee-en-veertichste Jaar zynder regeeringe van Schotlant, maar oock hun te Octroyeren verscheyde andere Privilegien, ende immuniteyten, begrepen in de Letteren Patenten van zyn Hoogheyt, onder 't groot Zegel van Engelant, van date negenthienden October 1657., met gracelicke belofte by zyn Hoocheyt ghedaen, van te zullen trachten te bevorderen, het establissement van de zelfde Compaignie, door Acte van 't Parlement in des zelfs eerste Sessie, ende te doen, ende geven aan de zelfde Avonturiers alle andere soorten van Protectie, ende aanmoedinge. Waar op geresolveert had geweest, in de vergaderinghe, ofte Generael COUR, ghehouden in 't huys van de Compagnie van de Oost-Indien den 19. van de meerghemelde maant Octobris, datter een open Boeck soude werden gehouden, tot in-teyckeninghe, van die, de welcke begeerden, hun als Avonturiers, tot vast-stellinge van een FONTS COMMUN, voor de voorsz. Oost-Indien, t'engageren, in den welcken zy vermogen te teyckenen, de verscheyde sommen, die zy willich zyn daar toe t'avontureren. In manieren nochtans, dat geene zulcke somme niet zy onder de hondert ponden sterlincx, in conformité, ende achtervolgens de conditien begrepen in de volgende verbintenis.

Verbintenis van de Nieuwe Oost-Indische Compaignie in Engelandt, &c.

WY welcx namen dat onderteekent zyn, beloven, ende verbinden ons door deze tegengenwoordige, te avontureren, de verscheyde sommen van gelde by ons onderteyckent, om met de hulpe Godts gebruyct te werden, by forme van gemeene FONTS, voor d'Orientaelsche Indien, achtervolgens de conditien hier naer geexpresseert, ende gelyck ten besten, ende ten oorboorste, door de Generaliteyt van de Avonturiers, in eenich COUR, ofte vergaderinghe, die hier naer by hun lieden ofte door de meeste partye van die daar in assisteren, zal ghehouden werden. Ende wy verobligeren ons, door ons gemelde onderteyckeninghe aan den Tresorier van de Oost-Indische Compagnie, ofte aan die, dewelcke daar toe by ons zullen geordonneert zyn, voor den gemelden gemeenen FONTS, de diversche sommen by ons onderteyckent, op de naarvolgende maniere. te weten. 1. Een achtste partye van de zelve den eersten dach van December toecomende. 2. Een ander achtste partye, den eersten Marty toecomende. Ende de reste in vier egale payementen, van vier termynen, yder termyn van 6. Maanden, aanvanck nemende metten voorgemelden eersten Marty eerst-comende; te weten. 3. Een vierde van de gemelde reste, den eersten September toecomende. 4. Een ander vierde, den eersten Marty daar aan volgende. 5. Een ander vierde, den eersten September daar aan volgende in een Jaar. 6. Ende het leste vierde den eersten Marty van den Jare 1660. ofte thien daghen te lancxsten naar yder van die bovenghemelde termynen, ofte dagen van betalinge by foute van welcke en sal ons gelt niet ontfangen werden. Ende daar en boven zo engageren wy ons ondergeteyckende, dat in Cas datter proffyt geschiede, op den gemelden gemeenen FONTS, een yder van ons maar alleendeliek zal ontfangen, naar proportie van 't gelt, dat wy zullen hebben behoorlik betaalt, in den termyn van verscheyde dagen, ofte tyt van de opgemelde betalinge ende niet meer: Ende in gevalle datter verlies geschiede, 't welck God niet believe, een yeder een van ons verobligeert sich, te betalen, ende te bringen, onse diversche proportien, volgens onse diversche onderteyckeningen. Ende nog zyn daar en boven d'accoordt gevallen, dat ten eynde van seven Jaaren, te beginnen van den dag, van de boven-schreven eerste betalinge, eene juste, ende onpartydige evaluatie zal gemaackt werden, van de gheheele reste van den gemelden FONTS, den welcken noch niet gepartageert en zal hebben gheweest, door Gecommitteerde, ten dien effecte by de Generaliteyt van de Avonturiers te kiesen; door middel van welcken, soo daar yemant is, die zyn restant begeerich is in trecken, hy in gelt mach betaalt werden, volgens de gemelde evaluatie, met termynen van driemaal 6. maanden. Ende d'andere die daar toe noch eenig nieuw gelt willen inbringen, volgende dezelfde evaluatie, zullen tot zulcx geadmitteert werden: Ende het is ook geaccordeert, dat gelycke evaluatie, ende indifferent, van geheel de rest van den zelfden FONTS behoorlick zal ghemaeckt werden, eenmaal alle drie Jaren, naar 't expireren, van de voorschreven seven eerste Jaren; ende gelycke Vryheyt, als hier boven, zal aen de op-gemelde Avonturiers ghegeven werden. Ende noch zyn wy door deze teghenwoordighe eens geworden, dat yder van de zelfde Avonturiers, tegenwoordich zynde in eenich COUR, ofte generale Vergaderinge van de Compaignie, aldaar zyn stemme zal moghen geven, ende hebben deel, in 't Gouvernement van den zelfden FONTS, ende Traffykke, naar advenant van de proportie van zyn avonture, te weten voor yder vyfhondert ponden sterlincx van avonture, een stemme: ende wat belanght die, welk avonture yder de vyfhondert ponden sterlincx niet monteert, zullen hun vermoghen wel t'samen te vervoegen, tot het suffisant getal, om uyt te vinden de voorgemelde somme van 500. ponden sterlincx, ende alsdan een uyt hun lieden te verkiesen, den welcken voor de reste stemme hebbe: Ende voorders oock dat geen Avanturier niet bequaam zyn zal, om van de voorschreven Gedeputeerde te zyn, tot verhandelinghe van de affairen van den zelven FONTS, zoo zyn avonture ten minsten niet zy van duysent ponden sterlincx. Ende noch zyn wy veraccordeert, ende wy verbinden ons, door deze tegenwoordighe, dat soo t'eeniger tyt, duerende de continuatie van den ghemelden FONTS, ondervonden wierde, dat yemant van ons, in de voorgemelde Indien eenigerande particuliere negotie dreef, anders, als die uyt den gemeenen FONTS, ofte die niet zy geallouëert, door de Gedeputeerde van den zelfden FONTS; in zulck Cas, dien die soodanich zal hebben getrafficqueert, in prejuditie van onze intentie, zal geheelick verliesen, geheel zyn FONTS, ende avonture, die geconfisqueert zyn zal, tot usantie van de resterende Avonturiers in 't generael. Ende insgelycx zyn wy d'accoordt gevallen om t'accepteren gheheel den Interest, des ghemeenen FONTS, ende vereenicht van de oude Indische Compaignie, in hunne diversche Huysen, Douänen, Forten, Privilegien, ende immuniteyten, die zy mogen hebben, zoo wel in verscheyde gewesten van de Indien, als in eenige andere plaatsen, geapproprieert tot hunnen Trafick, met 't Eylant Pollarcon, voor den somme van twintich duysent ponden sterlincx, naar d'evaluatie, onlanx in de generale Vergaderinghe, van den gemelden ouden FONTS, gemaackt, ende de zelfde somma in twee Termynen te betalen, van 6. Maanden yder Termyn, te beginnen den eersten Decembris naastcomende; ende dat wy zullen dechargeren de gedisintresseerde in den geunieerden FONTS van alle soorten van kosten in de Indien, 't zedert den tyt van de over-komste in 't zelfde Lant van eenige van de Schepen, die aldaar voor onze rekeninge

ANNO 1657. ninge zullen ghefonden zyn; gelyck dat wy oock zullen reduiceren onze kosten, tot de grootste, ende meeste advantaige, van den teghenwoordighen ghemeenen FONTS. Ende wy zyn insghelycx veraccordeert, d'aldergrootste debvoiren te doen, om de Traffick van Guinea met die van de Orientaalsche Indien te vereenighen, om 't gout, ende om 't yvoir te doen komen; 't welcke eene reys geobtineert wezende, zoo zal zulcx, ons, naar alle apparentie een groot voordeel zyn, voor de Negotie, die wy hebben voorgenomen te dryven: Ende door de teghenwoordighe is gedeclareert, dat den voorschreven Boeck van onderteyckeninge, open zal ghehouden werden, tot den 10. November van het jegenwoordich Jaar voor die in de Stadt Londen woonen, ofte 20. mylen in 't ronde, ende hun begeeren t'engageren, als Avonturiers in den zelfden gemeenen FONTS voor d'Indien, om te onderteyckenen de sommen die zy willen avontureren, achtervolgens deze jegenwoordige conditien, ende andere, die hier na zullen gereguleert werden, in eenige generale Vergaderinge van de Avonturiers, ofte door het meerderdeel van die hun in de zelfde zullen tegenwoordich vinden: Ende tot den 25. van dezelfde Maant, voor die, dewelcke vorder als twintich mylen van Londen woonen. Ende eyndelick het is geaccordeert, dat een indifferent COMMITE' zal gekosen zyn, tusschen de nieuwe Avonturiers, wanneer zy zullen bekent zyn, ende d'Avonturiers van den ouden, ende vereenichden FONTS, om een onpartydige evaluatie te stellen, van alle de Resten, ende Interesten, die in de Indien zyn, zoo van den ghemelden FONTS, als van alle d'andere Trafficquerende particuliere; ende om te reguleren alle de differentien, die hier naarmaals mochten komen te rysen.

CXLVII.

1658. *Capitoli dell' Aggiustamento tra la Corona di Polonia ed i Cosacchi l'anno* 1658. [G. GUALDO PRIORATO, Historia di Leopolde Cesare Tom. I. aux preuves du Liv. 3. pag. 3.]

PRimo. Che sarebbe dall' hora in dietro pace inviolabile trà la Corona di Polonia, el Gran Duca di Lituania, e de Cosacchi, si permetterebbe l'esercitio della Religione Greca, e si potrebbero fabricar Chiese.

2. Secondo. I beni degli Ecclesiastici, che furono loro levati sarebbero restituiti nel termine di sei mesi.

3. Le Chiese di quelli non fussero sottoposte ad alcun' altra giurisdittione, che à quella de loro Pastori.

4. Quarto. Il Patriarca di Chiovia, el Vescovo di Lemburg sarebbero ammessi nel Consiglio di Guerra con la medesima authorità goduta da gli altri Arcivescovi, e Vescovi Polacchi.

5. Quinto. Ne gouerni di Chiavia, Bratilau, e Cremiscou i Catholici Greci indifferentemente venirebbero ammessi alle cariche di Consiglieri col primo luogo al Generale de Cosacchi, qual potrebbe eleggere gli Officiali à suo piacere.

6. Sesto. Potrebbe erigere una Università in Chiovia con li privileggi stessi di quelli di Cracovia, esclusi pero a questa i scolari Luterani, Calvini, ò Armeniani, e similmente un' altra in Litania.

7. Settimo. Si cancellasse la memoria di tutti gli Atti di hostilità, ne potesse alcuno essere punito di mancamento commesso pendente la guerra.

8. Ottavo. Li trattati fattisi con altri Principi in pregiudici dell' una, e dell' altra parte si ritrattassero.

9. L'esercito di essi Cosacchi non potesse eccedere il numero di 6000. commandati dal loro Generale per servitio della Polonia, e contro i suoi nemici, & haurebbero il lor quartiere d'Inuerno nelli sudetti tré Gouerni.

10. Decimo. Non sarebbero aggrauati d'alcuna impositione, nè giudicati da altri, che dal loro Generale col privileggio delle caccie, e pescagioni.

11. Undecimo. Tuti quelli raccommandati dal loro Generale per esser dichiarati Nobili, si sarebbero à conditione di non poterne proporre, che certo soli per ogni Reggimento. ANNO 1658.

12. Duodecimo. Il Generale distribuirebbe i quartieri d'Inuerno nelle Terre del Regno, senza poter esserne esenti gli Ecclesiastici.

13. Decimoterzo. Ogni Generali commandarebbe al suo esercito, e quello, che vi era all' hora continuarebbe nella carica durante sua vita. Dopo la di cui morte i Cosacchi nominarebbero quatro soggetti, é il Rè pigliarebbe chi à lui meglio paresse. Havrebbero authorita di far battere monete coll'armi però di Poloni.

14. Decimo quarto. Le contributioni non sarebbero impiegate, che nel pagamento della loro militia.

15. Decimo quinto. Havrebbero il loro Cancelliere Marescialo, e Teloriere, come appunto hanno i Polacchi, e Littuani.

16. Decimo sesto. Tutti le nomine, che farebbe il Rè né beneficii vacanti nelli sudetti tré gouerni sarebbero sigillate dal loro Cancelliere, con la giurisdittione sopra gli habitanti.

17. Decimo Settimo. Tutto ciò, che si trouasse contrario à questi Articoli sarebbe dichiarato nullo, e chi volesse opporsi s'intendesse priuo de suoi privilegii.

18. Decimo ottavo. Non si farebbe alcuna novita nè privilegii del defonto General Kimielniski.

19. Decimo nono. I detti Cosacchi potrebbero intervenire nell' Assemblee, che si facessero per la giustitia.

20. Vigesimo. Nella prima Dieta questi Articoli sarebbero ratificati, & i Cosacchi prestarebbero il solito giuramento di fedeltà.

21. Vigesimo primo. Questi stessi Articoli si registrarebbero negli Archivii del Regno, restanto come un rito perpetuo frà le due Nationi.

CXLVIII.

Franckfurtische Verabredung und Verein zwischen denen Hertzogen PHILIP WILHELM **zu Pfaltz-Neuburg/** AUGUST **zu Braunschweig Wolffenbuttel/ und** CHRISTIAN LUDWIG, **wie auch** GEORG WILHELM **zu Braunschweig-Zell/** EBERHARDT **zu Würtemberg/ Landgraf** WILHELM **zu Hessen-Cassel/ und** LUDWIG **zu Hessen-Darmstadt/ zu Erhaltung ihrer Fürstlichen** Jurium ratione Belli & Pacis, Foederum, ferendarum Legum, Proscriptionis Statuum, **Abthuung dessen was Ihnen durch die Kayserlich Leopoldinische Wahl-Capitulation darin zu nahe getretten/ Erhaltung dero Fürstlichen Würden in Sitzen/ Titulatur/ Tractirung ihrer Gesandten** **rc. Geschehen zu Franckfurt am Mayn den** 10—20. **April** 1662. **Mit Hochgedachten Hertzogs** AUGUSTI **zu Wolffenbuttel Ratification. Wolffenbüttel den** 17. **April** 1662. [LUNIG **Teutsch Reichs**-Archiv. Part. Spec. **Abtheil.** 2. pag. 354.] 1662. 10-20. Avril.

C'est-à-dire,

Union de Francfort entre PHILIPPE GUILLAUME *Duc Palatin de Neubourg;* AUGUSTE *Duc de Brunswich Wolfembutel;* CHRISTIAN, LOUIS, & GEORGE GUILLAUME *Ducs de Zell,* EBERARD *Duc de Wirtemberg,* GUILLAUME *Land-Grave de Hesse Cassel,* & LOUIS *Land-Grave de Hesse Darmstadt; pour la conservation de leurs Droits de Guerre, de Paix & d'Alliance, comme aussi de faire des Loix, & de proscrire les Estats desobeissants chacun en son propre Territoire; pour le maintien de leurs Dignités de Princes de l'Empire, Titres, & honneurs qui en dependent, conformement à la Paix de Westphalie; pour faire

ANNO 1662.

re jouir leurs Ambassadeurs du Traitement qui leur est du, & pour faire abolir tout ce qui a été mis & inseré au prejudice de leurs dits Droits dans la Capitulation Imperiale Leopoldine. A Francfort le 10—20. Avril 1662. AVEC *La Ratification du Duc de Wolfembutel. A Wolfembutel le* 17. *Avril* 1662.

VOn Gottes Gnaden wir Augustus, Hertzog zu Braunschweig und Lüneburg rc. rc. Uhrkunden und bekennen hiemit/ als wir mit denen durchleuchtigen Fürsten/ Herrn Philipp Wilhelm/ Pfaltz-Grafen bey Rhein/ in Bayern/ zu Jülich/ Cleve und Bergen Hertzogen/ Grafen zu Veldentz/ Spanheim/ der Marck Ravensperg und Meurs, Herrn zu Ravenstein rc. Herrn Christian Ludwigen/ Hertzogen zu Braunschweig und Lüneburg rc. Herrn Georg Wilhelm/ Hertzogen zu Braunschweig und Lüneburg rc. Herrn Eberhard/ Hertzogen zu Würtemberg und Teck/ Grafen zu Mümpelgardt und Herrn zu Heydenheimb rc. Herrn Wilhelm/ Land-Grafen zu Hessen/ Fürsten zu Hirschfeld/ Grafen zu Catzenellnbogen/ Dietz/ Ziegenhein/ Nidda und Schaumburg rc. Herrn Ludwigen Land-Grafen zu Hessen/ Fürsten zu Hirschfeld/ Grafen zu Catzenellnbogen/ Dietz/ Ziegenhain/ Nidda/ Schaumburg/ Isenburg und Büdingen rc. unsern freundlichen lieben respectivè Oheim/ Vettern/ Söhnen/ Schwägern und Gevattern/ durch unsere zu Franckfurt am Mayn zusammen geschickte Räthe und Gesandten eine gewisse Abrede wegen Beobachtung unserer/ wie auch denen gesambten Fürsten des Reichs zustehender Gerechtsamkeiten begreiffen und aufrichten lassen/ des Inhalts/ wie folget:

Zu wissen/ als die Durchleuchtigste Fürsten und Herren/ Herr Philipp Wilhelm/ Pfaltz-Graf bey Rhein in Bayern/ zu Jülich/ Cleve und Berg Hertzog/ Graf zu Veldentz/ Spanheim/ der Marck/ Ravensperg und Meurs, Herr zu Ravenstein rc. Herr Augustus, Hertzog zu Braunschweig und Lüneburg rc. Herr Christian Ludwig/ Hertzog zu Braunschweig und Luneburg rc. Herr Georg Wilhelm/ Hertzog zu Braunschweig und Lüneburg rc. Herr Eberhard/ Hertzog zu Würtemberg und Teck/ Graf zu Mömpelgard und Herr zu Heidenheim rc. Herr Wilhelm/ Land-Graf zu Hessen/ Fürst zu Hirschfeld/ Graf zu Catzenelnbogen/ Dietz/ Ziegenhein/ Nidda und Schaumburg rc. Herr Ludwig/ Land-Graf zu Hessen/ Fürst zu Hirschfeld/ Graf zu Catzenelnbogen/ Dietz/ Ziegenheim/ Nidda Schaumburg/ Isenburg un Büdingen rc. aus einem und andern eine Zeit-lang hero ergangenen Verlauff wahr genommen/ daß denen Ihren Fürstl. Durchl. und dem gesambten hochlöbl. Fürsten-Stande im Reich Teutscher Nation zustehenden Ehren/ Würden/ Hoheiten/ Recht und Gerechtigkeiten/ bevorab denen aus dem Westphälischen Frieden-Schluß mit andern ihren Mit-Ständen ihnen gemeinsam gebührenden Juribus nicht allein bereits allerhand verfängliche Eingriffe geschehen/ sondern auch dieselbe leichtsam in mehrere Verringerung und gäntzlichen Abgang gerathen dörffen/ wann nicht auf Erhaltung sothaner Gerechtsamkeiten und zeitige Abwendung alles nachtheiligen Beginnens mit mehrerm Fleiß/ Sorgfalt und Einigkeit getrachtet werden solte/ daß demnach höchsternelte Ihre Fürstl. Durchl. durch ihre anhero abgeschickte Räthe und Gesandte diese Sache/ ihrer Wichtigkeit nach in reiffe Berathschlagung ziehen lassen/ und sich über nachfolgende Articul mit einander vereinbahret.

1. Erstlich wollen Ihre Fürstl. Durchl. einander in guten/ wahren/ aufrichtigen Vertrauen und Freundschafft meinen/ haben und halten/ und in denen vorberegte ihre gemeinsame Gerechtigkeiten/ Hoheiten und Würden betreffenden Sachen vertrauliche Communication unter einander pflegen/ auch die Conservation derselben sich allerseits möglichster Dinge angelegen seyn lassen.

2. Insonderheit aber und fürs andere/ weiln sothane der Fürsten und Stände/ bevorab das jus suffragii in den Reichs-Sachen belangende Gerechtsamkeiten in dem Instrumento Pacis vornemlich art. 8. mit klahren hoch-verbindlichen Worten statlich befestiget/ solcher Frieden-Schluß auch alles seines Inhalts durch den letztern Regenspurgischen Reichs-Abschied von Anno 1654. in Sanctionem Pragmaticam und zu einem Reichs-Grund-Gesetze aufgenommen worden; So wollen Ihre Fürstl. Durchl. vor allen Dingen ob solchen und andern Fundamental-Reichs-Gesetzen/ und was darin denen Fürsten und andern Ständen zu gut verordnet/ vestiglich halten/ wie auch dasjenige/ so der Fürsten-Stand hergebracht/ handhaben/ und dem zuwider etwas vorzunehmen/ nicht verhengen noch gestatten.

3. Als aber drittens bey der im Jahr 1658. vorgangenen Wahl jetzt regierender Römischer Käyserl. Majestät nicht allein bey der darüber gepflogenen Handlung denen Fürsten und Ständen des Reichs in dem jure belli & pacis, fœderum, ferendarum legum, proscriptionis Statuum und dergleichen hohen angelegenen Gerechtigkeiten nachtheiliger Eingriff geschehen/ sondern auch in der aufgerichteten Capitulation selbst vor erwehnter Regul des Frieden-Schlusses in vielen Dingen mercklich abgeschritten/ und Fürsten und Ständen durch Schmählerung sothaner ihrer Gerechtigkeiten zu nahe getreten/ dahero dann Ihre Fürstl. Durchl. nebst andern Fürsten und Ständen durch ihre allhier zu Franckfurt gehabte Gesandte solchem nachtheiligen verfänglichen Beginnen zu wiedersprechen/ dagegen feyerlichst zu protestiren/ und daß man sothane Wahl-Capitulation, in so weit sie dem Frieden-Schluß und letztern Reichs-Abschied zu wieder lauffe/ für keine Reichs-Satzung erkennen/ noch dadurch verbunden seyn könne und wolle/ sich vernehmen zu lassen/ genüßiget worden; So wollen Ihre Fürstl. Durchl. nicht allein solche eingewante Protestation, Contradiction und Verwahrung hiemit bekräfftiget haben/ sondern auch embsigen Fleisses sich bemühen/ daß bey wieder Antretung des erstreckten Reichs-Tages nach Verordnung des Frieden-Schlusses und mehr beregten letztern Reichs-Abschiedes die Abhandlung einer stets währenden Wahl-Capitulation zu Hand genommen/ zur Richtigkeit gebracht/ und darin alles dasjenige/ so vor angezogener massen denen Fürsten und Ständen zu Nachtheil und Abbruch ihres zustehenden Rechtens in jetziger Käyserl Wahl-Capitulation enthalten/ abgethan und verbessert werden möge.

4. Gleiche Meynung hat es auch viertens damit/ wann ins künfftige in allgemeinen Reichs-Sachen und Handlungen mehr berührtem Frieden-Abschiede zuwieder ohne gesamter Churf. und Stände auf gemeinen Reichs-oder andern zu solchen Sachen gewidmeten Conventen und Zusammenkünfften darüber gepflogenen Rath und beschehener Einwilligung etwas beschlossen und verordnet werden solte/ daß nemlich Ihre Fürstl Durchl. solches für keinen Reichs-Schluß erkennen/ noch sich dadurch einiger Gestalt verbinden lassen wollen.

5. Neben deme fünfftens wollen Ihre Fürstl. Durchl. ihr Absehen dahin richten/ daß die Dero Fürstlichen Herkommen und Personen zustehende Ehren/ Würden/ und was denen anhängig/ im alten hergebrachten Stande erhalten/ und durch dergleichen einige Zeit hero sich deme entgegen ereigte und angemaßte Neuerungen in keine Verringerung und Abgang gerathen mögen/ infolglich dessen sowohl bey Reichs- und andern Versamblungen/ als auch an Käyserl. Königl. Chur-Fürstl. und andern dero Mit-Ständen Höfen/ und wo es sonsten die Gelegenheit mit sich bringen möchte/ über dero gewöhnliche Stelle im Gehen und Sitzen/ Titulatur, Tractirung ihrer Gesandten und andern ihro gebührenden Ehren und Respect, und was sie desfals andern Höhern und Niedern zu leisten haben/ festiglich und beständig halten.

6. Nicht weniger und zum sechsten wollen Ihre Fürstl. Durchl. mit angelegenem Fleiß dahin sehen und trachten/ daß die vermöge alten Herbringens/ und Krafft Käyserl. und des Reichs Belehnung ihro und andern regierenden Landes-Fürsten über eines jeglichen Unterthanen Land und Leuthe zustehende obrigkeitliche Gewalt und deren anhangende Jura, so weit solche dem gesambten Fürsten-Stände gemein seyn/ ungeschmälert und ungekränckt erhalten werden/ und darunter einander treulich beystehen.

7. Damit und zum siebenden vorangesetztes alles zu gedeyhlichen Effect gebracht werden möge/ versprechen Ihre Fürstl. Durchl. einander hierdurch ihre zu gemeinen Reichs-oder andern Versamblungen abschickende Räthe und Gesandten dahin gemessentlich zu befehligen und anzuweisen/ daß sie nicht allein auf diese beschehene Verabredung in ihren Votis und Handlungen ihr unverrücktes Absehen richten/ sondern auch allen vorkommenden dahin einlauffenden und der Reichs-Fürsten gerechtsahme betreffenden Sachen getreulich mit einander communiciren/ und mit einmüthigem Rath und Zusammensetzung deren genauesten Beobachtung und Erhaltung sich angelegen seyn lassen/ dawider ihres Theils nichts verfängliches eingehen/ noch demselben nachsehen oder sich darunter trennen und irrig machen lassen/ sondern da dergleichen vorgehen solte/ sich untereinander eines gleichförmigen umbständlichen Berichtes mit Anhengung ihres unvorgreifflichen und allerdings unverbindlichen Bedenckens vereinbahren/ und jedweder dasselbe an seinen Herren Principalen zu Erhohlung nöthigen Befehles ohnverlängt überschicken/ immittelst aber und vor Erlangung allerseits hoher Herren Principalen Resolution ihrer keiner zu Abbruch der Fürstl. Gerechtsamkeiten einseitig verfahren solle.

8. Wann auch vors achte ausserhalb dieser oder anderer Versamblung merckliche der Fürsten und Stände Gerechtsamkeiten betreffende Sachen vorgehen/ und einer oder ander hievon einige Nachricht erlangen solte/ wollen Ihre Fürstl. Durchl. nicht allein daraus mit einander in Schrifften vertraulich communiciren/ sondern auch/ da es die Nothdurfft und Angelegenheit erfordern würde/ ihre vertraute Räthe an eine gelegene Wahlstadt zusammen schicken/ und was bey solcher Begebniß zu Erhaltung der Fürsten Recht und Gerechtsamkeiten und Verhütung alles wiedrigen vorzunehmen/ berathschlagen und entschliessen lassen.

9. Von diesen unter sich verglichenen Puncten wollen vors neunde Ihre Fürstl. Durchl. auch andern Reichs-Fürsten nachrichtliche Communication und Eröffnung thun/ ob sie zu schuldiger Mit-Beobachtung dieser dem gesambten Fürstenstand so hoch angelegenen und durch den Westphälischen Frieden-Schluß so theuer bekräfftigter Jurium zu concurriren gemeinet/ jedoch/ wann gleich andere mit beyzutreten anstehen solten/ nichts desto weniger ihres Theils festiglich dabey beharren.

10. Es

ANNO 1662.

10. Es behalten sich aber vors zehende Ihre Fürstl. Durchl. bevor diese zu Erhaltung des Fürsten-Standes Gerechtsamkeit getroffene Abrede / nach Gestalt und Gelegenheit der Läuffte und Sachen / mit gemeinsahmen Gutbe-finden und Einwilligung / zu ändern / zu mehren / oder sich ferner und enge. mit einander desfals zu setzen und zu verbinden; Inmittel aber versprechen sie einander bey Fürstlichen Ehren und Würden obgesetzt verabredete Articul stet / fest und unverbrüchlich zu halten / sonder List und Gefährde.

Dessen zu uhrkund ist diese Verabredung siebenmahl ausgefertiget / von mehr höchstgedachten Ihrer Fürstl. Durchl. gevollmächtigten Räthen und Gesandten eigenhändig unterschrieben / und mit ihren Pitschafften besiegelt / und hat ein jeder davon ein Exemplar zu sich genommen / der hohen Herren Principalen benöthigte Ratificationes darüber innerhalb 4. Wochen beyzubringen / und gegen einander auszuwechseln. So geschehen Franckfurt am Mayn den 10. (20.) April 1662.

Hanß Ernst von Rautenstein.	(L. S.)
Caspar Alexandri D.	(L. S.)
Otto Johann Witte.	(L. S.)
G. V. Wiedenbach.	(L. S.)
Regnerus Bodenhusen.	(L. S.)
Conradus Fabricius, D.	(L. S.)

Daß wir demnach solche abgefaßte Verabredung ratificiret und genehm gehalten / thun dieselbe auch hiemit und Krafft dieses dergestalt und also / daß wir dieselbe in allen ihren Puncten / Clausulen und Inhaltung stet / fest und unverbrüchlich halten / und derselben nicht zu wider kommen wollen / sonder List und Gefährde.

Dessen zu uhrkund und Festhaltung haben wir diese unsere Ratification mit eigener Hand unterschrieben / und mit unserm Fürstlichen Secret bedrucken lassen. So geschehen in unserer Vestung Wolffenbüttel den 17. Apr. Ao 1662.

Augustus H. zu Braunschweig und Lüneburg.

(L. S.)

CXLIX.

1663. 19. Octobre.

Vergleich / so zwischen Georg Christian zu Ost-Frießland / und der Ritterschafft daselbst / von wegen der Jagd / durch Interposition der Herren General-Staaten der Niederlanden geschlossen worden / zu Embden den 19 October anno 1663. [Lunig Teutsch Reichs Archiv. Part. Special. Continuat. 2. Abtheil. IV. Absatz. 24. pag. 594.]

C'est-a-dire.

Accord ou Convention faite par l'intervention de L. H. P. les Estats Generaux des Provinces Unies, entre Georges Christian *Comte d'Oostfrise & la Nobiesse de son Païs, au sujet de la Chasse, le* 19. *Octobre* 1663.

WIr von GOttes Gnaden Georg Christian, Fürst zu Ostfrießland / Herr zu Esens / Stedesdorff und Wittmund rc. rc. Uhrkunden und bekennen hiemit öffentlich / demnach eine zeithero zwischen Uns und Unserer Ritterschafft sich einige Streitigkeit wegen der Jagt enthalten / und denn Wir so wohl als erwehnte Unsere Ritterschafft hertzliche Begierde tragen / daß selbige bey denen auff Ihro Hochmögende der Herren General Staaten der Vereinigten Niederlanden Hochansehnliche interposition alhier zu Embden angestellten gütlichen Tractaten nunmehro gäntzlich beygeleget / und dadurch Unser geliebtes Vaterland in völlige Ruhe gesetzt werden mögen; So haben Wir zu Bezeugung Unsers friedfertigen Gemüths / und insonderheit auf Ihro Hochmögende Herren Committirten inständige Recommendation, Uns mit Anfangs gedachter Unserer Ritterschafft / vor Uns / Unseren Erben und Nachkommen im Regiement endlich dahin verglichen / thun auch solches nochmahlen hiemit / daß nemlich

1. Die Edelleute / so in Unseren Ambte Embden gesessen / und immatriculirte Häuser und Güter / davon sie auff Landtagen compariren / besitzen / in den Vogteyen Larrelt / Hinte

ANNO 1663.

und Midlum / wie auch in der Bitterbührer Marsch / so dann Wolden und Wiebelsbuhr.

2. Wie dann auch diejenige / so dergestalt qualificiret seyn / und im Ambte Greetzyhl wohnen / in selbigen Ambt (davon jedoch Flecken Greetzyhl sambt dazu gehörigen Landen ausgenommen bleibet) so dann in Unserem Ambte Aurich zu Upgand / Marienhove und Oesehl bis an Mohr Johanß Hauß.

3. Das Hauß Lütsburg an jetztgedachten Oertern / allwo die Edelleute aus Grietmer Ambt in bemeldten Unseren Ambte Aurich jagen / und darbeneben in der Ostermarsch biß an beyde Kirchspiele Arrel und Nesse / wie auch Norder Ambt.

4. Das Manninga oder Langehauß in Unserem Ambte Norden.

5. Die Häuser in Dornum in Esenser Lande / in Ackemer Kirchspiel / biß an Westerbuhr / in Roggestedter Attorp und Westerhelter Kirchspiel / doch die Heyde daselbst ausbeschlossen / in Berumer Ambte aber in Nesumer und Arrel Kirchspielen.

6. Nesse in Nesumer und Arrel Kirchspielen / wie auch Ostermarsch.

7. Guedens in Reepsholten / Eetzler und Hoester Kirchspielen (doch dergestalt / daß damit unserm Hause Fredeburg nicht zu nahe getreten werde / gewisse limites gesetzet / und zu Setz- und Vergleichung derselben von uns und dem Hause Gödens ehester Zeit einige committiret werden sollen.

8 Die beyde Hahnen zu Lichr in Morumer Bogtey / wie auch in Kirchspielen Ihrhove / Wolmhausen / Ihren und Storepselde Elsflymer Vogdey.

9. Pittkum in Unsern Riede Leiderland.

10. Die Herrligkeit Kilum an den Oertern / woselbst die Edelleute aus dem Embder Ambt jagen.

11. Die Herrligkeit Jennelt / allwo die Edelleute aus Grietmer Ambte jagen.

12. Das Hauß Arrel / in Arrelter Kirchspiel / das Weydewerck zu treiben / zu schiessen und zu jagen haben / jedoch daß sie sich der Hirschen und wilden Schweine halber so moderat bezeigen / daß Wir keine rechtmäßige Uhrsache habe können / Uns darüber zu beschweren / und solches denen / so etwan von Uns oder Unsern Vorfahren im Regiment der Jagt halber daver einige indulta erlanget / unpræjudicirlich seyn solle Behalten Uns auch billig bevor / an bemeldeten Oertern Unserer Aembter nach eigenen Belieben zu jagen / und da es uns also im Gnaden gefällig / anderen solches zu thun zu erlauben / und die Jagt zu concediren / wollen gleichwohl solche Ordre stellen / daß dadurch die Wildbahn nicht unfruchtbahr gemachet werde; Zur Wahrheit Urkund haben Wir dieses mit Unser eingenhändigen Unterschrifft und nebengedruckten Fürstl. Insiegel befestiget: So geschehen auf Unserm Hause Embden den 19. Octobr. 1663.

(L. S.) Georg Christian.

CL.

1664. 5. Mai.

Attestatum Declaratorium Eminentissimi & Serenissimi Collegii Electoralis *pro Serenissimo Duce Sabaudiæ circà Investituram Montisferrati, cum annexis. Ratisbonæ, die* 5. *Maii Anno* 1664. [Tiré de la Registrature d'Estat de la Chancelerie de la Cour de sa Majesté Imperiale.]

NOs Johannes Philippus Dei Gratia Sanctæ Sedis Moguntinæ Archiepiscopus Sacri Rom. Imperii per Germaniam Archi-Cancellarius, Princeps Elector, Episcopus, Herbipolensis, & Franconiæ Dux omnibus & singulis notum facimus, per præsentes Literas, quod Collegium Electorale subsequens Attestatum declaratorium dederit, postquam in Tractatibus Pacis Monasterii Westphalorum 1648, 24. Octobris conclusis, inter cætera etiam differentia, quæ eo usque inter Ducem Sabaudiæ, ex una, & Ducem Mantuæ ex altera parte viguit, a Sacra Cæsarea Majestate & Rege Galliæ composita, & desuper secundum tenorem instrumenti Cæsarei Gallici, certa, determinata, & dilucida dispositio facta & specialiter, ratione Montisferrati statutum fuit, ut Sacra Cæsarea Majestas Ferdinandus III, gloriosissimæ recordationis, Serenissimo Duci Sabaudiæ, statim atque decenter fuerit requisita, una cum Investitura antiquorum Feudorum, ac Statuum, qualem inclytæ Memoriæ Imperator Ferdinandus II. Duci Sabaudiæ Victori Amædeo concesserat, investituram quoque locorum, ditionum, Statuum, omniumque jurium Montisferrati, cum appertinentiis, & prout ibi latius habetur, concedere, & prædicta Domus Sabaudica, in iis omnibus quiete conservari, & manuteneri debeat, quam primum post conclusam Pacem

ANNO 1664. cem nomine sæpedictæ Domus Sabaudicæ per solemnem legationem ad aulam Cæsaries missam, investitura Montisferrati, cum annexis, decentissime requisita, & usque ad obitum Imperatoris Ferdinandi III. felicissimæ Recordationis, per novem integros annos, continuo solicitata fuit, sed propter diversimodas in Instrumento Pacis minime fundatas exceptiones, præsertim non numeratæ a Rege Galliæ constitutæ pecuniæ, ꝟ. aureorum (tamersi Montisferrati & reliquorum investituræ ad solutionem hujus pecuniæ, nullo modo conditionatæ fuerint, quin potius Rex Christianissimus Solutionem prædictæ summæ per expressam declarationem, nuper denuo obtulerit) præstita omni diligentia impetrari & obtineri non potuit, qua propter prædictus Dux Sabaudiæ 1658. Francofurthi in Concillis pro Electione novi Imperatoris celebratis, coram El: Collegio desuper graviter conquestus, petiit, eligendum media Capitulatione Cæsarea efficaciter obligari, ut statim post ingressum Regiminis Cæsarei Duci Sabaudiæ supradictas investituras & in specie Montisferrati cum appertinentiis sine ulla mora & retardatione, concederet, quod Elector. Collegium justitiæ & æquitati consentaneum reputans Sacratissimam Cæsaream Majestatem nunc feliciter regnantem in oblata, acceptata & jurata sua Capitulatione, Art. 4. inter cætera obstrinxit, ut Duci Sabaudiæ sæpe memoratas investituras, sub nullo prætextu differre aut retardare debeat, Verum cum Dux Sabaudiæ, post reiteratas decenter requisitiones, nunc iterum per integrum sexennium continuatas, immo nec ipsum Collegium Elector. facta per Deputatos ordinarios & Sacræ Majestati tam oretenus proposita, quam in scriptis exhibita urgente remonstratione, & adhortatione dictas investituras impetrare non potuerit, alte memoratum Collegium Elect. ad ulteriorem instantiam Plenipotentiarii Sabaudici, & in consideratione justissimæ & æquissimæ causæ aliter censere non potuit, quam quod ex parte Ducis Sabaudiæ omnibus iis satisfactum sit. quæ ex tenore Instrumenti Pacis, eidem pro impetrandis Montisferrati & reliquorum investituris præstanda incumbunt, ut proinde Domui Sabaudiæ imputari debeat, sed totaliter haberi, declarari, & manuteneri, ac si a Sacra Cæsarea Majestate actualem & solemnem investituram Montisferrati cum omnibus juribus ac appertinentiis, ut & Vicariatus nec non reliquorum omnium, atque singulorum privilegiorum Confirmationem prout in Instrumento Pacis Cæsareæ Gallico, specifice & latius comprehenditur, secundum præscripta juris Feudalis & Consuetudinem Curiæ, legitime impetrasset & accepisset, in quem finem sæpe dictum Collegium Elect. Duci Sabaudiæ pro meliore assecuratione præsens attestatum & declarationem dedit, id quod nos tanquam Director prædicti Collegii Electoralis sub propriæ manus nostræ subscriptione ac sigilli Electoralis appensione attestamur. Ratisbonæ die 5. May Anno 1664.

Johannes Philippus

Elector Archiepiscopus

Moguntinus.

CLI.

31. Mai. *Articles & Conditions auxquelles les Marchands & Negociants du Royaume de France supplient trèshumblement le Roi de leur accorder l'Etablissement d'une Compagnie pour le Commerce des Indes Orientales. A Paris le 26. Mai 1664.* AVEC *Les Reponses & Apointements donnés par le Roi en son Conseil sur lesdits Articles le dernier jour de Mai 1664* [Sur l'Imprimé publié à Paris en 1664.]

PREMIEREMENT.

QUE la Compagnie sera formée de tous les Sujets de sa Majesté de quelque qualité & condition qu'ils soient qui y voudront entrer pour telles sommes qu'ils estimeront à propos, sans que pource ils dérogent à leur Noblesse & privilege, de quoy sa Majesté aura la bonté de les dispenser: Et ne pourra chacune part estre moindre de mille livres, ny les augmentations au dessous de cinq cens livres pour la facilité des calculs, repartitions & ventes d'actions, desquelles parts le tiers se fournira comptant pour le premier Armement, ou Carguaison, & les deux autres tiers d'année en année par moitié, sous peine à ceux qui ne les fourniront pas dans ledit temps de perdre ce qu'ils auront avancé, qui demeurera au profit & dans la masse du fonds de ladite Compagnie. *Accordé.* ANNO 1664.

II.

QUE tous Estrangers & Sujets de quelque Prince & Estat que ce soit pourront entrer en ladite Compagnie, & ceux qui y auront mis dix mille livres seront reputez Regnicolles, sans qu'il soit besoin de Letres de Naturalité: Et à ce moyen leurs parens quoy qu'Estrangers leur succederont en tous les biens qu'ils auront en ce Royaume. *Accordé en mettant vingt mille livres au lieu de dix.*

III.

QUE les parts & portions qui appartiendront aux particuliers Interessez en ladite Compagnie de quelque Nation qu'ils soient, ne pourront estre saisies par le Roy, ny confisquées à son profit, encore qu'ils soient Sujets de Princes & Estats avec lesquels sa Majesté pourroit entrer en guerre. *Accordé.*

IV.

QUE les Directeurs de ladite Compagnie ne pourront estre inquietez ny contraints en leurs personnes ny en leurs biens pour raison des affaires de ladite Compagnie, ny les Effets de ladite Compagnie susceptibles d'aucuns hypoteques du Roy, ny saisis pour ce qui pourroit estre deu à sa Majesté par les particuliers interessez en icelle. *Accordé.*

V.

QUE les Officiers qui auront une part de vingt-mille livres dans ladite Compagnie seront dispensez de faire la residence à laquelle sa Majesté les a obligez par sa Declaration du mois de Decembre dernier aux Bureaux des Finances & autres lieux de leurs establissements, & ne laisseront de joüir de leurs Droits, Gages & Espices comme s'ils estoient presents. *Accordé.*

VI.

QUE tous ceux qui mettront jusques à la somme de six mille livres à la dite Compagnie acquereront le droit de Bourgeoisie dans les Villes de leurs demeures, à la reserve des Villes de Paris, Bordeaux & Bayonne qu'ils ne pourront l'acquerir, sinon qu'ils soient interessez du moins de dix mille livres en ladite Compagnie. *Accordé en mettant huit mille livres au premier cas, & vingt mille livres au second.*

VII.

QUE tous ceux qui voudront entrer en ladite Compagnie seront obligez de se declarer dans six mois, à compter du jour que la Declaration aura esté leüe & registrée au Parlement de Paris: Enfin duquel temps nul ne sera plus admis ny receu en ladite Compagnie; Et ceux qui auront fourny leurs parts & se seront declarez, pourront trois mois apres l'enregistrement de ladite Declaration establir & nommer la moitié des Directeurs de Paris, pour composer la Chambre generalle de ladite Compagnie, & les autres seront nommez dans ledit temps de six mois. *Accordé à condition que tous ceux qui voudront entrer dans ladite Compagnies en declareront & signeront à la premiere assemblée, & en mesme temps eliront douze Syndics qui prendront soin de tout ce qui sera à faire pour l'établissement de ladite Compagnie, jusques au temps de la nomination des Directeurs.*

VIII.

QU'IL sera estably une Chambre ou Direction generalle des affaires de ladite Compagnie en la Ville de Paris seulement, qui sera composée de vingt

ANNO 1664. vingt un Directeurs, douze de la Ville de Paris, & neuf des Villes des Provinces qui seront nommez & choisis, Scavoir les douze par les Interessez de la Ville de Paris, & les neuf par les Interessez desdites Provinces chacune dans leur departement, pour ce que chacune Ville ou Province en devra nommer, ce qui sera reglé par la Chambre de la Direction generalle, apres qu'elle sera establie à proportion du fonds que chacune Ville aura mis à ladite Compagnie, ou ainsi qu'elle trouvera à propos; Et à l'advenir les élections se feront tousiours en cette forme. *Accordé.*

IX.

En attendant que ladite Compagnie soit establie ainsi qu'il est dit cy-dessus pour la premiere fois, lesdits neuf Directeurs des Provinces seront choisis & nommés par les Interessez de chacune desdites Villes & Provinces provisoirement, & sans tirer à consequence pour l'advenir, un de chacune des Villes de Roüen, Nantes, S. Malo, la Rochelle, Bordeaux, Marseille, Tours, Lion & Dunkerque ou d'autres Villes du Royaume qui auront l'interest le plus notable en ladite Compagnie; Et en cas qu'il y ayt aucune desdites Villes en laquelle il ne se trouve point d'Interessé, il en sera nommé deux en chacune des autres Villes telles qu'elles seront choisies par les six Directeurs nommez pour Paris, & pourront les Interessez de chacune desdites Villes nommer leur Caissier pour recevoir les deniers, & les remettre au Caissier de la Ville de Paris, qui sera nommé pour la premiere fois par lesdits six Directeurs de Paris qui servira jusques à ce que la Chambre generalle soit establie. *Accordé.*

X.

Ne pourront les Directeurs estre autres que Marchands negotiants & sans Offices, à l'exception des Secretaires du Roy qui auront esté dans le Commerce, à laquelle Direction pourront entrer & estre admis du nombre des Directeurs, deux Bourgeois quoy qu'ils n'ayent point esté dans le Commerce, pourveu qu'ils n'ayent aucuns Offices, & sans que le nombre en puisse estre plus grand dans ladite Chambre pour quelque cause que ce soit, laquelle Compagnie sera toujours composée du moins des trois quarts de Marchands negociants actuellement & sans charges, sans qu'aucune personne puisse avoir voix deliberative pour l'élection des Directeurs, s'il n'a du moins dix mille livres, ny éleu pour estre Directeur pour Paris, qu'il n'ayt au moins vingt mille livres, & pour les Provinces dix mille livres, le tout d'interest en ladite Compagnie. *Accordé.*

XI.

Que la Chambre de Direction generalle pourra establir des Chambres de Direction particulieres en tel nombre & en telle Ville qu'elle jugera à propos pour l'avantage & utilité de ladite Compagnie, & pourra aussi regler le nombre des Directeurs desdites Chambres particulieres. *Accordé.*

XII.

Que tous les comptes des Chambres de Direction particulieres des Provinces seront envoyez de six en six mois à la Chambre de la direction Generalle à Paris, où les Livres de raison seront examinez veus & arrestez, & ensuite les partages des profits faits par ladite Chambre de Direction generalle ou ainsi qu'elle trouvera à propos. *Accordé.*

XIII.

Que lesdites Chambres de Directions generallalle & particulieres nommeront les Officiers qui seront necessaires pour tenir les Comptes, faire les achats & ventes, faire les armements & équipage, payer les gages & autres despences ordinaires chacun dans son departement. *Accordé.*

XIV.

ANNO 1664. Que les premiers Directeurs serviront sept années consecutives, lequel temps expiré, il en sera changé deux tous les ans à Paris, & un aux autres Chambres, & se feront au sort les premier, second, trois, quatre, & cinquiesme changements de ceux qui sortiront, & en cas de mort dans les sept premieres années, il en sera éleu par les autres Directeurs en leur place; & pourra un Directeur deposé estre nommé de nouveau Directeur apres six ans de repos, & ne pourront estre Directeurs ensemble le pere & les enfans & gendres, ny les freres & beau-freres, ausquels Directeurs sa Majesté sera suppliée d'accorder quelques titres d'honneur & privileges qui passent jusques à leurs posteritez. *Accordé.*

XV.

Que les Directeurs desdites Chambres generalle & particulieres presideront tour à tour, de mois en mois, à commencer par le plus ancien en chacune d'icelles. *Accordé.*

XVI.

Que ladite Chambre de la Direction generalle pourra faire Statuts & reglements pour le bien & advantage de ladite Compagnie, lesquels en cas de besoin seront presentez à sa Majesté qui sera tres-humblement suppliée de les confirmer.

XVII.

Que ladite Chambre fera un compte general des effets de ladite Compagnie tous les six ans, & ne sera permis à aucun Interessé de se retirer sinon en vendant son action à un Interessé de ladite Compagnie ou autre qui y conservera tousjours le mesme droit, en sorte que le fonds ne soit point diminué. *Accordé.*

XVIII.

Que sa Majesté accordera à ladite Compagnie le pouvoir & faculté de pouvoir naviger & negotier seulle, à l'exclusion de tous ses autres Sujets depuis le Cap de Bonne-Esperance jusques dans toutes les Indes & Mer Orientales, mesme depuis le destroit de Magellan & le Maire dans toutes les Mers du Zud pour le temps de cinquante années * consecutives à commencer du jour que les premiers Vaisseaux sortiront du Royaume, pendant lequel temps il plaira à sa Majesté faire tres expresses deffences à toutes personnes de faire ladite navigation & commerce, à peine contre les contrevenants de confiscation des vaisseaux, armes, munitions & marchandises applicables au profit de ladite Compagnie, à laquelle sa Majesté permettra d'envoyer l'or & l'argent † dont elle aura besoin, tant dans l'Isle de Madagascar qu'aux Indes Orientales & autres lieux dudit Commerce, nonobstant les deffences portées par les Ordonnances ausquelles sa Majesté aura la bonté de déroger pour ce regard. * *Accordé, les cinquante années.*

† *La sortie de l'or & de l'argent n'ayant jamais esté permise en aucun Estat, & estant reconnuë necessaire, sera accordée par une permission particuliere qui demeurera entre les mains des Directeurs de ladite Compagnie.*

XIX.

Que sa Majesté sera aussi suppliée d'accorder à ladite Compagnie la proprieté & Seigneurie de toutes les Terres, Places & Isles qu'elle pourra conquerir sur les Ennemis de sa Majesté, ou qu'elle pourra occuper, soit qu'elles soient abandonnées, desertes, ou occupées par les Barbares, mesme de renoncer au profit de ladite Compagnie à tous droits de Seigneuries, sur les mines, minieres d'or, d'argent, cuivre, & plomb, & tous autres mineraux, mesme du droit d'esclavage & autres droits utiles qui pourroient appartenir à sa Majesté à cause de sa souveraineté esdits Païs. *Accordé.*

XX.

ANNO 1664.

XX.

Que sa Majesté comprendra dans ladite concession la proprieté de l'Isle de Madagascar ou S. Laurent avec les Isles circonvisiones, Forts, Habitations & Colonies appartenant à ses Sujets dont sa Majesté sera tres-humblement suppliée de permettre à la Compagnie de traiter à l'amiable avec ceux qui peuvent avoir obtenu le don de sa Majesté desdites choses, sinon regler ladite indemnité apres avoir fait examiner les interests des Parties par les Commissaires qui seront à cet effect deputez, en sorte que la Compagnie en puisse paisiblement joüir. *Accordé.*

XXI.

Que la proprieté desdites Isles & choses appartenant à ladite Compagnie luy demeurera apres que le temps de l'Octroy sera finy, pour en disposer ainsi que bon luy semblera comme de son propre heritage & choses luy appartenant. *Accordé.*

XXII.

Que sa Majesté aura la bonté de donner & accorder à ladite Compagnie, en outre la Justice haute, moyenne & basse qui est attachée à la Seigneurie & proprieté cy-devant accordée, pour ladite Isle de Madagascar & autres circonvoisines le pouvoir & faculté d'establir des Juges pour l'exercice de la Justice Souveraine dans toute l'estenduë desdits païs, & autres qu'ils soûmetront à l'obeïssance de sa Majesté & mesme sur tous les François qui s'y habiteront, à la charge toutesfois que ladite Compagnie nommera à sa Majesté les personnes qu'elle aura choisies pour l'exercice de ladite Justice Souveraine, qui presteront le serment de fidelité à sa Majesté, rendront la Justice & feront les Arrests intitulez en son nom, à cet effect que sa Majesté leur fera s'il luy plaist expedier des Provisions ou Commissions scellées de son grand sceau. *Accordé mesme tous droits de Justice & d'Admirauté sur le fait de la Marine dans toute l'estenduë desdits païs.*

XXIII.

Que pour l'execution des Arrests, & pour tous Actes où le sceau de sa Majesté sera necessaire, il en sera estabil un qui sera remis entre les mains de celuy qui presidera à ladite Justice souveraine. *Accordé.*

XXIV.

Que les Officiers establis pour ladite Justice souveraine pourront establir tels nombres d'Officiers subalternes, & en tels lieux qu'ils jugeront à propos, ausquels ils feront expedier des Provisions ou Commissions sous le nom & sceau de sa Majesté. *Accordé.*

XXV.

Que pour le commandement des armes, ladite Compagnie nommera à sa Majesté un Gouverneur General du païs & autres qui seront conquis, lequel sadite Majesté sera tres-humblement suppliée de pourvoir & recevoir son serment de fidelité, & en cas que sa conduite ne soit pas agreable à ladite Compagnie, qu'elle en pourra nommer un autre qui sera de mesme pourveu par sa Majesté. *Accordé.*

XXVI.

Que sadite Majesté aura la bonté d'accorder à ladite Compagnie, le pouvoir & faculté d'establir des Garnisons dans toutes les Places cy-dessus, ou qui seront conquises ou basties de tel nombre de Compagnies & d'hommes qu'elle estimera necessaires y mettre, armes, canons & munitions, faire fondre canons & autres armes en tous les lieux, & en tel nombre qu'elle aura besoin, sur lesquels seront empreintes les Armes de sa Majesté, & au dessous celles de ladite Compagnie, & fera tout ce qu'elle croira necessaire pour la seureté desdites Places, lesquelles seront commandées par des Capitaines & Officiers de toute qualité qu'elle pourra instituer & destituer ainsi qu'elle verra bon estre, à la charge toutesfois qu'ils presteront serment de fidelité au Roy, & en suitte serment particulier à la dite Compagnie pour raison de son Trafic & Commerce. *Accordé.*

ANNO 1664.

XXVII.

Que sa Majesté aura la bonté d'accorder à ladite Compagnie le pouvoir d'envoyer des Ambassadeurs au nom de ladite Majesté vers les Roys des Indes, & faire Traitez avec eux, soit de Paix ou de Treve, mesme de declarer la guerre, & faire tous autres Actes qu'elle jugera à propos pour l'avantage dudit Commerce. *Accordé.*

XXVIII.

Que les Directeurs des Chambres generales & particulieres feront escrire sur leurs Livres tous les gages & salaires qu'ils donneront à leurs Officiers, Serviteurs, Commis, Ouvriers, Soldats & autres, lesquels Livres seront creus en Justice & serviront de decision sur les demandes ou pretentions que l'on pourroit avoir contre ladite Compagnie. *Accordé.*

XXIX.

Que tous les differents qui surviendront pour quelque cause que ce soit concernant ladite Compagnie, entre deux ou plusieurs Directeurs ou Interessez & un particulier pour les affaires de ladite Compagnie, circonstances & dependances seront jugez & terminez par la Justice Consulaire, à l'exclusion de toutes autres, dont les Sentences & Jugements s'executeront souverainement & sans appel, jusques à quinze cens livres: Et pour les affaires au dessus, les Jugements & Sentences seront executez nonobstant oppositions ou appellations quelconques, & sans prejudice, dont l'appel ressortira devant les Juges ordinaires qui en doivent connoistre, auquel effect sa Majesté sera suppliée d'establir ladite Justice Consulaire dans la Ville où elle n'est point, & qu'elle jugera necessaire. *Accordé.*

XXX.

Que toutes les matieres criminelles dans lesquelles aucun de ladite Compagnie sera partie, soit en demandant ou defendant, seront jugées par les Juges ordinaires, à la charge toutesfois que pour quelque cause & sous quelque pretexte que ce soit, le Criminel ne pourra jamais attirer le Civil, lequel sera tousiours jugé, ainsi qu'il est cy-devant dit. *Accordé.*

XXXI.

Que sa Majesté aura la bonté de promettre à ladite Compagnie de la proteger & defendre envers & contre tous, & d'employer la force de ses armes en toutes occasions pour la maintenir dans la liberté entiere de son Commerce & Navigation, & pour luy faire faire raison de toutes injures & mauvais traitemens: Et en cas qu'aucune Nation voulust entreprendre contre ladite Compagnie, de faire escorter ses envois & retours à ses frais & despens par tel nombre de Vaisseaux de guerre que la Compagnie aura besoin, non seulement par toutes les Costes de l'Europe & de l'Affrique, même jusques dans les Indes. *Accordé.*

XXXII.

Que sa Majesté aura la bonté d'avancer presentement de ses deniers le cinquiesme de toute la despence qu'il conviendra faire pour les trois premiers armemens, & carquaisons, en sorte que si-tost que le preposé sera nommé par la Compagnie pour recevoir les deniers, sa Majesté luy fera deslivrer trois cens mille livres, & en même-tems qu'il aura receu des Interessez quatre cens mille livres, sa Majesté luy fera deslivrer autres trois cens mille livres & ainsi consecutivement, qui est trois cinquiesme, la premiere année qui ne reviendront qu'à un cinquiesme du total, sa Majesté ne fournissant rien aux deux années suivantes par le moyen de laquelle avance sa Majesté donnera lieu

ANNO 1664. à l'establissement de ladite Compagnie si avantageuse à l'Estat. *Accordé.*

XXXIII.

QUE sa Majesté aura la bonté de prester ladite somme à ladite Compagnie sans aucun interest ny mesme sans y vouloir prendre part, mais seulement qu'elle se contentera que ladite Compagnie s'oblige luy rendre ladite somme sans interest à la fin des dix années, à compter du jour que le premier fonds Capital de ladite Compagnie aura esté achevé, & en cas qu'à la fin desdites dix années, il se trouvast par le compte general qui sera fait alors, que ladite Compagnie eust perdu de son Capital, que toute la perte tombera sur la somme que sa Majesté aura fait avancer, & sera sadite Majesté tres-humblement suppliée qu'en comptant les effets de la Compagnie pour reconnoistre le profit ou la perte, les immeubles, fortifications, canons & munitions des Places n'y soient point comprises, & de vouloir se contenter du compte qui sera arresté par la Compagnie, & la dispenser de compter à la Chambre des Comptes ny ailleurs. *Accordé à la charge que tous les effets de ladite Compagnie seront evaluez de bonne foy par la Chambre de la Direction generalle.*

XXXIV.

QUE les Marchandises qui viendront des Indes & seront consommées en France payeront seulement la moitié des Droits dont elles seront chargées par les Tarifs de sa Majesté, pour ses Droits des cinq grosses Fermes, laquelle moitié sera reglée à tant pour cent, & pour celles qu'on voudra envoyer dans les Païs Estrangers, ou exempts de Foraine, soit par Mer ou par terre, elles ne payeront aucuns Droits d'entrée ny de sortie, & seront mises en depost dans les Magazins des Doüanes & Havres des lieux où elles arriveront où il y en a, & où il n'y en a point, elles seront plombées & mises en depost jusques à ce qu'elles soient enlevées, ausquels lieux on donnera Declaration d'icelles aux Interessez ou Commis desdites cinq grosses Fermes, signé de l'un des Directeurs de ladite Compagnie, & lors que l'on voudra les envoyer ailleurs l'on s'obligera de rapporter dans un certain temps un acquit à caution comme elles y seront arrivées, & pour les Marchandises inconnuës, & non portées par le Tarif, elles payeront trois pour cent suivant l'evaluation qui en sera faite par la Chambre generale de ladite Compagnie. *Accordé l'entrepost exempt de tous Droits, l'evaluation des Marchandises inconnuës par la Chambre generalle, & les droits reglez à trois pour cent. Et à l'esgard de la descharge de la moitié des droits d'entrée ne peut estre accordée en cette maniere par les raisons qui ont esté deduites, & au lieu sera accordé une somme pour le retour de chacun Vaisseau venant des Indes suivant le Reglement qui en sera fait.*

XXXV.

QUE les bois & autres choses necessaires, pour le bastiment des Vaisseaux de ladite Compagnie seront exempts de tous droits d'entrée, les Vaisseaux & Marchandises exempts des Droits d'Admirauté & bois, & les munitions de guerre, vivres & autres choses necessaires pour l'avitaillement & embarquement necessaire pour ladite Compagnie, exempt de tous droits d'entrée & de sortie pendant le temps du present Privilegé. *Accordé.*

XXXVI.

QUE sa Majesté fera fournir à ladite Compagnie pour les armements & esquipages la quantité de cent muids de sel ou tel autre nombre dont ladite Compagnie pourra avoir besoin en la ville du Havre de Grace par les mains du Commis du Grenier de ladite Ville, en payant seulement le prix du Marchand, à condition toutefois de s'en servir de bonne foy & sans en abuser. *Accordé.*

XXXVII.

QUE sa Majesté permettra à ladite Compagnie d'establir des Ecclesiastiques esdites Isles de Madagascar, & autres lieux où ils feront habitation, en tel nombre & de telle qualité que ladite Compagnie le trouvera à propos. *Accordé.* ANNO 1664.

XXXVIII.

QUE sa Majesté sera tres-humblement suppliée de n'accorder aucunes Lettres d'Estat, Respit, Evocation ny surceance à ceux qui auront acheté des Effets de ladite Compagnie ou vendu des choses servant à icelle, en sorte qu'elle demeure toujours en estat de faire payer les Debiteurs par les voyes, & ainsi qu'ils y seront obligez. *Accordé.*

XXXIX.

QUE sa Majesté sera tres-humblement suppliée de trouver bon que les Sieurs Pocquelin Pere, Maillet Pere, le Brun, de Faverolles, Cadeau, Samson, Simonet, Jabac, & Scot Marchands luy presentent ces Articles, & reçoivent sur iceux ses volontez, cet establissement estant tres-avantageux pour le Royaume, & à tous les Sujets de sa Majesté, qui redoubleront leurs vœux & prieres pour la longue santé de sa Majesté. *Accordé.*

XL.

QUE sa Majesté sera tres-humblement suppliée par les Deputez cy dessus nommez, de trouver bon en cas qu'il se trouve quelque chose obmise aux presents Articles que l'on en donne les Memoires à ceux qu'il luy plaira commettre pour en faire le rapport à sa Majesté, & estre employez en sa Declaration, qui sera expediée en consequence du present placet. *Accordé.*

Fait & arresté à l'Assemblée tenuë sous le bon plaisir du Roy, au logis de Monsieur Faverolles Marchand à Paris le Lundy vingt-sixiesme jour de May 1664. Examiné & arresté en mon Conseil le dernier jour de May 1664. signé, LOUIS. Et plus bas DE LYONNE.

CLII.

Kayserliches Decret/ wodurch die Deputirte der Stadt Hamburg wegen des Contingents der Türken-Steuer an die Hof-Cammer verwiesen werden/ und ihnen zugleich bedeutet wird/ daß Ihro Mayest. der Kayser mehr bemeldte Stadt bey ihrem Recht und allem dem was ihr beym Cammer-gericht in puncto Exemtionis durch ein Urtheil ist beygelegt worden/ gnädigst erhalten wolle: Auch daß ihr und dem Reich an ihren Rechten unabbrüchig seyn solle/ daß sie anderwertlich gehindert den Reichs-Städte Rath/ denen Decretis zufolg nicht besuchet. Signatum Wien den 24. November 1664. [CHRISTIANI GASTELLI de statu publico Europæ novissimo Tractatus cap. 32. pag. 1110.] 24. Novembre.

C'est-à-dire,

Decret Impérial donné aux Députez de la Ville de Hambourg *par lequel ils sont renvoyés à la Chambre des Finances à legard de leur Contingent pour la Guerre contre le Turc; Sa Majesté les assûrant qu'elle protegera gracieusement la Ville dans ses Droits, qu'elle maintiendra la Sentence rendüe en sa faveur par la Chambre Impériale sur le point de l'exemption, & que les Oppositions qui l'empêchent de comparoître dans le Collége des Villes Impériales conformement aux Décrets Impériaux, ne pourront lui porter aucun préjudice. Donné à Vienne le* 24. *Novembre* 1664.

Der

ANNO 1664. DEr Röm. Kayserl. Majest. unserm allergnädigsten Herrn ist in unterthänigkeit referiret worden / was deroselben der Reichs-Stadt Hamburg anwesende abgeordnete Vincentius Garmers und Eberhard vom Campe / beede der Rechten respective Doctor und Licentiatus / die Beschreibung der Stadt zu Reichs-tägen / und was dem anhängig / betreffend / mit mehrern gehorsamst vor-und angebracht haben: Aus was Ursachen nemblich sie die Stadt denen vorhin ergangenen Kayserlichen Decretis in Besuchung des Reichs-Städtischen Collegii würkliche folge zu leisten verhindert worden / auch wie daß ihre Principalen das verglichene Contingent zur Türken-hülffe / allerhöchstgedachter Ihro Kayserl. Majest. Verordnung nach / zuerlegen erbietig und bereit / sodann was sie darüber unterthänigst gebetten haben.

So viel nun die Erlegung der Stadt Contingents anreichet / werden sie / Abgeordnete / dessenthalben von der Kayserl. Hof-Cammer fernern Bescheid zu empfangen haben.

Und wie dann Ihro Kayserl. Maj. sie die Stadt bey ihrem Stand und Wesen zu erhalten / und derselben zu demjenigen was Ihro die am Kayserl. Cammer-Gericht in Puncto Exemtionis ausgesprochene Urtheil zu gut vermag / behülfflich zu seyn geneigt / wie solches dero Kayserl. Ambt mit sich bringt; Also wollen auch Ihro Kayserl. Maj. nicht ermangeln darauff gnädigst bedacht zu seyn / wie denen von der Stadt diessfalls angezogenen Verhinderungen abgeholffen werden möge. Und solle übrigens / daß sie der Urtheil und denen Decretis zu folge bishero den Reichs-Städte Rath würklich nicht besuchet / ihr / der Stadt / wie auch dem Reiche / an ihren Rechten unabbrüchig seyn.

Welches von offt Allerhöchst gedachter Ihro Kayserl. Maj. ihnen / Abgeordneten / also hiemit zum Bescheide anzudeuten befohlen worden / die benebenst denenselben mit Kayserl. Gnaden gewogen verbleiben. Signatum zu Wien unter Ihro Kayserl. Majest. hervor gedruktem Secret Insiegel den vier und zwantzigsten Novembris anno 1664.

(L. S. C.)

Vt.

Wilderich Freyher von Walderdorff. V. C.

Reinhard Schröder.

Kayserliches Decret / wodurch dem Königlich Dänischen Residenten und des Hertzogs Christian Albrecht zu Holstein Agenten bedeutet wird / daß Ihro Kayserl. Majest. nicht zugeben werde / daß die Stadt Hamburg wider die Rechte und Reichs-Constitutiones beschwehrt werde; Was aber die Cassation der Beschreibung gedachter Stadt zu Reichs-tägen und der vorhin ihr hierüber ertheilte Kayserliche Decreta / dero Session und votum im Reichs-Städtischen Collegio / auch Reichs-Quartier betreffe / falle es Ihro Majest. schwehr und bedenklich zu bewilligen / weilen selbige Stadt von undenklichen Zeiten her allzeit zu Reichs-tägen ist beruffen worden / auch die von Ferdinand dem dritten ergangene Decreta nichts in sich enthalten / als was dergleichen Citationes mit sich führen / mithin sich das Fürstl. Hauß Holstein keines präjuditz zu beklagen habe. Signatum Wien den 24. Novembris 1664. [CHRISTIANI GASTELLI de statu publico Europæ novissimo, Tractatus. cap. 32. pag. 1109.]

C'est-à-dire,

Autre Decret Imperial conforme au precedent par lequel le Roi de Dannemarc comme Duc de Holstein, & le Duc CHRISTIAN ALBRECHT, *sont assûrés que l'Empereur ne permetra point qu'il leur soit fait aucun tort contre les Loix & Constitutions de l'Empire; mais qu'aussi Sa Majesté ne peut pas consentir à ce qu'ils pretendent contre la Ville de Hambourg tant à l'egard des Quartiers Imperiaux, qu'à l'egard du Droit de Convocation aux*

Diètes de l'Empire, & de voix & seance dans le College des Villes, qui lui apartient de tems immemorial, attendu que les Decrets donnés là dessus par l'Empereur FERDINAND III. *ne contiennent rien qui soit prejudiciable à la Maison Ducale de Holstein. Donné à Vienne le 24. Novembre 1664.* ANNO 1664.

DEr Röm. Kayserl. Majest. Unserm allergnädigsten Herrn / ist der länge nach in Unterthänigkeit referiret worden / was im Namen und von wegen Ihro Königl. Majest. zu Dennemark und Norwegen als Hertzogen zu Holstein dero Resident Andreas Pauli von Liliencron / wie auch Herrn Hertzog Christian Albrecht zu Holstein und dessen Agent am Kayserl. Hofe Franciscus Mayr Mr. wider die Stadt Hamburg / und in specie um Cassation jetztgedachter Stadt Beschreibung zu Reichs-Tägen und der vorhin ihr ertheilter Kayserlichen Decreten / dero Session und Votum im Reichs-Städtischen Collegio / auch Reichs-Quartier betreffend nochmahlig gehorsambst angebracht und gebetten haben.

Wiewahl nun Ihro Kayserl. Majest. geneigt seyn / Ihrer Königl. Würden und wolgedachten Hertzogen zu Holstein möglichen Dingen nach zu willfahren / zumahlen auch nicht geschehen lassen wollen / daß sie von dero Kayserl. Hofe aus wider die Rechte und Reichs-Constitutiones beschwehret würden: So ist doch das pro Cassatione gethane Begehren auff solche Weise angebracht worden / auch an sich selbsten also gethan / daß deinselben stat zu thun Ihro Kayserl. Majest. sehr schwehr und bedenklich vorkomme; Zumahlen die Stadt von undenklichen Jahren zu Reichs-tägen beschrieben und die von Ihro Kayserl. Majest. Herrn Vattern / Kayser Ferdinando dem Dritten Glorwürdigsten Andenkens an sie ergangene Decreta ein mehrers nicht / als was dergleichen Citationes und die erfolgte Cammer-Gerichte Urtheil mit sich führen / besagen thun / und das Fürstl. Hauß Holstein einiges dahero ihme anerwachsenen Præjudicii sich nicht zu erklagen hat: Insonderheit auch Reichs-Constitutionibus nicht ähnlich seyn soll / daß sie / was dero Vorfahren zu Erhaltung Ihrer und der Reichs bey der Stadt habenden Rechten ergehen lassen / der Interessirten zumahl ungehört / also fort rescindiren und abthun sollen.

Welches Eingangs gemeldten Residenten und Agenten also hiemit zum Bescheid anzudeuten anbefohlen worden denen offt allerhöchstgedachte Ihro Kayserl. Majest. mit Kayserl. Gnaden gewogen verbleiben. Signatum zu Wien unter Ihro Kayserl / Maj. hervorgedrukten Kayserl. Secret Insiegel den 24. Novembris anno 1664.

(L. S. C.)

Vt.

Wilderich Freyher von Walderdorff. V. C.

Reinhard Schröder.

Kayserliches Decret / wordurch dem Königl. Dänischen Residenten und des Herrn Hertzogs Christian Albrecht zu Holstein Agenten auf ihr abermahliger Begehren über eine Erläuterung des ihnen im vorigen Jahr in puncto Convocationis der Stadt Hamburg zu Reichs-tägen ertheilten Bescheids bedeutet wird / daß die Worte des Decrets klar seyn / und daß weder Seine Königliche Würde noch bemeldter Herr Hertzog gleichwie in andern / also auch in dieser Sach / den Rechten und Reichs-Constitutionen zu wider nicht gravirt werden solle / und könne ihnen vordißmahl keine andere Versicherung gegeben werden Signatum Wien den 30. Januarii 1665. [CHRISTIANI GASTELLI de statu publico Europæ novissimo Tractatus. Cap. 32. pag. 1112.] 1665. 30. Janv.

C'est-à-dire,

Troisième Decret Imperial donné aux Ministres du Roi de Dannemarc, & du Duc de Holstein en explication du precedent, Sa Majesté Im-

ANNO 1665. *Impériale leur fait répondre que les paroles dudit Decret sont claires; & qu'en cela non plus qu'en autre chose, on ne peut pas accorder au Roi ni au Duc des sûretés contraires aux Droits & aux Constitutions de l'Empire. Donné à Vienne le 30. Janvier 1665.*

DEr Röm. Kayserl. Majest. unserm allergnädigsten Herrn ist in Unterthänigkeit referiret worden / was im Namen Ihro Königl. Würden zu Dännemark und Norwegen als Hertzog zu Holstein dero Resident Andreas Pauli von Liliencron / wie auch von wegen Herrn Hertzogen Christian Albrechts zu Holstein dessen Agent am Kayserl. Hofe Frantz Mayr der Rechten Dr. unter andern um Erläuterung des ihnen den 24. Nov. erst verwichenen 1664. Jahrs in puncto Convocationis der Stadt Hamburg zu Reichs-tägen ertheilten Bescheids gehorsamlich nachgesucht und gebetten haben.

Nachdem nun aber ernanntes Decret an sich selbst deutlich / und allhöchstgedachte Ihro Kayserl. Majest. sich auch gnädigst erklärt / daß Seiner Königl. Würde und wohlgemeldter Herr Hertzog gleich wie in andern / also auch in dieser Sach den Rechten und Reichs-Constitutionibus zu wider nicht gravirt werden solten: Als können Dieselbe nicht finden / was diessfalls zu Deroselben Versicherung von Ihro weiter zu verfügen stände. Welches eingangs gemeldten Residenten und Agenten also hiemit zum Bescheid anzudeuten anbefohlen worden / denen mehr allerhöchstgedachte Ihro Kayserl. Majest. mit Kayserl. Gnaden gewogen verbleiben. Signatum zu Wien / unter höchstgedachter Ihrer Kayserl. Majest. hervorgedruckten Secret Insiegel den 30. Januarii 1665.

(L. S. C.)

Vt.

Wildrich Freyherr von Walderdorff. V. C.

Reinhard Schröder.

CLIII.

1667. 17. Janvier. *Acte d'asseurance donné aux Seigneurs Estats Generaux des Province-Unies par* D. ESTEVAN DE GAMARRA *Ambassadeur d'Espagne au sujet des Droits exigés mal à propos à Ostende sur quelques Vaisseaux Hollandois, & des Represailles qui avoient suivi en Zeelande, portant promesse d'un plein & entier redressement à cet égard, tant pour le passé que pour l'avenir. Fait à la Haye le 17. Janvier 1667.* AVEC *la Ratification du Gouverneur General du Pais-Bas Espagnol. Donnée à Bruxelles le 11. Mars 1667.* [Sur l'Original de la Ratification, scéllé en papier decoupé sur une Hostie rouge.]

Don Francisco de Moura y Cortereal, Marquis de Castel Rodrigo du Conseil d'Estat du Roy Notre Sire, Lieutenant, Gouverneur & Capitaine des Pays-Bas & de Bourgogne.

COmme ainsy soit que de la part des Seigneurs Estats Generaulx des Provinces Unies auroit esté faict plaincte à l'Ambassadeur ordinaire de sa Majesté Resident prez desdits Seigneurs Estats Generaulx, que les Receveurs des Droicts d'entrée & sortie qui se levent à Ostende auroient exigé de quelques Navires appartenants à leurs Vaisseaux & Subjects, qui s'y estoient retirez par tempeste ou autres necessitez sans y avoir rompu charge, & obligé quelques autres à donner caution pour payer les mesmes Droits, ce qui auroit donné subject au College de l'Admiraulté de Zelande de faire arrester quelques Navires dudit Ostende chargez pour Espagne, qui auroient esté contraincts par la tempeste de relascher à la Rade de Flessingues, afin d'exiger d'iceux, reciproquement les Droits de sortye, & que pour assoupir lesdits debats, ledit Ambassadeur ordinaire ait faict & arresté soubz le bon plaisir de son Excellence le Traicté cy dessoubz inseré de mot à autre. Nous Messire Don Estevan de Gamarra & Contreras Chevalier de l'Ordre militaire de St. Jaques Châtelain de Gand, Ambassadeur de sa Majesté vers les Seigneurs Estats Generaulx des ProvincesrUnyes. Comme ainsy soit que l'on nous auroit faict plainte de la part desdits Seigneurs Estats Generaulx que les Receveurs des Droicts d'entrée & sortye qui se levent de la part de sa Majeste au Port d'Ostende les auroient exigé de quelques Navires de ces Provinces qui s'y estoient retirés par tempeste ou autres necessitez, sans y avoir rompu charge, & obligé quelques autres à donner caution pour le payement des mesmes droicts, ce qui auroit donné subject au College de l'Admirauté seant en Zelande de faire arrester quelques Navires dudit Ostende chargés pour Espagne, qui avoient esté contrains par la tempeste de relascher à la Rade de Flessingues, afin d'exiger reciproquement d'iceux les Droicts d'entrée & sortie que l'on leve dans ces Provinces, ou d'obtenir reparation de l'excès commis par les Receveurs susmentionnez contre la bonne intention de sa Majesté & à l'insceu du Conseil de ses Domaines & Finances aux Pays-bas. Partant souhaittant de conserver la bonne correspondance si necessaire au bien des deux Estats, de prevenir tous les desordres & abus prejudiciables à la liberté du Commerce des subjects respectifs & de donner toute la satisfaction raysonnable auxdits Seigneurs Estats Generaulx. Nous promettons par les Presentes de faire promptement restituer aux Interessez tous les droits qu'ils ont payés indeuement, comme aussi de faire casser, annuller & descharger les Cautions qu'ils ont données pour ce subject, & que de plus l'on renouvellera les ordres que ledit Conseil des Domaines & Finances de sa Majesté a donné par un Acte special daté à Bruxelles le 30. de Decembre dernier par ordre de saditte Excellence le Seigneur Marquis de Castel Rodrigo aux susdits Receveurs des droicts d'entrée & sortie à Ostende & à Bruges & autres Havres de la Comté & Province de Flandres dependants de l'obeyssance de sa Majesté de s'abstenir à l'advenir de faire payer lesdits Droicts aux Navires de ces Provinces qui seront obligez de relascher dans lesdits Havres par tempeste ou autres necessitez, de quoy Nous promettons de procurer le plustost qu'il sera possible la Ratification de sadite Excellence bien entendu que lesdits Seigneurs Estats Generaulx Nous feront delivrer un Acte reciproque en bonne & deue forme par lequel ils s'obligeront à faire promptement relascher les Navires d'Ostende à present arrestez à la Rade de Flissingues, ou autres Ports de leur obeyssance pour ce subject, & à donner les mesmes ordres aux Receveurs des Droicts d'entrée & sortie qui sont establyz dans les Ports & Havres respectifs de leurs Provinces, comme aussi à faire restituer sans delay ceux qu'ils pourroient avoir exigé cydevant en de semblables rencontres des subjects de sa Majesté, & casser, annuller & descharger les Cautions qu'ils pourroient avoir données au mesme effect. En foy de quoy Nous avons fait depescher les Presentes signées de notre main scellées du seel de nos Armes, & contresignées par le soubsigné Secretaire de sa Majesté & de son Ambassade à la Haye le 17. de Janvier 1667. Saditte Excellence ayant eu rapport dudit Traitté, & de tout le contenu en icelluy l'a pour & au nom de sa Majesté aggréé & aggrée par cestes, & ordonne que ce present Acte en soit depesché soubs sa signature cacheté du Cachet de sa Majesté & contresigné de l'Audiencier son premier Secretaire, faict à Bruxelles le unzieme de Mars mille six cens soixante sept.

M de la . . .

Par ordonnance de son Excellence.

Verreycken.

Aggreation du Traitté arresté par l'Ambassadeur de sa Majesté en Hollande avecque les Seigneurs Estats des Provinces-Unyes touchant la relaxation des Batteaux arrestez en Zelande.

ANNO 1667.

Ratification de la Reine d'Espagne portant promesse que les Vaisseaux Hollandois entrans dans les Ports de sa Majesté Catholique en quelques Païs que ce soit en Europe, ny payent aucuns Droits, s'ils ne rompent pas leurs charges. 1667.

Donné

ANNO 1667. *Donné à Madrid le 6. Avril 1667. La Reine Gouvernante.*

COmme ainsi soit, que Don Estevan de Gamarra Chevalier de l'Ordre de Jacques Conseiller, des Conseils supremes de Guerre & du Païs-Bas, Gouverneur de la Citatelle de Gand, & Ambassadeur aux Estats Generaux des Provinces-Unies du Païs-Bas m'a rendu compte de ce que pour plus grand esclaircissement de la reigle que l'on doit observer respectivement dans mes Ports, & ceux desdits Estats Generaux, afin que les Vaisseaux, qui y entreront ne payent aucuns Droits s'ils ne rompent pas leurs charges, on est convenu reciproquement de donner de part, & d'autre les Actes, dont les Copies s'ensuivent.

Acte dudit Don Estevan de Gamarra traduit de la Langue Françoise.

Fiat Insertio.

Acte desdits Estats Generaux traduit de la Langue Françoise.

Fiat Insertio.

Partant ayant veu le tout, & recognu, que ce que ledit Don Estevan de Gamarra a ajusté avec lesdits Estats Generaux, est entierement conforme, à ce qui a esté accordé par la Paix de Munster, l'an 1648. & par le Traitté de Marine de l'an 1650. lesquels j'ay toujours desiré sincerement, & de bonne foy, & desire, que l'on observe religieusement, je viens à approuver, & ratifier (comme en vertu de la Presente je l'approuve & ratifie) l'Acte susmentionné, que ledit Don Estevan de Gamarra, à donné, & j'ordonneray, qu'il s'execute, selon, & en la mesme forme, qu'il est couché, dans touts mes Ports de l'Europe; Et pour son accomplissement, & la plus grande satisfaction desdits Estats Generaux, j'ay commandé de depescher la Presente signée de ma main, seellée du seel secret du Roy mon fils, & contresignée par le sousigné Secretaire d'Estat. Fait à Madrid le 6. d'Avril de l'an 1667. Signé - yo la Reyna - & contresigné - Don Pedro Fernandes del Campo y Angulo & au costé le seel du Roy imprimé sur une Hostie rouge - Au pied il est escrit - V. Majesté approuve l'Acte que l'Ambassadeur Don Estevan de Gamarra à donné aux Estats Generaux des Provinces-Unies touchant l'observance reciproque de ce que les Vaisseaux, qui entreront chargés dans les Ports, de part & d'autre, ne payeront point de Droits, pourveu qu'ils ne rompent par leur charge.

18. Janvier. *Acte réciproque donné par les Seigneurs Estats Généraux des Provinces-Unies à l'Ambassadeur d'Espagne contenant de leur part les mêmes seuretés & asseurances. A la Haye le 18. Janvier 1667.* [Copie Originale tirée des Archives de l'Ambassade d'Espagne en Hollande.]

LEs Estats Generaux des Provinces-Unies des Païs-Bas. l'Experience ayant fait connoistre, depuis peu que quelques Receveurs des droits d'entrée, & de sortie establis par le Roy d'Espagne, dans les Ports d'Ostende, & de Bruges en Flandre ont entrepris d'exiger & tirer sans raison les mesmes droits de quelques Vaisseaux desdites Provinces-Unies, qui ont esté contraints par la tempeste ou par d'autres necessités, de s'y retirer, sans neanmoins rompre leur charge, contrevenans par cet excés, à ce qui est solemnellement stipulé par les Traittés de Paix & de Marine, conclus entre ledit Seigneur Roy d'Espagne & cet Estat, & qu'il est à craindre que de semblables desordres & inconveniens ne s'exercent en d'autres Lieux & Havres, au grand prejudice de la navigation & du Commerce des Sujets & Habitants de l'un & de l'autre costé, qui en ont desia ressenty de fascheuses incommodités, & que pour cela Monsieur Don Estevan de Gamarra y Contreras Conseiller dudit Seigneur Roy en ses supremes Conseils de guerre, & des Païs-Bas & de Bourgogne, Meistre de Camp General, Gouverneur de la Citadelle de Gand & son Ambassadeur ordinaire en ces Provinces-Unies, a declaré à nostre requisition, par un Acte qu'il a passé pour cet effect le 17. de ce mois que la sincere & veritable intention de sa Majesté a tousjours esté, & est encore, de faire observer & executer religieusement lesdits Traittés de Paix & de Marine dans tous les Havres, & en toutes les Rades de son obeissance en Europe, sans que l'on puisse exiger des navires de ces Provinces-Unies, qui par la tempeste, ou par d'autres necessités seront contraints d'y entrer & de s'y retirer, sans rompre leur charge, lesdits droits d'entrée ou de sortie, ny aucuns autres que ceux que les Sujets de sa Majesté payent en de semblables rencontres. Mondit Sieur l'Ambassadeur promettant de procurer & d'obtenir le plustost que faire se pourra l'approbation & ratification de sa Majesté pour nostre plus grand repos & asseurance. A ces causes, nous avons trouvé bon, de declarer aussi de nostre costé, comme nous declarons par ces Presentes, que nostre sincere & veritable volonté & intention a tousjours esté & est encore d'executer & observer religieusement lesdits Traittés, de Paix & de Marine & de les faire observer & executer, & ainsi que nous ferons pratiquer & observer reciproquement ce qui est exprimé cy dessus, dans les Havres, Bayes, & Rades de ces Provinces-Unies & de leur ressort, à l'égard des Vaisseaux appartenans aux Sujets dudit Seigneur Roy d'Espagne. Et pour la plus grande asseurance & satisfaction de sa Majesté, nous avons fait parapher le present Acte par le Resident de nostre Assemblée, signer par nostre Greffier, & y avons fait apposer nostre Cachet. A la Haye le dixhuitiesme Janvier mille six cens soixante sept.

CLIV.

23. Novembre. *Abdication de la Puissance Royale de Portugal par le Roi D.* ALFONSE VI. *en faveur de l'Infant D.* PEDRO *son Frere à Lisbonne le 24. Novembre 1667.* [Relation des Troubles de Portugal en 1667. & 1668. pag. 204.]

LE Roy nostre Seigneur ayant égard à l'estat où le Royaume se trouve, & à ce qui luy a esté representé par ses Ministres, & mesme à plusieurs autres choses & raisons, s'est démis de son propre mouvement & de sa puissance Royale & absoluë, pour l'avenir de ses Royaumes, de la mesme maniere qu'il les possede, en faveur du Seigneur Infant D. Pedro son frere, & de ses descendans légitimes; déclarant que sur le revenu le plus net de sa Couronne, il se reserve deux cens soixante & dix mille livres de rente, par chacun an, dont il pourra disposer pour dix ans après sa mort; & outre cela il se reserve la Maison de Bragance avec toutes ses dependances. En foy dequoy & pour asseurance que S. M. a ordonné que cela soit executé & observé, il m'a enjoint d'en dresser le present Acte qu'il a signé. Antoine Cavide l'a fait à Lisbonne le 23. Novembre 1667. Roy.

CLV.

1668. Janvier. *Premier serment presté par les Trois Estats de Portugal, au Prince Don* PEDRO *comme Régent du Royaume.* [Relation des Troubles de Portugal en 1667. & 1668. pag. 208.]

NOus jurons & declarons sur les Saints Évangiles touchez de nos propres mains, que nous reconnoissons & recevons pour nostre veritable Prince naturel & Seigneur, le tres-haut & tres-excellent Prince D. Pedro fils legitime du Roy D. Jean quatrième & de la Reine D. Louyse sa femme, & frere du tres-grand & tres puissant Roy D. Alfonse sixième nostre Seigneur, son veritable & naturel successeur à ses Royaumes; & comme ses veritables & naturels Sujets & Vassaux que nous sommes, nous luy rendons foy & hommage, & luy promettons que S. M. venant à mourir sans enfans legitimes, nous le reconnoistrons & recevrons pour nostre veritable Roy naturel & Souverain des Royaumes de Portugal & des Algarves, deçà & delà la Mer, Seigneur de Guinée & des pays conquis par nos navigations, du commerce d'E-

ANNO 1668. d'Ethiopie, d'Arabie, de Perse, & des Indes, &c. & que nous obeïrons en tout & par-tout à ses Ordres & Jugemens Souverains & autres, ferons la guerre pour lui, entretiendrons la paix avec ses Alliez, & que nous n'obeïrons à aucun autre Roy, ni n'en reconnoistrons aucun autre que luy; & tout ce qui est dit cy-dessus nous jurons & protestons à Dieu, & à cette Croix, & aux Saints Evangiles sur lesquels nous avons posé nos mains, de l'observer en tout & par-tout; & pour marque de nostre obeïssance & de nostre reconnoissance de cette Souveraineté Royale, nous baisons la main à son A. qui est ici presente.

CLVI.

24 Mars. *Sentence de nullité renduë par les Juges Ecclesiastiques de Portugal, sur le Mariage du Roi* ALFONSE VI. *avec la Princesse* MARIE FRANÇOISE *de Savoye.* [Relation des Troubles de Portugal en 1667. & 1668. pag. 218.

SUr le rapport qui a esté fait en presence du Chapitre, auquel ont aussi assisté outre les Ministres ordinaires qui le composent, les Juges nommés par luy pour deliberer en la cause, &c. Veu les Actes & la Requeste de la Reine nostre Souveraine Marie Francoise de Savoye, qui a esté receüe, & la contestation par negation du Promoteur au defaut de partie, pour la forme du stile, les preuves ayant esté verifiées, ladite Princesse a fait voir qu'elle auroit contracté mariage en face de l'Eglise avec le Prince Serenissime D. Alfonse sixiesme Roy de Portugal le 27. Juin 1668. dans la Ville de la Rochelle du Royaume de France, d'où cette Princesse estant venuë en cette Ville, elle y auroit vescu dans le Palais Royal avec le Roy son espoux l'espace de seize mois, menant avec luy une vie conjugale. Il apparoist que, pendant ce temps-là ayant tasché tous deux de consommer le mariage, ils n'ont pu y parvenir, quoiqu'ils y ayent apporté le soin & la diligence requise, & ce à cause de l'impuissance du Prince, qui procede d'une infirmité qu'il eut dès son enfance, & qui est presentement tout à fait incurable. Ce qui se justifie plus que suffisamment par les moyens aprouvez par le Droit, de sorte que l'empeschement est tenu du moins pour moralement assuré; après quoy il n'est point besoin d'inspection ny de preuve plus grande, comme celle de trois années, ou d'un autre tems arbitraire, tout cela ayant esté examiné avec le surplus des Actes conformement aux loix, on juge le mariage entre lesdits Serenissimes Prince & Princesse contracté de fait, & non de droit; & on le déclare nul, & que lesdits Prince & Princesse pourront disposer de leurs personnes, comme bon leur semblera, & faire une division de biens suivant la forme de leurs Contracts.

CLVII.

9. Juin. *Serment fait par le Prince* D. PEDRO *de Portugal aux Estats du Royaume le 9 Juin. 1668.* [Relation des Troubles de Portugal en 1667. & 1668. pag. 222.]

JE jure & promets, moyennant la grace de Dieu, de vous regir & gouverner bien & équitablement, & vous administrer la justice en toutes choses, autant que la foiblesse humaine le pourra permettre; & de vous conserver vos bonnes coustumes, privileges, graces, recompenses, libertez, & franchises qui vous ont esté données, octroyées & confirmées par les Rois mes Predecesseurs.

Serment presté au Prince Régent par les trois Estats du Royaume.

Nous jurons sur les Saints Evangiles que nous touchons de nos mains, que nous reconnoissons & recevons pour nostre Gouverneur & Régent de ces Royaumes, à cause de l'impuissance perpetuelle de S. M. selon que nous l'avons jugé, le tres-haut & tres-excellent Prince D. Pedro fils legitime du Roy, D. Jean, quatriesme, & de la Reine D. Louysa sa femme, frere & curateur de tres-haut & tres-excellent Roy d'Alfonse sixiesme, & son veritable & naturel successeur à ces Royaumes. Et comme les veritables & naturels Sujets que nous sommes du Prince D. Pedro, nous luy faisons foy & hommage tout ainsi & de la mesme maniere que nous la fismes au Roy D. Jean quatriesme son pere, & au Roy Alfonse sixiesme son frere, lequel nous privons presentement du Gouvernement à cause de son incapacité, avec la mesme jurisdiction puissance & authorité qu'ont toujours euë les Rois & Seigneurs de cette Couronne, & nous obeïrons en tout & par-tout à ses Ordres & Jugemens, soit des hautes, soit des basses Jurisdictions, & ferons la guerre à ses ennemis pour luy, & entretiendrons la paix avec ses Alliez comme il luy plaira, sans obeïr à aucun autre Roy ou Seigneur, ny en reconnoistre aucun autre, que luy. Tout ce qui dessus est dit, nous jurons à Dieu, à cette Croix, & aux Saints Evangiles, que nous touchons de nos mains, de l'observer ainsi en tout & par-tout. Et pour marque de nostre soumission & obeïssance, & de nostre reconnoissance de la Souveraineté, & Jurisdiction Royale, nous baisons la main à son Altesse qui est ici presente.

CLVIII.

Bref Apostolique du Pape CLEMENT IX. *au Grand Inquisiteur de Portugal, & autres y denommés, portant Commission d'examiner ulterieurement l'affaire de la nullité du Mariage de la Princesse* MARIE *de Savoye avec le Roi de Portugal* ALFONSE VI. *de dispenser de nouveau, entant que besoin seroit, en faveur du Mariage contracté depuis entre Prince Regent* D. PEDRO *& ladite Princesse. Donné à Rome le 10. Decembre 1668.* [Relation des Troubles de Portugal en 1667. & 1668. pag. 225.] 10. Decembre.

A Nos fils bien-aimez Diego de Sousa premier Inquisiteur dans l'Inquisition contre les Hérétiques des Royaumes de Portugal, & des Algarves, Antoine de Mendoça Commissaire General de la Bulle de la Croisade & Député de l'Inquisition, Martin Alfonse de Mello Doyen de l'Eglise Metropolitaine d'Evora aussi depuré de l'Inquisition, Louys de Sousa Doyen de l'Eglise de Porto, & Emanuel de Magalhaens de Meneses Archidiacre de l'Eglise Metropolitaine d'Evora.

CLEMENT *Pape IX.*

NOs fils bien aimez, salut & benediction Apostolique: La charge de Pasteur que Dieu nous a donnée, demande qu'avec les lumieres qu'il nous a accordées, nous pourvoyions selon les loix de la justice & de la prudence, au repos de tous les fidelles Serviteurs de Jesus-Christ, & particulierement des Grands. Et parce que nous avons appris par la teneur d'une Requeste, qui nous a esté presentée depuis peu, de la part de nostre fils en J. C. tres-aimé & tres-noble D. Pedro Prince de Portugal; & de nostre fille en J. C. tres-aimée & tres-noble Marie Isabelle de Savoye, Duchesse de Nemours, que ladite Princesse après avoir contracté mariage avec nostre tres-cher fils en J. C. Alfonse, Illustre Roy de Portugal & des Algarves, & vescu avec luy environ l'espace de seize mois comme sa femme, pendant lequel tems elle auroit reconnu son impuissance perpetuelle, pour la consommation dudit mariage; pressée de sa conscience a esté obligée pour faire juger ledit mariage nul, d'intenter procés, le siege de l'Archevesché vacant, devant nos bien aimez fils, le Vicaire du Chapitre de l'Eglise Metropolitaine de Lisbonne legitimement commis, & le Chapitre & les Chanoines de la mesme Eglise qui tenoient, à cause de ladite vacance, une Jurisdiction ordinaire, & devant quelques autres Juges nommez par le mesme Chapitre conjointement avec ledit grand Vicaire du Chapitre, afin qu'on fust mieux instruit de l'affaire, & qu'on en pust deliberer plus meurement; il fut donné une Sentence qui déclare ledit mariage nul, à cause de ladite impuissance; laquelle

ANNO 1668. quelle Sentence ayant esté leuë & monstrée au Roi Alfonse, fut par lui aprouvée verbalement, & par escrit. De plus lad. Princesse Marie Elisabet, & led. Prince D. Pedro, frere dud. Roy Alfonse, voulant contracter mariage ensemble à la priere des Estats du Royaume, dans ce temps-là estoient assemblez à Lisbonne, afin de procurer au Royaume le repos & la tranquillité, & estant en doute, si du premier mariage il ne pourroit point naistre quelque empeschement à celui-cy, à cause de l'honnesteté publique, ils eurent recours à nostre bien aimé fils Louys de Vendosme Cardinal de la Sainte Eglise Romaine, qui dans ce temps-là estoit nostre Legat *à latere* & du S. Siege Apostolique, vers nostre trescher fils en J. C. le Roy tres-Chrestien de France, lequel leur accorda un Bref de dispense, qu'ils luy demanderent, sur cet empeschement, & l'ayant addressé au Grand-Vicaire, & à Official de Lisbonne à chacun *in solidum*; led. Prince & lad. Princesse ajant esté par l'un dispensez sur led. empeschement, contracterent de bonne foy mariage en face d'Eglise, & de la maniere que l'ordonne le Sacré Concile de Trente, & ensuite consommerent dans l'espérance d'avoir bien-tost des successeurs. Mais parce que dans la mesme Requeste il nous a esté remonstré que ledit Prince & ladite Princesse, comme nos enfans tres-respectueux & tres-devots, & du S. Siege Apostolique, desiroient ardemment qu'il fust par nous pourveu à la seureté de leur conscience, & à la tranquilité du Royaume: Après avoir meurement consideré & examiné toutes choses avec quelques-uns de nos venerables Freres les Cardinaux de la Sainte Eglise Romaine, & avec d'autres grands Personnages prudens, & tres-sçavants dans la connoissance des sacrez dans les affaires; Et voulant, autant que nous le pouvons selon Dieu, favoriser benignement ledit Prince D. Pedro, & ladite Princesse Marie Isabelle, nous les absolvons & jugeons pour absous, en vertu de ces presentes Lettres, de toutes excommunications, interdits, suspensions, & de toutes sentences Ecclesiastiques, censures, & peines *ab jure, vel ab homine*, qu'ils auroient encouruës, pour quelque occasion, ou cause que ce soit, si tant est qu'ils en ayent pu encourir, afin qu'en vertu de ces presentes Lettres seulement, ils puissent obtenir ce qu'ils souhaitent.

Et desirant satisfaire à la Requeste qui nous a esté humblement presentée en leur nom, sur la confiance que nous avons selon Dieu, en vostre fidelité envers nous, & le Siege Apostolique; vostre doctrine; vostre prudence, & vostre integrité; & parce que d'ailleurs, nous n'avons pas une connoissance certaine, de tout ce qui a esté dit ci-dessus, nous vous ordonnons & mandons par ces Presentes, de faire, avec toute la discretion possible, tous ensemble, ou du moins trois de vous, si quelqu'un par un legitime empeschement ne pouvoit y assister, une soigneuse recherche, & une exacte information de tout ce qui a esté dit ci-dessus; Et si par cette recherche & cette information, vous trouvez que la verité des choses qui nous ont esté representées, soit constante, & particulierement que le premier mariage contracté, comme l'on dit, entre le Roy Alfonse & ladite Princesse Marie Isabelle n'ait jamais esté consommé, de quoy nous chargeons fortement la conscience de chacun de vous, de rompre, & dissoudre, sous nostre Authorité Apostolique, en tant qu'il sera necessaire, mesme contre la volonté dudit Roy D. Alfonse, le lien dudit premier mariage contracté, comme l'on dit, entre ladite Princesse, & ledit Roy D. Alfonse, & qui a esté declaré nul & non consommé, quand il auroit passé au commencement, & qu'il passeroit presentement pour constant; quand à l'avenir il pourroit aparoir qu'il a esté constant, & qu'il l'est: qu'il eust esté, & qu'il fust bon & valable. Nous vous ordonnons encore de dispenser sous nostre mesme Authorité, ledit Prince D. Pedro, & ladite Princesse Marie Isabelle de l'empeschement de l'honnesteté publique, en telle sorte qu'ils puissent librement & legitimement continuer ledit second mariage, nonobstant ledit empeschement, & tout ce qui a esté ci-dessus rapporté, & quelqu'autre empeschement qu'il puisse y avoir, de quelque nature qu'il soit, ou puisse naitre & apparoir, en quelque temps que ce soit; nonobstant aussi toutes Constitutions Apostoliques de Conciles Generaux, Provinciaux, & Sinodaux, ou quelqu'autre que ce puisse estre. Nous voulons aussi que vous déclariez sous nostre mesme authorité, que tout ce qui a esté dit cy-dessus, que vous devez faire & accorder en vertu des presentes Lettres, profitera & servira en tout & par-tout audit Prince D. Pedro, & à ladite Princesse, dès le jour que ledit second mariage a esté par eux contracté, comme si les presentes Lettres eussent esté accordées avant le Contract de mariage, & mises par vous en execution selon leur forme & teneur, déclarant, prononçant & asseurant pour successeurs legitimes les enfans nés, & à naistre dudit second mariage; comme l'on dit, contracté de bonne foy & en face d'Eglise; parce que de la plenitude de nostre Puissance Apostolique nous vous donnons & accordons, en vertu desdits presentes Lettres, la faculté de faire toutes les choses cy-dessus raportées. Davantage nous decernons qu'encore que ledit Roy Alfonse, ou autres personnes dignes d'estre exprimées, & nommées specialement & particulierement, pour avoir quelque interest dans les choses cy-dessus exprimées, ou pretendre d'y en avoir, en quelque maniere que ce puisse estre, n'ayant pas consenty, ou esté appellées, citées & ouïes. Et en cas que les causes pour lesquelles ces presentes Lettres ont esté accordées, ne fussent pas suffisamment verifiées, & justifiées; ou pour quelqu'autre cause legitime, juridique & privilegiée, ou sur quelque couleur & pretexte que ce soit, ou mesme quelque clause de droit, les presentes Lettres, avec tout ce qu'elles contiennent, ne pourront jamais en aucun temps estre blasmées, retractées, violées, ny cassées ou comme subreptices, ou comme obseptices, ou comme nulles, ou enfin pour quelque defaut de nostre intention, ou du consentement de ceux qui y ont, ou qui y peuvent avoir interest, ou pour quelqu'autre defaut, pour grand & essentiel qu'il puisse estre, & qui pourroit avoir besoin d'une declaration particuliere; & que contre ces Lettres personne ne puisse intenter ou impetrer aucune chose, de droit, de fait ou de grace, ni s'en servir ou prevaloir, *in judicio vel extra illud*, eustelle esté obtenuë & accordée de nostre propre mouvement, & avec la mesme plenitude de puissance Apostolique. Nous voulons de plus & declarons que ces presentes Lettres demeurent pour toujours fermes, valides, & efficaces, & qu'elles sortent & obtiennent leur plein & entier effet: & enfin qu'elles servent en tout & par-tout, sans aucune limitation audit Prince D. Pedro & à ladite Princesse Marie Isabelle, & à tous autres à qui presentement & à l'avenir, il pourra appartenir. Et ainsi de cette maniere seulement, & non autrement, nous voulons qu'il soit jugé & decreté en cette affaire par tous les Juges ordinaires, ou deleguez, soit qu'ils soient Auditeurs des causes du Palais Apostolique, ou Cardinaux de la sainte Eglise Romaine, ou mesme Legats *à latere*, Nonces du Siege Apostolique, ou autres qui ayent, ou puissent avoir quelque préeminence ou pouvoir, ausquels tous & à chacun d'eux nous ostons toute la faculté & authorité de juger & interpreter d'une autre sorte. Et declarons nul tout ce qui se pourra entreprendre. Nonobstant toutes les choses cy-dessus raportées & la regle de nostre Chancellerie Apostolique, *de jure quæsito non tollendo*, & celle de Boniface huitiesme d'heureuse memoire, nostre predecesseur *de una dieta*, & celle du Concile General *de duabus dietis* & toutes les autres Constitutions & Ordonnances Apostoliques speciales, ou generales, faites dans les Conciles Generaux, Provinciaux & Sinodiaux; & quelqu'autre chose que ce soit, à ce contraire. Donné à Rome à Sainte Marie Majeure, sous l'Anneau du Pescheur le 10. Decembre 1665. l'an second de nostre Pontificat.

Signé J. G. Slusius.

S'ensuivent les Raisons de la nullité du Mariage de Don ALFONSE VI. *Roi de Portugal, avec* MARIE *Françoise de Savoye, & de la validité du second Mariage contracté entre cette Princesse & le Prince Don* PEDRO *Régent du Royaume, présentées au même Pape* CLEMENT IX. *Au Mois de Novembre* 1668. [Relation des Troubles de Portugal en 1667. & 1668. pag. 247.] Novembre.

Il

Anno 1668.

Il y a trois choses à considerer dans l'affaire du Roy & de la Reine de Portugal.

1. *Ce qui s'est passé dans son premier Mariage avec le Roy Alfonse.*
2. *La nullité de ce Mariage.*
3. *Son second Mariage avec le Prince Don Pietro.*

Sur la premiere, il faut considerer ce qui suit.

1. QUe le Marquis de Sande, qui fut envoyé Ambassadeur en France pour traiter du Mariage du Roy Alfonse son Maître, ayant, avant son depart de Portugal, exposé au Comte de Castelmeglior premier Ministre d'Estat, le scrupule de Conscience, & la consideration Politique qu'il avoit d'aller traiter le Mariage d'un Prince qu'on disoit communement par tout le Royaume n'estre pas capable d'avoir jamais des enfans, s'il n'avoit auparavant quelque certitude du contraire, pour ne tromper pas, disoit-il, ni sa conscience propre, ni le Royaume, ni la Princesse qui se fieroit à sa parole, ce Comte luy répondit rudement en ces termes, comme le Marquis a déclaré depuis, & comme il appert par les Pieces juridiques, *je m'etonne Monsr.* dit-il, *du doute que vous faites, & suis surpris que vous ne sachiés pas que la fille que j'éleve chez moy, est fille naturelle du Roy*, ce que le Marquis crut, mais qui s'est trouvé faux depuis par la deposition de la mere de la fille, qui estant appellée en Jugement a declaré & juré sur les Saints Evangiles: que le même Comte avoit fait tout son possible pour l'obliger à dire qu'elle avoit eu cette fille du Roy, mais que meuë de la verité, & du remords de sa propre conscience, elle declaroit que cela estoit faux, & que la fille estoit à un de ses cousins qu'elle a nommé aux Juges; & qu'au reste dans toutes les pratiques qu'elle avoit euës avec le Roy, elle ne l'avoit jamais trouvé capable de l'acte Venerien, & que par consequent il estoit inhabile au mariage & incapable d'avoir jamais des enfans.

2. Que veu l'incapacité & l'impuissance du Roy Alfonse, la Reine sa Mere qui en estoit bien persuadée, en ayant fait faire une Consulte secrete entre ses Medecins, comme le portent les Pieces juridiques, elle avoit resolu pendant sa Regence, de faire tomber le Sceptre entre les mains de l'Infant son second fils presentement Prince Regent, afin que faute de successeur, il ne retombast pas une seconde fois entre celles des Castillans, ce qu'elle n'avoit pû ensuite executer.

3. Que le Roy Alfonse même, lors qu'on vint à traiter en secret de son mariage, & à envoyer pour ce sujet un Ambassadeur en France, eut bien de la peine à s'y resoudre, & avoüa à ses plus intimes, qu'il n'avoit aucune intention de se marier, & qu'il n'y consentoit que parce que le Comte & ses amis luy representoient que ses peuples se voyant privés de l'esperance de luy voir jamais aucun legitime successeur, ils ne le soufriroient pas longtemps sur le throne, & que faisant bientost marier le Prince son Frere ils le feroient regner en sa place.

Mais bien que l'on puisse attribuer cette aversion que le Roy avoit pour le mariage, à la liberté dans laquelle il avoit esté elevé, & aux pratiques continuelles qu'il avoit avec les femmes les plus debordées, desquelles on peut dire qu'il ne vouloit pas estre obligé de se separer, en épousant une si chaste & si honneste Princesse comme est la Reine: il est pourtant bien plus probable qu'il le faut plustost attribuer à la connoissance qu'il avoit de son impuissance & de son inhabilité pour le mariage, qui l'obligeroit à passer le reste de ses jours dans un continuel repentir, comme il a dit depuis à quelqu'un de ses domestiques, blâmant le Comte & ses amis de l'avoir forcé, contre sa volonté, à se marier, & de l'avoir par consequent exposé à l'affront qu'il venoit de recevoir par la Sentence de la nullité de son mariage.

4. Que la premiere fois que le Roy coucha avec la Reine, ce qui fut 3 ou 4 jours aprés qu'elle fust arrivée en Portugal, son impuissance fut si bien connuë à cette Princesse, nonobstant son innocence, & quoi qu'elle ignorast ce que c'estoit que des choses de cette nature, que son Confesseur qui la vit extraordinairement melancolique, & qui craignoit avec raison la verité de ce que l'on avoit apprehendé, ayant pris la liberté de luy demander hors de confession, avec toute la modestie, l'honnesteté & la confiance que sa charge pouvoit luy permettre, si ce que l'on avoit dit avoit quelque fondement ou apparence de verité, ou bien si elle pouvoit esperer de voir bientost des fruits de son mariage, elle luy répondit, comme l'on peut voir dans les Pieces, mais d'une maniere qui luy fit bien connoître ce qu'elle jugeoit deja de l'estat de son mariage, & de l'impuissance du Roy à procréer des enfans. Ann. 1668.

5. Que bien que la Reine, depuis son arrivée en Portugal, ait esté continuellement rudoyée du Roy & de son premier Ministre, & qu'elle en ait toujours receu des mauvais traitemens que tout le monde sait, & qu'il n'est pas, par consequent necessaire de mettre ici par écrit, Sa Majesté neanmoins n'en auroit jamais fait aucune plainte, & n'en auroit témoigné aucun ressentiment, estant au contraire resoluë de tout souffrir pour continuer à vivre avec le Roy son Epoux comme s'il eust esté le Prince le plus accompli & le meilleur mary du monde, si elle ne se fust cruë obligée, par trois sortes de necessités indispensables à faire la declaration qu'elle fit & à se separer de sa compagnie, savoir.

1. Par sa Conscience qui sans cesse invitoit interieurement sa Majesté, & luy persuadoit qu'aprés une experience de 16 mois assés longue & assés ennuyeuse elle se devoit separer du Roy, sans en vouloir faire une plus grande, veu même qu'ayant assés reconnu par celle-là son impuissance irrémediable, & en ayant à diverses fois consulté avec son Confesseur aprés y avoir meurement songé, & étudié ce qu'il avoit à resoudre pour satisfaire à son devoir, declara devant Dieu qu'il ne croyoit plus, que sa Majesté voyant ce qui se passoit deust davantage violenter sa conscience, en habitant plus long-temps avec le Roy.

2. Par la necessité de l'estat & du salut du Royaume qu'elle voyoit autrement absolument perdu, & que sa conscience aussi bien que l'affection que le Royaume luy portoit, & qu'elle devoit avoir pour le Royaume, l'obligeoient d'y pourvoir, autant qu'il luy estoit possible, puis que d'un costé elle estoit fortement persuadée de l'impuissance du Roy & qu'il ne pouvoit jamais avoir des enfans, & que d'autre part elle savoit pour certain par la propre confession du Roy même & du Comte de Castelmeglior qui luy en avoit fait confidence, que bien que l'on fist semblant de vouloir marier le Prince pour le contenter luy & le Royaume qui en faisoit de grandes instances, & que l'on feignist d'en chercher les moyens les plus prompts, le Roy estoit neanmoins bien resolu de l'empêcher par toutes les voyes imaginables, bien loin de le permettre, parce que l'on disoit, comme c'estoit aussi la verité, que ce seroit autrement sa ruïne, & que la puissance du Prince venant à s'augmenter infiniment par la consideration de son mariage & des enfans qui en seroient procrées, au lieu que le Roy desesperoit d'en avoir, il se concilieroit l'amitié de tout le Peuple & auroit tout le Royaume à sa devotion pour se rendre maître de tout lors qu'il voudroit se venger du Comte sans risquer aucune chose.

3. Par la necessité de son repos & de son honneur. De son repos, parce qu'elle n'en avoit jamais trouvé depuis 16 mois entiers ni en sa conscience, ni en son esprit, ni en son corps, ni de jour ni de nuit, quoi qu'elle eust tâché par sa patience, & par sa prudente dissimulation de faire tout ce qu'il luy seroit possible, & quoi qu'elle vist les choses aller de mal en pire tous les jours par le mauvais Gouvernement du Comte, & par les mauvaises impressions, que luy & ses amis avoient données & continuoient de donner au Roy contre elle, ce qui luy auroit infailliblement attiré une oppression bien plus rude que celle dont on l'avoit travaillée jusques-là, & auroit mis en risque à l'avenir son honneur qui luy a toûjours esté infiniment plus cher que la Couronne & que sa propre vie, & qu'elle voyoit cependant exposé à de grands dangers avec des grands & legitimes fondemens, desquels, quelque necessité qu'il y ait d'en parler, l'honnesteté & la pudeur ne permettent pas de dire ici, que ce qu'on ne peut pas absolument passer sous silence, pour en pouvoir juger.

L'un est que le Roy sachant bien qu'il ne pouvoit

ANNO 1668. voit jamais avoir des enfans, il témoignoit cependant une extrême passion d'en avoir, pour se rétablir sur le throne par le moyen de cette opinion, & aneantir la contraire que l'on avoit communement, & qu'il sçavoit que tout le monde avoit de son impuissance, ce qui le tourmentoit plus que l'impuissance même: D'où vient que plus il se sentoit impuissant, & plus il s'empressoit de témoigner le contraire, s'abandonnant à toute sorte de femmes & croyant par ce moyen de se maintenir la Couronne sur la teste & faire mourir de douleur le Prince son frere qu'il haïssoit plus que la mort, parce qu'il disoit & sçavoit pour certain que sa Majesté n'auroit jamais d'enfans à cause de son impuissance.

L'autre est que la Reine n'ignoroit pas ce qui estoit alors caché, & que les Juges ont sceu depuis par la propre declaration des personnes interessées, c'est que lors que le Roy vouloit joüir de quelque fille, ne pouvant pas en venir à bout a cause de son impuissance, il la faisoit coucher dans sa chambre & en sa propre presence avec quelqu'un de ses favorits, pour se faciliter ensuite le contentement qu'il y pouvoit prendre, quoi qu'effectivement il n'y fist rien aprés non plus que devant comme appert de la deposition qu'en ont faitte les personnes à qui cela est arrivé, & qui l'ont juré sur les Saints Evangiles.

Et ce qui donna plus d'apprehension à la Reine, que le Roy, qui n'avoit pour regle que le dereglement même, & la vaine estime de sa puissance simulée, sans avoir égard ni à son honneur ni à sa conscience, eust quelque semblable dessein sur elle, ce fut les continuelles sollicitations qu'il luy fit faire sur la fin du mois d'Avril de l'année 1667 par ses plus intimes favorits Enrigo Enriguez de Miranda, & le Comte de Castelmeglior, avec la Marquise sa mere, Dame d'honneur de sa Majesté, de passer la nuit de son appartement, où le Roy n'avoit fait jusques-là aucune difficulté de la venir trouver, en celuy de sa Majesté pour coucher avec luy, contre les formes anciennes, & les coûtumes ordinaires du palais, & sans aucune necessité qui eust tant soit peu d'apparence: Et parce que la Reine s'en excusa à diverses fois & le plus doucement qu'il luy fut possible, alleguant pour raisons, non pas celle qui luy donnoit le plus d'apprehension dans l'interieur, car elle auroit autrement encore sacrifié cette nouvelle peine à la volonté du Roy, par un effet de la soûmission que cette Princesse a toûjours euë pour elle, mais bien l'apprehension & la pudeur qui sont capables d'empécher toute femme d'honneur, & plus encore une Princesse & une Reine, comme elle, de faire sans aucune necessité, un changement si extraordinaire, qui auroit sans doute fait parler de sa reputation, & de celle de sa Majesté, le Roy se mit dans une telle colere qu'il voulut avec violence la nuit du même jour la faire sortir du lit, pour le suivre dans son appartement; mais aprés beaucoup de menaces & plusieurs paroles assés rudes, tenant la main au poignard, il luy dit qu'elle eust à s'y resoudre en 24 heures, passé lesquelles si elle ne faisoit la nuict d'aprés ce qu'il vouloit, il juroit qu'il la tireroit par force, ou la fairoit trainer par 4 de ses valets, ce qui causa à la Reine toute sorte de douleurs les plus sensibles; c'est pourquoy elle en fit faire le lendemain ses justes plaintes au Comte par la bouche de son Confesseur, pour le prier d'y remedier luy protestant de mourir plustost que de faire ce que le Roy vouloit, ou autre chose qui fust indigne d'elle.

Cela joint à la crainte qui resta fortement imprimée dans l'esprit de la Reine, a esté cause que depuis elle ne s'est jamais cruë en seureté, & n'a pas jugé d'y pouvoir estre, tant qu'elle demeureroit exposée, comme elle le seroit bien plus à l'avenir, à un danger d'où elle auroit eu de la peine à se tirer une autrefois, aussi heureusement qu'elle avoit fait celle là, veu même que celle à qui sa Majesté se devoit plus fier en de pareilles occasions, sçavoir la Dame d'honneur, estoit la même de qui elle avoit plus de sujet de se méfier a cause du conseil dont il a esté parlé, parce qu'elle estoit mere du Comte favory du Roy, & qu'elle témoignoit ouvertement estre fort passionnée de voir des enfans à la Reine, de quelque maniere que ce pust estre, pour établir par ce moyen sa fortune & celle de son fils, ayant dit expressement au Confesseur dans la conference qu'ils avoient eüe ensemble sur cette matiere-là pour tâcher de l'induire de la part du Roy & de la siene, à faire consentir la Reine à ce changement de lit & d'appartement, que ce ne seroit que pour cinq ou six nuicts, passé lesquelles elle luy promettoit de faire retourner le Roy vers la Reine; de même qu'il faisoit auparavant. ANNO 1668.

Les choses estant en ces termes, & la Reine ne voyant plus de remede à ses maux, & aux dangers qu'elle couroit de plus en plus tous les jours, elle crut qu'elle ne pouvoit pas sauver sa conscience, l'Estat, son repos, ni son honneur, qu'en declarant ce que jusques là elle avoit soigneusement tenu caché pour la nullité de son mariage; Et c'est le second point que j'ay dit qu'il faloit considerer dans la dissolution de ce mariage, & de la maniere que l'on y a procedé, ce que nous exposerons clairement & avec fidelité par les articles suivans.

1. La Reine, pour se tirer de crainte & des dangers que nous avons déja dit, qui estoient inevitables tant qu'elle auroit demeuré au Palais, & voulant faire sa declaration avec seureté de sa liberté & de sa propre vie, elle resolut d'en sortir, & se retirer en un Convent de Sainte Claire, nommé l'Esperance qui est le plus considerable, & le mieux reglé de Lisbonne, & s'y retira en effet le plus secretement qu'elle pût le 22 Novembre 1667.

2. Cette retraite de la Reine, & la declaration qu'elle fit le lendemain, des motifs qu'elle en avoit eus, tant au Clergé qu'à la Noblesse, & au peuple, que sa Majesté fit convoquer pour ce sujet en ce Convent, au lieu de les surprendre, comme l'on en pouvoit douter, leur fit faire à tous une même réponse, criant hautement qu'il y avoit déja assés long tems qu'ils attendoient une pareille resolution, & qu'ils n'étoient pas moins edifiés que surpris de ce que sa Majesté avoit tant soufert, & si longtemps differé; qu'ils approuvoient tous sa conduite, & qu'ils la prioient de faire declarer la nullité de son mariage qui estoit si importante & si necessaire au salut de l'Estat; mais qu'ils n'approuveroient jamais ce que sa Majesté leur disoit en même temps de vouloir s'en retourner en France, parce que sa personne & son assistance leur seroit plus necessaire & plus utile que jamais à eux & au Royaume pour le sauver des dangers dont il estoit menacé lors qu'elle seroit en liberté; & toute la ville de Lisbonne en peut rendre témoignage, de même que de l'approbation generale qu'elle donna à cette retraite.

3. La Reine, le même jour de sa retraite, envoya au Roy, par le Comte de Sainte-Croix son Major-Dome, & peu aprés par l'Evéque de Targa, une declaration solemnelle qu'elle fit de ce qui l'obligeoit en conscience à dire ce qui en estoit sur la nullité de leur mariage, & à prier très-humblement sa Majesté de souffrir que cette affaire qui estoit si importante au salut de leurs ames, & à celuy du Royaume, fust jugée deüement selon les formes, & les Canons Ecclesiastiques, afin que restant libre elle pust s'en retourner en France sous le bon plaisir de sa Majesté, & sans perdre ses bonnes graces; A quoy le Roy répondit par un écrit signé de sa propre main & confirmé par serment presté sur les Saints Evangiles, comme on le peut voir dans les pièces du Procés, aprés en avoir consulté les Docteurs & les Theologiens, qu'il avoit convoqués pour ce sujet, qu'il y acquiesçoit, & que par le seul motif de sa volonté, & le deu de sa conscience, il declaroit de l'avis de ces Theologiens qui estoient 2 Dominicains & un Jesuite, qu'effectivement il croyoit nul son mariage avec la Reine, parce qu'estant vierge il ne pouvoit & n'avoit jamais pû le consommer avec elle.

Il est bien vray que le Roy estoit déja arresté lors qu'il fit cette réponse & cette declaration sur celle de la Reine; mais il faut remarquer sur ce sujet 1. qu'il l'avoit déja faitte verbalement, quelque temps avant sa detention, en parlant familierement à quelqu'un de ses domestiques, qui l'a deposé ensuite. 2. que sa Majesté n'estoit pas encore arrestée lors que la Reine luy demanda cette declaration; Mais comme aprés avoir receu celle de la Reine il voulut deux ou trois jours de temps, pour consulter avec les Docteurs & les Theologiens, ce que sa conscience l'obligeoit à y répondre, il arriva que la nuict suivante il fut arresté par un Arrest de son propre Conseil. 3. que cette detention ne fut ni re-

fo-

ANNO 1668. soluë ni faitte autrement sur la retraite ou la declaration de la Reine, comme si elle en eust esté la cause ou le motif, mais pour une autre necessité bien differente & bien plus urgente que celle-là; desorte que la Declaration que le Roy fit quelques jours aprés celle de la Reine, & aprés avoir pris la commodité & assés de temps pour y penser & songer à sa conscience, & pour savoir le sentiment & les Resolutions de ses Theologiens, ne doit pas estre reputée pour invalide, faute de liberté, puis qu'il estoit arresté pour le même sujet. 4. que les Theologiens, que sa Majesté avoit assemblés, & qui declarerent, aprés l'avoir ouï, qu'il estoit obligé en conscience de répondre comme il fit, estoient en pleine liberté. & qu'il n'y avoit rien qui les obligeast à le conseiller que pour la verité, comme l'on peut voir par leur deposition. 5. que depuis lorsque l'on a demandé au Roy en diverses rencontres s'il approuvoit ou improuvoit la declaration qu'il avoit faitte, il a toûjours dit & affirmé rondement, & avec sermens qu'il l'approuvoit & la ratifioit pour la decharge tant de sa conscience que de celle de la Reine: Et enfin que lors que les *Juges deputés* du Chapitre pour aller signifier à sa Majesté la sentence que l'on avoit donnée, & qui fut ensuite prononcée portant la nullité de son mariage, luy demanderent s'il vouloit y acquiescer ou bien en appeller, il répondit sans hesiter qu'il y acquiesçoit, reconnoissant bien qu'elle avoit esté donnée avec justice, comme l'on peut encore voir par les Actes du procés.

4. Aprés une approbation si universelle que l'on donna à la retraite de la Reine, le Conseil d'Estat, en attendant l'Assemblée des Estats du Royaume qu'il avoit convoqués un mois auparavant, contre la volonté du Roy, pour remedier aux desordres du Royaume & de son Gouvernement, voyant qu'ils ne pouvoient pas s'assembler aussi promptement que les affaires le requeroient, & prevoyant autrement la perte infaillible de tout le Portugal, si l'on n'y apportoit un prompt remede, il resolut secretement de resserrer le Roy dans son appartement avec le plus de bienseance que faire se pourroit, & de mettre par provision la Regence & le Gouvernement du Royaume entre les mains du Prince, en attendant ce que les Estats en pourroient ordonner, ce qui fut executé sans bruit la nuict du 22 au 23; & le sujet de cette detention fut ou pour empescher le Roy de s'enfuïr avec le Comte sur les frontieres, ou tout à fait hors du Royaume, comme l'on savoit depuis plus d'un mois qu'il le premeditoit, ou bien parce qu'ayant souffert pendant deux ou trois ans en sa Majesté le dereglement general du Gouvernement, pour voir si puis qu'il estoit incapable d'en tenir les rênes il ne pourroit pas aumoins, estant marié avec une si belle & si vertueuse Princesse donner des Successeurs à la Couronne, l'on avoit reconnu evidemment par sa propre declaration & par celle de la Reine qu'il n'estoit pas plus capable de l'un que de l'autre, & que par consequent il estoit necessaire de remedier au plus viste à ces deux maux importans, donnant lieu, par le moyen de sa detention, tant aux preuves qu'à l'instruction du procés sur la nullité de son mariage, qui n'auroit pû se faire autrement.

5. Si la Reine, en cet estat-là, eust pû avoir recours au Saint Siege pour y faire juger la nullité de son mariage, elle l'auroit fait indubitablement; Elle a même declaré à diverses fois, & declare encore que c'estoit son intention, tant pour la grande importance de la matiere que pour le grand respect & la reverence infinie qu'elle a toujours euë pour le S. Siege, & même parce qu'elle estoit bien persuadée de l'equité & de la justice d'un des meilleurs & des plus dignes Pontifes qui ait jamais esté assis sur la chaire de S. Pierre; mais ne pouvant alors, à son grand regret, y avoir si facilement recours pour les causes que tout le monde sait, & qui avoient fait gemir tout le Royaume de Portugal pendant l'espace de 30 ans continuels qu'il a esté sans pouvoir avoir l'avantage de s'aller jetter aux pieds des Papes, ni en estre écouté dans les plus grandes necessités spirituelles, la paix n'estant pas encore faitte avec l'Espagne, d'où luy venoient tous ses obstacles; sa Majesté fut obligée & necessitée d'avoir recours à l'Ordinaire & au Juge le plus proche qui est le Chapitre de Lisbonne lorsque le Siege Episcopal est vacant. ANN. 1668.

6. Que dans le choix des Juges, qui estoient au nombre de Onze, le Chapitre a eu toute la liberté & tout l'égard possibles, de ne nommer pour ce sujet que les plus considerables de cet illustre Corps, tant pour la qualité & la Doctrine, que pour la vertu & pour la probité.

7. Que dans le jugement qui a duré plus de 4 mois, l'on a observé toutes les formes necessaires, de même que s'il s'y fust agi de personnes de la plus mediocre ou de la moindre condition du Royaume.

8. Que les preuves juridiques, sur lesquelles l'on a declaré le Roy impuissant & son mariage nul, sont si fortes & si evidentes, mais d'une evidence tout à fait certaine, que les Juges, aprés les avoir longtemps & meurement, examinées, ont declaré dans la sentence, qu'elles n'estoient pas seulement suffisantes, mais superfluës, & qu'il n'estoit besoin ni d'inspection, ni d'experience de trois ans.

9. Lors que l'on fit savoir au Roy la sentence que les onze Juges deputés comme dessus avoient prononcée devant tout le Chapitre de Lisbonne sur la nullité de son mariage, & qu'un des mêmes Juges, savoir le grand Vicaire, la luy signifia avec le Secretaire de la Relation, estant interrogé s'il y acquiesçoit ou s'il vouloit en appeller, il répondit de bonne grace qu'il y acquiesçoit volontiers, & ne vouloit par en appeller, & sa Majesté signa elle même sa declaration.

Voila en peu de mots & avec fidelité ce qui s'est passé sur la nullité du premier mariage de la Reyne; De sorte qu'il ne reste à examiner que la troisième consideration, qui est sur la forme en laquelle s'est fait le second avec le Serenissime Prince Don Pietro, ce que *nous ferons voir clairement* en peu de paroles dans les articles suivans.

1. La Reyne ayant receu la sentence de la nullité de son mariage, & se voyant libre, elle ne songeoit qu'à s'en retourner en France; & pour ce sujet vouloit profiter de l'occasion d'une flote que le Roy tres-Chrêtien avoit envoyée en Portugal pour ramener ses troupes; elle fit savoir aussitost sa resolution aux trois Estats, les priant instamment de la vouloir approuver, & de faire ensorte que sa dot luy pust estre promtement renduë, afin qu'estant de retour en France elle pust avoir dequoy s'y maintenir selon sa qualité: Mais les Estats qui avoient si fort approuvé sa retraitte, & témoigné infiniment de joye de la sentence de nullité de son mariage, s'opposerent fortement à la resolution qu'elle avoit prise de partir, & vinrent tous en corps au Convent la supplier la larme à l'œuil de n'abandonner pas le Royaume, & qu'en ayant esté déja le salut en faisant une telle declaration, elle voulust *encore une autre fois en* estre le soûtien en consentant au mariage qu'ils luy proposoient avec leur Prince, d'autant plus qu'ils ne pouvoient *ni* ne vouloient luy restituer sa dot: à quoy la Reyne ayant répondu ce que la modestie & la qualité de sa naissance luy permettoient de dire en cette occasion, sans s'y engager ni le rebuter, ils furent en même temps tous en corps trouver le Prince pour le prier de sauver le Royaume en épousant la Reine, luy protestant qu'ils ne soufriroient jamais qu'il songeast, comme on le disoit, à aucun autre mariage.

Le Prince qui avoit toûjours eu une estime particuliere pour la Reine à cause de ses rares qualités, & depuis qu'on la luy avoit destinée pour épouse, dans le premier dessein que l'on avoit autrefois eu de marier le Roy Alfonse à Mademoiselle de Nemours, presentement Madame Royale de Savoye, receut cette priere des Estats avec toute sorte de satisfaction, disant qu'il y consentoit tres volontiers, pourveu qu'ils fissent en sorte que la Reine voulust y consentir. Estant retournés pour ce sujet vers sa Majesté ils la supplierent à diverses fois d'y vouloir donner son consentement, desorte que se laissant enfin vaincre par les puissantes raisons qu'ils luy alleguoient de la necessité de l'Estat, & par les motifs qui la pouvoient persuader à faire promtement ce mariage, elle leur laissa la liberté de faire ce qu'ils jugeroient à propos pour le bien public. Ce mariage fut ainsi solemnellement conclu, & toutes choses disposées pour le consommer au plutost, pour prevenir & dissiper les pratiques que quelques ennemis du repos

ANNO 1668. public faisoient avec les Ministres d'Espagne pour l'empescher, & en conclure un autre entre une Princesse d'Autriche & le même Prince, à qui l'on faisoit esperer de tres-grands avantages pour l'y faire consentir.

2 Les principaux Theologiens & Docteurs de l'Université de Portugal tant Reguliers que seculiers, ayant consulté sur la necessité de la dispence au premier degré de publique honnesteté pour l'effect de ce mariage-là, ils furent tous d'un même avis & d'un même sentiment, disant tous unanimement qu'il n'estoit pas besoin d'en avoir dans le cas dont il estoit question, & ils firent divers écrits sur cela; il y en eut même plus de trente qui signerent un Traité qui en fut fait exprés par l'un d'eux, pour oster à sa Majesté & au Prince tous les scrupules de conscience qu'ils pouvoient avoir en se mariant sans la demander; outre qu'il y avoit encore à considerer la longueur & la difficulté que l'on auroit euë à l'obtenir en Cour de Rome, bien que contre la bonne intention de sa Sainteté, ce qui pouvoit mettre cependant en danger le repos & le salut de l'Estat, qui ne pouvoit se remettre de ses miseres passées qu'en le mettant en estat de donner des Successeurs à la Couronne, ce qui en estoit l'unique moyen.

3. Nonobstant toutes les resolutions de ces Docteurs & les grandes instances que faisoient les Politiques & les personnes les plus considerables du Royaume, pour obliger la Reine & le Prince à consentir à leur volonté, ils eurent tous deux neanmoins tant de respect, de reverence & de soûmission pour l'authorité du S. Siege, qu'ils crurent que leur mariage ne seroit ni pleinement beni, ni approuvé de Dieu, s'il ne l'estoit auparavant de celuy qui tient son lieu & place en terre; Et dans cette veuë ils employerent tous les soins, & toutes les diligences possibles pour en avoir une promte dispense.

4. Il est tres-certain que comme la Reine n'eut pas recours la premiere fois au Saint Siege pour faire juger la nullité de son mariage, pour autre sujet que pour celuy que nous avons déja dit, dans le doute où elle estoit de n'y trouver pas la porte ouverte aussi facilement que le cas le requeroit; Cette seconde fois aussi que cette porte paroissoit ouverte depuis la paix faitte entre le Portugal & la Castille, le Prince & elle en avoient un desir passionné & plein de sincerité, & ils n'auroient pas manqué d'y recourir à droiture, si cela eust esté aussi facile que le requeroit l'urgence de la necessité, & si la longueur du voyage, & les factions inevitables des personnes qui n'auroient pas manqué de traverser ce mariage à Rome, comme ils avoient tâché de le faire à Lisbonne, n'eussent fait apprehender qu'un trop grand delay, qui estoit le moindre mal que l'on pouvoit attendre, auroit mis en danger le repos & le salut de cet Estat qui dependoient d'une promte consommation de ce mariage-là.

5. Et c'est le sujet pourquoy ils eurent recours à Monsr. le Cardinal de Vendosme, pour lors Legat à latere en France, croyant aussi outre le voisinage des lieux, & la facilité de l'accés, que s'addressant à son Eminence, ils auroient recours au Pape même, & que ne pouvant aller boire l'eau au lieu où elle naissoit, comme ils le souhaitoient, il leur suffisoit de la succer d'un ruisseau qu'ils voyoient sortir immediatement de sa source.

6. Et que de même que le Legat leur donna de bonne foy la dispense qu'ils luy demandoient, croyant d'en avoir la faculté, la Reine & le Prince la receurent de même, ne pouvant & ne devant pas même s'imaginer qu'un Cardinal si illustre & si sage, en qui le Pape avoit tant de confiance, qu'il estimoit tant, & qui estoit son Legat à latere, n'eust pas sceu jusques où son pouvoir s'estendoit, ni ce qu'il faisoit en la leur accordant.

7. En suite donc de cette dispense demandée, receuë, examinée, approuvée & insinuéé respectivement par l'Official de Lisbonne, à qui elle estoit adressée, le mariage se fit, & fut celebré en face de la Sainte Eglise, avec toutes les formalités requises par Monsr. l'Evêque de Targa, en presence du Curé du Palais, où cela se fit, des quatre Gentilshommes de la chambre du Prince, que l'on appelle communement Chambellans; du Duc de Cadaval comme Procureur épousant pour la Reine, & le Marquis de Marialva pour le Prince.

8. Tout le peuple l'approuva aussitost par des marques extraordinaires du plus grand contentement qui se soit jamais veu, & le Roy Alfonse voulut témoigner celuy qu'il en avoit en son particulier, par les complimens qu'il en envoya faire au Prince son Frere; & le Ciel ne tarda pas beaucoup à faire voir les benedictions que Dieu departit sans delay à ce Royal mariage, par l'heureuse grossesse de la Reine, qui parut un mois aprés, & qui est maintenant avancée jusques à moitié terme.

Desorte que tous ces peuples esperent que sa Sainteté ne refusera pas de leur donner la siene, & qu'elle aura la bonté d'avoir égard 1. aux tres-humbles prieres que ces deux grands & religieux Princes leur en font avec les autres testes couronnées. 2. au respect particulier, & à la sincerité de la reverence qu'ils ont euë & ont encore envers le Saint Siege, en ayant recours à luy. 3. à la grande soûmission que le Royaume de Portugal a témoignée en tout temps à la volonté des Papes, & particulierement en trente années de temps qu'il a esté travaillé de si grandes calamités, & qui a tant operé, comme tout le monde sait, pour la propagation de la foy, sans que les disgraces qu'il a souffertes tant de temps, & si patiemment endurées sous le Pontificat de ses Predecesseurs, ayent esté capables de l'en faire éloigner d'un seul point. 4. à la parfaite & respectueuse confiance qu'il a maintenant, que celuy qui leur a si dignement succedé, & qui les a tous surpassés en bonté, en justice, & en sagesse, reparera toutes ses pertes passées, & voudra, pour le rendre entierement heureux, luy faire la grace d'établir le repos, & la paix spirituelle & temporelle de ses pauvres peuples, qui gemissent depuis tant d'années, ce qui depend absolument de l'approbation & des benedictions qu'il aura la bonté de donner à ce mariage. 5. Et enfin à la gloire immortelle que sa Sainteté & le Saint Siege recevront aprés avoir, par leurs applications & leurs soins paternels, si heureusement éteint le feu de la guerre qui consumoit toute l'Europe, par le moyen de la paix faite entre les deux Couronnes, qui en sont comme les deux Poles, s'il leur plaist encore d'en oster le sujet & l'occasion qui seroit capable de le ralumer bientost, & le rendre plus ardent que jamais.

CLIX.

Sentence ulterieure rendue par les Commissaires Apostoliques sur la nullité du mariage du Roi de Portugal ALFONSE VI. *avec la Princesse de Savoye, portant confirmation de la premiere, & Dispense en faveur du Mariage ulterieurement contracté entre ladite Princesse & le Prince* D. PIERRE *de Portugal à Lisbonne le* 18. *Fevrier* 1669. [Relation des troubles de Portugal en 1667. & 1668. pag. 233.] 1669. 18. Fevrier.

Christi nomine invocato.

VEu le Bref de sa Saintéte, par lequel elle nous commet au jugement de l'empeschement publicæ honestatis sur la dispense dont il fait mention, & les Articles justificatifs avec la preuve qui en a esté donnée, aussi bien que toutes les instructions & certificats qui y ont esté joints, il apparoist, que le Serenissime Seigneur D. Alfonse sixiesme Roy de Portugal & des Algarves, estant marié avec Marie Françoise Isabelle de Savoye, ladite Princesse, pressée de sa conscience, a poursuivi en justice la nullité dudit mariage qu'elle avoit contracté de fait, avec ledit Serenissime Roy, à cause de l'impuissance perpetuelle qui estoit en sa personne, de consommer ledit mariage; comme en effet, il ne l'avoit pas consommé pendant seize mois qu'ils ont vescu ensemble, comme mari & femme; laquelle cause fut plaidée devant le Vicaire General de cet Archevesché de Lisbonne, & les autres Juges nommez par le Chapitre auquel, le siege vacant, la connoissance de cette affaire appartenoit de droit. Il apparoist que la cause fut poursuivie jusqu'à la Sentence definitive, par laquelle ledit mariage contracté entre ledit Roy & ladite Princesse, fut declaré nul, à cause de ladite impuissance perpetuelle dudit Seigneur

gneur Roy D. Alfonse, de consommer ledit mariage avec ladite Sme. Princesse Marie Françoise Isabelle de Savoye. Il apparoist que cette Sentence fut publiée & signifiée juridiquement audit Seigneur Roy D. Alfonse, lequel declara en termes raportez par le Greffier des actes, qu'il vouloit qu'elle fust executée, & qu'il ne desiroit point en appeller, laquelle declaration a esté signée par le Roy mesme. Il apparoist que les trois Estats des Royaumes de Portugal & des Algarves, qui dans ce tems-là estoient assemblez à Lisbonne, proposerent au Serenissime Prince D. Pedro de Portugal Regent du Royaume, & le supplierent de vouloir espouser la Princesse serenissime Marie Francoise Isabelle de Savoye, pour mettre le repos dans l'Estat, & asseurer la succession royale, & qu'ils firent aussi la mesme proposition, & la mesme priere à ladite Princesse Serenissime. Il apparoist que pour l'empeschement publicæ honestatis, le Serenissime Prince D. Pedro ne pouvant contracter, ce mariage avec ladite Princesse, l'on eut recours au tres eminent Cardinal de Vendosme Legat à latere de sa Sainteté, & du St. Siege Apostolique vers le Roy tres-Chrestien de France, afin qu'il les dispensast de cet empeschement publicæ honestatis. Il apparoist que ce Bref de dispense addressé au Vicaire General, ou à l'Official de l'Archevesché de Lisbonne, estant arrivé fut presenté á l'Evesque de Targa, qui dans ce temps-là faisoit les fonctions dudit Archevesché, lequel conformement au pouvoir qui luy en avoit esté donné, & avec les formalitez accoustumées, dispensa dudit empeschement publicæ honestatis ledit Prince & ladite Princesse. Il apparoist qu'en vertu de cette dispense & avec la confiance qu'on y eut, le Seigneur Prince D. Pedro fut marié, selon le Sacré Concile de Trente, avec ladite Princesse Sme. Marie Françoise Isabelle de Savoye, & qu'ils consommerent le mariage, duquel il leur est desja né une fille. Il apparoist que ledit Prince & ladite Princesse s'estant mariez de bonne foy & en face d'Eglise, & menant une vie conjugale, pour plus grande seureté de leur conscience, afin de se delivrer de scrupule & l'Estat de trouble, eurent recours à sa Sainteté, afin qu'elle approuvast, confirmast, & ratifiast ledit mariage, en leur levant tous les scrupules qui en pouvoient naistre; ce que sa Sainteté leur a fait la grace de leur accorder par le Bref cy-dessus raporté, commettant cette affaire aux Juges qui y sont nommez, afin que la requeste desdits P. & Princesse se trouvant juste, ils puissent après avoir fait les enquestes & informations necessaires pour decouvrir la verité des faits, sur quoy elle est fondée, dispenser dudit empeschement publicæ honestatis lesdits Prince & Princesse, & de tous autres empêchemens qui pourroient se trouver; cassant, anentissant & declarant nul le lien du premier mariage contracté entre le Serenissime Seigneur Roy D. Alfonse, & ladite Serenissime Princesse D. Marie Françoise Isabelle de Savoye. Le tout veu & consideré, & ayant plus qu'aux autres actes, esgard au Bref icy attaché, de l'authorité Apostolique à nous commise, nous tenons l'exposé de la requeste desdits Prince & Princesse Serenissime très-fidéle, & tous les faits pour tres-bien justifiez, ainsi conformement audit Bref nous dispensons lesdits Prince & Princesse Serenissimes, afin qu'ils puissent continuer & demeurer dans ledit mariage, qu'ils ont bien & legitimement contracté, sans avoir égard audit empeschement publicæ honestatis, qui resultoit du premier mariage anullé; Et nous declarons pour legitime & née de legitime mariage, l'Infante qu'il a plû à Dieu nostre Seigneur de faire naistre de ce second mariage, & pour legitimes & nez de legitime mariage, tous les autres enfans qui en pourront desormais naistre sans s'arrester aux ordonnances & constitutions Apostoliques à ce contraires. A Lisbonne le 18. Fevrier 1669. Diego de Sousa, Antoine de Mendoce, Martin Alfonse de Mello, Louys de Sousa, Emanuel de Magalhaens de Meneses.

CLX.

2. Avril. *Bref Apostolique du Pape* CLEMENT IX. *au Prince de Portugal sur la seconde Dispense accordée, en faveur de son mariage avec la Princesse de Savoye. Donné à Rome le 2. Avril* 1669. [Relation des Troubles de Portugal en 1667. & 1668. Pag. 137.]

A nostre tres-aimé Fils en Jesus-Christ le Prince D. Pedro frere du Roy de Portugal & des Algarves.

Clement. IX.

NOstre très-aimé fils en Jesus-Christ, salut & Benediction Apostolique. Nous avons asseurement travaillé en vostre affaire avec toute la faveur que les sacrez Canons permettent, aussi, selon que me l'aprend vostre Lettre, avez-vous une grande reconnoissance de cette grace pontificale. Ce tesmoignage que nous recevons de vous, nous donne un très-grand contentement: Neantmoins cette grace dont vous nous remerciez avec autant de pieté que d'affection, ainsi que le merite l'importance de la chose, nous vous demandons avec justice, que vous veuilliez principalement la devoir à la benignité de ce S. Siege, & reconnoistre que c'est de luy que vous l'avez receüe, à quoy vous reussirez parfaitement, si vous tesmoignez, comme veritablement vous faites, avoir toujours de plus en plus des soins & de l'affection pour les choses qui regardent le S. Siege, & la Religion Catholique, imitant en cela la devotion ancienne des Princes de Portugal, qui faisoient gloire d'obeïr à ce mesme Siege; parceque si autrefois dans vos Estats il a esté necessaire de travailler au restablissement des choses qui concernent l'Eglise, & le culte divin, pour les remettre en leur premiere splendeur, aujourd'huy plus que jamais le defaut de Pasteurs, aussi bien que la longueur de la guerre, demande la mesme chose. Mais nous esperons que tous ces dommages seront bien-tost reparez par vostre zele & par vostre prudence, en joignant vos soins aux nostres; tant pour le choix des Evesques, que pour toutes les autres choses. Pour ce qui est de l'Ambassadeur d'obedience que vous nous proposez, lorsqu'il arrivera, nous le recevrons volontiers & luy accorderons tous les honneurs qui luy seront justement deus. Cependant nostre très-aimé fils, nous vous donnons avec la plus sincère effection dont nous sommes capables, nostre Benediction Apostolique. A Rome Proche S. Pierre sous l'anneau du Pescheur le 2. Avril. 1669. & le second an de nostre Pontificat.

F. Florentin.

CLXI.

Lehen-Brief Jhro Röm. Kayserl. Majest. LEOPOLDI Hertzog JULIO FRANCISCO zu Sachsen-Lauenburg über alle die Regalia und Lehen / so sein Vater seel. JULIUS HENRICUS inne gehabt / ertheilet. Wien den 14. Junii 1669. [Tiré d'une Information de droit presentée à l'Empereur de la part des Princesses hereditaires de Saxe-Lauenbourg sous le Titre de: An die Röm Kays. Mayst. Allerunterthänigst, Gehorsambste folg-leistung und Darthuung wohlbefugter weiblichen Successions-Prætension. &c.] 14. Juin.

C'est-à-dire,

Investiture de LEOPOLD *Empereur des Romains pour* JULES FRANÇOIS *Duc de Saxe Lauenbourg, de touts les Fiefs, Droits & Regales, possedés par le feu Duc* JULES HENRI *son pere. A Vienne le* 14. *Juillet* 1669.

WJr Leopold von Gottes Gnaden / erwählter Römischer Kayser / zu allen Zeiten Mehrer des Reichs / in Germanien / zu Hungarn rc. rc. bekennen öffentlich mit diesem Brieff und thun kund jedermänniglich. Nachdem der Hochgebohrne Julius Frantz Hertzog zu Sachsen Lauenburg / unser lieber Oheimb und Fürst / uns durch seiner ld. Befelchhabere demüthigst angeruffen und gebetten / daß wir Jhme seine Regalia und Lehen mit allen und jeden Fürstlichen Würden / Ehren / Graffschafften / Herrschafften / Rechten / hohen und niedern Gerichten / Zöllen / Glaiten / Mann-

ANNO 1669. Mannschafften / Eigenschafften / Städten / Schlößern / Landen / Leuthen / Gütern / Wildbahnen / Bergwercken / Fischereyen / Waiden / Saltzwerken und allen andern Gerechtigkeiten darzugehörig / so von Uns und dem Heiligen Reich zu Lehen rühren und ihme zustünden / als jetzt regierender Römischer Kayser zu Lehen zu verleyhen gnädiglich geruheten / inmaßen wir jüngst hievor gegen Seines Ldd. Vattern / Hertzog Julium Heinrichen zu Sachsen-Lauenburg gleichfalls gethan hatten: Daß haben Wir angesehen solch sein Hertzog Julii Frantzen demüthigste ziembliche Bitte / auch die angenehme getreue und nützliche Dienste / die seine Vorderen weyland unsern Vorfahren am Reich Römischen Kaysern und Königen und dem Heiligen Reich vielfältig gethan haben / und auch uns und dem Reich hinführo zuthun erbietig ist / auch wohl thun mag und soll: Und haben darumb mit wolbedachtem Muth / gutem Rath und rechtem Wissen dem vorgenannten Unserem Oheimb und Fürsten / Hertzog Julio Frantzen die vorbestimbte seine Regalia und Lehen / mit allen und jeden Fürstlichen Würden / Ehren / Graffschafften / Herrschafften / Rechten / hohen und niedern Gerichten / Zollen Glaiten / Mannschafften / Eigenschafften / Städten / Schloßern / Landen / Leuthen / Gütern / Wildbahnen / Bergwercken / fischweyeren / Wayden / Saltz-werken und allen andern Gerechtigkeiten darzu gehorig / wie die Namen haben / und er jetzund der Zeit innen hat und besitzt / versetzt und unversetzt / als nemblich die Stadt Mollen und die Zolle daselbst mit ihrer Zubehorung / item in dem Lande und Stadt Lauenburg Zolle und Güter / als seine Eltern auf ihme in derselben Stadt und Lande geerbet haben / item in dem Land Westphalen und Engern Schloßere / Gerichte / Herrschafften Land und Leuthe / als sein Vatter auf ihn geerbet hat: Item das Land zu Hadeln und West-Frießland mit der Herrschafft Bredenrixa und das Schloß Ritzebüttel: Item das Land Jarsingen / das Schloß Lauenburg: Item die Graffschafft Ratzeburg / Item die Schloßer Ertenburg / Rippenburg / Bergerdorff: Item der Kirchwerder: Item die Elbe mit solchen Zollen als er darauf hat zu Lauenburg / zu Erstenburg / Eyslingen und auf der Jelluenaw und zu Herrenburg / als dann diese van besagtem seinen Vatern Hertzogen Julio Heinrichen auf ihn geerbet seynd / und anders darzugehorig / nichts ausgenommen / zu Lehen gnädiglich verlichen / und verleyhen Ihme die von Romischer Kayserlicher Macht in Krafft dieses Brieffs / was wir ihme von Rechtsoder Gewohnheit wegen daran verleyhen sollen und mogen / also daß er die fürbaßhin von uns und dem Heiligen Reich zu rechten Fürstlichen Lehen innenhaben / nutzen / und gebrauchen moge / als derselben Lehen Recht und herkommen ist / von allermänniglich an seinen Rechten unvergreifflich und unschädlich. Uns hat auch der vorgenannte Hertzog Julius Frantz durch gedachter seiner Ldd. Vollmächtige Anwält und gewalthabere / unsere und des Reichs liebe getreue / Michael Albrecht Frantzen von Schwaan und Frantzenn von Mayersheimb / seiner Ldd. Rath und respective Agenten an unserm Kayserl. Hoff / gewohnliche Huldigung / gelübd und Ayd gethan / uns und dem Reiche gehorsamb / getreu und gewärtig zu seyn / zu dienen und zu thun / als des Reichs getreuere Fürst seinem Lehen-Herrn und Romischen Kayser zuthun vflichtig ist / ohne Gefährde. Dieweil auch vorgedachter Hertzog Julius Frantz neben deme angezeiget / daß er von seinen Vorderen hero ein Hertzog zu Sachsen seye / und also an uns unterthänig gesinnen laßen / daß Wir ihme den Titul: Hertzog zu Sachsen / Engern und Westphalen gnädig zugeben / und darzu auch die Lehen / allermaßen wie die Weyland seinen Vorforderen von weyland unseren Vorfahren am Reich / Kayser Carl dem Vierdten und Kayser Sigismunden verliehen worden seyn / zu verleyhen geruheten / als nemblich das Land zu Sachsen / die Graffschafft zu Holstein und das Land zu Stormarn. Item die Herrschafft zu Lauenburg / Item die Herrschafft von der Hoya / nemblichen Werbenaw / Brükhausen und den Hadershagen / Wurstorff und Norbe mit allen ihren Ein- und zugehorungen: Und wir aber daßelbe also dieser Zeit aus etlichen bewegenden Ursachen anstehen laßen; haben wir ihme doch solches seines Gesinnens und Anruffens hiermit auch meldung und Anzeig thun wollen / also daß solcher Stillstand gedachtem Hertzogen Julio Frantzen und sonst männiglichen an seinen Rechten und Gerechtigkeiten unschädlich seyn solle. Mit Urkund dieser Brieffs / besiegelt mit unserem Kayserlichen anhangendem Insiegel / der geben ist zu Wien den 14. Junii Anno 1669.

CLXII.

1672. 16. Février. *Protestatio nomine* RAYNUTII FARNESII *Ducis Parmæ facta de Pecuniâ in Redemptionem Ducatûs Castri, & Statûs Roncilionis juxta Conventiones in Civitate Pisarum Anno* 1667. *initas, Reverendæ Cameræ Apostolicæ oblatâ, sed non acceptatâ. Romæ* 16. *Februarii* 1672. [Copie communiquée par un Ministre de S. A. S. de Parme.]

IN nomine Domini Amen. Fidem facio per præsentes ego Reverendæ Cameræ Apostolicæ Notarius infràscriptus, qualiter die Decimâ sexta Februarii 1672. coràm Eminentissimo Domino Cardinali Camerario pro Serenissimo Domino Dom. Raynutio Farnesio Parmæ Duce &c. præsenti contra R. P. D. Michaëlem Angelum Zacariam Commissarium Generalem Reverendæ Cameræ Apostolicæ Albritius Sanctissimi Domini Nostri Papæ Cursor retulit in scriptis, se die decimâ quintâ hujus eundem R. P. D. Commissarium citâsse ad videndum fieri protestationem, interpellationem, requisitionem, cujus copia sibi transmittetur unà cum juribus in eâ memoratis, dicendum contra, admitti, & mandari efficere, & decretum quodcunque desuper necessarium, & opportunum fieri, & interponi ad primam diem &c. instante eodem Serenissimo Domino Duce præsenti sive &c. Relatione factâ comparuit Dominus Doctor Carolus Cæsarinus Procurator, & petiit, ac per Illustrissimum Dominum obtinuit admitti loco protestationis, & mandavit efficere, prout de jure sinè tamen præjudicio quorumcunque Jurium Cameræ Apostolicæ omni &c. Tenor suprascriptæ protestationis, de quo supra fit mentio, talis est, videlicet. ANNO 1672.

Pro Serenissimo Domino D. Raynutio Farnesio Duce Parmæ &c. contra Reverendam Cameram Apostolicam coràm Eminentissimo D. Cardinali Camerario sive &c. comparuit Illustrissimus Dominus Carolus Cesarinus Consiliarius, & Procurator ad infrascripta specialiter constitutus, proùt docuit per litteras Missivas à Domino Serenissimo D. Duce subscriptas sub datum Placentiæ 14. Januarii præsentis anni 1672 seu &c. & sigillo suæ Celsitudinis munitas tenoris &c. & in termino Citationis contra R. P. D. Commissarium Reverendæ Cameræ legitimè executæ & reproductæ inhærendo protestationibus, declarationibus, interpellationibus, & requisitionibus aliàs factis ad omnem meliorem finem, & effectum dicto Serenissimo Domino Duci magis proficuum, ac jura juribus, & cautelam cautelis addendo, & citra onus aliquid superfluè agendi nec se adstringens ad non necessaria &c. sed omni meliori modo, ac cum protestatione, quæ in qualibet parte præsentis actûs sit, & intelligatur repetita, quod per quæcunque dicat, & faciat non intendit aliquo modo præjudicare dicto Serenissimo Domino Duci, dixit, & declaravit, quod licèt aliàs, & præsertim de mense Maji 1667. fuerit vice, & nomine dicti Serenissimi Domini Ducis oblata realiter, & cum effectu DD. Depositariis Generalibus Reverendæ Cameræ nec non aliis Officialibus ejusdem Reverendæ Cameræ summa scutorum octingentorum quatuordecim millium octingentorum septuaginta quinque ad effectum ut intelligeretur redempta una ex duabus partibus Ducatûs, & Statuum Castri, & Roncilionis cum ejus membris, & pertinentiis juxta Conventiones initas in Civitate Pisarum inter Eminentissimum Dominum Cardinalem Rasponum tunc Prelatum S. Sedis Apostolicæ, & Illustrissimum & Reverendissimum Dominum Aloysium de Burlemont Christianissimi Regis Plenipotentiarios sub die 12. Februarii 1664. seu &c. & per Sanctissimæ memoriæ Alexandrum VII. sub die 18. dicti mensis ratificatas, & de consilio, voto, & consensu Eminentissimorum Dominorum Cardinalium in Consistorio habito dictâ die in parte, & partibus tunc adimplendis, adimpletas, & exsecutas, ac etiam juxta formam divisionis dicti Ducatûs & Statuum factæ per peritos nomine Reverendæ Cameræ vigore chirographi dicti Sanctissimæ memoriæ Alexandri, & respectivè nomine dicti Serenissimi Domini Ducis electos, ut ex Instrumentis ut dixit in actis meis &c. rogatis sub die 28. Aprilis & respectivè 18. Octobris dicti anni 1664. &c. tamen solutio ut supra oblata acceptata non fuit, sed recusata in gravissimum damnum dicti Serenissimi Ducis ratione inter cetera damni emergentis, & lucri cessantis, & ex aliis causis; & quamvis pariter ad majorem cautelam de mense Septembris 1668. sive &c. fuerit dennò interpellatus tunc R. P. D. Commissarius Reverendæ Cameræ ad faciendum, & curandum, ut dicti DD. Depositarii ejusdem Reverendæ Cameræ nullâ interpositâ morâ reciperent & acceptarent solutionem prædictam & facerent legitimam quietantiam nihilominus ex parte Reverendæ Cameræ non fuit aliquid adimpletum in majus dam-

ANNO 1672. num, & præjudicium, ut fupradicti Serenissimi D. Ducis; quamobrem terminus præfixus in dictis conventionibus initis in Civitate Pisarum eidem Serenissimo Domino Duci ad faciendam redemptionem dictorum Ducatuum & Statuum præcipuè à dicto menfe Maji 1667. feu &c. decurrere cessavit, & adhuc cessat; cum pro parte dicti Serenissimi D. Ducis non fteterit, quin recepta fuerit folutio in manibus DD. Depositariorum Rdæ-Cameræ ut fuprà, & cum pro potiori cautelà vice, & nomine dicti Serenissimi Domini Ducis fuerit de menfe Novembris præteriti 1671. feu &c porrectus fupplex libellus Sanctissimo Domino Nostro, ut Sanctitas fua dignaretur demandare quod reciperetur pecunia conventa pro dictà redemptione, & mitterentur exfecutioni in omnibus partibus prædictæ Conventiones, ac etiam declarare, quod terminus ut fuprà præfixus in eisdem conventionibus non currat in præjudicium dicti Serenissimi Ducis, & ut in dicto fupplici libello cujus copiam facto exhibuit tenoris &c. ideo falvis præmissis, ac falvo omni, & quocunque jure per dictum Serenissimum D. Ducem ex caufà oblationum ut fupra factarum & aliàs quæsito, ità ut potiùs corruat actus, quàm præfens protestatio, & non aliàs aliter, nec alio modo ad majorem cautelam & cum aliis præfervationibus ùt fuprà hic & nunc denuò requirit, & interpellat eundem R. P. D. Commissarium ad faciendum, & curandum ut DD. Domini Depositarii recipiant & acceptent folutionem prædictam nomine Reverendæ Cameræ, & faciant legitimam quietantiam in exfecutionem dictarum conventionum, & aliorum ut fuprà & nomine etiam ipsius Reverendæ Cameræ fiat legitima declaratio in eifdem actis de adimplendo omnia & fingula contenta in DD. conventionibus fuper redemptione dictorum Ducatûs, & Statûs Castri, & Roncilionis ad effectum ut ex parte Serenissimi Domini Ducis possit haberi certa Notitia quod ex parte Reverendæ Cameræ & DD. ejus Officialium ampliùs non recufetur receptio dictæ pecuniæ, & expofitio legitimæ quietantiæ & quod fit parata adimplere omnia, & fingula contenta in dictis conventionibus fuper Redemptione prædictà, aliàs denuo, & finè præjudicio aliorum remediorum dicto Serenissimo Domino Duci quomodolibet competentium, & competituro, & non aliàs aliter nec alio modo protestatus fuit, & protestatur de inobfervantià dictarum conventionum, & de omnibus damnis, expenfis, & intereffe tam lucri cessantis, quam damni emergentis, & infuper ad majorem cautelam, & jura juribus addendo, ut fuprà denuo protestatus fuit, & protestatur, quod nullo modo debuerit currere, neque decurrerit, nec currat aliquod tempus dicto, Serenissimo Domino Duci ad faciendam dictam redemptionem tam ex caufà dictæ non acceptationis, ac recufationis, quam ex aliis caufis, & rationibus fuis loco, & tempore deducendis. Quinimò ftantibus oblationibus ut fuprà factis intenditur pro parte dicti Serenissimi D. Ducis quod redemptio habeatur pro facta ipfo jure, ac facto, & fimiliter protestatus fuit, & protestatur de omnibus aliis licitè & legitimè protestandis, & hæc omnia declaravit, & declarat, protestatus fuit, & protestatur, dixitque & dicit non folùm præmisso, fed & omni alio meliori modo &c. Ex adverfo R. P. D. Commissarius Generalis Reverendæ Cameræ Apostolicæ & citra approbationem quorumcunque præjudicialium ipfius Cameræ immo expressam, & individuam eorum impugnationem, & non alias &c. ac præmissà protestatione & allegatione nullitatis omnium, & quorumcunque actorum & quomodolibet agendorum in hujusmodi negotio ex parte & nomine Serenissimi D. Ducis Parmæ tam in judicio, quàm extra ex caufis, rationibus, & juribus quibuscumque fuis loco & tempore, fi quatenus, & quando opus fuerit coràm fuis judicibus deducendis, & fpecificandis de quibus &c. nec non etiam quod per cuncta omnia, & fingula quæ ipfe comparens dicat, & faciat non intendit aliquo modo præjudicare eidem Cameræ, ac juribus illi quomodolibet competentibus, & competituris, fed illa & eorum quælibet etiam caducitatis & devolutionis ex quocunque capite, & quacunque de caufa penitùs illæfa, ac intacta præfervare, & non aliàs &c. & quod rurfus nemo ex adverfo comparens audiatur nifi docto de legitimo, & fpeciali mandato procuræ ità quod &c. alias &c. inhærendoque protestationibus, & oppositionibus aliàs quandocunque factis ex parte Reverendæ Cameræ his femper falvis, & in fuo robore permanentibus contra prætenfam requifitionem, protestationem, & declarationem dixit pro nunc generalia contra verbo, falvis femper præmissis, juribusque omnibus quibuscunque tam vigore Juris communis, quam etiam vigore quarumcunque Constitutionum Apostolicarum, & quorumcunque titulorum, & caufarum eidem Cameræ, & Sedi Apostolicæ qualitercunque, & ex quacunque caufa & jure competentibus, & competituris nullo penitùs excepto, & quandocunque fi, & quatenus opus fuerit, & videbitur ad fpeciem deducendis, quibus femper firmis, & illæfis & non alias &c. dixit etiam, & protestatus fuit eas nullatenus posse, nec debere admitti, nec mandari efficere, multoque minùs declarari affertum terminum ad redimendum præfixum currere non debere, utpote nullas, invalidas, inutiles, ac omnino inanes, & fundatas in titulis & præfuppositis infubfistentibus atque inutilibus contra formam Juris, & proprii debiti refultantis ab Instrumento venditionis, & ex aliis rationibus, & caufis dictæ Cameræ, & Sedi Apostolicæ competentibus, fuisque loco, & tempore ad fpeciem reducendis & non alias &c. de quo fpecialiter, & expreffè protestatus, & ulterius falvis femper præmissis omnibus dixit, & protestatus fuit, nihil fieri nifi citatis citandis, fervatis fervandis, verificatis verificandis, & adimpletis priùs omnibus, & fingulis, quæ de jure & aliàs quomodolibet & qualiter quidquam & ex quavis caufa earum præcedentium protestationum & oppositionum factarum nomine Cameræ fervari, verificari & adimpleri debent ex parte dicti Serenissimi Ducis, alias &c. de quo &c. & cuncta omnia & fingula non folùm præmissa fed & omni alio meliori modo &c. hac die 16. Februarii 1672. M. Zaccharia Reverendæ Cameræ Apostolicæ Commissarius Generalis, & aliàs latius prout in actis meis &c. ad quæ &c. in quorum fidem &c. Datum Romæ hàc die vigesima Februarii 1672. Ità est Pro D. Mattheo de Angelis Reverendæ Cameræ Apostolicæ Notario Antonius Malvectus Connotus.

(L.S.)

CLXIII.

Refolution des Eftats de Hollande & de Weftfrife, par laquelle l'Edit perpetuel qui excluoit le Prince d'Orange de toutes les grandes Charges de l'Eftat eft revoqué. A la Haye le Dimanche 3 Juillet 1672. [Mercure Hollandois. Année 1672. pag. 229.] 3. Juillet.

SUr ce qui a été reprefenté par Meff. les Deputés des Villes de Haerlem, Rotterdam, & autres Membres de l'Affemblée de leurs Grandeurs, Meff. de la Nobleffe, comme aufsi les Deputés des Villes, au nom & de la part de leurs Commettants, ont trouvé bon & refolu, comme leurs Grandeurs trouvent bon par la prefente, en cette dangereufe conftitution des temps, & des affaires, que pour rehabiliter les Membres de cette Affemblée pour l'établiffement d'un Stadthouder, les dits Membres fe difpenfent les uns les autres, comme aufsi tous ceux qui ont juré fucceffivement l'Edit perpetuel, ainfi qu'ils font prefentement, du ferment par eux fait fur le dit Edit, felon la Refolution de leurs Grandeurs, en datte du 15. Aouft 1667. fe remettant par confequent les uns les autres en la même liberté qu'ils ont eue auparavant, pour élire & établir un Stadhouder, felon qu'ils jugeront à propos pour le plus grand bien & utilité de l'Etat.

Accorde avec les dittes Refolutions.

Autre Refolution des Seigneurs Eftats de Hollande & de Weftfrife par laquelle en confequence de la precedente, ils élifent le Prince d'O-

ANNO 1672.

d'Orange pour Gouverneur, Capitaine General, & Amiral General de la Province. A la Haye en leur Assemblée le 3 Juillet 1672. [Mercure Hollandois. Année 1672. pag. 230.]

LEs Membres qui composent l'Assemblée ayant témoigné une inclination generale pour élire Monf. le Prince d'Orange en qualité de Stadthouder, veu que par la Resolution du premier du present Mois de Juillet; (laquelle a été confirmée ce jourd'huy dans l'Assemblée de leurs Grandeurs) il avoit été trouvé bon en cette dangereuse constitution des temps & des affaires, que pour rehabiliter les Membres de cette Province pour l'établissement d'un Stadthouder, les dits Membres se dispensassent les uns les autres, comme aussi ceux, qui avoient preté le serment sur l'Edit perpetuel, en datte du 5. Aout 1667. & le remissent en la même liberté qu'ils avoient auparavant de ce faire, ce qui aussi été effectué: C'est pourquoy Mess. de la Noblesse, ensemble les Deputés des Villes, au nom & de la part de leurs Commettants, ont treuvé bon & resolu d'élire le dit Seign. Prince d'Orange, comme leurs Grandeurs sont par la presente, en qualité de Gouverneur, Capitaine General & Amiral de la Milice de cette Province, tant par Mer que par Terre, avec les mêmes dignités que les Princes ses Predecesseurs ont euës & possedées ci-devant: Que pareillement on fera une notable Deputation en Corps d'Etat à sa ditte Altesse, afin de luy offrir les dittes dignités. Pour lequel effet ont été requis & deputés, comme ils le sont par la presente, à savoir du Corps de la Noblesse, le Sieur van Duyvenvoorden, & de celuy des Deputés des Villes, Mess. Halling, Deyman, Onderwater; van Zanen, de Graef, van der Tocht, Peffer, van der Lyn, de Groot & Amiral, Bourguemaîtres des Villes de Dordrecht, Haerlem, Delft, Leyden, Amsterdam, Gouda, Rotterdam, Alcmaer, Hoorne & Enckhuysen: Comme aussi les dits Deputés sont authorisés pour au nom & de la part de leurs Grandeurs dispenser sa ditte Altesse, ainsi qu'elle en est dispensée par la presente, du serment qu'elle a fait de ne point accepter la ditte Charge de Stadthouder. Et finalement a été trouvé bon que les choses seront disposées en telle sorte de la part de leurs Grandeurs dans l'Assemblée des Etats Generaux, à ce que sa ditte A. puisse être eleuë en qualité de Capitaine General & Amiral de la Milice des Provinces Unies tant par Mer que par Terre; & que par amplification de son instruction, puisse être conferé à sa ditte Altesse le même pouvoir & authorité pour le fait des Patentes, & autres choses concernant la Milice, que les Princes ses Predecesseurs ont euës & possedées en qualité de Gouverneurs & Capitaines Generaux à l'egard dela ditte Milice; jusqu'à ce que le temps face reconnoitre clairement que cela n'est plus necessaire: Et que pareillement sa ditte A. puisse être dispensée par les dits Etats Generaux du serment, qu'elle a fait en leur Assemblée de ne point accepter la ditte Charge de Stadthouder.

Accorde avec les dittes Resolutions.

CLXIV.

1674. 2 Fevrier.

Resolution des Seigneurs Estats de Hollande & de Westfrise, par laquelle ils deferent les Charges de Stadthouder, Capitaine & Amiral General de leur Province au Prince d'Orange en titre Héréditaire, en faveur de ses Enfans & Descendants mâles à perpetuité. A la Haye en leur Assemblée le 2 Fevrier 1674. [Mercure Hollandois Année 1674. pag. 121.]

AYant été deliberé par forme de resumption sur ce que Messieurs les Deputés de la Ville de Haerlem ont proposé à l'Assemblée le 23. du mois de Janvier dernier de la presente année 1674. à savoir s'il ne seroit pas expedient de resoudre que la Charge de Gouverneur & Amiral General de la Province de Hollande & de Westfrise, & celle de Capitaine & Amiral General des Provinces Unies, succedât aprés le decés de Monsr. le P. d'Orange sur ses enfants mâles, procreés par S. A. d'un legitime Mariage, ainsi qu'il se voit plus amplement par les notules comprises sous la dite datte; le Corps de la Noblesse, & les Deputés des Villes, au nom & de la part des Bourguemaîtres & Communautés des dites Villes, ont declaré unanimement, ainsi qu'ils declarent par la presente, qu'ayant consideré attentivement l'Etat & constitution du Gouvernement de ces Païs, ainsi qu'il a été au temps passé, par la benediction de Dieu, sous les Illustres Princes d'Orange de glorieuse memoire predecesseurs de sa dite Altesse, & particulierement ce qui s'est passé pour ce regard depuis 23. ou 24. années en çà, ils ont veu & remarqué que cet Etat a été attaqué de plusieurs calamités, tant dedans que dehors, depuis la triste & malheureuse année de 1650. que pour ce qui est des affaires de dehors on n'a presque jamais été sans guerre, ou crainte de guerre. Qu'il s'en est élevé une tres-lamentable en l'an 1653. entre le Royaume d'Angleterre & cet Etat, laquelle a grandement ébraulé les fondements du Gouvernement de ces Païs, & qu'à peine eût-on repris haleine de la dite guerre, qu'il s'en éleva une autre contre la Couronne de Portugal en l'an 1656. & en l'an 1658. & 1659. encore une autre, à cause des interêts de la guerre du Nord. Qu'en l'an 1664. on l'a eu de nouveau contre le Roy de la grande Bretagne, & qu'un peu aprés la fin de la ditte guerre, est survenue la presente, la plus triste & la plus funeste de toutes: Et que dans le cours de la ditte guerre cet Etat a été obligé de supporter plusieurs insultes de ses voisins; desquels il a été craint & redouté par ci-devant. Que pour ce qui est des affaires de dedans, ce même Etat a été comme accablé de divisions & partialités intestines. Que depuis l'an 1650. jusqu'à l'an 1660. plusieurs Membres de cet Etat ont eu une certaine aversion pour la personne de Monsr. le Prince d'Orange d'apresent, unique Rejetton de cette Illustre Maison; & que quelques autres au contraire ont maintenu avec zele qu'on ne devoit pas l'abandonner entierement. Que le Roy de la grande Bretagne ayant été rappellé au Gouvernement du Royaume d'Angleterre, par le Parlement qui y étoit alors assemblé en l'an 1660. & ayant pris son chemin par ces Païs pour s'y transporter; cet Etat a témoigné tant à sa Majesté qu'à Mesdames les Princesses Royale & Douairiere, qu'il avoit un soin tout particulier des interêts & de l'education de sa dite Altesse, & de l'avancer aux dignités qui avoient été possedées par ses Illustres Ancêtres de glorieuse memoire. Mais qu'aprés la mort de la ditte Dame Princesse Royale, on avoit beaucoup perdu de cette bonne volonté pour la dite Altesse, & qu'on n'avoit plus du tout songé à Elle. Qu'on a pris du depuis le soin de la ditte education, & qu'enfin sur la fin de l'an 1671. & sur le commencement de 1672. on a eu de grands démelés sur l'Election de sa d. Altesse en qualité de Capitaine general de la Milice de ce Païs. Que la triste experience a fait voir que les dittes divisions & partialités intestines ont donné occasion aux Ennemis de cet Etat de luy faire des insultes à tous moments, comme sachant bien qu'elles le rendoient incapable de songer à sa deffense par le moyen de cette Union qui a jetté les fondements de cette Republique, & qui a été benie de Dieu si miraculeusement; & que les differents qui s'élevoient tous les jours pour l'Election d'un Chef de la Milice de ce Païs, & la discorde qui étoit pour ce sujet entre les principaux membres de cet Etat, retardoient & empéchoient les deliberations & resolutions qu'on devoit prendre necessairement, afin de repousser la force étrangere, & faisoient reculer en des disputes inutiles le temps qui devoit être ménagé sur toutes choses. Que lesdites divisions ont été cause que sur la fin de l'an 1671. lors que le Roy de France témoignoit ouvertement qu'il vouloit faire la guerre à ce Païs, on avoit consumé des mois entiers en deliberation sur l'Election d'un Capitaine General, & sur la personne de sa d. Altesse, lequel temps on avoit dû employer pour la deffense de cet Etat. Et que cela avoit été cause que le Roy de Fran-

ANNO 1674.

ANNO 1674. France attaqua ce Païs par la force des armes en la dite année 1672. Il étoit parvenu aux dernieres extremités & au danger de sa totale ruïne & perdition. Que mes dits Srs. les Etats de Hollande ont crû là-dessus d'un commun consentement, qu'on ne pouvoit rien imaginer ou esperer de plus expedient ni de plus salutaire, que de retrancher d'un côté absolument ce qui a donné occasion aux dites divisions & partialités, afin de ne point retomber par ce moyen dans les malheurs & inconvenients auxquels on a été exposé jusqu'à present, & d'autre côté aussi de reconnoitre les grands services que l'Illustre Maison d'Orange a rendu de temps en temps a cet Etat pour son établissement & conservation; A ces causes Mes dits Srs. du Corps de la Noblesse, comme aussi les Deputés des Villes, au nom & de la part des Bourguemaîtres & Communautés des dittes Villes, ont deferé unanimement, ainsi qu'ils deferent par la presente à sa dite Altesse & ses Descendants mâles, qu'elle viendra à procréer d'un legitime Mariage, la Charge de Gouverneur, Capitaine & Amiral General de la dite Province de Hollande & de Westfrise, avec toutes les dignités, Préeminences, Prerogatives, Droits & Privilèges qui en dépendent, sans en rien excepter ni reserver, en la même maniere que la ditte Charge est exercée presentement par sa dite Altesse: Et que par consequent aprés le decès de sa d. Altesse (à laquelle les dits Etats de Hollande souhaitent une longue & heureuse vie en toute prosperité & santé) la dite Charge de Gouverneur, Capitaine & Amiral Gen. de la d. Province de Hollande & de Westfrise, avec toutes les dites Dignités, Préeminences, Prerogatives, Droits & Privileges qui en dependent, sans en rien excepter ni reserver, en la même maniere qu'elle est maintenant exercée par sa dite Altesse, heritera, succedera & devolvera sur ses Descendants mâles qu'elle viendra à procréer d'un legitime Mariage. En consequence dequoy mes dits Srs. du Corps de la Noblesse, comme aussi les Deputés des Villes, au nom & de la part des Bourguemaîtres & Communautés des dites Villes, ont trouvé bon par la presente d'en faire dresser & dépêcher des Lettres en bonne & duë forme sous le Grand Seau de la dite Province de Hollande, en faveur de sa dite Altesse, & ses Descendants mâles procréés d'un legitime Mariage. Et se chargent ensuite lesdits Deputés de faire en sorte auprés de Mess. les Et. Gen. à ce qu'il leur plaise de deferer la Charge de Capitaine & Amiral General des Provinces Unies du Païs-Bas à sa ditte Altesse & ses Descendants Mâles qu'elles viendra à procréer d'un legitime Mariage, & d'en faire pareillement dépêcher des Lettres en bonne & duë forme sous le Grand Seau de l'Etat. Au bas est écrit; Accorde avec les dites Resolutions, ainsi signé,

Simon van Beaumont.

CLXV.

1675. 19. Janvier. *Resolution des Seigneurs Estats de Gueldres par laquelle ils offrent la Souveraineté de leur Province au Prince d'Orange pour lui, & pour tous ses Descendants mâles à perpetuité. Fait dans leur Assemblée à Arnheim le 19. Janvier 1675. Avec les Avis Provinciaux d'Utrecht & de Zelande, & les Lettres du Prince d'Orange, sur la non-acceptation de cette ofre.* [Mercure Hollandois. Année 1675. pag. 4.]

LE Corps de la Noblesse & les Villes des Quartiers de Nimegue, Zutfen & Arnhem, representant les Etats de la Principauté de Gueldres & Comté de Zutfen, chacun en leur lieu, étant assemblés par forme de quartier, suivant l'authorisation de S. A. Monseign. le Prince d'Orange, en datte du 2. du present mois, stile du lieu, & ayant conferé par ensemble sur les points qui regardent principalement le bien & la prosperité du Païs, & consideré avec cela en quelle façon la puissante main de Dieu a visité cette Province d'une tres-grande affliction depuis quelque temps, & l'a fait tomber entre les mains de ses Ennemis, si bien que le Païs & ses Habitants ont été entierement desolés, & reduits à leur entiere ruïne & destruction: Qu'il à plu à Dieu de susciter miraculeusement le dit Seigneur Prince d'Orange, comme un instrument benit & un Chef de guerre des plus accomplis, & de doüer sa personne d'une sagesse & valeur incomparable en telle sorte que les Ennemis ont été obligés d'abandonner subitement cette Province avec les Villes, Châteaux & Forteresses: Pour à quoy parvenir le dit Seigneur Prince, en suivant les traces de ses genereux Ancetres de glorieuse memoire, n'a pas moins hazardé son illustre personne avec tous ses Biens pour le salut & la prosperité de la Patrie, & a exposé sa vie à toutes sortes de perils les plus eminents; ce qui requiert la plus grande reconnoissance, qu'aprés Dieu on est obligé de rendre à l'homme; Les dits Etats ayant vû & consideré la grande misere en laquelle ils étoient tombés, & les signalés services & soins paternels que le dit Seigneur Prince d'Orange a fait paroître en leur endroit, ont trouvé bon & resolu unanimement & d'une commune voix, pour des raisons pregnantes, & aprés une meure & serieuse deliberation, pour le bien du Païs & des Habitants qui le composent, d'offrir au dit Seigneur d'Orange, sous le titre de Duc de Gueldres & Comte de Zutfen la Souveraineté de ce Duché de Gueldres & Comté de Zutfen, avec toutes les dignités qui en dependent, sans en rien excepter, & de prier sa dite Altesse de vouloir accepter la dite Souveraineté sous les Conditions suivantes, à savoir. ANNO 1675.

Que la Dignité est offerte au dit Seigneur Prince & tous ses Successeurs en ligne masculine, que sa dite A. & ses dits Successeurs & Descendants viendront à procreer d'un legitime Mariage, a savoir au plus ayné, ou celui qui succedera en la Charge de Gouverneur General hereditaire des autres Provinces, afin de conserver inseparablement cette Province dans l'Union avec les autres: Et en cas qu'il n'y ût point de Descendants en ligne Masculine, qu'alors la Souveraineté retournera au Corps de la Noblesse & Villes de la dite Province, ainsi qu'elle a été avant le temps de la presente delation aux Etats du Païs, sans qu'elle puisse être alienée ou transportée à qui que ce soit par aucun Traité; & à condition que sa dite Altesse demeurera & persistera dans la Religion Reformée, ainsi qu'elle a été etablie & expliquée par le Synode de Dordrecht és années 1618. & 1619. & ainsi qu'elle est encore professée publiquement suivant les Loix du Païs, que sa dite A. & ses Descendants promettront de maintenir & conserver toûjours en cette sorte: Ne permettront aussi qu'il soit fait aucun changement en la discipline Ecclesiastique, & moins encore accorderont l'exercice de la Religion Papistique ou autre, mais au contraire s'y opposeront avec toute sorte de vigueur, suivant les loix qui ont déja été faites, & qui se feront encore à l'avenir sur ce sujet.

Qu'en cas que sa dite Altesse ou ceux qui lui succederont en ligne Masculine viennent à mourir, en laissant des Successeurs masculins qui soient encore Mineurs, que dans le temps de la dite Minorité le Gouvernement de cette Province sera par devers les Etats du Païs, comme encore la Curatele & l'administration des Domaines de ce Duché & Comté.

Que sa dite A. sera un bon & juste Prince, Comte & Seigneur aux Etats & Habitants du Païs, & les maintiendra en leurs anciens Privilèges, lesquels elle confirmera & ratifiera tant à eux tous en general, qu'à chacun d'eux en particulier, & sur tout ceux du Corps de la Noblesse, avec leurs Droits & Franchises tant de l'ancienne que de la nouvelle observance, tant Ecclesiastiques que seculiers, qui leur auront été accordés par les Rois & Empereurs Romains, Princes, & Princesses, Comtes, Comtesses, Seigneurs & Dames, tant Ecclesiastiques que Temporels, ainsi que tous Princes, Comtes & Seigneurs ont fait jusqu'ici à leur arrivée au Gouvernement, comme encore toutes leurs anciennes Coûtumes & Ordonnances, & faire en suite tout ce qu'un bon & juste Prince est obligé de faire pour le bien & la prosperité du dit Païs.

Qu'elle maintiendra un chacun dans son droit & les pretentions qu'il pourroit avoir sur quelque herita-

ANNO 1675. heritage ou ses propres dettes, & que si quelcun en croit avoir quelques-unes sur quelque autre, que cela se terminera selon les Loix & Coûtumes du Païs.

Et esperent les dits Etats qu'il ne sera pas des agreable au Duc regnant, qu'ils aiment mieux être gouvernés par un Duc que par un Gouvernement, & que S. A. aura la bonté de n'en point donner au dit païs, pour être gouverné par lui.

Que neantmoins en cas que sa dite Altesse pour quelques raisons legitimes, ou autres causes necessaires vint à prendre sa residence hors de la Province & Jurisdiction de cet Etat, & qu'elle trouvât bon de choisir un à sa place, le dit Gouverneur sera obligé de faire profession publique de la veritable Religion Reformée, qu'il entendra parfaitement la Langue du Païs, & qu'il sera agreable aux Etats.

Que le Privilege de non evocando accordé à cette Province par l'Empereur Henri IV. & confirmé par Charles V. sera maintenu, que pour l'exercice des Charges & autres Emplois Politiques en cette Province seront élus des Naturels du Païs, ou du moins qui y auront fait leur residence depuis le temps & espace de 10. années consecutives, lesquels exerceront en personne les fonctions qui leur seront deferées, & feront ensuite profession de la veritable Religion Reformée, ainsi qu'il a été dit ci-dessus.

Que le Prince ne pourra faire aucune Paix, Guerre ou Alliance avec des Princes ou Etats étrangers, ni faire ou abroger aucunes Loix, ou introduire aucun changement dans la Monnoye, qu'avec le consentement des Etats du Païs. Ne pourra aussi surcharger les Habitans de ce Duché & Comté d'aucuns Impots ou Charges extraordinaires, sinon ceux ou celles qui seront accordés selon l'ancienne coûtume par le Corps de la Noblesse & les Deputés des Villes, lesquels auront aussi le soin à ce que les Rentes, Pensions, Appointements & autres qui seront à la charge des Provinces & Quartiers soient düement acquités & payés.

Que l'ordre qui est à present établi sur les Benefices & Collations Ecclesiastiques, sera observé, & que les Possesseurs seront maintenus dans leur Droit & possession.

Que sadite Alt. aura un soin tout particulier que les Domaines de ce Duché & Comté soient bien gouvernés, regis & administrés, & ne pourra sa dite Altesse les surcharger, hypotequer, engager ou aliener sans le consentement des Etats du Païs: Ne permettra aussi que les Archives qui en dependent, soient transportées hors de la Province, & faudra que les Rentes, Pensions, Appointements & autres qui sont à la charge de ladite Province soient bien & ponctuellement payés & acquités en leur temps.

Et afin que les dits Domaines puissent être plus propres à cet effet, on avisera aux moyens & à la maniere en laquelle ils pourront être beneficiés & delivrés des charges auxquelles ils sont sujets, auquel égard on deliberera aussi avec sa dite Altesse en quelle maniere les dits Domaines pourront être soulagés de quelques subsides.

Que sa dite Altesse conservera les Villes & Habitans de cette Province qui sont dans le Privilege des Villes Hanseatiques d'Allemagne, sans permettre qu'il leur soit fait aucun tort pour ce regard.

Qu'elle n'accordera aucune Represailles contre les Habitants de cette Province, & même mettra peine, autant qu'il sera possible, à ce qu'elles ne soient point accordées, à moins qu'on refusât de faire droit à quelcun dans la dite Province.

Que la reception solemnelle de sa dite Altesse & des Ducs & Comtes qui luy succederont, se fera dans cette Province par les Etats du Païs

Que l'Union qui a été faite dans la Ville d'Utrecht en l'an 1579. entre les Provinces-Unies du Païs-bas, sera observée religieusement en toutes ses circonstances, & que sa dite Altesse y conservera & maintiendra les dits Etats de tout son pouvoir, & ne deputera ou n'employera personne pour les Commissions & affaires qui se traitent dans les Colleges de la Generalité, que du Corps de la Noblesse & des Villes, lesquels ont droit au Gouvernement, & cela sur le pié qui a été observé jusqu'à l'heure presente dans tous les Quartiers respectivement.

Et afin que les dits Etats puissent être parfaitement en repos à l'avenir, sa dite Altesse fera en sorte d'obtenir de tous les Alliés un Acte de securité, par lequel il sera dit que cette Province demeurera dans l'Union & Generalité, & y aura & possedera le même rang & autorité qu'elle a eu avant l'invasion & oppression des François, afin que si sa dite Altesse (ce que Dieu neantmoins ne veuille jamais permettre par sa grace) venoit à mourir sans laisser Enfants males, ou que ses dits Enfants vinssent à mourir en la même sorte, cette Province puisse demeurer en son état precedent, & retenir la Souveraineté du Païs en la même maniere que les Etats l'ont euë avant la delation de la dite Souveraineté à sa dite Altesse. ANNO 1675.

Que la forme du Gouvernement & Assemblée Provinciale, qui est composée du Corps de la Noblesse & des Villes de la Province & Quartiers, demeurera au même état qu'elle a été jusqu'à l'heure presente.

Que l'Assemblée Provinciale se fera une fois l'année, & se convoquera par S. Altesse, ou par tel College dans cette Province qu'il plaira à sa dite Altesse d'autoriser pour cet effet, pour deliberer & resoudre sur les affaires, qu'on jugera tendre au plus grand bien & utilité de la Province. Qu'aussi la dite Province & Quartiers extraordinaires respectivement pourront s'assembler autant de fois que le Corps de la Noblesse & Villes des dits Quartiers jugeront à propos pour le bien de la dite Province & Quartiers.

Les Villes du Quartier de Zutfen, comme aussi les Villes d'Arnhem, Wagening & Elburg disent, que lors qu'il est parlé d'Assemblées & convocations de Quartiers, il faut ajouter ces paroles selon l'ancienne coûtume, *ceux du Corps de la Noblesse du Comté de Zutfen & Velau*, comme aussi les Villes de Harderwyk & Hattum disent de pouvoir accorder que la convocation des Quartiers se fasse par les Villes Capitales, avec la communication & approbation des Deputés, ce qui a été contredit par les Villes du Quartier de Zutfen, & les 3. Villes du Quartier d'Arnhem. Le Corps de la Noblesse du dit Quartier, & les Villes de Harderwyk & Hattum remettent cela à la disposition de S. Altesse.

Qu'aussi les Etats des Quartiers respectivement se reservent le pouvoir de prescrire la maniere de faire assembler les deniers, & le maniement & disposition d'iceux, comme encore l'administration des Biens Ecclesiastiques.

Que Son Altesse laissera les Colleges de la Cour & Chambre des Comptes en l'état auquel ils ont toujours eté, & que quant aux Charges qui viendront à vaquer dans les dits Colleges, comme encore celles qui ont été remplies ci-devant par nomination, on presentera un double nombre de personnes à sa dite Altesse suivant l'ordre qui a été observé jusqu'à present dans les Quartiers, laquelle choisira de ce nombre ceux qu'elle trouvera le plus à propos.

Les personnes qui seront destinées ou eluës pour avoir leur seance dans la dite Cour devront être des gens qui entendent les Coûtumes, & les Loix de ce Duché & Comté. Mais pour ce qui est des Charges de Receveur General de la Province, Greffier, Momboir, Substitut Momboir, Auditeur, Greffier, & tous autres Offices subalternes qui dependent des 2. Colleges susnommés, ils seront entierement à la disposition de S. Altesse.

Et pour ce qui est des Commissions hors du Païs, comme dans la Generalité, Conseil d'Etat, Chambre des Comptes de la Generalité, Colleges de l'Amirauté, comme encore dans les Compagnies Orientales & Occidentales, item toutes Charges Militaires, tant grandes que petites, qui viendront à vaquer tant dans les Garnisons que hors de là, que la disposition en sera pareillement, à sa dite Altesse. En telle sorte neantmoins que pour les Commissions hors du Païs qui vont tour à tour, elles ne pourront être remplies que pour le temps de 6. années, en quoy on observera la coûtume qui a été pratiquée jusqu'ici, tant entre les Quartiers respectivement, que dans les Quartiers qui sont entre le Corps de la Noblesse & les Villes.

Que la Deputation dans le Païs sera remplie par les Quartiers respectivement en la maniere qu'elle a été observée jusqu'à l'heure presente: Et que pour ce qui est des Charges de Receveur General dans les Quartiers respectivement, & celles de Secretaires des Deputés, on nommera un double

ble nombre de personnes, lequel sera presenté à S. Altesse qui choisira là-dessus ceux qu'elle trouvera le plus à propos.

Que les limites du Païs seront bien conservés & maintenus, en la maniere qu'ils ont été avant l'invasion des François. Que pareillement on aura soin que cette Province ne soit point divisée ou aliénée, & que les Païs, Villes & autres Droits qui ont été engagés ou hypotequés, puissent être reünis & rejoints à elle.

Avec prieres tres-instantes à sa dite Altesse qu'il lui plaise de pourvoir au Gouvernement Provincial le plûtot que faire se pourra, & d'avoir égard à ce que les Naturels du Païs soient preferés aux Etrangers en cette Election, comme aussi de convoquer une Assemblée Generale, afin d'entrer en conference avec Elle sur ce qui a été couché cidessus, & y mettre la derniere main, aprés quoy la dite Dignité sera deferée à S. Altesse suivant les formalités en tel cas requises. Ainsi fait & passé dans les Assemblées de nos Quartiers respectivement, & ajusté dans Arnhem ce 19. Janvier 1675. en bas est écrit, Par ordonnance des Quartiers de Nimegue, Zutfen & Arnhem,

Ainsi signé.

C. KLERK. JOD. CLEMER. JOS. V. HAM.

Secret.	*Secret.*	*Secret.*
(*L. S.*)	(*L. S.*)	(*L. S.*)

31. Janvier. *Lettres circulaires du Prince d'Orange à chacun des Estats confederés du Païs-Bas uni, pour leur notifier l'offre de la Souveraineté de Gueldre qui lui a été faite, & leur demander leur avis sur le point de l'acceptation, ou non-acceptation. A Zuylestein le 31. Janvier 1675.* [Mercure Hollandois année 1675. pag. 15.]

MESSIEURS,

NOus ne pouvons manquer de faire savoir à Vos Grandeurs que Mess. du Corps de la Noblesse, & les Magistrats des Villes respectives de la Duché de Gueldres, & Comté de Zutfen, ayant été premierement assemblés dans les Villes par forme de Quartier & du depuis tous ensemble en Corps d'Etat, ont trouvé bon de nous offrir la Souveraineté du dit Duché & Comté, sous le titre de Duc de Gueldres & Comte de Zutfen, avec prieres qu'il Nous plût de nommer quelques Commissaires pour traiter plus particulierement sur les conditions & obligations qui vont ci-jointes avec les dits Seign. du Corps de la Noblesse, & Magistrats des dites Villes, ainsi que Vos Grandeurs pourront voir plus amplement par la Resolution qui va ci-jointe, comme une excellente preuve de l'affection, amitié & bonne confidence que les dits Seign. du Corps de la Noblesse & Magistrats des Villes respectivement ont pour Nôtre Personne: Toutefois Nous n'avons pû resoudre de nous declarer positivement sur ce sujet, mais avons trouvé bon d'en donner communication à Vos Grandeurs, comme Nos bons & parfaits Amis, avec prieres tres-instantes qu'il vous plaise de nous assister de vôtre bon conseil en une affaire si importante, afin qu'ayant reçû votre avis là-dessus, Nous puissions avec d'autant plus de repos prendre une bonne resolution, sur quoy attendant au plustot les marques d'une affection que Nous avons tant de fois eprouvée, Nous vous recommandons, Messieurs, à la protection de Dieu; Fait à Zuylesteyn ce 31. Janvier 1675. Au bas est écrit, votre bien bon Ami,

Ainsi Signé

G. H. PRINCE D'ORANGE.

29. Janv. 8. Fev. *Avis des Estats de la Province d'Utrecht conseillant au Prince d'Orange d'accepter la Souveraineté de la Province de Gueldres. Fait à Utrecht dans leur Assemblée le Vendredi 29. Janvier 1675.* [Mercure Hollandois année 1675. pag. 69.]

AYant été deliberé par forme de Resumption sur la Lettre de S. A. M. le Prince d'Orange, comme encore les conditions & obligations sur lesquelles le Corps de la Noblesse & les Magistrats des villes du Duché de Gueldres & Comte de Zutfen ont offert à sa dite A. le Souverain Gouvernement de leur Province, ainsi qu'il se voit plus amplement par le Regître du 25. du present mois, & ayant été ouï le rapport du Seigneur Ruysch & autres Deputés des Etats de cette Province, lesquels en vertu de leur Resolution Commissoriale decretée le jour d'hier, ont examiné le contenu de la dite Lettre & conditions, on a resolu unanimement ce qui s'ensuit. Les Etats du Païs d'Utrecht étant assemblés en Corps d'Etat, ayant lû & examiné attentivement la Lettre de S. Altesse M. le Prince d'Orange, en datte du 31. du present mois de Janvier, nouveau stile, contenant que le Corps de la Noblesse & les Magistrats des Villes du Duché de Gueldres & Comté de Zutfen, ayant été assemblés premierement par forme de Quartier dans les Quartiers respectifs, & puis apres tous ensemble en Corps d'Etat, ont trouvé bon de deferer à sa dite Alt. la Souveraineté du dit Duché & Comté sous le titre de Duc de Gueldres & Comte de Zutfen, avec priere qu'il plût à sa dite Altesse de nommer quelques Commissaires pour traiter plus particulierement avec le dit Corps de la Noblesse & Magistrats des Villes des conditions & obligations sur lesquelles la dite delation à été faite, sa dite Altesse n'avoit pû se resoudre de se declarer formellement sur cette matiere; mais avoit trouvé bon auparavant d'en donner communication aux Etats de cette Province, avec priere qu'il leur plût de lui donner leur avis & bon conseil sur une affaire si importante: Lesdits Etats ayant aussi entendu la lecture des dites conditions & obligations, aprés une meure & attentive deliberation sur la chose dont il s'agit, ont trouvé bon de declarer, ainsi qu'ils declarent par la presente, que la dite delation leur est fort agreable, & que par consequent ils sont unanimement d'avis que sa dite Altesse accepte benignement la dite offre, par laquelle le dit Corps de la Noblesse & des Magistrats des Villes font paroître la grande confiance, haute estime & veritable affection qu'ils ont pour l'illustre personne de sa dite Altesse comme encore la sincere reconnoissance qu'ils ont des signalés & imporants services & avantages qui leur ont été acquis moyennant la benediction de Dieu par ses soins infatigables, sa sage conduite & sa valeur invincible pour la delivrance de leur Province hors de la sujection tirannique des Ennemis, & cela sur les conditions qui seront accordées plus particulierement entre le dit Corps de la Noblesse & les Magistrats des Villes, souhaitant de tout leur cœur qu'il plaise à Dieu de la benir abondamment en l'exercice des dites hautes dignités, & de la combler de plus en plus de bonheur & de prosperité, & declarant qu'ils sont prets d'y contribuer de leur côté tout ce qui sera possible en toutes les occasions qui se presenteront: Et ont les dits Etats pareillement consenti & trouvé bon, ainsi qu'ils consentent & trouvent bon par la presente, que si sa dite Altesse a pour agreable d'accepter les offres susnommées qui lui ont été faites par la dite Province de Gueldres & Zutfen, que la dite Province demeurera toûjours inseparable de l'Union qui a été faite en l'an 1579. tant durant le Gouvernement de sa dite Altesse & ses Descendants legitimes en Ligne Masculine, qu'aprés leur decés sans laisser Enfants males (lequel triste malheur Dieu par sa grande bonté veuille bien détourner de ce Païs) & aura & joüira dans la Generalité de cet Etat du même rang, credit, droit & autorité qu'elle y a eû & possedé avant l'invasion des François: Et en outre a été trouvé bon de deputer, ainsi que sont deputés par la presente les Seigneurs Rosa, van Duyckenburg & le Bourguemaître Nellesteyn, avec le Secretaire des Etats de cette Province pour signifier & mettre en mains la presente Resolution à sa dite Altesse avec toute sorte de respect & tres-humble prieres de l'avoir pour agreable. Fait en l'Assemblée des Etats d'Utrecht, Vendredi 29. Janvier 1675.

Let-

ANNO 1675. *Lettre des Seigneurs Estats de Zelande, au Prince d'Orange contenant leur advis Provincial, qui est de ne point accepter l'ofre de la Souveraineté de Gueldres. A Middelbourg le 16. Fevrier 1675.* [Mercure Hollandois année 1675. pag. 66.]

16. Fevier.

TRES-ILLUSTRE PRINCE.

NOus avons bien reçu la Lettre de V. A. du 31. du mois passé, avec la resolution des Etats du Corps de la Noblesse & des Villes du Duché de Gueldres & Comté de Zutfen touchant les offres qui ont été faites à V. A. du Souverain Gouvernement de la dite Duché & Comté, sous le titre & dignité de Duc de Gueldres & Comte de Zutfen, sur quoy nous nous trouvons obligés premierement de remercier V. A. le plus affectueusement qu'il nous est possible d'une communication si franche & si genereuse & sur tout de ce que V. A. avant que de se resoudre sur une affaire de telle importance, a bien daigné nous demander nôtre avis d'une maniere si obligeante, & ensuite nous honorer de la qualité de ses bons & fidelles amis, comme en effet nous en avons toûjours fait profession avec le dernier attachement & fidelité depuis la naissance de V. A. même dans les temps les plus difficiles, & avons toûjours travaillé pour deferer à V. A. les hautes & eminentes Charges, qui ont été si dignement & si glorieusement exercées par ses illustres Ancêtres, & que le bien & les maximes fondamentales de cet Etat, & les propres merites de V. A. exigeoient de nous, comme aussi cela enfin a eu son effet par la benediction speciale du Tout-puissant, aprés plusieurs grandes & facheuses difficultés à nôtre tres-grande joye & contentement, lesquelles Charges ont été ensuite renduës héréditaires sur les Descendants legitimes de V. A. en Ligne Masculine, si bien que l'Etat de ces Provinces-Unies a été enfin amené à cette forme de Gouvernement que Dieu même semble lui avoir envoyé comme du Ciel, & par lequel il a été gouverné jusqu'ici si heureusement, & est parvenu à un tel point de grandeur & de felicité. La fidelité & l'affection que nous avons pour V. A. & les Illustres Descendants que nous lui souhaitons de tout nôtre cœur, étant appuyée sur ces fondements fermes & inébranlables, ne cessera jamais, mais durera perpetuellement & à toûjours. Mais pour departir à V. A. nos bons & fidelles conseils en une affaire si importante, nous sommes obligés de confesser franchement que nous y trouvons tant de difficultés tant pour le regard du Gouvernement general & particulier de cette Province, que pour celui de V. A. même, qu'en ce rencontre, ainsi qu'en plusieurs autres, nous devons avoir recours à l'extreme sagesse & discretion de V. A. comme encore à la parfaite connoissance qu'elle a du naturel & constitution du Gouvernement de l'Etat en general, & de chaque Province en particulier, & à quoy l'inclination & le genie des Habitants est porté naturellement. Pour bien balancer tout ceci, prendre une bonne resolution au plus grand bien & contentement de tout l'Etat en general, & à la plus grande gloire & reputation de V. A. c'est à nôtre avis de refuser les offres qui lui ont été faites par ceux de Gueldres, suivant le louable exemple de Gedeon, le Juge des Israëlites, lors qu'en son temps les mêmes offres lui furent faites par le Peuple de Dieu, en reconnoissance de ce qu'il les avoit delivrés de l'oppression & de la servitude des Madianites, ainsi que par le moyen de V. A. cet Etat a reçu tant de bien, sur quoy nous prions Dieu de tout nôtre cœur, Très-Illustre Prince &c. Fait à Middelb. à la Cour de Zelan. ce 16. Fevr. 1675.

20. Fevrier. *Lettre du Prince d'Orange aux Estats d'Utrecht par laquelle il leur notifie qu'il a trouvé bon de ne point accepter l'ofre que les Estats de la Province de Gueldre lui avoient faite de la Souveraineté de leur Province. A Arnhem le 20. Fevrier 1675.* [Mercure Hollandois année 1675. pag. 73.] ANNO 1667.

Messieurs très-chers & bons Amis.

LEs Seigneurs Rosa, van Duyckenburg, Nellesteyn & le Secretaire de Vos Nobles Puissances nous ayant signifié & mis en mains la Resolution par elles prise en leur Assemblée le 29. Janvier dernier passé, stilo loci, servant de reponse à nôtre Lettre écrite à Sulsteyn le 31. auparavant, nouveau stile, & contenant l'avis qu'il leur à plû de nous donner à notre priere sur la proposition à elles faite, à savoir si nous devions accepter ou refuser la Souveraineté du Duché de Gueldres & Comté de Zutfen, à nous offerte sous le titre de Duc de Gueldres & Comte de Zutfen par le Corps de la Noblesse & Villes des dites Duché & Comté; & ayant appris tant par les dits Seigneurs, Vos Deputés, que vû par la dite Resolution, que Vos Nobles Puissances sont d'opinion que nous devrions accepter la dite dignité, cela est cause que nous nous trouvons obligés de remercier Vos NN. PP. de la peine qu'il leur a plû de prendre d'adresser leurs deliberations sur ce sujet, & de la singuliere affection & inclination que Vos NN. PP. ont toûjours euë pour nôtre personne, dont elles donnent d'excellentes preuves par la dite Resolution; Nous ne pourrions aussi n'avoir qu'une tres-grande joye de voir que l'amour & la confiance que d'autres Habitants de cet Etat ont euë en nous, n'a produit aucune jalousie ou meffiance en Vos NN. PP. & que vous avés crû que nous ne devions pas frustrer les dits Habitants de l'espoir qu'ils ont mis en nous pour ce regard; mais comme ainsi soit que nous sommes informés que l'acceptation de la dite dignité causeroit en quelques uns une grande jalousie & méffiance, & que quelques autres voudroient inferer de là que nous n'avons cherché que nôtre propre grandeur en cette Guerre, & n'aurions taché que d'aspirer à plus d'autorité & de credit, c'est pourquoy afin de convaincre d'autant plus ces impudents Calomniateurs (quoy que nos actions precedentes, & les procedures que nous avons tenuës en cette affaire, ayent donné assés de preuves incontestables de la sincerité de nos intentions, & que par l'acceptation ou refus de la dite Dignité nous ne rendrions pas les dites mechantes personnes meilleures ni plus mauvaises) nous avons trouvé bon de remercier les dits Seigneurs du Corps de la Noblesse & Magistrats des Villes en la meilleure forme qu'il nous sera possible des offres qu'ils ont daigné nous faire de la dite Dignité, & d'en donner avis à Vos NN. PP. par la presente, sur quoi finissant nous vous recommandons à la protection de Dieu. Fait à Arnhem ce 20. Fevrier 1675. au bas est écrit,

Vôtre bon Ami.

Ainsi Signé
G. H. PRINCE d'ORANGE.

Autre Lettre du Prince d'Orange, écrite aux Estats de Zelande en reponse à la leur. Il leur fait sçavoir qu'il n'a point accepté la Souveraineté de la Province de Gueldre, & se plaint fort de ceux qui à l'occasion de l'offre qui lui en a été faite, lui ont imputé le dessein de se rendre Maistre de la Republique, le 18. Mars. 1675. [Mercure Hollandois année 1675. pag. 113.] 18. Mars.

Messieurs & bons Amis.

NOus avons bien reçû la vôtre écrite à la Cour de Zelande à Middelbourg le 16. du mois passé, en réponse à la nôtre du 31. Janvier dernier, contenant vôtre avis sur les offres qui Nous ont été faites par Messieurs de la Noblesse & Magistrats des Villes du Duché de Gueldres & Comté de Zutfen de la Souveraineté de la dite Duché & Comté, sur le titre & dignité de Duc de Gueldres & Comte de Zutfen. Nous avons aussi bien reçû vôtre Resolution du 15. contenant en particulier les avis de tous les membres qui composent vôtre Assemblée, lesquels ont dit leur opinion sur ce sujet. Nous nous trouvons obligés de vous remercier de la

ANNO 1675.

la peine qu'il vous a plû de prendre de vous assembler pour nous informer de vos considerations sur cette importante matiere, comme aussi de l'avis tres-exact contenu plus amplement dans la dite Resolution du 15. & des expressions dont il vous a plû vous servir pour nous assurer de l'affection que vous nous portés. Car comme nous avons principalement travaillé, & travaillons encore pour exciter de plus en plus l'amour que les Habitants de ces Pays ont pour nôtre personne, & leur faire voir que tout ce que nous avons entrepris sous la benediction de Dieu a tendu principalement pour les delivrer des inconveniens dans lesquels ils étoient tombés: & faire en sorte que par la bonté de ce même Dieu ces Pays pussent être mis en état de pouvoir trouver un jour un peu plus de repos & de sureté qu'ils n'ont eu depuis 24. ans en ça, & les maintenir dans le libre exercice de leur Religion, comme aussi en leur liberté & Privileges qui ont coûté tant de sang à leurs Ancêtres, & ont été conservés par eux: C'est pourquoy nous confessons volontiers que ce nous est une chose tres-agreable d'apprendre que les Habitans de cét Etat reconnoissent que nôtre dite bonne intention a été pour leur bien & avantage, & que le souvenir de ce que moyennant la grace de Dieu nous avons fait pour ces Pays, produit en eux une gratitude & une affection qui ne nous peut être que tres-chere & tres-precieuse. Mais d'autre côté nous sommes aussi obligés de confesser à nôtre grand regrêt que nous voyons clairement par les avis de quelques-uns des Membres de Vôtre Assemblée, que plusieurs de ceux qui participent au Gouvernement n'ont pas de nous une telle opinion que Nous nous étions persuadés jusqu'ici que nos actions avoient bien merité, & que la sincerité & la confiance que nous vous avons fait paroître avec tant de candeur, n'a servi auprès de plusieurs personnes, & mêmes ceux qui composent le Magistrat, que pour exciter dans l'ame des Habitants de cet Etat un soupçon que nous aurions voulu empieter sur la Souveraineté de ce Païs, & nous servir des offres de ceux de Gueldres comme d'un moyen pour attirer à nous la Souveraineté de tout cet Etat, & le priver par consequent de sa Liberté, en bannir tout Commerce, dissoudre les Compagnies qui ont été établies par ordre de l'Etat, violer la sureté des Banques qui sont dans les Villes, annuller les obligations qui sont à la charge du Païs, & enfin introduire un changement universel, & reduire les Habitants tant dedans que dehors dans une incertitude de tous leurs moyens & effets, voire même les en priver, & que ceux qui s'empressoient le plus à susciter & fomenter de tels sentiments contre nous, étoient estimés les plus zelés & plus grands Amateurs de la Patrie. Nous ne sachions point pendant tout le cours de nôtre vie avoir donné aucun sujet à un soupçon si mauvais & si odieux, ou d'avoir jamais fait paroître par aucune de nos actions que nous ayons eu un tel dessein, & partant nous ne croyons pas avoir merité un tel traittement. Ceux qui savent ce qui s'est passé durant tout le temps de nôtre vie jusqu'au commencement de la presente guerre, n'ignorent point sans doute que ceux qui avoient le gouvernement de l'Etat entre les mains, nous ont voulu forclorre fort injustement des Dignités que nos Ancêtres ont possedées si avantageusement pour cet Etat, & qu'après cela ils ont resserré en des bornes si étroites cette partie qu'ils sembloient vouloir laisser comme par une grace tres-singuliere, que nous étions par là rendus incapables de pouvoir rendre aucun service à l'Etat. Voire même que pour le regard de nos biens & droits particuliers on a tâché de nous ôter les prerogatives qui y ont toûjours été annexes, & qu'ils n'ont point fait de difficulté de designer du nom de Liberté & de conservation des Privileges tout ce qu'on faisoit pour nous opprimer & nous abattre, comme si nous ussions été ceux-là qu'il faloit considerer comme Oppresseurs de la dite Liberté ou Privileges, là où au contraire ces Deffenseurs de la Liberté & des Privileges ne cherchoient rien tant que d'affermir leur propre grandeur, & avançoient pour cet effet par dessus les autres d'une façon toute particuliere tous ceux qui suivoient aveuglement leur Cabale & leurs sentiments, les enrichissoient, & tâchoient de les pousser aux plus belles Charges par toutes sortes de manieres, sans se soucier beaucoup de la Liberté ou des Privileges, changeant les Magistrats des Villes selon leur appetit & fantaisie particuliere, & non pas selon les Privileges, si bien que jusqu'au commencement de la presente guerre nous avons été obligés de souffrir tout ce qu'on nous a voulu prescrire, & depuis que la dite guerre est tombée sur cet Etat à la ruïne de tout le Païs & des habitants qui le composent, nous croyons avoir tres-bien fait paroître que nous n'avons point trop estimé nos propres biens & nos interêts, nôtre honneur, voire même nôtre vie, pour les offrir volontairement pour le bien du Païs, & pour maintenir les habitants en leur Liberté & Privileges, & conserver leur Navigation, & Commerce avec tous leurs moyens & effets. On ne peut pas encore avoir oublié que lors qu'en l'an 1672. les Ennemis étoient entrés jusque dans le cœur du Païs par une permission de Dieu toute particuliere, & qu'il étoit question de deffendre la Liberté, les Privileges & la vraye Religion, à l'exemple de nos Ancêtres d'heureuse memoire, & de hazarder biens & vies pour ce sujet, & qu'il faloit faire voir que l'on étoit des veritables Amateurs de la Patrie, de la vraye Religion & de cette precieuse Liberté qui a coûté tant de sang à nos Peres, l'on a vû alors que plusieurs qui ont part au Gouvernement ont tâché de traiter avec les Ennemis à des conditions si honteuses & si ruïneuses, que la Religion, la Liberté, les Privileges & tout auroit été perdu par ce moyen, & que ceux qui ont eu ci-devant le plus en la bouche la deffense de la Liberté & des Privileges pour notre oppression; & qui en avoient fait tant de protestations en toutes occasions, ont été les plus zelés & les plus empressés pour pousser à la fin un Traité si honteux, & de telle sorte, que la resistance des Habitants du Pays &; de plusieurs de ceux qui avoient part au dit Gouvernement, & qui étoient affectionnés au bien du dit Païs, lesquels ne pouvoient consentir à se voir privés en cette maniere de si precieux gages, à peine ont pû arrêter la suite du dit Traité. Tout le monde sera aussi contraint d'avoüer que ç'a été nous, qui ayant nôtre confiance en la bonté de Dieu & nôtre bonne cause, nous sommes opposés au dit Traité autant qu'il nous a été possible, & avons empêché qu'il ne soit venu à effet, quoy que par la continuation de la guerre tous nos biens & effets, tant ici qu'en Païs étrangers souffrissent davantage qu'aucuns de ceux des autres habitants. Un chacun sait bien aussi sans doute que lors que les dits Ennemis sachant qu'elle aversion nous avions pour un Traité si honteux, & que c'étoit nôtre opposition principalement qui en empêchoit la suite, voulurent puis-après mettre sous les conditions de Paix qu'on eût à nous deferer la Souveraineté de cet Etat, avec quelle constance & fermeté nous avons rejetté les dites conditions, & avons bien fait voir que ces propositions nous étoient entierement desagreables. Tous les Habitants de cet Etat se souviendront aussi fort bien que lorsque la Bourgeoisie & habitants de toutes les Villes de Hollande & de Zelande étoient fort mecontents de leurs Magistrats, & qu'ils demandoient tous du changement dans le Gouvernement des dites Villes, & imploroient nôtre autorité à cet effet, que nous avons été ceux-là qui avons tâché d'appaiser la dite Bourgeoisie & Habitants, & moderé leur mécontentement autant qu'il nous a été possible, sans que nous ayons voulu nous servir aucunement de cette occasion pour nous acquerir plus de credit ou d'autorité par ce moyen, ce que neantmoins nous pouvions faire alors fort facilement. Et à vray dire nous ne nous serions jamais imaginés que ce que nous avons fait avec une telle franchise pour le bien du Pays, pour la conservation du libre exercice de la vraye Religion, & le maintien de la Liberté, Privileges & Droits de l'Etat, la Pêche & Navigation, Commerce, moyens & effets des habitants de ce Païs, eût si-tôt été mis en oubli, & qu'on eût pu si-tôt prendre un si mauvais soupçon que nous aurions voulu nous attribüer la Souveraineté de ces Païs, & priver de tous leurs biens & effets ces habitants qui ont déja tant souffert, & sont encore obligés de tant souffrir à nôtre grand regret & marrissement, & lesquels nous ont donné tant de preuves de leur affection, puis que lors que nous avions les moyens en main pour

ANNO 1675. pour pouvoir nous attribuer la dite Souveraineté, non seulement nous n'avons pas voulu nous en servir de nôtre plein gré & de propos deliberé, mais même avons toûjours fait paroître devant tout le monde que nous en avions une extréme aversion. Et certainement si nous eussions eu quelque dessein d'accepter la Souveraineté de la Province de Gueldres, & frayer par là le chemin aux autres Provinces pour en faire de même, il est certain que nous n'aurions pas demandé l'avis des Etats des autres Provinces sur ce sujet, mais l'aurions acceptée tout d'un temps ainsi que cela étoit en nôtre pouvoir. C'est pourquoy nous n'attendions pas, ou du moins nous ne croyons pas qu'aucunes personnes raisonnables puissent dire avec quelque apparence de justice que nous ayons merité en cette affaire qu'on nous mette sus, un soupçon si malfondé & si odieux, comme celui dont quelques-uns des Membres de Vôtre Assemblée font mention en la dite Resolution, & sur tout, vû que ces personnes savoient bien ce qui est de leur particulier, & que pour ce qui est de nous elles pouvoient bien apprendre d'ailleurs que personne n'avoit jamais donné la moindre occasion de nôtre part, ou ne s'étoit servi d'aucuns moyens pour induire, ou persuader quelcun des Membres des Provinces à nous offrir la dite Dignité, ou les porter à opiner qu'on nous conseillât de l'accepter, & que partant des soupçons de cette nature ne pouvoient partir que d'un esprit tout à fait méchant & malitieux, C'est pourquoy nous voudrions bien que ces personnes declarassent un peu ce qui peut les avoir émus, ou bien quelle action nous avons commise sans y penser ou de propos deliberé, qui soit capable de faire prendre un tel soupçon, afin que nous puissions avoir occasion de le lever. Nous ne nous plaignons point de ce que quelques Membres ont été d'opinion que nous devrions refuser la dite Dignité, & qu'ils ont fortifié leur sentiment par des raisons & arguments qui servent à la matiere, car c'est pour cela que nous avions demandé leur avis, & nous remercions les Membres de ce qu'ils ont avisé franchement ainsi qu'ils ont trouvé appartenir: mais nous nous plaignons de ce que quelques-uns sous pretexte de dire leur avis, nous ont chargé auprés du Gouvernement & des habitants de ce Pays de soupçons si odieux qui ne sont fondés sur la moindre apparence, tant seulement pour amoindrir l'affection des dits Habitants en nôtre endroit, & les inciter contre nous. Aussi nous n'avons point du tout hesité à refuser absolument & entierement la dite Dignité, quoy que ceux de Gueldres ayent fait de grandes instances pour nous la faire accepter, & que plusieurs Membres des autres Provinces nous ayent conseillé de le faire, parce que n'ayant û de nous-même jamais aucune inclination pour cet effet, nous pouvions suivre avec d'autant plus de facilité & contentement le conseil de ceux, qui quoy que moindres en nombre, nous dissuadoient de l'accepter: Et certes nous connoissons si bien le genie de cet Etat & des habitants qui le composent, que nous pouvons bien vous asseurer que nôtre aversion & repugnance pour ces choses-là ne changera jamais, comme aussi en effet nous avions déja resolu de refuser ladite Dignité de nôtre propre mouvement avant que d'avoir reçû vôtre Resolution sur ce sujet. Nous ne savons pas si l'exemple de Gedeon par vous allegué, est fort applicable en nôtre endroit, & je souhaiterois de tout mon cœur que nous menassions une telle vie que nous pussions justement nous attribuer le titre du Peuple de Dieu, & que l'Eternel Dieu fût nôtre Dieu, mais on a bien montré par ci-devant qu'on n'a pas fait beaucoup d'état de l'Héritage du Seigneur, lors qu'on a pû se resoudre à abandonner à un Ennemy qui faisoit profession d'une Religion si contraire à la nôtre, une grande partie de ces Provinces, lesquelles par la grace de Dieu sont maintenant remises dans l'Union, & d'y faire cesser l'exercice de la vraye Religion, & qu'on tâchoit alors de mettre ce dessein à execution avec moins de jalousie & de repugnance pour un Ennemy, qu'on n'en prend maintenant contre nous, par ce que ceux de la Province de Gueldres nous ont offert le titre de Duc & Comte sous des conditions qui faisoient demeurer à jamais la dite Province dans l'Union. Nous pourrions de là prendre beaucoup plus de sujet de craindre ce que la parole de Dieu remarque avec tant de force touchant la Maison de Gedeon, (& ce qui pourroit bien devenir veritable en son temps) à savoir que les enfants d'Israel ne se souvindrent plus de l'Eternel leur Dieu, lequel les avoit delivrés de la main de tous leurs Ennemis d'alentour, & qu'ils n'userent point de gratuité envers la Maison de Jerubael, c'est-à-dire Gedeon, aprés tout le bien qu'il avoit fait à Israël, & sur tout là où nous en avons senti de si grandes preuves pour l'amour de nos Ancêtres, même dans la Province de Zelande: mais nous esperons que Dieu qui nous a si grandement benits jusqu'à l'heure presente, benira encore davantage nôtre bonne intention pour le bien de cet Etat, & qu'il n'amoindrira jamais la bonne affection que plusieurs bons Patriottes & habitants de ce Païs, tant ceux qui ont part au Gouvernement, qu'autres, portent à nôtre Personne dans le dessein que nous avons de faire bien à cet Etat; Et nous esperons que ceux qui nous sont si mal-affectionnés, seront gueris avec le temps des mauvaises impressions qu'ils ont prises contre nous, & pour ceux qui ne peuvent recevoir aucune guerison en ceci, nous ne laisserons pas de procurer le bien cet Etat autant qu'il nous sera possible. Nous nous sommes trouvés obligés de nous étendre un peu plus amplement sur cette matiere, par ce que nous voyons que non seulement la Lettre qu'il vous a plû nous envoyer, mais aussi la Resolution contenant les avis des Membres particuliers de vôtre Assemblée, ont été imprimés, & se vendent par tout, non pas tant afin que Nous pussions être informés de vôtre intention, à quoy neanmoins Elle doit servir uniquement, qu'afin que par là on pût donner matiere & occasion à ceux qui nous sont mal-affectionnés pour avoir bien fait à l'Etat, de donner de mauvaises impressions contre nous, aux habitants qui le composent, & leur donner d'autant plus de force en alleguant que même quelques-uns de ceux qui ont part au Gouvernement ont des mauvais soupçons de nôtre procedé, par où Nous sommes d'autant plus fortement obligés de croire que plusieurs Malveuillants se sont voulus seulement servir de cette occasion, en laquelle neantmoins nous avons fait paroître tant de candeur & de sincerité, pour rendre nos procedures suspectes & odieuses, quoy qu'il n'y ût pas la moindre apparence de raison pour cet effet. Nous finirons donc la presente en vous recommandant à la protection de Dieu, ce 18, Mars 1675. ANNO 3975.

Au bas est écrit

Vôtre bien bon Ami.

Ainsi signé

G. H. PRINCE D'ORANGE.

CLXVI.

Liberté de la Pesche accordée par le Roi Très-Chrétien aux Peschеurs Hollandois, en reciprocation de la même liberté accordée par les Estats Generaux aux Peschеurs François Donné à Versailles le 17. Août 1675. [Mercure Hollandois année 1675. pag. 479.] 17. Août

De par le Roy.

SA Majesté ayant été informée qu'en consequence du consentement qu'Elle a donné par Son Ordonnance du 3. May dernier à la liberté de la Pêche qui se fait le long de Côtes de France & de Hollande, les Etats Generaux des Provinces Unies ont permis aux Pêcheurs & Matelots François de continuer leur Pêche sur les Côtes d'Angleterre & jusques à Jarmout, pourvu que la même liberté fût accordée aux Pêcheurs & Matelots Sujets des dits Etats Generaux, A quoy voulant bien consentir Sa Maj. a ordonné & ordonne que la Pêche sera libre à l'avenir tant pour les Batiments qui pêcheront le long des Côtes de France & de Hollande, que pour ceux qui iront sur les Côtes d'Angleterre, jusques à Jarmout, &

ANNO 1675. sur les Côtes du Nord d'Angleterre & d'Ecosse. Fait Sa Majesté tres-expresses deffenses à tous ses Vaisseaux de Guerre & à tous ses Marchands, ou armés en course, de troubler ou inquieter sous quelque pretexte que ce soit les dits Batiments employés à la Pêche le long des Côtes seulement, sans y comprendre celles du Nord de Groenlant & d'Island. Mande & ordonne Sa Majeste à M. le Comte de Vermandois, Amiral de France, & aux Vices-Amiraux, Lieutenans Generaux, Intendants, Chefs d'Escadre, Commissaires Generaux & Capitaines de Marine, de tenir la main à l'execution de la presente Ordonnance. Enjoint Sa Majesté aux Officiers de l'Amirauté de la faire lire, publier & enregistrer, à ce qu'aucun n'en ignore, & la faire executer de point en point selon sa forme & teneur. Fait à Versailles le 17. Aout 1675.

Signe,

LOUIS.

Et plus bas Colbert, & séellé à côté d'un Seau de cire verte.

CLXVII.

25. Novembre. *Articles provisionnellement convenus pour servir d'élucidation au Traité de Marine conclu en 1650. entre Sa Majesté Catholique* PHILIPPES IV. *& les Seigneurs Etats Generaux des Provinces-Unies, avec quelque extention touchant les Prises & Reprises des Vaisseaux de l'une & de l'autre Partie sur l'Ennemi. A Bruxelles le 25 Novembre 1675.* [Actes & Mémoires de la Paix de Nimegue Tom. 1. Part. 2. pag. 773.]

SOn Excellence ayant eu rapport de ceux de la Jointe par elle ordonnée pour ouïr les Propositions à faire par le Sieur Heemskercke & en après par le Sieur de Dyckvelt, Envoyez des Seigneurs Etats Generaux des Provinces-Unies des Païs-Bas, au sujet du Traité de Marine, arresté en l'an 1650. entre Sa Majesté & les dits Seigneurs Etats Generaux, & d'autres differens, a consenti que provisionellement, & sous l'agréation de sa Majesté du Principal, soient observés & executés les Articles suivans; & seront tenus comme partie dudit Traité de Marine de 1650. qui demeurera en sa force & vigueur.

1. Que les Habitans des Païs-Bas aussi bien de Sa Majesté que de leurs H. H. P. P. pourront faire librement & sans aucun empêchement leur Commerce & Navigation de leurs Ports, Royaumes & Provinces ou d'autres Souverains, vers & avec ceux qui sont ou pourront devenir ennemis des deux ensemble, ou bien de l'un & de l'autre des deux cotés separément, & les susmentionnés Habitans pourront librement & sans aucun empêchement avec leurs Vaisseaux, Biens, Denrées & Marchandises sans difference à qui lesdits biens, denrées & Marchandises chargées, & Navires puissent appartenir, comme aussi naviger vers tous les Havres, Lieux, Rivieres & Rades ennemis, sans empêchement ou contradiction de qui que ce soit, tant à droiture que d'un Havre ennemi à un autre, soit que ces Havres ou Places soient sous un ou divers Souverains, tel étant le sens dudit Traité de 1650. bien entendu néanmoins que les Marchandises de Contrebande demeurent exceptées; au regard desquelles, & des Places assiegées, blocquées ou investies, on se reglera selon le même Traité: bien entendu aussi que cette Declaration ne concernera pas les cas échus devant la signature & emologation de cet Acte, soit qu'ils soient decidés ou non; accordés ou non accordés.

II. Que les Marchandises appartenantes aux Sujets du Roi & desdits Seigneurs Etats Generaux, qui se trouveront en quelques Vaisseaux neutres allans ou venans vers quelques Havres ennemis, tant à droiture que d'une Place ennemie à une autre: soit que telles Places, ou Havres appartiennent à un ou à divers Souverains, seront restituées sans aucun empêchement; excepté seulement les Marchandises de Contrebande. ANNO 1676.

III. Que d'ici en avant, quand aucun Navire sera repris sur les ennemis par les Navires de Sa Majesté ou des Armateurs particuliers, ou de leurs H. H. P. P. ou par leurs Sujets: si la reprise se fait deux fois vingt-quatre heures après qu'il aura été en la puissance de l'ennemi, les Repreneurs auront un cinquième de la valeur du Navire & charge. Et si elle est faite après lesdits termes, les Repreneurs auront & jouïront de la moitié: mais au regard du passé, semblables, & aussi tous autres cas demeureront & seront generalement jugés & decidés par les voies & Juges ordinaires des Amirautés: chacun au lieu d'où les Navires & Repreneurs sont sortis, & ce selon les Traités & Loix qui regleront les cas, & selon la presente interpretation dudit Traité de Marine. Excepté néanmoins les procès & trois Navires, nommés le Saint Jean, la Charité, & l'Amour des Marchands, selon l'Acte & convention particuliere datée du jourd'huy. Fait à Bruxelles le 25 de Novembre mil six cens soixante & seize.

De Pa Vt.

Duque de Villa Sierra, Conde de Luna.

Par ordre de son Excellence.

Signé,

Verreycken.

CLXVIII.

Certificatio Ministrorum Regis Sueciæ & Ordinum Generalium Fœderati Belgii de Libertate Commercii hinc inde per Tractatum restituta, nonobstante Bello adhuc flagrante inter dictos Regem & Ordines. Datum Holmiæ 27 Junii 1676. [Sur l'Original signé & scellé de quatre cachets en cire rouge.] 1676. 27. Juny.

QUemadmodum post rite conclusum inter Sacram Regiam Majestatem Sueciæ Regem ac Dominum nostrum clementissimum ac Celsos & Præpotentes D. D. Ordinares Generales Fœderati Belgii per nos infrascriptos Sacræ Regæ Matris Commissarios, & D. Dominum Ordinum Generalem ad aulam Sacræ Regiæ Majestatis Residentem ac pariter infrascriptum Ministrum, Commerciorum & navigationis Tractatum, ejusdem quoque ratificatio à parte altissime memoratorum Paciscentium utrinque subsecuta sit; Ita hisce attestamur prædictæ ratificationis decentem commutationem pariter die 21 Junii præsentis anni initam, adeoque totum hoc liberi Commercii & navigationis negotium inter Sacræ Regiæ Majestatis ac Celsiss. Ordinum Generalium Subditos feliciter peractum esse; subjuncto ardenti votô, ut in ulteriorem flagrantis hujus belli cessationem, & plenam denique exoptatæ pacis redintegrationem faustis vergat avibus. In majorem fidem hasce manuum subscriptione & sigillis nostris firmavimus. Dabamus Holmiæ die 27. Junii 1676.

Ed. Ehrensteen — C. P. Rumpriã.

J. Lagerfeldt.

Heyldenståler.

CLXIX.

Capitulation d'Estat accordée par LOUIS. XIV. *Roi de France au Prevost, Doyen, & Chapitre de la Métropolitaine, Prélats, & autres Chapitres & Communautés, composant le Clergé de la Ville, Cité, & Duché de Cambray, Païs & Comté de Cambrésis, & aux Prevost, Echevins, Manans & Habitans de ladite Ville au tems de sa Reduction* 1677. 5. Avril.

à

ANNO 1677.

à l'obeïssance de Sa Majesté. Fait au Camp devant Cambray le 5 Avril 1677. [Mercure Hollandois année 1677. pag. 33.]

Réponses que le Roy a données sur chacun des Points & Articles de la présente Capitulation.

POINTS & Articles que Sa Majesté Très-Chrestienne est très-humblement suppliée d'accorder aux Prévost, Doyen, & Chapitre de la Métropolitaine, Prélats & autres Chapitres & Communautez, composans le Clergé de la Ville de Cambray, & Païs de Cambrésis, ensemble les Prévost & Eschevins, Manans & Habitans de ladite Ville, à la Réduction d'icelle, à son obéïssance.

1. QUe la Foy Catholique, Apostolique & Romaine, sera gardée, observée, & maintenüe dans toute l'étendüe de la Ville, Banlieüe, Païs de Cambresis, Terres y enclavées, & les autres lieux du Diocése, sans y permettre, en aucune maniere, la liberté de conscience, & Presche, soit secrete ou publique, ni aucune construction de Temples.

1. Sa Majesté a accordé & accorde le contenu en cet Article, pour en estre usé comme il a esté fait à Lisle, & dans les autres Places conquises par sa Majesté en Flandres.

2. Le Roy est très-humblement supplié de n'y établir aucuns Gouverneurs, Commandans, Officiers & Soldats d'autre Religion que Catholique, Apostolique & Romaine.

2. Accordé à l'égard des Gouverneur, Commandant, & autres Officiers Majors.

3. Que le Concile de Trente y sera maintenu, & observé en la forme & maniere qu'il a esté receu, & pratiqué jusques à maintenant.

3. Il en sera usé en cet égard comme à Lisle & à Tournay.

4. L'Archevesque, Chapitres, Métropolitain & autres, Abbez & Abbesses, Religieux & Religieuses canoniquement y établis, Hôpitaux, Fondations pieuses, Bourgeois & Habitans des Villes & Païs, & tous autres de quels états & conditions qu'ils puissent estre, Ecclésiastiques, Séculiers Réguliers, & autres, joüiront pleinement & paisiblement de tous leurs Priviléges, immunitez, franchises, exemptions, & autres droits qui leur competent, & appartiennent de droit, & accordez par les SS. Canons, Graces & Priviléges donnez par les SS. Pontifes, Conciles & Supérieurs Ecclésiastiques, octroyez par les Empereurs, Rois, Princes, & autres Souverains.

4. Les Dénommez en cet Article, recevront tous les mesmes bons traitemens qu'ont receu jusques à présent, les Ecclésiastiques & Gens de la mesme qualité de Lisle & de Tournay.

5. Lesdits Archevesques, Chapitres & Abbez, seront rétablis & réintegrez dans ceux qui par laps de temps & autrement leur auroient esté ostez, & empeschez de joüir cy-devant; Et nommément l'Archevesque, avec son Chapitre conjointement, ou separément, supplient en tout respect, Sa Majesté d'agréer, & permettre qu'ils luy en puissent faire leurs très-humbles remontrances.

5. Sa Majesté entendra avec plaisir, les remontrances des Dénommez en cet Article, & y aura tout l'egard que son service peut permettre.

6. Les Dignitez, Prébendes, Benefices, Cloistres, Monasteres, Chapelles, & autres Fondations pieuses venant vacantes, il y sera pourveu par les Collateurs & Patrons, en les formes accoûtumées & permises, de Droits & Concordats d'Allemagne, sans les pouvoir ériger, ou bailler en Commande.

6. Il en sera usé de mesme qu'à Lisle, & à Tournay.

7. L'Archevesque sera libre de rentrer dans son Eglise, pour y tenir sa résidence, & en toute telle autre Ville ou Lieux de son Diocése, qu'il trouvera plus convenir, quoy que d'autre domination, si pourra faire, & exercer ses fonctions Archiepiscopales, visites, administration des Sacremens, & toutes autres dans toute l'étendüe d'iceluy, par soy & les Vicaires Generaux, Officiaux, & autres siens Officiers, conjointement, ou separément, selon les occurrences, sans permettre luy estre donné aucun empeschement dans les exercices spiritüels & temporels, directement, ni indirectement, ni à ceux par luy commis, voire mesme és autres quatre Diocéses de sa Province, selon que le permettent les SS. Canons, mais bien leur sera donné toute ayde, faveur, & support par les Officiers de Sa Majesté, en estant requis & priez.

7. En prêtant ledit Archevêque, le serment de fidelité à Sa Majesté, il sera receu tant à Cambray qu'aux autres lieux de son Diocése, pour y exercer ses fonctions, & recevra en sa personne, tout le bon traitement qu'il pourra raisonnablement desirer.

8. Qu'on ne pourra visiter sa maison, coffres, & bagage, en faisant sortir pour sa commodité, ains seront transportez, & rendus en toute seureté où il se trouvera.

8. Comme il n'y a point d'apparence que ledit Archevesque manque de se rendre à son Eglise, il est inutile de faire sortir ses hardes & papiers.

9. Iceux Chapitres & Ecclésiastiques ne seront sujets à aucuns logemens effectifs ou virtüels dans leurs maisons, ou autrement à leur charge, de Gens de guerre & militaires, Officiers, Soldats, & de telle autre qualité que ce puisse estre.

9. Il en sera usé en cet égard, comme il s'est fait du temps que la Place estoit en la domination du Roy Catholique.

10. Et retiendront lesdites Villes & plat Païs, avec tous les Habitans & Manans, sans aucunes differences de qualitez, soient-ils Ecclésiastiques, Séculiers, Militaires, Réguliers, Mendians, Nobles, Bourgeois, Manans comme dit est, ainsi que feront les Chapitres, Chapelles, Fondations pieuses, Cloistres, Hôpitaux, Communautez, Pauvretez generales & particulieres, Maladries, Confrairies, Beguinages, Mont-de-pieté, aussi les Estrangers, tous leurs Biens meubles, immeubles, Droits, Noms, Actions, Terres, Rentes, Vaisselles, Or, Argent, monnoyez, Cloches, Cuivres, Etaings, Plombs, Ferailles, & tous autres metaux travaillez, & non travaillez, Bagues, Joyaux, Ornemens, Vazes sacrez, Image de Nostre-Dame de Graces, Corps Saints, Reliques, Fiertes, Bibliotheques, & generalement tous leurs Biens, Offices, Benefices de quelle nature & condition, & en quel lieu qu'ils soient sitüez & exigibles, avec leurs Chevaux & tous autres bestiaux, sans estre tenus à aucun rachapt, non plus envers les Officiers de l'Artillerie, qu'aucun autre quel qu'il soit.

10. Accordé en payant toutesfois au Grand Maitre de l'Artillerie, ce dont on sera convenu avec luy, pour le rachapt des Cloches, & autres metaux qui luy appartiennent de droit, dans les Villes contre lesquelles il a fait tirer le canon.

11. Si rentreront tous en general, & un chacun en particulier, sans autre Declaration que la presente, Séculiers, Militaires, Réguliers, & autres dans la proprieté & joüissance de leurs Biens meubles & Immeubles, Noms & Actions qui pourroient avoir esté confisquez ou annotez par la présente guerre, & en pourront pleinement percevoir les fruits, rendages, & écheances, non payez ni satisfaits, si aucuns y en a, ou qu'ils soient sitüez dans le Royaume, Païs cedez, conquis, ou ailleurs, comme aussi dans les hereditez, & biens ausquels *ab intestat* ils pourroient succeder, s'il n'y a disposition au contraire, apprehendez par d'autres, à cause de la presente guerre.

11. Accordé pour en joüir du jour de la presente Capitulation seulement.

12. Que tous ceux qui ont déposité ou refugié leurs Biens en cette Ville, les pourront retirer, vendre, & en percevoir les deniers, jaçoit qu'ils fussent Sujets du Roy Catholique.

12. Sa Majesté n'a pas jugé raisonnable d'accorder la demande faite par cet Article.

13. Que la Justice sera administrée comme elle a esté ci-devant, par l'Official, les Chapitres, Officiers, tant de l'Archevesque que des Chapitres & feudaux, Magistrats, & autres ayans Jurisdictions, lesquelles ils seront maintenus chacun à son égard.

13. Accordé, pourveu que par leur fidelité & bonne conduite, ils se rendent dignes de cette grace.

14. Les Appellations des Sentences des Officiaux de la Province, Chapitres, & autres rendües par Ecclesiastiques, ressortiront par devant l'Official de Cambray: & celles des Echevinages subalternes, au Magistrat de ladite Ville, ainsi qu'il s'est partiqué cy-devant: celles dudit Magistrat, & autres Juges Laïcs, au Parlement de Tournay, sans estre tirez ailleurs.

14. Les Appellations des Ecclesiastiques ressortiront où elles le doivent de droit: & à l'égard des Laïques, par devant le Conseil Souverain, établi à Tournay.

15. Sa Majesté est suppliée très-humblement, de jurer l'observance des Droits, Usage, Stile, anciens Priviléges & Immunitez desdits Ecclésiastiques & Ville: & que tous les Bourgeois & Manans, ni leurs Biens, ne seront traitables en premiere instance, par devant leurs Juges ordinaires.

15. Sa Majesté promet de faire inviolablement garder & observer tout ce qu'elle accorde par la presente Capitulation.

16. Que les Gouverneurs & Lieutenans de ladite Ville & Château, seront obligez de jurer, & prester le mesme serment.

16 Les Gouverneurs & Lieutenants, tant de la Ville que du Chasteau, prometront la mesme chose marquée par l'appostille cy-dessus.

17. En consideration de la pauvreté de ladite Ville, & que le Logement effectif des maisons des Bourgeois, est leur totale ruïne, Sa Majesté est très-humblement priée d'accorder, & consentir que les Soldats qu'elle y mettra en Garnison, seront logez dans la Citadelle, Roquettes, & Baraques, ou Cazernes, comme il s'est pratiqué jusques à present.

18. Qu'en tout cas de logemens à faire en ladite Ville, à raison de l'arrivée de sa Majesté, ou autre de sa part, les Chanoines, Beneficiers, & Magistrats, en seront exempts & affranchis, & des frais en resultans.

19. Qu'aux Ecclésiastiques, Nobles, Gentilshommes & Bourgeois, seront gardez tous tels droits & Priviléges dont ils ont joüy, tant dans ladite Ville que plat Païs, & que possedans Fiefs, ne seront chargez de Ban & Arriere-Ban, ne l'ayans esté du passé.

20.

17. Sa Majesté fera loger dans la Citadelle, autant de Troupes qu'il y en pourra contenir, & le reste dans les Cazernes, lesquelles les Habitans de la Ville seront tenus de meubler de lit, & d'y fournir le chauffage aux Soldats qui y seront logez, aussi bien qu'à ceux de la Citadelle. 18. & 19. Il en sera usé à l'égard de ces deux Articles, de la même maniere qu'il s'est pratiqué du temps de la domination du Roy Catholique.

ANNO 1677.

20. Que tous Gentilshommes & Officiers principaux demeureront en la possession des Armes convenantes à leur qualité, comme aussi de celles servantes à leur seureté dans les voyages à la campagne, comme ils ont joüy ci-devant.

20. Accordé, pourveu que par leur bonne conduite ils se rendent dignes d'un pareil traitement.

21. Que les Manans & Habitans de la Ville de Cambray & Païs de Cambresis, joüiront de la liberté de la Chasse, comme ils en ont fait de toute ancienneté.

21. Sa Majesté fera examiner leurs Droits à cet egard, & y pourvoira en suite, en la plus favorable maniere que la Justice luy pourra permettre.

22. Que les maisons ni biens des Manans demeurans en ladite Ville, ni de ceux qui en sortiront, ne pourront estre usitées en aucune façon, pour telle cause ou prétexte que ce fust.

22. Sa Majesté ne peut accorder cet Article.

23. Qu'il sera permis à ceux y demeurans, d'aller & venir quand bon leur semblera en France, Villes cedées & conquises, & plat Païs d'icelles: & qu'à ces fins, pourront prendre Passeports de Sa Majesté Catholique, pour n'encourir d'estre pris prisonniers de guerre, & assujettis à quelque rançon.

23. Ils seront traitez à cet egard, comme les Habitans des autres Villes conquises par sa Majesté

24. Que la Taille des Aisez, ni la Gabelle de Sel ne seront pratiquées dans la Ville, Banlieüe, Pouvoir, & plat Païs du Cambresis.

24. Accordé.

25. Que les Religieux & Religieuses, estans és Couvents de ladite Ville, soient-ils naturels ou Profez, y demeureront librement, & sous leurs mêmes Superieurs, quoy que demeurans sous l'obeïssance du Roy Catholique, sans pouvoir estre envoyez ailleurs que par l'ordre de leurs Superieurs, ni obligez de recevoir d'autres Religieux de Nation étrangere.

25. Ils seront traitez à cet egard, comme les Religieux des autres Villes conquises par sa Majesté.

26. Que le Mont de Pieté érigé en cette Ville, avec tous les deniers qui luy compétent, seront maintenus & conservez au public, & demeureront particulierement affectez avec leurs bâtimens & generalement tout ce qui en depend, pour y estre regis, gouvernez & administrez par ceux présentement y establis, ou autres à y establir par ceux du Magistrat, ensemble tous les meubles, & l'argent y prestez, tels qu'ils soient y engagez, y seront conservez au profit de ceux à qui ils appartiennent, pour leur estre restitüé ou rendu, & les deniers employez suivant l'intention dudit Mont.

27. Que ledit Mont, ensemble les Officiers d'iceluy, seront entierement sujets à la Jurisdiction des Eschevins, sans que les Sur-Intendans des Monts de Pieté, établis en France, y puissent prétendre aucune superiorité ni connoissance.

26. & 27. Le Mont de Pieté sera administré comme ceux de Lisle & de Tournay.

28. Que les Sentences renduës par contumace, pendant la guerre, contre les Habitans de la Ville & plat Païs, seront annullées en telle sorte, qu'ils pourront alleguer leurs exceptions, comme ils l'auroient pû faire avant ladite contumace, & guerre.

28. Les Magistrats de Cambray s'expliqueront plus clairement de ce qu'ils peuvent desirer par cet Article, & ensuite, Sa Majesté y pourvoira ainsi qu'Elle verra estre à propos.

29, Que les Monnoyes continüeront suivant l'évaluation presente

29. Accordé.

30. Ensuite dequoy, tous remboursemens, payemens de Cours, arrérages de Rentes, & toutes autres Debtes, seront payées & acquittées en semblable monnoye, qu'elles auront esté constituées, & venduës.

30. Accordé.

31. Et au cas que Sa Majesté seroit servie, ou trouveroit bon de reduire l'évalüation presente des Monnoyes, pour l'avenir, au pied de celle de France, toute Debte contractée auparavant telle reduction pour Lettre de change, Cedules, Obligations, Rentes & capitaux, Heritieres & viageres, tant en capital qu'en cours, en cas de rachapt, rendages de Censes, loüages de maisons, & generalement toute autre devance, se payeront avec augmentation, à proportion du rehaussement d'icelles.

31. Accordé.

32. Qu'il sera permis aux Ecclesiastiques de ladite Ville de Cambray, de tirer vins du Royaume de France, sans payer aucuns Droits de sortie ni entrée.

32. Ils seront traitez a cet egard comme les Ecclesiastiques de Lile & de Tournay.

33 Que toutes Marchandises & Manufactures de cette Ville, pourront passer par la France, pour estre conduites és Pays étrangers, par forme de transit, sans payer aucuns Droits

34. Ne seront établis dans ladite Ville, Pays & Comté, aucuns autres Conseils, Siéges de Justice & Police, que ceux y estans, ni pour les Droits d'entrée & sortie, sur toutes sortes de Denrées & Marchandises.

35. Que Sa Majesté Très-Chrétienne, ni ses Officiers, sous prétexte ou raison de quelque necessité publique, ne pourront lever ni s'approprier les deniers d'icelle Ville, Estats, Fondation, ni des particuliers.

36. Que tous Titres, Papiers, Chartres, & enseignemens de l'Archevesché, Chapitre, Abbayes, Fondations pieuses, & autres concernans l'Etat, Ville, Domaine, Siéges de Justice, Police, demeureront dans leur entier, & seront régis, gouvernez & conservez ainsi que du passé.

33. 34. 35. & 36. Il en sera usé a l'egard des choses demandées par ces quatre Articles, comme il s'est pratiqué & se pratique dans lesdites Villes de Lile & de Tournay.

37. Que tous Réfugiez & enfermez, de quelque qualité qu'ils soient, Ecclésiastiques, Nobles, Laïcs, Militaires & autres Officiers de Sa Majesté Catholique, leurs Femmes & Enfans, pourront continüer leur demeure l'espace de deux ans, sans estre inquiétez ni recherchez pour choses que ce soit, se conformans aux Ordonnances de Sa Majesté Très-Chrétienne, & après ledit terme continüer leur demeure, ou se retirer comme bon leur semblera, mesme les Femmes, Enfans, & Domestiques des Officiers, & Soldats retirez dans la Citadelle, après ou devant ledit terme de deux ans, avec tous leurs meubles & effets.

37. 38. 39. Sa Majesté ne peut accorder le contenu en ces trois Articles.

38. Et audit cas, parmi la joüissance & proprieté qu'ils auront de leurs biens, leur sera donné la liberté de les vendre, changer, & aliener, en disposer à leurs volontez, les faire administrer par celuy qu'ils voudront, & venant à mourir, succederont aux Héritiers *ab intestat*, au cas qu'ils n'ayent fait aucun Testament ou disposition, dequoy ils seront libres, observant les formalitez requises, sans subjection aucune des Droits d'aubaine, ni autres empeschans les Successions legitimes ou Testamentaires.

39. Les absens qui desireront rentrer en la Ville, & plat Païs, dans deux ans, y seront reçeus avec leurs meubles & autres biens, à charge d'y vivre comme dessus, & pourront lesdits absens, durant ledit temps, disposer de leurs biens comme ils trouveront bon, & venans à mourir, soit qu'ils soient rentrez ou non, leurs biens succederont à leurs Heritiers legitimes ou Testamentaires.

40. Et que s'il arrivoit que le Munitionaire General, ou Particulier, des Armées de Sa Majesté, auroit besoin de quelque quantité de grains, iceluy ne les pourra prétendre qu'en payant comptant la valeur, sur le prix qu'il vaudra au Marché, sans s'addresser à une seule personne, ains en tirant d'un chacun à proportion.

40. Accordé.

41. Qu'en consideration des grandes charges supportées, frais, miseres & ruïnes des biens en Ville & aux Champs, ladite Ville & Pays seront exemptez, & affranchis d'accords d'aydes, subsides, & autre Taille & Gabelle, pour le terme de dix ans: dequoy Sa Majesté est très-humblement suppliée.

41. Sa Majesté ne peut accorder cet Article.

42. Qu'il ne sera mis aucune imposition, ou Capitation dans la Ville, & plat Pays & inhabitans, que par convocation, & consentement des trois Membres de l'Estat, en la maniere accoûtumée, & comme l'on en a usé jusques à present.

43. Les Chambres desdits Etats & Commis, seront maintenües en leurs formes accoûtumées, & gouvernées par le nombre des Députez, & Officiers Ordinaires

42. & 43. Il en sera usé comme du temps de la domination du Roy Catholique.

44. Que tous les Imposts & moyens courans, servans à acquiter les Charges anciennes, & nouvelles rembourses des Capitaux, payemens des Cours, & arrerages des rentes héritieres ou viageres, se leveront pour estre employez aux mesmes fins, & en cas de courteresse, s'en leveront d'autres, pour y fournir par accord uniforme des trois Membres des Estats, pour lesdites Chambres & Magistrats, pour le Domaine, parmi l'authorisation qu'en donne Sa Maj. par cette Capitulation.

44. Accordé, à la charge toutefois, de prendre une authorisation de Sa Majesté, pour chaque nouvelle Imposition.

45. Que les Comptes des Entremises, des Estats, Commis & Domaines, se rendront à l'accoûtumée, pardevant les Deputez ordinaires, & que ceux, cy-devant rendus clos & arrestez, ne seront sujets à aucune reveüe: & que les Ordonnances, Décharges & Accords passez & alloüez, demeureront vallables & sortiront effet.

45. Sa Majesté fera entendre les Interessez au present Article, pour en suite, y pourvoir ainsi qu'elle le trouvera juste & raisonnable.

46. Qu'il sera loisible au Receveur des deniers Royaux, & autres Officiers de Sa Majesté Catholique de se retirer en toute liberté de cette Ville, avec leur Famille & meubles, & remporter tous leurs Papiers & enseignemens, concernans leur entremise, dont ils rendront compte par devant les Ministres de Sa Majesté Catholique, seulement.

46. Sa Majesté a creu devoir refuser la demande faite par cet Article.

47. Que ceux du Magistrat qui se trouvent présen-

47. Sa Majesté le trouve bon, pourvu qu'ils le méritent par leur bonne conduite.

ANNO 1677.

sentement créez & établis en nombre de quatorze, seront continuez dans leurs Charges de Magistrature, le temps & terme ordinaire.

48. Sa Majesté l'accorde, à la condition que dessus.

48. Que les Prevosts, Conseillers, Pensionnaires, Greffiers, Receveurs, Collecteurs, & autres Officiers, ayans charge en ladite Magistrature & dépendans, seront conservez en leurs Etats & Offices, ainsi qu'il a toûjours esté fait, avec les mesmes Droits, Privilèges & émolumens dont ils ont joüy & joüissent présentement, & la disposition à qui il appartient.

49. Ils seront traitez à cet egard, comme les Habitants des susdites Villes de Lisle & de Tournay.

49. De plus, que lesdits Ville, plat Païs, Communautez, Habitans d'icelle, ont & auront privilège de Régnicolles & de Naturalité, en vertu duquel seront tenus en tout & par tout, pour Originaux Sujets de Majesté Très-Chrétienne, & d'y succéder, & en ordonner comme ils trouveront convenir; ensemble estre habiles d'impetrer, avoir, joüir & tenir tous Bénéfices, & Offices.

50. Sa Majesté fera entendre le Magistrat sur cet Article, pour y pourvoir ensuite, comme Elle le jugera à propos.

50. Le résidu des Debtes, & Aydes dûes à Sa Majesté Catholique, s'il y en a, à cause des accords à Elle faits, demeurera éteint, sans en pouvoir estre recherchez, soit qu'ils fussent acceptez ou non.

51. Il en sera usé comme à Lisle & à Tournay.

51. Que les Corps & Communautez des Mestiers de ladite Ville, seront conservez & maintenus sous la Juridiction & Police, comme ils ont esté du passé: & que nuls desdits Stils, ni Manans & Habitans d'icelle, pourront être transportez en autre Ville pour Colonie.

52. & 53. Sa Majesté ne peut accorder le contenu en ces deux Articles.

52. Qu'en cette conjoncture de guerre avec l'Espagne, les Effets, Biens & Marchandises qui se trouveront en cette Ville, appartenans aux Sujets de Sa Majesté Catholique & de ses Alliez, ne pourront estre saisis ni arrestez à raison de la présente guerre.

53. Que toutes les Marchandises chargées pour compte des Habitans de cette Ville, pour tels Lieux ou Places que ce soit, ayant esté prises ou arrestées par les Sujets de Sa Majesté, seront rendues libres, sur les attestations qu'en donneront les Propriétaires, sous le Seel de ladite Ville.

54. Il leur sera permis en la mesme maniere que font les Marchands de Lisle & de Tournay.

54. Que tous Marchands & Negocians demeurans en cette Ville, pouront librement trafiquer & négocier avec les Sujets de Sa Majesté Catholique; nonobstant la presente guerre.

55. & 56. Il en sera usé touchant ces deux Articles, comme il s'est pratiqué par le passé.

55. Que la propriéte & demeure des Cours & Lieux de Justice, sera conservée en la forme & maniére qu'elles sont occupées maintenant, sans pouvoir estre distraites de l'occupation d'icelle, en tout ou en partie, pour quelque cause que ce fût.

56. Que celuy qui commandera en ladite Ville ou Chasteau, ne pourra rien exiger à quelque Titre que ce puisse estre, sur les Grains & Marchandises, entrantes ou sortantes d'icelle.

57. Sa Majesté fera entendre le Magistrat sur cet Article, pour y pourvoir ensuitte comme Elle le trouvera juste & raisonnable.

57. Que toutes rentes dues par ladite Ville, Estats, Commis & Communautez, tant conjointement que separément, seront conservées aux Propriétaires, comme aussi toutes debtes creées, devant & durant la presente guerre & Siege, seront acquitées & payées de bonne foy.

58. Accordé.

58. Les Manans & Inhabitans pourront aussi poursuivre leurs debtes par procez & autrement, à la charge de tous Débiteurs demeurans sous l'obéïssance du Roy Catholique, par devant le Juge qu'il appartiendra, le tout jusque à Sentence, & exécution d'icelle.

59. Accordé.

59. Les Païsans, avec leurs Familles, bestiaux & utensils de labeur, pourront retourner chez eux, & vaquer en toute liberté à leurs labeurs.

60. Accordé, pourvû toutefois, que ceux ausquels il sera deub, soyent Sujets de sa Majesté.

60. Toutes les Rentes & Debtes deües, tant par les Seigneurs particuliers qu'autres, hypothéquées ou non, sur tel bien que ce soit, seront conservées aux Créditeurs, en leur force & vertu: lesquels pourront les faire payer, soit par action personnelle ou réelle, sur l'hypothéque à leur choix.

61. Il en sera use a cet egard, aussi favorablement qu'à Lisle & à Tournay.

61. Les deux Hôpitaux fondez pour les Bourgois malades, leur seront réservez, comme il s'est fait jusques à present, ainsi que les autres Fondations pieuses, demeureront dans leur mesme estat, & seront exécutées suivant l'intention des premiers Fondateurs.

62. Les réponses que sa Majesté a données aux Articles ci-dessus, ont suffisamment pourvû à la demande faite par celui-ci.

62. Et généralement leur consentir les avantages, que leurs Majestez Tres-Chrestiennes ont esté servies d'accorder à ceux d'Arras, Tournay, Douay, Lisle, & autres, à leurs redditions, qui seront tenus pour répétez, comme s'ils estoyent inférez.

63. Accordé.

63. Que toutes offenses & actes d'hostilitez, commis devant & durant le Siége, seront entierement oubliez & pardonnez: & que les Troupes de Sa Majesté, entrant dans la Ville, s'y comporteront en toute modestie & bonne Discipline, sans commettre aucun desordre, ny estre à charge des Bourgeois, non plus pour les vivres que pour autres choses, pendant le Siége de la Citadelle, & en après.

64. Accordé, en prestant par eux, le serment de fidelité qu'ils doivent à sa Majesté.

64. Sa Majesté est tres-humblement suppliée, que tous Prisonniers faits par les Troupes de la Ville de Cambray, & Païs de Cambrésis, de quels estats & conditions qu'ils soyent, seront rélaxez & rendus libres, sans aucune rançon, moyennant payer leurs dépenses.

65. Et d'accorder que tout ce que dessus, sorte son plein & entier effet, en dérogeant à ces fins, à tout ce qui pourroit faire au contraire, & sans que la généralité des causes puisse préjudicier à la spécialité d'aucunes, non plus que celle-ci à la généralité.

Fait au Camp devant Cambray, le 5. Avril 1677.

Signé, LOUIS.

Et plus bas,

LE TELLIER.

CLXX.

1678. 1. Mai.

Extrait des Regîstres du Conseil d'Estat du Roi de France ordonnant que le Duc de BOUILLON, *sera mis en possession du Duché de ce nom nouvellement occupé par les armes de sa Majesté, sur l'Evesché de Liege. Du* 1. *Mai* 1678. [Copie Communiquée par un Prince de Bouillon]

VEu par le Roi étant en son Conseil, l'arrest rendu en icelui le 6. Fevrier dernier, par lequel & pour les considérations y connues, sa Majesté auroit commis les Sieurs Poncet, de Rezons & Pussors: Conseillers d'Estat ordinaires, pour sur leur Raport être pourvû au Sieur Duc de Bouillon, sur les très-humbles & instantes supplications par lui faites à S. M. à ce qu'il plust de le retablir en pleine & entiere jouïssance du Duché de Bouillon. Ouï sur ce ledit Raport des Sieurs Poncet, de Rezons, & Pussors qui ont fait connoistre à sa Majesté, qu'en executant le Contract d'Echange de la Souveraineté de Sedan, passé entr'elle & le feu Duc de Bouillon le 20. Mars 1651. il étoit de la Justice de rétablir le Sieur Duc de Bouillon en pleine & entiere possession & jouïssance dudit Duché de Bouillon, pour en jouïr en toute proprieté & Souverainneté, ainsi qu'en ont joui ses Predecesseurs Ducs de Bouillon, & depuis les Evesques de Liege pendant le temps de leur Possession. Sa Majesté etant en son Conseil, a permis & permet au Sieur Duc de Bouillon de se mettre en pleine & entiere possession dudit Duché de Bouillon, pour en joüir en toute proprieté, & Souveraineté, ainsi qu'en ont joui les Predecesseurs Ducs de Bouillon, & depuis lesdits Evesques de Liege. Fait au Conseil d'Estat du Roi, sa Majesté y etant, tenu à St. Germain en Laye le 1. May 1678. Signé Arnauld avec Paraphe.

CLXXI.

1679. 12. Mai.

Traité d'Alliance entre GEORGE, GUILLAUME, & RODOLPHE-AUGUSTE *Ducs de Brunswich & Lunebourg d'une part, & la Ville Imperiale de Breme d'autre part, pour le maintien de son Immediateté, & de ses autres Droits Territoriaux & Seigneuriaux, en échange de quoi la Ville s'oblige à quelques devoirs envers les Princes de cette Serenissime Maison. Fait à Altenbruchhause le* 12. *Mai* 1679.

ANNO 1679.

1679. AVEC *la Ratification du Duc* GEORGE-GUILLAUME *du 31. du même mois.* [Fondamentale & brieve Deduction de l'Etat de la Ville de Breme du temps de la Pacification d'Osnabrug. Aux Aditions pag. 28. en François comme icy.]

GEorge Guillaume, par la Grace de Dieu, Duc de Brunswick & Lunebourg, sçavoir faisons & reconnoissons par ces presentes; que Nous & le Serenissime Prince, Rudolphe Auguste Duc de Brunswick & Lunebourg, Notre tres cher Cousin ayans voulu dernierement faire un Traité d'Alliance avec les Bourguemaitres & le Senat de la Ville Imperiale de Breme, aprés avoir donné là dessus Nos instructions à Nos Plenipotentiaires, Conseillers Privés & Presidens, & à ceux du Serenissime Prince Notre tres cher Cousin, il a été minuté par Eux, & par l'ancien Syndic de ladite Ville, Jean Wachman, Docteur en Droit, & cela en attendant nostre Ratification & Consentement, une certain Convention conçue en ces termes.

Sçavoir faisons à tous ceux qu'il apartiendra, que les tres Serenissimes Princes, George Guillaume, & Rudolphe Auguste, Ducs de Brunswick & Lunebourg, avant été priés par les Bourguemaitres & le Senat de la Ville Imperiale de Breme, & cela par leur Envoyé, Jean Wachman, ancien Syndic, & Docteur en Droit, savoir: que leurs Altesses Serenissimes voulussent aussi prendre sur elles, la Garantie de l'Etat libre & immediat de ladite Ville Imperiale de Breme & de ses quatre Banlieues ou Gohes; laquelle Garantie lui a été promise par sa Majesté Imperiale, & par les autres Hauts Alliés l'an 1677. & cela par leurs Ministres assemblés alors dans ladite Ville, mise par écrit, ensuite ratifiée, & mutuellement échangée à la Haye l'année derniere: Lesdits Serenissimes Princes étant en même temps priés, de vouloir donner là dessus leur favorable Declaration. Et comme il leur a encore été representé par les Bourguemaitres & le Senat, qu'ayant appris, que contre leur esperance, on n'avoit pas entierement pourvu à l'Immedieté de la Ville & à ses autres Droits, dans le Traité de Paix, conclu depuis peu à Nimwege, entre Sa Maj. Imp. & les Rois de France & de Suède, ils étoient par là contraints de recourir de nouveau à la Serenissime & Puissante Maison de Brunswick & Lunebourg, laquelle a deja si souvent & si efficacement secouru la Ville dans ses pressans besoins, l'ayant même depuis peu fait expressément comprendre dans le Traité de Paix que cette Illustre Maison a conclue avec la Couronne de France.

Dans la Conference tenue par ordre de ces tres Serenissimes Princes, il a donc été convenu entre leurs Conseillers Privés & Ministres, & le sus-nommé Syndic de la Ville de Breme, des Articles suivans.

I.

Les Serenissimes Ducs prennent sur Eux conjointement avec les autres Princes Alliés cy dessus nommés non seulement sa Garantie promise à la Ville de la maniere deja mentionnée, mais encore, ce qui les regarde en particulier, ils auront soin de veiller à la Conservation & à la sureté de la même Ville, les Interêts de laquelle ils auront toujours à cœur, & qu'ils menageront aussi de leur mieux dans toutes les occasions.

II.

En second lieu, comme dans le 5. Article du susdit Traité de Paix conclu le 26. Janvier de la presente année, entre le Roi de France & les Serenissimes Ducs de Brunswick & Lunebourg; on a pourvu, que la Couronne de Suède, par raport au Cercle de la Basse Saxe & de ses Etats, compris dans ledit Traité de Paix, entre lesquels la Ville de Breme est expressément, & nommément comprise dans l'Article XII. n'ose s'arroger ou pretendre autre chose, que ce, qui lui appartient en vertu du Traité de Westphalie; les Serenissimes Ducs employeront tous leurs soins, non seulement pour que les Deputés de la susdite Ville soiens reçus dans les Conferences & Traités où l'on pourroit entrer à ce sujet avec la Couronne de Suède; afin qu'ils ayent par là occasion d'y menager leurs Interêts; mais encore & en particulier, pour que l'Article V. sus-mentionné, fait pour le bien de la Ville, & pour la sureté de ce qui lui appartient en vertu du Traité de Westphalie, puisse être amplifié & expliqué à son avantage.

III.

En troisiéme lieu, que si l'on ne pouvoit venir entierement à bout du dessein proposé, & que les Baillages de Bederkese, Lehe, & la Souveraineté du Bailliage de Blumenthal & de la Judicature de Neuen-Kirchen, dussent par hazard être cedés au Duché de Breme, les Serenissimes Ducs employeront cependant tout leur pouvoir & leur credit, pour que l'immedieté de la Ville luy soit confirmée, avec tout ce qui depend de ladite immedieté, comme sont l'admission au Droit de seance & de suffrage dans les Diétes du Cercle de la Basse Saxe; l'abolition & abrogation de l'Hommage; le droit Territorial dans les quatre Banlieues ou Gohes & dans les autres lieux de son District; la Restitution de Bourg & de ses appartenances; & la Demolition du Fortin qui y a été construit; comme aussi l'assoupissement de la pretendue Renonciation du coté de la Ville, à tous les Accords & Traités d'Alliance, faits pour sa propre defense; & qu'on ne demande ni exige plus à l'avenir la Reception d'un Vogt de Ville.

IV.

En quatriéme lieu, si par hazard & contre toute esperance, le Traité de Paix, entre la Couronne de Suède & la tres Serenissime Maison de Brunswick & Lunebourg, venoit à être entiérement rompu: ou que par le changement des Conjonctures on ne peut obtenir, ni faire expressément stipuler ce qu'on souhaite pour la Ville de Breme; cependant les Serenissimes Ducs feront tous leurs efforts, pour les Articles 5. & 10. du Traité de Zell fondés sur la Paix de Westphalie, soient réellement mis en Execution, & qu'on n'entreprenne rien par voye de fait contre la Ville; ni qu'on n'opprime point sa liberté, que si quelqu'un ose tenter choses semblables, les Serenissimes Ducs prendront le parti de la Ville, l'aideront efficacement dans le danger où Elle pourroit se trouver, & lui procureront sa delivrance.

V.

En cinquiéme lieu, les Serenissimes Ducs ne promettent pas moins par les presentes, d'accorder à la Ville la Souveraineté du Bailliage de Blumenthal & de la Judicature de Neuen-Kirchen, avec le Village & le Port de Vegesac; dans lesquels on reservera pourtant un passage libre pour les Serenissimes Ducs & pour leurs Troupes, toutes les fois qu'ils en auront besoin, mais ils les rendront & les evacueront du bord après & en rendront la possession tranquille & paisible, pendant tout le temps qu'ils possederont le Duché de Breme.

VI.

En sixiéme lieu; dans les Traités qui se feront entre cette Illustre Maison, l'Evêque de Munster & les autres Princes, les Sereniss. Ducs feront en sorte, qu'on y mette pour Condition, la Conservation de la Ville, & qu'ils entrent ainsi en Alliance, pour son bien & son avantage. Ils auront aussi soin, que les Serenissimes Seigneurs leurs Freres, & Cousins, le Prince Ernest Auguste, & le Prince Jean Frideric, respectivement Evêque d'Osnabrug, & Ducs de Brunswick & Lunebourg, acceptent & approuvent ce que les Premiers ont promis à la Ville & concourrent en même temps & conjoinctement avec Eux pour la même affaire.

VII.

En septiéme lieu; les Bourguemaitres & le Senat de la Ville de Breme s'obligent pour Eux & pour leurs Successeurs, d'entretenir & de conserver, avec les Serenissimes Ducs & leur Serenissime Maison, & cela avec toute sorte de respect & de veneration, une grande confiance, & tres étroite correspondance, & de detourner de toutes les manieres possibles, & autant qu'il dependra d'Eux, tout ce qui pourroit être prejudicable aux Serenissimes Ducs; promettant au contraire, qu'ils tacheront de pro

ANNO 1679. procurer leur avantage & leur utilité en particulier, de ne donner directement ni indirectement aucun secours aux Ennemis desdits Serenissimes Ducs, & de leur Serenissime Maison, encore moins de leur permettre, autant qu'ils pourront l'empêcher, de passer par leur Ville, ou par leur Territoire; mais qu'ils accorderont au contraire un tel passage aux Serenissimes Ducs, & aux Troupes de leur Maison Serenissime, toutes les fois qu'ils seront entrés en Guerre à l'occasion de la Ville & pour sa défense; lequel passage se fera Regiment par Regiment; & en cas de necessité, on leur permettra sans aucun délai, de se réfugier sous le Canon & les Fortifications de la Ville.

VIII.

En huitième lieu; la Ville fera en sorte, des qu'il paroitra de coté & d'autre être utile, que le soin de sa défense & de sa conservation soit confié & recommandé, au nom de l'Empire, aux Serenissimes Ducs, afin qu'ils puissent à l'avenir prendre, avec plus d'effect & de vigueur la defense de ladite Ville, & y être un jour autorisés par un Titre plus ample & plus eclatant.

IX.

En neuvième lieu; On promet du coté de la Ville, qu'Elle favorisera les Sujets de cette Serenissime Maison, plus que les autres Etrangers, tant dans le Commerce, que dans l'imposition des Droits; & qu'Elle n'introduira rien à leur egard ni n'exigera rien d'eux sous le nom d'Accise ou d'Impôt, que ce qui a été en usage dans le temps passé; en particulier, qu'Elle ne prendra à l'avenir, & en tout temps, pour un Tonneau de Mumme de Brunswick, lors qu'il aura été rempli, pour être transporté ailleurs, hors de la Ville, que trois quarts d'écu, ou 54. grots, monoye Courante, (car pour celle qu'on porte dans la Ville, on ne paye rien du tout que le demi grot, qu'on donne aux Officiers de Ville) & pour un demi Tonneau 9. bons grots ou 27. grots, mais pourtant sans en rien rabatre d'avantage, sous prétexte de quelque épanchement survenu, de transport fait par eau, ou de quelque vente, ou accord, &c. conservant, par rapport à ce transport & a cette vente, tout ce qui est reçu par la coutume & la liberté presente, sans y faire aucun changement. Pour ce qui est du bois coupé ou abbattu, dans les Duchez de Brunswick & Lunebourg & des Radeaux qui sont envoyés à Brême par les Sujets de cette Illustre Maison; lesdits Bois seront premièrement offerts aux Inspecteurs du Chantier, ou du Marché ou bois de la Ville, pour être par Eux achetés; que si lesdits Inspecteurs ne peuvent convenir du prix avec lesdits Vendeurs, ou que dans l'espace de huit jours, tout au plus, ils ne veuillent retenir lesdits Bois, & cela sans rompre ou detruire lesdits Radeaux, alors ils sera libre auxdits Vendeurs, de les vendre aux Citoyens de la Ville: Que s'ils ne pouvoient aussi convenir avec Eux, après avoir fait serment, dans le cas d'un soupçon legitime, que ces bois ne sont pas encore vendus, en tout ni en partie, & qu'ils n'ont été promis à personne, il leur sera pour-lors permis de les conduire plus loin, du coté de la Mer; & ainsi les vendre à des Etrangers hors de la Ville, sans qu'il soit rien exigé pour lesdits Bois sous le nom d'Impôt ou de Péage desdits Sujets de cette Serenissime Maison, que ce qu'on exige ordinairement des Citoyens mêmes de ladite Ville.

En foi de quoi les Conseillers Privés des Serenissimes Ducs, deputés pour ce sujet, & le susdit nommé Ancien Syndic de la Ville de Brême, ont signé les presentes, & les ont munies de leur propre cachet, & ont promis de part & d'autre que la Ratification en seroit faite par les Serenissimes Ducs & par la Ville de Brême, & livrée à Zell, pour y être réciproquement échangée dans l'espace de quinze jours.

Fait à Altenbruchhause le 12. Mai 1679.

(L. S.) George Christoffle de Hammerstein.
(L. S.) André Gottl. de Bernstorff.
(L. S.) Fr. de Heimburg.
(L. S.) Jean Wachman Dr.

Nous avons reçu, approuvé & ratifié le susdit Traité, dans tous ses points & Articles, comme Nous ratifions, en vertu des presentes tout le contenu d'icelui de la forme & de la maniére la plus convenable & la plus ferme qu'il se puisse; de sorte que Nous voulons faire & accomplir fidelement, tout ce qui y est promis de notre part. En foi de quoi Nous avons signé de notre propre main cette notre presente ratification, & l'avons fait munir du sceau de nôtre Chancellerie Ducale. Donné à Altenbruchhause le 31. Mai 1679. ANNO 1679.

(L. S.) George Guillaume.

CLXXII.

Arrêst du Conseil Royal de France seant à Brisac pour la Reunion de la Souveraineté de la Basse Alsace Sarrapie Royale de Hagenau, Prevosté, Chapitre, & Evesché de Weyssembourg, & de toutes leurs appartenances & dependances. Fait à Brisac le 22. Mars 1680. de son Regne 37. 1680. 22. Mars. [LEONARD Recueil des Arrêts de la Chambre Royale établie à Metz pag. 251. Mercure Hollandois Année 1680. pag. 135. SYLVIUS Saken van Staet en Oorlogh lib. 18. an. 1680. pag. 24. en Hollandois.]

Louys par la Grace de Dieu, Roy de France & de Navarre.

NOstre Intendant ou Plenipotentiaire sur cette necessité requise, comme aussi le Procureur General de nostre Conseil de l'Alsace, avec le Commissaire deputé à cela par nostre derniere Resolution, touchant l'Execution faite le 2 Janvier dans nostre Chancelerie, d'une part; & les Deputés pour la deffence des injustes Possesseurs des Villes, Villages Hameaux, Baillages, Prévostés & Seigneuries de la Basse Alsace; comme aussi de la Seneschaussée Royale de Hagenauw, de la Prevosté & Chapitre de la Ville & de l'Evesché de Weyssenburg du 18, 19, 20, 21, 22, 23, 24, & 25 Janvier, de l'autre.

En la qualité que dessus, le Deputé du Grand Maistre de l'Ordre Teuthonique nommé Scherer, qui comme Commandeur a entrepris la deffence de la Comté de Weissenburg, appartenant à l'Ordre susdit, a representé qu'il n'estoit pas fort difficile, de soustenir la Donation qui luy en avoit esté faite & vouloit prouver luy seul, que l'Ordre susdit possedoit le Village de Reitsfelt, avec le Chasteau, la Prévosté, les Gens, les Sujets & les Droits d'icelui, par l'acquisition que le Comte de Leining en avoit moyenné audit Ordre en 1571, auprés d'Emmerick; depuis lequel temps l'Ordre Teuthonique en avoit toujours joüi paisiblement, en vertu dequoi il a aussi esté reconnu Prince & Estat de l'Empire, tant par la Paix de Westphalie que par celle de Nimegue.

Tribaut Plenipotentiaire du Prince Charles Gustave, Marquis de Baden Durlach; dit qu'il possedoit le Baillage de Kurzenhuyzen, & les Villages qui en dépendent, nommément, Ober-Susenhuysen, Neder-Susenhuysen, Merckweyler, Holschon & Maltzthal par Donation du Roy de Suede, de l'an 1656, & demande delay pour alleguer ses raisons.

Beausire Advocat du Duc de Deux-Ponts, a rapporté qu'il n'avoit autre chose à dire; sinon qu'il prioit le Conseil, de luy vouloir donner un terme suffisant, pour en avertir le Duc son Maistre & le Roy de Suede, comme Heritiers indubitables de ces Terres, instituës par le Duc, pour pouvoir respondre pleinement.

Le sus-nommé Scherer, faisant pour le Prince Leopold Henry, Comte Palatin de Veldents; a derechef allegué qu'il devoit estre maintenu dans la possession de ses Terres, puis qu'il en avoit joüi plus de 100 ans, qui est un temps assez long pour prouver qu'elles luy appartiennent, d'autant plus qu'au Traitté de Paix de Westphalie, il a esté reconnu Membre de l'Empire.

Joost pour le Comte de Sekkingen comme Proprie-

Anno 1680.

Anno 1680.

prietaire du Baillage de Hochburg, consistant en 3 Villages, declare qu'il est prest à faire tout ce qu'il nous plaira, & que nous commanderons, nous priant seulement de vouloir considérer qu'il a receu la Terre susdite de ses Ancestres, & qu'il l'a possedée un fort longtemps, bien & legitimement.

Le susdit Beausire a dit pour Madame Elizabeth, Comtesse de Brahe, Epouse du Prince Adolphe de Suede, qu'elle comparoistroit & ne contesteroit pas, mais qu'elle souhaitoit un delay suffisant, pour en donner avis au Duc susdit son Epoux.

Scherer mentionné cy-dessus, ayant commission de Jean Casimir Comte de Leyningen & de Haxburg, President de la Chambre de Spire, a allegué qu'il est malaisé de contester des petites choses, sans connoissance de la contestation de son Principal, qui depuis plusieurs centaines d'années, a possedé le Chasteau de Valckenburg & les Lieux en dependants, & prend l'Electeur Palatin en Tesmoin, dont il attend les ordres pour pouvoir donner advis de cette Assignation, afin de ne préjudicier directement à son Seigneur.

Tribaut pour le Sieur Antoine Africanus Abbé de Stirtzelbrun, a avancé qu'en cette qualité, il estoit Seigneur entier; mais que comme Seigneur du Turckheim, il ne l'estoit que par moitié du Village de Dambach; que le Tiltre de son Abbaye avoit esté perdu par la derniere guerre, & que partant il luy estoit impossible de faire aucune proposition, mais que neantmoins quelques uns qui s'en souvenoient, luy avoient fait remarquer, que la moitié susdite du Village de Dambach, avoit esté donnée a l'Abbaye de Stirtzelbrun par le Seigneur d'Etterdorf.

Favier, nostre Advocat General a répondu à cela, que par la Paix de Westphalie, conclue par & entre nos Plenipotentiaires, & ceux de l'Empereur & de l'Empire le 24 d'Octobre 1648, l'Empereur & l'Empire nous ont transporté tous les Droits de Souveraineté, Proprietés, Possessions, Seigneuries & Jurisdictions que l'Empereur, l'Empire & la maison d'Austriche ont eu sur la Ville de Brisac, le Marquisat de la Haute & Basse Alsace, Suntgau, & le Gouvernement des Villes Imperiales des Provinces susdites, particuliérement de Hagenauw, Colmar, Schletstadt, Weyssenburg, Landau, Oberenheim, Roszheim, Munster dans la Vallée, St. Gregoire, Keysersberg, Turckheim, toutes les Places & Villages de leurs Appartenances; les Gens, les Vasseaux & Sujets, avec toute Jurisdiction & pleine Puissance, pour jouir de ces Païs, Villes, Estats, Gouvernemens, Seigneuries, & de quelques Droits que ce puisse estre leur appartenants; & les incorporer pour tousiours à nostre Couronne, avec une declaration expresse de l'Empereur & de l'Empire, comme aussi de l'Archiduc d'Inspruck Ferdinand Charles que ces Places, Baillages & Sujets des Terres susdittes, Villes & Seigneuries, estoient desgagés du Service & Hommage auquels ils avoient esté tenus jusques à la presente Cession; les constituans par mesme moyen sous nostre domination, obeissance & fidelité, comme chose nous appartenant en propre; nous transportans aussi tous les Domaines, Etats, Gouvernemens, & autres Droits, avec renonciation expresse de la part, de l'Empereur, de l'Empire & de l'Archiduc Ferdinand Charles susdit, tant pour eux que pour leurs descendans à jamais, à tous les Droits qu'ils y avoient pour lors; abrogeans à cet egard, en vertu de leur Decret, les Constitutions de leurs Ancestres, & y renonçans contre la Capitulation Imperiale, par où l'alienation des Biens de l'Empire est deffendue; laquelle Renonciation devoit d'abondant, & pour plus de seureté, estre confirmée par la prochaine Assemblée des Estats de l'Empire, avec ce qui pourroit empescher la cession des Pays, Villes ou Etats, qui devoient estre ostés de la Matricule de l'Empire, dont le Traitté fut ratifié à Nimegue en 1679.

Ce qui a esté proposé à fonds est sans difficulté, que toutes les Villes, Hameaux, & Villages de la Basse Alsace, & ceux qui dependent & appartiennent à la Seneschaussée Royale de Hagenauw, comme aussi ceux de l'Evesché de Weyssenburg, sont sous nostre pleine puissance, & que ceux qui se les attribuent, les possédent, & en joüissent, s'en deporteront, & nous en laisseront la possession. De ce nombre sont les Baillages de Berg-Zabern, Anweyler, Landeck, Berckheim, Madeburg, Guttenberg, Gosweyler, Germersheim, Seltz, Berbensteyn, Schlepteubach, Wegelburn, Remweg, Kleburg, Flackenburg, St. Remy, Schoneck, Gerbensheim, les Villages de Rocklebach, Alt-Aubenheim, Willenheim, Grevestein, Minckwéyler, Rotabelp, Olkofstein, Hergenweyer, Merleincha, Lutsteyn, Belcken, Leifzgeim, Zibeldingen, Brun, Namseim, Rebisteller, Rolixheim, Enumarsheim, &c.

Et pour justifier nostre prétension, il suffit de remarquer que la plûpart des Villes & Villages ont appartenu originairement à l'Abbaye Royale de Weyssenburg, de l'Ordre de St. Benoit, qui fut fondée en 623 par Dagobert Roy de France, & depuis secularisée, & changée en Eglise Collegiale par la Bulle d'Or du Pape Alexandre, au mois d'Avril, de l'An 1496; & l'autre qui nous a esté transportée est située en la Basse Alsace. De sorte que les Lieux dont plusieurs, voire la plûpart des Princes voisins, se sont accommodés par un pur droit de Bienséance, au prejudice de l'Abbaye, dont les Biens sont inaliénables de leur nature; & l'Empereur, qui s'en est retenu la Seigneurie, dont les Biens susdits descendent, de mesme que ceux de la Basse Alsace, ne peuvent estre laissés sans contestation. Par cette Fondation Royale, la Jurisdiction de l'Abbaye a esté déterminée & s'estend jusques au Village de Goszweyler, & à la Riviere du Cuich, estant d'un grand circuit à l'environ, veu que la Ville de Baden, & la pluspart des Villes & Villages de cette Jurisdiction sont compris là dessous.

En 1282 Louis Comte Palatin du Rhin, obtint derechef l'Abbaye de Weyssenburg, en presence de Rudolph Roy des Romains, avec tous les Fiefs en general, que les Possesseurs de la Basse Alsace ont à recevoir.

En 1291, 1318, 1339, 1367, 1388, & 1398, le Comte Palatin Duc de Baviere, fut investi par l'Abbé de Weyssenburg, de la Seigneurie de Schauffen, moyennant la resignation de Hamont Comte de Deux-Ponts, Seigneur de Birchs; & le Marquis de Baden, le fut du Chasteau de Gutzingen, de Durlach, de la Ville de Kuppenheim, du Village d'Oberndort, & autres au delà du Rhin par le mesme Abbé.

En 1345, 1350, 1370 & 1320, les Comtes de Leiningen prirent à Fief de l'Abbaye susdite, les Villages de Wisen, Grintstad, Abseinsheim, Kircklem, Obersheim, Hangenheim & Herkirckheim.

En 1394, l'Abbé de Weyssenburg investit de la troisième partie du Village de Wetshoven, les Comtes de Nassauwts.

En 1504 l'Electeur Palatin rendit au Prevost d'alors, Weyssenburg, pour le Chateau de Berckenstein, appartenant à l'Evesché.

Et en 1523 pour les Villages d'Altenstadt, Carstadt, Sellyeba & Swickhuysen, qui derivent pareillement de l'Evesché de Weyssenburg.

Deux ans aprés, le mesme Electeur qui avoit tenu la Haute Seneschaussée de Hagenauw en Hipoteque, receut du Prevost & du Chapitre de Weyssenburg les Villages de Schleckrenbach & Babenthal.

En 1519 le Duc de Deux-Ponts fut investy par le Chapitre de Weyssenburg du Baillage de Kleburg & des 5. Villages en dependants, a sçavoir Roth, Kleburg, Steinfeltz, Oberhuysen & Offenbuenbueren situés dans l'Evesché.

En 1371 Charles IV, convint avec Albert & Leopold Archiducs d'Austriche de la Satrapie de l'Alsace; des Duchez, Eveschez, Abbayes, Priorés, Cloistres, Comtés, Baronnies, Seigneuries, Estats, Chevaleries, Prévostés, Villes, Villages & Hameaux; des Gens, des Sujets & en somme de toute la Jurisdiction de la Satrapie susdite, y compris le Jus-Patronat des Abbayes & des Cloistres.

En 1408 Robert Comte Palatin lors qu'il fut fait Empereur de Rome, donna cette Province à Louys IV. son Aisné, pour en joüir sa vie durant, à la charge qu'il tireroit annuellement 2000 livres du Rhin; si bien que ce Prince & ses Successeurs l'ont possedée 148 ans, ou jusques à l'an 1558, que Ferdinand I. Empereur, la fit retirer des mains de l'Electeur Palatin par son Frere Charle-quint, lesquels en 150 ans de possession, n'ont pas negligé de se pourvoir de toutes les Pièces appartenantes à cette Satrapie.

Et en 1440 Frederic alors Roy des Romains, donna à Louis Comte Palatin & Duc de Baviere, à qui

la

ANNO 1680. la Province de Hagenauw estoit engagée, la puissance d'accorder touchant l'introduction des Fiefs vacans dans la Province de la Basse Alsace; se reservant les hauts Fiefs & Dignités, comme sont les Duchés, Comtes, Baronnies, Seigneuries & Chasteaux dépendans de l'Empire, en la maniére qu'ils se trouvoient dans cette Province.

En 1480 s'estant levé des differens entre la Ville de Weyssenburg & le Prevost de Hatsteyn dans la Comté de Hagenauw, au sujet du Baillage de Kleburg, ledit Baillage fut assigné à la Ville de Weyssenburg, par l'Arrest du Comte de Sultz, President de la Chambre Imperiale de Rethweyl.

En 1518 l'Empereur Maximilian convint avec la Ville de Weyssenburg, & luy ceda les Villages de Schultal, Zeebach, Altenstab, Schwickhuysen, & Warschbach, se reservant la superiorité de la Satrapie, & en 1521 l'Empereur Charle-quint ratifia cet Accord.

En 1398. Venceslaus Roy des Romains, declara par ses Patentes, que les Villages de l'Evesché, ne pouvoient estre engagés pour dettes de l'Empire, commandant au Satrape de Hagenauw de les proteger & deffendre.

En 1414 les Villes de Hagenauw, Colmar, Schledstat, Weyssenburg, Oberenheim, Keysersburg, Mulhuysen, Turckheim, Munster, Rosheim & Seltz, firent quelques Comptes entre elles, pour la somme de 25000 livres, qu'elles avoient empruntée du Roy des Romains, afin de se degager de la main du Comte Palatin, auquel elles avoient esté engagées pour cette somme.

En 1504, 1531, 1544, 1558, 1566, 1605, 1615, & 1620, Maximilian Roy des Romains; Louis & Frederic Comtes Palatins, Satrapes de Hagenauw; l'Empereur Ferdinand; Maximilian, Frederic & Leopold Archiducs d'Austriche, pareillement Satrapes, donnerent des Reversailles, par lesquelles il appert que l'Evesché de Weyssenburg depend de la Satrapie Royale de Hagenauw, avec tous ses Droits & Jurisdictions.

En 1570. l'Empereur Maximilian declara par ses Patentes, que les Villes de Weyssenburg & Landau estoient situées dans la Basse Alsace, & particulierement que la Ville de Landau estoit separée du Palatinat par le Fleuve du Quich, ce qui a esté confirmé par d'autres Patentes en 1479 & 1566.

En 1451 les Villages de la Satrapie de Weyssenburg presterent Serment à l'Electeur Palatin, pour lors Grand Bailly de Hagenauw, & en 1529 les Habitans desdits Villages presterent une autre fois le Serment au Comte de Sporck, en la qualité que dessus, sous les Ducs d'Austriche.

En 1592 s'estant levé des contestations entre le Cardinal de Lorraine & les Princes de la Maison de Brandenbourg, pour l'Evesché de Strasbourg, où les Lutheriens vouloient establir un Evesque de leur Religion, l'Empereur Rudolphe envoya Commission à Ferdinand Duc d'Austriche son Neveu, d'assister personnellement ou par Deputez, à l'Election d'un nouvel Evesque, & de sequestrer cependant les Places, qui dependoient de cet Evesché pour recevoir d'elles, le Serment de fidelité.

En 1506, 1545, & 1568 l'Empereur Maximilian engagea à l'Evesque de Spire, la Ville de Wiel & le Baillage de Odenheim pour la somme de 5000. florins, & il conste par les Obligations que les Terres situées à costé de l'Abbaye de Weyssenburg, sont Fiefs de la Comté de Hanau, Fleckensteyn & Leiningen; & les autres de la Maison d'Austriche.

En 1379 & 1409 Venceslaus & Robert Roys des Romains donnerent aux Electeurs qui tenoient la Satrapie de Hagenau en Hipoteque, le pouvoir de desgager à leur profit les Terres & Seigneuries de la Basse Alsace, qui estoient alienées & possedées par d'autres; à sçavoir les Chasteaux & Forteresses de Guttenberg & Falckenburg; les Villages de Darembach, Rechtenbach, Otterbach, Menenselck; les Bourgs de Freckensel, Konel, Immenoder, Kloist, Dierbach, Mesem, Wideham, Hasbach, Schwergen, Nuris, Wilgerweisem, Sosesthein, Whindel, Haszbach, Wickelwichemt & autres, avec leurs Appartenances, qui avoient esté engagés au Comte de Leiningen par l'Empire, avec protestation de l'Abbé de Weyssenburg & de la Maison d'Austriche contre l'engagement susdit.

En 1531, 1664 & 1570 les Baillages de Wantzenauw, la Comté de Deux-Ponts, l'Abbaye & Convent d'Orisheim, les Chanoines de St. Pierre de Strasbourg, le Receveur General & l'Abbaye de Stirtzelbrun reconnurent la Satrapie de Hagenauw pour Souveraine Puissance Royale. ANNO 1680.

En 1630 Leopold Archiduc d'Austriche fit sçavoir aux Baillifs, & Substituts des Baillages de Germersheim & Seltz par ses Patentes données a Inspruck, que l'Electeur Palatin ne tenoit les Baillages susdits qu'en Hipoteque, leur commandant d'obliger tous les Vassaux à comparoitre, pour recevoir l'investiture de luy, ou de ses Substituts.

De toutes ces Pieces dont nous avons les Originaux dans nos Archives, il est aisé à deduire l'establissement de nos Droits & la juste pretention que nous avons sur ces Baillages, puis qu'ils sont manifestement de la Basse Alsace, comme aussi la Satrapie Royale de Hagenauw, & que par consequent nostre Souveraineté s'estend sur iceux. D'ailleurs la possession sus alleguée de ceux qui jusques à present les ont tenus sous leur puissance, n'est nullement considerable, & ils n'ont aucun Titre suffisant pour les retenir. *Les Constitutions Imperiales qui deffendent l'alienation des Biens & des Eglises*, sont icy pour nous de mesme que le *Traitté de Westphalie*, qui dit en termes exprés, qu'aucune Obligation ne sera alleguée, & que chascun pourra entrer dans le Droit, que donnent l'Empereur, l'Empire, & la Maison d'Austriche, qui ont cedé les leurs. L'on ne peut aussi pretendre de prescription contre nous, que l'on ne puisse refuter contre l'Empereur & l'Empire.

Il suit de tout cela que les Possessions d'un temps immemorial, que l'on s'est attirées depuis tant de centaines d'années, ne peuvent causer le moindre scrupule aux Deffenseurs de nos Droits, & que pour ne pas s'arrester plus long temps, là dessus, il n'est pas besoin de davantage de Remonstrances. Si bien que ceux qui voudroient contester contre nous n'ont plus que faire de souhaiter de délay, pour prouver la Justice de leurs Titres, par lequels (quand ils seroient de la derniere ancienneté) ils ne peuvent pretendre aucune cause de conservation contre nostre Souveraineté. C'est pourquoy il ne reste plus qu'a declarer, par nôtre Conseil de Brisac que les Baillages, Prevostés, Villes, Villages, & Bourgs de la Basse-Alsace; la Satrapie Royale de Hagenau, & la Prevosté, Chapitre & Evesché de Weyssenburg appartiennent à nostre Souveraineté; deffendant aux Baillifs, Crediteurs, & Habitans des Lieux susdits, de reconnoistre à l'adveuir aucune autre Puissance que la nostre, & en cas qu'ils appellent à d'autres Jurisdictions, en mesprisant nostre commandement, ils nous presteront sans delay le Serment de Fidelité. De plus pour signe de nostre Souveraineté, on mettra nos Armes sur les Portes & Entrées des Villes; comme aussi sur les Auditoires & Maisons publiques, desdits Baillages.

Le contenu & observation en sera delivré, leu, publié & enregistré dans nostre Chambre de Declaration à Paris, & exposé dans les Baillages, Prevostés, & autres Jurisdictions de la Basse-Alsace, dans la Satrapie & Evesché de Weyssenburg en general; & si ceux qui jusques à present ont possedé injustement des Terres contestées, n'avoient pas encore esté tous adjournés, ou n'avoient pas encore tous comparu, nous donnons à nostre Conseil un terme suffisant pour leur en faire part, afin que les Deffenseurs & Pretendans ayent le loisir d'exhiber les Titres, par lesquels ils ont joüy de ces Terres & de leurs Advantages.

L'Arrest de nostre Conseil susdit, qui a aucunement consideré les Remonstrances de Scherer, Joost, Beausire, & Tribaut; & leur avoit rapporté qu'ils eussent à exhiber dans six mois les Titres, par ou ils ont joüi du Domaine & Advantages des Baillages de Guttenberg, Gutzenhuysen, Berg-Zabern, Damweiler, Gosweyler, Wogelburg, Orburg, Kleburg, Falckenburg & du Village de Recklembach, de la moitié du Village de Dambach, du Chasteau & Village de Riedseltz, a declaré & declare que lesdits Baillages, Villages & Chasteaux appartiennent à la Satrapie Royale de Hagenau comme une Dependance de l'Evesché de Weyssenburg, & à nostre Souveraineté de la Basse-Alsace; ordonnant à tous les Habitants des Lieux susdits, de nous reconnoistre pour leur Souverain à l'exclusion de tout autre, & leur deffendant de se tenir à aucune autre Jurisdiction qu'à celle qui derive de nostre Conseil d'Alsace, sur peine de nous prester sans delay le Serment de Fidelité, en cas qu'ils vien-

Anno 1680. viennent à respecter aucune autre Puissance. Et pour marque de nostre Souveraineté, nous ferons mettre nos Armes sur les Portes & principales Entrées des Villes, sur les Maisons d'Audience & autres Bastiments publics de ce Domaine. De plus cet Arrest de nostre Conseil sera mis, leu & publié dans nostre Chambre de Declaration à Paris; enregistré aux Satrapies & Baillages susdits, & notifié avec diligence à leurs Satrapes, Crediteurs, & Substituts, qui seront les premiers de tous les Habitans de ces Lieux à faire paroitre leur tres-humble obeissance, dans un mois & demy; affin que les injustes Possesseurs des Baillages de Seltz, Landeck, Belickam; du Chasteau & Baillage de Madeburg, Germersheim, Hagenbach; du Chasteau & Baillage de Schoneck, Jogenheim, Berbelsheim, Schlecktenbach, Osan & St. Remy; des Villes d'Ebenheim & Littenheim, & des 4 Villages du Baillage de Reichshoven, de la moitié du Village de Dambach & des autres Baillages & Dependances, y prennent garde. Ce Conseil a esté arresté & produit contre nos injustes Possesseurs, & de plus notifié à ceux qui n'ont pas encore comparu, veu que nostre premier President Maurin, nous a rapporté qu'il les a adjournés par devant le Conseil, & leur a communiqué cette Conclusion pour le Bien public; parquoy nous vous mandons sur les plaintes de nostre Procureur General de vous tenir fermement à cet Arrest, de l'executer duement, & de vous conformer precisement à ses paroles, forme, & contenu, vous donnant la puissance de le faire. Fait à Brisac en nostre Conseil d'Alsace le 22. Mars 1683, la 37. Année de nostre Regne.

Signé,

Bourdelet.

CLXXIII.

1681. 7. Mai. *Traité provisionel conclu entre* Charles II. *Roi d'Espagne & le Serenissime Prince* Pierre *Prince de Portugal & des Algarves, au sujet de la Colonie du Sacrement, établie en 1680. par les Portugais sur le bord septentrional du Rio de la Plata, & reprise sur eux la même année par les Espagnols. La restitution est accordée provisionnellement aux Portugais & le fond de la Cause remis à la decision de certains Commissaires à nommer de part & d'autre en nombre égal; & par surarbitrage au Pape. A Lisbonne le 7. Mai 1681.* [Notice & justification du Titre & bonne foi, avec laquelle on a établi la nouvelle Colonie du Sacrement de St. Vincent. pag. 98.]

Don Pedro, par la grace de Dieu Prince de Portugal & des Algarves, deça & au dela des Mers en Afrique, Seigneur de Guinée, & de la Conqueste, navigation, & Commerce, de l'Ethiopie, Arabie, Perse, & de l'Inde &c. Successeur, Gouverneur, & Regent de ces Royaumes, & Domaines, fait sçavoir à ceux, qui cette mienne Lettre Patente d'approbation, Ratification & Confirmation verront, qu'en cette ville de Lisbonne, au 7. jour du mois de May de cette presente année, de mil six cent huitante & un, l'on a ajusté, conclu & signé un Traité provisionel fait entre moi, mes Successeurs, & mes Royaumes, & le Très-haut & Serenissime Prince Don Carlos second, Roy Catholique des Espagnes, ses Successeurs, & ses Royaumes, avec Don Domingo Judice Duc de Jovenaso, son, Ambassadeur extraordinaire, Commissaire deputé pour cet effet, en vertu du pouvoir & procuration qu'il en a presenté, Don Nuno Alvares Pereira Duc de Cadaval Marquis de Ferreira, Comté de Tentugal, Don Jean Mascarenhas, Marquis de Fronteira, & l'Evesque Don Frey Manuel Pereira, de mon Conseil, & mon Secretaire d'Estat, sur la fondation de la Colonie du Sacrement, située en la Coste septentrionale du Rio de la Plata, vis-à-vis l'Isle de S. Gabriel, & nouvel accident survenu, causé par le Gouverneur de Buenos Ayres, lequel Traitté reduit en 17. Articles est le suivant.

Traité Provisionel, entre le Très-haut, & Serenissime Prince D. Carlos II. Roi des Espagnes, des deux Siciles, de Jerusalem, des Indes &c. Archiduc d'Austriche, Duc de Bourgogne, de Milan, Comte de Abspurg, & de Tirol &c & le Très-haut, & Serenissime Prince Don Pedro, Prince de Portugal, & des Algarves deça, & au delà des Mers en Africque, Seigneur de Guinée & de la Conqueste navigation, & Commerce de l'Ethiopie, Arabie, Perse, & de l'Inde &c. Regent & Gouverneur desdits Royaumes & Domaines, ajusté par Don Domingo Judice Duc de Jovenaso, Prince de Chelamar, des Conseils de S. M. Catholique au supréme de Guerre, d'Espagne, & Colateral de Naples, & Tresorier general dudit Royaume, son Ambassadeur, extraordinaire, & Plenipotentiaire, d'une part, & Don Nuno Alvazes Pereira Duc du Cadaval Marquis de Ferreira, Comte de Tentugal, grand Baillif des Villes, & Chasteaux de Olivence & Alvor, Seigneur des Villes de Beaureos, Ville Nova, & des Ordres de Grandola, Sardoal, & des Conseils d'Estat & de Guerre, & dépeches de son Altesse, Capitaine General de la Cavalerie de la Cour, & Estramadura, grand Marechal, & Intendant de biens de la Très-haute, & Serenissime Princesse de Portugal, & Don Jean Mascarenhas Marquis de Fronteira Comte de la Tour Gentil homme de la Chambre de son Altesse, son Intendant des Finances, General de la Cour, & Estremadura, Cascaes, Setuval, & Peniche, des Conseils d'Estat, & de Guerre de son Altesse, & l'Evesque Don Frey Manuel Pereira du Conseil de son Altesse, & son Secretaire d'Estat, ses Plenipotentiaires, de l'autre part, sur la fondation de la Colonie du Sacrement, située en la Coste Septentrionale du Rio de la Platta vis-à-vis de l'Isle de S. Gabriel, & nouvel accident causé par le Gouverneur de Buenos Ayres en vertu des Plenipotences suivantes. Anno 1681.

Plenipotence de S. M. Catholique.

Don Carlos second par la grace de Dieu Roy des Espagnes des deux Siciles, de Jerusalem, des Indes & Archiduc d'Austriche, Duc de Bourgogne, de Milan, Comte de Abspurg, & de Tirol &c. veu la difference survenue touchant les limites entre les Domaines de ma Couronne & ceux de celle Portugal en l'Amerique proche l'Isle de S. Gabriel, & estant mon intention de la composer amiablement avec le Serenissime Don Pedro Prince & Gouverneur de Portugal, & des Algarves, pour la vraye sincerité avec laquelle je souhaitte conserver la Paix, & toute bonne amitié, & Correspondence avec la Couronne, & condescendant, que pour cet effet, il y ait qui l'execute, en la Ville de Lisbonne une personne d'autorité, qualité, prudence, & de zèle, instruit de toutes les raisons du fait, & de droit qui me concerne, & qu'il ait plenipotence mienne pour conferer, traitter, & conclure, ce qu'il ajustera, partant se trouvant comme se trouvent ces & autres bonnes qualités en vous Don Domingo Iudice, Duc de Jovenaso, Prince de Chelamar, de mon Conseil de guerre, mon Ambassadeur extraordinaire, que pour l'effet cy-dessus referé je vous ai nommé en cette qualité vers la personne dudit Prince, & ai resolu des vous donner, comme je vous donne, & concede en vertu de la presente, aussi ample, & suffisant Pouvoir, Commission, & faculté comme se requiert, & est nécessaire, afin que pour moy, & en mon nom Royal, puissiez traitter, ajuster, capituler, & conclure, avec le Deputé, & Commissaire, ou les Deputés, & Commissaires, du susdit Serenissime Seigneur Don Pedro, Prince & Gouverneur de Portugal en vertu de son Pouvoir qui presenteront l'ajustement de la ditte difference, en la forme, qui semblera le mieux, & m'obliger à l'accomplissement, de ce qu'ainsi ajusterés, & signés, & declare, & donne ma parole royale que tout ce, qui sera fait, traité & accordé par vous le dit Duc de Jovenaso dès à present jusques alors y consens & l'approuve, & l'aurai tousjours pour ferme, & valable, & passerai par icelui comme par une chose faite en mon nom, & de ma volonté, & Autorité, & l'accomplirai entierement, & ponctuellement & aussi de mesme ratifierai, & approuverai en speciale, & forme convenante avec toutes les forces, & circonstances nécessaires qu'on a acoutumé en des cas semblables, au terme, que l'on accordera des deux costés tout ce qu'en raison de ceci conclure

ANNO 1681. clurés, establirés, & fignerés afin que tout foit ferme, valable, & ftable par laquelle declaration j'ay ordonné de depecher la prefente fignée de ma main & fellée de mon feau fecret, & enregiftré par mon Secretaire d'Eftat fous-figné. Donné à Madrit le vingt cinq de Mars mil fix cent huitante & un

Moy le Roy

Don Petro Coloma

Plenipotence du Sereniffime Prince de Portugal.

Don Pedro par la grace de Dieu Prince de Portugal & des Algarves deça, & au delà des Mers en Afrique, de Guinée, & de la Conquefte, navigation, & Commerce de Ethiopie, Arabie, Perfe, & de l'Inde, & Succeffeur, Gouverneur & Regent de ces Royaumes, & jurisdictions &c. ayant le treshaut Sereniffime Prince Don Carlos deuxfiéme Roy Catholique mon bon Frere, & Coufin envoyé en cette Cour pour fon Ambaffadeur extraordinaire Don Domingo Judice Duc de Jovenafo, Prince de Chelamar, de fes Confeils au fupreme de Guerre, & Colateral de Naples & Treforier General du Royaume, avec Plenipotence pour conferer, & conclure l'ajuftement fur le nouvel accident furvenu, caufé par le Gouverneur de Buenos Ayres en la Colonie du Sacrement, qu'edifia le Gouverneur du Rio de Janeiro Don Manuel Lobo, & peupla en la Cofte, & bord feptentrional du Rio de la Plata vis-à-vis de l'Ifle de S. Gabriel, & defirant que le dommage, qui refulta de cet accident fe repare, & compofe de telle maniere que la paix, & bonne Correfpondence entre ces deux Couronnes fe conferve fans perturbation & en toute bonne amitié, je donne pouvoir par la prefente à Don Nuno Alvares Pereira Duc de Cadaval, Marquis de Ferreira, Comte de Tentugal, mon tres aymé & bien eftimé Neveu, Grand Baillif des Villes, & Chafteaux d'Olivence & Alvos, Seigneur des Villes de Tentugal Buarcos, Villa nova, Rabafal, Aluayazere, Pena Cova, Mortauga, Ferreira, Cadaval, Cercal Peral, Vilalua, Ville Ruiva Albergaria, Agoa de Piexes, des Ordres de Grandola, Sardoal; & Eixo & de Moracs, de mes Confeils d'Eftat, de guerre & Depefches General de la Cavalerie de la Cour, & Eftremadura, grand Marechal, & Intendant des biens de ma Princeffe fur toutes tres aymée, & tres eftimée femme; à Don Jean Mascarenhas, Marquis de Fronteira Comte de la Tour & de Cuculim, Signeur des Villes de Fronteira & de Verade, & Cuculim, de l'Ordre de Chrifto des Rentes, & Places de Carrazedo, Cambres, Fonte Arcada Pindo, Rosmaninhal, & Casteleos, Gentilhomme de ma Chambre, Financier des Confeils d'Eftat & Guerre, & Affemblée des trois Eftats, General de la Cour, Eftremadura Letuval, & garnifon de Cascais, grand Prieur de l'Ordre de S Jean, & à l'Evesque Don Frey Manuel Pereira de mon Confeil, & mon Secretaire d'Etat, afin que pour moy & en mon nom Royal puiffent traitter, ajufter, capituler, & conclure avec ledit Duc de Jovenafe en vertu du pouvoir du Roy Catholique, qu'il a, prefente l'ajuftement de la ditte difference avec les Conditions, declarations, & claufules, qui leur fembleront convenables au repos, bien commun, amitié & union entre les deux Couronnes, & les Vaffaux d'icelles, & ce qui fera par eux fait & ajufté en cet endroit, je m'oblige en mon nom à l'accomplir, maintenir, & obferver fous la foy & parole de Prince, & l'auray pour bon, ferme & valable comme s'il fuft fait, & accordé par moy & auffi mesme je le ratifieray, & aprouveray en fpeciale, & convenante forme, avec toutes les forces, & circonftances neceffaires, dans le terme qui fera conftitué des deux coftés, en foy de quoy j'ay ordonné faire la prefente fignée de ma main & fellée du fceau de mes armes. Donné en la ville de Lisbonne le 10. jour du mois d'Avril Luis Teixeira de Carvalho la fit en l'an de la naiffance de Noftre Seigneur Jefus Chrift mil fix cent huitante & un & moy l'Evesque Frey Manuel Pereira l'ay fait écrire

Prince

Au nom de la tres Sainte Trinité Pere Fils & Saint Efprit, trois perfonnes, & un feul Dieu veritable.

Veu que par l'occafion de la nouvelle Colonie, qui porte le nom de Sacrement, que le Gouverneur ANNO 1681.
du Rio de Janeiro Don Manuel Lobo fonda au mois de Janvier de l'an paffé mil fix cent quatre-vint & peupla en la cofte, & bord feptentrional du Rio de la Plata vis à vis de l'Ifle de S. Gabriel il s'eft excité quelques differents, d'interefts & droits, qui furent avancés, & traittés amiablement, auffitoft qu'au mois d'Aouft de la mesme année, l'on en fuft averty on fe trouva obligé de la part de fa Majefté Catholique, fur les fondemens de ce devoir, de reparer cet acte de trouble procedé de cette fondation jointe aux droits legitimes de la tranquile & pacifique poffeffion où fe trouvoient de puis environ deux fiecles du Cofté du Rio de la Plata, fa navigation Ifles & Coftes auftrales, & feptentrionales, & des autres Terres des environs, & de reduire les chofes à fon premier eftat, jusques qu'à une plus exacte cognoiffance de la caufe l'on declaraft des droits de proprieté, qui pourroient toucher à l'une ou l'autre Couronne, felon la jufte demarcation, accordée en la Conclufion prife entre les Roys Catholiques & de Portugal, en l'affemblée de Tordefillez au feptiesme de Juin de l'an mil quatre cent nonante trois.

De la part du Sereniffime Prince de Portugal fatisfaifant, à cette inftance avec le pretexte, d'eftre afluré que la fincerité, & bonne foy, avec laquelle l'on avoit procedé de fon cofté en la poffeffion dudit lieu, il la devoit conferver, en retenant fans permettre, qu'en aucune façon l'on puiffe prefumer, avoir eu intention de troubler ny d'outrepaffer les limites de la demarcation de fa Majefté Catholique, en s'emparant de partie, lieu ni place, qu'il creuft toucher à fa poffeffion ny à fon domaine, finon de faire un acte permis à fe fervir de ce Territoire, laquelle fituation au bord & à la Côte feptentrionale du Rio de la Plata avec des juftes fondemens croyoit eftre dependante de la demarcation de fa Couronne, faifant paroiftre, avec les demonftrations d'une fi pure intention, la prompte difpofition qu'il avoit de reparer quelque prejudice du droit de fa Couronne, que l'on monftraft que du cofté de fa Majefté Catholique luy fuft fait de cet edifice fans alteration de l'eftat prefent, pour lequel effet conviendroit aux moyens, ou arbitres qu'il fembloyent aux deux Princes les plus propres & convenables.

Et les affaires fe trouvant en cet eftat de Traitez & Conferences le Sereniffime Prince de Portugal a temoigné avec reffentimeut à S. M. Catholique ce qu'il avoit appris, que le Gouverneur de Buenos Ayres fe feroit faifi de ladite Colonie au 6me. jour d'Aouft de la mesme année procedant par voye de fait, faifant maffacrer une partie de la garnifon, & emprifonner le Gouverneur, & les gens de Milice, & du voifinage, fe faififfant de l'artilerie, armes, munitions & uftenfiles de guerre, en fe prevalant pour cet effet non feulement des gens de fon gouvernement mais encor d'une innumerable quantité d'Indiens de l'obeiffance de fa Majefté Catholique, le tout au dommage du Traité amiablement introduit, & d'un excés public, puisque le pretexte de croire de rentrer dans la poffeffion de ce Territoire en le confidérant comme fien, & fujet à fa jurisdiction, jamais ne pouvoit changer l'acte reglé de reftitution aux immoderées, & violentes hoftilités.

Et fur cet incident la reparation pretendue, & les demonftrations de l'excès, & que precedant l'un & l'autre l'on retabliffe le cours de la Conference alteré par un pretexte fi violent, afin que les deux Couronnes demeuraffent confervées dans leurs legitimes droits, qui leur apartenoient par les juftes tiltres de fa propre demarcation, & en raifon de tout ce qui eft raporté cy deffus ayant conferé & deliberé avec meur accord reconnoiffent tant de la part de fa Majefté Catholique, que de celle du Sereniffime Prince de Portugal, qu'en aucune desdites actions reciproquement, ils n'ont eu connoiffance ni intention d'offenfer la bonne paix & amitié en laquelle leurs Couronnes fe maintiennent, & voulant l'un, & l'autre les conferver avec toute fermeté, fincerité & bonne correfpondance, fe font convenus & ajuftés en la maniere fuivante.

Article I.

Sa Majefté Catholique ordonnera de faire des re-

ANNO 1681.

reprimandes au Gouverneur de Buenos Ayres selon l'excès, dont il en a agi.

Article II.

Toutes les Armes, Artillerie, Munitions, Ferrailles & autres Ustencilles de guerre, qu'on a pris en la Forteresse, & Colonie du Sacrement, se restitueront entierement au Gouverneur Don Manuel Lobo ou à la personne, que son Altesse envoyera en sa place.

Article III.

Toutes les personnes qui estoient, & se sont retirées de la Colonie du Sacrement se trouvant encore à Buenos Ayres, ou aux Confins se restitueront en la mesme Colonie & ne se trouvant pas aux dits endroits l'on y mettra une egale quantité de Portugais en leur place, où ils pourront demeurer & l'habiter jusque à la determination de cette cause, & faire des soulevemens de terre seulement pour couvrir leur Artillerie, & pour l'habitation de leurs personnes en cas qu'il n'y ayt pas assés de Bastimens anciens pour cet effet, sans pouvoir faire aucune autre sorte de nouvelle Fortification ny batir Maisons de pierres ny de briques ny aucun autre Edifice durable & permanent.

Article IV.

L'on ne pourra pas acroistre la quantité de monde, qui se restituera en petit ou grand nombre ni augmenter les Armes, Munitions ny autres Ustensiles de guerre, ny y envoyer des Marchandises d'aucune qualité pendant la Controverse jusques à ce qu'elle se termine.

Article V.

Les Portuguais qui habiteront en la ditte situation s'abstiendront tout le temps declaré, d'incommoder, solliciter, traitter, & negocier avec les Indiens Convertis, qui sont de l'obeïssance de sa Majesté Catholique, ni n'useront en leurs habitations d'aucune nouveauté, ni violence, ny par Contract, ni par force, ni d'aucune autre maniere, ni pouront envoyer à eux ou Leurs lieux de Doctrine & Conversion, de Religieux ni autres Personnes Ecclesiastiques, ny Seculieres sur aucun pretexte, cause ou raison.

Article VI.

Et afin qu'il reste entierement deraciné la moindre cause ou pretexte de peu de satisfaction entre les deux Couronnes son Altesse fera verifier les excès, qui se sont commis par les habitans de S. Paul, aux Terres & Domination de sa Majesté Catholique, & les chastiera severement, faisant restituer en effet & mettre en liberté les Indiens, Bestiaux, Mulets, & tout ce qu'ils auront pris, de plus leur faisant deffences de n'user d'orelnavant de semblables outrages au prejudice de la bonne paix & amitié de ces Royaumes, comme il se contient en l'Article precedent.

Article VII.

Les Voisins de Buenos Ayres joüiront de l'usage & profiteront de la mesme situation, leurs Bestiaux, Charpentes, Chasse, Pescherie & de faire du charbon, comme avant qu'on y fist la peuplation sans aucune difference, demeurant dans la mesme place tout le temps qu'ils voudront avec les Portugais en bonne paix, & amitié sans aucun empeschement, pour lequel effet l'on depeschera reciproquement les ordres necessaires.

Article VIII.

Les Navires de sa Majesté Catholique se serviront du Port comme-cy devant en y faisant leur rade, & assistances libres, coupans les bois, donnants leurs carenes, & tout ce qu'ils y faisoient en leur Coste & Campagne avant laditte peuplation, sans aucune limitation ni avoir besoin de consentement ni de permission de quelque personne, & de quelque qualité qu'elle soit, parce que les Princes l'ont ainsy accordé entre eux.

Article IX.

Les deffences de commerce par Mer & par Terre, estant des Castilliens au Bresil, comme des Portugais à Buenos Ayres, Perou, & autre place des Indes Occidentales demeureront en leur entiere force & vigueur & l'on executera sur les transgresseurs les peines establies par les Loix de l'un & l'autre Royaume irremediablement.

Article X.

Toutes les hostilités commises d'un costé & d'autre depuis le jour du sixiéme Aoust de l'an passé mil six cent quatre-vint se redresseront aux termes de ce Traitté sans doute ni difficulté aucune.

Article XI.

Il sera permis au Gouverneur de Buenos Ayres de reformer & de deffaire, les Fortifications, qui seroient augmentées, aussi bien en la Forteresse comme ailleurs, & les Maisons, & Edifices, que de nouveau dès le jour qu'il a occupé cette situation jusques au temps de cette execution.

Article XII.

Tout le referé est & s'entend sans prejudice ni alteration des droits de possession & proprieté d'une & de l'autre Couronne, ceux qui apartienent à chacun demeurant en leur entiere, legitime valeur & parmanence avec tous les autres privileges, & prerogatives de Tiltre, Cause, & Temps, d'autant que cet accord est conclu par la voye d'un milieu provisionel, & en demonstration de la bonne amitié, paix & concorde, que professent ces deux Couronnes pour leur satisfaction reciproque durant le temps de cette Controverse, & non pour aucun autre effet.

Article XIII.

L'on nommera des Commissaires autant d'un costé que d'autre en egal nombre dans deux mois contés dès le jour que l'on échangera les ratifications de ce Taitté, dans lequel terme se devront assembler pour la Conference, qui se devra faire en la mesme forme, qui fut accordée & s'executa par les Commissaires de l'Empereur & du Roy de Portugal l'an mil quatre cent & vingt quatre, & dès le jour, qu'ils donneront commencement à la Conference (les fermes accoutumez ayant precedé) trois mois suivans resoudront, & declareront par leur sentence les droits de la proprieté de cette demarcation, & lesdits Commissaires ne se conformant pas, dès à present cette declaration se compromet à l'arbitrage & determination de sa Sainteté, qui est ou sera au dit temps, afin que dans un an conté du jour que les Commissaires feront leur declaration estant en discorde, il resolve, & conclue le susdit point, & ce qui sera declaré, & determiné par lesdits Commissaires d'un commun consentement ou par la plus grande partie des voix, & en cas de dispute par sa Sainteté se maintiendra, observerá, & accomplira inviolablement des deux costés, sans prevaloir de causes, pretextes ni de raison au contraire.

Article XIV.

L'on constituera la suspension reciproque de de tous les mouvemens & autres actes militaires entre l'une & l'autre Couronne, que l'on avoit accordé de faire dès le jour du projet en maintenant la bonne paix & amitié precedente.

Article XV.

Le contenu de ce Traitté s'observera entierement par les Subjes de l'un & de l'autre costé dans l'endroit, qui touche à chacun sans y contrevenir en aucune chose, & contre ceux qui excederont directement ou indirectement, les Princes feront proceder avec toute rigueur, & redresseront tout l'excès & en tel cas s'observera l'article neuviesme de la paix generale entre ces deux Couronnes comme une partie expresse de ce Traitté.

ANNO 1681.

Article

ANNO 1681.

Article XVI.

Du jour que l'on aura eschangé les Ratifications de ce Traitté, jusques au mois suivant l'on delivrera reciproquement les ordres necessaires en duplicat pour l'accomplissement du Contenu aux Articles de ce Traitté.

Article XVII.

Les susdits Seigneurs Roy Catholique & Prince de Portugal prometent sous leur foy & Royale parole de ne rien faire contre ny au prejudice du Contenu en ce Traitté provisionel, ni permetre que l'on fasse directement, ni indirectement, & en cas qu'on le fasse, le reparer sans aucun delay, & pour l'observation, & fermeté de tout l'exprimé & declaré, s'obligent en la deuë forme renonçant à toutes les Loix, Stiles & Coutumes, & quelques autres droits, qui pouroient estre en leur faveur & procedent au contraire.

Toutes les quelles choses qui sont referées aux Articles de ce Contrat furent accordées, establies & conclues par nous Don Domingo Judice Duc de Cadaval, Don Jean Mascarenhas Marquis de Fronteira, Don Frey Manuel Pereira, Secretaire d'Estat en vertu des Plenipotences, qui en elles sont enserrées, & declarées au nom de Sa Majesté Catholique, & du Serenissime Prince de Portugal en icelle foy, fermeté, & tesmoignage de verité avons fait le present Traitté signé de nos mains & sellé du Sceel de nos Armes A Lisbonne le septiesme jour du mois de May l'an mil six cent quatrevingt un

Le Duc de Jovenase	*Le Duc de Cadaval*
Le Marquis de Fronteira	*L'Evêque Fr. Manuel Pereira Sec: d'Estat.*

Ayant veu ledit Traitté provisionel, & après l'avoir consideré & examiné, pour moy, mes Héritiers & Successeurs, comme aussi pour mes Vassaux, Sujets, & Habitans en tous mes Royaumes & Domaines, tant en Europe que hors d'icelle, j'approuve ratifie, & confirme tout le Contenu en iceluy, & chaque point en particulier donant par la presente pour bon & valable promettant en foy & parole de Prince & pour tous mes Héritiers, & Successeurs de suivre sincerement, & en bonne foy, & acomplir inviolablement la forme & teneur & la faire suivre, observer & accomplir, comme si je l'eusse traitté par ma propre personne, sans faire, ny permettre, que l'on fasse chose au contraire, directement ny indirectement de quelque maniere qui puisse estre, & si l'on fait, ou qu'on ait fait le contraire en quelque façon, le faire reparer sans difficulté ny dilation aucune, punissant, & faisant punir, avec toute rigueur ceux qui contreviendront à ce que dessus, à quoy je oblige tous & chacun de mes Royaumes & Domaines, comme aussi tous les autres biens presens & futurs, renonçant à toutes les Loix, & Coutumes, & toutes les autres choses, qui peuvent estre au contraire; & pour foy & fermeté de tout j'ay fait expedier la presente Lettre signée par moy & sellée du Sceau de mes Armes. Donné à Lisbonne le 13 jour du mois de Juin. Martin de Britto & Couto l'a fait l'An de la Naissance de Nostre Seigneur Jesus Christ mil six cent quatrevingt-un, moy l'Evesque Frey Manuel Pereira l'ay fait ecrire

Prince

Ratification du Traitté par le Roy Catholique.

Don Carlos Second par la grace de Dieu Roy des Espagnes, des deux Siciles, de Jerusalem, des Indes &c. Archiduc d'Austriche, Duc de Bourgogne & de Milan, Comte de Abspurg & du Tirol &c. d'autant que Don Domingo Judice Duc de Jovenase mon Ambassadeur extraordinaire en Portugal a ajusté, conclu, & signé au septiesme de ce present mois en vertu du pouvoir que je luy ay donné pour cet effet un Traitté provisionel avec les Ministres & Commissaires sousmentionnés, deputés pour le mesme effet par le Serenissime Don Pedro Prince, & Gouverneur de Portugal, & des Algarves &c. & avec son pouvoir sur la fondation de la Colonie du Sacrement située en la Coste septentrionale du Rio de la Platta, vis-à-vis de l'Isle De S. Gabriel & sur le nouvel incident causé par le Gouverneur de ma Ville de Buenos Ayres, lequel dit Traitté reduit à dix sept Articles, & traduit de la Langue Portugaise est de la teneur qui s'ensuit.

Partant, ayant esté veu, consideré & examiné dans mon Conseil ledit Traitté, pour moy, mes Héritiers & Successeurs, comme aussi pour mes Vassaux, Sujets, & Habitans en tous mes Royaumes, & Domaines tant en Europe comme hors d'icelle, j'aprouve, & ratifie, tout le Contenu en iceluy & chaque point en particulier, & le donne par la presente pour bon, ferme & valable, prometant en foy & parole de Roy, & pour tous mes Héretiers & Succesleurs, bien & sincerement de suivre & accomplir inviolablement sa forme & teneur & le faire observer, suivre, & accomplir, comme si je l'eusse traitté moy mesme, sans faire, ny permetre, que l'on fasse chose au contraire, directement ny indirectement, de quelque maniere que ce puisse estre, & ce faisant ou qu'on ait contrevenu, en aucune maniere, le faire reparer sans difficulté ni aucun delay, punissant & faisant punir, ceux qui y auront contrevenu avec toute rigueur, obligeant pour l'accomplissement de tout ce que dessus tous & chacun de mes Royaumes, Païs & Domaines comme aussi tous mes autres biens presents & à venir, sans exception d'aucun; & pour la fermeté de cette obligation, je renonce à toutes les Loix & Coutumes, & toutes les autres choses, qui pourroient estre au contraire. En foy de quoy j'ay ordonné expedier la Presente signée de ma main, & sellée de mon Sceau secret, registrée de mon soussigné Secretaire d'Estat. Donné à Madrit le vingt cinquiéme jour du mois de May mille six Cent quatrevingt-un.

Moy le Roy

Don Pedro Coloma

En vertu de ce Traitté & Ratifications d'iceluy le Duc de Jovenase a demandé Conference & en icelle a delivré les ordres pour la restitution de la Colonie, & a à Son Altesse aussi delivré les ordres pour le Chastiment du Gouverneur de Buenos Ayres, pour l'excès qu'il a commis, ensuitte du premier Article de ce Traitté, mais Son Altesse les a remises à son Envoyé à Madrit, & luy a ordonné de demander audience au Roy & de luy dire, que son Altesse les avoit veuës & en étoit satisfait, & interposoit son intervention, afin que Sa Majesté les fist retirer, & en suspendre l'execution.

CLXXIV.

Lettres de LOUIS XIV. *Roi de France par lesquelles en conséquence du Traité d'Alliance dernièrement conclu entre lui, & le Roi de Dannemarc, il cede & transporte à ce Prince & à ses Héritiers & Successeurs tout le Droit de Souveraineté, & de proprieté qui pouvoit lui appartenir, sur la Seigneurie de Jever & Jeverlandt située en Oostfrise. A St. Germain le* 10. *Avril* 1682. [Mercure Hollandois Ann 1683. pag. 298.] 1682. 10. Avril.

LOuys par la grace de Dieu Roy de France & de Navarre, à tous ceux qui les presentes verront salut. Ayant, en consideration du Traité d'Alliance arresté entre nous & le Roy de Denemarc, & signé à Copenhague, tant par notre bien aimé & feal Conseiller dans nos Conseils, & Maistre des Requestes ordinaires, le Sieur Foullé de Martangis, que par les Sieurs de Guldenleuw, Alefeld, Revenclaw, & Erenschild authorisez par le Roy de Denemarc, voulu ceder à Sa Majesté Danoise, ses Héritiers, Successeurs & ayant droit, tant la Souveraineté que le direct Domaine & autres choses qui peuvent nous appartenir comme Duc & Comte de Bourgogne, ou à quelque autre Titre que ce puisse estre, sur le Pays & Seigneurie de Jever,

ANNO 1682. ver, nous avons voulu par ces considerations & autres nous mouvant à cela, confirmer ladite cession autant qu'il est & sera de besoin, comme nous confirmons par ces presentes Lettres de nostre main, ledit transport du Pays & Seigneurie de Jever, en faveur du Roy de Denemarc, pour ses Héritiers, Successeurs &c. selon tous les droits qui appartiennent à nostre Couronne sur ledit Pays & Seigneurie de Jever, consentant qu'à l'avenir celle de Denemarc la possede pleinement & paisiblement, sans y estre troublée par nous ou les Roys nos Successeurs, sous quelque pretexte ou pour quelque cause que ce puisse estre. Nous ordonnons aussi à nos bien-aimez & feaux Sujets & Gens de nostre Cour de Parlement, & à tous autres Justiciers & Officiers à qui il appartiendra, d'enregistrer le present Acte, & de laisser joüir du contenu d'iceluy le Roy de Denemarc, ses Héritiers, Successeurs, & ceux qui y auront droit, parce que tel est nostre bon plaisir. Fait à St. Germain en Laye le 10. d'Avril de l'An de Salut 1682. & de nostre Regne la 37. Année.

Louys

De par le Roy

COLBERT.

CLXXV.

23. Septembre. *Octroi des Hauts & Puissants Seigneurs Estats Généraux des Provinces-Unies pour la* Colonie de Suriname *en faveur de la Compagnie des Indes Occidentales; Avec les Privileges accordés aux habitans. Donné à la Haye le 23 Septembre 1682.* [Le Négoce d'Amsterdam ou Traité de sa Banque chap. 13. pag. 93.]

Les Etats Généraux des Provinces-Unies, à tous ceux qui ces presentes verront ou entendront lire, salut. Etant persuadés que la Colonie de Suriname est de telle nature, qu'elle peut devenir considerable en peu d'années, mais que cela pourroit être entrepris avec peu d'esperance d'y réüssir, si l'Entrepreneur n'étoit resolu de supporter de grandes depenses au commencement; dans l'attente qu'après le cours de plusieurs années, il retireroit les fruits des peines qu'il y auroit employées, & de l'argent qu'il y auroit dépensé. Et qu'une Colonie seroit necessairement étouffée dans sa naissance, si on imposoit aux habitans des charges plus pesantes qu'ils ne seroient capables de supporter, si on ne leur donnoit pas quelques Privilèges. D'autant que sans toutes ces assistances, ils se trouveroient découragés & épouvantés, & ceux qui auroient envie de s'y transporter seroient degoutés par les difficultés. Au contraire si l'on traittoit lesdits habitans avec douceur, dans les commencemens, si on leur donnoit quelques secours & qu'ils fussent assurés qu'après avoir aquis quelques moyens & facultés, ils ne se trouvassent point épuisés par les impositions. En ce cas une Colonie étant établie dans une bonne place pourroit beaucoup augmenter par le concours d'une infinité de personnes qui s'y rendroient de toutes parts. Et d'autant que la Compagnie Générale des Indes Occidentales veut bien continuer & poursuivre l'établissement de la Colonie de Suriname, que Messieurs les Etats de Zelande avoient commencé quelques années auparavant, & la conduire au but desiré, sous la favorable protection & benediction de Dieu Tout-puissant, à l'avantage de ces Provinces & de la susdite Compagnie. A ces causes considerant l'utilité qui proviendra de cette Colonie, par l'accroissement du Commerce & de la Navigation, par le débit de toutes sortes de Manufactures & fruits; par la Manufacture des Marchandises crues qui étant apportées de là ici & en après, y étant manufacturées, seront transportées dans les autres Pays, pour y être debitées & vendues; par la continuelle construction, & reparation des Vaisseaux necessaires pour y aller & pour en revenir, & par l'entretien de plusieurs Matelots qui deviennent habiles par l'exercice, Nous avons jugé & jugeons à propos par ces presentes de ceder & transporter à la susdite Compagnie Générale des Indes Occidentales, cette Colonie de Suriname avec toutes les apartenances & dependances, sous les conditions dont il sera parlé cy-après, avec les mêmes Droits que la Compagnie a sur toutes les Conquêtes situées dans les Limites de l'Octroi qui lui a été accordé, avec cette difference seulement, qu'à l'avenir, la Compagnie ne pourra faire aucun changement dans les choses contenues ès Articles suivants puis que nous permettons & accordons les dits Articles comme un Octroi & Privilege donné pour la seureté de ceux qui s'y sont déja établis, ou qui s'établiront dans la suite, sans que jamais il y puisse être contrevenu au préjudice des dits habitans. ANNO 1682.

I.

Que les Nobles & Puissants Seigneurs les Etats de Zelande delivreront à la susdite Compagnie Generale des Indes Occidentales, leur Canon & Munitions de Guerre, ensemble tout ce qui dépend de la dite Colonie, de la maniere que les dits Seigneurs Etats en ont joui jusqu'à présent. Aux conditions que les Charges & Avantages de la Colonie, viendront & commenceront à courir pour le Compte de la dite Compagnie du jour que cet Octroi sera arrêté. Et que toutes les charges & depenses ci-devant faites, soit pour payement, gages & entretenement des Gens de Guerre, ou pour autres cas, de quelques causes qu'ils puissent proceder & de quelque nature qu'ils puissent être, sans aucune exception; demeureront à la charge des dits Seigneurs les Etats de Zelande, sans que jamais la Compagnie en puisse être recherchée.

II.

Que la susdite Compagnie accordera à tous les Habitans de la Colonie indistinctement, exemption de toutes charges pendant le terme de dix années consécutives, excepté seulement du Droit de Last pour les Vaisseaux, & du droit de poids, de la maniere qu'il sera réglé par le quatrième Article. Et ce pour obvier aux fraudes & desordres qui jusqu'à présent ont eu cours au grand desavantage de la Colonie.

III.

Et que ceux aussi qui viendront s'établir dans la dite Colonie, auront même Franchise & immunité pour le même terme de dix années.

IV.

Que les susdites dix années étant écoulées, la Compagnie ne pourra jamais mettre d'autres impositions que celles qui sont nommément exprimées dans cet Article, si ce n'étoit en cas d'une necessité pressante, & par le franc & libre consentement du Gouverneur & du Conseil d'Etat, lequel Conseil d'Etat sera formé par les meilleurs habitans d'entre eux, & specialement que la susdite Compagnie ne pourra jamais lever que trois Livres pour chaque Last de Vaisseau qui sortira, & autant pour chaque Last de Vaisseau qui entrera: & pour les charges & impositions du dedans, rien autre chose que 50. livres de sucre sur chaque Habitant, soit blanc ou noir, pour l'Imposition par tête de chaque année, & deux & demi pour cent pour le Droit du poids des Marchandises qui seront vendues là: Et à cet effet, & principalement pour obvier à plusieurs fraudes & desordres, on y établira un ou plusieurs poids. Et à chaque poids on établira un Visiteur intelligent, qui examinera si les sucres sont bien conditionnés. Et ce Droit de deux & demi pour cent, se payera chaque fois que les Marchandises seront vendues, ou bien qu'on les envoyera en ce Païs.

V.

Que la susdite Compagnie par ce Transport étant à présent Maitresse & Proprietaire de la dite Colonie, ne pourra pas proceder à toute rigueur, à la levée des dettes cy-devant contractées au sujet de l'achat des Esclaves. Mais que pour le repos

ANNO 1682.

pos des Habitans qui n'ont pas le pouvoir de payer promptement, le payement s'en fera en trois termes, chaque terme de douze mois, dont le premier terme écherra douze mois après que la Compagnie aura pris possession actuelle de la Colonie.

V I.

Que puis que la Colonie ne peut être soûtenuë & continuée que par le moyen des Negres, & que personne, excepté la Compagnie, n'a la faculté de tirer des Esclaves de la Côte d'Afrique, qui est le lieu d'où seulement on en peut avoir, la Compagnie sera tenue de livrer annuellement à la susdite Colonie le nombre d'Esclaves qui lui sera demandé.

V I I.

Et afin que pour l'avancement des Ouvrages & Plantages, chaque Habitant ou Planteur, tant le pauvre & le foible, que le riche & le puissant, soit pourveu des Negres dont il aura besoin, la Compagnie sera tenuë de vendre publiquement ceux que l'on amenera de tems en tems; & les exposera chaque fois en vente deux à deux, & la Compagnie pour s'assurer du payement du prix auquel leurs Esclaves seront vendus, pourra stipuler telles conditions qu'elle jugera lui être utiles & convenables.

V I I I.

Que le payement des Negres ainsi vendus en public, se fera en trois termes, chaque terme de six mois, reglés selon le tems que les Sucres seront en état d'être livrés, & le payement s'en devra faire precisément en ce tems là. Et à faute de payement les debiteurs seront contraints par toutes voyes, laquelle contrainte pourtant le Gouverneur aura le pouvoir de suspendre, lorsqu'il y aura cause légitime de ce faire, dont on fera apparoir, & cela avec l'approbation de Messieurs les Directeurs de la Compagnie.

I X.

Que puis qu'il est necessairement requis pour le bon établissement de la Colonie, que l'on y augmente avec toute la diligence possible le nombre des hommes blancs; la Compagnie prendra soin d'y en faire transporter autant qu'il se pourra, & qu'elle le jugera necessaire.

X.

Que pour cet effet tous les Vaisseaux qui s'en iront d'ici là, seront tenus si la Compagnie le souhaitte, d'y transporter chacun douze personnes, pour la somme de trente florins pour chaque personne, tant pour le passage, que pour la nourriture, en comptant deux personnes pour une seule, s'ils ont moins de douze ans.

X I.

Et afin de continuer fortement la dite Colonie, autant qu'il se pourra, & pour procurer aux Habitans & Planteurs, tous les avantages qu'ils peuvent pretendre de leurs peines & travaux, le Négoce & Trafic de Suriname sera ouvert & libre à tous les Habitans de cet Etat, surquoi ils seront obligés de reconnoitre la Compagnie, en conformité de l'Octroi qui luy a été accordé, & luy payer par forme de reconnoissance le droit de Last contenu dans le quatrième Article, & outre cela seront tenus de donner caution, qu'ils n'iront point sur la Côte d'Afrique, ny aux autres Places où la Compagnie a seule le Privilege de negocier à l'exclusion de tous autres. Et qu'ils retourneront avec leurs dits Vaisseaux & Chargement dans ces Provinces. Les susdit Vaisseaux ayant payé le droit de last & donné caution, seront munis de Passeports, & Commission de la Compagnie; afin qu'ils ne soient point troublés ny molestés dans leurs voyage, ou qu'ils ne soient point retardés en faveur d'autres Vaisseaux. En outre pour la satisfaction particuliere des susdits Nobles & Puissants Seigneurs les Etats de Zelande il est ordonné que les Habitans de la dite Province, tant pour l'aller, que pour le retour, & sejour qu'ils feront à Suriname, joüiront des mêmes Franchises dans le Commerce & la Navigation, que ceux de Hollande & des autres Provinces, sans y pouvoir être troublés ny inquietés en aucune sorte que ce soit. Mais que sur le fondement de cet Octroi, toutes choses tant les Charges, que les Privileges, seront égales indifferemment aux habitants de ces Provinces.

X I I.

Que le Négoce & le Transport des Marchandises pour la Colonie ne se pourra faire que directement & à droiture de là-ici, & d'ici-là, & que tous les fruits & Marchandises de là ne pourront être envoyez ailleurs qu'ici. Comme aussi que toutes les choses necessaires pour la Colonie, ne pourront être envoyées d'ailleurs que de ces Païs, & non d'aucun autre endroit.

X I I I.

Et afin que nos Habitans qui trafiquent là, puissent être assurés, que dans la liberté qu'ils ont de naviger de là-ici, & d'ici-là, ils ne seront point troublés par les Vaisseaux de la Compagnie, auxquels elle pourroit donner des avantages à leur préjudice, ladite Compagnie ne pourra entreprendre d'y envoyer plus grand nombre de Vaisseaux, que ceux qui seront necessaires pour le transport des Negres, & pour raporter de là-ici les Sucres, & les autres Marchandises qu'elle aura acquises, par la vente de Negres, ou par la levée de ses Droits. La dite Compagnie n'ayant aucun pouvoir de charger les Marchandises des Particuliers, si non seulement dans les Vaisseaux qui y auront porté des Esclaves.

X I V.

Que les Marchands y étant arrivés avec leurs Vaisseaux & Marchandises, pourront se mettre ès lieux qu'ils jugeront les plus commodes & profitables, moyennant que par là ils n'apportent aucune incommodité à la Compagnie, ny aux Habitans, & que par ce moyen la Compagnie ne soit point fraudée de ses Droits, surquoi le Gouverneur & le Conseil feront des réflexions exactes.

X V.

Que comme il est libre à chacun de venir dans la Colonie avec sa famille & ses Marchandises, il est aussi permis à chacun, tant à ceux qui y sont déja établis, qu'à ceux qui s'y établiront à l'avenir, d'en partir en tout tems avec leurs Esclaves, Bêtes & autres Biens Meubles, pour se retirer dans telles Places & Isles qu'il leur plaira. Et que pour faire ce Transport, ils pourront louer ou acheter tels Vaisseaux & Barques de passage, qu'ils jugeront necessaires pour executer leur dessein.

X V I.

Et afin que les Habitans & Planteurs de Suriname, & les Habitans de ces Provinces qui negocieront avec eux, puissent être parfaitement assurés qu'ils joüiront effectivement & à plein desdites exemptions, & que leurs Privileges leur seront conservés, le Gouverneur & le Conseil d'Etat seront tenus sur leur serment, de prendre bien garde qu'il ne se fasse aucune infraction là dessus.

X V I I.

Le Gouverneur à qui la principale autorité appartient, sera établi absolument par la Compagnie, moyennant que sa personne & son Instruction soient approuvés par leurs Hautes Puissances, des quels & de Son Altesse Monseigneur le Prince d'Orange il recevra sa Commission.

X V I I I.

Que le Conseil d'Etat sera composé à présent pour la premiere fois de dix personnes, & dans la suite des tems, ce nombre pourra être augmenté, à proportion que la Colonie deviendra plus nombreuse, de maniere que suivant que les Habitans le

ANNO 1682. le souhaitteront, & que la Compagnie le trouvera bon, il pourra monter jusqu'à quarante personnes inclusivement.

XIX.

On prendra ces Conseillers d'entre les Habitans, desquels on choisira les plus considerables, les plus intelligens & les plus moderés, & ils exerceront cette charge tant qu'ils vivront; & seront faits à la pluralité des voix des Habitans, qui y nommeront un double nombre, dont le Gouverneur fera le choix. Et en cas que quelqu'un d'eux vint à mourir, ou se retirer, on continuera à remplir la place de la maniere que dessus, jusques au tems que le nombre des Habitans pourroit devenir si grand, que cela ne pourroit être pratiqué sans beaucoup de desordre & de confusion, auquel cas la Compagnie avec l'approbation de leurs Hautes Puissances, pourra ordonner que ces places soient remplies par la Nomination que les Conseillers d'Etat en feront annuellement, à un certain jour à ce destiné, mais ce changement ne se pourra faire, que lors que le nombre des Conseillers sera augmenté pour le moins jusqu'à trente.

XX.

Combien que le Gouverneur dans toutes les affaires Politiques & Militaires, doive avoir la principale autorité, si est-ce que dans celles d'importance il sera tenu d'assembler le Conseil, d'y proposer l'affaire, la mettre en déliberation, & ensuite former la Conclusion, en telle sorte qu'il sera trouvé bon & expedient par la pluralité des voix, & le Gouverneur sera tenu de suivre cette Conclusion telle qu'elle puisse être, & de la faire mettre fidellement en execution.

XXI.

Excepté toutes fois que le Gouverneur & le Conseil d'Etat conjointement, & chacun en particulier, seront tenus de suivre & d'observer les ordres qui leur seront donnés de tems en tems par la Compagnie, dans toutes les affaires qui ne sont pas specifiées, & nommément exprimées dans ces Articles fondamentaux; Et cela sur le serment qu'ils ont fait respectivement à l'entrée de l'exercice de leurs fonctions. De sorte que leurs Ordonnances auront lieu seulement dans les affaires contenues dans ces Articles comme Privileges; Et outre plus dans toutes les autres affaires, surquoi le Gouverneur n'a point reçû d'ordre ou d'instruction expresse.

XXII.

Que les susdits Gouverneur & Conseillers, vaqueront aussi à l'Administation de la Justice Criminelle.

XXIII.

Pour ce qui est de la Justice Civile separée de la Justice Criminelle, elle sera administrée par le susdit Gouverneur avec adjonction de six Personnes, des plus considerables & intelligentes, que l'on élira de deux en deux ans, tant d'entre les Conseillers d'Etat que d'entre les autres Habitans, ce qui se fera de la même maniere que dans les Déliberations du Conseil d'Etat, à la pluralité des voix, & le Gouverneur n'aura qu'une voix; mais en cas que les voix se trouvassent égales des deux côtés, il sera conclu suivant l'avis du Gouverneur.

XXIV.

Les six Personnes sus nommées ayant exercé la Justice pendant deux ans comme Juges & Conseillers, la moitié d'iceux se retirera, pour faire place à d'autres qui leur succederont dans cet Emploi, pour pendant deux autres années remplir le Siége judicial, avec le Gouverneur & les trois Conseillers qui seront restés. Lesquels susdits Conseillers de Justice seront établis comme s'ensuit. Douze personnes étant nommées pour la premiere fois, à la pluralité des voix, nommément par le Gouverneur & le Conseil d'Etat, & ensuite de deux en deux ans le premier jour de Janvier, six personnes étant nommées, le Gouverneur en choisira pour la premiere fois six personnes, & ensuite de deux en deux ans trois personnes, & les anciens Officiers de Justice trois personnes, pour avec luy comme cy-dessus, administrer la justice pendant deux ans. ANNO 1682.

XXV.

Les susnommés Conseillers d'Etat tiendront un plus haut rang, & seront en plus grande consideration que les Conseillers de justice. Et dans chaque College ceux là auront la préséance, qui dans la premiere élection, se seront trouvés être les plus vieux. Et dans la suite ceux qui auront été appellés les premiers à ces Dignités, avec cette distinction que les Conseillers d'Etat qui seront faits Officiers de Justice, tiendront le premier rang devant les autres Officiers de ce College-là.

XXVI.

Les susdits Conseillers tant d'Etat que de Justice, exerceront leurs charges, sans en recevoir aucuns gages ny émolumens, mais seulement pour l'amour qu'ils portent au bien public.

XXVII.

L'entretien de la Forteresse à la Riviere de Suriname, outre la construction, & l'entretien des autres fortifications qu'il conviendra faire, en cas que l'on le juge nécessaire, sera à la charge de la dite Compagnie, comme aussi le Canon, les Munitions de Guerre, les Gages & Entretiens de la Garnison, & tout ce qui concerne la défense de la susdite Colonie.

XXVIII.

Les susdits Directeurs de la Compagnie prendront soin, que les Habitans soient pourvûs en tout tems d'un ou de plusieurs Ministres de la Parole de Dieu, suivant que la Constitution de la Colonie le requerra; afin que les dits Habitans soient instruits dans la crainte du Seigneur, & dans la connoissance salutaire de la Religion, & qu'ils puissent participer aux Saints Sacremens comme il est convenable, les susdits Ministres seront entretenus, non pas aux dépens de la Compagnie, mais aux dépens des Habitans, surquoi le Gouverneur & les Conseillers ordonneront qu'il soit fait un fonds pour cela, avec l'approbation des Directeurs.

XXIX.

Le Gouverneur & le Conseil sous l'approbation des Directeurs, pourront imposer quelques charges modiques, pour subvenir aux frais nécessaires, que les Colleges de Police & de Justice seront obligés de faire ensemble pour l'entretien du Service de l'Eglise, des Maîtres d'Ecole, & autres choses, pour autant qu'ils le jugeront nécessaire & utile.

XXX.

Le Gouverneur & les Conseillers ne pourront imposer aucunes charges, si non avec l'approbation de leurs Hautes Puissances & de Messieurs les Directeurs de la Compagnie, afin que les Habitans puissent être en repos à l'égard des attentats que les dits Conseillers pourroient entreprendre.

XXXI.

Le Gouverneur sera tenu de faire serment de fidelité à leurs Hautes Puissances, & aussi aux Directeurs de la Compagnie, & les Conseillers & Magistrats feront un semblable serment entre les mains du Gouverneur, suivant un certain formulaire dont on conviendra, & les Soldats, Matelots, & autres gens de service étant aux gages de la Compagnie, seront reçûs & prêteront le serment suivant l'Article général de la Compagnie; les Habitans de la Colonie feront aussi serment de fidelité à l'Etat & à la Compagnie, sous un formulaire particulier qui sera reglé semblablement, suivant l'exemple du serment des Bourgeois & Habitans de ces Provinces.

XXXII.

ANNO 1682.

XXXII.

Finalement, si par l'experience de quelques années il se trouvoit que la Colonie fût incommode à la Compagnie, de sorte que les Directeurs & principaux intéressés jugeassent, que ce seroit une affaire préjudiciable & ruïneuse à la Compagnie d'entretenir davantage ladite Colonie. En ce cas, il sera permis aux Directeurs de pouvoir faire un desistement, en abandonnant ladite Colonie. Et alors ce sera à l'Etat d'en prendre le soin comme étant tenu d'y mettre ordre, sans que ladite Compagnie s'en mêle davantage.

C'est pourquoi, nous mandons & requerons, enjoignons & ordonnons à tous & à chacun à qui cela peut toucher, qu'ils fassent joüir pleinement & parfaitement de nôtre present Octroi, & de tout le contenu en icelui, comme aussi des libertés & exemptions couchées cy-dessus, tant la dite Compagnie des Indes Occidentales, que ceux qui se sont déja établis dans la Colonie, ou qui pourroient s'y établir à l'avenir, sans leur donner ny permettre qu'il leur soit donné aucun trouble ny empêchement; Car c'est la nôtre véritable & serieux sentiment. Donné à la Haye, sous le Grand Sceau de l'Etat, la Paraphe de Monsieur le President de nôtre Assemblée, & la signature de nôtre Greffier, le 23. September 1682. Ainsi Paraphé. A. Gerlacius. Et plus bas, par l'Ordonnance de leurs Hautes Puissances Messieurs les Etats Généraux, Signé H. Fagel, avec le Sceau de leurs Hautes Puissances en cire rouge, en lacs de soye rouge.

CLXXVI.

1684. 4. Juin. *Sententie van de hooge Leen-kamer van Overyssel, tusschen syne Koninghlyke Majesteyt van Groot-Brittaigne, doenmaels Prince van Orange, ende de Heeren Graven van Teckelenburgh, in dato den 4. Julii 1684.* [Aenwysinge van het Recht tot de twee Graefschappen van Meurs en Lingen, competerende S. H. Johan Willem Friso &c. aen de Stucken ende Bewysen p. 24.]

C'est-à-dire,

Sentence rendüe par la Chambre Féodale d'Overyssel entre GUILLAUME *Prince d'Orange d'une part, &* ADOLPHE *&* FRIDERICK MAURICE *Comtes de Tecklenbourg d'autre part, au sujet de la Comté de Lingen. Le 4. Juin 1684.*

IN Leen saecken voor de Hooge Leen-bancke deser Provincie ongedecideert hangende, tusschen zyn Hooggeydt *Willem de tweede*, *Prince van Orange, en Nassau, &c.* als Grave ende Heer van *Lingen*, Aenlegger en Requirant *ex lege diffamari*, ter eenre, ende de Heeren *Hans Adolph*, en *Fredrick Maurits*, Graven tot *Teicklenburgh*, Heeren tot Rheda, &c. en alle die van haren Huysen, Gedaeghden in het zelve cas, en Gecontumaceerden, ter andere zyde, daer in gesien eysch en aenspraeck, voorts *intendit*, en het daer by gevoeghde extract, volgens de gerichtelycken Inventaris daer van gemaeckt, en op alles gelettet, waer op te letten stonde; het Hooge Leen Gerichte, in name, ende van wegen de Heeren Staten van *Overyssel*, als Leen-Heeren van de Graefschap en Heerlyckheyt *Lingen*, met de *vier Karspelen* ofte Dorpen, *Ipenbayren*, *Rekke*, *Mettingen*, en *Brughterbeecke*, nevens alle andere appartenentien, daer onder gehoorende, *doende recht*; verstaet, de Heeren *Hans Adolph*, ende *Frederick Maurits*, Graven tot *Tecklenburg*, Heeren tot Rheda, &c. en alle die van haren Huyse zyn, Gedaeghden in desen, voor dese Leenbancke wegens hare gedaene vantises wettelyck te zyn aengeklaeght, geciteert en gecontumaceert; versteekt dien ten gevolge die zelve, hare Successeuren, en Nakomelingen, voor nu, en altoos, van alle recht, actie, en prætensie, soo zy op de voorsz. Stadt, Graefschap, en Heerlyckheyt, met de voorsz. Karspelen, ofte Dorpen, en andere appartenentien, daer toe gehoorende, eenighsints mogen sustineren te hebben, *haer daer over een eeuwigh stilswygen imponerende*, de Heeren Gedaeghden, en Gecontumaceerden in gevolgh Landt-recht part. 1. tit. 12. art. 3. de tydt van een maent na pronunciatie deses, om nogh haer onschuldt te doen, reserverende dogh *in omnem eventum* in de kosten deser proceduren *propter contumaciam* condemnerende.

ANNO 1684.

Onder stondt,

Accordeert met het voorsz. Register.

En was getekent,

H. van Breda.

CLXXVII.

Vertrag und Recess zwischen Churfürst JOHANN GEORG dem III. zu Sachsen als Erbvogt des Stiffts Quedlinburg eines-dann ANNEN DOROTHEEN Aebtißin und dem Capitul daselbst andern Theils/ worin verschiedene zwischen denenselben sich bißhero von wegen Einnehmung der Erbhuldigung/ Stiffts-Rechnungen/ Policey- und Kirchen-Ordnungen/ des Raths verneuerung/ Gräntz-Sachen/ wie auch wegen Bestellung des Stiffts-Haubtmanns/ dessen Wohnung/ Gerichts- und anderer Sachen mehr halber erhaltene Irrungen verglichen und erörtert werden Geben Quedlinburg den 11. Februarii 1685. Benebst der Aebtissin Eyd gegen Ihro Churfürstl. Durchleucht/ dann auch der Unterthanen gegen besagter Aebtißin. 1685. 18. Fevrier. [LUNIG Teutsch-Reichs-Archiv. Part. Special. Continuat. 2. Abtheil. V. pag. 834.]

C'est-à-dire,

Traité entre JEAN GEORGES III. *Electeur de Saxe comme Advocat Héreditaire de l'Abbaye de Quedlimbourg, d'une part, &* ANNE DOROTHE'E *Abesse de Quedlimbourg avec son Chapitre d'autre part, par lequel tous les anciens differends au sujet de l'Hommage héréditaire, de la Reddition des Comptes, des Ordonnances Politiques, & Ecclésiastiques; du Renouvellement du Magistrat, de l'établissement du Capitaine, de l'Habitation, des Limites, & de la Justice, sont accommodés & terminés A Quedlimbourg le 18. Fevrier 1685.* AVEC *le serment de ladite Dame Abbesse pour l'observation de cet Accord.*

DEmnach sich zwischen dem Churfürstl. und Fürstl. Hause Sachsen an einem/ und denen jewiligen Abbatißinnen und Capitul-Gemeine zu Quedlinburg am andern Theil/ von langen Jahren her viel Spän und Irrungen enthalten/ welche zwar durch die sub dato Quedlinburg Donnerstags nach Laurentii Anno 1539. und 17. Aug. 1574. auch andere getroffene Verträge/ etlicher massen beygeleget/ aber nicht so gäntzlich hinweg geräumet/ noch verhütet werden können/ daß sich nicht von Zeit zu Zeiten allerhand neue Gebrechen herfür gethan/ und nach und nach gehäuffet. Dahero der weyland Durchlauchtige Fürst und Herr/ Herr Johann Georg der Andere/ Hertzog zu Sachsen/ Jülich/ Cleve und Berg/ des Heil. Röm. Reichs Ertz-Marschall und Churfürst/ Landgraf in Thüringen/ Marggraf zu Meissen/ auch Ober- und Nieder-Lausitz/ Burggraf zu Magdeburg/ Gefürsteter Graf zu Henneberg/ Graf zu der Marck/ Ravensberg und Barby/ Herr zu Ravenstein &c. Christmildester Gedächtniß/ Anlaß ergriffen/ solche durch seiner Churfürstl. Durchl. zu Einnehmung der Huldigung des Orts gehabte Gesandte und sonst nothdürftig untersuchen/ mit denen auf Seiten des Stiffts dazu verordneten Räthen überlegen/ und zum Theil bereits in annis 1659. 1670. 1671. und 1672. zu einiger Abrede bringen lassen. Welche Handlunge der auch Durchlauchtigste Fürst und Herr/ Herr Johann Georg der Dritte/ Hertzog zu Sachsen/ Jülich/ Cleve und Berg/ des Heil. Römischen Reichs Ertz-Marschall und Churfürst/ Landgraf in Thüringen/ Marggraf zu Meisen/ auch Ober-und Nieder-Lausitz/ Burggraf zu Magdeburg/ Gefürsteter Graf zu Henneberg/ Graf zu der Marck/ Ravensberg und Barby/ Herr zu Ravenstein rc. nicht allein mit der Hochwürdigen und Durchlauchtigen Fürstin und Frauen/ Frauen Annen Sophien/ Land-Gräfin zu Hessen/ Fürstin zu Hirschfeld/ des Käyserl. freyen Weltlichen Stiffts Quedlinb. Abbatißin/ Gräfin zu Catzenellenbogen/ Dietz/ Ziegenhein/ Nidda/ Schauenburg/ Isenburg und Büdingen rc. Christmilden Andenckens/ mittels einer zu Dreßden im Monat Decemb. des verwichenen 1682sten Jahres veranlasseten Conferentz/ sondern auch nach jetztgedachter Frau Abbatißin seither erfolgten Hochseligen Ableben/ und mehr anderweit allhier mit der auch Hochwürdigsten und Durchlauchtigsten Fürstin und Frauen/ Frauen Annen Dorotheen/ Hertzogin zu Sachsen/ Jülich/ Cleve und Berg/ Landgräfin in Thüringen/ Marckgräfin zu Meissen/ des Kayserl. freyen weltlichen Stiffts Quedlinburg Abbatißin/ Gefürsteten Gräfin zu Henneberg/ Gräfin zu der Marck und Ravensberg/ Frau zu Ravenstein rc. und dem Capittel durch Endes benannte zu Hochgedachter Frau Abbatißin Introduction und Einnehmunge der gesamt Huldigung anhero verordnete Gesandte reassumiren lassen.

Als ist es hierdurch mit Göttlicher Gnade so weit gebracht/ daß endlich alles/ was biß dahin in Irrunge geschwebet/ nachfolgender Gestalt in Guten verglichen/ und erörtert worden.

1. Huldigung.

Nemlich so viel Erstlich die Erb-Huldigunge anbetrifft/ nachdem ein Churfürst zu Sachsen nicht nur für sich allein bey Antretunge des Churfürstl. Regiments/ nach der Notul Lit. A. sondern auch Inhalts des obangezogen Vertrages de Anno 1574. nebst und mit einer neu erwehlten Abtißin/ bey deren introduction die Huldigunge von sämptlichen Stiffts Unterthanen nach der Notul Lit. B. einzunehmen hat/ solche gesambt Huldigung auch beym jährlichen Raths Wechsel von denen neuen Unterthanen abzulegen ist. Uber welchen letztern sich der Formul halber einiger Mißverstand bißher ereugen wollen/ so hat man sich verglichen/ daß die Notul Lit. B. (welche nebst der sub lit A. umb künfftiger mehrer Richtigkeit willen diesem Recess am Ende mit beygefüget) auch bey obbedeuteten Fall/ da die neuen Unterthanen zu vereyden/ behalten/ und es also bey angezogenen beyden Formulen unverändert gelassen werden solle.

2. Ermanglende Lehnstücke an Weid/ Bahn/ Holtzung/ Fischerey und Zehnden.

Wiewohl sich auch hiernechst zum andern befunden/ daß Ihrer Churfl. Durchl. nicht nur die in Erb-Voigteyl. Ihr und dero Chur-und Fürstl. Vorfahren vom Stifft ertheilten Lehn-Brieffen austrücklich mit begriffene Wildbahn/ Holtzung und Fischereyen/ sondern auch die meisten darinnen benandten Zehendten ermangeln/ und dahero deren Verschaff- und Gewehrung beym Stifft begehret worden; So haben Ihro Churfürstl. Durchl. sich dennoch zu Bezeigung dero geneigten Willens Freund-Vetterlich erklähret/ wegen besagter Wildbahn/ Holtzung/ und Fischerey weder in der Abbatißin Fürstl. Durchl. noch in das Stifft ferner zu setzen/ sind auch zu frieden/ daß Hochgedachte Abtißin/ wie bißhero in Jagd-Sachen/ und was zu deren conservation und Abschaffung fürgehender Jagd Eingriffe nöthig und dienlich/ verordnen/ und deßwegen pfänden lassen/ auch mit Einlieferung solcher Pfände in die Erb-Voigtey verschonet werden mögen/ jedoch daß was extranei von dergleichen Stücken usurpiren/ hierunter nicht verstanden/ sondern Ihrer Churfl. Durchl. und dem Hause Sachsen die deßhalber zukommende Befugnüß vorbehalten/ auch das Stifft hierinnen/ nach alle Kräfften mit denselben umbzutreten/ verbunden bleibe/ imgleichen die gedachter massen nachgelassene Einlieferung der Pfände in die Voigtey nicht weiter noch auff andere pignorationes in Fischerey-Feld-und dergleichen Sachen/ wenniger aber auff einige dabey etwa fürgehende Gerichtsfälle oder violation der Gräntzen und Jurisdiction extendiret/ und zur consequenz wider Ihro Churfürstl. Durchl. Erb-Voigtey und deroselben zum Nachtheil allegiret werde/ wie dann Ihro Churfürstl. Durchl. auch der verliehenen Zehndten halber durch dero Stiffts Hauptmann/ oder sonst Erkundigunge einziehen/ und die Nothdurfft weiter beobachten lassen wollen.

3. Hohe Lehn-Verschreibung.

So hat es auch drittens wegen Verschreibunge hoher Lehns-Angefelle/ da dergleichen anders nicht/ dann mit Ihr Churfürstl. Durchl. und dero Nachkommen Vorwissen geschehen solte/ beym fünfften Punct des Vertrages de Anno 1574. sein nochmahliges Verbleiben/ und soll einem Churfürsten zu Sachsen rc. aus denen Stifftischen Lehn-Büchern und Registraturen auf Begehren die dißfalls benöthigte Nachricht ertheilet werden.

4. Stiffts-Rechnung.

Allermassen auch viertens Ihro Churfürstl. Durchl. in Krafft dero hohen Erbvoigteylichen Ambts befugt/ zu zusehen und darfür zu seyn/ daß das Stifft nicht in Abnehmen gerathe/ dahero Sie nach Inhalt des sechsten Punckts des Vertrages de A. 1574. berechtiget/ denen jährlichen Rechnungen/ so einer Abtißin von der darzu bestellten Person in Beyseyn des Capittuls abgeleget wird/ jemand der Ihrigen/ jedoch solcher Gestalt zu zuordnen/ daß derselben an dero Regiment kein Eintrag oder Verhinderunge zugefüget werde. Also soll hinfort der Stiffts Hauptmann nicht allein zu gedachten Rechnungen Krafft dieses/ und ohne ferner Special Vollmacht jederzeit gezogen/ sondern Ihm auch nach Befindung/ dem Stifft zum besten wider den Rechnungs-Führer gehörige Anmerckungen zu machen/ und nothdürfftige Erinnerunge dabey zu thun/ frey verbleiben.

5. Policey und andere Ordnung.

Und weil fünfftens wegen Communication der Policey-Jagt-Schieß-Fischerey-und andere einer Abbatißin zu machen zukommenden Ordnungen/ gleichfalls Irrungen entstanden; So sollen dieselben revidiret/ und was die Churfürstl. Jura, zumahlen wegen der Bussen/ und daß demselben kein Eintrag geschehe/ betrifft/ dabey gehörig beobachtet/ und hernachmahls ohne Noth und gleichmäßige Communication nicht geändert werden.

6. Kirchen-Ordnunge.

Gestalt denn sechstens bey der Kirchen Ordnung dasjenige/ so dißfalls in 3ten Punct des Vertrags 1574. versehen und ausgesetzt/ in acht genommen/ und dahero die bißherige mit ehisten gleichfalls revidiret/ nach Gelegenheit/ und wo darinnen Discrepantz von dero Churfürstl. Kirchen-Ordnunge anzutreffen/ Veränderung fürgenommen/ und so dann mit der Publication in der Frau Abbatißin Nahmen gebührender massen verfahren werden solle.

7. Raths-Wechsel und Aufführung.

Nachdem auch siebendens Herkommens/ daß jährlich am Sonntage Quasimodogeniti ein neuer Rath aufgeführet werde/ so soll es auch inskünfftige regulariter und ordinarie darbey verbleiben/ und allenthalben nach bißhero gebräuchlicher Art und Form gehalten; Wann aber solche Auffführung wegen etwa vorfallender erhebliche Hindernisse zu verschieben/ so doch in Zukunft zu Vermeidung vieler inconvenientien und Unordnungen ausser sonderbahrer Noth möglichster massen zu verhüten/ so soll der Abbatißin Fürstl. Durchl. hierzu einen andern Tag ansetzen/ und sich mit dem Stiffts-Hauptmann darüber vernehmen; Jedoch zu Zeiten/ wann die impedimenta sich etwas lange verziehen möchten/ die sonst gebräuchliche minus solenne Aufführ- und Bestetigung statt finden.

8. Frembde Werb-und Einquartierungen.

Achtens/ weil Ihre Churfürstl. Durchl. das Jus Armorum & Præsidii, samt was dem allenthalben nach Recht und Gewohnheit anhängig/ im Stifft zustehet/ so soll darinne ohne deren Consens und Verordnunge keinerley Werb- oder Einquartierunge/ ausser was des Stiffts Creyß-Contingent betrifft/ welches doch ohne öffentlichen Trommelschlag zu richten/ verstattet noch geduldet/ sondern auf gepflogene Communication mit der Abbatißin Fürstl. Durchl. vom Stiffts-Hauptmann unverlängt abgeschafft und auffgehoben werden.

9. Wachten und Anstalten in den Thoren.

Wiewol auch neundtens/ die ordentliche Thorwache zu Quedlinburg bey Friedens-Zeiten dem Rath daselbst noch ferner nebst denen Schlüsseln/ welche von der Abbatißin Fürstl. Durchl. Ihnen zu dem Ende zugestellet werden/ zu lassen/ so soll doch bey ereugnender Contagion-Gefahr derselbe sich keiner Anstalt in den Thoren/ ohne oder wider des anwesenden Hauptmanns Instruction und Ordre, unterfangen/ dieser mit der Abbatißin Fürstl. Durchl. sich jederzeit daraus vernehmen/ derselben auch die Thorzettel richtig einliefern lassen/ wie denn nichts weniger der Päße halber gute correspondentz zu pflegen/ und dem Rath nicht nachzusehen/ daß er dergleichen jemand anders/ als denen Bürgern/ wo kein Verdacht obhanden/ ertheile. In Kriegesläufften aber und bey sedis vacantien verbleibet alle zu Beschütz-Verwahr-und Versicherunge des gantzen Stifts dienliche Disposition Ihr Churf. Durchl. lediglich anheim gestellet.

10. Repartition der Wacht-Gelder und anderer extraordinar Anlangen.

Und wie zehndtens in gemein aller Steuren und Anlagen halber im vierdten Punct des Vertrages de Anno 1574 die Versöhnunge gemacht/ daß solche/ ausser der Reichs und

Creyß

ANNO 1685. Creyß Contributionen (in welchen dann Ihro Chur-Fürstl. Durchl. der Frau Abbatißin Fürstl. Durchl. weder in deren Proposition noch Anlegunge und Peræquation einigen Eintrag zu thun begehren) durch einen Churfürsten und Abbatißin zugleich denen Stiffts Unterthanen zu proponiren / zu handeln und anzulegen / welches denn nicht unbillig auch von darzugehörigen modo collectandi Revision und Peræquation der Catastrorum zuverstehen / also soll dergleichen auch bey vorfallender Auffbringunge der Wacht-Gelder / wo es denen bedürfftig / observiret / die Einnehmer conjunctim darzu bestellet / verpflichtet / und von Ihnen die Rechnung abgenommen werden.

11. Exemtion der also genannten Freyen betreffend.

Und weil zum Eilfften etliche Personen im Westendorff hiebevor von einigen Abbatißinnen unter andern auch von denen Wachten befreyet seyn wollen / worüber einige Beschwerde entstanden / und inskünfftige weiter besorget worden. So hat man sich verglichen / daß zwar diejenigen / so dergleichen Freyheit bißher erhalten / und verificiren können / dabey / was die Bewachung des Stiffts-Hauses anbetrifft / dem Herkommen nach / bey währenden sedis vacantien / wie auch bey Pest-Zeiten noch ferner gelassen / aber in Kriegs Läufften / wie auch bey der Ordinar Stadt-Wacht / so Reyhe umb von Hauß zu Hauß gehet / wegen darin habender bürgerlichen Häuser sich keiner exemtion anzumassen haben sollen. Und wollen auch der Abbatißin Fürstl. Durchl. durch dergleichen Befreyungen der übrigen Gemine zu keiner Beschwehr Anlaß geben.

12. Grentz-Sachen.

Allermassen auch zum Zwölfften das jus finium und dero Landes-Grentzen / samt deren Bezieh- und Erörterung mit denen Benachtbarten und anhängiger Setz- und Bezeichnunge der Grentz-Steine / mit denen Chur-Schwerbtern Ihrer Churfürstl. Durchl. zuständig ist. Also wollen Sie hierunter mit Zuziehunge der Abtißin Fürstl. Durchl. verfahren / und dieselbe bey dergleichen vorfallenden Dingen mit dero habenden Erinnerungen gebührend in acht nehmen lassen.

13. Neue Oehlmühle belangend.

Was zum Dreyzehnden die vor etlichen Jahren ausserhalb der Stadt neue erbauete Oehlmühle anbetrifft / ist zu Abkommung fernerer Weitläufftigkeit verglichen / daß der darauff geschlagene Erbzinß von Zeit der Ratification dieses Vergleichs an zwischen J. Churf. Durchl. und der Abbatißin Fürstl. Durchl. getheilet werden / und also dieselbe ohne weitern Widerspruch in ihrem Stande und Gange verbleiben solte.

14. Weyden-Zinß.

Gestalt auch zum Vierzehnden schon vorlängst dergleichen Theilung des Zinses von den gesteckten Weyden beliebet / und hiermit nochmals wiederhohlet wird / also soll diese Theilung auch retro von allen dißfalls biß dato uneingebrachten Resten verstanden werden.

15. Concessiones der Schencken und Häuser vor den Thoren.

Und weil zum 15. so wol an Seiten der Abtißin Fürstl. Durchl. als des Raths / die bißher ertheilten Concessionen neuer Schenck- und anderer Häuser vor den Thoren aufzubauen oder anzurichten / der Stadt nicht zuträglich / auch zu allerhand Unterschleiff und Unfug gereichend / erachtet werden will; So sollen dieselben mit ehesten zu beyden Theilen untersuchet / und nach Befinden die Richtigkeit befördert / auch der Erbzinß der verbleibenden neuen Schencken unter die Erbvoigtey und Abtey Schösserey getheilet werden.

16. Vom Stifts-Hauptmann und dessen Leuten.

Gleichwie es auch sechzehendens mit Bestellung des Hauptmannes beym Herkommen / und daß Ihre Churfürstl. Durchl. allein das Subjectum hiezu nach dero Beliebunge zu verordnen / und anzunehmen haben / denselben aber darauff nebst der gewöhnlichen Notification zum Handgelöbniß an jedesmahlige Abtißin weisen / sein Bewenden hat: Also ist derselbe nebst den Seinen von Stifftischer Bothmäßigkeit billig eximiret; und hat sein forum für Churfürstl. Durchl. Regierunge oder Hoff-Gericht / die Bedienten aber / so in seinem Lohn stehen / sollen nach vorher gegangener gebührenden Anzeige und requisition, in Criminal-Fällen und Civil-Klagen für die Churfürstliche Voigtey gestellet / in Fall es aber angesessene Personen betreffe / soll die Sache / wohin sie nach Unterscheid der Voigtey- oder Civil-Fälle gehörig / verwiesen / die Coërcitio auch in gemeinen Unfug und Disciplin-Sachen von dem Hauptmanne selb gebührend beobachtet werden.

17. Hauptmanney-Wohnunge.

Und weil derselbe zum 17den im Stiffts-Hause seine ordentlichen Wohnunge hat / solche aber für jetzo sehr ziemlich eingegangen / und fast unbrauchbar / auch Alters halber ohne gäntzliche Niederreiß- und Erhebunge eines neuen Gebäudes nicht wohl wieder anzurichten; Als stehet mit der Zeit dahin zu dencken / und auff fernere Erweg- und gesamter Entschliessunge / ob sich hierzu / in Fall sonst kein Mittel dazu zu finden / bey denen Stiffts Unterthanen einer gutwilligen Beysteuer und Anlage zu erhohlen / und unterdessen des Hauptmanns anderweiter Auffenthalt zu keiner Consequentz gezogen werden. ANNO 1685.

18. Halberstädtische Land-Gutsche.

Was zum 18. die vor etlichen Jahren im Stifft gegen Halberstadt angelegte Land-Gutsche anbetrifft / so mag zwar dieselbe ferner in ihrem Gange bleiben / doch daß der Churfürstl. Sächsischen des Orts durchgehenden Post hiemit keine Hinderniß zugezogen werde.

19. Jüden und Hausierer Schutz.

So sollen auch Neunzehndens förderhin im Stifft keine Jüden und Hausierer zu Vermeidunge der daher besorgten Quercken recipiret noch geduldet werden.

20. Von der für caduc eingezogenen halben Hufe vor Ditfurt.

Nicht weniger und zum 20sten hat es wegen der von der Hauptmanney für etlichen Jahren für caduc und heimb gestorben eingezogenen halben Hufe vor Ditfurt / weil sich befunden / daß selbige für dergleichen nicht zu achten / bey bereits beschehener Restitution sein Bewenden / und sollen die emolumenta juris fisci in- und ausserhalb der Stadt / so wohl in Civil- als Criminal-Fällen / wo die Confiscatio bonorum statt hat / gleich getheilet werden.

21. Ableitung des Buden-Strohms.

Auch soll zum 21sten wegen der von Stifftischer Seiten beschehener Abstechunge des Buden-Strohms vom Hauptmann ehistes mit Zuziehunge allerseits Interessenten der Augenschein eingenommen / die Bewandniß / wo die Durchgrabunge eigentlich geschehen / ob und wer darüber beständig zu klagen / oder die Restitution in vorigen Stand begehre / und wie groß der Schade oder daraus besorgende Gefahr sey? gründlich untersuchet / das Werck in gedachter Interessenten Gegenwart in richtigen Abriß gebracht / und so dann ferner die Gebühr verfüget / oder da nöthig / an Churfürstl. Durchl. unterthänigster Bericht erstattet werden.

22. Gerichts-Sachen.

Was hiernechst ferner und zum 22sten die Irrungen über den Gerichts-Sachen anbetrifft / so ist zwar in denen Verträgen die Versöhnunge gethan / auch sonst unstreitig / daß einem Churfürsten zu Sachsen die Ober-Gerichte im Stifft Quedlinburg zustehen / nachdem aber in der Voigtey-Belehnunge / so viel solche Churfürstl. Ober-Gerichte belanget / unterschiedliche Clöster und Güther / nemlich das Closter St. Wiperti / das Closter aufm Müntzenberge / zwey besetzte Teiche über Ditfurth und bey Gerstorff / das Vorwerck im Westendorff / und der Pröbstin und Sammlungs Vorwerck auch im Westendorffe / vier Höfe in der Alten Stadt Quedlinburg / auch der Pröbstin Hoff allda / dergestalt ausgenommen / daß solche frey / und in die Voigtey nicht gezogen werden / sondern wo sich in den gemelten Clöstern / Vorwercken oder Höfen etwa begebe / daß durch die Ober-Gerichte straffwürdige wären / ein Churfürst zu Sachs. und dessen Voigtey Verwesere sich darinnen / als sich das gegen freye Güther und Höfe gebühret / und von Alters Herkommen / halten und beweisen solle / welches dann von Stifftischer Seite nicht allein auf alle und jegliche der Abtey anhörige Personen und Bediente / und denenselben eigenthümlich zuständige Oerter an Häusern und Güthern / in- und ausserhalb der Stadt und Dörffern erstrecket / sondern die Befreyhunge auch dahin / als ob einer Abtißin hierdurch eine cognition über denen bey denselben sich zutragenden Ober-Gerichtsfällen biß auff Vollstreckunge der execution mit zugeleget wäre / gezogen / hingegen aber Churfürstl. theils solche exemtion allein auff die in ermelter Belehnunge ausdrücklich benahmte und specificirte Oerter / auch sonst weiter nicht / als vom Einfall und apprehension derer delinquenten / und daß sich dißfalls nach dem Herkommen und Gebrauch dergleichen freyen Oerter zu bezeigen / verstanden werden. So hat man sich hierunter endlich solcher gestalt vereiniget / und Churfürstl. Durchl. zu Bezeigunge dero geneigten Willens geschehen lassen / daß zwar unter obiger massen excipirten Clöstern / Vorwercken und Höfen / förderhin auch das Stiffts-Hauß (jedoch ausgeschlossen die Hauptmanney-Wohnunge daselbst / wann der Stiffts-Hauptmann

ANNO 1685.

wann solche würcklich bewohnet / oder auch ausser diesen Fall des Orts / den er zu seinen Expeditionen daselbst gebrauchet) mit gerechnet / sonsten aber die angezogene Exemptionen weder auf einige ander im Lehnbrieffe nicht ausdrücklich specificirte und benannte Oerter / und zumahl auff keinerley Feldguther / noch auf einige Stiffts-oder Abteyl. Bediente Mied-Leute / sie haben Nahmen wie sie wollen / gezogen / so wohl blosser Dinge von unmittelbahren Einfall / und nur dahin verstanden und gedeutet werden solle / daß dem Stifft die daselbst betretene oder befindliche Delinqventen (jedoch jedesmahl unweigerlich und unverzüglich) in Hafft und Versicherunge bringen zu lassen / und über dieses sich so wenig einiger / ob gleich nur summarischen Cognition anzunehmen / verstattet sey / darauff auch daßelbe sich zur Ausliefferung an die Churfürstl. Erbvoigtey alsofort / und ohne einigen Uffenthalt / Kosten oder andere Weitleufftigkeit beqveme / hingegen wollen Ihro Churfürstl. Durchl nicht allein durch dero Hauptmann in gemein gute Obsicht halten lassen / damit aller besorgten Passion satsam fürgebauet / mit der Captur zur Ungebühr und ohne gnugsame Indicia nicht verfahren / und kein Excess bey Vermeydunge unausbleiblicher Strafe dabey verübet werde / sondern auch / wann der Casus, wie zwar nicht zu vermuthen / Adeliche Mannes- oder Weibes- in würcklichen Diensten begriffene Persohnen und Räthe betreffen möchte / alsdann gedachten Hauptmann Krafft dieses Vertrages die Sache in der Hauptmanney / jedoch mit Zuziehunge der Erbvoigtey Gerichte fürnehmen / Inquisition verführen und dirigiren / mit Einholunge rechtlichen Erkänntnisses verfahren / wie nicht weniger / daß eine Person von Stifftischer Seite adjungiret werde / darbey mit sitze / und ihre Erinnerungen thue / geschehen / sie damit nothdürfftig und genüglich hören / und beobachten / auch wo es verlanget wird / solche ihre Erinnerungen und Nothdurfft ad Acta bringen / mit verschicken / und bevorab mit der Captur wider dergleichen ausserhalb obgedachter besagten Oerter wohnenden Personen / mit besonderer Behutsamkeit / und anders nicht / als auff vorhergehenden unterthänigsten Bericht an Churfl. Durchl. und erfolgte Resolution, es wäre dann periculum in mora, und ein atrox delictum vorhanden / verfahren lassen / gestalt auch die Captur der Hauptmanney-Wonunge aufm Stiffts-Hause auff dem Fall / da ein Hauptmann / so hieselbsten wohnet / oder auch ausser dem / in den von Ihm ausgezogenen Orthe nicht durch dem Voigtey-Knecht geschehen / sondern von Hauptmann angeordnet / und derselbe hierzu Krafft dieses Vertrages den Stifftes-Vogt jedesmahl gebrauchen soll / nicht weniger wird im übrigen denen Westendörffischen / Neuewegischen und Ditfurtischen Gerichten die Angreiff- und Einziehunge der Delinqventen / jedoch daß die Erbvoigtey / wo periculum in mora die Concurrentz habe / und die Prævention stat finde / auch daß die Auslieferunge ebenmäßig in loco consueto und unverzüglich / wie oben bedungen / erfolge / gegönnet.

Von Aufheb- und Besichtigung der Todten.

Sonst will und soll sich aus ins gemein das Stifft nichts anmassen / was denen Rechten und Herkommen nach zu den Erbvoigteyl. Ober-Gerichten gehörig / als da sind Aufheb- und Besichtigunge der Todten (jedoch daß hierunter nicht also fort für einen Eingriff und straffmäßig geachtet werde / wann etwa einige in Lebens-Gefahr gerathende Persohn annoch gerettet werden will /) ingleichen Verstattung der justificirten Ubelthäter zur Sepultur (doch unbenommen / was in solchem Fall circa locum & ritus aus dem Stiffts Consistorio verordnet werden mag) ferner die Cognition und Bestraffunge grober und abscheulicher GOtteslästerunge und dergleichen Fluchens (und zwar hinwiederum unbeschadet der Kirchen-Censur, so ebenmäßig ermeldten Stiffts-Consistorio in dergleichen und andern Fällen / zu verfügen anheim verbleibet /) wie auch des Haußfriede-Bruchs / so zu Rechte dafür bestehet / und das in Fällen / wo daran gezweiffelt wird / über der competentia fori, auff der Stiffts-Regierunge Einwenden und Beyfügungen ihrer Nothdurfft zu denen Actis, rechtlich Erkäntniß von der Erb-Voigtey eingeholet / und demselben nachgegangen werde.

Von Exemtion der Geistlichkeit und Schulen.

Eben so wenig sind die Geistlichkeit und Schulen für exemt von denen Erbvoigteyl. Ober-Gerichten / in Sachen / so dahin gehörig / zu halten / doch wollen Ihro Churfürstliche Durchl. durch den Hauptmann / daß / wie insgemein die Obergerichte und inquisitiones nicht mißzubrauchen / also zumal gegen Geistliche und Schul-Verwandte mit gebührender circumspection und Glimpf verfahren werde / die Voigtey sich auch keinerley Verfügunge oder cognition in Sachen dero Predigten und Ambts-Verrichtungen betreffend / anmasse / genaue Obsicht führen lassen.

So wollen auch Ihro Churfürstl. Durchl. zu Bezeigung dero freund-vetterlich geneigten Willens gegen der Abbatißin Fürstliche Durchl. und dem Geistl. Stande zu Ehren / Verordnunge thun / daß / wenn hinführo dergleichen Personen in Voigtey-Sachen Zeugniß abzustatten haben / dem Superintendenten solches jedesmahl zu vernehmen gegeben / die Zeugen durch Ihn erfordert / und die Abhörung in dessen Beyseyn auf der Superintendur durch den Syndicum und der Voigtey Actuarium verrichtet werden soll / jedoch / daß die Sache hierdurch nicht aufgehalten / sondern / wofern dabey vorsetzlich Verzögerung fürgehen wolte / mit Aufnehmunge des Zeugnisses bey der Erbvoigtey / gleichwie in delictis und zum Obergerichten gehörigen Fällen / an sich selbsten einen Weg als den andern jederzeit unmittelbar verfahren / und obgedachter massen keine exemtion verstattet werden solle.

ANNO 1685.

Vom Heer-Geräthe.

Und ob wohl sonst den Sächsischen Rechten nach das Heergeräthe den Ober-Gerichten gehörig / so hat man sich dennoch wegen zweiffelhafft erfundener observantz hierunter verglichen / daß solches zu Westendorff / Ditfurth / in denen Hospitalien und auf den Müntzenberge dem Stifft abgefolget werden / aber in denen beyden Städten / wie auch auf dem Neuenwege und sonsten der Churfürstl. Voigtey zukommen solle.

So mögen zwar auch die darüber in der Stadt fürgehende donationes und contractus, so wohl die Leg- und Taxirung desselben / (so gleichwol in Fällen / da es der Voigtey zuständig / in Beyseyn des Stadtvoigts / und nach der Voigteylichen observantz / wo selbige nicht lieber durchgehend fürgeschlagener und beliebter massen zu behaupten / geschehen muß) beym Stifft verbleiben / man versiehet sich aber / es werde dasselbe nicht nachsehen / daß solch der Voigtey gehöriges Heergeräthe durch unzeitige persuasiones und Unternehmungen derselben schwer gemachet / und per indirectum entzogen werde. Gleichwie es auch im übrigen wegen der Bussen / so von Braun / Blau und andern Fällen zu den Erbgerichten in der Stadt gehörig / so denn der Hülffen halber / so der Abtey-Richter umb Schulde und [illegible] zu Häusern und stehenden Güthern in der Stadt zu thun / und sonsten allenthalben beym dritten und folgenden Punkten des Vertrages de 1539 sowohl auch beym 7den Punct des Vergleichs de 1573. und Inhalt der Voigteylichen Belehnunge sein Bewenden hat. Also haben Ihro Churfürstl. Durchl. der Abtißin Fürstl. Durchlauchtigkeit Verlangen so weit gefüget / daß ob wohl sonsten nach Churfürstl. Sächs. Rechten die Fornication oder gemeine Hurerey-Fälle / worauff keine Verehligung folget / für die Ober-Gerichte gehörig / dennoch auch solche in Ansehunge der angezogenen Observantz / hinkünfftig bey den Stifftischen Gerichten gelassen / und daselbst bestraffet werden mögen.

Jurisdiction über die Müller.

So bleibet zwar auch die cognition und Bestraffunge derer in denen unter des Stiffts-Erbgerichten belegenen Mühlen fürgehende Ober-Gerichts-Fälle / und zu dieser gehörigen über 4. ggr. sich belauffenden Deuben nicht unbillig nach wie vor der Erbvoigtey / welche auch daselbst mit Citation und Apprehension der delinquenten unmittelbar verfahren mag. Was aber die Aufrichtunge und publication der Mühl-Ordnunge anbelanget / so soll das Stifft zwar dabey gelassen / dieselbe aber ehistes revidiret / auch das Churfürstl. Interesse und sonderlich daß den Bussen kein Eintrag geschehe / dabey gebührend in acht genommen werden.

Von der Steinbrücker-Mühle.

Immassen denn Ihr Churfürstl. Durchl. der Abbatißin Fürstl. Durchl. auch über die in der Stadt liegende Steinbrücker-Mühle die Erbgerichte / so weit dergleichen dem Stifft / Inhalts der Verträge und dem Herkommen nach / sonst gestanden werden / aus freund-vetterlich geneigten Willen / doch dergestalt überlassen / daß das Jus exigendi der jährlichen auf Michaelis von dem darauf hafftenden ablaglichen Capital fälligen 60. Thl. Zinsens der Voigtey unverändert verbleiben solle.

Es ist aber hierbey wegen Abschlagung des Wassers abgeredet worden / daß bey allen Mühlen / wenn etwas daran zu bauen / Gleichheit gehalten / gedachte Abschlagung bey Zeiten üblicher massen notificiret / die Graben zu rechter Zeit geräumet / geklagte unzuläßige Ableitung des Wassers aus der Buden in gemachte Graben / nebst denen mit ruin des Strohms neuerlich angemaßten Fischereyen / nach beschehener Erkundigunge / nicht weiter zugelassen / auch die Voigtey an ihren Gerichten / welche derselben bey dergleichen zuständig oder hergebracht / deßwegen in loco mehrer Erkundigunge einzuziehen / nicht gehindert werden soll.

Von Connexität der Sachen.

Wenn Sachen fürfallen / so zwar ihrer Natur nach für die Stifftische Gerichte gehöreten / aber von Hauptsachen / so vor der Voigtey anhängig oder erörtert / dependiren / oder mit demselben verknüpffet / und nicht davon zu separiren sind / so werden dieselben den Rechten nach nicht unbillich auch für ermelter Voigtey angenommen und erledigt. Wo aber Zweiffel fürfiele / ob auch dergleichen connexität / so das forum der Voigtey fundire / verhanden / so soll daselbst bey einem Dicasterio rechtlich Erkäntniß / mit Beobachtunge der Stifftischen Nothdurfft / wie oben / eingeholet / und demselben nachgegangen werden.

Von Stifftischen Anordnungen in Voigtey-Sachen.

Nebst dem / und weil im übrigen die Erbvoigtey-Verwaltunge

ANNO 1685.

tunge ihre dependenz, Direction und Appellation Instantz allein von Churf. Durchl. zu Sachsen / und dero verordneten Hauptmanney hat. So ist es dabey allerdings zu lassen / und selbige hierinnen nicht zu turbiren / noch die Citation der Bürger und Unterthanen in Voigteyl. Fällen einiger massen zu verhindern / sondern wofern einige ungebührliche Bezeugunge / oder übels Verfahren wider dieselbe anzugeben seyn möchte / es bey der Hauptmanney anzubringen / oder auch allenfalls Ihro Churfürstl. Durchl. selbst um remediirung anzulangen / jedoch hat der Stadtvoigt auf Befragen von ein oder andern zweiffelhafftigen Falle bescheidentliche Nachricht zu ertheilen / auch der Abbatißin Fürstl. Durchl. den Verträgen und Herkommen nach die Pflicht abzulegen.

Und ob gleich der Abtey unbenommen / in anhängigen Sachen für der Voigtey dero mit einlauffendes Interesse nach Gelegenheit interveniendo beobachten zu lassen / womit sie auch denen Rechten nach jedesmahl zu hören / so soll doch der Proceß dadurch nicht aufgehalten / noch der Voigtey verwehret seyn / bey verspührten Verschleiff in contumaciam zu verfahren / und die Sachen durch rechtlich Erkäntniß / wofern sie der Wichtigkeit / oder sonsten den Rechten gemäß / zu erörtern.

Von Consensen über Feld Gütern.

Wiewohl auch abangezogener Massen / nach Inhalt der Verträge / die Erbgericht ausserhalb der Stadt / und in allen Feldern / nebst allem / was von erwehnten Erbgerichten dependiret / der Erbvoigtey allein zuständig seyn und bleiben / dahero auch nicht nur dieselbe weder an denen allda fürfallenden Besichtig- und Ausmessungen durch die Feldschöppen / mit unzulässigen und wider sie solcher ihrer Amtsverrichtungen halber keines weges anzunehmen stehenden Belangungen ex L. diffamari, nach Ansetzunge der Mahlsteine / und sonst zu hindern und zu enträchtigen / sondern nicht unbillig auch die Ertheilunge der Consense über Verpfändung derer Feld- und anderer Güther ausserhalb der Stadt / ob schon dieselbe dem Stifft zu lehn rühren / den Sächsischen Rechten nach für gedachter Voigtey gehörig; So haben Ihro Churf. Durchl. doch um des angezogenen Herkommens willen und zu Stifftung guten vernehmens bewilliget / daß Consense über Feldgüther / benebst der Erbvoigtey auch von der Stiffts Regierung / (jedoch keines weges durch das Amt und Untergerichte) mögen ertheilet / und von gleichen Kräfften mit denen Voigteylichen nach Unterscheid der Zeit und Alters geachtet werden / jedoch daß dieses der Voigtey ohn alle præjudiz und keines weges dahin gedeutet werde / ob wurde dem Stifft einerley Jurisdiction in den Feldern hierdurch eingeraumet und gestanden. Damit auch die Güther hierdurch nicht also hoch beschwehret / und die Glaubiger gefahret werden; So sollen beyde Judicia bey vorgehender Anmeldunge sich vernehmen / und ein oder ander mit Nachricht / wie hoch ein jedes bereits consentiret habe / an die Hand gehen / auch ausser dergleichen Notification, weßwegen doch die Impetranten mit keiner besondern Gebühr zu beschweren / kein Consens gültig gehalten / hergegen aber auch nach nunmero verglichenen Dingen weder über bißheriger / sowohl von der Stiffts Regierunge / als Stadt- oder Ambts-Gerichten / erhalten / noch künfftiger von besagter Stiffts Regierunge zu ertheilen stehender Consense Gültigkeit bey erwachsenden Concursibus, und sonst einig disputat verstattet werden. Wann auch Aecker verkauffet und für der Erb Voigtey angezeiget / von den Contrahenten aber auf Befragen nicht angegeben würde / wenn sie zu Erben Zinß giengen; So soll sich gedachte Erb Voigtey keinen Zinß eigenmächtig darauff zuschreiben / sondern zuvor mit der Abtey Schösserey communiciren / und derselben und andern Stiffts Prælaturen / wann sie das Ihrige suchen / auff Anmelden hülffliche Handbietung leisten.

Von Actionen, so von Feld Gütern herrühren.

Was hiernechst die Actiones anbetrifft / welche wegen einiger Feld-Händel und Güther wider Bürger und Unterthanen / die für Ihre Person in Civilibus unter das Stifft gehören / angestellet werden / so sollen beydes die Actiones mere Reales, als von den mixtis das Judicium finium regundorum, so wohl auch Actio ex retractu Legali, benebst denen Actionibus ex delictis, so ausserhalb der Stadt verübet / sambt deren Bestraffunge / der Erb-Voigtey allein verbleiben.

Wegen der Personal- und übrigen vermengten Ansprüche aber / so von Feld-Güthern herrühren / in Ansehunge / daß beyde Theile hierunter ein Herkommen für sich gehabt / die Concurrenz und prævention von der Zeit insinuirten schrifftlich- oder beschehenen mündlichen Citation gerechnet.

Auch wenn solche Actiones für den Stiffts-Gerichten fürkommen / der Chur-Sächsische Proceß und Rechte / nebst denen in der Hauptmanney und Erb-Voigtey hergebrachten Feld-Gebräuchen in acht genommen / und nach Gelegenheit der Sachen Wichtigkeit mit Verschickung der Acten in Chur-Sächsische Collegia verfahren werden.

Wie es dann auch in casu connexitatis & continentiæ, auf Masse und Weise wie oben erwehnet zu halten / und soll im übrigen von der Erb-Voigtey den Stifftischen-Gerichten mit hülfflicher Hand und Execution der Judicatorum in Sachen / so vor dieselbe von Rechtswegen gehören / auf ziemende requisition und gegen Ablegunge der von der Partey schuldigen Gebühr / nicht erstanden werden.

23. Grentz Mahle der Abteylichen Stadt-Gerichten.

Weil auch zum 23sten / so wohl voriger als jetziger Abbatißin Fürstl. Durchl. über unterschiedliche zu Grentz-Mahlen der Gerichte / umb und an die Stadt gesetzte oder erneuerte Seulen / und daß hierdurch die Stifftische Gerichte innerhalb der Stadtmauern und Thore wolten beschlossen / auch der Abtey eingenthümliche Felder und Aecker ausserhalb der Stadt mit unter die Voigteyl Civil Jurisdiction gezogen werden / sich beschweret; So haben Ihro Chur Fürstl. Durchl. damit Sie umb so viel mehr erweisen möchten / daß Sie die Stiffts-gerechtsame keines wegen zu schmälern / sondern vielmehr zu schützen und zuvermehren geneigt / sich gegen der Frau Abtißin Fürstl Durchl hierunter dergestalt heraus gelassen / wie in beygefügter Beschreibung L. t. C. ausführlich enthalten / welches auch auf Seiten des Stiffts acceptiret / und dagegen hiermit die Erklärunge gethan worden / daß auf den Ihnen dergestalt verbleibenden Briel und anderen Plätzen am Müntzenberge und sonst / gleichwie Ihro Churfürstl. Durchl. ausserhalb der Stadt Gerechte zu thun nicht gemeinet / keine neue Wohn-Häuser erbauet / weniger neue Schencken und dergleichen concediret / oder wohl gar neue Vorstädte angeleget werden sollen.

24. Ditfurter Feld-Gebrechen und Halß-Eisen.

Was zum 24sten die Beschwerunge wider den Richter zu Ditfurt anbetrifft / so ist man darinnen einig / und hat sich das Stifft erkläret / und eingeräumet / daß demselben nicht zukomme / einige Feld-Händel und Gebrechen in cognition zu ziehen / und der Voigtey darinnen Eintrag zu thun / auch daß der Pranger oder Halß-Eisen vor der Schencke allda nicht zu solchen Behuf / sondern allein / wann in Consistoria und vor das Stifft gehörigen Civil-Sachen darauf erkant wird / zu gebrauchen. Man will aber Chur Fürstl. Seite geschehen lassen / daß derselbe geringe Fälle / so Huht / Trifft und Weyde betreffen / jedoch höher nicht / als biß 5. Mgl. oder 3. Meißnische gl. 4. Pf. bestraffen möge / und daß daraus keine Gerichtsbarkeit gemachet / noch der Voigtey gewehret werde / in Sachen / so ein mehrers importiren / Verfügung zu thun / an dieselbige auch sich diejenigen wenden mögen / welche sich durch des Richters Straffe etwa graviret befinden möchten / wie denn auch diejenigen Gärten / so innerhalb Dorff Zäune und Graben gelegen / mit zum Dorffe zu rechnen. Ferner soll derselbe die fürkommende Gerichts-Fälle / so unstreitig für die Voigtey gehören / also fort dahin / und nicht erst dem Stifft / was aber seinem Bedüncken nach etwa zweiffelhafft / darnechst und zugleich auch dem Stifft / damit sich darüber freundlich unter ein ander vernommen werden könne / anzeigen. Wie dann der Voigtey auch unbenommen / neben ihm des Raths Förstern / so lange sie den Pacht / oder Verwaltunge haben / oder bey erfolgter Aenderunge / einem andern aus dem Dorffe die Mitobsicht und Anzeige gedachter Voigtey Fälle nebst denen Pfändungen aufzutragen.

25. Neuweger Voigtey-Gerichte.

Zum 25sten wegen des Churfürstl. Voigtey Gerichts / so jährlich auf dem Neuenwege gehalten wird / hat es dabey sein Verbleiben daß solches / wie hergebracht / allein in Churfürstl. Durchl. hohen Nahmen / und ohne sonderliche Noth und erhebliche Hindernüß nicht anderst / als unter blossem Himmel gehöret werde. In obberührtem Fall aber will man auf Seiten des Stiffts / deme solches ohne præjudiz. und consequenz seyn soll / geschehen lassen / daß es auff behöriges Anmelden in Gülderhause / wenn es wiederum erbauet seyn wird / gehalten werde; Und ob wohl für solchen nicht nur Voigteyl sondern auch allerhand andere fürkommende Fälle erörtert werden mögen; So bleibet es dennoch wegen der Straffen beym Herkommen / und will das Stifft hierinnen sich nichts anmassen / auch die ehemahls abgenommene Voigtey-Register / wann solche noch verhanden / restituiren lassen / und weil die also genante 6. Mann oder Geschworne / welche von der Voigtey verordnet und bestätiget werden / allerdings zu solchen Gericht in specie verpflichtet seyn müssen; Als soll die Voigtey dasselbe nach der verglichenen Notal Lit. D. bewerckstelligen / und daran vom Stiffte nicht gehindert werden.

26. Flur-Buch.

Daß zum 26sten ein neu Feld- und Fluhr-Buch aufgerichtet und verfertiget werde / hat man Stifftischer Seiten selbst vor nützlich und nöthig erachtet / und sich dahero erkläret / der Voigtey daran nicht allein nicht hinderlich zu seyn / sondern vielmehr alle Beförderunge dißfalls beyzutragen.

27. Scheiben-Schiessen.

Wenn zum 27sten ein Scheiben-Schiessen auf der Clers-Wiese zu halten / sollen die Schützen dißfalls bey der Frau Abbatißin Fürstl. Durchl. sich geziemend anmelden / jedoch das Schiessen ander gestalt nicht / als mit Vorbewust und Be-

ANNO 1685.

gruffinge des Stifts-Hauptmannes / wie Herkommens / anstellen und vornehmen.

28. Vieh-Marckt.

Und verbleibet es zum 28sten bey dem von Anno 1614. bißher gehaltenen Viehemarckt nicht unbillig.

29. Raths-Gebrechen.

Als auch zum 29. etliche Gebrechen zwischen der Abbatißin Fürstl. Durchl. und dem Rathe sich ereuget / deren gütliche Erörterunge Ihro Churfürstl. Durchl. als des Stifts Schutz-Fürst sich nicht unbillig mit angelegen seyn lassen. Als sind dieselbe nicht minder für die Hand genommen / und folgender Gestalt erledigt worden; Nemlich es haben sich J. Fürstl. Durchl. erkläret / den Rath wider dasjenige / so im Decreto de ao. 1584. bewilliget und verordnet / nicht zu beschweren / und demnach gemeine und geringfügige Sachen per signaturam noch ferner an sie zu verweisen.

Von Execution in liquiden Sachen.

Wie nicht weniger / daß sie in klaren und liquiden Schulden / so der Beklagte pure und ohne exception gestehet / durch bürgerlichen Gehorsam verfahren möchten / zugestatten / wie auch in Handhab- und Beobachtung der ihnen anvertraueten Policey-Ordnung nicht zu hindern / sondern vielmehr nachdrücklich zu schützen / auch wider einkommende Beschwerungen jedesmahl mit ihrem unterthänigsten Bericht nothdürfftig zu hören / und nicht also fort in Proceß mit denen Verbrechern zu impliciren / noch der Geistligkeit und andern exemption daran zu gestatten / so wohl über der verhandenen Cantzley Sportul-Taxa unausgesetzt halten zu lassen / jedoch daß der Rath obiges alles nicht mißbrauche / die Partheyen zu Geständnissen und Vergleich nicht zwinge / auch in angeregten Policey-Sachen Legaliter und ohne Partheyligkeit verfahre / und dißfalls in allewege der Stiffts-Regierunge Direction und Erkäntnisse unterworffen bleibe / dessen sich derselbe auch gebührend beschieden / und in Unterthänigkeit erkläret.

Von Consens über Häuser und Güther in der Stadt.

Dieweil aber im übrigen der Rath auch einer Jurisdictionis contentiosæ und Consens-Ertheilunge über die Häuser und Güther in der Stadt berechtiget seyn wollen / und sich dißfalls auf eine neue præscription und litispendentz für dem Käyserl. Cammer-Gericht zu Speyer bezogen / woran aber das Stift denselben nichts eingeräumet / so bleibet dieser Punct biß zu künfftiger Vergleich- oder Ausführung ausgestellet.

Anschlagung frember Patente.

Hiernechst / und weil der Rath Patenta, so ihnen von benachbarten Orten zugeschicket werden / bißher angeschlagen / so wird er zwar dabey / jedoch mit Unterschied / daß er sich in bedencklichen Sachen behörigen Orts zuvor Bescheides erhohle / nicht unbillig / so wohl als bey geziemender Convocation der Bürger zu nothdürfftiger und zuläßiger Unterredunge / (nicht aber zu Musterunge und Folge / welches Ihre Churfürstl. Durchl. alleine zuständig / noch sonst zu unnützen Sachen) gelassen. Nicht weniger bleibet es auch bey denjenigen / so wegen des Westendörffer Gersten-Bier-Verkauffs im Vertrage de anno 1539. §. pen. daß nehmlich gedachte Einwohner Gersten-Bier zu brauen / auch Kannenweise / nicht aber bey grossen und kleinen Fassen / zu verkauffen Macht haben sollen / klärlich disponiret / jedoch wann in der Stadt Mangel oder Gebrechen deßwegen vorfiele / und es ohne dem ausser dem Stifft geholet werden müste / daß so dann sie des Biers im Westendorffe auch in grossen Gefässen zu hohlen / es soll aber zugleich nöthige Vorsorge getragen werden / daß in der Stadt das Brauen zu rechter Zeit getrieben / und das Brau-Werck in gutem Stande erhalten werde.

Raths-Rechnungen.

Und weil der Rath im übrigen den bißherigen Verzug mit Einsendung der Rechnunge entschuldiget / hergegen / daß solche künfftig richtiger / und obangezogenen Decret de 1584 gemäß / gethan werden soll / dann auch sich erkläret / über der behörigen Länge der Scheite im Ramberger Holtze / und daß solche nicht verkurtzet / noch mit Schließ- und Eröffnunge solches Geholtzes Ungleichheit fürgehe / sondern die gewöhnliche Zeit durchgehends beobachtet werde / nachdrücklich zu halten / auch dasselbe ihnen selbst und gemeiner Stadt / wie nicht weniger dem gantzen Stifft zum besten / anders nicht / als pfleglich zu nutzen und zu gebrauchen / und zu dem Ende das also genante Porcken oder Abschelen der Rinde von den Eichen hinfürder abzustellen. So hat es auch dißfalls sein Bewenden und Richtigkeit / und wird / wie demselben allenthalben nachgelebet werde / nebst der Abbatißin Fürstl. Durchl. von Stiffts-Hauptmann billig mit Inspection geführet / und da nöthig, von diesem unterthäniger Bericht erstattet. Jngleichen sollen die Holtz-Förster conjunctim in Pflicht genommen / und eine richtige Holtz-Ordnung aufgerichtet und publiciret werden.

Saltz Factorey.

Ferner und nachdem der vorigen Abtißin Fürstl. Durchl. bey letzter Contagion einige provisional-Anstalt und Factorey wegen des Saltzes gemachet / worüber der Rath Beschwerde führen wollen / nunmehr aber solche nach GOtt Lob cessirender Pest Gefahr wieder aufgehoben / und hinweg gefallen / als hat es dabey sein Bewenden / und soll gemeine Stadt bey der freyen Zufuhr des Saltzes gelassen werden.

Wie nun hiermit allerseits bißhero bewuste Irrungen und Gebrechen / entweder gäntzlich und zu Grunde abgethan / oder doch auf solchen Fuß gesetzet / daß an deren endlicher und völliger Erörterunge nicht zu zweifeln / auch hierauf nunmehro der Abtißin Fürstl. Durchl. und das Capitul sich erkläret / dem wegen der neuen Oehlmühle und aller andern streitigen Puncten für'm Käyserlichen Cammer-Gerichten zu Speyer / und dem Käyserl. Reichs Hoff Rath hiebevor angestellten Proceß zu renunciren / und wie solches geschehen / Ihr Churfürstl. Durchl. binnen dreyen Monathen dato beglaubte Uhrkunde einzusenden / gestalt es im übrigen bey denen alten Verträgen / von Einganges angezogenen datis des 1539. und 157-sten Jahrs / auff Masse und Weise / wie solche gegenwärtig in ein und andern erläutert und deutlicher erkläret / auch sonst allenthalben in ihren Puncten und Clausulen sein nochmahliges Bewenden hat; Also sind deßen zu Uhrkund dieser Verträge zweye gleiches Lautes aufgerichten / und durch hochgedachter Ihr Churfl. Durchl. zu Sachsen hiezu accreditirte Gesandte und Räthe / Carl Augusten von Reitschitz auf Barthen und Münnichswalda / Hoff- und Justitien-Rath / und Lic. Salomon Zapffen auf Frauschen / auch Hoff- und Justitien, so wohl zu den Grentz- und Cammer Gerichts Sachen bestalten Rath / rc. neben hochgedachter Frau Abtißin und Capituls alhier zu Qvedlinburg / in vim Consensus Capitularis, für sich und dero Capituls Gemeine / auch gesambte Nachkommen am Stifft / mit dero respective angebohrnen und gewöhnlichen Insiegeln auch Stiffts Abteyl und Capituls-Secret bedrucket / und mit eigenen Händen unterschrieben. So geschehen zu Qvedlinburg am 18. Februar. als am Tage Concordiæ nach Christi Unsers Erlösers und Seligmachers Geburth / im Tausend Sechshundert und Fünff und Achtzigsten Jahre.

(L. S.)

Carl Augustus von Reitschitz. mpr.

(L. S.)

Salomon Zapfe. mppr.

(Abtey-Siegel.)

Von GOttes Gnaden Anna Dorothea / Hertzogin zu Sachsen / Jülich / Cleve und Berg / Landgräfin in Thüringen / Marggräfin zu Meissen / des Käyserl. freyen weltlichen Stiffts Qvedlinburg Abtissin / rc.

t. t. Anna Dorothea / H. zu S. Abtißin.

(Capituls Siegel.)

Eleonora Sophia / G. z S. u. H. Dec.
Maria Magdalena / G. z. S. u. H. Can.

A.

Ich schwere / daß ich dem Durchl. Fürsten und Herrn / Herrn N. N Hertzogen zu Sachsen / Jülich / Cleve and Berg / des Heil Römischen Reichs Ertz Marschaln und Churfürsten / tot tit. Meinen gnädigsten Fürsten und Herrn / und deroselben allerseits männlichen Leibes-Lehns-Erben / als Landes-Fürsten / und Erbvoigten zu Qvedlinb. getreu / hold / gewärtig und gehorsam seyn / Ihr Churfl. Durchl Ehre und Nutz / nach meinem besten Vermögen fördern / Schaden warnen und vorkommen helffen. Wann sich auch also nach Gottes Willen zutrüge / daß Ihro Churfürstliche Durchl. und deroselben männliche Leibes Lehens Erben nicht mehr am Leben / (das doch GOtt gnädiglich lange friste) daß ich mich alsdenn mit solchen Pflichten an denjenigen / auf welchen in den Häusern Sachsen und Hessen / vermöge J. Chur- und Fürstl. Durchl. allerseits Verbrüderunge sambtl. Belehnunge und aufgerichteter Verträge / die Succeßion und Folge kommen und fallen wird / halten will / gantz getreulich und sonder Gefährde / als mir GOtt helffe / und sein heilig Wort!

B.

Wir geloben und schweren / daß wir sollen und wollen der Hochwürdigen Fürstin und Frauen N. N. gebohrnen N. N. des Käyserl. freyen weltl. Stiffts Qvedlinburg Abtißin / tot. tit. so wohl dem Capitul sede vacante, und ordentlichen Nachfolgerinnen / getreu / hold / gewärtig und gehorsam seyn / Ihr. Fürstl. Durchl. und des Stiffts Qvedlinburg Ehre / Nutz / und Bestes werben / Schaden warnen / und nach unserm

ANNO 1685. sern besten Vermögen verhüten Wir schweren auch / daß wir dem Durchlauchtigsten Fürsten und Herrn / Herrn N. N. Hertzogen zu Sachsen / Jülich / Cleve und Berg / des H. u. Römischen Reichs Ertz-Marschalln und Churfürsten / tot. tit. unsern gnädigsten Herrn / Ihrer Churfürstl. Durchl männlichen Leibs- und Lehns-Erben als Erbvoigten zu Quedlinburg / getreu / hold / gewärtig und gehorsam seyn / Ihr Churfürstl. Durchl. Ehre und Nutzen / nach unserm besten Vermögen / fordern / und Schaden warnen und vorkommen helffen Wann sich auch nach dem Willen GOttes also zutrüge / daß Ihro Churfürstl. Durchl. und dero männliche Leibes-Lehns-Erben nicht mehr am Leben (das GOtt lange friste /) daß wir uns alsdenn mit solchen Pflichten an denjenigen / auf welchen in den Häusern Sachsen und Hessen / vermöge Ihr Churfürstl Häusern Sachsen und Hessen / vermöge Ihr Churfürstl. Durchl. allerseits Erb-Verbruderung sambtl. Belehnung und aufgerichteter Verträge / die succession kommen und fallen wird / halten wollen

Wir sollen und wollen auch der Ebtißin Ihr Fürstl. Durchl Nachkommen und dem Capittul iede vac. hochgedachtem Chur- und Fürsten / auch Ihrer Chur- und Fürstl Durchl. Erben und Mitbelehnten Sachsen und Hessen / auf die Fälle / wie oben / alles thun / wie getreue Unterthanen gegen Ihren Landes-Fürsten / Erb-Frauen / Erbvoigten und Obrigkeit vom GOttes / Gewohnheit und Rechtes wegen zu thun schuldig / alles treulich und ohne Gefehrde. So wahr als uns GOtt helffe / und sein heiliges Wort:

C.

Die Gräntzmahl der Abteyl. Stadt-Gerichte zu Quedlinburg sind dato nachfolgender gestalt verglichen worden / daß solche vom Viehthore stehen Pfahl No 1. ihren Anfang nehmen / dann zwischen dem Westendorff und Müntzenberge im Fahrwege herunter nach dem alten Topfe zu auf den daselbst stehenden Pfahl No. 2. Hernach gerade hinter den Gärten des alten Topfes hin nach der Stadtmaur zu auf den Pfahl N 3. Förder an der Graben Mauer herab / (mit Ausschliessung der daran liegenden Aecker) biß zu der Fräulein Decanißin Garten an den Pfahl No. 5. Von dannen um die Ecopermühle neben den Mühlrädern hin (mit Ausschliessung der Mühlen-Gartens) auf dem Mühlen-Damm hinauf über die Schleusen nach der Clers-Zugbrücke zum Pfahl N. 6. Folgens auf dem Mühlen-Damm hinauf über Schleussen nach der Clers-Zugbrucke zum Pfahl No. 7. und also am Neustädter-Graben fort zum Pfahl bey den Grundzapffen No. 8. bis aus Oehringerthor zum Pfahl No. 9. Von demselben am Wassergraben hinauf bis an den Pfahl gegen der Pulverhütte No. 10. Weiter am Stadtgraben fort zu dem vom Plockenthore stehenden Pfahl No. 11. (daß die Gärten zur lincken Hand ausgeschlossen bleiben) von daselbst durch die Ulschen Gasse nach dem Pfahl No. 12. neben Cammerer Schullen Garten / förder über den Seiler-Platz nach dem Pfahl No. 13. und weiter durch das Seiler gäßlein zu dem fürm Neuwegerthor stehenden No. 14. Von hier an den Pfahl No 15. auf die Neuweger-Brücke / von welcher die inwendig des wilden Budenstrohms nach einander gesetzte Pfähle. No. 16 17. 18. 19. 22. bis zu den disseits des grossen Wehrs gegen über der Sandgruben unter der Altenburg stehenden Pfähle No. 21. Dann jenseit der Mühlgrabens wieder herunter hinter den Cappellengarten hin / gegen die Zügelhütte zum Pfahl No. 22. Von dar hinter der Zügelhütte und Wiperti Kirche zum Pfahl No. 23. Folgends an dem Kirch-Damme in Wege herunter zum Pfahl ausse halb der Münchs-Mühle No. 24. und wiederum zum Pfahl No. 1. gehen sollen.

Was ferner von den Erbvoigteylichen Erb-Gerichten im Felde eximirten Müntzenberg betrifft / so soll solche exemtion hiemit nachfolgender Gestalt vermahlet seyn / daß der Anfang von dem unter gedachten Müntzenberge neben dem Fahrwege der Münchsmühle gegen über stehenden Pfahl No. 1. am Berge herunter in Wege an der Vorwercks Wohrt herunter hin nach den Pfahle vor dem Altentopff No. 2. Weiter den Weg hin um das Vorwerck herum (mit Ausschliessunge der über den Weg herüber liegenden Vorwercks-Aecker) zum Pfahl Lit. A. und unter dem Zwarg- und Bleichberge zum Pfahl Lit. B. (mit Ausschliessunge des Ackers) Folgends zum Pfahl vor dem Strohthal Lit. C. und durch gedachtes Strohthal hin auf dem Vorwerge heran zwischen dem Stroh- und Müntzen-Berge zur Lincken und der Closter-Breite zur Rechten auf den Pfahl Lit. D. wiederum zum Pfahl No. 1. wie oben / zugehe

Signatum Quedlinburg am Tage Concordiæ den 18. Febr. des 1685 Jahres.

D.

Ich N. N. schwere zu GOtt / daß ich dem mir anvertrauten Amme eines Geschwornen auf dem Neuenwege getreulich und redlich vorstehen / bey dem gehegten Gerichte und sonsten Niemand zur Ungebühr beschweren / einen jeden / wes Standes oder Vermögens der sey / nothdürfftig hören / ihm gleich durchgehend Recht wiederfahren lassen / und von diesen allen mich weder Liebe / Neid / Gabe / Geschenck / Freundschafft / noch ichtwas anders abhalten lassen / auch die Strassen treulich benehmen will So war mir GOtt helffe. ANNO 1685.

Carl Augustus von Meitschitz. mppr.
Salomon Zarfe. mppr.

Anna Dorothea H. z. S. Abbatißin.

Eleonora Sophia G. z. S. u. H. Dec.

Maria Magdalena G z. S. u H. Can.

CLXXVIII.

Cæsarea Abolitio adhærentiarum; & quorumcumque contractuum inter Vassallos Langarum, *aut cum exteris, in præjudicium supremi Juris Imperatoris & Imperii initorum. Datum Viennæ* 13. *Martii* 1687. [Copie communiquée par un des principaux Seigneurs des Langues.] 1687. 13. Mars.

OMnibus & singulis nostris, & Sacri Imperii fidelibus dilectis per Italiam Vassallis, & Feudatariis, gratiam Cæsaream nostram, & omne bonum. Consiliarius noster Imperialis, Aulicus, & Fiscalis, fidelis nobis dilectus, Alexander Franciscus Visintainer à Levenberg pro muneris sui partibus, quibus eidem pro Sacri Imperii jurium conservatione advigilare, inque eos, qui ejusdem Sacris Constitutionibus insuper habitis ex publico damno atque exitio sibi prospicere, atque emolumenta captare satagunt, sedulo inquirere incumbit, graviter nobis conquestus est, quod tametsi pluribus Sacri Imperii Comitiorum Recessibus, atque Constitutionibus, inprimis verò Recessu anni adhuc 1548. aliisque sanctè salubriterque provisum, & sub expressis pœnis iterato vetitum extet, ne quis Vassallorum, Subditorumque se ipsum, aut Imperii quæcumque membra citra Cæsareum consensum à Jurisdictione Imperiali eximat, vel qualicumque prætextu fœdera, adhærentiasve cum quocumque, sive Rege, sive Principe, aut Republica, Status aut conditionis cujuscunque, in supremi Cæsarum, Sacrique Romani Imperii Juris, detrimentum, atque præjudicium ineat, constituatve, nonnulli tamen, iis non attentis, aut verò insuper habitis, similes prohibitas adhærentias, quibus Imperialia Feuda nostra Jurisdictioni nostræ Cæsareæ tandem subtrahuntur, ineant, constituantque, humillimè supplicando, ut prò supra allegatis Imperialibus Constitutionibus, æque ac juribus sartis tectisque conservandis, opportunis sibi contra illos, eaque attentata juris remediis subvenire clementer dignaremur. Quibus sanè æquissimis ejusdem Consiliarii nostri Imperialis Aulici, & Fiscalis precibus, cum vel eo minus deesse debuerimus, quod non solum hujusmodi ausus, atque attentata in non leve Cæsareæ nostræ authoritatis, & superioritatis præjudicium, Vassallorumque, quibus Imperii fulgor nititur, immunitionem cedant, sed de cætero etiam nobis, vigore Capitulationis nostræ Cæsareæ, Sacras Prædecessorum nostrorum Romanorum Imperatorum Constitutiones infractas, inviolatasque tueri incumbat. Ideò omnibus & singulis nostris, & Sacri Imperii per Italiam Vassallis, & Feudatariis authoritate nostra Cæsarea non tantum omnia ejusmodi attentata, atque adhærentias, quas cum quibuscumque, sive Reges illi, Principesve, sive Respublicæ, Status, aut alterius cujuscunque conditionis fuerint, ratione Feudorum nostrorum Imperialium hactenus iniverint, constituerintve, revocamus, cassamus, & annullamus, revocatasque, cassas, ac nullas esse declaramus, sed seriò quoque, distincte, & sub gravissimæ nostræ indignationis, uti & prædictis Sacri Imperii Constitutionibus expressa pœna, mandamus, ut ab omnibus ejusmodi illicitis adhærentiis, atque conventionibus prorsus desistant, easque ipsi cassent, annullent, revocent, irritasque & infectas reddant. *Inhibentes* simul, sub eadem pœna, ne imposterum ejusmodi quicquam in nostrum, Feudorumque nostrorum Imperialium subjectionis præjudicium quærere, inire, atque constituere, aut initis constitutisve uti audeant, sed in omnibus, & per omnia, uti fidelium Imperii Vassallorum est, nostra Sacrique Imperii conservatione, atque Protectione contenti; eidem plenè acquiescant, nisi indignationem nostram Cæsaream; præ-

ANNO 1685. prædictamque pœnam incurrere voluerint; De quo omnes & singulos, per Italiam Vassallos, & Feudatorios certiores reddere voluimus per præsentes. Viennæ 13. Martii 1687. Regnorum nostrorum Romani 29. Hungarici 32. Bohemici verò 31.

CLXXIX.

1688. 9. May. *Declaratio Statuum Principatus Transylvaniæ erga Romanorum Imperatorem* LEOPOLDUM I. *qua suæ Majestatis protectionem pro se, & omnibus posteris inclyti Regni Transylvaniæ amplectuntur, & ad exhibendum hujus submissionis documentum præsidia altedictæ Majestatis in certa fortalitia recipiunt. Actum in Civitate Cibiniensi die* 9. *Maji anno* 1688. [LUNIG. Teutsch Reichs-Archiv. Part. Spec. Continuat. 1. Abs. 3. pag. 501.]

NOs Michael Tekeli de Szek Generalis, Gregorius & Alexius de Bethlen, Ladislaus Szekili, de Boros Jenoe, Valentinus Franz Judex Regius, & Christianus Szabo Consul Cibinensis, Celsissimi Principis Transylvaniæ Consiliarii, Nicolaus de Bethlen, Stephanus Apor de Alto Toria, Petrus Alvinezi & Johannes Sarosi Magistri Prothonotarum, Michael Hiftich Judex Coronensis dicti celsissimi Principis & Statuum Regni Transylvaniæ Ablegati Plenipotentiarii.

Damus ad notitiam & pro memoria. Orbis universus jure meritoque obstupescit, Invidi marcescunt ad magnitudinem divinæ Clementiæ, quæ post tot cladium & innocenter effusi sanguinis immanitatem Christianorum miserta, tot Provincias & regna à Barbarica & intoleranda servitute ad sempiternam memoriam, & bonorum omnium consolationem vindicavit.

Non potuit amplius justum in cœlis Numen nisi dolentibus intueri oculis, rabiem & fastuositatem hostis atrocissimi & jurati totius Christianitatis, qui jam eo progressus erat potentiæ, ut formidabilis esset orbi, vicinis exitiosus, omnium contemtor. Exsurrexit tandem in virtute dextræ suæ Dominus Exercituum, causamque & justissima arma Sacratissimi Romanorum Imperatoris Domini Domini nostri Clementissimi, tam felicibus & gloriosis coronavit successibus, ut fractas & protritas vires, humiliatum & suppressum ipse Barbarus recognoscat & confiteatur spiritum.

Tanta sunt opera divinitatis & admirandæ providentiæ, ut furias ipso jam successu securas ultio subito excipiat, ne vel unquam ad Christianorum extirpationem Tyrannis grassantibus timor, vel spes deesset pressæ & vacillanti fortunæ.

Ingemuit a seculo, & quod excedit, sub oppressione Turcica infelix Transylvania, suoque orbata legitimo Rege atque Domino inter tot bella, clades, incendia, & intestinas, cum quibus conflictabatur, discordias, vix non ad extremum præcipitata est exitium; Manebit in æternitate temporum, historiarum monumentis inserta, fatalis Tragœdia, quam hoc Regnum sub Protectione Turcica, & inter discordantes Principes sustinuit.

Redit jam ad Regem Hungariæ, à quo fatorum invidia & ambitionis nonnullorum ausibus segregatum erat, & amplectitur paternam & validissimam Protectionem Augustissimi Leopoldi I. Romanorum Imperatoris & Hungariæ Regis Hæreditarii, magni, felicis, justi, invicti, ejusdemque Successoris, moderni Serenissimi Regis Josephi (cujus sospitet vitam & Thronum Deus) ex universali Statuum consensu votisque unanimibus, quæ a multo tempore ad consequendam hanc felicitatem in sinum divinæ misericordiæ effudit.

Quod igitur hactenus ab omnibus expetitum, Deo optimo Maximo gratiosum, a præsenti momento ad successiva atque perpetua tempora felix, faustum, fortunatum, omnibusque singulis nunc viventibus & nasciturıs notum & contestatum sit; Renunciamus virtute Plenipotentialium, & pro majori cautela in vigore confirmationalium actorum & conclusorum Celsissimi Principis & Statuum Regni, communi voluntate, motu spontaneo, & ex Christiano Zelo protectioni Ottomannicæ, omnibusque in futurum Correspondentiis, donorum & Tributi pensionibus, & quicquid vim aut speciem alicujus communicationis cum dicta porta, ejusdemque Clientibus, asseclis, infidelibus, aliisque hostibus, cujuscunque generis, Sacratissimi Romanorum Imperatoris Domini Domini nostri Clementissimi & ejusdem successorum legitimorum & hæreditariorum Hungariæ Regum ostentare posset, sub pœna notæ Criminis Læsæ Majestatis, comperta rei veritate juxta leges Regni Transylvaniæ infligenda. ANNO 1688.

Acceptantes e contra sincere atque bona fide altedictæ suæ Majestatis Augustissimæ (sicuti jam declaratum) paternam protectionem pro nobis & omni posteritate inclyti Regni Transylvaniæ, & ut hujus nostræ submissionis & accommodationis aliquod de facto exhibeamus documentum, recipimus ex virtute supramemoratarum Plenipotentialium & confirmatoriarum, Actorum & conclusorum Celsissimi Principis & Statuum Regni, præsidia Augustissimi Romanorum Imperatoris in fortalitia Kœvar, Hust, Gorgenii & Coronense (extra illa, in quibus de facto præsidia Suæ Majestatis sunt collocata,) & parati sumus arma sumere contra communem Christianitatis Hostem Turcam & quoscumque, quando sua Sacratissima Majestas nobis mandaverit, submississime supplicantes, ut invictissimus Imperator Dominus noster Clementissimus, ex innata sua Clementia, libertates & Privilegia nostra, in specie liberum exercitium religionis hactenus recepta benignissime confirmare, nosque & posteritates nostras in iisdem protegere & confirmare dignetur, neque dubitamus quin Excellentissimus Dominus Generalis Comes à Karaffa demissas instantias memorati Celsissimi Principis & totius Regni apud Suam Sacratissimam Majestatem, Dominum, Dominum nostrum Clementissimum, efficaciter sit recommendaturus, quod sicuti fiducialiter à favore suæ Excellentiæ & huc usque contestata propensione petimus & speramus, ita prædictus Excellentissimus Dominus Generalis in Libertatibus & Privilegiis nostris nullo modo nos turbabit, interim manet in suo vigore Tractatus cum Serenissimo Duce Lotharingiæ.

In cujus rei majorem fidem atque firmitatem, & ut notitia istius assecurationis nostræ Recessus à Protectione Turcica ad omnem posteritatem transeat, ideo eandem usualibus sigillis trium Nationum Regni Transylvaniæ corroboravimus. Actum in Civitate Cibiniensi die 9. Maji An. 1688.

CLXXX.

Assensus Cæsareus pro Serenissimo Duce Sabaudiæ, *ut sibi comparare possit certa bona feudalia in partibus Italiæ sita. Dat Monachiis* 8. *Feb.* 1690 [Copie communiquée par un des principaux Seigneurs des Langues.] 1690. 8. Fevrier.

LEOPOLDUS.

AGnoscimus, & notum facimus vigore præsentium, quod cum demissis apud nos instantiis egerit [Tit.] Victorius Amedeus Dux Sabaudiæ, Princeps Pedemontium &c. ut prò auctoritate nostra Imperiali, tum sibi, tum legitimis suis descendentibus masculis, & in regimine successoribus facultatem, cum prælatione ad alias Potentias, quibus jus natum non sit, concedere dignaremur, libere agendi, tractandi, ac conveniendi per contractum emptionis, vel alium legitimum modum, cum Vassallis Feudorum Imperialium in Italia suis ditionibus contiguorum, seu immixtorum, seu vicinorum videlicet *Seravalle*, *Monesiglio*, *Gorzegno*, *Bozzolasco*, *Gisole*, *S. Benedetto*, *la Niella di Belbo*, *Fissidio*, *Cravanzana*, *Serreto*, *Prunetto*, *Loasio seu Levice*, *la Scaletta*, *Carnetto*, *Roccavignale*, *Cairo*, *Mioglia*, *Marchejatum del Spigno cum quinque Terris*, *Bardineto*, *Cencio*, *Rochetta del Cencio*, *Brovia*, *Rocca di Arazzo*, *Rochetta de Tanara*, *Belvedere*, *Frinco*, *Vincio*, *Castelnuovo Bruggiato*, *Momberfello*, *Rinfrancor*, *Desana*, *Millesimo*, *Cosseria*, *Pladio*, & *Biestro*, *quæ tria loca sunt membra prædicti Millesimi*, *Arguello a Marchionatu Gorzegni dependens*, *Balestrino*, *Nasino*, *cum duobus locis ejusdem Vassalli*, & *Camerano*, ad hoc nimirum, ut prædicta feuda Imperialia [Tit. Dilectioni] ac legitimis suis descendentibus masculis in regimine successoribus in subfeudum cedant, vel superioritatem mediam in eadem feuda acquirant; Nos habito respectu ad sinceræ de-

ANNO 1690. devotionis affectum, & multiplicia studiosa fidelitatis obsequia, quibus Domus Sabaudiæ erga S. R. Imperium inclaruit, nec non ad insigne subsidium nobis à supra memorata Serenissimi Ducis dilectione contra Turcas nuperrime præstitum, considerantes præterea ejusmodi ferè facultatem jam olim ejus antecessoribus ab honoratissimo Avo nostro Gloriosissimæ memoriæ Ferdinando II. certo modo concessam esse, ex his, aliisque justis de causis suæ Dilectionis demissæ petitioni annuerimus, ipsique & legitimis descendentibus ejus masculis in regimine successoribus supra factam facultatem dederimus & impertiti sumus, prout tenore præsentium, certa scientia, animoque bene deliberato ex auctoritate nostra Imperiali damus, & impertimur, ita ut tum supra memorati Ducis Dilectio, tum ejus legitimi descendentes masculi in Regimine Successores possint, & valeant ut supra enumerata feuda Imperialia in sub-feudum vel Superioritatem in illa mediam per contractum emptionis, vel alium legitimum modum acquirere ea lege; „ *Primò* ut ad „ contractus ejusmodi nemo se dicere possit, præter „ jus, & æquum coactum fuisse, aut protractum; „ *Secundo*, ut omnium interessatorum consensus ac„ cedat; *Tertiò* ut in autentica forma Transactio & „ conventio ad Nos, sive Consilium nostrum Impe„ riale Aulicum ab utraque parte transmittatur, & „ ratificatio, cui Clementissime assensuri sumus, de„ bito modo petatur; & quarto demum, prædicta Feuda quoad Investituras, laudemia, & dependentiam ab Imperio, denique in omnibus maneant in sua natura. Harum Testimonio Literarum, quas manu nostra subscriptas, sigilli nostri Cæsarei appensione muniri jussimus, quæ dabantur Monachis die 8 Mensis Februarii, anno Domini 1690. Regnorum nostrorum Romani 32. Hungarici 35. Bohemici vero 35.

CLXXXI.

1691. 14. Octobre. *Protestatio nomine* RAYNUTII FARNESII *Ducis Parmæ facta de pecunia in Redemptionem Ducatus Castri, & Status Roncilionis juxta Conventiones in Civitate Pisarum Anno* 1667. *initas Reverendæ Cameræ Apostolicæ oblata, veruntamen non acceptatâ. Actum Romæ die* 24. *Octobris* 1691. [Copie communiquée par un Ministre de S. & S. de Parme.]

In Nomine Domine Amen.

FIdem facio per præsentes ego Reverendæ Cameræ Apostolorum Secretarius, & Cancellarius infrascriptus qualiter die 24. Octobris 1691. coram Eminentissimo, & Reverendissimo Domino Cardinali Camerario sive &c. pro Serenissimo D. Raynutio Farnesio Parmæ, & Placentiæ Duce contra Reverendam Cameram Apostolicam, Agapitus unus ex Sanctissimi Domini Nostri Papæ Cursoribus retulit in scriptis se die 23. dicti personaliter citâsse Illustrissimum, & Reverendissimum D. Ferdinandum Nuncium Commissarium Generalem dictæ Reverendæ Cameræ . . . . ad dicendum contra infrascriptam Protestationem, Requisitionem, & Interpellationem, illamque admitti, & mandari efficere, & decretum opportunum fieri ad primam diem coram Eminentissimo Domino Cardinali Camerario, sive &c. compâret D. Franciscus Pallatus de Felinis Procurator, prout docuit per Instrumentum publicum, seu &c. in actis productum sub die 25. Mensis Februarii 1678. seu &c. prout in eo, & in termino suprascriptæ citationis contra R. P. D. Commissarium R. Cameræ Apostolicæ legitimè exsequutæ, & in actis reproductæ inhærendo protestationibus alias factis, & præcipue sub dicta die 25. Februarii 1678. ad omnem meliorem finem & effectum dicto Serenissimo D. Duci magis proficuum, ac jura juribus addendo, & cautelam cautelis, & citra onus aliquod superfluè agendi, nec se adstringens ad non necessaria, &c. sed omni meliori modo & cum protestatione quæ in qualibet parte præsentis actus sit, & intelligatur repetita, quod per quæcunque dicat, & faciat non intendit aliquo modo præjudicare dicto Serenissimo D. Duci, dixit, & declaravit quod licèt aliàs & præsertim de mense Maji 1667. fuerit vice, & nomine dicti Serenissimi D. Ducis oblata realiter, & cum effectu Dominis depositariis Generalibus R. Cameræ Apostolicæ, nec non aliis Officialibus ejusdem R. Cameræ summa scutorum octingentorum quatuordecim millium octingentorum, septuaginta quinque monetæ ad effectum ut intelligeretur redempta una ex duabus partibus Ducatûs, & Castri & Roncilionis cum ejus membris, & pertinentiis juxta conventiones initas, in Civitate Pisarum inter Eminentissimum Dominum Cardinalem Rasponum tunc Prælatum Sanctæ Sedis Apostolicæ, & Illustrissimum, & Reverendissimum Dominum Aloysium de Bourlemont, Christianissimi Regis Plenipotentiarios sub die 12. Februarii 1664. seu eorum & per Sanctissimæ memoriæ Alexandrum septimum sub die 18. dicti mensis ratificatas & de consilio, voto, & consensu Eminentissimorum, Dominorum Cardinalium in Consistorio habito dicta die in parte, & partibus tunc adimplendis adimpletas, & exequutas, ac etiam juxta formam divisionis dicti Ducatûs & Statuum factas per peritos nomine Reverendæ Cameræ vigore Chirographi dictæ Sanctissimæ memoriæ Alexandri, & respectivè nomine D. Serenissimi D. Ducis electos ut ex Instrumentis ut dixit in actis meis &c., rogatis sub die 28. Aprilis & respective 18. Octobris dicti anni 1664. & tamen solutio ut supra oblata non fuit acceptata sed recusata in gravissimum damnum, & præjudicium dicti Serenissimi D. Ducis ratione inter cetera damni emergentis, & lucri cessantis, & ex aliis causis, & quamvis pariter ad majorem Cautelam de Mense Augusti 1668. seu &c. fuerit denuò interpellatus R. P. Dominus Commissarius dictæ Reverendæ Cameræ, ad faciendum & curandum, ut dicti Domini depositarii ejusdem R. Cameræ nullâ interpositâ morâ reciperent, & acceptarent solutionem prædictam, & facerent legitimam quietantiam, nihilominus ex parte R. Cameræ non fuit aliquid adimpletum in majus damnum, & præjudicium ut supradicti Serenissimi D. Ducis, quamobrem terminus præfixus in dictis conventionibus initis in Civitate Pisarum eidem Serenissimo Domino Duci ad faciendam redemptionem dictorum Ducatuum, & Statuum præcipuè à dicto mense Maji 1667. revera decurrere cessavit, & adhuc cessat; cum pro parte dicti Serenissimi Domini Ducis non steterit, quin secuta fuerit solutio in manibus Dominorum Depositariorum Reverendæ Cameræ ut supra, & cum pro potiori cautelâ, vice, & nomine ejusdem Serenissimi D. Ducis fuerit, de mense Novembris 1671. revera porrectus supplex libellus ad Sanctitatem Clementis Papæ Decimi, ut dignaretur demandare, quod reciperetur pecunia conventa pro dicta redemptione, & mitterentur executioni in omnibus partibus prædictæ conventiones ac etiam declarare, quod terminus ut supra præfixus in ejusdem conventionibus non currat in præjudicium dicti Serenissimi D. Ducis, & ut in dicto supplici libello in actis exhibito.

ANNO 1691. Et sicut per prædicta satis superque jura dicti Serenissimi D. Ducis sint in tuto posita pro omni tempore, nihilominus ad majorem cautelam, & ut Serenissimo Domino Nostro Alexandro Papæ octavo, Cameræ Apostolicæ in omnibus innotescat dum Serenissimum D. Ducem non acquievisse, nec unquam acquieturum, donec prædictæ Conventiones initæ in Civitate Pisarum fuerint in omnibus executioni demandatæ, & Ducatus Castri & Status Roncilionis eidem Serenissimo D. Duci fuerint integrè restituti denuò eidem Sanctissimo D. N. Alexandro Papæ Octavo pro parte dicti Serenissimi D. Ducis fuit institum, ut prædictas conventiones adimplere dignaretur. Ideo salvis præmissis, & salvo omni, & quocumque jure per dictum Serenissimum D. Ducem ex causâ oblationum ut supra factarum & aliàs, quæsito, ita ut potiùs corruat actus, quam præsens protestatio, & non alias, aliter, nec alio modo ad majorem cautelam, & cum aliis præservationibus, ut supra, hic & nunc denuò requirit, & interpellat eundem R. P. D. Commissarium ad faciendum, & curandum ut dicti DD. depositarii recipiant, & acceptent solutionem prædictam nomine Reverendæ Cameræ, & faciant legitimam quietantiam, se paratos ad prædicta in actis legitimè declarent in exsecutionem dictarum conventionum, & aliorum ut supra, & nomine etiam ipsius R. Cameræ fiat legitima declaratio in eisdem actis de adimplendo omnia, & singula contenta in dictis conventionibus super redemptione dictorum Ducatus Castri, & Status Roncilionis, ad effectum, ut ex parte Serenissimi Domini Ducis possit haberi

certa

ANNO 1691. certa notitia, quod ex parte R. Cameræ, & Dominorum ejus Officialium amplius non recusetur receptio dictæ pecuniæ, & expositio legitimæ quietantiæ, & quod sit parata adimplere omnia, & singula contenta in dictis conventionibus super redemptione prædicta, alias denuò, & sine præjudicio aliorum remediorum dicto Serenissimo D Duci quomodolibet competentium, & competitorum & non aliàs aliter, nec alio modo protestatus fuit, & protestatur de observantia dictarum conventionum, & de omnibus damnis, expensis, & interesse tam lucri cessantis, quam damni emergentis, & insuper ad majorem cautelam, & jura juribus addendo denuo protestatus fuit, & protestatur, quod nullo modo debuerit currere, neque decurrerit, nec currat aliquod tempus dicto Serenissimo D. Duci ad faciendam dictam redemptionem, tam ex causa dictæ non acceptationis, ac recusationis, quam ex aliis causis, & rationibus suis loco, & tempore deducendis, quinimo stantibus oblationibus ut supra factis, intenditur pro parte dicti Serenissimi Domini Ducis, quod redemptio habeatur pro facta ipso jure, ac facto, & similiter protestatus fuit & protestatur de omnibus aliis legitimè, & licite protestandis, & hæc omnia declaravit, & declarat, protestatus fuit, & protestatur dixitque, ac dicit non solum pro isto, sed omni alio meliori modo, &c. Ex adverso Illustrissimus Dominus Commissarius Generalis Reverendæ Cameræ primo expressam & individuam eorum impugnationem, & non alias &c. ac præmissa protestatione, & allegatione nullitatis omnium, & quorumcumque actorum, & quomodolibet agendorum in hujusmodi negotio ex parte, & nomine Serenissimi Domini Ducis Parmæ, tam in judicio, quam extra ex causis rationibus, & juribus quibuscunque suis loco, & tempore, si quatenus, & quando opus fuerit, coram suis judicibus deducendis, & specificandis, de quibus &c., nec non etiam quod per cuncta omnia, & singula, quæ ipse comparens dicat, & faciat non intendit præjudicare aliquo modo eidem Reverendæ Cameræ, ac juribus illi quomodolibet competentibus, & competituris, sed illa, & eorum quælibet etiam caducitatis, & incamerationis, ex quocumque capite, & quacunque de causa penitus illæsa, & intacta præservare & non alias &c., & quod rursus nemo ex adverso comparens audiatur nisi docto de legitimo & speciali mandato procuræ, ità quod &c. alias &c., hisque salvis, & in suo robore permanentibus contra prætensam requisitionem protestationem, & declarationem dixit pro nunc generalia contra verbo, salvis semper præmissis & omnibus, & quibuscumque juribus tam vigore juris communis, quam etiam vigore quarumcunque Constitutionum Apostolicarum, & quorumcunque titulorum & causarum eidem Cameræ, & Sedi Apostolicæ quomodolibet qualitercunque, & ex quacunque causa, & Jure competentibus, & competituris, nullo penitus excepto, & quandocunque, si, & quatenus opus fuerit, & videbitur ad speciem deducendis, quibus semper salvis, & illæsis & non alias &c. dixit etiam, & protestatus fuit eas nullatenus posse, nec debere admitti, neque mandare efficere, multoque minus declarari assertum terminum ad redimendum, præfixum currere non debere, utpote nullas, invalidas, inutiles, & omnino inanes, & fundatas in titulis præsuppositisque insubsistentibus, & inutilibus contra formam juris, & proprii debiti resultantis ab Instrumento venditionis & ex aliis rationibus, & causis quomodolibet dictæ Cameræ, & Sedi competentibus suisque loco, & tempore ad speciem deducendis, & non alias &c., de quo specialiter & expresse protestatur, & ulterius salvis semper præmissis omnibus dixit, & protestatus fuit nihil fieri nisi citatis citandis, servatis servandis, verificatis verificandis, & adimpletis prius omnibus, & singulis, quæ de jure, & alias quomodolibet, & qualitercumque, & ex quavis causa etiam præcedentium protestationum, & oppositionum factarum nomine Cameræ servari, verificari, & adimpleri debent ex parte Serenissimi Ducis alias &c., de quo &c. & cuncta omnia, & singula præcedentia non solum præmisso, sed & omni alio meliori modo, &c. hac die 23. Octobris *1691*. Ferdinandus Nuncius Commissarius Generalis, Petrus Valerius, Martorellus Sub-Commissarius.

Replicavit suprascriptus D. Franciscus Pallatus de Fellinis, Procurator & repetita suprascripta protestatione petiit, ac per Illustrissimum Dominum obtinuit illam admitti, si & in quantum & mandari afficere, prout de jure omni &c., & aliàs latiùs &c., pro ut in actis meis eorum, ad quæ &c. in quorum fidem &c. Datum Romæ in Camera Apostolicâ hac die 26. Octobris 1691. ANNO 1691.

Locus Tabellionatus. ✠

Ita est Dominicus Liberatus Reverendæ Cameræ Apostolicæ Secretarius, & Cancellarius.

Legalitas.

Palutius de Alteriis Miseratione Divinâ Episcopus, Prænestinus Sanctæ Romanæ Ecclesiæ Cardinalis, Camerarius.

Omnibus has nostras Legalitatis Literas visuris, lecturis, legique pariter audituris testamur suprascriptum Dominum, Dominicum Liberatum esse unum ex quatuor Reverendæ Cameræ Apostolicæ Secretariis, & Camerariis Notariumque publicum Legalem, autenticum, fideque dignum, ac talem qualem se facit, ejusque scripturis in Curiâ & extra semper adhibitam fuisse, & ad præsens indubiam adhiberi fidem. In quorum &c. Datum Romæ in Camerâ Apostolicâ hac die 26. Octobris 1691.

Locus sigilli Legalitatis. †

Petrus Palmerius Cameræ Apostolicæ Secretarius.

CLXXXII.

Diploma Romanorum Imperatoris LEOPOLDI *Statibus Transylvaniæ collatum, quô eorum Privilegia, dignitates & Officia confirmantur, Leges, Decreta, & Statuta eorum in vigore inviolabili permansura declarantur, præterea diversa munera & Officia stabiliuntur, & nonnulla, circa ea observanda sanciuntur. Datum Viennæ die* 4. *Decembris Anno* 1691. [LUNIG Teutsch Reichs-Archiv. Part. Spec. Continuat. I. Fortsetz. I. Abs. 3. pag. 502. 4. Decembris.

Nos LEOPOLDUS, &c. &c. &c.

MAgnificis, Egregiis, Strenuis & Nobilibus, Prudentibus ac circumspectis, Fidelibus sincere nobis dilectis, N. universis Statibus Provinciæ, Transylvaniæ, & reliquis tam Ecclesiasticis, quam secularibus quorum interest, Gratiam nostram Cæsaream Regiamque & omne bonum! Illis benigne perspectis quæ Transylvaniæ Ablegatus Egregius fidelis, dilectus, Nicolaus de Bethlen uberrime exposuit, quidnam a nobis quoad Confirmationem *Diplomatis* de 28. Junii 1686. desiderati: quoad Religiones ibi usitatas: quoad Patriæ leges ac consuetudines: quoad Privilegia, Dignitates & Officia: quoad sublevanda Portionum & Hybernorum onera: quoad provinciam in pristinum florem redintegrandum, aliave saluti publicæ multum servientia, debita erga nos veneratione & fidelitate efflagitet. Supremi nostri Regii muneris, a quo si Dominus Exercituum adminiculetur, pro temporum vicissitudine, felicia scaturiri solent incrementa, esse dignovimus, charissimam hanc Transylvaniæ Regionem, jam à Seculis inclyto nostro Hungariæ Regno assertam, *magis magisque* veluti animam nostram amplecti; posthabitis enim aliis, contra communem Christiani Nominis Hostem destinati Belli operationibus Ludovici Marchionis Badensis Dilectionem, ad sistendas iniquissimi Tœkely, eidemque adhærentium Rebellium, nec non Turcarum & Tartarorum *incursiones*, illuc cum exercitu expedivimus, hac firma spe freti, illum per quem Reges regnant, & justa decernunt, in firmitudine Brachii sui Justitiæ causa Armis nostris Cæsareis & Militiæ Transylvaniæ, Benedictione divina adfuturum, ac secundos Regiæ intentionis successus largiturum. *Sacramentum* fidelitatis jam antea nobis transmissum, nihil ambigendum, quin immortalitatis studium, non minus totam Patriam, quam illos qui sub nostra Regia protectione, Consilio & curæ commissam habent Provinciæ administrationem, cum nunquam intermoritura laude præstitam, & opere *ipso* in quibusvis emergentiis, pro viribus comprobatam fidelitatem (quam ex æquo æstimamus) ad posteros transmittere, eoque omni conatu generose adlaborare, animabit, ne Hostes Regionem montibus Coronæ ad instar circumseptam, rapinis & prædis, *igne* & ferro misceant, jam tum ab omni ævo, in unam mentem coalitas Nationes, pessimis stratagematum technis & irritamentis dissipando, graviori Barbaris ser-

Anno 1691. ſerviendi Jugo, mancipent, Gentemque toti hactenus Chriſtianitati antemuralem evertant.

Confirmationem deſiderati Diplomatis pro Succesſione Michaelis Apaffi in Principatum quod attinet.

Cum is, utpote adoleſcens quatuordecim Annorum per leges (quarum ſanctam Generoſi Status ducunt obſervantiam) ante vigeſimum ætatis annum ad Regimen non ſit adultus, his a perfidia Tœkely turbatis temporibus, neque in rem Tranſylvaniæ, neque in Patriæ bonum vergere, perbenigne judicavimus, ſi quidquam ad memoratarum legum transgreſſionem innovari contingeret, proinde minorennis in timore Domini tradetur condignis Conſiliariis Intimis, qui commiſſam habent Provinciæ adminiſtrationem, Virtutibus in ſpem ſucceſſionis, usque ad annos pubertatis imbuendus, matureſcentium in eo atque emicantium animi dotum ſpecimina expectanda, Gratia demum Cæſarea Regiaque in Patriæ emolumentum benigniſſime complectenda. Ne vero interea Temporis univerſi Tranſylvaniæ Ordines ſuspenſis animis hærendi, aut vel minimum præter Paternam noſtram intentionem ominandi anſam habeant, de ſequentibus Articulis, fideles Status & Ordines in univerſum, corumque poſteros, quos in omni erga Regiam Coronam noſtram fidelitate perſtituros confidimus, ſub verbo Regio & integerrima fide duximus eſſe aſſecurandos.

I. In caſu receptarum ibidem Religionum, Templorum, Scholarum, Parochiarum, aut introductionis cujuscunque alterius Cleri & Perſonarum Eccleſiaſticarum, quam ibi nunc extant, nihil alterabitur, contradictionibus quibuscunque ſive Sacri, ſive profani Ordinis, nihil unquam in contrarium valentibus, ita tamen ut Catholici propriis ſuis ſumptibus, adeoque citra omne aliarum Religionum gravamen Claudiopoli in præſenti devotionis ſuæ loco, ſibi Eccleſiam: nec non Albæ Juliæ, Templum minus, olim à Chriſtophoro Bathorio erectum, nunc deſolatum, reædificent, iidemque Catholici ubique locorum ſi pauci & peregrini ſint, privatim, ſi vero eorum multi, tunc publici Religionis ſuæ exercitii, & condendarum Eccleſiarum jure gaudeant, æque ac aliæ in Tranſylvania receptæ Religiones tali caſu, ubi nimirum in aliquo loco numero prævalent, gaudere conſueverunt.

II. Confirmamus Fidelibus Statibus omnes Hungariæ Regum ſimiliter omnium a tempore ſeparatæ ab Hungaria Tranſylvaniæ, ejusdemque Principum donationes, collationes, Privilegia, Armales, Titulos, Officia, Dignitates, Decimas, & denique quævis beneficia, ac bona ſive privatis, ſive Civitatibus ac Communitatibus, & Cœtibus, ſive cujuscunque ex receptis Religionibus addictæ Eccleſiæ, Parochiæ vel Scholæ, tam in Tranſylvania quam partibus Hungariæ, in Siculia & Debreczino prædictis factas, & data, etiamſi aliquando ad aliquam Eccleſiam, Conventum vel Capitulum pertinuerint, ita ut nemo omnino hac occaſione in ſuis bonis, nec per nos nec per quemcunque Sacri aut Profani Ordinis Virum impetendo aut actionando turbetur; ſed unusquisque ea, quæ nunc habet & poſſidet, impoſterum etiam teneat & poſſideat, ſecundum dictas Regum, vel Principum Donationes, niſi eas ipſi per ſuas Conſtitutiones abrogaſſent.

III. Approbatas & compilatas Patriæ illius Leges, Decreta, Tripartitum Verbœczii, expuncto tamen ibidem articulo nono Decreti Andreæ Regis, qui in ultima Poſonienſi Diæta abolitus fuit, Conſtitutiones, Jus Municipale Nationis Saxonicæ, in vigore inviolabili permanſura declaramus quidem; cum autem ipſimet Status, tum ratione Religionis, tum etiam Conſtitutionum ſuarum ac Privilegiorum inter ſe diſcrepent, & Catholici in præfatis 1. & 2. Articulis gravatos ſe exiſtiment, Saxones vero Privilegiis ſuis antiquis, & eorum uſui & Conſuetudini in Articulo tertio magis cautum eſſe efflagitent, e re ipſorummet Statuum duximus, ut difficultates inter illos circa dictos tres articulos vertentes, amicabili compoſitione & concordia ſub ratificatione noſtra Cæſareo-Regia complanare ſtudeant, hac vero non ſuccedente, auditis partibus, opinioneque Conſiliariorum noſtrorum Tranſyl. deſuper intellecta, reliquum nobis erit id denique pro munere noſtro cæſareo-Regio decernere, quod juſtum & æquum compertum fuerit.

IV. Morem uſitatum, utpote quem ſupremæ Poteſtati non derogare invenimus in Guberniis Conſilii Intimi, Comitiorum, ſuffragiorum, Politia ac libertate: in Tabulæ Judiciariæ Magiſtrorum Protonotariorum & Aſſeſſorum item & inferiorum Tribunalium Autoritate, *in adminiſtrandæ juſtitiæ ſolito* & ordine & uſu (*omnia tamen ſalvo in gravioribus recurſu ad Regem*) illæſa præcipimus conſervanda. In œconomicis quoque quoad Regalia & Fiſcalia prævia fideliſſimorum Statuum ſincera Informatione, eam habituri rationem, & modum, ut per Commiſſiones Camerales aut alia via, nemo Nobilium, Civium aut Privatorum gravari poſſit aut debeat.

V. In omnibus ſive ad Politiam, ſive Juſtitiam vel œconomiam adminiſtrandam neceſſariis Officiis utemur indigenis Tranſylvanis, Hungaris nempe, Siculis & Saxonibus, nullo habito Religionis reſpectu, neque exteræ Nationes, aut quæ Nobiscum ab aliis inter exteras & inhabiles dignoſcuntur; ad honores & munera, quotiescunque ea vacare contigerit, prævalebunt, ſalva tamen noſtra cum illorum conſenſu ad recipiendum aut non recipiendum in Matriculam commendatione.

VI. Bonis ob defectum prolium aut notam infidelitatis, ad fiſcum Regium devolvendis benemeritos Tranſylvanos, Hungaros nempe Siculos & Saxones indigenas non attento Religionis diſcrimine, propenſi erimus dignari. Illa vero privatorum bona; quæ armis noſtris occupata ſunt ab hoſtibus, Antiquis Poſſeſſoribus, aut eorum Poſteritatibus ex mera benignitate Regia reſtituentur. Ad quem finem alicui Tribunali in Tranſylvania, aut noſtro belli Duci, ut viſis Inſtrumentis, quod Juſtum videbitur, decernat; in hoc ſpeciali caſu ex Commiſſione Regia benigne committemus.

VII. Supremum Status Directorem noſtrum priſtinis temporibus Vaivodam dictum, vel ejus gerentem ex Indigenarum Tranſylvaniæ Nobilium ac Procerum noſtrorum numero, ſive Catholicæ ſive alterius ibi receptæ Religionis fuerit, ſi fidelitate & meritis præpolleat ſumemus: Idem quoque de munere Generalis Militiæ Tranſylvanicæ, Cancellarii ſupremi, Conſiliariorum Intimorum, Comitum ſupremorum, & Capitaneorum inter Siculos, Magiſtrorum Protonotariorum, aliisque Dignitatibus antea ſolitis obſervabitur. Et hæc

VIII. Cum tali modificatione clementiſſime largimur, ut Gubernatoris Summi, Militiæ Tranſylvaniæ, Generalis Cancellarii, Intimi Conſiliariatus & Protonotariatus Candidatos, ſi quando ſimilia munera reſarcienda venerint, Nobis ad confirmandum repræſentent, ut tanto tranquillior diverſarum Nationum Status perſiſtat, periculoſæ machinationes aut Ambitus exulent, atque omnium animis concordi deſiderio ſalus publica, pro optimo Regiminis fine, in quem colliment univerſi, hæreat radicata. Quod autem ad alios Officiales attinet, nempe Judices Regios inter Saxones & Siculos; Judices Nobilium, Vice-Comites in Comitatibus, Judices, Conſules & ſimilia Officia in Civitatibus & Oppidis, quæ per liberam Communitatum electionem, apud ipſos conſtitui ſolent, in eadem etiam impoſterum Libertate, ac conſuetudine maneant, confirmatione tamen pariter noſtra ſicut in præcedentibus, in quolibet ex dictis caſibus impetranda.

IX. Magnum inde ſalutis publicæ incrementum redundare poſſe clementer exiſtimavimus, ſi in Conſilio intimo duodecim-Virali ſaltem tres ſint Catholici, cœteris ex aliis ipſorum Religionibus recipiendis. Et quidem inter illos, in Conſilio Intimo, etiam Judex Regius Cibinienſis, juxta Leges receptas ex Natione Saxonica. Inter Magiſtros Protonotarios vero, unus ſit Catholicus, ex modernis tamen quilibet in ſuo Officio perſiſtat.

X. Annua Comitia, ad negotia publica tractanda, juſtitiam adminiſtrandam & propoſitiones Regias, ſi quæ fuerint intelligendas, neceſſaria; nec non Terminorum Octavalium celebrationem Noſtro Gubernatori, & Intimo Conſilio promulganda committimus, reſervando Nobis eorum omnium, quæ ſic geruntur Regiam Confirmationem.

XI. Supremo Status Directori Noſtro ſua ſit authoritas, conditio, prærogativa alias debita, *ſemper ille* in Provincia præſens, legibus *Patriis*; tam quoad Sacra, quam profana, ſolenni *Juramento* obſtrictus, congrua etiam ſtipendia, & illi & *ſingulis* de Conſilio Intimo ac Tabula *Judiciaria*, ex mediis ærarii noſtri Regii; & Fiſcalibus *benigne* decernemus. Quod ſi utilitas publica, & diverſarum ibi degentium Nationum tranquillitas, *illum* quotannis mutare ſuaderet, liberrima *Statuum* ad alium, quo citius eligendum, fieri *poterunt* ſuffragia, pro noſtra ulteriori Clementiſſima *reſolutione* tranſmittenda.

XII.

Anno 1691. XII. Tempore pacis (quod Deus Pacis approximet) quinquaginta Imperialium mille Tributo, tempore autem Belli contra Hungariam & Transylvaniam quadringentorum millium florenorum Rhenensium contributione, computatis etiam Naturalibus contenti erimus, Repartitionis & exactionis forma, penes fideles Status & Provinciæ Officiales, relicta & ab ipsis sine partium studio, ad proportionem reducenda, cætera quæ ultra prædictas summas, vel Belli vel Pacis Tempore pro defensione Patriæ requirentur, amore fidelium Statuum, & universæ plebis sublevandæ causa, ex bonis Regiis & Fiscalibus, nec non salis & reliquorum metallorum Fodinis, Tricesimis, Decimis inter Saxones, Arenda Decimarum in Comitibus, aliisque nostris proventibus allaturi.

XIII. Dacias & alia apud ipsos usitata Exactionum genera introduci non curabimus, Vectigalia aut Tricesimas non augebimus.

XIV. Siculi, genus hominum bellicosissimum, ab omni Tributo, ab omni Hibernorum aut æstivorum molestia, Decimis & præstationibus, ratione bonorum quæ cum onere insurgendi possident, velut hactenus ita imposterum, sint penitus exempti. E contra pro tuenda Patria propriis impensis militare obstricti permaneant, non tamen subintellectis Rusticis vel Jabbagionibus Siculis.

XV. Liberum sicuti sub Principibus fuit quæstum, sive Commercia rerum omnium concedimus, benigne volentes ut & Nobilium prærogativæ & Privilegia, hac in parte observentur.

XVI. Decimas autem consueta hactenus apud ipsos Arenda redimi solitas, Dominis Terrestribus relinquemus, Arenda tamen Fisco reservata.

XVII. Magnis & non necessariis Præsidiis partim ex Militia Indigena instituendis & ex nostro ærario alendis, Provinciam non onerabimus, Generalem tamen & Caput illi Germanum præficiemus, qui reciprocam cum Gubernatore, Consilio Status & Generali Militiæ Transylvanicæ, in omnibus negotiis bellicis Correspondentiam habiturus, aliis ad prædictum Statum aut Gubernium pertinentibus se non ingeret.

XVIII. Tollimus a Saxonicæ Nationis & totius ubique miseræ Plebis cervicibus per abusum inveteratum gratuitam Viatorum cujusvis generis, vel conditionis Victitationem, Equorum ac omnis generis Jumentorum angariationem, & Quartiriorum, aliosque similes præsertim in dictam Saxonicam Nationem a Viatoribus hactenus exercitos abusus, Clementissime suadendo, & jubendo, ut post remissa prius ad Aulam nostram informatione a Consilio Status, Diversoria vero pro benevole recipiendis, justa pecunia & pretio cibandis itinerantibus, a Dominis Terrestribus & Civitatibus constituantur. Nos itaque qui pientissimum Regii muneris nostri executuri officium universorum & singulorum fidelium salutem, commune bonum, Tranquillitatem Publicam, rei pristinæ Incrementum & Charissimam Transylvaniam, nullo Deo opitulante Minotauri Turcici Labyrintho deinceps implicandam cordi duximus, visis & examinatis prædictis Articulis & punctis, pensantes eos honori & quieti, & commodo Statuum, Ordinum & Incolarum omnium, universæque Reipublicæ Christianæ conducere, eosdem in omnibus suis partibus & Capitulis approbamus & in perpetuum valitura Lege sancimus tenore præsentium, promittendo in verbo Regio ac apud nos, & nostram Serenissimam Domum nunquam violabili fide, quod illis firmiter & inconcusse servabimus, & servari faciemus, majora & majora semper in fidelissimam nobis Gentem ponere beneficia propensi. Datum in Civitate nostra Viennæ, die 4 Mensis Decembris An. Domini 1691. Regnorum nostrorum Romani 34. Hungarici 37. Bohemici vero 36.

LEOPOLDUS

T. A. Hn. Comes de Stratmann

(L. S.)

Ad Mandatum Sac. Cæsareæ Regiæque Majestatis proprium.

Stephanus Andreas de Verdenburg.

CLXXXIII.

1692. 22. Jun. *Constitutio* INNOCENTII *Papæ* XII. *contra Nepotismum, statuit & decernit, ut nec a se ipso, nec ab ullo Romanorum Pontificum successorum ejus, ad favorem suorum respective Fratrum, Nepotum, aliorumque quorumcumque Consanguineorum seu Affinium, de bonis, pecuniis, Officiis venalibus, illorumque pretio, rebus & juribus quibuscunque, ad Sedem & Cameram Apostolicam quovismodo spectantibus, vel quandocunque spectaturis, Liberalitatis & Donationis, aliove quovis gratuito, seu lucrativo titulo, directè vel indirectè, etiam servitiorum & meritorum, aliove quolibet colore seu prætextu, ullo modo in posterum disponatur &c. Datum Romæ 10. Kal. Julii Anno Dominicæ Incarnationis 1692. Pontificatus I.* [Sur la Copie imprimée à Rome en 1692. Ex Typographia Reverendæ Cameræ Apostolicæ in folio.] Ann. 1692

INNOCENTIUS Episcopus Servus Servorum Dei. Ad perpetuam rei memoriam.

ROMANUM decet Pontificem, tanquam fidelem servum, & prudentem, quem constituit Dominus super familiam suam, in Ecclesiæ Catholicæ conspectu actum suum ita ordinare, ut ipse quidem in diebus suis placeat Deo, & inveniatur justus, fiatque forma gregis ex animo, & bonus sit Christi odor in omni loco; Cæteri verò Antistites, & Ecclesiarum Prælati in partem solicitudinis, cujus ei commissa est plenitudo, vocati, aliique Christi fideles, quos curæ suæ divinitùs creditos in visceribus Paternæ gerit charitatis, ejus exemplo, atque præceptis caduca Mundi hujus despicere, carnisque, & sanguinis laqueos effugere, ac de bonis & rebus Ecclesiasticis juxta æquitatis, & justitiæ leges disponere, & Spiritualium remigio alarum ad cælestia contendere, atque evolare auxiliante Domino condiscant. Hinc ad ea Sacrorum Canonum instituta, quæ Episcopis, ne bonis, & reditibus Ecclesiæ consanguineos suos augere studeant, interdicunt, considerationis nostræ aciem convertentes, eam Nobis in suprema Beati Petri Apostolorum Principis, cui caro, & sanguis non revelavit, Sede constitutis ab ipso Pontificatus Nostri primordio servandam proposuimus, & hactenus Deo adjuvante servare studuimus disciplinam, ut in bonorum, & redituum ad hanc Sanctam Sedem, & Cameram Nostram Apostolicam spectantium distributione Justitiæ, atque Prudentiæ leges, & regulas accuratè custodientes, summam meritorum, nullam autem carnis, & sanguinis, aut cujuscunque humani affectus rationem haberemus. Et licet in Dei misericordia speremus, tales Nobis successuros Romanos Pontifices, qui non minus hac in parte, quam in reliquis munus suum impleant, & Ecclesiam Universam Spiritualium aromatum odore perfundant: Nihilominus ea, quæ Nobis licere non patimur, aliis indicare, salubremque in Sancta Romana Ecclesia omnium Ecclesiarum matre, & magistra circa præmissa normam, & legem constituere, atque stabilire decrevimus.

Habita igitur super his cum Venerabilibus Fratribus Nostris ejusdem S. R. E. Cardinalibus deliberatione matura, ac de illorum consilio pariter, & assensu ad Omnipotentis Dei gloriam, Apostolicæ Sedis honorem, ac Antistitum, Prælatorum, aliorumque Ecclesiasticorum ædificationem, & bonum exemplum, hac nostra perpetuò valitura Constitutione statuimus, atque decernimus, salutarem hanc de cætero in dicta S. R. E. servari rationem, atque disciplinam, ut nec à Nobis, nec ab ullo Romanorum Pontificum Successorum nostrorum ad favorem nostrorum, sive suorum respectivè Fratrum, Nepotum, aliorumque quorumcunque Consanguineorum, seu Affinium, sive illorum, quos in locum Nepotum, aliorumque quorumcunque Consanguineorum per cooptationem in familiam, aut aliter adlegi, seu adsciscì contigerit, de bonis, pecuniis, locis Montium vacabilium, & non vacabilium, Officiis venalibus, illorumque pretio, creditis, redditibus, rebus, & juribus quibuscunque ad Sedem, & Cameram præfatas quovis modo spectantibus, vel quandocunque spectaturis, etiam ex emolumentis Datariæ, Cancellariæ Apostolicæ, Secretariæ Brevium, Spoliorum

ANNO 1692. liorum Ecclesiasticorum, & quarumcunque Palatii Apostolici portionum, seu distributionum provenientibus, liberalitatis & donationis, aliove quovis gratuito, seu lucrativo titulo directè, vel indirectè, etiam servitiorum, & meritorum, quæ tamen talia non sint, ut ex lege justitiæ eam exigant remunerationem, aliove quolibet colore, seu prætextu, sivè etiam supra veram ipsorum servitiorum, & meritorum rationem, ullo modo in posterum disponatur.

Quod si Fratres, Nepotes, Consanguinei, vel Affines, seu illorum loco adlecti, sive adsciti præfati inopia laboraverint, poterit Romanus Pontifex, pro tempore existens pro timorata sua conscientia illorum paupertatem eodem omnino modò sublevare, quo Pauperum extraneorum inopiæ subvenire fas est.

Ne autem, quod directè prohibetur, indirectè permittatur, magnorum stipendiorum, seu honorariorum, nonnullis Sedis prædictæ Officiis, seu muneribus, quæ Consanguineis, vel Affinibus, seu adlectis, vel adscitis præfatis concedi, ut plurimum consueverunt, assignatorum ratione, stipendia, provisiones, sive salaria, & honoraria, & aliàs quomodolibet nuncupari solita emolumenta quæcunque, quæ antehac per Cameram prædictam in Civitate Avinionensi, & Comitatu Venayssino Nostris in Spiritualibus, & temporalibus Vicario Generali, ac in illis, & vicinis quinque Provinciis ejusdem Sedis de Latere Legato præstari, & solvi plerumque solita, & consueta fuerunt: Superintendentis verò Generalis Negotiorum Sedis Apostolicæ, nec non totius Militiæ, tàm Equestris, quàm Pedestris Status Nostri Ecclesiastici Gubernatoris, & Capitanei Generalis, itidemque Classis, & Triremium Pontificiarum Præfecti, illiusque, & illarum Commissarii, & Locumtenentis Generalis, Arciumque & Turrium ad littora Maris tàm Adriatici, quàm Tyrrheni existentium Superintendentis Generalis, Præfecti quoque Generalis utriusque Custodiæ Corporis Romani Pontificis, ejusque Locumtenentis Generalis, item Castellani Arcis Sancti Angeli de Urbe; Gubernatoris, ut aliàs deputabatur, Civitatis Beneventanæ, cujus tamen Gubernium ad instar aliorum prædicti nostri Status, prout impræsentiarum servatur, remaneat, & Arcis Beneventanæ Præfecti; Item Gubernatoris Oppidi Nostri Civitatis Vetulæ, ac demùm Perusinæ, Anconitanæ, & Novæ Asculanæ respective Arcium Præfecti, seu Castellani, Officia, & munera ipsa cum omnibus, & singulis illorum, & cujuslibet eorum Juribus, prærogativis, stipendiis, salariis, & emolumentis quibuscunque perpetuò supprimimus, & abolemus, illaque deinceps, quomodocunque, & quandocunque renovari prohibemus, & abolemus; nec cuiquam de cætero assignari, & præstari, seu concedi, & conferri respective volumus, atque decernimus. Quod si pro rerum qualitate, temporumque contingentia, manifesta, urgensque necessitas munera, seu Officia Militaria hujusmodi, vel aliqua ex eis de novo institui exegerit, Viros ad illa assumi volumus, & mandamus, strenuos & fideles, eximia virtute præstantes, reique Militaris apprimè peritos, & in illa diuturno, ac probato usu exercitatos, quibus Romanus Pontifex pro tempore existens secundum datam sibi à Domino Sapientiam pro ratione laboris, industriæ, atque periculi competentia, & congruentia stipendia assignabit.

Porrò si Nostri, Successorumque Nostrorum Romanorum Pontificum pro tempore existentium Fratres, Nepotes, & alii quicunque Consanguinei, seu Affines, sivè veri, sivè, ut præfertur, adlecti, & adsciti, vitam Ecclesiasticam elegerint, ac Ecclesiarum, & Monasteriorum, aliorumque Beneficiorum, & Officiorum Ecclesiasticorum, ac annuarum pensionum super eorum fructibus consecutionis capaces fuerint, eam in redituum, & proventuum Ecclesiasticorum distributione eis facienda servari volumus moderationem, ut non nisi juxtà eorum merita, & non ultra, congruam pro gradus, vel dignitatis, quem, vel quam in Ecclesia obtinuerint, nullo ad consanguinitatem, affinitatem, seu adlectionem ergà Romanum Pontificem habito respectu, sustentationem, ejusmodi reditus, & proventus Ecclesiastici eis distribuantur, quo custodita in omnibus Ecclesiastici disciplinæ, atque Justitiæ distributivæ regula, nemini relinquatur conquerendi, vel obloquendi occasio, sed Ecclesiastica stipendia ministrantibus in Ecclesia Dei æqua lance pro uniuscujusque merito assignentur.

Quoad illos autem ex Fratribus, Nepotibus, aliisque Consanguineis, seu Affinibus Romanorum Pontificum pro tempore existentium præfatorum, sivè veris, sivè, ut præfertur, adlectis & adscitis, quos eximiis eorum ita exigentibus meritis ad sublimem Cardinalatus dignitatem assumi contigerit, eam quoque de cætero servari volumus moderationem, ut Ecclesiæ Monasteria, Commendæ, aliave cujusvis generis beneficia, & Officia Ecclesiastica, ac pensiones annuæ super illorum fructibus unicuique eorumdem respectivè conferenda, commendanda, & concedenda, ac reservandæ, & assignandæ, verum valorem annuum duodecim millium scutorum monetæ Romanæ computatis insimul Beneficiorum, & Officiorum quibuscunque fructibus, & pensionum quantitatibus, in totum non excedant: In ea tamen taxatione non comprehendantur emolumenta Officiorum ejusdem Apostolicæ Sedis, & Romanæ Curiæ S. R. E. Cardinalibus demandari, seu concedi solitorum, aliorumque munerum, quæ ipsis non ad vitam, vel in perpetuum, sed ad tempus, seu beneplacitum Romani Pontificis pro tempore existentibus demandata, seu concessa fuerint. Declarantes, quod deinceps præfati qui vitam Ecclesiasticam elegerint, seu ad sublimem Cardinalatus dignitatem fuerint assumpti, quoscunque Titulos fructuum reservationibus gravatos, sive præventivas, vel eventitias pensiones ultrà moderationem, ut supra respective præscriptam nullatenùs assequi valeant. ANNO 1692.

Quod si forsan (quod absit) modus circa præmissa sic congruenter, salubriterque præscripeus in posterum excedatur, curæ erit Romanis Pontificibus Successoribus, donationes gratuitas, seu lucrativas dispositiones, excessivas subventiones, munerum, & Officiorum, seu illorum stipendiorum, & emolumentorum concessiones, ac redituum, & proventuum Ecclesiasticorum distributiones, nec non collationes, Commendas, Concessiones, reservationes, & assignationes, aliaque præmissa contra, vel ultra modum, ut præfertur, præscriptum factas, seu facta rescindere, revocare, & in nihilum redigere, ac ut præfertur, donata, elargita, concessa, collata, commendata, reservata, & assignata à Consanguineis, & Affinibus, sive veris, sive adlectis, & adscitis præfatis, eorumque Hæredibus, & Successoribus respective etiam manu Regia, & de Apostolicæ potestatis plenitudine vindicare, & auferre, ac Cameræ Apostolicæ applicare, & incorporare, aliisque respective conferre, commendare, concedere, & assignare, ac aliàs desuper opportunè providere, seu disponere.

Quia verò ægrotante Romano Pontifice nonnunquam contigit, ut Signaturæ gratiarum, quæ per Concessum fieri dicuntur, modum illum excederent, quem ipse Romanus Pontifex, dum benè valebat, servare consueverat: statuimus, atque decernimus, ut ij quibus ejusmodi Signaturas per Concessum à Romano Pontifice ægrotante, etiam per Chirographum speciale manu ipsius Romani Pontificis subscriptum, vel aliàs quomodocunque committi contigerit, cujuscunque status, gradus, ordinis, & dignitatis fuerint, etiamsi Cardinalatus honore præfulgeant, nullas hujusmodi gratias signare, vel expedire valeant, nisi fuerint ad illas adhibiti duo ejusdem S. R. E. Cardinales, qui una cum Signatore præfato coram ipsomet Romano Pontifice eas concedente, ac expedire mandante, earumdem Gratiarum supplicationibus, sive minutis, aut Chirographis, aliisque concessionum scripturis subscribant; alioquin quidquid secus actum, signatum, gestumvè fuerit, nullum, irritum, & invalidum, nulliusque sit roboris, vel momenti, & qui huic saluberrimæ Sanctioni contravenerint, ab ipso Romano Pontifice sanitati restituto, vel ejus Successoribus condignis pœnis puniantur.

Ut autem præmissa omnia, & singula perpetuò, & inviolabiliter observentur, Volumus, & Apostolica auctoritate decernimus, ut sicut ejusdem S. R. E. Cardinales in Romana Curia præsentes hanc Constitutionem, quantum in eis erit, observare, illique non contravenire, nec ullis contrafacientibus etiam Romanis Pontificibus consentire, nec absolutionem à juramento præstito petere, aut concessam acceptare promiserunt, & jurarunt, idem quoque per absentes ab eadem Curia dictæ S. R. E. Cardinales quandocunque ad eam advenerint, ac per futuros Cardinales in assumptione Pilei promitti, & jurari debeat, promissioque, & juramentum hujusmodi in formula juramenti per eosdem Cardinales præstari soliti adjungatur, & adscribatur. Occurrente autem quando-

ANNO 1692.

cunque ejusdem Apostolicæ Sedis vacatione iidem Cardinales in Conclavi, quando de observandis fel. rec. Prædecessorum nostrorum Julii Papæ II. super Electione Romani Pontificis, Pii Papæ V. nè Civitates, & loca S. R. E. infeudentur, & Sixti Papæ V. de pecuniis in Arce S. Angeli positis inde non amovendis, aliisque nonnullis Constitutionibus Apostolicis juramentum præstare solent, etiam de præsenti Constitutione per quemlibet eorum, qui in Romanum Pontificem Electus fuerit, inviolabiliter observanda, & postmodum ipse ad Supremi Apostolatus Officium assumptus post assumptionem hujusmodi hoc ipsum promittere, & jurare debeant, servatis etiam aliis omnibus, & singulis illis, quæ circa juramentum hujusmodi in præfata Sixti Prædecessoris Constitutione Anno Incarnationis Dominicæ millesimo quingentesimo octuagesimo sexto, undecimo Kalendas Maii Pontificatus sui Anno primo edita præscribuntur.

Has quoque nostras litteras in libellum redigi, & post prædictas Julii, Pii, & Sixti, quæ in Conclavi legi solent, aliorumque Prædecessorum nostrorum Constitutiones adjungi, & in quinterno Cancellariæ nostræ Apostolicæ unà cum aliis Constitutionibus Apostolicis adscribi, & ad valvas Ecclesiæ Lateranensis, Basilicæ Principis Apostolorum, dictæque Cancellariæ, & in Acie Campi Floræ de Urbe publicari, ipsarumque præsentium literarum transumptis, seù exemplis etiàm impressis, mànu alicujus Notarii publici subscriptis, & sigillo personæ in Ecclesiastica dignitate constitutæ munitis, eamdem prorsus fidem, tam in judicio, quàm extra illud ubique haberi volumus, quæ iisdem præsentibus haberetur, si forent exhibitæ, vel ostensæ.

Nulli ergo omninò hominum liceat paginam hanc nostrarum Constitutionis, Suppressionis, Abolitionis, Taxationis, Statutorum, Decretorum Voluntatum, & Mandati infringere, vel ei ausu temerario contraire. Si quis autem hoc attentare præsumpserit, indignationem Omnipotentis Dei, ac Beatorum Petri, & Pauli Apostolorum ejus se noverit incursurum. Datum Romæ apud S. Mariam Majorem Anno Incarnationis Dominicæ millesimo sexcentesimo nonagesimo secundo decimo Kal. Julii Pontificatus Nostri Anno Primo.

✠ Ego Innocentius Catholicæ Ecclesiæ Episcopus promitto, voveo, & juro.

(L. S.)

✠ Ego Alderanus Episcopus Ostiensis Cardinalis Cybo promitto, voveo, & juro.

✠

✠ Ego Jacobus Episcopus Tusculanus Cardinalis Franlonus promitto, voveo, & juro.

✠ Ego P. Episcopus Prænestinus Cardinalis de Alteriis S. R. E. Camerarius promitto, voveo, & juro.

✠

✠

✠ Ego F. Tit. S. Praxedis Presbyter Cardinalis Maidalchinus promitto, voveo, & juro.

✠ Ego Carolus Tit. S. Laurentii in Lucina Presb. Card. Barberinus promitto, voveo, & juro.

✠

✠

✠

✠ Ego Nicolaus Tit. S. Calixti Presbyter Card. Acciaiolus promitto, voveo, & juro.

✠ Ego Gaspar Tit. S. Mariæ Transtyberim Presb. Card. Carpineus promitto, voveo, & juro.

✠ Ego Cæsar Tit. SS. Trinitatis in Monte Pincio Presbyter Cardinalis Destres promitto, voveo, & juro.

✠

✠

✠ Ego Franciscus Tit. S. Matthæi in Merulana Presbyter Cardinalis Nerlius promitto, voveo, & juro.

✠ Ego Hieronymus Tit. S. Sylvestri de Capite Presbyter Cardinalis Casanate promitto, voveo, & juro.

✠ Ego Galeatius Tit. SS. Quirici, & Julittæ Presbyter Cardinalis Marescottus promitto, voveo, & juro.

✠ Ego Fabritius Tit. S. Chrysogoni Presb. Card. Spada promitto, voveo, & juro.

✠ Ego P. Thomas Hovardus Tit. S. M. super Minervam Presb. Card. de Norfolcia promitto, voveo, & juro.

✠ Ego Jo: Baptista Tit. S. Cæciliæ Presb. Card. Spinula, promitto, voveo, & juro.

✠

✠

✠

✠ Ego Fr. Laurentius Basilicæ SS. XII. Apostolorum Presbyter Card. de Laurea promitto, voveo, & juro.

✠ Ego Jacobus Tit. S. Mariæ de Aracœli Presb. Card. de Angelis promitto, voveo, & juro.

✠

✠

✠

✠ Ego M. Antonius Barbadicus Tit. S. Susannæ Presb. Card. S. Susannæ promitto, voveo, & juro.

✠

✠

✠

✠ Ego Joannes Tit. S. Petri in Monte aureo Presb. Card. de Goessen promitto, voveo, & juro.

✠

✠ Ego P. M. Tit. S. Marcelli Presbyter Card. Petruscius promitto, voveo, & juro.

✠

✠

✠

✠ Ego Joseph Saenz Tit. S. Balbinæ Presb. Card. de Aguirre promitto, voveo, & juro.

✠ Ego Leander Tit. SS. Nerei, & Achillei Presb. Card. Colloredus Major Pœnitentiarius promitto, voveo, & juro.

✠ Ego Fortunatus Tit. SS. Joannis, & Pauli Presb. Card. Carafa promitto, voveo, & juro.

✠ Ego Bandinus Tit. S. Pancratii Presb. Card. Panciaticus promitto, voveo, & juro.

✠

✠ Ego Ferdinandus Tit. S. Clementis Presbyter Card. de Abdua promitto, voveo, & juro.

✠ Ego Tussanus Tit. S. Agnetis extra mœnia Presbyter Cardinalis de Janson Forbin promitto, voveo, & juro.

✠ Ego Jo. Baptista Tit. S. Laurentii in Pane, & perna Presbyter Cardinalis Rubinus promitto, voveo, & juro.

✠

✠ Ego J. B. Tit. S. Anastasiæ Presbyter Card. Costagutus promitto, voveo, & juro.

✠

✠

✠

✠

✠

✠

✠ Ego Urb. S. Mariæ in Via Lata Diac. Card. Sacchettus promitto, voveo, & juro.

✠

✠

✠

✠ Ego Fulvius SS. Cosmæ, & Damiani Diaconus Card. Altallius promitto, voveo, & juro.

✠

✠

✠ Ego Petrus S. Laurentii in Damaso Diaconus Cardinalis Otthobonus S. R. E. Vice Cancellarius promitto, voveo, & juro.

✠ Ego C. S. Mariæ in Cosmedin Diaconus Card. Bichius promitto, voveo, & juro.

✠

✠ Ego Aloysius S. Mariæ in Porticu Diaconus Card. Homodeus promitto, voveo, & juro.

✠ Ego Joannes Franciscus S. Adriani Diaconus Card. Albanus promitto, voveo, & juro.

✠ Ego Franciscus S. Angeli in foro Piscium Diaconus Cardinalis Barberinus promitto, voveo, & juro.

✠ Ego Laurentius S. Mariæ in Aquiro Diaconus Cardinalis de Alteriis promitto, voveo, & juro.

Loco ✠ plumbi.

B. Card. Prodatarius. J. F. Card. Albanus.

Visa de Curia I. Sacripantes.

D. Ciampinus.

CLXXXIV.

ANNO 1692.

ANNO 1693.

CLXXXIV.

18. Fevrier.

Vergleich zwischen Fürst CHRISTIAN EBERHARD zu Ost-Friesland und denen Land-Ständen daselbst / durch Interposition Churfürst FRIDRICHS des III. zu Brandenburg / und Hertzogs Augusti Ernesti zu Braunschweig und Lüneburg in puncto nonnullorum Gravaminum, Huldigungs Reversalium, Homagii, Collectarum & Subsidiorum ordinariorum atque extraordinariorum aufgerichtet zu Hannover den 18. Februarii 1693. Benebst des Fürstens Ratification. Geben zu Aurich den 31. Martii 1693. [LUNIG Teutsch Reichs Archiv. Part. Special. Continuat. 2. Abtheil. 4. Absatz. 24. pag. 599.]

C'est-à-dire,

Accord fait par l'interposition de FREDERIC III. *Electeur de Brandebourg*, & D'AUGUSTE ERNEST *Duc de Brunswich-Lunebourg entre* CHRISTIAN EBERHARD *Prince d'Oostfrise & les Etats Provinciaux du Païs, au sujet de divers Griefs, & autres Différends concernant les Revers. d'Inauguration, les Collectes, l'Hommage, & les Subsides ordinaires & extraordinaires. A Hanover le 18. Février 1693* AVEC *La Ratification du Prince. A Aurich le 31. Mars 1693.*

WIr von GOttes Gnaden Christian Eberhard, Fürst zu Ostfriesland / Herr zu Esens / Stedesdorff und Wittmund rc. Uhrkunden und bekennen hiermit vor uns Unsere Erben und Nachkommen / der Regierenden Fürsten und Herren zu Ostfriesland / daß / nachdehm Wir durch Unsere dazu verordnet gewesene Räthe und Ministros ohnlängst am 18. Febr. dieses 1693sten Jahrs / mit Unsern Getreuen Landes-Ständen und denen Deputirten / auff Interposition und Vermittelung der Durchlauchtigsten Fürsten und Herren Friederichs, des dritten Marggraffen zu Brandenburg / des Heyl. Römischen Reichs Ertzkämmerern und Churfürsten / in Preussen / zu Magdeburg / Cleve / Jülich / Berge / Stettin / Pommern / der Cassuben und Wenden auch in Schlesien / Crossen und Schwiebuß Hertzogen / Burggraffen zu Nürnberg / Fürsten zu Halberstadt / Minden und Camin / Graffen zu Hohenzollern / der Marck und Ravensberg / Herrn zu Ravenstein / und der Lande Lauenburg und Bütau rc. rc. Und Herrn Ernst Augusts Hertzogen zu Braunschweig und Lüneburg / des Heyl. Römischen Reichs Churfürsten / Bischoffen zu Osnabrügg rc. rc. Gnaden / nachfolgenden Vergleich;

Demnach zwischen dem Durchl. Fürsten und Herren / Herren Christian Eberhard, Fürsten zu Ostfriesland / nicht allein wärender Vormundschafft sondern auch bey Antretung dero selbst eigenen Regierung / und denen Ostfriesischen Landes-Ständen / benentlich Ritterschafft / Städten und dritten Stand / vielfältige Irrungen / Processe und Mißverständnissen / und zwarn letzlich in punctis gravaminum, Reversalium & homagii entstanden: Als hat man sich beyderseits darüber zusammen gethan / und ist zwischen den Fürstl. und Landständischen Bevollmächtigten auff Ratification Ihres Gnädigsten Fürsten und Herrn / auch ihrer günstigen Principalen folgender Vergleich geschlossen und getroffen.

1. Erklären sich des Fürsten zu Ostfriesland Durchl. gegen dero getreue Land-Stände in Gnaden dahin / daß Sie zu Bezeugung ihres Landes-Väterlichen gnädigsten Willens und Gemühtes / und gäntzlicher Auffhebung alles Mißtrauens zwischen Haupt und Gliedern / nach Unterschreibung dieses / alle Kayserl. Decreta und Resolutiones, Compactata, Apostillen / Decisien und Abschiede / insgemein Accorden genennet / als Grundfesten der Ostfriesischen Regierung / confirmiren / und zu solchem Ende einen Huldigungs-Reversal / wie sub A. beygefüget / denen Ständen ausgeben wollen.

2. Und nachdem fürs ander / die Stände dafür gehalten / daß die Gravamina vor Abstattung des homagii erörtert und würcklich abgestattet werden müsten / Fürstlr. Seits aber solches nicht gestanden worden; Als haben erregte Stände aus unterthänigster Liebe zu des Fürsten zu Ostfriesland / Ihres Gnädigsten Landes-Herrn Durchl. auch rechtschaffener Begierde zu retablirung unterhüren respective gnädigsten und unterthänigsten Vertrauens zwischen Haupt und Gliedern sich dahin erkläret / thun auch solches hiemit und in Krafft dieses / daß Sie für diesesmahl und zwar citra consequentiam, gleich nach empfangenen vorhin gemeldeten Huldigungs-Reversal, das gewöhnliche homagium ohne einige ferner Contradiction abstatten wollen.

3. Damit aber gleichwohl die gravamina würcklich abgeschafft werden mögen / so soll so wohl Fürstlich- als Ständischer seits eine Commission benennet und angeordnet werden / welche im Lande alle beyderseits noch unerörterte gravamina ferner auffheben und völlig abhandeln / auch 14. Tage nach geschehener Huldigung damit den Anfang machen / und innerhalb 6. Wochen von solcher Zeit die völlige Abhandlung erwehnter gravaminum denen Accorden und Verträgen gemäß verglichen und zu Ende bringen solle. So viel aber das besondere gravamen wegen des Fürstlr. seits / von denen Unterthanen prætendirenden Auffgeldes auff die jetzige courent Müntze bey Bezahlung der Beheerdischen Heure betrifft; So wollen Ihro Durchl. desfals mit Ihren Unterthanen in die Gelegenheit sehen / und nach hohen Gnaden verfahren; gestalten dann verabredet und beyderseits beliebet worden / daß dieser punct des Auffgeldes zur gütigen Handlung auff negsten Landtag in Ostfriesland ausgestellet werden solle.

4. Wann nun vorbesagter massen die Huldigungs-Reversalen ausgegeben / und die Huldigung eingenommen / So wollen die Land-Stände zu Bezeugung ihrer unterthänigsten devotion Ihrer Fürstl. Durchl. zu Ostfriesl. währender jetziger Kriegsleufften alljährlich 12000. Reichsthaler / hernach aber und bey verhoffender friedlicher Regierung jährlich 18000. Rthlr. zehen Jahr lang / von dem Tag der geschehenen Huldigung anzurechnen / aus unterthänigsten freyen guten Willen und citra consequentiam aus denen gemeinen Landes Mitteln / und zwar das erstemahl / so bald nach Accord-mässiger Abthuung der noch unerörterten Gravaminum, und folglich quartaliter, dann auch noch 5000. Rthlr. bey Signirung dieses Vergleichs / und 5000. Rthlr. bey der Huldigung baar erlegen und auszahlen lassen / und wollen ferner die Stände nach den Zustand der Zeiten sich dergestalt bezeigen / daß der Landesherr daraus ihre unterthänigste treue devotion sattsahm abnehmen / und bespüren könne.

5. Was den am Kayserl. Hoff / wegen der subsidiorum ordinariorum & extraordinariorum geführten und in puncto Restitutionis in integrum versirenden Proceß betrifft / so cessiret derselbe punctus petitæ restitutionis in integrum.

6. Damit aber die Land-Stände bey diesen ohne dem extraordinair schweren Landes-oneribus solche und andere Landes-Bürden desto besser tragen können; So wollen so wohl der Landes-Fürst als seine Stände sich beyderseits am Kayserl. Hoffe dahin bemühen / daß die Kayserl. Völcker forderſambst aus Ostfriesland abgeführet werden / und durch Ersparung sothaner Unterhaltungs-Kosten denen Ständen Mittel wieder zuwachsen mögen / Ihrem Landesherrn obbedeuteter Weise unter die Arme zu greiffen.

7. Hinkünfftig soll und will man weder von des Landes-Herrschafft oder Stände seiten / wegen einiger Einquartierung / Quartier-Gelder / Kayserl. Assignationen und dergleichen gemeinsamen Sachen / in keine Separat-Tractaten bey Kriegs- oder Friedens-Zeiten sich engagiren / auch bey unverhoffenden Einquartierungs-Fällen / einige Ungleichheit oder Exemption, in keines faveur ohne Unterscheid gestatten.

8. Was die Landtäge und deren Handlung betrifft / so wollen Ihro Durchl. auff gewöhnliche Requisition der Ritterschafft / Stadt Embden / Norden oder Aurich / des Collegii Deputatorum vel Administratorum, auch des dritten Standes oder dessen Administratorum allemahl / längstens innerhalb Monaths-Frist a Die implorationis vel præsentationis supplicati, die Stände würcklich zusammen kommen und den Landtag introduciren lassen. Und wie hinführo die Land-Stände nicht bemächtiget seyn sollen / die Landtage einseitig zu prorogiren; So wollen hergegen Ihro Durchl. sich geneigt und willig erweisen / die von Ihro verlangenden prorogation ohne beyderseits befundene erhebliche Uhrsachen keinesweges zu versagen.

9. So viel demnegst den punct der Collecten / bey Treib- und Verwaltung der gemeinen Landes-Mitteln betrifft / so lassen es Ihro Durchl. derenfalls alles bey denen vorerwehnten Accorden und bißhero abgelegten Landes-Rechnungen bewenden / und wollen niemahlen / auch in casu necessitatis darunter einige Veränderung machen.

10. Sollen die bey dem Collegio Administratorum gefallene / und noch künfftig verfallende Brüche / welche vermöge der Accorden und Verträge dem Landes-Herrn halbscheidlich competiren / demselben alljährlich entrichtet werden; Was aber die verfallene und noch verfallende Brüch-Gefälle / auch Recognitions Gelder / Grund- und Warff-Heuren in der Stadt Embden betrifft / ob zwar der anwesende Syndicus Stoschius defectum Mandati (in dem Er nicht von der Stadt Embden in specie, sondern von denen sämbtlichen Land-Ständen deputiret worden) vorgeschützet / so hat er dennoch versichert / daß diese Sachen / so weit sie denen Accorden gemäß / seiner Meynung nach / keine difficultät haben würden; Was aber den punct wegen Appellation von des Rahts zu Embden Urtheilen und Bescheiden an die Fürstl. Ostfriesische Hof-Cantzley betrifft / so

ANNO 1693.

so bleibet derselbe zu Ausmachung der Gravaminum im Lande ausgestellet.

11. Behalten die Land-Stände das vor wenig Jahren von Ihro Kayserl. Maj. erhaltene neue Insiegel / jedoch also und dergestalt / daß Ihnen dadurch kein mehreres Recht / als sie vor dessen Concession gehabt / zuwachse. So dann daß in allen und jeden Ausfertigungen / dieselbe geschehen an des Landes-Fürsten Durchl. oder an jemand anders / neben Ausdrückung solchen Insiegels nichts destoweniger die drey Stände / als einer der Ritterschafft / einer von denen Städten / und einer von dem dritten Stand sich zugleich mit unterschreiben sollen.

12. Demnach auch an seiten der Landständen verlanget worden / daß der punctus wegen Beförderung der frembden zu Landes- und Regierungs-Aembtern in denen von Ihro Durchl. jetzo auszustellenden Huldigungs-Reversalen / dergestalt wie er in Weyl. dero Herren Vaters Fürsten Georg Christians Durchl. Huldigungs-Reversalen gesetzet / beybehalten werden möchte / welches auch also geschehen: So wollen jedoch Se. Durchl. zu dero getreuen Land-Ständen sich in Gnaden versehen / daß Sie über diesen punct auf nechst bevorstehenden Landtag wegen einer billigmäßigen modification, sich mit denselben vernehmen und einverstehen werden; Inzwischen bleiben die / so gegenwärtig in solchen Officiis stehen / ungehindert bey Ihren Chargen.

13. Und ob zwar wegen des Beytrags der Herrschafften Esens und Wittmund für dieses mahl nichts zureichendes verglichen werden können / so soll doch solches an gnädigst und unterthänigsten Vertrauen zwischen dem Landes-Herrn und denen Ständen keine Hinderung geben / sondern biß zu weiteren Vergleich oder Spruch Rechtens ausgestellet seyn.

14. Demnach nun also die Haupt-puncta, worüber bey dem Hochlöbl. Kayserl. Reichs-Hoff-Raht geklaget / und bey der Kayserlichen Commission gehandelt worden / in Güte verglichen und abgethan; Als hat man sich an beyden seiten gegen einander erkläret / daß das Kayserliche Provisional-Decret vom 1. Octob. 1688. und darauf gefolgte inhæsiv-Decreta vom 3. Novembr. 1691. cessiren sollen.

15. Ferner haben Ihro Durchlauchtigkeit dero Ritterschafft und Land-Ständen sambt und sonders / auch derselben Advocaten und Rahtgebern völlige amnestie und Vergessenheit des passireten gnädigst zugestattet / wollen auch alle Ungnade und Processe, so aus der vorigen Uneinigkeit entsprossen / in Gnaden fallen lassen.

16. Endlich ist auch beliebet / daß von beyden Theilen bey Ihrer Kayserlichen Majestät umb Confirmation dieses Vergleiches allerunterthänigst angehalten / und ohne einigen nachdencklichen Zusatz oder Restriction auff der Stände Kosten würcklich ausgebracht werden solle. Und soll im übrigen obiges alles beyderseits stets / fest und unverbrüchlich gehalten werden / getreulich und ohne Gefehrde.

Uhrkundlich ist dieses in duplo ausgefertiget / von beyderseits dazu committirten Bevollmächtigten unterschrieben und besiegelt auch von jedem Theil ein Exemplar davon zu sich genommen worden. So geschehen Hannover den 18den Februarii 1693.

C. A. von Petkum. (L. S.)

Heinrich Avemann. (L. S.)

Heinrich von Wersabe. (L. S.)

Frantz Heinrich Stoschius. (L. S.)

Albertus Arens. (L. S.)

Everhard Ter Braeck. (L. S.)

Ibeling von Rheden. (L. S.)

Biß zu unserer und obbesagter Land-Standen ratification behandeln / verabreden und schliessen lassen; Daß wir demnach sothanen Vergleich in allen seinen puncten und Clausulen hiemit ratificiret / und also approbiret haben / daß derselbe von Uns und Unseren Successoren in der Regierung / stat / fest und unverbrüchlich gehalten / und demselben beschriebener massen nachgelebet werden solle. Alles bey Fürstl. wahren Worten / Treuen und Glauben.

Uhrkundlich haben wir diese unsere schrifftliche Ratification eigenhändig unterschrieben / und mit unserem Fürstlichen Insiegel befestigen lassen. So geschehen Aurich den 31. Martii anno 1693.

(unterstund)

Christian Eberhard.

L. S.

ANNO 1693.

CLXXXV.

17/27 Mars.

Capitulation pour un Régiment Grison pour le service de LL. HH. PP. Messieurs les Etats Généraux des Provinces-Unies du Païs-Bas, faite & dressée par Mons. VALKENIER *Envoyé Extraordinaire de LL. HH. PP & Messieurs* HERCULES DE CAPPOL *Collonel,* ROUDOLF DE ZALUTS *Lieutenant Colonel, &* CONRAD BELY DE BELFORT *Lieutenant en second. A Zurich le 17/27 Mars* 1693. [Tiré des Lettres & Relations Originales de M. Valkenier écrites de sa propre main.]

LE Regiment consistera en 1600. hommes effectifs dans lequel nombre les Officiers seront compris, & duquel l'on formera deux Bataillons, chaque Bataillon de quatre Compagnies, & chaque Compagnie de deux cens hommes.

Leurs Hauts Puissances payeront 1800. livres monnoye de France, ou 1500. livres monnoye de Hollande par mois, à compter douze Mois dans l'année, ce qui commencera le premier de May vieux Stile de l'année 1693., ce qui servira pour les gages du Collonel, & duquel il payera l'Estat Major, sçavoir le Major, le Ministre, le Grand Juge, l'Aide Major, le Grand Prevost, le Secretaire, le Chirurgien Major, & l'Oberst Waguemeister. Les Tambours & le Pheifer qui seront de la Compagnie Collonelle seront comptés, & passeront pour Soldats.

Le premier Lieutenant Collonel, sçavoir Monseigneur de Zaluts aura outre sa Compagnie une pension annuelle sçavoir de deux cents écus monnoye de France par an, ce qui fait 50. livres par Mois laquelle pension commencera le 1. de May vieux stile de l'année 1693.

Il y aura a chasque Compagnie un Capitaine, un Capitaine Lieutenant, un Lieutenant, un Sous-Lieutenant, & un Enseigne, six Cadets, quatre Sergents, quatre bas Officiers, sçavoir un Fourrier, un Porte Enseigne, un Capitaine d'Armes, & un autre. Un Secretaire, un Chirurgien, Quatre Drabans, six Corporaux, six Apointés; quatre Tambours, & 159. Factionnaires parmi un Pheifer; ce qui fait ensemble 200. hommes, & 27. de Gratification font ensemble 227. hommes.

LL. HH. PP. payeront pour chasque Soldat par mois à compter douze mois dans l'année 16. Liv. 4. sols monnoye de France, ce qui fait monnoye de Hollande 13 livres 10 sols. Les Capitaines payeront par Mois à chaque Cadet 20. livres monnoye de France, ce qui fait 16. livres 13. sols 5. derniers monnoye de Hollande, & pour chaque simple Soldat 10. livres 16. sols 5. derniers, monnoye de Hollande.

Si la Compagnie est de 175. hommes effectifs, le Capitaine aura les 27. places de gratification, outre la paye des 175. Soldats, & tous ceux qu'il aura d'effectifs jusques au nombre de 200. lui seront payés, & les 27. de gratification de surplus: mais s'il arivoit que la Compagnie ne fust que de 174. hommes effectifs, le Capitaine joüira seulement de la moitié de le Gratification; & si la Compagnie ne se trouvoit forte que de 165. hommes effectifs, il sera payé seulement pour le nombre des effectifs, sans avoir aucune gratification dans un tel Cas.

Il serava ancé à chaque Capitaine la somme de deux mille Escus pour la levée de sa Compagnie laquelle somme lui sera retenüe peu à peu, sçavoir, 250. livres monnoye de France par Mois, à commencer depuis le jour que la Compagnie sera complette, & cela sans aucun Interest.

Le Capitaine aura pour chaque homme livré au lieu d'assemblée en Hollande 15. livres monnoye de France: & à proportion des Soldats qu'il livrera, il en tirera la paye ordinaire; & aussi-tôt qu'il aura cent hommes effectifs, il joüira aussi de la moitié de la gratification, afin quil puisse payer les Officiers.

Outre les cinq Escus cy-dessus mentionnés, il sera donné encore à chaque Capitaine cinq autres Escus

ANNO 1693. Escus par homme pour les fraix du voyage depuis les Frontieres des Grisons jusques en Hollande, l'Estat major y étant aussi compris.

Point de Soldat deserteur François de Nation, ni Hollandois, ni Anglois, ni Espagnol, ni sujet de la Hollande ne pourra estre engagé, ni receu, ni souffert dans aucune Compagnie.

Le Quartier d'Assemblée sera dans une Place Frontiere, ou lieu le plus commode pour la levée.

Les Capitaines donneront les habits, & les armes aux Soldats.

Les Munitions de guerre seront en toutes occasions livrées & donneés pour rien aux Compagnies.

Le Regiment aura sa propre Justice comme les Grisons l'ont par-tout ailleurs.

La paye se fera chaque Mois sans aucun Interest ni autre Benefice pour le Soliciteur, sçavoir le tiers de la paye le premier du Mois, le second le dixiéme jour du Mois, & le reste le 20. de chaque Mois régulierement payé.

Il sera permis à chaque Capitaine de recruter en Campagne.

Le Capitaine aura la nomination des Officiers, de sa propre Compagnie, toutes fois avec le consentement & l'agrément du General.

Le Collonel aura la nomination des Capitaines toutes fois aussi avec le consentement & l'agrément du General.

Le Capitaine recrutera sa Compagnie à ses propres fraix & depends; s'il arivoit pourtant que dans une Action il auroit perdu beaucoup de monde, il lui sera donné le tems de deux Mois pour remetre sa Compagnie, & il jouïra de la paye pendant ces deux Mois, sur le pied qu'il aura passé la derniere reveüe.

Le Régiment ne poura être cassé que trois ans après avoir jouï de la Capitulation.

Si le Regiment venoit à être cassé, il sera payé deux Mois de gages pour son retour au Païs.

Et pour ce qui regarde le Logement, les Munitions de Guerre, le Pain de Munition, & l'Hopital pour les malades & blessés, les Soldats & Officiers seront traités sur le même pied que la Milice de l'Estat. Fait à Zurich le $\frac{13}{23}$ Mars 1693.

Nous sous-signés Officiers, choisis pour la levée du cy-dessus mentionné Regiment Grison, declarons d'avoir fait, accordé & conclu cette Capitulation avec Monsieur de Valkenier Envoyé Extraordinaire de leurs Hauts Puissances. Nous nous engageons & promettons chacun en particulier & tous ensemble d'être pleinement contents d'icelle, pour autant qu'il regarde nostre devoir.

CLXXXVI.

1694. 19. Mai. *Pacta Matrimonialia inter* MAXIMILIANUM *Emanuelem S. R. I. Electorem Ducemque Bavariæ, &* THERESIAM CUNEGUNDAM, CAROLINAM, CASIMIRAM, MARIAM JOANNIS III. *Regis Poloniæ Filiam. Actum in Arce Regia Zolkieviensi in Russia* 19. *Maji* 1694. [ANDREÆ CHRYS. IN ZALUSKIE ZALUSKI Episc. Varmiensis Epistol. Tom. 1. Part. 2. Epist. 105. pag. 1383.]

In Nomine Domini Amen.

AD perpetuam rei memoriam, notum sit testatumque universis & singulis. Serenissimus ac Potentissimus Princeps ac Dominus Joannes III. Dei gratiâ Rex Poloniæ, Magnus Dux Lithuaniæ &c. cognitâ & luculenter perspectâ Seren: Principis Domini Maximiliani Emmanuelis, Comitis Palatini Rheni, Romani Imperii Archidapiferi, & Electoris, Superioris & Inferioris Bavariæ Ducis, Gubernatoris Belgii, tum alias, tum recenter per suum Plenipotentiarium infra nominandum optimâ intentione; quod scilicet ille, postquam ob Statuum ac Subditorum suorum persuasiones, præcipue ad stabiliendam magis Electoralis Domus successionem post præmaturam mortem olim Serenissimæ Principis Mariæ, Antoniæ, Hungariæ & *Bohemiæ* Re- ANNO 1694. *giæ Principis*, Archiducissæ Austriæ, Ducissæ Burgundiæ *prioris* Consortis suæ desideratissimæ, vota sua conjugalia secundo repetere in animum induxisset, non alibi ea salutarius in emolumentum Rei Christianæ, perennemque nominis sui gloriam componenda locandaque constituit, quam in Serenissima Regia Poloniæ domo, non ob eam tantum rationem, quod perquam secundum ducat Domûs suæ, cum adhuc Imperatoriis gauderet fascibus, cum Polonia renovare nexus: sed etiam, quod perquam gloriosum censeat cum ejus Regio Sanguine copulari, qui à Regali Poloniæ Piastorum stirpe in Sobieslao Duce Bohemiæ descendens, per tot seculorum in Avis Abavisque suis gloriosissima merita, perque continuos in Christianitate triumphos profectus, velut postliminio Regium repetens Diadema novasque palmares de Barbaris totâ vitâ suâ referens victorias, atque memorandis, quos hucusque summo Dei auxilio Christianitas de iisdem Barbaris numerat, inductus late triumphis, huc quoque adstipulante generis claritudine Serenissimæ Principis Dominæ Mariæ Casimiræ de la Grange Reginæ Poloniæ, à Ludovico VI. Rege Galliarum, perinde ac Regibus Hungariæ, Armeniæ, Cypri & Hierosolymæ, Ducibus Burgundiæ & Sabaudiæ Flandriæque Comitibus derivatæ Conjugis suæ amantissimæ, fixas perennesque in Serenissimis generationibus divinas demonstrante Benedictiones, in quarum obtinendum benedicente *Domino* finem, cum eadem *Serenitas Bavariæ Electoralis* vota & desideria sua de jucunditate *Matrimonii* cum Serenissima Regia Poloniæ & M. D. Lithu. Principe Domina Theresia Cunegunda Carolina, Casimira, Maria Filia sua unica Charissima explicuerit, & Plenipotentiarium Consiliarium Statûs ac Præfectum in Stadtamhof *magnificum Marcum* Christophorum de *Majer* speciali Mandato instructum ablegari fecerit: idem verò suus Plenipotentiarius nominatam Serenissimam Principem Poloniæ & M. D. Litu. in veram & legitimam Conjugem Serenissimo Principi Bavariæ Electori petierit, proque determinando hoc negotio ex mutuo partium consensu vicissim Regios desiderârit *Plenipotentiarios*: tali videlicet altè memorata S. R. Mtas Poloniæ cognitâ suæ Electoralis Serenitatis voluntate ac propenso & enixo in Regiam Domum suam studio; imprimis spontaneo suo Fraterno beneplacito, post accedente Materno Serenissimæ Reginæ consensu, ac etiam cum præscitu & libera voluntate Seren. Principis Virginis Filiæ suæ, grata habet vota & desideria Seren. Principis Electoris Bavariæ, *Matrimoniumque* petitum juxta ritum S. R. Ecclesiæ peragendum concedit, ac permittit ac Plenipotentiarios suos ad id ipsum concludendum designavit, Reverendissimum Illustrissimos, Excellentissimos, *Magnificos*, Andream Chrysostomum in Zaluskie, Bledow, & Kozietuly Zaluski, Episcopum Plocensem; Stanislaum in Ducatu Ostrogiensi Lachow, & Jablonow Joblonowski, Castellanum Cracoviensem, copiarum Regni campi Ducem; Marcum in Waraz & Michrow Matczynski, Palatinum & Generalem Terrarum Russiæ, Belzensem, Rubiszowiensem & Braclaviensem Gubernatorem, Franciscum in Nossiesk Wessel Palatinum, & Generalem Terrarum Mazoviæ, supremum Sacræ Reginalis Majestatis Mareschalcum, Gubernatorem Rolanensem & *Mazo*viensem: Martinum Borowski Castellanum Gedanensem, Gubernatorem Graudentinensem; Christophorum in Usada, Michalcze, Habdanck Skarbek, Castellanum Haliciensem; Nicolaum à Wyzyce in Sluzewiec & Zarbierzec Wyzycki, Secretarium Regni supremum, Abbatem Czervenensem, Præpositum Nistowiensem; Stanislaum in *Szczuczyn* & Radzyn Szczuka Referendarium Regni, Lublinensem & Varecensem Gubernatorem.

Igitur inter modo dictos Regios & *supra* nominatos Plenipotentiarios, *facta* prius *Mandatorum* seu Plenipotentiarum permutatione; *quod* felix lætumque sit toti Reipub. Christianæ, ad gloriam Omnipotentis Dei, pro decore & commodo utriusque Seren. Domus pro bono & *immortalitate* Seren. Reipub. Polonæ, *firmandisque* in ejus usum quam pluribus amicitiis *itum est* in subsequentes conclusi Tractatûs Matrimonialis conditiones & articulos.

Imo. S. R. *Majestas* Poloniæ Juri Divino ac Naturali, *amorique* suo singulari erga *Seren.* Filiam unicam satisfaciendo, vigore suæ *Paternæ* ac Legum

Anno 1694. Regni authoritatis, dotem de omnibus bonis mobilibus & immobilibus, constituit & assignat, præter mundum muliebrem & supellectilem mobilem, summam videlicet quingentorum millium Talerorum Imperialium in specie, eamque prædictæ suæ Serenitati Electorali Bavariæ post consummationem Matrimonii actualemque cohabitationem realiter enumerandam & tradendam declarat, relictâ Maternâ successione post fata sera & longissima Seren: Reginæ Matris, juxta Leges Patrias observanda; si interea super ea particularis conventio fieri non possit, acceptis tamen ad rationem ejusdem Maternæ portionis gemmis clenodiisque, quæ in inventario authentico in utramque partem conscripto specificantur; vigore cujus constitutæ & levandæ dotis Serenissima Princeps Filia statim post celebratum & benedictum Matrimonium, antequam de Laribus suis egrediatur, solennem coram Cancellariis metricis Regni faciet abrenuntiationem, juxta morem & statuta Regni Poloniæ, de omnibus generaliter habitis & Paternis, Avialibus, ac quibusvis successivis bonis de linea *Paterna collaterali* & Aviali venientibus, tam mobilibus, quam immobilibus in rem & favorem Serenissimæ Domûs suæ per Lineam Masculinam descendentis, juxta fusiorem tenorem abrenuntiationis, post consummatum Matrimonium seorsivo scripto suo Diplomate ratum habebit & approbabit.

2do. Seren. Princeps Elector Bavariæ summam hanc dotalem quingentorum millium Talerorum Imperialium, tum & aliam contradotem similem quingentorum millium Talerorum imperialium in specie, summas utrasque junctas millionem unum Talerorum Imperialium in specie Serenissimæ Sponsæ suæ futuræ, in bonis suis liberis & mundis ab omnibus quocunque titulo oneribus nominatim super Arce & Civitate Wasserburgensi, tum *Dynastiis* Krayburgi & Neumarkt, nec non super Comitatu Mentrigensi inscribit, eadem *jure hypothecæ* omni meliori modo, stylo, *formâ*, & securitate eidem Serenissimæ Neosponsæ obligat cum omnibus reditibus, vectigalibus, cæterisque universis attinentiis & pertinentiis, unicâ excepta Jurisdictione Altâ seu Superiore & Provinciali. Quod si præfata bona summis prænominatis, ac proventui ex illis annuo quinquaginta Millium Imperialium futuræ Serenissimæ Sponsæ pendendo, non suffecerint; ex tunc alia omnia bona sua & reditus in universum omnes, eorum Administratores & Subditos in his comprehensos ita obligat, & vult esse obligatos; ut non tantum ipsi obediant, sed omne ipsius commodum, prout erga ipsummet Seren. Electorem promovere teneantur. Quo verò efficacius sufficientia & proventus honorum sciri valeat; Seren. Elector permittit Commissario Regio ex beneplacito Regis mittendo eorundem lustrationem, ac revisionem; post quam, si fuerit demonstrata insufficientia, vel alia totaliter bona, vel alia his addita æque per Commissarium lustrata, realiterque probata efficere quinquaginta millia Talerorum Imperialium annui reditûs eodem jure hypothecæ obligabit, & *signabit* seorsivo suo Diplomate *in forma* plena juris.

3tio. Circa eorundem quoque bonorum assecurationem Seren. Elector donum Nuptiale pro affectu suo Sponsæ suæ pollicetur, cujus exprimendam quantitatem S. R. Mtas. proprii arbitrii ac generositatis Serenissimi Electoris esse voluit, ac eidem confidit.

4to. Si ex Divinæ voluntatis dispositione Serenissima Sponsa prævixerit Seren. suum Conjugem, deveneritque ad luctuosum statum Vidualem, quem divina bonitas longum avertat; eo casu, sive liberi adsint, sive non; extradetur Viduæ summa in dotem assignata & numerata quingentorum millium Talerorum Imperialium in specie unà cum vestibus, gemmis, pecuniis, argento, mundo muliebri cæterisque mobilibus tam secum adductis quam stante Matrimonio acquisitis ac comparatis; *nihilominus* quo statui illius Viduali competenter provisum sit, Seren. Vidua præter *usumfructum* annuum, videlicet præter summam 25. millium Talerorum Imperialium in specie, a *summa* contradotis provenientem, sibi ad vitæ suæ tempora, tam intra, quam extra Bavariam degenti servientem; aliam summam nempe quinque millium Imperialium Talerorum in specie, quamdiu in statu Viduali permanserit, sive sit futura, sive non proles; summas utrasque junctas ad vitalitium, sive contradotis nomine 25000. Vidualem 5000. efficientes 30000. Talerorum Imperialium in specie ex bonis sibi hypothecatis & inscriptis sive hypothecandis & inscribendis (ut supra insinuatum est) per suos Administratores prævio omnium & singulorum in ibidem Officialium, Serenissimæ Principi Viduæ fidelitatis juramento præstando, realiter percipiet & levabit, in quo Hæredes & Successores suos Seren. Elector obligat ac vult esse obligatos, semper & taliter; ut casu quo bona præfata proventum annuum supradictum extradere non sufficiant, ipsi sint adstricti, teneanturque continuo deficientes summas complere & providere. Pro eodem quoque statu Viduali Residentia assignatur in Civitate Wasserburgensi, ubi hæredes & successores Seren. Electoris illum locum pro sufficienti & commoda sua Aulæque suæ ac Domesticorum habitatione construi, adornari, atque omnia necessaria de argento, vasis, tapetibus & omnis generis mobilibus provideri curabit, eademque mobilia omnia proprietariè ad Viduam ejusque Successores spectare debebunt. Jam vero stante suo, utinam quam longissimo statu Matrimoniali! Serenissimus Elector Serenissimæ Principi Sponsæ de omni honesto, & tantâ Principe digna tam personæ suæ, quam domesticorum Servitorum, totiusque Aulæ suæ sustentationi, aliarumque extra hanc necessitatem sufficienti & decora provisione, omni meliori modo, & favore prospiciet & providebit. Anno 1694.

5to. Si vero Voluntate suprema prius Serenissimam Conjugem, quam Serenissimum Maritum de hac vita (quod similiter divina bonitas longum avertat) decedere contigerit; eo casu liberi, qui de Benedictione divina sperantur, totius Serenissimæ *Matris suæ substantiæ* in potestate Parentis ad vitam relictæ hæredes erunt. Ubi vero nulla superstes fuerit; sæpe fata dos 500000. Talerorum Imperialium in usufructu & potestate Serenissimi Electoris, quousque vixerit, permanebit; fatis vero & longe succedentibus eadem dos, extincta contradote ad successores Serenissimæ Principis Sponsæ integrè & realiter, cum omnibus gemmis, & clenodiis, mobilibus de domo sua acceptis, cæteraque avita, sive quæsita per Serenissimam Sponsam mobili & immobili substantia redire debebit; ita ut semper & omni sterilitatis casu observetur Jus Commune: Dos unde exit, illuc redire debet.

Succedente vero (quod Deus Omnipotens avertat) præmaturo alterutrius fato ante consummationem hujus Matrimonii, præsens Contractus nullam Partem obligatam facit, omnique nexu Pars alterutra exsolvitur.

Taliter itaque præsentem Contractum Matrimonialem conclusum & conscriptum tam Serenissimus & Potentissimus Rex Poloniæ Joannes III. cum suis Successoribus & Hæredibus, quam Seren. Elector Bavariæ Maxmilianus Emanuel similiter cum suis Successoribus & Hæredibus obligant se, ac promittunt omni meliori modo, fide, ac stipulatione in omnibus punctis, clausulis, conditionibus, articulis, nexibus, & ligamentis tam in toto, quam in parte firmiter ac inviolabiliter manu tenturos, & conservaturos; ac insuper Seren. Elector obligat se daturum approbatorium ejusdem contractus Diploma, tum & supranominatam approbationem factæ abrenuntiationis Serenissimæ Sposæ suæ, consignaturumque utraque hæc scripta in manus ad id à S. R. Mte. Deputati. In cujus rei fidem, testimonium ac robur duo in omnibus & per omnia concordantia confecta sunt Instrumenta, manibus Plenipotentiariorum introcontentorum subscripta, & sigillo eorundem communita, cuilibet Partium contrahentium extradita. Actum in Civitate & Arce Regia hæreditaria Zolkieviensi in Russia 19. Mensis Maji anno Domini 1694.

Sequuntur

Verba, quibus Andreas Chrysostomus Zaluski Episcopus Plocensis, Matrimonium inter Serenissimos Electorem & Electricem jam, per Procuratorem contractum, approbavit, ratificavit, & Benedixit. Vesaliæ 2. Januarii 1695. [A. C. ZALUSKY IN ZALUSKIE Episcopi Warmiensis Epistol. Tom. I. Part. 2. Epist. 106. pag. 1402.] 1695. 2. Janvier.

SEreníssime! approbatne Serenitas Vestra Matrimonium in nomen suum contractum per Serenissi-

ANNO 1695. nissimum Principem Regium Poloniæ cum Serenissima Principe Theresia, quam præsentem videt, & placetne illam pro uxore habere? ℞. placet.

Serenissima! approbatne, quidquid promisit Serenitas Vestra in Persona Serenissimi Principis Regii Fratris sui? & placetne Serenitati Vestræ Serenissimum Principem Maximilianum Emmanuelem, quem hic præsentem videt, pro Sponso habere? ℞. placet.

Ergo Matrimonium per Principem Regium Jacobum uti Procuratorem contractum, & nunc personaliter ore & libero consensu utriusque contrahentis confirmatum Ego Authoritate S. R. Ecclesiæ approbo, ratifico & benedico, idque in Nomine Patris, & Filii, & Spiritus Sancti Amen.

CLXXXVII.

26. Juin. 6. Juillet. *Lettres d'Octroi données par* GUILLAUME III. *Roi de la Grande-Bretagne, en qualité de Roi d'Ecosse & en faveur des Ecossois pour l'Etablissement d'une* Compagnie d'Afrique & des Indes *en ce Royaume-là. A Edimbourg le 26. Juin 1695.* AVEC *Les Constitutions de cette Compagnie faites le 17 Avril 1696.* ET *L'Adresse des Communes d'Angleterre, presentée au Roi contre ledit Etablissement le 13. Décembre 1695.* [Sur la Copie imprimée pour la Compagnie à Edimbourg en 1697. in 4.]

GUILLAUME PAR LA GRACE DE DIEU, ROI DE GRANDE-BRETAGNE DE FRANCE, ET D'IRLANDE, Défenseur de la Foi, &c. A tous ceux qui ces presentes Lettres Patentes verront: Salut.

Ayant pris en nôtre considération que par un Acte passé en ce nôtre present Parlement, intitulé Acte pour l'encouragement du Commerce Etranger. Nous avions pour en procurer l'avancement, avec l'avis & le consentement des Etats du Parlement, statué & déclaré que des Marchands en petit ou en grand nombre pouroient contracter & entrer en telles Societez & Compagnies pour établir du Négoce & Commerce de quelque sorte de Marchandises que ce soit, & dans quelques Païs, Royaumes, Etats, ou parties du Monde qui ne sont point en guerre avec Nous, où le Négoce est déja pratiqué & usité, ou aux endroits où on en peut faire & introduire, & particuliérement hors de l'Europe, comme aux Indes Orientales & Occidentales, le Détroit, & la Mer Méditerranée, sur la Côte d'Afrique, ou même dans les parties du Nord, ou enfin en quelque part que ce soit, comme il est dit cy-dessus, & que lesdites Societez & Compagnies, étant formées & contractées suivant les termes & de la maniére dont telles Compagnies sont établies, & qui se pratiquent en d'autres lieux, pourvû qu'elles soient consistantes avec les Loix de ce Royaume. Non seulement Nous avec le consentement susdit les approuverions, leur donnant & accordant tout le Pouvoir, Ratifications, Droits & Priviléges, tant en leurs Personnes, Régles & Ordres, qui par les Loix ont été données & accordées aux Compagnies pour l'Etablissement des Manufactures; mais qu'aussi pour leur plus grand encouragement, Nous donnerions ausdites Compagnies Nos Lettres Patentes sous le grand Seau, leur confirmant tous les Pouvoirs & Priviléges cy-dessus nommez, avec tels & autres encouragemens & Priviléges que Nous jugerions nécessaires, comme il appert plus au long par ledit Acte de Parlement. Nous donc étans informez que plusieurs Personnes, tant Etrangers que Natifs de ce Royaume, ont dessein de s'engager pour des sommes considérables, dans un Commerce pour l'Amérique, l'Afrique, & les Indes, & de faire ledit Commerce dans & dehors ce Royaume, s'ils en sont rendus capables, & y sont encouragez par des Concessions, Pouvoirs & Priviléges nécessaires & usitez en tel cas: à ces causes donc, & en conséquence dudit Acte de Parlement, Nous, avec l'avis & consentement desdits Etats de Parlement, avons fait & constitué, faisons & constituons par les presentes, Jean Seigneur de Bellhaven, Adam Cockburn, d'Ormistoun, Seigneur Clerc de Justice, M. François Montgomery, de Geffen, le Chevalier Jean Maxwell de Pollock, le Chevalier Robert Chiesly present Prevôt d'Edimbourgh, le Chevalier Jean Swinton de Swinton, George Clark, cy-devant Baillif d'Edimbourgh, Mrs. Robert Blackwood, & Jaques Balfour, Marchands à Edimbourgh, & Jean Cors Marchand à Glascou, Guillaume Paterson, Jaques Foulis, David Nairn & Thomas Deanes Ecuyers, Jaques Chiesly, Jaques Smyth, Thomas Coutts, Hugues Frazer, Joseph Cohen d'Azevedo, & Gautier Stuart, Marchands à Londres, avec tels & tous autres qui se joindront avec eux pendant l'espace d'un an à commencer depuis le premier jour d'Août prochain, & tous ceux que lesdites personnes cy-dessus nommées & ceux qui se seront joints avec eux étant assemblez, ou la majeure partie d'eux, auront admis & admettront à entrer & participer dans leur Fond & Commerce, lesquelles Personnes, comme si elles étoient toutes ici nommées, sont & seront avec ceux-ci dessus dit, réputez & tenus pour incorporez en un Corps & une Corporation franche, avec succession perpétuelle, sous le nom & titre de la Compagnie d'Ecosse négociante en Afrique & aux Indes, à condition, & il est ordonné en premier lieu, que du Fond ou Capital qu'ils accorderont entr'eux d'avancer & d'employer dans leur Commerce, la moitié au moins sera assignée & allotée pour les Ecossois habitans en ce Royaume, lesquels entreront & souscriront dans ladite Compagnie devant le premier jour d'Août 1696. & s'il arrive que les Ecossois habitans en ce Royaume ne souscrivent & ne remplissent pas avant ledit terme la moitié dudit Fond ou Capital, alors & en ce cas il sera & il est permis aux Ecossois demeurant hors le Royaume, ou à tous autres Etrangers, de souscrire & prendre le surplus de ladite moitié & non autrement; Pareillement il est ordonné que personne ne sera capable d'être admis, ni ne poura entrer dans ledit Fond ou Capital pour moins que cent livres sterling, soit qu'il soit natif de ce Royaume, ou Etranger, & qu'aussi personne ne sera admis à souscrire ni y entrer pour plus de trois mille livres sterlings & non plus directement ou indirectement, & nous donnons pouvoir à ladite Compagnie d'avoir un Seau commun, & de le changer, altérer, & renouveller à leur plaisir, avec l'avis pourtant du Lion Roi d'armes, & aussi de plaider & demander, d'être sommé & de répondre, d'acheter, aquerir, posséder & joüir de Seigneurie, Terres & autres biens réels & personels, de quelque nature ou qualité qu'ils puissent être, & d'en disposer & les aliéner en tout ou en parties à leur plaisir, & cela par Transports & Actes, faits & enregistrez dans leurs Livres & Registres sans autres formalitez de Loix: Il est toutefois ordonné que la part du Capital ou Fond qui aura été premiérement souscrite par des Ecossois demeurant en ce Royaume, ne sera point aliénable, ni ne sera transférée en tout ni aucune partie, qu'à des Ecossois habitant en ce Royaume, & aussi que pour les transports ou ventes des Terres ou Biens réels quand elles seront seulement telles & non d'autres choses, elles se feront suivant les Loix de ce Royaume concernant la vente des Terres & Droits réels: Il est aussi accordé pouvoir à ladite Compagnie de lever l'argent & fond nécessaire par voye de souscription ou telles autres qu'ils jugeront à propos, & cela de telle somme qu'ils croiront (étant assemblez, ou la majeure partie d'iceux) être nécessaire pour commencer, continuer & supporter leurs desseins de Commerce & de Navigation, & d'assujettir ledit Fond, Compagnie & Capital, par des régles, conditions & tels articles qu'ils ordonneront & dont ils conviendront; Et il est déclaré par le present Acte que le Fond ou Capital de ladite Compagnie, ou aucune partie d'icelui, aucun bien réel ou personnel, navires, marchandises, ou autres éfets, apartenant à ladite Compagnie, ne seront point sujets à aucune sorte de confiscation, saisie, arrêt, restrainte, pour aucune raison d'Embargo, Lettres de marques, ou represailles, Déclaration de guere avec aucun Prince, Etat ou Potentat, sous quelque prétexte ou pour quelque raison que ce puisse être, & ne poura être aliéné ni transféré que de la maniére, en telles parts & portions, & suivant les régles, restric- ANNO 1695.

ANNO 1695.

triĉtions & conditions que ladite Compagnie ordonnera & appointera par écrit dans leurs Livres & Regiſtres, & ces transports, ou ventes ainſi faites, & non autres, ſeront bonnes, & transféreront le Droit & propriété dans ledit Fond ou Capital, & dans les éfets & biens y appartenant, ou dans toute & chacune partie d'iceux, excepté ſeulement ce qui eſt excepté & mentionné cy-deſſus, & auſſi il eſt ordonné que les Créanciers des Membres de la Compagnie pouront, par les diligences & voyes ordinaires, ſaiſir la part du profit qui écherra & appartiendra à leur Debiteur, mais qu'ils n'auront aucun autre droit ſur le Fond ou Capital du Debiteur que ſeulement comme ſuſdit eſt, & cela à condition que ſi la Compagnie eſt obligée à faire aucune dépenſe ou frais à cauſe de telles disputes ou contentions, ou auſſi en cas de mort de quelqu'un de leurs Membres, par diſputes entre les Créanciers ou Héritiers, ou autres, en ce cas ladite Compagnie aura le droit de retenir en premier lieu leurs frais & dépenſes à cette occaſion, & les Livres & Regiſtres de ladite Compagnie, ou les Extraits & Copies autentiques qui en ſeront tirez, ſont déclarez & ordonnez par le preſent Acte, pour bonnes & ſuffiſantes preuves & évidences dans toutes Cours de Judicature ou autre part où requis ſera. Et Nous, par l'avis & conſentement ſusdit, déclarons & ordonnons de plus que lesdits Jean Seigneur de Bellhaven, Adam Cockburn, d'Ormiſtoun Seigneur Clerc de Juſtice, Mr. François Montgomery, de Giffen, le Chevalier Jean Maxwel de Pollock, le Chevalier Robert Chieſly, preſent Prevôt d'Edimbourgh, le Chevalier Jean Swinton, George Clark, cy-devant Baillif d'Edimbourgh, Mr. Robert Blackwood, & Jaques Balfour, Marchands à Edimbourgh, & Jean Corſſ Marchand à Galſcou, Guillaume Paterſon, Jaques Fowlis, David Nairn & Thomas Deanes Ecuyers, Jaques Chieſly, Jaques Smyth, Thomas Coutts, Hugues Frazer, Joſeph Cohen d'Azevedo, & Gautier Stuart marchands à Londres, & tous autres qui ſe joindront à eux, ou qui ſeront par eux admis en la Maniére cy-devant mentionnée, & leurs Succeſſeurs, ou la majeure partie de ladite Compagnie étant aſſemblée, auront pouvoir & pouront en tout temps à venir, par la pluralité des voix, faire & établir de telles Régles, Statuts, Ordonnances & Conſtitutions qu'ils jugeront néceſſaires pour le meilleur gouvernement & avancement de leur Fond ou Capital, & cela pour & en toutes les choſes qui auront du rapport à ladite Compagnie, lesquelles Regles, Ordonnances & Conſtitutions, toutes les Perſonnes & Membres appartenant à ladite Compagnie, auſſi-bien Directeurs, Gouverneurs, ou autres Officiers, Civils ou Militaires, ou quelqu'autres que ce puiſſent être, ſeront obligez de ſuivre, obéir & d'y être ſujets, comme auſſi ils pouront adminiſtrer un ſerment de fidélité, ou tel autre qui ſera néceſſaire pour le bon gouvernement dudit Fond ou Capital, & nonobſtant l'Acte de Parlement paſſé en l'année 1660. intitulé, Acte pour l'encouragement de la Marine & de la Navigation dont Nous, avec l'avis & conſentement cy-deſſus mentionné, diſpenſons pendant le terme de dix années en faveur de ladite Compagnie, Nous lui donnons le pouvoir d'équiper, fretter & naviguer leurs propres vaiſſeaux, ou d'en louer de telle maniére qu'ils le trouveront à propos, pour aller dans des Ports ou Places de ce Royaume, ou d'aucuns autres Lieux & Places, qui ſoient en amitié avec Nous, ou qui ne ſont point en guerre ou hoſtilité avec Nous, en tous Lieux, Terres, Iſles, Païs, ou Places de l'Aſie, l'Afrique, ou l'Amérique, & là d'y planter & établir des Colonies, y bâtir des Villes & Forts dans les endroits inhabitez, ou dans tous autres lieux, avec le conſentement des Natifs ou Habitans desdits lieux, s'ils ne ſont point poſſédez par aucun Souverain, Prince, Etat, ou Potentat de l'Europe, & de fournir les ſuſdites Places & Forts de Magaſins, Arſenaux, Canons, Armes, Amunitions, & autres choſes néceſſaires, & de pouvoir, par la force des Armes, défendre leur Commerce, Navigations, Colonies, Villes, Forts & Plantations, & tous leurs autres éfets tels qu'ils puiſſent être, comme auſſi d'uſer de repréſailles, & de chercher & tirer réparation du domage ou tort qui pourroit leur être fait, par Mer ou par Terre, & de pouvoir faire & conclure des Traitez de Paix & de Commerce avec les Souverains, les Princes, Etats, Gouverneurs & Propriétaires desdits Païs, Terres, Iſles & Places, de l'Aſie, de l'Afrique & de l'Amérique, à condition, toutefois: Et il eſt ordonné par le preſent Acte, que tous les Vaiſſeaux employez par ladite Compagnie, retourneront en ce Royaume avec leurs charges & éfets, ſous peine de ſaiſie & confiſcations desdits Vaiſſeaux & marchandiſes, s'ils déchargent ailleurs avant leur retour, excepté ſeulement en cas de néceſſité & beſoin, pour la préſervation des hommes, de la charge, ou du Navire: Et Nous, avec le conſentement cy-deſſus nommé, ordonnons & commandons, qu'aucun Sujet de ce Royaume n'ait à trafiquer, ou naviguer en aucune Place, ou Lieu d'Aſie, ou d'Afrique, ou en Amérique, pendant l'eſpace de trente-un an, à compter du jour que le preſent Acte ſera paſſé, à moins qu'ils n'en ayent obtenu la permiſſion de ladite Compagnie par écrit, déclarant à tous & à chacun de ceux qui y contreviendront, qu'ils perdront la troiſiéme partie des Vaiſſeaux qu'ils auront ainſi employez, & de leur charge, ou la valeur, la moitié de laquelle ſera pour Nous, comme Aubeine, & l'autre moitié pour ladite Compagnie; & pour l'éxécution effective du preſent Pouvoir; il eſt permis à ladite Compagnie, ou à ceux qui ſeront employez par Elle, de ſaiſir lesdits Navires transgreſſans en tous Lieux & Places d'Aſie & de l'Afrique, ou en Mer ſur les Côtes desdits Païs, & cela par la force des armes, ſans qu'ils puiſſent pour cela encourir le danger d'aucun crime ou forfait pour ladite ſaiſie & priſe, ou pour aucune autre choſe qu'il ſera ou ſeroit beſoin de faire dans l'éxécution dudit Pouvoir, excepté toutesfois, & ſans préjudice, à la liberté laiſſée aux Sujets de ce Royaume, de pouvoir naviguer & négocier pendant ledit temps, dans les endroits de l'Amérique, où ladite Compagnie n'aura ni plantations, ni établiſſemens; & il eſt de plus ordonné & déclaré par ledit Acte, que ladite Compagnie a & aura, & Nous lui donnons, avec l'avis & le conſentement desdits Etats de Parlement, le franc, libre & abſolu droit de propriété & Seigneurie, dans toutes les Terres, Iſles, Colonies, Païs, Citez, Villes, Forts & Plantations, qu'ils établiront ou poſſéderont à l'avenir; comme auſſi ils auront, & Nous leur donnons la même autorité droit & propriété ſur & dans toutes les richeſſes, tréſors, mines, minéraux, pêche & autres choſes, & tout leur produit, tant ſur la Terre que ſous la Terre, & auſſi dans toutes les Mers, eaux & riviéres, tant douces que ſalées; Nous leur donnons auſſi le Droit de Gouvernement & d'Amirauté dans lesdits lieux, & pour reconnoiſſance de leur allégeance, ils nous payeront annuellement, ſi nous le demandons, une Barique de Tabac, comme relevant de Nous & nos Succeſſeurs en Souveraineté.

ANNO 1695.

Et Nous accordons à ladite Compagnie qu'en vertu & conſéquence des Droits & immunitez qui leurs ſont ici accordez, ils pouront accorder & déléguer tels Droits & propriétez, & permettre tel ſorte de Commerce & de Navigation dans toutes leurs Plantations, Colonies, ou autres Places qu'ils poſſéderont, que ladite Compagnie trouvera bon & jugera à propos en tout temps, & Nous leurs accordons auſſi le pouvoir & Droit de demander, éxiger & lever tels Droits de Douanes ou Coûtumes & autres Droits, tant ſur eux-mêmes, que ſur tous autres qui négocieront avec eux, & qui viendront ou entreront dans leurs Villes, Païs, Havres, Ports, &c. que ladite Compagnie jugera bon & néceſſaire pour leur maintien, ſupport & autres dépenſes publiques, à condition toutefois, que comme tenant tous lesdits Priviléges de Nous, ils releveront toûjours de Nous & de Nos Succeſſeurs Rois d'Ecoſſe, comme Souverains, & comme il a été dit cy-devant, ils ne nous payeront pour tout ledit homage & reconnoiſſance, qu'une Barique de Tabac par chaque année, ſi nous leur demandons, & cela leur tiendra lieu de tous autres Droits, Homages, Service, ou de quelqu'autre demande, ou choſe que ce puiſſe être; Nous donnons & accordons auſſi à ladite Compagnie le Pouvoir & la liberté de traiter, procurer, pourchaſſer & aquerir, de tous Princes, Etats, ou Potentats étrangers, quels qu'ils ſoient, pourvû qu'ils

ſoient

ANNO 1695.

soient en Paix avec Nous, tous Droits, Libertez, Priviléges, Exemptions & toutes les autres choses qui leur seront nécessaires pour avancer, augmenter & soûtenir leur Commerce & Navigation; pour lesquelles Négociations & Accords, les Traitez généraux de Paix & de Commerce entre Nous & tels Princes, Etats, ou Potentats, leur serviront de seureté suffisante, autorité, droit & garantie; & si contraire ausdits Droits, Libertez, Priviléges, Exemptions, Accords, ou Concessions, quelques Navires, marchandises, Personnes, ou autres Effets, tels qu'ils puissent être, appartenant à ladite Compagnie, sont detenus, saisis, arrêtez, ou enlevez, ou qu'ils soient dammifiez, ou préjudiciez, en quelque maniére que ce soit; Nous promettons d'interposer nôtre Autorité pour leur faire avoir restitution, réparation & satisfaction du domage qui leur aura été fait, & cela aux dépends publics, lesquels Nous ordonnons être payez & déboursez pour cet éfet: de plus, Nous ordonnons, & il est établi & statué avec l'Autorité & le consentement des Etats de Parlement, que tous les vaisseaux, bâtimens, marchandises & effets, quels qu'ils puissent être, appartenant à ladite Compagnie, seront francs & exempts de toutes sortes de défenses ou restrictions, & de toutes sortes de Droits, Taxes, Douannes, Péages, Impositions, ou autres Tributs tels qu'ils puissent être; qui sont déja imposez, ou qui seront cy-aprés imposez & levez par Acte de Parlement, & cela pendant l'espace de vingt & une années, excepté les Droits sur le Tabac & le Sucre, qui ne seront point du crû de leurs propres Plantations. Nous accordons de plus à ladite Compagnie, de pouvoir par Commissions sous leur Seau, ou de telle autre maniére qu'ils l'ordonneront, faire établir & constituer tous & chacun de leurs Directeurs, Gouverneurs, Commandans en chef, & tous autres Officiers civils ou militaires, par terre & par mer: Comme aussi nous accordons à ladite Compagnie, la permission d'enrôler, lever & retenir dans leur service, telles personnes Sujets de ce Royaume, ou autres, qui de leur gré & consentement s'engageront & entreront dans le service & la paye de ladite Compagnie, à condition toutefois qu'ils ne leveront point de soldats dans ce Royaume, sans en demander ou obtenir premiérement nôtre permission, ou des Seigneurs de Nôtre Conseil Privé, & ladite Compagnie a & aura le pouvoir, commandement & disposition absolue de tous lesdits Directeurs, Gouverneurs, Commandans en chef, ou autres Officiers civils & militaires, & généralement de tous autres qui seront dans leur service & solde, tant par mer que par terre.

Et Nous ordonnons, & il est de plus enjoint à tous Officiers civils, militaires, & à tous autres quels qu'ils soient dans Nôtre Royaume, de ne forcer, retenir, contraindre, ni detenir aucun des Membres, Officiers, Serviteurs, ou tous autres tels qu'ils puissent être, appartenant à ladite Compagnie, & si au cas ladite Compagnie, ses Officiers ou Agents apprennent & trouvent qu'aucuns de leursdits Membres, Officiers, Serviteurs, ou tous autres qui leurs peuvent appartenir, sont detenus, forcez, ou arrêtez en quelque part que ce soit de ce Royaume, ou sur terre, ou sur les mers, ou riviéres, Nous leur permettons & leur donnons la liberté de les reprendre & relâcher, & Nous ordondonnons & commandons à tous Magistrats & à tous Officiers civils & militaires, & à tous autres, chacun selon son pouvoir & son état, de donner l'aide & l'assistance qu'ils pouront & dont ladite Compagnie aura besoin, pour l'éxécution du present Pouvoir, & s'ils y manquent ou négligent de le faire ils répondront en leurs propres & privez noms & en leurs personnes, de tout le tort & domage que ladite Compagnie poura souffrir à cette occasion. Nous accordons & donnons de plus, avec l'Autorité & l'avis desdits Etats de Parlement, à ladite Compagnie, à tous ses Membres, Officiers & Serviteurs & à tous autres qui leur appartiendront, éxemption de tous Droits, Taxes, Levées & Assises, tant pour leurs Personnes que tout le fond, biens, effets & marchandises qu'ils pouront avoir dans le fond & commerce de ladite Compagnie; comme aussi éxemption de logement de gens de guerre, soit passans ou en garnisons, & cela pendant l'espace de vingt & une années, & finalement, Nous déclarons que toutes les personnes qui sont ou seront intéressées dans ladite Compagnie, sont & seront réputez & tenus, & Nous les faisons & déclarons naturalisez dans ce Royaume, eux & tous ceux qui s'établiront & habiteront, comme aussi ceux qui naîtront dans les Plantations, Villes, Forts, Etablissemens, ou autres Lieux achetez ou possédez par ladite Compagnie, seront réputez & tenus comme s'ils étoient nez actuellement en ce Royaume, & joüiront de tous les mêmes Droits & Priviléges; Nous donnons & accordons aussi à ladite Compagnie tous les mêmes Droits, Pouvoirs & Priviléges, pour leurs personnes, ordres, régles, biens, éfets & marchandises, lesquelles ont été accordées & données par les Loix aux Compagnies érigées pour les Manufactures, ou qui se sont données & accordées; se donnent & accordent ordinairement dans tous autres Etats, Royaumes ou Républiques, parmi les Nations civilisées, aux Compagnies érigées & établies pour le Commerce.

En témoignage de quoi, & pour plus grande Solemnité & confirmation desdits Droits, Priviléges & Immunitez des presentes: *Nous avons ordonné* d'y apposer Nôtre Grand Seau. *A Edimbourg*, le 26. jour du mois de Juin de l'an de salut 1695. Et le septiéme de Nôtre Régne

Scelé à Edimbourg, le premier Octobre 1695.

JO. DICKSON.

Par Acte de Parlement du Royaume d'Ecosse.

Ecrit à côté du Grand Seau, & registré le premier Octobre 1695.

DUN. RONALD Député.

Constitutions de la Compagnie d'Ecosse Trafiquante en Afrique & aux Indes.

LA Compagnie d'Ecosse trafiquante en Afrique & aux Indes, a, aprés meure déliberation, conclu & accordé, que les Règles, Ordonnances & Constitutions suivantes, comme leur paroissant les plus raisonnables, équitables & convenables, seroient observées, & elle s'oblige & lie à l'observation d'icelles.

I. La direction de ladite Compagnie sera & consistera en une Cour composée de cinquante Directeurs, vingt cinq desquels seront faits & choisis par la pluralité des voix des Membres de la Compagnie en Ecosse, prises par écrit & scrutin, le Jeudi 27. Mai 1696. chaque cent livres Sterlins ayant une voix, lesquels Directeurs ainsi choisis, en choisiront & admettront vingt-cinq autres pour accomplir le nombre de cinquante.

II. En quelque temps ou jour du mois de Mars annuellement un Directeur de dix sortira & sera mis hors de ladite Cour des Directeurs; par lesdits Directeurs & d'autres élûs & choisis en leurs places par le Conseil Général; & en cas de mort ou résignation de quelqu'un desdits Directeurs, d'autres seront choisis en leurs places par la Cour des Directeurs de cette Compagnie.

III. La Cour ou Conseil Général de la Compagnie consistera & sera composé de la Cour des Directeurs conjointement avec autant d'autres personnes qui ne seront point Directeurs, mais seulement intéressez & propriétaires dans le fond ou capital de la Compagnie, qu'il en sera député par les voix ou députation de dix mille livres Sterlins, laquelle somme chaque personne ainsi députée représentera, soit qu'il soit député par d'autres, ayant tous ensemble cette somme, ou qu'il l'ait par lui-même & en son nom, & dans cette députation de Membres pour le Conseil Général; les Directeurs comme en étant déja Membres ne donneront aucune voix ni ne députeront personne pour les représenter; mais au cas que quelqu'un des intéressez dans ledit fond & capital néglige de donner sa nomination à quelqu'un pour représenter son intérêt, avant le second Mécredi du mois de Juin 1696. pour la première fois,

ANNO 1695.

& cy-aprés avant le dernier Mécredi de Février annuellement, les autres Conseillers députez, à l'exclusion des Directeurs, nommeront & choisiront ceux qui manqueront pour accomplir le nombre, d'un Conseiller pour chaque dix mille livres sterlins de capital.

IV. L'Assemblée annuelle du Conseil Général sera & se tiendra, le second Mécredi de Mars annuellement, & ils auront le droit & le pouvoir de s'ajourner & d'ordonner telles autres Assemblées qu'ils jugeront à propos, & les Directeurs auront aussi le pouvoir d'appeler un Conseil Général quand l'occasion le requérera.

V. Les comptes en général & toutes les autres affaires de la Compagnie seront annuellement, ou plus souvent, s'il est requis, mis devant le Conseil Général, lequel peut déplacer ou déposer pour malversation qui que ce soit des Directeers ou Conseillers, & personne, ni des Directeurs ni du Conseil, ne sera admis à avoir voix dans les choses & affaires où il aura intérêt ou qui le toucheront.

VI. La majorité ou plus grande partie du Conseil Général & de la Cour des Directeurs qui seront presens alors, feront un corps representatif & pourront agir.

VII. Le Conseil ou Cour des Directeurs peuvent en tout temps faire & constituer des Committez & Sous-committez, tirez de leur nombre, pour agir en leurs noms & places, & ils tiendront des minutes & journaux éxacts, & autres comptes nécessaires de leurs procédures.

VIII. Aucune répartition ou division ne se fera des profits ou productions du fond & capital que par l'avis & le consentement du Conseil Général.

IX. Si quelqu'un des Propriétaires dans ledit fond ou capital ne paye point, ou ne fait point payer la part & proportion de sa souscription dans le temps, & de la maniére qu'il sera ordonné par la Compagnie, ou si aucun desdits Propriétaires ou Interessez arrive d'être endetté à la Compagnie de quelque maniére que ce puisse être, sa part ou intérêt dans le fond ou capital sera en ce cas vendu publiquement à ceux qui voudront l'acheter & payer la somme requise, & la dette de la Compagnie étant payée, s'il y a du surplus il appartiendra audit Propriétaire & Interessé.

A Edimbourg le 17. Avril 1696.

Accordé, conclu & approuvé, dans une Assemblée Générale de toutes les personnes intéressées dans ladite Compagnie, & il est ordonné que le present Acte soit enregistré dans leurs Livres & Registres.

TARBAT J. P. C.

Adresse ou Très-humble Remontrance, des Très Honorables les Seigneurs spirituels & Temporels, & les Communes d'Angleterre assemblées en Parlement. Vendredi 13. Decembre 1695.

NOUS les Seigneurs spirituels & temporels, & les Communes assemblées en Parlement, ayant pris en Notre considération l'état du Commerce de ce Royaume, trouvons qu'outre plusieurs autres desavantages & difficultez qu'il souffre, & à quoi il est à present exposé, un Acte de Parlement qui a depuis peu reçû le consentement & l'approbation Royale de VÔTRE MAJESTE', dans Vôtre Royaume d'Ecosse pour l'établissement d'une Compagnie de Commerce pour *l'Afrique & les Indes*, ne peut que, suivant toutes les apparences, apporter un grand préjudice & domage à tous les Sujets de VÔTRE MAJESTE' qui sont intéressez dans le négoce & les biens de cette Nation; c'est pourquoi donc en toute humilité & tout ce que Nous devons à VÔTRE MAJESTE', & poussez du soin que Nous devons avoir de ce Royaume; Nous representons trés-humblement à VÔTRE MAJESTE', que par ledit Acte il est ordonné & statué, *que tous les Vaisseaux, Bâtimens, Marchandises & Effets, quels qu'ils puissent être, appartenant à ladite Compagnie, seront francs & éxempts de toutes sortes de défenses ou restrictions, & de toutes sortes de droits, taxes, douanes, péages, impositions, ou autres tributs, quels qu'ils puissent être, qui sont déja imposez, ou qui seront cy-aprés imposez & levez par Acte de Parlement, ou de telle maniére que ce puisse être, & cela pendant l'espace de vingt & une années; & de plus ledit Acte accorde aussi à ladite Compagnie, à tous ses Membres, Officiers & Serviteurs, & généralement à tous ceux qui lui appartiennent, éxemption de tous droits, taxes, levées & assises, tant pour leurs personnes que pour tout le capital, biens, éfets & marchandises qu'ils pourront avoir dans le fond & commerce de ladite Compagnie; comme aussi éxemption de logement de gens de guerre, soit passans ou en garnison, & cela aussi pour l'espace de vingt & une années.*

ANNO 1695.

La Compagnie *des Indes Ecossoises*, ayant donc de si grands avantages, & le Commerce d'*Angleterre* étant exposé à de si grandes difficultez, & soumis à de si grands droits, une grande partie de la navigation & du fond de cette Nation se transportera en *Ecosse*, qui par ce moyen deviendra un Port franc pour toutes les marchandises *des Indes Orientales*, & par conséquent les endroits & places de l'Europe que l'*Angleterre* fournissoit de ces sortes de marchandises, s'en fourniront d'*Ecosse* à beaucoup meilleur marché que d'ici; ainsi cette Nation perdra l'avantage & le bénéfice qu'elle tiroit en vendant ces choses-là aux Etrangers, ce qui a toûjours fait un grand Article dans la balance de nôtre Commerce Etranger; de plus lesdites marchandises seront inévitablement apportées en cachette en Angleterre par les *Ecossois*, tant par mer que par terre, au grand préjudice du Commerce & de la Navigation de ce Royaume, & au grand domage & perte de Vôtre Majesté, dans ses droits de Douanes & Coûtumes, & quand une fois la Nation *Escossoise* se sera établie en *Amérique* & y aura établi des Plantations, il ne se peut que nôtre Commerce de Tabac, de Sucre, de Coton, de Laines, de Peaux, & Pelleteries, de Mats, &c. ne soit entiérement perdu: les Priviléges accordez à cette Nation-là étant tels que l'*Ecosse* deviendra le magasin de toutes ces sortes de marchandises, & les *Plantations & Colonies Angloises* & leur Commerce sera perdu pour nous, & conséquemment le transport & debit de nos propres Manufactures décherra & diminuera d'an en an.

Outre tous ces empêchemens & plusieurs autres que cet Acte apportera indubitablement au Commerce Général de nôtre Nation, *il y a une autre clause dans ledit Acte par lequel Vôtre Majesté promet d'interposer son Autorité Royale pour leur faire avoir restitution, réparation & satisfaction du tort ou domage qui pourroit leur être fait, tant en leurs personnes, vaisseaux, navires, que marchandises & éfets quelconques, qui appartiennent ou appartiendront à ladite Compagnie, aux dépends publics*, ce qui semble engager Vôtre Majesté d'employer & se servir des Vaisseaux & forces navales de Nôtre Nation, pour le support de cette nouvelle Compagnie, ce qui ne peut être qu'au grand détriment de ce Royaume.

Nous representons donc, avec tout le devoir & la fidélité que nous devons à Vôtre Majesté, & mettons devant Elle tous les grands préjudices, inconvéniens & desavantages qui peuvent procéder dudit Acte.

MATH. JOHNSON,

Cleric. Parliamento.

CLXXXVIII.

1696.

Bulla de la Santa Cruzada concedida por la Santidad de ALEXANDRO VIII. *Papa para los Reynos de España y Islas a ellos adjacentes, y para los Reynos de Sicilia y Cerdegna en favor de los que ayudaren y sirvieren en la Guerra y gastos della al Rey Don* CARLOS II. *contra los Enemigos de la Santa Fè Catholica, con grandes Indulgencias y perdones. Publicada en Madrid l'anno de 1696.*

[Sur un des Exemplaires de ladite Bulle, imprimé à Madrid par authorité Royalle.]

EL Propheta Joel lastimado de los daños que padecian los hijos de Israel, con las imbasiones de los Exercitos Caldeos, zeloso, y deseoso de su defensa, despues de averles persuadido la observansia de la Ley, y convocando a los Soldatos a la

Anno 1696. a la guerra, dize que vio salir para consuelo de codos, una mysteriosa Zuente de la Casa de Dios, que regava y lavaba los pecados de aquel Pueblo, Viendo pues Nuostro muy Santo Padre Alexandro Octavo, de felize recordacion, el zelo que el Rei Catholico de las Españas tiene de la defensa, y aumento de la Iglesia Catholica, y que para esto efecto convoca, y sustente siempre sus Exercitos armados contra los enemigos de nuestra Santa Fè, para ayudar a tan Santos intentos concedio esta Bulla por la qual abre las Zuentes de la Sangre de Christo, y el Tesoro de sus inestimables merecimientos, y con ella animar a codos al socorro de tan Santa ampresa, para cuya observasion, y que los Fieles gozen de este beneficio, la manda publicar Nuestro muy Santo Padre Innocencio duodezimo, que al presente rige, y govierna la Santa Iglesia Catholica, con las Gracias, Indulgencias facultades siguientes.

PRimeramente su Santidad concede a todos los Fieles Christianos de los dichos *Reinos*, y Senorios, moradores, estantes, y habitantes en ellos, y a los que a ellos vinieren, o en ellos se hallaren, que movidos con el zelo del *ensalcumiento* de la Fè Catholica fueren a su costa personalmente a servir a la guerra en el exercito, y con la gente que su Magestad embia, por tiempo de un año a pelcar contra los Turcos, y los otros infieles, o hazer otro qualquier servicio de ayudar personalmente en el dicho exercito, permaneciendo en el hasta fin del dicho año, la plenaria indulgencia, y remission de todos sus pecados (si de ellos estuvienen contritos de coraçon, o los confessàren de boca, o no pudiendo confessar, lo desearen de coraçon) que se ha acostumbrado conceder a los que van à la conquista de la Tierra Santa, y en el año del Jubileo: y declara que la tal indulgencia consigan assimismo los que murieren antes del fin de la expedicion, o en el camino yendo al exercito, o en el mismo exercito: y aquellos que por causa de enfermedad, o por otra necessidad legitima que les sobrevenga, se partieren del exercito antes de la expedicion. Y otrosi concede, la misma indulgencia a aquellos que quinque no vayan personalmente, embieren otro a su costa, en esta manera, que si el que a embiare fuere Kardenal, Primado, Patriàrcha, Obispo, hijo de Rey, Principe, Duque, Marques, Conde, embie quantos hombres comodamente pudiere, hasta diez, y no pudiendo tantos, a lo menos quatro, y las otras personas de qualquier condicion que sean, Legos, o Clerigos, embie cada uno el suyo, si no fuesse tan pobres que no pudiesen hazerlo; en tal caso dos, ô tres, ô quatro podran embiar un soldado, contribuyendo en esto cada uno segun su possibilidad. € Iten los Cabildos de las Iglesias, y Monasterios de Religiosos, y Religiosas a un que sean de las Mendicantes, que, par cada diez personas los tales Cabildos, y Monasterios embiaren yn Soldado, aniendose esto tratado, y acordado en su Cabildo, consigan la misma indulgo. La qual assimismo consegueran los que fueren embiados, si fueren pobres. € Iten los Clerigos seculares, que con licencia de sus Ordinarios, y los Religiosos ô sus superiores, predicaren la palabra de Dios en el dicho exercito, ô exercieri otros ministerios Ecclesiasticos, y pios, lo qualse declaraterles licito en el exercito sin incurrir en irregularidad, que puedran servir sus Beneficios por Tenientes idoneos, no sienna argendoro de carvo de anima, que estos no podran sin lizencià de su Santidad, y los Soldados quod en esta guerra se ocuparan, se declarano estar obligados a los ayunos, que por voto, o precepto de la Iglesia, lo estumeran no estando en la guerra. Iten concede su Santidad a todos los susodichos, y a los que no fueren, ni embiaren, si de sus bienes liberalmente contribuyeren, y ayudaren para esta Santa obra con la limosna infrascripta, que durante el dicho año, que corre desde el dia de la publication de dicha Bulla en cada lugar, puedan gozar, y gosen de todas las gracias, y facultades contenidas en esta Bulla, conviene a saber, que puedan gun en tiempo de entredicho Apostolico, o Ordinario, o Missa en las Iglesias, o Monasterios, o Oratorio particular, señalado, y visitado por el Ordinario, y dezir Missa, y otros divinos oficios por sus Personas si fueren Presbyteros, o hazerlos celebrar a otros en su presencia, y de sus familiares, y parientes recibir el Sancto Sacramento de la Eucharistia, y los demas Sacramentos, salvo en el dia de la Pascua, con que estos no ayan dado causa al tal entredicho, ni aya quedado por ellos que se quite, y con que las vezes que quisieren usar de dicho Oratorio para lo o dicho es, rezen, y hagan oracion conforme a la devocion de cada uno, por la conservacion de la union de los Principes Christianos, victoria contra infieles. € Iten concede que en tiempo de entredicho puedan ser sepultados los cuerpos de los difuntos en sepultura sagraña, con moderada pompa funeral. € Iten concede a todas las personas que tomaren esta Bulla, que durante el dicho año, puedan de consejo de ambos Medicos, espiritual, y Corporal, comer carne en Quaresma, y otros tiempos de ayunos, y dias prohebidos de comer carne por todo el año: y que assimismo puedan libremente a su alvedrio comer huevos, y cosas de leche, de manera que los que no comieren carne, guardando en lo demas la forma del ayuno Ecclesiastico ayan cumplido, y satisfecho al dicho ayuno. Y en este induito de comer huevos, y cosas de leche a su alvedrio, no se comprehenden los Patriarchas, *Primados*, Erçobispos, Obispos, ni *otros Prelados inferiores*, ni qualesquier personas regulares, ni de los seculares los Clerigos Presbiteros, en quanto los dias de Quaresma tan solamente. Impero sacanle destos nombrados, los que fueyen de sesenta años, y todos los Cavalleros de las Ordenos Militares, que los y nos, y los otros podran comer huevos, y cosas ô leche a su alvedrio, y gozar de dicho indulto. Item los susodichos que no fueren, ni embiaren, si contribuyeren, y ayudaren desus bienes, de mas ô la dicca contribucion ayunaren voluntariamente por devocion en dias que no fueren de precepto, o hizieren oracion implorando la ayuda de Dios por la victoria contra infieles, y sa gracia, por la union, y confederacion de los Principes Christianos, y, no pudiendo ayunar por algun legitime, impedimento, hizieren otras obras pias a arbitrio de su Confessor, o de su Cura todas quantas vezes lobizieren durante el dicho año, se les conceden y relara misericordielamente quinze años, y quinze quarentenas de perdon de las Penitencias a ellos impuestas, y en qualquier manera devidas, y que sean participantes de todas las oraciones, y limosnas, y peregrinaciones, y tabien de las ô Jerusalem, y de todas las demas buenas obras que en la universal Iglesia militante, y en cada uno de sus miembros se haze. Item concede a los que dia de Queresma, y en otros dias del, año en que ay Estaciones en Roma, visitaren cinco Iglesias, o cinco Altares, o sino huniere cinco Iglesias, o cinco Altares, cinco vezes una Iglesia, o un Altar, y alli hizieren oracion devotamente por la union, y victoria susodicha, que ganen, y consignan todas las indulgencias, y personas que ganan, y consignen los que personalmente visitaren las Iglesias de la Ciudad de Roma, y extra muros dell como si las ganassen visitando personalmente las dichas Iglesias. Item páque con maspuridad, y Ampiaza de sus conciencias puedan hazer oracion, conceda su Santidad a todos los susodichos que puedan elegir por Confessèr a qualesquier Presbiteros seculares, o regulares, de los aprobados por el Ordinario, el qual los pueda absoluer una vez en la vida, y otra en el Articulo de la muerta de qualesquier pecados, o censuras, aunque sean de los reservados, y reservadas la Sede Apostolica, puedan absolver tantas quantas vezas los confessaren Domini, excepto. del crimen, y delito de las heregias, y que consigan, y ayan plenaria indulgencia de ellos. Y que las censuras, o pecados no reservados a la Sede Apostolica, puedan absolver, tantas quantas vezas los confessaren con penir ecusajudable conforme a sus culpas, y en caso que sea necessario satisfacion para conseguir la dicha absolution, la hagan por sus personas, y aviendo impedimento, la puedan haver sus herederos por ellos. Podra tavien el dicho Confessor comusa, ley qualesquier votos, aunque sean hechos con juramento, dando de limosna que les pareciere en favor, y beneficio o la Santa Cruzada, excepto los de Castidad, y Religion, y ultra marino. Iten que si durante el dicho año acaeciere que ellos por muerte repentina, o por ausencia de su Confessor, mueren sin confesion, con que ayan muerto contritos, y al tiempo estatuido por la Iglesia huvieren confessa-

ANNO 1696.

do, y que no man fido negligentes, ni descuidados en confiança desta gracia, consignan la dicha plenaria indulgencia, y remission de sus pecados, y a sus cuerpos se pueda dar Ecclesiastica sepultura, sino huvieren muerto descomulgados, no obligate el entredicho. Otrosi su Santidad por su Breve particular ha concedido a todos los Fieles Christianos quod tomaren esta Bulla dos vezes en el año, que puedan otra vez en la vida, y otra en el Articulo de la muerte, demas o la que arriba esta concedida, ser abfueltos de todos, y qualesquier pecados, crimines, y excessos por graves quesean, y de qualesquier censuras, y Sententias de excommunion en que huvieren incurrido, añque sean contenidos en dicha Bulla de la Lana del Senior, y la absolucion reservada a su Santidad, excepto del crimen, y delito de la heregia, como dicho es, y puedan gozardos vezes de todas las gracias, indulgencias, y facultades, y perdones contenidos en esta Bulla, y su Santidad da poder, y facultad a Nos Don Bonçalo Zerdande, de Tordova, Tavaflero de la Orden de Alcamara, Sumiller de Lorrina de sa Magestad, de su Consejo, Commissario Apostolico General de la Santa Cruzada, demas gracias en todos los Reinos, y Señorios de su Magestad, para quod domados suspender durante el año de la publicacion desta dicha Bulla, todos las gracias, indulgencias, y facultades, y privilegios concedidos en estos dichos Reinos, y Señorios, Hales, y Provincias de qualesquier Iglesias, Monasterios, Hospitales, Cofradias, y lugares pios, y personas particulares, aunque las concessiones tengan clausulas, contrarias a esta suspension. Y otrosi para que podamore invalidar a quella mismas gracias, y facultades, y otras qualesquier, y para que Nos, y nuestros subdelegados podamos suspender el entredicho, si le huviere donde se predicare esta Bulla. Y otrosi para que podameo arbitrar, y declarare conforme a la calidad do las personas, la contribucion, y limosna que huvieren de dar los que tomaren esta Bulla. Y Nos el dicho Commissario Apostolico General de la Santa Cruzade en favor desta Santa Bulla por la autoridan Apostolica a Nos concedida, y para que tan Santa obra no se impida, ni cesse por otra Indulgencia, suspendemos durante el año de la publicacion, y predicacion della, codas, y qualesquier gracias, Indulgencias, facultades semelantes, o diferentes, concedidas por su Santidad, o por otros Summos Pontifices sus predecessores, o por la Santa Sede Apostolica, o por su autoridad, en todos los dichos Remos de su Magéstad, todas, y qualesquier Iglesias, y Monasterios, Hospitales, y otros lugares pios, Universidades, Cofradias, y singulares personas, aunque las dichas gracias, y facultades sean en favor de lafabrica de San Pedro de Roma, o de otra semelanto Cruzada, y aunque todas, y qualesquier dellas tengan clausulas contrarias a esta suspension. Por manera que durante el año de la publicacion desta dicha Bulla, ninguna persona pueda gozar, ni gozan algunas otras gracias, indulgencias, y facultades, nisi puedan publicar, excepto todas las concedidas a los superiores de las Ordenes Mendicantes, en quanta a sus Frailes. Y en favor de la dicha Bulla, y par la mesma autoridad Apostolica declaramo que los que comaren esta presenta Bulla, puedan gozar, y gozen de todas las gracias, facultades, Indulgencias, y publicos perdones, permission de peccados, que los ayan concedido par a nuestro muy Santa Padre Paulo Quinto, y Ultimo Octavo, y por otros Summos Pontifices passados, da felize recordacion, o por la Santa Sede Apostolica, o por su autorita comprehensas en la dicha suspension. Las quales en virtud de la dicha commission Apostolica los reualidamos, y por la misma autoridad Apostolica sufpensione en el entrodicho, si le huviere en qualquier lugar donde se feziere la publicacion, y predicacion de la Bulla por ocha dias anses, despues, segun que en la Bulla de su Santidad se contiene. Y declaramos que los que la tomaren, ayan de recibir, y guardar este sumario, y Bulla, que va impresso de molde, y señado, y firmado de muestro nombre, y sello, porque de otra manera no ganan, ni gozan de dicha Bulla, ni gracias della. Y por quanto vos Jose Peararot disteis dos reales de plata, que es la limosna que hemos tañado, y declarado, y recibisteis esta dicha Bulla escrito en ella nuestro nombre, declaramos que aveis conseguido, y se os conceden las dichas indulgencias, gracias, y facultades, y que podais usar, y gozande todas ellas en la forma sobredicha. Dada en Madrid a doze diad del mes de Marco de mil y seicientos y nonenta y cinco años.

Forma de absolucion, quod una vez en la vida, y otra en el Articulo de la muerte se pede hazer por virtud desta Bulla, a qualquiera persona que la tomare.

Misereatur tui Omnipotens Deus, &c. Por la autoridad de Dios todo poderoso, y de los Bienaventurados Apostolos S. Pedro, y S. Pablo, y de nuestro muy S. Padre, especialmente a ti concedida, y a mi cometida. Yo te absueluo de toda censura de Excommunion mayor, o manor, suspension, o entredicho, a jure, vel ab homine, y de todas las otras censuras, y penas en que por qualquier causa ayas incurrido, aunque la absolucion de ella sea reservada a la S. Sede Apostolica, segun por esta te es concedida, y restituyo te a la union, y communion de los Fieles Christianos. Y assimismo te absuelvo de todos sus pecados, crimines, y excessos que aqui aora has confessado, y de los que confessorias si a tu memoria ocurriessen, aunque sean tales que la absolucion dellos a la Santa Sede Apostolica, como dicho es, pertenezca, y otorgo te plenaria Indulgencia, y remission cumplida de todos tus pecados, aora, y en qualquier tiempo confessados, olvidados, o ignorados, y de las penas que eras obligado a padecer per ellos en el Purgatorio. In nomine Patris, & Filii, & Spiritus Sancti Amen.

Sumario de las Estaciones, e Indulgencias de Roma, las quales concede su Santidad a todas las personas que tomaren esta Bulla, y hizieren, y cumplieren cerca dello lo en ella contenido.

El j. dia de Quaresma en S. Sabina indulgencia plenaria.
Ivenes en San Jorge, indulgencia plenaria.
Viernes en San Juan, y San Pablo, indulgencia plenaria.
Sabado en San Trifon, indulgencia plenaria.
Unica j. en S. Juan, y S. Pablo, indulgencia plenaria.
Lunes en San Pedro in Vincula, indulgencia plenaria.
Martes en Santa Anastasia, indulgencia plenaria.
✠ Y este dia sesaca una anima de Purgatorio.
Miercoles en Santa Maria la Mayor, indulgencia plenaria.
Lueves en S. Lorenço Panisperna, indulgencia plenaria.
Viernes en los Santos Apostoles, indulgencia plenaria.
Sabado en San Pedro, indulgencia plenaria.
Dominica ij. en Santa Maria de Navicela, y en Santa Maria la Mayor, indulgencia plenaria.
Lunes en San Clemente, indulgencia plenaria.
Martes en Santa Baldina, indulgencia plenaria.
Miercoles en Santa Cecilia, indulgencia plenaria.
Tueves en Santa Maria Trans Liber, indulgencia plenaria.
Viernes en San Vidal, indulgencia plenaria.
Sabano en S. Pedro, y S. Marcelino, indulgencia plenaria.
✠ Y este dia se saca una anima Purgatorio.
Unica iij. en S. Lorenço suera de los muros, indulgencia plenaria.
✠ Y este dia sesaca una anima de Purgatorio.
Lucro en San Marcos, indulgencia plenaria.
Marcés en Santa Potenciana, indulgencia plenaria.
Viercoles en San Sixto, indulgencia plenaria.
Annes en S. Cosma, y S. Damian se muestra la Imagen de Nuestra Señora del Populo, y de la Paz, ay indulgencia plenaria.
Viernes en S. Lorenço in Lucina, indulgencia plenaria.
Sabado en S. Susana, y ensanta Maria de los Angeles en las Tormas, indulgencia plenaria.
Unica iiij. en S. Cruz in Jerusalem, indulgentia plenaria.
✠ Y esto dia se saca una anima de Purgatorio.

Eunes

ANNO 1696.

Eunes en los Santos quatro Toronados, indulgencia plenaria.
Mart. despues o la Dominica iv. enf. Lorenfo in Domafo, indulgencia plenaria.
Miercoles en San Pedro, indulgencia plenaria.
Jueu. enf. Silvestre, y en S. Mariaen los Montes, indulgencia plenaria.
Viernes en San Zusebio, indulgencia plenaria.
Sabado en S. Nicolas de carcere, indulgencia plenaria.
Unica v. en San Pedro, indulgencia plenaria.
Lunes despues de la Unica v. en S. Chrifogono, indulgencia plenaria.
Martes en San Querce, indulgencia plenaria.
Miercoles en San Marcelo, indulgencia plenaria.
Juevei en San Apolinar, indulgencia plenaria.
Viernes en San Eftevan, indulgencia plenaria.
✠ Y este dia se faca una anima de Purgatorio.
Sabado en S. Juan ante Portam Latinam, indulgencia plenaria.
✠ Y este dia se faca una anima de Purgatorio.
Unica de la Oliva, que los Dominica de Ramos, indulgencia plenaria en San Juan de Letran.
Lunes en Santa Praxedis, indulgencia plenaria.
Martes en Santa Prisca, indulgencia plenaria.
Miercoles en Santa Maria la Mayor, indulgencia plenaria.
Jueues en San Juan de Letran, indulgencia plenaria.
Viernez en Santa Cruz in Jerufalem, y en Santa Maria de los Angeles en las Termas, indulgencia plenaria.
Sabado en San Juan de Latran, indulgencia plenaria.
Unica de Pafcua en Santa Maria la Mayor, indulgencia plenaria.
Lunes en San Pedro, indulgencia plenaria.
Martes en San Pablo, indulgencia plenaria.
Miercoles en S. Lorenço fuera de los muros, indulgencia plenaria.
✠ Y este dia se faca una anima de Purgatorio.
Jueues en los Santos Apostoles, indulgencia plenaria.
Viernes en Santa Maria la Redonda, indulgencia plenaria.
Sabado en San Juan de Letran, indulgencia plenaria.
Oñica in Albis en S. Pancracio, indulgencia plenaria.
€ Estaciones despues del Pafcua.
€ En las Letanias mayores, esto es en la nesta de San Marcos, y San Pedro, indulgencia plenaria.
Al dia de Afcenfion d'Christo, en S. Pedro, indulgencia plenaria.
En la Vig. de Pentecoftes en S. Juan de Letran, indulgencia plenaria.
Unica de Pentecoftes en S. Pedro, indulgencia plenaria.
Lunes en San Petro in Vincula, indulgencia plenaria.
Martes en Santa Anastafia, indulgencia plenaria.
Miercoles en Santa Maria la Mayor, indulgencia plenaria.
Jueves en S. Lorenço fuera de los muros, indulgencia plenaria.
✠ Y este dia se faca una anima de Purgatoria.
Viernes en los Santos Apostolica, indulgencia plenaria.
Sabado en San Pedro, indulgencia plenaria.
✠ Y esto dia se faca una anima de Purgatoria.
Mierc. de las iiij. Rep. en S. Maria la Mayor, indulgencia plenaria.
Viernes en los Santos Apostoles, indulgencia plenaria.
Sabado en San Pedro, indulgencia plenaria.
€ Estaciones de Adviento.
€ Unica j. en Santa Maria la Mayor, indulgencia plenaria.
Item en la dicha Igl. todas las fiestas, de Nostra S. indulgencia plenaria.
Unica ij. en S. Cruz in Jerufalem, y en Santa Maria de los Angeles en las Tormas, indulgencia plenaria.
Unica III en San Pedro, indulgencia plenaria.
Mierca de las iiij. S. P. en S. Maria la Mayor, indulgencia plenaria.
Viernes en los Santos Apostolos, indulgencia plenaria.
Sabado en San Pedro, indulgencia plenaria. ANNO 1691.
Unica iiij. en los Santos Apostoles, indulgencia plenaria.
La noche de Navidad en Santa Maria la Mayor en la Capilla del Pefebre, indulgencia plenaria.
En la fegunda Missa del alva en S. Anastafia, indulgencia plenaria.
El dia de la Natividad de Nostro S. Jesu Christo en la tercera Missa en Santa Maria la Mayor, indulgencia plenaria.
En la fiesta de S. Estevan, en S. Estevan Redondo, indulgencia plenaria.
En la fiesta o S. Juan Evangelista en S. Maria la Mayor, indulgencia plenaria.
La fiesta de los Innocentes en S. Pablo, indulgencia plenaria.
El dia de la Circuncifion de Nostro Señor, en S. Maria Trans Tiber, indulgencia plenaria.
El dia de la Zoiphania en San Pedro, indulgencia plenaria.

✠ Y este dia se faca una anima de Purgatorio.
Unica in Sexagefima en San Pablo, indulgencia plenaria.
Unica in Quinquagefima en San Pedro, indulgencia plenaria.

✠ Todos los demas dias del año se ganan los Indulgencias que en Roma, por aver cada dia estacionen ella.

LXXXIX.

Association faite & arrestée, dans la Chambre des Communes d'Angleterre pour la Defense de la personne du Roi. GUILLAUME *& pour le maintien, tant de son Autorité, que de la Succession à la Couronne, dans la Ligne Protestante de Hanover. Solemnellement signée & presentée à ce Prince le 13. Avril 1696.* 1696. 13. Avril
[Sur la Copie imprimée à Londres, dans les Votes du Parlement, & inserée en François dans les Lettr. Hist. du Mois de Maj 1696. pag. 580.]

D'Autant qu'une horrible & détestable Conspiration a été formée & continuée par les Papistes & par d'autres méchans & infames traitres, pour assassiner la sacrée personne du Roi, dans le dessein d'encourager une invasion de la part de la France, afin de ruiner & renverser nôtre Religion, nos loix, & nos libertez; nous soussignez protestons de bon coeur, sincérement, & solennellement, témoignons & déclarons, que le Roi Guillaume est Roi légitime legal & de droit de ces Royaumes; & nous prometons & nous engageons mutuellement de nous soutenir & assister les uns les autres, pour maintenir & défendre de tout nôtre pouvoir la personne sacrée de Sa Majesté, & son Gouvernement, contre Jaques ci devant Roi, tous ses partisans & adhérans; & en cas que Sa Majesté meure de mort subite & inopinée, ce qu'à Dieu ne plaise, nous nous obligeons encore volontairement & unanimément de nous unir, de nous associer, & de nous assister les uns les autres, pour venger sa mort sur ses Ennemis & leurs Adhérans, ainsi que pour soûtenir & défendre la succession de la Couronne, suivant un Acte passé l'an premier du régne du Roi Guillaume, & de la Reine Marie, intitulé, Acte pour déclarer les Droits & les Libertez des sujets, & établir la succession de la Couronne.

CXC.

Acte d'Assurance donné au Roi de Dannemarc par les Ministres Mediateurs à l'ouverture des Conferences de Pinneberg, suivant d'Articles Preliminaires. A Hambourg le 30. Juin 10. Juillet 1696. AVEC une Declaration & Protestation des Ministres de Danemarc pour le même sujet. Hambourg 30. Juin 10. Juillet 1696. 30. Juin. 10. Juillet.
[Lettre écrite à l'Auteur des Lettres Historiques

ANNO 1696. riques en 1700. pour réponse à un Ecrit intitulé Etat present de l'affaire de Holstein, elle se trouve dans les Lettres Historiques de Mars 1700. p. 287.

SA Majesté le Roi de Dannemarc & de Norwegue s'étant reservée en acceptant la Mediation presente, qu'elle ne préjudicieroit en aucune maniere aux Unions & aux voyes de Justice, qu'on appelle Austrege, qui y sont établies, & ayant en même temps demandé une Declaration sur cela aussi bien que sur la levée & l'introduction des troupes étrangeres que de la part de Holstein Gottorp on pourroit faire, comme aussi que de ce côté-là on cessât de faire des nouvelles Fortifications: Nous Ministres Mediateurs declarons, que la presente Mediation & Negociacion agréée par Sadite Majesté, ne sera en aucune maniere préjudiciable ni jamais alleguée contre les voyes de Justice y établies, mais que celles ci demeureront toujours dans leur entiere vigueur: & qu'aussi la Mediation employera d'un commun accord, & d'une maniere efficace, son office de Mediateur, afin que quant à la levée ulterieure & l'introduction des troupes étrangeres, comme aussi aux Fortifications intentées de la part du Duc, tout demeure *in statu quô* jusques à la fin de la Negociation, & sans aucune innovation. Fait à Hambourg le $\frac{\text{10. de Juillet}}{\text{30. de Juin.}}$ 1696.

Les Ministres Mediateurs de Sa Majesté Impériale & de leurs Altesses Electorales de Saxe & de Brandebourg.

BIen que Sa Majesté, le Roi, ne doute pas, que la Mediation en vertu de l'Acte qu'elle a donné aujourd'hui n'obligeront pas son Altesse le Duc, de laisser tout *in statu quô* sans aucune innovation jusques à la fin de la Negociation; Néanmoins Sa Majesté a jugé necessaire pour plus de précaution, de presenter à la Mediation cette éventuelle protestation & Declaration, que Sa Majesté susdite cherchant à faciliter la Negociation principale en toutes manieres, veut bien n'insister pas sur un Acte plus positif de guarantie, mais qu'en cas que son Altesse, le Duc entreprenne aucune innovation entre la Declaration susdite pendant la Negociation, de quelle nature qu'elle puisse être, Sa Majesté, le Roi, la prendra pour une querelle recherchée & pour une rupture formelle des Negociations amiables, & que consequemment Elle sera excusée devant Dieu & devant tout le monde des suites qui en pourront naître. Demandant que la Mediation veüille bien lui donner Acte là-dessus.

On atteste moyennant ceci, que Sa Majesté le Roi de Dannemarc & de Norwegue a fait presenter aux Mediateurs ici present la protestation & Reservation susdite, & qu'elle est inserée aux Actes de la Mediation. Fait à Hamburg le $\frac{\text{10. de Juillet.}}{\text{30. de Juin.}}$ 1696.

Les Ministres Mediateurs de Sa Majesté Impériale & de leurs Altesses Electorales de Saxe & de Brandebourg.

CXCI.

1697. 29. Aprilis. *Edictum* LEOPOLDI *Romanorum Imperatoris ad omnes suos & Sacri Romani Imperii, in Provinciis Italiæ, Vassallos & Feudatorios directum, ut intra trium mensium terminum, Designationem legalem, non modo Feudorum sed etiam Dignitatum, Privilegiorum & Regalium, quæ habent & retinent, exhibeant, atque ut Libellum supplicem pro confirmatione Cæsarea porrigant, sub pœnis, contra inobedientes, ut de jure &c. Datum Viennæ 29. Aprilis* 1697. *Affixumque Romæ, mense Junio, locis consuetis, ad Mandatum Legati Cæsarei.* CUM *alio Edicto nomine Pontificis, Romani adversus hanc affixionem, tanquam attentatoriam, ut aiunt, promulgata. Datum Romæ* 17. *Junii* 1697. [Sur la Copie imprimée à Rome nella Stamperia della Reverenda Camera Apostolica ann. 1697.] ANNO 1697.

PALUZZO Vescovo di Pelestrina Card. Altieri della S. R. C. Camerlengo.

ESsendo seguita in alcuni luoghi di quest'Alma Città di Roma publica affixione d'un' Editto, ò Lettere patenti del tenore seguente:

LEOPOLDUS Divina favente Clementia Electus Romanorum Imperator semper Augustus, ac Germaniæ, Hungariæ, Bohemiæ, Dalmatiæ, Croatiæ, Sclavoniæ Rex, Archidux Austriæ, Dux Burgundiæ, Stiriæ, Carinthiæ, Carniolæ, & Wirtembergiæ, Comes Tirolis.

OMnibus, & singulis nostris, Sacrique Imperii in Terris, ac Provinciis Italiæ Vasallis, & Feudatariis fidelibus dilectis gratiam nostram Cæsaream, ac omne bonum: Quemadmodum Providentia Divina, cujus benignitate S. R. I. sceptrum, & diadema gerimus, Æternæ Veritatis verbo, quæ sua, quæ Cæsaris sint, unicuique reddenda decrevit; Ita Nos ejusdem exemplo Justitiam in hisce terris administrantes muneri nostro omninò congruum existimamus, ea quæ ad Divos Prædecessores nostros Romanorum Imperatores, & Reges, atque modò ad Nos, & Imperium spectant sollicitè non conservare tantùm, sed etiam recuperare, ac supremo, & legitimo Dominio suo asserere. Postquam igitur certiores redditi sumus de evidentissimis quorundam Feudorum Imperialium, nec non Dignitatum, Jurisdictionum, Præeminentiarum, Privilegiorum, Regalium, aliorumque usurpationibus per nonnullos, seù perversa ipsorum voluntate, seù dolo, seù negligentia sibi arrogatis, quandoquidem Vassalli ipsi debita recognitione supremi, ac directi Dominii nostri post tergum relicta à consueto homagio, fidelitatisque juramento sese eximere satagant, ex certa scientia, animoque deliberato, sano, ac maturo Tribunalis nostri Imperialis Aulici accedente consilio, eos, qui à Nobis, & Prædecessoribus nostris de Feudis ejusmodi investiti sunt, auctoritate nostra Imperiali confirmandos, & immittendos, injustosque detentores, & usurpatores inde removendos esse resolvimus, ac proinde seriò, districtè, benignèque mandamus, ut intra trium mensium terminum ab harum promulgationis, & affixionis die proximè computandum, quarum tenori (sive manuscriptæ, sive typis expressæ exhibeantur) plenam fidem haberi cupimus, adeò quidem, ut nullam à transgressoribus, inobedientibus, ac contumacibus, vel excusationem, vel subterfugium admissuri simus, debeant prædicti Vassalli, & Feudatarii nostri, vel ad Cancellariam Imperialem nostram, vel in manus nostras, sive Illustris, & Generosi nostri Camerarii Generalis Excubiarum Præfecti, & Supremi Belli Commissarii, Sacrique Imperii fidelis dilecti Maximiliani Comitis Brayner, cui hanc rem anno proximè superiori cum facultatibus necessariis benignè delegavimus, vel ad manus Oratoris nostri Cæsarei Illustris itidem, ac Generosi Consiliarii nostri Arcani Camerarii, Sacrique Imperii fidelis dilecti Georgii Adami Comitis de Martinitz, aliorumque nostrorum Agentium dare, ac dedisse designationem authenticam, & legalem, non modò Feudorum, sed etiam Dignitatum, Jurisdictionum, ac Præeminentiarum, Privilegiorum, Regalium, cujuscumque ea generis existant, quælibet ipsorum quantumvis etiam ex linea spuria prodiens retinet, aut eorum Majores, & Antecessores retinuerunt, sive investitura, sive concessione, sive donatione Cæsarea, sive quocumque alio modo, aut forma, quamvis hic non expressis, atque exprimi debuissent, quemadmodum ea omnia pro expressis habere volumus, seriò insuper præcipientes, ut simul quoque supplicem libellum pro confirmatione, renovatione investituræ, novaque concessione ritè exhibeant, quorum precibus benignas aures præbituri simus, concessurique ipsis omnia ista cum iisdem conditionibus, præeminentiis, & qualitatibus, quibus semetipsos, aut Majores suos gavisos esse probaverint, & quidem citra distinctionem an à linea masculina, an verò a fœminea Supplicantes ejusmodi procedant, & quò majores stimulos addamus eorum animis, qui potiore Jure Feuda Imperialia, Jurisdictiones, Dignitates, Præeminen-

ANNO 1697.

minentias, Privilegia, & Regalia prætendunt, quoque vigilantiores eos ad Clementiam nostram pro confirmatione, renovatione investituræ, concessionisque Cæsareæ implorandam reddamus, locum iis præcipuè dabimus, qui intrà præscriptum terminum primi Nobis supplicaverint. Quod si fortè Feuda ista, aut bona, ære alieno, impositionibus, illegitimisque distractionibus, & citrà Imperialem licentiam, & consensum gravata reperirent, ea nihilominus ipsis confirmanda, & respectivè cum infeudatione, & investitura libera, exempta, & immunia concedenda decernimus. Quandoquidem pro Imperiali nostra clementia, & magnanimitate omnibus his Vassallis nostris, & Feudatariis, qui patentibus hisce Literis nostris Cæsareis debitè obtemperabunt gratiam impertiri intendimus, confirmantes, infeudantes de novo, & condonantes, supplentesque tam commissionis, quàm omissionis defectus, sive ab ipsismet Vassallis, sive ab eorum majoribus fraudulenter licet, atque etiam ut cuipiam alii quamquam illegitimo dominio se subijcerent commissos. Cumque humana malitia, ac perversitas quempiam Vassallorum nostrorum, eò audacius adigere posset, ut oblata hac Imperiali, & Paterna clementia nostra abuteretur; Nos ad cæcam illorum mentem quantùm possibile sit illuminandam, harum quoque vigore notum facimus, quod elapso trium mensium termino hisce præfixo, si ea quæ hactenus enunciavimus, & præcepimus non adimpleverint, paritionemque debitam non præstiterint, aliis Literis patentibus tunc publicandis inobedientes, & contumaces, feudis, dignitatibus, Jurisdictionibus, præeminentiis, privilegiis, & regalibus exutos, & tamquam veros usurpatores, & rebelles severè, & sine spe veniæ punitos, & tractatos, eademque feuda, & dignitates, Jurisdictiones, præeminentias, & regalia aliis collata nominatim declararuri simus. Utque eò magis prædictorum malitiæ, ac cæcitati obviam eamus, volumus ut unicuique liberum, licitumque sit, de Vassallis, ac Feudatariis, hisce Literis nostris morem non gerentibus, uti etiam de ipsorum Dignitatibus, Jurisdictionibus, præeminentiis, privilegiis, & regalibus subticitis cujuscumque generis probationes afferre. Quod si delatores eas probationes attulerint, ejusque fuerint conditionis, ut feudorum dignitatum, Jurisdictionum, præeminentiarum, Privilegiorum, atque regalium celatorum capaces desiderantesque sint, iisque conferri queant, hos ipsos delatores ad dimidium rei valorem minimum investiendos, ac infeudandos; Si verò tales non reperientur, in summo secreto sumptibus Cameræ nostræ Imperialis Aulicæ adæquatè, ac secundùm munificentiam nostram Cæsaream tertia parte veri valoris, rerum prædictarum (cujuscumque generis probationes revelatæ erunt) decernimus remunerandos, non obstante quod probationes istæ allatæ in actis, & Registris nostris Imperialibus inventæ fuerint. Hæc enim est seria mens, & voluntas nostra, qua pariter declaramus, ut postquam hæ Literæ nostræ à Nuncio, vel Cursore, seu Nunciis, ac Cursoribus hunc in finem à dicto Commissario nostro Imperiali Comite Brayner, sive à Comite de Martinitz Oratore nostro Cæsareo Romæ toties, quoties opus fuerit deputandis, quibus peculiariter facultates ad hunc eundem scopum necessarias, & opportunas hisce clementer tribuimus, in publicis Civitatum, Terrarum, Castellorumque locis affixæ, vel alio modo publicatæ fuerint, eædem unumquemque DD. Vassallorum, ac Feudatariorum ita ad paritionem adstringant, & obligent, quasi ejusdem personæ, ac propriis manibus consignatæ, intimatæque fuissent, quatenus prædictam indignationem nostram Cæsaream, ac supra recensitas pœnas evitare voluerint. Datum in Civitate nostra Viennæ die 29. Aprilis 1697. Regnorum Nostrorum Romani 39. Hungarici 42. Bohemici verò 40.

LEOPOLDUS.

Loco ✠ sigilli.

V. C. Sebastianus Wnibaldus
Comes Zeyhl

Ad Mandatum M. S. C. proprium Franciscus Usinadque de Bertrum.

Patentes ad Vassallos in Italia ratione Feudorum Imperialium subticitorum.

ANNO 1697.

E benche à detta affissione non si potesse, nè douesse in alcun modo venire senza l'espressa licenza, e consenso della Santità di Nostro Signore, non competendo tal Giurisdittione in Roma, e nello Stato temporale della Santa Romana Chiesa soggetto unicamente alla Santa Sede Apostolica, e Sommo Pontefice, à niuna Persona in qualunque grado sia di Dignità, ancorche Regia, ed Imperiale; ed in conseguenza resti dett'atto per se medesimo nullo, di niun valore, attentato, e notoriamente turbatiuo della Giurisdittione della medesima Santa Sede Apostolica, e suo Pontefice Romano; In ogni modo, acciò in alcun tempo non si possa allegare detta publica affissione, ò tacito consenso approvativo di tal'atto. Per debito del nostro Ufficio di Camerlengo della S. Romana Chiesa, ed in vigore d'un Chirografo speciale segnato dalla Santità Sua questo giorno, da registrarsi col presente Editto à perpetua memoria nelli libri della Rev. Camera Apostolica à maggior cautela quando faccia di bisogno, cassiamo, irritiamo, annuliamo, circoscriviamo, e dichiariamo di niun vigore, forza, ed efficacia, come non fosse stato fatto il prefato atto di publica affissione in Roma, e qualunque altro, che forse à quest'ora si fosse attentatamente fatto, e s'attentasse fare in auvenire, tanto nella medesima Città di Roma, quanto in qualunque altro luogo dello Stato della Chiesa, prohibendo allegarlo, ed addurlo contro l'onnimoda, e Suprema autorità, e Giurisdittione della prefata Santa Sede Apostolica.

E quantunque debba credersi, che in dette Lettere patenti, ò Editto, come sopra affisso non sia stato sentimento di comprendere li possessori de' Beni Giurisdittionali, ed in qualunque modo Feudali, situati entro lo Stato Ecclesiastico, come che questi soggiacciono unicamente all' Alto, Diretto, Supremo, & assoluto Dominio della S. Sede Apostolica, e non di alcun altro Prencipe, nientedimeno acciò li medesimi Possessori sotto pretesto di qualche sinistra, ò erronea interpretatione, che forse si dasse alle Lettere patenti, ò Editto sodetti non incorrino in qualche errore, e pregiudicio, ricordiamo à tutti li sudditi, ed altre persone, che possiedono entro lo Stato temporale soggetto alla S. Sede, Città, Terre, Castelli, ed ogn'altra sorte de Beni Feudali, ò Giurisdittionali, le proibitioni, e pene contenute nelle Costitutioni Apostoliche, contro chi ardisse riconoscere altro Prencipe, che la S. Sede Apostolica, e Pontefice Romano, e quando ne sia di bisogno di nuovo proibiamo, che niuno di essi Possessori presuma per se, ò per altri chiedere, ricevere, produrre, ò esibire investiture, conferme, concessioni, ò altro qualsivoglia titolo sopra Beni esistenti come sopra nello Stato Ecclesiastico; tanto in vigore del prefato Editto nullamente affisso, quanto per qualsivoglia altra causa, pretesto, ò colore sì direttamente, come indirettamente, nè fare alcun'atto, che possi importare Omaggio, ricognitione di Feudalità, Alto, ò Supremo Dominio verso altre Persone, Curie, Consigli, ò Tribunali, ma quelle debba ricevere, e riconoscere respettivamente dalla S. Sede, alla quale solamente spetta il Supremo, ed assoluto Dominio di tutti li luoghi Feudali, e Giurisdittionali entro il sudetto Stato Ecclesiastico, sotto le pene della Confiscatione, Ribellione, lesa Maestà, e d'altre imposte contra usurpantes bona, Jura, & Jurisdictionem S. Sedis Apostolicæ. Volendo non suffraghi à niuno l'allegare ignoranza, errore, ò altro pretesto, e che alle dette pene siano sottoposte tutte, e singole Persone; che controvenissero, niuna eccettuatane, benche fosse degna di speciale, e specialissima mentione; e che la publicatione del presente Editto, con affiggerlo nelle Porte del Palazzo della Cancellaria Apostolica, della Curia di Monte Citatorio, in Campo di Fiore, e negli altri luoghi soliti astringa ogn'uno, come se à ciascuno fosse stato presentato personalmente. Dato dal nostro Palazzo li 17. Giugno 1697.

P. Card. Altieri Cam.

Innocenzo Meola Comm. Gen.

Per il Successore del Sig. Francesco Antamoro già Segret. di Camera Gio: Antonio Tartaglia Amministratore.

Die,

ANNO 1697. Die, Menſe, & Anno, quibus ſupra; ſupradictum Edictum affixum, & publicatum fuit ad valvas Magnæ Curiæ Innocentianæ, & in acie Campi flora, ac in aliis locis ſolitis, & conſuetis Urbis per me Thomam Orlandum SS. D. N. Papæ Curſ.

Jo. Grecus Mag. Curſ.

CXCII.

27. Juin. *Articuli Pactorum Conventorum, inter Status Reipublicæ Polonæ, tam Senatorii, quam Equeſtris Ordinis Regni, & M. D. L. omniumque ad eadem Dominia annexarum Provinciarum, ab una.* ET *Sereniſſimum Principem* FRIDERICUM AUGUSTUM, *Ducem Saxoniæ, Juliæ, Cliviæ, Montium &c.* NUNC VERO *Electum Dei gratiâ Poloniarum Regem & Magnum Ducem Lithuaniæ, Ruſſiæ Pruſſiæ, &c. parte ab altera, confecti, & ſubſcriptionibus firmati die 27. Junii 1697.* [Copie Manuſcripte & ſûre.]

CONſiliarii Regni, Equeſtris Ordo, & omnes Ordines Regni Poloniæ, & Magni Ducatus Lithuaniæ, ac aliarum cunctarum Provinciarum ad Rempublicam pertinentium, hoc ſibi apud nos præcuſtodiverunt: & nos appromittimus, Legiſque perpetuæ locò habere volumus. Et quamvis antiqua Jura ſunt nulli ſubjecta dubietati, ut ſit Rex Catholicus Romanæ Orthodoxæ fidei & Religionis; tamen propter perennem præcuſtodiam, nunc & in poſterum Lege perpetuâ cavemus, pro Nobis & ſucceſſoribus Noſtris, quòd ſicut Nos ſumus jam ex Gratia DEI Catholicus Romanus & publice ante coronationem nos & Conſors Noſtra, Catholicam Romanam fidem cum omnibus ſolennitatibus profiteri tenemur, & illam fideliſſime ad Vitæ Noſtræ tempora tenere, ſub Nullitate electionis, & Acceſſûs ad Coronationem, ita & in poſterum Dominus Religionis alterius in Regem Poloniæ & Magnum Ducatum Lithuaniæ cum Annexis & incorporatiis Provinciis non eligetur, nec nominabitur, niſi ille qui ſit actu, prout eſſe debet Romanæ Orthodoxæ Religionis. Ejuſdem Catholicæ Romanæ Religionis debet eſſe & Regina ſive Natione, ſive vocatione. Et ſicut liberis, unanimibus Vocibus, & ſuffragiis omnium Statuum Reipublicæ utriuſque Gentis Polonæ, & Lituanæ, cæterarumque Ditionum ad illas pertinentium ad hoc Regnum electi & aſſumpti ſumus, ita & Nos ſtante Vita Noſtra, & ſucceſſores Noſtri futuri Reges Poloniæ, atque Duces Lituaniæ, Ruſſiæ, Pruſſiæ &c. aliorumque Dominiorum illis annexorum, nullum jus nominandi, aut electionem intimandi aut Succeſſorem Noſtrum, quocunque modo vel prætextu in Throno hoc ſtabiliendi habere declaramus, ea videlicet de cauſa, ut ſemper & perpetuis temporibus poſt deceſſum Noſtrum libera Regis Electio penes omnes Status Regni Poloniæ, & Magni Ducatus Lituaniæ inviolabilis permaneat, ſecundum Jura, Privilegia & Conſtitutiones omnes de libera electione ſancitas tam antiquas, quam novellas Annorum 1607. 1609. & juxta ſpeciale Privilegium ſubſequenter in Comitiis 1631. Regnante pro-tunc felicis recordationis Sigiſmundo Tertio, Reipublicæ conceſſum, inque Volumen Conſtitutionum inſertum. Et aliud recenter 1667. ante Abdicationem Sereniſſimi Regis Joannis Caſimiri in Comitiis latum, & Conſtitutione Anni 1607. cautum, & recentibus poſtea Conſtitutionibus & Pactis felicis recordationis Sereniſſimi Regis Joannis Tertii ſatis firmatum. Quapropter non debere Nos quoque, Nec Succeſſores Noſtros Reges Poloniæ titulum Hæredis aſſumere.

Reaſſumendo Jura omnia de libera Electione hoc cavemus, ut Domus Noſtra Regia nullam Succeſſionem, & prætextum proximitatis ad Regnum ſibi præſumat. Adeoque liberam Electionem, quia liberis ſuffragiis Liberæ Gentis in Thronum evecti, tanquam Prærogativam Libertatis, jus æquitatis inter Concives Regni, ac quam principale fundamentum & primum decus, imo Matrem liberi Equeſtris Ordinis inter jura Cardinalia hujus Reipublicæ tenebimus, & obſervabimus, nec eam ullis Nomenclaturis Familiarum, Domorum &c. Principum &c. injuriatam fore permittemus, ſed pariter omnes in æqualitate Nobiles cenſebimus, ſolo Officio & Meritis parto diſtinguente Perſonas. Imo ſemper occurremus Regiâ Noſtrâ dexteritate, ne ſuperior aggravet inferiorem, prout hanc Legem ſemper inviolabilem ſervare poſſimus, quod: Rex datus eſt in ſubſidium oppreſſis; hoc eſt iis, quos ſuperior aut potentior poteſt opprimere. ANNO 1697.

Bona etam hæreditaria nec proprio auſu, nec per ſubordinatas Perſonas, nec in Regiam Prolem Noſtram, nec in quemcunque prætextu Domus Noſtræ, ullo modo acquiremus. Quodſi acquiſiverimus, certe donatio ſeu inſcriptio irrita, & nulla ipſo facto debet cenſeri, ita ut hujuſmodi bona ad diſpoſitionem Reipublicæ redire debeant; quod etiam pro Succeſſoribus Noſtris Regibus Poloniæ cavemus.

Quoniam verò in hoc inclyto Regno Poloniæ Magnoque Ducatu Lituaniæ, Ruſſiæ, aliiſque Provinciis iiſdem annexis non parvus numerus reperitur diſſidentium, in Religione Chriſtiana, Providendo Exemplo Anteceſſorum Noſtrorum, ne inde in futurum ſeditiones aliquæ, tumultus, odia, & Colliſiones in Religione excitentur, (quòd etiam cautum eſt actu Confœderationis generalis Varſavienſis proximè præteritæ) Nempe in cauſa Religionis Chriſtianæ, debere conſervari pacem inter diſſidentes: quam nos perpetuis temporibus manutenebimus, non obſtantibus quibuscunque proteſtationibus, contra hancce Confœderationem jam tunc poſt Convocationem factis, ſalvis Juribus Eccleſiæ Catholicæ Romanæ, & exceptis, ac Juribus Ducatus Maſoviæ & Livoniæ; Integrâ tamen per omnia diſſidentium in Religione Chriſtiana pace, & ſecuritate permanente, prout antiqua Statuta & Confœderationes in ſe ſonant & obloquuntur.

In Diſtributione vacantium ſubſelliorum Capitaneatuum &c. continuum uſum & antiquam praxim à Sereniſſimo Rege Poloniæ felicis recordationis Caſimiro, Michaele, Joanne Tertio Anteceſſoribus Noſtris, ſacroſanctè obſervatum punctualiter manutenere pollicemur, exceptis Menoniſtis, Anabaptiſtis Quakieris, qui talibus Legibus, diſſidentibus in Religione Chriſtiana inſervientibus, minime ſubeſſe debent, tanquam ii, contra quos omnia Jura, & Statuta contra Arianos formata reaſſumimus.

Quod attinet homines Religionis Græcæ unitorum ac diſunitorum ad invicem diſcrepantes, promittimus ea, quæcunque in Præſenti Electione, ob alia majoris difficultatis, & momenti Negotia, Reipublicæ hic & nunc componi non potuere, illa Nos circa imminentem (faventibus ſuperis) Coronationem Noſtram, juxta mentem Legum antiquorum, utriuſque Partis, circa præſentiam quoque deſtinatorum Deputatorum ex utroque Ordine, ſine omnibus diſquiſitionibus & dilationibus pacificaturos, & ad executionem per Commiſſarios utriuſque Partis deputatos perduci mandaturos: Neque bona vel Præpoſituras Spirituales Religionis Græcæ Perſonis incapacibus (vetante id Lege) daturos, aut illa per ceſſionem teneri permiſſuros; & avulſa bona a Metropoli Kijovienſi bello non occupata, eidem Metropoli annexa, juxta antiqua jura adunaturos Noſmet ipſos declaramus.

Juramentum Noſtrum, & Pacta conventa ſummarie collecta in quibusvis Comitiis primo ſtatim die, loco Articulorum Mareſchalci in præſentia omnium Ordinum, ut claré diſtinctéque, nullo intermittendo puncto legantur, cuilibet, (ſi in quo per nos exorbitatum fuerit) exigere & nos præcavere licebit.

Ne Juſtitia diſtributiva occaſionem det ambitui Civium, quotieſcunque Nobis contigerit occaſio Vacantes dignitates ſeu Beneficia Eccleſiaſtica utriuſque Ritus diſpenſandi, à Nullo quopiam Juramentum aliquod privatum præſtari faciemus, neque ſubmiſſiones inſcriptas exigemus. Quodſi verò cuipiam intuitu Promotionis Noſtræ ad hunc Thronum per nos aut ſubordinatas Perſonas polliciti ſumus aliquid hic in Regno, vel Magno Ducatu Lituaniæ, aut in Provinciis eo annexis, hoc ipſum erit irritum, nec ullatenus promiſſum adimplere tenebimur ſub nullitate.

Pro Honoribus, Dignitatibus quibusvis vacantibus, tam Eccleſiaſticis quàm ſæcularibus in Regno Poloniæ & Magno Ducatu Lituaniæ & annexis eo Provinciis præmia nulla ſub nexu. Juramenti acceptabi-

ANNO 1697. tabimus. Qui verò ex Civibus auderet, pro aliquo Officio & dignitate aliquid Nobis offerre, ille non tantum Officio & dignitate carere debet; sed etiam eo est incapax censendus; ac deinde ad cujusvis Nobilis instantiam, qui hoc probaret, in Tribunalibus tam Regni, quam Magni Ducatus Lituaniæ, juxta coæquationem, & ordinationem Jurium constitutam ex quovis Regestro ad jus citandus; quoniam Nos talibus nullam protectionem præstabimus, sed tantum solis benemeritis Terrigenis & Terrarum capacibus, ætate bene vigentibus, dignis & idoneis utriusque Gentis, & annexarum Provinciarum, ac Terrarum Prussiæ juxta specialia eorum Privilegia. Menses quoque Militares jure præcustoditos, ex commendatione utriusque Gentis supremorum Exercituum Ducum distribuemus.

Pariter quoque in unam Familiam ejusdem Nominis suprema Ministeria Status: videlicet Clavas, Scipiones Mareschalcales, Sigilla, Claves Thesaurariatus tam in Regno Poloniæ quam in Magno Ducatu Lituaniæ; nec Abbatias Minorennibus, Capitaneatus, Possessiones, etiam propter merita Parentum, aut Antecessorum (nisi solis benemeritis, ætate vigentibus Terrigenis) conferemus, salvis modernis Possessoribus.

Neque uni cuipiam supra duos Capitaneatus Proventuales, aut Tenutas notabiles (in quo Juridici Capitaneatus non sunt includendi) Item Personis Muliebris sexus, plures quam duas Tenutas, aut Capitaneatus Proventuales (exceptis ad fines Regni situatis, quarum possessionis juxta Leges non sunt capaces) jure communicativo tenere non licebit, salvis modernis Possessoribus.

Spondemus pro Consorte Nostra, non esse se illam in Negotia Status Reipublicæ implicaturam, sive per se, sive per subordinatas quasvis Personas: nec ad instantias Mulierum, vel aliarum Personarum externarum, nec per intimos Cubicularios Nostros cujuscunque Nationis extraneos, unquam Nosmetipsos, in conferendis honoribus promotionem facturos. Quod Domini Cancellarii, Succamerarii Regni &c. utriusque Gentis seriò animadvertent, & demum Reipublicæ deferre tenebuntur. Legati vero Terrestres in Comitiis circa vacantium facultates, hujusmodi rationes exigent.

Hoc quoque declaramus omnibus Statibus Reipublicæ Polonæ, quod sub tempus Nostri Regiminis nec duos Officiales Majores, aut Minores duos simul ejusdem dignitatis permittemus; neque Privilegia duo pro uno vacante Terrestri in Regno & Magno Ducatu Lituaniæ tribuemus, aut ante actualem alcensum unius, alteri conferemus. Quare quilibet Metricans in Acta Metrices Regni utriusque Gentis Privilegia inscribere, & una Cancellaria alteri communicare debet tam Regni Poloniæ, quam Magni Ducatus Lituaniæ. In Comitiis pro dignitatibus & Officiis datis, in facie Reipublicæ Juramentum quilibet præstare tenetur, Rota circumscripta juxta Statuta Regni.

Dignitates & Officia tam Regni quam Magni Ducatus Lituaniæ, & annexarum Provinciarum circa suas Prærogativas, usum Legum, & formam Reipublicæ ac specialia Privilegia, & in Magno Ducatu Lituaniæ juxta præscriptum jurium coæquationis & Ordinationis in integro conservabimus. Prærogativas, proventusque earum nullo penitus modo minui patiemur, neve ex illis aliquæ Personæ participent præcavebimus. Omnia quoque Officia, tam Curialia, quàm Terrestria, quæcunque in Regno reperiuntur, atque in Magno Ducatu Lituaniæ, quæve antiquitùs legitime recepta, collata, & antehac in usu fuerunt, ex utroque Statu, & Ordinibus Regni conservare pacifice declaramus, eaque citra omnem alterationem distribuere debebimus, cuilibet ex Officiis Curialibus locum suum assignantes. Omnia pariter Officia utriusque ritus Græco-uniti sæcularia & Ecclesiastica, nec non Terrestria, circa jura sua in integro manutenebimus.

Juramentum Magnorum Officialium Regni, utpote Cancellariorum, Mareschalcorum, Ducum Exercitus, ut ad mentem Legis formetur, præcustodimus.

Vacantes extra tempus Comitiorum, à die quo aliqua nobis innotuerit, intra sex hebdomadarum spatium, & non plus ultra, in Comitiis vero ante omnia distribuere tenebimus, distributasque Ordini suo ad requisitionem Stubæ Equestris per Cancellarios publice annunciabimus, atque juxta Leges & Statuta, Terrigenis Indigenisque paritate Juris gaudentibus, benemeritis, ætate, & discretione vigentibus, utriusque Gentis & annexarum ac incorporatarum Provinciarum juxta jura & Privilegia eorum conferemus. ANNO 1697.

Incompatibilia, quæ in Legibus & Constitutionibus sunt circumscripta: videlicet Scipionem Mareschalcalem, Sigilla Cancellariorum, Thesaurariatum cum Clava Ducali sub nullitate Privilegiorum, non conferemus.

Pacta, fœdera, cum Principibus, & Potentiis extraneis, cumque illis almam pacem conservare, (sine tamen præjudicio Reipublicæ, & avulsarum Provinciarum) satagemus. Avulsa quoque a Statibus hujus Reipublicæ, secundum Leges, Nos & Rempublicam concernentia, recuperabimus; & undequaque ab intra & ab extra pacificandæ curam impendere, nulla hac in re omittendo media promittimus.

Quoniam autem proventus ex Officina monetaria tam in Regno quam in Magno Ducatu Lituaniæ cessit ad dispositionem Reipublicæ, ideo nos & successores nostri usurpare eundem perpetuis temporibus non poterimus, nec ullam unquam cudi Monetam, etiam ex Senatus Consulto mandabimus, juxta Constitutionem Anni 1632. Ordinationi quippe faciendæ de re Monetaria tam in Regno, quam in Magno Ducatu Lituaniæ nullibi, quam in Comitiis solummodo generalibus locus erit, habita conferentiâ cum iis qui jus cudendæ Monetæ habent; & tota hujus Negotii moles penes liberam Reipublicæ dispositionem de plano permanebit.

Animadvertentes tamen, variatione præteritæ Monetæ, occlusâ Officinâ Monetarum argentearum, ad magnum infortunium, & inopiam totam devenisse Rempublicam, curabimus, factâ Conventione in Comitiis cum Statibus Reipublicæ, ut Officinæ monetariæ, quam primum possit, recludantur, & pecunia in illis, juxta Ligam Imperii & vicinorum Principum, qua argentea qua aurea cudatur.

Hoc quoque cavemus Reipublicæ, quod non alias Personas pro obeundis Legationum ad Exteros muniis designabimus, nisi Nobiles bene possessionatos ex utraque Gente: quibus Cancellarii Nostri instructiones opportunas inter Senatus Consulta formare, & deinceps in Comitiis generalibus perlegere tenebuntur. Hi vero Legati reduces ex functionibus suis, relationes in scripto tradent in Comitiis generalibus, quæ demum in Acta Metrices inferentur. Illi vero ad requisitionem Statuum Reipublicæ cuncta hæc juramento comprobabunt, se nil plus Negotii ultra instructiones sibi à Cancellaria datas tractasse ausos cum exteris Principibus, ad quorum Aulas missi fuerant in Legationibus. Quotiescunque autem contigerit Romam expedire Legatum, non missuros nos Personas Spirituales, sed Sæculares, sacrosanctè spondemus. Item pro ordinariis Ablegationibus, Residentiis, Agentiis in Aulis extraneis Secretariis nullas exteras Personas, nisi Nobiles bene possessionatos utrarumque Gentium, ad exterorum Dominia mittemus. Metricanti vero (qui ex Statu Nobilium debet esse bene possessionatus, & semper Metricis adesse præsens, Archiva Reipublicæ inviolabiliter conservare, item Privilegia omnia per nos data in Acta Metrices Regni inscribere.) florenos 500. singulis Annis ex Thesauro Nostro Regio exsolvi mandabimus.

Neque cæteras, nec alias Personas pro arbitrio Nostro ad Indigenatus, vel Nobilitationes promovebimus, illorum tantum rationem habentes, qui nobis à supremis Exercituum Ducibus utriusque Gentis, tum à Statibus Regni ac Magni Ducatus Lituaniæ recommendabuntur: quique sago clarescent in diversis præliis, & quorum Virtutes & merita in Rempublicam erunt probata. His porro novo creatis Nobilibus Officia & Beneficia ad tertiam Progeniem haud nos daturos fore, nec illis ullam Legationem, muniave imponere spondemus, exceptis nihilominus in bello benepromeritis, tum & illis qui cum discrimine propriæ Personæ ac bonorum, hujus Patriæ vel tutati sunt, vel tutabuntur integritatem: quos denique ex antiquis Externorum Familiis ad Indigenatum assumemus.

Clenodiis Reipublicæ uti, & Thesaurum referare etiam ex Senatus Consulto nemini cuiquam facultatem concedemus sine consensu speciali totius Reipublicæ. Si vero ex supellectili hac, quæ penes Illustrem Thesaurarium reperitur, uti nobis libuerit,

 prævia

ANNO 1697.

prævià assecuratione Nostræ restituere in integro, vel Nosmet ipsi vel post fata Nostra successores Domûs Nostræ juxta Inventarium Thesauri tenebimur. Quem quidem Thesaurum non tam diminuere, quàm augere in posterum appromittimus.

Externos cujusvis conditionis homines ad Consilia nostra & Statuum Reipublicæ, neque ad ullum Regimen, Tenutas & Negotia, neque ad dignitates, Capitaneatus, Administrationes, ac quasvis Vacantias admitti patiemur, juxta præscriptum Constitutionum Anni 1607. & aliarum, quibus quoad omnia Nos conformare debemus: Et ne in ullas instantias, Negotia, promotionesve sese ingerant, sub vinculo Juramenti nostri cavebimus.

Curiam Statui nostro Regio convenientem ex Gente Polona atque Lituana annexisque Provinciis formatam, ex Statu tantummodo Nobilium, incipiendo ab Officialibus aulicis, &c. usque ad Ephebos, præter alias Personas ad minora obsequia Conclavis nostri adhibendas, exemplo antiquæ consuetudinis, continuo asservabimus, iisdemque salaria exolvere promittimus.

Pari modo Serenissima Regina Consors nostra in Aula sua Personas tantummodo Nobiles conservabit, eorumque obsequiis justam providebit pensionem, nec plures, quàm quatuor Gentis suæ Personas in supremo Ginæceo habitura.

Ordinariam quoque Custodiam Corporis nostri similiter utriusque Gentis computabimus nec superiores Officiales alios, nisi Nobiles Polonos seu Lituanos, aut annexarum eis Provinciarum præficiemus, qui non tantum Nobis, verum & toti Reipublicæ, coram Officialibus Regni & Magni Ducatus Lituaniæ Senatoribus, &c. prout cæteri in nostra Curia residentes juramentum formatum explere tenebuntur. Huic Custodiæ Corporis nostri ære proprio de nostro Thesauro Regali stipendia declaramus. Hos vero non plures, quam 1200. exemplo Antecessorum nostrorum insistentes asservabimus.

Linea de lumbis nostris directe descendens, has omnes Prærogativas sibi usurpabit, quas nati Antecessorum nostrorum Serenissimorum Regum Poloniæ, salvis Juribus Reipublicæ retinuerunt.

Reassumendo Pacta conventa, & jura Serenissimæ Prolis Regiæ inter Rempublicam, & Serenissimum felicis recordationis Joannem Tertium Regem Poloniæ Antecessorem nostrum, indemnitatem & immunitatem bonorum & fortunarum Serenissimæ Reginæ & Serenissimorum Principum Filiorum ejus manutenebimus, eosque circa jura illorum omnia in integro & inviolabiliter conservabimus, salvis ab utrinque tam Reipublicæ quam Serenissimorum Domus Regiæ Successorum prætentionibus, & apud eosdem Serenissimos Principes Poloniæ in Comitiis Coronationis nostræ efficiemus, ut Juramentum fidelitatis Nobis & Reipublicæ exhibeant.

Quod si aliquod Negotium contra ipsosmet Serenissimos Principes, proprias eorum Personas afficiens, inciderit, hujusmodi Negotia cognita ad Nos cum Senatu in Comitiis subsequentibus deliberanda spectabunt.

In bonis suis tam hæreditariis, quàm Reipublicæ in Possessione eorundem manentibus Administratores & Oeconomos Nobiles possessionatos, Serenissimi Principes, & Serenissima Regina habeant, qui injuriatis jure respondeant, & executioni finali de bonis suis, & Personis subjaceant: quam executionem Serenissima Regina & Serenissimi Principes nulla ratione impedient.

Sigillis quoque Cameræ, vel in Annulo expressis ad Causas & Expeditiones Reipublicæ, prout antiquis Legibus cautum, haud utemur. Literas omnes, Causas & Legationes publicas, nonnisi Polonico, vel Latino idiomate expedire curabimus. Nulla itidem Privilegia, aut Literas Universales sub Sigillo Camerali etiam ex Senatus Consulto extradi permittemus, exceptis solis Regni & Magni Ducatus Lituaniæ Cancellariis.

Publicam Oeconomiam juxta antiquas Leges Vladislai 4. & Joannis Casimiri Antecessorum nostrorum conservabimus, ad quam juxta Constitutionem Anni 1659. duo Capitaneatus, ex primis vacantibus, qui 30 millia proventus annui efficerent, incorporabimus, attendemusque, ut tam in Regno, quam in Magno Ducatu Lituaniæ Præfectus Artileriæ sit Patritius, & bene possessionatus. Ordinantes quoque ut quarta simplex à Magno Ducatu Lituaniæ proveniens currat tantum per medietatem, juxta tenorem Constitutionis Anni 1667. Præfecti verò Generales Artileriæ tenebuntur reddere calculum ex hoc proventu, ratione perceptorum, subsidiorum, ac expensarum in quibuslibet Comitiis circa rationes Thesauri.

ANNO 1697.

Militem externum sine speciali consensu, & scitu Reipublicæ in Ditiones Regni & Magni Ducatus Lituaniæ, annexasque Provincias non introducemus, nec bella offensiva movere, vel concitare audebimus; nec Militis vulgo dicti Kwarciany, aut aliarum Copiarum numerum augebimus. Copias tam utriusque Gentis, quàm alias privatim conducere colligereque ad quosvis (quod absit) motus Civiles, illasque extra fines Regni educere citra scitum & specialem consensum totius Reipublicæ, non poterimus, nec permittemus. Quod si quispiam fretus nomine nostro, accedentibus quamvis ad hoc Literis nostris denunciatoriis, inscià, & invità Republica conducere militem auderet, illum talem pro infami & perduelli declaramus, eundemque captivare & è vita tollere tanquam turbatorem Pacis & Violatorem Juris Publici permittimus, imo talium Capita invindicabilia censeri debent. Si verò ex certis circumstantiis in Regno nostro adversus quempiam indigeremus exercitu (quod Deus avertat) hac in parte Duces Exercituum utriusque Gentis, Legiones, Phalanges, Præfecti militum, Generales &c. minime nobis obtemperare debent. Nec quoque limites ullo modo tam Magni Ducatus Lituaniæ Exercitus ad Regnum Poloniæ, quàm Regni Poloniæ ad Magnum Ducatum Lituaniæ transgredi poterit. Quod utriusque Gentis supremi Exercituum Duces præcustodire sub refusione damnorum tenentur.

Nemini quoque etiam ex Senatus Consulto militem more externo sine consensu Reipublicæ conducere permittimus. Copias tantummodo utriusque Gentis juxta antiquam consuetudinem, nimirum Hussarios hastatos, Petihorios cum hastis brevioribus, Arcabuserios, Cosacorum vexilla ejusdem Nationis partem peditatus Hungari, tum alios peditatus ad normam exterorum, juxta ordinem in Comitiis Generalibus a Republica formatum conservabimus: quibus omnibus Nobiles ex utraque Gente, annexisque Provinciis cum titulo Vice-Colonellorum præficiemus. Idcirco cavemus hoc Statibus Reipublicæ, promittimusque non esse nos hominibus exteris Literas denunciatorias concessuros. Et si aliquas ex Cancellaria emanare contigerit, illas nullius valoris debere esse declaramus. Cui præjudicio avertendo Cancellarii utriusque Gentis serio invigilabunt sub poenis in Legibus descriptis, ad instandam cujuslibet Nuncii in Comitiis Generalibus: alias Officia illorum pro Vacanti censebuntur, Nosque ea aliis tradere curabimus.

Deducendo ad executionem militarem Disciplinam, nullas militum Copias, Legiones Phalangesque conducemus; nec Literas denunciatorias tam Senatoribus, quàm etiam Præfectis cum Jurisdictione conferemus, salvis modernis Possessoribus. Qui vero absque nostris denunciatoriis Literis vexillum habere præsumeret, ille eo ipso infamis censendus, adeoque meritis privandus.

Factà proinde cointelligentia cum Universis Reipublicæ Statibus, in Comitiis nostræ Coronationis, tenemur adhibere curam, quatenus Militia tam Equestris, quàm Pedestris in ordinem quam optimum formetur. Et bona omnia tam Ecclesiastica utriusque ritûs quam Terrestria, ne a Militibus tum transeuntibus, tum subsistentibus depauperentur. Milites vero ut sub militari disciplina maneant, propriis contenti stipendiis, & hibernis, nil supra Articulos militares, & jura attentando, citrà ullam in bonis nostris Regalibus, & Ecclesiasticis utriusque ritûs oppressionem, invigilabimus.

Copiis militaribus Regni Poloniæ proxime ante Confœderatis, nunc vero in obedientia supremorum Exercitûs Ducum persistentibus, & in futurum eandem obedientiam spondentibus juxta Tractatus cum iis initos nomine nostro Regali Amnestiam declaramus, & in subsequentibus cum DEI gratia Coronationis nostræ Comitiis, Authoritatem nostram interponemus, ut exemplo nostro tota Respublica eidem Amnestiæ, præmissa super prætentiones injuriatorum disjudicandas ex futurorum Comitiorum Commissione, annuat. Eadem amnestia etiam exercitui Magni Ducatus Lituaniæ inserviet.

Causas omnes ad Judicia Comitiorum postcuria-

lia

ANNO 1697.

lia, & alia quoque pertinentes, ita prout ex Regestro per numerum cadent, non immutando unquam Regestrum, ab antiquioribus incipiendo, quolibet die judicabimus, illas advocare ex libito nostro ad maximas etiam instantias non ferendo, : ut rejici possint permittendo: nam hoc esset in præjudicium injuriatorum, sed ita prout quælibet Causa inscripta fuerit, & ad judicandum ex Regestro acciderit, eandem hoc ordine Referendarii Regni & Magni Ducatus Lituaniæ proclamare demandabunt, sententiam nostram ad pluralitatem votorum conformando. Decreta autem hujusmodi statim in Causis Fisci, & Civilibus Notarius Decretorum Regni in Regno & Magno Ducatu Lituaniæ juxta consuetudinem is qui prælegere tenebitur, illa prælecta, corrigere amplius non poterit, sed ex nunc in Protocollo manibus amborum Referendariorum subscribi debebunt; quæ postea partibus in triduo sine depactione extradentur: nec ea ad penetrale nostrum afferre cuipiam fas erit, sub pœnis in Legibus Regni descriptis.

Judiciis tam Comitialibus, quam cunctis aliis, quod vigor suus redibit, Nosmet obligamus. In quo quoties a *Ministris* Status (quorum hoc interest) præcavebitur de attendentia, illis præsidebimus, & Jurisdicas Curlandiæ in terminis circumscriptis, præviis intimatoralibus non prætermittere declaramus.

In Causis seu Judiciis postcurialibus juxta circumscripta Jura Henrici ex sententia Dominorum Senatorum & Officialium Nobis præsentium procedemus, & Deliberationes tertia die expediemus, omnesque Causas, quæ in deliberatione Serenissimi Regis præteriti non sunt decisæ, decidemus.

In omnibus Causis ad quævis Subsellia inter Concives Regni & Magni Ducatus Lituaniæ intervenientibus, pro nulla parte instantialiter intercedemus. Omnia gravamina, præjudicia per majores Prussiæ Urbes patrata in futuris Deo dante Comitiis plene recognoscemus, & irremissibiliter decidemus.

Bona nostra, Oeconomias, Capitaneatus, Fodinas salinarias; Metricas Regentias Regni & Magni Ducatus Lituaniæ, Secretariatus, Notariatus Camerales atque Thesauri, in genere nullas administrationes lustratorias Thesauri dispensabimus, nec in Arendam Cameras ulli permittemus (cui Thesaurarii utriusque Gentis invigilabunt) nisi Nobilibus tantum, Polonis mere, possessionatis in Regno & incolis Lituanis in Magno Ducatu Lituaniæ, annexisque Provinciis, & non extraneis, multo minus Judæis, (quibus Legibus vetitum administrare, bonaque nostra ac Republicæ manutenere) sub nullitate contractûs, & pœna duorum millium Marcarum, ad instantiam cujuslibet Nobilis in Judiciis Tribunalis Regni ex Regestro Causarum Fisci, in Magno vero Ducatu Lituaniæ in quolibet Regestro vindicanda. Pari modo Præfecturas in bonis nostris, in Urbibus, Arcibus, Fortalitiis in Regno & in Magno Ducatu Lituaniæ, annexis quoque Provinciis, extraneis & Plebeis Personis tribui negabimus, nisi Nobilibus possessionatis & benemeritis a supremis Exercituum Ducibus commendatis.

Numerum Oeconomiarum ultra istas quæ mensam nostram Regiam concernunt, sine speciali consensu Ordinum non augebimus, nec limites fundorum ad bona Mensæ Nostræ adjungere, & per Potentiam Administratorum dilatare aut appropriare permittemus. Imo injuriatis ad quamvis requisitionem contra Personas non interessatas Commissionem non impediemus, ac accessum ad Curiam nostram minime obstrui patiemur.

Nunc verò sub Interregno peractam Commissionem Limitarem Terræ Lucoviensis cum urbe Worri bonis nostris mensalibus tam in hoc quod est decisum conservabimus, quàm quod ad nos remissum pro Justitia dijudicabimus.

His proinde Oeconomiis secundum Leges disponemus, nulla salaria vel pensiones super bonis Mensæ nostræ Regiæ assignantes, aut de illis, vel minimum quidquam detrahi patientes; imo avulsa quæque etiam sine Consensu Reipublicæ ordinaria Juris viâ recuperare tenebimur. Has vero Oeconomias Nobilibus tantum Polonis in Regno, & in Magno Ducatu Lituaniæ, annexisque Provinciis possessionatis & non mere extraneis in administrationem & Arendam trademus: quietationesque non nisi præviâ reali exolutione summarum juxta Constitutionem & antiquum usum expediri mandabimus. Hoc quoque præcauto omnia Privilegia, quæcunque in diminutionem proventus Mensæ nostræ a præteritis Serenissimis Regibus sine Consensu Reipublicæ emanarunt, quæque non in fundamento concessa sunt cassari debent, & ut similia in posterum non fiant, cavemus. Quicunque autem contraveniendo huic Legi id exposcere auderet, ipso facto incapax Tenutæ, & infamis pronunciatur, superque talem poenæ sessionis turris per spatium dimidii Anni decernuntur ad instantiam cujusvis Nobilium in Tribunali Regni ex Regestro Fisci speciali, & in Magno Ducatu Lituaniæ ex quovis Regestro peremptorie vindicandæ.

De bonis Oeconomicis, summis per Constitutionem oneratis, nullas exactiones, tam ex proventibus, quàm a Subditis ad Thesaurum nostrum prætendemus.

Et quoniam sub prætextu bonorum Mensæ Regiæ, varia bona, nunquam ad Mensam Regiam pertinentia titulo avulsionis ad judicia postcurialia trahuntur, & hæc sub Arbitra Majestate supremi Judicii permanentia sæpenumero per Decretum detrimentum patiuntur. Proinde declaramus hæc tantummodo bona Oeconomiæ nostræ ad Mensam Regiam pertinere debere, quæ ex natura sui ad bona Mensæ Regiæ antiquitus spectabant: alia verò bona Regia, Capitaneatus &c. Mensæ nostræ nunquam subjacentia, sine præpedimento a Thesaurario nostro, atque præjudicio ullo tam in pacifica possessione, quam in suorum integritate proventuum in tranquillitate permansura certificamus.

Penes Krynki atque Nowosioski duos Pagos in Oeconomia Briescianensi Magni Ducatus Lituaniæ situatos, illique annexos, qui Nobili Stanislao Makowiecki Dapifero Laticzovensi, & Joanni Michaeli Myssilzewski Vexilifero Czerniechoviensi a Serenissimo Joanne Tertio Rege Poloniæ post exilium è Podolia pro reclinatorio sunt dati, quousque ad Possessiones suas in Podoliam non redierint, eosdem conservabimus, salvo censu annuo ad Thesaurum Regni exsolvi solito.

Summas verò Oeconomiæ Nowodworensis & Szawelensis à Republica Antecessoribus nostris assecuratas, & per Serenissimum piæ memoriæ Regem Joannem Tertium Antecessorem nostrum exsolutas, & sublatas, licebit Nobis in eliberationem Oeconomiarum à Successoribus Serenissimi Regis felicis recordationis Joannis Tertii reponere, & enumerare. Berwak quoque redimere simul cum Ermaga ad Oeconomiam Malborgensem adjungere. Neque hanc summam Successores nostri a Republica exigent, atque bona præfatarum Oeconomiarum, nulli oneri obnoxia futuro Regnatori relinquemus.

Ratione eliberationis Districtus Drahimensis, tum transitus per Fluvium sub Civitate Nowem, atque expeditionis Militum, ac de aliis omnibus intervenientibus prætentionibus cum Duce Brandeburgensi conferemus, de iis pacificandis per Commissionem ex vi Pactorum agentes, ac præcipue Jura, Privilegia, Immunitates, Districtum Lamberk & Bitow tam Spiritualia quam Sæcularia, prout per omnia sub immediato Domino Regni iisdem utebantur, ut juxta Jura & Constitutiones Regni conserventur præcavebimus. Ne vero Incolæ, Nobilis ibidem conditionis & Status ultra consensum Concordiæ in Comitiolis suis, Contributionibus aggraventur, Authoritatem nostram Regiam ad Ducem Brandeburgicum interponemus.

Capitaneatum Pucensem à Successoribus felicis recordationis Serenissimi Regis mediante liquidatione summæ ibidem hærentis, & ejusdem exsolutione, ære nostro redimere, & eundem Nobili Terrigenæ & Indigenæ conferre declaramus.

Præcustodimus etiam Nobis in bonis Mensæ nostræ Regiæ quod qui sibi illatam injuriam a bonis nostris præfatis prætenderint, de iis Administratores nostri (quorum Nobilibus Polonis, & Magni Ducatus Lituaniæ ac Provinciarum eo annexarum Patritiis & bene possessionatis administrationem committimus) injuriatis secundum Justitiam satisfacere, & respondere tenebuntur in Judiciis quibusvis Regni juxta præscriptum, legis, & judicatis ex qualitate facti, aut Causæ prolatis satisfacient sub executione de Personis & bonis eorundem propriis, quam executionem nullatenus impediemus.

Cum depositoria mercimoniorum cujuscunque generis & speciei per abusum & in contrarium Legum extra fines Regni ad exteras gentes cum magno detrimento Reipublicæ transferantur; Urbes nostras

stras Regni Poloniæ & Magni Ducatus Lituaniæ ac annexarum Provinciarum, quæ pro depositorio mercimoniorum Privilegia habent, ad pristinum usum & vigorem reducere sacrosancte declaramus. Et Telonea ad meliorem ordinem, & methodum in commodum Reipublicæ reducemus.

Et quoniam Principatus Zatoriensis & Osvicimensis tam circa incorporationem ad Coronam, quam per Constitutionem Anni 1581. à solutione Tributi Cameralis in Teloneis exsolvi solita à lignis & piscibus, quæ per Fluvium sub Cracoviam & ultra transportantur ex propriis ditionibus, de integro liberatus est: quia tamen per extorsiones ejusdem Tributi in Cracovienses Præfecturas idem Principatus grave patitur præjudicium, ideo approbantes antiqua Jura eidem Principatui inservientia, declaramus Nos per hujusmodi exactiones (in quantum contra Leges expressas fierent) Tributum Camerale tam à vendentibus, quàm ementibus extorquere minime permissuros; & ut hic Principatus a præfatis Lignis & Piscibus (prævia nihilominus comprobatione juratoria quod Ligna sint ex *propriis silvis*, pisces *quoque ex propriis stagnis*) per Delegatos suos non solvat, præsentibus spondemus.

Titulum Thesaurariatus Curiæ Regni juxta antiquum Statutum Regis Alexandri & Constitutiones Anni 1607. & posteriorum Legum hoc Officium concernentium confirmamus, ad provectus Mensæ Regiæ Oeconomicos, ac redditus ejus solitos fine ulla præpeditione personarum Spiritualium inviolabiter conservatum.

Propositiones per Ablegatum nostrum, Reipublicæ, & Statibus ejus propositas in præsentibus Pactis Conventis expressas, sacrosancte conservandas Verbo Regio spondemus, & Sacramento juramenti confirmabimus, quidquid ex re & commodo Reipublicæ proficuum erit, juxta omnia Pacta Antecessorum nostrorum Regum Poloniæ, occasionem non prætermittemus.

Propositionum vero earundem essentialium Serenissimæ Reipublicæ, & inclytis Statibus Regni per Illustrem & Magnificum Ablegatum extraordinarium cum sufficienti & omnimoda Plenipotentia à Serenissimo Principe Friderico Augusto Duce Saxoniæ, Sacri Romani Imperii Archimareschallo & Electore &c. nomine Serenissimi Principalis & Domini sui oblatarum & depromptarum tenor sequitur ejusmodi.

Et quod maximum, quia ipse DEUS Altissimus ex arcana æternorum Articulorum suorum prævisione *Serenissimum* Electorem Saxoniæ destinando Coronæ ante biennium inspirante Spiritu Sancto, & studio suscepta Romam Viâ ad veram fidem Catholicam perduxit ad incrementum Ecclesiæ DEI, in Urbe Orbis Domina imbuit sacra doctrina, opus hoc singularis Omnipotentiæ DEI, evidens miraculum ejus qui solus mirabilia facit, & non vanum Augurium est, quoniam ipse Dominus DEUS hac suprema Vocatione direxit iter ad Coronam, & tempestive habilitavit ad hanc Legem: Rex Catholicus esto, ut pereunti *Patriæ coelitus datus, heroa* dextera fulciret ruentis Orbis machinam, & memorabilibus in postera sæcula triumphis Othomanicam deprimeret arrogantiam, in omnes hostes hujus Regni bellica *vibrando tela*, Civibus verò beneficos radios gratiarum, favorum, liberalitatisque suæ abunde diffundendo, sit extra dubium, citra metum Serenissimam Rempublicam quibusdam subjectam fore gravaminibus à Serenissimo Rege, ejusque Regia Prole imponendis: cum nec minimam ex Beneficiis Reipublicæ in suam utilitatem derivabit guttam; quoniam unum tantum inter *Dei Dona* sortitus Filium, cui non tantum Electoralium Ditionum cum Prærogativa Electorali, & Insignibus Imperii, verum & Lusatiæ ad se ab Antecessoribus suis devolutæ, jure Paterno cedet, & abunde providebit. Ipse verò clementer respiciet, qua bonum Reipublicæ, qua publica Civium interessa privataque, ut Patria habeat *tutelam*, Catholica fides *protectionem*, Status Equestris Votorum Coronam, animi contentationem, totius Reipublicæ Oeconomia bonum Regimen: præsertim Leges *Patriæ*, Privilegia, Prærogativa Libertatis, ad quæ congenito fertur amore intaminata gaudeant integritate, Pacta conventa in suo vigore, & inviolabili observantia ad famam & utilitatem publicam perpetuis extent temporibus.

Vacantes generaliter omnes, non pecuniæ, sed virtutis & meritorum æstimatæ pretio distribuentur.

Neque enim hæ labes in delicato pectore Serenissimi Electoris reperiri potest, cujus Generositas tales detestatur proventus. Nec sua privatis crescunt æraria damnis, procul à Serenissima Majestate indecora lucra cujus ampla munificentia, cunctis honori suo militantibus non parcas impertitur gratias. Nunquam enim decepta aut injuriata à Serenissimo Electore emeritorum conquesta fidelitas, qui cujusque merita de nomine novit, & irrecompensabiliter præmiatur beneficiis.

Considerando verò *tam intricata* in arduis Reipublicæ temporibus momenta, cum devoluta magna congerie in Patriam, hactenus retenta emeriti militis stipendia, grato animo in sublevationem tantorum onerum offert Reipublicæ decem milliones currentis Monetæ, non in papiro, sed in re ipsa post actum Electionis fideliter ex proprio expendet Thesauro. Et licet quidam ad speciem suas magnificant oblationes, variisque cohonestant modis, & adumbrant in Publicum proposita emolumenta, justum tamen esset reflectionem fieri à Republica, utrum media, & substantiæ *offerentium* tam effusis Largitionibus correspondeant. Quia si aliunde collectæ desumptæ, & iniquis conditionibus loco debiti concreditæ sint ad tempus summæ, certò & infallibiliter constat ex mutua obligatione, Creditoribus suis aut Principalibus tales debere velificari, per quod Respublica ære alieno obærata internis factionibus toties turbabitur, & *in omnibus occurrentiis*, non ad rationes boni publici, sed ad externa interessa non sine gravi involutione & detrimento sui ad rehibendam gratificationem trahetur.

Recuperandum Camenecum Podoliæ eunte in suppetias heroa virtute, audacia, imperterrito animo Serenissimus Elector spondet, ad quod non verbalem promissionem jactat, sed *Exercitum* suum, propriam Artileriam in expugnationem ejus præsentat, salutem & vitam suam saluti publicæ devovet, ut assumens tot labores, fatigationes circa Rempublicam indefessas, cum impendio vitæ suæ, tam magnæ spei verum sibi in heroo liberæ gentis pectore confirmet amorem.

Pari affectu ut possit Podoliam, Ukrainam, Valachiam, Moldaviam ad Serenissimam Rempublicam aggregare sive Jure belli sive per Successionem pacis, inter primas habebit curas, ut non modo optata aureæ pacis *comparet* tempora, sed & ditiones Serenissimæ Reipublicæ in antiquam amplitudinem Sarmatici Imperii dilatet, & quævis avulsa ad Rempublicam restituat, in quo unicum studium exercebit.

Quare ut in posterum ad omnes subitos novorum bellorum Casus, quàm securissime Respublica sit præcustodita, declarat Serenissimus Elector quovis *ingruente* periculo 6000. Exercitus sui, (exposcentibus Statibus & Ordinibus Regni) subministrare, & proprio sumptu alere, vel etiam parata pecuniâ conducto pari numero *Militum*, *necessitati*, publicæ subvenire, cujus quoad omnia Ordini Statuum liberam relinquit dispositionem.

Quod si per commutationem cujuscunque *Ducatus sui possit* cum Vicinis transigere de quacunque in contiguitate & propinquo hujus Reipublicæ Provincia, & illam ad terminos Regni, cum debito ex justitia à Serenissima Republica respectu adjungere, omni quo poterit conatu & modo ad hoc concurret, veram erga hanc Patriam obligati affectus exhibendo propensionem.

Restaurationem Monetæ, quæ ut in his partibus est mala, ita in Ditionibus Serenissimi Electoris bona, ipsa Magnificentia Serenissimi Electoris corriget, & Commercia ad florentissimum rediget statum, utpote præsto habens ad hoc magnas commoditates Lipsco: & ex aliis ditionibus: Et quidquid obligata Statibus Reipublicæ poterit præstare propensio, certe actualis non deerit applicatio.

Palæstram pro exercenda Juventute, in Mathematica militari, fortalitiis & omnibus exercitiis bellicis, proprio sumptu eriget, ut Juventus Nobilis ad fortia facta prognatam indolem quam optime disponat.

Omnia fortalitia, ac Præsidia quam optime restaurata conservabit: Et quidquid ad veteris & præsentis militiæ normam ingeniosus excogitaric amor, ex animo alacriter Serenissimæ Reipublicæ litabit, omniaque promissa firmiter adimplebit. In quo *fidem* suam per eundem Ablegatum suum solennissime invadiat, & omnimodam securitatem præstare intendit.

Anno 1697.

Itaque dum Serenissima Respublica perfectum felicitate & bonitate Dominum, invictum fortitudine nullis Colligationibus ad æmulas in Europa Domos obligatum, aut qualicunque dependentiæ obnoxium, liberis vocibus & suffragiis in Thronum suum sublimabit, ipsi benedicent Coeli ita felici Electioni, prout Dominus DEUS ostendit virtutem potentis dexteræ suæ; vocato Serenissimo Electore in sinum & gremium communis Matris Ecclesiæ Dei, & in posterum manutenebit. Addet vires ad ampliora ejusdem Sanctæ Religionis, & gloriosi Regiminis incrementa. Præsertim, quando Serenissimus Elector non cupidine dominandi, quæ cunctis affectibus flagrantior esse solet, sed solo Orthodoxæ Fidei Zelo, & pretiosissimo libertatis amore hanc dignatus sibi persuaderi concurrentiam, unicam in solo Deo habens fiduciam, quod movebit animos liberrimæ Gentis, inclinabit suffragia eligentium, convincet affectus magnorum Civium & ad optatum vota & desideria Serenissimi Electoris deducet effectum ille, qui donat Diadema fronti, quem genu nixæ tremuere gentes.

Eximendo omnes scrupulos in puncto Religionis Catholicæ, quam vere suscepit Serenissimus Elector Princeps Saxoniæ. Si quis dubitet, pro pleniori informatione recurrat ad Illustrissimum Reverendissimum Nuncium Apostolicum, & ad Illustrissimum Episcopum Passaviensem Legatum Cæsareum, qui bona fide idipsum confirmabunt.

Quod si contigerit Artileriam nostram in expugnationem Cameneci Podoliæ ex ditionibus nostris hæreditariis advocare, statim post expugnationem hujus fortalitii, utinam feliciter subsecuturam auxiliante Numine, præfatam Artileriam, vel curæ Generalis Artileriæ Regni committemus, vel retro in nostras partes relegabimus.

Milliones pro solo stipendio Exercitui utriusque Gentis in tam ardua necessitate Reipublicæ à nobis declarati, in nullas alias expensas convertendi; & qui eos ad solvendum & distribuendum militi in stipendium designati & Deputati Exercitus distribuent, in Comitiis Deo dante futuris Coronationis, coram Ordinibus Reipublicæ rationem distributorum reddere tenebuntur.

Quoniam vero Sal hujus Reipublicæ vulgo Quartale nuncupatum Statui Nobilitari in commodum bonorum ipsius Terrestrium hæreditariorum ex fodinis Bochnensibus & Wicliciensibus, atque ex Oeconomia nostra Samboriensi distribuebatur hactenus, ideo & nos antiquis Juribus & praxi insistendo, hocce onus Salis Quartalis omnibus Palatinatibus & Territoriis juxta vetera Regestra pro commodo bonorum Terrestrium, quolibet Anno extradendi in nos assumimus: quem quidem salem viciniores Palatinatus in fundo recipient, illis vero qui in majori situati sunt distantia Nos propriis expensis conducere illum ad ordinaria loca curabimus, prævia tamen solita taxa, cui fideliter persolvendæ Thesaurarii Regni invigilare tenebuntur. Administratores vero salinarii præfatum salem extradere punctualiter obstringuntur, sub amissione Contractus sui, & sub poenis in Legibus descriptis ad instantiam Palatinatuum, Districtuumque. Quod si hi Administratores, vel quocunque titulo vocati Tenutarii huncce salem ex memoratis fodinis salinariis extradere recusent, fas, licitumque erit, cuilibet Palatinatui Districtui, & Territorio illos ad comparendum in Tribunali Petricoviensi vel Lublinensi adcitare inter Causas Fisci ex speciali Regestro & poenas urgere super iisdem quæ in Constitutionibus Anni 1654. & aliis antiquioribus circumscriptæ leguntur. Terra vero Czerscensis, Lomzensis, & Nurensis penes Jura antiqua Anni 1607. & penes Constitutiones persistere debet, sine diminutione tamen proventuum Mensæ Regiæ.

Deducendo ad executionem omnia Jura & Constitutiones in commodum Palatinatus Russiæ de sale Nobilium conscriptas in toto conservabimus, liberamque evectionem ad Urbem Breste Magni Ducatus Lituaniæ, in Podlachiam & Volhyniam sine præpeditione ad vendendum, non prætendendo Nobis primam venditionem salis nostri, permittimus, & manutenebimus, sine quavis tamen derogatione proventuum Mensæ Regiæ. Palatinatui quoque Sendomirensi, quoniam Sal non est extraditus, sed retentus, promittimus juxta Jura vetera & consuetudines extradendum ex remanentiis per antecedaneos Contrahentes immediatos citra quodvis detrimentum proventuum Regalium. In futurum autem secundum eadem extradi mandabimus. Palatinatum etiam Brestensem in Magno Ducatu Lituaniæ cum aliis Palatinatibus Lituaniæ sive Regni Poloniæ coæquabimus. Salvis nostris Juribus Regalibus.

Fodinis Ostiisque omnibus vulo Szyba nuncupatis, tam salinariis, metallicis, quàm sulphureis aliisque quibusvis, si quæ in fundo proprio reperiantur, cuilibet frui licitum erit ex vi Jurium hujus Reipublicæ, in quo neminem aut per Nosmet ipsos aut per subordinatas quasvis Personas præpediemus. Ostium quoque vulgo Szyba dictum in Pago Szniere alias Kunegunda nuncupatum, prout in bonis hæreditariis Magnificorum Lubominorum jacens, penes illos, Successoresque illorum perpetuis temporibus relinquemus, in quo neque Nos neque Successores nostri Serenissimi Reges Poloniæ eos præpedient.

Commissionem in Fodinis Cracoviensibus, Bochnensibus & Wielicensibus tempore Interregni more usitato nomine Reipublicæ prævia Calculatione & liquidatione peractam in suo robore tenebimus. Dominis vero Tenutariis in prætentionibus eorum justis, satisfactionem Thesauro nostro seu Thesaurariis circa expirationem contractus faciendam committemus: cujus tamen Commissionis imprimis Magnifici Domini Commissarii instituere relationem coram tota Republica in subsequentibus Deo dante Comitiis Coronationis tenebuntur.

Occurrendo extremo infortunio Oeconomiæ Olcusensis, quæ per abusum variorum hominum contra Statuta expressa ad magnam redacta inopiam, declaramus sacrosancte præfata Statuta ad executionem deducere, nullo Personarum habito respectu.

Commissionem de Limitibus Ducatus Masoviæ cum Ducali Prussia pluribus quam viginti Constitutionibus Comitiorum præcustoditam, & hactenus dilatam cum magna injuria Incolarum ibidem, præsertim Magnificorum Szezukarum, quorum avulsa Comitiorum Decreta, & revisiones ad eandem Commissionem generalem relegarunt, quantocius ad effectum deducere operâ nostrâ Regia declaramus, & Authoritatem nostram eo nomine interponemus.

Privilegia & Jura antiqua cunctis Palatinatibus & Territoriis utriusque Gentis & annexis ac incorporatis Provinciis inservientia. Similiter Legem ratione tertiorum Comitiorum in Magno Ducatu Lituaniæ, Comitiis Anni 1673. formatam totaliter approbamus, Residentiamque nostram secundum antiqua Jura in visceribus Regni vel Magni Ducatus Lituaniæ appromittimus.

Coæquationem Jurium Magni Ducatus Lituaniæ & annexarum Provinciarum communi consensu Statuum Reipublicæ statutam, quam etiam circumscriptionem Ministeriorum Clavarum, Scipionum, Sigillorum, Clavium Magni Ducatûs Lituaniæ. Item repartitionem & locationem Exercitus ad præsens, & pro hac vice propter citius ad hunc usum providenda bona in Grodnensi, Otycensi, Pinscensi Oeconomiis Sokoliensi & Kamennensi Capitaneatibus, & Tenutis Palatinatus Brestensis, salva indemnitate pauperum hominum & Proventuum Mensæ Regiæ, ac Tenutariorum, nec derogando in posterum Juribus expressis de immunitate bonorum nostræ Mensæ Regiæ, nullis locationibus & oneribus Militum subjacentium, suscipimus & conservare declaramus. Ordinationem etiam Tribunales Magni Ducatus Lituaniæ, cum omnibus in ea expressis, ac contentis prout circa pacta conventa insertum erit, manutenebimus, nemini id alterandum permittemus, imo in executione conservabimus.

Comitia Exorbitantiarum, quàmvis sub tempus Antecessorum nostrorum non semel fuerint variis in Comitiis decreta, sed quia hactenus propter ingruentia incommoda, prementibus belli motibus, non sunt deducta ad effectum, itaque nunc pro subsidio Legum, & Libertatis, quam etiam pro medela exorbitantiarum Status hujus Reipublicæ Comitia tertia ordinaria in casu summæ & urgentis necessitatis, ex Consensu omnium Statuum Reipublicæ instituere appromittimus, pro quibus Nobiles propter tuenda jura sua & immunitates, sub poenis de expeditione publica sancitis comparere viritim tenentur. Sacrosancte spondemus omnia Jura & Privilegia Exulibus ex Palatinatibus exulantium, a Serenissimis Regibus Poloniæ Antecessoribus nostris concessa tam in toto quàm in parte totaliter & inviolabiliter conservare & approbare appromittimus.

ANNO 1697.

Jura Majestatis, Reipublicæ & supremi Dominii Portoriorum, & Maris Baltici in integrum restituemus, & cuncta Regalia inviolabiliter manutenere satagemus, quibus si per Privilegia indebite citra scitum & Consensum Reipublicæ obtenta, derogatum fuerit id nullius valoris esse censebitur, nec nos obligare poterit, & Confirmationes talibus Privilegiis extradi negabimus, & extraditas pro nullis censebimus.

Jura Patronatus nostri in Episcopatus, Abbatias, Parochias Collationis nostræ Regiæ, & cuncta Ecclesiastica Beneficia inviolabiliter manutenebimus, & Legem de illis in integrum sicut de Cortelanis ad executionem effective deducemus. Contra eos vero, qui citra nominationem Regiam qualicunque modo in præfata Beneficia præsumunt, aut præsument se se intrudere, oppositionem exemplo Antecessorum nostrorum Regum Poloniæ faciemus.

Quia vero Controversia de Jure Patronatus Regio Abbatiarum non pridem Romæ inchoata impedit executionem nominationum Regiarum, spondemus hoc jus manutenere, & procurare, ut nominati juxta jura sua in Abbatias à Serenissimo Antecessore nostro, veniant ad possessionem illarum, excepta Abbatia Olivensi, (quæ Personæ capaci nobilitari, uti ad malam informationem pro-tunc expetita) conferemus. Abbates juxta Jura antiqua Legationes sumptu proprio & non Reipublicæ ad exteras Regiones, excepta sola Legatione Romam, quorsum Personæ sæculares tantummodo expediendæ, peragere tenentur.

Indemnitatem bonorum Terrestrium Palatinatus Braclaviensis manutenebimus, & de actuali evacuatione Cozacorum ex illis partibus, & de fortificatione Urbis nostræ Winnica, atque liberatione à Cozacis cum Statibus quantocius conferemus.

Ut autem Militia Cozacorum in bono ordine constituatur, juxta morem antiquum Commissarios duos ex Indigenis & Terrigenis Palatinatus Kijoviensis & Braclaviensis ordinabimus, qui Commissarii juxta consuetudinem Officii sui justitiam injuriatis citra ullam dilationem administrare tenentur. Simulque quomodo pacificatio Ukrainæ effective concludatur, procurabimus. Exercitum quoque Zaporoscensem in obsequio Reipublicæ conservabimus.

Siquidem Pons in Vistula sub Varsavia summopere esset commodus Statibus Reipublicæ, ideo accedente consensu Ordinum, ejus construendi erimus memores.

Ratione Scytharum, seu Tartarorum in Magno Ducatu Lituaniæ incolentium, & ratione obsequii militaris ab iis præstandi, quibus Nobiles Possessionati in locum Præfectorum aut Vice-Colonellorum, juxta Leges assignandi sunt, justam ex æquo rationem observabimus, præcustodientes ne in hoc tota Republica & præsertim Magnus Ducatus Lituaniæ ullum præjudicium habeat, salvis nihilominus eorum Privilegiis.

Urbis Cracoviæ Leges, Privilegia, cunctas Prærogativas, & immunitates quasvis antiquas & recentes approbamus, & de subveniendo ei tanquam notabiliter in ruinam vergenti in futura Coronatione nostra, prævia cum Statibus Reipublicæ conferentia cogitabimus.

Quoniam verò cuncta fortalilia tam Regni quàm Magni Ducatus Lituaniæ restaurare inquantum poterimus, appromittimus, specialiter tamen Urbem Leopolim tanquam ultimum præsidium, & antemurale totius Christianitatis, quàm optime citra moram restaurare & fortificare curabimus. Et quia hæc Civitas nunquam Dissidentes perpessa, nec hactenus patitur, penes antiqua Jura & Privilegia illam conservabimus: & ne unquam ibi Præfectus Urbis sit dissidens, sed Romano-Catholicus, declaramus, neque Judæos ultra Privilegia antiqua ex plateis suis transferre se in Civitatem pro mansione permittemus.

Hoc singulariter Reipublicæ spondemus; quod Judæos ad nullas functiones tam in Teloneis, Præfecturis censuum, Cameris, Camerulis, quàm Administrationibus, Arendis ullorum bonorum nostrorum aut Oeconomiarum quocunque titulo assumemus, neque permittemus. Et hanc nostram Sponsionem pro perpetuo effecto, & irrevocabili habere volumus, declarantes, quod inquantum quisquam ex Judæis ad supra præfatas functiones sese interessando sive prætextu Factoratus, sive alio quovis colore à quocunque fuerit deprehensus, ipso facto pro infami censetur. Et licet à quocunque sit confusione affectus aut percussus, illi nos non debemus, neque Leges aliis Judæis inservientes, aut protectio nostra, vel cujuscunque alterius suffragari.

ANNO 1697.

Jura & Privilegia omnium Urbium & Castellorum Regni & Magni Ducatus Lituaniæ, ac annexarum eis Provinciarum, quæ in Comitiis Coronationis nostræ Nobis exhibita erunt, approbabimus & confirmabimus.

Quia vero ob ingruentias Negotiorum hujus Reipublicæ, congregatio ad præsentem actum Electionis Statibus Regni & Magni Ducatus Lituaniæ haud possibile extitit convenire de compescendis omnibus exorbitantiis, de modo Justitiæ distributivæ, de ordinatione sub tempus Interregni, de Correctura Jurium, compositione inter Status, de Commerciis Gedanensibus. Quapropter supra memorati Status Regni & Magni Ducatus Lituaniæ cum annexis Provinciis hoc sibi præcustodiverunt, ut quidquid stante vita Serenissimorum Antecessorum Nostrorum Regum Poloniæ olim ex orbita exciderat contra Leges Publicas, id omne ad præsens, ad orbitam suam reducatur, executionique quantocius demandetur ac si unquam huic Legi communi derogatum non fuerit. Nefas quoque erit Jura velle aliter interpretari, quàm prout in se sonant, non attentis exemplis in contrarium. Exorbitantias porro dissidentium in Religione Christiana ac restitutiones depositorum in Urbe Gnezna, Torunio & aliis Civitatibus in Regno ac in Magno Ducatu Lituaniæ Provinciisque eo annexis, siquidem in Comitiis Præsentibus Electionis pacificari non potuerunt, neque de illis tractari contigit, pacificare in Comitiis subsequentibus Coronationis promittimus.

Et quia omnes aliæ, ut supra memoratum exorbitantiæ & gravamina in Comitiis Electionis concludi, nec circumscribi potuerunt, ideo continuationem earum ad futura Comitia Exorbitantiarum, & justa desideria omnium Prussiæ Urbium per recessum differimus, quæ ante alias materias tractabuntur.

Ultimato omnia Jura, Prærogativas, Libertates, omnium Personarum Privilegia, Statuta Regni & *Magni Ducatus Lituaniæ*, & annexarum Provinciarum omnibus Statibus tam Ecclesiasticis Romani & Græci Ritus unitorum, quam sæcularibus, & incorporatis Provinciis Academiæ Cracoviensi, Zamoscensi sicut & cunctis Civitatibus inservientia juste & legitime data omnibus & singulis, Articulos quoque sub tempus Coronationis Serenissimorum Regum Henrici, Stephani, Sigismundi Tertii, Uladislai Quarti & Joannis Casimiri, Michaelis, Joannis Tertii Antecessoris nostri sancitos, & coæquationem Jurium, atque Ordinationem Tribunalis. Itidem repartitionem & locationem Exercitus Magni Ducatus Lituaniæ in Comitiis Electionis præsentis unanimiter formatos, una cum illis, qui in futuro actu Coronationis & in aliis Comitiis unanimi omnium Ordinum Consensu formabuntur & sancientur, manutenere, & in integro conservare in omnibus eorum punctis & clausulis, conditionibus nexibus & ligamentis adimplere, Literas quoque Confirmationis Jurium & Pactorum, exemplo Prædecessorum nostrorum, tum Serenissimi Regis immediati Antecessoris nostri exhibere promittimus.

Quod si (avertant Superi) nos in aliquo contra Leges, Libertates, Articulos & Conditiones peccasse contigerit, aut aliquid ex præmissis non effectuasse, tunc Incolas Regni utriusque Gentis à Vinculo obedientiæ & fidelitatis Nobis præstitæ liberos & absolutos dimittimus in fundamento Constitutionis Anni 1609.

CXCIII.

Protestatio Partis Contianæ contra Electionem AUGUSTI *Electoris Saxoniæ in Regem Poloniæ acta in Castro Ravensi sub Interregno, Feriâ quinta post Festum Sanctæ Margarethæ Virginis & Martyris proxima Anno* 1697. 18 Juillet.

[ANDREÆ CHRYS. EN ZALUSKIE Zaluski Episc. Varmiensis Epist. Tom. 2. Epist. 71. pag. 393.]

ANNO 1697. AD Officium & acta præsentia Castrensia Capitanealia venientes personaliter Generosi Vladislaus Krosnowski, & Alexander Magnuski Lenciciensis Palatinatuum Nuntii facta solenni contra Illustrem & Magnificum Joannem Krasinski Palatinum Plocensem, Capitaneum Varsaviensem, ejusque totum Officium Castrense Capitaneale Varsaviense, de non suscepta præsente ad acta sua protestatione solenniter in forma juris plenissima ab Eminentissimo, Illustrissimis & Reverendissimis Gnesnensi & Leopoliensi Archiepiscopis aliisque Episcopis cum Illustrissimo Casimiro Joanne Comite in Bychow Sapieha Vilnensi supremo M. D. L. Exercituum Duce, Adamo comite in Mysz, Sienlawski Bellensi Palatinis, Vladislao, Przyemski Callissiensi, Alexandro Felice Lipski Stradiensi, Castellanis, cæterisque plurimis Palatinis, Castellanis, Ministris Status & Nuntiis terrestribus deputatis suo & prædictorum, Eminentissimi, Illustrissimorum & Reverendissimorum, Archiepiscoporum, Episcoporum, Palatinorum, Castellanorum, Ministrorum Status, Nuntiorum terrestrium nomine in & contra Illustrissimos Stanislaum, Lablonowski Castellanum Felicem Potoski Palatinum Cracovienses Exercituum Regni Poloniæ Duces, tum Jozephum Sluszka Castellanum Vilnensem Exercitus M. D. Litvaniæ Campiductorum, uti scissionis in Republica Authores, nec non Illustrissimum & Reverendissimum Stanislaum Danbski Episcopum Vladislaviensem & Pomaraniæ aliosque Senatores Dignitarios, & Officiales scissionis, & convulsionis jurium Cardinalium Regni fautores, & promotores protestati sunt idque in eo: Quia iidem Illustrissimi Duces cum Illustrissimo Episcopo Vladislaviensi & Pomaraniæ cæterisque Senatoribus dignitariis & Officialibus & aliis factionis suæ Personis inito in eversionem Status consilio universos Regni Poloniæ & M. D. Lituaniæ, Palatinatus, & Terras conturbarunt, in varias scissiones induxerunt, aliquot vexilla Palatinarinatuum & Terrarum ab ipsorum scissione, ad partem recte de Republica sentientium, recedentia in facie totius Reipublicæ explosionibus Bombardarum, & non modica confusione affecerunt, nonnulla vexilla in sua scissione vi retinuerunt. Consilia Reipublicæ per sex septimanas diversis & indebitis materiis disturbarunt, totamque consultationem, Nuntiis terrestribus activitatem sistendo, Authores & fautores Confœderationis militaris protegendo. Electionem novi Directoris protrahendo extraxerunt, perinde indagationem de Authore Confœderationis militaris impediverunt, prout de facto evidentius in ipso Electionis & nominationis futuri regnantis, actu & termino intentionem suam probaverunt: etenim contra jura Cardinalia Regni non in loco solito, verum à Campo Electorali remoto, non expectato à majori longè parte Palatinatuum Regni & M. D. L. assensu, imo non requisito, Serenissimum Electorem Saxoniæ fidei Romanæ contrarium, non præcedente Statibus Regni de ipsius concurrentia intimatione, ad Sceptrum Regni nominarunt. Illustrissimi Archi-Episcopi Gnesnensis Primatiali dignitati derogarunt. Cum verò multis persuasionibus justis, & adæquatis rationibus supersedere à scissione & collisione jurium noluerunt Eminentissimus Cardinalis Archi-Episcopus Gnesnensis in loco solito Campi Electoralis, antecedente omnium Senatorum spiritualium, & sæcularium, Ministrorum Status, Nuntiorum terrestrium à Palatinatibus Regni & M. D. L. ex remotiori campo missorum consensu juxta praxim & dispositionem Legis Cardinalis Serenissimum Principem de Conti Franciscum Ludovicum Borbonium ex Catholicis Parentibus natum Catholicum præsenti statui Reipublicæ præ aliis candidatis pernecessarium, ad Gubernium Regni Poloniæ & M. D. L. nominavit præsente Mareschalco Ordinis Equestris, cui nominationi expressæ tribus vicibus & promulgatæ nemo contradixit, imo numerosissimis copiis Palatinatuum Districtuum ac terrarum Regni & M. D. L. ad Urbem & Ecclesiam Parochialem S. Joannis Varsaviensem, pro agendis supremo Numini gratiis reductus. Quocirca iidem protestantes, de nullitate & invaliditate nominationis Serenissimi Electoris Saxoniæ uti jura Cardinalia Regni contra publicum Regni assensum, contra praxim usitatam non præcedente informatione Reip. subsecutæ, & cum præjudicio gravi prærogativæ Primatialis per Illustrissimum & Reverendissimum Episcopum Vladislaviensem, & Pomeraniæ nominati, tum contra omnia attentata adversæ partis Statutis, & Constitutionibus Regni contraria, videlicet Legationes, denuntiationes, Literarum publicarum ad se receptiones, pactorum conventorum conscriptionem, eorondemque per Oratorem Dissidentem, exposito Venerabili Sacramento in Ecclesia S. Joannis clandestine horâ sextâ matutinâ non obstantibus solemnibus protestationibus per M. Jacobum in Borkow Chaleski Venatorem Podlachiæ, & M. Martinum Graiewiki Succameraridem Visnensem, qui prout contra Pacta conventatum & contra juramentum dissidentia Oratoris, protestati sunt, ubi magno impetu vibratis frameis, verbis scommaticis omnes in Ecclesia, coram Venerabili Sacramento contra protestantes consurrexerunt, & per tam non Christianum factum liberam electionem violarunt, iterum atque iterum manifestantur & protestantur. Ex Castrensibus actis Capitanealibus Ravensibus extractum correxit Bylina mpp. Adamus Stanislaus Trzcinski Dapifer Terrestris Gostinensis Judex Castrensis Ravensis. ANNO 1697.

CXCIV.

Protestatio Partis Saxonicæ contra Partem Contianam pro Electione AUGUSTI *Electoris Saxoniæ in Regem Poloniæ, Magnumque Ducem Lithuaniæ, tanquam legitime factâ. Actum in Curiâ Regia Varsaviensi, Feria IV. in Vigilia S. Jacobi Apostoli. Anno* 1697. [ANDREÆ CHRYS. IN ZALUSKIE Episc. Varmiensis. Tom. 2. Epist. 71. pag. 394.] 24. Juillet.

AD Officium &c. personaliter venientes Generosus Joannes Glinski Ensifer Braclaviensis Judex capturalis & Nuntius Palatinatus Lenciciensis atque Joannes Golejowski Dapifer Chichanoviensis, ac Samuel Woina Lasienicki Thesaurarius districtus Rzeczycensis Palatinatus Novogrodensis, Nuntii terrestres pro Comitiis, Electionis deputati suo & Illustrissimorum ac Reverendissimorum Stanislai de Lubraniec Dambski Vladislaviensis & Pomaraniæ, Stanislai de Wibwica Witwiki Posnaniensis, Joannis à Kierszensstein Krypzpin Samogitiæ, Nicolai Poplawski Livoniæ Episcoporum, Stanislai in Ostrog & Jablonow Jablonowski Castellani Cracowiensis supremi, Felicis in Podhaice Potocki Palatini Cracoviensis, Campestris Regni, Josephi Sluszka Castellani Vilnensis Campestris M. D. Litu. Exercituum Ducum, Constantini Brzeza Posnaniensis, Raphaelis Leszczynski Lenciciensis Generalis Majoris Poloniæ, Sigismundi Dambsbi Brestensis Cujaviensis Palatinorum, tum & aliorum Palatinorum, Castellanorum, Dignitariorum Officialium, Nuntiorum terrestrium, Nobilitatis ac denique omnium Statuum, & Ordinum Regni tuitionem, liberæ ac innocentis electionis sustinentium nomine, quam primum quædam protestatio imaginariis, nec unquam probandis referta propositionibus, per Generosos Vladislaum Krosnowski & Alexandrum, ac Franciscum Magnuski, nomine Eminentissimi Cardinalis Radziejowski Archiepiscopi Gnesnensis, Illustrissimi in Bychow Sapieha Palatini Vilnensis supremi M. D. Lit. Exercituum Ducis, aliorumque suæ partis in Castro Ravensi facta, typisque promulgata innotuit & ad manus suas advenire potuit, ex nunc studendo status Reipub. ac liberæ electionis conservationi tum præcavendo indemnitati suæ reservandoque actionem respectu circumscripti honoris semper integerrimi nomine suorum, contra quos de jure venerit, tam Remanifesti quam Manifesti, porrexerunt talia puncta, in primis, cum optime norunt Rebus publicis magis officere, ac subditorum interna odia, ad ea nunquam se voluisse dare occasionem, imò semper studuisse quieti, indeque moribus & exemplis Majorum præcipuum in electione præsenti partium suarum innocentium fuisse studium Circa Serenissimos Candidatos ex domo divæ memoriæ Regis dignissimi ac sæculis memorandi, quod tam internè quàm externè ambitionibus quietem patriam interturbantibus, via præcluderetur, & nunc ad præsens Remanifestum, non nisi invitos, coactos ac provocatos prædicta aggravatoriâ, læsivâ veritatis & honorum protestatione, accedere. Verum in tota illa protestatione, nullum esse veritatis punctum vel propositionem; quod enim

Anno 1697.

nim objicitur Illustrissimum Episcopum Vladislaviensem & Pomaraniæ prius fecisse nominationem pro Serenissimo Saxoniæ Duce, quâm sit hoc à veritate dissonum sufficit ad memoriam universorum Palatinatuum provocare, sed si istam excidisse arbitrantur, res & eventus loquitur aliter, nam quo modo pars nostra potuit prius nominare, cum ipsimet protestantes agnoscant instrumento suo intitulato Obwieszczenie do poparcia Wolney Elekcyi, quod nonnisi post abitum illorum accessimus ad valla & Szopam, inde manifesta veritas, vel ore ipsorum patet, denique nunquid non illi prius fores Ecclesiæ vi pulsantes & protrudentes properarunt ad Te Deum Laudamus, obliti illius expediendi in Campo? Innocens verò & defensiva pars, nunquid non aliquot horas impendit post abitum partis offensivæ consulendo, quid in tam enormi, nec sperato casu læsi juris Cardinalissimi factura esset, nec invenit aliud remedium nisi nominationem personæ innocentis, ac ab omni contractu Capitulationum antecedenter expressarum liberæ succurrendi, prout de facto nemine contradicente eadem pro Serenissimo Principe Saxoniæ Ducis peregit, ac etiam postero die eundem actum, quo stabilius ac solidius ratibaberetur electio sub iisdem Signis Electoralium Palatinatuum sustinuit, ac omnium plausu in præsentia Legati Neo-electi conclamatum, ac solennem fecit, quod demonstrat partem illam præcipitasse, nos semper hæsisse ac posteriores fuisse? Tertio audet eadem Protestatio asserere nullam fuisse contradictionem præcipitatæ nominationis Serenissimi Principis de Conti, si protestantes, & contradicentes, omnes adhuc vivi, moriantur, res non moritura testatur, si enim nulla obfuit contradictio, nulla protestatio, cur Magnificus Mareschalcus Comitiorii Diploma non extradidit, pro tam plausibili nominatione? Certe nullam ob causam, iste Insignis Vir continuit manum, quàm quod protestationes, tot contradictiones, ac ferè universales oppositiones, istam præcipitatam, præsumptuosam, trahentem jus liberæ electionis ad certas familias, à tota Nobilitate, detorquentem, ad Capitulationes particulares libera suffragia à campo electorali præsidentem in Guardiis numerose conductis, evertentem jura Cardinalia & omnes Status Reipublicæ: fecerant invalidam & abortivam nominationem. 4to. Dicit ultra eadem protestatio, quòd non præcesserit Statibus Regni de concurrentia Serenissimi Principis Saxoniæ informatio, ast obstat antevotum Primatiale, ante Veni Creator, ut specifice post alios Candidatos. Proposuit quoque Personam Serenissimi Saxoniæ Principis, quod si Orator ejus ab Ordinibus ejus non fuerit auditus, imputandum foret studiis passionatis partis involventis omnia, quæcunque sunt Serenissimi Principis de Conti, apparuit ad Status & Ordines Orator, neque ullum publicum fecit Sermonem, nisi forte talis requiritur intimatio, qualem contra Leges manifeste Gallicus Legatus uno fere integro anno exercuit Varsaviæ. 5to. Non veretur quoque dicta protestatio objicere, quod Serenissimus Neo-electus non est Catholicus, sed quid ad talia reponere quis audeat? quod oculus videbit, si aures non audiunt. Quæ non ideo proferuntur, quod nesciant Regem esse Catholicum, & iterum professurum, sed quod non habeant quod objiciant. 6to. Allegat insuper eadem protestatio factum esse grave præjudicium, prærogativæ Primatiali, quod non ipse nominaverit Serenissimum Principem Saxoniæ, ast hoc ab ipso voluerunt & desiderarunt Status Reip. innocentes, cur ipsemet suâ se prærogativâ privavit, secutus sibi non Statibus, & Ordinibus Reip. placidas partes? Cur debitum, obligationem, munus, juramentum denique suum non observavit, de non tentanda prius nominatione, antequam omnes in unum consensissent, muneri suo & vinculo non respondere, & semetipsum exuere jure & facultate sua, adeoque præjudicium illatum, si quodpiam prætendit Primatialis Dignitas, de nemine alio, quam se ipso conqueratur & dissolvat? 7mo. Adstruit demum eadem Protestatio nunquam occurrisse suis pro partibus manifestationem Ministrorum Jacobi in Bartkow Chalecki Venatoris Podlachiæ, & Martini Graiewiki, ac si contra juramentum Pactorum conventorum, per Illustrissimum M. Ablegatum Saxoniæ expletum, quodque sit reale, exhibet virorum istorum nulla labe notatorum contraria de insimulatione sui publica coram actis protestatio. 8vo. Objicit denique criminosa Statibus, & Ordin. Regin, nempe Senatoribus intaminatis, Dignitariis, Officialibus aliisque personis, tuitionem liberæ electionis sectantibus actoratum, fautoratum & promotionem scissionis & convulsionis jurium, atque initum in eversionem Statûs consilium, quæ omnia intaminatum zelum ac fidem in patriam debitam, quam insolenter, injuriosè ac in sui pœnam arguant, vel ex ipsis contextibus scriptorum partis adversæ pateat. Dicunt enim quòd Serenissimi Principis Saxoniæ concurrentiæ ad Regnum non præcesserit informatio ad Status, quomodo ergo potuit fautoratus & promotio scissionis circa subjectum & ex tempore insinuatum fabricari, quæ tempus & moram requirunt, ut valescant, quomodo consilium potuit iniri in eversionem Status per eos, qui deserti & relicti in Campo electorali, à suo Primate, nunc primo eversum statum, divisam Rempublicam, convulsa jura Cardinalia liberæ electionis illacrimati sunt dum illum abscessisse Campo cognoverunt, damnataque tali in patriam nunquam sperata impietate, virilibus consiliis suffragante innocentiâ obviandum hisce extremis insistere cum taliter refutatis imaginariis objectis, ne silentio prætereita pro veris cernerentur, licet omninò provocatis, ac stimulatis quæ amore quietis tacenda placerent, pro penitiori omnium informatione, non sine gravi doloris sensu deponere?

Anno 1697.

1mo. Leges sunt claræ, positivæ & quæ Cardinales interregni censeri possunt ut Ministri externi removeantur Varsavia & tamen Illustrissimus Abbas Polygniac Legatus Christianissimi Regis, non modo non expeditus, non modò non monitus, scriptis suis lacessens atque stringens intima Status nostri, sed alter etiam in subsidium illi adductus, Legatus Gallicus Illustrissimus Chareneus, & quod magis dolendum à Tovjanski Ablegato Poloniæ, illo ipso tempore, quo jamjam negotia electionis fervere cœperant. 2do. Prohibent solennissime Leges, ne Guardiæ Militares, ad actum & locum electionis inducantur, jam quot millia hominum exotici Militis ac etiam Tartarorum M. D. Lit. visa fuerunt? Testantur id publicæ Nuntiorum terrestrium expostulationes absque effectu factæ. 3tio. Adsunt Leges de methodo eligendi Comitiorum, jam qualiter nunc ut in partes eorum trahi posset Mareschalcus expedita sit electio, summa indignitate, confusione, ac penè eversione Reipublicæ capitatim & viritim Nobilitatem ad suffragia pro Mareschalco per aliquot integras septimanas, inducendo antequam verò modus iste exortus fuerit aliis materiis obruendo, ne prorsus quidquam temporis relinqueretur, de more Patriæ, & lege sanandis vulneribus Reipublicæ, sed omnia vulnus essent, quo facilius præmeditata pars illa exequi posset. 4to. Munus est & quidem Sacramento jurisjurandi solenne cujuslibet Senatoris avertere, quidquid nocivum fuerit, jam quomodo Eminentissimus Cardinalis Primas Regni defuit tum huic, tum suo Primatiali muneri, dum Literas Moscoviticas necessarium habuerit à Principali suo, in alias manus tradere 5to. Ligatur idem Eminentissimus legibus comminatoriis hostis Patriæ, de non attentanda nominatione, stantibus contradictionibus vel si una pars absque alia, præsumpserit juramentali facta sponsione, quod neminem nominaturus sit, qui non esset, de omnium Ordinum consensu, vel aliqua obstaret contradictio, sed his omnibus postpositis, uno ictu nominationem sibi tantum, & suis non verò Statibus, & Ordinibus placitam, ac divisionem prævisam & præmeditatam per se confecit, perniciosam quidem publico, sed privato non inutilem, partibus iis, apud quas tam nullus, quam duo Reges faciunt hærere proventus Reipublicæ, bona Oeconomica Regia retineri, vacantes Palatinatus, & Capitaneatus, quâdam absoluta facultate distribui, nulli in publicum emolumento. Divisionem verò istam fuisse præscitam, & præmeditatam, vel hoc solum convinci potest, quod idem Eminentissimus Cardinalis, illas tantum partes, idque satis modicas, quas sciebat Gallicæ factioni obnoxias, obequitaret. Jam vero ad tot Palatinatus, Terras & Districtus contrarios Gallico, sic stantibus in Europa bellis ac rebus Candidato, nec unicum passum fecerit, pro conciliando, vel recipiendo concordiæ sensu, cavendum est ex iisdem legibus, ne quispiam putet sibi licere, quod Patriæ quietem turbat, ac amorem Patriæ evertat, Jam quomodo Eminentissimus Cardinalis aliam electionem pro una septimana, ad eundem locum ubi prima facta, ubi eadem

statum

ANNO 1697. statim postero die, reclamante per Status & Ordines viritim, & more militari congregatos confirmata, & ratihabita pactis conventis, & juramentis comprobata, audet indicere, sine præcipuis particularibus conventibus, sine præhabitis in Palatinatibus comitiis, quomodo præsumit cassare conventus licitos, & legitimos, ad determinanda tandem infelicia interregni tempora, qua authoritate producere conatur idem interregnum (quod finiri cupiunt omnes) jubens Literis suis universalibus prorogari judicia capturalia, quid intendunt talia nisi interregnum suumque consulatum perpetuare, sufferre omnem priscum morem; exponere manifestis Rempublicam periculis, ex iis itaque evidentibus, ac palpabilibus rationibus plurimis aliis, quas publicus zelus, sagacitas, atque rectitudo optimorum civium penetrare potuit, solenniter nomine Statuum & Ordinum Regni tuentium liberam Electionem, de nullitate factæ manifestationis per Eminentissimum Cardinalem Primatem, uti violentæ, ad scissionem præcipitantiæ præsumptuosæ, armatæ, Guardiisque militaribus stipatæ, prius antequam suffragiis electoralibus probatæ, indeque jus omnium liberæ electionis ad aliquos trahentes, tam de nullitate præfatæ manifestationis, uti mentalis, ex nullo verò objecto condito, deque nullitate Literarum universalium pro confirmatione electionis, in diem 26. Augusti ad turbandam Rempublicam extraditarum; demum de nullitate quarundam Literarum, universalium conventus particulares indicentium, ac legitimos, quò in turbido omnia finiant, inhibentium, judicia verò capturalia, quo perpetua Dictatura seu Triumviratus interregni permaneat, unicè commendantium. Nec non de nullitate omnium scriptorum & actuum inde subsecuturorum. De validitate verò factæ electionis pro Serenissimo Domino Principe, Saxoniæ Duce, uti defensive in tuitionem electoralis campi, uti innocentis, nec ante tempus licitum modis, mediis privatis procuratæ, uti usitata à majoribus praxi, per congressum more militari terrarum ac Palatinatuum, statim in crastinum assensu omnium & plausu, nemineque contradicente, confirmatæ, receptæ, pactis ac juramento Ablegati Serenissimi Neo-electi ratihabitæ, de validitate omnium tum quoque conventuum & solenitatum, juxta leges pro futura coronatione, celebranda manifestantur & protestantur.

CXCV.

27. Juillet. 6. Août. Erklärung FRIEDRICHS AUGUSTI Königs in Pohlen und Churfürstens zu Sachsen/ durch welche er alle seine Sächsische Unterthanen der Augspurgischen Confession versichert/ daß ob wohlen Er die Römisch-Catholische Religion angenommen/ Er doch nicht unterlaßen werde/ sie bey ihrer gewöhnlichen gewissens-Freyheit zu handhaben/ und bey allen ihren Privilegien/ welche da ihre Kirchen/ Religion/ Ceremonien/ Universitäten und Schulen betreffen. Geben zu Löbwskowa den 27 Julii 27. August. 1679. [Feuille volante imprimée en Saxe, dans le tems même de la Declaration.]

C'est-a-dire.

Declaration de FREDERIC AUGUSTE *Roi de Pologne & Electeur de Saxe, par laquelle il asseure tous ses Sujets Saxons de la Confession d'Ausbourg, que bien qu'il ait embrassé la Religion Catholique Romaine, il ne laissera pas de les maintenir dans leur Liberté de conscience accoutumée, & dans tous leurs Privilèges, à l'égard de leurs Eglises, Religion, Ceremonies, Universités, Ecoles &c. Donné à Lobwskowa le 27. Juillet 7. Aoust 1697.*

VOn GOttes Gnaden/ Wir/ Friedrich August/ König in Pohlen/ Groß-Hertzog in Litthauen/ zu Reussen/ in Preussen/ Masovien/ Samogitien/ Kyovien/ Volhinien/

Podolien/ Podlachien/ Liefland/ Smolenscien/ Severien und Schernicovien/ rc. Hertzog zu Sachsen/ Jülich/ Cleve und Berg/ auch Engern und Westphalen/ deß Heil. Röm. Reichs Ertz-Marschall und Churfürst/ Landgraff in Thüringen/ Marggraff zu Meissen/ auch Ober- und Nieder-Laußitz/ Burggraff zu Magdeburg/ Gefürsteter Graf zu Henneberg/ Graf zu der Marck/ Ravensberg und Barby/ Herr zu Ravenstein/ rc. rc. Thun hiermit kund und bekennen: Nachdem Wir durch Göttliche Schickung schon längsthin uns entschlossen/ zu dem Schooß der allgemeinen Römisch-Catholischen Kirchen/ worinnen vormals Unsere Gott ruhende Vor-Eltern gewesen/ zu treten/ und dahero nicht etwa auß Consideration einiger Würden oder Nutzens/ sondern allein GOtt vor Augen haltend/ den Römisch-Apostolisch-Catholischen Glauben unlängst auf- und angenommen; Der Göttlichen Majestät aber indessen allergnädigst also gefallen/ Unsere Person zur Crohn und Throne des Königreichs Pohlen zu erheben; Und dann Wir aus solchen hoch- und wichtigen Ursachen/ Unsern Churfürstenthum und Landern auf eine Zeitlang abwesend zu seyn genöthiget werden; Unsere liebe Land-Stände aber und treue Unterthanen inzwischen aus obgedachter Unserer Conversion die Meynung haben möchten/ alß wenn Wir ihre alte Privilegia abzustellen/ vielleicht im Sinne führen thäten; Wenn nun aber Wir zumahln nicht bedacht/ dieselbe gegen dero hergebrachte alte Privilegia in ein- oder andern zu graviren/ sondern vielmehr Unsere Land-Stände und Unterthanen bey allen ihren Freyheiten allergnädigst zu manuteniren: Alß versichern Wir dieselbe anbey/ daß wie bey Antrettung Unserer hohen Chur-Würde und Landes Regierung/ also jetzt fort nach auffgenommenen Catholischen Glauben/ Wir gemelte Unsere liebe Land Stände und Unterthanen/ bey dero Augspurgischen Confession, hergebrachten Gewissens-Freyheit/ Kirchen/ Gottesdienst/ Ceremonien/ Universitäten/ Schulen und fort allen andern/ wie dieselbe solche anitzo besitzen/ allergnädigst kräfftigst erhalten und handhaben/ so denn auch niemanden zu Unserer itzt angenommenen Catholischen Religion zwingen/ sondern jedwedem sein Gewissen frey lassen werden; Wie Wir denn dieselbe anbey durch Unsere Königliche/ auch Churfürstliche Würden und Worte/ allergnädigst versichern und versprechen/ mit fester Zuversicht/ es werden hingegen Unsere offtgemelte liebe Land-Stände und Unterthanen/ dero gebührender/ biß dahero Unserer Person/ alß dero Chur- und Landes-Fürsten erzeigten und tragenden Devotion, Liebe/ Respects und Treue/ sich stetshin erinnern/ und also bey Unsern zeitlichen Abwesen in Friede/ Ruhe und Einigkeit sich verhalten/ daß denenselben der Göttliche Segen und alles Glück zuwachsen möge; wozu Wir Unsers haben Orts denn ihnen mit allen Kräfften beystehen/ und mit allen Königl. wie auch Churfürstl. Gnaden immerhin allergnädigst wohlzugethan verbleiben wollen. Damit nun auch allen und jeden obofftgemelten Unsers Churfürstenthumbs und Landen lieben Land-Ständen und Unterthanen/ diese Unsere allergnädigstgethane Versicherung und Versprechen kund und zu wissen gethan werden möge; Als befehlen Wir/ daß selbige in Unserm Churfürstenthum und Landen/ sowohl überall in öffentlichen Druck angeschlagen/ als sonsten nach gefallen vor einen jeden ausgestreuet und mitgetheilet werden solle und möge. Zu mehrer Befestigung alles obgemelten haben Wir diese Unsere allergnädigste Zusage und Versprechen mit eigenen Handen unterschrieben/ und sodenn mit Unserm Chur-Secret bekräfftigen lassen. So geschehen und geben zu Lobwskowa, am 27. Julii, (7. Augusti,) Anno 1697.

Friedrich Augustus/ König in Pohlen und Churfürst zu Sachsen.

(L.S.)

CXCVI.

9. Novembre. Attestatum der Chur-Mayntzischen Reichs-Directorial Cantzley/ daß die unmittelbare freye Reichs Ritterschafft in dem Rißwykischen Frieden unter dem wort Membra begriffen seye/ und gleich denen Churfürsten und Reichs-Ständen alle daher rührende Emolumenta geniessen solle und möge. Signatum Grafen-Haag den 9. Novembris 1697. [LUNIG Teutsch-Reichs-Archiv. Part. Special. Continuat. 3. Abtheil. 7. pag. 19.]

C'est-à-dire,

Declaration du Directoire de la Chancelerie Imperiale

ANNO 1697.

riale de Mayence, portant que la Noblesse Immediate de l'Empire, est censée comprise dans la Paix de Ryswich sous le mot général de Membra, *& qu'elle doit jouir de tous les avantages qui en reviennent également avec les autres Estats de l'Empire. A la Haye le 9. Novembre 1697.*

Zu gegenwärtigen allgemeinen Friedens-Tractaten/ und zur Reichs-Deputation erkiesender Chur-Fürsten und Stände des Heil. Röm. Reichs anwesende Gesandte/ und Plenipotentiarii, bekennen hiemit/ nach deme unter währende Tractaten/ die unmittelbahre Freye Reichs-Ritterschafft/ der Reichs-Instruction gemäß/ zu verschiedenen Passibus dem Instrumento Pacis zu inseriren/ durch Reichs-Gutachten begehrt/ solches auch von der Käyserlichen hochansehnlichen Gesandschafft approbirt/ und zugleich bey denen mit der Frantzösischen Gesandtschafft gehabten Conferentzen beobachtet/ als daß aller Orthen/ wo Sie benennet würde/ ad Distinctionem die löbliche Ritterschafft im Elsaß/ welche sie sich vermeintlich appropriiren/ post verba: Comprehensa Libera & Immediata Imperii Nobilitate, folgende Wort beygefügt werden möchten/ extra Alsatiam sita, worüber/ ob man schon von Reichs wegen Bedencken getragen/ und solches nicht eingehen wollen/ so sind doch die gemeldte Frantzösische Gesandte/ gleich auff andere Sachen mehr bestanden/ daß endlich solches hat zugegeben werden müssen/ und obschon kein Zweiffel mehr gewesen/ es würde darbey sein Verbleiben gehabt haben/ so ist bey Durchgehung deß projectirten Instrumenti Pacis eine neue opposition dahin geschehen/ daß die Ritterschafft auß dem Instrumento Pacis darumb müsse gelassen werden/ weil die Reichs-Deputati keine Gewalt hätten in Ihrer Reichs-Vollmacht/ wegen derselben zu tractiren/ dargegen ihnen das Contrarium remonstriret/ und vor Augen gelegt worden ist/ daß die Vollmacht sich auff die Reichs-Instruction beziehen thäte/ die Reichs-Vollmacht durch das relatum, die Reichs-Instruction erleuttert werden müßte; Indem aber diese Remonstration bey dieser Frantzösischen Gesandschafft nichts versangen wollen/ und gleichwohl billich erfunden worden ist/ daß erwehnte löbliche Ritterschafft in dem Instrumento Pacis comprehendiret werde; So ist das expediens erfonnen worden/ daß unter dem Wort *Membra* die löbliche Reichs-Ritterschafft verstanden werden solte/ welches die Frantzösische Gesandtschafft also zu inseriren auch keine fernere Difficultät gemacht hat/ wie dann dieselbigen in denen folgenden §phis Restituendus 4. §. simul utque 50. & §. porro quoque 79. zu comprehendiren/ um so bälder auch von Reichs wegen beliebet und geschlossen worden ist/ damit man wegen der Clausul extra Alsatiam sita dem Reich desto weniger præjudiciren thue.

Weilen nun diese offtermeldte löbliche Reichs-Ritterschafft zu künfftiger Information der werthen Posterität ein glaubhafftiges Attestatum begehrt/ daß bey gegenwärtigen Friedens-Tractaten und Reichs-Deputation verglichen worden/ daß unter diesem obgedachten Wort *Membra* dieselbe verstanden würde/ und man solches gerechte Begehren nicht abschlagen/ sondern vielmehr seiner erhaischenden Nothdurfft und Billichkeit halber von Reichs-Deputations wegen befürdern wollen/ und deßwegen dem Chur-Fürstlichen Römischen Reichs Directorio überlassen/ solches Attestat in forma probante unter dem Reichs-Directorial-Innsiegel außzufertigen; Als wird über den obgemeldten Schluß auff Begehren der löblichen unmittelbahren Freyen Reichs-Ritterschafft in bester Form attestiret/ daß der Sensus & Intellectus, der in obangezogenen §phis gesetzten Worten/ für die löbliche Reichs-Ritterschafft mit angesehen/ dergestalt/ weil Pax Westphalia & Neomagiensis pro Basi & Fundamento dieses Friedens-Schluß gesetzt/ und darinn die löbliche offters wiederholte Reichs-Ritterschafft specialius & extensius exprimirt worden/ daß durch dieses Wort und inclusion so viel bedeutet werde/ als wann selbige in jetzigen Frieden mit eben solcher extension comprehendirt wäre/ und dahero diesen Frieden/ gleich den vorigen cum omnibus emolumentis, prærogativis & Privilegiis, ac si illa nominatim denuo in hoc etiam Instrumento Pacis expressa & repetita esset, gleich wie andere Chur-Fürsten/ Fürsten und Stände des Reichs nach erfolgter Käyserlichen und Reichs-Ratification zu geniessen hätten; Welches unter dem jetzt gewohnlichen Chur-Fürstlichen Maintzischen Reichs-Directorial-Cantzley-Insigel beurkundet wird. Sign. Grafenhaag den 9. Novembr. Anno 1997.

(L. S.)

CXCVII.

10. Novemb. **Urkund der gevollmächtigten Käyserlichen Gesandschafft/ daß die freye Reichs-Ritterschafft im Rißwykischen Friedens-Instrument unter dem wort GLIEDER begriffen seye/ fürohin aber mit der gebräuchlichen Formul: Imperii Electores, Principes & Status, comprehensa libera & immediata Imperii Nobilitate, beobachtet werden solle/ Haag den 10. Novembris 1697. nebst Kayser LEOPOLDI Confirmation und Erläuterung dieser Urkunde. Wien den 14. Octobris 1699.** [LUNIG Teutsch Reichs-Archiv. Part. Spec. Continuat. 3. Abtheil. 7. pag. 20.] ANNO 1697.

C'est-à-dire,

Declaration de l'Ambassade Imperiale, portant que la Libre Noblesse Imperiale est comprise dans la Paix de Ryswich sous le nom général de Membres, *mais qu'à l'avenir elle devra estre comprise dans les Traitez de Paix, sous cette formule.* Imperii Electores, & Status, comprehensa Libera & Immediata Imperii Nobilitate. *A la Haye le 10. Novemb. 1697.* AVEC *la Confirmation de Sa Majesté Imperiale* LEOPOLD. *Du 14. Octobre 1699.*

Wir Leopold/ von GOttes Gnaden/ Erwöhlter Römischer Kayser/ zu allen Zeiten Mehrer des Reichs/ in Germanien/ zu Hungarn/ Boheim/ Dalmatien/ Croatien und Sclavonien König/ Ertz-Hertzog zu Oesterreich/ Hertzog zu Burgund/ Steyr/ Kärndten/ Crayn und Würtemberg/ Graff zu Tyrol/ rc. Bekennen offentlich mit diesem Brieff/ und thun kund allermänniglich/ was massen Uns die ohnmittelbahre Freye Reichs-Ritterschafft allerunterthänigst zu vernehmen gegeben/ und vorgezaiget/ wie daß Sie bey der im Jahr 1667. vorgewesenen Friedens-Handlung zu Ryßwick in Holland von Unserer darzu bevollmächtigten Gesandschafft/ einen unterschrieben/ und mit Pettschafft verfertigten Schein erlangt/ von Wort zu Wort also lautend:

Es ist zwar Jedermänniglich/ welche an vorgewester Friedens-Handlung Thail gehabt/ sattsam wissend/ was massen die darzue Gevollmächtigte Kayserliche Gesandtschafft/ mit Guthbefinden der Reichs-Deputation in verschiedenen Articuln deß von Ihr verfaßten Friedens-Projects, nach deß heiligen Reichs Chur-Fürsten/ Fürsten und Standen/ mit Nahmen auch die Freye und ohnmittelbahre Reichs-Ritterschafft genannt/ und darunter die in den Westphalischen Friedens Instrument, so wohl als denen Kayserlichen und Königlichen Wahl-Capitulationen/ auch andern Reichs-Satzungen befindliche/ gewohnliche Redens-Arth/ Electores, Principes & Status Imperii, comprehensa libera & Immediata Imperii Nobilitate, jedesmahls gebraucht/ mithin dieselbe der darbey für deß heiligen Reichs Stände behmgenen Freyheiten und Gutthaten thailhafft und fähig erklaret habe. Es ist nicht minder bekannt/ was gestalten die Frantzösische Gesandtschafft fürnemblich bey gesuchter Enderung des vierten Articuls des Ryßwickischen Friedens Instruments, nachgehends auch an desselben andern Stellen/ auff Außlassung der Freyen und ohnmittelbahren Reichs-Ritterschafft/ hefftig angetrungen/ und darauff ohnbeweglich bestanden/ weilen derselben in der für die Reichs-Deputation außgefertigten Reichs-Vollmacht keine außtrückliche Meldung geschehen/ sondern allein nach des Reichs-Churfürsten/ Fürsten und Stände/ insgemein Glieder gesetzet worden/ und dennach billich keine andere Redens-Arth in denen vermög der Kayserlichen und deß Reichs Vollmachten schliessenden Frieden/ statt finden/ sondern die ohnmittelbahre Reichs-Ritterschafft unter dem Nahmen der Reichs-Glieder begriffen/ und verstanden werden müste; Damit gleichwohl zu künfftigen Zeiten/ weder der Käyserlichen Gesandschafft nachgeredet werden könne/ ob hätte dieselbe für sich dißfalls eine Neuerung eingeführet/ noch der Freyen Reichs-Ritterschafft darauß einig Nachtheil zuwachsen möge. So hat die Käyserliche Gesandschafft/ den Verlauff hierinn kürtzlich verfassen/ und die ohnmittelbahre Ritterschafft zugleich versichern wollen/ und sollen/ daß sie nicht unterlassen werde/ gehöriger Orthen die geziemende Erinnerung zu thun/ damit hinführo bey allen Gelegenheiten desto sorgfältiger die Beybehaltung der gebräuchlichen Formul, deß heiligen Reichs Chur-Fürsten/ Fürsten und Ständen/ die Freye und ohnmittelbahre Reichs-Ritterschafft mit begriffen oder eingeschlossen/ zu Latein/ Imperii Electores, Principes & Status, comprehensa libera & Immediata Imperii Nobilitate, beobachtet und darauff gesehen werde. Zu mehrerer Urkhundt/ hat die Gevollmächtigte Käyserliche Gesandschafft diesen Schein aigenhändig unterschrieben/ und mit ihren Pettschafft bekräfftigt. Haag/ den 10. Novembr. 1697.

(L. S.) D. A. V. W. Kaunitz.
(L. S.) Heinricus, Graff von Strattmann.
(L. S.) Johann Friderich/ Freyherr von Seiler/ rc. rc.

Und

Anno 1697.

Und Uns darauff gehorsambst gebetten / weilen dieser so genannte Schein / allein einen Antrag oder Verheissung zu der verlangten Versicherung in sich halte / und an Seyten deß heiligen Reichs Chur-Fürsten / Fürsten und Ständen allda versambleten Gesandten und Plenipotentiarien unter dem damahls gewohnlichen Chur-Fürstlichen Maynzischen Cantzley-Sigill, ein mit mehrern Umbständen verwahrtes Attestat oder Declaration, nach dessen exhibirter authentischen Abschrifft ertheilet worden / wir allergnädigst geruhen wolten / zu Ihro der Ritterschafft vollständiger Sicherheit / obangezogenen Schein respective zu confirmiren / mehrers zu erklähren / und zu extendiren. Wir thun demnach in reiffer der Sachen Erwegung und Wissenschafft / mehrberührten von unserer Kayserlichen Gesandtschafft erhaltenen Schein / allergnädigst confirmiren / erklären / extendiren / und Sie / ohnmittelbahre Reichs-Ritterschafft / dahin versichern / daß unter denen Worten / Chur-Fürsten / Fürsten / Stande und Glieder des Reichs / zu Latein / Electores, Principes, Status & Membra Imperii, Sie in denen §phis & Articulis dicti Instr. Pacis Ryswicensis, wo solche enthalten / vollkommen verstanden und begriffen / darunter und hierinnen eben die Crafft / Gültigkeit / Maynung und Gewalt / als in der in den Westphalischen Friedens-Tractaten / Kayserlichen und Königlichen Wahl-Capitulationen / auch andern vielen Reichs-Satzungen / gewohnlichen Clausul, benantlichen Chur-Fürsten und Stande deß Reichs / die Freye und ohnmittelbahre Reichs-Ritterschafft / mit begriffen / &c. zu Latein / Electores, Principes & Status Imperii comprehensa libera & Immediata Imperii, Nobilitate, &c. enthalten; und weilen Pax Neomagensis & Westphalica, deß letzten oder Ryßwickischen Basis & Fundamentum, sothane Neue / vor die Ritterschafft wider das Herkommen / sub Verbis, Status & Membra, &c, nur generale oder implicite begriffene Insertion, oder respective quoad specialitatem beschehene omission, (welche ohn Unser und deß Reichs Seyten / auß erheblichen Ursachen / zu Abwendung alles Præjudiz, und umb nicht dem gantzen Friedens-Werck mehrere oder merckliche Hinderenüß zu geben / verstattet worden /) Ihro an allen Ihren hergebrachten Freyheiten / Privilegien / Prærogativen / Beneficien / Recht und Gerechtigkeiten / weder de Præterito, Præsenti, noch in Futurum, im geringsten nichts benommen / vermindert oder geschadet / sondern der durch den Ryßwickischen Frieden / vor deß heiligen Römischen Reichs Stande und Glieder / bedungenen Freyheiten und Gutthaten / vollkommen fähig erklaret und erkennet / auch in künfftigen Pacificationen und andern Instrumentis Imperii Publicis, die allgewohnliche Clausul, post Verba, Electores, Principes & Status Imperii, addendo, comprehensa libera & Immediata Imperii Nobilitate, &c. in passibus concernentibus beobachtet und gehalten werden solle.

Dessen zu Uhrkund und vester Sicherheit / haben wir Unser Kayserliches Secret-Insigel darauff drucken lassen. Geben in Unserer Stadt Wien / den 14. Octobr. 1699. Unserer Reiche des Römischen im 41. deß Hungarischen im 45. und deß Böheimischen im 44. Jahre.

Leopold.

(L. S.)

Vt. D. A. V. W. Kaunitz

Ad mandatum Sacræ Cæsareæ Majestatis proprium.

C. F. Consbruck.

CXCVIII.

18. Novemb.

Literæ Gulielmi III. *Regis Magnæ Britanniæ quibus nonnullos Principes, Status & Respublicas, in Pace Ryswicensi suo nomine includit & pro inclusis habendos intendit. Dat. Hagæ Comitum* 18. *Novembris* 1697. [Copie communiquée par l'une des Parties interessées.]

GUlielmus tertius Dei Gratiâ Magnæ Britanniæ Franciæ & Hiberniæ Rex, Fidei Defensor &c. Omnibus Præsentes inspecturis salutem. Quando quidem ex Articulo Decimo sexto Tractatus Pacis conclusi vigesimo Die Septembris hujus præsentis Anni in Ædibus Nostris Ryswicensibus inter Nos & Regem Christianissimum per Legatos & Plenipotentiarios ex Utraque Parte constitutus, concordatum fuerit, quod in dicto Tractatu comprehenderentur Illi, qui intra sex Menses & Ratihabitationum Commutatione numerandos a Nobis nominati fuerint, Nos qui studio & affectu particulari colendam & conservandam duximus Amicitiam Serenissimi & Invictissimi Imperatoris, & Sacri Romani Imperii, omniumque ejus Electorum, Principum, Statuum, & Civitatum, cum etiam Serenissimi & Potentissimi Regis Hispaniarum, itemque Præpotentium Dominorum Ordinum Generalium Unitarum Belgii Provinciarum, Tredecim itidem Rerumpublicarum & Cantonum Helveticorum, & specialius Rerumpublicarum, & Cantonum Evangelicorum, *Tiguri, Bernæ, Basileæ, Schoffusii*, & *Abbatis Cellæ*, cum omnibus & singulis quos inter sese habent respective Fœderatis, Republica. sc. & Urbe *Genevarum* cum suis Dependentiis, Comitatu & Civitate *Neocomensi* ad Lacum, Civitatibus *St. Galli, Mulbusii* & *Biennæ*, atque Ligis *Rhæticis*, seu *Grisonibus* cum suis Dependentiis, nec non Rerumpublicarum & Civitatum *Hamburgensis*, *Bremensis*, & *Lubecensis*, eosdem omnes Principes, Respublicas, Status & Civitates, Eorumque omnium Confœderatos recipimus & comprehendimus omni meliori modo & Formâ. In quorum omnium Testimonium & Fidem Præsentes manu Nostrâ Regiâ signatas communi Nostro sigillo muniri jussimus. Dabantur in Aulâ Nostrâ Regiâ Hagæ Comitum in Provincia Hollandiæ Die decimo Octavo Mensis Novembris stylo novo, Anno Millesimo, sexcentesimo, Nonagesimo septimo, Regnique Nostro nono.

(L. S.)

GULIELMUS R.

G. BLATHWAYT.

Concordat cum Originali

Jos. Smith. Hanc copiam cum Originali suo de verbo ad verbum concordare attestor.

(L. S.)

FRISENDORFF.

Secretarius Legationis & Mediationis Regiæ.

CXCIX.

1698. 22. Fevrier.

Edictum Cæsareum ne Vassallus quilibet Langarum possit contrahere de Feudis suis. Dei 22. *Febr.* 1698. [Copie communiquée par un des principaux Seigneurs des Langues.]

POstquam Sacræ Cæsareæ Majestati Domino nostro Clementissimo innotuit, super Feudis in Italia divertis, sive eorundem portionibus ad exteras manus alienandis Conventiones & Tractatus institui, eumque in finem Vassallos Imperiales variis Ministrorum artibus, atque studiis ad ipsorum partes trahi, idque signanter super Feudo Gorzegni accidere. Unde permagnum Authoritati Cæsareæ, & juribus Imperialibus detrimentum inferatur. Ideò altissime dicta sua Majestas nocivis & illicitis ejusmodi Tractatibus pro supremo munere suo Imperiali obviam ire cupiens, prænominati Feudi Imperialis Gorzegni Communitati, & Subditis universis, & singulis cujuscunque gradus aut conditionis existant, seriò vetat & inhibet, ne quemquam novum Dominum, aut Vassallum accepient, minus eidem se subjiciant, nisi is prius à Sacra Majestate Cæsarea super isto Feudo investitus Literas patentes Cæsareas ad eandem Communitatem, & Subditos decretos una cum Investitura Imperiali producere queat. Cui voluntati & Jussioni Cæsareæ dicta Communitas, & Subditi pro debita Cæsari, ceu directo Domino suo fide & obsequii zelo adamussim obtemperare, neque eidem vel latum unguem contravenire noverint, quatenus indignationem suæ Majestatis Cæsareæ gravissimam, aliasque severas animadversiones, & pœnas evitare voluerint. Signatum sub sigillo Sac. Cæsareæ Majestatis Secreto Viennæ die 22. Februarii Anno 1698. A tergo, ad Subditos Feudi Gorzegni de non alienandis Feudis absque Consensu Cæsareo.

ANNO 1698.

In simili ad Subditos Feudi

Rocaverani.	Levice.
Dulcis Aquæ.	Vinchi.
Cameirani.	Scalettæ.
Decianæ.	Catrii.
Ladisii.	Spigni.
Frinchi.	Rochetta di Tanaro.
Marræ.	Montforte, Cenghii.
Novelli.	Rocchæ, Millesinu.
Rochettæ.	Rocchæ Arasii.
Prunetti.	Belvedere.

CC.

30. Mai. *Declaration ou Decret de* LOUIS XIV. *Roi de France portant qu'en consequence des Traitez de Nimegue, & de Ryswyck, le Roi d'Angleterre, comme Prince d'Orange, & de Nassau devra être remis en possession, de tous les Biens enclavés dans le Royaume de France, dont il jouïssoit avant la Guerre. Donné à Versailles le* 30. *Mai* 1698. [Actes & Memoires de la Paix d'Utrecht. tom. 3. pag. 22.]

COmme par l'Article 13. du Traité de Nimegue, & de celui de Ryswick entre Sa Majesté & le Roi d'Angleterre, il est expressément porté, que quant à *la Principauté d'Orange* & autres Terres & Seigneuries, qui appartiennent audit Roi, l'Article separé du Traité de Nimegue conclu le dixiéme du mois d'Août 1678. entre Sadite Majesté & les Etats Généraux des Provinces-Unies sera entierement executé selon sa forme & teneur, & qu'en conséquence toutes innovations & changemens, qui se trouveront y avoir été faits depuis, & au préjudice dudit Traité, de quelque espéce qu'ils soient, seront reparez sans aucune exception, & tous les Arrêts, Edits, & autres Actes posterieurs, & qui pourroient y être contraires, de quelque maniere que ce soit, demeureront nuls & de nul effet, sans qu'à l'avenir il se puisse rien faire de semblable à cet égard, en sorte que l'on rendra audit Roi d'Angleterre tous lesdits biens au même état, & en la maniére, en laquelle il les possedoit avant qu'il ait été dépossedé pendant la guerre, qui a été terminée par la Paix de Nimegue, & qu'il devoit les posseder & en jouïr aux termes, & en vertu dudit Traité: & que pour d'autant plus prévenir & terminer sans retour toutes les difficultés, troubles, prétensions, & procés nez & à naître à l'occasion desdits biens, Sa Majesté & ledit Roi d'Angleterre nommeront des Commissaires de part & d'autre, & leur donneront pouvoir de décider ou accommoder entierement tous les differents, & Sa Majesté en execution dudit Article 13. veut & entend, que le Roi d'Angleterre soit remis en possession de tous lesdits biens au meme état, & en la maniére, en laquelle il les possedoit & en joüissoit avant qu'il eût été dépossedé pendant la guerre qui a été terminée par la Paix de Nimegue, ou qu'il devoit les posseder & en joüir aux termes & en vertu dudit Traité, bien entendu, que pour la parfaite execution dudit Article, & pour prévenir & terminer sans retour toutes les difficultez, troubles, prétensions & procés nez & à naître à l'occasion desdits biens, il sera nommé par Sa Majesté d'une part, & d'autre par le Roi d'Angleterre des Commissaires, qui auront pouvoir de décider ou accommoder entierement tous les differens. Fait à Versailles le 30. jour de May 1698.

Signé LOUIS, *& plus bas, par le Roi* Colbert, *& scellé à côté du Scel secret du Roi.*

CCI.

1699. 18. Februarii. Vergleich zwischen Fürst CHRISTIAN EBERHARDT zu Ostfriesland und denen Land-Ständen daselbst / von wegen einigen nach de anno 1693. den 18. Febr. zu Hannover auf gerichteten Vergleich unerörtert verbliebenen / und in Capitibus Justitiæ bestehenden Gravaminum. Beschehen Aurich den 18. Febr. 1699. [LUNIG Teutsch Reichs-Archiv. Part. Special. Continuat. 2. Abtheilung 4. Absatz. 14. pag. 604.]

ANNO 1699.

C'est-à-dire,

Accord entre CHRISTIAN EBERHARD, *Prince d'Oostfrise, & les Estats Provinciaux du Païs, sur quelques Griefs concernant la Justice, qui étoient restés indecis après le Traité du* 18. *Fevrier* 1693. *Fait à Aurich le* 18. *Fevrier* 1699.

NAchdem zwischen dem Durchlauchtigsten Fürsten und Herrn / Herrn Christian Eberhard, Fürsten zu Ostfriesland / Herrn zu Esens / Stedesdorff und Wittmund rc. rc. und dero getreuen Landes-Ständen / aus Ritterschafft / Städten und dritten Stand / den 18. Febr. 1693. zu Hannover ein Vergleich geschlossen / worinnen unter andern enthalten / daß innerhalb sechs Wochen nach geschehener Huldigung / die noch unerörterte gravamina abgehandelt werden solten; Man aber biß dahero ungeachtet aller angewandten Mühe / damit zu völliger Richtigkeit nicht gelangen können; So hat man gleichwohl dasjenige / worüber man sich in den Capitibus Justitiæ und Generalium Gravaminum vereiniget / vorerst fest stellen wollen.

Was nun anfänglich das Caput Justitiæ betrifft / so wollen Se. Hochfürstl. Durchl. 1. bey Bestellung der Justitien-Aembter dahin sehen / daß dieselbe mit tüchtigen und gewissenhafften Personen allewege besetzet werden. Es haben auch 2. Se. Durchl. der Land-Stande suchen / daß der 18de art. Osterhausischen Accords, worinnen die Gradus consanguinitatis & affinitatis unter den Gliedern des Hoffgerichts reguliret seyn / auch von dem Secretario desselben verstanden werden solle / gnädigst deferiret.

Wollen auch 3. die Land-Richtere dahin außdrücklich anhalten / daß sie ihren Instructionen / welche den Rechten und Landes-Verträgen gemäß eingerichtet werden sollen / gebührend nachleben / und die Eingesessene darwider mit keinen / auch nicht den geringsten Excessen (als welche so fort ohne Kosten der klagenden Partheyen würcklich redressiret / und ernstlich ohne einige connivente gestraffet werden sollen) auch ins besonder in der Erndte-Zeit in Sachen / so Verzug leiden können / mit citationen nicht beschweren / noch auch in Processen / welche ex officio angestellet werden / den Partheyen ante condemnationem einige sportulen abnehmen sollen.

Nicht weniger wollen Ihro Durchl. auch 4. wider des Commissarii in Matrimonialibus excessen ernstliche Verordnung machen / auch keine Eheleute; wann die Frauen am 182. Tage a die nuptiarum anzurechnen / oder hernacher nieder kommen / deßwegen citiren / oder mit juramentis purgatoriis, noch in delictis carnis wider die præscriptionem quinquennii jemanden beschweren lassen.

5. Zur visitation des Hoffgerichts haben Ihro Hochfürstl. Durchl. Haro Joachim von Closter zu Dornum Häuptling / und beyde Regierungs-Räthe / Hajonem Laurentium Palm, und Enno Wilhelm Russel, nebst dem Syndico zu Embden / Frantz Heinrich Stoschio, und Eberhard ter Brauck, für dießmahl committiret / und dieselbe / so bald möglich / nach der Ihnen zuertheilenden Instruction den Accorden gemäß zu bewerckstelligen.

Es wollen auch 6. Ihro Durchl. zu Correctur des Landrechtens Ihrseits gewisse Commissarien verordnen / und sind zufrieden / daß auch die Land-Stände einige dazu deputiren / und Ihrer Durchl. benennen / damit in diesem punct nach Einhalt der Accorden verfahren / und so bald möglich der Anfang damit gemachet werden könne

Imgleichen sollen 7. ohne Erwartung der einstehenden Visitation des Hoffgerichtes / die Citationes ad reassumendum nach dem Exempel des Kayserl. Cammergerichts cessiren / und die Mandata der Procuratorum darnach eingerichtet werden.

Auch wollen 8. Ihro Durchl. denjenigen / welche vor das Hoffgerichte citiret seyn / einen freyen accessum & recessum, wann sie sonsten sich geleitmäßig verhalten / erstatten.

Es sollen auch 9. die nach Teichs- und Syhl-Recht vorzunehmende Executiones nicht gehindert / noch auch den Teich- und Syhl-Officianten das abgepfändete ohne förmlich Recht wieder abgenommen werden.

Und weil 10. bey dem puncto Remissorialium die Land-Stände sich hauptsächlich graviret achten / als ob den Partheyen die Suchung der Remissorialien und derselben Beid eynigung schwer gemachet werde / wie auch daß zu den Arrestirten oder inhafftirten keine Advocati und Procuratores noch sonsten jemand admittiret werden wollen; So erklähren Se. Hoch-Fürstl. Durchl. sich gnädigst dahin / daß die Procuratores bey der Cantzley auff Begehren der Partheyen Remissoriales zu suchen / und Secretarii Cancellariæ davon alsofort

Anno 1699. fort oder je längstens innerhalb dreyen Tagen Extractus Protocolli und Decreta in probanti forma außzugeben gehalten seyn/ keines weges aber daran verhindert/oder davon abgehalten werden sollen/ damit die Partheyen nicht nöthig haben/ Notarios zu gebrauchen/ welchen letzteren alß gleichwohl die Notarii, so sich keinesweges bey Verlust ihres Ambtes wegerhafft bezeugen sollen/ zu Beobacht-und Verrichtung ihres Ambtes und requisition unverhindert admittiret/ und unter keinem prætext, auch nicht als ob die Denegatio Secretarii & Procuratoris nicht bescheiniget/ auffgehalten werden sollen. Da aber jemand weges eines delicti incarceriret oder arrestiret würde/ welches doch an Leuten/ so im Lande gnugsahm gesessen/ nicht anders als in solchen Verbrechen/ so Leib und Lebens-Straffen nach sich ziehen/ geschehen soll; So sollen zu demselben so fort seine sich etwan angebende Verwandten/ wie auch auff deren oder des Gefangenen Begehren ein Advocatus und Procurator nicht allein ante primum examen & litis contestationem, und in Gegenwart eines Cantzley-Boten oder andern Bedienten zu überlegen/ ob er Remissoriales (unmassen solches so fort post incarcerationem vel arrestum ohne Erwartung eines termini oder Vorforderung geschehen mag) suchen wolle oder nicht/ sondern auch post litis contestationem zu Einrichtung seiner Defension ohne jemandes Beyseyn ohnweigerlich admittiret/ oder ihm auch/ da niemand von selbsten sich dazu einfinde/ oder gebrauchen lassen wolte/ ein Advocatus und Procurator auff sein Begehren/ oder auch von selbsten ex officio adjungiret werden. Wobey dann Ihro Durchl. sich auch nochmahls gnädigst erklären/ daß nach geberenen Remissorialien wider den inhafftirten oder arrestirten von der Cantzley ferner nichts vorgenommen/ noch auch derselbe vorgefordert werden solte: und hat es in allen übrigen/ wie auch ins besondere in puncto Mandati de edendis indiciis & relexando captivo bey den Accorden sein verbleiben.

Auch soll 11. der Embdische Landtages-Schluß de Anno 1618. cap. 1. art. & resolut. 9. stricte observiret werden.

Es werden auch 12. Ihro Durchl. bey dero Hoff-Cantzley die Verordnung machen/ daß denen Citationibus ex officio, ausser in pœnal-und criminal-Sachen die Ursachen einverleibet werden.

Es sollen 13. bey den Untergerichten die Eingesessene mit übermäßigen sportulen und immissions-Kosten nicht beschweret/ sondern nach Einhalt der Unter-Gerichts-Ordnung verfahren werden.

Massen dann auch Ihro Durchl. 14. es bey jedes Orts ordentlicher justitz bewenden lassen/ und zu deren Administration Niemanden/ der nicht auff die justitz und Accorden beeydigt/ und den Eyd eingesand/ committiren wollen.

Dann sollen 15. bey beyden Obergerichten in Sachen/ deren Haupt-Stuhl unter 50. gl. ist/ keine appellationes angenommen werden.

So viel auch 16. die Außmiener betrifft/ sollen dieselbe sich der Ordnung und den Accorden/ in specie dem Hagischen Vergleich de An. 1662. cap. 4. Gen. grav. art. 39. gemäß bezeigen/ und darüber den eingesessenen sub pœna dupli und anderwertigen ernstlichen Einsehens nicht abnehmen.

Wie dann hingegen 17. in Außmienerey-und Kerthen-Kauffs-Sachen keine inhibitiones zu Hemmung der Execution und Eintreibung der Gelder erkant werden sollen/ obern so ein Käuffer erhebliche und zu Recht beständige exceptiones zu haben vermeinet/ soll er damit nicht gehöret werden/ ehe und bevor er die Kauffgelder bey dem Gerichte/ woselbst die distraction erkant worden/ deponiret hat.

Auf die gravamina generalia erklären sich Se. Hochfürstl. Durchl. dahin/ daß es 1. wegen der Abwässerung von Bohnwiemehr, Bunder-Neuland/ Dünebroeck/ und was davon dependiret bey dem an 17. Sept. jüngsthin mit den Interessenten getroffenen Vergleich verbleiben solle.

2. Wollen Se. Durchl. die Versehung thun/ daß der im Hagischen Vergleich cap. 4. in resolut. ad gravam 4. vorgeschriebener Eyd/ von den daselbst gemelten Bedienten/ die solchen noch nicht geleistet/ den Landes-Ständen oder den Ordinair-Deputirten und in specie auch der Stadt Embden eingesand werde.

3. Es soll auch drittens wegen der Introduction, Vorstellung und Beeydung der Beambten der 30. art. Osterhausischen Accords observiret/ und der Tag/ wann dieselbe geschehen soll/ zeitig bekant gemachet werden.

4. Wollen Ihro Durchl. die Verordnung machen/ daß die Confirmation der Teich-Graffen/ Teich-Commissarien/ Teich-und Syhl-Richtern und Executoren mit Inserir-und Veränderung der Nahmen und Bedienungen nach hierinnen gedruckten Formular:

WIr von GOttes Gnaden Christian Eberhard, Fürst zu Ostfrießland/ Herr zu Esens/ Stedesdorff und Wittmund rc. Uhrkunden und bekennen hiemit/ nachdem Uns der N. N. Teich-Achts Commissarii N. N. unterthänigst zu erkennen gegeben/ was gestalt die Interessenten derselben Teichacht N. N. zum N. N. wiederum eligiret und ernennet hätten/ mit unterthänigster Bitte/ denselben darzu in Gnaden zu bestätigen/ daß wir demnach gemeldter Interessenten gethanen Ansuchen gnädigst statt gegeben/ und gedachten N. N. zum N. N. confirmiret haben/ thun solches auch hiemit und krafft dieses/ also und dergestalt/ daß er sich als einen auffrichtigen N. N. eignet und gebühret/ bey Besichtigung und reparirung der Teichen/ auch allen andern vorfallenden Teich-Sachen jederzeit getreu und fleißig verhalten/ unser und gemeiner Teichacht besten suchen/ auch dagegen zu geniessen und empfangen solle dasjenige/ was wegen sothanen N. N. Ambts seine Antecessores in demselbigen genossen/ und befehlen darauf unseren Beambten zu N. N. auch allen Interessenten gnädigstes Ernstes/ und wollen/ daß sie ihn als N. N. daselbst erkennen/ und die dazu geordnete Auffkünffte ausfolgen lassen sollen. Dieses zu Uhrkund haben wir diese Confirmation unterschrieben/ und mit unsern Fürstl. Hoff-Cantzley Insiegel befestigen lassen; Geben auff unserem Residentz Hause Aurich den . . . . ausgefertiget/ auch solches bey den Hauptleuten/ Lieutenanten und Fehndrichen/ da die Gemeinen das jus eligendi haben/ also in acht genommen werden solle. Anno 1699.

5. Daß wegen Bestellung und Confirmation der Teich-und Syhlboten und Executoren der 14. Art. fin. Recess. de anno 1663. cap. Gen. Grav. observiret werden solle.

6. Wegen des von dem Commendanten auf den Gräntz-Häusern zuleistenden Eydes lassen es Ihro Durchl. bey dem 31. art. Osterhausischen Accords, und nachgehends erfolgten 56. Artic. Hagischen Vergleichs de anno 1662. cap. 4. pag. 109. bewenden/ worüber sie auch gebührend halten wollen.

7. Wie es dann auch wegen der Accisen und Licenten bey der Pfacht-Liste und Ordnung sein Verbleiben hat.

8. Was etwas die Stände oder das gemeine Beste angehend/ oder einige Besendung auff Reichs-und Craiß-Tagen vorzunehmen/ soll darinnen den Accorden/ in specie Hagischen Vergleich de Anno 1662. cap. gen. grav. art. 10. und Fin. Recess. de Anno 1663. cap. gravam. der Stadt Embden art. 3. gemäß verfahren werden.

9. Anlangend die gestrandete Güter/ so bleibet es deswegen bey vorigen Accorden/ in specie dem Hagischen Vergleich de Anno 1662. cap. 4. gen. gravam. art. 20. Stadt Embden de eod. Anno grav. art. 5.

10. Wie dann auch von denen Fürstl. Landen/ welche durch die Accorden nicht befreyet seynd/ die Teich-und Syhlachten abgestattet/ in specie auch von denen so genanten Appinger/ Aland/ Wirdumer und Neulanden dieselbe unweigerlich abgetragen/ und wegen Appinger Landen ein gewiß Stück Teiches/ worüber man sich innerhalb sechs Wochen zu vergleichen/ gemachet und unterhalten werden soll.

11. Die Sache aber wegen des Anwachses in Ambt Greetsyhl mit denen Interessenten fürzunehmen/ und innerhalb 2. Monathen in der Güte zu vergleichen/ haben Ihro Hochfürstl. Durchl. dero beyden Regierungs-Räthen Pauw und Rüssel Commission ertheilet.

12. Es sollen auch wider Niemanden einige widerrechtliche Executiones und gewaltsahme actus unter einigem prætext vorgenommen werden.

13. Auch sollen von den Beambten und Rentmeistern keine andere Massen und Gewichten/ als in den Aembtern zu folge der publiquen Eckunge in observantz seyn/ auch keine halbe Tonnen/ sondern nur Vierdup Massen gebrauchet werden.

14. Was sonsten etwa von einem oder andern Theil/ aus den beyderseits bey diesen Tractaten gewechselten Projecten aus Liebe zum Frieden ausgelassen oder corrigiret worden/ soll keinem Theil præjudiciren/ auch weder innoch ausserhalb Gerichts allegiret werden/ sondern es überall bey den vorigen Accorden sein verbleiben haben.

15. Es ist auch beliebet/ daß allen denjenigen/ was in diesen puncten also abgehandelt/ beständiglich und unverbrüchlich nachgelebet werden solle/ und wollen Ihro Durchl. selbigen neben dem Hannoverischen Vergleich dem Hoffgerichte forderlichst intimiren lassen/ mit dem gnedigsten Befehl/ sich darnach zu richten.

16. Und obgleich in Anfangs gedachten Hannoverischen Vergleich enthalten/ daß die Ihrer Durchl. von den Ständen auff 10. Jahr versprochene Gelder von Zeit der Huldigung ihren Anfang nehmen/ die Zahlung aber allererst nach Abthuung der gravaminum geschehen solle/ und dann bekant/ daß die gravamina noch nicht völlig abgehandelt; So wollen dennoch die Stände aus unterthänigster devotion und Liebe zu Ihres gnädigsten Landes-Fürsten Durchl. und wein Sie bey jetzigen Conjuncturen wegen einstehender schweren executionen der Gelder höchst benöthiget/ von denen versprochenen 12000. Rthlr. drey Jahren/ und noch von einem Jahre 18000. Rthlr. also in einer summe 54000. Rthlr. bey Unterzeichnung dieses/ jedoch aus freyen guten Willen citra præjudicium & consequentiam auszahlen/ und damit dem Hannoverischen Vergleich gemäß in termino allemahl continuiren lassen/ der gäntzlichen Hoffnung/ es werden noch/ eher ein ander Jahr/ oder ja die gantze zehen Jahr verfliessen/ die noch übrige gravamina völlig abgehandelt werden können.

17. Dahingegen dann/ und damit indessen alles fernere Mißtrauen so viel möglich verhütet/ hingegen innerliches Vertrauen zwischen Haupt und Gliedern/ so viel mehr befestiget werden möge/ wollen Ihro Hoch-Fürstliche Durchl. nicht allein Accord-mäßig regiren/ sondern es sollen auch

ANNO 1699. über die biß hieher movirte und sonst verhandene Gravamina von seiten Ihrer Durchl. wider die Stände / als Ritterschafft / dreyen-Städten und dritten Stand / noch auch von Seiten der Stände wider Ihro Durchl. kein Proceß angesponnen / die aber / so etwan schon anhängig (jedoch dem Hannoverischen Tractat unabbrüchlich) nicht urgiret werden: Gestalt dann auch Ihro Durchl. auff die von dem löblichen Crayß-Directorio dieses Nieder-Rheinisch Westphälischen Crayßes / an die Stände ausgebrachtes Rescriptum & Postscriptum de dato Cölln den 30sten April 1697. keine fernere Anforderung lassen wollen.

Dessen zu Uhrkund haben Wir von GOttes Gnaden Christian Eberhard Fürst zu Ostfriesland / Herr zu Esens / Stedeßdorff und Wittmund / dieses mit eigenhändiger Unterschreibung und auffgedruckten Fürstl. Insiegel befestiget; und wir zu End benanten / aus der Ritterschafft / Städten und dritten Stand / als hierzu sonderlich bevollmächtiget / haben dieses mit eigenen Händen unterschrieben / und Unsere angebohrne Siegel und gewöhnlichen Pittschafften hierauff gedrucket; So geschehen Aurich auff offenem Landtage den 18. Februarii 1699.

[unterstund]

(L. S.) Christian Eberhard.

Wegen der Ritterschafft.

J. J. v. Appell. (L. S.) Haro Hinrich Fridag von Gödens. (L. S.)

G. v. Honstede. (L. S.) H. J. von Closter. (L. S.)

Frantz Heinrich Stoschius, Syndicus der Stadt Embden. (L. S.)

Wegen der Stadt Norden.

Johan Diederich Kettler. Dr. (L. S.)

Wegen der Stadt Aurich.

Ulrich Ludowig Solling. (L. S.)

Wegen der Embder Ambt.

Jan Feewen.

Wegen dem Grethmer Ambt.

Eggo Ulfferts. (L. S.)

Wegens Ohrtmer Ambt.

Tammo von Rheden.

Wegens Auricher Ambt.

Jurgen Jansen Linesch.

Wegens Behrmner Ambt.

Jippe Ocken.

Wegens Stickhuser Ambt.

Ibeling von Schattenborg. Dr.

CCII.

10. Novembre. *Declaratio Consilii Varsaviensis super Negotio Elbingensi. Die 10. Novembris 1699.* [Copie Manuscrite & seure.]

CONsilium præsens Senatus & Ordo Equestris Regni & M. D. L. lege publica ad negotium Elbingense designatum Literis suæ Celsitudinis Primatiales Illustrissimi & Reverendissimi in Christo Patri Domini Michaelis Cardinalis Radzeiowsky Archiepiscopi Gnesnensis Primatis Regni & M. D. L. potestate sibi a S. R. Mte. Domino nostro Clementissimo pro tunc a finibus Regni absente, convocatum unanimi concordia, post plurimas prægrandes reflexiones sensit, conclusit, ac determinavit, cum ad perfectam undequaque Regni tranquillitatem, immensam S. R. M. D. Nostro (cujus auspiciis omnia geruntur) gloriam post rehabitam ab oriente quietem & pacem, domesticum ac fere internum utpote cum perpetuo foederato Serenissimo Electore Brandenburgico, occasione nuper captæ, validius quam justius Elbingæ, dissidium plurimum intersit, omni meliori modo, donec in bella sanguinisque effusionem descendatur, servato S. R. Ministris & Reip. honore assopire, eoque fine Consilium præsens convocatum, nullatenus cum Ministris Serenissimi Electoris Brandeburgici donec rationibus satisfactoriis qualitercunque læsæ Reip: provisum fuerit, congredi voluerit, insumptis tamen per decem dies consulationibus singulari ac prudentissima opera suæ Celsitudinis Primatialis in explorandis & reducendis mentibus dictorum Ministrorum allaboravit, ast cum nil elicere potuisset quam quod iidem Ministri Summam sibi integram quadringentorum millium Tallerum titulo hypothecæ Elbingensis assecuratorum reluendam, & exolvendam, ante retraditionem Elbingæ indebitè prætendant, nec id rationibus ullis, vel gradibus instructionis ex primo Consilio promanatis retundi voluissent, sed tantummodo ad repetitas Principali suo insinuationes sese reciperent, spatium quindenæ requirerent; Consilium verò præsens diutius frustra immorari contra dignitatem duceret, sine tamen conclusione facta, ne occasio abrupti negotii, in Remp: rejiceretur, dilabi, & dissolvi non expediret, ideo constanter standum esse ultimo gradui instructionis suæ, non posse declarari majorem summam, nisi 300000. Talerorum Imperialium, cumque prompta pecunia non adsit, tali modo assecurandam prævia restitutione Civitatis Elbingensis, integra danda esse in pignus Clenodia ex Thesauro Reip: Cracoviensis, utpote adamas magnus, & Garnitura, tum Corona Czarea Moscovitica vocata absque omni periculo vel mora quovis prætextu injicienda restituendi hujus pignoris, quam primum præmissa Summa exsoluta fuerit, exsolvenda autem præsenti Consilio assecuratur post immediata, Deo dante futura Comitia trimestri elapso. Ne vero quæpiam insufficientia pignori huic præstando objici possit, casu quo in tempore præfixo Summa exsoluta non fuerit, aliud subalternum pignus, nempe Territorium totum patronymicum Civitatis Elbingensis apprehendendum suæ Serenitati Electoriali permittitur, retinendum tamen in statu quo una cum Clenodiis conceditur, donec Summa prædicta 300000. Talerorum exsoluta fuerit. Ea si a Ministris Brandenburgicis, postquam a suo principali resolutionem habuerint, acceptata fuerint, sua Celsitudo Primatialis curabit prædicta Clenodia omni securitate servata, Varsaviam deportari, Consilium præsens ad conficienda Instrumenta quietationis a Serenissimo Electore Brandenburgico de hypotheca Elbingensi & inde emergentibus, & vicissim a Rep: assecurationis summæ, supra expressis mediis exsolvendæ, obdestinare, ac invitare, non intermittet; Quod si vero tum æque ac juste declaratæ prosperam non reportarint resolutionem, Consilium præsens nunc pro tunc protestari quemadmodum amissæ vicinitatis tranquillitatem antea ita & in præsentiarum, negotium restabiliendæ ejusdem non ex parte Reip: sed a Serenissimo Electore Brandenburgico violari & abrumpi, Remp. totam ad terminos in quibus erat, antequam Minister vel Ministri Serenissimi Electoris Brandenburgici ad dandas rationes satisfactorias admissi fuissent redire, ipsosque Ministros abire debere, præsentis Consilii Reip: vigore.

CCIII.

Commissariorum Reipublicæ Polonæ Recognitio de Clenodiis ex Thesauro Regni acceptis, atque in hypothecam S. Electori Brandeburgico tradendis juxta Tractatum pro retraditione Elbingæ institutum. Actum Cracoviæ in Thesauro Regni die 9. Januarii 1700. [ANDREÆ CHRYS. IN ZALUSKIE Zaluski Episc. Varmiensis Epist. Tom. 2. Epist. 135. pag. 906.] 1700. 9. Janvier.

NOS Commissarii Reipublicæ ex consilio Senatûs, & Ordinis Equestris in comitiis proxime præteritis in anno 1666. ad Tractatum cum Serenissimo Electore Brandeburgico de retraditione Elbingæ instituto, & feliciter divinâ ope sub auspiciis & præsidentia Eminentissimi Cardinalis Radziejowski Archi-Episcopi Gnesnensis Primatis Regni, & Magni Ducatûs Lithuaniæ (cui sit perennis exinde honor & gloria) in facultate à sacra Regia Maje-

ANNO 1700.

Majestate Domino nostro Clementissimo pro tunc extra fines Regni existente ad id operis speciali diplomate concessa, Varsaviæ determinato ad Thesaurum Regni pro Clenodiis in hypothecam loco reluitionis summæ in eliberationem Elbingæ condictæ designatis Delegati convenientes Cracoviam & satisfaciendo commisso nobis negotio ad præsentiam Magnifici Francisci Comitis in Pieskowa, Skala, Wielopolski Capitanei Cracoviensis, & Perillustris, admodum Reverendi Pakoslai Lanckoronski Canonici Cracoviensis (in loco & munere Perillustris admodum Reverendi Hyacinthi Rusocki Custodis Thesauri Regni, protunc penes Thesaurum existentis, accedentes ad dictum Thesaurum Regni, cum clavibus ab Illustribus Senatoribus convectis eundem Thesaurum aperuimus, in eoque reseratis seris arcæ ferreæ extraximus inde, juxta instructionem nostram, pixidem unam cum adamante intus mago-filis colligatam, & duobus sigillis; uno Illustrissimi olim Stanislai Malachowski Palatini Posnaniensis; altero Illustrissimi Josephi Sluzka Castellani Vilnensis, signatam, & intractam, alteram pixidem cum sigillis etiam integris, sed filis discissis, in qua inventa sunt duo Clenodia ad instar inaurium antiquarum variis lapidibus distinctarum, ex quibus adamantes locati facile excidere possunt, & una ex eis absque pendente unione, & sine auricula papyro involuta, & sigillis cum subscriptione Commissariorum Skarszowys sigillata, sed fila discissa, separatim quatuor admantes minuti in sacculo coriaceo involuti. Præterea in eadem pixide repertæ sunt tres chartæ, in duabus hæc duo Clenodia sunt delineata; tertia vero charta diversæ figuræ, cujus nullum ibi extabat Clenodium. Præterea exemimus coronam Caream sive Moschoviticam vulgo dictam in sua vagina, quæ forsan erat supra filis leviter, & duobus sigillis signata, sed hæc fila invenimus discissa. Et ita expedito hoc negotio juxta instructionem nostram & hæc superiùs specificata clenodia extrahentes arcam cum aliis variis intus clenodiis iisdem seris, quibus erat clausa, occlusimus, & sigillis nostris obsigillavimus. Clenodia vero sigillis tam nostris, quam Magnifici Capitanei Cracoviensis, & Perillustris Lanckoronski Canonici Cracoviensis locum tenentis, Perillustris Custodis Thesauri regni obsignata ad manus nostras recepimus, & thesaurum regni, ut erat clausus & debite communitus, nihil omnino amplius præter commissa & descripta clenodia ex eo desumentes in custodia de lege præscripta reliquimus. In viam vero quietationis de receptis clenodiis prætactis hanc nostram relationem expressam ad manus Perillustris Custodis damus, & similem aliam in vim reversalis in eodem tenore cum subscriptionibus Magnifici Capitanei Cracoviensis, & Perillustris Lanckoronski Canonici Cracoviensis locum tenentis pro tunc Perillustris Custodis actualis cum descriptione dictorum clenodiorum recipimus. Quod scriptum in vim majoris roboris, & firmitatis manibus nostris subscribimus, & sigillis nostris communimus. Datum Cracoviæ in thesauro regni, die nonâ Januarii. Anno Domini 1700.

Franciscus de Windiki Grzybowski Castellanus Junivladislaviensis Commissarius mpp. (L. S.)

Franciscus Lanckoronski Succamerarius Cracoviensis, Wielicensis, Bochnensis, Stobnicensis Capitaneus Commissarius ex minori Polonia mpp. (L. S.)

Casimirus Pakoslaus Lanckoronski Canonicus Cracoviensis, protunc locum tenens Perillustris Custodis (L. S.)

Franciscus Loski Pocillator Zakroczymensis judex Castrensis Varsaviensis Commissarius ex majori Polonia mpp. (L. S.)

Quod depositum integrum, prout specificatum ad manus meas receptam Magnificis Commissariis Elbingam pro retraditione ejusdem civitatis à consilio deputatis remitto. Varsaviæ 20. Januarii anno 1700 Michael Cardinalis Radziejowski Primas Regni & Magni Ducatus Lituaniæ mpp.

CCIV.

10—20. Janvier.

Abgefaßter Schluß in der Unterredung der Evangelischen Stände zu Regenspurg / daß alle Mathematici so wohl zum Calculo der Ephemeridum, als zu Bestsetllung der Oster-vollmonds sich forthin der Rudolphinischen Tabellen Kepleri bis zu einer andern verordnung zu gebrauchen haben. [JOHANN CHRISTIAN SCHULENBURGS unvorgreifflicher Vorschlag zur Vereinigung der Fest-zeit. §. 6. pag. 121.]

ANNO 1700.

C'est-à-dire,

Conclusion prise le 10-20 Janvier dans la Conference des Estats Evangeliques, portant que de là en avant, & jusqu'à ce qu'il en soit autrement ordonné les Mathematiciens seront obligés de se conformer aux Tables Rudolphines de Keplerus, tant à l'égard du Calcul des Ephemerides que de la fixation de la Pleine Lune Paschale.

Conclusum in Conferentiâ Evangelicorum a 10-30. Januarii 1700.

Nachdem zu verhütung aller Confusion bey dem Calculo des Stands und Gangs der Planeten / und absonderlich der Fest-Rechnung / nöthig seyn will / die Mathematicos auf gewisse Algemeine Fundamenta zuweisen / und aber wegen des unter den Astronomis noch obschwebenden Dissensus, welche Tabulæ die allerzuverläßigste und accurateste seyen / am rathsamsten scheinet / die bishero fast durchgehends gebrauchte Rudolfinische Tabulas Kepleri zum Calculo der Ephemeridum, und besonders zum Compuuto des Oster-Voll-Monds zu behalten; als wäre allen Mathematicis zu bedeuten / daß sie strictè darbey bleiben / und nach derselben Præceptis ad Meridianum Uranoburgicum die Phænomena Coelestia, dann den wahren Oster-Voll Mond / in Tag / Stunden und Minuten berechnen / und solchen so lange nachgehen sollen / bis durch der Mathematicorum Observationes andere / mit dem Himmels-Lauff accurater übereinstimmende Tabulæ Astronomicæ verfertigt; von denen Evangelischen Ständen approbiret und zu substituiren von selbigen beliebt werden mögten. Welches man also an allerseits Gnädigste Herren Principalen / Obern und Committenten zu referiren und dahero verordnung darüber einzuhohlen nöthig befunden.

CCV.

1699. 11. Nov. 1700. 31. Janv.

Capitulation d'un Regiment du Canton de Berne au service des Seigneurs Estats Généraux des Provinces unies des Païs-bas, contenue dans une Resolution de leurs Hauts Puissantes, du 11. Novembre 1699. suivie d'une autre de leurs Excellences de Berne du 31. Janvier 1700 [Tiré des Registres du Petit & Grand Conseil de Berne.]

Mercurii den 11. November 1699.

IS gehoort het rapport van de Heeren van Hessen ende andere Haar Ho. Mo. Gedeputeerden tot de Militaire saeken, hebbende in gevolge ende tot voldoeninge van der selver Resolutie Commissoriael van den 29. September des vorleeden Jaers met ende nevens eenige Heeren Gecomiteerden uyt den Raed van Staet geexamineert de Missive van den Heer Valkenier Haar Ho. Mo. extraordinaris Envoyé in Switzerland, geschreven tot Zurich den 20. September daar te vooren, geadresseert an den Griffier Fagel, waer by derselve oversent eenige Articulen aen Hem ter Handen gesteldt door den Brigadier Tscharner, ten eynde deselve by Haar Ho. Mo. werden geaccordeert, aen syn Regiment, bestaande uyt Compagnien uyt het Canton van Berne, militerende in Dienst van den Staet onder beneficie van de selve verseekert te wesen van de Recruten, voor het selve Regiment, met byvoeginge van dat den Staet an de conditien in voors. Articulen vervat, niet zouden wezen geobligeert, in gevalle het Canton van Berne, de recrutes quam te weigeren, ende daer nevens reflectie gemaekt hebbende, op de nadere instantien door den Brigadier Tscharner denselven eynde gedaan; Waer op gedelibereert zynde, is goet gevonden, ende verstaen, dat sal werden

ANNO 1700. den geaccordeert; soo als geaccordeert wert mits desen

1. Dat het regiment Switzers van den gemelden Brigadier Tscharner in dienst van den Staet zynde niet zal werden geobligeert te dienen tegen het Tractaet tusschen den Coning van Vrankryk en de Switzerche Cantons in den Jaere 1663. gesloten.

2. Dat in geval onverhoptlyk in Switserland eenigen oorlog ontstaan, ende uyt die oorsaake het voorsz. Regiment door het Canton van Berne soude mogen werden versocht, haar Ho. Mo. sullen tooren haare bereytwilligheydt om aen het gemelte Canton te gemoedt te komen ende dien volgende genegen ende bereyt zullen wesen, om aen de Officieren ende Soldaten van het voorz. Regiment permissie te geven, om derwarets te gaen, in soo verre haer Ho. Mo. door Oorlogh ofte andere ongelentheden in den Staet, het voorsz. Regiment niet selfs zoude mogen noodig hebben.

3. Dat het voorsz. Regiment te rug gaande evenweel zal blyven in Eed van de Staat, dat an het selve tot te rug marsch sal werden gegeven een Maend solde, doch dat weder herwaerts komende, sulx sal doen buyten lasten van den Staat, en dat haar Ho. Mo. so veel doenlyk de vrye passagie voor het selve zullen helpen besorgen.

4. Dat voor het toekomende de Compagnien van het voorsz. Regiment niet zullen werden vermindert, ten opsichte van haare manschap nochte sol dyen beneden het geene deselbe tegenwoordig zyn, en dat by opkomenden nieuwe Oorlogh wederom zullen werden gebracht in het getal op den Voet van de eerste Capitulatie.

5. Dat de Colonel ende Capiteyns plaatsen van het voorsz. Regiment vacant werdende wederom zullen werden gegeven aan persoonen erkent voor Borgers van Bern, gelyk ook tot subalterne Officieren van het voorz. Regiment ende Compagnien zullen werden gekoren Borgers ofte onderdanen van het Canton van Bern.

6. Dat dese haar Hoog. Mo. Resolutie stand zal houden by Provisie voor den Tyd van drie Jaaren ende dat tegen die Expiratie van deselve op de continuatie ander zal werden geresolveert, alles in verwachtinge, Dat by het Canton van Bern geen Difficulteyt sal werden gemaackt om de recrutes voor de Compagnien van het selve Regiment te laaten volgen, by ontstentenisse van het welke deze haar Ho. Mo. Resolutie geen plaats sal hebben.

W. Haren.

Accordeert met voorz. Register.

F. Fagel.

Resolution des Seigneurs du Canton & Republique de Berne, du 31. Janvier 1,00.

IL a été proposé aus puissans Seigneurs & Superieurs, Echevin petits & grands Conseillers de la Ville & du Canton de Bern par Monsieur de le Brigadier Tscharner un Extract du Registre des Secretes Resolutions de leurs Hautes Puissances Messieurs les Etats Generaux des Païs-Bas unis daté du 11. de Novembre 1699 dans lequel il leurs a plu à declarer & à accorder. Premierement, que le Regiment de Bern du susdit Sieur le Brigadier Tscharner qui est dans les services de leurs Hautes Puissances Mess. les Etars Generaux des Païs-Bas unis ne sera pas à l'avenir obligé de faire quelque service ou de se laisser porter à servir au prejudice des Traités d'Alliance que les Cantons ont avec la Couronne de France depuis l'an 1663.

Pour le second qu'au cas si ce Canton demanderoit le dit Regiment en temps de Guerre les Hauts & Puissans Seigneurs les Etats Generaux doivent être prêts à gratifier au Canton & donneront le consentement ainsi sans retardement aux Officiers & Soldats pour aller en leurs païs *excepté le cas des propres necessités de Guerre.*

Troisiéme lieu, que quoique ledit Regiment marchera dans son Païs pour le service de son naturelle superiorité pourtant il restera dans le service & serment des Hauts & puissans Seigneurs Etats Generaux & lui sera payé par eux un mois de solde pour sa Marche pour aider à defrayer la libre marche & passage; en echange sa remarche & retour se fera sans leur incommodité & depenses. ANNO 1700.

Quatrieme lieu: Qu'à l'avenir les Compagnies ne seront diminuées ni quant au Nombre de tête ni quant à leur Solde mais resteront comme elles trouvent à cette heure effectivement; au contraire elles seront en tou· & pleinement mises sur le pied de leur premiere Capitulation dans les tems de guerre qui surviendront.

Et Cinquieme lieu: Qu'au cas que les places du Colonel ou des Capitaines deviendront vacantes elles ne seront pas occupées ni données qu'à telles personnes, qui sont reconnus & connus pour bourgeois capables des Regiments de la Ville de Bern; Tous selon la Teneur & plus clair contenu du susdit Extrait du Registre des Secretes Resolutions.

Là dessus les Hauts mentionnés puissants Seigneurs & superieurs Echevin petits & grands Conseillers de la Ville de Bern ont après redeclarés & resolu dans les choses, ainsi circomstantiées après les necessaires deliberations tenues; qu'à la recrue selon le besoin necessaire sera octroyé (accordé) aux Colonels & Capitaines qui se trouvent dans ce service de guerre & sont bourgeois du Canton de Bern sur leur demande pour leurs Compagnies, pour montrer ainsi une affection vers les Haurs Puissans Seigneurs Etats Generaux des Païs-Bas unis, & pour augmenter la très-salutaire amitié qu'on cherche entr'eux, & pour conserver ce certain service de Guerre & pour l'avancement de l'honneur & de leur reputation.

Tout selon l'opinion & l'esperance indubitable que les susdites Declarations des hauts puissans Seigneurs Etats Generaux des Païs Bas unis seront pleinement observées & executées, Autrement les hauts mentionnés puissans Seigneurs & Superieurs du Canton de Berne ne seront pas aussi obligés à leur resolution faite. Donné devant la suprême puissance le 31. Janvier 1700.

Greffier de la Ville de Bern.

CCVI.

Statuta Commissorialia Elbingæ de Pecunia Electori Brandenburgico exsolvenda, de Præsidio in Civitate sustentando, ac de Religione Romanæ Catholica manutenenda &c. Actum in Prætorio Civitatis Elbingensis Feriâ sextâ, post Festum Purificationis Beatissimæ V. M. proxima. 6 Fevrier.

[ANDREÆ CHRYS. IN ZALUSKII Zaluski Episc. Varmiensis Epist. Tom. 2. Epist. 134 pag. 402.]

CORAM Nobis Andrea in Zaluskie, Kozietuly & Blædow Zaluski Episcopo Varmiensi & Sambiensi, Præside Terrarum Prussiæ, S. R. I. Principe; Georgio Towianski Castellano Lanciciensi, Radzicensi, Stanislao in Szczuczyn & Radzyn Szczuka Pro Cancellario Magni Ducatûs Lituaniæ, Lublinensi; Michaele de Kozielsko Puzyna Regente minoris Cancellariæ Magni Ducatûs Lituaniæ, Visnensi, Verbcoviensi, Capitaneis, Vladislao Czarnkowski S. R. Mts. & Reipublicæ ad evacuandam præsidio suæ Serenitatis Electoralis Brandeburgicæ Civitatem Elbingensem tum ad cætera Commissionis negotia civitatem ipsam concernentia, examinanda, nec non ex Consilio generali lege publica concluso, exequenda, designatis Commissariis, comparuerunt personaliter Nobiles & spectabiles Burggrabius, Proconsules, totusque Magistratus, advocatus ac Communitas Elbingensis ad dandas rationes, super deditione civitatis istius in potestatem suæ Serenitatis Electoralis Brandeburgicæ. Quibus omnibus, & singulis probe & diligenter auditis, & bene examinatis, atque circumstantiis locorum & fortificationum per nos lustratarum, confrontatis. Nos Commissarii S. R. Majestatis, & Reipublicæ eo vel maxime considerato, quod in Civitatis istius deditionem, post sustentam per quatuor septimanas obsidionem, & continuas civium in vallis vigilias ex hac præcipuè ratione Ordines Civitatis prædictæ consenserint, quia verendum erat, ne Respublica ægre ferret, si illam in atrox, & diuturnum bellum

ANNO 1700. bellum protraxissent, per sanguineam oppositionem, qua tamen nunquam sufficerent, retinendæ civitati, ex defectu sui præsidii, eo quidem tempore, altæ scilicet pacis, sufficientis, belli vero multum exigui, & imparis, nullo quoque subsequenti juvamine, quamvis instantissime, & multifariam implorato, in talia puncta & Statuta salvo Reip. beneplacito descendimus.

I. Quoniam ex teneritudine in Rempublicam, & pro maturanda eliberatione ab onere subsidialis hypothecæ Brandeburgicæ Territorii Patronymici civitatis, atque ad avertenda multa alia mala, quæ civitatem in statu ejusmodi dubio, & periculoso permanentem premere possent, Nobilis & Spectabilis Magistratus, & Communitas Civitatis summam trecentorum millium Timfonum Polonicalium in specie Taleris Imperialibus, quemlibet per sex Timfones computando, benevole, & ultronee in se suscepit, ideo supplementum, & pro termino reluendæ Serenitati Electorali Brandeburgicæ summæ trecentorum millium Talerorum Imperialium, realiter & effective exsolvet. Pro colligenda vero dicta summa habebit idem Magistratus cum scitu Communitatis plenam facultatem, modos, media, ac contributiones oneri conformes adinveniendi, & statuendi sine ulla cujusvis præpeditione, sub pœnis arbitrariis in contravenientes.

II. Loco ducentorum militum præsidiariorum, quos hactenus Civitas ista sustentavit, abhinc tenebitur præsidium numerosius de trecentis militibus pedestribus, & triginta equitibus selectis pro lustrandis de mane & vespere extra moenia & suburbia locis, semper & continuo habere, & conservare, ingruente autem quocunque hostilitatis casu, & præcipue extremo periculo idem omni diligentia & curâ ad duo millia militum pedestrium augere, & tenere usque ad Provinciæ vel Reipub: Succursum: Quorum Præfectus debebit esse semper vir gnarus artis bellicæ, & obsidionum, fortis, & strenuus, juratus Rhotâ consuetâ, sed additis hisce formalibus, quod S. R. Majestati Domino nostro Clementissimo & Reipublicæ fidelis ero.

III. Præsidentes vero atque totus Magistratus & Communitas, omni casu ingruentiæ hostilitatis alicujus sine scitu Serenissimi Regis, & Reip. terrarumque Prussiæ, Civitatem nemini tradent, eamque defensuri sunt, usque ad extremam necessitatem, quantum in ipsis erit, sub pœnis contra convulsores Decretorum Reipublicæ.

IV. Negotium Religionis Romano Catholicæ juxta seorsivam a Nobili & spectabili Magistratu datam ad præsens in manus Illustrissimi loci Ordinarii, in visitatione compositionem firmiter in omnibus punctis & articulis conservandum, manutenendum, & exequendum eidem Nobili & spectabili Magistratui injungitur, sub rigore jurium ejusdem Religionis in eadem Civitate habitorum. Cum vero hucusque juxta Articulum Pactorum Bidgostien. unus ex Catholicis in Magistratum inductus non sit, proxime vacaturo loco in Magistratu eligetur vir quispiam probus & idoneus, Religionis Catholicæ, salvo secundi Ordinis Gradu.

V. Quibus sic peractis uterque Ordo civitatis cum omnibus & singulis civibus & incolis in omnibus juribus, privilegiis, immunitatibus, libertatibus, Jurisdictionibus, & consuetudinibus tam generalibus Terrarum Prussiæ, quam specialibus, & municipalibus sine ulla exceptione, quibus ante hanc sui occupationem ab antiquis retro temporibus ad hæc usque potitus, & fruitus est, tam ante incorporationem Prussiæ Regno, quam a Divis Regibus Poloniæ, & moderna S. Regia Majestate feliciter regnante concessis, tam quoad personas, quam quoad bona perpetuo ac inviolabiliter conservatur. Nec ob factam per suæ Serenitatis Electoralis Brandeburgicæ militem urbis occupationem sive judicialiter, sive extrajudicialiter ullo tempore, vel loco inquietari, turbari, aut infestari debet. In quorum omnium fidem majorem, suprascripta puncta & Statuta manibus propriis subscripsimus; & sigillis nostris communiri fecimus. Actum & datum ut supra.

CCVII.

19. Juillet. **Nürnbergische Fürsten-Verein der in Correspondenz stehenden so Geistlich- als Weltlichen Reichs-Fürsten, zu Erhaltung der Reichs-Fürstl. Jurium und des edlen theuren Friedens, wie nicht weniger zu Abtreibung unrechten gewalts, auch auf des Heil. Röm Reichs Executions-Ordnung und dem Westphälischen, Nimweg- und Riswykischen Frieden gegründet. Nürnberg den 19. Juli 1700.** ANNO 1700. [LUNIG Teutsch Reichs Archiv. Part. Special. Abtheil. 2. pag. 169. Cette Piéce se trouve aussi dans le *Theatrum Europæum* Tom 15. pag. 369. & dans FABRI Europ. Staats-Cantzley Tom. V. pag. 247.]

C'est à-dire,

Union & Alliance desensive concluë à Nuremberg entre divers Princes de l'Empire, pour le maintien de leurs Droits & la conservation de la Paix, sur le fondement de celle de Westphalie, contre toute injuste violence; le 19. Juillet 1700.

Zu wissen, als in conformität der am 11. (1.) Febr. jüngsthin in Goßlar genommenen Abrede, die correspondirende Fürsten, dero Ministros, zu dem anhero nacher Nürnberg translocirten Congress abgesendet, dieselbe auch in ziemlicher Anzahl sich eingefunden, und denn unter andern auf solche prorogirte Zusammenkunfft verschobenen Negotiis, der, sowohl zu des allgemeinen Reichs-Ruhestand, als Erhaltung dero vereinigten Landes-Fürsten Lande, und Rechts nöthige Defensions-Punct, und deswegen abzuredende Bündniß, sich mit befindet, die der Verein neu-accedirte Fürsten und Stände aber aus denen Anteactis, und insonderheit denjenigen, so bey dem Anno 1695. zu Franckfurt am Mayn gehaltenen Fürsten-Tag verhandelt worden, die zureichige Information erhalten, daß bereits dazumahl ein gewisses, zu keines Menschen Offension angesehenes gemeinnütziches Defensions Concert, nach dem Exempel der ehemahligen unter denen Herren Chur-Fürsten verfaßten und zu dero sonderbahren Vortheil bißhero beybehaltenen Union errichtet worden; So haben die neu accedirte solches hiemit gleichfals approbiret, und demselben aus guter auf obige untadeliche Absicht allein gerichteter Intention beygetreten, und sich in vim einer perpetuirlichen und unwiederrufflichen Fürsten-Verein nachfolgender gestalt mit denen übrigen allschon in Correspondenz stehenden dahin verbunden.

1. Wollen sie einander in wahrer Teutscher Vertraulichkeit und Freundschafft treulich meynen, ob dem Westphälischen, und dem conformen Nimweg-und Ryswickischen Frieden, als dem Fundament dieses fœderis, einem jeden daraus zustehenden Fürstlichen hohen Ehren und Rechten unablässlich halten, wieder allen dagegen beschehenden Eintrag einmüthiglich in Consiliis & actionibus beysammen stehen, und denselben kräfftig abwenden, zu dem Ende auch in allen Begebenheiten zeitliche und vertrauliche Communication pflegen, keiner aber einigem Stand des Reichs oder frembden Cronen, Potentaten und Republiquen zu feindlichen Invasionen Ursach geben, noch auch in auswärtige das Reich nicht angehende Kriegs-Händel verwickeln, sondern dahin alleinig trachten, wie deren hohe gerechtsame und verletzte Jura conserviret, und beynebens Fried und Ruhe im Reich beständig erhalten, und dagegen alle Belästigung, Turbation oder Empöhrung darin verhütet bleiben möge.

2. Solte sich dann begeben, daß ein oder anderer Stand wieder obgedachten Frieden-Schluß, und die ihme competirende hohe Jura, beschweret, würcklich überzogen, mit Einquartirung, unbefugten Durchzügen, Muster-Plätzen, Kriegs-Executionen oder andern Gewaltthaten beleget, derentwegen bedrohet, oder sonsten in Gefahr gesetzet, ingleichen auch innerliche Empörungen von Ständen und Unterthanen erreget, ein Confœderirter dieser geschlossenen Zusammensetzung und versprochener mutuellen Defension halber, es geschehe von wem es wolle, angefochten, oder an der zu dieser Alliance versprochenen, und sonst im letzten Reichs Abschied versehenen Hulffe verhindert, oder auch gar einer der hohen Allürten mit dem andern in Strittigkeit verfallen würde, auf solchem Fall wollen die übrige Alliirte sich des Beleidigten treulich annehmen, den Beleidiger, wofern es anders die auf längern Verzug hafftende Gefahr verstatten möchte, durch Schreib- und Schickung vorhero dehortiren, und per officia mediatoria oder in andere zulängliche Wege zeitlich appaisiren helffen, immittelst aber mit der recessirten Mannschafft pro exigentia rei sich parat halten, ihre Troppen, da sie etwa vertheilt, oder anderwerts engagirt seyn möchten, ohnverlängt zurück-und zusammen ziehen, und damit, oder auch, wie es die Noth erfordert, mit mehrer, auch am Ende aller Macht, dem bedrängten Theil assistiren, und dessen Rettung auf alle mögliche Weise verschaffen helffen, im Nothfall aber die dem Bedrängten am nechsten gelegene vereinigte Fürsten, auch

Anno 1700. unerwartet deren übrigen/ selbigen mit würcklicher Hülffe zu assistiren und beyzuspringen verbunden seyn.

3. Gleichwie die Bund-Treue auf die Reichs-Constitutiones, Executions-Ordnung und obgemelte Frieden-Schlüsse sich lediglich gründet; Also hat es die Meynung damit nicht/ daß der Punctus securitatis publicæ dadurch gehinderte werden solle/ sondern es wollen die Confœderirte zu dessen endlicher Richtigmachung/ alles möglichste beytragen/ auch dem proportionirten Reichs-Contingent bey Vorfallenheit nach einem allgemeinen Reichs-Schluß sich keines Wegs entziehen.

4. Damit aber diese verglichene Defension mit gutem Bestand und Nachdruck vollführet werden könne/ so soll und will ein jeder Confœderirter nicht allein sein habende Feste mit nöhtiger Guarnison und Zugehör versehen/ und mit seinem Land-Volck zur Defension seiner eigenen Lande in guter Ordnung und Bereitschafft haben/ zu dem Ende auch einer dem andern seinen Kriegs- und Defensions-Staat verträulich communiciren/ sondern es ist auch abgeredet und geschlossen/ daß man auf obbeschriebenen Nothfall pro simplo 24000. geworbene richtige Mannschafft allezeit beysammen haben/ und ein jeder sein quantum, auf allmähliges Erfordern unverlängt zu Hülff senden/ auch zu dessen Versicherung alle Jahr wenigstens einmahl mustern lassen/ wie nicht weniger auf dem Fall/ da die andringende Gefahr einen grössern Succurs erfordern thäte/ man sich nach erwogenen Umständen mit dem Duplo jederzeit gefast halten solle.

5. Würde aber wider Verhoffen ein oder anderer Vereinigter übereilet/ oder auch darnieder geleget/ daß er seine versprochene Hülff nicht leisten könte/ so wollen dennoch die übrige nichts desto weniger demselben auf beschehenes Erfordern zu Hülff kommen/ auch seiner Land und Leut unverzügliche Rettung nicht minder/ als wann es ihre eigene wären/ ihnen angelegen seyn lassen.

6. Das Commando verbleibet einem jeden Alliirten über seine Völcker/ welche ausserhalb der Conjunction in seinem Lande stehen, seiner Gelegenheit nach zu gebrauchen/ auch zu dessen Behuff/ wie es ihme am füglichsten gefallen möchte/ Verordnung und Unterhalt zu machen.

7. Wegen der Direction und General-Commando bey den Actionibus haben sich die Vereinigte gegen einander dahin verglichen/ daß keiner vor dem andern sich einiger Præeminenz, mehrerer Macht und Gerechtigkeit/ unter was Prætext auch selbiges per directum oder obliquum geschehen möchte/ anmassen solle/ ist auch auf solches Fundament die beständige Abrede genommen/ daß nach Anleitung der Executions-Ordnung derjenige Landes-Fürst/ welchem die Hülffe geleistet/ und so lange in dessen Land agiret wird/ das Directorium und Ober-Commando bey denen actionibus militaribus führen/ oder an seiner Stelle eine qualificirtes Haupt mit Beobachtung des Rangs derer bey der Operation sich befindenden Generalen und Officirern beordnen/ jedoch bey Vorfallenheit den Kriegs-Rath mit zuziehen solle; Wann aber einige Confœderirte in ihren Landen über ihre ins Feld führende Defensions-Völcker/ wann nehmlich in- oder ausser ihren Landen in hostico agirt werden solte/ einem gewissen General das Commando auftragen wolten/ solle ihnen solches/ und der Conditionen halber sich unter einander zu vergleichen bevorstehen/ doch daß solche Annehmung denen übrigen Confœderirten notificirt werde.

8. Wann in loco tertio ausserhalb der vereinigten Lande operirt würde/ soll derjenige Herr/ aus dessen Landen man in locum tertium gehet/ oder dessen bestellter General/ das Ober-Commando so lange führen/ biß die Conjungirte wieder in ihr Land kommen; Im Fall aber die assistirende Stände die Völcker aus ihren eigenen Ländern ad locum tertium schicken/ solle der hohere in der Charge, welche nach dem Alter zu ermessen/ die Direction führen/ so balden sich aber die Völcker in eines Confœderirten Land ziehen/ bleibet es bey voriger Verordnung.

9. Wegen Administration der Justiz, wann es zur Conjunction kommt/ ist geschlossen/ daß in solchen Sachen/ auch delictis, so der Generalität Commando, und was davon dependiret/ concerniren/ als Mord/ Strassenraub/ Plünderey und dergleichen Delicta, so gegen den Landes-Herrn und dessen Unterthanen begangen werden/ unter Direction eines jeden Landes-Herrn/ von dero Ober-Commendanten die Justiz administriren lassen solle; was aber solcher massen vor das General-Commando gehorig/ daran wird der jederzeit commandirende General mit Zuziehung des Kriegs-Raths alle rechtliche Gebühr statuiren.

10. Unterhält und bezahlt ein jeder Alliirter seine Völcker in dessen Landen/ nach seiner Gelegenheit und Ordonnance, wann sie aber in der Conjunction, oder im Feld stehen/ alsdann solle er dieselbe von 14. zu 14. Tagen/ nach einerley zu vergleichen habender Verpflegungs-Ordonnance anticipando richtig zahlen/ damit dieselbe/ wann sie in andern Landen stehen/ schwürig zu werden/ zu exorbitiren/ Confusion und andere Ungelegenheit anzurichten/ keine Ursach haben mogen.

11. Solle bey erfolgter Conjunction derjenige/ welchem in seinen Landen und Plätzen succurrirt wird/ so lange die Conjunction währet/ das Commiss-Brod Vorschuß-weiß/ u. was ihme von denen übrigen nach Proportion eines jeden Völcker in billig-mäßiger alsdann ohnverzüglich machender Taxa hinwieder und folglich bezahlt werde/ anschaffen lassen; zu dem Ende ein jeder in seinen Landen an verschiedenen Orten zureichende Magazinen zeitlich aufzurichten/ ausser dem Commiss und Obdach aber wie auch Verschaffung unentbehrlicher Fourage ein mehrers zu geben nicht schuldig seyn/ noch von denen conjungirten Völckern ein mehrers gefordert und exequirt werden/ sondern was dieselbe ausser dem Commiss und rauhen Futter verzehren werden/ sollen sie in billigem Wehrt denen Unterthanen mit Geld bezahlen. Da aber die Völcker in loco tertio oder einem solchen Ort stehen müsten/ da das Commiss nicht zu bekommen wäre/ oder aber einem Stand zu schwer fallen würde/ solle es von denen benachbarten Mit-Vereinigten beygeführet/ und umb billigen Preiß erkaufft werden. Anno 1700.

12. Damit auch die Zuführe zu Unterhaltung des conjungirten Succurses nicht gehindert/ und die Unterthanen auf einige Weise nicht beschweret werden/ denenselben auch die obberührte Zahlung wiederfahren möge/ solle unter denen Trouppen gute Justiz gehalten/ die Ubelthäter ohne einigen Aufschub und Respect exemplariter gestrafft oder an statt dessen der Commendant, welcher der succurrirenden Parthey vorgesetzt ist/ oder nach Gelegenheit desselben die folgende Officiers ernstlich angesehen werden. Wann hierwieder oder sonst einiger Schade in dem Land von denen Officirern/ Reutern und Soldaten zugefügt wird/ soll neben und über solche Bestraffung der Landes-Herr/ deme oder dessen Unterthanen der Schade zugefügt worden/ sich desselben an dem Officier sowohl als gemeinen Soldaten zu erhohlen bemächtiget seyn.

13. Die bey der Conjunction nöthige Munition verschafft ein jeder denen Seinigen/ sambt aller Zugehör/ nach Proportion der Artillerie, Occasion und Umständen/ und ist wegen der Artillerie abgeredet/ daß ein jeder die nöthige geringe Stücklein für seine Völcker/ als etwa auf jede Bataillon 1. biß 2. Regiments-Stücklein sambt ihrem Zugehör/ die übrige schwehre Stück aber nebst denen requisitis an Constablern/ Pferden/ Geschirr/ Munition und dergleichen/ derjenige hergeben und herleyhen solle/ in dessen Land oder loco tertio, welcher demselben am nechsten ist/ agirt wird/ jedoch auf gemeine Kosten/ Schaden und ungeweigerte Wieder-Erstattung der Vereinigten.

14. Solle der zuschickende Succurs so eilig als möglich/ marchiren/ keine unnöthige Still-Lager halten/ und derjenige/ durch dessen Land der Durchzug genommen werden muß/ die Quartier zum Nacht-Lager auch zur Tag-Rast nöthiges Commiss-Brod und rauhes Futter Vorschuß-weiß anzuweisen/ und zu der Durchfuhr gewisse Commissarien verordnen/ denen dann sowohl wegen des Marches und Quartieren/ als andern davon dependirenden Dispositionen/ von allen hohen und Unter-Officirern/ wie auch gemeinen Soldaten/ unweigerlich Folge geleistet/ und von denen Vereinigten ernstlich darüber gehalten werden solle.

15. Die in dieser Verbündniß stehende wollen/ was sie zu dieser Verfassung dienlich/ oder auch einem oder andern von denen Herren Compaciscenten schädlich in Erfahrung bringen/ einer dem andern getreulich unter gutem Glauben communiciren/ und fordersam eröffnen.

16. Wann auch etwann mehr andere/ sie seyen Catholischer oder Augspurgischer Confession, dieser Particular-Defensions Verfassung abgesetzter massen mit eintreten wolten/ werden die Vereinigte darüber/ ob- und mit was Conditionen dieselbe einzunehmen/ und was sonsten dabey zu beobachten/ einmüthig sich vergleichen/ und wann sich ein oder ander deswegen bey jemand/ so in dieser Verfassung begriffen/ anmelden würde/ solle es derselbe alsobald denen andern notificiren/ auch denen andern Alliirten frey stehen/ vermog ob-angeregter allgemeinen Friedens-Schlüsse mit andern Potentaten/ jedoch dieser Alliance ohnabbrüchig und ohne Nachtheil/ sich in diese Verbündniß einzulassen.

17. Die Vereinigung und Particular-Verfassung ist/ wie oben mit mehrerm gemeldet/ lediglich zu Erhaltung der Reichs-Fürstlichen Jurium und des edlen theuren Friedens/ wie nicht weniger Abtreibung unrechten Gewalts angesehen/ auch auf des heil. Röm. Reichs Executions-Ordnung und angezogene Frieden-Schlüsse gegründet/ und wollen darinnen die vereinigte festiglich bey einander stehen/ und nach gestalt der Läuffte/ und wie es des gemeinen Vaterlandes und eines jeden eigene und dessen Lande und Leuthe Wohlfahrt erfordern möchte/ deren Verminder- und Vermehrung halber sich künfftig ferner vereinbahren.

Zu uhrkund dessen ist gegenwärtige zu Handhabung der vormahls errichteten/ und von denen neu-accedirten mit approbirten Fürsten-Verein abgeredete Vereinbahrung von unten benannten Ministris, Krafft ihrer gegen einander ausgewechselten Vollmachten dergestalten/ wie sie nach und nach ihre Instruction erhalten/ ohne Beobachtung einigen Rangs oder Præcedenz unterschrieben/ der allerseits hoher Herren Principalen Ratification längstens innerhalb 4. Wochen beyzubringen und auszuwechseln versprochen worden. So geschehen Nürnberg den 19. Jul. 1700.

ANNO 1700.

25 Juillet.

CCVIII.

Instrumentum Cæsareum Conventionis inter LEOPOLDUM *Augustissimum Imperatorem, ac Hungariæ Regem, & MUSTAPHA HAN Turcarum Sultanum initæ, quâ in executionem Pacis Carlowicensis Limites utriusque Partis Regnorum designantur & determinantur. Firmatum in Castris ad Turrim Sofu die 25. Julii* 1700. CUM *Publicatione præfatæ Conventionis, atque Traditionis eorum quæ Imperio Ottomanico tradenda erant. Actum in Castris è Regione Brod positis die* 8. *Augusti* 1700. [Tiré de la Chancelerie Imperiale Aulique de Guerre.]

In nomine SS. & individuæ Trinitatis.

POsteaquam nos ambo Commissarii, ex parte quidem Serenissimi & Potentissimi Romanorum Imperatoris Leopoldi I. Ego Ludovicus Ferdinandus Comes *Marsigli*, præfatæ suæ Majestatis Cæsareæ Camerarius, Generalis Campi vigiliarum Præfectus, & Legionis pedestris Colonellus; ex parte autem Serenissimi & Potentissimi Turcarum Sultani Mustafa Han Tertii, Ibrahim Effendi Capitchi Bassi, utriusque Imperii Confinia juxta Pacis capitulationes in Ducatu Sirmii determinavimus, erectoque Instrumento suo uterque sigillo proprio ac nominis subscriptione hoc confirmavimus: ex communi utriusque consensu ulterius pergere, & Regna Cæsarea, Sclavoniam, & ex parte Croatiam, a Turcicis Bosnia & ex parte item Croatiæ, convenientibus suis limitibus separare decretum est.

Limites Savenses.

Inter Sclavoniam & Bosniam.

Prima igitur inde occurrunt Confinia Savensia, ita nimirum, ut, secundum almæ pacis Instrumentum, Tractus Savi Fluvii, interceptus inter illum locum quo amnis Bassut majori suo alveo in Savum se exonerat, & illum, ubi Unna fluvius in eundem se effundit, naturales limites præbeat, hoc modo, ut ripa fluminis dextra respectu a Salankement venientis, ditionis Cæsareæ, sinistra Sultani, ipsæ fluminis aquæ vero cum interjacentibus Insulis utriusque Imperio communes maneant, unde nec opus esse, artificiale aliquod signum in hoc Tractatu statuere, deprehensum est.

Insulæ autem illæ Fluminis Savi utrique Imperio communes inventæ sunt nominatim sequentes. Prima dicta vulgo Raeska, & a prædicto amnis Bossut Confluxu quatuor horis superius distans, Savique ripæ sinistræ propior; inde 12. horas emenso altera occurrit Kopan nuncupata, & sinistræ item Savi ripæ propior; hinc 6. horis distans Hrasthowicza Insula, dextræ fluvii ripæ vicina; & denique 10. post horarum spatium Insula Brodensis, cujus duo valla & domus destruenda, milites vero & omnis alius apparatus bellicus inde deducendi sunt, idque pacis tantum amore, quandoquidem in Instrumento Pacis expressis verbis cautum non est.

Dehinc, quamvis superius aliquam adhuc existere Insulam non sit deprehensum, casu tamen, quo aliqua, vel plures deprehenderentur, illæ uti reliquæ omnes communes sunt.

Limites Croatiæ Inferioris Unnenensis, sive a Confluxû Savi & Unnæ Fluviorum usque ad montem Klepala.

Pars ista limitum incipit à Confluentibus Savi & Unnæ Fluviorum penes Palankam Jessenowiz, & quamvis ante hujus Palankæ portam exigua quædam Insula existat, quæ vigore Articuli V. sub Imperio Romano manere deberet, quoniam tamen ob diversas aquæ mutationes variæ de illa Insula ortæ sunt controversiæ, tandem Majestas sua Cæsarea, considerando Insularum istius Palankæ commoditatem, propriam Insulam ipsis amore pacis, pro libero navium appulsu, transitu & quiete utriusque partis, concessit.

Fluvii istius Unnæ ripa sinistra, sive Bosnensis, juxta Articuli V. §. 3. utriusque Imperii limites naturales fecit, unde non modo Palanka Jessenowiz, Dubiza & Novi-Verus, sed etiam tres illæ Turres, una Slabin, quæ semper fuit vacua & deserta; altera Dernova, maxima parte destructa; & tertia Sofok, quæ inter tres illas sola præsidio hactenus fuit munita, cum omnibus suis Territoriis ad partem Bosniensem existentibus Fulgidissimæ Portæ cedenda erunt, ita ut quæ sunt ad sinistram præfatæ ripæ Unnensis, in Ottomannici Imperii potestatem redeant, quidquid vero ad dexteram præfatæ ripæ Bosnensis reperitur, usque ad terminum illum, hucusque indecisum atque a Ministerio Cæsareo & Magno Oratore Sultani definiendum, adeoque totus Unnæ Fluvius in Romanorum Imperatoris potestate maneat; de Novi tamen Veteri cautio fit, ne evacuetur, priusquam motæ de illo loco controversiæ sint decisæ.

Causa, propter quam Tractatus Novensis indecisus relictus est.

Cum ex parte fulgidissimæ Portæ prætensio fuerit facta tam Territorii, quam *Fortalitii Novi novi*, ex parte Croatiæ siti, & durante ultimo bello à Militia Cæsarea exstructi, semperque hactenus conservati atque possessi, in Sacris Capitulationibus tamen, neque ut destrueretur, neque, ut evacuaretur, expressum sit; hinc prætensioni isti, utpote Pacis fundamento contrariæ, a Commissario Cæsareo est repugnatum, adeoque Tractu isto vacuo relicto è communi utriusque consensu reliquorum Territoriorum Confinia sunt statuta, & incipiendo à Monte Klepala, ubi juxta expertorum incolarum assertum Guazdansky & Busin Territoria conveniunt, cumuli positi sunt sequentes.

Limites à *Monte* Klepala, usque ad Confluxum Glinæ & Glinizæ fluviorum.

Quos cumuli notant sequentibus locis erecti.

In medio præfati Montis Klepala, hinc in via, abhinc in monte Radowich, in loco Chorna, Jamnicza ad dexteram viæ, prope angustum transitum ad sinistram viæ penes betulas, in terra Radowich medioque vallis Dabrina super antiqua via. Ad sinistram apicis præfati *Montis* Radowich. In eodem *Monte* Radowich ad dexteram viæ, ad cujus sinistram Dabrina fluvius præterfluit. In vertice Montis Radowich ad sinistram viæ, in vertice nori Montis Jamnick. Ad sinistram præfati Montis Jamnick penes notum Stagnum Ergiavacz. In vertice Duercza inter duos rivos, Ceve & Lubina, & pariter inter duas vias. In loco Jelovagora ad dexteram viæ. In loco Metle e regione prædii Busin ad sinistram viæ. Ad dextram in concursu viarum Arcium Busin & Guozdanski in Bukofklanza. In vertice Montis Nicolina, Klanacz inter duas vias. In via Nicolina Kossa dicta, descendendo in fluvium Radagniza prope vallem Nicalina Kossa. In valle Radasticza ad dextram viæ. Ex valle Radasticza ascendendo penes fontem Grabauza ad sinistram viæ. In loco Radagka Rabnincza ad dextram viæ. In loco Starastrabenicza ad sinistram viæ. In Gueviza colle ad dexteram viæ. In Monte Radonicha Klavicza cujus ad dexteram Jassenof Potok, ad sinistram Babiga Patok seu rivulus. In eodem Monte inter eosdem rivulos ad dextram ejusdem Montis in superficie. Penes vallem Verch Platina ad sinistram viæ, Verstov Potok dictam. In loco Regiebovza, aut alio nomine Ruiska circa magnam arborem cumulus pariter magnus, viciniæque arbores refectæ sunt. Transeundo ab eodem Monte Regiebouza in Gerlewicz Montem, circa prægrandem quercum, ubi pariter arbores sunt notatæ. Circa arborem, Sorbum Oskorus dictam, cui injungitur quercina arbor, Hrazt dicta. Abhinc Prestoua & Boina rivuli confinium faciunt, & penes silvam cumulus unus. Hinc usque ad rudera arcis Boinak erecti sunt 6. Cumuli. In nominata Arce Boinak super semidiruta turre. Nam cum Arx ista Boinak inter Cæsareas & Ottamannicas Arces jaceat media, ac propterea utriusque partis Subditi eam ad se pertinere contenderent, hinc ex amborum Commissariorum consensu magis fuit destructa, ita, ut neutri parti illâ imposterum uti liceat;

ANNO 1700.

liceat: E regione ejusdem destructæ Arcis in valle Luriasticza. In Monte Kolon circa quercum: In proximo loco ad dextram viæ. Penes rivulum Crabouka ad dextram quoque viæ In Monte Chihaga Kosla a dextris. In eodem Monte a finistris. In eodem Monticulo a sinistris, ubi quercus unâ cruce signata esset. Ubi Cemerniza & Bacota fluvij confluunt, transeundo in ipsa ripa seu littore. Ad rivulum Joanis ad viæ sinistram. In Monte Joanis Kosla. Penes rivulum Fayn, qui rivus dehinc usque ad suos fontes pro Confinibus est. Penes rivulum e regione sepulcri Sayn. Recta penes sepulcrum Sayn. In Monte Krivaga, ubi via reflectit ad sinistram viæ, Lumbardinik nominatur. In eodem loco ad sinistram viæ. In declivitate ad rivulum tendente. In ipsissima declivitate. In loco Classin Kossa ad Scaturiginem rivuli, Bukov nomine. In eodem Monte Classin penes eundem rivulum Bukov. Hinc dictus rivulus Bukov usque ad Glinizam fluvium, & inde porro Gliniza usque ad suum Confluxum cum Glina fluvio Confinia faciunt. Deinceps in ipso præfatorum fluviorum Gliniczæ & Glinæ, confluentium angulo, & cum hoc cumulo ista artificialis lineæ pars desinit.

Limites à Confluxu Glinæ & Glinizæ Fluviorum, usque ad Korana Fluvium.

A Præfato cumulo conventum est, ut Glina fluvius Confinium faciat usque ad locum eum, in quo fluvius Rabina à sinistris veniens contra fluvium Glinam sursum eunti in eundem fluvium Glinam se effundit. Unde in ipso hujus Confluxus angulo denuo cumulus est erectus; à quo cumulo ipse fluviolus Rabina ad originem usque suam naturales limites præbet. Hinc vero ad distinguendum Territorium Arcis Cæsareæ Szluin à Territorio Arcis Turcicæ Tersaz, positi sunt cumuli sequentes:

Penes præfatam originem fluvioli Rabina super Monte. In Cetinovo Bilo, sive Monte Cetin in via circa quercum. Ad dextram montis Cetinovo Bilo, in loco Kabillovo Razboiste vocato. Trajecto fluviolo Grabovza ad dextram ejus partem penes Montem in ripa; inde descendendo penes dictum fluvium Grabouta. Trajecto iterum fluvio Grabouza super Monte Cetin ad originem fluvii Kirladusa, circa quercum. Ad Kirladusa fluviolum supra verticem collis, Gnoinicza Sellische dicti, circa quercum. Super eodem colle Gnoinicza Sellische. Super eodem Gnoinicza Sellische circa quercum. Descendendo ad Koranam fluvium penes ejusdem, & Gnoinicza rivuli confluxum. Et hoc modo prænominatarum Arcium Sezluin, & Tersaz Territoria in citeriori parte Koranæ fluvii sunt definita.

Limites à Korana fluvio usque ad Jeszera.

Hinc postmodum contra Koranæ Fluxum ascendendo ipse idem Fluvius partem limitum constituit, videlicet usque ad cumulum, qui est erectus in ulteriori ripa Koranæ fluvii, è regione parvæ Insulæ alicujus inter Sklop, Brod, & Sturlitski Brod.

Cum enim, Comissariis limites ulterius continuare valentibus magnæ illæ controversiæ propter destructas Arces Dresnik, Turian, Borigovacz & turrim Lapacz diuturnum afferrent impedimentum, ita ut, cum periculum apparuerit, quod id circo se ab invicem separare vellent, à confiniariis suppliciter rogati fuerint, ut ad componendas hasce controversias medium aliquem terminum invenirent; Denique Reversalibus separatis & invicem commutato instrumento iterum restitutis conventum fuit, ut præfatæ Arces & Turris Ottomannicæ ditioni ea conditione tradantur, ut circa eas domus & pagi exstrui, agriculturaque libere exerceri possit. Ipsæ vero Arces, uti de facto sunt, ita imposterum semper destructæ atque desertæ maneant: Et hoc modo per medium regionis inter Zsluin & Tersaz interjacentis continuati sunt limites, & sequentes erecti cumuli:

In Sylva, penes Koranam fluvium sita, inter duas paludes circa ingentem quercum, in citeriori parte rivi Huriansticza, in fundo Radova novæ Koslæ, circa Ulmum, sub Monte in citeriori parte rivuli Privisilicza ad finem nemoris Hurianensis circa prægrandem altam quandam quercum; In via Zsluinensi inter signatam fagum & quercum, circa positum ibi truncum quercinum. In altitudine quadam Huriam versus respiciente, circum albam fagum & ingentem quercum. Ante Montem Masuinam inter Preszovopoliæ & Huriansticzæ originem circa betulam qui cumulus è terra & lapidibus erectus est. Inferius ad Montem Masvinam circa prægrandem quercum. Inter duas scrobes circum parvulam quercum. In Rudeniy Kopoliz circa quercum. In loco Verch Rudeniz Kopoliæ penes viam circa quadrifidam quercum. In eodem Rudeniy Kopaliæ circa quercum. Inter Plisniza Montem & Rudeniz Kopaliæ campum circa quercum. Infra Plisniza Montem supra viam. In summitate Montis Plisniza circa quercum. Sub præfato Monte Plisniza in loco Delli Bassin Razchoi. In campo Razovizensi penes viam Lumbardenik. Trajecto rivulo in ripa altiori circa trunculum betulæ. Prope fluvium Rakoviza nuncupatum, circa trunculum. A quo cumulo usque ad sequentem proximum ipse fluviolus Rakoviza ad medium quadrantem usque horæ pro confinibus est. Penes viam in planitie circa quercum. Supra originem fontis Crabouza circà palum. Prope Sarzadol circa truncum betularum. Penes antiquam viam ad sinistram partem intra valles circa bifrontem quercum. Versus Montem Runiaviza sub eodem Monte Runiaviza. Prope Melinarki Brod in summitate ripæ citerioris Koranæ fluvii infra viam penes sylvam circa quercum. Et hic iterum dictus modo Korana fluvius ipse limites naturales facere incipit & sic eos continuat usque ad Jestera, unde oritur; qui locus in cumulo infra describendo est insignitus.

Ut adeo tota ista pars Croatiæ inferioris hoc modo sit absoluta, suisque limitibus distincta.

Limites Croatiæ superioris, nempe a Jeszera usque ad Confinium triplex.

Ad distinguenda Territoria Arcium Cæsarearum Odwina & Grafchaz à Territoriis Arcium Turcicarum Bihaz & Ostrowiz, nec non Provincia Szerp, cumuli sunt erecti sequenti ordine.

In Monte Pugliadale, parte Vizjugorum Plessiviczana Jesse Kopnt in summitate, & qua laeus Jestera in conspectum cadit. Nakoprivita Kossa Maschelievaput inter duas summitates, Vraleverch, Naverch, Pleslevicza sub præcipiti aliqua summitate, quæ est ad dextram, erectus circa quercum. In medio viæ Farkaschiez, Super Monte, Verch Kuk dicto. In Monte Vissokaloqua. In via Lumbardinik Montis Massin, in aperto quodam campo Dugo Palina dicto. Super Monte Gradovita Kossa, alias Velikilizaz dicto. In Monte Cemerniza penes Bumar, in iisdem Montibus Dabaristicza. In Summitate Montis Kupirucha dicti. In cacumine rupis altissimæ Zstrafzbenicza, unde prospectus in Provinciam Zserppates. In summitate Papinæ Clanacz ad dextram viæ circa magnam arborem. In Calvo vertice inferiori Montium Popistak. In altiori rupe Popistak. Hinc ipsa juga Popistak limites continuant, remanentibus ad dextram valle Lorito & Popinokopalis. Postea denuo positus est cumulus in fastigio ejusdem Montis Popistak. In rupe Montis Rauna Papistak. Ad pedem Montis in angustiis Villin dictis ad sinistram viæ. In Monte Ceaniverch sive Ruinava Glavicta. In campo Zunopaliæ. In valle Zuinak. In Monte Kitra Berdo. In Valle Metuliavi Dalacz. In campo Bilo Berdo. In campo Hotonsko Bilo. In campo Hottan, & denique ultimus & reliquis eminentior supra Montem Debelo Berdo in ejusdem summitate Metoidia Glaviza dicta.

Cum enim jam in viciniam Arcis Gnin, in Croatia sitæ & à Venetis de præsenti possessæ, deventum esset, locus iste ex plenario consensu & judicio Commissariorum, Cæsarei, amborum Ottomannicorum & à Republica Veneta Deputati unius, aliorumque tunc præsentium Primatum, Seniorum & militum, ipsum esse punctum illud, in quo tria Confinia concurrant, declaratus ac decretus est. Cujus rei etiam peculiare confecimus Instrumentum, idque alter alteri, suo quisque idiomate tradidimus. Cum igitur hoc modo statutis limitibus Cis-Danubialibus, solus Tractus Novensis ab Aula Cæsarea & Oratore Ottomannico, cui id cum plena potentia tractare à suo Sultano commissum est, adhuc

ANNO 1700.

ANNO 1700. huc definiendus restet; Nos ambo Commissarii convenimus, ut compositis istis in Aula Cæsarea controversiis insinuata Nobis illa Conventio universali Instrumento limitum utriusque Imperii à termino à quo ad terminum ad quem inseratur.

De reliquo statuimus ac confirmamus, quod sine ulla exceptione omnia quæ sunt ad dextram præfatæ lineæ, limitaneo respectu à Salankement venientis sint in potestate Augustissimi Romanorum Imperatoris, quæ vero ad sinistram, ad Sultani Imperium pertineant. Et hôc Instrumento subscripto, sigillato & invicem permutato, Ego Commissarius Cæsareus promitto, me, excepto Novi veteri, evacuationes & demolitiones locorum Cis-Danubialium, in Sacris Capitulationibus expressorum, acceptis ex parte Sultani Reversalibus, sine mora suscepturum; In quorum fidem roburque Instrumentum hocce sigillo meô & subscriptione propria munire & corroborare volui. In castris ad Turrim Sofu 25. Julii 1700.

Publicatio Instrumenti Designationis & Determinationis Limitum.

Notum est inter omnes, quod Æterno ac Omnipotenti Deo, Summo quippe Pacis Auctori, placuerit, ut post tam diuturnum ac cruentum Bellum Pax denuo reduceretur inter Potentissimos Principes ac Dominos, Leopoldum I. Romanorum Imperatorem semper Augustum & Sultanum Mustafa Han Turcarum. Notum quoque est, quod, dum Pacis istius leges ac conditiones statuebantur in Congressu Carlowizensi, præfatus Augustissimus Romanorum Imperator, ad contestandam amicitiæ cum Sultano initæ sinceritatem, promiserit, se Fulgidissimæ Portæ restituturum, quidquid in Regno Bosniæ per victricia sua arma in novissimo Bello acquisiverit.

Postquam igitur, per Divinam Gratiam, utriusque Imperii Limites Cis-Danubiales, præter Tractum Novensem, juxta Pacis Instrumenti normam, sunt constituti, uti in particulari suo Instrumento Cis-Danubiali clarius apparet; Turris Sofok, Arces Dubitza & Doboy, & Palanka Jelzenovicz, Præsidiis Cæsareis evacuatæ, ac Ottomannico Imperio traditæ; Munimentum denique, quod erat è regione Brod, in Savi Fluvii ripa Bosnensi, cum duobus in vicina Insula Aggeribus, destructum atque solo æquatum.

Omnibus & singulis utriusque Imperii Subditis Nomine Augustissimi Romanorum Imperatoris, hisce notificatur, & ad diuturniorem rei memoriam, ter explodendo tormentum, pulsando tympana, & coram utriusque Imperii Commissariis expansis Vexillis & Militibus, publicatur, ac in vulgus proclamatur, quod à Potentissimi Romanorum Imperatoris Commissario, Ludovico Ferdinando, Comite Marsigli, Imperio Ottomannico, in Persona Commissarii ejus, Ibrahim Effendi, denuo cedantur, tradantur, atque liberæ potestati permittantur, non modo prædictæ Arces, Palanka & Turris, sed etiam omnis ac universa illa Regio, quæ in Bosnia secundum Pacis Instrumenta Imperio Ottomannico erat tradenda, ipsique adeo plane libera permittenda, salvo Tractu Ditionis Veteris Novi, qui tam diu in Cæsarea potestate permanebit, donec notæ de illo Tractu Controversiæ à Ministerio Cæsareo, & Oratore Ottomannico totaliter sint compositæ atque finitæ; Savi fluvii Tractu, à ripa Unnæ fluvii citeriori, usque ad eum locum, ubi Boszut amnem, majori suo alveo se exonerantem, recipit, cum interjacentibus Insulis, utrique Imperio communi permanente.

Hæc edicitur, ac omnibus publicatur, tam ad tollendam omnem ignorantiæ excusationem quam in æternum testimonium, quod Majestas sua Cæsarea fidem suam ac sinceritatem universo Orbi cognitam, constantem & illibatam etiam in hoc tanto Pacis negotio sancte servaverit.

Dabantur in Castris è regione Brod positis die 18. Augusti 1700.

CCIX.

16. Novembre. **Tractat zwischen Ihro Kayserl. Majest. LEOPOLD I. und Ihro Churfürstl. Durchl. zu Brandenburg FRIEDRICH III. zu Continuirung der anno 1686. den 22. Martii zwischen höchstgedachter Kayserl. Majest. und Churfürst Friedrich Wilhelm aufgerichteten geheimen Allianz/ wie auch zu Stand-bringung des Puncti Securitatis publicæ, zufolge wessen sie einander reciprotirliche assistenz und vertrauliche Raths-Communication versprechen. Wien den 16. Novembris 1700.** [Copie tirée du Protocolle de l'Ambassade Imperiale en Hollande & au Congrés d'Utrecht.] ANNO 1700.

C'est-à-dire,

Traité entre Sa Majesté Imperiale LEOPOLD I. *& son Altesse Electorale de Brandebourg,* FRIDERIC III. *pour la continuation de l'Alliance Secrete faite entre Sa Majesté, & l'Electeur* FRIDERIC GUILLAUME, *le 22. Mars 1686. comme aussi pour l'Execution du Point de la seureté publique, en consequence de quoy ils se promettent une reciproque assistance, & une mutuelle communication de Conseils. A Vienne le 16. Novembre 1700.*

WIr Friedrich der dritte/ von Gottes Gnaden Marggraf zu Brandenburg/ des Heil. Röm Reichs Ertz-Cämmerer und Churfürst/ in Preussen/ zu Magdeburg/ Cleve/ Jülich/ Berg/ Stettin/ Pommern/ der Cassuben und Wenden/ auch in Schlesien zu Crossen Hertzog/ Burggraf zu Nürnberg/ Fürst zu Halberstadt/ Minden und Camin/ Graf zu Hohen-Zollern der Mark und Ravensperg/ Herr zu Ravenstein/ und der Lande Lauenburg und Büton ꝛc. Thun kund und bekennen hiemit vor Uns/ unsere Erben und Nachkommen Marggrafen und Churfürsten zu Brandenburg. Demnach zwischen dem Allerdurchleuchtigst-Großmächtigsten unüberwindlichsten Fürsten und Herrn/ Herrn Leopold erwöhlten Römischen Kayser/ zu allen Zeiten Mehrern des Reichs/ in Germanien/ zu Hungarn/ Böheimb/ Dalmatien/ Croatien und Sclavonien König/ Ertz-Hertzogen zu Oesterreich/ Hertzogen zu Burgund/ Steyr/ Cärnthen/ Crain und Würtemberg/ in Ober-und Nieder-Schlesien/ Marggrafen zu Mähren/ Ober-und Nieder-Laußnitz/ gefürsteten Grafen zu Habspurg und Tyroll/ an eines/ und uns anderer Seits/ durch beederseits darzu bevollmächtigte Ministros und Räthe in der Kayserl. Residenz-Stadt Wien den 16. gegenwärtigen Monats Novembris eine gewiße Allianz aufgerichtet/ geschloßen und unterschrieben worden/ welche von Wort zu Wort also lautet:

Kund und zuwißen sey hiemit: Obwohl die zwischen dem Aller-Durchlauchtigsten/ Großmächtigsten und Unüberwindlichsten Fürsten und Herrn/ Herrn Leopold/ erwählten Röm. Kayser ꝛc. an eines/ und dem weyland Durchläuchtigsten Fürsten und Herrn/ Herrn Friedrich Wilhelm/ Marggrafen zu Brandenburg/ des Heil. Röm. Reichs Ertz-Cammerern und Churfürsten ꝛc. anderer Seits hiebevorn im Jahr 1686. den 22. Martii aufgerichtete geheime Allianz nachdem auf erfolgter Absterben jetzt höchsterwähnten Chur-Fürstens Durchl. glorwürdigsten Andenkens/ deroselben Successor und Nachfolger an der Chur/ der auch Durchläuchtigste Fürst und Herr/ Herr Friedrich der dritte Marggraf zu Brandenburg/ des Heil. Röm. Reichs Ertz-Cämmerer und Churfürst ꝛc. nach Antrettung seiner Regierung sich zu solchem Fœdere ebenfalls bekennet und selbiges alles seines Innhalts erfüllen und observiren zuwollen sich verbündlich gemacht/ annoch auf verschiedene Jahre continuiren wird/ daß dannoch/ nachdeme jetziger Zeit ein und andere Umstände und Angelegenheiten vorgefallen/ worüber beyde Allerhöchst und Höchste Allierte zu des gemeinen Wesens und Ihren besondern Interesse und Besten sich näher mit einander zu vereinigen nöthig erachtet/ deshalb volgende Verbindung unter Ihnen verglichen und aufgerichtet worden.

1. Anfänglich soll obbemeldte Allianz de dato 1686. in allen ihren Puncten/ Clausuln und Articuln/ nichts davon ausgeschieden/ ihre völlige verbindlichkeit behalten/ eben als wann dieselbe von Wort zu Wort alhier wiederhohlet wäre/ ohne demjenigen was darinn stipulirt/ promittiret und verabredet worden/ im geringsten zu derogiren/ es wäre denn/ daß ein oder anderer darinn enthaltener Passus in diesem neuen Tractat mit außdrücklichen Worten geändert oder gar aufgehoben wäre.

2. Ferner versprechen Ihre. Kayserl. Maj. und Ihre Churfürstl. Durchl. daß sie nicht allein einer des andern Interesse wie sein selbst eigenes überall suchen und befördern/ hingegen alles widrige nach allem vermögen verhüten und abwenden/ auch zu solchem ende auf denen in benann-

ANNO 1700.

tem Fœdere stipulirten fällen einander die versprochene Assistenz würcklich leisten/ sondern auch bey denen gegenwärtigen Conjuncturen vertraulich mit einander communiciren/ darunter überall und absonderlich bey Reichs- und Creyß-Tägen de concert gehen/ und soviel möglich gemeinsame Mesures nennen/ auch andere mit in diese Partey zuziehen und zu einer Conformität in consiliis & actionibus zu disponiren/ absonderlich auch den Punctum securitatis publicæ zum stand zubringen sich bemühen wollen.

3. Und gleichwie Ihre Kayserl. Majest. und seine Churfürstl. Durchl. bey sich erwogen/ wie ein so groses dem Reich daran gelegen/ daß die Reichs-Vestungen Philippsburg und Kehl in guter Defension erhalten werden/ damit dieselbe nicht etwa abermahl unvermuthlich wieder in fremde Hände gerathen mögen: Als wollen Seine Churf. Durchl. nicht allein bey der Reichs-Versamlung zu Regenspurg/ und wo es sonsten nöthig/ mit Ihren Votis und Officiis es dahin befordern/ daß das gantze Reich die Conservation und Besetzung dieser beeden Vestungen über sich nemmen und dazu einen allgemeinen Beytrag thuen möge/ sondern es verbinden sich auch Seine Churf. Durchl. hiemit/ daß Sie umb Ihren Mit-Ständten hierunter ein gutes Exempel zu geben/ so fort nach Ratification dieser Allianz eine Compagnie zu fuß nacher Philippsburg in die Guarnison schiken und solche alda solange auf Ihre Kosten unterhalten wollen/ bis die Sache/ wie und welcher Gestalt gedachte Vestungen von Reichs wegen zu versorgen/ zwischen Ihre Kayserl. Maj. und denen Ständen des Reichs erledigt und ausgemacht werden wird/ jedoch daß diese Churfürstl. Leuthe auf eben die Art/ wie anderer Reichs-Stände in selbigen Vestungen stehende Leuthe alda gehalten werden/ Seines Churfürstl. Durchl. auch frey bleiben/ wann Sie derselben zu Ihrer eigenen Defension unumbgänglich benöthigt/ selbige wieder herauß und an sich zuziehen.

4. Weilen auch die Braunschweigische Chur-Sache/ falls dieselbe also länger unerledigt hinstehen solte/ leicht große Troublen im Reich verursachen könte: So wollen Seine Churf. Durchl. Ihrer Kayserl. Majest. darunter führende rühmliche allergnädigste Intention besten fleißes überall secundiren und unterstützen. Und haben Ihre Kayserl. Majest. hingegen versprochen/ daß Sie nicht allein hiebey vor des Churfl. Collegii Jura und Prærogativen/ und daß denenselben in keine weise zu nahe getretten werde/ alle nöthige Sorge tragen/ sondern auch Ihre Churfürstl. Durchl. zu Braunschweig Lüneburg/ als dero hierdurch kein geringe avantage zuwächset/ auf alle Weise dahin disponiren wollen/ daß dieselbe sich auch hinwider gegen Seine Churf. Durchl. zu Brandenburg freund- und nachbarlich bezeigen/ die zwischen Ihnen etwa noch übrige Differentien nach der unter Ihnen deßhalb genommenen abrede fördersamst erledigen laße/ und absonderlich in demjenigen/ was wegen Seiner Churf. Durchl. zu Brandenburg neuen Standes-erhöhung in diesem Tractat articulo VII. enthalten/ nicht allein vor sich selbst derselben Begehren satisfaciren/ sondern auch/ daß solches von andern in und außer Reichs ebenfalls geschehen möge/ befördern helffen.

5. Damit auch die Chur-Pfältzische und andre im Reich obschwebende Religions-Strittigkeiten das zwischen beyderseits Religions-Verwandten zu Ihrer aller Conservation so hochstnöthige Vertrauen und Verständniß nit noch mehr schwächen oder gar zerstöhren moge: So haben Ihre Kayserl. Maj. auf Seiner Churfürstl. Durchl. bey deroselben geschehenes instandiges Anhalten Ihro die Kayserl. feste Zusage gethan/ daß sie solche Religions-Gravamina, sobald dieselbe von dem Corpore Augustanæ Confessionis an Sie allerunterthänigst werden gebracht werden/ dem Instrumento Pacis und denen Reichs-Constitutionibus gemäß zu erörteren und der Billichkeit nach beyzulegen sich sorgfältigst angelegen seyn laßen wollen. Und gleich-wie Seine Churfürstl. Durchl. durch diese von Ihrer Kayserl. Maj. deroselben gethane Erklärung sich sonderlich consolirt befinden/ also werden auch dieselbe wegen dieser Religions-Strittigkeiten denen Catholischen in Ihren Landen nie etwas entgelten laßen/ noch derentwegen gegen Sie einige Repressalien oder Thätlichkeiten verhengen.

6. Was ferner den Casum anlanget/ wann dermahleinst Ihre Konigl. Maj. in Spannien (welches Gott in Gnaden verhüten wolle) ohne Descendenten versterben solte/ da bleibe es zwar bey dem articulo VII. oberwähnter Allianz de Anno 1686. Zu deßelben mehrern Erleuterung aber ist specialiter abgeredet worden/ daß Ihre Churfürstl. Durchl. Seiner Kayserl. Maj. und Ihren Erben/ falls denenselben sothaner Succession halber/ und anerlangung deßen/ was sie daran prätendiren/ Hinderniß gemacht/ und deßenthalben vor oder nach dem Todte hochsternelten Konigs in Spannien/ Krieg entstehen solte/ die in besagtem Fœdere versprochene Hülffe von achttausend Mann/ ohne einige Exception oder Dispute Ihres Rechtens/ und ohne einige andere Ausflucht/ auf dero eigene richtige Verpflegung/ zukommen laßen wollen/ um sich deterselben zu solchem Zwek nach Kriegs-raison zugebrauchen/ und wollen Seine Churfürstl. Durchl. mit solcher Hülffleistung solange continuiren/ bis der Friede gemacht und die Successions-Strittigkeit dadurch wird gehoben seyn. Jedoch seyn Ihre Churfürstl. Durchl. nicht schuldig/ auf diesem fall mit denen/ die sich Ihrer Kayserl. Maj. und dero Ertz-Haußes Rechten und Befugnißen wiedersetzen mogten/ zu brechen. Gleich-wie aber Seine Churfürstl. Durchl. nicht wißen konnen/ wie an der andern Seiten diese dero an Ihro Kayserl. Maj. leistende assistenz werde angesehen werden/ und ob man nicht vielleicht daher prætext und anlaß nemmen mogte/ Seiner Churfürstl. Durchl. Lande selbst feindlich anzufallen; So wollen Ihre Kayserl. Maj. nicht allein geschehen laßen/ daß Seine Churf. Durchl. im fall Sie würklich überzogen/ oder vergwaltigt würden/ und Ihre Volcker zu dero eigenen Defension und Rettung gantz oder zum Theil unumbgänglich von nöthen hätten/ dieselbe nach erforderung der Noth/ alle oder zum theil zuruk ziehen/ und selbige zu ihrer eigenen Defension mit employren mogen/ sondern es haben sich auch Ihre Kayserl. Maj. damit die Churfürstl. Trouppen destoweniger entfernet bleiben mogen/ mit Seiner Churfürstl. Durchl. dahin hiedurch expresse verglichen/ daß gedachte Truppen weder über See/ noch in das Königreich Neapel gezogen/ sondern nur in denen zum Heyl. Reich gehörigen Landen und Lehen/ wo es Ihre Kayserl. Majest. am nöthigsten finden/ gebraucht werden sollen. Und dafern bey diesem Auxiliar-Corpo in Schlachten oder Belägerungen ein considerabler abgang über tausendt Mann sich ereignen solte/ so wollen Ihrer Kayserl. Majest. zu deßen Ersetzung die Helffte der Recruten-Gelder nach dem fuß/ wie solche dero eigenen Regimentern gereichet werden/ beytragen. Es werden auch Ihre Kayserl. Maj. dieses Corpo allen falls in mehr nicht als zwey Theile vertheilen und vor deßelben Conservation/ als wobey Ihro Kayserl. Maj. selbsteigenes Interesse und Dienst mercklich versiret/ alle mögliche Sorge (die von Ihro Churfürstl. Durchl. zu verschaffen seyende eigene Verpflegung jedoch außgenommen) gleich vor Ihre selbst eigene Truppen tragen laßen. Und gleichwie Seiner Churf. Durchl. selbst daran gelegen/ daß die Parthey von Ihrer Kayserl. Maj. wann es dieser Successions Sache halber zum Kriege kommen solte/ soviel möglich verstärkt werde/ als wollen Seine Churf. Durchl. durch Ihre Officia auch andere Potentaten zu dieser Bündnuß herbey zu bringen sich angelegen seyn laßen/ und existente casu bey dem Romischen Reich befordern helffen/ daß dasselbe Ihrer Kayserl. Maj. Interesse und Befugnißen sich kräfftigst annehmen mögen. Es werden sich auch Seine Churf. Durchl. nie in einige Handlung einlaßen/ so demjenigen was die Allianz de anno 1686. und dieser darauf gegründete Tractat mit sich bringet/ im geringsten zu wider/ vielmehr aber solchen beyden Foederibus jedermahl genau und unverbrüchlich nachkommen.

7. Als auch Seine Churfürstl. Durchl. occasione dieses Tractats Ihro Kayserl. Maj. unterthänigst vorstellen laßen/ was maßen Sie aus verschiedenen Motivis ihr Absehen gefaßet hätten/ Ihrem mit vielen Landen von Gott gesegnetem hohen Hause den Königlichen Titul zu acquiriren/ und dannenhero Ihro Kayserl. Maj. ersuchet haben/ daß Sie Ihro darzu behülfflich zu seyn/ und Ihro sich darunter willfährig zu erweisen geruhen möchten/ zumahlen Sie wohl erkenneten/ daß Sie sich deßhalb vornehmlich an Ihro Kayserl. Maj. als das Allerhöchste Oberhaupt der Christenheit/ und ohne deren Approbation Sie sich solchen Titul zu arrogiren/ noch zu der Proclamation und Crönung zu schreiten nicht gemeinet wären/ zu addressiren und dero Declaration nach dem Exempel anderer Souverainen Konige/ die in vorigen Zeiten diese Dignität erlanget zuforderst und vor allen Dingen darüber zu suchen hätten. Als haben Ihro Kayserl. Majest. in Consideration des Chur-Hauses Brandenburg uralten Splendoris, Macht und Ansehens/ auch von des jetzt regierenden Churf. Durchl. Ihro und dem gemeinen Wesen bishero geleisteten großen und considerablen Dienste resolviret/ eine solche wohlmeritirte dignität Ihrer Churf. Durchl. beyzulegen. Erklären sich auch hiermit auß Kayserlicher Macht und Vollkommenheit/ daß wann Seine Churf. Durchl. hiernächst zufolge dieser von Ihro Kayserl. Maj. erlangter Gnädigsten Approbation und Erklärung über kurtz oder lang/ zu welcher Zeit es Ihro gefallen wird/ wegen Ihres Hertzogthumb Preussen sich vor einen König proclamiren und Krönen laßen/ Ihre Kayserl. Maj. und dero Herrn Sohns des Rom. Konigs Maj. vor sich und Ihre Nachkommen nicht allein am Reich/ sondern auch in dero Konigreichen/ Hungarn und Bohmen/ wie auch an denen übrigen Ertz-Hertzoglichen und Oesterreichischen Landen Seine Churf. Durchl. so fort ohne einige weitere Verzögerung und aufschub auf Ihre Deroselben davon thuende Notification in- und außer Reichs vor einen König in Preussen ehren/ würdigen und erkennen/ alle diejenigen Prærogativen, Titulen und Honores, so andre Europäische Konige und deren Ministri von Ihrer Kayserl. Majest. und den Ihrigen/ sowohl in- als außerhalb Reichs/ in Specie auch an dem Kayserl. Hoff und in Schreiben empfangen/ Seiner Churf. Durchl. und deren Ministris auch erweisen/ und in Summa zwischen Seiner Churfürstl. Durchl. und andern Europäischen Konigen/ in Specie denen Konigen von Schweden/ Dännemark und Pohlen/ in der Titulatur und andern Ehren-bezeigungen keinen Unterschied machen/ nicht weniger auch durch alle diensame Officia schrifftlich und durch Ihre Ministros es dahin beforderen wollen/ daß von

allen

ANNO 1700.

allen außwärtigen Cronen und Potenzien/ absonderlich aber von Spanien und Portugal/ wie auch von denen Italiänischen Fürsten und Republiquen sowohl/ als zu forderist von denen sämbtlichen Ständen des Reichs/ desgleichen geschehe/ und Seine Churf. Durchl. von denselben nicht weniger als von Ihrer Kayserl. Majest. selbst pro Rege angenommen und agnostirt werden mögen.

8. Gleichwie aber Seine Churf. Durchl. gegen Ihro Konigl. Maj. in Pohlen sich albereits dahin erkläret und reversirt haben/ daß dieser von Seiner Churf. Durchl. angenommene Titul eines Konigs in Preussen der Cron Pohlen in keinem Stük zu einigem Præjudiz gereichen solle; Als wollen Ihro Kayserl. Majest. auch Ihres Allerhochsten Orths nicht nur dieses/ sondern auch anbey hiemit außbedungen haben/ daß hiedurch dem Reich und Teutschen Orden eben so wenig Præjudicirt werden solle; wiewohl auch von seiten Seiner Churfürstl. Durchl. dabey declariret worden/ daß Sie der Cron Pohlen und Ihren Juribus dadurch nichts vergeben haben wollen.

9. Wann Seiner Churfl. Durchl. Ministri/ nach deme dieselbe sich vor einen König in Preussen proclamiren laßen/ als Gevollmächtigte eines Churfürsten von Brandenburg/ oder wegen der übrigen zum Reich gehörigen Lande/ auf Reichs-Creyß-oder anderen dergleichen Conventen erscheinen/ so sollen dieselbe respectu solcher Lande keinen andern Vorzug oder Rang prätendiren/ als welchen Sie bishero gehabt haben/ auch dafern ein oder ander Churfürst oder Fürst des Reichs Ihro so fort den Königlichen Titul zugeben anstehen mögte/ so wollen sie doch deßwegen gegen denselben nichts wiedriges oder thätliches unternehmen/ noch sich deshalb weigern mit denenselben auf Reichs-Creyß-und andern Conventen zusammen zu kommen. Ihre Kayserl. Maj. erbieten sich aber auch hingegen/ daß Sie durch dero Allerhöchste Authorität es dahin zubringen bemühet seyen wollen/ damit diejenige Credenz-Schreiben und Vollmachten/ welche Seine Churf. Durchl. Ihren zu dergleichen Conventen abschikenden Ministris zu Ihrer Legitimation mitgeben/ und worin Sie den Titul und das Wapen eines Königs in Preussen gebrauchen/ wo nicht angenommen/ dennoch dabey ein solch unverfänglich Expediens ausgefunden und und gebraucht werden möge/ daß Seine Churf. Durchl. das Commercium gar zu heben keine Ursach haben.

10. In denen Preussischen Expeditionen wollen sich Seine Churf. Durchl. nach erlangter Königlichen Dignität keiner andern Sprach/ als der Teutschen gegen Ihro Kayserl. Maj. gebrauchen/ und was in solchem Idiomate von Ihrer Kayserl. Maj. Seiner Churfürstl. Durchl. geschrieben wird/ unweigerlich annehmen; in denen Briefen aber/ die Sie mit andern Potenzien wechseln/ stehet Ihro frey/ was für einer Sprache sie sich bedienen wollen. Hingegen werden quoad Curialia Ihre Kayserl. Maj. den König in Preußen denen von Schweden/ Dännemark und Pohlen per omnia gleich halten und tractiren. Was aber einer oder der ander von denenselben gegen Ihre Kayserl. Maj. neuerlich einzuführen suchen mögte/ deme werden Seine Churf. Durchl. noch der König in Preussen nicht nachfolgen: Und gleichwie Ihre Kayserl. Maj. Seiner Churf. Durchl. wann Dieselbe sich zum König in Preussen proclamiren laßen/ den Titul Bruder zulegen und an Sie/ gleich an die übrige obbenante Könige Durchläuchtigst/ Großmächtiger schreiben werden: So wollen auch Seine Churf. Durchl. hinwieder in Ihren an Kayserl. Maj. ablaßende Schreiben Dieselbe mit der Compellation Ewer Kayserl. Maj. ohne hinzuthun des Worts Liebden/ und in der Titulatur mit dem Prädicat Invictissimi oder unüberwindlichst beehren/ auch denen Ertz-Hertzogen von Oesterreich im Schreiben und sonsten keine geringere prædicata, Curialia und Honores als denen Weltlichen Churfürsten zulegen.

11. Wann Seine Churf. Durchl. hiernächst/ nachdeme dieselbe zum König in Preußen sich proclamiren laßen/ als Director des Westphälischen und Nieder-Sächsischen Creyße nebst ihren alda habenden Condirectoren an Ihro Kayserl. Maj. schreiben/ so bleibt es respectu des Westphälischen Crayßes bey demjenigen/ was der unterschrifften halber unter denen Directoribus verglichen/ auch bishero observirt worden/ sonderlich/ wann Seine Churfürstl. Durchl. sowohl in dem Westphälischen als Nieder-Sächsischen Crayßen/ wann es etwa mit Ihren Herren Condirectoren wegen des modi subscribendi einige Difficultät geben solte/ ein Duplicatum an Ihro Kayserl. Maj. abgehenden Schreiben allein zeichnen/ und wollen Dieselbe solches wie bishero/ also auch weiter jedesmahl gnädigst annemmen.

12. Es wollen auch Seine Churf. Durchl. dero Ministros auf Reichs-und Crayß-Conventen/ wo dieselbe als Churfürstliche Ministri erscheinen/ denen Kayserl. Principal-und Con-Commissariis auß besondern gegen Ihro Kayserl. Maj. als das höchste Ober-Haupt des Reichs tragendem Respect/ die bishero prätendirte erste visite unweigerlich geben/ und daß es auch von denen übrigen Churfürsten geschehe/ Ihre Officia beytragen/ nichtsweniger auch die Ertz-Hertzogliche Oesterreichische Gesandte denen Churfürstlichen in allem gleich tractiren laßen/ jedoch mit der ausdrüklichen Bedingung/ daß im übrigen die Churfürstliche Ministri primi & secundi Ordinis, es mögen deren einer oder mehr in der Zahl seyn/ wann anders derselben Principalen in dem Punct des Ceremonialis der Kayserl. Con-Commissarien/ und der Oesterreichischen Gesandten mit Seiner Churfürstl. Durchl. sich conformiren/ von denen Kayserlicher außerhalb des Röm. Reichs kein geringer Tractament in einigem Stuk des Ceremonials als die Konigliche von denselben bekommen/ sondern von Ihro Kayserl. Maj. und dero Ministris zwischen denen Koniglichen und Churfürstlichen eine völlige durchgehende gleichheit/ wie gedacht/ außerhalb Reichs/ wann dieselbe nicht als Deputati Imperii erscheinen/ sowohl in der ersten Visite/ als sonsten gehalten werden solle. Es befinden jedoch Seine Churfürstl. Durchl. billig/ daß kein Churfürstlicher primus Legatus oder Ablegatus für einen Kayserlichen letzteren/ wann dieser letztere in dem Charactere gleich ist/ den Vorrang prätendire.

13. Ferner wollen Seine Churfürstl. Durchl. zu Bezeigung dero Erkenntlichkeit für die durch zulegung des Koniglichen Tituls von Ihro Kayserl. Maj. Ihro erwiesene sonderbare Affection und Wohlthat/ die deroselben bis zur Ratification dieses Tractats schuldige Subsidien gäntzlich fahren laßen/ und darauf hiedurch quittiret haben/ fürohin aber/ wann es zum Krieg komt/ sollen dieselbe wie sie anno 1686. stipuliret worden/ jährlich mit einmahl hundert funfzigtausend gulden/ solang der Krieg dauret/ continuirt und abgeführt werden/ und Seine Churf. Durchl. tempore belli über berührte Subsidia ein mehrers nicht/ als etwa in denen Winterquartieren Tach und fach begehren/ es wäre dann/ daß mittelst Beyhülffe der Churfürstl. Hülffs Volkeren einige Contributiones oder zugänge in Hostico beygetrieben würden; an welchen so dan gedachte Hülffs-Volker nach proportion participiren sollen. Es wollen nicht weniger Ihre Churf. Durchl. die von Ihrer Kayserl. Maj. verlangende Readmission der Cron Bohmen/ also wie Sie sich dazu anno 1695. den 15--22. Decembris gegen Ihro Kayserl. Maj. erkläret/ befordern und secundiren; Jedoch unter denen damahls angehängten Bedingnußen/ welche insgesamt anhero wiederhohlet werden.

14. Obiges alles ist nicht allein auf Ihre Kayserl. Maj. und Seine Churfürstl. Durchl. sondern auch auf derenselben beyderseits Descendenten und Nachkommen zu verstehen/ und versprechen allerhochst und hochgedachte Paciscenten für sich und gemeldten Dero Descendenten und Successorn daßelbe getreulich und unverbrüchlich zu erfüllen/ und sich davon unter keinem prætext, Vorwand oder Behelff/ es seye derselbe beschaffen wie er will/ zu entbinden. Es wollen auch Dieselbe dieses Fœdus in hochster geheimb halten/ und ohne vorher darüber gepflogene Communication selbiges niemanden/ er seye wer er wolle/ communiciren/ die Ratification aber darüber innerhalb vier Wochen oder eher/ wann es moglich allhier in Wien gegen einander auswechseln laßen.

Deß zu Urkund seind von diesem Tractat zwey gleich lautende Instrumenta gemachet und von beyderseits dazu gevollmächtigten Ministris und Räthen eigenhändig unterschrieben. So geschehen zu Wien den 16. Novembris anno 1700.

(L. S.) N. Graf von Harrach.

(L. S.) D. A. Graf von Kaunitz.

(L. S) F. B. Bartholdi.

Daß Wir solche Allianz in allen ihren Puncten/ Clausulen und Articulen approbirt/ ratificirt und genehm gehalten haben/ thun das auch und ratificiren dieselbe hiemit und krafft dieses dergestalt und also/ wie solches am besten geschehen kan/ soll/ oder mag/ versprechen auch und verbinden uns bey unserm Churfürstl. Wort und Glauben/ daß wir allem dem/ was solche Allianz in sich hält/ getreulich und unverbrüchlich nachkommen/ und in keine weise darwider thun oder handlen wollen/ getreulich und ohngefährde. Urkundlich unter unserer eigenhändigen Unterschrifft und aufgetrukten Churfürstl. Insiegel. So geschehen und gegeben zu Cölln an der Spree den 27. Novembris anno 1700.

Friedrich Churfürst.

(L.S.)

Gill. Wartenberg.

CCX.

1. Decembre.

Protestation de PHILIPPES *fils de France & Duc d'Orleans contre le Testament de* CHAR-LES

Anno 1700.

LES II. *Roi d'Espagne en ce qui regarde l'appel du Serenissime Archiduc* CHARLES *à la succession à la Couronne, après les Serenissimes Ducs d'Anjou & de Berry. Fait à Paris au Palais Royal le* 1. *Decembre* 1700. [Simple Copie mais seure inserée dans les Lettres Histor. du mois de Juin 1702. pag. 684.]

AUjourd'hui 1. Decembre 1700. avant midi au Mandement de très-haut, très-puissant, & très-excellent Prince, *Monseigneur Philippe Fils de France, Frere unique du Roi, Duc d'Orleans, de Valois, de Chartres, & de Nemours:* Les Conseillers du Roi, Notaires au Châtelet de Paris soussignez, se sont transportez au Palais Royal, ruë S. Honoré, Paroisse S. Eustache, demeure ordinaire de mondit Seigneur, où étant *Son Altesse Royale*, a dit & déclaré, que le feu Roi d'Espagne *Charles* II. ayant regardé pendant sa vie, comme une obligation indispensable de laisser la Succession de la Couronne aux Princes qui y sont par l'ordre du Sang, & par le droit commun inviolablement gardé dans l'étenduë de ses Etats, il s'en est clairement expliqué par l'Article XIII. de son Testament fait à Madrid le 2. Octobre 1700. Où aprés avoir reconnu que le motif des Renonciations faites par les Contracts de Mariage des Sérénissimes Infantes *Anne* & *Marie-Thérése*, successivement Reines de France, à la Succession des Royaumes d'Espagne, n'a été que pour éviter leur union à la Couronne de France, & que ce motif venant à cesser le droit légitime de cette Succession reside en la personne du plus proche parent, suivant les Loix de ces Etats: Que dans cette vûe ledit Seigneur Roi Charles II. trouvant que l'inconvenient cesse en la personne de *Monseigneur Duc d'Anjou*, second Fils de *Monseigneur le Dauphin*, il le déclare pour son Successeur & comme tel il l'appelle à la Succession de ses Royaumes, & en cas qu'il décede sans enfans, ou qu'il parvienne à la Couronne de France, il appelle aprés lui *Duc de Berri*, son Frére puis né: qu'on ne peut douter que le même esprit de justice & d'affection qui a porté ce Prince à se déclarer si ouvertement en faveur des plus proches héritiers de son Sang, n'ait été de conserver à S. A. R. & à ses descendans, les droits qui leur apartiennent légitimement par leur naissance selon l'ordre de leur degré aprés *Messeigneurs les Ducs d'Anjou & de Berri*; que cependant, soit par obmission, ou d'autres motifs contraires à son intention, & à la Loi inviolable, si autentiquement reconnuë par le Testament, & si exactement observée dans la Succession de la Monarchie d'Espagne; le Sérénissime *Archiduc Charles d'Autriche* second Fils de l'Empereur, plus éloigné en degré, & issu de *Marie-Anne d'Autriche* sœur puisnée de la Reine *Anne d'Autriche* Mére de Son *Altesse Royale*, se trouve appellé à la Succession, & qu'aprés lui & ses enfans S. A. R. Monseigneur le Duc de Savoye & ses descendans, qui sont d'une souche encore plus éloignée se trouvent aussi apellez; qu'encore que cette disposition ne puisse donner aucune atteinte aux Droits de S. A. R., ni déroger aux Loix des Royaumes d'Espagne, qui appellent les Héritiers légitimes selon leurs degrez à la Succession de la Monarchie, & qu'elle soit contraire à la Déclaration qu'a fait le Roi par son Testament, qu'il veut laisser sa Succession dans le droit commun, mondit Seigneur a crû qu'il manqueroit à ce qu'il se doit à lui-même, à ses descendans & au Sang Royal de France, s'il gardoit le silence dans une occasion si importante, il souhaite que le Droit que sa naissance lui donne demeure pour toûjours en suspens & que la Lignée des Princes que l'Ordre du Sang appelle avant lui s'étende si loin dans les Siécles futurs, que sa posterité la plus reculée n'ait jamais occasion d'en joüir; mais il ne doit pas souffrir qu'une prérogative d'honneur si éminente, un droit si inviolable que le sien, & celui de ses descendans soit omis, que sans parler de lui, on appelle des Princes qui ne peuvent légitimement recueillir cette Succession qu'aprés lui & ses descendans: C'est pourquoi S. A. R. a protesté & proteste par ces présentes que l'obmission de sa personne & de ses descendans dans le Testament du Roi C. daté à Madrid le 2. Octobre 1700. ne pourra donner aucune atteinte ni préjudicier à ses Droits, & à ceux de ses descendans sur les Royaumes, Etats, Terres, & Dominations d'Espagne &c.

FIN DE LA PREMIERE PARTIE
DU TOME II. DE CE SUPPLEMENT.

APPENDIX.

A LA PREMIERE PARTIE DU TOME II.

DU SUPPLEMENT

AU CORPS DIPLOMATIQUE.

I.

ANNO 1570. 26. Decembre. *Rescriptum* MAXIMILIANI II. *Romanorum Imperatoris ad* COSMUM I. *Florentiæ Ducem, quo, deductis Imperii in Statum Florentinum Juribus, concessio Tituli Magni Ducis à Pontifice Maximo ei facta irrita declaratur. Datum in Oppido Imperiali Dunckelspubl 26. Decemb.* 1570. [*Nova eaque plena Assertio Juris quod Cæsar. Maj. & Imperio in Magnum Tusciæ competit Ducatum.* [In Append. pag. 82. Ex Archivo Imp THOMÆ FRITSCH Exercitatio Juris Publici de Jure Imperii in Magnum Ducatum Etruriæ. In Append. pag 26. lit. O. *Recherche de la vérité du Mémoire de la Liberté de l'Etat de Florence.* In Append. pag. 18.]

ILlustrissime Dux, Affinis, & Princeps charissime, cum Nobis aliquoties per Dilectionis Tuæ Oratorem in Curia Nostra residentem, expositum fuerit, Dilectionem Tuam scire cupere, quid illa de prætensa magni Ducatus Hetruriæ inauguratione facere velimus, Nos, etsi accepto præteritis mensibus Sanctissimi Dn. Pontificis responso, ad factam longo ante tempore coram Sanctitate sua, & Reverendorum in Christo Patrum S R E. Cardinalium Collegio insinuationem protestationis Nostræ, contra ejusmodi inaugurationem præteritis mensibus, in Arce Nostra Regia Praga solemni modo interpositæ, ad Sanctitatem suam ea scripto referri curavimus, quæ Nostra ac Imperii sacri necessitas hoc loco exposcere visa est, adeoque ista cum Sanctitate sua, ut pote a qua asserta illa inauguratio proficiscitur, agere statuerimus; nihilominus tamen ad prædicti Dilectionis Tuæ Oratoris instantiam prætermittere noluimus, quin Dilectioni quoque Tuæ animi Nostri voluntatem benigne, ac eo candore, quo in hujusmodi, & quibuscunque aliis negotiis, versari consuevimus, aperiremus. In primis igitur Dilectioni Tuæ illud in mentem vocandum occurrit, quod sicut Sanctitati ejus nullo jure licuit tale quid de Hetruria statuere, atque disponere, sic certe Dilectionem Tuam, tanquam *Nostrum, & Imperii nostri Sacri vasallum*, longe minus decuit, oblatam Dilectioni Tuæ novam illam dignitatem (si tamen dignitas dici debet, quæ indigno modo ac nulliter fit) *insciis Nobis, utpote Romanorum Imperatore, cui in Hetruriam Superioritatis jus competere, efficacissimis rationibus, & quidem magna ex parte veteribus, & recentibus investituris probari potest, acceptare, nedum quoad Florentiæ Statum, Nostram illam ac Sacri Imperii Superioritatem, Jurisdictionem, & Authoritatem non solum in dubium vocare, verum etiam inani quodam Libertatis prætextu prorsus negare.*

Nam cum fieri nequeat, quin Dilectio Tua memor sit, quo pacto, & quas ob causas. Divus quondam Imperator Carolus Quintus &c. Dominus, patruus, & socer noster charissimus, augustæ memoriæ, postquam Florentiæ Civitatem, quæ a Majestatis suæ, & Sacri Imperii devotione desciverat, longa obsidione cinctam ad deditionem adegisset, ac Imperatoriæ potestatis plenitudine, & inter alia eam quoque ob rationem, quo deinceps in Majestatis suæ, & Sacri Imperii fide, & devotione perpetuo maneat &c. quondam Ducem Alexandrum, Reipublicæ illius Florentinæ gubernio præfecerit: eadem Civitate in gratiam recepta, ac in specialem Majestatis suæ, & Sacri Imperii protectionem, & salva-

guardiam assumpta, nec non confirmatis illius privilegiis, juribus, & exemptionibus, quæ à Majestatis suæ antecessoribus Romanorum Imperatoribus, & Regibus, ac Sacro Romano Imperio, antequam a devotione ista recederet, obtinuerat; ac denique eadem superioritate sibi, ac Sacro Imperio ita reservata, ut si forsan Respublica, ei institutæ a Majestate sua regiminis formæ contraveniret, tanquam a Majestate sua & Sacro Imperio rebellis, ingrata, & inobediens, concessa ipsi remissione, indulto, confirmatione, & privilegiis &c. privata, atque universum ejus Dominium ad Sacrum Romanum Imperium devolutum censeri, & esse debeat, &c. quæ quidem omnia ejusdem remissionis, institutionis & creationis Literis, expressis verbis continentur. Cum Dilectio autem Tua, præfato Duci Alexandro, eodem plene pacto successerit, sane Dilectionem Tuam, vel eorum omnium parum memorem fuisse credendum, *vel certe absurdum est, id a Dilectione Tua negari, sine quo nec prædecessoris sui, Ducis Alexandri erectio, nedum Dilectionis Tuæ, vigore ejusdem institutionis ad se delata successio, valida esset, atque subsisteret.* ANNO 1570.

Quæ cum sic se habeant, ac proinde Nos Dilectionis Tuæ nulliter factam in magnum Hetruriæ Ducem creationem, ac subsecutam paulo post coronationem, absque gravissima Nostræ Cæsareæ, ac successorum Nostrorum, Sacrique Romani Imperii authoritatis, jurium, & præeminentiæ diminutione nulla omnino ratione ferre queamus, prædicto Sanctissimo Domino Pontifici hanc Nostram mentem, Sacrique adeo Imperii necessitatem memorato scripto fusius declaravimus: eundem obnixe rogantes, atque monentes, ut hac in re talia convenientia, opportuna, & efficacia remedia providere velit, quo sublato gravi isto, ac intolerabili præjudicio, Nobis ac Sacro Imperio, *Nostra authoritas, præeminentia, dignitas, & jurisdictio, salva, integra, & illæsa maneat: retractando scilicet ea, quæ sic a Sanctitate sua illegitimo modo instituta sint.* Et quia Dilectio Tua ex iis omnibus satis intelligit, id, quod Dilectionem Tuam scire cupere ejusdem Orator aliquoties Nobis retulit, de Dilectione Tua sic Nobis plane pollicemur, Dilectionem Tuam se huic animi Nostri declarationi, ut quæ ipsa æquitate nititur, accommodaturam, ac non solum Sanctitatis suæ retractationi se facile submissuram, verum etiam, ubi forte Sanctitas Sua in eo se difficiliorem exhibere velit, eidem Sanctitati suæ, ut nostris monitis locum faciat, suasorem fore: vel saltem ipsam & Dilectionem Tuam novo illo prætensi magni Ducatus titulo, & nomine, quæque præterea eidem adhærent, se ultro prorsus abdicaturam esse, quo sic negotio isto in pristinum statum restituto, diversarum dissensionum, scandalorum, & turbarum, quæ hac ex re facile oriri possent, præscindatur occasio, quod uti Dilectionem Tuam facturam esse omnino confidimus, sic Dilectioni Tuæ certo persuasum cupimus, Nos in aliis omnibus, quæ, citra Nostri ac Sacri Imperii jurium, & authoritatis præjudicium, & diminutionem fieri possunt, Dilectionis Tuæ, ac ejusdem filii Illustr. Florentiæ Principis, sororii & Principis Nostri charissimi, dignitati & commodis promovendis, pro singulari & benevolentiæ & propensionis studio, quo utramque complectimur, nusquam esse defuturos. Quod superest, Dilectionem Tuam diu recte, feliciterque valere, optamus. Datum in Oppido Nostro Imperiali, Dunckelspuhl 26. Dec. 1570.

II.

Churfuerstliches Bedenken in Causa Florentina, & quidem Tituli Magni Ducis Etruriæ, auf dem 19. Octob.

Chur-

ANNO 1575. *Churfurstlichen Collegial-Tag, zu Regenspurg. Dat. 29. Octob. 1575.* CUM *Interpretatione Latina.* [*Nova eaque plena Assertio Juris, quod Cæs. Maj. ac S. Imperio in Magnum Tusciæ competit Ducatum.* In Append. pag. 86. Ex Archivo Imper.]

DEr Römischen Kayserl. Majestät unsers Allergnädigsten Herrn/ in Schrifften ausgeführten Bericht/ was Sachen die Florentinische neue Inauguration belangend/ gehandelt/ was auch Ihro Kayserl. Majestät zu Niederlegung der Genuesischen Emporung und Niederländischen Kriegs-Unruhen mit embsigen Fleiß und Vätterl. Sorgfältigkeit gehandelt/ auch dabey ferners allergnädigst zu bedencken angehenget/ dessen alles seyn die anwesende Churfürsten und Pfältzische Abgesandten aus verlesenen Ihrer Kayserl. Majestät schrifftlichen Anbringen/ der Nothdurfft berichtet worden.

Wann nun daran kein Zweiffel daß *Florenz* und gantz *Hetruria* von Alters zum Heil. Reich gehorig/ daß auch die Hertzogen zu *Florenz* Ihro Fürstl. Würden/ *Titul*, Stand und Obrigkeit von niemand anders als von Röm. Kayser Carl dem Fünfften noch in frischen Andencken erlangt.

Als hats dem jetzigen Hertzogen eben so wenig/ als dem vorigen gebührt/ solche Würden/ Titul, oder Stand/ noch vielweniger den Titul eines Groß-Hertzogen Hetruriæ oder Toscaniæ zu Rom vom Pabst Pio quinto, zu suchen/ zuvor ab/ dieweil daßelb sowohl Ew. Kayserl. Majestät als dem Heil. Reich/ daher alle weltliche hohe Würden/ Stand und Gebieth/ als vom eintzigen Brunnen im Heil. Reich herfliessen/ zu keiner geringen Verkleinerung und Abbruch reichen thuet.

Der und ander Ursachen halben/ von Ew. Kayserlichen Majestät wahlbedächtlich angezogen/ lassen die anwesende Churfürsten und Pfältzische Abgesandten/ Ihnen/ Ew. Kayserlichen Majestät vorgeschlagene Mittel unterthänigst wohlgefallen/ daß nemlich der Hertzog zu Florenz den Titul und Nahmen Magni Ducis (des Groß Hertzogen) zu Florenz, aber nicht zu Hetrurien oder Toscana bey Ew. Kayserlichen Majestät der Gebühr erlangen/ und aufbringen soll. Aber doch on Cron/ Scepter/ und den Titul Serenissimi, daß auch solche Erhöbung seines Tituls Ew. Kayserl. Majestat dem Heil. Reich und sonst männiglichen ohne Nachtheil seyn soll. Innassen Ew. Kayserlichen Majestät allergnädigstes Bedencken davon ferner Meldung thut.

Daß dann Ew. Kayserl. Majestät die Innerlich oder Bürgerliche Emporung/ zwischen den Alten und Neuen von Adel zu Genua auf solche compromittirte Mittel gericht/ dadurch solche gewaltige Commun und Statt dem heiligen Reich auch angehorig/ wiederum zum friedlichen Wesen gebracht/ darbeneben auch Ihre ansehnliche Kayserliche Oratores zu der Koniglichen Majestät in Hispanien/ mit sonderer Instruction und Werbung zur pacification der Nieder-Erb-Landen allergnädigst abgefertigt/ mit angehefften Allergnädigsten Kayserlichen Erbieten: Dessen sagen sie die anwesende Churfürsten und Pfältzische Abgesandten Ew. Kayserl. Majestät Allerunterthänigst Danck/ wöllen auch zu GOtt dem Allmächtigen hoffen/ derselb wird/ nach seiner göttlichen Güte einmahl solche annehmliche Mittel schicken/ damit solche langwierige Unruhen zu allen Theilen wiederum zum friedlichen Wesen gelangen/ und also ferner Verderben der Christlichen Landen verhütet werden möge. Wie es denn zwar bey diesen ohn deß ontrenen Zeiten/ und antrauenden Gefährlichkeiten/ dem Heil. Römischen Reich fast hoch nothig und nützlich ist.

Solches haben Ihre Chur- und Fürstliche Gnaden zu Ihrer Allerunterthänigsten Erklährung Ew. Kayserlichen Majestat nit haben wollen unvermelt lassen.

Mayntzische Cantzley.

Vers. Latin.

SAcræ Cæsaræ Majestatis, *Domini* Nostri Clementissimi, scriptis comprehensam relationem, ubi, quid circa negotium novæ inaugurationis Florentinæ fuerit actum, itemque quid S. Cæsarea Majestas pro supprimenda seditione & discordia Januensi, ac componendis belli Belgici turbis summa diligentia ac paterna cura susceperit, ac perfecerit, ac quid insimul hic sit considerandum, clementissime recenset, præsentes Electores, ac Palatini Ablegati ex Cæs. Majestatis libello propositionis, publice lecto, abunde ac prorsus cognoverunt.

Quemadmodum vero nequaquam est dubitandum, quin *Florentia de universa Hetruria jamdudum & ab antiquo ad Sacrum Imperium pertineat, atque Duces Florentiæ Principalem suam Dignitatem, Titulum, Statum Jurisdictionem a nullo alio, quam Romanorum Imperatore, scilicet Carolo V. Cæsare, novissime adhuc, fuerint consecuti*; ita præsenti Duci pariter ac priori & defuncto jus haud competiit, hujusmodi dignitatem, titulum, aut statum, multo minus vero axioma Magni Ducis Hetruriæ, sive Tusciæ, Romæ a Papa, Pio Quinto, efflagitandi, imprimis quum hæc res tam Sacræ Vestræ Cæsaræ Majestati, quam Sacro Jmperio, unde omnes seculares & eminentes dignitates, conditiones, & potestates, tamquam ex unico in Sacro Imperio fonte dimanant, non parum damni ac detrimenti adferat. Ob has igitur & alias causas, a Sacra Vestra Cæsarea Majest. prudentissime allegatas, præsentes Electores, & Ablegati Palatini remedia, a Sacra Vestra Cæsarea Majest. proposita, humillime comprobant, eo collineantia, ut scilicet Dux Florentiæ titulum ac nomen Magni Ducis *Florentiæ*, neutiquam *vero Hetruriæ sive Tusciæ* a Sacra Vestra Cæsarea Maj. prouti par est, expetat ac impetret; ita tamen, *ut hæc concessio Coronam, Sceptrum, atque Titulum Serenissimi minus complectatur, itemque talis erectio & extensio axiomatis S. Vestræ Cæsareæ Maj. S. Imperio, ac cuilibet alteri nihil præjudicii conciliet*; prouti in S. Vestræ Cæsareæ Maj. clementissima declaratione hoc amplius memoratur. ANNO 1575.

Quod porro S. Vestra Cæsarea Maj. domesticam sive civilem discordiam & seditionem, veterem inter ac novam Nobilitatem Januæ exortam, medio ac modo compromissi sic composuerit, ut huic potenti Communitati & Civitati, quæ etiam Sacro Imperio paret, pax pristina & tranquillitas fuerit restituta, itemque suos maxime spectabiles ac illustres Cæsareos Oratores ad Regiam Maj. Hispaniarum cum speciali instructione & mandato, pro pacandis Belgii Provinciis hereditariis clementissime ablegarit, ac clementissimam Cæsaream voluntatem ejusque explicationem adjunxerit, S. Vestræ Cæs. Maj. præsentes Electores & Ablegati Palatini humillimas agunt gratias, in Deo Omnipotente prorsus sperantes, fore, ut Iste, secundum Divinam benignitatem suam, tandem idonea & accepta media largiatur, quibus effici possit, ut tales diuturnæ turbæ ubique ac ex omni parte e medio tollantur, publica quies redeat, adeoque ulterior calamitas & pernicies in Terris Christianis evitetur. Quandoquidem, his perfidiæ plenis & pericula minantibus ac præsagientibus temporibus Sacro Romano Imperio id admodum est necessarium, & perquam utile ac salutare.

Hæc Electores, humillimæ declarationis loco, S. Vestræ Cæs. Maj. exhibere voluerunt.

III.

Decretum Cæsareum Ratisbonense de Titulo Magni Ducis Etruriæ FRANCISCO *Florentiæ Duci conferendo. Datum Ratisbonæ die* 11. *Mensis Novembris Anno* 1575. [*Nova eaque plena assertio juris quod Cæsar. Maj. ac S. Imperio in Magnum Tusciæ competit Ducatum.* In Append. pag. 88. Ex Archivo Imper.] 11. Novemb.

SAcra Cæsarea Majestas benigne scit, quod cum Cæsarea Majestate sua jam ab aliquot annis per Illustrissimos & Excellentissimos Principes Dominum Cosmum de Medicis, eoque defuncto filium successorem suum D. Franciscum de Medicis, Duces Florentiæ, ac eorundem nomine de Magno Hetruriæ Ducatu actum sit, atque insuper animo repetit *tum fidelia & utilia obsequia* hactenus Majestati suæ ejusque antecessoribus alacri semper promptissimoque studio præstita, tum arctissimam affinitatis necessitudinem, quæ Majestati suæ cum iisdem intercedit, *ac proinde re hac cum Sacri Imperii Principibus Electoribus in maturam deliberationem adducta, decrevit* ipsi Illustrissimo Duci Florentiæ conferre titulum Magni Ducis in Hetruria eorum locorum, quæ immediate ibidem possidet, neque alteri cuipiam subjecta sunt, *in eadem forma, & sub iisdem clausulis, quæ Illustrissimi Alexandri de Medicis a Divo olim Imperatore Carolo V. Augustæ memoriæ in Ducem creati erectione continentur. Ita tamen quod hujusmodi concessio Cæsareæ Majestatis suæ, Sacrique Imperii*, ac cujuscunque alterius *juribus præjudicare minime debeat*, id quod Cæsarea Majestas sua præfati Illustrissimi Ducis Florentiæ Oratori significari vehementer jussit, eidem quod reliquum est, Cæsaream suam gratiam benigne deferens. Decretum Ratisbonæ die XI. mensis Novembris anno MDLXXV.

IV.

ANNO 1576.

26. Janvier.

IV.

Diploma MAXIMILIANI II. *Romanorum Imperatoris quo Titulus Magni Etruriæ Ducis, confertur* FRANCISCO *Florentiæ Duci. Datum Viennæ 26. Januarii anno Domini* 1575. *Regnorum suorum Romani XIV Hungarici XIII. Bohemici XXVII.* [*Nova eaque plena Assertio Juris quod Cæsar. Maj. ac S. Imperio in Magnum Tusciæ competit Ducatum.* In Append pag. 84. Ex Archivo Imp. THOMÆ FRITSCH Exercitatio Juris publici, de Jure Imperii in Magnum Ducatum Etruriæ. In Append. pag. 28. lit. P. *Recherche de la vérité du Mémoire, sur la Liberté de l'Etat de Florence.* In Append. pag. 20.]

MAximilianus Secundus &c. Ad perpetuam rei memoriam, recognoscimus harum serie Literarum, ac universis & singulis notum facimus, quemadmodum unicus ille Parens rerum, ac Mundi Opifex, cum mortale Hominum genus cœlesti Civitate donat, id ipsum non promiscue quidem, neque citra delectum facit, sed ut vel virtus, vel officia uniuscujusque exposcunt, & merentur, in felicissimas quemque Divorum classes & ordines digerit, atque collocat, alterumque alteri præfert; sic Nostrarum quoque partium esse plane cognoscimus, terrestre hoc Nobis concreditum Imperium ad cœleste illud quam simillime referre, Nostraque & Sacri Romani Imperii beneficia, insignia & honores, pro unius cujusque dignitate, & meritis, distribuere, ac impertiri. Quo sane diligenter respexerunt olim Divi prædecessores Nostri, Romanorum Imperatores, & Reges, omni cura adhibita, ne suum a bene-meritis officium desiderari paterentur, quod intelligerent illud ad sustinendam, amplificandamque gloriam & existimationem suam maxime pertinere. Hinc est quod præclarissimo more ab iisdem Divis Imperatoribus, Majoribus Nostris accepto, nihil antiquius, nihil charius unquam habuerimus, quam Principes, de Cæsarea Majestate Nostra, Sacro Imperio, inclytaque Domo Nostra Austriaca, ac tota denique Republica Christiana optime meritos, maximorum honorum præmiis prosequi, & ornare, ut intelligant virtutes, egregia facta, excellentiaque merita Nobis esse charissima, ac tum ipsi, eorumque descendentes & posteri, ad virtutem, ac de Nobis, Sacro Imperio, inclytaque Domo Nostra Austriaca, bene-merendum magis etiam excitentur, tum alii etiam ad eadem studia sectanda alliciantur & inflammentur. Ejus vero benignæ ac piæ mentis Nostræ declarandæ amplam & idoneam nacti sumus occasionem, in exornando Illust. Francisco Medices, Reipubl. Florentiæ, & Senarum Duce tertio. Quum quidem, tum propter animi sui egregias excellentissimasque virtutes, generisque ac familiæ Mediceæ, ex qua in utraque Republ. tam Ecclesiastica quam politica, multi insignes præstantissimique Heroës prodiere, nobilitatem, tum *luculenta & utilia obsequia, tam Nobis quam antecessoribus Nostris, Romanorum Imperatoribus, & Regibus*, ac prememoratæ inclytæ Domui Nostræ Austriacæ hactenus præstita, nec non maxima in universam Rempublicam Christianam merita, plurimi semper fecimus, & singulari benevolentiæ affectione prosecuti sumus, adeo quod in singularis, ac vere sinceri amoris, clementiæ, & benignitatis Nostræ testimonium, affinitatem secum inivimus, & utramque familiam eo vinculi genere, quod idem est omnium arctissimum atque sanctissimum, astrinximus, ipsumque in sororium Nostrum cooptavimus. Cum igitur eundem Ducem Franciscum, cujus in Nos Sacrumque Romanum Imperium, præclaræ, propensæque voluntatis studium, nec non in administranda, moderandaque justitia, ac Subditis suis recte feliciterque regendis singularis religio, virtus atque prudentia, Nobis jam diu perspecta cognitaque est, dignum omnino censeamus, quem unà cum successoribus suis, illustriori quodam dignitatis & honoris loco collocemus, sicque insigne aliquod Nostræ in Dilectionem suam propensissimæ voluntatis documentum posteris relinquamus, atque insuper, præter memorata, ipsius Ducis Francisci obsequia, virtutes, atque merita, generis item nobilitatem, atque splendorem, ac arctissimæ affinitatis necessitudinem animo clementissimo repetamus, quæ nobiscum ab aliquot annis per Illustr. Cosmum Medicem, (cujus etiam in Divos quondam Imperatores, Carolum Quintum, & Ferdinandum, Dominos, patruum, socerum & genitorem Nostros charissimos, Augustissimæ memoriæ, ac Nos ipsos, insignium meritorum grata apud Nos extat memoria, eoque postea defuncto, per ipsum filium & successorem suum præfatum Franciscum Medicem Ducem, de Magno Hetruriæ Ducatu acta sunt, *omnibusque tum Sacri Romani Imperii Principibus Electoribus in maturam deliberationem deductis*, tam supra memoratis, quam aliis justis, & rationabilibus causis impulsi, motu proprio, ex certa scientia Nostra, animo bene deliberato ac sano, *Nostrorum, & Sacri Imperii fidelium accedente consilio ea, qua fungimur Cæsarea authoritate*, ac de Nostræ Imperialis potestatis plenitudine, in nomine Domini Salvatoris nostri Jesu Christi, a quo omnis principatus, & honor promanat, eundem Illust. Franciscum Medicem Ducem, ejusque descendentes in infinitum, *masculos, legitimos & naturales*, ac illis deficientibus, vel non extantibus, *proximiores masculos ex Medicea familia*, in perpetuum, ut supra, omnes tamen successuros ordine *ac iure primogenii, in Magnos Duces Hetruriæ, eorum locorum, quæ ibidem ipse Dux Franciscus possidet, seu ad eum pertinent*, & ipsam provinciam respective, ad propriam dignitatem, nomen & titulum Magni Ducatus *re ipsa, & cum effectu evreximus*, exaltavimus, sublimavimus, & amplificavimus: ipsumque Ducem Franciscum, ac dictos successores suos, ejusdem Provinciæ Hetruriæ, Magnos Duces vere creavimus, fecimus, constituimus, extulimus, & declaravimus, aliorumque, cujusvis Provinciæ Magnorum Ducum numero, cœtui, & consortio realiter aggregavimus, in eorumque ordinem, ac gradum pleno jure cooptavimus. Atque insuper omnia, & singula privilegia, jura, indulta, dignitates, libertates, honores, immunitates, titulos, gradus, honorantias, facultates, authoritates, præeminentias, ac omnes & quascunque gratias, quibus alii, vere & proprie Provinciarum Magni Duces, & Principes, quavis dignitate præfulgentes, ac quacunque potestate fungentes, de jure vel consuetudine utuntur, potiuntur, & gaudent, seu uti, frui, potiri, & gaudere possunt, & debent, & in futurum quomodolibet poterunt, vel soliti fuerint, illis perfecte tribuimus, dedimus, tradidimus, atque concessimus, prout per Præsentes eadem scientia & authoritate erigimus, exaltamus, sublimamus, amplificamus, creamus, facimus, aggregamus, cooptamus, damus, concedimus, tradimus, & cum effectu amplissime tribuimus, decernentes, *& hoc Nostro Cæs. Edicto firmissime statuentes, ut posthac perpetuis futuris temporibus* dicta Provincia Hetruriæ, unà cum suis Civitatibus, Terris, Castris, Oppidis, arcibus, fortalitiis, villis, locis, & juribus, ac universis, & singulis pertinentiis ab eodem Illustrissimo Duce Francisco possessis, seu ad eum quomodolibet pertinentibus, pro vero Magno Ducatu habeatur, teneatur, reputetur, tractetur, & sic idemque Magnus Dux Franciscus, ejusque præfati descendentes, & posteri, in Magno isto Ducatu successuri, ordine & modo qui dictus est, ab hac hora in perpetuum sint, inscribantur, dicantur, appellentur & nominentur Magni Duces Hetruriæ, ac ut alii cujuscunque Provinciæ Magni Duces honorentur, tractentur, & reputentur, ab omnibus & singulis, cujuscunque gradus, status, ordinis, conditionis, & dignitatis extiterint, tam in scriptis, quam viva voce, aut alias quotiescunque, & quomodolibet illorum mentio erit facienda, aut eorum ratio habenda fuerit, omnibus & singulis prænarratis privilegiis, titulis, honoribus, libertatibus, gratiis, & effectibus tam de jure, quam ex consuetudine, in genere, vel in specie ipsis Magnis Ducibus competentibus in Sessionibus, celebritatibus, pompis, ceremoniis, & actibus, publicis vel privatis, in quibuscunque locis ubique terrarum, etiamsi aliqui alii Magni Duces, similesque Principes, ut supra præsentes fuerint, uti, frui & gaudere possint, & debeant, non quidem ad illorum instar, & similitudinem, sed pariformiter, vere, proprie & absque ulla prorsus differentia, non obstantibus quibuscunque Constitutionibus, Legibus, Ordinationibus Imperialibus, ac Provinciarum, Civitatum, & locorum quorumlibet Statutis, & consuetudinibus,

ANNO 1576. etiam juramento, confirmatione Imperiali, vel quavis firmitate alia roboratis: privilegiis quoque, indultis, & Diplomatibus Imperialibus, quibusvis personis, etiam Ducibus, quibus forsan Imperiali aut quavis alia authoritate concessum sit, quod Privilegiis, favoribus, præeminentiis & gratiis, ad instar Magnorum Ducum, perinde ac si ipsi Magni Duces realiter, & cum effectu essent, uti & gaudere possint in genere vel in specie, sub quibuscunque tenoribus, & formis, & cum quibusvis etiam derogatoriis, & quantumcunque efficacissimis clausulis, & decretis, quomodolibet concessis, confirmatis, vel innovatis. Quibus omnibus, etiamsi de illis, eorumque tenoribus specialis, expressa, individua, ac de verbo ad verbum mentio seu quævis alia expressio habenda, aut aliqua exquisita forma ad hoc servanda esset, eorum omnium tenores præsentibus pro sufficienter expressis habentes (illis alias in suo robore permansuris) hac vice duntaxat, ad effectum præsentium, specialiter & expresse derogamus, totaliterque & latissime derogatum esse volumus, & decernimus: cæteris contrariis quibuscunque non obstantibus, supplentes ex eadem potestatis plenitudine, & certa scientia, omnes, & singulos defectus, tam juris, quam facti, si qui forsan in præmissis comperti fuerint.

Volumus tamen, quod hæc concessio minime debeat præjudicare juribus cujuscunque prætendentis dominium super dictis locis, *& ut porro salva sit Superioritas Nostra, Sacri Imperii, ac cujuslibet alterius*, utque omnia & singula interpretentur in favorem dictæ familiæ Mediceæ. Nulli ergo hominum liceat hanc Nostræ erectionis, exaltationis, sublimationis, amplificationis, creationis, dispositionis, declarationis, concessionis, decreti, voluntatis, derogationis, suppletionis, & gratiæ paginam infringere, vel ei, quovis ausu temerario, contraire: si quis autem id attentare præsumpserit, præter Nostram & Imperii Sacri indignationem gravissimam, pœnam mille marcharum auri puri, pro dimidia fisco, seu ærario Nostro Imperiali, reliqua vero parte injuriam passis, irremissibiliter applicandam, se noverit ipso facto incurrisse, harum testimonio Literarum, manu Nostra subscriptarum, & Bullæ Nostræ aureæ appensione munitarum.

Datum in Civitate Nostra Viennæ, die vigesima sexta Januarii, Anno Domini millesimo quingentesimo septuagesimo sexto, Regnorum Nostrorum, Romani decimo quarto, Hungarici decimo tert i Bohemici vigesimo septimo.

V.

1599. 29. Avril. **Erneuerung und Vollstrekung des zu Gerau anno 1598. verfaßten Erb-Vertrags/ beschehen zwischen Churfurst JOACHIM FRIEDRICH, und GEORG FRIDRICH, Marggrafen zu Brandenburg/ zufolge Churfürsts ALBERTI ACHILLIS de Anno 1473. gemachten Disposition: worinn sie eins werden/ ein jeglicher in seinen innhabenden Landen zeit seines Lebens regierender Herr zu verbleiben; Nach deren tödtlichen Hintritt aber/ daß zu folge obbemeldter Disposition jederzeit in der Chur und dem Burggrafthumb Nürnberg nit mehr als drey regierende Herren seyn und succediren sollen/ und zwar in der Chur des Churfürsts ältister Sohn JOHANN SIGMUND: im Burggrafthumb aber des Marggrafens Brüder CHRISTIAN und JOACHIM ERNST, diese aber denen übrigen nit versehenen Fursten genugsame Unterhaltung verschaffen sollen. Geben Magdeburg den 29. April 1599. Nebst einem Vergleich zwischen obbemeldtem Churfursten und denen Marggrafen CHRISTIAN und JOACHIM ERNST, worinn jener angelobet/ diese ungehindert/ besage dieses Vertrags succediren zu laßen; diese hergegen den Vertrag acceptiren und aller auf die Mark Brandenburg gehabter praetension sich begeben. Onolzbach den 17. Junii 1603.** [LUNIG Teutsch Reichs-Archiv. Part. Special. Continuat. 2. Abtheil. 4. Abs. 3. pag. 45.]

C'est-à-dire, ANNO 1599.

Renouvellement & Parachevement de la Transaction héréditaire qui avoit été commencée en 1598. à Gerauw, entre JOACHIM FRIDERIC *Electeur, &* GEORGE, FRIDERIC *Marggrave de Brandebourg, conformément à la Disposition faite en 1473 par* ALBERT ACHILES *Electeur. Ils y conviennent que chacun d'eux restera Seigneur Dominant dans les Terres qu'il possede, mais qu'après leur mort, il ne pourra y avoir plus de trois Seigneurs Régents dans l'Electorat & dans le Burgraviat de Nuremberg, selon la susmentionnée Disposition; sçavoir* JEAN SIGISMOND *Fils aîné de l'Electeur dans l'Electorat; &* CHRISTIAN *&* JOACHIM ERNEST *Freres du Marggrave,* GEORGE FRIDERIC, *dans le Burgraviat, lesquels trois fourniront aux autres Princes de leur Maison des appanages convenables. Fait à Magdebourg le 29. Avril 1599.* AVEC *une autre Convention entre ledit Electeur & les Marggraves* CHRISTIAN *&* JOACHIM ERNEST, *par laquelle l'Electeur permet à ceux-cy, conformément à la précédente Transaction, de succeder dans le Bourgraviat de Nuremberg, & eux acceptant la même Transaction, renoncent à toutes les Prétentions qu'ils pourroient, avoir sur tous les autres Biens de la Marche de Brandebourg. Fait à Onoltzbach le 11. Juin 1603.*

WIr von Gottes Gnaden/ Joachim Friedrich/ des Heiligen Römischen Reichs Ertz-Cammerer und Churfürst/ und von deßelbigen Gnaden/ wir Christian und Joachim Ernst/ Gebrüdere/ Marggraffen zu Brandenburg in Preussen/ zu Stettin/ Pommern/ der Caßuben/ Wenden/ auch in Schlesien zu Crossen und Jägerndorff/ Hertzogen/ Burggraffen zu Nürnberg und Fürsten zu Rügen/ Bekennen und thund kund offentlich/ mit diesem Brief allen denen/ die ihn sehen/ hören oder lesen/ obwohl auf Absterben/ Weyland des Durchleuchtigen/ Hochgebohrnen Fürsten/ Herrn Johanns Georgen/ Marggraffen zu Brandenburg/ des Heyligen Römischen Reichs Ertz-Cammerers und Churfürsten/ rc. Unsers gnädigen freundlichen lieben Herrn Vetters/ Christseeligster löblichster Gedächtnüs/ der Landes Theilung halber/ sich zwischen uns/ dem Churfürsten/ und Uns obgenandten beyden Gebrüdern/ allerhand Differentien erhalten/ daß wir demnach in Erwegung vieler Umbstände betrachtet/ wie durch dergleichen Zertrennung brüderlicher Gemüther/ viel Gefahr verursachet/ auch unsern und Unsers Churfürstlichen Hauses Brandenburg Abhäßigen Gelegenheit gegeben werde/ in mehr Wege/ Uns zum Verderb/ vielerhands Præjudicia, zu attentiren/ durch welche Hochermeldt Unser löblich Hauß/ auch leichtlich gar in Untergang und Zerrüttung bey diesen ohne das gantz gefährlichen Zeiten gerathen möchte/ da es in gegen/ durch freundliche brüderliche treue Zusammensetzung in Hoheit und Würden erhalten/ und nach Exempel Unserer Hochlöblichen Vor-Eltern/ je mehr und mehr zu allen ersprießlichen Ufnehmen gefordert und gebracht werden kan/ derentwegen und als weylandt der auch Hochgebohrne Fürst/ Herr Georg Friedrich/ Marggraff zu Brandenburg in Preußen/ zu Stettin/ Pommern/ der Caßuben/ Wenden/ und in Schlesien zu Jagerndorff/ Hertzog/ Burggraff zu Nürnberg und Fürst zu Rügen/ Unser freundlicher lieber Vetter/ Schwager/ Bruder und Gevatter/ auch gnädiger Herr Vetter/ Christmilder Gedächtnüs nach dem Willen des Allmächtigen/ mit Unser aller und zwar gemeines Vatter-Landes/ des Heyligen Römischen Reichs/ Christlicher Evangelischer Religion höchsten Schaden/ und großen Hertzleyde/ aus diesem zergänglichen zeitlichen Jammerthal/ Todes verblichen/ dahero S. L. und G. hinterlaßene Land und Leuthe/ des Burggraffthumbs zu Nürnberg/ unter- und oberhalb Gebürgs/ sich an Hochermeldt Unser Hochlöbliches Hauß Brandenburg erledigt/ daß wir Uns nach gnugsamen Bedacht/ durch Unterhandlung der Hochwürdigen/ Hochgebohrnen Fürsten/ Unsere freundlichen geliebten Söhne/ Gevattern/ Vettern/ Oheimben/ Herrn Johanns Sigismundi, Herrn Johanns Georgen/ postulirten Administratoris des Stiffts Straßburgck/ beyder Marggraffen zu Brandenburg in Preußen rc. Hertzogen rc. und Herrn Christiani/ Fürsten zu Anhalt/ Graffen zu Ascanien/ und Herrn zu Zerbst und Berneburgck/ rc. aller Irrungen gäntzlichen und zu Grund verglichen und vertragen. Und weil zwischen uns dem Churfürsten/ und Marggraff/ George Friedrich zu Brandenburg rc. rc. zu Gerau Anno Tausend fünffhundert Neuntzig und acht/ die Nothdurfft/ wie es von nun an/ zu ewigen Zeiten/ in Unsern Hochlöblichen Churhause solle gehalten werden/ durch

unsere

ANNO 1599.

unsere allerseits vornehme geheimbde Räthe / auf Instruction und Vollmacht bedacht / zu Papier gefast / und uf Churfürst Alberti Achillis Hochlöblicher Gedächtnis Disposition alles gegründet / welches hernacher Anno Neuntzig Neun zu Magdeburg / bey Unser des Churfürsten / und Unsers seeligen Vettern L. Persöhnlichen Zusammenkunfft revidiret / und unter dato den Neun und Zwantzigsten April im selben Jahr / Uns beyden Gebrüdern communiciret worden ist / Und aber dieselbige Handlung und Verfaßung (ob sie wohl nicht allerdings avtentisiret / also gewandt / daß sie auf Churfürst Alberti Disposition. wie angezogen / fundiret / und allen Irrungen clare Maß gebiet / wie dann dieselbige, von Worten zu Worten also lautet: Wir von Gottes Gnaden / Joachim Friedrich / des Heyligen Römischen Reichs / Ertz-Cammerer / und Churfürst / und von deßelben Gnaden wir Georg Friedrich / Gevettern und Marggraffen zu Brandenburg in Preussen / zu Stettin / Pommern / der Caßuben und Wenden / auch in Schlesien zu Crossen / und Jägerndorff / Hertzogen / Burggraffen zu Nürnbergck / und Fürsten zu Rügen / &c. vor uns und Unsern Erben und Nachkommen / Churfürsten: und Marggraffen zu Brandenburgck bekennen und thun kund offentlich mit diesem Briefe / gegen jedermänniglichen / die ihn sehen / hören / oder lesen / als Gott der Allmächtige die Gemüther der Menschen selbst dermaßen geschaffen / daß sie insgemein und zuforderst je tapferer dieselben Ihrem Herkommen nach / geartet / je mehr sie dahin gedencken und trachten / wie sie / beneben Ihrer Seelen Heyl und Seeligkeit / auch in diesen zeitlichen Leben nicht allein ihnen und den Ihrigen / grossen Wohl-und Ehren-Standt / vor andern erwerben / sondern auch / wie sie sich und die Ihres Nahmens / Standes und Schildes / bey Ihren / aus Gottes Gnädigen Seegen / durch sie selbst erlangten / oder durch Ihre Vor-Eltern uf sie gestammeten Hoheit / Dignitæt und Würden / fort und fort / so lang es immer Menschlich und müglich / erhalten / und zu noch weitern Ufnehmen / mehr Gelegenheit an die Hand bringen. Insonderheit aber allen künfftigen Abfall und Verringerung / solches Ihres hohen Standes / und was entweder mit Schwächung oder Zertheilung Ihrer Güter und Vermögens / dadurch die Hoheit und Würde eines Geschlechts nicht erhalten werden kan / oder in andere Wege darzu Anlaß und Ursach geben könte / verhüten mögen. Welcher angebohrnen Affection nach / zu Erhaltung und Aufnehmung Königlicher / Churfürstlicher und anderer Häußer / auch die eingepflantzte Liebe der Eltern / gegen der Kindern / wenn sie es gleich gern anders sehen / und verordnen wollen / zum öfftermahls restringiret und eingezogen werden muß / daß demnach auch wir insgesambt / und ein jeder insonderheit einen guten Theil dergleichen ingenaturten Affection bey uns gespüret / und dahero Uns nothwendig erinnert / daß nicht allein bey etlichen andern vornehmen Häusern und Geschlechtern / sondern auch in Unserm Chur- und Fürstlichen Hause / durch Unsern Uhr-Anherrn / Churfürst Albertum Achillem Germanicum löblicher Christseeliger Gedächtnis / als eintzigen Regenten und Herrscher aller / des Chur- und Fürstlichen Hauses Brandenburg Land und Leuthe / Pacta, Satzung / und Vereinigung / vor Alters zu dem Ende / hochvernünfftig aufgerichtet / damit die Geschlechte und Häuser in beßern Wohl-Stande erhalten / und allem Abfall und Verringerung / wie oben erwehnet / vorgebauet werden möchte / wie sich denn bey solchen löblichen Vornehmen / so wohl Unser Hauß / als andere genoßen / und gedeylich empfunden / auch Land und Leuthen zum Besten kommen ist / derowegen weil ietziger Zeit die Läuffte nicht gelinder / sondern beschwerlicher werden / und umb so viel mehr / dahin sorgfältig zu sehen / damit Unser Hauß bey ohne das obliegenden schwehren Sachen und Geschäfften / die doch demselben / ob Gott wil / werden zu mehrer Weiterung dienen / nicht in Abfall kommen / und das / was wohlmeinend angefangen / müssen erstiken laßen. So haben wir alle Wege einmütig dafür geachtet / des Churfürst Alberti Achillis Verordnung / welche auch Käyser Fridrich der dritte uf'm Reichs-Tage in aller Stände Versammlung mit derselben Vorwißen / Bewilligung und Vollwortt confirmiret hat / wie ingleichen mit Vorbewust / consens und Vollwort Ihrer G. Söhne / gemachet ist / von Uns und unsern Nachkommen / von nun an zu ewigen Zeiten zu halten / wie dann dieselbe pro Pacto, pro statuto Familiæ, quod transiit in formam Contractus, ja weil dieselbige dergestalt / wie angezogen / confirmiret / pro pragmatica sanctione & lege publica zu achten / welche dann dieses Inhalts: daß ob wohl Ihre Hochseelige G. und dero Gebrüdere gewilliget gehabt / daß Ihr G. und L. L. Herr Vatter / Churfürst Friedrich der Erste / als primus Acquirens in den Märckischen Landen / Zweene regierende Herren / doch gleichwohl auf gewiße Maß / verordnet / so solten doch hinführo / weil nunmehr alle / des gantzen Chur- und Fürstlichen Hauses Brandenburgs Land und Leute / an Ihre Hochseelige Gnad. allein kommen / und dieselb deren eintziger Regent und Herrscher worden / alle Märckische Lande / ohne einige Unterscheid / zu ewigen Zeiten / mit der Chur Brandenburgck unirt seyn / und alle mit einander / darunter dann nicht weniger die Neumarck als andere Lande begriffen / weil dieselbe die Zeit / wie auch hiebevor / der Churfürsten zu Brandenburg gewesen / und gleich andern Landen Churfürst Alberti / die Erbhuldegung geleistet hat / durch den Erstgebohrnen und ältesten Sohn / den Churfürsten zu Brandenburgck / als einen eintzigen Herrn regiert werden / In Fränckischen Fürstenthümbern aber / haben Ihr. G. constituiret und versehen / daß zweene regierende Herren seyn solten / inmaßen dieselbe alles Ihrer Gn. verordnung weiter ausweiset / welches dann nicht allein zu Wercke gerichtet worden ist / sondern es hat auch Churfürst Joannes löblicher Christmilder Gedächtnis es bey demselbigen gelaßen / und ist so wohl in Francken allewege dabey verblieben / als auch von Unsern Marggraff George Friedrich Groß Herrn Vattern / und Herrn Vattern Marggraff Friedrichen / und Marggraff Georgen / beyde löblicher Christseeliger Gedächtnüs über dies noch austrücklichen confirmiret / erneuert und bestättiget / Und ob wohl Unser des Churfürsten in Gott ruhende Eltern und Groß Herr Vater / Joachimus / primus & secundus, etlicher massen von Churfürst Alberti Verordnung abgeschritten / so haben doch Ihre G. G. und L. L. beyderseits dieselbe in effectu confirmiret und bestettiget / in dem Churfürst Joachimus primus selbst gesagt / daß es also zu ewigen Zeiten solte gehalten werden / Churfürst Joachimus secundus aber hat nicht allein solche des Herrn Groß-Vattern und Vattern Willen wiederholet / sondern auch selbst gestanden / daß solche hochbetheuerte / an rechten geschwornen Eydes stadt / angelobte Vätterliche Verträge allewege in Ihrem Wert und Bestand vestiglich und unverruckt bleiben / und denselben hierdurch (durch Ihr. G. mit dero Söhnen willkührliche getroffene Vergleichung) nichts benommen seyn soll / dann es ist ihr Gnaden und Lden. beyderseits geschehene und vorgenommene Veränderung mit guten Wißen und Willen der Söhne / wie erwehnet / zugangen / und weil es in derselben Willen und Willkühr gestanden / und forsten von niemanden widersprochen oder gefochten worden / so hat zwar solche willkührliche Verwilligung / illis Consentientibus, lex non Posteritati können præjudiciren / daß Sie darwider nicht haben mögen handeln. Es ist aber durch Ihrer beden Marggraff Johansens Löbl. Christseel. Gedächtnüs Absterben dann Churfürst Joachimi Secundi Verordnung niemahl zu Wercke gerichtet worden / auch nur ex certo capite geschehen / wie der Buchstabe ausweiset) die Neumarck wieder an die Chur kommen / und priorem & pristinam Naturam ex Consuetudine longissima & Dispositione Alberti, lege publica confirmata, acquisitam, wiederum erlanget / daß in derselben Marck / als in einem pertinenz Stück der Chur und derselben Landen / auch nur der Primogenitus soll und müße secundum præscriptum modum & formam succedendi ab Alberto, succediren / zu dem ist auch nicht allein in Ihrer Gnaden Verordnung / sondern auch in denselben / so von Unsern des Churfürsten / Herrn Vattern löblicher Gedächtnüs vorgenommen werden wollen / die Beßerung der Chur Brandenburg vor die Ursache berührter Aenderung præsupponiret / da doch die eröffnete Landschafften / Compthereyen und Clöster / so bey Churfürst Joachimi primi & secundi Regierung darzu kommen mögen / sich mit dem Corpore consolidiret / und vor Pertinentz Stück nicht unbillig / weil sie unter der Chur gelegen / und dahero verliehen werden / zu achten seyn. Wie denn auch Churfürst Alberti Verordnung unter andern mitbringet / daß alle Landschafften und andere Herrligkeiten / der Chur Brandenburg unirt und einverleibt seyn und bleiben sollen / dahero dann nicht unzeitig / was so wohl disfalls / als durch die Stifft vor Beßerung erfolgt seyn mag / niemands / als dem regierenden Churfürsten gebührte / sonderlich / weil auch die Onera so ein Churfürst tragen muß / nicht gelinder oder geringer / sondern grösser werden / und dem gantzen Churfürstlichen Hauß Brandenburgk und allen deßelben Gliedern / Lehn-Leuthen und Unterthanen daran zum höchsten gelegen / daß der Chur-Standt bey Seiner Reputation, Hoheit und Würde erhalten / und der jedesmahl regierende Churfürst / so wohl dem Römischen Reich als Unserm eigenen Hause zur Zier und Ehren solchem Seinem hohen Standt / nicht weniger als andere Churfürsten der Nothdurfft nach führen / darneben auch als das Haupt / den andern Fürsten des Hauses Brandenburgck uf zutragende Nothfälle und andern bevorstehenden Ungelegenheiten / mit Rath und That desto beßer und reicher beyspringen könne / welches aber bey Vertheilung und vornehmlichen / da ohne das die Chur Brandenburgk mit großen unträglichen Schulden-Last beschwehret / und dermaßen überhäuffet ist / daß die Unterthanen eines theils auch die jährliche pensiones, vielweniger die Capital- und Haupt-Summen in der verfaßten Ordnung nicht abtragen mögen / dahero dann ein regierender Churfürst von Ihnen desto weniger Hülff und Handbietung zu gewarten hat / derowegen wir / der Churfürst / getrungenlich / Unsers Herrn Vatters Churfürst Johans Georgen &c. bevor gehabte Disposition widersprochen / und nicht einwilligen können / sondern auf Churfürst Alberti Achillis Germanici obberührter Verordnung bestanden / und ob wir zwar nicht zweifeln / wann Ihre G. Unser in Gott ruhender geliebter Herr Vatter länger bey Leben blieben wäre / wie wir dann Er Hochseeligen Gnaden daßelbe von Hertzen gegönnet / es hätten dieselb sich auf weitere Erinnerung / wohl der uralten Verordnung nach begremet / weil sonderlich alle diejenigen / so von Ihr G. in diesem Werck von Ritterschafft / Städten und Ständen der Chur Brandenburg in großer Anzahl zu Rathe gezogen / einmüthig und einhellig dahin geschloßen / und solchen Schluß Ihren Gn. in Schrifften unter Ihrer eigenen Handt subscribiret übergeben haben / daß kein Exempel zu finden / daß ohne Willen der Söhne in Unserm Hause in Contrarium wäre disponiret worden / daß auch ohne Unsern / als des Aeltesten

ANNO 1599.

Consens, nichts beständiges zu verordnen / jedoch weil Ihr. Gn. derselben Disposition, wiewohl verschlossen / von der Käyserlichen Majestät nicht desto weniger hat bestätigen und confirmiren lassen / dieselbe Confirmation aber nicht allein secundum subjectam materiam zu reguliren / sondern auch cum illa clausula expressissima salvo Jure tertii, wie sich die Römische Käyserliche Majestät Unser allergnädigster Herr / bey in einem eigenen Hand-Schreiben gegen Uns / dem Chur-Fürsten / sub dato den Elfften Martii des abgelauffenen Acht und Neuntzigsten Jahrs allergnädigst erkläret / geschehen ist / und also wir der Churfürst / aus Gottes Gnaden durch Versehung des Heyl. Römischen Reichs Satzungen / die Churfürstliche Würde und Hoheit / nach Absterben Unsers in Gott ruhenden geliebten Herrn Vatters erlangt / auch vigore und Inhalt Churfürst Alberti Hochvernünfftiger und anderer Verordnung und union der gantzen Chur Brandenburg und darzu gehörigen Land und Leuthen / einiger Regierer und Herrscher seyn / so haben wir nicht unzeitig erwogen / allen künfftigen Irrungen / so etwa aus Churfürsten Joachimi primi & secundi willkührlichen Vergleichungen und Unsers gnädigen geliebten Herrn Vatters / weyland Churfürst Johann Georgen Vornehmen / nicht allein jetzo / unter Unsern freundlich geliebten Brüdern und Söhnen / sondern auch uns künfftige zu Abfall und gäntzlicher ruinirung Unsers Hauses entstehen konten / vorzubauen / und es dahin zu richten / daß es bey Churfürst Alberti Achillis Verordnung / so wohl in der Chur Brandenburg / als Francken / von nun an / zu ewigen Zeiten / verbleiben soll / welches wir Marggraff George Friedrich umb mehrer Erhaltung willen des Churfürstlichen Hauses Brandenburgs Reputation und Hoheit / Uns auch nicht zu wider seyn lassen / sondern aus obeingeführten Ursachen / gleichfalls für zuträglich erachtet / und darumb uf vorgehende reiffe Berathschlagung haben wir sämbtlich / Unsers Eltern und Uhr-Anherren / Churfürst Alberti Achillis Germanici, offtberührte Verordnung hiermit nochmahls erneuern / erclären / bestätigen und confirmiren wollen. Thun solches hiermit in Krafft dieß Brieffes wissendlich und wohlbedächtig / haben Uns auch dessen / als die zwein einige regierende Chur- und Fürsten des Hauses Brandenburg also endlich mit einander freundlich verglichen / und wollen / daß nunmehr hinführo und zu ewigen Zeiten / solcher jetzo angezogenen Disposition und Verordnung von Unsern freundlichen lieben Söhnen / Brudern und Vettern / auch allen derselben Erben und Nachkommen / unverhindert gelebt und nachgesetzt werde / also und dergestalt / daß nehmlich anfangs und vor allen Dingen Unsere freundlich geliebte Söhne / Bruder und Vettern / in Gottes furcht und nach seinen heyligen Gebotten und Willen leben / und sich aller Fürstlichen Christlichen Tugenden befleissigen / in deren Landen und inhabenden Orthen die reine wahre Evangelische Lehre / Augspurgischer Confession, wie dieselbe Käyser Carln dem fünfften auffm großen Reichs-Tage Anno tausend fünffhundert dreyßig überreichet worden / Unsere auch gnädige Herren Groß Vätter / Vetter und Vatter / Weyland Churfürst Joachimus Secundus, und Johannes Georg / hochseeliger Gedächtnis / bey Ihrem Leben / und wir die Zeit Unserer Regierung bishero durch Gottes Hülff bewahret / ohne Papistische / Calvinische / oder andere Irrthumb / und sonderlichen Kirchen / Schulen und Universitäten daselbst rein erhalten / und da sich einer eines andern und widrigen unterstehen wolte / sollen die andere denselben davon abeweisen / und solches keines weges verstatten. Dann euch Justitiam männiglichen gleichmäßig administriren / die Reversen den Landschafften geben / und die getreue gehorsame Unterthanen / die allbereit bey der Herrschafft gar viel gethan / in gnädiger schuldiger Acht haben / dieselben mit neuen Auflagen nicht beschwehren / sondern damit wie billig verschonen / und sie bey Ihren Freyheiten und alten Herbringen gnädiglich bleiben laßen / auch darbey schützen und handhaben / so werden unsere freundliche liebe Söhne / Bruder und Vettern und Ihre Nachkommen daher nun so vielmehr Gottes gnädigen und rechten Seegen befinden / auch zeitliches und ewiges Aufnehmen und Wohlfarth erlangen. Was dann ferners Unsere Chur- und Fürstenthumb auch Lande und Leuthe betrifft / wollen wir und ein ieder insonderheit / so lange der Allmächtige Ihm das Leben fristen wird / welches zu seinem gnädigen vätterlichen Willen stehet / derselben unser Inhabenden Landen / und da uns die Göttliche Allmacht mehr bescheret / regierender Herr seyn und bleiben / Nach Unsern eins oder des andern Todt aber / setzen / ordnen und wollen wir / daß es darmit nachfolgender gestalt unterschiedlich gehalten werden soll.

Nehmlichen / wann wir Joachim Friedrich / Marggraff zu Brandenburg / Churfürst &c. künfftiger Zeit nach Gottes Willen / mit Tode abgingen / daß als dann Unsern Eltesten Eheleiblichen Sohne / Marggraff Johann Sigismunden / und seinen Männlichen Ehelichen Leibes-Erben / absteigender Lini / do er deren nach seinen tödtlichen Abgangck hinter Ihm verliese / oder in Mangel derselben / dem andern Unsern ältisten Sohn / und also in Ewigkeit / der gülden Bulle nach / allwege dem Churfürsten die Marck und Chur Brandenburgck wie die in Ihren Creysen begriffen / so wohl die alte / Mittel / Ucker / und Neumarck / als auch die Priegnitz / Graffschafft Ruppin / Lande zu Sternbergck / Herrschafften Cottbus / Peitz / Crossen / Storckau / Beeskau und andere darzu gehörige Örter / wie ingleichen / die Bischoffthumben Brandenburgck / Havelbergck / Lebus (es wurden dann dieselbige zu Unserer jüngern Sohne Deputat gebrauchet) mit allen Ihren Landen / Leuthen / Schloßen / Städten / Wildbahnen / Zöllen / Geleyden / Gerichten / Mannschafften / Lehenschafften / Insonderheit Werningeroda / Bernburgck / Schwedt und Vierraden / wie auch andere Obrigkeit / Freyheiten / und Gerechtigkeiten und allen andern Zugehörungen / Geistlichen und Weltlichen / auch alle die Landt / Städt und Schlösser / mit Ihrer aller und Jeder Ehren / Würden / Nutzen / Renthen / Pachten / Zinnsen / Gülten / Herrlichkeit und pertinentien / die zu der Marck zu Brandenburgck kommen und bedacht seyn / sambt den Hertzogthumb Crossen / und allen erlangten Anwartungen nachfolgender Fürstenthumben / als Pommern / Mecklenburgck / Hollstein / Anhalt / Braunschweig / Lüneburgk und dergleichen / welche zuvorn zum Theil von der Chur Brandenburgk zu Lehen gangen / vor einem Theil zustehen und bleiben / doch sollen wir / oder Unsere Successores in der Chur / schuldig seyn / da solcher berührter anwartender Fürstenthümber eins oder mehr künfftig an die gedachte Chur Brandenburgk / die mit gewissen Landen / Leuthen / oder Stifften nicht versehen / und doch Ihres Unterhalts oder Deputat-halben / uf die Chur und Marck Brandenburg gewiesen und gehörten / eine leidliche erträgliche Recompens zu machen / was aber Pommern und Mecklenburgk betrifft / da bleibt daßelbig ohne einige Erstattung dem iedesmahls regierende Churfürsten voraus. Hiergegen was Uns Marggraff Georg Friedrichen zu Brandenburg berühet / Nachdem des Hochgebohrnen Fürsten / Unsers freundlich lieben Vettern / Sohn und Gevatters / Herrn Albrecht Friedrichen / Marggraffen zu Brandenburgk / in Preußen &c. Hertzogs / von Weyland Käyser Maximiliano secundo, erlangte Restitution und derselben Erklärung unter andern vermag / und in sich hält / daß Er. L. auf den äußersten Fall / und woferne nach aller &c. lebender Marggraffen tödtlichen Abgang keine Männliche Leibes-Lehens-Erben mehr vorhanden seyn würden / alsdann und ehe nicht / zu Ihren verlaßenen Reichs-Lehnen und Regalien die gesambte Hand und Lehns-Folge gestattet werden sölle / &c. alles fernern Inhalts angeregter Käyserlichen Erklärung zu Praga / den Neun und Zwantzigsten May, Anno Tausend Fünffhundert Siebentzig Eins datirt / so sollen wenn wir nechstgedachter Marggraff Georg Friedrich zu Brandenburgk / künfftig nach Gottes gnädigen Willen / ohne Männliche Leibes lebendige Erben versterben / Unsere Fürstenthumb und Lande des Burggraffthumbs zu Nürnbergk unter und oberhalb des Gebürges / mit allen seinen Schloßen / Städten / Mannschafften / Lehenschafften / Wildbahnen / Zöllen / Gleyten / Gerichten / Obrigkeiten / Gerechtigkeiten Herrlichkeiten / und aller andern Zugehörung / Geistlicher und Weltlicher mit allen Ehren / Würden / Nutzungen / Renthen / Zinßen / Gülden / allermaßen wie wir bishero daßelbe als Reichs-Lehen innen gehabt / nichts ausgenommen / Unsern des Churfürsten freundlichen lieben Brudern / und Unser Marggraff Georg Friedrichs Vettern / nehmlich Marggraff Christian und Marggraff Joachim Ernsten / oder da sie Unsern Todt nicht erleben / Ihren Jedes ältisten Männlichen Ehelichen Leibes-Erben / absteigender Linie / oder in Mangel derselb den andern Ihren nechsten Brudern und Lehens Agnaten hirnach folgen und zugehen / also und dergestalt / daß in solchen Unsern Fürstenthumb des Burggrafthumbs zu Nürnbergk / den altväterlichen Vertragen / und sonderlich Churfürst Alberti oberwehnter Disposition nach / jedesmahl mehr nicht / als zwein regierende Herren seyn / welche daselb unser Fürstenthumb sambt allen inhabenden geistlichen Güttern / Stifften / und Clostern durch Looß auf zwein gleiche Theil unter sie theilen / und welches Theil Ihr jedem durch das Loß zufällt / er solches vor seinem Theil unweigerlich annehmen / innen haben und behalten soll / ohne männigliches Einrede oder Verhinderung / doch sollen alle Bergwergcke / die man in beyden Landen unter- und oberhalb des Gebürges ietzunder hat / oder hinführo gefunden würden / auch das Käyserlich Landt-Gericht des Burggraffthumbs Nürnberg / nechst gedachten Unsern zweyen freundlichen lieben Vettern / Marggraff Christian und Marggraff Joachim Ernsten / oder derselben Männlichen Ehelichen Leibes-Erben / oder Gebrüdern / wie obgemeldt / so dieselben zwey Theil in Francken und Gebürge innen haben werden / und ihren männlichen Leibes-Lehens-Erben / gleich zustehen / uf daß sie dieselben / neben ihren Landen und Leuthen desto baß handthaben / schützen / schirmen / und erhalten mögen. Wir statuiren und wollen auch / was wir Marggraff Georg Friedrich / künfftig sonsten vor letzen Willen / Ordnung und Testament hinterlaßen / daß alle Unsere freundlich geliebte Vettern darwider nicht handeln / noch daßelbig jemand anders zu thun gestatten / sondern deme allerdings gemäß zu geleben und nachzukommen schuldig seyn sollen. Was aber das Hertzogthumb Preußen anlangt / soll daßelbig nach Unsern und Unsers freundlichen lieben Vettern des jetzigen blöden Hertzogen / Albrecht Friedrichen / Marggraffen zu Brandenburg &c. tödtlichen Abganck / und so fern Unser keiner eheliche Männliche Leibes lebendige Erben hinter sich verlassen würde / vermöge Königlicher Belehnung / Unsern freundlichen lieben Vettern / Marggraff Joachim Friedrichen / Churfürsten / oder wenn S. L. Unsern Todt nicht erlebt / deßelben Sohn / Marggraff Johann Sigismunden / als dem Aeltisten / oder wenn der / oder seine Erben / nicht mehr wären / alsdann dem jedesmahl folgenden und regierende Churfürsten verbleiben. Und dieweil wir Unser Hertzogthumb Jägerndorff / wohlgedachten Unsern

secun-

ANNO 1599. freundlichen lieben Vettern/ dem jetzigen regierenden Churfürsten/ und dessen freundlichen lieben Söhnen/ uf gewisse Maß übergeben/ darauff mehr wohlernandter Churfürst/ solch Unser Hertzogthumb anjetzo ferner/ derselben freundlich geliebten Sohn/ Herr Johanns Georg/ Marggraffen zu Brandenburgk/ Administratorn hoher Stifft Straßburgk/ aus sonderlichen Vätterlichen Willen/ weil er gleichwohl der andergebohrne Sohn ist/ über das Deputat, als ein Voraus Erblich und eigenthümblich eingeraumet. So soll es hinführo bey S. L. und derselben Männlichen Leibes-Lehens-Erben verbleiben/ aber mit keinen Schulden beschwehret werden/ und da gleich von gedachten Herrn Administratorn kein Männlicher Lehens-Erbe vorhanden wäre/ doch von Churfürstlichen Hause Brandenburgk/ Männlichen Standes nicht gerissen/ sondern derselben Lini einen wiederum eingethan werden. Und soll sonsten mit Führung des Churfürsten und andern Marggraffen zu Brandenburg Tituls auch Schild und Helms/ so wohl der Erb-Huldigung halber/ wie dieselb durch die zur Regierung getretene Chur-und Fürsten des Hauses Brandenburgk von den Unterthanen mit Alters hero genommen/ desgleichen welchergestalt allewege ein regierender Churfürst/ die Bestätigung von der Römischen Kayserlichen Majestät und den Churfürsten von Sein und aller seiner Erben/ Bruder/ Ihrer Erben und Vettern wegen/ säumblich nehmen soll/ bey Churfürst Alberti Achillis Germanici obbesagter Verordnung verbleiben.

Und nachdem wir Marggraf Joachim Friedrich Churfürst/ von Gott dem Allmächtigen mit vielen Söhnen gnädiglichen gesegnet/ darneben auch Unser gnädig geliebter Herr Vatter/ Marggraff Johanns Georg/ Churfürst zu Brandenburgk/ Hochlöblicher Christseeliger Gedächtnus/ neben Uns noch Sieben Söhne hinterlassen/ und aber/ wie vor gehört/ weyland Churfürst Alberti Achillis Disposition und Ordnung nach/ mehr nicht/ als drey regierende Herrn/ nehmlich in der Marck ein Churfürst/ und hie aussen bey dem Fürstenthumb des Burggraffthumbs zu Nürnbergk zwein Fürsten und Marggrafen seyn/ von welchen förder/ die anderen Ihre Gebrüder oder Vettern/ so mit Land und Leuthen oder geistlichen Stifften nicht versehen/ jährlich mit einem gewissen Deputat versorget und bedacht werden sollen/ So wollen solchemnach wir der [illegible] alle Unsere freundlich geliebte Brudere/ so lange [illegible] wie itzt gemeldt nicht versorget/ nach gestalt und Gelegenheit jedes Aeters zur Nothdurfft Fürstlich unterhalten/ da aber einer oder mehr sein vollkomlich Alter/ als achtzehen Jahr erfüllet/ alsdann jedweder derselben/ so lange er/ wil gehört/ mit gewissen Landen und Leuthen/ oder Stifften nicht versehen/ jährlich Sechstausend Thaler/ zum Deputat reichen und folgen lassen/ haben auch über das bewilliget und versprochen/ Bewilligen und versprechen auch hiermit und in Krafft dieses Brieffes/ daß wir/ weil die zwey Aeltiste Unsere Gebrüder Marggraff Christian und Marggraff Joachim Ernst, in den Fränckischen Landen/ wie obgemeldt/ succediren/ der andern Unserer Bruder einen an stat des Deputats zu dem Meisterthumb in der Marck Brandenburgk (doch mit ausdrücklichen Vorbehalt der Protection und Hoheit) zu befordern/ darneben auch nichts destoweniger Unsere Söhne und Nachkommen in der Marck/ ohne Abgang/ oder Zuschoß der andern Unserer regierenden Gebrüder/ und dero Successorn, in Francken und ufm Gebürge mit obgemeldten Deputaten versorgen/ welchen sich auch hinführo Unser ältister Sohn und alle folgende Churfürsten zu Brandenburgk/ so wohl gegen Ihnen/ dann andern Unsern Söhnen/ als auch Unsern Brudern die hierinnen wie vor-und nachstehet/ mit Ihrem Unterhalt auf die Chur verwiesen/ gemäß zu erzeigen schuldig. Hiegegen unsere des Churfürsten beyde Gebrüdere/ und Unsere Marggraf Georg Friedrichs Vettern/ Marggraff Christian und Marggraff Joachim Ernst/ und derselben Successores, so obgemeldter massen zu den Fränckischen Fürstenthumben und Landen des Burggraffthumbs zu Nürnbergk/ unter-und oberhalb des Gebürges/ gelangen und succediren auch pflichtig seyn sollen/ daß ein jedweder Seine Söhne und Nachkommen/ in seinem angehörigen Theil Landes/ darinnen sie gebohren seyn/ Fürstlichen Stande gemäß unterhalte/ sich auch forder/ nach Gelegenheit der Zeit und Läufften eines gewissen entschliesse und verordne/ was einem/ wann er achtzehen Jahr seines Alters compliret/ jährlich zum Deputat zu reichen/ immassen auch einem jeglichen Churfürsten unbenommen seyn soll/ das Deputat, so von seinen Eltern Sohn/ welcher in der Chur succediret/ den andern Brudern zu geben seyn wird/ nach Gelegenheit und Anzahl der Persohnen zu mindern und einzuziehen/ und weil gleichwohl dieser Zeit/ der jungen Herren/ so in der Chur und Marck Brandenburgk mit dem Deputat versehen werden sollen/ aus Göttlichen mildreichen Seegen eine ziembliche Anzahl/ und sich des Churfürsten Lden. dieselben alle/ bey jetzigen der Marck obliegenden angezogenen hohen Beschwerden/ zu unterhalten/ wie oben disponiret/ zum höchsten beklagt/ so haben wir Marggraff George Friedrich dahero/ uf solch seiner L. freundliches Ansuchen/ und zu mehrer derselben Erleichterung endlich geschehen laßen/ und es dahin gestellet/ wann es nehmlich künfftig nach Gottes Willen zu Falle käme/ daß vorgemeldte Unsere beyde Vettern Marggraff Christian und Marggraff Joachim Ernst/ obgesetzter maßen/ zur Regierung Unsers Fränckischen Fürstenthumbs/ unter-und oberhalb des Gebürges gelangten/ und darauf zwein derselben jüngste Bruder/ als Marggraff Johanns und Marggraff Johanns Georg/ jeder achtzehen Jahr seines Alters erfüllet/ daß Sie Unsere beyde Vettern/ Marggraff Christian und Marggraff Joachim Ernst/ und also Ihr jeder/ solcher Ihrer beyder jüngsten Bruder einen/ so lange er im Leben und mit eigenen Landen/ Leuthen oder Stifften nicht versehen wäre/ (darzu doch des Churfürsten Lden oder derselben Successores Ihnen alle Beforderung zu thun) mit Fürstlichen Unterhalt zu versorgen/ aber nach desselben eines oder derselben Absterben/ an deren stadt weiter andere derselben Gebrüder hinaus in Francken zu sich zu nehmen/ und zu unterhalten nicht schuldig seyn/ sondern bey obererwehnter unterschiedlicher Disposition gäntzlichen verbleiben soll. Doch soll/ wie wir ingesambt weiter verordnet/ ein jeder Unser Sohn/ Bruder und alle derselben Nachkommen/ ehe einer oder der ander zur Regierung oder dem geordneten Deputat gelaßen/ schuldig seyn/ sich folgender gestalt zu reversiren. Wir von Gottes Gnaden/ N. N. Marggraff zu Brandenburg/ in Preussen rc. Hertzogk/ hiermit vor Uns/ Unsere Erben und Nachkommen/ öffentlich urkunden und bekennen/ Nachdem weiland Unser älter Uhr-Anherr Churfürst Albertus Achilles Germanicus löblicher Christmilder Gedächtniß/ sub dato Cöln an der Spree/ an Mittwochen S. Matthiæ Anno Tausend Vierhundert Siebentzig drey/ eine Verordnung gemachet/ welche auch vom Käyser Friedrichen dem dritten in offenen Reichs-Tage confirmiret und bestättiget ist/ wie es in Unserm Chur-und Fürstlichen Hause mit der Succession und sonsten von nun an/ zu ewigen Zeiten gehalten werden soll/ und darauff die Durchlauchtige Hochgebohrne Fürsten/ Herr Joachim Friedrich des Heiligen Römischen Reichs Ertz-Cämmerer und Churfürst/ und Herr George Friedrich/ beyde Marggraffen zu Brandenburgk rc. solche Ihrer Gnad höchvernünfftige Verordnung/ sub dato N. N. erkläret/ erneuert/ wie dann/ nicht allein gnungsamb berichtet/ sondern denselbigen auch wohl eingenommen und verstanden/ so gereden/ geloben/ versprechen wir/ aus rechter guter Wissenschafft und eigenen Bewegniß/ in Betrachtung/ daß solches Unsern gantzen Hause/ und zu deßen Erhaltung vernünfftig/ treulich und wohlgemeint ist/ vor Uns/ Unsere Erben/ Stamm und Nachkommen/ bey Unsern Fürstlichen Würden/ Ehren und Treuen/ an eines rechten geschwohrnen Eydes statt/ solche Ordenungen/ und wie Ihre Gnaden und Lden Unser gnädiger freundlich geliebter Herr Vatter/ Bruder und Vetter dieselbige erkläret/ in allen Ihren Stücken/ Puncten/ Articuln und Inhaltungen stett/ vest und unverbrüchlich zu halten/ und mit denen Sachen/ Handelungen oder Räthen/ wie die jemand erdacht oder erfunden/ oder hernacher/ immer erdencken/ oder erfinden könte oder möchte/ dawider nimmer zu seyn oder zu thun oder geschehen/ gethan zu werden/ noch das jemand von Unserentwegen zu thun befehlen/ verhängen oder gestatten/ weder mit noch ohne Recht/ Geistliche oder Weltliche Richter oder Gerichte/ in keinerley Weise/ und ob jemands darwider seyn/ oder thun wolte/ so wollen wir dargegen bey Unsern freundlichen lieben Brudern und Vettern/ den Churfürsten und Marggraffen zu Brandenburgk/ so Churfürst Alberti Verordnungen und Unsers Herrn Vattern/ Brudern und Vettern/ Erklärungen nachleben getreulich zubetretten/ und mit Landen/ Leuthen und allen Unserm Vermögen ernstlich beyeinander stehen und halten/ ohne einige Exception, wie die Nahmen haben mögen/ alles getreulich und ungefährlich. Zu Uhrkund/ steter/ fester/ unverbrüchlicher Haltung/ haben wir obgemeldter N. N. an diesen offenen Brieff Unser Seret [?] Insiegel hengen laßen/ und uns wißendlich und wohlbedächtiglich mit eigenen Handen unterschrieben/ Geschehen und geben/ rc.

Weiter haben wir Uns mit einander freundlich dahin vereiniget/ daß wir der Churfürst/ Unsere Töchter und Schwestern/ so viel deren noch lediges Standes seyn/ bis Sie zu Ehelichen Heyrathen befodert/ nothdürfftig unterhalten wollen/ aber wann künfftig Unsere Bruder Marggraff Christian und Marggraff Joachim Ernst zu Brandenburgk/ obgemeldter maßen/ zu Land und Leuthen kommen/ sollen Sie Ihren Töchtern/ die Sie Unsere Gebrüder ehelichen erzeugen möchten/ selbsten nothwendige Unterhaltung zu verschaffen/ und sie auszusteuern/ schuldig seyn/ und also hinführo in Ewigkeit die gebohrne Töchter und Fräulein in der Marck allwege von dem jedesmahl regierenden Churfürsten/ die gebohrne Töchter und Fräulein aber in Fürstenthumb des Burggraffthumbs zu Nürnbergk von den regierenden Herrn jedes Orths/ in welchem Theil Landes sie gebohren/ alimentiret und ausgesteuert/ auch mit dem Heyrath-Guth dieser Unterschiedt gehalten/ daß nehmlich einer jedwedern gebohrnen Tochter und Fräulein aus dem Hause Brandenburgk zum Heyrath-Guth/ mehr nicht/ als in der Chur und Marck Brandenburg Zwantzigtausend Gulden Landes Wehrung/ im Fürstenthumb des Burggraffthumbs Nürnberg aber Zwölfftausend Gulden/ sambt ziemblicher Aussertigung nach derselben Würden und Ehren/ (doch kein Land und Leuth/ gegeben werden/ und daß sich hiergegen jede Tochter/ ehe Sie ehelich beygeschlaffen hat/ nach aller Nothdurfft/ Väterliches/ Mütterliches und Brüderliches Erbes nach altem Herkommen/ verzeihen sollen. Ferner/ nachdem auch in Churfürst Alberti Achillis Disposition unter andern verordnet/ daß kein regierender Herr/ von Land/ Leuthen/ Schlossern oder Güttern rc. ichtwas zu vergeben oder zu uhrthail/ zu versetzen oder zu verkauffen/ sondern allein mit dem/ was er zu den Landen bringet/ oder Seiner Gemahlin Heyrath-Guth zustunde/ seines Gefallens

ANNO 1599.

zu handeln/ Macht haben solle/ lassen wir es dabey gleichfalls billig beruhen.

Es sollen auch Unserer Söhne/ Gebrüder und Vettern/ keiner/ weil wir im Leben seyn/ dem andern Schuldt machen/ welcher die aber machen würde/ soll er selbst die nach Unsern Todt von seinen angebührenden Theil Landes oder Deputat, ohne Hülff/ oder Entgeltnis der andern/ bezahlen.

Was aber wir der Churfürst/ vor Schulden verliessen/ oder noch in unsern Leben machten/ durch uns selbst/ oder unsere Befehlichhaber/ dieselben werden von unserer hinterlaßenen Erbschafft/ und dem succedirenden Churfürsten/ billig abgetragen/ unsere Marggraff Georg Friedrichs verlaßne Schulden aber/ werden von den regierenden Herrn in Francken entrichtet/ und also hierinn den altväterlichen Verträgen nachgangen/ wie wir dann daßelbige hiermit beyderseits wollen cavirt und versehen haben.

Anlangend beyderseits Vestungen/ Nachdeme in der Marck und Chur Brandenburgk albereit drey/ als Cüstrin/ Spandau und Peitz/ im Fürstenthum des Burggraffthums Nürnberg aber/ zwo/ als nehmlich ufm Gebürge/ die Vestung Plaßenburg vorhanden/ und wir Marggraff George Friedrich unlängst/ dem Hauß Brandenburgk zu Ehren/ auch unterhalb des Gebürges die Vestung Wilsburgk erbauet/ so soll es hinführo und zu ewigen Zeiten bey solchen fünff unterschiedlichen Vestungen bewenden/ und darüber keine mehr aufgerichtet/ sondern die jetzigen deßo mehr in baulichen Würden und Wesen erhalten werden/ es wäre dann Sache/ daß es in Francken des Landes Nutz und Nothdurfft sonderlichen erfordert/ so soll uns Marggraff George Friedrichen/ und unsern Nachkommen noch eine Vestung zu bauen unbenommen seyn. Dann der Artholerei und Munition halben sambt allem dem was zur Vestung und Wehren gehört/ ordenen und setzen wir insonderheit/ was von solchen Sachen/ in der Marck Brandenburgk/ daß es daselbst/ dasjenige aber/ so wir Marggraff Georg Friedrich/ in Unsern Land und Vestungen/ unter und oberhalb des Gebürges/ so wohl auch in unserm Hofflager und Zeughause zu Onolzbach/ und also jedes Orts/ sonderlichen hinterlaßen und verordnen werden/ verbleiben. So soll es auch soviel die Verwahrung aller Privilegien von Bullen/ Handvesten/ und andern vornehmen Brieffen belanget/ bey hochstgedachtes Churfürsten Alberti Disposition beruhen/ außerhalb daß wir Marggraff George Friedrich an statt unsers Schlosses Cadolsburgk (dahin hievor die Verwahrung solcher Brieffe unterhalb des Gebürges geordnet) hiermit unser Hauß zu Onolzbach/ ode. Vestung Wilsburgk/ darzu benandt und deputirt haben wollen.

Nachdem dann uberdis in mehr beruhrten Churfürst Alberti Disposition unter andern auch nachfolgender Puncten halber nothdürfftige Versehung gethan worden/ Nehmlich wie es mit den verstorbenen Fürsten und Marggraffen zu Brandenburgk hinterlaßenen Söhnen und Töchtern Bevormundung/ so wohl Ihr der Töchter Alimentation und Aussteuer halben/ gehalten werden soll/ desgleichen welcher gestalt die regierende Chur- und Fürsten/ gedachtes Hauses Brandenburgk/ sambt andern Ihren Brudern und Vettern einander treulich meinen/ und durch was Mittel und Austragk die Irrung und Mißverstände/ so sich je zu Zeiten zwischen Ihnen zutragen/ zu entscheiden seyn möchten/ Item daß sich unter denselben keiner ohne des andern Rath/ Vorwissen und Willen/ in neue Bündnüß oder Fehde begeben sollen/ so laßen wir es bey solcher Hochernandtes Churfürsten Alberti Achillis gethanen wohlmeinenden Verordnung und Austräge/ wie nicht weniger der zwischen den dreyen Häusern Sachsen/ Brandenburg und Heßen/ aufgerichteten Erbverbrüderung gleichfalls bewenden/ doch weil in dieser Unser jetzigen Vergleichung die Jährliche Deputat, so vor diejenigen Unsere Söhne Brüdern und Gevettern (welche mit Land und Leuthen nicht versehen) in der Marck allbereit nach Gelegenheit bestimbt/ in Francken aber/ unter und oberhalb des Gebürges Unser Marggraff Georg Friedrichs zu Brandenburg nechsten successorn/ künfftig sonderlichen zu machen vorbehalten/ so wohl auch das Heyrath Guth der Fürstlichen Fräulein/ nach Gelegenheit jetziger Zeit und läufften an der Summa etwas mehr als zuvor erhöhet worden/ soll es bey solcher Unser jetzigen Verordnung gelaßen/ und also hierinnen hochernandts Churfürst Alberti Disposition, in andere Wege nichts benommen/ noch zu wieder verstanden werden/ Und deßen zu wahrer offener Urkund auch steter Haltung und Bekräfftigung aller obgeschriebenen Puncten und Articuln, so haben wir obbemelte Joachim Friedrich Churfürst/ und Georg Friedrich/ beyde Marggraffen zu Brandenburgk &c. vor uns/ Unsere geliebte Brudere/ Söhne/ Vettern und Nachkommen/ Churfürsten und Marggraffen zu Brandenburgk/ Unser jeder seinen Daum-Ringk aufgedrucket/ und mit eigenen Handen unterschrieben/ bis künfftig daßelbig originaliter verfertiget/ und mit jedes anhangenden Regal-Insiegeln und Subscription wie sich gebühret/ bestetiget werde/. Geschehen und geben zu Magdeburgk den Neun und zwantzigsten Aprilis, Anno Tausendt funffhundert Neunzigk Neun.

So Urkunden und bekennen wir der Churfürst/ daß solches unser unwandelbahrer Will/ Gemüth und Meynung sey/ wir wollen auch allen demjenigen stett/ vest/ Fürstlich und unwiederrufflich nachkommen/ und insonderheit Marggraff Christiani und Marggraff Joachim Ernsts/ L. L. krafft des altväterlichen Herkommens/ und berührter Geraischen Verfaßung das Burggraffthumb Nürnberg und die darinn begriffenen Lande/ unter und oberhalb Gebürges/ sambt allen ihren Pertinentien/ Ein- und Zubehörungen/ allermaßen sie Ihre Ld. Unser in Gott ruhender Vetter innen gehabt hiermit/ wie es am beständigsten geschehen soll/ überlaßen haben/ Ihre L. Ld. sollen dieselbe von uns und Unsere Männliche eheliche Leibes-Lehens-Erben ohne Unsere und der Unsrigen/ wie auch deroselbigen Nachkommen/ einige Verhinderung/ geruhiglich nutzen und gebrauchen/ wie wollen und sollen auch den jungern Brudern/ wie auch Unsern freundlich geliebten Schwestern/ alles dasjenige williglich reichen geben und folgen laßen/ was berührte und von Worten zu Worten inserirte Handlung mit bringet. Dargegen versprechen und zusagen wir Marggraff Christian und Marggraff Joachim Ernst/ daß wir ebenmäßig schuldig seyn sollen/ und wollen/ allem demselbigen Fürstlich nachzuleben/ was von Puncten zu Puncten in obberührte Handlung verfaßet/ bedacht und zu Pappier gebracht/ und was communicirt/ auch von Worten zu Worten oben inserirt ist/ inmaßen wir dann daßelbige alles hiermit bey Fürstlichen Ehren/ Treuen und Glauben wollen beliebt/ acceptirt und angenommen haben/ Und obwohl wir beyde Gebrüdere und wir Marggraf Christian insonderheit/ auf dato, die Neumarck angesprochen/ daß wir uns doch derselbigen Anspruch hiermit würcklich und gäntzlichen aus wohlbedachtem Gemüth und rechter Wissenschafft auch angedeuten Ursachen verziehen und begeben haben/ und solche Unserm freundlichen geliebten Herrn Brudern/ dem Churfürsten zu Brandenburgk und S. L. männlichen Leibes-Lehens-Erben an der Chur geruhiglichen laßen/ von Uns/ Unsern Erben und Nachkommen unangefochten/ Wir wollen auch/ da Ihr Lbd. von Jemand deßentwegen angefochten würde/ bey derselbigen getreulichen umbtreten/ und alle drey Gebrüdere vor einen Mann stehen/ wie ingleichen Unser jüngster Bruder Lbdn. Ldn. als Marggraff Johanßen und Marggraff Johans Georgen/ nach erfülten achtzehen Jahren/ zu Uns in Francken nehmen und unterhalten/ wie cavirt und versehen/ die andern Brüder aber dahin weisen und annahmen/ daß sie sich dieser Unser Brüderlichen Vergleichung/ und was zu Gerau verfaßet ist/ durchaus bequemen/ dawider weder thun noch handeln und sollen alle Irrungen/ Speen/ Zweyspalt und [illegible] auf allen Theilen hiermit und in Krafft dieses offenen Brieffes/ gäntzlich und zu Grunde verglichen/ cassirt und aufgehoben seyn/ auch solcher ferner in Ungutte im geringsten nicht gedacht werden/ wir wollen einander treulich und ufrichtig meinen/ Wir die Jüngere/ Ihr Lbdn. Churfürsten/ als den ältern/ und das Haupt in Unserm Hauß/ brüderlich respectiren und ehren/ und ingesambt bey des Hauses Brandenburgk Wohlfart und gedeylichen Ufnehmen Brüderlich halten/ wir ingesambt und ein jeder insonderheit verzeihen uns auch/ aus wohlbedachten Gemüth/ aller und jeder Exceptionen/ Action, Behelff und Wohlthaten der Rechte/ so zu Hinterziehung dieser Unser Brüderlichen Vergleichung/ Zusage und Contracts, im Rechten erfunden und ausgesatzt/ und insonderheit der Exception Læsionis, Beneficii Restitutionis in integrum, Reductionis ad Arbitrium boni viri, minorennitatis, Renunciationem generalem non valere, nisi specialis præcesserit, und aller andern und jeden rechtlichen Behelffen und Wohlthaten/ wie die Nahmen haben mögen/ keine überall ausgeschloßen/ und solches thun wir aus rechten Wißen und eigener Bewegnüs freywillig/ in der besten Form des Rechtens/ und gantz kräfftiglich. Zu urkund stetter/ vester und unverbrüchlicher Haltung haben wir der Churfürst Christian und Joachim Ernst/ Gebrüdere/ nicht allein diese verbindliche stetwehrende Vergleichung gedoppelt fertigen lassen/ mit eigenen Handen unterschrieben/ und unsern großen Regal-Siegeln und Daumb-Secreten vollzogen/ sondern auch Unsere freundlich geliebte Söhne und Vettern/ Gevattern und Oheimben/ Herrn Johann Sigismunden/ und Herrn Johann Georgen postulirten Administratorn des Stiffts Straßburg beyden Marggraffen zu Brandenburg &c. und Herrn Christian Fürsten zu Anhalt &c. freundlich und vetterlichen vermocht/ daß von Ihren L. L. Ldd als Unterhändlern und Zeugen dergleichen erfolget ist. Geschehen und geben zu Onolzbach/ den Eilfften Tag des Monats Junii nach Christi unsers einigen Erlösers und Seeligmachers Geburt/ im tausend Sechshundert und dritten Jahre &c.

Joachim Friedrich Churfürst.
Hannß Sigismundt.
Christian/ Marggraf zu Brandenburgk.
Johanns Georg.
Joachim Ernst/ Marggraff zu Brandenburgk.

VI.

Decret de la Sainte Inquisition universelle & Romaine, siégeant le Pape INNOCENT XI. *contre la Doctrine de* MICHEL MOLINOS *contenue en soixante huit Propositions tirées de ses Escrits, ou de sa propre Confession, & vulguairement connue sous le nom de Quiétisme. Ces Propositions, y sont declarées hérétiques, suspectes, erronées, scandaleuses, blasphéma-*

1687. 3 Septembre.

ANNO 1687.

phematoires & seditieuses, & comme telles defendües, & condamnées, sous les peines les plus severes à ceux qui les croiroient, suivroient ou enseigneroient. Publié & affiché à Rome le 3. Septembre 1687. [Simple Copie & Traduction.]

DAns la Congregation Generale de la Sainte & Universelle Inquisition Romaine, assemblée au Palais Apostolique du Mont Quirinal, en presence de nôtre Très-Saint Pere & Seigneur Innocent par la Providence divine Pape XI. de ce nom, & des Eminentissimes & Reverendissimes Cardinaux de la Sainte Eglise Romaine, Inquisiteurs Generaux dans toute l'étenduë de la Chrétienté contre la perversité des Heresies, Deputez specialement par le St. Siége Apostolique.

Nous ne pouvons nous dispenser d'employer la severité Apostolique à l'extinction d'une Heresie très-pernicieuse qui s'est repanduë dans plusieurs parties du Monde, en danger de causer la perte d'un grand nombre d'ames, afin que par notre solicitude, autorité & prevoyance Pastorale, la malice des Heretiques soit étousée dans ses commencemens, & que la lumiere de la verité Catholique repandant ses rayons dans toute la Sainte Eglise, fasse voir clairement qu'elle est repurgée de toutes les ordures d'une fausse doctrine. Or comme nous avons été pleinement informez que le nommé Michel Molinos, enfant de perdition, a enseigné en toutes sortes d'occasions, de vive voix & par écrit & même mis en pratique des dogmes pernicieux, lesquels sous le nom specieux d'Oraison de repos detournoient les fidelles de l'exercice de la veritable Religion & de la pureté du Christianisme pour les entrainer dans des erreurs detestables, & les plonger dans des ordures abominables, contre la Doctrine & l'usage reçu, & autorisé par les S. S. Peres dès le commencement de l'Eglise naissante, nôtre très-Saint Pere & Seigneur Innocent Pape XI. du nom, n'ayant tien plus à cœur sinon que les ames des Fideles, que Dieu a commises à sa conduite puissent arriver en sureté au port desiré du salut éternel, en évitant les ecueils des fausses opinions; après avoir entendu plusieurs fois sur une matiere aussi importante que celle là, le rapport qu'en ont fait en sa presence les Eminentissimes & Reverendissimes Seigneurs Cardinaux établis Inquisiteurs Generaux dans toutes les parties de la Chrestienté, & plusieurs Maitres & Docteurs dans la Sacrée Faculté de Theologie, & avoir reçu, ramassé & pesé meurement leurs suffrages, & leurs sentiments de vive voix & par écrit, après avoir pareillement imploré l'assistance du St. Esprit, pour la condamnation des propositions dudit Michel Molinos que nous rapporterons ci-après, & qu'il a été dûment convaincu, d'avoir dictées, ecrites, communiquées & crües, avouant respectivement qu'elles étoient émanées de lui, Sa Sainteté à donné le Decret enoncé plus bas.

PROPOSITIONS.

I.

Il faut anéantir ses propres forces, & c'est en cela que consiste la vie interieure.

II.

Vouloir operer par la voye d'action est un peché contre Dieu, puis qu'il veut agir seul; & par consequent il faut se perdre & se confondre entierement en lui, & demeurer en cet état comme un corps sans vie.

III.

Le desir, que l'on a de faire quelque chose, est un obstacle à la perfection.

IV.

L'Activité naturelle est ennemie de la grace, & empêche Dieu d'agir en nous & nuit à la veritable perfection, Dieu voulant agir en nous sans nous même.

V.

L'Ame s'anéantit par l'Inaction, & retourne à son principe & à son origine, qui est l'essence de Dieu en qui elle demeure transformée & déifiée, & alors Dieu habite en lui même. Car ce ne sont plus pour lors deux choses unies, mais une seule, & c'est ainsi que Dieu vit, & regne en nous, l'ame étant anéantie, & pour ainsi dire absorbée dans cet Estre agissant.

VI.

La voye interne est celle dans laquelle on ne connoit ni lumiere, ni amour, ni resignation, & où il n'est point necessaire de connoître Dieu; & dans cette situation tout est en bon état.

ANNO 1687.

VII.

L'Ame ne doit point penser à la recompense ni au châtiment, au Paradis ni à l'Enfer, à la mort ni à l'éternité.

VIII.

Elle ne doit point être envieuse de sçavoir si elle lui est resignée ou non; & il n'est pas necessaire qu'elle veuille connoître son état, ni son propre anéantissement: c'est assez qu'elle reste comme un corps sans ame.

IX.

L'Ame ne doit être occupée ni d'elle même, ni de Dieu, ni d'aucune chose, puisque dans la vie interieure toute reflexion est nuisible, même celle que l'on fait sur les actions humaines & sur ses propres defauts.

X.

S'il lui arrive de scandaliser quelqu'un par ses imperfections, il n'est pas besoin qu'elle y fasse reflexion, pourveu qu'elle n'ait pas eu intention de causer du scandale; & c'est un Don de Dieu de ne pouvoir reflechir sur ses propres defauts.

XI.

On n'est pas obligé de faire attention aux doutes qui naissent de l'incertitude où l'on est de sçavoir si l'on est dans le chemin du salut, ou non.

XII.

Celui, qui a abandonné à Dieu son franc-arbitre, ne doit se mettre en peine de rien, ni se soucier de l'Enfer ni du Paradis, ni de parvenir à la perfection, non plus que des vertus, ni même de son salut dont il doit rejetter toute esperance.

XIII.

Lorsque nous avons mis nôtre franc-arbitre entre les mains de Dieu, nous devons lui abandonner le soin de tout ce qui nous regarde; afin qu'il accomplisse en nous sa volonté divine.

XIV.

Celui, qui s'est une fois resigné à la volonté de Dieu, ne lui doit rien demander: la demande étant une marque d'imperfection, puis qu'elle est un acte de notre propre volonté & de nôtre choix, ce qui est, à proprement parler, vouloir que la volonté de Dieu se conforme à la nôtre & non pas la nôtre à la sienne; ces paroles de Jesus-Christ, demandez & vous recevrez ne s'adressant pas aux ames qui vivent de la vie interieure, & qui ayant renoncé à leur propre volonté, se sont reduites à la nécessité de ne pouvoir rien demander à Dieu.

XV.

Comme elles ne doivent rien demander à Dieu, aussi ne sont-elles point obligées de le remercier de ses bienfaits, puisque ces deux choses sont également des actes de volonté propre.

XVI.

Il ne faut pas demander la remission des peines duës à nos pechez; car il vaut mieux satisfaire à la Justice de Dieu, que d'implorer sa Misericorde, puisque le premier procede du pur Amour de Dieu, & qu'au contraire l'autre n'est ni agreable à Dieu, ni meritoire, & que ce n'est rien autre chose que vouloir se soustraire aux souffrances de la Croix.

XVII.

Lorsque nous avons resigné entre les mains de Dieu notre volonté avec le soin de notre ame, il ne faut plus se mettre en peine des tentations, & il suffit de leur opposer seulement une resistance negative, sans y apporter d'autre soin. Que s'il arrive que nôtre nature les ressente, il faut la laisser jouir de ce sentiment, parce que c'est nôtre nature.

XVIII.

Celui qui dans l'Oraison se sert d'images, de figures, & de ses propres espèces & conceptions, n'adore pas Dieu en esprit & en verité.

XIX.

Celui qui n'aime Dieu qu'autant qu'il le connoît par les lumieres du raisonnement, & suivant la portée de son esprit, n'aime pas le vrai Dieu.

XX.

C'est une ignorance grossiere que de soutenir que dans l'Oraison on ait besoin du secours des lumieres de la Raison, & de pensées, lorsque Dieu ne parle pas interieurement à notre ame. Dieu ne parle jamais, & sa parole n'est rien autre chose, que son action. Or il agit toujours dans notre ame, lorsqu'elle ne l'en empêche pas par ses raisonnemens, les pensées & son operation propre.

ANNO 1687.

XXI.

Dans l'Oraison il faut se contenter d'avoir une foi obscure & generale, jointe au repos & à l'oubli de toute autre pensée particuliere & distincte des attributs de Dieu & de la Trinité, & en cet état, il faut se mettre en la presence de Dieu, pour l'adorer, le servir & l'aimer, mais sans former aucun acte: car Dieu ne se contente pas de tout cet apareil.

XXII.

Cette connoissance de foi n'est pas un acte qui procede de la Creature, mais c'est une connoissance qui lui a été infuse de Dieu, & la Creature ne sçait point quand elle l'a, ni ne se souvient point ensuite qu'elle l'ait euë: nous disons la même chose de l'amour.

XXIII.

Les Theologiens Mystiques, après St. Bernard dans son Livre intitulé l'Echelle des Cloitrez établissent 4. differens degrez dans la Vie spirituelle, la lecture, la meditation, l'oraison & la contemplation infuse.

Celui qui demeure toûjours au premier, ne passe jamais au second.

Celui qui s'arrête toujours au second, n'arrive jamais au troisiéme, qui n'est rien autre chose que nôtre contemplation acquise, dans laquelle il faut perseverer pendant tout le cours de notre vie, à moins que Dieu surpassant notre attente, n'eléve nôtre ame à la contemplation infuse laquelle ne cesse pas plutôt, que l'ame retourne au troisiéme degré, & y demeure sans pouvoir jamais descendre au second ni au premier.

XXIV.

Quelque grand nombre de pensées même deshonnêtes, ou contre Dieu, contre les Saints, contre la Foi, ou contre les Sacremens, qui nous arrivent pendant l'Oraison, pourvu que nous ne nous y arretions point volontairement, & que nous ne les repoussions point par un acte de notre volonté; mais qu'au contraire nous les endurions avec patience & avec une resignation entiere à la volonté de Dieu; elles n'empêchent point l'Oraison de foi, au contraire elles ne servent qu'à la rendre plus parfaite, parce qu'en cet état l'ame est plus soumise & plus resignée à la Volonté de Dieu.

XXV.

Bien que quelqu'un se laisse aller au sommeil, il ne laisse pas pour cela d'être en oraison, & de contempler actuellement, parce que la resignation & l'oraison ne sont qu'une même chose, & que l'oraison dure aussi longtems que dure la resignation.

XXVI.

Ces trois sortes de voye par lesquelles on va à Dieu & qu'on appelle Purgative, Illuminative & Unitive sont quelque chose de si peu convenable à la Verité, qu'on n'a jamais rien dit de plus absurde dans la Theologie Mystique, puis qu'il n'y a, pour arriver à Dieu, qu'une seule voye qui est la voye interne.

XXVII.

Celui, qui aspire à la Devotion exterieure & qui l'embrasse, ne desire ni ne cherche nullement Dieu, mais il se cherche plûtôt lui même; & celui qui marche dans la voye interieure peche en la recherchant & en s'efforçant de la trouver dans les lieux Sacrez aussi bien que dans les jours de fête.

XXVIII.

Le dégoût des choses spirituelles est salutaire, puisque par là on se defait de l'amour propre.

XXIX.

Quand l'ame interieure commence à concevoir du dégout pour les discours qu'on lui fait de Dieu & des vertus, & qu'elle demeure froide & immobile de telle sorte qu'elle ne s'apercoit point de l'épouvante qu'on lui veut donner, c'est un bon signe.

ANNO 1687.

XXX.

Toutes les choses sensibles, qui se font sentir à l'ame dans la voye spirituelle, ne sont qu'abominations, ordures & impuretez.

XXXI.

Tout homme, qui est dans la meditation, ne peut pratiquer les vertus interieures, parce qu'il n'y a rien en elles qui puisse tomber sous les sens. Il est necessaire de perdre les vertus.

XXXII.

Ces ames internes n'ont point besoin d'autre preparation ni d'action de graces devant & après la Communion, que de la seule perseverance dans cette resignation passive qui leur est ordinaire: puis qu'elle renferme en elle l'amour qui supplée à cette preparation d'une maniere plus parfaite, que ne peuvent faire tous les autres actes de vertu qui se pourroient pratiquer & qui se pratiquent dans la voye ordinaire. Que si dans l'action & la communion, on sent interieurement des mouvemens d'humilitation, de demande ou d'actions de graces, on les doit étoufer, à moins qu'on ne reconnoisse que ce sont des inspirations particulieres de Dieu; car autrement ce ne sont que des impressions de la nature qui n'est pas encore morte en nous.

XXXIII.

L'Ame, qui suit cette voye interieure, commet un peché, lorsqu'aux jours & fêtes solemnelles elle fait des efforts extraordinaires pour exciter en elle des sentimens de devotion, puisque tous les jours sont égaux à l'égard de l'ame qui vit de la vie interieure: on doit dire la même chose des lieux Sacrez, puisque tous les lieux doivent être les mêmes pour elle.

XXXIV.

Rendre graces à Dieu de bouche & par des paroles, n'est pas l'action des ames interieures, puisqu'elles doivent être toujours tranquilles, & ne point former d'obstacle à l'Esprit de Dieu qui agit en elles; & plus leur resignation à la volonte de Dieu est grande, plus elles experimentent en elles mêmes qu'elles ne peuvent pas seulement dire notre Pere.

XXXV.

Ce n'est pas le propre des ames qui marchent dans la voye interieure, de faire des actes de volonté & d'activité qui lui soient propres, quelques vertueux qu'ils puissent être; car autrement elles ne seroient pas mortes à elles-mêmes. Elles ne doivent pas non plus former des actes d'amour envers la St. Vierge, ni envers les Saints, ni même envers l'humanité de Jesus-Christ, car comme toutes ces choses sont des objets sensibles, il en est de même de l'amour, qu'on a pour elles.

XXXVI.

Nous ne devons donner notre affection à aucune Creature, non pas même à la Ste. Vierge ni aux Saints, car Dieu seul veut en être le Maitre.

XXXVII.

Dans les tentations même les plus violentes, l'ame ne doit point former des actes exprès & formels des vertus qui leur sont opposées, mais elle doit s'en tenir seulement à cet amour & à cette resignation dont nous avons parlé ci-dessus.

XXXVIII.

La souffrance volontaire des mortifications est trop à charge & ne produit aucun fruit, & c'est la raison pour laquelle il faut s'en défaire.

XXXIX.

XXXIX.

Les actions les plus saintes & les œuvres de penitence que les Saints ont pratiquées, ne sont pas capables de mettre une ame à couvert d'une seule attaque de la tentation.

XL.

La bien-heureuse Vierge n'a jamais pratiqué aucun acte exterieur, & cependant elle a été plus sainte que tous les Saints ensemble, d'où l'on doit conclure que l'on peut parvenir à l'état de la Sainteté sans le secours des œuvres exterieures.

XLI.

Quand Dieu veut nous humilier & nous faire arriver à l'état d'une veritable transformation, il permet & veut quelquefois que le Demon exerce sa tyrannie sur les corps où logent les ames les plus parfaites, bien qu'il ne les obsede pas corporellement, & qu'il les oblige de commettre des actes charnels même en veillant, & sans leur troubler l'esprit, imprimant un mouvement naturel à leurs mains, & à leurs autres membres, contre leur volonté. Il faut dire la même chose des autres actes, qui, quoique mauvais en eux-mêmes, ne le sont pas neanmoins en ce cas-là, par le defaut du consentement.

XLII.

Il peut arriver un cas, où ces mouvemens violens qui nous portent aux actes charnels, se rencontrent en même tems en deux personnes de different sexe, & que de part & d'autre l'acte s'en ensuive.

XLIII.

Dans les siecles passez, Dieu se servoit des Tyrans pour faire des Saints, & aujourd'hui il se sert des Demons pour le même effet, & lorsque ces mauvais Esprits excitent dans les Saints des mouvemens involontaires, ceux-ci en tirent un avantage qui est de devenir plus humbles, de s'aneantir en eux mêmes & de se resigner à la volonté de Dieu.

XLIV.

Job a blasphemé & neanmoins il n'a pas peché, parce qu'il y étoit forcé par la violence du Demon.

XLV.

Saint Paul a éprouvé dans son corps de semblablables violences du Demon; & c'est ce qui lui a fait dire, je fais le mal que je ne veux pas.

XLVI.

Ces violences sont un moyen très-efficace pour aneantir l'ame & la faire arriver au point d'une veritable union & transformation, & pour y parvenir il n'y a point d'autre voye que celle-là, & l'on peut même assurer qu'elle est la plus seure & la plus aisée de toutes.

XLVII.

Lorsque ces tempêtes s'élevent dans nôtre ame, il faut laisser faire Satan tout ce qu'il voudra sans lui faire la moindre resistance, mais il faut demeurer dans son aneantissement, & bien qu'il s'en ensuive des pollutions, des attouchemens impurs & même quelque chose de pis, il ne faut pas pour cela nous inquieter ni tourmenter nôtre ame par des remords, des doutes, ni des scrupules; puisqu'elle n'en devient que plus éclairée, plus fortifiée, & plus pure, & que par là elle se met en possession d'une sainte liberté: & sur-tout il faut remarquer qu'il n'est pas besoin de s'en confesser, & que même il est très-bon de ne le pas faire, puisque c'est là le plus sur moyen de vaincre le Demon & d'acquerir le tresor de paix si cher & si precieux à notre ame.

XLVIII.

Lorsque Satan exerce en nous ces sortes de violences, il ne manque pas de nous en faire des monstres & de nous les representer avec toute la difformité imaginable, pour troubler le repos de l'ame & l'empêcher des s'avancer dans la perfection & la vie interieure; de là vient que pour affoiblir les forces de cet ennemi, il vaut mieux s'abstenir de se confesser de ces sortes de mouvemens qui ne sont pas même des péchez veniels.

XLIX.

Job poussé par la violence du Demon a commis exterieurement des Actions impures; dans le même tems qu'il faisoit à Dieu des prieres très pures: Nous interpretons en ce sens les Passages qui se trouvent dans le 10. Chapitre du Livre de Job.

L.

David, Jeremie & plusieurs Saints Prophetes ont éprouvé, exterieurement en eux, les mêmes violences de ces actions impures.

LI.

L'Ecriture Sainte nous fournit plusieurs exemples de ces sortes de violences à l'égard de ces Actions exterieures mauvaises en elles mêmes, comme on le voit en la personne de Samson, lequel entrainé par cette violence se fit mourir avec les Philistins, & poussé par la même force prit pour femme une Etrangere, & commit l'acte de fornication avec Dalila femme de mauvaise vie; quoique d'ailleurs toutes ces actions fussent defenduës & que ce fussent autant de pechez. La même chose nous est confirmée par les exemples de Judith qui mentit pour tromper Holoferne, d'Elizée qui maudit les enfans qui se moquoient de lui, d'Elie qui fit tomber le feu du Ciel sur les deux Centeniers & sur les Soldats que le Roi Achab envoyoit pour le prendre. Mais si cette violence est partie immediatement de la main de Dieu; ou si elle a été faite par le Ministere du Demon, c'est de quoi l'on n'est pas bien assuré.

LII.

Lorsque ces mouvemens, mêmes ceux qui sont sales & impurs nous arrivent sans offusquer les lumieres de notre entendement, c'est alors que notre ame peut s'unir à Dieu & qu'en effet elle s'y unit toujours plus étroitement.

LIII.

Pour connoitre par pratique, si une operation, qui se fait dans quelqu'autre personne, est violente; les protestations que fait cette ame de n'y avoir pas donné son consentement; ou qu'elle ne peut pas faire serment qu'elle y a consenti, ou bien la connoissance que j'ai que c'est une ame qui fait des progrès dans la Vie spirituelle, ne sont pas des preuves suffisantes de cette violence; mais la regle que je tiens pour infaillible dans cette occasion, c'est d'examiner la chose par le discernement que me donne la lumiere qu'on appelle actuelle & qui est audessus de toutes les connoissances humaines & Theologiques, laquelle me donne une assurance certaine accompagnée d'une securité interieure, qu'une telle operation est violente; & je suis certain que cette lumiere vient de Dieu qui en me la donnant y joint en même tems le Don de cette securité qui est un écoulement de la Divinité, de telle sorte qu'il ne me reste aucun sujet de former le moindre doute contraire à cette assurance; comme il arrive ordinairement lorsque Dieu revelant à notre ame quelque verité lui donne en même tems une assurance si parfaite qu'il est l'Auteur de cette revelation, qu'il ne lui est pas permis d'en douter.

LIV.

Les ames qui suivent le train ordinaire de la Vie spirituelle, seront bien étonnées à l'heure de la mort, de se voir abusées & confuses avec leurs passions, dont il faudra qu'elles se purifient en l'autre Monde.

LV.

Par cette voye interieure, on parvient, quoiqu'après beaucoup de souffrances, à l'extinction & à la

ANNO 1687.

à la mortification entiere de toutes les passions, de telle sorte qu'on ne sent plus rien du tout, qu'on est dégagé de toute inquietude comme si l'on étoit mort, & que notre ame ne peut plus changer de situation.

LVI.

Il y a en nous deux sortes de Loix & deux volontés differentes; l'une apartient à l'ame & l'autre à l'amour propre, leur pouvoir dure aussi longtems que dure cet amour, & mort & éteint par la pratique de la vie interieure, ces deux loix & ces deux volontez ne subsistent plus, & de même celui du péché veniel.

LVII.

Par la contemplation acquise, on se met en état de ne plus commettre des pechez mortels ni veniels.

LVIII.

Le moyen de parvenir à cet état, est de ne plus reflechir sur les propres *actions*, la *reflexion* étant la cause la plus ordinaire de tous nos defauts.

LIX.

La voye interieure n'a rien de commun avec la Confession, les Confesseurs, & les cas de conscience, la Théologie & la Philosophie.

LX.

Dieu rend quelquefois la Confession impossible aux Ames avancées dans la vie spirituelle lorsqu'elles commencent à n'être plus sujettes aux reflexions, & lors même qu'elles sont parvenues à ce point qu'elles y meurent entierement, & alors Dieu supplée à ce defaut en leur donnant la grace de preservation au double de ce qu'ils en auroient recu dans le Sacrement. C'est pourquoi il n'est pas à propos en ce cas-là qu'elles s'approchent du Sacrement de penitence, parce qu'elles ne le peuvent pas.

LXI.

Quand l'ame est arrivée à ce point de mort mystique & interieure, elle ne sçauroit plus vouloir que ce que Dieu veut, parce qu'elle n'a plus de volonté, Dieu la luy ayant ôtée.

LXII.

Cette Voye interieure met l'ame dans un état d'immobilité perpetuelle, & lui assure un repos que rien ne peut troubler.

LXIII.

La voye interieure donne entierement la mort à nos Sens, & même le signe où l'on reconnoit que l'ame est anéantie, c'est-à-dire, morte mystiquement, c'est lorsque les Sens exterieurs ne lui representent plus les images des choses sensibles, non plus que si elles ne lui étoient point presentes; puis qu'alors elles ne vont pas jusqu'à obliger notre entendement à y faire attention.

LXIV.

Un Théologien a moins de disposition à la Contemplation, qu'un ignorant. En premier lieu, parce que sa foi n'est pas si pure que celle de l'autre. Secondement, parce qu'il a moins d'humilité que lui. En troisieme lieu, parce qu'il n'a pas tant de soin de son salut. Et en quatrième lieu parce qu'ayant la tête remplie d'idées, d'espéces, d'opinions & de speculations, la véritable lumiere y a moins d'accès.

LXV.

Il ne faut obeïr à ses Supérieurs, que dans ce qui regarde l'exterieur, parceque le vœu d'obedience que font les Religieux ne s'etend qu'aux choses purement exterieures. Il n'en est pas de meme de l'interieur dont Dieu seul est le maitre.

LXVI.

La nouvelle Doctrine qui s'est introduite en l'Eglise de Dieu merite la raillerie, lorsqu'elle enseigne que l'ame, en ce qui regarde le spirituel, est sujette à la puissance de l'Evêque, bien qu'il soit incapable de gouverner & qu'ainsi l'ame s'éloigne de la vie spirituelle avec celui qui la conduit. Je dis, que c'est une Doctrine nouvelle, en ce que ni l'Ecriture Sainte, ni les Conciles, ni les Canons, ni les Bulles, ni les Saints, ni les Auteurs ne nous en donnent aucune preuve, & même ne le peuvent faire, attendu que l'Eglise ne juge point des choses interieures & occultes, & que d'ailleurs l'ame est en droit de choisir pour sa conduite qui bon lui semble.

LXVII.

C'est une erreur évidente de vouloir soutenir qu'on est obligé de decouvrir son interieur en presence d'un Tribunal exterieur, & que c'est un peché de discontinuer de le faire; puisque l'Eglise n'entre point en connoissance des choses cachées; & que ceux qui suivent ces erreurs & autorisent ces fonctions, agissent contre les interêts de leurs ames.

LXVIII.

Il n'y a dans le monde aucun pouvoir ni jurisdiction, qui puisse commander à un Directeur de montrer ses Lettres en ce qui regarde l'interieur de l'ame. C'est pourquoi il est nécessaire que nous soyons avertis, que cela meme n'est rien autre chose qu'une invention du *Demon*.

Toutes lesquelles Propositions la Sainte Inquisition susdite condamne, proscrit, & abolit respectivement comme heretiques, suspectes erronées, scandaleuses, blasphematoires & seditieuses, offensant les oreilles des Personnes pieuses, temeraires, tendant au relâchement & *meme* au renversement de la Religion Chretienne; & pareillement tout ce qui a été mis au jour sur ce sujet de vive voix, par écrit, ou par l'*impression*; deffendant en outre à quelque personne que ce puisse etre de parler, écrire, ou disputer en quelque maniere que ce soit sur ces *Propositions*, ni de les croire, suivre, enseigner, ni pratiquer; & si quelques uns contreviennent à ces defenses, elle les prive pour toujours de toutes Dignitez, Degrez, Honneurs, Benefices, & Offices *ipso facto*, & les declare incapables & inhabiles à toutes sortes d'emplois & de fonctions, & les lie des nœuds d'une excommunication, dont aucune Puissance inferieure à celle du Pontife Romain ne pourra les absoudre sinon à l'article de la mort.

De plus sa Sainteté defend & condamne tous les Livres, & toutes les Oeuvres dudit Michel Molinos, en quelque Lieu, & en quelque Langage qu'elles ayent été imprimées, & semblablement tout ce qui a été écrit de sa main, & elle fait defense à toutes personnes de quelque degré, condition ou état, & meme quelques élevées en dignité qu'elles puissent être, d'oser sous quelque pretexte que ce soit, les imprimer ni faire imprimer, en quelque Langue que ce soit, ou sous leurs propres termes, ou sous des expressions équivalentes, ou sous un nom faux ou emprunté, ni d'en lire, de les retenir chez eux; leur enjoignant, sous les mêmes peines ci-dessus mentionnées, de les mettre aussi-tôt entre les mains des Ordinaires des Lieux, ou des Inquisiteurs de l'Heresie, lesquels auront soin de les brûler, ou de les faire brûler sur le champ.

Place ✠ du Sceau. ALEXANDRE SPERONIE, Notaire de la Sainte Inquisition Romaine & Universelle.

Le 3. jour de Septembre 1687. le Decret susdit à été affiché & publié devant la principale Porte de l'Eglise du Prince des Apôtres & du Palais & Office, à la pointe du Champ de Flore, & dans les autres lieux ordinaires & accoutumez de la Ville, par moi Francois Perimo Courier de notre Très-Saint Pere & Seigneur le Pape & de la Très-Sainte Inquisition.

FIN DE L'APPENDIX DU TOM. II. PART. I.

GENERIS
HVMANI
JANI
TEMPLUM.

SUPPLEMENT
AU
CORPS UNIVERSEL
DIPLOMATIQUE
DU
DROIT DES GENS,
CONTENANT
UN RECUEIL
DES
TRAITEZ
D'ALLIANCE, DE PAIX, DE TREVE, DE NEUTRALITE',
de Commerce, d'Echange, de Protection & de Garantie, de toutes les Conventions, Transactions, Pactes, Concordats, & autres Contracts, Capitulations Impériales & Royales, Donations, Renonciations, Protestations, Testamens, Investitures,

ET EN GENERAL DE TOUS LES TITRES,
Sous quelque nom qu'on les désigne,
Qui ont échapé aux prémieres recherches de Mr. DU MONT.
Continué jusqu'à présent par Mr. ROUSSET,
Membre des Académies des Sciences de St. Petersbourg & de Berlin.

TOME II. PARTIE II.

A AMSTERDAM, Chez les JANSSONS à WAESBERGE, WETSTEIN & SMITH, & Z. CHATELAIN.
A LA HAYE, Chez P. DE HONDT, la Veuve de CH. LE VIER, & J. NEAULME.
LIBRAIRES.

M. DCC. XXXIX.

TABLE CHRONOLOGIQUE

DU

SUPLEMENT AU CORPS DIPLOMATIQUE

DU

DROIT DES GENS &c.

TOM. II. PARTIE II.

TABLE CHRONOLOGIQUE

TABLE CHRONOLOGIQUE

TABLE CHRONOLOGIQUE

DU SUPLEMENT, TOM. II. PARTIE II.

TABLE CHRONOLOGIQUE

DU SUPLEMENT, TOM. II. PARTIE II.

TABLE CHRONOLOGIQUE

DU SUPLEMENT, TOM. II. PARTIE II.

FIN DE LA TABLE CHRONOLOGIQUE

DU SUPLEMENT &c.

TOM. II. PART. II.

SUPLEMENT
AU
CORPS DIPLOMATIQUE
DU
DROIT DES GENS;
OU
RECUEIL
DES
TRAITEZ D'ALLIANCE,
DE PAIX, DE TREVE, DE NEUTRALITÉ, DE COMMERCE, D'ÉCHANGE, &c.

I.

ANNO 1701.

Extrait du Traité d'Alliance conclu entre la France, l'Espagne & le Portugal en 1701. [Simple Copie inserée dans les Lettr. Historiques du Mois de Decembre 1701. pag. 700. LAMBERTI, Memoires pour servir à l'Hist. du XVIII. Siecle Tom. I. pag. 415.]

I. LA Paix faite l'an 1668. entre la Castille & le Portugal est renouvellée & confirmée.

II. La Castille renonce pour toûjours à toute prétension qu'elle pourroit avoir sur le Portugal.

III. Le Roi de Portugal demeurera Maître absolu des Isles de St. Gabriel & Nueva Coloma dans la forme qu'il le prétendit en 1681.

IV. La France lui remet toutes les prétensions qu'elle avoit sur Maranon.

V. On promet satisfaction au Roi de Portugal touchant les affaires de la Compagnie des Negres qui s'envoient de Cacheo aux Indes d'Espagne.

VI. Le Roi de Portugal promet de reconnoître le Roi PHILIPPE V. pour Héritier legitime & universel de la Monarchie d'Espagne, conformément au Testament de CHARLES II. & de maintenir ledit Testament.

VII. Que si l'Angleterre & la Hollande viennent à rompre avec la France ou la Castille, le Roi de Portugal ne pourra leur donner aucun secours ni retraite en ses Ports. Il pourra seulement y recevoir six de leurs Navires de Guerre au cas qu'ils n'en aïent pas davantage dans les Mers ou Côtes de Portugal; mais s'il y en a un plus grand nombre, Sa Majesté Portugaise n'en recevra aucun.

ANNO 1701.

VIII. Que Sa Majesté Portugaise ne recevra dans ses Ports aucune prise de quelque Nation que ce soit, & encore moins aucun debarquement de Troupes.

IX. Que si à cause de ce Traité le Portugal se trouvoit inquieté par l'Angleterre ou par la Hollande, alors la Castille & la France seront obligées de le secourir avec 30. Navires de Guerre & lui fourniront de plus un Million une fois paié, & 300000. Ecus par an, moïennant quoi le Roi de Portugal s'oblige d'entretenir 12. Navires de Guerre.

X. Et au cas que la Guerre avenant, les Anglois voulussent refuser à la Reine Douairiére le païement de son Douaire, la France & la Castille y satisferont, comme aussi Elles indemniseront Sa Majesté Portugaise pendant l'espace de dix années de toute la diminution qui pourroit arriver en ses Douannes à cause de la Guerre.

XI. Que si les Ennemis du Portugal entreprennent cependant quelque chose contre les Conquêtes qu'il a faites, on lui donnera le secours necessaire.

XII. On donnera à Sa Majesté Portugaise les Officiers de Guerre, dont Elle aura besoin.

XIII. Que si les Hollandois refusent de restituer l'Isle de Ceylan à Sa Majesté Portugaise, en ce cas les Cou-

ANNO 1701.

Couronnes de France & de Castille lui aideront à la reconquerir.

XIV. Qu'en contemplation de la Paix de l'Europe, Sa Majesté Portugaise trouve bon de ne troubler le Roi PHILIPPE V. dans la Succession de Castille, à l'égard d'aucun des Domaines, dont il est aujourd'hui en possession.

XV. Que si quelque Prince vouloit le contredire en cette possession, & qu'à cette occasion il survienne Guerre, Sa Majesté Portugaise lui interdira tous les Ports de ses Roïaumes & Etats où il pourroit venir & aborder, & toutes sortes d'embarquement tant de Guerre que de Marchandise, & que tous ceux qui viendront de la part d'un tel Prince seront traitez comme Ennemis.

II.

17. Janvier.

Copie de la seconde Protestation contre le Testament du feu Roi d'Espagne CHARLES II. *faite par le Comte* LOUIS DE HARRACH, *Ambassadeur de l'Empereur à Madrid par ordre de son Maître. A Madrid le 17. de Janvier* 1701. [Lettres Historiques, Mois de Mars 1701. pag. 314.]

LE Comte Louïs de Harrach, Ambassadeur de S. M. I. en cette Cour, ayant donné avis à l'Empereur son Maître de la Déclaration qu'il avoit donnée par écrit le 6. Novembre de l'année passée 1700. par laquelle il protestoit de nullité, & d'invalidité contre les clauses du Testament du feu Roi Charles II. qui soit en gloire, dans lesquelles étoit nommé pour Héritier Universel de tous les Royaumes & Etats, en premier lieu, Mr. le Duc d'Anjou second Fils de M. le Daufin, en second lieu M. le Duc de Berri troisiéme Fils du même, en troisiéme lieu M. l'Archiduc Charles, second Fils de S. M. I. & en quatriéme lieu, Mr. le Duc de Savoye & ses enfans; S. M. Imp. a approuvé ladite Protestation faite par ledit Comte de Harrach, & Elle lui a expressément ordonné de la reïterer en son nom; étant pleinement persuadée que ce n'a pas été l'intention du feu Roi, qu'il n'étoit pas en son pouvoir de faire une pareille disposition, puis que la totale Succession de la Monarchie d'Espagne tomboit par sa mort, sans laisser d'enfans légitimes, à la Personne de S. M. I. par la renonciation de l'Infante Madame Marie Therese Reine de France, qui avoit été jurée, & ratifiée par la Paix des Pirenées, laquelle a pareillement été confirmée d'une maniere incontestable, par le Testament du feu Roy Don Philippe IV. d'heureuse memoire, & par sa derniere volonté, lors qu'il passa de cette vie à l'autre; Ainsi tout ce qui a été fait & executé contre ce point-là est nul, & de nulle valeur, comme étant réellement préjudiciable, & contraire aux droits incontestables de S. M. I. lesquels Elle se reserve en leur entier, dans la meilleure maniere & forme qu'il est possible: Et le Comte de Harrach satisfaisant audit ordre de l'Empereur son Maître, le fait notoire par cet Ecrit signé de sa propre main. Fait à Madrit le 17. Janvier 1701.

III.

22. Fevrier.

Lettre de l'Empereur LEOPOLD *au Roi de Prusse & Electeur de Brandebourg* FRIDERIC III. *le felicitant sur sa nouvelle Dignité Royale. Donnée à Vienne le 22. Fevrier* 1701. [Lettres Hist. mois de Mai 1701. pag. 573. LAMBERTI Memoires pour servir à l'Hist. du XVIII. Siecle Tom. I. pag. 382.]

„ NOus avons reçû la Lettre de Notification que „ Vôtre Dilection nous a écrite en bon Ami, „ Oncle, & Frére, par laquelle Elle nous a fait sa„voir qu'ensuite de nôtre consentement & approba„tion Elle s'étoit fait proclamer & couronner Roi au „ sujet de son Duché de Prusse. Comme il est déja „ connu depuis long-tems à Vôtre Dilection que nous „ avons conservé pour Elle depuis sa tendre jeunesse „ une affection & une inclination toute particuliere; „ en consideration de la devotion & de l'attachement „ qu'Elle a toûjours eu pour Nous, pour nôtre Mai„son Archiducale & pour tout l'Empire; & que „ pour cela Nous avons toûjours eu un singulier plai„sir d'aprendre la prosperité, l'agrandissement & la „ gloire de Vôtre Dilection & de sa haute Maison, „ qui a rendu de si bons services à l'Empire; aussi „ Nous réjouissons-nous de pouvoir en cette occasion „ lui en donner une preuve effective, & une marque „ qui durera toûjours; d'autant plus que Nous acceptons avec une particuliere satisfaction & remerciement les protestations que Vôtre Dilection nous a „ faites, qu'Elle vouloit entierement dedier & consacrer cette nouvelle dignité Roïale à l'avancement & „ à l'accroissement de la splendeur & de la prosperité „ du Saint Empire & de Nôtre Maison Archiducale. „ Nous felicitons Vôtre Dilection de cette haute dignité en bon Ami, Oncle, & Frére, souhaitant de „ tout nôtre coeur qu'avec l'assistance de Dieu, Elle „ puisse non seulement la porter heureusement & avec „ benediction, pendant un grand nombre d'années, „ pour sa propre gloire & pour l'ornement & l'avantage de nôtre chere Patrie; mais qu'Elle puisse aussi „ la transmettre sans discontinuation à ses descendans, „ & assurant de plus Vôtre Dilection que Nous aurons toûjours à cœur ses interêts, & qu'en toute „ occasion nous lui ferons connoître que Nous sommes &c.

IV.

8. Mars.

Vergleich zwischen Herzog FRIEDRICH WILHELM zu Mecklenburg-Schwerin/ und Herzog ADOLPH FRIEDRICH zu Mecklenburg-Strelitz/ die Güstrowische Succession betreffend/ also zwar/ daß jenem das gantze Fürstenthum Gustrau mit allen darzu gehörigen Stücken/ außer die Herrschafft Stargard/ wie auch mit allen Rechten und Regalien gelaßen; diesem aber das Fürstenthum Ratzeburg cum Voto & Sessione in Comitiis, wie auch die Herrschafft Stargard von jenem cedirt wird/ nebst noch 9000. Reichsthalern alljährlich aus dem Boitzenburger Zoll zu erheben. Geschehen Hamburg den 8. Martii 1701. Mit Ihro Kayserl. Maj. Leopoldi Confirmation. Wien den 26. Martii 1701. [FRANS. FRIDERICI AB ANDLERN Corporis Constitutionum Imperialium Tom. II. pag. 1347. LUNIG Teutsches Reichs-Archiv Part. Spec. Cont. 2. Abtheil. 4. Absatz. 6. pag. 595. Theatrum Europæum Tom. XVI. pag. 176. CASSANDRI THUCELII Actor. Publicor. Tom. II. pag. 249.]

C'est-à-dire,

Transaction passée entre FRIDERIC GUILLAUME *Duc de Mecklenbourg-Swerin, &* ADOLPHE FRIDERIC *Duc de Mecklenbourg-Strelitz de leurs Prétentions sur la Succession de Gustraw, par laquelle toute la Principauté de Gustraw, excepté la Seigneurie de Stargard, est cedée au premier avec toutes ses Annexes, Droits, & Regales; à l'encontre de quoi, le Duc de Mecklenbourg Strelitz doit avoir la Principauté de Ratzebourg avec Voix & Seance aux Dietes, comme aussi la Seigneurie de Stargard, & une Rente annuelle de 9000. Rycksdalers à prendre sur le Peage de Boitzenbourg. A Hambourg le 8. Mars 1701.* AVEC *la Confirmation Imperiale donnée à Vienne le 26. Mars 1701.*

WIr Leopold von GOttes Gnaden/ erwehlter Römischer Kayser/ zu allen Zeiten Mehrer des Reichs/ in Germanien/ zu Hungarn/ Boheimb/ Dalmatien/ Croatien/ Sclavonien rc. König/ Ertz-Hertzog zu Oesterreich/ Hertzog zu Burgund/ zu Braband/ zu Steyer/ zu Cärndten/ zu Crain/ zu Lützenburg/ zu Würtenberg/ Ober- und Nieder-Schlesien/ Fürst zu Schwaben/ Marggraf des Heil. Römischen Reichs zu Burgau/ zu Mähren/ Ober- und Nieder-Laußnitz/ gefürsteter Graf zu Habsburg/ zu Tiroll/ zu Pfirdt/ zu

Anno 1701.

zu Kyburg und zu Görtz / Landgraf in Elsaß / Herr auf der Windischen Marck / zu Portenau und zu Salins rc. Bekennen öffentlich mit diesem Brieff / und thun kund allermänniglich / daß Uns der Durchlauchtigste Hochgebohrene Friedrich Wilhelm, und der Hochgebohrne Adolph Friedrich, Hertzoge zu Mecklenburg / Fürsten zu Wenden / Schwerin und Ratzeburg / auch Grafen zu Schwerin / der Lande Rostock und Stargardt Herren / unsere liebe Oheimben und Fürsten / in Unterthänigkeit zu vernehmen gegeben / was gestalten durch unsere zu völliger Hinlegung der zwischen Ihren Ldd. Ldd. vorgewesenen Streitigkeit über die Succession des durch den erfolgten Todes-Fall weyland Gustav Adolphs, Hertzogen zu Mechlenburg / ledig gewordenen Hertzogthums Mechlenburg Güstrowischen Antheils angeordnete und dem Durchlauchtigsten Großmächtigsten Fürsten / Herrn Friedrich dem vierdten zu Dennemarck / Norwegen / der Wenden und Gothen König / Hertzogen zu Schleßwig / Hollstein / Stormarn und der Diedmarschen / Grafen zu Oldenburg und Delmenhorst / Unserem besonders lieben Freund / Oheimb und Brudern: So dann denen Ehrwürdigen / Durchlauchtigen Hochgebohrnen August Friedrichen, erwehlten zum Bischoffen zu Lübeck / Erben zu Norwegen und Hertzogen zu Schleßwig Hollstein / Stormarn und der Dittmarschen / Grafen zu Oldenburg und Delmenhorst / und Rudolph Augusto und Anthon Ulrichen, Hertzogen zu Braunschweig und Lüneburg rc. Unsern lieben Oheimben / Fürsten und Andächtigen / nicht weniger dem Hoch- und Wohlgebohrnen / unsern Reichs-Hoffrath / Cämmerern / Abgesandten / und des Reichs lieben Getreuen / Christian, Grafen von Eck und Hungersbach / aufgetragene Kayserliche Commission mit unermüdeter Geflissenheit die Sache dermahlen in Güte verglichen / solcher Vergleich auch von Ihnen beederseits ratificirt und unterschrieben / maßen solcher Uns in glaubwürdiger Form vorbracht worden / und von Wort zu Worten hernach geschrieben stehet / und also lautet:

Im Nahmen des Dreyeinigen GOttes / und zu dessen alleinigen Ehren / sey hiermit kunde und zu wissen. Als durch den in Anno 1695. erfolgten hochseel. Todes-Fall / des weyland Durchl. Fürsten und Herrn / Herrn Gustav Adolphs / Hertzogen zu Mecklenburg / rc. rc. nach GOttes des Allmächtigen unerforschlicher Disposition die Fürstliche Güströwische Linie erloschen / und darauf die Succession in solches Fürstenthum von dem Durchl. Fürsten und Herrn / Herrn Friedrich Wilhelm / regierenden Hertzogen zu Mecklenburg-Schwerin / als Primogenito Primogeniti des Fürstl. Mecklenburgischen Schwerinischen Hauses / ex Capite Juris Præmogenituræ & linealis Successionis (nach Disposition des von Hertzogen Johanni Alberto I. hinterlassenen Testaments) behauptet; Hingegen von dero Hochseel. Herrn Vaters jüngern Bruder / dem auch Durchl. Fürsten und Herrn / Herrn Adolph Friedrich Hertzogen zu Meckelnburg-Strelitz die Succession juxta prærogativam gradus sultiniret werden wollen; Und die zwischen beyden Theilen dieserwegen erwachsene schwere Differentien sich dermaßen erweitert / daß darüber in Anno 1697. das Fürstenthum Güstrau in des Nieder-Sächsischen Creyß-Directorii Administration gerathen; Dannenhero die Röm. Kayserl. Majestät aus höchst-preißlicher Reichs-Väterlicher Vorsorge / und den Ruhestand in diesem Nieder-Sächsischen Creyße und dem Reich zu erhalten / und mehrern Unheil vorzukommen / bewogen worden / dero allerhöchstes Kayserliches Ampt zu interponiren / und zu güt- und friedlicher Composition sothaner Successions-Differentien dero Commission auf Ihro Königl. Majestät zu Dennemarck rc. als Hertzogen zu Holstein / so dann des Herrn Bischoffen zu Lübeck Durchl. ingleichen beeder Herren Hertzogen zu Braunschweig-Lüneburg / Wolffenbüttel Durchl. Durchl. wie auch dero Kayserlichen Abgesandten Herrn Grafen von Eck und Hungerspach rc. allergnädigst zu erkennen / und zu verordnen; so haben darauf hocherwehnte Herren Commissarii Ihro Kayserl. Majestät zu schuldigen Ehren und zu Erhaltung Fried und Ruhe nicht ermangelt / sich der Sachen würcklich anzunehmen / und zwischen denen hohen Partheyen respective durch ihre darzu gevollmächtigte Subdelegirte / in der Stadt Hamburg bey vielfältigen darüber angestellten Diæten / mühsame Unterhandlung versuchet / und endlich mittelst göttlicher Hülffe die Differentien folgender Gestalt in Güte gehoben.

1. Wird Herr Hertzog Friedrich Wilhelms Durchl. das gantze Fürstenthum Güstrau mit allen dazu gehörigen Stücken (nur allein die Herrschafft Stargard davon ausgenommen) samt Sitz und Stimme auf Reichs- und Creyß-Tagen / und im übrigen cum omni jure Principum Imperii, wie es dabevor von denen Herren Hertzogen Güstrowischer Linie besessen / regieret und genossen worden / als Primogenito Primogeniti, und seiner Durchleucht künfftigen Lehen-Descendenten gelassen / und dero Behuff von Herrn Hertzog Adolph Friedrichs Durchl. Ihrem ex capite gradualis Successionis formirten Anspruch beständig renunciret; derselben und dero Fürstl. Posterität aber / exstinctâ lineâ primogeniali, der ledige Anfall allerdings vorbehalten: Und wie hierbey wohl erwogen worden / welcher gestalt die Succession nach dem Primogenitur-Recht das principalste Mittel sey / die alten Fürstl. Häuser bey unzertheilten Kräfften / starcker Macht / hoher Estime, und in einem solchen Stande zu erhalten / daß dieselbe zu des gemeinen Vaterlands Schutz und Rettung wieder alle gefährliche und verderbliche Zufälle / mit desto mehrerem Nachdruck concurriren / und so wohl innals ausserhalb Reichs sich in Consideration halten können; Also ist auch hiemit verabredet und verglichen / daß hinführo nicht allein das gantze Hertzogthum Mecklenburg mit allen incorporirten Landen / (ausser was bey diesem Vergleich an des Herrn Hertzog Adolph Friedrichs Durchlaucht. und dero Descendenten abgetreten und gelassen worden /) bey Herrn Hertzogs Friedrich Wilhelms Durchl. allein bleiben / und nach dero in GOttes Händen stehenden Absterben auf ihren künfftigen ältesten männlichen Leibes-Lehens Erben und dessen fernere Descendenten / oder falls dieselbe nicht seyn würden / auf den Secundo genitum lineæ primogenialis Printzen Carl Leopold zu Mecklenburg Durchl. und dero niedersteigende Linie / und da auch dieselbe ermangeln solte / alsdann auff den Tertio genitum lineæ primogenialis Printzen Christian Ludwigs zu Mecklenburg Durchl. und dero Descendenten nach dem Primogenitur-Recht / wie dasselbe in Testamento Ducis Johannis Alberti I. im Jahr 1573. fundiret und bestätiget / auch vom Kayser Maximiliano II. confirmiret worden / allermassen beyde paciscirte hohe Theile sich nunmehr solcher gestalt dero Fürstlichen gesamten Hause zum besten darüber mit einander vereiniget / ordine successivo, und wie es bey der Lineal-Succession üblich ist / verfallen / und solcher gestalt in perpetuum so lange die ietzige Primogenial-Linie floriren wird / von Erben zu Erben verstammen; sondern auch / daß / wann nach GOttes Schickung entweder die ietzige Linea primogenialis, oder des Herrn Hertzog Adolph Friedrichs Durchl. Fürstl. Leibes-Lehens Descendentz verlöschen / und gäntzlich abgehen / und die gantze in denen Fürstenthümern Schwerin / Güstrau / Herrschafft Stargardt / und denen secularisirten Bischoffthümern Schwerin und Ratzeburg / bestehende Massa des Hertzogthums Mecklenburg völlig zusammen fallen solte / so dann solch dermahlen consolidirtes gantzes Corpus auff den von einer oder andern Linie alsdann überlebenden Primogenitum und dessen Descendenten alleine verstammen / Ritter- und Landschafft auch solchen Falls nur den iedesmahligen Primogenitum allein vor ihren regierenden Herrn und Landes-Fürsten zu erkennen / auch selbsten in einem unzertheilten corpore zu bleiben verbunden seyn; und solcher Gestalt das Jus primogenituræ & linealis successio so wohl in der ietzigen von weyland Herrn Hertzog Friedrich zu Mecklenburg herstammenden Linie / als auch bey Herrn Hertzogen Adolph Friedrich Durchl. Fürstl. Descendenz zu ewigen Zeiten ohnverruckt observiret werden soll.

2. Wird Krafft dieses Vergleichs von Herrn Hertzog Friedrichs Wilhelms Fürstl. Durchl. Herrn Hertzog Adolph Friedrichs Durchl. und dero männlichen Lehens-Erben und Descendenten / das Fürstenthum Ratzeburg / frey von Schulden / wie dasselbe per instrumentum Pacis Westphalicæ an das Hauß Mecklenburg kommen in seiner völligen Consistenz cum voto & Sessione in Comitiis Imperii & Circuli & cum omni Jure Principum, allermassen solch Fürstenthum bishero vom dem Fürstlichen Mecklenburgischen Hauße Schwerin in quantitate & qualitate regieret / besessen und genossen worden / erblich cediret / übergeben und abgetretten; da beneben auch die Herrschafft Stargard und dero gantzen District in seinen Gräntzen und Scheidungen / mit allem darin befindlichen Adel / Städten und Aemptern / nemlich die Aemter Stargard / Brede / Strelitz / Wantze / Feldberg / Fürstenberg und Wesenberg / nebst der Comterey Niemerau / und der Krafft dieses noch dabey gefügten / mit keinen von Zeit des Westphälischen Friedens-Schlusses / gemachten Schulden beschwerden Comteren Miran / wie solche beyde Comtereyen gleichmäßig dem Fürstl. Hause Mecklenburg / Krafft vorerwähnten Westphälischen Friedens-Schlußes zugeeignet worden / auch die Städte Neu-Brandenburg / Friedland / Woldeck / Strelitz / Stargard / Fürstenberg und Wesenberg / es seyn alle die Städte frey / oder mit Hypothequen beschweret cum omni Jure Principum Imperii, wie selbige Herrschafft in qualitate & quantitate von denen vormahligen Hertzogen zu Gustrau / als ein Accessorium solchen Fürstenthums regieret / possidiret und genossen worden / erblich / (jedoch mit Reservation des ledigen Anfalls) gelassen. Und nachdem

3. Hiebey pacisciret und verglichen / daß Herr Hertzog Adolph Friedrichs Durchl. eine jährliche Fürstl. freye Cammer-Intrade von 40000. Rthlr. constituiret werden soll; so ist doch zu dero Behuff der Eintrag obbenanter beyder so wohl Ratzeburg als Stargardischen Landes-Districten / und aller darin begriffenen Stücke mit beyderseitigen guten Willen / überhaupt (zumahlen eine gar genaue Untersuchung so viel Zeit und Weitläufftigkeit erfordern wollen) auff 31000. Rthr. gesetzet / und sind die zu Erfüllung vor erwehnter 40000. Rthlr. aus dem Boitzenburger Zoll / es betrage solcher wenig oder viel / jährlich 9000. Rthlr. jure Dominii perpetui zu erheben / erblich geeignet und abgetretten worden; zu dem Ende dann im Namen hochgedachten Herrn Hertzog Adolph Friedrichs Durchl. und dero Leibes-Lehens-Erben der iedesmahligen Zoll-Einnehmer sothane 9000. Rthlr. jährlich in dreyen Terminen benanntlich erstlich vier Wochen nach Ostern 3000. Rthlr. Zweytens vier Wochen nach Johannis 3000. Rthlr. Drittens vier Wochen nach Michaelis 3000. Rthlr. alles in speciebus. Ihrer Durchl.

ANNO 1701.

Durch. Fürstl. Cammer auszuzahlen sich vermittelst würckliches Eydes verpflichten solle.

4. Versprechen beyde Hochfürstl. Theile / einer dem andern / die einem jeden Krafft dieses Vergleichs zugefallene Stücke / wie Rechtens / gegen männigliches Anspruch / reciproquement zu gewehren / und deßhalben inn- und ausserhalb Rechtens zu assistiren und zu vertretten / auch selbsten nichts von dem / was ein jeder besitzet / ausserhalb dem Fürstlichen Gesammt Hauße zu alieniren / oder in frembde Hände kommen zu lassen.

5. Sollen zu Verhütung der ex Communione zu besorgenden Streitigkeiten des Herrn Hertzog Adolph Friedrichs Durchl. zwar den erlangten Stargardischen District privative regieren / und solcher massen darinn die Jura territorii & Superioritatis, so wohl in Ecclesiasticis als Politicis, wie die Namen haben / nichts davon ausgeschlossen / besonders exerciren / wie hin auch die in dem District verhandene Mecklenburgische / Adeliche und andere Vasallen / als Dominus feudi directus belehnen. Es wollen jedoch

6. Hochgedachten Herren Hertzog Adolph Friedrichs Durchl. in dero Stargardischen District die in dem gantzen Hertzogthum Mecklenburg eingeführte Kirchen-Ordnung in allen Stücken ohngeändert observiren / auch darinnen eine gemeinsame Policey-Ordnung exerciren und beobachten lassen; Und sollen so wohl die im Ratzeburgischen als Stargardischen District und demselben zugelegter Comterey Miraw eingesessene Unterthanen bey ihren biß daher habenden freyen Commercien in denen Mecklenburgischen Landen ungehindert gelassen / auch so wohl Ihro Durchl. eigene / als dero Fürstl. Räthe / Güter und Sachen / dieselben mögen zu Land oder zu Wasser aus dem Ratzeburgischen nach dem Stargardischen / oder von daraus dorthin gebracht werden / auff Vorzeigung beglaubter Päße / iederzeit Zoll-frey und ungehindert passiret werden / ingleichen denenjenigen / welche aus dem Fürstenthum Güstrau / so wohl ins Ratzeburgische als Stargardische und vice versa, innerhalb Jahr und Tag zu transmigriren Belieben tragen solten / solches ohne gewönliche Decimation frey / sicher und ungehindert vergönnet seyn soll. Und gleichwie

7. Bey Anweisung des Fürstenthums Ratzeburg / das darzu gehörige Archivum Herrn Hertzogen Adolphs Friedrichs Durchl. auszuantworten; Also sollen Seiner Durchleucht auch nicht weniger aus dem Güstrawischen Archivo und sonsten alle und jede die Herrschafft Stargard und die Comterey Mirau concernirende Documenta, zu dero eigenen gewahrsam extradiret werden. Und dieweil

8. Die im solchem District befindliche Land-Stände mit dem gantzen Corpore der Mecklenburgischen Ritter- und Landschafft in einer alten unzertrennlichen Union stehen / ihre Stimmen auff allgemeinen Land Tägen und zu Land-Räthen / Hoff-Gerichts-Assessoren und Administratoren einiger Clöster erwählet zu werden / mit zu geniessen haben: solche jura wie auch alle andere derselben Privilegia samt und sonders denenselben Krafft dieses billig conserviret bleiben müssen; So soll es mit den erforderten gemeinsamen Land-Tags-Handlungen dergestalt gehalten werden / daß wann / erheischender Nothdurfft nach / ein Land-Tag oder anderer gemeinsamer Convent anzustellen / und dabey ein oder andere Collecte am Reichs-Creyß-Fräulein oder andern Steuren / auch sonsten etwas in Proposition zu bringen / die Nothwendigkeit erfordern möchte / so dann Herr Hertzog Friederich Wilhelms Durchl. (als unter dero Regierung kundbarlich der gröste Theil der Mecklenburgischen Ritter- und Landschafft sich befindet) die Convocation ins gemein zu veranstalten haben / jedoch / so viel in specie den Stargardischen Adel und Städte betrifft / darüber Herr Hertzog Adolph Friedrichs Durchl. geschrieben / und von denen in Proposition zubringenden Puncten parte gegeben werden soll / damit der Terminus denen Stargardischen eingesessenen Land-Ständen / um / dem Herkommen nach / bey denen Land-Tägen oder andern gewissen Conventen zu erscheinen / zeitig intimiret werden könne; da dann auch Ihre Durchl. frey bleibet / ratione des Stargardischen Districts iemand der Ihrigen solchem Land-Tagen / wie auch andern gemeinsamen Conventen mit beywohnen / und selbigen Districts Nothdurfft observiren zu lassen.

9. Die auff solchen Land-Tagen oder andern gemeinsamen Conventen / von Ritter- und Landschafft bewilligte Steuren und Collecten werden so wohl aus dem Fürstenthum Güstrau / als aus dem Stargardischen District in den gemeinen Land-Kasten eingebracht: Es haben aber Herren Hertzog Adolph Friedrichs Durchl. die in gemeldten deren District gesessene und etwa säumig befundene / zu richtiger Einliefferung ihrer Quoten nöthigen Falls durch würckliche Execution besonders anzuhalten: Und wie die Reichs-Creyß- und Princeßinnen-Steuren an ihre gehörige Orte / so wohl wegen des Fürstenthums Güstrau / als wegen des Stargardischen Districts ausgezahlet werden müssen / also soll von allen andern bewilligten Geldern / und wie es sonsten wird verglichen und determiniret werden / jedesmahls die Stargardische Quota Herrn Hertzog Adolph Friederichs Durchl. abgeführet werden und zu eigener freyen Disposition verbleiben. Ferner ist

10 Wegen des Hof und Land-Gerichts / wie auch des Consistorii, beliebet und verglichen / daß zwar solche Judicia regulariter in Hn. Hertzog Friedrich Wilhelms Durchl. und dero künfftigen Successoren Namen gehalten / in denen Sachen aber / so entweder gegen Stargardische Eingesessene klagbar gemachet / oder aus solchem District per Appellationem dahin devolviret / die Citationes, Mandata und Urtheile in beyder Herren Namen abgefasset / und dahin die jedesmahlige Membra Judicii bey ihrer Reception verpflichtet werden solten; wobey dann auch Herrn Adolph Friedrichs Durchl. frey stehen solle für sich einen andern Assessoren zum Hof Gerichte zu verordnen / und dahin zu schicken / auch dem Consistorio durch ihren Stargardischen Superintendenten mit beywohnen zu lassen / welche dann so offt als bey mehr erwähnten Judiciis Stargardische Proceßen und Sachen vorkommen werden / (welche denenselben jedes mahl zeitige Notiz gegeben werden soll) sich dabey einfinden / der Sachen Erörterung mit vornehmen / und darinnen ihr freyes votum führen mögen Die erforderte Executiones aber aller und jeder gegen die Stargardischen Eingesessene ergangenen und Rechtskräfftig gewordenen Urtheilen und Mandatorum haben Ihre Durchl. Macht privativè vollstrecken zu lassen. Und als

11. Herrn Hertzog Friedrichs Wilhelm Durchl. an Herrn Hertzog Adolph Friedrichs Durchl. zu Aptirung eines oder andern Fürstl. Schlosses zu einer Residentz einen Zuschuß von 8000. Rthl. zuthun / und innerhalb den nechsten vier Wochen nach Vollziehung dieses Recesses auszahlen zu lassen / dann auch die Bewohnung des Fürstl. Haußes zu Güstrau Ihro Durchl. der Frau Wittwen und denen unverheyratheten Princeßinnen Zeit ihres Lebens zulassen / sich erkläret und anheischig gemacht; So wird solch versprechen Krafft dieses / bester massen confirmiret und bestätigt. Und dieweil

12. Salus Patriæ und der Lande Mecklenburg allerseits ultimus scopus seyn und bleiben muß; So will ein jeder Hoch-Fürstl. Theil seine Consilia und Actiones allemahl auf diesen heilsamen Zweck richten und so wohl bey Reichs- und Creyß-Tägen / als bey andern Conventen keine hauptsächliche discrepirende Vota und Sentiments führen / noch sonsten in einigen Stück dem gemeinsamen Interesse und oberwehnten Haupt-Zweck contraires oder ungemäße Mesures nehmen lassen.

13. Als auch am 7. Decembris verwichenen Jahrs von dem Hochlöbl. Nieder-Sächsischen Creyß-Directorio die Versicherung gegeben worden / daß so bald dieser Vergleich von beeden Hochfürstl. Partheyen vollenzogen / die Creyß-Militz so gleich aus dem Güstrawischen abgeführet / und des Herrn Hertzog Friederich Wilhelms Durchl. die völlige Possession des Fürstenthums Güstrau ruhig gelassen werden soll / hingegen auch von Ihrer Durchl. versprochen worden / zu gleicher Zeit an Herrn Hertzog Adolph Friedrichs Durchl. nach Inhalt dieses Vergleichs das Fürstenthum Ratzeburg zu übergeben / und darneben derselben den Stargardischen District, nebst der dabey gelegten Comterey Mirau erblich zu lassen / so ist beliebet / daß wegen eines zu vorerwähnter Evacuation noch vor Ostern anzusetzenden Termini mit denen anwesenden Creyß-Directorial-Ministris ohnverzüglich Abrede genommen / und die Zeit fest gestellet werden solte.

14. Was sonsten Herrn Hertzog Adolph Friedrichs Durchl. wegen anderer an Herrn Hertzog Friedrich Wilhelms Durchl. formirenden Prætensionen anführen lassen: Solches wird / als zu gegenwärtiger Käyserl. Commission nicht behörig / zu anderweiten gütlichen Vergleich oder Compromiss ausgesetzt / und ist daneben von beyden hohen Theilen beliebt / daß solcher Gestalt dieselbe Sache innerhalb 6. Monaten à dato zur Richtigkeit gebracht werden soll.

15. Es ist auch fest gestellt / und von beyden hohen Theilen für sich und ihre Succession an der Regierung festiglich zugesaget / und versprochen worden / daß alles und jedes / so Occasione dieses erledigten Fürstenthums und Landen / von dem ersten Anfang her / von dem Niedersächsischen Creyß Directorio, dessen Ministris, Befehlshabern und Bedienten veranstaltet und vorgenommen / folglich durch die angeordnete Administration von der Interims-Regierung verfüget und bewerckstelliget / insonderheit aber und in specie was in Justiz-Amts- und Land-Sachen / so wohl Ecclesiasticis als Politicis, Civilibus oder Militaribus, nicht weniger was bey dem Cammer-Wesen und dessen Administration, denen Finances, Pensions, Verpachtungen / und also in alle dem / so zeitwährender solcher Interims-Regierung und biß zur Evacuation und Regierung des Landes / worzu / vermöge einer besondern Acte / der Terminus beliebet worden / vorgangen und respectivè erkannt / decretiret / verfüget und verordnet worden / allenthalben in gehörigen und ohngeändertem Stande und Vigor gelassen / und zumahlen auch keine in rem judicatam erwachsene Urtheile rescindiret / noch jemand wider solches alles / von wem / und durch wen es auch seyn und geschehen möchte / betrübet / gekräncket oder verfolget / ferner auch die Proceße / so Zeit-währender Interims-Regierung angefangen / nit aufgehoben / sondern in ihrem Stande gelassen / und fortgesetzet / nit weniger auch alles dasjenige / was von Ritter- und Landschafft auff der Interims-Regierung ergangene Convocation, Verordnung oder sonsten geschehen / und gestalten Sachen nach / von ihnen præstiret und beobachtet werden müssen / insonderheit ohnangefochten gelassen / und auch dieserwegen

Nie-

ANNO 1701.

niemand/ er sey wer er wolle/ auch unter was Prætext es immer seyn möge/ weder in Corpore, noch en particulier besprochen/ und zu Verantwortung gezogen werden solle/ gestalt es dann auch/ wegen der eingeforderten Contribution aus dem Land solchermassen sein Verbleiben behält/ daß ratione præteriti so wenig als ein residuum, noch auch sonsten sub quovis alio titulo & Prætextu deßwegen das geringste vom Land/ oder jemand absonderlich mit nachgefordert/ noch auch solches Ritter- und Landschafft zum Præjudiz oder Consequenz ausgedeutet/ oder auch wegen der von denen Land-Ständen auff die von des Herrn Hertzog Friedrich Wilhelm Durchl. ergangene Citation, sonderlich in Ansehung der dagegen beschehenen harten Inhibitorialien/ nicht erfolgten Comparition denenselben nichts beygemessen/ oder jemahlen deßwegen einige Anspruche gemacht/ und in Summa überall keinem über obigen allen der geringste Verdruß oder Beschwerde/ noch sonsten etwas ungütliches zugefüget/ oder geahndet/ vielweniger sie in ihren Juribus und Privilegiis gekräncket und beeinträchtiget; Insonderheit aber auch diejenigen Personen und Bedienten/ so von dem Creyß Directorio, Zeitwährender Interims-Regierung im Lande zu Diensten und gewissen Aemtern bestellet/ oder sonst auff eine andere Weise gebrauchet worden/ gleichwie sie jemand anders als dem Creyß-Directorio ihres Amts und Verrichtungen halben/ Antwort oder Rechenschafft keineswegs schuldig/ also auch keiner von diesem allen/ wie auch von Land-Räthen und Landes-Deputirten/ auff keine Weise und Wege/ was von ihnen Amtswegen geschehen/ in ungüten zu entgelten/ noch im geringsten gegen sie es geahndet/ und ressentiret/ oder auch deßwegen ins künfftige von Bedienungen im Lande ausgeschlossen/ sondern vielmehr alles und jedes/ was auff ein und andere obgedachte Maaße passiret und vorgangen/ es bestehe/ worinn es wolle/ hiemit und Krafft dieses per generalem & specialem Amnestiam durchgehends gäntzlich auffgehoben/ abgethan/ und in ewigen Vergeß gestellet seyn; Insonderheit aber die Stadt Güstrau nebst allen und jeden ihren Einwohnern/ weß Standes und Wesens die seyn; gleichfalls mit in solche Amnestie dergestalt eingeschlossen/ daß auch deren keinem der geringste Verdruß oder Schade zugefüget/ sondern auch ihrentwegen alles beständig hingelegt und abgethan bleiben solle; Wie dann nicht weniger auch beyderseits compaciscirenden Herrschafften/ Räthe/ Ministri, Bediente und Angehörige/ sie seyn wer sie wollen/ unter solcher Amnestie mit begriffen und sich ebenfalls alles dessen/ was obgedacht/ beständig zu erfreuen haben sollen.

Obstehendes alles geloben und versprechen beyde hohe Theile vor sich und ihre Erben bey Fürstl. Ehren/ Worten und Glauben treulich zu halten und zu erfüllen/ und ex nullo capite weder selbsten dawider zu handeln noch den Ihrigen solches zu verstatten; ob auch hinkünfftig wider Vermuthen zwischen ihnen ein oder ander Differenzen/ es sey worin es wolle/ sich ereignen solten/ alsdann darüber sich entweder gütlich zu vergleichen/ oder da die Sache auff solche Weise nicht zu heben seyn möchte/ durch gewisse Arbitros, derer jeder Theil zwey soll zu benennen haben/ selbige untersuchen und decidiren zu lassen/ bey sothaner Entscheidung auch lediglich zu acquiesciren. Und wie die Röm. Käys. Maj. durch dero angeordnete Käys. Commission gegenwärtigen gütlichen Vergleich zwischen denen Hochfürstl. Partheyen/ vermittelst mühsamer Unterhandlung ausfinden/ einrichten und befördern lassen/ und daher auff unterthänigstes Ansuchen denselben Zweiffels ohne mit dero Käyserl. Confirmation zu befestigen/ auch darüber mit dero allerhöchsten Käyserl. Amt nachdrücklich zu halten/ allergnädigst geneigt seyn werden; also haben im übrigen die Hochfürstl. Paciscenten ihnen vorbehalten/ befindenden Umständen nach/ einige benachbarte Reichs-Fürsten zu Mitübernehmung der Garantie-Leistung zu ersuchen und zu vermögen. Zu Urkunde haben mehr hochgemeldte beyde Fürstl. Theil/ (da dieselbe bey dem Schluß dieser gütlichen Tractaten sich in eigenen hohen Personen befunden) diesen von der dazu verordneten Käyserl. Commission wohlbedächtlich/ mit allem seinem Inhalt ex certâ scientia, nach gründ- und reiflicher Unterlegung aller Artickuln/ und was bey einem jeden zu erwegen gewesen/ völlig agreiret/ selbigen als ein vor sich und ihre Nachkommen erwähltes Recht angenommen und solches mit ihren eigenhändigen Subscriptionen und Fürstl. Sigeln bekräfftiget. So geschehen in der Stadt Hamburg/ den 8. Mart. 1701.

Friedrich Wilhelm Leopold Graff Horn/ sub spe rati & grati.

Johann Vermehrem, similiter.

Johann Tadel/ sub spe rati.

Edzard Adolph von Petkum, sub spe rati.

Und Uns demnach gedachter beeder Hertzogen zu Mecklenburg Ldd. Ldd. unterthänigst angeruffen/ und gebethen/ daß wir sothanen getroffenen Vergleich in allen seinen Puncten und Clausulen/ wie derselbe abgefasset/ zu confirmiren gnädigst geruhen wolten;

Wann wir nun angesehen/ solch Ihrer Ldd. Ldd demüthigliche ziemliche Bitte/ anbey auch gnädigst betrachtet/ daß dieser durch obbemeldte Unsere Käyserl. Commission zwischen Ihrer Ldd. Ldd. auffgerichtete Vergleich nicht allein zu Beybehaltung des Nieder-Sächsischen Creyßes bey gegenwärtigen gefährlichen weit-aussehenden Läufften/ dem Heil. Röm. Reich/ und dem gemeinen Wesen so nützlich als sehr nothwendigen Ruhestandes/ sondern auch zu künfftiger besser und beständiger Freund-Vetterlicher Eintracht und gutem Vernehmen zwischen so nahen Fürstl. Anverwandten gereiche; So haben wir darum aus diesen und andern mehr/ Unser Käyserl. Gemüth bewegenden sehr trifftigen Ursachen mit wohlbedachtem Muth/ gutem Rath und rechten Wissen/ vorinserirten Vergleich confirmiret und bestätiget; Thun das/ confirmiren und bestätigen denselben auch also hiemit von Römischer Käys. Macht/ Vollkommenheit/ wissentlich und in Krafft dieses Brieffes/ und meynen/ setzen und wollen/ daß so thaner Vergleich in allen seinen Worten/ Puncten/ Articulen und Clausulen kräfftig und mächtig seyn und bleiben/ stet/ fest/ und unverbrüchlich gehalten werden/ und Ihre Ldd. Ldd. Ihre Erben und Nachkommen sich dessen ruhiglich gebrauchen und geniessen sollen/ und mögen unverhindert. Und gebiethen darauff allen und jeden Churfürsten/ Fürsten/ Geistlichen und Weltlichen Prälaten/ Grafen/ Freyen/ Herrn/ Rittern/ Knechten/ Land-Vogten/ Hauptleuten/ Vitzdomben/ Vögten/ Pflegern/ Verwesern/ Ambtleuthen/ Land-Richtern/ Schultheissen/ Bürgermeistern/ Richtern/ Räthen/ Bürgern/ Gemeinden/ und sonst allen andern Unsern und des Reichs Unterthanen und Getreuen/ in was Würden/ Stand oder Wesen die seynd/ ernst- und festiglich/ mit diesem Brieff und wollen/ daß sie mehegedachter beeder also verglichener Hertzogen zu Mechlenburg Ld. Ld. Ihre Erben und Nachkommen an obinserirten Vergleich/ und dieser Unser darüber ertheilten Confirmation und Bestättigung nicht irren noch hindern/ sondern sie dabey von Unsernt wegen festiglich handhaben/ schützen/ schirmen/ und allerseits sie dessen ruhiglich gebrauchen/ und sie gäntzlich dabey bleiben lassen/ hierwider nichts thun/ handlen oder fürnehmen/ noch das jemand andern zu thun befehlen/ oder gestatten/ in keinerley Weiß noch Wege/ als lieb einem jeden ist/ Unsere und des Reichs schwere Ungnade und Straffe/ und dazu eine Pön von 100. Marck löthigen Goldes/ die ein jeder/ so offt er freventlich hierwider thäte Uns halb in unser Käyserl. Cammer/ und den andern halben Theil beeder Hertzogen/ Ldd. Ldd. oder dero Nachkommen/ so hierwider beleidiget würden/ unnachläßig zu bezahlen verfallen seyn solle/ zu vermeiden. Mit Uhrkundt dieses Brieffs besiegelt/ mit Unsern Käyserl. anhangenden Insiegel/ der geben ist in Unserer Stadt Wien/ den 26 Monaths-Tag Martii/ nach Christi Unsers lieben Herrn und Seeligmachers gnadenreicher Geburth/ im Siebenzehenhundert und Ersten/ Unserer Reiche/ des Römischen im drey- des Hungarischen im sechs- und des Boheimischen im Fünff und Viertzigsten Jahre.

Leopold.

Vt. Dominus Andreas, Graff von Kaunitz.

Ad mandatum Sacræ Cæsareæ Majestatis proprium.

C. F. Consbruck.

V.

11. Avril.

Protestation D'ANNE D'ORLEANS *Duchesse de Savoye pour la conservation de son Droit de Succession à la Couronne d'Angleterre, contre toute deliberation & disposition contraire. Adressée au Lord Garde des sceaux, & lüe dans la Chambre haute du Parlement* le 11. *Avril* 1701. [Simple Copie inserée dans les Lettres Historiques du Mois de Mai 1701. pag. 603. LAMBERTI Memoires pour servir à l'Hist. du XVIII. Siecle Tom. I. pag. 503.]

ANne d'Orleans Duchesse de Savoye &c. & Princesse du Sang d'Angleterre par la Princesse Royale de la Grande Bretagne, Henriette, sa Mere, fait une si haute estime de cette prérogative, qu'Elle profite bien volontiers de l'occasion qu'Elle a de la faire valoir aux yeux de toute la Nation Angloise, comme un témoignage de la gloire qu'Elle en tire, d'avoir droit à cet Auguste Trône.

C'est pourquoi étant informée qu'on a déliberé de régler l'ordre de la Succession à la Couronne d'Angleterre, dans le Parlement présentement assemblé, Elle repré-

ANNO 1701. représente au Roy & à ce même Parlement, qu'en qualité de Fille unique de la feuë Princesse Royale Henriette sa Mere, Elle est la premiere appellée aprés le Roi Guillaume III. & la Princesse de Dénemarc, suivant les Loix & les Coûtumes d'Angleterre, qui ont toûjours préferé la ligne la plus proche à la plus eloignée. Son droit étant ainsi reconnu de tout le monde, & incontestable, n'a pas besoin de plus grandes preuves; Mais Elle ne laisse pas de protester contre toute déliberation & décision contraire, en la meilleure & plus efficace maniere, que se puisse pratiquer en semblables cas; En quoi Elle suit plûtôt la coûtume que la nécessité, parce qu'Elle a une si haute idée de la sagesse & de la justice du Roy & du Parlement, qu'Elle ne doit rien craindre de leur part, qui puisse jamais nuire à Elle & à ses Enfans.

VI.

14. Juin. **Vergleich zwischen FRIEDRICH III. König in Preussen an einem / dann FRIEDRICH Landgraffen zu Hessen andern Theils / wegen wieder-einlösung des Ambts Weferlingen / so bishero unterpfändlich von besagten Landgrafen besessen worden Crafft welschen dieser jenem das Ambt mit allen Pertinentien / Rechten und Gerechtigkeiten / gegen erlegung 50000. Reichsthalern überläßt. Geschehen Cölln an der Spree den 14. Junii Anno 1701.** [LUNIG Teutsch Reichs-Archiv. Part. Special. Continuat. 2. Abtheil. 3. pag. 208.]

C'est à-dire,

Accord entre FRIDERIC III. *Roi de Prusse & FRIDERIC Landgrave de Hesse pour le rachapt du Bailliage de Weferlingen possedé jusqu'à present par ledit Landgrave à titre d'Engageure. Portant que son Altesse Serenissime le cede & remet à Sa Majesté avec touts ses Droits, Dependances & apartenances, moyennant la somme de 50 mille Richsdalers. A Cologne le 14. Juin 1701.*

Kund und zuwissen sey hiermit / daß zwischen dem Allerdurchleuchtigsten und Großmächtigsten Fürsten und Herrn / Herrn Friederich / König in Preussen (tot tit.) und dem Durchleuchtigsten Fürsten und Herrn / Herrn Friederich / Landgraffen zu Hessen / (tot. tit.) heute dato wegen wieder Einlösung des Hauses und Ambts Weferlingen / welches jetzo gedachte Ihr. Hochfürstl. Durchl. bishero unterpfändlich besessen und inne gehabt / folgender Vergleich abgeredet und aufgerichtet worden / nemlich

1. Es überlässet und übergiebet Sr. Königl. Majestät in Preussen / unserm allergnädigsten Könige und Herrn / des Herrn Land Graffen Fürstl. Durchl. für sich / dero Fürstl. Erben und Nachkommen / das Hauß und Ambt Weferlingen im Fürstenthum Halberstadt belegen / so dem Herrn Grafen von Königs-Marck an. 1650. den 19ten Martii für ein Anlehn à 31350. thlr. species unterpfändlich verschrieben und eingeräumet / und hernach an. 1662. von demselben an des Herrn Landgrafen Fürstl. Durchl. cum cessione omnium jurium übergeben worden / mit allen pertinentien und dazu gehörigen Stücken / Vorwerckern / Meyereyen / Schäffereyen / Mühlen / Aecker / Wiesen / Zehenden / Höltzungen / und Masten / Diensten / Pächten / Zinsen und allen zugehörigen Nutzungen / Rechten und Gerechtigkeiten / nichts davon ausgenommen / sondern alle und jede meliorationen und Besserungen / wie die auch seyn und Nahmen haben mögen / worunter auch die Meyerey Wolffsdorff mit begriffen.

2. Dann auch werden Seiner Königl. Majestät von Ihrer Fürstlichen Durchlauchtigkeit übergetragen und überlassen / alle Mobilien und moventien / so bey dem Ambte und den Meyereyen jetzo befindlich / ingleichen alles verhandene Vieh / groß und klein / die gegenwärtige Saat im Felde / sambt dem dißjährigen Einschnit / Pflugart / Geyl und Gahr / so viel als dem Ambte zugehörig und Seiner Hochfürstl. Durchl. bey der mit dem zeitigen Ambtmann Johann Philip Hasenwinckel errichteten arende demselben laut in forma probante verhandenen Inventarii geliefert und übergeben haben.

3 Daneben renunciren vorhochged. Ihr Fürstl. Durchl vor sich / ihren Erben und Nachkommen / allen ihren an das Hauß und Ambt Weferlingen / dessen pertinentien und Stücken bißhero gehabten Rechten und Zusprüchen / und wollen sich deren niemahln wieder gebrauchen / immassen sie denn auch alle dieserhalb bißhero in Händen gehabte Obligationes, Documenta, Uhrkunden / Heberegister und alle übrige das Ambt Weferlingen und dessen pertinentien Rechte und Gerechtigkeiten concernirende Brieffschafften und Schrifften extradiren und nichts davon zurück behalten lassen wollen. ANNO 1701.

4. Samt auch tradiren und übergeben Ihre Fürstl. Durchl. besagtes Ambt frey und ohnbeschwert ohn alle Ansprachen / und nehmen dieserhalb die sichere Gewehrschafft über sich / immassen sie zu solchem Ende Sr. Königl. Majestät die Aembter Hötensleben / Obisfelde und Wunningen und daran habende Jura und Rechte zum sichern Unterpfand cum clausula constituti possessorii hiemit einsetzen / jedoch ist das jenige / was vor jetzo denen Predigern und Schul-Bedienten jährlich gebühret / auch was sonst denen Unterthanen bey Leistung ihrer Dienste von alters her vom Abt gegeben werden muß / hierunter nicht mit verstanden.

5. Dagegen nun versprechen Se. Königl. Majestät hochged. Ihro Fürstl. Durchl. die Summe von 50000. rthl. an guten jetzo in denen Ober- und Nieder-Sächß. Creysen gültigen ein und zwey dritteln Stücken zu zahlen und erlegen zu lassen / welches folgender gestalt geschehen soll / als 16000. rthl. jetzo so fort baar / und die übrige 34000 thlr. sollen binnen acht Wochen baar und richtig erleget werden.

6. Und ob zwar wegen der die Jahre her genossenen Gefälle einiger Zweiffel vorgefallen / alß ob selbige jährlich ein mehrers als die auf das Ambt verschriebene zinßbaare Capitalien an Zinsen außtragen möchten / und dannenhero eine billigmäßige Liquidatio anzulegen wäre / so haben dennoch allerhöchstgedachte Seine Königliche Majestät nach reifflicher Erwegung aller Umstände / und zwar aus sonderbahrer zu Ihr. Fürstl. Durchl. tragenden freund-vetterlicher Affection, der Liquidation und Berechnung sich wissentlich begeben.

7. Und nachdem es Ihr. Fürstl. Durchl. beschwerlich fallen wolte / ihre auf dem Hause in denen Gemächern habende Meublen an Tapeten / Schildereyen / Gewehr und Rüstung / Betten und dergleichen / wie auch ihre Registraturen und Brieffschafften jetzo so fort / da die possessio völlig eingeraumet werden soll / weg bringen zu lassen; So haben Seine Königl Majestät allergnädigst gewilliget und seynd zu frieden / daß Ihro Durchl. selbige zusammen in einige Logementer so viel dazu nöthig / bringen / und darinn bis zu bequemer Abfuhr verschlossen und versiegelt bewahren lassen mögen / zu dem Ende Ihro Hochfürstl. Durchl. frey stehet / die Castellanin auf dem Hause zu lassen.

8. Zu der Abfuhr der Mobilien ausser Landes wollen Seine Königl. Maj. die benöthigte Fuhren und Vorspann bis an die Grentzen geben lassen / wann aber selbige Sachen auff die andere Ihrer Fürstl. Durchl. zustehende und im Hertzogthum Magdeburg oder Fürstenthum Halberstadt gelegene Aembter gebracht werden / So sollen die Fuhren bis dahin gegeben werden.

Zu Uhrkund ist dieser Vergleich zweyfach ausgefertiget / und von Sr. Königl. Majestät / wie auch von Ihr. Hochfürstl. Durchl eigenhändig vollenzogen worden. Cölln den 14. Junii Anno 1701.

Friederich.

Friederich / L. z. H.

VII.

15. Juin. *Traité entre* FRIDERIC IV. *Roi de Dannemarc, d'une part, &* GUILLAUME III. *Roi de la Grande Bretagne, & les Seigneurs Estats Generaux des Provinces Unies d'autre part; Sa Majesté Danoise y promet, de ne prendre aucun engagement qui puisse troubler la Paix du Nord, ou former un tiers parti dans la Guerre contre la France. Elle s'engage même à fournir à Sa Maj. Britannique, & à L. H. P. un Corps de douze mille hommes, moyennant un subside de 300. mille écus par an qui lui est promis, & divers autres avantages. Fait à Coppenhague le 15. Juin 1701.* AVEC *Des Articles secrets du même jour par lesquels le Roi de Dannemarc promettant une augmentation de 4000. hommes si elle est nécessaire; Sa Majesté Britannique & L. H. P. lui prometent aussi de nouveaux avantages.* S'ENSUIT. *La Specification des Sommes deües au Roi de Dannemarc, par Sa Maj. Britannique, & par L. H. P. en vertu du Traité de l'an 1696. A Coppenhague le 15. Juin 1701.* [Tiré des Archives de L. H. P.

ANNO 1701.

L. H. P. les Estats Generaux des Provinces Unies.]

NOtoire soit à tous, qui y ont interest: Après que les affaires de l'Europe sont changées, par la mort du Roy Catholique, Sa Majesté le Roy de Dannemarck, sa Majesté le Roy de la Grande Bretagne, & leurs Hautes Puissances les Estats Generaux des Provinces Unies des Pays-Bas, ont meurement consideré que pour la seureté de leurs Royaumes & Provinces, il seroit d'une grande utilité, que leur ancienne amitié & confiance fut restablie, en sorte qu'il y eust une parfaite union d'interest & de convenance & une confidente communication entre Eux, à l'esgard de toutes les affaires, qui pourroient arriver en Europe, & qu'on s'y entreprestast les mains fidelement, & qu'on convînt pour cet effect d'une Alliance defensive, & sa Majesté le Roy de Dannemarck estant informé, que sa Majesté Britannique, & leurs Hautes Puissances auroient envoyé ordre à leurs Ministres à sa Cour d'entrer en Conference avec les Ministres, qu'il plairoit à sa Majesté de nommer pour travailler à une telle Alliance defensive, auroit pareillement donné ordre à ses Ministres sçavoir le Sieur Conrad, Comte de Reventlow, Seigneur de Frisenwoldt, Loys Trap, Calloe & Clauskolm, Chevalier, Conseiller Privé & Grand Chancelier de sa Majesté le Roy de Dannemarck, le Sieur Christian Sigfrid de Plessen, Seigneur de Parim, & Hovehendorf, Chevalier, Conseiller Privé de sa Majesté le Roy de Dannemarck, le Sieur Knudt Thott, Seigneur de Knudstrap, & Gaunoe, Chevalier, Conseiller Privé & Deputé dans la Chambre des Finances de sa Majesté le Roy de Dannemarck, le Sieur Christian de Lente, Seigneur de Sarlhausen, Chevalier, Conseiller Privé & premier Secretaire de guerre de Sa Majesté le Roy de Dannemarck, & le Sieur Christian de Schested, Premier Secretaire & Conseiller d'Estat de Sa Majesté le Roy de Dannemarck pour entrer en Negociation sur ce sujet avec le Sieur Hugo Grey Resident de Sa Majesté Britannique à la Cour du Roy de Dannemarck; avec le Sieur Robert Goes, Seigneur de Bouckhorstburg, Resident de leurs Hautes Puissances à la Cour du Roy de Dannemarck; Lesquels après diverses Conferences, & après la communication, & échange de leurs Pleins-pouvoirs, sont convenus des Articles suivants.

I.

Les Alliances defensives concluës entre Sa Majesté le Roy de Dannemarck, d'une part, & Sa Majesté le Roy de la Grande Bretagne, & les Seigneurs Estats Generaux des Provinces Unies d'autre part, le 3. de Novembre 1690. & le 3. de Decembre 1696. demeureront en leur vigueur, & sont confirmées & renouvellées, en tous les points & clauses, horsmis ce qui y aura esté changé par le present Traitté.

II.

Sa Majesté le Roy de la Grande Bretagne & leurs H. P. promettent de payer, sans aucun rabat, faute ou delay, les sommes stipulées par la susdite Alliance de 1696. en bonne monnoye d'Hollande à Amsterdam, la moitié aussi tost que les Troupes, dont il est parlé dans le 10. Article de ce Traitté commenceront à marcher vers les frontieres de leurs Hautes Puissances, & l'autre moitié six mois après. Desquelles sommes il se trouvera une liquidation exacte à la fin de ce Traitté.

III.

Et comme il importe beaucoup pour les Trafiquants, que la Mer soit libre & sure, on est convenu, qu'en cas qu'on vienne à une guerre, Sa Majesté le Roy de Dannemarck pour la seureté du Commerce, fermera tous les Ports & Havres de son obeïssance pour les Armateurs & les Vaisseaux de guerre de l'un & de l'autre parti, à moins que ces Vaisseaux de guerre ne viennent pour convoyer une Flotte de Marchands, en quel cas ils auront libre entrée dans les ports & fleuves de Sa Majesté, mais non pas, quand ils convoyeront des Vaisseaux particuliers & detachés; Or une Flotte marchande ne sera reputée pour telle, que quand elle sera de quarante Vaisseaux, ou au de là, & il suffira qu'Elle ait esté de ce nombre en passant à la hauteur de la pointe de Jutlande, sans qu'il soit besoin, qu'elle soit si nombreuse, quand les Vaisseaux de guerre entreront dans les Ports de Sa Majesté puisque les Vaisseaux Marchands estant arrivés à cette hauteur, tirent vers le Sond, ou se dispersent en plusieurs Ports de Norvegue. Pour le reste, on se rapporte au 4e. Article secret du Traitté de 1696.

IV.

Sa Majesté le Roy de Dannemarck ne s'opposera plus contre le 9e. Electorat, mais Elle promet de se conformer au contenu du 3e. Article du Traitté de 1696, & du 7e. Article secret dudit Traitté.

V.

Sa Majesté le Roy de Dannemarck ne prendra aucun engagement, ni entrera en aucun Traitté par lequel la Paix du Nord puisse estre troublée, ou par lequel un troisiéme Parti se puisse former, soit dans le Nord, soit en Allemagne, ne fomentera de tels troubles sous pretexte d'y estre engagé par des Traittés precedents: Mais au contraire Sa Majesté tâchera d'empecher, que des Traittés de cette nature ne se fassent point, en conformité du 7e. Article de la susdite Alliance.

VI.

Sa Majesté le Roy de Dannemarck stipule expressément la liberté du Commerce pour ses Sujets, en cas qu'on en vienne à une guerre ou à des troubles, mais ne voulant pourtant pas permettre que des Estrangers commettent des fraudes, en se servant des Passeports Danois, on est convenu, qu'immediatement après la signature de ce Traitté, on examinera la Convention, qui fut faite l'an 1690. entre Sa Majesté le Roy de Dannemarck d'une part, & Sa Majesté le Roy de la Grande Bretagne, & leurs Hautes Puissances d'autre part, au sujet du Commerce en France, afin de changer cette Convention autant qu'on le jugera necessaire pour mieux prevenir les fraudes: Et jusques à ce qu'on soit convenu d'un commun accord de ce changement, la dite Convention sera retablie dans sa premiere vigueur, & servira de Loy & de regle, pour ledit Commerce.

VII.

Sa Majesté le Roy de la Grande Bretagne & leurs Hautes Puissances, promettent de payer à Sa Majesté le Roy de Dannemarck, trois cent mille Ecus de subsides par an, tout le temps que la guerre ou les troubles dureront, à compter du jour de la signature du present Traitté, & le payement s'en fera en bonne monnoye de Banque à Hambourg, tous les trois mois un quart de la somme stipulée. Et en cas qu'on n'en vînt point à une guerre, mais que les dissentions presentes fussent assoupies par un accommodement, & que pourtant les Troupes de Sa Majesté le Roy de Dannemarck fussent actuellement en marche vers les frontieres de l'Estat, Sa Majesté le Roy de la Grande Bretagne, & leurs Hautes Puissances payeront en tel cas, outre les levées desdites Troupes, trois mois des subsides stipulés. Et si un Accommodement se faisoit après la Ratification de ce Traitté, mais avant la marche actuelle des dites Troupes vers les frontieres de leurs Hautes Puissances; Sa Majesté le Roy de Dannemarck se contentera d'un an de subsides, & d'un quart de la somme stipulée pour les levées.

VIII.

Le Roy de la Grande Bretagne promet aussi en particulier de payer à Sa Majesté le Roy de Dannemarck, ce qui luy est du encore, en vertu de la Convention de 1698. tant pour le transport des sept milles hommes en Irlande, qu'à l'egard de ce qui reste à payer encore aux dites Troupes de leur Solde, en cas qu'on trouve par la liquidation, qui s'en fera que tout n'a pas esté payé, & le decompte de l'un & de l'autre sera fait dans un an après la Ratification de ce Traitté & le payement ensuite, sans aucun delay, dans la Ville de Hambourg.

IX.

Et pour oster toute pierre d'achoppement, Sa Majesté le Roy de Dannemarck veut bien desister de toutes les pretensions qu'il pourroit avoir à la charge de leurs Hautes Puissances, à condition que leurs Hau-

tes

ANNO 1701. tes Puissances s'obligent à payer pour Sa Majesté, les sommes, que la Province d'Hollande & la Ville d'Amsterdam pretendent d'Elle, & à restituer à sa dite Majesté les Obligations, que feu Sa Majesté le Roy Frederic troisiesme de glorieuse memoire a donné à la susdite Province & à la susdite Ville.

X.

Sa Majesté le Roy de Dannemarck promet de faire marcher au secours de Sa Majesté le Roy de la Grande Bretagne & de leurs Hautes Puissances aussitost que le present Traitté sera signé, trois mille Cavalliers, mille Dragons & huit mille Fantassins du Royaume de Dannemarck, ou du pays de Holstein, lesquelles Trouppes seront duëment montées & armées & pourveues de leurs Officiers & Generaux. Lesdites Trouppes feront serment de fidelité à Sa Majesté le Roy de la Grande Bretagne, & à leurs Hautes Puissances, tout de mesme que les sept mille hommes des Troupes Danoises firent cy-devant à Sa Majesté Brittannique, quand elles entrerent en son service. La Collation des charges vacantes & l'Administration de la Justice se fera sur le mesme pied qu'il a esté prattiqué à l'égard desdits sept mille hommes. Sa Majesté Brittannique & leurs Hautes Puissances payeront pour la levée desdites Trouppes quatre vingt escus pour chaque Cavallier, soixante escus pour chaque Dragon, & trente escus pour chaque Fantassin, la moitié de cet argent se payera aussitost que les dites Trouppes seront effectivement en marche vers les frontieres de leurs Hautes Puissances, & l'autre moitié, quand elles seront effectivement arrivées sur les dites frontieres. La Solde & le traitement de ces Trouppes sera sur le même pied, que des autres Trouppes de leurs Hautes Puissances, à sçavoir celle de la Garde Danoise, (en cas que Sa Majesté trouve bon d'envoyer une partie de sa Garde,) comme celle de la Garde de leurs Hautes Puissances, & celle des autres Regiments Ordinaires Danois, comme celle des autres Regiments ordinaires de l'Estat, ce payement sera mis entre les mains des Commissaires Danois, pour en faire la distribution sans aucun rabat ou diminution, & commencera du jour que les dites Trouppes se mettront en marche vers les frontieres de l'Estat. Et s'il arrivoit, qu'on trouvast à propos de transporter les Trouppes qui doivent venir du Dannemarck, ou du Pays de Holstein, en tout ou en partie par Mer ver le Pays de l'obeissance de l'Estat, ce transport se fera aux depens de Sa Majesté le Roy de la Grande Bretagne & de leurs Hautes Puissances. Et en cas de necessité, il sera permis de se servir des Vaisseaux de Sa Majesté le Roy de Dannemarck, ou de ceux de ses Sujets pour faciliter & pour haster le dit transport, Sa Majesté le Roy de la Grande Bretagne, & leurs Hautes Puissances pourront garder les dites Trouppes en leur service aussi longtemps qu'ils le trouveront à propos, & quand ils les voudront renvoyer, ils le feront sçavoir à Sa Majesté le Roy de Dannemarck trois mois auparavant. Cependant, si quelque rupture ou guerre survient, les dites Trouppes continueront nonobstant cela dans le service de Sa Majesté le Roy de la Grande Bretagne, & de leurs Hautes Puissances, autant que la guerre durera, à moins que Sa Majesté le Roy de Dannemarck ne fust attaqué dans ses Royaumes & Estats, pour leur avoir fourni les dites Troupes, au quel cas Sa Majesté le Roy de Dannemarck se reserve le droit & le pouvoir de les rappeller aussitost qu'il le trouvera necessaire.

XI.

En cas que par malheur un ou plusieurs Regiments ou Compagnies des dites Trouppes viennent à estre ruinés, Sa Majesté le Roy de la Grande Bretagne, & leurs Hautes Puissances promettent de payer sans aucun delay aux Colonels ou aux Capitaines des Regiments ou Compagnies ruinés, les levées necessaires pour les remettre sur le même pied, qu'auparavant. Et sur la fin de la Campagne, les mesmes recruës seront payées aux Officiers Danois, qui se payent aux autres Officiers de leurs Hautes Puissances, afin que les dites Trouppes se puissent tousjours conserver en bon estat, pour estre renvoyées un jour sur un aussi bon pied, qu'elles ont esté receuës.

XII.

ANNO 1701. Pareillement Sa Majesté le Roy de la Grande Bretagne, & leurs Hautes Puissances promettent, que si Sa Majesté le Roy de Dannemarck sera attaqué, ou troublé dans la possession de ses Royaumes, Provinces, Terres, Prerogatives, Peages, Navigations, Commerce ou autres droits, ils luy enverront promptement les dites Trouppes, en leur payant un mois de gage pour les frais de leur retour, lequel payement d'un mois de gage sera fait de même, quand aprés la paix, les dites Trouppes seront renvoyées, & outre cela ils enverront à Sa Majesté le Roy de Dannemarck le secours par Mer, & par Terre, stipulé dans les Articles secrets du Traitté de l'an 1690. Lequel secours ils entretiendront durant la guerre à leurs propres depens; Sa Majesté le Roy de Dannemark n'estant obligé de fournir à ces Troupes que le pain & le fourage.

XIII.

Et pour rendre cette Alliance & Union d'autant plus parfaite, & pour ne laisser aucun scrupule aux Parties sur la certitude du secours, qu'ils ont à esperer l'un de l'autre de la maniere qu'il a esté arresté cy-dessus, on est convenu expressement, que pour juger à l'avenir, si le cas de cette Alliance existe ou non, il suffira, que quelqu'une des Parties soit actuellement attacquée par la force des armes, sans qu'elle ait usé auparavant de force ouverte, contre celuy qui l'attaque: mais cet Article ne sera applicable qu'aux occasions qui arriveront cy-aprés: Pour le present le secours de douze milles hommes marchera vers les frontieres de leurs Hautes Puissances, aussitost que ce Traitté aura esté signé, comme il est dit dans l'Article 10.

XIV.

Et afin qu'il ne puisse à l'avenir arriver aucune brouillerie entre Sa Majesté le Roy de Dannemarck & leurs Hautes Puissances, au sujet du Commerce, on est convenu aujourd'huy, que le Project du Traitté de Commerce & de Peage de l'année 1692. sur lequel on a traitté premierement à Copenhague, & puis aprés à la Haye, sera reassumé & adjusté, conclu & signé en mesme temps que celuy-ci.

XV.

Cette Alliance durera pendant l'espace de dix ans, à compter du jour de la signature de ce Traitté, & les Alliances de 1690. & 1696. étant renouvellées par ce Traitté dureront le même temps de dix ans.

XVI.

On conviera l'Empereur à entrer en cette Alliance, & si le Roy de Prusse, la Maison de Lunenbourg, & celle de Hessen-Cassel demanderont à y estre compris, il sera libre aux Hauts Contractans d'y consentir, quand ils seront convenus entre Eux des conditions, sur lesquelles lesdites Puissances y pourront estre receues.

Les Ratifications du present Traitté seront échangées icy à Copenhaguen, à compter du jour de la signature de ce Traitté en six semaines de la part du Roy d'Angleterre, & dans quatre semaines de la part des Estats Generaux.

En foy de quoy, nous avons signé ce Traitté & y fait mettre les sçeaux de nos Armes.

Fait à Copenhaguen, ce 15. de Juin 1701. [estoit signé.]

(L.S.) C. G. V. REVENTLOW.
(L.S.) Si THOTT.
(L.S.) C. L. V. PLESSEN.
(L.S.) C. VON LENTH.
(L.S.) C. SEHESTEDT.

ARTICLES SECRETS.

I.

EN cas que le secours, que Sa Majesté le Roy de Dannemarc a promis dans le 17. Article du Traité conclu aujourd'huy d'envoyer à Sa Majesté le Roy de la

ANNO 1701.

la Grande Bretagne, & à leurs Hautes Puissances, ne fut pas suffisant, pour les mettre hors de peine & de soucy, lesdites Puissances en feront part à Sa Majesté le Roy de Dannemarck, qui promet de leur tenir prêt dans trois mois après la requisition faite, quatre mille hommes, pour les envoyer à leur secours, sur le pied, dont on est convenu audit Article 10. du Traitté conclu aujourd'huy, auquel on se rapporte pour ce qui est de la levée, de la Solde, recruës & traitement desdites Troupes. Et à l'egard de la maniere, dont elles doivent estre renvoyées, on suivra ce qui a esté stipulé au 12. Article du Traitté pour les autres Troupes. Sa Majesté le Roy de la Grande Bretagne & leurs Hautes Puissances agiront avec ces quatre mille hommes, comme aussy avec les douze mille hommes, dont il est parlé au 10. Article du present Traitté, en tel lieu & contre tels ennemis, qu'ils le trouveront à propos, & leur payement se fera regulierement.

II.

S'il arrivoit que Sa Majesté le Roy de Dannemarck fut attaqué de quelque Puissance, à cause de la presente Alliance Defensive ou autrement, & que le secours ordinaire stipulé dans les Articles secrets du Traitté de 1690, ne fût pas suffisant pour luy procurer une bonne & avantageuse paix, Sa Majesté le Roy de la Grande Bretagne & leurs Hautes Puissances promettent de l'assister de toutes leurs forces par terre & par mer. Comme Sa Majesté le Roi de Dannemarck assistera aussi pareillement de toutes ses forces par mer & par terre Sa Majesté Britannique & leurs Hautes Puissances.

III.

Sa Majesté le Roy de la Grande Bretagne & leurs Hautes Puissances promettent aussi de faire par leurs bons offices tout ce qui sera possible, afin que Sa Majesté le Roy de Dannemarck ne perde rien des pretensions, qu'il a à la charge de la Couronne d'Espagne, & afin que par le Traitté de paix, le Roy Catholique soit obligé de payer lesdites pretensions dans un temps limité; & en cas qu'il n'arrive aucune guerre ou rupture, ils tâcheront à stipuler le même payement, en quelque Traitté que ce soit, qu'ils feront avec la France ou l'Espagne.

IV.

Outre cela Sa Majesté le Roy de la Grande Bretagne & leurs Hautes Puissances promettent d'employer leurs bons offices avec soin & application, pour que l'Empereur paye à Sa Majesté le Roy de Dannemarck, un Million d'Escus, qui lui sont deus par l'Empereur & par l'Empire, ou bien que Sa Majesté ait satisfaction de cette dette d'une maniere suffisante, soit par la concession d'un Peage sur l'Elbe, ou autrement. Et quand Elle aura eu ladite satisfaction, elle promet d'assister en cas de besoin l'Empereur de trois mille Fantassins, sur le pied qu'il a éte convenu au 6. Article du Traitté, fait entre les Hauts Contractans, l'an 1696.

V.

En outre Sa Majesté le Roy de la Grande Bretagne & leurs Hautes Puissances promettent d'employer leurs bons offices, avec toute l'efficace possible, afin que le Duc de Holstein-Gottorp se conforme au Traitté de Travendahl, & en observe le sens naturel & veritable, & afin que son Altesse entretienne une bonne Amitié & confidence avec Sa Majesté le Roy de Dannemarck, pour ôter toutes sortes de jalousie, pendant que Sa Majesté envoie un si grand nombre de ses Troupes hors de ses Estats.

VI.

Sa Majesté le Roy de la Grande Bretagne, & leurs Hautes Puissances employeront leurs bons offices, afin que la paix dans l'Empire soit conservée en toutes manieres.

VII.

Sa Majesté le Roy de Dannemarck ayant fait remonstrer à Sa Majesté le Roy de la Grande Bretagne, & à leurs Hautes Puissances, qu'Elle est en negociation avec l'Empereur, au sujet de quelques Troupes, que Sa Majesté Imperiale fait demander à Sa Majesté Danoise, & que Sa Majesté Danoise n'a point assés de Troupes pour donner à l'Empereur, qu'il fait demander, à moins que Sa Majesté le Roy de la Grande Bretagne & leurs Hautes Puissances ne veuillent provisionellement laisser deux mille hommes à l'Empereur des douze mille, dont il est parlé dans le 10. Article du present Traitté: Sa Majesté le Roy de la Grande Bretagne & leurs Hautes Puissances se sont declarés, qu'ils se contentent que l'Empereur ait deux mille hommes des douze mille, dont il est parlé dans ledit 10. Article, & Sa Majesté le Roy de Dannemarck promet de remplacer les susdits deux mille hommes à Sa Majesté Britannique & à leurs Hautes Puissances en six mois après la signature dudit Traitté.

VIII.

Quoy qu'il soit dit dans l'Article 3. de ce Traitté qu'une Flotte marchande ne sera reputée pour telle, que quand elle sera de quarante Vaisseaux Marchands, ou au delà, le Roy de Dannemarck a bien voulu declarer, que comme de cette maniere les Anglois ne pourroient pas trafiquer librément & avec sureté dans ses Etats, & dans la Mer Baltique, Sa Majesté permet, qu'ils pourront toujours entrer dans ses Ports en venant convoyer ou querir tel nombre de Vaisseaux Marchands, qu'ils trouveront à propos.

IX.

Sa Majesté le Roy de la Grande Bretagne, & leurs Hautes Puissances promettent qu'avant la Ratification de ce Traitté, ils conviendront avec Sa Majesté le Roy de Dannemarck de telles assurances, pour la fureté du payement, desquelles Sa Majesté puisse estre contente.

X.

En cas qu'on en vienne à une guerre, Sa Majesté de Dannemarck ne sera pas obligée d'y entrer, mais elle aura satisfait à cette Alliance, en fournissant le secours de seize mille hommes, dont il est parlé au 10. Article de cette Alliance, & au 1. Article Secret, & en executant au reste le contenu de ce Traitté d'Alliance.

Fait à Copenhaguen ce 15. de Juin 1701.

Signé

C. G. V. REVENTLAW.
(L. S.)
C. S. V. PLESSEN.
(L. S.)
K. THOTT.
(L. S.)
C. V. LENTE.
(L. S.)
C. SEHESTEDT.
(L. S.)

Ayant été dit dans l'Article 2d de l'Alliance defensive concluë le 15e. de Juin 1701. entre le Roy de Dannemark & Norwegue d'une part, & le Roy de la Grande Bretagne & les Etats Generaux des Provinces Unies d'autre part, qu'il se trouveroit à la fin de cette Alliance, une liquidation exacte des sommes qui sont stipulées par le Traitté de 1696, pour Sa Majesté le Roy de Dannemark, on tombe d'accord de part & d'autre que ces sommes consistent 1mo en neuf mois de subsides à deux cent mille écus par an promis dans l'Article 5e dudit Traitté de 1696. faisant cent cinquante mille écus. Et 2do en trois cens mille escus promis dans le même Article 5me dudit Traitté; de sorte que toute la somme que le Roy de Dannemarck pourroit pretendre de Sa Majesté Britannique, & de L. H. P. en vertu dudit Traitté de 1696. monte à quatre cens cinquante mille escus. La pretension du Roy de Dannemarck de deux cent mille escus, à la charge de L. H. P. en cas que la liquidation des pretensions de part & d'autre ne fût point faite dans un certain tems mentionné dans ledit Article 5me du même Traitté, se trouvant éteinte par la liquidation de ces pretensions, qui s'est faite dans le 9me Article de la susdite Alliance defensive, concluë le 15. de Juin 1701, entre le Roy de Dannemark d'une part, & le

ANNO 1701. Roy de la Grande Bretagne, & les Etats Generaux des Provinces Unies de l'autre. De forte qu'après le payement des fusdits quatre cens cinquante mille efcus, le Roy de Dannemarck fe trouvera entierement fatisfait de toutes les fommes, qu'il auroit pu pretendre en vertu dudit Traitté de 1696. Or Leurs Hautes Puiffances déduiront en vertu de l'Article feparé du Traitté de 1696. des cent mille écus, qu'ils fe font engagés de payer dans les trois cens mille efcus, dont il eft parlé cy-devant vingt mille Efcus pour payer les pertes, que leurs Sujets ont fouffertes à caufe de leurs Vaiffeaux, qu'on a emmené en Norwegue durant la guerre paffée, & feize mille efcus pour le dedommagement de leurs Sujets pour les effets qui leur ont été pris dans le Vaiffeau le Kinnetje Jefus, de forte qu'il ne refte à payer à Leurs Hautes Puiffances que foixante quatre mille efcus dans ladite fomme de trois cens mille efcus.

Fait à Coppenhaguen ce 15. de Juin. 1701.

(was getekent)

REVENTLAU.
(L. S.)
PLESSEN.
(L. S.)
K. THOTT.
(L. S.)
C. VON LENTE.
(L. S.)

C. SEHESTEDT.

VIII.

Juillet. **Franckfurtischer Receſſ deren Correſpondirenden Reichs-Fürſten/ wodurch ſie bey dem Goſſlariſchen und Nürnbergiſchen abgehandelten zu bleiben/ ferner an denen aus der Spaniſchen Succeſſion entſtehenden differentien ſich auſſer allen engagement zu halten/ auch daß Ihre Rechte durch die neündte Chur nicht weiter gekränckt/ ſondern die ſchon læſa jura ex aſſe reparirt/ fleiß anzuwenden ꝛc. beſchlieſſen; Geſchehen Franckfuhrt am Mayn 1701. die.... Julii.** [Theatrum Europæum Tom. XVI. pag. 25. LUNIG Teutſch Reichs Archiv. Part. Special. Abtheil. 2. pag. 376.]

C'eſt-a-dire.

Recès conclu à Francfort entre quelques Princes de l'Empire par lequel en renouvellant ceux de Goſlar & de Nuremberg, ils ſe prometent reciproquement de ne ſe mêler en aucune maniere des Diferents ſurvenus à l'occaſion de la ſucceſſion d'Eſpagne, & de faire tous leurs efforts non ſeulement pour empêcher que leurs Droits ne ſoufrent quelque ulterieur prejudice par le Neuvieme Electorat, mais auſſi pour obtenir une entiere reparation de tous ceux qu'ils ont déja ſouferts. Fait à Francfort ſur le Meyn le ... Juillet 1701.

ZWiſchen denen/ zu Folge der/ bey dem Schluſſ voriger in Nürnberg gehaltenen Zuſammenkunfft genommenen Abrede/ allhier zu Franckfurt himwieder verſammleten correſpondirenden Miniſtris, iſt über die jetzige Zeiten und Conjuncturen/ nach vorgefallenen Ungelegenheiten/ folgendes concertirt und geſchloſſen worden.

1. Verharret man an Seiten der correſpondirenden Reichs-Fürſten bey demjenigen/ was im Februario vorigen Jahres in Goßlar/ auch am 15. Julii zu Nürnberg/ auf vorgängige reiffe Deliberation beliebet worden/ und wollen ſie von denen/ mit gutem Vorbedacht errichteten Vereinigungen/ ſich durch keine andere Pacta abziehen laſſen/ wie dann auch die zwiſchen verſchiedenen des Heil. Röm. Reichs Creyſen jetzo vorſeyende Aſſociation, wann einige der Correſpondirenden ſolcher beytreten ſolten/ gedachten Vereinigungen/ als pactis publicis anterioribus, ohnnachtheilig ſeyn ſolle.

2. Und gleichwie von mehrgedachten correſpondirenden Reichs-Fürſten verhoffentlich niemand die Gedancken haben wird/ daß ihre intention auf etwas anders/ als die Erhaltung ihrer hohen Jurium, und wohlhergebrachten Prærogativen/ wie auch die Befeſtigungen des/ durch die Weſtphäliſchen/ Nimwegiſchen und Ryßwickiſchen Frieden-Schlüſſe/ retablirten Reichs-Frieden gerichtet; Alſo conteſtiren ſie hiemit/ daß wann von ihnen jemand ein widriges ſoupçonniren/ und ihrer bey Requiſition der hohen Friedens-Guarants gehaltenen Conduite, worzu ſie doch nicht ehender ſich reſolviret/ biß nach vieljähriger Anwendung allerunterthänigſt-glimpflichen Bittens und Remonſtrationen/ auch von Theils derer correſpondirenden geſchehenen Offerirung gleicher ja vortheilhafftiger Conditionen/ als wegen Hannover geſchehen/ ihnen alle zur geſuchten Hülffe gehabte Hoffnung benommen worden/ eine andere Deutung beygeleget werden ſolte/ ihnen dadurch ungleich und zu viel geſchehe/ nur wünſchen ſie dabey annoch beſtändig/ daß ſolche allenthalben zulängliche Mittel und Wege ſich zeigen mögen/ wodurch alle Weitläufftigkeiten/ und fernere Des-Unionen im Reich abgewendet/ und die gemeinnützige Ruhe und gute Harmonie wieder eingeführet werden könne.

ANNO 1701.

3. Und obwohl der Römiſchen Käyſerlichen Majeſtät/ ihrem allergnädigſten Herrn/ ſie alle Avantages und Zugänge/ ſo denoſelben von der jüngſt-erledigten Königl. Spaniſchen Succeſſion anwachſen mögen/ allerunterthänigſt gerne gönnen; Nachdeme jedoch verſchiedene Reichs-Creyſe aus erheblichen Urſachen dem gemeinen Weſen verträglich gefunden/ noch zur Zeit wegen derer darüber entſtehenden Differenzien/ ſich auſſer allem engagement zu halten/ ſo beharren diejenige unter denen correſpondirenden Reichs-Fürſten/ welche in denen errichteten Creiß-Aſſociationen begriffen/ bey denen unter ihnen dißfals gemachten Circular Schlüſſen/ die übrige aber (ſo derer kundbahren Hinderung halber in einige Creyß-Aſſociation nicht getreten/ wollen/ nach Anleitung des Weſtphäliſchen Friedens/ und der Käyſerlichen Wahl-Capitulation, auch dem Exempel ſolcher Creyſe/ ebenfals an ſolcher Sache ehender keinen Theil nehmen/ biß von geſambten Reich/ ob deſſen/ bey einigen Spaniſchen Provintzien habende Gerechtſame durch Krieg oder andere mit der gemeinen Ruhe compatible Mittel beyzubehalten/ ein gemeinſamer Schluß gefaßt ſeyn wird.

4. Sie wollen auch immittelſt/ und biß dahin/ zu dem Ende niemand deren in Krieg etwa tretenden Partheyen/ in ihren Landen freye Werbungen/ Muſter-Plätze/ Stand- und Winter-Quartiere oder Durchzüge/ denen Reichs-Conſtitutionen zuwider/ verſtatten/ auch einander reciproquement, nach derer errichteten Union, und denen darin exprimirten Fällen beyſtehen/ damit nicht ein oder der andere mit unziemlicher Gewalt in ſeinen Landen bedränget und beunruhiget werde.

5. Und weiln auch nunmehr Ihre Käyſerliche Majeſtät durch dero allhieſigem Fürſten-Convent accreditirten Abgeſandten/ Herrn Reichs-Hof-Rath Binder/ ſich allergnädigſt erkläret/ daß das neundte Chur-Geſchäfft noch vor den Regenſpurgiſchen Reichs-Tag gehöre/ auch nechſtens die Ankunfft eines neuen Käyſerlichen Herrn Principal-Commiſſarii daſelbſt/ erwartet/ und daß er die Redintegration derer Reichs-Deliberationen zu urgiren beſchäfftiget ſeyn werde/ vermuthet wird; So wollen die correſpondirende zwar ſolche gemeinnützige Intention ihnen nicht entgegen ſeyn laſſen/ jedoch daß ihnen vorher derer ihnen bißhero zugefügten Beſchwerungen/ ſchimpflich- und verkleinerlichen Begegniſſen/ auch verletzter Jurium halber/ zulängliche Vergnügung und Reparation geſchehe/ erwarten.

6. Da auch von jetztgedachtem Käyſerl. Herrn Principal-Commiſſarie einige Satisfactions-Vorſchläge in der neunten Chur-Sache vorgetragen werden ſolten/ wollen die Correſpondirende ſolche nach denen in denen hiebevor hierüber errichten Receſſen/ feſtgeſetzten und allerſeits beliebten Pincipiis, und ob ſie dergeſtalt beſchaffen/ daß die læſa jura Principum dadurch ex aſſe reparirt werden mögen/ examiniren/ und darauf/ dem Befinden nach/ ihre Reſolution abgeben.

7. Damit auch durch fernere ungeſatzmäßige Fortſetzung angeregten Electorats-Geſchäffts ihre hohe Rechte nicht weiter gekräncket werden/ ſo wollen ſie auf alles/ was darinn etwa vorkommen möchte/ ein wachſames Auge halten/ jederzeit vertraulich communiciren/ keiner ſich in particulier-Tractaten/ denen Fürſtlichen Juribus zum Nachtheil und Abbruch/ einlaſſen/ hingegen was ein oder der andere in Erfahrung bringen möchte/ denen übrigen ſchleunig eröffnen/ und wie die anſcheinende Anmaſſungen abzuwenden/ auch das im Reich hochnöthige gute Vernehmen wieder herzuſtellen/ entweder bey anderweit veranlaſſender Zuſammenkunfft/ oder durch andere thunliche Wege/ gemeinſamlich ferner berahtſchlagen.

8. Und obwohl in der Zahl der Correſpondirenden Reichs-Fürſten niemand zu finden/ welcher nicht dem hochlöblichen Chur-Fürſtlichen Collegio, und deſſelben hohen Membris die in denen Grund-Geſetzen und kundbahrer Obſervanz gegründete Prærogativen gern gönne/ ſie auch des erwiederten Vertrauens leben/ es werde auch ſolches hohe Collegium denen Fürſtlichen Juribus Eintrag zu thun/ und durch deſſen Verkleinerung ſeine Authorität zu erheben nicht gemeinet ſeyn/ nachdeme jedoch es das Anſehen gewinnen wollen/ ob wolte die/ zwiſchen beeden hohen Collegiis waltende Diſtinction, über die Gebühr extendirt/ und denen Fürſtlichen Rechten nach

ANNO 1701. nach und nach etwas entzogen werden; So wollen die Correspond. ende auch darauf ihre Sorge richten / und daß die etwa vorgehende Neuerungen nicht Wurtzel schlagen / sondern in Zeiten abgethan / ihre vor Alters wohlhergebrachte Ehren und Gerechtsame aber in salvo erhalten werden / so viel an Ihnen / aller Orten præcaviren.

9 Und nachdeme einige derer vereinigten Reichs-Fürsten gegenwärtige Zusammenkunfft zu beschicken verhindert worden / theils der Anwesenden auch die erwartende instructiones so balden nicht erhalten mögen / so ist beliebt / von allem demjenigen / was allhier geschehen und abgehandelt worden / an alle / so diesen Recess noch nicht vollzogen / Communication zu thun / und ihre Approbation und Ratification darüber zu suchen. Zu mehrern Urkund seyn diese Verabredungen von nachgesetzten Fürstlichen Ministris unterschrieben / und deren gnädigsten Herren Principalen Ratificationen binnen 4. Wochen zu Regensburg darüber bey zu bringen und auszuwechseln versprochen worden. Geschehen Franckfurth am Mayn den Jul. 1701.

IX.

7. Octobre. ***Conventio inter Regem Magnæ Britanniæ, & Ordines Uniti Belgii Generales ab una, & Reges Sueciæ a parte altera; Quâ Tractatibus, antebac inter Eos initis, confirmatis, Rex Magnæ Britanniæ atque Unitum Belgium certas pecuniæ summas Regi Sueciæ solvere promittunt. Hagæ Comitum die 7. Octobris 1701.*** [THUCELII Acta publica Tom. I. pag. 658.]

SAcra Regia Majestas Sueciæ re ipsa bello implicita & Sacra sua Regia Maj. Magnæ Britanniæ atque Domini Ordines Generales uniti Belgii, quorum utriusque res ita constitutæ sunt, ut bellum omni momento expectare, & easdem, ac si bellum gererent, impensas facere, & onera subire necessum habent, consultum esse duxerunt, inter se convenire in Articulos sequentes.

1. Tractatus inter altissime memoratas suas Maj. Regias & Dominos Ordines Generales antehac initi bona fide executioni mandabuntur & confirmabuntur.

2. Hunc in finem Reg. sua Maj. Britanniæ & Domini Ordines Generales absque mora Regias suas Maj. Sueciæ solvent bis centum mille thaleros Imperiales in auxiliis ab ipsis vi fœderum petitis computandos.

3. Domini Ordines Generales se sponsores constituunt pro summa tercentum mille Thalerorum Imperialium, quos Rex Sueciæ mutuo sumet sub Hypotheca bona & sufficienti, secundum obligationem, de qua ulterius convenietur.

4. Altissime memorati Reges & Domini Ordines Generales quantocius nominabunt & constituent Commissarios, qui agant inter se de modo, quo Fœderati sibi invicem suppetias ferent, si bellum quod Rex Sueciæ sustinet continuetur, & Rex Magnæ Britanniæ, atque Domini Ord. Generales bello involvantur, quoque etiam se quam arctissime devinciant, pro præsenti rerum & temporum constitutione.

5. Interim Fœderati cum ullo, quisquis ille fuerit, nec agent vel concludent quicquam, quod fœderibus inter illos antehac initis contrarium sit, nec quod præjudicium alicui Compaciscentium afferat.

6. Conventio hæc ab unaquaque parte Compaciscentium ratihabebitur, & ratificationum Tabulæ hic, Hagæ Camitum, commutabuntur, intra spatium 6. Septimanarum vel citius, si fieri poterit.

In quorum fidem nos Legati Plenipotentiarii & Deputati infrascripti Conventionem hanc manu nostra subscripsimus. Actum Hagæ Comitum &c. 7. Octob. 1701.

X.

11. Novembre. ***Alliance particuliere & perpetuelle entre*** GUILLAUME III. ***Roi de la Grande Bretagne, & les Seigneurs Estats Generaux des Provinces Unies pour leur commune seureté & defense, dans les presentes conjonctures dangereuses, comme aussi dans tous les tems avenir, & en particulier pour le maintien de l'Alliance faite le 7. Septembre dernier avec Sa Majesté Imperiale, au sujet de la Succession d'Espagne. A la Haye le 11. Novembre 1701.*** ANNO 1701. [Tiré des Archives de L. H. P. les Seigneurs Estats Generaux des Provinces Unies.]

LE Roy de la Grande Bretagne, & les Seigneurs Estats Generaux des Provinces Unies des Païs-Bas ayant fait une reflexion meure & serieuse sur le grand changement arrive dans l'Europe par la funeste mort du feu Roy d'Espagne de glorieuse memoire, ont consideré, que par là, le Roy Tres-Chrestien s'estant rendu maistre de toute la succession d'Espagne, en faveur de son petit-fils le Duc d'Anjou, en étoit devenu si formidable, que selon le consentement unanime de tout le monde, l'Europe estoit dans un danger imminent de perdre sa liberté & de subir le joug dur d'une Monarchie universelle; & comme lesdites Puissances ne souhaittent rien davantage, que de prevenir ces grands maux, par une paix seure, generale & de durée, & qu'ils ont creu, que cela ne se pourroit, que par des Alliances estroites, & un concours extraordinaire d'autres Princes & Potentats, ils ont trouvé bon de faire à cet effet, une Alliance ferme & solide, avec Sa Majesté Imperiale, & d'inviter d'autres Princes & Estats d'y entrer; mais comme ils sont persuadez, qu'on ne manquera pas de faire tous les efforts imaginables pour rendre inutile ladite Alliance: soit avant, ou après la paix faite; & qu'entre plusieurs moyens, il n'y en auroit aucun plus seur, que de separer le dit Roy de la Gr. Bretagne desdits Seigneurs Estats Generaux; ou de mettre l'un ou l'autre hors d'estat à ne pouvoir agir: soit par la perte de leur commerce, ou que leur seureté leur fut ostée, à quoy pourroit toûjours servir infailliblement la combination des Royaumes de France & d'Espagne, & l'occupation des Païs-bas Espagnols: ils se sont trouvé obligez de se lier si estroitement ensemble, qu'il sera humainement possible, & de convenir des moyens necessaires, pour se mettre en estat de pouvoir toûjours veiller à la liberté commune de l'Europe, à la conservation de leur commerce, & à leur seureté particuliere, & d'oster à leurs voisins toute esperance de les pouvoir separer à jamais, ni les rendre inutiles au Public; & à cette fin, ledit Roy de la Grande Bretagne a donné son Plein-pouvoir au Sieur Jean Comte de Marlboroug, Baron Churchil de Sandridge, Conseiller privé de sadite Majesté, General de son Infanterie, & Commandant en Chef les Troupes de sadite Majesté aux Païs-Bas, & son Ambassadeur Extraordinaire & Plenipotentiaire: & lesdits Seigneurs Estats Generaux, aux Srs. Christian Charles Baron de Lintelo Seigneur d'Else. Frederik Baron de Reede, Seigneur de Lier, St. Antoine & ter Lee, de l'Ordre de la Noblesse de la Province de Hollande & de Westfrise. Antoine Heinsius, Conseiller Pensionaire de la Province de Hollande & Westfrise, Garde du Grand Sceau & Surintendant des Fiefs de la même Province. Guillaume de Nassau Seigneur d'Odyk, Cortgene, premier Noble & representant la Noblesse dans les Etats & au Conseil de Zelande. Everhard de Weede, Seigneur de Weede, Dykvelt, Rateles &c. Seigneur Foncier de la Ville d'Oudewater, Doyen & Ecolastre du Chapitre Imperial de Sainte Marie à Utrecht, Dykgraef de la Riviere le Rhein dans la Province d'Utregt, & President des Estats de la même Province. Guillaume de Haren Grietman du Bilt, Deputé de la part de la Noblesse aux Estats de Frise, & Curateur de l'Université de Franequer. Burchard Juste de Welvelde à Bukhorst & Molekate, Seigneur de Zallik & Vekate, Drossard de Ysselmuyden, & Wichers Wichers Senateur de la Ville de Groningue, respectivement Deputez à l'Assemblée desdits Seigneurs Estats Generaux de la part des Provinces de Gueldre, Hollande & Westfrise, Zelande, Utregt; Frise, Over-Yssel, & de Groningue & Ommelanden, Deputez & Plenipotentiaires desdits Seigneurs Estats Generaux, qui sont convenus de la maniere suivante.

I.

Premierement l'Alliance defensive & perpetuelle, faite entre le Roy Charles second, de glorieuse memoire & lesdits Seigneurs Estats Generaux le 3. Mars 167$\frac{7}{8}$. sera renouvellée & confirmée par celle-cy dans toutes ses formes, comme si elle y estoit inserée, & sera inviolablement executée de part & d'autre à l'avenir.

ANNO 1701.

II.

Et comme lesdits hauts Confederez se sont promis dans le troisiéme Article de ladite Alliance, de garantir l'un l'autre tous les Traittez qu'ils avoient faits jusques alors avec d'autres Roys, Princes & Estats, & qu'ils pourroient faire après; ils garantiront specialement, les Traittez, que lesdits Confederez ont faits avec le Roy Tres-Chrestien à Ryswyk, le 20. Septembre 1697. & qu'ils feront de concert l'un de l'autre cy-après.

III.

Et pour éviter toute sorte de disputes sur le cas de l'Alliance, on regardera toûjours plus l'essentiel ou materiel que le formel, pour la conservation & la defense de l'un & de l'autre.

IV.

Ainsy on reputera *pro casu Fœderis*, non seulement, si l'un ou l'autre des Alliez sera attaqué; mais aussy si quelqu'un des voisins des Parties se prepare à attaquer, ou menacer quelqu'un des Alliez, tant par la levée extraordinaire des troupes, équipage des vaisseaux ou autrement, en quelle maniere que ce soit, pourvu qu'un desdits Alliez, par une juste crainte, soit obligé de s'armer.

V.

Et puis qu'on a eu un soin particulier, dans ladite Alliance faite avec l'Empereur, pour recuperer lesdits Païs-Bas Espagnols d'entre les mains dudit Roy T. C. & qu'outre cela le principal interest desdits Confederez consiste dans la conservation de la liberté de l'Europe, comme cy-dessus, on executera fidellement & de bonne foy le Traité fait par lesdits Confederez avec Sa Majesté Imperiale le 7. Septembre dernier, & les uns & les autres le garantiront, & l'on taschera de le confirmer & rendre plus fort de tems en tems.

VI.

Et comme la seureté desdits hauts Confederez consiste particulierement en ce que les Païs-Bas Espagnols, comme les plus voisins de leurs Estats, ne demeurent pas entre les mains du Roy T. C., ou que directement ou indirectement il en soit le Maistre, comme presentement; ils s'engagent, aussy specialement de s'entr'aider avec toutes leurs forces a ladite recuperation, & après qu'ils seront recuperez, on considerera toûjours aussy *pro casu Fœderis*, lors que le Roy T. C. voudra s'en emparer, directement ou indirectement, ou qu'il fasse faire des preparations pour les occuper ou y envoyer ses troupes: comme l'on fera aussy en cas, que le dit Roy T. C. voudroit s'emparer directement ou indirectement de quelques terres, ou païs appartenants audit Roy de la Grande Bretagne, ou auxdits Seigneurs Estats Generaux, ou qu'il fit des preparations pour les occuper, ou y envoyer des troupes.

VII.

En cas que lesdits hauts Alliez tombent conjointement, en guerre, ou à cause de cette Alliance defensive, ou en vertu de celle qui est nommée cy-dessus dans l'Article 5. ou par d'autres raisons & motifs, il y aura entr'eux une Alliance offensive & defensive contre ceux avec qui ils seront en guerre, & y employeront toutes leurs forces, tant par mer, que par terre, & agiront conjointement ou separement selon le concert qu'ils en feront ensemble.

VIII.

Et afin que tout puisse estre dirigé au but proposé, lesdits hauts Confederez feront un denombrement des forces par mer & par terre par une Convention separée.

IX.

La guerre estant ouverte, on agira de concert, selon le 7. & 8. Article dudit Traitté du 3. Mars de l'an 1678. & on ne negociera, ni l'on fera ni paix ni trève, ni suspension d'armes, que selon le 9. & 10. Article dudit Traitté.

X.

En faisant la paix, on aura un soin particulier pour le commerce & trafic des deux Nations, comme aussy pour leur seureté, tant à l'égard des Païs-Bas Espagnols, que des païs adjacents.

XI.

Pour les affaires de la mer, ils se regleront, en cas de guerre, provisionellement, jusques a ce qu'on aura disposé autrement, selon le Traitté fait à Whitehall le 29. d'Avril mil six cens quatre vingt neuf, qu'on tiendra à cet effet comme renouvellé, & inseré dans cette Alliance entant que cela sera applicable à la presente constitution des affaires, & particulierement à l'esgard des prises, de la proportion des Vaisseaux de guerre & du Conseil de guerre & ce qui en dependra.

XII.

Et à l'esgard des reprises, le Traitté qui en a été fait entre lesdits hauts Alliez le 22. d'Octobre mille six cens quatre vingt-neuf aura ses forces, comme s'il estoit fait tout nouvellement.

XIII.

Cette Alliance sera perpetuelle, comme celle de l'an 1678. ci-dessus mentionnée, & en sera regardée comme une partie entant qu'elle y pourra être appliquée à l'avenir.

XIV.

Les Ratifications de la presente Alliance seront eschangées de part & d'autre, dans l'espace de trois semaines, à compter du jour de la signature.

En foy de quoy ledit Ambassadeur de sadite Majesté, & les Deputez desdits Seigneurs Estats Generaux, ont signé la presente & y ont fait apposer le cachet de leurs armes.

A la Haye l'onziéme Novembre mil sept cens & un.

(estoit signé)

(L. S.) MARLBOROUGH.
(L. S.) C. C. B. D. LINTELO.
(L. S.) F. B. DE REEDE.
(L. S.) A. HEINSIUS.
(L. S.) W. DE NASSAU.
(L. S.) D'WEEDE.
(L. S.) W. V. HAREN.
(L. S.) B. V. WELVELDE.
(L. S.) W. WICHERS.

XI.

Convention entre GUILLAUME III *Roi de la Grande Bretagne & les Seigneurs Estats Generaux des Provinces Unies d'une part, &* FREDERIC III. *Roi de Prusse d'autre part; Sa Majesté Prussienne y accede à la Grande Alliance, & les trois Puissances y prennent ensemble des mesures, pour la seureté de leurs Interests particuliers dans la Guerre contre la France au sujet de la Monarchie d'Espagne & dans la Paix qui se devra faire ensuite. Fait à la Haye le* 30 *Decembre* 1701. *& à Londres au Mois de Janvier* 1702. [Tiré des Archives de L. H. P. les Estats Generaux des Provinces Unies] 1701. Decemb. 1702. Janvier.

BIen qu'il y ait desja des Alliances particulieres entre Sa Majesté le Roy de Prusse, Sa Majesté le Roy de la Grande Bretagne & leurs Hautes Puissances les Seigneurs Estats Generaux des Provinces Unies; si est-ce que l'occasion des presentes & dangereuses conjonctures, particulierement au sujet de la grande affaire de la succession à la Monarchie d'Espagne, & de ce qui en peut suivre: Et ainsy la deüe consideration de la seureté & des convenances reciproques de leurs Royaumes & Estats, qui en peuvent dependre, jointe à celle du bien public de l'Europe en general, qui s'y trouve si fort interessé, leur ont donné lieu

Anno 1701. — 1702.

lieu à entrer là-dessus en des plus étroites liaisons, auquel effet ont été commis & authorisez d'un coté de la part de Sa Majesté le Roi de Prusse, les Sieurs Ezechiel, Baron de Spanheim, Conseiller privé & d'Estat, Envoyé Extraordinaire & Plenipotentiaire de Sa Majesté, & Wolfgang, Baron de Schmettau, Seigneur de Koningswalde & Kehrberg, aussi Conseiller privé & d'Estat, & Plenipotentiaire de Sa Majesté le Roy de Prusse, & d'autre costé de la part de Sa Majesté le Roy de la Grande Bretagne, le Sieur Jean Comte de Marlboroug, Baron Churchil de Sandridge, Conseiller privé de Sadite Majesté, General de son Infanterie & Commandant en chef des troupes de Sadite Majesté aux Païs-Bas; & son Ambassadeur Extraordinaire & Plenipotentiaire: Et de celle de leurs Hautes Puissances les Seigneurs Estats Generaux, les Sieurs Jean van Essen, Bourguemaitre de la Ville de Zutphen, Curateur de l'Université de Harderwyck; Frederik Baron de Rheede, Seigneur de Lier, Saint Antoine & de ter Lee, de l'Ordre de la Noblesse de la Province de Hollande, Antoine Heinsius, Conseiller Pensionnaire, Garde du grand Seau, & Surintendant des Fiefs de la même Province; Guillaume de Nassau, Seigneur d'Odyck, Cortgiene &c. premier Noble & representant l'Ordre de la Noblesse dans les Estats au Conseil de Zelande; Everhard de Weede, Seigneur de Weede, Dykvelt, Rateles &c, Seigneur Foncier de la Ville d'Oudewater, Doyen & Escolatre du Chapitre Imperial de Sainte Marie à Utrecht, Dyckgrave de la Riviere le Rhin, dans la Province d'Utrecht, & President des Estats de la même Province, David Constantin du Tour, Seigneur d'Aveines, la Pomerade Maleret; Arnold Lemker, Bourguemaistre de la Ville de Deventer; & Ludolf Gockinga, respectivement Deputez à l'Assemblée desdits Seigneurs Estats Generaux de la part des Provinces de Gueldre, de Hollande & Westfrise, de Zelande, d'Utrecht, de Frise, d'Overyssel & de Groningue & Ommelandes, & ensuite des Pleins-pouvoirs produits à cet effet de part & d'autre, il a esté convenu comme il suit:

I.

Qu'il y aura une entiere & parfaite intelligence, entre ces trois Puissances, pour la seureté, l'avantage & la defense reciproque de leurs Royaumes, Estats & Sujets, contre toutes sortes d'agresseurs, & sur-tout à l'occasion de la presente Convention.

II.

Qu'on s'efforcera à ce sujet de part & d'autre, de travailler pour l'affermissement & la durée d'une bonne & seure Paix Generale, & pour établir là-dessus la seureté particuliere de leurs Royaumes; de leurs Estats & de leur Commerce.

III.

Qu'à cet effet il y aura une étroite & confidente communication entre ces trois Puissances, de tout ce qui pourra se negocier à cet égard, pour n'en être rien traitté & conclu, que d'un commun accord; & avec la satisfaction, la seureté & la garantie de leursdits Royaumes & Estats.

IV.

Et comme l'affaire susmentionnée de la succession à la Monarchie d'Espagne, dans l'estat où elle se trouve presentement reduite, au grand & notable prejudice des droits & pretensions de Sa Majesté Imperiale, à ladite succession; d'ailleurs de la seureté & de la liberté de l'Europe en general, & en particulier des Puissances voisines, qui s'y trouvent les plus interessées, a donné lieu au Traitté d'Alliance fait & conclu à la Haye le septieme de Septembre dernier, entre Sa Majesté Imperiale; Sa Majesté Brit. & les Hautes Puissances; c'est aussi & ensuite de la communication & requisition, qui en a été faite de la part de Sadite Majesté le Roy de la Grande Bretagne, & de leurs Hautes Puissances, à Sa Majesté le Roy de Prusse, qu'elle a esté portée d'entrer dans la susdite Alliance, & ainsi que de la part de sadìtte Majesté Brit. & de leurs Hautes Puissances, on declare de le recevoir dans ladìtte Alliance, dont ils seront faits des actes separés par les susdites Puissances, avec l'insertion de ladìtte Alliance, qui seront echangés à même tems, avec la Ratification du present Traitté.

Anno 1701. — 1702.

V.

Que veu, tant Sa Majesté le Roy de Prusse, que Sa Majesté Brit. & leurs Hautes Puissances, ont de grandes & liquides pretensions de sommes d'argent considerables, qui leur sont respectivement deuës par la Couronne d'Espagne; on est convenu de s'entraider & assister de part & d'autre, pour avoir satisfaction desdittes pretensions, & ainsi pour concerter dans la suite les moyens propres & convenables à cet effet. Et au reste, la garantie particuliere donnée par Sa Majesté Brit. & leurs Hautes Puissances, à retenir le Fort de Sainte Marie, pour hypotheque d'une partie des pretensions susdites de Sa Majesté le Roy de Prusse, continuera d'avoir son plein & entier effet.

VI.

Que d'ailleurs on promet de la part de Sadìtte Majesté Brit. & de leurs Hautes Puissances, de ne venir à aucune conclusion de paix avec la France & l'Espagne, sans que Sa Majesté susdite y concoure, comme Roy de Prusse, & soit reconnuë & traittée comme Roy par ces deux Couronnes.

VII.

Qu'au cas que ces trois Puissances conjointtement, ou l'une d'entr'elles, viennent à être attaquées par la France, ou par l'Espagne; au sujet du present Traitté; ou de celui de l'Alliance susmentionnée avec Sa Majesté Imperiale, on promet & s'oblige, de s'assister mutuellement, conformément à ce qui en est porté par l'Article II. du Traitté susdit avec Sa Majesté Imperiale, & d'ailleurs par les Traittés & Alliances precedentes de Sa Majesté le Roy de Prusse, avec Sa Majesté Britannique, & avec leurs Hautes Puissances, renouvellées & confirmées par l'Article II. du present Traitté.

VIII.

Que si d'ailleurs au cas susdit de rupture, & de guerre, par les Troupes de Sa Majesté le Roy de Prusse, ou de ses Païs & Estats, ou par leur assistance on vienne à établir des contributions en Païs ennemy, particulierement, si les Païs & Sujets dudit Seigneur Roy estoient obligés d'en payer aux ennemis; on conviendra alors équitablement de la repartition desdittes contributions.

IX.

Qu'au cas que du consentement de Sa Majesté Imperiale les huit mille hommes, que Sa Majesté le Roy de Prusse est convenuë de lui fournir, aux conditions portées par l'Article. . . de son Traitté de l'an passé 1700. avec sadìtte Majesté Imperiale, puissent rester en tout, ou en partie, pour la defense des Quartiers du bas Rhin, ou même de ceux entre la Meuse & la Moselle, ou pour les operations à faire contre l'Ennemi; on concertera de part & d'autre, où on voudra les employer, & qu'au cas que Sa Majesté le Roy de la Grande Bretagne, & leurs Hautes Puissances vinssent à tirer lesdites Troupes hors des Païs & Estats, où la monnoye de l'Empire a cours, on tiendra compte à Sa Majesté le Roy de Prusse, de l'agio, ou difference à l'égard de l'argent, & qu'au même cas on donnera auxdites Troupes le fourage hors des Magazins du Roy de la Grande Bretagne, & de l'Estat, lors que la Campagne n'en fournira pas; & de même le pain; suivant qu'il a été observé la guerre passée, la moitié en deça la Meuse, & le tout au delà.

X.

Que sur l'offre qui a été faite de la part de Sa Majesté le Roy de Prusse, de fournir dès à present à Sa Majesté le Roy de la Grande Bretagne, & à leurs Hautes Puissances, sans en prendre aucun argent de levée, un corps de cinq mille hommes, en bonnes & vieilles Troupes, bien habillées & bien armées, & la Cavallerie fournie de bons chevaux, pour les prendre à leur service; Et sur ce qui en a été bien re-

ANNO 1701. ceu & agrée de leur part, il a été fait & arresté une Convention particuliere entre les Ministres, qui en avoient plein pouvoir de part & d'autre; Et au cas que la paix vienne à s'établir dans les Païs voisins à
-1702. la Prusse, & que Sadite Majesté le Roy de Prusse n'eût rien, à apprehender de ce côté là; Elle déclare d'être preste & disposée à fournir un considerable nombre de Troupes, au moins de sept mille hommes, pour le bien de la cause commune, & en particulier pour les employer sur le pied, qu'il en sera convenu avec Sa Majesté Britannique, & leurs Hautes Puissances.

XI.

Qu'au reste & en dernier lieu, les Traittés precedens demeureront en leur pleine & entiere vigueur, à sçavoir celui d'Alliance perpetuelle & defensive de la part de Sa Majesté le Roi de Prusse, avec Sa Majesté de la Grande Bretagne, fait à Westmunster le 26. de May 1690. & d'ailleurs ceux d'une Alliance & assistance mutuelle, entre Sadite Majesté le Roy de Prusse, & leurs Hautes Puissances, & renouvellés dernierement par le Traitté, fait à Berlin le 21. d'Août 1700.

XII.

Le present Traitté sera ratifié, & les ratifications seront échangées de part & d'autre dans l'espace de six semaines, à compter du jour de la signature. Ainsi fait & signé par nous Plenipotentiaires ci-dessus nommez, à sçavoir par moi le Comte de Marlborourg à Londres le [illegible] 1701. vieux style / 1702. nouv. style par nous le Baron de Spanheim, & le Baron de Schmettau, le premier à Londres le [illegible] 1701. vieux style / 1702. nouv. style & le second à la Haye, le 30. Decembre 1701. style nouveau, & par nous les Députés des Seigneurs Estats Generaux, à la Haye le 30. Decembre 1701. style nouveau.

L. S. MARLBOROURG.
L. S. E. DE SPANHEIM.
L. S. W. B. DE SCHMETTAU.
L. S. J. VAN ESSEN.
L. S. J. B. VAN REEDE.
L. S. A. HEINSIUS.
L. S. W. DE NASSAU.
L. S. DU TOUR.
L. S. A. LEMKER.
L. S. S. L. GOCKINGA.

XII.

1702. *Confoederatio Vexillorum in Majori Polonia consistentium, pro tuitione integritatis S. Fidei Catholicæ, Jurium & Libertatum Nobilitatis, atque Dignitatis Regis* AUGUSTI II. *contra Suecos & eorum sequaces.* [ANDREÆ CHRYS. IN ZALUSKIE ZALUSKI Episc. Varmiensis Epist. Tom. 3. Epist. 34. pag. 232.]

In Nomine SS. Trinitatis.

*NOta sint Orbi iterata jam, utrobique injusta a Suecico Exercitu facta, Patriæ nostræ vero moderatio & in extremis etiam infortuniis constans erga Monarchas liberæ Gentis fidelitas. Arbitrabamur hactenus Regem Sueciæ, velut nullas ad Rempub. habentem prætensiones, pacta, juraque nostra in integro servaturum; verum contrarium, per biennalem ejus in Regno nostro commorationem, experti sumus; quod scilicet, per omnia hostis non hospes venit, frustraque nomen inane Protectoris, in tot Universalibus sibi usurpans, re oppressor & hostis, nihil hactenus egit, nisi in nostri confusionem & oppressionem, eversionem jurium & libertatum, perniciem Regni & Majestatis. Post infelicem enim sub Kliszovia, propter arcanas Exercitus Saxonici seditiones, dispersionem, Metropolim Regni, Cracoviam dolose occupavit, ab Ecclesiis & Civitate ingentia extorsit lytra, ex armamentario omnes abstulit amunitiones, deposita Nobilium, etiam sepulchra mortuorum scrutatus, eripuit; ærarium Regni, spe auferendæ coronæ, devastavit; & quod summa inter damna censendum est, Sacratam Regum Poloniæ Sedem, toti Europæ nota antiquitatis Pergama, Herostraticis bustis incineravit: inde toto diffusus Regno, cum summo Nobilitatis gravamine, contributiones comminationibus ignis & ferri extorquebat, in casu non extraditæ minimæ portionis, Oppida & Pagos incendebat, in Nobilium domibus stativa Exercitui statuebat, violentias & rapinas in eis fieri permittebat, tot nostros fratres Domibus expulit, fortunis spoliavit, deposita variis in locis abscondita sine respectu Privilegiati loci, diripuit, quosdam captivavit, quosdam premi fame, alios morti adjudicari jussit, peneque nomen Nobilitatis cum juribus, bonisque eorum, delere contendit; Thorunii Fortalitium, post diuturnam obsidionem fide illi non servata, solo æquavit, portas, turresque cuniculis dejecit, amunitiones & deposita Nobilium abstulit, Templa omnibus splendoribus spoliavit, etiam campanis ex eis ablatis: quam violentiam & oppressiones omnibus Civitatibus tam Castrensibus, quam aliis munitioribus in Regno Poloniæ, præsertim vero in Prussia, contra Regiam assecurationem intulit; Gedano quoque, ultimo Regni Poloniæ Fortalitio, licet ingenti lytro toties redimenti vexam, hactenus vim inferre meditatur, Templa in toto pene Regno splendoribus spoliata, in granaria & fere stabula convertit, Sacerdotes, aliasque spirituales personas longa incarceratione pressit, montem Czestochoviensem, tot prodigiis clarum, dicata Deo & Matri ejus Gazophylacia expilaturus, suo cinctum Exercitu, aliquot septimanis tenuit, vexilla nostra consistendis pepulit, alia sustulit, totque fratres nostros, cum depressione Poloni heroïque nominis, in captivitatem abduxit, denique per abominabilem cum quibusdam Principalioribus, in eversionem Status, oppressionem Nobilitatis, conspirationem, in eam desperationem, & servitutem quosdam filiorum hujus Patriæ induxit, ut ad illius Universalium promulgationem arma capessere, prohibita legibus conventicula, sub prætextu Confoederationis, cogere non dubitaverint, ultra vero eos per abrupta ducens, dulcedine Tractatûs, biennio propositi, illectos, falsisque promissionibus, alleviandarum contributionum deceptos, ita dementavit, ut legitimum Regem Augustum secundum, rupto vinculo juramenti, in Comitiis pacificationis super præstanda illi fidelitate, facti, dethronizare, interregnum, & novi Principis electionem proclamare, omnesque Reipub. Cives, perniciosis eorum intentionibus contrarios, pro hostibus Patriæ declarare ausi fuerint: per quod domesticorum turbinum, belli Moschovitici, & Cosatici, detestanda jecit semina, ut mensuram impleret hostilitatis Avi sui, nondum obductæ cicatrici atrociora vulnera superinducens. Quapropter nos militaris Ordo Regni Poloniæ, a Ladislao Biernacki Ensifero Wschoviensi nostrorum Regiminum Præfecto convocati, Universalibus Regis, de proximo interitu communis matris nostræ Patriæ, præmoniti, practicata sub Tyszowciis in similibus Patriæ infortuniis, media defensionis, arripere statuimus. Hinc protestamur coram Deo, toto Universo, Statibusque Reipublicæ, quod non propter ullum privatum interesse, nec contra Remp. molimina, aut fovendas sub prætextu libertatis alienas intentiones, nec propter exigendas portiones, quibus juxta constitutionem Comitiorum Lublinensium contenti esse debebimus, nec denique propter repetendam, deservitam obsequiis mercedem, quam in sinum fratrum, donec pacificetur Patria, reponimus; verum ad naturalem hujus Patriæ nostrique ipsorum defensionem. Nos resolventes, Confœderationem Majoris Poloniæ, ejusque perniciosos progressus detestamur, non ideo solum, quia Confœderatio in scissionibus formata, hostem per Comitia declaratum, in Protectorem suscipit, atrocia bella in viscera Regni inducit, liberam electionem tollit, nec exercitui assecurare potest; verum etiam ex ratione perjurii, Deo & hominibus detestandi: Tarnopoli enim, elapso anno instinctu, & exemplo Ducum circa Fidem S. jura, libertatem, dignitatemque Augusti II. Regis nostri, facta totus exercitus juramento, in contrarium jurare nequit. E contra vero pansis animis & affectibus, Confœderationem Palatinatus Sendomiriensis, in omnibus Comitiolis, omnium votis promotam, & per electionem Mareschalci, Stanislai Comitis Donhoff Venatoris M. D. L. finitam, amplectimur, pro evictione personarum nostrarum, & assecuratione mutuæ confidentiæ, unionisque tam armorum, quam consiliorum, referimus gratias quodve abhinc velut unum corpus

ANNO 1702.

(1) Nous suivons l'illustre Auteur qui nous fournit cette Piece en la rangeant sous l'an 1702. [D u M.]

ANNO 1702. corpus, & unus Spiritus cum inclyto hoc Palatinatu futuri simus, declaramus; mutuam dantes sponsionem, quod ad defensionem, tam totius Reipub. quam hujus Palatinatus, sanguinem & vitam impendemus, nec eum in adversis deseremus, Consiliarios nostros juratos ad latus Mareschalci Confœderationis, ad gremium ejus Consiliariorum designamus, hacque mutua cum Palatinatu & tota Repub. fundata confidentia, omnibus modis, vitæ non parcentes & sanguini, armati Cives, Patriam hanc ab hostilibus oppressionibus liberare desideramus; Augustum vero II. sicut pro Rege agnoscimus, ita dignitatis ejus defensioni, sanguinem & vitam immolare parati sumus; nomen Nobilitatis, non tantum in filiis Regni hujus profanatum, verum etiam ex Livonia a Regno avulsa, una cum Fide Sancta Catholica, contra Pacta Olivensia ejectum, vindicare & conservare appromittimus, hocque fine, ejurantes Ducalem super nos potestatem, & obedientiam, donec tam ab intra, quam ab extra pacificetur Respub. hoc salutare militaris confœderationis opus, velut efficacissimum salutis publicæ medium, assumimus, ad quod omnes, jure nobilitatis gaudentes sub amissione hujus nominis, & characteris, universalibus Mareschalci nostri invitamus, & convocamus. In Mareschalcum vero Confœderationis nostræ, Stanislaum Chomentowski, Radomicensem, Zlotoriensemque Capitaneum, elegimus, cui obedientiam, juxta Leges Ducales, militaresque Articulos, sacrosancte præstandam, appromittimus, scissionem nullam facere, & ne à quopiam fiat, præcavere, declaramus, & conjuramus, non prius evulturculationem facturi, quam in toto pacificetur Respub. Mareschalcus quoque mutuo sese Nobis obstringet juramento; quod in omnibus, integritatem S. Fidei Catholicæ. Jura, Libertates Nobilitatis, dignitatem Regis Augusti II. sit conservaturus, nomen Nobilitatis vindicaturus, omnia puncta Confœderationis hujus observaturus, hostem, non fictis conatibus, pro viribus Exercitus infestaturus, nec cum eo, aut ejus adhærentibus, ullas cointelligentias & correspondentias sit habiturus, nec ulli alteri directionem Exercitus commissurus, in omnibus vero præsentibus ad latus suum Consiliariorum sit secuturus consilia.

XIII.

16. Janvier. (1) *Pacificatio Lituanensis inter Partes Sapiehanas & Ogynskianas facta, sub Præsidio Eminentissimi Cardinalis* RADZIBIOWSKI *Regni Primatis, dum Comitia generalia agebantur. Varsoviæ (2) die 16. Januarii.* [ANDREÆ CHRYS IN ZALUSKIE ZALUZKI Episcopi Varmiensis Epist. Tom. 3. Epist. 19. pag. 149. Theatrum Europæum Tom. 16. pag. 985. en Allemand. LAMBERTI Memoires pour servir à l'Hist. du XVIII. Siecle Tom. II. pag 23. en Francois, & d'une Copie assez diferente de celle-cy.]

EX particulari Domini Dei nostri in Patriam gratia & providentia, cum jam ipsa ab intra & ab extra ex discordia M. D. Lituaniæ provenientia, & in immensum aucta pericula, & tædium malorum ac calamitatum omnium admonere, cœperunt veteris & prisci moris, & quo sunt majora, eo ferventiora excitare vota ad concordiam & ad aversionem ab his omnibus inconvenientiis, quæ per aliquot annos in hac gente statum Reipubl. turbarunt ad præsidium legum, Status Regni ex mente S. R. Majestatis Domini Nostri sub tempus Comitiorum Generalium Varsaviensium per deputationem destinati, & per partes determinati præsidentia Eminent. Cardinalis Radzieiowski Archiepiscopi Gnesnensis Primatis Regni hæc mala & dissidia talibus terminant mediis in ævum.

Sciendo Status Regni, quod ad bona malaque Gentis Lituaniæ pertineant, idem tanquam indivisibilis Respublica non tantum ex vinculo unionis, sed etiam ex novella constitutione coæquatione Jurium ejus cum Regno Poloniæ repetito velut nexu unum & indivisum corpus, ac omnibus quibusque separatis consiliis ad unam compagem & orbitam Legum pertinentes communicatione securitatis & legum suarum cavent, & quidquid ex orbita illorum dissensiones & disgustus domestici extraxerunt illud omne ad jus antiquum & observantiam legum debitam reducunt. Dignitates omnes, munia, ministeria, officia in suis prærogativis antiquis secundum jus priscum & recentem coæquationis ordinem in omnibus personis majoris & minoris subsellii inviolabiliter manere debent, & liberum illorum exercitium sine ullo esse debet impedimento. Telonia tamen antiqua Russiæ (3) ad mensam S. R. Majestatis ex antiquo pertinentia circa antiquum usum inviolabiliter conservantur. Exercitum præsentem secundum coæquationem cum Regno abrogandum declarando, si non erit necessarius. ANNO 1702.

Bona quæcunque in hoc turbine domestico injuste erepta ad priores redeant possessores, statimque in effectu reddi debent. Officia Terrestria seu Castrensia locorum, ubi bona consistunt authoritate Reipublicæ deputantur condescensura ad requisitionem partis cui debentur. Omnes in hac gente sive potentia Domûs, sive fortuna fulti, sive superioritatis beneficio elati, sive popularibus gratiis aucti, sub communi lege, judicio & pœna in æqualitate vivere debent, & terrestri tranquillitati, indemnitatibus Nobilitatis, publicis consultationibus graves esse non debent in omnibus prætensionibus & differentiis, & jure mediante non vi experientur. Et in eo Magistratus omnium subselliorum & judiciorum commoneantur, ut in judiciis justitiam, cuivis sine respectu quovis secundum Legem & juramentum administrent. Contra aggressores & contemptores Legum, & rebelles juri publico, procedendo secundum antiqua jura in volumine legum expressa, obviando similibus in hac Republica in futurum exoriundis motibus.

Ut vero (avertat Deus) eo non deveniat, hic & nunc omnes Status, sive personæ injuriatæ & contrariæ omnes offensas inter se mutuas corde, honestate, & Christiano vero debito inter se condonando reciproce, & in sæcula sæculorum extinguunt ad invicem, & æternæ oblivioni reddunt, tam in civilibus, quam in criminalibus, non præjudicando quidpiam negotio in foro spirituali incepto de morte piæ memoriæ Stabuli Præfecti M. D. L. Si quis autem privatam vindictam ex his occasionibus in futurum aperte vel secreto per se sive media subordinata moliretur, tanquam communis pacis violator, & authoritatis Legum contemptor, juri publico rebellis, & nocens subesse debet, sine ullo personarum respectu, vigore Legum.

Nihilominus tamen actiones & prætensiones inscriptæ super bonis ad Domum Sapiehanam, vel è converso ab aliis in vigore suo restare debent, imo propter celeriorem satisfactionem in Tribunalibus M. D. Lituaniæ agitari & finiri debent non obstantibue nec operantibus quidquam processibus stante discordiarum motu a Novembri anni 1700. usque ad hodiernum terminum obtentis, imo in toto remotis manent de integro, & liberæ sunt omnes personæ, quæcunque stante hac civilis motus tempestate in judiciis comparere non poterant, & ex hac occasione processibus juris innodatæ sunt, si id legitime deduxerunt. Quibus similes processus juridici, decreta, & condemnationes obesse non possunt, & semotis iisdem actiones eorum in negotio principali pro exigentia Juris & Justitiæ judicari debent in foro competenti.

In negotio inter Palatinum Vilnensem filiosque ejus & Principem Radzivillium M. D. L. Cancellarium ratione bonorum Principis Neoburgicæ tutelæ prætensæ utraque pars committit se judicio compromissoriali, destinando pro Superarbitro Cardinale Primate, quatuor autem amicos ex alterutra parte quicunque videbuntur, & id intra determinationem horum Comitiorum determinabunt; quod judicium quidquid decernet, pro firmo & rato acceptare, & hac contentari, & tanquam finalem Sententiam suscipere & observare declarant.

Quæ omnia ut eo firmius sint constituta, authoritas S. R. Majestatis D. N. Clementissimi, Senatus & Equestris Ordinis utriusque Provinciæ Regni & Magnificorum Generalium Regni Ducum ex concensu Provinciæ M. D. Lituaniæ in Guarantiam præsentis Tractatus acceptatur

(1) Cette Piéce est raportée en François dans le T. VIII. part. I pag. 97. du *Corps Diplomatique*, mais elle differe de celle-ci, dont elle pourroit n'être qu'un traduction fort negligée.

(2) *Die 16. Januarii.* C'est ainsi que la Piece se trouve datée dans le Titre, sans aucune marque d'année, mais l'Auteur qui nous la fournit la range sous l'An 1702. & le *Theatrum Europæum* la date aussi de cette année-là. Elle se trouve datée dans les *Memoires de Mr. Lamberti* du 17. Janvier 1702. [DUM.]

(3) Il y a *Prusse* dans la Traduction qui est dans le Tom. VIII, Part. I.

ANNO 1702. ceptatur maxime vero quoad personarum securitatem.

In reliquo propter arctiorem inter gentes confidentiam omnia unionis jura & vincula, quibus ab utrinque obligamur in securitatem communium fortunarum matris hujus indivisibilis Reipub. in mutuam defensionem invadiamus, & propter æternam hujus concordiæ manutentionem manibus nostris subscribimus, qui Tractatus inter Constitutiones Regni sine ulla contradictione, & in quantum iniquioribus (avertat Deus) prementibus fatis Comitia præsentia non finirentur, ad acta matrices Regni & M. D. Lituaniæ in vim perpetuitatis inferi debent, antequam alia Comitia feliciter non finiemus. Datum ut supra.

XIV.

18. Avril. **Recess zwischen Hertzog BERNHARD zu Sachsen-Meinungen/ und Hertzog FRIDERICH zu Sachsen-Gotha wegen denen Ratis der Coburgischen Succession beschehen: Worinn dieser letztere jenem seine am besagten Fürstenthumb habende doppelte Ratam, Laut denen mit dero vier jüngern Herren Brüdern getroffenen Pactis/ wie nicht weniger die Sachsen-Römhild-und Eisenbergische an sich erhandelte Ratas abtritt: Dahingegen wieder jener diesem zur Satisfaction die in dem Hennebergischen besitzende Länder erblich cum omni jure & onere mit Versprechung der Gewehr cediret; jedoch dem darin mit Sachsen-Gotha de anno 1680. getroffenen Haubt-theilungs-Recess ohnbeschadet. Geschehen zu Coburg den 18. April 1702.** [LUNIG Teutsches Reichs-Archiv. Part. Spec. Continuat. 2. Absatz. 2. pag. 713.]

C'est-à-dire,

Recès entre BERNARD *Duc de Saxe-Meiningue,* FREDERIC *Duc de Saxe-Gotha, par lequel celui-ci cede à* BERNARD, *non seulement la double Portion à lui advenüe de la succession de Cobourg par les Pactes faits avec ses quatre Freres cadets; mais aussi la double Portion acquise par lui des Ducs de Saxe-Rombild & Eisenberg, en échange de quoi* BERNARD *lui transporte pour lui & les siens hereditairement les Terres & Droits qui lui appartiennent dans le Territoire de Hennenberg, le tout néanmoins sans prejudice du Recès de Partage fait l'an 1680. avec la Maison de Saxe-Gotha. A Cobourg le 18. Avril 1702.*

Zu wissen sey hiermit/ Als noch bey Leb-Zeiten des weyland Durchl. Fürsten und Herrn/ Herrn Albrechts/ Hertzogs zu Sachsen rc. t. t. unter Seiner/ und dero freundlich geliebten Herren Brudern und respective Vettern/ Herrn Bernhardten/ Herrn Heinrichen/ Herrn Christian/ Herrn Ernsten/ Herrn Johann Ernsten und Herrn Friedrichen/ allerseits Hertzogen zu Sachsen/ rc. tot. tit. Hoch-Fürstl. Durchlauchtigkeiten und der Ruh und Wohlfarth dero gesamten Hoch-Fürstlichen Hauses und Unterthanen willen/ über denen in GOttes Händen stehenden Successions-Fällen/ nach dem Exempel dero höchstlöblichen Herren Vorfahren freund-brüder-und vetterliche Conferenz gepflogen/ auch ein Recess nach mühsamer Handlung darüber auffgerichtet worden/ der sich anfänget: Zu wissen/ nachdeme der Durchlauchtigste Fürst und Herr rc. und sich endet: So geschehen Coburg den 6. Aprilis 1699. worauff sich der Fall mit Erledigung des Fürstenthums Coburg durch Eingangs hochseeligen ermelten Herrn/ Herrn Albrechts Durchl. am 6. Augusti letztbesagten Jahrs erfolgten tödtlichen Hintritt begeben/ da nach Anleitung nur gemelten Successions-Recesses Herrn/ Herrn Bernhardts/ Hoch-Fürstl. Durchl. die Possession der Lande in gesamten Nahmen aller Hoch-Fürstl. Herren Interessenten ergrieffen/ bald aber sowohl der Administration, als Satisfaction halben/ vor die Jhro in erwehnten Recess in eventum mit gewissen Bedingungen cedirte ratas an dem Fürstenthum Coburg/ Jrrungen sich ereignet/ welche zu gefährlicher Weiterung ausschlagen wollen/ und endlich zum Process an dem Hochpreißl. Käyserl. R. Hoff-Rath erwachsen/ worinnen von der Röm. Käyserl. Majestät verschiedene Mandata und Rescripta ergangen/ Krafft deren hochermelte Herren Interessenten diese Strittigkeiten in Güthe/ nach dem Recess vom 6. Aprilis 1699. förderlichst unter einander beyzulegen ermahnet worden; So hätte man wohl gewünschet/ daß unter sämtlichen Eingangs hochernanten Hoch-Fürstlichen Herren Successoren und Interessenten alle dißfalls obwaltenden Jrrungen auf einmahl erhoben werden mögen/ gestalt auch zu dem Ende von sämtlichen zu diesem negotio deputirten Räthen am Tage Michaelis nechstverflossenen Jahres ein preliminar-Vergleich getroffen/ und sub spe rati unterschrieben worden. Nachdem aber derselbe nicht allerseits ratificiret werden/ sondern aufs neue Hinderungen dargegen sich ereignen wollen/ haben die Durchl. Fürsten und Herren/ Herr Bernhardt/ und Herr Friedrich Gevettern/ Hertzoge zu Sachsen rc. bey gegenwärtig weit aussehenden Conjuncturen und befürchtender gemeiner Unruhe/ nicht verantwortlich zu seyn erachtet/ diese Zwistigkeiten zu Schaden dero gesamten Land und Leuthen also länger unerörtert hangen zu lassen/ sondern im Nahmen GOttes sowohl in allem unterthänigsten Respect, und zu Erfüllung Jhr. Käyserl. Maj. als aus eigner angebohrner Neigung zur Einigkeit und retablirung freund-vetterlichen Wohlvernehmens die unter sich dißfalls entstandene Differentien/ und die übrige desto leichter zu erheben/ nach gepflogener Handlung auf folgende Masse gütlich verglichen und abgethan.

1. Erklären Herrn/ Herrn Friedrichs zu Sachsen Gotha Hoch-Fürstl. Durchl. für sich und dero Fürstliche Erben und Successores sich hiermit nochmahl dahin/ daß Sie Herrn/ Herrn Bernhardts zu Sachsen Meinungen Hoch-Fürstl. Durchl. und dero Fürstl. Erben und Successores Jhre an dem Fürstenthum Coburg/ nach denen mit dem Durchl. vier jüngern Herrn Gebrüdern getroffenen pactis auf sie gefallene doppelte ratam cum omni jure regio gegen die in nachfolgenden Puncten abgeredete Satisfaction würcklich cediren und abtreten/ und dem Recess vom 6. April. 1699. völliges Genügen leisten wollen.

2. Weil auch hochermelte Se. Durchl. zu Sachsen Gotha nicht allein zu solchem Ende mit Herrn/ Herrn Christians zu Sachsen Eisenberg Hoch Fürstl. Durchl. wegen überlassung dero löbl. Landes-Portion einen gewissen Tractat geschlossen/ sondern auch dergleichen mit Herrn/ Herrn Heinrichs zu Sachsen Römhild/ Hoch-Fl. Durchl. zu Wercke gerichtet/ darunter zwar Se. Durchl. zu Sachsen Meinungen dero aus mehr angezogenen Successions-Recess competirende Gerechtsame sich jederzeit vorbehalten; Als cediret Sachsen Gotha auch und tritt ab angeregte beyde Sachsen Römhildische und Eisenbergische ratas an dem Coburgischen Fürstenthum/ und dero darauff erlangtes Recht gegen unten benelte Satisfaction gleicher gestalt an Sachsen Meinungen cum omni jure regio, sich deren sämtlichen alsobald/ nach ausgewechselten Resignations-Patenten und reciproce geschehenen tradition mit aller Gewalt/ Hoheit/ Ehren/ Würden und Nutzungen dergestalt frey/ sicher und ungehindert anzumassen und zu gebrauchen/ als die Herren Cedentes selbst von Rechts wegen befugt wären und thun können. Jedoch will Sachsen Gotha sowohl seine eigene/ als Herrn/ Herrn Heinrichs/ und Herrn/ Herrn Christians Durchlauchtigkeiten nach dem Commissarischen Auswurff auf sie kommende feudal- und allodial-Schulden-Portion übernehmen und abtragen/ Und nachdem

3. Zwischen obhochermelten beyden Herren Compaciscenten die Intention der Theil- und Vergnügung an Land und Leuthen bey dem löblichen Fürstenthum auf 16800. Gülden nach dem portions-Anschlag/ so daß auf dieses quantum behörige Gewehrschafft geleistet werde/ gerichtet/ worvon aber zeithero ein und anders veralieniret/ und die an dem Amt Neuhauß biß auf 1200. Gülden in Anschlag beliebte moderation einen Abgang machet/ so soll nicht nur das allenirte auf gemeinsame Kosten wieder eingelöset/ sondern auch das von Herrn/ Herrn Albrechts hochseeligen Durchl. erkauffte Cammer-Guth Schweickhoff/ jedoch nach gemeinschafftlich zu beliebender Befreyung des ex testamento darauff hafftenden oneris Legati darzugesetzet/ und zu Ergäntzung obiger Summe observanzmäßig in Zugang gebracht werden.

3. Nicht weniger tritt Sachsen Gotha an Sachsen Meinungen Krafft dieses gegen bald benennende Vergleichung und compensation ab/ und überlässet demselben seine beyde/ wie auch Römhild- und Eisenbergische an sich erhandelte ratas an denen in Coburgischen territorio gelegenen Fürstl. Cammer-Güthern Oeßlau/ Calenberg und Gauerstadt samt deren pertinentien.

5. Und obwohln in dem löblichen Successions Recess de anno 1699. die Fürstl. Residenz Stadt und Amt Römhild dem Fürstl. Hause Sachsen Gotha eventualiter überlassen/ so cediret doch und überlässet diese benelte Residenz-Stadt und Amt cum omni jure & onere, insonderheit auch dem Creyß-voto, hiemit in eventum hinwieder an Sachsen Meinungen/ und mag dasselbe/ bey sich begebenden Fall/ welchen der Höchste noch lange verhüthe/ seine erbliche Landes-Portion, (worzu billich pro rata dasjenige quantum zu rechnen/ was Sachsen Römhild von dem Coburgischen zu seiner portion allbereit angefallen/ und etwa künfftig vom Eisenbergischen anfallen möchte) daran/ und zu solchem Ende sowohl/ als in Krafft dieser beschehenen Cession die possession vor sich nehmen/ den Uber Rest dieses a 3648. Gülden angeschlagenen Amts aber/ an Sachsen Gotha in doppelten Anschlag/ entweder

ANNO 1702.

ANNO 1702.

weder durch Compensation, oder vermittelst sicherer und reeller Anweisung der quartaliter zu liefferender Gelder satisfaciren.

6. Verspricht Sachsen-Gotha sowohl wegen dieser nur gemeldeten Cession der Residenz-Stadt und Amtes Römhild/ als auch derer im ersten und andern punct erwehnten von dem Coburgischen Anfall an Sachsen-Meinungen cedirten vier portionen/ vor sich und übrigen Fürstl. Herren Interessenten die Gewehrschafft zu leisten und zu übernehmen/ und zwar vermittelst Zurückgebung Land und Leuthen/ von denen dargegen abgetretenen Meinungischen Aembtern auf so hoch/ als etwan in dem Römhildischen und denen Coburgischen portionen wider Vermuthen evinciret werden solte.

7 Da hingegen treten Herrn/ Herrn Bernhardts zu Sachsen Meinungen Durchl zu verlangter Satisfaction an Sachsen-Gotha auf seine die Römhildischen und Eisenbergischen am Coburgischen habende Landes-portiones, so nach obigen im 3ten punct gemeldeten principiis a 9332. Gülden in Anschlag gesetzet/ von dero in Hennebergischen besitzenden Landen erblich und cum omni jure & onere, und mit Versprechung der Gewehr (jedoch dem mit Sachsen Gotha anno 1660. getroffenen Haupt-Theilungs-Recess, und dem darinnen vor Sachsen-Meinungen bedungenen Gewehrschaffts-Punct ohnbeschadet) ab mit aller Gewalt/ Hoheit/ Ehren/ Würden/ und Nutzungen/ die Aembter Saltzungen/ Frauenbreitungen/ Wasungen und Sand/ nebst der ungehinderten/ jedoch zugleich nach Anleitung des Hennebergischen Haupt Theilungs Recesses de anno 1660 § 13 unschädlichen/ auch Sachsen-Meinungen an Dero Flösse nach Meinungen unabbrüchigen Werra-Flösse durch die sämtliche vorliegende Landes-portiones nach Saltzungen/ denen Hundischen und Liebensteinischen Gerichten/ wie auch/ jedoch cum onere hypothecæ & facultate reluendi den Cammer-Güthern/ Liebenstein und Simmershausen/ und zwar die Aembter nach den portions-Anschlagen/ und zugleich mit den Aembter-Capitalien/ wie solche anno 1679. und 1680. Herrn/ Herrn Bernhards Hoch Fürstl Durchl. gegeben worden/ immassen solche hinwieder in den Coburgischen Landen/ so viel deren vormals bey denen Aemtern gewesen/ Sachsen-Meinungen zu præstiren. Die Cammer-Güther zu samt der Werra Flösse aber werden durch die unten beliebten Arbitros, sonder die geringste læsion eines oder des andern Theils nach einem 12. oder 6. jährigen Rechnungs-Eintrag angeschlagen/ und vermittelst Compensation an denen Sachsen-Gothaischen 4. Antheilen/ sowohl der Flösse im Coburgischen/ als auch derer Cammer-Güther/ Oeßlau/ Calenberg und Gauerstädt/ nach gleichmässigem Rechnungs-Anschlag/ auch der befindliche Uberschuß in andere Wege gut gethan. Gegen die Hundische Gerichte und zu einer freund-vetterlichen Vergleichungs Zugabe tritt Sachsen-Gotha die Lauterburg mit allen pertinentien/ und insonderheit dem vorhandenen lebendigen Inventario an Sachsen-Meinungen erblich ab/ und wann der Casus aperturæ nur gemelter Gerichte binnen 40. Jahren sich ereignen/ oder diese ietzo lebende 3 Vasallen ohne Erben abgehen solten/ soll und will Sachsen Gotha auf die Helffte dieses Anfalls anderweite annehmliche Satisfaction an Sachsen-Meinungen geben/ darbey nicht weniger in compensation zu bringen/ was an denen in Coburgischen binnen 40. Jahren aperi werdende Lehen/ davon ihnen gleichfalls die Helffte/ jedoch anderer gestalt nicht/ als wenn der Fall mit denen Hundischen sich zutragen würde/ zukommen solte/ sie participiren würden.

8. Was nun Sachsen-Gotha über obige 4. Aembter auf dero a 9333. Gülden angeschlagene portiones zukommt und gebühret/ solches soll in doppelten Anschlag gebracht/ auf ein gewisses Amt versichert/ daraus die 4 Quartalen die Gelder richtig vergnüget/ der Beamte darauf expresse mit verpflichtet/ und durch Hand-Gelöbniß an Sachsen-Gotha/ so lange biß das Capital bey künfftigen Anfällen oder sonsten vergnüget/ bey dessen Ablegung fünff pro cent zu rechnen und anzusetzen/ angewiesen werden. Und wie es die Meinung hat/ daß an Sachsen-Gotha der Weimarische Nachschuß/ als welcher unter des Amts Sand Anschlag nicht mit stecket/ doch billich bey dem Amte gelassen wird/ abgetreten werden solle; Also hat Sachsen Meinungen auch deßhalber von Sachsen-Gotha besondere Satisfaction zu gewarten.

9. Die Land-und Tranck-Steuren/ so viel deren im portions-Anschlag nicht begriffen/ werden in den Coburgischen und Meinungischen reciproce abzutretenden Landen aus den Steuer-Registern gegen einander gesetzet/ und der befindliche Uberschuß von einem oder dem andern Theil mit einem Capital a 5 pro Cent angeschlagen/ entweder abgetragen/ oder in obige maasse versichert und quartaliter geliefert/ auch die gäntzliche und gründliche Steuer-parification nach beschehener Revision in denen reciproce abzutretenden Landen/ und das daraus resultirende augmentum zu beyden Seiten reserviret/ nicht weniger/ als wegen der einander abzutretende Vasallen/ die behörige peræquation und Satisfaction vorbehalten wird.

10. Alles übrige/ so in denen portions-Büchern nicht enthalten/ und weshalber besondere Satisfaction gegen einander begehret wird/ und de jure zu gewarten seyn möchte/ wie auch was sonsten beyde Fürstliche Theile hinc inde zu prætendiren/ darüber wollen sie/ auf daß um so mehr alle Mißhelligkeit weggeräumet/ und gutes Verständnuß beständig unterhalten werde/ ein arbitrium, welches durch besonders darzu verpflichtete Persohnen aus dem Fürstl. Hause/ nebst einem Obmann/ welche ad protocollum benennet/ admittiren/ und durch dieselbige binnen 2. Monaten a dato der beschehenen tradition die ausgesetzte puncta und prætensiones güt- oder rechtlich ohne einiges suspensiv-Mittel erörtern lassen.

11. Die concertirte reciprocirliche Resignations-patente derer resp. Meinungischen Aemter und Gerichte an einem/ und derer Gothaischen/ Römhildischen und Eisenbergischen Antheilen am Coburgischen Fürstenthum/ samt deren pertinentien/ und denen Cammer-Gütern am andern Theil/ werden bey Vollziehung dieses Recesses einander ausgehändiget; die reciprocirliche würckliche tradition aber/ wie auch die behörige Notification an die Reichs- und Creyß-Directoria geschehen längstens binnen 14. Tagen nach Ostern/ und zwar in specie auf den 4. des künfftigen Monats Maji/ da inzwischen Herrn/ Herrn Bernhardts/ und Herrn/ Herrn Friedrichs Hoch Fürstl. Durchl. Durchl Durchl. conjunctim ein Käyserliches Rescript, darinnen Herrn/ Herrn Ernsts Hoch-Fürstl. Durchl nochmahls ad Austregas Domus, zu Vermeidung aller besorgenden Collisionen/ in der Haupt Sache nicht weniger/ als in puncto administrationis gewiesen werden möchten/ extradiren wollen. Der Genuß aber derer reciproce einander abtretenden Aemter und Stücke gehet von instehenden Ostern 1702. an/ jedoch daß die Pachter in denen abzutretenden Meinungischen Aemtern biß künfftige Michaelis in ihrem Pachte gelassen/ und die Ersetzung der wegen biß nach Ostern sich verweilenden tradition von Sachsen-Meinungen/ von gedachten Ostern an/ auf den Fall zu percipirender natural Stücke/ in dem tax, wie sie denen Pachtern angesetzet/ gut gethan werde.

12. Was wegen des Eisenbergischen Anfalls/ den GOtt auch noch lange gnädig verhüten wolle/ und worzu gleich bey dem Römhildischen die cessions rata zu rechnen/ und wovor Sachsen Meinungen seine satisfaction nach deren gleichmässigen principio, so in gegenwärtigen Recess wegen der Coburgischen und Römhildischen Lande beliebet worden/ von Gotha annehmen will/ auch sonsten in Eingangs erwehnten Coburgischen Successions Recess vom 6. Aprilis 1699 abgehandelt worden/ damit bleibet es bey demjenigen/ was sothaner Recess besaget/ und in diesem nicht ausdrücklich geändert zu befinden. Wie dann absonderlich Herrn/ Herrn Bernhards/ und Herrn/ Herrn Friedrichs Hoch Fürstl. Hoch-Fürstl Durchl Durchl. sich wollen ernstlich angelegen seyn lassen/ daß die Coburgische Universität samt deren Dotation schleunigst angerichtet/ und längstens binnen Jahres Frist vollends zum Stande gebracht werde. Und damit nun Herrn/ Herrn Bernhardts Durchl. das Ihrige/ so Ihro in dem Coburgischen Fürstenthumb auf Maße/ wie obstehet/ abgetreten worden/ ruhig haben/ besitzen und geniessen/ Land und Leuthe auch mit ungehinderter Obsicht und Administration der Justiz versehen/ und keine unfügliche Zerreissung/ zu Schaden des publici, wider des Reichs/ Creyses/ und Landes interesse, erhänget werden möge/ wollen Herrn/ Herrn Friederichs Durchl. nicht allein mit interposition dero freundvetterlichen Officien Ihro beyder resp. jüngern Herren Brüdern und Vettern Hoch-Fürstliche Durchlauchtigkeiten/ sondern auch sonsten auf alle recht und billigmässige Weise in- und ausserhalb Process, jedoch ohne würckliche Mitverführung desselben/ es betreffe dann die Eviction und Gewehrschafft über die von Sachsen Gotha cedirte portiones mit Nachdruck assistiren/ und helffen/ daß die hierunter noch übrige Irrung in Güte oder Recht/ nach den Verträgen des Fürstl Hauses/ schleunig gehoben/ und zu Ende gebracht werde. Allermassen nun was beyde obhochernannte Herren Compaciscenten mittelst gegenwärtigen Vergleichs abgeredet und einander zugesaget/ dieselbe Fürstlich/ aufrichtig und unabbrüchig ohne einige Ausflucht zu halten gemeinet; Also wollen Sie zu Guarantirung dessen allen die Fürstl. Häuser Sachsen-Weimar und Eisenach/ wie auch Braunschweig-Wolffenbüttel förderlichst ersuchen/ des Vertrauens/ dieselbe werden auf freund-vetterliche Bitte sothane Guarantie gerne und willig zu übernehmen/ Sich gefallen lassen. Zu Uhrkund ist hierüber gegenwärtiger Recess abgefasset/ in duplo ausgefertiget/ und von beyden Fürstl. Theilen eigenhändig unterschrieben/ und mit dero Fürstl. Secreten besiegelt/ und gegen einander ausgewechselt worden. So geschehen zu Coburg/ den 18. Aprilis anno 1702.

Bernhard/ H. zu S.

(L. S.)

Friedrich/ H. zu S.

(L. S.)

Neben-Receß zwischen besagten Hertzog BERNHARD zu Sachsen-Meinungen und Hertzog FRIDERICH zu Sachsen-Gotha: Worinn sie sich erklären/ was Sie dero jüngern zwey Herren

ANNO 1702.

Herren Brüdern / als Johann Ernst zu Sachsen-Saalfeld / und Ernsten zu Sachsen-Hildburghausen / zu Erfüllung ihrer an dem Coburgischen Fürstenthumb habender portion abtretten wollen. Geschehen Coburg den 18. April anno 1702. [LUNIG Teuth Reichs-Archiv. Part. Spec. Continuat. 2. Absatz. 2. pag. 716]

C'est-à-dire,

Recès particulier entre BERNARD *Duc de Saxe Meiningue &* FREDERIC *Duc de Saxe Gotha, par lequel ils se declarent de ce qu'ils veulent donner à leurs deux Freres Cadets,* ERNEST *Duc de Saxe Hildebourg-Housen, &* JEAN ERNEST *Duc de Saxe Saalfeld pour suplement de leur Portion hereditaire de Coburg. A Coburg le* 18 *Avril* 1702.

Zu wissen / nachdem bey Errichtung des von Herrn Hertzog Bernhardts / und Herrn Hertzog Friedrichs zu Sachsen 2c. Hoch Fürstl Hoch-Fürstl. Durchl. Durchl. unter heutigem dato vollzogenen Theilungs-Recessus von beederseits die gute Intention geführet / daß dadurch / und vermittelst göttlichen Beystandes / die mit denen beeden jüngern Herren Gebrüdern zu Sachsen-Hildburghausen und Sachsen-Saalfeld Hoch-Fürstl. Hoch Fürstl Durchl. Durchl. noch übrige Differentien desto ehander entweder güt-oder rechtlich gehoben / mithin des Fürstl. Hauses dereinstige Beruhigung befördert werden möchte / und beede hohe Theile ferner die Erlangung dieses heilsamen Endzwecks sich euserst angelegen seyn lassen wollen; Als haben Herrn Hertzog Friedrichs zu Sachsen-Gotha Hoch Fürstliche Durchl sich über dasjenige / was allbereit in Eingangs gemeltem Recess enthalten / hierdurch freund-vetterlich weiter dahin erkläret / daß sie

1. Zu Vermeidung aller besorgenden Collisionen / wegen Festsetzung des Austregial Judicii, mit Abstrahirung des Puncti Administrationis und Wegbegebung der Hoch Fürstlichen Hildburghauß- und Saalfeldischen Herrschafft in dero Residenzien / der Landes-Huldigung / alleiniger Verführung der Coburgischen Reichs-Creyß und Landschaffts-Jurium und dergleichen / Sachsen-Meinungen in dero dißfalls habenden Befugniß / treulich in- und ausserhalb Processes / jedoch ohne würckliche Mitverfügung desselben / auch absque præstatione eventus, so weit man nicht vorhin nach Rechte darzu verbunden ist / assistiren / darnebenst / so bald dieser Recess unterschrieben / Sr. Durchl. in dero Coburgischen Administration und Verfügungen keine fernere Contradiction und Verhinderung machen / die Sachsen-Gothaischen Troupen / so viel deren nicht zur hiesiger gemeinschafftlichen Miliz gehören / mit dem Hauptmann Stöltzer / aus den Coburgischen Lande abführen lassen / und Herrn Haßels liberirung ex Arresto nachdrücklich secundiren wolten; Und wie wegen nur bemelter alleinigen Verführung der Coburgischen Reichs-Creyß-und Landschaffts-Jurium es die Meinung hat / daß Sachsen-Gotha ratione Sachsen-Hildburghausen und Sachsen-Saalfeld ehe und bevor deßhalber zwischen Ihnen und Sachsen-Meinungen diese Differentien in Gute oder Rechte vor Sie ausgemacht / keine Concurrenz daran prætendiren / auch solche letzterwehnten beeden Hoch-Fürstlichen Häusern nicht verstatten will. Also auch nach beschehener gut-oder rechtlichen Entscheidung der bißherigen Irrungen / es bey demjenigen sein Verbleiben haben solle / was dieserwegen anno 1696. dem Fürstl. Hause Sachsen Meinungen zugesaget worden.

2. Wann zu Satisfacirung Herrn Hertzog Johann Ernsts Durchl. Durchl. an hiesigem Fürstenthum habender ratarum an Land und Leuten / Sachsen-Meinungen jenem das Amt Sonnefeld ad concurrens quantum, mit Vorbehalt desjenigen / was §. sequenti deswegen gemeldet wird Diesem aber das Amt Neuhauß a 1200. Gulden von allerseits Hoch-Fürstl. Herren interessenten moderiret angeschlagen / mit einigen nahe gelegenen / zu Erfüllung seiner Coburgischen Portion hinlänglichen Oerthern und Dörffern / nach dem Fuß der Portions-Bücher / aus dem Aembtern Neustadt und Mönchroden cum omni jure & onere, ausgenommen deß Coburgischen Reichs- und Creyß-voti, abzutreten gemeinet wäre / und aber Sachsen Saalfeld dieses nicht annehmen würde / so wolte Sachsen-Gotha solches Amt Neuhauß mit denen darzugeschlagenen Oerthern und Dorffschafften annehmen / und zum Fürstenthum Altenburg ziehen / dargegen aber Sachsen-Saalfeld aus dem Altenburgischen mit Land und Leuthen / auf Maaße / wie sie ihre ietzige Landes-portion daselbst besitzen / satisfaciren / es wäre dann / daß Sachsen-Saalfeld diesen Vorschlag auch nicht acceptiren wolte / quo casu Sachsen-Gotha dißfalls weiter nicht gehalten.

3. Den Sachsen-Hildburghausischen Liberations-Accord belangend / solte Sachsen-Hildburghausen von Sachsen-Gotha mit Uberlassung der Hennebergischen Jurium am Schleisingischen Reichs- und Creyß-Voto, so viel die zu dem Gothaischen Fürstenthum ehemahls geschlagene Hildburghausische Landes-portion und deren jura betrifft / pure a nexu liberiret werden. Ingleichen / wann Sachsen-Hildburghausen succumbiren / und zu Annehmung beeder Aembter Wasungen und Sand condemniret werden / auch dieser hohe Theil auff deren Verschaffung bestehen solte / wolte Sachsen-Gotha diese beede Aemter gegen anderweite von Sachsen-Meinungen in dem Hennebergischen / oder durch das Amt Sonnefeld ad concurrens quantum, weil solches allenfalls zum Fürstenthum Altenburg geschlagen werden könte / zuerwartende Satisfaction wiederumb uberlaßen / auch ratione Themar / wann Sachsen-Hildburghausen solches zur Satisfaction wegen der Coburgischen ratæ annehmen wolte / sich nicht entgegen seyn lassen / Herrn Hertzog Heinrichs Durchl. zu dessen Abtrettung gegen annehmliche Satisfaction an Land und Leuten / jedoch gleichfalls absque præstatione eventus, disponiren zu helffen. Ingleichen wil Sachsen-Gotha wegen der von Sachsen-Meinungen an Sachsen-Hildburghausen versprochenen ein tausend Gulden an Land und Leuthen bey dem Romhildischen Anfall Sachsen-Meinungen vertretten / zumahln Sachsen-Hildburghausen nach Sachsen-Gothaischer Versicherung / vorietzo bereits nicht entgegen stehet / daß zwischen Sachsen-Meinungen und Sachsen-Gotha der Coburgischen Succession wegen Vergleich getroffen werde.

Wie nun Sachsen-Meinungen die freundvetterl. Erklärung und Zusage mit freundlichen Danck hierdurch acceptiret / also sollen nicht weniger auch zu Guarantirung dessen / die in Eingangs ermelten Recess benannte Fürstl. Häuser gebührend ersuchet werden.

Uhrkundlich ist dieser Neben-Recess hierüber abgefasset / in duplo ausgefertiget / und von beyden Fürstlichen Theilen nebst Beydruckung dero Fürstlichen Insiegeln eigenhändig unterschrieben worden. So geschehen Coburg den 18. Aprilis anno 1702

Bernhardt / H. zu S.

(L. S.)

Friedrich / H. zu S.

(L. S.)

XV.

Kayserliches Decret / geben vor das Fürstl. Hauß Holstein Gottorp / die Coadjuterie zu Lubek betreffend / Geben zu Laxenburg den 3. Junii 1702. Copie Manuscripte & sûre.] 3. Juin.

C'est-à-dire,

Decret Imperial donné en faveur de la Maison de HOLSTEIN GOTTORP *touchant la* Coadjutorie *de* Lubec. *A Laxembourg le* 3. *Juin* 1702.

Die Röm. Kayserl. Maj. unser allergnädigster Herr / haben reifflich erwogen / was Deroselben in puncto der Bischöfflichen Coadjutorie zu Lubek namens des Herrn Hertzogs zu Holstein Gottorp Durchl. der Freyherr von Görtz allerunterthänigst vorgestellet hat. Gleichwie nun Dieselbe sich allergnädigst erinnern / was wegen gemeldter Coadjuterie bereits im Jahr 1700. den 24. Julii aus dem Reichs-Hoff-Rath für Verordnung ergangen / insonderheit aber auch was derenthalben in den Ihro und anderen hohen Potentien guarantirten Travendaalischen Frieden-Schluß enthalten und vorgesehen worden: Also laßen sie es auch darbey allerdings bewenden / und werden dagegen das Fürstl. Hauß Hauß Holstein Gottorp keines wegens beschwehren / sondern dabey vielmehr handhaben / auch diese Ihre Gnädigste Intention und meinung dem Reichs-Hoff-Rath intimiren laßen: welches allerhöchstgedachte Ihro Kayserl. Maj. zu mehrer des Herrn Hertzogs zu Hollstein Gottorp Versicherung ihm Freyherrn von Görtz alsoanzudeuten allergnädigst anbefehlen / und verbleiben demselbigen mit Kayserl. Gnaden wohl gewogen. Signatum Laxenburg unter dero hiervor gedrukten Kayserl. Secret Insiegel den 3. Junii Anno 1702.

J. Q. v. Kaunitz.

C. J. Consbruch

L.S.

XVI.

ANNO 1702.

XVI.

22. Juin. *Summa Tractatuum Inter Religiones Catholicam, Reformatam & Unitariam, Albæ Juliæ habiterum die 22. Junii 1702.* [LEHMANNI Suppleti & Continuati Tomus Novus in Historiæ Transylvanicæ Compendio. pag. 33. Lit. G.]

IN Anno 1699. die 5. Septembr. a Sacratissima Cæsarea Regiaque Majestate resolutorum & a Dominis Catholicis impressorum, quinque Punctorum in effectum deductionis, impedimentum vel remora fuit; quod, uti eadem illa Sacra Scriptura, qua omnes Christianæ Religiones vel Confessiones utuntur, ab hac Religione sic, & ab illa ita intelligitur & explicatur; Ita Benignissima illa Cæsarea Resolutio, a Dominis Catholicis hoc, ab aliis autem Religionibus alio modo intelligebatur, & intelligitur, uti sequens relatio ostendet, & ideo in Anno 1699. die 4. Octobris tres Religiones non-Catholicæ consuluerunt, per Deputatos, a Sua Majestate (quam supponebant Diplomatibus suis nullatenus per ista Puncta præjudicare velle) auditis Partibus, genuinam explicationem impetrare; Sed ista Deputatio non successit, cujus Rationes suo loco & tempore, coram magis, quam nunc scripto explicari poterunt. Postea iterum eædem tres Religiones per Memoriale, in Anno 1701. die 8. Julii, sub trium Personarum, ex singulis Religionibus subscriptione oraverant suam Majestatem, pro Admissione Deputationis, super istis Religiosis Augustam Aulam sincere informaturæ & supplicaturæ; Sed ad illud Memoriale, hucusque, Resolutio Suæ Majestatis suspensa est. Et hinc judicari potest, non neglecta, multo minus contempta esse, Cæsarea super illis Mandata; Sed sub destinatarum ad Aulam precum & Benignæ Resolutionis, inde venturæ, spe, esse effectum dilatum, cujus in Materiis tam in contrarios sensus tractis, acceleratio; non præconsulta & exacte informata Aula, non videbatur è Servitio suæ Majestatis futura, utpote, plures in populo confusiones & strepitus paritura. Mens autem, trium tunc conjunctarum Religionum, nunc vero duarum nempe Reformatæ & Unitariæ (quia Lutherana se ab ipsis separavit) de illorum sensu hæc est.

I.

Ubicunque Ministris vel Sacerdotibus, cujuslibet Religionis Decimæ vel Quartæ, non vi Juris Regii, donatione alicujus Regis vel Principis, aut Legibus roborati; Sed tantum ex spontanea illius Ecclesiæ oblatione & consuetudine, pro Salario dari solent, ibi revera nemo tenetur Sacerdoti vel Pastori alterius Religionis, quam suæ dare. Sed ubi vi Juris Regum, & Legum, talia Salaria sunt, debent manere illis, quibus per donationes olim collata, & per Diploma suæ Majestatis ac Leges Regni relicta sunt; Nec credimus suam Majestatem hoc Punctum aliter intelligere.

II.

Cum Religiones, credant suam Majestatem, nec Diplomatis primi Articulo 4. & 5. Nec Resolutionibus Anno 1693. die 14. April. Articulo 6. & Anno 1697. die 18. April. emanatis præjudicare velle, illis ergo salvis hoc Punctum vel hodie obsequiose practicatur.

III.

Nemo ab Officiis & Tribubus, propterea quod Catholicus est, excludi poterit, dum modo sit Civis capax & eligatur eadem, qua Acatholicus quilibet, libertate. Unam Claudeopolim hic excipit Contractus Reformatæ & Unitariæ Religionum, sed quem Contractum, licet ipsis, si volunt Claudiopolitani, dispensare, & Catholicos, illorum numero, proportionate ad Officia admittere, quod etiam suadetur.

IV.

Vocabulum istud: Abolevimus: intelligunt Religiones, quod hoc non nunc, sed in Diplomate primo & secundo; Et in citatis resolutionibus, sua Majestas perfecerit, quæ uti Religiones tunc læto corde amplexæ, ita ut nunc humillimo obsequio exosculantur, ac benignam & æquam illorum praxin a sua Majestate uti humili cum fiducia expectant, Ita Reformati præsertim, pro speciali, quam, in illius fine vident suæ Majestatis Clementia, dimissimas gratias agunt, nec Praxin hujus Puncti salvis illis ullatenus detrectarunt nec detrectabunt.

V.

Nec hactenus his caruerunt Domini Catholici, nec imposterum arcebuntur, dummodo omnia decenter & Ordine fiant.

VI.

Prætensio illa subscriptionis, si Politica vel honoris magis est, quam Conscientiæ & Religionis, non ignorant Religiones, & præsertim illi quibus Socius subscribens additur, sibi obsequii gloriam esse relictam. Si vero, ab æqualitate, vel paritate Religionum procedit, videtur illa requirere; ut omnes quatuor receptæ Religiones ad talem subscriptionem æque admittantur. Uti nomine Lutheranæ Religionis, Dominus Johannes Sachs superinde etiam protestatus est. Quare hic expectatur Benignissima suæ Majestatis Determinatio.

VII.

Capellæ de Fonte Jesu nominatæ Status & Mandati de illa dati Effectus pendet ab inquisitione legitima cui se Telekii obsequentissime semper submiserunt, & submittunt etiam nunc. De Domino cum Capellæ in Vasarhely nulla lis, si Catholicus frater, qui antea prætendebat, velit.

VIII.

Quandoquidem pro Transylvaniæ Status Ratione sapientissime & pro omnibus quatuor Religionibus æque Clementissime sua Majestas negotium Templorum, in Diplomatis primi Articulo primo: In secundi vero Diplomatis Articulo primo & ultimo determinavit, & cupiunt Reformati Templum Borbadiense, cum illorum Diplomatum & Cæsarei Rescripti Anno 1701. die 12. Decembr. emanati, violatione ipsis via facti ereptum restitui, cum satisfactione de vi, & injuria & pœna à sua Majestate in proxime citato, de 12. Decembr. Anni 1701. Decreto resoluta.

Hæc vero omnia, quam longe aliter intelligant, & explicent, & practicari cupiant Domini Catholici, id ex Relatione subnexa patebit. Quorum non aliud, post tot Tempestates, videtur remedium, quam illud, quod in relationis conclusione, à sua Majestate humillime oratur: nempe ex Generali Commendante & Commissione Cæsarea utraque Transylvania bene noscente; Et si plures adjungere illis suæ Majestati placuerit, erecta Extraordinaria Commissio ibidem fusius videnda. Miserum enim & valde triste est, legere id, quod Domini Fratres Catholici inter impressa duo Decreta Cæsarea de suo addiderunt, & Clementissimi Principis, ac vere Patris manibus inconvenientissimi Fulminis termino usi sunt. Cui nos ut talie aspergamus, Deus vel umbram cogitationis talis avertat à Nobis. Albæ Juliæ die 26. Junii Anno 1702.

Ex parte Religionis Reformatæ

Comes Georgius Banffi, Mpr.

Comes Nicolaus Bethlen, Mpr.

Samuel Kereszteſi, Mpr.

Hæc uberius videri possunt in speciali Relatione.

XVII.

22. Août. *Confœderatio Sendomiriensis, pro Defensione Fidei Catholicæ, Dignitatis* AUGUSTI II. *Regis Poloniæ, & Libertatum totius Reipublicæ, contra Suecos & eorum adhærentes, facta die* (1) 22 *Augusti.* [ANDREÆ CHRYS. IN ZALUSKIE ZALUSKI, Episcopi Varmiensis *Epist.* Tom. 3. Epistol. 34. pag. 241.]

(1) *Die* 22 *Augusti.* La Date de l'année manque encore à cette Piéce, mais l'Illustre Autheur la range sous l'an 1702. C'est de lui-même aussi, & de son Titre, que nous tirons celle du 22. Août. (DUM.)

ANNO 1702.

In Nomine SS. Trinitatis.

AUgustus II. Dei gratia Rex Poloniæ post titulos. Deferimus omnibus & singulis, quorum interest, quod ubi cum exercitibus nostris approximaverimus ad Palatinatus sub Sendomiria congregatos, ut eo copiosius illis, & liberis gentibus, quibus nos Divina Providentia, liberis eorum suffragantibus votis Regio sceptro præesse fecit, amorem, & Clementiam, in libertate sentiendi testaremur, nullam ex parte nostra facientes propositionem, prius concessimus in Circulo generali pro die 22. Aug. destinato, liberrimis arbitriis de fortuna præsentis Reip. decernere, & quidquid ex utilitate salutis universæ videbitur, proponere, deinde traditis eorum beneplacito & plenæ dispositioni auxiliaribus exercitibus nostris, per nos introductis, ut de illis ex meliori usu suo disponerent, assecuravimus Status, sub nexu jurisjurandi, de conservandis inviolabiliter liberæ gentis legibus, libertatibus, & prærogativis, de manutenendis pactis, & fœderibus cum vicinis Principibus, de non ineundis, cum iisdem vicinis, seorsivis, sine Rep. Tractatibus, de non inferendo iisdem bello, sine scitu & consensu Ordinum, de relegandis Consiliariis exoticis, de cogendis quam primum, post concludendam pacem cum Rege Sueciæ, Equestribus exorbitantiarum Comitiis, addita cautione, quod nullatenus per Senatus Consilium sint invalidanda, ut id fusius seorsivo Diplomate assecurationi nostræ inserto, & post depositum utrinque juramentum, a nobis subscribendo in Cancellaria Regni & M. D. L. ad Archivum consignando, & ad acta publica porrigendo, exprimimus & roboramus. Post hujusmodi itaque roborationem facta prius inter se per Palatinatus cointelligentia, quamvis optaverint, præstolari Confratres, cæterorum remotiorum Palatinatuum, in tractu ad eandem Patriæ defensionem existentes, verum quia matura urgent pericula, facta protestatione coram Deo & cælo, de non inviolata unquam per se pactorum Olivensium fœdere, & jurejurando, imo in hanc usque horam, in statu innocenti conservato; sterilibus per tot scripta publicatæ amicitiæ, Regis Sueciæ, promissionibus posthabitis pro fidei Catholicæ Ecclesiæ, nostræque contra propositam dethronizationem, dignitatis defensione, pro integritate legum, & libertatis suæ sanguinem & vitam consecrando, supradictis omnibus roboraturi fidem, heroicam assumunt resolutionem, & accepta à nobis per prænominatam assecurationem legum, & libertatum suarum firmitudine, daturi non degeneris à Majoribus, virtutis documenta, inclytæ hujus Reip. Status, nectuntur concordi pectore, animo, voluntate, circa fidem, Majestatem, & libertatem tuendas, habita quam primum notitia de non acceptatis a Rege Sueciæ conditionibus pacis, conjurabunt, in Castris propriis, vel publicis tenore sequenti.

Ego N. juro Omnipotenti Deo, me fidem Catholicam, Dignitatem Regis Augusti II. libertatem nostram, & totius Reip. fortunis, sanguine & vita defensurum, pro possibilitate virium facultatumque mearum, & quicunque Sueciæ Regi, quocunque modo, ratione & prætextu assistere, arcanas machinationes moliri attentaret, hocque commune Reipub. vinculum vellet dissolvere, talem pro hoste Patriæ declaro, & obligo me habiturum, in ejus juxta leges, condemnationem consensurum, bonaque illius delaturum Serenissimo Regi & confiscationem in bene meritos.

Nos quoque supra prænominatum Diploma coram designatis Palatinatuum & Terrarum Plenipotentiariis, vicissim juramentum deponemus, idemque Diploma typo prius mandatum, ad Cancellarias utriusque gentis porrigi curabimus, ex nuncque iidem Plenipotentiarii nomine Palatinatuum & Terrarum suarum, nobis sese juramento adstringent, juxta votum ut supra.

Ut Orbi fiat palam, generositatem Polonam licet innutritam bellis, nunquam tamen cum vicinis & fœderatis Principibus gerere bella, nisi lacessitam, & quidem post toleratam omnium mediorum pacis patientiam. Congregati nunc Status, de medio sui deputant Commissarios Reip. ex Senatorio Ordine Stanislaum de Raciborzk Morsstin, Palatinum Mazoviæ, ex Equestri vero Ordine, ex Provincia, Minoris Poloniæ, Andream de Zydow Zydowski, Vexilliferum Cracoviensem, ex Majori Polonia Stephanum Leszczynski, Capitaneum Ostrzeszoviensem, ex M. D. L. Christophorum Komorowski Præfectum Culinæ, M. D. L. Capitaneum Lukoviensem & Wolkoviensem eam illis concedentes facultatem, ut in quantum Rex Sueciæ, pro ea, quam tot Diplomatibus declaravit, erga Remp. amicitia proposuerit, vel acceptaverit honesta & adæquata pacis media, acceptato tractatu, ad pristinam, juxta pacta Olivensia, utramque hanc inclytam gentem, reducant amicitiam, ita tamen ut Rex Sueciæ, præferens amicitiam Reip. privato respectui eorum, qui Reip. refractarii belli hujus causa fuere, judicio ejusdem Reip. relinquat, quæ utpote juris sui Domina, decernet de eis ex justitia & æquitate. Quo nomine committunt Regni Poloniæ Status Cancellariis, & Procancellariis utriusque gentis expeditionem, ad hæc pertinentium Instrumentorum. Ad hæc ut iidem Commissarii Reip. ad tractandum designati, promptas in omnibus casibus possint habere resolutiones, designant & diligunt Palatinatus & Terræ ad normam Deputatorum pro Tribunali Regni, non accidendo tamen numerum, duos Plenipotentes, qui condicto Varsaviam, vel ubi placuerit consilii loco, convenire debebunt pro 22. Septemb. ibique post depositum juramentum, habere absolutam resolvendi & concludendi facultatem, in omnibus sive bellum, sive pacem concernentibus negotiis, per pluralitatem votorum, hoc placito ut in nullas avulsiones Provinciarum Reip. & nec particularum ejus, aut in præjudicium & detrimentum jurium, & Dominiorum Reip. consentiant, Plenipotentiarii vero ex Palatinatibus qui ad hoc consilium pertinebunt, hac forma deponent, juramentum. Ego N. juro Omnipotenti Deo, me muneri meo, mihi, in generali Circulo sub Sandomiria à Palatinatibus imposito, satisfacturum, juxta possibilitatem & obligationem meam, legesque publicas, nec ullus fructus, aut commoda privata quæram, amicitia, aut inimicitia, nec ullis ducar promissionibus, in nullo ullas faciam machinationes, sed in omnibus consiliis, negotiisque Reip. commune bonum procurabo, conscientiæ meæ judicium secutus, arcana consilia nemini revelabo, sic me Deus adjuvet & innocens Christi passio. Iisdem Commissariis Reip. cum Plenipotentiariis, a Palatinatibus supra designatis, dat Respub. facultatem, ex re & occasione boni publici, in præsentia Cancellariorum & Ministrorum Status utriusque gentis, decernendi legationes ad Principes vicinos, & fæderatos, de ineunda armorum conjunctione, cum speciali tamen cautione, ut hæc sit per diversionem, non introducendo exercitus Colligatorum, in viscera Reip. Hoc quoque præcavendo, ne quid detrimenti Resp. per has legationes patiatur. Ut itaque unita virtus fortius agat, invitant congregati Reip. Status, tam seipsos, quam Palatinatus absentes, vinculo unionis conjunctæ Reip. simulque virtute jurium de communi motu, sine divisione belli, quatenus omnes, ut communis Matris filii, provisa ad defensionem ejus media acceptare, illaque unanimiter ad effectum deducere velint, & conentur. Ea propter de medio delegerunt Legatos, scilicet ad Provinciam Majoris Poloniæ Casimirum Ligæsa Castellanum Chelmensem, Wybranowski Vexilliferum Podoliæ, ad M. D. L. in Ryszki Ryszkowski Pocillatorem terræ Lucoviensis & Casimirum Bilski Pincernam Varsaviensem Notarium Castrensem Lublinensem. Eodem vinculo etiam exercitus Regni tenebuntur, qui ut eo promptiores sint ad operationes bellicas, omnes unanimiter Palatinatus illos, ceu ejusdem Matris filios assecurent quartualia stipendia, quam primum poterunt se persoluturos. Ut ergo eo majores Respub. vires habere possit, statuunt Palatinatus auctionem exercitus, juxta repartitionem anni 1690. a I. Augusti anni præsentis pro 4. quartualibus stipendium toti exercitui promittentes, ita ut pars una veterano, altera æqualis evocando noviter militi in stipendium cedat, quod fieri, intra spatium sex septimanarum debebit; Palatinatus tamen Sandomiriensis, si quidem per laudum alium modum augendarum virium Reip. constituit, circa idem laudum conservatur ad ulteriorem ejusdem Palatinatus dispositionem: hic vero actualis, ad summum post 3. Septimanas, ad operationes bellicas, comparere debebit. Et quoniam plurimum Reip. interest, quam ordinatissima conservatio œconomiarum, & bonorum mensæ Regiæ, quæ non exiguum inde patiuntur detrimentum, quod sine scitu Thesaurarii Curiæ Regni, sub Administrationibus & tenutis, etiam exoticarum personarum, contra omnia jura hærent, præsenti in perpetuum cavetur constitutione, ne ab hinc dictas œconomias, & bona mensæ Regiæ, ullus au-

deat

ANN 1702.

ANNO 1702.

deat distribuere ad tenutas, & Administrationes, præter solum Thesaurarium Regni, contractusque si qui cum quocunque circa hoc conscripti fuerint, nullitati subesse debebunt. A potiori vero, si persona plebeiæ conditionis, etiam sub nomine alieno in administrationem & tenutam bonorum hujusmodi sese intruserit, confiscationi bonorum, & rigori subjacebit. Et quia ex ultima necessitate, late grassante in Dominiis nostris cum suis exercitibus Rege Sueciæ occupata Regni Metropoli, eo deventum est, ut Resp. directionis Circuli præsentis, & publicorum consiliorum tempus abbreviando Castellanum Cracoviensem, pro hac sola vice petierit, id in sequelam in posterum nulla tenus trahi debet, nec prærogativis detrahi Status equestris. In quantum vero Deus pacis huic mediationi benedixerit, rebus tranquillis stipendium 4 quartualibus, exercitui declaratum numerari debebit, ex summa pro antiquioribus meritis debita. Duces vero exercituum ex nunc ad computum in quo nunc est, exercitum reducere debebunt, similiter etiam nos auxiliares exercitus nostros in Saxoniam relegare declaramus. Plenipotentiarii similiter ex nunc post transactionem abstinebunt à legatione & ipso facto excharacterisatos sese censere debebunt, & sicut ad hunc locum convenimus pro tuitione Sanctuariorum, Militis, & libertatis, ita nobis invicem appromittimus, quod quicunque post præsentem congressum nostrum vel in partes Sueticas abierit, vel qualicunque modo, arcanas cum eis correspondentias habuerit, talem per formam judicii convictum pro hoste Patriæ declaramus, ut vero peditatus actu in castris existens, habeat quo in obsequiis Reip. subsistat, designamus & committimus, ut ærarium Reip. ex ordinariis proventibus, ex nunc provideat & numeret summam 40000, quæ æquali proportione in regimina pedestria, aliaque more exteri militis militantium pro hebdomadaria sustentatione partienda erit, juxta dispositionem & dispartimentum Ducum. Armamentarium quoque Regni, quia ex proventibus ordinariis, vix tempore pacis sufficientibus, hoc tempore nequit subsistere sine supplemento pecuniario pro augentis ex necessitate belli tormentis, amunitionibus, ideo ex eodem ærario Regni, in ejus subsidium numerari debet Summa 30000. pro fundentis tormentis & amunitionibus pro hac expeditione. Duces quoque Exercituum quia in tam longa & operosa expeditione magnos fundunt sumptus, & impensas pro publico, ideo idem ærarium Regni obligatur, ut sine mora Castellano Cracoviensi Magno Duci Exercituum Regni provideat Summam 40000, Palatino vero Belsensi, Campestri Exercituum Duci 20000. ad rationem liquidationis, quæ omnia Resp. in rationibus ex ærario computabit: desideria Palatinatuum omnia ad Comitia equestria exorbitantiarum reservat Resp.

Siquidem Palatinatus aliqui hic præsentes sicut etiam & absentes non elegerunt Plenipotentiarios supra nominatos vel electos hic non denuntiarunt, ideo tam electi, quam eligendi credentiales debebunt à Colonellis Palatinatuum & terrarum suarum habere ferreque ad Collegium suum, quibus productis, & facto juxta rotam juramento activitatem habebunt, illi vero qui hic conscripti sunt, credentialibus non indigebunt.

Electi ergo sunt ex Palatinatu Sendomiriensi Michael Tyminski Judex terrestris & Thomas de Rzechowski, Capitaneus Drohzoviensis, ex Palatinatus Russiæ Terra Leopoliensi, Georgius Dziduszycki Zydaczeviensis, ex Terra Przemysliensi Alexander Cetner Capitaneus Szczuroviensis, ex Terra Sanocensi Generalis Artilleriæ M. D. L. ex Terra Chelmensi Joannes Romanowski Succamerarius Generalis ejusdem Terræ, Capitaneus Vistinensis. Ex Terra Haliciensi, Stephanus de Potock Potocki, Capitaneus Circassiensis, ex Palatinatu Kyoviensi Vladislaus Terzyszkowski Capitaneus Vlodzimiriensis, & Adamus Olyzar Wloszkiewiz Dapifer Volhiniæ. Ex Palatinatu Volhiniæ, Venceslaus Wielohurski Succamerarius Vlodzimiriensis, & Stanislaus Duchowski Succamerarius Terzeminicensis. Ex Palatinatu Podoliæ Franciscus Makowiecki Pocillator Podoliæ, & Adalbertus de Brzeza Lanckoronski Thesaurarius Podoliæ. Ex Palatinatus Lublinensis Terra Lukoviensi Joannes Mæczyrski Vexillifer Lukoviensis & Joannes de Nowoszelic Nowosielski Capitaneus Lukoviensis, ex Palatinatu Belzensi Antonius Glogowski Dapifer Belzensis, & Antonius Draminski Vexillifer Chorodlensis. Ex Palatinatu Braclaviensi, Joannes Wyzycki Vexillifer Kyoviensis, Capitaneus Braclaviensis, & Casimirus Dulzewski Pocillator Chelmensis Capitaneus Chocimensis. Ex Palatinatu Czernichoviensi Athanasius in Miaszynski Thesaurarius Curiæ Regni Luceoriensis, Terzepiciensis, Losicensis Capitaneus, & Nicolaus Olszanski Vexillifer Volhiniæ.

ANNO 1702.

Terminus pro Comitiolis relationis Palatinatibus designatur in crastinum post Comitiola Deputatorum, Palatinatibus vero & Terris hactenus in campo demorantibus duabus septimanis post Comitiola Deputatorum, ut & terris Ducatus Masoviæ.

In quantum vero Proszeviciis aliquod impedimentum intervenerit, locus & tempus designandum conceditur per innotescentias Colonelli Palatinatus ejusdem.

Palatinatus Podoliæ quia ob distantiam loci Camenecum convenire nequit, ideo pro Comitiolis relationis designat sibi diem in crastinum post Festum S. Francisci.

Hanc vero confœderationem Statuum Reip. in vim naturalis defensionis conscriptam, declaratam, roboratam a Deputatis ex Palatinatibus & à multis Senatoribus subscriptam typis mandandam, ut omnibus innotescat ad acta Castrensia mittendam, Cancellariis Regni & M. D. L. committimus. Actum die ut supra.

XVIII.

Novembre.

Actes de la Prise de Possession de la Principauté d'Orange faite au nom de GUILLAUME HYACINTE *Prince d'Orange & de Nassau au Mois de Novembre* 1702. [Produit & publié en 1704. par le Prince de Nassau Siegen Orange, dans l'affaire de la succession d'Orange.

GUILLAUME HYACINTE PAR LA GRACE DE DIEU PRINCE D'ORANGE ET DE NASSAU, Comte de Catzenellebogen, Diets, Vianden, Buren & Leerdam, Baron de Breda, Diest, Arlay, Grimberg, Herstal, Saint Martensdick, Isselstein, Cranendonc, Rollencourt &c. Seigneur de Lannoy, Xantes, Wahaignes, Steemberghes, Engd'hoven, Noferoy &c. Viscomte hereditaire d'Anvers & de Besançon; A nos amez & feaux les gens tenans nostre Cour de Parlement d'Orange, Viguier, Juges, Consuls & autres Magistrats, Clercs, Seculiers & Reguliers, Vassaux, Nobles & autres Manants & Habitans generalement quelconques, de quelque Estat, grade & qualité qu'ils soient de la dite Ville d'Orange & autres Villes, Bourgs, Lieux & District de la dite Principauté; SALUT, sçavoir faisons que le Serenissime Prince de haute & glorieuse memoire Philippe Guillaume de Nassau Prince d'Orange, par son Testament publié dans la Ville de Bruxelles le 20. Fevrier de l'année 1618. *Auroit fait, nommé & institué son Heritier Universel, au cas toutefois qu'il vint à mourir sans Enfans, en tous & chacuns ses biens, Principautez, Comtez Baronnies, Terres & Seigneuries, & autres biens quelconques, tant Paternels que Maternels, Droits, Noms & Actions de quelque nature & condition qu'ils fussent, & en quelque lieu & endroit qu'ils fussent situez à la reserve des Meubles, le Serenissime Prince Maurice de Nassau son Frere, & après ses Enfans mâles, procrées en legitime mariage & leurs hoirs* & *descendans d'eux, preferant toujours le plus prochain mâle unique & universel Successeur, substituant au défaut de luy pour l'estre l'ensuivant & au cas que le Serenissime Prince Maurice & ses Fils allassent de vie à trépas sans delaisser Enfans mâles procrées de leur corps en loyal Mariage, il auroit institué son Heritier pour le tout, & en la forme susdite le Serenissime Prince Frederic Henry de Nassau son autre Frere, & au défaut de luy ses Hoirs mâles procrées en legitime Mariage & descendans d'eux successivement, preferant toujours laisné & le plus prochain, par representation, & substituants les ensuivans selon l'ordre que dit est, & si l'un ou l'autre de sesdits Freres venoient à deceder sans Enfans mâles legitimes ou qu'iceux Enfans ou descendans d'eux après estre venus dans son hoirie alloient de vie à trépas sans Hoirs Mâles legitimes procrées de leurs corps; audit cas le Serenissime Prince Philippe Guillaume auroit ordonné & institué son heritier universel le Fils aisné du Serenissime Prince Jean Comte de Nassau son Oncle Paternel, & après & en défaut de luy le plus prochain de ses Hoirs Mâles selon le même ordre que dessus & avenant que semblablement ledit Fils aisné vint à mourir sans delaisser Fils,*

ANNO 1702.

ou descendan's d'eux il auroit delaissé tous sesdits biens au second Fils du dit Jean Comte de Nassau son Oncle & à ses enfans masles & descendans d'eux à sçavoir toûjours le premier fils & à leur défaut au troisieme fils & descendans, & au quatriéme & en suivant pour succeder successivement selon l'ordre & la suitte que dessus, entendant nommement d'instituer tous ses heritiers ou descendans cy-dessus nommés & mentionnez bien que ce ne fut que conditionellement, & auroit ordonné que tous sesdits biens sans alienation, charges, ou diminution ou detraction d'aucune quarte ou Trebellianique, fussent successivement rendus ou delaissés au plus prochain de sesdits Hoirs & Successeuss procés en loyal mariage, portans le nom & Armes de Nassau, la representation ayant lieu.

IL EST DE NOTORIETE' Publique que parmy les Estats & les Seigneuries dont ledit Serenissime Prince Philippe Guillaume jouïssoit au tems de son decès; Il estoit seul Possesseur & Souverain de la dite Principauté d'Orange; ses Habitans & surtout ceux de ladite Ville d'Orange peuvent moins douter que nul autre de cette verité aprés tant d'augustes monuments que ce Prince y a laissé de sa pieté envers Dieu, & de son affection pour ses Sujets.

CE Prince estant mort sans enfans sa Succession escheut audit Prince Maurice son frere, lequel estant aussi decedé sans enfans, les mêmes biens passerent au Prince Henry Frederic & à sa Posterité Masculine, qui vient de finir en la personne de Très-Haut & Très-Puissant Prince Guillaume troisiéme Roy de la Grande Bretagne, dont la mort sans Enfans a donné lieu à l'ouverture de la Substitution apposée dans le Testament dudit Serenissime Prince Philippe Guillaume à nostre profit, d'autant que Nous descendons en ligne directe du Fils aisné dudit Seigneur Jean Comte de Nassau Oncle du Seigneur Testateur par moyen dudit Serenissime Prince Jean François Desiré de Nassau Nostre Très-Honoré Pere & Seigneur, qui estoit Fils du Comte Jean de Nassau dit le Jeune, & iceluy fils du Comte Jean de Nassau dit le Moyen, qui estoit le Fils aisné dudit Jean Comte de Nassau Oncle du Serenissime Prince Philippe Guillaume.

QUOYQUE depuis le jour du decès dudit Seigneur Roi d'Angleterre; Nous soyons devenus le seul & legitime Souverain de la dite Principauté d'Orange ainsi que des autres biens & Seigneuries qui composent la Succession dudit Serenissime Prince Philippe Guillaume, & que la seule écheance de ladite Substitution, Nous ait acquis un plein droit & absolu d'exiger de tous les Habitans de ladite Ville & Principauté tous les actes de Respect, de Soumission, d'Obeïssance & Fidelité, que des Sujets doivent à leur legitime Souverain, neanmoins Nous avons bien voulu donner encore à tous nos dits Sujets une exacte connoïssance de tous nos titres & du droit incontestable qui nous est devolu sur ladite Principauté; Pour les obliger par cet Acte surabondant de refléchir serieusement sur leur Estat & sur leur conduite, & pour que s'ils ont esté capables de prendre des engagemens contraires à nos interests & a leurs devoirs sous le pretexte specieux de l'ignorance de Nostre droit, ils s'empressent à nous marquer par un prompt & sincere retour à Nostre obeïssance, qu'ils ont esté surpris & deceus, & que dignes Fils & Successeurs de leurs Peres & de leurs Ancestres, ils ont herité de leur Foy, & du zele & de la fidelité inviolable qu'ils ont fait paroistre en tant d'occasions pour le service de leur legitimes Souverains nos glorieux Predecesseurs.

NOUS Exhortons donc tous nosdits Sujets de quelque grade & qualité qu'ils soient, sans nulle distinction, exception & reserve, & nous leur Ordonnons & enjoignons très-expressement que dès que les presentes auront esté affichées par toutes les Villes, Bourgs & Lieux de nostre Principauté, ou signifiées à nosdits Sujets autant que la conjoncture presente nous le peut permettre, ils ayent immediatement après & sans delai à Nous reconnoistre pour leur Prince legitime & Souverain & à prêter le serment de fidelité entre les mains de ceux qui seront par Nous specialement commis, conformement aux anciens usages de la dite Principauté, & nommement suivant l'Edict du Serenissime Prince Philippe Guillaume, en datte du 5. Avril 1607. avec promesse d'obeïr à nos Loix, Edits & Ordonnances & aux Arrests de Nostre Cour de Parlement, de nous estre bons & fidelles Sujets, & de faire tout ce à quoy sont tenus des veritables Sujets envers leur Prince Souverain: ET COMME les cœurs bien placés de nos bons Sujets fortifiés d'ailleurs par l'exemple de leurs Peres, nous répondent à l'avance de leur respectueses soumissions à nos Ordres, Nous leur promettons par ces mêmes Presentes de leur estre bon Prince, de les regir, gouverner & proteger de tout nostre pouvoir envers & contre tous, de garder, faire garder & observer tous leurs Droits, Libertez, Franchises, Immunitez, Concessions, Privileges & Prérogatives, sans permettre qu'il y soit contrevenu ou donné atteinte en quelque façon & sous quelque pretexte que ce soit. DONNE' à Orange ce 4. Octobre 1702.

GUILLAUME HYACINTE,

Par Mandement de Son Altesse Serenissime,

LE JEUNE.

Genealogie des Descendans de Philippe Guillaume de Nassau Prince d'Orange.

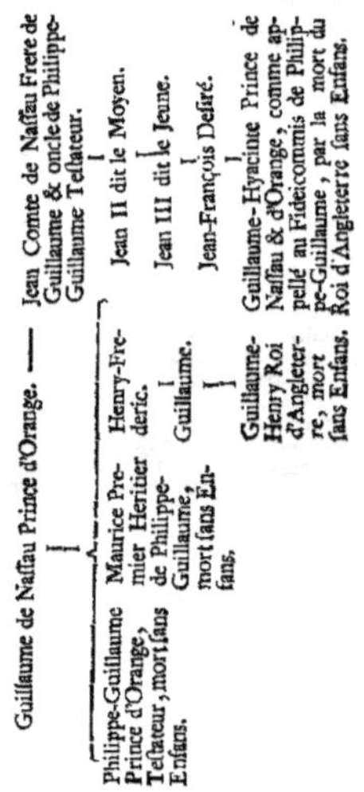

N. 10.

PROCURATION.

L'An mil sept cens & deux & le neufiéme jour du mois de Novembre par devant moy Notaire & tesmoins fut present très-haut & très-puissant Prince Monseigneur Guillaume Hyacinthe Prince d'Orange & de Nassau, Comte de Catzenelenbogen, Dietz, Vianden, Buren, Leerdam & Baron de Breda, Diest, Arlay, Grimbergen, Saint Martensdick, Isselstein, Cranendonc, Rollencourt &c. Seigneur de Lannoy, Xantes, Uvahaignies, Steemberghes, Engd'hoven, Noseroy &c. Vicomte hereditaire d'Anvers & de Besançon, lequel de son gré sans revocation des autres Procureurs par lui cydevant faits & constitués de nouveau, a fait & constitué son Procureur special & general une qualité ne derogeant à l'autre le Sr. Jean Daff pour & au nom de son Altesse Serenissime se transporter dans la Ville d'Orange & autres Villes, Lieux, Bourgs & Terres de la Principauté d'Orange, que besoin sera & y prendre possession au nom de sa dite Altesse Serenissime de la dite Principauté, comme luy étant eschüe par la mort de très-haut & très-puissant Prince Guillaume troisiéme Roy de la Grande Bretagne, en vertu du Fideicommis apposé dans le Testament du Serenissime Prince de haute & glorieuse memoire Philippe Guillaume de Nassau Prince d'Orange, purifiée au profit de son Altesse Serenissime comme descendant en ligne directe de Jean Comte de Nassau par la mort de sadite Majesté Britannique sans enfans,

Anno 1702. enfans, & c'est tant par l'aspect de ladite Principauté & de son District, que par entrée & sortie des Portes principales de ladite Ville d'Orange, ne pouvant le faire nulle autre part, attendu, que le Château ancienne residence des Princes d'Orange a été entierement desmoly & qu'à peine il en resta quelque vestige & ruine, faire afficher aux Portes de la dite Ville & aux Places, Carrefours & Lieux accoustumez d'icelle des Mandemens & Ordonnances imprimées par ordre de son Altesse Serenissime portant injonction aux Gens tenants la Cour de Parlement, Viguier, Juges, Consuls, & autres Magistrats, Clercs, Seculiers & Reguliers, Vassaux, Nobles & autres manants & habitans generalement quelconques de la dite Ville & Principauté de reconnoistre son Altesse Serenissime pour leur seul Prince legitime & Souverain & faite que sera l'affiction desdits Mandemens; sa dite Altesse Serenissime a commis & deputé, commet & depute en vertu des presentes le dit Jean Dass, pour & au nom de sa dite Altesse Serenissime exiger & recevoir le serment de tous ses Sujets generalement quelconques de ladite Principauté, suivant le droit & les anciens usages de la dite Principauté, & nommement suivant l'Edict du dit Serenissime Prince Philippe Guillaume, en datte du cinquiéme Avril mil six cent sept, lui donnant pour raison de tout pouvoir requis & necessaire, & de dresser tous proces verbaux qu'il conviendra faire tant pour ladite prise de possession que pour l'execution desdits Mandemens & Ordonnances leurs annexes, connexes, dependances & accessoires generalement pour raison de ce faire, dire, gerer & exercer tout ce que son Altesse Serenissime pourroit faire si Elle alloit prendre personnellement ladite possession, bien que le cas fut tel qu'il requist un pouvoir plus special que celuy qui est enoncé dans le présent Acte, & neantmoins son Altesse Serenissime en vertu de ces presentes a declaré & protesté trés-expressement que la possession Corporelle & Réelle qu'elle va prendre de ladite Principauté d'Orange par le ministere de son Procureur n'est qu'un Acte surabondant, & pour prouver toûjours mieux par des Actes publics, solemnels & incontestables sa possession d'autant que depuis la mort de sadite Majesté Britannique ladite Principauté d'Orange luy étant incontestablement escheüe, il en a pris possession d'une maniere civile & autant qu'il lui a esté permis de le faire, & qu'elle a agi incessamment pour reunir en sa personne la possession civile & la naturelle dans lesquelles possessions son Altesse Serenissime veut se maintenir & conserver, contre tous les intrus & usurpateurs en la meilleure maniere & en la forme plus convenable à ses droits & à ses interests, promettant son Altesse Serenissime d'agréer, approuver & homologuer tout ce que sera fait par son dit Procureur en execution du present Acte, & ainsi elle l'a promis & juré par la veüe des Saints Evangiles, de quoy fait & recitté en Avignon dans l'Hostel où sadite Altesse Serenissime fait sa residence, en presence de Monsr. Jean Joseph Roux Bourgeois au dit Avignon, & de Sr. Philippe le Jeune un des Officiers de sadite Altesse tesmoins requis & appellés soubsignés avec son Altesse à l'original des presentes; & de moy Pierre Joseph Baud Notaire Apostolique Citoyen dudit Avignon soubsigné qui

Baud. mp. Notaire.

Declaration des Tesmoins sur la prise de Possession.

L'An mil sept cents & deux & le onzieme jour du mois de Novembre par devant moy Notaire & tesmoins ont esté presents Sieurs Charles & Jacques Linsolas pere & fils Habitans de cette Ville d'Avignon, lesquels desirans rendre tesmoignage fidele de la verité, de leurs bons grés pures franches & liberales volontés pour eux & les leurs ont dit & declaré moyenant serment par chacun d'eux preté entre les mains de moy dit Notaire les Ecritures touchées, que le jour d'hier dixieme du present mois ils auroient esté requis par le Sieur Jean Dass qui est actuellement au service de son Altesse Serenissime Monseigneur le Prince d'Orange de l'accompagner dans la ville d'Orange & autres villes & Lieux de la Principauté pour estre temoins de la possession qu'il alloit prendre de la d. ville & Principauté comme Procureur specialement fondé & estably par Mon d. Seigneur le Prince & pour luy aider en tout ce qu'il conviendroit faire dans le Cours de la d. prise de possession, dependances & accessoires d'Icelle, à quoi lesdits Sieurs declarans s'estans offerts prets, Ils seroient partis de cette Ville en même tems avec ledit Sieur Dass & seroient allés en la dite Ville d'Orange où estants arrivés & à la Porte de la dite Ville & au bout d'un petit Pont de pierre construit sur une petite riviere ledit Sieur Dass auroit pris la réelle, actulle & corporelle possession de la dite Ville d'Orange & Principauté en presence desdits Sieurs declarans qu'il auroit pris à tesmoins pour le d. acte au nom de sad. Altesse Serenissime, & c'est par entrée & sortie de la dite Porte, & ayant cherché avec beaucoup de soing & d'empressement d'autres endroits propres & convenables pour continuer des Actes possessoires il n'en auroit trouvé aucun, d'autant qu'il leur auroit apparu par l'inspection oculaire que les murailles de la Ville ont esté abattues & le Chateau où les Princes d'Orange faisoient leur residance entierement desmoly & pour marque d'une veritable prise de possession le dit Sieur Dass auroit fait afficher un Exemplaire des Mandements imprimés que son Altesse luy avoit fait expedier ainsi que le dit Sieur Dass asseura aux dits Sieurs declarants, & poursuivant toûjours le dit Sieur Dass son chemin dans la Ville accompagné des dits Sieurs declarans il auroit fait afficher d'autres Exemplaires des dits Mandements à la Porte de l'Eglise Cathedrale dudit Orange, à la place de la même Ville aux arcs des hales d'icelle, & en suite & successivement aux autres Portes principales de la dite Ville, & par moyen de la dite affiction ils auroient veu que ledit Sieur Dass auroit intimé & notiffié conformément audit Mandement à tous les Habitans de la dite Ville & Principauté generalement quelsconques sans nulle exception ny reserve les droits de son Altesse Serenissime & l'Escheance de la dite Principauté en sa faveur par la mort de sa Majesté Britannique sans enfans comme seul & legitime descendant en ligne directe du Serenissime Prince Jean Comte de Nassau appellé à la substitution ordonnée dans le Testament du Serenissime Prince Philippe Guillaume de Nassau Prince d'Orange, & c'est aux fins qu'ils n'en pretendent ou puissent pretendre cause d'ignorance, & ensuite leur auroit fait Commandement de sa part son Altesse Serenissime mon dit Seigneur Guillaume Hyacinthe Prince d'Orange de le reconnoître incessamment & sans delai pour leur seul & legitime Souverain, de luy prester serment de fidelité & de faire envers Sadite Altesse Serenissime tout ce à quoi des veritables Subjects sont tenus envers leurs Princes Souverains & autrement comme est plus amplement porté par les dits Mandements auxquels lesdits Sieurs declarants se rapportent, tous lesquels Actes de prise de possession, d'affiction, d'intimation, injonction & commandement ont esté faits tant à la porte de la dite Ville, qu'aux Places, Rües, & dans toute l'estendue d'Icelle publiquement ayant peu être veus & apperceus d'un chacun sans avoir neantmoins receu aucun trouble ny empechement d'aucune personne pendant tout le cours desdites procedures directement ni indirectement, après quoi le dit Sieur Dass en compagnie tousjours des dits Sieurs declarants seroit allé à Courtezon qui est la Ville la plus considerable de la dite Principauté après la Cité d'Orange pour en prendre pareillement possession & continuer les susdits Actes possessoires & y estans effectivement arrivés le dit Sieur Dass en aurois pris la réelle actuelle & corporelle possession en presence des dits Sieurs declarants par l'entrée & sortie de la porte principale de la dite Ville n'ayant trouvé aucun autre moyen plus specieux pour prendre la dite possession, & ensuite Il auroit fait afficher à la dite Porte & en deux endroits differents deux Exemplaires imprimés des dits Mandements & Ordonnance, & conformement à Icelle il auroit fait les intimation, signification, injonction & commandement à tous les Habitants de la dite Ville de Courtezon ainsi qu'est contenu au dit Mandement & en la même maniere & de la même forme que le dit Sieur Dass l'avoit fait dans la dite Cité d'Orange, tous lesquels Actes & procedures ont esté faits & consommés au dit Courtezon ainsi qu'au dit Orange publiquement au veu d'un chacun & sans y avoir receu obstacle ny empêchement, apres quoi lesdits Sieurs declarants s'en sont retournez en cette Ville en compagnie dudit Sieur Dass, & pour être la vérité telle ont fait la présente déclaration laquelle ont promis & promettent avoir à gré sans jamais y contrevenir à peine de tous depens, dommages & interests soubs obligations de tous & chacun leurs biens presents & avenir quelconques qu'ils ont soumis à toutes Cours requises en la meilleure forme d'Icelle & la venerable Chambre Apostolique juré sur les saintes Escritures entre les mains de moi dit Notaire renoncé de quoi. Fait & recité audit Anno 1702.

ANNO 1702.

audit Avignon dans la maison d'habitation desdits Sieurs déclarans & salle haute d'icelle en presence de Messieurs Veran François Bonnet, & Jean Joseph Michel Baud Practiciens habitans dudit Avignon tesmoins requis soubsignez avec ledit Sieur Linsolas pere, à l'original des presentes ledit Sieur Linsolas Fils illiteré comme il a dit de ce enquis par moy dit Notaire. Et de moy Pierre Joseph Baud Notaire Apostolique Citoyen dudit Avignon soubsigné qui.

Baud Notaire.

Declaration sur la prise de Possession.

L'An mil sept cents & deux & le onzieme jour du mois de Novembre par devant moi Notaire & tesmoins fut present Sieur Jean Dass originaire de Gueldre en Flandres, à present au service de son Altesse Serenissime Monseigneur Guillaume Hyacinthe par la grace de Dieu Pr. d'Orange, lequel desirant rendre tesmoignage public & solemnel de la verité, & rendre en même tems compte de sa conduite en suite des ordres que son Altesse Serenissime lui a confié, & de l'honneur qu'il luy pleu a faire de luy donner sa Procuration pour aller prendre à son nom possession de la Ville & Principauté d'Orange, de son bon gré, pure & franche volonté pour luy & les siens, a dit & declaré en faveur de son Altesse Serenissime absente à moy dit Notaire pour elle comme personne publique deüement acceptant & stipulant entant que besoin seroit, moyenant serment que ledit Sieur declarant a presté entre les mains de moi dit Notaire les saintes Ecritures touchées, que le jour de hier dixiéme du courant mondit Seigneur Prince d'Orange l'auroit fait appeller dans son appartement, icelui declarant s'y estant rendu en toute diligence, son Altesse Serenissime lui auroit fait l'honneur de lui expliquer ses intentions en lui disant qu'elle l'avoit députe son Procureur pour se transporter incessamment en la ville d'Orange & autres Villes & Lieux de ladite Principauté, pour en prendre possession à son nom en ladite qualité de Procureur, & en même tems lui avoit enjoint de faire afficher aux Portes & par tous les Lieux, Places & Carrefours accoutumez de ladite Ville & autres Lieux de ladite Principauté des Mandemens imprimez dont son Altesse Serenissime auroit fait expedier audit declarant trente Exemplaires ou environ, contenant lesdits Mandements commandement & injonction aux Parlement, Magistrats, Clergé Seculier & Regulier, Vassaux, Nobles & autres Manants & Habitans generalement quelconques de ladite Ville & Principauté de quelque estat & qualité qu'ils puissent estre de recognoistre sadit e Altesse Serenissime pour leur seul & legitime Souverain, & de prester serment de fidelité ou entre les mains de sadite Altesse Serenissime ou de ceux qui seroient par Elle specialement commis, & de faire à son égard tout ce a quoi des veritables Sujets sont tenus envers leur Prince Souverain, contenant en outre ledit Mandement un detail du Testament du feu Serenissime Prince Philippe Guillaume de Nassau Prince d'Orange, & la Genealogie de la descendance dudit Prince Philippe-Guillaume pour faire voir que le Fideicommis apposé dans son Testament est escheu au profit de sadite Altesse Serenissime par la mort du feu Roy de la Grande Bretagne Guillaume troisieme de glorieuse memoire, lesquels ordres & commission ledit declarant auroit receüe avec tout le respect, la submission possible, & se seroit mis en état de les executer incessamment avec tout le zele, la fidelité & l'attachement qu'il doit à son Seigneur & Maitre, qu'en effet ledit Déclarant seroit parti le même jour dixieme du courant de cette dite Ville en compagnie des Sieurs Charles & Jacques Linsolas qu'il prit pour lui aider dans son ministere, & pour lui servir de tesmoins dans les procedures qu'il lui convenoit faire dans ladite Ville d'Orange & Principauté pour l'execution des ordres de son Altesse Serenissime, qu'il seroit arrivé audit Orange en compagnie desdits Sieurs Charles & Jacques Linsolas aujourd'hui onzieme Novembre, & estans arrivez à la Porte de ladite Ville, qui est au bout d'un petit Pont de pierre construit sur une petite riviére, il auroit pris la réelle, actuelle & corporelle possession de ladite Ville d'Orange & Principauté, en presence desdits Sieurs Linsolas pere & fils, qu'il auroit pris specialement à tesmoins pour ledit Acte au nom de son Altesse Serenissime mondit Seigneur Guillaume-Hyacinthe de Nassau, comme seul Prince Souverain dudit Orange & Principauté, & c'est par entrée & sortie de ladite Porte, & ayant cherché avec beaucoup de soin & d'empressement d'autres endroits propres & convenables pour continuer des actes possessoires, il n'en auroit apparu par l'inspection oculaire que les murailles de la Ville avoient esté abattues, & le Château où les Princes d'Orange faisoient leur residence entiérement demoli, & pour marque d'une veritable prise de possession ledit Déclarant auroit fait afficher un Exemplaire desdits Mandemens, & poursuivant toûjours son chemin dans la Ville en compagnie desdits Sieurs Linsolas pere & fils il auroit fait afficher d'autres Exemplaires desdits Mandemens à la Porte de l'Eglise Cathedrale dudit Orange, à la place de la même Ville & aux arcs des Halles d'icelle, & ensuite & successivement aux autres Portes principales de ladite Ville, & par moyen de ladite affiction ledit Declarant auroit intimé & notifié conformement audit Mandement à tous lesdits Habitans generalement quelconques sans nulle exception ny reserve les Droits de son Altesse Serenissime & l'escheance de ladite Principauté en sa faveur par la mort de Sa Majesté Britannique sans enfans, comme seul & legitime Descendant en ligne directe du Serenissime Prince Jean Comte de Nassau, appellé à la subtitution ordonnée dans le Testament dudit Prince Philippe Guillaume, & c'est aux fins qu'ils n'en puissent pretendre cause d'ignorance, & ensuite leur auroit fait commandement de par son Altesse Serenissime mon dit Seigneur Guillaume Hyacinthe Prince d'Orange de le recognoître incessamment & sans delais pour leur seul & legitime Souverain, de luy prester serment de fidélité, & de faire envers sadite Altesse Serenissime tout ce à quoi des veritables Subjects sont tenus envers leur Souverain Prince & autrement comme il est plus amplement porté par ledit Mandement auquel le dit Declarant se rapporte, tous lesquels actes de prise de possession, d'affiction, d'intimation, injonction & commandement ont esté faits tant à la Porte de ladite Ville qu'aux Places, Rües & dans toute l'estendue d'Icelle publiquement, ayant peu estre veu & apperceu d'un chacun, sans avoir neanmoins receu aucun trouble ny empechement d'aucune personne pendant tout le cours desdites procedures directement ni indirectement; après quoi ledit Sieur Declarant en compagnie desdits Sieurs Linsolas pere & fils seroit allé à Courtezon, qui est la Ville la plus considerable de ladite Principauté après la Cité d'Orange pour en prendre pareillement possession & continuer les actes possessoires, & y estant effectivement arrivé il en auroit pris la réelle actuelle & corporelle possession en présence desdits Sieurs Linsolas pere & fils tesmoins specialement appellez pour cet effect par l'entrée & sortie de la Porte principale de ladite Ville, n'ayant trouvé aucun autre moyen plus specieux pour prendre ladite possession, & ensuite il auroit fait afficher à ladite Porte & en deux endroits differents deux Exemplaires imprimés desdits Mandement & Ordonnance & conformement à Icelle il auroit fait les intimation, signification, injonction & commandement à tous les Habitants de ladite Ville de Courtezon ainsi qu'il est contenu audit Mandement & de la même maniere & en la même forme qu'il l'avoit fait dans la Cité d'Orange, tous lesquels actes & procedures ont esté faits & consommez audit Courtezon ainsi qu'en celle d'Orange publiquement au veu d'un chacun & sans y avoir receu obstacle ny empêchement, aprés quoi ledit Sieur Declarant est revenu en cette Ville en compagnie desdits Sieurs Linsolas pour rendre compte à son Altesse Serenissime de l'execution des ordres qu'il lui avoit pleu de confier audit Declarant, lequel a promis & promet sadite declaration avoir à gré sans jamais y contrevenir à peine de tous despens, dommages & interests sous obligation de tous & chacun de ses biens presens & advenir quelconques qu'il a soubmis à toutes Cours requises en la meilleure forme d'Icelles & de la venerable Chambre Apostolique, juré renoncé de quoi. Fait & recité à Avignon dans l'Hostel ou sadite Altesse Serenissime fait sa residence en presence de Monsieur Jean Charles Joseph Ruffe aussi Bourgeois habitant dudit Avignon temoins requis & appellez soubsignez avec ledit Sieur declarant à l'Original des presentes. Et de moi Pierre Joseph Baud Notaire Apostolique Citoyen dudit Avignon soubsigné qui

Baud mp. Notaire.

Noug

ANNO 1702.

Nous Juge ordinaire de la Cour temporelle de S. Pierre d'Avignon pour nôtre Saint Pere le Pape & Siege Apostolique certifions & attestons à tous qu'il appartiendra, que ledit Sieur Baud, qui a receu & signé les susdits actes, est Notaire Apostolique audit Avignon, aux escritures duquel munies de semblable saing & caractere pleine & entiére foi est adjoutée, tant en jugement què dehors; en foy de quoi nous avons fait faire & contresigner ces presentes par un de nos Greffiers, à icelles apposer le sceau & armes de nôtre dite Cour, & nous sommes soubsignez. Donné à Avignon sous le sceau de nôtre dite Cour ce dixseptiéme jour du mois de Novembre mil sept cents & deux, soient scellées.

Bayol J. (L. S.) Zoly mp.

Notaire Gueff.

XIX.

30. Decembre. *Confœderatio Majoris Poloniæ pro Fide & Ecclesiâ Catholicâ, pro Majestate Regis* AUGUSTI II. *& Libertatibus Reipublicæ, contra Regis Sueciæ Ausum facta* (1) *die* 30. *Decembris.* [ANDREÆ CHRYS. IN ZALUSKIE ZALUSKI Episc. Varmiensis *Epist.* Tom. 3. Epist. 46. pag. 353.]

NOs Consiliarii, Dignitarii quà Senatorii, quà Equestris ordinis, ex Palatinatibus & Terris Majoris Poloniæ, Diplomate Regio pro Comitiolis particularibus, per Palatinatus, & Terras misso, ad hunc Circulum pro die 30. Decemb. congregati, convenienter ad confœderationem sub Ostrovia factam, die 12. Mensis Septemb. Anni præsentis, per quam sperabamus alienatos ab invicem cooperatione malevolorum animos civium ad communicationem consiliorum, naturalemque defensionem, coadunandos: verum quia Invasores Protectores, alendo in Repub. diffidia illis volunt media se salvandi adimere, interea hostilis militis impietas, ad prælia dura procellis bellorum urget caligine tantâ ut non tantum innocentia Reipub. sua hucusque mala dissimulantis, illum ad mitius agendum non commoveat, verum etiam eo pertinaciorem in male cœptis faciat, urgeatque ad majorem Reipub. ruinam, tum per discordias civiles, tum per expilationes Provinciarum, urbium oppidorumque vastationes, inferendam. In hoc ergo calamitoso Reipublicæ statu ejus amore inductus Rex noster, se Regem Patremque gerit, & consulit cunctis, ostendensque non sentientibus mala gentis, & tragicos rerum casus, qui ex diffidentiis inter cives orti, ultimum Reipub. minantur exitium, ad factæ sub Ostrovia confœderationis, nos ad hunc locum convocare dignatur, confirmationem. Conformiter itaque ad Ostroviensem confœderationem, sub directione Adalberti in Lubraniec Dabski Capitanei Inowroclaviensis factam, talem inter nos facimus constitutionem.

Imprimis mente revolvendo Regis Sueciæ ausum, qui per violentam Regni hujus invasionem jus omne, fasque confudit, nullâ datâ causâ pacta Olivensia jurejurando roborata violavit, inductisque in viscera Regni Exercitibus, pro sua voluntate, ad novam Regis electionem, in præjudicium legum de libera electione sancitarum, Status Regni Poloniæ, & M. D. L armis adigere voluit, ad probrosam nec unquam in libera gente auditam, pro suo libitu Nobiles adegit contributionem, Provincias, Palatinatus, Terras, Districtusque Reipublicæ extortis violenti manu per summam immanitatem, tributis, vastavit & expilavit. Legationem publicam Reipub. contra omne jus & fas gentium, procrastinando Legatis audientiam, contempsit, projectis Diplomatibus & protestationibus per suos adhærentes, quod amicus & hospes veniat, inanique fallacia pacis ludendo Rempub. ad milliaria ultra 100 inermem, quia minime sperantem, peragravit, domos Nobilium per modum executionis pro non extraditis contributionum tributis per suos milites vastari jussit, Status omnes, spiritualium, Nobilium, civium, plebejorum, pro voluntate sua contributionibus, sub comminatione ignis & ferri injunctis & extortis, gravissime oppressit; Vilnam, Metropolim Lituaniæ; Varsaviam, & Cracoviam Regni Metropolim omnibus spoliatam divitiis, & splendoribus, ereptis quoque tormentis, & ammunitionibus, evacuatis ubique armamentariis in opprobrium Regni, disarmavit. Arcem Cracoviensem unicum Regni decus & ornamentum ex summo odio Polonæ gentis incendi & incinerari permisit. Urbes, pagosque, nec actis Castrensibus & Terrestribus parcens, exuri non inhibuit. Ærarium Reipub. coronam quærendo evacuavit, quidquid in eo invenit, & pretiosissima quæque nec satis æstimabilia monilia, sanguine Polonorum à Moschis, Turcis, aliisque hostibus acquisita, & pro memoria secuturis sæculis in monumentum immortalis gloriæ & heroicorum facinorum Antecessorum nostrorum asservata, abstulit. Nec Ecclesiis, sepulchrisque mortuorum (ut nihil esset, quod non pertransiret luxuria ejus) prædandi licentia pepercit. Vasa Ecclesiastica in honorem Dei & decorem Domus ejus, à Majoribus nostris dedicata, in usus profanos convertens fecit vasa contumeliæ. Devotiones hæreticas in præsentia Catholicorum Sacerdotum in veris Dei Ecclesiis prædicantibus Lutheranæ, Calvinisticæ, & Finnonisticæ Sectæ, in oppressionem fidei Catholicæ celebrandum, injunxit, ubi in opprobrium Polonæ gentis, se flagellum Polonorum, de suggestibus vocari jussit. Quid plura? Sacerdotes misericordiam pro iis postulantes, qui securitati suæ immunitate Ecclesiastica consulturi, ad Ecclesias confugerant, innocentes, immanissime occisi, moniales opprobriis saturatæ, vastatæ, & quidquid sacrum, carum ac religiosum in Regno erat, profanatum. Nobiles liberi, qui pro securitate interna ex mente suorum Palatinatuum vexilla erexerant, eo ignominiæ à Suetico milite deducti sunt, ut ad indusium usque spoliati, in opprobrium Poloni nominis multa tormenta flagellaque passi, multi vix spirant; alii immanitate ictuum & vulnerum confecti sunt. Tam grandibus ergo, nec satis æstimandis damnis, injuriis, & oppressionibus consideratis propter defensionem fidei Romanæ Catholicæ, vindictam profanatarum Ecclesiarum, Sacerdotumque oppressorum, intaminatam hactenus Reipub. gloriam, ab omni dedecoris labe vindicaturi, secuti Majorum nostrorum vestigia, qui zelo circa fidem, Majestatem, & integritatem jurium, virtute, robore, unioneque sensuum, & animorum, orbi noti fuere; simulque occurrendo ulterioribus turbinibus, per Regem Sueciæ faciendis, volentes roborare fundamentum tuitionis nostræ, conformando nos, simulque confirmando gloriosum opus Palatinatus Siradiensis, per conjuratam Confœderationem, circa fidem, Majestatem & libertatem, propter perfectionem confœderationis inter Status Reipub. in quam Palatinatus Brestensis, Cujaviensis, Inovladislaviensis & Terra Dobrynensis ex nunc consenserunt, facto sibi invicem juramento: protestatione coram Deo, cui manifesta sunt abscondita cordium quem in testimonium, & adjutorium assumimus, quod sicut nullam ei violentæ invasionis, & hostilitatis causam præbuimus, ita occurrendo ulterioribus inconvenientiis, principaliter vero extirpationi S. Catholicæ Fidei, pro Ecclesia, majestate, & libertate certaturi, eundem Regem Sueciæ cum suis Exercitibus pro hoste Patriæ declaramus, contra illumque & Exercitus ejus, ceu contra hostes Patriæ arma nos sumpturos appromittimus, fidemque Catholicam, Majestatem & libertatem, fortunarum & vitæ dispendia, omnes in commune nos defensuros juramus. Quia vero in hoc Reipubl. turbido solo diffidio civili, tot fratres nostri & concives ad hanc unionem & Societatem pro dandis repressalibus huic invasori, & hosti, lento passu accedunt, imo factâ inter vos, per factiones, scissione illius intentionibus studiisque facere supponuntur, hinc nos etiam hos ceu fratres nostros, Filios ejusdem matris Patriæ; cujus ubere lactati sumus, fraterno zelo & amore, jamque expirantis Patriæ voce ad idem tam sanctum vinculum invitamus, certa sperantes fiducia, illos, ubi primam de eo acceperint notitiam, relictis privatis cum Rege Sueciæ machinationibus, ad commune nobiscum consilium, defensionemque Ecclesiæ, Majestatis, & libertatis affuturos. Quod si tamen aliqui concivium reperientur in Rep. & ex correspondentiarum documentis evidentius manifestabuntur, qui cura, studio, & opere Regem Sueciæ cum exercitibus in viscera Regni introduxerunt, illumque sua protectione & factionibus foverunt, unde omnes

(1) *Die* 30. *Decembris* C'est encore de l'an 1702. selon l'arrangement de l'Auteur. [DUM.]

ANNO 1702.

omnes collisiones & diffidia inter cives exitium Reipub. & nostrum omnium, exorta sunt, tales excludendo nomen Amnistiæ, omnique juris beneficio seposito, congregata Deo dante Rep. juxta leges contra perduelles, judicandos, & pro hostibus Patriæ declarandos, omnes simul appromittimus. Consideratis nihilominus circumstantiis in hac Regni disunione, quæ in tam premente Reipub. casu etiam Sanctissimum confundit opus, nullum efficacius censemus remedium, quam si Serenissimus Rex usitata ad unionem consiliorum Statuum Reip. media, deficiente securiore loco, etiam sub dio determinare dignetur, ut uniti, juxta antiquas praxes, consulere Reip. illiusque saluti prospicere possimus, pro quo seorsivo Instrumento per Legatos Ser. Regi supplicamus, ut hoc uniendæ totius Reip. consiliorum inventum, quam citissime poterit, sub titulo continuationis confœderationis, clementer dignetur confirmare. In casum tamen non consummandæ unionis consiliorum & pacificandæ Reip. eandem confœderationem sub nexu & juramento, in integro quo ad omnia nobis reservamus, & prorogamus, dispositioni Mareschalci, temporis & loci, pro sequenti congressu, determinationem, committentes, cui omnes invice indivisi, evictionem spondemus, illique in omni occasione, & tempestate, donec fluctus hi turbatæ Reipublicæ quiescant, fortunis & vita assistemus, nec illum, donec in toto Respubl. tranquilletur, in ullis circumstantiis, aut periculis deseremus. Ut ergo eo firmior defensio subsequatur, de cordibusque civium diffidentia (quam malevoli conantur imprimere) eradicetur; habentes factam à Serenissimo Rege promissionem, ad roborandum erga hanc Patriam amorem, Diplomatis obsecramus ut idem Serenissimus super eo coram Deputatis ex Palatinatibus facere juramentum promittendo se Paterno amore & viribus hanc Rempub. defensurum idque universalibus datis pro Comitiis particularibus clementer declarare dignetur, ad quod perficiendum, petimus & delegimus de medio nostri, jam nobis conjuratos & confœderatos Senatores & Deputatos mox nominandos.

Ex Palatinatibus majoris Poloniæ D. de Konary Malachowski Judicem terrestrem Posnaniensem, Adamum Szczygielski Capitaneum Gnesnensem, Maximilianum Slichtynk Tribunum Wschoviensem, Franciscum Josephum Skoraszewski Vexilliferum Posnaniensem, Michaelem Pstrokonski Dapiferum Brestensem, Kujaviensem, Antonium Olszewski Ensiferum Terræ Dobrinensis, Joannem Szierminski Judicem Terrestrem Siradiensem, Petrum Jwanski. Ex Terra Vielunensi, & Palatinatu Læczycyensi Legati differunt electionem Commissariorum ad comitiola ex limitatione imminentia. Ex Palatinatibus Kujaviensibus, Andream in Glæbokie Glæboki Capitaneum Brzestensem, Kujaviensensem, Casimirum Volski Thesaurarium Brzestensem Kujaviensem, Stanislaum Jarnowski Pincernam Inovladislaviensem, Ladislaum Niemojewski Judicem Terrestrem Inovladislaviensem. Terræ Dobrynensis & Palatinatus Ravensis Legati differunt electionem Deputatorum ad imminentia comitiola. Ad Serenissimum Regem ex generali præsenti Circulo Legatos eligimus: Michaelem de Buzenin Pstrokonski Dapiferum Brzestensem Kujaviensem, Mathiam Malachowski Judicem Terrestrem Posnaniensem, qui fidelia obsequia Subditorum & promptitudinem, circa tuendam Majestatem Serenissimo Regi declarantes, eidem supplicabunt, ut quam optatissima, & celerrima adinvenire dignetur media, quibus tota Respub. in tanta afflictione congregatarum simul calamitatum, cum omnibus simul Statibus ad pristinam possit reduci unionem, item ut Exercitus Saxonici strictiori subdantur disciplinæ, & conjuncti cum Exercitibus Regni & M.D. Litu. ad danda repressalia Suecis, ordinentur. Ad extremum si qui qua Senatorii, qua Equestris Ordinis, tum ex Provinciis minoris Poloniæ, tum ex Prussia, tum ex M.D. L. amore succensi Patriæ, ad ejus defensionem occurrere voluerint, propter impedientium periculum ab hoste imminens, eique passum intercipiendum, sive expeditione sive auctione militis, sive in sua quisque persona, nos fraterne eos invitantes, assecuramus, quod ubi in consortium gremiumque nostri adfuerint, facto tamen ab eis corporali juramento, illos Deputatos, & Commissarios in societatem consiliorum admittemus, ut sicut præsenti consilio nostro, uniformitate sensuum Dominus benedixit, ita intentiones nostras, & gloriosum hoc vinculum, in defensionem Patriæ factum, desiderato & celeri effectu coronet. Exercitus quoque Polonos cum Ducibus fraterno affectu stringimus, ut nobis, nostrisque optimis conatibus sincera promptitudine, ad obsequia Patriæ fœderati, eo vivaciores nobiscum ad fortia agenda assumant animos, nobiscumque contra insurgentes adversus Patriam & Majestatem seditiones, & machinationes conjungantur, qua propter ad Duces Exercituum, de gremio nostri Legatos expedivimus ad tam Sanctam eos cum Exercitibus invitando unionem. Civitates quoque Regni Poloniæ præcipue Prussiæ ad eandem confœderationem convocamus utque juramenta, vel in Regis, vel in moderatoris consiliorum, nostrorum, vel in Commissariorum delegatorum manibus, in spatio 4. Septimanarum ab inscriptione confœderationis nostræ ad acta Castrensia deponant, obnixe petimus. Quia vero quævis Respub. armis & consiliis florescit, quæ eo validiora præsentes motus publici exigunt, ideo ad latus Mareschalci nostri petimus & designamus Consiliarios: Ex Palatinatibus Majoris Poloniæ Joannem Vzatowski Subdapiferum Dobrinensem, Alexandrum Zychlinski Subcameraridem Calisiensem, Adalbertum Trzebicki Castellanidem Spicimiriensem, Joannem Zakizewski. Ex Palatinatu Siradiensi Michaelem Raciborski Morsztyn Capitaneum Siradiensem; Adalbertum in Buzenin Pstrokonski Dapiferum Siradiensem, Josephum Wierusza Kowalski, Stanislaum Pstrokonski. Terra Vielunensis differt electionem Consiliariorum ad Comitiola proxime ex limitatione imminentia. Idem facit Palatinatus Lenciciensis. Ex Palatinatibus Cujaviensibus Andream de Lubraniec Dabski, Capitaneum Makielensem, Matthiam Gæsierowski Capitaneum Radzielowski, Chrysost. Dorszowski Generalem adjutantem Exercituum Poloniæ, Adalbertum Poleski Subdapiferum Inovladislaviens. Terra Dobrynensis, item Palatinatus Ravensis per Legatos Terræ Gostynensis differt electionem Consiliariorum, ad Comitiola proxime ex limitatione imminentia. Quibus Consiliariis una cum Mareschalco Deputatis ad latus Regium commoraturis damus facultatem, & potestatem ex re, & occasione boni publici in omni necessitatis circumstautia in præsentis temporis conjuncturis, judicandi, exequendi, & per pluralitatem votorum concludendi, & quidquid ex re & opportunitate, pro bono Reip. occurrerit, effectuandi. Et sicut in unione animorum exoptamus animitus subsidium terræ Patriæ, ita ad commune bonum, communemque defensionem relinquimus spatium Palatinatibus & terris qui nobiscum viritim non comparent, eligendi, tum ad Principis tum ad Mareschalci latus Consiliarios eligendi, quorum quisque ostensis suæ electionis patentibus, prævio juramento locum sui Palatinatus vel Terræ in consiliis occupabit. Hæc itaque Confœderatio ut eo certius firmiusve suum possit sortiri effectum, juramento tam à nobis Mareschalco quam à Mareschalco nobis, uti etiam nobismetipsis invicem deponendo conscientias nostras obligamus.

Juramentum Senatorum & Mareschalci.

Ego N. juro Deo Omnipotenti me muneri Officii mei & obligationi mihi in hac Confœderatione impositæ à Civibus Regni Poloniæ pro viribus & facultatibus meis satisfacturum, & quidquid Officium meum concernit, juxta Deum, conscientiam, legesque publicas executurum, postposito omni respectu, & privato quovis emolumento nec in tractatus quosvis, vel consilia in perniciem Reipub. cum quibuscunque personis per conferentias & correspondentias me intermiscendo in omnibus tum aliis occurrentibus Reip. tum etiam bellicis negotiis, omnia ad bonum publicum directurum, nec ulla arcana consiliorum nostrorum cuipiam proditurum, sic me Deus adjuvet, & innocens Christi Passio.

Juramentum Commissariorum & Consiliariorum.

Ego N. juro Deo Omnipotenti, quod meæ obligationi, mihi in hac Confœderatione à Civibus Regni injunctæ satisfacere conabor pro possibilitate, & debito meo, in consiliis sensibusque meis, quos proponam, juxta Deum, conscientiam, legesque publicas, nulla quærendo privata commoda, aut emolumenta, nec in judiciis amicitiæ & inimicitiæ, munerum vel promissionum habendo rationem; nullas cum ullo privatas habebo conferentias, aut correspondentias, in perniciem Reip. in omnibus conscientiæ dictamen secutus, arcana consilia, judiciaque nemini pro-

ANNO 1702. prodam, ſic me Deus adjuvet & innocens Chriſti Paſſio.

Juramenum Civium Regni Poloniæ.

Nos N. N. juramus Deo omnipotenti, juxta obligationem noſtram factam Mareſchalco Circuli noſtri, noſtrisque Commiſſariis, pro fide, & Eccleſia Catholica, pro Majeſtate & libertatibus, noſtris ſine ulla dismembratione, & diviſione noſtri, eo usque, donec perfecte tota Respub. pacificata fuerit, & donec nobilium fratrum noſtrorum hoc vinculum duraverit, conſtanter nos ſub directione Mareſchalci & Commiſſariorum ad latus ejus deſignatorum, perſeveraturos, nullas ab aliquo ſuſcipiendo conventicula, nec aliis ſeſe turbinibus immiſcendo, unice Deum & integritatem Reipub. intendendo, illi vitam & ſanguinem conſecrando, ſic nos Deus adjuvet, & innocens Chriſti Paſſio.

Quia vero nondum Commiſſarii ad latus Regium & Conſiliarii ad latus Mareſchalci Deputati, ſuper nominato ſe obſtrinxerunt juramento, nullus eorum ad conſilia quævis admiſſionem prætendet, donec Confœderationis noſtræ coram Mareſchalco impleat juramentum. Secundet itaque, & benedicat intentis noſtris Deus optimus quem in auxilium nobis aſſumimus, conformandoque, nos tam fortunato vinculo, trita Majorum via communi defenſioni nos accingimus, expeditionem in quibusdam Palatinatibus & Terris condictam, in aliis per comitiola conſtitutam approbamus, præſertim in Palatinatu Siradienſi, Cujavienſi & Terra Dobrynenſi, aliis Palatinatibus & Terris concludendo firmamentum noſtræ Confœderationis juramentis confirmatæ, concluſionem mediorum pro defenſione differendam permittimus ad conferendum cum fratribus, ſperantes, quod ſicut in hoc loco una nobiſcum pro fine habuerunt ſalutem publicam, ita ſeriam navabunt operam, ut quam promptiſſima naturalis defenſionis media provideant. Palatinatus vero, qui ex limitatione non eſſent habituri comitiola, eorum deſignationem inſtantanée à Rege poſtulabunt, ex fine præciſe inveniendorum mediorum defenſionis, in tam arduis circumſtantiis, & conjuncturis Reip. Legati vero ex Circulo noſtro deſignati intimabunt Mareſchalco, non tantum expeditionem in quibusdam Palatinatibus jam concluſam, in quibusdam brevi in comitiolis ex limitatione imminentibus concludendam, verum etiam, noſtrum futurum pro ulterioribus conſiliis congreſſum, ad locum ab eo ex circumſtantia temporum, & rerum deſignandum, ut quidquid ex convenienti caſu & motu hoſtilitatis emanaverit, conſulatur, & occurratur.

Quoniam vero Palatinatus Majoris Poloniæ ex certis rationibus juramentum diſtulerunt, ſpem habentes, omnes fratres, qui nondum huic tam Sancto operi acceſſerunt, vota ſua appoſituros, & in majore brevi numero nobis conjunctos, idem juramentum expleturos, ideo documenta juramentorum cum ſubſcriptionibus manus propriæ Directori Conſiliorum noſtrorum reddenda erunt. Si vero per malevolentiam fati illos nunc non comparentes, afflicta Patria ad corroborandum, & exequendum juramentum non commoveret, in primo congreſſu noſtro, per innoteſcentias à Mareſchalco determinando, ſine quavis prolongatione, tam Senatores nobis confœderati, quam fratres noſtri, una nobiſcum circa bonum publicum zelantes, juramentum ſeſe depoſituros nobili verbo appromittunt; quod & alii Palatinatus & Terræ hic nobiſcum ad commune conſilium congregati, quia nondum idem fecerunt juramentum, facturos ſeſe aſſecurant, non comparentes vero, Patriæ, & fraterno amore invitantur. Quæ confœderatio Statuum Reipublicæ, Provinciæ Majoris Poloniæ in vim naturalis defenſionis facta, ſubſcriptionibus, præſentium ex Palatinatibus, & Terris Legatorum, & Senatorum roborata, ut omnibus innoteſcat, ad Caſtrenſia acta mittendam, & typo mandandam Mareſchalco committimus.

XX.

1703. 10. Fevrier. *Traité proviſionnellement fait au nom de* LOUIS XIV. *Roi de France, par les Commiſſaires y denommés, avec François* LOUIS DE BOURBON *Prince de Conti, pour un Echange de la Principauté d'Orange, contre d'autres Biens* *que le Roi lui donnera, & dont il ſera convenu par après, ledit Prince cedant neantmoins, & delaiſſant à Sa Majeſté, dès à preſent ladite Principauté d'Orange, avec tous ſes Droits, appartenances & dependances. Fait à Verſailles le 10 Fevrier 1703.* AVEC *Le Pleinpouvoir du Roi T. C. établiſſant ſes Commiſſaires pour ledit Traité. Donné à Verſailles le 25. Novembre 1702.* [Copie imprimée.] ANNO 1703.

PArdevant les Conſeillers du Roi, Notaires, Garde Sel à Paris, ſouſſignez. Furent preſents très-haut & très-Puiſſant Seigneur, Monſeigneur Loüis Phelipeaux, Chevalier, Comte de Pontchartrain, & autres Lieux, Commandeur des Ordres du Roy, Chancelier de France, Meſſire Michel le Pelletier de Souzy, Conſeiller d'Etat ordinaire, & au Conſeil Royal de Sa Majeſté, Meſſire Henry Dagueſſau auſſi Conſeiller d'Etat ordinaire & au Conſeil Royal de Sa Majeſté, Meſſire Michel Chamillart, Chevalier, Conſeiller ordinaire du Roi en tous ſes Conſeils, & au Conſeil Royal, Miniſtre & Secretaire d'Etat & des Commandemens de Sa Majeſté, Controlleur General des Finances de France, Meſſire Jean Baptiſte Fleuriau d'Armenonville, Conſeiller au Conſeil Royal, Directeur General des Finances de France, & Meſſire Hilaire du Coudray auſſi Conſeiller au Conſeil Royal, Directeur general des Finances de France, Commiſſaires Députez par Sa Majeſté par ſes Lettres Patentes données à Verſailles le vingt-cinq Novembre 1702. ſignées Loüis, plus bas, par le Roy, Phelypeaux demeurées annexées à la Minute des preſentes d'une part; & très-Puiſſant & Très-Excellent Prince François Loüis Bourbon, Prince du Sang, Prince d'Orange, demeurant à Paris en ſon Hôtel, Quay de Conty, Paroiſſe Saint-André des Arts d'autre part, leſquels ont fait preſent accord à titre d'échange, c'eſt à ſçavoir que ledit Seigneur Prince de Conty au nom & comme Legataire de deffunt très-Haut & Puiſſant Prince Jean Loüis Charles d'Orleans, Duc de Longueville, a par ces preſentes cedé, quitté, & délaiſſé à Sa Majeſté acceptant par leſdits Seigneurs Commiſſaires & promis audit nom garentir de ſes faits & promeſſes ſeulement, qui ſont que ledit Seigneur Abbé d'Orleans par ſon Teſtament du troiſiéme Octobre 1668. qui a eu la delivrance de ſon Legs univerſel par Sentence des Requêtes du Palais du premier Aouſt 1697. confirmée par Arreſt du Parlement du treize Decembre 1698. & qu'il pretend que la Principauté d'Orange fait partie dudit Legs univerſel, pourquoy il en a eſté mis en poſſeſſion par Arreſt du grand Conſeil du vingt-neuf Mars 1702.

La proprieté de la Ville & Principauté d'Orange, ſes annexes, appartenances & dépendances ſans en rien excepter ni reſerver, tout ainſi qu'elle a pu appartenir audit Sieur Abbé d'Orleans, & tout ainſi qu'en ont bien & deuëment joüy ou pu joüir les precedents Poſſeſſeurs pour en faire & diſpoſer par S. M. ainſi qu'il lui plaira en tous droits.

Conſentant que ledit Seigneur Roy s'en mettra en poſſeſſion dès à préſent s'en démettant & déſaiſiſſant à ſon profit.

Pour & en Contrechange leſdits Seigneurs, Commiſſaires, Députez ont promis & promettent audit nom de faire fournir & délivrer le plutoſt, que faire ſe pourra audit Seigneur, Prince de Conti des Terres du Domaine de Sa Majeſté, de qualité & dignité convenables pour appartenir audit Seigneur, Prince de Conti, & par lui en faire & diſpoſer comme ſon vrai & loyal acqueſt, le tout ſuivant les évaluations qui ſeront faites de part & d'autre; & en attendant que ledit échange puiſſe être conſommé, tant pour le fourniſſement des fonds que pour les évaluations qui doivent être faites.

Il a été convenu que ledit Seigneur, Prince de Conti, joüira comme il a fait ci-devant de tous les fruits & revenus tant ordinaires que caſuels de ladite Principauté d'Orange, & en fera les baux; a été pareillement convenu qu'au cas que ledit échange n'eût pas lieu, que mon dit Seigneur Prince de Conty ſera conſervé dans tous ſes Droits, noms, raiſons comme auparavant le preſent Contract.

Car ainſi a été expreſſément convenu entre leſdits Seigneurs, Commiſſaires députez audit nom; & ledit Seigneur Prince de Conti promettant, obli-

Anno 1703.

geant, & lesdits Seigneurs Commissaires pour & au nom de Sa Majesté, tant pour elle que pour ses Successeurs Rois renonçans, &c. Ce fait & passé à Versailles aux appartemens de mondit Seigneur Prince de Conti & de mesdits Seigneurs Commissaires l'an 1703. le dixiéme jour de Février avant midi, & ont signé la Minute des presentes demeurée à Savalete l'un des Notaires soussignez, signez Lange & Savalete scellé ledit jour.

Plein pouvoir du Roi T. C. pour ses Commissaires aux fins du Traité cy-dessus. Donné à Versailles le 25. Novemb. 1702. [Recueil de diverses Piéces publié en 1707. à Neufchatel dans l'affaire de la succession]

LOuïs par la Grace de Dieu Roi de France & de Navarre, à notre très-cher & Feal Chevalier le Sieur Phelipeaux Comte de Pontchartrain Chevalier Garde des sceaux de France & Commandeur de nos Ordres. A nos amés & feaux Conseillers en nos Conseils, les Sieurs le Peletier, & Daguesseau Conseillers ordinaires dans notre Conseil Royal, Chamillard aussi Conseiller ordinaire dans notre Conseil Royal, Controleur general de nos Finances, Fleurian d'Armenonville, & Roüillé de Coudray Conseiller ordinaire dans notre Conseil Royal, Directeurs de nos Finances salut. Quelques precautions que nous ayons prises par nos declarations du 23. Novembre 1697. & 13. Janvier 1698. pour empêcher les desordres que cause dans nos Provinces de Languedoc, Dauphiné & Provence le libre exercice de la Religion Protestante dans la Ville & Principauté d'Orange, nous recevons neanmoins differentes plaintes, qui nous font connoitre le necessité de couper la racine à un mal si dangereux à la Religion, & d'embrasser l'occasion qui se presente de nous rendre maître de cette Principauté par le Traitté, que nous avons resolu de faire avec notre très-cher & amé Cousin le Prince de Conti, qui en a eté envoyé en possession par Arrêt de notre grand Conseil du 28. Mars dernier 1702. en vertu du legs universel fait en sa faveur par feu notre très-cher & amé Cousin le Duc de Longueville, dont la deslivrance lui en a eté faite par sentence des Requetes du Palais & confirmée par Arrêt de notre Parlement de Paris, afin d'y retablir par ce moyen l'uniformité de la Religion, & d'oter à nos Sujets des Provinces voisines nouvellement convertis, tout ce qui leur pourroit servir d'occasion & d'attrait pour retomber dans leurs anciennes erreurs. Joint d'ailleurs qu'il est du bien de notre Etat, que nous reünissions à notre Comté de Provence cette partie de son Domaine, qui en a eté demembrée & qui en releve à foy & hommage, & dont les appellations doivent ressortir de notre Parlement d'Aix. C'est dans ces vues que nous avons fait temoigner à notre dit Cousin le Prince de Conti, au Sr. & Dame de Mailli, pretendans droit en vertu de la substitution apposée au Testament de Dame Marie de Baux Princesse d'Orange du 22. May 1416. & autres qui pretendent y avoir droit, notre dessein de faire un echange de cette Principauté avec d'autres Domaines. Et notre dit Cousin le Prince de Conti, a acquiescé avec soumission à notre volonté, & notre dite Dame de Mailli, pour tout & quel droit elle y peut avoir. Mais attendu qu'il y a procès entre notre dit Cousin, les Sieurs & Dame de Mailli, & autres Pretendans à la dite Principauté d'Orange, & que par ce moyen ledit echange ne peut être consommé jusques à ce que lesdits procès soient terminés, & que cependant il est de notre interest de nous mettre en possession dès à present de la ditte Ville & Principauté d'Orange; A Ces causes, de l'avis de notre Conseil, Nous vous avons commis & deputés, Commettons, & deputons par les presentes signées de notre main nos Procureurs speciaux pour ensemble, ou trois de vous en absence des autres, passer un ou plusieurs Traittés avec notre dit Cousin le Prince de Conti, les Sieurs & Dame de Mailli & autres, qui sur le fondement de leurs pretensions y voudront intervenir, & y donner leur consentement ou separement, accepter à notre profit & de nos successeurs Roys, la cession, qui nous sera faite par notre dit Cousin dès à present de ladite Ville & Principauté d'Orange de laquelle il est en possession en vertu dudit Arrêt du 28. Mars dernier en qualité de Legataire dudit Duc de Longueville de ses annexes, appartenances & dependances sans en rien excepter ny reserver, comme aussi pour être procedé par vous avec notre dit Cousin, les Sieurs & Dame de Mailli, & autres pretendans, aux Evaluations tant de ladite Principauté d'Orange, que des Domaines, qui seront par vous donnés en contre-échange, & passer avec lui, ou tel autre à qui la proprieté pourroit être adjugée, le Contract d'échange & tous autres Actes necessaires, aux clauses & conditions, que vous jugerés raisonables, & en attendant que ledit echange puisse être consommé, & notre dit Cousin mis en possession actuelle & réelle des Revenus desdits Domaines qui seront cedés par ledit échange, Il jouïra, comme il a fait cy-devant, de tous les fruits & Revenus de ladite Principauté d'Orange, & en fera les Baux, si ce n'est que sur les contestations qui sont pendantes entre lui & les autres Pretendans, il en fut autrement ordonné sans prejudice neanmoins à notre dit Cousin, ou à celuy à qui la proprieté en pourroit avoir été adjugée, de rentrer dans la proprieté, possession & joüissance de ladite Principauté d'Orange, Droits, Dignités, Prerogatives, Privileges d'icelles, au cas que l'échange n'eut pas lieu. De ce faire & accomplir, Nous vous avons donné & donnons pouvoir, puissance authorité, commission & mandement special, promettant en foi & parole de Roi d'avoir agreable & tenir ferme & stable, tout ce que par vous aura eté fait & passé, & d'en faire expedier & delivrer toutes Lettres de Ratification, ou autres seuretés necessaires, sans neanmoins que ces presentes puissent nuire ni préjudicier aux Droits & interets des Parties qui sont en procès avec notre dit Cousin pour raison de ladite Principauté. Car tel est notre plaisir.

Donné a Versailles le 25. jour de Novembre l'an de Grace 1702. & de notre Regne le 60. Signé Louïs & plus bas par le Roi.

Phelipeaux, & Scelle.

XXI.

Mars.

Union & association de tous les Corps & Communautés du Comté de Neufchatel en Suisse, par laquelle en renouvellant & confirmant celle du 24. Avril 1699. ils se promettent de s'entraider & assister mutuellement pour le maintien de leurs Droits & Libertés contre toutes les entreprises qui se pouroient faire à l'encontre, soit par forme de justice en des Tribunaux etrangers ou autrement. Fait à Neufchatel au Mois de Mars 1703. [Copie imprimée]

NOus les Corps & Communautés ci-dessous nommés, sachant combien l'union & la bonne intelligence entre les Corps d'un Etat peuvent contribuer à son bonheur & à sa conservation ; DECLARONS UNANIMEMENT, que nous persistons en l'Association génerale qui fut faite entre nous le 24. d'Avril 1699, laquelle nous confirmons, dans la ferme resolution où nous sommes de demeurer toûjours unis, pour nous opposer à tout ce qui pourroit être contraire au but pour lequel elle a été faite. Et comme il est arrivé depuis, qu'il s'est fait au dehors plusieurs demarches qui pourroient y donner atteinte, & qu'on a pretendu se pourvoir par devant des Tribunaux étrangers, où l'on a même intenté des actions pour des Revenus, Deniers & autres choses, qui sont incontestablement des apartenances & dependances de cette Souveraineté, & qui même ont été ajugées & comprises formellement dans le Souverain Jugement d'Investiture rendu par le Tribunal Suprême des trois Etats les 8. Mars 1694, en faveur de S. A. S. Madame la Duchesse de Nemours nôtre Princesse Souveraine, en sorte qu'il y auroit lieu de craindre qu'on ne pût tirer cela dans la suite à conséquences prejudiciables à la Souveraineté & independance de cet Etat ; Nous avons crû être indispensablement obligés de faire publiquement, comme nous le faisons par le present Acte, nos Protestations en la meilleure forme possible, contre tout ce qui a été fait & se fera à l'avenir, par

ANNO 1703.

par qui, en quelque lieu, & sous quelque pretexte que ce soit, au prejudice tant du Jugement souverain ci-dessus, & de la legitime autorité, competance & liberté dudit Tribunal Suprême, que des Droits & de la Souveraineté en général, de ses Loix & Constitutions fondamentales, & enfin des Droits, Franchises & Liberté de tous les Corps qui le composent.

Promettant & nous engageant de bonne foi les uns aux autres, par ce present Acte, de nous aider & assister mutuellement, pour le maintien, conservation & exécution de ce que dessus; Et d'employer pour cet effet, tout ce qui depend de nous, chacun suivant nôtre pouvoir, pour prevenir & empêcher par les moyens les plus convenables & les plus efficaces, tout ce qui pourroit être contraire à l'effet de nôtre presente Protestation, Union & Association, même d'exposer pour ce sujet s'il étoit necessaire, nos Corps, Vies & Biens, sans nous abandonner jamais les uns les autres, en sorte que ceux qui contreviendront ci-aprés au present Acte d'Association, seront tenus & regardés comme des Perturbateurs du repos public.

Et aprés que le Projet du present Acte a été dressé conformément à l'avis unanime des Deputés des Corps & Communautés, en leur Assemblée tenuë à Neufchatel le 21. Mars 1703. Et ensuite porté par eux en l'Assemblée particuliére de chacun desdits Corps & Communautés, iceux Corps & Communautés, aprés une libre & meure deliberation, l'ont aprouvé en tout son contenu, & ont donné ordre & plein pouvoir aux soubsignés de la signer en leur Nom; Ce qu'ils ont fait au grand Poile du Château de Neufchatel en presence de M. le Gouverneur & de Messieurs du Conseil d'Etat le 29. Mars 1703.

Les demarches convenables ayant été faites auprés de M. le Gouverneur, tant pour la convocation des Corps & Communautés de cet Etat, que pour former le Resultat ci-dessus, ainsi qu'il paroît par l'Ecrit qui lui fut remis le 21. de ce mois; Et ledit Resultat lui ayant été represénté & remis, il l'a produit au Conseil d'Etat le 27. de ce dit mois, où ayant été examiné mon dit Seigneur le Gouverneur & Mrs. du Conseil d'Etat y ont donné leur approbation, & il m'a été ordonné à moi Secretaire dudit Conseil d'Etat, à cause de l'indisposition de M. le Chancelier, de le signer en leur nom au Château de Neufchatel le 29. de Mars 1703.

Ensuite dequoi le Gouverneur & le Conseil d'Etat ont fait signer le Secretaire dudit Conseil, en leur nom, l'Acte ci-dessus, & declaré qu'ils y ont donné leur aprobation & consentement.

La Compagnie des Pasteurs & Ministres l'a aussi fait signer par le Doyen & le Secretaire.

Les quatre Ministraux au nom du Conseil General de la Ville de Neufchatel, & les Deputés des autres Corps & Communautés de l'Etat de Neufchatel l'ont aussi signé.

XXII.

7. Mars. (1) *Confoederatio Generalis magni Ducatus Lituaniæ facta S. Catholicæ Fidei, Libertatum, Prærogativarum & Jurium Reipublicæ defendendorum, Regiæ Majestatis* AUGUSTI II. *nunc feliciter regnantis tuendi. Vilnæ &c.* [ANDREÆ CHRYS. IN ZALUSKIE ZALUSKI Episc. Varmiensis Epist. Tom. 3. Epist. 58. pag. 429.]

NOs infra in subscriptione expressi, per constitutum generale ad Olbinicos ex Ordine tam Senatorio, quam Equestri designati ad Celsissimum Principem Dominum Michaelem Servatium Korybut in Zbaraz & Wisnowiec Wisnowieki, Comitem in Dolko, Komarno & Dabrovica, Campiducem M. D. Lit. Pinscensem, Glinianensem, Wilkoviscensem Capitaneum, Generalem ejusdem M. D. Lit. Colonellum. Item nos ex Comitiolis pro 6. Februarii anni currentis a S. R. Milite per universalia imperatis & habitis, electi Commissarii, qui huc Vilnam ex limitatione congressus Rozanensis, prima Decembris anni præteriti absoluti, pro quinta Martii anni præsentis millesimi septingentesimi tertii advenimus. Quando quidem fratres nostri domi suæ residui in Comitiolis præteritis, habito imprimis præ oculis Instrumento publico, typis Thorunii mandato, perque ordinum Regni & M. D. Lit. eo tempore ibi congregatorum Commissarios constituto, & ad se ex majori Cancellaria sub sigillo M. D. Lit. transmisso; animati præterea iidem fratres, propositionibus Celsissimi Principis Campiducis & Colonelli Generalis M. D. Lit. ad id ut sub tempus præteritorum Comitiolorum in hoc turbido Reipub. Statu quam arctissima animorum unione & confoederatione intuiti S. Catholicæ Fidei, Libertatum, Prærogativarum & Jurium defendendorum Sacræque R. Majestatis Domini N. Clementissimi Augusti II. nunc feliciter regnantis tuendi, conglutinarentur, efficaciter his omnibus executioni mandatis & habitis Comitiolis Confoederationibusque ejusmodi ibi tum conditis, quas omni cautela adhibita in tanto majus robur suis circumscripserunt limitibus; nobis dederunt potestatem, ut in hoc congressu congregati Instructionibus nostris collatis Generalem totius M. D. Lit. faceremus Confoederationem: ideo accommodando nos Instructionibus nobis extraditis, explendo desideria Principalium nostrorum, ejusmodi Confoederationis nunquam rumpendo vinculo nomine, nostro & omnium fratrum nostrorum domi residuorum, colligamus nos, & confoederamus. Imprimisque dum videmus Regem Sueciæ ab iniquis Patriæque oblitis filiis, nominatim à Dominis Sapiehis in constituto Olkinensi cum adhærentibus suis expressis, ad id inductum, ut in viscera Patriæ admissus, ea depascendo & vastando non tantum in fortunas & vitam Nobilium sæviret, sed etiam ut intenderet; quatenus nos manuducentibus, consulentibus, & ex partibus [illegible] id unice volentibus iisdem Sapiehis, libera electione, qua nobis ipsi Monarchas Reges & Dominos creamus, exueret: unde & omnes suos conatus convertit, ut inpracticato in Polonia & M. D. Lit. a sæculis exemplo Seren. Regem Augustum II. feliciter modernum, quem liberis votis & vocibus ad thronum exaltavimus, eodem dejiciat, & inauditam exequatur dethronizationem. Quare quemadmodum id impossibile nobis concessu est, ita declarantes Seren. Augusto II. Regi nostro Clementissimo fidelem ad vitæ & sanguinis usque profusionem assistentiam, hoc vinculo unionis & nunquam rumpendæ Confoederationis nostræ nexu roboramus nos & conscribimus, pollicentes, nos omnes quotquot, sumus in magno D. Lit. cujuscunque Status, & Præeminentiæ, nunquam huic Confoederationi renunciaturos, sed pro Ecclesia Domini, pro Libertatibus nostris, Salute Seren. Augusti II. Regis N. Domini Clementissimi vitam posituros, & pectoribus nostris Majestatem ejus defensuros eos autem omnes, quotquot partibus Sueticis adhæserunt, illisque adjuncti toto late M. D. Lit. & Regno Poloniæ grassando substantiam nostram consumunt & etiamnum non respiciendo Constituta Sendomiriensis & Thorunensis Conventus perseverant in malitia sua; pro hostibus Patriæ & capitibus invindicabilibus (pro qualibus eos actu declaramus) habituros. Quod si quispiam Incolarum M. D. Lit. per Palatinatus & Districtus contra liberam electionem uti & contra Majestatem Regiam aliqua attentaret molimina, aut sive Suecis sive adhærentibus illorum opitulari defendere, asylumque præbere, vel quidpiam machinari ausus fuerit: contra ejusmodi tanquam hostem Patriæ nos insurrecturos, nec toleraturos in medio nostri declaramus. In quibus omnibus reassumimus omnia juramenta nostra per Palatinatus & Districtus facta, nec non sub fide, honore, conscientiis nostris obligamus nos, constanter nos vinculum hoc & sine ulla dissolutione conservaturos. Quocirca & modo delegamus de gremio nostro, cum hac Confoederatione nostra manibus nostris subscripta, & roborata ad Conventum à Seren. Rege pro decima sexta præsentis determinatum, ad eum locum, ubi in persona sua Majestatem morari contigerit, ut Legati nostri a toto corpore confoederati M. D. Lit. S. R. Majestati nostram deferant præsententque sinceritatem, & affectum; priusquam ex Palatinatibus & Districtibus speciales ibidem per comitia electi conveniant Commissarii, declarentque nos exemplo Majorum nostrorum, paratos futuros pro defensione Majestatis & personæ Regiæ, pro Juribus & Libertatibus nostris, vel vitam ipsam immolare, de quo ipso instructio a nobis specialiter extradita Legatis fusius edocebit. Modo vero huic Confoederationi manibus nostris nos subscribimus, quæ postquam in acta surrogatoria illata fuerit, ut typis mandetur pro perpetua rei memoria, Celsissimum Principem Dominum Campiducem Generalem M. D. Lit. Colonellum rogavimus. Actum Vilnæ &c.

(1) Nous tirons la date du 7. Mars du Titre de la Piéce dans l'Auteur, & celle de l'an 1703. de son Arrangement. [Dum.]

XXIII.

ANNO 1703.

XXIII.

22. Avril. **Punctations-Vergleich zwischen denen Hertzogen GEORG WILHELM zu Braunschweig-Zell/ und RUDOLPH AUGUSTUM zu Braunschweig-Wolffenbüttel/ des Lauts: daß Wolffenbüttel der Hannoverischen Primogenitur sich nicht opponiren/ die Hannoverische Chur erkennen/ die Præcedenz Hannover als Electori laßen; Hingegen Zell und Hannover der Wolffenbuttelischen Linie die Mit-Aufnehmung in die Chur-Belehnung und Eventual Succeßion in der Chur suchen zu bewürken auch den Wolffenbuttelischen Erb-Printzen den Rang vor den Hannöverischen post-genitis gönnen sollen und wollen. Geschehen Zell den 22 April 1703. Mit einem Articulo separato wodurch Hertzog RUDOLPH AUGUST seinen Antheil am Hertzogthum Sachsen-Lauenburg dem Hertzog zu Zell unter gewißen Bedingen cediret.** [LUNIG Teutsch. Reichs-Archiv. Partis Special Continuatio. 1. Abtheil. 4. Absatz. 4. pag. 171. d'où cette Piéce est tirée; elle se trouve aussi dans le *Theatrum Europæum* Tom. 16. pag. 281.]

C'est à dire.

Convention entre GEORGE GUILLAUME *Duc de Brunswich Zell, &* RODOLPH AUGUSTE *Duc de Brunswich Wolfembutel, portant que les Princes de la Ligne de Wolfembutel ne s'opposeront plus à la Primogeniture de celle de Hannover, qu'ils reconnoitront le Neufvieme Electorat selon qu'il y a été établi, & qu'en cette qualité ils lui cederont tous les honneurs du Rang & de la Prémimence; en échange de quoi les Lignes de Zell & de Hannover procureront que celle de Wolfembuttel reçoive avec eux la Co-Investiture de l'Electorat, & de la Succession eventuelle, et consentiront que les Ainez de la dite Ligne ayent le rang par dessus les Cadets de celle de Hanover. A Zell le 22. Avril* 1703 AVEC *Un Article separé, par lequel le Duc* RODOLPH AUGUSTE *cede au Duc* GEORGE GUILLAUME *sa portion du Duché de Saxe Lawenbourg sous certaines conditions.*

Zu Retabilirung eines völligen Vertrauens und Aufhebung aller Widerwärtigkeit in diesem Durchleuchtigsten Hause/ hat man beyderseits sich dahin verglichen.

I.

Daß alles/ so eine Zeitlang und biß dahero von einer Seiten wider die andere geschehen/ per æternam Amnestiam aufgehoben seyn soll.

II.

Wolffenbüttel will weder directe noch indirecte sich der Hannöverschen Primogenitur der Lande opponiren/ noch sich unter eigerley Prætext, es sey Pactorum Familiæ, oder wie das sonsten Nahmen haben möchte/ darinn immisciren/ noch auch andern/ so es thun wollen/ directe noch indirecte einigen Rath/ Vorschub oder Hülffe leisten.

III.

Wolffenbüttel agnosciret die Hannöversche Chur/ stehet ab von aller Opposition dagegen/ reserviret sich jedoch dabey/ daß es nebst andern membris des Fürstl. Collegii dahin will arbeiten/ daß denen Juribus Principum Imperii gebührend prospiciret/ und dieselbe auch in diesem Punct in integro erhalten werden. Dagegen will man Zell- und Hannöverscher Seiten allen äussersten Fleiß und Officia anwenden/ damit die Fürstlich Wolffenbüttelsche Linie mit in die Chur-Belehnung aufgenommen und in eventum, da die Hannöversche Linie abgehen solte/ in selbiger Chur succediren möge.

IV.

Die Præcedenz wird von Wolffenbüttel/ Hannover/ als Electori gelassen/ in eines jeden sinigen Landen aber werden so wohl die Herrschafften als Ministri einander die gewöhnliche honneurs bezeigen/ auch soll denen Wolffenbüttelischen Erb-Printzen von denen Hannöverschen Postgenitis der Rang gegönnet werden. Im übrigen allen bleibt es bey denen Pactis Serenissimæ Domus, und denen darinn auch der Observanz gegründeten Juribus Senii und deren Effectibus; Es ist auch hiebey verabredet/ daß von der Hannöverschen Chur-Linie denen regierende Herren Hertzogen zu Wolffenbüttel allezeit in Briefen und Schrifften das prædicat: Durchleuchtigst/ gegeben werden solle. Urkundlich ist diese Punctation von beyden hohen Theilen unterschrieben und vollenzogen worden/ So geschehen Zelle den 21. April. 1703.

Georg Wilhelm. (L. S.) **Rudolph August.** (L.S.)

ANNO 1703.

ARTICULUS SEPARATUS.

Das Hertzogthum Sachsen-Lauenburg betreffend.

Als Herrn Hertzog Rudolph Augusts Durchl. darauf bestanden/ daß bey dem unter heutigem dato errichteten Vergleich/ auch wegen Permutation ihres Antheils/ an dem Hertzogthum Sachsen-Lauenburg Handlung zugelegt/ und zu Verhutung aller aus denen Communionen insgemein erwachsenden Ungelegenheiten/ an dessen Statt ihnen einige andere ihren Landen näher gelegene Oerter abgetreten werden möchten/ Herrn Hertzogen Georg Wilhelms Durchl. auch vor höchstgedachten ihres Herrn Vettern Durchl darunter zu Gefallen seyn wollen; So hat man sich endlich deswegen verglichen/ wie folget:

1.

Cediren und überlassen Herrn Hertzog Rudolph August Durchleucht für sich/ Ihre Erben und Successoren auch gantze Fürstliche Wolffenbüttelsche Linie/ an Herrn Hertzog Georg Wilhelm und dero Successoren/ vorgedachten Ihren Antheil des Hertzogthums Sachsen-Lauenburg mit allen dessen Zubehörungen und Juribus, nichts überall ausgenommen/ wie es die vorigen Hertzoge zu Sachsen-Lauenburg gehabt/ besessen und genossen/ oder haben/ besitzen und geniessen sollen und mögen; Und thun sich so wohl an solchen Sachsen-Lauenburgischen Landen/ und was dazu gehöret/ als allen übrigen von der Zellischen Linie anjetzo besitzenden Landen weiter überall nichts als die gesamte Hand/ und den Rückfall in eventum vorbehalten; gleichwie denn auch andern Theils die Zellische Linie an die Wolffenbüttelsche Lande sich nichts weiters/ als vorgedachte gesamte Hand und den Rückfall/ vorbehält; Dafern auch hochgedachte Herrn Hertzog George Wilhelms Durchleucht und dero Successoren im Lauenburgischen und das Fürstliche Hauß Wolffenbüttel in dem demselben für seinen Antheil am Lauenburgischen cedirenden District Landes/ oder denen dazu gehörigen Juribus von jemand solte angefochten oder troubliret werden/ will man sich einander mit allen Kräfften assistiren; Nicht weniger will das Hauß Braunschweig und Lüneburg-Wolffenbüttelscher Linie dem Hause Braunschweig und Lüneburg Zellischer Linie/ ratione der demselben cedirenden tertiæ am Lauenburgischen/ die eviction præstiren/ und zwar dergestalt/ daß auf dem Fall/ wann das Hauß Braunschweig Lüneburg/ Zellischer Linie von jemanden/ wer der auch seyn möchte/ mit oder ohne Recht der Possession der besitzenden Lauenburgischen Lande entsetzet/ und selbiger Lande gantz oder zum Theil verlustig gemachet werden würde/ das Hauß Braunschweig-Lüneburg Wolffenbüttelscher Linie dasjenige/ was das Hauß Braunschweig und Lüneburg Zellischer Linie ihm loco æquivalentis wegen des Lauenburgischen abgetreten/ gantz/ oder falls der Zellischen Linie nur ein Theil der Lauenburgischen Lande solte entzogen werden/ pro rata selbigen Abgangs so fort ohne Exception und Sperrung es an die Zellische Linie restituiren wolle/ welche alsdann befugt seyn solle/ die Possession dessen/ was solchergestalt wieder zurück fallt/ zu ergreiffen; Auf den Fall aber das Hauß Braunschweig-Lüneburg-Zellischer Linie anderer particular-Ursachen halber jemand mit den Waffen aggrediren/ und daher von denselben des Lauenburgischen Landes gantz oder zum Theil entsetzet würde/ soll solcher Casus unter der eviction nicht mit begriffen seyn; Ein gleiches wird hinwiederum von Seiten des Hauses Braunschweig und Lüneburg-Zellischer Linie ratione evictionis, wegen der an das Hauß Braunschweig und Lüneburg-Wolffenbüttelscher Linie für dessen Antheil am Lauenburgischen/ hernachfolgender massen abtretenden Land und Leute hiemit versprochen.

2.

Dagegen übernehmen Herrn Hertzog Georg Wilhelms Durchlauchtigkeit/ und dero Herren Successoren diejenigen Summen/ so an Ihr. Königlichen Majestät in Pohlen/ als Churfürsten zu Sachsen/ für die Renunciation Ihrer Pretension

Anno 1703. pension an gedachtes Hertzogthum Lauenburg bezahlt / oder sonst zu Conservation desselben erogirt seyn / oder noch künfftig erogirt werden möchten / und wollen die Fürstliche Wolffenbüttelsche Linie deren allerdings überheben.

3.

Wollen Herrn Hertzogen Georg Wilhelms Durchl. vorhochgedachten dero Herrn Vetters Durchl. und der Wolffenbüttelschen Linie cediren / und überlassen zehentausend Reichs-Thaler an jährlichen Cammer-Contributions- und Schatz-Intraden / mittelst Überlassung dero Ampts Campen / oder anderer dem Fürstenthum Wolffenbüttel wohlgelegener Oerter oder Gefälle / ad concurrentem summam. Es wollen auch so dann beyde Theile die künfftige Gräntzen / durch dazu deputirende Commissarien und Ausfindung beständiger terminorum naturalium, so viel immer möglich / also reguliren lassen / daß man künfftig einige Gräntz-Irrungen zwischen beyden Linien um so weniger zu besorgen haben möge.

Dieser Separat-Articul soll eben die Krafft u. Würckung haben / als wann solcher dem Haupt-Vergleich von Wort zu Wort inserirt wäre; und renunciren nun damit beyde Theile allen und jeden exceptionibus und beneficiis, wie die auch Nahmen haben oder noch erdacht werden mögen / in specie læsionis etiam enormissimæ, restitutionis in integrum &c. item renunciationem generalem non valere, nisi specialis præcesserit, und wollen sich deren auf keine Weise noch Wege jemahln gegen diesen Vergleich gebrauchen / sondern dem / was also geschlossen / in allem treulich und ohne alle Gefehrde nachkommen; zu Urkund ist dieser Separat-Articul von beyden hohen Theilen unterschrieben und vollzogen worden. So geschehen Zelle den 22. April. 1703.

George Wilhelm. (L. S.)

R August. (L. S.)

XXIV.

30. Avril. **End-Urtheil durch Ihro Röm. Kayserl. Maj. Leopoldi I. verordnetes Judicium delegatum über Franciscum Ragotzi ergangen. Krafft welchen derselbe von wegen begangenen und genugsam überwiesenen Criminis læsæ Majestatis & Perduellionis von allen Ehren und Würden entsetzet / und mit dem Schwerdt vom Leben zum Tod hingerichtet werden solle. Publicirt den 30. April. 1705. [Lunig Teutsch Reichs-Archiv. Part. Spec. Conntinuat. I. Fortsetzung I. Abs. 3. pag. 498.]**

C'est-à-dire,

Sentence rendüe par les Juges Delegués de Sa Majesté Imperiale Leopold I. *Contre* François Ragotzy, *portant privation de tous ses Biens, Honneurs, & Dignités, & Condamnation de mort, pour le Crime de leze Majesté & de Rebellion par lui commis contre sa dite Majesté. Publié le 30 Avril 1703.*

Nachdem Franciscus Ragoczy, in denen mit Ihm in der Gute vorgehabten Examinibus, auch theils durch seine Hand-Brieffe und andere / wider Ihn in der vorgenommenen Inquisition eingeloffene Zeugnissen / folgends ergriffene fugam seines zu Neustadt gehabten Arrests / offentlich und uberflüßig confessus und klar convictus worden / daß er aller von Ihrer Kayserlichen und Königlichen Majestät empfangenen Ehren / Würden und anderer Kayserl. Königl. und Landes-Fürstl. hohen Gnaden / so gar der natürlichen Schuldigkeit vergessend / und undanckbahr / aus lauter unzulässlicher Ambition und verbothenen Ehrgeitz / auch verdamter Vergessenheit / das nefandum Crimen læsæ Majestatis & Perduellionis in nachfolgenden Stücken begangen.

Indeme er mit verschiedenen / etwelche in Rechten höchst verbothene / zum Schaden und wieder seinen gesalbten natürlichen König und Landes-Fürsten / die Röm. Kayserl auch zu Hungarn und Böheim Königl. Majest. unsern allergnädigsten Herrn / rc. rc angesehene Bündnissen intentiret / und zu einer wider aller-höchst-gemeldte Kayserl. und Königl. Majestät vorgenommenen höchstgefährlichen Abschickungen cooperiret / und gedachtes Königreich Hungarn frembder Gewalt und Protection unterwürffig zu machen gesucht / auch andere zu bedeuten / der Natur selbst widerstrebenden Verbrechen verleitet / derentwegen verschiedene heimliche Conventicula angestellet / und zu Fortsetzung seines höchst-sträfflichen Beginnens und Gewinn / auch an sich Ziehung des Adels und Gespannschafften allerhand Mittel vorgekehret / mit andern berathschlaget / dergleichen gemachte Anschläge allezeit / und biß Ihre Majest. anderwärts hievon Wissenschafft bekommen / uneröffnet gelassen; Wie dann er zu solcher Beförderung an den König in Franckreich den 1. Novembr. 1700. durch und durch eigenhändig geschrieben / und darinn forderist / mit præmittirender Anrühmung seiner Familie von der Cron Franckreich erwiesener Gutthaten / die vermeintliche Unterdrückung des Königreichs Hungarn dahin vorgestellt / weilen GOtt Ihne nunmehro in den Stand gesetzt / daß dieses Königreich das gantze Vertrauen auf Ihn gefasset / er Ihne König von Franckreich / für seinen Vater / Beschützer und Erlöser desselben ersuchet / mit dem Beysatz: Daß anjetzo die besten Conjuncturen darzu vorhanden wären / als die Einigkeit zwischen Ihnen nicht / der Unwillen ingemein / Particular-Familienübel zufrieden / und das einzige Absehen der Stände / zu Nutzen des Königs in Franckreich / einhellig dergestalten eingerichtet stünde / daß / wann die Cron Franckreich sich annehmen hätte die Sache besser / als jemahls / von statten gehen / er Ragoczy aber alles beytragen würde / zu zeigen / daß seine Gemüths-Neigung / die er von seinen Vor-Eltern ererbet / zu Nutzen und Ehr bemeldter Cron Franckreich angesehen sey.

Diese seine angesponnene Intention hat er so gar in seinem / de eodem dato, an einen Frantzösischen Minister, Nahmens Barbesieux, abgelaßen / und aus eigenhändigem Schreiben bestättiget / nebst beygezogener Erinnerung / daß Überbringer dessen / so in allem auf das beste informiret seye / solches Vorhaben mit mehrern entdecken würde / also zwar / daß demselben geglaubet werden könne.

Und als das von ersterwehnten Barbesieux von Versailles den 18. Decembr. 1700. darauff erfolgte Antwort-Schreiben so viel mit sich gebracht / daß er gedachten Brieff erhalten / den Überbringer angehöret / und so viel effectuiret / daß sothanes Schreiben an die Cron Franckreich / mit der Versicherung / solche Intention seiner Zeit zu secundiren / angenommen worden / welches mit mehrern der Abgeordnete zu entdecken hätte / unterdessen aber Franckreich das Absehen / möglichst zu helffen schon nehmen würde; hat Ragoczy gleich bald darauff sub dato 11. Febr. 1701. hinwiederumben den König in Franckreich dieses Innhalts zugeschrieben: Mit was Freuden die Hungarn die Hoffnung der Königl. Protection, die ihnen durch obbenennten Ministrum Barbesieux überschrieben worden / vernommen hätten / und daß Überbringer dieses Brieffs die Ursach eröffnen werde / warumben die verlangte Vollmacht von den Hungarischen Häuptern nicht eingeschicket worden? Diese aber / nebst Versicherung der beständigen Treue von dem Hungarischen Königreich / so wohl in das gemein / als von einem jeglichen in particulari, bevorab von ihme Ragoczy bald nachfolgen solle. Gestalten er / zu Fortsetzung dieses seines verdamten Vorhabens / mit seinem Anhang / berühetem Überbringern selbst eine Instruction, was er / der Assistenz halber / mit Franckreich negotiiren solle / an dictiret / selbige etlichmahls bedächtlich überlesen und übersehen / derselben auch noch beygesetzet worden / daß der König in Franckreich Pohlen zu ersuchen hätte / die Hungarn zu animiren / ingleichen den Türckischen Hof zu menagiren / imo verlangt / daß Franckreich zu Stabilirung solcher Machinationen / Officirer / Minirer / und Ingenieurs überschicken möchte. Und als er Ragoczy hierauff von der Cron Franckreich zur Antwort erhalten / daß / wann gedachte Vollmacht gefertigter einlauffen würde / man noch anbey über Dantzig und Hamburg zwey Millionen Livres, ihme Ragoczy aber in specie 200000, zu Unterhaltung der Völcker überschicken wollte. Er Ragoczy mit seinem Anhang / ohne Anstand wieder veranstaltet / einige in die Comitaten abzuschicken / selbe zu Unterschreibung sothaner Vollmacht zu disponiren / welche Vollmacht sodann nacher Metz / oder Lutzenburg dem schon Abgeordneten nachgeschicket werden solle; Bey allem diesen / und inzwischen hat Ragoczy zu weiterm Behuff dieses seines so schändlich / GOtt-Gewissen-und Ehrlosen intendirten Lasters / die Kayserliche Guarnison in Mongatsch und Ungvar / mit seinen Complicibus effective umzubringen conspiriret / den alldasigen Commendanten / durch Ansetzung eines Messers an die Gurgel / nebst anbetrohender Ermordung / zur Übergab berühreter Vestung zu zwingen / auch bey erlangender Assistentz der Cron Franckreich / drey Corpo, und zwar eines unter dem Töckeli in Siebenbürgen / das andere an der Theiß / das dritte gegen Caschau zu formiren gedacht / wie nicht weniger alle Teutsche Soldaten in Quartieren umbzubringen machiniret / anbey auch Franckreich versichern lassen / daß so bald nur 10000. Mann beysammen stehen werden / das gantze Königreich Hungarn sich zu Ihme schlagen / so dann sie so wohl diejenige / welche mit Ihnen nicht halten / darzu zwingen / als auch in Böheim / und Schlesien etwelche theils Hussiten / theils Lutheraner / an sich ziehen würde / und zu Bewerckstelligung alles dessen mit dem Frantzösischen Botschaffter zu Rom oder Florentz die Unterredung selbst zu thun / ingleichen daß er Holl-und Engelland hierzu anfrischen wolte; wie auch mehr andere / aus denen Actis erscheinende aller Treu-vergessene / und höchst-straffmäßige Verbrechen vorzukehren sich keines weges besheuet.

Deren allen und jeden er durch seine eigene selbst bekenntliche Hand-Brieffe / bey gehörten Actis befindliche Schrifften /

Anno 1703.

ANNO 1703. ten/ und vorgehabte Inquisition und Confrontation überwiesen. Und daß er solche seine schwere Verbrechen/ ohnangesehn der ihm überfluß ihme von Ihrer Römisch Kayserl. und Königlichen Majestät ertheilten/ und allein aus lauter Gnade und Milde/ da doch sie in tam execrando, & excepto Crimine, ohne Process, so in dergleichen Fällen nicht gebräuchig stante absque hoc notorietate facti, wider ihne Ragoczy Fug/ Macht und Recht gehabt hätten/ ohne einiger Anhörung/ Verantwortung/ und Vernehmung/ diejenigen Straffen alsobalden executive ergehen zulaßen/ welche die Kayserl. Königl. und andere Rechten dergleichen Lastern durchgehends setzen und verordnen/ zugelaßener Defension, dafern er sich einer gebrauchen möchte/ keines weges verantworten können/ sondern durch Violirung gleich nach ordentlich intimirter des Fisci Criminal-Anklag/ seines zur Neustadt gehabten Arrests/ mithin ergriffene fugam, sich dißfals ex superfluo confessum gemacht: Als ist/ durch das von höchstgedacht Ihrer Kayser-und Königl. Majest. in Sachen verordnete Judicium delegatum, in reiffer Erwegung aller einkommener Schrifften/ Nothdurfften und Umständen/ zu Urtheil und Recht erkennet/ von Ihrer Maj. auch der Justiz ihren Lauff zu lassen/ allergnädigst resolviret worden: Daß der Frantz Ragoczy, wegen dieses begangen und genugsam überwiesenen Criminis læsæ Majestatis ac Perduellionis, mit Leib/ Ehr und Gut in Ihrer Kayserl. und Königl. Majestäten Straff verfallen seye. Solchem nach soll er von nun an aller Ehren und Würden entsetzet seyn/ durch den Scharffrichter/ so bald man seiner habhafft werden wird/ an Orth und End wo es sich gebühret/ mit dem Schwerdt vom Leben zum Tod hingerichtet/ und sein Haab und Güter dem Kayser- und Königl. Fisco verfallen seyn. Dieses Ihme Ragoczy zu einer wol verdienten Straff/ seines gleichen aber zu einem Greuel und abscheulichem Exempel. Publicirt den 30. April 1703.

XXV.

2. Mai. *Declaratio Legati Cæsarei Comitis a* WALDSTEIN, *&* *Amirantis* CASTELLÆ, *super tertiam partem subsidiorum & armorum, Regi Lusitaniæ promissorum. Datum Olisiponæ 2 Maji* 1703. CUM *Ratificatione Cæsarea. Datum Viennæ 9 Septembris* 1703. [Copie tirée du Protocolle de l'Ambassade Imperiale en Hollande.]

NOS LEOPOLDUS, *Divinâ favente Clementiâ Electus Romanorum Imperator semper Augustus, ac Germaniæ, Hungariæ, Bohemiæ, Dalmatiæ, Croatiæ, Esclavoniæ Rex, Archiduc Austriæ, Dux Burgundiæ, Brabantiæ, Stiriæ, Carinthiæ, Carniolæ, Marchio Moraviæ, Dux Lucemburgiæ, ac Superioris & Inferioris Silesiæ, Wirtemberge & Teckæ; Princeps Sueviæ, Comes Habspurgi, Tyrolis, Ferretis, Kyburgi & Goritiæ, Landgravius Alsatiæ, Marchio Sacri Romani Imperii, Burgoviæ ac Superioris & Inferioris Lusatiæ, Dominus Marchiæ Sclavoniæ, Portus Naonis & Salinarum.*

Notum facimus & testamur quod cum sub conclusionem Fœderis inter Nos, Serenissimam Potentissimamque Principem Dominam Annam, Magnæ Britanniæ, Franciæ & Hiberniæ Reginam, uti & Ordines Generales Fœderati Belgii ex unâ: & Serenissimum ac Potentissimum Principem Dominum Petrum Secundum Lusitaniæ & Algarbiæ Regem ex alterâ parte, die decimo sexto præsentis Mensis Maii Olisyponæ initi, Legatus Noster ibidem Extraordinarius Comes à Waldstein und cum Amirante Regni Castellæ ad summovendas difficultates quæ circa tertiam subsidiorum Armorum & munitionum, Regi Lusitaniæ promissorum, exortæ Fœderis istius subscriptionem ex parte Ministrorum Serenissimæ Reginæ Magnæ Britanniæ & Ordinum Uniti Belgii videbantur remoratura sequentem ediderit Declarationem.

LOS Ministros Plenipotenciarios de las dos Potencias Maritimas que se hallan en esta corte de Lisboa, han expresado repetidas veces las considerables sumas que les piden Portugueses para entrar en la Liga y que despues de haver puesto la mayor y mas continuada Solicitud en que se rebaxassen mucho las que propusieron en el projecto siempre quedan insuportables los socorsos que por ultima resolucion quieren para entrar en la Liga, anadiendo que les sera impossible firmar con tanto dispendio de sus Amos este tratado, si su Mag. Cesarea, y el Sr. Rey Don Carlos III. no se obligasen a que la Monarquia de Espagna, que es la principal interesada, contribuira con la terzera parte de dichos subsidios, Armas, y municiones que se dieren a Portugal para esta Alianza y constaren del Tratado con ellos, obligandose ambas Potencias a suplir esta tercera parte mientras la Monarquia de Espana no esta en aptitud de concurrir con Ella, con la condicion de que aya de satisfazerla quanto antes pueda despues de hallarse el Signor Rey Carlos III. en la possession del Regno de Espana. Y haviendo considerato el Conde de Waldstein, Ambazader Extraordinario en esta Corte por Su Mag. Cesarea y su Plenipotenciario en el tradado di esta Liga, y el Admirante del Castilla que sin esta circunstancia peligrata un Tratado que esta suma de las cosas para el fin deseado, y tan de la mayor importancia al servicio y exaltacion de la Aug. Casa, que abierta esta puerta, entra con tanto mayor brevedad y seguridad a la Sucesion hereditaria de la Monarquia Espagnola; & que per otra parte las razones que alegan dichos Ministros Plenipotenciarios de las Potencias Maritimas son tan justificadas y conbenientes, les ha parecido muy puesto en razon, mas come les falta poderes para tratar con las Potencias Maritimas no han podido obligarse formalmente a ello, pero no dudan que ambas Magestades Cesarea y Catholica se dignaran de aprobar esto mismo que estan de su Real Servicio, y en fee de ello firmaron la presente y coroboraron con el sello de sus armas. ANNO 1703.

En Lisbona à 2. de Mayo de 1703.

(LL.) El Conde DE WALDSTEIN. (LS.) EL ALMIRANTE DE CASTILLA.

NOS *tamdem confirmaverimus, approbaverimus, & ratam habemus, promittentes Verbo Nostro Cæsareo illam non solum à Serenissimo filio Nostro Secundo genito statim atque à Nobis Successor Monarchiæ Hispaniæ publicè declaratus fuerit approbatum, sed etiam deinceps bona fide servatum & impletum iri. In cujus rei majus robur hanc paginam manu nostra subscriptam Sigillo nostro Cæsareo muniri jussimus. Dabantur in urbe nostra Viennæ die nona Septembris anno millesimo septingentesimo tertio Regnorum Nostrorum, Romani quadragesimo sexto, Hungarici quadragesimo nono, Bohemici vero quadragesimo septimo.*

ad Mandatum Sacræ Cæsareæ Majestatis proprium,

C. F. CONSBRUCK.

Ratificatio CAROLI III. *Regis Hispaniarum super eandem Declarationem. Datum Viennæ 13 Sept.* 1703. [LAMBERTI Memoires pour servir à l'Hist. du XVIII. Siecle Tom. II. pag. 520. (III.)] 13. Septembre.

NOS CAROLUS III. *Dei Gratia Rex Castellæ, Legionis Harragoniæ, utriusque Siciliæ, Hyerosolimorum, Navarræ, Granatæ, Toleti, Valantiæ, Gallaciae, Majoricae, Minoricae, Seviliae, Sardiniae, Cordubae, Corsicae, Murciae, Giennae, Algarbiae, Algericae, Gadium, Insularum Canariarum, Indiarum Orientalium & Occidentalium, Insularumque & Terrae firmae Maris Oceani, Archidux Austriae, Dux Burgundiae, Brabantiae, Mediolani, Athenarum & Neopatriae, Comes Habspurgi, Flandriae; Tyrolis, & Barcinonis, Cantabriae & Molinae Dominus.*

Notum facimus & testamur quod cum translationi Hispanicae Monarchiae ab Augustissimo Imperatore Domino & parente Nostro Colendissimo, uti & Serenissimo Principe Domino JOSEPHO *Romanorum ac Hungariae Rege charissimo fratre nostro primogenito, in Nos hesterna die solenniter factae ea conditio addita & à nobis acceptata sit, ut omnes Conventiones ratas habeamus quae ad vindicandam ejusdem Monarchiae possessionem Sacra Cæsarea Majestas inierit; atque inter alias nobis exhibita fuerit Declaratio quaedam ab ejusdem Ministro & Extraordinario in Aula Lusitaniae Legato Comite à Waldstein nec non ab Amirante Regni Castellae Olysiponae facta & à Sacra Cesarea Majestate approbata tenoris sequentis.*

NOS LEOPOLDUS. &c.

NOtum facimus & testamur quod cum sub conclusionem Fœderis inter Nos Serenissimamque Principem Dominam Annam, Magnae Britanniae, Franciae & Hiberniae Reginam; uti & Ordines Generales Fœderati Belgii ex una, Et Serenissimum ac Potentissimum Principem Dominum

ANNO 1703.

minum Petrum secundum Lusitaniae & Algarbiae Regem ex alterâ parte die decimo sexto praeteriti Mensis Maii Olysiponae initi Legatus Noster ibidem Extraordinarius Comes à Waldstein unâ cum Amirante Regni Castellae ad summovendas difficultates quae circa tertiam subsidiorum, armorum & munitionum Regi Lusitaniae promissorum exortae Fœderis istius subscriptionem ex parte Ministrorum Serenissimae Reginae Britanniae & Ordinum Uniti Belgii videbantur remoraturae, sequentem ediderit Declarationem.

„ Hic ponitur Declaratio in Linguâ Hispanicâ
„ Sicut est in Ratificatione Imperatoris.

Nos eamdem confirmaverimus, approbaverimus, & ratam habuerimus, approbamus etiam illam & ratam habemus, promittentes Verbò Nostro Caesareo illam non solum a Serenissimo filio nostro secundo genito statim atque à Nobis Successor Monarchiae Hispanicae publicè declaratus fuerit, approbatum, sed etiam deinceps bona fide servatum & impletum iri. In cujus rei majus robur hanc paginam manu nostra subscriptam Sigillo Nostro Caesareo muniri jussimus. Dabatur in urbe nostra Viennae Die nonâ Septembris &c.

Nos Sacrae Caesareae Majestatis verbum in omnibus implere Ejusque fidem liberare cupientes, praetactam Declarationem & Promissionem Caesaream gratam ratamque habuerimus & promittimus, Nos illam accuratè observaturos & juxta illius tenorem Serenissimae Reginae Magnae Britanniae & Ordinibus Generalibus Fœderati Belgii bonâ fide satisfacturos esse. Harum vigore Literarum manu nostra subscriptarum & Sigillo nostro Regio munitarum, quae dabantur Viennae Austriae die decimâtertia Mensis Septembris Anno post Nativitatem Salvatoris Nostri Septigentesimo tertio, Regnorum Nostrorum primo.

CAROLUS.

XXVI.

9. Juillet.

Confœderatio Majoris Poloniæ iterata pro Fidei Catholicæ, Ecclesiarum Domini, & Majestatis Regiæ AUGUSTI II. *defensione, cum juramentis Sredæ die 9 Mensis Julii Anno* 1703. [ANDREÆ CHRYS. IN ZALUSKIE ZALUSKI Episc. Varmiensis *Epist.* Tom. 3. Epist. 67. pag. 520.]

In Nomine sanctissimæ Trinitatis Amen.

NOs Consiliarii, Dignitarii, Officiales, & Equestris Ordo Posnaniensis & Calisiensis Palatinatuum ad Comitiola ex limitatione pro die 9. Julii incidentia Sredæ congregati, volentes in illis rebus sucurrere lapsis & de interna ac externa Palatinatibus prospicere securitate, nec interim secundum tam pia intenta procedere valentes, conatus nostros, annihilante quorundam malevolentia; qua factum est, ut ruptis præsentibus Comitiolis libere consulendi & sentiendi activitas sisteretur, accepta notitia in iisdem Comitiolis à reducibus Lublino Legatis nostris quos illuc nemine contradicente ad extraordinaria Regni Comitia duas hebdomadas duratura de medio nostri in secundis per iterata S. R. Majestatis ad Castra Palatinatuum nostrorum Universalia designatis in commune de Repub. consulturos destinaveramus: qualiter eadem malevolentia quibusdam perperam adinventis procuratisque protestationibus, quarum nullam sub tempus nostrorum Comitiolorum illatam audivimus activitatem iis inhibuit, & à communi Reipub. consilio per speciem inæqualitatis illorum cum aliis Palatinatibus, separavit præsentiaque Comitiola consummare negavit. Hinc nolentes esse sine consilio domi, sine armis foris, videntesque undique in Palatinatus nostros ingruentia pericula & discordiam perniciei eorundem Palatinatuum per dissolutionem insolito prorsus modo Comitiolorum intentam, confugimus ad media in hac Repub. toties practicata, ad Confœderationem scilicet, quam more Majorum nostrorum, & exemplo pro Fide Sancta Romana Catholica, Ecclesiis & aris Domini, Majestate Regia Serenissimi Augusti II. (salvo per omnia vinculo Pactorum conventorum ex vi Juramenti Regii promanante) pro juribus Regni & M. D. Litu. libertatibus & prærogativis, sanguine Antecessorum nostrorum partis, juramento & tot privilegiis Serenissimorum Regum ipsiusque Serenissimi Regis Augusti II. feliciter moderni roboratis, in quibus potissimum ceu fundamento libertas nostra subsistit, defendendis & tuendis condimus, constituimus, vinculumque hoc nostrum juramento infra posito roboramus, protestando coram Deo; qui solus penetralia cordis inspicit, nos ad hanc colligationem mutuam non nisi salute publica & conservatione jurium Patriæ, ut illa in eodem statu, in quo ab Antecessoribus accepimus, Posteris & successoribus relinquamus, non autem per rationem aliquorum moliminum, à quibus procul mentem & intentiones nostras removimus, pacis utpote amantes, eamque & integritatem jurium unice desiderantes, induci & inductos esse; Protestamur coram S. R. Majestate nos pro ejus conservanda Dignitate (salva integritate jurium nostrorum) sanguinem, vitam, & fortunas nostras immolare paratos esse, manifestamus nos coram universa Repub. tanquam communi matre nostra, quæ nos omnes complectitur charitate, nos non ex intentione & respectu excitandæ alicujus confusionis & turbarum, quibus Regna evertuntur, & Dominia ad incitas rediguntur: sed mere intuitu restaurandorum jurium & libertatum nostrarum, defensionis tam Palatinatuum nostrorum, quam totius Reipublicæ nostræ, inhibitionis damnosarum factionum, reductionis jurium quæ ex suis cardinibus mota sunt, denique ex ratione probationis, quod legitime Nuntios nostros in iteratis Comitiolis absque ulla contradictione electos, ad extraordinaria Lublinensia duarum hebdomadarum Comitia destinaverimus, hoc salvandæ libertatis medium arripere, conjurando & obligando nos ad Sacræ Romanæ Catholicæ fidei, Ecclesiis Domini, integritati Patriæ, Majestati R. Augusti II. (salva integritate jurium nostrorum) juribus Regni & M. D. Lit. libertatibus & prærogativis, honori, personæ & fortunæ Mareschalci nostri, & Senatorum Consiliariorumque nostrorum, & vicissim Mareschalcum cum Senatoribus & Consiliariis nobis invicem, uno alterum non deserente aut se separante, sed mutuo singulis singulos defendentibus, sanguinem ad supremam usque guttam impendendum, assistendum, pectoribusque nostris pro muro propugnandum. Cui præfato Marescalco Confœderationis nostræ omni securitate, quoad vitam, honorem & fortunam consulturos & prospecturos declaramus, eumque ab omni in omni casu impetitione evicturos, nec citius hunc nexum dissoluturos, quam & ab intra & ab extra universa Respub. pacificata fuerit, & jura, libertates, prærogativæ quæ sua firmitate exciderunt, servatis gradibus in Comitiis consultandi, pristino restituantur statui. Ad quæ fidem, honorem & conscientiam nostram obligamus. Ut vero cuncta suo ordine tractarentur, invitavimus & elegimus in Mareschalcum hujus Confœderationis Petrum Jacobum à Paradysz Bronisz Capitaneum Pyzdrensem, declarantes illi omnem modestiam; quodque Mareschalcus cum Senatoribus & Consiliariis in rem & commodum boni publici constituet, pro rato & grato habebimus, jam nunc ad executionem (dummodo ea pertineant ad conservationem libertatis) deducere concedentes, omnem insuper Authoritatem tribuimus & facultatem damus eidem Mareschalco convocandi nos Universalibus, ubi id necessitas & quando postulaverit. Speramus interim huic tam Sanctæ confœderationi nostræ universam nobilitatem, ad quam prævia nostræ promptitudinis fraternæ commendatione Senatores & universos Confratres Palatinatuum nostrorum invitamus. Quæ omnia ut nobis mutuo præstemus, datam fidem nunquam falsuri in has juramenti rothas conjuramus. Et imprimis Mareschalcus.

Ego NN. juro Domino Deo Omnipotenti uni in S. Trinitate, me ex voluntate Confratrum Posnaniensis & Calissiensis Palatinatuum in Comitiolis ex limitatione die 9. Julii incidentibus ruptis Confœderatorum, susceptum ministerium Mareschalcatus Confœderationis sine ulla partialitate (secundum id quod mihi per Confœderationem scriptam commissum est) gesturum & insimul cum Senatoribus & Consiliariis uti etiam Confœderatis Confratribus pro Fidei Sacræ Romanæ Catholicæ, Ecclesiarum Domini, Majestatis Regiæ Augusti II. (salvo per omnia vinculo Pactorum conventorum ex vi juramenti Regii promanante) item jurium, libertatum, prærogativarum Regni, & M. D. L. jurium omnium Cardinalium omniumque Confratrum in subscriptionibus hujus Confœderationis expressorum ad effusionem ultimæ guttæ sanguinis mei defensione laboraturum & staturum, nec functioni

ANNO 1703.

tioni meæ Mareschalcali renunciaturum, donec Respub. tam ab extra quam ab intra pacificetur, & jura nostra, quæ ex orbita sua mota sunt, ad suum statum, esse, & vigere reducantur. Causas omnes ad judicium meum Mareschalcale pertinentes itidem simul cum Consiliariis secundum jus scriptum, justitias & æquitatem sine ullo respectu, amici & inimici, civis & peregrini discrimine sublato judicaturum. Ad quæ omnia tenenda, implendaque sub fide, honore & conscientia ut verus honestique amans Nobilis me obligo, sic me Dominus Deus adjuvet, & ejus S. innocenterque intolerata Passio.

Consiliarii autem, quos è medio nostri eligimus, ut Vladislaum Poninski Subpræfectum Stabuli Regni &c. Stephanum Urbanowski Notarium Castrensem Wschovensem Secretarium hujus Confœderationis, &c. &c. Quibus omnibus uti Mareschalco nostro sic & illis usque ad ultimas vires nostras assistemus, & bonorum illorum æque ac Mareschalci tuebimur, in hanc nos vicissim defensuri, juramenti Rotham jurabunt.

Ego NN. juro uni in Trinitate Sancta Deo Omnipotenti, me ex voluntate Confratrum Posnaniensis & Calissiensis Palatinatuum, post rupta ex limitatione die 9. Julii incidentia Comitia Confœderatorum assumptum ministerium Consiliariatus Confœderationis sine ulla partialitate (secundum quod per conscriptam Confœderationem mihi commissum est) gesturum & insimul cum Mareschalco & Senatoribus uti etiam Confratribus Confœderationis pro Fidei Sacræ Romanæ Catholicæ, Ecclesiarum Domini, Majestatis Regiæ Augusti II. (salvo per omnia vinculo Pactorum conventorum ex vi Juramenti Regii promanante) jurium item libertatum & prærogativarum Regni, omnium Jurium Cardinalium & omnium Confratrum in subscriptionibus Confœderationis expressorum defensione, ad effusionem usque ultimæ guttæ sanguinis laboraturum & staturum, nec muneri Consiliariatus mei renuntiaturum, donec Respub. tam ab intra quam ab extra pacificetur, & nostra jura quæ ex orbita sua mota sunt, ad pristinum statum, esse & vigere reducantur. Causas omnes ad judicium Mareschalcale pertinentes, simul cum Mareschalco secundum jus scriptum, justitiam & æquitatem, sine ullo personarum respectu, amici & inimici, civis & peregrini discrimine sublato judicaturum. Ad quæ omnia manu tenenda implendaque, ut verus honestique amans Nobilis sub fide honore, & conscientia me obligo: sic me Dominus Deus adjuvet, & ejus S. innocenter tolerata Passio.

Nos vero ipsi Mareschalco, Senatoribus, & Consiliariis nostris nobisque invicem adstituri, obligamus nos in eam juramenti Rotham.

Ego NN. juro uni in S. Trinitate Omnipotenti Deo me pro Fidei Sacræ Romanæ Catholicæ, Ecclesiarum Domini, Majestatis Regiæ Augusti II. (salvo pro omnia vinculo Pactorum conventorum ex vi juramenti Regii promanante) item jurium, libertatum, & prærogativarum Regni, Magnique D. L. omnium jurium Cardinalium, nostrimet ipsorum & Mareschalci nostri Senatorum & Consiliariorum nostrorum mutua & reciproca defensione ad effusionem ultimæ guttæ sanguinis nostri laboraturum, & staturum, nec a vinculo hoc me absoluturum: donec Respublica tam ab intra quam ab extra pacificetur & jura nostra ex sua dimota orbita ad pristinum statum, esse & vigere reducantur, obligatumque futurum subesse judicio Mareschalci, observare, Mandatisque ejus parere, ad quæ omnia implenda & manutenenda sub fide, honore, & conscientia uti verum & honesti amantem Nobilem decet; sic me Deus adjuvet & ejus Sancta innocenter tolerata Passio.

Quam Confœderationem nostram quemadmodum fide jurata confirmavimus, ita seorsivis manuum nostrarum subscriptionibus roboramus, prædictasque subscriptiones in depositum Mareschalco nostro reddimus. Congressum vero futurum hujus Confœderationis nostræ, pro die Comitiolorum futuræ relationis, quorum spem habemus, nobis designamus. Casu quo vero Comitiola relationis non forent, declaramus, & fraterne nobis promittimus 30. Augusti nos huc Sredam more militari conventuros. Hæc ipsa Confœderatio cum juramentis ut ad Acta authentica quævis Regni contraderetur, unanimi consensu Mareschalcum ejusdem nostræ Confœderationis rogavimus. Datum Sredæ ab inchoata Confœderatione die 9. Mensis Julii Anno 1703.

Petrus Jacobus à Paradysz Bronisz Capit. Pizdrensis Marescalcus Confœd. Posnan. & Caliss. Palatinatuum &c.

XXVII.

ANN 1703. 4. Septembre.

Ritter-Capitulation der Freyen Reichs-Ritterschafft in Schwaben/ am Neccar und Schwartz-Wald/ über und wegen Bestellung eines neuen Directorial-Staats/ deßen Officianten und vieler andern hierzu benöthigten Sachen/ aufgerichtet zu Reutlingen den 4. Septembris anno 1703. [LUNIG Teuth Reichs-Archiv. Part. Spec. Continuat. 3. Abtheil. 7. pag. 407]

C'est-à-dire,

Capitulation de la Libre Noblesse Imperiale de Suabe sur le Necker & dans le Schwarts-Wald, sur l'établissement d'un nouveau Directoire, & des Officiers qui y sont necessaires. Fait à Reutlingen le 4 Septembre 1703.

Zu wißen: Demnach auff tödtliches Ableiben des Reichs-Frey Wohlgebohrnen Herren Georg Friedrich Schertels von Burthenbach zur Maure / dißeitigen Neccar Schwartzwald Ritter-Cantons gewesten Directoris, seel. Angedenckhens/ die Herren Räthe und Außschüß/ wie auch die sambtlich Adeliche Mitt-Glieder solchen Orths zu Ersetzung solcher und anderer vacierenden Stellen den Orth und Wahl-Statt nach deß Heyl. Reichs-Statt Reuttlingen beraumbt/ und daselbst in ziemblicher Anzahl auff den 3. Septembr. deß 1703. Jahrs sich eingefunden/ daß den gefolgten Tag/ ehe und dann man zur Wahl eines newen Directoris, und damit zugleich zu Ersetzung der längst erledigten Stell eines Evangelischen Außschusses geschritten/ die Revision der bereiths mehr dann vor 30. Jahren zue Reuttlingen den 20. (30.) Octobr. Anno 1671. errichteter Ritter-Capitulation vor Handen genommen worden/ umb so mehrers/ daß bey der täglich häuffender gewaltthätiger Abnahm der Collectablen Ritther-Güethern/ und damit zu deren recht-und güttlicher wieder Herbeybringungung vermehrenden Kösten/ Müh und Beschwerdten so wohl eine höchstbedürfftige Menage, als auch nicht minder benöthigte Fortführung des Ritterschafftl. Staat und Stands vermittels Erlang-und Beybehalthung qualificierten subjectorum zue denen Directorial-Außschuß/ Syndicat-Secretariat-und andern benöthigten Stellen stabiliert und ins Werckh gesetzt werden möge.

Erstlich/ Bleibt es bey dem in der vor allegierten Ritter-Capitulation projectierten Staat eines Directoris, Räthen/ Außschüßen und Truchenmeistern/ also und dergestalten/ daß sie in allen Vorfallenheithen die alleinige Absicht auff das alte Herkommen/ die Ritter-und Gerichts-Ordnungen/ Kayserliche Privilegia, errichtete fünff Orths-Ritter Viertels Außschueß Recess und Verabschiedungen als ihre alleinige Richtschnur steiff und fest halten/ niemandt weder Mitt-Gliedern/ noch Officianten darwider im geringsten nicht beschwehren/ alles durch Schreiben/ so viehl immer müglich/ verrichten/ von kostbahrer Hin-und Herschickhung der Mitt-Glieder und Officianten/ wo es nicht die sonderbahre Noth und Ohnkösten werth seyende gemeinsahme Anligenheith betrifft/ gäntzlich abstrahieren/ die kostbahre Zuesammenkunfften ohne dringende Noth und vorherige Verechnung/ ob die deliberanda die darauff gehende spesen auch meritieren/ und nicht schrifftlich durch umbschickhende Bericht erörtert werden mögen/ unterlaßen/ das Ritter-Signet bloß allein nirgendes beyzuetruckhen/ sondern daß darneben des Directoris und des ältern Außschußes der andern Religion, wie auch des Syndici Nahm von jedem aigenhändig beygesetzt werde/ sonderlich in Gelde und andern præstationen/ Außschreibungs Patenten/ Cassæ-Verschreibung/ Obligationen/ Quittantzen/ Receptions und dergleichen Attestaten/ Decreten/ die Justiz und Cassa betreffendt ꝛc. (außgenommen/ wo Correspondenz-Sachen seyn/ darunder weder die Cassa, noch collectable Unterthonen/ oder die Mitt-Glieder jemanden verpflichtet werden) und in Summa alles dasjenige/ was zue Auffnahmb und Wohlstand des gemeinen Ritter-Weßens erfordert wirdt/ ohne privat-Absichten getrewlich verrichten sollen. Für welche tragende Sorgfalt dann dem Herrn Directori jährlich dreyhundert Gulden/ und beyden halthenden würckhlichen Scribenten funffzig Gulden/ jedem Außschuß aber/ darunter die zwey jungere von Catholischer und Evangelischer Religion zuegleich die Truchenmeister-Stellen zue vertretten/ Einhundert und funffzig Gulden/ nebst gewohnlichem Calender-Gelt à 45. Kr. aus der Ritter-Cassa pro discretione außzuefolgen/ jedoch jeder zue conventen und congressen mit aigener Guthschen/ Dienern und Pferdten zue erscheinen/ und die auff den Sattler/ Wagner/ Schmid und dergleichen Handtwercks-leuthe gehende spesen dahin zue restringiren/ daß nicht die auff solche Reißen verspahrte/ sondern erst unter Wegs mit Urkundt der Handtwerckhs-leuth sich eraignende nothdürfftige repara-

Anno 1703. reparationen ex Cassa ersetzt / sonst aber nichts newes zue machen / wie auch die Pferdt etwann nur auff 2. oder 3. Tag bedörfferden Falls mit newen Eißen durchauß beschlagen / de proprio bestritten werden solle.

Zum Andern / Des Syndici, Secretarii und der Einnehmer Staat betreffendt / verbleibt es bey jedem bereits habenden und geschwohrnen Staat / sonderlich sollen die Rechnungs-Bediente die eingezogene Gelter ohnverlängt in die Asservatoria und Ritter-Truchen lettaro liefferen / nichts davon aigenen Gewalts bey Handen behalthen / privative ordiniren / noch zue ihrem / oder deß Herrn Directoris oder eines Außschußes und Mitt-Gliedts oder der Officianten Nutzen und Vortheil auff kurtz oder lang gebrauchen / vorstrecken und avanciren / hingegen bey jeder erstatteter Rechnung das remanet mit beurkundetem palliertlichen Verweyß oder bahrer Darzehlung erstatten / sambt und sonders zueforderst deß gemeinen Ritter-Wesens und in specie dieses Ritter-Orths Nutzen / Heyl und Wollfarth suechen und fürdern / dessen Schaden und alle scheinende Widerwärthigkeiten warnen und wenden / auff Befragen und nach ertheischender Nothdurfft ohne Befragen / ihr Guethachten frey ohnerschrocken nach bester Verständtnuß / ertheilen / keinem Mitt-Glied wider das andere rathen und dienen / in schrifftlichen Auffsätzen / mundtlichen Rathschlägen / Verschickhungen und Beywohnungen zue Conventen so wohl / als zue Hauß und auff dem Land sich also bezeugen / als einem ehrlichen und gewissenhaffter Consiliario und Rechnungs-Officianten wohl anstehet.

Insonderheith solle der Secretarius auff jedesmahliges Erfordern bey dem Herrn Directore und Außschüßen / oder wo er sonsten hinbescheiden wirdt / ungesaumbt sich einfinden / die anbefohlene und committierte Expedienda fürderlich vollziehen / ein punctueles Protocoll der Verhandlungen oder so genanndtes Expeditions-Buech der einlauffenden und außgefertigter Schreiben und producten / haltender Congressen und Conferenzen führen / alles in richtiger Ordnung und Registratur halthen / die Contributions Gelter ohne der Cassæ Kösten und Auslagen eintreiben / wider die Morosos auf Ihre Kösten die zuelängliche Executions Mittel vornehmen / all eingebrachtes ordenlich verrechnen / die Einnahmb und Ausgaben mit beglaubten Urkunden belegen / und die benöthigte Umbständ kürtzlich beschreiben / was für Gelther an das außschreibende Directorium oder andere Cantonen geschossen / oder bezahlt werden müssen / neben der ordinari Rechnung mit Haltung absonderlicher Register und Beurkundung beederseits General und Special-Conto der Haubt-Rechnung beylegen / das jedesmahlige remanet mit liquidirtem Verweiß oder bahrer Bezahlung erstatten / vor angehenden Conventen die Logiamenter und Kuchen bestellen / vor Bewilligung und Subscription deß Directorii oder verhandener Directorial-Persohnen nichts bezahlen / in Verschickhung und Reysen sich geziehmender Zehrung gebrauchen / allen unpaßierlichen Überfluß abstellen *rc.* Ihre Reisen sollen weder Sie noch andere Officianten ohne Noth zue End der Wochen / noch erst auf den Mittag / und gegen Abende zue mehrerer Beschwehrung der Cassæ wegen der gantz verrechnenden Tägen und mit müssig-gehen consumirenden Sonntäg- und Ferien / sondern im Anfang der Wochen und frühe Morgens antretten / und in Summa jeder all anders / was in seinem Staat weiters und mehres exprimirt ist / auch sonsten ehrlichen und redlichen Leuthen geziehmet und wohl ansichet / auffrichtig und ohntadelhafft thun und vollziehen: Dessen zu wahrer Vergelthung ist Ihnen in Conformität der vormahligen und jetztmahls von newem bekräfftigten Ritter-Viertels-Recessen und zwahr nebst gewohnlichem Calender Gelt à 45. Kreutzer / dem Syndico Jährlich pro ordinario salario vierhundert und funffzig Gulden / dem Secretario drey hundert Gulden / dem Einnehmer der Obern-Quartieren Ein hundert und funffzig Gulden / und dem Einnehmer deß Hagenschießer Quartiers / achtzehen Gulden / und dem Einnehmer deß Hochdorffer-Quartiers sechzehen Gulden / hiemit geschöpfft und gewilliget / jedoch mit dem außtruckhlichem Anhang / daß Er der Syndicus jedem Mitt Glied / soviel ohne Abbruch der Syndicat-Affairen seyn kan / gegen einem Reichs-Thaler des Tags consulendo bedient / auch die zue Hauß machende schrifftliche Auffsätz etwas moderater / dann andere Gelehrte thuen / anrechnen /

Der Secretarius, so viehl ohne Abbruch der Secretariat-Affairen beschehen kan / jedem Mit-Glied in Rechnungs- und ander Sachen seiner Profession von der Feder ebenfalls und die Helffte weniger / dann andere Rechnungs-Verständige und Scribenten fordern / bedient seyn / so dann beede / der Syndicus und Er darneben keine andere würckliche Bedienung von einiger Potenz in Schwaben ambiren / noch bekleiden / im Fall aber selbst angetragener anderwerther mehr beliebiger Diensten jeder so wohl als die Einnehmer / ein Viertel Jahr seine Charge behörig auffkünden / und nichts desto weniger Zeit Lebens wider Unsern Canton und vermittgliedeten Cavalliers sich mit nichten gebrauchen lassen / noch zue dero præjudiz und Nachtheil jemand andern die erfahrne Arcana jemahlen offenbahren sollen.

Drittens / weil an der Registratur deß Archivs dem gemeinen Ritter-Wesen sehr viehl gelegen / selbige aber weder dem Syndico, noch Secretario, wegen der andern obligenden Geschäfften dabey zueversehen möglich ist: Als solle darzue / wie vor Alters vorhin gebräuchich war / eine besondere dritte Persohn / als Registrator gegen Jährliche Besoldung von zwey hundert Gulden gebraucht werden / welcher in der Wochen alle Werckh-Tag 6. Stund / als Morgens drey / und Mittags drey Stund im Archiv sich befinden / und was jedem Registratori nach seinem vorgeschriebenen und beschwohrnen Staat obliegt / ehr- und redlich verrichten

Weilen aber ausserhalb des Syndici und Secretarii dermahlen vorhin eine dritte Persohn / nehmlich der Consulent-Cantzley-Verwalther Obrecht verhanden / dessen Jährliche Besoldung auf vierhundert Gulden / nebst denen Schreib-Materialien & 45. Kreutzer Calender-Gelt hiemit fest gestelt ist / so soll demselben das Archiv und Registratur anvertraut / und Er gehalthen seyn / selbiges fürdersambst / so balden es von der Flucht wieder nacher Hauß kombt / und es bey jetzigen Kriegs-Troublen der übrigen Geschäfften halb wird seyn können / nach der rechten Form und Arth eines vollständigen Archivs und Registratur, so viel vorhandene Acta, Documenta und Literalien mit sich bringen / in guethen Stand zue richten / und sonderlich nach wieder Habhafftwerdung des Archivs, eine Verzeichnuß aller vorhandenen Privilegien / Ritter und Gerichts Ordnungen / Käyserlichen Reversalien / Matriculn und Designationen der Mitt-Glieder entzogenen und noch vorhandenen Ritter Güthern / Ritter-Recessen deren drey Ritter Crayßen / fünff Orths / Viertels-Ausschuß und andern Conventen / Obligationen / Depositorum, Rechnungen / Vergleich / Verträgen / Berainen / Käyserlichen Rescripten / Mandaten / Befehlen / verhandenen Decreten / Urtheln / Commissionen / Patenten / Immatriculations-Attestaten / Reversen / Staaten der zue denen entzogenen und strittig machenden Ritter-Güthern dienlichen Literalien &c. neben einem Alphabetischen Extract der in denen Ritter-Recessen / Ordnungen / Berainen / Vergleichen / Privilegien / befindlicher Materien und Handlungen verfertigen / und bey dem folgenden Viertels-Tag / wie weit derselbige damit gekommen / zu referiren / alle noch nicht eingeschriebene Recess, Berainen / Privilegia und Obligationen in besondere mit marginalia versehene und gebundene Copial Buecher bringen und inseriren zue lassen / darnach die Originalien / Concept und alte Copien in ihren Truchen oder Ständen hinwiederumb zue verschließen und zue verwahren / in Summa all anders zue thun / was in seinem projectirten und annoch zue beschwörenden seynden Staat weitters befindlich / und sonst einem ehrlichen Officianten unverdrossen zue thun obliegt / das von obgehabten Secretariat her annoch behaltene kleine Ritter-Signet ohne Befehl des Directorii einseitig ohnwissendt des Syndici ohne Noth-Fall nirgendts auffzuetruckhen / in Abwesenheith selbiges dem Secretario oder in dessen gleichmäßiger Absenz dem Syndico zuezuesenden / darneben so wenig als der Syndicus an erwerth Dienst neben seiner jetztmahls obhabenden Function zu ambiren und anzuenehmen / sondern dargegen zugleich seinen Dienst dem Directorio zeitlich zu resigniren / und alle Geheimbnussen niemanden zue offenbahren.

Vierdtens / Nachdeme nun allein auff eines Directorii und erstbesagter Officianten ein grosses Gelt-Quantum über 2000. Guld. Jährlich erforderlich / und auff der Agenten zue Wien und Innsprug / die ordinari und extraordinari Botten / Postillionen / Zeittungen / Schreib-Materialien / Jährliche Viertels-Rechnung-Ausschuß / fünff Orths und andere Convent, weit mehrers gemeiniglich gehet / so zuesammen 5000. Guld. leicht belauffen dörffte / dessen größte Summ aber 1. und 2000. Guld. in Zehrungen / bey allerhand Conventen / Zuesammenkünfften / und Abschickungen consumirt wirdt; als ist höchstnöthig / daß die Oeconomie und Dispensation der einlangenden Gelter mit aller Gespahrsamkeit angewandt / die unnöthige Zuesammenkünfften / öfftere Austritt / und kostbahre Zehrungen gäntzlich abgestellt / die Ritter-Conventen eingezogen / und ohne ohnumbgängliche Nothdurfft ausserhalb des Jährlichen Rechnungs- und Directorial- wie auch Viertels-Tags / keiner gehalten / die fürfallende Affairen aber / so viel möglich / durch umbschickende Bericht und Schreiben / oder im Fall der Noth und der spesen weitsehender Anliegenheith / durch Abordnung des Syndici, Consulenten oder Secretarii nach Beschaffenheith der Sachen verrichtet werden sollen. Immassen auch bey denen unvermeidenlichen Zuesammenkünfften aller Excess und Mißbrauch abzueschaffen / die Verehrungen in das Hauß / Kuchen und Keller in Absicht der vorhin bezahlender Consumption von Speiß und Tranckh / Item der Zimmer und Beethen *rc.* nirgendts höher dann auff 5. fl. 15 Kreutzer / wie von andern löblichen Cantonen zue Ulm gebräuchlich und zue allem Danckh angenommen wird / zue setzen und zue bezahlen / die 5. Orths und andere Cantonen und Ritter Crayßen-Conventen nur von einem Cavalier mit Begleithung der Cantzley zue besuechen / und vorbesagter Cantzley Reiß am compendiosesten in einer Fuhr mit 3. à 4. Pferdten und einem Fuhrmann / ohne anderwerthen Scribenten / Postilion oder Auffwärther anzuestellen / und darfür täglich nur 1. fl. 4.. kr oder 2 fl. 11. kr. zue verrechnen / die Neccar-Convent dahin einzuerichten / daß zu Erspahrung der ohnerschwenglichen grossen spesen über 2. Tag mit keinem zuegebracht / deß Jahrs nur der Rechnungs- und ein Directorial-Congress ausserhalb des Jährlichen Viertels-Tags abgehalthen / die fernerwerthe solch grosser spesen nicht werthe Deliberanda aber durch umschickende Bericht schrifftlich debattiert werden sollen; Es wäre dann wegen der dar-

ANNO 1703.

unter periclitirender Collectation ein Congreß quoad privata, in process-Sachen dienlich und nöthig/ da hingegen wo dergleichen Gefahr nicht vorhanden/ ohne avancirte Gelter quoad privata kein weitherer Congress denen Partheyen zue willfahren ist. Weilen jedoch

Fünfftens/ die zue mehrerer Menage Anfangs angesehene Kost-Gelther/ Besag der Rechnungen/ Jährlich umb ein ziemliches der Cassæ über der würckhlichen Zehrungen Belauff schaden; Als sollen dieselbe bey Cavalieri und Officianten gänzlich abseyn und fürdershin allein die würckliche Verzehrungen/ (darumen aber eben so wenig eine Übermaß zue gestatten/ im Fall aber unterlassender würcklicher Zehrung wegen Geschäfften/ Leibs-Indisposition oder anderwerther frey genossener Speise/ an statt Kost-Gelts nichts mehrers/ dann was der andere seiner Condition würcklich verzehrt hat/ zue passiren) es betreffe so wenig/ als es wolle/ verrechnet/ wie auch die wegen aigener Affairen nach Subscription des Recessus auff längern Auffenthalt gehende Zehrungen ex Cassa gar nicht entrichtet werden: Ingleichem ferner kan wegen aigener oder andern anvertrauten Affaire vorhandenes Mitt-Glied oder andere Persohnen/ ungeachtet der einen oder andern Director oder Ausschüssen habender naher Anverwandtnuß/ zue Gast zueführen/ da dergleichen aber einer sich selbst zur Directorial-Mahlzeit einladen solte/ wäre sein Belauff von jedesmahligem Würth oder Tracteur immediate einzueholen/ und ex Cassa nimmer weitter zue bezahlen/ ein anders ist/ da ein frembder Cavalier par honesteté einzueladen/ auch ein Vogt/ Burgermeister und dergleichen Personen Loci Conventus Ehren halben einmahl zu invitiren wären.

Sechstens/ solle zwahr ob der Ersten Directorial Instanz in conformität der toties quoties Käyserlichen confirmirten Ritter-Gerichts-Ordnung de anno 1561. fernerweit gehalthen/ jedoch zuevorderst die Partheyen auf gueth und compromissliche kurtze Wege/ oder auff andere in Schwaben seyende formirte Käyserliche Gericht/ daselbst in weit kürtzerer Zeit und mit mindern spesen/ als bey denen aigens niedersetzenden und mit Diener und Pferdten erscheinenden Räthen und Ausschüssen unmöglich beschehen mag/ das Recht erlanget werden kan/ disponirt/ und andern Falls aber auff der Partheyen avancirenden Costen alles ohne Behinderung der vorgehenden public affairen expedirt werden/ es wähe dann Sach/ daß an der vorseyenden Differenz sopirung der Cassæ Interesse wegen besorgender periclitirung jeder Collectation bey denen sonst in potentiorem oder anderstwohin alienierenden Lehenbahren Ritter-Güethern directe vel indirecte versiren/ oder sonsten einer oder anderen Parthey zue Bestreittung der spesen notorisches oder allenfalls aidlich behärtendes Ohnvermögen sich eussern würde Weilen aber an der Execution es bißhero angestanden/ so sollen alle Mitt Glieder auf eines Directorii requiriren/ bey exclusion Ihrer Persohnen e Gremio Equestri, dazue jederzeit nach Maßgab der Ritter-Gerichts-Ordnung selbsten oder durch substitutos mit Ihren Unterthanen würcklich beholffen seyn.

Siebendens/ ist zwahr wegen der täglich verminderender Collectablen Ritter Güether höchst nützlig und nöthig/ daß in conformität der Käyserlichen confirmirten Ritter-Ordnung ein Ærarium ausgefunden werde/ damit von der angelegten Capitalien Jährlichen Zinsen die benöthigte Besoldungen bestritten/ und in Kriegs-Zeitten wegen der vorhin zue bestreitten unmöglich fallender extraordinari Beschwerdten ohne weittere Belegung der Dorffschafften der publique Staat dem Herkommen nach/ ordenlich geführt werden könte/ weilen jedoch aus denen Secretariat-Rechnungen bißhero wahrgenommen worden/ daß von denen Cavaliern aus ihren ad Cassam schuldigen Capitalien keine oder gar wenige Zinse gereicht/ sondern immerhin großen Theils nur aufgeschwollen/ und endlich aus allerhandt Absichten neben dem Capital gantz oder theils ohne Consens der gesambten Mitt-Gliedern remittirt worden/ als sollen hinkünfftig kein Nachlaß ullo modo, ohne Consens der Mitt-Glieder beschehen/ noch einig Capital fernerweit angeleget werden/ es seye dann gegen den censirten/ als eine Staats-oder Privat-Persohn kein respect einer Freundt-und Schwägerschafft bey intendirenden executions-Processen und Angriffen der Unterpfanden/ worzue nach 3. aufgeschwollenen Zinsen/ ohne weitters mit Ernst unabläßlich zue schreitten ist/ zue tragen/ oder man werde so gleich in Pfand hoffiichen Genuß zuelänglicher Güether und Gefällen an statt des Interesse biß zue würcklicher Abzahlung deß Haubt-Gueths behörig gesetzt/ oder die Anlehnung beschehe zue Beybehalthung eines collectablen Lehenbahren Ritter-Gueths/ welches unterlassenden Falls aus desperation oder anderer Ursachen an einen Frembden oder potentiorem veralienirt/ und darmit der Cassæ die Collectation besorglich via facti entzogen werden dörffte oder könte ꝛc.

Achtens/ sollen die zwey jüngere Ausschüß beederley Religion jedesmahlen/ wie vor Alters/ die Truchenmeister seyn/ und die Schlüssel zur Ritter-Cassa haben/ auch quartaliter die vom Secretariat und der Einnehmerey eingelangte Gelther in die Ritter Truchen schütten/ damit aber hiebey nicht besondere grosse Reiß-spesen verursacht werden/ so solle je einer nach dem andern alternative darbey sich einfinden/ und solches mit Zueziehung des Syndici und Consulenten/ deme der andere seinen Schlüssel zuezusenden hat/ verrichten/ jedoch über zwey Tag damit und mit Einschluß deß hin und herreittens nicht zuebringen: Sonst aber die Truchenmeisterey-Rechnung der in und aus der Truchen oder Cassa gethaner Gelther halben hinwiederumb Jährlich ordentlich zue führen gehalthen seyn.

Neundtens/ solle keine der Directorial-Persohnen vom Director, Ausschüßen/ Truchenmeister und Officianten/ zue Vermeidung allerhand Argwohns und mißtrauiger Gedanckhen nullo modo befugt seyn/ vom Einnehmer oder dem Secretario einige zur Cassa gehöriger Gelter/ es seye viel oder wenig/ auf vorschützende Abrechnung seiner Discretion, Besoldung/ oder verfügende anderwerthe Assignation und Unterpfand sich avanciren und darlehen zuelassen/ und eben so wenig umb eine Darleyhung ex cassa bey denen Mitt-Gliedern sich auff irgendt eine Weiß zue bewerben/ sondern hierinfalls anderwerthig mit Verpfändung seiner Haab und Güether/ Gelt und Credit zue suchen gehalthen seyn/ da aber das widrige über kurtz oder lang vernohmen werden solte/ wäre der Einnehmer oder Secretarius selbiges de proprio unverzüglich guth zue machen schuldig.

Zehendens/ Sollen Director, Räthe und Ausschüß auf die umbschickhende und sonst proponirende Deliberations-Puncten in specie & positive mit Ja und Nein auf jeden Puncten nach seinem aigenen besten Wissen und Gewissen votiren/ wobey ferner zu erinnern/ daß zue benöthigter Beschleinigung der Sachen und Einziehung der vielen Bottenlohn und Warth-Gelter die von der Cantzley aus herumb schickhende Botten mit Hinderlassung des Berichts nicht nach Hauß zue reisen/ sondern mit Hindansetzung anderer Affairen aufs baldigste mit denen Votis abzuefertigen/ und da ein oder anderer Ausschuß oder Director nicht anheimisch/ oder seine aigene affairen je denen Directorial Affairen vorziehen wolte/ sogleich mit dem Bericht an den folgenden Außschuß zu schicken/ und des ermanglenden oder verweilenden Directoris Stelle der jedesmahlen verhandene ältere Ausschüß gleicher Religion/ ohne weitters/ zue vertretten haben solle/ immassen auch bey denen abhalthenden Conventen zue Minderung der stündlich anwachsenden spesen/ in alle Weg/ auff die Besinderung zue sehen ist/ sondern es solle das Directorium keine salaria ordinarie oder extraordinarie in perpetuum vel ad tempus zu erhöhen/ noch einige Recompense über zwölff Rthlr. gegen ein gebrauchtes Mitt-Glied oder Officianten zue schöpffen/ oder Nachlaß an verrechneten Rechten/ oder Steuer und andern extantien zue thun befugt seyn/ sondern die Petenten und Supplicanten an alle Mitt-Glieder auf den gewöhnlichen Viertels Tag verweisen/ sonderlich aber die matricul-Gelter hinkünfftig auf 10. Ducaten in specie setzen/ und daran ohne Consens der Mitt-Glieder niemanden nichts nachlassen/ bey künfftigen immatriculationen dem bewusten 5. Orths-Recess præcise inhæriren/ und darümen einseittig nicht ferner dispensiren/ bevorab Persohnen/ so mit keinen collectablen Ritter-Güethern versehen/ nimmer annehmen/ es sey dann wegen Ihrer anderwerths hero dem Publico Equestri zue leisten promittirenden stattlichen Diensten mit Consens aller Mitt-Glieder und der andern löblichen Cantonen beschehen/ dabey jedoch die Erkauffung eines collectablen Ritter-Gueths anzuebringen/ und vor solcher Condition adimplirung von Beschreibung zu denen Ritter-Conventen gäntzlich zue abstrahiren ist.

Eilfften/ solle es zwahr bey deß ordinarii Ritterschafftlichen Botten Jährlichen Wart-Gelt von neun Gulden und Lieberey-Rockh sein ferners Bewenden haben/ daß Ihme alle zwey Jahr sein Rock gemacht werden solle/ wie eben dergleichen Leberey-Rockh/ jedoch sonst nichts darzue/ einem in Ritterschafftlichen Reisen der Cantzley gebrauchendem Postillionen oder Fuhrmann zue passiren wär/ welcher Rockh aber ausserhalb dessen und in aigenen Geschäfften/ eben so wenig anzuetragen/ sondern gleich nach vollführter Reiß dem Secretario in die Verwahrung zue geben ist.

Zwölfftens/ solle/ wofern in künfftiger Zeit ein oder anderes emergens sich herworthäte/ woran der Ritterschafft Wohlfarth/ Auffnahme und Interesse gelegen seyn möchte/ es auffs Tapet zue bringen/ pro re nata conjunctis consiliis & votis zue adjustiren/ denen Mitt-Gliedern jederzeit reservirt seyn und bleiben/ auch der Syndicus, Consulent, und Secretarius jederzeit/ Falls einem oder andern etwas wider seinem Staat oder diese revidirte Ritter-Capitulation auff irgendt eine Weiß zuegemuthet/ oder sonst anderer Gestalt deme zuewider durchgetrungen werden wolte/ als ehrliche verpflichte Persohnen bey Ihren pflichtmäßigen ohnerschrockenen Erinnerungen wider männiglichs besorgende Ungnad und Verfolgung auff das kräfftigste manutenirt und beschützt werden sollen. Zue welchem allem sambt und sonders dann die Directorial Persohnen aus Liebe gegen das gemeine Ritter Wesen sich aigenhändig mit Beytruckhung Ihrer angebohrenen Pittschafften verstanden/ und Krafft dieses allem/ was versiehet/ getreulich nachzukommen/ auffs kräfftigste sich verbunden/ welche Ritterliche Capitulation auch jedem künfftig erwehlenden Directori und Ausschüßen in pleno zue seiner Nachricht und Verhalt bey einem Viertels-Tag vorzuelesen/ und der Verspruch/ solch alles præcise zue halthen/ so wohl mündlich als vermittelst eines specialen Puncten deß so dann errichteten Recessus schrifftlich zue vernehmen ist.

Zue wahrem/ stethen und vesten Urkundt dessen/ seynd zwey Exemplarien solcher Ritterlichen Capitulation errichtet/ das

ANNO 1703. das eine dem Directorio, und das andere denen Herren/ Herren Mit-Gliedern zur künfftiger Cynosur, Norm und Richtschnur in originali behändiget und extradi'rt worden/ so geschehen in deß Heyl. freyen Reichs Statt Reuttlingen/ den vierten Monaths Tag Septembris, deß Ein Tausend/ Siebenhundert und dritten Jahrs.

(L. S.) Adam Heinrich Keller v. Schlaitheimb/ Frey-Herr zue Jsenburg.

(L. S.) F. C. Frey-Herr von Ow.

(L. S.) Carl Joß/ Freyh. v. Hohenberg.

(L. S.) Carl Friderich von Türckh.

(L. S.) Hanß Ernst Jmhof von und zu Kirchen-Tellis-furth.

(L. S.) Friderich Gottlieb von Münchingen.

(L. S.) Joachim Heinrich Kolb von Rheindorff.

(L. S.) Georg Ludwig/ Frey-Herr von Clossen zue Haidenburg.

(L. S.) Johann Wilhelm Schenck/ Frey-Herr von Stauffenberg.

(L. S.) W. F. Schertel von Burtenbach/ zue Mauren und Wallenberg.

(L. S.) Johannes Dominicus Bresser von Beroldingen.

(L. S.) Friedrich Albrecht von Gayßberg.

XXVIII.

14. Novembre. *Dissimitatio sive Tractatus inter* ACHMETUM *Imperatorem Turcarum &* AUGUSTUM II. *Regem Poloniæ, quo Fines & Limites inter utraque Dominia definiuntur. Datum* 14. *Novembris, & Turciæ diebus primis Lunæ Novembris Anno* 1115. [ANDREÆ CHRYS. IN ZALUSKIE ZALUSKI Episcop. Varmiensis *Epist*. Tom. 3. Epist. 83. pag. 595.]

In Nomine Sanctissimæ, Individuæque Trinitatis Amen.

EX mandato Serenissimi Potentissimique Imperatoris Turcarum Sultani Achmetani Filii Soltan Mechmetani, cujus felicitatem Imperii Deus protegat & conservet, emanarunt plenipotentes Literæ ad illum & Excellentissimum Chadzi Juzow ratione Dissimitationis cum Regno Poloniæ de tenore tali.

Quoniam ex gratia Dei subsecuta est felicitas ad pacificationem & communem quietem; ex potestate itaque Imperii nostri demandamus cum inter Serenissimum Regem Regni Poloniæ, M. D. Lit. nec non hæreditarium Ducem Saxoniæ, & Electorem Imperii sui & Czarum Moschoviæ acceptatus sit Tractatus Pacis, firmamque habet authoritatem. Exinde Magnifice Gubernator Bassa imperamus, ut juxta obloquentiam ejusdem Tractatus & omnia puncta cum Regno Poloniæ, & Ducatu Moschoviæ in negotio Dissimitationis procedas, & te ita regas prout destinatus & designatus eras Superintendens, à præterito Imperatore Soltam Mustaffa Chano Fratre nostro; nam & à Majestate nostra in eadem Jurisdictione tua confirmes, sicut & penes te residens fama, & virtute probatus Imbraim Agaquem uti muneris istius capacem designamus Commissarium, ad dissimitationem cum Regionibus Poloniæ, cum quo & jurisperitum Notarium mittas, ubi unanimiter satisfacere Tractatui necessum est, nimirum ut fundus Thenimensis incipiendo à littoribus Tyræ Imbraim Aga cum Dominis Poloniæ exdividat juxta Officium sibi competens, & quam diligentissime negotiationem suam ex integro perficere curet. Tali itaque Ordine & expeditione, & gratia Dei accepta ab Illustrissimo & Excellentissimo Domino superius specificato Bassa; ego Imbraim Aga discessi Themia acceptis in Crimensibus & Budziacensibus dignis Senibus fineque confinio carentibus substituto in loco, ubi fluvius Jahorlik in Tyram incidit, ubi à Serenissimo & Potentissimo Augusto II. Rege Regno Poloniæ communicato prius consilio cum Illustrissimo & Excellentissimo Domino Hieronymo Lubomierski

ANNO 1703. S. Romani Imperii Principe Castellano Cracoviensi, supremo Exercituum Duce, ut Generali custodiam Duce comparuerint cum plena & perfecta ad determinanda confinia potestate Illustrissimi ac Excellentissimi Commissarii, videlicet primus Martinus Chometowski Palatinus Braclaviensis. Secundus Joannes Koniecpolski stabuli Regni præfectus. Tertius Stephanus Humiecki Subdapifer Regni & in vicino ubi Tyram præfatus fluvius influit, substiterunt, cum quibus in primo statim congressu, & in negotio dissimitationis plurimæ ab utrinque propositiones factæ sunt, post quas petierunt documenta, instrumentaque sibi exhiberi, & veritatem deducere: Quæ confinia à memorato fluvio incipere debeant, quibus testimonia dignorum tam Crimensium, quam Budziadensium hominum pro infirmitate limitum ab hoc fluvio incipientium pro documento produximus, Poloni itidem Commissarii produxerunt primam dissimitationem ante 70. annos ad datam præsentis instrumenti factam, quæ fuit insuper attendentia Abazi Bassa cum Commissario Muteseni-ca, Chuseim Aga, & Stanislao Koniecpolski, Castellano Cracoviensi supremoque Duce Exercituum Poloniæ uti Commissario ex parte Poloniæ, cujus dissimitationis ductus est Jahorlik turcice Cainar appellatus, & hoc documento confinia ipsa demonstrarunt, & sic unanimiter sine ullo dubio cognovimus esse fines, & initia eorum à memorato fluvio, & ita non procul à memorato, ubi se jungit cum Tyra in fundo Thunico, quem non ita pridem inhabitant Cosaci Subditi felicissimi Chani Crimseensis supra eundem fluvium ex opposito Polonæ villæ, ubi itidem habitant Subditi & Incolæ. Ex illis locis vero, ut memoratæ Villæ transferantur, fuit propositum, atque pars proposuit transferri debere, sequitur ut transferantur & vestræ; conclusum itaque ut, si in concordia non habitabunt, & si injuria aliqua inter illos ostendetur, tunc omnia ab utrinque demoliri debebunt, si vero in esse suo & integritate per Villam permanserint, tamen nulla Fortalitia ex utraque parte erigi debent, & hæc est imposita conditio concernens Paszkow & Kamionka Oppida quondam Palatini Valachiæ Basili filia Dominia tenebat in possessione sua in summa Palatino Sandomiriensi data 40. mill. florenorum jure obligatorio Raszkow, Kamionka vero etiam Palatino Sandomiriensi data viginti millium Polonicorum similiter jure obligatorio cum eadem declaratione, ut tamdiu præfata Oppida in possessione usque ad præsentem limitationem fluvii Kanardzie & jurisdictionem ejus teneat, donec ipsa præfata summa reponetur, & ideo clara res est, ut hæc prætensio cum Actoribus & successoribus defunctæ Dominæ pacificetur; ut aut Oppida successoribus Dominæ, aut summa restituatur. Ad quam propositionem subjuncta est ratio quod Podoliam & Ukrainam totam Sultanus Turcarum nobis restituerit, & hæc prætensio respicit modernum possessorem Raszkow, & Kamionka id est Illustrissimum & Excellentissimum Dominum Koniecpolski, qui uti præsens postquam illi circa requisitionem futuram ab actoribus demonstratum fuerit documentum, satisfactionem obtulit, & obligavit, & super hoc medio assensum est. E converso proposuerunt Illustrissimi & Excellentissimi Domini Commissarii, siquidem occasio præsentationum orta est, habemus & nos quoque huic similem prætensionem. Nonnullus enim Dominus de Regno nostro habet similem prætensionem requirendi debitum apud Bojaros & incolas Valachiæ, uti hæc prætensio jam delata est Illustrissimo & Excellentissimo Domino Bassa Seraskiero qua cognita causa injunxerat, ut officiose satisfiat, sed quia & Hospodar & Bojari pro tunc erant Adrianopoli, ideo hæc prætensio sortiri non potuit effectum, & hæc prætensio est unius ex Regno nostro Magnatis evidens, & in quo commissa est cura Illustrissimis & Excellentissimis D. D. ad Dissimitationem Deputatis, & serio inquirebatur dicendo, quod in simili occasione, & negotiis docent nos & Tractatus ipsi, ut justitia conservetur, & exinde pro re justa cognita est ad Valachos prætensio, & mutuè ad Valachos requiratur. Item ut confinia inter Poloniam & Valachiam sint munda, proponebatur, repositum inter nos & Valachos ipse Deus fulmine & ira dissimitavit, ut nunc temporis quoad fundum nemo queritur ex Valachis, neque de læsis finibus, aut damnificatione eorum, nihilominus habemus à Valachis multas injurias contra veterem consuetudinem in aliquibus locis circa Sorikau & Chocimum trajectus vulgo promi solum nostri erant, & ab aliquot annis Palatini Valachiæ illos quoque sibi usurparunt; quod est veteri, & moderno Tractatu

 (quo-

ANNO 1703.

(quoniam nobis solum competunt) cautum. Itaque ut præfati trajectus Polonis tantum serviant deferri id præfulgidæ Portæ volunt, optimaque forma ad Palatinum Valachiæ appromittitur, ut hæc injuria cesset, quæ parti infertur. Item vigiliis ad Tyram positis ex parte Poloniæ Valachi ad fines circa fines residentes multa damna accersent in expilandis alvearibus & aliis rebus, quod damnum, ut recompensetur requirebatur, & hoc similiter deferre Præfulgidæ Portæ declaratum, ut exeat Ferman ad Palatinum Valachiæ pro compensatione damnorum. Item Poloni tribus vicibus ad Jahorlik prætensionem suam promoverunt, quod ab antiquo fundi Vkrainæ ad illos tantummodo pertinebant, sed sub tempus hostilitatis Turcicæ, & Chami Crimensis rebellis Chmielnicki violenter Regionem illam possedit, cujus postea filius duxerat uxorem Dominam, & hæc à Palatino Sandomiriensi usque ad medietatem fluvii Kainardzie jurisdictionem suam habuit, & quoniam hoc realiter deductum est, unanimiter decernimus, ut Cairar fluvius sit communis partibus, qui in Tyram defluit. Et in isto loco ex una parte hostium sit Turcicum, ex altera vero sit positum Poloniæ, in quibus hostiis electi sunt de novo à nobis Commissarii duo scopuli, & quidem Poloni suo scopulo imposuerunt, in memoriam lapidem cum inscriptione anni & Personarum dislimitantium; inde circa Villam Carter, ubi fluvius oritur, processimus & Incolis idoneis ex utraque parte supra fluvium signa metallina fecimus, & ex una parte Turcica ex altera Polonica in oppositum sibi in ostiis Montium locata, usque ad sinistram ejusdem rivuli, itidem ubi duos magnos scopulos unum spectavimus, à quo loco in declivitate Montis circa Cairar inter medios Montes eundo in partibus nostris similiter scopulos posuimus usque ad Montem eandem vallem in dexteram & sinistram partem dividentem, ut alii vocant, Widly, à quo loco duæ valles, una dextra, quam pro ductu nostro accepimus, sinistram Poloniæ, dexteram vero Ottomannis attributam, & in dextera parte Ottomanni in læva Poloni signa sua locarunt, inde unâ horâ itineris ad locum Kokantik Capitalem appellatum per transversum tractus, ut vocant, Kuczmanski Szak transivimus, ubi repertum est signum alias Stara mogila & nomen ci Jagnizia mogila, quæ, cum non sit reperta alia similis, pro signo utriusque partis habetur. Inde solita via Humanium versus tendente venimus ubi caput Dely lacus nuncupatur, ulterius vero eundo Markow appellatam sylvam ad meridiem ex parte nostra accepimus, in sinistram vero partem ubi magna auris Acodema ad septentrionem finitur. Ubi sylva est Poloniæ; hæc erga mercatoria via per edita Montium eundo ad finem Dely Icziora, Ucha lacus appellati Sylvula est ad meridiem Ottomanica, & quæ aqua nullibi reperiri potuit ductum habere per vallem Codema est ductus Poloniæ, magis vero remotior ad meridiem tendens Turcicus & taliter ad septentrionem ultra & ultra per dorsum montis proficiscendo in locis Vidonersis extruebantur scopuli, donec ad locum confiniis nostris derterminatum, id est flumen Boh, quem Sina Woda ingreditur, pervenimus, & ibi substitimus, ibi circa ostium fluminis duo scopuli Turcici sunt erecti, ad meridiem & septentrionem, item duo signa metallina sunt fundata à Polonis, & vertici unius, id est proximiori littori Boh impositus est lapis annum & finem & limitem continens propter majorem notitiam & memoriam, & hoc ordine Regnum Poloniæ cum imperio Ottomanico confinia Dominiorum suorum emundarunt, innovarunt, & diviserunt, nihil intacti, obscuri, & controversi relinquendo pro majore firmitate & securitate mutua, limitis inter nos unanimiter constituti & superius specificati in casum alicujus controversiæ supra hæc produci & demonstrari debebunt, & ideo ab invicem Instrumenta hæc dislimitatoria in manus Commissoriales traduntur, & pro majori robore mutuis manibus subscribuntur, & sigillis muniuntur. Datum ad scopulos terminales fluvium Boh nuncupatum, ubi Sina Woda influit ex altera parte 14. Novembris & Turciæ diebus primis lunæ Novembris Anno 1115. in originali Turcico subscriptum.

Hadzi Imbraim na Rozgraniczeniez Polskæ Commissarz naznaczony za Hetmanem Cesarskim.

(L. S.)

Marcin Chomætowski Woiewoda Braclawski Commissarz J. K. Moscy y Rzeczypospolitey.

Jam Koniecpolski Koniuszy W. K. Commissarz y Regimentarz J. K. Moscx y Rzeczypospolitey.

Stepha Humiecki Podiloli Koronny Commissarz J. K. Moscy y Rzeczypospolitey cum sigillis propriis.

XXIX.

1704. 19. Mars.

Protestation Ihrer Churfürstl. Durchl. zu Cölln wider die durch Ihro Churfürstl. Durchl zu Brandenburg unterm Namen eines Kayserl. Executoris vorgenommene Demolition der Vestung Rehinbergen. Geben zu Namur der 19. Martii 1704. [Theatri Europæi Tom. XVII. pag. 112. col. 1.]

C'est-à-dire,

Protestation de l'Electeur de Cologne, contre la Demolition de Rhynbergue, entreprise par l'Electeur de Brandebourg, comme Executeur Imperial. A Namur le 19. Mars 1704.

Auß Seiner Churfürstl. Durchl. von Cölln Gnädigsten Befehl wird hiermit männiglich kund gemacht/ daß nicht allein durch gemeinen Ruff/ sondern auch durch öffendliche Zeitung erschollen/ ob solten Ihro Churfürstl. Durchl zu Brandenburg/ welche unter dem Namen einer Kayserlichen Executoris denen Reichs-Grund-Satzungen und Wahl-Capitulation zu wider/ sich ohne vorherige Rechts-Erkantnus/ auf blosses Ansehen des Ertz-Hausses Oesterreichs und einiger aufrührischer Land-Stände dero Churfürstenthum Cölln/ der Stadt und Vestung Rheinbergen gewalthätig bemächtiget/ nun auch deren Demolition und Entblössung von allen darinnen befindlichen Defensions Wercken vorhätten. Welches/ weil es nicht allein an sich selbst dem unter allen Churfürsten und Ständen des Reichs gemeinen Unions-Recht zugegen laufft/ sondern auch aus dem unverantwortlich ist/ daß dergleichen Verfahren weiter gehet/ als die Bosheit oberwähnter treuloser Unterthanen von einen Rechtmäßigen Richter hätte erfordern können: Als ziehen Höchstbesagte Seine Churfürstl. Durchl. solches hiermit zu Gemüthe/ und stellen es allen für das Teutsche Vatterland wohlgesinnenen Patriot- und Pflichtliebenden Reichs-Ständen für ein Exempel vor/ was sie zu gewarten haben/ wann sie nicht zu Beförderung der Oesterreichischen Wohlfahrt alle Natur-Gött und Menschliche Rechte/ und die ihnen von dem Allerhöchsten anvertraute Länder selbst hindansetzen; gegen ihre treulose Dom-Capitularen und übrige Land-Stände und Unterthanen ihres Ertz-Stiffts aber auf deren boßhafftes Begehren solche Execution auf unerhörte Weise vorgenommen wird/ reserviren sie sich und dero Nachfolgern in dem Churfürstenthum Cölln hiermit ausdrücklich alles was zu Ersetzung das dem Churfürstenthum zugezogenen Schadens/ und zu gebührender Abstraffung der Schuldigen Ihro von Landsfürstlicher Macht zustehet. Wornach sich ein jeder zu richten und aller fernere Unheil verhüten zu helffen wißen wird. Signatum Namur den 19. Mertz 1704.

XXX.

Articuli Fœderis inter AUGUSTUM II. *Regem & Rempublicam Poloniæ ab una &* PETRUM I. *Czarum Russiæ, magnumque Ducem Moscoviæ ab altera parte contra* CAROLUM *Regem Suecorum defensive & offensive initi. Narvæ 30 Augusti 1704.* [Simple Copie & Traduction, extraite de l'Instrument qui étoit couché en Langue Polonoise.] 30. Août.

In nomine Sanctissimæ Trinitatis.

UNiversis & singulis quorum interest, ac toti Christiano orbi notum testatumque sit, quemadmodum Rex Sueciæ unicâ opimæ predæ illectus opportunitate, per subdolum amicitiæ simulacrum Poloniæ Regnum, magnumque Moscoviæ Ducatum ingressus est, ac eorum Provincias plurimas in suam redegit potestatem; dumque fidelem præcipue Protectionem Reipublicæ Polonæ impendere simulabat, eodem tempore Thesauros varios, spiritualia, regia ac Nobilitatis bona, violatis desuper Reipublicæ Legibus, invasit, rapuit, vastavitque, verum quia Regem præfatum ab inceptis malis, æstimanda magnorum Principum

ANNO 1704. cipum avertere non voluerunt Officia, ne ideo tantis imposterum audeat violentiis liberum persequi Regnum, Serenissimus & Potentissimus Augustus, secundus Dei Gratiâ Rex Poloniæ, Magnus Dux Lituaniæ, Russiæ, Prussiæ, Massoviæ, Volhiniæ, Podoliæ, Livoniæ, aliorumque Ducatuum; nec non hæreditarius Saxoniæ Dux & Elector, ac secum Polona Respublica, nec non Serenissimus Petrus Alexiewicz Magnus Dux Moscoviæ, Albæ Russiæ, Kioviæ, Woldimiriæ, Novogrodiæ, Czernischoviæ, &c. &c. Fœdus hoc contra communem grassantem hostem ad bellum usque peractum inire satius duxerunt; cujus potentia ut eo facilius deprimi possit, Illustrissimus & Excellentissimus ex parte Serenissimi Regis & Reipublicæ Magnus Legatus Dominus Dziatriski Palatinus Culmensis, & Illustrissimus ac Excellentissimus Theodorus Alexiewics Golowin Magni Ducis Moscoviæ & Czari, Maris Præfectus atque supremus Cancellariæ Præses, defensivam ac offensivam articulorum sequentem seriem religiose sanxerunt.

I.

Ambo Monarchæ Serenissimus nempe Poloniæ Rex, & Russiæ Magnus Czarus Suecicum Regem omnibus viribus conterere studeant.

II.

Pariter præfati Serenissimi Principes ut publica in tuto ponantur negotia passim simul convenire satagant, & regali exemplo eorum Duces & Generales valida semper in hostem consilia excogitent.

III.

Hinc procul conniventes simultates, & clandestinæ quoquo modo correspondentiæ, nec pars ulla ex hostis suggestu, insciâ alterâ, pacem, inducias vel alia quælibet Pacta acceptare præsumat.

IV.

Verum quia dum Suecicis premebatur vexationibus Poloniæ Regnum excitatus est quidam Reipublicæ Subditus nomine Patus qui rebelli dexterâ ac nefandâ audaciâ Arces nonnullas surripuit, Serenissimus ideo Czarus & Magnus Moscoviæ Dux hujus benevoli Fœderis intuitu, & Regiæ Majestatis atque Reipublicæ constanti animo eidem Rebelli Patus, quam citissime poterit amicam captarum arcium restitutionem indicet; pariterque id armis in proximâ adveniente expeditione tentabit apertissimis, & vindicata tali modo munimenta Serenissimo Poloniæ Regi, ac Reipublicæ, sine ullâ prætentione sarta tecta restituet.

V.

Eas insuper Civitates omnes in Ducatu Livoniæ Regi ac Reipublicæ competentes, quas Deo opitulante ab inimicis repetat ipse Serenissimus Czarus Regi & Reipublicæ tradere omnino profitetur.

VI.

Ad occurrendum cladibus ruinisque per Regem Sueciæ Reipublicæ Polonæ illatis, Serenissimus Czarus, animo benevolo, duodecim hominum millia cum congruis armis, sub Serenissimi Poloniæ Regis Imperio suppeditabit, ad copias Reipublicæ amplificandas, donec Suecicum virtute hujus Tractatus durabit bellum, absque cujuslibet damni aut compensationis prætentione, exceptisque illis militibus quos in auxilium Exercitus Magni Ducatus Lituaniæ ipse Serenissimus Czarus victu, amictu, armis ac nitrato pulvere instructos impendere, speciali conventione promisit.

VII.

Ne autem necessarios ad bellicum apparatum sumptus Respublica desideret, Serenissimus Czarus in illius argumentum amoris, quo Polonam prosequitur Rempublicam, duo centena millia Rublorum Moscoviticæ monetæ, quæ duos milliones Polonicæ monetæ faciunt, singulis annis, per suum apud Serenissimum Regem Legatum manentem erogare spondet; quam quidem pecuniam, Illustrissimus Thomas Dzianiski, declarat, cum illis triginta Rublorum millibus in auxilium Magni Ducatus Lituaniæ concessis, computandam esse: pro qua Summa Magnus Moscoviæ Dux nullam Serenissimo Regi aut Reipublicæ prætensionem movebit, sincerâ hujus Fœderis amicitiâ satis superque contentus. Exercitus autem Polonus, una cum Lituano conjunctus, in proxima futura expeditione, anno scilicet millesimo septingentesimo quinto, viginti & unum mille ac octingentos numerabit pedites, eosque augebit in futuros inde annos, donec Suecicum durabit bellum, ad numerum usque ducentorum supra viginti sex millia; quibus Serenissimus Czarus annuatim, ut dictum est, pro mense Maii, quando nempe Exercitus in campaniam progredietur, præfata ducenta millia Rublorum erogari faciet. ANNO 1704.

VIII.

Serenissimo tandem Poloniæ Regi Reipublicæque prosperâ arridente fortunâ, eliminatoque à Regni finibus hoste, Regia tunc Majestas, atque Respublica Regem Sueciæ in ipsius Regionis visceribus persequi tenebuntur, ibique oppugnatis arcibus, agrisque vastatis, malum pro malo, calamitatem pro calamitate rependent.

Hanc itaque unanimem ac firmatam concordiam Pars utraque, mediis Illustrissimis ex parte Serenissimi Regis Poloniæ Magno Legato, & ex parte Serenissimi Czari magno ipsius Cancellario propriis earum subscriptam manibus, sigillisque roboratam conclusit deditque Narvæ die 30. Augusti anno 1704.

XXXI.

Commission donnée par la Reine ANNE *au Sieur* MITFORD CROW *pour traiter avec les Catalans.* [Cette Pièce est raportée dans le *Supplement au Raport du Commité Secret du Parlement de la Gr. Bret* à la pag. 420. No. 46.] 1705. 7. Mars.

ANNE. R.

ANne par la Grace de Dieu, Reine de la Grande *Bretagne*, de *France*, & *d'Irlande*, Defenseur de la Foy &c. A tous ceux qui ces presentes verront, salut. Comme il est très important pour nous, & pour nos Alliez que les *Espagnols* qui secoueront le joug de la *France* retournent sous l'obeissance de la très-Auguste Maison *d'Autriche* que cette Nation a trouvée très-douce depuis quelques siecles; & que nous aprenons que la très-Noble Principauté de *Catalogne* a dessein de le faire; pour contribuer à un dessein si louable, & le faire parvenir aussitot qu'il sera possible à une heureuse issue, par des secours d'argent & l'assistance de nos armes: Nous jugeons, qu'il est convenable d'entrer en Traité avec Cette Principauté, ou quelque autre Province *d'Espagne*, à condition qu'ils reconnoissent le Roy *Charles* 3. Roy legitime d'Espagne, & qu'ils renoncent absolument à la Maison de *Bourbon*, & qu'à cette fin ils joignent leurs forces & leurs Troupes aux nôtres, pour attaquer le Duc *d'Anjou* & ses adherans. A ces causes, nous avons autorisé & donné Plein Pouvoir à nôtre Féal & bien Aimé le Sieur *Mitford Crow*, qui connoit ces païs-là, de contracter une Alliance entre nous & ladite Principauté, ou quelque autre Province *d'Espagne*, & lui avons ordonné, comme nous lui ordonnons, & l'autorisons par ces presentes, de traiter, accorder, faire & conclure, avec les Députez de ladite Principauté, ou de quelque autre Province, aiant aussi des semblables pouvoirs, toutes les choses, qui pourront contribuer à un ouvrage si salutaire: Et nous promettons d'accepter & de ratifier tout ce qu'il aura transigé & conclu en notre Nom, dans le dit Traité d'Alliance entre nous & ladite Principauté ou quelque autre Province. En temoignage de quoi nous avons signés ces présentes, & y avons fait apposer le seau de nos Armes. Donné à notre Cour de St. *James* le 7. Mars 1705. & la troisieme année de notre Regne.

(ANNE R.)

Extrait des Instructions données au Sieur MITFORD CROW; *A notre Cour à St. James le 7. Mars 1705.* [*On les trouve produites*

Anno 1705.

tes par Walpole Raport du Com: Secr; pag. 143. *& en son entier dans le* Suplem. N. 45. pag. 417.]

ANNEX.

AYant été informée, que les Peuples de *Catalogne* sont enclins à secouër le joug que la *France* leur a imposé, & de se soustraire à la puissance du Duc *d'Anjou*, pour retourner sous l'obeïssance de la Maison *d'Autriche*; souhaitant d'ailleurs de maintenir & de fortifier en eux ces bonnes dispositions, & de les porter à les executer, & ayant une entiere confiance en votre fidélité & prudence, & la connoissance que vous avez de ces Païs-là, & de ceux qui l'habitent. Nous avons fait choix de votre personne, pour travailler à un Ouvrage d'une aussi grande utilité pour notre service, & le bien de la Cause commune, qu'est celui de faire un Traité avec les Catalans, ou avec d'autres Peuples *d'Espagne*, par rapport au but susmentionné. C'est pourquoi, aussi-tot que vous aurez reçu ces Instructions & vos autres dépêches, vous vous rendrez avec toute la diligence possible à *Genes*, à *Livourne*, ou en tel autre Lieu ou Pais, que vous jugerez le plus convenable pour cet effet, & pour notre service à cet égard. Y étant arrivé, vous traiterez avec lesdits *Catalans*, ou autre Peuples *d'Espagne*, pour les faire entrer dans les interêts de *Charles* III. Roi *d'Espagne*, & se joindre à nous, & à nos Alliez. Vous nous informerez pour cela du nombre des Vaisseaux & des Troupes de Debarquement; de la quantité des Armes & des Munitions, dont ils auront besoin, aussi bien que des milices qu'il leur faudra pour les soutenir & faciliter leur dessein; des Troupes de Cavalerie & d'Infanterie qu'ils seront obligez de lever; & en quel temps elles seront prétes: Quelles provisions de toutes les sortes il pourront fournir à notre Flote, & à notre Armée, & en quel tems ils souhaitent le secours de nos Troupes: Où elle se joindront aux leurs & en quelle maniere elles pourront le mieux agir? Vous rendrez compte, aussi souvent qu'il vous sera possible, au Comte de *Gallway* des progrès que vous ferez en votre Negotiation, pour pouvoir mieux concerter les operations & la maniere de rendre celles qui se feront en *Portugal* efficaces pour contribuer aux succès des entreprises des *Catalans*, aussi bien que pour rendre celles qu'on fera en *Catalogne* favorables, par maniere de diversion ou autrement, aux entreprises qu'on pourroit former en *Portugal*, ou sur quelques Côtes *d'Espagne*. Et il faudra sur-tout examiner, en quel lieu & de quelle maniere nos Flotes, & nos Troupes de Debarquement, pourront être emploiées le plus avantageusement.

Outre la correspondance que vous entretiendrez ainsi avec le Comte de *Gallway*, vous en aurez pareillement une avec le Prince de *Hesse*; avec l'Amiral de nôtre Flote, & le Commandant en chef de nos Forces, aussi souvent que vous le jugerez à propos pour le bien de notre service: Vous ferez la même chose avec le Sieur *Richard Hill*, ou tel autre Envoyé, que nous aurons auprés du Duc de *Savoye*. Et dans les occasions pressantes vous pourrez dépêcher un Exprés à notre dit Envoyé, pour le prier de vous envoyer incessamment celle de nos Fregates, qui sont présentement dans la *Mediteranée* sous sa direction, qui sera la plus à portée d'obeir aux Ordres que vous lui donnerez. Et vous étes autorisé par les presentes de dépécher cette Fregate à *Lisbonne*, à nôtre Armée, ou à *Gilbraltar*, selon que le bien de nôtre service le requerra pour l'avancement de cette entreprise.

Vous assurerez les Catalans & lesautre *Espagnols*, des soins que nous prendrons de leur procurer la continuation des Droits & des Immunités dont ils jouissoient autrefois sous la Maison *d'Autriche*, & la Confirmation des Titres qu'il auront reçus du Duc *d'Anjou*, & leur direz que nous avons fait demander pour leur satisfaction, au Roi *Charles* III. des pouvoirs pour leur en assurer la possession, que nous ne doutons pas qu'il n'accorde. Que nous sommes prets, au cas qu'ils le souhaitent de leur en donner Notre Garantie.

Vous pourrez leur rendre compte des forçes, que nous avons dessein d'emploier cette année sur les Côtes *d'Espagne*, lesquelles consisteront en 64. Vaisseaux de ligne, sans compter les Fregates, les Vaisseaux de Transport & autres, avec 10000. hommes de Troupes de Debarquement *Anglois* & *Hollandois*, qui seront employez selon qu'on le jugera le plus à propos. Vous vous servirez aussi de cela dans l'occasion pour les exciter à faire de grands preparatifs de leur côté, sans leur apprendre d'abord le nombre entier de ces Forçes, mais par degrés, pour les animer.

Anno 1705.

Au cas que quelques Seigneurs souhaitent & insistent qu'on leur avance quelque somme d'argent, en vuë des services qu'ils doivent rendre, vous nous le ferez savoir, & pourrez les assurer en attendant, que vous ne doutez pas qu'on ne vous autorise à leur remettre ce qui est necessaire & raisonnable pour les soutenir, aussitôt qu'ils seront actuellement en Campagne. Mais vous ne devez pas manquer de faire valoir les dépenses extraordinaires que Sa Majesté est obligée de faire en cette expedition, pour la Cause commune.

Lettres de Creance du Sieur Crow aux Catalans. [*On les trouve en François produites par* Walpole, Rapport du Comite' Secret pag 135. *& en son entier, dans le* Supplement. No. 47. pag. 421.]

A*Nne*, par la Grace de Dieu, Reine de la Grande Bretagne, de France, & d'Irlande, Défenseur de la Foi, &c. Aux très-Illustres, très-Nobles, & très-Excellents Seigneurs, les Ducs, Marquis, Comtes, Barons, Nobles, Gentilshommes, Magistrats des Villes, & Gouverneurs des Places, & à tous leurs Officiers Militaires & Civils, de la Principauté de *Catalogne*, & à tous autres d'aucune Province *d'Espagne*, qui verront ces presentes, salut. Comme nous avons pris les Armes pour défendre la liberté de l'Europe contre la Puissance exorbitante de la France, & qu'a cette fin nous faisons nos efforts, pour empêcher que les Nations, qui en sont voisines, ne tombent dans l'Esclavage, sachant que vous avez toujours eu un zèle ardent pour la liberté, & que vous dedaignez le joug de la Domination Françoise qu'on vous impose, lequel vous souhaiteriez de secouër, comme doivent faire de braves gens. A ces causes, nous avons jugé à propos de vous envoyer notre Féal & bien Amé le Sieur *Mitford Crow*, connu depuis longtems parmi vous, non seulement pour savoir vos sentimens sur ce sujet, mais pour vous confirmer dans un si genereux dessein; & nous l'avons Pleinement Autorise' a Traiter avec vous, & à faire tout ce qui pourra contribuer à un si bon Ouvrage. Nous esperons aussi, que sa venuë vous sera agréable, & vous prions par cette raison, de l'écouter favorablement & d'ajouter foy à tout ce qu'il vous dira de Nôtre Part. Donné à notre Palais de St. *James*, le 7. Mars, l'an 1507. & le 3. de nôtre Regne.

Potestas ac Facultas ad Tractatum & Conventionem Cathalanorum nomine, cum Illustri Mitfordo Crow, Legato Extraordinario Reginæ Magnæ Brittanniæ, Genuæ, &c. [Annexæ eidem Tractatui, cum Credentialibus *Mitfordi Crow* suo loco.]

NOS Infrascripti damus ac concedimus amplam potestatem & Facultatem, Nobili *D. Antonio Peguéra* & de Aymeric, nec non Utriusque Juris Doctori *Dominico Peréra*, ut nomine nostro se subscribant, promittentes ac securitatem facientes, data fide, & verbo obligante nostrum honorem, Bona & nosmet ipsos; *Tractatui* sive Tractatibus, quos juxta ejusdem Facultatem *illustris D. Mitfordus Crow* Legatus suæ Majestatis Reginæ Magnæ Brittaniæ, penes Civitatem *Genuae*, possit ac valeat concludere, ac subscriptione, promissione & securitate muneri: idque facimus ob motiva, causas ac rationes, nobis consentientibus & volentibus, ab eisdem verbo exponendas: quibus, sive ambobus simul, sive seorsum unicuique, integram ac indubiam fidem adhiberi volumus, sive *Genuae* sive ubicunque prædictus Illustris *D. Mitfordus Crow*, aliusve quislibet suæ Majestatis Reginæ Magnæ *Britanniae* Minister, extiterit: Hæcque bona fide spondentes, his nos subscribimus; ad hunc finem congregati, in Parochia Sanctæ Eulaliæ, Diœcesis ac Vicariæ Regiæ Civitatis *Vicensis*: die 17. Maji anno 1705.

1. Caro.

ANNO 1705.

1. Carolus de Ragas & Cavalleria.
2. Jacobus Puig de Perafita.
3. Antonius Puig & Sorribas.
4. Franciscus Puig & Sorribas.
5. Dr. Josephus Antonius Marti.
6. Antonius Cortada.
7. Josephus Moragas.
8. Franciscus-Macianus Bac-de Roda.

20. Juin. *Tractatus Fœderis inter Serenissimam Reginam Angliæ*, ANNAM & *Principatum Cathaloniæ, contra Serenissimum Lucem Andegavensem, hujusque Adhærentes: ad constituendum in Monarchia Hispaniæ, verum illius Regem* CAROLUM III. *Archiducem* AUSTRIÆ *in quo præfata Serenissima Regina spondet* GARANTIAM *perpetuam pro Juribus ac Privilegiis prædicti Principatus conservandis. Conclusus Januæ per utrinque missos Legatos, die* 20. *Juin. Anno* 1705.

In nomine Sanctissimæ Trinitatis, Patris, & Filii, & Spiritus Sancti; in tribus personis distinctis, Unici, Verique Dei.

ILlustrissimus *Mitfordus Crow*, Serenissimæ Reginæ Magnæ *Brittanniae* Legatus in Ditionibus *Italiae*, ac Illustr. Domini, *D. Antonius Pegréra* & *Aymeric*, & in utroque Jure Dr. *Dominicus Beréra*, nomine tum propriô tum illustrium Dominorum, quorum Facultate ac Litteris *Credentialibus* rite muniuntur, conveniunt, ac declarant ea quæ Tractatu infrascripto continentur ac explicantur.

Prædictus Illustrissimus *Mitfordus Crow* declarat, Potentissimam, ac Serenissimam Principem *Annam*, Dei gratia, Reginam M. *Britanniae*, Galliæ, Hiberniæ, &c. intentam totius *Europae* commodo, ut nempe eam ab imminenti ob immoderatam *Galliae* ambitionem servitute præservaret, coram Orbe toto, stricto cum pluribus Fœdere, arma ac vires *Angliae* Regni eis Altissimorum Potentissimorumque Fœderatorum colligasse, nec ad id tantum, sed ut omni armorum vi opitularetur recuperandæ integræ Monarchiæ *Hispaniae* pro Serenissimo Archiduce *Austriae Carolo* III. tum ab altissimis Fœderatis, tum ab aliis Europæ Principibus agnito Successore legitimo Regnorum *Hispaniae*, cœterorumque Dominiorum ac Ditionum quas defunctus Rex *Carolus* die qua obiit obtinebat; quas vi occupatas tyrannide exercet *Gallia*, & à quibus, armorum vi, salutari Regem fecit Serenissimum *Philippum Borbonium*, Ducem *Andegavensem*, violatis sacris pacis Tractatibus, Juramentis, solemnibusque Cessionibus Serenissimarum *Hispaniae* Infantum, Dominæ *Annae*, & Dominæ *Mariae Theresiae*, Reginarum *Galliae*, pro se, suisque Posteris cum approbatione & ratihabitione *Galliae* Regum *Ludovici* XIII. & Ludovici XIV. consensu quoque ac approbatione supremæ Curiæ (*Parlement*) *Galliarum*, Ordinumque (*Cortes*) Regni *Hispaniae*; Regius itaque clemensque animus Serenissimæ Reginæ M. *Brittanniae*, misertus universim nobilissimæ ac præclaræ Nationis *Hispanicae* præsertim vero inclytæ *Cathalanorum* Gentis, dignum duxit delegare PLENA AUTORITATE munitum *Mitfordum Crow*, Facultate rité exacta instructum, ad conveniendum, tractandum ac concludendum arctissimum FOEDUS & AMICITIAM INTER ANGLIÆ REGNUM, AC Illustrissimum præclarumque CATHALONIÆ PRINCIPATUM, eidem *Mitfordo Crow* injungens se transferre versus *Italiam*, eô justô rectoque fine, ut sanam ac rectam tum ipsius, tum Altissimorum Potentissimorumque secum Fœderatorum mentem Illustrissimæ ac præclaræ Nationi *Hispanicae* in universum persuaderet: Certiorque facta Regina prædicta, circa vim & oppressiones, quas tota Hispanorum Natio, præsertim vero Principatus Cathaloniæ tum Communitates tum singulariter Incolæ patiuntur, ut ab eodem concludatur Tractatus cum Viris ad id à Principatu destinandis.

Prædicti item, Illustr. *D. D. D. Antonius Peguéra & Aymerich*, ac Juris utriusque Dr. *Dominicus Peréra*, nomine tam proprio, quam Dominorum quorum vices gerunt, declarant, firmiterque asserunt, vi coactos eos Dominium Gallicum tolerasse; obque destitutionem tum propriarum ad id virium, tum auxiliorum cujusdam Principis, non obstitisse ab initio armatâ manu intrusioni Serenissimi Ducis *Andegavensis* in Hispaniam, quod satis notum est Principi *Georgio d'Harmstadt*, tunc temporis Cathaloniæ Proregi: Perspectum item eisdem compertumque esse, occupatum fuisse à Gallis Regnum Hispaniæ compellentibus eisdem ibi in Regem agnosci Serenissimum Ducem *Andegavensem*; contra Jura & voluntatem Regnorum, territâ ac oppressâ *Hispanorum* Natione, ob locatas ad Hispaniæ Confinia versus Navarram & Cathaloniam, eandem invadere paratas, Copias plurimas: conspirantibus ad Gallorum Consilia Ministris defuncti Pii Regis *Caroli* II. rectas ac justas hujus curas invertentibus, ejusdem Regis pacificam moderatamque indolem opprimentibus, æquissimas dispositiones ab ejus Regia justitiæque addicta mente ad ejusdem Regnorum Successionem præfixas sinistre interpretantibus & exponentibus, ac peculiares Regnorum Hispaniæ, præsertim Principatus Cathaloniæ leges derogantibus: pro certo tandem ab eisdem credi, optimeque notum eis esse, Incolas Principatus *Cathaloniæ*, cogente vi tantùm, sustinere ac tolerare Gallorum Dominatum, eò maximè prætensa Ducis *Andegavensis* usurpata authoritate, ut præstantiorum quibus potitur *Cathaloniæ* Principatus Privilegiorum, Constitutionum, ac Legum, plures resciderit ac abegerit: Ob quæ sat perpensa motiva, haud pauci ex Principatus Incolis Patriâ excessere, aliique, quia notis hisce jurium Violationibus obstiterint, aut publicis carceribus, aut exiliis detinentur, eousque scandali extenso absoluto eo Dominio, ut etiam contemptus ac ignominiæ metas excesserit; quippe in *Matriti* carceres duci fecit, Die 6. elapsi Februarii, *D. D. Paulum Ignatium Dalmases*, Legatum Civitatis Barchinonæ ad Aulam *Matriti*, non sine nota ac patenti violatione tum juris gentium, tum præcipuorum Privilegiorum ac Jurium quibus Cathaloniæ Principatus rite & cum effectu potitus est pro ejusdem Oratorum Legatorumque Personis, nec huic concesso quod proponeret gravamina contra præcipuas Leges ac Privilegia Principatus illata, imo, sequutô Martii mense, e publico carcere idem eductus, in Civitatem Burgensem exilio pulsus est, in qua fertur eum indubiè detineri.

Considerantes igitur Illustres Domini Paciscentes, *Cathaloniæ* Communitates Gallicô Dominatu oppressas, plusquam difficillimè posse ad laudabilem finem hunc tractandi, Viros cum Facultate ritè debita delegare; omni ea quam injuria temporis permittit adhibitâ diligentiâ: Comperiens quoque prædictus Illustris D. *Mitfordus Crow*, durum Galliæ jugum Incolis Principatus Cathaloniæ universim exosum esse; videns item, Illustres D. D. *Antonium Peguéra* & de Ameryck, ac Doctorem *Dominicum Perera*, cum plena Facultate deputari à Viris in eo Principatu spectabilibus ac asseclas habituris, ob eos insectantem Gallorum tyrannidem cautè incedentibus, paratis ad arma sumenda; proclamandumque legitimum ipsorum Regem *Carolum* III. accedente armorum Fœderatorum Juvamine; prædictosque Illustres Dominos, dato; tam pro se quam pro Illustribus Dominis à quibus delegati sunt, honoris verbo, asserere, adimpleturos se ac effecturos quæcumque contenta in Tractatu aut Tractatibus, quos juxta tenorem ac sensum Facultatum mutuò utrinque relectarum, præsentique Tractatui insertarum, stabiliri ac signari expediens judicabitur. Præmissis ad laudabilem hunc salutaremque finem pluribus inter Partes Consiliis: Conventum est chyrographo signari sequentes Articulos Amicitiæ, FOEDERIS AC PROTECTIONIS, quos spondent Paciscentes firmiter observare ac ratos habere, NULLOQUE TEMPORE AUT EVENTU eos interpretari posse alio sensu quàm ipso tenore Litteræ quô hic sunt expositi: Articuli in quibus Partes compaciscentes convenere, sunt qui sequuntur.

1. Illustris Dominus *Mitfordus Crow* spondet ac cum securitate promittit: ad opem ferendam Incolis ac Commorantibus Illustrissimi, præclari & inclyti Principatus *Cathaloniæ*, quoque eis facilis reddatur violenti Gallorum Dominatus ejectio; quod pariter Alti-Potentes Fœderati pollicentur, ac certò spondent: Copias ad excensionem in Cathaloniam destinandas, verè pertingere numerum ferè 8000. Pedestrium, ac 2000. Equestrium.

2. Cùmque asserant prædicti Illustres Domini, valde inclinari Cathaloniæ Incolas ad excutiendum Galliæ jugum, armisque juvare Altissimorum Fœderatorum justos conatus; speretur que, semel eò emissis è

ANNO 1705. Navibus Copiis, plurimos è Provincialibus accessuros, quorum non paucis & arma apta & commeatus ad ista deficiet: spondet Illustrissimus *Mitfordus Crow*, educere quoque sclopos igniarios ad 12000. quibus armentur inermes ex Incolis; virosque cunctos bello destinandos, pulvere pyrio glandibusque instruere: prædictaque Articulô hôc expressa distribuenda esse ab Anglorum aut Fœderatorum Commissariis, prædictorum D. D. Paciscentium interventu.

3. Quandoquidem Serenissimæ Angliæ Reginæ nulla mens est Nobilissimæ Nationis Cathalanæ Incolis molestiam aut gravamen adducere, quibus imò protectione suâ cupit solatium, Libertatem, majoraque commoda procurare, idem Illustrissimus D. *Crow* promittit ac certè spondet, Serenissimam Reginam vere & cum effectu stipendia numeraturam esse illis 6000. Viris, quos armis instructos prædicti Illustres Domini spondent vere parandos esse ut Copiis ad Terram expositis adjungantur; quibusque fiet solutio per Serenissimæ Reginæ Commissarios aut Thesaurarios, quousque Serenissimus Rex *Carolus* III. circa prædictos 6000. Viros solvendos vere providerit.

4. Justum autem cum sit rationique consonum, merita inter pericula honorifice parta præmiis compensare; prædictique Illustres Domini asserant, se & alios Dominos quorum vices gerunt, optare pro Serenissimo Rege Carolo III. Altissimisque Fœderatis militare ex illisque 6000. viris ab eisdem vere parandis, Legiones tum Equestrium tum Peditum, sicut expedire visum fuerit componi, in quibus iidem Domini constituantur Præfecti, supradictus illustris D. *Mitfordus Crow* spondet, jam dictos Domino præficiendos esse Duces Cohortum ex eis 6000. viris erigendarum, sicut & alios ab ipsis designandos, ad ipsorumque voluntatem Locum-tenentes ac Vexilliferos: Cautô tamen, quod Tribunorum, horum Locum-tenentium, ac Majorum Electio voluntati Serenissimi Regis *Caroli* III. aut altissimorum Fœderatorum Belli Ducibus reservabitur.

5. Attentô sicuti à prædictis Illustribus D. D. asseritur, statui Legibus Principatus Cathaloniæ, Regem qui servatô Jure ac Legibus Cathaloniæ in Dominii illius possessionem subintrat, teneri in ipso ingressu, de servandis Legibus, Constitutionibus, ac Privilegiis Juramentum præmittere: supradictus Illustris D. *Mitfordus Crow*, tum Serenissimi Regis *Caroli* III. rectum ad id propositum sciens, tum Serenissimæ Angliæ Reginæ jussis obtemperans; spondet, se institurum ac sollicitè quæsiturum Facultatem à Serenissimo Rege *Carolo* III. ad securitatem præstandam circa omnimodam adimpletionem Legum Principatus prædicti, etiam in rerum vel minimarum praxi: imò, si Principatus id sibi opportunum duxerit, ad majorem ejusdem legum observantiam (contra quam nec licet præsumptio defecturæ in Serenissimo Rege *Carolo* III. æquitatis, nec quicquam Domini Paciscentes ambigunt, adhuc in levissima circumstantia) spondet ac offert, tam modo, quam PRO QUOCUMQUE QUI ACCIDERE UNQUAM POSSET EVENTU OMNIMODAM GARANTIAM AC SECURITATEM, ut Privilegia ac Leges Principatus, in cunctis eorum circumstantiis nec minimam turbationem patiantur.

6. Utque amplius ostendatur zelus Serenissimæ Angliæ Reginæ ad bonum publicum, ejusdemque erga Inclytam ac Nobilem Cathalanorum Nationem affectus, Spondet jam dictus Illustris *Mitfordus Crow* quandocumque acciderent (quos non permittat Deus) adversi ac inopinati eventus bellici; omnem securitatem pro prædictis Dominis, pro ipsorum assectis, & reliquis Principatus Incolis ac Indigenis, qui publice Serenissimi Regis *Caroli* III. Altissimorumque Fœderatorum Partes sequuti pro eis Arma sumpserint, ut Anglicarum hisque Alti-Fœderatarum virium subsidiô ac juvamine gravissimum Gallorum jugum excuterent; ita ut eis nunquam deficiat GARANTIA & PROTECTIO REGNI ANGLIÆ; adeò ut nec minimam inde turbationem aut damnum perferre possit in CORPORE, BONIS, LEGIBUS aut PRIVILEGIIS, taliter, ut nunc & in POSTERUM GAUDEAT CATHALONIÆ PRINCIPATUS OMNIBUS GRATIIS, PRIVILEGIIS, LEGIBUS, AC CONSUETUDINIBUS, TAM IN COMMUNI QUAM IN PARTICULARI; haud secus ac idem Principatus Privilegiis, Legibus, ac Gratiis hisce potiebatur tempore defuncti Regis *Caroli* II.

7. Cûmque Serenissimæ Magnæ Brittanniæ Reginæ mens eò tendat, ut indubiè credatur ejus plena Protectio pro Regnis, Dominiis, Ditionibus, ac Provinciis *Hispaniæ*, quæ Legitimi eorum Regis Carolis III. Alti-Fœderatorumque causam palam sumpserint, eorumque Privilegia ac Jura conservanda esse ac sustinenda; ea præsertim Principatus *Cathaloniæ*, cujus Incolas certò sperat ad prædicta apertè vires adhibituros: Præfatus Illustris *Mitfordus Crow* spondet; se, quamprimum *Barchinona* occupata fuerit, aut si oportuerit antea, verbô ac scriptô, sive Deputatis Principatus *Cathaloniæ*, sive Viris aliis ad Principatus illius Communitates repræsentandas destinandis, expositurum esse, declaraturum, rataque facturum quæcumque Tractatu hôc conventa ac comprehensa; ad hoc ut neque nunc, neque ullô tempore Principatus Incolas ac Indigenas premat vel minima dubietas circa suorum Privilegiorum Legumque omnimodam conservationem ac firmitatem. ANN 1705.

8. Supradicti Illustres Domini, D. *Antonius Peguéra & Aymerich*, ac Doctor *Dominicus Perera*, propriô, Illustriumque D. D. quorum vices gerunt nomine, considerantes ac noscentes, præcedentibus Articulis, Incolarum Principatus *Cathaloniæ*, tam in Communi, quàm divisim, in tuto manere Personas, Bona, Leges, Constitutiones, Privilegia, ac Prærogativas: Spondent, se, statim ac Fœderatorum Arma ad Principatus *Cathaloniæ* Littus extenderint, agnoscituros velut Legitimum Regem, Dominum, ac in Monarchiam integram *Hispaniæ* Successorem, juxta prædicti Principatus Constitutiones ac Leges, Serenissimum *Carolum* III. Archiducem Austriæ, eundem acceptantes in proprium Regem ac Dominum.

9. Prædicti Illustres D. D. suprafatorum nomine, spondent; se, post horas 10. ac admoniti fuerint Anglorum aut Alti-Fœderatorum Classem ad Orientalia Littora, videlicet à Civitate *Barchinonensi* ad Ora Galliæ, anchoras jecisse, discedentes ex montibus ac *Vicensis* Civitatis viciniis, secum ducentes Viros Armatos numero 6000. Anglorum Fœderatorumque Copiis adjungendos esse, exequuturos Jussa quæcumque, militaturosque in eorundem Regis hujusque Alti Fœderatorum obsequium.

10. Spondent pariter; se allaboraturos, reque ipsa effecturos, ut triduo post emissas è Navibus Copias, habeantur in Castris pecudes, quotquot impedimentis sit opus, tum vehendo commeatu tormentario, tum sarcinis Copiarum correspondentibus.

11. Promittunt similiter; Copiis è Navibus eductis, designanda esse diversoria in Oppidis ac Urbibus; juxta Constitutiones ac Leges Cathaloniæ, eodemque modô sicuti tempore defuncti Regis *Caroli* II.

12. Haud secus spondent ut ordinarium pretium annonæ non augeatur; eosdem acturos ut istud taxetur ad Frumentum, Farinam, & Panem; ita ut pretium mensuræ Provincialis vulgò *Quartera*, Frumenti, non excedat ultra 40. Regalia Barchinonensia. Regulando pretio farinæ & panis, juxta istud frumenti, eademque mensura *Quartera* Hordei, 13. Regalibus comparetur.

13. Eodem modo promittunt, ad majus Copiarum beneficium ac commodum, se effecturos ut pretium pro mensura Provinciali *Onere* Vini non accrescat ultra 45. Regalia monetæ Cathaloniæ: ad Carnis item, Vervecinæ, Bovinæ, aut Porcinæ pondus, pretium quo nunc in *Cathalonia* venditur nullatenus augeatur.

14. Pariter pollicentur: ne bellicæ operationes moram vel minimam patiantur, eosdem ita rem disponere, ut Virgularum Fasciculi, Apparatus, cunctaque ad bellum necessaria, Incolarum ope ac expensis vehantur in Castra.

15. Similiter spondent: habitis ab Illustrissimo *Mitfordo Crow* bona fide, verbo ac promissione quod vere & cum effectu persolventur quævis pecuniarum summæ, quas tum pro collectione, tum pro stipendio, tunc pro cæteris militum indigentiis, iidem ostenderint impendisse, pariterque debita ab eis contrahenda pro conservandis prædictis Viris 6000. quos cum effectu ab eis collectos spondent ad statutum tempus emissarum Copiarum è Navibus: eosdem ad id veluti ab eis promissum obstrictos, suppeditaturos esse per sesquimensem stipendia jam dictis militibus, sive mutuò; sive cum usura si opus sit ab eis quærenda pecunia: Elapsoque sesquimense promittit Illustris *Mitfordus Crow* vere & cum effectu exsolvere, quæ alendis ac sustentandis Viris prædictis constiterit præfatos D. D. expendisse: hôc cautô, si ea Serenissimus Rex Carolus III. non exsolverit: si autem sesquimense decurso Copiæ ad Cathaloniæ Littora non exscenderint; spondet præfatus Illustris *Mitfordus*

Crow

ANNO 1705. Crow solvere pecuniæ summas quotquot ad militum à prædictis Dominis vere Collectorum stipendia exigantur; præmittenda solutione trimestribus singulis, quò Maris inconstantiæ occurratur. Convenere tandem Illustres Partes Compaciscentes, de Mense ac die postea designandis, quibus jam dicti Domini cum asseclis, publicè proclamare teneantur in suum Legitimum Regem ac Dominum, Serenissimum Regem *Carolum* III. Archiducem Austriæ: Concordes pariter in non evulgando nunc hoc Tractatu, ob gravissima damna quæ inde oriri possent prædictis D. D. eorum Sequacibus, cæterisque Principatus Cathaloniæ Incolis ac Habitatoribus.

In Fidem ac securitatem Pactorum in supra expressis Articulis hujus Tractatus, conclusi ab Illustrissimo Domino *Mitfordo Crow*, ad id Serenissimæ Reginæ Magnæ *Britanniæ* versus *Italiæ* Ditiones Legato, & Illustribus *D. D. Antonio Peguéra & Aymerich* ac Doctore *Dominico Peréra* tum proprio, tum illustrium D. D. quorum vices exequuntur nomine. Communicatis invicem Litteris Credentialibus, ac Mandatis, Tractatui præsenti insertis: formata fuere Instrumenta uniformia pro Illustribus Partibus Compaciscentibus: propriis præfatorum illustrium D. D. manibus subscripta; propriisque eorundem Sigillis munita. Factus est, Conclusus, Sigillis ac Subscriptionibus roboratus Tractatus præsens, in Civitate Genuensi, die 20. Junii Anno 1705.

MITFORDUS CROW
Sigil†lum.

D. ANTONIUS PEGUERA
& AYMERICH
Sigil†lum

Dr. DOMINICUS PERERA
Sigil†lum.

XXXII.

10. Juin. ***Breve Apostolicum* CLEMENTIS XI. *ad Archiepiscopos & Episcopos Regni Poloniæ, quo plenitudine Potestatis eis præcipit & inhibet, ne Coronationi* STANISLAI *nulliter & perperam electi Regis se ullatenus ingerant, sub pœna Suspensionis ab exercitio Pontificalium, & Interdicti ab ingressu Ecclesiæ. Datum* (1) *Romæ* 10. *Junii* 1705. [ANDREÆ CHRYS. IN ZALUSKIE ZALUSKI Episc. Varmienses *Epist.* Tom. 3. Epist. 89. pag. 649.]**

VEnerabiles Fratres, Salutem & Apostolicam benedictionem. Etsi præclara ac constans, quam de prudentia, fide, ac Religione vestra habemus, opinio, certam nobis spem faciat, vos memores eorum, quæ per alias nostras in simili forma Brevis Literas pro restituenda Reipub. Vestræ tranquillitate adversus invasores hæreticos Catholicæ Religionis, & Charissimi in Christo Filii Nostri Augusti Poloniæ Regis Illustris causâ ad vos scripsimus, nihil unquam adversus eundem Augustum Regem admissuros, sed debita erga eum reverentiæ argumenta daturos esse, ut omnibus palam fiat, Sacros Ecclesiarum Antistites non turbandæ, sed tuendæ juvandæque Reipub. allaborare; Nihilominus cum nonnullorum audaciam eo progressam compertum sit, ut contemptis omnibus Dei & Patriæ Legibus legitimo Rege postposito novum eligere, Acatholicorum viribus potissimum adstipulantibus non erubuerint, timerique meritò possit, ne mala malis addendo ad pejora indies consilia, ac non nisi in extremam totius Regni perniciem cessura prolabantur. Hinc est, quòd nos considerantes quam turpe esset & Episcopali Ordini indecorum Ecclesiasticam potestatem tam apertè legitimi Regis injuriæ patrocinari, quod sane cavere vos maxime tam Justitia ipsa ac Leges vestræ, quam universi Regni Pax & tranquillitas, quin & Catholicæ Religionis ratio omnino postulant, ac proinde pro paterna, quam erga Rempub. V. ac vos ipsos gerimus, benevolentia, quibuscunque gravioribus eventuris malis quantum cum Domino possumus, mature occurrere cupientes motu proprio, ac ex certa scientia & matura deliberatione nostra, deque Apostolicæ potestatis plenitudine vobis & vestrum singulis tenore præsentium districtè præcipimus, atque inhibemus, ne coronationi prædicti nulliter & perperam electi Regis, quæ quoquomodo tentari posset, vos ullatenus ingeratis sub pœna suspensionis ab exercitio Pontificalium, & interdicti ab ingressu Ecclesiæ, ipso facto & absque alia declaratione incurrendis. Non obstantibus Apostolicis, ac universalibus, Provincialibusque ac Synodalibus Consiliis, editis generalibus vel specialibus Constitutionibus & Ordinationibus, nec non quibusvis etiam Juramento, Confirmatione Apostolica vel quavis firmitate alia roboratis Statutis & Consuetudinibus, Privilegiis quoque, Indultis & Literis Apostolicis in contrarium præmissorum quomodolibet concessis, confirmatis, & innovatis. Quibus omnibus & singulis illorum tenores præsentibus pro plene & sufficienter expressis, & de verbo ad verbum insertis habentes, illis alias in suo robore permansuris, ad præmissorum effectum hac vice duntaxat specialiter, & expresse derogamus, cæterisque contrariis quibuscunque. Datum &c. ANNO 1705.

F. OLIVERIUS.

(1) *Roma* 10. *Junii* 1705. Cette Date qui manque à la fin de la Pièce se trouve dans le titre que l'Auteur y a mis. [DUM.]

XXXIII.

***Articuli conventi inter* FREDERICUM *Regem Prussiæ & Civitatem Gedanensem, pro ejusdem tuitione ac Protectione, mediantibus* 50 *millibus Imperialium annuatim solvendis.* [ANDREÆ CHRYS. IN ZALUSKIE ZALUSKI Episc. Varmiensis *Epistol.* Tom. 3. Epist. 110. pag. 661.]** Août.

I. HAbenda præcautio, quod Tractatus iste neque Reipub. Polonæ, neque ipsi Civitati (quæ incorporationi Reipubl. aliisque suis aut Religionis, aut aliis jurium privilegiis, ac libertatibus relinquitur) in præjudicium fiat.

II. Ut Generalis in Prussia Regia semper vigilem oculum in Civitatem hanc habeat, suoque Milite ita eandem tueatur, quasi Regis sui propria foret; utque Rex Prussiæ prædictam Civitatem omnibus Pactis & fœderibus cum quibusvis cæteris Principibus, aut Statibus ineundis includat, ac ejus curam veluti propriorum Subditorum habeat.

III. Ut Rex Prussiæ in modernum tempus duo millia Militum, scilicet 1500. Pedites & 500. Equites; aut pro Civitatis arbitrio, aut etiam pro exigentia periculi plures Copias suppeditet.

IV. Si Civitas medium regimen Militum susceperit, medium sustentabit. Si totum, quousque Miles hic præstiturus est Civitati juramentum, strenue & fideliter eam in quibusvis casibus defendendi. Jurisdictio autem Militis penes Regem Prussiæ relinquitur.

V. Si quis de hoc Milite Civitatis Incolas violentiâ, aut injuriâ affecerit, puniendus erit à Gubernatore Civitatis, nihilominus communicato consilio à Prussici Regiminis Officialibus etiam in quovis alio casu consilium petendum, nec aliquid sine illorum consilio in delinquentes agendum.

VI. Si forte hic miles Civitati aut Suburbiis imponetur, ordinarium singulis Mensibus percipiet stipendium, prout etiam stipendiarius Civitatis; si autem in bonis Civitatis, ita sustentabitur, prout in Ditionibus Regis Prussiæ sustentari solet.

VII. Ubi in posterum, si hæc Civitas hoc milite non eguerit, remittendus est, sed anticipato mense significandum de hoc Regi Prussiæ.

VIII. Ut Civitas permittat omni tempore Copiis Regis Prussiæ ex Pomerania in Prussiam, & e contra libere victualibus à Regis Commissario, & Civitatis Ditionum Colonis, quæ Copiæ, si forte per Civitatem transitum petierint, centeni tantum mittendi sunt, & à Civitatis Equitibus traducendi, ne Civitatis Incolæ habeant, quod metuant.

IX. Si forte Rex Prussiæ à quocunque hoste in Prussia impetitus fuerit, Civitas nulli ejusmodi Extero dabit subsidium, exceptâ tamen Repub. Polona.

X. Ut

(1) L'Auteur date cette Pièce du Mois d'Août, en son Titre, & la range sous l'an 1705. Il ajoute qu'il doute qu'elle soit veritable. [DUM.]

ANNO 1705.

X. Ut tributum ordinarium, vulgò dictum corruptum à Civitate removeatur.

XI. Rex Prussiæ curabit ut ordinatio & cura Postarum iterum sicut olim Civitati conferatur.

XII. Insuper promittit se Rex Prussiæ Civitatem defensurum, si forte hac de causa impetita fuerit, quod se coacte Confœderationi Varsaviensi subscripserit.

XIII. Item si demuo molestiam habuerit, ratione Rothicæ hæreditatis, se illi præstò futurum.

XIV. Hic Tractatus duraturus est in annos 10. aut diutius, si Rex Prussiæ supervixerit ad dies vitæ. Tandem postea relinquitur confirmandus arbitrio Civitatis, sed intra sex hebdomadas ratificatio statuenda.

Tria Puncta Secretiora.

I. Quod Rex Prussiæ possit Copias in protectionem Civitatis missas in eadem Civitate restaurare aut diminutas redintegrare, atque sub Jurisdictione Civitatis novas inducere.

II. Ut Civitas singulis annis pro Regia protectione solvat 50000. Imperialium.

III. Quod Rex Prussiæ non prius exiget à Civitate prædictam summam, donec in toto concludatur hic Tractatus.

XXXIV.

3. Août. **Vertrag zwischen der Kayserlichen Administration in Bayrischen Landen und der Stadt Donauwerth wegen des Saltz-Verschleißes geschlossen/ worinnen besagte Stadt Ihro Kayserl. Maj. zu frey eigener Disposition 20000. Gulden Reinisch vorzulehen verspricht; Dahingegen aber auf Seiten der Kayserl. Administration besagter Stadt ein Privilegium des Saltz-Verschleißes auf den fuß der Stadt Regenspurg/ wie auch Ingolstadt und Friedberg eingehändigt und dabey geschützet zu werden versprochen wird. Geben zu München den 3. Augusti 1705. [Lunig Teutsch Reichs Archiv. Part. Special. Continuat. 1. Abtheil. 1. Absatz. 1. pag. 543.]**

C'est-à-dire,

Accord entre l'Administration Imperiale en Baviere, & la Ville de Donawert, portant, que ladite Ville prêtera la somme de 20 mille Florins à sa Majesté Imperiale, moyennant quoi, elle jouïra du Privilège de vendre du Sel, de la même maniere que les Villes de Ratisbonne, d'Ingolstadt, & de Fridberg en jouïssent. A Munich le 3. d'Août 1705.

ERstlichen hat gedachte Stadt/ Ihrer Käyserlichen Majestät zu Ehren/ zu Dero freyeignen Disposition, anjetzo gleich 20000. Rheinische Gülden in guter gangbarer Müntze/ jeden Gülden zu 15. Batzen oder 60. Kreutzer anzurechnen/ Vorlehens-weise/ baar/ und ohne einigen Zuschlag darzuschiessen versprochen; Da hingegen wird auf Seiten der Käyserlichen Administration. erstens ihre Stadt/ wegen solcher vorschiessender 20000. Gülden das Privilegium des Saltz-Verschleiß auf den Fuß der freyen Reichs-Stadt Regenspurg/ und zwar auf die nachfolgenden Special-Bedingnissen angehändiget/ anbey auch Ihro an diesen vorleyhenden 20000 Gülden/ bis zu deren völliger Wieder-Abstattung/ von denen erlösenden Saltz-Geldern jährlichen 3000. Gülden Jure Retentionis in Handen gelassen/ indessen aber das Capital verabredt-und verglichener Massen mit jährlichem zwey und einem halben pro Cento verinteressiret/ nicht weniger zu leichterer Wiedererholung besagten pr. 20000 fl. prælirten Anlehens auf die Scheiben 12. Kreutzer zu schlagen und zu geniessen vergünstiget/ und in solcher Conformität eine ordentliche von der Käyserlichen Administration gefertigte Obligation extradirt/ sich auch in allen sich begebenden widrigen Zufällen und Veränderungen von Ihrer Käyserlichen Majestät auf das kräfftigste geschützet/ und bey dem ertheilten Saltz-Privilegio gehandhabt/ auch des Capitals halber auf alle weise indemnisiret werden.

Andertens soll ihre Stadt Donawerth jedwede Kueffen in eben dem Werth/ wie solche zu Ingollstatt/ Friedberg und selbiger Gegend schlagen/ künfftigen und allezeit bezahlet werden/ welcher Werth anjetzo zu Behuff des Ærarii Bellici, und zu Ersteuerung der allgemeinen Necessitäten pr. 4. Gülden 45. Kreutzer bis an den Hof-Stecken nacher Donawerth auf Ihrer Käyserlichen Majestät Gefahr und Unkosten/ und also ohne deren geringsten Entgeld geliefert zu werden angesetzet ist.

ANNO 1705.

Was aber drittens die Abführung des betragenden Werths vor das dahin liefernde Saltz anreichet/ so solle die Bezahlung des Verschliessenen von Monat zu Monat mit baarem Gelde richtig beschehen/ hierüber auch alle Monat ein ordentlicher Extract, was von Zeit zu Zeit verschliessen worden/ und sich noch pro resto befindet/ zur Käyserlichen Administration, doch auf der Hof Cammer Unkosten/ richtig eingesandt werden.

Vierdtens werden der Stadt neun Kuefsen oder zehen und ein halb Fuder auf jedes Pfund zur Einfülle ohnausgesetzt zu passiren verglichen.

Fünfftens wird die Stadt/ ratione der Eingabe/ verglichener Massen der Leg-Stadt Friedberg gleich gehalten/ und ihr auff zehen Kueffen eine zur bemeldeten Ausgabe jedesmahl unweigerlich abgereichet werden. Und werde man auch

Sechstens öffters angezogene Stadt bey der ihr in Krafft dieses Vertrags zustehenden und einraumenden Saltz-Leg-Statt/ als zu welcher sie hiermit verordnet ist/ dergestalten manuteniren/ daß zu Wasser einiges Saltz nacher Ulm oder anderweitig hin zu vertreiben/ nicht erlaubet seyn solle; Wie denn auch ihr die Versicherung gegeben wird/ daß selbige eine der äusersten Leg-Stätte verbleiben/ und keine Leg-Statt ob ihrer Stadt/ noch zwischen Ingollstadt und besagter Stadt Donauwerth/ geduldet werden solle; Und wird auch

Siebendes ihre Stadt zu dem daselbst sequestrirt-hernach aber wiederum relaxirten Saltz/ wann solches nicht schon distrahiret/ auch noch einiges vorhanden wäre/ verholffen werden; Im übrigen hat es

Achtens/ bey dem Inhalt des andern Puncts in alleweege sein unveränderliches Verbleiben/ und wird der Stadt das Saltz auff Ihrer Kayserlichen Majestät Gefahr und Unkosten/ mithin ohne ihr Entgeld/ biß an den Hafft Stock nacher Donauwerth/ richtig geliefert/ sich auch in GOttes gewaltigen Zufällen/ als da sind feindlicher Einfall/ Landes-Ruin/ Feuer-und Wasser-Schaden/ in deren Entstehung selbige vor einigen Schaden nichts zu respondiren hatten/ Schad-loß gehalten werden; Entgegen wird sie auch ihrer Seits dahin obligiret seyn/ sobald einiges Saltz allda anlanget/ solches gleich denen Regenspurgern in gute Vorsorge und sichere Verwahrung zu nehmen/ und hievor/ so bald das Saltz an Hafft-Stöcken überantwortet/ gut zu stehen

Neuntens ist man auch nicht entgegen/ daß im Fall es/ nach Ankommung der Conjuncturen/ mit der Stadt/ wie ihrer Seits die Præcaution genommen wird/ in einen andern Stand kommen möchte/ daß sich selbige des gantzen Capitals der 20000. Gülden/ oder des hieran verbleibenden Rück-Standes auch des dazumahl verhandenen Saltzes pro quantitate debiti selbsten zahlhafft machen/ folglich so viel als das Residuum samt denen stipulirten Interessen/ und zwar eo casu, dieses zu 5. pro Cento beträgt/ jure retentionis zurück halten könne und möge. Wo hingegen

Schlüßlichen/ die Stadt die Visitation ihrer Leg-Statt/ gleichwie es zu Regenspurg unweigerlich geschiehet/ unverwehret zuzustehen/ auch sonst das Kayserl. Cameral unt ihren eigenen interesse eyfrigst zu befördern gehalten seyn solle. Zu Urkund dessen/ sind zwey gleichlautende Exemplaria auffgerichtet/ und von beyden Theilen gefertiget worden. München/ den 3. Augusti, im Eintausend/ Siebenhundert und Fünfften Jahre.

(L. S.)

Max. Carl/ Graf von Löwenstein.

Johann Friedrich/ Graf von Seau.

Joh. Georg Auerhammer/ des Raths.

Hans Jacob Meyr/ des Raths und Bau Inspector.

Johann Joseph Schenickel.

XXXV.

Vergleich zwischen Ihro Churpfältzische Durchl. Johann Wilhelm und dem Groß-Teutschmeister als Bischoffen zu Worms/ Frantz Ludwig wegen des Crayß-Directorii im Ober-Rheinischen Creyse; Daß nemlich die Crayß-Schreiben von der Wormsischen Cantzlay expeditret/ wie auch von Wormsischen Deputirten unterschrieben/ die Eröffnung aber der an das Crayß-ausschreib-Amt einlangenden Schreiben von jenem/ welchem es aus Ihnen zum ersten zu Handen komt/ gebühren solle. 25. Août.

Geschehen

ANNO 1705. Geschehen den 26. Augusti zu Düßeldorff anno 1705. [Theatri Europæi Tom. XVII. Part. 2. pag. 20. col. 2.]

C'est-à-dire,

Convention entre JEAN GUILLAUME *Electeur Palatin,* & FRANÇOIS LOUÏS *Grand Maistre de l'Ordre Teutonique, comme Evesque de Worms, touchant le Directoire du Cercle du Haut Rhyn; portant que toutes les Ordonnances Circulaires seront expediées par la Chancelerie de Worms, & signées par les Deputés de Worms, mais que les Lettres qui seront adressées au Directoire, seront ouvertes par celui des deux Directeurs à qui elles seront envoyées. Fait à Dusseldorp le 26 Août 1705.*

DEmnach Ihrer Churfürstl. Durchl. zu Pfaltz vorkommen/ welchergestalten seit dem wegen Auffschiebung aller Ober Rheinischen Crayß-Directorial Strittigkeiten de dato 30. Augusti 1690. errichteten Weinheimer Receß ferner sich über deßen Inhalt einige Mißverständniß oder ungleiche Meynung und Explicationen zwischen dem Fürstl. Wormbsischen und Pfaltz-Simmerischen Deputirten/ als Ober-Rheinisch-Crayß-Directorial-Gesandten hervor gethan/ welche vornehmlich in folgenden Puncten bestehen:

1. Wegen des feder-führens/ so Fürstl. Wormbsischer Seiten privative prätendirt wird/ mithin auch.

2. Die Ingroßirung/ mehr

3. Die Unterschreibung der Ansags/ Zettel/ post verba: Von dem gesamten Crayß-Ausschreib-Amts wegen/ durch den Wormsischen Deputirten allein.

4. Die Bestellung der Crayß-Ausschreiben/ und letztlich ist

5. Ratione Eröffnung der an das Crayß-Ausschreib-Amt einlangenden Schreiben/ auch einiger Zweiffel entstanden.

Als haben Hochgedachte Ihre Churf. Durchl. nab beschehener überlegung und Examinirung des obgedachten Weinheimer Receß sich gegen des Hoch-und Groß-Teutschmeisters/ als Bischoffen zu Wormbs Hochfürstl. Durchl. aus Freund-Brüderlicher Willfährigkeit/ zu Vermeydung weiterer dem Crayß-Convent und Publico schädlicher oder nachtheiliger Irrungen/ dahin erklären wollen/ welches auch erst Höchstgedachte Ihre Hochfürstl. Durchl. als Bischoff zu Wormbs angenommen: daß soviel

Primo & secundo Die Federführung betrifft/ Dieselbe es dießfalls bey der unterm 28. Octob. 1697. an des Herrn Hoch- und Groß-Teutschmeisters Hochfürstl. Durchl. als Bischoffen zu Wormbs erlaßener Schrifftlicher Declaration/ worinnen sie dem Bisthumb Wormbs die einseitige Ingroßir- und Expedirung der Crayß-Ausschreiben nachgegeben/ jedoch daß vor und nachgehends die übliche Communication ad addendum & revidendum geschehe/ soviel mehr bewenden laßen. Als auch das gegen erst Höchstgedachte Ihro Hochfürstl. Durchl die Concurrenz des Pfaltz-Simmerischen Deputati bey Verpflichtung der Crayß-Bedienten und der Hand-Gelöbniß eingewilliget/ so solle es auch

Tertio mit dem Ansag-Zettel dem mehr erwähnten Weinheimischen Receß gemäß gehalten/ und dem Bisthum Wormbs post in fine posita verba: Von gesamtem Crayß-Ausschreib-Amt wegen/ die Subscription dero Deputirten ins künfftig ohne Contradiction eingestanden werden. Was sodann

Quarto Die Bestellung der Crayß-Ausschreiben so wohl als ander in Crayß-Sachen gefertigter Schreiben anbetrifft/ da können Ihro Churf. Durchl. geschehen laßen/ daß solche durch die Wormbsische Cantzley/ wann selbe nach beschehener Unterschrifft wieder dahin kommen/ an die Crayß-Stände bestellt werden. So viel aber

Quinto Die Eröffnung der an das Crayß-Ausschreib-Ambt einlangenden Schreiben betreffen thut/ mögen selbige von denjenigen/ welchen unter Höchstgedachten Ihrer Churfürstl. Durchl als Hertzogen zu Simmern und des Herrn Hoch-Teutschmeisters als Bischoffen zu Wormbs Hochfürstl. Durchl. zum ersten zu handen kommen/ erbrochen und dem andern zugesandt werden: Wann aber solche oder andere das Crayß-wesen betreffende Schreiben Dero Deputatis in ihrer beyden Gegenwart bey dem Crayß-tag/ oder wo selbiger gehalten wird/ zukommen/ solle hierinn/ falls die Eröffnung allein durch den Wormbsischen (da er nicht abwesend ist/ welchen falls auch der Pfaltz-Simmerische selbe erbrechen könte) beschehen/ jedoch dem Herkommen gemäß/ darauß mit diesem communicirt werden.

Im übrigen bleibt es ben dem klaren Buchstaben des offterwähnten Weinheimer Receß/ zu deßen sowohl als dieser abermahligen Declaration genauer Beobachtung Ihro Churf. Durchl. dero Geheimen Rath von Jodoci als jetztmahligen Gevollmächtigten Deputirten bey dem Ober-Rheinischen Crayß-Convent gnädigst angewiesen haben wollen. Düßeldorff den 26. Augusti 1705. ANNO 1705.

Johann Wilhelm Churfürst

Hantz Ludwig.

XXXVI.

Diploma Römischen Kaysers JOSEPHI I. worinn er denen vier Ständen des Ertz-Hertzogthums Oesterreich alle ihre Privilegia und Freyheiten confirmirt und bestättigt. Geben Wien den 22. Sept. 1705. [Theatri Europæi Tom. XVII. Partis 2. pag. 87. col. 1.] 22. Septembre.

C'est à-dire,

Diplome de l'Empereur JOSEPH I. *portant Confirmation aux Quatre Estats d'Autriche de tous leurs Privilèges. Donné à Vienne le 22. Septembre 1705.*

WIr Joseph/ von Gottes Gnaden erwählter Römischer Kayser/ auch zu Hungarn und Böheimb König/ Ertz-Hertzog zu Oesterreich/ Hertzog zu Burgund/ Steyer/ Kärnthen/ Crain und Würtenberg/ Graf zu Tyrol rc. bekennen öffentlich mit diesem Brief und thun kund allermänniglich: Nachdem auf Gottseliges Absterben weylandt des Allerdurchlauchtigsten/ Großmächtigsten und unüberwindlichsten Fürsten/ Herrn Leopold/ dieses Namens des ersten erwählten Röm. Kaysers/ unsers freundlich geliebten Herrn und Vatters hochlöbl. und Seeligster Gedächtniß Ihro Majest hinterlaßener Ertz-Hertzogthum Oesterreich unter und ob der Ens auf uns erblich gefallen/ darauf uns dann auch die getrene 4. Stände einer gesamten Landschafft heut dato die Erbhuldigung und Pflicht gemeinlich und sonderlich geleistet/ daß wir ihnen denen Ständen entgegen gnädiglich zuvor bewilliget/ zugesagt und versprochen haben: Thun das auch hiermit wißendlich in Krafft dieses Brieffs/ daß wir ihnen/ denen getreuen Ständen/ auf ihr gehorsamster Ersuchen alle ihre Freyheiten/ Privilegien alt löblich Herkommen und gute gewohnheit/ als ihr Herr und Landsfürst mit Gnaden/ wie vor alters hergekommen ist/ confirmiren/ bestättigen/ sie darbey handhaben und bleiben/ darzu auch ob aller 4. Stände und Innwohner des Lands-Freyheiten/ Ehren/ Würden und Gerechtigkeit vestiglich halten/ sie darbey schützen/ schirmen und darwider nicht dringen noch beschwehren laßen wollen und sollen/ gnädigst und ungefährlich. Zu Urkund haben Wir diesen Brief mit unserm anhangenden Insiegel verfertigt/ der geben ist in unserer Königlichen Residentz-Stadt Wien den 22. Monatstag Sept im 1705ten Jahr/ unserer Reiche rc rc.

Ad Mandatum Sacræ Cæsareæ Majestatis proprium.

XXXVII.

STANISLAI *Anti-Regis Poloniæ Diploma Ordinibus Regni post ejus Electionem datum pro securitate & confirmatione Jurium, Privilegiorum, Libertatum, & Prærogativarum unicuique in Patriâ spectantium. Varsaviæ sub tempus Coronationis ejus.* [ANDREÆ CHRYS. IN ZALUSKIE ZALUZKI Episcopi Varmiensis *Epist.* Tom. 3. Epist. 104. pag. 700. Octobre.

In Nomine Domini Amen.

AD perpetuam rei memoriam. Quandoquidem in humanis actionibus nihil est tam firmum & stabile, quod non vetustate consenescat, & oblivione deleatur, recte indagatrix omnium rerum sapientia providit: ut æternitatem rerum, Monumenta Literarum custodiant, & ad sempiternam hominum memoriam usque permittant. Proinde nos Stanislaus I. Dei gratia Rex Poloniæ, & Magnus Dux Lituaniæ &c. &c. manifestum testatumque facimus omnibus, quorum interest, tam præsentibus quam futuris, horum notitiam habituris: ut perpetua grati nostri animi

erga

ANNO 1705.

erga hoc Regnum Poloniæ, & M. D. L. cæterasque Provincias testificatio extaret, & si nihil habeamus ita charum, quod non libenter ipsius ornandi & amplificandi causa faciendum nobis esse putemus, tamen singulari Reipub. studio provocati, quod Nos in Regem Incolæ hujus Regni elegerint, nostramque Personam inter alios Principes Orbis Christiani prætulerint, Sacrum Diadema Capiti nostro imponi curarint, omniaque Jura, Privilegia, Libertates, Prærogativas, & quæcunque potuerunt in Patria habere charissima & nobilissima nobis concrediderint: ut ea manibus nostris, tamquam in aliquo Sacrario reposita conservemus, & tueamur. Horum tantæ benevolentiæ & fidei, ut parem animum & gratiam referamus, testemur in perpetuum omnia nobis præ incolumitate & splendore Regni hujus esse & fore semper inferiora. Qua propter sponte & libere maturâque deliberatione super his habita omnia Privilegia, donationes, inscriptiones, advitalitates, libertates, prærogativas, immunitates tam Regni Poloniæ, & Magni Ducatus Lit. Russiæ, Prussiæ, Masoviæ, Samogitiæ, Kijoviæ, Volhiniæ, Podoliæ, Podlachiæ, Livoniæque, ut & in specie Ducalis Prussiæ Lemburgi & Bittoviæ, juxta jura sua, tam Terrarum earundem communes, ipsis junctim aut separatim concessas, quam privatarum Personarum, cujuscunque Status, conditionis, sexus existentium, Civitatum, Oppidorum, & Locorum quorumcunque, privatas, Ecclesiasticas, & sæculares cujuscunque generis, per Antecessores nostros Regni Poloniæ, & M. D. L. Terrarumque iis conjunctarum, Reges, Principes, Duces, & Dominos tam in toto, quam in parte præsertim Casimirum Magnum, & Ludovicum Lois nuncupatum, Vladislaum II. Jagielonem dictum, Fratresque ejus Vitoldum, & Sigismundum Magnos Duces Lituaniæ, Vladislaum III. Casimirum III. Jagielonis Filios, Joannem Albertum, Alexandrum, Sigismundum I. Sigismundum II. Augustum ac Henricum, Stephanum & Sigismundum III. Vladislaum IV. Joannem Casimirum, Michaelem, & Joannem III. Reges Poloniæ, & Magnos Duces Lituaniæ, ac etiam per Magistros Prussiæ atque Archiepiscopos, Episcopos, Magistros, Perceptores antiquos Livoniæ, nec non Duces, Principes ac Dominos Terrarum Prussiæ, & Masoviæ, juste & legitime concessas, & emanatas, ac juri communi, utriusque Gentis non contrarias. Item Jura, Leges, Statuta, Constitutiones, Judicia, Tribunalia, ultimæ instantiæ, ac Decreta, libertates, & immunitates in Conventibus, Regni generalibus quibuslibet, ordinationesque latas atque sancitas, nominatim autem libertates & leges in conventu Electionis Henrici Regis, ac in conventu Andrejoviensi, & Coronatione Regis Stephani, Constitutione Serenissimi Sigismundi III. laudatas, ac denique leges & constitutiones in præsenti Confœderatione generali Varsaviensi sancitas, aut quæ adhuc sancientur, & nobis exhibebuntur, ita tamen, ut nec specialitas generalitati nec generalitas specialitati deroget. Tum etiam Constitutiones cum Ordinibus sancitas, in omnibus eadem Articulis, punctis, clausulis, conditionibus, approbandas, roborandas duximus, approbamusque, roboramus, confirmamus, per præsentes Literas nostras decernentes illas, & illa omnia, quæ superius commemorata sunt, perpetuæ, indubiæ, & inviolabilis firmitatis robur obtinere debere. Recipimus, spondemus, & Regio verbo nostro pollicemur, illas in prædictis earum punctis, articulis, clausulis, conditionibus, firmiter, inconcusse, inviolabiliter tenere, observare, implere, & exequi, ac omnibus & singulis ex iis satisfacere cum effectu, & teneri, observari, & exequi, facere. Item pollicemur, recipimus ac spondemus, quod omnia per hostes finitimos injuste à Regno Poloniæ & M. D. L. Dominiis earundem quomodocunque occupata, vel bello, vel quovis alio modo distracta, ad proprietatem, & unitatem ejusdem Regni & M. D. L. tum & Provinciarum iis annexarum aggregabimus. Neque fines Regni, & Dominiorum nostrorum minuemus, sed pro viribus nostris proferemus, & dilatabimus. Quod si aliquid contra libertates & immunitates, jura & Privilegia, prædicti Regni, & M. D. L. cæterarumque Provinciarum iis annexarum fecerimus, non servantes (quod absit) aliquid illorum in toto, vel in parte, id totum irritum & inane, nulliusque momenti fore, decernimus, & pronunciamus. Quod vero supra hisce Literis privilegia, libertates Ecclesiasticas, cum cæteris confirmaverimus, in juramento nostro Ecclesias Catholicas Romanas nominaverimus, id nihil omnibus Ecclesiis Græcis, & Privilegiis earundem obesse debet, imo eadem in suo robore confirmamus, nec non & articulo juramenti hujus, ne unquam derogare volumus. Quod videlicet pacem & tranquillitatem inter dissidentes de religione, tuebimur, ac manutenebimus, quam inconcusse, firmiter, & cum effectu observaturos promittimus ac spondemus, Jura quoque Terrarum Prussiæ, specialiter vero Indigenatus in omnibus manutenebimus, & in suo robore conservabimus, vacantiasque omnes in Terris prædictis juxta tenorem Jurium Terrarum prædictarum & Constitutionum Anni 1647. Indigenis Terrarum Prussiæ conferemus, & Articulum de distribuendis vacantiis Pactis Conventis felicis Electionis Joannis Casimiri insertum speciali Juri Terrarum Prussiæ derogare non debere declaramus. Dantes insuper per potestatem Cancellariæ nostræ, ut has Literas Confirmationis Generalis Jurium Privilegiorum, & Libertatum Regni, & M. D. L. & Terrarum iis annexarum authentice sub sigillo etiam cubiculari, quod nobis pro interim ad certum tempus, per Statum & Ordines Confœderatos pro usu & commodo est concessum Terris & Subditis nostris, qui eas requirent, non expectato alio mandato nostro extradat. In cujus rei fidem Literas hasce manu nostrâ subscripsimus, & sigillum cubiculare appendi jussimus. Dat. Varsaviæ sub tempus felicis Coronationis Nostræ.

XXXVIII.

11. Octobre.

Protestatio Confœderatorum Sendomiriensium, contra Coronationem illegitimam STANISLAI LESZCZYNSKI *in Regem Poloniæ. Datum* (1) *Tykocinii* 11. *Octob.* 1705. [ANDREÆ CHRYS. IN ZALUSKIE ZALUSKI Episc. Varmiensis *Epist.* Tom. 3. Epist. 105. pag. 708.]

NOs Proceres Regni, Dignitarii, Officiales ac universa Nobilitas Palatinatuum Regni, & M. D. L. in virtute Confœderationis Generalis Sendomiriensis congregati notum facimus præsentibus ac futuris sæculis, quod animadvertentes crescentem indies magis magisque incomparabilem malitiam & obstinationem non errorum, sed (quod libere dici potest) degenerum infelicis Patriæ filiorum, obstupescere ac obrigescere debemus, quando nec Dominum, nec jura colunt, sed quasi desperatione quâdam acti, sua quisque & publica fata præcipitare cupiunt. Excussis namque Jurium ac libertatum omnium repagulis, in se vertunt manus, se ipsos, non Principem perdunt. Arripuit speciem, non invenit culpam insolens primorum audacia. Fallebat & seducebat Populum falsis criminationibus contra suum Dominum, accusando, non probando judicavit, & sententiavit, edicto, non judicio, sine termino, delatore, & reo, omnia judex erat. Talisne Legis, judicii ac justitiæ forma? Et quod majus est, nec facultatem desuper, nec communem consensum habendo. Illud namque, quod commune est, unus solummodo paucis cum Asseclis suum esse putavit, & linquere & dicere Regem. Ex indeque audax & nefarius ille notabilem apud vicinos Principes liberrimæ Genti inussit infamiam. Mavult Lechia Civi, quam Domino servire suo? Adhibuit externam potentiam, qui suum scelus alieno facto tegeret, aut honestaret, sed perspicax mundus novit optime diuturni laboris curam, novit illum, qui ad eum finem conventicula intimabat, qui illa authoritate sua manutenebat, qui fœda divortia suadebat, qui adinveniebat rationes, qui & quali esca minus peritam nobilitatem ad rebellionem alliciebat & congregabat, licet ea, quæ in cogente fiunt, pro nullis habeantur. Cum vero etiam Nobilitas memor fidei, honestatis, ac vinculorum suorum erga legitimum Principem ac Dominum suum tam indecorum facinus aversari, & sese retrahere omnino deberet, usus est non hospitis, sed hostis ope, & paucorum insimul domesticorum, & conquisitorum amicorum, ac colligatorum aliquorum suorum subsidio ut in hac societate malorum intenta sua persequi, inceptaque perficere possit. Nec id tamen successit ad vota, nam Rex Sueciæ concreditis ipsi solummodo curis & laboribus, ipse sibi potestatem eligen-

(1) *Tykocinii* 11. *Octob*, 1705. Cette Date manque à la Pièce, mais l'Auteur la donne dans son Titre & dans son arrangement d'où nous la tirons. [Dum.]

ANNO 1705.

gendi & decernendi reſervavit, adhibita juxta uſitatam Maximum Tyrannorum communicatione. Si vos nolueritis, hic faciet, & ſic ambitioni illius in pœnam & tormentum animi datum eſt in primium pati. Finita tandem fuit præfata violenta, ex lex Electio, nec primis divortiatis, nec ſecundis rite conciliatis nuptiis, quando infamis rivalis non ſponſus ob ſtupeſcente toto orbe promulgatus fuit, abſente & renitente aliena conjuge conjunx. Sed neque hic terminum habuit infeſta forti publice ac indefeſſa in illuſionibus ſuis malitia, quærebat ſemper inveſtigabat per rudera Legum, ſecretiores ac pernicioſiores modos pergebat in concitatione Incolarum Regni ad rebellionem, in fœdum alienæ cupidinis firmandum, indicebat nefarios variis ſub nominibus congreſſus, odio pacis, & perſecutione Domini ſui & benefactoris diſpenſabat perjuriis non perſuaſionibus, & exemplo, & non ſolum diſpenſabat, ſed violentis copiis ſub minis ferri & ignis renitentes ſuumque interitum præ oculis habentes adigebat. Confluxere obedientes ad pabulum, contrarii ad metum pro ultimo Varſavienſi conventiculo, in quo impetrata ab aliquibus ſubſcriptione, hac ipſa ſaltem iſte carus hoſpes, ac invaſor Reipubl. monſtrum ſuum eriget & exaltat. Alter vero à fortuna excæcatus, ignorat ſe tunc eſſe miſerrimum, dum ſe felicem reputat. Verum enim vero non illum ſolum, ſed hoſce omnes, quos idem malitiæ ac pertinaciæ concatenavit vinculum, eadem cæcitas percuſſit, dum interitum libertatis, ruinam Regni, ſpoliationem Patriæ de cunctis decoribus, abductionem de variis locis machinarum bellicarum, exuſtionem Regalis arcis Cracovienſis, rudera Patriæ, nunquam alias excogitatas & intolerabiles contributiones, & quod maximum eſt, ſpolia templorum videre nolunt, vel nequeunt. Proh dolor! O cives! quæ tanta dementia veſtra? Prætendunt vobis ſæpenumero ſuaviſſimam pacis ſpem, & effectu ejus defraudant, poſito etiam, quod perficiatur, qualis erit, certè cum damno & detrimento Patriæ, & hoc tum demum, quando è ruderibus, cineribus ac ruinis Patriæ nil amplius rapere poterunt, & cum deſolationem fecerint, pacem appellabunt. Volumus tamen omnes agnoſcere intentum noſtrum, non enim pars turbulenta ſolum & contumax non recogitat, quantum Patriæ tanquam matri ſuæ debeat, verum nec intentum Sanctæ Religionis attendit, dum Juriſdictionem ſupremi Paſtoris Vicarii Dei, cui ſoli Deus Optimus Maximus curam & præſidium ovilis ſui concredidit, & qui illud inſomni cuſtodia cuſtodit, gubernat, & qui poteſtate & Authoritate ſua errantes corrigit, & inobedientes arguit & punit, quondam ſcripto aggreſſa eſt. Ille vero, qui Juriſdictionem hujus Paſtoris impugnat, ſine dubio recordatur illius dicti: Quicunque Eccleſiam non audierit, ſit tibi ſicut Ethnicus & Publicanus. Nos vero, qui datam deſuper ſupremo Antiſtiti poteſtatem, cum omni veneratione colimus, ita, quidquid ad emendationem ſtatus ſpiritualis neceſſarium eſſe vel facere cenſuerit, agnoſcimus pro ſumma æquitate. Nulla nobis cum eo lucta, in quâ læditur ipſe Deus. Sed ſinamus Jura Eccleſiæ, quæ ſuis in manibus tenet gladium, & habet vindicias poteſtatis ſuæ, quem uti extendere, ita eodem & ferire poteſt, id ſolum modò animadvertamus, quod tam profundè venerata proceſſit malevolentia primi haud dudum. Nunc vero jam exvinculati Præſulis & accitorum in publica incendia Sociorum, ex quibus velut ex fumante Veſuvio major in dies evaporat infectio, dum hæc eadem malitia erectum ante annum flagitioſo auſu idolum, paludamento Regio regere, & inſignia Regum nulliter & perperam capiti ejus in majorem aggravationem ſui criminis imponere auſa eſt omiſſis ſolennitatibus legis & praxis, ſine Comitiolis, ſine Comitiis, calcatis Legibus, & conſequenter furtivo & non publico actu, ſine notificatione vicinorum Monarcharum, ſine præſentia eorundem Miniſtrorum, quos in plauſum & honorem Coronandorum delegare ſemper conſueverant. In ſumma, ut ſemel fœda hæc doloſa, ſeditioſa & infamis rabies contra Dominum ſuum inſurrexit, ita impietati, perfidiæque ſuæ inſiſtendo, eo usque ſeſe extendit, donec in culmine ipſo coronatum ſcelus poſuiſſet. Nos itaque ſupra nominati Proceres, Dignitarii, Officiales ac univerſa Nobilitas Regni, & M. D. L. conformando nos Confœderationi noſtræ Sendomirienſi, ſimulque recogitando, quantum Deo, conſervationi Eccleſiarum, amplitudini Majeſtatis Sereniſſimi Principis ac Domini Auguſti, Regis ac Domini clementi conſervationi integritatis, libertatum noſtrarum corroborationi Confœderationis noſtræ Sendomirienſis debeamus, utpote ad quam manutenendam etiam communi diſpendio noſtro nos toties obſtrinximus, communi aſſenſu, unanimi corde ac mente declaramus, ac noſmet invicem nobis ipſis obligamus, quod quemadmodum antea contra omnia conventicula, & quocunque nomine vocitata, & intervenientes conſulationes, converſationes, & Sancita, ut & contra id, quodcunque dolus & induſtria pepererit, præſertim contra ipſam inordinatam, ebriam, coactam, & ſub gladio extortam Electionem, (prout id ipſum manifeſtatione ſua Illuſtriſſimus D. Caſtellanus Cracovienſis ſupremus Exercituum Regni Dux S. R. I. Princeps Hieronymus Lubomirski ultro ſufficientiſſime deduxit) manifeſti & proteſtati ſumus, ita & in præſenti contra violentam illegitimam, abuſivam, coactam, & infeſtam Legibus Patriis coronationem, manifeſtamus, & proteſtamur parati exiſtentes vitam & fortunas prius amittere, quam ſemel libere Electum Principem Sereniſſimum Auguſtum II. Dominum Noſtrum Clementiſſimum deſerere. Obteſtamur tandem charitate Patriæ illos omnes, qui laxatis hucusque conſcientiis impio Gregis ſui Anteſignano auxiliatricem præbuerunt dexteram, ut recordentur quantum Deo, quantum Regi, quantum Patriæ debeant, contra tam infamem, abominabilem actum nobiscum, ſimul & pari zelo conſurgant, noſtramque licet ſera pœnitentia & virtute ducti, laudabilem ad futura tempora perennaturam reſolutionem adjuvent declarando ſe, quod fideliter & conſtanter ad ultimam ſanguinis guttam Majeſtatis Sereniſſimi Auguſti II. liberam Electionem, ſimulque ipſam libertatem tueri, defendereque velint illique mori. Hæc libera naſci, hæc vult libera Turba mori. Deteſtamur & execramur totum id, quidquid, ut ab ipſa origine, ita & poſt, & in ulteriori tractu præjudicioſi Majeſtati, & nocivi libertati factum, habendo omnes adverſæ Partis conſultationes, attentata & facta, pro piaculo uti fomites perfidiæ & nutrimenta malorum, à quibus, ſeu à face accenſa ardent Jura, ardet ipſa Patria, & in flammis iſtis cuditur nobis malleus, qui nos tundat & contundat, ac exanimet. Ipſe quippe & non alius infelix malleus, & non ſceptrum datur alieni Throni incubo & porrigitur ab illa manu, quæ non ita pridem libertate nobis adempta liberos in ſervos rediget, ut qualis Magiſter talis etiam eſſet diſcipulus. Videmus utique quomodo fortuna ejus extruat pro libertate Imperium, ubi voluntas pro Legibus, docet jam triennali Magiſterio, quomodo libera uti gente, quomodo imperare ſuo quidem exemplo ſecundum illam Politicorum normam, terrere ut metuant, ubi pertimuerint, impune contemni. Qua propter cum hæc triſtis facies tragicâ ſcenâ peracta ſit, ne tam Sacrilegum nefas ullo temporis momento matureſcere valeat, ſentiamus tandem mala noſtra & retundamus, ſeu virulentam turbam reorum & minacis hoſpitis enſes. Non prima utique, ſed ultima fortuna demonſtrat Victorem.

Cauſa jubet melior Superos ſperare ſecundos. Præſtò nobis eſt bellicoſa dextera Invictiſſimi Monarchæ Sereniſſimæ Czareæ Majeſtatis, cujus Herculea Clava ſciet ſævientis Leonis contundere & abſcindere ungues, hucusque rei infallibilem cum adjutorio Omnipotentis Dei ſpem concipimus, ex recenter reportatis de hoſte victoriis, ex liberata Provincia, & adactis ad traditionem Fortalitiis. Reſtat tantummodo exuvias adhuc portare Leonis, & cruore hoſtium ſignare monumenta pacis. Quemadmodum itaque jam ſemel Deum ter Opt. Max. Vindicem innocentium in auxilium nobis ſumpſimus, ita ſub clypeo ejus extrema quæque & omnia diſcrimina pati circa Regem noſtrum & Confœderationem noſtram Sendomirienſem ſtare cupimus, æſtimantes caput hoc, quod ex vocatione Ordinis Equeſtris ſub caſſide erat, nunc vero ſub Corona eſſe, & faſtidio æqualitatis, faſtigio Regni adornari intendit, cum omnibus hiſce, qui eundem adjuverunt, ipſi adſtiterunt, & quovis modo faverunt, authoriſarunt, juverunt, pro perduellibus & hoſtibus Patriæ, annihilando, execrando omnes actus, conjurationes, ſancita, Electiones, coronationes, uti damna, præjudicia, & exitia publica, inhærendo firmiter Confœderationi noſtræ Sendomirienſi, omnibusque vinculis & ligamentis illius, nec minus adhærendo Præſidi illius Illuſtri Staniſlao Comiti à Dönhoff, Enſifero Regni, Mareſchalco Confœderationis noſtræ Sendomirienſis, cujus fidiſſimis vigiliis Majeſtas & libertas concredita, cujusque virtutem & famam canit ſonora tuba, & in ſæcula duraturæ tradit memoriæ, ut ſi tam diuturna, quam celebris, ut videat poſterior ætas, quem præſens amavit. Obſtringimus inſuper & obligamus eundem Illuſt. D. Mareſchalcum Confœderationis noſtræ Sen-

ANNO 1705. Sendomiriensis ut hanc Manifestationem & protectionem nostram de communi assensu & consensu factam, Actis Regni inseri procuret &c.

XXXIX.

20. Octobre. **Tractaten zwischen Ihro Königl. Majest. in Preussen FRIDERICO und der Durchl. Fürstin/ Frauen CHARLOTTA SOPHIA, gebohrner Hertzogin in Liefland und Curland/ des freyen weltlichen Stiffts Herford Abtißin; Worinnen Ihro Königl. Maj. hocherwähnte Abtißin für einen unmittelbaren Reichs- und Crayß-Stand erkennen/ auch sie mit dem gantzen Stifft als des Fürstl. Hauses Gülich Successor in dero Protection nehmen: Hergegen Sie Abtißin Ihro Königl. Maj. für des Stiffts Erb-Vogt und Erb-Schutz-Herrn erkennen: Alles das was bishero ein oder andern Theil an seinen Juribus nachtheiliges vorgefallen seyn möchte/ vor nichtig erkläret: Welche Tractaten zwar von Seiten Seiner Königl. Majest. den 20. October 1705 unterschrieben und besiegelt: Von Seiten der Frau Abtißin aber vor inacceptable/ laut der Information/ gehalten worden sind.** [**Bericht warum die zwischen Seiner Königl. Majest in Preussen und der Frau Abbatißin zu Herford unter Hessen Casselischer Mediation bißhero gepflogene Tractaten noch nicht zum Schluß gekommen** &c. **Anno** 1707. **in Beylagen** sub Lit. C. & apud LUNIG **Grundfeste** Europæischer Potenzen **Gerechtsamen** Part 1. cap. 4. pag. 849.]

C'est à dire.

Traité entre FREDERIC *Roi de Prusse &* CHARLOTE SOPHIE, *née Duchesse de Courlande, & Abbesse seculiere d'Herford, par lequel Sa Majesté reconnoist la dite Dame Abbesse pour Estat immediat de l'Empire & du Cercle; & reçoit son Abbaye en sa protection, comme principal Successeur de la Maison de Juliers. En echange de quoi ladite Dame Abbesse reconnoit Sa Majesté pour Advocat hereditaire & pour Seigneur Protecteur hereditaire de l'Abbaye; tout ce qui d'ailleurs peut avoir été fait ou entrepris au prejudice de l'un ou de l'autre demeurant annullé & aboli. Ledit Traité fut signé le 20 Octobre 1705. de la propre main du Roy; mais non de l'Abbesse, laquelle au contraire declara depuis qu'elle le tenoit pour inacceptable.*

I.

Zuwissen: demnach zwischen dem Allerdurchläuchtigsten und Großmächtigsten Fürsten und Herrn/ Herrn Friderich/ König in Preussen/ Marggrafen zu Brandenburg/ des Heiligen Römischen Reichs Ertz-Cämmerer und Churfürsten/ Souverainen Printzen von Oranien/ zu Magdeburg/ Cleve/ Gülich/ Berge/ Stettin/ Pommern/ der Cassuben und Wenden/ auch in Schlesien und zu Crossen Hertzogen/ Burggrafen zu Nürnberg/ Fürsten zu Halberstadt/ Minden und Camin/ Grafen zu Hohenzollern/ Ruppin/ der Marck/ Ravensberg/ Hohenstein/ Lingen/ Mörs/ Bühren und Lehrdam Marquisen zu der Vehre und Vlißingen/ Herrn zu Ravenstein/ Lauenburg/ Bütau/ Arley und Breda &c. Und der Hochwürdigsten Durchläuchtigsten Fürstin und Frauen/ Charlotten Sophien/ gebohrner Hertzogin in Liefland/ zu Churland und Semgallen/ des Käyserlichen Frey-weltlichen Stiffts Herford Abtißin und des heiligen Römischen Reichs Fürstin bishero einige Differentien entstanden/ welche zu schädlicher Weiterung angeschienen/ daß solchem nach sothane Streittigkeiten durch Göttlichen Beystand/ auch Interposition und Vermittlung des Durchläuchtigsten Fürsten und Herrn/ Herrn Carln/ Landgrafen zu Hessen/ Fürsten zu Herschfeld/ Grafen zu Catzenellenbogen/ Dietz/ Zigenhain/ Nidda und Schauenburg/ in Ansehung der so nahen Anverwandschafft/ güt- und freundlich entschieden und hingelegt worden/ wie hernach folget.

I. ANNO 1705.

Wird die Cession von Anno 1547. pro fundamento gesetzet/ und erkennen dieselben nach Ihre Königliche Majestät in Preussen Ihre Durchläuchtigkeit die Frau Abtißin und das Käyserliche Frey-weltliche Stifft Herford für einen unmittelbahren Reichs und Crayß-Stand/ und nachdem Seine Königl. Majestät keineswegs gemeint hochgedachter Frau Abtißin als Seiner Königl. Majestät nahen Anverwandtin und dero Stifft an dero Immedietät/ Freyheit und wohlhergebrachten Rechten und Gerechtigkeiten einiger Gestalt Eintrag zufügen zu lassen/ also nehmen hingegen Seine Königl. Majestät als des Fürstl. Hauses Gülich Durchläuchtigster Successor Ihre Durchl. samt denen Decanissinnen/ Küsterinnen/ Chanoinessen/ Capitularen und Stiffts-Bedienten auch geistliche und alle andere dem Stifft zugehörige Einhalts berührter Gülichschen Cession, in dero mächtigen Schutz und Protection, und wollen an dero Bediente gnädigsten und nachdrücklichen Befehl ergehen lassen Ihre Durchl. und das Stifft nicht allein auf keinerley Weise und unter was Schein es auch seyn möchte/ zu beeinträchtigen/ sondern vielmehr bey allen Vorfallenheiten/ zu Erhaltung Recht und Gerechtigkeiten/ auch intraden/ Ihrer Fürstlichen Durchläuchtigkeit auf geziemendes Ansuchen alle kräfftige Hülffe und Beystand zu leisten.

II.

So erkennen Ihre Durchl. Seine Königl. Majestät in Preussen/ Krafft besagter Gülichschen Cession für des Stiffts Erb-Voigt und Erb-Schutz-Herrn/ und gleichwie es allerdings bey solcher Gülichschen Cession und denen Seiner Königl. Majestät darinn übertragenen Rechten sein völliges Verbleiben hat/ also wird auch dieselbe ihres Einhalts allhier wiederhohlet/ und wollen Ihre Durchl. weilen dero/ dem Stifft und dessen Angehörigen Seine Königl. Majestät den Schutz jedesmahl würcklich leisten werden/ keines wegs darunter etwas zu Seiner Königl. Majestät in Preussen Præjudiz suchen oder vornehmen/ sondern sie und das Stifft haben Seiner Königl. Majest. in Preussen Protection und mächtigen Schutzes sich ferner zu erfreuen und zugetrösten/ wollen sich gegen dieselbe und ihre Nachkommen an der Cron und Chur dergestalt und also/ wie es der Gülichsche Recess, und die darinn gegründete Schutz-Verwandschafft mit sich bringet/ jedesmahl betragen und erweisen.

III.

Zu dem Ende denn auch alles dasjenige/ was bisher bey den vorgefallenen Irrungen einem oder andern Theile an seinen Juribus nachtheilig seyn oder geachtet werden kan/ hiermit für nichtig erkläret/ auch gäntzlich cassiret und aufgehoben wird/ dergestalt/ daß solches keinem Theile an seiner Befugnisse/ Freyheit/ Recht und Gerechtigkeit nachtheilig und præjudicirlich seyn solle oder möge/ gestalt denn auch sowohl Seine Königl. Majestät in Preussen diejenige Edicta vom 16. Nov. und 14. Decembr. 1703 worüber Ihr Durchl. Beschwerde geführet/ hiermit aufheben/ auch dasjenige was in der Königl. Declaration sub dato Schönhaussen vom 28. Julii 1703 gegen die Capitulares und Stifft Bediente rescribiret worden/ cassiren/ und solches alles in denen an dero Bediente abzulassenden Königl. Befehl-Schreiben einrücken lassen wollen/ mithin Ihr. Durchl. die Frau Abbatißin/ ihr Stifft und zugehörige in dero beharrliche Königl. Affection und Neigung ferner auf- und annehmen/ und dero kräfftigen Schutzes versichern; Als auch Ihre Durchl. und die mit deroselben bisher in lite befangene Membra Capituli denen am Käyserl. Reichs-Hof-Rath rechtshängigen Processen und was durch deren Veranlassung von Ihrer Durchl. zu Seiner Königl. Maj. in Preussen Præjudiz und der Gülichschen Cession zuwider vorgenommen worden/ hiemit kräfftigst renonciiren/ und sich dessen allen begeben/ auch daselbsten dessen Anzeigung ohnverlängt verfügen lassen wollen/ und dagegen in Seiner Königl. Majestät Affection und mächtige Beschützung sich ergeben.

IV.

Und damit sowohl die wegen der vormahligen Decanissin, Küsterin und Chanoinessen vorgefallene Irrungen/ welche zu diesen Mißverständen zwischen Ihr Königl. Majest. in Preussen und Ihr Fürstl. Durchl. den grösten Anlaß gegeben/ und sich daher nicht separiren lassen/ als auch/ was wegen der letzten Decanissin Wahl vorgekommen/ gleichfalls gehoben/ und Ihre Fürstl. Durchl. die Frau Abtißin in Güte und durch die Fürstl. Interposition in gäntzlichen Ruhestand gesetzt werden möge/ als hat es bey der Decanissin Wahl sein Bewenden/ wie denn auch Ihre Durchl. die Frau Abtißin auf Verlangen Sr. Königl. Majest. in Preussen/ und zu Dero respect die gegen die Küsterin und Chanoinessen gefassete Ungnade fahren lässet/ die auf dero Præbenden und Einkünffte angelegte arrette aufhebet/ und dieselbe völlig restituiret/ jedoch dergestalt und also/ daß dieselbe sowohl dem von Seiner Käyserl. Majest. den 12. Januar. Anno 1700. ertheilten Decret gemäß/ zuforderst Ihrer Durchl. (salva tamen illarum existimatione) depreciren/ als auch einen allhier abgefasseten Revers von sich ausstellen/ worinn dieselbe Ihrer

Fürstl.

ANNO 1705. Fürstl. Durchläuchtigkeit künfftig allen respect und Gehorsam/ und daß sie sich denen Statuten und Observantz gemäß bezeigen wollen/ nochmahls sich obligiren/ mithin ratione der bisherigen perceptorum durchgehende richtige Rechnung ablegen/ und was sie von denen ins Capitul-Hauß gehörigen Brieffschafften in Händen und Verwahrung haben/ treulich und so fort dahin extradiren sollen.

V.

Was im übrigen die jura privatorum und andere intraden concernirende Posten anlanget/ bleiben dieselbe billig in foro competenti auszumachen/ und wollen Ihr Königl. Maj. mit dero mächtigen Protection darzu allen Vorschub thun/ mithin so gleich die auf deren Capitularen Præbenden verhengte Arresta aufheben und daß solche hinkünfftig unterbleiben/ auch die vorfallende Sachen/ der Transaction de Anno 1570. gemäß/ vor dem Abteylichen Gericht ausgemachet werden/ ernstlichen Befehl ergehen lassen/ gestalt denn auch/ weilen die Nach-Jahre aufgehoben seynd/ es dabey sein Bewenden hat. Wenn denn auch wegen Ablesung von der Cantzel und Affigirung der Käyserlichen Avocatorien in der Münster-Kirche Irrungen entstanden; So ist dieses dahin verglichen und beliebt/ daß Ihre Durchl. und dem Stifft in publicir und Affigirung aller und jeder von der Röm. Käyserl. Maj. auch von Reichs-und Crayßwegen denenselben immediate zukommenden Patenten und Verordnungen/ wie in allen denen übrigen/ also auch in der Münster-Kirche bey der bisherigen Observantz unbehindert bleiben/ mit denen Königl. Preußischen publicandis auch nach der jüngsten Transaction de Anno 1701. §. 2 darinnen deutlich versehener massen gehalten werden soll.

Im übrigen/ und weilen die andere Abteyliche Gravamina, absonderlich diejenige so Anno 1695. 1699. und 1700. vorkommen/ ihrer Vielheit halber/ dermahlen allhier nicht erörtert und abgethan werden können; Als erklären Ihre Königliche Majest. in Preussen innerhalb 2 Monat von dato der Ratification dieses Vergleichs einen unpartheyischen Commissarium, worzu der Frau Abtißin Durchl. einige aus Sr. Königl. Majest. Bedienten vorzuschlagen hat/ zu benennen/ und durch denselben obgedachte Gravamina ohne Weitläufftigkeit abzuthun/ auch der Frau Abtißin Durchl. gegen alle ihre widerspenstige Lehn-Leute und Censiten nachdrückliche assistenz angedeyhen zu lassen/ mithin daß Se. Königl. Majest. in Preussen im Stande und dero ernster Wille seye/ das Stifft als Erb-Schutz-Herr zu schützen in der That zu zeigen/ auch durch die ihrige dem Stifft durchaus gleiches Recht und Gerechtigkeit denen Transactionen und Recessen gemäß/ wiederfahren zu lassen/ gestalt denn Se. Königl. Majest. um Ihr. Durchl. der Frau Abtißin alles Mißtrauen zu benehmen/ geschehen lassen wollen/ daß sie vor dißmahl jemand von des Herrn Landgrafens Durchläuchtigkeit Rintelischer Cantzley adhibiren/ und also die gantze Sache in Conformität dieses Vergleichs ihre völlige und richtige Abhelffung und Endschafft erreichen möge.

Zu mehrer Bestärck-und Festhaltung ist dieser Vergleich von denen Eingangs benneldten Königlichen und Fürstlichen Personen eigenhändig unterschrieben/ und mit dero respectiven Königl. und Fürstlichen Insiegel bedrücket worden. So geschehen den 20. Octob. Anno 1705.

Friderich Rex.

XL.

Novembre. *Constitutum Generalis Consilii Grodnensis, sub Autoritate Regia, pro confirmatione & executione Confœderationis Generalis Sendomiriensis factum, in virtute & sequela novissimorum Comitiorum Lublinensium. In Novembri* 1705. [ANDREÆ CHRYS. IN ZALUSKIE ZALUSKI Episc. Varmiensis *Epist.* Tom. 3. Epist. 111. pag. 751.]

OMnibus & singulis, quorum scire impræsentiarum interest, & in futurum intererit, præsentibus significamus, quod memores obligationis Nostræ ex vi juramenti, quo ad invicem cum Statibus Reipubl. ad Sendomiriam, Nos obligavimus, Regnum hoc, Fidem S. Romanam Catholicam, Majestatem Nostram, Jura & Prærogativas Nobilitatis defensuros; posthabitis & neglectis hæreditarii Dominii Nostri non levis momenti commodis & emolumentis, per tot discrimina rerum, viasque insidiis malignantium & fraudibus incessas, fortunatum ea dumtaxat mente reditum acceleraverimus, ut internis & externis malis quassatam Rempub. quantocius armis & consiliis munitam redderemus; unde quidquid ab Ordinibus Reipub. in præsente generali Consilio, in virtute ultimorum Comitiorum & Confœderationis Generalis Sendomiriensis legitime ex anteriori limitatione incidente, Congregatis, pro jure Naturalis defensionis & necessitate indispensabili determinatum & sancitum est; Regia Nostra authoritate confirmamus, & secundum unum idemque Confœderatorum Statuum Velle unanimemque consensum sine mora & dilatione executioni mandari volumus, & assentimur; non derogando authoritati Comitiorum & Constitutionum de eorum indictione conscriptarum. ANNO 1705.

Et in primis in virtute prætactæ Confœderationis Sendomiriensis, uti & novissimorum Comitiorum Lublinensium & aliarum, qua publicarum, qua particularium totius Reipub. tot Palatinatuum Confœderatorum (quarum Sancita in perpetuo vigore manere conservarique volumus) omnes Regis Sueciæ, ejusque Adhærentium contra Nos viventem & legitimum Principem, liberamque electionem actus; quicunque & quocunque prætextu ab ipsis præsentis belli primordiis præsumpti sunt, ceu violentos, indebitos & ex principio infesto & seditioso natos, cum omni præterito & secuturo effectu, specialiter cum ultimo captioso, & præjudicioso Sanctæ Fidei Romanæ Catholicæ & vetustis ab ævo libertatibus, & cum Tractatu, tanquam ipso facto nulla & vitiosa attentata cassamus, & condemnamus: item particulares Confœderationes, omnesque, quæ hanc Generalem Sendomiriensem non respiciunt, nec ei aggregantur, aut novitates insolitas sine consensu communi Ordinum Reipubl. in generalibus Consiliis statuunt, decernunt, vel approbant, abrogamus & annihilamus: simul rigores pœnarum in prætactis Constitutionibus & Confœderationibus descriptos, indilate tam in violenter intruso, quam & Adhærentibus nominatim Comitiorum Lublinensium & Confœderationis Sendomiriensis decretoriâ Sententiâ punitis, executioni dari mandamus. Cum iis vero, qui postea à partibus nostris malitiosé defecerunt, sive actualiter hic & nunc adversæ parti aut personaliter aut consilio, auxilio & correspondentiâ adhærent, vel imposterum adjungere se illi vellent; quamvis condignum est & juris in illos extendere rigorem, nihilominus volentes suppetere tempus reflexioni & resipiscentiæ, cum moderamine procedendum duximus, per prius mandata & proclamationem judiciorum in eadem Confœderatione Sendomiriensi designatorum, quæ judicia in 15tam. Martii proximo Deo dante Anno 1706. incident, & postmodum secundum præscriptum ejusdem Confœderationis ad latus Nostrum continuabuntur. Nobili nihilominus Michaëli Eperyasz, si secundum Nobis factam à Capitaneo Samogitiæ Campiduci M. D. L. declarationem in spatio quatuor hebdomadarum coram Nobis comparuerit, gratiam & Clementiam Nostram Regiam cum assecuratione vitæ & fortunarum ejus pollicemur.

Volentes autem distractos mutuis inter se odiis Civium animos, dissectasque Reipub. vires perfectæ unionis redintegrare vinculo; & pristino vigori restituere, spontanée & laudabiliter Ducibus Regni ad Confœderationem Generalem Sendomiriensem accedentibus, jamque ab illis expleto juxta Rotham in eadem Confœderatione expressam juramento, tot eorundem fidelitatis in effectu præviis argumentis, distractum & divisum hactenus infelici discordia corpus exercitus Regni potestati & obedientiæ eorundem Ducum juxta jura; veteresque consuetudines committimus, combinamus, & ad Confœderationem Generalem Sendomiriensem circa Majestatem Nostram & Prærogativas Nobilitatis, ex nunc mediante Tractatu, methodo infra scripta suscipimus, & incorporamus salvo robore & vigore ejusdem Confœderationis Sendomiriensis, quoad alia puncta; eo nihilominus modo: ut imprimis omnia vexilla, quæ ad hoc usque tempus sub Ducibus, eorumque Legatis militaribus fuerunt, juramentum in prædicta Confœderatione præscriptum, coram Officialibus suis, vel eorum locum tenentibus quantocyus expleant; ipsi vero Officiales, uti Legati, Colonelli, Primicerii in Tribunali Thesauri, personaliter comparere, manipuli vero per suos Deputatos documenta authentica cum subscriptione suorum Commilitonum & testimonia juramenti peracti producere, & in manus Mareschalci Tribunalitii resignare, tum ibidem simile juramentum addita clausula super realitatem receptorum juramentorum, explere tenebuntur, sub vinculo rigoris in eadem Confœderatione expresso. Jam quemadmodum eæ Copiæ, quæ sub directione Generosi

Anno 1705.

Stanislai Chometowski Capitanei Radomiensis, Mareschalci sui, laudabili zelo legitime circa Majestatem Nostram & Rempub. sunt Confœderatæ; a Statibus Reip. prænominatæ generalis Confœderationis Sendomiriensis immortales laudes & omnimodam assecurationem sunt consecutæ: ita eadem monumenta gratitudinis & securitatis præfato Exercitui æterna volumus, nostrum affectum declaramus; utque per prædictum Tractatum specialem in futuro Tribunali Thesauri, cui hoc negotium specialiter authoritate præsentis consilii, demandamus plenam satisfactionem & securitatem in desideriis suis assequantur, eadem lege cavemus; nec non eundem Tractatum, quem præ omnibus in reassumpto Tribunali Thesauri expedire & finire oportebit, in omnibus punctis & articulis confirmamus. Jam autem, ut is Tractatus tanto fecundiorem sortiatur effectum, eoque felicius cum perfecta notitia & consensu Exercitus circa Majestatis nostræ & totius Reipub. defensionem laudabili & glorioso ad Posteritatem exemplo confœderati inchoari & coronari possit: compellamus authoritate nostra Regia & interpositione Ordinum eundem Reip. & nostrum Exercitum; ut in generali futuro Congressu, nostro & totius Reip. sese accommodet arbitrio, supraque memoratam combinationem salvo honore & securitate sua suscipiat. Quia vero Mareschalcus tam suam, quam Illustris Parentis sui substantiam, & bona, per sincera & candida nobis & Reipub. impensa obsequia non tantum hostili indignationi obnoxia reddidit, sed etiam ultioni ejus immolavit, majore illorum parte in cinerem, aliis rabie & sævitiæ hostis ad incitas redactis: præterea quia pro obeundo munere debita illum contrahere necesse fuit: ideo non tantum ex debita gratitudine, sed etiam ex ipsa justitia memoratum Tribunal tantorum damnorum habebit rationem, inibitque modos: quo sumptus illi refundantur, pretiumque referat meritorum, consensu nihilominus nostro & approbatione præsentis consilii in virtute Confœderationis Sendomiriensis nixi super hoc requisita, sub hæc tam Mareschalco, quam Casellano, Polaniecensi substituto ejus, Consiliariis & omnibus in genere Officialibus, item in particulari Rzevuscio Referendario Regni, prædicti exercitus Legato, pro optime gestis ministeriis & Officiis, pro susceptis laboribus & dispendiis opum & valetudinis, gratiam & respectum nostrum, tum etiam ex distributiva justitia gratam à Repub. consignamus memoriam; amnistiam insuper sancientes & condonantes omnia damna & injurias in bonis & fortunis per necessitatem belli vel indigentiam militarem Privatis illatas (excipiendo nihilominus hiberna ultra debitum & præscriptum extorta, non observata æqualitate vexillorum unis detracta, aliis in majore quantitate decreta, tum causas criminales, violentias, invasiones Aularum, & violationes immunitatis Ecclesiasticæ; quos excessus præsertim in privatis personis nulla operire consuevit amnistia) Colonelli item & Legati Legionum M. D. L. qui sub præsentis belli tempus in Regno hostem divisis copiis infestarunt & ceciderunt, eadem amnistia gaudeant necesse est.

Verum ut præmissa de combinatione debitæ exsolutionis & erectione Exercituum Regni, intuitu prosequendi proximo Deo dante vere belli, facilius & maturius ad effectum deduci possint; Tribunal Thesauri Comitiis Lublinensibus constitutum, postea per violentam adhærentium Sueticorum resistentiam, sub colore Confœderationis Majoris Poloniæ impeditum, in præsenti autem generali consilio ex necessitate boni publici, præviis solennitatibus solitis, electoque Directore Martino Chometowski Palatino Masoviæ ad diem 25. Januarii sequentis anni Luceoriam limitatum, authoritate præsentis consilii instauramus, & constituimus: pro quo Tribunali præter Duces Exercituum Regni deputamus ex Senatu Romanum Episcopum Culmensem &c. N. N. Ex Equestri vero Ordine (quandoquidem propter impedimentum hostilitatis & prænominatæ confœderationis Majoris Poloniæ Comitiola relationis post præterita comitia habita non sunt, nec ad præsens secura libertate expediri possunt, in aliis autem Palatinatibus, quamvis expediri potuissent, electi nihilominus Commissarii in partes alienas declinarunt,) hinc in tam præcipiti periculo inevitabilem Reipubl. attendentes necessitatem, pro hac sola vice, ex consensu omnium Ordinum Reipub. vigore præsentis Consilii, tam electos per Palatinatus confirmamus, quam etiam ubi non sunt electi, designamus & declaramus: idque ex alternata minoris Poloniæ, ex Palatinatu Cracoviensi. Damus prænominato Tribunali insuper specialem authoritatem & facultatem plenarie conficiendi, & concludendi quantocius Tractatum pro exercitu, ineundique modum perfecti ordinis, solutionisque debitæ exercitui circa Majestatem nostram, & Rempublicam constanter confœderato, secundum computum in Comitiis Lublinensibus sancitum, & manu nostra subscriptum, quem juxta Scriptum ad Archivum reducere, & complere efficaciter intendimus. Id vero Tribunal quatuor vicibus, singulis illarum sex hebdomadarum spatium duraturis, successive intra biennium, sive in eodem loco, sive ubi per opportunitatem circumstantiarum licebit, prævia intimatione absolvendum erit, ad normam & præscriptum Comitiorum Lublinensium, cum plena potestate limitandi, transferendi, simulque Sancita Reipub. præterita, & præsentia per rigores Legum & fortem manus militaris executionem ad effectum deducendi. Hoc Tribunali Thesauro Regni sic fundato, & Tractatu circa combinationem Exercitus definito, commissionem hiberna concernentem ibidem Lucioriæ pro 8. Februarii sequentis anni designamus; ad quam præter Duces Exercituum Regni Romanum Episcopum Luceoriensem ex Senatu &c. N. N. deputamus, ex Equestri vero Ordine eosdem ipsos jam ante Comitiis Lublinensibus designatos, loco autem Adami Szaniawski ad Senatum & Castellanatum Lublinensem translati, Nobilem Stephanum Jerusalski confirmamus & determinamus, obligantes & admonentes singulos bonorum hibernis subjectorum Possessores, ut in ea Commissione intuitu calculationis faciendæ cum exercitu, comparere cum documentis, sine mora non detrectent. Et quia authoratio peditatus, & exercitus exsolutio sine pecuniis, pecuniæ autem sine contributione haberi nequeunt: ideo non tantum Laudum Comitii Lublinensis, id est contributionem communis solidi, & alteram triplicis à capite census in ordine ad antiqua militis solvenda debita lege publica decretam, partimque per discordias & domesticas factiones, partim per hostem impeditam, aut difficultatam, vel etiamsi jam collecta fuit, inter privatos divisam: sed etiam attendentes ad tenorem Constitutionis 1673. (titulo: defensio Reipub.) in simili casu conditæ, loco peditis cum toto apparatu ex viginti fumis generaliter omnium bonorum nostrorum, sive Nobilium, sive Ecclesiasticorum, 10. florenos à fumo ab iisdem exactoribus quos ad cogendas primas contributiones in Comitiolis relationis, post præterita Comitia elegimus, exigendos, reassumimus & constituimus prævia expeditione in eum finem Universalium nostrorum quæ ad Palatinatus & Terras cum intimatione reassumptionis hujusce Laudi ex nunc edemus. Quod si autem Palatinatus & Terræ per casum ruptorum vel non expeditorum præteritorum relationis Comitiolorum nullus Quæstores elegerint: tum juxta Comitiorum Lublinensium rigores Tribunali thesauri (cui in eum finem vim necessarium & facultatem amplissimam in vigore præsentis Consilii declaramus & concedimus) volentes quantocius agonizantem salvare Patriam & ab intentis in perniciem ejus tutari hostibus id relinquimus: ut per delatam cum executione militari procedat, & carentiâ vocis activæ arbitrariâque impositione Summæ contra Refractarios agat.

Habentes item solicitudinem de futura expeditione Exercitûs M. D. L. per legem insuperabilis necessitatis, & naturalis defensionis simultaneæque cum Regno tutelæ sancitam in Comitiis Lublinensibus quatuor florenorum à fumo generaliter à quibuslibet bonis contributionem, ad normam constitutionis eorundem Comitiorum pro hoc duntaxat anno & hac sola vice de novo, mere eo intuitu; ut aucto Exercitui externi authoramenti secundum computum manu nostrâ subscriptum solvatur, reassumimus, & constituimus, assecurando interim quantocius providendum fore de exsolutione Exercitûs, Polonici authoramenti, salvo beneplacito & ratihabitione Palatinatuum & Districtuum M. D. L. quibus ex ea ratione Comitiola in diem tertium post Comitiola Purificationis, hoc est in 11. Februarii sequentis anni 1706. in locis consuetis designamus, in ordine ad eligendos Quæstores, ordinandamque exactionem prædictæ contributionis; simul Tribunal thesauri pro plena & perfecta harum & præteritarum contributionum dispositione, sub Directore & Commissariis per Comitia Lublinensia assignatis, & à Palatinatibus antecedenter eodem hoc anno Vilnæ 3. Martii electis, juxta obloquentiam Constitutionis eorundem Comitiorum determinamus. Sumptuum & pecuniarum provisionem in ordine ad reparandum arma-

ANNO 1705. mamentarium Regni & M. D. L. Thesaurariis & Tribunalibus thesauri utriusque Gentis committimus, serio obligantes; ut ineant modos debiti pro futura expeditione apparatûs conficiendi, in quem finem pro subsidio Sanciti Comitiorum Lublinensium specificè armamentarii Regni, summam quadraginta millium, Lituanici vero triginta millium currentis monetæ ex thesauris utriusque Gentis, vel primis contributionibus & proventibus Reipub. assignamus. In finem autem contentationis Exercitus M. D. L. bona Sapieharum uti & bona Neoburgici ac adhærentium meliori observantiâ quam hactenus ordinamus, iisque ad quos pertinet unice commendamus, salvis nihilominus juribus creditorum & indemnitate eorum bonorum, quæ per Constitutionem Olkienicensem sunt excepta, & & quæ ad hanc generalitatem non pertinent. Ut vero præmemorata sancita & contributiones omnes cum irreparabili deceptione Exercitûs & totius Reipub. non in sola duntaxat charta, sine executione existant, ob notorium defectum rei nummariæ; quam partim contributiones tam hostilium, quam nostrarum & auxiliarium copiarum, partim impedita terrâ & aquis commercia penitus exhauserunt; cogente ultimâ necessitate ex consensu omnium Ordinum Monetariam Officinam pro cudenda argentea Tymphorum, Sextariorum, & Solidorum juxta antiquam cum exteris Dominiis & civitatibus jus cudendæ monetæ habentibus conventionem, aperiri posse dispensavimus: commendantes executionem hujus negotii Thesaurariis Regni & M. D. L. quibus præter Mareschalcum generalis Confœderationis, Commissarios NN. &c. addimus intuitu contrahendi crediti super capitale materiæ, ordinandique prædictam monetariam, ubi & verificandi expensas & lucra inde Reipub. provenientia, quæ in exsolutionem Exercitûs cedere debebunt. Thesaurariis vero utriusque Gentis serio injungimus; quatenus sedule incumbant ut prætacta argentea moneta in valore & pondere sit uniformis & vicinis Dominiis æqualiter acceptari possit.

Tractatum Offensivi & Defensivi cum Duce Moscoviæ Fœderis contra Regem Sueciæ, vigore Scripti ad Archivum in Comitiis Lublinensibus anno præterito dati operosâ curâ & exemplari zelo Palatini Culmensis confectum, nunc vero post factam relationem coram Statibus Reipub. à Nobis juxta jura & veterem morem pro rato agnitum, in omnibus punctis & articulis confirmamus, & prout ex Nostra parte sincere & constanter illum servare volumus, ita non dubitamus eumdem à Duce Moscoviæ integre & inviolate conservandum: quod ut fiat, Nostra solicitudo & studia non deerunt, ut etiam, quo nobiscum similia fœdera contra Regem Sueciæ, ad diversionem belli faciendam exteræ Potentiæ ineant, eas invitare & obligare juxta mentem Comitiorum Lublinensium tam per Litteras quam per Legationem publicam non intermittemus. Interea juxta obligationem ejusdem Tractatûs & declarationem Ducis Moscoviæ, pro receptione Bialocierkviæ, Fortalitiorum & Locorum Ukrainensium ad Rempub. secundum ultimata Pacta & limitationem, cum debita assistentia intuitu occupationis illorum Commissarios nostros tam de Senatu NN. &c. quam de Equestri Ordine NN. ordinamus &c. qui secundum tenorem Tractatus & instructionem nostram commissa sibi expedient. Quoniam vero Palatinus Culmensis, Partis adversæ non attendens molimina, susceptam prænominatam legationem Moscoviticam non tantum cum discrimine vitæ, sed etiam cum ingenti fortunarum suarum ruina laudabiliter & cum honore gentis Polonæ peregit, nec non cum maximo emolumento Statuum Reipub. Tractatum cum Duce Moscoviæ conclusit, pensantes illius damna & fidele obsequium nobis & Reipub. impensum præfatum Palatinum etiam quoad personam nostram ex distributiva Justitia præmiari pollicemur: Summam autem quinquaginta millium Imperialium, quæ ad tymphos reducta trecenta millia facit, per Senatusconsilium Varsaviense pro ea legatione decretam, Thesaurariis utriusque gentis solvendam injungimus, hoc est Thesaurario Regni Summam ducentorum millium Tymphorum; quem, (si calamitoso tempore ei indilate reddendæ impar esset) obstringimus; ut prævio Contractu & salvâ concurrentiâ plus offerentis, Masoviæ portoria tam terrestria quam aquatica Vistulæ, donec summam concreditam per illorum obventiones sibi exsolvant, Creditoribus oppignorent, de quo in casu contraventionis Thesaurarius Regni in quovis Foro reddere rationem obligatus erit, sub vinculo ejusdem Confœderationis generalis. De Summa vero centum millium Tymphorum eidem Palatino debita, siquidem thesaurus M. D. T. jam notabilem exsolvit partem: restantia sive ex ordinariis, sive extraordinariis proventibus & contributionibus Thesaurario M. Duc: Lit. injungimus præsentis Consilii authoritate instantanée solvenda: Secretario vero Legationis, cum jam Thesaurus M. D. L. de pleno pro sorte sua satisfecerit; ut Thesaurus Regni Summam ipsi assignatam viginti millium tymphorum in toto sub eodem rigore exsolvat, decernimus. Et quamvis Illustris Szczuka in virtute Comitiorum Lublinensium ex Senatûs Consilio cum charactere Legati Magni ad aulam Berlinensem designatus, propter surrogationem alterius subjecti munus id non sit executus, nihilominus quia pro honore Gentis in apparatum requisitum, pro eo Officio Summam quindecim millium Imperialium, secundum indicem ad Acta publica datum expendit: impari ad præsens Republ. solvendo, vigore & authoritate Statuum Confœderatorum, ipsi & successoribus de ejus Tainensi Præfectura in Palatinatu Podlachiæ, & Bronoviensibus sylvis in terra Visnensi cum attinentiis, quæ alias ad Thesaurum Regni inferri debebant, in vim Summæ solvenda decernimus & assecuramus. Similiter & Præfecto Stabuli Regni nostro post felicem Coronationem nostram ad Summum Pontificem Ablegato, assignatam & subscriptam quatuor millium Imperialium summam, ultra quam prædictus Georgius Dzieduszycki Præfectus Stabuli, pro honore nostro plura expendere debuit, videntes egestatem Thesauri Regni, ex præsenti Consilio de Præfectura Cuculoviensi in Leopoliensi terra, & districtu Zydaczeviensi recipiendam, ipsi & Successoribus ejus assignamus, cavemus, & assecuramus. Legatis Exercitûs Regni singularum Divisionum in vim consueti tractamenti, & incitamenti omnium ad obsequia nostra & Reipub. ex primis proventibus & contributionibus in Tribunali Thesauri duo millia currentis per singulares singulis assignationes, uti & Legatis Exercituum M. D. L. ex Thesauro ejusdem Ducatûs declaramus. Item Nobilibus Nicolao Milkiewicz & Francisco Szpringer Præcursoribus Legatorum, primo pro laboribus & sumptibus in via Krymensi exantlatis, quatuor millia, alteri autem pro via Constantinopolitana tria millia ex Thesauro Regni authoritate præsentis Consilii designamus. ANNO 1705.

Demum, ut prædicta Sancita Nostra & Statuum Reipub. quantocius ad notitiam omnium & in executionem deveniant, Stanislao Dönhoff Mareschalco Confœderationis (cujus invictam fidelitatem, imo constantiorem è cineribus exustarum hostili igne fortunarum circa Majestatem nostram & Remp. zelum, multiplicatis gratiis & favoribus nos præmiaturos cum assecuratione evincendæ à Repub. gratitudinis pollicemur, eidemque in vim sustentationis & expensorum continuorum ad latus nostrum annuatim Summam sexaginta millium florenorum Polonicalium, numerando cursum illius ab exordio Confœderationis Generalis ex proventibus Reipub. de consensu omnium Statuum designamus) commendamus, ut ad Acta publica maturè porrigat & typis edita per Palatinatus terras, & districtus mittat, publicarique faciat, cum subscriptione Cancellariorum; & sub sigillo Regni in Regno; in Lituania autem sub Lituanico, in virtute præsentis Consilii Generalis Statuum Confœderatorum Regni, & M. D. L. datum ut supra.

XLI.

Lley y Declaracio de la Successio de la Monarquia de Espanya, sos Regnes, Provincias y Dominis a favor de la Real Magestat del Senyor Rey DON CARLOS III. *y exclusio de aquella perpetuamente de la Casa de Borbon. Feta en la Cort General del Principat de Cathalunia, ab intervencio dels tres Braços Ecclesiastich, Militar y Real en la Ciutat de Barcelona. Anno a Nativitate Domini 1706. Regnorum autem Caroli Regis VI.* 1706.

[Sur l'Imprimé à Barcelone par commandement des Seigneurs Deputez & Auditeurs des Comptes chez Rafel Figuero. ann. 1706. in fol.]

CAP. I.

PER quam despres de haver logrât la Monarquia de Espanya la ditxosa continuació de sos gloriosissimos,

ANNO 1706.

sissimos Monarcas de nostra Augusta Casa de Austria, descendents de Phelip Primer Rey de Castella, Arxiduch de Austria, y de sa Muller la Serenissima Princessa Joána Reyna, y Senyora dels Regnes de Aragò, Castella, Comtats de Barcelona, Rossellò, y Serdanya, Principat de Catalunya, y dels demès Regnes, Estats, Senyorias, y Dominis dela Monarquia de Espanya filla de Fernando Rey de Aragò, anomenat lo Catholich, y de Isabel Reyna de Castella, los quals Monarcas, ab tant suau Domini, y Paternal amor, per dilatats anys, y molts graus de Successiò, havian governát la dita Monarquia, sobrevingues la mort, sens fills, ni descendents de son amantissim Pare, y clementissim Monarca Don Carlos Segon nostre Oncle, y Senyor (que Santa gloria gosa) ultim Descendent dela linea Masculina del Invicto Emperador Carlos Quint, y Primer de aquest nom, Rey, y Senyor de dita Monarquia, fill primogenit de dit Rey Phelip Primer, y despres de la mort de dit nostre Oncle, y Senyor, se haguès intrùs en dita Monarquia lo Duch de Anjou fill secundo genit de Lluis Delfi, y Net de Lluis Catorsè Rey de França, assistit mes ab lo pretext de un suposát, y nullo Testament, que cridát per las Lleys federals, y fundamentals de la Monarquia, y valgut del poder, y violencia de imminents Exercits, y no del afecte, y libera voluntat dels Naturáls: Y havent Nos com á Senyor llegitim, y natural dela dita Monarquia, deliberát pendrer la possessiò, y deguda obediencia dels dilatats Dominis de aquella, y aliviar à nostres Vassalls de la violenta subjecciò abque estavan opressos; Y en execuciò de nostre Paternal Amor, y Real benignitat, despres de haver la Divina Clemencia afavorit à nostres Armas, y de nostres Alts Aliats ab tants afortunats progresses, y singulars Victorias, hajàm arribat à aconsolar aquest nostre Fidelissim Principat de Cathalunya ab nostre Real, y desiada presencia, los Naturals del qual, á impulsos del entranyable amor, y fidelitat, que sempre han tingut à Nos, y à nostra Augusta Casa, y à vista dela indubitable Justificaciò de nostre dret, tant conforme à las Lleys Divinas, y humanas, han coboperàt, ablo mes vigoròs esfors de sos cors, y sacrifici de sas vidas, y haziendas, pera fernos regoneixer per llegitim Possessor de tot lo Principat, desitjant ab ardentissims fervors continuar tant justa empresa, fins à la total, y pacifica possessiò de tots los Regnes, Estats, Dominis, y Senyorias de nostra Monarquia de Espanya, en atenciò, que segons los vincles de la sanch, primogenitura, y naturalesa, Nos som descendent per linea recta masculina del August Emperador Fernando Primer, Infant de Espanya, nat, y educát en ella, fill secundo genit dels sobredits Reys Phelip Primer, y Joana sa Muller, y germá de part de Pare, y Mare del dit Invicto Emperador Carlos Quint, del qual se deriva, com està dit, la linea primogenita de nostra Augusta Casa, naturalizada, y admesa per molts graus de Successiò en la Monarquía de Espanya, fins al Rey Carlos Segon nostre Oncle, y Senyor: Los quals indissolubles vincles donan a Nos com à natural originarino estranger, agnàt, y descendent del dit Emperador Fernando Infant de Espanya, la prelaciò en la successiò de dita Monarquia; Perque per rahò dels contractes dels Matrimonis delas Infantas Dona Anna, y Dona Maria Theresa (delas quals es descendent dit Duc de Anjou) y ab altres dels Capitols Matrimonials firmàts per contemplaciò de dits Matrimonis, y fundats en la publica Paz, y tranquilitat dela Europa, establerts com à Lleys federals dels Regnes, y corroboráts ablo Sagrat vincle del Jurament; Lo primer dispofát despres en força de Lley en los Regnes de Castella, y lo segon confirmát ablo tractàt dela Paz dels Pirineus à set de Nohembre mil siscents sinquanta nou, y authorizát ablo beneplacit de la Santa Sede Apostolica, ablo motiu principal de la igualtat en la successiò dels Regnes, y dels inconvenients en la uniò delas Monarquias, y en altres moltas consideracions, se pactà entre las dos Coronas de Espanya, y França, que los Descendents de ditas Infantas, aixi mascles, com femellas en qualsevol grau, perasempre fossen exclosos dela successiò de tots los Regnes, Estáts, Dominis, y Senyorias dela Corona de Espanya, com si nats no fossen, sens poder valerse del dret de representaciò, activa, ò passiva, principi, ò continuaciò dela linea efectiva, ò contentiva de substancia de saucti, ò de qualitat de descendencia, ò computaciò de graus, y ab esta expressa clausula: Es á saber, encara que se puguès dir, ò pretendrer, que en sas Personas no correguessen, ni se puguessen considerar las rahons dela Causa publica, ni altres, en las quals se pógués fundar la dita exclusiò; La observança dels quals pactes esta fundada en las mes certas reglas del dret Divino, Natural, y de las Gents, y aderintse á ditas Lleys federals los Serenissims Reys D. Phelip Segon, y Don Phelip Tercer en Aragó, y Tercer, y Quart en Castella de immortal memoria, en sos Testaments exclogueren tambe perpetuament dela successiò, esperança y possibilitat de succehir en la Monarquia de Espanya als descendents de un sexo, y altre de ditas Infantas, y en falta de la descendencia deldit Rey Phelip Tercer en Aragò, y Quart en Castella, cridaren per sos Successors à la Serenissima Infanta Dona Maria filla del dit Rey Phelip Segon en Aragò, y Ters en Castella, y Muller del August Emperador Fernando Tercer nostre Avi, y Senyor, y à sos Descendents, de la qual Nos som Net, y Descendent, y evacuada tota esta linea dela dita Emperatriz Maria, cridaren tambe als Successors dela Serenissima Infanta Dona Catharina filla del Rey Phelip Primer en Aragò, y Segon en Castella, Muller que sou del Duc Carlos Emanuel de Saboya. Yaixi en atenciò deque lo August Emperador Leopoldo nostre clementissim Pare, y Senyor (que Santa gloria goza) y lo August Emperador Joseph, vuy felizment Imperant, nostre amantissim Germá, nos cediren, y renunciaren lo dret quels competia en la successiò de la Monarquia de Espanya, ablo acte solemne de nostra Real aclàmaciò, feta en Viena à dotse de Setembre de mil set cents y tres, aplaudida, è instada per nostres Alts Aliats, lo Sagrát Romà Imperi, y la major part dels altres Reys, y Princeps Soberans de la Europa, que tots regonegueren lo dret indisputable de nostra Augusta Casa, en la Successiò de la Monarquia de Espanya; Se troban per consegueut estàr units à nostra Real Persona, per la actual Successiò de dita Monarquia deferida per defecte dela linea primogenita de mascle, finida per la mort del dit Rey Carlos Segon nostre Oncle, y Senyor, los drets de la linea masculina secundo genita, que tinguè Principi en la Persona del dit Emperador Fernando Primer Infant de Espanya, y los de la linea femenina dela Emperatriz Maria Infanta de Espanya nostra Avia, y Senyora; Y com en la present ocasiò hajám afavorit à est nostre Fidelissim Principat abla convocaciò delas Corts Generals, que vuy se celebran en la present nostra Ciutat de Barcelona pera assegurar abla ordinacio de novas Lleys, lo major servey de Deu, conservaciò, y augment de nostra Santa Fè Catholica Romana, be universal del Principat, y recta administraciò de la Justicia, mereixent lo Principat la gloria de ser lo primer entre tants dilatats Dominis de nostra Monarquia de Espanya, en loqual gustosament celebràm Corts, pera terminar justa expediciò de collocarnos, com à son Rey, Pare, y Senyor natural en la passifica, y deguda possessiò, y obediencia de tots los Regnes, Estáts, Dominis, y Senyorias de dita Monarquia. Pertant abraçant, ab lloaciò, y aprobaciò libre, y espontanea dela present Cort, per Llae y fundamental dela Successiò dels Comtats de Barcelona, Rossellò, Serdanya, Principat de Cathalunya, y dels demès Regnes, Estáts, Dominis, y Senyorias dela dita Monarquia de Espanya, à las Renunciacions establertas, y ordenadas ab los dits Capitols Matrimonials delas Infantas de Espanya, Dona Anna y Dona Maria Theresa, y los Testaments dels Serenissims Reys Don Phelip Segon, y Tercer en Aragò, Ters, y Quart en Castella, y las ditas Renunciacions, y Cessions dels Augustos Emperadors Leopoldo nostre clementissim Pare, y Senyor, y Joseph nostre amantissim Germá nos donan lo dret de Prelaciò en la dita Successiò entre los Descendents de nostra Augusta Casa de Austria, aprobant, ratificant, y confirmant aquells, y aquellas, y volent que per ells, y ellas sia regulada tota la dita Successiò. Estatuhim, ordenám, y declaràm, que la llegitima Successiò dels Comtats de Barcelona, Rossello, Serdanya, Principat de Cathalunya, y dels demès Regnes, Estáts, Dominis, y Senyorias de dita Monarquia de Espanya, en força de dits Testaments, y Renunciacions toca, y pertany a nostra Real Persona, y com á descendent de nostra Augusta Casa de Austria, y no en manera alguna, ara ni jamay à la Casa de Borbon.

Y per consegueut, que de dita successiò dels dits Comtats

ANNO 1706.

ANNO 1706.

tats de Barcelona Rosellò, Serdanya, Principat de Cathalunya; y dels demés Regnes, Estàts, Dominis, y Senyorias dela dita Monarquia de Espanya; sien perpetuament exclosos, inhabils, è incapaces Lluis XIV. Rey de França, Lluis de Borbon Delfi de França, y Lluis, Phelip, y Carlos sos fills, y tota sa posteritat, y descendencia de un sexo, y altre, y de qualsevol grau delas ditas Infantas Dona Ana, y Dona Maria Theresa Mullers dels Reys de França Lluis XIII. y Lluis XIV. y qualsevols altres Princeps, y Personas dela naciò Francesa, encaraque en uns, y altres se pugues dir, y pretendrer, que en ells, y ellas no concorreguessen, ni se puguessen considerar las rahons de la Causa publica, ni altres, en que se funda, ò pot fundar la referida exclusiò, è incapacitat: Perque volèm, que tots los de dita Nacio, que vuy son, y per temps seràn quedan perpetuament, y en tots casos incapaces, inhabils, y exclosos de dita Successiò, y de tota la esperança possibilitat, y contingencia de succehir, no obstant qualsevols Lleys, Costums, Ordinacions, ò disposicions en contrari.

DON RAMON DE VILANA Per las Secret.

REVOCACIÒ, Y ANULLACIO DE LAS CONSTITUCIONS, CAPITOLS, *y Actes de Cort, y de sos antecedents, y dependents, fets, y ordenàts en los anys de* 1701, *y* 1702.

CAP. II.

PEr quant lo convocar, celebrar y terminar Corts Generals en lo present Principat de Cathalunya son Actes, que com à annexos à la Real Dignitat unicament se poden fer per lo verdader, y legitim Rey, y Senyor ab interverciò dels tres Braços Ecclesiastich, Militar y Real, y en força dela declaraciò feta en la Constitucio primera, que comença: *Per quant*, hage faltat esta primera qualitat fundamental delas demès, en las Corts, que de fet se tingueren en la present Ciutat en los anys mil set cents y hu, y mil set cents y dos. Perço ab lloaciò, y aprobacio de la present Cort, estatuhim, y ordenàm, que totas las Constitucions, Capitols y Actes de Cort, y sos antecedents, y dependents fets, y ordenàts en dits anys de mil set cents y hu, y mil set cents y dos sian nullos irrits, è invalits, y de ninguna força, y valor, com si fets no fossen, y que en quant de fet procehescan, y menester sie, sien cassats, revocats, y anullats, com abla present cassàm, revocàm y anullàm.

DON RAMON DE VILANA Per las Secret.

XLII.

7. Fevrier. *Roboratio Confœderationis Sendomiriensis non obstantibus Electione* STANISLAI LESZCZYNSKI *in Regem Poloniæ, per Scissionem facta, & Abdicatione* AUGUSTI II. *legitimi Regis, ut sine scitu & consensu Reipublicæ actâ. Dat.* (1) *Leopoli* 7. *Februarii* 1707. [ANDREÆ CHRYS. IN ZALUSKIE ZALUSKI Episc. Varmiensis *Epist*. Tom. 3. Epist. 118. pag. 800.]

NOS Senatores Regni & M. D. L. Deputati Nuntiorum terrestrium ex Comitiis Lublinensibus & ad Confœderationem generalem Sendomiriensem destinati, & omnes alii Status unius & indivisæ Reipublicæ, qui factâ & promulgatâ sine scitu & consensu nostro Abdicatione Augusti Regis II. pro hoc Congressu ab Eminent: Primate & Illustrissimo Mareschalco Confœderationis Generalis Sendomiriensis per Universalia determinato, convenimus, ad præsentem notitiam & perpetuam rei memoriam, omnibus & singulis, quorum scire interest, porrigimus: quòd nos juxta antiqua Jura & Leges Reip: sine visibili & publica Majestate Regis persistere non valen-

ANNO 1707.

tes, nec ullum alium in Throno Poloniæ pro Rege nostro agnoscere & pati; nisi illum solummodò quem non coacta necessitas, aut externa potentia sed unanimis duntaxat & spontaneus omnium consensus ad regnandum & dominandum nobis viâ legitimâ vocavit, acceptavit, & illi spontaneam obedientiam secundum Jura & Vincula deberi Pactorum recognovit, præsentibus periculis Reipub. & gravissimis calamitatibus infelicis belli, scissæque in partes Reipub. inducti, primo exemplo Majorum nostrorum ipsi inter nos mutuò Ordo Senatorius & Equestris in præsenti Congressu veram concordiam, unionem & confidentiam sancimus; constituimus, & fundamus in fundamento sacrorum Vinculorum & roboratione Confœderationis generalis Sendomiriensis omnium Reip: Ordinum; quam specialiter per respectum duntaxat Fidei Sanctæ Catholicæ, liberæ Electionis, Jurium & libertatum Patriæ reassumimus, & confirmamus (excluso puncto circumscriptionis Ducum exercituum & Castellani Cracoviensis) declarando & pollicendo nobis sub Sacramento juratæ fidei, honoris & conscientiæ, nos nemine excepto, in præsenti Sacro vinculo Confœderationis generalis Sendomiriensis perseveraturos, & perstituros eo usque; dum certum & legitimum Regnantem de consensu totius Reipub. in Solio Regni firmemus, sic confirmando & conservando indivisim liberam Electionem inviolatam; cujus integritatem saluti, vitæ; opibus; & substantiæ nostræ præponimus, In quem finem omnes Concives Regni & M. D. L. in genere & in particulari, authoritate publicâ moderni Congressûs nostri per amorem Patriæ obtestamur: ut omnibus particularibus respectibus privatisque commodis sepositis quantocius ad salvandam Rempub: liberamque Electionem, quæ fons omnium Libertatum nostrum est, sociatis viribus & animis concurrere velint, perseverando & assistendo constanter gloriosæ & juramento firmatæ Confœderationi nostræ, simul principalem fiduciam eo vertendo, unde veniet auxilium nobis, in cujus scilicet potestate sunt omnium Jura Regnorum, qui ubi humana non suppetent consilia, mittet nobis auxilium de Sancto.

Inter primas vero curas de Bono publico Principem Primatem & Mareschalcum Statuum, Reipub. Confœderatæ Generalem obligamus; ut sine mora, indilate Aulas vicinorum Monarcharum, ubi nostri hic & nunc Ministri resident, per illos, ubi vero non sunt, per Literas publicas de statu præsenti Reipub. de juribus & consuetudinibus nostris, uti & de gratibus modernorum Consiliorum informent & enixè authoritate Reipub. expostulent: ut non ex alieno arbitrio, verum ex universali ejusdem beneplacito & requisitione eum imposterum tantummodo pro reali & vero Rege & Principe nostro censeant ac recognoscant, qui secundum jura & consuetudines nostras interveniente pleno omnium consensu pro throno electus, ei adjudicatus & constitutus legitime erit. Similiter Civitates Prussiæ seriò admonitas volumus, easdemque obligamus, ut non intrinsecando se in materias Statûs specialiter circa liberam Electionem arbitrium & decisionem universæ respiciant Reipub. & ad eam se referant. In quantum verò temere & præcipitanter ultra fas & præscriptum Jurium Patriæ sibi quidpiam, quoad hoc punctum licere putarent, aut etiam de facto concederent; ejusmodi attentata pro nullis & irritis declaramus, reparationem vero læsæ authoritatis Reipub. ulteriori ejusdem voluntati & judicio reservamus.

Et quemadmodum Illust. Ducibus & toti Equestri Ordini utriusque Gentis pro immutabili zelo & constantia circa conservationem liberæ electionis nostræque generalis Confœderationis immortalem in animis posterorum consignamus gratitudinem, simulque sollicite de exsolutione deservitorum meritorum, quam citissimam & realissimam desiderantes sancitorum Comitialium, quoad hoc punctum executionem, specialem insuper à Repub. spondemus remunerationem: ita vicissim eos omnes quotquot sive simul sub suis signis, sive sparsim ad contrariam partem pravo & damnabili usu sese transtulerunt, vigore præsentis Congressus nostri admonemus, & vinculo juratæ fidei ac militaris obedientiæ obligamus: ut intra spatium sex hebdomadarum à data innotescentia Constituti nostri, ad corpus exercitûs sui redeant; quò irremissibilem in bonis & personis suis rigorem, per Statuta & Constitutiones comitiales, articulosque militares contra desertores castrorum expressum, effugiant, quem Duces exercituum mox à constituto termino indilatè extendere tenebuntur. Id verò interstitium indulti tempo-

(1) *Leopoli* 7. *Februarii* 1707. Nous tirons cette Date du Titre de la Pièce, elle y est marquée comme ici. [Dum.]

ANNO 1707. temporis iis duntaxat inſerviet vexillis, quæ recenter per violentiam ſunt coacta: cum iis verò qui liberè Ducum excuſſa obedientiâ & hibernis acceptis in partes adverſas tranſierunt, nec poſt præteritum prælium reditum maturarunt; Inſtigator vel Viceinſtigator Regni jure agant in Commiſſione theſauri, ſive ii deſertores Caſtrorum, ſive interceptores Vexillorum fuerint; pro pœnis perſonalibus & reſtitutione hibernorum ex bonis inculpatorum ſine mora vindicanda. Iisdem Inſtigatori & Viceinſtigatori Officiales ſub honore & conſcientia reddere tenebuntur indicem militum qui ultra debitum & Statutum exactis hibernis in præterita non fuerunt expeditione; ut ſic jure militari ad ſatisfaciendum urgeantur, unde tempus commiſſionis præſenti Conſilio militaribus ereptum negotiis, compenſari poſſe concedimus. Commendamus urgentiſſime Ducibus, ut inſolentes turmas (quàmprimùm de illis ab aliquo vim patiente reſciverint) vigore jurium ſuorum irremiſſibiliter tolli & deleri imperent, eosque qui inſciis iisdem Ducibus militem authorare præſumerent, pro turbulentis ſeditioſisque turmis cenſeant, ſimilique rigori ſubjiciant.

Hoc igitur primario fundamento in nexu animorum & armorum Statutum Reipub. pro ulterioribus conſiliis noſtris poſito, teſtamur & noſtra omnia intenta ſincerè & realiter coram Statibus Reipublicæ & univerſo Mundo ingenito Polonis candore manifeſtamus & publicamus, quod ſine ulla ab intra & ab extra dependentia & partialitate illibato & unito corde, purè & liberè, merè de conſervatione integritatis boni publici liberæque electionis nobis proſpicere, illamque ſalvare per reſtitutionem in integrum Statûs prout ab ævo Majorum noſtrorum fuit, ſervatis gradibus & ſollemnitatibus deſideremus; & ideò in tam grandi, & ad omnes pertinentes opere nullo modo temere, præcipitanter & derepente procedere volumus, ſed omnes tam Senatorii Statûs quam Equeſtris Ordinis ſive ii domi reſideant ſive conſulendo ſecuritati ſuæ exilium ex Patria præelegerint, ſive denique per deſperationem & faſtidium malorum in partes contrarias receſſerint; Univerſali noſtro ad tutandam Patriam conſervandamque liberam electionem invitamus, poſtulamus & ardenter obligamus: ut quantocius ad commune & liberum conſilium nobiscumque accelerare velint; in quem finem ſalvo per omnia vigore Confœderationis Sendomirienſis curſuque & continuatione præſentis conſilii Comitiola per Palatinatus & Diſtrictus Regni ac M. D. L. conſervando circa activitatem Deputatos, tam ex Comitiis Lublinenſibus quam etiam ex generali Confœderatione pro 28. Martii anni præſentis, in ordine ad conſervandam liberam electionem & Confœderationem generalem, uti & eligendos Nuntios Terreſtres deſtinandosque ad præſens Conſilium, pro quo tempus & locum, ſecundum præſentes conjuncturas Primas, & Mareſchalcus deſignat, in ejusdem virtute determinamus, ſimul hanc noſtram unanimem & concordem roborationem generalis Confœderationis, ut eò citius omnibus innoteſcat, nosque congreget typis mandari & per Palatinatus, Diſtrictus, & Terras ſpargi mandamus. In præſentia Staniſlai Szembek Archiepiſcopi Gneſnenſis Primatis &c.

XLIII.

1707. 11. Juillet. *Intimatio Inter-Regni in Poloniâ non obſtantibus Electione* STANISLAI LESZCZYNSKI, *& Pacto Regis* AUGUSTI *Altranſtadienſi, quia nullis & jure vetitis. Lublini* 11. *Julii Anno* 1707. [ANDREÆ CHRYS. IN ZALUSKIE ZALUSKI, Epiſc. Varmienſi. *Epſtol.* Tom. 3. Epiſt. 118. pag. 810.]

NOs Senatores Regni & M. D. L. pro præſenti congreſſu vigore Univerſalium ab Illuſtriſſimo Primate & Mareſchalco Confœderatorum Statuum Reipub. emanatorum, in ordine ad proſpiciendum & conſulendum Reipub. & præſertim ad conſervandam liberam electionem, fundamentalemque in Thronum Poloniæ Regis inaugurationem, congregati, præſenti & ſecuturis Sæculis notum facimus: quod nos quemadmodum in præterito Leopolienſi Congreſſu nolentes orphanæ & undequaque ſub tempus modernæ Sciſſionis, funeſtique belli afflictæ Reipub. fata præcipitare, indulſimus moras expectationi ſalutis publicæ, attendentes interim ad ex domeſticis & vicinis conjuncturis emergentia; præſertim vero perpendentes inſolentem & jure vetitum Regis Auguſti proceſſum, qui ſecundum Pacta conventa jurata propria, & Sereniſſimorum Anteceſſorum ſuorum, nominatim contra articulum in Pactis conventis piæ memoriæ Regis Michaëlis in volumine Legum 1699. folio 10. expreſſum, item contra tenorem in propriis Pactis fol. 6. 7. expreſſe cautum, nullo modo quocunque titulo vel prætextu ſive propriâ ſponte, ſive coactâ voluntate abdicare Regnum, aut de abdicando cum aliquo tranſigere vel componere potuit, tanto vero magis inconſultis & invitis Statibus & Ordinibus Reipubl. qui etſi urgente inevitabili caſu in id conſentire aliquando & ſuper hoc diſpenſare vellent, non poſſent tamen tam grande opus ad omnes ſpectans in materia Status concludere, & determinare, niſi habito generali omnium conſenſu in Comitiis, in facie totius Reipub. ſervatis ſolennitatibus & gradibus in lege præſcriptis: ita & nunc in præſenti Congreſſu noſtro ex iisdem rationibus præcipitantiam exitioſam in publicum peroſi, quæ Rempub. in hiſce circumſtantiis amplius confunderet, quam ſalvaret, indies Seſſiones noſtras limitavimus, quærendo maturâ deliberatione ſalutaria & profectura ad reſtituendam fatiſcentem undique Rempub. erigendamque de ruderibus & ruinis Libertatum & Prærogativarum Poloniæ liberam electionem media: ſi quæ conformis legibus & inſtitutis Majorum noſtrorum occurreret via, quâ in hoc turbido & periculoſiſſimo rerum ſtatu ulteriorem conſervationem authoritatis & vigoris Reipub. conſequeremur: verum quia non exiſtente in Throno Poloniæ perſonali ac legitimâ Majeſtate, hoc eſt ſine Rege noſtro, conſentientibus votis & animis ad Regnum exaltato, in ſtatu nullo vel dubio absque certa Regiminis forma diutius conſtare nobis non poſſumus, ideo Antiquis Juribus & conſuetudinibus Anteceſſorum noſtrorum inſiſtentes, qui in ſimilibus caſibus deſtituti legitimo Principe, ipſimet more priſco & Legibus Rempub. regere, ejusque integritatem quo ad Jura & libertates conſervare conſueverunt, vigore præſentis Congreſſûs noſtri ex unanimi omnium conſenſu orbatam faciem Reipub. recognoſcentes, Interregnum declaramus, ſimul Rempub. Dominam Jurium & Libertatum ſuarum liberam & independentem proclamamus, & publicamus. Et quia ab ejusmodi intimatione & promulgatione Statûs Reipub. cuncta Judicia tribunalitia & Jurisdictiones ſub nomine Regis ſilere debent; illorum loco conſulentes ſecuritati publicæ, & Juſtitiæ ſanctæ proſpectum volentes, conſueta capturalia tam generalia, quam particularia per Palatinatus, Terras, & Diſtrictus Judicia juxta antiquas conſuetudines & ordinationes conſtituimus. Intuitu executionis horum, & in ordine ad conferendum & conſtituendum de neceſſitatibus Reip. juxta exigentiam præſentium & imminentium circumſtantiarum Comitiola relationis pro I. Auguſti currentis Anni in conſuetis per Regnum & M. D. L. locis deſignamus. Sub hæc fundantes nos in nexu & robore generalis Confœderationis Sendomirienſis, uti non niſi ex ſola animorum unione felices eventus & effectus conſiliis & reſolutionibus noſtris augurari & præſumere poſſumus, ita conſtanti & unanimi conſenſu vinculo Sacroſancto omnes ad invicem repetitis ſponſionibus declaramus, & ſub fide, virtute & conſcientia noſtra pollicemur: Nos ſine ulla ſciſſione & diſmembratione immote & conſtanter in hac noſtra Confœderatione generali Sendomirienſi toties confirmatâ perſeveraturos, ſimul principaliter ad propugnandam Sanctam Catholicam Romanam fidem, defendendam liberam electionem, & integritatem Finium Regni, etiam cum diſcrimine vitæ opumque & fortunarum noſtrarum paratos futuros, item Mareſchalco Confœderationis, conſervandæ Dignitatis illius, & Characteris reſpectu, conſtanter memorando exemplo communi nobiscum defenſioni aſſiſtentis cousque adſtituros; donec hos duos cardines, in quibus integritas Reipublicæ noſtræ ſuſtentatur, hoc eſt Fidem Sanctam, & liberam electionem in ſtatu integro conſpiciamus: unde eum duntaxat Regem nobis deſignabimus Throníque Poloniæ inaugurabimus, qui in Catholica fide natus conſentientibus liberis ſuffragiis, juxta antiqua Jura & conſuetudines noſtras, eligetur, nominabitur, & pro Rege agnoſcetur: ſimul contra quemvis, qui ſive per potentiam externam, ſive per domeſticas factiones thronum Poloniæ ſine generali conſenſu noſtro inſcendère attentaret, aut ejus poſſeſſionem invitis nobis violento modo prætenderet, vel uſurparet, ANNO 1707.

ANNO ret, secundum consuetas obligationes Majorum nostrorum, tanquam contra hostem Patriæ consurrecturos, ac eo usque viribus nostris unanimiter, junctimque cum auxiliis colligati Serenissimi Czari, intrepidâ generositate & resolutione restituros declaramus: quousque Jura & libertates nostras circa Religionem Catholicam & liberam electionem integras & salvas in suo vigore comperiamus. Quo circa Duces Exercituum ipsumque exercitum ad agenda fortia, & ad communem defensionem nobiscum obligamus, simulque ut præterita constituta & repartitiones in Tribunalibus Thesauri declaratæ & factæ respectu exsolutionis meritorum militarium suum sortiantur effectum, vigore præsentis congressûs Palatinatus & Terras compellamus.

1707.

Quia vero in præjudicium hujus indivisæ unionis nostræ non obscura adversæ revolutionis in M. D. L. indicia erumpere cæperunt, huic malo mature occurrentes, ut Palatinatus & Districtus sua pericula tempestive prævidere, & de defensione ab exercitu M. D. L. facienda contra quosvis casus certi esse possint, sequendo practicatas consuetudines, generalem Congressum Novogrodeci pro 8. Octobris currentis Anni (in ordine ad roborandam còequationem, antiqua Sancita, Lauda, & Confœderationes, ad stabiliendam unionem inter Cives, ubi & conservandum in debita obedientia Exercitum Lituaniæ, circa Rempub. & colligationem cum Magno Duce Moscoviæ, item ad augendas vires & providendum de exsolutione exercitûs) unâ ad eundem finem Comitiola sive ad destinandos Nuntios, sive decernendum viritim communem motum ad eundem prædictum Congressum, pro 24. Septemb. in locis solitis determinamus, sine præjudicio nihilominus moderni ulterius adhuc duraturi, generalis Conventûs nostri, & sine avocatione jam ante ad illum destinatorum Nuntiorum, quos authoritate præsentis Congressûs approbamus ut invicem nobiscum tam hic præsentes à nobis non discedendo, quam etiam alii ex præteritis Comitiolis ad nostrum gremium designati circa tuitionem liberæ Electionis persistere & perseverare velint.

Volentes vero continuo & communi zelo integritati & indemnitati Reipub. prospicere, quatenus in tam manifesto periculo nobis semper consulere possimus, simulque in promptu Consilium habeamus, cursum & vigorem præsentis Congressûs nostri cum toto effectu Lublini in eodem loco ad diem undecimum Augusti Anni currentis differimus & limitamus, obtestando amore Boni publici tam Senatores quam Nuntios præsentes, Deputatosque sive per Comitia Lublinensia, sive ex Confœderationi Generali Sendomiriensi designatos, nec non omnes Concives Regni & M. D. L. hic præsentes, aut domi residuos, aut extra Regnum existentes: ut vel sigillatim, vel viritim communi motu vel aliter expediti juxta libitum suum ad prænominatum Congressum intuitu Communis consilii, defensionis Patriæ, & præcipue conservationis liberæ Electionis liberique Principis eligendi, ad eundem locum, sive ex Laribus suis accelerent, sive insimul nobiscum hic persistant, assecurando omnimodam securitatem euntibus & redeuntibus ad dictum Conventum, & hoc præcavendo; ne ad locum nominatum Milites cujuscunque Exercitûs militari modo venire & publica Consilia impedire præsumant, sub pœnis in Legibus expressis. Ultimatè sicut dispositiones in recessu præterito Leopoliensi declaratas in eodem valore haberi volumus, ita omnia desideria publica & privata præsertim Castellani Lubaczoviensis & Exulautum Starodubiensium & alia ad futurum Congressum differimus, & simul hoc Interregnum Constitutumque nostrum, manibus Celsissimi Principis Primatis, ac Illustrissimi Mareschalci Confœderationis subscriptum, ut quantocius per Palatinatus spargatur, consuetoque modo per Castra promulgetur, & publicetur urgentissime commendamus. Actum Lublini 11. Julii in præsentia Celsissimi Primatis &c. ex equestri Ordine coram Illustrissimo Mareschalco &c.

XLIV.

13. Mars. **Tractat Zwischen Jhro Käyserl. Mayst. Josepho und Brittannischer Königl. Mayst. Anna eines/ und einer Löbl. Rhætischen Republic andern Theils/ wegen des Durchmarsches der Käyßerlichen und hohen Alliirten Trouppen durch das Pundtner Land. Chur den 13. Martii. Anno 1707.** [Tiré du Protocolle de l'Ambassade Imperiale au Congrès d'Utrecht.] ANNO 1707.

C'est-à-dire,

Traité entre JOSEPH I. *Empereur des Romains toujours Auguste, &* ANNE *Reine de la Grande Bretagne d'une part, & le louable Corps des Ligues Grises d'autre part, sur le libre passage des Troupes des Hauts Alliez: à Coire le 13. Mars 1707.*

Nachdem auf von der Röm. auch Brittanischen Königl. Majest. x. x. zu end unterschriebenen Extraordinari, Abgesandten/ im Namen deren Allerhöchsten Principalen an eine Löbl. Rhätische Republic von wegen des durch dero Landen vor Kayserl. und hoher Alliirten Trouppen verlangenden Passes beschehenen Ansuchen von selber in fürwährenden diesen Krieg/ solang die Sachen in dem Mayländischen in gegenwertigen Stand sich befinden (zwar nicht aus tragender Schuldigkeit/ gleichen dißmahlen begehret würt/ sondern aus tragender hochachtung und Liebe) vermög eingeloffener Mehren sollicher Paß/ doch ander gestalt nicht/ als mit zu dero gegenwertig- und künfftigen Sicherheit sich anbingenden Conditionen verwilliget und gestattet worden; Als hat man sich hierüber mit einem löblichen anhier versambleten Congreß vereinbahret und von Seiten wohlgemeldter Herren Abgesandten sich dahin verstanden/ daß gleichwie seine Röm. Kayserl. auch Brittannische Königl. Maj Maj. x. und die Herren General. Staaten vor diesen Landen von selb alle Sorg jederzeit getragen/ auch deren Verlangen nicht ist/ daß eine Löbl. Rhätische Republic/ wegen einwillig- und Gestattung sollichen Passes einiges Præjudiz oder Nachtheil zusiehe; also geben zufolg so allergnädigsten Intention gedachte Herren Abgesandte im Namen Allerhöchstgemelt ihren Principalen die Versicherung/ daß

I.

Und allwegen Gestattung dieses Passes wider Vermuthen eines Löbl. Republic über kurtz oder lang zu wachsenden Gefahr/ feindlichen Angriff und allerhand Ungelegenheiten zustehen/ den Costen und Schäden/ was Namen selbige haben möchten/ eine punctualle Ersetzung und bonification erfolgen/ und fahls sie Republic wegen gestattung mehrgemeldten Passes angegriffen/ molestiret oder beunruhiget würde/ ihro mit Volk und Gelt/ nach erheischender Nothdurfft und dero Begehren schleunig und ungesaumbt all erforderliche Hilff geleistet/ und sie zu keiner Zeit verlaßen werden solle. Und gleichwie Seine Keyserl. Maj. eine Löbl Rhätische Republic mehrmahlen versichern laßen/ die mit derofelben habende Erb-verein in allen Puncten gantz genauw zu observiren/ als würt

II.

Ein solliche auch krafft diß nochmahlen zugesagt und versichert/ das selbiger künfftig gantz accurate nachgelebet auch gene neuwe Zoll/ Aufflagen und Beschwerden/ so seit etlich Jahren zu Schaden dises Lands/ auf Saltz/ Korn/ Brandtwein und andern gelegt worden/ schleunig abgethan/ auch künfftig nicht mehr aufgelegt/ sondern nach Junhalt gedachter Erb-Verein/ die Päß mit Korn/ Saltz und andern gegen diesen Landen allzeit offen gehalten/ und keines wegs gespehrt: wegen denen Verbottenen Wahren aber künfftig wie bishero observiret werden solle. Dargegen sollen gleichfalls Löbl. drey Pündt gehalten seyn/ angezogene Erb-Verein ihren mehrmahls gethanen Erklärungen zufolg in allen gantz genauw nachzuleben Und ob man schon von Seiten Jhro Kayserl. Maj. bishero erfahren/ daß zu Nachstand dero und hoher Alliirten Allerhöchsten Interesse durch denen Pündtnerischen Landen und selbiger Zugethanen viel in Land gebrachte Pferd denen feinden zugeführt und verkaufft worden/ also genugsam beursachet gewesen und noch wären auf den deretwegen gethanen Verbott der Pferd-Ausfuhr zu halten: So will doch Jhr Kayserl. Maj. Abgesandter hierumb mich verbunden haben/ allerunterthänigst zu erbitten und auszuwirken/ daß künfftig hin in wehrendem diesen Krieg denen Pündtnerischen Zugethanen zu eigener Nothdurfft und gebruch/ gegen Beybringung einer eydlichen Attestation von deren Obrigkeith/ wellicher man anloben soll/ die verlangende Pferd nicht an Jhro Kayserl Maj und deren hohen Alliirten Feinden oder anderen verdächtigen und gefährlichen Orthen zuverkauffen/ von mir Kayserl. Abgesandten/ oder wen Seine Kayserl. Maj. hierzu allergnädigst verordnen werden/ ein Paß abgegeben/ gegen welchen sodann die in Kayserl. und dero Erblanden erkauffende Pferd ins Land herein gelaßen werden sollen. So sollen

III.

ANNO 1707.

III.

Die Krafft Erb-Vereinigung einer löbl. Republic zugesagt-und rukständige Annat-Gelter innerhalb sechs Jahren/ und zwar yedes Jahr ein Sechs-theil sambt deme was in selbigem Jahr matturiret/ bey dem im Monat Septembris abhaltenden Pundts tag der Anfang gemacht und die erste Frist mit einem Sechstheil bezahlt werden.

IV.

Versprechen Jhro Kayserl auch Brittannische Königl. Majest. Majest. &c. und Jhro Hochmögenden Herren General Staaten/ daß der Löbl-Rhätischen Ständt in dem erfolgenden frieden nicht nur allein mit guotten Nutzen und Vortheil eingeschloßen werden/ sondern auch bey den damahligen Besitzern des Hertzogthumbs Maylandts bey erfolgender Erneuwerung des Mayländischen Capitulats die hohe Mediation von Engelland und Holland/ die ein löbl. Republic sich erbiethet und von dem Engelländischen Herrn Abgesandten zugesagt wurdet/ sollicher gestalt wolten zulaßen/ daß Jhnen zu beßern und vortheilhafftigern Conditionen/ Abzahlung der rukständigen Jahrs-Gelter und andern anforderungen verholffen/ auch sonst in Erneuer-und aufrichtung einiger Pündtnuß oder Tractaten/ so mit andern Ständen zu errichten/ man Vorhabens seyn möchte nichts inseriret werde/ so auf ein oder andere weiß löbl. dreyen Pündten præjudicirlich seyn könte.

V.

Solle die Weiß und Formb deß durchmarschs der Trouppen mit Löbl. Rhätischer Republic Deputirten regulirt/ guotte Disciplin gehalten vor all von selben erfolgend-erweißlichen Schaden eine Sicherheit in Land gestelt/ auch die freye Nothwendige Zufuhr des Getraides und anderer Victualien von beeden Seiten über die Steig und Comer-See gestattet seyn/ damit eine Löbl. Republic wegen des Durchmarsches keine Theurung noch Schaden zu empfinden habe.

Uber welches alles die Allergnädigste Ratification Jhro Kayserl. Maj. lengstens zwischen nechstfolgenden drey oder vier Wochen/ wie auch die Ehrsamben Gemeinden über sollichen von mehrgemelten zwegen Herrn Abgesandten beschehenen zusagen/ entlicher Schluß zu beyderseits Versicherung den 13/18 diß lauffenden Monats Mertzen erfolgen solle. Und weillen von Jhro Brittannische Königl. Maj. in so kurtzem Termin die Ratification nicht einkommen kan/ als obligiret sich der Engelländische Herr Abgesandter solliche innerhalb zehen Wochen/ oder sobald es müglich seyn würdet/ beyzubringen: Indeßen und bis dahin all obiges sowohl wir Kayserl. und Königl. Abgesandter/ als auch Wir die Häubter einer Löbl. Rhätischen Republic anstatt des allhier versambleten Congress mit unserer Unterschrifft und angebohrnen Petschafften bestättiget und bekräfftiget haben wollen. Beschehen zu Chur den 13. Martii Anno 1707.

A. Stanian (L. S.) J. Botta Wenser (L. S)

Johan Gaudentius von Capol Land der obern Pundts (L. S.)	Otto Schwartz Præsident des Löbl. Gottshauß. Bunds (L. S.)	Otto Schwartz Jünger/ Land der Löbl. zehen Gerichts Pundts (L. S.)

XLV.

17. Mai. *Declaratio Nullitatis quam plurium Decretorum, Ordinationum, Mandatorum, Edictorum, aliorumque Gestorum in Ditione Ducis Sabaudiæ* (1) *tam ultra, quam citra Montes, Libertati, Immunitati & Jurisdictioni Ecclesiasticæ, atque authoritati Apostolicæ præjudicialium, cum illorum damnatione, revocatione, & abolitione, ac insuper cum Decreto, quod ii, qui illa perpetrarunt, eâque de causâ Ecclesiasticas censuras Sedi Apostolicæ reservatas incurrerunt, minimè propterea liberi censeantur ab obligatione gesta hujusmodi etiam per se ipsos revocandi, & abolendi, vel aliàs debitam eidem Sedi, & Ecclesiæ satisfactionem realiter exhibendi, ad hoc, ut absolutionis beneficium obtinere valeant. Romæ 17. Maji 1707.* [Bullarium Magnum Tome VIII. p. 43. Edit. Luxemburgic. 1727.]

ANNO 1507.

CLEMENS PAPA XI.

Ad futuram rei memoriam.

ALiàs cum ad fel. record. Innocentii Papæ XII. Prædecessoris nostri aures pervenisset, plura per Ministros Dilecti Filii Nobilis viri Victorii Amedei Sabaudiæ Ducis, & Pedemontii Principis; ejusque Magistratus Laicos, videlicet Delegatos super conservatione; ac reunione Regestri, & tarificatione Contractuum nuncupatos, nec non Senatus Niciensem, & Taurinensem gesta fuisse, & attentata Sedis Apostolicæ authoritati, & Ecclesiasticæ Jurisdictioni, libertati, atque immunitati nedum contraria, sed illarum læsiva, ac prorsus destructiva, nec non Generalibus Conciliis; & Sacris Canonibus; ac Romanorum Pontificum Prædecessorum nostrorum Constitutionibus penitus adversantia: Inter alia verò eidem Innocentio Prædecessori innotuisset, quod prius, nempe die 18. Septembris 1697. præfati Delegati super conservatione, & reunione Regestri, & tarificatione Contractuum, Edictum typis mandatum publicaverant, in quo inter cætera §. 6. continebatur Præceptum Sindicis, Consiliariis, Secretariis, ac aliis regimini & gubernio Civitatum, Terrarum, & Locorum Ditionis ejusdem Victorii Amedei Ducis pro tempore præpositis injunctum sub certis inibi expressis pœnis, ne aliquod Beneplacitum, vulgò Placet: de cetero amplius concederent, ad hoc, ut quisquam clericalem Statum assumeret, vel jam minoribus Ordinibus initiatus ad Sacros Ordines promoveri posset, minusque super quantitate Patrimoniorum Sacrorum conveniret, nisi prius Officialem, Patrimonialem Generalem nuncupatum, certiorem facerent de instantiis, quas sibi, & à quibus pro dicto beneplacito, seu Placet obtinendo fieri contingeret, transmissa eidem informatione tam qualitatum, & capacitatis Personarum, quàm muneri Parochialium Ecclesiarum in Civitatibus, terris & locis prædictis existentium, atque Ecclesiasticorum celebrantium, & ad Sacros Ordines promotorum nondum celebrantium, aliorumque Clericorum, qui in illis reperirentur; nec non muneri fratrum, & sororum, & quantitatis bonorum instantium, prout etiam, an parentes haberent, & an bona per illos possessa obnoxia essent alicui hypothecæ ad favorem Communitatum, seu Universitatum, Civitatum, Terrarum, & Locorum hujusmodi, ad hoc, ut dictus Patrimonialis opportunam relationem ipsis Delegatis facere valeret, & ab ipsis decerneretur, quid expedire conveniret circa ejusdem Beneplaciti, seu Placet concessionem, ac Patrimoniorum constitutionem, juxtà Ecclesiæ indigentiam, & Concilii Tridentini dispositionem; Idem Innocentius Prædecessor Venerabili Fratri Archiepiscopo Taurinen. mandavit, ut congruam moderationem, seu declarationem præfati Edicti in partibus Ecclesiasticæ libertati, & Jurisdictioni præjudicialibus obtinere satageret; Quòd sanè spatio viginti septem mensium frustra fuit ab ipso omni studio tentatum, donec tandem die 17. mensis Decembris 1699. renovata fuit ejusdem Edicti publicatio, addita declaratione, quod in Edicto prius publicato fuerant demandatæ præfatæ diligentiæ, ad hoc, ut Patrimonialis generalis, supplendo negligentiam Officialium, Communitatum, & Universitatum, posset securiùs earum statum superioribus Ecclesiasticis repræsentare, ut pro eorum prudentiâ, atque justitiâ, præjudicio, quod illis ex nimis aucto Ecclesiasticorum numero resultasset, remedium afferre posset, ipsum coercendo ad limites necessitatis, atque utilitatis Ecclesiarum, nec non Patrimoniorum excessum ad formam Concilii Tridentini supradicti reducendo; Quâ tamen declaratione insufficienti compertâ, postquam pro eâ obtinenda, quæ sufficiens fuisset, inutiliter trium mensium spatio renovatæ fuerant instantiæ, fuit tandem per Archiepiscopum prædictum die 20. Martii 1700. publicatum Edictum, quo nulla declarata fuerunt ea, quæ per Delegatos præfatos prius edita, & promulgata fuerant in iis partibus, quas idem Archiepiscopus Ecclesiasticæ libertati, & jurisdictioni adversari, & eisdem læsionem inferre posse arbitratus fuit.

§. 1. Cumque pariter ad ejusdem Innocentii Prædecessoris notitiam devenisset, quod die 12. Julii 1699. in Civitate Hypporegiensi fuerat authoritate laicali publicatum Edictum, quo Ministris publicis præcipiebatur,

(1) Les Démêlez avec la Cour de Turin & le S. Siége, sous *Clement XI. Innocent XIII.* & *Benoît XIII.* sous lequel le Cardinal *Fini* les a terminez, ont fait trop de bruit pour ne pas exciter la curiosité des Politiques à examiner toutes les Pièces qui y ont raport & qui sont émanées de la Cour de Rome qui a été l'agresseur : c'est pourquoi nous nous ferons un devoir de les raporter.

ANNO 1707.

batur, ut cum omni celeritate ac diligentiâ recognoscerent omnes Personas Ecclesiasticas, Universitates, Corpora, atque Collegia, non concurrentia solutioni annui oneris *Tasso* nuncupati, pro bonis in Catastro descriptis, & ab ipsis possessis, ac similiter pias Confraternitates eadem bona detinentes, pro quibus nedum à prædicti, sed etiam aliorum onerum solutione eximebantur, ejusmodi verò recognitionem, & informationem transmitterent Delegatis generalibus super reunione ac conservatione Regestri, procedendo interim ad sequestrum super fructibus bonorum in Catastro descriptorum, absque ullâ Personarum exceptione, cum aliis etiam dispositionibus, quibus læsa remanere poterat Ecclesiastica libertas, & jurisdictio. Ac præterea significatum fuisset Edicti præfati publicationem in aliis etiam Pedemontanæ Ditionis Civitatibus factam fuisse, adeoque pro veriori rei habenda informatione scriptum fuisset omnibus illius Regionis Episcopis, ut super hoc referrent, & interim defensioni, atque conservationi Ecclesiasticæ libertatis incumberent: Habitâ ex ipsorum responsis notitiâ nedum dictæ publicationis nonnullis in locis sequutæ, sed quod varii, gravesque alii abusus in præjudicium Ecclesiasticæ immunitatis, atque jurisdictionis alicubi irrepserant, ultra particularia remedia juxta casuum exigentiam præscripta, generaliter à Congregatione tunc existentium S. R. E. Cardinalium immunitati Ecclesiasticæ, & controversiis jurisdictionalibus præposita, demandata fuit præfatis Episcopis publicatio contrarii Edicti, qua Ecclesiæ jura sarta & *tecta* servarentur, & novis, quæ in dies excrescere poterant, præjudiciis obviaretur, quod sanè per nonnullos Pedemontanæ Ditionis Episcopos, prout in mandatis habuerant, peractum fuit. Verùm ejusmodi contrariorum Edictorum publicationem, scilicet tam illam ab Archiepiscopo Taurinen. factam contra Edictum, sicut præmittitur, emanatum à Delegatis super conservatione & reunione regestri die 18. Septembris 1697. & renovatum die 17. Decembris 1699. quàm aliam expressè demandatam à memoratâ Congregatione Cardinalium, & editam à tunc existente Episcopo Hypporegiensi, ac à nonnullis aliis Episcopis contra aliud Edictum, ut præfertur, publicatum in dicta Civitate Hypporegiensi die 12. mensis Julii 1699. ægre ferentes Delegati super conservatione ac reunione Regestri ad instantiam Patrimonialis generalis die 12. Maii anno 1700. novum ediderunt Edictum, sive, ut aiunt, Rescriptum typis mandatum, & publicè affixum, in quo declararunt, esse non potuisse mentem ejusdem Archiepiscopi Edicta priùs ab ipsis promulgata irritare, & quatenus voluisset, id præstare non potuisse; nullum propterea, invalidum ac irritum ipsius Archiepiscopi Edictum declarando, ac insuper præcipiendo in omnibus, & per omnia suorum Edictorum observantiam, non obstante illorum irritatione factâ per dictum Archiepiscopum, illum monendo, ne illorum executionem in posterum turbaret, sub pœnâ reductionis suorum bonorum temporalium, eodemque modo irritum declararunt aliud Edictum per aliquos ex Episcopis, sicut præmittitur, promulgatum, similiter declarando mentem eorumdem esse non potuisse contrario Edicto ipsorum Jurisdictiones turbare, & quatenus voluissent, non potuisse id peragere, neque exactionem onerum certorum, ac solvi consuetorum a possidentibus bona in Catastro descripta, atque Edictorum super hoc editorum executionem impedire; Ac propterea attentâ notorietate antiquæ possessionis eadem onera exigendi, in eâ conservandum esse Ducale Patrimonium, cum inhibitionibus opportunis, præcipiendo insuper eorumdem Laicalium Edictorum omnimodam observantiam sub pœnis quoad Laicos etiam corporalibus, & monendo Episcopos, ut abstinerent ab ulteriori perturbatione in concernentibus tam executionem Edictorum quam onerum exactionem sub pœna reductionis eorum bonorum temporalium. Non tulit profectò idem Innocentius Prædecessor inultam remanere tam gravem Ecclesiasticæ Libertatis, atque Jurisdictionis læsionem, sed approbando Decretum a præfata Congregatione Cardinalium hac in re editum die 8. Junii dicti anni 1700. ejusdem executionem Archiepiscopo Taurinen., aliisque Episcopis injunxit; Tenor autem Decreti est, ut sequitur: *Archiepiscopo Taurinensi, qui procedat, prout de Jure tam contra Delegatos, quam Patrimonialem, & Fornerium pro publicatione Edicti emanati sub die 12. Maii, necnon contra omnes, qui executionem eidem Decreto præstiterint; communicetur Episcopis Ordo datus Archiepiscopo, & injungatur eisdem, ut in casu publicationis præfati Edicti in eorum Diœcesibus procedant, prout de jure contra Assixores, & Publicatores, & quatenus de eisdem non possit constare, procedant in genere, declarando incursos in censuras omnes, qui tale Edictum promulgaverint, vel eidem dederint executionem; & deinde procedant, prout de jure contra omnes, qui præfato Edicto in eorum Diœcesibus dederint executionem.* Cumque dictus Archiepiscopus, in executionem mandati sibi injuncti affigi jussisset Monitorium contra ipsos Delegatos, & Patrimonialem generalem, aliosque inibi expressos, & comprehensos, iisdem assignando terminum quindecim dierum ad comparendum, & dicendum causam quare declarari non deberent incursi in censuras, & pœnas a Sacris Canonibus, & Apostolicis Constitutionibus comminatas, propter publicationem præfati Edicti editi die 12. Maii ejusdem anni, nedum per Curiæ laicalis satellitum Præfectum, vulgò Baronnellum, Monitorium præfatum cum notorio contemptu defixum fuit, sed non expectato lapsu termini in eo assignati per eosdem Delegatos ad instantiam ipsius Patrimonialis die 3. Augusti dicti anni 1700. editum, & successivè die 5. ejusdem mensis publicatum fuit novum Edictum, in quo prævià declaratione assertæ notoriæ nullitatis, & injustitiæ Monitorii supradicti, eumdem Archiepiscopum, cum manifesto authoritatis excessu, monere ausi sunt, ut illud revocaret intra terminum duorum mensium, ac ab omni ulteriori processu abstineret sub pœnâ reductionis suorum bonorum temporalium, aliisque (ut erroneè assertum inibi fuit) de Jure, atque usu permissis; inhibendo insuper omnibus in Monitorio comprehensis, ne coram quocumque Judice Ecclesiastico in dicta causa comparerent, sub pœnâ mortis naturalis. Ac sub eâdem datâ emanavit, atque typis mandatum, & publicè affixum fuit simile Edictum Senatus Taurinen. ad instantiam Procuratoris generalis, declarans nullatenus per Edicta dictorum Delegatorum fuisse læsam libertatem ac jurisdictionem Ecclesiasticam, quinimò evidenter laicalem per Archiepiscopi, & aliorum Episcoporum Edicta fuisse violatam, ac propterea confirmans omnia per eosdem Delegatos, uti ad naturalem, & legitimam (quod non minus perperam prætensum fuit) defensionem gesta, monendo ipsum Archiepiscopum, ut pariter intra terminum duorum mensium revocaret, & à registris suæ Curiæ aboleret, & expungeret præfatum Monitorium, uti nullum, atque injustum, omnesque Actus illud concernentes, ac insuper nullam in eo comprehensis molestiam inferret, nec ulteriùs turbaret Jurisdictionem laicalem sub eâdem pœnâ reductionis suorum bonorum temporalium, & respectivè quoad Laicos in Monitorio comprehensos, qui coram Tribunali Ecclesiastico comparuissent, mortis naturalis.

§. 2. Grave etiam accidit eidem Innocentio Prædecessori non minus Ecclesiasticæ libertati, quàm suæ, & Sedis Apostolicæ Jurisdictioni inflictum vulnus per Senatum Niciensem, assumendo scilicet cognitionem causæ ad instantiam Cajetani Albanelli provisi de Ecclesia Parochiali Loci Rocasteronis Glandeven. Diœcesis in Comitatu Nicien. sitâ, pro impedienda exactione fructuum inexactorum dictæ Ecclesiæ ad Cameram Apostolicam pertinentium, super quibus ab eodem Senatu decretum fuit sequestrum cum eorum successivâ relaxatione ad favorem ipsius Cajetani, ac ulterius turbando Jurisdictionem Nunciaturæ Apostolicæ, ad quam juxta facultates eidem à Sede prædictâ tributas ejusmodi cognitio privativè spectabat, sicuti etiam ratione præventionis, intolerabili siquidem ausu, idem Senatus temerè mittens manus in messem alienam, sub prætextu assertæ notoriæ nullitatis Sententiæ excommunicationis latæ contra præfatum Cajetanum in Tribunali ejusdem Nunciaturæ, ob recursum ab ipso factum ad Senatum in spretum Jurisdictionis ipsius Nunciaturæ, præviâ admissione appellationis interpositæ per Procuratorem Fiscalem mensæ Episcopalis Glandevensis, ac per Procuratorem Fiscalem Patrimonialem generalem, inhibuit ipsi Cajetano, ne coram alio Judice, præter Senatum, compareret sub pœna reductionis bonorum, præcepitque Syndicis Universitatis dicti Loci, & cuicumque personæ, ne auderent eumdem impedire in libero exercitio Parochialis Officii, quamvis à Tribunali Nunciaturæ fuisset, ut præfertur, nominatim excommunicatus, ob idque ex Ecclesiæ præcepto vitandus, & à divinorum nedum administratione, sed etiam participatione suspensus, atque submotus. Ac

Anno 1707.

insuper idem Senatus contra Procuratorem Cameræ Apostolicæ, licet notoriè exemptum, procedere ausus fuit, ipsum citando ad comparendum cum subsequuta reductione bonorum tam Josephi Aude Advocati Cameræ prædicti, quam Canonici cognominati Torrini tunc Subcollectoris Apostolici, in odium actuum ab ipsis gestorum, ut proprio muneri satisfacerent. Dum verò opportunæ reparitioni per tunc existentem Episcopum Niciensem, in executionem Decreti memoratæ Congregationis Cardinalium opera dabatur, nova emersit attentati species; Nam Ven. Frater Archiepiscopus Ebredunensis, tanquam Metropolitanus ex abrupto, nullâque judiciariâ formâ servatâ, sibique omninò incompetentem authoritatem cognoscendi de Juribus S. Sedis, & de gestis per illius Nuncium, absque dubio Superiorem suum, assumendo, & quod magis intolerabile est, sese supra ipsum extollendo, ad petitionem præfati Cajetani, licèt ante rejectam, & ad quos de jure à tunc existente Episcopo Glandevensi suo ordinario, apud quem ille prius institerat, remissum temerè declaravit nunquam in Diœcesi Glandeven. spoliorum Jus usu fuisse receptum, eidem Cajetano, aliisque omnibus Ecclesiasticis suæ Metropolitanæ Jurisdictioni subjectis propterea inhibendo, ne dictum Jus spoliorum directè vel indirectè unquam recognoscerent; præterea nullam esse pronunciavit Sententiam excommunicationis contra dictum Cajetanum latam a Tribunali Nunciaturæ, absolutionem eidem ad cautelam tribuendo, licitumque in dicta Provincia recursum ad Senatum in materiâ spoliorum, uti semper usitatum, asseruit. Cujus sanè ordinationis, tanquam notoriâ nullitate ob defectum Jurisdictionis in materiâ, de quâ agebatur, infectæ, nec minus Ecclesiasticæ immunitati adversantis, quàm jurium hujus Sanctæ Sedis manifestè læsivæ demandata fuit cassatio, revocatio & annullatio tunc existentibus tam Nuncio Taurinen., quàm Prolegato Avenionen., prout ambo illam cum omnibus inde secutis cassarunt, revocarunt, & annullarunt; sed cùm dictus Prolegatus affigi jussisset valvis Ecclesiæ dicti Loci Rocalleronis declarationem desuper ab eo editam, fuit carceribus mancipatus Cursor ad id peragendum transmissus, & in illis plurium mensium spatio detentus, quousque fugâ sibi consuluit. Similiter nec potuit prædictus Episcopus Nicien. exequi mandata dictæ Congregationis Cardinalium procedendi, prout de Jure, contra Senatum, non repertis ob illius perhorrescentiam Ministris, vel Officialibus, qui eidem parere voluerint, ut ipse eidem Congregationi rescripsit.

§. 3. Nec minus temerarium extitit, quod ab eodem Niciensi Senatu attentatum fuit occasione prætensionis, quod Subditi Ditioni temporali Comitatus Niciensis, Ventimilien. Diœcesis, vigore assertorum privilegiorum, trahi non possent extra temporale Dominium ejusdem Comitatus pro cognitione Causarum in prima instantia coram Episcopo peragenda. Ad hanc siquidem prætensionem confovendam, immemor idem Senatus, quod non licet laicali potestati in concernentia causarum spiritualium cognitionem sese ingerere, ac multò minus Judici Ecclesiastico circa propriæ Jurisdictionis exercitium legem imponere, loco recurrendi, ut aliàs peractum fuerat, ad Sedem Apostolicam prædictam, ad quàm unicè eorundem assertorum privilegiorum declaratio spectabat, publico Edicto die 26. Novembris 1697. edito, vetuit omnibus Subditis ne pro ullâ causâ comparerent in Tribunali Episcopi Ventimilien. sub pœnâ privationis gratiæ Principis, eundemque Episcopum monuit, ut intra terminum viginti dierum deputaret Vicarium in parte suæ Diœcesis subditâ in temporalibus Ditioni Niciensi, cum facultate decidendi omnes causas, tam contentiosas, quam gratiosas, sub pœnâ reductionis Bonorum à Mensa Episcopali possessorum, quorum fruitione deindè dictus Episcopus ob non factam petitam deputationem fuit per abusum potestatis laicalis violenter privatus: Præterea eodem anno 1697. idem Senatus Niciensis mandavit tunc existenti Vicario foraneo Loci Sospelli, ut cognosceret, omnes causas, & illas pro quibus ei defecisset authoritas, concessis testimonialibus, ad tunc pariter existentem Nuncium Taurinensem remitteret; Quocirca dictus Episcopus, postquam spatio trium annorum plures, & sanè ferventissimas instantias, quamvis inutiliter, fecerat pro reintegratione suæ Mensæ, sui tandem muneris partes esse censuit, parendo etiam Mandatis memoratæ Congregationis Cardinalium, quosdam Ministros laicos censuris innodatos declarare; ipse vero Senatus Niciensis in eam prorupit audaciam, ut ad Arcam Domini non quidem erigendam, sustinendamque, quod adhuc severâ, ingentique adeò ultione fuisse à Deo punitum in sacris paginis legimus, sed ad illam deturbandam, prosternendamque sacrilegas manus extollere non erubuerit, ac inaudito forsan hactenus ausu, Sanctissima Ecclesiæ Instituta, atque præcepta intervertere tentaverit; Cum enim non minus providè, quam salubriter Ecclesia jubeat Excommunicatos, velut igne, & aqua interdictos, & tanquam putrida membra Canonicæ severitatis mucrone abscissa, ne totum corpus inficiant, ab omnibus Christi Fidelibus esse vitandos, ipse Senatus publico, typisque tradito Edicto laicali Jurisdictioni subditis, mortis naturalis pœnâ contravenientibus impositâ, præcepit, ut cum illis commercium haberent; Ac cum pariter Ecclesiæ præcepto statutum sit, ut censuris irretiti à communione Fidelium, ac divinorum participatione arceantur, peculiari etiam impositâ pœnâ iis, qui illos ad spirituale consortium admitterent, Senatus itidem præfatus, quem hac in re obsequendi potius manebat necessitas, quam authoritas imperandi, solemniter edixit, atque omnes Ecclesiasticos monuit, ut eosdem Excommunicatos ad communionem in Divinis reciperent, & Sacramentorum participes redderent, cum comminatione gravium pœnarum in casu contraventionis. Licet autem Edictum hujusmodi in hac dumtaxat posteriori parte, seu clausula Ecclesiasticos, ut præfertur, tangente, ex speciali jussu supradicti Victorii Amedei Ducis revocatum fuerit, nihilominus cum in aliis omnibus ejus partibus expresse præservatum, adeòque confirmatum fuerit, nova potius per insufficientem, ac imperfectam ejusmodi revocationem Ecclesiæ læsio illa fuit, quàm prior reparata.

§. 4. Hæc sanè omnia, quæ dum in Humanis ageret memoratus Innocentius Prædecessor, contigerunt, ac Nobis, qui dum Cardinalatus honore fungebamur, Congregationibus, in quibus de rebus hisce actum fuit, pluries interfuimus, apprimè innotuerant, una cum aliis præsentium temporum facilè prævisis calamitatibus, mentis nostræ oculis observata effecerunt, ut Nos ad supremi Apostolatus apicem, non minus inviti, quam immerentes vocati, totâ animi contentione gravissimum hoc onus subire detrectaverimus; Verùm quia obsequi tandem debuimus divinæ vocis imperio, primas profectò pastoralis solicitudinis nostræ partes esse duximus lapidem omnem movere, ut Ecclesiasticæ libertatis violatores ad cor redirent, & recogitantes flagella, quibus divina ultio ejusmodi criminum reos percutere consuevit, debitam Ecclesiæ satisfactionem exhiberent; Dum hæc tamen, omnibus adhibitis Apostolicæ longanimitatis, & paternæ benevolentiæ mediis agebamus, non sine maximo animi nostri mœrore accepimus, a præfato Senatu Niciensi, mala malis accumulando, per suum Decretum die 19 Januarii 1701. editum, admissam fuisse appellationem, pro parte Procuratoris Fiscalis generalis Ducalis interpositam a Decretis Curiæ Legationis Avenionen., & Tribunalis Nunciaturæ Taurinensis super circumscriptione, & cassatione Sententiæ irregularis, ac totaliter incompetentis latæ per Curiam Archiepiscopalem Ebredunensem die 7. Maii 1700. in causâ superius relatâ dicti Cajetani Albanelli; Quo sane Decreto typis impresso dictus Senatus cò temeritatis processit, ut declarationis tam Legationis, quàm Nunciaturæ præfatarum, tanquam nullas, & abusivas pronunciare, atque damnare non erubuerit. Novis hisce injuriis lacessiti patienter adhuc sustinuimus; Quinimò cum post elapsos quam plures terminos a Nobis assignatos ad præstandas necessarias, & frustra diù expectatas reparationes, Nobis exhibita fuisset instantia pro parte tunc existentis pro eodem Victorio Amedeo Duce apud Nos, & Sedem prædictam Residentis, ut aliquem ex Sanctæ Romanæ Ecclesiæ Cardinalibus deputaremus, cum quo de his rebus agere posset, quamvis omnia jam diù in dicta Congregatione Cardinalium mature discussa, & Nobis quoque plerumque intervenientibus, & suffragantibus, supra relatæ resolutiones captæ, & partim etiam executioni demandatæ fuissent, eodem Innocentio Prædecessore ne dum approbante, sed jubente; Adhuc tamen, ut vere possemus dicere, quid ultra potui facere, & non feci? Dilecto Filio Nostro Sperello Tituli Sancti Joannis ante Portam Latinam ejusdem S. R. E. Presbytero Cardinali Sperello nuncupato commisimus, ut ea, quæ per dictum Residentem, ejusque Defensores deducerentur, audiret,

&

Anno 1707. & Nobis referret. Verum post aliquos inter eosdem Sperellum Cardinalem, & Residentem hac in re habitos congressus contigit, ut dictus Residens re infectâ ab hac Urbe discesserit. Nova interim in dies in præfati Victorii Amedei Ducis Ditionibus Ecclesiæ vulnera infligi acerbiori semper doloris sensu intelleximus! Ortâ scilicet jampridem, nempe anno 1698. controversia inter Mensam, & Curiam Episcopalem Augustanam Provinciæ Tharantasien. ex una, ac Canonicos Regulares Sancti Ægidii Loci de Verresio ex altera partibus, super Jure conferendi nonnullas Parochiales Ecclesias, introductoque Judicio in Tribunali Nunciaturæ supradictæ, utrâque Parte consentiente, ac jura sua in eodem deducente, secutâ vacatione duarum ex dictis Ecclesiis, Procurator Fiscalis dictæ Curiæ Episcopalis Augustanæ causam deferre studuit ad Sabaudiæ Senatum, eidem exponendo, quod licet Episcopus reperiretur in possessione dictas Ecclesias conferendi, fuerint tamen eidem per præfatos Canonicos Regulares illatæ molestiæ, cum præsentatione citationis cum inhibitione, ejusque executione; & quia per Tribunal Nunciaturæ dictis Canonicis Regularibus decreta fuerat manutentio, dictus Promotor Fiscalis ad eumdem Senatum appellaverat; a quo citationem nedum contra ipsos, sed etiam contra Judicem Ecclesiasticum obtinuit; Ac tandem comparere coactis iisdem Canonicis Regularibus coram dicto Senatu, prodiit Sententia, per quam revocata fuit præcedens, tanquam (ut male prætensum fuit) nulliter, & abusive per Tribunal Nunciaturæ lata, simulque omnibus Ecclesiasticis, & aliis prohibitum fuit sub pœnâ nullitatis, ac scutorum mille auri, aliisque, ne ad dictum Tribunal causas deferrent; Et hæc quidem Sententia in Civitate Augustana ad sonum tubæ publicata fuit die 10. Maii anni 1701. Gravia profecto fuerunt hæc, & mucrone Canonicæ severitatis resecanda: Unde contra ea clamare non cessavimus, ita Domino Nos per Prophetam admonente, ac Apostolici muneris debito exigente, ne veluti canes muti non valentes latrare, ac lupos gregem Dominicum devastantes arcere negligentes corriperemur, & spiritualis interitus ovium Nobis a Domino commissarum rei evaderemur. Verum præfati Senatus, aliique laicæ Jurisdictionis Ministri, atque Officiales, veluti aspides surdi, & aures suas obturantes, ne vocem venefici incantantis sapienter audirent, adhuc in sua malitiâ perseverantes, & obdurati, nec paternis exhortationibus nostris, nec minis flecti potuerunt, ut animarum suarum saluti consulerent, & Ecclesiæ, quam toties & tam graviter læserant, satisfacerent; Quin potius hæc inter novum alium Ecclesiasticæ libertati, & Sedis Apostolicæ authoritati vulnus inflictum fuit, dum ex abrupto, quacumque ejusdem Sedis reverentiâ postpositâ, Dilectus Filius Alexander Codebo jam pridem Auditor Nunciaturæ præfatæ, tuncque illam in Civitate Taurinensi nomine nostro administrans, ab omnibus ipsius Victorii Amedei Ducis eo tempore a dicta Civitate absentis, Dominiis, in manifestum tam Clericalis Ordinis, quàm Muneris, quod de mandato nostro exercebat, contemptum dimissus fuit, assignato eidem brevi duorum dierum termino pro discessu a Civitate præfatâ; & quatuor ab universa dicti Victorii Amedei Ducis Ditione, ne quidem illi permissâ facultate Nos de hoc sibi injuncto discedendi præcepto per Cursorem citatis equis transmittendum certiores reddendi, nostrumque desuper responsum expectandi, ita ut in locum Tilliolarum nuncupatum, huic Sanctæ Sedi etiam in temporalibus subjectum se recipere coactus fuerit.

§. 5. His omnibus maturâ deliberatione perpensis, & implorato prius divino præsidio, die 7. Februarii 1702. super præmissis omnibus dictæ Congregationis Cardinalium, qui rem totam diligenter, ac mature coram Nobis discusserunt, vota exquisivimus, iisque auditis, novum aliud paternæ nostræ longanimitatis, experimentum facere decrevimus; ac proinde nostras in formâ Brevis expeditas Literas supradicto Victorio Amedeo Duci conscripsimus, in quibus acerbissimum cordis nostri dolorem ob ea, quæ ab illius Magistratibus adversus Ecclesiasticam libertatem, Dei ordinatione, & canonicis sanctionibus constitutam, debitamque huic Sanctæ Sedi observantiam attentata fuerunt, fuse explicavimus, eumque propterea admonuimus, rogavimus, atque obsecravimus, ut per egregiam, & ad magna quæque, ac præclara propensam, quam sortitus fuerat, animi indolem, per uberem erga ipsum, ejusque Domum divinæ beneficentiæ fontem, per veterem denique, & constantem nostram in ipsum voluntatem, auferret tandem malum de Domo Israel, omnique morâ postpositâ quæ injuste acta fuerant, celeri, & magnanimâ retractatione revocaret, Ecclesiæ pristinam dignitatem, & læsa Jura restitueret, Nosque ipsos a tam gravi, qua angebamur, solicitudine liberaret. Neque enim aliàs tot, tantaque mala, quibus Ecclesiæ authoritas lædebatur, Sacrorum Canonum norma contemnebatur, & ipsa Beati Petri Sedes injuriâ afficiebatur, traditæque a Domino claves impetebantur, diutius, absque animæ nostræ periculo, divinæque indignationis incursu dissimulare valebamus. Porro has ipsas Literas tunc in humanis agenti bo. me. Carolo, dum vixit, S. R. E. Cardinali Barberino nuncupato, quem eidem Victorio Amedeo Duci ob præclaras, & nunquam satis laudatas ejus animi dotes summopere acceptum esse noveramus, consignavimus, ut illas ipsi Victorio Amedeo Duci, quam celerius fieri poterat, transmitti, simulque rem totam ad ipsum sincere deferri curaret, non dubitantes, quin eâ diligenter perspectâ, ex ipsâ, quâ præstat, animi Magnitudine omnia perperam gesta protinus emendaret; Verùm non modo conceptâ hac spe frustrari Nos vidimus, sed alia, & quidem non minus gravia præfatæ Sedis jurisdictioni, & libertati Ecclesiasticæ in illis partibus præjudicia indies inferri percepimus.

§. 6. Etenim die tertiâ Maji 1702. nomine ipsius Victorii Amedei Ducis publicatum fuit Edictum in executionem, ac interpretationem, sive ampliationem, ut in eo asserebatur, alterius Edicti ab ejus Tritavo lati anno 1563., cujus tamen longæva adeo inobservantia satis illud viribus carere monstraverat; in quo quidem nupero Edicto plura continebantur circa successionem Personarum, & Communitatum Regularium & circa dotes Monialium, Ecclesiasticæ Jurisdictionis usurpationem manifeste præ se ferentia, ejusdemque libertatis summopere læsiva: declarando scilicet omnes Religiosos utriusque sexus cujusvis Ordinis in Regionibus Ultramontanis ipsius Victorii Amedei Ducis temporali Dominio subjectis degentes, etiam Societatis JESU atque Ordinis Militaris S. Joannis Hierosolymitani, post emissam professionem sive expressam, sive tacitam, per vota solemnia, vel simplicia, civiliter mortuos, & incapaces testandi, ac de propriis bonis disponendi, tam inter vivos, quàm per ultimam voluntatem, ac generaliter quoque incapaces omnium effectuum, ac actuum Civilium, & ullas recipiendi, aut colligendi Successiones tam præteritas, quàm futuras, sive ex Testamento, sive ab intestato, easdem propterea deferendo proximioribus Consanguineis Jure ordinario successivo; quodque per professionem votorum solemnium, vel simplicium expressam, aut tacitam, purificatæ censerentur omnes substitutiones, perinde ac si Religiosi præfati naturaliter defuncti fuissent, relictâ solum ipsis facultate recipiendi annuam pensionem vitalitiam convenientem, titulo sumptus, & alimentorum, sicut Senatus æquum judicasset; ac insuper earundem successionum incapaces declarando dictum Ordinem, & Religionem Sancti Joannis, Hierosolymitani, & omnes alios Ordines, & Religiosas Communitates, Societates, Conventus Ecclesiasticos, Regulares, & Seculares, & Militares, sicut etiam Collegia Cathedralium, Collegiatarum, & alias omnes Societates Ecclesiasticas, Regulares, & Seculares per dispositiones titulo universali, per Testamentum, Codicillos, aut donationem causâ mortis, & etiam per donationem inter vivos, & titulo particularis Legati, præter unam sextam partem supellectilium dictorum Donantium, aut Testatorum, etiam ex causa ingressus in dictas Religiones, Monasteria, Societates, & Conventus, exceptis Hospitalibus, & Ordine Militari Sanctorum Mauritii, & Lazari. Præterea in eodem Edicto additum fuit, quod Religiosi utriusque sexus, qui per sex annos habitum regularem cujuscumque Ordinis detulissent, numerando sexennium a die suscepti habitus regularis hujusmodi quoad eos, qui illum post expletum decimum sextum suæ ætatis annum susceperunt: quoad alios verò qui illum ante dictam ætatem susceperunt, à fine dicti decimi sexti anni, etiamsi nullum fecissent votum, vel tantùm vota simplicia, censerentur mortui civiliter, & privati omni juri Civili, tam pro casibus præteritis, quàm futuris, ipsos quoque privatos declarando facultate possidendi propria sua bona, quovis tandem prætextu deposuissent, vel deponerent habitum regularem in futurum, quibus tamen adjudicari posset

ANNO 1707. à Senatu aliqua provisio alimentaris de bonis Parentum, vel Religionis, à quâ egressi fuissent, prout dictus Senatus æquum judicasset, facultatem reclamandi ad sexennium, ut supra, computandum, citatis interesse habentibus, restringendo: ita quod, non obtentâ ultimis duobus annis declaratione nullitatis, reclamationes amplius non attenderentur; Circa verò receptiones Religiosorum utriusque pariter sexus, in eodem Edicto dispositum, & declaratum fuit, quod Domus, Conventus, Societates, aut Monasteria, cùm reciperent aliquos Religiosos, nihil possent acceptare quovis prætextu sumptuum, ingressus in Religionem, Novitiatus, Supellectilium, Vestium, Fundationum, & aliorum, nisi mille florenos illarum partium: liberum tamen esset dictis Religiosis sibi reservare ex eorum bonis pensionem quinquaginta florenorum similium, quæ pensio extendi posset ad summam ducentorum florenorum, ratione studiorum tantùm, & hoc per decennium a die professionis; Et quoad Religiosas, & Moniales; Monasteria, in quæ ingressæ fuissent, acceptare nihil possent quovis prætextu sumptuum, ingressus in Religionem, Novitiatus, Dotis, Supellectilium, Vestium, Fundationum, aut aliorum, nisi summam pro qualitate locorum in præfato Edicto taxatam, impositâ contravenientibus certâ pænâ pauperibus applicandâ, ex bonis temporalibus Monasteriorum; & Regularium Communitatum sumendâ. Postremò in eodem Edicto sancitum fuit, quod hæc omnia effectum haberent retroactivum quoad successiones, aliasque res delatas præfatis Communitatibus, quæ, ut præfertur, incapaces declaratæ fuerant quidquam consequendi, quod illis fuisset delatum per Actus ultimæ voluntatis, exceptis tamen rebus, quæ eisdem Communitatibus per Sententiam jam fuissent adjudicatæ, & hoc quidem Edictum verificatum, atque, ut dicitur, per Senatum Sabaudiæ interinatum fuit die 17. Aprilis 1703. inhærendo præcepto desuper in ejus calce specialiter inserto, licèt quoad clausulam retroactivam, & bona a Communitatibus supradictis pacifice possessa, fuerit ab eodem Senatu modificatum. Porrò ambigi nequit, quin omnia in illo disposita manifestam Ecclesiasticæ potestatis, & authoritatis usurpationem, ejusdemque libertatis violationem præseferant, nullatenus tolerabilem. Quamvis verò incertus ad Nos pervenerit rumor suspensam subinde fuisse præfati Edicti executionem, nihilominus, præterquam quod nullum hactenus suspensionis hujusmodi certum accepimus documentum, nemo non intelligit solam suspensionem minimè sufficientem fuisse ad præmissam gravissimam læsionem tollendam.

§. 7. Præterea cùm ad retundendas graves, & frequentes molestias, quas Ducales Ministri Subditis, & Feudatariis hujus Sanctæ Sedis Locorum Montafiæ, Citernæ, & Cortansæ non sine manifesto directi & supremi Dominii ad Nos, & ad eamdem Sedem in prædictis Locis unicè, & privativè spectantis, pridem intulerant, novasque, quas illis inferre præfati Ministri minabantur, instante Dilecto Filio Commissario Generali Cameræ Nostræ Apostolicæ, per Dilectum Filium Nostrum Joannem Baptistam S. R. E. Cardinalem Spinulam nuncupatum, ejusdem S. R. E. Camerarium, die 8. Augusti 1702. expeditum atque transmissum, & eorum Feudorum Syndicis præsentatum, nec non Feudatariis eo, quo licuit, modo intimatum fuisset Monitorium; quo districtè prohibebatur, ne alium supremum Dominum, præter Sedem Apostolicam, & Romanam Ecclesiam recognoscere auderent, fuit ad similem Patrimonialis Ducalis requisitionem mense Septembris 1702. per Cameram, quam vocant Computorum aliud publicatum, & respective intimatum Edictum, seu Decretum, quo, prævia declaratione nullitatis, & invaliditatis ejusdem Monitorii, tam ipsis Feudatariis, qui eatenùs Sedem, ejusque supremam authoritatem constanter recognoverant, ipsis etiam Sabaudiæ Ducibus id approbantibus, quam Syndicis Universitatum, atque Vassallis sub gravissimis pœnis præcipiebatur, quod de cætero supremam tantùm ipsius Victorii Amedei Ducis Authoritatem recognoscerent; Ad hujus verò Edicti publicationem præfatarum Universitatum Syndicos vi, metuque Ducales Ministri compellere tentarunt, omnibusque renuentibus nonnulli in Civitate Astensi deprehensi, carceribus mancipati, alii verò, qui ad illam accedere recusarunt, militaribus copiis a dictis Feudis violenter extracti, similiter detenti fuerunt, morte etiam sclopo illata alteri ex ipsis, qui fuga sibi consulere studuerat.

§. 8. Nec minor apparuit alia Senatus Taurinensis audacia; cùm enim Venerabilis Frater Episcopus Aquensis a Divinis suspendisset Parochum Loci Mombaldoni, ejus Diœcesi subjecti, quamvis siti in Ditione temporali ejusdem Victorii Amedei Ducis, pro coercenda illius inobedientiâ, ex quo comparere contumaciter recusaverat, licèt pluries vocatus ad se expurgandum de gravibus delictis, de quibus fuerat delatus, & signanter, quod in manifestum, ac detestabilem contemptum Clavium, ac Divinorum participationem admisisset Comitem Franciscum, Dominicum, & Michaelem suos Fratres, per publicarum schedularum affixionem, sequutam die quinta Februarii 1701. tanquam excommunicatione irretitos denuntiatos; ipsisque præsentibus, & assistentibus celebrasset, habito ad memoratum Senatum recursu per Procuratorem Fiscalem laicalem, promulgatum fuit Edictum ab eodem Senatu die secunda Decembris 1701., quo præfatum Episcopum monuit, sub pœna reductionis bonorum temporalium, ne ipsum Parochum extra Ditionem Ducalem evocaret, sed in illa Vicarium deputaret, eidem Parocho inhibendo, ne alibi compareret, sub simili pœna reductionis bonorum temporalium, super cujus Edicti affixione in Palatio Prætorio sequutâ, sumptis contra ipsum Parochum per Curiam Episcopalem informationibus, eoque in contumacia perseverante, atque in Divinis ministrante, necnon in Parochialis Officii exercitio, se se immiscente, die 22. dicti mensis Decembris idem Parochus declaratus fuit irregularis, ac subinde in executionem Mandatorum dictæ Congregationis Cardinalium, die 24. ejusdem mensis Decembris expeditorum ad compescendam ejus proterviam, & consulendum spirituali bono animarum ipsi commissarum, die 24. Januarii subsequentis tam ipsius Parochialis, quàm aliarum ruralium Ecclesiarum valvis affixum fuit Edictum, quo ipse omnibus nunciabatur a Divinis suspensus, & irregularis, ac ad omnem Ecclesiasticam functionem peragendam inhabilis, interdictâ ei Sacramentorum administratione, ac respective receptione; Quâ tamen suspensionis & irregularitatis publica denunciatione contemptâ, præfatus Parochus celebrare continuavit, omnemque lapidem apud dictum Senatum movit, ut impediretur Sacerdoti, supplendis ejus vicibus deputato, Parochialis muneris exercitium; Quocirca novum ab eodem Senatu expeditum fuit Edictum die 27. Aprilis 1702. ad similem instantiam Procuratoris Fiscalis, quo Episcopus, sub pœna reductionis bonorum temporalium, iterum monebatur, ut revocaret provisiones contra dictum Parochum captas, & Vicarium in ditione Ducali pro exercenda Jurisdictione deputaret, eidemque Parocho prohibebatur, ne alibi personaliter, vel per Procuratorem compareret. Unde dictus Parochus, Edicti hujusmodi authoritate fretus, magis indies contumax, & ordinariæ ac delegatæ authoritatis contemptor evasit, dum animo prorsus obdurato, iterum suspensus, & irregularis declaratus, respondere, & comparere detrectavit. ANNO 1707.

§. 9. Ad hæc idem Senatus Taurinensis in aliam prorupit temeritatem, nam die 10. Octobris 1702. ad instantiam Procuratoris Generalis Ducalis Jurisdictionis, per Decretum typis impressum inhibuit omnibus Fratribus Familiæ, seu Conventus Ordinis Minorum Sancti Francisci, Conventualium nuncupatorum, ne executionem darent cuidam sententiæ de Mandato Congregationis Venerabilium Fratrum Nostrorum S. R. E. Cardinalium, negotiis, & consultationibus Episcoporum, & Regularium præpositæ die 15. Julii 1702. contra Carolum Augustinum Mallettum Fratrem expressè professum dicti Ordinis, latæ, qua ipse declaratus fuerat excommunicatus, omnibusque gradibus, & officiis sui Ordinis privatus, ob damnabilem recursum habitum ad laicalem potestatem, ad effectum impediendi accessum Custodum Conventuum ejusdem Ordinis in Ditione ipsius Victorii Amedei Ducis existentium, ad Provinciale Capitulum, quod in Civitate Alexandrinâ Provinciæ Mediolanen. celebrari debebat, Mandatum ab eadem laicali potestate impetrando, quo illis sub pœnâ Ducalis indignationis præcipiebatur, ne ab eâdem Ditione recederent, illudque Custodibus ipsis intimando, qui omnes ei paruerunt; Dictam porrò sententiam, quamvis Sacrorum Canonum, & Constitutionum Apostolicarum, ac præcipuè Literarum quotannis in die Cœnæ Domini legi solitarum dispositioni conformem, adhuc tamen memoratus Procurator Generalis Ducalis Jurisdictionis,

in

ANNO 1707. in recursu ad dictum Senatum habito, evidenter, & intolerabiliter injustam asserere non erubuit, ipseque Senatus, ejusdem instantiæ annuendo, præfatæ Sententiæ publicationem, & executionem, ac ne quidquam in præjudicium dicti Caroli Augustini innovaretur, quousque habitus fuisset recursus, ad quem de jure competeret, sub eadem Ducalis indignationis pœnâ districtè prohibuit; Unde idem Carolus Augustinus; præmissorum colore fretus, spretâ excommunicatione, qua per dictam Sententiam fuerat innodatus, in Divinis ministrare ausus fuit, & ob id irregularis evasit.

§. 10. Inter hæc ad Nostrum pervenit auditum, aliud à Senatu Niciensi Ecclesiasticæ auctoritati illatum præjudicium; cum enim supradictus Episcopus Niciensis auctoritate prius ordinariâ, & deinde sibi delegatâ a Congregatione Venerabilium Fratrum Nostrorum S. R. E. Cardinalium Concilii Tridentini Interpretum, inhibuisset cuidam Antonino Arnaud Fratri, expressè professo Ordinis Prædicatorum, Officiali deputato ab Archiepiscopo Ebredunensi, pro exercenda jurisdictione Metropolitica prius in loco nuncupato Barcinona, seu Barcinonetta, in ejus Diœcesi sito, & in temporalibus subdito Gubernio Niciensi, exerceri consueta, ac deinde translato illius exercitio in ipsam Civitatem Niciensem, ne in eam sese ingereret, cum id manifestè tenderet in turbationem, atque imminutionem ordinariæ Jurisdictionis ipsius Episcopi, & Sacrorum Canonum sanctioni adversaretur, ut eadem Congregatio declaravit, habito recursu per eumdem Antoninum ad Senatum prædictum, ipse die 14. Decembris 1701. monuit præfatum Niciensem Episcopum, ne sui Officii exercitium ipsi Antonino impediret, sub prætextu publici populorum beneficii, cum commінatione pœnæ reductionis ejus bonorum temporalium, eamdemque monitionem, & inhibitionem renovavit die 26. Januarii 1702. ad instantiam Procuratoris Fiscalis Laicalis, etiam post acceptam notitiam Decreti præfatæ Congregationis, Officii hujusmodi exercitium improbantis, additâ ulterius sub eadem pœnâ, nec non ducalis indignationis, prohibitione cuilibet Personæ, etiam Ecclesiasticæ, ullam citationem exequendi, vel intimandi Sententiam, aut ordinationem cujuscumque Tribunalis extra Statum siti, prout de facto impedita fuit intimatio memorati Decreti, cum citatione per Episcopum præfatum transmissâ, malè scilicet prius habito, & postea etiam detento quodam Clerico, pro eâdem præsentanda, adhibito.

§. 11. Cùm autem præmissa omnia, nimium sanè per Nos hucusque tolerata, libertatem, immunitatem, ac jurisdictionem Ecclesiasticam manifeste læserint, & violaverint, ac lædant, & violent, nec non Nostris, ac Sedis Apostolicæ juribus, atque authoritati maximum, & gravissimum intulerint, atque adhuc inferant damnum; quinimò in ipsorum Senatuum, Magistratuum, Judicum, Officialium, aliorumque tam mandantium, quàm consulentium, exequentium, illisque favorem & auxilium quoquo modo præstantium, aut approbantium, & cum possint, non impedientium, nec corrigentium perniciem, ac prætereà in scandalum plurimorum tendant, animasque pretioso Salvatoris, & Domini Nostri Jesu Christi sanguine redemptas in gravissima pericula conjecerint, & deplorandis malis involvere pergant; Cumque adhuc Senatus, Magistratus, Judices, Officiales, aliique prædicti, eisque adhærentes, & ab ipsis gesta approbantes post plures, ac toties repetitas nostras paternas monitiones à pluribus annis factas & diligentias, atque instantias adhibitas pro gestorum hujusmodi retractatione ab eis obtinendâ, adhuc id minimè præstiterint, nec Ministro Apostolico, laicali authoritate à Ditione memorati Victorii Amedei Ducis, sicut præmittitur, expulso, adhuc fuerint revocata, ac sublata impedimenta, ad hoc ut possit ad suam residentiam suique muneris exercitium liberè redire. Hinc est quod Nos, qui Jurium Ecclesiasticorum Assertores in Terris à Domino constituti sumus, omnium Christi Fideles curam, & solicitudinem supernâ dispositione gerimus, ac proinde tam graves secularis potestatis abusus diutiùs dissimulare non possumus, libertatem, immunitatem, & jurisdictionem Ecclesiasticam sartam, tectamque, atque illibatam tueri, & conservare, nec non animarum periculis, quantùm Nobis ex alto conceditur, occurrere cupientes, ac omnium, & singulorum, quæ in præmissis, seu eorum occasione quovis modo acta, & gesta fuerunt, seriem, causas, & circumstantias, etiam aggravantes, nec non Senatuum, Magistratuum, Judicum, Officialium, aliorumque præfatorum Qualitates, Dignitates, Nomina, & Cognomina, aliave quæcumque, etiam specificam, & individuam mentionem, & expressionem requirentia, præsentibus pro plenè & sufficienter expressis, & exactè specificatis habentes; Motu proprio, ac ex certâ scientiâ, ac maturâ deliberatione Nostris, deque Apostolicæ potestatis plenitudine, præfata omnia, & singula Decreta, Ordinationes, Mandata, & Edicta, ac alia quælibet a Senatibus, Magistratibus, Judicibus, & Officialibus supradictis, aliisve quibusvis Personis, etiam specificâ, & individuâ mentione dignis, in præmissis, seu eorum occasione in præjudicium libertatis, immunitatis, & jurisdictionis Ecclesiasticæ, atque authoritatis Apostolicæ respectivè quovis modo emanata, edita, acta, gesta, & perpetrata, cum omnibus, & singulis inde secutis, & forsan quandocumque secuturis, penitùs, & omnino nulla, irrita, invalida, iniqua, injusta, damnata, reprobata, inania, temeraria, & a non habentibus potestatem damnabiliter attentata, ac de facto præsumpta, nulliusque roboris, & momenti, vel efficaciæ esse, & ab initio fuisse, & perpetuò fore, neminemque ad illorum observantiam teneri, imo nec ea a quopiam observari posse, vel potuisse, nec ex illis cuiquam aliquod jus, vel actionem, aut titulum, etiam coloratum, aut possidendi, seu quasi possidendi, vel præscribendi causam acquisitam, vel acquisitum fuisse, vel esse, aut quandocumque acquiri, vel competere posse, neque illa ullum statum facere, vel fecisse, sed perinde, ac si nunquam emanassent, nec facta fuissent, pro non extantibus, & non factis perpetuò itidem haberi, debere, tenore præsentium declaramus. Et nihilominus ad majorem, & abundantiorem cautelam, & quatenus opus sit, illa omnia, & singula motu, scientia, deliberatione, & potestatis plenitudine paribus, harum serie damnamus, reprobamus, revocamus, cassamus, irritamus, annullamus, & abolemus, viribusque, & effectu penitus, & omninò vacuamus, ac pro damnatis, reprobatis, revocatis, cassatis, irritis, nullis, invalidis, & abolitis, viribusque, & effectu penitus, & omnino vacuis semper haberi volumus, & mandamus. ANNO 1707.

§. 12. Cæterum cum notorii, & explorati Juris sit eos omnes, qui Decreta, Ordinationes, Mandata, & Edicta prædicta ediderunt, promulgarunt, aut quoquo modo pro iis institerunt, vel illis usi fuerunt, eaque executioni demandarunt, ac alia præmissa, vel eorum aliqua perpetrarunt, necnon illorum Fautores, Consultores, Mandantes, & Adhærentes, atque in eorum sequelam, & executionem gesta approbantes, Censuras Ecclesiasticas a Sacris Canonibus, Generalium Conciliorum Decretis, & Apostolicis Constitutionibus, ac præsertim Literis die Cænæ Domini singulis annis legi, & promulgari solitis inflictas, necnon Feudorum, si quæ eis a Romanâ vel aliis Ecclesiis concessa fuerunt, privationis, ac omnium, & quorumcumque Privilegiorum, gratiarum, ac indultorum sibi a Nobis, seu Romanis Pontificibus Prædecessoribus nostris quomodolibet forsan concessorum amissione, pœnas eo ipso incurrisse, nec a censuris hujusmodi a quoquam, nisi a Nobis, seu Romano Pontifice pro tempore existente, (præterquam in mortis articulo, & tunc cum reincidentiâ in easdem censuras eò ipso, quò convaluerint) absolvi, & liberari posse, ac insuper inhabiles, & incapaces esse, qui absolutionis, & liberationis beneficium consequantur, donec supradicta Decreta, Ordinationes, Mandata, Edicta, omniaque in eorum executionem, gesta, atque secuta, & quomodolibet attentata publicè retractaverint, revocaverint, cassaverint, & aboleverint, eaque novis Edictis, Ordinationibus, Mandatis, atque Decretis è medio sustulerint, ac omnia in pristinum statum plenariè, & cum effectu reintegraverint, dictoque nostro, & Sedis prædictæ Administro liberum regressum ad suam residentiam cum plenario suo Officii exercitio respectivè permiserint, vel aliàs debitam, & condignam Ecclesiæ, ac Nobis, & huic Sanctæ Sedi satisfactionem in præmissis præstiterint: idcircò illos omnes etiam specialissimâ mentione dignos, nec non illorum Successores in officiis, a retractatione, revocatione, cassatione, & abolitione Decretorum, Ordinationum, Mandatorum, Edictorum, aliorumque præmissione per se ipsos facienda, vel aliàs debitâ, & condigna Ecclesiæ, ac Nobis, & dictæ Sedi satisfactione realiter, & cum effectu in eisdem præmissis exhibendâ, præsentium Literarum, seu alio quocumque prætextu mi-

ANNO 1707.

nimè liberos, & exemptos, ſed ſemper ad hæc obligatos fore, & eſſe, ut abſolutionis beneficium obtinere valeant, earumdem tenore præſentium decernimus, & pariter declaramus; Facultatem inſuper quandocumque procedendi ad alia canonica, & ſeveriora remedia, quatenus præfati Eccleſiaſticæ libertatis, & Juriſdictionis Apoſtolicæ violatores in ſua contumaciâ perſiſtentes, cenſuras, & pœnas Eccleſiaſticas hujuſmodi animo, quod abſit, ſuſtinuerint indurato, Nobis, & eidem Sedi expreſſè reſervantes.

§. 13. Decernentes etiam eaſdem præſentes Literas, & in eis contenta quæcumque, etiam ex eo, quòd præfati, & alii quicumque in præmiſſis intereſſe habentes, ſeu habere quomodolibet pretendentes cujusvis Status, Gradus, Ordinis, Præeminentiæ, & Dignitatis exiſtant, ſeu aliàs ſpecificâ, & individuâ mentione, & expreſſione digni, illis non conſenſerint, ſed ad ea vocati, citati, & auditi, cauſæque, propter quas præſentes emanarint, ſufficienter adductæ, verificatæ, & juſtificatæ non fuerint, aut ex aliâ quâlibet, etiam quantumvis juridicâ, & privilegiatâ Cauſâ, colore, prætextu, & capite, etiam in Corpore Juris clauſo, etiam enormis, enormiſſimæ, & totalis læſionis, nullo unquam tempore de ſubreptionis, vel obreptionis, aut nullitatis vitio, aut intentionis noſtræ, vel intereſſe habentium conſenſus, aliove quomodolibet, etiam quantumvis magno, & ſubſtantiali, ac cogitato & inexcogitabili, individuamque expreſſionem requirente defectu notari, impugnari, infringi, retractari, in controverſiam vocari, aut ad terminos juris reduci, ſeu adverſus illos aperitionis oris, reſtitutionis in integrum, aliudve quodcumque juris, facti, vel gratiæ remedium intentari, vel impetrari, aut impetrato, ſeu etiam motu, ſcientia, & poteſtatis plenitudine paribus conceſſo, vel emanato quempiam in judicio, vel extra illud uti, ſeu ſe juvare ullo modo poſſe; ſed ipſas præſentes Literas ſemper firmas, validas, & efficaces exiſtere, & fore, ſuoſque plenarios, & integros effectus ſortiri, & obtinere, ac ab illis, ad quos ſpectat, & pro tempore quandocumque ſpectabit, inviolabiliter, & inconcuſsè obſervari; ſicque, & non aliter in præmiſſis per quoſcumque Judices ordinarios, & delegatos etiam Cauſarum Palatii Auditores, ac S. R. E. Cardinales, etiam de latere Legatos, & Sedis prædictæ Nuncios, alioſve quoslibet, quâcumque præeminentia, & poteſtate fungentes, & functuros, ſublatâ eis, & eorum cuilibet quâvis alitèr judicandi, & interpretandi facultate, & auctoritate judicari, & definiri debere, ac irritum, & inane, ſi ſecus ſuper his à quoquam quavis auctoritate ſcienter, vel ignoranter contigerit attentari.

§. 14. Non obſtantibus præmiſſis, ac quatenus opus ſit, Noſtrâ, & Cancellariæ Apoſtolicæ Regulâ de Jure quæſito non tollendo, aliiſque Conſtitutionibus, & Ordinationibus Apoſtolicis, necnon quibusvis, etiam juramento, confirmatione Apoſtolicâ, vel quavis firmitate alia roboratis Statutis, & Conſuetudinibus, ac Uſibus, & Stylis, etiam immemorabilibus; Privilegiis quoque, Indultis, & Literis Apoſtolicis prædictis, aliiſque quibuslibet Perſonis, etiam quâcumque Eccleſiaſtica, vel mundanâ Dignitate fulgentibus, & aliàs quomodolibet qualificatis, ac ſpecialem expreſſionem requirentibus ſub quibuſcumque verborum tenoribus, & formis, ac cum quibusvis etiam derogatoriarum derogatoriis, aliiſque efficacioribus, efficaciſſimis, & inſolitis Clauſulis, irritantibusque, & aliis Decretis, etiam motu, ſcientiâ, & poteſtatis plenitudine ſimilibus, ac conſiſtorialiter, & aliàs quomodolibet in contrarium præmiſſorum conceſſis, editis, factis, ac pluries iteratis, & quantiscumque vicibus approbatis, confirmatis, & innovatis. Quibus omnibus, & ſingulis, etiamſi pro illorum ſufficienti derogatione de illis, eorumque totis tenoribus, ſpecialis, ſpecifica, expreſſa, & individua, ac de verbo ad verbum, non autem per clauſulas generales idem importantes, mentio, ſeu quævis alia expreſſio habenda, aut aliqua alia exquiſita forma ad hoc ſervanda foret, tenores hujusmodi, ac ſi de verbo ad verbum, nihil penitus omiſſo, & formâ in illis traditâ, obſervata exprimerentur, & infererentur, præſentibus pro plenè, & ſufficienter expreſſis, & inſertis habentes, illis aliàs in ſuo robore permanſuris, ad præmiſſorum effectum hac vice dumtaxat ſpecialiter, & expreſsè derogamus, ac derogatum eſſe volumus, cæteriſque contrariis quibuſcumque.

§. 15. Cum autem eædem præſentes Literæ in locis Ditionis prædicti Victorii Amedei Ducis ſubjectis nequeant tutè publicari, ut hactenus experientia compertum eſt, & Nobis notoriè conſtat, prout tenore præſentium declaramus; volumus illas, ſeu earum exempla ad valvas Eccleſiæ Lateranen., & Baſilicæ Principis Apoſtolorum, nec non Cancellariæ Apoſtolicæ, Curiæque generalis in Monte Citatorio, & in Acie Campi Floræ de Urbe, ut moris eſt, affigi, & publicari, ſicque publicatas, & affixas omnes, & ſingulos, quos illæ concernunt, perinde arctare, & afficere, ac ſi unicuique eorum nominatim, & perſonaliter intimatæ fuiſſent, Utque ipſarum Literarum tranſumptis, ſeu exemplis, etiam impreſſis, manu alicujus Notarii publici ſubſcriptis, & ſigillo alicujus perſonæ in Eccleſiaſticâ dignitate conſtitutæ munitis eadem prorſus fides tam in Judicio, quàm extra illud ubique adhibeatur, quæ eiſdem præſentibus adhiberetur, ſi forent exhibitæ, vel oſtenſæ. Datum Romæ apud Sanctum Petrum ſub Annulo Piſcatoris die XVII. menſis Maii Anno MDCCVII. Pontificatus Noſtri Anno ſeptimo.

F. OLIVERIUS.

XLVI.

27. Juillet.

Declaratio Nullitatis cujusdam Concordiæ in Sedis Apoſtolicæ, & S. R. E. præjudicium initæ ſuper hybernis Stationibus, quas Milites Germani in Ducatu Parmæ, & Placentiæ locarunt: firmis remanentibus Eccleſiaſticis cenſuris eidem Sedi reſervatis, per eos quovis modo incurſis, qui tam eâ occaſione Loca Ducatus prædicti invaſerunt, & perturbarunt, quàm nuperrimè onera, & gravamina bonis Perſonarum Eccleſiaſticarum ejusdem Ducatus intulerunt. Romæ 27. Julii 1707. [Bullarium Magnum Tome VIII. pag. 5. Edit. Luxemburgic. 1727.]

CLEMENS PAPA XI.

Ad futuram rei memoriam.

AD Apoſtolatus noſtri notitiam non ſine gravi animi noſtri moleſtiâ ante aliquot menſes pervenit, quod cùm prius, videlicet menſe Novembri proximè præterito, nonnullæ Germanorum militum Legiones in plura Loca Ducatus Parmæ, & Placentiæ ex inopinato irrupiſſent, dictorumque Locorum Incolis plurima, & ſanè graviſſima damna intuliſſent, ac inſuper Legionum hujusmodi Ductores, ſeu Moderatores hybernas ibidem ſtationes de facto, ac violenter ſe figere velle declaraſſent: nec ad mala iſta avertenda quidquam profuiſſent plures tam à Dilecto Filio Nobili Viro Franciſco Farneſio Parmæ, & Placentiæ Duce, quàm à Dilectis Filiis Communitatibus, & Hominibus Civitatum Parmen., & Placentin. adductæ rationes, eo potiſſimum fundamento innixæ, quod Ducatus ipſe, & ejus Loca prædicta Nobis, & huic Sanctæ Sedi, etiam in temporalibus, mediatè ſubjecta eſſent, ideòque ab ejusmodi oneribus, ac gravaminibus libera prorſus, & immunia eſſe deberent; tandem menſe Decembri ſubſequenti Communitatibus, & Hominibus præfatis aſſentientibus, qui tamen vi, & neceſſitate coacti, nec alio, quàm imminentia graviora mala propulſandi conſilio, hæc peragere proteſtati fuerunt, ipſoque Franciſco Duce ob eaſdem rationes annuente, inita fuit ſuper præmiſſis quædam Concordia in decem capitula, ſeu articulos diſtincta, cujus tenor eſt, qui ſequitur, videlicet:

Articoli concordati tra S. E. il Sig. Marcheſe di Priè, come Plenipotentiario di Sua Maeſtà Ceſarea in Italia, in virtù dell' Imperiale Diploma delli 4 Maggio ſcaduto, e l'Illuſtriſſimo Sig. Governatore Franceſco Malpeli Deputato da S. A. Sereniſſima il Signor Duca di Parma coll' intervento delli Illuſtriſſimi Signori Conti Gio. Franceſco Marazzani Viſconti, e Marcheſe Annibale Scotti, due Cavalieri di queſto Publico di Piacenza, dal quale coll' approvazione, e conſenſo dell' A. S. Sereniſſima, come da ſuo benigniſſimo foglio in data de 20. Novembre proſſimo paſſato, ſopra il regolamento del preſente Quartiere d'Inverno, che ſi è preſo di fatto ne Stati di Parma, e Piacenza, mediante l'ingreſſo delle Truppe Ceſaree, e Collegate, non oſtante li vari ricorſi, e le rimoſtranze più efficaci fatte dal predetto Sig. Duca, e col

mezzo

ANNO 1707. mezzo de suoi Ministri, come pure da queste Communità di Parma, e Piacenza, s'è venuto all' accordo infrascritto, affinche si stabilisca il buon ordine, e si scansino li maggiori danni, e pregiudizi.

I. Si è fissato dal sudetto Sig. Marchese di Priè per parte del Commissario Cesareo l'ammontare di esso quartiero alla somma di doppie novantamila di Spagna, ò loro valore, delle quali ne toccheranno doppi sessanta sette mila settecento cinquanta alli particolari secolari d'essi due Stati (esclusa la tengente delli Ecclesiastici riservata nell' Articulo nono) da sborsarsi ne' termini, e mode infra espressi alla Cassa Cesarea per il mantenimento delle Truppe, che restaranno acquartierate in questi Stati, e de' Regimenti di Cavalleria, che si sono rimosse per maggior sollievo di essi, mediante la qual somma sarà bonificato tutto ciò, che verrà somministrato in natura dal Paese tanto per le porzioni da bocca, che di Cavalli, e dovranno pure non meno li Signori Generali, ed Officiali, che li Soldati communi (escluse le infrascritti porzioni) pagare pontualmente la carne, vino, e tutti li commestibili, che saranno tassati à giusti prezzi, e seguendo qualche disordine contro il buon regolamento, che si publicherà, e stabilirà, ne' quartieri, sarà riparato con ogni più accurata diligenza da' Signori Commandanti de' Regimenti, che dovranno obbligare li trasgressori ad una congrua indennizazzione, la quale ove non si ottenesse col loro mezzo, si ricorrerà all' Excellentissimo Signor Generale della Cavaleria Marchese Visconti Commandante in questo quartiero che farà dar loro la dovuta sodisfazione.

II. Hà pure condisceso detto Signor Marchese di Priè alla compensa di doppie cinquemille dalla total somma delle doppie 90000. tanto à favore degl' Ecclesiastici, secondo la loro porzione, che de' Secolari, in sconto del pane somministrato in occasione del passaggio dell' Armata Cesarea nello scorso mese d'Agosto, di cui si promise la restituzione, come pure del Pane, & altri commestibili ricevuti in più occasioni dalle Truppe Assiane, e dal Corpo delli 500. Cavalli commandati ultimamente dal Tenente Colonnello Sant' Amor, e si è havuto in ciò pure qualche riguardo alli Carri, che verranno proveduti da essi Stati per la vettura de' Grani, ed Avena, che converra introdurre da varie parti per la sussistenza delle Truppe, e per non accrescere la penuria del Paese, cui verrano concessi gl' opportuni Passaporti, che saranno bramati tanto per acqua, che per terra, per l'introduzione pure de' Grani, che mancassero al loro bisogno.

III. Per facilitar maggior mente il Paese al pagamento della sudetta somma spettante à Secolari, si è convenuto per patto espresso, che saranno sborsate le due terza parte di doppie 21250. mediante l'obbligazione de' migliori Banchieri di questi Stati in due termini, cioè la metà nel mese d'Agosto, el' altra metà in Ottobre dell' anno prossimo venturo, con le quali somme si dichiara da detto Sig. Marchese di Priè, che s'intende sodisfatto per parte del Signor Duca alle obligazioni feudali, che gli corrono verso Sua Maestà Cesarea.

IV. Come si è creduto spediente per minore peso di questi Stati di devinire all' erezzione d'un Monte per un capitale di doppie trenta sei mila, e più, così si publicherà senza ritardo nel mese corrente. Sarà destinato per fondo di esso Monte, che ascenderà à doppie di Spagna 36000. è più, un reddito annuo da assegnarsi sopra li propri effetti di S. A. Serenissima à raggione del cinque per cento; che dal giorno dell' impiego correrà à favore de' Compratori. Si daranno in oltre tutte le cautele possibili per sicurezza, & invito di essi Compratori, & à questo fine s'obligheranno non solo li Publici delle Città di Parma, e Piacenza, mà ancora in solidum sei delle Case più commode, e benestanti, e li migliori Banchieri d'ambedue dette Città, al pontuale pagamento de' frutti, come sopra, di trimestre in trimestre à termini maturati, & alla restituzione del Capitale in due termini, cioè doppie 18000. in Ottobre dell' anno 1708., e l'altre 18000. o più nello stesso mese del 1709. Perche poi detti Signori hanno dubitato (attese le circostanze de' presenti tempi) di non poter ritrovare tutta la somma per riempire il Monte, però si è benignamente accollato S. E. il Sig. Marchese di Priè (nel caso sudetto) di prendere sopra di se il carico di trovare una, o più Persone, che supliscano fino alla somma di doppie vintimila nella compra d'esso Monte, la quale fra tanto dall' E. S. sarà compensata in detti termini. Si è però convenuto, che si pratichino senza ritardo da sudetti Signori tutte le possibili diligenze a Milano, Genova, o Bologna per rinvenire il più prontamente, che si potrà, tutta essa somma, ed ove ciò riesca, & a misura ch' entrerà il denaro, si farà sborsare indilatamente alla Cassa Cesarea di guerra.

V. A fine d'accertare il punto più essenziale, che si è discusso, cioè il modo di potere stabilire, e combinare col serviggio Cesareo, e sossistenza delle Truppe, la conservazione del Paese, e perciò il sostentamento del Popolo, e del bestiame (attesi li frequenti passaggi di Truppe, la penuria de' grani, e de' foraggi, che si prova nel corrente anno per la siccità della scorsa estate, e le straordinarie innondazioni ultimamente accadute) si è convenuto, che l'obbligazione per parte del Paese di provedere il pane sia puramente ristretta alli tre Reggimenti Imperiali di Cavalleria, e Dragoni, e sarà buonificato per oncie trenta di peso, che importa per caduna porzione, & oncie dieci otto carne al giorno; che sarà somministrata dal Paese, doppia una di Spagna al mese, comprese lire dodeci di questa moneta di Piacenza, che saranno pagate per il vino, che si vendera à' Soldati nel Paese stesso à giusti prezzi; Quanti poi alle Truppe di Prussia sarà totalmente a carico del Commissariato Cesareo il provederle, e l'introdurre grani per la sossistenza loro, e saranno puramente somministrate le vetture dal Paese entro il Territorio; Si farà però l'anticipazione per un mese di tre milla porzioni di pane ogni giorno, il quale sarà pontualmente restituito in tanto grano nella medesima specie; Dovrà pur anche somministrarsi il foraggio con Carri del Paese, e distribuirsi, con tutto il miglior ordine, e la più esatta misura che sarà possibile, cioè a ragione di quindeci libre di fieno per ogni porzione da Cavallo, e si proveder à per quatro milla in circa, secondo la ripartizione, e specificazione, che sarà data da' Commissarii di guerra di Sua Maestà Cesarea, purche si lasci la necessaria sossistenza per il bestiame, senza la quale non havrebba potuto questo Paese assumere, ne supplire alle sudette obbligazioni; Si restringerà però esso bestiame al numero puramente indispensabile alla coltura de' Terreni, & alla metà delle Vaccherie, e si destineranno pur' anche Commissarii da ambe le Parti per fare la ricognizione, e conscrizione de' foraggi, e procurare, che tutto ciò sia posto pontualmente in esecuzione.

VI. Si è fissato il prezzo del foraggio, regolato alle sudette libre 15. al giorno, e due terzi di doppie di Spagna ogni mese, e l'altro terzo per l'avena di libre 8. per porzione, che si somministrara dal Paese sino al fine di Gennaro prossimo (passato il qual tempo sarà tenuto il Commissario Cesareo a provederle) con facoltà al Paese medesimo di poter somministrare in difetto dell' avena sudetta altri grani confacevoli alla sossistenza della Cavalleria Imperiale, secondo una giusta porzione, che dovrà stabilirsi col sudetto Signor Marchese Generale Visconti, e dove venissero dette porzioni da Cavallo ad essere calcolate a maggiore prezzo nello Stato di Milano, si seguirà la stesse regola

VII. Mediante le accennate prestazioni, & obligazioni, non dovranno li sudetti Stati essere astretti, ne soggetti ad alcun' altro peso, toltone il coperto con l'uso del fuoco, lume, e letto, o pure pagliarizzo, secondo il commodo de Paesani per li Soldati in casa de Particolari; & esigendosi di più, si farà sodisfare da loro Officiali. Parimente non saranno astretti li Stati sudetti, che a dare il puro coperto, e la legna (in quella quantità, che sarà limitata dal Signor Generale Visconti) per li Signori Generali, & Officiali, li quali pure non potranno obbligare il Paese a somministrare il foraggio per li loro Cavalli, il quale potesse eccedere le porzioni, che sono a loro assegnate &c.

VIII. Sarà compensato nella detta somma l'ammontare del foraggio per tutti li Reggimenti Cesarei, e Prussiani dal tempo, che sono entrati in questo Paese, e sono stati di passaggio dal principio dello scorso mese di Novembre, e perche non si può fare presentemente un' esatto calcolo di tutto ciò, che di foraggio, & avena hanno ricevuto, si dichiara, che per temperamento d'equità si compensarà ogni porzione a quattro quinti di doppia, si fara pure rimborsare da' Reggimenti il pane, carne, e vino che si giustificarà essere stato dal sudetto tempo somministrato, o ricavato dal Paese Lo stesso si praticarà esattamente nell' avvenire per tutte le Truppe, che acorresse di far passare per questi Stati, eccettuato il foraggio in erba, che si somministrarà senza algun pagamento del Paese, spirato il termine de' quartieri.

IX. Per eguagliare il peso del presente quartiere, e sollevare questi Stati dovranno concorrere li Particolari tutti indistintamente, ancorche privilegiatissimi, mentre l'A. S. Serenissima istessa effettivamente concorre per la quota de suoi beni, e come li Ecclesiastici, siano Secolari o Regolari, possedono buona parte de terreni in ambi dette Stati, & hanno già concorso altre volte à quartieri, come pure concorrono anche attualmente per la quarta parte de' Secolari al mantenimento de Presidii de Parma,

e Pia-

ANNO 1707.

e Piacenza, così si riserva il Commissario Cesareo la facoltà nelle dovute, e legitime forme, di ricavare da essi la loro rata fino a doppie ventunmille, e ducento cinquanta, mediante il che restano pure esenti li beni de sudetti Ecclesiastici dalli danni maggiori, che havrebbero potuto patire indistintamente, quando non si fossero divertiti con li sudetti temperamenti, nel che tutto però si protesta per parte de Secolari di non voler habere alcuna parte, ni ingerenza.

X. Il Sig. Marchese Generale Visconti Commandante di queste Truppe farà osservare ogni più esatta disciplina nelli sudetti quartieri alla mente, e conformità di questo stabilimento, ed invigileranno pure li Sua Altezza Serenissima, e di questi Stati, acciò si adempisca a tutto ciò per parte di essi, & affinchè si faccia la più giusta, e proporzionata disposizione e distribuzione de' quartieri.

In fede di che si è sottoscritta la presente, e munita de' respettivi Sigilli. Piacenza nel Convento di S. Savino li 14. Decembre 1706.

Il Marchese di Priè. Francesco Malpeli Governatore, e Delegato. Gio. Francesco Marazzani Visconti. Annibale Scotti.

§. 1. Porrò licèt explorati juris esset concordiam prædictam, quàm non quidem approbandi, sed penitus, & omninò reprobandi animo præsentibus inferendam duximus, utpote nostrorum, & dictæ Sedis jurium, nec non directi, ac supremi Dominii Nobis, & Sanctæ Romanæ Ecclesiæ in Ducatu supradicto competentis manifestè læsivam nullius prorsus esse roboris, & momenti; ac insuper notum esset fel. rec. Urbanum PP. VIII. Prædecessorem nostrum Apostolicæ Sedis, & Romanæ Ecclesiæ præfatarum jura à quibuscumque præjudicialibus hujusmodi per quasdam suas die V. Junii MDCXLI. expeditas Literas amplissimè præservasse; adeòque nullâ prorsus opus esset ulteriori declaratione, ad hoc ut eadem Concordia, tanquam irrita, inanis, ac invalida ab omnibus haberi deberet: nihilominus, cùm ad Nos delata res esset occasione petiti à Nobis beneplaciti super iis, quæ in nono capitulo, seu articulo ejusdem Concordiæ quoad portionem, seu ratam pecuniarum à Personis Ecclesiasticis tam Secularibus, quàm Regularibus Ducatus prædicti persolvendam, sicut præmittitur, conventa fuerant, Nos beneplacitum hujusmodi denegando, Concordiam præfatam non modò à Nobis approbari non posse, sed semper reprobari, ac damnari debere non obscurè declaravimus; quinimò animo revolventes quàm diras, omnique humanæ potestati terribiles censuras, & pœnas irrogent canonicæ Sanctiones spiritu Dei conditæ, quæque deterrima ingeminatæ quotannis Ecclesiæ voces imprecentur iis, qui Ecclesiastica jura violant, aut bona diripiunt, vel illis damna, & onera divinis, humanisque Legibus vetita inferre non verentur, per quasdam nostras ad eumdem Franciscum Ducem die v. Januarii proximè præteriti manu nostrâ conscriptas Literas eos omnes, qui loca prædicta, sicut præmittitur, invadere, illaque, ac supremam jurisdictionem in eis Nobis, & eidem Sanctæ Romanæ Ecclesiæ competentem perturbare, & vexare temerè, & de facto præsumpserunt, censuras, & pœnas supradictas incurrisse, nec eis illas à Nobis quovis modo remissas, vel condonatas intelligi debere, disertè significavimus: sperantes, ubi hæc innotuissent, abundè sufficere posse, ut redirent Prævaricatores ad cor, absque eo quod Nos apertiùs ad severiora procedere cogeremur.

§. 2. Cùm autem, sicut accepimus, non solùm studia hæc nostra optato, quem sperabamus, fructu vacua remanserint, sed, quod maximè deplorandum est, Personis Ecclesiasticis tam Sæcularibus, quàm Regularibus prædictis portionem, seu ratam pecuniarum in dicto nono capitulo, seu articulo, sicut præmittitur, conventam solvere meritò recusantibus, eò quia necessarium ad id nostrum, & dictæ Sedis beneplacitum non modò non concessum, sed expressè, ut præfertur, à Nobis denegatum fuerat, inaudito, ac detestabili ausu plures militum turmæ in earumdem Personarum Ecclesiasticarum domos, prædia, ac bona immissæ fuerint, ibidem expensis Personarum hujusmodi permansuræ, donec illæ tædio affectæ portionem, seu ratam prædictam realiter, & cum effectu persolverint: hæc verò, quæ nonnisi summo omnium rectè sentientium horrore, ac mœrore audiri potuerunt, nullatenus tolerabilem libertatis, immunitatis, ac jurisdictionis Ecclesiasticæ violationem importent.

§. 3. Hinc est quod Nos, qui omnia paternæ charitatis officia, quæ pro ejusmodi tollendis malis sedulò adhibere curavimus, vana hactenus, & inania experti fuimus, quique ex commissi Nobis divinitus Pastoralis muneris debito, quorumcumque eidem Romanæ, aliisque inferioribus Ecclesiis, nec non quibusvis Personis, & bonis Ecclesiasticis competentium jurium Assertores in terris à Domino constituti sumus: tametsi non dubitemus Venerabiles Fratres Episcopos illarum partium, quorum zelum excitare non prætermisimus, strenuè, ac fortiter hac in re Muneris sui partes impleturos esse; & forsan etiam jam implevisse, ac insuper certò credamus tam iniqua militum facinora, ac etiam iniquiora consilia longè ab æquissimâ Charissimi in Christo Filii nostri Josephi Romanorum Regis in Imperatorem electi mente aliena esse, quinimò ipsum in eos, qui illa perpetrarunt, severè, ut omnis Justitia exigit, animadversurum esse speremus: nihilominus, ne in tanta Ecclesiæ afflictione diutiùs silentes, ac Sacerdotibus Ministris Domini inter vestibulum, & altare plorantibus, & dicentibus: Parce Domine, parce populo tuo, & ne des hæreditatem tuam in opprobrium: otiosi, ac desides, incumbenti Nobis Apostolicæ servitutis officio deesse videamur, ac nimiâ longanimitate proditæ Ecclesiasticæ libertatis, desertæque turpiter Dei causæ rei efficiamur, exurgentes in Domino, ac tam memorati Urbani Prædecessoris, quàm rec. mem. Leonis PP. X. etiam Prædecessoris nostri, qui per quamdam suam octavo Kalen. Junii anno MDXV. editam Constitutionem Personas omnes etiam specificâ, & individuâ mentione dignas, quæ Civitates, Terras, & loca ad dictam Romanam Ecclesiam mediatè, vel immediatè pertinentia, præsertim verò Parmen., & Placentin. Civitates invasissent, excommunicavit, anathematizavit, ac maledictionis, & damnationis æternæ mucrone percussit, vestigia sectantes; ac insuper Apostolicis Literis, quas plurimi Romani Pontifices Prædecessores nostri die Cœnæ Domini legi, & promulgari fecerunt, & Nos similiter singulis annis legi, & promulgari fecimus, ac signanter canonibus decimo octavo, & vigesimo Literarum hujusmodi, firmiter inhærentes. Motu proprio, & ex certâ scientiâ, & maturâ deliberatione nostris, deque Apostolicæ potestatis plenitudine, præinsertam concordiam, ejusque articulos, & capitula quæcumque cum omnibus, & singulis in eis, eorumque quolibet contentis, ac inde secutis, & quandocumque secuturis, ipso jure nulla, irrita, invalida, injusta, damnata, reprobata, inania, viribusque, & effectu penitus, & omninò vacua ab ipso initio fuisse, & esse, ac perpetuò foret, neminemque ad illorum, seu cujuslibet eorum, etiamsi juramento vallata sint, observantiam teneri, imò nec ea à quopiam observari potuisse, vel debuisse, nec ex illis cuiquam aliquod jus, vel actionem, aut titulum etiam coloratum, vel possidendi, aut præscribendi causam acquisitam, vel acquisitum fuisse, vel esse, aut quandocumque acquiri, vel competere posse, neque illa ullum statum facere, vel fecisse, sed perinde, ac si nunquam emanassent, vel facta non fuissent, pro non extantibus, & non factis perpetuò haberi debere tenore præsentium declaramus. Et nihilominus ad abundantiorem cautelam, & quatenus opus sit, illa omnia, & singula, motu, scientiâ, deliberatione, ac potestatis plenitudine paribus damnamus, reprobamus, cassamus, irritamus, & annullamus, viribusque & effectu penitus, & omninò vacuamus.

§. 4. Firmas prætereà, ac salvas esse volumus, atque decernimus quascumque censuras, & pœnas Ecclasiasticas, quas ii omnes, qui præmissa perpetrarunt, ab Episcopis supradictis juxta ea, quæ ipsis mandavimus, palàm, & publicè de more denunciandi, vel forsan jam denunciati, tam scilicet, qui terras, & loca Ducatus supradicti, ut præfertur, invadere, perturbare, & prænarratis modis vexare, quam qui prædicta onera, & gravamina Personis, ac bonis Ecclesiasticis Ducatus hujusmodi inferre, & imponere, per se, vel alios, directè, vel indirectè præsumpserunt, nec non Adhærentes, Fautores, & Defensores eorum, seu illis auxilium, consilium, vel favorem quomodolibet præstantes, quocumque tandem gradu, seu dignitate præfulgeant, propter eadem præmissa quovis modo incurrerunt; à quibus post debitam damnorum illatorum refectionem, ac aliàs condignam Ecclesiæ præstitam satisfactionem, nonnisi à Nobis, aut Romano Pontifice pro tempore existente (præterquam in mortis articulo constituti, nec etiam tunc, *nisi* de standò Ecclesiæ mandatis, & satisfaciendo cautione

præ-

ANNO 1707.

præſtitâ, atque cum reincidentiâ eo ipſo, quo convaluerint) abſolvi, & liberari valeant.

§. 5. Decernentes etiam easdem præſentes Literas, & in eis contenta quæcumque, etiam ex eo, quod præfati, & alii quicumque in præmiſſis intereſſe habentes, ſeu habere quomodolibet prætendentes, etiam ſpecificâ, & individuâ mentione digni, illis non conſenſerint, nec ad ea vocati, citati, & auditi, neque cauſæ, propter quas eædem præſentes emanarint, ſufficienter adductæ, verificatæ, aut ullo modo juſtificatæ fuerint, aut ex alia quacunque cauſa, colore, prætextu, & capite, etiam in Corpore Juris clauſo, nullo unquam tempore de ſubreptionis, vel obreptionis, aut nullitatis, vel invaliditatis vitio, ſeu intentionis noſtræ, aut intereſſe habentium, vel habere prætendentium conſenſus, aliove quocumque, etiam quantumlibet magno, ac incogitato, inexcogitabilique defectu, aut ex alio quovis capite à jure, vel facto, aut ſtatuto, conſuetudine, vel privilegio reſultante notari, impugnari, invalidari, retractari, in controverſiam vocari, ſeu ad terminos juris reduci ullatenus poſſe, ſed ipſas præſentes Literas ſemper, & perpetuò firmas, validas, & efficaces exiſtere, & fore, ſuosque plenarios, & integros effectus ſortiri, & obtinere, ac ab omnibus, & ſingulis, ad quos ſpectat, & pro tempore quandocumque ſpectabit, inviolabiliter obſervari. Sicque, & non aliter in præmiſſis omnibus, & ſingulis per quoscumque Judices Ordinarios, & Delegatos, etiam Cauſarum Palatii Apoſtolici Auditores, ac S. R. E. Cardinales, etiam de latere Legatos, & Sedis Apoſtolicæ præfatæ Nuncios, aliosve quoſlibet quâcumque præeminentiâ, & poteſtate fungentes, & functuros, ſublatâ eis, & eorum cuilibet quâvis aliter judicandi, & interpretandi facultate, & auctoritate, judicari, & definiri debere, ac irritum, & inane, ſi ſecus ſuper his à quoquam quâvis auctoritate ſcienter, vel ignoranter contigerit attentari.

§. 6. Non obſtantibus præmiſſis, ac Apoſtolicis, & in Univerſalibus, Provincialibusque, & Synodalibus Conciliis editis generalibus, vel ſpecialibus conſtitutionibus, & ordinationibus, & quatenus opus ſit, noſtra, & Cancellariæ Apoſtolicæ regula de jure quæſito non tollendo; legibus quoque, etiam Imperialibus, & municipalibus, nec non quibusvis etiam juramento, confirmatione Apoſtolica, vel quâvis aliâ firmitate roboratis, ſtatutis, & conſuetudinibus, etiam immemorabilibus; privilegiis quoque, indultis, & Literis Apoſtolicis quibuscumque Perſonis, etiam quantumvis ſublimibus, & ſpecialiſſimâ mentione dignis ſub quibuſcumque verborum tenoribus, & formis, ac cum quibusvis etiam derogatoriarum derogatoriis, aliisque efficacioribus, efficaciſſimis, & inſolitis clauſulis, irritantibusque, & aliis decretis, etiam motu, ſcientiâ, & poteſtatis plenitudine ſimilibus, ac conſiſtorialiter, & aliàs quomodolibet in contrarium præmiſſorum conceſſis, editis, factis, ac pluries iteratis, & quantiscumque vicibus approbatis, confirmatis, & innovatis. Quibus omnibus, & ſingulis etiamſi pro illorum ſufficienti derogatione de illis, eorumque totis tenoribus ſpecialis, ſpecifica, expreſſa, & individua, ac de verbo ad verbum, non autem per clauſulas generales idem importantes, mentio, ſeu quævis alia expreſſio habenda, aut aliqua alia exquiſita forma ad hoc ſervanda foret, tenores hujusmodi, ac ſi de verbo ad verbum nihil penitus omiſſo, & formâ in illis traditâ obſervata exprimerentur, & insererentur, præſentibus pro plenè, & ſufficienter expreſſis, & inſertis habentes, illis aliàs in ſuo robore permanſuris, ad præmiſſorum effectum hac vice dumtaxat ſpecialiter, & expreſſè derogamus, ac derogatum eſſe volumus, cæterisque contrariis quibuscumque.

§. 7. Volumus autem, ut earumdem præſentium Literarum tranſumptis, ſeu exemplis, etiam impreſſis, manu alicujus Notarii publici ſubſcriptis, & ſigillo perſonæ in Eccleſiaſtica dignitate conſtitutæ munitis, eadem prorſus fides ubique locorum, & gentium in Judicio, & extra illud habeatur, quæ haberetur ipſis præſentibus, ſi forent exhibitæ, vel oſtenſæ. Datum Romæ apud Sanctam Mariam Majorem ſub Annulo Piſcatoris die 27. Julii MDCCVII. Pontificatus Noſtri Anno Septimo.

F. Oliverius.

ANNO 1707. 17. Août.

XLVII.

Articles Generaux, dreſſés & propoſés au Nom & de la part de tous les Corps, & Communautés de la Principauté de Neufchatel & Valengin; & enſuite agréés & accordés, par S. E. Monſeigneur le Comte de METTERNICH *Ambaſſadeur extraordinaire & Plenipotentiaire de Sa Majeſté le Roi de Pruſſe. Avec l'Acte de la Ratification, & Confirmation faite par ſa Majeſté, du Manifeſte imprimé & publié en ſon Nom. A Neufchatel le 17. d'Août 1707.* [Sur la Copie imprimée à Neufchatel par Ordre du Gouvernement.]

I.

QUE la Réligion ſoit inviolablement conſervée & maintenuë dans ſon état preſent, ſans qu'il ſoit fait à cét égard aucune innovation. Et pour cét effet:

1°. Que, ſelon ce qui fut réglé lors de la Réformation, le ſeul exercice de la Réligion Proteſtante ſe faſſe dans tout l'Etat, excepté dans les Paroiſſes de Landeron & de Creſſier: Bien entendu que le Prince, ſoit celui qui le repreſentera, pourront faire l'exercice privé & particulier de leur Réligion, dans le lieu de leur réſidence ordinaire; Et cela pour eux, leurs familles & leurs domeſtiques.

2°. Que l'Ordre de la Diſcipline Eccleſiaſtique ſoit maintenu, ſuivant la pratique uſitée juſques à preſent, tant dans les Conſiſtoires, que dans la Compagnie des Paſteurs: Que ladite Compagnie jouïſſe librement de tous ſes Droits, & en particulier, de celui qu'elle a, & dont elle eſt en poſſeſſion, d'élire, de ſuſpendre, de dépoſer & changer les Miniſtres, & de juger des choſes qui concernent le St. Miniſtére, ſans qu'on puiſſe y apporter aucun empêchement; Et que lors que par un mutuel conſentement de ladite Compagnie & des Peuples de quelque lieu de cet Etat, on voudra ériger quelque nouvelle Egliſe, d'où que les fonds ſoient pris, le Souverain ſoit tenu d'y donner ſon conſentement & autoriſation, entant que de beſoin, auſſitôt qu'il en ſera requis.

3°. Que comme le Souverain a entre les mains les Biens de l'Egliſe, depuis la Réformation, & qu'il y a divers lieux dans cet Etat, où manque de fonds, on ne peut pas pourvoir à l'édification des Peuples, il ſoit convenu d'une ſomme levée annuellement ſur ces Biens, laquelle ſera perpetuellement appliquée à des uſages réligieux, où il ſera néceſſaire, tant dans la Ville, que dans le reſte de l'Etat.

4°. Qu'aucune perſonne ne pourra s'habituer dans un lieu de Réligion differente de la ſienne: Que ſi un Proteſtant ſe veut faire Catholique-Romain, qu'il aille demeurer & s'établir dans une Paroiſſe Catholique-Romaine, comme les Catholiques-Romains qui voudront ſe faire Proteſtans; iront réſider dans quelque Paroiſſe Proteſtante, & que de part ni d'autre, on ne puiſſe ſe débaucher, ni s'enlever les enfans les uns aux autres, pour les attirer à une autre Réligion.

5°. Que dans tous les Lieux Proteſtans de cet Etat, toutes les Charges & Offices ſoient entre les mains des Proteſtans; Et que dans la Châtellainie de Landeron, les Charges & Offices ſoient entre les mains des Catholiques-Romains.

II.

Que toutes Perſonnes qui ne ſeront pas naturels du Païs, nés ſujets de l'Etat & Régnicoles, quand même ils ſeroient naturaliſés avant leur naturaliſation, ſoient à l'avenir & à perpetuité, déclarés inhabiles à poſſeder, dans cet Etat, aucune Charge ni Emploi Civil, Militaire ou Eccleſiaſtique, en quelque maniére, ou ſous quelque prétexte que ce ſoit, même les Sujets naturels de l'Etat qui ſe ſeroient domiciliés & établis hors d'icelui, ou qui ſe ſeroient liés par Office de

ANNO 1707. Charge à quelque autre Prince ou Etat. Bien entendu, que la Charge du Seigneur Gouverneur est formellement exceptée de cet Article, & qu'il ne préjudiciera point aux Droits que la Compagnie des Pasteurs a, & a exercé, de tous tems, d'appeller des Ministres de dehors, dans le cas de necessité.

III.

Que suivant que cela est expressément contenu dans les Actes de Franchises, tant de la Ville & Bourgeoisie de Neufchâtel, que de la Bourgeoisie de Vallengin, tous les Sujets de l'Etat puissent librement sortir du Païs, pour aller voyager, ou autrement, même servir en guerre; moyennant que ce ne soit pas un Prince, ou Etat, avec qui le Prince, entant que Souverain de Neufchâtel, seroit en guerre, suivant que cela s'est pratiqué, de toute ancienneté: N'entendant pas néanmoins par là, qu'il soit licite, à qui que ce soit, de lever, ou enrôler des Soldats dans cet Etat, sans dûe permission. Et qu'en outre & conformément à des Articles exprès & formels des Franchises, tant de la Bourgeoisie de Neufchâtel que de celle de Vallengin, cet Etat ne puisse être engagé dans aucune guerre, ni les Sujets d'icelui obligés d'y marcher, que ce ne soit pour la propre guerre que le Prince pourroit avoir, entant que Souverain de Neufchâtel, & non autrement; En sorte que s'il avoit guerre, pour raison de quelqu'autre Etat, Terres, ou Seigneuries, l'Etat de Neufchâtel ne soit point obligé d'y entrer; mais en ce cas devra demeurer dans la Neutralité, à moins que tout le Corps Helvetique en général n'y prît part & interêt.

IV.

Qu'il soit pourvû à ce que la Justice y soit bien & briévement administrée, Et pour cet effet:

1°. Que les Etats ordinaires tant de Neufchâtel que de Valengin soient assemblés tous les ans, pour le moins une fois, au mois de Mai; Et qu'outre cela, on ne laisse pas de convoquer les Assemblées à l'extraordinaire pour les Clames, Decrets & Accessoires, ainsi qu'il a été réglé depuis quelques années.

2°. Que le Souverain fasse en sorte que la Coûtume du Païs puisse être incessamment revûe, éclaircie, corrigée, augmentée même, où il sera besoin; afin qu'on puisse la rediger par écrit en un Corps clair, abbregé & facile, sauf & reservé toutefois les Franchises & Libertés de tous les Corps de l'Etat.

3°. Que les demandes des Officiers de la Seigneurie soient claires, nettes & précises, en sorte qu'ils soient obligez de déclarer s'ils agissent civilement ou criminellement; surquoi, cependant, on pourra chercher quelque expedient raisonnable, pour prévenir tous inconveniens à cet égard.

V.

Que dans les Brevets des Officiers de Justice de l'Etat, au lieu de la Clause *tant qu'il nous plaira*, on mettra celle-ci *tant qu'ils se comporteront bien.* En sorte qu'ils ne puissent, non plus que les Notaires, être destituez de leurs Charges & Offices qu'après avoir été pleinement convaincus de leur malversation.

VI.

Que les dispenses de Mariage, jusques aux cousins germains exclusivement, soient entierement abolies, comme étant une chose incompatible avec notre Réformation.

VII.

Que les Sermens des Notaires soient à tous égards remis sur l'ancien pié, & les innovations qu'on y a faites & retranchées.

VIII.

Qu'à l'avenir le Prince puisse à la verité faire des Réconnoissances quand il lui plaira; mais que ce soit à ses dépens, sans que les Bourgeois & Sujets soient obligez de rien payer pour cela.

IX.

ANNO 1707. Enfin, & qu'à l'avenir, le Souverain, d'abord après qu'il aura été reconnu & investi de la Souveraineté, prête le serment accoûtumé, tant à la Ville de Neufchâtel, qu'aux autres Corps de l'Etat, soit par lui-même, s'il est present, soit par Procureur, s'il est absent, ainsi qu'il s'est pratiqué de toute ancienneté, à quoi il ajoûtera une promesse & assûrance générale, qu'il confirme, entant que de besoin, les Loix & les Constitutions Fondamentales de l'Etat en général, y compris les Articles ci-dessus, & tous les Droits, Franchises, & Libertés Spirituelles & Temporelles, bonnes anciennes Coûtumes écrites & non écrites, de chacun des Corps & Communautés qui composent cet Etat, comme aussi toutes les Concessions perpetuelles, réelles & personnelles, & de quelque nature qu'elles soient accordées, tant auxdits Corps & Communautés qu'aux particuliers, par tous les Princes précédens, & leurs Tuteurs, & Curateurs, & nommément par feu Madame la Duchesse de Nemours, notre Souveraine Princesse.

Memoire remis par S. E. Monseigneur le Comte de METTERNICH, *à Messieurs les Quatre Ministraux, Conseil & Communauté de la Ville de Neufchâtel; par lequel il agrée & accorde, au Nom de Sa Majesté le Roi de Prusse les Articles Généraux ci-dessus.*

CE n'est que depuis peu de jours qu'on m'a communiqué les Articles Généraux, que vous avez demandez pour l'Etat. Vous aurez aisément jugé, que j'y donnerois avec plaisir mon consentement au Nom de Sa Majesté, en vertu des Pleins Pouvoirs dont je suis muni, puisque dans le Manifeste que j'ai fait publier il y a quelque tems, les plus considerables de ces Articles y étoient compris, & que je vous ai déja offert de sa part, des avantages plus étendus, & plus essentiels que ne le sont ceux que vous demandez.

Non seulement Sa Majesté m'a spécialement ordonné de vous conserver précieusement toutes vos Franchises & Libertez, qui sont aussi anciennes que votre Constitution, de même que tous les Privileges, & toutes les Concessions, que les Possesseurs de cet Etat vous ont consecutivement accordées, mais aussi tout ce qui peut à l'avenir vous être le plus utile, & le plus avantageux, & tout ce qui est propre à maintenir la Réligion, à établir votre seureté, à éviter toutes sortes de Contestations entre le Prince & vous, à empêcher que les Particuliers ne puissent être molestez en aucune maniére, enfin à vous procurer toutes les douceurs, & tous les avantages, que vous pouvez raisonnablement désirer.

Instruit comme je le suis de ces favorables intentions de Sa Majesté, j'accorde très-volontiers en son Nom les Neuf Articles Généraux que vous demandez pour l'Etat, & cela d'une maniére la plus authentique. Je vous prie cependant de me faire donner des éclaircissemens sur les Articles V. VII. & VIII. Mais c'est uniquement dans le dessein de sayoir au juste votre pensée sur leur sujet, & nullement pour vous faire aucune difficulté à leur égard, étant persuadé que vous ne demanderez rien qui ne soit juste & raisonnable. Je m'assure, Messieurs, que si vous êtes si bien informez de la droiture des Intentions de Sa Majesté, que non seulement vous ne faites aucun doute sur la réalité, & la durée permanente des promesses que je vous fais de sa part, mais que vous êtes encore persuadés qu'Elle sera portée par le généreux penchant de son cœur, à augmenter considerablement les avantages que je viens de vous faire esperer; cependant vous aurez toûjours le Louable Canton de Berne pour Juge entre Sa Majesté & Vous, tant à l'égard de vos anciennes Franchises, Immunités, & Priviléges, qu'à l'égard des nouvelles Concessions, que je vous fais en son Nom, & que je vous pourrai faire a l'avenir. Je vous déclare même de la part du Roi, que non seulement il acquiescera à ce que Sa Majesté la Reine de la Grande Bretagne, & Leurs Hautes Puissances vous soient garents de tous mes engagemens, mais même que Sa Majesté s'employera avec plaisir, à vous procurer cette garentie.

On

Anno 1707. On vous dira, Messieurs, que les Prétendans François peuvent aussi faire des offres. Mais quelle seureté avez-vous de l'éxecution de leur Parole? Car quand mêmeont pourroit compter sur la sincérité de leurs Intentions, seroient-ils plus en liberté de dégager leurs promesses envers vous, que M. le Prince de Conti ne l'a eté à l'égard des habitans de la Principauté d'Orange. Je puis même ajoûter, que le Canton de Berne, quoi que très-puissant & très-considerable, seroit peut-être difficilement en état, sans le concours des Hauts-Alliés, de vous maintenir contre les entreprises de la France, & des Prétendans de cette Nation.

Quant aux offres en particulier, que vous fait M. le Prince de Conti, elles me paroissent assez singuliéres. Il veut vous établir une Inalienabilité que vous avez déja sans lui, & qui ne pourroit subsister, si vous tombiez entre ses mains, qu'autant que la Cour de France le trouveroit à propos. Il veut par un expedient autant suspect qu'équivoque, & qui seroit impraticable dans son exécution, vous mettre à couvert du triste sort qu'ont eu la Brétagne, le Bearn, & tant d'autres Etats qui ont été incorporez au Royaume de France, & qui en sont devenus des Provinces. Mais votre propre Constitution, & la Justice que vous rendrez à Sa Majesté, vous mettront suffisamment à couvert, & d'une maniére beaucoup plus sûre. Il veut vous accorder la proprieté des Biens de l'Hôpital, & elle vous est déja acquise. Il veut vous remettre les cinq Aides, mais elles vous ont déja été remises. Il consent que vous soyez absous & dispensés de vos sermens, en cas qu'il manquât à ses engagemens, & c'est là une consequence naturelle des Sermens reciproques entre vôtre Prince & vous. D'ailleurs, comme M. le Prince de Conti est exclus solennellement, & d'une maniére qui doit être irrevocable, de toutes les prétentions qu'il avoit formé sur votre Etat, il ne seroit pas surprenant qu'il voulut pousser ses offres infiniment plus loin qu'il n'a fait.

Au reste, Messieurs, vous ne devez pas attribuer les engagemens, dans lesquels j'entre ici avec vous, au dessein de vous éblouïr par là, & d'obtenir quelque chose de l'Etat qui ne soit entiérement conforme à la Justice. Les Droits de Sa Majesté sont si bien établis que leur évidence ne pourra que déterminer en sa faveur, toutes les personnes portées à la droiture, & à l'équité.

Mais la bienveillance que le Roi mon Maître a pour un Etat aussi attaché que le vôtre à la Ste. Religion, dont il fait lui même profession, & de laquelle il est un si zélé défenseur, la satisfaction qu'il trouve à gouverner ses Sujets avec douceur, le plaisir que lui donne leur felicité, plaisir veritablement digne d'un Roi, & l'estime particuliere qu'il fait de vous, sont les veritables motifs qui l'engageront toûjours à l'avenir, à vous départir ses faveurs.

En mon particulier, ce sera pour moi une joie très-parfaite, si je puis contribuer à vous faire de plus en plus ressentir les effets de la généreuse & sincére affection de Sa Majesté pour vos Interêts. A Neufchâtel, ce 17. d'Aout 1707.

Signé

Comte de METTERNICH.

(L. S.)

Acte de la Ratification & Confirmation faite par S. M. le Roi de Prusse, du Manifeste imprimé & publié en son Nom.

FREDERIC PAR LA GRACE DE DIEU, Roi de Prusse, Marggrave & Electeur de Brandebourg, Souverain Prince d'Orange, Duc de Magdebourg, Cleves, Juliers, Bergues, Stettin, Pomeranie, des Cassubes & Vandales, en Silesie, & de Crossen, Prince de Halberstad, Minden, Camin, & Mœurs, Comte de Hohenzollern, Ruppin, de la Marck, Ravensberg, Hohenstein, Tecklenbourg, Lingue, Buren, & Leerdam, Marquis de Terveere & Vlessingue, Seigneur de Ravenstein, Lauenbourg, Butou, Arlay, & Breda. FAISONS savoir, comme il a plû à Dieu de retirer de ce Monde, Madame la Duchesse de Nemours, & qu'ensuite de cela Nous avons jugé à propos, selon notre declaration, donnée ci-devant, de faire valoir les prétentions que Nous avons à la pleine Souveraineté de la Principauté de Neufchâtel & Valengin, Nous sommes bien aises de faire connoître aux habitans de ce Païs-là, non seulement le droit bon, & incontestable que Nous avons sur cette Principauté, mais encore les avantages que Nous prétendons faire aux Peuples de cet Etat, après qu'ils se seront soûmis à nôtre Domination. Et comme Nous avons fait publier à cette fin, par notre Ministre d'Etat & Ambassadeur Extraordinaire, & Plenipotentiaire en Suisse le Sieur Comte de Metternich certain Manifeste, qui expose une partie de ces avantages; Nous avons bien voulu pour en assurer d'autant plus les Sujets de ladite Principauté, leur donner comme Nous donnons en vertu de la presente, pour Nous & Nos Successeurs, notre Parole & promesse Roiale, de ne pas seulement tenir, accomplir & exécuter ponctuellement tout ce que ledit Manifeste contient, en tous ses Points, & Articles; mais d'y ajoûter encore d'autres Bienfaits & douceurs, & de contribuer généralement, autant que Nous pourrons à la tranquilité & au bonheur de ce Païs, tant pour le Spirituel, que pour le Temporel, & pour rendre son Etat toûjours plus florissant; Promettant de ratifier, approuver, & tenir pour agréable, tout ce que notredit Ambassadeur promettra & accordera à cét égard tant aux Habitans de cette Principauté en général, qu'à chacun en particulier, de même que si Nous le leur avions promis & accordé Nous-même immediatement. En foi dequoi Nous avons signé la Présente de notre main, & y ayons fait apposer notre grand Sceau Royal. Fait dans nôtre Château de Charlottenbourg ce 10. d'Août l'An de Grace mille sept cens & sept, & de notre Régne le Septiéme. Anno 1707.

Signé

FREDERIC R.

Comte de Wartemberg.

Le Grand Sceau est pendant à cette Ratification.

XLVIII.

Protestation de la Duchesse Douairiere de LESDIGUIERES, *de* JAQUES DE MATIGNON, *&* D'ANGELIQUE CUNEGONDE DE MOMTMORENCY DE LUXEMBOURG *comme Tutrice de Mademoiselle de* NEUFCHATEL *sa Fille, contre les Procedures irregulieres du Tribunal de Neufchatel, qui les obligent à se retirer sans attendre sa Sentence definitive. A Neufchatel le 1 Octobre* 1707. [Publié à Neufchâtel de la part du Duc de VILLEROI, du Comte de MATIGNON, &c.] 1 Octobre.

A Monsieur le Gouverneur, & à Messieurs les Trois Estats du Païs.

MESSIEURS.

NOus avions crû comme Heritiers de la Maison de Longueville, devoir nous rendre à Neufchâtel, aprés la mort de Mad. la Duchesse de Nemours, pour succeder à la Souveraineté qu'elle possedoit, & qui étoit depuis 250. ans dans cette Maison. C'est pour cela qu'après avoir employe trois Mois entiers à établir les Droits du Sang, & combattre les Pretentions d'une Maison Etrangere, nous avons lieu d'esperer, que nos raisons seroyent favorablement reçües, & qu'il ne resteroit d'autre difficulté, que de decider entre nous sur la prerogative de la Ligne, ou sur la proximité du degré.

Cependant nous voyons avec douleur, qu'au mepris des Loix les plus saintes, & les plus inviolablement observées dans cet Etat, on est resolu à rompre le cours de la succession naturelle pour faire passer à un Prince etranger, ce qui n'appartient legitimement, qu'à nous.

Si ces resolutions étoient moins certaines & moins publiques, nous pourrions encore conserver quelque esperance dans l'attente de la Decision. Mais ce qui s'est passé ici depuis quelque tems, ne laisse plus la chose douteuse; On ne fait que trop les ressorts & les mouvemens qui vont à etouffer la bonne cause,

ANNO 1707. ſe, & dont on veut bien, par égard pour le Tribunal ne point s'expliquer.

On ne r'appellera pas non plus l'excès d'indulgence dont on a uſé pour un des Agens de S. A. Electorale, lequel ayant eû l'inſolence de menacer publiquement de coups de baton l'Avocat d'un des Pretendans François, dans les fonctions mêmes de ſon Miniſtere, n'a eté condamné, *Pour Bonnes Conſiderations* ce ſont les propres termes de la Sentence qu'à s'épargner la peine de venir au Tribunal.

Il ſeroit inutile auſſi de ſe plaindre de l'affection avec laquelle on a excité & fait paroître hier à l'audience, après une deliberation priſe de concert avec la Ville, les pretendus Deputés de Vallengin, pour demander un prompt Jugement, dans une conjoncture que l'on croioit favorable au Parti que l'on affectione.

Le motif de ces demarches n'eſt pas équivoque, mais ce qui acheve de perſuader, que tout eſt declaré contre les Héritiers du ſang, c'eſt la Sentence que vous rendites hier, par laquelle vous les obligez ſur le champ à faire toutes leurs reſtrictions en preuves, à peine d'être forclos, quoi que la Sentence qui precedoit immediatement celle-là, portaſt ſeulement qu'ils pourroient le faire ce jour là, & qu'elle ne menâçat point de forcluſion.

Une precipitation ſi peu preparée par vos Jugements precedens, ne nous laiſſe pas douter, que vous n'ayez voulu confondre dans un même jour, & par un même Acte, les reſtrictions en preuve de toutes les parties, pour fournir un Titre à S. A. E. contre la demande que nous avions formée, pour la ſeparation des Cauſes, & que nous avons renouvellée par quatre fois differentes devant vous ſans que vous ayez jugé à propos de ſtatuer.

Toutes ces circonſtances nous forcent malgré nous à ne point acquieſcer à votre Sentence d'hier, parce que par là nous commencerions à confondre nos Droits avec ceux des ayans cauſe de la Maiſon de Châlon, & que nous avons autant d'interêt d'eviter cette confuſion de cauſes que S. A. E. en a peut-être de la ſouhaiter.

D'autant plus même que cette Sentence ne s'accorde pas avec celles du 17. 19. & 23. du même Mois, par leſquelles les Heritiers de la Maiſon de Longueville n'ont point été mêlés, quant à la production avec ceux de la Maiſon de Chalon.

Dans une ſituation ſi triſte, ne pouvant regarder cette derniere Sentence que comme un piege pour rendre intutiles les premieres, & nous conduire inſenſiblement à une confuſion d'actions à laquelle nous nous ſommes toujours oppoſés, & ſur leſquelles, malgré toutes nos inſtances on n'a jamais voulu prononcer definitivement; Nous ne voyons d'autre parti à prendre que celuy de nous retirer, ſans attendre un Jugement definitif, auquel nous prevoyons bien que les recommandations mendieés & reünies de pluſieurs Puiſſances auront plus de part que les règles ordinaires de la Juſtice.

Mais en nous retirant, nous nous croyons bien fondés de proteſter comme nous faiſons, dans la meilleure forme qu'il ſe peut, de nullité contre la Sentence qui fut renduë hier, & contre toutes celles qui pourront ſe rendre dans la ſuite, au prejudice de nos Droits, priant tous les Aſſiſtans d'être temoins de la preſente Proteſtation; & de ſe ſouvenir que les Héritiers de la Maiſon de Longueville, dont les Autheurs ont poſſedé pendant plus de 250. ans cette Souveraineté, ſont obligez de ſe retirer pour faire place à un Etranger; Requerant en outre que la même Proteſtation ſoit ecrite & inſerée dans le Regiſtre Manuel des trois Etats. Fait à Neufchatel le premier d'Octobre mille ſept cens & ſept.

Nous Louïs Nicolas de Neufville, Duc de Villeroy, au nom de Madame la Ducheſſe Douairiere de Lesdiguieres; & Nous Jaques de Matignon, Chevalier des Ordres du Roi, donnons pouvoir aux Sieurs Terraſſon & Du Fort nos Avocats, d'aller aujourd'huy dans le grand Poile du Chateau de Neufchâtel, lire ou faire lire en pleine Aſſemblée, les preſentes Proteſtations. Fait le ſuſdit jour premier Octobre mil ſept cens ſept.

Signé

Louïs Nicolas de Neufville Duc de Villeroy, Jaques de Matignon.

Nous ſoubſignés, Avocats de Monſieur le Duc de Villeroy, & de Mr. le Comte de Matignon verifions que ce jourd'huy premier Octobre mille ſept cens ſept, nous nous ſommes tranſportés au grand Poile du Château de Neufchatel, où nous avons faict lecture des Proteſtations & declarations ci-deſſus, dont nous avons laiſſé le double en pleine Aſſemblée, & en preſence des témoins ci-deſſous ANNO 1707.

Signés

TERRASSON pour M. le Duc de Villeroy.

DU FORT Adv. de Mr. le Comte de Matignon.

Nous Angelique Cunegonde de Montmorency de Luxembourg, Tutrice de Mademoiſelle de Neufchâtel notre fille, donnons pouvoir au Sieur Tribolêt, Advocat, d'adherer à la preſente Proteſtation en tout ce qu'elle ne pourra nuire ni prejudicier, à notre dite fille, & de ſe tranſporter à cet effet dans le grand Poile du Château de Neufchâtel pour faire publiquement cette Declaration. Fait à Neufchâtel le premier d'Octobre 1701.

Signé

ANGELIQUE CUNEGONDE DE MONTMORENCY LUXEMBOURG.

Nous ſoubſigné Advocat, certifions que nous nous ſommes tranſporté avec Meſſieurs Terraſſon, & Du Fort au grand Poile du Château de Neufchâtel, & qu'apres la lecture de la preſente Declaration, nous avons declaré, que nous y adhérons pour ma dite Dame de Neufchâtel, au nom qu'elle procede, en ce qu'elle ne lui pourra nuire ni prejudicier. Fait à Neufchâtel ce premier Octobre 1707.

Signé

TRIBOLET.

XLIX.

Damnatio, Reprobatio, & probibitio quorumdam Opuſculorum, & aliorum quorumcumque Librorum, & Libellorum, tam editorum quàm edendorum adverſus Decretum Apoſtolicum ſuper remotione R. P. D. PETRI CODDÆI *Archiepiſcopi Sebaſteni à Vicariatu Apoſtolico Miſſionum Hollandicarum, necnon ſuper damnatione quarumdam illius ſcriptionum, cum probibitione, ſub pœnâ excommunicationis latæ ſententiæ, idem Decretum de cætero quomodocumque impugnandi, ſivè ei contraveniendi. Romæ* 4 *Octobris* 1707. [Bullarium Magnum Tom. VIII. pag. 61. Edit. Luxemburgic 1727.] 4 Octobre.

CLEMENS PAPA XI.

Ad perpetuam rei memoriam.

CUm (ſicut Nobis innotuit) obtenta tam defendendæ cauſæ Venerabilis Fratris Petri Coddæi Archiepiſcopi Sebaſteni, quem Nos dudum ab Apoſtolico Hollandiæ, illique fœderatarum Provinciarum Vicariatu, noſtro deſuper die 3. Aprilis 1704. edito Decreto, removendum duximus, quàm tuendarum quarumdam ejuſdem Petri Archiepiſcopi Scriptionum, quas eodem Decreto damnavimus, & prohibuimus: quam plurimi inquietorum Hominum, & publicæ tranquillitati adverſantium operâ in lucem prodierint, & in dies prodeant Libelli, quorum evulgatione exortæ hactenus inter Catholicos illarum Partium turbæ, atque diſſidia foventur; imò & pravæ doctrinæ ſemina ad Simplicium ſubverſionem, non ſine maximo orthodoxæ Fidei detrimento diffunduntur: Nos dum de aliis tam gravi morbo, in animarum Nobis ab Altiſſimo commiſſarum perniciem vergenti, opportunè adhibendis remediis ſeduló cogitamus, aliquos interea ex iiſdem Libellis, qui ad Apoſtolatus Noſtri notitiam pervenerunt, Latino, Gallico, & Belgico reſpectivè Idiomate typis impreſſos, Venerabilibus Fratribus Noſtris S. R. E. Cardinalibus in tota Republicâ Chriſtianâ contra hæreticam pravitatem Generalibus Inquiſitoribus à Sede Apoſtolica ſpecialiter deputatis examinan-

ANNO 1707.

minandos commisimus, quorum tituli sunt infrascripiti, videlicet:

Apologia pro Clero Ecclesiæ Batavorum Romano-Catholicæ, seu rationes, ob quas Clerus censuit in locum Reverendissimi Archiepiscopi Sebasteni non esse illico recipiendum D. Theodorum Cokkium. Per Joannem Palæopistum. Delphis apud Henricum van Rhyn, 1702.

Assertio Juris Ecclesiæ Metropolitanæ Romano-Catholicæ adversus quosdam, qui eam ad instar Ecclesiarum per Infidelium persecutiones destructarum Jure pristino penitus existimant. Per I. C. E. I. V. Licent. ejusdem Ecclesiæ Canonicum. Delphis Typis Henrici Rhenani, 1703.

Imago Pontificiæ Dignitatis penicillo Sacrarum Scripturarum, ac Traditionis nativè delineata: Ubi quid Pontifici Romano competat, vel non competat, collectis ex Ecclesiastica supellectile documentis, luculenter, ac compendio demonstratur. Auctore Desiderio Paleophilo. Constantiæ apud Æneam Sylvium, 1704.

Cleri Catholici per Fœderatum Belgium, & Archiepiscopi Sebasteni Religio vindicata contra Libellum Memorialem de statu, & progressu Jansenismi in Hollandia. Joannis Clerici in S. Augustinum censura refellitur. Scripta varia ad rem pertinentia ad calcem appenduntur. Authore Christiano Philireno Presbytero S. T. Professore. Trajecti ad Rhenum, 1703.

Motivum Juris pro Capitulo Cathedrali Harlemensi. Harlemi Typis Nicolai Braau, 1703.

Refutatio responsi ad Libellum, cui titulus: Motivum Juris pro Capitulo Cathedrali Harlemensi, sive Elucidatio ulterior Jurium ejusdem Capituli. Harlemi Typis Nicolai Braau, 1703.

Epistola Petri Coddæi Archiepiscopi Sebasteni ad Catholicos Incolas Fœderati Belgii de suo ad Urbem itinere, ac de muneris sui administrandi interdictione. Trajecti ad Rhenum typis Theodori ab Eynden, 1704.

Epistola secunda Petri Coddæi Archiepiscopi Sebasteni ad Catholicos Incolas Fœderati Belgii. Trajecti ad Rhenum ex Bibliopolio Theodori ab Eynden, 1704.

Even redige Samenspraek op het Verwyzen van Onsen Saligmaker Jesus Christus, en op de Zaek van den Arschbisschop van Sebasten.

Xenicum Chronographicum, sive Selecta Innocentiæ per invidiam calumniamve oppressæ exempla Illustrissimo ac Reverendissimo D. Petro Coddæo Archiepiscopo Sebasteno &c. Pro strena, oblata cordis, & animi sinceritate 1705.

Lettre de Monsieur N. à un Seigneur d'Angleterre sur la demande s'il est bon d'employer les PP. Jesuites dans une Mission? Qu'on a trouvé à propos de donner derechef au Public entant qu'elle fournit de la lumiere dans l'affaire de Monseigneur de Sebaste, 3. *Fevrier* 1686.

Klagende Merkuur opgedragen aan de Heer Franciscus Fairlemnt Theol. Doct. Door Henrick Spoor Ph. & Med. Doct. Tot Utrecht Gedrukt Voor den Autheur by Johan Visch, 1703.

Lettre d'un Homme de qualité pour servir de réponse à une autre, à Luy addressée par Monseigneur l'Internonce Apostolique avec la Bulle, qui a pour Titre, Datée à Rome le 7. *d'Avril*, 1703.

Adeodatus Pr. Compresbyteris de Clero per Fœderatum Belgium D. Theodor. Cokkium, ut Provicarium non recipientibus S. P. D. Delphis apud Henricum van Rhyn, 1703.

Responsio Henrici Spoor ad Epistolam sibi scriptam à D. Internuntio Bruxellensi edita Latino, & Belgico idiomate, & data Ultrajecti .... Maii 1703.

Lamenta, & querelæ Sponsæ Sebastenæ, per Clementem XI. viduatæ, ad eundem pro Sponso suo.

Cato Uticensis redivivus ad amplissimos Archidiœceseos Ultrajectensis, & Diœceseos Harlemensis Capitulares Viros. Pro Aris, & Focis.

Gisberti Amstelii expostulatio altera adversus Lojolitas, fœdos Societatis Jesu desertores. Coloniæ apud Balthasar ab Egmont, 1704.

Collyrium Theodoro de Cock dono missum per M. M. A. P. C. Cordis amicitia, 1704.

Declaratio, & responsiones ab Archiepiscopo Sebasteno, cum in Urbe esset, EE. DD. Cardinalibus tradita, & jam Orbi pandita Christiano, 1704.

Avis sinceres aux Catholiques des Provinces Unies sur le Decret de l'Inquisition de Rome contre M. l'Archevêque de Sebaste Vicaire Apostolique avec plusieurs Pièces, qui ont raport à son affaire, 1704.

Réflexions succintes sur la Lettre d'un Catholique Romain à un de ses Amis d'Italie, touchant l'etat present des Catholiques Romains en Hollande, 7 *Novembre* 1704.

Literæ ad Archiepiscopum Sebastenum nomine S. Congregationis de Propaganda Fide 25. *Augusti* 1703. *ut fertur, scriptæ, ab inquietis quibusdam hodie in lucem editæ, notis verò brevibus illustratæ per Janum Parrhasium. Amstelodami* 1704.

Diotrephes sivè Spiritus, & Opera Theodori Cockii accuratè descripta, & justificando Clero eum in Vicarium Apostolicum non recipienti in lucem data, ab Eugenio Clario Theologo. Lugduni apud Henricum Aersen, 1704.

Jesuitarum, aliorumque Romanæ Curiæ adulantium de Summi Pontificis authoritate commenta, Regnis, Regibusque infesta, ac specialiter Supremis, Præpotentibusque Fœderati Belgii Ordinibus periculosa: fideliter proposita per Juris Consultum Batavum, Ecclesiæ, & Patriæ amantem Amstelodami, 1704.

Notæ breves in Epistolam ad Catholicos Hollandiæ, quæ sub nomine Pontificis Clementis XI. circumfertur, per Juris Consultum Batavum.

Notæ in Decretum, quod sub Inquisitionis nomine circumfertur contra Archiepiscopum Sebastenum per Janum Parrhasium.

Disquisitio Theologica de Potestate, ac jurisdictione, quibus in Fœderati Belgii Provinciis etiamnum fruitur Archiepiscopus Sebastenus, ablato licet Vicariatu Apostolico, nunquam antehac Typis edita.

Zedelyke Overweginge van het Decret der Roomse Inquisitie, des Jaars, 1704 3. *April. Tegens de Verklaringe en Verantwoordinge des Aartsbisschops van Sebasten. Rotterdam* 1704. *Id est Modesta Consideratio Decreti Romanæ Inquisitionis anni* 1704. 3. *Aprilis &c.*

Vreedzamige Waarschouwing over zekere Brief de Naam voerende van Clemens XI. Id est Pacifica Admonitio super certam Epistolam nomen ferentem Clementis XI.

Denunciatio Apologetica Petri Coddæi Archiepiscopi Sebasteni sinceris, solidisque documentis firmata, quam circa præcipua causæ suæ capita evulgandam duxit. Trajecti ad Rhenum, 1706.

§. I. Audistis itaque memoratorum Cardinalium, qui relatas sibi super iisdem Libellis plurium in Sacr. Theologia Magistrorum censuras diligenter perpenderunt, sententiis, creditum Nobis à Domino Pastoralis curæ, atque vigilantiæ munus, quantùm Nobis ex alto conceditur, salubriter exequi cupientes, de eorumdem Cardinalium consilio, ac etiam motu proprio, & ex certâ scientiâ, & matura deliberatione nostris, deque Apostolicæ Potestatis plenitudine, non modò omnes, & singulos supradictos libellos, ut pote multa falsa, calumniosa, Apostolicæ Sedi ejusque Ministris injuriosa, piarum aurium offensiva, scandalosa, temeraria, erronea, atque in apertum schisma tendentia respectivè continentes: verùm etiam omnes, & quoscumque alios libros, libellos, epistolas, & aliâ quævis operâ, seu opusculâ directè, vel indirectè adversus præfatum nostrum Decretum remotionis supradicti Petri Archiepiscopi, nec non damnationis, & prohibitionis memoratarum ejus scriptionum quocumque idiomate hactenus edita, & si quæ in posterum edi contigerit, tenore præsentium damnamus, & reprobamus, ac pro damnatis, & reprobatis perpetuò haberi debere decernimus.

§. 2. Ac proinde omnium, & singulorum tam supra descriptorum, quàm aliorum quororumlibet similium libellorum, librorum, epistolarum, operum, seu opusculorum impressionem, descriptionem, lectionem, retentionem, & usum omnibus, & singulis Christi fidelibus etiam specificâ, & individuâ mentione, ac expressione dignis, sub pœnâ excommunicationis per contrafacientes ipso facto absque aliâ declaratione incurrendâ, à quâ nemo à quoquam, præterquam à Nobis, seu Romano Pontifice pro tempore existente, nisi in mortis articulo constitutus, absolutionis beneficium valeat obtinere, omnino interdicimus, & prohibemus. Volentes, & Apostolicâ authoritate mandantes, ut quicumque libros, libellos, epistolas, opera, seu opuscula prædicta, vel eorum aliquod penes se habuerint, illa, seu illud, statim atque præsentes Literæ eis innotuerint, teneantur tradere, atque consignare locorum Ordinariis, vel hæreticæ pravitatis Inquisitoribus, qui exemplaria sibi sic tradita illicò flammis aboleri curent.

§. 3. Insuper sub pari excommunicationis pœnâ interdicimus similiter, & prohibemus, ne quis in Concionibus, Cathechismis, Lectionibus, aut aliis ad Populum Sermonibus prædictum nostrum Decretum in causa memorati Petri Archiepiscopi, summâ quidem maturitate, & justitiâ editum, ullo tempore, vel quovis prætextu impugnare præsumat, vel eidem quomodolibet ausu temerario contraire.

§. 4. Non obstantibus Constitutionibus, & Ordinationibus Apostolicis, cæterisque contrariis quibuscumque. Cæterum, ut ipsæ præsentes Literæ omnibus fa-

ANNO 1707.

ciliùs innotescant, nec quisquam illarum ignorantiam allegare possit, volumus, & authoritate præfata decernimus, illas ad valvas Basilicæ, Principis Apostolorum, ac Cancelariæ Apostolicæ, nec non Curiæ Generalis in Monte citatorio, & in Acie Campi Floræ de Urbe per aliquem ex Cursoribus nostris, ut moris est, publicari, illarumque exempla ibidem affixa relinqui; Sic verò publicatas omnes, & singulos, quos concernunt, perinde afficere, & arctare, ac si unicuique illorum personaliter intimatæ, & notificatæ fuissent: Earumdem autem præsentium Literarum Transumptis, seu Exemplis, etiam impressis, manu alicujus Notarii publici subscriptis, & sigillo Personæ in Ecclesiasticâ dignitate constitutæ munitis, eamdem prorsus fidem tam in judicio, quàm extra illud ubique locorum haberi, quæ ipsis præsentibus haberetur, si forent exhibitæ, vel ostensæ.

§. 5. Demum omnes, & singulos, qui in præfatis Fœderatis Provinciis verè Catholicorum nomine censeri volunt, & Apostolicæ Sedi communione sociari, atque eos præsertim, qui in sortem Domini vocati, spiritu humilitatis, lenitatis, & obedientiæ debent cæteris prælucere, pro paternæ nostræ charitatis debito hortamur, rogamus, atque obsecramus in Domino Jesu, ut depositis simultatibus, & Partium studiis, discant id ipsum sapere in Domino, donantes invicem, si quis adversus aliquem habet, querelam, sicut & Christus donavit Nobis, ut non blasphemetur nomen Domini; sed unanimes honorificemus Deum, & qui una Fide jungimur, unitate Spiritus, & vinculo Pacis invicem copulemur. Datum Romæ apud Sanctam Mariam Majorem sub Annulo Piscatoris die IV. Octobris MDCCVII. Pontificatus Nostri Anno Septimo.

F. Oliverius.

L.

3. Novembre.

Sentence d'Investiture, rendüe par les Trois Estats de Neufchatel en faveur de Sa Majesté Prussienne contre les autres Pretendants à la Souveraineté de cet Estat. Fait au Chateau de Neufchatel le 3 Novembre 1707. [Sur la Copie Imprimée à Neufchatel par Ordre des Trois Estats. Anno. 1707. fol. 341.]

NOus Nicolas Tribolet, Conseiller d'Etat & Inspecteur Général des Milices de la Souveraineté de Neufchâtel & de Valangin, ci-devant Capitaine Commandant un Bataillon Suisse au service de la France, Faisons savoir à tous ceux qui verront ces Presentes: Qu'après le decès de S. A. Madame Marie d'Orleans, Duchesse de Nemours, Princesse Souveraine desdits Neufchâtel & Vallangin &c., arrivé le 16. Juin dernier; les Trois Etats de cette Souveraineté s'étant assemblez suivant la coûtume le 28. Juillet suivant, qui est le terme de 6. semaines après ledit decès; Ils auroient depuis tenu plusieurs séances, pour vaquer à l'examen d'un grand Procès, qui est inseré au long dans le Regitre desdits Etats, sous la Présidence du Noble, Généreux & Puissant Seigneur, Messire François Henri d'Estavay, Chevalier, Sr. de Mollondin, Conseiller d'Etat de la Ville & du Canton de Soleurre, en qualité de Gouverneur & Lieutenant Géneral dans cette Souveraineté; lequel ayant discontinué de présider le 29. Octobre dernier, Nous avons été nommé au Conseil d'Etat le jour suivant, pour remplir sa place, &c. Et en consequence, ont comparu devant Nous le 31. Octobre dernier, Mr. Ernest Eberard Comte de Metternich le fils, & Guillaume Frederick Duncker, Conseiller de la Cour, substituez Procureurs de son Excellence Mr. le Comte Metternich, Ministre d'Etat, Ambassadeur Extraordinaire & Plénipotentiaire de S. M. le Roi de Prusse; avec Mr. Peyrol, Conseiller & Avocat de Sadite Majesté, d'une part: Et Mr. Louïs Marin, Sr. de Lossinge, Conseiller au Conseil de Chambery, constitué Procureur de S. A. Mr. le Prince de Carignan; avec Mr. Fortis, Avocat de Sadite Altesse, de l'autre part. S. M. le Roi de Prusse, & Sadite Altesse le Prince de Carignan, ayant été les seuls des Hauts & Illustres Prétendans à la Souveraineté, qui ayent resté dans l'affaire, tous les autres s'étant retirez &c. Surquoi les Trois Etats après avoir fait lecture du Procès, & entendu les Avocats, s'étant ajournez à aujourd'hui pour prononcer sur l'affaire, Nous ont prié de vouloir faire lire la Sentence qu'ils avoient dressée par écrit, ce qui a été fait à haute voix par Mr. Huguenin, Secretaire du Conseil d'Etat, dans les termes suivans.

ANNO 1707.

MEssieurs des Trois Etats aiant vû & examiné les Actes, Titres & Documens produits de la part des Hauts & Illustres Pretendans, savoir S. M. le Roi de Prusse, S. A S. Monseigneur le Prince de Montbelliard, S. A. S. Monseigneur le Prince de Carignan, Madame la Duchesse Douairiere de Lesdiguieres, Mr. le Comte de Matignon, Mademoiselle Louïse Leontine Jaqueline de Bourbon, Madame la Marquise de Mailly, & Mr. le Marquis d'Alegre, avec les Inventaires raisonnez de leurs productions, aux fins de satisfaire aux Appointemens en preuve, ausquels ils avoient été admis, pour établir leurs Droits à la Souveraineté de Neufchatel & Vallangin: Et ayant aussi consideré la Retraite d'aucunes des Parties, & leur volontaire Désertion en cause, mentionnée dans les Devis de la Procedure des 1. & 29. du mois dernier, nonobstant la reconnoissance de ce Tribunal, & l'exécution de plusieurs Sentences contradictoirement renduës & agréées de leur part; au moyen dequoi, elles sont déchues de leurs Prétensions, & forcloses de fait & de droit,

Après avoir donné leur attention à l'importance de la matière, & fait réflexion, que cette Souveraineté & le Domaine direct a apartenu originairement à la Maison de Chalons: Que l'Utile a été réuni & consolidé à la Directe, tant par le décès sans enfans de Jean de Fribourg, *arrivé en 1457., que par diverses ouvertures suivantes: Que ces droits n'ont pas été prescrits; mais qu'ils sont de leur nature imprescriptibles, de l'aveu même de l'Avocat de S. A. S. M. le Prince de Carignan: Que les Droits de la Maison de Chalons ont été transmis légitimement en la Personne de* Guillaume de Nassau, *dit le* BELGIQUE, *qui a été reconnu generalement, & par toutes les Puissances de l'Europe, l'Héritier Universel des Biens & Droits de la Maison de* Nassau Orange, *dont lui & ses Successeurs ont joui librement, & dans lesquels ils ont été réintegrez lors qu'ils y ont été troublez: Que par le Decès sans Enfans de* Guillaume III. *Roi de la Grande Bretagne, qui étoit Fils de* Guillaume II., *Fils de* Frederic-Henri, *Fils dudit* Guillaume le Belgique, *Sa Majesté* FREDERIC premier Roi de Prusse, *du Chef de* Louïse de Nassau *sa Mere, Fille Ainée dudit Prince Frederic Henri, se trouve incontestablement le veritable & légitime Héritier, à cet égard, de la Maison de* Nassau-Chalon-Orange; *qui donne l'exclusion à S. A. S. Monseigneur le Prince de Carignan*

POUR CES CAUSES, Mesdits Sieurs des Trois Etats *Donnent & Adjugent par Sentence Souveraine & absolue,* à Sadite Majesté FREDERIC Premier Roi de Prusse, *l'investiture de cet Etat & Souveraineté, avec ses Annexes, apartenances & dépendances, pour être ledit Etat par lui possedé comme* indépendant, inaliénable & indivisible, *en confirmant les Libertez, Franchises, Privileges & Immunitez, tant des Bourgeois que des autres Peuples de cet Etat; les Concessions accordées par les précedens* Souverains, *tant au Corps qu'aux Particuliers du Païs; & les Traitez* d'Alliance *& de* Combourgeoisie *faits & dressez avec les Etats Voisins: Ordonnant au Tresorier & Receveurs de cet Etat, de paier & délivrer suivant les ordres de Sadite Majesté, ou de ceux qui auront charge d'Elle; Moiennant quoi, eux & les leurs ne pourront être recherchez ni inquietez pour ce sujet, sous quelque prétexte que ce soit.*

Après la lecture de ladite Sentence, & que le Sr. Fortis Avocat de Sadite A. S. M. le Prince de Carignan eut fait lecture d'une certaine Protestation, qui, par une nouvelle Sentence de Mrs. des Trois Etats, n'a pas été admise, ainsi que le Regitre en est chargé: Nous avons mis en possession & investi Sadite Majesté le Roi de Prusse *de ladite Souveraineté de* Neufchatel & de Vallangin, &c. *par la Tradition du Sceptre que Nous avons déposé entre les mains de S. Ex. Mr. le* Comte de Metternich *son Ministre d'Etat, & son Ambassadeur Extraordinaire & Plenipotentiaire. Fait au Château de Neufchatel le 3 Novembre 1707. Signé,* N. Tribolet; *& plus bas par Mr. le Président,* Huguenin, *Secretaire du Conseil d'Etat.*

LI.

6. Decembre.

Protestation de GUILLAUME HYACINTHE *Prince d'Orange, de Neufchatel & de Nassau Siegen, pour la conservation de ses Droits & Pretentions sur Neufchatel.* CONTRE *La Sen-*

ANNO 1707.

Sentence d'Investiture rendüe par les Trois Estats du Païs le 3. Novembre 1707. en faveur du Roi de Prusse. Fait à Munster, le 6 Decembre 1707. [Actes & Memoires de la Paix d'Utrecht Tom. 4. pag. 269.]

NOus Guillaume Hyacinthe, par la grace de Dieu Souverain Prince d'Orange, & de Neufchatel, Prince du St. Empire, & de Nassau Siegen, Comte de Catzenelenbogen, Vianden, Dietz, Buren & Leerdam, &c. Baron de Breda, Diest, Arlay, Grimberg, Renaix, &c. Seigneur de Lannoy, Xantes, Wahaignes, Steenberge, Noseroy, &c. Vicomte Héréditaire d'Anvers & de Besançon.

Etant venu à nôtre connoissance par les nouvelles publiques, que malgré les informations évidentes, que nous avions données aux Messieurs des troits Etats de Neufchatel, de nôtre Droit incontestable sur leur Etat, ils viennent de choisir un Maitre, & se donner au Roi de Prusse, le reconnoissant comme l'Héritier de Châlons, ce qui est d'autant plus injuste que la Maison de Nassau a été toûjours reconnuë pour Héritiere de celle de Châlon, principalement dans le Traité de paix de Westphalie, Nimegue & Ryswik, & que l'Héritance entiere d'icelle nous a été devoluë par la mort sans enfans de Guillaume III. Roi d'Angleterre de glorieuse Mémoire, comme Héritier Fidei-commissaire de Philippe Guillaume Prince d'Orange, & plus proche Agnat du dit Roi, de la maniere, que nous en avons informé Messieurs des trois Etats de Neufchatel, ce qui apert par leurs reponces à nos Lettres en date du 16 Août & 26 Septembre 1707. & d'ailleurs étant assuré, que s'il y avoit quelque doute, pour sçavoir qui est le veritable héritier de Châlon, ce ne seroit nullement aux dits Messieurs à decider la-dessus, & encore moins à juger pour la Seigneurie directe, qui appartient aux Héritiers de la dite Maisons de Châlons; C'est pourquoi nous avons protesté, comme nous protestons solemnellement par ces presentes en la meilleure forme qu'il se peut, contre tout ce qui s'est fait ou se fera par le dit Tribunal de Neufchatel, soit en faveur du Roi de Prusse, ou de quelle autre puissance que ce puisse être, qui sera à nôtre préjudice, ou à celui de nôtre Maison de Nassau, tenant pour nulles & sans effet toutes leurs pretenduës sentences en faveur de la Cour de Prusse, vû la conjoncture du tems, l'incompetence des juges, & la possession où la Maison de Nassau est depuis tant de Traités de paix de l'héritance de celle de Châlons, en appellant à la mediation & à l'équité des Couronnes, & au prochain Traité de paix, où il sera plus libre à chacun, de montrer son droit. Et pour preuve de notre volonté & valeur de la presente protestation l'avons signée de nôtre main & fait apposer le Cachet de nos Armes, & remise après avoit fait la lecture d'icelle en presence des témoins plus bas nommés, au Notaire soubsigné, pour l'inserer dans son Protocolle public, & lui en avons demandé Acte. Donné à Munster en Westphalie le 6. Décembre, l'An de grace 1707.

Etoit signé

(L. S.) *Guillaume Hyacinthe*, Prince d'Orange & de Nassau.

Anno Millesimo Sèptingentesimo Septimo, die verò sexta Decembris, altelatus Princeps Auriacus & Nassavicus Sigenensis, &c. interposuit ad Protocollum mei infrascripti Notarii præsentem schedulam protestationis & requisitionis, protestans & requirens ut latius in eâdem schedula. Præsentibus Mathæo Wilhelmo Büren & Joanne Theodoro Dickmann Copiistis, testibus ad præmissum Actum interpositæ Protestationis specialiter requisitis atque rogatis. Actum Monasterii Westphalorum in suprascripto tempore & in ædibus viduæ Wesseleng.

(L. S. Notarialis.) *Antonius Hubertus Loyer*, in Venerabili Camerâ Imperiali immatriculatus Notarius, in fidem subscripsit, & signavit requisitus.

Concordat cum Originali.

LII.

ANNO 1708. 7 Decemb.

Edictum Ducis Sabaudiæ, ut omnes Feudatarii Langarum sub pœna confiscationis accedant ipsi ad præstandum Juramentum fidelitatis. (1) *Dat. Taurino die 7. Decembris anno 1708.* [Copie communiquée par un des Principaux Seigneurs des Langues.]

VITTORIO AMEDEO II. per Gratia di Dio Duca di Savoia &c.

FRa le cessioni portate dal Trattato seguito colla gloriosa memoria dell' Imperatore Leopoldo I. indi confermato da sua Maestà Cesarea hoggidi regnante, ratificato & approvato dalla Maestà Cattolica del Rè Carlo terzo, ci è stata specialmente transferta ogni ragione, od esercizio di ragione, che per titulo di dipendenza, ò per qual sivoglia altro, habbia per l'addietro potuto competere, è spettare allo stato di Milano, ne Feudi gia espressi in altro Diploma Cesareo, a noi conceduto li otto Febraro 1690. Et pero sendo ben conveniente, che questa cessione, di cui habbiamo anco rapportata l'Investitura di S. M. Cesarea, fortifica fin d'hora il suo effetto in quei luoghi descritti al piede del presente, per quali già habbiamo in mani nostre gli opportuni documenti delle Investiture, & adherenze per essi respettivamente seguite, non habbiamo stimato di dever in risguardo loro maggiormente differire ad assumere quel medesimo esercizio di giurisdizione, e ragioni, che gia si praticavano dallo Stato di Milano, specialmente col mezzo delle prestazioni d'homagio, e di fedeltà, rinovazioni d'Investiture, ed adherenze respettivemente, ed altre soggezzioni dovute dalli Feudatarii, Vassalli, a Signori di detti Luoghi, assicurandoci, che la pontualita, ed obligazione loro non manchera di corrispondere alla protezione, e cura che hauremo per la conservatione delle giurisdizioni, preeminenze, ragioni e dritti dé loro feudi. Quindi é, che per il presente di nostra certa Scienza, piena possanza, auttorita assoluta, partecipato il parere del nostro Conseglio, senza pregiudicio d'ogn' altre diritto, che gia potesse spettarci, habbiamo ordinato, ed ordiniamo a tutti, e cadauni Vassalli, Feudatarii, Possessori, e Padroni, tanto per l'intiero, che per qualsivoglia porzione dalcuni delli Luoghi, e Feudi in piede di questo descritti, di dovere fra il termine di mezzi due doppo la publicazzione del presente, far constar delle Investiture, e respettive adherenze, che per detti Feudi, Luoghi e dependenze sono state per essi, ò loro Maggiori, ed Antecessori, ed Autori per l'adietro prese e respettivamente passate con li defunti Rè delle Spagne, ed altri Duchi di Milano, come pure degli altri opportuni, e sufficienti recapiti, e quelli rimetter in mani del Conte di Casalette Primo Presidente della Camera nostra de Conti die Piemonte; accioque doppo che saranno riconosciuti, si formi senza dilazione l'atto della prestazione del giuramento, rinovazione delle Investiture, ò adherenze respettivamente, secondo lo stile, forma, e modo osservati per l'adietro nel predetto Ducato, e con li defunti Rè delle Spagne, e loro Governatori in Milano, sotto pena agli inobedienti della riduzione, e devoluzione de feudi, e ragioni loro. Et acio niuno possa pretendere ignoranza, ordiniamo e mandiamo publicarsi, questo nostro Editto, nelli soliti Luoghi di questa nostra Metropoli, come pure delle Citta d'Alessandria, Asti, Mondovi, Ceva, Alba, Acqui, ò pure all' Albo Pretorio delli respettivi Luoghi infradescritti. Volendo che con la publicazione, ed affissione sudette, s'habbia da tenere ogn' uno per sufficientemente auvisato. Mandando alla Camera nostra de Conti, d'interinar e far osservar il presente in tutto, e per tutto, secondo sua forma, mente, e tenore, e che alla copia stampata dallo Stampatore nostro Valetta, s'habbia l'istessa fede, che al proprio Originale. Dat. in Torino, li sette Decembre mille sette cento otto.

Nota

(1) On trouvera ci-dessous sous la date du 29. Juillet 1709. un Edit de l'Empereur pour annuller ce serment.

ANNO 1708.

Nota de Feudi

Serravalle.
Monesiglio
San Benedetto
Fissolio
Niela di Belbo.
Bossolasco, ed ogn' altra dipendenza, e Luogo di questo Marchesato.
Bardinetto
Belvedere
Vincio
Brovia
Levice
Spigno con le Terre Luoghi e dipendenze di questo Marchesato.
Rochetta del Tanaro.
Momberzello.
Cosceria.

Scaletta, o sia Altefino.
Pruney, ed ogn' altra dipendenza di questo Marchesato.
Carretto.
Montenatte.
Miolia.
Rochetta del Cayro.
Cayro ed ongn' altra dependenza di questo Marchesato.
Rocca d'Arazo.
Plodio.
Biestro.
Millesimo ed ogn' dipendenza di questo Contado.
Balestrino.
Nasino.
Arnasco.

V. AMEDEO.

LIII.

1709. 16. Janv. **Vergleich zwischen Herrn FRIEDRICH III. König in Preußen und Churfürsten zu Brandenburg eines: Dann den Bürgermeistern und Rath der Reichs-Stadt Cölln andern Theils getroffen: Wodurch sie sich wegen der von einigen Studenten an Jhro Königl. Majest. Residentens Hauß / worinn ihme das Exercitium Reformatæ Religonis competirte / verübten Insolentien vergleichen. Geschehen zu Cölln den 16. Januari 1709. [LUNIG Teutsch. Reichs-Archiv. Partis Special Abtheil. 4. Absatz. 3. pag. 290.]**

C'est-à-dire,

Accord entre FRIDERIC III. *Roi de Prusse & les Magistrats de la Ville de Cologne au sujet des Insolenses commises par quelques Etudians contre la Maison du Resident de Sa Majesté, à cause de l'Exercice* (1) *de la Religion Reformée qui s'y faisoit. A Cologne le 16 Janvier 1709.*

Zu wissen / als zwischen dem Allerdurchlauchtigst-Großmächtigsten Fürsten und Herrn / Herrn Friedrichen den IIIten König in Preussen / Marggrafen zu Brandenburg / des H. Röm. Reichs Ertz-Cämmerern und Chur Fürsten / Souverainen Printzen von Oranien / Neuf-Chatel und Valengin &c. &c. tot. tit. an einem / und des H. Reichs freyen Stadt Cölln rc. am andern Theil / wegen des von allerhöchstgemeldter Königl. Majestät Residenten in seiner Behausung binnen gemeldter Stadt prætendirten Exercitii Domestici Reformirten Religion, und dahero von einigen aufrührischen Studenten an erwehnten Residenten Hause verübten Insolentien / Irrung entstanden / wodurch mehrermeldte Stadt in Jh. Königl. Maj. Ungnade verfallen / und dieselbe einige der Stadt eingesessenen zugehörige Schiffe biß zu ihrer beliebiger Satisfaction mit Arrest zu beschlagen veranlasset worden / und dann Se. Hochf. Gn. zu Münster und Paderborn / wie auch Se. Churfl. Durchl. zu Pfaltz / als Hertzog zu Jülich rc. beyde als hohe Condirectores dieses löbl. Nieder-Rhein. Westphäl. Creysses / auf unterthänigst-inständigstes Anhalten mehrgedachter Stadt-Cöllnischen Magistratus, sich bewegen lassen / zu Bevorkommung aller weiteren hieraus besorgenden Unruhe / mehr allerhöchstgedachte Se. Königl. Maj. in Preussen dero guten Interposition und Mediation anzutragen / solche auch von deroselben angenommen worden / daß dannenhero offt höchstgemeldte Herren Mediatores Jhre Ministros Anfangs nacher Düsseldorff / und hernachmahln auf Cölln abgeschicket haben / durch welche dann zwischen Se. allerhöchstgedachten Kön. Maj. hierzu specialen Bevollmächtigten ebenfalls hierunter benanten Ministro, sodann Bürgermeistern und Rath der Stadt Cölln / nach gepflogener fleißigen Handlung die Sache gütlich verglichen / als hernach folget:

ANNO 1709.

Erstlich so viel die an des Residenten von Dieft Behausung von einige Studenten verübte Insolentien und deswegen von Seiner Königlichen Majestät verlangte Satisfaction betrifft; obwohl Bürgermeister und Rath der Stadt Cölln zum höchsten contestirt und betheuert / daran nicht allein allerdings unschuldig zu seyn / sondern auch zu deren Verhütung ad Protocollum deducirter massen alle diejenige Mittel vorgekehrt zu haben / welche der Sachen und dieser Stadt sonderbarer Beschaffenheit nach / bey so unverhoffter Empörung / und ohne Gefahr einer weitern Commotion, Jhrer diesertwegen sehr animirter Bürgerschafft vernünfftig zur Hand genommen werden können; So haben doch dieselbe / zu mehrer Bezeugung Jhres Sr. Kön. Maj. zutragenden tieffsten Respects und Veneration, auch um Wiedererlangung deroselben unschätzbaren Gnade / resolvirt / eine Deputation aus Jhren Mitteln / nehmlich einen Syndicum, und eine Raths-Person / inner 6. ad 8. Wochen auf eingelangte Königl. allergnädigste Ratification dieses Vergleichs / nach dero Hoflager abzuschicken / welche Sr. Kön. Maj. die Unschuld des Magistrats von denen zu Jhrem höchsten Mißfallen und Leidwesen vorgangenen Insolentien nochmahln allerunterthänigst vorstellen / und dieselbe inständigst erbitten sollen / daß Sie die gegen erwehnte dero Stadt hierüber geschöpffte Ungnade allermildest fallen zu lassen / und dieselbe hinwieder in dero vorherige allerhöchste Hulden und Gnade aufzunehmen / auch die vorhin verhengte Repressalien oder Arresta da deren etwa noch einige obhanden wären / allergnädigst aufzuheben geruhen wolten; da hingegen unterschriebener Königl. Preußischer Bevollmächtigter / Nahmens Seines allergnädigsten Königs und Herrns zugesaget / und versprochen daß dem also vorgangen / allerhöchstgemelte Jh. Kön. Maj. Bürgermeister und Rath der Stadt Cölln in Jhre Königl. Gnade herstellen / und alles Verwichene mildigst vergessen / denen Stadt-Cöllnischen Deputatis auch den Hand-Kuß allergnädigst verstatten / keineswegs aber zugeben wollen / daß Jhnen auf ein oder andere Weis hart begegnet werde / oder sonsten das geringste wiederfahren solte / was der Stadt Cölln an ihrer Reichs-Ständischen Qualität / Ehren und Prærogativen / oder auch denen Abgeordneten in particulari nachtheilig / verächtlich oder verkleinerlich seyn könte. Es verbinden sich auch

Zweytens Bürgermeister und Rath der Stadt Cölln / daß Sie auf die Autores, Thäter und Anstiffter der vorgelauffenen Insolentien / gleich auch solches sofort durch ihre Justiz-Bediente geschehen / ferner aufs fleißigste inquiriren / und da deren einige entdecket werden / alsofort gefänglich einziehen / und gegen dieselbe aufs schärffste verfahren zu lassen / gestalt selbige / da sie der That zu rechtlicher Nothdurfft überführet werden können / exemplariter und ohne einige Gnade abgestrafft werden sollen.

Drittens / obwohl offt höchstgedachter Stadt-Cöllnische Magistrat gleich anfangs nach vorgegangenem Tumult sich darob bey dem Hrn. Residenten von Dieft durch den Syndicum D. Sandern excusiren / und demselben bezeigen lassen / daß das Vorgelauffene Jhme zum höchsten Mißfallen und Unlust gereichte / und obwohln auch sonsten gemeldter Magistrat an diesem Unglück sich extra culpam zu setzen erachtet; so will doch erwehnter Magistrat, um durch hierunter Sr. Königl. Maj. allergnädigsten Willen so viel möglich zu erfüllen / mithin sich dero höchsten Hulden desto fähiger zu machen / solche Entschuldigung hiemit nochmahln erwiedert haben / und mehrerwehnten Residenten / als einem Ministro, nach wie vor / alle Jhme gebührende Ehre zu erweisen / Jhn gleich andern von seinem Character tractiren / und den an dem Haus bey vorgangenen Auflauf beschehenen Schaden repariren lassen.

Und nachdem Vierdtens Se. Kön. Maj. in Preussen declariren lassen / auch fest und unbeweglich dabey bestanden / daß dero Residenten / gleich anderwärtig / also auch in der Stadt Cölln das Exercitium Domesticum Reformatæ Religionis competire; So ist zwar Magistratus keineswegs gemeynet / dasjenige / was einem Königl. Residenten dißfalls de Iure Gentium & Generali observantia competiren könte / zu bestreiten; Es wollen aber dennoch allerhöchstgedachte Se. Königl. Maj. auf beyder hoher Herren Mediatoren und verschiedener anderer vornehmer Reichs-Ständen Intercession, und weilen ohnedem dero Resident itziger Zeit seinen Reformirten Gottesdienst bey dem Exercitio Militari vor die Creyß-Guarnison in der Stadt haben kan / demselben anbefehlen / daß er sich desselben bedienen / und damit anitzo begnügen solle; jedoch mit Vorbehaltung des Jhro dißfalls competirenden Rechtens / als dessen / und seines verlangenden Exercitii sie sich ins künfftige keineswegs begeben haben wolten: gestalten dann auch Magistratus versprochen / höchstgemelde Sr. Königl. Maj. Residenten von Dieft / in seiner Person / Familie und Hausgesind / behörigen Schutz nach allem äussersten Vermögen zu halten: allermassen solches also beyderseits verglichen und angenommen / annebenst allerseitige Ratification innerhalb zweyer Monaten beyzubringen / zugesaget worden.

Zu dessen Urkund ist gegenwärtiger Vergleich von beyden Herren Mediatoren / dem Königl. Preuß. Bevollmächtigten / sodann bevollmächtigten Deputirten des Stadt-Cöllnischen Magistrats eigenhändig unterschrieben / und mit allerseits Petschafften

(1) Pendant le Démêlé survenu entre Sa Maj. Prus. & le Magistrat de Cologne, à l'occasion de l'insulte faite à la Maison du Resident de Brandebourg on publia l'Ecrit suivant.

ANNO 1709.

schafften bekräfftiget worden: So geschehen in der Stadt Cölln den 16. Jan. 1709.

Von wegen J. Hochfl. Gn. zu Münster und Paderborn.

(L. S.) von Cochenheim.

Von wegen Sr. Churfl. Durchl. zu Pfaltz / Hertzog zu Jülich und Berge.

(L. S.) von Bullingen.

Von wegen Sr. Kön. Maj. in Preussen.

(L. S.) Hymmen.

Von wegen Bürgermeister und Rath der Reichs-freyen Stadt Cölln.

J. H. v. Begwel. (L. S.)

Joh. Hermann. (L. S.)

Hartheim Syndic. (L. S.)

J v. Sander. Synd. (L. S.)

Quænam Prærogativæ, ex communi Gentium consensu, maxime quoad Exercitium domesticum Religionis, Legatis, Ablegatis, & Residentibus, in Terris Principum ad quos missi sunt, debeantur.

I.

CUm quisque supremus Princeps aut Populus liber naturali facultate polleat, dijudicandi, quid publico statui suo expediat, quidvè nocumentum eidem afferre possit, rectæ Rationi minimè congruit, ut per admissionem Legati vel alterius Ministri publici aliundè missi, quisquam sibi libertatem ademisse censendus sit, propriæ tranquillitati ac securitati, adeoque conservationi suæ quàm optimè consulendi: undè fit, ut ab eò Principe non lædatur *Jus Gentium*, qui ex justa causa renuit, alienum hominum sub quocunque prætextu sibi invito obtrudi.

II.

Quamvis benè moratæ Gentes eò usque universim consenserint, ut mutuam inter ipsas Commercium per missiones seu Legationes foveatur, adeò ut in certis casibus, absque reatu Inhumanitatis Thracum, aliarumque barbararum & inhospitalium Gentium propriæ, impediri sive rejici nequeant; quoties tamen ex ejusmodi communicatione perturbatio vel eversio Reipublicæ prudenter metuitur, dictamen hoc voluntarii Juris Gentium ita interpretari oportet, ne quod in commune totius Europæ bonum introductum est, in grave cujusquam damnum detorqueatur.

Juxta hanc Civilis Prudentiæ, imò ipsiusmet Naturæ Regulam Ordines Generales Belgii uniti tàm ante, quàm post unionem Ultrajectensem diu Augustissimi Cæsaris, diversorumque S. R. I. Statuum Ministris tutum accessum ad septem Provincias denegarunt, solo metu inducti, ne hi aliqua nascenti libertati aut incolumitati publicæ contraria molirentur. Quale quid etiam in novissima Capitulatione Sacræ Cæsareæ Majestatis Art. 5. de arcendis imposterum à negociis Comitiorum Imperialium Ministris exterorum Principum continetur; similiterque ex Actis Hispaniæ discimus, eadem de causa jamdudùm Andreæ Burgo, Cæsaris Legato, ejus Regni ingressum interdictum fuisse. In hoc quoque, universi conveniunt, *Legationes assiduas sivè perpetuas* (salvo jure Gentium) veluti non necessarias absolutè rejici posse, utpote quibus sublatis Commercia Nationum adhuc subsistere valeant, per missiones scilicet temporarias desituras unà cum fine cujusque negotii per Mandati Tabulas publico Ministro commissi, quò respexit Henricus Septimus Angliæ Rex, nullam in Regno suo passus perpetuam Legationem, nostroque ævo Nobilitas Poloniæ publicos Ministros extraneos, qui durantibus Regni Comitiis aderant, actutùm expediri ac dimitti optavit. Cum autem *publicorum* hujusmodi *Ministrorum*, in alterius Principis aula versantium, ex usu hodierno tres classes recenseantur, videlicet *Legatorum*, *Ablegatorum extraordinariorum & Residentium*: occasione controversiæ nuper suscitatæ inter Urbem Coloniensem & Residentem Pruterum, Dominum de Diest, breviter de singulis dispiciendum est, quid ac quantum in Territoriis Principum, ad quos missi sunt, arrogare sibi de Jure Gentium valeant, sivè ut clarius loquar, *quænam prærogativæ ex communi Nationum Consensu singulis concedantur?* Quod cum, secus ac ea, quæ Juris Naturæ sunt, ex certis rationibus certò deduci nequeat: ex solis exemplis sive consuetudine generaliter apud Gentes receptâ elici debet atque dignosci, prænotatâ tamen hac inter *potestatem muneris intrinsecam* & inter externum Dignitatis splendorem differentiâ, quod omnes cujuscunque Ordinis, pro qualitate mandati, pari potestate proponendi, tractandi & concludendi frui valeant, & fide publicâ recipiantur; quoad externos verò honores & certas solennitates magno à se invicem discrimine secernantur.

Legatus seu *Minister primi ordinis*, qui per fictionem quandam loco Domini sui habetur, *gaudet Charactere repræsentativo* mittentis, indeque profluenti Jure fruendi (intra Ministerii Sphæram) iisdem honoribus, quibus afficeretur Princeps, à quo mittitur, si præsens esset, quousque nimirum recta Ratio & Ministri qualitas cum Domino suo à se repræsentato succedere permittit: unde apparet, totam *Legati* præ aliarum inferioris ordinis Classium Ministris *prærogativam ad Ceremonias, & principaliter quidem ad præcedentiam, tum ad titulos, modum receptionis, aliasque diversi generis Formalitates Ceremoniales juxta cujuslibet aulæ stylum reduci*; quibus accensetur *permissio Exercitii Domestici Religionis suæ*, si hæc ab eâ differat, quæ in Territoriis Principis Legatum recipientis, unicè viget; quemadmodum, id supremis Principibus quoque extra Principatus suos commorantibus passim conceditur: cum eâ tamen limitatione, ne alios quàm Comites & Domesticos suos ad id admittant: nisi aliquid ampliùs hac in parte a loci Principe precariò vel ex inveterata consuetudine indulgeatur.

Ablegatus Extraordinarius seu *Minister secundi Ordinis* ob defectum Characteris repræsentativi soli Legato competentis, *splendore dignitatis* duntaxàt ab hoc differt non *potestate Juris*, ut suprà jam innui, & ad eadem plerumque negotia, quæ Legatis concedi solent (si festivas Nuptiales, Baptismales, Funebres, Gratulatorias, similesque solennitates excipias) à Principe suo levioribus expensis ac minore cum strepitu adhibetur, tùm ut celerius atque commodiùs cuncta gerantur, tùm ut conservetur mittentis Principis Dignitas, sicuti fortè timendum sit, ne ex æmulatione aut præponderante erga Propinquiores affectu, Legatus honore debito defraudetur.

Sicut in Aula Cæsarea Viennensi hactenus Rex Christianissimus hanc ob rem per Ablegatos tantum negotiari consuevit, qui nimirum non tàm exactè super præcedentiâ aliisque Ceremoniis repræsentativo Characteri ex usu Gentium debitis contendere, nec singulos ferè passus, ut Legati, metiri tenentur, eo quod Charactere repræsentativo careant, adeoque nullum mittenti Principi præjudicium afferant, veluti per Decretum aliquando Celsi ac præpotentes fœderati Belgii Ordines declarârunt.

Nec anni quinquaginta prorsus elapsi sunt, ex quo in Aulâ Regiæ Majestatis suæ Christianissimæ Ablegato ejusdem extraordinario prætendenti Jus intrandi, cum Rhedâ Palatium Regium & Caput coram Rege operiendi utrumque negatum, eidemque simul pro norma deinceps servanda insinuatum fuit, deesse ipsi Characterem repræsentativum, ob quem Legatis honores ejusmodi exhibeantur; Cum autem ad Ablegationes extraordinarias plerumque Viri Nobilitate prosapiæ vel muneris dignitate conspicui assumi soleant, hodiè pluribus in aulis magna pars honorum, qui Legatis duntaxàt de Jure competunt, illis quoque ex urbanitate defertur; cui rei in Principatibus quibusdam ad Septentrionem vergentibus etiam error & confusio Legatorum cum Ablegatis aliquatenus ansam præbuit, jamque propè ubilibet invaluit, ut Ablegatis etiam extraordinariis eorumque familiæ usus Capellæ Domesticæ in ædibus à se conductis pro privato Exercitio Religionis suæ indulgeatur, quin id in locis, ubi secùs agitur, in exemplum adduci vel ex eô argui possit, quod Ablegati extraordinarii repræsentativo Charactere corruscent, cum certum sit, eum in Legatis solùm reperiri, nec Ablegatum extraordinarium aliter ac Mandatarium Facultate certum quoddam negotium tractandi præditum, loco Domini sui Man-

Anno 1709.

dantis cujuscunque Procuratoris instar esse habendum, sique gaudet inviolabilitate & exemptione à Jurisdictione Loci, id non aliundè profluere, quàm, ut ne salus ejusmodi Ministrorum Jure Gentium boni publici causâ introductorum locetur in lubrico, si ad reddendam rationem actuum suorum alii quàm Principi, à quo missi sunt, obstringantur.

Residens seu *Minister tertii ordinis* à prioribus differt, quod ad indefinita negotia apud alium Principem tractanda & ad rationes Domini sui quoquo modo promovendas, illimitatè ac nulla ferè pompa destinetur, ideòque statarius, perpetuus, & ordinarius appellatur. Hujusmodi Ministrorum Origo Ferdinando Sagaci, Castiliæ Regi, tribuitur, quem alii deinde secuti sunt. Quin tamen eorum usus ab universis Nationibus approbetur, asserente Grotio, Legationes assiduas optimo Jure rejici posse, quibus non sit opus, docet mos antiquus, cui illæ ignoratæ fuerunt; cui cum aliis suffragatur Hermannus Kirchnerus, illarumque receptionem non ex Jure Gentium, sed ex singulari partium pacto atque conditionibus & clausulis ei adjectis dependere affirmat, unde Residentes non tot nec iisdem ubique honoribus ac prærogativis, sicut extraordinarii Ablegati, potiuntur, & quidem Viennæ in Aulâ Sacræ Cæsareæ Majestatis nomen *Residentium* in merô fermè titulo consistit, *qui Agentibus Principum S. R. I. Electorum* tribuitur, ad hos à cœterorum Imperii Principum & Statuum Agentibus honorificentiore vocabulo distinguendos, qui, si Augustanæ Confessioni addicti sunt, Religionis suæ Exercitium extra Viennam in iis Ungariæ locis quærere debent, ubi Protestantium Religio toleratur. Rogatus quidem fuit Augustissimus Imperator Ferdinandus III. anno 1654. in Comitiis Imperii à Statuum Acatholicorum Legatis, ut Consiliariis Imperialibus Aulicis, Residentibus & Agentibus Principum eorumque viduis &c. in aulâ versantibus liberum Augustanæ Confessionis Exercitium permitteret, sed irritô, ut constat, conatu, de quo Acta publica testantur; cumque anno 1675. in Hungariâ Protestantibus Exercitium Religionis suæ à gloriosissimæ recordationis LEOPOLDO Imperatore oblatum fuisset, ejusdem Communionis Consiliarii Imperialis aulici, Ablegati, Residentes & Agentes Statuum enixis precibus suis id tandem obtinuerunt, ut iis Oedemburgi ad prædicationem & Cœnam convenire liceret. Monachii Dominus Baro de Rasler, ultimus Leopoldi Imperatoris Residens, non solum caruit Charactere repræsentativo, qui ne quidem Ablegatis extraordinariis, ut vidimus, competit, sed & præcipuis Electoralis Aulæ Ministris atque Consiliariis Status in publicis quibusdam Cœtibus locum cedere debuit. Coloniæ Agrippinæ anno 1672. Domino Baroni de Spanheim, tunc Brandenburgico Residenti Oratorium privatum à Magistratu Loci prohibitum fuit, hodièque omnium oculis patet praxis Domini de Bilderbeck, Statuum Generalium Residentis, qui Mülhemium ad distantiam leucæ cum suis progreditur, ut prætensæ Reformatæ Religionis Præconem auscultet.

Hamburgi è contra Residentibus Regum & Principum usu recepto competit, ut Sacra sua citra impedimentum in suis ædibus peragant, quod & Domino de Hulst, Residenti Ordinum Generalium Uniti Belgii sub Catholico Regimine Bruxellis nuper concessum fuit.

Quibus ita breviter expensis, contrariam opinionem tuentes Constantinopolin ad Divanum Turcarum amandandi sunt, qui Characteris repræsentativi vim ignorantes, hoc diversæ Ministrorum Classis discrimen rejiciunt, & omnes æqualiter, ipsos etiam Residentes & Agentes, communi nomine *Elchi* appellant; sed quia nobis res est cum Christianis, rectam rationem allegantibus, & Jus Gentium semper in ore gerentibus, repetendum altiusque iis inculcandum non censeo, *Residentes* juxta hodiernos Europæ mores non insigniri charactere repræsentativo, nec gaudere Prærogativis ac honoribus huic characteri annexis; Quantùm verò *ad Capellæ Domesticæ usum*, sicuti eum nonnulli hujus Classis Ministri ex Urbanitate vel consuetudine obtinent, eum vel precarium esse, vel ad prætensionem alibi justè formandam nequaquam sufficere, utpotè qui non ex jure quodam Residentium competente (sicut in Legatis ob Characterem repræsentativum) sed ex aliquorum Principum, apud quos resident, indultu ac favore speciali promanat, ideoque aliis alibi degentibus minimè proficit, ad parem prærogativam tanquam de jure exigendam, ubi præsertim tumultus ex ejusmodi novitate metui posset, cui Princeps Loci fomentum præbere non tenetur. Ad quos præcavendum, nevè ob Religionis discrimen offendiculum oriretur, ELISABETHA Angliæ Regina *Agentes Secretos* ad Serenissimam Rempublicam Venetam misit, qui citra Catholicorum illius temporis Romanæque cum primis Curiæ Scandalum clandestinè negotia Status tractarent cum Venetis; cumque eadem Regina suspicaretur, ab Hispaniarum & Scotiæ Ministris publicæ Regni sui tranquillitati periculum imminere, utrumque ex ejus finibus excedere jussit, non per modum pœnæ, quæ in Legatos à Principe recipiente decerni nequit, sed per modum defensionis omni jure permissæ, ne viperas, ut ipsa ajebat, in sinu foveret. Nec obstat, quod primo novissimè Residenti Pruteno privatim suæ Religionis Exercitium Viennæ ab Augustissimo Cæsare permissum dicatur, sique id Domino de Diest denegetur Coloniæ, secundo timendum videri possit, ne universis Catholicis per vastos Prussiæ, Marchiæ Brandenburgensis, Magdeburgi, Halberstadti, Cliviæ &c. &c. Status latè diffitis, idem deinceps summo cum fidei suæ præjudicio irreparabiliter auferatur. Nam quoad primum luculenter hactenus demonstratum fuit, cum privilegium ejusmodi Residentibus, quorumcunque Regum, Principum, vel Rerumpublicarum non debeatur *de consensu unanimi Gentium*, nèc ob Characterem repræsentativum, quo Residentes æque ac Ablegati Extraordinarii irrefragabiliter destituuntur, in consequentiam & regulam veluti generalem trahi non posse, quod nonnullis alicubi à Sacra Majestate suâ Cæsarea & ab aliis quibusdam Principibus aut Imperii Statibus liberaliter indultum asseritur, maximè si per ejus introductionem tranquillitas publica Civitatis vel Religionis, quemadmodum in casu nostro, in grave discrimen conjiciatur. Neque ob id à Residente Pruteno hodiè aliquid amplius Coloniæ exigi potest, quod Prussia modò sibi de assensu Sacræ Majestatis Cæsareæ Dignitatem Regiam vendicet, cum comperti Juris sit, etsi hæc à Ducali vel alia inferiore plurimùm differat, in iis tamen, quæ jura Majestatis respiciunt, Electores & Principes Imperii ejusdem speciei Suprematum possidere, neque plus à Residentibus Regum, quàm à Residentibus aliorum Principum eatenùs posse prætendi. Quoad secundum, quis sanæ mentis de æquanimi ac optimo Principe præsumere audeat, Pacem Westphalicam, ipsi ac universæ Domui Brandenburgicæ adeò proficuam, tot Christianorum per tricennium hinc inde belligerantium sanguine emptam, vinculisque tam arctis firmatam, quæ Catholicis præfatarum Ditionum incolis, qui anno 1624. vel quâcunque ejus parte Orthodoxæ Religionis suæ exercitio gavisi fuerunt, idem in perpetuum asserit, uno velut ictu ab eo ex isto solum capite eversum iri, quod unica Germaniæ Civitas inconcussam hactenus possessionem suam circa punctum non admittendi Exercitii novæ cujusquam Religionis manutenere pro virili desideret, Residentemque assiduum & vero similiter in Domo nuper empta perennaturum, cum tanto revolutionis internæ periculo, quamdiu qualecunque Exercitium suæ Religionis intra Mœnia Urbis prætenderit, recipere, vel sufferre detrectet? Diffiteri non potest Coloniensis Civitas, plurimùm sibi opis flagrante hoc bello à militibus Prutenis afferri; sed cum prima illi semper hucusque de Religione cura fuerit, ac perpetuò esse debeat, non indignabitur æquissimus pariter ac sapientissimus Princeps, immobili ejusdem Civitatis in conservando avitæ Religionis suæ unico Exercitio cum exclusione cujuslibet alterius, ut præclare hactenùs præstitit, firmitati, nec sanè justus quisquam arbiter rerum probaverit, in medio armorum ardore, dum quæcunque studia, quæ animos à se invicem divertere possunt, sollicitè premenda essent, ab amico & belli socio è communi calamitate lucrum captari, auxiliique socialis compensationem cum insolitæ prærogativæ accessu prætendi, quasi licitum foret, Imperii Concives hostium irruptioni expositos in tantâ necessitate compellere, ut auxilium aliàs sibi debitum rediment proditione Religionis, dum sæpè dicta Civitas minimè renuit congruo tempore coram competente Judice finem non opportunæ hujus controversiæ præstolari.

LIV.

Memoire du Ministre Electoral de Brandebourg à la Diete generale de l'Empire, donné par ordre Fevrier.

Anno 1709.

ordre du Roi son Maistre, à ceux des Estats Evangeliques, au sujet de la Protestation du Nonce du Pape, contre l'Accommodement de Sa Majesté avec la Ville de Cologne. [Traduit de l'Allemand sur une Copie sûre]

SA Majesté Royale de Prusse, mon très-gratieux Roi & Seigneur, m'a ordonné de représenter à la premiere occasion, au Très-Louable Corps Evangelique; Que, sans doute, il lui sera desja connu, comment le Differend survenu il y a desja quelque tems, entre sa susdite Haute Royale Majesté, & la Ville de Cologne, touchant l'Exercice de Religion dans la Maison de son Resident à Cologne, a été terminé, & accommodé par la Mediation de sa Serenité Electorale Palatine, & de son Altesse Monseigneur l'Evesque de Munster. Mais comme le Nonce du Pape qui se tient à Cologne, s'est fort intrigué contre cet Accommodement, & qu'il a publié je ne sçai quel impertinent Brimborion, dans lequel on voit manifestement, le vrai, & ancien esprit du Papisme, qui regne en Italie, en Espagne, & en Portugal, & principalement l'intention de rétablir l'Autorité Pontificale dans l'Empire, c'est-à-dire un second Estat dans l'Estat; & d'autant que ledit Nonce a bien osé nommer à la face de l'Empire, Sa Royale Majesté un *Prince Acatholique* & la Religion Evangelique Reformée, une *damnable Secte*, ce qui est une legereté convenable seulement, à un indigne homme comme lui, je m'asseure que le Très-Loüable Corps Protestant, comprendra de lui-même, combien il importe à ses Interêts, & à son honneur & Reputation, de mettre en usage tous les moyens convenables, pour empêcher qu'aucune Puissance étrangere, comme est celle de l'Evesque de Rome, ne reprenne en Allemagne son ancienne tyrannique Domination, dont les miseres passées de la Nation Allemande, peuvent rendre témoignage, & qu'il ne regne de nouveau, comme il faisoit, sur les Empereurs, Rois, Electeurs, & Princes. Puis donc que le Siège Papal, n'a aucun droit ou pouvoir, de s'opposer à un Accommodement entre Sa Royale Majesté, & la Ville de Cologne, lequel ne contient quoi que ce soit contre les Droits de la Ville, ni dans le Spirituel, ni dans le Temporel, d'autant moins que c'est une chose inebranlablement établie, par les Constitutions de l'Empire que les Etats de l'Empire peuvent faire ensemble des Accords, des Conventions, & des Alliances, aussi bien sur les affaires de la Religion, que sur les affaires Politiques; & que cette Liberté, outre qu'elle est établie, par le Traité de Munster, sur les Fondements de l'Empire, s'y trouve particulierement fortifiée, par cette Clause qui y est expressément ajoutée; Qu'aucuns Droits, soit Canonique soit Civil; aucuns Concordats avec le Pape, aucuns Statuts soit Politiques, soit Ecclesiastiques, aucuns Decrets, Dispenses, Absolutions, ou autres Exceptions que l'on pouroit alleguer, ou apporter, sous quelque pretexte que ce puisse estre, ne seront ni écoutées ni permises contre cette Constitution Imperiale; avec menace que ceux qui s'y opposeront, seront punis sur le champ, & de propre Authorité, comme Violaleurs de la Paix; & que le Nonce du Pape, qui se tient à Cologne, va contre tout cela, d'une maniere insolente & punissable, Sa Majesté se confie, que ses Co-Estats Protestans ne regarderont pas seulement ledit Nonce, comme un Usurpateur d'une Autorité, qui ne lui a jamais été permise dans l'Empire, & comme un Perturbateur du Repos public, mais aussi qu'ils en feront une affaire commune avec Sa Majesté, & que l'on supliera Sa Majesté Imperiale, par une Lettre très-pressante, de la part du Corps Protestant, qu'elle vueille s'opposer à l'introduction de cette Domination étrangere, & user tellement de son très-haut Office Imperial, que ce Nonce soit entierement chassé de l'Empire, ou du moins obligé & contraint à retirer, & retracter son vilain & scandaleux Ecrit, à se contenir à l'avenir en des bornes plus etroites, & à ne plus jamais faire de semblables entreprises qui heurtent directement les Constitutions de l'Empire. C'est pourquoi, par commandement exprès de Sa Majesté, je requiers instamment le tres-Louable Corps Evangelique, d'écrire dans ce sens-là, à l'Empereur, & je recommande que cela se fasse au plustost possible.

Anno 1709.

LV.

16. Fevrier.

Litteræ Apostolicæ Clementis *Papæ* XI. *ad ejus Nuncium Coloniæ Agrippinæ residentem, adversus Concordiam initam inter Regem Borussiæ, & Civitatem Coloniensem circa Exercitium Religionis Liberum in Domo Residentis Borussici agendum. Datum Romæ* 16. *Februarii anno* 1709. [Sur la Copie imprimée par ordre du Nonce du Pape à Cologne.]

CLEMENS PAPA UNDECIMUS.

Venerabili Fratri Joanni Baptistæ, Archiepiscopo Tarsensi, Nostro, & Apostolicæ Sedis ad Tractum Rheni Nuntio.

VEnerabilis Frater. Salutem & Apostolicam Benedictionem. Sperandum omninò Nobis esse videbatur, Magistratum istius Civitatis Coloniensis veteris pietatis memorem, & Nostris etiam paternis officiis, ac Fraternitatis Tuæ vocibus admonitum, ac confirmatum, nihil unquam remissurum esse de ea constantia, quâ primùm obstiterat petitionibus Acatholici Principis, magno studio contendentis novum, ac inauditum exemplum, favore suæ sectæ, illuc inducere. Verùm non sine multa animi Nostri molestia audivimus, eundem Magistratum, inito demùm Tractatu, delectisque Arbitris, existimâsse, satis consultum esse incolumitati Orthodoxæ Fidei, si damnata Hæreticorum exercitia ab ista Civitate in præsens excluderentur, cæterùm consensisse in aliquam conditionem, per quam differri potiùs quàm adimi Catholicæ Religionis periculum videatur. Quamobrem æquum omninò fuit, ut Fraternitas Tua pro demandato sibi à Nobis munere statim insurgeret, ac palam declararet, non licuisse Magistratui sæculari causam Fidei cultum, & integritatem directè respicientem attingere, nec in concordia, quæ dicitur inter partes inita, præservare asserta jura Acatholici Principis. Ut autem omnibus perspectum sit, nedum grata Nobis extitisse, sed rata à Nobis haberi ea, quæ pro indemnitate Catholici cultûs, inhærendo Facultatibus Tibi à Nobis traditis, opportunè ac necessariò hâc occasione præstitisti; Nos Declarationem à Te editam, in qua omnia & singula obtentu ineundæ concordiæ in eo Tractatu contenta, cum omnibus inde secutis, ac secuturis, quatenus directè vel indirectè Catholicæ Religioni præjudicium inferant, aut inferre aliquando possint, sub amplissima forma nulla, ac irrita denunciâsti, ac pro revocatis, cassatis, nullis, invalidis, abolitis, viribusque, executione & effectu penitùs, ac omninò vacuis haberi voluisti, per omnia approbamus, & Apostolica Nostra Authoritate confirmamus; Tibi insuper injungentes, ut ejusmodi Approbationem ac Confirmationem Nostram notam omnibus reddi cures, & facias. Interim verò ut pergas in officio esse, & vigilantiam tuam Nobis semper magis comprobare, Apostolicam Benedictionem Fraternitati Tuæ peramanter impertimur. Datum Romæ, apud Sanctum Petrum, sub Annulo Piscatoris, die XVI. Februarii, Anno M. DCC. IX. Pontificatûs Nostri Anno Nono.

Ulysses Jos. Archiep. Theodosiensis.

LVI.

Edict de Naturalité donné par le Roi de Prusse Electeur de Brandebourg en faveur de tous les Protestants de quelque Pais qu'ils soient, qui viendront s'établir dans les Terres de sa Domination. Cologne sur la Sprée le 13 *Mai* 1709. [Simple Copie mais sûre.] 13. Mai

FRideric par la grace de Dieu Roi de Prusse, Marcgrave de Brandebourg, Archi-Chambellan & Electeur du St. Empire Romain, Prince Souverain d'Orange, de Neufchatel & de Valengin, Duc de Magdebourg, de Cleves, de Juliers, de Bergues, de Stetin, de Pomeranie, des Cassubes & Vandales, de Mecklebourg en Silesie & de Crossen, Burgrave de

ANNO 1709. de Nuremberg, Prince de Halberstadt, de Minden, de Camin, de Schwerin, de Lingen & de Buren, & de Lehrdam, Marquis de Veere, de Flessingue, Seigneur de Ravestein de Rostock, de Stargard, de Lauemburg, de Butau, d'Arlay & de Buda &c.

Sçavoir faisons par ces presentes que comme depuis le commencement de notre Regne, un de nos principaux soins a toujours été d'avancer la gloire de Dieu, & de maintenir & faire fleurir la veritable Religion dans nos Estats, nous avons aussi à l'exemple de notre Seigneur & Pere de glorieuse memoire, receu ceux qui en font profession & que la persecution a contraint de quiter leur Patrie, & leur avons temoigné toute sorte de faveur & de charité, les faisant joüir de la même protection dont nos Sujets Allemands joüissent, de sorte que plusieurs milliers y ont avec la benediction de Dieu, trouvé abondamment le moyen de subsister, & nous ont donné des témoignages de leur reconnoissance par leur fidelité & leur devoüement à notre service. C'est ce qui nous a porté à donner aux Refugiez de nouvelles marques de notre bienveillance royale, en renouvellant & confirmant l'Edit cy-joint, que notre dit Seigneur & Pere fit publier le 29 Octobre 1685. de même que les autres Declarations que nous avons données en leur faveur, afin que tous les Refugiés soient maintenus à l'avenir comme par le passé, sans aucune diminution dans tous les Privilèges, & dans toutes les Immunités qui leur ont été accordées, dans les affaires tant Ecclesiastiques que Civiles, renouvellant à cet effet & confirmant par ces presentes, les dits Edits, comme s'ils étoient inserés icy de mot à mot, & voulant que generalement tous les Refugiés y soient maintenus.

C'est pourquoi en Explication de cet Edit de 1685. nous voulons que tous les Refugiés desja établis, ou qui s'établiront cy-après dans nos Païs, soit qu'ils soient sortis de France, ou de quelqu'autre Lieu qu'ils auront été obligés d'abandonner pour leur Religion, soient considerés, reputés & tenus pour nos Sujets, naturels, du moment qu'ils auront presté le serment de fidélité à nous & à notre Maison Royale, naturalisant pour cet effet par le present Edit, tous ceux qui faisant profession avec nous de la Religion Protestante, & etant sortis pour la Religion, se sont établis & s'établiront à l'avenir dans nos Estats; voulant qu'ils soient mis dans une telle égalité avec nos Sujets Allemands, que comme eux, ils soient sans aucune distinction avancés, & employez en toutes sortes de Dignitez & Charges Ecclesiastiques & Civiles, Nobles, & non Nobles, tant dans notre Cour, que dans nos Colleges, & dans les autres Corps, & que les gens de metier soient receus dans les Maistrises, sans que leur Naissance en d'autres Estats que les nôtres, puisse leur porter aucun prejudice, voulant au contraire que toute difference & distinction, qui auroit pu encore rester jusqu'à present, entre nos Sujets naturels, & ceux que nous avons receus en cette qualité soit & demeure entierement éteinte, dans les cas où il sera de l'Interest & de l'avantage des Refugiés que cette diference soit abolie.

En conséquence dequoi nous voulons & ordonnons que nos susmentionnés Edits soient exactement observés, & qu'en s'y conformant, tous les Refugiez & leurs Enfans, de quelque Nation, & de quelque qualité qu'ils puissent estre, soient considerés comme nos Sujets naturels, & voulons comme tels les proteger & maintenir en toutes occasions, tant dans nos Estats, que par-tout ailleurs, en tout ce qui leur apartiendra de Droit. En foi de quoi, nous avons signé les presentes de notre propre main, & y avons fait apposer notre grand Sceau. Donné à Cologne sur la Sprée le 13. Mai 1709. Signé FREDERIC, & plus bas le Comte de WARTEMBERG.

LVII.

18. Juillet. *Edit des Nobles, Grands & Puissants Seigneurs Estats de Hollande & de Westfrise accordant la Naturalité sous certaines Limitations aux François refugiés dans leur Province pour cause de Religion. Donné à la Haye le 18. Juillet 1709.* [Traduit de la Copie affichée & placardée à la Haye.]

LEs Etats de Hollande & de Westfrise à tous ceux qui ces presentes verront ou qui les entendront lire, Salut. Scavoir faisons, quayant pris en consideration, qu'en general la grandeur & la prosperite d'un Païs consiste dans la multitude des Habitans, & qu'en particulier cette Province s'est accrüe en puissance & en richesse, par le concours des personnes dispersées & malheureuses, qui ayant été chassées pour la profession de la veritable Religion Reformée, ont pris leur azyle en cette Province & y ont beaucoup contribué depuis long-tems à l'augmentation du Commerce, des Manufactures, & du bien commun; Que de plus les Refugiés sortis de France pour cause de Religion, qui ont desja demeuré un assez long-tems en ces Païs, ne se sont pas rendus indignes des reflexions favorables de la Regence sur leurs personnes & familles, & que par consequent ils doivent joüir de la protection generale comme les autres Habitans. ANNO 1709.

A ces Causes, nous avons trouvé bon d'ordonner & de statuer, ainsi que nous ordonnons & statuons par ces presentes, que toutes les personnes qui se sont retirées du Royaume de France, ou autres Païs, pour la Profession de la veritable Religion Reformée, & ont pris leur azyle en cette Province de Hollande & de Westfrise, & s'y sont établies, de même que les enfans desdites personnes, ou amenés, ou nez icy, comme aussi toutes autres Personnes & semblables Refugiez qui à l'avenir viendront se retirer ici, soit directement hors de France, ou d'autres Païs, & qui y établiront leur Domicile, seront reconnües & receües doresnavant, ainsi que nous les reconnoissons & recevons par ces presentes, pour nos Sujets naturels de nos Païs de Hollande & de Westfrise, aux mêmes Privilèges & Prerogatives que nos autres Sujets originaires en joüissent, & qu'en conséquence ils joüiront du Droit de Naturalité, ainsi & conformement qu'il a été établi par notre Resolution du 25. Septembre 1670.

Qu'ainsi tous ceux qui veulent joüir de cette notre grace, devront s'adresser en personne aux Presidens & Conseillers de la Cour, s'ils sont du Ressort, ou autrement aux Magistrats des Villes, ou Baillifs & Juges des Villes, sous la Jurisdiction desquels ils se trouveront domiciliés, ou viendront établir leurs Domiciles, qui après un sommaire examen pour sçavoir si les Supplians sont veritablement de tels Refugiez enregistreront leurs noms, afin qu'il en puisse apparoistre à toujours. Enjoignons à un chacun quel qu'il puisse estre de s'y conformer, & de reconnoître lesdits Refugiéz en cette qualité; Et afin, que personne n'en puisse prétendre cause d'ignorance, nous ordonnons que ces Presentes soient publiées & affichées par-tout où il appartiendra, ainsi que de coutume. Fait à la Haye le 18. Juillet 1709. Signé,

SIMON VAN BEAUMONT.

Resolution du 25 Septembre 1670 selon laquelle l'Edit doit estre entendu. [Differation curieuse sur les Naturalisations accordées aux Protestans, par la Reine de la G. B. par le Roi de Prusse, & par les Estats de Hollande. pag. 17.]

LEs Estats d'Hollande & de Westfrise après une meure déliberation, ont statué & accordé unanimement, comme ils statuent, établissent & declarent par ces Presentes, que ceux qui ont obtenu cidevant, ou pouront obtenir cy-après, de leurs Nobles & Grandes Puissances, des Lettres de Naturalisation, ne sont ni ne seront en vertu de ces Lettres qualifiés ou rendus capables de posseder aucunes prééminences, prérogatives, exemptions & immunités, ou autres Privilèges particuliers, soit nobles ou roturiers, non plus qu'a estre avancés à aucune Magistrature, Charges, Dignités, ou Benefices, auxquels ils ne seroient pas admissibles avant leur Naturalisation, ne sont uniquement que pour asseurer & faire joüir ceux qui les obtiennent du Droit de Protection, à l'égard de leurs personnes, & de leurs biens; comme aussi des Droits de maintenance pour la Jurisdiction établie, & sous leur Juge competant selon les Loix du Païs, en conformité de quoi, ci-après le formulaire des Lettres de Naturalisation, sera dressé en termes clairs & significatifs.

LVIII.

ANNO 1709. 29. Juillet.

LVIII.

Edictum Cæsareum annullans & irritans quæcumque Juramenta fidelitatis Serenissimo Duci Sabaudiæ per Vassallos Langarum in præjudicium Superioritatis Imperii facta. Dat. Viennæ 29 Julii 1709. [Copie communiquée par un des principaux Seigneurs des Langues.]

JOSEPHUS &c.

OMnibus Vassallis nostris in Italia, & præsertim Langarum Districtu Feuda Imperialia possidentibus, & in primis Marchionibus & Comitibus respectivè Carrettis de Balestrino, Millesimo, S. Georgio, Mombasilio, Bagnasco, Pruuetto, Volpergo, S. Juliæ, nec non Joanni Stephano Cazzulino, ac Ducissæ ab Arschot, uti & Feudatariis Cayri, Altaris, Mallarum, Degbi, Cossani, Mangani & Rochettæ Belbi Gratiam nostram Cæsaream & omne bonum. Relatum nobis est humillime à compluribus quod, etsi Majores vestri bona, prædiaque sua solis Romanorum Imperatoribus, & Sacro Romano Imperio partim in Feuda obtulerint, partim ab Imperatoribus, Romanorum Regibus, dictoque Imperio in meritorum suorum compensationem receperint, recognoverintque, tamen Serenissimus Sabaudiæ Dux Vos, una cum Feudis Imperialibus Bozzolaschi, Niellæ, Faisolii, Albaretti, S. Benedicti, Prunetti, Levicis, Scalettæ, Altesini, Serravallis, Bardinetti, Brovidæ, Arnaschi, Novelli, Montisfortis, Rocchæ vignalis & aliis ad se velut Superiorem, ac Dominum vestrum recognoscendum, & investituras ab ipso recipiendas, fidelitatemque juramento præstandam sub uno alterove prætextu compellere modis omnibus conetur, nonnullos etiam jam tum compulerit, atque insuper non exiguam collectarum summam pro ærario, decimamque Subditorum vestrorum pro Militia sua sic exigat, ut si quisquis vestrum se ipsius voluntati subjicere renuit, hunc minis gravibus atque ipsis etiam actionibus criminalibus non parum inquietet. Quemadmodum autem Cæsarei nostri muneris non una ratio postulat, ut ea, qua Vassalli Imperiales Nobis, ac Imperio se fideles, & obedientes exhibere jubentur Lege; Nos vicissim etiam illos contra vim omnem tueamur, sub protectionem nostram Cæsaream recipiamus; ita dictum quidem Sabaudiæ Ducem, à cœptis hisce suis, tum per Litteras, tum per Ministros nostros ita dehortati sumus, ut æquanimitas ipsius, & qua se semel Romano Imperio obstrinxit, fides non patiatur Nos dubitare, quin ordinationibus nostris tam justis sit locum daturus, interea tamen juramenta, quæ vos eidem, aut Vestrum aliquis hactenus præstitistis, pro irritis, ac invalidis declaravimus, cassavimus, & annullavimus, atque ab illis vos omnes, & singulos supranominatorum, aliorumque Imperialium Feudorum Possessores, pro authoritate nostra Cæsarea absolvimus, prout tenore præsentium illa omnia, utpoté in nostrum & Sacri Romani Imperii præjudicium tendentia cassamus, annullamus, irrita declaramus, & Vos absolvimus, nec non sub tutelam, protectionemque nostram Cæsaream clementissimè recipimus, districtè subque expressa amittendorum Feudorum vestrorum Imperialium, aliisque legitimis pœnis serio inhibentes, nè ullum alium præter nos donec aliter pro circumstantiis rerum cognoverimus, & nominatim jusserimus, pro Domino vestro superiore agnoscatis, aut respiciatis, secus fidem, fidelitatem, & obsequiorum clientelarium debitum, Nobis solis, & Sacro Romano Imperio, uti jurastis, vel jurare adhuc debetis, ita etiam præstare, & exhibere nullo unquam tempore, aut occasione intermittatis; nisi indignationem Cæsaream, pœnasque memoratas incurrere volueritis, de quo vos certiores reddere voluimus per Præsentes manu nostra subscriptas, sigillique nostri Cæsarei appressione munitas. Quæ dabantur in Civitate nostra Viennæ die vigesima nona Julii anno millesimo septingentesimo nono. Regnorum nostrorum Romani vigesimo, Hungarici vigesimo secundo; Bohemici vero quinto.

LIX.

ANNO 1709. 31. Octobre.

Edit des Seigneurs Estats Generaux des Provinces Unies des Païs-Bas, en faveur des François refugiés sous leur Domination, pour leur conserver les Successions de leurs Parens, à l'exclusion de ceux qui sont restés en France. A la Haye le 31. Octobre 1709. [Simple Copie, mais sûre.]

LEs Estats Generaux des Provinces Unies des Païs-Bas; A tous ceux qui ces presentes verront ou entendront lire, salut. Sçavoir faisons qu'étant venu à notre connoissance, sur les plaintes de plusieurs Refugiés, en partie fugitifs de France pour la Religion, & en partie enfans ou Successeurs desdits Refugiés; Que les rigoureux Edits & Declarations du Roi de France, par lesquels tous les Refugiés sont declarés confisqués de Corps & de biens, & par là censés morts civilement, non seulement n'ont pas été moderés jusques à present, mais qu'au contraire ces Edits & Declarations sont generalement executés par toute la France, avec autant de rigueur que jamais, contre tous les Refugiés & leurs Successeurs, en sorte que non seulement les hommes, & les femmes refugiés ici, n'ont jusqu'à present rien pû recevoir en vertu de leurs Contrats de Mariage, de leurs femmes ou maris respectifs domiciliés en France, ou de leurs Successeurs, ni même obtenir la moindre part des acquets faits en France depuis leur Refuge, mais aussi que l'on continue d'exclure entierement, les enfans des Refugiés habitans de ces Païs, de la Succession des Biens delaissés par leurs Parens, en France, pendant que ceux de France viennent journellement en ce Païs, exiger & poursuivre hardiment leurs Droits pretendus; soit pour causes de leurs Conventions matrimoniales, ou pour causes d'heritages, & comme une telle demande est notoirement contraire à toutes raisons de Droit & d'Equité, & qu'en la recevant favorablement, soit par ignorance ou autrement, outre l'injustice qu'il y auroit, il en resulteroit un extrême prejudice à cet Estat, qui seroit privé par là des effets, & Biens de ses Habitans, sans aucune esperance ou possibilité de retour. A ces causes nous avons jugé à propos, pour y pourvoir ainsi que de raison, de declarer & statuer, comme nous declarons & statuons par ces presentes, que ceux qui sont domiciliés sous la Domination du Roi de France, ne pourront former aucune demande contre les Refugiés de ces Païs, ou contre leurs Successeurs, tant pour cause de conventions matrimoniales, que pour cause de Successions ab intestat, ou par Testament, soit pour heritage ou legs, le tout non seulement pour ce qui echerra à l'avenir, mais aussi pour ce qui est écheu, & qui neantmoins n'a pas encore été définitivement décidé par les Juges. Et afin qu'un chacun de ceux qui pouroit y avoir Interest 'en puisse avoir connoissance &c. nous enjoignons que les presentes soient publiées & affichées par-tout ou il est usité. Fait à la Haye le 31. Octobre 1709. Paraphé C. GEHEEL VAN STENBRUEXCK. Signe F. FAGEL.

LX.

8. Novembre.

Universales AUGUSTI II. *Regis Poloniæ, quibus ad vehementem obsecrationem ex Provincia Prussiæ, variisque Palatinatibus, Terris & Districtibus Regni & M. D. L. Nantiorum, Reditum suum ad Regnum & impensissimam pro bono publico curam in se suscipiendam, universis & singulis notum facit, magnumque Consilium in fundamento Confœderationis Sendomiriensis Varsaviæ indicit. Dat. Thorunii die* 8. *Mensis Novemb. Regni sui XIII.* [ANDREÆ CHRYS. IN ZALUSKIE ZALUSKI Episc. Varmiensis *Epist.* Tom. 3. Epist 131. pag. 892.]

Augustus II. Dei Gratia Rex Poloniæ &c.

OMnibus & singulis &c. Et Nos & mundus universus palàm videt, realiter agnoscit, quòd quem Deus protegit, frustra ab hominibus impetitur, quòd Spiritus Omnipotentis magnam facit suæ ostensionis evidentiam, quòd quidquid fit aut factum, à

ANNO 1709.

Deo factum est istud. Nam vix dum extraditis innotescentiis nostris in finibus Regni substitimus, & statim hostis ex nostris ad suas pulsus Terras, in cordibus quoque Subditorum nostrorum non immutatum zelum invenientes, auribus & oculis excipimus tot in occursum obvios utriusque Ordinis, Senatores, tam multos ex Equestri Ordine selectos cum fideli testimonio affectus ad latus nostrum comparentes, ex Tribunali Regni, ex universa Provincia Prussiæ, ex variis Palatinatibus, Terris & Districtibus Regni & M. D. L. ablegatos Nuntios, audivimus, quorum affectibus non tantum delectari, sed etiam gloriari convenit. Agnoscimus autem & profitemur hunc esse effectum memorandæ in perpetuas æternitates Confœderationis Sendomiriensis, quæ latam ostentandæ virtutis nacta materiam tam constanter, tam prudenter nullis adversitatibus fracta ad stuporem Universi pro fide Sancta, honore nostro, juribus & libertate sua exemplo Prædecessorum suorum in æviternam secuturæ posteritatis memoriam perseveravit. Hinc non tantum patet certitudo, quod verè imperant volentibus, non tantum spes sed & spei fiducia, quòd etiam secuturis temporibus in totius Regni & M. D. L. Civibus Status pristinus rerum in desiderium veniet. Nos autem quod concernit, palàm loquimur & profitemur esse, quod sumus, in hoc Ordines Reip. assecurando, quòd nihil magis desideremus quàm mite velut ante imperium, impensissimam pro bono publico curam, promptissimos in omne genus curarum, & defatigationum humeros, hæreditariam fortunam nunquam eam dividendo à fortuna Regni nobis à Deo commissi, vectigalem Reipubl. non minus oneri quam honori Sacratum ferre caput, pro scopo & meta unicé statuendo quietem Regni & pro præmio Reip. felicitatem, volentes in vim gratitudinis Regno & M. D. L. non frustra hanc spem de nobis conceptam esse, quòd potestas nostra ad singulorum auxilium, non ad perniciem universorum comparata est. Sic geremus Principatum, ut orbis universus videat, rem Populi esse non nostram, ut quam primum Rep. in tranquillum reductâ, recuperatâ publicâ fortunâ Dominiorum nostrorum palàm faciamus, & ea unâ cum omnibus gaudeamus, ut hos à quibus amari nos sentimus, amemus, ut totum quidquid amisit fortunæ vel admisit infortunii Resp. ex integro reparare possimus, ut denique ordinata sollicitudo secuturis temporibus pariat securitatem; nam reparare præterita, emendare præsentia, præcavere futura infortunia ad omnes pertinet Reipub. Status. Cum nos (quo coram Deo & hominibus manifestamur) nihil aliud magis optamus, quam demonstrare, quòd omnino velimus corda Subditorum nostrorum naturali & innata nobis bonitate devinciendo, de nulla re magis quàm de gloria Regni esse solliciti, ut permaneat & duratura in Dominiis nostris revertatur felicitas. Ac proinde habentes pro justis & legitimis, quæ Reip. salutaria sunt, statuimus quam primum non tantum verba in aures immittere, sed aperto pectore præstando plura quàm pollicendo, omnibus congregatis Ordinibus Reip. id palàm facere. Magnum itaque Consilium in fundamento Confœderationis Sendomiriensis indicimus Varsaviæ pro die quarta Mensis Februarii, Anno Domini 1709. Ante quod Universale pro Comitiolis Palatinatibus, Terris & Districtibus omnibus Regni quam M. D. L. extradimus pro die Septima Mensis Januarii ejusdem anni. Pro quibus ad declaratos jam antea Deputatos per Comitia Lublinensia & Confœderationem Sendomiriensem, si fuerit necessitas aut voluntas, eligere poterunt (exceptis his, qui hosti nostro assistebant, ausique sunt & præsumpserunt manus elevare contra Majestatem nostram, & contra Exercitum Regni, & consilio juvare adversam Partem) ut hi quod tempus monet, provideant, & quidquid pro bono publico, necessarium judicaverint, nomine Palatinatuum, Terrarum & Districtuum suorum in publico consilio proponant; Hoc maxime hisce nobilibus Nuntiis commendando, ut in unione animorum id agant, quod omnino si salvam Remp. volumus, agendum est. Interea ut Sancita Reipub. in Comitiis Lublinensibus, Consiliis & Congressibus præteritis executioni mandentur, non tantum laudabilem, sed & necessariam cogitationem eamque seriam, & reali effectui datam, quivis Patriæ amans nobiscum fateri cogitur, præcavendo ne in casses jam expertos rursus incidamus. Cum autem jam agnoverit Polonia, quid sit in partes, in dissidia, in opiniones scindi, paterno affectu nostro cupimus, ut eadem omnium voluntas, idem ad conservationem Universi studium, par in omnibus reperiatur propensio. Omnis res anterior posteriori vel normam vel cautelam præministrat. Hæc ad notitiam omnium Palatinatuum, Terrarum & Districtuum tam Regni quàm M. D. L. (cui Civitatem Hominum pro Congressu consignamus Brzestæ Lituaniæ Anno . . Mense . . die . . In ordine ad celeriorem Sancitorum executionem Lublinensium, intuitu erigendi Exercitus, & fulciendæ Confœderationis Sendomiriensis) volente Deo pro magno consilio Varsaviensi inter vota ponimus, ut cunctorum figatur cordi, quod ad omnes pertinet, in quo omnium & singulorum pendet felicitas. Universale hoc manu nostra subscriptum, Sigilloque Cancellariæ munitum pro omnium notitia in castris & locis ad id deputatis publicandum mandamus. Datum Thorunii die octava Mensis Novemb. Regni Nostri XIII.

ANNO 1710.

LXI.

1710. Avril.

Traité entre PIERRE ALEXIOWITZ *Czar de Moscovie, &* ACHMET *Chan Sultan des Turcs pour le renouvellement & la Confirmation de la Paix conclue pour trente ans l'an* 1700. *entre le même Czar, &* MUSTAPHA II. *Sultan des Turcs. Fait à Constantinople au Mois d'Avril* 1710. [Sur l'Imprimé publié à la Haye chez GUILLAUME DE VOYS en 1711. par ordre de Sa Maj. Czarienne, pour Annexe à la Justification de ses armes, en langue Françoise.]

PAix & benediction soit à tout le Monde, par le secours & par la misericorde d'un seul Dieu, & Seigneur, Createur de tous les biens, Tout-Puissant, Eternel, Inaccessible, Invisible, toûjours loüable & digne d'être continuellement glorifié, & par l'abondance des grands miracles de Mahomet Mustafa Prince des Prophetes, (sur lequel la benediction de Dieu puisse reposer) & qui est fameux dans l'un & dans l'autre Monde.

Sultan Achmet Chan, Fils du Sultan Mehemet Chan, toujours triomphant.

NOus Ministre, & Seigneur des très-venerables & très-benites Villes, des Edifices Sacrés & des Saints Lieux, où tout le monde flechit les genoux, sçavoir de la Meque que Dieu honore, de Medine qui brille d'un saint éclat, & de la Sainte Ville de Jerusalem, Empereur de trois grandes & delicieuses Villes Monarchiques, de Constantinople, d'Andrinople, & de Pruzie, comme aussi de Babylone & de Damas, & de l'incomparable Egypte, parfumée des bonnes Senteurs du Paradis, & de toute l'Arabie, d'Alep, d'Antioche, de l'Arabie Chaldaïque, de la Perse, d'Achsie, d'Alsie, de Ritie, de la Mesopotamie, du Païs des Parthes, de la Vanie, de la Culicie, de la Georgie, de la Militie, de la Grande Armenie, de Sibasetna, de Caramanie, de la Barbarie, de l'Ethiopie, de l'Arciere, de Trablos, des Iles de Rhodes, Chipre & Candie, de la Mer Blanche & Noire, des Iles d'Isibache, de la Natolie, c'est-à-dire, de l'Asie Mineure, de la Rumélie, mais principalement de la Tartarie, des Deserts de Cipcay, de la Province de Caffa, avec les dependances; de la Bosnie, de Temeswar, de Belgrade avec les Villes & Forteresses, qui en dependent, de la Moldavie, de la Valachie, & de plusieurs autres Villes célèbres & dignes d'être declarées, & des justes Thresors. Empereur des Empereurs, très-Clement & très-Puissant Sultan, Fils de Sultan, Monarque, Fils de Monarque; Sultan Achmet Chan, Fils du Sultan Mahomet Chan, & petit Fils du Sultan Ibrahim Chan.

Nous avons été informés après l'inauguration de N. M. Sultane, en montant sur notre Thrône Impérial Monarchique & Sultanique, que sous l'heureux Empire de Notre Frere le Sultan Mustafa d'heureuse memoire, (que Dieu a mis en possession de la joye éternelle, & à qui le très-haut daigne être propice,) une Paix de trente ans consécutifs avoit été conclue, ratifiée & redigée par écrit avec le très-glorieux & très-excellent entre les Hauts Princes qui croyent en Jesus, Souverain des Souverains qui regnent sur la

Nation

ANNO 1710. Nation Meſſine, Arbitre des plus importantes affaires de la Chrêtienté, Prince très conſiderable par ſa magnificence, par ſon très-grand merite, par ſa gloire, par ſa reputation & par la veneration, qu'on a pour lui, Pierre Alexiades Cſar de Moſcovie, Empereur de toute la Ruſſie, & Monarque de pluſieurs Païs qui y ont été joints, (à qui Nous ſouhaitons toute ſorte de bons ſuccès, & qu'il collime à la voye de ſalut) & maintenant Plein-Pouvoir ayant été donné à Pierre Andreiades de Tolſtoy, très-celebre entre les Grands Seigneurs de la Nation Meſſine, Echanſon, & Gouverneur d'Alaıor, & ſon Ambaſſadeur reſidant à Notre Magnifique Porte, (auquel nous ſouhaitons toute ſorte de proſperité) de confirmer ledit Traité de Paix: comme auſſi la très-aimée Lettre du Czar Nous ayant été renduë, touchant le deſir de ce Prince, pour la confirmation & renouvellement de Notre Accord: Et même Notre Premier Miniſtre & très-cher Lieutenant le Grand Vizir Ali Baſſa (dont le Très-Haut accroiſſe la force & la gloire à jamais) en a fait ſon raport plus au long en notre Imperiale & rayonante preſence. Nous auſſi au nom de Notre Illuſtre Majeſté, ſouhaitons d'entretenir l'amitié & la paix mutuelle avec ledit Cſar.

C'eſt pourquoi, par cette Lettre Imperiale très-venerable & très-authentique, Nous renouvellons, confirmons & declarons confirmé, dans tous ſes chefs, ledit Traité de Paix; les Loix & les Pactes compris, mot pour mot, dans les Regiſtres de Ratification, & les très-fameux Actes mêmes de Ratification, avec les XIV. Articles des Conventions, qui ſont auſſi dans Nos très-Nobles & très-Auguſtes Livres de Ratification, c'eſt-à-dire, tous les Articles de Paix arrêtez ſous le Regne de Notre Frere de pieuſe memoire, l'an 1112., le 26. du mois de Muharem, pour 30. ans entiers, ſans y rien changer. Nous auſſi les confirmons encore un coup, de bonne foi, & en bonne conſcience, ſous l'invocation du très-glorieux & très-Saint Nom de Dieu, & du plus grand & du dernier de tous les Prophetes Mahomet, (ſur qui puiſſe repoſer éternellement la paix, la benediction & le ſalut de Dieu) & en conſideration de pluſieurs miracles qu'il a faits, Nous faiſons vœu de garder la foy de Notre parole, la teneur des Articles de Paix & de tous nos Decrets, tant que d'autre côté on n'y contreviendra pas.

De plus, il ſera enjoint par Notre Majeſté Imperiale à tous Nos hauts Gouverneurs de Provinces, à tous les Generaux de notre triomphante Armée, preſens & à venir; à tous Nos honorables Miniſtres, & à tous Nos Sujets de ne rien faire contre ni au delà de ce qui vient d'être dit.

Fait l'An 1121. c'eſt-à-dire l'An 1710. le premier jour du Mois Cheval, autrement Avril, dans notre Ville Imperiale de Conſtantinople, & à Notre très-haute Cour Sultane.

*Lettre d'*ACHMET *Sultan des Turcs à Sa Majeſté Czarienne, ſervant de Ratification à ce Traité. Au Mois de Mai* 1710. [Sur l'Imprimé publié en François l'an 1711. chez *Guillaume de Voys* par ordre de Sa Majeſté Czarienne, pour annexe à la juſtification de ſes armes.]

Sultan Achmet Chan. Fils du Sultan Mechmet Chan, toujours triomphant.

QU'il ſoit connu au plus glorieux & au plus excellent de tous les Hauts Princes qui croyent en Jeſus, & Souverain des Souverains qui regnent ſur la Nation Meſſine, Arbitre des plus importantes affaires de la Chrêtienté, Prince d'un très-grand merite, d'une très-grande magnificence & d'une très-grande gloire & reputation, & qu'on a en veneration, Cſar de Moſcovie, Empereur de toute la Ruſſie & Monarque de pluſieurs Païs, qui y ont été incorporez, à Pierre Alexiades, (à qui nous ſouhaitons toute ſorte de bons ſuccès, & qu'il collime à la voye de ſalut) lors que cette Notre Imperiale Lettre viendra entre ſes mains. Que quatre des ſiennes envoyées à ſon Ambaſſadeur à Notre heureuſe Porte, Pierre Andreiades de Tolſtoy, illuſtre entre les Grands Seigneurs de la Nation Meſſine (auquel nous ſouhaitons toute ſorte de bonheur) pour être renduës à N. M. I. de même que quelques Commiſſions que Votre Majeſté lui a données, ſont arrivées, & cet Ambaſſadeur à Notre heureuſe Cour, ſelon l'ancienne coûtume de notre Empire, en a fait ſon rapport de vive voix au Viſir Ali Baſſa, Notre Lieutenant, (dont le Très-Haut veuille augmenter la force & la gloire à jamais) & nous lui avons ordonné de dire à Votre Ambaſſadeur, que comparoiſſant à Notre très-éclatante, très-heureuſe & très-fortunée Porte, avec le reſpect, qui, ſelon l'ancienne coûtume, nous eſt dû, il Nous preſentât ces Lettres. Enſuite de quoi on produiſit dans Notre très-Puiſſante Cour Imperiale ſes propoſitions, & les traductions que Notre Viſir en a fait faire. La teneur de Votre très-chere premiere Lettre étoit que ſous le Regne de Notre Frere le Sultan Muſtafa Chan, de bienheureuſe memoire, (que Dieu a établi au milieu du Paradis) l'an 1112. depuis la mort de Mahomet, (que Dieu couronne de ſa benediction) c'eſt-à-dire, ſelon le ſtile Chrêtien. 1701. le 26. du mois de Muharem, autrement dit Juin, la Paix avoit été concluë entre la très-Haute Porte, (qui durera autant que le Monde) & Votre Empire, pour trente ans conſecutifs, & ce qui fut alors arrêté a été fidélement obſervé de part & d'autre, & que maintenant V. M. a crû qu'il étoit bon de renouveller cette paix, & de Nous en faire la propoſition.

N. M. I. depuis qu'elle a été couronnée & placée ſur ſon heureux & haut Throne Imperial, a toûjours été du même ſentiment, bien que de certains obſtacles ayent retardé cette affaire.

Et parce que nous ſommes perſuadez de votre ſincerité, & que vous avez donné pouvoir à votre Ambaſſadeur de confirmer & de renouveller entre Nous l'amitié & la paix parfaite; il a été auſſi reſolu de la part de N. M. I. de cultiver votre amitié ſincere, & d'en recevoir le témoignage favorable par votre ſalutation, pour le tems marqué dans l'Inſtrument de paix de Notre Frere d'heureuſe memoire, ſçavoir pour trente ans; comme auſſi nous avons effectivement renouvellé tous les Articles contenus dans Notre Lettre Imperiale, & tous les Traitez de Paix avec les autres Conventions, & en avons fait donner copie authentique à Votre Ambaſſadeur, en la preſence Sereniſſime de N. M. I. & ſelon l'eſprit du Traité, & pour ſa confirmation, Nous en avons ſerieuſement enjoint l'execution au Chan de la Crimée, & à tous les Commandans de nos Armées, & Nos Officiers Civils ſur le Boriſthene. Que Votre Majeſté donne auſſi de ſemblables ordres aux Généraux de ſon Armée, dans les lieux convenables, ce qui ſe faiſant publiquement ſera d'autant plus louable.

Quant au deſir qu'elle témoigne touchant le St. Sepulchre, qui eſt à Jeruſalem, cette affaire eſt actuellement ſur le tapis, pour trouver le moyen de contenter les deux Parties. A la verité on n'a pas encore eu le tems de conferer là-deſſus, mais dès qu'on l'aura fait, on enverra la réponſe par le moyen de cet Ambaſſadeur. Il a été ordonné auſſi qu'on confereroit plus au long avec ledit Miniſtre, touchant le ſujet des trois autres Lettres, & cela ſera executé.

Au reſte, quant au moyen de conſerver Notre amitié mutuelle, Elle en ſera informée par la relation de ſon Ambaſſadeur ſusnommé.

Paix ſoit donc à quiconque marche dans la voye du ſalut. Fait l'an 1121., c'eſt-à-dire, ſelon le ſtile Chrêtien 1710. le dernier jour du mois Ziltade autrement Mai. Dans Notre Ville Imperiale de Conſtantinople, & dans Notre Haute Cour Sultane.

LXII.

Compromiſs Hertzog CARL LEOPOLDS **zu Mecklenburg-Schwerin und dero Gemahlin** SOPHIÆ HEDWIGS, **gebohrner Fürſtin zu Naſſau-Dietz in Eheſcheidungs-Sachen; Worinn dieſelbe zu auſtrag obbenannter Sachen das Schwediſche Pommeriſche Conſiſtorium zu Greiffswald zu Schiedsmännern erwählen. Geſchehen Doberan den 13. May. 1710.** [LUNIG **Teutſch Reichs**-Archiv, Part. Special. Continuat. 2. **Abſatz**. 6. pag. 617.] 13. Mai.

C'eſt-à-dire,

Compromis de CHARLES LEOPOLD *Duc de Me-*

ANNO 1710.

Mecklenbourg-Swerin avec SOPHIE HEDWIGE *née Princesse de Nassau-Dietz sa femme, par lequel ils remettent le Divorce à faire entr'eux, au jugement & Arbitrage du Consistoire de Grifswalde dans la Pomeranie Suedoise Fait à Doberan le 13 Mai 1710.*

VOn GOttes Gnaden / Wir Sophia Hedwig, Fürstin zu Nassau / Gräfin zu Catzenellbogen / Vianten / Dietz und Spiegelberg / Frau zu Beilstein / Baronesse zu Liesfelde ꝛc. Thun kund hiemit nun und zu künfftiger Nachricht / demnach zwar vor einigen Jahren eine Ehe-Verbündniß zwischen uns und dem Durchlauchtigsten Fürsten und Herrn Carl Leopolden, Hertzogen zu Mecklenburg / Fürsten zu Wenden / Schwerin und Ratzeburg / auch Grafen zu Schwerin / der Lande Rostock und Stargardt Herrn ꝛc. vermeintlich getroffen und vollzogen worden / in dem Absehen / daß dadurch von uns / und vornehmlich deroselben / der intendirte Zweck erreichet werden solte / in währenden diesen vermeintlichen Ehestand aber aus vorhin ob wohl verhandenen / iedoch verborgen gewesenen Ursachen solche Umbstände sich hervor gethan haben / welche nach berühmter Theologorum, JCtorum und Medicorum uns kundgemachter Meynung dahin reichen / daß diese Ehe nimmer verbindlich geworden / sondern von Anfang ihre Nichtigkeit bey sich gehabt und darinn zu continuiren / unser beyderseits zeitlichen und ewigen Wohlfarth und Ruhe sehr gefährlich seyn dürffte / Derowegen solchem Unheil vorzukommen / kein ander Mittel sich zeigen wollen / als daß dieses Ehe-Band / nach unsere beyderseits Verlangen und Einwilligung / öffentlich für null und nichtig erkläret werde. Dannenhero weil Wir beyderseits Fürstliche Personen / Protestantischer Religion seyn / also nach gegenwärtiger Verfassung des Römischen Reichs Wir kein forum legale competens in Ehe-Sachen zu finden haben / unangesehen der daher habenden trifftigen Ursachen / die hierinn kein menschliches Judicium über sich erkennen können und dorffen / nach dem Exempel anderer Fürstlichen Personen und Häuser in dergleichen Fall uns selbsten / Wir mit beyderseits wohl vorherbedachten Einwilligung / also von selbsten ohne einigen richterlichen Ausspruch uns gäntzlich zu scheiden / damit Wir dennoch der Gültigkeit der Ursachen / wie selbe in dem unter uns den 9ten May 1709. getroffenen Vergleich enthalten seyn / deren Nachricht / sambt dem Vergleich selbsten / Wir mit einem cörperliche Ayde hiermit / so wahr als GOtt und sein Heilig Evangelium uns helffen solle / bekräfftiget haben wollen / desto mehr in unserm Christlichen Gewissen versichert seyn mögen / diese von Anfang unverbindliche Ehe wieder aufzuheben; So seynd Wir nach dem Rath fast aller bewehrten JCtorum protestantischer Religion schlüßig geworden / zu solchem Ende in ein unverdächtiges Protestantischer Religion seyendes in specie in Ihro Königl. Maj. zu Schweden Pommerisches geistlich Consistorium zu Griffswalde / als in willkührlicher Arbitrorum Austräge und Schiedsmänner hierüber zu compromittiren; Thun auch solches Krafft dieses / jedoch mit der ausdrücklichen Maaße / daß wohlvorbenahmte Herren Consistoriales Arbitri, wann sie werden dieses austrägliche Arbitrium übernommen / und darzu in beständiger Form Rechtens sich erkläret haben / daß sie hierinnen ohne alle Solennität und Form eines gerichtlichen Processus de Simplici & planó verfahren / die Citationes nicht an unser Person / sondern an un unsern darzu genugsam sich legitimirenden Gevollmächtigten abgehen lassen / die Ihnen vorgetragene Ursachen nach Gött- und weltlichen Rechten untersuchen / darüber eines gewissen Schlusses auffs schleunigste / als es immer geschehen kan / sich vereinigen / selbigen gehörig abfassen und publiciren; Dahingegen verpflichten Wir uns bey unsern Fürstlichen Worten / wann solches Laudum auf beyder oder nur eines Theils Begehren / wird publiciret worden seyn / wie es unweigerlich alsdann geschehen / und von allen und jeden dieses Königlichen Consistorii Compromissorialis eigenhändlich unterschrieben / und mit dem Consistorial Insiegel bestätiget werden solle / dasselbe Krafft dieses / und wie hiemit geschicht / zu homologiren und zu approbiren / derogestalt / daß dargegen keine Restitution in integrum, keine Appellation. keine Revision, keine Reductio ad boni viri arbitrium, keine Exceptio læsionis alicujus, vel enormis, noch kein eintziges remedium impugnativum, oder Ausflucht / es habe Nahmen wie es wolle / wann dergleichen allhier eingewandt werden könte oder möchte / statt haben und attendiret werden wolle; Gestalt wir den allen hiermit wohlbedächtlich auffs kräfftigste renunciiren / auch allen denen Exceptionen / welche die Herren Consistoriales Arbitri einem oder andern Theile / nach dessen Befügniß und Willen zu Hinderniß dieser Ehescheidung behülfflich zu seyn / sonst möchten erkennen konnen / hiermit beständiglich abgesagt haben wollen. Alles bey Fürstl. Ehren / wahren Worten und Treuen / ohne alle Gefährde. So geschehen Doberan den 13. May 1710. Uhrkundlich unser eigenhändigen Unterschrifft und beygedruckten Fürstl. Insiegel / wie auch gleicher Unterschrifft und Besiegelung unsers bereits vorm Jahre zu dieser unserer Ehescheidungs-Sache besonders erbetenen und schrifftlich constituirten Beystandes / des Doctoris Conrad Bernhard Schwaben.

(L. S.) Sophie Hedewig, P. de Nassau.

Demnach die Durchleuchtigste Fürstin und Frau / Frau Sophia Hedwig, Fürstin zu Nassau / Gräfin zu Catzenellenbogen / Vianen, Dietz und Spiegelberg / Frau zu Beilstein / Baronesse zu Liesfeld ꝛc. mich unten Benanten / bereits vorm Jahr zu dero Beystand in der obbeschriebenen Ehescheidungs-Sache gnädigst erbeten und constituiret haben; So bescheinige hiemit daß hochgedachte Ihro Hochfürstl. Durchl. ich den obigen Einhalt / in Gegenwart dero Herrn Gemahls / Herrn Hertzogs Carl Leopolds Durchlaucht. klärlich und deutlich vorgelesen / auch den Einhalt expliciret habe; Da dann Ihro Hochfürstl. Durchl. annoch beständig bey obigen allen / wie geschrieben stehet / verblieben seyn / und sich also gäntzlich dazu erkläret / es demnach in meiner Gegenwart eigenhändig unterschrieben / und mit Ihren Hochfürstl. Insiegel bekräfftiget haben; So / daß ich ohne mein und der Meinigen Præjudice, es auch also und darauf / wie obstehet / unterschrieben und besiegelt / & uno actu solches bewerckstelliget. Wie dann auch diese meine Unterschrifft der Durchleuchtigsten Hertzogin vorgelesen habe. So geschehen Doberan den 13den May 1710.

(L. S.) Conrad Bernhard Schwabe / Dr. mpp.

Daß vorstehende Copeyen mit denen wahren Originalien / so bey dem Königlichen Consistorio übergeben und beygeleget worden / gleichlautend seyn / solches wird hiermit attestiret und bescheiniget.

(L. S.) Frid. Jacob Gerdes, Regii Consist. Secret.

Concordant cum Copiis supra scriptis vidimatis, quod attestor Ego

(L. S.) Joh. Heinrich Neuman / publ. Cæsar. & jurat. Notarius.

Spruch des Königlich-Schwedisch-Pommerischen Consistorii in Greiffswalde / in Ehescheidungs-Sachen zwischen Hertzog CARL LEOPOLD zu Meklenburg-Schwerin und dessen Frau Gemahlin / Frauen SOPHIAM HEDWIGEN gebohrner Fürstin zu Nassau / ex capite impotentiæ der Fürstin / beschehen und publiciert zu Greiffswald den 2 Junii 1710. [LUNIG Teutsches Reichs-Archiv. Part. Spec. Continuat. 2. Absatz. 6. pag. 628.] 2 Juin.

C'est-à-dire,

Sentence Arbitrale du Consistoire de Grifswalde dans la Pomeranie Suedoise, ordonnant le Divorce entre CHARLES LEOPOLD *Duc de Mecklenbourg-Swerin, &* SOPHIE HEDWIGE *née Princesse de Nassau sa femme, pour cause d'Impuissance de la part de ladite Dame. Rendue & publiée à Grifswalde le 2 Juin 1710.*

IN Compromiss- und Ehe-Sachen des Durchleuchtigsten Fürsten und Herrn / Herr Carl Leopold, Hertzogen zu Mecklenburg ꝛc. ꝛc. und der Durchleuchtigsten Fürstin und Frauen / Frau Sophia Hedwig, Hertzogin zu Mecklenburg / gebohrner Fürsten zu Nassau ꝛc. c. Erkennen wir General-Superintendens, Director und Räthe des Königl. Pommerischen Consistorii allhier zu Griffswalde, als rechtmäßig erwehlte Arbitri Compromissarii, in puncto divortii, ex capite impotentiæ, und andern in Actis befundenen Ursachen / nach fleißiger und reiffer Erwegung / und dabey sich herfürgegebenen Umständen / für Recht: Das die zwischen beyden Hochfürstl. Personen hiebevor getroffene / und bißher unter sich gewesene Ehe / aus denen in Actis angeführten und theils für vollführter Ehe bereits vorhandenen / aber vorenthaltenen / jetzo aber zugestandenen Ursachen / für unbündig zu declariren / demnechst gäntzlich zu cassiren / und auffzuheben sey / immassen wir dann vermöge auffgetragenen Compromissi hiemit sothanes Ehe-Band / und zwar mit Vorbehalt beyderseitigen Hochfürstlichen hohen Ehren / für unbündig declariren / dasselbe cassiren und gäntzlich aufheben / derogestalt / daß Ihro Hochfürstliche Durchl. Carl Leopold, Hertzog zu Mecklenburg-Schwerin / von der Durchleuchtigsten Hertzogin Sophia Hedwig, gebohrner Fürstin von Nassau / und Sie / die Durchleuchtigste Hertzogin / hinwieder von dem Durchleuchtigsten Hertzog / restituta arrha & receptione utrinque illatorum, geschieden / und das bißhero unter diesen Durchlauchtigsten Personen gewesene Ehe-Band gäntzlich cassiret und auffgehoben sey; jedoch aber / daß Ihre Hochfürstliche Durchl. Hertzog Carl Leopold von nun an / dero hohen Belieben

ANNO 1710. Leben nach / mit gutem Gewissen / zu einer anderwärtigen Ehe zu schreiten / frey und unbenommen bleibe / gestalt wir dieses also erkennen. Publicatum Griffswalde in loco Consistorii in Gegenwart beyder Hochfürstl. Personen Gevollmächtigten den 2ten Junii 1710.

Uhrkundlich des hierunter gedruckten hiesigen Königl. Consistorii Insiegel und beygedruckten Pitschafften.

Johann Fried. Mayer, D. S. S. Theol. General-Superintendens als Præses Consistorii. (L. S.)

David Brandong Gebhard, Consistor. Assess. (L. S.)

Dr. Johann Schack, Assess. Consist. (L. S.)

Petrus Marcauer, Dr. Reg. Consistor Direct. (L S.)

Dr. Johann Georg Pritius, Reg. Consist. Assess. (L. S.)

LXIII.

21. Juin. *Declaration & Acceptation des Ministres du Roi de Pologne, Electeur de Saxe, touchant la Neutralité des Provinces de l'Empire par raport à la Guerre du Nord, & au Traité fait sur ce sujet au Mois de Mars precedent. Signée à la Haye le 21. Juin 1710.* [Tiré du Protocolle de l'Ambassade Imperiale en Hollande, & au Congrez d'Utrecht.]

SA Majesté le Roy de Pologne, Electeur de Saxe ayant attentivement consideré la reflexion que S. M. Imp. Sa Majesté la Reine de la Grande Bretagne, & Leurs Hautes Puissances, les Seigneurs Etats Generaux des Provinces Unies, ont bien voulu faire sur le repos de l'Empire & en même temps sur la moderation qu'elle & ses Hauts Alliez du Nord ont fait paroitre à l'égard du Corps Suedois cy-devant sous le Commandement du Major General Crassau, bien que le Droit & les Suites naturelles & ordinaires de la Guerre; La maniere outrageante & inoüie, avec laquelle le dit Corps a traitté & quitté la Pologne; l'exemple même du Roy de Suède; & tant d'autres raisons authorisoient plus que suffisamment, & tous les Alliés du Nord en general, & Sa Majesté Polonoise en particulier, & specialement, de poursuivre les ennemis dans les lieux de leur retraitte; Et que Sadıtte Majesté Imp. Sa Majesté la Reine de la Grande Bretagne & leurs Hautes Puissances, pour prevenir le trouble dans l'Empire & pour mettre à couvert les Pays héréditaires de Sa Majesté le Roy de Pologne, Electeur de Saxe, pendant le cours de cette Guerre du Nord, sans exception, contre toutes les Insultes que les Suedois voudroient mediter ou executer par la suite du tems, & pourvoir, en même tems, que le Royaume de Pologne, & toutes les Dependances ne puissent pas être attaqués ny inquietés de maniere quelconque des Provinces Suedoises situées en Allemagne, ou par les Forces qui en pourroient être tirées, ont crû à propos d'établir & déclarer une Neutralité, laquelle Declaration doit servir au lieu de Garantie aux Interessés de part & d'autre, Sadıtte Majesté le Roy de Pologne Electeur de Saxe a ordonné aux Soussignés de declarer de même aux Puissances, qui ont eû la bonté de prendre soin du Bien Public en cela, que Sa Majesté le Roy de Pologne Electeur de Saxe, mettant pour fondement, qu'on fera de sorte, que la Suède fasse de même une Declaration positive d'observer une exacte Neutralité, qui soit conforme au contenu de l'Acte expedié pour cela, & à ce qui est mentionné cy-dessus, veut bien tomber d'accord de tout ce qui est contenu dans Sadıtte Declaration expediée le 31. de Mars de cette Année, En promettant d'observer religieusement tout ce qu'on y a stipulé. Et comme par là Sadıtte Majesté Polonoise donne nouvelle marque de son attention pour le repos de l'Empire & de son attachement & zèle, pour les Hauts Alliés, comme en effect elle a renouvellé la Convention sur les deux Corps de Troupes qui sont dans le Païs-Bas; & qu'outre cela elle faict encore marcher deux Bataillons aux ordres de Sa Majesté de la Grande Bretagne, & joindre quelques escadrons à l'Armée de l'Empire pour son Contingent, & que de plus Elle est entierement disposée d'en donner des marques encore plus éclatantes, dès que la situation de ses propres Affaires le voudra permettre. Sadıtte Majesté Polonoise se persuade aussi entierement que S. M. Imp. S. M. la Reine de la Grande Bretagne L. H. P. & toutes les Puissances qui sont accedées à cette Declaration qui doit servir au lieu de Garantie aux Parties Interessées, employeront les moyens les plus efficaces & les plus capables pour maintenir tout ce qui a été declaré si solemnellement, afin de pouvoir tenir en bride ceux qui y voudront contrevenir. Faict à la Haye ce 21. Juin 1710. ANNO 1710.

Comte WERTHERN.

W. H S. DE GERSDORF.

LXIV.

Declaratio ex parte Sacræ Czareæ Majestatis de Neutralitate Armorum servanda in Provinciis Imperii, respectu Belli, in Oris Septentrionalibus grassantis; Acta & extradita Hagæ Comitum die $\frac{22}{3}$ Junii. Julii. 1710. CUM Declaratione in eodem Negotio facta anno 1709. [Tiré du Protocolle de l'Ambassade Imperiale en Hollande & au Congrès d'Utrecht.] $\frac{22}{3}$ Jun. Juillet.

SUa Czarea Majestas insistendo anteriori declarationi, quam nomine suo Legatus ipsius plenipotentiarius infra scriptus, ex parte veró Celsorum suorum Fæderatorum Ministri illorum hic loci proximé præterlapso 1709 anno exhibuêre: Quemadmodum nempe attentè perpensis suis, ac pariter suæ Cæsareæ Romanorum Majestatis, suæ Regiæ Magnæ Britanniæ Majestatis & Celsorum ac Præpotentum Dominorum Ordinum Generalium fœderati Belgii rationibus, in conservatione tranquillitatis Romani Imperii consistentibus, utque novum candidæ erga Commune Celsorum in Occidentalibus Oris Belligerantium fœderatorum commodum præbuisset propensionis documentum: Copias Suecorum sub ductu Generalis Majoris Crassavii ex Polonia in Pomeraniam secedentes non infesctus fuerit, etiamsi suæ Czareæ Majestati suisque Celsis Fœderatis justi belli jura id patrocinarentur, ac innumeris, exemploque carentibus iniqui animi gressibus, quibus cum Rex Sueciæ Imperium Magnæ Russiæ, Regnum Poloniæ, ac Electoratum Saxoniæ depopulabatur, talionem rependere, summum fas adstitisset.

Non desinit adhuc dum semel agressum sinceræ suæ ab omni jam dudum tempore vigentis, ac nunc constantissimæ amicitiæ erga Celsos in Occidente bellantes Fœderatos prosequi cultum. Ac posteaquam ex relatis sibi per eundem Legatum intellexit Celsos ac Præpotentes Dominos Ordines Generales ex mutua undiquaque cum Ministris suæ Cæsareæ Majestatis, suæ Reginæ Magnæ Britanniæ Majestatis aliorumque Fæderatorum suorum communicatione consiliorum, primo $\frac{17}{28}$ Novembris, secundo $\frac{11}{22}$ Decembris die, anni exacti 1709 & tertio $\frac{4}{15}$ Februarii luce anni labentis, per resolutiones declarasse, se tranquillitatem in Imperio, Polonia, Saxonia, Slesvico & Jutlandia asserère promptos fuisse; Tum demum ex quo Senatus Sueciæ huicce Neutralitati cooperari velle mentem explicaverat, die $\frac{1}{12}$ Martii anni præsentis suæ Cæsareæ Majestatis, suæ Regiæ Magnæ Britanniæ Majestatis Ministros, nec non Celsorum ac Præpotentum Dominorum Ordinum Generalium Deputatos vigore plenæ authoritatis Illis à singulis Principalibus collatæ, omnimodæ quietis in Imperio Electoratu Saxoniæ, nec non Ducatibus Holsatiæ, Slesvici & Jutlandiæ conservandæ, utque Suecorum Copiæ ex Pomerania illorum Ditionis in Poloniam amplius non referant pedem, illorum Principalibus operam fore; & in casu contraventionis arma quoque eorumdem læsæ parti juncta Aggressoribus opponenda spopondisse, & unicuique Ministrorum a Potentiis Septentrionalibus Autographum desuper, quodque loco Garantiæ ad invicem censeri debet, insinuasse. Jussit eundem Legatum suæ Cæsareæ Majestati, suæ Regiæ M. B. Majestati Celsisque ac Præpotentibus Dominis Ordinibus Generalibus (prout id exequitur per Præsentes) testari, suæ Czareæ Majestati satisfactum esse, Eandemque definitis his immobiliter stare velle: sub expressa tamen hac sequenti Conditione, Quod sua Cæsarea Majestas, sua Regia Majestas Magnæ Britanniæ, Celsi ac Præpotentes Domini Ordinis Generales, cæterique illorum Fœderati, superius dicto Autographo,

Anno 1710. tographo, pro guarantia recepto, carissimi temporis sine dispendio, quantocius ad conservandam in robore suo hanc neutralitatem, avertendasque cunctas adversitates, quæcumque illam offendere possent, efficaciora consilia recipere annuent, Et si Suecorum ex parte, stabilita hæc neutralitas violabitur, sua Czarea Majestas, suique Celsi Fœderati non modo consequenter ejusdem nexibus solventur, sed & omnino confidunt suam Cæsaream Majestatem, suam Regiam Majestatem, Celsos ac Præpotentes Dominos Ordines Generales, cæterosque illorum Celsos Fœderatos, vigore Instrumenti authentici, utsupra, arma sua suæ Czareæ Majestatis ejusque Celsorum Fœderatorum Copiis jungendo, insimul violatorum sæpe nominatæ tranquillitatis cursum repressuros. Actum Hagæ Comitis $\frac{24}{5}$ Junii / Julii 1710. A. De Matueof.

Sequitur tenor memoratæ Declarationis a Ministris Czareæ Majestatis nomine sui & suorum Fœderatorum anno 1709. facta, circa Neutralitatem armorum in Imperio respectu Belli Septentrionalis constituendam, ut supra. [Andreæ Chrys. in Zaluskie Zaluski, Episc. Varmiensi. *Epistol.* Tom. 3. Epist. 133. pag. 902.]

Quandoquidem universo mundo constat de periculosa intentione Regis Sueciæ præsenti bello Czareæ Majestati nocendi, & omnes machinationes ad inferendam injuriam Regiæ Poloniarum Majestati palàm factæ sunt, quamque præjudiciosis conatibus ruinam Regni Daniæ quæsierit, ac contra insolentes ejusmodi Sueticos ausus præfatæ tres Potentiæ offensivum Fœdus Colligatis contra Galliam aliquam faciat impressionem. Ideo Czarea Majestas suo, Regumque Poloniæ, ac Daniæ nomine universis Serenissimis Colligatis declarandum duxit, quod quamvis fortunam armorum suorum cum extremis viribus tentare, ac Regem Sueciæ eodem modo, quo ipse eos tractare intendit, persequi possent, tamen eorum finis & scopus dicti Fœderis eò non tendit, ut Regnum Sueciæ totaliter evertatur, sed tantum ut ad justos terminos redigatur; Ad obtinendam Vicinis pacem & securitatem, & ad impediendum, ne imposterum à Suecis, ut antea factum, ad eorum placitum inquietentur. Neque eò collimat præfatarum trium Potentiarum Fœdus, ut Imperium Romanum turbetur, neque ut Colligatis contra Galliam ad prosequendum bellum obex ponatur, sed ad hunc finem convenerunt, ne Sueticas in Imperio Ditiones aggrediantur, neque Regis Poloniæ, & Daniæ milites suos in servitio præfatorum Colligatorum existentes ante terminum præfixum vigore Tractatus revocent, siquidem in aperto est, quòd hoc offensivo & defensivo Fœdere Colligatis neque in particulari, neque in genere præjudicavit, vice versâ confidunt Czarea, Regiæque Majestates Poloniæ & Daniæ universis Colligatis, ac Romani Imperii Statibus, quod non tantum huic bello contra Sueciam se non immiscebunt, nec contravenient, imò Regi Sueciæ neque directe assistent; Et quoniam Czarea ac Regia Poloniarum Majestas concluserunt elapsum é Polonia Generalem Krassau cum Suetico exercitu in Pomeraniam non persequi, quamvis secundum Jura Gentium eis licuisset, præsertim cùm præfatus Generalis irreparabile damnum spoliando, & deprædando Poloniæ intulerit, ad demonstrandum, quod verbo stare velint, de non interturbanda Imperii quiete, ideo sperat tam Czarea, quàm Regiæ Poloniæ, & Daniæ Majestates, quod Colligati, in specie autem Cæsarea Majestas cum cæteris magnæ Colligationis capitibus, nec non Status Imperii ad eum finem res suas disponent, quòd ex Provinciis Sueticis nulla præfatis tribus Potentiis ingruet irruptio in eorum Ditiones, neque dicti Sueci novum militem in Imperio conscribent, neque acquisito in Imperio milite in suis Provinciis exercitum augebunt, cum Coronæ Sueciæ non sit licitum in Ditionibus suis, quæ in Imperio reperiuntur plures milites fovere ultra defensionem suam, & præsidia necessaria. Neque dubitant præfatæ, Czarea, Regiæque Majestates de constanti amicitia Colligatorum, quòd Guarrantiam suam interponent ad stabiliendam in supradictis securitatem. Cum enim digna, & justa petant, vicissim declaratum esse volunt quòd casu quo à supradictis Colligatis, desideriis eorum, quoad justè, & legitimè requisitam securitatem non annueretur, neque Guarantia ab iis susciperetur, imò Suecis qualicunque modo suppetiæ darentur, ac augendi militis in Regno facultas concederetur, nec non permitteretur Sueco militi Provincias supradictarum Majestatum invadere, aut in Poloniam reverti, tum eis non debere vitio verti, si pariter promissis suis non tenebuntur, quinimo hostem suum, ubicunque fuerit, insequerentur, ac, antequam vires sumat, debellare conabuntur, non parcendo etiam quibuscunque ejus Ditionibus, præcaventes quòd ab omnibus damnis immunes erunt. Anno 1710.

LXV.

Hamburgischer Vergleich/ zwischen König Friderico IV. in Dännemark/ und Hertzog Christian August zu Schleswig Holstein Gottorff/ von wegen einiger- über den dritten Articul des Travendalischen Friedens-Tractats entstandener Differentien und anderer bisher unerörtert verbliebenen gravaminum aufgerichtet. Geschehen Hamburg den 5 Jan. 1711. Nebst Ihrer Königl. Majest. Ratification de dato Copenhagen den 13. Jan. 1711. Dann Ihrer Fürstl. Durchl. Ratification de dato Kiel den 16 Jan. anni ejusdem. 1711. 5. Janvier. [Lunig Teutsch Reichs Archiv. Part. Special. Continuat. 2. Abtheil. 4. Absatz. X. pag. 257.]

C'est-à-dire,

Accord de Hambourg entre Friderick IV. *Roi de Dannemarc &* Christian Auguste *Duc de Holstein Gotorp sur les diferents survenus entr'eux au sujet du troisiéme Article de la Paix de Travendal, & de quelques autres Griefs, restés, jusqu'alors indecis. Fait le 5. Janvier 1711.* Avec *la Ratification donnée à Coppenhague le 13 Janvier 1711. & celle du Duc donnée à Kiel le 16 Janvier 1711.*

Zu wissen/ nachdem zwischen Ihr. Königl. Majest. zu Dennemarck/ Norwegen/ und des Herrn Hertzogs zu Schleßwig/ Hollstein-Gottorp Durchl. über den Verstand und die Erklährung des dritten Articuli, des Travendahlischen Tractats einige differentien sich hervor gethan/ welche man abseiten Ihrer Durchl. nebst denen übrigen seither den Travendahlischen Vergleich unerördert gebliebenen Gravaminibus, gerne erlediget haben wollen/ Ihr. Königl. Majest. auch zu Bezeugung Dero Freund-Vetterlichen Affection und guter Intention vor das Hochfürstl. Hauß/ sich solches nicht entgegen seyn/ sondern geschehen lassen/ daß einige Dero Ministrorum, mit denen Fürstl. dazu Deputirten Ministris, darüber einen Congress auff dem Schaumburgischen Hoff zu Hamburg anstellen/ und sothane Streitigkeiten in der Güte abthun möchten; Zu dessen Behueff allerhöchstgedachte Ihr. Königl. Majest. Dero Geheimbten Rath/ Vice Stadthaltern in denen Fürstenthümern Schleßwig-Hollstein/ und Herrn Land-Rath/ Herrn Joachim von Alefeldt, auff Buckhagen/ Rittern/ sodann Dero geheimbten Conferenz und Etats-Rath/ Herrn Christoph Genich von Breitenau, auff Grünhoff/ Rittern/ und Dero Etats, Justitz, und Cantzley-Rath/ auch Residenten im Nieder-Sächsischen Creysse/ Herrn Hanß Statius Hagedorn, sambt und sonders/ mit zulänglicher Vollmacht versehen/ und zu Erörterung der Mißhelligkeiten allergnädigst committiret/ die dann mit denen von Ihr. Hochfürstl. Durchl. dazu gleichfalls accreditirten/ und genugsam Bevollmächtigten Ministris, als dem Geheimen Rath/ Ober-Hoff-Marschall, und Gesandten im Nieder Sächsischen Creysse/ Herrn Georg Heinrich Freyherrn von Schlitz/ genannt von Görtz, so dann dem Geheimbten Rath/ und General Lieutenant Herrn Gerhard, Graffen von Dernath, und dem Herrn Etats-Rath Christian Wilhelm von Eyben, nach hinc inde ausgewechselten Credentialien/ in Handlung getreten/ und endlich/ nach vielen Conferentzien/ zu Wiederherstellung des alten guten Vernehmens zwischen Ihr. Königl. Maj. und dem Fürstl. Hollstein Gottorpischen Hause/ sich über nachfolgende Articuln vereinbahret und verglichen: Daß

Artic. I.

Wie der Articulus 3tius des Travendahlischen Friedens/ ohne

ANNO 1711.

ohne Unterscheid von allen Prælaten und Adelichen Gütern/ so/ wie sie in der Landes-Matricul gesetzet und enthalten/ reber; Also auch von allen zu verstehen sey/ und dahero alle diese bißhero in Zweiffel gezogene Adeliche Güter in denen Hertzogthümern Schleßwig und Hollstein/ sie seyn Marsch oder Geest/ sie liegen wo sie wollen/ und werden besessen/ von wenne sie wollen/ mit ihren Possessoren/ wes Standes die seynd/ sambt deren Officianten/ Bedienten/ Unterthanen und Einwohnern/ mit und neben denen übrigen in der Landes-Matricul befindlichen Prælaten und Ritterschafft/ auch denen von den Herrschafften selbsten jetzo besitzenden/ oder künfftig an sich bringenden Adelichen Gütern/ so wohl in Civilibus als Ecclesiasticis, ohne einzige Exemption, der Königlichen und Fürstlichen gemeinsahmen Territorial-Hoheit und Jurisdiction, sambt allen davon dependirenden Rechten/ unterwürffig seyn sollen; Was ferner die Criminal-Hoheit und Jurisdiction selbst über die Personen der Prælaten und Ritterschafft/ auch anderer Besitzer von Adelichen Gütern/ sambt deren Ehe-Weibern und Kindern betrifft/ bleibet dieselbe gleicher gestalt/ nach der Lands-Gerichts-Ordnung und hergebrachten Observantz, wann das Crimen oder Delictum auff gemeinschafftlichen Grund und Boden begangen/ unter gemeinschafftlicher Regierung; Besagter Prælaten/ Ritterschafft/ und anderer Besitzer von Adelichen Gütern ihre Officianten/ Bediente/ Unterthanen und Einwohner aber behalten ihr forum Criminale, wie sie es bißhero/ entweder bey ihrer mit eigenem Ding- und Recht versehenen ordinairen Obrigkeit und Guths-Herren/ oder sonsten bey Königlichen und Fürstlichen Dingstädten gehabt.

Artic. II.

Nachdem aber etliche der vorbemeldten Prælaten und Adelichen Güter/ ihre Officianten/ Bediente/ und Einwohner/ an gewissen Orten auch in Civilibus Dingpflichtig/ oder Dero Nieder instantzen bey denen Unter-Gerichten der respective Königlichen und Hochfürstlichen Aembter und Lande von jehero haben/ von darab sie an das Königliche und Hochfürstliche Ober-Ambts oder Hoff-Gericht/ appelliren; So soll es hin ferner dabey unverändert bleiben/ jedoch/ daß solcher Prælaten und Adelichen Güter Officianten/ Bedienten/ Unterthanen und Einwohnern/ von erwehnten Königlichen und Hochfürstlichen respective Ober Ambts-oder Hoff-Gerichten die weitere Appellation an das gemeine Land Gericht frey stehe.

Artic. III.

Wann die Prælaten/ Ritterschafft oder andere Besitzer der Adelichen Güter/ ihre Officianten/ Bediente/ Unterthanen und Einwohner/ sambt oder sonders/ rechtlich zu belangen hätten/ verbleibet ihnen/ denen Actoribus, so ihr eigen Ding- und Recht haben/ frey/ zur ersten Instantz Ding und Recht zu legen/ und vor selbigen erwehnte ihre Officianten, Bediente/ Unterthanen und Einwohner zu besprechen/ wovon jedoch die Appellation immediatè an das gemeine Land Gericht gehet/ bey dem andern Fall aber/ und da Prælaten oder Adeliche Güter kein eigen Ding-und Recht hätten/ wird dergleichen Klage wider die Officianten/ Bediente/ Unterthanen und Einwohner zwar bey den ersten Dingpflichtigen Instantz angebracht/ jedoch von darab auch immediatè an das Land Gericht appelliret.

Art. IV.

Dahingegen/ wann dergleichen Officianten/ Bediente/ Unterthanen und Einwohner ihre Herren zu belangen nöthig hätten/ ist die Sache immediatè an das gemeine Land Gericht zu bringen/ daß also Prælaten/ Ritterschafft und der Adelichen Güter Possessores, der mittlern Instantz gar nicht unterworffen seyn.

Artic. V.

Daferne wegen oberwehnter Dingpflichtigkeit über gemeinschafftliche Unterthanen/ ob und wie weit solche darunter gehören/ eine Streitigkeit entstünde/ soll dieselbe von einem gemeinschafftlichen/ pari numero von beyden Seiten/ neben dem Land Cantzler/ besetzten Gericht, nachdem die hiezu deputirte Königliche und Hochfürstliche Ministri vorher ad hunc actum ihrer Pflicht erlassen/ und zu obiger Affaire mit einem specialen Eyde beleget/ erörtert/ auch an statt der Herrschafft/ deren Ambtmann des Orts citiret/ und der Proceß durch ihn/ oder welcher ihme substituiret wird/ ausgeführet werden.

Artic. IV.

Wegen der gemeinschafftlichen Land-Sassen/ wenn sie in des einen oder andern Herrn privativen Diensten stehen/ hat man ratione fori folgende Verabredung gut gefunden: nemlich/ wann ein solcher ratione officii besprochen würde/ daß selbiges vor dem HErrn in dessen Dienste er ist/ einseitig geschehen/ und von demselben/ und in dessen Nahmen/ über ihn geurtheilet werden/ auch selbigem unbenommen seyn solle/ in denen unter seinem privativen Territorio und einseitiger Jurisdiction gelegenen mobil- und immobil-Gütern (wie er dessen ohne dem befuege) frey und ungehindert/ die Execution zu thun/ und die abgesprochene Urthel vollenstrecken zu lassen; daferne aber über dasjenige/ was in dergleichen Fällen vom Richter erkandt/ eine Execution in die der gemeinschafftlichen Regierung unterlegene Güter begehret würde/ soll zwar von dem andern untregierenden Herrn/ wann nemlich solche Urtheile die Krafft Rechtens ergriffen/ der Consens gebührlich gesuchet/ jedoch solcher unter keinerley prætext verweigert/ oder sothane Execution gehindert werden/ und wenn solches geschehen/ dem Domino judicanti frey stehen/ die Execution nichts desto weniger in die gemeinschafftliche Güter/ von was Art dieselbe auch seyn/ einseitig zu bewerckstelligen; In allen übrigen Sachen aber bleiben die gemeinschafftliche Land-Sassen in denen Hertzogthümern/ sie mögen possessionirt seyn oder nicht/ ungeachtet sie in des einen oder andern einseitigen Diensten stehen/ der gemeinschafftlichen Jurisdiction und davon dependirenden Befehlen unterworffen.

Artic. VII.

Als das jus Episcopale der Landes-Fürstlichen Hoheit annex ist; So soll dasselbe auch über alle Prælaten und von Adel/ deren Kirchen/ Prediger/ Kirchen-und Schuel-Bedienten/ Officianten und Unterthanen vorberührter Adelichen Güter/ sie gehören der Herrschafft selbst vorjetzt/ oder künfftig/ oder wem sie sonsten wollen/ wann gleich Ihr. Königl. Maj. oder Ihr Hochfürstl. Durchl. als Com-Patroni, bey einer dergleichen Kirchen concurriren/ dem Königl. und und Hochfürstl. Hause in Gemeinschafft competiren/ immassen sie zu dem Ende durch Ihre General-Superintendenten oder Pröbste/ die Visitationes, Prediger-Examinationes und Ordinationes, sambt andern ihnen beykommenden actibus juris Episcopalis, bey besagten Kirchen/ Dero Predigern/ Kirchen-und Schuel-Bedienten/ auch Clöster oder Adelichen Güter Unterthanen/ und zwar jeder Herr in seinem Regierungs-Jahr exerciren wollen.

Art. VIII.

Dergleichen wollen sie alle von daher kommende geistliche/ item Matrimonial-und alle dahin gehörige Sachen/ so der Prælaten und deren von Adel Person/ deren Kirchen/ Prediger/ Kirchen-und Schuel-Bediente/ auch Officianten/ Bediente/ Unterthanen und Einwohner betreffen/ durch das Gemeine beym Land-Gerichte zuhaltende Ober-Consistorium ohne Observirung der Nieder-Instantzien/ judiciren und decidiren lassen.

Artic. IX.

Und ob schon verschiedene Prælaten und Adelicher Güter Unterthanen und Einwohner/ in causis Ecclesiasticis & Matrimonialibus bißhero vor die Unter-Consistoria in etlichen Königlichen und Fürstlichen Aembtern möchten gezogen worden seyn; So ist doch/ allerhand Confusiones zu verhüten/ deshalber ein anders verabredet/ und sollen hinführo der Prælaten/ Ritterschafft und Adelichen Güter/ Priester/ Kirchen- und Schuel-Bediente/ wie auch deren Officianten/ Diener/ Unterthanen und Einwohner/ mit dergleichen Unter-Consistoriis nichts mehr zu thun haben/ sondern immediatè von der gemeinschafftlichen Regierung und dem gemeinen Consistorio dependiren/ und daselbsten justitiable seyn.

Artic. X.

Ferner ist zu Verhütung aller Confusion und Irrung/ wegen der in des einen oder andern Herrn Ampts-Kirchen/ Eingepfarreten einseitigen Königl. oder Hochfürstl. Unterthanen/ beliebet/ daß dieselbe in Matrimonial Dispensationen/ und andern zur Episcopal-Jurisdiction gehörigen Sachen/ vor eines jeden Herrn/ unter dem sie gesessen/ privativen Consistorio stehen sollen/ was aber die onera Ecclesiæ betrifft/ solche haben dergleichen Eingepfarrete/ ohne die geringste Verweigerung/ allemahl pro rata mit zu præstiren/ oder es soll denen Kirch-Geschwornen die gewöhnliche Kirchen-Pfandung gegen die Säumige/ ohne Ansehung/ unter welches Herrn Jurisdiction sie sonsten gehören/ zu verrichten erlaubet seyn/ doch sollen/ unter dem prætext solchen Kirchganges/ von dem Episcopo Ecclesiæ, vielweniger seinen Superintendenten/ Pröbsten/ Beambten oder Priestern des Orts/ des andern Herrn oder übrigen eingepfarreten Unterthanen/ keine andere Onera, als welche zu der Kirchen und Schuelen reparation, oder zu der Prediger/ Kirchen-und Schuel-Bedienten Besoldung/ wie auch zu den Glocken und anderen unentbehrlichen Kirchen-Behueff/ erforderlich/ pro lubitu aufferleget/ sondern wo ein mehreres/ oder was neues anzuordnen/ dasselbe von beederseits Herrschafften und anderen eingepfarreten Obrigkeiten/ auff hinc inde geschehene communication, beliebet oder verabredet werden.

Artic. XI.

Ingleichen hat man/ umb mehrere Richtigkeit und Ordnung willen/ sich vereinbahret/ daß des Hochfürstlichen Hauses Hollstein-Gottorff jus Patronatus bey der Kirchen zu Langenhorn/ Ihr. Königl Majest. und Dero Successoren an der Regierung/ nebst dem bey solcher Kirchen ohne dem habenden jure Episcopali, hinführo zugehören/ der daselbstige Priester auch die biß-

hero

hero nach Gottorff jährlich in recognitionem bezahlte vier Marck/ acht Schilling/ hinkünfftig in das Königliche Ambts-Register nach Flenßburg entrichten/ dahingegen das jus Patronatus, so Ihr. Königliche Majest. biß hero bey der Kirchen zu Nübel/ unferne von Gottorff gehabt/ dem Hochfürstl. Hause Hollstein-Gottorff/ nebenst dem bereits daselbst gehabten jure Episcopali hinferner competiren soll; Nicht minder ist verglichen/ daß die Stadt-Kirche zu Lütgenburg/ obschon verschiedene Adeliche Güter daselbst eingepfarret/ hinführo unter der alleinigen Königlichen Episcopal-Hoheit verbleiben/ dahingegen die Kirche zu Grossen-Brode der gemeinschafftlichen geistlichen Jurisdiction untergeben seyn soll.

Artic. XII.

Die Contribution und andere communi consensu angelegte Onera, von denen unter gemeinschafftlicher Regierung gehörigen Prælaten und Ritterschafft/ auch denen von der Herrschafft selbst jetzo besitzenden/ oder künfftig an sich bringenden/ Adelichen Gütern/ wie selbige in der Landes-Matricul enthalten/ sollen/ so lange es bey der gegenwärtigen Verfassung verbleibet/ bey eines jeden Herrn Casse zur Helffte in denen gesetzten Terminen allemahl richtig eingebracht werden/ oder ein jeder Herr die ihme competirende Helffte auff den Verzögerungs-Fall/ prævio monitorio, mittelst zulänglicher Execution, von oberwehnten Possessoren/ wer oder wes Standes die seynd/ ohne Unterscheid ungehindert einzutreiben macht haben.

Artic. XIII.

Was nun diesem Declarations-Recess zu wider/ eines oder andern Theils/ seit dem Traventhalischen Tractat her/ tam in realibus, quam personalibus, biß hiezu etwan verordnet und verfüget seyn möchte/ dasselbe/ wann es zur Execution gebracht/ und die interessirende Partheyen dagegen keine Appellation noch querel interponiret/ sondern dabey acquiesciret/ soll/ als eine abgethane Sache/ bey vollen Kräfften verbleiben/ das übrige aber/ was noch in motu oder contradictione ist/ ob gleich ein Urtheil oder Decret darin ergangen wäre/ wann es nur ad executionem noch nicht gebracht ist/ soll als ungeschehen geachtet und zu keines Theils præjuditz gereichen/ folglich dergleichen Sachen in statum integrum wieder gesetzet seyn/ und nach Anweisung des anjetzt errichteten Declarations-Recesses/ fürm Land-Gericht von neuem verhandelt/ und communi nomine nach Recht und Land-üblicher Gewohnheit abgethan werden.

Artic. XIV.

Was die fahrende und reitende Posten anlanget/ so sollen selbige durch oder neben eines oder andern Herrn Stadt und Land/ mit ihren Wagen und Pferden/ auch auffhabenden Passagieren/ und andern Sachen ungehindert passiren/ und unter keinem prætext verzögert oder auffgehalten werden/ doch daß solche Posten keine Brieffe/ Pacquette oder Passagiers in des andern Herrn Stadt und Landen an- oder auffnehmen/ und von denen etwa auffhabenden zollbahren Waaren den Zoll erlegen sollen.

Artic. XV.

Die Streitigkeit wegen des zu Heilgen-Haven vor einigen Jahren arrestirten Schiffes soll bey erst gemeinschafftlichen Land-Gericht vorgenommen/ und/ was Rechtens/ darinnen erkannt werden.

Artic. XVI.

Wegen dessen/ was die Stadt Oldeschloe an dem Mühlen-Damme daselbst zu repariren schuldig/ wollen Ihr. Königl. Majest. nach Einhalt des Glückstädtischen Recesses de anno 1667. Art. 16. die Oldeschloer durch ernstliche Mandata dazu anweisen/ so bald es nur durch die Fürstliche Beambte bey der Königlichen Regierung zu Glückstadt gesuchet/ und angezeiget wird/ wie weit die Stadt Oldeschloe zu Reparirung der Dämme gehalten.

Artic. XVII.

Die Streitigkeiten wegen der Jagdt/ Austauschung der Manck-Güter/ und andern Irrungen in denen Aemptern/ wegen der Grentzen und sonsten/ welche zur Ocular-Inspection und Untersuchung gewissen Beambten und Räthen auffgetragen/ sollen innerhalb sechs Monathen/ nach Ratificirung dieses Vergleichs/ von ihnen zu Ende gebracht/ oder/ worüber sie sich in Güte nicht vereinbahren können/ durch Königliche und Fürstliche Freund-Vetterliche Communication, nach Einhalt des Traventhalischen Friedens/ gütlich hingeleget werden/ und bleibet inzwischen damit alles in statu quo.

Artic. XVIII.

Ob zwar Ihr. Königl. Majest. die einseitige Iurisdiction über die so genannte Lübeckische Dörffer/ oder vielmehr ausser der Lübeckischen Land-Wehr im Hollsteinischen Territorio belegene Güter/ als Meußling/ Nieuhorst/ Recke/ Stockelsdorff/ Morin/ Eckhorst/ Dunckelstorff/ Treuthorst und Steenrahde etc. biß dato exerciret; So lassen sie jedoch/ zu Bezeugung Dero zu dem Hochfürstl. Hause Gottorff tragende Freund-Vetterlichen Propension, von nun an geschehen/ daß solche Dörffer und Güter miteinander/ nach denen zwischen den Königlichen und Fürstlichen regierenden Häusern vormahls gehaltenen Erbtheilungen/ unter gemeinschafftliche Landes-Fürstliche Jurisdiction und Regierung künfftighin sollen ohnveränderlich seyn und bleiben; Sie wollen auch dem Hochfürstlichen Hause Gottorff in dem demselben also zustehenden Con-Dominio, auff keinerley Weise hinderlich seyn; Und/ wann bemeldte Güter zu einer billigen/ leidlichen/ nach proportion ihrer bonität eingerichteten Pflug-Zahl/ angesetzet; So sollen sie auch gleiche Freyheit wie denen andern im Hertzogthum Hollstein sich befindenden Adelichen Gütern/ was das Unter- und Criminal-Gericht an Hals und Hand/ item das gemeinschafftliche Land-Gericht/ betrifft/ geniessen/ dahingegen aber auch die Contributiones und Landes-Onera, gleich denen andern Adelichen Gütern/ pro rata ihrer Pflug-Zahl abtragen/ und die Halbscheid davon zu jedes Herrn Cassa erlegen.

Artic. XIX.

Was das Ambt Tremsbüttel anlanget/ behalten Ihr. Königl. Majest ihren daran machenden Anspruch sich bevor/ das Hochfürstl. Hauß Gottorff aber bleibet jedoch nichts destoweniger so lange in dessen geruhiger Possession, biß etwan die Sache/ nach Anleitung des Travendahlischen Tractats/ abgethan worden.

Artic. XX.

Was die annoch offenstehende Liquidation der hinc inde, so wohl ratione der gehobenen und prætendirenden Contributioren/ von denen Adelichen von beyderseits Herrschafften besitzenden/ als auch andern streitigen Adelichen Gütern/ item ex Obligationibus und sonsten/ habenden Forderungen betrifft; So ist beliebet und beschlossen/ daß selbige auch durch die dazu verordnete Commissarien innerhalb drey Monathen/ nach Ratification dieses Vergleiches/ zum Ende gebracht/ und/ worüber sie sich etwan nicht vereinbahren können/ durch Königl. und Hochfürstl. Freund-Vetterliche Communication gütlich componirt und beygeleget werden sollen.

Artic. XXI.

Im übrigen wird es in allen bey dem Einhalt des Travendahlischen Tractats/ und demnechst Anno 1701 den 12ten Julii allhier in Hamburg errichteten Recessus allerdings gelassen. Hamburg den 5ten Januar. 1711.

Joachim von Ahlefeldt.

(L. S.)

Christoph Gensch von Breitenau.

(L. S.)

Hans Statius Hagedorn.

(L. S.)

Georg Hinrich, Freyherr von Schlitz/ genandt von Göertz.

(L. S)

Gerhard Graff von Dernath.

(L. S.)

Christian Wilhelm von Eyben.

(L. S.)

Königliche Ratification.

WIr Friederich der Vierte/ von GOttes Gnaden König zu Dennemarck/ Norwegen/ der Wenden und Gothen/ Hertzog zu Schleßwig/ Hollstein/ Stormarn und der Dittmarschen/ Graff zu Oldenburg und Dellmenhorst. Thun kund hiermit für Uns und Unsere Königl Erb-Successores an der Regierung; als Wir/ und in Vormundschafft des Durchl. Fürsten/ Unsers Frl. lieben Vettern/ Herrn Carl Friderichs/ Erben zu Norwegen/ Hertzogen zu Schleßwig/ Hollstein/ Stormarn und der Dittmarschen/ Graffen zu Oldenburg und Dellmenhorst/ Der Hochwürdige/ Durchlauchtige Fürst/ Unser Frl. lieber Vetter/ Herr Christian August/ Erwehlter Bischoff des Stiffts Lübeck/ Erbe zu Norwegen/ Administrator und Hertzog zu Schleßwig/ Hollstein/ Stormarn und der Dittmarschen/ Graff zu Oldenburg und Delmenhorst/ für gut befunden/ zu endlicher gütlicher Beylegung der zwischen

Uns

ANNO 1711.

uns und den Fürstlichen Schleßwig-Hollstein-Gottorffischen Hauß / theils über den Verstand / und die Erklärung des dritten Articuls des Travendalischen Tractats entstandenen / theils auch durch diesen Tractat unerörtert gebliebenen / und seither von neuen erwachsenen Differenuen und Gravaminum; unter Unseren ab beyden Seiten dazu bevollmächtigen Ministris und Commissariis, einen Congress auff dem Schaumburgischen Hoff in Unserer Erb-unterthänigen Stadt Hamburg anstellen und halten zu lassen / und dann nach vielfältigen / in die vier Jahre / darüber / zwischen Unseren und denen Fürstl. Schleßwig-Hollstein-Gottorffischen Ministris und Commissariis, als dem Wohlgebohrnen / Unsern geheimbden Rath / Vice-Stadthaltern und Land-Rath in denen Fürstenthümern Schleßwig-Hollstein / und Lieben Getreuen / Herrn Joachim von Ahlefeld / auff Buckhagen und Loitmarck / Rittern / dem Wohlgebohrnen / Unsern Geheimbden und Conferentz-Rath und Lieben Getreuen / Herrn Christoph Gensch von Breitenau / auff Grünhoff / Rittern / und dem Wohl Edlen / Unsern Estats Justitz- und Cantzley Rath / jetzigem Residenten im Nieder-Sächsischen Crayße / und Lieben Getreuen / Hans Statius Hagedorn / so dann auch dem Wohlgebohrnen / Hochermeldten Unsers Herrn Vettern / Hertzogen Carl Friderichs Lbd Geheimbden Rath / Ober-Hoff-Marschalln und Gesandten im Nieder-Sächsischen Crayße / Unsern Lieben besondern / Georg Hinrich, Freyherrn von Schlitz / genannt von Göertz, dem Hoch- und Wohlgebohrnen Hochgeb. Unsern Herrn Vettern Lbd. Geheimbden Rath und General-Lientenant, Unsern Lieben besondern / Gerhard Graffen von Dernath, auff Hasselburg / und dem Wohl-Edlen / mehr hochermelten Ihr. Lbd. Estats-Rath / Unsern Lieben besondern / Christian Wilhelm von Eyben, gepflogenen Conferentzien / am 5ten dieses Monats Januarii nachfolgender Vergleich biß auff Unsere beyderseitige Ratification unterschrieben und vollenzogen worden.

Inseratur Tractatus.

DAß wir demnach für Uns / und Unsere Königl. Erb-Successoren in der Regierung / ob-inserirten Vergleich / in allen seinen Puncten und Articulen / wörtlichen Innhalts genehm gehalten und ratificiret / gestalt Wir denselben hiemit und Krafft dieses in der besten form, Maaß und Weise / wie solches geschehen soll / kan oder mag / genehm halten und ratificiren / bey Königlichen Worten versprechende / daß Wir und Unsere Königl. Erb-Successores allen demjenigen / so darinnen enthalten / und verabredet worden / Unserseits jederzeit getreu und unverbrüchlich nachkommen / und nicht zugeben wollen / daß von denen Unsrigen dargegen etwas vorgenommen oder gehandelt werde. Uhrkündlich unter Unserm Königl. Handzeichen und fürgedruckten Insiegel. Geben auff Unser Residentz zu Copenhagen / den 13. Januarii Anno 1711.

(L. S.) Friederich R.

C. Sehestedt.

Hoch Fürstliche Gottorpische Ratification.

WIr von GOttes Gnaden Christian August / Erwehlter Bischoff zu Lübeck / in Vormundschafft Unsers vielgeliebten Vettern / des Durchlauchtigsten Fürsten / Herrn Carl Friderichs / beyde Erben zu Norwegen / Hertzogen zu Schleßwig / Hollstein / Stormarn und der Ditmarschen / Graffen zu Oldenburg und Delmenhorst / thun kund hiemit vor Uns / und vor hochged. Unsers Herrn Vettern Lbd auch deren Successoren an der Regierung: Als der Durchlauchtigste / Großmächtigste Fürst / Herr Friderich der Vierdte / König zu Dennemarck / Norwegen / der Wenden und Gothen / Hertzog zu Schleßwig / Hollstein / Stormarn und der Ditmarsen / Graff zu Oldenburg und Dellmenhorst / Unser Hoch-geehrter und freundlich vielgeliebter Herr / Vetter / und Wir in obbesagter Vormundschafft / vor gut befunden / zu endlicher güthlicher Beylegung / der zwischen Ihr. Königl. Majest. und Unseren Fürstl. Schleßwig Hollstein-Gottorpischen Hause / theils über den Verstand und die Erklärung des dritten Articuls des Travendahlischen Tractats entstandenen / theils auch bey diesem Tractat unerörtert gebliebenen / und seithero von neuen erwachsenen Differentzien und Gravaminum, unter Unseren ab beyden Seiten dazu bevollmächtigten Ministris und Commissariis, einen Congress auff dem Schaumburgischen Hoff / in Unserer Erb-unterthänigen Stadt Hamburg / anstellen und halten zu lassen / und dann nach vielfältigen / in die vier Jahr darüber zwischen Ihr. Königl. Majest. und Unsers Fürstlichen Hauses Ministris und Commissariis, als dem Wohlgebohrnen Ihr Königl. Majest. Geheimbden Rath / Vice-Stadthaltern und Land-Rath in denen Fürstenthümer Schleßwig / Hollstein / Unseren Lieben besonderen / Joachim von Ahlefeldt / auff Buckhagen und Loitmarck / Rittern / dem Wohlgebohrnen / Ihr. Königl. Majest. Geheimbden- und Conferentz-Rath / Unseren Lieben besonderen / Christoph Gensch von Breitenau / auff Grünhoff / Rittern / und dem Wohl-Edlen / Ihr Königl. Majest. Estats Justitz- und Cantzley Rath / itzigen Residenten im Nieder-Sächsischen Crayße / Hanß Statius Hagedorn / so dann auch dem Wohlgebohrnen Unsers vielgeliebten Vettern / Herrn Hertzog Carl Friderichs Lbd. Geheimbden Rath / Ober-Hoff-Marschallen / und Gesandten im Nieder-Sächsischen Crayße / auch Lieben Getreuen / Georg Hinrich, Frey-Herrn von Schlitz / genannt von Göertz, dem Hoch- und Wohlgebohrnen / Hochged. Unsers Herrn Vettern Lbd Geheimbden Rath und General-Lieutenant, auch Lieben Getreuen Gerhard Graffen von Dernath, auff Haßelburg / und dem Wohl-Edlen / Unsers Herrn Vettern Lbd Estats Rath und Lieben Getreuen / Christian Wilhelm von Eyben, gepflogenen Conferentzien / am 5ten dieses Monats Januarii nachfolgender Vergleich / biß auff unsere beyderseitige Ratification, unterschrieben und vollenzogen worden:

Inseratur Tractatus.

DAß Wir demnach vor Uns / und in Vormundschafft von Hochged. Unsers Herrn Vettern Lbd auch deren Successoren an der Regierung / ob-inserirten Vergleich in allen seinen Puncten und Articuln / wörtlichen Inhalts / genehmb halten und ratificiret: Gestalt Wir denselben hiemit und in Krafft dieses in der besten Form / Maaße und Weise / wie solches geschehen soll / kan oder mag / genehm halten und ratificiren / bey Unseren Fürstl. Worten versprechende / daß wir und Unsers Herrn Vettern Lbden nebst deren Successoren an der Regierung / allen demjenigen / so darin enthalten und verabredet worden / Unser seits jederzeit getreu / und unverbrüchlich nachkommen / und nicht zugeben wollen / daß von denen Unserigen dargegen etwas vorgenommen oder gehandelt werde. Uhrkundlich unter Unserm Fürstl. Handzeichen und vorgedruckten Insiegel Geben uf dem Schlosse zu Kiel / den 16. Januarii 1711.

(L. S.) Christian August.

H. C. Strycke.

LXVI.

Protestatio JOSEPHI CLEMENTIS *Electoris Coloniæ, tunc sub Banno Imperiali existentis, contra futuram Imperatoris Romani Electionem, in casu quo fieret absque suâ interventione. Datum Valencennis* 4. *Julii* 1711. 4. Juillet.

[Simple Copie, mais sûre.]

SErenissimus Elector Coloniensis nihil ardentius quam perpetuam S. R. Imperii prosperitatem ac Pacem desiderans, ne in præsenti rerum Germaniæ Statu, dum de novo Imperatore legitimè eligendo agitur, Patriæ Salus & interna Tranquillitas periclitetur per neglectum quæ ad Electionis Cæsareæ firmitatem exiguntur, universis quorum interest, notum esse vult, concursurum se pro viribus, quantum in ipso est, & prout Imperii Columnam atque communis Patriæ studiosum ac fidelem Principem decet, ut omnia ritè, validè ac imperturbatè gerantur, dummodò confestim Ditionibus & prærogativis sibi prætermisso Juris ordine & absque culpa sua ablatis in integrum restituatur.

Existimaverat quidem Serenitas sua Electoralis, jam remotis post nuperum Sac: Cæsareæ Majestatis obitum cunctis obicibus se æquè ac reliquos Electores ad proximè futuram novi Imperatoris Electionem intra tempus per Auream Bullam constitutum invitatum iri. Ea spe freta Litteras die 7. Maji tum ad Eminentissimum Dominum Electorem Moguntinum, tum ad cæteros S. R. Imperii Electores misit, ne post Epistolam apologeticam à se nullo fructu ad Augustissimum quondam Imperatorem Leopoldum ante novennium scriptam longiore silentio vel cessisse indubitato jure suo, vel exclusionem sui à functionibus in Electorali Collegio peragi solitis approbasse videretur. Cum verò ultra secundum à morte ultimi Cæsaris mensem idem Serenissimus Elector neque responsum ad Literas præfatas acceperit, neque ad celebrandam novi Imperatoris Electionem invitatus fuerit, atque timendum sit, ne prævalente inimicorum suorum authoritate libero sui Juris usu, cum maximo totius Imperii discrimine, pro hac vice destituatur, suarum esse partium ducit, tum ad avertenda Patriæ sua dilectæ mala, tum ad sua & tam Imperii totius, quàm particularis Ecclesiæ suæ Coloniensis Jura sarta tecta servanda, per præsentes obtestari eos, ad quos pertinet, omni meliori, quâ potest viâ ac formâ, ut sine morâ procedant ad amplectenda ea media, quæ per fundamentales Imperii leges ad legitimè constituendum ejus Caput præscripta sunt, atque actum hunc maximè necessarium à quacunque nullitate præservent.

Superfluum foret necessitatem indeclinabilem convocationis & admissionis omnium ac singulorum S. R.

Impe-

Imperii Electorum ad Electionem Imperatoris validè peragendam multis argumentis demonstrare, quæ ab ipsa Electorum institutione, ceu legitimæ Electionis basis semper habita fuit. Nec ex usu vetustissimo à tempore Caroli M. ad nos usque transmisso & Pacis Westph: tabulis confirmato quisquam Imperii Princeps è gradu suo dejici, suove Comitiali Suffragio privari potest absque generalis assensu Imperii: multò minùs Electores, postquam per specialis Collegii erectionem à Principibus & cæteris Statibus separati fuerunt, Sessione, Voto & Dignitate sua privari possunt absque deliberatione & consensu totius Imperii, à quo videlicet, tum Electores, tum reliqui autoritatem suam consequuntur, quemadmodum disertè in Artic: 3. Capitulationis Josephinæ continetur. Deinde Constitutiones annis 1495. & 1521. sub Imperatoribus Maximiliano I. & Carolo V. conditæ de Principibus Ecclesiasticis etiam turbatæ Pacis publicæ notoriè reis singulariter sanciunt, Eos, in ejusmodi casu ad Ecclesiasticum Superiorem suum remitti debere. Postrema quidem Capitulatio Artic. 27. Collegii saltem Electoralis assensum postulat ad valorem Imperialis Banni, omnium honorum ac Jurium temporalium ademptionem per totum Imperium inducentis: Sed Legi solâ Electorum autoritate coangustatæ locus ad summum tunc esse potest, cum criminis & periculi gravitas moram non patitur, atque nec generalis Imperii Conventus coactus est, nec tam tempestivè cogi potest, ac publica Imperii necessitas requirit: Extra quem casum peculiaris illa Principum Electorum cum Imperatore facta conventio huic cæterorum Imperii Principum ac Ordinum Juri nullatenus officit, cui nunquam renunciarunt, quodque non magis quam aliud quodvis Statibus Imperii quatenus talibus competens, atque restauratum per Pacem Westph: iis invitis sub pœnâ fractæ Pacis ipso ex facto incurrenda adimere licet. Ex quibus Banni inconsultis Imperii Principibus ac reliquis Statibus contra Serenissimum Electorem lati invaliditas luculenter apparet. Si deinde de præsenti hujus Banni justitia quæritur, nec Augustissimo Cæsari nec Electorali Collegio fas fuit con-Principem suum tanquam Patriæ hostem proscribere, quod Pacem cum eo Rege tueri voluerit, qui palam asseveraverat, si cum Serenissima Domo Austriaca sibi ad Arma deveniendum esset, nunquam se invasurum fines Imperii, quamdiu Austriaci pariter in iisdem sibi ab omni hostilitate temperarent.

Quod servandæ tranquillitatis internæ consilium à Franconibus & Suevis jam ante susceptum adeò non improbavit Aula Viennensis, ut utrisque rescripserit, non eam esse Cæsaris mentem, ut Germaniæ Status, ii præsertim, qui Gallorum irruptioni magis paterent, ad infractionem Pacis adhuc recens cum Rege Christianissimo initæ adigerentur.

Interim Elector Coloniensis, cum Viennæ simul & Hagæ Comitis similis Consilii sui rationes exponeret frustrà eo Franconiæ & Sueviæ exemplo se munire conatus est, authoribus belli constanter obsistentibus, ne Princeps Pacis amans inter belligerantes medius staret, servaretque quietem Ecclesiarum sibi à Deo commissarum, quæ non minus communi Germaniæ bono profutura esset, quàm moderationi Ecclesiastici Principis conveniret.

Comites de Konigseck & de Schlick, Mylord Galloway, & Baro de Kinsky, alius post alium missi, ut Serenissimum Electorem urgerent ad ineundam cum Austriacis horumque Confœderatis adversus Galliæ & Hispaniæ Reges belli Societatem, priusquam Imperium communi assensu in eam venire decrevisset, testes erunt, quàm nervosè, quàm sincerè hic Princeps singulis mentem suam aperuerit, nimirum Principatus ac Populos sibi commissos novi belli nihil ad se & Imperium attinentis calamitatibus haud involvendos.

In propatulo quippe fuit, quod Electoratus Coloniensis & Principatus Leodiensis Regno Galliæ & tam Hispanici quam Fœderati Belgii finibus adjacerent. Quod unus in Europâ Rex Christianissimus eo tempore potentissimos Exercitus aleret; Quod Imperatori vires ei, quam moliebatur, expeditioni pares nondum suppeterent, quasque colligere poterat, ex leucis plusquam centum Germanicis ab inferiore Rheno & Mosâ abessent; Quod Serenissimus Elector nollet imputari sibi unquam posse præcipiti declaratione contra Gallos per novissimam Pacem cum Germanis reconciliatos à se novi exitialis Belli faciem Ditionibus suis improvidè illatam fuisse, quod dissidium de Hispanica Successione nuper exortum Leopoldum gloriosæ memoriæ Imperatorem non ut Imperii, sed duntaxat, ut Serenis. Domus Austriacæ, Caput spectaret, cui ut Germanici Corporis Capiti Jus nullum competeret, bellum sivè intra sivè extra Imperium movendi, nisi de trium Ejus Collegiorum Consensu hactenus à Cæsarea Majest: sua nondum obtento. Cùm eo loci res essent, liberum erat Serenissimo Electori, ut eo Jure sibi cum reliquis S. R. I. Electoribus Principibus ac Statibus communi, quo jure cuique fas est ad Principatûs, vel Territorii sui conservationem inire Fœdera vicinorum Principum Copias in subsidium advocare, Bellum Pacemque, pro ut necessarium visum fuerit, facere citra læsionem Imperatoris, & Imperii, salvaque Pace publica, cujus fractæ reus dici non debet, qui lacessitus injusteque provocatus ab aliis eam sibi opem quærit, quam, & quâ ratione Imperii Leges permittunt. Quare Serenitati suæ Electorali vitio vertendum non fuit, quod tentatis in vanum omnibus Pacis domi servandæ modis auxiliatricem vicinorum manum ad sui defensionem acciverit.

Nemo nescit, Ipsam sub finem anni 1701., per Comitem de Koningsegg Extraordinarium Cæsareæ Majestatis Ablegatum ab Imperatore postulasse, ut Aureæ Pacis tanto Sanguine tantoque Suorum ac aliorum Imperii Principatuum dispendio, vix dum emtæ, commodis inconcussè frui liceret, neutri dissidentium Parti se addicendo, donec Imperium Senatûs Consulto communi per Imperatorem probatô aliud juberet.

Neque minus notum est, quam enixè insuper die 17. Novembris ejusdem anni flagitaverit, ut cæteræ Legiones, quæ ex Hollandia magnis itineribus progrediebantur, gradum sisterent, aut saltem ante diem ultimum Novembris Rhenum inferiorem trajicere vetarentur, eo nimirum Consilio, ut interim mitigarentur hominum undique adversus Serenitatem suam Electoralem insurgentium animi, eique fas esset optatâ Pace potiri. Admissa jam fuerat defuncti nuper felicis memoriæ Eminentissimi Electoris Trevirensis Mediatio, cum omnis illa negotiatio abrupta atque subversa est à Serenissimo Cardinale Saxoniæ Ciziensi propriâ manu paucisque verbis scribente, parum opportunam esse in eo rerum situ Neutralitatem, nec ullam cunctationem rationibus Domus Austriacæ convenire. Nec morâ peregrinôrum Militum agmina ad Electoratûs Coloniensis fines deducuntur adactura Serenitatem suam Electoralem eo planè modô, quo non diu ante contra Serenissimum Ducem Wolffenbuttelanum violenter actum fuerat ad Cæsaris & Confœderatorum suæ Domûs Consilia amplectenda.

In eas redactus angustias Elector cum neque in Constitutionibus de tuenda Pace publica latis salutem quærere, neque ab Electorali Circulo, quæ sperare debuerat subsidia præstolari posset, ut adversus ingruentes exteros Milites de validis præsidiis sibi prospiceret, nulli nisi defensionis causa malum illaturis, cum justæ suæ Ditionumque suarum defensioni consulere jam ulla alia ratione non liceret, Ferdinandi II. Imperatoris exemplo nixus, in munitas Urbes suas è Burgundico Circulo Copias auxiliatrices admisit, non priùs tamen quàm jure jurandô promisissent, nullius se quàm Electoris jussui parituras, nihil molituras adversus Imperatorem ac Imperium, & statim atque id sibi placere Serenissimus Elector innuerit, ex ejus Urbibus & Principatibus, nullâ interpositâ morâ, nullâ difficultate oppositâ recessuras.

Significarunt ambo Reges Electori, Pacem Westphalicam, Noviomagensem & Ryswicensem, à Se cum Imperio accuratè servatum iri, Ipseque cum utroque Rege ita convenerat, ut si in generalibus Imperii Comitiis contra Eos Germania se Domui Austriacæ consociaret, Serenitas sua Electoralis à reliquo Germanico Corpore non divelleretur. Quod utique præstitisset integerrimus Princeps, nisi jam ante Bellum anno 1702., in Comitiis Ratisbonæ decretum universis Statibus suis præter minimam Principatûs Leodiensis partem præproperè spoliatus fuisset.

Quâ de re minus ambigi poterat, cum multò prius per suum apud Ratisbonam Ministrum eorum, quæ contra Jurium Principatuumque Suorum aggressores agere coactus fuerat, toti Imperio rationes reddi jussisset, & in Literis de 19. Martii anno 1702., ad Augustissimum Imperatorem Leopoldum scriptis, cuncta, quæ hactenus gesserat, Germaniæ libertati, Bullæ Aureæ, plurimis Imperii Recessibus & Pac: Westphalicæ Sanctionibus consentanea demonstrasset, imò & suam illam agendi rationem novissimâ ipsius

Impera-

ANNO 1711. Imperatoris agendi ratione confirmasset, qui ut Archidux Austriæ Electoribus aliquot & Principibus Germaniæ junctus Fœdus offensivum cum Magna Britannia unitique Belgii Provinciis recens pepigerat, nec in Electore Coloniensi & Principe Leodiensi improbare poterat, quod exterorum armis in Ditionum suarum viscera irrumpere attentantibus Ipse tanquam violenter oppressus ad solam eamque necessariam Statuum suorum defensionem subsidiarium Militem cum enarratis suprà Cautionibus juxta facultatem per notorias Imperii Leges ejus Statibus datam è Circulo Burgundico advocârit.

Serenissimi Electoris Hostes, Principatuum ejus incolumitati invidentes, metuentesque, ne, si querelæ ac rationes Epistola d. 19. Martii anno 1702., data comprehensæ legerentur in Comitiis Ratisbonensibus magno sibi successu admitterentur, omnem iis aditum intercluserunt, minisque & insectationibus seu veris seu fictis Baronem de Umgelter, Serenissimi Electoris Ratisbonæ Legatum, Personam hanc & Munus exuere coegerunt, alteroque per Electorem surrogato, toti in eò fuerunt, ut varias in dies causas comminiscerentur, per quas procrastinaretur hujus ad Collegium Electorale admissio, nec foret, qui ibidem justissimam malè habiti Principis causam oraret.

Quæ ab Aula Viennensi expectârat Elector, æque cassa ac debitô effectu frustrâta fuere anno 1701. d. 16. Decembris scriptis ad Westphal: Circuli Directores Literis agnoverat Imperator, notum inter Electorem & Capitulum Metropolitanum Ecclesiæ Coloniensis diffidium ad cognitionem Comitiorum Imperii pertinere, quo negotium illud remitti oporteret. An non potiùs expectandum erat, ut multò magis Consilium Imperiale aulicum fateretur suum non esse de eo Jure cognoscere, quo inter Regalia Electorum Jura nullum majus extitit, & Electorem Imperii susque deque habitis fundamentalibus Imperii Legibus, contra inconcussum Majorum morem absque totius Imperii Consensu non posse proscribi? Verum quia prævidebat in Comitiis Ratisbonensibus procul partium studiis nullum malevolentiæ ac odio neque privatis Austriacæ Domûs commodis à publico bono sejunctis locum fore, Cæsarem à priore sensu dimovit effecitque, ne in negotio maximè arduo antiquissima illa, jam ab ævo Caroli M. apud Germanos introducta Judicii formâ, in ferenda de Principum vita, Juribus ac bonis Sententia observaretur.

Certè quovis alio tempore Serenissimi Electoris Consilia & acta eorumque rationes in Epistola præfata adductæ laudem & applausum à Germanis tulissent. At in præsenti casu, dum agebatur de Serenissimæ Domûs Austriacæ Patrimonio augendo, Consilium Imperiale aulicum salutare Serenitatis suæ Electoris uni Patriæ bono candidè servientis propositum coloribus atris infecit: Cumque à Germania mercedem ferre deberet eorum, quæ belli ad Imperium nullatenùs pertinentis ab Imperio propulsandi desiderio aut fecit aut passa est, Princeps optimus summo cum doloris sensu perspicit ea, quæ in se inique gesta sunt, allegari nunc ab Hostibus tanquam causam legitimam, cur suis & Ecclesiæ suæ Coloniensis Prærogativis privetur. Ab Electorum tamen æquitate etiamnum expectat, ut rationes, quibus & se & acta sua, causæque totius bonitatem fundamentalibus Imperii Juribus firmiter, suffultam tuetur, atque adeò Sua Jura ipsorum attente perpendant, eorumque Justitiâ fretus futurum non dubitat, quin oculis ad Pragmaticas Imperii Sanctiones defixis earum se normæ, quam infringi aut inflecti sibimet Ipsis periculosissimum foret, sint accommodaturi, non solum in posterum eas ad vigorem ad usum pristinum revocando, sed & ea, quæ illegitime atque invalide hactenus gesta sunt, juxta Pacis Westphalicæ mentem irrita & nulla declarando: Nec subverti ullo prætextu passuri sunt veterem Nationis ac Libertatis Germanicæ morem, juxta quem omnes Imperii Principis ad tuendos Principatus suos soliciteque propaganda Jura iisdem annexa Juramenti vinculo obstringuntur, ac proinde ob id, quod Sua ac Suorum Saluti providere studuerint, è Collegio Electorali excludi non ferant, nec eorundem Status ac Subditos à præstito Sacramento absolutos censere permittant. Neque in hoc inter Principes Ecclesiasticos & Laicos discrimen Imperii Leges constituunt, ut Sacros Antistites publici sui & suarum Ecclesiarum direptionis otiosos spectatores existere velint.

Si tamen ea spes, quæ in perspecta Electorum æquitate conquiescit, Serenissimum Electorem falleret, is sanè nec in Patriam, nec in Patriæ Leges peccare censendus erit, si summa cum animi moderatione solò vindicandarum fundamentalium Imperii Legum Juriumque suorum studio in eventum solenniter protestatur, per Præsentes Electionem futuri Cæsaris, quæ se non vocato vel non admisso fieret, cassam fore, nec sibi imputari debere, quicquid exinde sinistri in Imperium non suâ sed aliorum culpâ redundarit. ANNO 1711.

Quanquam constanter existimet atque confidat sub obtentu proscriptionis evidenter irritæ ac omni robore vacuæ non se defraudandum esse in dubii Juris sui usu, ut instans novi Cæsaris Electio omni labe immunis sit, eandemque DEO favente totius. Europæ tranquillitas subsequatur. Datum Valencennis, die 4. Julii, Anno 1711.

LXVII.

Protestatio MAXIMILIANI EMANUELIS *Electoris Bavariæ tunc sub Banno Imperiali existentis, contra futuram Imperatoris Romani Electionem, in casu quo fieret absque sua interventione. Datum Namurci 7 Julii* 1711. 7. Juillet.
[Simple Copie, mais sûre.]

SErenissimus Elector utriusque Bavariæ Dux nunquam dubitaverat, quin ab æquissimis S. R. Imp. Electoribus, secundum Auream Bullam, intra præfixum ibidem temporis spatium, ad proximam Imperatoris Electionem invitaretur. At mora responsi ad Litteras, quas Serenissimi Domini Electores Coloniensis ac Bavarus eum in finem ad memoratos Imperii Electores direxerant, abundè demonstrat, quod in Imperio, etiam post novissimè defunctæ Majestatis Cæsareæ obitum, odium adhuc contra Serenissimam Domum Electoralem Bavaricam adeò inveteratum foveatur, ut duos Serenissimos Fratres à Congressu ad proximam Electionem Imperatoris, ubi sine istorum suffragiis Imperii Caput legitime eligi nequit, excludere velle videantur. Serenitas sua Electoralis arctissimæ obligationi suæ deesse se crederet, si fundamentalium Patriæ Legum infractionem silentio præteriret, dum Dignitas Electoralis, quâ pollet, eandem obstringit, ut pro jurata perpetua jurium Imperii conservatione quieti publicæ tam necessaria vocem extollat.

Quâ-propter Serenissimus Elector Bavarus justô pro tuendis tum suis, tum S. R. Imperii Juribus zelò impulsus contestatur, se nullius demeriti conscium, nullam dedisse causam decretæ, & publicatæ contra se prætensæ proscriptionis, quæ multiplici ex capite nulla censenda est, tam ob defectum Justitiæ, quàm quod iis destituta sit solennitatibus, quæ ad Banni contra Electorem Principem, aut Imperii Statum ferendi essentiam requiruntur: adversaturque antiquissimæ praxi Imperii Romano-Germanici, & Paci Westphalicæ, juxta cujus inalterabiles regulas in rebus arduis Imperium, & præcipua ejus Membra concernentibus, adeôque vel maximè in Electoribus Bannô Imperii subjiciendis, Collegialis universorum ejus Ordinum Consensus desideratur: ac insuper Justitia gravissimè læditur, dum Serenissimus Elector declaratur Hostis Imperii, cuique præcipuum in eô studium fuit, ut Pacem communemque Germaniæ tranquillitatem, per indefessum manutenendæ Neutralitatis studium, promoveret, quam defunctus Imperator ex universâ Germaniâ proscriptam esse voluit, ut omnes, & singulos Imperii Status, ad procuranda unitis viribus Suæ Domus Archi-Ducalis commoda concitaret ad bellum, occasione Successionis Hispanicæ, suscipiendum.

Franconiæ, Sueviæque Circuli eandem ab initio utilitatis publicæ rationem unà cum Serenissimo Electore Bavariæ Duce cordi habuerunt: Sed mox gravi metu imminentis Vindictæ sibi incusso perculsi, submisêre se Legi à Cæsarea Aula extra Comitiorum Cœtum præscriptæ.

Cumque non vanè timendum esset, ne Serenitas Sua Electoralis, cum Ditionibus sibi à Deo concreditis, ante Deliberationem ea de re cum Ordinibus Imperii habitam, solo Serenissimo Domus Austriacæ nutu, si ultrò nollet, per vim armorum ad resumendum illicò ensem compelleretur, ut vim vi eluderet, nec Regiones suas, arbitrariis hostium Pacis insultibus prostitutas videret, Portas earum tem-

pestivè

ANNO 1711. pestivè occludendas rata, Ulmam & Memmingam, pro tempore durantis periculi, & non aliâ mente, in potestatem suam redegit, quam ne publicæ Tranquillitatis Germanicæ inimici latus Bavaricum ex iis Urbibus peterent; atque Electorem, & Electoratum Bavaricum voluntati suæ subjugarent.

Intererat quoque Serenitatis suæ Electoralis; ne Belgii Hispanici, ante persolutos sibi plures Milliones Thalerorum, Gubernationem dimitteret, quàm Pecuniæ Summam Rex Philippus tanquam Monarchiæ Hispanicæ hæres, ei debebat.

Frustrà sanè Electoribus, Principibus, & Statibus Imperii per Tractatus Pacis Westphalicæ jus liberrimum Fœdera pangendi, bellumque tam offensivum, quàm defensivum gerendi, (modo nihil contra Cæsarem & Imperium moliantur) confirmatum esset, si hoc Suprematûs jure uti nequirent, maximè ubi agitur de naturali Defensione ad periculum Statibus Imperii imminens avertendum, imò tranquillitatis studium in hoc casu crimini verteretur.

Verum præpotentia Cæsaris, junctis sibi auxiliaribus copiis aucta, sinistris interpretationibus denigravit optimas Principis, de Patriæ incolumitate duntaxat soliciti; intentiones: Dumque Germania tanti Principis meritum agnoscere & exantlatos ab eodem Conatus pro Patria à bello extraneo præservanda remunerari debuisset, dolendum in modum accidit, ut injusta Proscriptio adversus Eum pronunciata, considerata fuerit à nonnullis velut legitima ratio privandi Eundem jure, Dignitati & Electoratui suo annexo.

His non obstantibus, firmam adhuc spem in S. R. Imperii Electorum æquitate reponit, fore, ut seriò perpensis rationibus à se adductis, communique interesse præ oculis habito, publicas Imperii Sanctiones, quæ citra manifestum totius Imperii discrimen infringi nequeunt, non sinant pessundari, & in præsente Negotio proprii honoris & Conscientiæ Suæ ductum sequantur. Cum itaque futura Imperatoris Romani Electio sine Participatione, & Consensu Serenissimorum Electorum, Coloniensis & Bavari, valere non possit, Serenissimus Elector Bavarus in casum, quo contemneretur à Dominis Coelectoribus suis, vocisque suæ suffragio defraudaretur, dolenter refert; se ad protestandum contra ejusmodi Electionem obstrictum fore, ac in eventum solennissime protestatur per præsentes, eamque ipso jure, & facto tanquam dispositioni Aureæ Bullæ contrariam, essentialique formâ destitutam, nullam ac irritam fore asseverat, & ex nunc pro tunc declarat, non sibi, sed Aureæ Bullæ transgressoribus imputanda esse quæcumque mala, & Reipublicæ Romano-Germanicæ detrimenta, quæ ex hac fundamentalium Germaniæ Legum notoria & inexcusabili violatione sunt promanatura. Datum Namurci, die Septimâ Julii 1711.

LXVIII.

3. Octob. *Declaratio Nullitatis Precum Primariarum, Sacro Romano Imperio vacante, a Vicariis, seu Provisoribus Imperialibus expeditarum, & quarumcumque provisionum, earumdem Precum vigore factarum, seu faciendarum.* [Bullarium Magnum Tome VIII. pag. 77. Edit. Luxemburgic. 1727.]

CLEMENS PAPA XI.

Ad futuram rei memoriam.

CUm, sicut accepimus, in præsenti Sac. Romani Imperii Interregno Vicariorum, seu Provisorum Imperialium nuncupatorum nomine, nec non assertorum Jurium illis competentium obtentu preces quædam, quas primarias vocant, quam plurium Collegiatorum, & forsan etiam Cathedralium, ac Metropolitanarum Ecclesiarum Præsulibus, Capitulis, & Canonicis, aliisque diversorum Beneficiorum Ecclesiasticorum tam sæcularium, quam Regularium, in variis ejusdem S. R. I. ac potissimum Germaniæ Inferioris partibus consistentium Collatoribus, seu Collatricibus directæ, pro Canonicatibus, & Præbendis Ecclesiarum hujusmodi, cæterisve Beneficiis præfatis, nonnisi certis personis vigore earumdem precum commendatis, per eos, ad quos pertinet, conferendis, concessæ, expeditæ, ac præsentatæ, & forsan etiam aliquæ effectum suum sortitæ fuerint; Explorati verò juris sit nemini fas esse absque hujus Sanctæ Sedis Indulto quempiam ad Canonicatus, & Præbendas, aliaque Beneficia hujusmodi sic commendatis conferenda, compellere: satisque insuper omnibus notum sit, quàm enixius dudum, & pluries tam a Nobis sive per diversas Nostras in simili forma Brevis Literas, sive aliàs, quàm à Nostris, & ejusdem Sedis Nunciis jussu nostro iteratis Ordinationibus, & Decretis, illasmet similes primarias preces, quæ à cla. mem. Josepho, dum viveret, Romanorum Rege in Imperatorem electo porrectæ, seu expeditæ fuerunt, utpote Apostolicæ auctoritatis munimine destitutas, nullatenus admittendas, sed pœnitus, & omnino rejiciendas, ac repellendas fuisse, & esse mandaverimus, & declaraverimus. ANNO 1711.

§. 1. Hinc est, quòd Nos, qui Jurium Ecclesiasticorum assertores in Terris à Domino constituti sumus, ac proinde tam gravem Laicalis potestatis abusum dissimulare non possumus, libertatem, Immunitatem, ac Jurisdictionem Ecclesiasticam, quantum Nobis ex alto conceditur, sartam, tectamque, atque illibatam tueri, & conservare cupientes, ac omnium, & singulorum, quæ in præmissis, seu eorum occasione quovis modo acta, & gesta fuerunt, tenores, & datas, ac circumstantias quascumque: Personarum verò, à quibus illa, vel eorum aliquod respectivè emanarunt, Qualitates, Dignitates, Nomina, & cognomina, & alia quæcumque, etiam specificam, & individuam mentionem, & expressionem requirentia, præsentibus pro plenè, & sufficienter expressis, & exacte specificatis habentes: Motu proprio, ac ex certâ scientia, & matura deliberatione Nostris, deque Apostolicæ potestatis plenitudine: Omnes, & singulas primarias preces supradictas, prætextu ejusmodi S. R. I. *assertorum Vicarialium Jurium*; pro quorumvis Canonicatuum, & Præbendarum, aliorumque Beneficiorum Ecclesiasticorum, sive Sæcularium, sive Regularium cujusvis Ordinis, seu Instituti collatione, quibusvis Canonicatuum, & Præbendarum, aliorumque Beneficiorum hujusmodi Collatoribus, seu Collatricibus ad favorem quarumvis Personarum hactenus quomodolibet porrectas, & præsentatas, ac (quod absit) in posterum porrigendas, & præsentandas, cum omnibus, & singulis inde secutis, & quandocumque secuturis, penitus, & omnino illicitas, nullas, irritas, & invalidas, viribusque, & effectu vacuas, & de facto attentatas, nulliusque roboris, & momenti fuisse, esse, & fore, nec ullatenus attendi debuisse, nec debere; sed illas perinde ac si nunquam factæ fuissent, vel emanassent, neque unquam fierent, vel emanarent, pro non extantibus, & non factis semper habendas esse; Collationes insuper, & provisiones, aliasve quaslibet dispositiones Canonicatuum, & Præbendarum, aliorumque Beneficiorum præfatorum in vim precum hujusmodi hactenus quovis modo forsan factas, & quas in futurum quomodolibet fieri contigerit pari modo nullas, invalidas, inanes, & irritas, nulliusque roboris, & momenti fuisse, esse, & fore, nec ullum, etiam coloratum, illis, in quorum favorem factæ fuerunt, aut in posterum fient, possidendi, aut retinendi titulum præbuisse, aut præbituras esse, neque Provisos de Canonicatibus, & Præbendis, aliisque Beneficiis hujusmodi fructus, redditus, & proventus illorum suos fecisse, aut quandocumque facturos esse, sed ad illorum restitutionem omnino teneri, & obligatos existere, & fore, tenore Præsentium statuimus, decernimus, & declaramus.

§. 2. Decernentes etiam easdem præsentes Literas, & in eis contenta quæcumque, etiam ex eo quòd quicumque in præmissis interesse habentes, seu habere quomodolibet prætendentes, cujusvis Status, Gradus, Ordinis, Præeminentiæ, & Dignitatis existant, seu alias specifica, & individua mentione, & expressione digni, illis non consenserint, seu ad ea vocati, citati, & auditi, causæque propter quas præsentes emanarint, sufficienter adductæ, verificatæ, & justificatæ non fuerint, aut ex aliâ quâlibet, etiam quantumvis juridicâ, & privilegiatâ causâ, colore, prætextu, & capite, etiam in Corpore Juris clauso, etiam enormis, enormissimæ, & totalis læsionis, nullo unquam tempore de subreptionis, vel obreptionis, aut nullitatis vitio, aut intentionis nostræ, vel interesse habentium consensus, aliove quolibet etiam quantumvis magno, & substantiali, ac incogitato, & inexcogitabili, individuamque expressionem requirente defectu notari, impugnari, infringi, retractari, in controversiam vocari, aut ad terminos

juris

ANNO 1711. juris reduci, seu adversus illos aperitionis oris, restitutionis in integrum, aliudve quodcumque juris, facti, vel gratiæ remedium intentari, vel impetrari, aut impetrato, seu etiam motu, scientiâ, & potestatis plenitudine paribus concesso, vel emanato quempiam in judicio, vel extra illud uti, seu se juvare ullo modo posse; sed ipsas præsentes Literas semper firmas, validas, & efficaces existere, & fore, suosque plenarios, & integros effectus sortiri, & obtinere, ac ab illis, ad quos spectat, & pro tempore quandocumque spectabit, inviolabiliter, & inconcusse observari; sicque, & non aliter in præmissis per quoscumque Judices, Ordinarios, & Delegatos, etiam causarum Palatii Apostolici Auditores, ac Sanctæ Romanæ Ecclesiæ Cardinales, etiam de latere Legatos, & Sedis prædictæ Nuncios, aliosve quoslibet quâcumque præeminentiâ, & potestate fungentes, & functuros; sublatâ eis, & eorum cuilibet quavis aliter judicandi, & interpretandi facultate, & auctoritate, judicari, & definiri debere, ac irritum, & inane, si secus super his a quoquam, quavis auctoritate, scienter, vel ignoranter contigerit attentari. Non obstantibus præmissis, ac quatenus opus sit, nostrâ, & Cancellariæ Apostolicæ Regulâ de Jure quæsito non tollendo, aliisque Constitutionibus, & Ordinationibus Apostolicis, nec non quibusvis, etiam juramento, confirmatione Apostolicâ, vel quâvis firmitate aliâ roboratis Statutis, & Consuetudinibus, ac Usibus, & Stylis, etiam immemorabilibus; Privilegiis quoque, Indultis, & Literis Apostolicis Personis quibuslibet, etiam quâcumque Ecclesiasticâ, vel mundanâ Dignitate fulgentibus, & aliàs quomodolibet qualificatis, ac specialem expressionem requirentibus, sub quibuscumque verborum tenoribus, & formis, ac cum quibusvis etiam derogatoriarum derogatoriis, aliisque efficacioribus, efficacissimis, & insolitis clausulis, irritantibusque, & aliis Decretis, etiam motu, scientiâ, & potestatis plenitudine similibus, ac consistorialiter, & aliàs quomodolibet in contrarium præmissorum concessis, editis, factis, ac pluries iteratis, & quantiscumque vicibus approbatis, confirmatis, & innovatis.

§. 3. Quibus omnibus, & singulis, etiamsi pro illorum sufficienti derogatione de illis, eorumque totis tenoribus specialis, specifica, expressa, & individua, ac de verbo ad verbum, non autem per clausulas generales idem importantes, mentio, seu quævis alia expressio habenda, aut aliqua alia exquisita forma ad hoc servanda foret, tenores hujusmodi, ac si de verbo ad verbum, nihil penitus omisso, & formâ in illis traditâ observatâ, exprimerentur, & insererentur, Præsentibus pro plene, & sufficienter expressis, & insertis habentes, illis alias in suo robore permansuris, ad præmissorum effectum, hac vice dumtaxat specialiter, & expresse derogamus, ac derogatum esse volumus, cæterisque contrariis quibuscumque. Volumus autem, ut earumdem præsentium Literarum Transumptis, seu Exemplis, etiam impressis, manu alicujus Notarii publici subscriptis, & sigillo Personæ in Ecclesiasticâ Dignitate constitutæ munitis, eadem prorsus fides tam in judicio, quam extra illud, ubique adhibeatur, quæ eisdem præsentibus adhiberetur, forent exhibitæ, vel ostensæ. Datum Romæ apud Sanctam Mariam Majorem sub Annulo Piscatoris die tertiâ Octobris MDCCXI. Pontificatus nostri Anno XI.

F. OLIVERIUS.

LXIX.

1712. 23. Mars. *Decret du Roi* PHILIPPE V. *par lequel le Duc de* VENDOME *est déclaré Prince du Sang d'Espagne. A Madrid le 23. Mars 1712.* [Simple Copie.]

PHilippe par la Grace de Dieu Roi de Castille, de Leon &c. voulant faire connoistre à notre Cousin le Duc de Vendome, la reconnoissance que nous avons des services qu'ils nous a rendus, depuis que nous l'avons declaré Generalissime de notre Armée; Nous avons jugé ne pouvoir mieux lui en marquer notre satisfaction, qu'en lui accordant, dans tous nos Estats & Royaumes, un Rang & une Qualité proportionnés à ce qu'il a entrepris & exécuté pour nous en assurer la Conservation; & bien que sa naissance lui donne toute sorte de considération, & qu'il puisse avec justice prétendre tous les Honneurs & Prérogatives qui luy apartiennent; néantmoins pour témoigner d'une maniére plus éclatante la haute & singuliére estime que nous faisons de sa personne, & de ses importans services, nous lui avons donné & accordé, donnons & accordons par ces Presentes le Rang, & les Honneurs de Prince de notre sang, voulant qu'il soit reconnu en cette qualité dans les Royaumes & Païs de notre obéïssance, & qu'il jouïsse de tous les Honneurs, Prééminences, Prérogatives & Priviléges, qui appartiennent à une si éminente Dignité, commandant, & ordonnant à tous nos Sujets de le reconnoistre en cette qualité, car tel est notre bon plaisir. Donné à Madrid le 23. Mars 1712.

ANNO 1712.

Signé

MOI LE ROI.

LXX.

1/12. Avril. *Addition à l'Instrument de la Paix du Pruth entre les Turcs & les Moscovites* (1) *savoir celui des Turcs, daté le* 10 *du Mois de Rebi il Ewel l'an* 1124. *de l'Hegire, & remis le même jour par le Grand Visir* JUSUF BACHA *aux Plenipotentiaires de Sa Majesté Czarienne.* [W. THEYLS, Mémoires pour servir à l'Hist. de Charles XII. Roi de Suède. pag. 53.]

LA raison pour laquelle cet Instrument de Reconciliation est couché par écrit, consiste en ce que le 6. du Mois de *Gemasi il Aghir* de l'An 1123. de l'*Hegire* du Grand Prophete, la Paix ayant été conclue sur les Frontiéres de *Moldavie* entre la Haute Porte & le Czar de Moscovie, on étoit convenu, qu'en consequence des conditions contenues dans l'Instrument delivré & receu de part & d'autre, la Ville d'*Asoph* seroit restituée à la Haute Porte dans l'état où elle étoit lorsqu'elle fut prise, & que *Tyghan* seroit démolie; Cependant contre la Teneur dudit Traité, on differa à la faveur de quelques Differends, d'exécuter ladite Restitution d'*Asoph* & la Démolition de *Tyghan*, & le Czar manqua encore à observer & exécuter d'autres conditions dudit Traité de Paix & d'Amitié, ce qui obligea la Haute Porte de recommencer la Guerre cette Année 1124; Mais pour la prévenir & l'empêcher, le Baron *Pierre Schaffirof* Chancelier, & *Michel Czeremetof* General, ci-devant Plenipotentiaires du Czar de Moscovie, & ses Otages jusqu'à l'entiére exécution du Traité de Paix; ont prié avec consentement de la Haute Porte, les Eminens entre les Croyans du *Messie*, le Chevalier *Robert Sutton* Ambassadeur d'Angleterre, & le Comte *Jacob Colver* Ambassadeur des Provinces-Unies, Residens auprès de l'Heureuse Haute Porte (dont la fin ait un heureux succès) de terminer par leur Mediation, les Disputes & Differends qui ont reculé la Paix. Il est arrivé, que pendant que les susdits Ambassadeurs acceptés de part & d'autre pour Médiateurs, tenoient des Conférences à cet éfet, on receut avis qu'en conséquence du susdit Traité de Paix, le *Czar* avoit consigné la Ville d'*Asoph* à la Haute Porte, & démoli la Forteresse de *Tyghan*, sur quoy on continua les Conférences pour convenir des Articles jugés nécessaires, & les susdits Ambassadeurs avec un zèle louable & sous leur Médiation, ont donné toute la perfection possible aux sept Articles compris dans l'Instrument ci-joint.

(*Ici sont inserés les Articles mot à mot, tels qu'ils sont dans l'Instrument Moscovite, avec cette seule difference, que dans la Traduction Turque on ne donne à Sa M Cz. que le Titre de* Czar de Moscovie; *La Conclusion de la part du Grand Vizir, qui suit les sept Articles, est en ces termes;*)

EN vertu de notre haut Caractère & de notre Plein-Pouvoir comme Lieutenant de l'Empire, &

(1) Cet Instrument est raporté dans le Corps Diplomatique T. VIII. Part. I. pag. 269. on peut voir ci-dessus au 5. de Juin 1713. le renouvellement & la confirmation de cette Paix du Pruth.

ANNO 1712. & de la part de celui qui soutient & dirige l'Univers, & du Protecteur de la vraye Croyance & de l'Alcoran, le très-Excellent, Haut & Puissant Empereur, mon très-Clement Maître *Ghasi Sultan Achmet Kan*, fils de *Ghasi Sultan Mahomet Kan*, dont Dieu Tout-Puissant veuille faire durer longtems la Puissance & les Bienfaits, Nous promettons que Sa Majesté Imperiale exécutera religieusement, & ratifiera tout ce qui a été stipulé & résolu dans le susdit Instrument, après que le Czar l'aura ratifié: A cet effet Nous, en notre susdite qualité, avons signé & scellé cet Instrument, le 10. du Mois de *Rebi il Ewwel* de l'An. 1124. étoit signé.

(L. S.) *Jusuf.*

Ordre du Sultan ACHMET *Empereur des Turcs expédié à* ISMAEL BACHA *Gouverneur de Bender pour l'exécution de ce Traité, & pour conduire le Roi de Suède en ses Estats à travers la Pologne, avec une Armée. Donné à Constantinople le* (1.) 11 *Avril* 1712 [W. THEYLS, Mémoires pour servir à l'Hist. de Charles XII. Roi de Suède pag. 56.]

„ A La veuë de ces Présentes de notre part vous saurés, que pendant les Conférences qui se tenoient entre les Ambassadeurs d'Angleterre & des Provinces-Unies, & les Plenipotentiaires & Otages du Czar de Moscovie, pour accommoder les Differends qui étoient survenus entre notre puissant Empire & le Czar, tous les Vizirs, Gens de Loi & de Droit, & Commandans de nos Troupes assemblés au Divan, ont été unanimement d'acord, qu'il étoit à propos de conclure la Paix aux Conditions proposées; A cet effet les Instruments en ont été dressés & delivrés de part & d'autre; De plus les susdits Plenipotentiaires ont envoyé de leur part, en conséquence desdits Instruments, une Personne au Czar, de Moscovie, pour faire nommer un Ambassadeur, afin de recevoir la Capitulation Imperiale; Pour ces raisons notre départ d'ici a été jugé inutile, c'est pourquoy nous avons contremandé les Milices de *Natolie*, leur enjoignant par nos ordres exprès de ne pas sortir de leur District; Néanmoins il nous plait pour le service de notre Empire, vous élever à la Dignité de *Seraskier*, ou Generalissime de nos Milices de *Romelie* & d'*Usu*, afin qu'avec lesdites Troupes vous accompagniés à l'amiable à travers la *Pologne*, le très-Eminent Prince entre les Chrétiens, *Charles* Roy de Suède (dont la fin soit heureuse) qui s'est mis sous notre Protection, & qui est à present à *Bender*, car c'est notre bon plaisir & ainsi nous plait: Vous Commandant d'aviser à tout ce qui sera nécessaire pour cet effet, avec le très-Eminent *Dewlet Jeray Cam* Prince de Crimée, & d'expédier le Noble *Achmed Chiaoux-Bachi* de notre Cour, pour l'excéution de notre Volonté Impériale, & pour veiller à ce que les Conditions de Paix & d'amitié conclues, tant par raport à la *Pologne* qu'à la *Moscovie*, soient exactement observées à tous égards; A cet effet nous l'avons chargé de deux Copies dudit Traité, pour remettre l'une au susdit *Cam*, & vous remettre l'autre entre les mains; Et comme le Grand Général de Pologne nous a fait savoir par une Lettre & un Exprès, qu'en conséquence d'une Résolution de la République, le Palatin de *Masovie* étoit prêt pour venir vers nous en qualité d'Ambassadeur Extraordinaire, aussitôt que nous lui en aurions acordé la Permission, Notre Majesté Imperiale a bien voulu lui accorder sa demande, cependant nous avons differé jusqu'à present à lui faire réponse; Mais ayant résolu de faire passer amiablement le Roi de Suède par la *Pologne*, pour retourner dans ses Etats, nous jugeons qu'il est nécessaire de hâter l'arrivée dudit Ambassadeur touchant ledit Passage; C'est pourquoi notre Grand Vizir & Premier Ministre *Jusuf Bacha* est actuellement occupé à répondre à la Lettre du Général de Pologne, afin de renvoyer au plûtôt son Exprès, ainsi dès que ledit Exprès sera arrivé auprès de vous, vous ne l'arrêterez en aucune manière, vous lui expedirez promptement les Lettres qu'il doit porter de votre part, & de celle du *Cam des Tartares* à la République de Pologne, & le ferez partir pour la Ville où il doit se rendre; Et aussitôt que l'Ambassadeur de Pologne sera arrivé sur les Frontiéres de notre Victorieux Empire, vous le ferez partir pour ici avec une bonne & seure Escorte. ANN 1712.

„ Comme vous verrez dans l'Instrument de Paix conclue ici avec les Plenipotentiaires Moscovites, qu'il y est dit expressément que les Troupes Moscovites doivent sortir de toute la *Pologne* dans l'espace de trois Mois, & qu'il est probable que l'Ambassadeur de Pologne pourra être ici vers ce tems-là, pour concerter avec lui les moyens dont on devra se servir, pour conduire en bonne amitié le Roy de Suède à travers la *Pologne*, s'il plait à Dieu, sans causer le moindre tort à la République, nous avons jugé à propos qu'il faloit que ledit Ambassadeur pût donner de bonnes asseurances de l'exécution de cet Article: Ayant de plus consideré, que *Bender* est Frontiére de la *Pologne*, & ainsi à portée d'y avoir correspondance, nous avons trouvé à propos, tant par rapport à l'exécution du susdit Article, qu'au Passage du Roy de Suède au travers de la *Pologne* sans y commettre aucun desordre, ni y causer le moindre tort, qu'il en seroit écrit de notre part au *Cam des Tartares*, pour l'informer que nous avons fort à cœur le départ du Roy de Suède en la maniere ci-dessus exprimée, & que nous vous avons donné ordre de préparer toutes choses pour ledit départ, & de prendre en tout les avis de son Altesse, vous conduisant à cet égard avec fidélité suivant nos intentions & notre bon plaisir. A cet effet vous tiendrez prêt tout ce qui sera nécessaire pour les Troupes, & pour le départ du Roy de Suède, & toutes les Provisions dont on pourra avoir besoin; Vous veillerez à l'exécution de toutes les conditions de la Paix, tant en *Pologne* qu'en *Moscovie*, de sorte que le tems du départ du Roy de Suède étant arrivé, tout soit trouvé prêt & en ordre pour pouvoir marcher avec les Milices pour l'Escorte dudit Roy, de maniére que les Troupes puissent être de retour avant l'Hiver. Vous serez chargé de l'exécution de ces Ordres importans de concert avec le *Cam des Tartares*, & vous vous conduirez avec une prudence toute particuliére, n'épargnant aucune peine pour en venir à bout avec succès. Vous en presserez l'exécution de maniére qu'on puisse en être instruit en tems & lieu, & que les choses, suivant notre Imperiale intention, soient dirigées jusqu'à ce point, qu'avant que l'Ambassadeur de Pologne arrive ici, tout soit seur & déja reglé. Ce que vous aurez fait ne sera pas seulement approuvé, mais même vous aquererez les Eloges deus à votre prudence & à votre zèle pour le service de notre Empire, & pour lequel on aura une attention particuliére; Vous aurez aussi soin de tenir des Mémoires exacts de ce qui se passera sur les Lieux; & à l'égard desdites Affaires. C'est sur cette asseurance, que nous vous avons adressé notre Commandement Impérial, sur le contenu duquel vous vous reglerez exactement, aussitôt après l'avoir reçeu, ajoutant foi à notre Sein Impérial. Ecrit à *Constantinople*. Lieu de notre Résidence, le 11. Avril.

LXXI.

(1) *Protestation du Prince Pretendant à la Couronne de la Grande Bretagne contre tout ce qui poura estre statué ou stipulé au Congrez d'Utrecht à son préjudice. Fait à S. Germain le 25 d'Avril 1712.* [Actes & Mémoires de la Paix d'Utrecht. Tom. 6. pag. 993.] 25. Avril.

J A.

(1) Cette Date étant Chrétienne, ne doit être considérée que comme une Interprétation de celle de l'Hegire qui devoit se trouver dans l'Instrument Turc. Il faut aussi l'entendre du vieux stile, autrement elle seroit incompatible avec la Date du Traité même. [Dum.]

(1) Cette Protestation ne fut presentée par aucun Ministre chargé de Pouvoir ou de Procuration. Elle fut seulement envoyée par la Poste, aux principaux Ministres du Congrez, sous une simple envelope, & ensuite, elle parut imprimée. [Dum.]

ANNO 1712.

JAQUES R.

JAQUES III.; par la Grace de Dieu, Roi de la Grande-Bretagne, de France & d'Irlande, Defenseur de la Foi, A tous Rois, Princes, Républiques, &c. Comme après une Guerre si longue & si fatale à toute la Chrétienté, tout paroit disposé de part & d'autre à traiter de la Paix & à la conclurre incessamment, sans avoir aucun égard à nos Intérêts; Nous avons jugé convenable & nécessaire, de pourvoir par cette solemnelle Protestation, à la sureté de notre Droit indubitable, contre tout ce qui pourroit généralement être fait à sa diminution, & à nôtre préjudice.

Notre intention n'est pas de faire un ample détail de la suite des injustices ci-devant commises contre Nous, parce que s'étant passées à la vûe de tout le Monde, elles sont trop connues pour avoir besoin d'être rapellées. D'ailleurs, nous ne pouvons croire qu'il y ait des gens qui doutent de la Justice de notre Cause.

Et certes, Nous ne sommes pas seulement touchez de l'état de nos affaires: l'Amour que nous avons pour les Citoyens nos Sujets étant incapable de changer, fait encore que Nous ne pouvons voir sans une très-vive douleur, que jusqu'à présent on n'a épargné ni leur sang ni leurs biens, pour soûtenir l'extrême injure qui nous a été faite; & qu'ils sont enfin réduits à ce point, que si la Paix se conclut sans nous, il faut de nécessité qu'ils deviennent la proye des Etrangers, & qu'enfin ils soient assujettis à leur Domination.

Et comme nous aprenons que les Princes Alliez n'ont aucun égard pour notre Droit, Nous nous estimons très-particuliérement obligez, tant envers Nous-mêmes, qu'envers notre Posterité & nos Sujets, d'empêcher autant qu'il est en notre pouvoir, que notre silence ne puisse passer pour un consentement tacite à ce qui pourra être conclu au préjudice de Nous & des Héritiers légitimes de nos Royaumes.

C'est pourquoi, Nous protestons solemnellement, & en la meilleure forme que faire se peut, contre tout ce qui pourra être généralement statué ou stipulé à notre préjudice, comme étant nul de plein droit, par le défaut d'Autorité légitime.

Nous protestons aussi & déclarons, que les défauts de cette Protestation (s'il s'en rencontre quelques-uns dans la forme) ne pourront nuire ou préjudicier, ni à Nous ni à nos Héritiers légitimes, non plus qu'à nos Royaumes ou à nos Sujets. Et par ces Présentes scellées de notre Grand Sceau, Nous nous réservons tous nos Droits & Actions en leur entier, & nous déclarons qu'elles demeurent & demeureront sauves & entieres.

Nous protestons enfin devant Dieu, que nous serons exemts de toute faute ou blâme, & qu'on ne pourra rejetter sur Nous la Cause des malheurs, que les injustices, qu'on nous a faites ou qu'on nous fera ci-après, pourront attirer sur nos Royaumes & sur toute la Chrétienté. Donné à *Saint Germain* le 25. Avril, l'An de Notre Seigneur 1712., & de Notre Regne le Onzième.

J. R.

Par le Roi de sa propre Main.

LXXII.

1703. 14. Mars. ***Extrait des Lettres de Seureté, accordées par l'Empereur* LEOPOLD *de glorieuse memoire au Landgrave* GUILLAUME DE HESSE RHYNFELDS *au sujet de l'introduction des Troupes de Hesse Cassel, en sa Forteresse de Rhynfelds. Données à Vienne le 14 Mars 1703.*** [Actes & Mémoires de la Paix d'Utrecht Tom. 6. pag. 979. pour annexe à la Déduction des Droits de la Serenissime Maison de Hesse Rhynfelds.]

LEOPOLD.

A*Près l'énumeration des Titres.* On nous a raporté ce que votre Dilection nous a écrit au sujet de la Garnison de Hesse Cassel qu'on a mis dans votre Forteresse de Rhynfels, & particuliérement au sujet de l'exercice de la Religion Catholique, de la jouïssance asseurée des fruits & revenus de votre Domaine, & du temps que vous sera rendue votre dite Forteresse. Nous ne voulons point celer à votre Dilection pour le soulagement & la tranquillité de son esprit, que les Troupes de Hesse Cassel n'ayant été mises dans ce Lieu pour aucune autre fin que celle de le garder durant cette Guerre, & de le deffendre contre la violence des Ennemis, on n'a eû aucune vûe ou pensée que cette Garnison empêchât en aucune maniere l'exercice de votre Religion, & aportât le moindre préjudice aux Droits ou diminution aux Revenus de votre Dilection; & qu'ainsi on a entendu de laisser l'une & l'autre dans leur premier état sans y aporter le moindre changement; & que l'intention est que, la guerre étant finie, les Troupes qui sont maintenant à Rhynfels en soyent retirées au plustôt, & la Place restituée à votre Dilection. Donné à Vienne le 14. Mars 1703.

LEOPOLD.

Le Comte de Caunits.

Par Commandement exprès de sa Sacrée Majesté.

C. J. CONSBRUCH.

LXXIII.

Protestation faite au Nom de* LOUÏS ARMAND DE BOURBON, *Prince de Conti pour la conservation de ses Droits & Pretentions sur la Principauté d'Orange, sur Neufchatel & Valengin &c, contre tout ce qui s'est fait ou se fera au Congrez d'Utrecht à son préjudice. A Utrecht le 12 d'Avril 1713.* AVEC *le Certificat de Messieurs les Magistrats de la Ville d'Utrecht du 12 Avril 1713.* ET *le Pouvoir de la Princesse de Conti Mere & Tutrice du Prince, à l'effect de cette Protestation. A Paris le 11 Mars 1713. [Actes & Mémoires de la Paix d'Utrecht Tom. 4. pag. 402.] 12. Avril.

ANNO 1713.

NOus soub-signés fondé de Pouvoir de S. A. S. Mgr. le Prince de Conti, Prince du Sang, Pair de France. Declarons à tous qu'il appartiendra, que Nous sommes partis de la Ville de Paris au mois de Juillet 1711. & arrivés en cette Ville d'Utrecht le 14. du même mois, à l'effet de procurer à sa dite A. S. la Possession des Comtés de Neufchâtel & de Valengin, usurpés & detenus par Sa Majesté le Roi de Prusse, en sollicitant auprès des Puissances Belligerantes, assemblées, par leurs Députés Plenipotentiaires en cette Ville pour conclure la Paix entre Elles. Nous n'avons pas trouvé que pour traiter de la Paix, il y eût aucun Mediateur, ainsi qu'il est de coutume, entre les mains duquel Nous ayons pû remettre nos Mémoires instructifs & Pièces Justificatives de nos Droits. Nous n'avons pû qu'informer les Députés Plenipotentiaires des Parties Belligerantes, entr'autres ceux de S. M. la Reine de la Grande Bretagne, qui se sont principalement interposés pour la Conclusion de la Paix: à tous lesquels nous avons remis autant d'exemplaires du Mémoire ci-dessus, lequel nous avons publié & distribué dans le lieu de l'Assemblée, afin d'en instruire le Public pour le tems present & pour l'avenir. Tous nos soins n'ont pû empêcher que par le Traité signé entre Sa Majesté très-Chrétienne d'une part, & le Roi de Prusse, de la Maison de Brandebourg, d'autre part, le 11. Avril dernier, le Roi de Prusse n'ait été reconnu pour Comte de Neufchâtel & Valengin, sans autre Droit valable, que celui du plus fort & de bienséance, au préjudice de la justice des Droits de S. A. S. Ce qui Nous oblige de protester contre cette disposition, & toutes autres faites ou à faire ci-après, contraires aux Droits & Prérogatives de sa dite A. S. auxquelles dispositions Nous declarons que Nous n'acquiesçons en nulle maniére, mais que Nous en appellons à des tems plus favorables à la Justice, afin que les Droits du Seigneur notre Commettant n'en pâtissent

ANNO 1713.

puissent être reputés moins Legitimes. Fait à Utrecht ce 12. Avril 1712. signé *Mars.*

Le 13. Avril 1713. deposé chez *Abel de Coole*, Notaire, qui en a donné le Certificat suivant.

LE 13. Avril 1713. aprés midi par-devant Abel de Coole, Notaire de la Cour d'Utrecht, comme aussi admis par la Magistrature de la même Ville, & les témoins sous-nommés, est compatu Mr. Silvain Mars, Avocat au Parlement de Paris, & ès Conseils de S. M. T. C, lequel a reconnu que la Signature apposée en l'Ecrit ci-dessus est sa propre Signature, & a deposé en nos mains les Originaux des sus-dits Mémoire, Procuration, & Protestation: dont Nous lui avons donné Acte en presence d'Antoine Congnard, Ecuyer de la petite Ecurie de S. M. T. C. & de Michel Martin, Maître Chirurgien juré à Paris, l'un & l'autre étant à la suite de S. E. Monseigneur le Maréchal d'Uxelles, Plenipotentiaire de France, de present en cette Ville, témoins à ce requis, qui, l'Acte mis en Protocole, avec moi Notaire ont sous-signé au dit tems.

Quod Attestor.

A. DE COOLE, Notaire.

Certificat de la Magistrature de la Ville d'Utrecht, concernant la validité de l'Acte précédent.

NOus Bourguemaîtres & Conseillers de la Ville d'Utrecht, certifions que Abel de Coole, qui a signé l'Acte ci-dessus, est Notaire publique, admis par la Cour Provinciale d'Utrecht, demeurant dans cette Ville; & que foi soit attribuée à tous Actes qui sont passés par devant lui & deux témoins; En foi dequoi Nous avons fait mettre le Cachet de cette Ville & signé par notre Sécretaire. A Utrecht, le 13. Avril 1713.

E: V: HARSCAMP.

Sécretaire.

Pouvoir de la Princesse Douairiere de Conti; pour protester au nom du Prince son fils. A Paris le 11 Mars 1713. [Actes & Mémoires de la Paix d'Utrecht Tom. 4. pag. 399.]

PAr devant les Conseillers du Roi, Notaires au Chatelêt de Paris, sous-signés, fut presente très-Haute, très-Puissante, & très-Excellente Princesse Madame Marie Therese de Bourbon, Princesse du Sang, Veuve de très-Haut, très-Puissant, & très-Excellent Prince Monseigneur François Louïs de Bourbon, Prince de Conti, Prince du Sang, Mere & Tutrice de très-Haut, très-Puissant, & très-Excellent Prince Monseigneur Louïs Armand de Bourbon, Prince de Conti, Prince du Sang, Fils mineur de mesdits Seigneur & Dame, Prince & Princesse de Conti, & Legataire Universel du dit defunt Seigneur Prince de Conti son Pere, qui étoit Legataire Universel de très-Haut, très-Puissant, & Excellent Prince Monseigneur Jean Louïs Charles d'Orleans, Duc de Longueville, Prince Souverain de Neufchâtel & de Valengin, en Suisse, d'Orange, Comte de Dunois. Madite Dame Princesse de Conti demeurante en son Hôtel à Paris, Quai de Conti, Paroisse Saint André des Arcs; laquelle Madite Dame Princesse de Conti, a constitué son Procureur general & special la Personne de M. Silvain Mars, Avocat au Parlement, & ès Conseils, auquel S. A. S. en ladite qualité donne pouvoir de se transporter en la Ville d'Utrecht en Hollande, & par-tout où besoin sera, & où se traitera la Paix entre les Puissances Souveraines qui sont de present en Guerre en Europe, & là pour & au nom de Madite Dame Princesse de Conti, en ladite qualité faire toutes Requisitions, Protestations, & Actes que besoin sera pour la Conservation des Droits dudit Seigneur Prince de Conti sur les dites Principautés d'Orange, Neufchâtel, Valengin, & sur les biens de la Maison de Châlon, & generalement tout ce qu'au dit cas appartiendra, substituer en son lieu & place, si besoin est, à l'effet de ce que dessus. Par ainsi promettant, obligeant, &c. Fait & passé à Paris en l'Hôtel de madite Dame Princesse de Conti, l'an mil sept cens treize, le onzième Mars après midi. Et a son Altesse Serenissime signé la Minute des Presentes demeurée à Lange l'un des dits Notaires sous-signés.

ANNO 1713.

Signé *Meunier & Lange, Notaires, avec Paraphe scellé ledit jour & an.*

Certificat du Lieutenant Civil de la Ville de Paris, concernant la validité de l'Acte précédent.

NOus Hierosme Dargouges, Chevalier Seigneur de Fleuri, Conseiller du Roi en ses Conseils, Maître des Requêtes honoraire de son Hôtel, Lieutenant Civil de la Ville, Prevôté, & Vicomté de Paris, certifions à tous qu'il appartiendra, que Mrs. Meunier & Lange, sont Notaires au Chatelêt de Paris, & que foi doit être ajoutée, tant en jugement que dehors, aux Actes par eux écrits. En foi dequoi Nous avons signé ces Presentes, icelles fait contresigner par notre Sécretaire, & aposer le Cachet de nos Armes. le onze Mars 1713.

Signé

DARGOUGES.

Par mon dit Seigneur.

BARBIN.

LXXIV.

Protestation faite au Nom de PAULE FRANÇOISE MARGUERITE DE GONDI DE RETZ, *Duchesse Douairiere de Lesdiguieres pour la conservation de ses Droits, & Pretentions sur les Souverainetés de Neufchatel & Vallengin.* CONTRE *les Dispositions du Traité de Paix fait le 11 d'Avril 1713. entre leurs Majestés T. C. & Prussienne, pour autant qu'elles y sont contraires. A Utrecht le 13 d'Avril 1713.* AVEC *le Certificat, de Messieurs les Bourguemaistres & Conseillers de la Ville d'Utrecht, touchant ladite Protestation; du 16 Avril 1713.* ET *le Pouvoir de ladite Dame Duchesse sur le Sieur* LEANDRE DE ROSSI *à l'effect de ce que dessus. Donné à Paris le 24. Fevrier 1713.* [Actes & Mémoires de la Paix d'Utrecht Tom. 4. pag. 35.] 13 Avril.

NOus soussignés nous étant transportés, dans le mois de Mars de l'an de grace mil sept cens treize, en la Ville d'Utrecht, afin d'y agir en vertu & pour les fins marquées dans le Pouvoir à nous donné par très-haute & très-puissante Dame Paule Françoise Marguerite de Gondi de Retz, Duchesse Douairiere de Lesdiguieres, & comme par très-haut & très-puissant Seigneur Nicolas de Neufville, Duc de Villeroi & Neveu de la susdite Dame, principale Commettante, & n'ayant pas trouvé que le Congrès s'y ménageât en forme ordinaire, par l'entremise d'aucun Médiateur à qui nous pûssions avoir recours, & auprès dequi nous pûssions faire les diligences convenables: Nous n'avons pû faire rien de mieux afin de faire valoir & conserver les Droits confiés à nos soins, que d'en informer les Ministres des Parties Belligérantes dont le Congrès étoit composé, & de publier, dans le lieu même de son Assemblée, un Ecrit contenant les raisons & moiens sur lesquels ces Droits sont fondés; lequel Ecrit pût en instruire dans le tems présent & dans le tems à venir la Societé des Nations. Ce qui n'ayant pas empêché que par le Traité de Paix signé en cette Ville d'Utrecht, l'onzième Avril de cette même année mil sept cens treize, entre le Roi très-Chretien & le Roi de Prusse, ainsi que par plusieurs autres Actes, Sa Majesté Prussienne ne demeure en la possession des Souverainetés de Neufchâtel & Valengin, au préjudice de la justice des Droits des Da-

ANNO 1713. me & Seigneur nos Commettants : Nous avons en vertu de notre Pouvoir protesté, & protestons contre cette possession, par devant le Vénérable Magistrat & la Régence de la Ville d'Utrecht : Déclarant que nous n'y acquiesçons en aucune maniere; mais que nous en appellons à des tems plus favorables à la Justice, & que les Droits de nos Commettans n'en pourront être réputés moins légitimes. Et pour plus grande Notoriété de cette Protestation, nous la déposons en original, ainsi que notre Pouvoir, dans les Archives de l'Hôtel de Ville d'Utrecht, Requérant le Vénérable Magistrat & Régence de nous accorder Acte du dit Dépôt, ainsi que des susdites Protestations. Fait à Utrecht, le 13. Avril 1713. & est signé le Chevalier Rossi.

Nous Bourguemaistres & Conseillers composant la Régence de la Ville d'Utrecht, déclarons que le Sieur Léandre de Rossi a déposé en sa qualité dans nos Archives le Pouvoir & la Protestation dont Copie collationnée est ci-dessus, qu'il a devant nous réitéré sa Protestation. Dequoi nous avons bien voulu lui accorder Acte, sous le Sçeau de notre Ville & la signature de notre Sécretaire. Le 16. Avril. 1713.

Est signé *Harscamp*.

Et le Sçeau apposé

Pouvoir de la Duchesse de LESDIGUIERES, *sur le Sr.* LEANDRE DE ROSSI, *à l'effect de ce que dessus. Donné à Paris le 24 Fevrier 1713.* [Actes & Mémoires de la Paix d'Utrecht Tom. 4. pag. 33.]

PAule Françoise Marguerite de Gondi de Retz, Duchesse Douairiere de Lesdiguieres, Veuve de très-haut & très-puissant Seigneur Emanuel de Bonne & Créqui, Duc de Lesdiguieres, Pair de France, Gouverneur & Lieutenant Général pour le Roi en Dauphiné. A tous ceux qui ces présentes Lettres verront, savoir faisons que par le décès de très-haute & puissante Princesse Madame Marie d'Orléans, Duchesse de Nemours, arrivé le seizième Juin 1707, Nous nous trouvons en droit de succéder aux Souverainetés de Neufchâtel & de Valengein, comme plus proche Héritiere par la branche ainée de la Maison de Longueville. A ces causes connoissant l'intégrité, capacité, & suffisance de Leandre de Rossi, Chevalier de Saint Jean de Jerusalem, sous le bon plaisir du Roi notre Souverain Seigneur, nous l'avons par ces Présentes nommé & constitué notre Procureur Général & Spécial, pour se transporter au Congrès d'Utrecht, & là représenter la Justice de nos Droits, & demander que nous soyons mises en pleine possession des Principautés de Neufchatel & Valengin, à présent détenues par son Altesse Electorale le Mark-Grave de Brandebourg, sans autre Droit valable que celui du plus fort. Et au cas qu'il soit fait refus de prendre connoissance de la justice de nos Droits, & qu'il s'y passe rien de contraire à notre cause, Nous donnons charge & pouvoir au Sieur Leandre de Rossi, Chevalier de Saint Jean, de faire en notre nom, & au nom de notre Neveu Louis Nicolas de Neufville, Duc de Villeroi, les protestations nécessaires pour la conservation de nos Droits, qui suivant l'ordre de la Nature doivent être un jour les siens & ceux de sa postérité. Nous avons requis pour cette fin le dit Seigneur notre Neveu de signer les Présentes, afin que le Porteur d'icelles puisse agir en son nom ainsi qu'au nôtre. En foi dequoi nous les avons signées de notre main, fait contresigner par un de nos Sécretaires, & y apposer le sceau de nos armes, ainsi qu'a fait notre Neveu. Donné à Paris, l'an mil sept cens treize, le vingt-quatrième jour de Fevrier.

Paule Françoise Marguerite de Gondi, Duchesse de Lesdiguieres.

Louis Nicolas de Neufville, Duc de Villeroi.

Sur le replis est contresigné
Par Madame
Beaupied.

Par Monseigneur
Le Pescheux.

Et pendent au dit Pouvoir expédié sur parchemin, en forme de Lettres Patentes, avec une queuë de parchemin, le sceau des Armes de la dite Dame Duchesse, & de même le sceau des Armes du dit Seigneur Duc Commettants & Constituans. ANNO 1713.

LXXV.

Protestation faite au nom de CHARLES PHILIPPES D'ALBERT *Duc de Luynes & de Chevreuse, pour la conservation des Droits de* LOUISE LEONTINE DE BOURBON *son Epouse, sur la Principauté d'Orange, & sur les Souverainetez de Neufchatel & de Valengin.* CONTRE *Les Dispositions contenües à cet egard, dans le Traité de Paix fait le 11 d'Avril 1713. entre Sa Majesté T. C & le Roi de Prusse. Ladite Protestation executée à Utrecht le 14 d'Avril 1713* AVEC *le Pouvoir dudit Duc au Sieur* JEAN ROBERT SCONIN *pour ladite Protestation. A Paris le 30 Novembre 1712.* ET *Le Certificat des Bourguemaistres & Conseillers de la Ville d'Utrecht portant que ladite Protestation a été déposée entre leurs mains. A Utrecht le 14 d'Avril 1713.* [Actes & Mémoires de la Paix d'Utrecht Tom. pag. 49.] 14 Avril.

NOus Soussignés, nous étant transportés dès le mois de Janvier, de l'An de grace mil sept cens treize, dans la Ville d'Utrecht, afin d'y agir en vertu & pour les fins marquées dans le Pouvoir qui nous avoit été donné par très-haut & très-puissant Seigneur Monseigneur Charles Philippes d'Albert, Duc de Luynes & de Chevreuse, Pair de France, Prince Souverain de Neufchastel & Valengin en Suisse, Prince d'Orange, &c. le trentième jour de Novembre, de l'Année derniere mil sept cens douze; Et n'ayant pas trouvé que le Congrès s'y ménageât en la forme accoutumée, par l'entremise d'aucun Médiateur à qui nous pussions avoir recours, & auprès de qui nous pussions faire les diligences convenables; nous n'avons pu faire rien de mieux, afin de faire valoir & conserver les Droits confiés à nos soins, que d'en informer les Principaux Ministres des Parties Belligérantes dont le Congrès étoit composé, & de publier dans le Lieu même de son Assemblée un Ecrit contenant les raisons & moyens sur lesquels ces Droits sont fondés, lequel pût en instruire dans le tems présent & dans l'avenir la Société des Nations. Ce qui n'aïant pas empêché que par le Traité de Paix signé l'onzième Avril de l'année mil sept cens treize, entre le Roi très-Chrétien & le Roi de Prusse, Sa Majesté Prussienne ne doive rester en possession des Souverainetés de Neufchastel & Valengin, au préjudice de la Justice des Droits du Seigneur notre Commettant, lesquels sont énoncés dans notre Pouvoir, nous avons en vertu de notre susd. Pouvoir protesté, & protestons contre cette disposition, par devant le Venerable Magistrat & la Regence de la Ville d'Utrecht; Declarant que nous n'y acquiesçons en aucune maniére, mais que nous en appellons à des tems plus favorables à la Justice, afin que les Droits du Seigneur notre Commettant n'en puissent être réputés moins Légitimes. Et pour plus grande Notorieté de cette Protestation, nous la déposons en original, ainsi que notre Pouvoir, dans les Archives de l'Hôtel de Ville d'Utrecht, Requerant le Venerable Magistrat & la Regence de nous accorder Acte dud. Dépôt, ainsi que des susdites Protestations. Fait à Utrecht le 14 Avril 1713.

Signé

SCONIN D'ARGINVILLIER.

Pouvoir de CHARLES PHILIPPES *Duc de Luynes, pour le Sr.* SCONIN D'ARGINVILLIER, *à l'effet de ladite Protestation; contenant aussi un Narré de ses Moyens & Rai-*

ANNO 1713.

Raiſons. A Paris le 30. *Novembre* 1712. [Actes & Mémoires de la Paix d'Utrecht Tom. 4. pag. 1.]

CHarles Philippes d'Albert, Duc de Luynes & de Chevreuſe, Pair de France, Prince Souverain de Neufchaſtel, & Valengin en Suiſſe, Prince d'Orange, A tous ceux qui ces préſentes Lettres verront, SALUT. Les Comtés Souveraines de Neufchaſtel & Vallengin en Suiſſe nous appartenant à Cauſe de Madame Louïſe Leontine de Bourbon, Ducheſſe de Luynes, Souveraine desdites Comtés, Noſtre Epouſe, par un titre Juſte, Authentique, & Solemnel; tant au moyen de la Donation particuliére entre vifs qui en a été faite le 18. Février 1694. par Madame Marie d'Orléans Ducheſſe de Nemours derniere Souveraine desdites Comtés, au profit de feu Monſieur le Chevalier de Soiſſons, depuis qualifié & connû ſous le nom de Prince de Neufchaſtel, Pere de Noſtre dite Epouſe, avec charge de Subſtitution; que par ſon Contract de Mariage avec Mademoiſelle de Luxembourg, du ſixième octobre enſuivant, portant Confirmation de ladite Donation. Ayant auſſi droit de propriété, à Titre légitime, ſur la Principauté d'Orange, dont Noſtre dite Epouſe eſt Donataire ſubſtituée entre vifs par le même Contract de mariage; en vertu duquel la reſtitution des Fruits des Terres & Biens ſitués en Franche Comté, venans de Jean de Châlons, Baron d'Arlay, Légués avec charge de Subſtitution graduelle & perpétuelle par ſon Teſtament du 21. Octobre 1417. appartenant auſſi à Noſtre dite Epouſe comme Donataire de tous les Biens & Effets mobiliaires, Droits, & Actions qui ſe trouveroient appartenir à Madame la Ducheſſe de Nemours, lors de ſon déceds: Nous avons réſolu ſous le bon plaiſir du Rói, & après en avoir obtenu la permiſſion de Sa Majeſté, de faire repréſenter nos Droits & Intéreſts au Congrès qui ſe tient à Utrecht, en Hollande, pour la Paix généralle; à l'effet de nous conſerver leſdites Comtés Souveraines de Neufchâtel & Vallengin en Suiſſe, & la Principauté d'Orange, & de nous faire reſtituer les Fruits des Terres & Biens de Franche-Comté, échûs juſqu'au déceds de Madame la Ducheſſe de Nemours, à laquelle lesdites Comtés Souveraines eſtoient dévoluës, comme ſeule Héritiere de la Maiſon d'Orleans de Longueville, par le déceds de Jean Louis Charles d'Orleans de Longueville, Souverain de Neufchâtel & Vallengin, dernier Mâle de cette Maiſon, laquelle les a poſſedés ſans trouble, & en a joüi paiſiblement pendant plus de deux Siecles, du Chef de Jeanne de Hochberg Souveraine desdites Comtés, & ſeule Héritiére de la Maiſon de Hochberg, mariée en l'année 1504. à Louïs d'Orleans, premier du nom de Longueville, & lesdites Principauté d'Orange, Terres, & Biens de Franche-Comté, du Chef de Marie des Baux Princeſſe d'Orange ſeule Héritiére de la Maiſon des Baux, de Jean de Châlons, Baron d'Arlaix, & d'Alix de Châlons leur Fille; desquels Marie des Baux, Jean, & Alix de Châlons, Ma dite Dame Ducheſſe de Nemours eſtoit iſſuë en droite Ligne. Et ce en vertu des Teſtaments, tant de ladite Marie des Baux, Princeſſe d'Orange, du 22. May 1416. que de Jean de Châlons, du 21. Octobre 1417. & en conſéquence des Arrêts du grand Conſeil, des 20. Novembre 1553. & 26. Juillet 1556. obtenus par François & Leonord d'Orleans, Ducs de Longueville, contre Guillaume de Naſſau qui s'en eſtoit emparé ſans titre; & d'un autre Arreſt obtenu par Henri d'Orleans, Duc de Longueville, contre Marie Stuard Veuve de Guillaume Comte de Naſſau, tant en ſon nom, que comme Tutrice de ſes Enfans, le premier Fevrier 1657. Par tous lesquels Arreſts les Comtes de Naſſau ont eſté condamnés de laiſſer à la Maiſon de Longueville la poſſeſſion libre de la Principauté d'Orange & des autres Biens qui ont appartenu à Jean de Châlons, & â Marie des Baux. Ce qui a eſté ſuivi de différentes pourſuites & diligences: notamment dans les années 1682. 1684. 1706. & 1707. & pour raiſon desquelles Principauté d'Orange, Terres, Biens, & Droits de Franche-Comté, il a eſté proteſté aux Traités de Paix de Ryswich, au nom de Ma dite Dame Ducheſſe de Nemours. A CES CAUSES, Sçavoir Faiſons qu'ayant une entiere & pleine Confiance en la perſonne du Sieur Jean Robert Sconin, Eſcuyer, Sieur d'Arginvillier, Nous l'avons nommé & conſtitué, & par ces Préſentes le nommons & conſtituons Notre Procureur general & ſpecial, pour en notre nom ſe préſenter à l'Aſſemblée de Meſſieurs les Plenipotentiaires des Princes & Etats Souverains de l'Europe en ladite Ville d'Utrecht en Hollande, où ſe tient le Congrès pour la Paix générale, & là ſuivant les Inſtructions particuliéres que nous luy en avons fait donner, repréſenter la juſtice de nos Droits, & demander que nous ſoyons reſtitués en la pleine & paiſible poſſeſſion, tant desdites Comtés Souveraines de Neufchaſtel & Vallengin en Suiſſe, appartenantes à ladite Dame Ducheſſe de Luynes, notre Epouſe, comme Donataire entre vifs, & ſubſtituée de Madame la Ducheſſe de Nemours, qui en a joüi juſqu'à ſon déceds arrivé le 16. Juin 1707. que de la dite Principauté d'Orange dont notre dite Epouſe eſt pareillement Donataire ſubſtituée par le Contract de Mariage du dit Seigneur Prince de Neufchâtel ſon Pere: comme auſſi pour requérir la reſtitution des Fruits, qui lui appartiennent au même titre, desdites Terres & Biens de Franche-Comté, échûs juſqu'au jour dudit decès, indûment perçûs par ceux qui ont détenu les dites Terres & Biens, au préjudice des ſubſtitutions portées par le Teſtament de Jean de Châlons, & nonobſtant les Arrêts par lesquels lesdits Seigneurs Ducs de Longueville, Autheurs de Madame la Ducheſſe de Nemours, ont été maintenus, tant dans les dites Terres & Biens de Franche Comté, que dans la dite Principauté d'Orange, & les Comtes de Naſſau, qui s'en étoient emparés ſans aucun prétexte légitime, condamnés à leur en laiſſer la poſſeſſion libre. Comme auſſi donnons pouvoir audit Sieur Sconin, en cas qu'il ſoit fait refus de prendre connoïſſance de la juſtice de nos Droits, & de nous comprendre dans le Traité de la Paix générale, pour nous conſerver lesdites Comtés Souveraines, Principauté, Terres, Biens & Droits, de faire en notre nom toutes les proteſtations néceſſaires pour la conſervation de nos dits Biens & Droits, & de tout ce qui en peut dépendre. Notamment de proteſter contre le prétendu jugement du troiſième Novembre 1707. rendu à Neufchâtel en faveur de Sa Majeſté le Roi de Pruſſe, également nul dans ſa forme & contraire aux Loix & Conſtitutions des Souverainetés de Neufchâtel & Vallengin, au préjudice du droit légitimement acquis à la dite Dame Ducheſſe de Luynes, noſtre Epouſe, par le plus ſolemnel & le plus favorable de tous les titres, & ſans avoir aucun égard aux Proteſtations que les Tuteurs de notre dite Epouſe avoient faites le premier Octobre précédent, quoi que fondées ſur les Principes les plus inviolables de l'ordre Judiciaire: Faire à cet effet toutes les diligences néceſſaires, à ce que le laps du tems qui a couru & qui pourroit courir à l'avenir ne nous puiſſé être imputé; attendu l'impoſſibilité où nous avons été, & où nous ſommes encore d'agir d'une maniére plus efficace: Et à ce que tous les Traités de Paix, généraux ou particuliers, faits ou à faire, ne puiſſent en aucune maniére déroger, nuire, ni préjudicier à Nous, notre dite Epouſe, Nos hoirs ou Ayans cauſe, préſens, ou à venir, directement ou indirectement. Et de tout ce que deſſus en retirer des Actes dans la meilleure Forme que faire ſe pourra. Et généralement donnons pouvoir audit Sieur Sconin de faire en cette Négociation & tout ce qui en dépend, ce qu'il jugera utile & néceſſaire pour en procurer le ſuccès: Promettant d'avoir le tout pour agréable, ferme & ſtable comme ſi nous y avions été en perſonne. En foi dequoi nous avons ſigné ces Preſentes de notre main, fait contreſigner par l'un de nos Sécretaires, & y avons fait apposer le Sceau de nos armes. A Paris l'an mil ſept cens douze, le trentième jour de Novembre.

ANNO 1713.

Signé

(L. S.) CHARLES PHILIPPES d'ALBERT, Duc de LUYNES.

Et plus bas.

Par Monſeigneur

Signé

GONDUIN Sécretaire.

Certi-

ANNO 1713.

Certificat de Messieurs les Magistrats d'Utrecht, touchant ladite Protestation. Du 14 d'Avril 1713. [Actes & Memoires de la Paix d'Utrecht Tom. 4. pag. 11.]

NOus Bourguemaistres & Conseillers de la Ville d'Utrecht, Certifions que le Sieur Sconin d'Arginvillier a déposé dans les Archives de notre Ville en original un plein Pouvoir à lui donné par haut & puissant Seigneur Messire Charle Philippes d'Albert, Duc de Luynes & de Chevreuse, Pair de France, &c. &c. &c. pour protester contre ce qui pourroit se faire au préjudice de ses interests; ensemble la Protestation par lui faite devant nous. En foi dequoi nous lui avons donné le present Certificat pour servir en tant que de besoin, & l'avons fait signer par notre Sécretaire, & apposer le Cachet de notre Ville. Fait à Utrecht le 14. Avril 1712.

Signé

E: HARSCAMP.

Sécretaire.

LXXVI.

14. Avril. *Protestation faite au Congrès d'Utrecht, au nom de* LOUIS HENRI *Duc de Bourbon Prince de Condé pour la conservation de ses Droits & Pretentions sur le Duché de Montferrat. A Utrecht le 14 d'Avril 1713.* AVEC *le Certificat de Messieurs les Magistrats de la Ville d'Utrecht du 18 Avril 1713.* ET *le Pouvoir des Dames Princesse Doüairiere de Condé, & Duchesse Doüairiere de Bourbon, Mere & Tutrice du Duc de Bourbon, à l'effet de ladite Protestation. A Paris le 17 Decembre 1711.* [Actes & Memoires de la Paix d'Utrecht Tom. 4. pag. 215.]

NOus sous-signés. Nous étant transportés dès le mois de Janvier, mil sept cens douze, en la Ville d'Utrecht où s'assembloit le Congrès pour travailler à la Paix, afin d'y agir en vertu & pour les fins du Pouvoir à Nous donné par Madame la Princesse Doüairiere de Condé & par Madame la Duchesse Doüairiere de Bourbon, comme Mere & Tutrice de son Altesse Serenissime Monseigneur le Duc de Bourbon, le dixseptiéme Décembre de l'année mil sept cens onze: Notre premiere vûë auroit été d'abord de recourir aux Ministres du Seigneur Suzerain du Fief & Duché de Montferrat mouvant immédiatement de l'Empire, à ce qu'il leur plût, en levant les obstacles que la guerre apportoit à la poursuite des droits des Altesses Serenissimes nos Commettants, les mettre en état de se pourvoir devant les Tribunaux compétents contre la prétenduë confiscation dudit Fief ouvert à leur profit par la mort du dernier possesseur, & en faire déguerpir son Altesse Roïale Monseigneur le Duc de Savoie qui l'occupoit actuellement: Mais ayant eu connoissance que le Seigneur Suzerain dudit Fief en auroit accordé à son Altesse Roïale le Duc de Savoie une Investiture contraire aux droits incontestables de la Princesse & du Prince nos Commettants, à lui suffisamment connus par les Investitures que ses Predecesseurs avoient données du Fief de Montferrat, Nous n'avons pas crû devoir recourir à un Juge qui si manifestement s'étoit déclaré notre partie. Ce consideré, & n'ayant pas trouvé que le Congrès d'Utrecht se ménageât en la forme accoutumée par l'entremise d'aucun Mediateur à qui Nous pûssions avoir recours: Nous n'avons pû faire rien de mieux, afin de faire valoir & conserver les droits confiés à nos soins, & empêcher qu'il fût inferé aucune stipulation à leur préjudice dans les Traités de Paix à faire, que d'en informer les Principaux Ministres des Parties Belligérantes dont le Congrès étoit composé, & de publier dans le lieu même où il étoit assemblé un Ecrit contenant les moïens & raisons sur lesquels ces droits sont fondés, pour en instruire dans le tems présent & dans le tems à venir la societé des Nations: Ce qui n'aïant pas empêché que par plusieurs Traités de Paix signés l'onziéme jour d'Avril dernier en cette Ville d'Utrecht, son Altesse Roïale le Duc de Savoie ne soit maintenuë dans la possession du Montferrat: Nous avons en vertu de notre Pouvoir, & au nom de son Altesse Serenissime la Princesse Douairiere de Condé, comme au nom de son Altesse Serenissime Loüis Henri Duc de Bourbon, protesté, & protestons contre cette disposition par devant le Vénérable Magistrat & Régence de la Ville d'Utrecht; déclarant que Nous n'y acquieſçons en aucune maniere, que Nous en appellons à des tems plus favorables à la justice, & que les droits de nos Commettans n'en seront pas réputés moins legitimes, ni toutes les actions qu'ils pourront intenter pour les poursuivre moins justes: Et pour plus grande notorieté de cette Protestation, Nous en déposons l'Original, ainsi que le Pouvoir à Nous donné, dans les Archives de l'Hôtel de Ville d'Utrecht; Requérant le Vénérable Magistrat & Régence de Nous accorder Acte dudit dépôt & des susdites Protestations. Fait à Utrecht le quatorziéme Avril mil sept cens treize.

Et est signé

Jean Baptiste du Bos.

Nous Bourguemaitres & Conseillers composant la Régence de la Ville d'Utrecht, déclarons que le Sieur Jean Baptiste du Bos a deposé en sa qualité dans nos Archives le Pouvoir & la Protestation dont les Copies collationées sont ci-dessus, & qu'il a devant Nous réitéré sa Protestation. De quoi Nous avons bien voulu lui accorder Acte sous le Sceau de notre Ville & la signature de notre Sécretaire. Le dixhuitiéme Avril 1713.

Et est signé

HARSCAMP,

Avec apposition du Grand Sceau.

Pouvoir de la Princesse Doüairiere de Condé, & de la Duchesse Douairiere de Bourbon, Mere & Tutrice du Duc de Bourbon, pour le Sieur JEAN BAPTISTE DU BOS, *à l'effet de ladite Protestation. A Paris le 17 Decembre 1711.* [Actes & Memoires de la Paix d'Utrecht. pag. 213.]

PAr devant les Conseillers du Roi Notaires à Paris sous-signés, furent présens très-Haute, très-Excellente, & très-Puissante Princesse Madame Anne Palatine de Baviere, veuve de très-Haut, très-Excellent & très-Puissant Prince Monseigneur Henri Jules de Bourbon, Prince de Condé, premier Prince du sang, premier Pair, & Grand-Maître de France, Duc d'Anguien & de Chateaux-roux, Gouverneur & Lieutenant general pour le Roi en ses Provinces de Bourgogne & Bresse; Et très-Haute, très-Excellente & très-Puissante Madame Loüise Françoise de Bourbon, veuve de très-Haut, très-Excellent & très-Puissant Prince Monseigneur Loüis Duc de Bourbon, Prince de Condé, Prince du sang, Pair & Grand-Maitre de France, Gouverneur & Lieutenant Général pour Sa Majesté en ses dites Provinces de Bourgogne & de Bresse: Ma dite Dame la Duchesse, Tutrice honoraire de très-Haut très-Excellent & très-Puissant Prince Monseigneur Loüis Henri Duc de Bourbon, Prince de Condé, Prince du sang, Pair & Grand-Maitre de France, Gouverneur Général pour Sa Majesté en sesdites Provinces de Bourgogne & de Bresse, Héritier de mondit feu Seigneur Loüis Duc de Bourbon son Pere: Mesdites Dames les Princesse & Duchesse demeurant en leur Hôtel à Paris, Ruë neuve Saint Lambert, Paroisse Saint Sulpice: Lesquelles ont fait & constitué leur Procureur Général & spécial Messire Jean Baptiste du Bos, auquel mesdites Dames les Princesse & Duchesse ont donné & donnent pouvoir de pour leurs Altesses Serenissimes esdits noms & qualités conjointement, se transporter au lieu qui sera indiqué pour les Conférences où l'on traitera de la Paix prochaine, & y faire toutes les diligences & instances requises & nécessaires pour conserver & faire valoir tous les droits

ANNO 1713. droits qui appartiennent à leurs Altesses Serenissimes Madame la Princesse & à mon dit Seigneur le Duc au Duché de Monferrat, ouvert par le décès de feu Ferdinand Charles Duc de Mantoue & de Monferrat, dernier possesseur dudit Duché de Monferrat, & généralement faire à ce sujet tout ce que ledit Sieur Procureur trouvera à propos. Promettant, &c. Fait & passé audit Hôtel de leurs Altesses Serenissimes, l'an mil sept cens onze, le dix-septiéme jour de Décembre, avant Midi. Et ont Mesdames les Princesse & Duchesse signé la présente Procuration en sa Minute étant en la possession de Lange un des Notaires sous-signés.

Et ont signé avec paraphes.

De SAVIGNI. LANGE

Et à l'expedition dudit Pouvoir, en forme de Procuration faite sur Parchemin Timbré, est apposé le Sceau public des Notaires de Paris.

LXXVII.

14. Avril. *Protestation faite au Congrès d'Utrecht au Nom de* CHARLES FRANÇOIS FREDERIC *Duc de Luxembourg de Montmorency, pour la conservation de ses Droits & Prétentions sur le Duché de Luxembourg.* CONTRE *la Possession de la Maison d'Autriche. A Utrecht le 14 d'Avril 1713.* AVEC *le Certificat de Messieurs les Magistrats d'Utrecht le 18 d'Avril 1713.* ET *le Pouvoir de Monsieur le Duc de Luxembourg sur le Sieur* CLAUDE DE VILLIERS, *à l'effet de ce que dessus. A Rouen le 24 Decembre 1711.* [Actes & Memoires de la Paix d'Utrecht Tom. 4. pag. 237.]

NOus sous-signés, nous étant transportés dès le mois de Janvier de l'an de grace mil sept cens douze dans la Ville d'Utrecht, afin d'y agir en vertu & pour les fins marquées dans le Pouvoir qui nous avoit été donné par très-haut & très-puissant Seigneur Charles François Frederic de Luxembourg de Montmorency, & de Piney, Pair, premier Baron, & premier Chrétien de France, &c. & n'aïant pas trouvé que le Congrès s'y ménageât en la forme accoutumée par l'entremise d'aucun Mediateur à qui nous pûssions avoir recours & auprès de qui nous pûssions faire les diligences convenables: Nous n'avons pû faire rien de mieux, afin de faire valoir & conserver les droits confiés à nos soins, que d'en informer les principaux Ministres des Parties Belligérantes dont le Congrès étoit composé, & de publier dans le lieu même où il étoit assemblé un Ecrit contenant les raisons & moïens sur lesquels ces droits sont fondés, lequel pût en instruire dans le tems présent & dans le tems à venir la societé des Nations. Ce qui n'aïant point empêché que par plusieurs Traités de Paix signés en cette Ville d'Utrecht, l'onziéme Avril de cette année mil sept cens treize, le Duché de Luxembourg ne doive finalement demeurer en la possession de la Maison d'Autriche, comme par ci-devant, au préjudice des droits incontestables du Seigneur notre Commettant: Nous avons en vertu de notre Pouvoir protesté, & protestons contre cette disposition, par devant le Vénérable Magistrat & Régence de la Ville d'Utrecht, declarant que Nous n'y acquiesçons en aucune maniere, non plus qu'à toute autre disposition faite au préjudice des droits du Seigneur notre Commettant; mais que Nous en appellons à des tems plus favorables à la justice, & que les susdits droits n'en pourront être réputés moins legitimes. Et pour plus grande notorieté de la présente Protestation, Nous la deposons en Original, ainsi que notre Pouvoir, dans les Archives de l'Hôtel de Ville d'Utrecht: Réquerant le Vénérable Magistrat & Régence de Nous accorder Acte dudit dépost & des susdites Protestations. Fait à Utrecht le 14. Avril 1713.

Et signé

Villiers.

Nous Bourguemaitres & Conseillers composant la Régence de la Ville d'Utrecht, déclarons que le Sieur de Villiers a deposé en sa qualité dans nos Archives le Pouvoir & la Protestation dont les Copies collationnées sont ci-dessus, & qu'il a devant Nous réitéré sa Protestation: dequoi Nous avons bien voulu lui accorder Acte, sous le Sceau de notre Ville & la signature de notre Sécretaire, le 18. Avril 1713. ANNO 1713.

Et est signé

Harscamp.

Avec l'apposition du grand Sceau.

Pouvoir du Duc de Luxembourg pour le Sr. DE VILLIERS, *à l'effet de la Protestation ci-dessus. A Rouen le 24 Decembre 1711.* [Actes & Memoires de la Paix d'Utrecht Tom. 4. pag. 234.]

CHarles François Frederic Duc de Luxembourg de Montmorenci & de Piney, Pair, premier Baron & premier Chrétien de France, Souverain d'Aigremont, Prince de Tingry, Comte de Ligni, Marquis de Bellenave, Baron de Mello, Gouverneur & Lieutenant General pour le Roi en la Province de Normandie: A tous ceux qui ces présentes Lettres verront sçavoir faisons que le Duché de Luxembourg nous apartient de plein droit, comme représentans très-haute & très-puissante Princesse de Luxembourg notre Aïeule, Fille unique de très-haut & très-puissant Prince Henri Duc de Luxembourg, & desirant, sous le bon plaisir du Roi notre Souverain Seigneur, rentrer en la proprieté, possession & jouïssance dudit Duché, ses circonstances & dependances usurpées par les Ducs de Bourgogne, & détenuës ensuite par les Rois d'Espagne jusques à present: Nous suivant la permission que Sa Majesté nous a accordée de représenter & poursuivre nos droits sur ledit Duché devant Messieurs les Plenipotentiaires assemblés à Utrecht pour traiter de la Paix générale, & Nous confiant en la personne de Claude de Villiers, Chevalier, Seigneur de Villiers & de Gofolon, Nous avons par ces présentes nommé & constitué, nommons & constituons Notre Envoïé & Procureur General & special ledit Sieur Claude de Villiers . . . . pour se transporter en la Ville d'Utrecht, & suivant les Instructions particulieres dont nous l'avons chargé, représenter auxdits Sieurs Plenipotentiaires la justice de nos droits & prétentions, & demander que Nous soions restitués & rétablis en la pleine & paisible possession dudit Duché de Luxembourg, ses circonstances & dependances; Et en cas qu'il soit fait refus de prendre connoissance de la justice de nos droits, & de prononcer sur la notre demande, Nous donnons charge & pouvoir audit Sieur Claude de Villiers de faire en notre nom toutes Protestations & oppositions nécessaires, & d'en retirer les Actes en la meilleure forme que faire se pourra; à ce que tous les Traités de Paix generaux faits ou à faire, non plus que toutes declarations à ce contraires, ne puissent nous nuire ni préjudicier, ni aux Nôtres, directement ou indirectement, & generalement de faire à cet égard tout ce qu'il jugera nécessaire pour en avancer le succès: promettant d'avoir le tout pour agreable, ferme & stable, comme si Nous-mêmes y avions été en personne. En foi dequoi Nous avons signé ces présentes, Icelles fait contresigner par un de nos Sécretaires, & y apposer le Sceau de nos armes. A Rouen, le vingt quatriéme Decembre, mil sept cens onze.

MONTMORENCY LUXEMBOURG.

LXXVIII.

Protestation de FRANÇOIS DU PRAT, *Comte de Barbanson pour la conservation de ses Droits & Pretensions, sur les Comtés de Neufchatel & Vallengin.* CONTRE *ce qui en a été disposé par le Traité de Paix fait le 11 d'Avril 1712. entre leurs Majestés T. C. & Prussienne. A Utrecht le 15 Avril 1713.* 15. Avril.

AVEC

ANNO 1713.

AVEC le Pouvoir dudit Comte, sur le Sr. FRISCHEMAN DE ROSENBERG, à l'effet de ce que dessus, donné à Paris le 15 Janvier 1712. ET le Certificat, de Messieurs les Magistrats de la Ville d'Utrecht du 18 d'Avril 1713. [Actes & Memoires de la Paix d'Utrecht Tom. 4. pag. 101.]

NOus sous-signés; nous étant transportés dès le mois de Janvier de l'An mil sept cens douze dans la Ville d'Utrecht, afin d'y agir en vertu & pour les fins marquées dans le Pouvoir qui nous avoit été donné par Haut & Puissant Seigneur François du Prat, Chevalier, Comte de Barbanson, le cinquiéme Janvier de la susdite année, & n'aiant pas trouvé que le Congrès s'y ménageât en la forme accoûtumée, par l'entremise d'aucun Médiateur à qui nous pûssions faire les diligences convenables, nous n'avons pu faire rien de mieux, afin de faire valoir & conserver les Droits confiés à nos soins, que d'en informer les Principaux Ministres des Parties Belligérantes dont le Congrès étoit composé, & de publier dans le lieu même de son Assemblée un Ecrit contenant les raisons & moiens sur lesquels ces droits sont fondés; lequel pût en instruire dans le tems présent & dans l'avenir la Société des Nations. Ce qui n'aiant point empêché que par le Traité de Paix signé l'onze Avril de la présente année entre très-Haut, très-Excellent, & très-Puissant Prince Louïs XIV. par la grace Dieu Roi très-Chrétien de France & de Navarre, notre Souverain Seigneur & Maitre, & très-Haut, très-Excellent, & très-Puissant Prince Frederic Guillaume par la grace de Dieu Roi de Prusse, ainsi que par plusieurs autres Actes, le Sérénissime Roi de Prusse ne se trouve maintenu dans la possession de la Principauté de Neufchâtel & Valengin, au préjudice des Droits du dit Seigneur Comte de Barbanson notre Commettant, nous avons, en vertu de notre Pouvoir, Protesté, & Protestons contre cette disposition par devant le Vénérable Magistrat & Régence de la Ville d'Utrecht, declarant que nous n'y acquiesçons en aucune maniere, mais que nous en appellons à des tems plus favorables à la justice, afin que les Droits du dit Seigneur notre Commettant n'en puissent être réputés moins légitimes. Et pour plus grande notoriété de cette Protestation; nous la déposons en Original, ainsi que notre Pouvoir, dans les Archives de l'Hôtel de Ville d'Utrecht; Requérant le Vénérable Magistrat & Régence de nous accorder Acte du dit Dépôt, ainsi que des susdites Protestations que nous avons signées de notre main propre & scellées du Cachet de nos armes. Fait à Utrecht le 15. Avril, l'An de grace mil sept cens treize.

Etoit signé

(L. S.) *Frischman de Rosenberg.*

Copie du Pouvoir donné par Mr. le Comte de Barbanson.

PAr devant les Conseillers du Roi Notaires au Châtelet de Paris sous-signés, fut présent Haut & Puissant Seigneur Messire François du Prat, Chevalier, Comte de Barbanson, Colonel d'Infanterie, issu en droite ligne par la Branche ainée d'Anne d'Alegre sa Quatrisaïeule, femme d'Antoine du Prat, Baron de Thiers de Thoury, Seigneur de Rosny, Garde de la Prévôté de Paris, laquelle étoit fille unique du second Mariage de Charlotte de Châlon Epouse de François d'Alegre, Chevalier, Comte de Joigny, Seigneur de Precy & de Cadot, Grand Maitre des Eaux & Forêts de France; laquelle Charlotte de Châlon étoit arriere-petite-fille de Jean de Châlon Prince de Neufchâtel & Valengin en Suisse, Baron d'Arlay, & de Jeanne des Baux Princesse d'Orange. Et en cette qualité le dit Seigneur Comte de Barbanson plus habile à succéder tant aux Principautés Souveraines de Neufchâtel, Valengin, & Orange, qu'à tous les autres Biens de la Maison de Châlon-Orange, attendu qu'au tems du décès de Philibert de Châlon Prince d'Orange dernier mâle de cette Maison décédé en mil cinq cens quarante-trois, l'un & l'autre sans enfans, la dite Dame Anne d'Alegre étoit la plus proche & la plus habile du sang de Châlon à succéder à toute l'Hoirie Châlonoise, à l'exclusion de tous autres parens collatéraux qui étoient pour-lors plus éloignés des dits Seigneurs Princes décédés, le dit Seigneur Comte de Barbanson demeurant en son Hôtel à Paris, rue de Séve, Fauxbourg St. Germain, Paroisse St. Sulpice, a constitué son Procureur Général & Spécial la personne de Messire Jean de Casimir, dit Frischman de Rosenberg, Chevalier, Baron de Ransoniere, Seigneur de Changey, Conseiller du Roi en ses Conseils, cidevant Envoyé Extraordinaire de Sa Majesté en Allemagne, auquel il donne pouvoir de, pour lui & en son nom, comparoir devant qui & en tel lieu qu'il appartiendra où il sera traité de la Paix prochaine entre Sa Majesté & les autres Puissances avec lesquelles Elle est de présent en guerre, & là reclamer en faveur du dit Seigneur Constituant la possession des dites Principautés Souveraines de Neufchâtel, Valengin, Orange, & autres Biens de l'Hoirie Châlonoise, dont la propriété lui apartient incontestablement, exhiber sa Généalogie, produire ses Titres & Mémoires si besoin est; soutenir & défendre ses Droits, ainsi que convient en matiere de Souveraineté; & où le dit Procureur constitué ne trouvera pas de jour, soit par des raisons d'Etat ou autres supérieures, à procurer au dit Seigneur Constituant l'effet de la justice qui lui est dûe, en ce cas-là le dit Seigneur Constituant donne pouvoir au dit Sieur Procureur constitué de faire telles protestations que de raison pour la conservation de ses Droits, & d'en requérir Acte; Priant & Requérant tous ceux qui sont à requérir de vouloir bien reconnoitre le dit Sieur de Frischman en la dite qualité de Procureur constitué, & d'ajoûter pleine & entiere foi à ce qui sera par lui remontré, soutenu, ou protesté, au nom du dit Seigneur Constituant. Promettant, Obligeant, &c. Fait & passé à Paris, en l'Hôtel du dit Seigneur Comte de Barbanson ci-devant déclaré, l'An mil sept cens douze, le 15. Janvier avant midi; Et a signé *Du Prat de Barbanson, le Moyne, & de Savigny*, Avec le Certificat du Prévôt des Marchans & Echevins de la Ville de Paris.

Au bas signé

Bignon, Pajot, Brillon, Garrest, Pressy.

Nous Bourguemaîtres & Conseillers composant la Régence de la Ville d'Utrecht, déclarons que le Sieur de Frischman de Rosenberg a déposé en sa qualité dans nos Archives le Pouvoir & la Protestation dont la Copie collationnée est ci-dessus, & qu'il a devant nous réitéré sa Protestation. Dequoi nous avons bien voulu lui accorder Acte, sous le sceau de notre Ville & la signature de notre Sécretaire, le 18. d'Avril 1713.

signé

(*L. S.*) HARSCAMP.

LXXIX.

15 Avril.

Protestation faite au Nom de LOUÏS ANTOINE DU PRAT, *Marquis de Viteaux pour la conservation de ses Droits, & Actions sur les Comtés de Neufchatel & Vallengin & sur la Principauté d'Orange* CONTRE *ce qui en a été disposé, par le Traité de Paix conclu le 11 d'Avril 1713. entre leurs Majestez, T. C. & Prussienne. A Utrecht le 15 d'Avril 1713.* AVEC *le Pouvoir dudit Marquis de Viteaux, sur le Sr. Frischman de Rosenberg, à l'effet de ce que dessus. Donné à Paris le 5 Janvier 1712.* ET *le Certificat de Messieurs les Bourguemaistres, & Conseillers de la Ville d'Utrecht. du 18. Avril 1713.* [Actes & Memoires de la Paix d'Utrecht. Tom. 4. pag. 93.]

NOus soussignés Nous étant transportés dès le mois de Janvier de l'An de grace mil sept cens douze dans la Ville d'Utrecht, afin d'y agir en vertu & pour les fins marquées dans le Pouvoir qui nous avoit été donné par Haut & Puissant Seigneur Louïs Antoine du Prat, Chevalier, Marquis de Viteaux, le cinquiéme Janvier de la susdite année, & n'aiant pas trouvé

ANNO 1713. trouvé que le Congrès s'y ménageât en la forme accoûtumée par l'entremise d'aucun Médiateur à qui nous puſſions avoir recours, & auprès de qui nous puſſions faire les diligences convenables: Nous n'avons pû faire rien de mieux, afin de faire valoir & conſerver les Droits confiés à nos ſoins, que d'en informer les principaux Miniſtres des Parties Belligérantes dont le Congrès étoit compoſé, & de publier dans le lieu même de ſon Aſſemblée un Ecrit contenant les raiſons & moyens ſur leſquels ces Droits ſont fondés, lequel pût en inſtruire dans le tems préſent & dans l'avenir la Societé des Nations. Ce qui n'aiant pas empêché que par le Traité de Paix ſigné l'onzième Avril entre très-Haut, très-Puiſſant & très-Excellent Prince Louïs XIV. par la grace de Dieu Roi très-Chrêtien de France & de Navarre, notre Souverain Seigneur & Maitre, & très-Haut très-Excellent & très-Puiſſant Prince Frederic Guillaume par la grace de Dieu Roi de Pruſſe; ainſi que par pluſieurs autres Actes, le Séréniſſime Roi de Pruſſe ne ſe trouve maintenu dans la poſſeſſion de la Principauté de Neufchâtel & Valengin, au préjudice des Droits du dit Seigneur Marquis de Viteaux notre Commettant, nous avons, en vertu de notre Pouvoir, proteſté, & proteſtons contre cette diſpoſition par devant le Vénérable Magiſtrat & Régence de la Ville d'Utrecht; déclarant que nous n'y acquieſçons en aucune maniére, mais que nous en apellons à des tems plus favorables à la juſtice, afin que les Droits du Seigneur notre Commettant n'en puiſſent être réputés moins légitimes. Et pour plus grande Notoriété de cette Proteſtation, nous la dépoſons en Original, ainſi que notre Pouvoir, dans les Archives de l'Hôtel de Ville d'Utrecht, Requérant le Vénérable Magiſtrat & Régence de nous accorder Acte du dépôt, ainſi que des ſuſdites Proteſtations que nous avons ſignées de notre main propre & ſcellées du Cachet ordinaire de nos Armes. Fait à Utrecht le quinziéme Avril, l'An de grace mil ſept cens treize.

Etoit ſigné

(L. S.) *Friſchman de Roſenberg.*

Copie du Pouvoir donné par Mr. le Marquis de Viteaux.

PAr devant les Conſeillers du Roi Notaires au Châtelet de Paris ſous-ſignés, fut préſent Haut & Puiſſant Seigneur Louïs Antoine du Prat, Chevalier, Marquis de Viteaux, iſſu en droite ligne par la Branche d'Anne d'Alegre ſa Triſayeule, femme d'Antoine du Prat, Baron de Thiers de Thoury, Seigneur de Rhoſny, Garde de la Prévôté de Paris, laquelle étoit fille unique du ſecond mariage de Charlotte de Châlon Epouſe de François d'Alegre, Chevalier, Comte de Joigny, Seigneur de Precy & de Cadot, Grand Maître des Eaux & Forêts de France, laquelle Charlotte de Châlon étoit arriere-petite-Fille de Jean de Châlon Prince de Neufchâtel & Valengin en Suiſſe, Baron d'Arlai, & de Jeanne des Baux, Princeſſe d'Orange; Et en cette qualité le dit Seigneur Marquis de Viteaux plus habile à ſuccéder tant aux Principautés Souveraines de Neufchâtel & Valengin & de celle d'Orange, qu'à tous les autres Biens de la Maiſon de Châlon-Orange, attendu qu'au tems du décès de Philibert de Châlon Prince d'Orange dernier Mâle de cette Maiſon, décédé en mil cinq cens trente, & de René de Naſſau-Châlon ſon Neveu, décédé en mil cinq cens quarante-trois, l'un & l'autre ſans enfans, la dite Dame Anne d'Alegre étoit la plus proche & la plus habile du ſang de Châlon à ſuccéder à toute l'Hoirie Châlonoiſe, à l'excluſion de tous autres parens collateraux qui étoient pour lors plus éloignés des dits Seigneurs Princes décédés, le dit Seigneur Marquis de Viteaux demeurant à Paris, en ſon Hôtel, ruë de Grenelle, Paroiſſe S. Sulpice, a conſtitué ſon Procureur Général & Special la perſonne de Meſſire Jean Caſimir, dit Friſchman de Roſenberg, Chevalier, Baron de Ranſoniere, Seigneur de Changey, Conſeiller du Roi en ſes Conſeils, ci-devant Envoyé Extraordinaire de Sa Majeſté en Allemagne, auquel il donne pouvoir de, pour lui & en ſon nom, comparoir par devant qui & en tel lieu qu'il apartiendra, où il ſera traité de la Paix prochaine entre Sa Majeſté & les autres Puiſſances avec leſquelles Elle eſt à préſent en guerre, & là reclamer en faveur du dit Seigneur Conſtituant la poſſeſſion deſdites Principautés Souveraines de Neufchâtel, Valengin, Orange, & tous les autres Biens de l'Hoirie Chalonnoiſe dont la propriété lui apartient inconteſtablement, exhiber ſa Généalogie, produire ſes Titres & Memoires ſi beſoin eſt, ſoutenir & défendre ſes Droits, ainſi qu'il convient en matiere de Souveraineté; & où le dit Procureur conſtitué ne trouveroit pas de jour, ſoit par des raiſons d'Etât ou autres ſupérieures, à procurer au dit Seigneur Conſtituant l'effet de la juſtice qui lui eſt dûe, en ce cas led. Seigneur Conſtituant donne pouvoir au dit Sieur Procureur conſtitué de faire telles Proteſtations que de raiſon pour la conſervation de ſes Droits, & d'en requerir Acte: Priant & Requérant tous ceux qui ſont à requerir de vouloir bien reconnoitre le dit Sieur de Friſchman en la dite qualité de Procureur conſtitué, & d'ajoûter pleine & entiere foi à ce qui ſera par lui dit, remontré, ſoutenu, ou proteſté au nom du dit Seigneur Conſtituant; Promettant, Obligeant &c. Fait & Paſſé à Paris en l'Hôtel du dit Seigneur Marquis de Viteaux ci-devant déclaré, l'An mil ſept cens douze, le cinquiéme jour de Janvier, avant midi. Et a ſigné, *Du Prat de Viteaux, de Clerzin; de Savigny.* Avec le Certificat du Prévôt des Marchands & Echevins de la Ville de Paris. Au bas ſigné *Bignon; Pajot; Brillon, Gareſt, Preſſi.*

Nous Bourgnemaîtres & Conſeillers compoſant la Régence de la Ville d'Utrecht, déclarons que le Sieur de Friſchman de Roſenberg a dépoſé en ſa qualité dans nos Archives le Pouvoir & la Proteſtation dont la Copie collationnée eſt ci-deſſus, & qu'il a devant nous réitéré ſa Proteſtation. De quoi nous avons bien voulu lui accorder Acte ſous le ſceau de notre Ville & la Signature de notre Sécretaire. *Le 18.* Avril 1713.

ſigné

(L. S.) *Harſcamp.*

LXXX.

Proteſtation faite au Nom de GUILLAUME HYACINTHE, *Prince de Naſſau-Siegen, comme Prince d'Orange & de Neufchatel, pour la conſervation de ſes Droits, & Pretentions ſur la Principauté d'Orange, & autres Biens fidéi-commis de Naſſau & Chalons.* CONTRE *les Diſpoſitions qui en ont été faites par le Traité de Paix, conclu le* 11. *d'Avril* 1712. *entre le Roi T. C. & le Roi de Pruſſe. A Utrecht le* 15. *d'Avril* 1713. AVEC *le Certificat de Meſſieurs les Magiſtrats de la Ville d'Utrecht du même jour* 15 *Avril* 1715. ET *le Pouvoir dudit Seigneur Prince à l'effet de ce que deſſus. A Utrecht le* 14 *d'Avril* 1713. [Actes & Memoires de la Paix d'Utrecht Tom. 4. pag. 259.] 15. Avril.

DOn François d'Yſendoren, Chevalier & Conſeiller deputé de Son Alteſſe Sereniſſime le Prince d'Orange & de Naſſau-Siegen, fondé de ſon Pleinpouvoir & Commiſſion ſpeciale ci-jointe, declare qu'enſuite des juſtes demandes faites de la part & au nom de ſon Alteſſe Sereniſſime, & des inſtances & informations ſi ſouvent réiterées pendant la Negotiation de la Paix à ce Congrès des Couronnes & Puiſſances aſſemblées pour rendre à un chacun ce qui lui appartient, on avoit eſperé, que l'on auroit fait une ſerieuſe & équitable reflexion & attention ſur l'évidence & la verité des Titres & Droits certains, qui appuyent les demandes de Son Alteſſe Sereniſſime, puiſque par les Traités de Paix depuis celui de Madrid de l'An 1525. juſques au dernier conclu à Ryswick en l'an 1697, & par les declarations de Sa Majeſté le Roi de France, & de ſes Auguſtes Predeceſſeurs (à quoi on ſe tient) & qui ſont autant de titres d'une acquiſition legitime, & d'une poſſeſſion continuelle & immuable, il eſt évident, & hors de toute difficulté & conteſtation, que la dite Principauté & Souveraineté d'Orange avec tout ce qui en dépend, & les autres Biens, Droits, Noms, &

Actions

ANNO 1713.

Actions de la Maison de Châlon incorporée dans celle de Nassau-Catzenellenbogen, ont été comme par autant de Declarations publiques & suffisantes confirmés inséparablement pour la Maison de Nassau, ce qui exclud tout ce qui n'est pas Nassau, & par les Traités particuliers assés connus, qui sont autant de declarations suffisantes & stables dans la Maison de Nassau, qui donnent l'exclusion à tout autre, qui n'est pas l'ainé de la Ligne masculine ainée, & qui reglent & confirment la succession à la Principauté d'Orange, & aux autres Biens dépendans de la portion du Prince Philippe Guillaume (ensuite du Traité de partage & de transaction de l'An 1609.) pour celui qui est l'ainé de la Ligne ainée, ensuite du perpetuel & graduel Fidei-commis compris dans sa disposition Testamentaire du 20. Février 1618, confirmée par l'adition formele des Héritiers, par des Traités de Paix & par des Pactes de Famille réitérés, le cas de la substitution arrivant, ouverte à présent par la mort du Roi d'Angleterre Guillaume III. de glorieuse memoire sans posterité, en faveur de Son Altesse Serenissime. Les Traités consecutifs de Paix montrent indubitablement, dans quelle Famille se trouve la possession & droit acquis depuis près de deux siécles, par lesquels Traités la Principauté d'Orange, & les autres Biens dépendans, Droits, Noms & Actions ont toûjours été rendus à la Maison de Nassau Catzenellenbogen, comme à elle appartenans, & confirmés, & reservés au plus proche Représentant mâle de la Ligne ainée masculine, comme il a été observé jusques au dernier Possesseur: La Généalogie fait voir, qui en est l'Ainé, & le premier Substitué, à sçavoir le Prince d'Orange Guillaume Hyacinthe. Ensuite de ces Titres publics & particuliers le Roi d'Angleterre, comme ses Prédecesseurs, a herité & possedé la Principauté d'Orange & les Biens de la portion du Prince Philippe Guillaume, aux mêmes engagemens, que les autres Princes, d'où s'ensuit l'évidence des Droits de Son Altesse Serenissime, & que les pretensions de Sa Majesté le Roi de Prusse, qui est ni Châlon ni Nassau, ne sont ni legitimes, ni admissibles, & moins capables de transferer aucun Droit, & que celles du Prince de Nassau Dietz provenans de la Ligne Cadette, sont imaginaires & sans fondement contre l'ordre établi, & contre les faits & engagemens de ses Ancêtres, auxquels il est inséparablement obligé comme Héritier mediat & immediat. Dans la juste confiance des motifs & Titres si indubitables, & d'un Droit acquis, on avoit esperé des Puissances & Couronnes assemblées, pour rendre à un chacun ce qui lui appartient, qu'on auroit tenu la main au maintien des Droits & demandes si équitables, & que la Foi Publique de tant de Traités de Paix, & le Droit acquis à la Maison de Nassau-Catzenellenbogen resteroient sans atteinte & préjudice dans cette occasion: on vient cependant d'être informé, que par le Traité de Paix fait & conclu le onzième de ce mois entre leurs Majestés le Roi de France & le Roi de Prusse, & Messieurs les Etats Generaux des Provinces-Unies, il y auroit des Articles ou clauses, qui concernent la Principauté d'Orange, & les Biens situés en France, & qu'il seroit convenu & traité de la part du Roi de Prusse, de se desister & de renoncer à ses prétensions sur la dite Principauté, & Biens de Bourgogne (auxquels cependant Sa Majesté le Roi de Prusse n'avoit aucun Droit legitime ni fondé) moïennant un équivalent ou échange d'une partie du haut Quartier de Gueldre, comme il seroit porté par le dit Traité: le Soubsigné se trouve obligé par ordre exprès de Son Altesse Serenissime pour la plus grande conservation de ses Droits, & ceux acquis à la Maison de Nassau, de protester, comme on proteste très-solemnellement par ces Présentes, de nullité, d'insuffisance, & d'incompetence, contre le dit Traité de Paix, pour autant qu'il pourroit concerner & porter quelqu'atteinte à ses Droits, & que tout ce qui a été fait, conclu, & arrêté, qui pourroit être contraire à ses Droits, ne doit, ni ne peut lui avoir préjudicié, ni préjudicier à l'avenir en aucune maniére, & qu'ils demeureront en leur entier, pour que Son Altesse Serenissime comme le Prince ainé premier Substitué de la Maison de Nassau soit réintegré & laissé sur le pié des précedens Traités de Paix dans l'entiére & paisible jouïssance de sa Principauté & Ville d'Orange, & de tous les autres Biens dépendans, qui sont sous la Domination de la France, & de tous les autres Droits, Noms & actions, qui lui appartiennent & à Sa Maison susdite: Protestant aussi contre le trouble de possession interjetté & fait par Monsieur le Prince de Conti en tems de Paix & sans aucune jurisdiction, en préjudice de sa Possession & de la Souveraineté & indépendance absolue & indubitable de la Principauté d'Orange, & protestant de même contre la détention & sequestre de la dite Principauté, & des autres Biens, qui se fait de la part de Sa Majesté le Roi de France en préjudice des Droits incontestables de Son Altesse Serenissime, déclarant & protestant en même tems, que lesdits Traités faits entre leurs Majestés le Roi Très-Chrétien, & le Roi de Prusse (sur le pié que dit est) & la détention ou appropriation, que l'on pretendroit continuer ou legitimer en conséquence de la renonciation, cession, ou echange susdit (ne pouvant acquerir ni transferer des Droits qu'on n'a pas) avec ses suites, doivent être censés nuls & de nulle valeur, & comme si les dits Traités n'étoient jamais arrivés; & qu'ils ne pourront ni à present ni à l'avenir porter aucun préjudice, ni la moindre diminution, ou alteration aux Droits & acquis à la Possession de près de deux siécles, appartenante incontestablement à son Altesse Serenissime & à la Maison de Nassau susdite, confirmée par les Traités de la Paix consécutifs (qui doivent demeurer dans leur force & vigueur) & reconnue par les Rois Très-Chrétiens, & même par Sa Majesté à present regnante: n'étant pas dans le pouvoir d'aucune Puissance, de disposer, diminuer, ou alterer en aucune maniére la Possession & les Droits acquis dans une Souveraineté particulierement, ni moins à celui qui n'avoit aucun droit fondé d'aliener, ou de mettre en doute des Droits si clairement & indubitablement appartenans à un autre. On renouvelle aussi par ces Présentes, pour autant que de besoin, la protestation touchant Neufchatel & Valengin faite de la part de Son Altesse Serenissime à Munster en Westphalie le 5. Decembre l'an 1707, ci-jointe en Copie, que l'on tient pour inserée dans le present Acte de protestation: Et en cas, que peut-être de la part de la Maison de Nassau-Dietz on pourroit avoir consenti en son nom à ce Traité de Paix susdit, ou signé quelques Articles séparés ou secrets au sujet de la dite Principauté d'Orange & Biens dependans, à l'insçu de Son Altesse Serenissime & à son préjudice & à celui de la Maison de Nassau-Catzenelenbogen, on proteste de même très-solemnellement, le déclarant de même façon nul & de nulle valeur, & directement contraire à l'Union de l'an 1607, à la Disposition testamentaire, à l'ordre y établi, aux Pactes de Famille de l'An 1618. & 1621, & à l'obligation, avec laquelle la Maison de Nassau-Dietz, est si étroitement & indispensablement par tant de Traités & engagemens vinculée, & que par conséquent ses prétensions ne sont qu'un attentat, lequel n'ayant de sa part aucun fondement ni Droit, ne peut aucunement subsister, & doit être de soi-même invalide & sans aucun effet: On proteste pareillement de nullité & insuffisance absolue contre tout ce que par leurs Hautes Puissances les Etats Generaux des Provinces Unies pourroit être traité, convenu, & consenti, soit par des Artic. publics, ou par des séparés & secrets, contre les Droits de Son Altesse Serenissime, & de la Maison de Nassau susdite, laquelle n'auroit jamais cru se voir tellement negligée dans une Paix generale, par laquelle on avoit tout sujet d'esperer qu'on auroit laissé à un chacun, & principalement à un tiers, & à ceux qui n'ont pas de part à la Guerre, tout ce qui leur est du de droit & justice; outre que les services rendus à la Republique méritoient une attention plus reconnoissante. Afin donc qu'on ne puisse jamais se prévaloir de tout ce qui auroit été traité & conclu entre leurs Majestez le Roi Très-Chrétien & le Roi de Prusse, comme aussi leurs Hautes Puissances les Etats Generaux, & de la part de la Maison de Nassau-Dietz par Articles séparés ou autrement dans le susdit Traité de Paix signé le 11. de ce mois, & que l'on ne puisse pretexter aucune ignorance de cette presente Déclaration & protestation, on requiert Monsieur Everhard van Harskamp, Secrétaire de la Ville d'Utrecht, de la vouloir mettre au Protocolle public de cette Ville, pourqu'il en conste à perpetuité (comme aussi des Droits & demandes très-justes de Son Altesse Serenissime produites de sa part au Congrès, & que l'on consigne de même pour être gardées) afin que Son Altesse Serenissime puisse s'en servir & prévaloir en tems & lieu contre tous ceux qu'il conviendra, & pour une marque certaine & preuve permanente, de n'avoir jamais consenti en aucune maniére à tout ce qui pourroit être contrai-

ANNO 1713. re & au préjudice de ses Droits évidens & de ceux acquis à la Maison de Nassau-Catzenelenbogen. Donné à Utrecht le 15. du mois d'Avril 1713.

(L. S.) *D. Fr. de Ysendoren.*

NOus Bourguemaitres & Conseillers composant la Régence de la Ville d'Utrecht, déclarons que le Sieur François d'Ysendoren, Chevalier, en sa qualité a deposé dans nos Archives le Pouvoir & la Protestation, dont la Copie collationée est ci-dessus avec les Actes, Mémoires, & Titres, dont en l'Acte de Protestation est faite mention & qu'il a devant nous réiteré sa Protestation; De quoi Nous avons bien voulu lui accorder Acte sous le Sceau de notre Ville, & la signature de notre Sécretaire. Fait le même jour 15. Avril 1713.

(L. S. Civitatis Ultraject.)

E. v. Harscamp.

Pouvoir de GUILLAUME HYACINTHE *Prince d'Orange & de Nassau-Siegen, à l'effect de la Protestation cy-dessus. A Utrecht le* 14 *d'Avril* 1713. [Actes & Memoires de la Paix d'Utrecht Tom. 4. pag. 272.]

NOus Guillaume Hyacinthe, par la Grace de Dieu Souverain Prince d'Orange & Neufchatel, Prince du St. Empire, & de Nassau-Siegen, Comte de Catzenellenbogen, Dietz, Vianden, Buren & Leerdam, Baron de Breda, Diest, Arlay, Grimberg, Herstall, Sichem, Iselstein, St. Martensdyk, Seigneur de Lannoy, Xantes, Wahaignes, Steenberghe, Eindhoven, Cranendonck, Ruthem, Zeelhem & Warneston; Vicomte Héreditaire d'Anvers & de Besançon.

A tous ceux, qui ces Présentes verront salut; Sçavoir faisons, qu'étant venu à notre connoissance, que par le Traité de Paix fait entre leurs Majestés le Roi de France & le Roi de Prusse, il y auroit un Article, qui seroit contraire à nos Interests & Droits incontestables sur la Principauté d'Orange, & sur les Biens dependans situés en la Comté de Bourgogne, & ailleurs sous la Domination de la France, à nous dévolus par le decédé du Roi de la Grande Bretagne de glorieuse Memoire sans posterité, ensuite du Fidei-commis graduel, réel, & perpetuel, introduit par le Testament du Prince d'Orange Philippe Guillaume: Et que nous sommes informés, que Sa Majesté le Roi de Prusse, s'est desistée par le dit Traité de ses pretendus Droits sur la dite Principauté d'Orange & autres Biens dependans situés en France, & qui notoirement nous appartiennent, moïennant une cession ou échange d'une partie du haut Quartier de Gueldres en sa faveur: Et quoique cette renonciation ou cession ne peut transférer aucun Droit, ni selon l'évidence porter préjudice à nos Droits incontestables & ceux de notre Maison, acquis & confirmés par les Traités de Paix consécutifs, qui sont confirmés par les Testament & Substitution, ouverte à présent en notre faveur, étant l'Ainé de la Ligne ainée masculine, & que toutes les raisons qui militent pour nous sont appuiées de l'évidence, de la verité, & de la foi publique de tant de Traités de paix consécutifs, & d'une possession continuelle d'environ deux siècles, qui confirment le Droit acquis à la Maison de Nassau selon l'ordre & le rang de Succession établi, ce qui exclud indubitablement tout ce qui n'est ni Nassau, ni Châlon, & par consequent Sa Majesté le Roi de Prusse, & aussi tout autre qui n'est pas l'Ainé, ensuite du dit Testament, comme le Prince de Nassau-Dietz provenant de la Ligne Cadette: quoique parmi des raisons si solides & si évidentes on pourroit être dans une juste confiance, que l'Article dudit Traité conclu entre leurs Majestés le Roi Très-Chrétien & le Roi de Prusse ne pourroit ni devroit porter aucun préjudice, diminution, altération, ou novation à nos Droits indubitables; Cependant étant obligés à donner toute notre attention à la conservation & au maintien des Interests & Droits de notre Maison, & des nôtres en particulier, comme premier Substitué, & le plus proche Agnat du Roi d'Angleterre; Nous donnons par ces Presentes à Don François d'Ysendoren, Chevalier, notre Conseiller intime & Deputé au Congrès d'Utrecht pour veiller à nos Interests & Droits, ensuite de nos Ordres & Lettres Patentes du 30 de Mars 1712., Pleinpouvoir, Commission & Mandement spécial pour la conservation de nos Droits acquis, & ceux de notre Maison de Nassau, de protester solemnellement en notre nom de toute nullité & insuffisance contre le dit Traité de Paix fait entre leurs Majestés le Roi Très-Chrétien & le Roi de Prusse, pour autant qu'il pourroit concerner nos Droits, & nous préjudicier dans quoi que ce soit, & que tout ce qui aura été conclu, arrêté, & traité ne pourra nous préjudicier en rien, ni diminuer en aucune maniére nos Droits, & qu'ils demeureront dans leur entiére force & vigueur sur le pied de tous les précédens Traités de Paix & Droits acquis, pour les faire valoir ou & contre tous ceux qu'il conviendroit: & que le dit Sr. François d'Ysendoren, notre Conseiller & Deputé, pour faire conster de notre protestation, déclaration & intention, la remettra entre les mains du Sieur Everhard van Harscamp, Sécretaire de la Ville d'Utrecht, le réquerant de la faire inférer au Protocolle public, & d'en tirer Acte & Certificat. A cet effet lui donnons Pleinpouvoir, Commission & Mandement spécial, promettant d'avoir ferme & stable, & de ratifier tout ce que notre dit Conseiller & Deputé aura fait de notre part & en notre nom. En foi de quoi nous avons signé ces Présentes, & y avons fait apposer le Cachet de nos Armes. Donné à Utrecht le 14. d'Avril 1713. ANNO 1713.

étoit signé.

(L. S.) *Guillaume Hyacinthe de Nassau*, Prince d'Orange.

Collationné à l'Original

J. S. PHEIFFER, Sécretaire.

LXXXI.

Protestation faite au nom de JACQUES *Comte* DE MATIGNON *pour la conservation de ses Droits, sur les Souverainetés de Neufchâtel & de Vallengin, à Utrecht* 15. *d'Avril* 1713. AVEC *le Certificat de Messieurs les Bourguemaitres & Conseillers de la Ville d'Utrecht, touchant ladite Protestation. Donné le* 16. *Avril* 1713. COMME AUSSI *le Pouvoir dudit Comte* DE MATIGNON, *pour le Sr.* FRISCHMAN DE ROSEMBERG, *à cet effect. Donné à Paris le* 5. *Janvier* 1712. [Actes & Memoires de la Paix d'Utrecht Tom. 4. pag. 17.] 15. Avril.

NOus sous-signés, nous étant transportés dès le mois de Janvier de l'an de Grace mil sept cens douze, dans la Ville d'Utrecht, afin d'y agir en vertu & pour les fins marquées dans le Pouvoir qui nous avoit été donné par très-haut & très-puissant Seigneur Jaques de Matignon, Comte Souverain de Neufchastel & Valengin en Suisse, &c. le cinquième Janvier de la susdite année; & n'aïant pas trouvé que le Congrès s'y ménageât en la forme accoutumée par l'entremise d'aucun Mediateur à qui nous pûssions avoir recours, & auprès de qui nous pûssions faire les diligences convenables; nous n'avons pu faire rien de mieux afin de conserver & faire valoir les Droits confiés à nos soins, que d'en informer les Principaux Ministres des Parties Belligérantes dont le Congrès étoit composé, & de publier dans le lieu même de son Assemblée un Ecrit contenant les raisons & moïens sur lesquels ces Droits sont fondés, lequel Ecrit en pût instruire dans le tems présent & dans le tems à venir la Societé des Nations. Ce qui n'aïant pas empêché que par le Traité de Paix signé l'onzième Avril de la presente année, entre très-haut, très-excellent, & très-puissant Prince Louis quatorzième, par la Grace de Dieu Roi très-Chrétien de France & de Navarre, notre Souverain Seigneur & Maître, & très-haut, très-excellent, & très-puissant Prince Frederic Guillaume Roi de Prusse &c. ainsi que par plusieurs autres Actes, le Sérénissime Roi de Prusse ne se trouve maintenu dans la possession de la Principauté de Neufchatel & Valengin,

ANNO 1713.

gin, au préjudice des Droits du dit Seigneur Comte de Matignon notre Commettant: Nous avons en vertu de notre pouvoir protesté, & protestons contre cette disposition, par devant le Venerable Magistrat & la Regence de la dite Ville d'Utrecht, déclarant que nous n'y acquiesçons en aucune maniére, mais que Nous en appellons à des tems plus favorables à la Justice, afin que les Droits du Seigneur notre Commettant n'en puissent être réputés moins légitimes. Et pour plus grande notoriété de cette Protestation nous la déposons en original, ainsi que notre Pouvoir, dans les Archives de l'Hôtel de Ville d'Utrecht, requerant le Venerable Magistrat & la Regence de nous accorder Acte du dit dépôt, ainsi que des dites Protestations que nous avons signées de notre main propre, & scellées du Cachet ordinaire de nos Armes. Fait à Utrecht, le quinziéme Avril, l'an de grace mil sept cens treize. étoit

Signé

Frischman de Rosemberg.

Nous Bourguemaistres & Conseillers composant la Régence de la Ville d'Utrecht, déclarons que le Sieur Frischman de Rosemberg a déposé en sa qualité dans nos Archives le Pouvoir & la Protestation dont les Copies collationnées sont ci-dessus, & qu'il a devant nous réitéré sa Protestation: de quoi nous avons bien voulu lui accorder Acte, sous le Sceau de notre Ville & la Signature de notre Secrétaire. le 16. Avril 1713.

Est Signé *Harscamp*, avec apposition du Sceau.

Pouvoir du Comte DE MATIGNON *à l'effect de ce que dessus; contenant aussi un Narré de ses moyens & de ses Raisons. à Paris le 5. Janvier 1712.* [Actes & Memoires de la Paix d'Utrecht Tom. 4. pag. 12.]

JAques de Matignon, Comte Souverain de Neufchâtel & Valengin, en Suisse, Prince d'Orange, Comte de Matignon, de Thorigny de Hanbies, Baron d'Arlay & autres Terres en Franche-Comté, Chevalier des Ordres du Roi, Lieutenant General de ses Armées & de la Province de Normandie: A tous ceux qui ces presentes Lettres verront sçavoir faisons, que comme ainsi soit que par le décès de Madame la Duchesse de Nemours, Comtesse Souveraine de Neufchastel & Valengin, & appellée à la Substitution graduelle & perpétuelle de la Principauté d'Orange, faite par Marie des Baux, Epouse de Jean de Châlons, par son Testament du 22. May 1416; & à la Substitution graduelle & perpétuelle portée par le Testament de Jean de Châlons du 21. Octobre 1417. de la Baronie d'Arlay & autres Terres & Seigneuries du Comté de Bourgogne, provenues du partage fait par Jean Comte de Bourgogne entre ses Enfans, en 1262. duquel Jean Comte de Bourgogne, & Jean de Châlons son Fils nous sommes descendus en Ligne directe. Le Comté Souverain de Neufchastel & Valengin en Suisse nous appartient de droit comme plus proche parent paternel de son A. S. Madame la Duchesse de Nemours, & descendu comme Elle de Jeanne de Hochberg, & de Louïs d'Orléans, Duc de Longueville, petite Fille de Rodolphe de Hochberg, Comte Souverain de Neufchastel, & par son moyen des premiers Comtes de Neufchastel; Et qu'ainsi le jugement rendu à Neufchastel le 3. Novembre 1707. contre les règles observées jusques alors, ne puisse être regardé que comme l'effet d'une intrigue secrete & des impressions étrangéres dans la conjoncture de la Guerre; puisqu'il a été rendu sur le fondement d'une prétension chimérique de Feodalité, & de Reversion, formée par Louïs de Châlons en 1457. après la mort de Jean de Fribourg, Comte Souverain de Neufchastel, & condamnée la même année par un Jugement célèbre de l'Official de Besançon, confirmé l'année suivante par le Pape, sur l'appel que Louïs de Châlons en avoit interjetté; que ce Jugement a été éxecuté durant deux cens cinquante années sans protestation, ni réclamation de la Maison de Châlons, ni même de celle de Nassau qui a prétendu succeder à ses Droits, quoi qu'elle soit étrangére: Philibert de Châlons dernier mâle de cette Maison étant mort sans enfans en 1530. & Claude de Châlons sa Sœur qui avoit épousé Henri de Nassau, n'ayant eu de son Mariage qu'un Fils unique René de Nassau mort sans enfans le 18. Juillet 1544. ayant institué son Héritier Guillaume de Nassau son Cousin Germain; & qu'enfin depuis 1457. que ce Jugement a été rendu, la Possession paisible & sans trouble dans laquelle a été la Maison de Hochberg & la Maison de Longueville du Comté Souverain de Neufchâtel ait été reconnue & approuvée par les quatre Cantons Alliés de Neufchâtel, par les treize Cantons, par les Empereurs & l'Empire, par la France, l'Espagne, l'Angleterre, & les Etats Généraux, en un grand nombre de Traités solemnels, dans lesquels le Comté & la Ville de Neufchâtel ont été compris au nombre des Alliés; laquelle inclusion formelle rend les Souverains qui l'ont admise guarants de la possession de la Maison de Longueville, qu'ils ont approuvée & confirmée tant de fois & pendant tant d'années. A ces causes, puisqu'il a plu au Roi de nous permettre de faire valoir les justes Droits que nous avons au Comté Souverain de Neufchâtel & Valengin, nous confians en la Personne & aux lumiéres de Messire Jean Casimir, dit Frischman de Rosenberg, Chevalier Baron de Ransoniere, Seigneur de Changeau, ci-devant Envoyé Extraordinaire du Roi en Allemagne; Nous avons icelui nommé & constitué, & par ces Presentes nommons & constituons notre Procureur Général & Spécial pour se transporter en la Ville d'Utrecht, & suivant les Instructions particuliéres qu'il a de notre part, & le Mémoire que nous avons fait dresser à cet effet, représenter nos Droits sur le Comté Souverain de Neufchâtel & Valengin, demander aux Seigneurs Ambassadeurs Extraordinaires & Plenipotentiaires assemblés pour traiter la Paix à Utrecht, que par leur entremise nous soyons mis & installés en pleine & paisible possession du Comté Souverain de Neufchâtel & Valengin. Et en cas de refus de prendre connoissance de la justice de nos Droits, Nous donnons charge & pouvoir au dit Sieur de Frischman de Rosenberg de faire en notre nom les Protestations nécessaires pour la conservation de nosdits Droits, Prétentions, Dignités, & Prérogatives qui en dépendent, & d'en retirer tous Actes en la meilleure forme que faire se pourra; à ce que tous Traités de Paix généraux & particuliers, faits ou à faire, ne puissent en façon quelconque déroger, ni préjudicier à nous, ni aux nôtres, présens ou à venir, directement ou indirectement. Promettant d'avoir le tout pour agréable. En foi de quoi nous avons signé ces Présentes de notre main, fait contresigner par un de nos Secrétaires, & apposer le sceau de nos Armes. Donné à Paris en notre Hôtel, le cinquiéme Janvier, l'an de Grace 1712.

Jacques de Matignon.

Et est contresigné sur le replis

Par Monseigneur

Chevalier.

Autre Protestation faite au Congrès d'Utrecht au nom du même JAQUES *Comte* DE MATIGNON *pour la conservation de ses Droits & Prétentions sur la Principauté d'Orange, Baronnie d'Arlay, & autres Biens situés en Franche Comté &c. A Utrecht le* * *2 Juin 1713.* AVEC *le Certificat de Messieurs les Magistrats de la Ville d'Utrecht, du 31. Mai 1713.* ET *le Pouvoir du Comte* DE MATIGNON *pour le Sr.* FRISCHMAN DE ROSENBERG, *à l'effect de ce que dessus. Donné à Paris le 31 Décembre 1711.* [Actes & Memoires de la Paix d'Utrecht. Tom. 4. pag. 425.]

NOus sous-signés, ayant eu connoissance de l'Article dixiéme du Traité signé à Utrecht l'onziéme Avril de la presente année mil sept cens treize, entre très-Haut, très-Excellent, & très-Puissant Prince Louïs XIV. par la *Grace* de Dieu Roi très-Chrétien de

* Cette Date ne s'accorde pas à celle du Certificat, l'une ou l'autre est fausse. [Dum.]

ANNO 1713. de France & de Navarre, notre Souverain Seigneur & Maître, & très-Haut, très-Excellent, & très-Puissant Prince Frederik Guillaume Roi de Prusse &c. dans lequel Sa Majesté Prussienne comme estant aux Droits de la Maison de Nassau-Orange stipulé, en supposant que la dite Maison feroit héritiere de la Maison de Châlons. En vertu du pouvoir spécial à Nous donné le 31. Decembre 1711. par très-Haut & très-Puissant Seigneur Jacques de Matignon, Prince d'Orange &c. Nous avons protesté & protestons par-devant la Regence & Venerable Magistrat de la Ville d'Utrecht contre la Substitution que la dite Maison de Nassau-Orange fût Héritiere de celle de Châlons, afin que les Droits legitimes de la Maison de Longueville à la Succession de Châlons, lesquels ainsi que l'expose notre Pouvoir sont dévolus au Seigneur notre Commettant, n'en puissent recevoir aucun préjudice. Et pour plus grande notorieté de cette Protestation, Nous en deposons l'Original, ainsi que celui de notre Pouvoir dans les Archives de l'Hôtel de Ville d'Utrecht, requerant la Regence & le Venerable Magistrat de Nous accorder Acte dudit Depôt, ainsi que des susdites Protestations. Fait à Utrecht, le second Juin de l'année mil sept cens treize.

Signé

Frischman de Rosenberg.

Nous Bourguemaitres & Conseillers composant la Regence de la Ville d'Utrecht, certifions que le Seigneur Frischman de Rosemberg en sa qualité a deposé dans les Archives de notre Ville l'Original du plein Pouvoir & Protestation, dont la Copie bien collationnée est écrite ci-dessus, & qu'il a devant Nous réiteré ladite Protestation, demandant Acte authentique de son Depost. Sur quoi Nous lui avons accordé le present Acte muni du Sceau de notre Ville & de la Signature de notre Secrétaire. Fait à Utrecht, le 31. Mai 1713.

Pouvoir du Comte DE MATIGNON *pour la Protestation ci-dessus. A Paris le* 31. *Decembre* 1711. [Actes & Memoires de la Paix d'Utrecht Tom. 4. pag. 420.]

JAcques de Matignon, Comte Souverain de Neufchâtel & Valangin en Suisse, Prince d'Orange, Comte de Matignon, de Thorigni, de Gournai, de Hambie, Baron d'Arlai, & autres Terres en Franche-Comté, Chevalier des Ordres du Roi, Lieutenant General de ses Armées, & de la Province de Normandie. A tous ceux qui ces Presentes verront, sçavoir faisons que comme ainsi soit que par le décès de Madame Marie d'Orleans, Duchesse de Nemours, Comtesse Souveraine de Neufchâtel & Valangin en Suisse, & appellée à la Substitution graduelle & perpétuelle de la Principauté d'Orange, faite par Marie de Baux, Epouse de Jean de Châlon, par son Testament du 22. Mai 1416. & à la Substitution graduelle & perpétuelle portée par le Testament de Jean de Châlon, du 21. Octobre 1417. de la Baronnie d'Arlai & autres Terres & Seigneuries du Comté de Bourgogne, provenues du Partage fait par Jean Comte de Bourgogne, entre ses enfans en 1262. duquel Jean Cómte de Bourgogne, & Jean de Châlons son Fils, Nous sommes descendus en Ligne directe: les dites Substitutions de la Principauté d'Orange, & de la Baronnie d'Arlai, & autres Terres en Franche-Comte, aïant été ouvertes en notre personne au 6. Juin 1707. jour du décès de Madame Marie d'Orleans, Duchesse de Nemours, comme son plus proche parent du côté paternel appellé à ces deux Substitutions. Et quoi que les Descendans de Guillaume de Nassau, Cousin Germain de René de Nassau, mort sans enfans en 1544. ne puissent rien prétendre à des Substitutions, auxquelles ils ne sont point appellés, n'étant point descendus de ceux qui les ont faites; & qu'elles aïent été declarées ouvertes en faveur des Ducs de Longueville, comme descendus d'Alix de Châlons, Fille de Jean de Châlon, & de Marie de Baux, & appellés à ces deux Substitutions, Guillaume de Nassau se fit remettre en possession de la Principauté d'Orange, & des Terres du Comté de Bourgogne par l'Article I. du Traité du Château Cambresis, par le credit de Philippe second dont il avoit suivi le parti; mais afin que ce Traité ne fît aucun préjudice aux Droits de la Maison de Longueville, il fut ajouté dans l'Article, que ce seroit pour en joüir tout ainsi qu'il faisoit, ou pouvoit faire avant l'ouverture des dernieres Guerres commencées en 1551. & nonobstant les Arrêts rendus depuis; ce qui ne lui donnoit pas plus de droit, qu'il en pouvoit avoir. Et commes les Traités suivans sont semblables, & que par l'Article XIII. du Traité conclu à Riswik, entre la France & l'Angleterre, il est dit que le Roi Guillaume sera rétabli comme avant la Guerre dans la Principauté d'Orange, & dans les Terres qu'il a en France, & que pour terminer le procès qu'il a au sujet des mêmes Biens, il sera nommé des Commissaires par les deux Rois, ce qui n'a point été executé. A ces causes, Nous confians en la Personne & aux lumiéres de Messire Jean Casimir, dit Frischman de Rosemberg, Chevalier, Baron de Ransoniere, Seigneur de Changeai, ci-devant Envoié Extraordinaire du Roi en Allemagne, Nous avons icelui nommé & constitué, & par ces Présentes, nommons & constituons notre Procureur Général & Spécial, pour se transporter en la Ville d'Utrecht, & suivant les instructions particuliéres qu'il a de notre part, & le Mémoire que Nous avons fait dresser à cet effet, représenter la justice de nos Droits sur la Principauté d'Orange, & sur la Baronnie d'Arlai, & autres sises en Franche Comté, comprises dans la Substitution portée au Testament de Jean de Châlons; demander aux Seigneurs Ambassadeurs Extraordinaires & Plenipotentiaires assemblés pour traiter la Paix à Utrecht, que par leur entremise nous soions mis & installés en pleine & paisible Possession de la Principauté d'Orange, & de la Baronnie d'Arlai, & autres Biens situés en Franche-Comté, compris en la Substitution portée dans le Testament de Jean de Chalons, ou au moins d'ordonner que suivant l'Article XIII. du dernier Traité conclu à Riswik entre la France & l'Angleterre, il sera nommé des Commissaires pour regler le procès fait au sujet des mêmes Biens, & que cependant les Biens seront sequestrés pour être restitués à celui en faveur de qui les Commissaires decideront, sans préjudice à nous pourvoir contre ceux qui ont perçu indûment les Revenus des dits Biens jusqu'à présent. Et en cas de refus de prendre connoissance de la justice de nos Droits, Nous donnons charge, & pouvoir au dit Sieur Jean Casimir, dit Frischman de Rosemberg, de faire en notre nom les Protestations nécessaires pour la conservation de nos dits Droits, Prétentions, Dignités, & Prérogatives qui en dépendent, & d'en retirer tous Actes en la meilleure forme que faire se pourra: à ce que tous les Traités de Paix généraux & particuliers, faits ou à faire ne puissent en façon quelconque deroger ni préjudicier à Nous ni aux Nôtres présens ou à venir, directement ou indirectement. Promettant d'avoir le tout pour agréable. En foi de quoi Nous avons signé ces presentes de notre main, fait contresigner par l'un de nos Secrétaires, & y apposer le scel de nos Armes. Donné à Paris, en notre Hôtel, le dernier Decembre, mil sept cens & onze.

Signé

Jacques de Matignon.

Plus bas, par Monseigneur.

CHEVALIER.

LXXXII.

*Protestation faite au Nom d'*YVES *Marquis* D'ALEGRE *pour la conservation de ses Droits & Prétentions sur la Principauté d'Orange, & sur les Comtés de Neufchâtel & de Vallengin.* CONTRE *les Dispositions faites à cet égard dans le Traité de Paix conclu le* 11. *d'Avril* 1713. *entre le Roi T. C. & le Roi de Prusse. A Utrecht ce. . . . . . l'an de Grace* 1713. AVEC *le Certificat de Messieurs les Bourguemaîtres & Conseillers de la Ville d'Utrecht du* 18. *Avril* 1713. ET *le Pouvoir dudit Marquis* D'ALEGRE *sur le Sr. de* BOISDIONNE. *Fait à Paris le* 19. *Decembre* 18. Avril.

ANNO 1713.

cembre 1712. [Actes & Memoires de la Paix d'Utrecht. Tom. 4. pag. 45.]

NOus soubsignés, nous étant transportés dans la Ville d'Utrecht, afin d'y agir en vertu & pour les fins marquées dans le Pouvoir qui nous a été donné par haut & puissant Seigneur Yves, Marquis d'Alegre, Baron de Flageac, Comte de Meilhaud, & autres Lieux, Lieutenant Général des Armées du Roi & de la Province de Languedoc, Gouverneur pour Sa Majesté de la Ville & Château de St. Omer, le dixneuvième jour de Décembre de l'année mil sept cens douze; Et n'ayant pas trouvé que le Congrès s'y ménageât en la forme accoutumée, par l'entremise d'aucun Médiateur, à qui nous pussions avoir recours, & auprès de qui nous pussions faire les diligences convenables; Nous n'avons pu faire rien de mieux afin de faire valoir & conserver les Droits confiés à nos soins, que d'en informer les Principaux Ministres des Parties Belligérantes dont le Congrès étoit composé, & de publier, même dans le lieu de son Assemblée, un Ecrit contenant les raisons & moyens sur lesquels ces Droits sont fondés, lequel pût en instruire dans le tems présent & à venir la Société des Nations. Ce qui n'ayant pas empêché que par le Traité de Paix signé entre très-Haut, très-Excellent, & très-Puissant Prince Louïs quatorze, par la Grace de Dieu Roi de France & de Navarre, & le très-Haut, très-Puissant & très-Excellent Prince Frédéric Guillaume, par la Grace de Dieu, Roi de Prusse, ainsi que par plusieurs autres Actes, le Sérénissime Roi de Prusse ne se trouve maintenu dans la Possession de la Principauté de Neufchâtel & Valengein, au préjudice des Droits dudit Seigneur notre Commettant; Nous avons en vertu de notre Pouvoir protesté, & protestons contre cette Disposition, par devant le Vénérable Magistrat & Régence de la Ville d'Utrecht: Déclarant que nous n'y acquiesçons en aucune maniére, mais que nous en appellons à des tems plus favorables à la Justice, afin que les Droits du Seigneur notre Commettant n'en puissent être réputés moins légitimes. Et pour plus grande notorieté de cette Protestation, nous la déposons en Original, ainsi que notre Pouvoir, dans les Archives de l'Hôtel de Ville d'Utrecht, requérant le Vénérable Magistrat & Régence de nous accorder Acte dudit Dépôt, ainsi que des susdites Protestations. Fait à Utrecht ce. . . . l'an de Grace mil sept cens treize.

Etoit signé

DE BOISDIONNE.

Nous Bourguemaitres & Conseillers composant la Régence de la Ville d'Utrecht, déclarons que le Sieur de Boisdionne a déposé en sa qualité dans nos Archives le Pouvoir & la Protestation dont la Copie collationée est ci-dessus; & qu'il a devant nous réiteré sa Protestation. Dequoi nous avons bien voulu lui accorder Acte, sous le sceau de notre Ville & la signature de notre Secrétaire. Le 18. Avril. 1713.

signé

HARSCAMP.

Pouvoir du Marquis D'ALEGRE *pour le Sr.* DE BOISDIONNE *à l'effet de ce que dessus.* [Actes & Memoires de la Paix d'Utrecht Tom. 4. pag. 41.]

PAr devant les Notaires à Paris sous-signés, fut présent haut & puissant Seigneur Yves, Marquis d'Alegre, Baron de Flageac, Comte de Meilhand, & autres Lieux, Lieutenant Général des Armées du Roi & de la Province de Languedoc, Gouverneur pour Sa Majesté des Ville & Chateau de St. Omer, demeurant à Paris, en son Hôtel, Rue de Grenelle, Paroisse de St. Sulpice; lequel a fait & constitué son Procureur Général & Spécial Estienne de Boisdionne, Ecuïer, Sr. de Rivotte, & autres Lieux; auquel le dit Seigneur Marquis d'Alegre donne pouvoir & puissance de pour lui & en son nom comparoître en la Ville d'Utrecht, où sont les Conférences & le Congrès pour traiter de la Paix entre le Roi d'une part, les Rois, Puissances, & Confédérés de l'autre, & en tels autres Lieux qu'il appartiendra; réclamer en faveur dudit Seigneur Marquis d'Alegre, la Possession des Principautés Souveraines d'Orange, Neufchâtel, Valengin, & de tous les autres Biens provenans de Jean de Châlons, quatrième du nom, premier Prince d'Orange, Souverain de Neufchâtel, & de Marie des Baux Princesse d'Orange son Epouse, dont la propriété appartient au dit Seigneur Marquis d'Alegre, comme issu en droite ligne de François d'Alegre Seigneur de Pressi, & de Charlotte de Châlons petite Fille de Jean cinquième de Châlons; lequel étoit Fils puiné dudit Jean quatrième de Châlons Prince d'Orange, & de ladite Marie des Baux, suivant qu'il est établi par la Généalogie & le Mémoire que le dit Seigneur Marquis d'Alegre a fait imprimer, pour la preuve & justification de ses Droits dans lesdites Seigneuries, Principautés, & Souverainetés: Et faire pour raison de ce toutes Demandes, Réquisitions, & Protestations, qu'il appartiendra, en réitérant les Protestations ci-devant faites de la part dudit Seigneur Marquis d'Alegre, en la Ville de Neufchâtel, le vingt-sept Octobre mil sept cens sept. Requérant & supliant le dit Seigneur Marquis d'Alegre tous qui sont à requérir & supplier, de déférer aux Demandes, Requisitions, & Protestations telles que de raison, qui pourront être faites au nom dudit Seigneur Constituant, par son dit Procureur; Promettant avoir pour agréable ce qui sera fait par le dit Sieur Procureur constitué, le ratifier si besoin est, & du tout le garder & indemniser sous l'obligation de tout & chacun les Biens présens & à venir dudit Seigneur Marquis d'Alegre. Fait & passé à Paris, en son Hôtel sus déclaré, l'an mil sept cens douze, le dixneufième jour de Décembre, avant midi: Et a signé la Minutte des Présentes, demeurée en la garde & possession de Mennié, l'un des Notaires soussignés. Signé *Gallois*, & *Mennié*, Et le Certificat du Prevost des Marchands, & Echevins de la Ville de Paris, au Bas,

Signé

Bignon, *Garest*, & *Pressi*.

LXXXIII.

Protestation faite au nom des Princes DE NASSAU-DILLENBOURG *&* DE NASSAU-SIEGEN, *reformés, pour la conservation de leurs Droits & Pretentions sur la Principauté d'Orange, & autres Biens venans de la Maison de Châlon.* CONTRE *ce qui en a été disposé par le Traité de Paix conclu le* 11. *d'Avril* 1713. *entre le Roi de France, & le Roi de Prusse. A Utrecht le* 18. *d'Avril* 1713 AVEC *le Certificat de Messieurs les Magistrats de la Ville d'Utrecht. Du* 18. *Avril* 1713 [Actes & Memoires de la Paix d'Utrecht Tom. 4. pag. 353.] 18. Avril.

LE sous-signé Deputé de Leurs Altesses Messeigneurs les Princes de Nassau-Dillenbourg, & de Nassau-Siegen, réformés, comme plus proches intéressés après S. A. Monseigneur le Prince Guillaume Hyacinthe, Prince d'Orange & de Nassau-Siegen, dans le graduel & perpétuel Fidei-commis établi par le Testament du Prince Philippe Guillaume d'Orange de glorieuse mémoire, de l'année 1618. est informé, quoi qu'avec surprise, que par le Traité de Paix, qui s'est fait ici l'11 de ce Mois, par Sa Majesté le Roi Très-Chretien, avec Sa Majesté le Roi de Prusse & leurs Hautes Puissances, les Etats Généraux, il se trouve entre autres aussi quelques Articles, touchant la Principauté d'Orange & autres Biens provenans de la Maison de Châlon incorporée dans celle de la Maison de Nassau-Catzenellenbogen, & compris dans le Fideicommis graduel & perpétuel susdit, par lesquels on prétend de céder à sa dite Majesté Très-Chrétienne la dite Principauté & Biens dépendans sous la Domination de la France. Et considérant qu'icelle Principauté avec les Biens dependans appartient incontestablement à la Maison de Nassau-Catzenellenbogen, & suivant le dit Testament & l'Ordre de Succession y établi devoit suivre après la mort de Sa Majesté Guillaume troisiéme, Roi de la Grande Bretagne de glorieuse memoire, à l'Ainé de la Ligne ainée de Nassau-Catzenellenbogen étant celle de Nassau-Siegen,

ANNO 1713.

gen, & enfuite de ce Fidei-commis à fa dite Alteffe Monfeigneur le Prince Guillaume Hyacinthe, Prince d'Orange & de Naffau-Siegen, & après fadite Alteffe fans Enfans Mâles de fon Corps; fuivant la Claufe qu'il y a dans le dit Teftament au fujet de la mefalliance, à fadite Alteffe Monfeigneur le Prince Fredric Guillaume Adolphe de Naffau-Siegen reformé, & après Elle & fes Defcendans Mâles, à fa dite Alteffe Monfeigneur le Prince Guillaume de Naffau-Dillenbourg & fes Defcendans Mâles & autres Princes de cette Maifon, & après toutes ces Lignes premiérement à la Ligne de la Maifon de Naffau-Diez: de forte que par là on va ôter à la Maifon de Naffau-Catzenellenbogen, & par conféquence auffi aux Princes des Lignes Proteftantes de Naffau-Dillenbourg, & de Naffau-Siegen fes Maîtres, un Droit fi connu & fi inconteftable, tant par le Traité de Partage, fait en l'An 1609 par l'intervention même de la France, de l'Angleterre, & des Etats Généraux, entre les trois Princes, fils de Guillaume le premier, Prince d'Orange & de Naffau, que par le Teftament fusdit, par tant de Traités de Paix, les Pactes de la Maifon, & une Poffeffion continuelle de près de deux fiècles, fans parler des autres Droits, fondemens & motifs exprimés plus amplement dans la Proteftation de fa dite Alteffe Monfeigneur le Prince Guillaume Hyacinthe, Prince d'Orange, & de Naffau-Siegen, lesquels on tient comme ici inférés.

Le fous-figné fe trouve indifpenfablement obligé, en vertu de fon Pouvoir du 13. Août 1712. pour la confervation du Droit évident de la Maifon de Naffau-Catzenellenbogen & de celui de leurs dites Alteffes Meffeigneurs les Princes des Lignes Proteftantes de Naffau-Dillenbourg & de Naffau-Siegen, de protefter folemnellement contre tout ce qui pourroit être fait on traité à cet égard, en préjudice de fa dite Alteffe Monfeigneur le Prince Guillaume Hyacinthe, Prince d'Orange & de Naffau-Siegen, de leurs Alteffes fes Maîtres, & de toute la Maifon de Naffau-Catzenellenbogen en général, le déclarant tout à fait nul, incompetent, infuffifant & non valable. Etant tout à fait contre les Droits des Gens qu'aucune Puiffance puiffe ôter à un troifième fon Droit, fi folemnellement acquis; Et en cas que peut-être de la part de la dite Maifon de Naffau-Diez on pourroit avoir confenti à ces Traités, ou figné quelques Articles féparés fur ce fujet, à l'infçu & en préjudice de la Maifon & des Princes fusdits, plus proches au dit Fidei-commis, on le déclare de la même façon directement contraire à l'Union de la Maifon de l'an 1607. aux Pactes de l'an 1618. & 1621. & à l'Obligation avec laquelle la dite Maifon de Naffau-Dietz eft fi étroitement vinculée par tant de Traités avec les autres Princes de la dite Maifon, & par conféquence un attentat à quoi on n'a ni droit ni fondement, & qui de foi-même eft nul & d'aucune valeur. Et afin qu'en tems & lieu on puiffe toûjours prouver cette Proteftation, & que la Sereniffime Maifon de Naffau-Catzenellenbogen ne fauroit jamais attendu qu'Elle auroit été negligée de cette façon à une Paix générale, où on devroit plustôt avoir lieu d'efpérer qu'on auroit laiffé à chacun & principalement à un tiers, & à ceux qui n'ont pas part à la guerre, tout ce qui leur eft dû de droit & de juftice, & qu'Elle ne peut & ne voudra jamais acquiefcer à cela, mais plus-tôt fe referver de la façon la plus folemnelle que faire fe pourra fon droit fi clair & fi évident.

Monfieur Everard van Harscamp, Secrétaire de cette Ville d'Utrecht, eft prié de recevoir cette Proteftation & Refervation, de la faire regiftrer & de lui en donner un Certificat en forme. Fait à Utrecht le dix-huitiéme d'Avril 1713.

J: W: Finckgraff Deputé de Leurs Alteffes Meffeigneurs les Princes de Naffau-Dillenburg, & de Naffau-Siegen reformés.

Nous Bourguemaîtres & Confeillers compofant la Regence de la Ville d'Utrecht, declarons que le Sieur J. W. Finckgraff Deputé de leurs Alteffes Meffeigneurs les Princes de Naffau Dillenburg, & Naffau Siegen, reformés, a dépofé en fa Qualité dans nos Archives le Pouvoir & les Proteftations dont les Copies collationées font ci-deffus, & qu'il a devant Nous réiteré fa Proteftation. De quoi Nous avons bien voulu lui accorder le prefent Acte fous le Sceau de notre Ville & la Signature de notre Secrétaire. Fait le 18. Avril 1713.

E: V: HARSCAMP.

ANNO 1713.

LXXXIV.

30. Avril.

Proteftation faite au Nom de LEOPOLD *Duc* DE LORRAINE *pour la confervation de fes Droits & Pretentions, fur le Duché de Montferrat, jusques à ce qu'il en foit indemnifé, & fur la Principauté d'Arches & Charleville, contre tous les Traitez, Conventions, & Difpofitions faites fur ce fujet à fon préjudice, tant au Congrès d'Utrecht qu'auparavant, & ailleurs. Fait à Utrecht le 30. Avril 1713.* AVEC *le Certificat de Meffieurs les Bourguemaîtres & Confeillers de la Ville d'Utrecht. Du 3. Juin 1713.* [Actes & Mémoires de la Paix d'Utrecht. Tom. 4. pag. 367.]

NOus Envoyés, & Plenipotentiaires de fon Alteffe Roïale Monfeigneur le Duc de Lorraine, & de Bar, au Congrés de la Paix à Utrecht, fous-fignés Declarons, que cette Ville d'Utrecht ayant été défignée pour y former au Mois de Janvier de l'année derniere 1712. l'Affemblée qui devoit traiter de la Paix Generale, la plus grande partie des Couronnes, Princes, & Potentats de l'Europe y ayant envoyé leurs Miniftres, Nous y ferions venus à leur exemple, en vertu de nos Pleinpouvoirs pour y foutenir les interêts de fa dite Alteffe Royale notre Maître, dans la jufte confiance, que cette Illuftre Affemblée compofée de tant de Miniftres Reprefentans des Puiffances fi Auguftes, travaillans à rendre le repos au Monde Chrétien, procureroit une jufte fatisfaction à tous les Princes, tant à ceux qui avoient été engagés dans la Guerre, qu'à ceux qui auroient fouffert des pertes confiderables à l'occafion de cette même Guerre, ou qui feroient privés de leurs juftes Droits par le fait d'une Puiffance fuperieure. C'eft ce qui Nous a obligés, dans le tems que tous les Miniftres des Princes ont donné leurs demandes & pretenfions pour la Negociation de la Paix, de donner de notre part un Memoire contenant Celles de S. A. R. lesquelles Nous avons dirigées, les unes envers Sa Majefté Imperiale, les autres envers Sa Majefté très-Chretienne.

Celles qui regardoient Sa Majefté Imperiale, & les principales Puiffances Confederées avec Elle, tendoient à ce qu'il fût donné à S. A. R. notre Maître un Païs égal à la valeur du Duché de Montferrat, pour la jufte indemnité qui lui eft duë pour la privation de ce Duché, dont l'Empereur Leopold de glorieufe Memoire fit ceffion à Monfieur le Duc de Savoie, par le Traité paffé à Turin le 8. Novembre 1703. pour attirer ce Prince dans la Grande Alliance, quoique ce Duché appartînt pour lors au Seigneur Ferdinand Charles, dernier Duc de Mantoue, par le décès duquel fans enfans, comme il eft arrivé peu de tems après, ce Duché devoit échoir à S. A. R. comme fon plus proche, & immediat Succeffeur en icelui; ce qui avoit été reconnu tant par le dit Traité de 1703. que par divers Decrets en faveur de S. A. R. tant de l'Empereur Jofeph auffi de glorieufe Memoire, du 30. Novembre 1707. que de Sa Majefté Imperiale heureufement Regnante, du 19. Juin 1709. de Sa Majefté la Reine de la Grande Bretagne, des 6. Septembre 1708. & 14. Mai 1711. & de leurs Hautes Puiffances les Seigneurs Etats Generaux des Provinces-Unies des Païs-Bas, du 24. Août 1709. lesquelles Puiffances ont donné leur Garantie formelle pour l'execution dudit Traité de Turin de 1703.

Les demandes dirigées envers la Couronne de France tendoient entre autres Chefs, à ce qu'il plût à Sa Majefté très-Chretienne faire rendre, & reftituer à fon Alteffe Royale la Principauté Souveraine d'Arche, & Charle-Ville, qui avoit été devolue par le décès fans enfans du dit Seigneur Duc de Mantoue, & de Montferrat, à S. A. R. comme à fon Succeffeur plus proche & immediat en icelle, & qui s'en étoit mis en poffeffion du confentement de tous les Ordres de cette Principauté, qui l'avoient reconnu en cette qualité, & dont tous les Officiers lui avoient prêté le ferment de fidélité; au prejudice dequoi la Cour de France avoit

dejet-

ANNO 1713.

dejetté S. A. R. de sa Possession; annullé le serment de fidelité, qui lui avoit été prêté, & introduit sans aucun titre valable Madame la Princesse de Condé en possession des Revenus, & du Domaine de cette Principauté, & retenu à Elle-même la Souveraineté, quoique le dit Seigneur Duc de Mantoue, & ses Predecesseurs, en eussent été en possession paisible durant plus de deux siècles, au vû & sçû de la Couronne de France, qui l'a reconnue pour telle par une infinité d'Actes authentiques.

Et quoi que ces deux demandes fussent claires, évidentes, & incontestables, & qu'en particulier pour raison de la Souveraineté de Charle-Ville, S. A. R. ait offert de convenir d'Arbitres pour les terminer à l'amiable, néanmoins Nous n'avons pû obtenir la satisfaction demandée à cet égard, la Cour de France ayant refusé de convenir d'Arbitres, même de délivrer les papiers de la Succession du dit Sieur de Mantoue, concernant cette Souveraineté, ou de les deposer en Main publique pour en prendre communication.

Et à l'égard de l'indemnité du Duché de Montferrat, par Traité de Paix, fait & signé le onzième du présent Mois d'Avril entre la Couronne de France, & Monsieur le Duc de Savoie, ce Prince a été maintenu au dit Duché de Montferrat, & la Cession, qui lui en a été faite, declarée irrevocable.

Ce qui Nous oblige pour ne point manquer à notre devoir, & à l'ordre exprès que Nous en avons, & pour la Conservation des Droits de S. A. R. tant pour le présent, que pour l'avenir, de protester formellement, comme Nous protestons contre le dit Traité à cet égard, comme fait, & conclu sans la participation, & consentement de S. A. R. & que Monsieur le Duc de Savoie ne pourra jamais par quelque laps de tems, que ce puisse être, acquerir aucun Droit de proprieté, ni aucune Possession valable du dit Duché, jusqu'à ce que S. A. R. notre Maître en ait été pleinement indemnisé par la Cession effective d'un Païs équivalent au dit Duché; comme aussi des fruits, qui ont été perçus d'icelui, ou seront perçus à l'avenir, jusqu'à l'actuelle mise en possession du dit Equivalent, & paisible jouissance d'icelui. Faute dequoi S. A. R. & ses Successeurs auront Droit en tout tems de revendiquer le dit Duché par toutes les voyes établies par le Droit Naturel & des Gens. Faisant les mêmes Protestations contre la Couronne de France, à l'égard de la Principauté Souveraine d'Arches, & Charle-Ville, tant pour le fond, que pour les fruits, & qu'aucun laps de tems ne pourra nuire ni préjudicier aux Droits legitimement acquis à S. A. R. sur cette Principauté, dont Elle retiendra la Possession Civile, & d'intention, faute de la Naturelle dont Elle a été dejettée; Non plus qu'aux autres Droits, Noms, Raisons, & Actions, dependans de la Succession du dit Sieur Duc de Mantoue, qui lui sont acquis. A l'effet dequoi les Sous-signés ont deposé l'Original de la présente Protestation, signé d'Eux, & scellé de leurs Cachets, ès Archives du Venerable Magistrat & Regence d'Utrecht, qu'ils ont prié de la recevoir, & conserver pour perpetuelle memoire, & y avoir recours en tems & lieu, faute de Prothocolle & Secretariat de Mediation de la Paix, & de leur delivrer une Expedition authentique, tant de la ditte Protestation, que du Dépost, & Enregistrement d'icelle ès dites Archives. Fait à Utrecht, le 30. Avril 1713.

(L. S.) *Le Begue.*

(L. S.) *De Moineville.*

Nous Bourgue-maîtres & Conseillers de la Ville d'Utrecht, composans la Régence de la dite Ville, certifions que Leurs Excellences Messieurs le Baron le Begue, & de Moineville, Plenipotentiaires de son A. R. Monseigneur le Duc de Lorraine, &c. au Congrès de Paix tenu dans notre Ville, nous ont remis entre les mains l'Acte de Protestation dont la Copie bien collationée est écrite ci-dessus, & qu'ils ont devant nous insisté & réitéré la Protestation y comprise, demandans que le Double de cet Acte fut déposé & gardé dans nos Archives, pour servir en tems, & lieu, & qu'il leur fût livré Acte du dit Dépôt, lequel est de present confirmé par le sceau de notre Ville, & signature de notre Sécretaire. Fait à Utrecht le 3. Juin 1713.

E. V. HARSCAMP.

Protestation faite au Congrez d'Utrecht au nom de JOSEPH MARIE D'ALINGE, *de la Chambre, de Seissel, Marquis de* COUDRE'E, *pour la conservation de ses Droits, & Pretentions sur la Principauté d'Orange;* CONTRE *toutes les Dispositions, Traitez, ou Conventions faites ou à faire à son préjudice. A Utrecht le 30. de Mai 1713.* AVEC *la Procuration dudit Seigneur Marquis à cet effet. Donnée à Turin le 5. d'Avril 1713.* ET *le Certificat de Messieurs les Magistrats de la Ville d'Utrecht. Du 31. Mai 1713.* [Actes & Mémoires de la Paix d'Utrecht Tom. 4 pag. 303.]

LE Soussigné chargé ayant du Seigneur Marquis de Coudrée, d'Aix, & de Lullin, &c. pour les fins marquées en la Procuration ci-après ténorisée du 2. Mars proche passé, reçue, & signée par le Notaire Pascalis, n'ayant pas trouvé que le Congrès de la Paix se ménageât en la forme ordinaire par l'entremise d'aucun Mediateur à qui il puisse avoir recours, & auprès duquel il puisse faire les diligences convenables; il n'a pas pû faire autre chose pour faire valoir & conserver le Droit du dit Seigneur Marquis de Coudrée, que d'en informer les Ministres des Puissances interessées en la Guerre, & qui sont au Congrès de la Paix; & de rendre public dans le lieu de son Assemblée un Ecrit contenant les raisons, & les moyens sur lesquels ses Droits sont fondés exclusivement à tous autres Pretendants, pour que par le moyen dudit Ecrit chacun pût être instruit desdits Droits dans le tems present & dans ceux à venir; & qu'il conste que le Seigneur Marquis de Coudrée n'a donné, ne donne, ni ne pretend donner aucun consentement exprès, ni tacite, à toutes les Dispositions, Conventions, & Traités, qui peuvent avoir été, ou être faits concernant la Principauté d'Orange, au préjudice de ses Droits: ainsi que le Soussigné proteste pour, & au nom dudit Seigneur Marquis de Coudrée, & que tout ce qui a été, pu être, ou sera fait au contraire, ne peut, ni ne pourra lui préjudicier en aucune maniere, comme fait à son insceu, sans son consentement & par force majeure. Déclarant que le Seigneur Marquis de Coudrée est si convaincu de la Justice & de l'Equité de Sa Majesté Très-Chrétienne, de la Jurisdiction de laquelle la Principauté d'Orange relève, qu'il ne doute point que Sa Majesté ne la lui rende sur ses Droits & pretentions, comme il l'en supplie très-humblement. Et pour plus grande notoriété de cette Protestation le Soubsigné la dépose avec la sus-dite Procuration en Original dans les Archives de l'Hôtel de Ville d'Utrecht avec le Sommaire des Droits dudit Seigneur Marquis, réquerant le Venerable Magistrat & Regence de lui accorder Actes des susdites Protestation & Dépôt. Fait à Utrecht le trente de Mai de l'année mille sept cens & treize.

Le Comte de Gros.

Procuration faite par Messire le Haut & Puissant Seigneur Marquis de Coudrée.

L'An mil sept cent treize, le cinquième du mois d'Avril, par devant moi Notaire Ducal Royal soussigné, & en presence des témoins ci-bas nommés, s'est personellement établi & constitué Haut & Puissant Seigneur, Messire Joseph Marie d'Alinge, de la Chambre, de Seissel, Marquis de Coudrée, d'Aix, de Lullin, Comte de Langin, de l'Hullie, d'Apremont & de Montreal, Baron de Larringen & de Montfalçon, Seigneur de la Rochette en Savoie, de la Rochette en Chablaix, de Longesan, de la Maison Noble de Mouxy d'Albens, de Servette, de la Cour de Greizi, de Publier, de Chessene, & des Chosaux, Chevalier Grand Croix de la Religion des Saints Maurice & Lazare, Gentilhomme de la Chambre de S. A. R. ci-devant Capitaine de la Compagnie des Gentilshommes Guardes du Corps de la dite A. R., & Commandant generalement en Savoie, Lieutenant de Mareschal dans ses Armées, Cornette Blanche de la Noblesse de Savoie, Ajo & Gouverneur de leurs Altesses Serenissimes, Messeigneurs les Princes de Piemont & Duc d'Aoste, lequel pour la conservation de ses

ANNO 1713.

ses Droits sur la Principauté d'Orange, comme descendant en ligne directe du côté Maternel du Seigneur Jean Comte de la Chambre, héritier de Dame Françoise de Seissel, Dame d'Aix, appellée à la Succession de la dite Principauté par les substitutions contenues dans le Testament de Messire Louïs de Chalons, Prince d'Orange, declarée ouverte en sa faveur par Arrest du 15. Decembre 1543. a de son bon gré pour lui & les siens, sous le bon plaisir & l'agrément de S. A. R., fait, constitué, établi, & deputé son Procureur Special & General, l'une des qualités ne derogeant à l'autre ni au contraire, savoir le Seigneur Ignace Joseph François Ermano Comte de Gros & de Ville-Neuve, absent.

Moi dit Notaire pour lui stipulant & acceptant, pour & au nom dudit Seigneur Constituant se presenter dans les Assemblées qui se font dans la Ville d'Utrecht pour la Paix Generale, & là suivant les instructions particulieres que le dit Seigneur Constituant lui a données, representer la justice de ses Droits, & demander qu'il soit mis en la pleine & paisible possession de la dite Principauté d'Orange occupée à son prejudice; Et au cas qu'il soit fait refus de prendre connoissance de la justice de ses Droits, & de prononcer sur sa demande, il donne charge & pouvoir au dit Seigneur Ignace François Ermano Comte de Gros & de Ville-Neuve, son Procureur, de faire en son nom les Protestations nécessaires pour la conservation de ses justes pretentions, & de tous les Droits, Dignités, Rangs, & Prerogatives qui en dependent, & d'en retirer des Actes en la meilleure forme que faire se pourra, afin que tous les Traités de Paix generaux, ou particuliers, faits ou à faire, ne puissent en aucune maniere déroger, nuire, ni prejudicier au dit Seigneur Constituant, ni aux siens, directement ni indirectement. Et generalement il lui donne pouvoir de faire pour raison de ce, & de ce qui en depend, tout ce qu'il trouvera convenable pour en avancer, & procurer les succès. Promettant avoir le tout pour agreable, ferme & stable, comme si le dit Seigneur Constituant y étoit present en personne, & avec toutes autres dues promesses, serment, & Clauses requises. Fait & prononcé dans la Ville de Turin, dans le Palais neuf de son A. R., & dans la Chambre du dit Seigneur Constituant, Paroisse de St. Jean, les susdits jour & an, l'Indiction sixiéme. De quoi tout, moi susdit Notaire & Actuaire Collegié soussigné requis, j'ai reçu le present publique Instrument, à la minute duquel le dit Seigneur Constituant, & les susdits témoins se sont signés, après avoir reçu le droit d'insinuation: Joseph Marie d'Alinge, de la Chambre de Seissel, Marquis de Coudrée, Constantin Bottinger témoin, Michel Portaz témoin.

Lequel susdit publique Instrument de procure requis, j'ay reçu, & le present de son propre Original fait lever, avec lequel collationé & insinué dans cette Ville, au livre quatriéme, & mis au feuillet III. Comme par reçu fait par le Sieur Mutena pour le Sieur insinuateur Rondelletto, moi François Dominicq Bonevre, Actuaire Collegié au Souverain Senat de Piemont, Apostolique & Royal Collegié Notaire. En foi de quoi je me suis ici manuellement.

Signé

J. V. D. Bonevre Notaire.

IGnatius Carrocius J. U. D. Collegiatus Præpositus, & Canonicus Ecclesiæ Metropolitanæ civitatis Taurini, ejusdemque civitatis & diœcesis, Sede Archiepiscopali vacante, Vicarius Generalis Capitularis. Universis notum facimus & attestamur retroscriptum D. Franciscum Dom. Bonevre, qui retroscriptum Procurationis Instrumentum recepit, & manuali subscripsit, fuisse & esse Notarium publicum, legalem & fide dignum, ac talem qualem se facit; ejusque scripturis publicis semper adhibitam fuisse, & adhiberi fidem in judicio, & extra. In quorum fidem, &c. Datum Taurini, 5. mensis Aprilis, 1713.

Grosius.

NOus Bourguemaitres & Conseillers, composans la Regence de la Ville d'Utrecht, certifions que le *Sieur Pierre Ignace Marquet*, en sa qualité a deposé dans les Archives de notre Ville l'Original du Pleinpouvoir & des Protestations dont la Copie bien collationnée est écrite ci-dessus, & qu'il a devant Nous réitéré la dite Protestation, demandant Acte authentique de son dépôt: sur quoi Nous lui avons accordé le present Acte muni par le Sceau de notre Ville & la signature de notre Secretaire. Fait à Utrecht le 31. Mai 1713.

(L. S.) *E. V. Harscamp.*

Ignace Joseph Ermana, Comte de Gros & Ville-Neuve, le 31. Mai 1713.

LXXXV.

12. Mai.

Protestation faite au Congrès d'Utrecht au nom de CHARLES EMANUEL *Comte de Vienne, pour la conservation de ses Droits & Pretentions, sur la Terre de Miolans, située en Savoye. A Utrecht le 12. Mai 1713.* AVEC *le Certificat de Messieurs les Magistrats de la Ville d'Utrecht du 15 Mai 1713.* [Actes & Mémoires de la Paix d'Utrecht Tom. 4. pag. 412.]

NOus sous-signé en vertu du pouvoir ci-dessus, declarons à tous qu'il apartiendra que n'aiant trouvé aucuns Mediateurs dans la Paix qui se traite à present en cette Ville, entre les Puissances de l'Europe qui sont en guerre, auxquels Mediateurs nous eussions pû representer le Droit de Monsieur le Comte & de Madame la Comtesse de Vienne, nous nous sommes transportés es Hôtels de Messieurs les Plenipotentiaires des Puissances assemblées de present en cette Ville pour l'affaire de la Paix, auxquels nous avons expliqué les moyens & raisons, & exhibé les titres, notamment le Traité de Quérasque du 30. Mai 1631. en vertu desquels nos Commettans pretendent de rentrer en la Possession de la Terre de Miolans, de laquelle depuis l'ouverture de la presente Guerre, avec la permission & toute l'autorité de Sa Majesté très-Chretienne, ils jouïssent à present, & dont la maison de Saluces Cardé jouïssoit auparavant indument, au prejudice du Traité de Quierasque, & des autres Titres & longue Possession qui militent en faveur des Auteurs de notre Commettant. Nous avons donné pareillement aux dits Sieurs Plenipotentiaires autant du Memoire dont la Copie est ci-dessus, & les avons priés de la part & au nom de notre Commettant, soit, dans les Conferences publiques, particulieres, ou autrement, de procurer à nos Commettans la dite Possession. Cependant quelques diligences que nous ayons pû faire, quelques soins que nous ayons pû nous donner, nous avons apris que le onze du mois d'Avril dernier le Traité de Paix entre la France & la Savoie a été signé, dans laquelle par des raisons d'Etat on n'a eu aucun égard aux Droits & pretentions legitimes de nos Commettans: au contraire elle porte que ceux qui ont été dépossedés à l'occasion de la presente guerre, seront reintegrés comme auparavant la déclaration d'icelle; en sorte que la Maison de Saluces Cardé pretendra faire valoir cette disposition à notre prejudice. Ce qui nous oblige en vertu de notre pouvoir, & en execution d'icelui, de protester au nom de nos Commettans que pareille disposition ne pourra nuire ni prejudicier à leurs Droits & pretentions legitimes, lesquelles ils reservent de faire valoir en tems & lieu. Fait à Utrecht ce 12. Mai mil sept cens treize, sous-signé

Le Charpentier.

Le 12. Mai 1713. par devant Abel de Coole, Notaire de la Cour d'Utrecht, comme aussi admis par la Magistrature de la même Ville, & les témoins sous nommés, est comparu Louïs Charpentier, lequel a reconnu, que la signature apposée en l'Ecrit ci-dessus est sa propre signature, & a deposé en nos mains les Originaux des susdits Memoire, Procuration, & Protestation, dont lui avons donné Acte en presence de Harmanus & Nicolas de Coole, témoins à ce requis, qui l'Acte ci-dessus mis en prothocolle avec moi Notaire, ont sous-signé au dit tems & lieu.

Sous-signés

Quod attestor.

ABEL DE COOLE.

Nous

ANNO 1713.

Nous Grand Baillif Bourguemaîtres & Echevins de la Ville d'Utrecht, certifions que Abel de Coole, qui a signé l'Acte ci-dessus, est Notaire public, admis par la Cour d'Utrecht, demeurant en cette Ville, & que foi soit attribuée à tous Actes passés devant lui & deux témoins. En vertu de quoi Nous avons fait mettre le Cachet de cette Ville & signer par notre Sécretaire. à Utrecht, le 15. de Mai 1713. Soussignés

VERVELST.

LXXXVI.

22. Mai. *Protestatio nomine Pupillorum Principis Auriaci & Nassovici* JOANNIS WILHELMI FRISONIS, *facta; pro conservatione Juris eorum in & ad Principatum Auriacum cæteraque Bona a Magnæ Britanniæ* WILHELMO III. *ejusque Majoribus Auriacensibus & Cabillonensibus, relicta.* CONTRA *Pactionem inter Reges Galliæ & Borussiæ his de rebus nuper initam; uti & contra omnia alia facta, vel facienda in præjudicium dictorum Pupillorum. Datum Trajecti die 22. Maji 1713.* CUM *Mandatis* CAROLI *Landgravii* HASSIÆ *atque* MARIÆ *Principissæ* AURIACENSIS *hunc in effectum datis. Cassellæ 17. Aprilis 1713.* SEQUITUR *Testificatio Consulum & Consiliorum Trajecti ad Rhenum. Datum 24. Maji 1713.* [Actes & Memoires de la Paix d'Utrecht Tom. 4. pag. 385.]

PRincipatum Auriacum, cæteraque Gallica Bona, a Magnæ Brittanniæ Rege, ejusque Serenissimis Majoribus, immemorialiter, justo titulo, & jure Dominii possessa, verùm post mortem Regiæ illius Majestatis occasione Belli a Galliæ Rege vendicata, per Pacem reverti ac restitui oportuisse in hereditatem Regis, qui ante Bellum eorum fuit legitimus Possessor, eamque restitutionem, dum de Pace ineunda agebatur, nomine dictorum Pupillorum postulatam fuisse summo jure, plusquam manifestum est.

Attamen illa tam justa restitutio in hujus Pacis negotio a duabus Potestatibus denegata est, nempe a Borussiæ Rege, proprio nomine; nec non a Galliæ Rege, nomine quorumdam ipsius Subditorum. Cæterum ab utroque fine ullo fundamento.

Nam quod attinet Majestatem Borussicam, prætensum illud jus Fidei-commissi, quod est unicum ejus intentionis fundamentum, jam sæpius, & plus satis, est refutatum. Cui præterea accidit *litispendentia* formalis, etiam speciatim super Principatu Auriaco, cæterisque in Gallia Bonis, legitimo modo introducta per mutuam petitionem, seu reconventionem judicialem, nomine dictorum Pupillorum, adversus Borussiæ Majestatem institutam coram Judice, ab ipsa illa Majestate electo; quin etiam adhuc *Celsorum & Præpotentium Procerum Placitum diei 28. Julii anni 1711.*, quod Borussiæ Rex habuit acceptum & ratum; continens, quod, postquam dicta Majestas ex hereditate regia, præter jam tum occupata, adhuc accepisset provisionaliter Bona, ibi designata; porro omnia manerent in statu quo, donec inter Celsas Partes aliter transactum, vel judicatum foret. Cui etiam directè hæc denegatio adversatur.

Galliæ autem Regem, & Antecessores ejus, non tantum prædictam Magnæ Brittanniæ Regis, & Serenissimorum illius Majorum, justam Possessionem semper agnovisse, non obstante quorundam Galliæ Subditorum contentione; sed etiam præsentem Galliæ Regem in similibus, uti nunc, Fœderis ineundi casibus signa talis agnitionis plus una vice præbuisse manifesta, omnibus est notum; cum Bellis finitis, non etiam obstante ulla Subditorum contentione, dictum Principatum, cæteraque bona, Magnæ Brittanniæ Regi restituere voluit; etiam resarcito damno. Ut est videre in *art. separato Pacis Neomagensis, diei 10. Aug. 1678., in art. 13. Pacis Risvicensis, diei 21. Septemb. 1697., in Instrumento subsecuto 8. Maji 1698., & in alio posteriori 28. Julii 1699.* Quibus manifestis & geminatis agnitionibus nihil addi opus est, præter hoc unum, quòd nullius Galliæ Subditi possit prætendi contentio, quæ non tempore prædictorum Fœderum, & multo ante, fuit mota. Nam hoc uno duntaxat considerato, constat, quemadmodum, non obstantibus hujusmodi antiquis contentionibus, Rex Magnæ Brittanniæ, æque ac ipsius Serenissimi Majores, fuit usque ad mortem in justa illa & immemoriali Possessione, & quovis tempore in Pace ineunda eam meritò a Galliæ Rege recepit; ita etiam hoc tempore easdem contentiones non magis, quam pridem, illam Restitutionem potuisse impedire, aut Hereditatem regiam privare justa illa, ac semper agnita Possessione.

Et quoniam tamen alte memorati Galliæ & Borussiæ Reges hisce omnibus non obstantibus, justam illam Restitutionem denegare voluerunt; imo etiam eo usque ei adversari, ut in contrarium ipsis placuerit, invita Justitia, super prædicto Principatu Auriaco, cæterisque Gallicis bonis, mutuo pacisci, haud secus, ac si ad dictam Regiam Hereditatem non pertinerent, sed Borussiæ Regi competiissent; subscriptus Minister Serenissimi Domini Landgravii Hassiæ, ex Mandato speciali Domini sui, nec non Dominæ ipsius Filiæ, Principis Auriacæ & Nassovicæ, ut Tutorum, protestatur de aperta injustitia, quæ est in denegata illa Restitutione; atque de notoria nullitate, quâ prætensum illud Pactum de rebus plane alienis, ac litigiosis, laborat.

Quemadmodum idem Minister porro protestatur de injustitia ac nullitate omnium & singulorum, quæ in præjudicium dictorum Pupillorum inter alte memoratas, vel etiam alias Potestates, in hac Congregatione, sive Pacis negotio, pacta reperiri possent.

Rogans unumquemque Dominorum Legatorum, justam hanc Protestationem insinuari, quia communia deficiunt, in propriis ipsorum Actis hujus Fœderis; ut de ea in posterum, & omni tempore, constare possit, ad conservandum Pupillorum, qui omnium merentur auxilium & commiserationem, Jus incontestabile. Actum Trajecti 22. Maji, anni 1713.

S. M. W. DE DALVIGH.

Mandatario nomine.

Plein pouvoir du Landgrave de HESSECASSEL *pour protester au nom des Enfans Mineurs de feu* GUILLAUME FRISON *Prince d'*ORANGE *& de* NASSAU FRISE, *contre l'Alienation faite par le Roi de Prusse d'une partie des Biens de la Succession d'Orange, par son Traité avec le Roi T. C. A Cassel le 17 Avril 1713.* [Actes & Memoires de la Paix d'Utrecht. Tom. 4. pag. 374.]

NOus, par la Grace de Dieu, Charles, Landgrave, de Hesse, Prince de Hersfeldt, Comte de Catzenellenbogen, Dietz, Ziegenheim, Nidda, & de Schaumburgh, &c. Comme nous nous trouvons obligés, en vertu de la Tutelle dont nous sommes chargés, à l'égard de nos petits-Enfans de la Maison d'Orange-Nassau, pour la conservation des Droits qu'ils ont en qualité d'Heritiers universels du Roi Guillaume de la Grande Bretagne, par raport à la pleine Succession de la Maison d'Orange, de remettre entre les mains des Plenipotentiaires assemblés au Congrès d'Utrecht, une Protestation solemnelle, & de la faire de plus insinuer & déposer entre les mains des Magistrats d'Utrecht, & leur en demander Acte: Nous avons donné & donnons par ces Presentes ordre & plein pouvoir à notre très-cher & très-Fidel. . . . Breur, Conseiller de notre Tutelle, de se rendre immédiatement de la Haye à Utrecht, pour y remettre la dite Protestation entre les mains du Magistrat de la dite Ville, la leur faire insinuer, & en demander Acte. Et nous nous engageons d'aprouver ce que notre susmentionné Conseiller & Plenipotentiaire fera à cet égard en notre Nom, en qualité de Tuteur, & de l'indemnifier fidellement & de bonne foi. En foi dequoi nous avons signé les Presentes de notre propre main, & y avons fait apposer le Sceau de nos Armes. Fait à Cassel le 17. Avril 1713. & signé Charles, ayant un Sceau de cire rouge sur le côté.

Fidellement traduit de l'Allemand, à la Haye le 11. Mai 1713. par moi, & signé

P. D. CRETSER,
Not. Pub.

ANNO 1713.

Pouvoir de MARIE LOUÏSE *Princesse Douairiere d'*ORANGE *& de* NASSAU, *pour protester au nom de ses Enfans Mineurs, touchant la Principauté d'Orange & autres Biens de la Succession du feu Roi* GUILLAUME *aliénés par le Roi de Prusse. Donné à Leuwarde le* 25 *Avril* 1713. [Actes & Mémoires de la Paix d'Utrecht Tom. 4. pag. 377.]

MArie Louïse, par la Grace de Dieu, née Landgravinne de Hesse, Princesse d'Orange, Hersfeld & Nassau; Comtesse de Catzenellenbogen, Dietz, Ziegenheim, Nidda, Schaumburg, Lingen, Meurs, & Spiegelbergh; Baronne de Breda; Beilstein, Liesvelt & Amelandt, Douairiere, Mere & Legitime Curatrice.

Comme Nous Nous trouvons obligée, en qualité de Mere & de Legitime Curatrice de nos très-chers Enfans Mineurs, pour la conservation & le maintien des justes Pretentions que nos dits Enfans ont en qualité d'héritiers *ab intestato* du defunt Seigneur Prince d'Orange & de Nassau, de Glorieuse Memoire, héritier Universel de Guillaume III. Roi de la Grande Bretagne, aussi de Glorieuse Memoire, à toute la Succession de sa dite Majesté, de faire mettre entre les mains des Plenipotentiaires respectifs assemblés au Congrès d'Utrecht, une Protestation solemnelle, & de la faire de plus insinuer & déposer entre les mains des Magistrats d'Utrecht, & leur en demander Acte: Nous avons donné & donnons, en qualité comme susdit, Ordre & Plein Pouvoir, par & en vertu de cette Procuration, à notre très-cher & très-fidèle, le Sieur Adrien Breur, Conseiller de notre Curatelle, de se rendre immédiatement de la Haye à Utrecht, & d'y remettre la sus-dite Protestation solemnelle entre les mains du Magistrat de la dite Ville, pour la faire enregistrer publiquement, & en demander Acte dans les formes. Et Nous Nous engageons de reconnoître, d'approuver, & de ratifier tout ce que notre sus-dit Plenipotentiaire fera à cet égard, en vertu des Presentes, en notre Nom, en qualité comme sus-dit, & de l'indemnifier & le guarantir en cela de bonne foi. Fait & donné à notre Cour, à Leuwarden, le 25. Avril 1713. Signé de notre main, & scellé du Sceau de nos Armes. M. L. Princesse d'Orange. Ayant un Sceau de Cire noire à côté. Et plus-bas par ordre de son Altesse. C. de Hertoghe.

Après avoir comparé cette Copie avec l'Original, signé & scellé comme dessus, on a trouvé qu'elle y est conforme mot à mot. Fait à la Haye ce 11. Mai 1713.

Par moi, & étoit signé.

NOus les Bourguemaîtres & le Senat de la Ville d'Utrecht, certifions par les Presentes, que le Sieur Adrien Breur, Avocat de la Cour de Hollande, & Conseiller de la Curatelle des Enfans de son Altesse, le Feu Prince d'Orange & de Nassau, Jean, Guillaume Friso, de Glorieuse Memoire, Stadhouder héréditaire, & Capitaine General de la Province de Frise, & Stadhouder & Capitaine General de la Province & Ville de Groningue, a comparu devant nous, par ordre de leurs Altesses & Curateurs susmentionnés, & en vertu des Commissions respectives, & des Procurations, dont il nous a montré les Originaux, & nous a mis entre les mains une Traduction de l'une, & une Copie de l'autre, toutes deux autentiques, dont voici la teneur:

Inserée au B.

Et le dit Comparant, en vertu des Commissions & des Procurations susmentionées, nous a mis entre les mains la Protestation Latine suivante, pour être déposée, & gardée publiquement dans les Archives de notre Ville.

Inserée au C.

Et de plus, le dit Comparant a souhaité un Acte en forme de tout ce qui s'est passé à cet égard, pour servir de preuve qu'il s'est aquité de sa Commission, & pour les fins marquées dans la Protestation susdite. En foi de quoi nous avons fait apposer aux Presentes le Sceau des Armes de notre Ville, & les avons fait signer par notre Sécretaire. Fait à Utrecht le 23. Mai 1713. ANN 1713

E. van Harscamp.

LXXXVII.

Declaration, & Protestation faite au Congrez d'Utrecht au Nom des Eglises Reformées de France, par ARMAND DE BOURBON *Marquis de* MIREMONT, *pour la conservation de leurs Droits & Privileges, par raport à leur Etablissement dans le Royaume; conformement aux anciens Edits. A Utrecht le* 26 *Mai* 1713. AVEC *le Certificat de Messieurs les Magistrats de la Ville d'Utrecht du* 26 *Mai* 1713. [Actes & Mémoires de la Paix d'Utrecht Tom. 4. pag. 416.] 26. Mai

COmme rien ne nous doit être plus cher dans le Monde, que la Liberté de servir Dieu, selon les mouvemens de nos Consciences; & selon les régles de sa Parole, les Protestans des Eglises Reformées de France, n'ont jamais rien souhaité avec plus d'ardeur, que de pouvoir jouïr de cette douce Liberté, laquelle leur a été ravie depuis plus de vingt-sept ans, par l'artifice de leurs ennemis, qui ont trouvé le moyen d'obtenir du Roi, au mois d'Octobre, de l'année 1685. la Revocation de l'Edit de Nantes. Nous espérions que Sa Majesté voudroit bien se radoucir en notre faveur, & nous faire goûter par l'endroit le plus sensible, qui est celui de la liberté de nos Consciences, dans le rétablissement de nos anciennes Prérogatives, la douceur de cette Paix tant désirée, que Sa Majesté fait aujourd'hui avec les autres Princes, & Puissances de l'Europe; Mais nous avons le malheur de nous voir déchus de nos espérances quelque justes qu'elles ayent été. Nous suplions donc ici très-humblement Sa Majesté de prendre en pitié ce grand nombre de Familles, qui sollicitent sa Justice, & sa Clemence Royale, pour en obtenir la Grace la plus précieuse qu'elles puissent jamais recevoir sur la Terre. Nous la suplions très-humblement, & par les entrailles de la Miséricorde Divine, de nous remettre dans le même état, où Nous, & nos Péres nous sommes vûs dans toute l'étendue de son Royaume, pour y exercer librement notre Religion, & y rendre à Sa Majesté les effets de la plus exacte fidélité, & du zèle le plus sincére. Nous la suplions avec toute l'ardeur, & tout le respect imaginables, de permettre, que nous lui protestions ici humblement, que nous ne perdrons jamais ni le desir, ni l'espérance d'obtenir de l'Equité, & de la Bonté de Sa Majesté, le rétablissement de toutes les Concessions, qui nous ont été ci-devant faites, pour l'exercice de notre Religion, par les Rois ses glorieux Prédécesseurs, & par Elle-même; Que jamais Nous ne nous désisterons d'une espérance, & d'une prétention si justes, & si bien fondées, & ne ferons jamais ce tort à nos Consciences, & à notre Postérité, que de nous départir des Droits, qu'Elle-même a bien voulu nous confirmer par tant de Déclarations solemnelles; Et comme par le passé nous avons toujours fait sur ce sujet, les instances, & les supplications nécessaires; Nous protestons ici à Sa Majesté, avec le respect le plus profond, dont nous puissions être capables, solemnellement, & comme devant Dieu, que les Omissions qui jusqu'à présent ont été faites de Nous, & de nos légitimes intérêts, ou qui se pourroient faire à l'avenir, dans les occasions semblables à celle-ci, ne devront jamais être regardées, comme un abandon, que nous fassions de nos justes demandes, ni préjudicier en aucune maniére à la bonté de notre Cause, & à la force de notre Droit, qui nous sera toûjours sacré.

D'autant que dans le Congrès assemblé pour traiter de la Paix, il ne se trouve point de Puissance, qui ait fait l'Office de Médiateur: Pour cette cause, & suivant l'usage pratiqué, Nous, sous-signés, requerons le Vénérable Magistrat de la Ville d'Utrecht, de vouloir recevoir la Déclaration ci-dessus, pour servir

ANNO 1713. servir de témoignage. A Utrecht le 26. Mai, 1713.

ARMAND DE BOURBON, *Marquis de* MIREMONT,

Nous Bourguemaitres & Conseillers de la Ville d'Utrecht, certifions que son Excellence le Marquis de Miremont, en sa qualité & en vertu de son Plein-Pouvoir reconnu & verifié au Congrès dans notre Ville, a remis entre nos mains la Declaration dont l'Acte bien collationé & trouvé d'accord à sa Double, demeurée en nos Archives, est écrit ci-dessus. Et puisque le sus-nommé Seigneur a souhaité que le dit Acte soit deposé en nos Archives pour servir de Memoire & témoignage public & perpetuel en tems & cas de besoin; Nous lui avons bien voulu accorder cette demande, & pour cela le present Acte sous le Sceau de notre Ville, & la Signature de notre Sécretaire. Fait à Utrecht, le 26. de Mai 1713.

LXXXVIII.

31. Mai. *Protestation faite au Nom du Marquis* D'AIX, DE CHATILLON & DE LA SARRA, *pour la conservation de ses Droits & Actions sur la Principauté d'Orange.* CONTRE *toutes les Dispositions, Traitez, ou Conventions faites ou à faire au Congrès d'Utrecht, à son préjudice. A Utrecht le dernier de Mai 1713.* AVEC *la Procuration dudit Seigneur Marquis pour ladite Protestation. A Turin le 2 Mars 1713.* [Actes & Mémoires de la Paix d'Utrecht Tom. 4. pag. 286.]

LE Soubsigné chargé ayant du Seigneur Marquis d'Aix, de Chatillon, de la Sarra, &c. Pour les fins marquées en la Procuration ci-après tenorisée du second Mars proche passé, reçue & signée par le Notaire Dascalis, n'ayant pas trouvé que le Congrès de la Paix s'y ménageât en la forme ordinaire par l'entremise d'aucun Mediateur à qui il puisse avoir recours, & auprès duquel il puisse faire les diligences convenables, il n'a pas pu faire autrement pour faire valoir, & conserver les Droits du dit Seigneur Marquis d'Aix, que d'en informer les Ministres des Puissances interessées en la Guerre, & qui sont au Congrès de la Paix, & de rendre public dans le lieu de son Assemblée, un Ecrit contenant les raisons & les moyens sur lesquels ses Droits sont fondés exclusivement à tous autres Prétendans, pour que par le moyen du sus-dit Ecrit chacun pût être instruit des dits Droits dans les temps présens, & dans ceux à venir; & qu'il conste que le Seigneur Marquis d'Aix n'a donné, ne donne, ni ne prétend donner aucun consentement exprès ni tacite à toutes les Dispositions, Conventions, & Traités, qui peuvent avoir été, ou être faits concernant la Principauté d'Orange, au préjudice de ses Droits, ainsi que le Soussigné proteste pour & au nom du dit Seigneur Marquis d'Aix, & que tout ce qui a été, peut être, ou sera fait au contraire, ne peut, ni ne pourra lui préjudicier en aucune maniere, comme fait à son insceu, sans son consentement, & par force majeure. Déclarant que le dit Seigneur Marquis d'Aix est si convaincu de la Justice, & de l'Equité de Sa Majesté Très-Chretienne, de la Jurisdiction de laquelle la Principauté d'Orange releve, qu'il ne doute point que Sa Majesté ne la lui rende sur ces Droits & pretensions, comme il l'en supplie très-humblement.

Et pour plus grande Notorieté de cette Protestation le Sous-signé la dépose avec la sus-dite Procuration en Original dans les Archives de l'Hôtel de Ville d'Utrecht, avec le Sommaire des Droits du dit Seigneur. Réquerant le Vénérable Magistrat & Régence, de lui accorder Acte des sus-dites Protestations & dépost. Fait à Utrecht le dernier Mai Mil sept cens & treize.

P. J. MARQUET.

Procuration pour faire les Protestations nécessaires pour ne pas laisser prescrire ni préjudicier aux Droits du Sieur Marquis d'Aix sur la Principauté d'Orange. ANNO 1713.

L'An mil sept cens & treize, le second jour du mois de Mars à Turin dans l'Etude de moi Notaire jadis Procureur au Souverain Sénat de Piemont soussigné, Paroisse des S. S. Jacques & Philipes, desservie par les R. R. P. P. de St. Augustin par devant moi dit Notaire, & en presence de Temoins ci-bas signés.

Fut present en sa personne établi Haut & Puissant Seigneur Messire Victor Amé de Seissel, Marquis d'Aix, de Chatillon, de la Sarra, & autres Terres en Savoie, Baron de Migliona en Bresse, Collonel du Regiment de Savoie Infanterie, lequel ayant un Droit incontestable sur la Principauté d'Orange, ses Droits, & Dependances, comme representant la personne de feu Messire Jean Comte de la Chambre, & celui-ci ayant Droit de la Dame Françoise de Seissel pour les Causes exprimées dans l'Arrêt rendu contradictoirement par la Cour du Parlement de Grenoble en 1543. qui fut executé, & eut son effet pour quelques années, & depuis suspendu par œuvres de fait, & ayant tant lui, que les Seigneurs ses Ancestres de tems en tems reclamé & protesté de vouloir faire revivre le dit Arrêt, comme il craint que dans les conjonctures du tems present les Puissances ne prennent quelques mesures qui pourroient lui être prejudiciables, & afin qu'il conste en tout tems & lieu qu'il n'a jamais ni Messieurs ses Antecesseurs entendu de receder du dit Droit sur la Principauté d'Orange, Droits, & Dependances; mais qu'il prétend, quand il en aura la liberté, d'agir par justice contre celui, ou ceux qui occuperont la dite Principauté pour en obtenir l'adjudication avec les revenus depuis l'indue occupation, afin qu'il ne lui soit imputé aucun consentement, ni negligence, a jugé à propos de donner Pouvoir, & nommer Monsieur Pierre Ignace Marquet pour son Procureur quoique absent, moi Notaire pour icelui acceptant, auquel le dit Seigneur Marquis d'Aix donne pouvoir, & autorité de s'opposer par voye de Justice, & Actes judiciels par-devant quels Seigneurs, Juges, ou Magistrats, ou Deputés qu'il appartiendra, & en quel lieu que ce soit de l'Europe, à toutes Procedures, Executions, Etablissements, ou Reglements qui pourroient être faits par les Puissances à l'égard de la dite Principauté d'Orange, Droits & Dependances d'icelle, & qu'il proteste dans tous les termes les plus efficaces de Droit que lui Seigneur Constituant pour lui, & ses Successeurs, ne consent directement, ni indirectement, que la même Principauté soit accordée à autre personne, qu'à lui-même, comme étant le vrai & légitime Successeur à la dite Principauté, qu'il entend agir quand il en aura la liberté, & lui sera permis, contre tous Possesseurs, & qu'on ne lui puisse jamais opposer quelque acquiescence, ou prescription, ni autre Titre qui puisse l'exclure de son dit Droit, faire signifier à toutes les Personnes, & en tous les Lieux qu'il trouvera bon cette sienne Protestation qu'il déclare vouloir renouveller dans toutes les occasions qui lui feront favorables, & permises, & généralement agir en tout, & par-tout comme il croira de la justice, & avantage. Et quand le dit Sieur Pierre Ignace Marquet Procureur susdit ne pourroit pas vaquer à ce que dessus, le dit Seigneur Constituant lui donne pouvoir de substituer tel autre Procureur qu'il voudra, auquel dès à present il donne même pouvoir qu'au Sieur nommé & constitué, & que tant lui Sieur Constitué, qu'autre à substituer, fassent tout ce que feroit, ou pourroit faire lui Seigneur Constituant, quand même il se traiteroit de fait tel qu'il requît un Pouvoir plus specifique, que par ce P[illegible]t n'est exprimé. Promettant avoir le tout agreable sans y venir au contraire à peine de tous depens, dommages, & interêts, sous l'obligation de tous ses Biens presents & à venir; avec la clause du Constitut possesse, par son serment prêté, les Ecritures touchées, entre mes mains de moi Notaire soussigné avec élection de Domicile à la maniere accoutumée, dont il m'a demandé Acte.

Lequel je Jaques Pascalis Notaire Ducal Royal & jadis Procureur au Souverain Senat de Piemont ai accordé, & reçu en public au Lieu que dessus, en presence de R. Messire de Pierre André Bo, presché célebrant du Lieu de St. Maurice près de Turin, & Jean Maurin de la Paroisse de la Trinité en Savoie, témoins appellés & après le Seigneur Constituant signés comme suit.

ANNO 1713.

Seissel d'Aix.

P. Pierre André,
Jean Maurin temoin.

Pascalis Notaire.

Ignatius Carrocius J. U. D. Collegiatus Præpositus & Canonicus Ecclesiæ Metropolitanæ Taurini, ejusdemque Civitatis & Diœcesis, Sede Archiepiscopali vacante, Vicarius Generalis Capitularis. Universis notum facimus & testamur, supraſcriptum Dominum Jacobum Paſcalis, qui ſupraſcriptum Actum recepit, & manuali ſubſcripſit, fuiſſe & eſſe Notarium publicum, legalem & fide dignum, ejuſque ſcripturis publicis ſemper adhibitam fuiſſe, & adhiberi fidem in Judicio & extra. In quorum fidem, &c. Datum Taurini die tertia Menſis Martii Anni milleſimi ſeptingenteſimi decimi tertii.

Groſſun.

LXXXIX.

5. Juin.

Renovazione della Pace di Pruth, e della Confirmazione d'eſſa fatta a li 5 d'Aprile 1712. trà la Fulgida Porta OTTOMAÑA, *e la Maeſta Czarea di* MOSCOVIA *per 25 anni In Adrianopoli li 5 di Giugno 1713.* [Copie envoyée de Conſtantinople par un Miniſtre public.]

L'Eſercito della Fulgida Porta confligendo mortalmente nelle ſponde dell' aqua Pruth con ſua Czarea Majeſtà, ed il ſuo Eſercito, onde per a di Dio volontà havendo ridotta ſua Czarea Majeſtà, ed il ſuo Eſercito in ſtrettezza, la detta ſua Czarea Majeſtà richieſè l'aggiuſtamento, e dalla parte della F. Porta fù accetrato, al lor quando ſe diſcorſo circa la ſpecificatione delli Articoli della buona Pace, acciochè ſi conſegnaſſe alla parte della F. Porta la Fortezza d'Aſak, come e ſtata preſa di prima con le Terre e ſuoi Apendici, e chè totalmente ſi demoliſſero le Fortezze Saigan, e Kamenchi, e la nuova Fortezza, che fù alla riva di Samara, e che gli Canoni con le munitioni, che ſerano in Kamenchi ſi doveſſero intieramentè conſegnare alla Parte della F. Porta, e che in avenire non ſi doveſſe in detti luoghi fabricare d'ambe le parti Fortezza, e che non doveſſero moleſtarſi mai piu dalla parte di ſua Czarea Majeſtà gli Barbaſchi e Pothali dipendenti dai Polachi, e quelli Coſachi dipendenti dalla parte del Han di Crimea, mà como e ſtato di prima ritiri la ſua mano de quelle parti, ed in avenire fuorà delli Mercanti, che vanno e venghano colla Mercanzia per terra al Cuſtodito Dominio della F: Porta che non doveſſe eſiſtere dalla parte di ſua Czarea Majeſtà alcuno in figura dell Ambaſciadore, e coſi preſentemente come nel traſcorſo quanti Muſulmani ſono fatti ſchiavi ſi reſtituiſſero alla parte della F: Porta, che il Re di Suecia ricorſo ſotto l'ala benigna della F. Porta per l'avenire non ſi debba da parte di ſua Majeſtà Czarea in alcuna forma impedire, e moleſtare nell' andata ſua con ſicurezza e ſalvamente verſo il proprio Paeſe, e ſe frà loro ſi acconſentiſſe, e ſi aggiuſtaſſe, faceſſero la Pace. Onde eſſendo ſtati conchiuſi gli Articoli ſopra ſcritti, la reſa della Fortezza di Aſak alla parte della F: Porta, e la demolitione di Taignan contra gli Articoli della Pace prolongata, e ritardata, oltre di ciò alcuni du gli Articoli del Trattato non eſſendoſi adempiti, e d'alcune promeſſe e conditioni non oſſervateſi della parte di ſua Czarea Majeſtà, perciò nell' Anno 1712 da nuovo fù ſtimata neceſſaria la Guerra. Et havendo per l'adietro noi Baron Pietro Schiaſirov Vice-Chancelliere, ed il Generale Maggiore Graf Michaële Schremetof, i già ſtati Oſtaggi Plenipotentiarii di ſua Czarea Majeſtà in ſin all' adempimento delli Articoli della Pace, fatta da noi la richieſta alli Excellentiſſimi Signori Ambaſciadori d'Inghilterra e d'Olanda eſiſtenti alla F. Porta accio quelli Signori Ambaſciadori ſi frà poneſſero in Mezzo, e trattando ſi l'affare della buona Pace, Venne l'aviſo della Reſa della Fortezza d'Aſak alla F: Porta, dalla parte di ſua Czarea Majeſtà, e della demolitione di Taigan, s'e diſcorſo che ſi levaſſero dalla parte di ſua Czarea Majeſtà li accidenti contrarii alla confirmatione della Pace e nell' Anno 1712 d'Aprile 5. giorno in tempo di Juſſus Paſcia fù ſupremo Veſire doppò chè un altra volta fù terminato l'Affare della Pace, nelle ſcritture, che all' hora ſi contracambiarono d'ambe le parti, e ſin' al preſente cuſtodite nella Forma ſcritta e ſegnata, ſi conchiuſero ſopra ſette punti li patti della Pace, nel primo di quello ſette punti fù ſpecificato e notato, che ſua Czarea Majeſtà dalla data Scrittura in quel tempo in ſin al termine 30. Giorni doveſſe ritirar le ſue Trouppe; che erano da queſta parte in Polonia, e da quella parte della medema in termine di 3 Meſi, e che in Polonia non reſtaſſe alcune delle Truppe di ſua Czarea Majeſtà e che non s'ingeriſſe nelli affari dei Polachi, e ſotto alcun preteſto di quà avanti non mandaſſe le ſue Trouppe in Polonia; mà chè totalmente ritiraſſe la mano della medeſima; nulladimeno non ſolamente il Chan di Crimea, mà ancor il Commendante di Bender; e la gente delle Frontiére havevanno informato la F. Porta che ſua Czarea Majeſtà non hà oſſervato queſto Patto; e non hà fatto uſcir dallà Polonia lé ſué Truppe in tempo ſopra ſcritto. Similmente per gli aviſi delle homini fedeli, che vanno & vengano alla F: Porta, ſi e ſaputo qualmente in Polonia vi erano in diverſi luoghi à Compagnie le Truppe di ſua Czarea Majeſtà; Oltro di ciò fù ſpedito in Polonia dallà parte della F. Porta il ſecondo Cavallérizzo Ahmed Bei per l'informatione di tal Intereſſe, quale andato e tornato, chè fù racontato, che gli Primati di Polonia hanno detto e parlato con lui faccia à faccia; che ſicuramente nella medema in diverſe parti vi ſono delle Truppe di ſua Czarea Majeſtà, e maſſimè, che la detta ſua Czarea Majeſtà frà il termine ſopra ſcritto con le ſue Truppe foſſe paſſato per Polonia verſo Pomerania Suezzeſe, ed in tempo del ſuo ritorno eſſendo chiaro ed evidénte paſſo contro la Pace, alla F. Porta di nuovo ſi fecero gli apparecchi della Guerra, e ſi venne in Adrianopoli con intentione di Combatimento. Ed eſſendo riſſolta la moſſa per la prima vera, noi habbiamo mandato alla F. Porta diverſe volte Memoriali, pregando l'eſcuſatione per il ſucceſſo contrario alla promeſſa della Pace, come pure la licenza per la Conferenzza, acciòſi confermino e ſtabiliſchino come ſi deue gli Articoli della Pace, per ciò per pietà è Compaſſione verſo il Popolo di Dio La F. Porta fece condurre noi oſtaggi da Conſtantinopoli in Adrianopoli, e trattando l'Affare della Pace ſi fece fondamento à qualch' Articolo certi Patti di quella Paci fatta per l'avanti nelle ſponde di Pruth reſtando nel loro tenore alcuni punti, che v'érano nella ſcrittura di Juſſuf Paſcia, pero quelli che non occorrevano ad eſſer ſcambiati, e certi punti aggionti, e certe annullati, e con proue meſſi in buona forma conchiudendo 4 punti da nuovo, che tutti aſſieme conchiuſi, ſi numerano per 11 punti e patti d'amicitia, che qui ſotto ſi notaranno.

Primò. Sua Czarea Majeſtà farà uſcire dalla Poloniâ le ſue Truppe in termine di due Meſi dalla ſignatura di queſto Inſtromento, e non reſti in Polonia alcun delle Truppe di ſua Czarea Majeſtà, con dire, che ſi ſiano meſſi fuori del ſuo ſervitio avanti ò doppo la ſignatura di queſto Inſtromento, e che non ſono ſue Truppe, e ſotto queſti preteſti eſcuſe non vi reſtino, mà debba fargli uſcire dalla Polonia in termine di due Meſi, e che non debba ingerirſi nel Gouerno delli affari dei Polachi ed in avenire ſotto qual ſi ſia preteſto non rimandi le ſue Truppe nella Polonia, ma ritiri la mano totalmente da quella, e per voler anche preſtar ajuto in Pomerania, non debba paſſar dalla Polonia, e dalle Terre dipendenti da quella; E volendo ſua Czarea Majeſtà e le ſue Trouppe tornarſéne dalla Pomerania, paſſino tutti almeno una voltà verſo Moſcovia dal Confine di quella Parte di Polonia, e non paſſi più dalla Polonia per Pomerania. Mà ſe il Re di Suezia, ò pur le ſue Truppe entraſſero in Polonia è commoveſſero gli Polachi contro gli Moſcoviti, e ſe gli medemi col Rè di Suezia ſi congiungeſſero, e con queſta maniera rendendo ſi la cattiva Intentione delli Nemici per la Guerra, chè quella volta ſia lecito alle Truppe di ſua Czarea Majeſtà entrar nelle Polonia ed uſar hoſtilità contro gli ſuoi Nemici, è che ciò la F. Porta non attribuiſca alla Rotura della Pace. E per la ſudetta cauſa accadendo la Battaglia trà ſua Czarea

Anno 1713.

Czarea Majestà ed' il Re di Suezia nella Polonia, e poi doppo la Battaglia sortendo della Medema la Majestà Suezese con le sue Truppe, e ritirandosene, sua Majestà Czarea ancora non possa trattenersi nella Polonia, mà con tutte le sue Truppe si ritiri, e sotto nissun pretesto vi restino delle Truppe di sua Czarea Majestà in Polonia, ed' il Re di Suezia passando per Polonia verso il suo Paese coll' amicitia, e coll' ajuto della F. Porta, sotto tal pretesto sua Czarea Majestà overo le sue Truppe non debbano entrar in Polonia.

Secondo la Fulgida Porta quando vorrà mandar il Re di Suezia al suo Paese, lo mandi per quella via che vole, mà che non sia prescritto il termine, ne via, e se la F. Porta vuolesse mandar il detto Re per gli Paesi di Moscovia, finché arrivi al suo Paese, il medemo, le sue Truppe, è le Truppe che col detto saranno destinate dalla F. Porta, non possino far alcun danno ne pregiudizio al Dominio di sua Czarea Majestà ed alli Sudditi d'essa apertamente ne occultamente. Similmente al Re di Suezia nel' andare, fin chè arrivi al suo Paese il detto Rè, alle sue Truppe, ed' à quelle, chè con lui dalla F. Porta saranno assegnate, da sua Czarea Majestà, e suoi dipendenti apertamente, ne occultamente verun danno ne pregiudizio sia recato, mà sane e salve possino andare è doppo l'arrivò del sudetto Re al suo Paese, alle Truppe della F. Porta nel loro ritorno non sia fatto apertamente, ne occultamente alcun danno, ne prejudizio dalli Moscoviti e dipendenti di sua Czarea Majestà, mà sane e salve ritornino.

Tertiò. Li Cosachi colli loro Paesi e Fortezze, che si ritrovano da quella Parte dell' aqua di Boristene essendo in possesso di sua Czarea Majestà di nuovo sotto il di lui possesso como primà restino, e la Fortezza di Chiovia, che si truova da questa parte della detta aqua, con le Palanghe e con il confine antico della Fortezza di Chiovia in conformità furono fatti in tempo di Sultan Mehmet già defonto, debbano esser sotto il possesso della detta sua Czarea Majestà dal tutto, poi il restante da questa parte del fiume di Boristene debba totalmente tirar la mano come pure sua Czarea Majestà tirarà la mano della Pennisola di Suezia, chè si truova attacata da questa parte sul medemo Fiume. E li Cosachi che restano à sua Czarea Majestà apertamente ne occultamente non possino danneggiare gli habitanti di Crimea, come anchè gli habitanti delle Provincie Musulmane dipendenti dalla F. Porta ne contro la Pace farli alcun danno ne pregiudizio, e se faranno passi contro la Pace, sua Czarea Majestà non trovi scuse con dire: non sono Moscoviti, mà Cosachi, mà li castighi, è gli prohibisca di non fare simili esorbitanze; similmentè anche la Natione Tartara, e li Cosachi, che sono dalla parte della F. Porta, non possino reccar danno alcuno, ne pregiudizio contro la Pace tanti alli Moscoviti, comè alli Cosachi, che restano à sua Czarea Majestà; mà se faranno alcun passo contro la Pace della Fulgida Porta siano castigati.

Quartò. Essendo situata la Fortezza d'Asak confinè della Frontiera della F. Porta, e similmente quella di Circaschi nel confine della Frontiera di sua Czarea Majestà quali sono Piazze de Frontiera, è frà queste due Piazze il fabricar di nuovo qualche Fortezza, potendo far nascere, e caggionare delle turbolenze, ed imbrogli, che ne dall' una, ne d'all' altra parte possino fabricar Fortezze trà le sudettte Piazze, ed essendo stato paticito nell'Instromento di Jussuf Pascia, che in tempò di quattro Mesi si debbano demolire la Fortezze e Fabriche in forma di Fortezze fatte per l'adietro sopra le terre della Fortezza di Cerchieschierman frà la detta, e quella d'Asak, quale fù fabricata per metter le Munitioni in tempo della Resa d'Asak alla F. Porta, e demolitione di Tangaroch, qual patto se fin al presente non e stato per à pieno eseguito, si debba eseguir pienamente senza dilatione mà mentre la Fortezza d'Asak fù nel possesso di sua Czarea Majestà di rimpetto alla detta Fortezza fù la riva del Fiume Tanai fù fabricata una Fortificatione da sua Czarea Majestà, e nel tempo, chè fù resa la detta Fortezza d'Asak alla F. Porta la di sopra accennata Fortificatione fù demolita, e non essendo vi altra separatione trà Asak e la detta rouinata Fortificatione se non il Fiume Tanai, ed essendo la sudetta Fortificazione apartenente alle Fortificationi d'Asak, se la F. Porta vuolesse sopra il demolito fabricare qualche fortezza, la possi fabricare.

Anon 1713.

Quinto. Essendo registrato nell' Instromento conchiuso della Pace, che la Fortezza d'Asak sia resa nella forma, che stata presa per l'adietro con le sue Terre ed altre Dipendenze, laqual Fortezza nel tempo, chè fù espugnata da sua Czarea Majestà v'érano dentro sessanta Pezzi di Canoni di Bronzo alla sudetta Fortezza, essendo questa Volta consegnata alla F. Porta non furono lasciati li detti Canoni di Bronzo alla sudetta Fortezza, mà nel loro luogo si lasciarano Canoni di Ferro, e per far venir in luce gli sudetti Canoni, per restituirli alla F. Porta con tutta diligenza si pigliarà un esatta informatione, e quelli che si trouvarano in essere, senza renitenza saranno restituiti da sua Czarea Majestà alla F. Porta, e per quelli, che non si trouvano in essere, si dara un prezzo equivalente alla medema Fulgida Porta, e doppo, che saranno restituiti ò gli Canoni in specie, ò pure il loro prezzo equivalente, gli Canoni di Ferro resi in luogo di quelli di Bronzo saranno restituiti à sua Czarea Majestà.

Sextò. Doppo il Trattato di Pacè conchiuso in confini di Moldavia furono demolite la Fortezza di Camichi, e la nuova Fortezza situata sù le bocche di Samarra fù accordato, che per l'avenire non si puosso fabricare d'ambe due le parti sul detto luogo Fortezza: Così per l'avenire sara osservato questo Articolo, senza che si puossa fabricare d'ambe due le parti nelli detti luoghi nova Fortezza.

Septimò. Le Confine s'habbi da tagliare dalluogho, dove si mescolano nell' aqua di Boristene l'aqua di Samarra ed Erel giusto per mezzo delle supra dette aque in fin alle loro Origini la parte di Samarra sia sotto il possesso della F. Porta, ed in quelli luoghi dalla parte della F. Porta non si possa fabricare Fortezza, Castello, ò Palanga. La parte d'Erel debba esser sotto il possesso di sua Czarea Majestà, e parimente dalla Majestà Czarea in quelli Luoghi non si debba fabricare di nuovo Fortezza, Castello, ò Palanga. Ed essendo per l'avanti scritto nelli Trattati della Pace conchiusa alle sponde dell' aqua di Pruth trà la F. Porta, e sua Czarea Majestà, che la Fortezza d'Asak si debba consegnare alla parte della F. Porta, come fù presa per l'avanti colle sue Terre ed altre Apéndici, dall' Origine delle sopradetta aque Samarra ed Erel insin al Tanai ed Asak, le Terre, che sono frà mezzo si limitino in quella conformità, come fù in tempo, che la F. Porta possedeva primà, chè il detto Asak entrasse nelle mani di sua Czarea Majestà, è restino à quella parte, dalla quale ab Antico sono state possedute secondo l'antica forma con tutto ciò in quelli luoghi, sevi sono Fortezze ò Palanghe, restino nel possesso, come prima di quello, che presentemente lo possiede, e li luoghi Vicini di Mins rouinati, restino come sono rouinati.

Octavò. Li Moscoviti, Cosachi, ed altri dipendenti da sua Czarea Majestà non faccino oltraggi, ed eccessi di sorte alcuna alli Sudditi del Confine Ottomano, come sono Asak, Crimea, ed' altri, e non piglinò sciavi, e non portino via gl'animali, ne rechino danni, ed oltraggi ad alcuno publicamente, ò secretamente, mà li detti siano impediti da ògni tal oltraggio ed insolenza fortamente, e succedendo qualche, l'or attentione contrò li Patti della buona pace, si debbano castigare fortamente, e publicamente, e così ancho dalla parte della F. Porta, si diano ordini alli Hani di Crimea, alli Calgai Nuradini, ed altri Sultani, ed ulla Gente Tartara, alli Commendanti è Giudici delli confini, accio anchè da loro non si vada ne con poco, ne con molto Esercito alli Sudditi, e nelli Paesi di sua Czarea Majestà è non faccino oltraggi ed eccessi, non piglino sciavi, non portino vià gli loro animali, e non gli rechino danni, ne pregiudicii ne publicamente ne secretamente, e non gli molestino in alcuna forma, è quando si venisse in cognitione essersi ritruovati tali in una attione contraria alla buona Pace, non si debbano protteger, mà castigare conformé il loro delitto in Virtu della giusta Giustitia, e tutto quello che d'ambe le Parti verra ad esser depredato si facci ritruovare, e render ai suoi Padroni, e succedendo d'ambe le parta qualche lite per tali eccessi, quellalite debbano guardare giustamente gli Hani di Crimea, ed i Sultani, che sono Seraskieri ed i Commendanti, e Giudici delli Confini d'ambe le parti facendosi la retta Giustitia, ed' osservandosi d'ambe le parti gli patti della buona Pace, s'impediscano tal inconvenienza. Se poi vi succedessero afari, che i Commendanti ed i Giudici dei Confini d'ambo le parti non puotessero deciderli, l'ap-

ANNO 1713. l'appellino alla F. Porta, e tal liti debbano guardare al possibil presto, non transcurandosi ne prolongandosi la Decisione.

Nono. E se la Natione Calmuca mostrando hostilità farà danni e pregiudicii alla Gente di Crimea dipendente dalla F. Porta, ed alli Nagai e Gerchesi dipendenti dalla Crimea, frà tali Calmuchi non si debba truovar alcun Moscovita, ne men dipendente da Moscovia. Parimente gli Cremesi, ed altra Gente Tartara colla scusa delli Calmuchi non debbano recar danni, ne pregiudicii agli Moscoviti, ed alli Paesi Moscoviti, è succedendo tal danni e pregiudicii frà ambe le parti si dovranno castigare e fortemente frenare tali cattivi huomini, e si debba restituir d'ambe le Parti la Robba ed Animali depredati.

Decimò E per l'Affare della domanda circa gli Crimesi proposto dalla parte della F. Porta, non havendo noi la Plenipotenza, e presentemente non sapendo sopra questo Affare l'intentione di sua Czarea Majestà, si debba in altro tempo discorrere ed accordare col consenso d'ambe le parti.

Undecimò. Dalla Data di questo Instromento successivamente si assegnò il termine di questa Pace per Anni 25. ed in questo tempo di Pace e termine della Coltivatione della detta si procurarà d'ambe due le Parti con tutta la diligenza d'osservar le Conventioni della buona Pace, qui sopra prolissamente notate, ed avanti chè spiri il sudetto termine, se si verrà prolongare la Pace con Consento d'ambe le Parti si possa prolongare, e doppo che sarà notificato à sua Czarea Majestà l'accordo fatto di questa buona Pace, che detta sua Czarea Majestà colle sue Lettere notificarà la ratificatione, assegnando da parte sua un Ambasciadore degno di stima, per ricever le Capitulatione da parte della Præfulgida Porta, ed' al Giorno, che si terminò questa buona Pace, e dalla data di questo Instromento, cioè dell' Anno 1713. 5tò di Giugno, in fin al termine di 90 Giorni debba venir il suo Ambasciadore ed arrivar' alla F. Porta, e venuto, che sarà il detto Ambasciadore noi Ostaggi Plenipotentiarii assieme con lui haveremo da ricevere le Capitulationi Imperiali. è fuori d'egl' Articoli notificati in questo Instromento, se si vorrà d'ambe le parti aggionger qualchi Articoli Vantaggiosi e profitevoli ad ambe le Parti, osservando le Conventioni della buona Amicitia, sincerità ed accordi, si conferirà col Ambasciadore, chè hà da venire da parte di sua Czarea Majestà, e sia lecito di aggiongerli nelle Capitulationi, e non accordandosi in quel tempo nuovo Articolo nella forma sopra detta, che questo presente accordato Instromento del Trattato, sia confermato, e ratificato della F. Porta, onde sopra detti 11. Punti, patti, ed accordi noi sopradetti in vertu della nostra Plenipotenza havendo dato alla parte della Præfulgida Porta questo Instromento Autentico, sigillato e sottoscritto col nostro pugno, scritta in Lingua Russiana e poi tradotto da Noi in Lingua Italiana, per cio ancor noi parimente habbiamo ricevuto dalla F. Porta l'Instromento in Turco sottoscritto e sigillato col proprio pugno del' Illustrissimo ed Excellentissimo supremo Vesire Ali Pascia, in virtu della sua absoluta luogotenenza. Pervenuto dunque, che sarà dalla parte di sua Czarea Majestà quell' Ambasciadore, che deve esser assegnato, ed osservati che saranno gli Patti della buona Pace, e che ci saranno date le Capitulationi ed adempiti gli Capitoli, come pure quando terminaremo il nostro Ministerio, all' hora si debba prometter, e dar la licenza dalla F. Ponte tanto à Noi sopra accennati, quanto all' Ambasciadore, che dèvrà venire, acciò possiamo andar verso la parte di sua Czarea Majestà nostro Clementissimo Padrone.

3. Juillet. *Le même* (1) *Traité traduit en François, selon Monf. Theyls en ses Memoires pour servir à l'Histoire de Charles XII. en date du 3. Juillet 1713.* [W. THEYLS Memoires pour servir à l'Hist. de Charles XII. Roi de Suede. pag. 129.]

(1) La Copie de Mr. Theyls est defectueuse, le Preambule entier y manque & elle difere en quelque chose de l'Italienne, qu'on croit avoir été tirée mot à mot de l'Instrument des Moscovites. Mais comme il avoit eu quelque part dans la Negociation en qualité d'Interprête & Chancelier de l'Ambassadeur de L. H. P. les Estats Generaux des Provinces Unies, on a cru ne devoir pas la suprimer. [DUM.]

I. QUe Sa Maj. Cz. fera sortir, dans l'intervale de déux mois à compter du jour de la signature des Présentes, toutes ses Troupes hors de la Pologne, sans y en laisser aucune sous quelque prétexte qu'elles ne sont plus à son service, ou que ce ne sont pas de ses Troupes, ou sous quelque autre prétexte que ce soit. Les dites Troupes vuideront la Pologne dans ledit tems de deux mois, sans que sa dite Maj. puisse les y faire rentrer sous quelque prétexte que ce soit; Comme aussi que S. M. Cz. ne pourra se mêler en aucune maniere des affaires de la Pologne & de son Gouvernement, & si Sa Maj. Cz. juge à propos d'envoyer quelques Troupes auxiliaires en *Pomeranie*, elles ne pouront passer ni par la Pologne ni par autres Terres qui en dépendent; aussi lorsque S. M. Cz. retirera lesdites Troupes de la *Pomeranie*, elles ne pourront passer tout au plus qu'une fois sur l'extremité des Frontieres de Pologne; sans pouvoir une seconde fois repasser en *Pomeranie* par les Terres en Pologne. ANN 1713

Mais au cas que le Roi de Suède ou ses Troupes vinssent à faire une invasion en Pologne, & à soulever les Polonois contre les Moscovites, en les engageant dans une Alliance avec Sa Maj. Suéd. desorte qu'il soit visible, que leur dessein tende à une Guerre ouverte; alors il sera libre à Sa Maj. Cz. d'entrer aussi en Pologne & de commettre telles hostilités qu'Elle voudra contre ses Ennemis: ce que la Haute Porte ne considerera pas comme une rupture de la Paix. S'il y avoit une Bataille entre les Troupes de S. M. Cz. & celles du Roi de Suède, de sorte qu'après la dite Bataille S. M. S. se retirât avec ses Troupes, S. M. Cz. ne poura y rester, & sera obligée de se retirer aussitôt avec ses Troupes hors de ce Royaume, sans qu'il en reste aucune en Pologne, sous quelque prétexte que ce soit. De plus au cas que S. M. S. passe amiablement avec le secours de la Porte au travers de la Pologne, pour retourner dans ses Etats, S. Maj. Cz. ne poura pour cette raison envoyer ancunes Troupes en Pologne.

II. Lorsque la Porte jugera à propos de renvoyer le Roi de Suède dans ses Etats, ce sera par tel chemin qu'on trouvera bon, & on ne sera pas obligé de fixer le tems, ni de determiner la route: Au cas que la Porte veuille que S. M. S. passe par les Etats de S. M. Cz. avec l'Escorte qu'elle lui donnera, lesdites Troupes ne pouront causer aucun domage, ni aux Sujets de S. M. Ch. jusqu'à leur arrivée en Suède, soit publiquement, soit d'une maniere indirecte; S. M. Cz. sera tenue d'observer la même chose de son côté, jusqu'à ce que le Roi dé Suède soit arrivé dans son Païs avec ses Troupes & celles que la Porte lui accordera: de sorte qu'il ne lui sera fait aucun domage ou préjudice, ni directement ni indirectement, & bien loin de-là, on le laissera passer en Paix & tranquillement jusqu'à ce qu'il soit arrivé au lieu dit: tout de même il ne sera fait aucun tort ou préjudice publiquement ou secretement, ni par S. M. Cz. ni par ceux qui dépendent d'Elle, aux Troupes de la Porte, pendant leur retour.

III. Les *Cosaques* & leurs terres, qui sont de l'autre côté du *Boristhenes* sous l'obeïssance & de la dependance de S. M. Cz. demeureront comme ci-devant sous sa dépendance; la Forteresse de *Kiovie* avec sa *Palangue* & ces vieilles limites au deça de ce fleuve restera au pouvoir de S. M. Cz. de la même maniere qu'il a été arrêté du tems du *Sultan Mahomet*; mais Sa Maj. Cz. cedera tout le reste qui est en deça du *Boristhenes*, comme aussi l'Isle de *Sucia*, qu'on a reunie à ce côté-ci du Fleuve. De plus les *Cosaques* retenus sous l'obeïssance de S. Maj. Cz. ne pouront en aucune maniere, soit publiquement ou secretement, faire le moindre tort, contre la Paix, aux Habitans de la *Crimée* ou des autres Provinces de l'Empire *Ottoman*, encore moins leur faire aucune violence ou domage; & le contraire arrivant, Sa Maj. Cz. ne poura s'excuser en disant que ce ne sont pas des *Moscovites*, mais des *Cosaques*, & Elle punira les coupables & leur defendra de commettre pareilles violences à l'avenir. De la même maniére il sera défendu aux *Tartares* & aux *Cosaques* dependans de la Porte de faire le moindre tort ou préjudice, contre la Paix, aux Moscovites, ou aux Cosaques dépendans de S. M. Cz. & au cas qu'ils fassent quelque chose au contraire, ils seront punis par la *Haute Porte*.

IV. D'autant que la Forteresse d'*Asoph* est une place Frontiere de la Porte, comme *Cercaski* est situé sur

les

ANNO 1713. les Frontieres des Etats de S. Maj. Cz., & sont considerées l'une & l'autre comme places Frontieres, & qu'en bâtissant quelque nouveau Fort entre les deux, cela pouroit causer quelque nouvelles brouilleries; on est convenu qu'on ne poura ni d'un coté ni d'autre bâtir aucun Fort entre ces deux Places, & comme dans le Traité fait sous *Jusuf Pascia*, il a été stipulé qu'on démoliroit dans le tems de quatre mois la Forteresse, ou Bâtiment en forme de Forteresse, construit sur le Territoire de *Cerkaski*, pour y mêtre à couvert les Munitions au tems de la reddition d'*Asoph* & la démolition de *Taghanrock*; on est convenu de nouveau qu'au cas qu'on n'ait pas satisfait entierement à cet Article, il y sera satisfait sans aucun delai; Mais comme dans le tems qu'*Asoph* étoit au pouvoir de S. M. Cz. on a bâti une Forteresse sur le bord du *Tanaïs*, & qu'au tems de la restitution d'*Asoph* à la Porte, la dite Forteresse a été démolie, d'autant que cette Forteresse démolie n'est separée d'*Asoph* que par le *Tanaïs*, & que ce Fort dépendoit d'*Asoph*; la Porte poura, si elle veut, faire bâtir une autre Forteresse, sur le terrain de celle qui a été démolie.

V. Comme il a été stipulé dans le dernier Instrument de Paix que la Forteresse d'*Asoph* seroit rendue dans le même état où elle étoit lorsqu'elle fut prise avec son Territoire & ses dépendances, & que dans le tems qu'elle fut conquise par S. M. Cz., il y avoit 60. Pièces de Canons de fonte; que lors que la dite Forteresse fut rendue à la Porte, ces Canons ne s'y trouverent point, mais en leur place des Canons de fer; Sa Maj. Cz. fera faire une exacte recherche avec toute la diligence pour retrouver lesdits Canons, desorte que ceux qui seront retrouvés en nature seront rendus à la Porte, & la Valeur de ceux qui ne se trouveront pas sera payée à la dite Porte, & après que la Porte aura reçu lesdits Canons en nature ou leur valeur, elle restituera les pièces de fer à Sa Maj. Cz.

VI. Comme suivant le Traité de Moldavie, la Forteresse de *Caminieck* & celle qui étoit à l'embouchure de la *Samar* ont été démolies, & que l'on est convenu par ledit Traité, qu'à l'avenir, il ne poura être bati de nouvelles Forteresses de part ou d'autre aux dits endroits; ledit Article sera tellement observé de part & d'autre, qu'à l'avenir il ne sera bâtie de part ou d'autre aucune Forteresse dans lesdits endroits.

VII. Les limites seront marquées depuis l'endroit où les eaux de la *Samar* & de *l'Erel* se jettent dans celles du *Boristhènes*, précisement au milieu, jusqu'aux sources desdites Rivieres, de sorte que la partie de la *Samar* passera sous la Domination de la Porte, sans qu'il lui soit permis d'y bâtir aucune Forteresse, Château, ou Palanque; & l'autre partie de *l'Erel*, restera à S. M. Cz. qui ne poura aussi y faire bâtir aucune nouvelle Forteresse, Château, ou Palanque. Et comme il a été stipulé dans le Traité du *Prut* entre la Porte & Sa Maj. Cz. que la Forteresse d'*Asoph* séroit rendue à la Haute Porte dans l'état où elle étoit quand elle a été prise par Sa Maj. Cz. avec ses Dépendances depuis la *Samar* & l'*Erel* jusqu'au *Tanaïs* & à *Asoph*, lesdites Terres seront coupées par le milieu & limitées en conformité dudit Article de la même maniere que la Porte les a possedées avant qu'*Asoph* tombât entre les mains de S. M. Cz. afin qu'en consequence la Possession en soit rétablie sur l'ancien pié; & au cas qu'il s'y trouve quelques Places, Forteresses ou Palanques, elles resteront, comme ci-devant, en la possession de celui, qui en est actuellement Maître; Mais les Places qui ont été ruinées auprès de *Muis*, resteront ainsi ruinées.

VIII. Il sera severement défendu aux *Cosaques*, Moscovites ou autres dépendans de S. M. Cz. de faire le moindre tort ou la moindre violence, soit publiquement ou indirectement, aux Sujets *Ottomans*, leurs voisins, soit à ceux d'*Asoph* ou de la *Crimée*; comme de leur enlever leur Bétail, ou leur faire quelqu'autre tort; de sorte que qui que ce soit ne soit exposé à telles insolences. Eu au cas qu'on découvre que quelqu'un ait commis quelques tels actes contraires au Traité de Paix, le coupable sera severement puni en public; d'autre part la Porte commandera aux *Kams de la Crimée*, aux *Galgainuradins* & autres *Sultans*, comme aussi aux Commandans & Juges sur les Frontieres de s'abstenir de commettre la moindre insolence, soit publiquement soit secretement, soit avec beaucoup ou peu de monde, sur les Terres ou contre les Sujets de S. M. Cz. en enlevant des Esclaves ou du Bétail, en leur causant quelqu'autre tort ou préjudice, ou en les molestant de quelqu'autre maniere que ce soit; & au cas qu'on découvre que quelqu'un ait commis quelques actions de ce genre contre la Paix, on ne protegera pas de telles personnes, mais elles seront punies par la Justice suivant la grièveté du crime, & on fera recherche des choses enlevées, pour être restituées aux Proprietaires. Et au cas que quelque violence donnât lieu à quelques différends qui ne pouvoient être decidés par les *Kams de la Crimée*, par les autres *Sultans* ou par les Generaux, Commandans ou Juges des Frontieres de part & d'autre, on aura recours à la Haute Porte, bien entendu qu'en pareil cas on decidera tels différendsle plutôt qu'il se poura, sans faire traîner les choses en longueur.

ANNO 1713.

IX. S'il arrivoit que les *Calmuques* fissent quelque tort ou préjudice aux Peuples de la *Crimée* ou de *Nogai* & aux *Circasses* dépendans de la *Crimée*, & qu'il ne se trouve parmi eux aucun Moscovite ou dépendant de la Moscovie; si ceux de la *Crimée* ou les *Tartares*, sous prétexte de se vanger des *Calmuques*, commettroient quelques violences sur les Terres ou contre les Sujets de la Moscovie; les malfaiteurs seront punis de part & d'autre & le Butin restitué.

X. Comme nous n'avons aucun Plein-Pouvoir, & que nous ne sommes en aucune maniere instruits des intentions de S. M. Cz. par raport aux choses que la Porte propose en faveur de ceux de la *Crimée*, on parlera de cette affaire dans un autre tems pour en convenir, du consentement des Parties interessées.

XI. Il est stipulé que pendant 25. années, à compter du jour de la signature du présent Traité, la Paix sera exactement entretenue de part & d'autre, & les conditions ci-dessus exprimées sincerement executées. Et au cas qu'avant l'expiration du dit terme les Parties jugent à propos de le prolonger, on poura le faire. Aussitôt qu'on aura donné connoissance de cette bonne Paix à S. Maj. Cz. sa dite Maj. donnera avis de sa Ratification par Lettre, & nommera un Ambassadeur de distinction pour venir recevoir de sa part la Capitulation Imperiale, & le dit Ambassadeur devra se rendre à la Porte 90. jours après la conclusion de cette Paix à commencer à compter du 13. Juin 1713. V. St. A son arrivée à la Porte, nous recevrons avec lui la Capitulation Imperiale, & au cas qu'alors on voulut joindre au present Traité quelque Article avantageux & profitable aux deux Parties (sans enfraindre au surplus la bonne harmonie & l'amitié dejà retablie) on en poura conferer avec l'Ambassadeur, qui viendra de la part de S. M. Cz. & on poura les ajouter à la Capitulation; Mais s'il arrivoit alors qu'on ne puisse convenir sur quelques Articles, cela n'empêchera pas la Haute Porte de ratifier le susdit Traité, tel qu'il est arrêté. En consequence, en vertu de nos Plein-Pouvoirs, nous soussignés avons apuyé du Sceau de nos Armes, & signé de notre main le susdit Instrument autentique écrit en Langue Russe & contenant les onze Articles stipulés & accordés: & après en avoir fait une traduction en *Italien*, nous l'avons consigné à la Haute Porte, & en avons reçu un Instrument semblable en Langue Turque, signé & seellé par son Excellence le Grand Vizir *Aly Pascia*, en vertu de son *Grand-Viziriat*; en consequence de quoi aussitôt l'arrivée de l'Ambassadeur, qui doit être nommée par S. M. Cz. & que la Capitulation nous aura été remise & le contenu d'icelle observé, notre Ministère étant alors achevé, la Porte nous permettra de partir avec le susdit Ambassadeur, pour retourner auprès de Sa Maj. Cz. notre très clement Seigneur & Maître.

Etoit signé

L. S. *Pierre Baron de Schaffiref.*

L. S. *Michil Scheremetow.*

XC.

Acuerdo y Combenzion hecha para la Execuzion del Tratado de Evacuazion de Cathaluña, *Yslas de* Mallorca *y* Yviza, *accordado en Utrege el* 14 *de Marzo de esté año, entre los* 22. Juin.

P

Se-

Anno 1713.

Señores Thenentes Generales Marques de Zeva Grimaldy, *y Conde de* Kinigseq *Diputados para este effecto por los Señores Duque de* Populy *y Conde de* Staremberg *Comandantes en Jefe de las Tropas de une y otra Parte con intervenzion de los Señores* Thomas Swanton, *y* Antonio Wesconte *Diputados por el Sr. Almirante Cavallero* Jennings. [Copie Manuscrite & très-sûre.]

I. La Cessazion de Armas empezara el dia primo de Julio de este presente año, assi por mar como por tierra.

II. Quinze dias despues, es ha dezir el quinze de Julio se entregarà a Barcelona, y se retendra à Tarragona, la Potenzia que evacua, con el Distritto competente, y correspondiente a la subsistencia de las Tropas que quedaren, y en caso de intervenir alguna dificuldad sobre la entrega de Barcelona, aunque no se supone, se entregarà a Tarragona, y se retendra à Barzelona, con el Distritto correspondiente, a la subsistenzia de las Tropas que quedasen.

III. Despues de haverse evacuada una de dichas dos Plazas, sea Barzelona o Tarragona, se executarà lo mismo con las demas segun lo expresa el Tratado.

IV. Se evacuara assi mismo las Yslas de Mallorca y Ybisa conforme lo refiere el Tratado.

V. Por lo que mira à la Artilleria, se Executarra como lo expressa el Tratado, nombrando Comissarios de una parte y otra para su Execuzion, pero non obstante se podra hazer una Compensacion de las Piezas, Morteros y Instrumentos de Guerra que se hallaren en las Plazas y puestos de la Montaña pertenezientes a la Potenzia que sale con otras Piezas, Morteros, y Instrumentos de Guerra que se hallaran en las Plazas Maritimas, o en zercanias del Mar pertenezientes a la Potenzia que entra, para facilitar desta forma el Embarco.

VI. Serà permitido a todas las familias, y Personas refuxiadas en Barzelona lo demas de Cathaluna, y Yslas de Mallorca, y Ybisa de quelquiera Nazion, Exercizio, Distinzion y Calidad que sean el quedarse con toda seguridad en los parajes donde al presente se hallan, y a todos, y todas las que quisieren seguir la Potenzia que haze la Evacuazion se les haura de dar Pasaportes competentes para la seguridad de su Viage & discurso de el tanto por Mar coma por Tierra siempre y quando hallen comodidad de hazerle para Italia.

VII. Las Tropas que stan vajo las Ordenes de Sr. Duque de Populy podran ponerse en marcha, siempre que Juzgue a proposito para ponerse en possession de una de las Plazas que se señalare, pero bien entendido, que no se han de hazeriar à Barzelona ni Tarragona, antes del termino señalado, y combenido para dar una de d'has dos Plazas.

VIII. Todo lo demas se Executara y Cumplira con toda buena fee por una y otra parte en la conformidad que expressa el Tratado.

IX. En caso que los Comunes y Brazos de Barzelona y Cathaluña quisieron diputar una o mas Personas de sus Cuerpos, se les dara Pasaportes luego que lo pidan para hir a Verse con el Sr. Duque de Populy, y esto mismo se executara con todas las Personas y Familias refuxiadas en Cathaluna y dichas Yslas de Mallorca y Ybiza.

X. El embarco de las Tropas se executara por los parajes que el Sr. Almirante Jennings tubieze a proposito, aunque sea a la vista de las Plazas ocupadas.

XI. Haviendose propuesto al Sr. Marques Grimaldi de que en caso intervenga alguna dificultad para la entrega de Barzelona, y que tambien se hallen difficultades para quedarse en ella o sus Cercanias las Tropas remanentes despues del primer embarco, puedan ponerse las mismas en Ostalrique, y Blanes con el Distriti combeniente a su comodidad y subsistenzia, y no haviendo combenido, detto Sr. Marques, se remiste el Sr. Marischal Conde de Staramberg à lo que dezidiere el Sr. Duque de Populy mismo, pues declara el Sr. Marischal rotener otro fin en esto que la mayor seguridad de sus Tropas.

Hecho en el Hospitalet a 22. de Junio de 1713.

Tho. Swanton
A Wescomte.

El Marques de Zeva-Grimaldi.

Anno 1713.
31. Juillet.

XCI.

Demandes faites à Monsr. le Comte de Wallis *Commandant General des Troupes restées en Catalogne, & qui doivent suivre celles qui se sont embarquées sous Monsr. le Marechal de* Staremberg, *par le Marquis de* Cera Grimaldi, *deputé à cet effect par Monsr. le Duc de* Popoli. *Avec les Reponses. A Mataro le* 31. *Juillet* 1713. [Copie Manuscrite & très-sûre.]

DEMANDES.	REPONSES.
1. l'Evacuation de Mayorca & Ivica.	1. L'on a donné les ordres pour le Vice Roi.
2. Les Ordres pour tous les Postes de la Montagne occupés par les Troupes & Commandants, qui étoient aux ordres de Mr. le Marechal de Starenberg.	2. Donné les ordres pour le Commandant de Cardona, la seu d'Urgel, & Berga, ne sachant point des autres.
3. L'on demande les 28. Prisonniers venus de Mayorca arestés à Barcelone.	3. L'on les a pris à l'insceu de Mr. le Comte Wallis qui les a repetés en vain.
4. Demandé une Déclaration au nom de son Prince desavouant tout ce que fait le Peuple de Barcelone, & les Officiers qui commandent.	4. L'on donnera une Déclaration que Sa Majesté Imperiale veut absolument se tenir aux Traités d'Utrecht & d'Hospitalet, faits touchant l'Evacuation de Catalogne, & l'on avouera que tout ce qu'on fait de contraire est contre ce Traité. Et que les Officiers ne sont pas là, à ce fin.
5. L'on demande qu'il se retire à Ostalrique & Blanes en laissant Mataro.	5. L'on se retirera de Mataro, & on occupera depuis Caldes inclusivè jusqu'à Blancs la Côte de la Mer, & de là jusqu'à Tordera, & Ostalrick. L'on demande cinq jours pour cela.
6. Come la Garnison de Gironne a contracté des debtes pendant le siège avec le Chapitre, l'on en demande le payement.	6. On les payera, en payant les autres debtes, & l'on prendra des seuretés pour ledit payement. Et le Deputé du Chapitre, il aura soin de recourir aux Commissaires, qui seront nommés de part & d'autre, qui devront s'assembler au Quartier du Marquis de Guerchy.

Suivent les Points demandés de Monsieur le Comte de Wallis au Marquis de Ceva Grimaldi,

1. L'on demande en evacuant Mataro d'occuper tout ce Terrain, mentionné dans le cinquième Article, & de le pouvoir retenir sans autre recherche jusqu'à l'entiere imbarcation.	1. L'on en donnera part à Mr. le Duc de Populi, & on fera sçavoir la réponse. L'on n'en apportera que le Magasin qui leur appartient.
2. L'on demande la personne du Proveder General Martin Mielgo, qui a disparu de Mataro ayant à donner compte de plusieurs Millions, pour l'arrester dans l'endroit où il pouroit estre.	2. L'on en donnera part à Mr. le Duc de Populi pour le faire arester.
3. L'on a proposé de nouveau en faveur des Familles refugiées selon le Traité d'Utrecht.	3. L'on n'a rien à répondre sur cette demande n'étant nullement authorisé pour cela.

4. L'on

Anno 1713.

4. L'on demande la personne de D. Domingo Arvea ayant éte envoyé par Mr. le Comte de Wallis.	4. L'on en parlera à Monsr. le Duc de Populi.
5. L'on demande en tout cas de Marche de Mr. le Comte de Fiennes qu'il ne passe pas la Lisiere des Troupes Imperiales.	5. Il faut convenir de cela avec le Comte de Fiennes.

Mataro ce 31. Juillet 1713.

Le Comte de WALLIS. Le Marquis de CEVA GRIMALDI.

Declaracion hecha por el Sr. Conde de Wallis tocante la Evacuazion de Cathaluña en conformidad de los Tratados de Utrecht y de Hospitalet. [Copie Manuscripte & très-sûre]

HAviendome pedido su Exa. el Sr. Marques de Grimaldi, en nombre de su Exa. el Sr. Duque de Populi, que haviendo tomado el Pueblo de Barcelona, y otroi intencionados como el las Armas para oponerse a los dos Tratados de Utrecht, y de Hospitalet, hechos para la Evacuacion de Cataluna, que y o me esplique:

Yo declaro per la Presente quanto se ; y no dudo deque su Magd. Cesarea quiere absolutamente, tenerse a los Tratados de Utrecht y Hospitalet, tocante la ebacuacion dicha, y que todo lo que hacen los mencionados en contrario, hellos hagan contra los predichos Tratados, y que todos los Oficiales que se pueden hallar entre ellos, nos es por este fin. Mataro 31 de Jullio de 1713.

XCII.

28. Août. *Extract uit het Register der Resolution van de Hoog Mog. Heeren Staten Generaal der Vereenigde Nederlanden, nopens het Protest gedaan van wegen den Grave van* EGMONT *omtrent het Graafschap Meurs.* [Actes & Mémoires de la Paix d'Utrecht Tom. 5. pag. 494.]

C'est-à-dire,

Extrait du Registre des Resolutions des Hauts & Puissants Seigneurs États Generaux des Provinces Unies des Païs-Bas, touchant la Protestation faite de la part du Comte D'EGMONT *pour la conservation de ses Droits sur le Comté de Meurs.*

IS ter Vergaderinge gelesen de Requeste van Andreas Pierre Marius, houdende dat hy suppliant sig by de Procuratie nevens de voorsz. Requeste gevoegd, gelast vond, om in name van Don Nicolaas Pignalti, Hertog van Bisacha &c. in qualiteyt als Vader en Wettige Voogd van synen minderjarigen Soon Procope Maria d'Egmont Pignatelli in Wettig Huwelyk verwekt by Vrouwe Marie Clara Angeline Gravinne van Egmont aan haar Hoog. Mog. als Executeurs van de Testamente, soo van sijn Hoogheid Frederik Hendrik van Orange, en Nassau als van sijn Koninklyk Majesteit van Groot Brittanje beide glor. ged. te presenteren de Requeste en de Memorie by den voorn. Hertog van Bisacha in syne voorsz. qualiteyt op gestelt waar toe de voorn. Procuratie relatif was, behelsende een nadere protestatie, die den meergem. Hertog vermeinde dat tot Conservatie van het regt zyne voorn. Soon onder anderen Competerende op het Graafschap Moeurs als nu behoorde te reitereren, soo als de Voorsaten van den selven synen Sone, de Heeren Grave van Egmont soo op de Vredehandelinge van Ryswyk als in meer andere occurrentien gedaan hadden breder blykende by de voorsz. geannexeerde Requeste versoekende dat haar Hoog. Mog. tot voorkominge van alle misduidinge, en verkeerde illatien die uit het stil swygen souden mogen werden gemaakt de voorschreve protestatie gelieven aan te nemen ende op dat daar van 't syner tyd, en plaatse mogte blyken daar van te verleenen soodanige Resolutien en Acte als haar Ho. Mo. souden goed vinden te behoren: waar op geen Resolutie is gevallen. Onderstondt, Accordeert met 't voorsz. Register ende was onderteekent.

F. FAGEL.

XCIII.

Constitutio famigeratissima CLEMENTIS XI. *Papæ, vulgo* Unigenitus *dicta sive Damnatio CI. Propositionum excerptarum ex Libro Gallico Idiomate impresso, & in plures Tomos distributo sub titulo:* Le Nouveau Testament en François avec des reflexions morales sur chaque verset &c. à Paris 1699. *ac aliter*: Abregé de la Morale de l'Evangile, des Actes des Apostres, des Epistres de S. Paul, des Epistres Canoniques, & de l'Apocalypse, ou Pensées Chrétiennes sur le Texte des ces Livres Sacrez &c. à Paris 1693. & 1694 *cum prohibitione ejusdem Libri, & aliorum quorumcumque in ejus defensionem tam hactenus editorum, quam in posterum edendorum* [Bullarium Magnum, Edit. Luxemburgic. 1727. pag. 118.] 8. Septembre.

CLEMENS EPISCOPUS.

SERVUS SERVORUM DEI.

Universis Christi Fidelibus salutem, & Apostolicam Benedictionem.

UNigenitus Dei Filius pro nostrâ, & totius Mundi salute Filius Hominis factus, dum Discipulos suos Doctrinâ Veritatis instrueret, universamque Ecclesiam suam in Apostolis erudiret, præsentia disponens, & futura prospiciens, præclaro, ac saluberrimo documento Nos admonuit, ut attenderemus à falsis Prophetis, qui veniunt ad Nos in vestimentis Ovium, quorum nomine potissimum demonstrantur Magistri illi mendaces, & in deceptione illusores, qui splendidâ pietatis specie prava dogmata latenter insinuantes, introducunt Sectas perditionis sub imagine Sanctitatis; utque faciliùs incautis obrepant, quasi deponentes lupinam pellem, & sese Divinæ Legis sententiis, velut quibusdam Ovium velleribus obvolventes, Sanctarum Scripturarum, adeoque etiam ipsius Novi Testamenti Verbis, quæ multipliciter in suam, aliorumque perditionem depravant, nequiter abutuntur: antiqui scilicet à quo progeniti sunt, mendacii Parentis exemplo, ac magisterio edocti, nullam omnino esse ad fallendum expeditiorem viam, quàm, ut ubi nefarii erroris subintroducitur fraudulentia, ibi Divinorum Verborum prætendatur authoritas.

§. 1. His Nos verè divinis Monitis instructi, ubi primùm, non sine intimâ cordis nostri amaritudine accepimus, Librum quemdam Gallico Idiomate olim impressum, & in plures Tomos distributum, sub titulo: *Le Nouveau Testament en François avec des Réflexions Morales sur chaque verset &c. A Paris* 1699. Aliter verò: *Abregé de la Morale de l'Evangile, des Actes des Apostres, des Epistres de S. Paul, des Epistres Canoniques, & de l'Apocalypse, ou Pensées Chrétiennes sur le Texte de ces Livres Sacrez &c. A Paris* 1691. & 1694. tametsi aliàs à Nobis damnatum, ac revera Catholicis veritatibus pravarum Doctrinarum mendacia multifariam permiscentem, adhuc tamen tanquam ab omni errore immunem a pluribus haberi, Christi Fidelium manibus passim obtrudi, ac nonnullorum nova semper tentantium consilio, & operâ studiosè nimis quaquaversùm disseminari, etiam Latinè redditum, ut perniciosæ Institutionis contagium, si fieri possit, pertranseat de Gente in Gentem, & de Regno ad Populum alterum: versutis hujusmodi seductionibus atque fallaciis creditum Nobis Dominicum Gregem in viam perditionis sensim abduci summoperè doluimus; adeoque Pastoralis non minus curæ nostræ stimulis, quàm frequentibus Orthodoxæ Fidei Zelatorum querelis, maximè verò complurium Venerabilium Fratrum, præsertim

ANNO 1713. Galliæ Episcoporum Literis, ac precibus excitati, gliscenti morbo, qui etiam aliquando posset in deteriora quæque proruere, validiori aliquo remedio obviam ire decrevimus.

§. 2. Et quidem ad ipsam ingruentis mali causam providæ nostræ considerationis intuitum convertente, perspicuè novimus summam hujusmodi Libri perniciem ideo potissimùm progredi, & invalescere, quod eadem intus lateat, & velut improba sanies, nonnisi secto ulcere foras erumpat: cum liber ipse primo aspectu legentes specie quadam Pietatis illiciat; molliti enim sunt sermones ejus super oleum: sed ipsi sunt jacula, & quidem intento arcu ita ad nocendum parata, ut sagittent in obscuro Rectos corde. Nihil propterea opportunius, aut salubrius præstari a Nobis posse arbitrati sumus, quam si fallacem Libri doctrinam generatim solummodò à Nobis hactenus indicatam, pluribus singillatim ex eo excerptis Propositionibus, distinctiùs, & apertiùs explicaremus, atque universis Christi Fidelibus noxia zizaniorum semina è medio tritici, quo tegebantur, educta, velut ob oculos exponeremus. Ita nimirum denudatis, & quasi in propatulo positis, non uno quidem, aut altero, sed plurimis, gravissimisque, tum pridem damnatis, tum etiam novè adinventis erroribus, planè confidimus benedicente Domino, fore ut omnes tandem apertæ jam, manifestæque Veritati cedere compellantur.

§. 3. Id ipsum maximè è re Catholicâ futurum, & sedandis præsertim in florentissimo Galliæ Regno exortis ingeniorum variè opinantium, jamque in acerbiores scissuras Pretendentium dissidiis apprimè proficuum: conscientiarum denique tranquillitati perutile, & propemodum necessarium, non modò præfati Episcopi, sed, & ipse in primis charissimus in Christo Filius noster Ludovicus Francorum Rex Christianissimus, cujus eximium in tuendâ Catholicæ Fidei puritate, extirpandisque erroribus zelum satis laudare non possumus, sæpius Nobis est contestatus; repetitis propterea verè piis, & Christianissimo Rege dignis officiis, atque ardentibus votis a Nobis efflagitans, ut instanti animarum necessitati prolatâ quantocius Catholici censurâ judicii consuleremus.

§. 4. Hinc adspirante Domino, ejusque cœlesti Ope confisi, salutare opus sedulò, diligenterque, ut rei magnitudo postulabat, aggressi sumus, ac plurimas ex prædicto Libro, juxta supra recensitas respectivè Editiones, fideliter extractas, & tum Gallico, tum Latino Idiomate expressas Propositiones a compluribus in Sacrâ Theologiâ Magistris, primò quidem coram duobus ex Venerabilibus Fratribus nostris Sanctæ Romanæ Ecclesiæ Cardinalibus accuratè discuti: deinde verò coram Nobis, adhibito etiam aliorum plurium Cardinalium consilio, quàm maximâ diligentiâ, ac maturitate, singularum insuper Propositionum cum ipsomet Libri Textu exactissime factâ collatione, pluries iteratis Congregationibus, expendi, & examinari mandavimus. Hujusmodi autem Propositiones sunt, quæ sequuntur, videlicet:

1. *Quid aliud remanet Animæ, quæ Deum, atque ipsius Gratiam amisit, nisi peccatum, & peccati consecutiones, superba paupertas, & segnis indigentia, hoc est generalis impotentia ad laborem, ad orationem, & ad omne opus bonum?*

2. *Jesu Christi Gratia, principium efficax Boni cujuscumque generis, necessaria est ad omne Opus bonum: absque illa, non solùm nihil fit, sed nec fieri potest.*

3. *In vanum Domine præcipis, si tu ipse non das quod præcipis.*

4. *Ita Domine; Omnia possibilia sunt ei, cui omnia possibilia facis, eadem operando in illo.*

5. *Quando Deus non emollit cor per interiorem unctionem Gratiæ suæ, exhortationes, & Gratiæ exteriores non inserviunt, nisi ad illud magis obdurandum.*

6. *Discrimen inter Fœdus Judaïcum, & Christianum est, quod in illo Deus exigit fugam peccati, & implementum Legis à Peccatore, relinquendo illum in sua impotentia, in isto verò Deus Peccatori dat, quod jubet, illum sua Gratia purificando.*

7. *Quæ utilitas pro homine in Veteri Fœdere, in quo Deus illum reliquit ejus propriæ infirmitati, imponendo ipsi suam Legem? Quæ verò felicitas non est admitti ad Fœdus in quo Deus nobis donat, quod petit à nobis?*

8. *Nos non pertinemus ad Novum Fœdus, nisi in quantum participes sumus ipsius novæ Gratiæ, quæ operatur in nobis id, quod Deus nobis præcipit.*

9. *Gratia Christi est Gratia suprema, sine qua confiteri Christum nunquam possumus, & cum qua nunquam illum abnegamus.* ANNO 1713.

10. *Gratia est operatio Manus Omnipotentis Dei, quam nihil impedire potest, aut retardare.*

11. *Gratia non est aliud, quàm voluntas Omnipotentis Dei, jubentis, & facientis, quod jubet.*

12. *Quando Deus vult salvare Animam, quocumque tempore, quocumque loco effectus indubitabilis sequitur voluntatem Dei.*

13. *Quando Deus vult Animam salvam facere, & eam tangit interiori Gratiæ suæ manu, nulla voluntas humana ei resistit.*

14. *Quantùmcumque remotus a salute sit Peccator obstinatus, quando Jesus se ei videndum exhibet lumine salutari suæ Gratiæ, oportet, ut se dedat, accurrat, sese humiliet, & adoret Salvatorem suum.*

15. *Quando Deus Mandatum suum, & suam æternam locutionem comitatur unctione sui Spiritus, & interiori vi Gratiæ suæ, operatur illa in corde obedientiam, quam petit.*

16. *Nullæ sunt illecebræ, quæ non cedant illecebris Gratiæ, quia nihil resistit Omnipotenti.*

17. *Gratia est vox illa Patris, quæ homines interius docet, ac eos venire facit ad Jesum Christum; quicumque ad eum non venit, postquam audivit vocem exteriorem Filii, nullatenus est doctus à Patre.*

18. *Semen verbi, quod Manus Dei irrigat, semper affert fructum suum.*

19. *Dei Gratia nihil aliud est, quam ejus omnipotens voluntas: hæc est idea, quam Deus ipse Nobis tradit in omnibus suis Scripturis.*

20. *Vera Gratiæ idea est, quod Deus vult sibi a nobis obediri, & obeditur; imperat, & omnia fiunt; loquitur tanquam Dominus, & omnia sibi submissa sunt.*

21. *Gratia Jesu Christi est Gratia fortis, potens, suprema, invincibilis, utpote quæ est operatio voluntatis Omnipotentis, sequela, & imitatio operationis Dei incarnantis, & ressuscitantis Filium suum.*

22. *Concordia Omnipotentis operationis Dei in corde hominis, cum libero ipsius voluntatis consensu, demonstratur illicò nobis in Incarnatione, veluti in fonte, atque Archetypo omnium aliarum operationum Misericordiæ, & Gratiæ, quæ omnes ita gratuitæ, atque ita dependentes a Deo sunt, sicut ipsa originalis operatio.*

23. *Deus ipse nobis ideam tradidit omnipotentis operationis suæ Gratiæ, eam significans per illam, qua Creaturas è nihilo producit, & mortuis reddit vitam.*

24. *Justa idea, quam Centurio habet de Omnipotentia Dei, & Jesu Christi in sanandis corporibus solo motu suæ voluntatis, est imago ideæ, quæ haberi debet de Omni potentia suæ Gratiæ in sanandis Animabus à cupiditate.*

25. *Deus illuminat animam, & eam sanat æquè, ac corpus sola sua voluntate, jubet, & ipsi obtemperatur.*

26. *Nullæ dantur Gratiæ, nisi per Fidem.*

27. *Fides est prima Gratia, & fons omnium aliarum.*

28. *Prima Gratia, quam Deus concedit Peccatori, est peccatorum remissio.*

29. *Extra Ecclesiam nulla conceditur Gratia.*

30. *Omnes, quos Deus vult salvare per Christum salvantur infallibiliter.*

31. *Desideria Christi semper habent suum effectum, pacem intimo cordium infert, quando eis illam optat.*

32. *Jesus Christus se morti tradidit ad liberandum pro semper suo sanguine Primogenitos, id est Electos, de manu Angeli exterminatoris.*

33. *Proh quantum oportet bonis terrenis, & sibimet ipsi renunciasse, ad hoc ut quis fiduciam habeat sibi, ut ita dicam, appropriandi Christum Jesum, ejus amorem, mortem, & mysteria, ut facit Sanctus Paulus dicens: Qui dilexit me, & tradidit semetipsum pro me.*

34. *Gratia Adami non producebat, nisi merita humana.*

35. *Gratia Adami est sequela Creationis, & erat debita naturæ sanæ, & integræ.*

36. *Differentia essentialis inter Gratiam Adami, & status innocentiæ, ac Gratiam Christianam est quod primam unusquisque in propria persona recepisset: ista verò non recipitur, nisi in persona Jesu Christi ressuscitati, cui nos uniti sumus.*

37. *Gratia Adami, sanctificando illum in semetipso, erat illi proportionata: Gratia Christiana nos sanctificando in Jesu Christo, est omnipotens, & digna Filio Dei.*

38. *Peccator non est liber, nisi ad malum, sine Gratia Liberatoris.*

39 *Voluntas, quam Gratia non prævenit, nihil habet luminis, nisi ad aberrandum, ardoris, nisi ad se præcipitandum, virium, nisi ad se vulnerandum, est capax omnis mali, & incapax ad omne bonum.*

40. Sine

ANNO 1713.

40. Sine gratia nihil amare possumus, nisi ad nostram condemnationem.

41. Omnis cognitio Dei, etiam naturalis, etiam in Philosophis Ethnicis, non potest venire, nisi a Deo, & sine gratia non producit, nisi præsumptionem, vanitatem, & oppositionem ad ipsum Deum, loco affectuum, adorationis, gratitudinis & amoris.

42. Sola gratia Christi reddit hominem aptum ad Sacrificium Fidei; sine hoc nihil, nisi impuritas, nihil, nisi indignitas.

43. Primus effectus gratiæ baptismalis est facere, ut moriamur peccato; adeo ut spiritus, cor, sensus non habeant plus vitæ pro peccato, quam homo mortuus habeat pro rebus Mundi.

44. Non sunt, nisi duo amores, unde volitiones, & actiones omnes nostræ nascuntur; Amor Dei, qui omnia agit propter Deum, quemque Deus remuneratur, & Amor, quo nos ipsos, ac Mundum diligimus, qui quod ad Deum referendum est, non refert, & propter hoc ipsum fit malus.

45. Amore Dei in corde Peccatorum non ampliùs regnante, necesse est, ut in eo carnalis regnet cupiditas, omnesque actiones ejus corrumpat.

46. Cupiditas, aut Charitas, usum sensuum bonum, vel malum faciunt.

47. Obedientia Legis profluere debet ex fonte; & hic fons est Charitas. Quando Dei amor est illius principium interiùs, & Dei gloria ejus finis, tunc purum est, quod apparet exteriùs; alioquin non est, nisi hypocrisis, aut falsa justitia.

48. Quid aliud esse possumus, nisi tenebræ, nisi aberratio, & nisi peccatum sine Fidei lumine, sine Christo, & sine Charitate.

49. Ut nullum peccatum est sine amore nostri, ita nullum est opus bonum sine amore Dei.

50. Frustra clamamus ad Deum, Pater mi: si Spiritus Charitatis non est ille, qui clamat.

51. Fides justificat, quando operatur; sed ipsa non operatur, nisi per Charitatem.

52. Omnia alia salutis media continentur in fide, tanquam in suo germine, & semine; Sed hæc fides non est absque amore, & fiducia.

53. Sola Charitas Christiano modo facit (actiones Christianas) per relationem ad Deum, & Jesum Christum.

54. Sola Charitas est, quæ Deo loquitur, eam solam Deus audit.

55. Deus non coronat, nisi Charitatem; qui currit ex alio impulsu, & ex alio motivo, in vanum currit.

56. Deus non remunerat nisi Charitatem, quoniam Charitas sola Deum honorat.

57. Totum deest Peccatori, quando ei deest spes, & non est spes in Deo, ubi non est amor Dei.

58. Nec Deus est, nec Religio, ubi non est Charitas.

59. Oratio Impiorum est novum peccatum, & quod Deus illis concedit, est novum in eos judicium.

60. Si solus supplicii timor animat pœnitentiam, quo hæc est magis violenta, eo magis ducit ad desperationem.

61. Timor nonnisi manum cohibet, cor autem tandiù peccato addicitur, quandiù ab amore Justitiæ non ducitur.

62. Qui a malo non abstinet, nisi timore pœnæ, illud committit in corde suo, & jam est reus coram Deo.

63. Baptizatus adhuc est sub Lege sicut Judæus, si Legem non adimpleat, aut adimpleat ex solo timore.

64. Sub maledicto Legis, nunquam fit bonum, quia peccatur sive faciendo malum, sive illud nonnisi ob timorem evitando.

65. Moyses, Prophetæ, Sacerdotes, & Doctores Legis mortui sunt, absque eo quod ullum Deo dederint filium, cum non effecerint, nisi mancipia per timorem.

66. Qui vult Deo appropinquare, nec debet ad ipsum venire cum brutalibus passionibus, neque adduci per instinctum naturalem, aut per timorem, sicuti Bestiæ, sed per fidem, & per amorem sicuti Filii.

67. Timor servilis non sibi repræsentat Deum, nisi ut Dominum durum, imperiosum, injustum, intractabilem.

68. Dei Bonitas abbreviavit viam salutis claudendo totum in Fide, & Precibus.

69. Fides, usus, augumentum, & præmium Fidei, totum est donum puræ liberalitatis Dei.

70. Nunquam Deus affligit Innocentes, & afflictiones semper serviunt, vel ad puniendum peccatum, vel ad purificandum Peccatorem.

71. Homo ob sui conservationem potest se se dispensare ab ea Lege, quam Deus condidit propter ejus utilitatem.

72. Nota Ecclesiæ Christianæ est, quod sit Catholica, comprehendens & omnes Angelos Cœli, & omnes Electos, & Justos Terræ, & omnium sæculorum.

73. Quid est Ecclesia, nisi cœtus Filiorum Dei manentium in ejus sinu, adoptatorum in Christo, subsistentium in ejus Persona, redemptorum ejus Sanguine, viventium ejus Spiritu, agentium per ejus Gratiam, & expectantium Gratiam futuri sæculi. ANNO 1713.

74. Ecclesia, sive integer Christus, Incarnatum Verbum habet, ut Caput; omnes verò Sanctos, ut Membra.

75. Ecclesia est unus solus homo, compositus ex pluribus membris, quorum Christus est Caput, Vita, Subsistentia, & Persona; Unus solus Christus, compositus ex pluribus Sanctis, quorum est Sanctificator.

76. Nihil spatiosius Ecclesiâ Dei, quia omnium Electi, & Justi omnium sæculorum illam componunt.

77. Qui non ducit vitam dignam Filio Dei, & membro Christi, cessat interiùs habere Deum pro Patre, & Christum pro Capite.

78. Separatur quis a Populo Electo, cujus figura fuit Populus Judaicus, & Caput est Jesus Christus, tam non vivendo secundùm Evangelium, quàm non credendo Evangelio.

79. Utile, & necessarium est omni tempore, omni loco, & omni personarum generi studere, & cognoscere Spiritum, Pietatem, & Mysteria Sacræ Scripturæ.

80. Lectio Sacræ Scripturæ est pro omnibus.

81. Obscuritas Sancta Verbi Dei non est Laicis ratio dispensandi se ipsos ab ejus lectione.

82. Dies Dominicus a Christianis debet sanctificari lectionibus Pietatis, & super omnia Sanctarum Scripturarum. Damnosum est velle Christianum ab hac lectione retrahere.

83. Est illusio sibi persuadere, quod notitia Mysteriorum Religionis non debeat communicari fœminis, lectione Sacrorum Librorum. Non ex fœminarum simplicitate, sed ex superba Virorum scientia, ortus est Scripturarum abusus, & natæ sunt Hæreses.

84. Abripere è Christianorum manibus novum Testamentum, seu eis illud clausum tenere, auferendo eis modum illud intelligendi, est illis Christi os obturare.

85. Interdicere Christianis lectionem Sacræ Scripturæ, præsertim Evangelii, est interdicere usum luminis filiis lucis, & facere ut patiantur speciem quandam Excommunicationis.

86. Eripere simplici Populo hoc solatium, jungendi vocem suam voci totius Ecclesiæ, est usus contrarius praxi Apostolicæ, & intentioni Dei.

87. Modus plenus sapientia, lumine, & charitate, est dare animabus tempus portandi cum humilitate, & sentiendi statum peccati, petendi Spiritum pœnitentiæ, & contritionis, & incipiendi, ad minus satisfacere Justitiæ Dei, antequam reconcilientur.

88. Ignoramus quid sit peccatum, & vera pœnitentia, quando volumus statim restitui possessioni bonorum illorum, quibus nos peccatum spoliavit, & detrectamus separationis istius ferre confusionem.

89. Quartus decimus gradus Conversionis Peccatoris est, quod, cùm sit jam reconciliatus, habet jus assistendi Sacrificio Ecclesiæ.

90. Ecclesia authoritatem excommunicandi habet, ut eam exerceat per primos Pastores de consensu, saltem præsumpto, totius Corporis.

91. Excommunicationis injustæ metus nunquam debet nos impedire ab implendo Debito nostro: Nunquam eximus ab Ecclesia, etiam quando hominum nequitia videmur ab ea expulsi, quando Deo, Jesu Christo, atque ipsi Ecclesiæ per Charitatem affixi sumus.

92. Pati potius in pace excommunicationem, & anathema injustum, quàm prodere Veritatem, est imitari Sanctum Paulum: tantùm abest, ut sit erigere se contra authoritatem, aut scindere unitatem.

93. Jesus quandoque sanat vulnera, quæ præceps Primorum Pastorum festinatio infligit, sine ipsius mandato: Jesus restituit, quod ipsi inconsiderato zelo rescindunt.

94. Nihil pejorem de Ecclesia opinionem ingerit ejus inimicis, quàm videre illic Dominatum exerceri supra fidem Fidelium, & foveri divisiones propter res, quæ nec fidem lædunt, nec mores.

95. Veritates eò devenerunt, ut sint Lingua quasi peregrina plerisque Christianis, & modus eas prædicandi est veluti Idioma incognitum; adeò remotus est a simplicitate Apostolorum, & supra communem captum Fidelium; Neque satis advertitur, quòd hic defectus sit unum ex signis maximè sensibilibus senectutis Ecclesiæ, & iræ Dei in Filios suos.

96. Deus permittit, ut ejus victoria attribui non possit, nisi Divinæ Gratiæ

97. Nimis sæpè contingit membra illa, quæ magis sanctè, ac magis strictè unita Ecclesiæ sunt, respici, atque tractari tanquam indigna, ut sint in Ecclesia, vel

ANNO 1713. *tanquam ab ea separata; sed Justus vivit ex fide, & non ex opinione hominum.*

98. *Status persecutionis, & pœnarum, quas quis tolerat, tanquam Hæreticus, flagitiosus, & impius, ultima plerumque probatio est, & maximè meritoria, utpote quæ facit hominem magis conformem Jesu Christo.*

99. *Pervicacia, præventio, obstinatio in nolendo, aut aliquid examinare, aut agnoscere se fuisse deceptum, mutant quotidiè quoad multos in odorem Mortis id, quod Deus in sua Ecclesia posuit, ut in ea esset odor Vitæ, v. g. bonos Libros, Instructiones, sancta Exempla &c.*

100. *Tempus deplorabile, quo creditur honorari Deus, persequendo Veritatem, ejusque Discipulos. Tempus hoc advenit. . . . . Haberi, & tractari a Religionis Ministris, tanquam impium, & indignum omni commercio cum Deo, tanquam membrum putridum, capax corrumpendi omnia in Societate Sanctorum, est hominibus piis morte corporis mors terribilior. Frustra quis sibi blanditur de suarum intentionum puritate, & zelo quodam Religionis, persequendo flamma, ferroque Viros probos, si propria passione est excæcatus, aut abreptus aliena, propterea quòd nihil vult examinare. Frequenter credimus sacrificare Deo impium, & sacrificamus Diabolo Dei Servum.*

101. *Nihil Spiritui Dei, & Doctrinæ Jesu Christi magis opponitur, quàm communia facere juramenta in Ecclesia, quia hoc est multiplicare occasiones pejerandi, laqueos tendere Infirmis & idiotis, & efficere, ut Nomen, & Veritas Dei aliquando deserviant consilio Impiorum.*

§. 5. Auditis itaque tum voce, tum scripto Nobis exhibitis præfatorum Cardinalium, aliorumque Theologorum suffragiis, divinique in primis luminis, privatis ad eum finem, publicisque etiam indictis precibus, implorato præsidio, omnes, & singulas Propositiones præinsertas, tanquam falsas, captiosas, malè sonantes, piarum aurium offensivas, scandalosas, perniciosas, temerarias, Ecclesiæ & ejus praxi injuriosas, neque in Ecclesiam solùm, sed etiam in Potestates Sæculi contumeliosas, seditiosas, impias, blasphemas, suspectas de Hæresi, ac Hæresim ipsas sapientes, nec non Hæreticis, & Hæresibus, ac etiam Schismati faventes, erroneas, Hæresi proximas, pluries damnatas, ac demum etiam hæreticas, variasque Hæreses, & potissimùm illas, quæ in famosis Jansenii Propositionibus, & quidem in eo sensu, in quo hæ damnatæ fuerunt, acceptis, continentur, manifestè innovantes respectivè, hac nostra perpetuò valitura Constitutione declaramus, damnamus, & reprobamus.

§. 6. Mandantes omnibus utriusque Sexus Christi Fidelibus, ne de dictis Propositionibus sentire, docere, ac prædicare aliter præsumant, quàm in hac eadem Nostra Constitutione continetur; ita ut quicumque illas, vel illarum aliquam conjunctim, vel divisim docuerit, defenderit, ediderit, aut de eis, etiam disputativè, publicè, aut privatim tractaverit, nisi forsan impugnando, Ecclesiasticis censuris, aliisque contra similia perpetrantes a Jure statutis pœnis ipso facto absque alia declaratione subjaceat.

§. 7. Cœterum per expressam præfatarum Propositionum reprobationem alia in eodem Libro contenta nullatenus approbare intendimus; cum præsertim in decursu Examinis complures alias in eo deprehenderimus Propositiones illis, quæ, ut supra, damnatæ fuerunt, consimiles, & affines, iisdemque erroribus imbutas: nec fanè paucas sub imaginario quodam, veluti grassantis hodie Persecutionis obtentu, inobedientiam, & pervicaciam nutrientes, easque falso Christianæ patientiæ nomine prædicantes; quas propterea singulatim recensere & nimis longum esse duximus, & minimè necessarium; ac demum, quod intolerabilius est, Sacrum ipsum Novi Testamenti Textum damnabiliter vitiatum compererimus, & alteri dudum reprobatæ versioni Gallicæ Montensi in multis conformem: a vulgatâ verò Editione, quæ tot Sæculorum usu in Ecclesia probata est, atque ab Orthodoxis omnibus pro authenticâ haberi debet, multipliciter discrepantem, & aberrantem, pluriesque in alios, exoticos, ac sæpè noxios sensus, non sine maximâ perversitate detortum.

§. 8. Eumdem propterea Librum, utpote per dulces sermones, & benedictiones, ut Apostolus loquitur, hoc est, sub falsa piæ Institutionis imagine, seducendis Innocentium cordibus longè accommodatum, sive præmissis, sive alio quovis Titulo inscriptum, ubicumque, & quocumque alio Idiomate, seu quâvis Editione, aut Versione hactenus impressum, aut in posterum (quod absit) imprimendum, authoritate Apostolicâ tenore Præsentium iterum prohibemus, ac similiter damnamus; quemadmodum etiam alios omnes, & singulos in ejus defensionem tam Scripto, quàm Typis editos, seu forsan (quod Deus avertat) edendos Libros, seu Libellos, eorumque lectionem, descriptionem, retentionem, & usum omnibus, & singulis Christi Fidelibus sub pœnâ Excommunicationis per Contrafacientes ipso facto incurrenda, prohibemus pariter, & interdicimus. ANNO 1713.

§. 9. Præcipimus insuper Venerabilibus Fratribus Patriarchis, Archiepiscopis, & Episcopis, aliisque locorum Ordinariis, nec non hæreticæ pravitatis Inquisitoribus, ut contradictores, & rebelles quoscumque per censuras, & pœnas præfatas, aliaque juris, & facti remedia, invocato etiam ad hoc, si opus fuerit, brachii Sæcularis auxilio, omninò coerceant, & compellant.

§. 10. Volumus autem, ut earumdem Præsentium transumptis, etiam impressis, manu alicujus Notarii Publici subscriptis, & sigillo personæ in Dignitate Ecclesiastica constitutæ munitis, eadem fides prorsus adhibeatur, quæ ipsis originalibus Literis adhiberetur, si forent exhibitæ, vel ostensæ.

§. 11. Nulli ergo hominum liceat hanc paginam nostræ declarationis, damnationis, mandati, prohibitionis, & interdictionis infringere, vel ei ausu temerario contraire. Si quis autem hoc attentare præsumpserit, indignationem Omnipotentis Dei, ac Beatorum Petri, & Pauli Apostolorum ejus se noverit incursurum. Datum Romæ apud Sanctam Mariam Majorem Anno Incarnationis Dominicæ Millesimo septingentesimo decimo tertio, sexto Idus Septembris, Pontificatus Nostri Anno Decimo tertio.

J. Card. Prodatarius. F. Oliverius.

Visa de Curia L. Sergardus.

Loco † Plumbi.

Registrata in Secretaria Brevium

L. Martinettus.

XCIV.

Versicherungs Acte von seiten Ihro Czarischen Maj. durch dero commandirenden General dem Fürsten von Mentzikoff ausgestellet / wegen Sicherheit der aus Stettin ziehenden Schwedischen besatzung und einstellung aller hostilitäten im Schwedisch-Pommern. Im Haupt-Quartier vor Stettin den $\frac{19}{30}$. Septembre 1713. $\frac{19}{30}$. Septembre.

[Tiré d'une Information de Droit publiée en 1716. de la part du Roi de Suède sous le Titre de In facto **gegrundete Verstellung wie weit Seine Königl. Mayst. von Schweden durch die wegen Stettin errichtete** Conventionen **verbunden zu achten.** Aux preuves Num. 10. pag. 57.]

C'est-à-dire,

Acte d'asseurance donné de la part de Sa Majesté Czarienne, par le Generalissime Prince de MENZIKOF, *pour la Seureté de la Garnison Suédoise sortant de Stettin, & pour la Cessation de toutes sortes d'hostilités en Pomeranie. Au Camp devant Stettin le $\frac{19}{30}$ Sept. 1713.*

Wann nunmehro der Herr General Gouverneur Baron von Meyerfeldt / die Vestung Stettin an das Hoch-Fürstliche Gottorfische Haus übergeben / und ausser denen 2. Bataillonen / so in des Hoch Fürstl. Hauses eyd und pflicht treten / die übrige Guarnison aus der Vestung Stettin ausmarchiren lassen wirdt / so geben wir hiemit die völlige versicherung / daß solche Trouppen / hohe und andere Officiers / und gemeine / mit bey sich führenden Bagage und Sachen / sie haben Namen wie sie wollen / von uns und unseren Confœderirten auf keynerley Art / noch von einiger unter unseren Confœderirten Commando stehenden Parthey / oder unserer Armee solle violiret / sondern selbige solle vielmehr / so lange sie vor der Stadt campiren werden / von uns alles dasjenige wiederfahren / was zu ihrer beschützung und vollkommenen sicherheit gereichen kann. Wir versichern auch / daß wann sie nacher Stralsund

ANNO 1713. sund sich begeben werden/ wir Ihnen ein sicher Geleit zu Lande wieder iedermann geben und prästiren wollen/ und ebenfals/ wann sie nebst bey sich habenden sachen nacher Schweden sich transportiren lassen/ wozu sie gehalten seyn sollen/ und zwar mit solcher transportirung innerhalb 6. wochen den Anfang zumachen/ den völligen transport der Guarnisonen aber/ so viel der Trouppen anzahl seyn werden/innerhalb 3. Monath zubewerckstelligen; Ihnen alle sothane sicherheit wieder alle insultus/ ansprüche und vorwende/ von unsern Allirten zu verschaffen versprechen. Weilen auch von dem Herrn Envoyé Extra Ordinario von Bassewitz laut seiner Vollmacht/ ein Obrister zum Comendanten von der Vestung Stettin gesetzt werden muß: Als sollen desselben Pässe/ wann er vorhero in Hollsteinischen Eyd genommen ist/ gelten und respectiret werden. Und da der Herr General Gouverneur von Meyerfeldt anizo zugleich die Ordres nacher Stralsund abgehen laßen wirdt/ daß dorten alle hostilitäten eingestellet werden und cessiren sollen; So wollen wir gleiche Ordres von unserer Confœderirten seiten behuffig stellen/ und nunmehro alle hostilitäten aufheben/ auch die freye Communication und passage zu wasser und zu Lande öffenen/ so wohl zum Transport der Trouppen/ als sonst generalement für personen und Sachen/ als deren sich iedermann inclusive von dem Herrn General Gouverneur und dem Gouvernement an bis zu dem niedrigsten an Civil- und Militair-Personen a dato frey zu bedienen/ und selbe hiernechst von dem Herrn General Gouverneur sich mit Pässen zuversehen haben.

Dieses alles wollen wir auf unser Fürstl. wort und mittelst engagirung unserer honneur/ heilig halten und adimpliren/ ohne einzig Gefährde. Wie wir denn solches eigenhändig unterschrieben und mit unsern Insiegel bekräfftiget. So geschehen im Haupt-Quartier vor Stettin/ den 19. und 30. Septembre 1713.

Menzikoff.

(L.S.)

XCV.

2. Octob. **Declaration/ welche im Nahmen Seiner Hochfürstl. Durchl: des Herren Administratoris zu Hollstein Gottorff deren Plenipotentiarius von Bassewitz/ wegen Sicherheit und bewahrung der von Königl. Schwedischen Seithe Ihr eingeraumten Vestung Stettin/ wie auch der übrigen Schwedischen Province von sich gegeben. Stettin den 2 Octobris 1713.** [Tiré d'une Information de Droit publiée en 1716. de la part du Roy de Suède sous le Titre de In facto **gegrundete Vorstellung wie weit Seine Königl. Mayst. von Schweden durch die wegen Stettin errichtete** Conventionen **verbunden zu achten.** Aux preuves Num. 9. pag. 55.]

C'est-à-dire,

Declaration du Serenissime Duc Administrateur de HOLSTEIN GOTORP *par son Ministre Plenipotentiaire Bassewitz touchant la Seureté de la Ville & Forteresse de Stettin, confiée à sa Garde de la part de Sa Majesté Suédoise. A Stettin le 2. d'Octobre 1713.*

Als es wegen des Tractats/ welchen mein gnädigster Fürst und Herr mit dem Herren Königl. Rath und Graff Vellink in Hamburg d. 10. A. C. geschlossen/ so hie bey in einer von mir vidimirten Copey gefüget ist/ und wegen desselben approbation nunmehro allhier mit dem Herrn General Gouverneur Baron Meyerfeldt zum völligen stande gekommen ist/ und dann dem zu folg heüte 2. Bataillons von der Guarnison zu Stettin auf die von mir producirten Hochfürstl. Special-Vollmacht de dato Hamburg den 10. Juny A. C. zum würcklichen Eyde und Pflicht/ nachdem von mir zugleich eingehändigten Formalar genommen/ desgleichen der von dem General Gouverneur Meyerfeldt/ vermöge des Tractats/ zum Commando der Vestung benannter Herr Obrister Baron Horn als Commendant in meines gnädigsten Fürsten und Herren Nahmen vereydet worden/ auch die übrige Guarnison; so wie sie itzo in Königl. Schwedischen Eyde und diensten sich befindet/ an Teutschen/ Franzosen/ und anderen Nationen zu Pferd und Fuß/ wie sie Nahmen haben aus und ehestens und Stralsund und Rügen marchiren soll/ so versichere ich in Vollmacht und von wegen meines gnädigsten Fürsten und Herrn/ daß hierentgegen von mir veschaffet und effective besorget werden soll/ das nunmehro von der Russischen und Confœderirten Armée weiter nicht die geringste hostilité oder gewalt weder zu wasser noch zu lande in der Pomerischen Province noch an denen See-küsten verübet werden/ sondern solche gäntzlich von beyden seyten aufgehoben seyn/ vielmehr vor erwehnte Armée zuforderst ingesamt in dero lager zu Schüne zu rük gezogen/ und ruhig gehalten/ die gesamte Artillerie ab und aus dem Lande weggeführet/ auch nachdem nun die Vestung Stettin in einer neutralen Puissance Hände geliefert worden/ nicht nur alle freye Communication und Passage/ handel und wandel geöffnet/ sondern auch so bald mein gnädigster Fürst und Herr itzt ungesäumt mit einer andern neutralen Puissance wegen der noch übrigen 2. Bataillons ohngesäumt sich veste gesetzt haben wirdt/ und diese würklich auch in der Vestung werden ein marchiren können/ die Province Pommern von der Russischen und Confœderirten Armée ohne verzug quittiret/ und dero Gräntzen ohne alle feindlich gewaltthätigkeit/ Exactionen/ Mach-führen oder entführung einiger Menschen/ unter was vorwandt von restanten oder sonsten es geschehen möchte/ verlassen werden sollen. Ubrigen bleibet es in allen nach einhalt des Tractats mit dem Königl. Schwedl. General Gouverneur in Stetin und allen davon dependirenden Collegiis/ Gerichten/ Officianten/ und Bedienten/ und mit der Stadt Stettin in allen Regiments und Stadts Sachen/ in Regimine Ecclesiastico & Oecumenico in unverrükten Stande/ und Ihro Königl. Majest. von Schweden devotion/ zumahlen mein gnädigster Fürst und Herr/ auch die neutral Trouppen mit nichts weiter als mit der Erhaltung und bewahrung der Vestung/ zu welchem Ende auch mein Gnädigster Fürst und Herr/ nebst einer andern neutralen Puissance/ wider alle etwa über vermuhten entstehende gefährde benöhtigten falls an nachdrüklichen veranstaltungen nichts ermangeln lassen wirdt/ sich zubefassen hat.

Weilen auch die nohtwendigkeit erfordert/ daß der vorerwehnte Vergleich vom 10. Juny A. C. als welcher in allen Stüken zum fundament und norme bleibet/ durch gnugsame Garantie versichert werde; so verpflichte ich mich in Nahmen meines gnädigsten Fürsten und Herrn/ sothane Garantie fördersamst und vollkomlich zuwegen zubringen/ und an Ihro Excell. den Herrn Graffen Vellingk/ als welcher den Vergleich errichtet/ abzuliefern. den 2. Octobr. 1713. Stetin.

Bassewitz.

XCVI.

Declaratio nullitatis, damnatio, abolitio, & reprobatio plurimorum gestorum ab asserto Judice prætensi Tribunalis Monarchiæ Siculæ, nec non a quibusdam ejus Delegatis, tam super abrogatione Censurarum, quas R. P. D. FRANCISCUS *Archiepiscopus* RAMIREZ *Episcopus Agrigentin. è Civitate, & Diœcesi Agrigentin. per abusum Sæcularis Potestatis ejectus Expulsores suos incurrisse declaraverat, quàm super revocatione Ecclesiastici Interdicti, cui idem Episcopus eâ occasione Civitatem, & Diœcesim præfatas subjecerat.* [Bullarium Magnum, Edit. Luxemburgic. 1727. pag. 125.] 23 Decem.

Cum diversis Ordinationibus, Decretis, & Declarationibus.

CLEMENS PAPA XI.

Ad futuram rei memoriam.

AD plurimas, & verè acerbissimas, quas in Regno Siciliæ non minus Ecclesiæ, quàm hujus S. Sedis authoritas a Sæculari potestate jamdiu pertulit, & adhuc perfert, injurias, considerationis nostræ intuitum convertentes, id fermè Nobis evenire experimur, quod patientissimo Viro Job accidisse Sacræ Literæ commemorant: ut scilicet unius ærumnæ Nuncium alius gravioris calamitatis Relator excipiat, novaque indies, ac semper tristiora ex illis partibus ad Nos afferantur. Nostra proinde, & ejusdem Sedis, Ecclesiæque Jura, ex commissi Nobis cœlitus Pastoralis Officii Debito, ab ejusmodi Laicorum ausibus constanter asserere pergimus, sicut omnibus maturæ considerationis trutinâ perpensis, Æquitati, & Justitiæ rectoque Ordini consentaneum esse in Domino arbitramur.

§. 1. Nuper siquidem ad Apostolatus Nostri notitiam pervenit, quod aliàs postquam Venerabilis Frater

ANNO 1713. ter Franciscus Archiepiscopus Ramirez Episcopus Agrigentinus, non aliâ profectò de causâ, nisi eo quod Ecclesiasticâ authoritate strenuè assertâ, ministerium suum diligenter implevisset, & quo par erat, obsequio Nostris, atque ejusdem Sedis Mandatis fideliter obtemperasset, per summam injuriam, ac intolerabilem ejusdem Sæcularis Potestatis abusum è suâ Civitate, ac Diœcesi Agrigentin., totoque Regno Siciliæ expulsus, ejusmodi suæ expulsionis Executores, nec non quoscumque illius Complices, Auxiliatores, & Mandantes in Excommunicationem majorem ab Apostolicis Constitutionibus, & speciatim illa die Cœnæ Domini singulis annis legi, & promulgari solitâ contra similia perpetrantes inflictam incidisse declaraverat; ac insuper Civitatem, & Diœcesim Agrigentin. præfatas Ecclesiastico interdicto subjecerat: Tametsi hæc omnia ab eo ritè, ac rectè, nec non juxta Sacrorum Canonum Præscriptum, imo etiam de speciali, ac prævio Mandato nostro peracta fuerint, nihilominus paucos post dies, ineunte scilicet Mense Septembri proximè præterito, quidam Andreas Ficani, tanquam prætensi Tribunalis Monarchiæ Siculæ nuncupati, illiusque asserti Judicis specialiter ad infrascripta Delegatus, primùm quidem, nempe die secundâ ejusdem Mensis Septembris, Ecclesiam Sancti Joannis Civitatis Agrigentin., quæ Jurisdictioni supradicti prætensi Tribunalis subesse prætenditur, temerè, ac violenter aperire fecit.

§. 2. Deinde verò eos, quos dictus Franciscus Episcopus in Excommunicationem Nobis, & eidem Sedi reservatam incurrisse, sicut præmittitur, declaraverat, majori temeritate absolvere præsumpsit, vigore scilicet prætensæ Facultatis sibi ad id concessæ à Francisco Mirandâ, & Gayarre asserto Judice supradicti prætensi Tribunalis per ejus Literas die 31. Augusti proximè præteriti expeditas, quibus execrando non minus, & impudenti ausu, quam falsis, & ineptis rationibus eadem Excommunicatio, sive Excommunicationis Declaratio nulla, injusta, insubsistens, temeraria, & irregularis declarabatur: ipsique Andreæ nihilominus mandabatur, ut ad tollendum quodcumque scandalum, aditumque præcludendum cuivis pharisaico zelo (hoc nomine in eisdem Literis Christiana illa odedientia, quæ Ecclesiæ Mandatis exhiberi debet, impiè traducebatur) Excommunicatos prædictos, si absolutionem petiissent, tanquam specialiter Delegatus à dicto prætenso Tribunali, absolvere deberet; & aliàs, prout uberius legi potest in supradictis Literis, quas memoratus Andreas eâdem die secundâ Septembri promulgari, ac in pluribus Locis Civitatis Agrigentin. affigi mandavit, tenoris, qui sequitur, videlicet: Nos utriusque Juris Doctor D. Franciscus Miranda, & Gayarre, de Consilio Sacræ Catholicæ Majestatis, Abbas Sanctæ Mariæ Terranæ, ac Judex Ordinarius Tribunalis Apostolicæ Legatiæ, & Regiæ Monarchiæ pro præfata Catholica Majestate in hoc Siciliæ Regno, Reverendo Sacerdoti Andreæ Ficani Delegato in Causa Fideli Regio Dilecto salutem: *Sta pervenuto non senza dogliance alla nostra notizia, e di questo Tribunale dell' Apostolica Legazia, e Regia Monarchia, che essendo stato il Reverendissimo Arcivescovo Vescovo di Girgenti Don Francesco Ramirez insimato d'ordine di S. E. à partirsi da quella Diocesi, e da questo fedelissimo Regno per li giusti motivi mossero l'animo di S. E., concernenti al Real servigio, e publico bene, e quiete del Regno, valendosi con matura riflessione, ed evidente giustizia della Potestà economica contro il nomato Prelato, quello abusandosi del Titolo specioso di Consigliere di Sua Maestà (che la Divina guardi,) e del proprio giuramento di fedeltà, ed osservare le prerogative Regie, e del Regno, facendosi scudo, benche ideato, d'esser lesa la libertà Ecclesiastica, e d'havere patito violenza dal Capitano Ochoa, Dottor D Giovan Battista Guzzardo, Clerico D. Pompeo Grugno, Ettore Antinori, ed altre Persone generalmente, specialmente, & individualmente nominati, passò à scommunicarli, e supponendo, che l'esercizio di tal Potestà economica fosse enorme delitto, passò ad interdire la Cathedrale, e tutte le Chiese della Diocesi, mostrando in ciò poco buon genio verso il Real Servigio, e la Potestà economica di S. E., per la totale elevatione del quale Interdetto per l'evidente nullità, ed altre ragioni, e per aprirsi le Chiese con la continuazione de divini Offici, ed amministrazione di Sacramenti, si stan spedendo per via del Tribunale gl'ordini opportuni, ma per adesso riflettendo, che la riferita censura fulminata contro le persone, così in specie, come in genere riferite, hà processo indebitamente ex abrupto, de facto, nullo Juris ordine servato, contro la forma de Precetti Evangelici, de Sacri Canoni, Concigli Ecumenici, con publico scandalo, evidente perturbazione de Popoli, ed impedimento al corso della Giustizia; ed esercizio della Potestà economica, ed in esecutione di supposta Potestà concessali dalla Corte Romana non esecuta, ne presentata nel Regno, in grave pregiudizio delle Regalie, e prerogative del Regio Exequatur, secondo si prescrive da più Reali dispacci de Serenissimi Monarchi, fondati in evidenti ragioni, avvalorate da antichissima, ed immemorabile osservanza mai interrotta nel lungo corso di più Secoli, non solo in questo fedelissimo Regno, ma anche per tutto il Mondo Cattolico, come uniforme al Dritto delle genti, alli Sacri Canoni, Concigli Universali, e Concordie con la Santa Sede: ed accrescendosi li motivi di sudetta nullità, ed insussistenza dalli notabili eccessi, ed evidenti aggravi, resta la sudetta censura, come sopra, fulminata assolutamente nulla, ed ingiusta, da temersi solamente da chi la fulminò, non havendo netampoco precesso le solite, e necessarie monizioni, netampoco la citazione ad dicendum causam Quare, secondo precettò l'istessa Verità increata, li Sacri Canoni Concigli Ecumenici, e senza veruna inibizione à desistersi dal fatto, ò pretese violenze; havendo perciò tutto maturamente esaminato, e discusso con matura riflessione, habbiamo stimato dichiarar nulla, ingiusta, insossistente, temeraria, ed irregolare la riferita censura per le ragioni riferite, con fare à voi le presenti, per rendere manifesta, e publica la nullità di sudetta censura, e per togliere anche da cotesta Città, e Diocesi le Cedoloni, Interdetti, ed altre Scritture forse affissate contro le accennate persone in specie, & in genere nominate, & benche stante la sudetta nullità, ed ingiustizia, non vi fusse di bisogno veruna assoluzione, nondimeno per non dar luogo à verun zelo farisaico, ò à qualunque scandalo possibile, che potesse originarsi nelle conscienze semplici, erronee, e scrupulose; Perciò vi ordiniamo, che presentandosi innanzi à voi le succennate Persone, in specie, & in genere nominate, & ogn'uno di loro, domandandovi l'assoluzione della sudetta Scommunica, vogliate, e dobbiate Voi, come Delegato di questo Tribunale della Regia Monarchia, à quelli, ed ogn'uno di loro assolvere libere dalla sudetta Scommunica, e fatta la sudetta assoluzione ne farete fede, e quella trasmetterete, dove sarà di bisogno: per haverne piena scienza, ed altra transmettere à Noi, e questo Tribunale della Regia Monarchia, con vostre lettere responsali, per havere anche Noi scienza della sudetta assoluzione, procedendo sopra ciò contro li perturbanti, & impedienti l'esecutione delle presenti à quelli remedii, che vi pareranno convenienti, e di Giustizia; Commandando per le presenti à tutti, e singoli Officiali così Spirituali, come temporali del Regno, che sotta la pena di scudi cento per ogn'uno di essi d'applicarsi al Fisco di questo Tribunale della Regia Monarchia v'habbiano, e debbono dare, e prestare ogni lor braccio, ajuto, e favore tante volte, quante da voi saranno richiesti, che noi sopra la cose sudette vidiamo, e concediamo ogni nostra potestà, ed autorità necessaria, e così eseguirete ad istanza delle sudette prenominate Persone, seusi qualsivoglia Persona per esse presentante, e comparente, etiam senza Procura, per quanta la grazia di Sua Maestà tenete cara, e sotto le pene à Noi ben viste. Datum Panormi di trigesima prima Augusti sextæ Indictionis 1713.: Don Franciscus Miranda, & Gayarre: Julius Rotundo Pro-Magister Notarius: Jesus: Præsentetur, Exequatur, Registretur, & Affigatur: Sacerdos Don Andreas Ficani Delegatus in Causa: Die 2. Septembris 1713. Præsentes præsentatæ, executæ, & registratæ fuerunt, & sunt in Officio Admodum Reverendi Sacerdotis D. Andreæ Ficanæ degentis in hac Civitate Agrigenti, uti Delegati Illustrissimi, & Reverendissimi Domini D. Francisci Miranda, & Gayarre Judicis Ordinarii Tribunalis Regiæ Monarchiæ, & fuerunt affixa juxta supradictam decretationem. Unde &c.: Clericus Angelus Fiano Magister Notarius in Causa, &c.*

§. 3. Post hæc Ministri dicti prætensi Tribunalis, cum forsan suarum iniquitatum mensuram nondum satis per præmissa implevisse sibi viderentur, admissis criminibus nova, & sane semper graviora crimina adjicere non formidarunt. Quidam enim Canonicus Isidorus Navarro, asserens se ejusdem prætensi Tribunalis, illiusque asserti Judicis delegatum existere, nec non speciale ab eo Mandatum habuisse revocandi generale Interdictum, cui præfatus Franciscus Episcopus Civitatem, & Diœcesim supradictas, ut præfertur, supposuerat, ad prædictam Civitatem Agrigentin. die 15. ejusdem Mensis Septembris, plurium armatorum Militum turmâ stipatus se contulit, ibique tam Ecclesiasticos ad aperiendas, quàm Populum ad frequentandas Ecclesias inducere tentavit; Sed cum illos in exactâ ejusdem Interdicti observantiâ, fidelique erga Pastorem suum, atque hanc Sanctam Sedem obedientiâ firmissimos invenisset, ad violenta

ANNO 1713. lenta remedia confugit, eorumque constantiam, antiqua propemodum ab Ethnicis in Christi Fideles illatarum persecutionum exempla renovando, bonorum interceptionibus, carceribus, exiliis, aliisque irrogatis mulctis, expugnare studuit. Plures proinde tam Saeculares, quàm Regulares Sacerdotes, sive in carceres, & vincula crudeliter conjecit, sive bonis spoliavit, sive exulare acerbè jussit, atque hos inter plerosque etiam Parochos oves Christi sibi commissas, eo planè tempore, quo Pastorum suorum praesentiâ, ac custodiâ maximè indigebant, deserere coegit; Et, quod sanè sine horrore, ac lachrymis audiri nequit, tres Vicarios in spiritualibus Generales à memorato Francisco Episcopo successivè deputatos, nempe dilectos Filios Petrum Attardum, Josephum Mariam Rhinum, & Gasparem Salernum, in odium constantis, & invicti illorum zeli pro Ecclesiae Jurium, atque Apostolicae authoritatis tuitione in carceres detrusit, ingenti prius pecuniâ ab eis extortâ; ac quartum, qui illis successerat, nempe quemdam Blasium Mariam, nisi hic intereà non tam lethalis morbis violentiâ, quàm innumeris pro eadem Ecclesiae causâ toleratis aerumnis confectus, ac penè morti proximus: ad gravis pecuniariae mulctae solutionem impio ejusdem Isidori jussu immanissimè adactus, ab humanis decessisset, eâdem carceris poenâ afficere decreverat. Neque his contentus dictus Isidorus, propriae non minus conscientiae, quàm divini timoris penitus immemor, censuris omnibus, ac poenis in Ecclesiastici Interdicti violatores per Sacros Canones, & Apostolicas Sanctiones inflictis prorsùs contemptis, Cathedralem Ecclesiam Agrigentinam violenter aperiri fecit, ibique detestabili impietate à Sacrilegiis ad Altare progrediens, imò Altare ipsum Sacrilegiis polluens, majori Excommunicatione, aliisque censuris non uno, sed plurimis nominibus innodatus, Sacrosanctum, ac tremendum Missae Sacrificium, concrepantibus interea plurium scloporum dispositionibus per ejus Milites factis, aliisque igniarii pulveris fragoribus additis, cum interventu quorumdam, qui ad eamdem Ecclesiam metu, & violentiis compulsi convenerant, celebrare ausus fuit: promulgato tamen prius in eadem Civitate Agrigentin. quodam Edicto, per quod idem Isidorus Interdictum praefatum nullum, injustum, illegitimum, insubsistens, & irritum, nulliusque roboris, & efficaciae declaraverat, adeòque omnibus Superioribus Ecclesiarum tam Saecularium, quàm Regularium, nec non Parochis, Beneficiatis, Cappellanis, Presbyteris, & Clericis Civitatis, & Dioecesis Agrigentin. praefatarum, ut illo minimè attento, Ecclesias omnes apertas, ut prius, retinere, ac in illis Missas, & alia Divina Officia celebrare, & celebrari, ac Christi Fidelibus Ecclesiae Sacramenta administrare, & administrari facere deberent, perinde ac si Interdictum hujusmodi nunquam emanasset, sub Excommunicationis, aliisque poenis districtè mandaverat, & aliàs, prout etiam uberiùs continetur in praefato Edicto, tenoris sequentis, videlicet: Nos Doctor Don Isidorus Navarro Canonicus Sanctae Metropolitanae Primariae hujus Siciliae Regni Ecclesiae Panormitanae, Examinator Synodalis, & Delegatus Tribunalis Apostolicae Legatiae, & Regiae Monarchiae seriò ad infrascripta constitutus vigore literarum datarum Panormi die nonâ Septembris septimae Indictionis 1713. praesentatarum, executarum, & registratarum in hac Civitate Agrigenti die 15. instantis, ad quas &c.: Omnibus, & singulis Christi Fidelibus utriusque sexus hujus praedictae Civitatis, ejusque Dioecesis salutem in Domino sempiternam: *Non senza doglianza, e perturbatione della publica quiete ha pervenuto alla notizia di S. E., e del Reverendissimo Monsignore D. Francesco Miranda, e Gavarre Abbate di Santa Maria di Terrana, del Conseglio di Sua Maestà, (chi la Divina guardi) e suo Giudice Ordinario del Tribunale dell' Apostolica Legazia, e Regia Monarchia in questo fedelissimo Regno, che essendo stato il Reverendissimo Arcivescovo D. Francesco Ramirez Vescovo di Girgenti intimato d'ordine di S. E. à partirsi da questa Diocesi, e da tutto il Regno per li giusti motivi mossero il zelo indefesso, e l'animo di S. E., attinenti al Real servigio, publico bene, e quiete de Popoli, valendosi con matura riflessione, e con giustizia della Potestà Economica contro il succennato Prelato, quale abusandosi del titolo specioso di Consiglieri di Sua Maestà, e del proprio giuramento di fedeltà, e di osservare le Regie prerogative, privilegi; e lodevoli osservanze del Regno, fingendo di esser stata lesa la lebertà Ecclesiastica, e di haver patito violenze dal Capital D. Giovanni Ochoa, Dottore D. Giovan Battista Gazzardi, Clerico D. Pompeo Grugno, Ettore Antinoro, e d'altre persone generalmente, specialmente, ed individualmente nominate, passò à scommunicarli, e supponendo, che l'esercizio di tal Potestà Economica fosse enorme delitto, credendo esser Prelato per la sola grazia della Corte Romana, non per la Real munificenza, interdisse questa Cathedrale, e tutte le Chiese della Diocesi, con lo scudo di essersi commesso gravissimo eccesso contro il Pastore di questo Gregge, senza però riflettere le turbolenze, e pessime consegvenze può partorire tanto scandaloso attentato contro il Real servigio, publica quiete, ed in dispregio della Potestà Economica; ma anche totalmente irregolare, assolutamente, & de facto, & ex abrupto, nullo Juris ordine servato, contro la forma di Sacri Canoni, e Concili Generali mancando li requisiti necessari dell' Interdetto, e la materia, e causa efficiente del medesimo, con supposizione di violenze non vere, ed eccessi non commessi, mentre il mettere in dubio la Potestà Economica, e chiamare abuso, violenza, ed eccesso l'esercizio della medesima è contro ogni dritto, contro ogni Jus delle genti; e l'inveterate, e mai interrotte prerogative, e dritti di Sua Maestà (che la Divina guardi), e di questo fedelissimo Regno, e Tribunale dell' Apostolica Legazia, e Regia Monarchia, maggiormente, che si asserisce in sudetto asserto, e nullo Interdetto d'haver processo per potestà concessali dalla Corte Romana, non esecuta, ne presentata nel Regno in grave pregiudizio, anzi dispregio delle Regalie, e prerogative del Regio Exequatur, secondo si prescrive da più Reali dispacci de Serenissimi Monarchi, fondati in evidenti raggioni, avvalorate d'antichissima, ed immemorabile osservanza mai interrotta nel lungo corso di più Secoli, non solo in questo fedelissimo Regno, mà anche per tutto il Mondo Cattolico, come uniforme à Dritto delle Genti, alli Sacri Canoni, Concili Universali, Privilegi Apostolici, e Concordie con la Santa Sede, ed includendo per consequenza manifesta ingiustizia, notoria insussistenza, ed evidente nullità, s'hà stimato perciò dal detto Tribunale del l'Apostolica Legazia, e Regia Monarchia, e dal riferito Reverendissimo Monsignore Giudice della medesima provedere d'opportuno rimedio, riparando col suo zelo non solo alli pregiudizi del Real servigio, ma anche à quelli delli Popoli di questa Diocesi ingiustamente lesi dal sudetto Prelato loro Pastore contro la carità Pastorale, ha deliberato commettere à Noi la sua autorità, è potestà, ac vices, & voces suas, & ejusdem Tribunalis, con ordinarci, che dovessimo passare in questa Città, e qualsivoglia parte della Diocesi, e levare, e far levare sudetto Interdetto, & qualsivoglia Cedolone affissato, e dichiarare juxta Juris formam ex Commissione speciali l'istesso Interdetto nullo, ingiusto, illegitimo, ed insossistente. Per tanto Noi valendoci della sopradetta potestà amplissima nelle sopracitate Lettere, come speciali Delegato in questo negozio, e Causa, precedendo le prove legitime di non esser veri li motivi addotti nel citato Interdetto, possassimo in dorso la petizione del nostro Procuratore Fiscale D. Domenico Piccione, con interlocutoria in scrittis à dichiarare nullo, ingiusto, illegitimo, ed insussistente, irrito, di nessuna forza, e valore il succennato Interdetto. In tanto per il nostro presente Editto authoritate, qua supra, publichiamo la nullità, ingiustizia, ed insossistenza del medesimo, ed ordiniamo in virtù della facoltà à Noi specialmente, come s'hà detto, concessa, à tutti li Superiori delle Chiese, tanto Regolari, quanto Secolari, Parochi, Beneficiati, Cappellani, Sacerdoti, e Chierici, che non ostante il sudetto Interdetto, stante la sua notoria ingiustizia, nullità, ed insossistenza, dovessero tenere le Chiese aperte, ed ivi celebrare, e far celebrare li Divini Offizi, e Messe, come si faceva prima del sudetto ingiusto, nullo, ed insossistente Interdetto, ed amministrare a tutti li Fedeli li Santi Sacramenti della Santa Chiesa, come prima, e come se mai vi fosse stato detto Interdetto, nullo, ingiusto, ed insossistente, e questo sotto la pena alli Contraventori, e disobedienti della Scommunica Maggiore riservata al sudetto Reverendissimo Giudice della Regia Monarchia, della disgrazia di Sua Maestà, & d'altre pene à Noi ben viste, e non altrimente. Datum Agrigenti die trigesima Septembris septimae Indictionis 1713. Assignatur: Canonicus Navarro Delegatus. Innocentius Guerreri Magister Notarius.* ANNO 1713.

§. 4. Idem porrò Edictum à memorato Isidoro per universam Dioecesim Agrigentin. transmissum fuit, ut juxta ejus tenorem Presbyteri omnes singulorum locorum Dioecesis hujusmodi, Interdicto praefato nequaquam obstante, Missas celebrare, aliaque Divina peragere per assertos Delegatos locales supradicti praetensi Tribunalis compelli possent; quemadmodum inter caeteros ita fecisse atque executum fuisse Nobis innotuit quemdam Josephum Alexandri, qui

ANNO 1713.

qui asserens se ejusmodi Delegatione munitum esse, in Oppido *Castel Tervine* nuncupato ejusdem Diœcesis quoddam præceptum, seu mandatum hac de re edidit, additâ in eo adversus Transgressores pœnâ incorporationis omnium bonorum, illudque nonnullis Ecclesiasticis dicti Oppidi transmisit, imò & ad quorumdam ex eis domorum januas affigi fecit, tenoris sequentis, videlicet: *Die 28. Octobris septima Indictione 1713. Portiero d'ordine del Reverendo Sacerdote Don Gioseppe Alessandro Delegato del Tribunale dell' Apostolica Legazia, e Regia Monarchia in virtù di Lettere Patenti date in Palazzo in detto Tribunale diebus &c., e di Commissione parimente del Reverendo Signor Canonico D. Isidoro Navarro Delegato speciale in Causa di detto Tribunale, e in virtù di suo ordine e Lettera data in Girgenti diebus &c. alli quali &c. s'ingiunge, notifica, & intima al Sacerdote D. Antonino Mattellano, quatenus domane Domenica 29. del corrente 7. Indictione 1713. e successivamente in appresso di giorno in giorno habbia, voglia, e debba celebrare la Santa Messa, assistere in detto giorno die 29. Ottobre alla Messa Cantata, e Divini Offici, Amministratione delli Santissimi Sacramenti, stante l'evidente nullità dell' Interdetto, come chiaramente si vede nelli Editti affissati d'ordine di detto Reverendo Delegato in Causa nelli luoghi publici di questa predetta Terra. Altrimente, facendo il contrario, e non facendo copia di se, s'intende incorso in quelle pene publicate, ed espressate in detto ordine, e Lettere, procedendosi per la disobedienza all'espressi nell' stesse Ordinazioni, con la incorporazione di tutti li suoi beni. Undè &c.*

§. 5. Cum autem nimiùm evidens sit, nec quisquam inficiari valeat, gravissimam ex præmissis Ecclesiasticæ Libertati, imò etiam Pontificiæ authoritati illatam fuisse injuriam, ac similiter exploratum sit nullum Judicem, quacumque tandem potestate, & authoritate suffultum, quoties de Excommunicatione, Interdicto, aliisque censuris ex causa læsæ, seu violatæ Immunitatis Ecclesiasticæ, ac potissimum de speciali Nostro, & Sedis Apostolicæ mandato latis, agi contingit, in illarum validitatis, seu invaliditatis, justitiæ, seu injustitiæ cognitionem, quæ, non nisi Nobis, ac dictæ Sedi reservata est, se ingerere ullatenus posse; adeòque eadem præmissa in maximam plurimorum perniciem, ac scandalum tendant, animasque pretioso Salvatoris, & Domini Nostri Jesu Christi sanguine redemptas in gravissima pericula, & errores conjicere, ac deplorandis malis involvere valeant. Hinc est, quod Nos, qui Jurium Ecclesiasticorum assertores in Terris à Domino constituti sumus, omniumque Christi Fidelium curam, & sollicitudinem supernâ dispositione gerimus, Libertatem, Immunitatem, & jurisdictionem Ecclesiasticam, nec non Sanctæ hujus Sedis authoritatem ab ejusmodi nefariis, ac perniciosis conatibus sartam, tectamque, atque illibatam tueri, & tùm Nobis ex alto conceditur, occurrere cupientes: omniumque & singulorum, quæ in præmissis, seu eorum occasione quovis modo decreta, jussa, ordinata, acta, & gesta fuerunt, seriem, causas, & circumstantias, etiam aggravantes, nec non præfatorum, ac quorumvis aliorum Tribunalium, Judicum, Ministrorum, etiam Principalium, seu Supremorum Officium, Notariorum, Scribarum, & Personarum quarumcumque in eisdem præmissis quomodolibet culpabilium qualitates, dignitates, nomina, & cognomina, aliave quæcumque, etiam specificam, & individuam mentionem, ac expressionem requirentia, præsentibus pro plenè, & sufficienter expressis, & singillatim specificatis, habentes: Motu proprio, ac ex certâ scientiâ, & maturâ deliberatione Nostris, deque Apostolicæ potestatis plenitudine, Literas, Edictum, ac Præceptum, seu Mandatum præinserta, nec non quæcumque in iis contenta, aliaque omnia ea occasione per memoratos Franciscum Miranda, & Gayarre assertum Judicem dicti prætensi Tribunalis; nec non Andream Ficani, Isidorum Navarro, & Josephum Alexandri vigore suarum respective assertarum Delegationum acta, gesta, & ordinata, cum omnibus, & singulis inde secutis, & forsan quandocunque secuturis; penitus, & omninò nulla, irrita, & invalida, injusta, reprobata, damnata, inania, temeraria, & a non habentibus potestatem damnabiliter attentata, ac de facto præsumpta, nulliusque omninò roboris, & momenti, vel efficaciæ esse, & ab initio fuisse, ac perpetuò fore, neque illa a quoquam observari posse, vel potuisse, adeòque nec ullum statum facere, vel fecisse, sed perinde, ac si nunquam emanassent, nec facta fuissent, pro non extantibus, & non factis perpetuò itidem haberi debere, tenore præsentium declaramus; Et nihilominus ad majorem, & abundantiorem cautelam, & quatenus opus sit, illa omnia, & singula harum serie damnamus, reprobamus, revocamus, cassamus, irritamus, anullamus, abolemus, viribusque, & effectu penitus, & omninò vacuamus, ac pro damnatis, reprobatis, revocatis, cassatis, irritis, nullis, invalidis, & abolitis, viribusque, & effectu penitus, & omninò vacuis semper haberi volumus, & mandamus.

ANNO 1713.

§. 6. Præterea, tametsi de veteri Nationis Siculæ pietate, ac Religione confisi, minimè dubitemus Christi Fideles illarum partium, ac præsertim Civitatis, & Diœcesis Agrigentin. præfatarum Incolas, etiam nostrâ hac declaratione minimè expectatâ, Literas, Edictum, ac Præceptum, seu Mandatum hujusmodi, aliaque per dictos Franciscus Miranda, & Gayarre, Andream, Isidorum, & Josephum gesta pro irritis, & invalidis, nulliusque prorsus roboris, ac valoris jam habuisse, & in posterum habituros esse, adeòque omnia è converso per supradictum Franciscum Episcopum acta, & ordinata religiosè, ac exactè observasse, & observaturos esse. nihilominus ad majorem similiter cautelam, generale Interdictum, cui præfatus Franciscus Episcopus Civitatem, & Diœcesim supradictas, sicut præmittitur, subjecit, nec non censuras, seu declarationes Excommunicationis ab eo contra suos Expulsores promulgatas pro validis, & justis habentes, ipsumque Interdictum, ac censuras, seu declarationes hujusmodi authoritate Omnipotentis Dei, Sanctorum Apostolorum Petri, & Pauli, ac Nostrâ approbantes, & confirmantes; ac adversus præmissa, quatenus opus sit, renovantes: Motu, scientiâ, deliberatione, & potestatis plenitudine paribus, omnes, & singulas personas Ecclesiasticas tam sæculares cujusvis gradus, præeminentiæ, ac dignitatis fuerint, quàm cujusvis Ordinis, Congregationis Instituti, & Societatis, etiam Jesu, Regulares ad exactam ejusdem Interdicti observantiam omninò teneri, & obligatas existere, & fore, ita ut in quibusvis Ecclesiis, locis piis, Oratoriis, etiam privatis, ac Cappellis domesticis Civitatis, & Diœcesis Agrigentin. prædictarum, prætensâ etiam memoratæ assertæ Monarchiæ Siculæ authoritate munitis, sive aliàs quocumque privilegio, exemptione, & indulto etiam prætensæ Protectionis Regiæ, seu prætensi Juris Patronatus Regii, tametsi pluries, ac quantiscumque vicibus a Sede præfatâ approbati suffultis, nec Missæ, nec alia Divina Officia celebrari, neque Sanctissimum Eucharistiæ Sacramentum administrari, minusque Fidelium defunctorum cadavera sepiliri, aliave tempore Interdicti prohibita exerceri, nisi temporibus, casibus, & modis per supradictos Sacros Canones permissis, ullo modo valeant, earumdem pariter tenore præsentium statuimus, & ordinamus.

§. 7. Ad hæc omnes, & singulos, quantumvis exemptos, & quovis modo privilegiatos, qui Statuto, Decreto, & Ordinationi Nostris hujusmodi sub quovis quæsito colore, ratione, aut prætextu quomodolibet contravenerint, quocumque tandem titulo, munere, aut dignitate præfulgeant, eo ipso, & absque aliâ declaratione in censuras, & pœnas Ecclesiasticas per præfatos Sacros Canones, & Constitutiones Apostolicas desuper latas, & impositas incidisse, illisque innodatos fuisse, & esse, ac fore, nec ab eis a quoquam, nisi a Nobis, seu Romano Pontifice pro tempore existente (præterquam in mortis articulo, & tunc cum reincidentiâ in easdem censuras eo ipso, quo convaluerint) absolvi, & liberari posse, harum serie similiter statuimus.

§. 8. Cæterum, cum notorii Juris sit, non tam eos, quos præfatus Franciscus Episcopus in actu suæ expulsionis Excommunicatos declaravit, quàm supradictos Franciscum Miranda, & Gayarre, Andream Ficani, Isidorum Navarro, & Josephum Alexandri, ac ulterius Julium Rotundo Promagistrum Notarium, qui præinsertis Literis prædictis Francisci Miranda, & Gayarre, Clericum Angelum Fiano Magistrum Notarium, qui promulgationi Literarum hujusmodi per dictum Isidorum, ut præfertur, factæ, ac Innocentium Guerreri similiter Magistrum Notarium, qui præinserto Edicto ejusdem Isidori respectivè subscripserunt; nec non Dominicum Piccione, ad cujus nimirum instantiam, uti Procuratoris Fiscalis ejusdem prætensi Tribunalis, dictus Isidorus in suo præinserto Edicto se processisse asseruit: aliosque omnes, & singulos cujuscumque status, gradus, ordinis, præeminentiæ, dignitatis, quantumcumque excelsæ, ac sublimis fuerint, qui sive Francisci Episcopi expulsionem

hujus-

ANNO 1713.

hujusmodi, sive gesta per dictos Franciscum Miranda, & Gayarre, Andream, Isidorum, & Josephum quovis modo mandarunt, ac ordinarunt, seu illis consilium, auxilium, favorem vel quamvis aliam damnabilem operam præstiterint, aut in eorum sequelam, & executionem gesta approbarunt, & rata habuerunt, seu aliàs in eis quomodolibet culpabiles fuerunt, censuras omnes, & pœnas Ecclesiasticas à Sacris Canonibus, Generalium Conciliorum Decretis, & Apostolicis Constitutionibus; ac præsertim Literis die Cœnæ Domini singulis annis legi, & promulgari consuetis inflictas eo ipso incurrisse; Noverint idcirco illi omnes, etiam specialissimâ mentione digni, a censuris, & pœnis hujusmodi, post debitam, ac condignam Ecclesiæ realiter, & cum effectu præstitam satisfactionem, non nisi a Nobis seu Romano Pontifice pro tempore existente (præterquam in mortis articulo constituti, nec etiam tunc nisi de stando Ecclesiæ mandatis, & satisfaciendo cautione præstitâ; ac cum reincidentiâ præfatâ eo ipso, quo convaluerint) absolvi, & liberari posse, prout harum serie similiter decernimus, & declaramus; facultatem insuper quandocumque procedendi ad alia severiora remedia, quatenus prædicti Ecclesiasticæ libertatis Violatores in suâ contumaciâ persistentes censuras, & pœnas hujusmodi animo, quod absit, sustinuerint indurato, Nobis, & eidem Apostolicæ Sedi expresse reservantes.

§. 9. Decernentes pariter easdem præsentes Literas, & in eis contenta quæcumque, etiam ex eo, quòd prædicti, & alii quicumque in præmissis interesse habentes, seu habere quomodolibet prætendentes cujusvis status, gradus, ordinis, præeminentiæ, & dignitatis existant, seu aliàs specificâ, & individuâ mentione, & expressione digni illis non consenserint, nec ad ea vocati, citati, & auditi, causæque, propter quas Præsentes emanarint, sufficienter adductæ, verificatæ, & justificatæ non fuerint, aut ex aliâ qualibet, etiam quantumvis juridicâ, & privilegiatâ causâ, colore, prætextu & capite, etiam in corpore Juris clauso, etiam enormis, enormissimæ, & totalis læsionis, nullo unquam tempore de subreptionis, vel obreptionis, aut nullitatis vitio, seu intentionis nostræ, vel interesse habentium consensus, aliove quolibet, etiam quantumvis magno, & substantiali, ac inexcogitato, & inexcogitabili, individuamque expressionem requirente defectu notari, impugnari, infringi, invalidari, retractari, in controversiam vocari, aut ad terminos Juris reduci, seu adversus illas aperitionis oris, restitutionis in integrum, aliudve quodcumque juris, facti, vel gratiæ remedium intentari, vel impetrari, aut impetrato, seu etiam motu, scientiâ, & potestatis plenitudine paribus concesso, vel emanato quempiam in judicio, vel extra illud uti, seu se juvare ullo modo posse; sed ipsas præsentes Literas semper firmas, validas, & efficaces existere, & fore, ac quibuscumque juris, seu facti defectibus, qui adversus illas a sæculari potissimùm potestate, seu prædicto asserto Monarchiæ Siculæ Tribunali, ad effectum impediendi, seu retardandi earum executionem, quovis modo, seu ex quavis causâ opponi, seu objici possent, minimè refragantibus, suos plenarios, & integros effectus sortiri, & obtinere: easque propterea, omnibus, & singulis per eamdem sæcularem potestatem, sive per idem assertum Tribunal quomodolibet allatis, seu afferendis impedimentis penitus, & omninò rejectis, ac nequaquam attentis, ab illis, ad quos spectat, & pro tempore quandocumque spectabit, inviolabiliter, & inconcusse observari; sicque, & non aliter in præmissis per quoscumque Judices Ordinarios, & Delegatos, etiam Causarum Palatii Apostolici Auditores, ac Sanctæ Romanæ Ecclesiæ Cardinales, etiam de latere Legatos, & præfatæ Sedis Nuncios, aliosve quoslibet quacumque præeminentia, & potestate fungentes, & functuros, sublatâ eis, & eorum cuilibet quâvis aliter judicandi, & interpretandi facultate, & authoritate, judicari, & definiri debere, ac irritum & inane, si secus super his a quoquam quavis authoritate scienter, vel ignoranter contigerit attentari.

§. 10. Non obstantibus præmissis, & quatenus opus sit, nostrâ, & Cancellariæ Apostolicæ regulâ de Jure quæsito non tollendo, aliisque Apostolicis, ac in Universalibus, Provincialibusque, & Synodalibus Conciliis editis generalibus, vel specialibus Constitutionibus, & ordinationibus, nec non quorumcumque Ordinum, Congregationum, Institutorum, & Societatum, etiam Jesu, & quorumvis Monasteriorum, Conventuum, Ecclesiarum, locorum piorum, aliisve quibusvis etiam juramento, confirmatione Apostolicâ, vel quavis firmitate aliâ roboratis Statutis, & consuetudinibus, ac præscriptionibus quantumcumque longissimis, & immemorabilibus; Privilegiis quoque, indultis, & Literis Apostolicis, Ordinibus, Congregationibus, Institutis, & Societatibus, etiam Jesu, ac Monasteriis, Conventibus, Ecclesiis, & locis piis prædictis, illorumque respectivè Superioribus, aliisve quibuslibet personis, etiam quamtumvis sublimibus, & specialissimâ mentione dignis a Sede prædictâ ex quacumque causâ, etiam per viam contractus, & remunerationis, sub quibuscumque verborum tenoribus, & formis, ac cum quibusvis, etiam derogatoriarum derogatoriis, aliisque efficacioribus, efficacissimis, & insolitis Clausulis, irritantibusque, & aliis Decretis; etiam motu, scientiâ, & potestatis plenitudine paribus, seu ad quarumcumque personarum, etiam Imperiali, Regali, aliâve qualibet mundanâ; vel Ecclesiasticâ dignitate fulgentium instantiam aut earum contemplatione, seu aliàs quomodolibet in contrarium præmissorum concessis, editis, factis, ac pluries iteratis, ac quantiscumque vicibus approbatis, confirmatis, & innovatis, etiam continentibus, quòd excommunicari non possint per Literas Apostolicas non facientes plenam, & expressam, ac de verbo ad verbum de Privilegiis, & indultis hujusmodi mentionem. Quibus omnibus, & singulis, etiamsi pro illorum sufficienti derogatione de illis, eorumque totis tenoribus specialis, specifica, expressa, & individua, ac de verbo ad verbum, non autem per clausulas generales idem importantes mentio, seu quævis alia expressio habenda, aut aliqua alia exquisita forma ad hoc servanda foret, tenores hujusmodi, ac si de verbo ad verbum, nihil penitus omisso, & formâ in illis traditâ observata, exprimerentur, & insererentur, Præsentibus pro plenè, & sufficienter expressis, & insertis habentes, illis aliàs in suo robore permansuris, ad præmissorum effectum hac vice dumtaxat specialiter, & expresse derogamus & derogatum esse volumus, cæterisque contrariis quibuscumque.

ANNO 1713.

§. 11. Ut autem eædem præsentes Literæ ad omnium notitiam faciliùs deveniant, volumus illas, seu earum exempla ad valvas Ecclesiæ Lateranensis, ac Basilicæ Principis Apostolorum, nec non Cancellariæ Apostolicæ, Curiæque Generalis in Monte Citatorio, & in Acie Campi Floræ de Urbe, ut moris est, affigi, & publicari; sicque publicatas, & affixas omnes, & singulos, quos illæ concernunt, perinde arctare, & afficere, ac si unicuique eorum nominatim, & personaliter intimatæ fuissent; Utque ipsarum Literarum transumptis, seu exemplis, etiam impressis, manu alicujus Notarii publici subscriptis, & sigillo Personæ in Ecclesiasticâ dignitate constitutæ munitis eadem prorsus fides tam in judicio quam extra illud, ubique adhibeatur, quæ eisdem præsentibus adhiberetur, si forent exhibitæ, vel ostensæ. Datum Romæ apud S. Mariam Majorem sub Annulo Piscatoris die XXIII. Decembris MDCCXIII. Pontificatus Nostri Anno Decimo quarto.

F. Oliverius.

XCVII.

1714. 7. Septembre.

Declaratio nullitatis, Damnatio, abolitio, & reprobatio Edicti promulgati a quodam Delegato asserti Tribunalis Monarchiæ Ecclesiastici Interdicti, cui Vicarius Generalis R. P. D. NICOLAI MARIÆ *Episcopi Liparensis Civitatem, & Diœcesim Liparen. in actu suæ ab eis expulsionis per manifestum Sæcularis potestatis abusum secutæ subjecerat, cum aliis diversis Ordinationibus, Decretis, & Declarationibus.* [Bullarium magnum, Edit. Luxemburgic. 1727. pag. 134.]

CLEMENS PAPA XI.

Ad futuram rei memoriam.

AD Apostolatus nostri notitiam, non sine gravi paterni cordis nostri dolore, pervenit quòd cum aliàs dilectus filius Didacus Hurtado Venerabilis

Anno 1714. lis Fratris Nicolai Mariæ Episcopi Liparensis Vicarius in spiritualibus Generalis, non aliâ profecto de causâ, nisi quod quibusdam Mandatis nostris Apostolicæ authoritatis tuitionem respicientibus, sibi antea per Literas die XXXI. Augusti MDCCXIII. à dilecto filio nostro Fabritio Sanctæ Romanæ Ecclesiæ Cardinali Paulutio nuncupato Secretario nostro Status ei jussu nostro conscriptas datis illâ qua par erat fide & obedientiâ obtemperans, ab executione cujusdam dispensationis matrimonialis sibi ab Alonso Mercorella, qui illam obtinuerat, exhibitæ providè abstinuisset, per summam injuriam, ac manifestum sæcularis potestatis abusum, adnitente in id, atque instigante apud ejusdem sæcularis potestatis Ministros supradicto Alonso, è Civitate, ac Diœcesi Liparen. expulsus fuerit; Ipse in actu ejusmodi suæ expulsionis, quo Immunitati Ecclesiasticæ per id enormiter lesæ consuleret, ac vim vi repelleret, Joannem Baptistam Gastaldum, & Carolum Alconanda expulsores suos, omnesque alios, qui eamdem expulsionem mandarunt, seu illi auxilium, favorem, aut consilium quovis modo præstiterunt, cujuscumque gradus, & conditionis essent, in excommunicationem majorem a Constitutionibus Apostolicis, & speciatim illâ quotannis die Cœnæ Domini legi solitâ contra similia perpetrantes inflictam incidisse declaraverit, ac insuper Civitatem, & Diœcesim Liparen. præfatas generali Ecclesiastico Interdicto, affixis super excommunicatione, & interdicto hujusmodi publicis schedulis subjecerit.

§. 1. Tametsi hæc omnia, a memorato Didaco Vicario generali ritè, ac rectè, nec non juxta Sacrorum Canonum præscriptum, imò de speciali prævio mandato nostro peracta fuerint: nihilominus quidam Josephus Marotta Canonicus Sæcularis, & Collegiatæ Ecclesiæ S. Petri Panormitani asserens se specialem prætensi Tribunalis Monarchiæ Siculæ nuncupati, illiusque asserti Judicis Delegatum existere, unà cum Francisco Bruno Notario, Corrado Chirco Fiscali, Francisco Navaglio executore, Algozzino vulgariter nuncupato, ad dictam Civitatem Liparen. accessit, ibique assumpto in Consultorem Josepho Russo Liparensi Edictum quoddam promulgari, ac in locis publicis ejusdem Civitatis affigi fecit, per quod temerario non minùs, quàm execrando ausu, generale Interdictum, cui præfatus Didacus Vicarius generalis Civitatem, & Diœcesim prædictas, sicut præmittitur, supposuerat, nullum, irritum, injustum, illegitimum, insubsistens, nulliusque roboris, & valoris declaravit, illoque minimè attento, mandavit, ut Ecclesiæ omnes tam sæculares, quàm regulares Civitatis, & Diœcesis hujusmodi apertæ, ut priùs, retineri, ac in illis Missæ, & alia Divina Officia celebrari, nec non Christi Fidelibus Sacramenta administrari deberent, perinde ac si ipsum Interdictum nunquam emanasset, & alias, prout uberiùs continetur in præfato Edicto, quod non alio quidem, quàm illud penitus, & omninò reprobandi animo Præsentibus inserendum duximus, tenoris, qui sequitur, videlicet, Nos D. Joseph Marotta Cap. & M. & Canonicus Regiæ Cappellæ Sancti Petri S.R.P. Sen. Judex Ecclesiasticus Revisionis causarum decisarum in Tribunali Consistorii S. Regiæ conscientiæ, & Delegatus Regiæ Monarchiæ hujus Regni seriò ad infrascripta constitutus vigore Literarum datarum Panormi die prima Februarii 1714. ad quas &c. Omnibus, & singulis Christi Fidelibus utriusque sexus hujus prædictæ Urbis, ejusque Diœcesis salutem in Domino sempiternam: *Essendo pervenuto a notivia, non con poca maraviglia dell' Illustrissimo Monsignor Giudice della Monarchia, che essendo stato intimato il Reverendo Don Diego Hurtado Canonico, e Vicario Generale della Catedrale Chiesa di questa nobile, e fedelissima Città di Lipari dal Luogotenente Giovanni Battista Castaldi, e di ordine speciale del Governo à partirsi dalla Città, ed Isola di Lipari, e sua Diocesi, per li motivi maturamente esaminati, che mossero il zelo del Governo, a far ciò per l'accertato del Real servizio, publico bene, e quiete de Popoli, esercitando con matura riflessione la Potestà economica, e le regole del buon Governo contro il sudetto Vicario perturbator di detta quiete, il quale scordatosi l'obligo di fedel Vassallo, e di osservare le Regie prerogative, e lodevoli osservanze del Regno, Insignando, per farsi ragione, di esser stata lesa Immunità Ecclesiastica, e di haver patito violenza dal riferito di Castaldi, e Carlo Alconada Agiutante, coprendosi col specioso scudo, erroneo però, e premeditato non meno, che affettato, di essere il sudetto di Castaldi Commissario, seu Delegato del Tribunale della Monarchia, a cui per sfogo del suo naturale dà indebitamente il titolo di pretiso, e quando il sudetto Tribunale della Regia Monarchia non hà dato ordine contro il sudetto Vicario, sua Corte, e Chiesa, ne mai il detto di Castaldi fù Commissario, seu Delegato di detto Tribunale, ne disse, ne poteva dire, essere Ministro con delegazione speciale di detto Tribunale, come nella scommunica, e quel che è più, con molto disconsolo di tutti li Fedeli, non solo di questa, ma del Regno interdisse questa Santa Catedrale, e tutte l'altre della Città, e Diocesi, sottomettendoli ad Interdetto locale, e generale, senza però riflettere alla falsità delle supposizioni, ed alle turbolenze, e pessime conseguenze può partorire tal scandaloso attentato contro il Real servizio, e publica quiete, e quel che è più, nullo juris ordine servato, e contro la forma di Sagri Canoni, per mancanza delli requisiti necessarii all' Interdetto; Perciò si hà stimato da detto Monsignor Illustrissimo Giudice della Regia Monarchia provedere dell' opportuni remedi, riparando col suo sommo zelo alli pregiudizi del Real servizio, ma anche a quello de Popoli di questa Città, e Diocesi, i quali sono stati tanto ingiustamente lesi dal sudetto Vicario contro la carità non solo Pastorale, ma Ordinaria, tanto dal Sommo Dio incaricata, Deliberò commettere à Noi la sua autorità, & potestà, ac vices, & voces dicti Tribunalis, e di conferirci in questa, e dichiarando ex commissione speciali lo stesso Interdetto nullo, ingiusto, illegitimo, ed insussistente, far levare, il sudetto Interdetto. Pertanto Noi valendoci della sudetta Potestà amplissima in dette Lettere sopracitate, come speciale Delegato in questo negozio, dichiariamo con il presente nostro Editto, authoritate, qua fungimur, nullo, ingiusto, illegitimo, insussistente, irrito, e di nessuno forza, e valore il cennato Interdetto, ed ordiniamo a tutti i Superiori delle Chiese, tanto Regolari, quanto Secolari, Parochi, Beneficiati, Cappellani, Sacerdoti, e Clerici, che non ostante il sudetto Interdetto stante la sua notoria ingiustizia, insussistenza, e nullità, dovessero tenere le Chiese aperte, ed ivi celebrare, e far celebrare li Divini Uffici, e Messe, come si faceva prima di detto Interdetto, ed amministrare a tutti i Fedeli li Santissimi Sagramenti della Santa Chiesa, come prima, e come mai vi fosse stato il sudetto nullo Interdetto, e questo sotto pena alli Contravenienti, e Disobedienti di scommunica maggiore riservata al sudetto Monsignor Giudice della Monarchia, della disgrazia di Sua Maestà (che Dio guardi) ed altre pene a Noi, ed a detto Monsignore riservate, e non altrimenti. Datum Liparæ die 2. mensis Februarii 1714. Affigatur: Canonicus Don Joseph Marotta Delegatus: Dominus Don Franciscus Bruno Magister Notarius.* Anno 1714.

§. 2. Subindè verò dictus Josephus Marotta, his minimè contentus, dilectos quoque filios Franciscum Canalem Canonicum, & Parochum Ecclesiæ Liparen., Dominicum Francolinum, Franciscum Corsum, Dominicum Sciachitanum, Alonsum Bonica, Presbyteros, & Franciscum Canalem Clericum, non alterius delicti reos, nisi quod affixioni schedularum excommunicationis, & Interdicti hujusmodi operam suam præstitisse, ac in actu expulsionis dicti Didaci Vicarii Generalis campanas sono funebri pulsasse insimulati fuerint, in carceres detrudi jussit. Cùm autem valdè manifestum sit, nec quisquam inficiari valeat gravissimam tam Ecclesiæ, quàm huic Sanctæ Sedi illatam fuisse injuriam ex prædicti Diduci Vicarii Generalis expulsione, aliisque præmissis adversùs personas Ecclesiasticas sacrilegè perpetratis, præsertim verò ex promulgatione Edicti præinserti præfatum Interdictum temerè annullantis; tum quia explorati Juris est nullum Judicem, quacunque tandem potestate, & auctoritate fulfultum, quoties de excommunicatione, Interdicto, aliisve Censuris ex causâ læsæ, seu violatæ Immunitatis Ecclesiasticæ, ac potissimùm de speciali nostro, & Sedis Apostolicæ Mandato latis agi contingit, in illarum validitatis, seu invaliditatis, justitiæ, seu injustitiæ cognitionem, quæ non nisi Nobis, ac eidem Sedi reservata est, se ingerere posse; Tum etiam quia satis similiter perspectum est, Ecclesiam Liparensem Nobis, ac dictæ Sedi immediatè subjectam esse, & quoad spiritualia a quorumcumque Tribunalium, etiam Ecclesiasticorum, Regni Siciliæ jurisdictione exemptam, & liberam existere; Quando quidem licèt dicta Civitas Liparen. anno MDCIX per claræ memoriæ Philippum III. dum vixit, Hispaniarum Regem Catholicum, qui etiam utriusque Siciliæ Rex existebat, à Regno Neapolitano pro majori commoditate gubernii dismembrata, & separata, ac eidem Regno Siciliæ ultra Pharum unita, & incorporata fuerit, indubitati tamen juris est ejusmodi dismembrationem, & unionem solâ Sæculari, ac Regiâ auctoritate, ut præfertur, factas, locum habere ad summum potuisse

tuisse

ANNO 1714.

tuiſſe quoad ea, quæ gubernium, ac regimen rerum temporalium dumtaxat concernunt, ac ſemper ſine præjudicio directi Dominii utriusque Siciliæ hujusmodi, juriumque ab eo dependentium, ad eamdem Sedem etiam in temporalibus, ut notum eſt, pertinentium: nunquam verò quoad ea, quæ adminiſtrationem rerum Eccleſiaſticarum, ac Spiritualium reſpiciunt, quarum ſtatum, & ordinem Laicalis poteſtas immutare non valuit.

§. 3. Unde nec Indulgentiæ illæ, & gratiæ tam ſpirituales, quàm temporales Cruciatæ Sanctæ nuncupatæ, aliàs ab hac Sanctâ Sede diverſis earumdem Hiſpaniarum Regibus Catholicis, Religionis Chriſtianæ contra Turcas defenſioni incumbentibus, necnon Chriſti Fidelibus in ipſarum Hiſpaniarum Regnis, & illis adjacentibus, ac Sardiniæ Inſulis conſiſtentibus, & ad illa declinantibus, qui quædam ſibi injuncta opera adimpleviſſent, ad certum tunc expreſſum tempus conceſſæ, ac ſubindè ad Regnum Siciliæ ultra Pharum extenſæ, & pluries prorogatæ: nec etiam jus præſentandi perſonas idoneas Romanis Pontificibus pro tempore exiſtentibus ad præſentationem hujusmodi præficiendas quibuscumque Cathedralibus, etiam Metropolitanis Eccleſiis prædicti Regni Siciliæ ultra Pharum, memorati Philippi Regis deſcendentibus in Hiſpaniarum, ac Siciliæ ultra Pharum Regnis hujusmodi legitimis Succeſſoribus, quamdiù illi vixiſſent, ab eâdem Sede conceſſum, & aſſignatum: neque demum Tribunal Inquiſitionis Hiſpaniarum adversùs hæreticam pravitatem auctoritate Apoſtolicâ inſtitutum, cujus jurisdictio ad prædictum Siciliæ ultra Pharum Regnum cæteroqui extenditur: in Eccleſiâ, Civitate, ac Diœceſi Liparen. prædictis locis unquam habuerunt; imò nec ipſi Miniſtri ſæculares ejusdem Regni Siciliæ ultra Pharum, ſive ſub dismembrationis, & unionis prædictarum obtentu, ſive ſub alio quovis prætextu præmiſſa locum habere debuiſſe, vel debere unquam prætenderunt.

§. 4. Hinc eſt, quod Nos, qui jurium Eccleſiaſticorum aſſertores in terris a Domino conſtituti ſumus, omniumque Chriſti Fidelium curam, & ſolicitudinem supernâ diſpoſitione gerimus, libertatem, immunitatem, & jurisdictionem Eccleſiaſticam, nec non Sanctæ hujus Sedis authoritatem, ac dignitatem, ab ejusmodi nefariis, ac pernicioſis conatibus ſartam, tectamque, atque illibatam tueri, & conſervare, animarumque periculis, quantum Nobis ex alto conceditur, occurrere cupientes, ac omnium, & ſingulorum, quæ in præmiſſis, ſeu eorum occaſione quovis modo decreta, juſſa, ordinata, acta, & geſta fuerunt, ſeriem, cauſas, & circumſtantias etiam aggravantes, nec non prædictorum, ac quorumvis aliorum Tribunalium, Judicum, Miniſtrorum, etiam principalium, ſeu Supremorum Officialium, Notariorum, Scribarum, & perſonarum quarumcumque in eisdem præmiſſis quomodolibet culpabilium qualitates, dignitates, nomina, & cognomina, aliave quæcumque etiam ſpecificam, & individuam mentionem, & expreſſionem requirentia, Præſentibus pro plenè, & ſufficienter expreſſis, & ſingillatim ſpecificatis habentes. In præmiſſis verò ſupradictæ Eccleſiæ Liparenſis immediatam Nobis, & Sedi præfatæ ſubjectionem, illiusque quoad ſpiritualia a quocumque Tribunali, etiam Eccleſiaſtico Regni Siciliæ exemptionem, ac libertatem approbantes, & confirmantes, ac quatenus opus ſit, innovantes: Motu proprio, & ex certa ſcientiâ, & maturâ deliberatione Noſtris, deque Apoſtolicæ poteſtatis plenitudine, Edictum præinſertum, ac quæcumque in eo contenta, nec non alia per memoratum Canonicum Joſephum Marotta eâ occaſione vigore ſuæ aſſertæ delegationis acta, geſtâ, & ordinata, cum omnibus, & ſingulis inde ſecutis, & forſan quandocumque ſecuturis, penitùs, & omninò, nulla, irrita, invalida, injuſta, reprobata, damnata, inania, temeraria, & à non habentibus poteſtatem damnabiliter attentata, ac de facto præſumpta, nulliusque omninò roboris, & momenti, vel efficaciæ eſſe, & ab initio fuiſſe, ac perpetuò fore, neque illa a quoquam obſervari poſſe, vel potuiſſe, adeòque nec ullum ſtatum facere, vel feciſſe, ſed perindè, ac ſi nunquam emanaſſent, nec facta fuiſſent, pro non extantibus, & non factis perpetuò itidem haberi debere tenore præſentium declaramus.

§. 5. Et nihilominus ad majorem, & abundantiorem cautelam, & quatenus opus ſit, illa omnia, & ſingula, & ſi quæ inſuper præmiſſorum occaſione, ſeu in eorum ſequelam per prædictum Canonicum Joſephum Marotta, aut quæcumque præfati Regni Siciliæ Tribunalia, ſeu eorum Delegatos, vel Commiſſarios hac in re de cætero agi, geri, & ordinari quomodolibet contigerit, harum ſerie damnamus, reprobamus revocamus, caſſamus, irritamus, annullamus, abolemus, viribusque, & effectu penitus, & omninò vacuamus, ac pro damnatis, reprobatis, revocatis, caſſatis, irritis, nullis, invalidis, & abolitis, viribusque, & effectu penitùs, & omnino vacuis ſemper haberi volumus, & mandamus.

ANNO 1714.

§. 6. Præterea, tametſi de perſpectâ Populi, & Incolarum Civitatis, & Diœceſis Liparen. præfatarum pietate, illorumque veteri in Eccleſiam, atque hanc Apoſtolicam Sedem devotione tam præclarè ſentiamus, ut minimè dubitemus ipſos, etiam ejusmodi noſtrâ declaratione minimè expectatâ, præinſertum Edictum aliaque per dictum Canonicum Joſephum Marotta, geſta, pro irritis, & invalidis, nulliusque prorſus roboris, ac valoris jam habuiſſe, & inpoſterùm habituros eſſe, adeòque omnia è converſo per ſupradictum Didacum Vicarium Generalem acta, & ordinata religiosè, ac exactè obſervaſſe, & obſervaturos eſſe: nihilominus ad majorem ſimiliter cautelam generale Interdictum, cui præfatus Didacus Vicarius Generalis Civitatem, & Diœceſim ſupradictas, ſicut præmittitur, ſubjecit, nec non cenſuras, ſeu declarationes Excommunicationis ab eo contra prænominatos Joannem Baptiſtam Gaſtaldum, & Carolum Alconenda expulſores ſuos, alioſque omnes, qui eamdem expulſionem mandarunt, ſeu illi opem, favorem, aut conſilium quovis modo præſtiterunt, promulgatas, pro validis, & juſtis habentes, ipſumque Interdictum, ac Cenſuras, ſeu declarationes hujusmodi auctoritate Omnipotentis Dei, Sanctorum Apoſtolorum Petri, & Pauli, ac noſtrâ approbantes, & confirmantes, ac adversùs præmiſſa, quatenus opus ſit, innovantes: Motu, ſcientiâ, deliberatione, & poteſtatis plenitudine paribus, omnes, & ſingulas perſonas Eccleſiaſticas tam Sæculares, cujusvis gradus, præeminentiæ, ac dignitatis fuerint, quàm cujusvis Ordinis, Congregationis, Inſtituti, & Societatis, etiam Jeſu, Regulares, ad exactam ejusdem Interdicti obſervantiam juxta formam a Sacris Canonibus præſcriptam omninò teneri, & obligatas exiſtere, & fore, ita ut in quibusvis Eccleſiis, Locis piis, Oratoriis etiam privatis, ac Cappellis domeſticis Civitatis, & Diœceſis prædictarum, quibuscumque tandem privilegiis, exemptionibus, & Indultis, etiam prætenſæ protectionis Regiæ, ſeu prætenſi juris Patronatus Regii, tametſi pluries, ac quantiscumque vicibus ab hac Sanctâ Sede approbati munitis, nec Miſſæ, nec alia Divina Officia celebrari, neque Sanctiſſimum Euchariſtiæ Sacramentum adminiſtrari, minùsque Fidelium defunctorum cadavera ſepeliri, aliave tempore Interdicti prohibita exerceri, niſi temporibus, caſibus, & modis per ſupradictos Sacros Canones permiſſis, ullo modo valeant, earumdem tenore Præſentium ſtatuimus, & ordinamus.

§. 7. Ad hæc omnes, & ſingulos, quantumvis exemptos, & quovis modo privilegiatos, qui Statuto, Decreto, & Ordinationi noſtris hujusmodi ſub quovis quæſito colore, ratione, aut prætextu quomodolibet contravenerint, quocumque tandem titulo, munere, aut dignitate præfulgeant, eo ipſo, & absque aliâ declaratione in cenſuras, & pœnas Eccleſiaſticas per eoſdem Sacros Canones, & Conſtitutiones Apoſtolicas deſuper latas, & impoſitas incidiſſe, illiſque innodatos fuiſſe, & eſſe, ac fore, nec eos a quoquam, niſi a Nobis, ſeu Romano Pontifice pro tempore exiſtente (præterquam in mortis articulo, & tunc cum reincidentià in eaſdem cenſuras, & pœnas, eo ipſo, quod convaluerint) a cenſuris, & pœnis hujusmodi abſolvi, & liberari poſſe, harum ſerie ſimiliter ſtatuimus.

§. 8. [C]æterùm cum notorii juris ſit, non tam eos, quos præfatus Didacus Vicarius Generalis in actu ſuæ expulſionis excommunicatos declaravit, quàm ſupradictum Canonicum Joſephum Marotta, nec non Franciſcum Bruno Magiſtrum Notarium, qui præinſerto Edicto ſubſcripſit, Corradum Chirco Fiſcalem, Joſephum Ruſſo Conſultorem, Franciſcum Zavaglio Executorem, Aloiſium Mercorella Inſtigatorem, alioſque omnes, & ſingulos cujuscumque ſtatus, gradus, ordinis, præeminentiæ & dignitatis quantumcumque excelſæ, ac ſublimis fuerint, qui ſive ejusdem Didaci Vicarii Generalis expulſionem, ſive publicationem, & affixionem præinſerti Edicti, ſive detruſionem in carceres Presbyterorum, ac Clerici præfatorum, ſive alia geſta per dictum Canonicum

Anno 1714.

Josephum Marotta mandarunt, ac ordinarunt, seu illis consilium, auxilium, favorem, vel quamvis aliam damnabilem operam præstiterunt aut in eorum sequelam, & executionem similiter gesta approbarunt, & rata habuerunt, seu aliàs in eis quomodolibet culpabiles fuerunt, censuras omnes, & pœnas Ecclesiasticas à Sacris Canonibus, generalium Conciliorum Decretis, & Apostolicis Constitutionibus, ac præsertim Literis die Cœnæ Domini singulis annis legi, & promulgari consuetis inflictas eo ipso incurrisse; Noverint idcircò illi omnes, etiam specialissimâ mentione digni a censuris, & pœnis hujusmodi, post debitam, ac condignam Ecclesiæ realiter, & cum effectu præstitam satisfactionem, nonnisi à Nobis, seu Romano Pontifice pro tempore existente (præterquam in mortis articulo, ut præfertur, & tunc cum reincidentiâ præfatâ eo ipso, quo convaluerint) absolvi, & liberari posse, prout earumdem tenore Præsentium decernimus pariter, & declaramus; Facultatem insuper, ad alia severiora remedia, quatenus prædicti Ecclesiasticæ libertatis Violatores in suâ contumaciâ persistentes, censuras, & pœnas hujusmodi animo, quod absit, substinuerint indurato, Nobis, & eidem Apostolici Sedi reservantes.

§. 9. Demùm, cum etiam intellexerimus, quòd postquam idem Didacus Vicarius Generalis, sicut præmittitur, exulare coactus fuit, dilecti Filii Capitulum, & Canonici dictæ Ecclesiæ Liparen. in Vicarium Generalem hujusmodi dilectum quoque filium Emanuelem Carnevale præfatæ Ecclesiæ Archidiaconum elegerint; notorii autem, & explorati juris sit, quod quemadmodùm Pastoralis cura ejusdem Ecclesiæ penès prædictum Nicolaum Mariam Episcopum, tametsi ab ipsâ Ecclesiâ absentem, omninò, atque integrè remansit, ita sanè ad ipsum quoque jus deputandi suum Vicarium Generalem irrefragabiliter spectabat, & spectat; Idcircò in virtute sanctæ obedientiæ, ac sub excommunicationis latæ Sententiæ pœnâ per Contrafacientes eo ipso incurrendâ, a quâ nemo, *nisi* a Nobis, vel Romano Pontifice pro tempore existente (præterquam in mortis articulo constitutus) absolvi possit, Capitulo, & Canonicis supradictis, nec non reliquo Clero tam Seculari, quàm Regulari Civitatis, & Diœcesis Liparen. præfatarum districtè prohibemus, & interdicimus, ne postquam earumdem Præsentium, nec non deputationis alterius Vicarii in spiritualibus Generalis a prædicto Nicolao Mariâ Episcopo factæ, vel faciendæ notitiam habuerint, eumdem Emanuelem Archidiaconum, ut Vicarium Generalem ampliùs agnoscant, aut illi actum ullum obedientiæ præstent; illos seriò monentes, ac tam eis, quàm universo Populo Civitatis, & Diœcesis hujusmodi enixè præcipientes, ut ei dumtaxat Vicario Generali, qui a memorato Nicolao Mariâ Episcopo deputatus fuit, vel in posterum deputabitur, congruam obedientiam exhibeant; Simulque sciant ea omnia, quæ de cætero Vicariatus ejusmodi titulo, sive a supradicto Emanuele Archidiacono, sive a quovis alio, qui absque nostrâ, seu præfati Nicolai Mariæ Episcopi facultate dicti Vicariatus auctoritatem sibi quomodolibet usurparet, geri contingeret, omnino irrita, invalida, & inanibus habenda esse harum serie similiter declaramus.

§. 10. Decernentes pariter easdem præsentes Literas, & in eis contenta quæcumque, etiam ex eo, quod prædicti, & alii quicumque in præmissis interesse habentes, seu habere quomodolibet prætendentes, cujusvis status, gradus, ordinis, præeminentiæ, & dignitatis existant, seu alias specificâ, & individuâ mentione, & expressione digni illis non consenserint, nec ad ea vocati, citati, & auditi, causæque, propter quas Præsentes emanarint, sufficienter adductæ, verificatæ, & justificatæ non fuerint, aut ex aliâ qualibet, etiam quantumvis juridicâ, & privilegiatâ causâ, colore, prætextu, & capite, etiam in Corpore Juris clauso, etiam enormissimæ, & totalis læsionis, *nullo unquam tempore de subreptionis*, vel obreptionis, aut nullitatis vitio, seu intentionis nostræ, vel interesse habentium consensus, aliove quolibet, etiam quantumvis magno, & substantiali, ac inexcogitato, & inexcogitabili, individuamque expressionem requirente defectu, notari, impugnari, infringi, invalidari, retractari, in controversiam vocari, aut ad terminos Juris reduci, seu adversùs illas apertionis oris, restitutionis in integrum; aliudve quodcumque juris, facti, vel gratiæ remedium intentari, vel impetrari, aut impetrato, seu etiam motu, scientiâ, & potestatis plenitudine paribus concesso, vel emanato, quempiam in judicio, vel extra illud uti, seu se juvare ullo modo posse, sed ipsas præsentes Literas semper firmas, validas, & efficaces existere, & fore, ac quibuscumque juris, seu facti defectibus, qui adversùs illas a sæculari potissimùm potestate, seu prædicto assertæ Monarchiæ Siculæ Tribunali ad effectum impediendi, seu retardandi earum executionem, quovis modo, seu ex quâvis causâ opponi, seu objici possent, minimè refragantibus, suos plenarios, & integros effectus sortiri, & obtinere: Easque propterea omnibus, & singulis per eamdem sæcularem potestatem, sive per idem assertum Tribunal quomodolibet allatis, seu afferendis impedimentis penitùs, & omninò rejectis, ac nequaquam attentis, ab illis, ad quos spectat, & pro tempore quandocumque spectabit, inviolabiliter, & inconcussè observari: Sicque, & non aliter in præmissis per quoscumque Judices Ordinarios, & Delegatos, etiam causarum Palatii Apostolici Auditores, ac dictæ S.R.E. Cardinales, etiam de Latere Legatos, & præfatæ Sedis Nuncios, aliosve quoslibet quâcumque præeminentiâ, & potestate fungentes, & functuros, sublatâ eis, & eorum cuilibet quavis aliter judicand., & interpretandi facultate, & authoritate, judicari, & definiri debere, ac irritum, & inane, si secus super his a quoquam quâvis authoritate scienter, vel ignoranter contigerit attentari.

§. 11. Non obstantibus præmissis, & quatenus opus sit, Nostrâ & Cancellariæ Apostolicæ Regulâ de jure quæsito non tollendo, aliisque Apostolicis, ac in Universalibus, Provincialibusque, & Synodalibus Conciliis editis, generalibus, vel specialibus Constitutionibus, & Ordinationibus; nec non quorumcumque Ordinum, Congregationum, Institutorum, & Societatum, etiam Jesu, & quorumvis Monasteriorum, Conventuum, Ecclesiarum, Locorum Piorum, aliisque quibusvis etiam juramento, confirmatione Apostolicâ, vel quâvis firmitate aliâ roboratis Statutis, & consuetudinibus, ac præscriptionibus, quantumcumque longissimis, & immemorabilibus: Privilegiis quoque, Indultis, & Literis Apostolicis, Ordinibus, Congregationibus, Institutis, & Societatibus, etiam Jesu, ac Monasteriis, Conventibus, Ecclesiis, Locis Piis prædictis, illorumque respectivè Superioribus, aliisve quibuslibet personis, etiam quantumvis sublimibus, & specialissimâ mentione dignis, a Sede prædictâ ex quâcumque causâ, etiam per viam contractus, & remunerationis, sub quibuscumque verborum tenoribus, & formis, ac cum quibusvis etiam derogatoriarum derogatoriis, aliisque efficacioribus, efficacissimis, & insolitis clausulis, irritantibusque & aliis Decretis, etiam motu, scientiâ, & potestatis plenitudine paribus, seu ad quarumcumque personarum etiam Imperiali, Regali, aliâve quâlibet mundanâ, vel Ecclesiasticâ Dignitate fulgentium instantiam, aut earum contemplatione, seu aliâs quomodolibet in contrarium præmissorum concessis, editis, factis, ac pluries iteratis, ac quantiscumque vicibus approbatis, confirmatis, & innovatis, etiam continentibus, quod excommunicari non possint per Literas Apostolicas non facientes plenam, & expressam, ac de verbo ad verbum de Privilegiis, & Indultis hujusmodi mentionem. Quibus omnibus, & singulis, etiamsi pro illorum sufficienti derogatione de illis, eorumque totis tenoribus specialis, specifica, expressa, & individua, ac de verbo ad verbum, non autem per clausulas generales idem importantes, mentio, seu quævis alia expressio habenda, aut aliqua alia exquisita forma ad hoc servanda foret, tenores hujusmodi, ac si de verbo ad verbum, nihil penitus omisso, & formâ in illis traditâ observatâ, exprimerentur, & insererentur, Præsentibus pro plenè, & sufficienter expressis, & insertis habentes, illis aliàs in suo robore permansuris, ad præmissorum effectum hac vice dumtaxat specialiter, & expressè derogamus, & derogatum esse volumus, cæterisque contrariis quibuscumque.

§. 12. Ut autem eædem præsentes Literæ ad omnium notitiam faciliùs deveniant, volumus illas, seu earum exempla ad valvas Ecclesiæ Lateranensis, ac Basilicæ Principis Apostolorum, nec non Cancellariæ Apostolicæ, Curiæque Generalis in Monte Citatorio, & in Acie Campi Floræ de Urbe, ut moris est, affigi, & publicari; sicque publicatas, & affixas, omnes, & singulos, quos illæ concernunt, perinde arctare, & afficere, ac si unicuique eorum nominatim, & personaliter intimatæ fuissent: Utque ipsarum Literarum transumptis, seu exemplis, etiam impressis,

manu

Anno 1714. manu alicujus Notarii publici subscriptis, & sigillo personæ in Ecclesiasticâ dignitate constitutæ munitis eadem prorsus fides tam in judicio, quàm extra illud, ubique adhibeatur, quæ eisdem præsentibus adhiberetur, si forent exhibitæ, vel ostensæ. Datum Romæ apud Sanctam Mariam Majorem sub Annulo Piscatoris die VII. Septembris MDCCXIV. Pontificatus nostri Anno XIV.

F. Oliverius.

XCVIII.

29 Novembre. *Declaratio nullitatis Præcepti, seu Mandati a quodam Delegato asserti Tribunalis Monarchiæ Siculæ nuncupati ad impediendam executionem Literarum, Decretorum, Mandatorum, aliorumque Rescriptorum Apostoticorum promulgati, ac ab eo per universam Diœcesim Cataniensem transmissi, cum ejusdem Præcepti, seu Mandati, ac inde secutorum, & secuturorum quorumcumque reprobatione, damnatione, & abolitione.* [Bullarium magnum, Edit. Luxemburgic. 1727. pag. 142.]

CLEMENS PAPA XI.

Ad futuram rei memoriam.

NOva semper in dies, ut aliàs non semel diximus, & semper acerbiora ex Regno Siciliæ ad Nos afferuntur. Nuper siquidem Nobis innotuit, quod ille idem Cajetanus Buglio, qui dudum, uti Delegatus prætensi Tribunalis Monarchiæ Siculæ nuncupati, generale Interdictum, cui Venerabilis Frater Andreas Episcopus Cataniensis è suâ Civitate Cataniensi, ejusque Diœcesi, per execrabilem Sæcularis potestatis abusum ejectus, in actu ejusmodi suæ ejectionis Civitatem, ac Diœcesim præfatas non ita pridem jussu nostro subjecerat, nullum, irritum, injustum, ac illegitimum, speciali suo in eâdem Civitate Cataniensi ad id promulgato Edicto, temerè declaravit.

§. 1. Gravissimo hoc patrato crimine minimè contentus, sed secundùm duritiem suam, & impœnitens cor addens peccatum super peccatum, ac thesaurizans sibi iram in die iræ, animo forsan, ut stultè opinabatur, enervandi efficaciam eorum, quæ ex injuncti Nobis Apostolici muneris debito adversus ipsum, ejusque acta a Nobis decerni contigisset, ac potissimùm eludendi executionem quarumdam nostrarum in simili formâ Brevis Literarum die XVII. Junii MDCCXIII. expeditarum, quibus non modò illius Edictum præfatum, aliaque per ipsum eâ occasione vigore suæ assertæ Delegationis perperam gesta, cum omnibus inde secutis, & quandocumque secuturis, damnavimus, reprobavimus, cassavimus, & irritavimus, ac pro damnatis, reprobatis, cassatis, & irritis semper, & omninò haberi voluimus, & mandavimus: verùm etiam eumdem Cajetanum, nec non Joannem Baptistam Perino Magistrum Notarium, qui memorato Edicto subscripserat, censuras omnes, & pœnas Ecclesiasticas a Sacris Canonibus, Generalium Conciliorum Decretis, & Apostolicis Constitutionibus, ac præsertim Literis die Cœnæ Domini singulis annis legi, & promulgari consuetis contra similia perpetrantes inflictas incurrisse declaravimus; sequenti mense Julio ejusdem anni, in suarum iniquitatum cumulum, impudenti non minus, quàm detestabili ausu, Præceptum quoddam, seu Mandatum edidit, illudque typis impressum, & ab eodem Joanne Baptista Perino similiter subscriptum Ecclesiasticis tam Sæcularibus, quàm Regularibus, universæ Diœcesis Catanien. transmitti, ac denunciari curavit, per quod inter cætera ipsæmet Apostolicæ Literæ, aliaque Decreta, Mandata, Edicta, Censuræ, Interdicta, & Rescripta quæcumque ab hac Romanâ Curiâ, hoc est, ab hac Sanctâ Sede provenientia, quorum executionem Sæcularis potestas minimè permisisset, nulla, irrita, ac, quod horrendum est, conscientiarum Christi Fidelium tranquillitati adversantia, impiè, & sacrilegè declarantur, gravibus constitutis pœnis adversus eos, qui illa quovis modo executi fuissent, & aliàs, prout uberiùs continetur in eodem Præcepto, seu Mandato, quod non alio quidem, quàm illud penitus, & omninò damnandi, & anathematizandi animo præsentibus inserendum duximus, tenoris, qui sequitur, videlicet, *Portiero. D'ordine del Reverendissimo Dottor Don Gaetano Buglio Decano, e prima Dignità di questa Santa Proto-Metropolitana Chiesa di Messina, Commissario Ordinario del Tribunale del Sant 'Officio, e Santissima Inquisitione, e Delegato del Tribunale della Regia Monarchia di questo Regno di Sicilia, non solo Ordinario in questa Città di Messina, mà encora Delegato speciale in Causa dato dall' Illustriss., e Reverendissimo Dottor D. Francesco Miranda, e Gavarre del Consiglio di Sua Maestà (che la Divina guardi) e suo Giudice Ordinario dell' Apostolica Legazia, e Regia Monarchia in questo Regno di Sicilia, in virtù di Lettere spedite dal Tribunale della medesima sotto il primo Luglio corrente presentate, & esecute nell' Officio dell'istesso Buglio sotto li* 11 *del medesimo, injungi, ed intima con la seguente ingiunzione transmessame dal Tribunale di detto Illustrissimo, e Reverendissimo Giudice: Quatenus nel caso si publicassero qualsivoglia Editti, Interdetti, Censure, ò altri qualsisia Ordini, Decreti, ò Rescritti, eziamdio in forma Brevis della Corte Romana per qualsivoglia via, ò sotto qualsivoglia Titolo, senza prima precedervi il Regio* Exequatur; *Per li quali, ò qualsivoglia di loro dirrettamente, ò indirettamente, tacita, ò espressamente venissero revocati, lesi, e pregiudicati, ò in qualsivoglia modo alterati gl'Editti publicati d'ordine di Sua Eccellenza, ò d'altri d'ordine nostro, stante le speciali Commissioni per via dell istesso Tribunale sotto li* 25. *Aprile, e* 16. *Maggio scorsi, ò che rinovassero l'Interdetto, Censure, ed altre publicate d'ordine del Reverendissimo Monsignor Don Andrea Riggio Vescovo di Catania, ò d'ordine di qualsisia Prelato, Vicario Generale, ò altro Commissionato di sudetta Corte, ò verò, che publicassero altri Editti, Interdetti, e Censure contra qualsisia persona di qualunque stato, e condizione, che fosse, non habbia, ne debba quelli eseguire, ne osservare, ne fare eseguire, ne osservare da propri Sudditi;* Et quatenus *fossero eseguiti, ò in qualsivoglia modo osservati, habbia, voglia, e debba ogni cosa riddurre allo stato primiero, come se mai fossero stati li sudetti Decreti, Editti, Interdetti, e Censure ne publicati, ne osservati, ne affissati, e questo sotto pena della disgrazia di Sua Maestà, (che la Divina guardi) di privazione di voce attiva, e passiva, & di anni cinque di carceri formali per ogni Contravventore, ed altre pene riservate all'arbitrio di Sua Excellenza, e Tribunale sudetto; e questo stante che li sudetti Decreti, Brevi, Interdetti, Rescritti, e Censure non sono nel Regno esecuti, anzi tendono contro la publica quiete del Regno, contro la tranquillità delle Conscienze de Fedeli del medesimo, & in grave pregiudizio delle Regalie di Sua Maestà, (che la Divina guardi) del Regno, e di sudetto Tribunale dell'Apostolica Legazia, e Regia Monarchia, con evidente perturbazione de Popoli, scandali, ed inconvenienti, contro la publica quiete, e contro la disposizione delle Leggi del Regno, di più Reali Dispacci de' Serenissimi Monarchi, fondati in evidentissime ragioni, avvalorate da antichissima, ed immemorabile osservanza, mai incorrotta nel corso di più Secoli, ma uniforme al Dritto delle Genti, Sacri Canoni, Privilegi Apostolici, e Concordie con la Santa Sede, e stante che notoriamente sono di nessuna forza, e valore li Decreti, e Rescritti sudetti, come quelli, che tengono l'origine d'altri Decreti assolutamente non essecuti nel Regno, mà emanati* de facto, & ex abrupto; nullo Juris ordine servato, *e senza essere intese le ragioni di Sua Maestà, del Regno, de Regnicoli, e del Fisco di sudetto Tribunale dell' Apostolica Legazia, e Regia Monarchia, senza veruna cognizione, ne discusione di Causa, e senza monizione; ne citazione alcuna, assolutamente necessaria per ogni Legge Divina, & humana, e ne meno senza citazione* ad dicendum causam Quare, *secondo li precetti dell'istessa Verità increata, Constituzioni Apostoliche, e Concili Generali, e non altrimenti &c. Fiat D. D. Cajetanus Buglio Delegatus: Jo. Baptista Petrino Magister Notarius.* Anno 1714.

§. 2. Cùm autem in præcepto, seu Mandato hujusmodi nullum planè sit verbum, per quod tam Ecclesiastica Libertas Dei ordinatione, & Canonicis Sanctionibus constituta, quàm Apostolicæ Sedis authoritas acerbissimè non lædantur: potissimùm verò per ea, quæ ibini continentur, illamet suprema ligandi, atque solvendi potestas Beatissimo Apostolorum Principi, ejusque Successoribus a Christo Domino tradita Sæcularis potestatis arbitrio per summam injuriam, atque intolerabilem temeritatem manifestè subjiciatur: nec non execrandus abusus quoquo modo impediendi executionem Literarum Apostolicarum per eosdem Sacros Canones, & plurimas notissimas Pontificias Constitutiones sub anathemate damnatus, plenè conformis non tam Juri Gentium, quàm ipsismet Sacris Canonibus, Privilegiis Apostolicis, ac Concordiis cum Sede præfata

ANNO 1714.

fatâ initis, falsò non minùs, quàm perversè nuncupetur: adeoque animæ pretioso Salvatori Nostri Sanguine redemptæ in maxima pericula conjici possint.

§. 3. Hinc est, quod Nos, qui quorumcunque tam ejusdem Apostolicæ Sedis, quàm Ecclesiæ Jurium Assertores in terris à Domino constituti sumus, tametsi, credamus Præceptum, seu Mandatum præinsertum, omniaque in eo contenta, satis, superque tam per seipsa, quàm vigore eorum, quæ in aliis memoratis nostris Literis pro reprobatione, irritatione, & annullatione Edicti ab eodem Cajetano dudum promulgati, nec non aliorum ab eo in vim suæ assertæ Delegationis gestorum, omniumque inde secutorum, & quandocunque secuturorum, sicut præmittitur, editis, amplissimè decrevimus, & mandavimus, pro reprobatis itidem, irritis, & omninò nullis haberi potuisse, ac debuisse, & forsan a sanioris saltem mentis hominibus jam habita fuisse; nihilominus, cum inter tam gravia animarum pericula liberum Nobis non sit fidelibus Populis documenta salutis subtrahere, nec Nos in tam apertâ, atque effrenatâ Sacrarum Legum violatione turpiter tacere, aut Pastoralis providentiæ nostræ ministerium otiosum esse velimus: omnium idcirco, & singulorum, quæ in præmissis, seu eorum occasione tam ab eodem Cajetano, quàm ab aliis quibuscunque in sequelam Præcepti, seu Mandati præinserti quovis modo decreta, acta, & gesta fuerunt, seriem, causas, & circumstantias, nec non præfatarum nostrarum Literarum tenorem, aliave quælibet, etiam specificam, & individuam mentionem, & expressionem requirentia, præsentibus pro plenè, & sufficienter expressis. & insertis, ac singillatim specificatis habentes: Motu proprio, ex certâ scientiâ, & maturâ deliberatione Nostris, deque Apostolicæ potestatis plenitudine, Præceptum, seu Mandatum, præinsertum, ac quæcumque in eo contentâ, nec non alia a memorato Cajetano Buglio in præmissis, vel circa ea quomodocunque, & qualitercunque acta, gesta, mandata, decreta, & ordinata, cum omnibus, & singulis inde secutis, & forsan, quandocumque secuturis, penitus, & omninò nulla, irrita, invalida, injusta, reprobata, damnata, inania, temeraria, & a non habentibus potestatem damnabiliter attentata, ac de facto præsumpta, nulliusque omninò roboris, & momenti, vel efficaciæ esse, & ab initio fuisse, ac perpetuò fore, neque illa a quoquam observari posse, vel potuisse, adeòque nec ullum statum facere, vel fecisse, sed perindè, ac si nunquam emanassent, nec facta fuissent, pro non extantibus, & non factis perpetuò itidem habere tenore Præsentium declaramus.

§. 4. Et nihilominus ad majorem cautelam, & quatenus opus sit, illa omnia, & singula, & si quæ insuper præmissorum occasione, sivè in eorum sequelam a prædicto Cajetano, seu ejus jussu, mandato, vel nomine ab aliis quibuscunque in futurum (quod Deus avertat) agi, geri, mandari, decerni, & ordinari quomodolibet contigerit, harum serie damnamus, reprobamus, revocamus, cassamus, irritamus, annullamus, abolemus, viribusque, & effectu penitus, & omninò vacuamus, ac pro damnatis, reprobatis, revocatis, cassatis, irritis, nullis, invalidis, & abolitis, viribusque, & effectu penitus, & omnino vacuis semper haberi volumus, & mandamus.

§. 5. Decernentes pariter easdem præsentes Literas, & in eis contenta quæcumque, etiam ex eo, quod prædicti, & alii quicumque in præmissis interesse habentes, seu habere quomodolibet prætendentes, cujusvis status, gradus, ordinis, præeminentiæ, & dignitatis existant, seu aliàs specificâ, & individuâ mentione, & expressione digni illis non consenserint, nec ad ea vocati, citati, & auditi, causæque propter quas Præsentes emanarint, sufficienter adductæ, verificatæ, & justificatæ non fuerint, aut ex aliâ qualibet, etiam quantumvis juridicâ, & privilegiatâ causâ, colore, prætextu, & capite etiam in Corpore juris clauso, etiam enormis, enormissimæ, & totalis læsionis, nullo unquam tempore de subreptionis, vel obreptionis, aut nullitatis vitio, seu intentionis nostræ, vel interesse habentium consensus, aliove quolibet, etiam quantumvis magno, & substantiali, ac inexcogitato, & inexcogitabili, individuamque expressionem requirente defectu, notari, impugnari infringi, invalidari, retractari, in controversiam vocari, aut ad terminos juris reduci, seu adversus illas aperitionis oris, restitutionis in integrum, aliudve quodcumque juris, facti, vel gratiæ remedium intentari, vel impetrari, aut impetrato, seu etiam motu, scientiâ & potestatis plenitudine paribus concesso, vel emanato, quempiam in judicio, vel extra illud uti, seu se juvare ullo modo posse; sed ipsas præsentes Literas semper firmas, validas, & efficaces existere, & fore, ac quibuscumque juris, seu facti defectibus, qui adversus illas a Seculari potissimum potestate, seu prædicto assertæ Monarchiæ Siculæ Tribunali, ad effectum impediendi, seu retardandi earum executionem, quovis modo, seu ex quavis causâ opponi, seu objici possent, minimè refragantibus, suos plenarios, & integros effectus sortiri, & obtinere: Easque propterea, omnibus, & singulis per eamdem Sæcularem potestatem, sivè per idem assertum Tribunal quomodolibet allatis, seu afferendis impedimentis penitùs, & omninò rejectis, ac nequaquam attentis, ab illis, ad quos spectat, & pro tempore quandocumque spectabit, inviolabiliter, & inconcussè observari; Sicque, & non aliter in præmissis per quoscumque Judices Ordinarios, & Delegatos, etiam Causarum Palatii Apostolici Auditores, ac S. R. E. Cardinales, etiam de Latere Legatos, & præfatæ Sedis Nuncios, aliosve quoslibet quâcumque præeminentiâ, & potestate fungentes, & functuros: sublatâ eis, & eorum cuilibet quavis aliter judicandi, & interpretandi facultate, & authoritate, judicari, & definiri debere, ac irritum, & inane, si secus super his a quoquam quâvis authoritate scienter, vel ignoranter contigerit attentari.

§. 6. Non obstantibus præmissis, & quatenus opus sit, Nostrâ, & Cancellariæ Apostolicæ Regulâ de jure quæsito non tollendo, aliisque Apostolicis, ac in Universalibus, Provincialibusque, & Synodalibus Conciliis editis generalibus; vel specialibus Constitutionibus, & Ordinationibus; nec non quibusvis, etiam juramento, confirmatione Apostolicâ, vel quâvis firmitate aliâ roboratis Statutis, & consuetudinibus, ac præscriptionibus, quantumvis longissimis, & immemorabilibus; Privilegiis quoque, Indultis, & Literis Apostolicis, quibuscumque personis, etiam quantumvis sublimibus, & specialissimâ mentione dignis, a Sede prædictâ ex quacumque causâ, etiam per viam contractus, & remunerationis, sub quibuscumque verborum tenoribus, & formis, ac cum quibusvis etiam derogatoriarum derogatoriis, aliisque efficacioribus, efficacissimis, & insolitis clausulis, irritantibusque, & aliis Decretis, etiam motu, scientiâ, & potestatis plenitudine paribus, seu ad quarumcumque personarum, etiam Imperiali, Regali, aliâque qualibet mundanâ, vel Ecclesiasticâ Dignitate fulgentium instantiam, aut earum contemplationem, seu aliàs quomodolibet in contrarium præmissorum concessis, editis, factis, ac pluries iteratis, ac quantiscumque vicibus approbatis, confirmatis, & innovatis. Quibus omnibus, & singulis, etiamsi pro illorum sufficienti derogatione de illis, eorumque totis tenoribus specialis, specifica, expressa, & individua, ac de verbo ad verbum, non autem per clausulas generales idem importantes, mentio, seu quævis alia expressio habenda, aut aliqua alia exquisita forma ad hoc servanda foret, tenores hujusmodi, ac si de verbo ad verbum, nihil penitus omisso, & formâ in illis traditâ observata, exprimerentur, & insererentur, Præsentibus pro plene, & sufficienter expressis, & insertis habentes, illis aliàs in suo robore permansuris, ad præmissorum effectum, hac vice dumtaxat, specialiter, & expressè derogatum esse volumus, cæterisque contrariis quibuscumque.

§. 7. Ut autem eædem præsentes Literæ ad omnium notitiam faciliùs deveniant, volumus illas, seu earum exempla ad valvas Ecclesiæ Lateranensis, ac Basilicæ Principis Apostolorum, nec non Cancellariæ Apostolicæ, Curiæque Generalis in Monte Citatorio, & in Acie Campi Floræ de Urbe, ut moris est, affigi, & publicari; sicque publicatas, & affixas omnes, & singulos, quos illæ concernunt, perinde arctare, & afficere, ac si unicuique eorum nominatim, & personaliter intimatæ fuissent; Utque ipsarum Literarum transumptis, seu exemplis, etiam impressis, manu alicujus Notarii publici subscriptis, & sigillo personæ in Ecclesiasticâ dignitate constitutæ munitis eadem prorsùs fides tam in judicio, quàm extra illud ubique adhibeatur, quæ eisdem Præsentibus adhiberetur, si forent exhibitæ, vel ostensæ. Datum Romæ apud Sanctam Mariam Majorem sub Annulo Piscatoris die XXIX. Novembris MDCCXIV. Pontificatus nostri Anno Decimoquarto.

F. Oliverius.

ANNO 1715.

XCIX.

11 Janv. *Declaratio nullitatis, damnatio, & abolitio Edicti, seu Bannimenti, a quâdam Congregatione* Giunta *nuncupatâ, per Sæcularem Potestatem Regni Siciliæ deputatâ novissimè promulgati, ad effectum impediendi in eodem Regno executionem Litterarum, Mandatorum, & Decretorum Apostolicorum: cum pari damnatione, & abolitione quorumcumque similium, quæ forsan de cætero inibi eodem consilio, sive ad eumdem finem quandocumque, & quomodocumque geri, aut ordinari contigerit, ita ut illis non obstantibus Litteræ, Mandata, & Decreta hujusmodi omninò observari debeant: ac cum Decreto, quòd illi omnes, qui ea de causa Ecclesiasticas Censuras quovis modo incurrerunt, seu incurrent, nonnisi à Sede Apostolica absolvi possint.* [Bullarium Magnum, Edit. Luxemburgic. 1727. pag. 145.]

CLEMENS PAPA XI.

Ad futuram rei memoriam.

ACcepimus nuper, quòd statim ac in Regno Siciliæ vulgatæ fuerunt quædam nostræ in simili formâ Brevis Literæ die IV. Novembris proximè præteriti expeditæ, quas pro omnimodâ, ac debitâ observantiâ Ecclesiastici Interdicti, cui Civitates, ac Diœceses Cataniensis, & Agrigentina jussu nostro subjectæ reperiuntur, obtinendâ, nec non quibuscumque effugiis ad excusandam ejusdem Interdicti transgressionem exquisitis penitus præcludendis, novissimè edidimus: Sæcularis Potestatis in eodem Regno Administri nullam dimittentes occasionem, quæ eis offeratur, novis semper injuriis Pontificiam authoritatem, ac jurisdictionem Ecclesiasticam impetendi, ac forsan, tametsi inaniter, arbitrantes posse earumdem Literarum Nostrarum efficaciam eludere, simulque executionem illarum ulteriorum, graviorumque deliberationum præpedire, quas Nos, ut Pastoralis muneris Nostri debito satisfaciamus, omninò suscipere compellimur, quasque ipsi sese abundè promereri minimè ignorant: absque ullâ cunctatione in Panormitanâ Civitate, ac forsan etiam in aliis prædicti Regni Locis, promulgare præsumpserunt, præfixo nomine cujusdam Congregationis, *Junctæ* nuncupatæ, specialiter deputatæ super conservatione, ac defensione jurium, & prærogativarum, quæ eidem Sæculari Potestati in illo Regno competere prætenduntur, Edictum, seu Bannimentum quoddam Typis impressum, tenoris sequentis, videlicet: *Bando, e commandamento, d'ordine dell'Illustre Giunta deputata da S. S. R. M. (che Dio guardi) sopra la conservazione, e defensione delli Reali Dritti, che hà, e possiede, come Re Augusto, e Monarca in questo Regno, e di quelle prerogative, e Privilegi, che il medesimo gode, come con suo Real ordine in data di 17. Aprile 1714. Invigilando Sua Maestà (che Dio guardi) colla sua Regia protezione ed amore; all'intera conservazione de' Privilegi, ed antichi consuetudini di questo fedelissimo Regno, come della sua Real giurisdizione, ed antichissima preminenza della Legazia Apostolica; e Regia Monarchia, si per sostegno de' Dritti toccanti alla sua Real Corona, che della giusta difesa, e buon governo de suoi Vassalli, accordando anche sù questi punti quelle providenze supplicateli dal General Parlamento detenuto in questa felice, e fedelissima Città di Palermo capo di questo Regno sotto li 7. del trascorso Marzo composto da tre Bracci, Ecclesiastico, Militare, e Demaniale rappresentante il Regno tutto; ha determinato stabilire una Giunta di Ministri, quali debbano invigilare con particolar zelo, attenzione e cura, perche venghino ovviati, ed impediti gl'inconvenienti, e riparati tutti i pregiudici, che potessero in qualche maniera indur. Essendosi servita la Maestà Sua per sua Real benignità appoggiare à noi Don Giuseppe Fernandez Presidente del Tribunale della Regia Gran Corte, Don Antonino Negri Presidente del Tribunal del Concistoro della Sacra Regia conscienza, Conte Borda Consultore, Don Nicolo Pensabene Presidente Avvocato Fiscale del Tribunale della Regia Gran Corte, Don Francesco Maria Cavallaro, Giudice della Gran Corte Civile, e Don Ignazio Perlongo, Avvocato Fiscale del Tribunale del Real Patrimonio, l'incumbenza di tanta premura, e rilievo, conferendoci tutte l'opportune potestà, e giuridizioni necessarie ad usarsi per il conseguimento di sì importante fine: E perche non solo conviene, che fosse manifesta a tutti la Real determinazione; mà anche conosca ogn'uno, come da sua parte debba corrispondere all'obligo di buon Vassallo di S. M. sù l'osservanza dell'accennati Privilegi, consuetudine, preeminenze, e Regali, e quali sìino le pene s'incorreranno da Trasgressori, si è divenuto d'ordine nostro alla presente general Notificanza, ed Editto in vigore della giuridizione, e suprema potestà Economica conferitaci da S. M., acciòche resti intesa, e notificata ogni Persona di qualsivoglia grado, e condizione sì Secolare, che Ecclesiastica, ò Regolare, come arrivando in questo Regno, e sue Isole coadiacenti per via dirretta, ò indirretta qualsisia legge, rescritto, diploma, determinazione, bando, editto, dispaccio, privilegio, breve, provisione, esorto, ò letera in forma publica, ò privata, manuscritto, ò in stampa, spediti da qualsivoglia Corte, ò Potestà straniera, quali immediatamente, ò mediatamente venissero, ò senza alcuna particolar direzione, ed indi apparissero clandestinamente, ò in altra maniera affissati in luoghi publici, o privati, o pure con qualche direzione à qualsivoglia Persona publica, o privata, Giudici, Magistrati, Superiore, d'ogn'ordine, concesso, e Communità, Rettori particolari, o universali di quacunque condizione di ciascuna Città, Provincia, Diocesi, e Università del Regno, o di sue Isole Coadiacenti, non se li dovrà dare nessuna fede, esecuzione, ed osservanza, ove pria non fossero resi autentici, legali, ed esequibili nella forma sempre costumata, si per dritto di legge particolare, e consuetudine legitimamente prescritta in questo Regno, come per altra universal ragione toccante ad ogni Sovrano ne suoi Domini Avvertendosi ogn'uno che mai debbano intendersi resi autentici, ed esequibili li rescritti stranieri; ed altri sovracennati, se prima non fossero segnati dal Regio Exequatur per via dell' Avvocato Fiscale del Real Patrimonio, à chi vien commesso l'esame di riconoscere, se racchiudono pregiudizio, o apportino diminuzzione, o lesione alcuna agli antichissimi Privilegi, Legge, Consuetudini del Regno, ò pure à dritti della Real Corona di S. M., e preeminenze della Legazia Apost., e Regia Monarchia; E dandosi diversamente fede, osservanza, o esecuzione, si notifica, ed intima in vigor della presente Notificanza ed Editto alli Controventori, e Trasgressori, se saranno Ecclesiastici, o Regolari l'occupazione de' beni temporali, e come sediziosi, e perturbatori della publica quiete, avessero fra il termine di giorni quindici da partirsi da questo Regno, e non entrare in Parte, Luoco, Terra, o Città del Dominio di S. M. e se saranno Laici, e Secolari, se gli notifica, ed intima la maggior disgrazia di S. M. ed altre pene le più gravi ad arbitrio nostro etiam usque ad mortem naturalem inclusivè. Ed acciòche venghi alla notizia di tutti, s'hà fatto la presente publica dichiarazione d'affigersi ne i luoghi soliti, che servirà per intima formale ad ogn'uno, e non altrimente, ne in altro modo: Promulgetur: Pensabene Præses E. P. P. S. P. U. Benza Sindicus: Die septimo Decembris octavæ Indictionis 1714. Constat per me Franciscum Perino publicum Præconem hujus Fœlicis, & Fidelissimæ Urbis Panormi, publicasse supradictum Bannum per loca solita, publica, & consueta, Tubis Regiis.*

ANNO 1715.

§. 1. Perspectum profectò, ac compertum habemus eos, qui præinsertum Edictum, seu Bannimentum, promulgarunt, Mandata, Literas, aliaque Decreta Apostolica in eo complecti, ac forsan præcipuè comprehendere voluisse; quemadmodum satis superque conjici potest nedum ex ejusdem Edicti tenore, verùm etiam ex tot aliis præcedentibus actis, quibus ejusdem Sæcularis Potestatis Ministri pravum suum animum etiam apertius ostenderunt, dum minimè contenti publicatione aliorum consimilium Edictorum, Præceptorum, seu Mandatorum, quibus libertas Ecclesiastica, & Apostolica authoritas manifestè lædebantur, ac libera hujus Sanctæ Sedis Rescriptorum executio impediebatur, minis insuper, atque terroribus, imò etiam carceribus, vinculis, exiliis, bonorum proscriptionibus, aliisve pœnis eos ferè omnes, qui eidem Sanctæ Sedi debitam obedientiam præstiterunt, temerè non minùs, quàm sacrilegè afflixerunt: adeòque certi sumus, quod ex sola memorati Edicti lectione quilibet sanæ, rectæque mentis non modò illius evidentem nullitatem, verùm etiam manifestam injustitiam perspicuè intelliget.

§. 2. Ambigere præterea non possumus, quin horrore perfundendus sit quisquis illud legerit, dum inter cætera perspiciet, & animo reputabit, eò temeritatis perventum esse, ut Potestatis exteræ titulus Potestati illi adscribatur, quam Nos per Beatum Petrum, ejusque Successores à Domino accepimus in

ANNO 1715.

Terris maximam, & quæ in indigno hærede non deficit: perinde ac si Siciliæ Regnum extra Terrarum Orbem situm esset, cum neminem penè lateant verba illa, quibus inclytus Claravallensis Eugenium Pontificem allocutus fuit: *Orbe exeundum ei, qui forte volet explorare, quæ non ad tuam pertinent curam.* Illud insuper omnibus satis exploratum, ac planè cognitum fore credimus, ejusdem Sæcularis Potestatis Administros, dum in memorato Edicto vetitum voluerunt, ne cujuscumque speciei Rescripta ullo modo executioni demandari debeant, nisi priùs ab Advocato Fiscali Regii Patrimonii recognita, ac approbata fuerint expressè, declarando eidem Advocato Fiscali injunctum esse munus, prævio examine, discutiendi, an ejusmodi Rescripta ullum præjudicium Privilegiis, Legibus, & Consuetudinibus Regni, vel juribus Regiis, aut præeminentiis assertæ Regiæ Monarchiæ inferre possint, execrabili nimis ausu conatos fuisse prædictum Advocatum Fiscalem Judiciorum Apostolicæ Sedis Judicem constituere, ac uno, eodemque tempore sublimem illam Potestatem ligandi, atque solvendi Nobis, ac Romano Pontifici pro tempore existente a Domino traditam, quæ non ancilla est, sed libera, ipsius Sæcularis Potestatis arbitrio subjicere, & mancipere; cùm tamen sciamus, quòd Magistratui, ac Principi Sacerdotum exprobrantibus: *Præcipiendo præcepimus Vobis, ne doceretis in nomine isto: & ecce replestis Jerusalem doctrina vestra,* Petrus & Apostoli responderunt: *Obedire oportet Deo magis, quàm hominibus.*

§. 3. Demum nec pariter dubitamus, quin quilibet Catholicus, etiam absque ullius peculiaris nostræ declarationis, vel admonitionis ope, satis agniturus per se sit, quàm irregularis, absona, ac scandalosa existat præfati Edicti conclusio, in qua ad iniquitatis non minùs, quam nullitatis ipsius Edicti cumulum Transgressoribus, & Contraventoribus, illis nempe fidelibus, qui nullâ interpositâ morâ, promptoque animo Mandata Apostolica observant, & exequuntur, Romanoque Pontifici Beati Petri Apostolorum Principis Successori, & Jesu-Christi Vicario veram illam obedientiam, quàm ei quicumque Catholicus in professione Fidei spondet, præstare non detrectant, eadem Sæcularis Potestas pœnas imponit, si Ecclesiastici quidem fuerint tam Sæculares, quàm Regulares, occupationis bonorum temporalium, ac exilii a Regno, tanquam seditiosis, publicæque tranquillitatis perturbatoribus, si verò Laici extiterint, indignationis ipsius Sæcularis Potestatis, præter alias pœnas illius arbitrio irrogandas usque ad mortem naturalem inclusivè.

§. 4. Nihilominus Nos, qui quorumcumque tam Apostolicæ Sedis, quàm Ecclesiæ Jurium Assertores in Terris a Domino constituti sumus, probè intelligentes, & recogitantes liberum Nobis non esse tam apertâ, ac detestabili utriusque oppugnatione silere, ac insuper ambarum indemnitati, quantùm Nobis ex Alto conceditur, opportunè consulere, nec iis tantùm, quæ hactenus gesta sunt, congruum adhibere remedium, verùm etiam aliis, quæ sub iisdem erroneis, falsis, damnatisque principiis, tam ab antedictâ Congregatione, *Junctâ* nuncupatâ, quàm ab aliis quibuscumque Ministris, ac Delegatis, sive ejusdem Sæcularis Potestatis, sive etiam prætensi Tribunalis Monarchiæ Siculæ deinceps attentari possent, tempestivè occurrere cupientes: Omniumque idcircò, & singulorum, quæ in præmissis, vel circa ea tam ab iis, qui præinsertum Edictum, seu Bannimentum promulgarunt, quàm ab aliis quibuscumque, sive in sequelam ejusdem Edicti, vel Bannimenti, sive alias ad eumdem finem impediendi in Regno prædicto executionem quarumcumque Literarum, Mandatorum, aliorumve Rescriptorum Apostolicorum quovis modo decreta, jussa, ordinata, acta, & gesta fuerunt, seriem, causas, & circumstantias, ac tam prædictæ, quàm alterius cujusvis Congregationis, seu Junctæ, Cætus, & Tribunalis ejusdem Regni, nec non quorumcumque Judicum, Ministrorum, etiam principalium, seu supremorum Officialium, Notariorum, Scribarum, & Personarum quarumlibet in eisdem præmissis culpabilium qualitates, dignitates, nomina, & cognomina, aliave quæcumque, etiam specificam, & individuam mentionem, & expressionem requirentia, præsentibus pro plenè, & sufficienter expressis, & sigillatim specificatis habentes: Motu proprio, & ex certâ scientia, ac maturâ deliberatione Nostris, deque Apostolicæ Potestatis plenitudine, Edictum, seu Bannimentum præinsertum, ac quæcumque in eo contenta, aliaque omnia sive in illis sequelam, sive eodem consilio, tam ab ipsamet Congregatione seu Junctâ, quæ idem Edictum, vel Bannimentum promulgavit, quàm ab aliis quibuscumque Congregationibus, Cœtibus, Tribunalibus, Judicibus, Ministris, Officialibus, & personis præfati Regni Siciliæ forsan acta, gesta, & ordinata, cum omnibus, & singulis inde secutis, & quandocumque secuturis penitùs, & omninò nulla, irrita, invalida, injusta, reprobata, damnata, inania, temeraria, & a non habentibus potestatem damnabiliter attentata, ac de facto præsumpta, nulliusque omninò roboris, & momenti, vel efficaciæ esse, & ab initio fuisse, ac perpetuò fore, neque illa a quoquam observari posse, vel potuisse, adeòque nec ullum statum facere, vel fecisse, sed perinde ac si nunquam emanassent, nec facta fuissent, pro non extantibus, & non factis perpetuò itidem haberi debere, tenore Præsentium declaramus. ANNO 1715.

§. 5. Et nihilominus ad majorem, & abundantiorem cautelam, & quatenus opus sit, illa omnia, & singula, ac si quæ insuper a prædictis, seu aliis præmissorum occasione, sive ad eumdem finem quoquo modo impediendi executionem Literarum, Mandatorum, & Decretorum Apostolicorum in eodem Regno quandocunque, & quomodocumque (quod Deus avertat) de cætero similiter agi, geri, & ordinari contigerit, harum serie damnamus, reprobamus, revocamus, cassamus, irritamus, annullamus, abolemus, viribusque, & effectu penitùs, & omninò vacuamus, ac pro damnatis, reprobatis, revocatis, cassatis, irritis, nullis, invalidis, & abolitis, viribusque, & effectu penitùs, & omnino vacuis semper haberi volumus, & mandamus. Sciant propterea universi Christi Fideles ejusdem Regni, memorato, sive alio quovis Edicto, Mandato, seu Præcepto, quod a præfatæ Sæcularis Potestatis, sive etiam prætensi Tribunalis Monarchiæ Siculæ Ministris quibuslibet in posterum promulgari contingeret, non obstante, sese teneri, ac obligatos esse Decretis, Ordinationibus, Mandatis, Literis, aliisque provisionibus Apostolicis quibuscumque, vigore illius potestatis Nobis, ac pro tempore existenti Romano Pontifici divinitus concessæ tam hactenus editis, quàm de cætero quandocumque edendis, veram, integram, & omnimodam obedientiam præstare, atque exhibere.

§. 6. Præterea cum notorii Juris sit, non tam illos, qui præinsertum Edictum, seu Bannimentum ediderunt, ac promulgarunt, quàm alios omnes, & singulos, cujuscumque status, gradus, ordinis, præeminentiæ, & dignitatis quantumcumque excelsæ, ac sublimis fuerint, qui sive editionem, publicationem, & affixionem ejusdem Edicti, vel Bannimenti, sive alia eodem consilio, sicut præmittitur, quovis modo gesta mandarunt, ac ordinarunt, seu illis consilium, auxilium, favorem, vel quamvis aliam damnabilem operam præstiterunt, aut in eorum sequelam, & executionem similiter gesta approbarunt, & rata habuerunt, seu aliàs in eis quomodolibet culpabiles fuerunt, censuras omnes, & pœnas Ecclesiasticas contra similia perpetrantes à Sacris Canonibus, Generalium Conciliorum Decretis, & Apostolicis Constitutionibus, ac præsertim Literis die Cœnæ Domini singulis annis legi, & promulgari consuetis inflictas eo ipso incurrisse, illasque insuper etiam incursuros esse eos omnes, qui similia ad eundem finem quoquomodo impediendi executionem Literarum, aliorumve Decretorum Apostolicorum in Regno supradicto de cætero peregerint, ut præfertur. Noverint idcircò illi omnes, etiam specialissimâ mentione digni, a censuris, & pœnis hujusmodi, post debitam, & condignam Ecclesiæ realiter, & cum effectu præstitam satisfactionem, nonnisi a Nobis, seu Romano Pontifice pro tempore existente (præterquam in mortis articulo, & tunc cum reincidentiâ in easdem censuras, & pœnas eo ipso, quo convaluerint) absolvi, & liberari posse, prout eorumdem tenore Præsentium decernimus, & similiter declaramus.

§. 7. Decernentes pariter easdem præsentes Literas, & in eis contenta quæcumque, etiam ex eo, quòd prædicti, & alii quicumque in præmissis interesse habentes, seu habere quomodolibet prætendentes, cujusvis status, gradus, ordinis, præeminentiæ, & dignitatis existant, seu aliàs specificâ, & individuâ mentione, & expressione digni, illis non consenserint, nec ad ea vocati, citati, & auditi, causæque propter quas Præsentes emanarint, sufficienter adductæ, verificatæ, & justificatæ non fuerint, aut ex aliâ qualibet, etiam quantumvis juridicâ, & privilegiatâ causâ, colore, prætextu, & capite, etiam in Corpore juris clausæ, etiam enormis, enormissimæ,

&

ANNO 1715.

& totalis læsionis, nullo unquam tempore, de subreptionis, vel obreptionis, aut nullitatis vitio, seu intentionis nostræ, vel interesse habentium consensus, aliove quolibet, etiam quantumvis magno, & substantiali, ac inexcogitato, & inexcogitabili, individuámque expressionem requirente defectu notari, impugnari, infringi, invalidari, retractari, in controversiam vocari, aut ad terminos juris reduci, seu adversùs illas aperitionis oris, restitutionis in integrum, aliudve quodcumque juris, facti, vel gratiæ remedium intentari, vel impetrari, aut impetrato, seu etiam Motu, scientiâ, & potestatis plenitudine paribus concesso, vel emanato, quempiam in judicio, vel extra illud uti, seu se juvare ullo modo posse; sed ipsas præsentes Literas semper firmas, validas, & efficaces existere, & fore, ac quibuscumque juris, seu facti defectibus, qui adversùs illas à Seculari potissimùm Potestate, seu prædicto assertæ Monarchiæ Siculæ Tribunali, illorumve Ministris quibuslibet, ad effectum impediendi, seu retardandi earum executionem quovis modo, seu ex quavis causâ opponi, seu objici possent, minimè refragantibus, suos plenarios, & integros effectus sortiri, & obtinere: Easque propterea omnibus, & singulis per eamdem Secularem Potestatem, sive per idem assertum Tribunal, eorumve Ministros quoscumque quomodolibet allatis, seu afferendis impedimentis penitùs, & omninò rejectis, ac nequaquam attentis, ab illis, ad quos spectat, & pro tempore quandocumque spectabit, inviolabiliter, & inconcussè observari: Sicque, & non aliter in præmissis per quoscumque Judices ordinarios, & Delegatos, etiam Causarum Palatii Apostolici Auditores, ac Sanctæ Romanæ Ecclesiæ Cardinales, etiam de Latere, Legatos, & præfatæ Sedis Nuncios, aliosve quoslibet quâcumque præeminentiâ, & potestate fungentes, & functuros; sublatâ eis, & eorum cuilibet quâvis aliter judicandi, & interpretandi facultate, & authoritate, judicari, & definiri debere, ac irritum, & inane, si secus super his a quoquam quavis authoritate scienter vel ignoranter contigerit attentari.

§. 8. Non obstantibus præmissis, & quatenus opus sit, nostrâ, & Cancellariæ Apostolicæ regulâ de jure quæsito non tollendo, aliisque Apostolicis, ac in Universalibus, Provincialibusque, & Synodalibus Conciliis editis generalibus, vel specialibus Constitutionibus, & Ordinationibus nec non quibusvis, etiam juramento, confirmatione Apostolicâ, vel quavis firmitate aliâ roboratis Statutis, & consuetudinibus, ac præscriptionibus quantumvis longissimis, & immemorabilibus, Privilegiis quoque, Indultis, & Literis Apostolicis quibuscumque Personis, etiam quantumvis sublimibus, & specialissimâ mentione dignis a Sede prædictà ex quâcumque causâ, etiam per viam contractus, & remunerationis sub quibuscumque verborum tenoribus, & formis, ac cum quibusvis etiam derogatoriarum derogatoriis, aliisque efficacioribus, efficacissimis, & insolitis clausulis, irritantibusque, & aliis Decretis, etiam motu, scientiâ, & potestatis plenitudine paribus, seu ad quarumcumque Personarum, etiam Imperiali, Regali, aliâve qualibet mundanâ, vel Ecclesiasticâ Dignitate fulgentium instantiam, aut earum contemplatione, seu aliàs quomodolibet in contrarium præmissorum concessis, editis, factis, ac pluriès iteratis, & quantiscumque vicibus approbatis, confirmatis, & innovatis; etiam continentibus quod excommunicari non possint per Literas Apostolicas non facientes plenam, & expressam, ac de verbo ad verbum de Privilegiis, & Indultis hujusmodi mentionem. Quibus omnibus, & singulis, etiamsi pro illorum sufficienti derogatione de illis, eorumque totis tenoribus specialis, specifica, expressa, & individua, ac de verbo ad verbum, non autem per clausulas generales idem importantès, mentio, seu quævis alia expressio habenda, aut aliqua alia exquisita forma ad hoc servanda foret, tenores hujusmodi, ac si de verbo ad verbum, nihil penitus omisso, & forma in illis tradita observata, exprimerentur, & insererentur, Præsentibus pro plenè, & sufficienter expressis, & insertis habentes, illis aliàs in suo robore permansuris, ad præmissorum effectum hac vice dumtaxat specialiter, & expressè derogamus, & derogatum esse volumus, cæterisque contrariis quibuscumque.

§. 9. Cùm autem eædem præsentes Literæ in memorato Regno Siciliæ nequeant tutè publicari, ut hactenus experientiâ compertum est, ac ex iis, quæ in præinserto Edicto, seu Bannimento habentur, manifestò apparet, imò hoc ipsum insuper per legitimas probationes satis superque Nobis constat, prout harum serie pariter declaramus; Volumus illas, seu earum exempla, ut ad omnium notitiam deveniant, ad valvas Ecclesiæ Lateranensis, ac Basilicæ Principis Apostolorum, nec non Cancellariæ Apostolicæ, Curiæque generalis in Monte Citatorio, ac in Acie Campi Floræ de Urbe, ut moris est affigi, & publicari; sicque publicatas, & affixas omnes, & singulos, quos illæ concernunt, perinde arctare, & afficere, ac si unicuique eorum nominatim, & personaliter intimatæ fuissent; Utque ipsarum Literarum transumptis, seu exemplis etiam impressis, manu alicujus Notarii publici subscriptis, & sigillo personæ in Ecclesiasticâ Dignitate constitutæ munitis, eadem prorsus fides tam in judicio, quàm extra illud ubique adhibeatur, si forent exhibitæ, vel ostensæ Datum Romæ apud Sanctam Mariam Majorem sub annulo Piscatoris die XI. Januarii MDCCXV. Pontificatus Nostri Anno XV.

F. Oliverius.

C.

20. Fevrier.

Extinctio & Abolitio prætensæ Apostolicæ in Regno Siciliæ Legationis, & Monarchiæ nuncupatæ, ejusque Tribunalis, Judicis, Ministrorum, & Officialium quorumcumque [Bullarium magnum, Edit. Luxemburgic. 1727. pag. 148.]

CLEMENS EPISCOPUS

SERVUS SERVORUM DEI.

Ad perpetuam rei memoriam.

ROmanus Pontifex, quem Salvator, & Dominus Noster æqui, bonique supremum Assertorem in Terris constituit, ut juxta Propheticum verbum noxia evellat, & destruat, utiliaque plantet, & ædificet, ea interdum, quæ non solùm minus legitimis subnixa titulis, in Ecclesiasticæ Libertatis, atque Apostolicæ authoritatis perniciem invecta esse cognoscit, sed quæ etiam rationabilibus ex causis ab hac Sanctâ Sede aliquando concessa fuisse non dubitat, ubi rerum experientia ita suadeat, gravioresque causæ, quibus præsertim Ecclesiæ rationibus, animarum saluti, rectoque rerum ordini opportunè consulitur, hoc ipsum exposcant, sapienti consilio abolet, revocat, rescindit, & immutat, ac aliàs desuper Pastoralis solicitudinis, & providentiæ suæ partes interponit, sicut omnibus maturæ considerationis trutinâ perpensis, conspicit in Domino salubriter expedire.

§. 1. Sanè, cum Divinâ ordinatione, Sacrorumque Canonum definitionibus, Ecclesiasticæ, ac Secularis Potestatis discreta sint munera, nemo propè est, qui ignoret gravissimos Viros eximiâ non minùs pietate conspicuos, quàm zelo incorruptæ disciplinæ celebres, sacræque antiquitatis cognitione præclaros, magnas protulisse querelas de eo Regni Siciliæ Tribunali, quod Monarchiam appellant, Sanctæ Romanæ Ecclesiæ Primatui ipsâmet sui nominis novitate plurimùm injurioso, in quo scilicet, non sine apertà Sacrarum Legum violatione, Spiritualia Jura Sanctuarii per Secularem Potestatem administrari noverant, prætensæque Pontificiæ Legationis titulo acerbissima Apostolicæ Sedis authoritati vulnera infligi deplorabant. Ut talem proinde, ac tantam Ecclesiasticæ jurisdictionis perturbationem, quantùm in ipsis erat, funditùs everterent, luculentis commentariis primò quidem planum facere studuerunt, non obscuris indiciis deprehendi Privilegium illud, quo Seculares Ministri Monarchiam Siculam suffultam esse contendunt, quodque dudum Rogerio Siciliæ Comiti a fel. recor. Urbano Papâ Secundo Prædecessore nostro concessum ferunt, vel omninò fictum, ac commentitium esse, vel saltem insignis alicujus Veteratoris fraude corruptum, ac depravatum. Nullum deinde in eo, licet verum esset, ac minime vitiatum, supradictæ Monarchiæ vestigium reperiri, sed pravos potius plerosque illius Tribunalis usus ipsismet allati Privilegii verbis coerceri declararunt; cum nullam per hujusmodi Privilegium eidem Rogerio Comiti Ecclesiastici juris dicendi facultatem tributam fuisse contenderent, sed filialis auxilii partes dumtaxat demandatas,

ANNO 1715.

ut Apostolicas Ordinationes pro suâ in Ecclesiam reverentiâ exequeretur.

§. 2. Addiderunt praeterea, tametsi decantatam illam Apostolicae Legationis potestatem, ac Monarchiam, memorato Rogerio Comiti, atque ejus filio Simoni, sive alteri, qui legitimus illius haeres extitisset, idem Urbanus Praedecessor concessisset, imò etiam ad alios ipsius haeredes, quod falsum omninò censuerunt, extendisset, nunquam profectò illam ad omnes promiscuè Siciliae Reges propagari potuisse, aut ita cum temporalibus juribus Regni coalescere, ut in quamdam veluti Saecularis Imperii praerogativam evaderet. Ad haec pluribus documentis probarunt praedicti Urbani Praedecessoris Privilegium, si quod unquam concessum fuisset, etiam cum eâ potestatis amplitudine, quam Monarchiae Magistratus temerè arripuerunt (quod tamen illius sine gravi ipsius Urbani Praedecessoris, acerrimi Ecclesiasticorum jurium, ac fortissimi vindicis injuriâ nequaquàm dici posse constanter asserebant) abrogatum postea fuisse iteratis plurium Romanorum Pontificum etiam Praedecessorum nostrorum Literis, ac Decretis, quibus nullo obstante Rescripto, quod ab eâdem Apostolicâ Sede fuissent impetratum, Romanae Ecclesiae jura etiam quoad Legationes, & appellationes in Regno praedicto restituta fuerunt, ipsis Siciliae Regibus suborios contra Ecclesiasticam Immunitatem abusus palàm detestantibus, atque ejurantibus. Postremò, quoniam optima Legum, ac Privilegiorum interpres est consuetudo, hujus etiam plurimis Testimoniis Monarchiam praefatam improbare non omiserunt; recensentes scilicet frequentissimas, post ejusdem Urbani Praedecessoris tempora, Apostolicas in Siciliam missas Legationes, delatas ad Sedem praedictam appellationes, aliosque in Siculorum causis Pontificiae authoritatis edictos actus, quibus asserta memoratae Monarchiae Privilegia cohaerere minimè poterant. Mirandum idcirco sibi videri, quo pacto nonnisi post plurium Saeculorum silentium emergere potuerint, & confestim ad tantam amplitudinem progredi praetensae Legationis facultates, quarum Diploma superiores Siciliae Reges nunquam produxerint, iis praesertim in controversiis, in quibus illud maximo usui rebus suis fuissent habituri. Haec omnia neque illustrium Scriptorum autoritate, nec pluribus Historiarum monumentis, nec valido demum argumentorum robore destituta esse Majores nostri probè agnoverunt. Maluit nihilominus hucusque Apostolica Sedes de Catholicorum Principum Religione confisa, à Siculorum Regum pietate, quos paternis identidem monitis ad id hortari, atque excitare non praetermisit, optatam, atque integram Ecclesiae libertatem praestolari, quàm positâ ad radicem securi invectae servitutis causas, quas tamen interea nunquam approbavit, imò saepius reprobavit, exscindere.

§. 3. Cùm autem ex diuturnâ patientia adeò in dies ingravescere, ac praesertim ab aliquot annis in tantum Apostolicae Potestatis contemptum grassari malum perrexerit, ut in eos novissimè abusus eruperit, qui nimium omnibus innotescunt, apertèque patefaciunt ultra visibile illud Ecclesiae, quod à Fidelibus unicum colitur, novum aliud, ac verè monstruosum in Regno Siciliae ostentari Caput, eidem Ecclesiae superinductum, à quo scilicet per summam, ac intolerabilem temeritatem, vero Ecclesiae Capiti, ac Jesu Christi Vicario, quasi infestis signis, bellum palam indicitur, dum ab eo nostra, atque hujus Sanctae Sedis Mandata rescinduntur: Litterae, ac Rescripta contemnuntur: Censurae revocantur; illi insuper, qui Nobis, ac Sedi praedictae debitam obedientiam exhibent, exilii, carceris, bonorum interceptionis, aliisque gravioribus poenis severè plectuntur; ii demum, qui illâmet ligandi, ac solvendi potestate, quam per Beatum Petrum, ejusque Successores à Domino accepimus, ligati à Nobis sunt, nefariè solvuntur: aliique contra, qui à Nobis soluti sunt, impudentissimè ligantur. Explorati verò, ac comperti juris sit, invalescentibus corruptelis, etiam certissima ipsa ab eâdem Sede concessa, ac saepiùs confirmata Privilegia omninò deleri, atque abrogari posse, imò etiam debere: cum Legum omnium judicio Privilegium mereatur amittere, qui permissâ sibi abutitur potestate, nec unquam sit inexcusabilior abusus, quàm cum is, qui Privilegium accepit, adversus eum, qui illud concessit, insurgit, ejusque jussionibus pertinaciter obsistere non veretur: meritò propterea rec. mem. Alexandro Papa III. etiam Praedecessore nostro quibusdam Archiepiscopis, & Episcopis scribente: *Pro certo sciatis, quod Nos concessa Vobis privilegia decurtabimus, cum Ecclesiae Romanae scriptis authenticis obviare minimè timeatis.* Hinc est, quod Nos, pro commissi Nobis divinitus Pastoralis muneris debito sacrificare sacrificium justitiae, & Ecclesiae Dei Jura, ac libertatem, nec non hujus Sanctae Sedis authoritatem, dignitatemque constenter, ac viriliter propugnare parati, nihil profectò de Nobis, sed omnia de eo praesumentes, qui Nos confortat, & operatur in Nobis, exurgere tandem in Domino, atque ut judicium nostrum de vultu illius prodeat, divinâ ejus ope enixis tam nostris, quàm aliorum precibus, humiliter priùs imploratâ, abominationem desolationis stantem in loco sancto, Apostolicae districtionis sarculo radicitus evellere, atque extirpare decrevimus; probè agnoscentes liberum jam Nobis non esse diuturniori longanimitate committere, ut Siculae Monarchiae privilegiorum obtentu Ecclesiastici Ordinis dignitas penitus collabatur.

§. 4. Habitâ itaque super praemissis cum particulari Congregatione nonnullorum Venerabilium Fratrum Nostrorum Sanctae Romanae Ecclesiae Cardinalium Immunitati Ecclesiasticae, & controversiis jurisdictionalibus praepositorum, nec non quorumdam dilectorum Filiorum Romanae Curiae Praelatorum, qui rem maturè discusserunt, longâ, ac diligenti deliberatione: auditisque insuper hac in re quampluribus in Sacra Theologiâ Magistris, & in Decretis Doctoribus, qui omnes unanimi voce adversùs Monarchiam praefatam ad Nos clamarunt, Propheticum illud repetentes: *Succidite arborem, & dissipate illam:* omnium denique, & singulorum, si quae sint, Privilegiorum, seu Indultorum tam à memorato Urbano, quàm ab aliis quibuscumque Romanis Pontificibus Praedecessoribus Nostris eidem Monarchiae, illiusque Tribunali quandocumque, & quâcumque ex causâ concessorum, ac quantiscumque vicibus confirmatorum, nec non quorumcumque, si quae pariter sint, desuper expeditarum Literarum tenores, & datas, ac circumstantias quaslibet Praesentibus pro plenè, & sufficienter expressis, & insertis, Personarum verò, in quarum favorem Privilegia, seu Indulta hujusmodi concessa asseruntur, qualitates, ac dignitates quantumcumque sublimes, & in Laicali Ordine supremas, nec non ejusdem Tribunalis Judicis, Notariorum, Scribarum, Ministrorum, seu Officialium quorumlibet nomina, & cognomina, aliave quaecumque etiam specificam, & individuam mentionem requirentia pro plenissimè, & exactissimè specificatis habentes, de eorumdem Cardinalium consilio pariter, & assensu, ac etiam motu proprio, & ex certâ scientiâ, & maturâ deliberatione nostris, deque Apostolicae Potestatis plenitudine: praetensam Apostolicam Regni Siciliae Legationem, ac Monarchiam nuncupatam, ejusque assertum Tribunal, unà cum illius Judicis, Notariorum, Scribarum, Ministrorum, aliorumque Officialium quorumlibet quovis nomine nuncupatorum dignitatibus, officiis, & ministeriis quibuscumque, omnique eorum titulo, essentiâ, ac denominatione, tenore Praesentium perpetuò extinguimus, supprimimus, & abolemus; Nec non omnia, & singula Privilegia, Facultates, & Indulta, si quae sint, tam specialia, quàm generalia illis, & illorum cuilibet à quibuscumque Romanis Pontificibus Praedecessoribus nostris ex quâcumque causâ, ac quorumcumque meritorum intuitu, & contemplatione, seu aliàs quomodolibet concessa, ac pluriès confirmata, & innovata, penitùs, & omninò rescindimus, cassamus, delemus, revocamus, & abrogamus. Volentes propterea, ac mandantes, ut illa omnia, pro extinctis, suppressis, & abolitis, nec non respectivè rescissis, cassatis, deletis, revocatis, & abrogatis ab universis Christi Fidelibus perpetuò haberi, ac reputari debeant, adeòque eisdem Christi Fidelibus, cujuscumque status, gradus, conditionis, qualitatis, ordinis, praeeminentiae, ac dignitatis, sive Ecclesiasticae, sive Laicalis, etiam specialem, & individuam expressionem requirentis, existant, harum serie interdicentes, ne aliquid unquam, quod extentioni, suppressioni, abolitioni, aliisque praemissis directè, vel indirectè, seu aliàs quomodolibet adversetur, facere, moliri; seu attentare quoquo modo audeant, vel praesumant, sub poenâ excommunicationis latae sententiae, per Contrafacientes absque aliâ declaratione ipso facto incurrendâ, à quâ nemo à quoquàm, praeterquam à Nobis, seu Romano Pontifice pro tempore existente, nisi in mortis articulo constitutus, absolvi possit.

§. 5. Caeterùm, quia ad praemissa devenimus, non quidem animo avocandi Siculas Causas ad nostra haec Romanae Curiae Tribunalia, licèt id caeteroquin perspicuis, ac notissimis hujus Sanctae Sedis juribus innite-

retur,

ANNO 1715.

ANNO 1715. retur, priscoque Ecclesiæ mori omninò esset consentaneum, sed eo tantùm consilio, ut, Sacrosanctæ Dei Ecclesiæ libertatem tueremur, nostram, & hujus Sanctæ Sedis authoritatem vindicaremus: nec non periclitantium animarum saluti pro Pontificiæ solicitudinis nostræ debito prospiceremus; idcirco Christi Fidelium illarum partium, quos verè in visceribus gerimus paternæ charitatis, incommodis, ac dispendiis, quæ eis quomodolibet hinc evenire possent, opportunis mediis, quantùm Nobis ex alto conceditur, occurrere non omittemus; interea verò modum aliquem propediem præscribemus, quo causæ prædictæ ad Forum Ecclesiasticum pertinentes, etiam abolito Monarchiæ Siculæ Tribunali, de cætero in eodem Regno Siciliæ, &, quod caput est rectè, ac ordine cognosci possint, fineque debito terminari, donec à Nobis, & Sede Apostolicâ prædicta Nationis Siculæ indemnitati amplioribus gratiis consulatur.

§. 6. Decernentes pariter easdem præsentes Literas, & in eis contenta quæcumque, etiam ex eo quod prædicti, & alii quilibet in præmissis interesse habentes, seu habere quomodolibet prætendentes, cujusvis status, gradus, ordinis, præeminentiæ, & dignitatis etiam Regiæ, & Imperialis, existant, illis non consenserint, nec ad ea vocati, citati, causæque, propter quas Præsentes emanarint, sufficienter adductæ, verificatæ, & justificatæ non fuerint, aut ex aliâ quâlibet etiam quantumvis juridicâ, & privilegiatâ causâ, colore, prætextu, & capite, etiam in Corpore juris clauso, etiam enormis, enormissimæ, & totalis læsionis, nullo unquam tempore de subreptionis, vel obreptionis, aut nullitatis vitio, seu intentionis nostræ, vel interesse habentium consensus, aliove quolibet, etiam quantumvis magno, & substantiali, ac inexcogitato, & inexcogitabili, individuamque expressionem requirente defectu notari, impugnari, infringi, invalidari, retractari, in controversiam vocari, aut ad terminos juris reduci, seu adversùs illas aperitionis oris, restitutionis in integrum, aliudve quodcumque juris, facti, vel gratiæ remedium intentari, vel impetrari, aut impetrato, seu etiam motu, scientiâ, & potestatis plenitudine paribus concesso, vel emanato, quempiam in judicio, vel extra illud uti, seu se juvare ullo modo posse; sed ipsas præsentes Literas semper firmas, validas, & efficaces existere, & fore, ac quibuscumque juris, seu facti defectibus, qui adversùs illas à seculari potissimùm potestate, seu prædicto abolito, & extincto Monarchiæ Siculæ Tribunali, illorumve Ministris quibuslibet, ad effectum impediendi, seu retardandi earum executionem quovis modo, seu ex quavis causâ opponi, seu objici possent, minimè refragantibus, suos plenarios, & integros effectus sortiri, & obtinere: Easque propterea omnibus, & singulis per eamdem sæcularem potestatem, sive per idem abolitum, ac extinctum Tribunal, eorumque Ministros quoscumque quomodolibet allatis, seu afferendis impedimentis penitus, & omnino rejectis, ac nequaquam attentis, ab illis, ad quos spectat, & pro tempore quandocumque spectabit, inviolabiliter, & inconcussè observari: Sicque, & non aliter in præmissis per quoscumque Judices Ordinarios, & Delegatos, etiam causarum Palatii Apostolici Auditores, ac ejusdem Sanctæ Romanæ Ecclesiæ Cardinales, etiam de Latere Legatos, & præfatæ Sedis Nuncios, aliosve quoslibet quâcumque præeminentiâ, & potestate fungentes, & functuros, sublatâ eis, & eorum cuilibet quâvis aliter judicandi, & interpretandi facultate, & authoritate, judicari, & definiri debere, ac irritum, & inane, si secus super his à quoquam quâvis authoritate scienter, vel ignoranter contigerit attentari.

§. 7. Non obstantibus præmissis, & quatenus opus sit, nostrâ, & Cancellariæ Apostolicæ Regulâ de jure quæsito non tollendo, aliisque Apostolicis, ac in Universalibus, Provincialibusque, & Synodalibus Conciliis editis Generalibus, vel specialibus Constitutionibus, & Ordinationibus, nec non quibusvis, etiam juramento, confirmatione Apostolicâ, vel quâvis firmitate aliâ roboratis Statutis, & consuetudinibus, ac præscriptionibus, quantumvis longissimis, & immemorabilibus; Privilegiis quoque, Indultis, & Literis Apostolicis, quibuscumque Regnis, Provinciis, ac Personis, etiam Imperiali, Regiâ, aliâve quâlibet mundanâ, seu etiam Ecclesiasticâ dignitate fulgentibus, seu aliàs specificâ, & individuâ mentione dignis à Sede prædictâ, ex quâcumque causâ, etiam per viam contractus, & remunerationis, sub quibuscumque verborum tenoribus, & formis, ac cum quibusvis, etiam derogatoriarum derogatoriis, aliisque efficacioribus, efficacissimis, & insolitis clausulis, irritantibusque, & aliis Decretis; etiam motu, scientiâ, & potestatis plenitudine paribus, ac consistorialiter, seu aliàs quomodolibet in genere, vel in specie, in contrarium præmissorum concessis, editis, factis, ac pluriès iteratis, & quantiscumque vicibus approbatis, confirmatis, & innovatis, etiam continentibus, quod excommunicari non possint per Literas Apostolicas non facientes plenam, & expressam, ac de verbo ad verbum de Privilegiis, & Indultis hujusmodi mentionem. Quibus omnibus, & singulis, etiamsi pro illorum sufficienti derogatione de illis, eorumque totis tenoribus specialis, specifica, expressa, & individua, ac de verbo ad verbum, non autem per clausulas generales idem importantes mentio, seu quævis alia expressio habenda, aut aliqua alia exquisita forma ad hoc servanda foret, tenores hujusmodi, ac si de verbo ad verbum, nihil penitus omisso, & formâ in illis traditâ observatâ, exprimerentur, & insererentur, Præsentibus pro plenè, & sufficienter expressis, & insertis habentes, illis aliàs in suo robore permansuris, ad præmissorum effectum hac vice dumtaxat specialiter, & expresse derogamus, & derogatum esse volumus, cæterisque contrariis quibuscumque. ANNO 1715.

§. 8. Cum autem eædem præsentes Literæ in memorato Regno Siciliæ nequeant tutè publicari, ut hactenus experientiâ compertum est, ac Nobis per legitimas probationes satis superque constat, prout harum serie declaramus; Volumus illas, seu earum exempla, ut ad omnium notitiam deveniant, ad valvas Ecclesiæ Lateranensis, ac Basilicæ Principis Apostolorum, nec non Cancellariæ Apostolicæ, Curiæque Generalis in Monte Citatorio, ac in Acie Campi Floræ de Urbe, ut moris est, affigi, & publicari; sicque publicatas, & affixas, post duos menses à die earum publicationis, & affixionis computandos, omnes, & singulos; quos illæ concernunt, perinde arctare, & afficere, ac si unicuique eorum nominatim, & personaliter intimatæ fuissent; Utque ipsarum Literarum transumptis, seu exemplis, etiam impressis, manu alicujus Notarii publici subscriptis, & sigillo personæ in Ecclesiasticâ Dignitate constitutæ munitis, eadem prorsùs fides tam in judicio, quàm extra illud ubique adhibeatur, quæ eisdem præsentibus adhiberetur, si forent exhibitæ, vel ostensæ.

Nulli ergo omninò hominùm liceat hanc paginam nostrarum extinctionis, suppressionis, abolitionis, rescissionis, cassationis, deletionis, revocationis, abrogationis, mandati, interdictionis, declarationis, & voluntatis infringere, vel ei ausu temerario contraire; si quis autem hoc attentare præsumpserit, indignationem Omnipotentis Dei, ac Beatorum Petri, & Pauli Apostolorum eius se noverit incursurum. Datum Romæ apud Sanctam Mariam Majorem Anno Incarnationis Dominicæ millesimo septingentesimo decimo quarto, decimo Kalendas Martii Pontificatus Nostri Anno decimoquinto.

† Ego Clemens Catholicæ Ecclesiæ Episcopus.

†
† N. Episcopus Portuen Card. Acciajolus.
†
† Ego F. Episcopus Prænestinus Card. Spada.
† Ego F. Episcopus Sabinen. Card. Altallius.
† Ego F. Episcopus Albanen. Card. de'Abdua.
† Ego G. Tit. S. Laurentii in Lucina Prior Presbyterorum Card. Marescottus.
† Ego B. Tit. S. Praxedis Card. Panciaticus.
†
†
†
†
† Ego F. T. M. Tit. S. Clementis Card. Ferrarius.
† Ego Joseph Tit. S. Mariæ Transpontinæ Presbyter Card. Sacripantes.
† Ego J. B. Tit. S. Cæsarei Cardinalis Spinula S. R. E. Camerarius.
†
† Ego F. Tit. SS. Joannis, & Pauli Card. Paulutius Major Pœnitent.
†
†
† Ego F. Tit. S. Eusebii Presbyter Cardinalis Martellus.

 † Ego

ANNO 1715.

† Ego L. Tit. S. Petri ad Vincula Cardinalis Casonus.

† Ego L. Tit. S. Susannæ Presbyter Card. Corsinus.

†

† Ego T. Tit. S. Mariæ Trans Tyberim Cardinalis Rufus.

†

† Ego Joseph Tit. S. Mariæ Vngelorum Cardinalis Vallemanus.

†

†

† Ego C. A. Tit. S. Augustini Presbyter Cardinalis Fabronus.

† Ego M. A. Tit. SS. Quirici, & Julictæ Presbyter Card. de Comitibus.

†

† Ego L. Tit. S. Silvestri in Capite Presbyter Card. Picus.

†

†

†

†

† Ego P. M. Tit. S. Joannis ante Portam Latinam Presbyter Card. Corradinus.

†

†

†

† Ego A. Tit. S. Marci Card. Priolus S. Marci nuncupatus.

† Ego Jo: B. Tit. S. Stephani in Monte Cælio Presbyter Cardinalis Ptholomæus.

† Ego F. M. Tit. S. Priscæ Presbyter Cardinalis Casinus.

†

† Ego B. S. Mariæ in Viâ latâ Prior Diaconorum Cardinalis Pamphilius.

† Ego P. S. Laurentii in Damaso Cardinalis Otthobonus S. R. E. Vice-Cancellarius.

† Ego C. S. Agathæ Gothorum Diaconus Cardinalis Bichius.

† Ego J. R. S. Georgii in Velabro Diaconus Cardinalis Imperialis.

† Ego Franciscus S. Angeli in Foro Piscium Diaconus Card. Barberinus.

† Ego L. S. Nicolai in Carcere Tulliano Diac. Cardinalis de Alteriis.

† Ego C. S. Mariæ de Scalâ Diaconus Card. Columna.

†

† Ego Nicolaus S. Mariæ in Cosmedin Diaconus Cardinalis Grimaldus.

† Ego Annibal S. Eustachii Diaconus Cardinalis Albanus.

† Ego Curtius S. Mariæ in Dominicâ Diaconus Cardinalis Origus.

†

Joseph Card. Prodatarius.

F. Oliverius.

Visa de Curiâ pro R. P. D. Masserio

L. Sergardus.

Loco † Plumbi.

J. Pelucchius.

CI.

20. Fevrier.

Literæ Apostolicæ in formâ Brevis ad Archiepiscopos, & Episcopos, nec non utrumque Clerum tam Sæcularem, quàm Regularem, reliquosque omnes Christi Fideles Regni Siciliæ, quibus præscribitur modus, quo Causæ dicti Regni ad Forum Ecclesiasticum pertinentes in posterùm, etiam abolito Monarchiæ Siculæ Tribunali, judicari possint, ac debeant in eodem Regno, donec aliâ ratione à Sanctitate Suâ, & Sede Apostolica indemnitati, ac commodis Nationis Siculæ pleniùs, & uberiùs consulatur. [Bullarium magnum, Edit. Luxemburgic. 1727. pag. 152.]

ANNO 1715.

CLEMENS PAPA XI.

Venerabiles Fratres, ac Dilecti Filii salutem, & Apostolicam Benedictionem.

CUm Nos hodie speciali nostrâ, ac perpetuò valiturâ Constitutione, gravissimis, atque justissimis rationibus adducti, seu potius compulsi, prætensam Apostolicam istius Regni Siciliæ Legationem, ac Monarchiam nuncupatam, ejusque assertum Tribunal, unà cum illius Judicis, Notariorum, Scribarum, Ministrorum, aliorumque Officialium quorumlibet quovis nomine nuncupatorum dignitatibus, Officiis, & ministeriis quibuscumque, omnique eorum titulo, essentiâ, ac denominatione, traditâ Nobis ab Omnipotenti Deo authoritate, extinxerimus, suppresserimus, & aboleverimus, nec non omnia, & singula, si quæ essent, illis, & illorum cuilibet à quibuscumque Romanis Pontificibus Prædecessoribus nostris quomodolibet concessa, ac pluries confirmata privilegia, facultates, & indulta penitus, ac omnino resciderimus, cassaverimus, revocaverimus, & abrogaverimus; illaque pro extinctis, suppressis, & abolitis, nec non respectivè, rescissis, cassatis, revocatis, & abrogatis, ab omnibus Christi Fidelibus perpetuò haberi, ac reputari debere voluerimus, ac mandaverimus: uno, eodemque tempore considerantes Apostolicæ nostræ providentiæ esse incommodis, ac periculis vestris maturè occurrere, ac interim modum aliquem præscribere, quo causæ ad forum Ecclesiasticum pertinentes, abolito jam Monarchiæ Siculæ Tribunali, rectè, ac ordine, & nihilominus, quantum fieri potest, sine majori Partium litigantium dispendio cognosci possent, fineque debito terminari; ejusmodi modum non aliunde, quàm ex Canonicarum Sanctionum censurâ petendum, nec Judices pro earumdem causarum cognitione, ac terminatione alibi, quàm in istomet Regno constituendos esse censuimus; primùm quidem, ut testatum omnibus faceremus, Nos ad præmissa devenisse, non quidem animo augendi Siculis causis Romanæ Curiæ subsellia, sed eâ tantùm mente, ut enormibus, ac gravissimis scandalis, quibus universi propemodùm Christi Fideles summoperè offendebantur, Apostolicâ falce succisis, Ecclesiæ honori, Pontificiæ authoritatis vindicationi, animarumque saluti pro commisso Nobis cœlitus Pastorali munere consuleremus; deinde verò, ut Vobis manifestum fieret Nos eâ in re pro paternâ, quâ Regnum istud in Domino complectimur, charitate, utilitatis, commodique vestri congruam habuisse rationem; Hinc igitur est, quod Nos diuturnâ, atque maturâ, sicut negotii gravitas flagitabat, consultatione adhibitâ, auditaque desuper nonnullorum Venerabilium Fratrum nostrorum S. R. E. Cardinalium, ac dilectorum Filiorum ejusdem Romanæ Curiæ Prælatorum, Sacrarum Legum doctrinâ, rerumque usu præstantium sententiâ, pro facili, recta ac ordinatâ prædictarum causarum directione sequentem normam præscribere, ac sancire decrevimus, quam de cætero ab iis omnibus, ad quos spectat, & in futurum spectabit, inconcussè, ac inviolabiliter observari volumus, & mandamus, donec aliâ ratione à Nobis, & ab hac Sanctâ Sede indemnitati vestræ pleniùs, ac uberiùs prospiciatur.

§. 1. Causæ omnes ad Forum Ecclesiasticum quomodolibet pertinentes, cujuscumque sint generis, in primâ instantiâ coram Ordinariis locorum dumtaxat cognoscantur, nec ab eorum Tribunali avocari possint, nisi titulo tantùm appellationis à sententiâ definitivâ, aut ab interlocutoriâ definitivæ vim habente, cujus gravamen per appellationem à definitivâ reparari nequeat, vel nisi integro biennio à die motæ litis computando coram ipsis Ordinariis pependerint indecisæ, quemadmodùm Tridentini Concilii decreto in cap. Causæ omnes sess. XXIV. de reformat. salubriter cautum est; Quod si secus fiat, quævis appellatio, inhibitio, aut sententia ad ejusdem Concilii præscriptum eo ipsa irrita sit, ac nullius prorsùs roboris, vel momenti.

§. 2. A sententiâ Ordinarii ad Metropolitanum, vel

ANNO 1715. vel ad alium Episcopum Metropolitani loco à Nobis subrogatum, juxta ordinem inferiùs præscribendum, appelletur, servatâ in omnibus formâ, quæ à supradicto Concilio sancitur.

§. 3. Ubi verò Metropolitanus, vel Episcopus Metropolitani loco, ut præfertur, subrogatus, in causâ pronunciaverit, Partibus, vel earum alteri liberum sit ab illius sententiâ ad Apostolicum Delegatum provocare, servato ordine, de quo infra, ac ipsius Concilii præscripto.

§. 4. Quiscumque à sententiâ, vel decreto Apostolici Delegati gravatum se senserit, ad Nos, seu Romanum Pontificem pro tempore existentem poterit appellare, à quo causæ cognitio Judici Ecclesiastico in partibus Siciliæ committetur per Literas Apostolicas necessariis, & opportunis clausulis, prout juris fuerit, muniendas, ac eâ potissimum, quod si Partes in illum non consenserint, alium ipse deputare valeat iisdem Partibus non suspectum.

§. 5. In Causis Beneficialibus valorem viginti quatuor ducatorum auri de Camerâ, nec non in profanis summam quinquaginta ducatorum similium non excedentibus, Pars, quæ à judicio Delegati Apostolici gravamen illatum sibi fuisse conqueretur, ut appellationis remedio consulere sibi possit, adibit tres Judices Synodales antiquiores Diœcesis ejusdem Delegati, qui tanquam Arbitri, an appellatio rejici, vel admitti debeat, & quibus clausulis causa sit committenda, prævio diligenti examine dispicient. Quòd si causam committendam esse censuerint, ipsi, tanquam Apostolici Delegati, Judicem deputabunt Partibus non suspectum. Hunc autem in finem prædictis Judicibus Synodalibus quascumque facultates necessarias, ac opportunas concedimus, & impertimur.

§. 6. Porrò in causis, in quibus Conservatores Regularium Decretum, vel sententiam tulerint, qui se ab illis gravatum existimaverit, recurrere similiter poterit ad tres antiquiores Judices Synodales illius Diœcesis, ubi judicium latum est: Qui quidem Judices, tanquam Arbitri, cognitis utriusque Partis juribus, statuent, an appellatio rejici, vel admitti, & quibus clausulis causa, committi debeat. Quod si causam committendam esse duxerint, tanquam Apostolici Delegati, Judicem deputabunt Partibus non suspectum cum omnibus facultatibus necessariis, ac opportunis. Cæterùm qui à sententiâ, aut decreto hujus secundi Judicis gravatum se senserit, adibit tres antiquiores Judices Synodales Metropolitanæ Diœcesis, vel illius, quæ Metropolitanæ locum obtinebit in ordine inferiùs præscribendo; Qui sanè Judices alium deputabunt Judicem eâ prorsùs ratione, quæ supra quoad modum appellandi à judicio Conservatorum præscripta fuit. Omnibus autem prædictis Judicibus Synodalibus tam Metropolitanæ, quàm alterius Diœcesis, quascumque facultates ad præmissorum effectum necessarias, & opportunas concedimus, & impertimur.

§. 7. In criminalibus causis Regularium, quando hi deliquerint intra claustra, Tridentini Concilii, & peculiarium illius Ordinis, quem quilibet Delinquens professus fuerit; Constitutionum dispositio exactè servetur. Quòd si delinquant extra claustra, vel extra Monasterium degant, ab Episcopis juxta ejusdem Tridentini Concilii, & Apostolicarum Constitutionum præscriptum judicentur, ac puniantur. Qui verò Episcopi judicio acquiescere detrectaverit, provocare poterit ad tres antiquiores Judices Synodales Diœcesis illiusmet Episcopi, à quo judicatus fuit; Qui planè Judices, tanquam Arbitri, an appellatio admittenda, vel rejicienda sit, & quomodò causam committi oporteat, prævio maturo examine decernent. Ubi verò eam committendam esse statuerint, Judicem deputabunt Partibus non suspectum cum omnibus facultatibus necessariis, & opportunis. Quod si quis ab hujus secundi Judicis sententiâ, vel decreto se gravatum putaverit, recurret ad tres Judices Synodales antiquiores Metropolitanæ Diœcesis, vel illius, quæ Metropolitanæ loco in ordine, de quo infra, subrogabitur. Hi autem Judices alium deputabunt Judicem eâ prorsùs servatâ ratione, quæ supra quoad modum appellandi à Judicio Episcopi sancita fuit. Omnibus pariter antedictis Judicibus Synodalibus tam Metropolitanæ, quàm alterius Diœcesis, quascumque facultates ad præmissorum effectum quomodolibet necessarias, & oportunas concedimus, ac impertimur.

§. 8. Caveant tamen Ordinarii locorum, ne causis, quæ majores nuncupantur, quæque apud Sedem Apostolicam tractari debent, sive in primâ, sive etiam in aliâ ulteriori instantiâ, ullo pacto se se ingerant, aut immisceant; Sed illæ juxta memorati Tridentini Concilii, Sacrorum Canonum, & Apostolicarum Constitutionum præscriptum, in Romanâ tantùm Curiâ, vel à Judicibus, quos Romanus Pontifex, pro tempore existens specialiter deputaverit, cognoscantur. ANNO 1715.

§. 9. Nulli præterea ex supradictis sive primæ, sive secundæ, sive etiam tertiæ Instantiæ Judicibus, nec cuiquam alteri Ecclesiastico Judici, cujuscumque gradus, & conditionis existat, tametsi Legati à Latere dignitate insignitus reperiatur, ullo unquam tempore liceat quempiam absolvere, etiam cum reincidentiâ, & ad effectum agendi tantùm, à censuris Ecclesiasticis per Literas die Cœnæ Domini singulis annis legi, & promulgari solitas, sive alias Apostolicas Constitutiones inflictis, quarum absolutio soli Romano Pontifici reservatur; Caveantque omnes antedicti, ne postquam eædem censuræ ab ipsis declaratæ, ac promulgatæ fuerint, ullo modo sese ingerant, aut immisceant cognitioni, an illæ, earumvè declaratoriæ validæ, aut nullæ, justæ aut injustæ sint; cum ejusmodi cognitionem Romano dumtaxat Pontifici pro tempore existenti, & Congregationi ejusdem S. R. E. Cardinalium Immunitati Ecclesiasticæ, & controversiis jurisdictionalibus præpositæ, ad id ab Apostolicâ Sede specialiter deputatæ, privativè quoad omnes alios competere satis constet.

§. 10. Attento nihilominus ingenti eorum numero, quos illthic, præsertim ob notam Ecclesiastici Interdicti, cui Civitates, ac Diœceses Catanien. & Agrigentin. jussu nostro subjectæ fuerunt, violationem in ejusmodi censuras Nobis reservatas miserè incidisse novimus, ut æternæ eorum saluti paternâ charitate consulamus, facultatem eos, qui respuerint, ac humiliter id flagitaverint, absolvendi, ad certum tempus duraturam, istius Regni Episcopis impertiri non detrectabimus, quò facilius, atque commodiùs iisdem censuris innodati Sacramentis Ecclesiæ, & communioni Fidelium restitui possint.

§. 11. Causæ demùm omnes, de quibus supra actum est, coram Archiepiscopis, Episcopis, aliisque locorum Ordinariis eo, qui inferiùs præscribitur, ordine in posterùm tractandæ erunt.

§. 12. Prima instantia, juxta Tridentini Concilii dispositionem, ad Ordinarium Loci pertineat. Ab Ordinario autem appellare liceat, & causæ in ulterioribus instantiis cognoscantur, ut infra.

§. 13. Ab Archiepiscopo Panormitano appelletur ad Episcopum Cephaludensem, cujus sit secunda instantia: Ab Episcopo Cephaludensi ad Episcopum Cataniensem provocetur, ad quem, ut Delegatum Apostolicum, spectet tertia instantia.

§. 14. Ab Archiepiscopo Montis Regalis appelletur ad Episcopum Pactensem, & ab hoc ad Episcopum Mazariensem, ut Delegatum Apostolicum.

§. 15. Ab Archiepiscopo Messanensi appelletur ad Episcopum Syracusanum, & ab hoc ad Episcopum Cataniensem, ut Delegatum Apostolicum.

§. 16. Ab Episcopo Cataniensi appelletur ad Archiepiscopum Montis Regalis, ut Metropolitanum, & ab eo ad Episcopum Agrigentinum, Delegatum Apostolicum.

§. 17. Ab Episcopo Syracusano appelletur ad Archiepiscopum Montis Regalis, ut Metropolitanum, & ab eo ad Episcopum Mazariensem, ut Delegatum Apostolicum.

§. 18. Ab Episcopo Agrigentino appelletur ad Archiepiscopum Panormitanum, ut Metropolitanum, & ab eo ad Episcopum Syracusanum, ut Delegatum Apostolicum.

§. 19. Ab Episcopo Mazariensi appelletur ad Archiepiscopum Panormitanum, ut Metropolitanum, & ab eo ad Archiepiscopum Messanensem, ut Delegatum Apostolicum.

§. 20. Ab Episcopo Cephaludensi appelletur ad Archiepiscopum Messanensem, ut Metropolitanum, & ab eo ad Episcopum Agrigentinum, ut Delegatum Apostolicum.

§. 21. Ab Episcopo Pactensi appelletur ad Archiepiscopum Messanensem, ut Metropolitanum, & ab eo ad Archiepiscopum Panormitanum, ut Delegatum Apostolicum.

§. 22. Ab Archimandritâ Messanensi, qui Jurisdictionem quasi Episcopalem in nonnullis Oppidis, seu Locis Nullius Diœcesis Provinciæ Messanensis exercere asseritur, appelletur ad Episcopum Cataniensem, quem loco Archiepiscopi Messanensis Metro-

ANNO 1715.

tropolitani subrogavimus, attentis pluribus litibus, quæ, ut etiam asseritur, inter eosdem Archiepiscopum, & Archimandritam pendent indecisæ; A dicto autem Episcopo Catanien. ad Archiepiscopum Panormitanum, ut Delegatum Apostolicum.

§. 23. Ab Abbate demùm Sanctæ Luciæ, qui similiter Jurisdictionem quasi Episcopalem in uno, seu pluribus Oppidis, vel Locis Nullius Diœcesis Provinciæ Messanen. exercere asseritur, appelletur ad Archiepiscopum Messanensem, ut Metropolitanum, & ab eo ad Archiepiscopum Montis Regalis, ut Delegatum Apostolicum.

§. 24. Per præmissa tamen non intendimus dictorum Archimandritæ Messanensis, & Abbatis Sanctæ Luciæ assertam Jurisdictionem quasi Episcopalem ullatenus approbare, aut quidquam eis, seu eorum alteri in quorumvis aliorum præjudicium novi juris tribuere.

§. 25. Cæterùm omnibus, & singulis Archiepiscopis, & Episcopis supradictis tam pro secundâ loco Metropolitanorum subrogatis, quàm pro tertiâ respectivè instantiis, sicut præmittitur, delegatis, ut omnes, & singulas causas ad eorum judicium de cætero, ut supra, deferendas cognoscere, ac legitimè definiri possint, & valeant; quascumque facultates ad id quomolibet necessarias, & opportunas amplissimè tribuimus, ac elargimur.

§. 26. Non obstantibus, quatenus opus sit, fel. rec. Bonifacii Papæ Octavi Prædecessoris nostri de unâ, & Concilii Generalis de duabus dietis, ita ut vigore Præsentium etiam ultra duas, pluresve dietas quilibet in judicium trahi possit, aliisque Constitutionibus, & Ordinationibus Apostolicis, nec non omnibus, & singulis illis, quæ in prædictâ nostrâ nuper editâ Constitutione voluimus non obstare, cæterisque contrariis quibuscumque.

§. 27. Vos itaque potissimùm, Venerabiles Fratres, vehementer hortamur, ac admonemus, ut vigore pleno, quo Episcopos agere oportet, ea, quæ sancivimus, debitæ executioni pro virili parte demandetis, ac etiam ab aliis, qui vobis subsunt, demandari strenuè satagatis. Zelum proinde vestrum pro Ecclesiæ juribus, ac libertate, proque vestrâ, atque supremâ nostrâ, & Apostolicæ Sedis authoritate hoc tam necessario tempore roborate, palamque proferte, ambulantes in Domo Domini cum consensu, quatenus antiquæ vobis, ac per Vos reliquis istis Fidelibus veræ pietatis, ac filialis in hanc Sanctam Sedem devotionis laus constet, & nos gratulari possimus ab electâ istâ Dominici Agri parte evulsa prorsùs fuisse zizania, bonæque frugis integritatem, id est veterem Ecclesiæ disciplinam, debitam Canonicis Sanctionibus reverentiam, Episcopalem denique, & Apostolicam dignitatem, ope potissimùm Fraternitatum vestrarum pristinum in locum fuisse restitutam. Quæ omnia ut alacriùs exequi valeatis, vobis omnibus, Venerabiles Fratres, Dilecti Filii, Spiritualium charismatum incrementum ex animo à Deo precamur, perpetuumque paternæ charitatis nostræ pignus, Apostolicam Benedictionem peramanter impertimur. Volumus autem, ut earumdem præsentium Literarum transumptis, seu exemplis, etiam impressis, manu alicujus Notarii publici subscriptis, & sigillo personæ in Ecclesiasticâ dignitate constitutæ munitis eadem prorsus fides tam in judicio, quàm extra illud, adhibeatur, quæ ipsis Præsentibus adhiberetur, si forent exhibitæ, vel ostensæ. Datum Romæ apud Sanctam Mariam Majorem, sub annulo Piscatoris, die xx. Februarii MDCCXV. Pontificatus nostri Anno XV.

F. Oliverius.

TABELLA

Tribunalium Ecclesiasticorum Regni Siciliæ.

Juxta modum in supradictis Literis Apostolicis præfinitum.

PRIMA INSTANTIA.

Archiepiscopi Panormitani.

Archiepiscopi Montis Regalis.

Archiepiscopi Messanensis.

Episcopi Cataniensis.

Episcopi Syracusani.

Episcopi Agrigentini.

Episcopi Mazariensis.

Episcopi Cephaludensis.

Episcopi Pactensis.

Archimandritæ Messanensis, *Nullius Diœcesis Provinciæ Messanen.*

Abbatis S. Luciæ, *Nullius Diœcesis Provinciæ Messanen.*

SECUNDA INSTANTIA.

Episcopi Cephaludensis, *ut subrogati loco Metropolitani.*

Episcopi Pactensis, *ut subrogati loco Metropolitani.*

Episcopi Syracusani, *ut subrogati loco Metropolitani.*

Archiepiscopi Montis Regalis, *ut Metropolitani.*

Archiepiscopi Montis Regalis, *ut Metropolitani.*

Archiepiscopi Panormitani, *ut Metropolitani.*

Archiepiscopi Panormitani, *ut Metropolitani.*

Archiepiscopi Messanensis, *ut Metropolitani.*

Archiepiscopi Messanensis, *ut Metropolitani.*

Episcopi Cataniensis, *ut subrogati loco Metropolitani.*

Archiepiscopi Messanensis, *ut Metropolitani.*

TERTIA INSTANTIA.

Episcopi Cataniensis, *ut Delegati Apostolici.*

Episcopi Mazarien, *ut Delegati.*

Episcopi Catanien, *ut Delegati.*

Episcopi Agrigentini, *ut Delegati.*

Episcopi Mazariensis, *ut Delegati.*

Episcopi Syracusani, *ut Delegati.*

Archiepiscopi Messanensis, *ut Delegati.*

Episcopi Agrigentini, *ut Delegati.*

Archiepiscopi Panormitani, *ut Delegati.*

Archiepiscopi Panormitani, *ut Delegati.*

Archiepiscopi Montis Regalis, *ut Delegati.*

CII.

8. Juin.

Declaratio nullitatis, rejectio, damnatio, & abolitio cujusdam actus appellationis, & protestationis à Procuratore Fiscali Regni Siciliæ novissimè editi adversùs binas Literas Apostolicas à Sanctitate Suâ non ita pridem emanatas super extinctione prætensæ Monarchiæ Siculæ, nec non super modo in posterum judicandi Causas dicti Regni ad Forum Ecclesiasticum pertinentes, cum aliis diversis Ordinationi

ANNO 1715.

tionibus, & Decretis. [Bullarium magnum, Edit. Luxemburgic. 1727. pag. 160.]

CLEMENS PAPA XI.

Ad futuram rei memoriam.

INnotuit Nobis nuper, quòd statim ac ad Siciliæ Regnum deferri contigit quasdam Nostras decimo Kalendas Martii proximè præteriti sub plumbo expeditas Literas, quibus, ob gravissimas in eis expressas rationes, prætensam Apostolicam ejusdem Regni Legationem, ac Monarchiam nuncupatam, ejusque assertum Tribunal, unâ cum illius Judicis, Notariorum, Scribarum, Ministrorum, aliorumque Officialium quorumlibet dignitatibus, officiis, & ministeriis quibuscumque, omnique eorum titulo, essentiâ, ac denominatione perpetuò extinximus, suppressimus, & abolevimus: simulque etiam vulgatæ ibidem fuerunt aliæ Nostræ in simili formâ Brevis Literæ ad Venerabiles Fratres Archiespiscopos, & Episcopos, nec non dilectos Filios tam Sæcularem, quàm Regularem Clerum, reliquosque omnes Christi Fideles Regni præfati eâ ipsâ die, videlicet xx. Februarii nuper elapsi directæ, quibus pro paternâ Nostra erga illos populos charitate, certum præscripsimus modum, quo Causæ dicti Regni ad Forum Ecclesiasticum pertinentes de cætero, etiam abolito Monarchiæ supradictæ Tribunali, cognosci, & definiri possent, ac deberent in ipsomet Regno, donec aliâ ratione à Nobis, & Sede Apostolicâ Indemnitati, ac commodis Nationis Siculæ uberiùs consuleretur, ac aliàs, prout in ambabus Nostris Literis prædictis pleniùs continetur; Sæcularis Potestatis in illo Regno Administri, in omnem sibi datam occasionem lædendi Nostram, & ejusdem Sedis authoritatem semper intenti, dictarumque Nostrarum Literarum vim, & efficaciam, quantum in ipsis est, tametsi irrito conatu, eludere, ac evertere satagentes: nullâ interpositâ morâ, sub nomine Procuratoris Fiscalis ejusdem Regni in Civitate Panormitan. edere, ibique, & forsan etiam in aliis ipsius Regni locis pervulgare præsumpserunt super præmissis Actum quemdam appellationis, & protestationis typis impressum tenoris, qui sequitur videlicet: *Atto di Appellatione, e Protesta del Regio Procurator Fiscale del Regno di Sicilia. Il Regio Procurator Fiscale nel Regno di Sicilia, cui spetta invigilare per la difesa delli Privilegi, Regalie, Dritti e Consuetudini antiquate del Rè, e del Regno, avendo avuta notizia, che nell' Alma Città di Roma sotto li 20. Febrajo del corrente Anno 1715. si publicò una Bolla del Sommo Pontefice Clemente XI. concernente l'Abolizione della Legazia della Monarchia di questo Regno con termine di due mesi, ed un Breve, che dona il sistema alle Cause Ecclesiastiche di essa Legazia, e considerando, che dette asserte Bolla, e Breve furono emanati senza citazione, ed audienza, ed in oltre che sono orrettizi, e surrettizi, e vengono à levare al Rè, ed al Regno una prerogativa, e giuridizione posseduta, ed essercitata per tempo immemorabile di tanti Secoli passata in legitima consuetudine, ed approvata non solo con la fama di antichissimo Privilegio, ma anche confirmata colla Bolla del Pontefice Urbano Secondo, e colli Concordati così col Pontefice Adriano Quarto, come nel tempo del Santo Pontefice Sisto Quinto, e con più atti susseguti sì espressi, che taciti, dalli Pontefici Successori sino al Regnante Pontefice Clemente XI. nel 1705. ratificati, ed osservati per lo spazio di sei Secoli, e non mai vulnerati, per essere stati concessi per causa onerosa (passata in forza di contratto) alla gloriosa memoria di quel Grande Eroe il Comte Rogiero Normanno conquistatore di questo Regno di Sicilia da potere dell' Infedeli, e Fondatore di tante belle Basiliche, Vescovati, ed Abbazie, con averle dotate della terza parte di esso, e che con tale osservanza, e possessione si è sempre continuato, sendo li sui Popoli già connaturalizati à questa forma di vivere, in maniera che con detti asserti Bolla, e Breve vengono ad inferir si gravissimi pregiudizi alla Real Corona, ed à Regnicoli, e perche la detta asserta Bolla di Abolizione, ed in consequenza detto asserto Breve; come orrettizi, e surrettizi, contengono in se ingiustizia, privandosi il privilegiato delle riferite prerogative, e giurisdizione godute per lo corso di tanti Secoli, motivò per il quale crede esso Regio Procurator Fiscale, che la mente del Sommo Pontefice non sii stata bene informata, e che se fosse stata, non averebbe devenuta ad una tale risoluzione coll' abolizione di un dritto, e consuetudine immemorabile comprovata colli cennati Privilegi, e concordati già invisçerati ne i*

ANNO 1715.

Regnicoli. Per tanto esso Regio Procurator Fiscale, come quello, à cui carico corre invigilare alla difesa delle Regalie, Dritti, Consuetudini, e Privilegi della Corona, e del Regno, ed al riflesso, che variandosi il costume antiquato disturbarebbe la publica quiete, e produrrebbe molti sconcerti, ha giudicato in vigor del presente Atto con tutti li rispetti dovuti alla Santa Sede, ed al Sommo Pontefice (di cui li Popoli di questo fidelissimo Regno sono ubidientissimi figli) fare la presente supplica, ed appellazione dal Sommo Pontefice male informato, allo stesso Sommo Pontefice meglio informando, seu alla Santa Sede Apostolica, seu à chi, ed à quali si possono fare li legitimi ricorsi, ed appellazione, secondo la disposizione delli sacri Canoni per la revocazione delli riferiti due asserti Bolla, e Breve per riceverne la giustizia. E perche secondo la disposizione delle Leggi pendente l'appellazione non si deve innovar cosa alcuna; Perciò stante la presente supplica, ed appellazione s'intenda ipso jure sospesa la esecuzione di detti asserti Bolla, e Breve; protestandosi esso Regio Procurator Fiscale nel caso contrario di tutte le cose lecite, e permesse à protestarsi secondo la disposizione del dritto Naturale, Canonico, e Civile: Implorans &c. Salvo Jure &c. Cum potestate &c. Onde per futura testimonianza, e per passare alla notizia di tutti li Prelati Secolari, e Regolari, ed altri Ecclesiastici, e Popoli di questo Regno, e d'ogn'altro, dove tocca, si è fatto il presente Atto. In Palermo oggi li 20. Marzo 1715. die vigesimo Martii 1715. Fuit, & est redactus in Actis Magnæ Regiæ Curiæ præsens Actus Supplicationis, & Appellationis, & Protestationis: D. Salvator Bisso pro Mag. Not.

§. 1. Licèt autem minimè dubitemus, quin absque ullius novæ nostræ declarationis ope, satis omnibus perspectum, exploratumque futurum sit, quantùm præinsertus appellationis, & protestationis Actus, solo ejus tenore perpenso, Sacrorum Canonum, & Apostolicarum Constitutionum dispositioni adversetur: ideòque quàm absonus, quàm irregularis, quàm scandalosus, ac prorsus inanis, & nullus, nulliusque roboris, & efficaciæ existat: attentisque insuper tot derogatoriis, aliisque amplissimis, & efficacissimis clausulis, ac Decretis, quæ in præfatis Nostris Literis leguntur; manifestò contemnendus, ac nihili faciendus sit; Nihilominus, ne intolerandam per eumdem Actum Nobis, & huic Sanctæ Sedi illatam injuriam silentio præterire, ac quodammodò dissimulare videamur, ex injuncto Nobis divinitùs Apostolicæ servitutis munere, memoratæ Sæcularis Potestatis Siculæ, abrogatæque Monarchiæ Ministris omnes, & quamcumque sub obtentu præinserti Actus in injusto abolitæ jurisdictionis exercitio continuandi ansam, seu prætextum omninò tollere; illosque, si qui sint, qui ob appellationem, ac protestationem hujusmodi præfatarum Nostrarum Literarum effectum, vel suspensum fuisse, vel saltem suspendendum esse falsò crederent, ab ejusmodi errore penitùs eripere, ac removere volentes: nec iis tantùm, quæ hactenus gesta sunt, congruum adhibere remedium, verùm etiam aliis, quæ eodem damnabili consilio tam à prædicto Procuratore Fiscali, quàm ab aliis, sive ejusdem Sæcularis Potestatis Siculæ, sive etiam extinctæ Monarchiæ Officialibus, & Ministris quibuscumque deinceps attentari possent, quantùm Nobis ex Alto conceditur, tempestivè occurrere cupientes: omniumque idcircò, & singulorum, quæ in præmissis, vel circa ea tam ab iis, qui præinsertum appellationis, & protestationis Actum ediderunt, & pervulgarunt, quàm ab aliis quibuscumque, sive in sequelam ejusdem Actus, sive alias ad eundem finem impediendi, seu suspendendi executionem prædictarum Nostrarum Literarum quovis modo decreta, jussa, ordinata, & gesta fuerunt, seriem, causas, & circumstantias; nec non quorumcumque Judicum, Ministrorum, etiam principalium, seu supremorum, Officialium, Notariorum, Scribarum, & Personarum quarumlibet in eisdem præmissis culpabilium qualitates, dignitates, nomina, & cognomina; aliave quæcumque, etiam specificam, & individuam mentionem, & expressionem requirentia, præsentibus pro plenè, & sufficienter expressis, & singillatim specificatis habentes: Motu proprio, & ex certâ scientia, ac maturâ deliberatione Nostris, deque Apostolicæ Potestatis plenitudine, Actum præinsertum, ac quæcumque in eo contenta, aliaque omnia, & singula sive in illorum sequelam, sive eodem consilio tam à memorato Procuratore Fiscali, quàm ab aliis quibuscumque Judicibus, Ministris, Officialibus, & Personis dicti Regni, etiam speciali, ac individuâ mentione dignis quovis modo forsan acta, gesta, & ordi-

Anno 1715. ordinata, cum omnibus, & singulis indè secutis, & quandocumque secuturis penitus, & omninò nulla, irrita, invalida, injusta, reprobata, damnata, inania, temeraria, nulliusque omninò roboris, & momenti, vel efficaciæ esse, & ab initio fuisse, ac perpetuò fore, neque illa ullum statum facere, vel fecisse, sed perindè ac si nunquam emanassent, nec facta fuissent, pro non extantibus, & non factis perpetuò itidem haberi debere, tenore Præsentium declaramus. Et nihilominus ad majorem, & abundantiorem cautelam, & quatenus opus sit, illa omnia, & singula, ac si quæ insuper à prædictis, seu aliis præmissorum occasione, sive ad eumdem finem quoquomodò impediendi, seu suspendendi executionem Literarum Nostrarum prædictarum quandocumque, & quomodocumque (quod Deus avertat) de cætero similiter agi, geri, & ordinari contigerit, harum serie rejicimus, damnamus, reprobamus, revocamus, cassamus, irritamus, annullamus, abolemus, viribusque, & effectu penitùs, & omninò vacuamus, ac pro rejectis, damnatis, revocatis, cassatis, irritis, nullis, invalidis & abolitis, viribusque, & effectu penitùs, ac omninò vacuis semper haberi volumus, & mandamus. Sciant propterea Archiepiscopi, & Episcopi supradicti, nec non uterque Clerus tam Sæcularis, quàm Regularis, ac reliqui omnes Christi Fideles ejusdem Regni, memorato appellationis, & protestationis Actu; sive alio quovis Edicto, Decreto, Mandato, seu Præcepto; quod sive à Sæculari Potestate dicti Regni; sive ab illius, aut etiam abrogatæ Monarchiæ Ministris quibuslibet hactenùs hac in re promulgatum esset, vel in posterùm promulgari contingeret, non obstante, sese teneri, ac obligatos esse Literis nostris supradictis absque ullâ morâ, retardatione, vel suspensione etiam minimâ, veram, integram, & omnimodam obedientiam præstare, atque exhibere; & si secus fecerint; omnes, & singulas pœnas in illis adversùs Contrafacientes præfinitas sese noverint eo ipso incursuros.

§. 2. Præterea cùm explorati juris sit non tam illos, qui præinsertum Actum ediderunt ac promulgarunt, seu ei se subscripserunt, quàm alios omnes, & singulos, cujuscumque status, gradus, ordinis, præeminentiæ, & dignitatis, quantumcumque excelsæ, ac sublimis fuerint, qui sive editionem, & divulgationem ejusdem Actus, sive alia eodem consilio, sicut præmittitur, quovis modo gesta mandarunt, ac ordinarunt, seu illis consilium, auxilium, favorem, vel quamvis aliam damnabilem operam præstiterunt, aut in eorum sequelam, & executionem similiter gesta approbarunt, & rata habuerunt, seu aliàs in eis quomodolibet culpabiles fuerunt, non solùm supradictas, sed etiam alias omnes censuras, & pœnas Ecclesiasticas contra similia perpetrantes à Sac. Canonibus, Generalium Conciliorum Decretis, & Apostolicis Constitutionibus, ac præsertim Literis die Cœnæ Domini singulis annis legi, & promulgari consuetis inflictas eo ipso incurrisse, illasque insuper etiam incursuros esse eos omnes, qui similia ad eumdem finem quoquomodo impediendi, seu suspendendi executionem earumdem Nostrarum Literarum de cætero peregerint, ut præfertur; Noverint idcircò illi omnes, etiam specialissimâ mentione digni, à censuris, & pœnis hujusmodi, post debitam, & condignam Ecclesiæ realiter, & cum effectu præstitam satisfactionem, nonnisi à Nobis, seu Romano Pontifice pro tempore existente (præterquam in mortis articulo, & tunc cum reincidentiâ in easdem censuras, & pœnas eo ipso, quo convaluerint) absolvi, & liberari posse, prout earumdem tenore Præsentium decernimus, & similiter declaramus.

§. 3. Decernentes pariter easdem præsentes Literas semper firmas, validas, & efficaces existere, & fore, suosque plenarios, & integros effectus sortiri, & obtinere, ac ab illis, ad quos spectat, & pro tempore quandocumque spectabit, inviolabiliter, & inconcussè observari; nec de subreptionis, vel obreptionis, aut nullitatis vitio, seu intentionis Nostræ, aut interesse habentium consensus, aliove quolibet, etiam quantumvis formali, ac individuam expressionem requirente defectu notari, impugnari, infringi, redargui, in controversiam vocari, seu ad terminos juris reduci, aut adversùs illas restitutionis in integrum, aperitionis oris, aliudve quodcumque juris, facti, vel gratiæ remedium impetrari, vel intentari, seu impetrato, aut etiam motu, scientiâ, & potestatis plenitudine similibus concesso, vel emanato, quempiam in judicio, vel extra illud uti, seu se juvare ullo modo unquam posse; sicque, & non aliter in præmissis per quoscumque Judices Ordinarios, & delegatos, etiam Causarum Palatii Apostolici Auditores, ac Sanctæ Romanæ Ecclesiæ Cardinales, etiam de Latere Legatos, & præfatæ Sedis Nuncios, aliosve quoslibet quâcumque præeminentiâ, & potestate fungentes, & functuros; sublatâ eis, & eorum cuilibet quâvis aliter judicandi, & interpretandi facultate, & authoritate, judicari, & definiri debere, ac irritum, & inane, si secus super his à quoquam quâvis authoritate scienter, vel ignoranter contigerit attentari. Anno 1715.

§. 4. Non obstantibus præmissis, nec non omnibus, & singulis illis, quæ in binis Nostris Literis supradictis volumus non obstare, cæterisque contrariis quibuscumque. Cum autem præsentes Literæ in memorato Regno Siciliæ nequeant tutè publicari, ut hactenùs experientia compertum est, ac Nobis per legitimas probationes satis superque constat, prout harum serie declaramus; volumus illas, seu earum exempla, ut ad omnium notitiam deveniant, ad valvas Ecclesiæ Lateranensis, ac Basilicæ Principis Apostolorum, nec non Cancellariæ Apostolicæ, Curiæque Generalis in Monte Citatorio, ac in acie Campi Floræ de Urbe, ut moris est, affigi, & publicari; sicque publicatas, & affixas omnes, & singulos, quos illæ concernunt, perindè arctare, & afficere, ac si unicuique eorum nominatim, & personaliter intimatæ fuissent; Utque ipsarum præsentium Literarum transumptis, seu exemplis, etiam impressis, manu alicujus Notarii publici subscriptis, & sigillo Personæ in Ecclesiasticâ dignitate constitutæ munitis, eadem prorsus fides tam in judicio, quàm extra illud ubique adhibeatur, quæ eisdem Præsentibus, adhiberetur, si forent exhibitæ, vel ostensæ. Datum Romæ apud Sanctam Mariam Majorem sub Annulo Piscatoris die VIII. Junii MDCCXV. Pontificatus Nostri Anno Decimoquinto.

Pro D. Card. Oliverio
I. C. Battellus.

CIII.

Sacrum Fœdus inter CAROLUM VI. *Romanorum Imperatorem Augustissimum & Serenissimam Rempublicam Venetam contra Turcas Aggressores Pacisque violatores juxta illud de Anno* 1684. *factum, & moderno rerum statui accommodatum. Viennæ* 13. *Aprilis* 1716. [Tiré de la Chancelerie de la Cour de Sa Majesté Imperiale & Catholique.] 1716. 13. Avril.

In Nomine Sanctissimæ Trinitatis.

POstquam Turca communis Christianitatis hostis Serenissimæ Venetorum Reipublicæ sepositâ omnibus Gentibus veneranda pactorum Sanctimoniâ contrà Pacis Carlovicensis tenorem, nullâ prorsùs adductâ solidâ, verâ & fundatâ ratione bellum indixerit, Legatum suum contrà receptum ab omnibus Gentibus morem, barbarè habuerit, ad Carceres detruserit, Terras, Ditionesque armis suis infestaverit, ac denique excidium, si Vires sufficiant, eidem minitatus sit, præfata Serenissima Respublica per Legatos suos Augustissimo Romanorum Imperatori Carolo Sexto quæ successerunt exposuerit; sua Sacra Cæsarea Regio Catholica Majestas verò omnia Officia, licet exquisitissima apud Portam multoties adhibuerit, ac eidem, quæ Carlovicensibus Articulis continentur, quæque vi Sacri Fœderis suæ Majestati incumbant, ac obtingant, seriò sincereque significaverit, Porta horum omnium nullâ habita ratione à suscepto desistere noluerit, sed decretum bellum omni conatu prosequi statuerit. Serenissima Venetorum Respublica idcirco ad Sacram Cæsaream Regiamque Catholicam Majestatem tanquam præcipuum Sacri Fœderis Socium se convertit, quæ Pactorum avitæque Religionis memor eidem armis, consiliisque adesse non detrectavit.

Ut itaque præfatæ Serenissimæ Reipublicæ Sacrique Fœderis Sociis, & denique communis Christianitatis bono melius consulatur, placuit, per Commissarios & Legatum plena authoritate instructos, nempe ex Parte Sacræ Cæsareæ Regiæque Catholicæ Majestatis per Illustrissimum, ac Illustrem, nec non Illustres ac Magnificos ejusdem respectivè Camerarios, Aurei Velle-

Velleris Equites, Principem Eugenium de Sabaudiâ, & Pedemontio, Consilii Bellici Præsidem, Locumtenentem Generalem ac Ducatûs Mediolanensis Gubernatorem, Joannem Leopoldum Donatum S. R. I. Principem à Trautsohn, Comitem de Falkenstein: Philippum Ludovicum Comitem à Sinzendorff & Thanhausen S. R. J. Thesaurarium Aulæque Cancellarium: Thomam Gundacarum Comitem à Stahrnberg, Majestatis suæ Consiliarios Intimos. Ex parte verò Serenissimæ Reipublicæ per ejusdem apud Aulam Cæsaream Legatum Ordinarium Nobilem Petrum à Grimani Equitem, sub auspiciis Christi in Terris Vicarii Sanctissimi in Christo Patris Clementis Divina Providentiâ summi Pontificis hujus Nominis Undecimi, in hâc Aulâ Cæsarea, commutatis prius Plenipotentiarum Tabulis, hisce sub finem annexis, ad Divini Nominis Gloriam, & Christianæ Reipublicæ salutem ac tutamen, in sequentes amicitiæ, societatisque Leges denuo convenire.

Articulus I.

Sit maneatque inter Sacram Cæsaream Reginam Catholicam Majestatem Carolum Sextum, qua Hispaniarum, Hungariæ, Bohemiæque Regem, Archiducem Austriæ, tum aliarum Provinciarum Hæreditariarum Dominum ac Hæredem, suæque Majestatis in hæreditaria Regna & Provincias successores, & Serenissimam Rempublicam Venetam, obfirmandæ Societatis fundamentum & basis, fœdus illud Sacrum sub auspiciis olim summi Pontificis Innocentii XI. piissimæ recordationis quinta Martii Anni 1684. Linzii cum Articulis separatis die 20. ejusdem Mensis & Anni, inter Sacram Cæsaream Majestatem Leopoldum, quâ Hungariæ pariter Bohemiæque Regem, Archi-Ducem Austriæ, tum aliarum Hæreditariarum Provinciarum Dominum & Hæredem. Joannem Tertium Regem Regnumque Poloniæ ac Ducatum Lithuaniæ, & Serenissimam Venetorum Rempublicam initum, Sacroque jurejurando ad manus suæ Sanctitatis corroboratum, nisi in quantum id, exigente moderno rerum statu sequentibus Articulis mutuò placito & consensu sive immutatum, sive adauctum aliquantò ac magis dilucidatum fuerit, ita ut quidquid de Unione Consiliorum Viriumque, de dispositione Exercituum, de expeditionibus bellicis, Paceque separata nullatenus conficienda seu acceptanda ac denique de ligamine semper duraturo in eo statutum fuit, inviolabiliter firmum, ratum, gratumque habendum sit.

Articulus II.

Cum itaque contracta priore Fœdere societas ad solum Bellum Turcicum restringatur, cui sua Majestas Cæsarea Regio Catholica nunc quoque totis Viribus incumbere intendit, metuendum verò sit, ne evocato ex Italia Milite Regnum Neapolitanum, aliique Status, quos ibidem nunc possidet, à quopiam turbentur, hinc Sacram Cæsaream Regio-Catholica Majestas pro se, ejusque in dictis Regnis ac Provinciis Successoribus ex unâ, & ex aliâ Serenissima Respublica Veneta securitati Italiæ, dictorumque Regnorum & Provinciarum consulturæ tamque salutare sibi ac Cæsareum propositum promovere cupientes, solenniter hisce invicem promittunt ac spondent, se in casum secuturæ, durante hoc Bello Turcico hostilis aggressionis, contra quemcumque alium Invasorem sibi esse invicem opitulaturas, vimque hostilem conjunctis armis propulsuras, quæ quidem casu existente determinanda erunt: Cæterum ratum firmumque maneat, quod præsens Conventio ad solum hoc Bellum Turcicum ejusque durationem restringatur.

In præsentiarum verò & vel ex nunc utrinque id jam placuit & convenit, ut casu illo eveniente Serenissima Respublica teneatur suis sumptibus octo Naves bellicas unà cum sex mille Peditibus Majestati suæ Cæsareæ Regiæque Catholicæ in auxilium submittere, prout vicissim altefata Majestas sua Serenissimæ Reipublicæ, quando Provincias ejusdem Italicas durante scilicet hoc Bello Turcico ab alio quocumque infestari contingeret, duodecim millibus Peditum suis pariter sumptibus auxiliaturam se spondet; Quod si sæpedicta Serenissima Respublica, dum casus existeret, supra promissas octo Naves Bellicas, Classe suâ forte alibi contra Turcam impeditâ submittere nequiret, eas æquipollenti numero aliis in usum belli adaptatis Navibus suppleturam pollicetur.

Articulus III.

Quæ superiori Articulo auxilia de submittendis sex mille Peditibus & octo Navibus Bellicis Serenissima Respublica promisit, ea in hunc modum declarari placuit, ut quando uno eodemque tempore Regnum Neapolitanum simul, & Ducatum Mediolanensem aliosve Status, quos sua Cæsarea Regio Catholica Majestas nunc in Italia possidet, à quopiam hoste simul invadi contingeret, in eum casum Serenissima Respublica suis sumptibus altefatæ suæ Majestati sex Mille Pedites, & octo Naves Bellicas in auxilium submittere teneatur, ita tamen, ut sex Mille Pedites in Mediolanensi, & Mantuano Ducatibus, nec non in Fortalitiis & locis in Hetruria nunc à sua Cæsarea Majestate possessis militare solum teneantur, & octo Naves Bellicæ in auxilium Regni Neapolitani tantum esse debeant. In casum verò solus Ducatus Mediolanensis vel aliæ supradictæ Provinciæ Cæsareo-Austriacæ hostiliter impeterentur, tunc Serenissima Respublica solos sex Mille Pedites absque Navibus Bellicis: at ubi solum Regnum Neapolitanum bello infestaretur, absque quod itidem prædicti Ducatus & Status Cæsareo-Austriaci unà implicarentur, in hunc casum eadem Serenissima Respublica octo Naves Bellicas, & insuper tria Millia Peditum, & hos quidem summâ, quâ fieri potest festinatione, eo modo in auxilium dicti Regni mittere obstricta sit, ut vicissim sua Sacra Cæsarea Regio Catholica Majestas parem numerum Militum in Dalmatiam ablegare, vel Militum Venetum in Regno Neapolitano existentem proprio Cæsareo milite permutare, illumque Reipublicæ demum remittere teneatur. Casu quo vero sæpe altefata Sua Majestas Cæsarea Regio Catholica dictos tres Mille Pedites intrà bimestre Serenissimæ Reipublicæ in Dalmatia pari numero non reficeret, non Militem Venetum in Regno existentem submisso proprio milite inde deduceret, aut exigentibus ita circumstantiis reficere aut deducere non posset, sua Majestas Militem Venetum suo stipendio tam diu in Regno alendum suscipit, quousque vel ejus supplementum in Dalmatia, vel ejus deductio ex Regno sequatur. Cœterum id ratum firmumque manet, Copias & respective Naves, quæ mutuo auxilio mittuntur, propriis cujusque stipendiis & sumptibus militare: in comparanda verò annona quemvis alterum coadjuvare debere, ne eam pro auxiliaribus Copiis majori, ac pro propriis suis pretio comparare opporteat, nisi forte utrinque ita conveniret, ut sua Majestas tres mille pedites à Republica in Regnum Neapolitanum mittendos suo, & e contra Respublica militem Cæsareum in Dalmatia subsidiarium suo quoque dispendio sustineat.

Articulus IV.

E contra sæpe fata sua Cæsarea Regio-Catholica Majestas promittit ac spondet, se præsenti Vere bellum Turcis declaraturam, ac totis viribus illaturam esse, juxtà ac in Sacro Fœdere de Anno 1684. (finito hoc bello semper duraturo) conventum & vi præsentis Tractatus confirmatum est.

Articulus V.

Ad obfirmandum porrò eò magis mutuam amicitiam, necessitudinisque Vinculum, liber sit utrique Parti per alterius Ditiones, Terrâ Marique transitus innoxius & citra ullum alterius Partis, ejusque Subditorum gravamen, nec non trajectus Copiarum, Commeatuum, ac omnium denique rerum ad apparatum bellicum spectantium, ita ut hujus rei causa non modo nullum unquam obstaculum aut impedimentum alterutri ab altera, durante hoc Fœdere, quavis ratione vel prætextu deinceps ponatur, verum etiam Respublica erumpente bello hunc innoxium transitum ac tutam Navigationem quantum per eam stat, omnibus modis promoveat. Quo vero transitus per utriusque Terras & Provincias Subditis innoxius sit, iisque damnum nullum aut noxa inferatur, eveniente casu ejus utrinque requisitionem prævié fieri placuit.

Articulus VI.

Etsi vi Fœderis inter Sacram Majestatem Leopoldum primum & Regem Poloniæ Joannem tertium Regnumque Poloniæ ac Ducatum Lithuaniæ Varsoviæ die 31. Martii 1683. initi, ac Linzii, Anno 1684. 20.

ANNO 1716. 20. Martii ad Serenissimam Venetorum Rempublicam extensi, modernus Augustus Poloniæ Rex omni ligamine contra Turcas teneatur, nihilominus ad renovaionemhuj us Sacri Fœderis, unà cum Regno Poloniæ, & Magno Ducatu Lithuaniæ sub auspiciis itidem suæ Sanctitatis invitabitur, solenni jurejurando ad manus ejusdem corroborandi.

Articulus VII.

Utile pariter proficuumque visum est, Moscorum Czaarum eo, quo ulterius dijudicabitur, modo, ad præsens hoc Fœdus, si desideraverit, admittere sicut & omnes Christianos Principes, & ultro se offerentes, ita tamen, ut amicorum & fœderatorum Principum consonus accedat assensus, quoties aliquis præfatorum noviter admittendus erit.

Articulus VII.

Diplomata verò Ratificationum hujus renovati Fœderis D. D. Commissarii & Legati Plenipotentiarii mutuo in Aula Cæsarea intra Mensis spatium, vel citius, si fieri poterit commutabunt.

In quorum fidem Nomine Augustissimæ suæ Majestatis Cæsareæ Regio Catholicæ & Serenissimæ Reipublicæ Venetæ, Literis Plenipotentiarum mediantibus, Nos Commissarii Cæsarei Plenipotentiarii, & Ego Legatus Plenipotentiarius Venetus manibus propriis hæc subscripsimus, & sigillis munivimus. Actum in Urbe Vienna die XIII. Mensis Aprilis, Anno Domini Millesimo septingentesimo decimo sexto.

(L. S.) EUGENIUS à SABAUDIA.

(L. S.) JOANNES LEOP. PRINCEPS TRAUTSHON.

(L. S) PHILIPPUS LUD. COM. à SINSENDORFF.

(L. S.) GUNDACARUS COMES à STAHRNBERG.

(L. S.) PETRUS GRIMANI EQUES.

Plenipotentia Regio Cæsarea.

NOs Carolus Sextus Divina favente Clementia Electus Romanorum Imperator semper Augustus, Germaniæ, Hispaniarum, utriusque Siciliæ, Hierusalem, Indiarumque nec non Hungariæ, Bohemiæ, Dalmatiæ, Croatiæ, & Slavoniæ Rex, Archi-Dux Austriæ, Dux Burgundiæ, Brabantiæ, Styriæ, Carinthiæ, Carnioliæ & Würtembergæ, Comes Habspurgi, Flandriæ, Tyrolis & Goritiæ: Notum testatumque facimus tenore Præsentium Universis. Cum immanissimus Christiani Nominis hostis Turca anno superiori Inclytæ Reipublicæ Venetæ bellum, nulla provocatus injuriâ, infractis Pacis Carlovicensis Tabulis, spretis insuper officiosissimis dehortationibus, ac eâ, quæ Nobis ex Sacro Fœdere de anno 1684. cum præfatâ Inclytâ Republicâ obvenit communis belli Societate, non modo intulerit atrocissimum; sed & Eandem omni Peleponneso actutum exuerit, trucidatis barbarum in morem multis Christianorum millibus pluribus aliis in diram Captivitatem abductis, atque in hoc tam insperato successu inflatus hostis ferale Vicinis Regnis, totique Christianitati minitetur excidium, cujus utique tutelam Nobis inprimis ab altissimo commissam esse agnoscimus. Hinc tantæ universo Populo Christiano imminenti cladi occursuri, memoresque sacri priori Fœdere contracti Vinculi afflictis rebus opem ferre, Nostrasque Vires ac arma, ut primum super Articulis renovandi Fœderis utrinque conventum fuerit, cum memorata Inclytâ Republicâ, eâ maximè instante ac urgente sociare statuimus. Proinde in fide, prudentiâ ac singulari rerum agendarum usu Illustrissimi ac Illustris, nec non Illustrium ac Magnificorum Nostrorum respectivè Camerariorum, Aurei Velleris Equitum Principis Eugenii de Sabaudia & Pedemontio, Consilii Bellici Præsidis, Nostrique Locumtenentis Generalis, ac Ducatus Mediolanensis Gubernatoris. Joannis Leopoldi Donati S. R. I. Principis à Trautsohn Comitis de Falchenstein: Philippi Ludovici Comitis à Sinzendorff & Thanhausem S. R. I. Thesaurarii Hæreditarii Aulæque Nostræ Cancellarii: Thomæ Gundaccari Comitis Stahrenberg, Nostrorum Consiliariorum Intimorum sincerè Dilectorum plurimum confisi, eosdem ad tractandas & amplificandas pristini hujus Sacri Fœderis conditiones deputavimus, prout & harum vigore deputamus, atque constituimus, Committentes ipsis & specialiter mandantes, ut cum sæpè fatæ Inclytæ Reipublicæ apud Aulam Nostram Legato Ordinario, aut aliis ab eadem ad id Deputatis, pari potestate munito vel munitis congrediantur, Nostroque Nomine, quæ in rem fuerint, proponant, tractent, consulant atque concludant. Dantes quoque dictis Nostris Plenipotentiariis Commissariis plenam & absolutam potestatem cum omni authoritate & mandato ad id necessariis, ut omnia quoque Instrumenta, quæ in eum finem requiri possent, conficiant, atque expediant, aliaque omnia huc pertinentia faciant, æque libere & ample, ac Ipsi coram id faceremus. Sub fide & verbo Cæsareo Regio & Archi Ducali, promittentes Nos quæcumque per memoratos Nostros Commissarios Plenipotentiarios ita acta, conclusa, & signata, fuerint, rata, accepta & grata habituros, Nostraque Ratificationis Diplomata intra tempus conventum daturos. In quorum fidem roburque Præsentes manu Nostra subscriptas sigillo Nostro Cæsareo-Regio-Archiducali firmari jussimus. Datas Viennæ die 16. Februarii anno 1716. Regnorum Nostrorum. ANNO 1716.

CAROLUS.

JOANN: FRID: COM: à SEILERN.

L.S.

Ad Mandatum.

JOANNES GEORGIUS BUOC.

Plenipotentia Veneta.

JOannes Cornelio Dei Gratiâ Dux Venetiarum, Rotti dalla Potenza Ottomana li Sacri Vincoli della Pace di Carloviz colla nota aggressione delli Stati della Republica Nostra, ricuperati con tanta profusione di Sangue de Cittadini, e de Sudditi, e ridonati alla Santa Fede di Jesu Christo, si trova ella nell' impegno di sostiner una Guerra altretanto ingiusta, quanto feroce. Mentre pero sono rivolte le mire del Senato alla propria diffesa, conveniendo stabilire quello puo esser creduto utile, e giovevole allo stato delle cose presenti. Habbiamo con Decreto del Senato, col Nome del Signore Dio, e del Protettor Nostro S. Marco creato Procuratore, Sindico, e Legato il Dilettissimo Nobile Nostro Pietro Grimani Cavalier Ambasciatore Ordinario appresso Sua Maestà Cesarea, e Reggia Catholica Residente nella sua Corte, la virtu del quale esperimentata in altre occasioni ci promette ottimo servitio. Potrà perciò colla Maestà dell' Imperatore Carlo Sesto, ô suoi Legitime Procuratori, che haveranno idoneo potere sopra la rinovatioue della Sacra Lega offensiva, e diffensiva contro Turchi, e sopra la Lega reciproca diffensiva per li Stati, che si possede in Italia, durante la Guerra contro gl' Ottomani, ascoltare, trattare, firmare, deliberare, & confirmare tutte le cose à Nome Nostro, promovere, fare, è transigere con facolta di giurare in anima Nostra e di obligare â qual si sia conditione Noi, e li successori Nostri, perche promettemo, che tutte quelle cose, che fossero da lui nel consenso di questa Nostra confermatione pattuite, approbate, e confirmate, Noi saremo per haverne quelle rate, grate, e ferme, e per esseguire tutto quello, che havesse promesso. Datum in Nostro Ducali Palatio die XXVII. Decembris Indictione IX. MDCCXV.

GASPARO MARINOS.

CIV.

Erectio Patriarchalis Ecclesiæ Ulixbonensis Occidentalis, de Jure Patronatus Serenissimæ Portugalliæ, Novembre.

Anno 1716.

gallia, & Algarbiorum Regis. [Bullarium magnum, Edit. Luxemburgic. 1727. pag. 172.]

CLEMENS EPISCOPUS.

SERVUS SERVORUM DEI.

Ad perpetuam rei memoriam.

IN Supremo Apostolatus solio, meritis licet imparibus, divinâ dispositione constituti, pastoralis officii nostri partes circa ea libenter interponimus, per quæ Orthodoxis Regibus, aliisve de Apostolicâ Sede, & Catholicâ Religione optimè meritis Principibus, illustria grati animi nostri argumenta exhibere possimus, illosque præ cæteris, qui validis subsidiis communem Christianæ Reipublicæ Causam adversùs teterrimos illius Hostes adjuvare satagunt, præcipuis, ac verè singularibus Pontificiæ largitatis gratiis prosequamur.

§. 1. Sanè cum immanissimus Turcarum Tyrannus postquam divinis omnibus, ut notum est, atque humanis Legibus infractis, dirum, atroxque bellum superiori anno dilectis Filiis Nobilibus Viris Duci, & Dominio Venetorum nequissimè intulerat, felici, ac celeri Peloponnesi expugnatione summoperè elatus, ac nihil jam sibi impervium fore confidens, non Venetas tantùm, sed & alias Christianorum Principum Provincias ingenti, & forsàn antehac inaudito terrestrium, maritimarumque copiarum apparatu, hoc præsenti anno aggredi, ac cladibus involvere, potissimùm verò Insulam, & Civitatem Corcyræ, securitatis Italicæ propugnaculum, oppugnare moliretur; Nos tot, tantisque Ecclesiæ, ac Reipublicæ, imò & temporalis nostræ Ditionis periculis vehementer commoti, primùm quidem ad Eum, qui potens est in prælio, toto corde clamavimus, ut secundùm multitudinem miserationum suarum redimeret Nos à malis, nec daret hæreditatem suam in opprobrium, deindè verò Catholicos Principes, omni paternæ charitatis contentione hortari non prætermisimus, ut labenti rei Christianæ opem ferrent, ac eademmet, quibus inter se digladiati fuerant, arma in Barbaros converterent.

§. 2. Cùm autem inter illos Charissimus in Christo Filius noster Joannes Portugalliæ, & Algarbiorum Rex illustris eximiæ non minus suæ pietatis stimulis, quàm Officiis nostris adductus, in primis verò clarissimis Majorum suorum Portugalliæ Regum, de Orthodoxæ Fidei tuitione, ac propagatione meritissimorum exemplis excitatus, nullis incommodis, nullisque expensis, quantumvis gravissimis, parcens, summo zelo, summâque, ac penè incredibili liberalitate, & alacritate, in auxilium Christianæ Classis validissimum quamplurium bellicarum, munitissimarumque Navium subsidium quam citissimè transmiserit; Nos probè scientes prædictum Joannem Regem pluribus abhinc annis, pio desiderio motum habendi in suo Palatio Regio Ulyssiponen. unam Cathedralem Ecclesiam, summoperè exoptasse, ut sæcularis, ac insignis Collegiata Ecclesia in eodem Palatio, sub invocatione Divi Thomæ Apostoli, aliàs à Nobis erecta, & instituta in Cathedralem Ecclesiam hujusmodi, sub invocatione Assumptionis Beatissimæ Mariæ Virginis erigatur; propterea que Civitas, & Diœcesis Ulyssiponen., in duas partes dividantur, & in eis duo Archiepiscopatus constituantur, Civitatem verò Ulissiponen. prædictam, Lusitaniæ Metropolim, tum ob maritimum Portum, continuam frequentiam omnium Gentium, & Nationum, omnigenam mercaturam, ac divitiarum abundantiam, tum ob ingentem numerum Ecclesiarum, Monasteriorum, & Conventuum tam Virorum, quàm Mulierum, Confraternitatum, Hospitalium, aliorumque Locorum piorum, tum denique ob plurimas nobilissimas familias, multosque Viros in illustribus Gradibus constitutos, & tam Literis, quàm Armis conspicuos, toto Orbe Terrarum celeberrimam esse, proindeque hujusmodi Prærogativâ summoperè dignam, ipsasque Civitatem, & Diœcesim Ulyssiponen., tam ob laicalem Populum, quàm ob Clerum secularem, & regularem valdè numerosas, nec non fructus, reddictus, & proventus Mensæ Archiepiscopalis Ulyssiponen., cujus Ecclesia ad præsens Pastoris solatio destituta, ut accepimus, existit, ad duorum Archiepiscoporum, postquam Civitas, & Diœcesis Ulyssiponen. hujusmodi in duas partes divisæ fuerint, & in prædictis duabus partibus, mediante unius novi Archiepiscopatus erectione, duo Archiepiscopatus constituti fuerint, commodam, congruamque sublentationem sufficientissimos existere. Anno 1716.

§. 3. Volentes eidem Joanni Regi aliquod singulare nostri grati animi argumentum præbere, ad majorem Dei gloriam, & divini Cultus augmentum, attentâ amplitudine ejusdem Diœcesis Ulyssiponen., motu proprio, non ad alicujus Nobis super hoc oblatæ petitionis instantiam, sed ex certâ scientiâ, ac maturâ deliberatione nostris, deque Apostolicæ potestatis plenitudine, Civitatem, & Diœcesim Ulyssiponen. præfatas in duas partes dividimus, ac unam tam Civitatis, quàm Diœcesis divisarum hujusmodi partem versus Occidentem, novo Archiepiscopatui per Nos, ut infra erigendo, assignamus; ita ut in posterùm perpetuis futuris temporibus pro tempore existens Archiepiscopus Ulyssiponen., qui medietatem Civitatis, itidemque medietatem Diœcesis Ulyssiponen. versus Occidentem pariformiter habuerit, Archiepiscopatus Ulyssiponen. Occidentales respectivè nuncupari debeant.

§. 4. Divisionem autem prædictæ Civitatis Ulyssiponen. in duas partes, ut infra, faciendam esse decernimùs, prout vigore præsentium facimus, unamque partem ab alterâ dividimus, & separamus, ita ut Civitatis Ulyssiponen. antiquior, cum quo Castello, & Suburbio Orientali, ad pro tempore existentem Archiepiscopum Ulyssiponen. Orientalem, Suburbium verò Occidentale, quod nova Ulyssipo nuncupatur, ad futurum, & pro tempore existentem Archiepiscopum Ulyssiponen. Occidentalem respectivè nuncupandos, respectivè pertineant, unaque pars ab alterâ distinguatur per antiquiores muros Civitatis, nempè per murum Civitatis Portæ Consolationis, per murum Çostæ de Castello, ac per murum, & Portam Sancti Andreæ, & quidquid inde est, cum Civitate antiquiori in parte Orientali, una cum Parochialibus, aliisque Ecclesiis, Monasteriis, Conventibus, & Locis Piis quibuscumque ad Orientalem, quidquid verò existit in parte Occidentali, seu novâ Ulyssipone, similiter cum Parochialibus, aliisque Ecclesiis, Monasteriis, Conventibus, pariterque Locis Piis quibuscumque ad Occidentalem respectivè nuncupandum Archiepiscopum pro tempore existentem spectare, & pertinere debeat; Diœcesim verò Ulyssiponen. Orientali, partem verò ejusdem Diœcesis Ulyssiponen. versus Occidentem futuro, ac pro tempore existenti Archipiscopo Ulyssiponen. Occidentali respectivè nuncupandis, similiter respectivè subjicimus & assignamus.

§. 5. Linea autem divisoria dictæ Diœcesis Ulyssiponen incipiet à Locis de Arroios, Campogrande, Povoa Sancti Adriani, & Arruda, cum toto Territorio de Alenquer, qua parte terminat cum Territorio Villarum de Ribatejo, & exinde Molnho novo, Otta, Cercal, Sancheira, cum Coutos de Alcoboca, usque ad Confinia Episcopatus Leyrien., includendo omnia prædicta Loca, Oppida, & Villas, cum suis Territoriis Dependentiis, Terris, Populationibus, omniaque alia, quæ intra hanc lineam, & littora Maris Oceani reperiuntur, ad pro tempore existentem Archiepiscopum Ulissiponen. Occidentalem nuncupandum, spectare, & pertinere debeant; Cœtera verò Loca, Oppida, & Villas, quæ ex hac lineâ exclusivè reperiuntur, usque ad Ripas Tagi, & Confinia Jurisdictionis de Thomar, cum omnibus suis Territoriis, Districtibus, & Dependentiis ad pro tempore existentem Archiepiscopum Ulyssiponen. Orientalem pariter nuncupandum, spectare, & pertinere debeant; ex alterâ autem parte Tagi, Territorium de Setual, qua se extendit intra Flumina Sado, & Canba usque ad Confinia Archiepiscopatus Elboren. cum omnibus Locis, Oppidis, & Villis, eorumque Territoriis, & Dependentiis, ad pro tempore existentem Archiepiscopum Ulyssiponen. Occidentalem: Territorium verò de Sanctarem ultra Tagum intra Flumina Divor, & Castellum de Almourol, usque ad confinia Episcopatus Portalegren., etiam cum Locis, Oppidis, & Territoriis ad pro tempore existentem Archiepiscopum Ulyssiponen. Orientalem respectivè nuncupandos, similiter respectivè spectare, & pertinere debeant. In prædictis autem parte Civitatis, ac parte Diœcesis Ulyssiponen. Occidentali nuncupando sic, ut præfertur, constitutis, & assignatis novum Archiepiscopatum Ulyssiponen. Occidentali nuncupando ad nominationem prædicti Joannis Regis; ejusque in Portugalliæ, & Algarbiorum Regnis Successorum Regum pro tempore exi-

ANNO 1716.

existentium, ut infra, eidem Archiepiscopatui Ulysponen. Occidentali nuncupando Apostolicâ auctoritate præficiendo, qui novus Archiepiscopus Ulyssiponen. Occidentalis nuncupandus in nullo penitùs alteri Archiepiscopo Ulyssiponen. Orientali nuncupando, aliisque quibuscumque Archiepiscopis, Prælatis, & Superioribus quocumque nomine nuncupatis subjectus sit; sed ab eis, eorumque Jurisdictione, & Superioritate penitùs, & omnino exemptus, ac dumtaxat Sedi Apostolicæ immediatè subjectus existat, erigimus, & instituimus; dictamque secularem, & insignem, Collegiatam Ecclesiam sub Invocatione Divi Thomæ Apostoli in prædicto Palatio Regio, ut præfertur, existentem, prævià suppressione denominationis, & Tituli insignis Collegiatæ Ecclesiæ ejusdem Divi Thomæ Apostoli, in veram Archiepiscopalem Sedem, & Ecclesiam Metropolitanam Ulyssiponen. Occidentalem nuncupandam sub Invocatione Assumptionis Beatissimæ Virginis Mariæ pariformiter erigimus, & instituimus, ac nomine Archiepiscopali, & Metropolitano Ulyssiponen. Occidentali insignimus, & decoramus; ac volumus, quòd ipsa Collegiata Ecclesia, quæ ex sex Dignitatibus, octodecim Canonicatibus, totidemque Præbendis, quas, & quos obtinentes illius Capitulum constituebant, nec non ex duodecim perpetuis Beneficiis Ecclesiasticis constituebatur, in Cathedralem erecta eodem numero Dignitatum Canonicatuum, & Præbendarum, quas & quos etiam obtinentes illius Capitulum similiter constituant, nec non eodem numero Beneficiorum constituatur, quorum tamen Canonicatuum tres in Pœnitentiarium, Theologalem, & Doctoralem respectivè Canonicatus per ipsum Joannem Regem designandi erunt, servatis tamen in præsentatione, collatione, & institutione Canonicatuum Pœnitentiarii, Theologalis, & Doctoralis hujusmodi, tam circa ætatem, quàm circa idoneitatem, aliasque qualitates Concilii Tridentini Decretis.

§. 6. Cumque dicta Cathedralis Ecclesia Ulyssiponen. Occidentalis nuncupanda, olim, ut præfertur, Collegiata Ecclesia, nunc ad hujusmodi sublimitatem, honorificamque excellentiam sublimata existat, dictusque Joannes Rex, ut accepimus, in ea Dignitates, & Canonicos habere, qui certas, & peculiares Qualitates habeant, ad hoc ut ad altiores Dignitates, & Cathedralium Ecclesiarum regimina promoveri, seu præsentari possint summoperè desideret, eidem Joanni Regi, ut nonnullos ex Dignitates, & Canonicatus, & Præbendas hujusmodi, ac Beneficia præfata nunc obtinentibus pro hac vice tantùm ab eis removere, aliosque in eorum locum subrogare, dummodò tamen prius indemnitati eorum, qui sic remoti fuerint, saltem æquivalenter, consultum fuerit, liberè, & licitè possit, & valeat, & sic remoti à Dignitatibus, aut Canonicatibus, & Præbendis, seu Beneficiis hujusmodi quâvis ratione, & sub quovis prætextu, etiam Triennalis Possessionis juvari non possint, nec remotioni hujusmodi contradicere, & se opponere valeant, ac pro remotis Apostolicà auctoritate haberi volumus, & mandamus, tenore Præsentium, motu pari concedimus, & indulgemus. Ad hoc autem, ut tam Archiepiscopus Ulyssiponen. Orientalis, quam Archiepiscopus Ulyssiponen. Occidentalis pro tempore existentes ultra propriam, & distinctam Diœcesim, ac proprium, & distinctum Territorium, cum propriâ, verâ, & particulari Auctoritate, Jurisdictione, & Potestate in cujusque eorum Subditos, & Diœcesanos habere valeant, Archiepiscopo Ulyssiponen. Orientali pro tempore existenti, ut auctoritatem, jurisdictionem, & superioritatem in Clerum, & Populum, in Castra, Oppida, Villas, Territoria, Districtus, Ecclesias, & Personas tam Sæculares, quàm Ecclesiasticas existentes, & existentia in medietate Civitatis, & medietate Diœcesis Ulyssiponen. versus Orientem ei, ut præfertur, assignatis, habere debeat, & eas liberè, & licitè exercere valeat, ac Loca, & Personæ hujusmodi ejus Jurisdictioni, subjectioni, visitationi, & correctioni semper, & perpetuò subjecta remaneant, citra tamen præjudicium Personarum, seu Locorum, forsan habentium Privilegia exemptionis ab hujusmodi visitatione, quæ firma, & illæsa remanere, & ut antea ab hujusmodi visitatione exempta respectivè esse debeant.

§. 7. Nec non eidem pro tempore existenti Archiepiscopo Ulyssiponen. Orientali ultra Jurisdictionem, & auctoritatem in Personas, & Loca in medietate Civitatis, & medietate Diœcesis Ulyssiponen. hujusmodi versus Orientem sic, ut præfertur, ei assignatis, collationes, provisiones, & omnimodas alias dispositiones Dignitatum, Canonicatuum, & Præbendarum, Personatuum, Administrationum, Officiorum, cæterorumque omnium, & singulorum Beneficiorum Ecclesiasticorum cum curâ, & sine curâ, ac Præsentationes, Electiones ad illa, Confirmationes, & Institutiones in eisdem antea in tota Civitate, & tota Diœcesi Ulyssiponen. prædefunctis Archiepiscopis Ulyssiponen. competentes, salvis tamen, & illæsis semper remanentibus, reservationibus, & affectionibus Apostolicis, & àbsque præjudicio præsentationis Beneficiorum Juris Patronatus Regii, & Laicalis in posterùm pro medietate tantùm Civitatis Ulyssiponen., & medietate Diœcesis Ulyssiponen. hujusmodi versus Orientem sic, ut præfertur, sibi assignatis, relinquimus, & assignamus, eidemque pro tempore existenti Archiepiscopo Ulissiponen. Orientali Egitanien., Portalegren., Promontorii Viridis, Sancti Thomæ, & Congen. Episcopales Ecclesias, modernosque, & pro tempore existentes illarum respectivè Præsules, seu Administratores pro suis, & pro tempore existenti Archiepiscopo Ulyssiponen. Orientali jure metropolitico subsint, designamus, & deputamus; ita quòd idem pro tempore existens Archiepiscopus Ulyssiponen. Orientalis in eisdem Egitanien., Portalegren., Promontorii Viridis, Sancti Thomæ, & Congen. Civitatibus, & Diœcesis jus metropoliticum sibi vindicet, & Egitanien., Portalegren., Promontorii Viridis, Sancti Thomæ, & Congen. pro tempore existentes Episcopi eidem pro tempore existenti Archiepiscopo Ulyssiponen. Orientali ad omnia, & singula teneantur, & sint adstricti, ad quæ Suffraganei quicumque suis Metropoliticis Ecclesiis, & Metropolitanis juxta canonicas Sanctiones tenentur, & obligati existunt, ac eidem pro tempore existenti Archiepiscopo Ulyssiponen. Orientali prædictos suos Suffraganeos consecrandi, Provinciales Synodos evocandi, ac cum eisdem Suffraganeis Ecclesiastica negocia agendi, & definiendi, causas quarumcumque appellationum, sive querelas juxtâ Sacrorum Canonum, & Concilii Tridentini Decreta cognoscendi, omniaque alia, & singula quæcumque, quæ de jure, usu, consuetudine, aut aliàs quoquomodo Archiepiscopos, & Archiepiscopale munus spectare, & pertinere solent, & præcisè ad antiquum Archiepiscopum Ulyssiponen. antea spectabant, & pertinebant in medietate tantùm Civitatis Ulyssiponen. versus Orientem, & medietate tantùm Diœcesis Ulyssiponen. hujusmodi etiam versus Orientem sic ei pro suis Archiepiscopatu, & Territorio, à Nobis per Præsentes relictis & assignatis, gerendi, & exercendi plenam, liberam, & omnimodam facultatem, & auctoritatem relinquimus pariter, & assignamus.

§. 8. Pro tempore verò existenti Archiepiscopo Ulyssiponen. Occidentali, qui semper esse debeat Sacellanus major dictæ Regiæ Cappellæ, ut ultra Gratias, Privilegia, Prærogativas, & Indulta, quibus frui debebit uti Sacellanus major Regiæ Cappellæ, & præcisè ultra Jurisdictionem spiritualem, & temporalem, quæ ei competere debebit super Familiaribus Regiis, aliisque Personis juxta formam, & tenorem Privilegiorum eidem Sacellano majori aliàs concessorum, ubicumque domicilium habentibus, seu habituris, etiam ipse jurisdictionem, & authoritatem in Clerum, Populum, Castra, Oppida, Villas, Territoria, Districtus, Ecclesias, & Personas tam sæculares, quàm Ecclesiasticas, & Regulares existentes, & existentia in medietate Civitatis, & medietate Diœcesis Ulyssiponen. hujusmodi versùs Occidentem ei sic, ut præfertur, assignatis, habere debeat, ac eas liberè, & licitè exercere valeat, ac Loca, & Personæ hujusmodi ejus subjectioni, visitationi, & correctioni semper, & perpetuò subjecta remaneant, citra tamen præjudicium Personarum, seu Locorum forsan habentium privilegia exemptionis ab hujusmodi visitatione, quæ firma pariter, & illæsa remanere, & ut antea ab hujusmodi visitatione exempta respectivè esse debeant; nec non eidem pro tempore existenti Archiepiscopo Ulyssiponen. Occidentali ultra jurisdictionem, & authoritatem in Personas, & Loca in medietate Civitatis, & medietate Diœcesis Ulyssiponen. hujusmodi versus Occidentem sic, ut præfertur, ei assignatis, collationes, provisiones, & omnimodas aliàs dispositiones Dignitatum, Canonicatuum, & Præbendarum, Personatuum, Administrationum, Officiorum, cæterorumque omnium, & singulorum Beneficiorum Ecclesiasticorum cum curâ, & sine curâ, ac præsentationes, electiones ad illa, confirmationes, & institutiones in eisdem antea in totâ Civitate, & totâ Diœcesi Ulyssiponen. prædefunctis Archiepiscopis Ulyssiponen. com-

ANNO 1716.

competentes, salvis tamen, & semper illæsis pariter remanentibus reservationibus, & affectionibus Apostolicis, & absque præjudicio præsentationis Beneficiorum Juris Patronatus Regii, & Laicalis, in posterùm pro medietate tantùm Diœcesis Ulyssiponen. versùs Occidentem sic, ut præfertur, pro tempore existenti Archiepiscopo Ulyssiponen. Occidentali assignatis, similiter concedimus, & respectivè indulgemus, eidemque pro tempore existenti Archiepiscopo Ulyssiponen. Occidentali Leyrien., Lamacen., Funchalen, & Angren. Episcopales Ecclesias, modernosque, & pro tempore existentis Archiepiscopi Ulyssiponen. Occidentalis Suffraganeis, qui tanquam membra Capiti, eidem pro tempore existenti Archiepiscopo Ulyssiponen. Occidentali jure Metropolitico subjaceant, eique obedientiam, & reverentiam, tanquam proprio Metropolitano, præstare debeant, similiter designamus, & deputamus; ita quòd idem pro tempore existens Archiepiscopus Ulyssiponen. Occidentalis in eisdem Leyrien., Lamacen., Funchalen., & Angren. Civitatibus, & Diœcesibus jus Metropoliticum habeat, & & habere debeat, & Leyrien., Lamacen., Funchalen., & Angren. Episcopi eidem pro tempore existenti Archiepiscopo Ulyssiponen. Occidentali ad omnia, & singula teneantur, & sint adstricti, ad quæ Suffraganei quicumque de jure, usu, aut consuetudine tenentur, & obligati existunt, ipsique pro tempore existenti Archiepiscopo Ulyssiponen. Occidentali præfatos suos Suffraganeos consecrandi, Provinciales Synodos evocandi, ac cùm eis etiam Ecclesiastica negocia agendi, & terminandi; causas quarumcumque appellationum, sive querelas juxta Sacrorum Canonum Statuta, & Concilii Tridentini Decreta cognoscendi, omniaque alia, & singula, quæ similiter de jure, usu, consuetudine, ut aliàs quomodolibet ad Archiepiscopos, & Archiepiscopale munus spectare, & pertinere solent, & præcisè ad antiquum Archiepiscopum Ulyssiponen. antea in tota Civitate, & Diœcesi Ulyssiponen. spectabant, & pertinebant, in posterùm in medietate tantùm Civitatis, & medietate tantùm Diœcesis Ulyssiponen. hujusmodi versùs Occidentem sic ei pariter pro suis Archiepiscopatu, & Territorio, à Nobis per præsentes assignatis, gerendi, & exercendi, plenam, & omnimodam facultatem, & authoritatem concedimus, & impartimur.

§. 9. Ut autem tam Archiepiscopus Ulyssiponen. Orientalis, quàm Archiepiscopus Ulyssiponen. Occidentalis pro tempore existentes in actu expeditiones Literarum Apostolicarum super eorum promotione ad dictos Ulyssiponen. Occidentalem Archiepiscopatus ad nominationem dicti Joannis Regis, ejusque Successorum Regum præfatorum, ut infra, faciendam, taxam, fixam, & invariabilem in Libris Cameræ Apostolicæ, ac certos, & distinctos fructus habere valeant, cum taxâ antiqui Archiepiscopatus Ulyssiponen. in Libris Cameræ Apostolicæ ad bis mille florenos auri descripta reperiatur, & æquum sit, quòd sicuti dividuntur Civitas, & Diœcesis, ita etiam dividantur fructus, & onera, volumus, & ordinamus, quòd in posterùm fructus Archiepiscopatus Ulyssiponen. Orientalis ad mille florenos auri, & similiter fructus Archiepiscopatus Ulyssiponen. Occidentalis ad alios mille florenos similes respectivè in Libris Cameræ Apostolicæ taxati respectivè existant.

§. 10. Unicuique autem ex prædictis duobus Archiepiscopis Ulyssiponen. Orientali, & Occidentali pro tempore existentibus illi fructus ex decimis, & aliis quibuscumque redditibus, proventibus, bonis stabilibus, censibus, & aliis hujusmodi provenientes obveniant, qui provenire poterunt ex illâ medietate Civitatis, & medietate Diœcesis Ulyssiponen. ei sic, ut præfertur, assignatis; & ne antiquum Capitulum Ulyssiponen. ex hac divisione, & dismembratione, ac novi Archiepiscopatus Ulyssiponen. Occidentalis erectione quoad infrascriptos fructus, & alia emolumenta ei, ut infra, spectantia, aliquod detrimentum patiatur, tam fructus, quàm decimæ, & alia emolumenta, quæ antea eidem antiquo Capitulo spectabant, & pertinebant, etiam post divisionem Civitatis, & Diœcesis Ulyssiponen., ac novæ Metropolitanæ Ecclesiæ hujusmodi erectionem, ut antea, spectare, & pertinere debeant, absque eo quod Capitulum, & Canonici novæ Metropolitanæ Ecclesiæ præfatæ ex prædictis decimis, fructibus, & emolumentis ad antiquum Capitulum Ulyssiponen., ut præfertur, spectantibus quidquam exigere, seu prætendere valeant, etiamsi fructus, decimæ, & emolumenta hujusmodi ex quibuscumque Bonis, Rebus, & Personis in medietate Civitatis, & medietate Diœcesis Ulyssiponen. versus Occidentem existentibus quomodolibet proveniant.

§. 11. Ad effectum verò, ut ex divisione Civitatis, & Diœcesis Ulyponen. præfatarum, & existentiâ duorum Archiepiscopatuum intra limites ejusdem antiquæ Civitatis, ejusdemque Diœcesis, discordiæ, & dissensiones non oriantur, cupientes pacem, & tranquillitatem inter Personas Ecclesiasticas, summoperè consentaneam, confovere, omnia, & singula infrascripta, quæ jurisdictionem, superioritatem, aliaque pro quiete, & concordiâ amborum Archiepiscopatuum respicere possunt, perpetuis futuris temporibus tam ab Archiepiscopo Ulyssiponen. Orientali, quàm ab Archiepiscopo Ulyssiponen. Occidentali, eorumque respectivè Vicariis, Officialibus, & Ministris quocumque nomine nuncupandis, ac quâvis authoritate, superioritate, jurisdictione, & facultate pollentibus, nec non Subditis, & Diœcesanis tam Sæcularibus, quàm Ecclesiasticis, firmiter, & inviolabiliter observari debere mandamus. Primò videlicet, quòd Confessarii, & Concionatores, si à proprio ex duobus prædictis Archiepiscopis pro tempore existentibus approbati, & idonei reperti fuerint ad Confessiones audiendas, & verbi Dei prædicationes faciendas in unâ parte Civitatis, & Diœcesis Ulyssiponen., in quâ existit dictus proprius Archiepiscopus, tunc, & eo casu, exhibendo coram altero Archiepiscopo approbationem proprii Archiepiscopi, possint in alterâ parte Civitatis Ulyssiponen., ejusque Districtu Confessiones audire, & Verbum Dei prædicare absque allo examine, aliâque approbatione, sed habitâ tantùm licentiâ ab Archiepiscopopo loci; in quo Confessiones hujusmodi audire, & Verbum Dei prædicare Voluerint.

§. 12. Secundò, quòd omnes, & quicumque casus, qui in uno ex prædictis duobus Archiepiscopatibus erunt reservati, vel in posterùm reservabuntur, pariformiter sint, & esse debeant etiam reservati in alio ex prædictis duobus Archiepiscopatibus, ne Subditi unius ex præfatis duobus Archiepiscopatibus hujusmodi committentes excessus, qui in suo Archipiscopatu sunt reservati, facilè absolvi possint in alio ex præfatis duobus Archiepiscopatibus, in quo similes casus reservati non fuerint.

§. 13. Tertiò, in eventum sepeliendi aliquem defunctum unius partis Civitatis, vel Diœcesis in alterâ parte ejusdem Civitatis, vel Diœcesis, vel quia in hac alterâ parte sibi elegerit sepulchrum, vel quia in hac alterâ parte sepulchrum suorum Majorum, & Consanguineorum existat, tunc Parochus Defuncti associare debebat cadaver usque ad limites illius Archiepiscopatus, in quo decessit, illudque exinde associabitur à Parocho, intra cujus limites sita est Parochia, sive Ecclesia, in qua cadaver prædictum erit sepeliendum, dividendo tamen inter utrumque Parochum emolumenta debita ratione funeris.

§. 14. Quartò, Religiones, & Laicorum Confraternitates totius Civitatis, quæ ad præsens in eâdem Civitate reperiuntur, in posterùm associando Cadavera, & in aliis quibuscumque functionibus, tam eundo, quàm redeundo incedere possint per totam Civitatem processionaliter eisdem modo, & formâ, quibus ad præsens incedunt. Illæ verò Religiones, & Laicorum Confraternitates, quæ in futurum de novo fundatæ, & institutæ fuerint, ad hoc ut in prædictis functionibus incedere possint per totam Civitatem processionaliter, ab utroque Archiepiscopo licentiam petere debeant, & facultatem.

§. 15. Quintò, quotiescumque opus fuerit facere denunciationes super matrimoniis contrahendis, & super Ordinibus conferendis pro Personis in dicta Civitate Ulyssiponen. commorantibus, denunciationes hujusmodi quamvis matrimonium contrahere, & ad Ordines hujusmodi promoveri volentes unius partis dictæ Civitatis, ut præfertur, divisæ habitatores existant, non solùm in eorum Parochiali Ecclesiâ, verùm etiam in unâ ex Parochialibus Ecclesiis alterius partis ejusdem Civitatis, ut præfertur, divisæ, ad hoc ut fraudibus obviari possit, fieri debeant, nec ullo unquam tempore matrimonia contrahi, ac Ordines tam minores, quàm sacri conferri possint absque fide Notariorum, vulgò *Folha Corrida* nuncupata utriusque Archiepiscopatus, in qua expressè caveatur, quòd tam illi, qui matrimonia contrahere voluerint, quàm illi, qui ad Ordines præfatos erunt promovendi, nullo canonico impedimento irretiti existant, nullavè criminis infamiâ quoad Ordines hujusmodi laborent.

§. 16. Sextò, quòd publicæ Processiones, tam in die solemnitatis Corporis Christi ab utrâque Cathedra-

li

ANNO 1716. li faciendæ, quàm quæ ex consuetudine, vel voto aliis diebus fiunt, vel de cætero fieri potuerunt, nequaquam fieri valeant extra limites proprios unius Archiepiscopatus absque expressâ licentiâ, & facultate alterius Archiepiscopi.

§. 17. Septimò, Ministri, & Officiales unius Archiepiscopatus non possint, nec debeant in aliâ parte, & in alio Dominio, & Territorio alterius Archiepiscopi deferre insignia denotantia Jurisdictionem, & Justitiam, nec facere per se ipsos executiones, aut aliquem, quamvis sibi Subditum, in carceribus conjicere, sed adhibendæ erunt Literæ hortatoriæ juxta stylum Regni Portugalliæ; excepto tamen casu, quo Rei reperti fuerint, vel in actu fugæ, vel in fragranti crimine, in quibus casibus Rei consignandi erunt Officiali illius Archiepiscopi, in cujus ditione capti fuerint, ad hoc, ut iste, vel eos puniat, si de jure ei competat facultas illos puniendi, vel eos remittat ad Judicem suum, qui de jure debebit procedere ad cognitionem criminis à Reis hujusmodi commissi.

§. 18. Octavò, omnes & quæcumque Literæ Apostolicæ tam sub Plumbo, quàm sub Annulo Piscatoris in posterùm expediendæ, & tam gratiam, quàm justitiam simul, vel separatim concernentes, quæ pro illarum exequutione committendæ erunt Archiepiscopo, seu Officiali Ulyssiponen., quotiescumque ex eisdem Literis non constabit, an illarum exequutio Archiepiscopo, seu Officiali Ulyssiponen. Orientali, aut Archiepiscopo, seu Officiali Ulyssiponen. Occidentali commissa fuerit, tunc, & eo casu hujusmodi exequutio commissa esse intelligatur illi Archiepiscopo, qui jurisdictionem habuerit, vel supra personam, si materia sit personalis, vel supra rem, si realis.

§. 19. Nonò, omnes, & quæcumque causæ, & litium controversiæ, quæ ad præsens introductæ, & indecisæ reperiuntur, continuari, & terminari debeant usque ad sententiam diffinitivam coram eisdem Officialibus, seu Judicibus, coram quibus introductæ fuerunt; exequutiones verò faciendæ erunt ab Officiali illius Archiepiscopi, cui juxta prædictam divisionem spectabunt, mediantibus tamen solitis Literis hortatoriis juxta stylum Regni Portugalliæ: Illæ verò lites, & controversiæ, quæ de novo movendæ, & introducendæ erunt, judicari, & definiri debebunt ab Officiali illius Archiepiscopi Ulyssiponen., aut Orientalis, seu Occidentalis; qui debebit de jure eas cognoscere, & super eis judicare, vel ratione personæ ei subjectæ, vel ratione rei in suo Archiepiscopatu, & in sua Diœcesi existenti.

§. 20. Decimò, novus Archiepiscopus Ulyssiponen. Occidentalis poterit creare, & eligere omnes, & singulos Officiales, qui ibidem creari solent, aut confirmare, & approbare jam creatos; & electos cum eisdem jurisdictione; & potestate aliis Officialibus in parte Civitatis, & Diœcesis sibi assignata competentibus, nec per hoc Officiales antiqui Archiepiscopatus Ulyssiponen. aliquam relevationem prætendere possint, præterquam in casu, quo officia ab eis empta fuissent, quia tunc novus Archiepiscopus Ulyssiponen. Occidentalis decernere debebit, quòd Officiales ab eo noviter electi reficiant damna, quæ Officiales antiqui Archiepiscopatus Ulyssiponen. ex hac nova erectione, & electione Officialium pati possent, & infrascripti Judices Exequutores summariè, & solâ facti veritate inspectâ pretium eisdem antiquis Officialibus debitum persolvere faciant.

§. 21. Undecimò, quia in utrâque parte Civitatis, & Diœcesis Ulyssiponen. tam Orientalis, quam Occidentalis reperiuntur Dignitates, Canonicatus, & Beneficia, quæ personalem residentiam requirunt, ne ob prædictam Civitatis & Diœcesis Ulyssiponen. divisionem Dignitates, Canonicatus, & Beneficia hujusmodi pro tempore obtinentes in aliquo præjudicentur, volumus, quòd si Possessores Dignitatum, Canonicatuum, & Beneficiorum hujusmodi in unâ parte Civitatis, seu Diœcesis hujusmodi habitaverint, nihilominus habeantur, & reputari debeant præsentes in loco Dignitatum, Canonicatuum, & Beneficiorum hujusmodi; ipsi verò, non tamen eorum Familiæ, & Familiares Subditi illius Archiepiscopi existant, in cujus Civitate, seu Diœcesi Dignitates, aut Canonicatus, seu Beneficia hujusmodi extiterint.

§. 22. Duodecimò, quòd omnes, & singulæ controversiæ, quæ in posterùm occasione hujusmodi divisionis, ac novi Archiepiscopatus erectionis oriri poterunt, summariè absque strepitu, & figurâ judicii, ac solâ facti veritate inspectâ ab eisdem infrascriptis Judicibus Exequutoribus definiri, & judicari debeant. Insuper, quòd ex omnibus supradictis nullum præjudicium inferatur, nec ullo unquam tempore in futurum inferri possit jurisdictioni jam competenti novo Archiepiscopo Ulyssiponen. Occidentali, uti Sacellano Majori Cappellæ Regiæ Ulyssiponen., quæ jurisdictio semper, & omni tempore immunis, & illæsa remaneat in suo primævo statu, exercenda tamen à dicto novo Archiepiscopo Ulyssiponen. Occidentali, uti Præsule dictæ Cappellæ super Familiâ Regiâ, eademque Cappellâ, & ejus Officialibus, ac Familiaribus ipsius Joannis Regis, ad formam Indultorum, Privilegiorum Apostolicorum, usque nunc concessorum ad favorem Sacelladi Majoris pro tempore existentis, quibus nullo modo derogatum, seu præjudicatum intelligatur, sed novus Archiepiscopus Ulyssiponen. Occidentalis, uti Cappellanus Major dictæ Regiæ Cappellæ ad formam Indultorum, & Privilegiorum Apostolicorum hujusmodi privativè quoad omnes alios Judices, seu Superiores, quâvis authoritate, & dignitate fungentes, suam jurisdictionem Sacellani Majoris absque ullâ diminutione, & controversiâ exercere valeat. ANNO 1716.

§. 23. Denique considerantes prædictam Metropolitanam Ecclesiam Ulyssiponen. Occidentalem, sic, ut præfertur, a Nobis per præsentes erectam, & institutam in Regio Palatio Ulyssiponen. constitutam existere, inibique ipsas Personas Regias functionibus Ecclesiasticis sæpissimè adesse posse, valde congruum existimamus, ut eadem Metropolitana Ecclesia Ulyssiponen. Occidentalis, ejusque pro tempore existens Archiepiscopus Ulyssiponen. Occidentalis, uberioribus Indultis, privilegiis, & prærogativis ex speciali nostrâ & Sedis Apostolicæ Indulgentiâ condecorentur: hinc prædictum Joannem Regem amplioribus favoribus, & gratiis prosequi volentes; firmis tamen, & illæsis remanentibus supradictis omnibus, & singulis Indultis, & privilegiis eidem Cappellæ Regiæ, ejusque Sacellano Majori; sic ut præfertur, à Nobis, & Romanis Pontificibus Prædecessoribus nostris concessis, nec non citra ullum præjudicium, seu diminutionem authoritatis, jurisdictionis, præeminentiarum, ac jurium quorumcumque, etiam honorificorum, & mere cæremonialium nunc, & pro tempore existenti nostro, & Apostolicæ Sedis in Portugalliæ, & Algarbiorum Regnis Nuncio, seu alteri ejusdem Sedis in eisdem Regnis pro tempore similiter existenti Legato competentium, quæ Nuncius, & Legatus supradicti, quoad dictum novum Archiepiscopum Ulyssiponen. Occidentalem pariformiter, & absque ullâ prorsus differentiâ, ac quoad alios Archiepiscopos, & Episcopos dictorum Regnorum exercere possint; ac debeant, motu, scientiâ, & potestate similibus eamdem sæcularem, & insignem Collegiatam Ecclesiam, sic à Nobis in Archiepiscopalem Ecclesiam Ulyssiponen. Occidentalem erectam, & institutam nomine, titulo, & prærogativâ Patriarchæ Ulyssiponen. Occidentalis, ad instar Venerabilis Fratris nostri moderni Patriarchæ Venetiarum, quoad Provinciam tamen Archiepiscopatus Ulyssiponen. Occidentalis tantum insignimus, & decoramus cum facultate utendi insigniis, & stemmate propriæ Ecclesiæ Archiepiscopalis Ulyssiponen. Occidentalis, aliisque ornamentis, quibus idem Patriarcha Venetiarum de jure, usu, & consuetudine utitur, nec non in eisdem Portugalliæ, & Algarbiorum Regnis deferendi Crucem, & Roccheltum apertum, Populum benedicendi, Thronum, & Baldachinum habendi, Pontificalia exercendi, infrascriptas indulgentias concedendi, & supra Bracharen., Ulyssiponens. Orientalem, ac Elborens. Archiepiscopos; Nec non Portugallens., Colimbriens., Visens., Mirandens., Lamacens., Egitaniens., Leiriens., Funchalens., Angrens., Promontorii Viridis, Sancti Thomæ, Congens., Algarbiens., Portalegrens., & Eluens. Episcopos, aliosque omnes, & singulos Regnorum hujusmodi Prælatos, in omnibus actibus, & functionibus, etiam in eorum Ecclesiis præcedentiam habendi, quorum nullus etiam in eorum Ecclesiis, eo præsente, aliquem jurisdictionis, honoris, vel facultatis actum gerere possit, quem coram Legato prædictæ Sedis Apostolicæ gerere non valeret; quod verò ad alias jurisdictiones, & facultates aliis Patriarchis, seu prædictæ Sedis Legatis competentes, nullas idem pro tempore existens Archiepiscopus Ulyssiponen. Occidentalis Patriarcha nuncupatus habere, seu exercere possit, exceptis supradictis, nisi alia jurisdictio, seu facultas hujusmodi, prius per Nos, aut Successores nostros, Sedemque præfatam declarata, & respectivè ei concessa fuerit, nec non utendi Pallio non solùm in diebus, festivitatibus,

ANNO 1716. tibus, & functionibus in Pontificali Romano descriptis, & designatis, sed etiam in Conceptionis Beatæ Mariæ Virginis, in Inventionis, & Exaltationis Sanctæ Crucis, Sancti Josephi, Sanctæ Annæ, Sancti Michaelis Archangeli, Sancti Vincentii Civitatis Ulyssiponen. Protectoris, Sanctæ Elisabethæ Reginæ Portugalliæ, Sancti Antonii Ulyssiponen., Sancti Angeli Custodis, & Sancti Georgii Regni Portugalliæ Defensorum Festivitatibus, quæ omnes in ipsa Collegiatâ Ecclesiâ in Cathedralem, & Metropolitanam Ecclesiam Ulyssiponen. Occidentalem erecta, & in toto Regno Portugalliæ solemniter celebrantur, nec non in qualibet aliâ die, si quæ fuerit solemnior in Ecclesiâ, in qua per totum Regnum prædictus Archiepiscopus Ulyssiponen. Occidentalis Patriarcha nuncupatus Pontificalibus usus fuerit, ac in benedictionibus nuptiarum, & in solemni Baptismate filiorum, & descendentium Regiorum, ac in aliis similibus, & solemnibus Regiis functionibus, quæ intra, vel immediatè post Missarum solemnia celebrabuntur, quodque prædictus pro tempore existens Archiepiscopus Ulyssiponen. Occidentalis Patriarcha nuncupatus, sic à Nobis per præsentes creatus, & institutus, ac nomine, & prærogativâ Patriarchæ decoratus habitu purpureo ad instar Venerabilis etiam Fratris nostri moderni Archiepiscopi Salisburgen., indui possit, easque indulgentias concedere valeat, quas nostri, & prædictæ Sedis Apostolicæ Nuncii in prædictis Portugalliæ, & Algarbiorum Regnis ejusdem Sedis authoritate concedere solent; videlicet, centum, aut plures alios dies, non tamen ultra annum, nec non in uno Festo duntaxat, à primis usque ad secundas Vesperas, & occasum solis diei festi hujusmodi, quinque annos, & quinque quadragenas, aut infra, ita tamen, ut semel tantùm pro unâ Ecclesiâ, vel Cappellâ fiat, etiam concedimus, & indulgemus.

§. 24. Capitulo verò dictæ Collegiatæ Ecclesiæ, sic à Nobis in Cathedralem, & Metropolitanam Ecclesiam erectæ, ac titulo, denominatione, & prærogativâ Patriarchalis Ecclesiæ decoratæ, ejusque Dignitatibus, & Canonicis, ut ipsi in posterùm habitum Prælatitium violacei coloris serici, aut lanei supra Rocchettum, ubique terrarum extra tamen Romanam Curiam, & ubi non fuerit Romanus Pontifex, ad instar Canonicorum Ecclesiarum Patriarchalium de Urbe, quodque ipsi, qui jam vigore Indulti Apostolici habent usum Cappæ magnæ violacei coloris, in posterùm hyemali Cappam etiam magnam rubeam; æstivo verò temporibus Mozzettam supra Rocchettum similiter rubeam ad instar Canonicorum Ecclesiæ Pisanæ respectivè in singulis Horis Canonicis, Missis, & aliis Divinis Officiis, nec non Processionibus tam intra, quàm extra eorum Ecclesiam peragendis, nec non actibus Capitularibus publicis, & privatis gestare, & deferre possint, quodque Capitulum, & Canonici dictæ Ecclesiæ Ulyssiponen. Occidentalis tam habitu Prælatitio, quàm Canonicali induti, & capitulariter existentes, seu incedentes omnia Capitula, etiam in eorum Ecclesiis, omnesque Canonicos quarumcumque Cathedralium, & Collegiatarum Ecclesiarum totius Regni Portugalliæ; similiter, si unus, vel plures dictæ Ecclesiæ Ulyssiponen. Occidentalis cum alio, vel aliis, Dignitate, seu Canonico, aut Dignitatibus, seu Canonicis alterius cujusque Ecclesiæ Regni Portugalliæ incedent, seu in aliquâ functione Ecclesiasticâ aderunt, etiam in eorum Ecclesiis præcedere debeant; nec non, ut ipsi, eorumque in Dignitatibus, ac Canonicatibus, & Præbendis hujusmodi Successores perpetuis futuris temporibus, ac tam in parte Civitatis, & Diœcesis Ulyssiponen. Occidentalis, quam in toto Regno, & Dominiis præsente Rege, eoque absente de licentiâ Ordinarii, in Missis, ac Horis Canonicis, solemniter decantandis, & persolvendis, ac etiam in Processionibus, Benedictionibus Candelarum, Cinerum, Palmarum, & Fontis Baptismalis, ac in reliquis Ecclesiasticis functionibus, in quibus sacra adhibentur paramenta, præsente, vel absente Archiepiscopo, Mitrâ, aliisque indumentis, vel paramentis, ad instar Abbatum usum Mitræ habentium, uti, nec non in eorum Armis, & Insigniis gentilitiis Mitram apponi facere, ad instar Dignitatum, & Canonicorum Archiepiscopalium Ecclesiarum Beneventanæ, & Mediolanen., quodque ipsius Ecclesiæ Ulyssiponen. Occidentalis Dignitates, & Canonici præfati, eorumque Successores indumenta, & paramenta, aliasque res Ecclesiasticas, in quibus Sacri Olei, vel Chrismatis unctio non requiritur, non tamen Calices, neque Patenas benedicere, ad instar Canonicorum Ecclesiæ Neapolitanæ, eisdemque prædictæ Ecclesiæ Ulyssiponen. Occidentalis Canonicis causæ quæcumque, & super quibuscumque Litibus, & controversiis motæ, vel movendæ, committi, respectivè, liberè, & licitè possint, & valeant, etiam concedimus, & indulgemus. ANNO 1716.

§. 25. Ulteriùs, firmo remanente Jure Patronatus Regio, & præsentandi, ut antea, ad Dignitates, Canonicatus, & Præbendas, ac Beneficia dictæ Collegiatæ Ecclesiæ, sic à Nobis in Metropolitanam Ecclesiam Ulyssiponen. Occidentalem erectæ, ad Archiepiscopatum Ulyssiponen. Occidentalem, tam hac primâ vice à primævâ illius erectione hujusmodi vacantem; quàm in posterùm in quibuscumque aliis vacationibus, quandocumque, & quomodocumque, etiam apud Sedem Apostolicam occurrentibus, Jus Patronatus Regium, & nominandi, & præsentandi Personam idoneam Nobis, & Romano Pontifici pro tempore existenti, ac per Nos, & eumdem Romanum Pontificem pro tempore existentem dicto Archiepiscopatui Ulyssiponen. Occidentali Apostolicâ auctoritate, & mediantibus Literis Apostolicis præficiendam, prædicto Joanni Regi, ejusque in dictis Regnis Successoribus Regibus similiter perpetuò reservamus, concedimus, & assignamus, ac Jus Patronatus, & præsentandi hujusmodi, prædicto Joanni Regi, ejusque in dictis Regnis Successoribus Regibus præfatis, non ex privilegio Apostolico, sed uti ex verâ primævâ, reali, & actuali, plenâ, integrâ, & omnimodâ fundatione, & perpetuâ dotatione laicali, ex bonis merè laicalibus factis, competere, & pertinere, & uti tale sub derogatione Juris Patronatus ex privilegio Apostolico, vel consuetudine, aut præscriptione acquisiti, nullatenus comprehendi, aut illi nullo unquam tempore, etiam ex causâ vacationis apud Sedem præfatam: aut quocumque alio prætextu, aut ex quâcumque aliâ causâ, quantumvis legitimâ, etiam per Nos, & prædictos Romanos Pontifices successores nostros pro tempore existentes, motu, scientiâ, & potestatis plenitudine similibus decernimus.

§. 26. Denique, ut in eventum, in quem prædictus Joannes, aut pro tempore existens Portugalliæ, & Algarbiorum Rex, ejusque successores alibi Curiam, eorumque Regias Personas, vel perpetuò, vel per aliquod temporis spatium respectivè transtulerint, nihilominus firma, & illæsa remanere debeant, tam Cathedralitas dictæ Collegiatæ Ecclesiæ, sic à Nobis in Metropolitanam, & Patriarchalem Ecclesiam Ulissiponen. Occidentalem erectæ, quàm omnia, & singula privilegia, & indulta eidem Cathedrali Ecclesiæ Ulyssiponen. Occidentali, sic, ut præfertur, concessa; etiam motu, scientiâ, & potestatis plenitudine paribus decernimus, & declaramus.

§. 27. Ad hoc autem, ut omnia, & singula supra dicta à Nobis concessa, & ordinata, ac in præsentibus contenta, & expressa debitæ exequutioni demandentur, ac perpetuis futuris temporibus ab omnibus, & singulis firmiter, & inviolabiter observentur, motu, scientiâ, & potestatis plenitudine similibus, Venerabilibus Fratribus nostris Elven., Algarbien. & Miranden. eisque deficientibus, seu impeditis, Angolen. & Lamacen. Episcopis tenore præsentium mandamus, quatenus ipsi, vel unus eorum per se, vel alium, seu alios, etiam quatenus difficultate occurrente, & à Nobis non prævisâ, quæ effectum earumdem præsentium minimè retardare valeat, easdem præsentes Literas, nullâ interpositâ morâ, debitæ exequutioni demandent, seu demandari faciant, ac unam partem tam Civitatis, quàm Diœcesis Ulyssiponen. præfatæ versùs Orientem pro propriâ Diœcesi, & proprio Territorio Archiepiscopatus Ulyssiponen. Occidentalis constituant, & assignent, ac plantam cum Confinibus, & mensuratione per peritos faciendam, juxta formam à Nobis desuper præscriptam, tam partis Civitatis, & Diœcesis Ulyssiponen. Orientalis, quàm partis Civitatis, & Diœcesis Ulyssiponen. Occidentalis hujusmodi, tam in Cancellariis eorum Episcopatuum, quàm in Cancellariis Archiepiscopatus Ulyssiponen. Orientalis, ac Archiepiscopatus Ulyssiponen. Occidentalis ad perpetuam rei memoriam, reponere, & asservare debeant, quodque ultra divisionem præfatam sic, ut præfertur, factam, omnia, & singula, supradicta ab omnibus, & singulis perpetuis futuris temporibus per censuras, & pœnas Ecclesiasticas, ac alia opportuna juris remedia, & quacumque appellatione remotâ, invocato etiam ad hoc, si opus fuerit

auxilio

ANNO 1716.

auxilio Brachii secularis, adimpleri, & inviolabiliter observari faciant.

§. 28. Decernentes propterea easdem Præsentes semper, & perpetuò validas, & efficaces existere, & fore, suosque plenarios, & integros effectus sortiri, & obtinere debere, ac nullo unquam tempore ex quocumque capite, vel qualibet causâ, quantumvis legitimâ, & juridicâ, etiam ex eo quod Sedes Archiepiscopalis Ulyssiponen. ad præsens vacet, & proprio Pastore, & Defensore destituta existat, ipsiusque Capitulum, & Canonici, seu quicumque alii cujuscumque Dignitatis, Gradus, Conditionis, & Præeminentiæ sint in præmissis, & circa ea quomodolibet, & ex quâvis causâ, ratione, actione, vel occasione jus, vel interesse habentes, aut habere prætendentes, illis non consenserint, aut ad id vocati, & auditi, & causæ propter quas eædem Præsentes emanaverint, adductæ, verificatæ, & justificatæ non fuerint, de subreptionis, vel obreptionis, aut nullitatis, seu invaliditatis vitio, seu intentionis nostræ, aut jus, vel interesse habentium, consensus, aut quolibet alio; quantumvis magno, substantiali, inexcogitato, & inexcogitabili, ac specificam, & individuam mentionem, ac expressionem requirente, defectu, sive etiam ex eo, quod in præmissis, eorumque aliquo solemnitates, & quævis alia servanda, & adimplenda, servata, & adimpleta non fuerint, aut ex quocumque alio capite à jure, vel facto, aut statuto, vel consuetudine aliqua resultante, seu etiam enormis, enormissimæ, totalisque læsionis, aut quocumque alio colore, prætextu, ratione, vel causâ, etiam in Corpore juris clausâ, occasione, aliâve causâ, etiam quantumvis justâ, rationabili, legitimâ, juridicâ, piâ, privilegiatâ, etiam tali, quæ ad effectum validitatis præmissorum necessariò exprimendâ foret, aut quòd de voluntate nostrâ, & aliis superiùs expressis nullibi appareret, seu aliàs probari posset, notari, impugnari, invalidari, retractari; in jus, vel controversiam revocari, aut ad terminos juris reduci, vel adversùs illas restitutionis in integrum, aperitionis oris, reductionis ad viam, & terminos juris, aut aliud quodcumque juris, facti, gratiæ, vel justitiæ remedium impetrari, seu quomodolibet, etiam motu simili concesso, aut impetrato, vel emanato, uti, seu se juvare in judicio, vel extra, posse; neque ipsas Præsentes sub quibusvis similium, vel dissimilium gratiarum revocationibus, suspensionibus, limitationibus, modificationibus, derogationibus, aliisque contrariis dispositionibus, etiam per Nos, & Successores nostros Romanos Pontifices pro tempore existentes, & Sedem Apostolicam præfatam, etiam motu, scientiâ, & potestatis plenitudine similibus, etiam consistorialiter ex quibuslibet causis, & sub quibusvis verborum tenoribus, & formis, ac cum quibusvis clausulis, & Decretis, etiamsi in eis de eisdem Præsentibus, earumque toto tenore, ac datâ, specialis mentio fiat, pro tempore factis, & concessis, ac faciendis, & concedendis, comprehendi, sed tanquam ad majus bonum tendentes, semper, & omninò ab illis excipi, & quoties illæ emanabunt, toties in pristinum & validissimum, ac eum, in quo antea quomodolibet erant statum, restitutas, repositas, & plenariè reintegratas, ac de novo etiam sub quacumque posteriori datâ, quandocumque eligenda, concessas esse, & fore; sicque, & non aliàs in præmissis omnibus, & singulis per quoscumque Judices Ordinarios, vel delegatos, etiam causarum Palatii Apostolici Auditores, ac Sanctæ Romanæ Ecclesiæ Cardinales, etiam de Latere Legatos, Vicelegatos, dictæque Sedis Nuncios, ac alios quoscumque quâvis auctoritate, potestate, prærogativâ, & privilegio fungentes, ac honore, & præeminentiâ fulgentes, sublatâ eis, & eorum cuilibet quâvis aliter judicandi, & interpretandi facultate, & auctoritate in quocumque judicio, & in quâcumque instantiâ, judicari, & definiri debere, & si secùs super his à quoquam quâvis auctoritate scienter, vel ignoranter contigerit attentari, irritum, & inane decernimus.

§. 29. Non obstantibus quatenus opus sit, nostrâ, & Cancellariæ Apostolicæ regulâ de jure quæsito non tollendo, aliisque in contrarium præmissorum quomodolibet editis, vel edendis, etiam in Synodalibus, Provincialibus, Universalibusque Conciliis, specialibus, vel generalibus, ac quatenus opus sit, etiam illâ Pauli Papæ secundi similiter Prædecessoris nostri de rebus Ecclesiæ non alienandis, aliisque Constitutionibus, & Ordinationibus Apostolicis, ac antiquæ Cathedralis Ecclesiæ Ulyssiponen. aliarumque Ecclesiarum, & aliorum locorum piorum antiquæ Diœcesis Ulyssiponen. etiam juramento, confirmatione Apostolicâ, vel quâvis firmitate aliâ roboratis Statutis, eorumque reformationibus, & novis additionibus, stylis, usibus, & consuetudinibus, etiam immemorabilibus; Privilegiis quoque, Indultis, & Literis Apostolicis illis, eorumque Superioribus, & Personis, ac locis quibuscumque etiam specificâ, & expressâ, ac individuâ mentione dignis sub quibuscumque tenoribus, & formis, ac cum quibusvis etiam derogatoriarum derogatoriis, aliisque efficacioribus, efficacissimis, & insolitis clausulis, irritantibusque, & aliis Decretis in genere, vel in specie, etiam motu pari, ac consistorialiter, aut aliàs quomodolibet, etiam iteratis vicibus in contrarium præmissorum concessis, approbatis, confirmatis, & innovatis, etiamsi in eis caveatur expressè, quod illis per quascumque Literas Apostolicas, etiam motu simili pro tempore concessas, quascumque etiam derogatoriarum derogatorias in se continentes, derogari non possit, neque censeatur eis derogatum, quibus omnibus, & singulis, etiamsi de illis, eorumque totis tenoribus specialis, specifica, & individua, ac de verbo ad verbum, non autem per clausulas generales idem importantes, mentio, seu quævis alia expressio habenda, aut quæcumque alia exquisita forma ad hoc servanda foret, illorum omnium, & singulorum tenores, formas, & causas, etiam quantumvis prægnantes, pias, & privilegiatas, Præsentibus pro plenè, & sufficienter, ac de verbo ad verbum, nihil penitus omisso, insertis, expressis, & specificatis, habentes, illis aliàs in suo robore permansuris, ad præmissorum omnium validissimum effectum, hac vice dumtaxat, latissimè, & plenissimè ac sufficienter, nec non specialiter & expressè motu, scientiâ, & potestatis plenitudine similibus, harum serie derogamus, cæterisque contrariis quibuscumque.

§. 30. Nulli ergo omnino hominum liceat hanc paginam nostri Motus proprii, ac Divisionis, Assignationis, Erectionis, Institutionis, Concessionis, Indulti, Reservationis, Declarationis, Mandati, Voluntatis, Decreti, & Derogationis infringere, vel ei ausu temerario contraire. Si quis autem hoc attentare præsumpserit indignationem Omnipotentis Dei, & BB. Petri, & Pauli Apostolorum ejus se noverit incursurum. Datum Romæ apud Sanctam Mariam Majorem Anno Incarnationis Dominicæ millesimo septingentesimo sexto decimo, septimo Idus Novembris, Pontificatûs nostri anno sexto decimo.

P. de Comitibus.

CV.

Declaration & Ordonnance de CHARLES VI. *Empereur des Romains, & Souverain Prince des Provinces du Païs-Bas Autrichien, portant Réunion de la Province & Duché de* Limbourg *au Duché de Brabant. Fait à Bruxelles le 6. Octobre 1717.* [Sur l'Imprimé à Bruxelles, chez Frix Imprimeur de Sa Maj. Imp. & Cath.]

1717. 6. Octobre.

PAR L'EMPEREUR ET ROY.

CHARLES par la grace de Dieu, Empereur des Romains, toûjours Auguste, Roy de Castille, de Leon, d'Arragon, des deux Siciles, de Jerusalem, de Portugal, de Navarre, de Grenade, de Tolede, de Valence, de Galice, des Maillorques, de Seville, de Sardaigne, de Cordube, de Corsique, de Murcie, de Jaen, des Algarbes, d'Algezire, de Gibraltar, des Isles de Canarie, des Indes tant Orientales qu'Occidentales, des Isles & Terre ferme de la Mer Oceane, Archiduc d'Austriche; Duc de Bourgogne, de Lothier, de Brabant, de Limbourg, de Luxembourg, de Gueldres & de Milan; Comte de Habsbourg, de Flandres, d'Artois & de Bourgogne; Palatin de Tirol, d'Haynau & de Namur; Prince de Zwave; Marquis du St. Empire de Rome; Seigneur de Salins & de Malines; Dominateur en Asie & en Afrique, &c. Ayant jugé necessaire de réunir notre Province de Limbourg à notre Pays & Duché de Brabant comme elle l'a été jusques à la mort de Charles second de glorieuse memoire, & desuite faire cesser & supprimer le Tribunal & la Chambre superieure y établie par provision pour l'administration de la Justice,

ANNO 1717. ce, Nous ordonnons à tous nos Vassaux & habitans de notre Duché de Limbourg, & des Pays d'Outre-Meuse, de quelque état ou condition ils puissent être de s'y conformer, & de reconnoître derechef notre Conseil Souverain ordonné en Brabant pour leur Juge souverain en dernier ressort avec les mêmes Autoritez, Droits, Prérogatives, & sur le même pied & de la même maniere qu'ils l'ont reconnu avant la mort de Charles second, Nous enjoignons à tous & un chacun de se regler selon ce, à quelle fin Nous voulons que la Presente soit publiée en la maniere accoûtumée: CAR AINSI NOUS PLAIT-IL. Fait à Bruxelles le 6. Octobre 1717. Etoit paraphé, *Grysp. vt.*

Signé,

A. V. Ghindertaelen.

CVI.

20 Octob. *Declaratio nullitatis cujusdam Edicti nomine Secularis Potestatis in Ducatu Sabaudiæ, & Pedemontii Principatu ad supplicationem Patrimonialis Generalis dictæ Secularis Potestatis editi in præjudicium supremi Dominii ad Sedem Apostolicam in quibusdam Locis Mensæ Episcopalis Asten. privativè spectantis, cum ipsius Edicti, necnon indè secutorum, & quandocumque secuturorum damnatione, revocatione, & abolitione.* [Bullarium Magnum, Tom. VIII pag. 190. Edit. Luxemburgic. 1727.]

CLEMENS PAPA XI.

Ad futuram rei memoriam.

ALiàs ad retundendas graves, & frequentes molestias, quas Ministri Secularis Potestatis in Ducatu Sabaudiæ, & Principatu Pedemontii Subditis, & Feudatariis hujus Sanctæ Sedis locorum Montafiæ, Cisterniæ, & Cortansæ Asten. Diœcesis, non sine manifesto directi, & supremi Dominii ad Nos, & eamdem Sedem in prædictis locis unicè, & privativè spectantis præjudicio, jampridem intulerant, novasque, quas illis inferre minabantur, instante tunc existente Commissario Generali Cameræ nostræ Apostolicæ per Dilectum Filium nostrum Joannem Baptistam S. R. E. Cardinalem Spinulam nuncupatum ejusdem S. R. E. Camerarium die VIII. Augusti MDCCII. expeditum, atque transmissum, & eorumdem Feudorum Syndicis præsentatum, necnon Feudatariis eo, quo licuit, modo intimatum fuit Monitorium, quo districtè prohibebatur, ne alium supremum Dominum præter Sedem Apostolicam, & Romanam Ecclesiam recognoscere auderent.

§. 1. Cùmque subindè ad Patrimonialis Generalis nuncupati dictæ Secularis Potestatis requisitionem, mense Septembri ejusdem anni per Cameram, quam vocant, Computorum Ducatus, ac Principatus prædictorum publicatum, & respectivè intimatum fuisset quoddam Edictum, seu Decretum, quo prævià declaratione nullitatis, & invaliditatis prædicti Monitorii, tam ipsis Feudatariis, qui eatenùs Sedem præfatam tanquam Dominam directam, ejusque supremam auctoritatem constanter recognoverant, ipsâ etiam Seculari Potestate id approbante, quàm Syndicis Universitatum, atque Vassallis sub gravissimis pœnis præcipiebatur, quod de cætero supremam tantùm Secularis Potestatis auctoritatem recognoscerent, & ad hujus Edicti publicationem præfatarum Universitatum Syndicos vi, metuque præfati Ministri compellere tentassent, omnibusque renuentibus, nonnulli in Civitate Astensi deprehensi carceribus mancipati, alii verò, qui ad illam accedere recusaverant, militaribus copiis à dictis Feudis violenter extracti similiter detenti fuissent, morte etiam sclopo illatâ alteri ex ipsis, qui fugâ sibi consulere studuerat; Nos prædictos, aliosque multiplices, ac detestabiles ejusdem Secularis Potestatis abusus diutiùs dissimulare non valentes, præfatum, aliaque plurima Edicta, seu Decreta, Ordinationes, & Mandata, & alia quælibet à Senatibus, Magistratibus, Judicibus, Officialibus, aliisve Ministris dictæ Secularis Potestatis in præjudicium libertatis, immunitatis, & jurisdictionis Ecclesiasticæ, atque auctoritatis Apostolicæ respectivè quovis modo emanata, & gesta cum omnibus, & singulis indè secutis, & quandocumque secuturis per quasdam nostras in simili formâ Brevis Literas die XVII. Maii MDCCVII. desuper expeditas, nulla, irrita, invalida, damnata, & reprobata esse, & ab initio fuisse, ac perpetuò fore declaravimus, & quatenùs opus esset, ea omnia, & singula damnavimus, reprobavimus, revocavimus, annullavimus, abolevimus, & aliàs, prout in nostris Literis supradictis, quarum tenorem Præsentibus pro plenè, & sufficienter expresso, & inserto haberi volumus, uberiùs continetur. ANNO 1717.

§. 2. Cæterùm cùm post earumdem nostrarum Literarum publicationem adhuc præfati Ministri à vexandis Subditis, & Feudatariis memoratorum locorum minimè destitissent, quinimmo prioribus molestiis novas, majoresque in dies adjicientes, non solùm prædictos, sed etiam Subditos, & Feudatarios Loci de Cortanzerio eidem Sedi pariter subjectos variis etiam contributionibus, aliisque oneribus, non minùs injustè, quàm temerè gravare præsumpsissent, ad hujusmodi intolerabiles ausus reprimendos plura alia successivè Monitoria ad tunc pariter existentis Commissarii Generalis dictæ Cameræ Apostolicæ instantiam ab eodem Joanne Baptista Cardinale, & Camerario die XXIV. Julii, VII. Augusti, & XVII. Octobris MDCCXI. ac postremo die XXIII. Maii MDCCXVI. etiam de speciali mandato nostro edita, ac respectivè intimata fuerunt, quibus innovatâ Feudatariis, & Subditis præfatorum Locorum memoratâ prohibitione de non recognoscendo alium in supremum Dominum, quàm Sedem præfatam, ipsis sub gravium pœnarum comminatione inter alia injungebatur, ne contributiones, aliave onera sibi à dictâ Seculari Potestate imposita, vel imponenda persolvere, seu persolvi facere auderent, aut quoquo modo præsumerent, & aliàs prout in præfatis Monitoriis, quorum tenores Præsentibus pro plenè itidem, & sufficienter expressis haberi volumus, pleniùs continetur.

§. 3. Cùm autem sicut nuper non sine ingenti animi nostri molestiâ accepimus, ad ejusdem Patrimonialis Generalis supplicationem sub nomine prædictæ Secularis Potestatis prodierit quoddam Præceptum, sive Edictum typis impressum, quod unâ cum supplicatione hujusmodi non alio quidem, quàm illud penitus, & omninò damnandi, & reprobandi animo Præsentibus inserendum duximus, tenoris, qui sequitur, videlicet: *Sacra Real Maestà. Rappresenta il Consigliere, e Patrimoniale Generale di V. M. essersi nel mese scorso pretesi publicare asserti Monitorii sotto nome del Signor Cardinale Spinola nelli Luoghi d'indubitato Dominio di V. M. esistenti nel Contado d'Asti, Cisterna, Cortanze, Montafia, e Cortazone tendenti li medemi à rimovere li Sudditi, ed habitanti, come pure li Vassalli d'esse Terre dall' obligo che à medemi corre di non riconoscere altri in loro Signore, e Sovrano che V. M. e suoi Reali Successori in data li predetti Monitorii delli xxiij. Maggio scaduto, sotto pretesto che siano sotto l'immediato Dominio della Santa Sede, e ciò in conformità d'altri Monitorii già pretesi di publicare negl'anni* MDCCII. MDCCVII. *e* MDCCXI. *e quantunque l'Esponente sia persuaso essersi già da V. M. sufficientemente provisto in difesa delle indubitate ragioni, che le competono in detti Luoghi, e Feudi tanto in dipendenza di detto Contado, che d'altri titoli irrefragabili oltre l'antico, & indubitato possesso comprovato da continuati, e successivi atti possessorii, come resta notorio con haver lassato li Rescritti Camerali sotto li ij. Septembre* MDCCII. *e ix. Maggio* MDCCXI. *probibitivi tanto alli Vassalli, che Sudditi, & habitanti in essi Luoghi d'ubbidire alli detti Monitorii con specifico Precetto à medemi di non dover riconoscer, ne ubbidire ad altri in qualità di Sovrano Signore, che ad essa V. M. e suoi Reali Successori sotto le pene in essi Rescritti cominate, e come meglio dal contenuto in essi si vede: Tuttavia, acciò che sotto pretesto de' sudetti asserti nuovi Monitorii quantunque evidentemente invalidi, nulli, abusivi, orrepiti, e surrepiti nissuno de' sudetti Vassalli, Sudditi, & habitanti habbia l'ardire di declinare dall'obligo loro Vassallitio, e sudditale verso V. M. e far cosa pregiudiciale al Servitio della medema, hà pensato per ogni maggior precautione haver raccorso da Vostra Sacra Real Maestà supplicandola humilmente degnarsi di dichiarare, come ne' precedenti Rescritti sovra riferiti del* MDCCII *e* MDCCXI *non haver potuto, ne poter li sudetti asserti Monitorii, e qualunque altra provisione di consimile natura, come nulli, surrepiti, & orrepiti, invalidi, insussistenti, & evidentemente abusivi recar verun pregiudicio alle sudette ragioni, & esercitio dell'alto Dominio,*

ANNO 1717. *nio, e Sovranità di V. M. meno indurre alcun obligo di non dover riconoscer in essi Feudi, e loro Territorio, ne ubbidire ed altri in qualità di Sovrano Signore, che V. M. e suoi Successori sotto gravi, e gravissime pene etiandio corporali da incorrersi irremissibilmente da Transgressori, Dichiarando l'esecutione da farsi in persona de respettivi Vassalli, ò Domestici loro e per publicatione, & affissione di copia alli Albi Pretorii della Città d'Asti, e di detti Luoghi valere, e che alla copia stampata dal Stampatore di V. M. si debba prestar tutta fede, come al proprio originale, il che &c. Il Patrimoniale Generale di V. M. Vittorio Amedeo per grazia di Dio Re di Sicilia, di Gerusalemme, e di Cipro &c. Duca di Savoja, e Monferrato &c. Prencipe di Piemonte &c. Veduta nella Camera nostra de' Conti l'alligata supplica sottoscritta dal Patrimoniale nostro Generale con li precedenti Rescritti ivi riferiti, & designati; Et il tenor del tutto ben considerato: Per le presenti col parer, & participazione d'essa Camera dichiariamo, come in detti precedenti Rescritti del MDCCII. e MDCCXI. non haver potuto, ne potere li asserti Monitorii, di cui si tratta, e qualunque altra provisione di consimil natura, come nulli, surrepiti, orrepiti, invalidi, insussistenti, & evidentemente abusivi, recar verun pregiudicio alle ragioni, & esercizio dall'alto Dominio, e Sovranità nostri, meno indurre alcun obligo alli Vassalli, Sudditi de' Luoghi narrati d'ubbidire alli precetti portati da sudetti Monitorii; Anzi facciamo positivo precetto à medisimi de non dover riconoscere in quei Feudi, e loro Territorio, ne ubbidire ad altri in qualità di Sovrano Signore, che à Noi, e nostri Reali Successori sotto gravi, e gravissime pene etiandio corporali da incorrersi irremissibilmente da Transgressori: Dichiarando l'esecuzione di queste da farsi al modo supplicato valere, & che alla copia stampata dal Stampator nostro si debba prestar tanta fede, come al proprio originale. Che tal è nostra mente. Dato in Torino li trent'uno Agosto mille settecento sedici: Per Sua Maestà à relatione di detta Camera: In Torino, Stampato dal Stampatore di S. M. MDCCXVI.*

§. 4. Memorata verò, & plura alia loca variis temporibus à tunc existentibus Episcopis Asten. in feudum concessa diversis personis ad eosdem Episcopos Asten. eorumque Mensam Episcopalem ex libera, & irrevocabili donatione Imperatorum, Regum, ac Piorum fidelium, aliisque legitimis titulis, non autem ad alium quemcumque spectasse, & spectare dignoscantur, ac proindè ambigi, aut inficiari nequeat, quin illa sub alto, & supremo Dominio, ac Superioritate nostris, & Sanctæ Romanæ Ecclesiæ, non autem dictæ Secularis Potestatis, aut alterius cujuscumque fuerint, ac sint, & censeri debeant; Nec non Feudatarii, Vassalli, & Homines eorumdem Locorum nullius alterius, præterquam nostræ, & dictæ Sedis Superioritati fuerint, ac sint verè subjecti, & quemadmodum ipsi nullum alium in supremum Dominum recognoscere tenentur, vel debent, ita nemini, nisi Nobis, & eidem Sedi licuerit, vel liceat Jura Superioritatis, & Supremi Dominii in Loca, Vassallos, & Homines hujusmodi exercere. Nec minùs compertum sit Romanos Pontifices Prædecessores nostros dictæ Ecclesiæ Asten. juribus, ac Sedis præfatæ Superioritati, & Dominio hujusmodi tuendis, & conservandis jugiter intentos, non omisisse ea à quorumcumque ausibus, & attentatis, si quandoque impeti, aut violari contigit, peculiari studio, ac solicitudine asserere, & vindicare.

§. 5. Satis namque perspectum esse novimus, quod dudum fel. rec. Pius Papa Quintus Prædecessor Noster bon: mem: Emanuelem Philibertum, dum vixit, Sabaudiæ Ducem, ac Pedemontii Principem, qui quædam onera tunc existentibus Feudatariis, & Subditis eorumdem locorum nulliter, & de facto indixerat, post prætensorum Jurium, ac rationum, sub quorum obtentu idem Emanuel Philibertus Dux ad ejusmodi onerum impositionem devenisse dicebatur, coram Commissario specialiter à prædicto Pio Prædecessore ad id deputato, pro parte ipsius Philiberti Ducis deductorum, maturam discussionem, ac demum comperta eorum insubsistentiâ, rejectionem à cœptis Apostolici muneris ministerio desistere compulerit.

§. 6. Prout etiam notum est, quod rec: mem: Paulus PP. V. etiam Prædecessor noster expetitum suum, ac Sedis præfatæ Beneplacitum super quadam concessione nonnullorum ex præfatis, aliisque locis dictæ Mensæ Episcopalis per bon: mem: Stephanum, dum vixit, Episcopum Asten. bo. etiam mem. Carolo Emanueli dum pariter vixit, ejusdem Sabaudiæ Duci, & Pedemontii Principi titulo permutationis sub Beneplaciti Apostolici hujusmodi reservatione factâ tanquàm Ecclesiæ, ac Mensæ Episcopali Asten. damnosâ, & præjudiciali, ac superioritatis Sedi præfatæ in illis Locis competenti læsivâ, non modò non concesserit, sed expressè, & solemniter denegaverit, ipsamque concessionem, ac instrumentum desuper confectum, & in eo contenta quæcumque reprobaverit, annullaverit, & cassaverit. ANNO 1717.

§. 7. Ac denique similis mem. Alexander PP. VII. itidem Prædecessor noster quoddam Præceptum, seu Edictum nomine ejusdem Caroli Emanuelis Ducis die 2. Junii MDCLVIII. evulgatum, in quo ipse Carolus Emanuel Dux Supremus Dominus aliquot præfatorum Locorum perperam enunciabatur, nullum, & invalidum cum ejusmodi enunciativis, & assertionibus declaraverit, quemadmodum in eorumdem Pii, Pauli, & Alexandri Prædecessorem Literis; prioribus quidem die VIII. Maii MDLXVIII. & die XIX. Aprilis MDLXIX.; alteris die X. Februarii MDCXII. novissimis verò die XX. Augusti MDCLVIII. in simili formâ Brevis desuper expeditis, quarum tenores Præsentibus pro plenè, & sufficienter expressis, ac de verbo ad verbum insertis haberi volumus, uberiùs continetur.

§. 8. Hinc est quod Nos, qui in supremo Justitiæ solio à Domino constituti universarum Orbis Ecclesiarum gerimus curam, quique tam illarum, quàm Sedis Apostolicæ Jurium assertores sumus, ne in tam apertâ eorum, & Apostolicæ auctoritatis oppugnatione, Pastorali officio nostro quoquo modo deesse videamur, memoratorum Romanorum Pontificum Prædecessorum nostrorum vestigiis inhærentes, in primis verò prænarrata Monitoria cum omnibus, & singulis in eis contentis approbantes, ac confirmantes, & quatenus opus sit innovantes; Motu proprio, & ex certâ scientiâ, ac maturâ deliberatione nostris, deque Apostolicæ potestatis plenitudine Edictum, seu præceptum præinsertum, & in eo enunciata, & contenta quæcumque cum omnibus, & singulis indè secutis, & forsan quandocumque secuturis penitùs, & omninò nulla, irrita, invalida, erronea, damnata, reprobata, inania; & à non habentibus potestatem damnabiliter attentata, ac de facto præsumpta; nulliusque roboris, & momenti, vel efficaciæ fuisse, & esse, ac perpetuò fore, nemineinque ad illorum observantiam teneri, imò nec à quoquam observari potuisse; vel debuisse neque per illa ullum, vel minimum præjudicium juribus nostris, & dictæ Sedis, ac Ecclesiæ Asten. ejusque Episcopis, ac Romanis Pontificibus illatum fuisse, vel esse, aut inferri potuisse, nec ullo unquam tempore posse earumdem tenore Præsentium decernimus, & declaramus. Et nihilominus pro majori, & abundantiori earumdem Sedis, & Ecclesiæ Asten. cautela, & quatenùs opus sit, illa omnia, & singula, motu, scientia, deliberatione, & potestatis plenitudine paribus, harum serie damnamus, reprobamus, revocamus, cassamus, irritamus, annullamus, viribusque, & effectu penitus, & omninò vacuamus, ac pro damnatis, reprobatis, revocatis, cassatis, irritis, nullis, invalidis, & abolitis viribusque, & effectu penitus, & omninò vacuis perpetuò haberi volumus, & mandamus, ita ut illis minimè obstantibus jura nostra, & Apostolicæ Sedis, dictæque Ecclesiæ Asten. semper, & omni tempore remaneant, sint, & serventur, ac censeri debeant sarta, tecta, integra, illæsa, & illibata in omnibus, & per omnia quemadmodum erant ante editionem præfati Edicti, seu præcepti, cæterorumque præmissorum, & perindè ac si illa nunquam emanassent, nec facta fuissent, neque unquam fierent, seu evenirent.

§. 9. Decernentes sic, & non aliter in præfatis omnibus, & singulis censeri, ac per quoscumque Judices ordinarios, & Delegatos etiam causarum Palatii Apostolici Auditores, ac nostram Cameram prædictam, ejusque Officiales quomodocumque nuncupatos, & ejusdem S. Romanæ Ecclesiæ Cardinales etiam de Latere Legatos, & quosvis alios quâcumque auctoritate fungentes, & functuros, sublatâ eis, & eorum cuilibet quâvis aliter judicandi, & interpretandi facultate, & auctoritate, judicari, & definiri debere, & irritum, & inane, si secus super his à quoquam quâvis auctoritate scienter, vel ignoranter contigerit attentari. Non obstantibus Constitutionibus, & Ordinationibus Apostolicis etiam Conciliaribus, nec non Legibus Imperialibus, & Municipalibus, & quatenus opus sit, nostrâ, & Cancellariæ Apostolicæ regulâ de jure quæsito non tollendo, ac piæ mem: Pii PP. IV. etiam Prædecessoris nostri Constitutione de gratiis qualecumque interesse Cameræ Apostolicæ concernentibus in eâdem Camerâ præsentandis, & regi-

registrandis, ita ut præsentes Literæ, etiamsi in eâdem Camerâ nullo unquam tempore præsententur, & registrentur, nihilominus valeant, plenamque roboris firmitatem obtineant; necnon dictæ Ecclesiæ Asten. etiam Juramento, Confirmatione Apostolicâ, vel quâvis Firmitate aliâ roboratis, & Consuetudinibus, Privilegiis quoque, Indultis, & Literis Apostolicis eidem Ecclesiæ, illiusque Præsuli, Capitulo, & quibusvis personis sub quibuscumque tenoribus, & formis, ac cum quibusvis etiam derogatoriarum derogatoriis, aliisque efficacioribus, efficacissimis, & insolitis clausulis, irritantibusque, & aliis Decretis in genere, vel in specie, ac aliàs in contrarium præmissorum quomodolibet concessis, confirmatis, & innovatis.

§. 10. Quibus omnibus, & singulis eorum omnium, & singulorum tenores Præsentibus pro plenè, & sufficienter expressis, & de verbo ad verbum insertis habentes, illis aliàs in suo robore permansuris, ad præmissorum effectum specialiter, & expressè derogamus, cæterisque contrariis quibuscumque.

§. 11. Cùm autem eædem præsentes Literæ in locis Ditioni prædictæ Sæcularis Potestatis subjectis nequeant tutè publicari, ut hactenus experientiâ compertum est, & Nobis notoriè constat, volumus illas seu earum exempla ad valvas Ecclesiæ Lateranen., & Basilicæ Principis Apostolorum, nec non Cancellariæ Apostolicæ, Curiæque generalis in Monte Citatorio, ac in acie Campi Floræ de Urbe, ut moris est, affigi, & publicari, sicque publicatas, & affixas, omnes, & singulos, quos illæ concernunt perindè arctare, & afficere, ac si unicuique eorum nominatim, & personalitèr intimatæ fuissent: Utque ipsarum Literarum transumptis, seu exemplis etiam impressis manu alicujus Notarii publici subscriptis, & sigillo alicujus personæ in Ecclesiasticâ Dignitate constitutæ munitis, eadem prorsus fides tam in Judicio, quàm extra illud ubique adhibeatur, quæ eisdem præsentibus adhiberetur, si forent exhibitæ; vel ostensæ. Datum Romæ apud Sanctam Mariam Majorem sub annulo Piscatoris die xx. Octobris M. D. CCXVII. Pontificatus nostri Anno XVII.

Cardinalis F. Oliverius.

CVII.

1718. Juin.

Extrait d'une Bulle du Pape CLEMENT XI. *qui revoque toutes les graces & concessions accordées, par lui & ses Predecesseurs aux Rois d'Espagne, parce que le Roi* PHILIPPE V. *n'en faisoit pas l'usage auquel elles étoient destinées. Donné à Rome le 4 Juin* 1718. [Bullarium magnum, Edit. Luxemburgic. 1727. pag. 203.]

DAns le Préambule de cette Bulle le S. P. fait l'énumeration des concessions de ses Predecesseurs qu'il a confirmé consistant en permission de manger des œufs & du lait dans le Careme &c. & de levér sur les Revenus Ecclesiastiques un subside de 402. mille ducats &c il continue ensuite ainsi

§. 2. CUM autem inspectâ omnium memoratarum gratiarum, ac concessionum, ut præfertur, factarum, & prorogatarum origine, compertum, exploratumque sit prædictas quidem indulgentias, & gratias tam spirituales, quàm temporales, intuitu, & occasione expeditionis contra Turcas, Mauros, & Saracenos concessas fuisse; Subsidium itidem annuum quadringentorum viginti millium ducatorum præfatorum supradicto Philippo II. Regi pro parandâ, & sustinendâ Classe sexaginta Triremium, nonnisi contra Infideles, Hæreticos, vel Schismaticos, & ad Regnorum suorum defensionem educendâ concessum; nec nisi cum eisdem, aliisve Legibus, seu conditionibus Orthodoxæ Fidei incrementa pari modo respicientibus, tam ipsi Philippo II., quàm aliis earumdem Hispaniarum Regibus Catholicis respectivè prorogatum fuisse; Similiter primam Decimam occasione etiam, & contemplatione expeditionis adversùs eosdem Hæreticos, & expensarum pro Christianæ Religionis contra Turcas tuitione concessam, & indultam fuisse; Ac demum prædictam assignationem fructuum unius integri mensis à memorato Urbano factam, & subinde ab aliis Romanis Pontificibus Prædecessoribus nostris, imò etiam à Nobis prorogatam fuisse cum expressâ prohibitione, quod pecuniæ, quæ exinde perciperentur, in alios usus, quàm Catholicæ Religionis defensionis, & propagationis, nec non obedientiæ erga Romanam Ecclesiam conservationis, pro quibus dumtaxat concessio ipsa facta fuerat, nullatenus converterentur.

§. 3. Verùm, sicut Nobis non sine intimo animi nostri dolore innotuit; prævalentibus apud eumdem Philippum V. Regem eorum consiliis, qui præterito anno pium, ac generosum illius animum à præliandis bellis Domini, quæ ipse antea valido complurium bellicarum Navium, ac Triremium subsidio cum immortali nominis sui laude juraverat, nequiter averterunt, frustra Nobis reclamantibus, factum sit, ut etiam hoc anno, quo Turcicum bellum adhuc durat, plurimæ tam terrestres, quàm maritimæ Militum copiæ, quas idem Philippus V. Rex ingentibus sumptibus paravit, non quidem adversùs Infideles, ut par fuisset, & Nos majori, qua potuimus animi contentione faciendum esse pluries ediximus, sed in alium finem Christianæ Reipublicæ potius infensum, & damnosum, illiusque teterrimis hostibus indirectè utilem, & proficuum, ut omnibus notum est, dirigantur. Hinc est, quod Nos, ne proventus, & pecuniæ ex prænarratis gratiis, & concessionibus provenientes in ejusmodi causam adeò ab iis, quarum intuitu illæ factæ fuerunt, diversam, nec non a nostrâ. nostrorumque Prædecessorum mente, & intentione prorsus alienam converti, & erogari unquam valeant, curam omnem, ac studium Pontificiæ providentiæ nostræ impendere volentes, motu proprio, ac ex certâ scientiâ, & maturâ deliberatione nostris, deque Apostolicæ potestatis plenitudine, omnes, & singulas gratias supradictas à Nobis memorato Philippo V. Regi ad sexennium, & quinquennium respectivè prorogatas, ampliatas, & extensas, seu de novo concessas, & indultas, ut præfertur; tametsi sexennium, & quinquennium hujusmodi adhuc durent, expeditasque desuper omnes, & singulas Literas nostras præfatas, nec non omnia, & singula in eis contenta, & expressa tenore Præsentium ad nostrum, & Apostolicæ Sedis Beneplacitum suspendimus; ac suspensa esse, & fore decernimus, & declaramus.

§. 4. Decernentes pariter easdem præsentes Literas firmas, validas, & efficaces existere, & fore; suosque plenarios, & integros effectus sortiri, & obtinere, nec de subreptionis, vel obreptionis, aut nullitatis vitio, vel intentionis nostræ, aut præfati Philippi V. Regis, aliorumve quorumlibet interesse in præmissis habentium, seu habere quomodolibet prætendentium consensus, aliove quolibet etiam formali, & substantiali defectu notari, impugnari, infringi, retractari, in controversiam vocari, aut adversùs illas aperitionis oris, restitutionis in integrum, aliudve quodcumque juris, facti, vel gratiæ remedium intentari, vel impetrari, aut impetrato, seu etiam motu, scientiâ, & potestatis plenitudine paribus concesso, vel emanato quempiam in judicio, vel extra illud uti, seu se juvare ullo modo posse; sed ipsas præsentes Literas ab illis, ad quos spectat, & spectabit in futurum inviolabiliter observari: Sicque, & non aliter in præmissis per quoscumque Judices Ordinarios, & Delegatos etiam Causarum Palatii Apostolici Auditores, ac S. R. E. Cardinales etiam de Latere Legatos, & dictæ Sedis Nuncios, aliosve quoslibet quacumque Præeminentiâ, & Potestate fungentes, functuros, & sublatâ eis, & eorum cuilibet quâvis aliter judicandi, & interpretandi facultate, & auctoritate judicari, & definiri debere, ac irritum, & inane, si secus super his à quoquam quavis auctoritate scienter, vel ignoranter contigerit attentari.

Datum Romæ apud Sanctam Mariam Majorem sub Annulo Piscatoris die IV. Junii MDCCXVIII. Pontificatus Nostri Anno Decimo octavo.

F. Card. Oliverius.

CVIII.

1718. 26 Dec. 1719. 6 Janv.

Convocation des Etats du Royaume de Suéde par la Reine ULRIQUE ELEONORE *avec declaration expresse qu'elle renonce au Pouvoir absolu, communément nommé la* Souveraineté. *A Stokholm le 26. Decembre* 1718.

NOus ULRIQUE-ELEONORE, par la Grace de Dieu, Reine de Suéde, des Gots & des Vandales; Grande Princesse de Finlande; Duchesse de Scanie,

Scanie, d'Estonie, Livonie, Carelie, Breme, Verden, Stettin, Pomeranie, des Cassubes, & des Vandales; Princesse de Rugen; Dame d'Ingermanie & de Wismar; Comtesse Palatine du Rhin & de Baviere; Duchesse de Juliers, Cleves & Bergue; Landgravine & Princesse héréditaire de Hesse; Princesse de Hirchfeld; Comtesse de Catzenelbogen, Dietz, Ziegenheim, Nidda & Schaumbourg, &c. A nos chers & fidelles Sujets, les Membres des Etats, Comtes, Barons, Seigneurs, Evêques, Nobles, Ecclesiastiques, Generaux d'Armée, Bourgeois & Communes des Villes, qui ont leur demeure & habitation dans les Etats de la Domination Suédoise, & dans la Grande Principauté de Finlande, Salut & faveur gracieuse, par le Dieu Tout-puissant.

Nous ne pouvons vous laisser ignorer à un chacun de vous, que Dieu après avoir visité notre chere Patrie de plusieurs punitions & adversitez, pendant le cours des précédentes années, à cause de nos Péchez, vient encore en dernier lieu d'appesantir sa main sur nous, jusques là que suivant le Décret immuable de son Conseil éternel, à notre grande douleur & perte, & à celle de toute notre Maison Roiale, aussi bien que de vous tous en général, il lui a plû, par une mort subite & imprevue, de nous enlever notre très-honoré & cher Seigneur & Frere, très-puissant Roi CHARLES XII. Roi de Suedè, des Goths & des Vandales, Grand Prince de Finlande; Duc de Scanie, d'Estonie, Livonie, Carelie, Breme, Verden, Stettin, Pomeranie, des Cassubes & Vandales, Prince de Rugen; Seigneur d'Ingermanie & de Wismar; Comte Palatin du Rhin & de Baviere; Duc de Juliers, Cleves & Bergue &c. en son vivant notre très-gracieux Roi & le votre. Et quoique nous ne doutions pas que cet accident déplorable ne vous touche autant que nous, puis que vous savez qu'il est arrivé dans un tems, où le Roiaume est attaqué au dehors, & environné de tous côtez par des Ennemis irritez & puissans: & qu'au dedans il est tellement affoibli & déchu dans toutes ses parties par les longues Guerres, & les divers malheurs & inconveniens qui s'en sont ensuivis, que pour en prévenir de plus funestes suites & le dernier danger, il ne nous reste d'autre esperance qu'en la grande Misericorde & la Toute-puissance de Dieu: Cependant, nous ne devons pas laisser abatre entierement nos cœurs & nos mains, mais premierement avec des cœurs sincères & humiliez prier Dieu tous ensemble, qu'il veuille nous inspirer, & bénir des Conseils, qui dans cette triste conjoncture puissent être les plus utiles & les plus salutaires à notre chere Patrie; & ensuite dans l'esperance de la Grace & de la Protection Divine, mettre courageusement la main à l'œuvre, afin que nos Ennemis puissent voir, que nous ne sommes pas encore entierement abatus, ni destituez des moiens de pourvoir à notre défence.

Dans cette situation des Affaires, il vous sera agréable d'apprendre, que touchez d'un soin particulier pour vous & pour notre commun intérêt, la triste conjoncture du tems ne nous a pas empêché de monter sans crainte sur le Trône, qui par la mort de notre très-honoré & cher Frere, si fatale pour nous tous, nous est échû en conséquence de notre Droit héréditaire; & qu'au Nom du Seigneur, après avoir imploré son secours & sa protection, nous avons déja pris en main les rênes du Gouvernement. Et pour y mieux réussir, notre dessein & notre intention parfaite est, par un mouvement de cœur, pour la prospérité & le bonheur de notre Roiaume & de tous nos fidelles Sujets, comme nous l'avons résolu en nous-mêmes, & l'avons déja déclaré au Conseil, & vous le déclarons aussi par ces Présentes, d'abolir entiérement ce qu'on appelle la SOUVERAINETE', à laquelle nous renonçons par ces Présentes, tant pour nous que pour nos Descendans & Successeurs à perpétuité. Et au contraire, suivant le louable exemple de nos Ancêtres, les glorieux Rois de Suède, qui ont mis le Roiaume & la chere Patrie dans un état florissant, nous tâcherons de rétablir le Gouvernement du Roiaume sur son ancien pié; Nous assûrant que nous aurons à notre disposition Roiale un pouvoir d'autant plus grand, lorsque nous l'établirons & l'affermirons avec justice & avec modération dans le cœur de tous nos fidelles Sujets.

D'un autre côté, nous avons cette confiance en vous tous en général & en chacun de vous en particulier, que comme de bons Suédois & raisonnables, suivant votre ancienne & célebre soûmission envers vos Souverains, vous concourerez avec nous dans un si louable dessein, avec fidélité, amour & union, & prierez Dieu sincérement pour nous; comme aussi que vous m'aiderez uniquement de conseil & d'effet à soûtenir le fardeau que nous avons pris sur nous, au Nom du Grand Dieu Tout-puissant. Et afin que nous puissions avoir occasion de recevoir vos humbles avis, & de prendre ensemble les mesures les plus convenables sur la situation présente des affaires importantes du Roiaume, afin qu'intérieurement il puisse être fortifié par de bonnes résolutions qui tendent à son rétablissement, & qu'au dehors on puisse obtenir une Paix si désirée avec nos Ennemis; Nous avons trouvé bon de convoquer nos fideles Sujets & Membres des Etats, pour une Assemblée générale des Etats du Roiaume, qui est fixée au 31. Janvier prochain. Quoique ce terme si court vous cause de l'incommodité dans ces tems fâcheux, outre les peines & les défenses auxquelles cette Assemblée exposera un chacun de vous; c'est ce qui est néanmoins par diverses raisons très-nécessaire & indispensable, & vous devez l'envisager comme une chose qu'il vous faut supporter, tant par raport à nous, qu'au Bien public du Roiaume & au vôtre en général.

A ces Causes, Nous ordonnons & commandons très-gracieusement par ces Présentes à tous Comtes, Seigneurs, Chevaliers, Vassaux & Personnes libres, qui sont parvenus à l'âge de Majorité demeurans dans ce Roiaume, & qui n'auroient aucune raison légitime & valable pour s'en dispenser, ensuite à tous Evêques & Surintendans, avec deux Personnes de considération de chaque Consistoire, & un Ministre de chaque Jurisdiction; de plus à tous Colonels & leurs Lieutenans-Colonels, qui se trouveront chez eux, avec un Capitaine de chaque Régiment, qui n'auront aucun Empêchement légitime, comme aussi de chaque Ville un Bourguemaître, avec un Conseiller ou un Bourgeois de considération; & enfin un Homme de la Communauté de chaque Jurisdiction: que vous ayez tous à vous trouver ici à Stokholm ledit 31. Janvier, sans aucune excuse ni subterfuge, avec des Plein-Pouvoirs sûrs & suffisans de vos Concitoiens qui resteront chez eux, chacun dans sa Ville ou Jurisdiction, & chacun suivant son état pourvû d'habits de deuil convenable dans cette triste conjoncture; afin que nous puissions alors faire l'ouverture de l'Assemblée générale des Etats, & vous délivrer à tems à vous tous notre Proposition gracieuse, & après une heureuse fin, vous renvoier tous chacun chez vous. Suivant quoi vous tous en général, & un chacun en la Ville, aurez à vous conformer avec toute obéissance. Et nous vous sommes à tous & à chacun en particulier, affectionnez avec toute la faveur Roiale; vous recommandant de plus à la Protection du Tout-puissant. Donné à Stokholm le 26. Décembre 1718.

CIX.

Recès des Etats du Royaume de Suède par lequel, après avoir déclaré la vacance du Trône par la Mort du feu Roi CHARLES XII. *sans Hoirs mâles, ils élisent la Princesse* ULRIQUE ELEONORE *pour leur Reine avec une clause de succession Héréditaire en faveur de ses Enfans & descendans mâles à perpétuité &c. Fait à Stokholm le 21 Fevrier 1719.* 1719. 21 Fevrier. — 4 Mars.

NOus les Conseillers & Etats du Roiaume de Suède, Comtes, Barons, Evêques, Chevaliers, Nobles, Ecclésiastiques, Officiers Militaires, Bourgeois & Communes, assemblez à Stokholm, tant pour nous que pour ceux qui nous ont députez, savoir faisons: Que puisqu'il a plû à Dieu, suivant son Conseil éternel, de retirer à soi notre très-gracieux & très-puissant Seigneur le Roi Charles XII. &c., qui a été tué devant Frédericshal, en Norvegue; Nous comme de fideles Etats du Roiaume, avons mûrement pesé & examiné avec toute la circonspection & tout le soin nécessaire, qui devoit remplir le Trône vacant, suivant les Conventions & les Résolutions des Etats touchant la Succession héréditaire, S. M. de glorieuse mémoire, n'ayant point laissé de Lignée. C'est pourquoi étant obligez de rechercher & d'examiner jusqu'où les Descendans de la Famille Roiale, qui sont en vie, peuvent s'attribuer quelque Droit héréditaire à la Couronne; Nous avons trouvé que les Ordonnances touchant

ANNO 1719.

chant le Droit héréditaire des Femmes, sont toutes fondées sur le Reglement de l'année 1604. pour la Succession héréditaire, qui contient en termes exprès: Que la Fille d'un Roi ou d'un Prince, qui est regardée comme habile à succéder à la Couronne, devoit être dans le Célibat, & ne se point marier que du Consentement & de l'Approbation des Etats du Roiaume. Ce qui non-seulement a été déclaré & statué de la même maniére, par la Résolution des Etats en 1627. touchant le Droit des Princesses héréditaires du Roiaume, mais aussi confirmé & fortifié en 1633, & particulierement par la Résolution des Etats en 1634, en sorte que la Fille unique du Roi, Gustave-Adolphe, fut jugée habile à monter sur le Trône, parce qu'elle n'étoit pas mariée.

Lorsque dans la suite le Roi Charles-Gustave, issu d'une Princesse mariée hors du Roiaume, fut élevé sur le Trône, il reconnut par sa Déclaration de 1650., qu'en cela on lui avoit fait une grande grace & beaucoup d'honneur, & témoigné beaucoup d'affection; se nommant dans une autre Déclaration de 1654. un Roi élu. C'est pourquoi aussi les Etats précédens, par la Résolution de 1650., avoient dit en termes exprès, qu'ils avoient consenti à son Election, non par devoir & par obligation, mais de leur propre & libre volonté, & pour autres raisons alléguées. Et quoi que le Droit héréditaire fût alors restraint aux seuls Descendans en Ligne Masculine, il fut néanmoins étendu dans la suite jusqu'aux Femmes; mais sous condition expresse: que cela seroit conformément à ce qui avoit été arrêté par le Reglement de Noordkopping, touchant la Succession héréditaire: laquelle condition se trouve aussi expressément insérée dans le Testament du Roi Charles XI. en 1693; (1) savoir, que les Etats du Roiaume confirmeront les Princesses héréditaires dans tous les Droits de la Roiauté, suivant le susdit Reglement de Noordkopping, touchant la Succession héréditaire, lequel ne s'oppose point à leur consentement & à leur obligation; de sorte qu'il leur est ordonné, & enjoint de maintenir le Droit des Princesses héréditaires de la Famille Roïale.

Puis que suivant les susdites Conventions & Résolutions des Etats, touchant la Succession héréditaire, il ne reste Personne de la Famille Roïale, qui puisse s'attribuer un Droit héréditaire à la Couronne de Suéde, & y prétendre, ce que S. A. R. la Princesse & Landgravine Ulrique-Eleonore a reconnu elle-même; & déclaré dans la Lettre gracieuse qu'elle nous a écrite, du 31. Janvier de cette année: Nous sommes par conséquent en pleine & entiere liberté d'élire un Souverain, qui puisse nous conduire & nous gouverner, & à qui nous, qui demeurons dans le Roïaume, devons obéir, pour le soutenir, & lui être fidellement attachez. Et comme nous avons considéré & pesé avec toute la vénération possible, les qualitez inestimables, & les Vertus extraordinaires & Roïales, qui brillent dans la Personne de S. A. R. la Princesse & Landgravine Ulrique-Eleonore, avec un éclat, accompagné de douceur & de bienveillance, aussi bien que notre Reconnoissance respectueuse, des avantages infinis dont le Roïaume a joui avec tant d'honneur & de considération, par la célébre administration, & par les soins & l'attachement des Ancêtres de S. A. Roïale, les glorieux Rois de Suéde: A ces Causes, Nous les Conseillers & Etats du Roïaume assemblez, acceptons, élisons & déclarons, tant pour nous que pour nos Compatriotes qui sont restez chez eux, de notre propre & libre volonté & considération, S. A. R. la Princesse Ulrique-Eleonore, pour Reine de Suede, des Goths & des Vandales; Grande Princesse de Finlande; Duchesse de Stanie, d'Estonie, Livonie, Carelie, Breme, Verden, Stetin en Pomeranie, des Cassubes & Vandales; Princesse de Rugen; Dame d'Ingermanie & de Wismar; comme aussi Comtesse Palatine du Rhin, en Baviere; Duchesse de Juliers, de Cleve & de Bergue, &c. & nous l'élisons Elle & ses Descendans mâles, pour Heritiers du Roïaume de Suéde & des Etats qui en dépendent ou en dépendront, en la même forme qu'il est porté par la Résolution des Etats en l'année 1650., de sorte qu'Elle & ses dits Héritiers pourront gouverner le Roïaume, & procurer son bien & son avantage; & à en éloigner avec toutes leurs forces; ce qui peut tendre à son préjudice & à sa perte.

De notre coté, comme il apartient & convient à de véritables & fidelles Sujets, Nous ferons de notre mieux, & veillerons que S. M. soit fortement maintenue, & lui donnerons des marques de notre fidélité, soumission & obéissance, par l'assiduité de nos services, & en lui fournissant tous les secours dont nous seront capables. Mais si le malheur nous arrivoit (ce qu'à Dieu ne plaise,) que S. M. vint à décéder, sans laisser de ses Descendans mâles; la Dignité Roïale, en ce cas là, se trouvera échue à la libre Election des Etats du Roïaume, sans que Personne, sous prétexte de Droit héréditaire, ou pour autres Raisons, puisse prétendre à la Couronne & au Roïaume de Suede.

De plus, nous nous engageons & obligeons, nous & nos Descendans, de ne jamais faire aucune Election, sous quelque nom que ce puisse être, tant que notre très-gracieuse Reine, ou ses Descendans mâles, seront en vie; & beaucoup moins de souffrir, qu'une telle proposition nous soit faite, ou insinuée, soit dans le tems present, soit à l'avenir, par aucune autre Personne de quelque rang qu'elle soit, de dessein premédité, en paroles ou en actions: Mais lorsque de la maniere, susdite l'ordre de la Succession viendra à cesser, par le décès de la derniere Personne Roïale, (ce que Dieu veuille prévenir,) les Etats seront obligez, sans être convoquez par qui que ce soit, de se trouver à Stokholm 30. jours après le décès de la Reine ou du Roi son Successeur, pour procéder à une novelle Election. Et si quelqu'un étoit assez mal avisé, & s'oublioit jusqu'à vouloir, avant l'Assemblée générale des Etats en conséquence de quelque engagement particulier, ou de quelque Convention secrette, mettre sur le tapis, ou proposer quelque chose, qui tendît à l'Election Roïale pour soi ou pour un autre, par où l'on donneroit atteinte à la libre Volonté des Etats; une telle Personne sera regardée par les Etats comme un Perturbateur du Roïaume & du Repos public.

Nous remercions très humblement S. M. de l'aversion juste & raisonnable, qu'il lui a plû de témoigner pour le Pouvoir arbitraire & absolu, dont nous avons éprouvé que les suites ont fort préjudicié au Roïaume, & l'ont grandement affoibli, à la ruine irréparable de nous tous en général; de sorte que Nous les Conseillers & Etats du Roïaume assemblez, aïant fait cette triste experience, avons résolu serieusement & d'une voix unanime, d'abolir entierement ce Pouvoir arbitraire si préjudiciable. C'est pourquoi, nous déclarons par ces Présentes, que celui qui par des pratiques Secretes, ou à force ouverte, cherchera à se revêtir du Pouvoir arbitraire, doit être exclus du Trône, & regardé comme Ennemi du Roïaume. De plus, quiconque d'entre nous, qui se laissera entraîner à contribuer en quelque maniere que ce soit, à introduire de nouveau ce Pouvoir arbitraire, sera traité & puni sans aucune grace comme un Traître à sa Patrie, & aucune Personne, tant Ecclesiastique que Laïque, ne pourra être revêtue d'aucun Emploi de quelque considération que ce soit, ni avoir rien à dire dans le Roïaume de Suede, qu'elle n'ait prêté Serment contre ce Pouvoir arbitraire, si opposé au bien du Païs, conformément au formulaire suivant.

Je N. N. promets & jure devant Dieu & sur son St. Evangile, que ni en secret, ni en public, ni par moi-même, ni par autrui, ni par conseil, ni par effet;

(1) Voici cette clause: „ Comme les Etats ont desiré & „ trouvé qu'il convenoit qu'on abolit le Droit d'Election, & „ qu'on établit une Succession Héréditaire & immuable, pour „ l'affermissement de la tranquillité dans le Royaume: Et que „ pour prévenir toutes contestations à l'avenir, on a jugé à „ propos d'étendre les résolutions prises en 1604., & ensuite en „ 1627. 1633. & 1634. en faveur de la Reine Christine & de „ ses Descendans; jusqu'à ordonner, que les femmes soient ha- „ biles à succeder, au defaut de la ligne masculine.

„ A ces causes, Nous établissons & ordonnons. I. Que „ la Ligne masculine aura toujours la préférence dans la Suc- „ cession à la Couronne, & dans nos Royaumes héréditaires, „ en la maniere suivante: Que le Prince ainé de la Famille „ Royale & ses Descendans mâles successivement, & aussi long „ tems qu'il y aura un héritier mâle, sera reçû & reconnu „ comme le seul & légitime Héritier, ainsi qu'il a été établi „ & ordonné en 1604. suivant la disposition Testamentaire du „ Roi *Gustave* I. de glorieuse Memoire. II. Mais en cas que la „ Ligne Masculine vienne à manquer, & qu'il n'en reste au- „ cun, le Droit Héréditaire reviendra à la Ligne feminine en „ vertu du susdit ordre établi pour la succession. III. Dans le „ susdit cas, nos Filles qui seront en vie, seront admises à la „ succession à la Couronne & préférées aux Descendans fe- „ melles de notre Fils, & premierement l'ainée & ses Descen- „ dans mâles, & ainsi de suite comme ci-dessus. IV. Mais s'il „ arrivoit qu'aucune de nos Filles ne fut en vie, & qu'elles „ laissassent néanmoins des Enfans, en ce cas-là les Descen- „ dans de notre Fils, en ligne féminine, tant mâles que fe- „ melles seront preferez, & ainsi successivement, en vertu & „ suivant la teneur du Testament du Roi *Gustave* I. Pourvû „ qu'on se conforme à ce Reglement, & qu'on n'y aporte au- „ cun obstacle, il y a lieu d'esperer, avec le secours de Dieu, „ qu'il n'y aura aucune incertitude ni difficulté touchant la suc- „ cession à la Couronne.

Anno 1719. set; ni enfin, d'aucune maniere que se soit, je ne chercherai point à introduire, ni à favoriser le Pouvoir Roïal arbitraire, ou ce qu'on appelle la Souveraineté; mais qu'au contraire je m'y opposerai de toutes mes forces, & que je manifesterai d'abord, tout ce que je pourrai découvrir des desseins des Personnes qui chercheroient à introduire de nouveau ce Pouvoir dans le Roiaume. Ainsi Dieu me soit en aide!

Que sur cela, il plaise à S. M. & à ses Descendans futurs (que Dieu veuille lui accorder en sa grace) de gouverner le Roiaume, suivant la Loi générale, & la forme de Gouvernement, établie & dressée par nous les Conseillers & Etats du Roïaume; nous maintenir dans notre Religion Chrétienne & Evangelique, affermir la Justice, & bannir l'Injustice, comme aussi de laisser un chacun jouïr tranquillement de ce qu'il posséde, suivant les assurances gracieuses qui nous ont été données par écrit de la part de S. M.

Nous les Etats du Roiaume assemblez en cette Ville, remercions aussi très-humblement, & avec un profond respect S. M. de ce qu'après la mort infortunée du Roi son Frere; elle à bien voulu, de concert avec les Conseillers d'Etat, pourvoir à tout ce que demandoit la situation des affaires du Roiaume, qui ne pouvoient souffrir aucun délai, & qui demandoient une aussi grande attention, pour ne point exposer le Repos du Roiaume dans un tres grand péril; & pour empêcher qu'il ne fût troublé par des mal intentionnez. C'est pourquoi, nous déclarons, que nous approuverons entiererement, tout ce qu'il a plû à S. M. d'ordonner & de regler dans cette occasion, &c.

Dieu qui bénit & maintient les Roiaumes & les Souverains, veuille que tout ceci s'éxécute à la gloire de son Saint Nom, à l'agrandissement de l'Eglise, au bien & à la louange immortelle de notre très-gracieuse Reine, aussi bien qu'à l'avantage & à la prospérité du Roiaume, & 'au rétablissement de la Paix, &c. Donné à Stokholm le 4. Mars 1719. & signé par les Conseillers, &c.

CX.

18. Août. *Declaratio nullitatis cujusdam Edicti sub nomine Senatus in Civitate Taurinen. residentis in præjudicium Ecclesiasticæ libertatis, & Pontificiæ auctoritatis nuper promulgati, cum illius damnatione, revocatione, cassatione, & abolitione.* [Bullarium magnum, Tom. VIII. pag. 208. Edit. Luxemburgic. 1727.]

CLEMENS PAPA XI.

Ad perpetuam rei memoriam.

AD Apostolatus nostri notitiam, non sine ingenti animi Nostri mœrore, pervenit sub nomine Senatus in Civitate Taurinen. residentis, ultra tot, tantasque alias Ecclesiæ, ac Sedi Apostolicæ in illis partibus à Sæculari potestate illatas injurias, novissimè prodiisse quoddam Edictum Typis impressum, ac nomine Secretarii Ordinarii ejusdem Senatus subscriptum tenoris, qui sequitur, videlicet. *Il Senato di S. M. in Torino sedente. Il desiderio, che hà sempre avuto S. M. di mantenere la tranquillità ne suoi Stati, e di prevenire tutto ciò, che potesse turbarla, vien'ad eccitar nuovamente la nostra particolare attenzione, perche in vista d'un fine sì salutare, & in conformità anche delli usi già pratticati non si lasci eseguire alcuna provisione procedente da fuori Stato, sia Bolla, Breve, ò altrà, senza che prima ci sii presentata, per accertarsi, se vi si contenga cosa alcuna contraria, ò pregiudiciale agl' Indulti, Prerogative, e Diritti, sì suoi, che della Corona, e de Sudditi, ad effetto, che quelle di dette provisioni, che non saranno ritrovate contrarie, ò pregiudiziali, come sopra, abbino le loro pronta, e spedita essecutione: E per le altre all'opposto si possa provedere à quanto si conviene, e' particolarmente per le procedenti da Roma avvisarne la M. S. per rappresentare à Sua Santità, & quanto all'altre adoperare i mezzi opportuni; A qual fine per suo Regio viglietto delli 13. Giugno corrente, ci hà espressamente incaricati di far publicare il nostro Manifesto, acciò sappia ogn'uno l'obbligo suo, com'anco di servirci de' mezzi della Podestà Economica, e Politica in odio de Contraventori secondo l'esigenza de' casi. In essecuzione di che si notifica ad ogni persona di qualsivoglia grado, e condizione, niuna esclusa, nè riservata, che chiunque averà ottenuto, ò verrà ad ottenere Bolle, Brevi, Rescritti, ò altre provisioni procedenti da fuori Stato, non possa, nè debba farle essequire, senza che prima siino state presentate per le cause sovra espresse à questo Senato, & dichiaratosi dal medemo non aver cosa in contrario; Il che si farà dal Senato con ogni prontezza per tutte quelle di dette provisioni, che non saranno contrarie agl' Indulti, Prerogative, e Diritti della Corona, e de' Sudditi, ò che non si ritroveranno essere state surrettiziamente ottenute, e che in caso contrario ne darà immediamente avviso alla M. S. affine di rappressentare come sopra à Sua Santità per le provisioni di Roma, & adoperare quanto alle altre, i rimedii opportuni. Ammoniamo à tal' effetto, & esortiamo tutti, e ciascheduno degl' Ecclesiastici, ed espressamente inibiamo a' Secolari, Prefetti, Giudici, Podestà, Nodari, Segretarii, Sindici, e Consiglieri de' Luoghi, e Communità; ed à chi sia altro di non dare, nè permettere l'esecuzione di dette provisioni, meno esseguirle, autenticarle, ò altrimente prevalersene, salvo che vedino la dichiarazione sudetta di questo Senato, quale s'accorderà senza difficoltà, ritardo, nè spesa alcuna sù la presentazione, che sarà fatta di dette provisioni, da chi le averà impetrate, ò per parte d'esso; Dichiarando, che in caso contrario si procederà in odio di tutti, e ciascheduni i Contraventori con li mezzi della Podestà Economica, e Politica, ò altrimente, sì, e come li casi esiggeranno, e che sarà spediente per la tranquillità publica, & per l'esatta osservanza degl'usi predetti. Mandiamo perciò, ed espressamente commandiamo à detti Giudici, Podestà, Sindici, Consiglieri, e Segretarii delle Communità di dar' avviso di dette contravenzioni, cioè quanto alla Provinsia di Torino al Segretario Ordinario di questo Magistrato, & quanto alle altre à respettivi Prefetti, quali Prefetti incarrichiamo d'esseguire gl' ordini Nostri sotto pena della privazione de' loro impieghi, incapacità d'averne altri, & di scudi cento d'oro al Fisco di S. M applicandi, quali pene incorreranno anche li Giudici, Podestà, Segretarii, e Nodari, e rispetto a' Sindici, e Consiglieri, quella di scudi cinquanta d'oro, e del carcere per mesi trè, ed eziamdio altra maggiore arbitraria secondo i casi rispetto à tutti. Dichiarando la publicazione, ed affissione di questo da farsi all' Albo Pretorio di caduna Città, Terre, e Luoghi valer, come se fosse à caduno personalmente eseguita, & che alla copia stampata dallo Stampatore Regio se gli debba prestare tanta fede, come al proprio Originale. Dat. in Torino li venti Giugno mille settecento diecinove: Per detto Eccellentissimo Reale Senato: Il Segretario Ordinario del medemo: In Torino, stampato nella Stamparia Regia 1719.* Anno 1719.

§. 1. Cum autem nimiùm evidens sit, nec quisquam inficiari valeat ex præfato Edicto, & in eo contentis gravissimum Ecclesiasticæ libertati, ac Pontificiæ nostræ auctoritati vulnus infligi; adeoque illa à Nobis æquo animo ferri, aut dissimulari minimè posse; Hinc est, quod Nos ex commissi Nobis divinitus Pastoralis muneris debito, Ecclesiæ, atque hujus Sanctæ Sedis jura ab ejusmodi scandalosis ausibus, quantùm Nobis ex alto conceditur, sarta, tectaque, atque illibata tueri, & conservare, cupientes, omniumque & singulorum, quæ ejusdem Edicti, quod non alio, quàm illud penitùs, & omninò damnandi, & reprobandi animo Præsentibus inserendum duximus, seu in eo contentorum occasione quovis modo acta, & gesta fuerunt, seriem, causas, & circumstantias, etiam aggravantes, aliave quæcumque, etiam specificam, & individuam mentionem, ac expressionem requirentia, Præsentibus pro plenè, & sufficienter expressis, & singillatim specificatis habentes: Motu proprio, ac ex certâ scientia, & maturâ deliberatione nostris, deque Apostolicæ potestatis plenitudine, Edictum præinsertum, ac quæcumque in eo contenta, cum omnibus, & singulis indè secutis, & forsan quandocumque secuturis penitùs, & omninò nulla, invalida, injusta, reprobata, damnata, inania, temeraria, & à non habentibus potestatem damnabiliter attentata, ac de facto præsumpta, nulliusque omninò roboris, & momenti, vel efficaciæ esse, & ab initio fuisse, ac perpetuò fore, neque illa à quoquam observari posse, vel potuisse, adeòque nec ullum statum facere, vel fecisse, sed perindè, ac si nunquam emanassent, nec facta fuissent, pro non extantibus, & non factis perpetuò itidem haberi debere, tenore Præsentium declaramus; & nihilominùs ad majorem, & abundantiorem cautelam, & quatenùs opus sit, illa omnia, & singula, prout etiam quæcumque alia præ-

Anno 1719. præmissorum occasione in præjudicium libertatis, & immunitatis, & jurisdictionis Ecclesiasticæ, seu Apostolicæ auctoritatis quovis modo emanata, edita, acta, gesta, & perpetrata, cum omnibus pariter inde secutis, & quandocumque secuturis; harum serie damnamus, reprobamus, revocamus, cassamus, irritamus, annullamus, abolemus, viribusque, & effectu penitùs, & omninò vacuamus, ac pro damnatis, reprobatis, revocatis, cassatis, irritis, nullis, invalidis, & abolitis, viribusque, & effectu penitùs, & omninò vacuis semper haberi volumus, & mandamus.

§. 2. Decernentes easdem præsentes Literas, & in eis contenta quæcumque, etiam ex eo quod prædicti, & alii quicumque in præmissis interesse habentes, seu habere quomodolibet prætendentes cujusvis Status, Gradus, Ordinis, Præeminentiæ, & Dignitatis existant, seu aliàs specificâ, & individua mentione, & expressione digni, illis non consenserint, nec ad ea vocati, citati, & auditi, causæque, propter quas præsentes emanarint sufficienter adductæ, verificatæ, & justificatæ non fuerint, aut ex aliâ quâlibet, etiam quantumvis juridicâ, & privilegiatâ causâ, colore, prætextu, & capite, etiam in Corpore Juris clauso, nullo unquam tempore de subreptionis, vel obreptionis, aut nullitatis vitio, seu intentionis nostræ, vel interesse habentium consensus, aliove quolibet, etiam quantumvis magno, & substantiali, ac inexcogitato, & inexcogitabili, individuamque expressionem requirente defectu notari, impugnari, infringi, invalidari, retractari, in controversiam vocari, aut ad terminos juris reduci, seu adversùs illas apertionis oris, restitutionis in integrum, aliudve quodcumque Juris, facti, vel gratiæ remedium intentari, vel impetrari, aut impetrato, seu etiam motu, scientiâ, & potestatis plenitudine paribus concesso, vel emanato quempiam in judicio, vel extra illud uti, seu se juvare ullo modo posse; Sed ipsas præsentes Literas semper firmas, validas, & efficaces existere, & fore, suosque plenarios, & integros effectus sortiri, & obtinere, ac ab omnibus, & singulis, ad quos spectat, & pro tempore quandocumque spectabit, inviolabiliter, & inconcussè observari; Sicque, & non aliter in præmissis per quoscumque Judices Ordinarios, & Delegatos, etiam Causarum Palatii Apostolici Auditores, ac Sanctæ Romanæ Ecclesiæ Cardinales, etiam de Latere Legatos, & præfatæ Sedis Nuncios, aliosve quoslibet quâcumque præeminentiâ, & potestate fungentes, & functuros, sublatâ eis, & eorum cuilibet quâvis aliter judicandi, & interpretandi facultate, & auctoritate, judicari, & definiri debere, ac irritum, & inane, si secus super his à quoquam quâvis auctoritate scienter, vel ignoranter contigerit attentari. Non obstan. præmissis, ac Apostolicis, & in Universalibus, Provincialibusque, & Synodalibus Conciliis editis generalibus, vel specialibus Constitutionibus, & Ordinationibus, & quatenus opus sit, Nostrâ, & Cancellariæ Apostolicæ Regulâ de jure quæsito non tollendo; Legibus quoque etiam Imperialibus, & Municipalibus, nec non quibusvis etiam juramento, confirmatione Apostolica, vel quâvis firmitate aliâ roboratis Statutis, & Consuetudinibus, etiam immemorabilibus Privilegiis quoque, Indultis, & Literis Apostolicis præfatis, & aliis quibusvis personis etiam speciali mentione dignis, sub quibuscumque verborum tenoribus, & formis, ac cum quibusvis etiam derogatoriarum derogatoriis, aliisque efficacioribus, efficacissimis, & insolitis Causulis, irritantibusque, & aliis Decretis, etiam motu, scientiâ, & potestatis plenitudine paribus, ac consistorialiter, & aliàs quomodolibet in contrarium præmissorum concessis, editis, factis, ac pluries iteratis, ac quantiscunque vicibus approbatis, confirmatis, & innovatis.

§. 3. Quibus omnibus, & singulis etiamsi pro illorum sufficienti derogatione de illis, eorumque totis tenoribus specialis, specifica, expressa, & individua, ac de verbo ad verbum, non autem per clausulas generales idem importantes, mentio, seu quævis alia expressio habenda, aut aliqua alia exquisita forma ad hoc servanda foret, tenores hujusmodi, ac si de verbo ad verbum, nihil penitùs omisso, & formâ in illis traditâ observatâ exprimerentur, & insererentur, præsentibus pro plenè, & sufficienter expressis, & insertis habentes, illis aliàs in suo robore permansuris, ad præmissorum effectum hac vice dumtaxat specialiter, & expressè derogamus, & derogatum esse volumus, cæterisque contrariis quibuscumque.

§. 4. Cùm autem eædem præsentes Literæ in supradictâ Civitate Taurinen., aliisque locis Sæculari Anno
potestati earumdem partium subjectis nequeant tutè 1719.
publicari, ut hactenùs experientiâ compertum est, & Nobis notorie constat, prout harum serie declaramus; volumus illas, seu earum exempla ad valvas Ecclesiæ Lateranensis, ac Basilicæ Principis Apostolorum, nec non Cancellariæ Apostolicæ, Curiæque Generalis in Monte Citatorio, & in Acie Campi Floræ de Urbe, ut moris est, affigi, & publicari; Sicque publicatas, & affixas omnes, & singulos, quos illæ concernunt, perinde arctare, & afficere, ac si unicuique eorum nominatim, & personaliter intimatæ fuissent; utque ipsarum Literarum transumptis, seu exemplis etiam impressis, manu alicujus Notarii publici subscriptis, & sigillo personæ in Ecclesiasticâ dignitate constitutæ munitis eadem prorsus fides tam in Judicio, quam extrà illud, ubique adhibeatur, quæ eisdem præsentibus adhiberetur, si forent exhibitæ, vel ostensæ. Datum Romæ apud Sanctam Mariam Majorem sub Annulo Piscatoris die XVIII. Augusti MDCCXIX. Pontificatus Nostri Anno decimo nono.

F. Card. Oliverius.

CXI.

Ratification und Bestättigung der durch Ihro Römisch Kayserlich. und Cathol. Mayest. Carl den VI. nach Innhalt dero jüngsthin unterm 27 May ietzo abrükenden Jahrs publicirten Patenten da hier in Wien zum nutzen und frommen seiner Königreichen/ Staaten und Erblanden zu errichtender Commercien-Compagnie/ unter dem titul und nahmen einer Kayserl. Privilegirten Orientalischen Compagnie so wohl zu Wasser/ alß auch zu Lande/ wie nicht weniger zu errichtung allerhand manufacturen. S. Kayserl. Mayest. gestatten mehr gedachter Compagnie ihr eigenes Wappen/ dessen sie sich so wohl zum Insiegel als auch flaggen auf ihren Schiffen bedienen mögen. Der Deputirten/ so die völlige administration führen werden/ sollen 15. an der zahl seyn/ worunter ein Director/ und zwey Assistenten mit begriffen nach der dahier vorgeschriebenen Verordnung. Die Einlag einer jeden Acte bestehet in tausend gulden/ und seynd die Ausländer so wohl/ als Inwohner/ und Unterthanen selbige an sich zubringen befugt. Geben in unser Haupt- und Residentz Stadt Wien/ den 29 Monats-tag Decembris/ nach Christi unsers lieben Herrn und Seeligmachers gnadenreicher Geburt im 1719. unserer Reiche des Römischen im 9. deren Hispanischen im 17. deren Hungarischen und Bohemischen auch im 9. Jahr. 29 Dec. [Tiré des Archives de la Chancelerie Imperiale de la Cour à Vienne.]

C'est-à-dire,

Confirmation & Ratification de Sa Majesté Imp. & Cathol. Charles VI. *sur ses Lettres d'Octroi accordées le* 17. *Mai précedent pour l'Etablissement d'une Compagnie de Commerce à Vienne en faveur de tous ses Royaumes, Etats & Pais hereditaires, sous le nom & Titre de* Compagnie Imperiale Privilegiée pour le Commerce d'Orient tant par Mer, que par Terre; *comme aussi pour l'Etablissement de toutes sortes de Manufactures. L'Empereur accorde à cette Compagnie des Armes, dont elle pourra se servir dans son Sceau, & dans ses Pavillons. Le nombre de ses Députez Administrateurs est fixé à quinze, y compris le Directeur, & deux Assistans selon l'ordre prescrit. Le prix de chaque Action est de mille florins & il est permis aux Etrangers, comme aux Sujets naturels, de les acquerir. Donné à Vienne dans Notre Residence le 29 de Decembre l'an de Notre Seigneur 1719. de Nos Regnes, savoir de l'Empire Romain le 9. d'Espagne le 17. de Hongrie & de Boheme le 9.*

Wir Carl ꝛc.

(Mittler Titel)

BEkennen deutlich mit diesem Brieff und thun kund allermänniglich / daß bey uns die Privilegirte Orientalische Compagnie mit mehreren allergehorsamst vor- und angebracht / was massen dieselbe / nach deme sie sich umb das Commercium gegen Orient / nach Innhalt unserer jüngsthin sub dato Laxenburg den 27. May ietz abrükenden Jahrs / derentwegen vorläuffig publicirter Patenten und darinn allergnädigst hierzu verliehener Privilegien / mittelst Göttlichen Beystands anzufangen und fort zu führen / bereits in eine Societät und Gemeinschafft eingelassen / vor allen dingen erforderlich zu seyn befunden / ein und andere heylsame Gesetze und Ordnungen zuverfassen / wo durch nicht allein eine aus so vielen Gliedern bestehende Gesellschafft in beständiger einigkeit und gutem vernehmen unter ein ander erhalten / sondern auch das gantze werk in gebührender Ordnung geführet / allen künfftigen Unternehmungen maaß und richt-schnur gesetzt / und dardurch der angezielte allgemeine nutzen und die wohlfahrt dieser Compagnie erreicht werden möchte. Gestalten dan auch nach reiffer der Sachen überlegung / bereits ein gewisser Societäts-Contract / oder in verschiedentlichen Artikuln bestehendes Statutum aufgerichtet worden wäre / zu welchem als einem beständigen fundamental-gesetz und Regul dieser Compagnie nicht allein sie Anfängere und erste Interessenten sich cum renunciatione omnium exceptionum freywillig und aufs kräfftigste verbunden haben wolten / sondern auch alle diejenigen / so sich künffti.hin dieser Gesellschaffe ein zu verleiben belieben tragen möchten / auf keine andere / als auf eben diese conditionen zu mit-Interessenten angenommen und constituirt werden solten: und dahero aller unterthänigst gebehten / daß Wir als regierender Römischer Käyser / König auch Herr und Landsfürst in Oesterreich / ihnen nebst benennung eines Capo oder Protectoris / welches zu thun zwar die Compagnie schon für sich selbsten / krafft unserer berührter Patenten wohl befugt wäre / hierin fals aber aus tieffster devotion für diß erstemahl Unsern allergnädigsten Ausspruch sich gäntzlich unterwürffig machen wolte / nun mehro auch obangeregt-ihre neu-verfaste Statuten allermildest anzu sehen und für genehm zu halten gnädigst geruhen wolten.

Wan wir dann gnädigst angesehen solch allerunterthänigste bitte / benebens auch die gehorsamst vorgebrachte Statuten / vorläuffig durch die in Commercien-Sachen subdelegirte und so dan bey Unserer authorisirten Hof-Commercien-Commission selbst mit allem fleiß überlegen lassen / von dieser letzern auch uns hier über bereits der gehorsamste Vortrag in so weit beschehen / daß vorderist zwar die baldige benennung eines höchstnöthigen Capo / dem negotio dieser Compagnie einen guten Vorschub geben würde: Wiederholte Statuten aber eigentlich derjenige Contract seyn / nach welchem die manipulation dieses Compagnie-negotii eingerichtet und geführet werden müsse / ohnedem auch schon vorhin die mehreste Puncten / nach mehr ermeldten Unsern gnädigsten Patenten gar wol genommen und abgefasset worden wären:

Als haben Wir darumben mit wolbedachtem Muth / gutem Rath und rechtem wiss n eingangs ermeldter Orientalischen Compagnie die sonderbahre gnad gethan / und mehrbesagt-derselben gemeinschafftliche Statuten / als regierender Römischer Kayser / König / Ertz-Hertzog und Landsfürst zu Oesterreich der gestalten allergnädigst approbirt / ratificirt und bestättet / wie solche von wort zu wort hiernach folgen / und also lauten.

I.

Solle dieses Negotium unter dem Nahmen Unserer Kays. Privilegirten Orientalischen Compagnie und dem hernachfolgend zur eigentlichen erkäntnüß mit farben vorgestellten Wappen / oder hiernach formirten Insiegel geführet werden / nicht allein aber und furnemlich in Waaren / welche hierunter zu Land und auf der Donau in das Türkische Gebieth und von dannen vice versa herauf zu bringen / sondern auch in Manufacturen / Fabriquen / und allen andern Commercien / wohin und worinnen nur immer / nach innhalt und concession Unsers vorbesagt unterm Dato Laxenburg den 27. May ietz abrukenden 1719. Jahrs allergnädigst ergangenen Patents / auch nach gut befinden der hiernach constituirten Deputation etwas nützliches unternommen werden kan / bestehen / obangeregtes Societäts Wappen oder Sigill aber soll seyn / mit nahmen ein runder zur untern halbscheid schwartz-obern helffte Gelb- oder Goldfarber schil / ruckwerts an zweyen-aufrecht Kreutzweise über ein ander gestelten Schiffankern ruhend / darin schregs nach denen vier ekken ausgebreitet ein rohtes Burgundisches Kreutz / in dessen Obersten gelb- oder gold-färbigem Winckel in der Mitte / Unser Kayserl. schwartzer doppelter Reichs-Adler mit beeder seits roht ausgeschlagenen zungen und hoch ausgespannten flügeln / auf dessen brust das Oesterreich. Hertz schildlein oder Wäpplein mit der Silbernen zwergstraffen im rohten feld / auch oben her mit dem Ertz-Hertzog-hut gezieret; dan schnur-gerad unterhalb im mittlern schwartzen Winkel unsere Kayserl. Nahmens buchstaben C. VI. goldfärbig erscheinen thun: als dann solch ietzt beschriebenes Wapen von uns hiemit allergnädigst bestattet ist / auch hierinnen ordentlich gemahlet zusehen / mithin sie Privilegirte Orientalische Compagnie sich desselben auf allen ihren zur untern helffte schwartz-obern halbscheid aber gelb- oder gold-farb-führenden fahnen / flaggen und Estandarden zu Wasser und zu Land / oder wo es sonsten von nöthen und beliebig seyn dörffte / insonderheit aber in dem gewöhnlichen Societäts-Insigel / mit beygefügter umbschrift Sigillum Cæsareæ Privilegiatæ Societatis Commerciorum Orientalium. Aller Orten und enden künfftighin iederzeit frey öffentlich solcher gestalten praevaliren und gebrauchen solle / könne und möge von allermänniglich unverhindert.

II.

Das ober-Directorium und haupt-Comtoir soll allhier in Unserer Residentz-Stadt Wien seyn und gehalten werden / unter selbigem auch alle andere Comptoirs / Magazinen / Legstätte / Fabriquen und was immer der Compagnie zugehörig seyn mag / stehen / alle rechnungen dahin abgelegt werden / sämbtlicher mit Gott verhoffender gewinn hieselbst zusammen fließen und die behörige repartitiones an die Interessenten gemacht werden.

III.

Ist die einlags-quota / Actio / Antheil oder wie mans sonsten benennen will / ein tausend gulden Rheinisch / alhiesig Unserer Kayserl. corrent-müntz / dabey auch frey gelassen / ob ein oder mehr Personen / oder eine gantze communität diese quotam zusammen schiessen und sich interessiren wollen / mehr aber / als eine unter der Compagnie Sigill und unterschrifft nach innhalt des bald folgenden Art. 12. ausgefertigten recognition soll darüber nicht / auch nur auf einem nahmen oder communität ertheilet werden.

IV.

Soll allen und ieden Inn- und Ausländern / von was Stand und Condition selbige seyn mögen / insonderheit aber Unseren Kayserl. und des Reichs Insassen / auch Königl und Ertz-Hertzoglichen Vasallen und Erb-unterthanen freystehen / innerhalb sechs Monahten von dem zu Ende gesetzten Dato an zu rechnen / in diese Compagnie mit einzutreten / und umb obangesetzte ein tausendt gulden Rheinisch eine einlags quotam / oder antheil an sich zu bringen / nach verschlossener solcher zeit aber / soll vor der im hernach kommenden Art. 8. constituirten Deputation das weitere deliberiret werden / wie hoch eine solche Einlage oder Actio nach beschaffenheit deren umbständen und des verspührenden fortgangs dieses negotii zu taxiren seyn möchte. Wohin gegen denen gleich anfangs sich eingelegten / und vor der ersten Waaren-expedition mit würklicher geschehener zahlung bereits incorporirten Interessenten zu einer billigen ergötzlichkeit solches anstehenden ersten hazards hiemit erlaubet wird / ihre dermahlige einlagen zu allen zeiten / doch nicht ehender / als bis die Compagnie mehrere Capital an zu wenden weiß / à pari zuduppliren / das ist / noch ein mahl so viel quoten oder antheile / als sie gegenwärtig in der Compagnie besitzen / zu nehmen / und vor iede die blossen 1000. fl. ohne den geringsten anschlag oder erhöhung zuerlegen.

V.

Diese Einlagen können zwar an andere cedirt und verhandelt / niemahls aber aufgekündiget / oder heraus genommen werden / wie sich dann diese Gesellschafft auch bey einer mit der Ottomannischen Pforte erfolgenden Ruptur / die doch der Höchste lang verhüten wolle / nicht trennen / sondern nach innhalt Unsers vorbesagt allergnädigsten Patents continuiren solle / es würde dan durch allgemeinen Schluß derer sämbtlichen Interessenten ein anders resolvirt.

VI.

Demnach man bey dergleichen Gesellschafften bloß allein rem & sortem, keines weegs aber Personal praerogativen oder dignitäten consideriren / noch einiger Interessent für dem andern etwas mehreres zusagen zu haben praetendiren kan / also soll es auch in dieser Compagnie gehalten werden / und bey denen General zusammenkünfften und berathschlagungen derselben / aller Stand / Würde / und Ansehen bey seite gesetzet / bloß nach denen meisten stimmen verfahren / und diese ohne unterscheid des Standes / alleinig in derjenigen ordnung / nach dem ein ieder Interessent sich mit seiner Einlage früher oder später unterschrieben hat / folgender gestalt colligiret werden / nemblich / wer nur 1-2-bis 9000. fl. eingelegt / oder an sich erhandelt hat / soll nicht mehr / als eine stimme: wer 10000. fl. eingelegt / zwey / wer 20000. fl. eingelegt / drey /

uber dieß; drey stimmen aber keine mehr haben/ wann er auch mit viel grösserem quanto Interessiret wäre.

VII.

Von dem nächst Göttlicher hülffe verhoffenden Gewinn soll ebenfalls ein ieder Interessent ohne distinction pro rata seiner einlage participiren / anfänglich aber nicht ehender / als nach denen zweyen ersteren Jahren eine austheilung gemacht / als dann auch gebührend überlegt werden/ wie viel eigentlich zu repartiren die beschaffenheit und allgemeine Wolfahrt der Compagnie zu laßen wird/ nach welchem Zweck man auch künfftighin bey austheilung solchen gewinns sich alle mahl wird zu richten haben.

VIII.

Weilen unmöglich ist / das werck in corpore zu administriren/ sondern besserer ordnung halber/ die Direction etlichen wenigen Personen anvertraut/ und solches die gantze Compagnie repraesentirendes Collegium mit genugsamer authorität und Vollmacht versehen werden muß; als ist man auch disfalls schlüssig worden/ aus der Zahl deren sambtlichen Interessenten einen Ausschuß oder Deputation von funffzehn Personen: worunter ein Director nebst zweyen Assistenten mit begriffen seyn soll / per majora vota zuerwehlen/ selbigem die völlige administration zu übergeben/ und solche erste Deputation unter gegenwärtigen Statuten in einem eigenen hierzu verfertigen Buch/ ihrer Ordnung nach mit nahmen zuspecificiren.

IX.

Jetzt erwehnter Deputation ertheilen also sie dermahlige Interessenten hiemit und in krafft dieses Statuti vollkommene Macht und Gewalt/ das gantze Negotium nach ihrem besten wißen/ können und vermögen ein zurichten und fort zu führen/ der Compagnie wohlfahrt/ nutzen und angelegenheiten/ wie und wo es immer erforderlich seyn mag/ fleißig zubesorgen/ die nöthigen Factores und Bedienten auffzunehmen/ und in allen vorfällen mit solcher Authorität und Plenipotentz zu thun und zu handeln/ als wann iedesmahl die sambtliche Compagnie in corpore zugegen wäre/ und alles was von obgedachter Deputation beschlossen / unternommen und verricht wird/ soll von denen sammtlichen Interessenten/ deren selben Erben und Cessionariis ietz und zu ewigen zeiten approbirt und genehm gehalten werden.

X.

Mehr erwehnte Deputation soll wenigstens alle 14. tage einmahl nach erheischender Nothdurfft/ und auf ersuchen des Directoris aber auch öffters in dem allhiesigen Haupt-Comptoir sich versammlen / dasjenige so von demselben vorgetragen wird/ wohl berathschlagen/ die vota hier über bloß nach der anzahl derer Personen/ und nicht wie vorgedacht sub Art. 6. bey General-zusammenkunfften in absicht auf die einlagen/ colligiren/ das Conclusum nach denen meisten stimmen ablassen/ so wol die proposition/ als den Schluß durch einen der anwesenden Deputirten / deren wenigsten sieben zu gegen seyn müßen/ ordentlich Protocolliren und solches Protocoll durch den Erst- in der Ordnung anwesenden Deputirten/ dan den Protocollanten selbst unterschreiben laßen.

XI.

Was solcher gestalten reifflich überleget und resolviret worden / soll zu mehrerer beschleinigung der Sachen dem schon im Art. 8. angeregten Directori ad executionem überlassen/ selbiger zu verwaltung seines Ambts von mehr erwehnter Deputation vermittelst eines förmlichen Decrets authorisirt und instruirt / wegen seines billigen emolumenti und anderer conditionen ein ordentlicher contract auffgerichtet / und zur täglichen assistentz / zwey derer Deputirten zugegeben werden / mit welchen er sich in current sachen berathschlagen / wichtige Vorfallenheiten aber vorhero der sämbtlichen Deputation vortragen / und ihren willen und meynung darüber vernehmen soll.

XII.

Jetz gedachter Director soll auch im Nahmen der Compagnie überhaubts die firma haben/ die gantze correspondentz führen / dieße und was sonsten zu expediren vorfallen mag/ mit seinem Nahmen unterzeichnen / und mit der Compagnie Insiegel fertigen/ die nöthigen verordnungen über all hin ergehen lassen/ und zu dem ende so wol das allhiesige General- als alle andere Comptoirs / sambt der Cassa / Magazinen / Fabriquen / und was immer der Compagnie zugehörig/ mit denen sämbtlichen darzu erforderlichen Factoren/ Officianten und bedienten unter seiner direction stehen und ihme subordinirt seyn Was aber die für die einlagen ertheilende Recognitions betrifft / sollen selbige nicht allein auf ietz bemeldte art gefertiget/ sondern auch durch den das geld empfangenden Cassier mit unterzeichnet werden.

XIII.

Damit nun die sämbtliche Interessenten ein desto völligeres Vertrauen haben können / daß alles mit gebührendem Eyfer / auffrichtigkeit und verschwiegenheit zum besten der Compagnie dirigirt und verwaltet wird / soll nicht allein die Deputation nebst dem Directore eydliche Angelobung thun/ sondern auch Factores / Buchhalter / Cassier und ihres gleichen bedienten in behörige Eyd und pflicht genommen werden.

XIV.

Die glieder offterwehnter Deputation sollen / wann keine wichtige ursach in contrarium vorhanden / drey jahr lang bey solcher Function und Ehren-Stelle gelaßen: Da aber einer mit tode abgehen / oder resigniren solte / dessen platz also bald mit einem andern in Commercii- und Kauffmannschaffts-Sachen wolerfahrenen tüchtigen subjecto aus denen übrigen Interessenten durch die gewöhnliche und Art 9. regulirte vota majora ersetzet / solche Wahl auch dem Protocollo gebührend einverleibt/ sonsten aber nur alle drey Jahr die Deputation erneuret werden Was aber den Directorem anbetrifft / ist solcher hierunter nicht zuverstehen/ sondern nachdem eine Convention mit ihme getroffen worden / nachdem wird derselbe auch sein Ambt länger oder kürtzer zuverwalten haben.

XV.

Alle Jahr soll ein ordentlicher Bilantz verfertiget / zwey oder dreyen gliedern der Compagnie / so die sämbtlichen Interessenten durch die gewöhnliche Majora unter sich selbsten hierzu ausdrücklich erwehlen mögen / vorgezeiget / solchen auch die freyheit gelassen werden / die richtigkeit und übereinstimmung dieser Bilantz mit denen Büchern und scripturen im Nahmen der gantzen Compagnie zu recognosciren.

XVI.

Nachdem auch der inhalt wiederholt-Unsers allergnädigsten Patents dahin gehet / daß diese Privilegirte Orientalische Compagnie sich ein Capo oder Oberhaupt erwehlen / und solches Uns zur allergnädigsten genehmhaltung vorschlagen möge/ so solle auch dieses künfftig hin ieder zeit die Deputation sich ihre erste und fürnehmste sorge seyn lassen / und aus unserm Käyserl. hohen Ministerio eine dergestalt characterisirte Person hierzu erwehlen / welcher es an gnugsamer Anthorität und Ansehen nicht fehlen möge / die Compagnie aller Orten zu schützen und derselben ang legenheiten nöhtigen falls Uns / als supremo Protectori allerunterthänigst vorzu tragen.

XVII.

Weilen bey einem solchen weitläufftigen werck unmöglich ist/ gleich anfangs alles vorzu sehen/ sondern viele Ordnungen erst mit der zeit sich geben / und aus dem fortgang der sachen erlernet werden müßen / so solle auch hiemit vorbehalten seyn / gegenwärtige Statuten nach gut befinden und mit allgemeiner bewilligung der gantzen Compagnie zu erweiteren / zu ändern / und ferner dienliche verordnungen denselben hin zu zufügen.

XVIII.

Und zum Beschluß ist sonderbahr nothwendig zu seyn erachtet worden; nicht allein über diesen Contract und fundamental-Statutum der Compagnie / sondern benebens über all dasjenige / was etwan ins künfftige daran vermehrt / geändert / darzu oder davon abgethan werden dörffte / vorderist unser allerhöchste ratification und genehmhaltung / inmaßen dieselbe nunmehro über vorberührte Statuta hiemit in gnaden erfolget / allerunterthänigst aus zu würcken / thuen dahero das auch / approbiren / ratificiren und bestätten solches alles / wie vorstehet / aus Römisch. Kayserl. König- und Ertz-Hertzoglicher Machts vollkommenheit / hiemit wißendlich in krafft dieses Brieffs / also und dergestalt / daß solch ihr Unserer Privilegirten Orientalischen Compagnie obinserirtes fundamental-Statutum in allen seinen Artikuln / Puncten / Clausulen / Inhalt / Meinung- und Begreiffungen / nicht allein / wie es anietzo beschaffen / sondern auch / was etwan ins künfftige daran mit allgemeiner einwilligung der Compagnie vermehret / geändert / darzu- oder davon abgethan werden dörffte / iederzeit durchgehends bey Würden und kräfften seyn und bleiben / dar ob als ob einem höchst verbindlichen Fundamental Gesetz und Regul allerdings vestiglich gehalten werden / sich auch deßen sie sambtliche Compagnie zu ihrer gemeinschafftlichen vorsorge und gutem auffnehmen / in allen begebenheiten gantz ruhiglich praevaliren / erfreuen / gebrauchen und genießen solle / könne und möge / von allermänniglichen unverhindert.

Gebiethen darauf allen und ieden Unsern nachgesetzten Hoch- und Niederen Landes-Obrigkeiten / Geist- und Weltlichen / ietzig und künfftigen Unseren Stadthalteren / Land-Marschallen / Lands-Haubtleuthen / Praelaten / Grafen / Frey Herrn / Rittern / Knechten / Haubtleuthen / Vitzdommen / Vögten / Pflegern / Verwesern / Burggrafen Land-Richtern / Burgermeistern / Richtern / Rähten und gemeinden aller Orten und

ANNO 1719. enden/ wo diese unsere Privilegirte Orientalische Compagnie fürbashin ihr Negotium zu extendiren befugt ist/ wie auch der Soldatesca/ was hoch und niedern befehls/ und minder denen Mauth-Zoll-Dreyssigist-Aufschlags-und dergleichen Einnehmern/ derenselben Gegenhandlern/ Aufsehern und sonst allen andern Unseren Ambtleuthen/ Unterthanen und getreuen/ was Würden/ Stands/ Condition/ oder Weesens sie seynd/ hiemit gnädigst und wollen/ daß sie mehrgedachte Orientalische Compagnie/ bey versichend ihrem neu verfasten Statuto/ auch dieser unserer hierüber bewilligten allergnädigsten Approbation/ Ratification/ und bestättung/ allerdings unperturbirt bleiben/ Sie auch desselben als ihres ordentlichen Fundamental-Gesezes und verbindlicher Regul durchgehends gantz ruhiglich freyen/ gebrauchen und geniessen lassen/ darbey in allen vorfallenheiten von unser wegen/ über all kräfftiglich manuteniren und handhaben/ daran nicht hinderen noch beschweren/ weder das jemands anderen zu thun gestatten/ in keine weiß noch weeg/ als lieb einem jeden seye/ unsere schwere ungnad und straff zu vermeyden. Das meynen wir ernstlich/ mit urkund dieses briefs/ besiegelt mit unserm Kayser-König-und Ertz-Hertzoglich anhangenden Insigel der geben ist in unserer Haubt-und Residentz-Stadt Wien den 29. Monats-tag Decembris nach Christi unsers lieben Herrn und Seeligmachers gnaden-reicher Gebuhrt im 1719. Unserer Reiche des Römischen im . deren Hispanischen im 17. deren Hungarischen und Böhmischen auch im 9. Jahr.

Ad mandatum Sacræ Cæsareæ & Catholicæ Majestatis proprium.

CXII.

1720. 2 Avril. *Armistitium per Mare servandum inter* CAROLUM VI. *Romanorum Imperatorem Regemque Catholicum, necnon* LUDOVICUM XV. *Franciæ*, GEORGIUM *Magnæ Britanniæ & VICTOREM AMADEUM Sardiniæ Reges ab unâ, & PHILIPPUM V. Hispaniarum Regem ab altera parte; sub expressa tamen reservatione eorum quæ, forsan, dissimili modo per Præfectos Bellicos in Siciliâ pacta erunt. Datum Hagæ Comitis die 2 Aprilis* 1720. [Tiré de la Chancelerie de la Cour de Sa Majesté Imperiale & Catholique.]

CUm sua Majestas Catholica Tractatum Londini 2a. Augusti 1718. signatum, per omnia pure, ac simpliciter, & absque ullâ reservatione, vel restrictione acceptaverit, & Ministri Plenipotentiarii Christianissimæ, Britannicæ, & Catholicæ Majestatum, vi Mandatorum ipsis impertitorum, 29a. Februarii Armistitium per Mare signaverint, quod Armistitium Minister Plenipotentiarius Majestatis suæ Cæsareæ, deficientibus ad id Plenipotentiarum Tabulis, unà cum illis non subscripsit, ideoque supradicti Ministri scripto declaraverint, sese cum nominato Cæsareo Ministro ejusmodi Armistitium per Mare absque mora, quamprimùm ipse tale Mandatum receperit, pariter subscripturos esse. Quandoquidem autem has Plenipotentiarum Tabulas Dominus Comes à Windischgraz modo obtinuit, & Dominus Marchio de Beretti Landi pari Mandato munitus, & de intentione Regis sui satis instructus est, uti & pariter Minister Plenipotentiarius suæ Majestatis Regis Sardiniæ interea Plenipotentiarum Tabulas, ad signandum Armistitium per Mare accepit. Nos infrascripti suæ Cæsareæ, Christianissimæ, Brittannicæ, Catholicæ, & Regis Sardiniæ Majestatum Ministri Plenipotentiarii conclusimus, prout hisce concludimus, Armistitium per Mare inter altefatas Majestates, & nominatim, quod concernit Portus suæ Majestatis Cæsareæ, tam in Adriatico (qui communiter Litoralia Austriaca vocantur) quam in Mediterraneo, & Oceano: quæ mox dicta suspensio armorum, quamprimùm fieri poterit, in iis Locis, ubi id è re esse judicabitur, publicanda erit, atque Subditorum vicissim Navigationes, & Commercia absque omni interruptione, vel molestiâ eundem in modum, quo ante belli hujus initium exercebantur, penitus restituentur. Ad evitandam autem omnem controvertendi, aut contendendi rationem, quæ ob restitutionem Navium, Mercium, & reliquorum Bonorum mobilium, ab unâ parte alteri, post signatam jam hanc Conventionem, abreptorum, forsitan exoriri valeret.

ANNO 1720. Nos infrascripti suarum altefatarum Majestatum Ministri Plenipotentiarii declaramus omnes Naves, Merces, & reliqua Bona mobilia, quæ una Pars alteri auferre posset, in Mari Britannico, Baltico, & Boreali post duodecim dierum terminum, qui à die signatæ præsentis Conventionis currere incipiet, post sex septimanas verò à Mari Britannico, Baltico, & Boreali usque ad Promontorium S. Vincentii, post decem hebdomadum spatium inter dictum Promontorium & Lineam æquinoctialem, vulgò Æquatorem, tam in Mari Oceano, quàm Mediterraneo, & Adriatico: finaliter demum post sex Menses in qualicumque Mari ultrà dictam Lineam æquinoctialem, absque ullâ exceptione, vel ulteriori distinctione temporum locorumque, ab una & altera parte restituenda esse, eo semper sensu, quod recensiti modo termini à dato hujus Conventionis tantummodo inter suam Majestatem Cæsaream, & suam Majestatem Catholicam, atque inter suam Majestatem Catholicam, & Regem Sardiniæ initium sumere debeant, ex eo quod conclusum inter suam Majestatem Christianissimam, Britannicam, & Catholicam Armistitium à die 29. Februarii, utpotè die Subscriptionis, jam inceperit.

Quandoquidem verò sua Majestas Cæsarea supremo Exercitûs sui in Sicilia Præfecto Comiti à Mercy ad tractandam, cum Marchione de Leede, suæ Majestatis Catholicæ ibidem Belli Duce, armorum suspensionem, uti & ad transigendum super omnimodâ Regnorum Siciliæ, & Sardiniæ evacuatione facultatem concessit, & sua Majestas Britannica pariter Classis suæ Præfecto Equiti de Byngh mandavit, ut cum suæ Majestatis Catholicæ Ministris, Militum Præsidibus, & Rei Maritimæ Præfectis suspensionem armorum concludat, expressè declaramus, quod præsens Conventio omninò nihil poterit mutare, diminuere, aut derogare illis Conditionibus, & Articulis cujuscumque naturæ sint, quos dictus Comes à Mercy, aut nominatus Eques de Byngh, per aliquam forsan Conventionem cum Marchione de Leede, Ministris, Militum Præsidibus, & Rei Maritimæ Præfectis Majestatis suæ Catholicæ concluserint, quæ dicta Conventio Comitis à Mercy, aut dicti Equitis de Byngh, per totum in suo vigore, ex integro conservabitur.

In quorum fidem Nos Cæsareæ, Christianissimæ Britannicæ, Catholicæ & Regis Sardiniæ Majestatum Ministri Plenipotentiarii, vigore Mandatorum hinc inde exhibitorum, præsentem Conventionem manibus nostris subscripsimus, sigillisque nostris communivimus, promittentes, quod Ratificationum Tabulæ altefatarum Majestatum debitâ formâ confecta intra spatium duorum Mensium, aut citiùs si fieri poterit, commutabuntur. Actum Hagæ Comitum, die secundâ Aprilis Anni millesimi septingentesimi vigesimi.

LEOPOLDUS Comes à WINDISCHGRAZ.

(L. S.)

FLEURIAU DE MOLVILLE.

(L. S.)

JA DAYROLLE.

(L. S.)

Marques de BERETTI LANDI.

(L. S.)

J. B. DESPINE.

(L. S.)

CXIII.

CAROLI VI. *Romanorum Imperatoris Augustissimi, ac Regis Hispaniarum Catholici, Cessio, Translatio, & Extraditio Regni Sardiniæ, cum ejus supremo Regio Dominio, ad & in* VICTOREM AMADEUM *Regem Sardiniæ ac Ducem Sabaudiæ pro ipso & suis hæredibus Masculis &c. Actum per Commissarios Plenipotentiarios ad ea deputatos* 8 Aoû.

ANNO 1720.

tos Callari die 8. *Augusti* 1720. ACCEDIT *Plenipotentia* CAROLI *Cæsaris in Arce Laxemburg, data die* 12. *Junii,* & *Acceptatio seu Ratificatio Serenissimi Regis. Data Taurini* 24. *Augusti* 1720 [Copie venue de la Cour, du Roi de Sardaigne, & com muniquée par un des Ministres de Sa Majesté.]

VIctor Amé par la Grace de Dieu Roi de Sardaigne, de Chypre & de Hierusalem, Duc de Savoye, de Montferat d'Aoste, de Chablais & de Genevois, Prince de Piemont & d'Oneille, Marquis d'Italie, de Saluces, de Suse, d'Ivrée, de Ceve & du Maro, d'Oristagno & de Sesane, Comte de Murienne, de Geneve, de Nice, de Tende, & de Romont, d'Ast, d'Alexandrie, & de Gossiano, Baron de Vaud & de Faussigni, Seigneur de Verceil, de Pignerol & de Tarentaise, de la Lomelline & de la Valsesia, Prince & Vicaire perpetuel du St. Empire en Italie, à tous ceux qui ces Presentes verront salut. Ayant vû l'Acte de Cession & de Remission, fait par Mons. le Prince d'Ottoiano, D. Joseph de Medicis de Toscane, des Grands d'Espagne, Duc de Sarno &c. au nom de notre très cher & tres amé Frere l'Empereur des Romains, en qualité de son Commissaire Plenipotentiaire, muni du Pleinpouvoir necessaire de l'Isle & Royaume de Sardaigne & Dependances, & d'Acceptation de Louïs des Portes Seigneur de Coinsin, Colonel d'un de nos Regiments d'Infanterie, & Lieutenant-Marechal dans nos Armées, en notre Nom, & en qualité de notre Commissaire Plenipotentiaire, en vertu du Pleinpouvoir que nous lui en avons donné, de ladite Isle & Royaume de Sardaigne & Dependances, duquel Acte, la teneur s'ensuit.

Nos D. Joseph de Medicis de Hetruria, Princeps de Ottoiano ex Proceribus Hispaniarum, Dux de Sanno, Campi Venusti Dominus, & in Regno Neapolitano unius Militiarum Cohortis Ductor, & in hac parte Commissarius & Plenipotentiarius a sua Majestate Cæsarea & Catholica, specialiter Deputatus, tenore Præsentium notum facimus: Cum in Tractatu Pacificationis inter Sacram Cæsaream Catholicam Majestatem, nec non inter Christianissimum & Magnæ Britanniæ Reges die 2 Augusti anni 1718 Londini inito inter cætera conventum fuerit, ut quando Hispaniarum Indiarumque Rex Philippus V. Sardiniæque Rex dicto Tractatui intra tempus statutum accederent, Regnum Sardiniæ suæ Majestati Cæsareæ Catholicæ a Rege Hispaniarum Philippo V. restitui, id ipsum Regnum vero, cum ab eo dependentibus à sua Majestate Cæsarea modo dicto Sardiniæ Regi, pro se suisque Hæredibus & Successoribus masculis in dicto Tractatu nominatis illico cedi, ac in ejus supremum Regium Dominium transferri debeat. Porro uterque modo præfatus Rex dicto Pacificationis Tractatui Londinensi subinde intra præfixum & respectivé de communi contrahentium consensu prorogatum terminum accesserit, quod nos nomine ac vice suæ Majestatis Cæsareæ Catholicæ vigore specialis Mandati Commissionis, ac Plenipotentiæ a suâ Majestate nobis clementissimæ concessæ, cujus tenor in fine præsentis Actus legitur, præfatum Regnum & Insulam Sardiniæ, unâ cum suis annexis, connexis & dependentibus, & eo pertinentibus, Sacræ Majestati Regis Sardiniæ, Cypri, Hierusalem &c. Ducis Sabaudiæ & Montisferati &c. & Pedemontium Principis &c. in vim & executionem dicti Tractatus Londinensis, pro se, suisque Hæredibus & Successoribus masculis, ad manus Domini Ludovici Desportes Domini de Coinsiri, unius suarum Legionum Tribuni, Locumtenentis Mareschalli, in suis Exercitibus & sui Regii Commissarii hic præsentis & acceptantis, pro sua Sacra Regia Majestate Regis Sardiniæ & suis Hæredibus & Successoribus prædictis ad acceptandum hocce Regnum plena potestate muniti, prout ex tenore ejus Mandati, pariter in fine hujus Actus appositi constat, per hunc solemnem Actum in perpetuum cum pleno, supremo, & absoluto Dominio, & omni jure regio cedimus, tradimus, & abdicativè transferimus, declarantes propterea absolutos, prout vigore præsentis Actus absolvimus omnes Regni Ordines, à quocumque fidelitatis & subjectionis Juramento, suæ Majestati Cæsareæ præstito, cum assertione per dictum Dominum Ludovicum Desportes, nomine suæ Maiestatis Regis Sardiniæ facta, quod idem Rex Sardiniæ, libenti animo confirmabit, & observabit, prout vigore præsentis Actus confirmat Leges, Privilegia, & Statuta, Regni prædicti, eodem modo & forma, quibus observabantur, & reperiebantur in usu, tempore Dominationis suæ Majestatis Cæsareæ, hicceque Cessionis, Traditionis, ac Translationis prout & Acceptationis Actus, intra spatium duorum Mensium, aut citius si fieri poterit, à sua Majestate Cæsarea Catholica, suaque Majestate Regia Sardiniæ ratihabebitur, & Ratihabitionis Instrumenta mutuo extradentur. Datum Callari die octava Mensis Augusti, anno Domini millesimo septingentesimo vigesimo: præsentibus Dominis Archi-Episcopo Collarianensi Bernardo de Carmena & Pensa, Marchione de Albis, & Efisio Esquirro respective primis vocibus Brachiorum Ecclesiastici, Militaris, & Realis:

Il Principe d'Ottoiano Plenipotentiario e Commissario di S. M. Cæsarea Catholica.	Desportes Commissaire Plenipotentiaire.
(L. S.)	(L. S.)

Nous ayant agreable le susdit Acte de Cession, de Remission, & d'Acceptation, & un chacun des Points qui y sont contenus, avons icelui accepté, aprouvé, ratifié, & confirmé, acceptons, aprouvons, & confirmons, & le tout prometons en foi, & parole de Roi, garder & observer inviolablement, sans aller, ni venir au contraire, directement ou indirectement, ni permettre qu'il y soit contrevenu en quelque sorte, ou maniere que ce soit; En temoin de quoi nous avons signé ces Presentes de notre main, icelles fait contresigner par le Marquis del Borgo Secretaire de notre Ordre, & notre Ministre & premier Secretaire d'Estat, & à icelles fait apposer le Sceau de nos Armes. Donné à Turin ce 24. d'Aoust 1720; & de notre Regne le septieme. Signé.

V. AMADEO

Contresigné DEL BORGO.

(L. S.)

Plenipotentiarum Tabulæ a sua Majestate Cæsarea concessæ Principi de Ottaiano, pro receptione & remissione respectivæ Insulæ & Regni Sardiniæ.

NOs Carolus Sextus divina favente Clementiâ electus Romanorum Imperator semper Augustus, Germaniæ, Hispaniæ, utriusque Siciliæ, Hierusalem, Indiarum, nec non Hungariæ, Bohemiæ, Dalmatiæ, Croatiæ, Sclavoniæque Rex, Archidux Austriæ, Dux Burgundiæ, Brabantiæ, Styriæ, Carinthiæ, Carnioliæ & Wirtembergæ, Comes Habspurgi, Flandriæ, Tyrolis, & Goritiæ &c. vigore Præsentium notum testatumque facimus universis quorum interest, aut interesse quandocumque potest; quod Nos Illustri & Magnifico Domino Josepho de Medicis de Hetruria Principi Ottaiano, e Proceribus Hispaniarum, Duce de Sarno, Campi Venusti Domino, & in Regno nostro Neapolitano unius militiarum Cohortis Ductori, potestatem plenam fecerimus, prout vigore Præsentium facimus, ut is nomine ac de mandato nostro Regnum Sardiniæ nobis a Rege Catholico Philippo V. vi Tractatus Londini die 2. Augusti Anni 1718. initi, ac subinde à præfato Rege die 17. Februarii nuper solemniter acceptati restituendum, & cedendum ab eo, vel iis qui ad id a memorato Rege Catholico facultate debita munitus, vel muniti fuerint, in suas manus ac potestatem, atque in supremum Regium nostrum Dominium, cum omnibus fidelissimis Regni Ordinibus, universisque, tam Ecclesiasticis, quam civilibus & militaribus Subditis, ac Vassallis recipiat, eosque omnes, & singulos, postquam ii prius a Juramento, Fide, ac Subjectione Regi Catholico forte antea præstitis absoluti fuerint, in nostram potestatem ac tutelam reassumat, itidemque

ANNO 1720. nostram de conservandis earum Juribus, Statutis, ac Privilegiis interponat. Quod ubi peractum fuerit, potestatem ac facultatem supra eidem collatam, ulterius eatenus extendimus, & ampliamus, mandantes, ut Regnum, Ordines, Subditos & Vassallos, denique Incolas ejusdem omnes, & singulos cujuscunque Sexus, Dignitatis, Status, & conditionis sint a fide & juramento nobis præstito quantocius absolvat, & pro absolutis promulget, dictumque Regnum, ac jam iterum memoratos Regni Ordines Subditos, & Vassallos nemine excepto, eo modo, & formâ ac in præcitato Tractatu Londinensi cautum, ac provisum est, in manus, potestatem ac supremum Dominium Serenissimi, ac Potentissimi Principis Victorii Amedei Sardiniæ Regis, Ducis Sabaudiæ, & Pedemontium Principis, pro se suisque Hæredibus masculis, & Successoribus, de manu in manum tradat, jusque omne quod in dictum Regnum nobis competit aut competiit, in præfatum Sardiniæ Regem, aut eum vel eos, qui ab eo ad id potestatem habent, sub expressa tamen reservatione, Regni Regnicolarumque Jurium, Statutorum ac Privilegiorum, cedat, & transferat, denique ea omnia agat, præstet, & perficiat, quæ ipsi nos in hocce solemni Receptionis, Cessionis, ac Translationis Actu agere, præstare, ac perficere possumus, aut præstare vigore sæpius citati tractatus Londinensis tenemur, volentes, ac mandantes, ut præfatus Commissarius noster, super hujusmodi Receptionis, Cessionis, ac Translationis Actu plura Instrumenta solemnia in perpetuum rei monumentum, & fidem confici jubeat, eorumque alterum nobis reservet, alterum Regni Sardiniæ & tertium ipsis Regni Ordinibus extradat, verbo Cæsareo, Regio, atque Archi-Ducali pro nobis, heredibus, & successoribus promittentes, Nos ejusmodi a Commissario nostro in Regem Sardiniæ, factam Cessionem, ac Regni Translationem pro se, suisque Hæredibus, & Successoribus masculis, qui in sæpius repetito Tractatu Londinensi nominatim exprimuntur pro rite, valideque facta habituros; ac perpetuo agnituros, nullum amplius jus, vel actiones in præfatum Regnum, unquam esse prætensuros, quibus utpote virtute hujus Cessionis ac Translationis, in perpetuum abdicamus, ac pro cassatis, abdicatis, & abolitis, habere declaramus, in quorum fidem, Præsentes manu nostra subscripsimus, atque appenso nostro Sigillo, communiri fecimus. Dat. in Arce nostra Laxemburgi, die duodecima Mensis Junii, anno millesimo septingentesimo vigesimo, Regnorum nostrorum Romani nono, Hispaniarum decimo septimo, Hungarici vero, & Bohemici decimo.

CAROLUS

Phil. Lud. Comes a Sinzendorf.

Ad mandatum Sacræ Cæsareæ & Catholicæ Regiæ Majestatis proprium Johannes Bool Sacr. Rom. Imp. Eques.

CXIV.

1722. 9. Juin. *Assertio Juris Sanctæ Sedis Apostolicæ in Regnum Siciliæ, Hierusalem & Terræ citra Pharum per investituram ejusdem Regni factam* CAROLO VI. *Romanorum Imperatori à SS. D. N. D. Innocentio Papa XIII.* [Bullarium magnum, Tom. VIII. pag. 467. Edit. Luxemburgic. 1727.]

INNOCENTIUS EPISCOPUS.

SERVUS SERVORUM DEI.

Ad perpetuam rei memoriam.

INscrutabili illius, per quem Reges regnant, & Legum conditores justa decernunt providentia, ad Supremi Apostolatus fastigium, meritis licet imparibus evecti, sicuti spiritualibus Dominici Gregis Nobis divinitus commissi utilitatibus, atque incrementis promovendis, jugi studio, assiduisque laboribus incumbere non desinimus, ita etiam oculos mentis nostræ ad temporalia Sanctæ Romanæ Ecclesiæ Sponsæ nostræ ac Sedis Apostolicæ Jura sarta tecta tuenda, & præsertim Regnorum, ac Dominiorum, quæ ad illam pertinent proprietatem, debitamque subjectionem conservandam convertere, iisque more Romanorum Pontificum Prædecessorum nostrorum opportuna ratione consulere compellimur, prout in Domino expedire arbitramur. ANNO 1722.

§. 1. Dudum siquidem fel. rec. Julius Papa II. Prædecessor noster Regnum Siciliæ, & Hierusalem, cum tota Terra quæ est citra Pharum, usque ad confinia Terrarum Sanctæ Romanæ Ecclesiæ, Civitate nostra, tunc sua Beneventana cum ejus Territorio, & pertinentiis dumtaxat excepta, ad jus & proprietatem ejusdem Ecclesiæ pertinentia, & tunc ad ipsum Prædecessorem, & dictam Ecclesiam devolutum, quovis modo, & ex quavis causa illud ad eamdem Ecclesiam devolutum esset; aut alias ejus dispositio ad prædictum Prædecessorem pertineret, cum omnibus Juribus, & Pertinentiis suis clar. mem. Ferdinando Aragoniæ, & utriusque Siciliæ, ac Hierusalem Regi pro se, suisque in dicto Regno Aragoniæ Successoribus, & Hæredibus tam masculis quam Fœminis ex eo recta linea descendentibus, certo tunc expresso modo natis, & nascituris, in Feudum perpetuum pro annuo censu, & sub diversis conditionibus, modis, formis, adjectionibus, permissionibus, clausulis, cautelis, voluntatibus, & ordinationibus, etiam tunc expressis, sine tamen præjudicio Juris ipsi Ferdinando Regi aliàs in eodem Regno forsan competentis, cui tunc noluit derogari, de fratrum suorum consilio pariter, & assensu, & ex certa scientia, ac de Apostolicæ potestatis plenitudine concessit, & elargitus fuit, dictam Civitatem Beneventanam cum ejus Territorio, Districtu, & Pertinentiis per ipsum Prædecessorem, seu Romanum Pontificem distinctis, seu distinguendis, cum eorum Incolis, prout illam sibi dudum anteà præfata Ecclesia retinuerat, & reservaverat, sibi, & Sedi Apostolicæ specialiter reservando, prout in ipsius Prædecessoris desuper confectis Litteris, in quibus idem Prædecessor inter alia voluit, quod dictus Ferdinandus Rex, & sui in d. Regno Siciliæ, cum Terra intra Pharum Hæredes, & Successores darent Prædecessori, & Ecclesiæ præfatis eorum Privilegium aurea Bulla bullatum, in quo propriò juramento faterentur, & recognoscerent expressè Regnum Siciliæ, & Hierusalem, & totam eorum Terram, quæ est citra Pharum usque ad confinia ejusdem Ecclesiæ, exceptâ Civitate Beneventanâ præfata cum Territorio, Districtu, & Pertinentiis suis, ex sola gratia, & mera liberalitate Sedis, & Prædecessoris præfatorum sibi, suisque Hæredibus, & Successoribus fuisse concessum, ac eos recepisse, & tenere Regnum Siciliæ, & Terram hujusmodi à Prædecessore, & Ecclesia prædictis, sub pactis, modis, & conditionibus tunc, ut præfertur, expressis, plenius continetur.

§. 2. Et deinde piæ mem. Leo Papa X. etiam Prædecessor noster Regnum Siciliæ cum Terra citra Pharum clar. memor. Carolo Romanorum Imperatori semper Augusto, tunc Romanorum, & Hispaniarum Regi Catholico, in Imperatorem electo, in Feudum eisdem modo, & forma, quibus per prædictum Julium Prædecessorem præfato Ferdinando Regi concessum fuerat, & sub prædictis, quæ tunc per eamdem Sedem remissa non apparerent, & certis aliis tunc expressis conditionibus de novo concessit, & de eo etiam ipsum Carolum Imperatorem investivit; Et dictus Carolus Imperator per quondam Joannem Emanuelem aurei Velleris Equitem tunc in humanis agentem, & ipsius Caroli Imperatoris apud Leonem, & Sedem præfatam Oratorem, & Procuratorem specialem promisit, & se . & omnes Regnum ipsum Siciliæ vigore illius concessionum, tam per Julium, quam per Leonem Prædecessores hujusmodi factarum pro tempore obtinentes obligavit ad inviolabiliter observandum, & adimplendum omnia in Literis Julii Prædecessoris contenta, super quibus de dispensatione, aut illorum remissione per eamdem Sedem non constaret, seu appareret, & solvendum singulis annis in perpetuum Cameræ Apostolicæ septem mille ducatos auri de Camera in Festo B. Petri, ultra solitum censum Parafreni albi pro recognitione veri, & directi Dominii ipsius Regni Siciliæ, & ad Leonis Prædecessoris, & Cameræ prædictorum requisitionem delinquentes in Terris eidem Ecclesiæ mediatè vel immediatè subjectis ad dictum Regnum, & illius Civitates, *Terras*, & Loca confugientes capi, & ad Urbem, vel alium Locum remitti faciendum, sub pœnis in Literis Julii Prædecessoris hujusmodi contentis, dummodò idem Leo Prædecessor & Successores sui Romani Pontifices, ac præfata Camera ad ipsius Caroli Imperatoris,

Anno 1722. ris, & Officialium suorum requisitionem delinquentes in Terris, & Locis dicti Regni ad Terras, & Loca Ecclesiæ confugientes pariter ad eos remitterent, prout in Instrumento publico desuper confecto, & in certis ipsius Leonis Prædecessoris Literis de verbo ad verbum inserto plenius continetur.

§. 3. Ac successivè rec. mem. Julius Papa III. Prædecessor etiam noster prævia renunciatione dicti Caroli Romanorum Imperatoris semper Augusti dictum Regnum Siciliæ, & Hierusalem, cum tota Terra citra Pharum usque ad confinia Romanæ Ecclesiæ, excepta Civitate Beneventana cum ejus Territorio, & Districtu, ut supra, inclytæ mem. Philippo II. tunc Angliæ Regi, & Hispaniarum Principi, pro se, suisque Hæredibus, & Successoribus Aragoniæ Regibus tam masculis, quam fœminis, ex eo recta linea descendentibus, natis, & nascituris, ac aliis Personis in Concessionibus Julii, & Leonis comprehensis, & per eos vocatis in Feudum perpetuum pro solito annuo censu septem mille ducatorum auri de Camera, & unius Parafreni albi solvendo, & sub conditionibus, modis, formis, adjectionibus, promissionibus, clausulis, cautelis, voluntatibus, & ordinationibus in Literis Julii; & Concessione Leonis Prædecessorum hujusmodi contentis, quæ per eamdem Sedem remissæ non apparerent, similiter concessit, & de eo ipsum Philippum Regem investivit; Et dictus Philippus Rex per quondam Ferdinandum Franciscum Avalos de Aquino Marchionem Piscariæ tunc in humanis agentem, & ipsius Philippi Regis apud Julium Prædecessorem, & Sedem prædictos Procuratorem specialem, obedientiam, homagium, & juramentum fidelitatis consuetum præstitit, prout in ipsius Julii Prædecessoris Literis plenius continetur. Quæ omnia idem Philippus Rex successivè per Bullam suam auream sub datum Bruxellis anno Domini 1555. die prima Octobris manu sua subscriptam approbando & acceptando confessus fuit, & recognovit.

§. 4. Posteà vero fel. rec. Clemens Papa VIII. Prædecessor noster, eodem Philippo II. viam universæ carnis ingresso, Regnum ipsum Siciliæ, & Hierusalem cum tota Terra prædicta citra Pharum usque ad confinia Terrarum ejusdem Romanæ Ecclesiæ, exceptâ Civitate Beneventanâ cum ejus Territorio, Districtu, & Pertinentiis per se seu ejus, & Nostros Prædecessores Romanos Pontifices distinctis, ac eorum Incolis, quam sibi, & eidem Ecclesiæ specialiter retinuit clar. mem. Philippo III. etiam Hispaniarum Regi Catholico pro se, suisque Hæredibus, & Successoribus Aragoniæ Regibus, tam masculis, quam fœminis ex eo recta linea descendentibus, natis; & nascituris, ac aliis Personis in Concessionibus utriusque Julii, & Leonis Prædecessorum hujusmodi comprehensis, & per eos vocatis, in Feudum perpetuum pro solito annuo censu septem mille ducatorum similium, & unius Parafreni albi, ut præfertur, solvendo, & sub conditionibus, modis, formis, adjectionibus, promissionibus, clausulis, cautelis, voluntatibus, & ordinationibus in Literis utriusque Julii, & concessione Leonis Prædecessorum hujusmodi contentis, quorum remissionem per Sedem prædictam factam fuisse non appareret: præstitis tamen prius eidem Clementi Prædecessori, & Sedi, & Ecclesiæ præfatis nomine ipsius Philippi III. Regis per bon. mem. Antonium de Cardona, & Corduba Ducem Suissæ, Sortiæ, & Vænæ, Comitem Cabræ, & Palamos, Vicecomitem de Ubregar, & ipsius Philippi III. Regis Consanguineum & Consiliarium apud eumdem Clementem Prædecessorem & Sedem prædictam Oratorem & Procuratorem, ac Mandatarium suum specialem & per eumdem Clementem admissis obedientia, atque homagio, & juramento Fidelitatis, sub certa, tunc expressa forma pariter concessit, & elargitus fuit, ac Regnum ipsum præfato Philippo III. Regi modo & forma præmissis infeudavit, prout in prædicti Clementis Prædecessoris sub plumbo sub datum Romæ apud Sanctum Marcum Anno Incarnationis Dominicæ 1599. quinto Idus Septembris Pontificatus sui Anno octavo expeditis Literis plenius continetur.

§. 5. Subindè autem defuncto Philippo III. Gregorius XV. Prædecessor etiam noster idem Regnum Siciliæ, & Hierusalem cum tota Terra præfata citrà Pharum usque ad confinia Terrarum Ecclesiæ Romanæ, exceptâ Civitate Beneventanâ cum ejus Territorio, Districtu, & Pertinentiis per se, seu ejus & nostros Prædecessores Romanos Pontifices distinctis, ac loco Pontis Curvi, ejusque Territorio, quæ sibi, & eidem Ecclesiæ specialiter retinuit, clar. mem. Philippo IV etiam Hispaniarum Regi Catholico pro se, suisque Successoribus Aragoniæ Regibus tam masculis, quam fœminis ex eo recta linea descendentibus, natis, & nascituris, ac aliis Personis in concessione utriusque Julii, & Leonis, ac Clementis Prædecessorum hujusmodi comprehensis, & per eos vocatis in Feudum perpetuum pro solito annuo censu septem mille ducatorum similium, & unius Parafreni albi solvendo ut supra, & sub Conditionibus, Modis, & Formis, Adjectionibus, Promissionibus, Clausulis, Cautelis, Voluntatibus, & Ordinationibus in Literis dictorum Julii II. & III. ac Clementis, quarum remissionem per Sedem Apostolicam factam fuisse non appareret; præstitis tamen, prius eidem Gregorio Prædecessori, & Sedi, & Ecclesiæ prædictis nomine ipsius Philippi IV. Regis per quondam Franciscum de la Cueva Ducem de Alburquerque, apud eum, & Sedem præfatam Oratorem, & Procuratorem ac Mandatarium suum specialem & per eumdem Gregorium admissâ Obedientiâ, atque Homagio, & Juramento Fidelitatis, sub certa tunc expressa forma concessit, & elargitus fuit, ac Regnum hujusmodi præfato Philippo IV. Regi modo, & forma præmissis infeudavit, prout in prædicti Gregorii XV. Prædecessoris sub Plumbo sub datum Romæ apud Sanctum Petrum V. Kalendas Decembris 1621. sui Pontificatus Anno primo expeditis Literis plenius continetur. Quæ omnia idem Philippus IV. Rex successivè; per Bullam suam auream sub datum Matriti V. Novembris 1622. manu sua subscriptam approbando & ampliando confessus fuit, & recognovit. Anno 1722.

§. 6. Postremò verò dicto Philippo IV. Rege ab humanis exempto piæ mem. Alexander VII. Prædecessor itidem noster præfatum Regnum Siciliæ, & Hierusalem cum tota Terra citrà Pharum usque ad confinia Terrarum ejusdem Ecclesiæ Romanæ, excepta prædicta Civitate Beneventana cum ejus Territorio, & Districtu; & Pertinentiis per se, seu Romanos Pontifices distinctis, una cum Terra Pontis Curvi, ejusque Territorio, quæ sibi; & eidem Ecclesiæ specialiter reservavit, cl. m. Carolo II. Hispaniarum Regi Catholico tunc in minori ætate constituto; pro se; suisque Hæredibus, & Successoribus Aragoniæ Regibus tam masculis quam fœminis ex eo recta linea descendentibus natis, & nascituris, ac aliis Personis in Concessionibus utriusque Julii, Leonis, Clementis, ac Gregorii Prædecessorum hujusmodi comprehensis, & per eos vocatis, in Feudum perpetuum pro solito annuo Censu septem mille ducatorum similium, & unius Parafreni albi, ut præfertur, solvendo; & sub Conditionibus, Modis, Formis, Adjectionibus, Promissionibus, Clausulis, Cautelis, & Ordinationibus in Literis utriusque Julii, Clementis, ac Gregorii, & concessione Leonis Prædecessorum hujusmodi contentis, quarum remissione per Sedem præfatam factam fuisse non appareret, concessit, & elargitus fuit, ac Regnum ipsum eidem Caroli Regi infeudavit, eumque de illo investivit; Et dictus Carolus Rex mediante cl. m. Marianna ab Austria Regina Hispaniarum ejus matre Tutrice, atque Gubernatrice per B. M. Fridericum, dum viveret, Tituli Sancti Petri ad vincula Cardinalem Sfortiam Procuratorem & Mandatarium suum specialem eidem Alexandro Prædecessori, ac Sedi, & Ecclesiæ prædictis Obedientiam, Homagium, & Juramentum fidelitatis præstitit, prout in ipsius Alexandri Prædecessoris Literis pariter sub Plumbo apud Sanctam Mariam Majorem Anno Incarnationis Dominicæ 1666. 13. Kalendas Junii Pontificatus sui Anno XII. emanatis uberius continetur. Quæ omnia idem Carolus II. Rex postmodùm tam per suam Bullam auream sub datum Matriti 29. Martii 1667. à memorata Marianna Regina ejus Matre, Tutrice, ac Gubernatrice subscriptam, quàm per aliam similem Bullam sub datum pariter Matriti 7. Aprilis 1676. propria ipsius Caroli Regis interim Majoris ac sui Juris effecti manu signatam approbando, & ampliando confessus fuit, & recognovit.

§. 7. Cum autem, sicut Deo placuit, jam tum ab anno millesimo septingentesimo dicto Carolo II. Rege sine Liberis è vivis erepto. Europa fermè tota inde in partes divisa diuturno Bello conflagraverit, ac felicis recordationis Clemens Papa XI. Prædecessor etiam noster justis, & gravissimis causis adductus, Infeudatione, atque Investitura dicti Regni Siciliæ, & Hierusalem cum tota Terra citrà Pharum concedenda, tametsi pluries oblato etiam Censu præfato ad id requisitus fuisset inter sævientis Belli ejusmodi motus supersedendum esse duxerit, salvis tamen, & illæsis remanen-

ANNO 1722. nentibus Juribus sibi, & dictæ Sedi super eodem Regno competentibus, quæ per plura Chirographa propria ejus manu signata, in quibus itidem cautum fuit tempus, & tempora non currere, luculenter præservavit, prout etiam Nos per simile Chirographum anno superiore præservavimus.

§. 8 Nunc verò Christianissimus in Christo Filius noster Carolus VI. Hispaniarum Catholicus, & Romanorum Rex in Imperatorem electus, qui in dicto Regno Siciliæ, & Hierusalem, ac tota Terra citra Pharum successit, & illud de præsenti possidet, volens debitam Obedientiam, ac fidelitatis, & homagii Juramentum in manibus nostris præstare, ac ea, quæ ratione ipsius Feudi tenetur, adimplere, dilectum Filium nostrum Michaëlem Fridericum Tituli Sanctæ Sabinæ Cardinalem de Althaun Procuratorem, & Mandatarium suum specialem fecerit, constituerit, & deputaverit specialiter, & expresse ad se nomine prædicti Caroli VI. Regis, quoties opus fuerit, coram Nobis humiliter, & cum omni reverentia præsentandum, ac à Nobis Investituram Regni hujusmodi petendam, eamque acceptandam, nec non Nobis nomine ejusdem Caroli Regis pro præfato Regno Siciliæ, & Hierusalem cum tota Terra citra Pharum debitam obedientiam exhiben. ac etiam fidelitatis, & homagii Juramentum ratione Feudi dicti Regni præstandum, quod requisitum necessarium, & opportunum foret ex ipsius Feudi natura, & quemadmodum illud præstitum fuerat à Carolo II. Rege atque ab aliis Prædecessoribus suis in eodem Regno solitum fuerat præstari; & dictus Michaël Fridericus Cardinalis de Althaun Procurator, in vim Constitutionis, & Deputationis hujusmodi, ad præmissa omnia, & singula nomine prædicti Caroli Regis peragenda, & exequenda coram Nobis humiliter, & cum omni reverentia sub die 17. mensis Maji proximè præteriti se præsentavit, & in generali venerabilium Fratrum nostrorum Sanctæ Romanæ Ecclesiæ Cardinalium Congregatione sub hac die Martii IX. mensis Junii præsentis Anni, quæ coram Nobis in Palatio nostro Apostolico Montis Quirinalis ad hoc specialiter convocata, & habita fuit cum pluribus Archiepiscopis, Episcopis, aliisque Prælatis ibi assistentibus, nomine ipsius Caroli Regis Nobis, & Sedi Apostolicæ ac Romanæ Ecclesiæ prædictis obedientiam, atque homagium, & juramentum Fidelitatis sub forma inferiùs adnotata præstiterit.

§. 9. Nos considerantes ipsius Caroli Regis hæreditariam regnandi consuetudinem, & quod sciet, & volet commissos sibi Populos in Pacis amœnitate, & Justitiæ cultu confovere, ac Nos & Romanam Ecclesiam ipsius Regni Proprietarios, ac directos Dominos grata devotione, fide sincera recognoscere; Nec diùtius volentes à concessione Investituræ, & Infeudationis præfatæ, ac directi Dominii nostri usu, & exercitio abstinere sed potiùs novis, ac justissimis ex causis ita suadentibus, præsentique rerum, & temporum statu accuratè perpenso, Romanorum Pontificum Prædecessorum nostrorum vestigiis inhærendo, nostra, & ejusdem Sanctæ Sedis Jura, per novam concessionem hujusmodi asserere, & conservare intendentes, habita super his cum eisdem venerabilibus Fratribus nostris Sanctæ Romanæ Ecclesiæ Cardinalibus prius in eodem Consistorio, & deinde etiam in alia simili Congregatione generali ad hoc nominatim habita sub die Sabbathi sexta ejusdem præsentis mensis Junii in eodem Palatio nostro, ibique Mandato Procurationis ipsius Caroli Regis in Imperatorem electi publicè, & alta voce perlecto, & diligenter inspecto, deliberatione matura de ipsorum Fratrum consilio pariter, & assensu, & ex certa nostra scientia, & de Apostolicæ Potestatis plenitudine, in Nomine Patris & Filii & Spiritus Sancti Obedientiam ab eodem Cardinale de Althaun Procuratore, nomine ipsius Caroli Regis Nobis, & Sedi, & Cameræ prædictis, ut præmittitur, præstitam, itemque homagium & juramentum fidelitatis hujusmodi læto, atque hilari animo admittimus, ac Regnum ipsum Siciliæ, & Hierusalem cum tota Terra prædicta citrà Pharum usque ad confinia Terrarum ejusdem Ecclesiæ Romanæ, exceptâ prædictâ Civitate Beneventanâ cum ejus Territorio, & Districtu, & Pertinentiis per Nos seu Romanos Pontifices distinctis, ac eorum Incolis, quam Nobis, prout illam sibi dudum prædicta Ecclesia specialiter reservamus, eidem Carolo Hispaniarum Catholico, & Romanorum Regi in Imperatorem electo, cui per nostras in forma Brevis pridie expeditas Literas concessimus, ut dictum Regnum Siciliæ, & Hierusalem, ac totam Terram citrà Pharum una cum Imperio & Romanorum seu Theutoniæ Regno quoad vixerit, retinere liberè, & licitè possit, & valeat tametsi in utriusque Julii, Leonis, Clementis, Gregorii & Alexandri prædictorum, & ante eos diversorum aliorum Romanorum Pontificum Prædecessorum Nostrorum Literis id expressè, & districtè prohiberetur, pro se, suisque Hæredibus, & Successoribus tàm masculis, quàm fœminis ex eo recta linea descendentibus, natis, & nasciturìs, servata inter ipsos descendentes prærogativa sexus, ita quod masculi ex masculis omnibus fœminis earumque descendentibus maribus, & fœminis, cujuscunque lineæ sint, aut gradus semper præferantur, & inter ipsos masculos primogenituræ ratio & lineæ prærogativa prævaleat & observetur, quæ prærogativa locum quoque habeat, & prævaleat inter dictas fœminas, earumque Descendentes in casu deficientiæ omnium Descendentium masculorum ex masculis in Feudum perpetuum pro solito annuo censu septem mille ducatorum similium & unius Parafreni Albi, ut præfertur solvendo, & cæteroquin in omnibus & per omnia sub Conditionibus, Modis, Formis, Adjectionibus, Promissionibus, Clausulis, Cautelis, Voluntatibus & Ordinationibus in Literis utriusque Julii, Clementis, Gregorii, ac Alexandri, & concessione Leonis Prædecessorum hujusmodi contentis, quarum remissionem per Nos & Sedem prædictam factam fuisse non apparebit omni meliori, quo possumus, modo concedimus, & elargimur, ac Regnum ipsum dicto Carolo Regi modo, & forma præmissis infeudamus, eumque de illo per ipsius Michaëlis Friderici Cardinalis Procuratoris ad osculum pedum nostrorum admissionem investimus: Volentes, & intendentes, ut infra annum à data Præsentium computandum, idem Carolus Rex Privilegium suum Bulla aurea bullatum, in quo proprio juramento fateatur, & recognoscat expressè Regnum Siciliæ, & Hierusalem, ac totam Terram eorum quæ est citra Pharum usque ad confinia Terrarum ipsius Ecclesiæ Romanæ, exceptis Civitate Beneventanâ, & loco Pontis Curvi, cum illius Territoriis, Districtibus, & Pertinentiis, quæ eidem Ecclesiæ remaneant, præfato Carolo Regi, suisque Hæredibus, & Successoribus dicti Regni Siciliæ Regibus ex sola gratia, & mera liberalitate Sedis Apostolicæ, & nostra fuisse concessa, eosque recepisse, & tenere Regnum Siciliæ, & Terram hujusmodi a Nobis & dicta Romana Ecclesia sub pactis, modis & conditionibus supradictis, Nobis seu Romano Pontifici pro tempore existenti dare, & tradere teneantur. Per præmissa autem non intendimus Juribus quibuscunque in alio præjudicare.

ANN 1722

§. 10. Demum ut idem Carolus Rex in Imperatorem Electus eo magis ad sinceræ illius, quam in Nos, & hanc Sanctam Sedem profitetur devotionis, & observantiæ debita argumenta Nobis, & eidem Sedi exhibenda excitetur, quo Nos & Romanam Ecclesiam in eum propensiores, & munificentiores invenerit, scientia & potestatis plenitudine paribus ipsi Carolo Regi omnes & singulos Census ratione supradicti Regni hactenus decursos, & non solutos ex speciali dono gratiæ liberaliter remittimus & condonamus, ipsumque de illis absolvimus, quietamus, & plenariè liberamus, & ex causa dictorum Censuum hucusque decursorum à quocumque nullatenus molestari posse decernimus, dummodò tamen in proximo Festo Sancti Petri, & sic successivè perpetuis futuris temporibus singulis annis ipse Carolus Rex, ejusque Hæredes, & Successores præfatum Censum Nobis, & Successoribus nostris cum solis solemnitatibus integrè persolvere omninò debeant.

§. 11. Forma autem Juramenti per dictum Cardinalem præstiti, talis est. Ego Michaël Fridericus Cardinalis de Althaun Serenissimi Domini Caroli Hispaniarum Catholici & Romanorum Regis in Imperatorem Electi, Dei gratia Regis Siciliæ, & Hierusalem cum tota Terra citra Pharum Procurator ad hæc omnia specialiter constitutus speciali modo per dictum Carolum Regem sub die X. mensis Augusti Anni proximè elapsi coram Archiepiscopo Valentino, Comite Philippo de Sinzendorf & Marchione de Rofrano ipsius Consiliariis, ac respectivè Secretariis subscripto, plenum Homagium, Ligium, & Vassallagium nomine dicti Caroli Regis faciendum vobis Sanctissimo Domino Nostro Innocentio XIII. & Ecclesiæ Romanæ pro Regno Siciliæ, & Hierusalem, ac tota Terra, quæ est citra Pharum, usque ad confinia Terrarum ipsius Ecclesiæ, exceptâ Civitate Beneventanâ, & toto Territorio, & omnibus districtibus, & pertinentiis, secundum

ANNO 1722.

cundum antiquos fines Territorii, & pertinentiarum & districtus Civitatis ejusdem per Romanum Pontificem distinctos, & impotterum distinguendos, in animam dicti Serenissimi Caroli Regis Principalis mei, juro, quod idem Serenissimus D. Carolus ab hac hora in antea fidelis, & obediens erit Beato Petro, & vobis Domino Innocentio XIII. vestrisque Successoribus Romanis, Pontificibus canonicè intrantibus, sanctæque Romanæ Ecclesiæ Apostolicæ. Non erit in consilio, consensu, vel facto, ut vitam perdatis, seu perdant, aut membrum, seu capiamini, vel capiantur mala captione, consilium verò quod sibi crediturι estis per vos, aut Nuncios vestros, vel per Litteras, ad vestrum, vel eorum damnum scienter nemini pandet, & si sciverit fieri, vel tractari seu procurari aliquid quod in vestrum vel eorum damnum cedat, illud pro posse impediet, & si hoc impedire non poterit, illud vobis, vel eis significare curabit. Papatum Romanum, & Regalia Sancti Petri tam in Regno Siciliæ prædicto, quam alibi consistentia adjutor vobis, vel eis, erit ad defendendum, vel retinendum ac recuperandum & recuperata manutenendum contra omnem hominem. Vestras & singulas conditiones supradictas, & quascunque alias in Literis fel. record. Julii Papæ II. super ipsius Regni & Terrarum infeudatione, sive investitura confectis contentas, ac omnia, & singula, quæ in eis continentur, plenarie adimplebit, & inviolabiliter observabit, & nullo unquam tempore veniet contra ea, nec procurabit per se, vel alium, seu alios quoquomodo ut assumatur, vel nominetur in Dominium Lombardiæ, seu Thusciæ, excepto tamen, quod Regnum Siciliæ, & Hierusalem cum tota Terra citra Pharum una cum Imperio, & Regno Romanorum, seu Theutoniæ, quoad vixerit, retinere possit juxta concessionem, quam à Vobis desuper obtinuit, & si assumptionem, vel nominationem ad Dominium Lombardiæ, & Thusciæ, aut majoris partis earumdem fieri contingat, nullum hujusmodi assumptioni, seu nominationi assensum præstabit, nec intromittet se modo aliquo de eorum, vel alicujus eorum regimine, nec de Civitate Beneventana, & suis Territoriis, Districtibus, & pertinentiis, seu Campania, neque de Maritima, Ducatu Spoletano, neque Marchia Anconitana, Patrimonio Beati Petri, & Thusciæ, Massa, Trebaria, Romandiola, Alma Urbe, in Civitatibus Perusina, Civitatibus Castelli, Bononiensi, Ferrariensi, Avenionensi, & Comitatu Venaissino, seu aliis Terris quibuscunque Vestris, & Feudis ipsius Ecclesiæ ubilibet constitutis ex successione, vel Legato, seu donatione aut venditione, seu alio quovis titulo, vel contractu nihil unquam sibi acquiret, seu vindicabit, vel poterit acquirere seu quomodolibet vindicare, & nihil unquam recipiet, vel habebit, seu retinebit, vel poterit recipere, habere, vel etiam retinere in illis, nec ullam Potestariam, Capitaniam, vel Rectoriam, nullumque aliud Officium recipiet, seu recipere poterit in eisdem, seu ipsorum aliquo, nec etiam occupabit, vel occupari permittet seu faciet præmissa vel partem aliquam eorumdem, neque illam offendet, aut molestabit, neque etiam Romanam Ecclesiam quoquomodo, sub censuris pœnisque spiritualibus, & temporalibus in conditionibus, & infeudatione præfatis contentis, quas hic haberi volo in singulis suis partibus alias pro specifice expressis, & repetitis. Schismatico, aut Hæretico cuicumque, vel a Fide devio, ab ipsa Ecclesia præciso, ejusque sequacibus, & dantibus eis auxilium, consilium, vel favorem, non dabit quovis modo per se, vel alium seu alios directè, vel indirectè, publicè, vel occultè, auxilium, consilium, vel favorem, nec ab aliis quantum in eo erit, si impedire poterit dari permittet, sed eos juxta posse suum donec convertantur persequetur, & impugnabit. Et ulterius promitto, quod ipse Carolus Rex infra annum, omnia, & singula mediante aurea Bulla ratificabit, sic dictum Carolum Regem Deus adjuvet, & hæc Sancta Dei Evangelia. Juravi ut supra Ego Michaël Fridericus Cardinalis de Althaun.

§. 12. Nulli ergo omninò hominum liceat hanc paginam Nostræ reservationis, admissionis, concessionis, elargitionis, infeudationis, investituræ, voluntatis, vel intentionis infringere, vel ei ausu temerario contraire; si quis autem hoc attentare præsumpserit, indignationem Omnipotentis Dei, ac Beatorum Petri, & Pauli Apostolorum ejus se noverit incursurum.

Datum Romæ apud Sanctam M. Majorem Anno Incarnationis Dominicæ millesimo septingentesimo vigesimo Secundo, quinto Idus Junii, Pontificatus Nostri Anno Secundo.

Fac mecum Domine Signum in Bonum.

(L.S.)

CXV.

1723. Fevrier.

Edit du Roi de France LOUIS XV. *contre les Duels, donné à Versailles au mois de Fevrier 1723. & registré au Parlement pendant le Lit de Justice pour Sa Majesté.* [Tiré de l'Imprimé de Paris]

LOUIS &c. A tous présens & à venir, Salut. Les Rois nos Predecesseurs n'ont rien eu plus à cœur que d'abolir dans ce Royaume le pernicieux usage des Duels, également contraire aux Loix de la Religion, & au bien de leur Etat. Le Roi Henri IV. donna pour cet effet plusieurs Edits & Déclarations, dont les dispositions furent non seulement confirmées, mais considerablement étendues par le Roi Louïs XIII. son successeur. Le feu Roi notre très-honoré Seigneur & Bisayeul y a pourvû encore plus efficacement par les differens Edits & Déclarations qu'il a donnez sur cette matiere pendant le cours de son Regne, & notamment par son Edit du mois d'Août 1679. & ses Déclarations du 14 Decembre de le même année, & du 28. Octobre 1711. Et Nous avons cru qu'etant parvenu à notre Majorité, Nous devions, en suivant un aussi grand exemple, porter nos premiers soins à confirmer des Loix aussi sages & aussi necessaires pour la conservation de la Noblesse, qui est le plus ferme appui de notre Royaume, & que la fureur des Duels ne pourroit qu'affoiblir inutilement pour l'Etat. C'est dans la vue d'accomplir un dessein si important, que lors de notre Sacre & Couronnement, Nous avons juré par le grand Dieu vivant, que nous n'exempterions personne de la rigueur des peines ordonnées contre les Duels. Et comme l'experience a fait connoître qu'il n'y a point de Loi si précise ni si simple qu'on ne trouve les moyens d'éluder; pour prévenir desormais les fausses interprétations que l'on s'est déja efforcé de donner à quelques Articles de l'Edit du mois d'Août 1679. contre les intentions du feu Roi & les nôtres, Nous avons jugé à propos d'y ajoûter quelques nouvelles dispositions qui ont paru nécessaires; en sorte qu'à l'avenir, ceux qui oseroient contrevenir à cette Loi, ne puissent échapper à la juste punition qu'ils auront meritée. A Ces causes &c. Nous avons ordonné & ordonnons, &c.

Art. I. Les Ordonnances des Rois nos Prédecesseurs, & notamment l'Edit du feu Roi du mois d'Août 1679., & ses Déclarations des 14. Decembre de la même année, & 28. Octobre 1711., sur le fait des Duels, seront executées en tous leurs points selon leur forme & teneur.

II. Voulons conformément à l'Article XVIII. du dit Edit du mois d'Août 1679. que tous Gentilshommes, Gens de guerre, & autres nos Sujets ayant droit de porter des Armes, de quelque qualité & condition qu'ils soient, entre lesquels il y aura eu querelle & démélé, pour quelque sujet que ce soit, dont l'un ou l'autre puisse se croire offensé, soient tenus respectivement d'en donner avis à nos Cousins, les Maréchaux de France, ou autres Juges du Point d'honneur, pour y être par eux pourvû suivant l'exigence des cas.

III. Si ceux qui auront eu querelle ou démêlé, dont ils n'auront point donné avis à nos Cousins les Maréchaux de France, ou autres Juges du Point d'honneur, se rencontrent & en viennent à un combat, voulons que sur la preuve de ladite querelle, ils soient également punis de mort comme coupables du crime de Duel.

IV. Et au cas qu'ils eussent donné avis de leur querelle à nosdits Cousins les Maréchaux de France, ou autres Juges du Point d'honneur, s'il y a preuve d'ag-

ANNO 1723. greſſion de part ou d'autre, & qu'il ſoit clairement juſtifié que la rencontre n'a point été préméditée, l'Aggreſſeur ſera ſeul puni de mort, pourvû que celui qui aura été attaqué, ſoit demeuré dans les termes d'une légitime défenſe.

V. Ordonnons que l'Edit du mois de Decembre 1704., portant établiſſement de peines contre les Officiers de Robbe, & autres qui uſeront de voyes de fait ou outrages défendus par les Ordonnances, enſemble les Réglemens des 22. Août 1653. & 22. Août 1679., faits de l'ordre exprès du feu Roi, par nos Couſins les Maréchaux de France, pour les ſatisfactions & reparations d'honneur, ſeront pareillement executez ſelon leur forme & teneur.

VI. Ceux qui ſeront prévenus du Crime de Duel par notorieté, ne pourront être renvoyez abſous qu'après un plus amplement informé d'une année, pendant lequel tems ils tiendront priſon.

VII. Enjoignons à tous Officiers de nos Juſtices ordinaires, même à tous Prevôts de noſdits Couſins les Maréchaux de France, ou leurs Lieutenans, à peine d'interdiction, d'informer des querelles, outrages, inſultes, & voyes de fait dont ils auront avis ou connoiſſance par quelque voye que ce ſoit, & d'envoyer leurs Procès verbaux, & informations à noſdits Couſins les Maréchaux de France, pour être par eux procedé contre les Coupables ſuivant la rigueur de notre dit Edit, & conformément auxdits Réglemens.

VIII. Et attendu que les peines portées par leſdits Réglemens n'ont pas été juſqu'à preſent ſuffiſantes pour arrêter le cours de ſemblables deſordres, enjoignons à noſdits Couſins les Maréchaux de France, & autres Juges du Point d'honneur, de prononcer ſuivant l'exigence des cas, telles peines qu'ils aviſeront au delà de celles portées par leſdits Réglemens; & voulons que celui qui en aura frappé un autre dans quelques cas ou circonſtances que ce ſoit, *ſoit puni* par degradation des Armes & de Nobleſſe perſonnelle, & 15. ans de priſon, après lequel tems il n'en pourra ſortir qu'en vertu de nos ordres expediez ſur l'avis de noſdits Couſins les Maréchaux de France.

IX. Et afin que nos Sujets ſoient encore plus aſſurez de nos intentions ſur l'exécution des diſpoſitions contenues au preſent Edit, & en ceux des Rois nos Prédéceſſeurs, Nous jurons & promettons en foi & parole de Roi, en renouvellant le ſerment que Nous avons déja fait lors de notre Sacre & Couronnement, de n'exempter à l'avenir aucune perſonne pour quelque cauſe & conſideration que ce puiſſe être, de la rigueur du preſent Edit & des précédens, & qu'il ne ſera par nous accordé aucune remiſſion, pardon ni abolition à ceux qui ſe trouveront prévenus dudit crime de Duel. Défendons très expreſſement à tous Princes & Seigneurs près de Nous, d'employer aucunes prieres ou ſollicitations en faveur des coupables dudit crime, ſur peine d'encourir notre indignation. Proteſtons derechef, que ni en faveur d'aucun Mariage de Prince ou Princeſſe de notre ſang, ni pour les naiſſances des Princes & Enfans de France qui pourront arriver durant notre Regne, ni pour quelque autre conſidération générale ou particuliere que ce puiſſe être, Nous ne permettrons ſciemment être expedié aucunes Lettres contraires a notre preſente volonté, &c. Donné à Verſailles au mois de Fevrier 1723.

CXVI.

7 Avril. *Ordonnance de l'Empereur pour la publication de la Pragmatique Sanction dans tous les Etats Héréditaires de l'Auguſte Maiſon d'Autriche, adreſſée aux Gouverneurs, mutatis mutandis, de chaque Etat du 7. Avril 1723.* [Sur la Copie imprimée à Bruxelles.]

CHARLES, par la Grace de Dieu, Empereur des Romains, &c. Etant connu avec combien de ſoin & de tendreſſe paternelle les Empereurs des Romains, & Archiducs d'Autriche, nos Ancêtres, ſe ſont appliquez en differens tems à établir dans notre Auguſte Maiſon une Règle & Forme de Succeſſion indiviſible pour tous nos Vaſtes Etats & Royaumes, pour y être à perpétuité & immuablement ſuivie & obſervée par toute leur Poſterité, de l'un & de l'autre Sexe, dans tous les Evenemens que la Providence Divine pourroit faire naître dans la ſuite des temps: Et pour parvenir à une fin ſi louable, Ferdinand II. notre très-honoré Bis-Ayeul, s'étant ſpécialement attaché à régler par ſon Teſtament du 10. Mai 1621. confirmé par ſes Codiciles du 8. Août 1635. l'Ordre de la Succeſſion entre les Archiducs ſes Fils & leurs Deſcendans Mâles, par forme de Fidei commis perpétuel, appellé communement Majorat, en ordonnant que les Filles renonçaſſent à l'Héredité & ſe contentaſſent de leur Dot, ſauf toutefois leur Droit de retour. Feu l'Empereur Leopold, notre très-honoré Seigneur & Pere de glorieuſe memoire, comme Chef de notre Auguſte Maiſon, & ſeul en droit de diſpoſer de ſes Royaumes & Provinces Héréditaires, ayant ſuivi le ſusdit Ordre de Succeſſion, a établi le même Majorat par le partage qu'il a fait le 12. Septembre 1703. entre notre très-cher & très-aimé Frere l'Empereur Joſeph d'heureuſe mémoire, alors Roi des Romains, & Nous, de tous ſes Royaumes & Etats ſituez tant en ces Païs que dans la Monarchie d'Eſpagne & dans la Dépendance d'icelle, convertiſſant ledit ordre de Succeſſion en un vrai Droit de Primogéniture perpétuelle en faveur des mâles; Et pour plus de ſûreté, ajoûtant au Traité de très-ſolemnels Pactes de Succeſſion ou de Famille, qui furent acceptez & confirmez par Serment des Parties contractantes de part & d'autre: Dans leſquels, après qu'on eut réglé & clairement expliqué l'Ordre qui ſe devoit obſerver entre les ſusdits Empereur Joſeph notre Frere & Nous, & nos Deſcendans, ou celui des deux qui ſurvivroit l'autre & ſa Poſterité, dans la maniere de ſe ſucceder les uns aux autres, tant en noſdits Royaumes & Provinces de par deçà, qu'en ceux qui compoſent la Monarchie d'Eſpagne, il a été auſſi principalement convenu & diſpoſé, que les Hoirs Mâles, tant qu'il y en aura, excluront les Femelles à perpétuité, & qu'entre les Mâles l'aîné exclurra tous les autres Freres plus jeunes de toute l'Héredité; de ſorte que la ſucceſſion à tous ces Royaumes & Etats, en quelque part qu'ils ſoient, demeurera toute entiere & indiviſée, attachée inſéparablement à l'aîné des Mâles, ſelon l'Ordre de la Primogéniture: Dans leſquels ſusdits Pactes & Conventions de Succeſſion a été auſſi diſpoſé & réglé la maniere dont les Archiducheſſes doivent ſe ſucceder au défaut des Mâles, ſi le cas y écheoit, (ce qu'à Dieu ne plaiſe.)

Après la mort de l'Empereur Joſeph, notre très-cher & très-aimé Frere d'heureuſe mémoire, étant auſſi devenu l'unique Succeſſeur & Héritier, tant de notre propre Chef que par le droit du ſang, & en vertu des Diſpoſitions faites par nos Auguſtes Ancêtres, de tous les Royaumes & Etats Héreditaires de par deçà, & Nous nous en trouvant aujourd'hui le ſeul Maître abſolu, Nous avons par notre Déclaration & Diſpoſition publiée le 19. Avril 1713. en préſence d'un grand nombre de nos Conſeillers d'Etats intimes, Gouverneurs & Préſidens de nos Provinces, & de nos autres Miniſtres, renouvellé non-ſeulement le Droit de Primogeniture déja ſi fortement établi & enraciné dans notre Auguſte Maiſon, mais Nous l'avons de plus, en vertu de notre pleine puiſſance, & ſelon l'exigence de l'état de nos affaires, érigé en forme de Pragmatique Sanction & Edit perpétuel & irrevocable, & Nous y avons nommément expliqué ce Droit de Primogéniture & de Succeſſion établi par feu l'Empereur Leopold entre les Princes Mâles de notre Auguſte Maiſon, & au défaut d'iceux étendu dans la même maniere aux Archiducheſſes, en déclarant en des termes intelligibles & exprès, qu'au défaut des Mâles la Succeſſion écherra, en premier lieu aux Archiducheſſes nos Filles, en ſecond lieu aux Archiducheſſes nos Nieces, Filles de notre Frere, & en troiſieme lieu aux Archiducheſſes nos Sœurs, & enfin à tous leurs Héritiers & Deſcendans de l'un & de l'autre ſexe: Voulant qu'en tous ces cas Elles gardent entr'Elles l'Ordre de Succeſſion lineale, tel qu'il eſt marqué dans notre ſusdit Reglement, qui eſt tout à fait conforme à celui qui a été établi pour les Mâles, ſelon le Rang de la Primogéniture & Succeſſion Linéale.

En conſéquence & en execution de cette Sanction, la Séreniſſime Archiducheſſe Marie-Joſephe, née Princeſſe Royale de Hongrie & de Boheme, & des deux Siciles, à préſent Epouſe du Séreniſſime Prince Royal de Pologne & Electoral de Saxe, a non-ſeulement avant Nous déclaré d'adhérer & d'accepter les Pactes de Famille, le Droit de Primogéniture déja établi dans notre Auguſte Maiſon, & le ſusdit Ordre préſent pour la Succeſſion Linéale, confirmant ſon acception par ſon Acte de Renonciation formel, & par

ſon

ANNO 1723.

son Serment; mais Elle a aussi ratifié par semblable Serment qu'Elle a réiteré après son Mariage, & avec Elle le Sérenissime Roi de Pologne, Grand Duc de Lithuanie, & Electeur de Saxe, son Beau-Pere, comme aussi le Sérenissime Prince Royal & Electoral son Mari, ont reconnu, & se sont obligés par Serment solemnel, en termes formels, d'observer ledit Droit de Primogéniture & le susdit Ordre de Succession: C'est aussi en cette conformité des prédites dispositions, que dans le même tems, par une Déclaration également solemnelle, il a été réservé à cette Serenissime Archiduchesse, & ses Descendans de l'un & de l'autre Sexe, leur Droit de succéder aux Royaumes de leurs Ayeux & aux Provinces Autrichiennes, selon l'ordre de la Naissance & la Règle établie, arrivant le défaut d'Archiducs, ce qu'au Ciel ne plaise jamais. La même chose a été observée ensuite avec la Ser. Archiduchesse Marie-Amelie, née Princesse Royale de Hongrie & de Boheme, & des deux Siciles, présentement Epouse du Seren. Prince Electoral de Baviere, laquelle a pareillement avant ses Noces déclaré d'adhérer & d'accepter les Pactes de Famille, le Droit de Primogéniture déja établi dans notre Auguste Maison, & le susdit Ordre présent pour la Succession Linéale, confirmant son acception par son Acte de Renonciation formel; & par son Serment, l'ayant de même ratifié par semblable Serment qu'Elle a réiteré après son Mariage, & avec Elle le Ser. Electeur de Baviere son Beau-Pere, comme aussi le Ser. Prince Electoral son Mari, ont reconnu & se sont obligez par Serment solemnel, en termes formels, d'observer le susdit Ordre de Succession, en conséquence des prédites dispositions, par une Déclaration & stipulation pareillement solemnelle. Il a été dans le même tems réservé à cette Ser. Archiduchesse, & à ses Descendans de l'un & de l'autre Sexe, leur Droit de succeder aux Royaumes de ses Ayeux & aux Provinces Autrichiennes, selon l'ordre de la Naissance & la Regle établie, arrivant le défaut d'Archiducs, (ce qu'à Dieu ne plaise jamais.)

Et comme toutes ces sages précautions & tant de Réglemens utiles n'ont été pris & faits par nos glorieux Ayeux & Prédecesseurs, que pour le bien & le repos de nos Peuples, la sûreté & tranquillité de nos Etats, & pour en empêcher le démembrement; c'est dans ces mêmes vûës que Nous nous sommes donné le soin de les éclaircir & d'expliquer la nature de ces Pactes mutuels de Famille, de fixer mieux le vrai Etat de ce Droit de Primogéniture, & de rediger dans une forme plus distincte l'Ordre de Succession qui se doit desormais observer entre ces Princes, & à leur défaut entre les Princesses de notre Auguste Maison; & c'est encore dans le même dessein que Nous avons jugé qu'il seroit très-avantageux, & même de la derniere importance, d'envoyer cette présente Déclaration dans tous nos Royaumes Héreditaires, Archiduchez, Duchez, Comtez, Seigneuries, & autres Provinces de notre obéïssance, que Nous possedons tant en Allemagne que hors de l'Allemagne, pour y être publiée & reçue selon l'usage & la coûtume de chacun desdits Païs: Et puisque toutes ces salutaires Sanctions, dont mention a été si souvent faite ci-dessus, ont uniquement pour but l'affermissement d'une certaine Succession, & l'union perpétuelle & indivisible de tous nos Royaumes & Païs, union de laquelle dépend principalement la felicité publique, le salut de nos Royaumes & le repos de nos fidelles Sujets, Nous requerons & ordonnons en bon Pere aux fidelles Etats de nos susdits Royaumes & Provinces, de les recevoir de bon gré & avec toute la soumission qui Nous est due, & de les accepter comme une Pragmatique Sanction, qui doive à jamais avoir toute la force d'une Loi immuable, & de les faire ensuite promulguer dans leurs Assemblées publiques, comme un Réglement perpétuel & inalterable du Droit de Primogéniture fixement établi dans notre Auguste Maison, premierement entre les Hoirs Mâles, & à leur défaut entre les femelles, selon l'ordre désigné de la Succession Linéale, & enfin de les tenir pour une Loi sûre & certaine, qui doive inviolablement être suivie & observée dans tous les Cas & Evenemens qui pourroient arriver à ces égards, tant dans nos Provinces des Païs Bas, que dans nos autres Royaumes & Païs Héreditaires.

C'est pourquoi, de notre certaine science, autorité & pleine puissance, qui Nous compete ou competer peut, tant en qualité d'Empereur qu'autrement, comme étant respectivement Souverain, Prince & Seigneur desdits Païs-Bas, Nous avons dérogé & dérogeons à la Pragmatique Sanction que feu l'Empereur Charles V. notre Prédécesseur de glorieuse memoire, fit le 4. Novembre 1549. touchant la Succession à ces mêmes Provinces, laquelle Pragmatique Sanction y a été acceptée par les Etats d'icelles & observée jusques à present; & ce entant qu'elle n'est pas conforme à la présente notre Sanction Pragmatique, Voulons neanmois que la susdite Pragmatique Sanction de l'Empereur Charles V. y soit inviolablement observée dans tous les points qui ne concernent pas la Succession aux Provinces sus-mentionnées.

A Ces Causes, pour la confiance que nous avons en la personne de notre très-cher & feal, Hercules-Joseph-Louïs Turinetti, Marquis de Prié, notre Conseiller d'Etat Intime, & Plénipotentiaire aux Païs-Bas en l'absence du Prince Eugene de Savoye, notre Lieutenant Gouverneur & Capitaine-Général d'iceux, l'avons commis, établi & autorisé, comme Nous le commettons, établissons & autorisons par ces Présentes, lui donnant Plein-pouvoir & Mandement special, pour de notre part communiquer ce que dessus à chacun des très-fidelles Etats de nos Provinces des Païs-Bas, & leur proposer de les requerir de vouloir, avec une due déference & parfaite gratitude, s'y conformer. Donnons en outre audit Marquis de Prié, pouvoir & autorité, pour accepter les Actes de soumission & de consentement de chacun desdits très-fidelles Etats, & la faculté de substituer en sa place une ou plusieurs personnes à l'effet des susdites communication, proposition, & requisition avec ce qui en dépend, promettant d'avoir pour agreable, ferme & stable, ce qui par ledit Marquis, & ceux qu'il aura substituez en vertu de ces Présentes, aura été fait.

En foi de quoi Nous avons signé ces Présentes, & à icelles fait mettre notre Scel. Donné en notre Ville de Vienne le 7. jour du mois d'Avril de l'an de grace 1723. & de nos Regnes de l'Empire Romain le 12. d'Espagne le 20. & de Hongrie & de Boheme aussi le 12.

Etoit Paraphé, Prince de Cordoua, Pr. vt. Signé, Charles: Et plus bas par Ordonnance de Sa Majesté, A. J. Kruz. &c.

CXVII.

(1) *Declaration du Roi de France* LOUIS XV. *qui changeant, annullant ou confirmant diverses Declarations précedences, regle l'Etat & le rang des Princes Légitimez. du 26. Avril* 1723. [Mercure Historique Tom. 74. pag. 569.] 26 Avril.

LOUIS, &c.

A Tous ceux qui ces presentes verront, Salut. L'affection que nous avons apportée en naissant pour les interêts d'une Nation, au Gouvernement de laquelle la Providence divine Nous a appellé; Nous a engagé dès les premieres années de notre Regne à nous faire représenter l'Edit du feu Roi notre très-honoré Seigneur, & Bis-ayeul, du mois de Juillet 1714 par lequel il auroit appellé au défaut des Princes légitimes de la Maison de Bourbon, Louïs Auguste de Bourbon, Duc du Maine, & Louïs Alexandre de Bourbon, Comte de Toulouse, ses Fils légitimez, & leurs Enfans & Descendans mâles à perpétuité, au Droit de succeder à la Couronne de France, exclusivement à tous autres, & auroit en conséquence ordonné, qu'ils jouïroient à l'avenir, tant dans sa Cour que dans ses Parlemens, de tous les Honneurs & Prérogatives qui n'appartiennent qu'aux Princes issus de Sang Royal par une filiation légitime, qui seule peut donner Droit à la Couronne; & ayant reconnu, que ce qui n'étoit dans l'intention du feu Roi que l'effet d'une prévoyance, qu'il avoit cru necessaire pour prévenir des troubles, & assûrer la tranquillité dans ce Royaume, non seulement donnoit atteinte au Droit qui appartient le plus incontestablement à la Nation Françoise, de se choisir

(1) Nous mettrons, après cette *Declaration*, celles dont elle fait mention, d'autant qu'elle ne se trouvent pas sous leurs dattes ni dans le Corps Diplomatique, ni dans le Suplement.

ANNO 1723.

ſir un Roi, au cas que dans la ſuite des tems ſa Race des Princes légitimes de la Maiſon de Bourbon vint à s'éteindre; mais qu'il étoit déja devenu la ſource d'une diviſion inévitable entre les Princes de notre ſang, & les Princes légitimez, par la confuſion des Rangs & des Honneurs, que la Nation défere avec joye à ceux qu'une légitime naiſſance appelle au Droit de ſucceder à la Couronne, & qui ne peuvent être communiquez à ceux qui par la conſtitution de cette Monarchie ſe trouvent exclus de cette Succeſſion. Ces juſtes conſiderations Nous ont porté à donner au mois de Juillet de l'année 1717. un Edit, par lequel Nous avons révoqué celui du feu Roi du mois de Juillet 1714. enſemble ſa Déclaration du 23 Mai 1715. par laquelle il auroit ſtatué & ordonné, qu'il ne ſeroit fait aucune difference entre les Princes du ſang Royal & ſesdits Fils légitimez, & leurs Deſcendans en légitime Mariage; & en conſéquence, qu'ils prendroient la qualité de Princes du Sang, & qu'elle leur ſeroit donnée en tous Actes judiciaires & autres quelconques; & que ſoit pour le Rang, la Séance, & generalement pour toutes ſortes de Prérogatives, les Princes de ſon Sang & ſesdits Fils légitimez, & leurs Deſcendans ſeroient traitez également, conformément audit Edit du mois de Juillet 1714. & neanmoins ayant égard à la poſſeſſion dans laquelle étoient nos très-chers & très-amez Oncles le Duc du Maine & le Comte de Toulouſe, de recevoir dans notre Cour de Parlement, les Honneurs qui leur avoient été déferez depuis, & en conſéquence dudit Edit du mois de Juillet 1714., & à leur mérite perſonnel, Nous aurions ordonné qu'ils continueroient de joüir deſdits Honneurs ſans tirer à conſéquence, Nous reſervant d'expliquer nos intentions ſur l'entrée & ſeance en notre dit Parlement, de nos très-chers & très-amez Couſins le Prince de Dombes, & le Comte d'Eu, & ſur les Honneurs dont ils pourroient joüir. Mais ayant peu de tems après reçu de très-humbles remontrances de la part des Ducs & Pairs de France, au ſujet de la Déclaration du feu Roi du 5. Mai 1694, par laquelle il auroit ordonné que ſesdits Fils légitimez, & leurs Deſcendans en légitime Mariage, tiendroient le premier Rang après les Princes du Sang Royal, & précederoient en tous Lieux, Actes, Céremonies & Aſſemblées publiques & particulieres, même en ſa Cour de Parlement de Paris, & ailleurs en tous Actes de Pairies quand ils en auroient, tous les Princes de Maiſons qui auroient des Souverainetez hors du Royaume, & tous autres Seigneurs de quelque qualité qu'ils puiſſent être, nonobſtant toutes Lettres & Déclarations à ce contraires; & quand même les Pairies deſdits Princes & Seigneurs ſe trouveroient plus anciennes que celles de ſesdits Fils naturels & légitimez, & de leurs Enfans: Comme auſſi au ſujet des Brevets accordez par le feu Roi au mois de Mai 1711. à ſesdits Fils légitimez, pour leur attribuer & à leurs Enfans dans ſa Cour, & en toutes Cérémonies publiques & particulieres, aux Audiences des Ambaſſadeurs des Princes étrangers, aux Logemens, & generalement en toutes rencontres & occaſions, des Honneurs, Rangs & Préſéances qui n'avoient jamais appartenu qu'aux Princes du Sang Royal, pour en joüir immédiatement après eux: Et pareillement au ſujet de l'Edit du feu Roi du même mois de ladite année 1711. (1) par lequel il auroit ordonné que ſesdits Fils légitimez, & leurs Enfans & Deſcendans mâles qui poſſederoient des Pairies repréſenteroient les anciens Pairs aux Sacres des Rois après & au défaut des Princes du Sang Royal, à l'excluſion de tous autres, & qu'ils auroient Droit d'Entrée & Voix déliberative en ſes Cours de Parlement, tant aux Audiences qu'aux Chambres du Conſeil, à l'âge de 20. ans, en prêtant le Serment ordinaire des Pairs, avec ſéance immédiatément après leſdits Princes du Sang, conformement à ſa Déclaration du 5. Mai 1694., & précederoient tous les Ducs & Pairs, quand même leurs Duchez & Pairies ſeroient moins anciennes que celles deſdits Ducs & Pairs; Nous avons cru devoir rétablir en faveur deſdits Ducs & Pairs, l'ordre ancien du Rang des Duchez-Pairies; & pour cet effet Nous avons par notre Edit du mois d'Août 1718., revoqué ladite Déclaration du 5 Mai 1694. donnée en faveur des Duc du Maine & Comte de Toulouſe, enſemble ledit Edit du mois de Mai 1711., en ce qu'il leur auroit attribué, & à leurs Deſcendans mâles, le Droit de repréſenter les anciens Pairs aux Sacres des Rois, à l'excluſion des autres Pairs de France, & en ce qu'il leur auroit permis de prêter le Serment de Pair au Parlement à l'âge de 20. ans, & de donner une Pairie à chacun de leurs Enfans mâles, pour en joüir aux mêmes Honneurs du vivant même de leurs Peres; & en conſéquence Nous aurions ordonné que leſdits Ducs du Maine & Comte de Toulouſe, n'auroient Rang & Séance en notre Cour de Parlement, près de Nous, dans les Céremonies publiques & particulieres, & par-tout ailleurs, que du jour de l'erection de leurs Pairies, & comme en joüiſſent les autres Ducs & Pairs de France; auquel effet Nous aurions dérogé à notre Edit du Mois de Juillet 1717., en ce que par celui Nous aurions ordonné que leſdits Ducs du Maine & Comte de Toulouſe continueroient de recevoir les Honneurs dont ils avoient joüi en notre Cour de Parlement depuis ledit Edit du Mois de Juillet 1714., & à tous autres titres à ce contraires, & néanmoins par un effet de la conſideration particuliere que Nous avons pour notre très-cher & très-amé Oncle le Comte de Toulouſe tous les Honneurs, Rangs, Séances & Prérogatives, dont il avoit joüi avant notre dit Edit dudit mois & an, ſans tirer à conſequence, & ſans que ſous quelque prétexte que ce fût pareille prérogative pût être accordée ni à ſes Deſcendans, ni à aucun autre, tel qu'il pût être: Nous déſirerions encore pouvoir lui conſerver des Honneurs dont il s'eſt montré ſi digne; mais Nous ne ſaurions voir qu'avec peine la difference de ſon état à celui auquel notre très-cher & très-amé Oncle le Duc du Maine ſe trouve réduit depuis notre dit Edit du mois d'Août 1718., & Nous ne pouvons plus long-tems lui refuſer, & à notre très-chere & très-amée Tante la Ducheſſe du Maine, la ſatisfaction qu'ils attendent de Nous, de regler & aſſûrer, tant à notre dit Oncle le Duc du Maine, qu'à ſes Enfans, un état certain & convenable à l'honneur qu'ils ont d'être alliez d'auſſi près à tous les Princes de notre ſang, en gardant néanmoins une juſte proportion dans la difference des Honneurs qui ſont dus aux Princes du Sang Royal, à ceux qui peuvent être accordez à des Princes legitimez, ou à leurs Enfans, & rendant au ſurplus l'état & la condition de noſdits Oncles le Duc du Maine & Comte de Toulouſe égaux en tout. A quoi déſirant pourvoir & rétablir l'union telle qu'elle doit être entre des perſonnes auſſi proches, Nous aurions par le Brevet que Nous avons ce jourd'hui fait expedier en faveur de noſdits Oncles les Duc du Maine & Comte de Toulouſe, & les Enfans dudit Duc du Maine, reglé les Honneurs & diſtinctions dont Nous entendons qu'ils joüiſſent en notre Cour & près de notre perſonne, en ſorte qu'il ne Nous reſte plus qu'à fixer les Rangs, Honneurs & Prérogatives dont Nous voulons qu'ils joüiſſent dans nos Parlemens. A CES CAUSES, & autres à ce Nous mouvans; de l'avis de notre Conſeil, & de notre certaine ſcience, pleine puiſſance, & autorité Royale, Nous avons déclaré, & par ces preſentes ſignées de notre main, diſons, declarons, voulons & Nous plaît, que noſdits Oncles les Duc du Maine & Comte de Toulouſe, & après le decès ou la démiſſion des Pairies de notre dit Oncle le Duc du Maine, nos Couſins le Prince de Dombes & le Comte d'Eu, joüiſſent leur vie durant ſeulement, dans nos Cours de Parlement, tant aux Audiences que Chambres du Conſeil, du Droit d'Entrée, Rang, Seance & Voix deliberative après les Princes de notre Sang, & avant tous les Ducs & Pairs, de quelque qualité & dignité qu'ils puiſſent être; & ce en vertu de leurs Pairies, quand même elles ſeroient moins anciennes que celles d'aucuns deſdits Ducs & Pairs, après néanmoins (pour ce qui concerne les Enfans de notre dit Oncle le Duc du Maine) qu'ils auront été reçus, en notre Cour du Parlement de Paris, avec le ſerment accoutumé, & prendront leur Rang entr'eux du jour de leur reception. N'entendons toutefois que lors qu'ils viendront y prendre ſéance,

(1) Il n'y a dans cet Edict que l'Art. II. qui concerne les Princes légitimez tel que le voici.

„ II. Nos Enfans légitimez, & leurs Enfans & Deſcendans „ mâles qui poſſederont des Pairies aux Sacres des Rois, après & „ & au défaut des Princes du Sang, & auront Voix déliberative „ dans nos Cours de Parlement tant aux Audiences qu'au Con„ ſeil, à l'âge de 20. ans, avec ſéance immédiate après leſdits „ Princes du Sang, & ils y précéderont tous les Ducs & Pairs, „ quand même leurs Duchez & Pairies, ſeroient moins ancien„ nes; & en cas qu'ils ayent pluſieurs Pairies & pluſieurs Enfans „ mâles, leur permettons (en ſe reſervant une Pairie pour eux) „ d'en donner une à chacun de leurs Enfans, pour en joüir a„ vec les mêmes prérogatives, du vivant même de leurs Peres.

ANNO 1723. séance, ils puissent traverser le Parquet, ce que Nous reservons aux seuls Princes de notre sang, ni être précedez de plus d'un Huissier, ni que leurs suffrages soient pris autrement, par celui qui y presidera, qu'en les appellant du nom de leur Pairie, & leur ôtant le Bonnet, ainsi qu'il a été ci-devant pratiqué à leur égard. Et afin que ce qui est ci-dessus ordonné, demeure ferme & stable, Nous avons, de la même autorité que dessus, revoqué & revoquons tous Edits, Declarations, Lettres Patentes, Brevets & autres Titres de quelque nature qu'ils soient donnez, soit par les Rois nos Prédecesseurs, ou par Nous, en ce qu'ils contiennent de contraire à ces Présentes, & au Brevet que Nous avons ce jourd'hui fait expedier en faveur de nosdits Oncles les Duc du Maine & Comte de Toulouse, & des Enfans de notredit Oncle le Duc du Maine; du contenu duquel Nous voulons qu'ils jouïssent leur vie durant, SI DONNONS EN MANDEMENT, &c. Donné à Versailles le 26. Avril 1723.

Signé, LOUIS &c.

Edit du Roi LOUIS XV. *en faveur des Princes légitimés du mois de Juillet* 1714.

LOUIS, &c. L'affection que Nous portons à notre très-cher & bien aimé Fils, Louis Auguste de Bourbon, Duc du Maine, & à notre très-cher & bien aimé Fils, Louis-Alexandre de Bourbon, Comte de Toulouse, Nous a engagez à les légitimer, & à leur donner le nom de Bourbon, par nos Lettres du mois de Decembre 1673., registrées par-tout où il a été besoin; Nous avons vû depuis avec une entiére satisfaction, qu'ils se sont rendus dignes du nom qu'ils portent: l'attachement qu'ils ont toûjours eu pour notre Personne, le zèle qu'ils ont marqué pour le bien de l'Etat, Nous les a fait juger capables de posséder les plus grandes Charges, & les Gouvernemens des principales Provinces du Royaume; Nous avons aussi estimé devoir les faire joüir des prérogatives & avantages dûs à leur naissance, en leur accordant au mois de Mai 1694. des Lettres pour tenir, eux & leurs descendans en legitime mariage, le premier rang immédiatement après les Princes du Sang Royal, en tous Lieux, Actes, Céremonies & Assemblées publiques & particuliéres, même en notre Cour de Parlement de *Paris* & ailleurs, en tous Actes des Pairies quand ils en auroient, & préceder tous les Princes des Maisons qui ont des Souverainetez hors notre Royaume, & tous autres Seigneurs de quelque qualité & dignité qu'ils puissent être, & en ordonnant que dans toutes les Céremonies qui se font en notre présence & partout ailleurs, nosdits Fils le Duc du Maine & ses Enfans, le Comte de Toulouse & ses Enfans, jouïssent des mêmes honneurs, rangs & distinctions, dont de tout tems ont accoûtumé de joüir les Princes de notre Sang, ce que Nous leur aurions confirmé par nos Brevets des 20. & 21. Mai 1711. Mais voulant leur donner encore de plus grandes marques de notre tendresse & de notre estime, Nous croyons devoir porter nos vues plus loin en leur faveur, en pourvoyant en même tems à ce que Nous croyons être du bien & de l'avantage de notre Etat: & quoique par le grand nombre de Princes du Sang, dont la Maison Royale est présentement composée, il y ait tout sujet d'espérer que Dieu continuant d'y répandre sa bénediction, la Couronne y demeurera pendant une longue suite de siécles, une sage prevoyance exige néanmoins de notre amour pour la tranquillité de notre Royaume, que Nous prevenions les malheurs & les troubles qui pourroient y arriver, si tous les Princes de notre Maison Royale venoient à manquer, ce qui feroit naître des divisions entre les grands Seigneurs du Royaume, & donneroit lieu à l'ambition pour s'assûrer la souveraine autorité par le sort des Armes, & par d'autres voyes également fatales à l'Etat. La crainte d'un si triste évenement, que Nous prions Dieu d'éloigner à jamais, Nous engage d'assûrer à notre Royaume des Successeurs qui y soient déja fortement attachez par leur naissance, & de designer ceux à qui cette Couronne devra être dévolue dans les tems à venir, s'il arrivoit qu'il ne restât pas un seul Prince légitime du Sang & de la Maison de Bourbon, pour porter la Couronne de France; Nous croyons qu'en ce cas l'honneur d'y succéder seroit dû à nosdits Enfans légitimés, & à leurs Enfans & Descendans mâles nez en légitime Mariage, tant que leurs Lignes subsisteront, comme étant issus de Nous. POUR CES CAUSES, & autres bonnes & grandes considerations à ce Nous mouvans, de l'avis de notre Conseil & de notre propre mouvement, certaine science, pleine puissance & autorité Royale, Nous avons dit, déclarons & ordonnons par le présent Edit perpetuel & irrévocable, que si dans la suite des tems tous les Princes légitimes de notre Auguste Maison de Bourbon venoient à manquer, en sorte qu'il n'en restât pas un seul pour être héritier de notre Couronne, elle soit, dans ce cas, dévolue & déferée de plein droit à nosdits Fils légitimez, & à leurs Enfans & Descendans mâles à perpétuité, nez & à naître en légitime Mariage, gardant entr'eux l'ordre de Succession, & préferant toûjours la Branche aînée à la cadette, les déclarans par cesdites Présentes, capables audit cas seulement de manquement de tous les Princes legitimes de notre Sang, de succeder à la Couronne de France exclusivement à tous autres. Voulons aussi que nosdits Fils légitimez le Duc du Maine, & ses enfans & descendans mâles, & aussi le Comte de Toulouse & ses enfans & descendans mâles à perpétuité, nez en légitime mariage, ayent entrée & Séance en notre Cour de Parlement, au même âge que les Princes de notre Sang, encore qu'ils n'eussent point de Pairies, sans être obligez d'y prêter serment, & qu'ils y reçoivent & jouïssent des mêmes honneurs qui sont rendus aux Princes de notre Sang, qu'ils soient en tous lieux & toutes occasions regardez & traitez comme les Princes de notre Sang, & avant tous les autres Princes des Maisons Souveraines, & tous autres Seigneurs de quelque dignité qu'ils puissent être; voulons que cette prérogative d'entrée & Séance au Parlement, & de joüir pour eux & leurs descendans, tant dans les Céremonies qui se font & se feront en notre présence, & des Rois nos Successeurs, qu'en tous autres lieux, des mêmes rangs, honneurs, & préseances dues à tous les Princes du Sang Royal, après néanmoins tous lesdits Princes de notre Sang, soit attachée à leurs Personnes, & à celles de leurs descendans à perpétuité, à cause de l'honneur & avantage qu'ils ont d'être issus de Nous, dérogeant à nos Edits des mois de Mai 1692. & Mai 1711., en ce qu'ils peuvent être contraires à ces Présentes seulement. SI DONNONS EN MANDEMENT, &c. DONNÉ à *Marly* au mois de Juillet, l'an de grace 1714., & de notre Régne le 72.

Signé,

LOUIS;

Et plus bas,

Par le Roi PHELYPEAUX.

(1) *Edit du Roi* LOUIS XV. *du mois de Juillet* 1717. *qui revoque & annulle la Declaration du mois de Juillet* 1714. *& du* 23 *Mai* 1715. *Donné à Paris au mois de Juillet* 1717. [Ceremonial de France pag. 386.]

LOUIS, par la grace de Dieu, Roi de France & de Navarre: A tous présens & avenir, SALUT. Le feu Roi notre très-honoré Seigneur & Bisayeul a ordonné par son Edit du mois de Juillet 1714. Que si dans la suite des tems tous les Princes légitimes de l'Auguste Maison de Bourbon venoient à manquer, en sorte qu'il n'en restât pas un seul pour être héritier de notre Couronne, elle seroit en ce cas devolue & déferée de plein droit à *Louis Auguste de Bourbon* Duc du *Maine*, & à *Louis Alexandre de Bourbon* Comte de *Toulouse*, ses Enfans légitimez, & à leurs Enfans & descendans mâles à perpétuité, nez & à naître en légitime Mariage, gardant entr'eux l'ordre de succession, & préferant toûjours la Branche aînée à la cadette, les déclarant audit cas seulement de manquement de tous les Princes légitimes de notre Sang, capables de succeder à la Couronne de France exclusivement à tous autres: voulant aussi que sesdits Fils légiti-

(1) Cet Edit n'étoit que pour mettre ordre à quelque demêlé survenu dans le Parlement au sujet de la séance des Princes legitimez & de la maniere de demander leur avis.

ANNO 1723.

légitimez le Duc du *Maine*, & ſes enfans & deſcendans mâles, & pareillement le Comte de *Toulouſe* & ſes deſcendans mâles à perpétuité, nez en légitime mariage, euſſent entrée & ſéance en notre Cour de Parlement au même âge que les Princes de notre Sang, encore qu'ils n'euſſent point de Pairies, ſans être obligez d'y prêter Serment, & qu'ils y joüiſſent des mêmes honneurs qui ſont rendus aux Princes de notre Sang, après néanmoins tous leſdits Princes, & avant tous les autres Princes des Maiſons Souveraines, & avant tous autres Seigneurs de quelque dignité qu'ils puiſſent être. Voulant enfin que cette prérogative d'entrée & ſéance au Parlement, & de joüir par leurs deſcendans, tant dans les Cérémonies qui ſe faiſoient & ſe feroient en ſa préſence, & des Rois ſes Succeſſeurs, qu'en tous autres lieux, des mêmes rangs, honneurs & préſéances dues à tous leſdits Princes de ſon Sang Royal, après néanmoins tous les Princes, fut attachée à leurs perſonnes & à celles de leurs deſcendans à perpétuité, à cauſe de l'honneur & avantage qu'ils ont d'être iſſus de lui, dérogeant à ſes Edits des mois de Mai 1694. & Mai 1711. en ce qu'ils pouvoient être contraires audit Edit du mois de Juillet 1714. Depuis cet Edit regiſtré en notre Cour de Parlement de Paris le 2. Août de l'année 1714. quelques unes des Chambres de notredite Cour, ayant fait difficulté de recevoir les Requêtes de noſdits Oncles avec la qualité de Princes du Sang, & de la leur donner dans les jugemens où ils étoient parties, le feu Roi notre très-honoré Seigneur & Biſayeul, ordonna par ſa Déclaration du 23. Mai 1715. que dans notre Cour de Parlement & par tout ailleurs, il ne feroit fait aucune difference entre les Princes du Sang Royal & ſeſdits Fils légitimez & leurs deſcendans en légitime mariage, & en conſequence qu'ils prendroient la qualité de Prince du Sang, & qu'elle leur ſeroit donnée en tous Actes Judiciaires, & tous autres quelconques, & que ſoit pour le rang, la ſéance, & généralement pour toutes ſortes de prérogatives, les Princes de notre Sang, & ſeſdits Fils & leurs deſcendans ſeroient traitez également, après néanmoins le dernier des Princes de notre Sang, conformement à l'Edit du mois de Juillet 1714. qui ſeroit exécuté ſelon ſa forme & teneur. Mais la mort nous ayant enlevé le feu Roi notre très-honoré Seigneur & Biſayeul, trois mois après cette Déclaration, Nos très amez Couſins le Duc de *Bourbon*, le Comte de *Charollois*, & le Prince de *Conty*, Princes de notre Sang, nous ont très-humblement ſuppliez de revoquer l'Edit du mois de Juillet 1714. & la Déclaration du 23. Mai 1715. à l'effet de quoi ils nous ont préſenté une Requête & differens Mémoires, & nos très amez Oncles le Duc du *Maine* & le Comte de *Toulouſe*, ayant auſſi expoſé leurs raiſons par pluſieurs Mémoires, ils nous ont préſenté une Requête par laquelle ils nous ont ſupplié, ou de renvoyer la Requête par laquelle ils nous ont ſupplié, ou de renvoyer la Requête des Princes de notre Sang à notre Majorité, ou ſi nous jugions à propos de la décider pendant notre Minorité, de ne rien prononcer ſur la queſtion de la ſucceſſion à la Couronne, avant que les Etats du Royaume juridiquement aſſemblez, ayent déliberé ſur l'interêt que la Nation peut avoir aux diſpoſitions de l'Edit du mois de Juillet 1714. & s'il lui eſt utile ou avantageux d'en demander la revocation. Cette Requête a été ſuivie d'une Proteſtation paſſée par devant Notaire, qui tend aux mêmes fins, & dont nos très chers & amez Oncles le Duc du *Maine* & le Comte de *Toulouſe* ont demandé que le dépôt fut fait au Greffe de notre Cour de Parlement à Paris, auquel ils ont preſenté une Requête à cet effet. Mais notredite Cour toujours attentive à conſerver les regles de l'ordre public, & à nous donner des marques de ſon reſpect & de ſon zèle pour notre autorité, a jugé avec ſa prudence ordinaire, qu'elle ne pouvoit prendre d'autre parti ſur cette Requête, que de nous en rendre compte, pour recevoir les ordres qu'il nous plairoit de lui donner: ainſi Nous voyons avec déplaiſir, que la diſpoſition que le feu Roi notre très honoré Seigneur & Biſayeul avoit faite, comme il le déclare lui-même par ſon Edit du mois de Juillet 1714. pour prevenir les malheurs & les troubles qui pourroient arriver un jour dans ce Royaume, ſi tous les Princes de ſon Sang Royal venoient à manquer, eſt devenuë, contre ſes intentions, le ſujet d'une diviſion préſente entre les Princes de notre Sang & les Princes légitimez, dont les ſuites commencent à ſe faire ſentir, & que le bien de l'Etat exige qu'on

ANNO 1723.

arrête dans ſa naiſſance. Nous eſperons que Dieu, qui conſerve la Maiſon de France depuis tant de ſiécles, & qui lui a donné dans tous les tems des marques ſi éclatantes de ſa protection, ne lui ſera pas moins favorable à l'avenir, & que la faiſant durer autant que la Monarchie, il détournéra par ſa bonté le malheur qui avoit été l'objet de la prévoyance du feu Roi: Mais ſi la Nation Françoiſe éprouvoit jamais ce malheur, ce ſeroit à la Nation même qu'il apartiendroit de la reparer par la ſageſſe de ſon choix: & puiſque les Loix fondamentales de notre Royaume nous mettent dans une heureuſe impuiſſance d'aliener le Domaine de notre Couronne, Nous faiſons gloire de reconnoitre qu'il nous eſt encore moins libre de diſpoſer de notre Couronne même: Nous ſavons qu'elle n'eſt à nous que pour le bien & pour le ſalut de l'Etat, & que par conſéquent l'Etat ſeul auroit droit d'en diſpoſer dans un triſte évenement que nos Peuples ne prévoyent qu'avec peine, & dont nous ſentons que la ſeule idée les afflige. Nous croyons donc devoir à une Nation ſi fidelement & ſi inviolablement attachée à la Maiſon de ſes Rois, la juſtice de ne pas prévenir le choix qu'elle auroit à faire, ſi ce malheur arrivoit: & c'eſt pour cette raiſon qu'il nous a paru utile de la conſulter en cette occaſion, où nous n'agiſſons que pour elle, en revoquant une diſpoſition ſur laquelle elle n'a pas été conſultée, notre intention étant de la conſerver dans tous ſes droits, en prévenant même ſes vœux, comme nous nous ſerions toujours crûs obligez de le faire pour le maintien de l'ordre public, independamment des repreſentations que nous avons reçûes de la part des Princes de notre Sang. Mais après avoir mis ainſi l'interêt & la Loi de l'Etat en ſureté, & après avoir déclaré que nous ne reconnoiſſons point d'autres Princes de notre Sang que ceux, qui étant iſſus des Rois par une filiation légitime, peuvent eux-mêmes devenir Rois, nous croyons auſſi pouvoir donner une attention favorable, à la poſſeſſion dans laquelle nos très-chers & très-amez Oncles le Duc du *Maine*, & le Comte de *Toulouſe*, ſont de recevoir, dans notre Cour de Parlement, les nouveaux honneurs dont ils y ont joüi depuis l'Edit du mois de Juillet 1714., & dont il nous a paru qu'on devoit leur envier d'autant moins la continuation pendant leur vie, que la grace que nous leur accordons eſt fondée ſur un motif qui leur eſt ſi ſingulier, que dans la ſuite des tems il ne pourra pas être tiré à conſéquence: C'eſt par cette conſideration, que nous ſuivons avec plaiſir les mouvemens de notre affection pour des Princes qui en ſont ſi dignes par leurs qualitez perſonnelles, & par leur attachement pour nous. A ces Cauſes & autres bonnes & grandes conſiderations, à ce nous mouvantes, de l'avis de notre très-cher & très-amé Oncle le Duc d'*Orleans* Regent, & de pluſieurs Grands & Notables Perſonnages de notre Royaume, & de notre certaine ſcience, pleine puiſſance & autorité Royale, nous avons revoqué & annullé, & par le préſent Edit perpetuel irrévocable, revoquons & annullons ledit Edit du mois de Juillet 1714., ladite Déclaration du 23. Mai 1715. Ordonnons néanmoins que nos très-chers & très amez Oncles le Duc du *Maine*, & le Comte de *Toulouſe*, continuent de recevoir les honneurs dont ils ont joüi en notre Cour de Parlement depuis l'Edit du mois de Juillet 1714., & ce en conſidération de leur poſſeſſion, & ſans tirer à conſéquence, comme auſſi ſans qu'ils puiſſent ſe dire & qualifier Princes de notre Sang, ni que ladite qualité puiſſe leur être donnée en quelques jugemens & actes que ce puiſſe être, nous reſervant d'expliquer nos intentions ſur l'entrée & ſéance en notre Cour de Parlement, de nos très-chers & très-amez Couſins le Prince de *Dombes*, & le Comte d'*Eu*, & ſur les honneurs dont ils pourront joüir. Voulons au ſurplus, que toutes Proteſtations contraires aux préſentes, ſoient & demeurent nulles & comme non avenuës, ainſi que nous les annullons par le préſent Edit. Si donnons en Mandement à nos amez & feaux Conſeillers, les Gens tenans notre Cour de Parlement, Chambre des Comptes & Cour des Aides de Paris, que notre préſent Edit ils ayent à faire lire, publier & enregiſtrer, & le contenu en icelui, garder & obſerver ſelon ſa forme & teneur, car tel eſt notre plaiſir. Et afin que ce ſoit choſe ferme & ſtable, Nous y avons fait mettre notre Scel. Donné à Paris au mois de Juillet, l'an de grace 1717., & de notre Regne le 2. *Signé* LOUIS, *Et plus bas*, par le Roi. Le Duc d'ORLEANS Regent pre-

ANNO 1723. present. PHELYPEAUX. *Visa* DAGUESSEAU. Et Scellé du grand Sceau de Cire verte, en lacs de soye rouge & verte.

Lû & publié, l'Audience tenant, & Registré au Greffe de la Cour. Ouï & ce Requerant le Procureur Général du Roi, pour être exécuté selon sa forme & teneur, suivant & conformement à l'Arrêt du 6. du présent mois & à celui de ce jour. A Paris en Parlement le huitième jour de Juillet 1717.

Signé DONGOIS.

Edit du Roi LOUIS XV. *du mois d'Août* 1718. *derogeant à la Declaration du Mai* 1694. *à l'Edit de Mai* 1711 *& à celui de Juillet* 1717. *Donné à Paris au mois d'Août* 1718. [Ceremonial de France pag. 384.]

LOUIS par la grace de Dieu, Roi de France & de Navarre: A tous présens & à venir, Salut. La dignité de Pair de France qui a toujours été regardée avec tant de distinction, a mérité dans tous les tems une attention particuliere des Rois nos prédecesseurs pour en conserver l'éclat & la grandeur, & ils ont donné aux Pairs le Rang immediat après les Princes du Sang, pour les approcher plus près de leurs personnes. La Réunion à la Couronne d'une partie des anciennes Pairies, a engagé les Rois à en créer de nouvelles pour remplacer les anciennes, & pendant plusieurs siécles les Pairs n'ont eu devant eux que les Princes du Sang Royal, & n'ont eu d'autre rang entre eux que celui de l'Erection de leurs Pairies: Si dans les derniers siécles les Rois ont changé cet ordre par des raisons particulieres d'affection pour quelques sujets qu'il ont voulu placer au-dessus de tous les Pairs, quoi qu'ils n'eussent que cette dignité, les Rois Successeurs ont eu attention de rétablir l'ordre ancien de la Création des Pairies. Mais le Roi *Henri IV.* poussé par une tendresse extraordinaire pour *Cesar de Vendôme*, un de ses Fils légitimez, lui donna d'abord en 1597. lors de l'Erection de la Terre de Beaufort en Duché-Pairie, le rang comme Duc au-dessus de quelques Pairs, & par de nouvelles Lettres de 1610. il le lui donna au-dessus de tous, immediatement après les Princes du Sang. Cette grace ne fut pas approuvée par le Roi son Successeur notre Trisayeul, ensorte que le Duc de *Beaufort*, Fils de *Cesar de Vendôme*, n'eut rang dans notre Parlement de Paris que du jour de la Création de ce Duché-Pairie; les autres Fils légitimez du Roi *Henri IV.* n'eurent aucun rang parmi les Ducs & Pairs, & celui d'entr'eux qui fut honoré de la dignité de Pair par le Roi *Louis XIV.* n'eut de rang parmi les Pairs que du jour de l'Erection de sa Pairie. Mais le feu Roi notre Bisayeul qui eut toujours une affection & une attention particuliere pour élever ses Fils légitimez, fit revivre en 1694. dans les descendans de *Cesar de Vendôme* le rang que le Roi *Henri IV.* leur avoit donné, pour pouvoir faire la même grace aux Duc du *Maine* & Comte de *Toulouse* ses Fils légitimez; il leur accorda une Déclaration le 5. du mois de Mai 1694. par laquelle il fut ordonné, que ses Enfans légitimez & leurs descendans en légitime mariage tiendroient le premier rang immediatement après les Princes du Sang Royal, en tous lieux, Actes, Cérémonies & Assemblées publiques & particulieres, même en notre Cour de Parlement & ailleurs, Qu'ils précederoient tous les Princes qui ont des Souverainetez hors de notre Royaume, & tous autres Seigneurs de quelque qualité & dignité qu'ils puissent être, & que dans toutes les Cérémonies qui se feroient en sa présence & par tout ailleurs, lesdits fils légitimez jouïront des mêmes honneurs, rangs & distinctions dont de tous tems ont accoûtumé de jouïr les Princes de notre Sang, immediatement après lesdits Princes du Sang Royal. Ces graces ont été confirmées par des Brevets particuliers des 20. & 21. Mai 1711. qui ont donné lieu à l'Edit des mêmes mois & an, suivant lequel les fils légitimez du feu Roi qui posséderont des Pairies, doivent représenter les anciens Pairs aux Sacres des Rois, après & au défaut des Princes du Sang, & avoir Entrée & voix déliberative en notre Cour de Parlement à l'âge de vingt ans, avec Seance immediatement après les Princes du Sang, & y préceder tous les Ducs & Pairs, quand même les Duchez-Pairies de ses fils légitimez seroient moins anciennes que celles desdits Ducs & Pairs. Toutes ces distinctions, dont les dernieres étoient sans exemples, furent beaucoup augmentées par l'Edit du mois de Juillet 1714. & par la Déclaration du 23. Mai 1715 par lesquels le feu Roi donna à ses fils légitimez le Titre de Princes du Sang, les déclara capables de succeder à la Couronne au défaut du dernier des Princes du Sang, & leur accorda tous les Privileges, Droits & Honneurs sans distinction, dont jouïssoient les Princes du Sang. Le préjudice que ce dernier Edit faisoit aux Princes de notre Sang, leur a donné lieu de nous en demander la Revocation, que nous leur avons accordée pour maintenir dans nos descendans & dans ceux des Princes du Sang Royal les Droits éminens que la seule naissance légitime peut donner: Mais en même tems que nous avons revoqué cet Edit & cette Déclaration par celui du mois de Juillet 1717. en ce qu'ils déclaroient les Duc du *Maine* & Comte de *Toulouse* & leurs descendans mâles Princes du Sang & habiles à succeder a la Couronne, nous avons reservé au Duc du *Maine* & au Comte de *Toulouse* les Honneurs dont ils avoient joui depuis l'Edit de 1714. Comme cette grace peut avoir des consequences dangereuses, & qu'après avoir rendu la Justice qui étoit dûe aux Princes du Sang Royal, nous ne sommes pas moins obligez de rétablir en faveur des Ducs & Pairs l'ordre ancien du rang des Duchez Pairies, dans la vûe que nous avons d'entretenir entre tous les Corps de notre Etat l'harmonie & l'union qui doivent assurer la tranquillité du gouvernement & le bonheur de nos Sujets, nous avons resolu d'expliquer nos intentions sur la Requête qui nous a été présentée par les Ducs & Pairs pour être maintenus dans tous leurs Droits & Prérogatives. A CES CAUSES & autres bonnes & grandes considerations à ce nous mouvantes, de l'avis de notre très cher & très amé Oncle le Duc d'*Orleans* petit fils de France Regent, & de plusieurs Grands & Notables Personnages, de notre certaine science, pleine puissance & autorité Royale; nous avons revoqué, & par ces présentes signées de notre main revoquons la Déclaration du 5 Mai 1694. donnée en faveur des Duc du *Maine* & Comte de *Toulouse*, Ensemble l'Edit du mois de Mai 1711. en ce qu'il leur attribue & à leurs Descendans mâles le Droit de représenter les Anciens Pairs aux Sacres des Rois, à l'exclusion des autres Pairs de France, en ce qu'il les admet à prêter le Serment au Parlement à l'âge de vingt ans, & en ce qu'il leur permet de donner une Pairie à chacun de leurs Enfans mâles, pour en jouïr aux mêmes honneurs du vivant même de leurs Peres; & en consequence Ordonnons que lesdits Duc du *Maine* & Comte de *Toulouse*, n'auront rang & séance en notre Cour de Parlement, près de nous dans les Cérémonies publiques & particulieres & par tout ailleurs, que du jour de l'Erection de leurs Pairies, & qu'ils ne jouïront d'autres honneurs & droits que de ceux attachez à leurs Pairies, & comme en jouïssent les autres Ducs & Pairs de France; dérogeant à cet effet à notre Edit du mois de Juillet 1717. en ce qu'il ordonne que les dits Duc du *Maine*, Comte de *Toulouse* & leurs Enfans, continueront de recevoir les honneurs dont ils avoient joui en notre Cour de Parlement, depuis l'Edit du mois de Juillet 1714. & à tous autres Edits, Déclarations, Lettres Patentes, Arrêts tant pour eux que pours leurs Enfans, & autres Titres à ce contraires. SI DONNONS EN MANDEMENT à nos amez & feaux Conseillers les Gens tenant notre Cour de Parlement, Chambre des Comptes & Cour des Aides à Paris, que notre present Edit ils ayent à faire lire, publier & enregistrer, & le contenu en icelui garder & observer selon sa forme & teneur, CAR TEL EST NOTRE PLAISIR. Et afin que ce soit chose ferme & stable à toujours, Nous y avons fait mettre notre Scel. Donné à Paris au mois d'Août l'an de grace mil sept-cens dix-huit, & de notre Regne le troisiéme: *Signé* LOUIS. *Et plus bas*, Par le Roi, le Duc D'ORLEANS Regent présent, PHELYPEAUX, *Visa* DE VOYER D'ARGENSON. Et scellé du grand Sceau de cire verte, en lacs de soye rouge & verte. ANNO 1723.

Le Roi séant en son Lit de Justice, de l'avis du Duc d'Orleans Regent, a ordonné & ordonne que le présent Edit sera enregistré au Greffe de son Parlement, ce requerant son Procureur Général, & que sur le repli d'icelui il soit mis que lecture en a été faite pour être exécuté selon sa forme & teneur. Fait à Paris en Parlement, le Roi tenant

ANNO 1723.

nant son Lit de Justice ar Palais des Tuileries, le vingt-sixième jour d'Août mil sept-cens dix-huit.

Signé GILBERT.

Declaration du Roi LOUIS XV. *du mois d'Août* 1718. *en faveur du Comte de Toulouse.* [Ceremonial de France pag. 388.]

LOUIS par la grace de Dieu Roi de France & de Navarre: A tous ceux qui ces présentes Lettres verront, SALUT. Par notre Edit des présens mois & an, Enregistré ce jourd'hui en notre Parlement, Nous y séant en notre Lit de Justice, tenu en notre Château des Tuileries, nous avons révoqué la Déclaration du 5. Mai 694. donnée en faveur des Duc du *Maine* & Comte de *Toulouse*, Ensemble l'Edit du mois de Mai 1711. en ce qu'il leur attribue & à leurs descendans mâles le droit de représenter les anciens Pairs aux Sacres des Rois, à l'exclusion des autres Pairs de France, en ce qu'il les admet à prêter le Serment au Parlement à l'âge de vingt ans, & en ce qu'il leur permet de donner une Pairie à chacun de leurs Enfans mâles, pour en jouïr aux mêmes honneurs du vivant même de leurs Peres; & en consequence nous avons ordonné que lesdits Duc du *Maine* & Comte de *Toulouse* n'auront rang & séance en notre Cour de Parlement, près de nous dans les Cérémonies publiques & particulieres & par tout ailleurs, que du jour de l'Erection de leurs Pairies, & qu'ils ne jouïront d'autres honneurs & droits que de ceux attachez à leurs Pairies, & comme en jouïssent les autres Ducs & Pairs de France; ayant à cet effet derogé à notre Edit du mois de Juillet 1717. en ce qu'il ordonne que lesdits Duc du *Maine* & Comte de *Toulouse* & leurs Enfans continueront de recevoir les honneurs dont ils avoient jouï en notre Cour de Parlement depuis l'Edit du mois de Juillet 1714. Et à tous autres Edits, Déclarations, Lettres Patentes, Arrêts tant pour eux que pour leurs Enfans, & autres titres contraires. Cependant connoissant l'attachement inviolable que notre très-cher & très-amé Oncle le Comte de *Toulouse* a toujours témoigné pour notre Personne & pour notre Etat, son zèle pour le bien public, les services importans qu'il a rendus, & les qualitez éminentes dont il est pourvû, nous voyons avec peine que les anciennes Constitutions que nous venons de rétablir, l'excluent d'un rang dont son mérite personnel le rendoit si digne, & qu'il n'avoit même accepté que par déference pour les ordres de notre très-honoré Seigneur & Bisayeul le feu Roi de glorieuse memoire. Par ces considerations nous avons cru lui devoir donner des marques particulieres de l'estime que nous avons pour lui, & nous le faisons avec d'autant plus de plaisir, que nos intentions se trouvent secondées du consentement unanime des Princes de notre Sang, & de la requisition que les Pairs de France nous en ont faite. A CES CAUSES, de l'avis de notre très-cher & très-amé Oncle le Duc d'*Orleans* Regent, de notre très-cher & très-amé Cousin le Duc de *Bourbon*, de notre très-cher & très-amé Cousin le Prince de *Conty* Princes de notre Sang, & autres Pairs de France, Grands & notables Personnages de notre Royaume, & de Notre certaine science, pleine puissance & autorité Royale, nous avons par ces présentes signées de notre main, dit & déclaré, disons & déclarons, Voulons & Nous plait, Que notre très-cher amé Oncle le Comte de *Toulouse* continue de jouïr, sa vie durant, de tous les Honneurs, Rangs, Séances & Prérogatives dont il jouïssoit avant notredit Edit des présens mois & an enregistré ce jourd'hui, sans tirer à consequence, & sans que sous quelque pretexte que ce soit, pareille Prérogative puisse être accordée, ni à ses descendans, ni à aucun autre quel qu'il puisse être. SI DONNONS EN MANDEMENT à nos amez & feaux Conseillers les Gens tenant notre Cour de Parlement, Chambre des Comptes & Cour des Aides à Paris, que ces présentes ils ayent à faire enregistrer, & le contenu en icelles garder & observer selon leur forme & teneur, CAR TEL EST NOTRE PLAISIR. En témoin de quoi nous avons fait mettre notre Scel à cesdites présentes. DONNE' à Paris le vingt-sixiéme jour d'Août l'an de grace mil sept-cens dixhuit, & de notre Regne le troisième. *Signé* LOUIS. *Et plus bas*, par le Roi, le Duc D'ORLEANS Regent present. PHELYPEAUX. Et scellé du grand Sceau de cire jaune.

ANNO 1723.

Le Roi séant en son Lit de Justice, de l'avis du Duc d'Orleans Regent, a ordonné & ordonne que la présente Déclaration sera enregistrée au Greffe de son Parlement & que sur le repli d'icelle il soit mis que lecture en a été faite, & ledit Enregistrement ordonné, ce requerant son Procureur Général pour être le contenu en icelle exécuté selon sa forme & teneur. Fait à Paris en Parlement, le Roi tenant son Lit de Justice au Château des Tuileries, le vingt-sixiéme jour d'Août mil sept-cens dix-huit.

Signé GILBERT.

CXVIII.

Déclaration du Roi Très-Chrêtien, pour deffendre à tous ses Sujets de s'interesser dans la Compagnie de Commerce établie à Ostende, du 16. Août 1723. 16 Août.

LOUIS par la grace de Dieu Roi de France & de Navarre; A tous ceux qui ces présentes Lettres verront, salut. A l'exemple du feu Roi notre très-honoré Seigneur & Bisayeul, Nous avons donné tous nos soins depuis notre avenement à la Couronne, pour faciliter & augmenter le Commerce de nos Sujets, que Nous avons toûjours regardé comme une des principales richesses de notre Etat. C'est par ces motifs que ceux de nos Sujets qui ont embrassé le Commerce, soit pour leur compte particulier, soit en societé, ou en Compagnie ont reçu dans tous les tems du feu Roi & de Nous, des marques de notre protection, par les Privileges & les exemptions de Droits qui leur ont été accordez, & principalement dans les Isles Françoises de l'Amerique, ayant déclaré plusieurs fois que Nous voulions que le Commerce en fût & demeurât toûjours libre à tous les Négocians de notre Royaume; mais rien ne seroit plus contraire à ces vues, que de souffrir que des Négocians François, contre ce qu'ils doivent à leur Patrie, & même contre leurs propres interêts, employassent leurs Fonds, pour établir de nouvelles Compagnies de Commerce en Pays étrangers, quand l'heureuse situation de notre Royaume leur procure tant de facilitez, pour s'attacher aux differens Commerces qui sont réservés à nos Sujets. Ceux mêmes qui s'interessent dans la Compagnie qui s'établit à Ostende, sont d'autant plus punissables, que le principal objet de Commerce de cette Compagnie est dans des Pays dont le Commerce a toujours été interdit en France dès le Regne du feu Roi, à tout autre qu'aux Compagnies qui en avoient obtenu le Privilege; en sorte que l'on pourroit dès à présent proceder contr'eux, sans qu'il fût besoin de nouvelles Déclarations de notre part. Nous avons cependant cru nécessaire d'expliquer encore plus précisément nos intentions à cet égard, & d'établir de nouvelles peines contre ceux qui en s'interessant dans ladite Compagnie, contreviennent également aux Loix generales & particulieres de notre Royaume sur le fait du Commerce. A ces causes, & autres à ce Nous mouvans, de l'avis de notre Conseil. & de notre certaine science, pleine puissance & autorité Roiale.

ARTICLE PREMIER.

Nous avons par ces Présentes signées de notre main, fait & faisons très-expresses inhibitions & défenses à tous nos Sujets, de s'interesser directement ou indirectement, sous leurs noms, ou sous d'autres, ou en quelque façon ou maniere que ce soit, dans la Compagnie de Commerce nouvellement établie à Ostende, à peine contre les Contrevenans, de trois mille livres d'amende, dont moitié à notre profit, & l'autre moitié au dénonciateur, & de Confiscation de tous les Fonds & Effets, qu'ils auroient dans ladite Compagnie, & en cas de récidive, d'un bannissement pour trois ans, outre lesdites amende & Confiscation, pour raison desquelles Peines, Amende & Confiscation, il sera procédé contr'eux par la voye extraordinaire, & les condamnations prononcées sur la déposition au moins de deux témoins du même fait, recollement & confrontation, ou sur des Pièces autentiques ou reconnues de notre Ordonnancee de

ANNO 1723. de 1670., & notamment de l'Article V. du Titre XXV., & ce, tant pour raison du fait de l'interêt par eux pris dans ladite Compagnie, que pour la qualité des sommes pour lesquelles ils y auroient pris interêt, & pour le montant des benefices qu'ils en auroient retiré.

II.

Voulons qu'au cas que lesdits Fonds, Interêts & Benefices appartenans à nos Sujets dans ladite Compagnie, ne puissent être saisis & arrêtez, il soit prononcé contr'eux outre ladite amende de 3000. livres, une condamnation d'une somme équipollente à la valeur desdits effets pour tenir lieu de ladite confiscation.

III.

Faisons défenses à tous Mariniers, tous Ouvriers, de quelque art & condition qu'ils soient, & generalement à tous nos Sujets, de s'engager au service de ladite Compagnie, sous la peine de confiscation de Corps & de Biens, portée par l'Edit du mois d'Août 1669. Permettons à ceux qui pourroient s'y être engagez en contravention dudit Edit, de revenir en France, sans que leur engagement puisse leur être imputé, à condition d'y revenir dans trois mois du jour de la publication des Presentes, & de faire la déclaration de leur retour au Greffe de la Jurisdiction Royale du lieu de leur arrivée; même leur enjoignons de le faire sous lesdites peines. Voulons néanmoins qu'à l'égard de ceux qui pourroient s'être deja embarquez sur les Vaisseaux de ladite Compagnie, le delai de trois mois ne coure que du jour que les Vaisseaux sur lesquels ils sont, seront de retour du Voyage.

IV.

Faisons pareillement défenses à toutes personnes d'attirer, enroller ou prendre au service de ladite Compagnie aucuns de nos Sujets, soit en qualité d'Officier, Soldat, Marinier, Ouvrier, ou en quelqu'autre qualité ou maniere que ce soit, & de vendre, acheter louer ou équiper aucun Vaisseau pour le service de ladite Compagnie; à peine du Carcan pour la premiere fois, & des Galeres en cas de récidive; ensemble de Confiscation & de 3000. livres d'amande, tant contre le Vendeur que contre l'Acheteur. Si Donnons en Mandement à nos amez & feaux Conseillers les Gens tenant notre Cour de Parlement à Paris, que ces Presentes ils ayent à faire lire, publier & regîtrer, & le contenu en icelles, garder & exécuter selon leur forme & teneur, Car tel est notre plaisir, en témoin de quoi Nous avons fait mettre notre seel à cesdites Presentes. Donné à Versailles le 16. jour d'Août, l'an de Grace 1723., & de notre Regne le 8. Signé. LOUIS. Et plus bas, par le Roi, Phelippeaux. Vû au Conseil, Dodun; Et scellé du grand sceau de cire jaune.

Regiſtrées, ouï & ce requerant le Procureur General du Roi, pour être executées selon leur forme & teneur, & Copies collationnées envoyées aux Bailliages & Sénéchaussées du Ressort, pour y être lûes, publiées & regîtrées, Enjoint aux Substituts du Procureur General du Roi d'y tenir la main, & d'en certifier la Cour dans un mois, suivant l'Arrêt de ce jour. A Paris en Parlement le 20 Août 1724.

Signé,

YSABEAU.

CXIX.

1724. Janvier. *Piéces qui concernent le Congrès de Cambray ouvert en Janvier* 1724. [Tirées des Copies autentiques.]

Ceremonial & Police du Congrès de Cambray.

ARTICLE PREMIER.

ON est convenu unanimement, que pendant le cours de cette Negociation, on n'observera aucun Ceremonial, & que les Plenipotentiaires s'assembleront sans aucune distinction par raport au rang.

ANNO 1724. II. Ceux de l'Empereur & du Prince regnant en Espagne, signeront seuls leur Traité de Paix particuliere.

III. Ceux de Sa Majesté Imperiale & du Roi de Sardaigne en feront autant, par raport aux points qui feront à ussez entre eux.

IV. Ceux de France & de la Grande-Bretagne ajouteront au bas de ces Traitez particuliers; *que ces Traitez ont été negociez, conclus & signez sous la Mediation de Leurs Maitres.*

V. Ils déclareront en même tems, *que leur Mediation cesse du jour de la signature de ces Traitez.*

VI. On tiendra prêt pour le même jour un Acte, dans lequel seront inserez mot à mot, & confirmez de nouveau, le Traité de la grande Alliance, l'accession à cette Alliance, & les deux Traitez mentionnez ci-dessus, moyennant que dans ces deux Traitez entre l'Empereur, l'Espagne & le Roi de Sardaigne il n'y ait rien de préjudiciable aux Traitez entre la France & la Grande-Bretagne.

VII. Les Ministres de toutes les Puissances interessées à la Quadruple Alliance, la signeront comme Parties Contractantes, & comme garants les uns envers les autres de tout ce qui a été stipulé & reglé jusqu'à present, suivant le Traité de Londres.

VIII. On fera autant d'Actes ou Instrumens de la même teneur qu'il sera necessaire pour les Puissances, qui signeront alternativement.

IX. Les Ambassadeurs de l'Empereur, suivant leur rang, signeront les premiers ces Actes d'Instrumens, & ceux des autres Puissances dans l'ordre observé à la Haie, lors de la signature de l'accession du Prince regnant en Espagne.

Reglement de Police.

NOus soussignez Ambassadeurs Extraordinaires & Plenipotentiaires de sa Sacrée Majesté Très-Chrêtienne & sa Sacrée Majesté Britannique, comme Rois Mediateurs; savoir faisons que tous les très-illustres & très-Excellents Seigneurs Ambassadeurs & Plenipotentiaires, qui se trouvent aux Conferences qui se tiennent ici pour la paix, ont d'un consentement unanime aprouvé la Proposition que nous avons faite de quelques Reglemens à observer touchant la Police; & qu'ensuite d'une meure déliberation, & de l'avis de tous, on est demeuré d'accord des Articles qui suivent.

I. Les Plenipotentiaires viendront aux Conferences touchant les affaires publiques, chacun avec un Gentilhomme, un Secrétaire, 2. Pages, 4. Valets de Pié: Et s'ils veulent 2. Valets à la mode Hongroise, appellez communement Heiduques, à coté du Carosse; Leur suite en cette occasion ne pourra en nulle maniere être plus nombreuse.

II. Toutes les Conferences se tiendront sans Ceremonies; en sorte que les Plenipotentiaires s'asseoiront à une table ronde, où il n'y aura ni haut ni bas bout; & ils s'y placeront à mesure qu'ils entreront ensemble indistinctement & sans rang.

III. Les Carosses se rangeront devant la Maison de Ville, dans l'ordre qu'ils arriveront, laissant cependant assez de place pour que ceux qui viendront après, puissent commodément aborder & se ranger; en sorte qu'il reste toujours un passage suffisant entre les Carosses & ladite Maison de Ville.

IV. On empêchera les querelles de part & d'autre entre les Cochers & autres Domestiques, auxquels il sera même ordonné de se traiter & recevoir reciproquement avec douceur & honnêteté; & d'être disposez à se rendre mutuellement toute sorte de secours & de service en toute occasion.

V. Lorsque deux Carosses se rencontreront dans des endroits trop étroits pour passer l'un & l'autre en même tems, loin de disputer à qui prendra le dessus, ou à qui des deux passera le premier, & de causer ainsi de l'embaras, les Cochers seront obligez au contraire, d'ouvrir & de faciliter reciproquement le passage, autant qu'il leur sera possible; & celui qui aura été le premier averti de la difficulté, s'arrêtera & fera place à l'autre, s'il paroit qu'il le puisse faire plus facilement de son côté.

VI. Dans les promenades tant dedans que dehors la Ville, on observera la coûtume établie entre ceux qui s'y rencontrent, de conserver la droite chacun de son côté: la même chose s'observera dans les Rues & les Chemins publics, & generalement par tout

tout où cela se pourra commodément sans la moindre contestation ou affectation de préseance.

VII. Les Pages, les Valets de Pié & généralement tous les gens de livrée, ne porteront ni Bâtons ni Epées, ni armes à feu, quoiqu'elles fussent couvertes & cachées, ni enfin aucune autre sorte d'armes, tant dans la Ville qu'aux promenades: Il leur sera outre cela defendu d'être dehors aux heures avancées dans la nuit, à moins que ce ne soit par ordre exprès de leur Maître; en sorte qu'on n'en puisse trouver aucun se promenant par la Ville ou ailleurs à des heures indues: Ceux qui y contreviendront, seront punis severement, comme il plaira à leur Maître d'en ordonner.

VIII. Lorsque le Domestique de quelqu'un des Plenipotentiaires aura été convaincu de quelque crime, capable de troubler la tranquilité publique, après l'examen préallable de l'affaire, que chaque Ministre se reserve à l'égard de ses Domestiques, le Plenipotentiaire, à qui il apartiendra, renoncera à son droit de le punir lui-même, & en le depouillant de protection ou privilege, fera en sorte, qu'il soit remis entre les mains du Juge du lieu, où le delit aura été commis, soit à la Ville, soit ailleurs, & demandera même qu'il soit procedé contre le coupable suivant les Loix établies: Et dans le cas où le Magistrat ou la Garde trouveroient quelqu'un en flagrant delit, ou faisant quelque chose capable de troubler la tranquillité publique, il leur sera permis de s'en saisir, & même de le mettre en prison, quoiqu'ils le reconnoissent pour être Domestique ou de la suite de quelque Plenipotentiaire, jusqu'à ce qu'ils puissent en avertir son Maître; ce qu'ils seront obligez de faire aussi-tôt & sans retardement; après quoi on fera ce que le Plenipotentiaire ordonnera, soit qu'il desire qu'on retienne son Domestique dans des Prisons, ou qu'on le relâche.

IX. Si quelque Domestique d'un Plenipotentiaire faisoit insulte ou querelle à quelque Domestique d'un autre Plenipotentiaire, l'aggresseur sera aussi-tôt remis au pouvoir du Maître de celui qui aura été attaqué, qui en fera justice, comme il le jugera à propos.

X. Tous les Plenipotentiaires feront defendre très-severement à tous leurs Domestiques, tant Gentilshommes & Pages qu'autres, d'avoir entr'eux aucunes querelles ni demêlez: & s'il s'en decouvroit, nonobstant ces défenses, quelqu'un qui fut assez hardi pour se mettre en état d'en sortir par la voye des armes, il sera à l'instant chassé de la Maison du Plenipotentiaire, & même de la Ville, sans aucun égard à ce que pour son excuse il pourroit alleguer, soit de l'excès de l'affront qu'il auroit reçû, ou de ce qu'il auroit été attaqué le prémier.

XI. Les Plenipotentiaires s'entreprométtent reciproquement de ne point recevoir à leur service aucun Domestique qui aura été chassé par son Maître.

XII. Si quelque Plenipotentiaire souhaite de faire punir quelqu'un de ses Valets par la prison, on le mettra a sa priere, pour un certain tems, dans la prison publique, & il y sera nourri aux dépens du Plenipotentiaire.

XIII. Tout ce que dessus, dont on est convenu d'un commun accord, pour la Police & le bon ordre de cette Assemblée, ne pourra être allegué pour exemple; ni tirer à consequence en aucun autre lieu, tems ou conjoncture differente, & personne n'en pourra prendre avantage, non plus qu'en recevoir préjudice en aucune autre occasion. Donné à Cambray le 7. Avril 1724.

(*Signé*)

(*L. S.*) DE BARBERIE DE ST. CONTEST.

(*L. S.*) ROTEMBOURG.

(*L. S.*) POLWARTH.

(*L. S.*) WITHWORTH.

Demandes du Duc de Parme que les Puissances Mediatrices, la France & l'Angleterre, étoient convenues de soutenir au Congrès de Cambray.

I. NI l'Empereur, ni l'Empire ne doivent exercer les Droits de Superiorité, sur les Duchez de Parme & de Plaisance, qui relevent du Pape pendant la ligne masculine de la Maison Farnese.

II. Ni l'Empereur, ni l'Empire ne doivent exercer les Droits de Superiorité, que sur les Fiefs qui dépendent réellement & indubitablement de l'Empire.

III. Le Duc de Parme ne doit point payer de Contributions à l'Empereur ni en tems de Guerre, ni en tems de Paix, pour les Fiefs qui relevent du Pape, & qui ne dépendent pas de l'Empire, de l'aveu même de l'Empereur Leopold dans son Diplome de l'an 1697.

IV. Pour le passage des Troupes par ces Fiefs, l'Empereur ne pourra rien pretendre au delà des Droits de Bon Voisinage: c'est-à-dire, en faisant la requisition en dûe forme, & en les faisant passer sans causer de pertes & de desordres, & en payant toujours les Etapes, lesquelles doivent être reglées auparavant.

V. Ni la Maison Farnese, ni les Sujets d'icelle ne pourront être citez ni forcez de comparoître devant les Tribunaux de l'Empire à l'égard des Fiefs qui relevent réellement & indubitablement d'un autre Seigneur suprême.

VI. Pour ce qui regarde la reparation des innovations faites au Traité de Londres, on inserera un Article dans le Traité à faire à Cambray, pour redresser ces innovations, & elles seront redressées même avant l'échange des *Ratifications*.

Demandes de l'Empereur delivrées par ses Ambassadeurs Plenipotentiaires au Congrès de Cambray.

I. UT Tractatus Quadruplicis Fœderis in pacificationem Europæ inter Suam Cæsaream & Catholicam Majestatem, Suam Regiam Majestatem Magnæ Britanniæ, Suam Regiam Majestatem Christianissimam die 2. Augusti 1718. Londini subscriptus, cui paulò post Sua Regia Majestas Sardiniæ pariter Londini die 18. Novembris ejusdem anni, ac deinde Sua Regia Majestas Hispaniæ die 17. Februarii 1720. Hagæ Comitum acceptatione, Ratificationeque suâ tanquam Partes contractantes accessêre, ut & subsecutæ hunc Tractatum Renunciationis & Guarantiæ, nec non evacuationis & traditionis Regnorum Siciliæ & Sardiniæ Instrumenta sublato penitùs in Regnum Siciliæ antehac pro Rege Sardiniæ Coronæ Hispaniæ concesso reversionis jure, ac denique omne quod statutum Regnorum Galliæ & Hispaniæ separationem perpetuam amplius corroborare possit, denuò per Cameracensem Tractatum confirmetur, illique omnia præfata Instrumenta inserantur, ceu Pars, & lex immutabilis duraturæ Pacis, præfatum vero reversionis Instrumentum Suæ Cæsareæ Majestatis ad rescindendum extradatur.

II. Ut intactis per præfatum Fœdus quibuscunque statim & juxta præmissam normam denuò confirmandis, eæ tantùm solemni Pacis Tractatui adjiciantur, quæ post subsecutam jam prædicti Fœderis executionem per Articulum octavum ad hunc Congressum cæteroquin definienda transmissa sunt.

III. Ut juxta statutam nunc citato Articulo Amnistiam & restitutionem plenariam Subditi & Incolæ tam Regnorum Arragoniæ & Valentiæ, quàm Principatûs Cataloniæ, Insularumque Majorcæ & Yvicæ, qui ob præcedens bellum, & quod partes Imperatoris Fæderatorumque secuti sunt, privilegiis suis exuti fuere, in eadem pariter, ac in bona sua, quorum partem essentialem efficiunt, integrè restituantur, (quemadmodum Sua Cæsarea Majestas Incolis Regni Siciliæ, licèt ejus Dominatui nuper in bello plerumque restitissent, ex purâ Cæsarea magnanimitate & proprio motu pristina jam privilegia restituit) iisdemque privilegiis sine exceptione eodem modo ac libertate in posterum tuti gaudeant, quemadmodum illis ante bellum, & tempore obitûs defuncti Regis Caroli II. gloriosæ memoriæ gavisi sunt, & prout illis non solùm ex pacto præfatæ Amnistiæ & restitutionis generalis, verùm etiam juxta Sponsionem Suæ Cæsareæ Majestatis à Sua Majestate Magnæ Britanniæ, & Sua Majestate Christianissima in Conventione Ultrajectensi pro evacuatione Cataloniæ die 14. Martii 1723. Art. 9. solemniter factam omnimodo gaudere debent, quapropter restitutio hæc ampliori formâ, & simili modo in futuro Tractatu inseretur, quemadmodum ea Art. 55. antehac in Pace Pyreneâ pari casu definita fuit, ac si qui etiamnum eorum vel in carcere, aut sub custodiâ, ut fertur de Locumtenente Generali adhuc detenti forent, illico in libertatem restituantur.

IV.

ANNO 1724. IV. Etsi jam præfato Articulo octavo Londinensi de reliquis tam Augustissimæ Domûs Austriæ quàm Regis Hispaniæ Subditis, qui per transactum Bellum partes alterutrius secuti sunt, aut iis etiamnum adhærent, vel adhærere pergent, non Secularibus modo sed & Ecclesiasticis, circa Amnistiam ac omnimodam omnium pristinorum honorum, bonorum, jurium, dignitatum ac privilegiorum recuperationem generali promissione, nullo excepto, prospectum sit, id tamen in novo etiam Pacis Instrumento, omni, quo in eorum commodum cedere poterit, meliori formâ, prout illa latius exhibetur, non solùm confirmabitur, verum etiam ex utraque parte Commissarii, qui executioni invigilent, denominabuntur.

V. Cùm inter quosdam Hispanicæ Nationis, qui ad Suæ Cæsareæ Majestatis latus manere cupiunt, huic etiam Reverendus Metropolitanæ Valentiniensis Ecclesiæ Archi-Præsul Antonius Foloh de Cordona adhærere malit, ne tamen Grex suo Pastore careat, sic in arbitrium Suæ Majestatis Hispaniæ reponitur, adjungendi illi de assensu Pontificis, in Archi-Episcopali munere Coadjutoris, qui munia absentis Archi Præsulis subeat & peragat, fruaturque amplissimis Ecclesiæ reditibus, reservatâ duntaxat præfatò Archi-Præsuli pensione quoad vixerit annuâ triginta millium Imperialium, qui summam totidem Realium de à octo conficiunt, quemadmodum id publicis quoque Pacis Tabulis in uberiorem ejus securitatem inseretur.

VI. Titulis Archiducis Austriæ, Comitis Habspurgi & Tirolis, uti nullo jure à Serenissimo Rege Philippo V. & Serenissimo Successore ejus Rege Ludovico I. assumptis, præfati Reges eorumque Successores in posterum penitus abstineant, nullisque aliis titulis abhinc utantur quàm eorum duntaxat Regnorum & Provinciarum quas actu possident.

VII. Abstineant pariter in perpetuum à collatione insignis Ordinis Aurei Velleris; utpote cujus hodie Sua Majestas Cæsarea solus supremus Magister & Caput est; omneque id, quod in contrarium actum est, penitus annulletur; cùm nemo sit quem lateat id jus nunquam Regno Hispaniarum, sed ejus Regibus duntaxat, ac Serenissimæ Domo Austriacæ, uti hæredibus Ducum Burgundiæ, simul ac possessoribus Brabantiæ & Flandriæ, ubi etiam & in nullo alio loco Hispanicæ Dominationis, Equites hujus Ordinis variis prærogativis & exemptionibus constanter gavisi sunt, nec non Bruggis Ordo hic à Philippo Bono instituto, ibidemque continuò insignia Regulæ & Archiva ejusdem conservata, ac Capitula celebrata fuerunt, usque ad Carolum secundum ultimò defunctum, obvenisse, post ejus obitum verò Imperatori, ut Capiti Austriacæ & Burgundicæ Domus, ejusdemque per masculinam successionem soli superstiti hæredi devenisse, ac idcircò supremum hujus Ordinis Magisterium unice à Suâ Cæsareâ Majestate legitimè exerceri posse atque debere.

VIII. Debita à Coronâ Hispaniæ, tam antequam tempore occupationis Regis Philippi V. in Belgio Austriaco contracta, & in usum & commodum hujus Regni impensa tam ærario publico quàm creditoribus particularibus, pariter ac census, quorum omnium tam publicorum quàm privatorum nominum exactæ specificationes, & tituli ritè exhibebuntur, integrè refundantur, deque solutione tam sortis quàm censuum Suæ Cæsareæ Majestati æquè ac Subditis suis sufficiens cautio præstetur, Suaque Majestas perindè erga Fœderatas Belgii Uniti Provincias à constituta illis ob præfata debita in non exiguos fundos Belgii Austriaci Hypotheca per Hispaniam liberetur, quemadmodum id sibi in nupero etiam Limitum Tractatu, vulgò *Barriere* nuncupato, per expressam, atque à præfatis Ordinibus acceptatam potestatem in cautelam suam, prosequendamque actionem scriptis reservavit.

IX. Refundantur pariter Suæ Cæsareæ & Catholicæ Majestati è Coronâ Hispaniæ annui Reditus, Dotales nuncupati, quorum juxta exhibendam desuper designationem non exigua Summa à tempore ultimò defuncti Regis Caroli II. persolvenda manet, de eorumque tam circa præteritum quàm futurum tempus exactâ solutione Imperatori conveniens Hypotheca statuatur.

X. Ædes pro Legatis Hispanicis Romæ per Cameram Neapolitanam, & Hagæ Comitum per Belgensem comparatæ hisque ærariis adscriptæ Suæ Cæsareæ Majestati restituantur aut refundantur.

XI. Res tormentariæ tempore evacuationis Tarragonæ retentæ, juxta Elenchum inter Commissarios ex utraque parte desuper confectum, & pariter exhibendum, penitus restituantur. ANNO 1724.

XII. Cùm denique rationes publicæ, ipsæque mutuæ amicitiæ vices exigant, ut postquam Sua Majestas Cæsarea Catholica succedendi ordinem in Regnis Hispaniarum, Magnæ Britanniæ, Galliarum & Sardiniæ in Tractatu Londinensi statutum agnovit, verboque suo firmavit, hoc idem Suæ Cæsareæ Majestati à Coronis Fœderis illius Sociis circa ordinem in Regnis & Provinciis suis hæreditariis succedendi stabilitum, atque ab universis ejus Subditis recognitum, præstetur, articulusque desuper in illius Tabulis sub parili fidejussione uberius inseratur.

XIII. Subditis tam Suæ Cæsareæ Majestatis, quàm Suæ Regiæ Majestatis Hispaniarum indistincte libera alterutrius adeundi, ibique tuto commercandi facultas concedatur, atque amicabiliter, uti cæteræ amicæ Nationes, recipiantur; donec desuper Suæ Majestates in reciprocum eorum incrementum, circa ulteriorem Commerciorum Tractatum, si ita visum convenerint.

XIV. Quod ultimo Articulo Fœderis Quadruplicis de accessione Principum & Statuum, de quibus Partes contractantes inter se convenient, statutum est hujus vigore, Sua Cæsarea Catholica Majestas petit, ut accessio ad hunc Tractatum concedatur Duci Lotharingiæ, utpote Pace Badensi, quæ hujus Basis recognita fuit, non tantum nominetenus comprehenso, verum etiam cui plures Fœderatorum verbo suo jam dudum asseruere. De cæteris ex parte Suæ Cæsareæ Catholicæ Majestatis huic Tractatui includendis, reservant sibi infrascripti Suæ Majestatis Ministri Plenipotentiarii nuncupationem eorum ulterius adjiciendi, ut & præfata omnia uberius deducendi & interpretandi, nec non postulata Cæsarea circa Pacem Romani Imperii Dominis Plenipotentiariis Suæ Majestatis Hispaniæ separatim explicandi.

Actum Cameraci die 28. Aprilis 1728.

LEOPOLDUS Comes à WINDISCHGRATZ. L. B. A PENTENRIEDER.

Les Demandes du Roi d'Espagne données par ses Ambassadeurs au Congrès de Cambray.

IL est hors de doute que l'objet de tous les Traitez de Paix est toujours de parvenir uniquement à une Paix juste & durable, & que le Traité de la Quadruple Alliance allant à ce but, toutes les Puissances contractantes avoient non seulement eu cette vûe, mais ont entendu de prevenir, & empêcher tous les accidens, qui dans le progrés du tems avoient pu survenir en contraire, & comme le Roi notre Maître a bien voulu de sa part, & veut concourir à une fin si salutaire, son intention non seulement s'y conforme, mais tenant présent Sa Majesté ce que l'experience a fait connoître dans les autres Traitez, à savoir, que les matières qu'on n'avoit pas entierement expliquées par des Articles bien clairs, ou ayant été remises après à des Conferences particulieres, ou s'étant trouvées sujettes à differentes interpretations, au lieu d'empêcher les guerres, ont causé plûtôt de nouveaux embaras, sa Royale intention est, que les Articles du présent Traité s'expliquent bien, & qu'on ajoute à eux tous les points qu'on reputera nécessaires; & pour ce qui regarde la Paix particuliere entre sadite Majesté Imperiale & le Roi notre Maître, entend que l'on termine ici entierement les choses qui sont encore indecises entre l'une & l'autre Majesté, esperant à cet effet, moyennant la médiation & bons offices de leurs Majestez les Rois Médiateurs, que le succès sera tel qu'on le desire, & que nous Ambassadeurs Extraordinaires & Plénipotentiaires de Sa Majesté Catholique exposons dans ce Mémoire, en vertu dequoi nous présentons à Messieurs les Ambassadeurs Extraordinaires & Plénipotentiaires desdites Couronnes Médiateurs les Demandes suivantes.

I. Que suivant le contenu & la Disposition de la Quadruple Alliance Sa Majesté Imperiale ait à posseder la Sicile avec les mêmes conditions qu'on l'a cedée à Monsieur le Duc de Savoye dans le Traité d'Utrecht, excepté le Droit de Reversion, & que cette

cette explication se fasse sur l'Art. VI. dudit Traité de la Quadruple Alliance.

II. Qu'on annulle une Proclamation que fit publier le Duc de Monteleon étant Vice-Roi de Sicile, dans laquelle ce Ministre abolissoit les graces faites par Sa Maj. Cath. du tems que sadite Majesté possedoit ledit Royaume, & que cela soit exprimé en consequence de l'Art. VI.

III. Que l'Ordre de la Toison d'Or ait à rester à Sa Majesté Catholique, & qu'en consequence de cela on restitue à Sa Majesté tout ce que l'on appelle Tresor dudit Ordre, consistant en differentes Reliques, Ornemens, Vases, & autres choses de la Chapelle, & l'Archive des papiers originaires & autres concernant ledit Ordre, qui resterent à Bruxelles, & que tout cela soit stipulé dans la Paix particuliere entre Sa Maj. Catholique & S. M. Imperiale.

IV. Qu'on restitue à Sa Majesté Catholique le Palais qu'elle tient à Vienne pour l'habitation de ses Ambassadeurs, & que cela soit stipulé aussi dans ladite Paix particuliere.

V. Qu'on restitue à S. M. l'Artillerie qui du tems de la prise de la Sicile se trouva sur le Vaisseau *Sancta Rosalia*, qui apartenoit au Roi de Sicile, & qui reste en depôt dans ledit Royaume par un Accord fait entre le Marquis de Lede & le Comte de Merci, & que cela soit aussi stipulé dans la Paix particuliere.

VI. Que l'Empereur ne se donne point le Titre de Roi d'Espagne, cela devant s'expliquer en consequence de l'Art. III. de la Quadruple Alliance.

VII. Que les Garnisons que l'on doit mettre dans les Places de Toscane, Parme & Plaisance pour la sûreté de la Succession de l'Infant Don Carlos, soient réglées & établies.

VIII. Qu'on conserve à Sa Majesté Catholique le Patronage de Sainte Marie Majeure à Rome, qui apartient aux Rois d'Espagne, & tout ce qui y a raport, stipulant cette condition dans la Paix particuliere.

IX. Que toutes les prétensions & sûretez apartenantes à Monsieur le Duc de Parme soient expliquées & stipulées suivant l'esprit de l'Article V. du Traité de la Quadruple Alliance, & cela non seulement en vertu de la justice, qui milite pour ce Prince; mais parce qu'en conformité de cela, cette Succession doit tomber dans la personne de l'Infant Don Carlos.

X. Que sur l'Art. II. de la Quadruple Alliance on explique & établisse les restitutions & sûretez avec les circonstances les plus claires en faveur du Duc de Guastalla, comme Héritier & Successeur du feu Duc de Mantoue Ferdinand Charles qui suivit le parti de Sa Majesté, comme aussi en faveur de ceux qui ont suivi le même parti de Sa Majesté, à savoir le Duc de Mirandole, le Prince de Castilhon Gonzague, le Duc de Lessa, la Marquise de Villa Franca, le Duc de Giovenazzo, le Duc d'Atri, & tous les autres qui sont dans le même cas.

XI. Qu'on déclare & stipule, que tous les Emplois, Graces, Honneurs, Privileges, que Sa Majesté a concedé à des Communautez, ou à des personnes de quelques Dignitez & de quelques Conditions qu'elles soient, dans les Dominations démembrées de la Monarchie d'Espagne, & celles que Sa Majesté Catholique avoit concedés jusqu'au jour de la Cession des Dominations mentionnées, doivent subsister & être conservées, & que cela soit expliqué sur l'Art. II. ci-dessus referé.

XII. Qu'on restitue à la Ville & Eglise de Gironne les Sommes que le Comte de Tatemback, Commandant des Troupes Allemandes dans cette Place-là, tira de l'endroit où lesdites Sommes étoient en dépôt, ce Commandant ayant fait une Obligation par écrit sur un papier, qui existe en original, & que cela soit stipulé dans la Paix particuliere.

XIII. Qu'on restitue au Lieutenant Général Don Lucas Spinola quatre mille Ecus, dont les Commandans Allemands se saisirent en Sicile, & que ledit Lieutenant Général avoit tiré de ses propres rentes, & pour son aliment sur les Fermes des Isles de Trapani, & que cela pareillement se stipule dans la Paix particuliere.

XIV. Qu'on restitue au Cardinal Aquaviva les Rentes de douze mille Ecus d'une Abbaye qu'il possedoit dans ledit Royaume de Sicile, & dont on s'est saisi, cette Convention encore devant être stipulée dans la Paix particuliere.

XV. Qu'on conserve au College Imperial des Peres de la Compagnie de Jesus de Madrid les Rentes & autres intérêts qu'ils tiennent dans le Royaume de Naples, & qu'on leur restitue tout ce que les Ministres Imp. ont tiré desdits biens depuis l'année 1706., & que cela se stipule comme ci-dessus dans la Paix particuliere.

Sur le contenu de tous cesdits Articles, comme pour tous les autres qui se présenteront dans le Congrès de la présente Négociation, nous soussignez Ambassadeurs & Plénipotentiaires de Sa Majesté Catholique, nous nous reservons la faculté d'augmenter, specifier tout ce que dessus & davantage, ainsi qu'on trouvera convenable & raisonnable.

Fait à Cambrai le 2. Avril 1724.

(*Signé*)

El Conde de SANT ESTEVAN. El Marques BERETTI-LANDI.

Demandes au nom de Sa Majesté le Roi de Sardaigne, pour que les Articles en soient inserez dans le Traité de Paix à faire.

QUe Sa Majesté Imperiale pour Elle, ses Héritiers & Successeurs confirmera & ratifiera en faveur de Sa Majesté le Roi de Sardaigne, & de ses Héritiers & Successeurs mâles à perpetuité, la cession du Royaume de Sardaigne, & de tout ce qui en dépend, comme aussi de tous les Droits qu'Elle y avoit, & de tous ceux que Sa Majesté le Roi Catholique lui a cedé sur ledit Royaume.

Que l'Empereur confirmera pour lui & ses Successeurs, & promettra de donner en toutes occasions à Sa Majesté le Roi de Sardaigne, à ses Héritiers & Successeurs tous les Honneurs & Titres de la Royauté, de la même maniere que Sa Majesté Imperiale les accorde aux autres Rois contractans, & fera rendre aux Ministres du Roi de Sardaigne du premier & second ordre tous les honneurs qu'Elle fait rendre aux Ministres desdits Rois contractans sans aucune difference.

Que Sa Majesté Imperiale promettra pour Elle, ses Héritiers & Successeurs, de laisser & maintenir le Roi de Sardaigne, ses Héritiers & Successeurs dans ladite possession & jouïssance du Duché du Montferrat & des Provinces détachées de l'Etat de Milan, qui lui ont été cedées par le feu Empereur Leopold par le Traité du 8. Novembre 1703., promettant en outre Sa Majesté Imperiale pour Elle, ses Héritiers & Successeurs, de garantir envers tous, & contre tous, lesdites concessions, & de ne point permettre que Sa Majesté le Roi de Sardaigne, ses Héritiers & Successeurs soient troublez ni molestez dans la possession des Etats compris dans lesdites Cessions, & fera cesser les troubles que l'on aporte à Sa Majesté le Roi de Sardaigne dans la possession de *Campo Maggiore*, *Tore de Tordi*, *Travedo*, *S. Fidele*, qui sont quatre petits Hameaux de la Lumelline, qui est une des Provinces comprises dans lesdites Cessions.

Que Sa Maj. le Roi de Sardaigne ait & porte privativement à tous le titre de Roi de Sardaigne, & que si l'Empereur le retient, ou celui de quelques Provinces & Villes dudit Royaume, le Roi de Sardaigne puisse prendre le Titre de Roi de Sicile après celui de Sardaigne.

Que Sa Majesté Imperiale pour Elle, ses Héritiers & Successeurs confirmera & ratifiera l'Appellation du Roi de Sardaigne & de tous les Héritiers & Successeurs de la Maison de Savoye, à la Succession de la Monarchie d'Espagne & des Indes, ainsi qu'il est porté par le Traité d'Utrecht, & confirmé par celui de la Quadruple Alliance.

Que les Garanties générales & particulieres, qui ont été données à Sa Majesté le Roi de Sardaigne, tant à l'égard du Royaume de Sardaigne que de ses anciens Etats & Païs cedez, seront confirmées & ratifiées dans le Traité de Paix à faire.

Sa Majesté le Roi de Sardaigne se reserve d'expliquer & de specifier plus amplement les susdites Demandes, & de les augmenter selon que la Négociation lui en donnera lieu, & qu'il lui semblera convenir.

A

Anno 1724.

A Cambrai le 5. Mai 1724.

(*Signé*)

Le Comte de Provana.

Demandes pour son Altesse Sérenissime le Duc de Parme.

I. Comme il n'est pas moins juste que nécessaire d'ôter tout doute & équivoque, qui pourroient naitre au préjudice de S. A. S. le Duc de Parme & de sa Maison par la disposition des Etats de Parme & de Plaisance faite dans les Traitez de la Quadruple Alliance en faveur du Serenissime Infant Don Carlos & des autres Fils de leurs Majestez Catholiques après l'extinction de la Maison Farnese.

Son Altesse Sérénissime le Duc de Parme demande, que dans les Articles à inserer dans le prochain Traité de Paix sur ladite disposition, l'on fasse les déclarations suivantes.

Que Sadite Altesse & les Princes de sa Maison, qui lui succederont, en devront jouïr & les posseder avec toute la Souveraineté & étendue, & avec tous les Droits, Privileges, Honneurs, Prééminences, Usages & Possessions, avec lesquels Sadite Altesse & chacun de ses Prédécesseurs en ont joüis & les ont possedez avant les trois dernieres Guerres, de sorte que sous quelque titre ou couleur imaginable ils ne puissent jamais être troublez dans lesdites possessions & joüissances, ni souffrir le moindre préjudice que ce soit, qui déroge en quelque façon à leur condition & à celle de leurs Etats, anterieure auxdites Guerres.

Que l'on devra donc se désister de toutes innovations contraires faites depuis, & que toutes choses seront remises entierement dans le même état & sur le même pied qu'elles étoient avant lesdites Guerres.

Que suivant ce que l'on a toujours pratiqué en cas de Differens & de Controverses pour Jurisdictions, Confins & autres matieres pendantes entre Sadite Altesse & le Prince de Farnese, leurs Successeurs & leurs Etats d'une part, & les Empereurs & l'Empire, ou autres Souverains, quoique Feudataires & dépendans de l'Empire, de l'autre, l'on ne pourra jamais proceder par la voye de fait, mais seulement par la voye d'Arbitres, qu'on élira d'un commun consentement, qu'on se soumettra entierement à leur décision, & que les Empereurs & l'Empire, ou leurs Tribunaux ne pourront jamais s'ingérer dans tels Differens, ou prétendre d'en être les Juges.

Qu'en tout tems & occasion sera rejetté tout recours, que qui que ce soit des Sujets & Vassaux des Princes de la Maison Farnese, sans excepter même ceux qui sont & seront revêtus du Titre & Dignité de Prince de l'Empire ou de Grand d'Espagne pourroit avoir contre lesdits Princes, aux Empereurs & à l'Empire, ou à leurs Tribunaux.

De plus que tous les recours qui ont déja été faits, & nommement ceux de la personne, qui recemment a tenté de se soustraire à la Souveraineté de Son Altesse Sérénissime le Duc de Parme, comme aussi à l'obéissance & au devoir de Vassal, dont il est tenu envers ledit Prince pour le Fief de Soragna, seront abandonnez pour toujours & remis aux Tribunaux de sadite Majesté, envers laquelle chacun de ses Vassaux & Sujets, quoique honorez desdits grades, distinctions & titres, ou de quelque autre que ce soit, devra vivre dans toute subjection, & leur prêter obéïssance & fidelité, & ne devra être consideré & traité autrement que comme tout autre Sujet & Vassal.

Que les Etats de Parme & de Plaisance ne pourront jamais à l'avenir, tant en tems de Guerre qu'en tems de Paix, être chargez par les Empereurs, ou par l'Empire, de quartiers excessifs, ou Passages de Troupes, non plus que de Contributions, Subsides & Impositions, soit en argent, soit en autre chose, ni d'aucune autre charge imaginable.

Que pour la plus grande sûreté desdites choses Sa Majesté Imperiale en raportera le consentement & l'aprobation de l'Empire dans deux mois après l'échange des Ratifications de la Paix, & dans le même terme lesdites innovations seront reparées.

II. Comme l'Empereur Leopold, de glorieuse memoire, pleinement convaincu de l'independance des Etats de Parme & de Plaisance, de l'Empereur & de l'Empire, par un effet aussi bien de sa justice que de sa bonté, porta le 27. Juillet 1697. & 16 Juin 1703. deux Décrets, par lesquels il daigna promettre la restitution des Contributions exigées sur les susdits Etats, comme aussi la refection des dommages inferez à ces mêmes Etats par les Troupes Imperiales, pendant le cours des Guerres dernieres; Le Duc de Parme demande, que par un Article à inserer dans le prochain Traité de Paix à faire, Sa Majesté Imperiale s'oblige au payement ou restitution des sommes déja liquidées & arrêtées à Milan avec le Commissariat Imperial pour les Contributions exigées sur lesdits Etats par les Troupes Imperiales pendant le cours des dernieres Guerres, faites en Italie depuis l'an 1691. jusqu'à présent.

III. Son Altesse Serenissime demande qu'en exécution de plusieurs Décrets portez par les Rois Catholiques, Prédécesseurs de Sa Majesté Imperiale dans le Royaume de Naples, sadite Majesté, comme Possesseur dudit Royaume, veuille se charger dans le Traité de Paix à faire, de lui faire rendre dans deux mois après l'échange des Ratifications de ladite Paix, la Baronnie de Rocca Guglielma, apartenante à la Maison de Farnese, avec les rentes & les refections des dommages & intérêts dûs, suivant la teneur desdits Décrets.

En outre, que Sa Majesté Imperiale ait la bonté de s'obliger, que tant pour ladite Baronnie que pour les autres Fiefs apartenans à sadite Altesse dans le Royaume de Naples seront maintenus pour lui & pour ses Successeurs, & observez entierement, exactement & sans aucune exemption, tous les Privileges, Concessions, Exemptions & Graces accordées par le passé à la Maison de Farnese par les Rois Catholiques, & que dans lesdits mois tout préjudice qui peut avoir été fait là-dessus dans le cours des Guerres & des tems passez, sera reparé.

IV. Le Fisc, ou Chambre Royale de Naples, étant redevable envers Mr. le Duc de Parme de 1854297. Ducats monnoye de ce Royaume, liquidez dans un jugement rigoureux par ordre du feu Roi Charles II. d'heureuse mémoire, ainsi qu'il paroit par le raport fait aux Juges le trente-unieme Août par le Conseiller National Farina; Son Altesse Sérénissime demande, que dans les Traitez de Paix à faire, Sa Majesté Imperiale, comme Possesseur du Royaume de Naples, veuille bien s'obliger de faire faire le payement de ladite somme avec les justes intérêts, qui seront écoulez du jour de ladite liquidation jusqu'à celui du payement effectif selon la quantité calculée, dans ledit Raport dudit Conseiller Farina, & cela dans le terme de deux mois après l'échange des Ratifications de ladite Paix.

V. Puisque par la Paix à faire on va ôter toutes les occasions & prétextes, par lesquels les Troupes de Sa Majesté Imperiale s'emparerent dans les dernieres Guerres de l'Isle de Ponza apartenante en pleine Souveraineté à Son Altesse Serenissime le Duc de Parme, sadite Altesse demande, que suivant ce qu'on a pratiqué dans la Paix de Ryswick, Sa Majesté Imperiale s'oblige dans le prochain Traité de Paix, de faire évacuer à ses Troupes ladite Isle & le Fort y situé immediatement après l'échange des Ratifications dudit Traité de Paix, & de les faire remettre au pouvoir de sadite Altesse avec les Canons, Armes & Munitions & autres choses qui se trouvoient dans ladite Isle & Fort lorsque les Troupes Imperiales s'en emparerent.

Sadite Altesse se reservant la faculté de plus amplement expliquer, specifier, augmenter, & changer ses demandes, & d'en faire d'autres pendant le cours de ces Négociations, comme il jugera à propos & convenable.

Fait à Cambray le 14. Mai 1724.

(*Etoit signé*)

El Conde de Sant Estevan. El Marques Beretti-Landi.

Reponse des Plenipotentiaires de l'Empereur à l'Ecrit qui concerne le Duc de Parme.

Quemadmodum nulla excogitari poterit ratio, quâ Dux Parmensis, aut nomine ejus Serenissimus Hispaniarum Rex, qui virtute Fœderis Londinensis

ANNO 1724.

dinensis rebus Italiæ se immiscere non potest, prætensam Parmensem Guarantiam Quadruplici cum Fœdere connectere velit, sic quoque post inspectam ejus prætentionum enumerationem Legati Plenipotentiarii Suæ Cæsareæ Catholicæ Majestatis quidquam non solùm illuc pertinens verùm omne potiùs ab hac planè alienum, multisque titulis adversum reperiere; neque satis mirari potuerunt quâ fronte præfatus Dux difformem adeò Libellum conscribere à Dominis Legatis Hispanicis suâ manu firmandum, Legatisque Cæsareis per Dominos Legatos Mediatores præsentandum offerre ausus fuerit, cùm inibi tam contra ipsummet Tractatum Londinensem Cæsaris & Imperii à cunctis Partibus contractantibus in illos Status recognitum supremum Dominium inficiari, quam etiam debitam tantæ Majestati reverentiam sat immodestâ petitione excutere, & ad hoc, titulo præfati Fœderis, cujus ille Princeps nunquàm Pars contractans fuit, nec erit, cùm Cæsaris & Imperii haud dubiâ indignatione abuti præsumpserit.

Speravissent etiam Cæsarei Ministri ab amicâ Regum Mediatorum eorumque Legatorum operâ, quod Scriptum tam incongruum, & à rationibus hujus Congressus tam alienum, cùm ab aliis exhiberi voluisset, potius supprimere maluissent, cum scopus ad optatum finem pervehendi inde magis propellatur, quàm propinquior reddatur.

Declarant proindè infrascripti Suæ Cæsareæ Catholicæ Majestatis Legati Plenipotentiarii, se præfati Ducis adeò frivolè compilatarum prætentionum rationem inire nullam posse, utpotè ad Quadruplex Fœdus nullatenus spectantium, quinimo infringentium; quapropter etiam sibi de his, & similibus quidquam de hisce auscultandi, multominus desuper quocunque modo hoc in Congressu tractandi fas non esse, quin potius illis incumbere sponsionem sive Guarantiam Imperatoris à Fœderatis suis in Quadruplici Fœdere super jactatis pollicitam contra Ducis Parmensis ausus reclamare, ut unitis consiliis inquieti adeò conatus reprimantur, dictusque Dux de non labefactanda feliciter restitutâ tranquillitate publicâ seriò admoneatur.

De cætero si Princeps hic quædam æquiora habere putaret gravamina, eaque in Aulâ Cæsareâ decenter exhibeat de justitiâ Imperiali, ac juxta æquitatem meritâque causâ sibi satisfactum iri non dubitet.

Quod verò Serenissimum Infantem Carolum attinet, qui in Articulo IX. Postulatorum Hispanicorum ad fulciendas has Ducis Parmensis prætentiones prematurè nimis allegatur, cum nullam pariter ex Quadruplici Fœdere in illis partem assumere posse, ex ipso Tractatus Londinensis Articulique quinti tenore patet, cum præter expectativam nihil ei juris in Status Parmenses competat, donec casus modernorum Principum & illorum Descendentium masculorum illi successionem aperiat, quemadmodum etiam Diploma desuper eventualis Investituræ ab Imperatore consensu Imperii solemniter impertitum cautelam hanc in Quadruplici Fœdere expressam disertis verbis continet, juxta quam Princeps hic sese gerere debet, æque ac Imperator pactis promissis suis juxta tenorem Quadruplicis Fœderis intemeratâ fide stabit.

Denique Suæ Cæsareæ Catholicæ Majestatis Ministri Plenipotentiarii & Legati Dominos Legatos Mediatores peramice obtestantur, ut præsentem rerum Negociationem longo nimium & inutili intervallo sæpius interruptam, aut rectum in tramitem reducant, & laudabili suo zelo & officiis optatum ad finem tandem promoveant, aut saltem de finali desuper Legatorum Plenipotentiariorum Suæ Regiæ Majestatis Hispaniæ sensu infrascriptos edoceant, ut Imperator de eo certior redditus meliori quo visum fuerit modo huic Congressui finem imponere possit, cùm omninò incongruum videatur, tot tantorumque Principum Ministros diutius absque ullo fructu hic permorari, & contra Europæ vota expectationemque rem tam gravis momenti in incerto versari.

Cameraci die 25. Augusti 1724.

(*Signatum*)

Comes A WINDISCH-GRATZ. L. B. A PENTENRIEDER.

Reflexions des Ministres des Rois Mediateurs sur la Réponse des Ministres de l'Empereur aux Demandes du Duc de Parme.

C'Est sans fondement que Mrs. les Ministres de l'Empereur établissent, qu'il n'y a aucune des demandes du Duc de Parme qui soit relative au Traité de Londres. Mrs. les Ministres Médiateurs sont en état de le faire voir, & de même qu'ils ne voudroient pas insister sur celles qui y sont étrangeres, ils croyent aussi devoir continuer leurs instances sur les autres.

Les termes employez par les Ministres de l'Empereur sont peu decents entre Princes, ils semblent même reprocher aux Mediateurs de vouloir soutenir un Ecrit contraire à tous les Traitez, & à l'esprit de Paix. En vain les Ministres de l'Empereur voudroient parler du Domaine suprême de leur Maître & de l'Empire, il n'est pas moins éventuel que l'Investiture, & l'Empereur & l'Empire n'ont & n'auront conformement au Traité de Londres, jusques au cas de l'ouverture des Successions, aucun Droit actuel sur les Etats de Toscane & de Parme.

Les Ministres de l'Empereur établissent d'une maniere décisive, que le Duc de Parme ne fera jamais Partie contractante dans le Traité, ce n'est point à eux à décider une pareille question, toutes les Puissances, qui forment la Quadruple Alliance, ayant déja contracté pour lui dans ledit Traité.

Si les Mediateurs pouvoient mériter des reproches, ce ne seroit qu'en cas qu'ils supprimassent des Mémoires écrits avec mesure lorsqu'ils tendent à demander justice pour un Prince lezé.

Les Ministres de l'Empereur peuvent bien ne pas écouter les Demandes contraires à l'esprit & à la lettre des Traitez: toutes celles du Duc de Parme ne sont point dans ce cas-là: les Rois Mediateurs seront toujours prêts à effectuer à l'égard de l'Empereur leurs Engagemens & leurs Garanties, mais il ne seroit pas équitable de les reclamer pour trouver les moyens de refuser justice à un Prince, qui en la demandant ne trouble point la tranquillité publique.

Independamment de ce que le Duc de Parme est bien fondé à demander au Congrès la justice qui peut lui être due, il n'a pas fait une assez heureuse experience du succès des représentations les plus justes que l'on fait à Vienne.

Si l'Infant Don Carlos n'a point acquis des Droits actuels par les Traitez de Londres, au moins est-il vrai que le Roi d'Espagne peut demander avec raison que les pertes que le Duc de Parme pourroit avoir souffertes, soient reparées; & qu'il peut fonder ses instances sur le dommage qui en adviendroit au Prince Infant au préjudice des Traitez de Londres; c'est une raison, dont il n'est pas possible de contester la justice & la solidité.

Il n'a pas dependu des Ministres Mediateurs d'avancer davantage la Negociation, elle a toujours été suspendue par les difficultez continuelles venues des Plenipotentiaires de l'Empereur.

Les Mediateurs ne souhaitent rien plus que de n'être pas obligez à dissoudre infructueusement une Assemblée, dont la durée n'a pas dependu d'eux.

Copie de la Lettre des Ministres Imperiaux aux Ministres des Rois Mediateurs, à Cambrai le 23. Septembre 1724.

MESSIEURS,

COmme la lecture que Vos Excellences nous ont fait hier de leurs Reflexions sur notre Réponse aux Demandes du Duc de Parme, ne nous a pas laissé le loisir de considerer le contenu avant que de les recevoir, & que les ayant lues depuis avec plus de loisir & d'attention, nous y avons trouvé que le contenu s'en adressoit de leur part personnellement à nous, & cela même avec des reproches, dont non seulement nous ne conviendrons jamais, mais si nous y répondions du même ton, & les retorquant pour notre décharge du même stile, prennions à partie ceux qui nous les font, il n'en pourroit resulter aucun fruit pour avancer la Négociation entre nos Maîtres, ce qui doit être pourtant le principal & seul objet des uns & des autres.

Ainsi nous avons cru ne pouvoir mieux manifester notre esprit de paix, ni marquer une consideration plus attentive pour V. E. & un plus grand respect pour les Puissances que vous représentez, que de ne pas entrer en détail de vos susdites Reflexions, mais de

ANNO 1724. de nous borner simplement pour le présent à protester solemnellement contre l'imputation peu méritée qu'on nous fait, comme si nous étions la cause des délais de ce Congrès, dont le Public mieux informé jugera sans doute autrement, n'étant d'ailleurs sujet a la correction de qui que ce soit qu'à celle de l'Empereur notre très Auguste Maitre, à qui seul nous sommes responsables de notre conduite, & nous croyons aussi qu'il nous apartient autant qu'à tout autre Ministre des Puissances Alliées d'établir d'une maniere decisive, si le Duc de Parme est, ou sera Partie contractante du Traité de Londres, ou non.

Au reste, comme ce qui reflèchit sur le personnel des Ministres, ne doit pas être confondu avec les matières dont il s'agit; nous répondrons à celles-ci conformement aux ordres qu'il plaira à l'Empereur nous envoyer sur le compte fidele que nous avons rendu à Sa Majesté des dernieres Conferences, & nous sommes persuadez, que l'Empereur ne souhaite pas moins que les Médiateurs de n'être pas obligé de dissoudre infructueusement une Assemblée, dont le plus prompt succès n'a certainement jamais dependu de ses bonnes intentions, qui sont toujours de maintenir religieusement ses engagemens.

Nous avons l'honneur d'être parfaitement,

DE VOS EXCELLENCES,

Les très-humbles & très-obéïssans Serviteurs,

(Signé)

Le Comte de WINDISCHGRATZ. B. DE PENTENRIEDER.

PROTOCOLLE.

L'Empereur a ordonné à ses Ministres de déclarer à Mrs. les Ministres Médiateurs, que Sa Majesté leur défend précisement d'admettre le Mémoire de Monsr. le Duc de Parme, ou de traiter à ce Congrés les Demandes y contenues, n'ayant aucun raport à la Quadruple Alliance, ainsi que les Ministres de l'Empereur en France & en Angleterre sont chargez de le représenter aux deux Cours plus amplement.

Après quoi Sa Majesté Imperiale ordonne à ses Ministres de requerir les Ministres Médiateurs conformement aux Traitez de Londres, & de ses Garanties, qu'en écartant dorenavant de cette Négociation, toutes pareilles Demandes point apartenantes à la Quadruple Alliance, & nommement de ceux qui n'ont été ni Parties contractantes, ni Belligerantes, ils veulent faire avoir aux Ministres de l'Empereur la réponse de la Cour d'Espagne: & Sa Majesté espere, qu'après que les Médiateurs les auront considerées de part & d'autre avec un esprit d'équité & d'impartialité, ils voudront proposer ensuite, en bons Mediateurs, des expediens convenables, & conseiller les deux Parties, pour conduire par ce moyen ce Congrès si long-tems agité, à une heureuse fin, & rendre à l'Europe sa tranquillité solide & assurée, qui est tout ce que l'Empereur souhaite, à quoi Sa Majesté se prêtera de son côté avec toutes les facilitez raisonnables.

A Cambrai le 3. Octobre 1724.

Protestatio Nomine Sedis Apostolicæ & Sanctissimi D. D. INNOCENTII PAPÆ XIII. emissa in Conventu Cameracensi adversus Tractatus initos aut ineundos super prætensâ concessione eventualis Investituræ Ducatûs Parmæ & Placentiæ.

UNiversis præsentes Literas inspecturis notum facimus & declaramus, quod cum Sanctissimus Dominus Noster INNOCENTIUS Divinâ Providentiâ Papa XIII., Nos ad Conventum Pacis generalis Cameracensem Sanctitatis suæ & S. Sedis Apostolicæ verum, legitimum & indubitatum Procuratorem, Actorem & negotiorum Gestorem generalem & specialem constituerit, Nobisque potestatem, auctoritatem & facultatem tribuerit aliquem probum & præstantem virum Ecclesiasticum, in nostri locum substituendi, & ad dictam Civitatem Cameracensem mittendi, eique communicandi & subdelegandi potestatem, auctoritatem & facultatem, omnia & singula ad Catholicæ Religionis, Apostolicæ Sedis & Ecclesiæ bonum necessaria & opportuna faciendi, gerendi & exequendi, prout latiùs in Litteris Apostolicis in formâ Brevis expeditis Romæ apud Sanctam Mariam Majorem die XV. Mensis Septembris 1722. & die XVI. Februarii currentis Anni 1723. quarum tenor talis est. ANNO 1724.

Foris. *Venerabili Fratri Bartholomæo Archiepiscopo Athenarum, ad Charissimum in Christo Filium nostrum Ludovicum Francorum Regem Christianissimum Nostro & Sedis Apostolicæ Nuncio.*

Intùs vero. INNOCENTIUS PP. XIII. *Venerabilis Frater, salutem, & Apostolicam Benedictionem.*

CUM, sicut accepimus, in Civitate Cameracensi tractationes de Pace generali inter Charissimos in Christo Filios nostros Reges Orthodoxos, aliosque Christianos Principes firmandâ, benedicente Domno, institutæ jam fuerint; plurimùm verò expediat, ut hac occasione aliquis in illis partibus reperiatur, qui Nostris & Apostolicæ Sedis rationibus sedulò advigilet, præsertim verò omne studium & curam adhibeat ne aliquod in eisdem tractationibus, sive Catholicæ Religioni, sive Libertati Ecclesiasticæ, sive demum dictæ Sedis juribus præjudicium inferatur; Hinc est, quod Nos ex commissi Nobis divinitùs Pastoralis Officii debito, Orthodoxæ Fidei indemnitati opportunè providere, Sedisque prædictæ & Ecclesiæ jura sarta tecta undequaque tueri, ac adversus quæcumque illi præjudicialia, quantum Nobis ex alto conceditur, constanter asserere cupientes, Te, de cujus spectatâ, in arduis Nostris & ejusdem Sedis negotiis, fide, prudentiâ, integritate, & in rebus agendis dexteritate ac zelo plurimam in Domino fiduciam habemus, ad Conventum Pacis generalis hujusmodi qui in dictâ Civitate Cameracensi celebratur, Nostrum & ejusdem Sedis verum, legitimum & indubitatum Procuratorem, Actorem & negotiorum Gestorem generalem & specialem, ita quod specialitas generalitati non deroget, nec è contra, Auctoritate Apostolicâ tenore Præsentium facimus, constituimus & deputamus, Tibique plenam & liberam potestatem, auctoritatem & facultatem, omnia & singula, quæ in iis, quæ Tibi à Nobis commissa fuerunt, Catholicæ Religionis, Apostolicæ Sedis & Ecclesiæ bonum respicientibus necessaria, seu opportuna fuerint, etiamsi talia forent, quæ sub generali concessione non venirent, ac specialem notam, seu speciale mandatum requirerent, Nostro & Sedis prædictæ nomine faciendi, gerendi & exequendi, nec non quatenus ratione muneris quo fungeris, Nostri & dictæ Sedis in Regno Galliarum Nuncii, ad prædictam Civitatem Cameracensem personaliter accedere nequiveris, aliquem probum & præstantem virum Ecclesiasticum substituendi, & ad eamdem Civitatem Cameracensem mittendi, eique potestatem, auctoritatem & facultatem ejusmodi communicandi & subdelegandi, harum serie tribuimus. Non obstantibus Constitutionibus & Ordinationibus Apostolicis, cæterisque contrariis quibuscumque. Datum Romæ apud Sanctam Mariam Majorem sub Annulo Piscatoris, die XV. Septembris MDCCXXII. Pontificatus Nostri Anno Secundo.

Signatum. FABIUS CARDINALIS OLIVERIUS.

Item.

Foris. *Venerabili Fratri Bartholomæo Archiepiscopo Athenarum, ad Charissimum in Christo Filium Nostrum Ludovicum Francorum Regem Christianissimum Nostro & Sedis Apostolicæ Nuncio.*

Intus verò. INNOCENTIUS PAPA XIII. Venerabilis Frater salutem, & Apostolicam Benedictionem.

ALIAS per Nos accepto, quod in Civitate Cameracensi tractationes de Pace generali inter charissimos in Christo Filios Nostros Reges orthodoxos, aliosque Christianos Principes firmandâ institutæ fuerant, ac considerantes plurimùm expedire, ut hac occasione aliquis in illis partibus reperiretur, qui Nostris & Apostolicæ Sedis rationibus sedulò advigilaret, præsertim verò omne studium & curam adhiberet, ne aliquod in eisdem tractationibus, sive Catholicæ Religioni, sive Libertati Ecclesiasticæ, sive demùm dictæ Sedis juribus præjudicium inferretur, Te ad Conventum Pacis generalis hujusmodi, Nostrum ac Sedis præfatæ verum, legitimum & indubitatum Procuratorem, Actorem & negotiorum Gestorem generalem & specialem fecimus, constituimus & deputavimus, cum plenâ & liberâ potestate, auctoritate & facultate omnia & singula,

ANNO 1724.

singula, quæ in iis, quæ Tibi à Nobis commissa fuerant Catholicæ Religionis, Apostolicæ Sedis & Ecclesiæ bonum respicientibus necessaria opportuna fuissent, etiamsi talia forent, quæ sub generali concessione non venirent, ac specialem notam, seu speciale mandatum requirerent, Nostro & Sedis præfatæ nomine faciendi, gerendi & exequendi, nec non quatenus ratione muneris quo fungebaris, Nostri & dictæ Sedis in Regno Galliarum Nuncii ad præfatam Civitatem Cameracensem personaliter accedere nequires, aliquem probum & præstantem virum Ecclesiasticum substituendi, & ad eamdem Civitatem mittendi, eique potestatem, auctoritatem & facultatem hujusmodi communicandi, ac subdelegandi, & alias, prout in Nostris in simili formâ Brevis die XV. Septembris proximè præteriti desuper expeditis Litteris, quarum tenorem præsentibus pro plenè & sufficienter expresso, & de verbo ad verbum inserto haberi volumus, uberiùs continetur. Cum autem ad Apostolatus Nostri notitiam non sine intimo animi nostri dolore nuper pervenerit, memoratam Pacem generalem ita parari, ut prævia eam sanciendi conditio esse debeat eventualis Investitura Ducatûs Parmæ & Placentiæ, Nobis & huic Sanctæ Sedi etiam in temporalibus mediatè subjecti, per Charissimum in Christo Filium Nostrum Philippum Hispaniarum Regem Catholicum favore Dilectissimi pariter Filii Nostri Caroli Hispaniarum Infantis Nati sui petenda, illique à Charissimo itidem in Christo Filio Nostro Carolo Romanorum Rege in Imperatorem electo, perindè ac si S. R. Imperii Feudum esset, concedenda, idque in Comitiis Ratisbonensibus propositum, & à Germaniæ Principibus per suos Ministros ibi congregatos approbatum fuisse, quemadmodum in Capitulo Electorali ac Concluso, ut vocant, eorumdem Germaniæ Principum & Statuum Imperii præfati desuper editis, fusiùs dicitur contineri; meritoque dubitari possit, quod ad concessionem dictæ eventualis Investituræ Ducatûs præfati, qui nullâ ratione ad jura Imperii pertinet, sed ut notorium ac manifestum est, non alterius quàm Sedis Apostolicæ, Nostroque, & Romani Pontificis pro tempore existentis directo, alto & supremo Dominio subest, non minùs injustè quam nulliter reipsâ deveniatur; Hinc est quod Nos, qui Romanæ, aliarumque inferiorum Ecclesiarum jurium assertores à Domino constituti sumus, tam apertæ injuriæ maturè occurrere, ac ne ullo unquàm tempore Nostra & ejusdem Sedis in præmissis acquiescentia prætendi possit, sed ut omnibus innotescat, Nos & Sedem prædictam constanter impugnare, improbare ac rejicere, quacumque opportuniori ratione providere volentes, Tibi per Præsentes committimus & mandamus, ut juxta Instructionem ad te jussu Nostro transmittendam, per Te ipsum, seu personam Ecclesiasticam à Te, sicut præmittitur, substituendam, & ad prædictam Civitatem Cameracensem ablegandam, nihil quod pertinet ad dictum Ducatum Parmæ & Placentiæ à quopiam in præjudicium directi Dominii, ac jurium S. Romanæ Ecclesiæ competentium innovari, statui, vel disponi posse, vel potuisse, ac propterea quascumque Transactiones, postulationes, conditiones, conventiones, pacta, dispositiones, illarumque confirmationes & approbationes, tam in dictâ Civitate Cameracensi, quàm in Comitiis Ratisbonensibus, ac Capitulo & Concluso præfatis, sive etiam alibi & ubicumque super ejusdem Ducatûs eventuali Investiturâ, Infeudatione, Concessione, Successione, Possessione & Fruitione, magisque ipsam Investituram, Infeudationem ac Concessionem quibuscumque verbis, clausulis & formulis, tam directè, quàm indirectè, ac principaliter, & incidenter, ac alias quomodocumque & quandocumque factas, seu, quod absit, faciendas, omninò nullas, irritas, invalidas, inanes, nulliusque roboris ac momenti, cum omnibus inde secutis & quandocumque fortasse secuturis, ab ipso initio fuisse & perpetuo fore, omni meliori modo, viâ, jura, causâ & formâ, in Pacis generalis conventu hujusmodi, etiam illius exitu minimè expectato, publicè, solemniterque, Nostro pariter & ejusdem S. Sedis nomine declares atque protesteris, illaque reprobes, rejicias ac impugnes, nec ex illis cuiquam aliquod jus, vel actionem, vel titulum etiam coloratum, vel possidendi, aut præscribendi causam, tametsi per immemorabile tempus acquisitam, vel acquisitum fuisse, vel esse, aut quandocumque acquiri, vel competere, neque illa statum ullum facere, vel fecisse, aut in posterum facere posse; sed ac si numquam emanassent aut emanarent, vel facta non fuissent, vel forent, pro non exstantibus & non factis perpetuò habenda esse, illisque nullo unquam tempore refragantibus, supremum, altum & directum Dominium, & alia quæcumque Romanæ Ecclesiæ jura semper prædicto Ducatu Parmæ & Placentiæ, salva, integra, illæsa, inviolata, atque sarta tecta fuisse & esse, ac perpetuò similiter fore, Auctoritate Nostrâ Apostolicâ decernas itidem, & declares; Nos enim plenam, liberam & omnimodam ad præmissa facultatem & potestatem Tibi eâdem auctoritate tenore Præsentium concedimus & impertimur. Non obstantibus omnibus iis, quæ in prædictis Litteris Nostris voluimus non obstare, cæterisque contrariis quibuscumque. Datum Romæ apud Sanctam Mariam Majorem sub Annulo Piscatoris die XVI. Februarii M. DCC. XXIV. Pontificatus Nostri Anno Secundo.

Signatum F. CARDINALIS OLIVERIUS.

CUMque pro ratione Muneris quo fungimur, ejusdem Sanctissimi Domini Nostri Domini Papæ INNOCENTII XIII. dictæque S. Sedis in Regno Galliarum Nuncii, ad præfatam Civitatem Cameracensem personaliter accedere non possimus; hinc est quod vigore suprascriptarum Litterarum Apostolicarum Dilectum Nostrum actualem Auditorem & Protonotarium Apostolicum Antonium ROTA Clericum Romanum, de cujus fide & prudentiâ Nobis constat in Nostri locum substituimus, eumque ad Civitatem prædictam Cameracensem mittimus, ipsique plenam & integram potestatem, auctoritatem & facultatem, Nobis per suprascriptas Litteras Apostolicas commissas & impertitas communicamus & subdelegamus, ipsi injungentes & mandantes, ut omnia & singula Nobis in suprainsertis Literis Apostolicis injuncta, mandata & commissa diligenter ac sedulò impleat, eaque omnia præstet, quæ Nos ipsi præstaremus, si personaliter illùc liceret accedere. In quorum fidem has Præsentes manu propriâ subscripsimus, easque sigillo nostro quo in talibus utimur muniri jussimus, & per Secretarium Nostrum subscribi mandavimus. Datum Parisiis, in Palatio nostræ solitæ habitationis, hac die decimâ quartâ Martii 1723.

(*L. S.*) B. MASSÆUS Archiepiscopus Athen. & apud Regem Christianissimum Nuncius Apostolicus.

M. TRUCCHI à *Secretis*.

PROTESTATIO.

UBi primum Sanctissimus Dominus Noster INNOCENTIUS Divinâ Providentiâ Papa XIII. accepit in Conventu & Comitiis hac in Civitate Cameracensi aperiendis, generalem Concordiam inter Orthodoxos Principes ita componendam esse, ut per sinceram reconciliationem, sedatis acerbissimis diffidiis, quibus illorum animi agitabantur, desiderata tandem tranquillitas firmaretur, nullis nec precibus apud Deum, nec Officiis & cohortationibus apud eosdem Principes, consilia hæc promovere atque ad tam universæ Christianæ Reipublicæ salutare opus, benedicente Domino, perficiendum, illos urgere unquam desiit. Ea tamen semper Sanctitati suæ mens & fiducia fuit, ne quid nimirùm injuriæ ac detrimenti, in ipsâ optatissimæ licet Concordiæ sanctione, Catholicæ Religioni, atque Sedis Apostolicæ & Ecclesiarum juribus inferretur; quibus jam tum ab initio sui Pontificatûs, tam per suos apud præfatos Principes, Nuncios, quam per seipsam cum eorum Ministris Romæ commorantibus opportunè prospicere non prætermisit.

At post longas moras, quæ publicam expectationem protrahebant, gravissimum illi accidit diversis ex partibus allatum nuntium, Cameracensem istam Concordiam eâ demum ratione parari, ut veluti præcipua, ac ut ajunt, præliminaris illam conciliandi conditio futura sit, eventualis Investitura Ducatûs Parmæ & Placentiæ à Catholico Rege Philippo V. pro Regio Infante Carolo ejusdem filio petenda, eique ab Imperatore Carolo VI. tanquam de Feudo Imperii concedenda: Idque in Comitiis Ratisbonensibus propositum, à Germaniæ Principibus per suos Administros ibi congregatos, confirmatum atque approbatum fuisse; amplis verbis gratias agendo Imperatori, pro curâ impensâ in amplificandis Imperii Juribus, ut legitur in Capitulo Electorali dictato Ratisbonæ die 7. mensis De-

ANNO 1724.

Decembris Anni superioris 1722. & in Concluso Principum & Statuum imperii.

Quapropter cùm dubitari possit, quòd, ut ibi decretum, deliberatumque jam fuit, re ipsâ deveniatur ad concessionem dictæ eventualis Investituræ ejusdem Ducatûs Parmæ & Placentiæ, qui nullâ ratione ad Jura Imperii pertinet; sed ut omnibus notorium, manifestumque est, non alterius, quam S. Sedis ac Romani Pontificis directo, alto & supremo Dominio subest: idcirco Sanctissimus Pater ex credito sibi divinitùs Apostolici Officii debito, tam apertæ Jurium Sedis Apostolicæ læsioni maturè occurrere volens, Illustrissimo & Reverendissimo Domino Bartholomæo Massei Athenarum Archiepiscopo, suo & ejusdem Sedis Apostolicæ in Galliarum Regno Nuncio Ordinario, utpotè vicino ejus Ministro injunxit, ac speciali Mandato commisit, ut juxtà generales & amplissimas facultates ipsi jam tributas per Litteras in formâ Brevis eidem directas sub die 15. Mensis Septembris Anni 1722. tanquam ejusdem Sanctitatis suæ, ac Romanæ Ecclesiæ verus & legitimus Procurator, Actor & negotiorum Gestor, vel per seipsum, vel per alium, ab eo huc mittendum (cui tamen nullum extrinsecum Ministerii titulum communicari voluit) Sedem præfatam à quibusvis præjudiciis, quæ ei ex ejusmodi Concordiæ tractatione; etiam illius exitu minimè expectato, quomodolibet obvenire possent, quâcumque opportuniori ratione, curâ & studio præservare, illæsamque ac sartam tectam reddere, ac illa antevertere adniteretur.

Ut igitur idem Illustrissimus Athenarum Archiepiscopus, vel ipsis etiam injustis dictæ Concordiæ initiis, quibus Apostolicæ Sedis jura adeò manifestè impetuntur, Pontificium dissensum & improbationem opponeret, ac novis adhuc & specialibus a Sanctitate Suâ, per alias in simili formâ Brevis die 16. Februarii præsentis Anni 1723. expeditas Litteras, ad eum interim perlatis Mandatis obtemperaret, me hùc allegavit, ut Sanctitatis suæ jussa exequendo, Romanæ Ecclesiæ rationibus, legitimis remediis consulerem, ne ullo unquam tempore S. Sedis acquiescentia prætendi possit.

Licet autem, ut id pro officii mei ratione exequar, ejusdem Sedis Titulos & Jura, quorum solus Deus Judex est, hic proferre & recensere non debeam; minùs verò operæ pretium sit, quoad longissimè potest mens nostra, respiciendo spatia præteriti temporis memoriam rerum recordari ultimam: id tamen non omittam, neminem videlicet latere, duobus & ultrà abhinc sæculis Romanam Ecclesiam dicti Ducatûs supremo, alto & directo Dominio pacificè potitam fuisse: nec minùs exploratum esse, fel. rec. Paulum III. eundem Ducatum in feudum concessisse Petro Aloysio & Domui Farnesiæ, designatis personis ex dictâ Domo & Familiâ in ipso successuris, certisque adpositis pactis & conditionibus ab illis perpetuò adimplendis: cujus concessionis, ac Investituræ Lege semper, fideliterque hactenus servatâ, quoties possessorem Feudi decessisse contigit, ejusdem Filius primogenitus, tanquam Ecclesiæ Romanæ Feudatarius, publicâ Legatione supplicans pro Investituræ renovatione à Summo Pontifice pro tempore existente illam obtinuit: omnesque demùm, tam nimirùm modernus D. Parmæ & Placentiæ Dux, quàm ejus in dicto Ducatu Prædecessores, palam ac omnium oculis spectantibus solemniter semper solverunt annuum Censum, tanquam perenne dicti supremi Dominii S. Sedis & Vassallagii testimonium in originariâ Investiturâ, Feudatario imperatum, atque præscriptum.

Quæ sanè omnia, cùm probè nota essent tum prædecessoribus Imperatoribus, Imperii tamen jura minimè obtendentibus, tum præcipuè gloriof. memor. Leopoldo; idem, dum sanctæ mem. Innocentius XII. vehementer apud illum conquestus fuit, quòd militares ejus copiæ ingressæ essent Ditionem Parmensem & Placentinam Romanæ Ecclesiæ Feudum; facti hujus eam attulit excusationem, nempè quod ipse à Principis, & sibi tam arctè conjuncti, & S. Sedis Vassallagio adstricti, Ditionibus certò abstinuisset, nisi summa necessitas eum coëgisset ad Milites in illas immittendos. Ut etiam Comite Philippo Maria Scotto dicti Domini Ducis Ablegato, ejus nomine poscente compensationem ingentium contributionum ab eodem subministratarum, atque damnorum, quæ ob Cæsareum Militem in suâ Ditione ad hyberna missum, illata illi fuerant, prædictus Imperator professus fuit atque declaravit, adeò gravia incommoda D. Ducis Ditioni invexisse non ex Vassallagii debito, sed quia rerum ac temporum conditio ipsum tametsi invitum, ad id compulerant. Porrò ecquis nescit fel. rec. Clementem PP. XI. ad ejusdem Ducatûs defensam & custodiam, inter novissimos Italici belli motus, Romanæ Ecclesiæ Vexillum in illius Arcibus ac Munitionibus explicavisse, atque Pontificium præsidium collocasse? Cæsareis & fœderatorum Regum Exercitibus ac Ducibus id spectantibus, nemine verò adversus adeò constans & publicum supremi S. Sedis Dominii exercitium reclamante.

In tantâ itaque Jurium Sanctæ Romanæ Ecclesiæ perspicuitate atque evidentiâ, quæ Religio, quæ Justitiæ ratio pati poterit, ut cum adeò gravi illorum jacturâ ac imperdio, Jura Imperii, novâ ac indebitè prorsus quæsitâ accessione amplificentur? Aut quæ pax inter Christianos Principes coalescere poterit, quæ diù mansura sit, si eadem auspicanda violento spolio, quo S. Sedes & Christi Vicarius tantâ cum injustitiâ, suarumque rationum detrimento deturbetur supremo, alto, ac directo Dominio dicti Ducatûs antiquissimis titulis, plurium sæculorum pacificâ quasi possessione, & gentium denique consensu constabilito? Quemadmodum igitur Sanctissimus Pater, quo tantam injuriam propulsaret, atque Romanæ Ecclesiæ Jura vindicaret & assereret, non defuit omnibus paternis officiis, quibus tàm per suas Litteras Apostolicas, quàm Nuncios suos, Catholicos Principes admoneret, atque ab injustis hac in re susceptis consiliis revocaret: ita Ego reverenter atque humilliter obsequendo menti Sanctitatis suæ, ac utendo facultatibus ejusdem auctoritate mihi; à præfato Illustrissimo & Reverendissimo Nuncio attributis, ut demandatum officium adimpleam, & ut pleniùs innotescat & palàm sit, quod ipse Summus Pontifex ejusmodi præjudiciis non modò non assentitur, nec unquam assensurus est, sed illa expresè impugnat, reprobat ac rejicit, prout etiam ejus successores certò impugnaturi, reprobaturi & rejecturi semper erunt; omnibus melioribus modo, viâ, jure, causâ & formâ, quibus pro ejusdem officii mei ratione possum & debeo in hoc publico Conventu, publicè, solemniterque declaro, atque protestor, nihil quod pertinet ad Ducatum Parmæ & Placentiæ à quopiam in præjudicium, tum directi Dominii, tum Jurium Sanctæ Romanæ Ecclesiæ competentium, innovari, statui, vel disponi posse, vel potuisse. Propterèaque quascumque Tractationes, Conventiones, Pacta, Dispositiones, illarumque Confirmationes & Approbationes, tàm hic, quam in Comitiis Ratisbonensibus, ac Capitulo & Concluso præfatis, sive etiam alibi, & ubicumque, super ejusdem Ducatûs eventuali Investiturâ, Infeudatione, Concessione, Successione, Possessione & Fruitione; magisque ipsam eventualem Investituram, Infeudationem, seu Concessionem, quibuscumque verbis, clausulis & formulis tam directè, quàm indirectè, tam principaliter, quàm incidenter, ac alias quomodocumque, & quandocumque factas, seu, quod absit, faciendas, omninò nullas, irritas, invalidas, inanes, nulliusque roboris ac momenti, cum omnibus inde secutis, & quandocumque fortasse secuturis ab ipso initio fuisse, esse & perpetuò fore: illaque idcircò pro facultatibus mihi ut suprà concessis, & munere quo fungor, ac nomine supradicto, omni meliori modo, quo possum ac debeo, reprobo, atque impugno, nec ex illis cuiquam aliquod jus, vel actionem, aut titulum etiam coloratum vel possidendi, aut præscribendi causam, tametsi per immemorabile tempus, acquisitam vel acquisitum fuisse, vel esse, aut quandocumque acquiri, vel competere posse, neque illa statum ullum facere, vel fecisse, vel in posterùm facere posse, sed perindè, ac si nunquam emanassent, aut emanerent, vel facta non fuissent, vel forent, pro non emanatis & non factis perpetuò habenda esse: ideòque eisdem nullo unquàm tempore refragrantibus, supremum, altum & directum Dominium, & alia omnia quæcumque Sanctæ Sedis & Romanæ Ecclesiæ Jura super prædicto Ducatu Parmæ & Placentiæ, salva, integra, illæsa, inviolata fuisse & esse, ac perpetuò fore, rursus protestor, atque declaro. Actum Cameraci die primâ Mensis Aprilis (1) Anno millesimo septingentesimo vigesimo tertio, Indictione primâ, Pontificatûs SS. DD. N. INNOCENTII Papæ XIII. Anno secundo.

Signatum,

ANTONIUS ROTA.

(1) Il paroîtra étonnant que cette Protestation & la suivante soient datées de 1723. pendant que le Congrès n'a été ouvert qu'en 1724. mais il faut savoir que les Ministres Plenipotentiaires y furent assemblez dès la fin de 1722.

ANNO 1724. Ad quorum omnium & ſingulorum perpetuam notitiam atque evidentiam, in abſentes quoque & poſteros transmittendam, cùm neminem adhuc invenerim, qui in hoc Cameracenſi Conventu, ut moris eſſe conſuevit, Mediatoris partes agat & ſuſtineat, cuique præmiſſas Proteſtationem & Declarationes exhibere & penès ejus Acta deponere potuerim, propterea illas non ſolum Excellentiſſimis Imperialibus, & aliorum orthodoxorum Regum Plenipotentiariis, ſed etiam pluribus aliis Catholicorum Principum Miniſtris in hoc ipſo Congreſſu notas facere curavi, unà cum authenticis Documentis tùm ſpecialis Mandati mihi traditi, tùm Apoſtolicarum Litterarum, quarum vigore præfatus Illuſtriſſimus & Reverendiſſimus Athenarum Archiepiſcopus mandatum & facultatem hujusmodi ad hæc peragenda mihi dedit; verum prætereà ut eo meliori modo, quo præſenti temporum ratione permittitur, demandato mihi munere perfungar, præſentes haſce Declarationes & Proteſtationes in præſentiâ honorabilium Magiſtratuum Civitatis hujus Cameracenſis in ſolito loco congregatorum altâ & intelligibili voce perlegi & publicavi, easque manu & ſigillo meis ſubſcriptas & munitas, unà cum aliis mox relatis Mandati & Apoſtolicarum Litterarum Documentis pariter ut ſuprà perlectis, in ejusdem Civitatis Cameracenſis Archivio, de præfatorum Magiſtratuum ad hæc omnia per me requiſitorum conſenſu depoſui, ut hujus ſolemnis Actûs perpetuum in illo extet monumentum, publicique Juris fieri ſemper poſſit, declarans inſuper, prout declaro, me curaturum, ut Proteſtationes & Declarationes præmiſſæ inter Acta hujus publici Conventûs ſuis loco & tempore inſcribantur & inſerantur. Interim verò præfatos Cameracenſes Magiſtratus rogatos volo & requiro, ut de prædictis omnibus & ſingulis per me, ut ſuprà geſtis, unum, ſeu plura Inſtrumenta confici mandent ad perpetuam rei memoriam, mihique tradi in publicâ & authenticâ formâ. Actum Cameraci die primâ Menſis Aprilis, Anno milleſimo ſeptingenteſimo vigeſimo tertio, Indictione primâ, Pontificatûs SS. DD. N. INNOCENTII XIII. Anno ſecundo.

Signatum,

ANTONIUS ROTA.

& appoſitum erat Sigillum.

„ Eſchevins & Magiſtrat de la Ville, Cité & Duché de Cambray: A tous ceux qui ces Préſentes verront, ſçavoir faiſons, que la Proteſtation ci-deſſus, enſemble certaines Lettres en parchemin données à Paris le 14. Mars de la préſente année 1723. par lesquelles Monſieur l'Abbé ROTA Protonotaire Apoſtolique & Auditeur de Monſeigneur le Nonce eſt par lui ſubdelegué aux fins de la ſusdite Proteſtation en vertu des Brefs de Notre Saint Pere le Pape INNOCENT XIII. en datte des quinze Septembre 1722. & ſeize Février de la préſente année, ici vûs & inſerez ésdites Lettres, ont été aujourd'hui lûes à haute & intelligible voix par icelui Sieur Abbé Rota & depoſées en notre Chambre Eſchevinale de la maniere & ainſi qu'il eſt énoncé au prédit Acte de Proteſtation, que nous avons reçu ſuivant ſa requiſition pour être conſervé dans nos Archives, faire foi à toujours, y avoir recours & valoir au Saint Siége Apoſtolique & à Sa Sainteté ce que de raiſon; tout quoi, dont ſera délivré audit Sieur Abbé Rota telles Expeditions qu'il ſouhaitera, Nous ordonnons être enregiſtré, enſemble le préſent Procès verbal dans l'un de nos Regiſtres deſtiné pour la reception de pareils Actes. Fait en pleine Chambre Eſchevinalle ſous la ſignature de l'un de nos Greffiers, & le Scel aux cauſes ordinaires de ladite Ville, ledit premier Avril 1723. Souscrit par Ordonnance, & ſigné C. F. MICHEL avec Paraphe, & y étoit appoſé le Scel aux cauſes de ladite Ville de Cambray en cire verte.

„ Eſchevins & Magiſtrat de la Ville, Cité & Duché de Cambray, à tous ceux qui ces Préſentes verront, ſçavoir faiſons & pour verité certifions que l'Original de la Proteſtation ci-deſſus tranſcrite avec le Verbal par Nous tenu au bas d'icelle le premier du preſent Mois, repoſe dans les Archives de l'Hôtel de Ville, & eſt en outre enregiſtré dans l'un de nos Regiſtres deſtiné pour la reception de pareils Actes, en foi de quoi Nous avons aux Preſentes, ſignées de l'un de nos Greffiers, fait appoſer le Scel aux cauſes ordinaires de ladite Ville le troiſième Avril mille ſept cens vingt trois. ANNO 1724

Par Ordonnance,

(Place du Sceau.)

C. F. MICHEL,
avec Paraphe.

Proteſtatio nomine Regiæ Celſitudinis Magni Ducis Hetruriæ, die 25. Octobris 1723. adverſus Tractatus initos, aut ineundos ſuper prætenſa conceſſione eventualis Inveſtituræ Statûs Florentini.

In Dei æterni nomine, Amen.

INfraſcriptus Ablegatus & Plenipotentiarius Regiæ Celſitudinis Sereniſſimi Magni Ducis Hetruriæ, quum acceſſerit ad præſentem Pacis hac in Urbe Cameracenſi Congreſſum, quo plerique Regum, Principum & Potentatuum Europæ ſuos miſerunt Miniſtros ut in tam illuſtri Conventu, præſtantiori modo, Chriſtianæ Reipublicæ conſulerent, ut pace, durabilis tranquillitas Europæ, & præſertim Italiæ firmaretur, idque ſpeciali cum Mandato curandi omnia & ſingula, quæ ſpectare poſſent ad res & jura Regiæ Celſitudinis Domini ſui, ejusque populorum, ne fortè aliquod Conſilium per prædictos Miniſtros iniretur præjudicio & damno ejusdem Regiæ Celſitudinis, & opportunè efficiantur Actus legitimè proſpiciendi Juribus Suæ Regiæ Celſitudinis in eum caſum, quo eisdem non attentis, præjudicium aliquod inferretur, munus ſuum implere neceſſe habet explicandi & aperiendi omnibus & ſingulis quod infraſcriptum, ut videlicet.

Quum proximè elapſis annis publicam in lucem quædam Pacis propoſitiones prodierint per Quadruplicis Fœderis tractantes Potentatus ſub die 2. menſis Auguſti anni 1718. ſubſcriptæ, & in earum quinta continerentur Articuli ſucceſſionis in Statum Hetruriæ, poſt obitum Suæ Regiæ Celſitudinis & Sereniſſimi Magni Principis ejus Filii absque deſcendentibus maſculis, & quodam hactenus inſolito & inaudito arbitrio infeudandi ſub Sacro Cæſareo Romano Imperio Dominium Florentinum, quumque deinceps publicatæ fuerint aliæ privatæ Conventiones & Articuli inter prædictos Potentatus conventi tanquam partes integrales antedictarum propoſitionum diei 2. Aug., & ſub eadem die ſubſcripti, quapropter ex parte Regiæ Suæ Celſitudinis remonſtratum fuit omnibus Aulis Regum, Principum & Potentatuum in dictis Propoſitionibus, Articulis, Conventionibus principaliter intervenientium, ſeu intereſſe habentium omne id, quod ſufficere, imo exuberare debuerat ad eos removendos à propoſito Dignitati ſupremæque Auctoritati Suæ Regiæ Celſitudinis tam injurio, & præterea ad bonum Pacis; quod erat in eorum mente nihil profectò neceſſario, eò quod ſatis jam omnibus nota atque ſpectata erat rectiſſima mens Suæ Regiæ Celſitudinis, ac Sereniſſimi Magni Principis ejus filii, conferendi omnes vires ſuas operi adeò ſalutari, dummodo eorum ſuprema poteſtas & dignitas nihil detrimenti caperet & majori ſuorum Subditorum bono, & felicitati conſuleretur: ſed quum de his, quæ contra à Suâ Regiâ Celſitudine monſtrata fuere, aut ſperare par erat, non fuerat habita ratio, imò aliis in Conventionibus Tractatibusque peculiaribus inter eosdem tractantes Potentatus magis atque magis Sua Regia Celſitudo fuerit præjudiciis prægravata, coacta fuit ſolemniter per ſuos proteſtari Miniſtros, etſi ſemper reſpectu habito erga adeò Auguſtos Potentatus, apud omnes Aulas prædictas ſe nunquam iſtis minimè tolerandis præjudiciis conſenſuram, ſpecialiter ut alii, exceptâ Suâ Regiâ Celſitudine, & Sereniſſimo Magno Principe ejus filio, de Succeſſione in Dominium Florentinum diſponerent, & per conſequens annullaretur Actus ſolemnis Succeſſionis editus die 27. Novembris 1723. favore Sereniſſimæ Electricis Viduæ Palatinæ cum ſupremâ atque pleniſſimâ auctoritate Magni Ducis, Magnique Principis unanimi conſenſu Senatûs Florentini, & omnium populorum acclamatione, qui ſolus atque unicus modus eſt,

quo

quo ejus Imperii Dominium justè & legitimè in aliam Familiam post Familiæ regnantis extinctionem transferri fas est, & denique supradictum Dominium Florentinum cogeretur repente evadere feudum Imperii Romano-Cæsarei, quamvis palam ac manifestè titulo summæ ac plenissimæ libertatis à Reipublicæ suæ tempestate, & à regnante Familiâ usque ad præsentem ætatem possessum fuerit, quando, ut suprà dictum est, ad bonum Pacis nihilo necessarium erat hujus Dominii conditionem in talem formam convertere.

Postremò post hujus illustris Congressûs aperitionem, non prætermisit Sua Regia Celsitudo tum voce, tum scriptis Orbi universo perspicuè palam facere suarum protestationum justitiam & æquitatem, gravitatem offensionis suæ inflictam Dignitati, & novum denique onus quo ejus Populi gravantur, eâ fiduciâ fretus, ut ingentes Potentatus, qui huic negotio interfuerunt, seriò perpendentes propriâ eorum rectitudine singulari manifestam rationum evidentiam, ab anticipatis opinionibus resipiscentes, à quibus subrepti esse poterant, jus suum tandem tribuerint Suæ Regiæ Celsitudinis causæ suorumque populorum.

Sed quoniam, quamvis jura Suæ Regiæ Celsitudinis hac in re sint perspicua, evidentia, & sine ullâ contestatione, nec per eam steterit, quo minus proponerentur in conspectu Ministrorum præsentem Congressum conficientium, illis prævaluit studium sustinendi prememoratam quintam propositionem, etiam expoliandi adversus omnes divinas humanasque Leges, proprium, unicum & absolutum Dominum, dispositione ejus rei quam ille dumtaxat agnoscit, adeò & frustrando justas deliberationes, ab eo interim jam perfectas pro Serenissimâ Electrice Palatinâ ultima Principissa sui sanguinis, sua unica dilectissimaque filia, & subjiciendo duræ Vassalagii conditioni Statum, populumque liberum atque innoxium, quemque adeò non solùm omnes Nationes, verùm etiam iidem tractantes Potentatus in supradictis Propositionibus fatentur fuisse hactenus, & nunc esse in plenâ possessione libertatis & omnimodæ independentiæ.

Quamobrem supradictus Ablegatus & Plenipotentiarius proprio ne desit officio, aut ea, quæ ad hunc peculiarem effectum in mandatis accepit, prætermittat, scilicet conservandi, tum in præsentiâ tum in futurum, immunia atque exempta ab omni præjudicio jura & supremam potestatem Suæ Regiæ Celsitudinis, & Dominii Florentini, quod eveniret, si propositæ Conditiones omnium, sive alicujus prædictorum Articulorum ad exitum perducerentur, necessariò protestari debet solemniter, quemadmodum re ipsâ coram hoc illustri Cameracensi Congressu nomine Suæ Regiæ Celsitudinis, & Serenissimi Magni Principis filii sui omni meliori, validiori, solemniori & efficaciori modo protestatur contra pluries memoratas propositiones & quoscunque alios Articulos, qui partem conficiunt ipsarum Propositionum quoad dumtaxat id, quod spectat ad quamlibet dispositionem circa Successionem in Dominium Florentinum; & feudalitatem, cui quis illud subjicere cogitaret; tanquam factum id, confectum, non solùm absque participatione & consensu Suæ Regiæ Celsitudinis, & Serenissimi Magni Principis filii sui, ad quos unicè, & non ad alios pertinet istiusmodi dispositio, verùm etiam ipsis Regiâ Celsitudine & Serenissimo filio expressè & positivè contradicentibus, resistentibusque, tum propter seipsos, tum propter id quod æquè sibi cordi est, spectans ad Serenissimam Electricem Palatinam, propriosque Subditos; ita ut quod confectum fuerit in dictis Propositionibus super his rerum Articulis, aut eorum aliquo semper irritum nullumque habeatur, ac si nunquam factum fuisset, nec ullo unquam tempore illius vi quæri possit legitima possessio, nec jus, nec ratio ulla cuilibet in præjudicium liberæ & absolutæ Potestatis, quam habet Sua Regia Celsitudo & Serenissimus Magnus Princeps Filius disponendi de Dominio Florentino, & in præjudicium legitimæ evacuationis & actus Electionis prememoratæ Serenissimæ Electricis ad ejusdem Dominii Successionem, & in præjudicium omnimodæ independentiæ dicti Dominii Florentini ab aliis quibuscunque terrarum orbis Potentatibus: declarante & protestante sæpè dicto Ablegato & Plenipotentiario pro parte & nomine prædictarum Celsitudinum ipsas, aut quamlibet earum non acquiescentium, non consensum ullum perpetuò præstituras super eo, quod stabilitum remaneret circa ea, quæ superius exposita sunt in eisdem propositionibus & conventionibus & Articulis, & in omnibus & in singulis dictarum Propositionum, conventionum & articulorum, acceptionibus, approbationibus & confirmationibus quibuscunque hactenus factis aut (quod absit) si quæ in Congressu prædicto, & in quocunque Pacificationis Tractatu inde consecuturo in posterum fierent ab omnibus & quibuscunque, qui non habuêre, nec potuerunt, nec possunt, & nunquam poterunt ullam habere quantumvis minimam facultatem, auctoritatemque ea faciendi, & quod à Regiâ Suâ Celsitudine, & a Senatu Populoque Florentino reputatum, & pro nullo habitum in perpetuum erit; tanquam contrarium omnibus Legibus & rationibus omne id quod relativè ad prædictas Propositiones & Articulos, aut in ipsorum, vel alicujus eorum executionem ullo unquam tempore attentaretur. Actum Cameraci die vigesimâ quintâ mensis Octobris, Anno salutis millesimo septingentesimo vigesimo tertio. Subscriptum est,

NEREUS MARCHIO CORSINI.

Ut autem perpetuò innotescat atque indubitatum evidensque fiat, Actus præmissæ Protestationis, quoniam in hoc Cameracensi Conventu reperitur nemo, qui de more Mediatoris; hujusmodi protestationes excipiat, neque Acta publica referat, ego ideo ea ratione, quâ præsens temporum conditio sinit injunctum mihi munus implere studens; eundem Actum Protestationis manu meâ signatum, meoque Sigillo munitum in Actum authentici documenti specialis Mandati ob hæc alia ejusmodi peragenda mihi traditi in officio Tabellionatûs Magistri de Ligne, Regii Tabellionis, & Actorum Conservatoris hujus Civitatis Cameracensis, ita ut ibi perenne talis Actûs monumentum existat, publicique juris fieri semper possit, atque esse interim censeatur, donec in Actis hujus Conventûs, quantum licebit, suis loco & tempore solemniter inscribatur & inseratur, prout dictum Tabellionem enixè rogo. Actum Cameraci die vigesimâ quintâ mensis Octobris, Anno millesimo septingentesimo vigesimo tertio.

Subsignatum est, *Nereus Marchio Corsini*, & est appositum Sigillum in cerâ rubrâ.

Aujourd'hui 25. Octobre 1723. pardevant nous Tabellion, Gardenotte Royal de cette Ville de Cambray & du Cambresis, residant audit Cambray soussigné, fut présent Son Excellence Monseigneur Neree Marquis Corsini, Gentilhomme de la Chambre de Son Altesse Royale le Duc de Toscane, Chevalier Commandeur de son Ordre, ci-devant son Envoyé Extraordinaire à la Cour de France, & présentement son Ministre & Plenipotentiaire au Congrès dudit Cambray; lequel Seigneur comparant, pour plus grande assurance des fonctions de son Ministére a trouvé bon de deposer en notre Greffe, comme en effet il a déposé ce jourd'hui l'Acte de Protestation originelle, signé de sa propre main & cacheté de ses Armes, dont Copie ci-devant transcrite de mot à autre, ensemble la Copie authentique par nous collationée du Pleinpouvoir de Sadite Altesse Royale, étant aussi conforme à l'Original que nous avons rendu, lesquelles Protestations originelles & Copie collationée dudit Pleinpouvoir, nous avons, à la requisition dudit Seigneur Marquis de Corsini, accepté en dépôt, attaché ensemble & rangé dans notre Greffe pour y être conservez, y avoir recours, faire foi a toujours & par nous reproduites en tems & lieu; de quoi nous ayant été requis par ledit Seigneur Marquis Corsini, lui avons accordé le présent Acte à Cambray les jours & ans susdits.

(*Signé*)

DE LIGNE, *Tabellion Gardenotte*.

Confirmatio Protestationis sub die 26. Januarii 1724.

In Dei nomine, Amen.

INfrascriptus Minister Plenipotentiarius Regiæ Celsitudinis Magni Ducis Hetruriæ Joannis Gastonis Primi, infausto nuncio obitus Serenissimi Magni Ducis Cosmi Tertii ejus dilectissimi Patris accepto novum quoque à Regiâ Celsitudine regnantis Serenissimi Magni Ducis Joannis Gastonis Primi Mandarum accepit, quo Sua Regia Celsitudo ipsum renovare jubet ac præcipit

ANNO 1724.

cipit in hoc Cameracensi Congressu Protestationem factam die 25. mensis Octobris anno 1723. nomine prædicti Serenissimi Cosmi Tertii modo defuncti, atque Regiæ Suæ Celsitudinis tunc filii ejus primogeniti, cujus Protestationis tenor est infrascriptus.

(*Hoc loco inserta est Protestatio.*)

Quapropter in talis Mandati executionem cùm præsertim Augustissimus Romanorum Imperator libertatem Dominii Florentini oppugnare tentaverit expeditione Investituræ favore Serenissimi Principis Caroli Hispaniarum Infantis concessæ, atque in hoc Congressu Cameracensi consignatæ, idem Minister Plenipotentiarius protestatus est, ac protestatur, quidquid in dictâ Protestatione jam peractâ & exhibitâ continetur, idque, quatenus opus fuerit, iterum confirmavit, atque confirmat constanti animi deliberatione ac proposito, nunquam à dictâ Protestatione recedendi; declarans insuper se protestari, prout protestatur nomine Regiæ Celsitudinis contra omnes Actus, Conventiones, Articulos & Tractatus, qui tam publicè quàm secretò post talem Protestationem in hoc Congressu, sive alio in loco, & qualibet in Aulâ confecti fuerint, vel in posterum fient aut fieri possint, sine ejus consensu, & contra ejus animum expositum memoratâ Protestatione, quam voluit, ac vult firmam consistere, & quoties oportuerit toties reiteratam censeri, adversus omnem Actum, Conventionem, Articulum seu Tractatum qui futuris quibuscunque temporibus fieret aut statueretur.

(*Signatum est*)
NEREUS MARCHIO CORSINI.

Ad quorum omnium perpetuam memoriam & evidentiam hunc secundum Actum Protestationis in primi confirmationem unà cum authentico documento mandati ad hæc, & ejusdem alia gerendum noviter recepi, iisdem de causis, iisdemque formâ & conditionibus quibus primum Actum consignavi & deposui, consigno & depono in officio Tabellionatûs, Magistri de Ligne Regii Tabellionis, & Actorum Conservatoris hujus Civitatis Cameracensis consignandum formaliter & solemniter deponendumque pro temporis opportunitate quantum fas erit, in Actis hujus Congressûs Cameracensis, meâ ut est manu subscriptum, meoque sigillo obsignatum, ita ut interea publici juris esse reputetur, & apud dictum Tabellionem ad indicatam usque formalem solemnemque consignationem & depositionem, prout ipsum rogo, servetur.

Est signé & apofé un Cachet sur cire noire.

NEREUS MARCHIO CORSINI.

Aujourd'hui 26. du mois de Janvier 1724. par devant nous Tabellion Gardenotte Royal de cette Ville de Cambray & du Cambresis, resîdant audit Cambray soussigné, fut présent, Son Excellence Monseigneur Nerée Marquis Corsini, Gentilhomme de la Chambre de Son Altesse Royale le Grand Duc de Toscane, Chevalier Commandeur de son Ordre, cidevant son Envoyé Extraordinaire à la Cour de France, & présentement son Ministre & Plénipotentiaire au Congrès dudit Cambray, lequel Seigneur comparant, pour plus grande assurance des fonctions de son Ministere, a trouvé bon de déposer en notre Greffe, comme en effet il a déposé ce jourd'hui le second Acte de Protestation en original, signé de sa propre main & cacheté de ses Armes, & dont la Copie ci-devant par nous transcrite y accorde de mot à autre, ensemble la Copie authentique par nous collationnée du Pleinpouvoir de Sadite Altesse Royale étant aussi conforme à l'original, que nous avons rendu, lesquelles Protestation originelle & Copie collationée dudit Pleinpouvoir, nous avons à la Requisition dudit Seigneur Marquis Corsini accepté en dépôt, attaché ensemble & rangé dans notre Greffe jointement les premiers Actes de Protestation & Pleinpouvoir dudit Seigneur Marquis du 25. Octobre 1723. pour y être conservées, & y avoir recours, faire foi à toujours & par nous reproduites en tems & lieu, de quoi nous ayant été requis par ledit Seigneur Marquis de Corsini, lui avons accordé ce présent Acte à Cambray le jour & ans cidessus.

(*Signé*)
DE LIGNE, Tabellion Gardenotte.

CXX.

ANNO 1725. 20 Fev.

Actus solemnis (1) dimissionis & evacuationis Civitatis Comacli, secutæ 20 Februarii 1725. [Copie communiquée par un Ministre d'Etat.]

In Actis receptis per me Notarium Imperialem Cæsareum infrascriptum, ad hoc specialiter delegatum, habetur ut infra.

IN nomine Domini. Anno millesimo septingentesimo vigesimo quinto, die Martis vigesima Februarii, Indictione tertia. Cum sit, quod sub die 25. Novembris Anni proxime elapsi, per Eminentissimos Dominos Cardinales Paulutium, & Cienfuegos, uti Pontificium respective, & Cæsareum, Plenipotentiarios, fuerit in almâ Urbe conclusus Tractatus de dimittenda possessione Civitatis Comacli, aliorumque locorum, jam dudum occupatorum & detentorum per Invictissimum, & Clementissimum Cæsarem, stabilitis superinde nonnullis articulis, inferius recensendis & inferendis, fueritque conclusio ipsa mutuâ ratihabitione confirmata tam per Sanctissimum Dominum nostrum Benedictum XIII. Pontificem Maximum, quàm per Invictissimum & Clementissimum Carolum VI. Imperatorem nostrum. Cumque pro exsecutioni demandandâ dictâ dimissione fuerit per suam Sanctitatem nuncupatus & deputatus in suum Plenipotentiarium Eminentissimus Dominus Joannes Patritius sanctæ Romanæ Ecclesiæ Presbyter Cardinalis, & Legatus Ferrariæ, per suam verò Cæsaream & Catholicam Majestatem Excellentissimus Dominus Sacri Romani Imperii Comes Hieronymus de Colloredo, ejus Consiliarius arcanus, ac Ducatus Mediolanensis Gubernator & Dux Generalis, nec non excelsæ Deputationis Præses, tributâ utique Plenipotentiario respectivâ facultate substituendi, ut ex Pontificiis, Cæsareisque Literis, 9. Januarii currentis Anni, & 13. Decembris Anni proxime evoluti, tenoris sequentis.

Breve Pontificium.

„ Benedictus Papa XIII. Dilecte fili noster, salutem & Apostolicam Benedictionem. Cum juxta „ Capitulationes per Venerabilem fratrem nostrum Fabritium Episcopum Portuensem, & Sanctæ Ruffinæ, Sanctæ Romanæ Ecclesiæ Cardinalem Paulutium nuncupatum, nostrum ac Sedis Apostolicæ Plenipotentiarium, & dilectum filium nostrum Alvarum, ipsius Sanctæ Romanæ Ecclesiæ Presbyterum Cardinalem Cienfuegos pariter nuncupatum, Carissimi in Christo Filii nostri Caroli Hispaniarum Catholici, & Romanorum Regis in Imperatorem electi similiter Plenipotentiarium, conventas, ac tam a nobis, quàm a memorato Carolo Rege in Imperatorem electo ratificatas, possessio Comacli ac pertinentiarum, aliorumque locorum occupatorum prope diem dimittenda, ac per Sedem seu Cameram nostram Apostolicam recipienda sit: Nos de eximia circumspectionis tuæ fide, prudentia, & integritate plurimùm in Domino confisi, te auctoritate nostra Apostolica, tenore Præsentium constituimus & deputamus; ut per te, vel unam, seu plures personas, quot opus fuerit, a te deputandas, ejusmodi dimissionem ac possessionem Comacli, pertinentiarum, aliorumque locorum occupatorum, prædictorum nostro & Sedis seu Cameræ præfatæ nomine, in exsecutionem dictarum Capitulationum recipias, & de receptis confessiones & quietantias facias, in eisque nostrorum & ipsius Sedis Militum præsidium constituas. Nos enim tibi quamcumque necessariam & opportunam in præmissis, & circa ea, potestatem & facultatem eâdem auctoritate harum serie concedimus & impartimur, in contrarium facientibus non obstantibus quibuscumque.

„ Datum Romæ apud Sanctum Petrum, sub annulo Piscatoris, die Nonâ Januarii 1725. Pontificatus nostri Anno primo

„ *Signatum.* J. Cardinalis Oliverius.

„ *A tergo.* Dilecto filio nostro Joanni Sanctæ Romanæ Ecclesiæ Presbytero Cardinali Patritio nuncupato, in Civitate & Ducatu nostris Ferrariensi, „ nostro & Apostolicæ Sedis de Latere Legato.

Di-

(1) Cette Pièce a raport au Traité raporté Tom. VIII. Part. II. pag. 95. du Corps Diplomatique.

ANNO 1725.

Diploma Cæsareum.

„ Carolus VI. divinâ favente clementiâ electus Romanorum Imperator semper Augustus, ac Rex Germaniæ, Castellæ, Aragoniæ, Legionis, utriusque Siciliæ, Hierusalem, Ungariæ, Bohemiæ, Dalmatiæ, Croatiæ, Sclavoniæ, Navarræ, Granatæ, Toleti, Valentiæ, Gallitiæ, Majoricarum, Seviliæ, Sardiniæ, Cordubæ, Corsicæ, Murciæ, Giennis, Algarbiæ, Algeziræ, Gibraltaris, Insularum Canariæ, & Indiarum, ac Terræ firmæ, Maris Oceani, Archidux Austriæ, Dux Burgundiæ, Brabantiæ, Mediolani, Styriæ, Carynthiæ, Carniolæ, Limburgiæ, Lucemburgiæ, Geldriæ, Wirtembergiæ superioris & inferioris, Silesiæ, Calabriæ, Athenarum, & Neopatriæ, Princeps Sueviæ, Cataloniæ, & Asturiæ, Marchio Sacri Romani Imperii, Burgoviæ, Moraviæ superioris & inferioris, Lusatiæ, Comes Habspurgi, Flandriæ, Tirolis, Feretis, Kyburgi, Goritiæ, & Arthesiæ, Landgravius Alsatiæ, Marchio Oristani, Comes Goziani, Namurci, Rossilionis, & Ceritaniæ, Dominus Marchiæ Sclavoniæ, Portus Naonis, Biscaiæ, Molinæ, Salinarum, Tripolis, & Mechliniæ, Notum, testatumque facimus tenore præsentium universis, quod nos cum Tractatum, qui super dimissione Comacli, Locorumque occupatorum, per nostrum Cæsareum & Pontificium Plenipotentiarios Cardinales, Reverendissimum in Christo patrem Dominum Alvarum Sanctæ Romanæ Ecclesiæ Cardinalem Cienfuegos Episcopum Cataniensem, Sancti Bartholomæi in Insula Presbyterum, & Reverendissimum in Christo patrem Dominum Fabritium Episcopum Portuensem, & Sanctæ Ruffinæ, Sanctæ Romanæ Ecclesiæ Cardinalem Paulutium, die vigesimâ quintâ Novembris proxime conclusus, atque nostrâ Cæsareâ Pontificiâque Ratihabitionibus confirmatus fuit, plenæ executioni tenore conventorum mandandum esse statuerimus, Illustrem & Magnificum Cæsareum nostrum Consiliarium arcanum, sacrique Imperii fidelem dilectum Hieronymum Comitem de Colloredo, Ducatus nostri Mediolanensis Gubernatorem, cujus fidem, prudentiam, ac rerum gerendarum dexteritatem jam dudum compertam novimus, in Cæsareum nostrum Plenipotentiarium destinaverimus, nuncupaverimus, & constituerimus, prout ipsum hisce de plenitudine potestatis & auctoritatis nostræ Cæsareæ destinamus, nuncupamus, & constituimus, cum facultate substituendi, atque cum Pontificio Ministro, quem Benedictus XIII. summus modò Pontifex pro dictorum Locorum respective evacuatione ac receptione, hujusque negotii destinaverit, ac plenâ potentiâ munierit, ad tenorem conventorum articulorum tractandi, Civibus, Subditis, & Incolis ibidem juramentum relaxandi, ipsosque salvo cujuscumque jure, absolvendi, amnestiam integram insinuandi, privilegiorum, immunitatum, prærogativarum, priorumque Jurium, eorumdem reservationem publicandi; porro abdicatâ administratione, atque præsidio nostro Imperiali, possessionem Comacli, Locorumque occupatorum, ut prius, Pontificio Plenipotentiario ad hoc sufficienter instructo ac legitimato dimittendi, & quæcumque hac occasione æqua, bona, ac justa sibi visa fuerint, agendi, totumque negotium ad finem perfectum deducendi ac terminandi. Promittentes verbo nostro Imperiali, quod nos omnia ea & singula grata firmaque habituri simus. In quorum fidem ac robur hasce manu nostrâ subscriptas, sigilli nostri Cæsarei appressione muniri jussimus.

„ Quæ dabantur in Civitate nostrâ Viennâ, die decima tertia Mensis Decembris, Anno millesimo septingentesimo vigesimo quarto, Regnorum nostrorum Romani decimo quarto, Hispanicorum vigesimo secundo, & Bohemici verò pariter, decimo quarto.

CAROLUS.

Locus † Sigilli.

„ *Firmatum.*

„ Vidit Car. Com. de Schonborn.

„ Ad mandatum Sacræ Cæsareæ Majestatis proprium.

„ Be Vob. Dom. de Georgnetal.

Cumque per dictum Eminentissimum Dominum Cardinalem Patritium suffectus fuerit in Pontificium Commissarium Illustrissimus & Reverendissimus Dominus Fabricius Sorbellonus, Prolegatus Ferrariæ, per dictum verò Excellentissimum Dominum Comitem de Colloredo in Commissarium Cæsareum Illustrissimus & Excellentissimus Dominus Don Joannes Hiacynthus Vasquez de Bergas, Comes de Pinos della Puento, Eques Ordinis Sancti Jacobi, Administrator Commendæ Sancti Callogeri in Regno Siculo, & Generalis Vigiliarum Præfectus Sacræ Cæsareæ Catholicæ Majestatis, & per ipsos Dominos delegatos Plenipotentiarios indicta & conventa fuerit hodierna dies, pro evacuanda penitus, dimittendaque dicta Civitate, eductis jam prius, missisque ad hunc effectum ad Civitatem & Castrum Mantuæ tormentis, aliisque bellicis instrumentis, cum aliqua parte Præsidii Cæsarei: Cumque ad eumdem effectum sub die 1. hujus Mensis pervenerit ad hanc Urbem præfatus Illustrissimus & Excellentissimus Dominus Commissarius Cæsareus una cum egregio Domino Joanne Christophoro Kesler Regio Cæsareo rerum bellicarum Secretario pro sua Majestate Cæsarea Catholica, & specialiter nuncupato Secretario præsentis Commissionis, nec non me Jurisconsulto Antonio Maria Auregio Caussidico Collegiato Mediolanensi, & Syndico Generali Provinciæ Comensis, residente in Mediolanensi Civitate, in hac parte uti Notario Imperiali Cæsareo specialiter delegato; debitoque honore fuerit exceptus præfatus Excellentissimus Dominus Commissarius Cæsareus, tum a Domino Cæsareo Delegato, & a Dominis primis Officialibus, ceterisque militiæ ordinibus, tum a Reverendissimo Capitulo & Clero, tum denique ab Illustrissimo Magistratu ac Patriciorum cœtu, universoque Populo, & hisce omnibus palam convocatis, proxime posteriori die decimâ octavâ compertam fecerit causam sui adventus, Cæsareamque Commissionem: Cumque sub die decimâ nonâ ad hanc eamdem Urbem pervenerit præfatus Illustrissimus & Reverendissimus Dominus Commissarius Pontificius, unà cum Illustrissimo Domino Abbate Aemiliano Travaglino in Civitate & Ducatu Ferrariæ pro Reverenda Camera Apostolica Commissario Generali, & Jurisconsulto Domino Gratio Braccioli Caussidico Collegiato Ferrariensi, & pro eâdem Reverendâ Camerâ Apostolicâ Procuratore ad hoc specialiter nuncupato, æquali honore & ipse, ut supra, exceptus; expletisque vicissim inter dictos Illustrissimos Dominos Commissarios curialibus officiis, peractisque mutuis visitationibus, communicatæ fuerunt utrimque Literæ respectivarum Delegationum, sicuti etiam Credentiales ceterorum interessentium in utraque commissione: quæ omnes sunt tenoris sequentis.

Delegatio Illustrissimi & Excellentissimi Domini Commissarii Pontificii.

„ Joannes Tituli Sanctorum Quatuor Coronatorum Sanctæ Romanæ Ecclesiæ Presbyter Cardinalis Patritius, in Civitate & Ducatu Ferrariæ de Latere Legatus. Cum nobis per Literas in forma Brevis, die nonâ Januarii currentis Anni conscriptas, Sanctissimus Dominus noster Benedictus XIII. mandaverit, ut Civitatis Comacli, aliorumque locorum adjacentium, quæ a Militibus Cæsareis multis ab hinc annis retinentur, veram & realem possessionem nomine Sanctæ Sedis iniremus: Cumque prædictis Militum copiis ex eadem Civitate, atque ab iisdem locis juxta conventiones inter Eminentissimum Dominum Cardinalem Paulutium Plenipotentiarium Pontificium, & Eminentissimum Dominum Cienfuegos Plenipotentiarium Cæsareum confectas, ac subinde a Sanctissimo Domino nostro, & a Sacrâ Imperatoris Cæsareâ Catholicâque Majestate confirmatas, decedendum sit; nobisque Sanctissimus Dominus noster exequendi, explendique rationes tam suo, quàm Sanctæ Sedis Apostolicæ Cameræ nomine facultatem tribuerit, prædictamque Civitatem præsidio Pontificio munire mandaverit: Hinc nos utentes eâ facultate, quæ nobis præterea tradita est, nimirum alteri subdelegandi munus nostrum, Illustrissimum & Reverendissimum Fabritium Sorbellonum Vicelegatum nostrum, eximiâ virtute virum, & singulari integritate morum, ac prudentiâ præditum, eligimus, constituimus, deputamus, & volumus, ut vices nostras gerendo, munusque nostrum exercendo, omnes & singulæ supradictæ Conventiones Sanctissimi Domini nostri suprema mandata integrum & plenum consequantur effectum

„ Ideo-

„ Ideoque ei omnes & singulas facultates nobis ipsis tributas concedimus, conferimus, & impartimur, concessasque, collatas, & impartitas haberi omni meliori modo, validiorique formâ, qua possumus, volumus.

„ Datum ex Castro Ferrariæ 17. Februarii 1725. Pontificatus Sanctissimi Domini nostri Benedicti Papæ XIII. Anno primo.

„ *Firmatum*: Johannes Cardinalis Patritius Legatus.

„ *Subscriptum*: Ber. Bustius Secretarius.

Locus † Sigilli.

Delegatio Illustrissimi & Excellentissimi Domini Commissarii Imperialis.

„ Hieronymus Sacri Romani Imperii Comes de Colloredo, Liber Baro Waldsee, Vicecomes Melz, Dominus Oppocznæ, Tloshau, Staaz &c. Aureæ Clavis Eques, Consiliarius intimus suæ Sacræ Cæsareæ Catholicæ Majestatis, ejusque Gubernator & Capitaneus Generalis in toto Mediolani Dominio, nec non in hac parte Plenipotentiarius Cæsareus. Cum gloriosissimus, clementissimus ac invictissimus Dominus noster Imperator Carolus VI. quem Deus optimus maximus Imperio, Subditisque suis, ac universo Terrarum Orbi diutissime servet, clementissime respiciens obsequentissimam fidem, qua debiti nostri partes in Cæsares ejus servitio adimplere nitimur, dignatus fuerit Literis suis patentibus nos in Cæsareum Plenipotentiarium suum nuncupare ac constituere, pro exsecutioni demandanda Comacli, locorumque occupatorum dimissione tractata per Eminentissimos Cardinales Cienfuegos & Paulutium, Cæsareum & respective Pontificium Plenipotentiarios, & tum suæ Cæsareæ Majestatis, tum moderni Pontificis maximi Sanctissimi Patris Benedicti XIII. Ratihabitionibus confirmatâ, agendumque cum Pontificio Administro consimili auctoritate plenâque potentiâ munito, ad tenorem jam conventorum articulorum, pro dictorum locorum evacuatione, & respective receptione, Civibus, Subditis, & Incolis ibidem juramentum relaxando, ipsosque, salvo cujuscumque jure, absolvendo, amnestiam integram insinuando, privilegiorum, immunitatum, prærogativarum, priorumque jurium eorumdem reservationem publicando, abdicatâque administratione, atque præsidio Imperiali, possessionem Comacli, Locorumque occupatorum, ut prius, Pontificio Plenipotentiario ad hoc sufficienter instructo ac legitimato, dimittendo, & quæcumque hac occasione æqua, bona, ac justa videbuntur, agendo, totumque negotium ad perfectum finem deducendo ac terminando: Promittens eadem Cæsarea & Catholica Majestas verbo suo Imperiali, se omnia ac singula grata, firmaque habituram; nobisque etiam dignata fuerit clementissime impertiri expressam & amplam facultatem substituendi ad præmissa omnia & singula peragenda, ut ex ipsis Cæsareis Literis datis Viennæ die 13. Decembris anni proxime præteriti, constat. Cumque aliæ quamplures graves curæ pro eodem Cæsareo servitio nos detineant, & exposcant in hoc Mediolani Dominio, compertumque ceteroqui nobis exstet, quæ sint partes, animique dotes Nobilis & Egregii viri Domini Joannis Hiacynthi Vasquez de Bergas, Comitis de Pinos del' Puento, alte-nominatæ Sacræ Cæsareæ Catholicæ Majestatis Generalis vigiliarum Præfecti, sanguinis claritate, & eximiis meritis præclari, & præsertim, quàm spectata erga augustissimam Domum fides, quàm eximia prudentia, atque in rebus gerendis dexteritas, ut nota etiam nobis experientia docuit, decrevimus eumdem in substitutum nostrum deligere, nominare, ac constituere, prout harum tenore, utentes omni meliori modo narratâ facultate nobis ut supra attributâ, eum deligimus, nominamus & constituimus, cum plena Cæsarea potentia ad exsecutioni demandandam prædictam evacuationem & dimissionem Comacli, locorumque occupatorum, & præmissa omnia circa eam peragenda, non secus ac nos vigore dictæ Cæsareæ deputationis ac plenæ potestatis peragere possemus: pro certo habentes, quod dictus Nobilis & egregius vir Comes de Pinos eâ semper, qua tum ipse tum Majores sui consueverunt, fide, omnique prudentia non deerit hac in re etiam Cæsaream gratiam promereri; ad quem finem eidem Illustri substituto nostro opportunas dabimus instructiones. In quorum fidem hasce manu nostra subscripsimus, nostroque sigillo muniri jussimus.

„ Datum Mediolani die 13. Januarii 1725.

„ *Firmatum*: Hieronymus Comes de Colloredo.

Locus † Sigilli.

Literæ credentiales Domini Secretarii Imperialis.

„ Hieronymus Sacri Romani Comes de Colloredo, Liber Baro Waldsee, Vicecomes Melz, Dominus Oppocznæ, Tloshau, Staaz, & aureæ Clavis Eques, Consiliarius intimus Sacræ Cæsareæ Catholicæ Majestatis, ejusque Gubernator & Capitaneus Generalis in toto Mediolani Dominio, nec non in hac parte Plenipotentiarius Cæsareus. Cum de proximo exsecutioni demandanda sit dimissio Civitatis Comacli, aliorumque locorum occupatorum jam conventa & concordata tam ex parte invictissimi & clementissimi Imperatoris Domini nostri Caroli VI. quàm ex parte Sanctissimi Patris Benedicti XIII. Pontificis maximi, & ad hunc effectum conventuri sint tum Cæsarei tum Pontificis Delegati; & cum oporteat, quod inter ceteros interveniat, qui fungatur munere Imperialis Secretarii, hujus Cæsareæ Commissionis: Nos ideo retinentes præclara merita Domini Joannis Christophori Kesler, qui hactenus consimile munus obivit apud Cæsaream Deputationem in respicientibus gubernium ejusdem Civitatis Comacli, quive ob cumulatissimum specimen fidei singularisque erga Cæsareum servitium studii, nec non aliarum eximiarum partium nuper promeritus est a Sacra Cæsarea Catholica Majestate clementissime seligi in Secretarium rerum bellicarum in Regno Siculo, eidem committendam censuimus ejusmodi provinciam. Tenore igitur præsentium, utentes auctoritate nobis ab eadem Sacra Cæsarea Catholica Majestate attributâ ipsum eligimus & deputamus in Secretarium prædictæ Commissionis Cæsareæ, pro certo habentes, quod etiam in hoc munere eidem demandato non deerit, Cæsaream gratiam sibi promereri. In quorum fidem hasce manu nostra subscripsimus, nostroque sigillo muniri jussimus.

„ Datum Mediolani 8. Februarii 1725.

„ *Firmatum*: Hieronymus Comes de Colloredo.

Locus † Sigilli.

Literæ Credentiales Notarii Cæsarei Imperialis.

„ Hieronymus Sacri Romani Imperii Comes de Colloredo, Liber Baro Waldsee, Vicecomes Melz, Dominus Oppocznæ, Tloshau, Staaz &c. Aureæ Clavis Eques, Consiliarius intimus Sacræ Cæsareæ Catholicæ Majestatis, ejusque Gubernator & Capitaneus Generalis in toto Mediolani Dominio, nec non in hac parte Plenipotentiarius Cæsareus. Cum pro exsecutione conventorum inter invictissimum & Clementissimum Imperatorem Dominum nostrum Carolum VI. & Sanctissimum Patrem Benedictum XIII. Pontificem maximum, redigi debeat ad actum solemnem dimissio Civitatis Comacli, aliorumque locorum occupatorum, & ad hunc effectum de proximo conventuri sint Cæsarei & Pontificii Delegati, requiratur autem opera alicujus publici Notarii qui de ipso dimissionis Actu rogatus testetur, atque opportunum Instrumentum seu Instrumenta superinde conficiat. Nos igitur, ad quos spectat pro implemento Cæsarearum jussionum electio Notarii ad præmissa idonei, compertum habentes eximium specimen tum idoneitatis, tum integritatis & fidei, aliarumque animi dotium, quod continuo præstitit, & præstat Jurisconsultus Dominus Antonius Maria Auregius, Caussidicus Collegiatus, & Notarius hujus Civitatis Mediolani, nec non Syndicus generalis residens pro Provincia Comensi in hac ipsa Civitate, in rebus præsertim publicis, & præ se ferentibus Cæsareum servitium, retinentesque quàm laudabiliter se gesserit, dum uti Notarius Cæsareus interfuit solemni Visitationi Fluminum Padi & Rheni, eumdem proinde Jurisconsultum Auregium hac quoque singulari occasione seligendum & nominandum duximus, prout tenore præsentium eum eligimus & nominamus, ut tamquam Notarius Cæsareus specialiter delegatus interveniat Actui prænarratæ dimissionis Comacli, aliorumque locorum oc-

„ cu-

ANNO 1725.

„ cupatorum, exsecutioni demandandæ, & de eo, & „ quibuscumque ad eum quomodolibet concernentibus „ instrumenta opportuna conficiat, sive de per se, sive etiam una & in solidum cum Notario Pontificio „ ad eadem electo seu eligendo ex parte Sanctæ Sedis „ Apostolicæ. Pro certo habentes, quod ejusmodi „ sibi injunctum munus ita implebit, ut præconcepta „ de eo opinio magis confirmetur, emiceteque „ singulare ejus studium pro Cæsareo servitio. In „ quorum fidem hasce manu nostra subscripsimus, nostroque sigillo muniri jussimus.

„ Datum Mediolani 8, Februarii 1725.

„ *Firmata*: Hieronymus Comes de Colloredo.

Locus † *Sigilli.*

Eodemque sero composita ac conventa inter partes, quæ Cameræ Cæsareæ rationes respiciebant pro implemento jam stabilitæ evacuationis & dimissionis; & pro istarum Actu perficiendo & explendo præstituta fuerit proxime posterior dies vigesima Martii, destinato ad hunc effectum loco, nempe Aulâ magnâ, in quo convocari solent Consilia hujus Illustrissimæ Civitatis: Cumque proinde condictis horâ & loco præcedenter convenerit, ut inchoaretur præordinata solemnitas, præfatus Illustrissimus & Excellentissimus Dominus Commissarius Cæsareus, jam ibidem convocato Reverendissimo Capitulo & Clero, & convocatis universis Civium & Populi ordinibus, iterum illis palam & solemniter enunciavit caussam sui adventus, Cæsareamque commissionem. Deinde per supradictum Dominum Imperialem Secretarium Kessler altâ & intelligibili voce publicari fecit supra memoratos Articulos, Pontificium inter & Cæsareum Dominos Plenipotentiarios stabilitos, & Apostolicâ Imperialique ratihabitionibus confirmatos, ut supra: iidemque publicati Articuli mihi Notario infrascripto traditi fuere per dictum Dominum Kessler, ad effectum eos inserendi, & sunt tenoris sequentis.

(*Hic insertus erat Tractatus qui videri potest Tom VIII. Part. II. du Corps Diplom. pag. 95.*)

ET de prædicta Lectura, publicatione, & insertione ipse solus rogatus exstiti, sicut etiam de antecedentibus Actis secutis ante adventum præfati Illustrissimi & Reverendissimi Domini Commissarii Pontificii. Cumque successive & incontinenti convenerit etiam in eodem loco præfatus Illustrissimus & Reverendissimus Dominus Commissarius Pontificius, una cum prædictis Domino Commissario Travaglino, & Domino Notario Pontificio, exceptisque curialibus officiis ab ipsomet Excellentissimo Domino Commissario Cæsareo, uterque in respectivis sedibus ad hunc effectum dispositis sederit, ut inchoata solemnitas perficeretur; Hinc perlectâ per eumdem Dominum Secretarium formulâ juramenti fidelitatis, per Comaclenses Cives, Subditos, & aliorum adjacentium Locorum Incolas Sacræ Cæsareæ Catholicæ Majestati & Imperio præstiti de Anno 1708. occasione; qua a Cæsareis copiis Urbs ista, dictaque alia loca occupata remanserunt, ab omni ejusdem juramenti nexu, vinculo, & effectu omnes prædicti Cives, Subditi, & Incolæ fuerunt per eumdem Dominum Commissarium Cæsareum solemniter absoluti, salvo tamen jure cujuscumque, prout in secundo ex supra insertis Articulis reservatum & expressum est. Vigore exinde, & pro exsecutione Articuli tertii, prædictis omnibus Civibus, Subditis, & Incolis enunciata fuit Amnestia generalis & specialis pro personis, rebus, & bonis, ac conservatio Cæsareæ protectionis, prout etiam quorumcumque eorum jurium, immunitatum ac prærogativarum. Ulterius Illustrissimus & Reverendissimus Dominus Commissarius Pontificius inhærendo etiam nuper conventis in alma Urbe, & vigore mandatorum Sanctitatis suæ, ac facultatis sibi specialiter tributæ ab Eminentissimo Domino Cardinali Patritio promisit promulgationem publici Edicti, quo mediante firma semper & inconcussa remaneant omnia Decreta, Sententiæ, & Acta judicialia, a tempore occupationis prædictæ usque in præsentiarum emanata. Hisce præmissis & peractis, ventum est ad dimissionem & consignationem hujus Civitatis & locorum adjacentium, ut supra, hactenus occupatorum, mediâ effectivâ traditione Clavium, quæ traditæ fuerunt in manibus præfati Illustrissimi & Reverendissimi Domini Commissarii Pontificii. Fuitque exinde per Excellentissimum Dominum Commissarium Cæsareum dimissus prædictus Nobilis Jurisconsultus Collegiatus Mediolani Don Pius Mirabilia, Cæsareus Delegatus, ceterique Ministri Cæsarei, prout & eodem Actu demandatum fuit Nobili & strenuo viro Domino Chiliarchæ Joseph Zeidheluber, hujus Cæsarei Præsidii Præfecto, ut una cum superstite Præsidio abiret, dictamque Civitatem, ejusque Territorium, & loca adjacentia hactenus occupata desereret, & libera dimitteret. Successiveque ex ordine præfati Illustrissimi & Reverendissimi Domini Commissarii Pontificii jussum est, ut subingrederetur Præsidium Sanctæ Sedis: renovatisque demum hinc inde curialibus Officiis inter eosdem Illustrissimos Dominos Commissarios, de plano & harmonice impletus remansit Actus conventæ evacuationis & dimissionis. Et de prædictis omnibus rogatus exstiti ego Notarius infrascriptus Imperialis Cæsareus, sicut etiam rogatus exstitit eodem Actu licèt divisim de peractis post adventum Illustrissimi & Reverendissimi Domini Commissarii Pontificii Dominus Notarius Pontificius.

Actum in prædicta Aula magna Communitatis hujus Illustrissimæ Civitatis Comacli, præsentibus Nobili Domino Capitaneo Adam Erösi, quondam Domini Georgii Nobilis Hungari, & Nobili Domino Joanne Jonathano de Palm, Sacri Romani Imperii Equite, filio Domini Joannis Viennense, pro testibus ad hoc specialiter rogatis &c. pro fide &c.

Ego Jurisconsultus Antonius Maria Auregius filius quondam Domini Joannis Baptistæ, Caussidicus Collegiatus Mediolani, ejusdemque Civitatis Notarius, & in hac parte tamquam Notarius Imperialis Cæsareus specialiter delegatus ab Excellentissimo Domino Sacri Romani Imperii Comite Hieronymo de Colloredo, Gubernatore & Duce generali hujus Status Mediolani, de præmissis omnibus rogatus exstiti, edidi, & concordavi, meoque Tabellionatus signo munivi; & pro fide subscripsi hac die Veneris secundâ Martii, Anni millesimi septingentesimi vigesimi quinti.

CXXI.

Juin.

Octroi accordé par le Roi d'Espagne pour pousser le travail des Mines en Andalousie, & en Estremadure du 16 Juin 1725. [Mercure Historique & Politique pag. 697.]

L'Experience a fait voir, qu'il n'y a point en *Europe* des Mines d'Or, d'Argent ou autre Metal, qui surpassent celles qui ont été trouvées dans la Presqu'isle d'*Espagne*, tant par rapport à l'abondance qu'à la Richesse de la matiere, sur tout celles de *Guadalcanal*, *Rio-Tinto*, *Cazalla*, *Aracena* & *Galarosa*, dans les Provinces d'*Andalousie* & d'*Estremadure*. Les Comtes Allemands de *Fakares*, ayant passé un Contract avec le Roi *Philippe II.* de glorieuse memoire, touchant ces 5. Mines, ils firent des profits si considerables par l'Or & l'Argent qu'ils tirerent de celles de *Gudalcanal* la seule qui ait été ouverte, qu'ils étoient devenus les plus riches Sujets de l'*Europe*, mais ayant ensuite soupçonné, que le dessein du Gouvernement étoit de reprendre ces Mines, ils les mirent sous l'eau, & priverent par là le Roi & ses Sujets du profit qu'on en auroit pu tirer.

Quoiqu'il soit connu que toutes ses Mines sont fort riches en Or & en Argent, cependant celle de *Guadalcanal* les surpasse, en ce que le Metal qu'on en a tiré, n'étoit presque point mêlé de matieres étrangeres, & qu'en divers endroits il s'est trouvé entierement parfait & si abondant, que la 5me partie qu'on en payoit au Roi, montoit à 60. mille pieces de huit par jour.

La Mine de *Cazalla*, à 3. lieues de *Guadalcanal*, fut ouverte par un Indien experimenté, qui trouva que 100. livres pesant de Matieres à 25. brasses de profondeur, rapportoient 3. onces d'Argent, il mourut à *Cazalla*, & declara par son Testament, que s'il avoit pu creuser jusqu'à 40. brasses, il y auroit trouvé la Ma-

ANNO 1725.

Matiere plus riche & plus abondante que celle d'aucune Mine des *Indes-Occidentales*.

Rio-Tinto, qui est à 16. lieues de *Guadalcanal* & à 10. de *Seville*, a ci devant produit par jour 2709 Ducats en Or, & quoique cette Mine soit remplie de Vitriol, on peut néanmoins la travailler facilement & l'on en pourra voir dans peu le succès.

On peut dire la même chose d'*Aracena* & de *Galarosa*, qui n'ont point encore été ouvertes, mais qui par les moyens que nous avons dessein d'emploïer, pourront, selon toute aparence, devenir fort profitables.

Diverses personnes dans l'esperance de tirer des Mines de *Guadalcanal* autant d'avantages que les Comtes de *Fakares* en avoient eu, avoient aussi passé à ce sujet un Contract avec les Rois d'*Espagne*; Mais elles furent dans la suite obligées d'abandonner cette entreprise, faute de connoissance & de Machines pour dessecher ces Mines.

Mr. *Liebert Wolters* se trouvant en état de l'executer, non seulement par sa capacité, mais encore par une longue experience des Machines necessaires pour cette grande entreprise, (ainsi qu'il l'a fait voir dans la Ville & la Riviere de *Vigos*, où il a pêché de la mer divers effets) vient de passer un Contract avec Sa Majesté, que Dieu conserve, touchant le produit de ces Mines pendant 30. ans, avec diverses Clauses, Conditions, Privileges & Prerogatives inserées dans l'Octroi, contenant ce qui suit.

Extrait de l'Octroi du Roi.

SA Majesté accepte les Offres que Mr. *Liebert Wolters*, natif de *Stokholm* en *Suede*, a faites le 1. Mai 1725. à Don Jean Baptiste Orandain, Secretaire d'Etat & du Conseil, pour entreprendre à ses propres depens & fraix, le travail des Mines Roïales de *Rio-Tinto*, *Guadalcanal*, *Cazalla*, *Aracena* & *Galarosa* dans les Provinces d'*Andalousie* & d'*Estramadure*, aux Conditions suivantes.

I. Le Sr. *Liebert Wolters*, ses Associez & autres qui sont en compagnie avec lui, auront la jouïssance des dites Mines pendant l'espace de trente ans. Nous leur accordons celui de 18. mois pour faire les preparatifs necessaires, pour trouver un Fonds suffisant & pour prendre à leur service le nombre d'Ouvriers dont ils auront besoin, tant pour dessecher les Mines, que pour reparer les maisons &c., afin que cette grande entreprise puisse avoir le succès desiré: Après ce tems expiré, ils devront faire commencer le travail à l'une de ces Mines, soit de *Guadalcanal*, soit de *Rio-Tinto*, & si après l'avoir commencé, ils suspendent le travail pendant l'espace de trois mois le present Contract sera de nulle valeur.

II. Les grands fraix que ledit *Wolters*, sera obligé de faire pour mettre les Mines en train, aïant été pris en consideration, Sa Majesté declare qu'elle se contentera de la moitié de la 50me. partie du produit pendant 6. ans, a commencer du jour que l'on fera la premiere fonte avec le vif Argent, tant de l'Or que de l'Argent & autres Metaux, qu'en outre, cette partie du Revenu de S. M. sera jointe aux Fonds, en cas qu'il ne soit point suffisant, sous la direction de l'Inspecteur & Controlleur. Et qu'après les 5. années expirées le dit *Wolters* païera à S. M. la 50me. partie en entier, ainsi qu'il est specifié cidessous plus amplement.

III. Les Entrepreneurs pourront emploier les Bois de Sa Majesté tant pour reparer les anciennes Maisons & en bâtir de nouvelles, que pour faire du Charbon, mais les Bois qui appartiennent à des Particuliers seront estimez.

IV. Pour prevenir le dégât que l'on pourroit causer aux Bois de S. M. en y faisant paitre du Betail, ou en brulant les arbres qui peuvent servir aux Maisons, on ne pourra rien entreprendre à cet égard contre les Loix établies par rapport aux Mines. On ne pourra non plus bruler les Bois au delà d'une demie lieue des Mines, ni faire paitre aucun autre Betail que celui qui appartient aux mineurs.

V. Les Villes & Villages dans le voisinage des Mines devront fournir d'abord les voitures necessaires, à un prix raisonnable qui sera fixé par les Juges du lieu.

VI. En cas que l'on decouvre quelques nouvelles Mines elles appartiendront audit Entrepreneur & jouïront des mêmes prerogatives, en païant au Roi vingt pour cent de l'Or & trente pour cent de l'Argent.

VII. L'Intendant de la Mine de l'*Almelan* & ceux qui font la poudre à Canon seront obligés de fournir au Sr. *Wolters*, la quantité de vif Argent, Poudre, Salpetre, Plomb, & Sel commun qu'il aura besoin pour son entreprise au même prix, & au terme qu'on les fournit au Roi, excepté le vif Argent, qu'il devra païer Argent comptant sur le pied de 400. Reaux le Quintal, ou au prix établi dans la Plaine de l'Almelan, sans quoi on pourra le faire venir des Païs étrangers, sans païer aucun droit d'entrée.

VIII. Ledit *Wolters*, ses Associez & ceux qui sont à leur service, seront exemts de tous Droits, quels qu'ils soient, par rapport à leurs vivres & vêtemens, mais ils devront en fournir chaque année une liste au Juge Conservateur des Mines, qui donnera à cet égard les ordres nécessaires aux Commis des Douannes.

IX. Le President des Finances de S. M. est nommé *Conservateur Général* de cette Entreprise & pourra établir un Substitut sur la nomination dudit *Wolters*, moïennant qu'il ait les qualitez requises, & qu'il ait l'approbation du Roi. Ce Juge, dont les appointemens seront de 600. Pièces de huit, sera revêtu du caractere de *Subdelegué*, & en cette qualité decidera de tous les differends par rapport aux Mines, sans qu'on en puisse appeller qu'au Conseil des Finances de S. M.

X. Pour faire la repartition du produit des Mines d'une maniére convenable, le Roi établira un Inspecteur & un Controlleur qui tiendront les Livres. On commencera à faire cette repartition, dès qu'on aura ramassé une somme de 5000. Piastres, soit en Or ou en Argent. Le Roi & ledit *Wolters* païeront chacun la moitié des appointemens de ces deux Officiers, à commencer du jour que l'on fera la première fonte.

XI. Ledit *Wolters* & ses Associez auront la liberté de sortir du Roïaume & d'y rentrer, moïennant qu'ils laissent un Substitut pour pousser l'ouvrage, lequel jouïra de la même authorité. Et en cas que le dit *Wolters* ou ses Associez viennent à mourir avant l'expiration du terme de 30. ans, leurs Heritiers seront reconnus en la même qualité par le Roi & ses Successeurs, & jouïront des mêmes Prerogatives & Privileges pendant le reste des 30. années.

XII. Si quelqu'un entreprenoit de troubler ledit *Wolters* ou ses Associez dans la paisible possession de ces Mines, durant le tems de trente ans, sous quelque pretexte que ce put être, il est enjoint par les Presentes au Procureur Général du Conseil des Finances de S. M. de les proteger & defendre aux depends du Roi, & en cas qu'il se trouve de tels Perturbateurs, ils sont dès à present declarez dechus des pretentions ou prerogatives que les precedents Rois leur ont accordées.

XIII. Tous ceux qui appartiennent aux Mines, excepté les simples ouvriers, auront la liberté de porter des armes pour leur defense dans le District desdites Mines.

XIV. Après les 30. ans expirez, les Mines, Machines, Maisons & tout ce qui en dépend : seront remises au Roi, excepté le Billon & le Mineral qui aura deja été creusé.

XV. La portion du Roi sera d'abord païée comptant, ou transportée à *Seville*, & à *Madrid*, si on le souhaite. Les Troupes de S. M. qui sont aux environs serviront d'Escorte, non seulement aux deniers de S. M. mais aussi aux effets des Entrepreneurs, qui pourront les faire transporter & escorter à leurs fraix dans les Provinces du Roïaume, moiennant qu'on ne les envoïe point dans les Païs étrangers, & les voitures necessaires leur seront pareillement fournies à leurs fraix, au prix ordinaire.

XVI. Tous les Champs Prairies, Jardins, Vignobles, Bois, & Bocages, & les autres terres de la Jurisdiction des Mines seront delivrées audit *Wolters* & à ses Associez.

XVII. Tous les Officiers & Ouvriers qui viendront des Païs étrangers pour travailler aux Mines, ne seront point inquietez touchant leur Religion, ainsi que cela s'observe à l'égard de ceux qui viennent de *Hollande*, & qui sont emploïez dans les fabriques de Draps de S. M. à *Guadalxara*.

XVIII. Ledit *Wolters* & ses Associez, ne pourront en aucune maniére être molestez ou arrêtez, non plus que leurs effets. Ils s'engagent de leur côté, d'obser-ver

ANNO 1725.

ver exactement les conditions & les Loix des Mines, & en cette consideration, ils seront maintenus dans la jouïssence des Prérogatives, Libertez & autres Privileges que S. M. leur accorde, &c.

Donné à St. Ildefonse le 16. Juin 1725.

Signé,

Moi le Roi.

Et plus bas,

FRANCISCO DIAZ,

Secretaire d'Etat.

CXXII.

Octobre.

Constitutio in formâ Edicti a Pontifice BENEDICTO XIII. *motu proprio, die 15. Octobre 1725. pro Annona, & re agraria bene gerenda.* [Bullarium Magnum, Tom. IV. pag 257. Edit. Luxemburgic. 1725.]

BENEDICTUS PAPA XIII.

Ad futuram rei memoriam.

Ad summum Pontificem, ut communem omnium pastorem, atque parentem, non solùm pertinet generalem totius rei Christianæ, sed etiam specialem populorum Sanctæ Romanæ Ecclesiæ ditioni in temporibus subjectorum curam suscipere, eorumdemque optimo statui & felicitati propria quadam, & peculiari vigilantia providere. Hoc, Deo favente, eventurum speramus, si ad Annonam urbanam artemque agrariam, in qua totius Reipublicæ vigor, & incrementum constituta esse noscuntur, mentis nostræ oculos convertamus. Antecessores quidem nostri Romani Pontifices pro ea, quam gerebant, erga populos sibi commissos, paterna sollicitudine, saluberrimis Legibus, & Institutis tanto negocio consulere studuerunt. Attamen quia vicissitudine temporum res salubriter institutæ identidem in deterius mutantur, e dignitate nostra esse duximus, ut si quid hac in re collapsum est, id pro viribus reparemus, ut ex studio, & sollicitudine nostris uberem fructum populi, Sedis Apostolicæ imperio immediatè subjecti, percipiant.

I.

Itaque cùm nos gravissimum rei agrariæ incommodum imminere non sine ingenti totius Reipublicæ detrimento, ob magna, assiduaque dispendia, atque onera, quæ mercatores, cultoresque agrorum, ac pistores hujus nostræ almæ Urbis, ejusque districtus in dies subire, ac pati coguntur, ex ipsorum clamoribus ad aures nostras perlatis, acceperimus, mercatoribus agrorumque cultoribus una voce conquerentibus, ex publicæ Annonæ, & rei frumentariæ licitationibus, mercaturisque, quas ejus ministri hucusque exercere consueverunt, præcipuum laborum suorum fructum sibi eripi, Romanos agros spe uberioris messis excolendi sibi potestatem & commodum adimi, maximam lucri partem, quam sibi ex propria in rebus agrariis industria ad vitæ sustentationem comparari possent, in urbanæ Annonæ, ut aiebant, commoda cedere sine ullo publicæ rei emolumento: clamantibus etiam pistoribus, se plus æquo Annonæ causa opprimi, & ob magnam frumenti vim, supra vires eis distributam, utpote nimis gravi pretio emendam, se impares fieri oneri sustinendo, atque ad artem suam deserendam impelli: & quandoquidem semper ejusdem ponderis panem conficere debent, se ex eadem arte sua vix posse vitæ suæ neccessaria percipere, suppetente præsertim tanta farinæ cujuscumque generis copia in publicis horreis ad Thermas Diocletiani, ut quam plurimi ex infimo Populo eam certatim ad conficiendum domi panem empturi, illuc confluant, unde difficillima iisdem pistoribus reddatur furfuris & purgamentorum tritici venundatio, aliàs à vulgo & plebe magnopere expetita, atque hinc fieri, ut pistores damno sibi illato perterriti, animoque collapsi de claudendis furnis suis cogitarent. Pervulgatum est etiam, ex tot malis & incommodis, nisi eis opportunè occurratur, metuendum esse, ne saluberrima, & laudatissima omnium artium agricultura quæ superioribus sæculis huic nostræ almæ Urbi ingentem opum vim attulit, quæque non solùm populis imperio nostro subjectis tritici ubertatem suppeditavit, sed extranearum etiam Nationum penuriæ atque egestati levandæ suffecit magna qua publica, qua privata nostrarum Regionum felicitate ex hac tritici venundatione emergente, jam tandem penitus labefactata corruat, aut majori ex parte destituta intereat, urgente propterea interius periculo quod pauci admodum in agro Romano, inque Urbis districtu campi, aratro ad sementem scissi reperiantur, qui fundorum Dominis, agrorumque cultoribus aliquam afferant utilitatem ob graves impensas hac in re necessarias, summamque vendendæ, ac distrahendæ frumentariæ messis difficultatem; unde factum, ut brevi paucorum annorum spatio Subditi nostri, quos in sinu paternæ caritatis foventes singulari amore prosequimur, sæpenumero tritici inopia concussi ab extraneis Provinciis non sine gravissimis sumptibus illud subsidium emendicare coacti sint, quod antea facillimè poterant, & nunc etiam possent, ex propriis suis agris abundè percipere. Quare nos de Populorum nostrorum, præcipuè pauperum, & egentium, quorum saluti consulere semper nobis in animo fuit, tot tantisque malis, ac periculis vehementer solliciti, eam rationem inire tandem statuimus, qua publicam, privatamque jacturam reparare, præsentibus incommodis occurrere, ac deinceps præsidiis communi bono opportunis, atque agrariæ artis augmento, prospicere valeremus.

II.

Nos ex quo certiores facti fuimus, Annonæ urbanæ patrimonium una cum emolumentis & lucris ex frumenti licitatione, negociatione & mercatura perceptis, ad magnam, & notabilem sortem in præsentia auctum esse, annuatimque augeri, non modo sine ullo Reipublicæ commodo, sed contra cum ejusdem agrariæ artis immodico detrimento, hæc eadem inutilia lucra in publicam utilitatem convertere, atque hinc solidum rei agrariæ munimen, & fulcimentum petere cogitavimus. Hoc ut maturiori discussione felicius, utiliusque exequeremur, paternique animi nostri consilium plenius perficeremus, specialem hac de re Congregationem habendam jussimus Sanctæ Romanæ Ecclesiæ Cardinalium, cui una cum aliis Prælatis viris, unus quoque interesset ex Romanis Patriciis Laicus, ut patet ex nostro Chirographo subsignato die 30. Januarii currentis anni 1725. cujus quidem Congregationis prudentiæ, ac vigilantiæ injunximus, ut priùs per idoneos, & peritos viros ipsius Annonæ statum passivum, & activum sedulò examinandum, describendumque curaret: mox de illis remediis æquè sedulò cogitaret, quæ facto opus esse intelligeret, eas deliberationes suscipiens, quæ ad præsentia mala tollenda, futuramque agrariæ rei securitatem stabilienda magis expedire arbitraretur. Postquam verò in eadem Congregatione, cum primum facta fuit, deputatio ejus viri, cui onus hujusmodi commissum fuit, publicæ Annonæ statum accuratè descripsit, & ob oculos posuit, eo completo atque in subsequenti Congregatione per eumdem ad id deputatum, relato, compertum est ejusdem Annonæ lucra à die XVII. Julii anni 1718. pro toto mense Junii anni 1724 ad summam pervenisse trecentorum nonaginta quinque millium trecentorum quadraginta novem scutorum Romanorum, & obolorum seu bajoccorum sexaginta, non comprehensis hac summa capitalibus seu fundis, quæ priùs ab ipso Annonæ Magistratu possidebantur. Hinc factum fuit, ut in eadem Congregatione unis omnium calculis subsequentia sancirentur.

1. Quod deinceps in publicis Annonæ horreis serventur mensuræ, sive ut vulgo dicimus, *rubra* triginta millia frumenti, ut inde cuilibet futuræ Urbis necessitati commode consulatur.

2. Quòd Annonæ ministri se abstineant imposterum ab emendo, vendendoque frumento, proque eo servando fiat ejusdem tritici renovatio per pistores Urbis hoc pacto. I. Quòd tempore sterilitatis renovatio fiat arbitrio Annonæ Præfecti; extra sterilitatem per annum omnium rubrorum triginta millium renovatio fiat de trimestri in trimestre in quarta per eosdem pistores uno tenore ad formam Chirographi recolendæ memoriæ Alexandri VIII. Antecessoris nostri. II. Quòd ipsi pistores per suos consules qua-

libet hebdomada visitare debeant dictum frumentum in ipsis horreis Annonæ, sique illud invenerint pejorare, seu deteriorare posse in parte sive in toto, statim id Præfecto denunciare teneantur, ut frumentum ad formam dicti Chirographi renovari mandet, ut suprà.

3. Quòd in renovatione, qualibet vice, ut suprà, facienda frumentum per Pistores reportandum cribretur in horreis mercatorum ad libitum Annonæ Præfecti, non autem in horreis ejusdem Annonæ.

Hujusmodi sanctiones ad nos per Congregationis Secretarium perlatas, dignas duximus quæ nostra approbatione fulcirentur, ideoque illas auctoritatis nostræ robore firmavimus, & approbavimus. Coacta deinde iterum est eadem Cougregatio deliberandi causa aliis de rebus nondum discussis, hæc dubia respicientibus:

1. An ad servandum perpetuò liberum commercium in emptione, & venditione frumenti sit imposterum omittenda facultas Præfecti; cui sufficiat notitia copiæ frumentorum vendendorum, emendorumque, ad eum per Caporales perferenda.

2. An mutuationes in pecunia, vel frumento faciendæ sint agricolis, & terrarum cultoribus? In quanam vero quantitate, & quibus personis, quibusque cautelis: quæ dubia ad Marchionis Hieronymi Theodoli sententiam remissa sunt. His dubiis, æquas resolutiones, bonum Annonæ regimen ac artis agrariæ beneficium respicientibus, cum opportuna, maturaque responsio parari non posset, ob defectum notitiæ status ejusdem Anonnæ totius mensis Junii anni 1725. congruum judicavimus præcipere, ut ulla deliberando priùs approbaretur, quam postremus Annonæ urbanæ status à jam dicto Deputato describeretur: quo mox confecto, eoque nobis ex Decreti nostri auctoritate speciatim exhibito, statim ex relatione nobis super id porrecta animadvertimus, eumdem statum ad summam scutorum Romanorum quingentorum sexaginta duorum millium quadringentorum quinquaginta septem, & obolorum novem ascendere: ex qua summa detractis scutis centum sexaginta octo millibus ducentis quinquaginta quatuor, & obolis octoginta quinque, consistentibus in horreis tam Romæ, quàm Centumcellis, pro frumenti conservatione constructis, & in uno furno sub ejusdem Annonæ dominio, atque ex residua utilium summa perveniente ad numerum scutorum trecentorum nonaginta quatuor millium ducentorum duorum, & obolorum viginti quatuor, demptis viginti duobus millibus sexcentis quatuordecim, & obolis octoginta quatuor, in fructifera sorte collocatis, reliquam pecuniæ summam liberam, & immunem, nostræ dispositioni, & arbitrio remanentem, ad numerum scutorum trecentorum septuaginta unius millium quingentorum octoginta septem & obolos quadraginta ascendisse comperimus. Quam summam in agrariæ artis subsidium, & augmentum, inque populorum sub jure Sancti Petri existentium beneficium provida dispositione impendere cupientes, in primis omnes, & singulas deliberationes, & provisiones susceptas stabilitasque in Congregatione, habita die XVIII. Aprilis anni 1724. a nobis speciatim indicta approbamus, & confirmamus, quemadmodum etiam alias provisiones ac resolutiones præscriptas & editas ab eadem Congregatione die XII. Julii anni 1725. similiter approbatione nostra firmamus, emologamus, & firmatas approbatasque esse volumus & mandamus, ac speciatim illas, in quibus decernitur.

1. Quòd mutuationes Agricolis fieri debeant in pecunia, non in frumento.

2. Quòd eædem mutuationes sint faciendæ tam Agricolis, fundorum dominis, & conductoribus agri Romani, quàm districtualibus.

3. Quòd districtualibus mutuationibus fiant sub tenui censu scutorum duorum pro quolibet centenario ad solvenda stipendia Commissariis locorum ex causa obligationis, quam ipsi assumere debent super nominibus debitorum exactorum, & non exactorum.

4. Quòd Annonæ Præfectus incumbat ad curandam restitutionem scutorum viginti millium, quæ Præfectus Grasciæ reddere debet ex mutuo ei dato die XXII. Martii anni 1723.

5. Quòd ad tollenda mercimonia Pistorum, & eorum, qui bellaria, placentas, atque alia ejusmodi esculenta conficiunt, & vicatim vendunt, vulgòque dicuntur *Vermicellari, & Ciambellari*, renovari debeant Edicta, aliaque etiam publicari, prohibentia tritici emptionem in acie Campi Floræ, ex eo, quod propterea congeritur, ut pluris vendatur, & vulgò dicitur *incettare*. Præsertim verò Edicta vulgentur, in areis agri Romani, ac districtus tempore collectionis tritici interdicentia ejusmodi frumentariis exercitium artis agrariæ, nè hoc prætextu frumentum viliori pretio emant, atque hinc impediantur agricolis venundationes.

6. Quòd eadem edicta prohibitiva, ad ponderatores aliosque Annonæ ministros extendi debeant.

IV.

Quoniam omnia, quoad fieri potest utiliori modo ac forma ejusmodi Annonæ lucra in beneficium agrariæ artis impendi ac distribui cupimus, etiam quoad dubia *quinto*, & *sexto* loco in memorata Congregatione proposita die XVIII. Aprilis anni 1724. super quibus, quia jam certi sumus de integro & accurato ejusdem Annonæ statu, speciatim, & magis præcipuè tantæ rei providere volumus. Ideo nos motu proprio, certa scientia, ac matura deliberatione nostris, deque nostræ potestatis plenitudine, ut plenius, uberius atque omni meliori & efficaciori modo, voluntas, & provida nostra intentio impleantur, deputamus, indicimus, & instituimus specialem Congregationem, quam constare volumus dilectis filiis, nostro Thesaurario generali, & Præfecto ejusdem Annonæ; pro urbe Roma ejusque Districtu Alexandro de Abbatibus in utraque Signatura Referendario, Hieronymo Marchione Theodolo, & Tiberio Cincio; pro Umbria & Marchia venerabili fratre Marco Antonio Archiepiscopo Damiatæ; pro Bononia Alexandro Tanario in utraque Signatura Referendario; pro Ferraria Carolo Calcagnino causarum nostri Palatii Apostolici Judice; pro Romandiola Anselmo Dandino in utraque Signatura Referendario cum Adsessore Pontiano Fargna juris pontificii, & Cæsarei Consulto, in Romanæ curiæ foro causarum Patrono, per auditorium nostri palatii Apostolici approbato, & superiùs ab eadem Congregatione selecto, & deputato. Hi verò omnes per se ipsos intersint, & quintodecimo quoque ab eis statuendo die omnes simul conveniant, deque arte agriculturæ restituenda, instauranda, augendaque, & de ulteriori statu Annonæ, rebusque universis illam spectantibus, sermones invicem conferant, pertractent, & diligenter perpendant: quodque ab eis sive à majori eorum parte matura collatione fuerit consultum, nobis referant, ut seriò quid pro publica utilitate statuendum sit, decernere possimus; firma tamen remanente in rebus arduis Congregatione Sanctæ Romanæ Ecclesiæ Cardinalium super ubertate ejusdem Annonæ urbanæ à nobis in laudato nostro Chirographo indicta, juxta Constitutionem felicis recordationis Pauli V. prædecessoris nostri, incipientem: *Pastoralis officii*, sub datum XIX. Octobris anni 1611.

V.

Præterea, dum paterna nostra caritas æquè in omnes, nostro temporali Dominio subjectos, diffunditur, quos uno eodemque amoris gradu complectimur; volumus, & præcipimus, ut eadem Congregatio occurrat, provideatque indigentiis, quæ contingunt, aut unquam futuris temporibus contingere possunt in universis Terris, & Provinciis Sancti Petri, omnesque ex iisdem Provinciis Subditorum instantias, & petitiones quæ ab eis præsentari unquam poterunt, agnoscat, deque illis deliberet.

VI.

Mandamus insuper, & auctoritate nostra præcipimus universis, & singulis tam locorum Gubernatoribus, quam Præsidentibus Provinciarum, ut omnibus, & quibuscumque quomodolibet ad agrariæ artis statum, dispositionem, & augmentum pertinentibus, subsint prædictæ Congregationi à nobis erectæ, cujus regimini omnes necessarias facultates concedimus publicandi edicta, bannimenta, atque omnia alia expendi, quæ ad agriculturæ tam agri Romani, & districtus, quàm ipsarum Provinciarum perfectiorem statum, & consistentiam judicaverit expedire, ejusdemque Congregationis solertiæ, & vigilantiæ seriò injungimus, ut quanta valet efficacia, ac sollicitudine pro viribus studeat, curetque, ut mercatura, necessariaque Reipublicæ negotiatio instauretur pro distractione, & venundatione frumenti, quod populo-

rum

ANNO 1725. rum noſtrorum ſuſtentationi ſuperabundat, quoque indigere poſſunt extraneæ Nationes, quibuscùm in noſtra Ditione, univerſoque dominio negociationem, publicumque commercium induci, inſtitui utilibus Contractibus, ac ſtabilimentis ſervari, opportuniſque Legibus roborari cupimus.

VII.

Injungimus inſuper exactam accuratamque omnium earum diſpoſitionum, & proviſionum executionem, quæ à nobis in hoc noſtro motu proprio obſervandæ, & debitæ executioni mandandæ injunguntur. Quoniam verò paterni noſtri amoris inſtinctus, qui vehementer fertur in Subditorum noſtrorum utilitatem, quæ maximè in omni Principatu ex re agraria, & aſſiduis crebriſque commerciis expectanda eſt, moras non patitur, & citam expeditamque eorum executionem, quæ huic fini aſſequendo retardari non ſuſtinet; propterea volumus, ut omni celeritate plenè ac perfectè impleantur quæcumque reſolutiones & deliberationes, quas ſæpedicta Congregatio in magnum Subditorum noſtrorum beneficium ceſſuras judicaverit.

VIII.

Inhærentes igitur determinationibus ab ipſa jam editis, & à nobis ſuperiùs enunciatis, volumus, eas omnes ad perfectam obſervantiam, & plenarium effectum omnino deduci; proptereaque, eas iterum ſpeciatim, & præcipuè confirmamus, & approbamus, volentes, ut irrefragabile robur, & vim perpetuò habeant, & undequaque obſerventur, cùm eas inviolabiliter obſervari ſuumque plenum effectum ſortiri, ſit noſtra ſpecialis, & abſoluta voluntas. Illas verò deliberationes, quæ à nobis ſpeciatim approbatæ non ſunt, approbare intendimus, eaſdemque præſentis noſtræ paginæ tenore in forma ſpeciali approbamus, & confirmamus, declarantes, relativè ad propoſitionem, ſeu dubium *quinto* loco in eadem Congregatione propoſitum die XII. Julii menſis elapſi hujusce anni 1725. videlicet, *quomodo, qua ratione, & quibus cautionibus pro Annonæ ſecuritate debeant fieri mutuationes agricolis, fundorum dominis, & conductoribus agri Romani, ac jus diſtrictus*, hujusmodi determinatio unicè pertineat, ac pertinere debeat ad Congregationem Prælatorum, aliorumque, à nobis in hoc noſtro motu proprio ſuper ea re deputatam: ad quam unicè etiam ſpectare declaramus cognitionem idoneitatis eorum, quibus erogandum erit dictum mutuum, & cautionem etiam ſuſcipiendorum, & exigendorum juxta qualitatem mutuatarii. Quantùm vero ad *ſextam* propoſitionem ſeu propoſitum dubium in eadem Congregatione, eadem die, menſe, & anno, videlicet: *in quanam quantitate, & ſumma facienda ſint prædictis agricolis mutuationes* conſiderantes nos juxta poſtremum ſtatum Annonæ ſuperiùs conſtabilitum, pecuniam, de qua liberè diſponere poſſumus, ad notabilem, & conſpicuam ſummam aſcendere ſcutorum Romanorum trecentorum ſeptuaginta unius millium quingentorum octoginta ſeptem, & ob. 40. qua quidem ſumma abundantiùs, pleniusque agricolis ſubvenire poſſumus; volumus, præcipimus atque mandamus, ut ex hac pecunia, poſt parata triginta millia rubra frumenti, in publicis horreis ſervanda, appretiata in ſcutis 210000. ut ſuperiùs decretum fuit, eoque frumento collato cum ſumma ducentorum, & decem millium ſcutorum Romanorum, ex reliquis ſcutis centum ſexaginta uno millibus quingentis octoginta ſeptem, & obolis quadraginta, fieri debeant perpetuò ſingulis annis mutuationes, ſcilicet in portione ſcutorum ſexaginta millium agricolis, fundorum dominis, & conductoribus agri Romani; nec tamen Magiſtratus Annonæ ob dictum mutuum quicquam prætendere, aut ſperare valeat in genere cenſus, uſuræ, aut alterius generis lucri. De ſumma autem aliorum ſcutorum quinquaginta millium diſponi volumus, quemadmodum auctoritate noſtra diſponimus, in commodum, & favorem agricolarum, dominorum, & conductorum agrorum in diſtrictu Romano; ea tamen conditione, ut, cùm ad Annonam pertineat in nonnullis locis ejusdem diſtrictus miniſtros ſtipendio conducere, iidem agricolæ diſtrictuales pro reparatione, ac reintegratione eorumdem ſtipendiorum ſolvere debeant publico Annonæ Magiſtratui ſcuta duo pro quolibet centenario, ex mutuo accepto. Reliquum verò totius ſortis ſcutorum quinquaginta unius millium quingentorum octoginta ſeptem, & obolorum quadraginta, ſeu quicquid ad aliam majorem, & certiorem ſummam aſcenderit, volumus, & mandamus, ut ea, qua par eſt diligentia, & ſollicitudine (exactis nominibus debitorum Annonæ, retractoque pretio ex venditione frumenti ſuperexcedentis quantitatem rubrorum triginta millium tritici, perpetuo ad publicæ Annonæ commoda ſervandum) debeat conſtabiliri, atque inveſtiri in tot locis montium cameralibus non vocalibus. Horum inſuper locorum fructu una cum omnibus aliis lucris, quæ ad eamdem Annonam tam ex firmis quotidianiſque redditibus, quàm ex omni alio fortuito proventu pertinere unquam poterunt, volumus, ut ſemper, & in perpetuum uniri debeant, & quolibet anno inveſtiri in aliis locis montium, ex eiſque conſtitui augmentum, ſive multiplicum, ut hac prompta, & parata pecunia cuicumque neceſſitati hujus noſtræ almæ Urbis, ejusque diſtrictus & præcipuè tempore ſterilitatis, aut penuriæ, à quibus Subditos noſtros divina clementia immunes cuſtodiat, opportunè ſubveniri, ac provideri poſſit. ANNO 1725.

IX.

Circa vero præmiſſorum & omnium à nobis ſtatutorum, & diſpoſitorum plenam executionem & integrum adimplementum, eamdem Congregationem Prælatorum, aliorumque, ut ſuprà, à nobis nominatorum, & deputatorum, ſedulò incumbere, & invigilare jubemus. Quam Congregationem bis in menſe ſuperiùs haberi mandavimus, ut crebrioribus congreſſibus melius celeriusque, tam regimini œconomico Annonæ, quàm politico agrariæ artis conſulatur in utriusque beneficium, & incrementum, audiendo, ſi qui fient, mercatorum, piſtorumque recurſus, iiſque opportunis determinationibus providendo, mercaturam, venditionem, & pretium tritici tam agri Romani, & diſtrictus ejus, quàm totius noſtri dominii curando, & moderando, ac demum ſuper obſervantia omnium, & ſingulorum in hoc noſtro motu proprio contentorum, ac præceptorum ſolerter invigilando, atque inſiſtendo.

X.

Præcipimus etiam Congregationi & Deputatis prædictis & eorum ſingulis, ut præſentes noſtras Literas, inque eis contenta quæcumque, obſervent, & exequantur, ac firmiter, & inviolabiliter executioni mandari, & obſervari faciant ab univerſis, & ſingulis perſonis tam eccleſiaſticis, ſæcularibus & regularibus, quàm laïcis cujuscumque Status, Gradus, Ordinis, & Conditionis exiſtant, dantes nos eidem Congregationi in præmiſſis, & circa ea plenam, & omnimodam, atque eam, quam nos ipſe habemus, facultatem, & poteſtatem declarandi, & decidendi quicquid in præſenti noſtro motu proprio opus eſſe videbitur; necnon quæcumque edicta ſeu bannimenta, etiam pœnalia pro præmiſſorum obſervatione & executione neceſſaria, & opportuna fuerint, faciendi, & publicandi.

XI.

Hæc omnia fieri, & ſervari ſtatuimus, non obſtantibus quibuscumque conſtitutionibus, & ordinationibus Apoſtolicis, etiam ſpeciali nota dignis, huic noſtræ Conſtitutioni quomodolibet fortaſſe adverſantibus, eaque præſertim, quatenus opus ſit, quam felicis recordationis Pius IV. Anteceſſor noſter vulgavit *de regiſtrandis*, ita ut præſentes Literæ noſtræ abſque alia in Camera noſtra Apoſtolica admiſſione, & regiſtratione, validæ ſint, ſuumque ſortiantur effectum, non obſtantibus quoque Urbis, civitatum, terrarum, oppidorum, villarum, & locorum quorumcumque juramento, confirmatione Apoſtolica, & quavis alia firmate roboratis ſtatutis, conſuetudinibus, reformationibus, decretis, privilegiis quoque, indultis, & Literis Apoſtolicis, Communitatibus, Univerſitatibus, Baronibus, aliiſque prædictis, & quibusvis à Sede Apoſtolica, vel à nobis forſan conceſſis, ac etiam confirmatis, approbatis, & renovatis, quæ ejs, quoad præmiſſa, volumus ſuffragari, etiamſi talia eſſent, quæ ſub generali expreſſione non venirent, ſed de illis ſpecialis & individua mentio habenda foret in genere vel in ſpecie, & ſub quibuscumque tenoribus, & formis, & cum quibusvis etiam derogatoriarum derogatoriis, aliiſque efficacioribus, & inſolitis clauſulis, ac irritantibus & aliis decretis in contrarium præmiſſorum, quæ præſentibus quomodolibet obſtare poſſent, etiamſi de illis, eorumque totis tenori-

ANNO 1725. noribus specialis & expressa, ac individua, ac de verbo ad verbum, non autem per clausulas generales, idem importantes, mentio seu quævis alia expressio habenda, aut alia exquisita forma ad hoc servanda foret, eorum tenores, pro plene, & sufficienter Præsentibus expressis, & totaliter insertis habentes, illis in suo robore permansuris, hac vice dumtaxat specialim & expresse derogamus, cæterisque contrariis quibuscumque.

XII.

Volumus etiam solam Præsentium signaturam nostram sufficere, etiam absque alia data, & registratura, regula quacumque contraria pariter non obstante.

XIII.

Insuper hæ nostræ Literæ in quavis forma expediri possint cum clausulis opportunis, earumdemque literarum transumptis, & typis impressis, manu unius Cameræ nostræ apostolicæ Notarii subscriptis, & sigillo alicujus ex Congregatione prædicta obsignatis, in judicio, & extra plena fides adhibeatur.

Datum Romæ apud Sanctam Mariam Majorem Idibus Octobris MDCCXXV. Pontificatus nostri anno II.

Placet motu proprio V. M. *Visa*
De Curia J. Archiepiscopus Ancyranus.

Registrata in Secretaria Rev. Cameræ Apostolicæ.

CXXIII.

1727. Mai. *Testament de* CATHERINE *Imperatrice de Russie fait à Pètersbourg le 6. Mai, & ouvert le* 18. *Mai* 1727. [Mercure Historique pag. 770.]

I. LE Grand Duc Pierre Alexiewitz sera Successeur.

II. Avec les mêmes Droits & Prérogatives dont nous avons joui.

III. Il ne commencera pas la Regence avant sa 16. année.

IV. Pendant sa Minorité l'Administration sera confiée à nos 2. Princesses, le Duc & les autres Membres du Grand Conseil, qui ne sera composé en tout que de 9. Personnes.

V. Ce Conseil aura l'entier pouvoir d'un Souverain, excepté qu'il ne puisse rien changer à la succession.

VI. Tout sera décidé par la pluralité des voix, & séparement ils ne pourront rien ordonner.

VII. Le Grand Duc assistera aux Deliberations, mais après l'Administration finie, il n'en pourra pas démander raison à personne.

VIII. Si le Grand Duc vient à mourir sans héritier, la Princesse Anne lui succedera avec ses Descendans, après ceux-ci la Princesse Elizabeth avec ses Descendans, & enfin la Grande Duchesse avec ses Descendans; bien entendu que les Héritiers Males ayent toujours la préference, & qu'aucun ne puisse jamais monter au Thrône Russien, qui ne professe pas la Religion Grecque, ni aucun qui porte déja quelqu'autre Couronne.

IX. Chacune des Princesses aura pour une espece de satisfaction d'être exclué de la Succession de leur Pere, outre leur Dôte de trois cents mille Roubles, un million de Roubles argent comptant, qui leur sera payé peu à peu pendant la minorité du Grand Duc, sans que ni lui ni son Epouse puissent jamais les redemander. Outre cela les deux Princesses auront pour Elles & pour leurs Familles tous nos Biens meubles, en joiaux, or, argent & équipages, qui appartiennent à Nous & non à la Couronne; mais nos Biens immeubles & Terres que nous avons possédés avant d'avoir porté le Sceptre de Russie, seront partagez suivant la Justice par la Regence entre les autres plus proches Parents de notre Famille.

X. Durant le tems de l'Administration, il sera payé à chaque Princesse outre ce que dessus, 100. mille Roubles par an.

XI. La Princesse Elisabeth épousera le Duc de Sleswig Holstein Evêque de Lubeck, & nous y donnons notre bénédiction Maternelle.

XII. Nos Princesses & la Regence tâcheront aussi de faire un Mariage entre le Grand Duc & une Princesse fille du Prince Menzikoff. ANNO 1727.

XIII. Tout ce dont Son Altesse Royale le Duc a déja joui, ne pourra jamais lui être redemandé, ni porté en ligne de Compte.

XIV. Tout ceci doit être, dès notre decès publié, confirmé par serment, & observé exactement, & qui s'y opposera doit être puni en Traitre; c'est sur quoi on demandera la Garantie de l'Empereur Romain.

XV. La Famille vivra entre Elle dans un bonne union sous peine de notre malediction maternelle, & le Grand Duc n'abandonnera point la Maison de Holstein, tant qu'il s'y trouvera de nos Descendans, mais exécutera, quand il sera Majeur, tout ce qui pourroit encore manquer à ce que nous avons ordonné cidessus.

XVI. En cas que les Princesses partent d'ici, on leur accordera un libre transport, & achetera pour les Ministres de Holstein une Maison convenable & exemte de toutes charges civiles.

Fait à St. Petersbourg le 6. *May* 1727.

V. S.

(*L. S.*) CATHERINE.

CXXIV.

Août. *Actes de la célèbre Commission Polonoise dans le Duché de Courlande depuis le* 30. *Août jusqu'à la fin de l'année* 1727. [Tiré d'une Copie des Registres de la Commission.]

Constitutio Grodnensis de Anno 1726.

QUandoquidem secundum communem experientiam omnes Gentes & Dominia congregata & coadunata in unum sub uniformi Regimine Corpus multo magis esse solent potentiora & feliciora ad mutuam defensionem & conservationem, quam divisa; igitur inhærendo Pactis æternis subjectionis & incorporationis absolutissimæ & plenissimæ, sine ulla minima reservatione, libere, rite ac legitime ab utrinque stabilitis & jurata fide confirmatis: tum conformando sese ad Constitutionem anni 1589. deficiente stirpe mascula moderni Celsissimi Ducis Ferdinandi ex linea Kettleriana procedentis, salvis per omnia juribus, possessionibusque & prærogativis ejusdem Ducis, quousque supervixerit (cui Homagium, dispensando Constitutionem anni 1683. ob respectum provectæ ætatis & singularia erga Rempubl. merita etiam per Legatum suum præstare permittimus, hoc tamen præcauto, quod id servire nequeat successoribus ejus, in quantum ex lumbis illius directe descendentes existere deberent) præfatum Ducatum Curlandiæ & Semigalliæ antiquitus incorporatum & adjunctum ad corpus Reipublicæ, cum omnibus attinentiis & contingentibus suis antiquis ad Regnum Poloniæ & MDL. adjungimus & incorporamus; pro mutuis & indivisis incolis Regni & M. D. L. prius susceptos suscipimus cum Juribus, Privilegiis & Libertatibus illis antea concessis, ad omnia jura, honores, prærogativas & libertates Regni & M. D. L. admissos pariter admittimus, mutuis viribus, auxiliis, exercitibus totius Reip. contra omnes usurpationes & quosvis insultus hostiles protegere, defendere & intercedere appromittimus. Insuper prout omnem prorsus novi Principis infeudandi substitutionem, post fata suprafati Ducis Ferdinandi in casum deficientis stirpis masculæ, in perpetuum excludimus & abrogamus, ita attentata præterita omnia contra Inhibitiones, Mandata & Rescripta Nostra, signanter usurpati indebite ultimi Conventiculi cum omnibus Actibus sese in materiam eventualis successionis ingerentibus tollimus, cassamus, & illa pro invalidis ex vitio nullitatis & insubsistentiæ materialis, stante pro nunc directo & supremo, in futurum autem utili & immediato Dominio Nostro & Reipublicæ perpetua & irrevocabili Lege declaramus. Et quia Comes Mauritius inobediens Mandatis Nostris & voluntati Reipublicæ contra effectuationem Diplomatis Nostri in præsentibus Comitiis traditi sese exhibuit, ideo eum non tantum ex Ditionibus Provinciæ Curlandiæ, tum Regno Poloniæ & M. D. L. proscribimus, sed etiam pro

ANNO 1727.

pro hoste Reipublicæ & invindicabili capite pronunciamus & condemnamus. Liberum exercitium Augustanæ Confessionis, cum quo ad Rempubl. accesserunt & per Pacta subjectionis sibi caverunt, cum pacifico usu & conservatione ejusdem Religionis ceterisque illius ritibus, secundum obloquentiam duntaxat eorundem Pactorum assecuramus, certificando, quod ad mutationem illius neminem per vim cogere permittemus, salvo jure & usu Religionis Romano-Catholicæ in Formula Regiminis præscripto & per Constitutionem anni 1678. approbato.

Tum ut desideria & repræsentationes omnium Statûum Provinciæ Curlandiæ ratione domestici Regiminis & aliorum sancitorum ad bonum ordinem & internum Regimen necessariorum eò facilius & efficacius accommodari pro justitia, commodo & utilitate universorum, valeant, cum consensu omnium Statuum Commissarios Nostros ex Senatorio ordine Reverendum in Christo Partem Christophorum in Stupow Szembek Episcopum Warmiensem & Sambiensem, Magnificos Casimirum de Kosielsko Oginski Trocensem, Stanislaum Donhoff Polocensem, Ducem Campestrem Exercituum M. D. L., Stanislaum Chomentowski, Masoviæ, Ducem Campestrem Exercituum Regni, Palatinos: Ex *ordine Equestri ex minori Polonia*; Generosos Joannem in Tykoczin & Tyczin Branicki, Vexilleferum Regni, Branscensem Capitaneum; Jacobum in Skrzynno Dunin Regentem Regni, Capitaneum Radoszycensem; Ozarowski Dapiferum Cracoviensem, Wielopolski, Lanckoronensem; Kalinowski, Vinnicensem, Capitaneos; Karwowski, Pocillatorem Visnensem, Judicem Branscensem: *ex Majori Polonia*, Generosos Maximilianum de Tæczyn Ossolinski, Thesaurarium Curiæ Regni, Sendomiriensem Capitaneum; Stephanum Garczynski, Vexilliferum; Alexandrum Lozia Poninski, Venatorem Uschovensem; Josephum Nakwaski, Ciechanoviensem Capitaneum; Krasinski, Pincernam Ciechanoviensem; Szembek Tolkmicensem Capitaneum: *ex Magno Ducatu Litthuaniæ* Generosos, Casimirum in Bychow Dæbrowna & Zastaw Sapieha, Generali Artilleriæ M. D. Litthuaniæ, Volpinensem Capitaneum; Michaëlem Ducem in Nieswiesz & Olyka Radziwil, Præmisliensem; Josephum de Campo Scipionem, Lidensem; de Kozielsko Oginski, Gorzdoviensem, Capitaneos; Wahl, Vexilliferum Grodnensem; Antonium Eperiasz, Colonellum Nostrum; non tantum propter exauditionem, examinationem & accommodationem eorundem desideriorum & repræsentationum, verum etiam primariò & principaliter propter formandam & constituendam ordinationem ejusdem Provinciæ, tum Districtus Piltinensis, respective quoad Jura sua, item propter amotionem & pacificationem qualiumcunque discordiarum, exorbitantiarum, controversiarum & prætensionum domesticarum & externarum, cum potestate judicandi & puniendi summario Processu hos Curlandos, qui rebelles Reipubl. juribusque aut auctoritati Commissoriali post hanc Constitutionem illic in Curlandia se monstrarent, ordinamus, salva relatione & approbatione in futuris Comitiis. Quibus, Reverendo, Magnificis & Generosis, Commissariis ut Magnifici Exercituum Duces utriusque Gentis assistentiam militarem pro exigentia necessitatis, salva disciplina militari per novellam Legem præscripta, sub Commenda Regimentariorum idoneorum tam ex Regni, quam & M. D. L. Exercitibus præstent, auctoritate præsentis Conventus injungimus; qui Regimentarii cum divisionibus in Commenda sua existentibus in limite Curlandico sese locare & ulteriora Mandata eorundem Reverendi, Magnificorum & Generosorum Commissariorum expectare debent. Præfatos autem, Reverendum, Magnificos & Generosos Commissarios Nostros obstringimus, ut hanc Commissionem primo vere, assignato termino per Innotescentiales suas, & proprio ære pro illa profecti, sine ullo sumtu, etiam ex Senatus Consilio assignando, neque Thesauri, neque Palatinatuum, salvo beneficio suspensionis causarum earum in quovis subsellio expediant, Instrumenta Pseudoelectionis, & omnia alia Juribus Reipubl. nociva ex Actis eliminent. Incolis quoque totius Ducatus Curlandiæ, Semigalliæ, ac Districtus Piltinensis in genere & in specie omnibus, Correspondentias, Practicationes, Negotiationes omnes cum externis Potentiis, & quasvis innovationes, machinationes, vel molimina in præjudicium Jurium Reipubl., sub quocunque titulo, colore vel prætextu, directe sive indirecte, auctoritate publica modernorum Comitiorum, sub pœnis criminis læsæ Majestatis, Perduellionis, cæterisque rigoribus in Legibus descriptis, inhibemus. Quibus rigoribus omnes fautores, cooperatores & assistentes, si qui in futurum reperientur, cujuscunque Nationis, subjacere debent in Judiciis Comitialibus.

ANNO 1727.

Rescriptum Commissionis.

AUGUSTUS II. DEI gratia Rex Poloniæ, M. D. Litthuaniæ, Russiæ, Prussiæ, Masoviæ, Samogitiæ, Kijoviæ, Volhyniæ, Podoliæ, Podlachiæ, Livoniæ, Smolensciæ, Severiæ, Czerniechoviæque, nec non hæreditarius Dux Saxoniæ & Princeps Elector, &c. Reverendo in Christo Patri Domino Christophoro in Stupow Szembek Episcopo Warmiensi & Sambiensi. Magnifico Casimiro de Kozielsko Oginski, Trocensi, Stanislao Donhoff Polocensi, Campi Ductori Magni Ducatus Litthuaniæ, Stanislao Chomentowski, Masoviæ, Campi Ductori Regni, Palatinis; tum Generosis ex minori Polonia Jacobo in Skrzynno Dunin Referendario Regni, Capitaneo Radoszycensi, Joanni in Tykocin & Tyczyn Branicki Vexillifero Regni, & Branscensi Capitaneo, Ozarowski Dapifero Cracoviensi, N . . . . Wielopolski Lanckoronensi, N . . . . . Kalinowski Vinnicensi, Capitaneis N . . . . . Karwowski Pocillatori Visnensi, Judici Branscensi; ex Majori Polonia, Maximiliano de Tæczyn Ossolinski, Thesaurario Curiæ Regni, Sendomiriensi Capitaneo, Josepho Nakwaski Ciechanoviensi Capitaneo, Stephano Garczynski Vexillifero, Alexandro Lodzia Poninski Venatori Uschovensi, Francisco Szembek Tolkmicensi Capitaneo,

Krasinski Pincernæ Ciechanoviensi; ex Magno Ducatu Litthuaniæ Generosis Casimiro in Bychow Dæbrowna & Zastaw Sapieha Generali Artilleriæ Magni Ducatus Litthuaniæ, Volpinensi Capitaneo, Michaëli Duci in Nieswiesz & Olyka Radziwil Præmisliensi, Josepho de Campo Scipioni Lidensi, . . . de Kozielsko Oginski Gorzdoviensi, Capitaneis,

Wahl Vexillifero Grodnensi, Antonio Eperiasz Colonello Nostro, Commissariis a nobis, omnium Ordinum Reipublicæ auctoritate, Comitiorum Generalium proxime præteritorum Grodnensium per Legem publicam; destinatis, sincere & fideliter Nobis dilectis Gratiam Nostram Regiam. Reverende in Christo Pater, Magnifici ac Generosi, sincere & fideliter Nobis dilecti. Quemadmodum in proxime prætentis Comitiis Generalibus Grodnensibus cum Statibus Regni & Magni Ducatus Lithuaniæ, multis & gravibus permoti rationibus, de Ducatibus Curlandiæ & Semigalliæ disponendo, Sinceritates & Fidelitates vestras in Commissarios ad eosdem Ducatus designavimus; ita & præsentibus, Legi publicæ eorundem Comitiorum inhærendo, Sinceritates & Fidelitates Vestras deputamus & assignamus, illisque committimus & mandamus, quatenus, communicato inter se consilio, Sinceritates, & Fidelitates vestræ & Illustrissimo Ferdinando Curlandiæ & Semigalliæ Duci, tum G. Supremis Consiliariis, Majoribus & Minoribus Capitaneis, ceterisque Officialibus, ac toti Equestri Ordini Curlandiæ & Semigalliæ ac Districtus Piltinensis, universisque, Jus & Interesse ad olim Illustrissimos Duces modernumque Illustrissimum Ducem Curlandiæ & Semigalliæ se habere prætendentibus, innotescatis, attenta præsenti tempore annonæ penuria & caritate, ex præsentis Senatus sensu pro die 26 Augusti anno nunc currenti Mitaviam condescendant, ibidemque in loco, qui ipsis commodior videbitur, absentia nonnullorum non obstante, modo sex adsint, Jurisdictione sua Commissoriali fundata, desideria & repræsentationes Statuum hujus Provinciæ Curlandiæ & Semigalliæ ac Districtus Piltinensis, ratione interni Regulaminis ad bonum ordinem & internum regimen, pro justitia, commodo & utilitate, universorum necessarias, tum querelas, postulata, gravamina, si aliqua illata sunt, tam publica, quam privatorum, exaudiant, de iis ex æquitate & Juribus Privilegiisque, his Ducatibus & Districtui Piltinensi, atque Illustrissimo Duci & Incolis eorum servientibus, statuant, ordinent; vel, si res Judicium postulaverit, summario Processu disjudicent, Testes testimoniaque juratorum Testium, si opus fuerit, examinent, ad calculum de proventibus & expensis, administrationeque Bonorum Ducalium, eos, qui in absentia Illustrissimi Ducis Bona Ducalia administrarunt, adigant rationesque excipiant, & quantum ex calculo provenire Illustrissimo

Duci

ANNO 1727. Duci advertent, eidem Illustrissimo Duci satisfactionem præstari injungant, tum quoque in refragarios Juribus Reipublicæ Rebelles animadvertant, prætensiones etiam externorum & privatorum ad olim Illustrissimos Duces & modernum Illustrissimum Ducem habitas introspiciant & discutiant, ad quas & quales, & cui solvendas, Illustrissimus Dux teneretur, decernant, & anne præjudicium Illustrissimi Ducis, vel contra Statuta Curlandiæ Juraque Nostra & Reipublicæ per antecedaneos Illustrissimos Duces super Bona Ducalia importatæ, inscriptæ, vel contra Inhibitiones Nostras Potentioribus cessæ aliquæ sint, cognoscant & determinent, ceteraque omnia & singula, quæ ex mente & præscripto Legis novellæ Comitiorum Grodnensium Sinceritatibus & Fidelitatibus Vestris commissa sunt, exequantur. Facturæ sunt Sinceritates & Fidelitates Vestræ præmissa omnia pro Gratia Nostra. In cujus rei fidem præsentes, manu Nostra subscriptas, sigillis Regni & M. D. L. communiri jussimus. Datum Varsoviæ die 2 Aprilis Anno 1727. Regni vero Nostri 30. anno. AUGUSTUS Rex.

(Locus Sigilli Regni.) (Locus Sigilli M. D. L.) Jacobus Strykowski S. R. Majestatis Secretarius.

Literæ Innotescentiales.

NOs Christophorus in Stupow Szembeck, Dei Gratia Episcopus Warmiensis & Sambiensis; Casimirus de Kozielsko Oginski, Trocensis, Stanislaus Dönhoff, Polocensis, Campi Dux M. D. Litthuaniæ; Stanislaus Chomentowski, Masoviæ, Campi Dux Regni; Palatini: tum *ex Minori Polonia*, Jacobus in Skrzyn Dunin, Referendarius Regni, Capitaneus Radoszycensis; Joannes in Tykoczin & Tyczin Branicki, Vexillifer Regni, Krosinensis; Ozarowski, Dapifer Cracoviensis; Wielopolski, Lanckoronensis; Kalinowski, Vinnicensis, Capitanei; Karwowski, Pocillator Visnensis, Judex Branscensis; atque *ex Majori Polonia*, Maximilianus de Teczyn Ossolinski, Thesaurarius Curiæ Regni, Sendomiriensis Capitaneus; Josephus Nakwaski, Ciechanoviensis Capitaneus; Stephanus Garezynski. Vexillifer; Alexander Lodzia Poninski, Venator Uschovensis; Franciscus Szembek, Tolkmicensis Capitaneus; Krasinski, Pincerna Ciechanoviensis; nec non *ex Magno Ducatu Litthuaniæ*, Casimirus in Bychow, Dombrouwna & Zaslaw, Sapicha, Generalis Artilleriæ M. D. Litthuaniæ Volpinensis Capitaneus; Michaël Dux in Nieswiesz & Olyka Radziwil, Præmislensis; Josephus de Campo Scipion, Lidensis; de Koffielsko Oginski, Gondoviensis, Capitanei; Wahl, Vexillifer Grodnensis; Antonius Eperiasz, Colonellus S. R. Majestatis: Commissarii a Serenissimo & Potentissimo Augusto II. Dei gratia Rege Poloniæ, Magno Duce Litthuaniæ, Russiæ, Prussiæ, Masoviæ, Samogitiæ, Kyoviæ, Volhyniæ, Podoliæ, Podlachiæ, Livoniæ, Smolensciæ, Severiæ, Czerniechoviæque, necnon hæreditario Saxoniæ Duce, & Principe Electore, Domino Nostro Clementissimo, omnibusque Ordinibus Reipublicæ, auctoritate Comitiorum Generalium proxime præteritorum Grodnensium, per Legem publicam designati, Magnificis & Generosis Supremis Consiliariis, Majoribus & Minoribus Capitaneis, ceterisque Officialibus, totique Ordini Equestri; necnon Civitatibus & earum Magistratibus, ac omnibus Incolis Ducatuum Curlandiæ & Semigalliæ, atque Districtus Piltinensis, tum universis & singulis, cujuscunque præeminentiæ, dignitatis ac tituli, Jus & Interesse ad olim Celsissimos Duces, modernumque Celsissimum Principem Ferdinandum Ducem Curl. & Semigalliæ, se habere prætendentibus, innotescimus, atque autoritate S. R. Majestatis & Reip. & Nostra, qua hac in parte fungimur, mandamus, quatenus Magnificentiæ & Generositates Vestræ, ceterique, quorum interest, coram Nobis Commissariis Mitaviæ pro die 26 mensis Augusti, anno nunc currente, legitime ac peremtorie compareatis, executionemque novellæ Legis juxta contenta illius & Rescripti Commissionis peragendam, attendatis, idque ratione interni Regulaminis & boni ordinis, pro justitia, commodo & utilitate universorum, prout necessitas postulaverit, statuendi; postulata, desideria sua, querelas & gravamina, tam publica, quam privata, si aliqua illata sunt, inferatis, proponatis & exponatis, &, qui ad respondendum ad ea tenemini, respondeatis, Jura, Privilegia, his Ducatibus & Districtui Piltinensi, ac Privatis, servientia, exhibeatis, & in quo illis derogatum, informetis, cessionesque de summis in Bonis Ducalibus prætensis producatis, fuerintne liquidæ, an non? & cui? & an legitime factæ? cognitioni Nostræ Commissoriali subjiciatis; testes, si necesse fuerit, in punctis facti inducatis, calculum ex administratione Bonorum Ducalium de Proventibus & Expensis, penes quos administratio eorum in absentia Cels. Ducis Ferdinandi erat, reddatis, summas, quas vos in Bonis Ejusdem Cels. Ducis habere prætenditis, liquidetis, ceteraque, quæ ad munus Nostrum, ex præscripto Legis novellæ & Commissionis nobis datæ, pertinere videbuntur, statuenda & exequenda attendatis: Certificando vos, quod, sive in termino præfixo coram nobis comparueritis, sive non, Nos ad ea, quæ nobis à S. R. Majestate & Reipubl. commissa sunt, exequenda procedemus, sitis pärituri, & eundem terminum attentaturi ANNO 1727.

Datum in Residentiis Nostris die 25. mensis Aprillis Anno Domini 1727.

Christophorus Joan Szembek Episcopus Warm. & Samb: (L. S.)

Stanislaus Donhoff, Palatinus Poloc. Exerc. M. D. L. Dux campestris, S. R. Majestatis & Reip. Commissarius. (L. S.)

Stanislaus Chomentowski, Palatinus Masoviæ, Campi Dux Regni. (L. S.)

Jacobus in Skrzyn Dunin, Referendarius Regni. (L. S.)

M. de Tæczyn, Ossolinski, Thesaurarius Curiæ Regni Poloniæ, Sand: Capitaneus. (L. S.)

Joannes Comes Branicki, Supremus Vexillifer Regni. (L. S.)

Josephus Nakwaski, Capitan: Ciechanov. Commissarius à S. R. M. & Rep, (L. S.)

Alexander Lodzia Poninski, V. U. Reipubl. Commissarius. (L. S.)

Casimirus Comes Sapieha, Generalis Artilleriæ M. D. L. (L. S.)

Anton. Comes Eperiasz, Colonellus S. R. Majestatis. (L. S.)

(Productum die 9 Julii 1727, hora dimidia tertia post meridiem in Cancellaria Ducal. S. Zentarow. Obur Secretarius.)

Actum Mitaviæ in Commissione Generali S. R. Majestatis & Reipublicæ die 30. Augusti, Anno 1727.

GEnerosus Alexander Korff Subjudex Terrestris, Equestris Ordinis Plenipotentiarius, nomine ejusdem Equestris Ordinis porrexit Dominis Commissariis Supplicationem, petendo, quatenus Generosis Supremis Consiliariis imponant indictionem Conventus publici, omnibus horum Ducatuum Districtibus transmissis deliberatoriis Statum publicum concernentibus, & ut Acta præteritæ Commissionis Anno 1717. expeditæ cum aliis Juribus & Instrumentis, circa sequestrationem Generosi Capitanei de Medem sequestrata, Generoso Ordini Equestri pro sua defensione inservientia, comportentur eique restituantur. Pro eliberatione quoque suprafati de Medem instabat. Porrexerunt quoque alterum supplicem Libellum G. supremi Consiliarii personaliter comparentes, in quo additionem Defensorum seu Advocatorum, in eo specificatorum, tam ad causas cum Cels: Principe suo, quam alias sive ex reatu, emergentes, promovendas & defendendas, petierunt.

Nos

ANNO 1727. NOs Commiſſarii S. R. Majeſtatis caſſando ante omnia conventiculum Pſeudo-electionis, & ipſam Pſeudo-electionem, omneſque ad eam pertinentes Actus, ubicunque reperibiles, nulliter peractos, jam aliàs per Conſtitutionem Grodnenſem anni proxime præteriti 1726. caſſatos; eliminationem eorum ex quibuscunque Actis fieri debere decernimus, ſub pœnis in eadem Conſtitutione Grodnenſi expreſſis; utque Acta omnia hujus Pſeudo-electionis & eandem concernentia Generoſi Conſiliarii Supremi & illi, ad quos id pertinet, comportent pro Termino Comitiolorum, die 15. Septembris incidentium, ſub rigore pœnarum in eadem Conſtitutione expreſſarum, injungimus; Privati quoque quicunque ſive Originalia ſive Extractus eorum habent, pro eodem Termino conferant, nec amplius penes ſe conſervent, ſub ſimili pœna Legis demandamus. Ad ſupplicationem vero Generoſi Korff, Subjudicis Terreſtris & Generoſi Equeſtris Ordinis Plenipotentiarii, expetentis Comitiola, a Regimine hujus Provinciæ indici neglecta, in fundamento Formulæ Regiminis, juxta quam Celſiſſimo Duci inveſtito & in Ducatibus præſenti, &, ſi is denegaverit, Conſiliariis Supremis, illis vero intermittentibus & negligentibus, indictio Conventuum S. R. Majeſtati competit: hæc expetita Comitiola in ordine ad exequendam Conſtitutionem Grodnenſem anni proxime præteriti 1726., tum ad deſideria repræſentationeſque formandas, Nobisque per Delegatos ſuos Nobiles viros, idoneos, legales, poſſeſſionatos (& ad Pſeudo-electionem non intereſſatos,) (mutat.) exhibendas & proponendas, auctoritate S. R. Majeſtatis Domini Noſtri Clementiſſimi, & noſtra Commiſſoriali, primò in Diſtrictibus, demum Generalia hîc Mitaviæ celebranda, pro die 15 Septembris anno præſenti indicimus, eorumque Terminum hiſce præfigimus, atque loco deliberatoriarum Innoteſcentiales Noſtras Literas, antehac Provinciæ huic intimatas, pro deliberatoriis haberi volumus, utque quantocyus conveniant & inter ſe ſuper præmiſſis conferant, ac finaliter hæc Comitiola ſine minima Legis diminutione, vel in alium ſenſum, quàm ſonat interpretatione, ſed prout per ſe expreſſe loquitur, celebrent, expediant, ac Generoſos Deputatos ſuos plenarie inſtruant, & ad nos pro tempore ſupra præfixo huc mittant, ipſis demandamus; correſpondentias autem cum Externis, ac cointelligentias cum ipſis, Factioneſque quasvis, Lege publica interdictas, ſub pœnis in Conſtitutione eadem Grodnenſi expreſſis & interpoſitis, inhibemus; tempore quorum Comitiolorum 15. Septembris incidentium, ad plenariam & indilatam executionem præfatæ Conſtitutionis, demum ad deſideria & Repræſentationes audiendas, ac pro juſtitia, commodo ac utilitate univerſorum, juxta præſcriptum Legis & Commiſſionis Noſtræ, accommodandas, procedemus; quorum tamen Comitiolorum interſtitium exequendæ legis & Commiſſionis Noſtræ impedimento eſſe non debebit; Acta quoque Commiſſionis præteritæ anni 1717. & reliqua Inſtrumenta, quibus Generoſus Subjudex, Plenipotentiarius Equeſtris Ordinis, opus habet, penes Generoſum Capitaneum de Medem Varſaviæ reperta & ſequeſtrata, communicata ſibi Equeſtris ordo habebit. Quoad eliberationem perſonæ ejusdem Generoſi de Medem, reſolutionem ad 15. Septembris ſuſpendimus. Ad alteram vero ſupplicationem, per Generoſos ſupremos Conſiliarios porrectam, reſervata diſquiſitione reſpectu Titulorum ad deciſionem judicialem, ad cauſam cum Celſiſſimo Principe Ferdinando ipſis intercedentem, jam antea per Nobilem Nagrodzki promotam & per ipſum continuandam, non vero ad cauſas publicas, intereſſe S. R. Majeſtatis & Reipublicæ tangentes, non contra, ſed pro, tractandas & promovendas, tum quoque ad alias cauſas, ſive ex actoratu, ſive reatu, ipſis intercedentes, Nobiles Ziegenhorn, Vierhuff, Hartmann & Heſpe, juxta affectationem eorum, ipſis in Defenſores & Advocatos addimus, ſecuritatem omnem & libertatem in promotione earundem cauſarum ipſis cavemus. Ad extremum Generoſis Conſiliariis Supremis demandamus, ut pro die lunæ proxime futura, nempe 1. Septembris, ad peragendum calculum de perceptis & expenſis Bonorum Ducalium, ſint parati, Actumque præſentis Commiſſionis Noſtræ ad eandem Feriam 2. ſcilicet diem 1. Septembris, limitamus, cum termini conſervatione.

Actum Mitaviæ in Commiſſione Generali S. R. Majeſtatis & Reipublicæ die 2. Septembris, Anno 1727. ANNO 1727.

COmparuit coram Judicio Commiſſoriali Generoſus Chriſtophorus Joannes Hahn, Plenipotens Illuſtriſſimi Ducis, cum ſuo Advocato, Nobili Antonio Czeſzkiewicz, & Deſideria ac Petita Ejusdem Illuſtriſſimi Ducis in ſcripto expoſuit ac poſtulavit: quatenus omnes Camerales coram Illuſtriſſima Commiſſione compareant, juramentoque obſtringantur, quod fideliter Commiſſioni indicare velint ea, quæ in detrimentum Feudi & Intereſſe Domus Ducalis, tam in œconomicis, quam aliis in cauſis facta eſſe ſciunt, & ut fideliter iidem Camerales omnes Domus & Funda Ducalia indicent, a quibus hactenus uſurpata & devaſtata ſint, & quis materialia ex illis, uti & ex Arce Mitavienſi, ad ſe traxerit & ſibi vindicaverit, an Prædia Ducalia non plus redituum quotannis ferre potuerint, quam ab Arendatoribus ex illis quovis anno, vel ex amicitia vel conniventia, ſolutum ſit, quo jure Typographo deſtinata domus Ducalis ab aliis poſſideatur, & quatenus etiam Adminiſtratores Teloniorum in Mitavia, Bauske, Fridrichſtadt & Jacobſtadt, itidem compareant, & de reditibus horum Teloniorum informent, prout & Conſules & Secretarii Civitatum Mitau, Libau, Goldingen, Windau & Bauske, tum & Notarius Foreſtalium Joannes Chriſtophorus Richter, compareant & jurent, quia fideliter indicabunt & denunciabunt, in his omnibus informabunt, quantum damnum Domus Ducalis paſſa eſt in ſuis reditibus, quanta ruina Sylvarum, utque dictus Notarius Foreſtalium Richter cogatur rationes reddere de omnibus reditibus Foreſtalibus ſecundum formam rationis ultimæ a defuncto Secretario Venationum Reimers confectæ:

Jam vero G. Supremis Conſiliariis perſonaliter comparentibus Productionem Plenipotentiæ ab Illuſtriſſimo Duce moderno comparenti Generoſo Hahn datæ urgentibus, tum & contra Nobilem Georgium Fridericum Radzki, quod ipſe Plenipotens eſſe non poſſit Illuſtriſſimi Ducis, rationes ſuas inferentibus, quodque calculatio jam pro præteritis annis in anteriori Commiſſione anno 1717. peracta ſit; nec in dubium vocari debeat, pro aliis vero ſequentibus annis jam Quæſtor cum Cameralibus de Mandato Illuſtriſſimi Ducis eandem calculationem fecerint, ita, ut niſi unus annus huic calculo obnoxius ſit, allegantibus.

Nos Commiſſarii S. R. Majeſtatis & Reipublicæ, Partium Controverſiis exauditis, quoniam Generoſus Chriſtophorus Joannes Hahn, Aulicus Illuſtriſſimi Ferdinandi Ducis Curlandiæ, Plenipotentiam ab eodem Illuſtriſſimo Duce de data Gedani die 9. menſis Auguſti ſibi datam, producit, & nulla exceptio contra eundem comparentem Plenipotentem opponitur: ideo Plenipotentia & comparitione ejus legitima & ſufficienti adinventa, & exceptionibus contra nobilem Radzki nunc abſentem illatis, ad comparitionem illius reſervatis, Partibus intereſſe experiri mandamus. In experimento, ſuſpenſa deciſione ratione calculi pro annis præteritis in anteriori Commiſſione Anno 1717. peracti, uſque ad Comitiola futura Mitavienſia proxime celebranda, neceſſariam eſſe pro annis ſequentibus calculationem adinvenimus. Et quatenus tam Generoſi Supremi Conſiliarii, quam & Quæſtor, tum & Camerales, Adminiſtratoreſque & Notarii, aliique ad eandem Calculationem ſpectantes, compareant, calculationemque de reditibus & expenſis Ducalibus reddant; illis injungimus, &, ne indefenſi maneant, ipſis Acta Commiſſionis præteritæ & alia Documenta, circa Generoſum de Medem ſequeſtrata & in Cancellaria Noſtra Commiſſoriali repoſita, juxta Regeſtrum communicanda eſſe cenſemus, terminumque pro die craſtino reſervamus. Ad ſupplicationem autem Nobilis Henrici Hartmann, Advocati, nobis porrectam, ipſum à patrocinio, ſibi ante per Decretum Noſtrum impoſito, liberamus.

Actum Mitaviæ in Commiſſione Generali S. R. Majeſtatis & Reipubl. die 3 Septembris Anno 1727.

COmparuerunt Generoſus Hahn, Aulicus, & Nobilis Radzki, Conſiliarius Illuſtriſſimi Ducis,

ut

ANNO 1727.

ut Plenipotentiarii, cum suo Advocato, & reassumserunt Desideria ac Petita Illustrissimi Ferdinandi Ducis Curlandiæ in scripto tenoris talis:

Desideria & Petita Celsissimi Curlandiæ & Semigalliæ Ducis.

1. Petendum erit, quod omnes Camerales coram Illustrissima Commissione compareant, & juramento obstringantur, ut tam singuli, quam omnes conjunctim omne id Illustrissimæ Commissioni in scriptis denunciare & indicare velint, quod in detrimentum Feudi & interesse Domûs Ducalis, tam in œconomicis, quam aliis in causis, dispositum sit, sub comminatione infamiæ & confiscationis Bonorum, si aliquid fuerit celatum & non denunciatum, de quo Camerales tamen sciverunt; porro, ut iidem Camerales fideliter omnes Domus Ducales & funda Ducalia indicare debeant, & a quibus hactenus usurpata & devastata sint, cum rationibus, quare Domus Ducales ita sint destructæ, & quis materialia ex illis, ut ex Arce Mitaviensi, ad se traxerit & sibi vindicaverit; an prædia Ducalia non plus redituum quotannis ferre potuerint, quam ab Arendatoribus pro illis quovis anno ex amicitia & conniventia solutum sit; quo jure Typographo destinata Domus Ducalis ab aliis possideatur; ut idem juramentum etiam ab Administratoribus Teloniorum in Mitavia, Bauske, Fridrichstad & Jacobstad quoque præstetur, itidemque, ut juramentum hoc à Consulibus & Secretariis Urbium, Mitau, Libau, Goldingen, Windau & Bauske, præstetur, serio petendum & non recedendum erit; itidem Secretarius Forestalium Johannes Christophorus Richter jurare tenebitur, non solum ad indicandum & denunciandum in scriptis, sed etiam, quomodo cum collatione Officiorum, Inspectoribus Sylvarum, & eorum subalternis, facta, itidem cum remotione eorum ab Officiis res sese habeant, & quantum damnum Domus Ducalis exinde passa sit; idem Notarius Forestalium Richter sub juramento præstito indicare debebit omnem ruinam Sylvarum Ducalium sibi notam; sub pœna infamiæ & confiscationis Bonorum, si aliquid ab eodem celabitur; Itidem petendum erit, ut dictus Notarius Forestalium Richter cogatur rationes reddere de omnibus reditibus forestalibus, & quidem, ut ratio ipsius de omnibus reditibus secundum formam rationis ultimæ a defuncto Secretario Venationum Reimers conficiatur, ita, ut ex illa videri possit, quanti sint annales proventus forestales, & inquiri possit, quorsum, iidem fuerint distracti, præprimis cum principaliter ejus Officium in annotatione redituum forestalium, eorum receptione & exsolutione, consistat, & nemo eum in annotatione (quamvis etiam privata) turbare vel eundem illi inhibere potuit.

Uti Plenipotentiarius Celsissimi Ducis Ferdinandi subscripsi.

CHRISTOPHORUS JOANNES HAHN.

Productum in Commissione S. R. Majestatis & Reip. de 3 Septembris 1727.

CHRISTOPHORUS JOAN. SZEMBECK,

Episcopus Warmiensis & Sambiensis, Commissarius.

Comparuerunt quoque G. Consiliarii Supremi personaliter, necnon Nobiles, Laurentinus Langenbein Quæstor, Julius Sigismundus Berger Cameræ Secretarius, Joannes Ludovicus Mejer Cameræ Regestrator, Christianus Mendo, Joannes Andreas Neimbt, Camerales, tum Joannes Christophorus Richter Notarius Forestalium, Samuel Jeschke Secretarius Libaviensis, atque se justificarunt, quia Regestra seu ratiocinia in manibus suis non habent, sed quod ea Generoso Offemberg Capitaneo Majori Seelburgensi, uti Commissario Illustrissimi Ferdinandi Ducis, tradiderint, allegarunt, atque copias Desideriorum nomine Illustrissimi Ducis in scripto porrectorum petierunt, Nobilis quoque Radzki Communicationem exceptionum contra se illatarum ad diem crastinam pro replica sibi concedi postulavit.

Nos Commissarii S. R. Majestatis & Reipublicæ, si quidem G. Supremi Consiliarii, tum & Camerales, atque Christophorus Richter Forestalium Notarius, & Secretarius Libaviensis, pro termino hodierno coram nobis comperuerunt; ideo hoc in puncto satisfecisse illos Decreto Nostro adinvenimus, & quatenus pro die crastina tam ipsi, quam & Generosus Offenberg Capitaneus Selburgensis, Commissarius Illustrissimi Ducis, cui Regestra sese extradidisse allegarunt, cum iisdem Regestris nec non alii hic præsentes, utpote Mitaviensis & Libaviensis Secretarii, pro die crastina, jam vero ut alii omnes, habita ratione distantiarum loci, utpote Bauske intra 4 dies, Goldingen & Fridrichstadt intra 8 dies, Vindaviensis & Jacobstad intra 10 dies, coram nobis compareant, ipsis sub pœna nobis arbitraria demandamus, & avisationem eorum Generosis Supremis Consiliariis committimus; copias Desideriorum nomine Illustrissimi Ducis in scripto porrectorum Generosis & Supremis Consiliariis, prout & Nobili Radzki copias exceptionis contra ipsum oppositæ, ad diem crastinam concedimus, & terminum iisdem partibus conservamus.

Actum Mitaviæ in Commissione Generali S. R. Majestatis & Reipublicæ, die 4 Septembris Anno 1727.

COmparuit personaliter Nobilis Georgius Fridericus Radzki, Consiliarius & Plenipotens Illustrissimi Ducis Ferdinandi, atque ad exceptiones contra se a Generoso Subjudice Terrestri & Plenipotentiario Generosæ Nobilitatis oppositas taliter se justificavit ex parato Producto tenoris talis:

Cum ego a Celsissimo Curlandiæ & Semigalliæ Duce, Domino meo Clementissimo contra Generosam Nobilitatem Curlandicam plane nihil, quod eandem aggravare possit, in Commissis habeam, prout ego id ipsum (si verbis meis fides haberi nolit & necessitas efflagitaret) sufficienter demonstrare possum, sed semper Celsissimo Duci suasor fuerim, ut cum Nobilitate potius transigat, quàm eandem accuset mulctisque plectendam urgeat, prout & sæpissime ad preces meas Celsissimus ad Complanationem, frustra tamen, proh dolor! ansam dedit, tanto majori admiratione percepi, Generosam Nobilitatem, forsitan autem ad solius Subjudicis Generosi de Korff instantiam, qui hactenus in quamplurimis sine ullo Generosæ Nobilitatis præscitu & in hoc negotio totam repræsentavit Nobilitatem, prout in progressu id fusius demonstrabitur, contra personam meam, jam antequam ullo modo à me impetita fuisset, exceptiones formasse, & quidem ex hac ratione, quia ego nomine totius Nobilitatis criminaliter citatus sum, ergo Celsissimi Ducis negotia coram hac Illustrissima Commissione tractare non possum. Certè, qui argumentum hoc ad formam reducere vult, nullam aliam Majorem formare poterit, quam hanc: Qui criminaliter est citatus, ille Principis negotia tractare non potest, atqui Consiliarius Radzki est criminaliter citatus. Ergo. Sed quis non videt, Majorem hanc falsissimam esse, & nullo modo unquam probari posse? Cum autem ex Majori particulari secundum Logicam nil sequatur, multò minus ex Majori plane falsa aliquid contra me poterit concludi; quod ex eo clarius fiet, si ex eadem Majori, & certe non sine firmissima probatione, sequentem in modum argumentarer: Qui a Celsissimo Duce Ferdinando criminaliter citatus est, ille Ducis munia gerere non potest: Atqui Consiliarii Supremi à Celsissimo Duce ante 10. annos criminaliter citati sunt: Ergo ipsius munia intra hoc tempus gerere non potuerunt. Major est ipsorum Dominorum Consiliariorum Supremorum &, prout dicitur, Generosæ Nobilitatis. Minor per Citationes probatur. Igitur Conclusio est firmissima. Videat exinde tota Generosa Nobilitas, videant quoque ex Generosis Dominis Consiliariis Supremis illi, quos hæc res tangit, quorsum eosdem & totam Nobilitatem illius Plenipotentiarius Generosus de Korff deducat; ex hac enim ipsius Majori & inde fluente Conclusione firmissime sequitur, Consiliarios Supremos post positam Citationem (quod si sola citatio criminalis sufficiens est ad removendum & privandum ab activitate) Criminalem Celsissimi nullam habuisse activitatem, itaque omnes Resolutiones, omnes Contractus, ab eisdem datos, nullos esse, nec ullos ab iisdem in hoc tempore Officiales potuisse constitui, certum est. Aperiat tandem, quæso, Generosa Nobilitas oculos mentis, nec concedat, accusari eum, qui pro salute hujus Nobilitatis, pro commodo & quiete horum Ducatuum, tantas perpessus

est

ANNO 1727.

est persecutiones, ut nec vitæ, nec Bonorum, nec famæ suæ, tutus fuerit, qui & hac vice iter Dantiscum ad Celsissimum Ducem fecit, ut Generosam Nobilitatem ab accusatione coram hac Commissione liberaret, prout eandem etiam liberavit, ita, ut Celsissimus eandem neque pro se ipso accusare velit, neque per Instigatorem Regni accusari desideret, sed potius accuset auctores hujus sortis, in qua illi Ducatus jam constituti sunt, neque sequatur amplius Ductorem, qui ea, quæ in emolumentum Generosæ Nobilitatis publicare debuit, celavit, &, quæ in detrimentum omnium erant, igiturque supprimere debuit, publicavit. Offerunt se de hac materia tot, quæ recensere deberem, nisi patientia Illustrissimorum Dominorum Commissariorum abuti metuerem. Unicum tantum dicam: Literas ultimas Illustrissimi Comitis Mauritii, quas ad Generosam Nobilitatem scripsit, eandemque, ut se conjungat, invitavit, has Literas, dico, præfatus Generosus Subjudex Korff suis Literis commendavit, & ad omnes Parochias, brevi tempore ante Illustrissimæ Commissionis hujus adventum, transmisit. Anne hæc Officialem juratum decent? Immemor plane juramenti, quod tanquam Subjudex præstitit, & Regi, Reipubl. & Cels: Duci fidem jurato promisit, totam Nobilitatem ad rebellionem incitare. Estote Judices Illustrissimi Domini Commissarii, Vestram ego hic imploro auctoritatem, & quidem ex ore Cels: Ducis Domini mei Clementissimi, qui in Instructione mihi data propria manu circa finem hoc punctum adjecit. Idem Gen. Subjudex de Korff Literas circulares Illustrissimorum Dominorum Commissariorum pro Comitiis suis comitatus est Literis, & à Nobilitate, ut summam pecuniæ conferat, petiit. Quid hoc? quem ille hac pecunia vult corrumpere? Servet G. Nobilitas nummos suos, nil est, quod ipsa metuat, cum Cels. Dux eandem non accuset, deficiente enim accusatore, deficit & Judex; sat jam nummorum inutiliter plane impensum, & tamen id non obtentum est, quod per unicam epistolam submissam ad Cels. Ducem obtineri potuisset Sed ne benevolentiam tantum Gen. Nobilitatis captare videar, ad citationem criminalem, quæ mihi objicitur veniam. Verum est, per Laudum publicum Anno 1724. contra me esse conclusum, ut citarer, prout hic verba sonant. &c. &c. Verum est, me a prædicto Subjudice Korff nomine totius Nobilitatis criminaliter esse citatum. Sed, anne propterea criminosus sum? Descendam ad accusationem ipsam, ad gravamina Nobilitatis, & ad crimina in iisdem mihi objecta. Hæc sunt ex gravaminibus Nobilitatis sequentia, prælegendo. &c. &c. Esto jam judicium, an ego propterea culposus sim, quod Jura Ducalia defenderim, & vel potius ob fidem in Rempubl. & Cels. Ducem, & ob strenuam & intimidam defensionem Feudi laudandus & remunerandus sim? Sed quid multis? Laudum ipsum allegatum per se est nullum; igitur &, quod contra me in eodem conclusum est. Seren: Rex enim jam binos ante annos, antequam Laudum hoc factum est, inhibuit, ne Comitia hic sub pœnis gravissimis & sub vitio nullitatis habeantur, & prout successio post fata Cels. Ducis in hoc Laudo conclusa, & in Instructione Brackeliana §. 3. contenta, prælegendo &c. nulla est; ita &, quod contra me in eodem conclusum est, etiam nullum esse debet. Vitium nullitatis enim omnia tollit, prout mihi ab Illustrissimo Cancellario Regni, cum ego Varsoviæ tanquam Ablegatus Principis nomine Celsissimi Cassationem hujus Laudi peterem, responsum est: Cassatione opus non esse, quia Laudum per se nullum sit, de quo Gen. Dn. Rybczynski, qui t. t. apud Ill. Cancellarium Regni præsens fuit, testis esse debet; & ita à commemorato Magnifico Cancellario Regni etiam ad Cels. Ducem per Literas scriptum est. Citatio quidem Criminalis mihi insinuata est in terminis plane generalibus; sed cum ego gravamina Nobilitatis refutassem, innocentiam meam in scriptis deduxissem, & hanc Deductionem in Cancellaria Ducali insinuassem, actionem hanc intentatam intra 4 annos plane contra me non est prosecuta, sed post citationem Domini Consiliarii superiores omnes quatuor mihi veniam in scriptis, Dantiscum Ducem adeundi, concesserunt, producendo &c. Dantisco Varsaviam tanquam Ablegatus Principis iter institui, audientiam publicam & privàtam apud Seren: Regem Poloniæ habui, ad Eundem per Mareschalcum Regni introductus & ad osculum manus Regiæ semper admissus sum, imò coram Judiciis Relationum tanquam Ablegatus Principis activitatem habui, nec eadem a Deputato Nobilitatis Gen: de Brackel mihi ibidem unquam est disputata. Quomodo igitur modo activitas mihi in fundamento hujus Citationis disputari poterit? Et ut brevibus rem absolvam: post Citationem Criminalem sæpe memoratam, totius Equestris Ordinis contra Gen. de Treyden fui Mandatarius per bina Lauda postrema publice constitutus, prælegendo &c. Et Gen. Subjudex de Korff ante tres menses mihi adhucdum decem Albertinos nomine Nobilitatis, tanquam Mandatario Nobilitatis contr Gen. de Treyden, pro arrha dedit. Si igitur sæpedicta Citatio Criminalis me non impedivit Gen. Nobilitatis esse Mandatarium, quomodo me impedire poterit, Principis esse Mandatarium? Tandem, si dicendum quod res est, de hac exceptione contra me Gen. Nobilitas plane non novit, sed solius G. Subjudicis Korff est molimentum; quod exinde probo, quod dictus G. de Korff ante tres adhucdum dies ad omnes Parochias scripserit & a Nobilitate desideraverit, ut pecuniam colligant & contra me excipiant, & Deputatos suos contra me instruant; ita omnia bene cessura esse, timet enim, cum omnia ipsius patrata mihi ad unguem nota sint, ne ego eadem Ill. huic Commissioni aperiam, quæ statim nota fient, si Ill. Commissio ei injungat, Correspondentiam suam, §. 6. Laudi publici de Anno 1726. tantopere laudatam, sub juramento extradere. Et taliter hic semper est progressum, nempe ut illos, qui Reip. & Duci fidi fuerunt, tanquam inimicos Nobilitatis & proditores Patriæ prosecuti sint. Sic in relatione Gen. de Brackel ad Nobilitatem facta supremus Burggravius, Starosta Bucholt, & ego, Proditores & Pasquillantes sumus appellati, tenore Diarii ultimis Comitiis habiti. De degradatione supremi Burggravii deliberatum est, imo Manifestatio contra eundem concepta, & actio contra eundem decreta est, prælegendo &c. &c. Ex his sufficientissime innocentiam meam deductam esse credo. Peto igitur humillime, ut G. Subjudex de Korff (ratione Consiliariorum supremorum respondere superfluum est, quoniam ante 14 adhucdum dies activitatem meam agnoverunt, prout illorum Mandata testantur, ita jam me agnoscere etiam debent) cum exceptione sua a limine Ill. hujus Judicii repellatur, & quod ego tanquam Mandatarius Cels. Ducis Domini mei Clementissimi per Decretum Commissoriale confirmer & constituar.

Ex adverso comparuit personaliter G. Korff Subjudex Terrestris & Plenipotens G. Equestris Ordinis, atque Scripti per Nobilem Radzki porrecti & perlecti communicationem petit.

NOs Commissarii S. R. Majestatis & Reipublicæ, ex illata judicialiter per Nobilem Radzki sui justificatione, ipsum tanquam Plenipotentem Illustrissimi Ferdinandi Ducis Curlandiæ coram nobis posse comparere, & negotia Ejusdem Illustrissimi Ducis promovere, adinvenimus, salva actione seorsiva eidem G. Subjudici Plenipotenti Equestris Ordinis contra Nobilem Radzki, prout & Nobili Radzki contra G. Subjudicem reservata manente. Copiasque Scripti per Nobilem Radzki exhibiti eidem G. Subjudici Plenipotenti G. Equestris Ordinis concessimus, inhærendoque anteriori Decreto nostro, qua G. Offemberg Capitaneus Seelburgensis personaliter comparendo Regestra ad calculum pertinentia judicialiter coram nobis reposuit, & in eo puncto Decreto Nostro injunctæ comportationis Regestrorum satisfecisse illum adinvenimus, ac demum Camerales & alios ad calculum spectantes acclamare mandavimus, qui acclamati cum personaliter comparerent, utpote Laurentius Langenbein, Quæstor, Julius Sigismundus Berger, Joannes Christophorus Richter, Secretarius Forestalium, Joannes Ludovicus Mejer, Christianus Mendo, Joannes Andreas Neimbt, Camerales, Abrahamus Michael Thierberg, comparerent, ipsis Juramentum, quod Plenipotentiarii Illustrissimi Ducis urgebant, præstare injunximus, in eam Juramenti rotham ex Germanico Idiomate translatam: Ego N. N. juro Deo omnipotenti, me coram hac Illustrissima Commissione omne id sub confiscatione Bonorum meorum fideliter indicare, & nil silentio præterire velle, quod Domui Ducali in œconomicis, in sylvis, cum constitutione & degradatione Inspectorum sylvarum, & alibi, in damnum fac-

ANNO 1727.

tum & dispositum est, item, quæ prætensiones ab uno vel alio pro summa parva cessæ sint & postea pro tota summa sunt exactæ, quæ Domus & fundi ad Domum Ducalem spectent, & à quo usurpati sint, ubi materialia ex Arce, a stabulo Ducali & aliis ædificiis manserunt, quorsum Mobilia Ducalia & alia, ad Domum Ducalem spectantia, item suppellex Ducalis in Præfecturis, manserint, num Præfecturæ in arendas datæ non plures reditus ferre potuerint, & anne eædem ex amicitia, vel propter dona, viliori pretio arendatæ fuerint, ubi reditus Ducales manserint, etiam, an cum illis legitime sit dispositum, in summa, quod ego nihil, de quo scientiam aliquam habeo, & Domui Ducali in damnum cessit, tacere volo, sed crastino die & sequentibus id omne in scriptis insinuare volo; sic me Deus adjuvet & Sanctum Ejus Verbum. Quod quidem Juramentum, auscultantibus tam Plenipotentiariis Illustrissimi Ducis, quam & *G. Supremis Consiliariis*, præstiterunt, & de facto elevatis sursum duobus dextræ manus digitis ad Sidera, omnes supra specificati Germanica Lingua jurarunt.

Actum in Commissione Generali Sacræ Regiæ Majestatis & Reipublicæ, Mitaviæ die 5. Septembris 1727.

PErsonaliter comparentes supra specificati, Quæstor & Camerales, intulerunt, quod secundum suum præstitum Juramentum Judicium Commissoriale informare & Depositiones suas facere velint, dummodo Interrogatoria, ad quæ respondere debeant, sibi porrigantur, & si aliquorum immemores essent, perjurii notam non incurrant. Porrectæ sunt quoque supplicationes Celsissimæ Ducissæ Saxo-Coburgo-Meinungensis, nec non Generosi Klopmann contra G. Treyden, & aliorum Nobilium hujus Provinciæ.

Nos Commissarii S. R. Majestatis & Reipublicæ ad calculum expediendum procedere nos velle declaravimus, & ad illum recipiendum & expediendum è gremio Nostri Magnificos, Franc. Szembeck, Capitaneum Tolkmitensem, Joh. Sigism. de Wahl, Vexilliferum Grodnensem, Antonium Eperiesz Colonellum S. R. Majestatis; tum verò ex Equestri Ordine hujus Provinciæ, Generosos, Offemberg, Seelburgensem, Fircks, Goldingensem, Merbach, Grubinensem, Capitaneos; ex Cameralibus, Julium Sigism. Berger & Christianum Mendo, absentia unius e gremio Nostri & aliorum Deputatorum non obstante, deputavimus & deputamus. Qui Deputati ex Equestri Ordine, qui necdum sunt jurati, quatenus juramentum super receptione calculi præstare debebunt. Quod examen Cameralium & aliorum ad calculum spectantium recipiendum a singulis sigillatim, juxta eorum in rota juramenti expressa puncta & interrogatoria, quæ a Plenipotentiariis Ill: Ducis deponenda & excipienda, ad diem crastinum distulimus, cum termini conservatione. Supplicationes vero porrectas variorum, tum & alios supplicantes, ad Regestrum judiciale Nostrum remittimus, &, ut causas suas eidem Regestro judiciali inscribant, &, prout de jure venerit, judicialiter promoveant, illis demandamus. Quod Regestrum cuique in Cancellaria Nostra apertum esse debebit.

Actum Mitaviæ in Commissione Generali S. R. Majestatis & Reipublicæ, die 19 Sept. 1727.

COmparentibus Generosis Deputatis Ordinis Equestris Curlandiæ & Semigalliæ cum suo Mareschalco Generoso Merfeldt, & hujus audita oratione in hunc tenorem: Eloquar, an sileam! Quod si, Celsissime Dux, Episcope Reverendissime, Illustrissimi ac Excell. Domini Dn. Commissarii S R. Majestatis & Reipubl., Fautores Clementissimi ac gratiosissimi, quod si, dico, celeberrimus quondam Orator Demosthenes loquendi dubitatione fluctuaverit, Atheniensibus suis, quorum tamen haud exiguam propensionem in se contraxerat, res arduas & maximi momenti propositurus, quanto magis me cogitationes trahent retrahentque, ad inclyta subsellia Illustrissimæ hujus Commissionis Regiæ, ipsum quasi Majestatis thronum repræsentantia, accedere, & ex voto Magnificorum Consiliariorum supremorum & totius Generosi Ordinis Equestris subjectissimi Ducatuum Curlandiæ debitam non minus, quam lætissimam, de felici adventu gratulationem coram præstare. At quoniam non Rhetoris, sed paratissimam in S. R. Majestatem & Rempubl. Poloniæ obedientiam Nostram denunciantis munus obii; ideo Celsissimo ac Reverendissimo, Illustrissimis ac Excell. Dominis Dn. Commissariis S. R. Majestatis & Reipubl. pro benevola ad S. R. Majestatis executionem & salutis Nostræ conservationem directa comparitione ex labiis cordeque tam G. Consiliariorum supremorum, quam G. Ordinis Equestris, non verborum auro fulgentes, sed humillimas & devinctissimas persolvo gratias, certificando, quemadmodum Antecessores & nosmet ipsi decentem probos Vasallos fidem inter varios fatorum casus hucusque non abnegavimus, nos etiam in posterum nullas ab ista recedendi cupidines in mentem venire passuros esse. Sicuti quoque cassationem Electionis Mauritianæ, S. R. Majestatis & Reipubl. minus gratæ, non temeritatis ausu, sed clementissimæ ratihabitionis fiducia per nos factæ, & propter instans periculum reiteratæ, ex Decreto Commissoriali die 30. mensis præteriti publicatam pro Sanctissima Lege agnoscere obligati sumus; ita e contrario supplices oramus & speramus clementissimam Amnestiam generalem erga omnes & singulos, qui electionem prædictam sive commendarunt, sive promoverunt, sive acceptarunt, sive quovis alio modo approbarunt, imo & erga istos, qui per prohibitas cessiones Bonorum Ducalium, Celsissimæ Ducissæ factas, indignationi S. R. Majestatis & Reip. se subtraxerunt, & nihilominus in clementissimæ remissionis obtentione spem ac fiduciam collocarunt, præ oculis habito apophtegmate dignissimo celeberrimi ac sapientissimi Cardinalis Aldobrandini, qui, cum diversi peccassent, ideoque pœnas dare eos oportere, rogatus, cuinam ex his parcendum esset, respondit: improbo, ne afflictio addatur afflicto. Hacce humillima & subjectissima freti fiducia nosmet ipsos submittimus & tradimus Sacratissimis S. R. Majestatis & Reip. Poloniæ alis, eum in modum, & addita pollicitatione solemnissima, quod e liberatione, quam precibus ardentissimis exoramus, Ablegati Nostri G. Capitanei à Medem peracta, retraditis Actis secum avectis electionem mentionatam non concernentibus, authentica inviolatæ conservationis Nostræ circa Pacta primæva Privilegia, Formulam Regiminis & Statuta, circa decisiones Commissoriales tam anteriores, quam Novellas, & Lauda publica, circa Bonorum Nostrorum sive Allodialium, sive Feudalium, sive Hypothecariorum, sive Emphyteuticorum, possessionem haud turbatam, vel turbandam, circa liberum Aug. Confessionis & Religionis exercitium, libertates & immunitates, & summatim circa quæcunque & omnia antiquitus acquisita & concessa Jura & Leges patrias, tam in Ecclesiasticis, quam Politicis & Secularibus, promissione, nos neque jam, neque in æternum, a potentissimo Poloniæ Regno avulsos, aut quovis alio modo seductos passuri, sed eidem indesinenter subjecti, fideles & constantes permansuri simus, qua in parte desideriorum nostrorum, Illustrissimæ præsenti Commissioni Regiæ fusius porrigendorum, ejusque gratiam & annuitionem implorandi libertatem clare & obsequiosissime nobis reservamus, hisce tandem annexis, ut Illustrissima Commissio Regia de cassandis & delendis actionibus instigatoriis contra quoscunque, ob electionem supra dictam Judiciis Relationum inscriptis, mediante Decreto & auctoritate Commissoriali, cavere dignetur.

Nos Commissarii S. R. Majestatis & Reipublicæ, inhærendo Legi per Constitutionem Comitiorum Generalium Grodnensium anno proxime præterito 1726. latæ, in termino, post indicta auctoritate S. R. Majestatis & Nostra Commissoriali Comitiola, & in Districtibus jam celebrata, conservato & ex limitatione provenienti, eandem Constitutionem in fundamento Pactorum originalium subjectionis & incorporationis Regno Poloniæ & M. D. Litthuaniæ, horum Ducatuum, atque juramenti Regibus Poloniæ Magnisque Ducibus Litthuaniæ per Nobilitatem circa eandem subjectionem & incorporationem præstiti, latam, integre ac plene ad executionem deducendo, per quæ Pacta originalia cum Serenissimo olim Sigismundo Augusto, Rege Poloniæ & Magno Duce Litthuaniæ, inita, Nobilitas horum Ducatuum cum Illustrissimo Gotthardo Kettlero, pro tunc Ordinis

sui

ANNO 1727.

ANNO 1727.

sui Magistro, postea Duce creato, eidem Serenissimo Augusto & futuris Regibus ac Magnis Ducibus Litthuaniæ, Regnoque Poloniæ & M. D. Litthuaniæ, in protectionem & clientelam, ad instar Terrarum Prussiæ, se subjecit & incorporavit, nec ullam reservationem eligendi sibi vel infeudandi novi Ducis, deficiente stirpe mascula præfati Illustrissimi Ducis Gotthardi Kettleri, reliquit, imo tam prædictum Serenissimum Sigismundum Augustum, quam & Serenissimos Successores, Reges Poloniæ Magnosque Duces Litthuaniæ Regnumque Poloniæ ac M. D. Litthuaniæ, uti directos, supremos & naturales suos Dominos, agnovit, fidelitatemque suam iisdem Regibus Regnoque Poloniæ ac M. D. Litthuaniæ, circa novam cujuslibet Ducis, de hac linea Kettleriana procedentis, investituram, ac in Commissione Anno 1617. circa constitutam Formulam Regiminis, juramento præstito ad eandem fidelitatem, pro semper servandam, nec quemquam alium, nisi Regem Regnumque Poloniæ & M. D. Litthuaniæ, in casum deficientis Ducalis Lineæ Kettlerianæ, pro Dominis directis & immediatis se habere obstrinxit, ac juxta memorata Pacta hi Ducatus ad solam & unicam Familiam ejusdem Ducis de lumbis descendentem masculam, quoad utile Dominium eorum, durante hac Linea, pertinent, supremum vero & directum Dominium semper usque ad præsens tempus, & utile etiam ac immediatum, in casum sterilium fatorum moderni Illustrissimi Ferdinandi Ducis, ad S. R. Majestatem Regnum Poloniæ & M. D. Litthuaniæ spectat, quibus Pactis, Legibus & Privilegiis Juramentisque e diametro Nobilitas horum Ducatuum contrariando, vivente Illustrissimo Duce Ferdinando, & S. R. Majestate ac Republ inconsulta & irrequisita, imo per Rescripta sua prohibente, Ducem sibi Mauritium, Comitem Saxoniæ, temere ac nulliter eligere præsumpsit, eundemque, jam pro hoste Patriæ Constitutione Grodnensi declaratum ex instinctu malevolorum sequi & manutenere non intermisit, taliterque Cardinalia Jura S. R. Majestatis & Reip. ac hujus Provinciæ evertit ac convulsit. Idcirco, conservato contra latæ Legis infractores judicio, decernimus: quatenus tam Generosi supremi Consiliarii, quam majores & minores Capitanei, universique pro præsenti Conventu Deputati, suis & totius Equestris Ordinis horum Ducatuum nominibus plenarie & absolute Constitutionem Grodnensem, absque ulla restrictione, per publicam declarationem, manibus propriis subscribendam & sigillis suis consignandam & firmandam, instantanee acceptent deprecationem solennem, ratione usurpati indebite contra inhibitionem S. R. Majestatis Conventiculi, & attentatæ pseudo-electionis aliorumque attentatorum, S. R. Majestati & Reip. in futuris proxime celebrandis Comitiis Regni generalibus, per suos Deputatos præstent, Conventum Pseudo-Electionis ipsumque Pseudo-electum ac intrusum, atqueomnem prætensionem novi Principis eligendi vel infeudandi in casum sterilis decessus moderni Illustrissimi Ferdinandi Ducis, in perpetuum instantanee ejurent, ac S. R. Majestati & Reip. super omnimoda & invariabili subjectione juratorie caveant, in eam juramenti rotham: Ego N. juro Deo Omnipotenti, in S. Trinitate uni Serenissimo Augusto secundo Regi Poloniæ Magnoque Duci Litthuaniæ, & Serenissimis Successoribus ejus, Regibusque Poloniæ Magnisque Ducibus Litthuaniæ, & Reipublicæ; quia circa Dignitatem illius & integritatem Reip. semper stabo, & tam Pseudo-electum Mauritium Comitem Saxoniæ, uti hostem hujus Patriæ, prout & quemvis alium, qui Dux post fata Illustrissimi Ferdinandi Ducis, in casum steriliter sine mascula de lumbis prole decedentis, esse vellet, ejuro, & alium Dominum & Ducem Curlandiæ, præter Regem Poloniæ & Magnum Ducem Litthuaniæ, ac Rempublicam, non agnoscam nec habere volo; in nullas factiones & intricationes cum externis, damnosas Regi Poloniæ Magnoque Duci Litthuaniæ & Reipublicæ, intrabo, neque correspondentiam cum externis, intuitu hujus Provinciæ, habebo, & sincero corde, externas protectiones ejuro, neque super avulsionem hujus Provinciæ a Regno Poloniæ & Magno Ducatu Litthuaniæ practicabo, imo pro retentione hujus Provinciæ circa corpus Reipublicæ vitam & fortunam litabo, & contra talem, qui novam electionem, vel etiam, sine illa, novam infeudationem Ducis Curlandiæ & Semig practicare vellet, tanquam conra hostem Patriæ, consurgam: Sic me Deus adjuvet & Sanctum Ejus verbum. Post quod Juramentum præstitum, in casum sterilium fatorum Illustrissimi moderni Ducis Ferdinandi, omnes Status Ducatuum Curlandiæ & Semig. idem juramentum observare tenebuntur, nulli alii, quam Regibus & Regno Poloniæ Magnoque Ducatui Litthuaniæ immediate parere subjectique esse debebunt, nec quemquam alium Ducem, nisi Reges & Regnum Poloniæ ac M. D. L. tanquam directos, supremos naturalesque, & tunc jam utiles ac immediatos Dominos suos agnoscere, ac fidelitatem subjectionemque præstare, nisi solis illis, tenebuntur, & in commemoratorum Regum Regnique Poloniæ & M. D. L. potestatem recident, sine ulla cunctatione, tam quoad utile, quam & directum & merum Dominium, obedientque. Veteribus tamen Juribus & Privilegiis ac Libertatibus eorum, tam in spiritualibus, quam in secularibus, etiam quoad liberum exercitium Augustanæ Confessionis (cum qua ad Rempubl. accesserunt), per Pacta subjectionis & incorporationis cautis ac per Constitutionem Grodnensem assecuratis, salvis manentibus; salvo quoque jure & usu Religionis Romano-Catholicæ, in Formula Regiminis præscripto; & per Constitutiones Regni approbato. Quæ præmissa facturi sunt pro debita erga S. R. Majestatem & Rempublicam, uti directos Dominos, sua fide & obedientia, ac sub pœnis contra convulsores Legum sancitis, & rigore in eadem Constitutione Grodnensi expresso, insistendoque anteriori Decreto nostro, decernimus: quatenus, juxta præscriptum ejus, actum Conventiculi, Instrumentum Pseudo-electionis præfatæ, ac omnia scripta & documenta eandem concernentia, tanquam per se nulla jamque cassata, ex Actis publicis, & ubicunque reperibilia, eliminent, eidemque Decreto nostro anteriori satisfaciant, sub simili vigore in eadem Constitutione Grodnensi expresso, tum demum, expletis his omnibus tanquam conditionibus, sine quibus non, ad desideria & repræsentationes pro commodo & utilitate horum Ducatuum, respectu futuri eorum Regiminis & ordinationibus, in casum sterilium fatorum moderni Illustrissimi Ducis Ferdinandi, nobis faciendas & proponendas, vigore præallegatæ Constitutionis Grodnensis, accedant, eaque projective & relative, ad approbationem S. R Majestatis & Reipubl. in futuris proxime, Deo dante, Comitiis Generalibus Nobiscum disponant & determinent, illis demandamus, & terminum ad exequendum idem Decretum die 23. Septembris conservamus peremptorium.

Actum Mitaviæ in Commissione Generali S. R. Majestatis & Reipublicæ, die 23. Septembris 1727.

COmparentibus, Generoso Henrico Joanne a Meerfeld G. Deputatorum Mareschalco, & Generosis Deputatis, & satisfaciendo Decreto Commissoriali, Documenta octo originalia ad Pseudo-electionem pertinentia, Germanico Idiomate conscripta, a Nobilitate subscripta & sigillata, nec non originale Reversale Pseudo-electi Comitis Mauritii, Generosis supremis Consiliariis & Equestri Ordini datum; sub actu & data die 5. Julii manu propria ejusdem Comitis Mauritii subscriptum & sigillatum, producentibus, comportantibus & reponentibus, atque supplicem libellum porrigentibus tenoris ejusmodi: Nihil nobis gratius atque acceptius est, quam ut in omnibus fidem nostram erga S. R. Majestatem & Rempublicam intactam atque inviolabilem servemus, neque unquam de Duce Curlandiæ in casum aperturæ offerendo quidquam suscepissemus, nisi nobis spes fuisset S. R. Majestati & Serenissimi Reipublicæ non ingratum futurum in iis ad S. R. Majestatem & Ser. Rempublicam recurrere, quæ Pacta Nobis concessisse, & secundum quidem temporis rationem maxime necessaria fuisse existimassemus, ac cum jam S. R. Majestati & Seren. Reipublicæ ea Pactorum interpretatio sit, quod in casum deficientis Lineæ Kettlerianæ utile etiam ac immediatum Dominium ad S. R. Majestatem & Regnum Poloniæ ac Magnum Ducatum Litthuaniæ spectet, subjectissimo quoque animo hoc accipimus, denominationi Comitis Mauritii renunciamus, atque omnia Instrumenta in manibus nostris adhuc existentia, & quidem denominationem concernentia, ad eorum cassationem porrigimus, nominatim (1) Conventum publicum, de dato Mitaviæ, die 5. Julii anno 1726 (2) Pactum Combinationis de dato Mitaviæ 1726. (3) Delegati Nostri de Rutenberg Instructionem de

ANNO 1727. dato Mitaviæ die 5. Julii an. 1727. promittendo, ut si adhuc præterea quædam invenirentur, ea quoque fidelissime porrecturos esse & cassaturos. Cum autem ad ea omnia, quæ nos premunt, aperienda, concessio benignissime data sit, pro qua gratiosa propensione humillime persolvimus grates, proinde Celsissimæ atque Illustrissimæ Commissioni humillime exponendum esse duximus, quatenus de Juramento nobis injuncto non instructi sumus, neque instrui potuimus, quoniam ejus neque in Innotescentialibus, neque in Intimatorialibus, ulla mentio facta est, & contra Instructionem nostram aliquid promittere, vel in nos suscipere, res sit facultati nostræ non subjecta, ipsa Cels. atque Illustrissima hæc Commissio pro prudentia sua, dexteritate atque juvandi alacritate, facile perspiciet, quanta inde turbatio existeret, si hac in re fines mandati excedere sustineremus; attamen ut fidem nostram & certissimum atque inviolabile obsequium interea declaremus, nos per Reversales ad ea, quæ a me Deputatorum Mareschalco Meerfeld coram Cels. atque Illustrissima hac Commissione, nomine Magnificorum & Generosorum Consiliariorum supremorum, nec non G. Ordinis Equestris proposita sunt, fide inviolabili adstringemus, adeo, ut S. R. Majestati & Serenissimæ Reipublicæ, in casum decessus Celsissimi Ducis Ferdinandi immediate subjecti simus, in quem finem etiam denominationi Comitis Mauritii iterum iterumque hisce renunciamus, & ullo unquam tempore, vel de ipso, vel de alio Duce, constituendo cogitabimus, fidemque semper illibatam & obedientiam super omnimoda & invariabili subjectione S. R. Majestati & Serenissimæ Reipublicæ servabimus, humillima atque subjectissima fiducia freti, ut preces nostræ submissimæ de amnestia generali erga omnes & singulos gratiosissimum ingressum invenient, & quod per Reversales, vicissim a Cels. atque Illustrissima hac Commissione expectandas, nos circa Pacta primæva, Formulam Regiminis, Statuta, circa Decisiones Commissoriales, tam anteriores, quam novellas, & Lauda publica, possessionem Dignitatum jam collatarum, nec non Bonorum nostrorum, sive allodialium, sive feudalium, sive hypothecariorum, sive emphyteuticorum, aut turbatam vel turbandam, circa integram totius rei Ecclesiasticæ Aug. Conf. Administrationem, ejusdemque Religionis perpetuum exercitium, libertates & immunitates, & summatim circa quæcunque & omnia antiquitus acquisita & concessa Jura, & Leges patrias, tam in Ecclesiasticis, quam in Politicis & Sæcularibus, penitus conservemur, & desideria nostra & repræsentationes, pro commodo & utilitate horum Ducatuum, respectu futuri eorum Regiminis & ordinationis, in casum sterilium fatorum moderni Celsissimi Ducis Ferdinandi faciamus atque proponamus, iisdemque cum Cels. & Illustrissima Commissione dispositis & determinatis, ad approbationem S. R. Majestatis atque Serenissimæ Reipublicæ, in futuris proxime Deo dante Comitiis Generalibus, accedamus, nobis benignissime permittatur, quibus peractis, & in iis, nimirum Comitiis Generalibus proxime futuris, a S. R. Majestate & Serenissima Republica confirmatis, præstationi Juramenti, si tum temporis opus esse judicabitur nos non subtrahemus, eousque autem, ut Cels. & Illustrissima hæc Commissio eam differre, & de securitate nostra solicitam & necessariam curam gerere, eliberationem Ablegati nostri G. Capitanei a Medem sæpius, adhucdum in nuperrima audientia, humillime flagitatam, decernere & quamprimum ad effectum deducere non dedignetur, obnixe & humillime etiam atque etiam petimus. Pro qua precum nostrarum justissimarum benignissima exauditione, omni venerationis cultu perpetuo perseveramus humillimi atque obsequiosissimi nomine G. Consiliariorum supremorum & totius Ordinis Equestris, Henricus Joannes a Meerfeldt pro tunc Deputatorum Mareschalcus.

Nos Commissarii S. R. Majestatis & Reipublicæ ad ejusmodi porrectum libellum supplicem, ultimariam decisionem & resolutionem die 26. præsentis daturos declaravimus.

Actum Mitaviæ in Commissione Generali S. R. Majestatis & Reipublicæ die 25. Septembris Anno 1727.

COmparentibus personaliter Deputatis G. Ordinis Equestris cum Generoso Henrico Joanne a Meerfeldt, Subjudice Goldingensi, Mareschalco suo, & Resolutionem ac Decisionem ad suum supplicem libellum dari sibi postulantibus, atque Reversale suum Infrascriptum porrigentibus. ANN 1727

Nos Commissarii S. R. Majestatis & Reipublicæ, quoniam tam G. supremi Consiliarii, quam G. Equestris Ordo Documenta Originalia N. octo superius specificata, ad Pseudo-electionem spectantia, comportarunt & de facto coram Nobis reposuerunt & restituerunt, idcirco hoc in puncto ipsos satisfecisse Decreto Nostro sententiamus, in aliis vero punctis ejusdem Decreti, præcipue juramenti injuncti, cum ex Memoriali nobis a Generosis, Mareschalco & Deputatis, porrecto cognovimus & intelleximus; quod idem Juramentum præstare quidem ex personis suis parati essent, sed nomine G. Nobilitatis domi relictæ, quo instructi non sunt nec instrui potuerunt, quoniam neque in Innotescentialibus neque in Intimatorialibus ulla mentio de illo facta est, & ultra Instructionem sibi datam aliquid promittere vel in se suscipere res non sit facultati eorum subjecta, vetantibus Laudis eorum publicis, quæ non permittunt Deputatis plus ultra Instructiones agere & promovere, aliàs omnia nullitatis vitio subjecta esse, declararunt, & si fines mandatorum excederent, turbatio inter ipsos subsequeretur, ac de fide sua & certissimo atque inviolabili obsequio suo S. R. Majestatem & Rempublicam per seorsivas suas Reversales Literas assecurare volunt: ideo ex præmissis & aliis rationibus nos permoventibus, Reversali eorum standum esse ad interim censuimus, atque illius Nobis ab ipsis porrigendi pro die crastina terminum præfigimus & assignamus.

Actum Mitaviæ in Commissione Generali S. R. Majestatis & Reipubl. die 26. Septembris Anno 1727.

COmparentes Generosi, Mareschalcus & Deputati seu Nuncii ex Districtibus, Reversales Literas submissionis suæ, satisfaciendo Decreto anteriori, porrexerunt ejusmodi tenoris.

Nos infrascripti supremi Consiliarii & Deputati ex omnibus Districtibus Ducatuum Curlandiæ & Semigalliæ pro generali & publico Conventu horum Ducatuum, in termino per Intimatoriales Regiæ & Reipublicæ Commissionis præfixo, id est, pro 15. præsentis congregati, & plenissime a fratribus nostris ad infrascripta instructi, adhærendo Pactis primævæ subjectionis nostræ Divo Sigismundo Augusto Regi Regnoque Poloniæ & Magno Ducatu Litthuaniæ, insistendoque Juramento in Formula Regiminis anno 1617. constituto ac expresso, & a Majoribus nostris circa Investituras novorum Ducum pro nobis etiam posteris suis & in animas nostras præstito, tum demum dispositioni Reipublicæ per Legem publicam in Comitiis Generalibus Grodnensibus proxime præsentis anni 1726. latæ, in virtute ejus Declarationi Judiciariæ Commissoriali obsequentes & obedientes, sub fide, honore & conscientia, sequentia pro Nobis & posteris nostris in perpetuum declaramus & statuimus.

Primo. Cum nobis, prementibus gravissimis circumstantiis, contra supra allegata Pacta & Juramenta tenere & nulliter eventualem successionem per electionem Comitis Mauritii Saxoniæ in Ducem nostrum determinare acciderit, ideo tam præfatæ Pseudo-electioni, quam & ipsi Pseudo-electo, tum omni imaginariæ etiam prætensioni novi cujuscunque Principis eligendi in perpetuum renunciamus, actus omnes præfatæ Pseudo-electionis, tam anteriores, quam posteriores, post latam a Republica Legem, tum omnia Conventicula, Scripta & Lauda, eo nomine habita & sancita, uti Legibus & Juramentis contraria, & ipso facto damnata & nulla, pro nullis, irritis & insubsistentibus, in perpetuum declaramus, cassamus, damnamus, annihilamus, & ex Actis publicis eliminamus, ipsum quoque Comitem Saxoniæ Mauritium per Constitutionem Comitiorum pro proscripto ex omnibus finibus Reipublicæ & annexarum ei Provinciarum, hoste Patriæ & invindicabili capite etiam declaramus, & tanquam contra talem, in quantum in posterum hic comparere & quidquam pro manutenenda præfata Pseudo-electione moliri auderet, insurgere nos obligamus juxta nostrum posse.

Secundo. In casum vero sterilium fatorum moderni Celsissimi Ducis Ferdinandi, super non attentanda sub quocunque prætextu vel colore novi Principis infeudandi prætensione, imo juxta Juramentum in Formula Regiminis expressum super omnimoda & invariabili

bili subjectione Regibus Regnoque Poloniæ & Magno Ducatui Litthuaniæ, tanquam nunc supremis & directis, pro tunc vero jam utilibus & immediatis Dominis nostris iterum atque iterum quam solennissime & sacrosancte, sub fide, honore, conscientia & nexu supra allegati Juramenti, quod in totum & integrum reassumimus, instauramus & ejusdem valoris & roboris, sicuti a nobis esset præstitum, sancte testamur & profitemur, tum sub pœnis criminis læsæ Majestatis & Perduellionis nostro totiusque Nobilitatis ac omnium Statuum hujus Provinciæ & Successorum nostrorum nomine perpetuo & irrevocabiliter spondemus, & nos obstringimus, cointelligentias etiam & machinationes cum omnibus externis Potentiis in præjudicium suprascriptorum & detrimentum Jurium S. R. Majestatis & Reipublicæ super hos Ducatus nullas unquam & in perpetuum habebimus, nec practicabimus, sub nexibus, vinculis & rigoribus supra expressis. Datum Mitaviæ die 26. Septembris Anno Domini 1727.

(L. S.) Henricus Christianus de Brinken Landhoffmeisterus & supremus Consiliarius.

(L. S.) Joannes Henricus Keyserling, Cancellarius & supremus Consiliarius.

(L. S.) Casimirus Christophorus Brackel, Landmarschalcus & supremus Consiliarius.

(L. S.) Henricus Joannes a Meerfeldt, Subjudex Goldingensis, tunc Deputatorum Mareschalcus, & Districtuum Goldingensis & Windaviensis Deputatus.

(L. S.) Christophorus Fircks, Deputatus Districtûs Talsensis.

(L. S.) Georgius Fridericus Klopman, Capitaneus minor Schrundensis & Deputatus Mitaviensis.

(L. S.) Christophorus Joannes a Brucken dictus Fock, Deputatus Mitaviensis.

(L. S.) Georgius Henricus Hahn Deputatus Candaviensis & Neuenburgensis.

(L. S.) Otto Fridericus Behr, Deputatus Frauenburgensis.

(L. S.) Gotthardus Ernestus de Budberg, Deputatus Neugutensis & Baldonensis.

(L. S.) Philippus Georgius Hahn, Deputatus Districtus Bauskensis.

(L. S) Gotthardus Ernestus Haudring, Subjudex Seelburgensis & Deputatus Districtus Dunaburgensis.

(L. S.) Wilhelmus Fridericus de Budberg, Starosta Rumboski, Deputatus Dunaburgensis & Transsiaukensis.

(L. S.) Georgius Fridericus Fircks, Deputatus Districtus Talsensis.

(L. S.) Henricus Christianus ab Offemberg, Capitaneus minor Doblenensis & Deputatus Districtus Doblenensis.

(L. S.) Gotthardus Fridericus de Loebell, Deputatus Districtus Doblenensis.

(L. S.) Magnus Christophorus Korff, Deputatus Districtus Tuckumensis.

(L. S.) Joannes Melchior de Funck, Districtus Tuckumensis Deputatus.

(L. S.) Georgius Melchior Stempell pro me, & Friderico Henrico a Bistram, Deputati Aukenses & Grenkhofienses.

(L. S.) Fridericus Manteuffel, nominatus Szöge, Deputatus Districtus Eckavensis.

(L. S.) Henricus Gerhardus de Plettenberg, Deputatus Districtuum Ascherodensis & Nerftiensis.

(L. S.) Gotthardus Ernestus de Budberg Deputatus Districtuum Neugutensis & Baldonensis.

(L. S.) Gerhardus Wilhelmus Nagell, Districtus Allschwangensis Deputatus.

(L. S.) Petrus Koschkull, Zabelensis Districtus Deputatus.

(L. S.) Alexander Fridericus Korff, Deputatus Seelburgensis.

(L. S.) Christophorus Gideon Manteuffel dictus Szöge Deputatus Seelburgensis.

(L. S.) Gebhardus Joannes Keyserling, Deputatus Districtus Durbensis & Grambsensis.

(L. S.) Joannes Tromhold Buttlar, Deputatus Durbensis & Grambsensis.

(L. S.) Nicolaus Korff, Deputatus Districtus Hasenpotensis.

Actum Mitaviæ in Commissione Generali Sacræ Regiæ Majestatis & Reipublicæ Feria tertia post Festum Sancti Matthei Apostoli & Evangelistæ proxima, die XXIII. Mensis Septembris, Anno Domini MDCCXXVII.

PRoposuerunt judicialiter Generosi Instigatores Regni & M. D. L. pro munere Officiorum suorum agentes Actores, in & contra Generosos, Henricum Christianum de Brincken Landhoffmeisterum, Joannem Henricum Keyserling Cancellarium, supremos Curlandiæ & Semigalliæ, nec non Generosum Casimirum Christophorum Brackel, citatos pro eo: Quia ipsi non contenti, quod contra Pacta publica subjectionis horum Ducatuum cum Serenissimo Divæ memoriæ Sigismundo Augusto Rege Poloniæ Anno MDLXI. inita, & contra Juramentum Fidelitatis suæ Sacræ Regiæ Majestati & Reipublicæ præstitum, & contra Rescripta ac Inhibitiones Sacræ Regiæ Majestatis sibi legitime intimatas anno proxime præterito MDCCXXVI. temere electionem sibi Ducis, vivente Illustrissimo Ferdinando Duce horum Ducatuum, & usurpaverint & arroganter eandem promoverint, imo primarii & principales auctores hujus illiciti actus extiterint, licet jam ex instantia eorundem G. Instigatorum modernorum pro hoc temerario ausu ad Judicia Sacræ Regiæ Majestatis Relationum propriarum citati fuissent & ibidem convicti sint, & nonnisi ob spem resipiscentiæ de personis & bonis eorum executio pœnarum hucusque dilata esset, abutendo hac clementia S. R. Majestatis & Reipublicæ, spe impunitatis ducti, jam post latam in Comitiis Generalibus Grodnensibus Legem, iterum Pseudo-electo suo Mauritio Comiti Saxoniæ non modo adhæserunt ipsimet, sed & alios horum Ducatuum Nobiles in suum perversum & temerarium sensum & assistentiam Pseudo-electo pertraxerunt, rebelliterque contra S. R. Majestatem processerunt, Jura S. R. Majestatis & Reipublicæ in eosdem Ducatus habita perturbarunt, pacem & securitatem publicam ac tranquillitatem Reipublicæ ac horum Ducatuum turbare non desinunt, quo suo temerario ausu rebelles Juribus Reipublicæ, ac Legis per memoratam Constitutionem Grodnensem latæ Infractores extiterunt, mandatis etiam Judicii præsentis non obtemperarunt, Innotescentialesque Literas, a Judicio præsenti Commissoriali transmissas, in Districtibus & Parochiis publicare & Conventum publicum, in elusionem Commissionis, indicere neglexerunt, cointelligentias cum externis practicarunt, & ab iis non cessarunt nec cessant, pœnasque criminis læsæ Majestatis & Perduellionis, tanquam Fautores, Cooperatores & Assistentes, imo uti Auctores, in se traxerunt, petieruntque iidem G. Instigatores Regni & M. D L. de personis & bonis eorum, easdem pœnas criminales Perduellionis, Constitutione Grodnensi interpositas, & alias quam severissimas, decerni, extendi & irrogari.

In termino ex Innotescentiis, Partibus, Generosis Instigatoribus Regni & Magni Ducatus Litthuaniæ per

ANNO 1727.

Nobilem Michaëlem Nagrodzki, Citatis personaliter, comparentibus, atque copias libelli seu propositionis concedi sibi petentibus.

Nos Commissarii Sacræ Regiæ Majestatis & Reipublicæ, ad affectationem Citatorum ipsis Copias libelli supradicti concessimus pro die crastina, cum termini conservatione.

Actum Mitaviæ in Commissione Generali S. R. Majestatis & Reipublicæ Feria quarta post Festum Sancti Matthæi Apostoli & Evangelistæ proxima, die 24. Mensis Septembris, Anno 1727.

INter G. Instigatores Regni & M. D. L. Actores, & G. Consiliarios supremos Citatos. Cum Partes, ut supra, comparuissent, atque citati allegassent, quod additi antea ipsis Patroni absque Compulsorialibus patrocinium & assistentiam hac in causa præstare nolint: ideo ad ipsos Compulsoriales extradi, & ad conferendum cum ipsis dilationem competentem concedi sibi petentibus.

Intervenientibus ad eandem causam Generosis Plenipotentibus Illustrissimi Ducis Curlandiæ & Semigalliæ Ferdinandi, in rem Ejusdem Illustritatis agentes, & contra Generosos Joannem Henricum Keyserling Cancellarium horum Ducatuum, & Casimirum Christophorum Brackel, pro eo: Primo, Quia Generosi, Cancellarius & Brackel, summas suas in Præfecturis hærentes in Celsissimam Ducissam transtulerint, Eidemque Præfecturas Ducales, Suhrs, Jacobshoff & Deguhnen, in possessionem realem, privata autoritate, contra inhibitiones S. R. Majestatis, tradiderint; itaque supplicant G. Plenipotentes, ut secundum inhibitionem, ob contraventionem commissam, summis præfatis abjudicentur, duplum acceptæ pecuniæ solvant, & Præfecturas Illustrissimo Duci restituant. Secundo. Quia præfati Generosi Citati sylvas Ducales & Arcem Mitaviensem spoliaverunt, & ex lignis Ducalibus lapidibusque, & Arce de facto avulsis, sibi domos suas struxerunt, & tecta earum ædium etiam lapidibus Ducalibus avulsis texerunt, imo Generosus de Brackel scalam egregiam lapide sculpto extructam, qua in habitationem Arcis ascendebatur, destruxit & pro fundamento extruendæ domus suæ usus est, G. Cancellarius fulcra lapide sculpto in Arce extructa destruxit & pro fundamento domus suæ contulit; cum igitur damnum Arci Ducali tam frivole illatum ab iis reparari non possit, petunt G. Plenipotentes, ut eorum ædes ex sylvis & materialibus Ducalibus, etiam calce Ducali, exstructæ Illustrissimo Duci adjudicentur. Tertio. Quia G. Cancellarius solus sylvam Ducalem, ad Præfecturam Hoffzumbergen sitam, totaliter spoliavit, ligna majora sive trabes excidit & pro pecunia parata vendidit; hinc pro hoc damno Illustrissimus Dux decem millia Imperialium prætendit sibi refundi & exsolvi, Quarto. Quod Generosus Landhoffmeisterus, & G. Cancellarius simul, in Oeconomicis pessime dispofuerint, Præfecturas Ducales viliori pretio, quam debuissent, aliis in Arendas concesserint; petunt itaque Generosi Plenipotentes, ut hæ Præfecturæ per G. Capitaneum Majorem Offemberg & G. Subjudicem Haudring inquirantur, & ut Illustrissimo Duci iidem reditus, quos Præfecturæ præfatæ plus quotannis ferre potuerunt, vel a Consiliariis superioribus, vel a Possessoribus, exsolvantur: Præfecturæ autem inquirendæ sint Eckhoffken, Brandenburg, Pankelhoff & Autzen. Quinto. Quia autem G. Consiliarii superiores cum reditibus pessime disposuerunt, supplicant G. Plenipotentes, ut summam ex calculatione Illustrium & Magnificorum Calculatorum, culpa eorum, resultantem, item id, quod nullo jure acceperunt & sibi appropriaverunt, paratissima pecunia exsolvere teneantur, & pro tam iniqua & legi contraria dispositione mulcta graviori condemnentur in instanti.

Intervenientibus quoque ad eandem causam Generosis, Adamo Kosciuszko Oberburggrabio & Consiliario supremo Curlandiæ, Friderico Georgio Radzki, & Adamo Buchholtz Capitaneo adversus Generosum de Brackel proponentibus ex eo. Quia G. Christophorus de Brackel, uti quondam prætensus Deputatus Generosi Ordinis Equestris in Poloniam, minime veritus pœnas Legum, adversus recalcitratores Juribus Regni Poloniæ, seditionis motores ac convellendorum Jurium fomentatores, & ac si famosissimo libello circumscriptores, rigorosissime statutas, imo in vilipendium earundem Legum, & eversionem Status publici, ausus est temereque præsumsit, in Conventiculo Nobilitatis extraordinario hic Mitaviæ Anno proxime præterito 1726. die 26. Junii, Legibus Regni vetito, ac Rescripto S. R. Majestatis prohibito, relationem delegationis suæ, contrariam Juribus S. R. Majestatis & Reipublicæ, in ordine ad eligendum proprio motu suo alium Ducem Curlandiæ & Semigalliæ facere motiva, relationesque noxiis fraudibus ac moliminibus repletas adducere, Generosam Nobilitatem sinistre informare, puncta in numero sex mutationis status futurique mali eventus Generosæ Nobilitati proponere, &, ac si foribus Curlandicis imminens periculum extiterit, convulsive explicare, ad seditionem Generosam Nobilitatem concitare, & ad contrariam Juribus Majestaticis & Reipublicæ electionem Ducis Curlandici animare, Generosum Comitem Mauritium in futurum Ducem Curlandiæ & Semigalliæ Generosæ Nobilitati commendare, & post præconcepto quodam rancore, & malevolentia erga Generosos Delatores præhabita, eosdem verbis calumniosissimis, honorem & integram famam denigrantibus, judicialiter declarandis, afficere, ac in prostitutionem eorundem plurima irrealia proferre, Generosæ Nobilitati odio & periculo vitæ exponere, aliasque permultas calumnias ac inconvenientias scripto, per modum libelli pasquinatici, notatas inferre præsumsit; proinde Generosi Instigatores Regni & M. D. L. suo cum delatore & Actoribus, recurrendo ad Jus publicum, pœnas criminales inde demeritas, Legibus Regni statutas, super eodem Citato extendi petentibus.

Interveniente itidem ad eandem causam Generoso Philippo Henrico Hahn Landmareschalco & Consiliario supremo, contra Generosos Citatos proponente ex eo; Qualiter Illustrissimus Curlandiæ & Semigalliæ Dux post fata Generosi olim de Brüggen Landmareschalci & supremi Consiliarii, vacante adhuc ejusdem functione, intervenientem statim in locum ejusdem Landmareschalci defuncti constituerit, & Literis suis de dato Gedani die 13. mensis Junii Anno Domini 1727. notatis, manu sua propria subscriptis & sigillo munitis, ordinaverit, hoc facto intervenientem ceteris tribus Consiliariis supremis præsentaverit, ac, ut juramentum reciperent, postulaverit, & quamvis Generosus Oberburggrabius visis Literis taliter reproductis, instantiæ intervenientis annuerit, ceteri tamen duo G. Consiliarii supremi, scilicet Landhoffmeisterus & Cancellarius, id retractarunt, ac in Contraventionem & convulsionem Constitutionis novellæ Regni Anni 1726. qua mediante Celsissimo Duci salvæ per omnia Jura possessiones & prærogativæ reservatæ sunt, & omnia attentata contra Inhibitiones, Mandata & Rescripta S. R. Majestatis, signanter indebite usurpati ultimi Conventiculi cum omnibus Actibus, cassata extiterunt, Generosum de Brackel in Landmareschalcum nominarunt, privata auctoritate elegerunt, juramentumque ab eo receperunt, quo facto Jura & Constitutiones Regni convulserunt, Illustrissimo Duci temere sese opposuerunt; ideo eandem interventionem admitti, pro convulsione Legis pœnas decerni, electionem Generosi Brackel uti nullam & frivolam esse declarari, & ex Actis eliminari mandari, ad hoc Officio Generosum Brackel amoveri, intervenientem circa Officium Landmareschalci manuteneri & conservari, in damnis litisque expensis causatis & causandis Generosos Citatos condemnari, petente.

Quarum Interventionem Citati copias petierunt.

Nos Commissarii Sacræ Regiæ Majestatis & Reipublicæ, siquidem Citati allegant, quod addicti ipsis antea Patroni & Defensores absque Compulsorialibus hac in causa patrocinium suum denegent; ideo Compulsoriales Literas ad eosdem Defensores, Patronos & Advocatos, utpote Nobiles, Ziegenhorn, Vierhuff, Hespe, Pletz & Lange, ex Cancellaria nostra extradendas esse censuimus, & præcisis omnibus ulterioribus dilationibus, terminum ad respondendum, sub succubitione in causa peremptorium Partibus pro die Sabbathi proximo præfigimus. Quoad Interventiones ad causam præsentem factas, earundem communicationem Citatæ Parti pro eodem termino concessimus, ac insuper sufficientiorem comportationem Documentorum ultra ea, quæ jam Generosus Mareschalcus a Generoso Equestri Ordine comportavit, utpote Literarum universalium pro Conventiculis, Instructionum, & omnium aliarum scripturarum, Correspondentiarum, ad Pseudo-electionem spectantium, neces-

ANNO 1727.

fariam esse advenimus, comportareque pro die Veneris proxime futura Citatis injungimus.

Actum Mitaviæ in Commissione Generali S. R. Majestatis & Reipublicæ, Feria sexta ante Festum Sancti Michaëlis proximo, die 27 Septembris Anno 1727.

IN termino ad respondendum G. Consiliariis supremis, in causa G. Instigatorum Regni & M. D. L. Actorum contra ipsos instituta, conservato, in diem hodiernum incidente, cum iidem G. Instigatores Regni & M. D. L. per Nobilem Michaëlem Nagrodzki, citati vero G. supremi Consiliarii, utpote Henricus Christianus de Brincken Landhoffmeisterus, & Joannes Henricus Keyserling Cancellarius, atque G. Casimirus Christophorus Brackel, unà cum additis suis Defensoribus, comparuissent, atque satisfaciendo anteriori Decreto Nostro, varia literatoria Documenta & Literas correspondentiales, ad Pseudo-electionem spectantes, comportassent, Generosique, Mareschalcus ac Deputati Equestris Ordinis, pro ipsis ac pro se, ut Generalem illis Amnestiam concederemus, instantiam fecissent, & eo nomine supplicassent, Intervenientes quoque supra in Processu expressi comparuissent

Nos Commissarii Sacræ Regiæ Majestatis & Reipublicæ, auditis & bene perpensis Partium controversiis, licet quidem Citati, nullum jus eligendi sibi Ducem in casum sterilium fatorum Illustrissimi Ferdinandi Ducis habentes, contra Pacta subjectionis & Incorporationis horum Ducatuum Regno Poloniæ Magnoque Ducatus Litthuaniæ, & contra Juramentum, quo se Antecessores eorum modernosque Citatos Eidem Sacræ Regiæ Majestati & Regno Poloniæ Magnoque Ducatus Litthuaniæ, in tali casu supremum & immediatum Dominium, ac utile horum Ducatuum recognoscere & habere, submiserunt & obstrinxerunt, processerint, dum ad eligendum Comitem Mauritium Comitiola Districtibus indixerunt, eandemque electionem promoverunt, Delegatum a S. R. Majestate cum Literis inhibitionis venientem, ne ad eam accederent, non attenderunt, eamque, uti Primores hujus Provinciæ non impediverunt, & de facto eandem perfecerunt, prædictum Comitem Mauritium in Ducem elegerunt, atque post Legem Constitutione Grodnensi latam, iterum ea non attenta, hanc Pseudo-electionem, in dictis Nobilitati Conventibus, ratificari & confirmari procurarunt, atque huic Pseudo-electo, qui pro hoste Reipublicæ declaratus est, temere adhæserunt assistentiamque illi præbuerunt, quibus illicitis processibus & attentatis Jura S. R. Majestatis & Reipublicæ, Pactaque subjectionis & Incorporationis, Formulam Regiminis ac novellam Legem violarunt, exindeque jure merito pœnam in Constitutione Grodnensi vallatam in se traxerunt & eidem succubuerunt, nihilominus visa effectiva per illos Constitutionis Grodnensis executione, & ad mentem S. R. Majestatis & Reipublicæ applicatione, tum attenta supplici instantia Statuum Curlandiæ pro illis facta, qui insimul & in communi cum iisdem supremis Consiliariis se excessisse agnoscunt, & tam sibi, quam illis, Amnestiam generalem hoc in puncto concedi submississime supplicant, & quia nullam cum exteris pro manutentione hujus Pseudo-electionis, & alia factione præjudiciosa Juribus S. R. Majestatis & Reipublicæ super hosce Ducatus habitis, correspondentiam habent vel habebunt, juramento id ipsum comprobaturos se offerunt: Ideo hanc Amnestiam, quantum ex Nobis est, concedendam esse duximus, &, ut a S. R. Majestate & Republica approbetur, procurabimus, ab actioneque præsenti G. Instigatorum Regni & M. D. L. eosdem G. Consiliarios & universam Nobilitatem, quoad attentata Pseudo-electionis, liberamus, prævio tamen eorundem Citatorum juramento in hanc rotham præstando: Ego N. juro Deo omnipotenti in Sancta Trinitate uni, quia nullas correspondentias cum externis pro manutentione Pseudo-electionis Comitis Mauritii, vel alterius cujuspiam Ducis Curlandici promotionis, habeo nec habebo, nihilque in detrimentum Jurium S. R. Majestatis & Reipublicæ in hos Ducatus habitorum cum externis practicabo, sic me Deus adjuvet & Sanctum Ejus verbum: Interventionibus Indicentium salvis, prout de Jure, manentibus. Quod quidem Juramentum Citati, erectis duobus dextrarum manuum ad Sydera digitis in facie Judicii Nostri Commissorialis præstiterunt.

Actum Mitaviæ in Commissione Generali S. R. Majestatis & Reipublicæ die 19. Novembris 1727.

INter G. Instigatores Regni & M. D. L. ex delatione Illustrissimi Ferdinandi, in Livonia Curlandiæ & Semigalliæ Ducis, agentes Actores ab una, atque Generosos, Henricum Christianum de Brincken Landhoffmeisterum, Joannem Henricum Keyserling Cancellarium, Adamum Casimirum Kosciuszko Oberburggrabium, G. Casimirum Christophorum Brackel prætensum Landmareschalcum, & successores Generosi olim Brüggen Landmareschalci, Citatos parte ex altera, Partibus, G. Instigatoribus Regni & M. D. L. per Nobilem Antonium Czeszkiewicz, Illustrissimo Duce per G. Hahn & Nobilem Radzki Plenipotentes, Citatis per Nobiles Vierhuff & Lange, successoribus Brüggen per G. Wilhelmum Grothus, Generoso Kosciuszko personaliter, comparentibus.

Et Actorea Parte ex propositione sua proponente personalemque comparitionem G. Citatorum urgente; Generoso vero Adamo Kosciuszko addi sibi defensorem Nobilem Hartmann petente. Propositionis vero tenor est ejusmodi: G. Instigatores Regni & M. D. L. ex delatione Cels. Ferdinandi Curl. & Sem. Ducis agentes, reassumendo anteriorem propositionem suam eamque meliorando, proposuerunt contra G. supremos Consiliarios in eo: Quia ipsi in contrarium Officiorum suorum Juriumque publicorum convulsionem ausi sunt & præsumierunt, quamplurima damna, documentis judicialiter productis deducenda; Domui Ducali inferre, in rebus œconomicis pessime disponere, summas varias, ad Cameram Ducalem spectantes sibi appropriare, rationes ex reditibus Ducalibus justo tempore non percipere, Præfecturas Ducales variis personis, ex amicitia & ob dona; viliori pretio & fere pro dimidia summa arendare, vel absque importatione summarum ad Cameram easdem in Arendam mittere, tum ex omnibus exsolutis summis exsolutorum salariorum & debitorum maximas summas participare, & quasi tota salaria & debita exsolvissent, Cels. Ducem fallere; Quæstori Langenbein proventuum Ducalium damnificatori connivendo rationes ab ipso per longum temporis spatium recipere neglexerunt, ex indeque culpam latam detrimento proventuum Ducalium commiserunt, summasque notabiles, in Regestro Dominorum calculatorum notatas, ad solvendum Cels. Duci Actori debent, arcem Mitaviensem sylvasque Ducales, præsertim Generosi Cancellarius & Brackel, spoliaverunt, & ex lignis Ducalibus lapidibusque coctis & sculptilibus, ex Arce de facto avulsis, sibi domos suas struxerunt; ædificarunt, & tecta earum ædium etiam tegulis Ducalibus avulsis texerunt, imo Generosus de Brackel scalam egregiam lapide exsculpto exstructam, qua in habitationem Arcis adscendebatur, destruxit & pro fundamento extruendæ domus suæ contulit, & quamvis idem G. Brackel quà Capitaneus Major juramentum fidelitatis præstiterit, nihilominus tamen in contrarium juramenti sui adversus Cels. Ducem negotia gessit, Eundemque variis injuriis affecit, & contra Eundem machinatus est; prout Citationes & Status Causæ, ex instantia Cels. Ducis contra Eundem emanatæ, enarrant, armamentario Ducali despoliato bombardas Mauritio Comiti extradidit; ac reliqui Consiliarii tam bombardas, quam tormenta, extradiderunt; Rescripta & Mandata S. R. Majestatis, ad instantiam Cels. Ducis emanata, quamplurima convulserunt, & iisdem multoties contravenerunt, Officiisque suis abusi sunt; notabiles summas Cels. Ducem concernentes suppresserunt; & quidem G. Cancellarius Domum Ducalem inquam plurimis equis, canibus, cupro, nummis, aliisque rebus mobilibus, spoliavit, Domum Typographi indebite occupavit & sibi appropriavit, Kmethones Ducales magnæ staturæ pro militibus Prussis vendidit, idque contra publicam S. R. Majestatis & Reip. prohibitionem, ex siligine ab extraneis cum maximo omnium Urbium detrimento recepto magnum sibi comparavit lucrum; testante correspondentia cum Quæstore Langenbein remoto habita, ipseque solus G. Cancellarius sylvam Ducalem ad Præfecturam Hoffzumbergen sitam totaliter spoliavit, ligna ma-

ANNO 1727.

ANNO 1727.

majora ſive trabes excidit & pro pecunia parata vendidit, quod damnum taliter illatum Celſ. Dux 10000. Imperialium Thalerorum ſibi taxat & æſtimat. Generoſus vero Kosciuſzko Oberburggrabius ſummam ex calculatione Caminorum Calculatorum deductum ſibi retinuit. Pariter quoque G. ſucceſſores olim Generoſi de Brüggen Landmareſchalci ſummam ex Calculatione Dominorum Calculatorum ad ſolvendum debitam nullo jure retinuerunt. Aliaque permulta damna & inconvenientias probandas intulerunt. Iique omnes G. Conſiliarii ſupremi, præcipue Landhoffmeiſterus & Cancellarius, ſitientibus juſtitiam, eandem, obliti timoris Dei & juramenti ſui ſuper Officiis præſtiti, pro jure & conſcientia multis perſonis non adminiſtrarunt; miſerabilibus perſonis, viduis & orphanis ex Officiis ſuis non ſubvenerunt; contra Jura Patriæ proceſſerunt eaque multoties convulſerunt; ſententias Legibus contrarias tulerunt; Appellationes ad Judicia S. R. Majeſtatis Relationum propriarum, a gravaminoſis ſententiis interpoſitas, non admiſerunt, exindeque damna quamplurima multis perſonis intulerunt; corruptionibus inhæſerunt, ac ſummas notabiles, in vim corruptionis pro lucrandis cauſis oblatas, ab utrisque partibus recipere non erubuerunt; pariter quoque pro Officiis & Capitaneatibus collatis ſummas perceperunt, non tamen eadem Officia contulerunt, nec ſummas acceptas poſt collationem Officiorum reſtituerunt; contra prohibitionem Jurium Curlandiæ & Semigalliæ perſonis alienæ Religionis Officia publica diſtribuerunt, aliasque maximas inconvenientias commiſerunt; necnon ſtante & pendente lite in Judicio præſenti Commiſſoriali S. R. Majeſtatis & Reip. agitata, Piſcaturas Ducales unà cum Piſcatoribus ſibi appropriarunt, & loco piſcium recipiendorum totum proventum de iisdem piſcaturis, ad Cameram pendi ſolitum, ſibi ipſis modo ſpolii contulerunt, taliterque ſpolium pendente lite commiſerunt, Celſ. Ducem poſſeſſione privarunt. Quapropter tam ob crimen peculatus, quam & alia crimina, modo, quo ſupra, commiſſa, eosdem G. Conſiliarios pro qualitate delicti puniri, Officiis ſuis privari, ad ſatisfaciendum & compenſandum in ſummis, ex calculo Cameræ Celſ. Duci provenientibus, una cum proviſionibus, ſtringi & compelli, tum ſummam per Nobilem Langenbein Quæſtorem remotum Illuſtriſſimo Duci ſuppreſſam, ex quo is idem Quæſtor non ſit ſolvendo, ſolvi decerni, domos ex materialibus & lignis Ducalibus extructas & exædificatas Celſ. Actori adjudicari, in damnis litisque expenſis condemnari aliaque, quæ de Jure venerunt ſtatui, decerni & ſententiari.

Nos Commiſſarii S. R. Majeſtatis & Reip. neceſſariam eſſe comparitionem citatorum adinvenimus, eisque pro die craſtina perſonaliter comparere mandamus. Generoſo vero Adamo Kosciuſzko Nobilem Hartmann in Defenſorem addimus, & Compulſoriales ex Cancellaria Noſtra extradi permittimus, terminumque pro die craſtina Partibus conſervamus peremptorium.

Actum Mitaviæ — die 20. Novembris 1727.

INter G. Inſtigatores Regni & M. D. L. ex delatione Illuſtriſſimi Ferdinandi Curl. & Semig. Ducis, agentes Actores ab una, atque G. ſupremos Conſiliarios Citatos parte ex altera, Partibus, utpote G. Inſtigatoribus per Nobilem Antonium Czeſzkiewicz, Illuſtriſſimo Duce per Generoſum & Nobilem Hahn & Radzki Plenipotentiarios ſuos, Citatis G. Conſiliariis perſonaliter, comparentibus. Et actorea Parte propoſitionem ſuam reaſſumente, tum & gravamina a G. Eq. Ordine per G. Henricum Joannem à Meerfeldt Mareſchalcum ejusdem Eq. Ordinis porrecta producente & perlegente.

Intervenientibus ad cauſam præſentem G. Philippo Henrico Hahn perſonaliter, G. Adamo Koſciuſzko itidem perſonaliter, G. Erneſto Fromholdo ab Oſten-Sacken Capitaneo Durbenſi itidem perſonaliter, G. Alexandro Pleſzewski Commiſſario Ser. Principis Regii Jacobi, & Generoſo Brunnow, tum & Nobili Wilhelmo Brabender Conſiliario Aulæ Berolinenſis ejusque Conſorte per Nobilem Antonium Czeſzkiewicz, nobili & erudito Sartorio perſonaliter.

Et Citata Parte communicationem productorum à Parte actorea Inſtrumentorum & Documentorum concedi ſibi petente.

Nos Commiſſarii S. R. Majeſtatis & Reip. expetitam communicationem productorum Documentorum & Inſtrumentorum Citati Parti concedimus, & terminum pro die Sabbathi proxime futuro conſervamus peremptorium.

ANNO 1727.

Actum Mitaviæ — die 22. Novembris Anno 1727.

INter G. Inſtigatores Regni & M. D. L. ex delatione Illuſtriſſimi Ferdinandi Ducis Curl. & Semig. Agentes Actores ab una, atque G. Conſiliarios ſupremos Citatos parte ex altera, Partibus, Actorea & Citata, tum & Intervenientibus, ut ſupra, comparentibus.

Et quidem G. Inſtigatoribus ex delatione Illuſtriſſimi Ducis propoſitionem ſuam reaſſumentibus.

G. vero Conſiliariis, Landhoffmeiſtero, Cancellario, & Brackel, in ſcripto ſe juſtificantibus.

Generoſo quoque Koſciuſzko ſuo pro Intereſſe Reſponſionem in ſcripto producente; & demum intervenientibus ſuas quoque propoſitiones proponentibus & Interventiones ſuas promoventibus.

Generoſis quoque Inſtigatoribus ad reſpondendum G. Conſiliariis replicantibus, & Inquiſitiones eductas contra G. Conſiliarios ſupremos reponentibus.

Nos Commiſſarii S. R. Majeſtatis & Reip. poſt Partium controverſias cauſam præſentem ad feriam quartam proxime futuram diſtulimus, inquiſitionesque repoſitas retinuimus, atque noviter productorum Documentorum communicationem G. Conſiliariis ad eandem feriam quartam conceſſimus, conſervando Partibus terminum peremtorium.

Decretum Commiſſoriale, die 9. Decembris Anno 1727. Mitaviæ publicatum in cauſa G. G. Inſtigatorum Regni & M. D. L. contra G. G. Conſiliarios ſupremos aliosque.

NOs Commiſſarii S. R. Majeſtatis & Reipublicæ, auditis & bene perpenſis partium controverſiis, allegationibus & defenſis, tum literatoriis Documentis, teſtimoniis, calculationibusque, lectis & matura deliberatione Judicii Noſtri diſcuſſis, propoſitionem Generoſorum Inſtigatorum Regni & M. D. L. ex delatione Illuſtriſſimi Ducis contra G. Conſiliarios ſupremos horum Ducatuum Regentes factam, tum & Gravamina contra ipſos ab Equeſtri Ordine porrecta, pro intereſſe cujusvis eorum decidendo.

Quoad perſonam Generoſi Brincken Landhoffmeiſteri, ſiquidem ille Officio ſuo, quo a multis annis functus eſt, amplius propter ſenilem & decrepitam ſuam ætatem, crebrasque infirmitates & corporis ægritudines, attendere, Judicia in ſuis cadentiis celebrare, rebusque Oeconomicis invigilare non potuit, nec poteſt, Officiumque hoc ſua ſponte reſignavit & depoſuit; idcirco reſignationem illius ſuſcepimus, & hoc Officium Landhoffmeiſteri pro vacante declaramus, Nihilominus decernimus, quatenus ipſe ſummam 4920. Florenorum, Groſſorum 12. Albertinorum, idque ratione ſalarii ſui ex Camera privatim percepti, quod ex Præfectura Lottring, tenore Contractus, percipere debuit, ex quo anteriora ſalaria ad Sacram Regiam Majeſtatem ſunt remiſſa, nec non Florenos 120. ex calculo provenientes Illuſtriſſimo Duci Cameræque Ducali in inſtanti ſolvat, demandamus, ſalva calculatione ipſi cum Camera Ducali ratione ſalariorum horum & prætenſionum ſuarum judicialium exhibitarum reſervata, ac inveſtigatione proventuum dictæ Præfecturæ Lottring per Generoſum Capitaneum Goldingenſem cum Cameralibus duobus expedienda, poſtquam reviſionem & calculum expeditum, ſi ex hac Præfectura majores proventus, quam uſuræ, ſex pro centum, ipſi debitæ eſſe apparuerint, & prætenſiones ſalariorum poſt annum 1717. exceſſerint, reſiduum ad Cameram importare tenebitur. Si autem Domus Ducalis poſt calculum debitrix illi remanſerit, inſtantanee ipſi ſatisfaciat.

Quantum attinet ad Generoſum Keyſerling Cancellarium; Quandoquidem ille de variis moliminibus contra ſuam Patriam criminibusque Status, ſub amneſtiam generalem non intrantibus, in præjudicium jurium Sanctæ Regiæ Majeſtatis & Reipublicæ ac horum Ducatuum patratis, a Generoſis Inſtigatoribus accu-

Anno 1727. accusatus & inculpatus existens, sufficienter se non justificavit, in objectisque a Generoso Equestri Ordine gravaminibus debite se non emundavit, & non solum testibus, sed & notorietate factorum suorum malorum, ac Instrumento quodam literario concepto, manuque ejus Scribæ propria correcto, judicialiter exhibito, de suis illicitis attentatis convincitur, per quæ collisionum cum vicinis & fœderatis occasionem facile dare potuit & dedit; Rescriptis S. R. Majestatis monitoriis & inhibitoriis, Reipublicæ & huic Provinciæ salutaribus, non obtemperavit, neque eadem ut tenebatur, publicari valvisque Ecclesiarum, juxta morem hujus Provinciæ & Decisiones Commissoriales, affigi aut publicari curavit, imo apud se celavit, & in contrarium horum Rescriptorum & Mandatorum Regiorum suis actionibus malis non solum ipse processit, sed & alios exemplo suo, de his Rescriptis ignorantes, ad similia facienda pertraxit, magnumque exinde tam Domui Ducali, quam Reipublicæ, damnum & detrimentum causavit; Justitiam sitientibus rite non administravit; Conscriptionem & abductionem hominum, Rescripto Sacræ Regiæ Majestatis per totum Regnum publicato, sub pœnis criminalibus contra Explagiatores in Legibus expressis talia vetanti, fieri in hac Provincia dissimulavit & conniventer permisit, cum impedire potuit, non impedivit, & ipsemet quorundam ejusmodi hominum abductionis & extraditionis complex & auctor fuit; impositioni Contributionum pro exotico milite ejusque collectioni in hac Provincia se immiscuit; summam 2517. Thalerorum ex tali Contributione restantem, quam in sua officiosa Manifestatione pro Generoso Equestri Ordine asservaturum se promiserat, eo inscio, externo Ministro extradidit; de siligine per extraneos recepta cum maximo Civitatum & Civium atque Mercatorum, nec non Nobilium, damno & detrimento, testante literarum Correspondentia ejus, non modicum sibi lucrum quæsivit & habuit; in rebus œconomicis Domus Ducalis male se gessit: Idcirco, licet pro præmissis graviores promeruerit pœnas, ad mitiores tamen ex Clementia Judicii Nostri, ad Instantiam Generosi Equestris Ordinis pro ipso factam, condescendendo, ipsum Cancellariatu abjudicamus, & ad carceres, per Illustrem & Magnificum supremum Mareschalcum Regni designandos, per triennium subeundos ipsum condemnamus. Nihilominus quatenus 2213. Florenos, $19\frac{1}{2}$ Grossos, ex calculo Illustrissimo Duci Cameræque Ejus Ducali provenientes, solvat, tum & damna in materialibus, ex Arce Ducali pro ædificatione domus ejus acceptis & usurpatis causata, prævia taxa per Generosos Consiliarios cum Cameralibus Ducalibus expedienda, refundat nec non 2517. Thaleros Imperiales Generoso Equestri Ordini itidem solvat, decernimus. Intervenientem vero Annam Berner viduam cum sua prætensione ad Generosos Consiliarios remittimus, illisque mandamus, ut absque dilationibus negotium ejus cognoscant &, quod ipsi deberi ex hac summa, Equestri Ordini adjudicata, apparuerit, ex ea satisfactionem præstari eidem injungant.

Quod concernit personam Generosi Kosziuszko Oberburggrabii. Quoniam ipse nihil in contrarium Legum & Rescriptorum S. R. Majestatis attentavit, imo, circa Jura Majestatis & Reipublicæ zelando, illibatæ suæ fidelitatis semper documenta dedit; ideo ipsum ab actione præsenti liberamus. Nihilominus tamen, quatenus Domui Ducali summam 1099. Florenorum & 11. Grossorum Albertinorum ex moderamine Judicii Nostri solvat, damnaque in materialibus Arcis causata, prævia eorum Taxa per G. Consiliarios cum Cameralibus expedienda, Cameræ Ducali refundat, ipsi injungimus.

Quod spectat personam Generosi Brackel. Quoniam ipse nullius delicti; præter solum circa Pseudoelectionem attentatum, expers est, illud vero Amnestia Generalis palliavit ac condonavit, & in Landmareschalcum juxta præscriptum Formulæ Regiminis & Decisiones Commissionis anterioris a Generosis Consiliariis, necdum plene, ob non subsecutam publicationem Bannitionis, jure victis, electus, hoc Officio per paucum tempus functus, quo nec Judicia celebrabantur, nec rei œconomicæ aliquam attendentiam suscipere poterat: idcirco ipsum liberum pronunciamus & circa suum Officium Landmareschalci conservamus. Nihilominus quatenus summam 148. Florenorum 29. Grossorum Albertinorum, ex calculo a se provenientem, Cameræ Ducali solvat, damnumque in materialibus, ex Arce Ducali acceptis, causatum juxta Taxam Generosorum Consiliariorum & Cameralium resarciat, & bombardas quadraginta cum locis ex Arce Ducali acceptas restituat, illi injungimus. Ratione vero summæ 2450. Florenorum percepti salarii defuncti Generosi Patris sui Landhoffmeisteri ab Anno 1703. usque ad annum 1708, siquidem suas prætensiones ratione salarii superioris Capitaneatus post annum 1717. usque ad id tempus, quo factus est Landmareschalcus, habet; ideo ipsum pro calculatione in præmissis ad Cameram remittimus; & ut ex hac summa retentorum ejus salariorum compensatio fiat, injungimus. Anno 1727.

Demum quod attinet ad Generosos successores Generosi olim Brüggen Landmareschalci. Siquidem iidem Generosi successores Manifestationibus & Protestationibus, per prædictum G. Landmareschalcum stante vita ejus factis, probant; quod ille se rebus & negotiis; per reliquos duos priores pro tunc Consiliarios, præcipue Generosum Keyserling, factis; non immiscuerit; nec quidquam in præjudicium S. R. Majestatis & Reipublicæ, aut detrimentum rei œconomicæ Illustrissimi Ducis, fecerit, imo prædicti Generosi Keyserling attentatis contradixerit; de administranda Justitia & reddendis ac recipiendis rationibus a Langenbein, Quæstore pro tunc, & de meliori circa Præfecturas Ducales habenda dispositione eosdem pro tunc Consiliarios admonuerit: idcirco Generosos successores ejus liberos pronunciamus, qui Generosi successores, ex quo 1180. Florenos, undecim Grossos, ex calculo provenientes, Illustrissimo Duci Cameræque Ducali debent, vicissim quoque salaria prædicto Generoso Brüggen provenientia Generosi successores opponunt: ideo Generosos eosdem successores pro ineundo calculo ad Cameram Ducalem remittimus: cujus calculi, postquam peractus fuerit; cognitionem & decisionem G. Consiliariis supremis committimus.

Siquidem autem Generosi Brinck & Keyserling, aliique Consiliarii, summam 8091. Florenorum Albertinorum, Grossorum $25\frac{1}{2}$. ex calculo & moderatione Nostra Cameræ Ducali debent, quæ summa pro Tractamentis, pro Cosacis, pacis Nuncio, pro Attestato Notarii, pro Posta, pro Generoso Karp, pro fœno, pro quibusdam reservatis, pro hordeo tosto Libaviensi, collecta est; ideo, dempta summa 4900. Florenorum pro Generoso Colonello Brüggen soluta erogata, ex quo compositio intercessit, per quam pro suis prætensionibus ille ad Domum Ducalem habitis hac summa accepta contentus est, quam compositionem approbamus, quatenus restantem summam 3191. Florenorum Albertinorum quisque ex interesse & subscriptione manus suæ Cameræ Ducali in instanti solvant, illis demandamus. Ratione vero executionis excessivæ Libaviæ propter hordeum tostum extortæ, Generosum Vice-Capitaneum Nimtsch ad Generosos Consiliarios & Cameram Ducalem, pro peragenda calculatione remittimus. Intuitu autem desolationis Sylvarum, necessariam esse visionem & inquisitionem adinvenimus; ad quam oportuno tempore expediendam Generosum Mirbach Capitaneum Grubinensem & Generosum Haudring Subjudicem, cum Secretario forestali & uno Camerali, adhibitis Inspectoribus uniuscujusque Sylvæ, addimus, quam expeditam visionem & inquisitionem in Camera reponere, Camera vero eam usque ad futurum terminum reassumtionis Commissionis conservare debebit. Quantum attinet ad Langenbein, degradatum Quæstorem, qui juxta calculationem & adinventionem Magnificorum & G. ad calculum Deputatorum summam 23212. Florenorum, Grossorum $10\frac{2}{3}$. Cameræ Ducali debet & tenetur, &, unde talem summam solvat, non habet; ideo summam hanc ad 18000. Florenorum Albertinorum ex clementia Judicii nostri moderando, decernimus, quatenus Langenbein medietatem hujus summæ, scilicet 9000. Florenorum, & alteram medietatem 9000. Florenorum G. Keyserling, qui calculationes ab eodem Langenbein, ut tenebatur, pro tunc recipere neglexit, dum in his Ducatibus Regimen præcipuum sibi usurpavit, damnificari Cameram Ducalem ab ipso dissimulavit & occasionem damni dedit, Illustrissimo Duci Cameræque Ducali solvat in instanti, demandamus, & salvam repetitionem horum 9000. Florenorum illi a Langenbein reservamus. Quarum quidem summarum adjudicatarum a Generosis Brinck & Keyserling, ac Langenbein, tum aliis, provenientium instantaneam exactionem supremis Consiliariis & Cameræ Ducali demandamus; utque in instanti & indilate sub paratissima executione has summas ab illis, qui eas solvere tenentur, exigant, easdemque summas in solutionem Debitorum & reluitionem Bonorum Du-

ANNO 1727. Ducalium *convertant*, illis injungimus. Quoad Interventionem, & quidem Nobilis Joannis Brabender, Consiliarii, factam, causam ejus cum famato Perlemam habitam, ex quo utræque Partes ab appellatione ad Judicia S. R. Majestatis interposita recesserunt, ideo easdem Partes ad G. Consiliarios supremos, pro expediendo utrarumque Partium calculo & dijudicatione illius, remittimus, iisdemque G. Consiliariis mandamus, ut quantocyus eandem Calculationem inter Partes, semotis dilationibus, non obstante contumacia alterutrius Partis, expediant, & quantum ex calculo famato Perlemam provenerit, ad id exsolvendum Nobilem Brabender adstringant, & post subsecutam solutionem Bona Alt Gawesen retradi & deoccupari faciant, a cujus famati Perlemam liberorum tutela Generosum Hahn liberamus. Ad Interventionem vero Generosi Sacken de Lehnen, ratione obligationis certæ Keyserlingio, intuitu ac si alicujus conferendi sibi Capitaneatus, super summam 2000. Florenorum Albertinorum datæ, quoniam in hac causa plene informari a Partibus non potuimus; ideo eandem ad G. Consiliarios pro cognitione & indilata disjudicatione Processu extraordinario remittimus. Intervenienti quoque Venerabili Parocho Rositensi, ratione rustici ejus Parochialis abducti, cui solum pretium equi G. Keyserling solvit, quatenus & taxam hujus rustici juxta morem hujus Provinciæ eidem Venerabili Parocho G. Keyserling solvat, illi injungimus. Quoad interventionem Generosi Pleszewski Commissarii & Plenipotentis Serenissimi Principis Regii Jacobi, atque Generosi Francisci Nagurski Subjudicis Samogitiæ, ratione Subditorum profugorum extraditionis, hanc interventionem ad G. Consiliarios remittimus, illisque mandamus, ut ipsi ad requisitionem eorundem Generosorum Commissarii & Subjudicis Samogitiæ extraordinario Processu justitiam, semotis dilationibus inutilibus, administrent, & seriam ratione horum Subditorum investigationem demandent &, prout de jure venerit, decernant.

Ad extremum in puncto Generosi Reck Calvinianæ Religionis in Capitaneum Mitaviensem electi, per G. Instigatores proposito, adhærendo Remissæ anterioris Commissionis ad S. R. Majestatem intuitu tolerantiæ nec ne in his Ducatibus ejusdem Religionis factæ, pro resolutione Partes ad S. R. Majestatem *remittimus*; interim ipsum ab exercitio Jurisdictionis Capitanealis in sua persona abstinere debere declaramus, utque proximus loci G. Capitaneus hanc Jurisdictionem exerceat, mandamus; pensionem quoque pro Officio Capitaneali debitam non percipiat, donec prius resolutio hoc in puncto a S. R. Majestate subsequatur, decernimus, Decreti præsentis vigore :::

[: Punctum ratione G. Reck Capitanei Mitaviæ ad intercessionem G. Ordinis Equestris aliorumque postea mutatum est, tenoris sequentis: Ad extremum in puncto promotionis Generosi Reck in Capitaneum Mitaviensem per G. Instigatores proposito, adhærendo Remissæ anterioris Commissionis ad S. R. Majestatem intuitu tolerantiæ, nec ne in his Ducatibus Calvinianæ Religionis, quam ille sectatur, factæ, pro resolutione Partes ad S. R. Majestatem remittimus, salvaque actione G. Instigatoribus Regni & M. D. L. contra ipsum reservata, ne ad altiora Officia promoveatur, donec hæc causa ex remissione decisa fuerit, inhibemus, Decreti præsentis vigore.

Formula futuri Regiminis.

ORdinatio futuri Regiminis Ducatuum Curlandiæ & Semigalliæ sub immediato Dominio Regum Poloniæ & Reipublicæ, in casum sterilium fatorum moderni Illustrissimi Ducis Ferdinandi, per nos Christophorum in Stupow Szembek Episcopum Varmiensem & Sambiensem, Casimirum de Kozielsko Oginski, Trocensem, Stanislaum Donhoff, Potocensem, Campi Ducem M. D. Litthuaniæ, Stanislaum Chomentowski, Masoviæ, Campi Ducem Regni, Palatinos; Ex minori Polonia Jacobum in Skzrynno Dunin, Referendarium Regni, Capitaneum Radoszycensem & Wislicensem, Georgium Ozarowski, Dapiferum Cracoviensem; Ex majori Polonia Josephum Nakwaski, Capitaneum Ciechanoviensem, Alexandrum Lodzia Poninski, Venatorem Uschovensem; Franciscum Szembek, Capitaneum Tolkmicensem, Adamum Kraszynski Pincernam Ciechanoviensem, Colonellum S. R. Majestatis: Ex Magno Ducatu Litthuaniæ Michaëlem Ducem in Nieswiesz & Olyka Radzivil, Capitaneum Præmisliensem, Josephum de Campo Scipio, Capitaneum Lidensem, Sigismundum de Wahl, Vexilliferum Grodnensem; Antonium Eperiaszy, Colonellum S. R. Majestatis, Commissarios S. R. Majestatis & Reip. ex Comitiis Grodnensibus Anno Domini 1726. delegatos, facta & conscripta Mitaviæ d. 5. Decembris Anno Domini 1727. ANN 1727.

Tenor Formulæ Regiminis.

CUm ea omnium Feudorum natura sit, ut, deficientibus iis, quibus ob insignia & eminentia merita conferuntur, redire debeant ad liberam supremorum Dominorum dispositionem, vel immediatum, directum ac utile, Dominium, prudentiaque & ordo, rerum anima, suadeat, ut circa proximam eorundem ad supremos Dominos devolutionem tempestive norma futuri illorum Regiminis instituatur; itaque Nos Commissarii per Constitutionem Comitiorum Grodnensium in anno præterito 1726. à S. R. Majestate, Domino Nostro Clementissimo, reliquisque Reipubl. Ordinibus, ex universali eorum assensu, ad Ducatus Curlandiæ & Semigalliæ, pro facienda Ordinatione eventuali, in casum sterilium fatorum Illustrissimi Ducis moderni Ferdinandi, & exaudiendis Ordinis Equestris desideriis, aliisque negotiis Nobis commissis, designati, inhærendo antiquissimis & incontestabilibus Juribus, S. R. Majestati & Reip. in hosce Ducatus, per Pacta subjectionis libere & spontaneæ Regibus, Regnoque Poloniæ & Magno Ducatui Litthuaniæ in æternum subjectos & ad corpus Reip. in anno 1569. adjunctos & incorporatos, tum Sacro vinculo juramenti in Formula Regiminis expressi, ad fidem & obsequium Regibus & Reip. inviolabiliter servandum obstrictos, utilique & immediato, extincta Ducali stirpe Kettleriana, Regum & Reip. Poloniæ Dominio in perpetuum subjectos, nec non armis & sanguine Civium Reip. ab hostium quorumvis insultibus gravibusque periculis defensos, liberatos & servatos, tum quoque satisfaciendo Legi publicæ, in prædictis Comitiis Generalibus Grodnensibus latæ, & secundum gradus Nobis in ea præscriptos procedendo, Instrumentum Pseudo-electionis Mauritianæ, & omnia alia, Juribus Reip. nociva & contraria, per alte dictam Constitutionem Grodnensem cassata & annihilata, ex Actis publicis horum Ducatuum eliminari fecimus, debitam fidem, subjectionem & obedientiam, per renovatos nexus in assecuratione, a Magnificis Consiliariis supremis Regentibus & Generoso Equestri Ordine Reipublicæ data, asseruimus; descendimus tandem ad examinanda desideria a Generoso Equestri Ordine Ducatuum Curl. & Semigalliæ, ex conventu publico hic Mitaviæ celebrato, per Generosum Ordinis Equestris Mareschalcum, Henricum Joannem à Meerfeld, nobis exhibita. Igitur matura deliberatione perpensis ac trutinatis hisce G. Equestris Ordinis desideriis & postulatis, juxta concessam Nobis per Legem publicam facultatem, ea, quæ Pactis subjectionis, Privilegiis Serenissimorum Regum Poloniæ, Formulæ Regiminis, Decisionibus Commissorialibus, innixa, ac Juribus & commodis Reipublicæ, securitatique, tranquillitati & utilitati horum Ducatuum consentanea esse videntur, accedente ad id voluntario G. Ordinis Equestris assensu & spontanea submissione, relative ad approbationem Reipublicæ, pro norma & methodo futuri Regiminis, in casum sterilium fatorum Illustrissimi moderni Ducis, exclusa in perpetuum, tam per antiquiores, quàm per recentem Legem, novi alterius Ducis infeudatione, prohibitaque universis & singulis, sub pœnis severissimis, ex omni Jure illicita cum extraneis Principibus correspondentia & vetita cointelligentia, statuere Nobis visum est:

I. Provincia hæc generaliter circa Pacta primævæ subjectionis, Privilegium Nobilitatis à Divo Sigismundo Augusto Rege clementissime concessum, Formulam Regiminis, Statuta, Decisiones Commissoriales, tam anteriores, quam novellas, tum & Lauda publica (dummodo tam Juribus S. R. Majestatis & Reipublicæ super hos Ducatus, quam Juribus Cardinalibus horum Ducatuum, ac Religioni Romano-Catholicæ, juxta Formulam Regiminis, non sint contraria, nec in præjudicium & cum injuria privatorum statuantur), possessionem Dignitatum, quæ tempore aperturæ legitime collatæ reperientur, nec non omnium Bonorum, sive feudalium vel hypothecariorum,

&

ANNO 1727. & integram rei Ecclesiasticæ Augustanæ Confessionis administrationem, ejusdemque Religionis juxta expressa verba Formulæ Regiminis perpetuum, & sine ulla immutatione, liberum exercitium in suis Ecclesiis, Libertates, Immunitates, Prærogativas, & summatim circa omnia & singula antiquitus acquisita & concessa Jura, consuetudines & observantias legitimas, tam in Ecclesiasticis, quam in Politicis penitus conservabitur, salvis & illæsis Juribus, Privilegiis, Immunitatibus, ritibus, observantiis, Religionis Romano Catholicæ, juxta Formulam Regiminis, Decisiones Commissoriales, statutis & concessis, quæ vim & robur perpetuæ firmitatis habere debent, cum libero prædictæ Religionis exercitio.

II. Eo vero casu, quo Illustrissimus Dux modernus Ferdinandus sine prole mascula fatis cederet, Curlandia & Semigallia ita incorporatæ esse censeantur, tamquam Ducatus Juribus, Pactis, & Privilegiis peculiaribus gaudentes, quibus, sicuti omnibus reliquis, nullæ Constitutiones quoad immutationem Jurium & Legum fundamentalium, Religionisque Augustanæ Confessionis, præjudicent, cum promissum sit, quod Pactorum & Formulæ Regiminis auctoritas, æterna esse & permanere debeat. Itaque Provincia hæc nomine S. R. Majestatis & Reip., ut tum temporis Ducatuum Curl. & Semig. immediatorum & utilium Dominiorum, à IV. Consiliariis supremis & duobus Assessoribus Judicii, juxta Formulam Regiminis, itidem à Capitaneis majoribus & minoribus, hoc modo regatur, ut, sede unius vel alterius vacante, Dignitariorum & Officialium talis sit electio, ut Capitanei majores & minores, nec non in Formula Regiminis nominati duo Assessores, per solum Ordinem Equestrem in Conventibus publicis eligantur, & à Consiliariis supremis nomine S. R. Majestatis confirmentur, Consiliarii vero supremi à S. R. Majestate ex quatuor Capitaneis majoribus assumantur & per Privilegium constituantur. Cum autem Cancellarius non tantum ex IV. Capitaneis majoribus, uti ceteri Consiliarii, sed & ex reliqua Nobilitate creari possit, & hocce Officium virum idoneum ac multis qualitatibus dotatum requirat, consultum fuit, ut facultas eligendi tres candidatos in Conventibus publicis eosque S. R. Majestati præsentandi penes G. Ordinem Equestrem relinqueretur, ex quibus electis & præsentatis (qui Augustanæ Confessionis sint, cum juxta antiquissimum usum & Statuta Curlandiæ Cancellarius Consistorii Aug. Confessionis sit Præses) S. R. Majestas uni Officium Cancellariatus conferet. Ne vero per electionem Capitaneorum Majorum & Minorum Catholici, quorum paucus numerus, a Dignitatibus & Officiis excludantur, quibus secundum Formulam Regiminis ad munia publica aditus patere debet; idcirco, assentiente ad id G. Ordine Eq. statuimus, ut omninounus inter Consiliarios supremos, unus inter Capitaneos Majores, & duo inter Capitaneos minores, sint Catholici nec in hisce Officiis eorum numerum Nobilitas augere teneatur. Quod si contigerit, aliquem ex Consiliariis vel Capitaneis, post assecutam jam dignitatem vel Officium, Catholicam fidem amplecti, id nec illi, nec alteri Catholico, in simili Officio constituto, ullum dignitatis suæ detrimentum ac periculum adferat, præter Cancellarium, qui juxta reservationem à Nobilitate factam, post resignationem Augustanæ Confessionis, munia Cancellarii non exercebit, & alius Cancellarius in ejus locum, facta ab Ordine Eq. electione & præsentatione, constituetur, titulo tantum solo hujus Officii Cancellariatus salvo illi manente. Duo vero Assessores Judicii, liberis Nobilitatis suffragiis eligendi, per Lauda publica confirmentur. Ad eos autem Dignitarios & Officiales eligendos, quoties opus fuerit, ad instantiam vel Generosi Ordinis Equestris, vel ejus constituti Plenipotentis Conventus publicus extraordinarius a supremis Consiliariis nomine Regis indicetur. Neque quisquam sive Consiliariorum, sive Capitaneorum, aliorumque Officialium, absque gravi & justa legitimaque causa, ac sine cognitione judiciali, à loco & Officio suo amoveatur. Si autem cognitio a Consiliariis supremis & Assessoribus, unà cum IV. Capitaneis majoribus, unius vel alterius absentia non obstante, sive in ordinario sive in extraordinario termino, facta fuerit, salva parti gravatæ a sola definitiva appellatione, removeri potest. Si vero contigerit, ut unus Capitaneorum majorum vel minorum removeretur, vel absens esset, aut moreretur, vel alia ex causa Officio suo fungi impediretur, tunc proximus quisque loci Capitaneus, ne Judicia Justitiæque administratio retardentur, vices ipsius suppleat.

III. Cum pensiones omnibus Dignitariis, & inprimis Magnificis Consiliariis supremis, ordinatæ tenues admodum & exiguæ sint, ex quibus Dignitatem sustinere nullatenus valent: itaque, ne cursum Justitiæ ob modicos proventus sistere vel ex donis vivere aut accidentia illicita sollicitare cogantur, convenientiora Dignitatibus & Officiis salaria ex proventibus Bonorum Ducalium, jam tunc ad utilitatem & dispositionem Reip. devolvendis, assignantur, scilicet, ut unicuique Consiliario supremo, ultra solitum mille Florenorum Albertinorum salarium, quingenti Floreni Albertini quotannis addantur & realiter per G. Oeconomum Bonorum feudalium exsolvantur.

IV. Quemadmodum juxta Formulam Regiminis in omnibus punctis observatam, & præcipue juxta hos Paragraphos: quod nemo omnium, sive Nobilium, sive Incolarum, Bonis suis sine legitima cognitione, vel judicio privetur: item, si lis inter Regimen & Nobilem, sive unum, sive plures, de possessionibus aliisque rebus orta fuerit, quod causa eorum immediate coram Judiciis Relationum Propriarum S. R. Majestatis intentetur, nec ulla Rescripta Regia contra Jura hujus Provinciæ a Regimine Ducatuum horum attendantur, imo super impetrantes, ad sinistram Cancellariarum Regni & M. D. L. informationem, talia Rescripta, pœnæ in Formula Regiminis expressæ extendantur, perpetuo cavetur.

V. Quia vero naturalis & communis defensionis exposcit ratio, ut subsidia aliqua Reipublicæ, urgente necessitate belli cum extraneis à S. R. Majestate & Republ. gerendi, subministrentur à G. quoque Equ. Ordine; idcirco ad servitia Equestria in Formula Regiminis præscripta, nempe ex viginti uncis Raytarum unum, reducendo juxta allegatam uncorum proportionem hocce subsidium ad numerum ducentorum Raytarorum sive Equitum, præter Officiales, tempore belli ex Bonis solis Nobilium, annumeratis iis, quæ Domus Ducalis jure allodiali a Nobilitate acquisivit, præstanda fidem suam obligat. Quoniam autem sistendi hi milites ob inæqualitatem uncorum magna adfert incommoda, hinc G. Ordo Equ. loco servitiorum Equestrium, juxta Formulam Regiminis præstandorum, primo anno cœpti belli triginta millia Imperialium Albertinorum, reliquis vero annis quamdiu bellum duraverit, quotannis decem millia Imperialium se exsoluturum promisit, hoc tamen præcauto, si tunc temporis sive copiæ hostiles, sive etiam milites Reipublicæ, Provinciam hanc pro defensione occuparent, ne prædictus Ordo Equestris ad solvendas ante memoratas pecunias, nec ipso belli tempore, nec etiam post recuperatam pacem, pro his annis, quibus vel copiæ hostiles, vel Reipublicæ, in visceribus hujus Provinciæ permanserint, exsolvere obstrictus sit, præter prædicta autem servitia ab omnibus inhospitationibus militum, Contributionibus omnibusque aliis ejusmodi oneribus liber & immunis erit.

VI. Item Regiminii hujus Provinciæ Jurium omnium superiorum, nimirum Juris cudendæ Monetæ, & aliorum ex Pactis subjectionis resultantium, exercitium, uti Illustrissimi Duces id habuerunt, relinquitur, adeo, ut ea omnia nomine S. R. Majestatis exercere possint, ita tamen, ut Monetæ ad pondus & valorem intrinsecum hujus, quæ in Regno Poloniæ & M. D. L. vicinisque Provinciis cursum habet, cudendæ ex una parte effigies Regiæ, ex altera insignia Regni Poloniæ & M. D. L. inclusis insignibus Ducatuum Curl. & Semigalliæ, imprimantur.

VII. Quoniam jam ante annos complures moderna S. R. Majestas feliciter regnans concedere dignata est, ut G. Ordo Equestris Provinciæ Plenipotentem eligere & constituere possit, cujus Officium erit, providere, ut Leges, Jura & Libertates Provinciæ quocunque tempore in viridi usu & observantia conserventur, & si quid in contrarium vel a Regimine, vel à quovis alio inciderit, ad S. R. Majestatem de eo deferre. Licitum itaque erit, ejusmodi Provinciæ Plenipotentem eligere & constituere, qui tamen nullas innovationes vel aliqua molimina, vel negotiationes, cum extraneis, quocunque titulo & prætextu, inire audebit, sub pœnis contra violatores Jurium Reip. & Perduelles sancitis.

VIII. Cum fines Ducatuum Curl. & Semig. ex parte Livoniæ & M. D. L. non mediocriter coarctati & imminuti sint, curabit S. R. Majestas Dominus Noster Clementissimus & Respublica, & conveniennientia media adhibebit, ut fines in ordinem redigantur, limites juxta ductum Pactorum subjectionis definiantur, & quicquid Ducatibus Curlandiæ & Semig. subtractum apparuerit, illis restituatur.

IX. Siquidem ad Regimen manutenendum & Justitiam exequendam Milites necessario requirantur, numerus 12. Raytarorum & 30. Peditum habeatur, illisque ex reditibus Ducalibus, juxta antiquam consuetudinem stipendium exsolvatur.

X. Conservatur quoque in Ecclesiasticis & eo spectantibus Judicium Consistoriale, quod hucusque in viridi usu & observantia fuit, quodque ex Consiliariis supremis & duobus Assessoribus Augustanæ Confessionis, Superintendente & Præpositis, consistit, & uti antea semper, ita & in posterum. Cancellarius Præsidium retineat, & in eo omnia, quæ ad integram rei Ecclesiasticæ administrationem pertinent, constituantur & decidantur, Conventus, quos vocant Synodos, habeantur, eo tamen præcauto, quod idem Consistorium Aug. Confessionis nullam unquam super personis Romano-Catholicis cujuscunque status & conditionis, si rei fuerint, Jurisdictionem usurpare sibi poterit, causæ vero matrimonii, in quibus una persona conjugum fuerit Catholica, nec ex reatu, nec ex actoratu, ad prædictum Consistorium ullatenus trahantur: in iis Templis, in quibus Dux vel Patronus solus fuit, vel Compatronos habuit, tam in Templis omnium Urbium, quam agrorum, nulla mutatio suscipiatur, eaque Templa & Parochiæ cum omnibus iis assignatis Cmethonibus & aliis pertinentiis, Concionatoribus Aug. Confessionis, quibus ex reditibus Ducalibus juxta morem receptum salarium persolvatur, provideantur, & ex Præfecturis tecta atque sarta serventur, imò, quoties opus fuerit, emendentur, restaurentur & nova extruantur, in quantum collapsa fuerint; in iis Templis, ubi Nobiles Jus Compatronatus habent, pars competens, uti antea, conferatur, vel ad hanc partem competentem, tam quoad Concionatorum salarium, quam quoad conservationem Templorum, conferendam & exsolvendam etiam Catholicæ Religionis Compatroni teneantur, jus tamen Patronatus, quod & ubi Ducibus competebatur, S. R. Majestati, per Consiliarios supremos nomine Regis exercendum, reservatur. Itidem Nobilibus jus Patronatus in suis Templis, & jus in Bonis suis Templa ædificandi, ea renovandi, & quidquid aliàs ipsis competierit, uti antea habuerunt aut habere potuerunt, per omnia & in omnibus relinquitur.

XI. Cum Curlandia Gymnasio Academico destituta sit, unde & Nobilium & Civium liberi cum sumptibus magnis in Academias Germaniæ mittendi non mediocrem summam pecuniæ Provinciæ inferunt, præterea multæ viduæ & virgines paupertate premantur, & non habeant, quo vitam suam honeste sustentare possint: igitur Evangelicum Gymnasium Academicum, & Cœnobium pro viduis & virginibus instituendi & conservandi quocunque tempore, dummodo non ex proventibus Ducalibus, facultas indulgetur, illa autem pauca Hospitalia & viduarum Domus, uti & Scholæ hic in Curlandia & Semigallia existentes, in eodem statu, in quo sunt, retineantur, & quæ ipsis dedicata sunt, promte & expedite exsolvantur.

XII. In Privilegio D. Sigismundi Augusti §. 7. clementissime provisum est his formalibus: quod Nobiles in omnibus Bonis feudalibus jam obtentis, vel quovis modo, sive speciali gratia, sive Contractu licito, obtinendis, liberam & omnimodam potestatem de iis disponendi habeant; idcirco Bona, quæ Nobiles a domo Ducali jure feudi obtinuerunt, prævia probatione jurium feudalium coram Commissione Regia, eodem jure, uti obtinuerunt, etiam post fata Ill. Ducis sterilia tenebunt & possidebunt, Bona vero allodialia a Ducibus acquisita & libero commercio subjecta, uti fuerunt, ita semper remaneant.

XIII. Cum vel bello, vel aliis innumeris & variis casibus, imo ipsa diuturnitate temporis, evenit, ut Privilegia & documenta prædictorum nonnullorum Allodialium perierint, ea juxta præscriptum in Privilegio D. Sigismundi Augusti §. 8. à S. R. Majestate novis diplomatibus innoventur, si de Bonorum hæreditatione tranquilla atque continua possessione constiterit, & absque necessitate producendi Privilegia sua, in Bonis suis conserventur, & Prædiis Nobilium allodialibus Jura, si quæ in Bonis & Præfecturis Ducalibus habeant, & per documenta, vel longam ac quietam possessionem, demonstrare possunt, uti est jus lignandi, pascendi, piscandi &c. quiete & citra ullam turbationem retineantur.

XIV. Contractibus Ducalibus pignoratibus ut satisfiat, Generosi Oeconomi Bonorum feudalium cura esse debebit, adeo, ut si Possessoribus in Bonis pignoratibus diutius remanere non placuerit, ipsis post resignationem legitime factam (modo Bona ista possessoris culpa non sint deteriorata, quo casu juxta decisiones Novellas Commissoriales procedendum) vel creditum unà cum legitimis suis prætensionibus juxta tenorem Contractus exsolvatur, vel etiam ad id extenuandum Præfectura vel prædium tale tradatur, ex quo, juxta consuetam Proventuum computationem prætensiones suas legitimas extenuare possint. Illi vero Possessores, qui vel jure extenuationis pignoratitio, vel Arendæ, Bona Ducalia jam tenent, in possessionibus suis usque ad finem Contractus, nullo modo turbentur, salvo tamen calculo juxta anterioris Commissionis decisiones, & eo quam firmissime præcauto & inhibito, ne quisquam eorum Jus suum in extraneum vel potentiorem transferat sub nullitate transactionis & solutione æquivalentis summæ ad Fiscum.

XV. Bona Ducalia in sempiternum naturam suam retinebunt & quæ tempore subjectionis secularia fuerunt, nunquam in Bona spiritualia permutabuntur, &, si illa vel pignori dentur vel elocentur, non aliis, quam indigenis Nobilibus, relinquentur. Ad arendas autem & administrationem eorundem non solum Nobiles, sed etiam civicæ personæ idoneæ & possessionatæ admitti poterunt, Nobilium tamen prima habita ratione, simulque curabitur, ut possessoribus Bonorum Ducalium non indigenis in prætensionibus, quæ justæ & legitimæ adparebunt & censebuntur, quam primum satisfiat, & eorum loco indigenæ assumantur. Dignitariis vero cum Dignitate simul Præfecturarum administratio non competet.

XVI. Nobiles sicuti antea, & in posterum atque in æternum, tam in Nundinis, quàm omnibus aliis casibus, à vectigalis solutione exemti manebunt, omniaque vectigalium augmenta & nova telonia in præjudicium jurium Nobilitatis, quocunque nomine veniant, prorsus tolluntur. Ne vero Nobiles quoque in Bonis suæ possessioni subjectis privata & nullo jure fundata telonia, in aggravationem Civitatum & Mercatorum, usurpare præsumant, inhibetur.

XVII. Quoad rusticos in Rigensium Ditiones profugos, in futura cum Ministris extraneis conferentia huic quoque opera dabitur, ut retradantur. Pro recuperatione autem transfugarum in Litthuaniam sufficienter Lege novella omnibus provisum est, dummodo jure retorsionis eadem quoque in hisce Ducatibus Subditorum ex Litthuania transfugorum Legis & Justitiæ, in retradendis illis, exhibeatur observantia.

XVIII. Jus indigenatus Nobilitatis Curlandiæ & Semigalliæ in Regno Poloniæ & M. D. L., prout est incontestabile, & in Constitutione novella Grodnensi anno 1726. cautum, ita accessus ad omnes Dignitates, uti Nobilibus Polonis & Litthuanis, salvis Legibus publicis, eidem Nobilitati pateat

XIX. Quoniam autem Nobilitas horum Ducatuum ex variis rationibus impossibilitatem alicujus subsidii, præter servitia equestria in §. 5. hujus Ordinationis, S. R. Majestati & Reip. ullo unquam tempore solvendi vel præstandi demonstravit, (tametsi juxta §. 17. Privilegii D Sigismundi Augusti ad innatam Ordini Equestri generositatem & spontaneum pro defensione communi concursum via non præcludatur) volens tamen, ut Respubl. ex immediata hujus Provinciæ subjectione sentiat suum utile super illa Dominium, beneficio panis benemerentium, quod in Bonis Regalibus per totum Regnum Poloniæ & M. D. L. sitis, & per distributivam Justitiam Regum conferri solitis, consistit, in hac Provincia sponte sua renuntiavit, & privatum hocce particularium meritorum præmium, & commodum publicæ utilitati, & emolumento sacrificavit, ita scilicet, ut omnia Bona Domus Ducalis feudalia, in hac Provincia existentia nunquam possint, quocunque titulo, Feudi, Emphyteusis, vel juris advitalitii, usibus privatis applicari, nec ullo unquam modo distributivæ Justitiæ Regum subsint, sed jure & mere ad utilitatem publicam convertantur: Nos igitur, laudabili zelo & voluntario consensui Nobilitatis inhærendo, decernimus, ut ex omnibus Bonis & Proventibus Ducalibus fundus perpetuus & inalienabilis in subsidium virium Reip. constituatur, & copiæ peculiares in hac Provincia erigantur, quæ imperio supremorum Ducum Exercituum Regni, & M. D L. suberunt & ab eorum mandatis dependebunt, ita tamen, ut hæ copiæ, sine omnium Bonorum Nobilium aggra-

ANNO 1727.

gravatione, inhospitatione, & alio quocunque nomine veniant, onere, ex stipendio vivant, neque quisquam, Milites ex Cmethonibus Nobilium conscribendi, facultatem sibi arrogare præsumat, &, si quis Cmethonum in numerum militum esset assumtus, is eum Domino suo repetenti instantanee & absque ullis diffugiis restituere teneatur: quo autem amplior iste fundus esse possit, & Resp. serius quidem, uberiorem tamen ex plena præfatorum Bonorum possessione fructum percipere, eoque majorem numerum copiarum militarium habere valeat, tali modo futuræ eorundem proventuum dispositioni providetur, ut omnes reditus liberi tam ex Civitatibus, quam ex Bonis, Sylvis, vectigalibus ceterisque utili Dominio annexis juribus, provenientes quotannis in ærarium publicum collati, reservata pro legitimis, expensis, tertio & decimo præsentis Ordinationis articulo circumscriptis; sufficienti pecuniæ summa, in reluitionem Bonorum feudalium oppignoratorum, prævia liquidatione & calculatione prætensionum, applicentur, & quidquid proventuum inde accesserit, eadem ratione tollendis prorsus reliquorum Bonorum oneribus impendatur, donec omnes Præfecturæ & prædia feudalia ære alieno liberentur, hoc tamen servato ordine reluendi, ut illa Bona prius recuperentur, ex quibus, ducta proportione summæ capitalis, majores reditus percipi possunt. Oeconomus generalis omnium Bonorum & proventuum à S. R. Majestate constituatur, sitque Nobilis indigena Curlaudus bene possessionatus; administrationem præfatorum Bonorum & redituum Ducalium solus habeat, Officialibus omnibus salaria sua annuatim absque ulla tergiversatione vel prætextu inprimis exsolvere teneatur; quæcunque pro extructione Templorum juxta decimum Ordinationis præsentis Articulum, vel conservatione eorundem, & salariis Ministrorum, Xeniodochiis, domibus viduarum, scholis, parochiis, juxta veterem usum & continuam praxin ex Bonis Ducalibus tribui solent, aut ad alias pias causas antiquitus ex iisdem destinata sunt & hactenus usitata fuerunt, promte exsolvat; rationes coram supremis Consiliariis quotannis fideliter reddat, illi autem sub occluso rothulo justificatas easdem rationes S. R. Majestati & Reip. ad initium Comitiorum generalium transmittant, quo tempore Oeconomus quoque generalis compareat, & calculationem factam examini Ministrorum Status & Belli utriusque Gentis subjiciat. Formula Contractuum futurorum, qui ab Oeconomo dandi & subscribendi erunt, juxta morem antiquum conservetur &, si lis inter contrahentes exoriretur, secundum præscriptum Decisionum Commissorialium Anni 1717. dirimatur; si autem præter spem cuipiam, sive Officiali, sive templis vel eorum Ministris, debita salaria, aut Xenodochiis domibusque viduarum & in alias pias causas, ea, quæ legitime competunt, Oeconomus exsolvere retardaret, unicuique liceat per querelas ad Consiliarios Regentes confugere, qui plenariam facultatem habeant, illum ad promptissimam exsolutionem ex Bonis Ducalibus non tantummodo adstringere, sed etiam Processu summario, coram Judiciis suis ob non præstitam debitam exsolutionem instituendo, in ejusdem Bonis propriis refusionem damnorum & expensarum decernere, nec ei hoc in passu ad S. R. Majestatem ulla concedatur appellatio In locatione Bonorum, quantum sine detrimento Fisci poterit, Nobilium indigenarum Curlandorum prima ratio habeatur. Ante factam salariorum & suprafatorum præstandorum exsolutionem nulla pecuniarum summa extra Ducatum mittatur. In causis judicialibus, quæ exempli gratia extraditionem Cmethonum, ductum limitum, & cetera, concernunt, ac ad solum Regimen spectant, Oeconomus se non immisceat, nec in his casibus legitimas instantias juxta Leges & praxin Provinciæ ac usitatum Processum juris unquam perturbare præsumat. Bona Ducalia in sua propria & personali administratione solus non teneat, sed tam illa, quam omnes reditus publicos vel plus offerenti locet, vel personæ idoneæ ad administrandum concedat, ipse vero universalem quoad ineundos contractus instituendosque & admovendos Administratores dispositionem ac supremam, ut res oeconomica bene tractetur, inspectionem habeat, proventus omnes recipiat, ærario publico præsit, pecuniam Fisco illatam, detractis juxta anteriora puncta necessariis expensis tali ratione, qualis nunc præscribitur, in recuperationem Bonorum Ducalium sub onere hypothecario existentium applicet, postquam autem omnia liberata & copiæ jam erectæ fuerint, stipendia militaria exacte juxta dispositionem Reip. exsolvat, augendis, quantum salva æquitate fieri poterit, emolumentis & proventibus publicis, conservandis & meliorandis Bonis Ducalibus, retinendis ac recuperandis eorum Cmethonibus, omnem possibilem curam impendat, ex administratione & locatione Bonorum ac redituum nullam privatam utilitatem quærat, munera, etiam ultro oblata, a personis cum illo ex ratione Officii aliquid negotii habentibus, non acceptet, sed ex assignato salario vivat, tum Ecclesias Romano-Catholicas, Mitaviensem & Goldingensem, sartas tectasque conservet & manuteneat: quæ omnia ut eo exactius adimpleat, fidem suam super præmissis & super observandis Legibus Provinciæ juramento coram Consiliariis supremis præstando circa apprehensionem Officii obstringere tenebitur. Si vero in damnum S. R. Majestatis & Reip. vel detrimentum Fisci contra fidem & obligationem suam fecerit, & cujusvis delatione Commissio mixta ex Polonis, Litthuanis & Curlandis contra illum instituatur, quæ pro qualitate delicti eum pœnis afficere vel ab Officio removere poterit. Præfectus Sylvarum simili ratione Nobilis indigena juratus, & bene possessionatus a S. R, Majestate constituetur, illique sylvarum cura & conservatio incumbet: Curatores & Custodes saltuum ab illo dependebunt. Duo Magistri Teloniorum, Libaviensium & Windaviensium, pariter jurati & exercendo huic muneri idonei, sine distinctione conditionis, privilegio S. R. Majestatis constituendi, prædictarum Civitatum portoriis præerunt: quidquid autem ex Teloniis & Sylvis provenerit, ærario publico inferatur. Prædicti quoque tres Officiales tam quoad dispositiones pro augmento horum redituum faciendas, quam quoad reddendum calculum, ab Oeconomo generali dependeant. Cum autem secundum præsentem Ordinationem Consiliarii supremi ab Oeconomo generali calculum exigere, &, ne quid in damnum Reip. vel detrimentum Fisci fiat, prospicere teneantur, ad ordinarium illorum Juramentum sequentia puncta addenda esse censentur: Omni pro viribus meis cura, solicitudine & vigilantia, ad id concurram, ut bona & proventus ad ærarium publicum pertinentia integre & citra omnem defraudationem administrentur, in usus a Republ. assignatos fideliter applicentur, nec quisquam ex illis privatum lucrum me sciente percipiat, quod nec ego ipse pro me vel aliis, directe vel indirecte, quæram, imo, si quid mihi ab Oeconomo generali, vel illius gratia ab aliis, oblatum fuerit, non acceptabo, rationes rei œconomicæ quotannis diligenter, & excluso omni amicitiæ, consanguinitatis, vel præsentis aut futuræ utilitatis, respectu, ab Oeconomo exigam, illasque ad initium Comitiorum generalium S. R. Majestatis & Reip. eadem fidelitate transmittam, si quid ab Oeconomo vel per negligentiam, vel per conniventiam illius ab aliis, in præjudicium Civitatum, Præfecturarum, Bonorumque Ducalium & Fisci publici, fieri advertero, S. R. Majestati deferam, in omnibus denique damna publica avertere, commoda & emolumenta procurare, satagam. Quo autem plenius integre proventuum publicorum administrationi provideatur, & Officiales in obeundis muneribus suis exactiores sint, Procurator fiscalis a S. R. Majestate constituetur, cujus Officium erit, omni possibili conatu in id incumbere & providere, ne reditibus Reip. Civitatibus, Bonisque Ducalibus, damnum aliquod a quopiam inferatur, ne Præfecturæ & prædia sive per incuriam Oeconomi, sive per iniquas exactiones & oppressiones Cmethonum in deteriorem statum collabantur, ne Sylvæ & Saltus devastentur, ne proventus publici per favorem vel dolum minori pretio, quam deberent, locentur, ne in contractibus & calculationibus aliqua collusio fiat, vel pecunia publica in privatos usus convertatur, aut quispiam ex Fisco & fundis ad Fiscum pertinentibus lucrum aliquod privatum habeat, utque Officiales Officia sua omni, qua par est, diligentia exerceant, & Jura Reip. & hujus Provinciæ nullum præjudicium patiantur vel labefactentur. Si quid vero in contrarium a quocunque ageretur, id S. R. Majestati & Ministris idem Fiscalis fideliter deferre tenebitur. Munera, sub pœna Peculatus a nemine acceptabit, nihil damnosum Fisco & Reip. per favorem, respectum, aut ob pollicitationes vel spem alicujus proprii emolumenti, reticebit, & super omnibus præmissis punctis Juramentum coram supremis Consiliariis præstabit.

XX. Id denique firmissime & omni meliori modo spondetur & cavetur ex mutuis Reip. & hujus Provinciæ vinculis & stipulationibus, quod Ducatibus his

Curlandiæ & Semigalliæ nunquam a Regno Poloniæ & M. D. L. ſeparabuntur, vel alii exotico Dominio aut regimini cedentur, ſed in æternum tanquam indiviſibile Politici Reip. Corporis Membrum ſub Regum & Reip. Dominio perpetuaque & immediata ſubjectione permanebunt, nec Status eorum jam conſtituendus ullo modo ſine conſenſu G. Ordinis Equ. immutabitur, noſque omni ſtudio & conatu poſſibili promoturos & curaturos fore, ut Jura eorum antiqua, & quæ jam a Commiſſione Noſtra ipſis ſtipulantur, in Comitiis Generalibus proxime venturis à S. R. Majeſtate & Rep. ſolenniter confirmentur & approbentur, atque hoc modo auctoritatem æternam obtineant.

XXI. Si quid vero ob anguſtiam temporis omiſſum quod Provinciæ huic proficuum & ex uſu eſſet, eorum a S. R. Majeſtate & Rep. poſtulandorum non præſcinditur facultas.

Chriſtophorus Joannes Szembeck, Epiſc. Warm. & Samb. S. R. Majeſtatis & Reip. Commiſſarius. mppr. (L. S.)

Caſimirus Oginski Palatinus Trocenſis, Capitaneus Uſpolienſis, Commiſſarius S. R. M. & Reip. (L. S.)

Staniſlaus Dönhoff, Palatinus Potocenſis, Exercituum M. D. L. Dux Campeſtris, Capitaneus Neocorcinenſis, S. R. M. & Reip. Commiſſarius. (L. S.)

Jacobus in Scrinn Dunin, Referendarius Regni, Viſlicenſis, Radoſycenſis, Lipnicenſis, Capitaneus, S. R. M. & Reip. Commiſſarius. (L. S.)

Joſephus Nakwaski, Capitaneus Cechanovienſis, S. R. Majeſtatis & Reip. Commiſſarius. (L. S.)

Adamus Kraſinski, Pincerna Ciechanovienſis, Colonellus & Commiſſarius S. R. Majeſtatis & Reip. (L. S.)

Joſephus de Campo Scipio, Capitaneus Lidenſis, Commiſſarius S. R. M. & Reip. (L. S.)

Johannes Sigismundus de Wahlen, Vexillifer Diſtrictus Grodnenſis, S. R. M. & Reip. Commiſſ. mppr. (L. S.)

Antonius de Eperieſs, Colonellus S. R. Majeſtatis, Commiſſarius S. R. M. & Reip. (L. S.)

Chriſtophorus Manteyffel Kielpinski, Abbas Sieciechovienſis, Commiſſionis S. R. Majeſtatis & Reip. Secretarius mppr.

Sebaſtianus Rybczinski, Decretorum Curiæ Regni & Commiſſionis S. R. Majeſtatis & Reip. Notarius mprr. (L. S.)

Quemadmodum ſupraſcriptam Ordinationem futuri Regiminis in omnibus ſuis Articulis per totum acceptavimus: ita Celſiſſimam hanc Commiſſionem de benigniſſime promiſſa & promovenda ejuſdem in Comitiis generalibus proxime futuris confirmatione humillime ac inſtantiſſime imploramus.

Adamus Caſimirus Kosciuszko, Landhoffmeiſterus & ſupremus Conſiliarius. (L. S.)

Caſimirus Chriſtophorus Brackel, Cancellarius & ſupremus Conſiliarius. (L. S)

Carolus Fircks, Oberburggrabius & ſupremus Conſiliarius. (L. S.)

Philippus Henricus Hahn, Landmareſchalcus & ſupremus Conſiliarius. (L. S.)

Henricus Joannes à Meerfeldt, Subjudex Goldingenſis, p. t. Deputatorum Mareſchallus, & Diſtrictuum Goldingenſis & Windavienſis Deputatus. (L. S.)

Georgius Fridericus Kloppman, Capitaneus Schrundenſis, Deputatus Mitavienſis. (L. S.)

Chriſtophorus Joannes à Brüggen dictus Fock, Deputatus Mitavienſis. (L. S.)

Chriſtophorus Fircks, Deputatus Talſenſis. (L. S.)

Philippus Georgius Hahn, Deputatus Diſtrictus Bauſcenſis. (L. S.)

Gerhardus Erneſtus Haudring Subjudex Seelburgenſis, Diſtrictus Dunaburgenſis & Tranſlauzenſis Deputatus. (L. S.)

Gotthardus Erneſtus de Budberg, Deputatus Diſtrictus Neuguttenſis & Baldonenſis. (L. S.)

Alexander Fridericus Korff, Deputatus Diſtrictus Seelburgenſis. (L. S.)

Henricus Gerhardus de Plettenberg, Diſtrictuum Aſcherod & Nerſten Deputatus. (L. S.)

Magnus Chriſtophorus Korff, Deputatus Diſtrictus Tuckumenſis, & ex Plenipotentia Joannis Melchioris Funcken Deputatus Tuckumenſis. (L. S.)

Georgius Melchior Stempel, Deputatus Autzenſis & Grentzhofienſis, & ex Plenipotentia Friderici Henrici à Biſtram Deputati Autzenſis & Grentzhofienſis. (L. S.)

Gerhardus Wilhelmus Nagel, Alſchwangenſis Deputatus. (L. S.)

Fridericus Caſimirus de Brüggen dictus Fock, Diſtrictus Candavienſis Deputatus. (L. S.)

Tam nomine mandatario Henrici Chriſtiani ab Offemberg Capitanei & Deputati Doblenenſis, quam meo, ſubſcribo Gotthardus Fridericus à Loebell, Deputatus Doblenenſis. (L. S.)

Fridericus Manteuffel nominatus Zöge, Deputatus Diſtrictus Eckavienſis. (L. S.)

Petrus Koſchkull, Deputatus Zabelienſis Diſtrictus, pro ſe, & Mandatario nomine Ottonis Friderici Behr Deputati Diſtrictus Frauenburgenſis, itemque Wilhelmi Alexandri de Heucking, Deputati Zabelienſis. (L. S.)

Georgius Henricus Hahn, Deputatus Candavienſis & Neuenburgenſis. (L. S.)

Andreas Gotthardus Manteuffel nominatus de Szöge, Deputatus Seſſavienſis. (L. S.)

Gebhardus Joannes Keyſerling, Deputatus Durbenſis & Grambsdenſis, pro ſe, & mandatario nomine Nicolai Korff, Deputati Diſtrictus Haſenpotenſis. (L. S.)

Actum Mitaviæ —— 1727. die 10. Decembris.

Pro Piltinenſi Diſtrictu Interventionis Deciſio.

NOs Commiſſarii S. R. Majeſtatis & Reip. ſiquidem ad ſummam duorum millium quingentorum ſeptemdecim Thalerorum ex contributionibus pro milite exotico collectam à Generoſo Keyſerling vigore Decreti Judicii noſtri provenientem Generoſo Equeſtri Ordini horum Ducatuum adjudicatam, tam Generoſus Sacken Conſiliarius Terreſtris & Plenipotentiarius Piltinenſis, quam & Nobilis Fiſcalis pro Intereſſe Bonorum Ducalium, uti ad publicas Contributiones ſpectantium, interveniunt, idcirco pro eorum prætenſionibus, ad hanc ſummam legitimandis & cognoſcendis ac decidendis, Partes ad Generoſos Conſiliarios ſupremos Ducatuum Curl. & Semig. remittimus.

Diſpoſitio Officiorum vacantium.

NOs Commiſſarii S. R. Majeſtatis & Reipubl. Proſpiciendo bono Ordini horum Ducatuum, ſupplicationique Generoſi Equeſtris Ordinis annuendo, ne ſine regimine, poſt reſignationem muneris & Officii a Generoſo Brincken Landhoffmeiſtero factam,

&

ANNO 1727.

& abjudicationem Officio Cancellariatus Generosi Keyserling, hi Ducatus relinquantur, cum Illustrissimus Dux necdum investitus & a Ducatibus absens, secundum Formulam Regim. & Decisiones Commissoriales, Officia vacantia conferre non valeat, de suprema auctoritate & potestate S. R. Majestatis & Reipubl. de hisce vacantiis taliter disponimus, nempe Generoso Adamo Kosziuszko Oberburggrabio Landhoffmeisteratus, Generoso Brackel Landmareschalco Cancellariatus, Officia conferimus, non præjudicando autem præscripto Formulæ Regiminis & Decisionum Commissorialium, jam a Nobis in prædictis Officiis constitutis reliquos Collegas, utpote Oberburggrabium & Landmareschalcum, eligendi facultatem relinquimus, Decreti præsentis vigore.

Actum Mitaviæ —— 1727 die 12. Decembris.

NOs causa & actione Generosi Ordinis Equestris Ducatuum Curlandiæ & Semigalliæ contra Generosum Ordinem Equestrem Districtus Piltinensis, ratione præscriptionis hominum propriorum & processus circa repetitionem eorundem in Districtu Piltinensi recepti & usitati, coram Judicio Nostro instituta & ventilata, Generoso Ordine Equestri Ducatuum Curlandiæ & Semigalliæ per Mareschalcum suum Generosum de Meerfeldt inferente & conquerente, in Districtu Piltinensi vigore ejusdem statutorum contra Nobiles & Incolas Ducatuum Curlandiæ, homines suos proprios repetentes, non solum præscriptionem triginta annorum, sed & Processum Ordinarium obtinere, ac usu Judicii Terrestris Piltinensis servari; non obstante, quod in Judiciis Ducatus Curlandiæ & Semigalliæ contra Nobiles & Incolas Districtus Piltinensis ejusmodi præscriptio non obtineat, & iidem circa repetitionem Kmethonum suorum processu summario gaudeant, ideoque decerni petente, ut Nobilibus & Incolis Ducatuum Curlandiæ & Semigalliæ, contra Nobiles & Incolas Districtus Piltinensis, jure retorsionis, alias tam in Jure communi, quam æquitate, fundato, uti liceat, Generoso autem Ordine Equestri Districtus Piltinensis per Deputatum & Plenipotentem suum, Generosum Consiliarium Terrestrem de Sacken, in contrarium, se jam antiquitus ejusmodi jure, in Statutis suis fundato, uti, & contra Legem scriptam Retorsionem non locum habere, inferente ac Decisioni nostræ se submittente.

Nos Commissarii S. R. Majestatis & Reip. auditis & bene perpensis Partium controversiis, & inprimis eo attento, quod Jus Retorsionis tam in jure communi, quam in ipsa æquitate fundatum sit, & quod exercitium ejusdem Juris Retorsionis ad solam Juris diversitatem adhiberi queat, siquidem unumquemque eodem jure, quod in alterum statuit, uti æquum est, ex auctoritate S. R. Majestatis & Reip. sententiamus ac decernimus, quatenus in posterum Generoso Ordini Equestri Ducatuum Curlandiæ & Semigalliæ contra G. Ordinem Equestrem Districtus Piltinensis, tam quoad præscriptionem triginta annorum, quam quoad formam Processus ordinarii, in Districtu Piltinensi circa repetitionem hominum propriorum receptam & hactenus ibidem observatam, jure Retorsionis uti liceat; juribus ceteroquin tam Districtus Piltinensis, quam Ducatuum Curlandiæ & Semigalliæ, per omnia & in omnibus salvis.

Christophorus Joan. Szembek Episcopus Varniensis & Sambiensis meo & totius Collegii Commissorialis S. R. Majestatis & Reip. nomine mppr.

Sebastianus Rybczynski Decret. Curiæ Regni & Commiss. S. R. M. & Reip. Notarius mppr.

(L.S.)

Actum Mitaviæ in Commissione —— Feria sexta post Festum immaculatæ Conceptionis B. Virginis Mariæ, die 12. Decembris 1727.

Decisiones ad Postulata Generosæ Nobilitatis Ducatuum Curlandiæ & Semigalliæ.

I. CUm Lauda publica horum Ducatuum annorum 1726. & anni currentis 1727. de die quarta Martii, tanquam in Conventibus per Rescripta S. R. Majestatis prohibitis, & per Legem publicam cassatis, sancita, & Juribus Majestatis & Reipublicæ, quoad Pseudo-electionem Mauritianam, contraria & nociva, nullitatis vitio subsint, nonnulla tamen puncta in illis reperiantur, quæ ad internum ordinem, dispositionem domesticam horum Ducatuum, & Officialium electionem, spectent; idcirco petitioni Generosi Equ. Ordinis annuendo, eadem puncta, exclusis his, quæ vel Religioni Romano-Catholicæ, vel Juribus S. R. Majestatis & Reip. repugnant, in moderni Conventus Laudum inserendi facultatem dedimus, hocque Laudum auctoritate Nostra Commissoriali approbamus, & ut Generosa Nobilitas tam huic quam ceteris in futurum statuendis, juxta Decisiones anteriores & Formulam Regiminis, obtemperet, mandamus, Juribus Romano-Catholicæ Ecclesiæ, Majestatis & Reip. ac horum Ducatuum, salvis manentibus.

II. Quod attinet salaria, Dignitariis & Officialibus ex Camera Ducali solvi solita, Decisiones anterioris Commissionis reassumimus, & quatenus juxta easdem & antiquas consuetudines, Camera Ducalis statis temporibus suum cuique contingens exsolvat, & deputata ordinaria subministrari faciat, mandamus.

III. Cum quoque per Innotescentiales Nostras Literas injunxerimus, ut omnes, quibus cum Illustrissimo Duce Curlandiæ Domoque Ducali causæ ex contractibus intercedunt, Jura sua coram Judicio Nostro Commissoriali producerent, jam autem propter limitationem Commissionis Nostræ faciendam producere eadem, licet si parati erant, non potuerunt, idcirco, ne hoc cuipiam damno Jurique suo nocivum in posterum esse possit, præsentis Decreti vigore cavemus.

Decisiones ad bonum ordinem motu Judicii Nostri Commissorialis factæ.

I. CUm id summopere ad utilitatem & commodum horum Ducatuum pertineat, ne alienigenæ ad Indigenatum horum Ducatuum & possessionem hæreditariam & pignoratitiam Bonorum admittantur, proinde statuimus, ut nemo externorum, cujuscunque status, dignitatis & præeminentiæ fuerit, pro Indigena horum Ducatuum censeri, & Bona feudalia vel allodialia, quocunque nomine ipsi veniant, possidere possit, nisi qui prius Indigenatum regni, in Comitiis Generalibus, ex recommendatione & instantia Generosi Equestris Ordinis horum Ducatuum, obtinuerit, sub nullitate quarumvis inscriptionum, contractuum, omniumque Transactionum in contrarium factarum, uti Reipubl. repugnantium, ac applicatione talium Bonorum Fisco Regio & Reipublicæ: & quatenus Generosus Equestris Ordo Album Nobilitatis suæ, aliàs Ritterbank fideliter conscriptum, ad Cancellarias Regni & M. D. Litthuaniæ porrigat & extradat, injungimus.

II. Cum Præfecturæ & Prædia Ducalia beneficio pacis reflorescere, ac, pro ratione melioratæ conditionis, annui ex illis reditus augeri debeant, hoc tamen hactenus per negligentiam vel incuriam in tractandis rebus œconomicis non evenisse notorium sit; ideo tam Generosis Consiliariis Regentibus, supremam, durante moderno regimine in absentia Principis, rei œconomicæ dispositionem habentibus, injungimus, ut in futurum munere suo exactius fungantur, prædictasque Præfecturas & Prædia abhinc plus offerentibus jure Arendæ locent, idque statim in anno præsenti circa festum Nativitatis Christi possessoribus Præfecturarum per Notificationes suas, vulgò auf-sagen significent, in iis tamen Bonis, in quibus juxta Contractus nondum erit legitimus terminus, talibus notificationibus nullam Possessoribus molestiam adferant, imo usque ad præscriptum tempus quemque in pacifica Possessione relinquant. Demandamus pariter iisdem Generosis supremis Consiliariis & Cameræ, ut revisionem & inquisitionem singularum Præfecturarum, saltem quovis triennio, instituant, & novæ licitationi locum faciant, Kmethones, ne plus aggraventur vel emungantur, attendant, conservandis in integro fundis Ducalibus, in hac Urbe Mitaviensi & in ceteris Civitatibus, singularem curam adhibeant, neque partem aliquam illorum a quopiam usurpari patiantur, rationes, tam à Quæstore & à ceteris Offícia-

ANNO 1727. cialibus, quam ex Præfecturis, singulis annis recipiant, utque omnia, quæ nunc statuuntur, exacte serventur & effectui mandentur, præcipuam in hoc Secretarii Cameræ Ducalis sub inspectione Generosorum Consiliariorum Regentium curam & vigilantiam esse volumus. Quoniam autem præsens locus, ubi Camera convenire solet, nimis angustus, & asservandis scripturis ac Documentis non adeo idoneus est, Generosi Consiliarii supremi alium locum magis convenientem providere tenebuntur, sibi quoque certum diem quavis hebdomade desument, quo omnes, qui tunc Mitaviæ præsentes fuerint, in unum conveniant, ut res Camerales & Oeconomicas resolvant.

III. Cum nobis innotuerit, quod, non obstantibus verbis expressis §. 47. Formulæ Regiminis de Jure Patronis Catholicis in suis Ecclesiis competente, per sinistram interpretationem, varios Contractus, Testamenta & Instrumenta, Catholici suo jure frui impediantur; ideo Nos ex auctoritate Nostra Commissoriali omnes tales Contractus, Testamenta & Instrumenta, sive publica sive privata, facta vel facienda, uti jam ipso jure nulla, etiam pro nullis quoad illa puncta declaramus & annihilamus, neque ut in posterum fiant, sub severissimis pœnis prohibemus, ita, ut nunquam, sub quocunque titulo vel prætextu quæsito vel acquirendo Catholici suo jure plenarie & libere uti impediantur, neque detineantur in libera sua cum suis Ecclesiis dispositione, mandamus, & statuimus, & ut Catholici nihil quoque simile contra Leges horum Ducatuum prætendant ac faciant, injungimus.

IV. Quia vero pessimus, & tam divinis quam humanis Legibus, nec non Decisionibus anterioris Commissionis anni 1717. severe prohibitus mos in hac Provincia invaluit, ut privatorum rixæ & contentiones, ex levissimis etiam causis, cum discrimine vitæ, per frequentata duella, aliosque conflictus, vindicentur, exindeque Civium excidium, & summa divinæ Majestatis offensa, Legumque ac Decisionum Commissorialium contemtus sequatur, idcirco, reassumendo Decisiones anterioris Commissionis, omnia duella & conflictus severe interdicimus, & quatenus tam Generosi Consiliarii supremi, quam & Generosi Capitanei majores in transgressores earundem ac præsentium Decisionum, pœnas criminales, infamiæ, colli, processu summario extendant & decernant, illis mandamus. Si quis vero verbis, factis, aut alio quovis modo, læsus fuerit, is injuriam sibi illatam jure vindicet, ac, ut in tales quoque contentionum & rixarum auctores Generosi Consiliarii supremi & Capitanei Majores juxta qualitatem delicti & excessus rigorose animadvertant, eosque puniant, omnimodamque injuriatis satisfactionem præstari curent, illis injungimus, sub pœnis superius expressis.

Limitatio Commissionis.

NOs Commissarii S. R. Majestatis & Reip. quamvis omnes causas & actiones Regestro Judiciali inscriptas inter Illustrissimum Ducem Regimenque & Domum ejus Ducalem cum variis personis intercedentes, etiam & externas, cognoscere & disjudicare juxta præscriptum Constitutionis ultimariæ Grodnensis & Instrumenti Commissionis S. R. Majestatis ex Cancellaria Regni & M. D. L. emanati optaremus, quia tamen tempus, cujus potiorem partem circa publica negotia necessario tractanda impendimus, nos excludit, & G. Ordinis Equestris Mareschalcus a Nobis judicialiter postulavit, ne amplius privatorum causæ judicarentur, tempusque ad publica tractanda necessarium absumerent, tum quia Conferentiæ cum Ministris externorum Principum, ad quas per eandem Constitutionem Grodnensem designati sumus, appropinquent, & longa ac incommoda itinera diutius nos hic morari non permittunt, ideo actum Commissionis præsentis Nostræ limitandum esse duximus, interim ad observationem & executionem eorum, quæ sancivimus, decrevimus & constituimus, Generosos Consiliarios Regentes, majores & minores Capitaneos, totumque Equestrem Ordinem, ac universos Incolas hujus Provinciæ obligamus, & ne alios, quam à Regimine nomine Illustrissimi Ducis electos & constitutos Officiales, & signanter Generosum Nolde Capitaneum Durbensem, pro veris & legitimis Officialibus agnoscant, & ut fidelitatem & obedientiam S. R. Majestati & Reipublicæ juxta juramentum suum debite servent, illis injungimus, Justitiæ quoque administrationem Generosis supremis Consiliariis, tum Capitaneis majoribus & minoribus serio commendamus, & quatenus eandem postulantibus & injuriatis stato de jure & praxi tempore administrent, de termino & cadentia in aliud tempus incidentiam Judiciorum non differant, nec limitent, nec ullis, si quæ in contrarium emanaverint, Mandatis se deterreri & inhiberi patiantur, & juxta Formulam Regiminis & Decisiones Commissoriales sese gerant, ipsis serio sub pœnis contra negligentes Officiales sancitis & ipsa privationis Officiorum suorum, ex instantia & delatione cujusvis injuriati in Judicio S. R. Majestatis Relationum propriarum sive in futuro termino Reassumptionis Commissionis vindicanda & decernenda demandamus Ne vero Incolæ horum Ducatuum de Bonis Ducalibus, tam feudalibus, quàm allodialibus, cum Extraneis & potentioribus transigere & in eosdem jus suum cedere audeant, sub solutione ad Fiscum vadii similis summæ, de qua transactum esset, & nullitate ejusmodi Transactionis, & ipsa pœna contra infractores Legum perduellionisque inhibemus & interdicimus, correspondentias quoque & cointelligentias cum externis in præjudicium Jurium Reip. & horum Ducatuum, uti jam anterius prohibitas & Lege publica vetitas, nunc quoque prohibemus, sub pœnis in Constitutione Regni Grodnensi vallatis, & aliis severissimis, pro qualitate attentatorum, irremissibiliter in Reassumtione ejusdem Commissionis, vel in Judiciis Relationum propriarum S. R. Majestatis decernendis, securitatem quoque omnimodam quibusvis personis cujuscunque statûs & conditionis, coram Judicio Nostro litigantibus, & præcipue Nobili Radzki Consiliario & Fiscali Illustrissimi Ducis, negotia Domus Ducalis promoventibus, & Nobilibus Advocatis Aulicis causas quasvis promoventibus & defendentibus, à vi & potentia ac quavis impetitione ex occasione eorum Officii, sub pœnis in violatores Salvi-Conductus in Legibus descriptis ac in foro competenti vindicandis & irremissibiliter statuendis, cavemus. Post quæ præmissa actum præsentem ad aliud commodius & oportunius tempus & terminum per Innotescentiales Nostras Literas ex re & necessitate intimandum & indicendum limitamus, ad quem terminum causas & actiones, quæ Regestro Judiciali inscriptæ sunt, rejicimus, & terminos hos, quos nunc habuerunt, ipsis conservamus, non præcludendo ordinariam juris viam illis, qui in Foris competentibus, non expectata Reassumtione Commissionis, causas suas prosequi & experiri voluerint, ad eandemque Reassumptionem desideria Civitatum reservamus. Prout quidem hanc limitationem Actûs Nostri Commissorialis provido Casimiro Skaradynski Ministeriali Terrarum Regni & M. D. L. generali proclamari in Foro publico Civitatis Mitaviensis injunximus.

Jacobus Dunin, Referendarius Regni, Vislicensis, Radosycensis, Lipnicensis, Capitaneus S. R. Majestatis & Reip. Commissarius.

ANNO 1727.

CXXV.

Traité de Paix entre ESCHREFF *Schach de Perse & le* GRAND SEIGNEUR, *contenu dans une Lettre du Schach à sa Hautesse du 23. Octobre 1727.* [Mercure Historique Tom. 84. pag. 154.] Octobre.

AU NOM DE DIEU MISERICORDIEUX.

LOué soit Dieu qui m'a fait la grace de me mettre au nombre des Fideles, & de me créer pour poursuivre les Heretiques qui sont en abomination à tout le monde. Loué soit aussi notre Prophête Mahomet, Bien-aimé de Dieu; & le Seigneur benisse jusqu'au dernier jour sa Posterité, & tous ceux qui sont aimez de lui!

Sur ce je prens la hardiesse de faire une très-humble Proposition à V. H., vous qui desservez les 2. Villes Sacrées de la Mecque & de Medine, Roi des Rois d'Arabie, Gouverneur d'un grand nombre de Nations, Défenseur de la Foi Mahometane, Soutien des Armées & de tous ceux qui combattent pour la Foi, Vicaire du Prince, Protecteur des Savans, Exterminateur des Infideles qui croyent plus d'une Divinité, Reformateur de la Religion, le plus illustre des Monarques du tems passé, Vainqueur des Mecréans, Propagateur de la Justice, Extirpateur des Ido-

ANNO 1727. Idoles & de ceux qui croyent plus d'une Personne dans la Divinité, Haut & Puissant Monarque, le plus celebre des Souverains, l'asyle & la consolation de tous les hommes, l'Ombre de Dieu sur la Terre, l'Empereur & le Refuge du monde, Dieu veuille combler votre Personne & vos Etats de toutes sortes de prosperitez, & vous accorder jusqu'au dernier jour la continuation de ses benedictions!

Et afin que nous achevions notre Traité suivant les termes de l'Alcoran, qui dit: *Soumettez-vous à Dieu, au Prophête & à ceux qui ont l'autorité absoluë*, nous avons résolu de prendre ce chemin d'obeïssance, & de l'avis des Commissaires nommez de part & d'autre, nous sommes convenus de la Paix aux conditions suivantes.

I. Que la Province d'Huveise & la Jurisdiction de Sultanie doivent être cedées à V. H. comme faisant partie du Royaume de Perse.

II. Que de notre côté nous devons nommer tous les ans un Conducteur des Pelerins qui vont à la Mecque.

III. Que nous aurons toujours un Ambassadeur à la Porte, selon l'ancien usage.

IV. Qu'il sera libre à tous les Marchands d'exercer leur Commerce, qui seul peut rendre un Etat florissant.

V. Qu'il sera permis de visiter le Temple d'Immamazem, sans que personne puisse y former aucun obstacle.

VI. Que Hussein Bey, de la Race de Bracki, Peuple de Lesgi, qui est detenu par les Moscovites, sera mis en liberté.

VII. Qu'il sera payé tous les ans au Tresor de V. H. 1500. Bourses, chacune de 500. Rixdalers en especes.

C'est sur ce pied-là que la Paix doit être gardée, tant pour le présent que pour l'avenir, & ce conformement a l'Alcoran, qui veut que tous les Musulmans soient veritablement Freres, qu'ils entretiennent entre eux une amitié fraternelle, & qu'ils ne donnent lieu à aucune haine ni division.

Puis donc que nous nous soumettons à l'obeïssance & aux ordres absolus de V. H. Elle accordera aussi de son côté que tout soit executé selon la teneur de notre Convention.

Et afin que cette Convention soit fermement & fidelement executée à jamais & que rien n'y soit changé, nous attendons la Ratification de V. H. esperant qu'elle y consentira & ne permettra pas qu'il y soit fait aucun changement.

Signé,

MEHEMED EMER ESCHEREFF KAN.

CXXVI.

1728. Janvier. *Protestation de la Maison* D'ANHALT *contre celle de* BRUNSWIK-LUNEBOURG *par raport au Duché de Lawenbourg delivré à la Diète en Janvier* 1728. [Mercure Historique Tom. 84. pag. 269.]

IL est notoire qu'après la mort de Jules François Duc de Saxe, d'Angarie & de Westphalie, le dernier Descendant Mâle d'Albert, Fils du Duc Bernard de la Race d'Ascanie, la Succession du Duché de Saxe-Lawenbourg avec ses apartenances auroit dû être devoluë de Droit, suivant les Constitutions de l'Empire & la disposition du Droit Feodal, aux Ducs d'Anhalt, comme les plus proches descendans mâles en ligne directe de Henri Prince d'Anhalt & second Fils du premier Acquereur le Duc Bernard. Mais il n'est pas moins notoire de quelle maniere la Maison d'Anhalt fut empêchée d'en prendre possession au commencement par les forces militaires que lui opposa celle de Brunswick-Zell, sous prétexte de faire l'Office de Colonel de la Basse-Saxe, & en vertu d'un prétendu Droit sur lequel l'Electeur de Brunswick-Lunebourg s'en est depuis emparé & l'a possedé jusqu'ici.

Le grand credit de la Maison de Brunswick-Lunebourg s'est toujours opposé à la restitution de ce Duché demandée par la Maison d'Anhalt à Sa Majesté Imperiale & au Conseil Aulique, & lui en a même fait obtenir l'Investiture, sans attendre la decision du Possessoire, & quoiqu'il ne lui a été accordé que sous condition & sauf le Droit d'un chacun. La Maison d'Anhalt avoit toujours esperé de l'équité si connuë de Sa Majesté Imperiale qu'elle ne differeroit pas de mettre fin à une affaire, qui, outre qu'elle est fondée sur les Droits du Sang, a encore pour elle plusieurs Mandemens de Sa Majesté Imperiale & du Conseil Aulique; & elle se flatoit d'autant plus d'en obtenir une prompte expedition, que l'invasion de ce Duché n'avoit pu être justifiée par aucun Titre, pendant l'espace de 38. ans. Mais voiant que le Roi de la Grande Bretagne d'aujourd'hui, comme Electeur de Brunswick-Lunebourg, avoit de nouveau qualifié son Ministre à la Diète pour continuer d'avoir seance & voix pour ce Duché dans le College des Princes, la Maison d'Anhalt n'a pu se dispenser de pourvoir à ses Droits, & de faire d'abord inserer dans le Protocole public une Protestation solemnelle contre ce procedé, en declarant qu'elle s'en tenoit à la Protestation déja faite en l'année 1706. & autres prouvées par les Actes publics.

En consequence, le Prince Leopold, comme le plus ancien de la Maison d'Anhalt, proteste dans toutes les formes, pour lui & pour toute sa Maison, aussi bien que pour tous leurs Heritiers & descendans mâles, contre cette detention de leur Bien Patrimonial, de même que contre la prétenduë seance & voix prise par Sa Majesté Britannique dans le College des Princes pour le Duché de Lawenbourg, comme étant contraires aux assurances données l'an 1690. par le Principal Commissaire Imperial, qu'elle ne prejudicieroit point aux Droits de la Maison d'Anhalt, pour le present, ni pour l'avenir; esperant néanmoins que Sa Majesté Britannique, comme Electeur de Brunswick-Lunebourg, selon sa generosité & son équité naturelle, prendra enfin en consideration les Droits de la Maison d'Anhalt si bien fondez & si clairs: qu'elle reconnoîtra la justice de sa Cause & ne permettra pas que cette Maison soit plus longtems privée d'un Fief qui lui apartient si legitimement: Priant au reste les Ministres de la Diète non seulement de vouloir donner part de cette Protestation à chacun des Princes, & leur representer la justice de cette Cause, mais aussi de s'employer à ce que le Directoire de Mayence ne differe point de la communiquer à la Dictature publique, & que l'Original en soit conservé à la Chancellerie &c.

Signé,

LEOPOLD Prince d'ANHALT.

CXXVII.

ANNO 1728. *Ordonnance de* PIERRE II. *Empereur de toutes les Russies pour corriger le Tarif de* 1724. *publiée au commencement de* 1728. [Traduite du Russien.]

I. AU lieu de 27. & demi pour cent, qu'on devoit payer par le Tarif de 1724. pour la traite du Chanvre filé ou non filé, on ne payera desormais que 5. pour cent.

II. L'Entrée des Eaux de Vie de France continuera d'être permise, en payant 2. Talers pour l'ancrage.

III. Sur les plaintes faites par les Negocians Etrangers de ce qu'ils devoient payer 10. pour cent pour les Galanteries, suivant le dernier Tarif, ils ne payeront à l'avenir que cinq pour cent; excepté les Couverts de Table, comme Cuilliers, Fourchetes & Couteaux, les Gardes d'épée d'or ou d'argent, & les Instrumens de Mathematique ou de Chirurgie d'or, d'argent, d'acier ou de laiton, qui devront payer 10. pour cent.

IV. Les Capitaines ou Patrons de quelques Bâtimens étrangers que ce soit ne seront plus tenus de donner leurs Declarations en Langue Russienne, mais ils pourront les faire en leur propre Langue.

V. Ils pourront aussi transporter librement d'ici à Cronstadt & de Cronstadt ici les Marchandises destinées pour la charge de leurs Vaisseaux, & pour lesquelles ils n'auront pas de place en cette Ville.

VI. Les Conducteurs qui vont d'ici à Cronstadt avec les Bâtimens, ne pourront partir qu'ils n'ayent été

ANNO 1728.

été annoncez à cette Douane, afin de n'y être pas retenus inutilement.

VII. Il sera permis à chacun de faire libre Commerce de Tabac étranger, & pour attirer d'autant plus cette Marchandise en Russie & encourager les Manufactures du Tabac en corde, chacun pourra en semer d'autant de sortes qu'il voudra & en établir des fabriques. C'est pourquoi, au lieu de l'ancien droit qu'il faloit payer pour cela, on ne payera plus sur les Confins de la Petite-Russie & dans les Villes nommées Slobodski-Polki, qu'un demi Copeck par livre, & pour le Tabac qu'on transportera à Astracan & en Siberie, un Copeck, sans rien payer de plus, quand même il y seroit revendu, excepté dans les Ports d'où il sera transporté hors du Pays.

VIII. Quiconque decouvrira en Siberie au delà du Tobolski, des Mines d'or, d'argent ou autres metaux, & des Minieres ou Couleurs, en pourra, sans autre permission, y établir des Forges & y faire travailler en payant seulement l'ancien droit; il sera exempt pour 10. ans des 10. pour cent qui se levoient sur le profit, & les Mines lui demeureront en proprieté. Il pourra de même y faire chercher des Pierres précieuses, s'il s'en trouve & les negocier sans payer aucun Droit.

IX. Lorsque les Caravanes passeront à Chiva & à Buchara, leurs Marchandises payeront à Astracan le même droit que par le passé, jusqu'à ce qu'on y ait publié un nouveau Tarif pour les droits d'entrée & de sortie, excepté l'Or, l'Argent & les Pierres precieuses qui entreront dans le Païs, & les Marchandises fabriquées en Russie qui en sortiront.

X Il sera permis à chacun, tant en Siberie que dans le Gouvernement d'Archangel, de faire tirer & préparer le Talc, & au lieu du dixieme du poids, qu'on en devoit donner au Souverain, on ne payera pour le vendre en gros que 10. pour cent, & en détail que 5. Copecks par Rouble.

XI. Pour faciliter le Commerce de Novogrod, du Ladoga &c. chacun pourra se servir des Bâtimens qui avoient été défendus jusqu'ici & les employer à faire entrer le foin, les fruits, les denrées qui servent d'entrées dans les repas, le Vinaigre, & toutes sortes de Vases tant de bois que de terre, sans que lesdits bâtimens puissent être ouverts ni visitez en aucun endroit.

XII. Lorsque les Negocians se pourvoiront par Requêtes aux Chancelleries pour demander ce qui leur est dû, il ne sera pas permis d'exiger d'eux plus de 10. Copecks par Rouble, suprimant pour cet effet l'Edit de 1715. par lequel la Partie qui avoit droit devoit payer à la Chancellerie 3. Copecks par Rouble, & la Partie condamnée, 10. Copecks; & en cas d'accommodement, les Parties ne seront pas obligées de payer ladite Taxe de 10. Copecks, mais seulement les 25. ordonnez en pareil cas.

XIII. La Taxe portée par l'ancien Tarif sur les Beurres étrangers qui viennent par mer, sera suprimée à l'avenir, & l'on ne payera plus que 3. pour cent.

XIV. Les Mariniers ou autres qui detourneront en cachette des Marchandises seront non seulement obligez de les représenter, mais ils seront aussi severement punis selon l'exigence du cas.

XV. Pour la commodité des Negocians qui doivent faire leurs Lettres de change sur du Papier timbré, & les envoyer par la Poste, il a été ordonné de mettre le timbre sur du Papier plus fin, que l'on nomme Papier de Poste.

XVI. Pour dedommager en quelque sorte les Marchands Nationaux ou Etrangers des pertes qu'ils ont souffertes dans le dernier incendie des Magazins situez sur la petite Neva, non seulement ils seront exemts de payer les Droits & la Taxe des Marchandises brûlées; mais jusqu'à leur entier dedommagement ils ne seront obligez de païer que la moitié des Droits des Marchandises du Païs qu'ils voudront faire sortir par mer; & pour ceux qui étant redevables au Souverain ont souffert quelque dommage par cet incendie, on estimera le dommage & il sera defalqué de leur dette.

XVII. Quiconque decouvrira à la Douane quelques Marchandises entrées en fraude, & sans payer les Droits, pourra les faire enlever hardiment, pourvu qu'il fasse connoître à la Douane, celui qui les aura detournées sans payer les Droits, excepté les Marchandises de Nuremberg & toutes sortes de Boissons qui se vendent aux Cantines.

CXXVIII.

ANNO 1728. Mai.

Premier Decret de l'Empereur pour transporter l'Administration du Duché de MECKLENBOURG (1) *au Prince* CHRETIEN LOUIS: *du* 11 *Mai* 1728.

LE 11. Mai N. St. 1728. l'Empereur a fait publier par son Conseil Aulique par raport aux affaires de Mecklembourg les Resolutions suivantes. L'Empereur suspend entierement la Regence du Païs de Mecklembourg apartenante au Duc *Charles-Leopold* & la met entre les mains de son Frere le Duc *Christian Louis*, comme l'Heritier présomptif & le plus proche selon le sang, de la maniére détaillée ci-dessous.

1. Le Duc *Christian Louis* doit prendre sur lui la dite Regence au nom de sa Majesté Imperiale, & la continuer jusqu'à ce que l'Empereur en dispose autrement.

2. La Commission Imperiale en Mecklembourg absoudra au nom de l'Empereur, les Etats Provinciaux, les Conseillers & les Subalternes, la Milice & les Sujets de Mecklembourg, moyennant une Convocation accoutumée, des sermens, par lesquels ils ont été liez au Duc *Charles-Leopold*, comme à leur Seigneur & Maître, & les obligera par serment jusqu'a nouvel ordre de l'Empereur, à Sa Majesté Imperiale & à son Administrateur, leur enjoignant de prêter due obeissance à celui-ci.

3. L'Administrateur Imperial nommera & présentera à l'Empereur six personnes bien versées dans les affaires du Pays d'entre les Etats Provinciaux dont Sa Majesté Imperiale en choisira deux, pour être assistans de l'Administrateur, aussi longtems que l'Empereur trouvera bon.

4. Au lieu du serment ordinaire en pareil cas d'Administration, la Commission Imperiale fera souvenir l'Administrateur des sermens par lesquels il est obligé à l'Empereur & à l'Empire en qualité de Prince de l'Empire & lui ordonnera en termes generaux de se conduire touchant son Administration de la maniere que ses Prédecesseurs, Ducs de Mecklembourg l'ont fait, conformement aux Concordats, Constitutions & Coutumes du Pays, comme aussi aux Ordonnances Imperiales fondées là-dessus, à quoi l'Administrateur s'engagera par une promesse par écrit.

5. L'Administrateur fera ensorte que moyennant l'assistance des Troupes du Cercle, la Ville de *Swerin* soit vuidée au plûtôt des Troupes du Duc ainé, & qu'une Garnison proportionnée au besoin y soit mise des Milices du Pays, engagées auparavant, par serment, à l'Empereur & à son Administrateur, comme aussi que les facheuses executions & vexations, pratiquées jusques ici par la Garnison de *Domitz* soient empêchées.

6. Durant ladite Administration l'Empereur ordonne une Competence de 40000. Ecus, monnoye courante par an, pour le Duc Ainé, & 25000. pour le Duc Administrateur, outre son appanage.

7. L'Empereur notifie ce que dessus par Lettres au Duc Ainé *Charles-Leopold* & lui fait savoir *qu'à cause de sa desobeissance, manque de respect, opiniâtreté & autres forfaits, l'Empereur a trouvé indispensable de lui ôter l'Administration du Pays, & d'en revetir provisionnellement son Frere Christian Louis, ordonnant au Duc Ainé de s'y soumettre.*

8. L'Empereur prend sous sa protection speciale le Duc *Christian-Louis* avec sa famille, comme aussi les Etats du Pays, les Conseillers & autres serviteurs, les Milices & tous les Sujets, contre toutes forces & oppressions, renouvellant pour cet effet le Conservatoire ou protectoire du 25 d'Octobre 1717. en y joignant le Roi de Prusse comme Duc de Magdebourg & Condirecteur du Cercle de la Basse Saxe.

9. L'Empereur notifie la même chose par Lettres au Duc *Christian Louis*, lui ordonnant de se charger de cette Administration provisionnelle, de l'exercer

(1) L'Affaire du Mecklembourg aiant attiré l'attention publique depuis plusieurs années, le Public trouveroit à redire si on ne raportoit pas ici quelques-unes des principales Pièces de ce fameux Procès entre la Cour Imperiale comme Juge & le Duc comme refusant d'obeir aux Decrets Imperiaux. On trouvera sur tout des lumieres dans les Pièces ci-dessous.

ANNO 1728.

cer au pied des Instructions & Ordonnances Imperiales, & de se conformer au reste à ce que le Duc de Wolffenbuttel, en qualité de Commissaire Imperial, lui annoncera & reglera, & de faire part de tout cela aux Etats de Mecklembourg, les assurant que l'Empereur pourvoira, sans delai, selon la Justice sous cette Administration à leurs Griefs, & les protegera suffisamment contre toute sorte de voye de fait & de dangers qu'ils pourroient craindre.

L'Empereur enjoint de plus à l'Administrateur d'employer, conjointement avec les Etats du pays, tous les soins imaginables, à trouver des Emprunts pour le payement du reste des fraix d'execution, moyennant des Hypotheques suffisantes à constituer dans les Gabelles & Bailliages du Duc Aîné, sous le consentement & la garantie Imperiale & sous une maintenance particuliere à conferer par l'Empereur au Directoire du Cercle de la Basse Saxe, desquels Emprunts la Commission Imperiale sera remboursée & indemnisée de ses arrérages des fraix d'execution à liquider devant l'Empereur, & les Créanciers de ces Emprunts recevront leur satisfaction & remboursement du provenant desdits Gabelles & Bailliages, tant pour les intérêts que pour les sommes capitales.

10. L'Empereur fait une pareille notification par Lettre au Duc de Wolffenbuttel en qualité de Commissaire de l'Empereur avec ordre,

I. De mettre par autorité Imperiale l'Administrateur en pleine possession & jouissance de cette Administration.

II. De mettre entre les mains de l'Administrateur une specification complete des affaires de la Commission, & de leur état présent, avec les Actes & Papiers y apartenans, de mettre l'Administrateur dans l'activité pleniere de son Administration, quant aux affaires de Justice, de Police, de Finances & toutes les autres dépendances de la Regence du pays, en conformité des Constitutions, Pactes & Coutumes du pays & des Ordonnances Imperiales fondées là-dessus.

NB. Immediatement là-dessus le Duc de *Wolffenbuttel, pour éviter des fraix & Griefs ulterieurs, congediera & rapellera la Subdelegation entiere & les Troupes de la Commission, qui se trouvent en Mecklembourg.* Il assurera en même tems au nom de l'Empereur la Commission Imperiale qu'elle obtiendra promptement son dédommagement pour leurs arrérages des fraix de la Commission, après qu'on en aura liquidé le total & après que la Commission Imperiale aura envoyé à l'Empereur de la maniere ci-devant pratiquée, les Comptes desdites liquidations, pour être examinez à la Cour Imperiale.

„ 11. L'Empereur, par des raisons d'importance „ à cela mouvantes, étend les Conservations du 25. „ d'Octobre 1717. constituées sur la Maison Elec- „ torale & Ducale de Brunswic-Lunebourg & sur „ le Roi de Prusse, comme Duc de Magdebourg & „ Condirecteur de la Basse-Saxe.

12. L'Empereur écrit au Roi de Prusse, que Sa Majesté Imperiale a resolu cette extension du Conservatoire, par une confiance particuliere, pour le Roi de Prusse, ne doutant pas qu'il s'en chargera volontiers, & qu'avec les autres Conservateurs, NB. *ou bien lui seul,* voudra pourvoir à la sûreté parfaite du Duc *Christian-Louis*, comme Administrateur de l'Empereur, comme aussi des Etats Provinciaux, Conseillers, autres Serviteurs, Troupes & Sujets, employant en cas de besoin, des moyens suffisans conformes aux Constitutions de l'Empire, sans exception, contre toutes les oppressions qu'on entreprendra peut-être de l'autre côté; l'Empereur espere aussi que le Roi de Prusse ne refusera pas de s'acquitter efficacement des Commissions ulterieures que l'Empereur lui donnera, de quoi Sa Majesté Imperiale attend la Declaration favorable du Roi.

13. L'Empereur notifie cette extension du Conservatoire aux autres Directeurs du Cercle & Conservateurs Imperiaux, les chargeans qu'en vertu de ce Conservatoire & de son Extension, eux, *omnes vel singuli*, ayent à maintenir le Duc *Christian-Louis* dans les fonctions de son Administration, & entre autres qu'ils ayent à prêter main forte à l'Administrateur à sa requisition, par les Milices du pays, après qu'elles auront juré fidelité à l'Empereur, avec l'assistance, en cas que la nécessité le requiere, d'un certain nombre de Troupes du Cercle, afin que l'Administrateur puisse venir à bout de l'évacuation de la Ville de Swerin & du changement de sa garnison ci-dessus mentionnée. La même main forte doit aussi être prêtée à l'Administrateur incontinent *sans en attendre* des ordres plus précis de l'Empereur dans tous les autres cas, où il s'agira de la sureté de l'Administrateur contre toutes sortes de violences. C'est pourquoi l'Empereur se promet que lesdits Directeurs du Cercle & Conservateurs Imperiaux ne manqueront pas de se déclarer envers Sa Majesté Imperiale conformément à sa volonté.

Outre les Ordonnances & Mandemens ci-dessus spécifiez, l'Empereur a fait faire encore deux Expeditions secretes, savoir,

1. Une Lettre à l'Electeur de Mayence, qu'il ait à faire sonder sous main tous les Electeurs & Princes de l'Empire par leurs Ministres à Ratisbonne, de quelle maniere ils sont d'opinion qu'on en doive user pendant l'Administration provisionnelle Imperiale en Mecklembourg avec les trois suffrages qui apartiennent au Duc Regnant de Mecklembourg, & qu'il a exercés jusqu'ici dans le College des Princes.

2. Un Ordre au Comte de *Metsch*, Ministre de l'Empereur pour le Cercle de la Basse Saxe, qu'il ait à se mettre en devoir de négocier dans ledit Cercle chez des Particuliers à Hambourg, Lubec, ou autre part, les sommes requises pour le payement de ce qui reste des fraix de l'Execution de Mecklembourg, & d'assigner aux Créanciers, qui voudront avancer cet argent, pour leur sureté, des Hypotheques du fonds, que les Etats Provinciaux de Mecklembourg indiqueront, sur les Bailliages du Duc, sous la garantie speciale de l'Empereur & de l'Administrateur.

Second Decret de l'Empereur par raport à l'Administration du Mecklembourg.

I. ON convoquera au plûtôt une Diète generale des Etats du Mecklembourg, pour confirmer le Duc *Christian Louis* dans sa Commission d'Administration perpetuelle, & pour annuller tous les Edits, Ordonnances ou Mandemens de Duc *Charles-Leopold*, & tous ceux qui refuseront de se soumettre aux présentes Resolutions, ou qui murmureront contre, seront punis rigoureusement.

II. Les Commissaires de l'Empereur à ladite Diète, auront Droit de delier les Etats & les Sujets du Mecklembourg du serment de Fidelité auquel ils sont engagez envers le Duc *Charles-Leopold*, pour pouvoir en prêter un nouveau entre les mains de l'Administrateur.

III. L'Electeur d'Hanover & le Duc de Brunswick-Wolffenbuttel retireront leurs Troupes dudit Duché, pour en laisser la possession entiere à l'Administrateur, & à l'égard des dédommagemens que ces deux Princes demandent pour les fraix de la Commission & de leurs Troupes, ils pourront en dresser un Etat, & l'envoyer à Vienne pour y être examiné.

IV. L'Administrateur déliberera à la prochaine Diète, avec les Etats du Mecklembourg, pour dresser les nouvelles Loix, Statuts & Ordonnances nécessaires au maintien de la tranquillité publique.

V. On y prendra aussi les mesures les plus justes pour satisfaire la Noblesse de Rostock au sujet de la somme de 667339. Ecus qu'Elle prétend pour dedommagement des pertes qu'Elle a souffertes par le séjour que la Commission Imperiale a fait dans cette Ville pendant douze ans.

VI. On tâchera d'accommoder à l'amiable, les prétensions des Villes dans lesquelles les Troupes de Hanovre & de Wolffenbuttel ont été en quartier.

VII. Entend, veut, pretend & ordonne Sa Majesté Imperiale, que ces présentes Résolutions soient affichées & publiées à Domitz & à Swerin.

CXXIX.

1729.

Pro Memoria, oder Information die Meklenburgische Administrations-Sache betreffend / gedrukt zu Regenspurg 1729.

C'est-à-dire,

Memoire ou Information de la part, de l'Empereur au sujet de l'Administration du Mecklembourg.

ES hat der König in Engelland / als Churfürst zu Braunschweig / und der Hertzog von Wolffenbüttel sub dato den 19. und 28. April in præsentato 16. Maji dieses 1729. Jahres ein Schreiben an Ihre Kayserl. Majestät abgelassen / in welchem unter andern vorgestellet wird / wie sie aus dem Kayserlserl. Schreiben vom 17 jan. 1729. wahrgenommen / daß Ihro Kayserl. Majestät gefällig gewesen / den Herrn Hertzog Christian Ludwig zu Mecklenburg dahin zu authorisiren / daß selbiger die Mecklenburgische Unterthanen / in Ihro Kayserl. Majestät Nahmen / ihrer Pflichten / womit sie Herrn Hertzog Carl Leopold zu Mecklenburg verbunden / erlassen / selbige in Ihro Kayserl. Majestät und sein deß Herrn Hertzog Christian Ludwig als Kayserl. Administratoris Pflichten nehmen / und Er in solcher Qualität in Zukunfft die Landes-Regierung führen solle; So möchten Ihro Kayserl. Majestät nicht zu verübeln geruhen / daß Dieselbe Sie hierdurch inständig ersuchen / denen Reichs-Fürsten das grösseste / Ihnen in Instrumento Pacis vorbehaltene / und in der Kayserl. Wahl-Capitulation bestättigte Kleinod / vermöge derer ohne Vorwissen / Rath und Bewilligung des H. Reichs Churfürsten / Fürsten und Stände kein Fürst und Stand des Reichs seiner Landes-Regierung priviret werden mag / in der Person des Hertzogen Carl Leopold nicht entziehen / sondern diese höchst angelegene und so importante Sache an das gesammte Reich zuforderst gelangen zu lassen. Hieraus entstehen nun 2. Fragen? 1) Ob Ihro Kayserl. Majestät befuget seynd die Provisional-Administration des Hertzogthums Mecklenburg bis zu Hertzogs Carl Leopold besserer Begreiffung / seinem jüngern Bruder und nähesten Nachfolger Christian Ludwig / Administratorio nomine ohne vorher erlangeter Einwilligung gesammter Stände des Reichs aufzutragen? 2.) Ob die Mecklenburgische Land-Stände ihrer dem Hertzog Carl Leopold geleisteten Pflichten entlassen / und selbige dem Administratori zu leisten angehalten werden können? Bevor nun ad Resolutionem dieser beeden Fragen geschritten wird / muß man zuforderst diejenigen Ursachen anführen / welche Ihro Kayserl. Majestät bewogen haben / die nach Absterben des Königs von Engelland Georgii I. vor allen selbst erloschene Commission keinesweges zu verneuern und fortsetzen zu lassen. Diese bestehet nun hauptsächlich hierinnen / daß von des Hertzogs Carl Leopold beständiger Widersetzlichkeit nicht zu erwarten / daß er sich so bald zum Ziel legen / denen Kayserl. gerechtesten / und so wohl von der Commission selbst / als allen Standen des Reichs davor erkannten Verordnungen die schuldige Parition leisten / und eine vernünfftige denen Rechten und Reichs-Constitutionen gemäße Regierung führen werde. Allermassen seine unaussetzliche wiederholte Bedrohungen / wie er sich an seinen Ständen zu rächen vorhabens seye / genugsam zu Tage geleget / daß Er seine künfftige Regierung nicht anderst als mit Vergiessung vieles unschuldigen Christen-Bluts anzutretten willens seye. Gleichwie nun / bey so gestalten Umständen höchst verantwortlich gewesen wäre / besagtem Hertzog Carl Leopold die freye Hand zu lassen; So entstunde die Frage: Ob es dem Lande Mecklenburg / und absonderlich denen Successoribus in der Regierung vorträglicher seye / die Commission weiters zu continuiren / oder vielmehr dem proximo Successori Hertzog Christian Ludwig eine in viel Wege restringirte Provisional-Administration bis auf des Hertzogs Carl Leopolds erfolgete Parition aufzutragen. Wegen Continuation der Commission waren dieses die hauptsächliche und sehr wichtige Bedencken / daß 1.) dieselbe nebst denen so viel Jahr hindurch im Land gelegenen Hannoverischen und Wolffenbüttelischen Trouppen ein unsägliches Geld / und zwar / wie die Commission anjetzo selbsten anzeiget / über 1100090 Rthlr. gekostet / davon die Berechnung bis diese Stunde nicht vollkommen eingebracht / zu der Liquidation und Ajoustirung auch noch einige Jahre möchten erfordert werden. Solte nun die Commission mit solcher das Land auf das höchste druckenden Unkosten fernerweit / und GOtt weiß / wie lang continuiren; So ist unausbleiblich zu gewarten / daß das Land Mecklenburg / bey der ohnedem habenden grossen Schulden-Last in statum insolventiæ würde gesetzet werden. Woraus dann per necessariam consequentiam folgen müste / daß zu Abführung der Commissions-Kosten ein ansehnlicher Theil dieses Hertzogthums in solutum an die Commissarios gegeben werden müsse / worüber dann nicht allein denen Fürstl. Mecklenburgischen Agnatis, sondern auch dem König in Preussen / als Expectivato, und dem gesammten Fürsten-Stand des Reichs zu hefftigen Beschwerungen gegen Ihro Kayserl. Majestät Gelegenheit gegeben würde. So ist auch 2.) bekannt / was der König von Preussen / als mitausschreibender Fürst des Nieder-Sächsischen Creyses / und Anwarter / vor hefftige Instanzen gemacht / um zu der Commission mitgezogen zu werden; Welches dann nicht allein viele Mißhelligkeiten / auch grössere Commissions-Kosten verursachet hätte. In Betrachtung sothaner trifftigen Ursachen / seynd Ihro Kayserl. Majestät allergnädigst bewogen worden / an statt der Commission eine Provisional-Administration bis zu des Hertzogs Carl Leopold resipiscenz anzuordnen / und solche dem proximo Agnato und Successori dergestalt aufzutragen / daß Er / mit Zuziehung zweyer Land-Räthe / die Administration führen / und in wichtigen Casibus sich bey Ihro Kayserl. Majestät anfragen solle. Damit aber auch sothane Administration mit möglichster Ersparung geführet werden möge; So seynd dem Administratori zu seinem jährlichen Gehalt mehrers nicht an Geld als 25000. Rthlr. ausgeworffen worden. Bey so gestalten Umständen lässet man einen jeden Unpartheyischen vernünfftig ermessen / ob nicht alle Successores des Hertzogthums Mecklenburg und das gantze Land / um welche es hauptsächlich zu thun ist / Ihro Kayserl. Majestät vielmehr den höchsten Danck zu sagen verbunden / als wann sie die bishero gedauerte Commission, welcher Forderung auf 1100000. Rthlr. gestiegen / noch weiters continuiret hätte; Nachdem aber das Bezeigen der Commission unwidersprechlich ihre Absichten zu Tag leget / daß sie alle Mittel und Wege suchen / sich dabey ferners zu manuteniren; So geben dieses die aufgeworffenen Fragen / de potestate Cæsarea, ob Ihro Kayserl. Majestät befugt seyn / sine consensu Statuum, diese Landes-Administration anzuordnen. Dann weilen diese Provisional-Administration, nach der Herren Commissarien Meynung / auch à consensu gesammter Stände dependiret / mithin secundum indolem hujus negotii in langer Zeit / oder wol gar nicht erörtert werden dörffte; So bleiben sie inmittelst / und bis etwann der Todes-Fall des Hertzogs Carl Leopold eine Veränderung machen möchte / mit ihren Trouppen im Land Mecklenburg liegen / aus welchem sie auch nach der Zeit / bis zu Abführung aller der in immensum aufgelauffener Kosten / nicht zu bewegen seyn würden / daß also / bey weiterer Continuation der Commission, ein neuer Donauwertischer Casus existiren dörffte / von welchem bekannt / daß das Haus Bayern die Reichs-Stadt Donauwerth nullo alio titulo, als wegen der aufgelauffenen Commissions-Kosten besitzet. Diese kurtze Erzehlung des Facti leget nun zu Tage: 1.) Aus was trifftigen Ursachen Ihro Kayserl. Majestät Bedencken getragen / die Mecklenburgische Commission fernerweit continuiren zu lassen. 2.) Warum an statt selbiger / eine Provisional-Administration angeordnet worden. 3.) Was die bishero gewesene Commissarii vor Absichten führen. Um nun auf die Untersuchung der Ihro Kayserliche Majestät gemachten Quæstion super potestate Cæsarea zu kommen; So ist die erste Frage diese: Ob Ihro Kayserl. Majestät befugt seyn / die Provisional Administration des Hertzogthums Mecklenburg / bis zu des Hertzogs Carl Leopold besserer Begreiffung seinem jüngern Bruder und nähesten Nachfolger Christian Ludwig Administratorio nomine, ohne vorher erlangter Einwilligung gesammter Stände des Reichs aufzutragen? Die Negativam wollen die bisherige Commissarii in der Mecklenburgischen Sache / und mit ihnen diejenige Stände / welche in der Hannoverischen Allianz stehen / behaupten. Wie dann die Commission in Ihrem an Ihro Kayserl. Majestät obenangeführten Schreiben ausdrücklich meldet / daß diese von Ihro Kayserl Maj angeordnete Administration denen Ständen des Reichs das gröste in Instrumento Pacis vorbehaltene / und in der Kayserl. Wahl-Capitulation bestätigte Kleinod / vermög derer ohne Vorwissen / Rath und Bewilligung des Heil. Reichs Churfürsten / Fürsten und Stände / kein Fürst und Stand des Reichs seiner Landes Regierung privirt werden mag / in der Person des Hertzogen / Carl Leopold / nicht zu entziehen wäre / sondern es müste diese höchst angelegene / und so importante Sache zuforderst an das gesammte Reich gebracht werden. Wodurch auf diejenige Verordnungen / welche von der Achts-Erklährung / Privation, oder auch Suspension à voto & Sessione in Comitiis eines Stands des Reichs in Instrumento Pacis. und der Kayserl. Wahl-Capitulation enthalten / sonder allen Zweifel das Absehen gerichtet ist. Damit aber denenjenigen / welche in gegenwärtigem Casu das Instrumentum Pacis, und die Kayserl. Wahl-Capitulation vor sich anführen / fundamentaliter begegnet werden könne; So will man die eigene Disposition derselben hieher setzen / und so dann zeigen / daß weder das Instrumentum Pacis, weder die Kayserl Wahl-Capitulation ad præsentem casum, da eine Kayserl. Provisional-Administration im Lande Mecklenburg dem Hertzog Christian Ludwig von Ihro Kayserl. Majestät aufgetragen worden / applicirer werden könne. Der Textus Instrumenti Pacis Cæsareo-Suecici ist in Art. 8. §. 3. enthalten / und verordnet allein dieses: In proximis Comitiis de modo & ordine in declarando uno vel altero statu in bannum Imperii, præter eum, qui alias in Constitutionibus Imperii descriptus est, tenendo, ex communi Statuum consensu agatur & statuatur. Woraus dann gleich zu ersehen / daß in dieser Disposition allein von der Achts Erklärung / wie und welcher gestalt dieselbe angestellet werden solle / verordnet wird / in welchem Casu man aber dermahlen nicht ist. Die Kayserl. Wahl-Capitulation aber wird in zweyen Articulis angeführet als in Artic. I. 161. und ohne der Churfürsten / Fürsten und Stände vorgehende Bewilligung keinen Reichs-Stand / der Sessionem & votum in denen Reichs-Collegiis hergebracht / davon suspendiren und, ausschliessen; Ferners in Art. XX. woselbst verordnet wird / daß hinführo niemand hohen oder niedern Standes / Churfürst / Fürst oder anderer / ohne rechtmäßig und genugsame Ursache / auch ungehöret / ohne Vorwissen / Rath und Bewilligung des Heil. Reichs Churfürsten / Fürsten und Stände / in die Acht oder Ober-Acht gethan / gebrache und erklähret / sondern in denen künfftigen casibus, darinne / nach Beschaffenheit des Verbrechens / auf die Acht / oder Privation, weder von Kayserl. Fiscal-Ambts wegen / oder auf Anruffung des lædirten und klagenden / Theils zu procediren / und in Rechten zu verfahren. Hierinnen seynd nun drey Casus enthalten / worinnen der Stände Vorwissen / Rath und Bewilligung erfordert wird / als 1.) wann ein Stand des Reichs à voto & Sessione in Comitiis suspendiret werden solle. 2.) In casu der Achts-Erklährung / wenn ein Stand des Reichs oder ein anderer in bannum Imperii erklähret werden solle. 3) In casu privationis, wenn ein Fürst oder Stand / ohne denselben in die Acht zu erklären / seiner Land-und Leute durch rechtmäßig-und genugsa-

ANNO 1729.

ne Ursache und Erkäntnüß solle privirt werden. Gegenwärtiger Fall aber schläget weder in den ersten/ andern/ noch dritten Casum ein. Dann allhier ist allein die Frage: Ob Ihro Kayserl. Majestät einen Stand des Reichs wegen seines beharrlichen Ungehorsams und andern zu Schulden gekommener grossen Verbrechen und unverantwortlich führender Regierung bis zu geschehener Parition und versicherter besserer Aufführung die Landes Administration sine consensu Statuum Imperii, provisionaliter dem unschuldigen nächsten Agnaten aufzutragen berechtiget seye/ oder nicht? Welche Provisional-Administration dann 1.) weder eine Suspension à voto & Sessione, weniger eine privation der Lande/ am allerwenigsten aber eine Achts-Erklährung involviret; Allermassen diese Provisional-Administration alle Stunde und Augenblicke aufgehoben werden kan/ wann in gegenwärtigem Casu der Hertzog Carl Leopold sich besser begreiffet/ denen Kayserl. Verordnungen sich submittirt/ und hierüber genugsame Versicherung auszustellen sich entschliesset. Welches bey geschehener Achts-Erklärung oder privation auch suspensione à voto & Sessione nicht so leichte geschehen kan/ immassen sich darbey noch hin-und wieder viele grosse Difficultäten finden/ absonderlich aber diese/ daß durch sothane Achts-und privations-Erklärung das Jus tertii einiger massen mit in consideration kommen muß; So ist auch 2.) in Jure publico bey allen denjenigen/ die da sana principia haben/ eine ausgemachte Sache/ daß diejenige casus, welche in der Kayserl. Wahl-Capitulation nicht exprimiret/ Ihro Kayserl. Majestät vorbehalten seyen/ mithin ist die disposition der Kayserl. Wahl-Capitulation in sensu restrictiori nicht aber in extensori zu nehmen/ im widrigen würde Ihro Kayserliche Majestät von allen Ihren reservatis das allergeringste nicht übrig bleiben/ indeme es nicht schwer fallen würde/ von einem casu auf den andern virtualiter das Argument zu ziehen/ mithin sub uno casu alle andere/ auch sonst unterschiedene/ zu comprehendiren/ womit Ihro Kayserl. Majest. am Ende anders nichts als das nudum nomen Imperatorium ohne einzige der Kayserlichen Regierung zustehende Macht und Gewalt beybehalten bliebe: Damit aber 3.) dieses in denen Gesetzen des Reichs seinen guten Grund habende principium um so viel besser begriffen werde; So folget aus der von der Mecklenburgischen Commission in Ihrem Schreiben an Kayserl. Majestät gesetzten Thesi (daß Ihro Kayserl. Majestät propria authoritate keine Provisional-Administration im Lande Mecklenburg anordnen können) auf unwidersprechliche Consequenz, daß allerhöchst besagte Ihro Kayserliche Majestät also auch die Mecklenburgische Commission, ohne Rath/ Vorwissen und Bewilligung gesamter Stände des Reichs nicht habe anordnen können/ welches doch die Commission selbst in Ewigkeit nicht eingestehen wird. Dann es ist gantz unverwerfflich/ daß 4.) die Landes-Administration theils in politicis theils in juridicis und cameralibus negotiis bestehe. Nun kan quoad politica kein anderer/ als ein Landes-Herr oder Landes-Administrator Land-Täge ausschreiben und halten; Da nun die Commission auf Kayserlichen Befehl sechs Land-Täge ausgeschrieben und gehalten hat; So folget unwiedersprechlich/ daß sie in hoc tam eminenti specie superioritatis territorialis die Landes Regierung geführet. Wann auch Ihro Kayserl. Majest. mittelst Ansetzung der Provincial-Administration wider Ihre Kayserl. Majest. Wahl-Capitulation gehandelt/ mithin einen Actum ipso jure Imperii nullum zu Schulden kommen lassen; So folget hieraus ferners gantz unverneinlich/ daß die Commission durch Ausschreibung sechs Land-Täge/ welches niemand als dem Landes-Herrn/ oder Landes-Administratori zugestanden wäre/ contra leges Imperii gehandelt/ mithin wäre alle dasjenige/ was darinnen vorgenommen und abgethan worden/ ipso jure null und nichtig/ weilen/ wie gedacht/ nach dem jetzigen principio der Commission die Landes-Regierung sine consensu Statuum Imperii niemand aufgetragen werden kan; Gegen diesen klaren Schluß kan nun 5.) nichts verfangen/ wann in denen Hannoverischen Anmerckungen vorgegeben wird/ es hätte die Commission nur darum die Land-Täge auf Kayserlichen Befehl gehalten/ weilen sie Hertzog Carl Leopold nicht anstellen wollen/ dann eben darum ist auch die Provisional-Lands-Administration dem Hertzog Christian Ludwig aufgetragen worden/ weilen der regierende Hertzog die Kayserliche Verordnung nicht vollzogen. Gleichwie aber die Commission also fort ihre Endschafft erreichet hätte/ wann der regierende Hertzog die Kayserliche Judicata vollzogen; Also erlanget auch ipso momento factæ submissionis die Provisional-Administration ihr Ende. 6.) Ist bekandt/ daß die Disposition und Administration der Lands-Einkünfften eine der vornehmsten specierum superioritatis territorialis sey/ welche allein dem Landes-Herrn oder Lands-Administratori zustehet/ immassen ohne diesem nervo rerum gerendarum kein Land regieret werden kan. Nun hat aber die Mecklenburgische Commission nicht allein die sämtliche Cameral-Gefälle des Hertzogs administriret/ und die Domanial-Guther/ Aemter und Gefälle verpachtet/ sondern auch über die Land-Kosten nach Kayserl. Verordnung disponiret/ einfolglich hierinnfalls alle diejenigen Jura exerciret/ deren ein Landes-Herr sich zu gebrauchen bemächtiget; Wodurch aber der Hertzog/ Carl Leopold/ von aller Administration seiner Einkünffte und Lands-Verwilligungen ipso facto entsetzet worden. Da nun sothane Anordnung die Commission sowohl als das gantze Reich so viel Jahre hindurch vor höchst gerecht und billig gefunden/ wie kommet es dann/ daß sie anjetzo/ da dem Administratori bey weiten nicht so viel Gewalt super Administratione denarii Publici & redituum Ducis eingeräumet wird/ so nachdruckl. Beschwerung führet/ daß hiedurch Ihro Kayserl. Majest. die Jura Principum Imperii empfindlich lædiret hätten 7.) In Administratione Justitiæ, tanquam alia specie superioritatis territorialis zeiget sich ferner ex actis, daß die Commission auf Kayserl. Befehl in caussis criminalibus Urtheil einholen und exequiren lassen. Ubrigens werden sich auch 8.) bey Durchgehung der Commissions-Relationen wohl hundert und mehr Casus finden/ da die Commission General-und Special-Verordnungen im Lande Mecklenburg ergehen/ Patenten affigiren lassen/ und andere mehrere Actus superioritatis territorialis exerciret hat/ ja findet es sich in specie, daß der verstorbene König in Engelland seinen Abgesandten allhier/ Baron von Huldenberg/ in einem Rescript vom dato den 12 Junii eodem Anno 1719. aufgetragen/ am Kayserl. Hofe die Vorstellung zu thun/ daß wenn aus Schwerin die Commissions-Trouppen zurück gezogen werden solten/ die Situation des Orths also beschaffen sey/ daß der Hertzog/ zumahl da Er auch Meister von dem Paß Dömitz an der Elbe wäre/ alles was Er wolte an sich ziehen/ und die Commissions-Trouppen coupiren könte; Gestalt auch/ da Rostock vor einen offenen Orth zu achten/ und ohne starcke Guarnison gegen andringende Gewalt/ sich nur einiger massen nicht halten könte/ sonsten noch absonderlich so viel Trouppen im Lande seyn müssen/ daß die in Rostock befindliche Guarnison eventualiter secundiret werden könte/ mit dem Anhang/ wenn man am Kayserl. Hofe nicht so viel Vertrauen zur Commission hätte/ daß sie/ wegen Besetzung Rostock und des Landes Mecklenburg dasjenige von selbst thun und verrichten würde was sich gebühret; So wolten sie lieber alle ihre Trouppen heraus ziehen/ als dieselbe in Gefahr setzen lassen. Wie dann obiges Rescript an den von Huldenberg dem allerunterthänigsten Voto von 30. Junii eodem 1719. integraliter beygefüget worden. Woraus sich veroffenbahret/ daß Ihro Kayserl. Majestät Hannover und Wolffenbüttel selbst/ die Kayserliche Macht-Vollkommenheit wegen Depossedirung des Hertzogs zu Mecklenburg aus Rostock/ Schwerin und Dömitz/ eingestanden/ und so gar die darbey gebrauchte Kayserl. Langmuth empfunden; Jnmassen auch dieselben zu mehrern mahlen/ nach Jnnhalt derer vielen Reichs Hof Räthl. Votorum, die wider die Landes-Verfassung/ auch sonst zu grosser Unsicherheit der Mecklenburgischen Ritterschafft/ und mit einem vollkommenen Justitio unternommene Translocationem Dicasteriorum nach Schwerin und Dömitz/ und deren Zerstümmlung vorgestellet/ beeyffert/ und die Justiz-Administration veranstaltet. Wannenhero/ und da der vorigen Commission eigenes Erkäntniß am dem Tage lieget/ nicht abzusehen/ warum der dem Kayserl. Administratori beschehene Provisional-Auftrag hierin besochten werden könne/ da besonders/ wie gedacht/ demselben eine mehrere Macht/ als die Commission gehabt/ nicht beygeleget/ vielmehr desselben Administration sub Auspiciis Cæsareis, nach der Kayserl. Instruction, auf eine vorhergehende Communication mit zween von denen Land-Ständen/ eingeschräncket worden. Es äussert sich solchem nach allenthalben unwidersprechlich/ daß/ nachdem die Handlung der vormahligen Commission beym Reich ausser allen Zweifel gesetzet wird/ vielweniger gegen die geordnete Kayserl. Provisional-Administration etwas mit Bestand obmoviret werden könne. In summa 9.) soll es eine species privationis seyn/ mithin sine consensu Statuum Imperii nicht geschehen können/ daß die Lands-Administration provisorie & ad tempus einem andern aufgetragen wird/ so hat sothaner Auftrag in eben diesen superioritatis territorialis speciebus auch bey der Commission valide nicht geschehen können/ einfolglich wann jenes contra leges Imperii ist/ so muß auch dieses eadem nota bemercket werden/ welches doch/ wie gedacht/ die Commission nimmermehr ingestehen wird. Aus sothanen Commissions-Præsupposito würde ferners 10.) diese schädliche Consequenz folgen/ daß Ihro Kayserl. Majest. künfftig dergleichen Commissiones sine consensu Statuum nicht mehr decerniren können würden/ mithin bis dieser Consens, GOtt weiß/ wann/ erfolgte/ einen jeglichen Stand/ mit denenjenigen Landen/ welche Er nicht absolute & independenter, sondern beneficio Imperatoris & Imperii besitzet/ lediglich nach seiner Willkühr schalten und walten lassen müsten. Wer siehet nicht/ daß hierdurch das Systema Imperii unausbleiblich dissolviret werden muß/ wann Ihro Kayserl. Majest. die Jurisdiction darnieder geleget/ und ein arbitrarisches Regiment, da ein jeder thun könte/ was er wolte/ im Reich eingeführet wird; Kan auch dieses das interesse Principum seyn/ wann keine Justiz mehr im Reich zu finden/ Kayserl. Majestät aber alle media provisoria entzogen/ mithin ihre Suprema Rectoria Potestas, ohne welche das Reich nicht bestehen kan/ gäntzlich aboliret werden solte? So seynd auch 11.) dergleichen Provisional-Administrationes nicht unbekannt/ allermassen noch vor kurtzem dem Fürsten Hyacinth von Nassau-Siegen wegen seiner üblen Conduite die Landes-Regierung genommen und seinem jüngeren Bruder conferiret worden/ ohne daß dagegen einiger Stand des Reichs sich beschweret hätte; man hat aber 12.) anjetzo in dem Mecklen-

ANNO 1729.

bur-

burgischen Casu diesen Einwurff / daß weilen in Art. I. Capitulationis Cæsareæ verordnet / wie sine consensu Statuum Imperii kein Stand seines voti & sessionis beraubet werden solle / votum und Sessio in Comitiis aber dem Territorio adhærire / also könte auch keine Provisional Landes-Administration sine consensu Statuum angeordnet werden / immassen kein Fürst ohne habende Landes-Regierung sein Votum in Comitiis führen könte. Resp. 1.) daß auch heut zu Tage (nam de antiquioribus temporibus nullum dubium) Fürsten Votum & Sessionem in Imperio führen können / ohne daß sie das Fürstenthum / wovon das Votum geführet wird / besitzen und regieren / zeiget das Exempel in dem Fürstl. Braunschweigischen Hauß selbsten: das Chur-Hauß Hannover hat dem Hertzogen von Blanckenburg / um ihme zu der Qualität eines regierenden Reichs-Fürsten beförderlich zu seyn / das Fürstl. Grubenhagische Votum im Fürstl. Collegio ad dies vitæ übertragen / dergestalt / daß nunmehro der Hertzog von Blanckenburg / proprio nomine als regierender Hertzog von Grubenhagen im Fürstl. Collegio Sitz und Stimm versühret / ohne daß er bey der Regierung des Fürstenthums Grubenhagen / als eines Chur-Braunschweigischen Landes / das allergeringste zu sagen hätte. Dergleichen Exempla werden sich bey genauer Durchgehung der Reichs-Matricul noch mehrere finden / wo Stände als wie Lothringen / wegen Nomeni, vota von Landen führen / in deren Besitz sie nicht einmahl seyn / einfolglich auch selbige nicht regieren. 2.) Beantwortet sich dieser Einwurff aus denen bereits weitläufftig angeführten rationibus absonderlich / daß man per consequentias ab uno jure ad aliud, als wie in præsenti casu in suspensione voti ad sessionem provisionalem Regiminis keinen Schluß machen kan / weilen dieses plane separata seyn und per adducta exempla eines ohne das andere wohl bestehen kan / dann es ist bereits 13.) das Exemplum mit dem Fürstenthum Nomeni, cujus intuitu der Hertzog von Lothringen Sitz und Stimm im Fürstl. Collegio hat / angeführet worden / dieses Land besitzet notorie Franckreich / & quidem non contradicente Imperio, sed potius annuente, indem die zwischen Franckreich und Lothringen gemachte Tractaten in dem Münsterischen Friedens-Schluß von denen Ständen des Reichs selbsten agnosciret und gut geheissen worden / und darff man nur die Münsterische Friedens-Acten lesen / so wird man finden / daß alle die flehentliche Vorstellungen des Hertzogen von Lothringen keinen Ingress finden können / daß man mit Franckreich wegen Restitution des Reichs-Fürstenthums Nomeni in einige Negotiation getreten wäre / daß es also noch dermahlen keine unerhörte Sache im Reich ist / daß einer von einem Land Sitz und Stimm führet / dessen Besitz / Genuß und Regierung einem andern zustehet. Daß aber 14.) die angeordnete Kayserl. Provisional-Administration in Mecklenburg bis zu des Hertzogs Carl Leopold geschehener Submission keine privatio der Lande seye / wovon in Art. XX. Capit. Cæsareæ gehandelt wird / zeigen Sonnen-klärlich nicht allein die von seinem Brudern Hertzog Christian Ludewig ausgestellte Reversales, sondern auch die Eydes-Notul, welche die Mecklenburgische Landes-Stände abzuschweren auferleget / und durch offenen Druck bekannt gemacht werden / in welchem Hertzog Carl Leopold noch bis diese Stunde der ordentliche Landes-Herr des Hertzogthums Mecklenburg zu zweyenmahlen genennet / und die provisorische Administration nur so lang bis Er die so vielmahl aufgelegte Submission præstiret / angeordnet wird / daß also niemand diese Kayserl. Verordnungen pro sententia privatoria feudi annehmen / vielweniger davor halten kan. Um nun 15.) zum Schluß dieser Quæstion zu kommen; So veroffenbahret sich ex deductis Sonnen-klärlich / daß diese Mecklenburgische Provisional-Administration weder pro privatione feudi, weniger vor eine Achts-Erklährung zu halten / ferners daß Ihro Kayserl. Majestät sothane Anordnung eben so wohl zu verfügen befugt gewesen / als Sie vorhero die Comission wegen der Lands-Beschwerungen mit Recht erkannt haben. Und bleibet also in des Hertzog Carl Leopolds Willen gestellet / dieselbe durch geschehene Parition aufheben zu machen / nicht weniger daß sothane Landes-Administration denen Successoribus und dem Lande selbst / wegen Erspahrung überhäuffter Unkosten weit erträglicher / als die Continuation der Commission ist / und endlichen / daß Ihro Kayserl. Majestät aus angebohrner Clemenz und niemahls genug gepriesener Reichs-väterlichen Vorsorge vor die unschuldige Agnatos, auf welche die Lands-Succession um so gewisser verfället / als der Hertzog Carl Leopold keine männliche Leibes-Erben hat / nicht den rigorem juris mittelst des Privation- oder Achts-Procefs ergreiffen wollen / indeme bekannt / was vor schädliche Folgerungen hieraus zu gewarten stehen / und ist das Exempel mit Hertzogen Johann Friedrich dem mittlern zu Sachsen Ernestinischer Linie bey dem Hauß in frischen Gedächtniß / wodurch besagte Sächsische Ernestinische Linie, die so genannte, v er assecurirte Aemter / welche ein ziemliches Fürstenthum ausmachen / an Chur-Sachsen als Commissarium wegen der Executions-Kosten abtreten müssen / daß also gesammtes Reichs-Fürstl. Collegium Ihrer Kayserl. Majestät vielmehr zu höchsten Danck verbunden / daß sie es zu der Extremität der Privation- oder Achts-Procefs nicht kommen lassen wollen / als daß sie die zu alleinigen Nutzen des Hauses Mecklenburg angeordnete Provisional-Administration anfechten und hiedurch tacite selbst die Continuation der Commission begehren solten / welche / daß man sie von Seiten der Commission noch länger zu continuiren wünschete / folgende ausdrückliche Worte des von Hannover und Wolffenbüttel an Ihro Kayserl. Majestät erlassenen Schreibens genugsam zu Tage legen / wann sie darinnen herkommen lassen / wie die künfftige Zeiten und der weitere Verfolg gewiß zeigen würde / daß Ihro Kayserliche Majestät zu dem Wohl- und Ruhe-Stande des Hertzogthums Mecklenburg führende heilsame Absicht / durch Aufhebung der Commission nicht werde erhalten werden / die bishero aufgewandte grosse Kosten würden auch vergebens seyn / wann die Commission dasjenige / was sie angefangen und grösten Theils bis zu Ihro Kayserl. Majestät Decision zu Ende gebracht / nicht vollführen solte. Und so viel von der ersten Frag. Die zweyte Quæstion betreffend / ob die Mecklenburgische Land-Stände Ihrer dem Hertzog Carl Leopold geleisteten Pflichten entlassen / und selbige dem Administratori zu leisten angehalten werden können. Nun ist 1.) die Eydes-Notul, wie selbige denen Landes-Ständen abzulegen oblieget / nur ein Juramentum promissorium & resolubile, immassen es also fert resolvirt und aufgehebt wird / so bald Hertzog Carl Leopold denen Kayserl. Verordnungen sich geziemend submittiret. 2.) Zeigen die hiebey gelegte Eydes-Notul so wohl / als auch die von dem Administratore Hertzog Christian Ludewig ausgestellte Reversales mit mehrern / daß Hertzog Carl Leopold in selbigen zu verschiedenen mahlen der ordentliche Landes-Herr genennet wird / manifesto indicio, quod nexus & Juramentum, quo Status Provincialis Duci Carolo Leopoldo tenentur, maneant, & persistant in habitu & substantia, saltem usus & exercitium tantisper sistitur & suspenditur, donec prædictus Dux Senior, Carolus Leopoldus, ordinationibus Cæsareis se submittat. Immassen auch ohne vorgehende juratorische Anweisung die Kayserl. Provisional-Administration bey der Landes-Regierung nicht zum Effect hätte gelangen können; So ist und bleibet es auch 3.) eine ausgemachte Regul, welche so gar diejenige / die nicht selten Kayserl. Majestät in Ihren höchsten Reservatis zu beeinträchtigen trachten / fest gesetzet haben. Quod provisoria, eaque summa Imperatoris potestas in casibus repentinis nusquam aliqua Imperii conventione limitata sit, atque adeo veteribus S. Cæsareæ Majestatis juribus absolutis plane pleneque censeatur, ut propterea maxima erga Imperatorem religio prohibeat, quo minus ea Provisoria Cæsarea potestas nunc quidem privato Statuum Imperii arbitrio circumscribatur. Allermassen dann auch 4.) wie eben bereits ad Quæst. I. mit mehrerem deduciret worden / Ihre Kayserl. Majestät nimmermehr verhängen können / daß diejenige Fälle / worinnen per Capitulationem Cæsaream, oder andere Reichs-Constitutionen / der Consensus Statuum expresse erfordert wird / per consequentias und sonsten / ad alios casus, in Capitulatione non expressos, extendiret werden solten. Omnia enim imperandi jura sunt Cæsaris propria, in quorum communionem ordines per Capitulationes, Recessus, aliasque Imperii Constitutiones non concesserunt. Von diesem unbeweglichen Grunde und Richtschnur können Ihro Kayserliche Majestät ohne äusserster Gefahr / alle Ihre Kayserl. Reservata disputirlich zu machen / nicht abgehen. Wann man gleich 5.) hin und wieder ausgesprenget / was massen auf das erlassene Kayserl. Commissions-Decret die Majora auf dem Reichs-Tag wider Ihre Kayserl. Majestät angeordnete Provisorische Administration ausfallen würden. Dann es zeiget sowol das Reichs-Hof-Raths Gutachten vom 22. Novembr. 1728. als auch das Kayserl. hierauf erlassene Commissions-Decret vom 11. Junii dieses Jahres / daß allerhöchst besagte Ihro Kayserl. Majestät keineswegen die Quæstion: Ob eine Kayserl. Provisional-Administration anzuordnen sey? auf den Reichs-Tag bringen lassen / sondern allein durch ermeldtes Commissions-Decret des Hertzogs Carl Leopolds ärgerliches Patent und übrige straffbahre Aufführung denen gesamten Ständen des Reichs bekannt machen wollen / mit dem gnädigsten Versehen / es würden die Stände die bey dieser Sache in das publicum einschlagende Momenta fordersamst in behörige Proposition und Berathschlagung ziehen / und an Ihro Kayserl. Majestät auf was Art und Weise hiebey denen etwa bevorstehenden Beschwerden und Gefährden sattsam begegnet / abgeholffen / und dawider ein vollkommener Reichs-Verfaß- und Ordnungs-mäßiger Ruhe-Stand beybehalten / und verwahret werden könne / ein standhafftes thätliches Gutachten / erstatten. Es kan also in denen dreyen Reichs-Collegiis über nichts anders / als dasjenige / was Ihro Kayserl. Majestät in diesem Commissions-Decret ad propositionem bringen lassen / deliberiret werden. Weniger können die Directoria Collegiorum wider Ihro Kayserl. Majestät Willen und Meynung / die Frage / super potestate Cæsaris in adornanda Provisionali Administratione in proposition stellen. Wann aber / wie es anscheinet / einige Stände / occasione dieses Kayserl. Commissions-Decrets, Anlaß nehmen solten / in Ihren Votis die Kayserliche Gerechtsahme wegen Anstellung einer Provisional-Administration zu bestreiten / und die Majora Vota hierinnen einstimmig seyn solten; So wäre dagegen 6.) vorzustellen / daß / da die Stände selbsten / und noch kürtzlich die A. C. Verwandte in quæstione de juribus singulorum Statuum, pro immoto principio gesetzet / quod Statibus quibusdam peculiaria sint jura, in quæ cæteris

Cor.

Anno 1729. Constatibus nullum jus sit, & quæ proinde per majora nemini adimi possunt, und zu solchem Ende pro Exemplo anführen/ daß Cur-Bayern und Pfaltz-Lautern Anno 1664. im Fürstl. Collegio dahin ihre Meynung eröffnet hätten/ Sie können ihr jus quæsitum sich nicht abvotiren lassen / & quod omnium Statuum maxime intersit, ut ab hoc principio nunquam recedant: So kan wohl niemand mit einigem Schein Rechtens auf die Meynung verfallen/ daß dasjenige was einem jeglichen Stand pro tuendis juribus suis zukommet / nicht auch einem Römischen Kayser zur Conservation Dero Kayserl. Reservaten zustehen müsse. Können nun die Majora Vota omnium trium Collegiorum Imperii keinem Stand des Reichs sein Jus abvotiren; So können auch eben diese Majora einem Römischen Kayser seine Reservata und in gegenwärtigem Fall/ die Ihm ex Suprema Judiciaria & Rectoria potestate zustehende Provisional-Administrations-Anordnung nicht entziehen/ und absprechen/ sonst würde das Absurdum folgen/ daß Ihro Kayserl. Majestät mit Ihren Reservatis denen Majoribus votis Statuum unterworffen/ mithin deterioris conditionis als der geringste Stand wäre. Daß aber 7.) einige diesen als einen in die Guarantie des Westphälischen Friedens-Schlusses einschlagenden Casum ansehen/ und sich deswegen an Franckreich und Schweden wenden wollen/ ist um so viel weniger zu justificiren/ als bereits / bey Untersuchung der ersten Quæstion, ex ipsa dispositione Instrumenti Pacis erwiesen worden/ daß darinnen nichts enthalten/ welches mit Bestand Rechtens auf gegenwärtigen Fall applicirt werden kan.

Instruction donnée au Baron de FONSECA *sur les affaires de Mecklembourg.*

LEs excès, injustices & cruautés énormes, que le Duc Charles-Leopold de Mecklembourg a commis depuis le commencement de sa Regence, sont notoires à tout le monde: Comme les admonitions salutaires de l'Empereur n'ont eu aucun succès auprès de ce Prince opiniâtre & incorrigible, on fut à la fin obligé de décreter une Commission exécutoriale; laquelle selon le pouvoir incontestable, qu'en qualité de Juge suprême, l'Empereur a de nommer des Commissaires, fut deferée au feu Roi de la Grande Bretagne, comme Electeur de Hanovre, & au Duc de Wolffenbuttel. Il est vrai qu'en décretant cette Commission, l'intention n'étoit pas d'abord de suspendre l'Administration, de la Regence dudit Duc Charles-Leopold Il fut même ordonné le 27. d'Avril & le 12. Mai 1719. que les Troupes de la Commission eussent à sortir de la Ville & du Château de Swerin, & qu'on eût à lui remettre cette Residence Ducale; mais le feu Roi d'Angleterre, par un Rescript adressé au Baron de Huldenberg, du 12. Juin de la même année, fit si bien connoître les suites, qui seroient à craindre, en cas que le Duc restât Maître du Païs, que l'Empereur fut obligé de revoquer les ordres mentionnés ci-dessus. Les Sentences injustes & barbares, qui par ordre dudit Duc Charles-Leopold furent exécutées dans la suite, contre les Conseillers Scharf & Walsrah, à cause qu'ils s'étoient soûmis aux Mandemens Imperiaux, ayant donné à connoitre qu'il n'y a rien de bon à esperer de lui, on ne lui laissa plus aucune part à la Regence du Duché de Mecklembourg L'Administration des Deniers publics, & la convocation des Diétes provinciales dans lesquelles on pourvoyoit de tems en tems aux autres besoins du Païs, furent confiées à la Commission Imperiale, qui par des Commissaires subdelegués eut soin de remplir l'une & l'autre fonctions. En effet cinq Diétes furent convoquées par cette même Commission, & on n'a pas besoin de dire que ces Diètes n'avoient pas seulement pour objet les Collections, qui se devoient faire, mais qu'on y deliberoit aussi sur tout ce qui avoit du raport à l'Etat interieur du Païs. Le Duc Charles-Leopold se voyant depossedé provisionnellement de l'exercice de la Regence, dont il avoit tant abusé, ne manquoit pas de crier fort haut contre les Procedures du Conseil Imperial Aulique. Il eut recours aux principaux Etats de l'Empire, se plaignant par-tout de ce que les Priviléges, Prééminences & libertés d'un Prince de l'Empire étoient blessés en sa Personne. Mais comme ses excès étoient trop connus, on ne fit aucune attention à ses plaintes; & pendant tant d'années que la Commission a subsisté, on ne s'est point avisé de revoquer en doute le pouvoir dont Sa Majesté Imperiale s'est servie en la declarant. On est même allé plus loin, de la part de la Cour de Hanovre & de celle de Wolffenbuttel & depuis l'an 1724. on a fait differentes instances par écrit, pour que l'Empereur changeât entierement la Regence du Païs de Mecklembourg. Anno 1729.

C'est un fait qu'on ne peut nier, & qui en tout cas peut être demontré aisément par les Originaux, qu'on en garde dans les Archives Imperiales. Mais d'ailleurs, il est incomprehensible, pour quelle raison l'Empereur auroit le pouvoir de disposer provisionnellement de l'Administration d'un Fief de l'Empire dès que la Maison de Brunswick y trouve son compte, & qu'il ne l'auroit pas, dès qu'il en ordonneroit d'une maniere peu conforme aux vues cachées de cette Maison.

Il est vrai que, selon le XX. Art. de la Capitulation, le Ban de l'Empire ne sauroit être mis en execution, avant que le Procès, instruit par un de ses Tribunaux, soit porté & examiné à la Diète: & on ne prétendra jamais de la part de ces mêmes Tribunaux de passer les bornes qui leur sont prescrites à cet égard, mais il ne s'ensuit pas de là, que non seulement la privation du Fief, mais aussi la suspension provisionelle de l'Administration de la Regence soit interdite à l'Empereur. Personne ne lui conteste la qualité & les droits de Juge suprême dans l'Empire. Or cette qualité seroit destituée de tout effet, si, dans le cas d'une contumace semblable à celle du Duc Charles-Leopold, l'Empereur ne pouvoit pas, *provisorio modo*, disposer de la Régence d'un Fief immediat de l'Empire. Preuve de cela, on pose le cas, qu'un Prince commettroit mille excès dans l'exercice des Droits attachés à la superiorité territoriale, comme cela est arrivé dans la personne du Duc Charles-Leopold: Aucun homme tant soit peu versé dans les affaires de l'Empire, ne disconviendra, que les Sujets injustement opprimés peuvent recourir aux suprêmes Tribunaux établis en Allemagne, comme en effet ceux de Mecklembourg, à la vue de tout l'Empire, ont recouru au Conseil Imperial Aulique, fortement recommandés & appuyés du Ministre de Hanovre.

On suppose en outre que, non-obstant ces recours, un tel Prince imiteroit l'exemple du Duc Charles-Leopold, qu'il continueroit à tyranniser ses Sujets, à fouler aux pieds leurs Priviléges, à prononcer des Sentences de mort injustes & barbares, & à les executer; seroit-on obligé de le laisser faire, jusqu'à ce que toute la methode prescrite dans le XX. Art. de la Capitulation Imperiale & de laquelle, le cas arrivant, on ne s'éloignera jamais, fût achevée? Ce qui ne se pourra pas faire en bien des années. Si cela étoit, un Prince d'un naturel aussi sanguinaire que le Duc Charles-Leopold, répandroit une infinité de sang innocent, avant qu'on pût apporter un remède au mal. Où si l'on peut l'empêcher, comme en effet on en a empêché ce même Prince depuis tant d'années, sans la moindre contradiction, n'est-ce pas suspendre l'Exercice de sa Regence? Or si un tel reglement se peut faire sous le nom de Commission Imperiale, pourquoi ne sauroit-il avoir lieu sous le nom d'Administration? Et c'est bien subtiliser en des paroles, que de blâmer une Administration établie par l'Empereur, tandis qu'on se loue de la Commission qu'il avoit nommée pour le même effet. Le Prince à qui Sa Majesté Imperiale a trouvé bon de confier provisionnellement l'Administration du Duché de Mecklembourg, ne peut operer que sous les auspices Imperiaux. On ne peut donc pas dire, que le Fief lui ait été adjugé: d'où il s'ensuit que son frere n'en a pas été privé, & qu'il dépend de la propre volonté de ce même frere, de rentrer dans la paisible Regence de son Païs, pourvu qu'il se range à son devoir. Le Prince Administrateur n'est donc, à parler exactement, qu'un Commissaire Imperial soûtenu tant par sa sûreté, que pour celle du Païs même, par les Directeurs du Cercle de la Basse-Saxe; & ceux qui s'efforcent de donner sur cette affaire des insinuations sinistres & malignes à M. le Cardinal de Fleury, auront bien de la peine à deduire, que l'Empereur étant autorisé à confier provisionnellement le soin des affaires de Mecklembourg à des Princes de la Maison de Brunswick, ne le seroit pas à confier ce même soin, à un Prince de la Maison de Mecklembourg, Frere du Duc opiniâtre & le plus proche Successeur dans le Duché, c'est-à-dire à celui qui est le plus interessé à sa conservation. On pourroit alléguer bien des Exemples arrivés depuis la Paix de Westphalie, où l'Empereur a usé de ce droit sans que quelqu'un se soit avisé, de provoquer à la garantie de la même Paix. Et si cette garantie é-

toit

Anno 1729. toit applicable au cas present, on devoit du moins citer le Passage dudit Traité de Paix, où une semblable provision fût interdite à ce Chef de l'Empire. Ce qu'il y a de certain est, qu'avant quelques années le Conseil Imperial Aulique a decreté une pareille suspension de la Regence dans les affaires de Nassau-Siegen, sans qu'à cette occasion on ait imputé à l'Empereur d'avoir surpassé les bornes de ses droits; quoiqu'il eût bien moins de motifs à proceder à la suspension, dans la cause de Nassau-Siegen, qu'il n'y en a dans celle de Mecklembourg.

Après avoir établi le droit de l'Empereur, de pourvoir provisionellement, en cas de besoin, à la Regence d'une Principauté de l'Empire, par le propre aveu de ceux qui s'aviseroient de le lui contester, à present il reste à examiner les raisons que l'Empereur a eu de prendre sur l'affaire de Mecklembourg la Resolution, qu'il a pris le 11. Mai de l'année passée. Ce qu'on en dira, n'est que pour faire connoître le soin paternel qui engage Sa Majesté Imperiale à veiller à tout ce, où le bien de l'Empire, ou les droits d'un tiers pourroient être interessés; & non pas pour fonder le droit, attaché à sa *qualité* de Juge suprême, de pouvoir faire un changement dans une Commission, qu'il a lui-même nommée, & qui ne pouvoit operer que sous ses auspices, puisque ce droit, suivant la pratique constante du Conseil Imperial Aulique, & suivant la Constitution de l'Empire, ne sauroit être revoqué en doute.

Cependant pour rapporter une partie des Motifs qui engagérent Sa Majesté Imperiale à agir dans l'affaire de Mecklembourg, comme elle a fait, on sait que le Duc Charles-Leopold, bien loin de se rendre à son devoir, & de se soûmettre aux Decrets Imperiaux dont l'execution fut commise à la Commission susdite, a non seulement persisté dans une contumace seditieuse, & dans une opiniâtreté inouïe, mais qu'il a même poussé de tems en tems ses excès beaucoup plus loin qu'il n'avoit fait d'abord Il a declaré hautement, de vouloir toujours agir à sa fantaisie, de ne vouloir reconnoître aucune dependance de l'Empereur, en ce qui regardoit la Regence de son Duché; & enfin dans une Lettre des plus extravagantes qu'il a écrit à l'Empereur, il n'a pas balancé à menacer ceux qui s'étoient soûmis aux Mandemens Imperiaux, d'être poursuivis criminellement & condamnés à la mort, en cas que jamais il lui réussît de rentrer dans son Païs. Après de semblables declarations il est aisé de voir, que l'Empereur, sans se rendre devant Dieu coupable de tout le sang innocent, que ce Prince sanguinaire pourroit répandre, ne pouvoit absolument pas le remettre dans la jouïssance de ses Droits territoriaux. D'ailleurs, la Commission Imperiale établie pour les affaires de Mecklembourg étoit infiniment onereuse au Païs, & nullement suffisante pour remedier à tous les abus qui s'y étoient glissés: Les fraix seuls pour les Commissaires subdeleguès à Rostoc & à Boitzenbourg, montoient annuellement au-delà de 47000. Ecus, & quoique les Troupes Commissoriales tirassent leur subsistance du Païs même, & que tous les revenus en fussent absorbés, on leur doit en arrerages liquidés au delà de 500. mille Ecus sans les sommes qui pourroient leur être dues pour les Comptes ulterieurs à rendre: Comptes, que le Conseil Aulique a tant de fois demandé, & qu'on a differé jusqu'à present de lui remettre. De sorte que c'est la propre faute de la Commission, si l'on n'a pu encore parvenir à une liquidation finale. Du reste les arrerages qui ont déja été liquidés faisoient assés connoître, que les choses ne pouvoient pas subsister sur le pied où elles étoient. Car si d'un côté on consideroit, que selon les circonstances raportées ci-dessus il n'y avoit aucune esperance que le Duc Charles-Leopold se rangeroit à son devoir, & si d'autre côté on reflechissoit, que les fraix de la Commission surpassoient de beaucoup les revenus du Païs, il étoit aisé d'en inferer, que si on n'apportoit bien-tôt un remede, il n'y auroit plus moyen de garantir un fief de l'Empire si important, ou de sa perte totale ou d'une diminution considerable. Et selon toutes les apparences c'est à une telle diminution que visent ceux qui s'efforcent à traîner l'affaire en longueur. Or ce n'est pas ainsi que l'Empereur l'entend. Il lui importe & il importe au bien de l'Allemagne que le Duché de Mecklembourg soit conservé en entier. Et de même qu'il est juste, que les fraix liquidés & à liquider soient payés à la Commission qui subsistoit ci-devant, de même, il est juste, que le frére innocent du Duc Charles-Leopold, & les autres Princes de cette Maison Ducale, ne souffrent pas trop pour la faute d'autrui. L'un & l'autre but peut être obtenu par le moïen du Reglement provisionel du 11. Mai 1728. & ne pouvoit pas s'effectuer par une autre voye. Puisque, de renouveller la Commission expirée d'elle-même par la mort du feu Roi d'Angleterre, cela auroit chargé le Pays au delà de ses forces; de vouloir priver le Duc Charles-Leopold du Fief même, cela auroit demandé trop de tems, & en attendant le mal seroit devenu incurable. Et si enfin on avoit remis le Duc Charles-Leopold dans la libre jouïssance de ses Droits, on auroit exposé des innocens à la rage d'un Prince incorrigible; au lieu qu'en établissant un Prince Administrateur, & en le munissant d'un *Conservatorium*, adressé selon le stile ordinaire aux Directeurs du Cercle de la Basse-Saxe, où le Duché de Mecklembourg est situé, on épargne tous les ans des revenus du Duché une somme suffisante, pour payer peu à peu tous les arrerages, aussi bien que les intérêts de ces arrerages, qui pourroient être dûs aux troupes de la Commission. On a marqué ci-dessus que ce n'est pas la faute du Conseil Imperial Aulique, mais celle de la Commission, si on n'a pas encore pû parvenir à une liquidation finale de ces mêmes arrerages. Au reste il est juste, qu'on en assure le payement, & comme les sûretés qu'on en avoit données auparavant n'avoient pas paru suffisantes aux Cours de Hanovre & de Wolffenbuttel, l'Empereur, dans la vûe de leur ôter tous les pretextes de se plaindre a bien voulu permettre, que 3 à 400. Hommes restassent dans le Pays, jusqu'à l'extinction entiére de la Dette. Or comme la Commission étoit expirée par la mort du feu Roi de la Grande-Bretagne, & qu'on ne pouvoit pas la renouveller pour les raisons susdites, ces Troupes ne pouvoient pas rester dans le Païs sous un autre titre, que *sub titulo crediti*. Et dès qu'elles y sont *sub titulo crediti* elles y doivent être à leurs propres fraix; quoiqu'à proprement parler, des Troupes qui trouvent leur subsistance dans un Pays Etranger, ne coûtent gueres à celui qui les y entretient. Une autre raison qui necessita, pour ainsi dire, Sa Majesté Imperiale de proceder au Reglement provisionel du 11. Mai 1728., étoit, que la Commission établie ci-devant, étant expirée par la mort du Roi de la Grande-Bretagne, on auroit trouvé de grandes difficultés en nommant un autre. Il n'auroit pas été convenable d'en exclure le Roi de Prusse; & de l'y admettre, cela auroit augmenté les fraix de la Commission, déja trop onereuse au Païs. Ce n'est pas que l'Empereur prétende favoriser le Roi de Prusse contre la justice; mais il ne veut pas non plus lui fournir le moindre sujet de plainte, quand même il ne seroit qu'apparent.

On a été surpris de voir par la Relation du Baron de Fonseca, que Mr. le Cardinal de Fleury a paru douter, si par la mort du feu Roi d'Angleterre la Commission étoit expirée d'elle-même. La disposition du Droit, dans les Chapitres XIV. & XLII. §. *de offic. & Potest. deleg.* est assez claire à cet égard, & ces prétendus Jurisconsultes qui ont fourni là-dessus des Memoires à Mr. le Cardinal de Fleury, à moins qu'ils ne veuillent avancer une fausseté grossiére, ne pourront pas nier que de semblables Commissions se donnent aux personnes & non pas aux Etats. Ce que le Duc de *Wolffenbuttel* lui-même a très-bien reconnu, puis qu'après la mort du feu Roi de la Grande-Bretagne on a presenté Requête de sa part, pour obtenir l'extension de la Commission pour le Roi d'Angleterre d'aujourd'hui. Et quoique le Duc de Wolffenbuttel soit encore en vie, sa qualité de Commissaire, a cessé dans le moment, qu'a cessé celle de l'Electeur de Hanovre, & n'a été continuée que provisionellement pour quelque tems: La Commission n'ayant pas été donnée avec la Clause *conjunctim & divisim*, ou *singuli in solidum*, desorte que sans une nouvelle provision de l'Empereur l'un des Commissaires ne pouvoit pas operer sans l'autre. Outre que l'Empereur n'est nullement tenu de continuer la Commission à celui qui en est chargé, toute sa vie durant.

Un troisième motif de faire le Reglement provisionel, souvent mentionné, a été fourni par le Duc de Wolffenbuttel lui-même. Comme dans le mois de Decembre de l'an 1727. le Duc Charles Leopold a envoyé une Lettre de défi au Duc de Wolffembuttel,

ce

ANNO 1729.

ce dernier en porta ses plaintes au Conseil Imperial Aulique, au mois de Janvier de l'année passée: Il falloit donc proceder outre contre un Prince, qui se rendoit de jour en jour plus coupable, & avant que de proceder à l'instruction du Procès Bannal, la Clemence de l'Empereur jugea à propos de tout tenter pour le ramener. Enfin les besoins notoires du Pays de Mecklembourg ne permettoient pas de differer plus long-tems à y apporter du remede. On a marqué cidessus que la Commission qui a subsisté auparavant n'étoit pas suffisante pour pourvoir à ses besoins. En effet il est indispensablement necessaire de convoquer la sixième Diète Provinciale, puisque depuis l'année 1720. on n'avoit fait aucune repartition des collectes publiques, & que le Duc de Mecklembourg Strelitz s'y étoit plaint bien fort de ce que sa *Quota* lui manquoit depuis tant de tems. Or cette Convocation ne se pouvoit faire que par une nouvelle Commission, sujette, comme il a été dit, à de grandes difficultez ou par la voye du Prince Administrateur. Car de la suspendre, jusqu'à ce que le Procès Bannal fût fait & parfait au Duc *Charles-Leopold*, c'auroit été un expédient, par lequel le Païs auroit été plongé en de plus grands desordres, que ceux où il se trouve déja, & auquel il convient d'apporter un prompt remede. D'ailleurs la Justice étoit extrêmement mal administrée dans le Païs de Mecklembourg. Les Vols, Meurtres, Brigandages, Violemens des Femmes & des Filles, se commettoient en grand nombre, & il n'y eut pas un moyen plus efficace pour les reprimer que de charger le Prince Administrateur des fonctions que le Prince naturel auroit dû remplir à cet égard. Aussi Mr. le Cardinal de Fleury aura sans doute remarqué, que dans la Résolution publiée le 17. Janvier de la presente année, on eut une attention particuliere à exciter ledit Prince Administrateur, de faire cesser de si grands desordres. Et cette seule circonstance sera apparemment plus que suffisante pour faire comprendre à ce Prélat que les délais en cette affaire ne sont ni de la dignité, ni de la Justice de l'Empereur & qu'on ne sauroit aller trop vîte, quand on songe à empêcher de tels excès.

On donne cette ample Information au Baron de Fonseca, pour qu'il soit en état de mieux en éclaircir les doutes, que les artifices du Baron *Schelmits* & de *Reck* pourroient faire naître à Mr. le Cardinal de Fleury, à qui il aura soin, de communiquer le contenu de ce Memoire. Et pour le mettre mieux au fait de cette affaire, on lui envoye une Copie de la Résolution de l'Empereur, publiée le 17. Janvier de la présente année, qu'il se fera traduire par *Trasser*.

CXXX.

Pro Memoria, oder gegen-Information, die Mecklenburgische Administrations-Sache betreffend anno 1730.

C'est-à-dire,

Contre-Information dans l'affaire de Mecklembourg publiée par la Commission pour répondre à l'Information Imperiale.

Es ist ohnlängst in der Mecklenburgischen Administrations-Sache/ ein so genanntes Pro Memoria oder Information durch den Druck bekannt gemacht worden/ welches wegen derer darinnen geäusserten Principiorum vieles aufsehen verursachet hat. Nun möchte zwar überflüßig scheinen/ dem Publico von der Beschaffenheit dieser Sache noch mehrern Unterricht zu geben/ nachdem bishero darinnen allbereits verschiedene Schrifften an den Tag gekommen/ woraus die eigentliche Bewandniß in facto zu ersehen ist/ und im übrigen jedermann aus denen Reichs-Geschichten und Satzungen selbst am aller sichersten urtheilen kan/ wie weit die/ in der angezogenen Information geäusserten Sätze/ mit selbigen übereinstimmen oder nicht? Man hat jedoch ein überflüßiges zu thun/ und besagte Schrifft etwas genauer unpartheyisch zu prüfen sich entschlossen/ theils/ damit niemand auf die/ denen Ständen verkleinerliche Gedancken kommen möge/ als ob man solche auf öffentlicher Reichs-Versamlung divulgirte Principia, für bekannt annehme; theils auch damit man verhüte/ daß sich der Verfasser der Information eines unzeitigen Stillschweigens/ nicht auf gleiche Weise prævaliren/ und eben so nachtheilige Folgen daraus ziehen möge/ als er aus dem Nassau-Siegenischen Casu, (wiewohl/ ohne sich des Conclusi Comitialis de Anno 1709. dabey zu erinnern/) gethan hat/ welches zu unterbrechen/ einem jeden patriotischem Gemüthe/ um so angelegener seyn muß/ als es bey der Mecklenburgischen Sache auf nichts geringes ankommet/ sondern die gantze Regierungs-Form und vornemlich der Reichs-Stände Hoheit/ Gerechtsame und Ansehen/ so wohl in- als ausserhalb des Reichs/ nach denen jetzt öffentlich dargelegten Principiis, eine gantz andere Gestalt gewinnen würden/ weder sie bisher gehabt haben: dessen ein jeder völlig überzeuget seyn wird/ welcher folgende/ in der Information enthaltene Grund-Sätze mit einigem Nachsinnen betrachten will.

Ehe der Autor der Information die Haupt-Sache/ nemlich „Ob die vorhabende *Constituirung* eines *Administratoris* im Hertzogthum Mecklenburg/ denen Reichs Gesätzen „gemäß sey? welche er zu vertheydigen sich vorgenommen hat/ berühret; werden verschiedene Ursachen angeführet/ weswegen Ihro Käyserl. Majest. sich bewogen gefunden/ die/ nach Absterben Ihro Königl. Majest. von Groß-Britannien GEORGII I. dem angeben nach/ von selbst erloschene Commission keinesweges zu verneuern und fortsetzen zu lassen. Diese Ursachen haben eigentlich keine Connexion mit denen in der Information enthaltenen Fragen/ daher man wohl nicht anders schlüssen kann/ dann daß solche aus keiner andern Absicht so weitlaufftig angeführet werden/ als nur/ um eine Gelegenheit dadurch zu überkommen/ das Vertragen der Commission auf eine solche Art vorzustellen/ welche fähig seyn möchte/ diejenigen Leser/ so von der Sachen Bewandniß nicht genugsam belehrt sind/ oder denen es an nöhtiger Aufmercksamkeit fehlet/ mit Vorurtheilen anzufüllen/ und bey ihnen einen Haß gegen die Commission zu erwecken. Man achtet sich demnach um so mehr verbunden/ auch solche Ursachen zugleich mit zu untersuchen/ und deren Ungrund vor jedermanns Augen zu legen.

Es concentriren sich aber selbige dahin: (1.) Wäre von des Hertzogs *Carl Leopolds* beständiger Widersetzlichkeit nicht zu erwarten/ daß Er denen Kayserl. gerechtesten *Judicatis* die schuldige *Parition* leisten/ und eine vernünfftige Regierung führen werde: dahero in Entstehung anderer Mittel/ wofern die bisherige *Commission* langer *continuiren* solte/ gantz unerschwingliche Kosten/ welche das gantze Land Mecklenburg *in statum insolventiæ* versetzen möchten/ aufflauffen würden: und endlich zu Abführung derer *Commissions* Kosten ein ansehnlicher Theil solches Hertzogthums/ *in solutum* an die *Commissarios* dörffte gegeben werden müssen/ immassen die Hannöver- und Wolffenbüttelschen *Trouppen*, bishero/ nach der *Commission* eigenen Anzeige/ über 1100000. Rthlr. die doch auch noch nicht *liquid* seyn sollen/ und die Verrechnung darüber bis diese Stunde nicht vollkommen eingebracht wäre/ gekostet hätten:

So dann wäre (2.) bekannt/ was der König von Preussen/ als mit-ausschreibender Fürst des Nieder-Sächsischen Creyses/ und Anwarter/ für hefftige *Instantzen* gemacht/ zu der *Commission* mit gezogen zu werden/ welches dann viele Mißhelligkeiten würde verursachet- auch die *Commissions* Kosten vergrössert haben:

Dahingegen (3) Bey Anordnung der *Administration*, zu des Landes Besten und Erleichterung/ dem *Administratori* nur jährlich 25000. Rthlr. wären außgeworffen worden:

Welches viel besser sey/ als wann (4.) Bey mehreren und endlich *in immensum* ansteigenden *Commissions*-Kosten/ ein neuer Donauwertischer *Casus existirte*/ von welchen bekannt sey/ daß das Haus Bayern die Reichs-Stadt Donauwert/ *nullo alio titulo*, als wegen derer auffgelauffenen *Commissions* Kosten/ besitze.

Man wird von der Stärcke und Schwäche aller dieser Gründe am sichersten urtheilen können/ wann man die Umstände in Betrachtung ziehet/ welche zu derjenigen Zeit verwaltet haben/ da am Käyserl. Hof/ die Mecklenburgische Commission ist erkannt worden. Nun ist eine weltkündige Sache/ daß/ als die Ritter- und Landschafft des Hertzogthums Mecklenburg/ wider den Regierenden Hertzog daselbst/ ihre Beschwerungen am Käyserl. Hofe angebracht/ derselbe sich an Moscau gewendet/ und durch des Czaaren assistenz seine gefährliche Absichten ins Werck zu richten gesuchet habe: Dannenhero es eine Sache von der grösten Wichtigkeit und äusersten Gefahr gewesen ist/ die Commission im Lande Mecklenburg gegen den Hertzog zu übernehmen/ weiln derjenige/ welcher sich dazu gebrauchen lassen wolte/ gewärtigen müste/ sein eigenes Land und Leute dem überfall eines Feindes zu exponiren/ woferne des Hertzogs vorgehabte Anschläge (von deren Ausgang man damahls noch nicht hat versichert seyn können) ins Werck gesetzt worden wären. Diesem ungeachtet/ haben Ihro Königl. Majest. von Groß-Britannien und Chur-Fürstl. Durchl. zu Braunsch.-Wolffenbüttel/ als Ihnen die Käyserl. Commission in solcher Sache aufgetragen und sie zu deren Vollstreckung verschiedentlich excitiret wurden/ diese/ obwohl beschwerliche Gelegenheit nicht vorbey lassen mögen/ ihrem Vaterlande Teutscher Nation, ohngeachtet solcher für Augen gelegenen höchst-beschwerlichen Umstände/ eine reelle Probe ihrer patriotischen Neigung zu erkennen zu geben/ und zu zeigen/ wie Sie die allergröste

ANNO 1729.

Gefahr nicht scheuten / etwas solches zu unternehmen / wodurch der Käyserl. Majestät allerhöchste Auctoritæt und Ober-Richterl. Amt aufrecht erhalten- auch zugleich eine beschwerliche Last von dem Teutschen Reich möchte abgewendet werden. Dieses ist dergestalt notorisch / daß es weiter keines Beweises bedarff. Ob nun aber gleichwohl dieser Considerationen ohngeachtet / die in der mehr gemeldeten Information angeführte Ursachen hinlänglich sind / die Aufhebung der Commission, und Substituirung einer in allen Reichs-Gesetzen unbekanten Landes-Administration, zu justificiren; das wird sich aus folgenden ergeben:

Dann obwohl ad Imum. es an dem ist / daß die Commissions Kosten so hoch / als in der Information angeführet worden / sich belauffen; So ist hingegen dieses / daß die Verrechnung von solcher Summa noch nicht vollenkommen eingebracht worden sey / auch zu der Liquidation noch wohl einige Jahre erfordert werden dörfften / schlsam / und das Gegentheil vielmehr dem Käyserl. Hofe selbst / aus dem / an Jhro Käyserl. Majest von denen hohen Commissions-Höfen abgelassenem gesamt-Antwort-Schreiben / nebst der dabey befindlichen Anlage / zur gnüge bekannt / als worinn deutlich dargethan worden / daß die prætendirende Summen, welche vom Anfang der Commission, bis ult. Sept. An. 1723 annoch ausstehen / auf lauter von Käyserl Majest. selbst determinirten / liquid erkannten / auch würcklich adjudicirten Posten / samt denen darauf gebührenden Reichs-Constitutions-mäßigen Zinsen / beruhen / und folglich keiner fernern Liquidation bedürffen. Daß aber solche Summen so hoch angewachsen sind / das ist nicht der Schuld derer Commissions-Höfe / sondern vielmehr der / gegen Jhro Käyserl. Majest. / von denenselben gehabten Deference zu zuschreiben / indeme Sie / ohngeachtet auf die Mecklenburgische Cammer-Gelder und Contributiones, durch die ergangenen Käyserl. Resolutiones vom 23. Sept. 1720. 22. Jan. auch 21. May 1723. und 23. Januarii 1726. denen Commissions-Höfen eine Special Hypothec cum jure Præferentiæ zuerkannt worden / und die würckl Anweisung darauf geschehen ist / dennoch auf Jhro Käyserl. Majest. Begehren / der Ritterschafft sowohl in Corpore, als einigen Jhres Mittels / insonderheit dem Ober-Land-Drosten von der Lühe, weit über 4. Tonnen Goldes daraus verabfolgen / imgleichen der Hertzogin Sophien Hedwig gebohrnen Printzeßin von Nassau / und anderen / auf die Executions-Casse assignirten Creditoribus, nach und nach / grosse Summen auszahlen lassen. Weil auch darüber / Behuef der nöhtigen Verpflegung des / zu Delogirung der in etlichen 1000. Mann bestandenen Meckelenburgischen und Rußischen Militz, anfangs erforderlich gewesenen starcken Corps derer Creyß-Executions-Trouppen, nichts übrig geblieben; So haben die Commissions-Höfe solche Trouppen aus ihren eigenen Cassen unterhalten / und so gar das Geld vor das nöhtige Brod / in das Mecklenburgische nachschicken müssen / an statt dieselben / wann Sie ihres habenden Rechts sich hätten bedienen wollen / aus denen vorgedachtermassen / angewiesenen Revenuen, ihre Befriedigung / wegen der Executions-Kosten / mehrentheils hätten nehmen können / wordurch dann zugleich / daß die Zinsen nicht so hoch auffgelauffen wären / würde verschaffet worden seyn: gestalt dann auch die Langwierigkeit der Commission, nicht denen Commissions Höfen zur Last zulegen / sondern solche theils der / in der Information selbst angeführten annoch fortwährenden ungemeinen Widersetzlichkeit des Herrn Hertzogs Carl Leopolds, theils dem Käyserl. Reichs-Hof-Rahte selbst / zu zuschreiben ist / bey welchem noch über 100. Commissarische Berichte / welche zum theil gar wichtige Puncten betreffen / ohne Resolution annoch würcklich liegen. Eben so irrig ist auch die / in der Information geäusserte Vermuhtung / ob würden / bey längerer Fürwährung der Commission, die auflauffenden Kosten das Mecklenburgische Land dergestalt drücken / daß dasselbe endlich dadurch in statum insolventiæ dörffte gesetzet werden: Gestalten ja Jhro Käyserl Majest selbst gefällig gewesen ist / wegen Verpflegung derer Commissions-Trouppen, die gehörige Vorsehung zu thun / und stehet nicht zu zweiffeln / daß dabey auf die Umstände des Landes gnugsame Reflexion werde genommen- und alles / was denselben beschwerlich fallen könte / vermieden worden seyn. Wie dann auch dem Lande Mecklenburg / von der Commission keine neue Belastigungen im allermindesten bishero auffgebürdet / sondern dasselbe vielmehr / durch die / auf Jhro Kayserl. Majest. Verordnung geschehene Abschaffung der / wider die Reversales und Landes-Verträge neuerlich auffgerichteten Fürstl. Kriegs-Casse, und derer darein geflossenen ohnerträglichen Abgifften / um ein merckliches soulagiret worden / auch die Current-Verpflegung derer Executions-Trouppen seit Anno 1723. aus der Executions-Casse grössesten theils erfolget ist / so / daß alljährlich auf die restirenden Executions-Kosten / eine erkleckliche Summe abgetragen werden kan: Wannenhero eine dergleichen Insolventz, da sich die Schulden nicht weiter vermehren / sondern vielmehr beständig vermindern und abnehmen / gar nicht zu befürchten / wohl aber im gegentheile von [illegible]itirung der Commission, eine desto langsamere Abführung derer annoch rückständigen Executions-Kosten zu besorgen ist / welche auch bey jetzigen Umständen / so lange sich solche nicht ändern / darum nohtwendig erfolgen muß / weil die Executions Casse, mehr ab- als zu nimt / da die Haltung der Land-Tage darüber ins Stecken gerahten / und die Unterthanen derenstens die / auf selbigen sonst zu verwilligen-gewesene jährliche Contributiones, zugleich und miteinander aufzubringen / so wenig im Stande seyn werden / als wenig die Ritter- und Landschafft wieder die / durch das Reichs-Hof-Rahtes-Conclusum vom 6. Septembr. 1716. bestärtigte Mecklenburgische Observantz, darein gehelen wird. Um welcher Ursachen willen dann vielleicht von mehr dann einem Jahr her / die / per Recessum de Anno 1701. zu denen Garnisons- und Legations-Kosten jährlich stipulirte- und ratione quanti vest gesetzte Summa zu 120000. Rthlr verlohren gehen dörffte. Gleichwie nun mit und neben der so sehr besorgten und so hoch angebrachten Insolventz, die daraus gezogenen Folgerungen / von Abziehung eines ansehnlichen Theils des Hertzogthums Mecklenburg / zu Abführung derer Commissions-Kosten / dadurch gäntzlich und um so vielmehr hinweg fallen / als von denen Commissions-Höfen / daß man an dergleichen Acquisitiones niemalen gedacht / weniger jemals dergleichen intendiret habe / durch den Königl Groß-Britannischen Abgesandten Baron von Huldenberg, und sonsten zu mehrmalen / am Kayserl. Hofe / declariret / solches auch noch letzlich / in einem an Jhro Kayserl. Majest. de dato Hannover den 8ten / und Wolffenbuttel den 10 Junii Anno 1729. von Jhro Königl Majestät von Groß-Britannien und des Herrn Hertzogen zu Braunschweig Wolffenbüttel Durchl abgelassenen Schreiben ausdrücklich wiederholet / auch die Bezahlung derer rückständigen Execution-Kosten aus denen Landes-Einkünfften / reserviret worden / als woraus dieselbe / woferne nur durch die zurückbleibende Land-Tage darunter keine Hinderung geschiehet / richtig erfolgen können;

Also cessiren auch / ad Secundum, bey obigen Umständen / die / von des Königes in Preussen Majestät besorgende Beschwerden um so viel mehr / als der von denen Commissions-Höfen reservirte modus solutionis in denen Reichs-Satzungen besonders in der Cammer-Gerichts Ordnung Part. 3. Tit. 49. §. 5. gegründet / auch darab nichts nachtheiliges zu besorgen / noch weniger aber abzusehen ist / warum Jhro Königl. Majest. in Preussen / da dieselbe das Directorium Agens im Nieder-Sächsischen Crayse schon bey dem Anfang der Commission gehabt / vorjetzo erst ein mehrers Recht / als zur selbigen Zeit / dazu haben solten; Hingegen aber dieses wol eine Reflexion verdienet haben möchte / ob dann auch Jhro Königl. Majestät in Preussen / da dieselbe / laut des / unterm 23. Jan. 1726. emanirten Reichs-Hof-Rahts Conclusi, sich mittelst eines am 12. Nov. 1725. übergegebenen Schreibens verwahret haben / daß alles dasjenige / so in Sachen der Mecklenburgischen Ritter- und Landschafft wieder den Herrn Hertzog zu Mecklenburg Schwerin verschiedentlich in contumaciam ergangen ist / Jhro als künfftigem Landes-Successori zu keinem Præjuditz gereichen / noch in Zukunfft einiger massen zum Nachtheil angeführet werden möge; Dannoch dem Instrumento Pacis Westph. Art. 16. §. 2. und dem letztern Reichs-Abschiede §. 160. zu wieder / zu solcher Commission hätten können admittiret werden? da / krafft solcher Gesätze / ein Director Circuli wann er bey der Sache / deren Execution ihm / seinem Amte nach / sonst auffzutragen wäre / interessiret ist / davon ausgeschlossen seyn solle; Ferner möchte in Überlegung gezogen werden / wie dann Jhro Königl. Preußische Majest. das Conservatorium über eine solche Sache / welcher Sie Selbst öffentlich widersprochen / und sich dagegen mit einer Protestation verwahret / ja gar durch errichtete Bündnisse solche zu vereiteln gesuchet haben / ohne Nachtheil der Käyserl. Autoritæt, auch ohne Verletzung vorerwähnter Reichs-Grund-Gesetze / und / ohne auf die / der Mecklenburgischen Ritter- und Landschafft / tanquam parti Impetranti daraus zuwachsende Gefahr zu sehen / hätte übertragen / und solcher Auftrag Jhro Kayserl. Majest. von Dero Reichs-Hof-Rahts Collegio eingerahten werden mögen?

So ist auch eben wenig quoad Tertium abzusehen / worinnen die / von Anordnung der Provisional-Administration verhoffende / und / zur eintzigen Bewegungs Ursache solcher erkannten Administration angeführte Ersparung derer Kosten bestehen könne? in Betracht / obgleich dem Herren Hertzog Christian Ludwig als vermeinten Käyserl. Administratori, an Gelde nur 25000. Thlr. zu seinem jährlichen Gehalt ausgeworffen sind / dennoch Deroselben / zu folge des Reichs-Hof-Rahts Conclusi vom 11. May. zur Hof-Statt / über das / noch die nöhtige Naturalien accordiret- auch die / deroselben / laut gedachten Conclusi zugeordnete / und sonst zu Besorgung derer Regierungs-Cammer- und Landes-Sachen unumgänglich nöhtige Rähte und Subalternen, mit zureichenden Salariis versehen werden müssen / alle diese Ausgaben aber zusammen gerechnet / gar bald ein grösseres Quantum, als die Commission jetzo kostet / ausmachen werden / folglich im geringsten nicht zu finden ist / daß die Auffhebung der Commission, und dahingegen die Anordnung einer Administration an deren Stelle / vor die Successores des Hertzogthums Mecklenburg / und dasselbe gantze Land / eine so nützliche Sache sey / wie es von dem Auctore der Information davor ausgegeben wird. Vielmehr würden die künfftigen Landes-Successores, wegen des durch établirung der Administration ihren Landes-Herrlichen Juribus ohngezweiffelt zuwachsenden grossen Præjudicii, solche wann es dazu annoch kommen könte / gar sehr zubedancken haben / auch die Mecklenburgische Ritter- und Landschafft / an statt des so hoch gerühmten Vortheils / wegen des noch nicht ausgemachten / sondern nebst vielen andern Puncten im Käyserl. Reichs-Hof-Rahte annoch unerörtert liegenden Modi Contributionis & quotarum, wovon doch der Ruhe-Stand des

ANNO 1729.

des Landes hauptsächlich dependiret / die grösseste Unlust und ohnausbleibliche neue Irrungen davon zubefogen haben.

Quoad 4tum / ist die geschöpffte Vermuhtung / daß aus der Mecklenburgischen Commissions-Forderung ein neuer Donauwertischer Casus entstehen möchte / offenbar ungegründet / und findet sich zwischen dem Donauwertischen und jetzigen Fall / weiter keine Gleichheit / als daß die Executores, ehe Sie weichen / ihre Unkosten wieder haben wollen / deren Vorenthaltung wider alle Rechte läufft. Wie sehr aber sonst dieser Donauwertische Casus in allen übrigen Stücken von dem gegenwärtigen Mecklenburgischen unterschieden seye / lässet man diejenigen beurtheilen / welche sich die Mühe geben wollen / die gantze Sache / wie sie von dem *Thuano* lib. 138. dann in der Donauwertischen Relation de Anno 1610. in 4to / ingleichen in der Beständigen Informatione Juris & Facti 1611. in 4to; und in andern beym *Londorp*: Tom. 3. lib. 13. *Meyern* in Lond. supplet. Tom. I. Pag. 154. seqq. erzehlet wird / nachzulesen und zuerwegen.

Die Haupt-Sache nunmehro betreffend; So begreiffet der Autor Informationis den Statum Controversiæ in folgenden Worten:

> Ob Ihro Käyserl. Majestät einem Stand des Reichs / wegen seines beharrlichen Ungehorsams / und anderer zu schulden gekommener grosser Verbrechen und unverantwortlich-führender Regierung / bis zu geschehener Parition und versicherter besserer Aufführung / die Landes Administration sine Consensu Statuum imperii, zu nehmen / und selbige provisionaliter dem unschuldigen nächsten Agnaten auffzutragen berechtiget sey oder nicht?

Diese Thesis bestehet aus 2. Membris oder Propositionibus, wovon aber die erste Proposition unvollkommen ist / indeme man darinnen zwar ein weitläufftig-beschriebenes Subjectum, aber kein Prædicatum, antrifft.

Dan die erste Proposition ist:

> Ob Ihro Käyserl. Majestät einem Stand des Reichs / wegen seines beharrlichen Ungehorsams rc. rc. die Landes Administration, sine Consensu Statuum. - - -

Die zweyte Proposition lautet also:

> Ob Ihro Käyserl. Majestät bey solchen Umständen nicht berechtiget seyn / die Landes-Administration, provisionaliter dem unschuldigen nächsten Agnaten auffzutragen?

Es ist viel daran gelegen / daß die erste Proposition mit ihrem Prædicato ergäntzet werde / weil das gantze momentum controversiæ darauf beruhet / was dann eigentlich / der regierende Hertzog Carl Leopold zu Mecklenburg / über sich ergehen lassen-und wie dieser Actus heissen solle / ehe die intendirende so genannte Provisional-Administration statt haben kan? Der Autor Informationis hat selbst aus der Käyserl. Wahl-Capitulation Art. I. & XX. angeführet / daß 3. Casus sind / darinnen die Käyserl Majest. ohne derer Reichs-Stände Vorwissen / Raht und Bewilligung / vor sich und alleine nichts vornehmen kan / als (1.) Wann ein Stand des Reichs à Voto & Sessione in Comitiis suspendirt werden soll; (2.) In Casu der Achts-Erklärung / wenn ein Stand des Reichs oder ein anderer in bannum Imperii erkläret werden soll; (3.) in Casu Privationis, wann ein Fürst oder Stand / ohne denselben in die Acht zu erklären / seiner Land- und Leute / durch rechtmäßige und gnugsame Ursache und Erkanntniß / solle privirt werden.

Nun möchte man gerne wissen / wohin dann der Auctor Informationis denjenigen Actum referire, und wie er ihn beneme / welcher in der Person des Hertzogs Carl Leopolds, annoch vor würcklicher Platz-Greiffung der Provisional-Administration, vorgehen solle? Ob es dan eine SUSPENSIO à Regimine, oder eine PRIVATION, oder was es dann sonst seyn und heissen solle? Menschliche Gedancken lassen sich zwar selten errahten / und es ist bedencklich / in einer Sache / dasjenige / worauf das gröste Momentum ankömt / zu suppliren. Man kan aber aus dem gantzen Context der Information, und sonderlich demjenigen / was sub N. 12. & N. 14. darinnen angeführet wird / gar deutlich abnehmen / daß dieses eine *suspensio Provisionalis à Regimine* seyn soll / da die Mecklenburgische Land-Stände und Unterthanen an den Administratorem verwiesen-und gegen diesen mit Eydes-Pflichten verbunden werden / so lang und viel / bis der Hertzog Carl Leopold die aufferlegte Submission, gegen die Käyserl. Majestät præstirt haben würde.

Es kan also der Autor Informationis, bey der ersten Proposition seines selbst formirten Status quæstionis, nach diesen seinen eigenen Worten keinen andern Sinn und Meynung / als diese gehabt haben:

> Ob nicht Ihro Kayserl. Majestat einen Stand des Reichs / wegen seines beharrlichen Ungehorsams rc rc. von der Landes-Administration, sine Consensu Statuum, provisionaliter, und so lange / bis er sich gehörig submittiret haben werde / *suspendiren*, auch dessen Unterthanen / von denen / ihrem Herren geleisteten Pflichten entbinden / und solche an einen Administratorem verweisen könne?

Daß dieses des Auctoris Meynung sey / kan um so weniger gezweiffelt werden / wann man die unterm 11. May 1728. und 17. Jan. 1729 aus dem Käyserl. Reichs Hof-Raht emanirte Verordnungen ansiehet. Dann durch solche wird declariret / daß Nomine Cæsareo der Hertzog Carl Leopold zu Mecklenburg seiner Landes-Regierung entsetzet-und dieselbe seinem Bruder / dem Hertzog Christian Ludewig auffgetragen / die Fürstl. Mecklenburgische Bediente und Unterthanen der Eyde und Pflichten / welche sie dem Hertzog Carl Leopold als ihrem Landes-Herren geleistet haben / entbunden seyn / und an statt dessen / dem Käyser und desselben Administratori, mit dem Eyd der Treue sich verwand machen sollen. Der Käyserl. Administrator solle auch die Landes-Regierung führen / nicht in seines selbiger Regierung entsetzten Bruders auch nicht in seinem eigenen als legitimi Successoris-sondern in des Käysers Namen / und nach denen Instructionen, die Er aus dem Reichs-Hof-Raht empfangen hat / und noch weiter empfangen wird.

Nun ist die Frage ob solches denen Reichs-Grund-Gesetzen / sonderlich aber der Käyserl. Wahl Capitulation gemäß sey? In dieser stehet Articulo I. ausdrücklich:

> Und ohne der Chur-Fürsten / Fürsten und Stände vorgehende Bewilligung keinen Reichs-Stand / der Sessionem & Votum in denen Reichs-Collegiis hergebracht / davon *suspendiren* und ausschliessen.

Und Art. XX. ist versprochen und zugesaget:

> Wir sollen und wollen auch in Acht und Ober-Achts Sachen Uns demjenigen / was vermöge instrumenti Pacis, in dem jüngern Reichs-Abschied §. Nachdem auch in dem Münster-und Oßnabrückschen Frieden-Schluß rc. verglichen und statuirt worden / allerdings gemäß / verabsonderlich aber auch darauf halten / daß hinführo niemand hohen oder Niedern Standes / Chur Fürst / Fürst oder Stand / oder andere / ohne rechtmäßige und gnugsame Ursache / auch ungehört / und ohne Vorwissen / Raht und Bewilligung des Heil. Reichs Chur-Fürsten / Fürsten und Stände / in die Acht oder Ober-Acht gethan / gebracht und erkläret / sondern in denen künfftigen Casibus, darinn nach Beschaffenheit des Verbrechens auf die Acht oder *Privation*, entweder von Käyserlichen Fiscal-Amts wegen / oder auf Anruffung des lædirten und klagenden Theils zu procediren / und in Rechten zu verfahren / und darüber Wir entweder an dem Reichs-Hof-Raht / oder Unserm und des Reichs-Cammer Gericht pro administratione Justitiæ angeruffen / und implorirt werden / zuforderst in decretirung oder auslassung derer auf die Reichs-Acht oder Privation gerichteten Ladungen und Mandaten, so dann in der Sachen weiteren Ausführung bis zum Beschluß auf des Heil. Reichs hierüber vorhin gesatzte Gesetze und Cammer-Gerichts Ordnung genau und sorgfältige Achtung geben / damit der Angeklagte nicht præcipitiret / sondern in seiner habenden rechtmäßigen Defension, der Nothdurfft nach / angehöret werde. Wann es dann zum Schluß der Sache kommet / so sollen die ergangene Acta, auf öffentliche Reichs-Tag gebracht / durch gewisse hierzu absonderl. vereydete Stände / (den Prelaten und Grafen Stand mit eingeschlossen) aus allen dreyen Reichs-Collegiis in gleicher Anzahl der Religionen examiniret und überleget / deren Gutachten an gesamte Chur Fürsten / Fürsten und Stände referiret / von denen der endliche Schluß gefasset / und das also verglichen Urtheil / nachdem es von Uns oder Unserm Commissario gleichfals approbiret / in Unserm Namen publiciret / auch die Execution, so wohl in diesem als andern Fällen / anderst nicht / als nach Inhalt der Executions-Ordnung / durch den Creys / darinnen der Aechter gesessen / und angehörig / fürgenommen und vollzogen werden.

Es muß derjenige / entweder eine gantz andere idée von dem oberzählten Facto und dem nur angeführten Gesetze haben / als alle andere Menschen; oder der gesamten Welt etwas bereden wollen / das sich in der That gantz anderst verhält / welcher da behauptet / daß dasjenige / was in der Person des Hertzog Carl Leopolds vorgenommen werden will / keine Landes-Privation sey.

Man stelle sich vor / daß ein Herr von seinem Guht über Land verreisete / inzwischen die Obrigkeit einen Verwalter in das Guht setzete / und dem Gesinde andeutete / dem Herrn des Guhts nicht mehr / sondern alleine dem Verwalter zu gehorchen / auch dem Herrn von allen Einkünfften nichts weiter als nur etwas determinirtes weniges / zu reichen / bis die Obrigkeit einen andern Befehl ergehen liesse; Und es wolte gleichwohl jemand den Guhts Herrn bereden / er wäre seiner Guhter nicht privirt, sondern es sey nur eine Provisional Administration darüber verordnet / und man hielte ihn ja noch vor den Guhts-Herrn / weil man ihm den Titul davon gäbe; würde wohl nicht ein solcher Mann mit Recht sagen können / daß man ihm etwas solches beybringen wolte / dessen Gegentheil doch in alle äuserliche Sinnen falle / und daß er / nicht durch blosse Einbildung / sondern in der That / würckl. empfinde / daß er seines Guhts privirt seyn müsse / weil er darüber nichts mehr zu disponiren habe? Würden nicht auch alle unpartheyische Men-

ANNO 1729.

schen/ die solche Umstände erzählen hören/ denselben darinnen Beyfall geben?

Man hat hierbey zu bemercken/ daß der Auctor Informationis, den Statum Controversiæ, so viel nur möglich ist/ mit Worten zu verändern gesuchet/ indeme Er nur allezeit von der *Provisional-Administration*, und/ daß deren Anordnung ja nirgends verbotten sey/ meldung thut/ hingegen von demjenigen Actu, der mit dem Hertzog Carl Leopold vorgenommen werden will/ immerzu abstrahiret/ da doch jene/ nemlich die Provisional-Administration, woferne solche Gesetz-mäßig wäre/ vernünfftiger Weise/ nicht ehender Platz haben kan/ bis dieser Actus mit dem Hertzog Carl Leopold vorhero erst legitime ausgemacht ist.

In dem Art. XX. der Käyserl. Wahl Capitulation ist die Achts-Erklärung/ gar notanter, durch die Particulam disjunctivam, oder/ von der *Privation*, distinguiret/ und beedes/ ohne des gesamten Reichs concurrentz, an einem Reichs-Stand zu vollstrecken/ verbotten worden.

Die Capitulation macht bey der Privation keinen Unterscheid/ ob solche *temporalis* oder *perpetua* sey/ sondern es soll überhaupt keine *Privation*, sine concurrentia & Consensu totius Imperii, gegen einen Stand des Reichs/ platz haben. Eine temporal Privation des Landes und der Regierung ist so wohl eine species Privationis, als eine perpetua Privatio: Da nun das Genus verbotten ist/ so sind auch die darunter stehende Species, nach allen Rechten/ verbotten.

Ja! eine provisionelle und temporalis Privatio, ist auf gewisse maasse/ noch bedencklicher und schädlicher/ als die perpetuirliche: Dann/ wan eine formliche und immer-währende Achts-Erklärung oder Privation ergehet/ so tritt der Successor eo ipso in des Landes Regierungs-Recht/ welches der Aechter/ oder der Privirte gehabt hat/ und exercirt mithin dasselbe jure proprio; Wann aber eine provisionelle Privation oder Suspension der Landes-Regierung geschicht/ so ist der/ vom Käyserl. Hof/ zum Landes-Regenten oder Administratore gesetzte/ wann er gleich Heres und Successor proximus des ad tempus privirten Standes ist/ mehr nicht/ als ein Bedienter selbigen Hofs/ welcher lediglich nach dessen Vorschrifft und Befehlen die Landes-Administration führen muß/ und den der Reichs-Hof-Raht regieren/ auch gar absetzen kan/ wann er es ihm nicht recht macht: Solcher-gestalt aber muß währender solcher Provisional-Administration das Land eines ordentlichen Haupts und Regierers/ das Reich aber eines würcklichen Mit-Standes entbehren.

Hierzu komt noch dieses/ daß durch dergleichen Provisional-Verordnung/ dem inculpato, die media defensionis abgeschnitten werden/ und er ohngehörter Dinge verdammet wird/ da doch eben um deßwillen in des jetzt Regierenden Käysers Majest. Wahl-Capitulation, dasjenige/ was darinnen von dem modo procedendi, wann ein Stand des Reichs seiner Lande/ und/ was deren Regierung anklebt/ privirt werden solle/ enthalten ist/ mit so grosser circumspection gefasset worden/ damit kein Reichs-Stand in einer so wichtigen und höchst-angelegenen Sache übereylet werden/ sondern den würcklichen Effect des alten Fürsten-Rechts geniessen möge.

Dahingegen wann dem Reichs-Hof-Raht diese Gewalt eingeräumet werden solte/ durch ein so genanntes Provisional-Mittel/ brevi manu, die Reichs-Fürsten/ welche in Processe verwickelt sind/ ohne Bewilligung des gantzen Reichs/ von der Regierung zu suspendiren; So würden die Reichs-Stände lediglich von diesem Gericht dependiren/ und keiner mehr bey Land und Leuten sicher seyn.

Aus allen diesen nun wird jederman erkennen/ daß die vorhabende Landes- und Regierungs-Privation des Hertzogs Carl Leopolds, ungehört derer Reichs Stände/ der Käyserl. Wahl-Capitulation schnur stracks entgegen lauffe/ Und/ gleich wie kein vernünfftiger Mensch zweiffeln wird/ daß nicht diese Sache eine derer wichtigsten im Reich sey/ da zumaln die gesamten Reichs-Stände solche davor ansehen müssen/ als ob dadurch eines ihrer allertheuersten Kleinode vernichtet/ und dieselben mit ihrer Landes Regierung/ dem Arbitrio des Reichs-Hof-Rahts untergeben werden wolten/ auch sonst kein Exempel in allen Teutschen Reichs Geschichten zufinden ist/ daß jemals ein Gericht sich dergleichen unternommen hätte; Also mag auch nicht gezweiffelt werden/ daß Ihro Kayserl. Majest. sich nicht entbrechen können/ diese wichtige Sache an das Reich zu bringen/ und darunter einseitig nichts zu verhengen/ nachdem dieselben in ihrer Wahl-Capitulation Art. XI. in fine versprochen haben:

Wir sollen und wollen auch in wichtigen Sachen so das Reich betreffen und von hoher *Prejuditz*, und weitern Auffsehen seyn/ bald anfangs der Chur-Fürsten/ als Unserer innersten Rayte/ Gedancken vernehmen/ auch nach Gelegenheit der Sachen/ Fürsten und Ständen Raht-Bedenckens Uns gebrauchen/ und ohne dieselben hierinnen nichts vornehmen.

Und so viel von dem Statu Controversiæ überhaupt.

Man will nun betrachten/ wie dann der Auctor Informations, seine Thesin, die er sich zu verthaydigen vorgenommen/ erwiesen habe/ und ob die/ in 15. Numeris von ihm vorgetragene Argumenta, dahin gebührend concludiren?

Sein erstes Argumentum sub N. 1. bestehet darinnen: ANNO 1729.

Die Provisional-Administration involvire weder eine Suspensionem à voto & sessione, weniger eine Privation derer Lande/ am allerwenigsten eine Achts-Erklärung.

Dieses heisset nicht: erweisen; sondern pro Arbitrio *decidiren*. Jederman siehet/ daß dieses Argument eine blosse petitio principii sey: Gestalten eben davon die Frage ist/ ob die Absetzung des Hertzogs Carl Lepolds, keine der Käyserl. Wahl-Capitulation zu wider-lauffende und darinnen Art. XX. literaliter verbottene Landes-Privation sey?

Wann man in Betrachtung ziehet/ in was vor eine maasse der Aufftrag der quæstionirten Provisional-Administration geschehen sey/ und wie dieselbe nicht nur in der dieserwegen unterm 17. Novemb. Anno 1727. ausgelassenen Käserl. Resolution, durch und durch/ ausdrücklich eine Regiments-Veränderung genennt/ sondern auch dem Hertzog Carl Leopold, zum Zeichen der würcklichen Privation, eine Competentz verordnet: Die Mecklenburgische Land-Stände/ Bediente und Unterthanen auch der Pflicht womit Sie diesem als ihrem ordentlichen Landes-Herren verhafftet gewesen/ bis zu erfolgter ernsten/ warhafften/ und uneingeschränckten/ auch vollständigen und sattsam gesicherten/ auch davor von Ihro Käyserl. Majestät erkannten und angenommenen Parition entlassen/ und nach einer vorgeschriebenen Eydes-Notul sich nach des zur Provisional-Regierung bestelleten Administratoris Gebott und Verbott zu achten/ angewiesen worden; So ist Sonnen-klar das dieses lauter Dinge seyn/ welche in effectu eine in dem Instrumento Pacis und der Käyserl. Wahl-Capitulation als unzuläßig/ auch vor null und nichtig erkannte Privation involviren.

Die in der Information angehängte Raison, daß nemlich die Provisional-Administration alle Stunde und Augenblick auffgehoben werden können/ wann der Hertzog denen Käyserl. Verordnung sich submittiret und darüber genugsame Versicherung ausstellet/ ist so schwach und mit einer so augenscheinlich Contradiction behafftet/ daß man sich hätte entsehen sollen/ dieselbe anzuführen/ ohngeachtet der Auctor Informationis solche vor seinen starckesten Grund ansiehet/ um die offenbare Contravention der Wahl-Capitulation damit zubedecken. Im Anfange der Information heissets:

Daß von des Hertzogs Carl Leopolds beständiger widersetzlichkeit nicht zu erwarten sey/ daß er sich so bald zum Ziel legen/ denen Käyserl. gerechtesten und sowohl von der Commission selbst/ als allen Ständen des Reichs davor erkannten Verordnung die schuldige Parition leisten und eine vernünfftige denen Rechten und Reichs-Constitutionen gemässe Regierung führen werde; Allermassen seine unaus-setzliche wiederholte Bedrohung/ wie er sich an seinen Ständen zu rächen vorhabens sey/ genugsam zu Tag gelegt/ daß er seine künfftige Regierung nicht anderst als mit vergiessung vieles unschuldigen Christen-Bluts anzutreten willens sey.

In diesen Formalien bildet der Auctor Informationis den Hertzog Carl Leopold also ab/ daß keine Hoffnung der Resipiscentz bey ihm mehr übrig sey/ dahero diese incorrigibilitæt die Haupt-Ursache hat seyn sollen/ die Commission auffzuheben und die Provisional-Administration zu etabliren. Da aber dieses Verfahren mit der Käyserl. Wahl-Capitulation hat conciliiret werden sollen/ welche die Privation derer Stände sine consensu totius imperii annulliret und verbietet; So muß die Gemühts-Beschaffenheit des Hertzogs Carl Leopolds, alsobald unter einer andern Gestalt erscheinen/ und dieser davor geachtet werden/ als ob er sich alle Stunde und Augenblick corrigiren und denen Käyserl Judicatis gehörige Parition leisten könne

Solcherley Vorbildungen lauffen ja auf einen Widerspruch hinaus/ daß der Hertzog zu gleicher Zeit/ als incorrigibel und corrigibel angesehen werden/ und man sich also der wider Ihn gemachten Verordnung dergestalt bedienen könne/ wie es etwa die Convenientz erfordern möchte. Es ist entweder von dem Hertzog keine Aenderung würcklich zu hoffen/ oder es ist noch Hoffnung dazu übrig Ist das erste/ so fällt die/ zu vermeintlicher Justificirung der/ wider die Wahl-Capitulation intendirenden Provisional-Administration, angeführte Ursach/ als irrig und falsch hinweg/ daß nemlich alle Stund und Augenblick/ der Hertzog durch seine Parition, solche Administration wieder auffheben könne; Folglich würde die Mecklenburgische Lands-Administration, ihrer Natur und Wesen nach/ keinesweges temporalis und provisionalis, sondern perpetua und ordinaria seyn; Ist aber das letztere/ und hat der Hertzog eine solche Gemühts-Disposition, daß er sich alle Stund und Augenblick denen Käyserl. Judicatis zu accommodiren fähig ist; So hat die Provisional-Administration nicht platz/ weil diese/ nach des Auctoris der Information eigener anzeige/ sich auf des Hertzogs incorrigibilitæt lediglich gründet/ und ausser derselben nicht würde unternommen worden seyn; Ja/ wann man diejenigen Requisita in Erwegung ziehet/ welche des Reichs-Hof-Raht bey des Hertzogs Carl Leopolds Parition erfordert; So wird man solche Parition vor moraliter unmöglich halten

Anno 1729. halten müssen / wenigstens sind sothane Requisita also beschaffen / daß der Effect davon / gar nicht in des Hertzogs / sondern lediglich in des Reichs-Hof-Rahts eigenem Arbitrio beruhet. Dann in denen Kayserl. Patenten, und der Eydes-Notul, worinn sich die Mecklenburgische Land-Stände und Unterthanen dem neuen Lands-Administratori verwand machen sollen: stehet gar deutlich / wie diese / des Hertzogs Parition qualificirt seyn müsse / wann die Provisional-Administration hinwieder auffgehoben werden solle:

Nemlich es heisset:

> Bis zu des Hertzogs Carl Leopolds zu Mecklenburg erfolgter 1. ernsten 2. warhafften 3. uneingeschränckten / 4. vollkommenen / auch 5. sattsam gesicherten / und 6. dafür erkannten / auch 7. angenommenen allerunterthänigsten Parition.

Wer siehet nicht aus diesen 7. Epithetis und Requisitis, daß wann gleich der Hertzog / in der that / denen Kayserl. Judicatis zu pariren willens wäre / dennoch der Effectus paritionis, oder die Auffhebung der Administration, nicht von ihm / sondern vom Reichs-Hof-Raht dependiren würde / in dessen Gutdüncken und Ermäßigung alleine und allemal stünde / ob selbiger die offerirte Parition, vor also qualificirt erkennen wolle / als solche in gedachten Kayserl. Patenten und Eydes-Notul, erfordert wird. Man hat in keinem Rechte / eine vorgeschriebene Regul, in was terminis eine solche Parition eigentlich bestehen solle; Sondern weil es damit lediglich auf das Arbitrium Judicis ankömt / so können tausend Einwürffe gemacht werden / ehe eine solche verclausulirte Parition einen Effect haben kan. Gleichwie nun aus diesem erhellet / daß die intendirende Mecklenburgische Landes-Administration, durch die / in des Hertzogs Carl Leopolds Willkühr angeblich-bestehende Parition, gar nicht justificirt werden könne; Also fehlet es auch soviel / daß selbige um deßwillen / weil sie nur provisoria & temporalis wäre / nach der Meynung des Auctoris der Information, pro legitima & justa gehalten werden müsse / daß vielmehr die Gesätze darunter von allen Zeiten her / widersprechen. Dann wann in denen ältisten Zeiten / nach dem Zeugniß verschiedener / durch die / vor und nach / von Zeit zu Zeit vorgegangene Exempel, bestättigten Reichs-Satzungen / und besonders des Kaysers Fridirici II. Hof-Gerichts-Ordnung vom 3. Aug. 1236. ingleichen des Reichs-Abschieds zu Nördlingen de Anno 1466. / in Fällen / die eines Reichs-Standes Leib / Würde / Ehre und Landes-Hoheit betreffen / von denen Römischen Königen / und Kaysern / nicht anders / als in solenni Curia, nemlich auf dem Reichs-Tag / mit Concurrentz sämtlicher Chur-Fürsten und Stände verfahren werden könne; Wann auch / um denen dawider eingeschlichenen Mißbräuchen und Contraventionen zu begegnen / mittelst des Instrumenti Pacis und der Wahl-Capitulation feste gesetzet / und nachdrücklich verordnet worden ist / daß alle wichtige des Reichs und derer Stände ansehen / Frey-und Hoheit betreffende Sachen / von der alleinigen Dijudicatur eines Römischen Kaysers / und von der Cognition derer Reichs-Gerichte eximiret seyn / denen Ständen des Reichs aber / in allen Berahtschlagungen über die Reichs-Geschäffte / insonderheit über diejenige / welche in dem Instrumento Pacis namentlich exprimiret sind / und dergleichen / das liberum Jus Suffragii reserviret bleiben / und von seiten Ihro Kayserl. Majest. ohne derer Statuum Reichs-tägigen freyen Beystimmung / in selbigen Dingen nichts vorgenommen werden solle.

Wann ferner gegen einen Reichs-Stand / auch in dem grössesten Verbrechen / nach Inhalt des 20ten Articuls derselben Capitulation, ohne vorwissen / Raht und Bewilligung gesamter Reichs-Stände nicht mit der Acht verfahren; wann ingleichen nach der letzern Kayserl. Wahl-Capitulation Art I. kein Reichs-Stand ohne der Chur-Fürsten / Fürsten und Stände vorgehende Bewilligung von seiner Session auf dem Reichs-Tage / (da doch solche nur pro annexo und pro specie der Landes-Herrlichkeit und Regierung zu achten ist / suspendiret / und ausgeschlossen werden kan; Und wann endlich in allen diesen Casibus, die in denen angeführten Gesätzen gantz unbekante distinctio inter privationem perpetuam & temporalem nicht statt hat; Wie viel weniger wird denn nun wohl dieselbe in casu Civili, zum höchsten Præjuditz derer Reichs-Stände platz greiffen / und gegen den Inhalt der Capitulation, ohne der Stände Einwilligung / eine solche Privatio provisoria vorgenommen werden können? Woferne solche pro Arbitrio des Reichs Hof-Rahts zuläßig wäre / würde nach der / von Chur-Brandenburg / occasione der Chur-Pfältzischen Achts-Erklärung im vorigen Seculo, geäusserten Meynung ein Chur- und Fürst auch alle Stände des Reichs / zu ihrer grösten Verkleinerung bey Auswärtigen / weit geringerer Condition, als ein Edelmann in Pohlen / seyn / welcher nicht anders / dann auf einem öffentlichen Reichs-Tag proscribiret werden kan.

Das zweyte Argument in der Information sub N. 2. gehet dahin;

> Es sey bey allen denen / die da sana Principia haben / eine ausgemachte Sache daß diejenigen Casus, welche in der Kayserl. Wahl-*Capitulation* nicht exprimirt. Ihro Kayserl. Majest. vorbehalten seyen / mithin die Disposition der Kayserl. Wahl-*Capitulation* in sensu restrictiori, nicht aber in extensiori zu nehmen / widrigenfals Ihro Kayserl. Majest. von allen Ihren Reservatis, nichts übrig bleiben würde / als das nudum nomen Imperatorium. Anno 1729.

Dieses Argument beweiset in proposito gar nichts / sondern man kan den Auctorem Informationis bey seinem eigenen Wort fassen / und / da er bey der Wahl-Capitulation keine andere / als nur lediglich literalem & restrictivam interpretationem, seiner Meynung nach / zulassen will / verlangen / daß man ebenfalls nur bey dem dürren und klaren Buchstaben des Art. XX. Capit. Nov. verbleiben / und keine Privation eines Reichs-Standes / ohne Vorwissen und Einwilligung des gesamten Reichs / verhängen möge.

Es thut also zur gegenwärtigen Sache / da der Buchstabe der Capitulation so deutlich ist / gar im geringsten nichts / ob sonst keine species interpretationis, als nur lediglich die Restrictiva bey der Wahl-Capitulation statt finde: Welches jedoch in der That gantz ungegründet / und in Absicht derer Reichs-Geschäffte so wol in der Capitulation selbst Art. IV. als auch in dem Instrumento Pacis Art. VIII. das Gegentheil ausdrücklich enthalten ist.

Dann da wird in nur angezogenem Instrumento Pacis Art. VIII. §. 2. das liberum Jus Suffragii, nicht nur in denen daselbst angeführten Fällen / sondern in allen Berahtschlagungen über die Reichs-Geschäffte / gesetzet / und / nach geschehener Benennung einiger Casuum, hinzugethan / daß / wann diese oder andere dergleichen Geschäffte zu verrichten wären / sodann weder in solchen noch einigen anderen dergleichen *Negotiis*, hinführo jemahlen etwas geschehen oder unterlassen werden solle / es geschehe dann mit aller Reichs-Stände Reichs-tägigen und freyen Suffragio oder Beystimmung: Welches ferner sowohl §. 3. des jetzt-gedachten Articuli, als auch Art. 4. der Kayserl. Wahl-Capitulation wiederholet / und durch diese so offtmahlige Repetition nachdrücklich zuerkennen gegeben wird / daß in dergleichen Reichs-Geschäfften / die / in der gesunden Vernunfft gegründete Reguln der Interpretation statt haben müssen / und daß / wann solches geschiehet / keinesweges nur das nudum Nomen Imperatorium, ohne einzige der Kayserl. Regierung zustehende Macht und Gewalt / (wie der Auctor Informationis schreibt) übrig verbleibe / sondern nur diese / nach der Richt-Schnur derer Reichs-Grund-Gesätze / regulirt werde. Dann / wann der Auctor Informationis hierbey so eyferig urgirt, es wären diejenigen Casus welche in der Kayserl. Wahl-Capitulation nicht exprimiret sind / Kayserl. Majestät vorbehalten / daß nehmlich Ihro Kayserl. Majest. im Reich alles nach Gefallen thun könten / und die Reichs-Stände von dem Regimine Totius weiter nichts participireten / als was ihnen die Kayserl. Majest. in Dero Wahl-*Capitulation* gegönnet und eingeräumet hätte; So ist hingegen wohl zu mercken / daß Ihro Kayserl. Majest. in Dero Wahl-Capitulation nicht nur nach derselben / sondern auch nach denen älteren Reichs-Gesetzen / als der Güldenen Bulle / denen Reichs-Abschieden / dem Land- und Religions-Frieden / insonderheit aber nach dem Westphälischen Friedens-Schluß Dero Regiment führen zu wollen versprochen haben. Nun aber führet der Art. VIII. §. 1. & 2. I. P. W. ausdrücklich in dem Munde / daß in wichtigen Reichs-Sachen ohne Collegialische Deliberation und Einwilligung derer Chur-Fürsten / Fürsten und Stände des Reichs niemahlen etwas gethan noch verrichtet werden solle. Demnach stehet Ihro Kayserl. Maj. nicht frey / in denenjenigen Casibus, deren etwa in der Wahl Capitulation keine specielle und ausdrückliche Erwehnung geschehen ist / nach freyen Willen zu handeln / sondern Sie müssen sich auch darunter nach denjenigen richten / was die vorhergehende und ältere Reichs-Grund-Gesetze und der darauf begründete Status Imperii Publicus erfordern / welche man bey Errichtung der Wahl Capitulation vernünfftig hat præsupponiren / und also in dieser speciatim zu exprimirten / gar wohl einen Umgang nehmen können: in dem gantz kein Zweiffel ist / daß / wann gleich keine Capitulation vorhanden / sondern Ihro Kayserl. Majest. nur einig und allein auf die vorhandene übrigen Reichs-Gesätze / insonderheit aber auf das Instrumentum Pacis Westphalicæ verpflichet wären / Sie gleichwohl die Reichs-Stände in einer so wichtigen Angelegenheit würden zu Rahte ziehen und selbige dabey concurriren lassen müssen. Woraus dann unwiedersprechlich folget / daß Kayserl. Maj. denen Reichs-Ständen durch die Wahl-Capitulation gar nicht etwas besonders gönnen und nachlassen / mithin / die in selbiger nicht exprimirte Casus Derselben allein nicht vorbehalten sind; sondern daß vielmehr die Reichs-Stände / Inhalts der ältern / und in der Wahl-Capitulation nahmentlich wiederholten Reichs-Grund-Gesetze / und vermöge des darauf gegründeten Status Publici, ad Regimen Totius zu concurriren / und überhaupt in allen wichtigen Casibus, sie mögen in der Wahl-*Capitulation* exprimiret seyn oder nicht / ihr Votum decisivum zu geben incontestabiliter berechtiget seyn.

Man möchte aber doch wohl endlich gerne wissen / durch was vor einer Philosophie, der Auctor Informationis, seine gerühmten Sana Principia, die er bey diesem Argument urgirt, vernünfftig erweisen wolle? Der höchste GOTT hat bey

ANNO 1729.

bey seinem geoffenbahrten Wort keine einige Speciem interpretationis, die vernünfftig / und zu Erklärung seines heiligen Willens dienlich ist / ausgeschlossen; Alle Gesetze / Pacta, Conventiones und Schlüsse / bey allen Völckern auf dem gantzen Erdboden / sind einer vernünfftigen Auslegung / nach denen Regulis hermeneuticis unterworffen; warum solte dann nur allein die Käyserl. Wahl-Capitulation, von dieser allgemeinen Richtschnur ausgeschlossen seyn / und bey selbiger nur der todte Buchstabe / nicht aber der darinnen liegende wahre Verstand / Sinn und Meinung anzusehen seyn? Is es nicht eine derer ersten Reguln: Leges scire, non hoc est, verba earum tenere, sed vim ac potestatem? Wem ist unbekant / wie unzählig-viele Absurda erfolgen / wann man bloß an dem Buchstaben will hangen bleiben / ohne auf den darunter begriffenen Sensum zu gehen? Die Wahl-Capitulation ist unstreitig ein Pactum mutuum, zwischen dem erwählenden Käyser und dem Reich! Nun ist der Vernunfft und allen Rechten zu wider / daß ein paciscirender Theil alleine mit Ausschliessung des andern sich anmassen wolle / das Pactum auszulegen / wann sich eine Irrung über einen oder andern Punct desselben äussert: Sonsten würde er sich zum Richter über den andern aufwerffen / und diesen aus der Conditione hactenus æquali setzen. Da nun ausserdem und wenn obiges gleich nicht wäre / dennoch die Reichs-Gesetze klare Ziel und Maasse geben / daß in dergleichen Fällen die Interpretation derer Reichs-Gesetze vor das gesamte Reich gehören; So ist um so weniger zu läugnen / daß bey entstehenden Zweiffel und Danckelheit der Wahl-Capitulation, die Auslegung beeden paciscirenden Theilen zu gleich gebühre / und keiner mehr Befugniß und Recht dabey habe / als der andere?

Wann man aber die alte und jetzige Praxin des Reichs-Hof-Rahts ansiehet / und die deshalber im Reich so offt vorgekommene / und noch im Octobr. Anno 1711. der Käyserl. Majest. repræsentirten Gravamina Statuum Communia in Erwegung ziehet; so läst sich ohnschwer begreiffen / was diese Thesis, daß nemlich die Reichs-Grund-Gesetze in sensu restrictiori zu nehmen seyen / eigentlich bedeute / nehmlich / so viel daß man derer Chur-Fürsten / Fürsten und Stände Privilegia der ersten Instanz, und Austräge / wider die Ordnung / übergehen / per indirectum, Sachen / die dahin nicht gehören / an den Reichs-Hof-Raht ziehen / in Fällen / da Reichs-Gesetze / nach dem Westphälischen Friedens-Schluß / in Comitiis zu interpretiren sind / sich der Cognition privative anmassen könne. &c. &c. und was dergleichen mehr ist.

Der dritte Beweis-Grund in der Information, gehet dahin;

Daß wann Ihro Käyserl. Majest. eine Administration im Lande Mecklenburg propria auctoritate anzuordnen / nicht berechtiget seyn solten; so folge auf unwiedersprechliche Consequentz / daß Dieselbe auch die bisherige Mecklenb. Commission, ohne Raht / Vorwissen und Bewilligung gesamter Stände des Reichs nicht habe anordnen können.

Diese Thesin suchet der Auctor Informationis, durch die / allhier sub N. 3. und ferner usque N. 9. hernach angeführten Argumenta, zu bestärcken / welche überhaupt diese Ration zum Grund haben / daß ja eine Landes-Administration in nichts als in Ausübung derer Negotiorum Politicorum, Juridicorum, und Cameralium bestehe: Die bisherige Käyserl. Commission aber / eben diese dreyerley Negotia, folglich die selbstige Landes-Administration versehen hätte.

Gleich wie aber die handgreifliche Differentz, welche zwischen einer Landes-Administration, so / wie sie von dem Reichs-Hof-Raht / im Hertzogthum Mecklenburg jetzo erkannt werden wollen / und zwischen der bisherigen Commission, sich befindet / vor Augen lieget / auch aus folgenden noch deutlicher sich veroffenbahret; Also wird jedermann so fort von selbst erkennen / daß die gantze Argumentation des Auctoris der Information, worauf er sich doch am meisten nur verläst / im geringsten nichts erweise. Gestalten / um in der Ordnung mit ihme zuverbleiben.

Ad III. Die Befugniß / Commissiones, zu exequirung derer in dem Reichs-Hof-Raht ergangenen Judicatorum, nachdem / desfals in denen Reichs-Constitutionen verordneten Modo, zu erkennen / Ihro Käyserl. Majest. krafft tragenden Oberst-richterlichen Amts / nicht nur zustehet / sondern auch vermöge Capitulationis und anderer Reichs-Gesätze Deroselben oblieget: Hingegen / da die intendirende Mecklenb. Provisional-Administration, vorhin angeführeter massen / denen Reich-Fundamental-Gesetzen directe zuwider läufft; So lässet sich von jenem auf diesen / davon gantz und gar unterschiedenen Fall / eben so wenig argumentiren / als wenig /

Ad IV. Die / von der Mecklenb. Commission, bis daher auf Käyserl. Befehl gehaltene Land-Täge / pro specie einer Landes-Administration, mit Bestand geachtet werden können. Denn es ist gantz irrig / daß der Hertzog Carl Leopold von solchen / durch die Commission ausgeschriebenen Land-Tägen / oder auch von der Landes-Regierung excludirt worden sey / und daß er / als Landes-Herr / nichts mehr zu sagen gehabt habe; Da vielmehr Ihro Käyserl. Majest. selbst / nicht allein durch die / unterm 31. May 1719. der Commission anbefohlene Wiedereinräumung der Residentz Schwerin an den Hertzog / ingleichen durch die / Ihm gelassene Vestung Dömitz / sondern auch noch weiter dem Hertzog Carl Leopold die Landes-Superioritæt dadurch bestättiget haben / da Ihro Maj. Dero Intention fernerweit dahin eröffnet / wie solche keinesweges dahin gehe / daß die Justitz und Regierung in denen Mecklenburg Landen nicht mehr / nach / wie vor / in des Hertzogen Carl Leopolds Nahmen geführet werden solle / welches noch ferner mittelst eines anderweiten / sub dato den 28. Julii 1719. an die Commission erlassenen Rescripti, in diesen Terminis declariret worden ist / daß die / wegen der Stadt Rostock ergangene Mandata und Paritoria, nichts / als das Jus Præsidii & Venationis betreffeten / und auf andere Jura, als zum Exempel, Residentiarum, ingleichen Transferirung derer Dicasteriorum, weil selbige niemals in lite gewesen / sich nicht extendiren liessen. Und eben dieses ist in denen / über die Mecklenb. Landes-Gravamina, unterm 19. Octobr. 1724. ertheilten Käyserl. Resolutionibus allenthalben zum Grunde gesetzet / ja selbst in dem sub dato den 23. April. 1720. an den Herrn Hertzog ergangenen Rescripto, demselben injungirt worden / die Land-Täge / vermöge der Ihme gebührenden Landes-Superioritæt, wie die ausdrückl. Worte des Käyserl. Rescripti lauten / zu halten. Nachdeme aber der Hertzog gleichwohl den Land-Tag auszuschreiben und zu halten sich nicht bewegen lassen; und dennoch die Contribution zu bezahlung der Executions-Kosten auch anderer Landes-Ausgaben nohtwendig ausgeschrieben werden müssen / welches aber im Hertzogthum Mecklenburg ohne vorgängige Haltung eines Land-Tages nicht geschehen kan; So ist endlich solcher in contumaciam, auf Käyserl. Befehl / von der Commission ausgeschrieben / jedoch / ausser dem Punct derer in lite befangen-gewesenen Gravaminum, und Einwilligung der Landes-Contribution, sonst weiter nichts dabey vorgenommen worden. Als auch der Hertzog über die Abhaltung sothanen Land-Tags sich damals beschweret / und solches als einen Eingrif in seine Territorial-Jura angesehen; Ist Ihme in gar nachdrücklichen Terminis, mittelst Rescripti de 13. April. 1722. von Ihro Käyserl. Majest. solches wiedersprochen / dabey aber demselben die Landes-Superioritæt, als eine nie in zweifel gezogene Sache / bestättiget- und nur wegen Contravention der Käyserl. Verordnungen / potestas judiciaria reserviret worden. Uber deme wurde zugleich dem Hertzog nicht nur allein frey gegeben / daß er in conformitæt des / unterm 15. Julii 1721. an Ihn ergangenen Käyserl. Rescripti. ein und andere der Sachen gnugsam kundige Rähte zum Land-Tage abschicken möchte / um dabey NB. sein Landes-Fürstl. Interesse beobachten zu lassen / sondern es sind auch demselben die Land-Tages-Instruction und alles übrige dabey vorgekommene auffrichtig communicirt- und nicht ehender / als wann Er / nach einigen dazu verstatteten Fristen / sich nicht darauf vernehmen lassen / alsdann erst von der Commission an Se. Käyserl. Majest. gutachtlich davon berichtet worden. Die darauf erfolgte Käyserl. Resolutiones hat man sodann dem Hertzog um NB. sich in seiner Regierungs-Verwaltung darnach zu achten / zugeschicket / weil Ihme an seiner Landes-Bottmäßigkeit / woferne er solche nur rechtmäßig hätte ausüben wollen / kein Eintrag hat geschehen sollen; Und wann darauf denen Käyserl. Resolutionibus, von Hertzogl. Seite / entgegen gehandelt worden; hat man die Abstellung solcher Contraventionen, zuforderist denen Hertzogl. Collegiis injungirt, hingegen die würckliche Vollstreckung derer Käyserl. Befehle anderster nicht / als nur eventualiter der Commission auffgegeben. Dahingegen ist von dem Hertzog Land- und Reichs-kündig die Landes-Superioritæt in allen Justitz- Policey-Comicial- und andern Publiquen- auch Regierungs-Sachen / mit Bestellung derer Civil- und Militair-Bedienten / ingleichen Erhaltung derer Garnisonen in Dömitz und Schwerin, auch sonsten in allen zur Regierung gehörigen Stücken / so weit Er nur selbst gewolt hat / und solches salvo Conservatorio, und was dem anhängig ist / hat geschehen können / durante Commissione, würcklich ausgeübt und exercirt worden.

Man überlässet dahero eines jeden vernünfftiger Beurtheilung / ob bey diesen Umständen / die / von Commissions-wegen verfügte Haltung derer Land-Täge / vor eine unwiedersprechliche Führung der Landes-Regierung / wie der Verfasser der Information vermeynet / zuhalten / und solchem nach mit der intendirenden Provisional-Administration, krafft deren die Landes-Regierung dem Hertzog Carl Leopold provisorie, bis zu Seiner erfolgenden Submission, gäntzlich weggenommen / hingegen solche unter Käyserl. Direction dem Herrn Hertzog / Christian Ludwig, als Administratori auffgetragen werden will / zu vergleichen / oder von einer Sache auf die andere zu concludiren sey? Es kan auch ein jeder bey sich urtheilen / ob es nur einst zu vermuhten stehe / daß die hohe Commissions-Höfe / wann Sie gesehen hätten / daß durch den / Ihnen geschehenen Aufftrag / in der Mecklenb. Sache / der Hertzog Carl Leopold seiner Landes-Regierung / ohne die in denen Reichs-Grund-Gesetzen dazu erforderte nohtwendige Formalitæt, entsetzet werden sollen / zu Ausrichtung einer solcher-denen gerechtsamen aller hohen Reichs-Stände so gar præjudicirlichen Commission, sich würden jemals resolviret haben? Ingleichen / ob die Reichs-Mit-Stände / als Ihnen die erkannte Käyserl. Commission,

durch

ANNO 1729.

durch ein am 17. Novembr. 1717. ad dictaturam gebrachtes Decretum in Comitiis kund gemachet worden/ dazu würde stille gesessen haben? woferne man diesen jetzigen Vorgang hätte vermuhten können.

Und ist demnach ad V. der Schluß allerdings gantz wohl gegründet / daß die / von der Commission gehaltene Land-Täge keinesweges mit denenjenigen comparirt werden können / welche von einem / contra Leges Imperii gesetzten Landes-Administratore, etwa gehalten werden wollen / indeme die / von der Commission, nur in subsidium, anordnende Land-Tage / von dem Landes-Herrn allezeit / und so bald sich dieser nur seines Amts ordentlich bedienen will / unterbrochen werden können; Hingegen wann der Landes-Administrator die Land-Tage ansetzt / der verstossene Landes-Herr bey weiten dasselbe nicht thun kan / da er zumahlen vorhero erst eine ihm moraliter unmögliche Parition leisten und dadurch die Landes-Administration auffheben soll.

Mit dem VI. von der Disposition und Administration derer Landes-Einkünffte hergenommenen Argumento und Folgerung / auf die Provisional-Landes-Administration, hat es keine andere Bewandniß. Dann ob gleich sonst in thesi richtig ist / daß die Disposition über die Landes-Revenues nur dem Landes-Herrn / jure Superioritatis zustehet; So fehlet es doch hier in hypothesi: Gestalten die / zur Mecklenburgischen Sache verordnete Kayserl. Commission, über die alldasigen Landes-Revenues die Administration keinesweges jure Superioritatis, sondern nur wegen derer / intuitu der übertragenen Execution, angewandten Kosten / und dieserwegen habenden Hypothec, bishero geführet hat / auch mit eben dem Recht / als ein jeder Creditor immissus die bona Debitoris zu administriren befugt ist / solches verrichtet / welche Hypothec derselben / in conformitæt derer Reichs-Constitutionen, von Ihro Kayserl. Majest. durch so viele ergangene special-Erkäntnisse confirmirt- und die Commission, zu Erlangung ihrer rechtmässigen Befriedigung / in solche Landes-Revenuen immittirt worden ist. Um deßwillen aber ist der Commission eben sowenig die Landes-Regierung des Hertzogthums Mecklenburg zu attribuiren / als wenig man von einem Creditore immisso sagen kan / daß er per immissionem, das Dominium derjenigen Stücke / in welche die Immissio geschehen ist / erlanget habe / sondern / wie dieser zur Liquidation des Genusses von denen in Besitz bekommenen Gühtern gehalten / also ist auch die Mecklenb. Commission dazu verbunden / infallibili plane signo, daß selbige die Administration derer Fürstl. und Landes-Einkünffte keinesweges jure Superioritatis (als welche / wie vorhin gewiesen worden / dem Hertzog Carl Leopold ohne Consens und Bewilligung derer gesamten Reichs-Stände nicht hat genommen / noch von Ihro Käyserl. Majest. auf die Commissions-Höfe transferiret werden können) sondern nur lediglich / jure Crediti, innhalts derer vielfältigen Käyserl. Judicatorum, führe / dannenhero der daher genommene Schluß des Auctoris Informationis irrig ist.

Daß quoad VII. & VIII die Mecklenburgische Commission auf ergangene Käyserl. Verordnung / in Criminal-Sachen / Urtheile hat einholen und exequiren / auch andere Verorordnungen ergehen / nicht minder in specie Käyserl. Patentes verschiedentlich affigiren lassen; Das ist zwar nicht zu läugnen. Daraus aber lassen sich keine Actus exercitæ Superioritatis Territorialis inferiren. Gestalten die Einhol- und Exequirung derer Urtheile in Criminalibus, nicht von der Commission selbst / sondern von denen Fürstl. Aemtern / und zwar auch nicht durchgehends von allen / sondern nur allein von denenjenigen Aemtern geschehen ist / welche durante Commissione, vermög geführter Administration derer Domaniorum, von der Executions-Casse mit neuen Subjectis besetzt worden sind. Und haben solche Aemter ex necessitate, auch auf ausdrückl. Verordnung des Käyserl. Reichs-Hof-Rahts / sub 2. Januar. 1728. die Urtheile ab Exteris einholen müssen / weil man von denenselben bey der Justitz-Cantzley zu Schwerin / keine Berichte hat annehmen wollen / sondern die Acta iedesmahls ohnerbrochen und ohne Resolution, an die Aemter remittirt hat. Es ist aber allemahl das eingelangte auswärtige Urtheil mit denen Actis nochmaln an mehr-gedachte Hertzogl. Justitz-Cantzelley zur Confirmation, von denen Beamten eingeschicket- und sodann erst / wann von dar / die Acta, wie allezeit geschehen ist / abermahl ohnerbrochen zurückgekommen sind / selbige / um zu sehen / ob auch von denen Beamten bey Führung des Inquisitions-Processus ordentlich verfahren worden sey / zur Käyserl. Commission eingesand- die Sententz aber niemaln in der Commission, sondern alleinig in des Herrn Hertzogen Carl Leopolds zu Mecklenburg / als Landes-Herrn / alleinigen Nahmen publiciret / auch an den Missethätern vollenstrecket worden.

Kein Mensch wird hieraus die Folge ziehen können / daß die Commission, von Landes-Obrigkeits wegen / oder als ein Landes-Administrator, die Criminalia in dem Mecklenb. dirigirt habe; Da vielmehr durch dasjenige / was dieselbe darunter verfüget hat / dem ordentlichen Landes-Herren seine Territorial-Superioritæt vollenkommen beybehalten- dieser auch / durch die / von der Commission, zu Vollziehung derer Käyserl. Judicatorum und zu Handhabung des erkannten Conservatorii, erlassene Verordnungen und andere Verfügungen / im geringsten nichts præjudiciret- sondern lediglich die / Ihro Käyserl. Majest. in allen solchen Stücken zukommende Suprema Potestas judiciaria, durch die Commission zur würcklichkeit gebracht worden ist. Es lässet sich hiernächst nicht absehen / wie der Auctor Informationis mit einigen Grund behaupten könne / es habe die Commission, dadurch / daß selbige die obgedachte Actus jubente Judice supremo vollstreckt hat / eine Käyserl. Gewalt und Macht-Vollenkommenheit agnoscirt, habe / um qu. die Provisional-Administration anzuordnen / indeme es dabey nicht / wie in denen vorhin angeführeten Fällen / nur auf einen der Käyserl. Majestät in Causis judiciariis zustehenden Obrist-Richterlichen Ausspruch / und auf dessen Reichs-Constitutionsmässige Vollenstreckung ankömt / sondern allwo es um eine / gegen die Reichs-Verfassung intendirende würckl. Privation der Landes-herrlichen Regierung und Superioritæt eines Fürsten / zu thun ist. Man siehet auch eben wenig / wie solche Folgerung / aus demjenigen Vorgang habe gezogen werden können / da von dem Königl. Groß-Britannischen Abgesandten Baron von Huldenberg, wegen der Evacuation des Schlosses und der Stadt Schwerin / von denen damals darinn gelegenen Executions-Trouppen in Anno 1719. zu Wien angeblich eine Vorstellung geschehen seyn solle: Indeme / so viel in specie diesen Casum betrifft / die / in der Information dabey angeführte Umstände klar ergeben / daß die angeblich geschehene Vorstellung gar nicht des Herogs Carl Leopolds Depossedirung von Land und Leuten / sondern nur lediglich / die / vor die Executions-Trouppen, auf dem Fall solcher Evacuation, besorgte Gefahr zum Grunde gehabt habe / welche Besorgniß denen Commissions-Höfen um so weniger verdacht werden mögen / als die Besetzung einer Festung in dergleichen Executions-Fällen von Nohtwendigkeit ist; wie dann die Folge gezeiget hat / was vor Nachtheil und Schaden aus der Schwerinischen Evacuation erfolget ist / da die Justitz-Collegia gleich darauf nach Schwerin verleget- der Lauf der Justitz dadurch gar sehr behindert; die Städte Schwerin und Dömitz denen Landes-Oneribus entzogen- die von der Commission dahin abgeschickte Executores und Notarii mit Gewalt zurück gewiesen / die Kayserl. so wohl als die Commissorial-Auctoritæt über die maassen dadurch vilipendiret- und das gantze Land / besonders aber die Ritterschafft / in stetiger Unsicherheit von denen nach der Evacuation eingelegten Fürstl. Trouppen hingehalten worden / welches zu denen nachhero erfolgten vielen Beschwerungen und Gravaminibus anlaß gegeben hat.

Aus allem diesem wird nun ad IX. ein jeder leicht erkennen / daß von denenjenigen Actibus, welche die Kayserl. Commission, mittelst Ausschreibung derer Land-Täge; Administration derer Landes-Einkünfften; ingleichen mittelst Bewürckung der Justitz in gewissen Criminal- und andern Fällen / auf Kayserl. Ober-Richterliches Geheiß exercirt hat / sich gar nicht auf die vorhabende Provisional-Administration, mit einigem Bestand schliessen- noch sagen lasse / daß diese mit eben dem Recht angeordnet werden könne / als eine gerichtl. Commission, da zwischen beyden eine so augenscheinliche Differentz vorwaltet / auch Ihro Käyserl. Majest. in dem / sub dato den 13. April. An. 1722. an den Hertzog Carl Leopold erlassenem Rescript, so unter denen in der Mecklenb. Sache gedruckten Decisionibus Imperialibus Nro. 305. befindlich ist / dero Zeit selbst zwischen einer Privation und Kränckung derer Landes-herrlichen Jurium, dann dem Kayserl. Obrist-Richterlichen Amte einen notablen unterscheid gemachet haben. Allermassen nun

Ad X. Das Commisions-Præsuppositum, wie es der Auctor Informationis nennet / ein von ihm selbst fingirtes Wesen ist; Also fällt auch die demselben angedichtete Consequentz himweg / gestalten wohl ja niemanden noch in den Sinn gekommen ist / zu behaupten / daß Ihro Kayserl. Majest. sine Consensu Statuum keine gerichtl. Commissiones mehr decerniren könten / sondern / wie der Kayserl. Majest. Obrist-Richterl. Amt im Römisch-Teutschen Reich / als es die Reichs-Grund-Gesätze vermögen / ungekränckt bleiben wird und muß / auch kein Reichs-Stand sich bewegen lässet / ein arbitrarisches Regiment im Reich einzuführen / welches auch an sich von langen Bestand nicht seyn würde; Also ist wohl nichts gerechters und billigers / dann daß die reciproque Obligation in obacht genommen / und sonderlich von Seiten des Käyserl. Reichs-Hof-Rahts / nicht solche Dinge an die Hand gegeben werden möchten / die / wie der Mecklenb. Provisional-Administration ist / directo wider die Grund-Gesetze lauffen / und das Systema Imperii unausbleiblich dissolviren. Wann dahero keine Justitz mehr im Reich zu finden ist; So hafftet die Schuld dießfals nicht an denen Ständen / sondern an denenjenigen / welchen die Administration derselben anvertrauet ist. Dergleichen freylich dem Interesse Principum nicht gemäß seyn kan / als die nichts meheres wünschen / dann daß man nicht Ursach haben möchte / Gravamina Communia deßwegen auff öffentl. Reichs-Tag zusammen zutragen / und sich damit zu beladen. Was im übrigen der Auctor Informationis, bey diesem Punct, von einer sogenannten Suprema Rectoria Potestate mit hat einfliessen lassen; solches kan ihme so schlechterdings nicht eingestanden werden / bevor man nicht hinlänglich benachrichtiget ist / was er durch diese in denen Reichs-Gesetzen nirgends befindl. Expression, eigentlich verstehe: Wiewohl

allein

ANNO 1729.

allem Ansehen nach / dadurch ein abermaliges neuerlich-ersonnenes Ens morale, dessen Qualitates in denen Gesätzen unbekannt sind / angezeiget werden soll / welches der Auctor seinem Systemati einzuschalten gedencket.

Das weitere Argument sub N. XI. bestehet in einer Instantz,

Daß dergleichen Provisional-Administrationes eben nicht unbekannt seyn / und erst vor kurtzen / dem Fürsten Hyacynth von Nassau-Siegen / wegen seiner übelen Conduite die Landes-Regierung genommen- und dessen jüngern Bruder conferirt worden sey / ohne / daß dagegen einiger Stand des Reichs sich beschwehret hatte.

Es ist aber (a) dieser Casus noch vor der letzen Kayserl. Wahl-Capitulation passirt, nemlich Anno 1709. da erst nachhero / der Libertati Statuum, in puncto der Acht und Privation, bey der Wahl-Capitulation genauer prospicirt worden (b) Ist zwischen beden Fällen / nehmlich dem Nassau-Siegenschen und dem Mecklenburgischen / ein solcher Unterscheid / daß solche gar mit einander nicht können parificirt werden / dabey auch in Facto gantz irrig ist / ob solten die Reichs-Stände zu jenem still geschwiegen haben. Dann das Conclusum Commune de 19. Jun. 1709. besagt gantz ein anders / und gehet dahin / der Sache durch Anordnung einer anderweiten Commission, Reichs-Constitutions-mäßig abzuhelffen / in dessen dem Fürsten die Landes-Regierung zuverstatten; Wobey ferner gar viele Specialia, worauf sothane Commission, zu Unterbrechung derer entstandenen Unruhen auch Remedirung derer Beschwerden / in allen Stücken zu reflectiren hatte / gantz deutlich mit angeführt- und Ihro Kayserl. Majest. von Reichs wegen / zur Richterl. Verfügung / recommendirt worden sind: Wie dann auch solche / denen nachhero angestellten und verschiedentlich transscribirten Commissionen mit auffgegeben- niemals aber die Nassau-Siegensche Unterthanen / auß des dasigen Fürstens Wilhelm Hyacinths Pflichten / obschon diesem die Landes-Regierung ferner nicht anvertrauet werden wollen / entlassen sondern / wie der gantze Contextus derer Kayserl. Commissionen allenthalben ausweiset / nichts als nur eine Untersuchungs- dann Sequestrations- und Manutenentz Commission gerichtlich erkannt worden. Dahingegen die intendirende Mecklenb. Landes-Administration keines von allen diesen Stücken in sich enthält / sondern ein vollständiges- mit Ausschlüssung des bisherigen ordentl. Landes-Herrns / angeordnetes Kayserl. Gouvernement ist. Welchem nach das Nassau Siegensche Exempel von dem Auctore Informationis gantz unzeitig angebracht worden / und müssen dergleichen Casus eben so gar frequent und bekand nicht seyn / wie doch der Auctor vorgiebt / weil er nur diesen eintzigen / wiewohl gezeigter massen / gantz differenten Fall / ohne Grund angeführt hat.

Sub N. XII. & XIII. suchet der Auctor Informationis, ein schweres Dubium, so seiner Thesi im Wege stehet / zu removiren / neml.

Weil Votum und Sessio in Comitiis, dem Territorio adhærire, durch die Provisional-Administration aber / dem Hertzog Carl Leopold die Landes-Regierung genommen werde / ohne welche doch kein Stand sein Votum in Comitiis führen könne: gleichwohl sine consensu Statum Imperii kein Stand seines Voti & Sessionis beraubet werden solle; So scheine es / daß die Provisional-Administration nicht bestehen könne.

Diesen Einwurf suchet der Auctor Informationis durch 2. Wege zu heben / Erstlich / da er die Thesin soutenirt, es könten heut zu Tage die Fürsten gar wohl Votum & Sessionem in Comitiis führen / ohne daß sie das Fürstenthum / wovon das Votum geführt wird / besitzen und regieren / welches er mit zwey Exempeln zu bestättigen suchet / nemlich (a) mit dem Grubenhagischen Voto, welches der Hertzog v. Blanckenb. proprio nomine führe / da er doch bey der Regierung des Fürstenth. Grubenhagen / als eines Chur-Braunsch. Landes / das geringste nicht zu sagen habe / sodann (b) mit dem Exempel des Fürstenthums Nomeni, cujus intuitu der Hertzog von Lothringen / Sitz und Stimm im Fürstl. Collegio habe / das Land aber in Frantzösischen Handen wäre; Zweytens lasse sich von dem gegenwärtigen Meklenburgischen Casu, welcher eine provisionalis Suspensio Regiminis sey / auf die Suspensionem Voti & Sessionis in Comitiis, gar nicht argumentiren.

Wann man Dinge zu vertheydigen suchet / welche wieder die Gesetze lauffen / so fält man von einem Extremo auf das andere / um seine Meinung zu retten.

Nichts hätte der Auctor Informations sagen können / das mehr denen Reichs Satzungen und der Observantz zuwider ist / als die fingirte Thesin, es könne heut zu Tage gar wohl ein Fürst Votum & Sessionem in Comitiis führen / wann er gleich das Fürstenthum / wovon das Votum geführt wird / nicht besitze. Wie grund-falsch dieser Satz sey / will man durch ein publicum & solenne ipsius Imperii Testimonium, mittelst der Anlage sub A. vor aller Welt Augen legen / da eben in der jenseits angeführten Sache / das Grubenhagische Votum betreffend / das gantze Fürstl. Collegium in Comitiis durch eine besondere Verwahrung / öffentlich declarirt hat / daß / obschon Dasselbe in die Ubertragung des Grubenhagischen Voti an Blanckenburg / aus gantz besondern Umständen / consentire, jedennoch solcher Casus von niemanden / wer der auch sey / zur Consequentz gezogen / vielweniger auf einige andere / nicht auf alle vorher-erwehnte Umstände sich qualificirende Casus, applicirt werden solle / und / NB. daß man von dem in denen Reichs-Satzungen / und der Observantz gegründeten Principio, Krafft dessen niemand in diesem (Fürstl.) Collegio Votum & Sessionem haben kan / der nicht ein solches Fürstenthum / dem dieses Recht Consensu Statuum anklebet / Jure proprio & pleno Territoriali besitzet / nicht im geringsten hierdurch abweichen / sondern vielmehr demselben beständigst und durchgehends in allen andern Fällen inhæriren wolle.

ANNO 1729.

Dieses öffentl. Comitial-Zeugniß wird verhoffentlich mehr gelten / als die Einfälle eines oder des andern privat Scribentens. Die beeden / in der Information angeführten Casus, wegen des Grubenhagischen Voti und des Fürstenthums Nomeni, beweisen just das Gegentheil. Mit dem Grubenhagenschen / an des jetzigen Herrn Hertzog zu Blanckenburg Durchl. übertragenem Voto hat es diese Beschaffenheit: Ihro Königl. Majestät von Groß-Britannien GEORG I. gl. mem. resolvirten aus gantz besondern Absichten / am $\frac{1}{18}$. Octobr. 1714. Dero Fürstl. Grubenhagisches Votum an gedachten Herrn Hertzog Ludwig Rudolphs zu Blanckenburg Durchl. auf Dero Lebens-Zeit / dergestalt zu überlassen / daß Dieselbe / wie die Worte der Königl. Declaration lauten / so lange ihro GOTT das Leben fristen wird / selbiges Votum im Reichs-Fürsten-Raht / an der Stelle und in der Ordnung / die dem Fürstenthum Grubenhagen / von altersher alda zukomt / führen und ablegen lassen möchten. Et hat aber gleichwohl die Introduction Ihro Durchl. zu Blanckenburg / in das Fürstl. Reichs-Collegium, viele Schwührigkeiten gefunden: Und / obgleich Ihro Kayserl. Majest. durch ein Commissions-Decret vom 17. April. 1715. diese Angelegenheit dem Reich insinuiren lassen / worinnen diese Motiven angeführt sind / daß Ihro Kayserl. Maj. Hochbesagten Hertzogs Durchl. wegen der / mit Ihro habenden nahen Anverwandschafft / und um Dero erworbener vieler Verdienste willen / fordersahmst diese Vergnügung gerne gönneten; So hat dennoch das Fürstl. Collegium, ehe es in die Admission gewilligt / alle Umstände vorher reifflich und genau erwogen / und endlich ex hisce Rationibus darinn consentirt, weil (a) Ihro Durchl. aus einem uhralten Fürstl. Hause entsprossen waren; (b) ein eigen immediates Fürstenthum / und (c) nebst demselben einige Stücke aus dem Grubenhagischen in würcklichen Besitz hatten; mithin (d) diese Cession des Reichs-Voti, als eine res domestica anzusehen wäre / auch (e) so viel weniger præjudiciren konte / als Ihro Durchl. dieses Votum nur ad dies vitæ zu führen begehrten: Wie dieses alles / aus der hier adjungirten Beylage sub A. breitern Inhalts zuersehen ist. Nun judicire alle Welt / ob dieser Casus, die in der Information angegebene / von dem gantzen Reich verworffene und paradoxe Thesin im allergeringsten beweise / und ob nicht durch solchen Casum, als durch eine Exception, vielmehr die Regul bestärcket werde.

Mit dem Exempel von Nomeni, gehet es dem Auctori der Information nicht glücklicher. Bekand ist es / und liegt der zwischen dem Röm. König Ferdinando I. und Hertzog Anthon zu Lotharingen Anno 1542. zu Nürnberg errichtete Vertrag / vor jedermanns Augen / worinnen die ansehnliche Fürstenthümer / Graf- und Herrschafften specificirt sind / die der Hertzog von Lothringen vom Kayser und Reich zu Lehen recognoscirt. Ob nun wohl das Marggrafthum Nomeni, soviel das Land betrifft / im vorigen Seculo, von der Crone Franckreich / Jure Belli & Victoriæ acquirirt worden / so hat jedoch diese Crone bey denen Münsterischen Friedens-Tractaten nie verlanget / daß derjenige Nexus, welcher hoc intuitu zwischen dem Reich und dem Hertzogen von Lotharingen gewesen ist / auffgehoben werden solle / gestalten vielmehr zu selbiger Zeit / die Frantzösische Ambassadeurs die Lotharingischen immediate Reichs- und Afterlehen / in besondere Designationes gebracht / und selbige von denen übrigen Lotharingischen Provintzien separirt- auch so gar die Stadt Nomeni vor so gering gehalten haben / daß sie solche aus dem Catalogo derer Cedendorum ausstreichen wollen.

V. Avis touchant la Lorraine & Barrois, & les Places des dits Pays chacune en particulier:

Ubi: *Nomeni est une ville des Evêques de Metz; on peut la rayer, n'étant pas considerable.*

Dans les Negociations secretes de Munster & d'Osnabrug.

Tom. IV. p. 157.

Deßgleichen sind die / von denen Frantzösischen Ambassadeurs selbst gefertigten Designationes derer Lotharingischen Reichs-

ANNO 1729.

Reichs-Lehen/ worunter auch Nomeni mit begriffen ist/ daselbst zu lesen

Tom. I. p. 64. und Tom. IV. p. 455.

Solchemnach ist der zwischen dem Römisch-Teutschen Reich und Lothringen vorgewaltene Nexus, sowohl intuitu des Marggraffthums Nomeni, welches ehehin ein Stück des Bisthums Metz gewesen/ als auch wegen aller übrigen Lotharingischen Lehen/ in seiner Vollkommenheit geblieben/ und durch die Investitur des Hertzogs/ auch dessen Admission ad Comitia, conservirt worden. Nun recognoscirt der Hertzog von Lothringen/ ausser Nomeni noch gar viele importante Reichs-Lehen/ als das Marggraffthum Pont-à Mousson, die Graffschafft Blanckenburg und Falckenstein am Donnersberg/ Clermont, Beilstein, die Voigtey beym Kloster Rummelsberg/ die Hattonsburg/ und noch andere mehr/ welcher-wegen derselbe in der Reichs-Matricul mit 2. Drittel eines Chur-Fürsten-Anschlags/ unter der Rubric wegen Nomeni angesetzet/ worden; Er hat auch/ aller seiner immediaten Reichs-Lehen halber/ ein Reichs-Votum im Fürstl. Collegio bishero geführet/ nicht minder von mehr als anderthalb Seculis her/ die Reichs-Abschiede mit unterschrieben.

vid. Rec: Imp: d. 1510. d. 1576. d. 1582. d. 1594. d. 1598. d. 1603. d. 1613. d. 1654.

Und findet sich nur in denen beeden Reichs-Abschieden de Ao. 1598. & 1654. daß Lothringen solche/ von wegen Nomeni in specie unterschrieben habe/ da sonst die Subscriptio simpliciter und indeterminate geschehen ist. Es folget demnach keinesweges/ weil der Hertzog von Lothringen/ ein oder das ander Stück seiner Reichs-Lehen nicht mehr besitzet/ welches im Krieg verlohren gegangen; Ergo müsse er auch zugleich des Voti Comitialis, welches derselbe doch intuitu aller seiner noch besitzenden Reichs-Lande überhaupt/ und nicht allein in specie wegen Nomeni führt/ privirt werden? Dahero ist der Auctor Informationis gantz irrig daran/ wenn er vermeint/ Lothringen führe ein würcklich Reichs-Votum, ohne ein Reichs-Lehen zu besitzen. Daß man aber bey dem Reich/ in dem Auffruffen zum Votiren/ keine Aenderung des Nahmens/ wegen Nomeni, (in welcher Qualität der Hertzog von Lothringen eben den letzten Reichs-Abschied Anno 1654. unterschrieben hat) bey dem jetzigen Reichs-Tag vorgenommen/ sondern im Auffruffen es bey dem alten gelassen hat; das wird seine guten und wichtigen Ursachen haben.

Was endlich hierbey der Auctor Informationis noch anführt/ es lasse sich nemlich von dem gegenwärtigen Mecklenb. Casu, der nur eine provisionalis Suspensio Regiminis sey/ auf die Suspensionem Voti & Sessionis in Comitiis gar nicht argumentiren; Solches ist eine falsche Consequentz eines vorhergesetzten irrigen Principii. Dann da man in der Information sich so weit vergangen hatte/ zu statuiren/ daß ein Fürst ohne Land/ ein Votum Comitiale wohl führen könte; So hat man die falsche Consequentz wohl daraus ziehen können/ daß sich à Regimine, nicht auf Sessionem & Votum in Comitiis, & vice versa, schlüssen liesse.

Nachdeme aber der offenbahre Ungrund des obgedachten Satzes/ in vorigen erwiesen/ und durch ein Publicum Imperii Testimonium klar dargethan worden ist/ daß niemand ein Comitial-Votum führen könne/ der nicht das Land/ dem solches Votum anklebe/ jure proprio & pleno Territoriali besitzet; So möchte man wohl wissen/ welcher Mensch/ mit Vernunfft/ den Schluß à privatione Regiminis ad Privationem & Suspensionem Voti Comitialis, & vice versa, vor unrichtig halten könne? da solches gar nicht/ wie der Auctor Informationis sagt/ plane separata, sondern vielmehr Conjunctissima sind/ und das Votum ohne Land/ ohnmöglich statt haben kan: Wie hingegen/ wer das Land/ deme ein solches Reichs-Votum anklebt/ besitzet/ nohtwendig und regulariter auch das Votum zu führen berechtiget ist/ woferne es ihme nicht/ in pœnam, legitime genommen ist; Folglich/ wer das Land verliehret/ auch nohtwendig das Votum einbüssen muß. In der Käyserl-Wahl-Capitulation Art. I. ist zu Befestigung dieser Warheit/ nicht vergebens der Ordo materiarum also beybehalten worden/ daß/ gleich immediate, nach derjenigen Disposition, welche die Suspension und Ausschliessung derer Stände à Sessione & Voto, verbietet/ derjenige Passus, mit dem Verbo Copulativo, auch/ connectirt ist/ daß keine Fürsten/ Grafen und Herren/ in die Reichs-Collegia admittirt werden sollen/ wann sie sich mit immediaten Landen und Herrschafften dazu nicht qualificirt gemacht haben. Mit einem Wort: Entweder es soll der Hertzog Carl Leopold durch die sogenannte Suspensionem Regiminis, zugleich à Voto Comitiali ausgeschlossen seyn/ oder nicht? Ist das Erste/ so ist es eine augenscheinliche Infractio Capitulationis, welche Art. I. ausdrücklich will/ daß die Käyserl. Majest. ohne derer Chur-Fürsten/ Fürsten und Stände vorgehende Bewilligung keinen Reichs-Stand/ der Sessionem & Votum in denen Reichs-Collegiis hergebracht/ davon *suspendiren* und ausschliessen solle; Welcher Textus keinen Unterscheid zwischen einer temporal und perpetuirlichen Suspension und Ausschliessung machet/ sondern indefinite redet. Ist aber das Letzte; so läufft es wieder die Reichs-Constitutiones und Observantz, daß ein Fürst ohne Land/ der auch nie eins gehabt hat/ ein Comitial-Votum führen solle. Und was würde wohl ein solches Votum vor Gewicht haben? Soll aber der Administrator, quà talis, das Votum vertreten; So wird denen Reichs-Ständen ein Membrum obtrudiret/ das mit keinen Reichs-Stand-mäßigen Landen und Herrschafften/ jure proprio, qualificirt ist/ und mag sein auf das Land habendes Jus Successionis, diesen Mangel nicht ersetzen/ weil man sonst alle apanagiirte Printzen ad Comitia admittiren müste. Es hat derselbe noch zur Zeit nur ein blosses Jus in spe, welches ihm durch erlangende Männliche Succession des Hertzogs Carl Leopolds intervertirt werden kan: Indeme müste der Administrator, als ein Käyserl. Officialis, ad Nutum Cæsaris, das Votum einrichten/ indeme er ja in allen Stücken sich nach denen von Wien aus empfangenen Instructionen richten solle: auf welche Art aber Ihro Käyserl. Majest/ als Käyser/ in effectu ein würcklich Votum im Reichs Fürstl Collegio führen würden; welches/ ob es bestehen könne/ jedermann beurtheilen mag? Vermeinet aber der Auctor Informationis, daß gleichwohl das Reichs-Votum nomine des Hertzogs Carl Leopolds, ohngeachtet dieser à Regimine suspendirt sey/ füglich könne geführt werden/ wohin fast seine Argumenta abzuzielen scheinen; So wird er damit nicht weit hinlangen: massen die Praxis Imperii zeiget/ daß die Exclusio & Suspensio à Voto Comitiali, lange nicht vor so bedencklich und beschwerlich gehalten werde/ als die Privatio oder Suspensio von der Landes-Regierung. Die Exempla, welche Ao. 1674. mit dem damahligen Bischof zu Straßburg; und Ao. 1676. mit dem König von Schweden/ sich begeben haben/ bestättigen die Warheit dieses Satzes. Das occasione des ersten Casus, damahl zu Regenspurg/ bey dem Reichs-Tag zur Dictatur gekommene Käyserl. Commissions-Decret, führet gantz deutlich im Munde/ daß/ obschon der Bischof so gar zum Feind des Reichs übergangen/ und derer erlassenen Avocatorien ohngeachtet/ nicht zurück gekehrt sey/ und dahero gar wohl/ der Schärffe nach/ mit denen in Avocatoriis enthaltenen Straffen/ gegen Ihn executive so fort verfahren werden könte; Jedennoch Ihro Käyserl Majest. hierzu nur einen Anfang zumachen/ und gedachten Bischof/ vor erste/ seiner/ im löbl. Reichs-Fürsten-Raht zukommender Session und Stimme/ bis er zurück kehren/ und sich gebührend aussöhnen würde/ zu suspendiren/ der Nohtdurfft erachtet/ inzwischen dem Reichs-Hof-Fiscaln gemessen anbefohlen worden sey/ gegen den Bischof/ nach Answeisung derer Avocatorien und denen heilsamen Reichs-Constitutionen, ferner legaliter, (das ist/ nach vorgängiger genugsahmer Erkundigung der Sache/ und mit Bewilligung derer gesamten Reichs-Stände) zuverfahren: Woraus man sehen kan/ daß die Suspensio à Voto viel gelinder und ehender practicable sey/ als die Privatio Regiminis, welche so gar einem Fürsten/ der sich zur feindlichen Parthey wieder das Reich geschlagen hat/ gelassen worden ist/ bis man ihm den Process förmlich-und wie sich gebührt hat/ formiren können. So adstruirt auch den obigen Satz/ daß nach dem XVIII. Articul der Käyserl Wahl-Capitulation, gegen einen Reichs-Stand/ der dem Müntz-Edict zuwieder gehandelt hat/ zwar wohl/ neben der Privation des Müntz-Regalis, auch mit der Suspension à Voto Comitiali, keinesweges aber/ mit der Privation oder Suspension der Landes-Regierung/ verfahren werden möge.

Die XIV. Ration in der Information, daß nemlich die angeordnete Provisional-Administration keine Privation derer Lande sey/ weil in denen vom Hertzog Christian Ludwig ausgestellten Reversalen, sowohl als in der Eydes-Notul, welche denen Mecklenburg. Land Ständen abzuschwören auferlegt worden/ der Hertzog Carl Leopold, der ordentliche Landes-Herr des Hertzogthums Mecklenburg/ zu zweien mahlen genennet werde/ und die Administration nur bis zu dessen erfolgender Submission angeordnet sey; braucht keiner Beantwortung/ weil sie sich selbst bey allen vernünfftigen Menschen refutiret. Kann es ja nichts als ein Gespötte ist/ einen Fürsten/ welchen man von Land und Leuten absetzt/ Ihm die Regierung nimt/ und solche einem Tertio aufftragt/ Dabey die Unterthanen/ aller Ihm geleisteten Pflichten/ bis auf den Erfolg einer/ nicht einst in seiner Willkühr bestehenden Condition, entschlägt/ weis zumachen/ er sey seiner Lande und Regierung nicht privirt, weil man ihm noch den Titul eines ordentlichen Landes-Herrn beylege: Da doch eben die Eydes-Notul so gefasset ist/ daß er nicht mehr Landes-Herr seyn soll/ per Verba expressa:

> Dabeneben/ bis zu würcklich-erfolgter selbiger allerunterthänigster *Parition* und Käyserl. Erkänntniß/ der Pflicht/ wormit ich vorhin Herrn Hertzog Carl Leopold zu Mecklenburg/ als meinem ordentlichen Landes-Herrn verhafftet gewesen/ mich entlassen. ꝛc.

Solchem allemnach/ XV. um mit dem Auctore Informationis zum Schluß dieser Quæstion zu kommen; So offenbahret sich vielmehr ex deductis Sonnen-klärlich/ daß diese Mecklenburgische Provisional-Administration allerdings eine/ der Käyserl. Wahl Capitulation schnur stracks zuwider lauffende Privation und Suspension a Sessione & Voto in Co-

ANNO 1729.

ANNO 1729.

Comitiis sey/ auch daß dergleichen Vorgang mit der Käyserl. Wahl-Capitulation und denen Reichs-Grund-Gesetzen/ woferne diese anderster noch etwas gelten sollen/ nicht bestehen könne; Und bleibet also in des Hertzog Carl Leopolds alleiniger Willkühr gar nicht gestellet/ solche Administration, durch eine von ihm erforderte so sehr ver-clausulirte Parition, auffhebend zu machen; Nichtweniger/ daß erst aus dem Event zu judiciren sey/ ob sothane Landes-Administration (des ungesetzten Fals/ daß solche statt hätte) denen Successoribus und dem Lande/ sowohl wegen derer Kosten/ als wegen Regulierung derer Gravaminum, erträglicher/ als die Continuation der Commission sey; Und endlichen/ daß man keine vernünfftige Raison ausdencken könne/ weswegen die Status Imperii, dem oder denenjenigen/ welche eine so Reichs-Constitutions widrige Sache/ wordurch die Käyserl. Wahl-Capitulation durchlöchert/ die Reichs Grund-Gesetze und Verfassung beeinträchtiget/ und ein so empfindliches Attentatum, gegen ein-allen Reichs Ständen und ihrer Freyheit höchstheures Kleinod unternommen wird/ an die Hand gegeben haben/ noch einigen Danck wissen solte: Da man zu Ihro Käyserl. Majest abgestammeten Welt berühmten Gemüths-Billigkeit und Liebe zu Gleich und Recht/ zuversichtlich hoffen kan und muß/ daß dieselben niemand wissentlich an dem Seinigen kräncken/ und/ wann man mit Bestand zeiget/ daß/ und worinnen man gravirt sey/ solches nicht widrig auffnehmen/ sondern vielmehr auf dessen Wegräumung bedacht seyn werden

Der/ vom Auctore Informationis vorschützende gelindeste Weg/ mag wohl dem oder denen Urhebern dieser inventirten Mecklenburgischen Provisional-Administration, bey niemand zur Entschuldigung dienen. Denn es ist bekannten Rechtens/ daß kein Provisional Mittel statt findet/ so lange ein Remedium ordinarium vorhanden ist. Hat der Hertzog Carl Leopold etwas zu schulden kommen lassen/ so den Privations oder Achts-Process verdienet; Warum will man dann von diesem/ in Legibus Imperii Fundamentalibus, so deutlich vorgeschriebenem Modo, abgehen/ und ohne einige Noht/ auf ein gantz unerhörtes und in denen Gesätzen verbottenes ausserordentlichs Mittel verfallen/ wordurch denen gesamten Reichs Ständen die allerempfindlichste Beleydigung an ihrer Freyheit zugefügt wird?

Gnade und Milde kan wohl gegen ein Verbrechen vorgekehrt werden/ aber es muß nicht zum præjuditz des unschuldigen Tertii geschehen.

Endlich ist die/ am Ende dieses Puncts, von dem Auctore Informationis, angefügte gehäßige Imputation, daß man von seiten derer Commissions-Höfe/ die Commission noch länger zu continuiren wünschete/ so beschaffen/ daß man wohl siehet/ wie der Auctor die unschuldigsten Reden zu verkehren/ und aufs bitterste zu mißdeuten sich bemühe.

Wer wird wohl aus denenjenigen Worten/ welche der Auctor zum vermeintlichen Beweis dieser widrigen Imputation angeführet hat/ schliessen können? daß die Commissions-Höfe die Commission gerne continuiren wolten/ da Sie aus Consideration vieler wichtigen Ursachen/ aus guter Wohlmeinung/ warnungs weise von sich geschrieben/ es würde der weitere Erfolg zeigen/ daß Ihro Käyserl. Majest. zu dem Wohl-und Ruhe-Stand des Hertzogthums Mecklenburg führende heilsahme Absicht durch Aufhebung der Commission nicht erhalten worden.

Eben als wann eine wohlgemeinte Warnung/ soviel/ als ein Wunsch und Verlangen nach einer Sache wäre! Und ist diese von dem Auctore der Information, gegen Ihro Königl. Majestät von Groß-Britannien und Chur-Fürstl. Durchl. zu Braunschw. Lüneburg/ dann Ihro Hoch-Fürstl. Durchl. zu Braunschw. Wolffenbüttel erdichtete Inculpation, um soweniger zu entschuldigen/ als in eben demjenigen Schreiben/ vom 7. Febr. 1729. aus welchem der Auctor Informationis die obangeführten Worte citirt hat/ immediate vorher die ausdrückliche Declaration geschehen ist/ daß von denen Commissions-Höfen weit entfernet sey/ Ihro Käyserl. Majest: Ziel oder Maaß zusetzen/ ob dieselben die angeordnete Untersuchungs-Commission im Mecklenburgischen continuiren lassen oder aufheben wollen? Um dadurch der gantzen Welt/ ihre/ von allem Interesse entfernete Absicht/ und wie wenig Sie zur Commission sich zu obtrudiren gemeinet seyn/ zu erkennen zugeben.

Man achtet nöhtig/ die vollständige Erklärung/ aus dem angeführten Schreiben hieher zusetzen/ um männiglich zu zeigen/ qua fide der Auctor Informationis hierunter gehandelt habe:

Die Worte lauten also:

Was sonst die/ von Ew. Käyserl. Majest. erkannte Auffhebung der Mecklenburgischen *Commission* anlanget/ so ist zwar weit von Uns entfernet/ daß Ew. Käyserl. Majest. Wir Ziel oder Maasse zu setzen *intendiren* solten/ ob Dieselbe die/ von Ihro angeordnete Untersuchungs-*Commission* im Mecklenburgischen/ *continuiren* lassen/ oder auffheben wollen; Die *Subdelegirte* zu Rostock haben/ sobald die *Insinuation* Ew Käyserl Majest. letzt vorigen allergnädigsten *Rescripti*, an mich/ den Hertzog/ geschehen/ mit beregter Untersuchungs *Commision* innegehalten/ die beede erstere Plätze ermeldeter *Subdelegation* sind auch seither unersetzet blieben/ die beede zu Rostock noch gegenwärtige *Subdelegati* aber seyn zu fernerer *Expedition* derer zum Käyserl. *Conservatorio* gehörigen Sachen/ wenn solche *legaliter* und nicht *tumultuarie*, durch die blosse *Militz*, geschehen soll/ ohnumgänglich allda bisher nöhtig gewesen/ auch noch nicht zuentbehren. Die künfftige Zeiten/ und der weitere Verfolg werden gewiß zeigen/ das Ew. Käyserl. Majest. zu dem Wohl-und Ruhe-Stand des Hertzogthums Mecklenburg/ führende heylsame Absicht/ durch Auffhebung der *Commission*, nicht werde erhalten werden. Die bißher darauf gewandte grosse Kosten würden auch vergebens seyn/ wenn die *Commission* dasjenige/ was Sie angefangen/ und grössesten theils/ bis zu Ew. Käyserl. Majest. *Decision*, zum Ende gebracht/ nicht vollführen solte.

ANNO 1729.

Und soviel von der ersten Frage.

Der Auctor Informationis formiret darauf die zweyte Frage: Ob die Mecklenburgische Land-Stände/ ihrer/ dem Hertzog Carl Leopold geleisteten Pflichten entlassen/ und selbige dem Administratori zu leisten/ angehalten werden können?

Dieses suchet er mit 7. Argumentis zu bestärcken:

(1.) Die Eydes-Notul wäre nur ein Juramentum Promissorium, Administratorium & resolubile, immassen es durch des Hertzog Carl Leopolds Submission gleich auffgehoben würde.

Dieses ist eben dasjenige/ nur mit veränderten Worten/ gesagt/ was der Auctor Informationis bey der vorhergehenden Frage/ im ersten Argument, zum Behelf genommen hat/ dessen Ungrund aber bereits oben hinlänglich gezeiget worden ist. Man leugnet zwar nicht/ daß positis terminis habilibus, ein/ auf eine gewisse Zeit und Bedingung restringirtes Juramentum statt haben könne; Wann man aber die Eydes-Notul quæstionis ansiehet/ so ist darinn nicht ein blosses Juramentum promissorium, oder eine/ dem Herrn Hertzogen Christian Ludwig zu præstirende Eydes-Pflicht alleine/ sondern auch zugleich eine Relaxatio des/ dem Hertzog Carl Leopold als Landes-Herren/ geleisteten Eydes enthalten/ und komt es præjudicialiter darauf an/ ob diese Eydes-Erlassung valide geschehen könne? welches wohl niemand bejahen wird/ welcher der Sachen nachdencket/ und erkennet/ daß solche Relaxatio homagii, sich auf eine/ von dem Reich nicht bewilligte-gegen die ausdrückliche Verordnung derer Reichs-Satzungen lauffende-auch dem gantzen Reiche höchst-præjudicirliche Privation eines Reichs-Fürsten von seiner Landes-Regierung/ begründet.

Und wie nun überhaupt ein Jurament, welches an sich nichts/ als nur ein Actus accessorius ist/ und allzeit ein Negotium Principale voraus setzt/ das Haupt-Geschäffte/ wann dieses an sich unrecht ist/ nicht rechtfertiget; Also ist dasjenige Juramentum, welches die Mecklenburgische Land-Stände dem Administratori ablegen sollen/ denen Rechten nach/ so lange pro vano zu achten/ als lange nicht erwiesen werden kan/ daß der Hertzog Carl Leopold seiner Landes-Regierung mit Recht privirt worden sey.

Das zweyte Argument, daß der Hertzog Carl Leopold, in der Eydes-Notul und denen Reversalen, zu 1. mahlen ordentlicher Landes-Herr genennet werde/ und er solches in habitu & substantia verbleibe/ hingegen nur der *Usus & Exercitium* tantisper suspendirt werde; Ist ebenfals bey voriger Frage sub N, 14. vorgekommen und abgefertiget worden.

Wann eine so wichtige Sache mit dergleichen Distinctionen ausgemacht werden könte; So würde keine Disciplin, in dem gantzen Ambitu eruditionis, mächtiger seyn/ als die Metaphysic, weil man dadurch die Regenten von Land und Leuten vertreiben/ und Sie doch durch eine leere Distinction überreden könte/ sie wären noch würckliche Regenten, und sey ihnen nichts zu Leyd geschehen: Ob sie schon durch alle äusserliche Sinnen empfinden/ daß solches Vorgeben auf ein Gespötte hinaus lauffe. Nach der gesunden Vernunfft ist es unbegreifflich/ wie es compatibel sey/ ein würcklicher Landes-Herr zu heissen und doch nicht zu seyn.

Das dritte Argument lautet also:

Es sey eine ausgemachte Regul, welche sogar diejenigen/ die nicht selten Käyserl. Majest. in Ihren höchsten Reservatis zu beeinträchtigen trachten/ feste gesetzt haben/ quod Provisoria eaque summa Imperatoris Potestas, in Casibus Repentinis, nusquam aliqua Imperii conventione limitata sit, atque adeo veteribus S C. Mastatis Juribus absolutis plane pleneque censeatur, ut propterea maxima erga Imperatorem religio prohibeat, quo minus ea Provisoria Cæsarea Potestas nunc quidem privato Statuum Imperii arbitrio circumscribatur.

Man suchet endlich zu Vertheydigung der/ wider die Käyserl. Wahl-Capitulation so sehr lauffenden Privation, eine Zuflucht bey denen Provisional-Mitteln. Der Auctor Informationis sagt/ die Doctores, sogar auch diejenigen/ wel-

che

ANNO 1729.

che eben nicht zu favorabel vor die Käyserl Jura wären/ hätten als eine gantz ausgemachte Regul fest gesetzet/ quod Provisoria & summa Imperatoris Potestas in Casibus Repentinis nusquam alla Imperii Conventione limitata sit: Eben als wann es von Privat-Scribenten dependirete/ Reguln vorzuschreiben und vest zusetzen/ was die Reichs-Stände vor Jura haben/ und wie das Teutsche Reich regieret werden solle. Der Auctor beruffet sich dabey mit auf partheyische Doctores, die nemlich nicht selten die Käyserl. Reservata zu beeinträchtigen suchen: Solche Leute verdienen gar keinen Fidem, und man kan auch überhaupt keinen Scribenten in dergleichen Dingen glauben geben/ als so ferne er seine Meinung mit tüchtigen Gründen bestärcket.

Es ist hierbey quæstio Facti & Juris zu untersuchen; Die quæstio Facti bestehet darauf: Ob dann der Mecklenburgise Casus, ein solcher eyliger/ und geschwinder Nohtfall/ oder ein solcher Casus Repentinus sey/ daß man zu einem Provisional Mittel schreiten müsse? Der Auctor Informationis führet 5. Ursachen an/ welche aus gedachtem Mecklenburgischen Casu, einen Nohtfall gemacht haben sollen: scilicet (1.) Die incorrigibilitæt des Hertzogs Carl Leopolds; (2.) die allzuhoch anlauffenden Commissions-Kosten (3.) den davon dependirenden Statum insolventiæ des Hertzogthums Mecklenburg; (4.) die Instantzien des Königs in Preussen/ Ihn/ als mit ausschreibenden Fürsten des Nieder-Sächsischen Creyses/ zur Commission mit zuziehen/ und (5.) weil derselbe Anwarter auf Mecklenburg sey

Unter allen diesen 5. Ursachen ist keine einige/ die einen Noht-Fall und Casum Repentinum involviret/ weil sie alle schon verhanden gewesen sind/ so lange die Mecklenburgische Sache gewähret hat. Dann ad (1.) ist des Hertzogs Carl Leopolds Widersetzlichkeit/ nicht etwa erst von gestern und ehegestern bekannt worden/ sondern es wird in denen Reichs-Hof Rahts-Conclusis, von vielen Jahren her mit denen allerschärffsten Expressionen/ die nur zu erdencken sind/ darüber geklagt

Und obwoll durch Beharrung eines Verbrechens/ endlich das Maaß voll gemacht wird/ daß die gehörige Ahndung darauf vorzukehren ist; So folgt doch daraus kein Casus Repentinus, und/ daß man so brevi manu, den Verbrecher/ ohne ihn mit seiner Defension zu hören/ oder mit Vorbeygehung derer vorgeschriebenen ordentlichen Mittel/ sofort coërciren könne; sondern dem Richter liegt ob/ nach seiner Pflicht/ dem Inculpato seinen Proceß ordentlich/ und also zu formiren/ wie es die Gesätze erfordern und determiniren/ ohne/ daß jenem erlaubet wäre/ nach seinem Gutdüncken/ auf selbst ersonnene Provisional-Mittel zu verfallen. Ad. 2. sind die Commissions-Kosten ebenfalls nichts neues/ die einen Nohtfall erwecken könten; wie aus deme/ was oben/ der Länge nach/ diesfalls angeführt worden/ zu erkennen ist Ad. 3. macht der wiewohl unzeitig besorgende Status insolventiæ des Mecklenburgischen Hertzogthums/ ebenermassen keinen Nohtfall/ da solcher in der That ungegründet/ und einige Apparentz dazu nicht vorhanden ist/ auch die Commission noch nie verlanget hat/ nur ein Dorf/ geschweige gantze Aemter/ in Compensationem ihrer Forderung zu behaupten/ daß ad. 4. & 5. Ihro Majest. der König in Preussen mit-ausschreibender Fürst im Nieder-Sächsischen Creys sind; und daß Sie/ zu dieser Mecklenburgischen Commission mit gezogen zu werden eyfrig verlanget; Auch/ daß Sie die Anwartschafft auf Mecklenburg haben; Das sind alles längst bekandte Dinge/ die nicht erst noviter emergirt sind. Dahero diese Umstände insgesamt/ ihrer Natur nach/ gar keinen Casum repentinum haben verursachen können: Und wird demnach alle unpartheyische Welt erkennen/ daß keine einzige Circumstantia facti vorhanden sey/ welche den Mecklenburgischen Casum dergestalt umgesetzt und verändert hätte/ daß er vor einen eyligen/ geschwinden/ und gefährlichen Nohtfall zu halten sey/ welcher durch ein ausserordentliches Mittel/ mit Vorbeygehung derer Reichs-Grund-Gesätze und Käyserl. Wahl Capitulation, müste gedämpffet werden

Aber/ des uneingeraumten Falls/ es wäre ein würcklicher Casus repentinus vorhanden/ so ist die Quæstio juris zu untersuchen: Ob denn Ihro Kayserl. Majest. darinnen vor Sich gantz alleine/ mit Vorbeygehung derer Reichs-Stände/ etwas vornehmen mögen? Die Reichs-Abschiede/ welche verhoffentlich mehrere Auctoritæt, als die Privat-Scribenten/ haben/ weisen hierunter gantz das Gegentheil. Dann/ wann im Röm. Reich Unruhe/ Empörung/ Vergewaltigung/ unziemlicher friedbrüchiger Angrif und Beschädigung entstanden/ und dadurch die Verderbniß täglich also zugenommen/ daß deme ungesäumet zu steuren/ die Nohtdurfft erfordert hat/ wie dergleichen erbärmlicher Noht-Stand und wahrer Casus Repentinus in dem Prooemio der *Reformation* Käyser Friederichs *de Ao.* 1442. umständlich zu lesen ist; So hat die Käyserl. Majest. darunter einseitig/ gar nichts vorgenommen/ sondern/ wann die damalige ordentliche jährliche/ vollkommene Reichs-Versamlung nicht hat erwartet werden können; So ist bey extraordinar-Zusammenkünfften mit denen Reichs-Ständen/ über die Media consultirt, und mit ihnen desfalls ein Schluß gefasset worden: Dieses alles stehet deutlich.

In d. Reform: Frid. de 1442. in procem: ubi: Daß Wir ꝛc. mit Hülf GOttes/ auch Beystand Unser und des Reichs Getreuen/ nach allem Unserm Vermögen zu tilgen/ bearbeiten wollen/ und darum/ durch Anbringen/ auch mit Beywesen und Raht Unser und des H. Reichs Chur-Fürsten und Fürsten/ Geistlichen und Weltlichen Grafen/ Freyen Herrn/ Rittern/ Knecht- und Ständen ꝛc setzen und gebieten Wir ꝛc.

ANNO 1729.

Als aber gleichwohl das Bevehden/ Morden/ Rauben/ Sengen und Brennen/ dergestalt überhand genommen/ daß niemand fast mehr eine Stunde seines Guhts und Lebens versichert gewesen/ dahero dann ein Reichs-Land-Frieden errichtet worden; So ist solches nicht nur mit Zuthun und Bewilligung derer gesamten Stände geschehen/ sondern man hat auch die Handhabung desselben/ da gleichwohl noch immer das Faust-Recht sich gereget/ in gemeine Reichs-Berahtschlagung gezogen/ und hauptsächlich zu dem Ende/ damit in zutragenden Nohtfällen/ die Handhabung des Land-Friedens Comitialiter resolviret- und die Casus Repentini von denen Reichs-Ständen conjunctim, mit unterbrochen werden könten/ die ordentliche jährliche Reichs-Versamlung/ welche so richtig/ als von alters her/ gewönlich gewesen/ eben nicht allzeit gehalten wurde/ angeordnet worden

Dieses alles ist klar zu sehen im Land-Frieden 1495. procem: verb: mit einmühtigen zeitigen Raht der Ehrwürdigen Hochgebohrnen ꝛc. Chur-Fürsten/ Fürsten/ Geistlich und Weltlichen Prælaten/ Grafen/ Herren und Stände.

Handhabung des Land-Friedens/ de Ao. 1495 pr. vers. darum ordnen ꝛc ubi: bewust zu rahtschlagen/ handeln/ und endlich beschliessen Weeg und Weis/ dadurch die Fried-Brecher zu Straf und Kehrung der Schäden bracht würden ꝛc. & in Fine: auch sich zu betragen Tag und Wahlstatt des nächst-zukünfftigen jährlichen Zusammenkommens ꝛc. vid: Art. VI. VII. VIII. & IX. ubi: bekennen ꝛc./ daß solche verpflichtete Ordnung/ zu Handhabung Friedens und Rechtens mit Unsern Raht und Bewilligung/ fürgenommen/ aufgericht und gemacht worden ist.

Erklärung des Land-Friedens zu Augspurg. *de* 1500. *Art.* 1.

Ordnung des Lands-Friedens zu Worms *d.* 1521.

Tit: IV. §. 3. ubi. so das zu frischer That geschehe/ sollen alle/ die so des ermahnet- oder für sich selbst innen werden/ nacheylen/ helffen retten ꝛc. & §. seq. 4. Rec: Imp: 1548. 9. ferner zu noch mehrer ꝛc. 20.

Aus dem *Deputations*-Abschied zu Worms/ de 1564. ist zu ersehen/ daß/ als solche Nohtfälle und Casus Repentini sich geäusert/ daß kein gehorsamer friedliebender Stand des Reichs/ nicht in einige Stunde und Augenblick/ weder Tag noch Nacht bey dem Seinigen sicher und ruhig sitzen und bleiben mögeg; Käyser Ferdinandus, vor sich alleine/ darunter nichts vornehmen können/ sondern/ weil man nicht zeit gehabt/ die ordentliche Reichs-Versamlung zu erwarten/ eine extraordinaire Reichs-Deputation zusammen beschrieben werden müssen.

Rec. Dep. 1564. §. 1. 10. 11. 12.

Massen schon längst vorhero/ unter Käyser Maximiliano I. Ao 1512. verordnet worden/ daß/ wo ein solcher eyliger Fall und Handel allzuschwer und lästig wäre/ daß die ordentliche vorgeschrieben Mittel nichts verfangen/ so solle es an den Käyser/ oder in dessen Abwesenheit/ an den Chur-Fürsten zu Mayntz berichtet werden/ um einen Deputations-Tag auszuschreiben.

Rec. Imp. 1512. §. 10.

Am allerdeutlichsten aber offenbahret sich aus der Errichtung des Reichs-Regiments, daß alle Casus Repentini und Nohtfälle mit denen Reichs Ständen überlegt/ und deren Schluß darüber erwartet werden müsse. Dann eben um des willen ist dieses Reichs-Regiment vornemlich geordnet worden/ daß es diejenigen Fälle und Noht-Sachen/ welche sich bis auf eine ordentliche Reichs-Versamlung nicht haben verschieben lassen/ in Berahtschlagung ziehe/ und die Remedur dagegen vorkehre.

Ordnung des *Regiments de* 1500 *tit.* 1. *ubi.* und damit zu Zeiten merckliche Sachen der Christenheit und dem Reich zufallen/ denen der Verzug fast nachtheilig und schädlich ist/ und die der Eyl bedürffen ꝛc.

Und ist dieses Reichs-Regiment der gantzen Reichs-Versamlung/ cum eadem Potestate, als das gantze Reich selbst gehabt/ surrogirt worden/ so/ daß es auch in denen allerwichtigsten Sachen/ wann der Käyser nicht in tempore selbst/ oder durch Gevollmächtigte/ erschienen/ per majora hat schlüssen und statuiren können.

Ibid Tit. 3.

Add. Erklärung des Land-Friedens *d.* 1500. *tit.* als Wir auch 6. Ordnung deß Land-Friedens 1521. tit. 10. §. item als Wir auch 1.

Erklärung des Land-Friedens 1522. *in pr.* In specie ist die Gewalt und Instruction des Reichs-Regiments, von Reichs wegen dahin ertheilet gewesen/ daß dasselbe in geschwinden Nohtfällen/ nach Wichtigkeit der Sachen/ mit Convocir-und Zuziehung mehrerer Stände/ auch wohl ohne dieselben das Nöthige hat beschliessen und verfügen können.

Ordnung des *Regiments d.* 1521. §. würde sich auch 22. ubi und so die Sachen also treffentlich wären/ die keinen Verzug leiden mögten/ Stadthalter und Regiment, auch Chur-Fürsten/ und Fürsten in der Sachen procediren/ und dem/ so durch den mehreren Theil beschlossen wird/ Folge thun/ oder ob es die Grösse der Sache erfordert/ andere des Reichs Fürsten und Stände zu ihnen zu erfordern und zuberuffen.

Add. Rec. Imp. d. 6514. §. Doch ob sich zwischen ꝛc

Doch um sich nicht alleine bey denen alten Zeiten auffzuhalten/ so ist das Reichs-Gutachten vom 21. Octobr. 1704. in Materia Camerali bekannt/ da das fatale Iustitium entstanden/ mithin zu solcher Zeit/ kein leerer Vorwand/ sondern ein wahrer eyliger/ und hülff-erforderender Fall vorhanden gewesen ist: welches die Stände des Reichs beherzigt und um deswillen/ zwar den/ ohne des Reichs-Concurrentz am Käyserl. Hof ergriffenen Modum, nicht approbirt-jedoch/ um den schädlichen Gerichts-Stillstand zu hemmen/ und alles besorgende Præjuditz derer Reichs-Stände abzuwenden/ auch das/ dem Käyser und Reich Conjunctim mit Pflicht verwandte Gericht von seinem Untergang zu retten/ auf eine extraordinari Visitation, (welche auch erfolget ist) angetragen haben/ daß demnach auch dieser eilige Nohtfall/ ohne des Reichs-Concurrentz, einseitig nicht hat geschlichtet werden können. Und was ist wohl in einem Reich von mehrerer Wichtigkeit/ als die Macht/ Steuern und Aufflagen auszuschreiben/ ingleichen Bündnüsse zuschliessen/ wo es zumahl die äuserste Nohtwendigkeit und das Interesse der Republic erfordert? Gleichwohl sind einem Römisch-Teutschen Käyser/ die Hände darunter also gebunden/ daß nach klahren Inhalt der Wahl-*Capitulation Art. V.* auch so gar in zugelassenen/ nohtdürfftig/ und unverzüglichen Fällen/ die Steuern und dergleichen An-und Aufflagen/ es sey zu Kriegs-oder Friedens-Zeiten/ anderst nicht/ als mit Raht/ Wissen und Verwilligung derer Chur-Fürsten/ Fürsten und Stände/ auf allgemeinen Reichs-Tag/ angesetzt werden können Ingleichen/ nach dem Artic. VI. daß derselbe keine Bündnüsse in Reichs-Sachen/ ohne derer gesamten Stände Einwilligung machen kan: Da aber/ wie die ausdrücklichen Worte lauten/ publica Salus & Utilitas eine mehrere Beschleunigung erforderte/ da solle aller Chur-Fürsten sämtliche Einwilligung/ zu gelegener Zeit und Mahlstatt/ und zwar auf einer Collegial-Zusammenkunfft/ und nicht durch absonderliche Erklärung/ bis man zu einer allgemeinen Reichs-Versamlung kommen kan/ wie sonst in allen andern-des Reichs Sicherheit concernirenden Sachen/ also auch in dieser/ erlanget werden.

Und haben die zu Leipzig versamlet gewesene Evangelische Stände Ao: 1631. den 18. Mart. an die Käyserl. Majest. solches gar deutlich geschrieben/ mit diesen Worten/ es sey zu Regenspurg von Chur-Bayern/ gar löbl. in Dero sonderbahren Voto gesetzt worden/ daß die Reichs-Constitutiones durch keine Noht und Gefahr/ sie sey auch immer so groß als sie wolle/ nicht zurück gestellet und überschritten werden sollen/ sie seyen plane immotæ &c.

ap. *Londorp.* Tom. IV. L. 1. c. 44. N. 7. §. Hierzu ist ferner auch ꝛc.

Und was würde wohl die/ in denen Wahl-Capitulationen beygefügte Clausul, vor Nutzen haben/ da es lautet:

> Darwieder nicht zu seyn/ zu thun/ noch zu schaffen/ daß darwieder gethan werde/ in einige Weise oder Wege/ wie die möchten erdacht werden.

V. Art. XXX. Cap. Nov.

Woferne durch die sogenannten Remedia Provisoria, die ereignenden Fälle in Casus Repentinos könten verwandelt und von der Dispositione Legis eximirt werden?

Aus diesem allen kan nun ein jeder selbst urtheilen/ ob das eine so ausgemachte und durchgehends vest gesetzte Regul sey/ wie der Auctor Informationis vorgiebt/ Quod Provisoria eaque summa Imperatoris Potestas, in Casibus Repentinis, nusquam aliqua Imperii Conventione limitata sit, atque adeo veteribus S. Cæs. Majestatis Juribus absolutis plane pleneque censeatur, ut propterea maxima erga Imperatorem religio prohibeat, quominus ea Provisoria Cæsarea Potestas, nunc quidem privato Statuum arbitrio circumscribatur.

Man hat also nicht Ursach/ sich dabey länger aufzuhalten/ sondern will nur im Vorbeygehen/ noch dieses wenige/ zu Erleuterung des vorherstehenden Lateinischen Satzes/ mit anfügen/ wie denenjenigen/ welche nur einige Wissenschafft der Teutschen Historie besitzen/ nicht unbekand sey/ daß die Nordische/ und insbesondere/ die Teutschen Völcker durchgehends/ in alten Zeiten/ den allermindesten Begrif von einer absoluten und uneingeschränckten Regierungs-Form nicht gehabt/ dahero auch diejenigen/ welche als Häupter der Regierung vorgestanden sind/ nicht sowohl mit der Potestate jubendi, als vielmehr nur mit der Auctoritate suadendi, versehen gewesen sind.

Und ist bey allen Veränderungen/ welche sich in Teutschland zugetragen haben/ ohngeachtet verschiedene Völcker/ durch die Siege ihrer Uberwinder ein ziemliches von ihrer Freyheit eingebüsset/ dannoch der Grund der alten Regierungs-Form, dergestalt immerzu beybehalten worden/ daß auch diejenigen/ welche ex Jure Victoriæ gar wohl ein absolutes Regiment hätten behaupten können/ gleichwohl in allen wichtigen Handlungen und Geschäfften/ den Raht und Beystimmung derer Procerum & Primorum Germaniæ erfordert haben. Als aber endlich Teutschland ein Regnum sui juris geworden/ und niemand mehr von rechtswegen/ ein universal-Regierungs-Recht darauf zu prætendiren gehabt; So ist ja wohl in dererer Reichs-Stände/ welche ihre Provintzien und Länder so dann proprio & independente Jure innen gehabt haben/ eigenen Willen und Gefallen gestanden/ das König-Reich und folgends Käyserthum/ unter willkührlicher Bedingung/ wem Sie gewolt/ aufzutragen; Unter welchen Bedingungen allezeit die vornehmste und hauptsächlichste gewesen ist/ daß alle in die Regierung einschlagende/ und sonderlich das Interesse Commune Totius Regni betreffende/ Negotia, mit Zuziehung derer Stände/ tractiret werden solten/ dergestalt/ daß selbige in allen solchen Geschäfften/ ihr freyes und decisives Suffragium gegeben.

Diese Grund-Verfassungen des Reichs sind von Zeit zu Zeiten/ durch viele Conventiones immer mehr befestigt/ und die Gewalt eines Käysers sowohl als derer Stände/ dadurch deutlicher klährer/ und præciser ausgedrucket und determinirt worden. Unter allen solchen/ in ihrer völligen Krafft annoch stehenden Conventionen, bestättigen insonderheit das *Instrumentum Pacis Art* 1. / und die Wahl-*Capitulation Art.* 4. die/ denen Ständen/ von allen Zeiten zugestandene Concurrentz in allen Reichs-Geschäfften/ oder zu allen/ in das Publicum einschlagenden Handlungen. Im Instrumento Pacis heisset es: Gaudeant sine Contradictione jure Suffragii in omnibus Deliberationibus super Negotiis Imperii; Also/ nicht nur allein in denenjenigen Fällen/ welche in gedachten Paragrapho ausdrücklich benennet sind/ sondern auch in allen dergleichen aliisve ejusmodi Negotiis, oder/ wie die Capitulation Art. 4. es ausdrücket/ in allen Berahtschlagungen über die Reichs-Geschäffte. So bald demnach eine Sache das Reich angehet/ gehöret solche/ vermöge des trockenen Buchstabens dieser Gesätze/ zu denenjenigen Negotiis, wobey die Stände mit Ihren freyen und decisiven Suffragiis müssen gehöret werden. Es lässet sich also/ bey solcher der Sachen klahren Bewandnüß/ nicht begreiffen/ wie man Jura Cæsaris absoluta, in Sachen/ die die Regierung des Reichs angehen/ statuiren könne/ zumahl bey einem Regno Electitio, welches mit so vielen Grund-Gesätzen und Capitulationen limitirt und umschräncket ist/ wobey auch denen Proceribus & Statibus das Condominium Jurisdictionis Imperii zustehet.

Die Entsetzung eines Standes von Land und Leuten/ ist/ wie niemand läugnen kan/ eine derer wichtigsten Sachen/ die im Reich jemahl vorkommen können: wofern nun gleich keine besondere Gesätze vorhanden wären/ daß derer Reichs-Stände Einwilligung zu solchem höchst-wichtigem Actu, erforderlich sey; So würde doch solches aus der/ von allen Zeiten her/ üblichen Grund-Verfassung des Reichs geschehen müssen/ dahingegen die erst-angeführten Stellen des Instrumenti Pacis und der Wahl-Capitulation hierunter klahre Ziel und Maaß vorschreiben.

Wann nun also der Reichs-Hof-Raht die Gewalt nicht hat/ einen Stand des Reichs seiner Regierung zu entsetzen/ so hat er auch nicht die Gewalt/ solches ad Tempus oder Provisorie, zu thun: Eben sowenig/ als einem Käyser zustehet/ jemanden die Macht zu ertheilen/ daß Er ad Tempus oder Provisorie, einen neuen Zoll anlegen möge/ da überhaupt/ ohne Consens derer Chur-Fürsten/ der Käyser keine neue Zölle verstatten kan.

Es wird weit von denen Ständen des Reichs entfernet seyn/ jemahl der Käyserl. Majest. in Dero Gerechtsamen Eintrag zuthun; Es werden sich aber auch Dieselben/ von niemanden/ neue Jura aufdringen/ am allerwenigsten aber/ diese Potestatem Provisoriam aufkommen lassen/ da es eine zeithero fast geschienen/ als ob man beym Reichs-Hof-Raht sich dieses Vorwands bedienen wolte/ so offt es ihm nur gefällt/ die Hände in solche Sachen einzuschlagen/ welche die Reichs-Gesätze seiner Cognition und Dijudicatur ausdrücklich entziehen. Und will es fast das Ansehen gewinnen/ man vermeine/ durch dieses Wort ein sicheres Mittel gefunden zu haben/ sich von allen Vinculis zu befreyen/ und alle/ ad Comitia gehörende Sachen/ nur dadurch/ daß man denen Verordnungen/ das Wort Provisorie, einrücket/ der Ge-

ANNO 1729.

walt des Reichs-Hof-Rahts Privativè & Solitariè zu unterwerffen/ ja es erhellet nicht undeutlich aus dem Pro Memoria, daß man gedencke/ gar ein Reservatum Cæsareum, aus solchem Provisorio zu machen. Woferne der Reichs-Hof-Raht diese Absicht erreichen solte/ würde es gar bald um die Freyheit derer Stände gethan seyn.

Das IV. Argument, de stricta Interpretatione Capitulationis, ist schon bey der ersten Frage sub N. 2. vorgekommen/ und daselbst erlediget worden.

Es hat noch kein patriotischer Reichs-Stand Jhro Käyserl. Majest. Reservata disputirlich zumachen gesucht/ wenigstens müste man solches erst erweisen/ wohl aber zeugen die Acta Publica, wie offt die Reichs Stände geklaget/ das man ihrer Libertæt, und denen/ sowohl Lege scripta & expressa, als ex Observantia Imperii hergebrachten Rechten/ Eintrag thun wollen. Man darf nur dasjenige in Erwegung ziehen/ was in einer fast gleichen Materie, im vorigen Seculo, mit dem Chur-Pfältzischen und Mecklenburgischen Casu, da das Hertzogthum Mecklenburg an den Hertzog von Friedland verschenckt werden wollen/ vorgegangen ist. Und ob wohl durch den Westphälischen Frieden Vorsehung darunter geschehen ist; So haben dennoch die Klagen und gegründeten Beschwerungen nicht nachgelassen.

In der Information wird sub N. V. & VI. angeführt/ daß man zwar hin und wieder ausgesprengt habe/ es würden in Comitiis die Majora, wieder die Provisional-Administration ausfallen; Alleine/ weil die Frage/ super Potestate Cæsaris, in adornanda Provisionali Administratione, nicht wäre in Proposition gestellt/ sondern nur des Hertzog Carl Leopolds ärgerliche Patent. und übrige straffbahre Ausführung dem gesamten Reich bekannt gemacht worden/ um/ die hierbey-in das Publicum einschlagende Momenta in Berahtschlagung zu ziehen/ und wie etwa der Sache geholffen werden möchte/ ein Gutachten zuerstatten; So könte über keinen andern/ als über diesen Punct votirt werden: Und wann gleich die Majora wieder die provisional-Administration ausfallen solten: Könte doch solches keinen Effect haben/ da ja noch erst kürtzlich/ in Quæstione, de Juribus singulorum Statuum, sonderlich von denen Ständen A. C. wäre behauptet worden/ daß solche denen Majoribus nicht unterworffen wären/ daher, Jhro Käyserl. Maj. Ihre Reservata sich sowenig/ als die Status ihre Jura singularia, ab-votiren lassen könten.

Man siehet zwar nicht/ wie dieses alles zu Bestärckung der vorgelegten Frage/ ob die Mecklenburgische Land-Stände ihrer dem Hertzog Carl Leopold geleisteten Pflichten entlassen/ und selbige dem Administratori zu præstiren/ angehalten werden können? in dem allergeringsten diene; jedoch will man es nicht mit Stillschweigen gar vorbeygehen.

Dann/ wann der Auctor Informationis vermeinet/ daß der Punct der Landes-Privation des Hertzog Carl Leopolds, in Comitiis, ohne vorhergehende Erlaubnüß des Käyserl. Hofs/ nicht könne in Proposition gestellt werden; So kan man nicht umhin/ selbigen des Art. XIII der letztern Käyserl. Wahl Capitulation, zu erinnern/ als worinnen von Jhro Käyserl. Majest. ausdrücklich verheissen worden/ daß Dieselbe dem Chur-Fürsten zu Mayntz/ der Käyserl Proposition zu folge/ und dem Reiche zum Besten/ ein und andere Sachen/ wie auch der klagenden Stände Beschwernüß/ wann auch schon dieselbe die Käyserl. Haus-Reichs Hof-und andere Rähte und Bediente/ ihrer Art nach betreffen/ in das Chur-Fürstl. oder in alle Reichs-Collegia zubringen/ zu proponiren und zur Deliberation zustellen NB keinen Einhalt thun/ noch sonst in dem Chur-Mayntzischen Ertz-Cancellariat und Reichs Directorio. „ Ziel und Maaß geben/
„ noch daran hinderlich seyn wollen/ daß die in dergleichen
„ Sachen eingegebene Memorialien, wann dieselbe anders
„ mit behöriger Ehrerbiethung eingerichtet seyn/ zur Dictatur
„ gebracht/ und denen Ständen auf solche Weise communi-
„ cirt werden mögen.

Und/ was würde wohl denen Ständen des Reichs/ mit allen Jhren in denen Reichs-Satzungen/ und besonders in denen Capitulationen, bestättigten hohen Juribus, gedienet seyn/ wann Jhnen nicht erlaubet wäre/ die/ von dem Reichs-Hof-Raht und sonst/ Jhnen geschehene Beeinträchtigungen/ auf dem Reichs-Tage in Deliberation zustellen/ und auf ihre Conservation. Reichs-Constitutions-mäßig bedacht zu seyn?

Ob man aber nun gleich eben nicht sagen kan/ ehe und bevor in Comitiis, über die gantze Sache nicht deliberirt worden ist/ welche Stände Affirmative oder Negative votiren werden: Dannenhero der Auctor Informationis, im Anfang des Pro Memoria, hierunter etwas zu frühzeitig seine Meinung avancirt hat/ daß nehmlich die bisherigen Commissarii in der Mecklenburgischen Sache/ und mit ihnen diejenigen Stände/ welche in der Hannoverischen Allianz stehen/ Negativam behaupteten; So mag jedoch kein Zweiffel vorwalten/ es werden nicht nur allein/ die/ in dem Pro Memoria so genannte Hannoverische Allirte, sondern auch alle diejenigen Stände/ denen daran gelegen ist/ daß das Römisch Teutsche Reich in seiner auf die Fundamental Gesätze gegründeten Verfassung bleiben möge/ die Negativam behaupten: wiewohl es eben darauf nicht ankomt/ wer die Negativam behauptet; sondern/ mit was vor Gründen solches geschiehet.

ANNO 1729.

Im übrigen ist zwischen der/ in dem Pro Memoria vorgebrachten Frage/ und der Quæstione: de Juribus Statuum singularibus, welche der Auctor Informationis hier mit einmischet/ ein solcher augenscheinlicher Unterscheid/ daß man gar kein Tertium Comparationis erfinden kan. Dann es sind gewisse Fälle/ welche ihrer Natur und Eigenschafft nach/ in keiner Societæt überhaupt/ ex ipsis Regulis Jurisprudentiæ Universalis, denen Votis Majoribus unterworffen sind Und obwohl solche ad numerum abzuzehlen/ so leicht nicht ist; So sind doch selbige/ nach deme von Zeit der Religions-Reformation an/ viel Streit über die Suffragia Majora, auf beeden Theilen/ vorgefallen/ endlich in dem Westphälischen Frieden determinirt worden

In præsenti aber komt es gar im geringsten nicht auf eine dergleichen Materie an/ sondern/ der jetzige Casus betrifft eigentlich eine Controvers über den Rechten Verstand des I. und XX. Art. der Käyserl. Wahl-Capitulation, da auf der einen Seiten will behauptet werden/ es stehe der Käyserl. Majestät die Macht nicht zu/ einem wiederspenstigen Reichs-Stand seine Landes Regierung/ inconsulto Imperio, zu nehmen/ und provisionaliter einen Administratorem zu setzen: Welches hingegen auf der andern Seite negirt wird; Dannenhero gar kein Casus vorhanden ist/ da die Majoritas Votorum applicirt werden könte.

Den Schluß machet endlich der Auctor Informationis sub N. VII. mit diesem Argument,

Daß/ weil in dem Instrumento Pacis Westphal. gar nichts enthalten sey/ das in gegenwärtigen Casum einschlage; So beruffe man sich vergeblich auf die Garantie von Franckreich und Schweden.

Allein der Auctor irret sich sehr/ gestalten in *Art VIII.* §. 3. gar deutlich stipulirt ist: in proximis Comitiis, de Modo & ordine in declarando uno vel altero Statu in Bannum Imperii, præter eum, qui alias in Constitutionibus Imp. descriptus est, tenendo, ex Communi Statuum Consensu agatur & statuatur.

Welche Worte nicht vergebens/ sondern aus Veranlassung dessen/ was zu denen Ferdinandischen Zeiten/ wieder verschiedene Reichs Stände/ de Facto, mit gäntzlicher Vorbeygehung des Reichs/ geschehen ist/ also sind gesetzt worden. Und obwohl dieser Punct, wie viele andere/ auf dem/ gleich nach den Frieden-Schluß gefolgten Reichs-Tag/ wegen enge der Zeit/ nicht hat erlediget werden können; So ist doch solches in der letzten Wahl-Capitulation Art. I. & XX. geschehen.

Dannenhero diese beeden Articuli Capitulationis Cæs als eine Execution des Instrumenti Pacis, in diesem Stück zu consideriren-und mithin die garantirenden Cronen/ Franckreich/ und Schweden/ allerdings befugt sind/ deren unverbrüchlichen Festhaltung/ wo es Noht ist/ dem Reich zu verschaffen; Wiewohl alle Patriotisch-gesinnete dessen vielmehr überhoben zu seyn/ wünschen.

lit A.

NAchdem man im Fürstl Neben-Zimmer von der/ von Jhro Königl. Majest. von Groß-Britannien/ an Jhren Herrn Vettern/ des Herrn Hertzogs Ludwig Rudolffs zu Braunschweig-Lüneburg Durchl/ geschehenen *Cession* des Fürstl. Grubenhagischen *Voti*, wie auch *de Modo*, wie der/ dem Vernehmen nach/ dazu *legitimirte* Herr Gesandte am füglichsten *ad Collegium* zubringen/ sich besprochen/ und dabey vorgekommen/ daß sowohl Jhro Käyserl. Majest. als des Königs von Groß-Britannien Majestät, gern sehen/ daß ietzt-erwehnte Durchl von Braunschw. Lüneburg/ nunmehr die Führung solches Grubenhagischen *Voti*, würcklich antreten/ und den dazu gehörigen Ort in dem Hochlöbl. Reichs-Fürsten-Raht/ einnehmen möchten/ auch nicht zweiffelten/ Fürsten und Stände/ mehr-gedachter des Herrn Hertzogs Durchl. solche Ehre soviel weniger mißgönnen würden/ als Jhro Durchl. aus einem Uralten Reichs-Fürstl. Hause entsprossen/ ein eigen *immediates* Fürstenthum/ und nebst demselben/ einige Stücke aus dem Grubenhagischen/ in würcklichen Besitz hätten/ mithin diese *Cessio*, als eine *res Domestica* anzusehen wäre/ auch so vielweniger *præjudiciren* könte/ als Jhro Durchl. dieses *Votum*, nur *ad dies vitæ*, zu führen begehrten. So hat man *à potiori* sich dahin geäusert/ daß man zwar Jhro Käyserl. Majest. zu allerunterthänigsten Ehren/ und Jhro Groß-Britannischen Königl. Majest. auch dem übrigen gesamten Hause Braunschw. Lüneb. zu sonderbahrem Gefallen/ diese Sache/ *pro re domestica* ansehen/ und Jhro Durchl dem Herrn Hertzog Ludwig Rudolffen/ bey denen/ in ihrer Person *concurrirenden* gantz besondern/ obangeführten und andern *Considerationen*, auch/ weilen hierdurch die Anzahl der *Votorum* im Fürstl. *Collegio* nicht vergrössert wird/ die Ehre/ von wegen des Fürstenthums Grubenhagen/ in diesem *Collegio* zu sitzen/ und zu *Votiren*/ gern gönnen/ jedoch dabey feyerlichst bedungen haben wolte/ daß solches von niemanden/ wer der auch sey/ zur *Consequentz* gezogen/ viel weniger auf einige andere/ nicht auf alle ober-

wehnte

ANNO 1729. wehnte Umstände/ sich qualificirende Casus applicirt werden solle/ und/ daß man „ von dem in denen Reichs-Satzungen „ und der Observantz gegründeten Principio, Krafft dessen „ niemand in diesem Collegio, Votum & Sessionem haben „ kan/ der nicht ein solches Fürstenthum/ dem dieses Recht „ Consensu Statuum anklebet/ Jure proprio & pleno Ter„ ritoriali besitzet/ nicht im geringsten hierdurch abweichen/ „ sondern vielmehr demselben beständigst und durchgehends/ „ in allen andern Fällen inhæriren wolle.

CXXXI.

Deduction Historique abregée, fidelement extraite d'Actes & de Documens authentiques touchant l'Origine & la Continuation des Droits du Roi de Prusse, & Electeur de Brandebourg, à la Succession éventuelle de tous les Fiefs Imperiaux du Duché de Meklenbourg, avec les Documens alleguez. 1729.

LEs malheureuses divisions & les differends survenus depuis quelques Années entre Monsieur le Duc Charles Leopold de Mecklebourg, Sa Noblesse & ses Etats, differends agitez avec tant de chaleur depuis plusieurs années devant le Conseil Aulique Impérial, sont si connus, qu'il feroit superflu, de les décrire & de les raporter ici fort au long. On a déja donné sur ce sujet au Public divers Ecrits imprimés, & des Collections entieres. Il n'y a que très peu d'années qu'on publia sur ce sujet un Ecrit intitulé: *Justissimæ Decisiones Imperiales in causis Meklenburgicis*; Depuis on a encore publié sous la date du 17. Janvier, une ample Conclusion du Conseil Aulique, conclusion qui pourra donner, sur ces differens, des lumieres suffisantes aux personnes, qui souhaitent d'en être bien informées, & qui ont du tems à donner à la lecture de ces sortes d'Ecrits.

Cependant la chaleur avec laquelle cette affaire a été traitée, tant dans l'Empire, qu'au dehors, dans les principales Cours de l'Europe, l'importance même de la chose, outre d'autres vûes particulieres, qui ont concouru, sont cause, que ces differends ont presentement une grande influence dans les affaires publiques, & en donnant occasion à divers raisonnemens, font porter des jugemens fort opposés; en sorte qu'il y a lieu de craindre, que cela ne tire apres soi de facheuses consequences.

C'est ce qui reveille l'attention du Public, & fait souhaiter aux amateurs de l'Histoire & du Droit public, d'être plus particulierement informés de la disposition du Gouvernement du Duché de Meklebourg, de ses Droits de Souveraineté, & en particulier, de savoir à qui doit appartenir ce Duché par droit de Succession; car de ce droit depend en bonne partie la tranquillité & la prosperité d'un Pays.

Or comme je me suis cru obligé en diverses occasions, & que j'ai tâché en ces sortes de cas, de rendre de bons services aux Amateurs de l'Histoire & du Droit public, en leur faisant part d'Ecrits & de Memoires curieux, j'ai eu lieu d'esperer, que je leur ferois plaisir d'entreprendre le même travail par rapport au Duché de Meklebourg, & de leur communiquer de tems à autres, certaines Pieces, qui ne viennent pas en main à tout le monde, que l'on ne rassemble qu'avec peine, & qui peuvent donner beaucoup de lumieres, pour mettre le Lecteur au fait dans l'affaire dont il s'agit.

Dans cette esperance je vais commencer par donner quelques éclaircissemens au sujet de la Succession à ce Duché, éclaircissemens, qui, si je ne me flatte, pourront bien ne pas déplaire au Public.

Mais comme il n'est nullement necessaire, pour ce dessein, de rappeller ici les disputes de Succession, qui ont été anciennement muës & terminées à ce sujet, j'exposerai seulement ici au Lecteur, un Ecrit qui parut dès l'An 1708, & qui prouve solidement, qu'en cas que par la direction de la Providence, il arrivât que la Ligne Masculine des Serenissimes Ducs de Meklebourg d'aujourd'hui vint à s'éteindre, le Droit de Succession feodale tomberoit alors incontestablement à la Maison Royale de Prusse, ce que l'on doit regarder en ce cas-là, comme un des plus grands bonheurs qui puissent arriver au Pays de Meklebourg, puisque d'un côté ses Ducs se peuvent assurer entierement, qu'alors leurs fideles Sujets feroient devolus à une Auguste Maison, qui a toujours été pourvuë de très bons & de très louables Princes, qui leur sont étroitement alliés depuis plusieurs Siecles, & dont les pretentions & l'infeodation Imperiale sur ces Pays-là, sont connuës de tout l'Empire. ANNO 1729.

D'autre part les Peuples du Meklebourg n'auroient à craindre aucunes disputes de Succession, disputes qui ne manquent jamais d'être accompagnées de beaucoup de malheurs & de troubles pour les Pays. Au contraire, ils auroient tout lieu d'esperer d'avoir des Princes très-équitables, que la Providence Divine & l'Autorité Impériale leur destinent depuis long-tems, envers lesquels, le cas arrivant, ils auront toute sorte de raisons d'avoir la pleine & l'entiere confiance, que de fideles Sujets doivent avoir en leurs Princes.

Cet Ecrit n'a nul besoin de plus ample explication, & c'est ce qui m'a empeché d'y rien ajouter, mon intention n'étant pas de faire ici un étalage vain & superflu de mon propre travail, j'ajouterai seulement en peu de mots, que les Investitures & les Confirmations Imperiales, qui sont pareilles à celles qui sont ci-dessous alleguées à la Piece marquée de la Lettre Z, ont été continuées jusqu'au tems present.

§. I.

COmme il peut y avoir des gens qui jugent, sans en être bien informez, du Droit que Sa Majesté Prussienne & tous les Seigneurs Marggraves de Brandebourg ont depuis environ 300. Ans, à la Succession Eventuelle de tous les Fiefs Imperiaux, compris dans le Duché de Meklebourg, au cas que la Race Ducale vienne à s'eteindre, faute d'Heritiers mâles; On a jugé necessaire de deduire ici clairement le fondement de ce Droit, & tout ce qui en depend. Le détail n'en sera pas chargé de raisonnemens, & l'on évitera des longueurs, toujours inutiles, quand la matiére est assés claire d'elle-même.

§. II.

Il seroit aisé de prouver par le raport d'Historiens fideles, que le Marggraviat de Brandebourg fut fondé par les premiers Empereurs de la Nation Allemande, pour tenir en bride les Esclavons ou Vandales, & les Sarmates, Peuples toujours inquiets & belliqueux, & que ceux qui gouvernoient alors dans les Pays, avoient charge de veiller à la sureté de l'Empire, en reprimant les efforts de ces Peuples barbares.

On pourroit aussi faire voir, non seulement par l'Histoire, mais même par d'anciens Diplomes, que pour encourager les Marggraves de Brandebourg & les mettre en état d'agir contre ces Peuples, l'Empereur leur a accordé des Droits sur les Pays de leur voisinage, & principalement du côté des Vandales, les Electeurs ont même acquis des Droits sur des Pays ennemis, & fait sur eux des Conquêtes, qui leur ont été specialement confirmées par l'Empereur, à cause de tous les travaux, & de tout le sang qu'elles leur avoient couté.

Mais comme nôtre intention à present, n'est pas de rechercher les anciens Droits que les Electeurs & Marggraves de Brandebourg ont sur quelques Pays de leur voisinage, ni de voir, comment en est derivé celui de Succession, lequel a été reglé depuis par des Traitez authentiques, parce qu'il faudroit remonter à des tems trop reculez, pour ne pas laisser quelques scrupules dans l'esprit des Lecteurs.

Nous commencerons seulement depuis les tems où ces Droits se peuvent voir clairement par des Documens sûrs & authentiques; ainsi, sans raporter les preuves de ce qu'on vient d'avancer, quoi qu'il soit facile d'en recueillir suffisamment dans chacun des Siècles precedens, nous passons d'abord au XVme Siècle depuis la Naissance de J. Christ. Or nous prouverons, presque dès le commencement de ce Siecle, le susdit Droit de Succession des Seigneurs Marggraves de Brandebourg sur tous les Pays du Meklebourg d'une maniere propre à convaincre pleinement de la réalité & de la solidité de ce Droit, tous ceux qui voudront y jetter la vûe.

§. III.

Ce fut dans ce Siècle XVme, savoir la veille de St. Jaques & de St. Philippe, qui étoit le 30. d'Avril de l'Année 1415, que l'Empereur Sigismond de Luxembourg, du consentement des Electeurs de l'Empire, confera par des Lettres expresses, l'Electorat & Marggra-

ANNO 1729. graviat de Brandebourg à Frederic Bourggrave de Nuremberg, premiere tige de la famille des Rois de Prusse, Electeurs & Marggraves de Brandebourg, aujourd'hui glorieusement regnante, à quoi l'Empereur fut porté, en consideration de la vaillance, de la prudence, & des grands merites personnels de ce Prince.

L'Acte de Concession en fut alors passé, sous de certaines conditions, qui ont été remplies, depuis l'entiére extinction de la Maison de Luxembourg; Or cet Acte enjoint expressement à tous les Princes, Prelats, tant Ecclesiastiques que Seculiers, Comtes, Seigneurs, Chevaliers, Ecuyers, Vassaux, Bourggraves, Prevôts, Baillifs, Juges Provinciaux, Juges, Consuls, Echevins, Membres de Conseil de Villes, Bourgeois, Habitans de Villes ou de Villages, & à tous autres appartenans ou habitans de la Marche, d'adherer audit Frederic, de le reconnoître pour véritable Marggrave, & de lui prêter foi & hommage en la maniére accoutumée, en les declarant libres & degagez de toute autre sujettion ou serment. Pour l'Investiture formelle elle-même de cet Electorat, elle ne se fit que deux Ans après, à Constance, avec de grandes solemnitez.

§. IV.

Or après que Frederic I. eut résidé quelque tems dans la Marche en l'An 1415, tous les Princes Vandales & Seigneurs de Werle d'alors, savoir Balthasar & Guillaume freres, avec Christophle leur Cousin se rendirent à Berlin, & là ils se reconnurent Vassaux de l'Electeur, de ses heritiers & des Pays de la Marche, ils y reçurent de lui en Fief toutes leurs Terres, & Sujets sans exception, ils lui en prêterent hommage héréditaire, & jurerent par les Saints qu'ils lui rendroient fidelement service, suivant le Droit ordinaire des Fiefs, & qu'ils seroient feaux, soumis, & obeïssans aux Marggraves & à leurs heritiers, comme à leurs veritables Seigneurs feodaux. C'est ce qu'ils confessent ouvertement dans la Declaration écrite qu'ils en donnérent, sous la Lettre A, en date de Lundi, jour de la Fête des onze mille Vierges (21 Octob.) Declaration qui se trouve aussi inserée tout au long dans la Lettre Originale, & encore entiere de l'Empereur Sigismond, de l'An 1437, dont la Copie se lit ci-dessous à la Lettre I. Or dans cette Declaration ils etendent fort amplement la sujettion & la dépendance d'eux & de leurs heritiers envers les Marggraves ou les leurs.

§. V.

Ces Princes de Vandalie & Seigneurs de Werle étoient originairement issus de la même Tige que les Dues de Meklebourg, mais ils formoient une Branche à part, laquelle avoit commencé au 13. Siècle, dans la Personne de Nicolot, Prince des Vandales & des Herules, frere de Jean I. Duc de Meklebourg.

§. VI.

Il importe peu de savoir, comment la Ligne de Meklebourg s'accommoda de cette conduite susdite & de cette sujettion feodale des Lignes de Vandalie & de Werle, car quoi qu'elle en fût apparemment fort peu satisfaite, il ne paroît pourtant pas, qu'elle se soit donné aucun mouvement à ce sujet; & s'il y eut alors quelques voyes de fait, & des pillages, c'étoit un desordre qui régnoit déja depuis longtems dans ces quartiers là; Cependant le Duc Jean troisiéme du nom dans la Ligne de Meklebourg, ayant fait une iovasion dans la Marche, il y fut fait prisonnier; & même, comme le veulent quelques-uns, dés l'Année 1410, par le Comte de Rupin & par les Seigneurs de Rochow, de Quitzow, & de Schulenbourg, l'Electeur Frederic de Brandebourg le relâcha pourtant, moyennant une modique Rançon de 3000. Schock de Grosch de Boheme, ou de 6000. Ecus; pour laquelle somme, il donna caution après son élargissement, & s'engagea outre cela, sous traité d'otage, de se rendre à cheval dans la Ville de Bernau, pour n'en point sortir, qu'il n'eût payé sa Rançon. Tout ceci paroît plus au long, par la Lettre du Duc Jean, datée de Ratenau du Samedi après la St. Jean Baptiste, qu'on lit ci-dessous à la Lettre B, dont on garde encore l'Original en son entier.

§. VII.

ANNO 1729. Ce Duc Jean de Meklebourg étant élargi de sa prison, dans laquelle il avoit été detenu, qu'il qualifie de prison *juste & legitime*, & de laquelle il s'étoit racheté, moyennant une somme d'argent, delivra au Marggrave une Lettre Reversale, datée du même jour de la St. Jean 1427, par laquelle il reconnoit tenir en Fief dudit Marggrave & Electeur Frederic I, de ses heritiers, & du Marggraviat de Brandebourg, tous ses Pays, Terres, Sujets avec toutes leurs apartenances, en quelque lieu qu'elles puissent être, de quelque maniére qu'on les puisse nommer, enfin sans exception aucune, en prêtant serment corporel par les Saints de Paradis, recevant actuellement en Fief & jurant &c. d'être féal & soumis, comme c'est le devoir d'un Vassal envers son Seigneur, de relever lesdits Fiefs, tant lui que ses Descendans, dans toutes les mutations qui écherront, & de demeurer à perpetuité attachez aux Seigneurs feodaux & au Marggraviat. Tout ceci se lit plus au long dans la Piece marquée C, & peut être confirmé par l'Original même.

§. VIII.

Ainsi, même en laissant à part les anciens Droits & Jurisdictions des Seigneurs Marggraves de Brandebourg, on voit, de la maniére qu'on vient de dire, qu'ils ne possedent pas à moins juste titre la Seigneurie feodale sur la partie du Pays de Meklebourg, que possedoit pour lors cedit Duc Jean III. que sur les Pays de la Ligne Vandale & de Werle, & qu'ils l'ont obtenue d'une maniere licite dans ce tems-là, Presentement on va voir, comment ce Droit, à quelque changement près, leur a depuis été conservé & plus amplement confirmé.

§. IX.

Depuis ce tems-là, les Ducs de Meklebourg & les Princes de Vandalie ont donné dans les Lettres, non séulement aux Electeurs regnans, mais aussi aux autres Marggraves de Brandebourg le titre de *Gracieux Seigneurs*; & ceux-ci en récrivant, ont donné aux Ducs, celui *d'Amez & Feaux*. La Piece D. prise d'une Copie ou minute Originale, ancienne & digne de foy, prouve qu'en 1427, Jean, Fils de Frederic I, pour lors Heritier presomtif de l'Electorat de Brandebourg, (bien que dans la suite il ait resigné son droit) écrivant au Duc de Meklebourg, *le nomme Amé & Feal*, & dans la Piece E l'on voit, que les Ducs de Meklebourg ont donné le titre de *Gracieux Seigneur* & de *Vôtre Grace* à Frederic, fils de l'Electeur Frederic I, gouvernant alors la Marche, en l'absence de son Pere qui étoit en Franconie; Or pour le present il n'est pas necessaire d'apporter d'autres exemples de ceci, on a encore une Lettre des Princes de Vandalie, de l'An 1416. dans laquelle se trouve souvent repeté le formulaire de *Gratieux Seigneurs*. Voiez ci-dessous, à la Lettre F.

§. X.

En l'Année (*) 1436. la Ligne Vandale & de Werle s'éteignit entierement par le decès de son dernier Duc Guillaume, mort sans heritiers mâles, c'est le même qui l'An 1415. s'étoit reconnu Vassal par l'Acte cité à la Lettre A. Frederic I. Electeur de Brandebourg pouvoit alors, en qualité de Seigneur feodal incontestable, pretendre à la succession des Pays de Vandalie & de Werle comme à un Fief vacant; Mais Henri le Gras Duc de Meklebourg, Cousin de ce Duc Jean qui avoit donné en 1427. l'Acte de reconnoissance rapporté à la Lettre C. prévint l'Electeur Frederic son Beaupere, & s'empara de cette Succession, en qualité de plus proche parent du côté des mâles, quoique les Lignes de Vandalie & de Werle se fussent separées de celle de Meklebourg, & que leurs possessions fussent déja partagées dès le XIII. Siècle, ainsi qu'on l'a remarqué plus haut. D'ailleurs la Ligne de Meklebourg ne pouvoit prétendre à ladite Succession en aucune maniere; on a vu ci-devant, qu'elle ne fit aucune opposition à l'Acte d'infeodation passé publiquement

l'An

(1) D'autres veulent, que cette Ligne soit éteinte dès l'An 1430, mais cela ne paroît pas se pouvoir trop bien concilier avec les circonstances & les Actes.

l'An 1415. par la Ligne de Vandalie, qu'elle n'allegua aucune prétention à cette occasion, & qu'elle ne requit ni n'obtint d'être comprise dans l'infeodation des Pays de Vandalie & de Werle.

§. XI.

La guerre des Hussites d'alors, dans laquelle Frederic I. fut nommé General, fut cause, à la verité, que l'affaire de la Succession de Vandalie ne fut pas poussée contre ledit Duc Henri le Gras avec autant de vigueur qu'on auroit été en droit de le faire. Cependant l'Electeur Frederic s'adressa à l'Empereur, qui fit expedier de Prague un Mandement datté du jour de la St. Leonard, l'An 1436 addressé aux Prelats, aux Nobles, Vassaux & aux Villes du Pays des Vandales, leur enjoignant de reconnoître ledit Electeur, de lui prêter hommage, à lui ou à celui qui avoit un pleinpouvoir de sa part, de s'attacher à lui, & à la Marche de Brandebourg, & cela sans aucun delai. Voyez la Lettre G.

§. XII.

De plus l'Empereur étant à Prague, & voulant decider de cette affaire, fit citer peremtoirement l'Electeur Frederic d'une part, & Henri & les autres Ducs de Meklebourg d'autre part, par Decret du Jeudi après le Dimanche *Invocavit*, de l'Année 1437, pour comparoître le 10. jour d'après la fête de St. Jaques & de St. Philippe, en cas que ce fût jour plaidoyable, ou le plus prochain jour plaidoyable suivant. Voyez la Lettre H; Piece prise d'une ancienne Copie de cette Citation.

§. XIII.

Il est vrai, que les Ducs de Mecklebourg ne comparurent point sur cette Citation, mais on peut voir par la Piece marquée I, que le Jeudi après la Ste Marguerite, environ la mi-Juillet de l'Année 1437. l'Electeur Frederic I. comparut devant l'Empereur, requerant que droit lui fût fait au sujet de la Province de Vandalie, & il produisit dans la seance un Acte portant, *que la Province de Vandalie étoit un Fief mouvant du Marggraviat de Brandebourg.* Or bien que l'Empereur, du conseil des Princes & des Seigneurs qui l'assisterent dans ce jugement, n'ait point voulu examiner alors la question principale, mais qu'il ait assigné pour cela un autre jour plaidoyable, cependant sur la representation que fit ledit Electeur, qu'il n'étoit ni sûr, ni à propos de trop exposer l'Original de l'Acte, & à sa requisition, l'Empereur lui en fit expedier le même jour une Copie vidimée & authentique, à laquelle on pût ajouter foi, dans toutes les Villes & dans les Tribunaux.

§. XIV.

On ne sait pas, si l'affaire fut poussée plus loin à la Cour Imperiale, mais il y a de l'apparence, que les Troubles survenus à l'occasion de la Mort de cet Electeur Frederic I. & du partage de ses Fils, y causerent de l'interruption. On ne laissa pas cependant d'en venir de tems en tems a des voyes de fait.

§. XV.

Neanmoins on ne trouve point, pendant toute cette dispute de Succession, mue au sujet des Principautez de Vandalie & de Werle, qu'on ait le moins du monde revoqué en doute le droit de Seigneurie directe sur les autres pays du Mecklebourg, tel que les Marggraves de Brandebourg l'ont acquis en 1427. du Duc Jean III. comme on l'a raporté ci-dessus.

§. XVI.

Cependant comme les voyes de fait alloient toujours en augmentant pendant toute cette dispute de Succession, & que ce n'étoit dans les Pays de la Marche & du Mecklebourg que pillages, ravages, incendies & assassinats perpetuels, & que tous les accords provisionels qui se faisoient de tems en tems ne pouvoient arrêter le mal, on se lassa enfin de part & d'autre de tous ces ravages, & on chercha à vuider les differends, en s'accommodant sur toutes les prétentions & sur toutes les pertes que la guerre avoit causées.

§. XVII.

On negocia d'abord à Wittstock, & l'on y conclut enfin un Traité de Succession, en date du Jeudi après la *Quasimodo* de l'Année 1442. Ce Traité regloit tous les differends & les sujets de dispute qui étoient survenus entre Frederic II. Electeur de Brandebourg & tous les Ducs de Mecklebourg, savoir Henri l'aîné, Cousin des Ducs de la Ligne de Mecklebourg & de Stargard, Henri le Cadet, dit le Gras, & Jean son Frére. Les Brandebourgeois se relâcherent à la verité au sujet de leur Droit de Fief, mais aussi les susdits Ducs promirent expressement & s'obligerent de faire prêter en bonne & duë forme, dans toute l'etenduë de leur Pays & dans toutes leurs Terres & Biens, soit Ecclesiastiques, soit Seculiers, tant par la Noblesse que par les Villes & les autres Habitans, un hommage héréditaire avec serment à l'Electeur, à ses Freres & à tous leurs Heritiers & descendans Marggraves de Brandebourg, tellement, que cas avenant, ce qu'à Dieu ne plaise, qu'Eux Ducs de Mecklebourg vinssent à mourir sans Hoirs ni Successeurs feodaux masculins, alors tous les Pays & Sujets, apartenans à eux Ducs de Mecklebourg, Stargard, de Swerin & de Vandalie, ensemble toutes leurs Seigneuries, leurs Noblesses, leurs Vassaux, leurs Villes avec leurs Privileges, Libertez & Jurisdictions, telles qu'Eux & leurs Ancêtres les ont possedées, écherront à leurdit cher Oncle & Beaufrere, le Marggrave Frederic, à ses Freres, à leurs heritiers & au Marggraviat de Brandebourg, &c.

D'autre part l'Electeur en son Nom & en celui de ses Freres & de tous ses Hoirs & Descendans, s'est desisté de tout droit sur les Pays des Vandales & sur ce qui lui en pourroit être devolu pour cause de mort, & a promis de leur prêter amiablement aide & conseil de tout son pouvoir en cas qu'ils fussent inquietez au sujet desdits Pays. Voyez le Document entier sous la Lettre K. Quelques semaines après, savoir le Mardi qui suit le Dimanche *Rogate* de la même Année 1442, lorsqu'on chante dans les Eglises *Vocem Jucunditatis*, lesdits Seigneurs convinrent aussi à Perleberg d'une Alliance defensive, dans laquelle étoient contenus encore plusieurs autres Points, mais qui ne regardent pas l'affaire de la Succession.

§. XVIII.

En consequence des Traités lesdits Ducs de Mecklebourg firent de leur autorité & pleine volonté rendre hommage dès la même Année 1442. à la Maison Electorale de Brandebourg par tous leurs Pays, Peuples, Prelats, Seigneurs, Vassaux & Villes. Les Etats préterent cet hommage en présence des Ducs, & declarérent vouloir & devoir reconnoître les Marggraves & leurs hoirs pour leurs Seigneurs legitimes & naturels, au cas que la Ligne masculine des Ducs de Mecklebourg vînt à defaillir. Dequoi l'on a deux Originaux de la même teneur dont la Copie est jointe ci-dessous à la Lettre L.

§. XIX.

Les Maisons de Brandebourg & de Mecklebourg declarerent à l'Empereur Frederic III. le Traité de Succession passé entr'Elles & l'hommage rendu en consequence par les Etats de Meklebourg, Elles en demanderent l'agrément & les Lettres necessaires tant de la part de l'Empereur que de celle de l'Empire, & l'obtinrent effectivement, de l'avis des Electeurs, Princes, Comtes, Nobles & Feaux, de la pleine puissance & certaine science de Sa Majesté Imperiale, en vertu des Lettres de Confirmation Originales, faites doubles, dont la Copie est ci-dessous, à la Lettre M, datée de Francfort le Lundi d'après la Ste. Marguerite de l'Année 1442. Suivant la teneur de ces Lettres, les Etats de Meklebourg se trouvent obligés, si le cas, ci-dessus marqué, arrivoit, de reconnoître & de rendre hommage à l'Electeur Frederic II, à ses Freres & à tous leurs hoirs, les Marggraves de Brandebourg.

§. XX.

On a là-dessus les Consentemens de tous les Electeurs dès l'Année 1444. avec une Approbation expresse & authentique de toutes les Lettres, qui ont été données par l'Empereur aux Electeurs & Marggraves de

ANNO 1729. de Brandebourg, par rapport à tous leurs Fiefs, Successions, Peages, Droits & Prérogatives, & on a jugé à propos de joindre ci-dessous une de ces Pièces à la Lettre N.

§. XXI.

L'Empereur Frederic III. donna aussi l'An 1453. une Confirmation generale au Marggrave qui étoit alors en Franconie, & qui fut depuis Electeur de Brandebourg, à ses Freres & à leurs hoirs de toutes les Lettres, Assurances &c. qui concernoient l'Electorat, les Principautez, les Droits & Prerogatives, & toutes les autres choses, de quelques Noms qu'elles fussent, qu'Eux & leur Pere tenoient de l'Empire. Cette Confirmation fut encore renouvellée l'An 1459, presque de mot à mot. Mais on n'a pas jugé necessaire d'en joindre ici copie.

§. XXII.

Frederic II. Electeur de Brandebourg étant devenu infirme, resigna en 1470. la Dignité Electorale à sondit Frere Albert, l'Achille d'Allemagne, & lorsque ce dernier en reçut les Lettres d'Investiture de l'Empereur Frederic III, on lui confirma, & à tous les Marggraves de Brandebourg, le Droit à la Succession du Duché de Mecklebourg, Principauté de Vandalie, Comté de Schwerin, & Pays de Stargard & Rostock avec leurs Seigneuries, Terres, Sujets, Chateaux, Villes, leurs Appartenances, & Dependances. Or cette Investiture abusive important plus, qu'une simple assurance de Succession, n'est pas peu avantageuse au droit de la Maison de Brandebourg. Voyez l'Extrait des Lettres d'Investiture de l'An 1470. à la Lettre O.

§. XXIII.

Albert, Electeur de Brandebourg obtint encore une ample Confirmation generale en 1475. à laquelle les Electeurs de Mayence & de Treves donnerent cette même année leur Consentement, aussi bien qu'à toutes les Lettres ci-devant obtenuës par les Marggraves de Brandebourg. Mais quoiqu'on puisse appliquer toutes ces Pièces à la Succession de Mecklebourg, cependant, comme il n'y en est pas fait mention particuliere, on se dispense d'en donner ici copie.

§. XXIV.

Après la mort de l'Electeur Albert, lorsque son fils Jean reçut l'Investiture de l'Empereur Frederic III, en l'année 1487. ses Lettres dattées de Nuremberg du 2. Mai faisoient derechef mention de la Succession de tous les Païs de Mecklebourg, & cela dans les mêmes termes qu'en l'année 1470. On en voit ici l'Extrait à la Lettre P.

§. XXV.

Peu de semaines après, les quatre Electeurs suivans, savoir celui de Mayence, de Cologne, du Palatinat, & de Saxe, donnerent des Lettres de Consentement & d'approbation, tant au sujet de cette Investiture, que de tout ce que l'Electeur avoit obtenu de l'Empereur. Or dans ces Lettres desdits Electeurs, il est fait mention expresse de la Succession à tous les Pays de Mecklebourg, aussi bien que de l'Infeodation commune des Marggraves de Brandebourg par rapport auxdits Païs de Mecklebourg. Cela se voit au long dans celle de l'Electeur de Mayence, dont la Copie est ci-dessous à la lettre Q. Elle est de Nuremberg, en datte du Lundi après le Dimanche *Trinitatis* de l'An 1487. & les trois autres n'en different, que quant au personnel & aux titres, mais pour le fond, & en particulier à l'égard de la mention du droit de Succession aux Pays de Mecklebourg, elles sont couchées en termes tout à fait équivalens. Ce qui est aussi la raison, pour laquelle on n'a pas jugé necessaire d'en donner copie, suffisant d'ajouter, que la datte de celle de l'Electeur Palatin est la même, que de celle de l'Electeur de Mayence, au lieu que celle de l'Electeur de Cologne est datée de Nuremberg la veille de la Fête-Dieu, & celle de l'Electeur de Saxe, de Nuremberg le Lundi après la Fête-Dieu. Mais elles sont toutes de la même Année 1487.

ANNO 1729.

§. XXVI.

En 1495. après la mort de l'Empereur Frederic III. le susdit Electeur Jean & les autres Marggraves de Brandebourg reçurent derechef l'Investiture de l'Empereur Maximilien I. & dans leurs Lettres datées de Wormes du 15. Juillet, il est fait mention de la Succession de Mecklebourg de la même maniére, que dans celles de l'Année 1470. & 1487. Voyez-en l'Extrait à la Lettre R.

§. XXVII.

NB. Tous les Electeurs de l'Empire dont le Consentement étoit necessaire, savoir celui de Mayence, de Cologne, de Treves, du Palatinat & de Saxe, donnerent unanimement ledit Consentement à l'Investiture de l'Année 1495. & cela dans la meilleure forme, & presque dans les mêmes termes, faisant mention expresse du Droit à la Succession des Pays de Mecklebourg. On a ces Consentemens en Original:

1. Celui de Mayence est datté de Wormes le Dimanche après la Fête de St. Pierre aux liens.

2. Celui de Treves est datté de Wormes la veille de la Fête de St. Pierre aux liens.

3. Celui de Cologne est datté de Wormes le Dimanche de St. Pierre aux liens.

4. Celui de l'Electeur Palatin est datté de Wormes le Mardi de St. Pierre aux liens.

5. Celui de Saxe est datté de Wormes le Mardi après la Fête de St. Etienne.

On a joint ici le Consentement de l'Electeur de Saxe à la Lettre S. pour tenir lieu de tous les autres.

§. XXVIII.

L'Empereur Maximilien I. confera l'An 1500. après la mort de l'Electeur Jean, l'Investiture à son fils Joachim I. & l'on trouve non seulement dans ses Lettres datées d'Augsbourg du 12. d'Août, l'Investiture à la Succession de tous les Pays de Mecklebourg, dans les termes accoutumés & employés dans les précédentes Lettres, mais il en est aussi fait mention dans la Confirmation generale de la même Datte, que l'Empereur accorda audit Electeur; à ses Freres, à ses Cousins, & à tous leurs Héritiers pour tous leurs Privileges. On y voit même une clause, qui casse tout ce qui auroit été fait, ou ce qui pourroit à l'avenir être fait de contraire aux droits de la Succession éventuelle des Marggraves de Brandebourg sur les Païs de Mecklebourg, ou à tous leurs autres Droits, Privileges, &c. On y trouve enfin une Clause pénale decernée contre tout contrevenant en general; En Latin: *Clausula pœnalis generalis de non turbando &c.* Tout ceci se peut voir au long dans l'Extrait de cette Confirmation generale, ci-dessous à la Lettre T.

§. XXIX.

Tous les Electeurs ont encore donné leurs Consentemens unanimes tant à cet Acte d'Investiture fait en l'Année 1500. qu'à tout ce qui se passa à cette occasion, aussi bien qu'à toutes les autres Lettres, que l'Electeur avoit obtenuës de l'Empereur, en faisant mention expresse de la Succession de Mecklebourg.

1. Le Consentement de l'Electeur de Mayence est daté d'Augsbourg le Mardi après l'Assomption.

2. Celui de l'Electeur de Treves daté de Coblentz le Jeudi après l'Assomption.

3. Celui de l'Electeur de Cologne, daté de Bonn le jour de la Sainte Luce.

4. Celui de l'Electeur Palatin daté de Heidelberg le Mecredi après la St. André.

5. Et celui de l'Electeur de Saxe daté d'Augsbourg le Mecredi après l'Assomption. Ils sont tous de même teneur, c'est pourquoi l'on se contente

de

de joindre ici pour exemple, celui de l'Electeur Palatin à la Lettre V.

§. XXX.

L'Empereur Charles Quint confirma en consequence de ce qui est porté au Titre 2. de la Bulle d'or (savoir qu'un Empereur nouvellement elû est tenu, avant que de disposer d'aucune affaire en l'authorité de l'Empire, de donner en son Nom & qualité de Roi une Confirmation generale à chacun des Electeurs, & puis de la renouveller en qualité d'Empereur) Charles Quint, dis-je, confirma après son election tous les Privileges, toutes les Libertez, les Graces, les Concessions solemnelles, & les anciens Documens, que l'Electeur Joachim I. de Brandebourg avoit obtenus, & cela si generalement, que la Confirmation doit necessairement s'étendre sur le Droit de Succession aux Païs de Mecklebourg. Cependant pour abreger, on ne joindra pas ici copie de ladite Confirmation, non plus que de celles, que les Empereurs suivans & leurs Successeurs ont pareillement été obligez de donner après leur Election.

§. XXXI.

On trouve dans les Lettres d'Investiture, que Charles Quint donna audit Electeur & aux autres Marggraves de Brandebourg, en date du 15. Fevrier 1521. la Concession de la Confirmation du Droit de Succession aux Païs de Mecklebourg, & à l'exception des noms des personnes qui y sont changez, tout y est conçu dans les mêmes termes que dans les autres Lettres d'Investiture des Années 1470. 1487. & 1594. dont les Extraits sont allegués ci-dessous aux Lettres O. P. & R. Pareillement, dans la Confirmation generale que cet Empereur donna ledit jour, on trouve à l'article qui regarde le Mecklebourg les mêmes expressions dont on s'étoit servi en l'Année 1500. cassant & annullant tout ce qui pourroit y deroger, & y ajoutant encore la clause penale, *de non turbando*. Voyez ci-dessus Lettre T. Il n'y a pour la matiére aucune difference, si ce n'est que dans le milieu de la Piéce, on voit une enumeration un peu plus complete des Païs de la Pomeranie. Voiez la Lettre W.

§. XXXII.

En 1530. l'Empereur Charles Quint donna, à la requisition des Marggraves, & à l'occasion de ce qui fut arrêté alors, entre l'Electeur de Brandebourg d'une part, & George & Barnim, Freres & Ducs de Pomeranie d'autre part, une Confirmation generale, datée d'Augsbourg le 1. d'Octob. dans laquelle est contenu ledit point de la Succession de Mecklebourg, établissant même une amende de cent Marcs d'or fin, en cas de contravention. Voyez ci-dessous la Lettre X.

§. XXXIII.

La même chose a été observée dans tous les investissemens qui ont suivi, dans les Lettres d'investiture & dans toutes les Confirmations generales des Privileges de la Maison de Brandebourg, on y voit toujours la Concession & la Confirmation du Droit à la Succession de Mecklebourg, & toujours munies des mêmes Clauses tant pénales que cassatoires. On trouve des Exemples de tout ceci en l'Année 1538.

1. Lorsque Joachim II. Electeur de Brandebourg, avec ses Parens par Agnation, reçurent l'Investiture de Ferdinand Roi des Romains au nom & par authorité de Charles Quint son frére.

2. L'An 1558. lorsque le susdit Electeur prit l'Investiture du même Ferdinand I. devenu Empereur, après l'Abdication de Charles Quint.

3. L'An 1567. à l'Investiture du même Electeur Joachim II. par l'Empereur Maximilien II.

4. En l'Anné 1571. lorsque Jean George Electeur de Brandebourg reçut l'Investiture de l'Empereur Maximilien II.

5. L'An 1577. à l'Investiture de l'Electeur Jean George par l'Empereur Rodolphe II.

6. L'An 1599. lorsque l'Empereur Rodolphe la donna à l'Electeur Joachim Frederic.

7. En 1615. quand l'Electeur Jean Sigismond reçut l'Investiture de l'Empereur Matthias, à l'occasion d'un double cas de relevance de Fief, qui étoient arrivés consecutivement, tant par la mort du Vassal, savoir de l'Electeur Frederic, que par celle du Seigneur direct l'Empereur Rodolphe II.

8. En 1622. quand George Guillaume Electeur de Brandebourg prit l'Investiture de l'Empereur Ferdinand II. encore pour cause d'un double cas de relevance de Fief arrivé par le decès de l'Electeur Jean Sigismond son Pere, & pour celui de l'Empereur Matthias.

9. En 1638. lorsque le même Electeur George Guillaume reçut de l'Empereur Ferdinand III. une Investiture pareille aux précédentes.

10. En 1642. lorsque l'Electeur Frederic Guillaume de glorieuse memoire reçut l'Investiture de l'Empereur Ferdinand III.

11. En 1661. quand le même Electeur Frederic Guillaume sollicita à la Cour Imperiale l'Investiture de tous les Etats, qu'il possedoit dans l'Empire, ce Prince ne voulut pas alors, que la Concession feodale & la Confirmation qu'il demandoit en particulier au sujet de Mecklebourg, fussent confonduës sous le nom de droits de Succession ou sous quelque autre terme géneral, comme cela étoit arrivé jusqu'alors dans les Lettres d'Investiture, à quoi les Pleins-pouvoirs, les Instructions, les Memoires, les Propositions, que les Envoyez faisoient à genoux, ou enfin les diverses expressions, dont ils se servoient dans leurs Demandes pouvoient avoir donné lieu; l'Electeur étendit sa Demande particulierement & nommement sur le Duché de Mecklebourg proprement dit, & sur les Principautez de Schwerin & de Ratzebourg, & autres Païs accordés en Equivalent aux Ducs de Mecklebourg par les Traitez de Westphalie. Voyez sous la Lettre Y l'Extrait du Memoire qu'on presenta de la part de l'Electeur.

Il est vrai que les Lettres d'Investiture ne furent pas expediées pour lors, à cause de quelques différens, qui survinrent, & entr'autres au sujet du Relief, mais cependant on infera dans la Confirmation génerale de tous les Privileges qu'on delivra & qui fut expediée le 24. Sept. 1661. telle qu'on la voit sous la Lettre Z. on infera, dis-je, à l'Article de la Succession de Mecklebourg, la Clause ordinaire de Cassation de tout ce qui feroit fait au contraire & celle de l'amende de 100. Marcs d'or fin en cas de contravention.

12. Il en fut de même en l'Année 1685. lorsque l'Electeur Frederic Guillaume fit prendre en son nom & après la mort de l'Administrateur Auguste, Duc de Saxe, l'Investiture actuelle du Duché de Magdebourg, qui lui avoit été cedé comme un Equivalent. Il reçut alors des Lettres d'Investiture generale qui n'avoient pas été expediées en 1661. & qui s'étendoient aussi bien sur tous les Païs qui avoient été donnez par le Traité de Westphalie en dedommagement de la Pomeranie citerieure, & dont l'Electeur jouissoit déja, que sur tous les autres Fiefs de l'Electorat de Brandebourg, relevans de l'Empire. Lesdites Lettres contenoient, non seulement la Succession & la Confirmation ordinaire au sujet de Mecklebourg, mais elles comprenoient aussi les Païs, qui avoient été donnez à la Maison de Mecklebourg en Equivalent de ceux qu'elle avoit cedez par la Paix à la Couronne de Suede. Ces Païs étant pour ainsi dire subrogez, comme un juste dedommagement de ce qu'on avoit demembré du Mecklebourg, ce qui paroit par l'Extrait cijoint AA. de ces Lettres d'Investiture datées du 2. Juin 1685.

13. Tout

Anno 1729.

13. Tout cela eſt repeté, tant dans la Lettre d'Inveſtiture que dans la Confirmation generale de tous les Privileges de la Maiſon de Brandebourg, que l'Empereur Leopold de glorieuſe mémoire donna en 1699. au Roi de Pruſſe comme Electeur de Brandebourg, par rapport aux Etats qu'il tient de l'Empire. Mais comme ce dont il s'agit, eſt exprimé dans ces Lettres d'une maniére un peu différente des précedentes, on a jugé à propos de joindre ci-deſſous à la Lettre BB. la Copie de cet Article.

14. Enfin lorsque Sa Majeſté le Roi de Pruſſe envoya recevoir en dernier lieu, ſavoir le 3. Juin de l'An 1706. des mains de Sa Majeſté Imperiale aujourd'hui très glorieuſement regnante l'Inveſtiture des Etats qu'Elle poſſede dans l'Empire, on ne manqua pas d'inſerer & dans ces Lettres d'Inveſtiture & dans la Confirmation generale, la Conceſſion & la Clauſe ordinaire tout à fait de même, que cela s'étoit fait en 1699.

§. XXXIV.

Si la Maiſon de Brandebourg a toûjours reçu des Empereurs à chaque mutation, qui eſt arrivée, la Confirmation, qu'Elle demandoit au ſujet de Mecklebourg comme les Documens Originaux rapportez ci-deſſous en font foi, les Princes de Mecklebourg de leur côté, ont reconnu en pluſieurs occaſions, & même encore en dernier lieu, la ſolidité du Droit de Succeſſion, que ceux de Brandebourg ont établi d'une maniere inconteſtable, & qu'ils ſe ſont conſervé, comme on vient de le dire, chaque fois, qu'il eſt arrivé quelque mutation. Il eſt vrai que depuis l'établiſſement dudit Droit, il n'a plus été queſtion du Conſentement de la Maiſon de Mecklebourg, mais il ne ſera pourtant pas hors de propos d'en rapporter les Exemples les plus recens.

Sa Majeſte Pruſſienne fit négotier en 1693. à la Cour de Mecklebourg-Schwerin pour qu'on portât les Etats du Païs à prêter; à l'occaſion de l'hommage qu'ils alloient rendre dans peu, un hommage eventuel à la Maiſon de Brandebourg, ſuivant ce qui avoit été ſtipulé. D'abord on fit des objections à cette Demande, & l'on allegua quelques pretentions reciproques, que les Miniſtres de Brandebourg n'eurent pas de peine à refuter. Enfin ſur les repreſentations qu'ils firent, la Cour de Mecklebourg reconnut être de l'équité, que les Païs donnez au Mecklebourg en dedommagement ſubiſſent la même loi, que ceux qui avoient été demembrez. Ainſi l'on dreſſa de part & d'autre des Lettres Reverſales, qu'on ſe communiqua, & dans lesquelles on renouvella expreſſement l'ancien Traité de Succeſſion fait en l'Année 1442. on ſe donna mutuellement toutes les aſſurances neceſſaires, & on regla en même tems, ce qu'on enjoindroit aux Etats des Anciennes Provinces de Mecklebourg & des deux Evêchez de Schwerin & de Ratzebourg, au ſujet des Droits de Succeſſion éventuelle des Marggraves de Brandebourg, quand lesdits Etats ſeroient aſſemblez pour l'hommage prochain. Les Copies de ces Actes en date du 12. Juillet 1693. ſe voyent ci-deſſous aux Lettres CC & DD. L'Inſtruction qu'on donne aux Etats touchant l'hommage, ſe trouve encore dans d'autres Actes, qu'on ſe delivra reciproquement, & concerne même le Duché de Guſtrau, qui étoit pour lors ſur le point de vacquer, & qui devoit en ce cas être devolu à la Branche de Schwerin.

§. XXXV.

On avoit deſſein de regler les choſes ſur le même pied avec la Cour de Mecklebourg-Guſtrau, & il y avoit même de l'apparence, que l'on y reuſſiroit, mais cette affaire fut differée à cauſe de divers embarras, qui ſurvinrent, & ſur ces entrefaites arriva la mort du Duc de Guſtrau, qui ne laiſſa point de Fils; & en qui s'éteignit cette Branche de Mecklebourg. Les Maiſons de Mecklebourg-Schwerin & de Strelitz eurent, comme on ſait, de grands differends au ſujet de la Succeſſion, & cela recula encore le projet qu'on avoit formé. Mais enfin ce differend fut accommodé par les Commiſſaires de l'Empereur, en quoi les Soins de Sa Majeſté Pruſſienne ne leur furent pas d'une petite utilité. Le Traité fut conclu le 8. Mars 1701. & peu de tems après le Duc de Mecklebourg-Schwerin promit par un Ecrit du 12. Avril 1701. dont la Copie eſt ci-deſſous à la Lettre EE, qu'il executeroit ponctuellement tout ce à quoi il s'étoit engagé en 1693. Anno 1729.

Le Duc de Mecklebourg-Strelitz dernier mort, ſuivit ſon exemple, & écrivit au Roi une Lettre du 26. Avril 1701. dont on a la Copie ci deſſous à la Lettre FF, dans laquelle ce Prince promit d'acceder à tout ce qui avoit été conclu en 1693. entre Sa Majeſté & le Duc de Schwerin, s'obligeant de ſon coté à l'execution des Traittez ſous les conditions déja ſtipulées.

§. XXXVI.

Voila en peu de mots ce qui concerne l'affaire de Mecklebourg; ce qu'on en a rapporté eſt tiré des Documens authentiques dont on ſe trouve muni, & par lesquels on peut juſtifier en finiſſant, que ce fut par un eſprit de paix, & pour entretenir la bonne amitié avec leurs Voiſins & leurs Parens, que les Marggraves de Brandebourg relâchérent en 1442 des droits de Fief, qu'ils avoient ſur le Mecklebourg, ne s'en étant reſervé que celui de Succeſſion, lequel Droit après avoir été reconnu de la maniére la plus authentique & la plus formelle par les Ducs de Mecklebourg, alors regnans, leur fut réellement confirmé & ratifié à Eux, à leurs Hoirs, & à leurs Parens du côté maſculin, par les Empereurs contemporains, & par tous leurs Succeſſeurs, dans tous les cas de mutation, & dans toutes les Lettres d'Inveſtiture, du Conſentement ſpecial & réiteré de tous les Electeurs de l'Empire; de même depuis la Paix de Weſtphalie, la Maiſon de Brandebourg obtint ſans difficulté & comme une choſe qui parloit d'elle-même l'extenſion de Son Droit ſur l'Equivalent donné au Mecklebourg en dedommagement de ce qui en avoit été démembré.

Il paroit encore par ce qui a été dit ci-deſſus, que non ſeulement dans lesdites Lettres d'Inveſtiture, mais auſſi dans les Confirmations generales des Privileges, que les Empereurs ont donnez autrefois aux Electeurs & Marggraves de Brandebourg, à leurs Hoirs & Parens par Agnation, du Conſentement des autres Electeurs, & à chaque mutation, il eſt toujours fait mention particuliere depuis l'An 1500. de la Succeſſion du Mecklebourg, munie de deux Clauſes ordinaires, dites l'une, *Caſſatoria contrariorum*, l'autre *Pœnalis de non turbando*.

Enfin l'on voit auſſi, par ce qui a précedé, qu'en dernier lieu, ſavoir l'An 1693. le Duc de Schwerin, a, comme de droit & de raiſon, reconnu, renouvellé & confirmé ce Droit de la Succeſſion eventuelle de Sa Majeſté Pruſſienne & des Marggraves de Brandebourg; Que nouvellement encore l'Année 1701. le Duc de Mecklebourg-Strelitz a derechef reconnu & renouvellé ce Droit avec promeſſe, que quand les Etats de Mecklebourg prêteroient hommage, il ſeroit fait mention ſuivant le dernier accord, de celui qui fut prêté l'An 1442. à la Maiſon de Brandebourg, afin que lesdits Etats ſuſſent à qui ils apartiendroient, & qui ils auroient à reconnoître pour Seigneur hereditaire, ſi jamais leurs preſens Seigneurs & leurs Hoirs venoient à manquer. Le Droit que les Marggraves de Brandebourg ont à la Succeſſion de tous les Fiefs du Mecklebourg a donc été conſervé ſoigneuſement depuis plus de deux Siecles & demi, ſans néanmoins que lesdits Marggraves ayent en façon quelconque ſouhaitté l'Extinction de la Famille Ducale. D'où s'enſuit, que le cas arrivant, ce qu'à Dieu ne plaiſe, que la Ligne maſculine des Ducs de Mecklebourg vienne à s'éteindre entierement, tous les Fiefs d'Empire par Eux poſſedez d'ancienneté, auſſi bien que les Principautez de Schwerin & de Ratzebourg, qui ont été comme ſubrogées en Equivalent, retourneroient à Sa Majeſté le Roi de Pruſſe & à ſes Hoirs ou autres Succeſſeurs Marggraves de Brandebourg, ſans que perſonne les leur puiſſe conteſter ni diſputer de Droit.

§. XXXVII.

L'on ne croit pas, qu'il ſoit poſſible de rien objecter contre ledit Droit de Succeſſion éventuelle qui ne put être auſſitôt refuté par le contenu des Actes authentiques & des Documens qu'on a citez. Si néanmoins, contre toute attente, il reſtoit encore quelque Scrupule à quelqu'un, ſur quelque point, on ſeroit en état de le lui lever entierement, ſans beaucoup de peine.

ANNO 1729.

Piéces & Documens authentiques alleguez dans la Deduction précédente.

A.

Les Princes de Vandalie & de Werle reconnoissent qu'ils tiennent en Fief de l'Electeur de Brandebourg FREDERIC I. *leurs Terres & leurs Sujets & qu'ils lui en ont prêté un veritable hommage héréditaire.*

De Berlin, l'Année 1415.

NOus Balthasar & Guillaume, Freres, & Nous Christofle, leur Cousin, tous Seigneurs des Vandales & de Werle, faisons favoir & confessons publiquement par cet Ecrit; pour Nous & pour tous nos Hoirs, à tous ceux qui la presente verront, ou qui en entendront la lecture, que d'un consentement unanime & d'un sens rassis, après une meure deliberation, & du plein Conseil de Nos Amez & Feaux Conseillers par amour de la paix, pour l'avantage & la plus grande utilité de Nous, de Nos Heritiers, de Nos Pays & Seigneuries, Nous adherons entierement & tout à fait en notre Nom & en celui de tous Nos Hoirs, avec Nos Seigneuries, Païs & Sujets à Très Illustres Princes & Seigneurs, le Seigneur Frederic, Marggrave de Brandebourg, Archi-Chambellan du St. Empire Romain & Bourggrave de Nuremberg, à ses Hoirs & à leurs Païs de la Marche de Brandebourg, que Nous Nous attachons & donnons à Eux en vertu de cette Lettre, de telle maniére que Nous & nos Heritiers à present & à perpetuité avec tous & chacun de Nos Pays & Sujets, Vassaux, Citez, Chateaux & Domiciles, sans aucune exception, voulons adherer à lui Notre Seigneur le Marggrave, à ses Successeurs à ses Pays de la Marche pour lui donner aide, conseil & fidele assistance envers & contre tous dans toutes leurs Guerres, leurs affaires ou necessitez, de tout notre pouvoir, sans equivoque, fraude ni conteste, & qu'autant de fois que besoin fera, Nous les maintiendrons, defendrons & protegerons envers & contre tous, de même que Nos propres Terres & Sujets. Surquoi de Notre franche volonté, Nous confessons avoir reçu en Fief legitime pour Nous & Nos Hoirs, toutes Nos Seigneuries, Nos Terres & Nos Sujets, sans exception, de Notre susdit Seigneur le Marggrave Frederic, en sorte que Nous & nos Hoirs devons & voulons doresénavant & à perpetuité tenir & recevoir à Fief relevant & mouvant dudit Seigneur Marggrave, de ses hoirs & du Marggraviat toutes Nos Seigneuries en general & chacune en particulier, grandes ou petites, quelque nom qu'elles puissent avoir, sans exception, que ces Seigneuries seront à perpetuité & sans rappel, relevantes & mouvantes d'Eux & du Marggraviat, & Nous reconnoissons leur Pouvoir sur Nous, tel que l'ont d'autres Seigneurs sur leurs Vassaux, Nous lui avons prêté formellement hommage héréditaire, comme à Notre Seigneur, & Nous lui avons promis de bonne foi & juré par les Saints de Paradis de vouloir procurer tout bien & detourner tout dommage de lui Notre Seigneur, de ses Hoirs & du Marggraviat, de lui être fideles Vassaux, comme nous y sommes feodalement tenus, de lui être fideles, soumis & obéissans, comme à Notre legitime Seigneur feodal & héréditaire & que tous Nos Hoirs & Successeurs de nosdites Seigneuries, Terres & Sujets prêteront hommage héréditaire à chaque Marggrave qui est, ou sera pour lors & pour ces Fiefs, ils leur promettront & jureront comme Nous avons fait, sans fraude ni conteste. En foi dequoi Nous Balthasar, Guillaume & Christofle Freres & Cousins surnommés de Vandalie, avons apposé Nos Sceaux à la presente Lettre pour Nous & pour tous Nos Heritiers. Donné à Berlin le Lundi des onze mille Vierges, l'An de la Naissance de Jesus-Christ 1415.

B.

Lettre Reversale de Jean Duc de Meckleboug, touchant les Sommes par lui promises, pour son élargissement de Prison, à Ratenau le Samedi apres la St. Jean Baptiste, en 1427.

ANNO 1729.

NOus Jean par la Grace de Dieu Duc de Mecklebourg, Seigneur de Stargard & de Rostock, declarons publiquement par la presente Lettre pour Nous, Nos Heritiers & Successeurs, Ducs de Mecklebourg, à tous ceux, qui la presente verront ou entendront lire, qu'étant venus & tombez en juste & legitime prison du Serenissime Prince & Seigneur, le Seigneur Frederic, Marggrave de Brandebourg, Archi-Chambellan du St. Empire Romain & Bourggrave de Nuremberg, Nous avons accordé & sommes convenus avec lui, pour être élargis de cette prison, de la somme de trois mille Schock de Grosches Bohemiens, à laquelle somme Nous nous sommes engagez & obligez tant par écrit selon la teneur & l'exposé, tant de la presente, que d'autres Lettres, dans lesquelles Nous nous sommes obligez par écrit scellé de Notre Sceau pour deux mille Schock audit Marggrave Frederic & à ses Heritiers, sous la Caution des Srs. Hassen & Achen de Bredow Cousins, Jean de Waldow Cousin, Otton de Schlieben, Wernher de Holtzendorff, & Jean de Arnim demeurant à Boitzenbourg, qui seront Debiteurs & tenus de payer pour élargissement de cette prison juste & legitime mille Schock de bons Grosches Bohemiens, ou trois mille Florins de Rhin de poids & bon alloi. Promettons pour Nous & pour Nos Heritiers, de vouloir exactement & entierement donner & payer ces mille Schock ou trois mille bons Florins de Rhin audit Marggrave Frederic, à ses Heritiers ou au Possesseur de cette Obligation authentique, & cela à compter du Jour de la prochaine St. Martin à deux Années consecutives, dans leur Ville de Bernau située au Barnym & de maniere que ledit Marggrave soit tenu franc & exemt de tout dommage, le tout sans dol, ni cautéle. Que s'il arrivoit que Nous ledit Duc Jean n'eussions pas payé au lieu & terme marqué la susdite somme audit Marggrave, à ses Heritiers ou au legitime Possesseur de cette Obligation authentique, Nous avons dit, promis & juré par les Saints, & en vertu de la presente disons, promettons & jurons au Marggrave Frederic, à ses Heritiers ou à ceux qui auront charge de lui pour ce sujet, à la premiére sommation qui Nous en sera faite, d'entrer à cheval dans leur Ville de Bernau, & de Nous rendre dans l'Hôtellerie qui Nous sera nommée, de Nous y arrêter & loger sans en vouloir ni pouvoir sortir, que de la volonté & authorité dudit Marggrave Frederic, de ses Heritiers ou Agens, jusqu'à l'entiére liquidation & parfait payement tant de la Somme Capitale, que de tous dommages que Nous pourrions avoir fait, voulant pour lesdits dommages, nous en rapporter à leur simple parole, sans en exiger autre preuve, ni serment, le tout sans aucune fraude, dol, ni cautele. En foi dequoi, & pour plus grande sureté, Nous ledit Duc Jean de Mecklebourg &c. avons d'entiere science & franche volonté apposé notre Sceau à la presente Lettre, donnée à Ratenau l'An depuis la Naissance de N. S. J. Christ 1427. le premier Samedi après la St. Jean Baptiste.

(L.S.)

app.

C.

Lettre Reversale du Duc Jean de Meklebourg, dans laquelle il reconnoit avoir reçu à Fief Masculin toutes ses Terres & Sujets, de Frederic Marggrave de Brandebourg, Archi-Chambellan du St. Empire Romain & Bourggrave de Nuremberg, d'en avoir prêté serment corporel & juré par les Saints de Paradis l'An 1427.

NOus Jean par la grace de Dieu Duc de Meklebourg, Seigneur de Stargard & de Rostock, declarons publiquement par la presente en notre nom & en celui de nos Heritiers & Successeurs les Ducs de Mecklebourg, à tous ceux qui la verront ou en entendront la lecture, qu'étant parvenus & tombez en juste & legitime prison du Serenissime Prince & Seigneur le Seigneur Frederic Marggrave de Brandebourg,

ANNO 1729. bourg, Archi-Chambellan du St. Empire Romain & Bourggrave de Nuremberg, Nous avons accordé & obtenu la fin de cet emprisonnement pour une Somme d'argent & qu'outre ladite somme d'argent, il a été arreté & conclu par voye d'arbitrage, que Nous le susdit Duc Jean, nos hoirs & Successeurs les Ducs de Meklebourg aurions reçu en veritable Fief masculin dudit Marggrave Frederic, de ses Hoirs & du Marggraviat de Brandebourg, toutes Nos Terres & Sujets en quelque lieu qu'elles puissent être situées, & de quelque nom qu'on les nomme, sans exception, & que nous lui en aurions fait serment corporel par les Saints; Comme en effet en vertu de la presente Lettre Nous faisons serment corporel par les Saints, que nous tenons & recevons en veritable Fief masculin du susdit Frederic Marggrave de Brandebourg, de ses Hoirs & du Marggraviat de Brandebourg, toutes nos Terres & Sujets, & chacune de leurs Dependances, de maniere, que nous & tous nos Hoirs & Successeurs les Ducs de Mecklebourg voulons & devons être fideles & obéissans audit Marggrave Frederic, à ses hoirs & Successeurs, ainsi qu'un Vassal est de droit tenu envers son Seigneur héréditaire, sans fraude ni cautele: Outre cela, Nous ledit Duc Jean, nos hoirs & Successeurs Ducs de Mecklebourg voulons aussi & devons, à toutes les mutations qui arriveront de nos Fiefs, Terres & Sujets, en relever & les recevoir à veritable Fief masculin dudit Marggrave Frederic, de ses hoirs & Successeurs les Marggraves de Brandebourg, suivant la coutume de Droit feodal masculin, d'adherer à perpetuité & de demeurer attachez avec toutes nos terres & sujets à Eux, à leurs Hoirs & Successeurs les Marggraves de Brandebourg dans toutes leurs guerres, leurs besoins ou affaires; envers & contre tous, sans exception, de leur prêter aide, conseil & fidele assistance sans jamais Nous departir d'Eux ni de leur Païs, le tout sans dol. Que si nous, nos hoirs & Successeurs les Ducs de Mecklebourg occupions ou tenions quelques Châteaux, Villes, Pays ou Sujets appartenans au Marggraviat de Brandebourg, parce qu'elles Nous auroient été engagées, & que ledit Marggrave Frederic, ses hoirs ou Successeurs les Marggraves de Brandebourg, nous recherchent ou Nous poursuivent en droit pour retirer ou degager ces Châteaux, Villes, Païs & Sujets de nos mains, ou de celles de nos hoirs ou Successeurs les Ducs de Mecklebourg, Nous leur en ferons acquit & satisfaction, & leur en repondrons, dans les Villes & par devant ceux, devant qui Nous sommes obligez de répondre, sans dol ni conteste. De plus, à l'égard de la sommation de l'hommage que ceux de Prentzlau ont fait à Notre Pere & Notre Cousin le feu Duc Ulric, sur le Karrenberg; à ce que Nous croyons, & pour lequel Nous les avons toûjours sommez d'an en an, jusqu'à present; Nous ledit Duc Jean sommes convenus avec notre gracieux Seigneur le Marggrave Frederic, qu'à l'avenir & du jour de la presente Lettre, Nous, Nos Hoirs & Successeurs les Ducs de Mecklebourg, relâchons & remettons à ceux de Prentzlau cette sommation d'hommage héréditaire, & promettons de ne les en jamais sommer & que Nous ne voulons ni ne pouvons jamais les rechercher ni leur en vouloir, au sujet de cette sommation d'hommage, le tout sans fraude. En foi dequoi & pour plus de sureté, Nous ledit Duc Jean de Mecklebourg &c. d'entiere science & franche volonté avons fait apposer Notre Sceau à la présente Lettre, donnée à Ratenau l'An depuis la Naissance de Notre Seigneur Jesus-Christ 1427. le premier Samedi après la St. Jean Baptiste.

(L. S.)
app.

D.

Minute d'une Lettre de Frederic Marggrave de Brandebourg au Duc Jean de Mecklebourg l'An 1427.

A Très Illustre Prince, Notre Amé & Féal, Salut. L'Illustre Princesse Dame Catherine Duchesse de Mecklebourg &c. Notre chere belle-sœur, Nous a implorez sur ce que Vous & votre Cousin le Duc Henri étiez en differend & en dispute avec Elle, ses Enfans & ses Païs, & que Vous lui faisiez un tort & une injure considerable, surquoi Nous Vous avons déja écrit ci-devant. De plus elle Nous a declaré qu'elle reconnoissoit notre Jurisdiction, pour Elle Notre belle Sœur & ses Enfans contre Vous & Vos Cousins. Sachant donc très-bien, en quelle maniére Vous Nous êtes obligez & que Nous avons Jurisdiction sur vous envers & contre tous, Nous demandons & Vous prions avec instance, de vouloir parler à votre Cousin le Duc Henri sur ce sujet & de lui dire de surséoir en douceur ce differend entre Vous & notre belle-Sœur, ses Enfans & ses Païs, & de vous en rapporter pour cette cause & ce differend à Nous, & de reconnoître Notre Jurisdiction sur Vous & sur votre Cousin: Alors Nous Vous assignerons un jour, auquel Nous tâcherons de Vous accommoder & de Vous accorder ensemble à l'amiable. Mais arrivant le contraire, que Vous & Votre Cousin le refusiez & que Vous veniez à attaquer, à ce sujet, notre belle-Sœur, ses Enfans ou ses Païs, Vous comprenez bien de Vous-même, qu'en ce cas Nous ne pourrions pas abandonner Notre belle-Sœur, ses Enfans & ses Païs, mais que Nous lui ferions droit, & lui prêterions assistance. Nous ne voulons pas croire, que Vous permettiez, que les choses en viennent là. C'est suivant votre réponse à la présente, que Nous aurons à Nous regler. Donné à Perleberg, le Mardi Jour de la Ste. Catharine l'An du Seigneur 1427.

Jean par la Grace de Dieu Marggrave de Brandebourg.

Au Duc Jean de Mecklebourg. Minute touchant la Duchesse de Mecklebourg.

E.

Lettre du Duc Jean de Mecklebourg à FREDERIC *Marggrave de Brandebourg l'An* 1437.

TRès Illustre Prince, Gracieux Seigneur, après Nos offres de tous bons services, Votre Grace sçaura, que sur ce que Vous Nous aviez écrit de venir vers Vous, Nous avons répondu qu'à présent pour cause d'infirmité du Corps, Nous ne pouvions point venir, Nous Vous prions donc de ne le pas prendre en mauvaise part, & de ne Nous en point blâmer, mais de Nous vouloir justifier. Que si de Votre connoissance, ou de celle de Vos Conseillers, il y avoit eu quelque manquement en Nous à l'égard de Vos gens, Nous Vous prions de vouloir donner vos Ordres par Jean de Arnim, pour Nous faire savoir en quoi, Nous aurions dépiû ou été contraires à Votre Grace. Car comme Nous avons toûjours été portez à tous bons offices envers Nos Illustres Seigneurs, Votre cher Pére & votre Frére, ainsi le voulons Nous encor être de même envers Vous de bon cœur & pour toûjours. En réponse à Votre obligeante Lettre, donné à Lychen le Lundi de la S. Martin, sous Notre Sceau, l'An du Seigneur 1437.

Jean par la Grace de Dieu Duc de Mecklebourg.

Au Sérenissime Prince & Seigneur, le Seigneur Frédéric, Marggrave de Brandebourg & Bourggrave de Nuremberg, Notre Gracieux Seigneur.

F.

Lettre de Balthasar, Seigneur des Vandales, à FREDERIC *Marggrave de Brandebourg en* 1416.

APrès Nos affectionez services &c. Vous saurez cher & gracieux Seigneur, que Notre Haverman est venu aujourd'hui chez nous, il nous a appris, que les Seigneurs de Mecklebourg ne sont pas fort unis ni d'accord entr'eux; Il Nous dit aussi, cher Seigneur, que si le Duc Albert ne veut pas qu'à ceux de Plesse aucuns vivres de ses Villes - - -

 laissent

laissent parvenir. Outre cela cher Seigneur, il nous a avertis, qu'il croiroit fort utile, s'il plaisoit ainsi à Votre Grace, que Vos gens entrassent dans cette petite Ville, que nous nous poste ions devant elle, jusqu'à ce que Vous même nous vinssiez joindre avec vos forces; car cher Seigneur, nous esperons, s'il plait à Dieu, que Vous n'en êtes pas fort éloigné, & que Vous gagnerez ces deux Villes & Chateaux, sans aucun doute. De plus, cher Seigneur, il nous a appris que le Duc Ulric & ceux de Plesse sont aussi en desunion & en mesintelligence, & Dieu aidant Vous & Nous esperons bonne issue de toutes nos affaires, pourvu que Votre Grace veuille incessamment suivre avec ses forces, parce qu'il n'y a plus gueres de vivres dans la Place, suivant ce qu'on Nous a dit &c. Outre cela Nous croyons, qu'il ne plairoit peut-être pas à Votre Grace, que Nous campions devant; en ce cas, nous avons d'autres chemins & détours, mais le plus sûr feroit, que vos Cavaliers rentrassent ensuite dans Wittstock, parce que les autres Villes bien loin à la ronde, sont depourvûes de fourage pour la Cavallerie, & que Votre Grace veuille aussi disposer les choses avec l'Evêque de maniére, qu'ils y trouvènt le necessaire, dont ils auront bésoin. Cher Seigneur, pensez à ceci, si vous le jugez utile, & que Vous le veuilliez ainsi, pour Nous nous le tiendrons bien fait. Aussi cher Seigneur, Nous Vous prions de nous écrire, si vous le jugez à propos, pour l'amour de qui nous devons abandonner les Seigneurs de Mecklebourg, si c'est pour l'amour de Vous ou à cause desdits Seigneurs ou pour l'amour de nous-même. Cher Seigneur, si votre Grace nous écrit sur toutes ces choses, Nous les voulons très-volontiers tenir. Nous vous recommandons à Dieu pour un long-tems. Ecrit de Neu-Ruppin du Samedi avant le Mardi gras, sous Notre Sceau en 1416.

Balthasar par la Grace de Dieu,
Seigneur de Vandalie.

A très-Illustre Seigneur & Prince,
le Seigneur Fréderic Marggrave
de Brandebourg, Bourggrave de
Nuremberg, Notre cher & Gracieux Seigneur.

G.

Mandement Imperial aux Etats des Pays des Vandales, qu'ils ayent à prêter Hommage à FREDERIC I. *Electeur de Brandebourg, l'An* 1436.

NOus Sigismond, par la Grace de Dieu, Empereur Romain toûjours Auguste, Roy de Hongrie, de Boheme, de Dalmatie, de Croatie, &c. &c. Aux Prélats, aux Nobles Vassaux & aux Villes & Pays des Vandales, Nos Amez & Feaux de Nous & de l'Empire, Notre Grace & tout Bien. Amez & Feaux, l'Illustre Prince Fréderic, Marggrave de Brandebourg, Archi-Chambellan du St. Empire Romain & Bourggrave de Nuremberg, Nôtre cher Oncle & Electeur, Nous a fait proposer & rapporter par Son Ministre Envoyé en notre Cour, que les Pays des Vandales étoient des Fiefs relevans & mouvans de la Marche de Brandebourg, & qu'on les a de tout tems tenus à fief d'un Marggrave de Brandebourg, qu'ainsi à présent, ceux des Vandales étant éteints & defaillis par mort, ces Pays là seroient dès-lors échus & dévolus à lui & à la Marche de Brandebourg: ainsi il Nous a priez avec instance, de le favoriser en ceci. A ces causes la chose étant telle, Nous ordonnons & enjoignons par la présente très séverement de notre Puissance & Authorité Imperiale, que Vous ayez à adherer & à vous tenir à notre dit Oncle, le Marggrave Fréderic & à la Marche de Brandebourg, à lui prêter Hommage ou à Son Plenipotentiaire & à vous joindre à lui & à la Marche de Brandebourg, sans delay, & en ce Vous ferez entierement, ce qui est de notre intention, & bon plaisir. En foy dequoi nous avons apposé à la présente Lettre notre Sceau Imperial pendant. Donné à Prague le Jour de St. Leonhard l'An de Jesus-Christ 1436. De nos Regnes, savoir de celui de Hongrie le 50. Du Regne des Romains le 27. De celui de Boheme le 17. Et de notre Empire le 4.

(Avec le Sceau pendant.)

Par Mandement de notre Seigneur l'Empereur Caspar Sligh, Secretaire de Guerre.

H.

Copie de la Citation & Pouvoir Imperial adressé aux Ducs de Mecklebourg, au sujet du Pays des Vandales l'An 1437.

NOus Sigismond, par la Grace de Dieu, Empereur Romain toûjours Auguste, Roy de Hongrie, de Boheme, de Dalmatie, de Croatie, &c.

Aux Illustres Henry & autres Ducs de Mecklebourg, Nos amés Oncles & Princes, notre Grace & tout Bien. Amez Oncles & Princes, depuis peu le Pays des Vandales est devenu vacant pour cause de mort des Princes des Vandales, comme il Vous sera bien connu, & comme nous avons appris, que Vous y pretendriez avoir quelques Droits, & que Vous voudriez vous soumettre ces Pays ce qui - - - - - - Nous semble, mais comme notre sentiment & celui de l'Empire est de - - - - - - Fréderic, Marggrave de Brandebourg &c. notre cher Oncle & Electeur - - - - - - - - à cause de la Marche de Brandebourg y doit avoir droit & prétention. Sur quoy ayant ajourné & cité le Marggrave Fréderic, les Prelats - - - - - & Villes à un certain jour - - - - - au dixiéme jour après St. Jaques & St. Philippe, ou s'il - - - - - - n'étoit pas jour plaidoyable, au premier jour plaidoyable suivant - - - - - - de venir ou d'envoyer son Procureur ou Ayant cause & Plein-pouvoir - - - - - - pour en connoître, à qui ces Pays des Vandales de droit - - - - - - C'est pourquoi de notre Puissance & Authorité Imperiale, nous vous sommons & citons - - - - - par la présente Lettre peremtoirement savoir, que Vous ayez au - - - - - - dixiéme jour après la St. Jaques & la St. Philippe, ou si ledit jour - - - - n'étoit pas jour plaidoyable suivant - - - - par devant Notre Majesté Imperiale au lieu où nous nous trouverons pour lors - - - - - - de comparoître pour plaider, ou Votre Procureur ou Ayant cause & Plein pouvoir - - - - - - pour ouïr cette cause en droit, & la décider, comme il appartiendra pour - - - - - - & pour en connoître, à qui de droit les dits Païs appartiennent ou - - - - sont devolus de droit - - - soit donc que vous veniez ou non, que vous envoyiez ou non, Nous voulons néanmoins laisser libre cours à la Justice, ainsi que le droit exigera & qu'il conviendra. Ordonnons aussi par la présente très-severement, que Vous ayez à ne vous arroger ni à vous soumettre plus avant ces Pays des Vandales, jusqu'à ce qu'il soit décide & prononcé par Nous à qui de droit ils appartiennent legitimement, & n'avancer pas plus outre dans cette affaire sous peine d'encourir notre disgrace. Nous Vous ferons aussi signifier ce jour-là notre juste Décision & celle de l'Empire. C'est à quoi Vous aurez à Vous conformer, Donné à Prague l'An de la Naissance de Jesus-Christ 1437. le Jeudi après le Dimanche *Invocavit*, de Notre Regne de Hongrie le 50. De celui des Romains le 27. De celui de Bohéme le 17. Et Notre Empire le 4.

Par Mandement de Notre Seigneur Empereur
Marquard Brisacker.

I.

Transcript de l'Empereur Sigismond, sur la Lettre que ceux des Vandales & de Werle ont donnée à l'Electeur de Brandebourg FREDERIC I. *en* 1415. *touchant leur prestation d'hommage, & ce qui se voit ci-dessus Lettre A. Le Transcript est daté de l'An* 1437.

NOus Sigismond, par la Grace de Dieu, Empereur Romain, toûjours Auguste, Roy de Hongrie, de Bohême, de Dalmatie, de Croatie, &c. Declarons par la présente, à tous ceux, qui la verront ou l'entendront lire, qu'aujourd'hui selon la date de la présente Lettre, seroit comparu devant Nous en Cour l'Illustre Prince, Notre cher Oncle & Electeur Fréderic Marggrave de Brandebourg, Archi-Cham-

ANNO 1729. Chambellan du St. Empire Romain & Bourggrave de Nuremberg, Nous requerant de lui faire droit au sujet des Pays de ceux des Vandales, & qu'il auroit produit en Cour une Lettre, contenant que les Provinces des Vandales feroient un Fief du Marggraviat de Brandebourg, & que ceux des Vandales l'auroient tenue en Fief & reçue de Lui Marggrave de Brandebourg & - - - - Nous, de l'avis des Princes & Seigneurs, seans avec Nous en jugement, ne voulant pas pour lors examiner la Question principale, mais assigner pour cela un autre jour plaidoyable; Nôtre dit Oncle nous réquit de lui vouloir donner Copie vidimée sous notre Sceau Imperial de ladite Lettre, attendu qu'il ne feroit ni sûr ni à propos, de risquer la Lettre originale; Ce que Nous lui avons reconnu & reconnoissons en vertu de la présente, qu'on doit donner à cette Copie entiére foi & créance dans toutes les Villes & les Cours, de même que si l'on présentoit la Lettre originale. Or la teneur de ladite Lettre originale est de mot à mot telle que s'ensuit:

NOus Balthasar & Guillaume Fréres, & Nous Christophle leur Cousin, tous Seigneurs des Vandales & de Werle, faisons sçavoir & confessons pour Nous & pour tous Nos Hoirs, à tous ceux qui la présente verront ou entendront lire, que d'un sentiment unanime & de sens bien rassis, après une meure Déliberation & du plein Conseil de Nos Amez & Feaux Conseillers, par amour de la paix, pour l'avantage & plus grande utilité de Nous, de Nos Heritiers, de Nos Pays & Seigneuries, Nous adherons entiérement & tout à fait en Nôtre Nom, & en celui de tous nos Hoirs avec nos Seigneuries, Pays & Sujets à Très-Illustres Princes & Seigneurs, le Seigneur Fréderic, Marggrave de Brandebourg, Archi-Chambellan du St. Empire Romain, & Bourggrave de Nuremberg, à ses Hoirs, & à leurs Pays de la Marche de Brandebourg; que Nous nous attachons & donnons à Eux en vertu de cette Lettre de telle maniére, que Nous & nos Héritiers, à présent & à perpetuité, avec tous & chacun de Nos Pays & Sujets, Vassaux, Citez, Chateaux, & Domiciles, sans aucune exception, voulons adhérer à Lui, Nôtre Seigneur le Marggrave, à ses Successeurs & à ses Pays de la Marche pour lui donner aide, conseil & fidele assistance envers & contre tous, dans toutes leurs Guerres, leurs affaires ou necessitez de tout nôtre pouvoir, sans équivoque, fraude ni conteste, & qu'autant de fois que besoin sera, nous les maintiendrons, defendrons & protegerons envers & contre tous, de même que nos propres Terres & Sujets, le tout sans dol. Surquoi Nous, de Nôtre franche volonté, confessons avoir reçu en Fief légitime, pour Nous & Nos Hoirs, toutes Nos Seigneuries, nos Terres & nos Sujets, sans exception, de nôtre susdit Seigneur le Marggrave Fréderic, en sorte que Nous & Nos Hoirs devons & voulons doresenavant & à perpetuité tenir & recevoir à Fief relevant & mouvant dudit Seigneur Marggrave, de ses Hoirs & du Marggraviat, toutes Nos Seigneuries en géneral & chacune en particulier, grandes ou petites; quelque Nom qu'elles puissent avoir, sans exception; que ces Seigneuries seront à perpetuité & sans appel relevantes & mouvantes d'Eux & du Marggraviat, & Nous reconnoissons leur Pouvoir sur Nous, tel que l'ont d'autres Seigneurs sur leurs Vassaux, Nous Lui avons prêté formellement hommage héreditaire, comme à Nôtre Seigneur & Nous Lui avons promis de bonne foi, & juré par les Saints de Paradis de vouloir procurer tout le Bien & détourner tout dommage de Lui Nôtre Seigneur, de ses Hoirs & du Marggraviat, de lui être fideles Vassaux, comme Nous y sommes feodalement tenus, de lui être fideles, soumis & obéissans comme à nôtre légitime Seigneur feodal & héreditaire, & que tous nos Hoirs & Successeurs de nosdites Seigneuries, Terres & Sujets prêteront hommage héreditaire à chaque Marggrave qui est, ou sera pour lors, & pour ces Fiefs ils leur promettront & jureront comme nous avons fait sans fraude ni conteste. En foi dequoi Nous Balthasar, Guillaume & Christofle, Fréres & Cousins, surnommez de Vandalie, avons apposé Nos Sceaux à la présente Lettre pour Nous & pour tous nos Héritiers. Donné à Berlin le Lundi des onze mille Vierges, l'An de la Naissance de Jesus-Christ 1415. Fait à Egra, & signé du Sceau de Sa Majesté Imperiale l'An de la Naissance de Jesus-Christ 1437. le Jeudi après la Ste Marguérite. De Nôtre Regne de Hongrie le 51. De celui des Romains le 20. De celui de Boheme le 10. & de Nôtre Empire le 15. ANNO 1729.

(L. S.)
app.

Par Mandement de Nôtre Seigneur l'Empereur

Hermann Hecht.

K.

Transaction de Succession passée entre FREDERIC II. *Electeur de Brandebourg, & les Ducs de Mecklebourg, dans laquelle ceux-ci promettent, que leurs Etats prêteront un hommage de Succession Eventuelle au premier, à ses Freres & à leurs Heritiers. A Wittstock le Jeudi après la Quasimodo, l'An 1442.*

NOus Fréderic, par la Grace de Dieu, Marggrave de Brandebourg, Archi-Chambellan du St. Empire Romain, Bourggrave de Nuremberg, & Nous Henry le Vieux, Henry le Jeune, & Jean, Cousins & Fréres, par la même Grace, Ducs de Mecklebourg, Seigneurs de Rostock & de Stargard &c. & Comtes de Schwerin confessons publiquement par la presente Lettre pour Nous, nos Héritiers & Successeurs, à tous ceux qui la présente verront ou entendront lire, qu'ayant vu & reconnu les grandes injustices, les ravages, les meurtres, les incendies & les dommages que nos Pays de part & d'autre ont malheureusement soufferts & subis depuis quelque tems, par lesquels nos Pays & nos Peuples ont été fort affligez, desolez & ruïnez, pour y apporter remede & pour le soulagement, le bien & le repos géneral de nos Pays & Sujets, Nous nous sommes accordés ce jourd'hui, auquel la présente Lettre d'Accommodement est écrite, de Nous réunir & de Nous reconcilier amiablement, & que les divisions & les differens élevez & mûs jusqu'à ce jour, entre Nous & nosdits Pays & Sujets seroient accommodez & reglez selon les mesures & la maniére qui est décrite dans la présente Lettre. Prémierement Nous tous lesdits Ducs de Mecklebourg avons dit & promis à Nôtre cher Oncle & Beaufrére le Marggrave Fréderic, de faire jurer & prêter formellement & légitimement un véritable Hommage héreditaire par tous nos Pays, nos Sujets tant Ecclesiastiques que Séculiers, & par tous Nos Seigneurs, Hommes & Villes à Lui, à ses Fréres & tous leurs Héritiers & Successeurs Marggraves de Brandebourg, & cela de cette maniere-ci, savoir, que le cas arrivant, que Nous vinssions à mourir sans Héritiers mâles feodaux, ce qu'à Dieu ne plaise, alors Nos Pays & Sujets des Ducs de Mecklebourg, de Stargard, de Schwerin, & des Vandales; avec toutes leurs Seigneuries, leurs Seigneurs, Hommes & Villes; ensemble toutes leurs Immunitez, Priviléges & Graces, toutes telles qu'autrefois Nos defunts Ancêtres, & Nous mêmes jusqu'ici les avons tenuës & possédées, ces Pays & Sujets seront échus & devolus à notre cher Oncle & Beau-Frére ledit Marggrave Fréderic, à ses Fréres, à ses Hoirs & au Marggraviat de Brandebourg, dequoi nosdits Seigneurs, Hommes & Villes leur fourniront Lettres signées & scellées, afin que Nous venans à defaillir, ils le leur tiennent fidelement, sans dol ni fraude. Que si nous laissions des Filles après nous on les dotera & les pourvoira de l'avis de nos Seigneurs, Hommes & Villes de nos Etats; D'autre part; notredit cher Oncle & Beau-Frére le Marggrave Fréderic donnera de son côté des Lettres scellées à nos Seigneurs, Hommes, Villes & Pays, qu'au cas, que nos Terres ou Pays viennent à Lui échoir, ou à ses Fréres, ou leurs Hoirs & Successeurs, alors ils laisseront nosdits Pays, Seigneurs, Hommes & Villes dans toutes leurs anciennes Libertez, Graces, Privileges, Us & Coûtumes, telles qu'ils en ont joui d'ancienneté, le tout sans fraude. Or sur tout ceci, Nous sommes convenus d'un jour d'accommodement & d'accord à l'amiable, qui sera à Perleberg le Dimanche avant le jour de l'Ascension prochaine sur le soir, où nous voulons faire écrire & sceller cette Lettre de Convention, qui sera conçue de l'avis de tous nos Conseillers en

la

ANNO 1729. la meilleure forme & de la maniére la plus forte que faire se pourra, que Nous tous les susdits Princes devons & voulons demeurer fidelement unis & joints ensemble, de conseil, aide & assistance, en tout ce qui sera de plus jugé être de besoin ou necessaire, dans ladite Lettre de Convention, & que Nous & nos Conseillers reconnoîtrons être pour le mieux, afin que ces Lettres & toutes ces affaires soient proposées, terminées & scellées audit jour, en sorte que Nous n'ayons a l'avenir jamais plus d'inimitié ni sujet de craindre d'en venir à des Guerres ou à des hostilitez.

Outre cela, Nous ledit Marggrave Fréderic avons declaré & promis aussi audit lieu & jour dont nous sommes convenus, comme il est écrit ci-dessus, en notre nom & en celui de nos Fréres, de tous nos Hoirs & Successeurs Marggraves de Brandebourg, que Nous voulons nous deporter entierement du Pays des Vandales, & de tout ce que Nous, nos Fréres ou notre Marggraviat de Brandebourg y pourrions pretendre, Nous en être échu ou devolu pour cause de mort de feu Notre cher Seigneur & Pere, ensemble que pour le benefice de notre cher Oncle & Beau-Frére & de ses Hoirs, Nous nous desistons volontairement & renonçons à tout ce que Nous pourrions sur ce sujet, fournir de preuves ou de Lettres écrites, soit avant, soit après la conclusion de ces affaires. Que si même il arrivoit, que quelqu'un, qui que ce puisse être, vînt à poursuivre ou à intenter action à Nos chers Oncles & Beau-Fréres, pour leur Pays des Vandales, dont il auroit reçû la garantie, alors en bonne amitié Nous les assisterons, & leur prêterons aide & conseil de tout nôtre pouvoir. Or pour cela, Nous les trois Ducs de Mecklebourg voulons & nous obligeons d'acquitter & de dégager Notre cher Oncle & Beau-Frére le Marggrave Fréderic & ses Fréres de la Somme qu'il doit au Très-Illustre Prince le Seigneur Joachim Duc de Stettin, de cinq mille Florins de Rhin de bon poids & alloi, & de lui en fournir & envoyer une decharge signée dudit Duc, comme ledit Marggrave est declaré, quitté & dechargé de ces cinq mille Florins dûs au Duc Joachim, le tout sans dol ni fraude.

De plus, comme il y a déja quelque tems, que Nous Marggrave Fréderic avec les Seigneurs de Stettin aurions conquis & pris en guerre les Villes & Chateaux, de Lychen, de Woldegge & de Helpte sur Notre cher Oncle le Duc Henry, comme le confirme la teneur des Lettres écrites & scellées sur ce sujet. Nous Marggrave Fréderic pour la singuliére amitié & bienveuillance que Nous portons à nos chers Oncles & Beau-Fréres de Mecklebourg, leur avons promis de vouloir employer fidelement nos soins & bons offices envers les Seigneurs de Stettin, de qui cela dépend, & d'essayer, si par bonne amitié nous pourrions convenir avec Eux, & les porter à vouloir rendre à notre cher Oncle le Duc Henry, la part qui leur revient, & qu'ils ont sur Woldegge & Helpte. Que si Nous y pouvons réussir, il n'y aura pas beaucoup de difficulté de Notre côté, pour la part que Nous avons sur Woldegge & Helpte, & alors Nous le leur rendrons amiablement & de bon cœur.

Mais au cas, que par amitié, nous ne pussions pas y faire consentir lesdits Seigneurs de Stettin, à quoi cependant Nous travaillerons fidelement, alors nous avons promis à notre cher Oncle & Beau-Frére selon l'accord dont Nous sommes convenus aujourd'huy, que quant à la part qui nous revient & qui nous appartient sur Woldegge & Helpte, Nous la livrons & remettons a Notre Cousin le Duc Henry de Mecklebourg & Schwerin, a telle condition, que s'il en vouloit faire donation à quelqu'un, il en aura pleine disposition, mais pour le tout il observera au Duc de Stettin, les Conventions, sur les Chateaux nommez pour la part qu'il a sur ces Chateaux en communauté, le tout sans dol; & notredit Cousin, ou celui à qui il le pourroit remettre ou donner peut être assuré & certain, que de notre part, nous ne formerons plus aucune pretention sur Helpte & Woldegge, mais que Nous la laisserons à leurs Seigneuries, pour leur demeurer de même que toutes leurs autres Villes, toutefois sans préjudice de Nous, de nos Fréres, Héritiers ou Successeurs Marggraves de Brandebourg par raport à ce qui concerne la Ville de Lychen, Notre Cloitre de Himmelporte avec ses appartenances & dépendances, & sans porter préjudice aux Lettres qui Nous ont été données & scellées à ce sujet, par notre cher Oncle le Duc Henri, lesquelles doivent demeurer dans leur force & vigueur en tous leurs points & articles; le tout sans dol ni fraude. ANNO 1729.

Comme Nous lesdits Seigneurs, Ducs de Mecklebourg & Schwerin avions pensé, il y a quelque tems, de décider la cause feodale de Pottlist par convocation de Vassaux, avec Noble Balthasar Gennse & ses Fréres, Seigneurs de Pottlist, Nous avons promis à Notre cher Oncle & Beaufrére le Marggrave Frederic, que les affaires sur lesquelles Nous avons eu pourparler en dernier lieu avec lesdits de Gennse à Wittemberg, seront tout à fait levées & que ce que lesdits de Gennse ont de situé dans les Etats des uns ou des autres d'entre Nous, en Villages, Revenus, Fiefs ou garanties, ils peuvent & doivent les garder, mais ils satisferont pour cela aux Droits de vasselage, & le cas arrivant à l'avenir, que nous entreprissions de rechercher plus loin les de Gennse ou leurs Héritiers, au sujet de Pottlist, alors Nous le voulons & devrons faire par devant Notre cher Oncle & Beaufrére le Marggrave Frederic ou ses Héritiers & leurs Conseillers, en sorte que de part & d'autre on s'en tiendra à ce qu'ils auront prononcé & decidé dans cette cause, & Nous ne les infesterons ni ne les violenterons pas davantage pour cette cause, le tout sans conteste.

Au reste Nous promettons, que quand Nous tous les susnommez, le Marggrave Frederic, le Duc Henri l'ainé, le Duc Henri le jeune, & le Duc Jean serons comparu au jour, alors de l'avis de Nos Conseillers, Nous souscrirons & scellerons les susdits Articles de bonne amitié, tels qu'ils viennent d'être mentionnez, que Nous les tiendrons reciproquement les uns aux autres fermement, constamment & fidelement, que Nous ne manquerons ni ne prorogerons point le jour ci-dessus assigné à moins d'en être empêchez pour cause de quelque grand & pressant danger de la vie & du corps. Au cas que l'un ou que plusieurs d'entre Nous, s'en trouvassent ainsi empechez pour cause de quelque grand ou dangereux besoin, en sorte que l'entrevue ne se fit pas au lieu & jour denommez, cela ne nuira toutefois en rien aux Points ou Articles ci-dessus écrits, en aucunes de leurs parties, & les choses qui y sont contenues & alleguées, demeureront en leur état, de bonne amitié, jusqu'à ce qu'on soit convenu d'un autre jour, ou l'on ait le tems & loisir necessaire pour executer & parfaire toutes les choses, telles qu'elles sont ici prescrites, le tout sans dol ni fraude.

Nous Marggrave Frederic, pour nous & notre Frere le Marggrave Frederic, le Duc Henri le vieux, le Duc Henri le Jeune, pour nous & notre Frere le Duc Jean, déclarons & nous promettons les uns aux autres en presence de nos Conseillers, en notre Nom & en celui de nos Hoirs & Successeurs, de vouloir tenir tous les Points, Articles & Parties & chacun d'eux en particulier, qui sont décrits dans la presente Lettre fermement, constamment & inviolablement, sans fraude ni dol, sur notre foi, nom & dignité de Princes. En foi & preuve de quoi, Nous le Marggrave Frederic, le Duc Henri le Vieux, le Duc Henri le Jeune pour nous & pour notre Frére le Duc Jean avons apposé nos Sceaux à la presente Lettre en notre nom & en celui de nos Hoirs & Successeurs. Fait & donné à Wittstock l'An après la naissance du Fils de Dieu 1442. le Jeudi avant le Dimanche auquel la Sainte Eglise chante *Quasimodogeniti*.

(L. S.)	(L. S.)	(L. S.)	(L. S.)
app.	app	app.	app.

L.

Lettre Reversale des Ducs de Mecklebourg, dans laquelle ils déclarent, que les Etats de leurs Provinces ont formellement prêté hommage héreditaire aux Marggraves de Brandebourg l'An 1442.

NOus Henri le vieux, Henri le jeune, & Jean, Cousins & Frere, par la grace de Dieu, Ducs de Mecklebourg, de Rostock & de Stargard, Seigneurs & Princes des Vandales, déclarons publiquement par la présente Lettre en notre nom & en celui de tous nos Héritiers & des Héritiers de nos Héritiers à tous ceux qui la presente verront & l'entendront lire, qu'à notre ordre & de notre plein consentement, nous avons

ANNO 1729. vons fait prêter véritable hommage héréditaire par tous nos Etats & Peuples, par nos Prelats, nos Seigneurs, Hommes & Villes au Très-Illustre Prince & Seigneur, le Seigneur Frederic, Marggrave de Brandebourg, Archi-Chambellan du St. Empire Romain, & Bourggrave de Nuremberg notre cher Oncle & Beaufrére & à tous leurs Hoirs & Successeurs les Marggraves de Brandebourg, & que nosdits Prelats, Seigneurs, Hommes & Villes, Nos Pays de Mecklebourg, Stargard, des Vandales, de Rostock & de Schwerin ont actuellement prêté de bon cœur en notre presence ledit hommage héreditaire à notre dit cher Oncle & Beaufrere en telle maniére, que s'il arrivoit, que Nous les Ducs de Mecklebourg vinssions à manquer ou defaillir pour cause de mort, que tout sexe masculin de notre Maison fut éteint, & qu'il ne restât plus aucuns mâles, Seigneurs de Mecklebourg en vie, ce qu'à Dieu ne plaise, alors nosdits Prelats, Seigneurs, Hommes & Villes & tous leurs Heritiers & Descendans veulent & doivent se tenir & adherer audit Marggrave Frederic à son Frere & à tous leurs Hoirs & Successeurs Marggraves de Brandebourg, comme à leur Seigneur naturel & legitime, lui être affectionnez & feaux de même que le sont leurs autres Sujets & Villes situées dans la Marche de Brandebourg; C'est ce que nosdits Hommes & Villes ont juré par les Saints de vouloir tenir sans dol ni fraude. A quoi l'on a de plus inseré, que si nous lesdits Ducs Henri le vieux, le Duc Henri le jeune & le Duc Jean venions à mourir, ce que Dieu veuille detourner, & que nos Sujets & nos Villes prêtassent foi & hommage à nos Hoirs mâles, alors nosdits Hoirs ramentevront & publieront hautement à tous nos Sujets & Villes, & à tous leurs Heritiers & Successeurs pour lors vivans, cet hommage qu'ils ont prêté à notredit Oncle & Beau-Frere, & leur diront de conserver la memoire de cet hommame; afin qu'au cas que notre race vînt à s'éteindre, ils ayent à observer & à tenir cet hommage tel qu'il est écrit ci-dessus. Or cet hommage s'est fait tant à cause de notre amitié & bien-veuillance singuliere, que pour procurer la Paix & le Bien des Etats d'une & d'autre part & pour amelioration de toutes nos Terres & Sujets. Ce qui nous y a encore porté, c'est que nosdits Oncles & Beaufréres le Marggrave Frederic & son Frere se sont bien voulu desister amiablement de la prétention & du droit qu'ils avoient & croyoient avoir, sur les Principautez des Vandales, comme aussi, ce que Notre cher Oncle & Beaufrere le Marggrave Frederic Nous a promis, qu'au cas, que Nous, nos Hommes ou Villes vinssions a être recherchez par notre Seigneur le Roi des Romains, au sujet de la prestation d'hommage ci-dessus décrite, il releveroit & libereroit Nous, Nos Hommes & Villes de toute poursuite, le tout sans dol. Au cas qu'il arrive, que Nous, nos Heritiers & nos Princes étant morts, ces Pays tombassent à notredit Oncle & Beaufrere le Marggrave de Brandebourg, à son Frere ou à ses Heritiers & Successeurs de la maniére susdite, en laissant après Nous, nos Filles ou autres Dames issues de notre Maison, on les pourvoira de maniere convenable à leur rang de Princesse, de l'avis des Seigneurs, Hommes & Villes de nos Etats. A tous les Articles, accord & engagemens ci-dessus décrits ont été presens, & ont aidé à les proposer & à les conclure, les soussignez Nos Conseillers, nos Hommes & ceux de nos Villes, tous nos Amez & Feaux, nommément Hon. Henri Krau, Prévôt de Fredeland, Hon. Matthias Axkow, Chevalier; Luder & Helmond Lutzau, Maréchaux, Othon Vieregge, Henning Warborchi, Conrad Heinrich, Hennecke & Reimar, de Plesse, Joachim de Peutze, Jean Strahlendorff, Jean Flotow, Otton Sperling, & Eggert de Quitzow; Et de Nos Villes, Hon. Bernard de Alen, & Hon. Pierre Hanneman Bourguemaître de Rostock, Hon. Pierre Wilde, & Hon. Ludecke Altfelt Bourguemaître & Membre du Conseil de la Ville de Wismar; Otton Schwerin & Henri Rolewes Senateur à Parcham; Jacob Stonenhagen & Jacob Berghane Senateurs à Gustrow; Wanneberg Bandow, Joachim Linstow Bourguemaître & Senateur à Melchin; Meinicke Bleise & Henri Vluggo Senateurs à Plawe; Burchard Asselmann & Pierre Bruggemann, Bourguemaître & Senateur à Schwerin

Nous susdits le Duc Henri le vieux, le Duc Henri le jeune & le Duc Jean avec Nos Hoirs & Successeurs, devons & voulons tenir fermement, constamment & inviolablement tous les Points, Parties & Articles susmentionnés de la presente Lettre & chacun d'Eux en particulier. En foi & preuve de quoi Nous avons tous trois, pour Nous & pour nos Hoirs & Successeurs fait appofer Nos Sceaux à la presente Lettre, donnée & écrite l'An depuis la Naissance de Dieu 1442. ANNO 1729.

(L.S.) app. (L.S.) app. (L.S.) app.

M.

Confirmation de l'Empereur FREDERIC III. *sur tout ce qui a été arrêté & conclu entre le Brandebourg & le Mecklebourg au sujet de la Succession éventuelle qu'a le Brandebourg sur les Pays du Mecklebourg. A Franckfort le Lundi avant la Ste Marguerite l'An 1442.*

NOUS Frederic, par la grace de Dieu, Roi des Romains, toûjours Auguste, Duc d'Autriche, de Stirie, de Carinthie, de Carniole, Comte de Tirol, &c. Reconnoissons & declarons publiquement à tous ceux qui la presente Lettre verront ou qui l'entendront lire, que par devant Nous sont comparus l'Illustre Prince Frederic Marggrave de Brandebourg, Archi-Chambellan du St. Empire Romain, & Bourggrave de Nuremberg, Notre cher Oncle & Electeur d'une part, & Henri Duc de Mecklebourg, Seigneur de Rostock, de Stargard, des Vandales & Comte de Schwerin, en son Nom & en celui de Jean son Frere & de Henri son Cousin d'autre part, Amez & Feaux, de Nous & de l'Empire, qu'ils Nous ont rapporté & proposé, qu'Eux de part & d'autre avec leurs Pays & Peuples, leurs Châteaux, Villes & Frontieres & quelques endroits limitrophes de leurs Etats, auroient été depuis assez long-tems dans de grands troubles & desordres, à cause desquels leurs Peuples & leurs Pays auroient plusieurs fois été pillez, infestez & endommagez, même souvent desolez & ravagez par des meurtres & des incendies, en sorte que d'aucune part on ne pouvoit parvenir à paisible habitation ni à aucun domicile tranquille, surquoi ledit Duc Henri & sesdits Freres & Cousin avec leurs Sujets, leurs Villes & Pays auroient reconnus, que le meilleur seroit pour le bien general de leurs Pays & Peuples, qu'Eux les Seigneurs de Mecklebourg avec leurs Pays & Peuples en vinssent à une prestation d'hommage audit Marggrave Frederic, à son Frere & à leurs Hoirs de telle maniere, que s'il arrivoit que lesdits Seigneurs de Mecklebourg, ou leurs Heritiers feodaux masculins manquassent, ou que les Seigneurs de Mecklebourg vinssent à s'éteindre par mort, alors tous leurs Pays, leurs Sujets, Hommes & Villes seroient échus & devolus audit Marggrave Frederic, à ses Freres, & leurs Heritiers, Marggraves de Brandebourg & à l'Electorat de Brandebourg. Or comme de bonne amitié & unanimement ils nous auroient humblement requis, que nous leur accordions & donnions sur cette mouvance l'octroi, le consentement, & le Pleinpouvoir de Nous & de l'Empire. Sur ce, ayant consideré & reconnu tant les services assidus, affectionnez & fideles que Notredit Oncle le Marggrave Frederic & ses Freres ont frequemment rendus de leur bon gré à Nous & l'Empire, que ceux encore qu'ils veulent & peuvent nous rendre & à l'Empire pour l'avenir. Ayant de plus égard, à ce que l'Electorat de Brandebourg, qui est un vrai Fief de l'Empire, seroit par là rendu plus puissant, plus étendu, & même amelioré, tant par la Paix même que cela lui procureroit, que pour autres raisons. A ces causes, & par Grace speciale, de Notre pleine Science, de l'avis de Nos Electeurs, Princes, Comtes, Nobles & Feaux, & de Notre pleine Puissance de Roi des Romains Nous lui avons donné pour cela Notre consentement & agrément & accordé audit Marggrave, à ses Hoirs & Successeurs la mouvance, comme en effet Nous donnons & accordons à Notredit Oncle, à ses Hoirs & Successeurs les Marggraves de Brandebourg Notre agrément, consentement & approbation Royale pour ladite mouvance, telle qu'à cet effet il en a ou en aura besoin ci-après. Nous ratifions aussi & confirmons en vertu de la presente Lettre, la susmentionnée Transaction & prestation d'hommage, en sorte que lesdits Marggrave Frederic & son Frere, leurs Heritiers & Successeurs, Marggraves de Brandebourg, pourront & devront heriter, avoir, posseder,

ANNO 1729. der, & jouïr des susdits Pays & Seigneuries de Mecklebourg, Stargard, Rostock, des Vandales & de Schwerin, après le decès desdits Seigneurs de Mecklebourg & de leurs Hoirs, suivant la teneur de la Lettre que les Seigneurs de Mecklebourg ont donnée & scellée sur ce sujet. Enjoignons aussi & ordonnons très expressement & severement de Notre puissance Royale à tous Hommes, Villes ou Pays susdits, & à tous leurs Habitans Ecclesiastiques ou Seculiers, qui y sont ou seront lors de la chute & de l'extinction des Seigneurs de Mecklebourg & de leurs Heritiers, de se tenir & d'adherer à perpetuité audit Marggrave, à ses Heritiers ou Descendans, & de leur garder fidelement l'hommage, sous peine de Notre indignation. En foi de quoi Nous avons apposé à cette Lettre le Sceau de Notre Majesté Royale. Donné à Franckfort, l'An depuis la Naissance de Jesus-Christ 1442. le Lundi après la Ste Marguerite, & de Notre Regne le troisiéme.

(L. S.)
app.

Par Mandement de Notre Seigneur l'Empereur

Henri Leubnitz, Dr. P. C.

N.

THIERRY *Electeur de Mayence consent & approuve la Confirmation que l'Empereur* FREDERIC *donne à* FREDERIC II *Electeur de Brandebourg, à ses Freres, sur la Marche & l'Electorat de Brandebourg; item sur toutes leurs autres Lettres concernant les Fiefs, Successions, Impôts & autres Droits. Donné à Nuremberg le Jeudi après la St. Maurice de l'An* 1444.

NOus Thierry par la Grace de Dieu & du St. Siege, Archevêque de Mayence, Archi-Chancellier & Electeur du St. Empire Romain en Allemagne, declarons publiquement par la presente, que comme autrefois feu le Très Serenissime Prince & Seigneur, le Seigneur Sigismond &c. a donné & conferé par écrit, pour la premiere fois, en qualité de legitime Roi des Romains, & pour la seconde fois en qualité d'Empereur elû & couronné, la Marche de Brandebourg avec l'Electorat & la Charge d'Archi-Chambellan au feu Seigneur Frederic, aussi d'heureuse memoire, Marggrave de Brandebourg, Archi-Chambellan du St. Empire Romain & Bourggrave de Nuremberg, selon la teneur des Lettres qui lui furent données la-dessus, de même encore presentement, le Très Serenissime Prince & Seigneur, le Seigneur Frederic Roi des Romains, toujours Auguste Duc d'Autriche, de Stirie, de Carinthie & de Carniole, Comte de Tirol &c. a derechef conferé la Marche de Brandebourg à Très Illustre Prince & Seigneur Frederic Marggrave de Brandebourg, Archi-Chambellan du St. Empire Romain & Bourggrave de Nuremberg, Notre Ami particulier & Coelecteur, à ses Freres & à leurs Heritiers, & qu'il lui a aussi accordé, scellé & confirmé avec ladite Marche toutes les autres Lettres, Privileges, Concessions solennelles, Droits Seigneuriaux, Us & Coutumes, Jurisdictions, & Sieges Provinciaux, de quelque nom qu'elles soient, dependantes du Marggraviat de Brandebourg & du Bourggraviat de Nuremberg, ainsi que le contiennent & le prouvent toutes les Lettres sur ce écrites. Puis donc qu'il nous convient en qualité d'Electeur du St. Empire de donner Notre agrément & notre consentement à toutes les Concessions, affaires & Lettres susdites, en vertu de la presente Nous y donnons Notre consentement & notre agrément, & nous ratifions & confirmons de notre bon gré en qualité d'Electeur & d'Archi-Chancellier du St. Empire Romain, en la maniere susdite, toutes les Lettres qui leur ont été accordées par notre Très Clement Seigneur le Roi des Romains, en particulier sur leurs Fiefs, leurs Successions, Impots & autres Droits & Privileges en la forme & maniere qu'il est besoin & qu'il convient, audit Marggrave Frederic, en qualité d'Electeur du St. Empire Romain & à ses Freres aussi Princes de l'Empire, & à tous leurs Hoirs, le tout sans dol ni fraude. En foi & preuve dequoi Nous susdit Thierry, Archevêque de Mayence, avons ordonné d'entiere Science & franche volonté d'apposer notre Sceau à la presente Lettre. Donné à Nuremberg, l'An depuis la Naissance de Dieu 1444. le Jeudi après la St. Maurice. ANN 1729

(En Sceau pendant.)

O.

Extrait de la Lettre d'Investiture, donnée par l'Empereur FREDERIC III. *à* ALBERT *Electeur de Brandebourg, dattée de Gratz le Mécredi avant la Ste. Luce, l'An* 1470.

EN particulier Nous accordons & confirmons, de Notre grace speciale, en pleine puissance & authorité Imperiale, pour Nous & pour Nos Successeurs a l'Empire, audit Marggrave Albert & à ses Hoirs feodaux les Marggraves de Brandebourg, la Succession au Duché de Mecklebourg, à la Principauté des Vandales, au Comté de Schwerin, ensemble aux Pays de Stargard & de Rostock, avec leurs Seigneuries, Pays, Sujets, Châteaux, Villes & leurs Appartenances & Dependances, conformement aux Transactions passées à ce sujet entre les Marggraves de Brandebourg, & les Ducs de Mecklebourg, lesquelles Nous avons deja approuvées par Nos Lettres, étant en dignité & qualité de Roi des Romains. En foi dequoi Nous avons signé cette Lettre, y ayant fait apposer le Sceau de Notre Majesté Imperiale. Donné à Grætz le Mécredi avant la Ste. Luce, l'An de la Naissance de Jes. Christ 1470. De Nos Regnes, savoir de celui des Romains le 31. de Notre Empire le 19. & de celui de Hongrie le 12.

(L. S.)
app.

P.

Extrait de la Lettre d'Investiture de l'Empereur FREDERIC III. *à* JEAN *Electeur de Brandebourg dattée du 2. de Mai l'An* 1487.

ACcordons aussi & confirmons par Notre grace speciale & de Notre pleine puissance Imperiale, en Notre Nom & en celui de nos Successeurs à l'Empire, auxdits Jean Frederic & Sigismond & à leurs Successeurs feodaux, Marggraves de Brandebourg, de concert & en commun, la Succession aux Duchez de Mecklebourg, à la Principauté des Vandales, à la Comté de Schwerin, ensemble aux Pays de Stargard & de Rostock avec leurs Seigneuries, Pays, Sujets, Chateaux, Villes & leurs appartenances & dependances, conformement aux Transactions qui ont été passées-là dessus, entre les Marggraves de Brandebourg & les Ducs de Mecklebourg, & qui sont approuvées & confirmées par les Pouvoirs & les Lettres que Nous en avons données étant en dignité & qualité de Roi des Romains; fidelement & sans dol. En foi dequoi Nous avons scellé la presente Lettre donnée à Nuremberg le 2. de Mai, l'An de Jes. Christ 1487. de Nos Regnes, savoir de celui des Romains le 48. de l'Empire le 36. & de celui de Hongrie le 29me.

(L. S.)
app.

Q.

BARTHOLD, *Electeur de Mayence, donne son consentement à la Confirmation que l'Empereur* FREDERIC *donne à l'Electeur* JEAN, *à* FREDERIC *&* à SIGISMOND, *Marggraves de Brandebourg, sur la Marche de Brandebourg, avec toutes ses Appartenances, & ses Pretentions, en particulier sur les Pays de Mecklebourg, dattée de Nuremberg l'An* 1487.

NOus Barthold, par la Grace de Dieu, & du St. Siege Archevêque de Mayence, Archi-Chancellier & Electeur du St. Empire Romain dans l'Allemagne, declarons & confessons par la presente Lettre publique-

ANNO 1729. bliquement à tous ceux à qui il appartiendra, comme le Très-Serenissime & Très-puissant Prince & Seigneur, le Seigneur Frederic Empereur Romain, toujours Auguste, Roi de Hongrie, de Dalmatie, de Croatie, &c. &c. Duc d'Autriche, &c. Notre Très-Clement Seigneur, presentement ici à Nuremberg, auroit gratieusement accorde l'Investiture aux Illustres Princes, Nos chers Oncles & Beaufréres, le Seigneur Jean Electeur & Archi-Chambellan du St. Empire Romain, au Seigneur Frederic & au Seigneur Sigismond Freres, Marggraves de Brandebourg, Ducs de Stettin, de Pomeranie, des Cassubes & des Vandales, Bourggraves de Nuremberg, & Princes de Rugen, & les auroit actuellement investis de leur Electorat, Principautez, Comtez, Seigneuries, Châteaux, Villes, Pays & Peuples; avec tous & chacun de leurs Droits Seigneuriaux, leurs Vassaux ou feudataires, leurs Fiefs ou Mouvances, leurs Successions Ecclesiastiques ou Seculieres, leurs Droits, Usufruits, & appartenances, telles que feu leur Pére d'heureuse memoire le Marggrave Albert les a possedez & en a joui, avec tout ce que d'ancienneté y a appartenu & appartient, en la même maniére que lesdits Duchez & Principautez de Stettin, de Pomeranie, des Cassubes, des Vandales, & de Rugen, avec leurs appartenances sont échus & devolus à eux & à l'Electorat de la Marche de Brandebourg, & comme ils ont autrefois été accordés audit Marggrave Albert & à ses Successeurs feodaux, par infeodation commune, en suivant la teneur & les termes des Traitez d'union ou de partage, par lesquels leur Pere de son vivant ou Eux-mêmes ont déja voulu s'obliger de s'accorder ou de se partager avec leurs Pays & Peuples, ou qu'ils s'y obligeront à l'avenir. Il lui a aussi accordé & confirmé en infeodation commune & conjointe la Succession au Duché de Mecklebourg, à la Principauté des Vandales, au Comté de Schwerin, aux Pays de Stargard & de Rostock & à leurs Seigneuries, Pays & Peuples, Châteaux, Villes, leurs Appartenances & Dependances, aux mêmes termes que porte la Transaction passée à ce sujet entre les Marggraves de Brandebourg & les Ducs de Mecklebourg, laquelle l'Empereur notre Très-Clement Seigneur a approuvée & confirmée par la Lettre qu'il en a donnée comme Roi des Romains. De plus notre dit Très-Clement Seigneur l'Empereur, a aussi renouvellé, ratifié & confirmé de sa pleine puissance Imperiale à notre dit Oncle de Brandebourg & à ses Successeurs feodaux, Marggraves de Brandebourg, generalement tous leurs Droits, Dignitez, Octrois, Libertez, Privileges, Us & Coutumes, annexées à leur Electorat, Principautez & Seigneuries, de même que toutes les Concessions solennelles, Ecrits & Lettres qui deduisent toutes & chacune de leurs anciennes Prestations & qui portent ce qui leur a été concedé & accordé par les Octrois des Empereurs ou Rois des Romains & de l'Empire, comme le montre cette Lettre que notre Tres-Clement Seigneur l'Empereur en a donné à notre cher Oncle & Cousin de Brandebourg. Or ayant été requis & prié par Eux; Nos chers Oncles & Cousins de Brandebourg, que nous, en qualité d'Archi-Chancellier & Electeur du St. Empire veuillions leur donner notre Consentement, notre Pouvoir & Permission, sur ces Octrois, Libertés, Droits, Investissemens & Confirmations; A ces causes, nous leur avons en qualité d'Archevêque de Mayence, d'Archi-Chancellier du St. Empire Romain en Allemagne & d'Electeur, après meure deliberation, & d'entiere science donné notre consentement, pouvoir & agrément à toutes & chacune des choses ci-dessus, comme en effet en vertu de la presente Lettre nous le donnons & l'accordons, de maniere, que tous les Octrois, Privileges, Droits, Investissemens & Confirmations qu'ont acquis Nosdits chers Oncles & Cousins, le Seigneur Jean Electeur, les Seigneurs Frederic & Sigismond Freres, Marggraves de Brandebourg & leurs Successeurs feodaux seront à perpetuité observez fermement, constamment & inviolablement, selon la teneur des Lettres qu'ils en ont impetrées de notre Très Clement Seigneur l'Empereur Romain, ou d'autres Empereurs & Rois des Romains de glorieuse memoire, le tout sans dol, trouble ni conteste, & qu'elles auront force & vigueur aussi entiére, que si toutes & chacune de ces Lettres étoient ici incorporées & décrites de mot à mot. En foi de quoi, nous avons fait apposer à la presente Lettre notre Sceau. Donné à Nuremberg le Lundi après le Dimanche *Trinitatis*, l'An de notre Seigneur 1487. ANNO 1729.

(L. S.)
app.

R.

Extrait de la Lettre d'Investiture que l'Empereur MAXIMILIEN I. *donna à* JEAN *Electeur de Brandebourg & à son Frére* FREDERIC *datée de Worms du 15. Juillet de l'An 1495.*

CONfirmons aussi & accordons de Notre Grace speciale, & selon Notre pleine puissance & authorité de Roi des Romains, en Notre Nom & en celui de Nos Successeurs à l'Empire auxdits Jean & Fréderic Fréres & leurs Successeurs feodaux, les Marggraves de Brandebourg, & même à infeodation commune & conjointe, la Succession au Duché de Mecklebourg, à la Principauté des Vandales, au Comté de Schwerin, ensemble aux Pays de Stargard & de Rostock avec leurs Seigneuries, Pays, Peuples, Chateaux, Villes & leurs Appartenances & Dependances, selon l'Accord qu'ont passé là-dessus entre eux le Marggrave de Brandebourg & le Duc de Mecklebourg, & lequel l'Empereur Fréderic Notre cher Seigneur & Pére de glorieuse memoire, avoit approuvé & confirmé. Le tout sans dol ni fraude &c. &c.

S.

FREDERIC *Electeur de Saxe consent que* JEAN *Electeur de Brandebourg & ses Fréres soient investis par l'Empereur* MAXIMILIEN I. *de la Marche & Electorat de Brandebourg, avec infeodation conjointe & commune sur le Duché de Pomeranie & sur la Succession au Duché de Mecklebourg l'An 1495.*

NOus Fréderic par la grace de Dieu, Duc de Saxe, Archi-Marechal & Electeur du St. Empire Romain; Landgrave de Thuringe, & Marggrave de Misnie reconnoissons & declarons publiquement, que le très Serenissime & très-puissant Prince & Seigneur, le Seigneur Maximilien Roy des Romains toûjours Auguste, Roy de Hongrie, de Dalmatie, de Croatie, Archi-Duc d'Autriche &c. Notre Très Clement Seigneur, presentement ici à Worms, ayant gracieusement accordé l'Investiture à l'Illustre Prince & Seigneur, Notre cher Oncle & Beau-Frere le Seigneur Jean, Archi-Chambellan & Electeur du St. Empire, & au Seigneur Fréderic son Frére, Marggrave de Brandebourg, Duc de Stettin, de Pomeranie, &c. Bourggrave de Nuremberg & Prince de Rugen, & les ayant actuellement investis de leur Electorat, Principautez, Comtez, Seigneuries, Chateaux, Villes, Pays & Peuples, avec tous & chacuns de leurs Droits Seigneuriaux, Leurs Vassaux ou feudataires; Leurs Fiefs & Mouvances, Leurs Successions Ecclesiastiques ou Seculieres, Leurs Usufruits & Leurs Appartenances, telles que feu leur Pére de bienheureuse mémoire, le Marggrave Albert les a possedez & en a joui, avec tout ce qui d'ancienneté y a appartenu & y appartient, de même que lesdits Duchez, Principautez de Stettin, de Pomeranie, des Cassubes & des Vandales, & de Rugen, avec leurs appartenances sont échus & devolus à Eux & à l'Electorat de la Marche de Brandebourg, en la même maniére, qu'ils ont autrefois été accordez audit Marggrave Albert & à ses Successeurs feodaux, en infeodation conjointe, en suivant aussi la teneur & les termes des Traitez d'union ou de partage, par lesquels leur Pére de son vivant ou Eux-mêmes ont déja voulu s'obliger de s'accorder & de se partager leurs Pays & leurs Peuples, ou qu'ils voudront encore s'obliger à l'avenir. Il Leur a aussi à present accordé & confirmé une infeodation commune & conjointe pour la Succession au Duché de Mecklebourg, à la Principauté des Vandales, au Comté de Schwerin, aux Pays de Stargard & Rostock, & à leurs Seigneuries, Pays, Peuples, Chateaux, Villes & leurs Appartenances & Dependances, aux mêmes termes que porte la Transaction passée

ANNO 1729.

passée à ce sujet entre les Marggraves de Brandebourg & les Ducs de Mecklebourg, laquelle a été approuvée & confirmée par les Lettres de feu Notre Très Clement Seigneur decedé depuis peu, l'Empereur Fréderic de très-glorieuse memoire. En outre sadite Majesté a ratifié, renouvellé & confirmé de sa pleine puissance de Roy de Romains à Notre dit Oncle & Beau-Frére de Brandebourg, generalement tous leurs Droits, Dignitez, Privileges, Libertez, Octrois, Us & Coutumes annexées à leur Electorat, Principautez, Seigneuries, de même que toutes les Concessions solennelles, Actes, Lettres qui prouvent leurs anciennes Pretensions, ou qui portent ce qui leur a été accordé & concedé par les Empereurs & Rois des Romains ses Predecesseurs à l'Empire, de leurs Octrois & de celui de l'Empire, lesquelles toutes en general ont été rappellées & nommement en particulier, l'Accommodement qu'ont fait, & auquel se sont ensemble obligez Notre cher Oncle & Beau-Frere le Marggrave Jean, Electeur, &c. & l'Illustre Prince & Seigneur Bogislas Duc de Stettin, de Pomeranie, des Cassubes & Vandales, Prince de Rugen, & Comte de Gutzkow, Notre cher Oncle, au sujet de son Duché & de ses Pays, en son Nom & en celui de ses Successeurs, comme le porte la Lettre qu'a écrite sur ce sujet Notre Très Clement Seigneur le Roi des Romains à Notre cher Oncle & Beau-Frere de Brandebourg. Or Nous ayant été requis & priez par Notre cher Oncle & Beau-Frére de Brandebourg, qu'en qualité d'Archi-Maréchal & d'Electeur du St. Empire nous voulions donner Notre consentement, pouvoir & Confirmation à ces Droits, Octrois, Privileges & Investissemens.

A ces causes après meure deliberation, de pleine science, en qualité d'Archi-Maréchal du St. Empire Romain & d'Electeur, Nous avons donné à toutes & chacune des choses susmentionnées Notre Consentement, Pouvoir & Confirmation, comme Nous le donnons en effet ici, en vertu de la presente, de maniere, que tous ces Droits, Octrois, Privileges, Investissemens & Confirmations qu'a acquis Notre cher Oncle & Beau-Frere le Seigneur Jean Electeur, & le Seigneur Fréderic son Frere Marggraves de Brandebourg & leurs Hoirs, seront tenues & observées à perpetuité dans toute leur teneur, fermement, constamment & inviolablement, suivant la teneur des Lettres qu'ils en ont impetrées de Notre dit Très-Clement Seigneur, le Roy des Romains, & des autres Empereurs & Roys des Romains, le tout sans fraude, rappel ni conteste, & que ces Lettres auront & conserveront leur force & vigueur aussi entiere, que si elles étoient incorporées & transcrites ici de mot à mot. En foi de quoi, Nous avons fait sceller la presente de Notre Sceau. Donné à Wormes, l'An depuis la Naissance de Notre Seigneur 1495. le Mardy après la Saint Etienne.

(L. S.)
app.

T.

Extrait d'une Confirmation generale, que l'Empereur MAXIMILIEN I. *donna à l'Electeur* JOACHIM I. *à son Frére* ALBERT *& à son Cousin* FREDERIC *Marggraves de Brandebourg. A Augsbourg l'An* 1500.

PAr la presente Nous annullons & revoquons aussi de Notre pleine science & authorité de Roi des Romains, tout Octroi ou Privilege que Nos Predecesseurs à l'Empire ou Nous aurions donné ou que nous donnerions, qui pourroient préjudicier ou être contraires auxdits Electeurs & Princes, à leurs Droits, Privileges, Sieges Provinciaux, Us & Coutumes, Lettres, Acquisitions ou Usages dans la Marche de Brandebourg, dans le Bourggraviat de Nuremberg, ou Leurs autres Seigneuries, Territoires & Appartenances, particulierement à leurs Jurisdictions, dans les Duchez de Stettin, Pomeranie, des Cassubes, des Vandales, de la Principauté de Rugen, comme aussi à la Succession aux Duchez de Mecklebourg, à la Principauté des Vandales, au Comté de Schwerin, aux Pays de Stargard & de Rostock, ou à leurs Seigneuries, Pays, Peuples, Châteaux, Villes, leurs Appartenances & Dependances; le tout sans dol. Voulons aussi, & ordonnons, que tels Octrois ou Privileges soient entierement annullez, biffez & destituez de toute force & vigueur dans tous leurs Points, Articles & Teneur; à raison de quoy Nous enjoignons très-expressement & severement à tous & chacun des Electeurs, Princes Ecclesiastiques & Seculiers, Prelats, Comtes, Barons, Seigneurs, Nobles & Roturiers; Prévots, Vidames, Administrateurs, Senéchaux, Baillifs, Consuls, Bourguemaîtres, Juges, Conseillers, Bourgeoisies & Communautez, & à tous autres Sujets & Feaux de Nous & de l'Empire, de quelque condition ou dignité qu'ils soient, de ne troubler, inquiéter ni empêcher en aucune façon Notredit Oncle, ni ses hoirs les Marggraves de Brandebourg & Bourggraves de Nuremberg dans leurs Privileges; Droits, Libertez, Lettres, Octrois, Tribunaux, Cours de Justice, Sieges Provinciaux, ni dans aucune des autres choses susdites, non plus que dans cette Notre Confirmation, Renovation & Ratification, mais de les en laisser joüir paisiblement, sous peine d'encourir amende, & la severe indignation de Nous & de l'Empire; En foi de quoi Nous avons voulu sceller la presente Lettre de Notre Sceau Royal pendant. Donné à Augsbourg le 12. d'Août l'An de Jes. Christ 1500. de Nos Regnes, sçavoir, de celui des Romains le 15. & de celui de Hongrie le 11.

ANNO 1729.

(L. S.)
app.

V.

PHILIPPE *Comte Palatin du Rhin & Electeur, consent, que* JOACHIM I. *Electeur de Brandebourg & ses Fréres reçoivent de l'Empereur* MAXIMILIEN I. *l'Investiture de la Marche & Electorat de Brandebourg, avec l'infeodation conjointe sur le Duché de Pomeranie & sur la Succession au Duché de Mecklebourg. Datté de l'An* 1500.

NOus Philippe par la grace de Dieu, Comte Palatin du Rhin, Duc de Baviére, Archi-Echanson & Electeur du St. Empire Romain; Reconnoissons & declarons publiquement par la presente Lettre, que le Très-Serenissime, Prince & Seigneur, le Seigneur Maximilien Roy des Romains, toûjours Auguste, Roy de Hongrie, de Dalmatie, de Croatie, &c. Archi-Duc d'Autriche, Duc de Bourgogne, de Brabant & de Gueldre, Comte de Flandres & de Tirol, Notre Très-Clement Seigneur, auroit donné l'Investiture aux Illustres Princes & Seigneurs, Notre cher Oncle & Frére le Seigneur Joachim, Archi-Chambellan, & Electeur du St. Empire & aux Seigneurs Albert & Fréderic ses Frére & Cousin, Marggraves de Brandebourg, Ducs de Stettin, de Pomeranie, des Cassubes & Vandales, Bourggraves de Nuremberg, & Princes de Rugen, & les auroit actuellement investis de leur Electorat, Principautez, Comtez, Seigneuries, Chateaux, Villes, Pays & Peuples; avec tous & chacun de leurs Droits Seigneuriaux, leurs Vassaux ou Feudataires, leurs Fiefs ou Mouvances, leurs Successions Ecclesiastiques & Seculieres, leurs Usufruits, & leurs Appartenances; telles que le feu Marggrave Jean de bien-heureuse mémoire, Pére desdits Marggraves Joachim & Albert Fréres, & le Marggrave Fréderic les ont possedez & en ont joüi, avec tout ce qui d'ancienneté y a appartenu, & appartient; en la même maniere que lesdits Duchez & Principautez de Stettin, de Pomeranie, des Cassubes, des Vandales & de Rugen avec leurs Appartenances sont échus & dévolus à Eux & à l'Electorat de la Marche de Brandebourg, & comme ils ont été autrefois accordez au defunt Marggrave Jean, au Marggrave Fréderic & à leurs Successeurs feodaux en infeodation conjointe, en suivant la teneur & les termes des Traitez d'union ou de Partage, par lesquels de son vivant leur Ayeul & Pére le Marggrave Albert de bien-heureuse mémoire & ledit defunt Marggrave Jean, ou le Marggrave Joachim lui-même, ont deja voulu s'obliger de s'accorder & de se partager leurs Pays & Peuples, ou selon qu'ils voudront encore s'y obliger à l'avenir. Il lui a aussi à present accordé & confirmé une infeodation conjointe & commune pour la Succession du Duché de Mecklebourg, de la Principauté des Vandales, du Comté de Schwerin,

des

ANNO 1729.

des Pays de Stargard & Rostock & de leurs Seigneuries, Pays, & Peuples, Chateaux, Villes, leurs Appartenances & Dependances; aux mêmes termes que porte la Transaction passée à ce sujet entre les Marggraves de Brandebourg & les Ducs de Mecklebourg, laquelle a été approuvée & confirmée par Lettres de feu Notre Très-Clement Seigneur nouvellement decedé, l'Empereur Fréderic de très-glorieuse mémoire.

Outre cela Sadite Majesté a renouvellé, ratifié & confirmé de sa pleine Puissance de Roy des Romains à Notredit Oncle de Brandebourg, generalement tous leurs Droits, Dignitez, Privileges, Immunitez, Octrois, Us & Coutumes, annexées à l'Electorat, aux Principautez & Seigneuries, de même que tous les Privileges, Actes & Lettres qui prouvent leurs anciennes pretensions, ou qui portent ce qui leur a été concedé & accordé par les Empereurs & Rois des Romains ses Predecesseurs à l'Empire, de leurs Octrois & de celui de l'Empire, ainsi que le montrent les Lettres que Notre Très-Clement Seigneur le Roi des Romains a données sur ce sujet à nos chers Oncles & Fréres de Brandebourg;

Or ayant été requis & prié par Notre cher Oncle & Frére de Brandebourg que Nous, en qualité d'Archi-Echanson & d'Electeur du St. Empire Romain voulussions bien Leur donner notre Confirmation, Pouvoir & Consentement à ces Droits, Octrois, Privileges, Investissemens & Confirmations; A ces causes, Nous Leur avons, en qualité d'Archi-Echanson & d'Electeur du St. Empire, après meure deliberation, & de Notre pleine science donné Notre Confirmation, Pouvoir & Consentement à toutes & chacunes des choses de ci-dessus; Comme en effet Nous le donnons & l'accordons en vertu de la presente Lettre, de manière que tous les Droits, Octrois, Privileges, Investissemens & Confirmations acquis à Nos chers Oncles & Fréres le Seigneur Joachim Electeur, au Seigneur Albert son Frére & au Seigneur Fréderic son Cousin, Marggraves de Brandebourg & à Leurs Successeurs, suivant la Teneur des Lettres qu'ils en ont obtenues de Notre Très-Clement Seigneur le Roi des Romains, ou autres Empereurs ou Rois des Romains de glorieuse mémoire, seront tenus & observez à perpetuité, suivant toute leur teneur, fermement, constamment & inviolablement; Le tout sans dol, rappel ni conteste; & qu'elles auront force & vigueur aussi entière, que si toutes & chacune de ces Lettres étoient ici incorporées & décrites de mot à mot. En foi de quoi Nous avons fait apposer Notre Sceau à la présente Lettre. Datée de Heidelberg, le Lundi après la St. André, l'An du Seigneur 1500.

(L. S.)
app.

W.

Extrait de la Confirmation generale que l'Empereur CHARLES *Quint donna à l'Electeur de Brandebourg* JOACHIM I. *Datée du 16. Fevr. de l'An* 1521.

NOus revoquons aussi & annullons de notre entiere science & pleine puissance Imperiale par la présente Lettre, tout Privilege ou Octroi que Nos Predecesseurs à l'Empire ou nous aurions donné ou donnerions, qui pourroient préjudicier ou être contraires auxdits Electeur & Princes, à leurs Droits, Privileges, Cours de Justice, Sieges Provinciaux, Us & Coutumes, Lettres, Acquisitions ou Usages, dans la Marche de Brandebourg, dans le Bourggraviat de Nuremberg ou leurs autres Seigneuries, Territoires & Appartenances, en particulier à leurs Jurisdictions dans les Duchez de Stettin, de Pomeranie, des Cassubes & Vandales, de Wolgast, Bart & de la Principauté de Rugen, Usedom & du Comté du Gutzkow, du Bourggraviat de Nuremberg, comme aussi à la Succession au Duché de Mecklebourg, à la Principauté des Vandales, au Comté de Schwerin, & aux Pays de Stargard & de Rostock, avec leurs Seigneuries, Pays, Peuples, Chateaux, Citez, leurs Appartenances & Dependances, le tout sans dol. Voulons aussi & ordonnons, que tels Privileges ou Octrois soient entierement biffez & annullez, en tous leurs Points, Articles & Teneur, & destituez de force & vertu. A raison de quoi, Nous enjoignons très-expressément & severement par la presente Lettre à tous & chacun des Electeurs, Princes Ecclesiastiques & Seculiers, Prelats, Comtes, Barons, Seigneurs, Nobles & Roturiers, Prevôts, Gouverneurs, Administrateurs, Vidames, Lieutenants, Senêchaux, Baillifs, Consuls, Bourguemaîtres, Juges, Conseillers, Bourgeoisies & Communautés, & à tous autres Sujets & Feaux de nous & de l'Empire, de quelque Condition ou Dignité qu'ils soient, de ne troubler, inquieter ni empêcher en façon que ce soit, le susdit notre Ami & Oncle, l'Electeur, les Princes ses Heritiers Marggraves de Brandebourg, & Bourggraves de Nuremberg dans leurs Octrois, Immunitez, Lettres, Privileges, Tribunaux, Cours de Justices, Sieges Provinciaux ni dans aucune des choses susmentionnées, non plus que dans cette notre Confirmation, Renovation & Ratification; mais de les en laisser jouïr paisiblement, sous peine d'encourir amende, & la severe indignation de nous & de l'Empire. En foi de quoi, nous avons scellé la presente Lettre de notre Sceau Imperial pendant. Donné à Wormes &c. le 16. Février 1521.

(L. S.)
app.

X.

Extrait de la Confirmation generale que l'Empereur CHARLES *Quint donna à l'Electeur* JOACHIM I. *& à toute la Maison de Brandebourg l'An* 1530.

NOus revoquons aussi & annullons de notre entiere Science & Pleinpouvoir Imperial par la presente, tous les Privileges & Octrois que Nos Predecesseurs à l'Empire auroient donnez, ou que nous donnerions, qui pourroient préjudicier ou être contraires auxdits Electeurs & Princes, à leurs Jurisdictions, Privileges, Sieges Provinciaux, Lettres, Acquisitions, Us & Coutumes dans la Marche de Brandebourg, dans le Bourggraviat de Nurenberg, ou leurs autres Seigneuries, Territoires & Dependances, sur-tout à leurs Jurisdictions dans les Duchez de Stettin, de Pomeranie, des Cassubes, des Vandales, de Wolgast, de Bart, & des Principautez de Rugen, d'Usedom & du Comté de Gutskow, ou aussi à la Succession aux Duchez de Mecklebourg, à la Principauté des Vandales, au Comté de Schwerin, & aux Pays de Stargard & de Rostock &c. avec leurs Seigneuries, Pays, Peuples, Chateaux, Villes, Appartenances & Dependances.

Nous voulons aussi & enjoignons que de tels Privileges ou Octrois soient destituez de toute force & vertu, & annullez dans tous leurs Articles & teneur.

A cause aussi que notre dit Oncle & Electeur Joachim, Marggrave de Brandebourg, de notre Science & Volonté s'est accordé depuis peu avec Nos chers Oncles & Illustres Princes, les Freres, George & Barnim Ducs de Stettin, dont ils ont donné leurs Lettres scellées, que nous avons ratifiées & confirmées dans toute leur teneur de mot à mot, en qualité d'Empereur Romain, & eu égard à ce que notre Oncle l'Electeur porté par affection, & à cause de leur bonne liaison & parentage, a bien voulu ceder & permettre dans ces Lettres aux Ducs de Stettin & de Pomeranie, que doresnavant, ce soit de nous & de l'Empire, qu'ils tiendroient & qu'ils recevroient en Fief leur Duché, Principauté, Comté & leurs autres Pays & Peuples, sans pourtant que cela portât aucun préjudice à la Maison Electorale de Brandebourg ni à l'infeodation commune, comme il est dit & porté plus au long tant dans le Traité qu'ils ont fait là-dessus, que dans la Confirmation que Nous en avons donnée.

C'est pour cela aussi, que nous voulons & declarons par la presente, tant en notre Nom qu'en celui des Empereurs & Rois des Romains, Nos Successeurs, que ce dont notre Oncle l'Electeur de Brandebourg se deporte ici, & ce que les Ducs de Stettin & de Pomeranie recevront leurs Fiefs de Nous, ne portera atteinte, dommage ni prejudice quelconque, en aucune manière audit Electeur de Brandebourg, ou à ses Hoirs, à perpetuité, ni quant à leur pretention ni quant à leur possession, aux Droits Seigneuriaux, Mouvances, Jurisdictions ou autres Privileges sans exception, de quelque Nom qu'elles soient, qu'ils auroient eu d'ancienneté ou qu'ils ont jusqu'à present, sur ces Duchez, Principautez, Comtez, Pays & Peuples; & que Nous ne voulons rien faire, traiter, ni entreprendre, de

quelque

ANNO 1729. quelque maniére que ce puisse être, qui y soit contraire, ni ne le permettrons à personne. Sur quoi nous enjoignons très-severement par la presente Lettre à tous Electeurs, Princes Ecclesiastiques & Seculiers, Prelats, Comtes, Barons, Seigneurs, Nobles & Roturiers, Prevots, Vidames, Senechaux, Lieutenants, Administrateurs, Baillifs, Consuls, Bourguemaîtres, Juges, Conseillers, Bourgeoisies & Communautés & à tous autres Sujets & Feaux de nous & de l'Empire, de quelque condition & dignité qu'ils soient, qu'ils ayent à ne troubler ni à inquieter en aucune maniére que ce soit notre Oncle & Ami l'Electeur ni ses Princes héritiers, Marggraves de Brandebourg & Bourggraves de Nuremberg, dans aucun de leurs Droits, Octrois, Privileges, Lettres, Immunitez, Cours de Justice, Sieges Provinciaux ou autres choses susmentionnées dans notre presente Confirmation, Renovation, Ratification & Declaration au sujet de cette infeodation qu'il a cedée aux Ducs de Stettin & de Pomeranie, mais qu'ils ayent à les en laisser jouïr paisiblement, s'ils ne veulent encourir la severe indignation & de nous & de l'Empire, & sous peine de payer incessamment une amende de cent Marcs d'or fin, applicable la moitié à notre Chambre Imperiale, & la moitié auxdits Marggraves de Brandebourg & à leurs Heritiers. Car telle est notre expresse volonté. En foi de quoi Nous avons fait sceller la presente Lettre de notre Sceau Imperial pendant. Donné dans notre Ville Imperiale d'Augsbourg le 1. d'Octobre, l'An après la Naissance de N. Seign. 1530. de notre Empire le 10. & de nos Regnes le 15me.

(L. S.)
app.

Y.

Extrait du Memoire que les Conseillers Plenipotentiaires & les Ambassadeurs de son Altesse Electorale de Brandebourg presenterent à la Cour Imperiale le 16. (26.) Juillet de l'An 1661. pour en recevoir les Fiefs de l'Empire.

SOn Altesse Electorale ne voulant pas manquer au terme qui a été ci-devant assigné, le tems marqué étant prêt d'expirer, Elle nous a en grace, pourvu, nous ses Conseillers & Serviteurs, de Lettres de Créance pour votre Majesté Imperiale, que nous avons eu l'honneur de lui presenter dans la favorable Audience qu'Elle nous a depuis peu très gracieusement accordée, & pour laquelle nous la remercions encore ici avec la plus profonde soumission. Mais Son Altesse Electorale nous ayant encore expressement munis & revêtus des Plein-pouvoirs suffisans & necessaires, tant pour la reception des Fiefs Imperiaux, que pour la prestation du Serment de fidelité & des devoirs auxquels Elle est obligée, nous avons l'honneur de presenter ici ces pouvoirs en Original sous la Lettre A, à Votre Majesté Imperiale avec un profond respect, la Suppliant avec une très profonde soumission, que selon son bon plaisir & sa bien-veillance, Elle nous accorde & fasse assigner un jour, auquel en vertu & suivant la teneur des Pleinpouvoirs ici presentez, au Nom & de la part de Son Altesse & de toute sa Maison, nous les Plenipotentiaires de Sa Serenité Electorale, soyons investis de l'Electorat, avec ses Appartenances & Pays dependans, pareillement du Bourggraviat de Nuremberg & de ses Dependances, ainsi que des Pays de Pomeranie, du Duché de Magdebourg, de la Principauté de Halberstadt, de la Principauté de Minden, de la Principauté de Camin, ensemble de toutes leurs Regales, leurs Dignitez, leurs Privileges, leurs Droits & leurs Jurisdictions, en y renouvellant & accordant l'infeodation commune & conjointe pour Leurs Altesses, les Cousins de Sa Serenité Electorale en la forme & maniére accoutumée & après la très-humble prestation de toutes les autres choses usitées d'ancienneté, & qui se pratiquent dans ces sortes d'Investissemens, les differentes Lettres d'Investiture Imperiale nous en soient expediées, & après qu'on aura collationné & bien reconnu les Pretentions de Sa Serenité Electorale & de toute Sa Maison, tant sur ses autres Pays que sur le Duché de Mecklebourg, ensemble sur les Principautez de Schwerin & de Ratzebourg, il nous en soit accordé les Documens necessaires, avec les Actes de Renovation & Confirmation de Votre Majesté Imperiale, de toutes les Copies Authentiques que nous avons dernierement jointes ici depuis le num. 1. jusqu'au num. 16. ANNO 1729.

Z.

Extrait de la Confirmation generale de l'Empereur LEOPOLD *du 24. Septemb. 1661.*

NOus revoquons & annullons aussi de pleine science & de notre plein pouvoir Imperial par la présente, tous les Privileges ou Octrois, que tous nos Predecesseurs à l'Empire ou nosdits Ancêtres, Cousins & Pere de très-glorieuse mémoire l'Empereur Charles Quint, l'Empereur Ferdinand I. Maximilien II. Rodolphe II. Matthias, Ferdinand II. & Ferdinand III. pourroient avoir donnés, ou que nous donnerions, qui pourroient préjudicier ou être contraires à nosdits Electeurs & Princes, ou aux Privileges, Jurisdictions, Sieges Provinciaux, Lettres, Acquisitions, Us & Coutumes, dans la Marche de Brandebourg, dans le Bourggraviat de Nuremberg & dans leurs Seigneuries, Territoires & Dependances, en particulier à leurs Droits Seigneuriaux, au Bourggraviat de Nuremberg, & à leur Succession au Duché de Mecklebourg, à la Principauté des Vandales, aux Principautez de Schwerin & de Ratzebourg, au Comté de Schwerin, aux Pays de Stargard & de Rostock, &c. avec leurs Seigneuries, Pays, Peuples, Chateaux, Villes, leurs Appartenances & Dependances, le tout sans dol.

Voulons aussi & ordonnons, que tels Privileges ou Octrois soient sans force, ni vertu, & entierement annullez, dans toute leur Teneur, & dans tous leurs Articles. &c. &c. &c.

Surquoi, nous enjoignons severement par la presente, à tous & chacun des Electeurs, Princes Ecclesiastiques & Seculiers, Prelats, Comtes, Barons, Chevaliers, Nobles & Roturiers, Prévots, Vidames, Senechaux, Lieutenants, Administrateurs, Baillifs, Consuls, Bourguemaîtres, Juges, Conseillers, Bourgeoisies & Communautez, & à tous autres Sujets & Feaux de nous & de l'Empire, de quelque dignité ou condition qu'ils puissent être, qu'ils ayent à ne troubler, ni à inquieter en maniére que ce soit nos Oncles, les Electeurs & Princes, ni leurs Heritiers, Marggraves de Brandebourg & Bourggraves de Nuremberg, dans leurs Droits, Octrois, Privileges, Lettres, Cours de Justice, Sieges Provinciaux, ou autres choses susmentionnées dans notre Confirmation, Renovation, Ratification, & Declaration au sujet de cette infeodation qu'il a cédée aux Ducs de Stettin & de Pomeranie; mais qu'ils ayent à les en laisser jouïr paisiblement, s'ils ne veulent encourir la severe indignation de nous & de l'Empire & sous peine, à chaque cas de Contravention, de payer incessamment une amende de cent Marcs d'or fin, applicable la moitié à notre Chambre Imperiale, & la moitié, audit Marggrave de Brandebourg ou à leurs Heritiers; car tel est notre volonté expresse. En foi de quoi nous avons fait mettre à la presente Lettre notre Sceau Imperial pendant. Donné dans notre Chateau d'Eberdorff le 24. Sept. de l'An 1661. depuis la Naissance de notre Seigneur & Sauveur. De nos Regnes, sçavoir, de celui des Romains le 4. Le 7. de celui de Hongrie. Et le 6 de celui de Boheme.

(L. S.)
app.

AA.

Extrait de la Lettre d'Investiture generale donnée à FREDERIC GUILLAUME *Electeur de Brandebourg en date du 1. Juin 1685.*

LA Succession au Duché de Mecklebourg avec toutes ses Appartenances a été accordée à notre bien aimé Frederic Guillaume Electeur, à ses Cousins & à leurs Successeurs feodaux; Mais comme par le Traité de Paix, le plus beau joiau de ce Pays a été cedé à la Couronne de Suede, assavoir la Ville &

ANNO 1729. & Port de Wismar, le Pays & Bailliage de Pöll, l'Isle de Walfisch, & le Bailliage de Neuen-Closter avec toutes leurs Appartenances, & que de la part de l'Empire Romain, on a cedé aux Ducs de Mecklebourg pour Equivalent, la Principauté de Schwerin & de Ratzebourg, avec ses Dependances, dont les Ducs de Mecklebourg ont reçu l'Investiture de nous & du St. Empire Romain, en sorte que lesdites Principautez de Schwerin & de Ratzbourg sont maintenant jointes & incorporées au Duché de Mecklebourg.

C'est pourquoi nous accordons & confirmons de notre grace speciale, & de pleine puissance Imperiale, en notre nom, & en celui de nos Successeurs à l'Empire, audit Fréderic Guillaume Electeur de Brandebourg, Duc de Magdebourg, de Stettin, de Pomeranie, des Cassubes & Vandales, Bourggrave de Nuremberg, Prince de Halberstadt, de Minden & de Camin, pour lui-même, & pour les autres Marggraves de Brandebourg & leurs Successeurs feodaux, en infeodation commune & conjointe, la Succession au Duché de Mecklebourg, à la Principauté des Vandales, aux Principautez de Schwerin & de Ratzbourg, au Comte de Schwerin, ensemble aux Pays de Stettin & de Rostock, avec leurs Seigneuries, Pays, & Peuples, Chateaux, Villes, leurs Appartenances & Dependances; leurs Droits, Jurisdictions, Competences & Privileges, quelque nom qu'elles ayent, tels qu'ils sont expressement énoncez, en particulier à l'Art. 12. susmentionné de la Paix d'Osnabrug & de Munster, & selon les Accords qu'ont passé entre eux là-dessus les Marggraves de Brandebourg & les Ducs de Mecklebourg, & que l'Empereur Frederic III. de très-glorieuse mémoire a autrefois approuvez & confirmez.

BB.

Extrait de la Lettre generale d'Investiture, que l'Empereur LEOPOLD *donna au Roi de Prusse pour ses Fiefs dans l'Empire en date du 20. d'Août 1699.*

LA Succession au Duché de Mecklebourg avec toutes ses Appartenances ayant été accordée à l'Electeur Frederic III. à ses Freres & Cousins, & à leurs Successeurs feodaux, il se trouve qu'à present, en vertu du Traité de Paix, le plus beau joiau du Pays de Mecklebourg a été donné à la Couronne de Suede, savoir la Ville & Port de Wismar, le Pays & Bailliage de Pöll, l'Isle de Wallfisch, & le Bailliage de Neuen-Closter, avec toutes leurs Appartenances, & que de la part de l'Empire Romain, on a cedé comme un Equivalent, les Principautez de Schwerin & de Ratzbourg avec leurs Dependances, dont le Duc de Mecklebourg a reçu l'Investiture de nous & du St. Empire Romain, de maniére que lesdites Principautez de Schwerin & de Ratzbourg sont à present incorporées au Duché de Mecklebourg.

C'est pourquoi nous accordons de notre grace speciale & de pleine puissance & authorité Imperiale, en notre nom & en celui de nos Successeurs à l'Empire, audit Fréderic III. Electeur de Brandebourg, Duc de Prusse, de Magdebourg, de Stettin, de Pomeranie, des Cassubes & des Vandales, Bourggrave de Nuremberg, Prince de Halberstadt, de Minden & de Camin, Comte de Hohenzollern, pour luimême & pour les autres Marggraves de Brandebourg ses Freres & Cousins, & à Leurs Successeurs feodaux, en infeodation commune & conjointe, la Succession au Duché de Mecklebourg, aux Principautez de Schwerin & de Ratzbourg, au Comté de Schwerin & aux Pays de Stargard & de Rostock, avec leurs Souverainetez, Seigneuries, Pays, Peuples, Chateaux, Villes, Appartenances & Dependances, tous leurs Droits, Jurisdictions, Privileges & Competences, quelque nom qu'ils ayent, & tels qu'ils sont expressement énoncez dans l'Artic. 12. susmentionné du Traité de Paix d'Osnabrug & de Munster, en suivant aussi les Accords que les Marggraves & les Ducs de Mecklebourg ont passé entre eux sur ce sujet, & que l'Empereur Frederic III. de très-glorieuse mémoire a autrefois approuvez & confirmez.

CC.

ANNO 1719.

Lettre Reversale des Princes de Mecklebourg-Schwerin, au sujet de l'aveu qui se doit faire aux Etats du Mecklebourg, lors de la prestation d'hommage, & dans laquelle on renouvelle les anciennes Conventions de Succession de l'An 1442. Datée du 12. (22) Juillet 1693.

NOus Frederic Guillaume par la grace de Dieu, Duc de Mecklebourg &c. attestons authentiquement & confessons ici en notre nom & en celui de nous & nos Successeurs les Ducs de Mecklebourg, que le Serenissime Prince & Seigneur Fréderic III. Archi-Chambellan du St. Empire & Electeur auroit souhaitté, qu'on lui prêtât un Hommage hereditaire de Succession, tant sur nos Pays du Mecklebourg, que sur les deux Principautez de Schwerin & de Ratzbourg, qui sont comme subrogez en Equivalent à la place de Wismar, de Pöll & de Neu-Closter; sur quoy Sa Majesté Imperiale ayant déja accordé à la Maison Electorale de Brandebourg une Confirmation & Investiture de Succession éventuelle aux Pays de Mecklebourg, & en particulier aux deux Principautez de Schwerin & de Ratzbourg; nous avons fait à Son Altesse Electorale notre Declaration en bon Ami & Cousin, comme en effet & en vertu de la presente encore, Nous declarons ici, qu'à l'occasion de l'hommage que nos Etats vont prêter, non seulement dans notre Duché, comme le prescrit la Lettre Reversale de l'An 1442. mais aussi dans nos Equivalens, les Principautez de Schwerin & de Ratzbourg, nous y ferons a nos Etats, dans ledit prochain hommage, cette Reconnoissance: que puisque les Etats du Mecklebourg de l'An 1442. déja, ont prêté un hommage éventuel en presence des Ducs de Mecklebourg, ainsi Nous le faisons ramentevoir & rememorer tant à Eux, nos Etats du Duché de Mecklebourg qu'à ceux des deux Principautez de Schwerin & de Ratzbourg, afin que, si Dieu permettoit un jour une extinction entiére de nous, les Princes de Mecklebourg & de notre Ligne masculine, nos Etats sachent alors, à qui ils doivent adherer, & qui ils auront à reconnoître pour legitime Successeur & pour Possesseur hereditaire; savoir qu'ils ayent alors à reconnoître l'Electeur & les Marggraves de Brandebourg pour lors vivans pour Successeurs, & qu'ils ayent à s'y conformer.

Nous y ferons aussi renouveller dans toute sa teneur & de mot à mot la Lettre Reversale dressée en 1442. entre les Electeurs & Marggraves de Brandebourg & les Ducs de Mecklebourg, & nous voulons en vertu de la presente, qu'elle soit étendue à nos deux Principautez de Schwerin & de Ratzbourg, & même nous envoyerons à Votre Altesse le Protocolle qui se tiendra au prochain Hommage qui nous sera rendu, afin qu'elle voye, que la Notification en aura été faite de la maniére susdite. Nous ne doutons pas non plus, que nos Successeurs ne fassent faire à notre Regence une semblable reconnoissance; mais quand même, contre notre attente, elle auroit été negligée, son omission ne pourra en rien préjudicier au Droit de Succession de Sa Serenité, comme suffisamment établi d'ailleurs. Nous nous obligeons aussi envers Sa Serenité en bon Cousin & Ami, pour nous & pour nos Successeurs au Gouvernement, de ne vouloir rien traiter ni Nous engager envers personne, en quoi que ce soit, qui puisse être au préjudice de ce Droit éventuel de Succession de Sa Serenité ni de Sa Maison Electorale, en nous reservant cependant les Conditions suivantes:

Que tant qu'il y aura des Seigneurs de notre Maison de Mecklebourg en vie, on ne donnera aucun empêchement dans le Gouvernement de nos Etats, & qu'on n'empietera point sur notre authorité ni sur celle de nos Successeurs, & qu'après comme ci-devant, nous aurons libre Disposition dans nos Duchez & Principautez

Que nous & nos Descendans les Ducs de Mecklebourg, conserverons sans restriction, tout ce qui nous peut competer comme Prince d'Empire, en vertu des Constitutions Imperiales & du para-

gra-

graphe *Gaudeant*, de l'Instrument de la Paix d'Osnabrug.

Que le dernier Seigneur, Duc de Mecklebourg, pourra haut la main tester des Allodiaux, ou en disposer en autre maniére, qu'il lui sera libre de pourvoir aux besoins d'une ou de plusieurs de nos Princesses, qui pour lors seront demeurées Veuves, ou non mariées; & que si des Personnes, qui conviennent à leur Rang, les vouloient épouser, elles seront alors dotées selon leur Etat de Princesse, auquel cas on leur fournira & payera de nos Etats, le Subside que les Sujets payent, pour faire la Dot d'une Princesse qui se marie, tel que les Etats de nos Provinces en seront convenus.

Que nos Etats & nos Habitans, tant du Duché de Mecklebourg, que des deux Principautez de Schwerin & de Ratzbourg conserveront leurs Privileges, Droits, Immunitez & leurs Us & Coutumes, & que les Electeurs & les Marggraves leur renouvelleront & confirmeront lorsque, Dieu le permettant ainsi, ils percevront la Succession actuelle. Nous avons au reste confiance entiére en Votre Serenité, comme en notre cher Cousin & Ami, que comme tel, vous nous assisterez & que Vous voudrez bien soutenir toûjours nos interêts & ceux de notre Maison, en tout droit & équité.

Quant aux Disputes au sujet des Limites & Frontiéres ou autres differens entre la Maison Electorale & notre Maison Ducale, qui restent encore à vuider, on les pourra terminer à l'amiable, en deputant à cet effet quelques Conseillers de part & d'autre, ou en cas que cela ne se pût accommoder à l'amiable, on pourra poursuivre & choisir la voye de Droit, mais il ne sera pas permis d'employer les voyes de fait. En foi de quoi nous avons muni & confirmé la presente de notre propre seing & de notre Sceau Ducal. Fait dans notre Residence & Chateau de Schwerin le 12. (22) Juillet 1693.

(L. S.)
app.

FREDERIC GUILLAUME.

DD.

Copie de la Lettre Reversale que le Roy de Prusse donna à Son Altesse le Prince & Duc de Mecklebourg Schwerin, le 12 Juillet 1693. où l'on promet d'abord, que le Droit de Succession de Sa Majesté Prussienne aux Pays de Mecklebourg, ne sera prejudiciable en rien aux Droits des Princes & Ducs de Mecklebourg, Ensuite de quoi on renouvelle les anciennes Conventions de Succession de l'An 1442.

NOus Fréderic III. par la Grace de Dieu, Marggrave de Brandebourg, Archi-Chambellan & Electeur du St. Empire Romain, Duc de Prusse, de Magdebourg, Cleve, Juliers, Berg, Stettin, de Pomeranie, des Cassubes & Vandales, en Silesie, Crossen & Schwiebus; Bourggrave de Nuremberg, Prince de Halberstadt, de Minden & Camin; Comte de Hohenzollern, de la Marche & de Ravensberg; Seigneur de Ravenstein & des Pays de Lauenbourg & Butow, &c. Attestons authentiquement & declarons ici en Notre Nom & en celui de nos Hoirs & Successeurs, les Electeurs & Marggraves de Brandebourg, que le Serenissime & Illustre Prince, Notre cher & aimé Cousin le Seigneur Fréderic Guillaume, Duc de Mecklebourg, Prince des Vandales, de Schwerin & de Ratzbourg, Comte de Schwerin & Seigneur des Pays de Stargard & de Rostock, voulant ramentevoir les Lettres Reversales dressées en 1442. entre les Maisons Electorale de Brandebourg & Ducale de Mecklebourg, au sujet de l'Hommage Eventuel sur le Duché de Mecklenbourg & les Principautez subrogées de Schwerin & de Ratzbourg, il s'est declaré envers nous, de maniére que nous sommes entierement contens de Notre cher Cousin & Ami, & que Nous avons une entiére confiance, que Son Altesse, aussi bien que ses Successeurs & Descendans, s'acquiteront de ce à quoi ils se sont engagez; que nous aussi promettons pour nous & pour Nos Successeurs, les Electeurs & Marggraves de Brandebourg à Son Altesse, à ses Successeurs & Descendans, de vouloir tenir, & mettre à entiere execution les Conditions qui sont reservées dans la Declaration que Son Altesse Nous a adressée en datte du 12. (22) Juillet de la presente Année 1693, & cela, de même que si ces Conditions étoient toutes transcrites ici de mot à mot, soit touchant l'entiere Disposition du Gouvernement libre & absolu des Duchez, Principautez & Pays de Son Altesse; soit à l'égard de tout ce qui pourroit competer à Lui ou à ses Successeurs, comme Princes de l'Empire, en vertu du paragraphe *Gaudeant*, du Traité de Paix d'Osnabrug; de même qu'à l'égard de la Liberté de tester & de disposer des Biens Allodiaux, dans un cas de vacance prochaine; ou aussi touchant ce qu'il faudroit, pour pourvoir au Douaire des Princesses qui seroient demeurées Veuves, ou pour doter des Princesses qui se marieront selon leur Rang; pareillement à l'égard de la Renovation, Confirmation & Extension des Etats, des Privileges, Immunitez, des Us & Coutumes tant dans le Duché, que dans les deux Principautez de Schwerin & de Ratzbourg. Nous renouvellons aussi les Lettres Reversales mutuelles & les Conventions, passées autrefois de l'An 1442. entre Nos Ancêtres & Nos Predecesseurs respectifs, les Electeurs Marggraves de Brandebourg, & les Ducs de Mecklebourg, de même que si elles étoient inserées ici mot à mot, & Nous l'étendons aux deux Principautez subrogées de Schwerin & de Ratzbourg. Nous promettons aussi pour Nous, & pour nos Heritiers & Successeurs, les Electeurs & Marggraves de Brandebourg, de vouloir procurer de tout Notre pouvoir, le repos, le bien, & la conservation de Votre Altesse le Duc Frederic Guillaume & de tous les Princes de Votre Maison Ducale & de Vous prêter toute assistance, soit judiciaire, soit autre, qui pourra dependre de Nous, dans toutes les affaires & les justes interêts de votre Altesse, de votre Maison ou de vos Etats. En foi de quoi Nous avons muni & confirmé la presente de notre Signature & de Notre Sceau Electoral. Fait & donné à Potsdam ce 12. (22) Juillet 1693.

FREDERIC, Electeur.

E. de Danckelmann.

(L. S.)
app.

EE.

Lettre de Son Altesse Serenissime, le Duc de Mecklebourg-Schwerin, au Roy de Prusse, du 12. Avril 1701.

SIRE.

LE Ministre de Votre Majesté, de Guerken, qui est Resident ici & Conseiller de Regence, Nous ayant rappellé & rememoré, par Vos Ordres les Actes & Conclusions tant principales qu'accessoires du 12. (22) Juillet de l'An 1693. arrêtées entre Votre Majesté & Nous à l'occasion de la Succession Eventuelle sur les Pays de Mecklebourg & les Principautez qui y appartiennent; Nous étant pleinement persuadez de l'affection que Votre Majesté Nous porte, & qu'Elle remplira effectivement en bon Cousin & Ami toutes les promesses stipulées dans ces Traitez, c'est ce qui fait qu'en vertu de la presente Nous assûrons derechef & promettons à Votre Majesté en bon Cousin & Ami d'executer entierement, tout ce que Nous avons stipulé, & en particulier, qu'au prochain Hommage, que l'on nous va rendre, Nous ne manquerons pas de faire à Nos Etats la reconnoissance promise & stipulée de notre part dans les dits Actes & Conclusions principales & accessoires, & que Nous n'omettrons rien de ce que leur contenu exige de Nous; C'est de quoi Votre Majesté se peut tenir entierement assurée; En souhaitant, sous la protection de Dieu une prosperité perpetuelle & florissante à Votre Majesté, Nous

ANNO 1729.

Nous Lui recommandons & Nous & Nos Interêts; & demeurons prêts & disposez à tous les bons offices imaginables de Cousin & d'Ami. Donné à Hambourg ce 12. d'Avril 1701.

FREDERIC GUILLAUME, par la grace de Dieu, Duc de Mecklebourg, Prince des Vandales, de Schwerin, & Ratzbourg, Comte de Schwerin, Seigneur de Rostock & de Stargard.

De Votre Majesté

Le très devoué Cousin & Serviteur.

FREDERIC GUILLAUME,

D. d. M.

Adressé & scellé
A Sa Majesté Prussienne
avec le Titre entier

FF.

Lettre de feu Son Altesse Serenissime le Duc de Mecklebourg-Strelitz à Sa Majesté Prussienne, du 26. Avril 1701.

SIRE.

LE Conseiller de Regence & Resident de Votre Majesté à Hambourg, de Guercken, ayant suivant Vos Ordres, fait entendre à Notre President de Petkum, & requis, que Nous veuillions aussi donner à Votre Majesté une Declaration en bon Cousin & Ami, ainsi qu'a fait Notre cher Cousin le Duc de Mecklebourg-Schwerin, suivant la Teneur des Actes & Conclusions tant principales qu'accessoires du 12. (22) Juillet de l'An 1693. arrêtées entre Votre Majesté & Notre Cousin, le Duc Frederic Guillaume de Mecklebourg-Schwerin, à l'occasion éventuelle sur les Pays de Mecklebourg & les Principautez qui y appartiennent, Nous aussi de Notre part, étant pleinement persuadez de la bonne affection que Votre Majesté nous porte, & qu'Elle de son côté, en bon Cousin & Ami mettra aussi entierement à effet les Promesses stipulées dans lesdits Traittez, par rapport à Nous & à la Posterité de nos Princes; C'est ce qui fait, que par la presente, Nous assurons & promettons à Votre Majesté en bon Cousin & Ami d'executer entierement tout ce qui de Notre part est stipulé dans lesdits Actes & Conclusions tant principales qu'accessoires, & en particulier, qu'au prochain Hommage, que Nous rendront nos Etats, Nous ne manquerons pas de leur faire la reconnoissance que Nous avons promise, & que Nous n'ometterons rien de ce que le Contenu de ces Traitez exige de Nous; C'est de quoi Votre Majesté se peut tenir entierement assurée; En souhaitant sous la Protection de Dieu, une prosperité florissante & perpetuelle à Votre Majesté; Nous recommandons Nous & nos Interêts à Vos bonnes graces & à Votre constante Protection. Donné dans Notre Residence de Strelitz le 26. Avril 1701.

ADOLPH FREDERIC par la grace de Dieu, Duc de Mecklebourg, Prince des Vandales, de Schwerin & de Ratzbourg, aussi Comte de Schwerin, Seigneur des Pays de Stargard & de Rostock.

De Votre Majesté

Adressé & scellé
Au Roy de Prusse
avec tous les Titres.

le tout devoué Cousin & Serviteur

ADOLPH FREDERIC,

D. d. M.

CXXXII.

Traité de Paix conclu entre la France & la Regence de Tunis au commencement de 1729. [Mercure Historique Tom. 86. pag. 260.]

ANNO 1729.

I. LE Pacha, le Bey, le Divan, l'Aga des Janissaires & les Troupes du Royaume de *Tunis*, feront demander pardon au Roi de *France*, selon la Formule jointe au présent Acte, pour les Capitaines de cette Régence qui ont souvent rompu la Paix. Il y aura à l'avenir une bonne harmonie, une Paix ferme & une parfaite correspondance entre la *France* & ladite Régence; & le Traité de Paix conclu le 20. de Février 1710. par M. Saul entre la *France* & la République de *Tunis* sera observé par les Sujets de ladite République, plus inviolablement qu'il ne l'a été jusques ici.

II. De plus ladite République payera 8000 pièces de huit, aux Navires *François* en réparation des dommages, faits par ses Armateurs sur les Côtes de *France* & aux Navires étrangers ou *François*, qui portoient le Pavillon de cette Couronne.

III. Les Capitaines des Vaisseaux & les Commandans qui ont rompu la paix seront punis corporellement en présence du Consul ou de l'Interprête *François*, & banis ensuite des Domaines de ladite République.

Le Divan fera de très-expresses defenses à tous les Commandans de Vaisseaux de s'approcher des Côtes de *France*, plus près que de dix lieues, dans les Courses qu'ils feront; sous peine de confiscation de leurs Navires & d'être punis corporellement comme Pirates. Mais si quelque tempête ou quelqu'autre accident les jette sur lesdites Côtes, non seulement ils auront la liberté d'y mouiller, mais encore celle d'acheter les provisions nécessaires & de s'y radouber en cas de besoin.

V. Tous les *François*, faits Esclaves sous la Bannière *Françoise* ou sous un autre Pavillon, seront remis en liberté & rendus à l'Escadre *Françoise*. Il sera permis, à cet effet, à deux Officiers *François* accompagnez d'un Officier du Divan de visiter les Bagnes, d'y marquer les Esclaves de leur Nation, de prendre leurs noms & de les mettre en liberté. La Régence devra rendre outre cela la liberté à 20. autres Esclaves des autres Nations *Catholiques-Romaines*, au choix du Consul de *France*, & les envoyer à bord de l'Escadre *Françoise*.

VI. A l'avenir, les *François* jouïront à *Tunis* de plus grands Privileges & exemptions de gabelles que toutes les autres Nations, ainsi qu'il a été stipulé par les anciens Traitez; & ladite Régence ne pourra pas accorder à d'autres Nations, de plus grands privilèges que ceux dont jouït la Nation *Françoise*, sans en avoir informé auparavant ladite Nation, quoique cette clause ne soit pas contenue dans les précédens Traitez.

VII. De plus, tous les droits & prétensions, comprises sous les noms de *Bourfoles* & *Chaffes*, seront annulées; & tous les vivres & les pains que les Patrons & Capitaines des Vaisseaux *François* feront cuire par leurs Cuisiniers & Boulangers, seront exempts de tout impôt & gabelle.

VIII. Le Commissaire Général des Douanes de *Tunis* fera un tarif, de concert avec le Consul de *France*, pour regler les droits de sortie des effets que les Bâtimens ou les Barques de *Tunis* transporteront à bord des Vaisseaux *François*. Ce reglement sera rendu public, & ne pourra pas être changé sous quelque prétexte que ce puisse être; & ces droits ne pourront pas non plus être augmentez

IX. Lorsque le Bey de *Tunis* envoyera ses Vaisseaux en course, les *François* ne pourront pas rester plus de dix jours à *Tunis*.

X. Ledit Bey s'engage à ne pas troubler le Commerce des *François* au *Cap verd*, & à ne pas empêcher ses Sujets de leur apporter des grains, des fruits, & autres marchandises du Pays; & il pourra encore moins forcer les *François* à acheter ses propres Marchandises, à un prix excessif & préférablement à celles des autres.

XI. La pêche du Corail sera toute reservée pour la Nation *Françoise*; & ladite Régence lui remboursera de plus les pertes causées l'année passée à cet égard par les Armateurs de *Tunis*.

XII. En cas que quelque Corsaire se refugie à *Tunis*, & que tout son Equipage déclare vouloir se faire *Turc*; on mettra pendant un an & un jour leurs

ANNO 1729. leurs effets en sequestre, afin que le Consul de *France* ait le tems de s'informer s'il n'y aura rien qui appartienne aux *François*; & qu'on lui puisse rendre ceux de sa Nation qui pourroient avoir été transportez à bord dudit Corsaire, par force ou par fraude.

Formule du Pardon que les Ambassadeurs de Tunis *demanderont au Roi de* France.

Le Pacha, le Bey, le Dey, le Divan, l'Aga des Janissaires & des Troupes de la Ville & du Royaume de *Tunis* nous ont chargez de témoigner à V. M. la grande douleur & le repentir qu'ils ont de la rupture de la Paix, faite par les Capitaines & Patrons de leurs Vaisseaux. Ils supplient V. M. de mettre tout en oubli; & leur Republique promet solemnellement, non seulement d'observer, mais encore de faire observer avec exactitude à chacun de leurs Sujets, les susdits Articles & conditions, afin que le présent Traité soit ratifié des deux côtez.

CXXXIII.

13 Fev. *Traité de* RIASCHTCHS, *entre l'Empire de Russie & le Schach* ESCHREFF, *conclu le* 13. *Fevrier* 1729. *V. St.* [Mercure Historique Tom. 87. pag. 432.]

AU NOM de Dieu très-Haut & très-Puissant. Soit rendu public le présent Traité. Il a plu à la Providence Divine de faire cesser, après une préalable suspension d'armes, les troubles survenus à l'occasion des Provinces possedées, par S. M. Imp. *Pierre II.* Souverain de toute la Russie, &c. &c. &c. situées sur la Mer Caspienne, sur les Frontieres des Terres du *Possesseur d'Ispaham*, & de plusieurs autres Provinces en Perse, &c. &c. & de les terminer par un accommodement à l'amiable conclu par les Plénipotentiaires respectifs S. E. Mr. Wazile Lewefchew, Lieutenant Général, Chevalier de l'Ordre de S. Alexandre Neowsky, commandant en chef l'Armée Russienne dans la Province de Ghilan, & Capitaine Général des Provinces situées sur le Darimar près de la Mer Caspienne ayant été nommé pour cet effet par S. M. I. Pierre II. Souverain de toute la Russie, & *Sapasalar-Muhamet-Saidal* Kam & Beglierbey Général de l'Armée Persanne assisté de *Musteff-Eiel Chassa-Mirsa, Machamet Ismail, Amar Sultan,* & *Chadschi Ibrahim*, de la part du Regent commandant heureusement à Ispaham, & dans plusieurs autres Provinces, &c. Lesquels Plénipotentiaires pour le Bien public, & afin d'établir une sincere, parfaite, & constante amitié entre les deux Cours, Empires & Terres, sont convenus des Articles suivans.

I. Les deux Empires resteront en possession, à perpetuité, des Villes & Païs qu'ils occupent actuellement, avec tout ce qui en dépend, conformement aux anciens & nouveaux Reglemens des Limites, & dont il est fait mention dans l'Article III.

II. S. M. Imp. de Russie, en consideration de l'ancienne Amitié qui a toûjours subsisté entre l'Empire de Russie & la Perse, consent de la laisser en possession des Provinces d'Asterabat & de Masandaran, situées aux environs de la Mer Caspienne, à condition néanmoins que ces Provinces ne pourront en aucune maniere être données à quelque autre Puissance: Et au cas que cela arrivât, lesdites Provinces, avec tout ce qui en dépend, rentreront & resteront à perpetuité sous la Domination de Russie, & tout ce qui aura été stipulé de contraire, sera déclaré nul.

III. On reglera les Limites entre les Terres, Provinces & Villes, de part & d'autre, de la maniere suivante: Toutes les Provinces conquises par les Russiens, derriere *Derbent*, depuis la Mer, en avançant dans le Païs jusqu'à la Riviere de *Kur*, & jusqu'à l'embouchure du Fleuve *Araxe*, situées le long de la Mer, resteront, conformement au Reglement des Limites fait avec la Porte, à perpetuité, à la Russie: En quoi sont comprises les Provinces Capitales, aussi bien que les moindres Districts qui en dependent, avec les Païs de Montagnes, qui s'étendent jusqu'à la Mer, comme aussi les Districts de *Musul*, de *Schafft* & de *Kutum*, & tout le *Darimar*, où l'on fera la separation des deux Empires. En passant *Schafft*, on vient au grand Chemin qui va de la Province de *Ghilan* à *Casbin*: On y trouve, entre *Rutuma* & *Seitum-Rudbara*, à quelque distance de *Nuglebar*, *Ragdarchana*, qui restera pareillement au pouvoir des Russiens. On tirera à l'endroit où les Limites des Districts de *Samanski*, d'*Eschkuarski* & de *Temischanski* se joignent, une Ligne droite, qui commencera dans le District d'*Eschkuarski*, & s'étendra jusqu'aux Frontieres de *Tenikabuski*, & de là jusqu'à la Mer. En sorte que toutes les Provinces & Villes, avec leurs Dépendances, qui sont à main gauche vers la Mer, jusqu'à l'embouchure du Fleuve *Araxe*, & depuis cette embouchure jusqu'aux Frontieres de *Tenikabunski*, & de là jusqu'à la Mer, apartiendront à perpetuité à l'Empire de Russie: Tout ce qui est à main droite, en avançant dans le Païs, & qui est actuellement occupé par le Possesseur qui regne heureusement à *Ispahan*, & dans plusieurs autres Provinces, restera à la Régence d'*Ispahan*. Les Sujets du Possesseur d'*Ispahan* ne prendront néanmoins possession des Places ci-dessus mentionnées qu'après la Ratification du présent Traité.

IV. Les Ambassadeurs & Envoyez de part & d'autre seront reçus & traitez sur les Frontieres par les Gouverneurs & Commandans respectifs, après une préalable notification de leur passage, avec la même Amitié & les mêmes Honneurs que par le passé: Et à leur retour, on leur fera le même traitement.

V. Les deux Cours continueront de se servir des mêmes Titres dans leurs Lettres d'Amitié: Et si l'une ou l'autre des deux Puissances juge à propos de se servir dans ses Titres du nom de quelque Province de Perse qui lui est échûë, il pourra le faire, mais il ne lui sera pas permis de prendre celui des Provinces ou Païs dont l'autre Puissance est en possession, ni d'en porter les Armes, ou de les faire fraper dans les nouvelles Monnoyes.

VI. Les differends quelconques qui pourroient survenir sur les Frontieres entre les deux Nations, seront examinez, avec la derniere exactitude par les Gouverneurs établis sur les Frontieres, qui tâcheront de les terminer à l'amiable, afin de maintenir l'Union entre les deux Cours, & conserver leurs Sujets en tranquilité.

VII. Si quelque Sujet de part ou d'autre, de quelque condition qu'il puisse être, se refugie chez l'une des 2. Puissances, on le renverra avec sa Famille & ses Effets, sans lui accorder aucune Protection.

VIII. Les Sujets & Habitans des deux Empires & Païs y apartenans, pourront en toute liberté, pour l'avantage du Commerce, transporter & faire venir des Païs respectifs toutes sortes de Marchandises, tant par Terre que par Eau, en payant les Droits ordinaires comme ci-devant. Il sera permis aux Sujets de Russie de commercer dans toute la Perse, & d'y bâtir pour leur sûreté & celle de leurs Caravanes & Marchandises, des Maisons & des Magazins: Ils pourront aussi traverser librement la Perse, avec leurs Marchandises & Caravanes, pour se rendre aux Indes & autres Royaumes: Les Persans joüiront des mêmes avantages en Russie par raport au Commerce.

IX. En cas de mort de quelque Marchand de l'une ou de l'autre Nation, ses Maisons, Marchandises & Magazins seront conservez avec soin, & restituez aux Héritiers sans aucun dommage, ou à ceux qui seront commis par les Cours ou Magistrats respectifs, & pourvûs d'un Ordre par écrit, pour recevoir les Effets du Défunt.

X. Ce Traité de Paix & d'Amitié sera maintenu inviolablement à perpetuité, & ratifié; on en dressera deux Exemplaires de même teneur, qui seront signez par les Ministres Plenipotentiaires, qui y poseront leurs Armes, & on les échangera l'un contre l'autre. Fait dans la Province de *Ghilan*, à l'endroit nommé *Riaschtchi*, le 13. Fevrier 1729.

CXXXIV.

Circular-Schreiben Hertzog CARL LEOPOLDS zu Meklenburg an die gesamte Stände des Reichs abgelaßen aus Dantzig/ den 5. Martii 1729. 5. Mars.

C'est-

ANNO 1729.

C'est-à-dire,

Lettre circulaire ou Manifeste du Duc CHARLES LEOPOLD *de Mecklembourg adressée aux Etats de l'Empire, le 5 Mars 1729.*

Præmissis TITULIS & CURIALIBUS consuetis.

Gleich wie Ew: Königl. Mayjestät (Ew: Lbd:) und gesambten Hohen Reichs Mit-Ständen Wir die durch empöhrliche Wiedersetzlichkeit und Entflüchtung Unserer Edelleute / als wircklicher Unterthanen / deren unzulässigste Auffnahm / Verhärtung / so vieljährige Verpflegung in Lüneburgischen Landen und Schutzhaltung / welches die wahre Quelle und der einzige Ursprung der Unruhe in Unsern Landen ist / dann weiter erfolgte Friedbrüchige invasion, oppression und usurpation, sampt Reichs-Hoff-Rähtlicher unstatthaffter immixtion und turbation wieder Uns / Unsere Hertzogthümer und Lande und uhralte Territorial-Superioritæt und Regalia entstandene eusserste respective Unthaten / Beleydigungen und Eingriffe vorhin durch verschiedene Circular-zuschreiben / nach gründlichster Warheit und Gerechtigkeit / vorstellig zu machen / der unzertrennlichen Reichs Cörperlichen Verbindung / Wohlfahrt und Fürsorge / Pflichtigst gemäß erachtet; So können WIR / aus gleicher necessitæt, Obliegenheit und Vertrauen / der gegenwärtigen Ablassung / wie höchst ungerne SIE auch damit belästigen möchten / um so weniger überhoben seyn / als es bey unsern entsetzlichsten Bedrängnissen und Gewalt-Erleidungen / mit Augen zu sehen / und mit Händen zu greiffen / daß Unser ad Corpus Imperii genommener gerechtester recurs, wegen des unentschließlichen langen Anstands und Verzugs / nur immer weitere extremitæten und hefftigere Zusetzung nach sich gezogen.

Wir haben / üm das Reich ohne höchstnohtdringliche Noht nicht zu beschweren / und Unser selbst eigenen allermöglichsten Fügung und Mit-Anwendung destomehr zu versichern / kurtz nach Anfang des 1726ten Jahres einen Ministrum nach Wien abgeschicket / und / auff darzu geschehenen Anleitung / unterm 15. Novemb. d. a. an Ihro Kayserl. Mayjest. ein abermaliges Declarations-Submissions und Paritions-Schreiben / inhalts gedruckter Beylage sub N. 1. mit solcher vollständigen Begreiffung allerunterthänigst eingesandt / daß allerhöchst Dieselbe damit nicht anders als allergnädigst zufrieden seyn können. Auff sothane von neuen eingesandte submissions- und paritions-Erklärung hat ermeldter Unser Minister, besage dessen eydlichen Certificats, nicht allein die beständige Versicherungen überkommen / daß dieselbe allergnädigst auffgenommen / und gerechteste Kayserl. Hülffe / nebst Satisfaction Unsers erlittenen schadens / darüber versprochen worden. Gleich solches Ihro Kayserl: Mayj: Selbst in Unserm unterm 4. Februarii 1728. abgelassenen / Sub N. 2 hiebey anliegenden / allerunterthänigsten Vorstellungs-Schreiben / aus unscheinbaren Warheits-Grunde / mit aller devotion nohtdringlich repræsentiret werden müssen / nachdemmahlen WIR in zuverlässige Erfahrung gekommen / daß der Römisch. Kayserl. Resident von Hochholtzer, an stat derer vorangezogenen gerechtesten Versicherungen / in einer öffentlichen Session des Russischen Kayserl. Senats wieder Uns einen dermaßen hefftigen und lästerlichen An- und Vortrag gethan / daß nicht allein Wir / sondern auch in der That selbst alle alte Fürstliche Häuser des Heil. Römischen Reichs dadurch auffs aller empfindlichste beleidiget und prostituiret worden.

Wie gerechtest nun diese Unsere unumgängliche allerunterthänigste Vorstellung in solche consideration gezogen werden sollen / als die unumstößliche kräfftigste Gründe, worauff selbige bestanden / es erfodert hätten / so hat doch der erfolg / auff erstaunliche Weise / es zu Tage geleget / daß unterm 11ten Maji des nechst vorigen 1728ten Jahres ein Kayserl. Rescript, sub N. 3. beygefüget / an Uns ergangen / und allererst den 25. August. allhier bey der Post eingekommen / worinnen Uns gantz unverschuldeter Weise / wieder Recht und Warheit / viele härteste inculpationes gemachet / und so gar Unsern von GOTT anvertraueten Hertzogthümern und Landes-Regierung fernere die allergrausahmste Reichs-Gesetz-zerstöhrliche turbirung und viblirung geschehen / dahero WIR weniger nicht gekont / als bey Ihro Kayserl. Majest. mit inviolablester Beybehaltung alles Reichs Oberhauptlichen schuldigsten Respects, in einer allerunterthänigsten Gegen-Vorstellung / Ablehnung und Rechts Verwahrung vom 15. Sept. vorigen Jahres / sub N. 4. unter denen Beylagen vorfindlich / Uns so wohl derer böslich insinuirten falschen Aufflagen zu entheben / als Unsere uhralters angestammeten Landes-Fürstl. Würde / Territorial Superioritæt, Regalia, Regierungs- und Hoheits-Rechte / nach Maaßgebung derer unwandelbahren Reichs-Grund-Gesetze / und Kayserl. beschwornen Wahl-Capitulation, wieder dergleichen gräulichste infractiones und turbationes in Sicherheit zu setzen / wobenebst WIR auch zwar weiter nicht ermangelt / diese Unsere höchstwichtige Angelegenheit an die Hochlöbl Reichs Versammlung in Regenspurg gelangen / und das sub N. 5. beygelegte Schreiben vom 3. Julii a. p. durch Unsern Gesandten daselbst gehörig übergeben zu laßen / aber gegen alle billige Vermuhtung erfahren müssen / daß Chur-Maintz dasselbige Statibus Imperii durch gewöhnliche Dictatur nicht communicabel, sondern dagegen diejenige Ausflüchte und Einwendungen machen wollen / welche aus dem sub No. 6. beygelegten Extract Dero an Ihren Comitial Gesandten unterm 24. Julii d. a. erlaßenen Rescripti zu ersehen sind. Und da hernegst Unsers Bruders Christian Ludwigs Lbd. über alle vorige grobschwere Beleidigungen und Excesse, die horrible Vermessenheit genommen / die Deputirte von Unser unterthänigsten Ritter und Landschafft / unter dem prædicat von seinen lieben Getreuen zu Sich zu convociren / und also in Unsere Wesentliche Landes Fürstl. Regierung mit eusserster Verschuldigung einzugreiffen; So haben WIR / so wohl zu Deßen Selbst eigenen noch übrigen Verwarnung / als ab- und zurückhaltender Verführung Unserer / in unverbrüchlichsten Pflichten stehenden / gesambten Unterthanen und Landes-eingeseßenen / unterm 17. Decembr. a. p. in Unsern Hertzogthümern und Landen / ein gedrucktes öffentliches Patent publiciren und affigiren laßen / welches denen Anlagen sub N. 7. beygefüget ist.

ANNO 1729.

Diese denen vorigen hinzugekommene härteste Facta und Entstehungen also unumgänglich vorangeführet / werden Ew. Königl. Majestät (Ew. Lbd.) bey Unserer Sache vornehmlich von nachfolgenden völligst erleuchtest (erleuchet) überzeuget seyn.

Erstlich ist Reichs-Kündig und unwiedersprechlich / daß die gegenwärtige Chur- und Fürstl. alte Häuser des Heil Römischen Reichs Ihre Territorial Superioritæt und Regalia, integro complexu, nicht von der Kayserl. Majest allein / Jure saltem collato, sondern aus uhralter Ab- und Anstammung von Ihren Vorfahren / Jure connato, devoluto & proprio haben / welches / anderer Reichs-Fundamental Constitutionen nicht zu gedencken / der Osnabruckische Frieden Schluß / als Fundamentalissima Basis, Forma & Norma S. R. Imperii, am klährlich- und kräfftigsten Artic 8. §. 1. also decidiret.

> Damit aber besorget und vorgekehret sey / daß hinführo in dem Statu Politico keine Streitigkeiten entstehen; so sollen alle und jede des Römischen Reichs Chur-Fürsten / Fürsten und Stände in ihren alten Gerechtigkeiten / Vorzüglichkeiten / Freyheit / Privilegien, freyen Gebrauch des Juris Territorialis, so wohl Geistlich- als Weltlichen / Landen / Regalien, und dieser aller Possession, in krafft dieses Vergleichs dergestalt bestätiget und befestiget seyn / daß Sie von niemanden / zu keinen Zeiten / unter keinerley Fürwand / de facto darinn turbiret werden können / noch sollen.

Worauff §. 2. Gaudeant &c. sothane Regalien nicht allein specifice erläutert / sondern auch Artic. 17. §. 3. & 4. auffs nachdrücklichste versehen und festgestellet worden: daß wieder solchen Friedens-Vergleich / und einigen deßen Articul oder Clausul, keine Geist- noch Weltliche / Gemeine noch besondere Rechte / Privilegia, Indulta, Edicta, Commissiones, Inhibitiones, Mandata, Decreta, Rescripta, Litispendentiæ, zu jemahliger Zeit geschehener Urtheil-Sprüche / Res judicatæ, oder einige / unter was Nahmen oder Fürwand immer ersinnliche / andere Ausflüchte / zu keinen Zeiten angeführet / gehöret / oder zugelaßen / noch irgends wo dagegen in petitorio oder possessorio, weder inhibitiones, noch andere Processe oder Commissiones jemahlen erkandt werden; diejenige aber / so mit Rahe und That dawieder handeln würden / Sie wären Geistliche oder Weltliche / ipso jure & facto in die Straffe des Friedenbruchs verfallen seyn solten.

Diesen Westphalischen Frieden-Schluß haben jetzt Regierende Kayserl. Majest. in Ihrer beschwornen Wahl Capitulation als die Grund Verfaßung des Heil. Römischen Reichs erkandt / zur Norm und Richtschnur Ihrer Regierung angenommen / und unter andern Artic. 16. Buchstäblichen Inhalts heiliglich versprochen:

> Sie solten und wolten für Ihnen Selbsten wieder die Güldene-Bull / und des Reichs-Freyheit / den Frieden in Religions- und Profan-Sachen auch Munster und Osnabruckischen Friedens-Schluß / und Land Frieden / sambt der Hand-Habung desselben / von niemand nichts erlangen / noch auch / ob Ihro / oder Ihrem Hause etwas dergleichen aus eigener Bewegniß gegeben würde / nicht gebrauchen; Ob aber diesen / und andern / in dieser Capitulation enthaltenen Articuln und Puncten einiges zu wieder erlangt oder ausgehen würde / das alles solte krafftloß / todt und absey; Immaßen Sie es jetzt als dann / und dann als jetzt / hiemit cassiren / tödteten und abthäten &c.

Wobey dann besonders wohl anzumercken / daß / wenn gleich in einiger Kayserl. Wahl Capitulation selbst etwas anzutreffen / so den Schein haben könte / als wären alter Chur- und Fürstl. Häuser Territorial-Superioritæt und Regalien-Rechte nicht schlechterdings von Kayserl. und Reichs-Hoff-Rähtlicher Jurisdiction, Processen, und Litispendentien, in peti-

ANNO 1729. petitorio oder possessorio, nach klahrer Maasgebung des vorangeführten Osnabruckischen Frieden-Schlußes / ausbeschieden / eben solche Einwendung schon in dem allegirten Artic. 17 dict: Instrum: Pacis gleichfals gänzlich cassiret und vernichtiget sey / indem daselb §. 1. ausdrücklich enthalten: daß auch keine Kayserl. Wahl-Capitulationes wieder einigen Articul sothanen Frieden Schlußes / in contrariis, zu keinen Zeiten angezogen / gehöret oder zugelaßen werden solten:

Welchen unbeweglichen Rechts-Gründen denn auch das Fundamentum sanæ rationis & evitandæ contradictionis, daß nemlich diejenige Jura, welche alte Fürstliche Häuser schon für sich inseparabiliter würcklich haben und / als solche / ohne alle Streit / Wiederspruch Eingriff und turbation, zu immerwährenden Zeiten haben und behalten sollen und müssen / ihrer wesentlichen Natur und Eigenschafft nach / zu keiner streitbahren Jurisdiction und Judicatur gehören können / dergestalt beytritt / daß Ew Königl Majest (Ew Ldd.) Selbst eigener Höchsten (Hohen) penetration Wir desfalß mit breiterer Ausführung nur Uberdruß erregen würden; Folglich ist Reichs ja Weltkündig / daß Unsere Vorfahren / von undencklichen Zeiten her / Ihre Lande mit Souverainer independenter Macht und Gewalt beherrschet / und allererst im XIV. Seculo, bey Kaysers Caroli IVti. Regierung / Sich dem Heil. Römischen Reiche freywillig incorporiret und Lehnbar gemachet haben.

Wie nun Vernunfft-und Rechtmäßig anders nicht zu begreiffen / als daß Unser Fürstl. Hauß / bey solcher freywilligen Lehns Aufftragung und Einverleibung / Seine gesambte uhralte Landes-Fürst-und Obrigkeitliche Regalia, ohne Abbruch / Schmälerung und Verkürtzung / allerdings beybehalten / und desfalß nicht deterioris conditionis geworden / noch werden können / alß alle andere Reichs-Chur-und Fürstl. alte Häuser so erweissen auch solches / nechst der ersten investitur, alle nachhero von Kaysern zu Kaysern ertheilte Lehn-Brieffe / und wann hiernechst solcher althergebrachten Gerechtigkeiten / Vorzüglichkeiten und freyem Gebrauch des Juris Territorialis in Geist-und Weltlichen / Landen / Regalien, und dieser aller possession &c die ewige Bestätigung und Befestigung durch den Munster-und Osnabruckischen Frieden-Schluß / und beschworne Kayserl. Wahl-Capitulation, also wie obstehet / hinzugekommen / so muß auch die Krafft und Erfüllung davon Uns und Unserm Fürstlichen Hause / als einem von denen Aeltesten / gleich allen andern Chur-und Fürstlichen Alten Häusern / woferne nicht die Grund-Verfaßung des Heil. Römischen Reichs in Unser Person und Sache umgestürtzet werden soll / integerrimo effectu, ebenmäßig angedeyen; welcher handgreifflichsten evidentz-halber sich hiebey nicht länger aufzuhalten / sondern nur letzlich zu erörtern ist / daß die Boßheit Unserer Feinde auch gar dahin gehet / wegen einer gewißen Anleihe von vormahligen Domestiquen-Schulden / ihrem Land Fried-Brüchigem Verfahren einen Schein der Billigkeit geben zu wollen / in dem von Unsern Fürstl. Vorfahren / auff veranlaßung eines damahligen Anleihens von zehenmahl hundert Tausend Gulden Mecklenburgischer Wehrung / und ohngeachtet die gantze übrige Landschafft das ihrige zu solchem Anleihen beygetragen / aber in würcklicher Zahlung bey weitem die helffte nicht erfolget / denen Edelleuten dafür zur Versicherung Drey gantze ansehnliche Aembter / als Ribbenitz, Dobbertin und Malchow, eingeraumet worden / welche drey Aembter Sie auch noch in würcklichem Besitz haben / und das gantze ehemahlige Mutuum an Werth übersteigen / in dem Wir mit der Residentz Stadt Rostock, und dem gantzen übrigen Lande in völliger Ruhe und Zufriedenheit Crayß-Observantz mäßig gestanden; Immassen Ihro Kayserl. Majest eben solches in vorangezogener Sub. No. 4. beygelegter Unser Gegen Vorstellung vom 15. Sept. a. p. allerunterthänigst remonstriret ist. Denn wie kan einige gesunde Vernunfft zu recht behaupten / daß für eine Anleihe von einigen Tausend Gülden / bey darauff überflüßig gegebenen hypothec und Pfand-Versicherungen / ein Vorfahr in der Regierung seine Hohe Landes-Obrigkeitliche Regalien seinen Unterthanen communicabel, und dermaßen im geringsten præscribirlich gemachet haben / oder machen können und mögen? Maßen die Nachfolgere in der Landes Regierung / nicht minder als die gewesene Vorfahren / ein auff Sie devolvirtes eigenes Successions-und Regierungs-Recht von denen alten Anstämmeen haben / woran Ihnen zu præjudiciren / oder das geringste zuvergeben / unmöglich gewesen Gleich wie nun Unsere Edelleute / Land-Stände und Unterthanen in der That keine / auch nicht die allergeringste Anmaßung noch Ausflucht in diesen / Unsere Oberste Criminal-Jurisdiction und Hohe Landes-Obrigkeitliche Regalia ohnstreitigst betreffenden / Sachen nicht haben / noch auch mit Recht und effect haben können; So ist Uns übrigens niemahlen in den Sinn gekommen / denen Getreuen ihre rechtmäßige Privilegien und Gerechtigkeiten im geringsten zu entziehen.

Es sind also bey Unserer Sache eines Theils Unsere / gleich andern Chur-und Fürstlichen alten Häusern / ohnstreitig competirende Reichs-Gesetz-und Crayß Observantz-Mäßige Landes-Fürstliche Superiorität und Regalia, andern theils die Uns dagegen / außer alles Verschulden / wiederfahrene / und von einer extremität zur andern sich greiffende / nunmehro schon zehenjährige / unerhörte / gräulichste turbationes, offensiones und oppressiones zwar sonnenklärlich für des Heil. Römischen Reichs Augen und Angesichte / und wird dennoch / auff nicht gnugsam zu bewundernde noch zu beklagende Weise / zu Unser gerechten Hülffe und Rettung / nicht die allergeringste Bewegung gemachet. ANNO 1729.

Daß Wir es mit Unserm Landes-embarras Selbst zu weit kommen und hinein reißen laßen / mag Uns mit keinerley Bestande imputiret werden. Denn nachdem Unsere Treu-brüchige Edelleute und Unterthanen es einmahl darauff hingesetzet / auff Unsere Beruffung und beyherige völlige Sicherheits-Ertheilung unter Fürstl. Hand und Siegel / durchaus nicht zuerscheinen / aus Unsern Landen zu entflüchten / und sich unter Chur-Hannöverschen Gewalt-Schutz zu werffen / auch / der concertirten Verstrickung nach / daselbst würcklich recipiret / protegiret / und die gantze Zeit über Monahtlich ein jeder mit Dreyßig Reichsthaler unterhalten / Wir selbst aber in Unsern eigenen Landen mit Fried-Brüchiger Gewalt angegriffen / ja gar durch die detestableste Conspirationes für Unsere Fürstliche Person und Familie nachgetrachtet / von Kayserl. Maj. auff Unsere unauffhörliche kräfftigste Vorstellungen / ohne alle remedur gelaßen / und vom Reichs-Hoffraht alles / was Unsere Feinde boßlich nur gewolt und an Hand gegeben / sub & obreptitie erschlichen und approbiret worden; so hat sich ja wohl für Uns keine Möglichkeit gefunden dieses Unwesen zu heben.

An Ihro Kayserl Mayjest. sind Unsere allerunterthänigste Submissions-und paritions-Erklährungen in solchen terminis verschiedentlich abgelassen / daß Sie nicht anders als allergerechtest damit zufrieden seyn können / auch bereits allergnädigst zufrieden gewesen; Da Uns aber eine solche Submission und parition zugemuhtet werden will / wodurch Wir alle Uns zugefügte höchste Beleidigungen / so doch nach denen klahren Worten des Land-Friedens de Anno 1521. Artic. 8. §. 3. & 4. ohne Unterscheid / zur Acht und härtesten pœnen verdammet / auch Artic. 2. einem jeden / wie / und wenn er Hülffe haben könne / dawieder seine Gegenwehr und Verfolg zu thun / ausdrücklich freygelaßen worden / von welchen Grund-Gesetzen Wir Uns unmöglich im geringsten abbegeben können / für rechtmäßig agnosciren / aller Satisfaction für denen Eingriffen in die unschätzbarste Territorial-Superiorität, und auff Millionen ankommender Schadens-Erstattung renunciiren / Unsere uhralte Regalia abdiciren / Uns von aller Würdigkeit in und außerhalb Reichs priviren / auch die mit Unser Residentz Stadt Rostock und sämbtlichen übrigen Land-Städten eydlich und getreulich errichtete Conventiones selbst infringiren und cassiren würden und müsten; Und dann die in aller devotion dagegen vorgestellete / und mit Buchstäblichem Inhalt derer Reichs-Fundamental-Gesetze und beschworner Kayserl. Wahl-Capitulation bewährte wahre unmöglichkeit ein Crimen heißen soll / und mit höchster turbirung und Umstürtzung uhralter Gerechtigkeiten / Hoher Landes-Obrigkeit so wohl im Geistlichen als Weltlichen Exercitio, und rechtmäßiger Landes-Regierung ungescheuet und gewaltthätig fortzufahren getrachtet wird; So ist für Uns / bey diesen entsetzlichsten Vergehungen und extremitæten / nichts übrig / als Uns an GOTT und Unsere gerechte Sache mit festem Vertrauen / an das Reich und Unsere höchstlöbliche Mit-Stände aber mit beständigster adhæsion und Zuflucht zu halten; Gestalt dann Ew: Königl. Majest (Ew. Ldd.) Wir hiemit auffs ergebenste (instandigste) ersuchen / Dieselbe geruhen Unsern unverschuldeten eußerste Gewalt-und Nohtstandt / sambt der daraus erwachsenen unendlichen præjudicirlichen Consequentz, auch inseparablen höchsten Gefahr und Unsicherheit / in Begabniß-volle erlauchteste (erlauchtere) penetration zu nehmen / solchem nach nicht allein durch nachdrücklichen Aufftrag an Dero Comitial-Gesandschafft zu Regenspurg da hin zu cooperiren / und darüber zu halten / daß Unser an die Reichs-Versammlung dirigirtes / Sub. No. 5. beygelegtes Schreiben vom 3. Jul. a. p. nebst weiter erforderlichen künfftigen Vorstellungen / zur gewöhnlichen Dictatur ohnverlängt komme / und Reichs Grund-Gesetz-Mäßige reiffliche Consultation darüber ergehe / sondern auch alle kräfftigst zureichende Entschließungen und Mittel dahin mit anzuwenden / daß denen zu Unserm totalen ruin anzielenden extremitæten vorgekehret / und Uns zu ruhiger Landes-Regierung / unturbirlicher Handhabung Unser uhralten Territorial-Superiorität und Regalien, und aller billigmäßigen Satisfaction baldigst wiederum verholffen werden möge.

In welcher gesicherten zuverläßigkeit Ew: Königl. Majest. (Ew: Ldd:) Wir Göttlicher Allmacht zu allem unverrückten Wohlergehen treulichst empfehlen / und Deroselben zu allen immermöglichen Dienst-und übrigen gefälligen Erweisungen. (Erkäntlichkeiten und Gefälligen Erweisungen in alle Wege ergebenst (bereit und) geflißen verbleiben: Gegeben Dantzig den 5. Martii 1729.

CURIAL:

CARL LEOPOLD

Hertzog zu Mecklenburg.

No. I.

ANNO 1739.

No. 1.

Copia des an Ihro Kayserl. Majest. anderweit abgelassenen Hertzoglichen allerunterthänisten Erklährungs-Schreibens/ vom 13ten Novembr. 1726.

Aller-Durchlauchtigster/ Großmächtigster und Unüberwindlichster Römischer Käyser/ in Hispanien/ zu Hungarn und Böheimb König.

Allergnädigster Herr!

EW: Kayserl. Majest. allerhöchstbegabtem und erleuchteten Kayserlichen Gemühte kan nicht anders als wohl vorschwebend und eingefüsset seyn/ welche entsetzliche/ und im Heil. Römischen Reiche unerhörte Beleidigungen mir von dem Chur-Hause Hannover durch die/ in denen Grund-Gesetzen bey Bann und Acht/ auch sonsten auffs schwerest verpœnte an sich Ziehung und Schutzhaltung meiner aberünnigen Edelleute und Unterthanen/ Land-Friedbrüchige Überfallung und Bemächtigung meiner Lande/ Leute und Einkünffte/ und daraus erwachsene/ nunmehro schon achtjährige/ ungerechteste Usurpation und Oppression meiner angebohrnen uhralten Regierung und Regalien, bis anhero wiederfahren/ und was Dero Kayserl. Händen und Augen meiner Seits/ nach und nach/ für erheb-und beweglichste allerunterthänigste Vorstellungen darüber ein-und vorgekommen.

Da nun aber meine Feinde/ durch allerhand gifftige und listige Anträge/ Ew: Kayserl Majest. Reichs-Väterliches Hertz von mir abwendig machen/ und zu glauben bewegen wollen/ ob Deroselben Kayserlichen Obrist Richterlichen Jurisdiction ich in billigen Dingen mich zu entziehen trachtete/ als wiederhole hiemit nochmahlen meine/ untern 21ten Aug. und 30ten Novemb. 1723. abgelassene/ allerunterthänigste Schreiben/ und declarire hiemit und in Krafft dieses anderweit allerunterthänigst/ daß Ew: Kayserl. Majest/ als von GOTT und dem Heil Römischen Reiche erkohrnen Höchsten Oberhaupts/ Kayserl Jurisdiction, und Handhabung der gesambten Reichs-Macht/ Autorität und Gewalt ich/ in allen und jeden Fällen und Stücken/ mit gleichmäßiger aller unterthänigsten Submission nicht allein erkenne/ sondern auch mit würcklicher Parition zu befolgen und thätlich zu bezeigen/ mich niemals entziehen werde/ noch wolle/ wie alle Chur-und Reichs-Fürsten von alten Häusern solche Reichs-Ständliche Submission und Parition præstiren/ und ich nur einstiglich dabey gesichert seyn kan/ daß deme entgegen/ zu entkräfftung meiner Uhralten Landes-Fürstlichen Regalien, Territorial-Superiorität und Hoheits-Rechte/ wieder mich und meine Fürstliche Posterität nichts verhänget werde: Mit welcher auffrichtig-allerunterthänigsten Erklährung und Bezeugung wie in Ew: Kayserl. Majest. Reichs-Väterliche Arme und Schooß ich mich lediglich hinein werffe; So bitte allerunterthänigst/ Ew: Kayserl. Majestät geruhen mit Dero/ von GOTT und dem Reiche anvertrauten/ sonst allerpreißlichst führenden/ Allerhöchsten Kayserl. Gerechtigkeit/ Schutz und Schirm-Ambtes bey mir/ in meinen allereussersten Nöhten und Bedrängnissen/ in keinen längern Anstand/ noch mich/ auff Himmelschreyende Weise/ darunter gar erliegen und vergehen zu lassen/ sondern mich und mein Uhraltes Fürstliches Hauß bey allen Reichs-Gesetzmäßigen Regalien und Gerechtsamen auffrecht zu erhalten/ dem detestablesten Oppressions und Usurpations Unwesen meiner Hertzogthümer/ Lande und Leute durch Reichs-Gesetzmäßige kräfftigste Vorkehrung und Mittel ohnverzüglich das Ziel zu legen/ und mir/ nach Erforderung derer heylsamsten Reichs-Constitutionen, alle gebührende Satisfaction zu verschaffen.

Für welche Kayserl. und Reichs-Väterliche Gnaden-Gerechtigkeits-und Schutz-Erweisung ich lebenslang mit unverbrüchlichster tieffster Devotion, Veneration und Submission verharre.

Ew. Kayserl. Majestät

Dantzig den 13. Novembr.
1726.

Allerunterthänigster/ allergehorsamster Fürst

CARL LEOPOLD.

Hertzog zu Mecklenburg.

No. 2.

Copia des Allerunterthänigsten Vorstellungs-Schreibens vom 4ten Februarii, 1728.

ANNO 1729.

Aller-Durchlauchtigster/ &c.
cum reliqv.

VOn Ew: Kayserl. Majest. Kayserl. Gerechtigkeit und Gnade habe ich bisher auff die/ meiner eussersten Bedrängnisse halber/ eingebrachte trifftigste Fürstellungen eine Hülfreichende Hohe Resolution mit grössester Gedult und Sehnlichkeit allerunterthänigst erwartiget/ aber dagegen/ zu ungemeiner Bestürtzung/ beglaubt erfahren müssen/ was gestalt von Ihro/ bey Kayserl. Majest. von Rußland in Petersburg subsistirenden/ Residenten von Hochholtzer dem dortigen Kayserlichen Ministerio meinent-wegen eine solche Declaration neulichhin geschehen: Es hätten Ew: Kayserl. Majest. meine Person längstens in Acht und Bann erklähren wollen/ müsten es auch noch thun/ wenn SJE es nicht in regard von Rußland unterliessen; Wolten ad interim einen Administrator über die Lande Mecklebur setzen/ welches der eintzige Weg die Lüneburger heraus zu kriegen/ und die darauff hafftende Schulden zu bezahlen/ bis das ich meine Regierung hinführo denen Reichs-Gesetzen conform einzurichten versprechen thun würde.

Allergnädigster Kayser und Herr/ Warheit und Recht sind die zwo Grund-Seulen/ worauff es bey meiner Sache ankömbt/ und wobey Göttliche Allmacht mich nicht versincken lassen kan/ noch wird.

Nun ist es eine unüberwindliche notorische Warheit/ welche von keiner Boßheit oder Hinterlist in Unwahrheit zu verwandeln stehet/ daß meine Edelleute/ als angebohrne wahre Unterthanen/ bey meiner/ von meinem Seel. Bruder also eingerichtet empfangenen/ Reichs Gesetz-und Crayß-Observantz-Mäßigen Landes-Regierung/ worinnen die gantze übrige Landschafft in guter Ordnung und zufriedenheit gesetzt/ und mit meiner Residentz-Stadt Rostock gleichfalls alle Streitigkeiten/ freywillig und Eydlich/ unter des Rahts und vier Gewercke Insigel/ völlig reguliret gewesen/ freventlich aus dem Lande geflüchtet/ und rebellischer Weise auf meine Citationes, und dabey ertheilten völlig sicheren Geleit unter Fürstl. Hand und Siegel/ durchaus nicht erscheinen wollen/ von Chur-Hannover in Protection und Gewalt-Schutz auffgenommen/ in solcher verdammlichen Complott-und Verstrickung beständig unterhalten/ ja Ich und meine Lande selbst darauff/ durch Feindliche Angreiffung und Überfallung/ in denjenigen Zustand gesetzet worden/ welcher von allen auffrecht gesinnten/ inn-und ausserhalb Reichs/ abhorriret werden muß.

In gleich unwiedersprechlicher Warheit bestehet es/ daß Ich über meine Hertzogthümer/ Lande und Unterthanen auf gleiche Weise zu regieren/ und die Regalia zu exerciren/ nach dem Westphälischen Frieden-Schluß/ und übrigen Reichs-Fundamental Gesetzen/ sambt der notorischen Observantz des gantzen Nieder Sachsischen Crayses/ berechtiget sey/ wie alle andere des Römischen Reichs/ und besagten Crayses/ eingesessene alte regierende Häußer/ und daß dem entgegen vom Reichs-Hoff-Raht keine Processe, Commissiones, noch sonst einige Eingriffe und Turbationes, wie die immer Nahmen haben mögen/ mit Recht geschehen und ausgehen können/ wovon Chur-Hannover/ und/ gleich beregter massen/ der gesambte Nieder-Sachsische Crayß/ nebst übrigen Chur-und Fürstlichen alten Häußern des Römischen Reichs/ das offenkündige Augenscheinliche Zeugnis geben.

Wie solche Unternehm-und Außübungen/ ihrer wahren Eigenschafft nach/ rechtlich heissen/ und daß darauff/ nicht aber auf das unschuldig beleidigte Theil/ dergleichen androhentliche Verdammung in denen unwandelbahren Reichs-Grund-Gesetzen bestimmet sey/ ist an sich selbst überzeugentlich.

Die Römisch Kayserl. Majest. als das von GOTT und dem Reich erkohrne Ehrenwürdigste Ober-Haupt/ habe Ich/ von meiner Fürstlichen Jugend an/ biß von GOTT anvertraueter/ und auf dessen Beystand bißher geführter Landes-Regierung/ allerunterthänigst veneriret/ und zu mehrerer Bezeugung so wohl solcher meiner auffrichtigsten Devotion, als Sachen Zuversicht/ bey Ew: Kayser. Majest. Selbst mich Persönlich eingefunden/ und meine gekränckte Gerechtsame vorgestellet/ auch allergnädigste Erklärungen darüber erhalten: Hiernegst ist/ auff gut Befinden des in GOTT ruhenden Russischen Kaysers Majestät/ als meines Reichs-Gesetz Mäßigen und Reichskündigen Alliirten, eine/ nach denen Grund Gesetzen/ und gesambter alten Regierenden Häußer notorischen Territorial-Verfassung/ gehörig eingerichtete Submissions-und Paritions-Declaration von mir eingebracht/ welche Ich letzlich/ nach abermahliger Abschickung meines Ministri, des Regierungs-Cantzeley-Rath Schröders/ wiederholet/ und/ besage dessen Eydlichen Certificats, wiederumb die Allergnädigste Versicherungen überkommen/ daß meine auffs neue eingesandte Submissions-und Paritions Erklährung allergnädigst aufgenommen/ und gerechteste Kayserl. Hülffe/ nebst Satisfaction meines erlittenen Schadens/ darauff versprochen worden/ gestalt denn ermaldter mein Minister in Ew: Kayserl. Majest. Nahmen mir formaliter antragen und versichern

müssen:

müssen; Es wären Ew: Kayserl. Majest. fest resolviret/ in Ihro Ertz-Hertzoglichen Hauses Oesterreichs Alliance mich mit aufzunehmen/ und wäre desfals die Quæstio An? fest gesetzet/ welcher darauff/ verlangter maßen von mir auch auffs neue accreditiret/ von Ew: Kayserl. Majest. zur Audientz verstattet/ und/ daß Ihro der desfals meinenthalben geschehene Vortrag angenehm gewesen/ aus Kayserl. Munde Selbst versichert worden.

Daß ich nun/ als ein Treu und devotest gesinneter Reichs-Fürst/ obliegentlich mehr thun könne/ dabey weiß mich für GOTT und in meinem Gewißen von aller Verantwortung eben so frey/ als Ew: Kayserl. Majest. nach Ihro Selbst gelassenen Gerechtigkeits-Trieb/ davon mit Abscheu entfernet halte/ daß Sie aus allen Regierenden alten Häusern im Heil. Römischen Reiche/ mit Umstürtzung derer theuerlichst bestätigten Fundamental Gesetze/ mich und mein uhraltes Fürstliches Hauß nur allein zu vernichtigen/ meinen unverschuldeten Feinden zum Rach-Opffer/ und dem gantzen Reiche zum Scheusahl zu machen prætendiren/ oder/ daß es mir/ meinen unschatzbahrsten Landes-Fürstlichen Regalien und Gerechtsamen zu entsagen/ auff einige Weise in der gantzen Welt möglich falle/ glauben solte; Nachdemmahl Ew: Kayserl Majest. Sich Selbst kennen/ daß Sie Kayser/ Ober- und Schutz-Haupt seyn/ nicht nur für die mehr vermögende/ sondern auch für die Schwächere Reichs-Stände/ und dieser letzteren Conservation Ihrem Christ. Kayserl. Gewißen am nähesten anliege.

Was hienechst das ins Mittel gebrachte sogenandte Temperament der Landes Administration anbelanget/ finde ich solches dermassen entsetzlich/ daß meine billige Empfindung (allerhöchsten Kayserl. Respect überall allerschuldigst vorbehaltlich) darüber nicht sattsahm auszudrucken weiß/ halte mich auch in meinem Gemühte und Gewißen völlig überzeuget/ daß Ew: Kayserl. Majest. allergerechteste intention an sothaner des von Hochholtzen declaration nicht den allergeringsten Theil habe; Denn wie könte dieses wohl möglich seyn? da Ew: Kayserl. Majest. mein Landes Zustand über Acht Jahre her völlig bekandt/ und auff Dero Befehl letzlich die accreditirung eines Ministri/ um mit dem Ertz-Hertzoglichen Hause Oesterreich mich in eine Alliance setzen zu wollen/ von mir würcklich geschehen/ selbiger auch darauff zur gnädigsten Audience verstattet/ sein deshalb geschehener Vortrag vernommen/ und aus Kayserlichen Munde/ daß selbiger allergnädigst auffgenommen wäre/ versichert worden; Und/ nachdem Ich besagten meinen Ministrum auf eine Zeit zu Mich gefordert/ und von dieser wichtigen Sache mündlich Bericht von ihm zuvernehmen/ und ihn ferner zu instruiren/ so geschiehet einige Monahte darnach in Petersburg eine solche declaration.

Ich/ als ein Getreuer/ in seinen uhralten Landes Obrigkeitlichen Regalien, durch den Westphälischen Friedenschluß/ und übrige umumstößliche Fundamental-Gesetze des Heil. Römischen Reichs/ bestätiget und bekräfftigter Reichs-Fürst/ muß dieses wohl als die aller härteste Begegnung/ so mir geschehen können/ auffnehmen/ an Fürstlichen Ehren und Würden/ gantz unverschuldeter Weise/ dermassen lästerlich in einer öffentlichen Session des Rußischen Reichs-Senats angegriffen zu werden/ und dahero so wohl um Ew: Kayserl. Majest. gerechteste Erklährung beym Rußisch Kayserl. Hofe/ und wo es sonst ruchtbahr geworden/ nach Ihro in der Wahl-Capitulation Artic. 16. in fin. bey solchen Fällen allergnädigst ertheilten Versicherung/ als auch den Authorem, seinem criminellen Verbrechen nach/ ohne einige Gnade und Ansehen der Freundschafft/ allen getreuen Reichs-Ständen zur Satisfaction, gerechtest zu bestraffen/ Reichs-Gesetzmäßig aufs allerkräfftigste anhalten/ und werden Ew: Kayserl. Majest. Selbst höchsterleuchtet allergerechtest erkennen/ daß bey solchen entsetzlichen Eingriffen in meine Territorial Superiorität/ sie geschehen von weme sie wollen/ von mir unmöglich anders/ als nach denen klahren Reichs-Fundamental-Gesetzen/ verfahren werden könne/ und sollen dabey rechtmäßige Landes Schulden niemanden zur Last kommen/ desfals Landkündig ist/ daß auff meinem Fürstlichen Hause und Landen/ vor derer Lüneburger Turbation, keine Schulden ausser denen im Hause bewilligten Testament-Geldern/ gewesen/ wozu noch anjetzo dieses kombt/ daß diejenige/ so selbige zu prætendiren/ durch ihre/ seit der Zeit/ geführte höchst straffbahre Verhaltung/ mir/ als regierenden Landes-Fürsten/ denen Gesetzen nach/ dafür gerecht werden müßen; Gestalt dann die Schulden-Beschwerde/ worauff hiebey etwa gezielet seyn mag/ von meinen eusserst criminellen Unterthanen/ und ihren Adhærenten, oder bey der Landes-Unruhe von meinen eigenen Meyn-Eydigen und verlossenen Bedienten herrühren/ welche dann auch empfahen müssen/ was ihre Thaten werth sind/ denen Rechten nach/ in solcher Qualität unmöglich erkandt werden können/ nach demmahl anstatt derselben mir vielmehr/ nebst übriger Reichs Gesätzmäßiger Satisfaction und Befügniß/ wegen derer so freventlich geschehenen entsetzlichen/ unerhörten/ eusserst verpœnten Eingriffe und Turbation in meinen uhralten unschätzbahrsten Landes-Furst und Obrigkeitlichen Regalien, die gerechte Erstattung des auff so viele Millionen zugefügten Schadens/ und bisher erraubten Fürstl. Einkommens/ omni jure wiederfahren muß.

Wie nun/ Allergnädigster Kayser und Herr/ an Deroselben/ über vorerörtert mir zugekommene Nachricht diese meine allerunterthänigste Vorstellung/ ohne den geringsten Zeit Verlust/ gelangen zu lassen/ mich die eusserste Erheblichkeit genöthiget/ so bin zu GOTT des sicheren Vertrauens/ Er werde Ew: Kayserl. Majest. Reichs Väterliches Hertz und Gemühte/ bey erwegung derer für mir und meiner Sache offenbahr waltenden unhintertreiblichen kräfftigsten Gründe/ dahin regieren und lencken/ daß Ich in meinen/ auf unerhörte Weise gekränckten/ Reichs und Landes-Fürstlichen Gerechtsamen länger nicht enthöret bleibe/ (denn Ew: Kayserl. Majest. Ich für GOTT versichere/ daß niemalen anders intentioniret gewesen/ und auch beständig seyn werde/ als meine Landes-Regierung/ nach der Treyst-Observance, Reichs-Constitutions-mäßig zu führen) sondern aus denen bisherigen härtesten Erleidungen mit solchem Effect, ohne weiteren Anstand/ mich geholffen sehe/ wie Ew: Kayserl. Majest Gewißen und Gerechtigkeit/ nach anleitung derer unumstößlichen Reichs-Grund-Gesetze/ es erheischet Der ich/ in solcher Zuverläßigkeit/ mit unverbrüchlichster Treue/ Veneration und Devotion bis an mein Lebens-Ziel verharre.

Ewer Kayserl: Majest.

Dantzig/ den 4. Februarii, 1728.

Allerunterthänigster allergehorsamster Fürst

CARL LEOPOLD,

Hertzog zu Mecklenburg.

N. 3.

Copia des Kayserlichen Rescripti vom 11ten May 1728.

Carl der Sechste von GOttes Gnaden/ Erwehlter Römischer Kayser/ zu allen Zeiten Mehrer des Reichs.

Durchlauchtig-Hochgeborner/ lieber Oheimb und Fürst.

WIr mögen Deiner Lbden. länger nicht bergen/ Nachdeme die von Uns viele Jahre her ergangene verschiedene ernstliche de- und adhortationes, auch Unsere Kayserliche immer fort gehabte Langmühtigkeit bey Ihro nicht allein nichts gefruchtet/ sondern gegen Uns vielmehr/ und Unsere/ auff trifftigen dringenden Uhrsachen verordnete/ Kayserl. Commission, auch sonsten Dero Reichs Kündiges übeles Betragen mehr und mehr dahin angewachsen ist/ daß an Uns Sie Sich geraume Zeit her mit höchst verletzlichen Expressionen vergriffen/ in Dero Schreiben von 7. Julii 1724. Unser Kayser-Oberst-Richterliches und Obrist-Lehen-herrliches Ambt/ insonderheit aber Unsere Conscientz und Gerechtigkeit hefftig beleidiget/ darbeneben eine/ von Uns an Dero Lbden zum öfftern erforderte/ wahre Submission eine moraliter unmöglichste unmöglichkeit genennet/ imgleichen in Dero an des Hertzogen zu Braunschweig-Lüneburg Wolffenbüttel Lbden/ als Unsern Kayserl. Commissarium, unterm 19ten Decembris vorigen Jahrs/ abgelassenen Schreiben/ Uns Unsere beschworne Kayserl. Wahl-Capitulation und daß Wir gegen den Westphälischen Frieden-Schluß den Land-Frieden und die Uhralte Reichs-Freyheit ꝛc. nicht handlen möchten/ auf eine zu mehreren mahlen vermeintlich unternommene Weise/ vorgerücket/ hiernechst auch Unsere Kayserl. Commission einer Feindseligkeit/ ja eines Hoch verpœnten Land- und Friedenbruchs/ in der Form eines öffentlichen Absag-Fehd- und Feind-Brieffs gröblich angezüchtiget/ auch daß Deine Lbden/ auff keine Arth und Weise mehr eines Haars breit von denen Reichs-Satzungen und Uhralten Freyheiten/ mit überschung der vorhin mit denen Unterthanen errichteten/ und ebenmäßig Uns obliegender Kayserl. Manutentz und Schutz gehöriger Landes-Recessen und Privilegien, abweichen würde/ declariret/ so dann ferner das Justitz-Wesen in Dero Mecklenburgischen Landen zerrüttet/ in specie aber das Land- und Hoffgericht in Güstrow/ wieder die Landes-Verfaßung/ und die von Uns hierüber erlassene Kayserl. Verordnung zerstümmelet/ und aus aller Activität gesetzet; Darbeneben in Domitz einen Reichskündigen grossen und unverantwortlichen Excessum Jurisdictionis Criminalis ausgeübet: Wie nicht weniger die Execution derer zur Justitz Cantzeley eingeschickten Criminal Urtheilen verhindert/ folglichen viele Jahr hero ein vollkommenes höchst ärgerliches und verderbliches Justitium, zu äusserster Kümmerniß und Ruin vieler Nothleidender Unterthanen/ veranlasset. Endlichen hat auch Deine Lbden. sattsahm zuerkennen gegeben/ daß sie aus einem/ wieder Dero von Ihnen selbst auff eine entsetzliche Weise bedrückte Ritterschafft/ als vermeintliche Rebellen, erhitzten Gemühte/ in Dero Lande/ ohne

ANNO 1729.

ohne vorhero habender genugsamer Gewalt zur Ausübung einer Rache/ zu revertiren nicht gesinnet sey; Und da letzlich Deiner Lbden beständige renitentz und Opposition noch unlängst nicht allein durch die bey dem Reichs-Convent zu Regenspurg/ mit hin in facie des gantzen Reichs unternommene Distribution einiger gedruckter sehr anzüglicher und empfindlicher Schrifften/ sondern auch/ vermittelst Deroselben an Uns unterm 4ten Februarii dieses Jahrs abgelassenen/ und mit vielen/ Unsere Kayserl. Autorität verletzenden/ harten Expressionen und unerfindlichen Dingen angefüllten Schreiben/ auf den höchsten Grad zu einer schärffern Reichs Constitutions-mäßigen Ahndung angestiegen ist; Als haben Wir/ bey solchen wahren Reichs-Kundigen umständen/ Unsers Kayserl. Obrist richterlichen und Obrist Lehen-herrlichen Amts Uns zu gebrauchen nicht länger anstehen können/ noch wollen/ jedoch vor diesmahl nur allein gnädigst resolviret/ eine provisional Veränderung bey der Landes-Regierung fürzunehmen/ und diese Dero Lbden. Brudern/ des Hertzogen Christian Ludwigs zu Mecklenburg Lbden/ als proximo Agnato, biß zu Unser weiteren Kayserl. Verordnung/ unter Unserer Ihro ertheilter gemessener/ in Abschrifft hiebey liegenden/ Kayserl. Instruction, zu übertragen/ gleich wie Deine Lbden aus Unseren weiteren/ an gehörige Ohrte erlassenen und in Abschrifft hier angefügten Reichs-Constitutions-mäßigen Kayserl. Verordnungen breitern Inhalts vernehmen wird.

Wir erinnern demnach Dero Lbden. hiemit Gnädigst/ auch Reichs-Väter-und ernstlich/ daß sie solcher/ aus höchstbewegenden gerechtesten Uhrsachen provisorie verordneten/ Kayserlichen Regierungs-Veränderung Sich schlechterdings gehorsahmst submittire/ hierwieder weder directe noch indirecte eines oder das andere unternehme/ sondern vielmehr/ zu Dero eigenen Besten/ zu einer rechten/ wahrhafften und gnugsahm verspührten vollkommenen Parition sich anschicke und bequeme/ immassen Wir gedacht Dero Brudern Hertzogen Christian Ludwigs Lbden. und Ihro gesambte Fürstliche Familie/ wie nicht weniger die Mecklenburg. Land Stände/ Rähte/ Bediente/ Militz und Unterthanen/ ohne Ausnahm/ anderweit gegen alle befahrende eigenmächtige Gewalt in Unsern höchsten Kayserlichen Schutz auffgenommen/ zu dem Ende Unser Kayserl. Conservatorium vom 25 Octob. 1717. nicht nur erneuert/ sondern auch auff des Königes in Preussen Lbden/ als Hertzogen zu Magdeburg/ und mit ausschreibenden Fürsten des Nieder-Sächsischen Crayses/ extendiret haben/ wobey Wir Dero Lbden. noch dieses gnädigst nicht verhalten/ daß Wir/ bey verspührender weiterer Opposition, wieder Dieselbe schärffere Reichs-Constitutions-mäßige Mittel vorzukehren/ weder anstehen können/ noch werden. Verbleiben Deroselben übrigens mit Kayserl. Gnaden und allen guten wohl beygethan. Geben zu Laxenburg den Eilfften May A. Siben zehen hundert acht und zwantzig/ Unserer Reiche/ des Römischen im Siebenzehenden/ des Hispanischen/ im Fünff und zwantzigsten/ des Hungarisch und Boheimbschen aber im Achtzehenten.

CARL.

F. C. Gr. v. Schönborn.

Ad Mandatum Sacræ Cæsar: Majestatis proprium.

A. H Glandorff/

Mppria.

No 4.

Copia der Hertzoglichen allerunterthänigsten Gegen-Vorstellung von 15ten Sept. 1728.

Aller Durchlauchtigster/ rc.

cum reliqv.

EW: Kayserl. Majest. an mich abgelassenes vom 11. May ist mir am 25ten Augusti von der Post eingereichet/ und ersehe JCH daraus mit nicht weniger Empfindung/ daß Ew: Kayserl. Majest. allerhöchsten Person von denen höchst criminellen Verbrechern so wohl gegen gesambte uhralte Fürstl. Würde/ als Hauptsächlich gegen mich/ grausame Lästerungen und Unwarheiten vorgebracht und angegeben/ denn ich mich für GOTT und in meinen Gewissen frey und gesichert weiß/ daß Ew: Kayserl. Majest. allerhöchste Person Ich im geringsten nicht beleidigen können/ da JCH niemahlen anders/ als mit denen klahren Worten derer Reichs-Fundamental-Gesetze/ mich expliciret/ und bin von Ew: Kayserl. Majest. Gerechtigkeit ich völlig versichert/ daß MJR solches/ bey denen so viel Jährigen unbeschreiblichen Erleidungen gegen solche Gesetze/ nicht könne übel genommen werden; Dann wie Ich gewiß und warhafftig überzeuget/ daß Ew: Kayserl Majest. von Dero beschwornen Wahl-Capitulation nicht werden noch können abgehen/ also halte ich mir auch moraliter nicht möglich/ dem uhralten Reichs-Fürsten-Stande/ noch mir/ das geringste zu vergeben/ auch dem zuwieder etwas einzugehen; In solchem Betracht bin ich auch in meiner Conscientz/ vermöge/ des von GOTT mir anvertraueten Regenten-Ambts/ verbunden gewesen/ des Hertzog von Braunschweig Wolffenbüttel Lbden. unter den 19 Decemb. a. p. seine gräuliche Unternehmungen und Eingriffe in meine Territorial-Superiorität/ Hertzogthümer und Lande/ und die Nichtigkeit in dieser wieder die klahre Reichs-Grund Gesetze vorschützenden/ und noch ungescheuet ferner zu continuiren wollenden Commission, begreifflich zu machen/ maßen JCH ein solches Verfahren mit keinen andern Nahmen zu erinnern weiß/ als wie die Reichs-Grund-Gesetze es im Munde führen/ auch Ew: Kayserl. Majest. allergerechtest von mir niemahlen ein anders prætendiren können/ noch werden. Daß JCH solte intentioniret seyn/ die Landes Recessus und Privilegien meiner Unterthanen zu übergehen/ so berichte allerunterthänigst/ daß meine Ritterschafft/ als zugleich auch wahre Unterthanen/ (dann mit dem übrigen gesambten Lande ich in völliger Zufriedenheit and Ruhe gestanden/ und die Edelleute lügenhaffter und Gottloser Weise den Nahmen von Landschafft gemißbrauchet/ wie Ew: Kayserl. Majest. solches aus dem Extract sub. N. 3. (alhier sub Lit. A.) der Länge nach allergnädigst ersehen werden) keine andere Privilegia haben/ als welche Sie ex mera gratia von meinen Fürstlichen Vorfahren/ wegen einer damahligen Anleihe von zehen mahl hundert tausen Gulden erhalten/ wozu die gantze Landschafft mit concurriret/ bey weiten aber nicht die Helffte bezahlet/ davor die Ritterschafft drey ansehnliche Aembter/ als Ribbenitz/ Dobbertien und Malchow würcklich im Besitz haben/ welche Aembter viel höher an Werth/ als die gantze damahlige Anleihe importiret/ auch was uhralte Fürstliche Regalien betrifft/ gantz Reichskündig ist/ daß nach denen publiqven Rechten ohnstreitig auff keinerley Arth solche zu præscribiren/ und gegen den klahren tenorem derer Reichs-Fundamental-Gesetze-und Crayß-Observance, keine Manutenentz noch Schutz denenselben geleistet werden können noch mögen/ wie dann ausdrücklich Artic. 16. der beschwornen Kayserl. Wahl-Capitulation ad verba: Weiter sollen und wollen rc. Cap. 14. Der güldenen Bulle/ Artic 8. § 3. & 2. Der Westphälische Frieden-Schluß Artic. 8. §. 1. & 2. der Land-Frieden/ de Ao. 1521. item Artic. 2 Des Land-Friedens ausdrücklich darunter disponiren und decidiren.

Was das Justitz-Wesen in meinen Hertzogthümern und Landen/ und in specie das Hoff und Land-Gerichte/ wie auch was in Dömitz von Executiones Criminales ausgeübet/ und daß die Execution derer Criminal-Urthelen bey der Justitz Cantzeley verhindert/ und ein höchst ärgerliches und verderbliches Justitium, zur äussersten Kümmerniß und Ruin vieler nothleidenden Unterthanen/ entstanden seyn solte/ wie auch ferner die auf eine entsetzliche Weise von mir bedrückte Ritterschafft/ als vermeintliche Rebellen, und daß JCH aus erhitztem Gemüthe/ ohne vorhero habenden genugsamen Gewalt zur Ausübung einer Rache/ in meine Lande zu revertiren nicht gesinnet sey/ betrifft/ so ist die Administrirung der Justitz in meinen Landen/ währender meiner Regierung/ wesfals auf GOTT und das unpartheyische gantze Land provocire/ meines Wissens/ nach äusserster Gerechtigkeit observiret; Was das Land-und Hoffgericht belanget/ so stehet allezeit in des Regierenden Landes-Herrn Gewalt/ solches hin zuverlegen/ wohin Er es beliebet/ wie die Exempel von wenigen Jahren von meinen Vorfahren in der Regierung daß Zeugniß geben/ auch solches gleichfals zur Territorial-Superiorität ohnstreitigst gehöret/ und währe wohl nichts lästerliches vor selbigem Gerichte gewesen/ wenn ich es hätte in solchem Stande wollen lassen/ daß es von solchen Membris wäre jährlich betreten worden/ die durch ihr höchst criminelles Verfahren gegen Ihren Landes-Herrn/ durch die klahre Reichs Gesetze/ in Acht und höchster Poen verfallen gewesen. In Dömitz sind nicht anders als höchstgerechte Actus Criminales vorgenommen/ wovon ich niemanden als GOTT der einsten Red-und Antwort zu geben habe/ Ich dennach/ umb dem gantzen Reiche zu zeigen/ wie Gottlos man mich traducire/ den Original-Extract nach Regenspurg ans Reich sub N. 1. & 2. gesandt/ auch Ew: Kayserl. Majest:/ zu Dero allerhöchsten Bedeutung gegenwärtig sub Lit. B. & C. beyfüge/ und ist wohl zu bedauren/ daß auf meine trifftigste Vorstellungen bey Ew: Kayserl Majest. von einem so entsetzlichen Unternehmen/ Ich der Zeiten nicht Reichs-Gesetz mässig geschützet worden/ also Ew: Kayserl Majest. hieraus allergerechtest ersehen werden/ mit was für Unwarheiten mir die Zerrüttung der Justitz/ und ein veruhrsachtes höchstschädliches Justitium im Lande/ eusserst frevendlich imputiret werden wollen; Ingleichen ist mir auch niemahlen im Sinn gekommen/ mit einer Macht desfals in meine Lande zu retourniren/ umb Rache gegen die Edelleute zu üben/ angesehen/ wann ich es nicht gethan/ umb Ew: Kayserl. Majest. völligste Information von der Gerechtigkeit meiner Sache zu geben/ ich schon Gelegenheit gehabt/ die Ahndung wieder die Verbrechere in so vielen Jahren/ nach Urtheil und Recht/ vorzunehmen/ da JCH doch wohl Ursache genug habe/ bis hieher nicht in meine Lande zu revertiren/ in dem ich durch die continuirende Vergewaltigung/ und in denen Grund-Gesetzen/ vorerwehnter massen/ verdammete grausame Verfahren/ und

ihn-

ANNO 1729.

ohngescheuet geführte præpotente Gewalt meiner Widersacher / davon bisher abgehalten worden.

Da nun aus diesem allen / was an Ihro Kayserl. Majest. und dem gesambten Reiche von mir / nach den klaren Inhalt des Reichs-Grund-gesetze ergangen / und wegen des von GOTT mir anvertrauten Regenten Ambts halber ergehen müssen / die Gerechtigkeit in allen sich für mich ohnwiedersprechlich ergiebet: Also bin von Ew: Kayserl. Majest. höchsten Gerechtigkeit ich versichert / daß Sie mir dieses nicht anders als billigst heissen können: Wie ich dann gegen alles dasjenige / so in dem vorhochangeführten Schreiben vom 11ten May c. c. enthalten / lediglich auff die Reichs-Fundamental Gesetze provocire / und Ew: Kayserl. Majest. allerhöchsten Versprechen nach / vermöge solchen alles todt und ab / dann als jetzt / und jetzt als dann seyn soll und muß / Immassen Ew: Kayserl. Majest. es darinnen tödten und abthun / und da jetzo die Noth es erfordert / mir / als der beschwehrten Parthey / die gehörige Satisfaction gegen solche Reichs-Gesetz Zerstöhrer höchstgerechtest und gnädigst angedeyen lassen werden / wie ich dann / in solcher allerunterthänigsten Reichs-Gesetzmäßigen Zuversicht / mittelst gehöriger Reservation meiner Reichs-Fürstlichen Hoheits-Rechte und Regalien, auch ausdrücklicher Protestation wieder alles dasjenige / was denselben zuwieder ist / Ew: Kayserl. Majest. der Allwaltenden Obhut GOttes zu allen Kayserl. Hochwolergehen / und Dero Kayserl Gnade mich allerunterthänigst ergebe / und verharre.

Ew. Kayserl. Majestät

Dantzig den 15. Septembr. 1728.

Allerunterthänigster / allergehorsamster Fürst

CARL LEOPOLD

Hertzog zu Mecklenburg.

Lit. A. **Wie mit denen Land-Ständen in Mecklenburg entsetzlich verfahren werde / zeiget Extractus der Eingabe der Stadt N.**

Ew: Hochfürstl. Durchl. als Unserm gnädigsten Landes-Herrn und Landes-Vater / können Wir höchst bedrängte Unterthanen und Bürger keinen Umgang nehmen / in Unterthänigkeit klagend zu eröffnen: wie unbeschreiblich Wir von denen in dero Hoch-Fürstl. Landen sich auffhaltenden so genandten Lüneburgern bedränget / und mit harten Executionibus beleget werden / denn / wie an Unserm Ohrt dievon Ew: Hoch-Fürstl. Durchl. Hoch-und wohl-verordnete Licent Uns abgenommen ward / so können wir vor GOTT bezeugen / daß kein eintziger von uns Bürgern darin gewilligt hat; Wie wir dann auch die Landmessung über Unsere Stadt und Felder wieder Unsern Willen haben ergehen lassen müssen / und deswegen mit Militarischer Execution beleget werden; ja da Wir mit grosser Betrübniß unsers Hertzens vernommen / daß das Geld / so uns jetzo abgepresset wird / angewandt werden soll zu einem unnöthigen Process, den Ew: Hoch-Fürstl. Durchl. Vasallen und würckliche Unterthanen angesponnen / so haben wir gesambte Bürger Uns fest entschlossen / nicht das geringste Geld heraus zu geben / obgleich die Execution, als welche schon dieses jetzerwehnten Geldes wegen dupliret ist / nochmahlen verdoppelt werde / und wie Uns schon in Consensu Senatus angedeutet worden / das beordrete Commando in Unser Stadt rücke. Gnädigster Fürst und Herr. Ew: Hoch-Fürstl. Durchl. geruhen hieraus Fürst-Väterlich in Gnaden abzunehmen die auffrichtige beständige Treue / die Wir in Unsern Hertzen gegen Ew: Hoch Fürstl. Durchl. als Unsern Landes Herrn / hegen / wie wir denn hiemit contestiren / Ew: Hoch-Fürstl Durchl bis in den Tod getreu zu verbleiben / hergegen werden Ew: Hoch-Fürstl. Durchl. Hocherleuchtet sehen / wie hart wir solcher Treue wegen in eigenen Landen mit Lüneburgischen Militairischen Executionibus beschweret werden / so daß wir nicht wissen / wie Wir uns ferner / bey solchen unverantwortlichen Excessen frembder Völcker / verhalten sollen / und derhalben genöthiget werden Ew: Hoch-Fürstl. Durchl. als Unser Ober Haupt / in aller unterthänigkeit anzuflehen / uns so gnädigst zu erscheinen / und in Gnaden zu rescribiren / wie Wir uns ferner bey solchen Proceduren verhalten sollen. Die wir eigenhändig unterschrieben in unverrückter devotion ersterben.

Ew: Hoch-Fürstl. Durchl.

Supplicatum, den 19. Junii, 1728.

Unterthänigste Treu-gehorsamste Bürgere der Stadt N.

Lit. B. Extract **aus der Original-Urtheil des gewesenen Geheimen Rahts von** Wolffradt.

ANNO 1729.

In Inquisitions-Sachen des Herrman Christian von Wolffradts, in puncto Criminis Falsi & Læsæ Majestatis, erkennen Wir etc. / nach gnädigst eingeholter Rechtlicher Belehrung / für Recht: daß Inquisitus, Innhalts der Peinlichen Hals-Gerichts-Ordnung Caroli Vti, und denen Rechten nach / mit dem Schwerdte vom Leben zum Tode zu bringen sey.

A. V. R. W.

Daß vorstehende Urtheil der Uns gnädigst zu gefertigten Speciei Facti, und denen obangeführten Rechten conform sey / solches bezeugen Wir hiemit unterthänigst. Dantzig / den 29. Maji 1722.

N. N. Doctor. Et Juris Consult. mppria. (L. S.)

N. N. Doctor. Et Juris Consult, mppria. (L. S)

Daß Se. Hoch-Fürstl. Durchl. der Regierende Hertzog zu Mecklenburg / Herr CARL LEOPOLD, das über Dero gewesenen Geheimbden Rath von Wolffradt von Zweyberühmten / und mir bekannten / Doctoribus Juris gesprochene / und mit eigenhändiger Unterschrifft und Siegel bekräfftigte Urtheil / lange vor der Vollenziehung mir / Ihrem Beicht-Vatter / in Originali zu lesen gegeben / zur Versicherung / daß Sie die gantze Sache mit aller Behutsahmkeit / nach Dero Christlich Hoch-Fürstlichen Gewißen / geführet und führen lassen / und daß auch dieser Extract nichts mehr in sich fasse / als im Urtheil enthalten war / bezeuge ich hiemit auff meine Pflicht und Gewissen. Dantzig / den 1. Junii 1728.

(L. S.) Joachim Weickhmann, Doct. Past. zu St. Marien und E. E. Ministerii U. A. C. Senior.

Wir unterbenandte Königliche Pohlnische geschworne Notarii attestiren / daß obenstehende Copia Extractus aus deme Uns in Originali producirten Urtheil / mit denselbigen / nach fleißig geschehener Collationirung / völlig übereinkomme. Uhrkund dessen haben Wir / nebst Beyfügung Unserer Notariat-Siegel / solches eigenhändig unterschrieben. Actum in Dantzig den 2ten Junii 1738.

(L. S.) Jacob Vierhoff, Sac. Reg. Maj. Polon. Auth. Notar. publ. jur. mppria.

(L. S.) Eduardus Gourlag, Sacræ Reg. Majest. Polon. Auth. Notar. Publ. juratus mppria.

L. C.

An dem Executions-Tage / als am 19 Decembr. haben beyde Inqvisiten, Eickhoff und Gielsen / vor der Ausführung / vor mir unten geschriebenen / als ihrem Beicht-Vater / nochmahlen gestanden / daß / ohne dem Zwischentragen derer Brieffe / sie in dem Complot mit gewesen / ihrer vier davon ins Lüneburgsche gehen / vier aber hier bleiben sollen / unter denen vier ins Lüneburgisch gehenden / bekandte Gielsen / wie ihn frug / wäre er mit gewesen / und unter den vier / so hier auf der Vestung geblieben / wäre er / bekante Eickhoff / mit gewesen / da alsdan ihr Vorsatz gewesen / die Wache allhier auf der Vestung zu übertumpeln / die Schlüssel dem Commendanten zu nehmen / und die Festung zu eröffnen / damit die Lüneburger einmarchiren / und gewisse Gefangene entlediget werden könten / wobey ihnen doch dieses vorstellete: das hätte ja ohne Blutvergiessen nicht geschehen können. Darauf der Eickhoff antwortete: Das hätte wol geschehen können. Letzlich / da eben von ihnen weg gehen wolte / so sagte noch der Eickhoff / daß das / wegen Ubertumpelung der Wache und Wegnehmung der Schlüssel von dem Commendanten, und darauff Eröffnung der Festung / der Scharff nur einmahl mit Ihm davon gesprochen / daß es also geschehen müste. Daß dieses also / bezeuge ich mit meiner eigenen Hand und Pittschaffe. Dömitz den 19ten Decembr. 1728.

(L. S.) M. Garlev Lüders, Hoch-Fürstl. Garnisons-und ältester Stadt-Prediger hieselbst.

Anhängliche vorläuffige Beantwortung desjenigen / was nechsthin in einem Impresso, **unter der** Rubric **Allergerechtester Kayserl.** Resolutionen, **zu Regensburg / und sonsten /** divulgiret **worden.**

Ihro

ANNO 1729. Ihro Römisch Kayserl. Majest. ist von des Regierenden Herrn Hertzogs CARL LEOPOLDS zu Mecklenburg Hoch-Fürstl. Durchl. bey allen / wieder die klahre Reichs-Grund-Gesetze / und Wahl-Capitulation, über Sie zusammen geschlagenen Reichs-kundigen härtesten Erleidungen / allemahl die unverstellete respectueuseste devotion erwiesen / daß Allerhöchst Deroselben Eigene Gerechtigkeits Liebe / beweegniß und Veruhrsachung davon in schuldigster Veneration gäntzlich ausbeschieden worden. Wie nun ermeldter Herr Hertzog in solcher devotesten Voraussetzung Sich umb so mehr gestärcket findet / als neuerlichst / an dem Reichs Täglichen Orte zu Regenspurg selbst / die divulgirung eines gewissen Impressi, unter der Rubric: Allergerechtester Kayserl. Resolution &c, und Denselben darinn abermahl solche äusserst prostituirliche / Läster- und ärgerliche Auflagen und Anschuldigungen geschehen / keine andere als diese höflichste Absicht haben mögen / Ihn für dem gantzen Heil. Röm. Reiche zum Scandal, und dessen gerechten Assistentz unwürdig zu machen / so erheischet die unumgängliche Nothwendigkeit / sothane / von bitterster Gehäß- und Feindseligkeit derer Wiederwärtigen ausgestossene / gröbste Unwahrheiten und Verläumbdungen / nach davon erhaltener ersten Nachricht / diemit zugleich Beylags-Weise vorläuffig / kürtzlich gründlich / zu vernichtigen / und also die zugedachte ärgste Prostitution und Verunglimpfung auf ihre eigne Scheitel zu bringen / auch / fals der Reichs-Fiscal zu agiren Befehl erhielte / selbigem zu bedeuten / daß er nicht anders / al wieder die Verletzere der Uhralten Reichs-Fürstlichen Würde und Regalien, sein Ambt und Geschäffte richten könne / wo ferne er sich / wiedrigenfals / nicht selbst des härtesten Criminis wieder die Reichs-Fundamental-Gesetze äusserst theilhafftig und mitschuldig machen wolle.

Was in besagtem Impresso, zu fernerweitiger unerhörten turbirung und violirung des Herrn Hertzogen Uhraltesten Landes-Fürstl. Regalien, Regierung und Hoheits Rechten / durch und durch enthalten: damit werden und sind die Reichs-Fundamental Gesetze / nebst der beschwornen Kayserl. Wahl-Capitulation, selbst erstaunlichst turbiret und violiret / und bestehet die unwiedersprechlichste refutation hierinn / daß / im Fall diese letztere in ihrer unwandelbahren ewigen Krafft und Gültigkeit verbleiben sollen / alle contraria turbativa & convulsiva nicht anders als unzuläßig / nichtig / und von selbsten hinfällig seyn können und müssen / Insonderheit / die sub Lit. A. daselbst ausgeschüttete Anschuldigungen nach einander betreffend / so ist

Ad 1mum, wegen der incusirten gantz entsetzlichen That-Handlungen / wieder die mit denen Vasallen und Unterthanen errichtete Landes Recesse und Privilegien, der Ungrund in diesem / ad Status Imperii abgehenden / Hertzoglichen Circular-Schrieben allbereit dergestalt ad Oculum demonstriret / daß man es dabey nur lediglich bewenden lassen kann / und sind vielmehr die wieder den Hertzog geschehene That-Handlungen dermassen entsetzlich / daß von gleichen / aus Empöhrung derer Unterthanen wieder den Landes-Fürsten Selbst entstandenen / Proceduren und Extremitæten im gantzen Römischen Reiche kein Exempel zu finden.

Ad 2dm. hat der Hertzog das Justiz-Wesen in seinen Landen nicht zerrüttet / sondern vielmehr / bey aller Gelegenheit / seine Collegia zu Pflichtmäßgier Handhabung von Rechte und Gerechtigkeit durch nachdrücklichste Rescripta angewiesen. Dieses oder kan wohl eine Zerrüttung des Justitz-Wesens mit Wahrheit heissen / wenn der Reichs-Hoff-Rat alle nur anlauffende Partheyen indistincte genommen / mit Processen und Inhibitionen versehen / folglich den gehörigen Effect der heilsamen Justitz dadurch gehemmet und zurück gehalten. Wie denn

Ad 3tium, mit der Translocirung derer Regierungs- und Justitz-Cantzeleyen von Rostock nach Dömitz / imgleichen des Hoff- und Land-Gerichts von Gustrow nach Schwerin / nichts vorgenommen worden / als was der Territorial-Superiorität zuständig / auch so wohl eigener vorherigen / als anderer Reichs-Stände Notorischer Landes Observantz gemäß / und also / einiger Verantwortung halber / diesfals nicht das geringste Wort zu verliehren ist; Wer hat aber die in specie so genandte Zerstümmelung des Hoff- und Land-Gerichts wohl verursachet? Nachdem / auff Anstifften derer wiederspenstigen Edelleute / die Fürstliche respective Vice Præsident, Assessores und andere Bediente durch derer Lüneburger gewaltsahme Arrestirung, von obliegender Nachfolge zurück gehalten / auch die mehreste Acta Judicialia, zu unsäglichem Kummer und Nachtheil vieler Nothleidenden Partheyen / in Bemächtigung genommen und zu transportiren verhindert worden. Und ob zwar der Hertzog von solcher fremdständigen Versetzung Seiner Collegiorum, vorangeführter massen / niemanden Rede und Antwort zu geben hat / so würde es wohl eine säuberliche Sache gewesen seyn / wenn eben die Subjecta denen Quartal-Rechts-Tagen Persöhnlich mit-beywohnen sollen / welche gegen Ihren Landes-Fürsten selbst in dem criminellisten reatu stehen / da indessen besagtes Dicasterium in seiner beständigen Activitæt geblieben / und ausser denen Fällen / da die Acta unverantwortlich vorenthalten / oder von ungerechten Gemüthern boßhaffte Außflüchte darüber gemachet worden / sich wegen prompter Justiz-Administration mit Fug niemand zu beschweren hat. Daß

Ad 4tum der Hertzog seine unterthänige Ritterschafft selbst zum höchsten beleidiget / und sie dennoch mehr angefeindet / auch vor Rebellen und der Reichs-Acht schuldig geachtet / ist respective in Quæstione facti höchst unwahr / in Quæstione Juris aber allerdings wahr und richtig / u. müssen die untriegliche Reichs-Fundamental Gesetze hierin den Ausschlag geben. Das Factum bestehet / darinnen: daß die Edelleute / als würckliche Unterthanen / auff ihres Regierenden Landes-Fürsten Beruffung / und beyherige unter Hand und Siegel Sicherheits-ertheilung / durchaus nicht erscheinen wollen / sondern / mit Wegraubung des Landes-Siegels extra Territorium boßhafftig entflüchtet / sich unter Chur-Hannoversche Protection geworffen / daselbst Unterhalt und Subsidien genossen / ihre empörische Verstrickungen und Rathschläge fortgesetzet / ihre Commembra zu gleichmäßiger Sedition aufgewickelt / den Landes-Fürsten in publiquen Schrifften als einen Feind und Ruhe-Störer des Reichs / auch sonsten auffs greulichste verlästert / und durch verdammlichste Tücke und intriguen es gar dahin gebracht haben / daß Er in seinen Eigenen Landen mit Friedbrüchiger Gewalt angegriffen / und in die alleräusserste Erleidungen / so einem alten Reichs-Fürsten an Würde / Sicherheit / Regalien und Revenüen immer wiederfahren können / gebracht worden. Welches ist wohl hier das Beleidigende oder beleidigte Theil? Und auf was für Unthaten gehören sonst die in der Guldenen Bull Cap. 14. und der Constitution des Land-Friedens de Anno 1521. Artic. 8. § 3. & 4. item Artic. 2. ausdrücklichst gesetzte Bann- und Acht-Verdammungen? Welche der Hertzog niemahlen anders / als mit denen bürren Worten und Expressionen sothaner / in Kayserl. Wahl-Capitulation heiligst bestätigten / Reichs-Grund-Gesetze / allegiret noch appliciret hat.

Ad 5tum. sind bey der dem Hertzog geschehen Aufftruckung eines in Dömitz vorgegangenen entsetzlichen Blut-Gerichts / die ungescheute eusserste Unwarheiten wohl mehr als entsetzlich / denn wie wegen des von Wolffradten rechtlicher Condemnation und Execution in obiger Beylage N. 4. sub Lit. B bereits alle zulängliche Nachricht ertheilet / so ist aus nachstehenden Attestato zuersehen / daß mit der Tortur wieder den Inquisitum Scharffen keines weges durch auf den Leib gegossenen Schwefel / und auf dem Haupt angesteckten Schwefel-Crantz / sondern noch weniger / als nach zu erkandten Gradibus, verfahren worden.

> Auff Gnädigstes Verlangen Seiner Hoch Fürstl. Durchl. des Regierenden Herrn Hertzogs zu Mecklenburg attestire hiemit / daß / nachdem / vermöge Urthel und Recht / der damahlige Inquisitus David Heinrich Scharff mit der schärffsten Frage beleget werden sollen / und solches bewerckstelligen zu lassen / von Seiner Hoch-Fürstl. Durchl. dem Commendanten Obrist-Lieutenant Erich / dem damahligen Vice-Commendanten Rittmeister Sihelio, und dem Hauptmann Besseln committiret worden / diese mir / da ich der Zeiten die Regierungs-Geschäffte in Dömitz besorgen müssen / nach vorgängiger Bedeutung / daß solche schärffste Frage die Gradus der Schnure und Wippe mit sich brächte / den Tag nach geschehener Peinigung berichtet / wie Inquisitus zwar mit denen Schnuren beleget / mit der Wippe aber nicht einmahl zur Helffte aufgezogen worden / weil er alles zu bekennen angelobet / und ist keine andere Verordnung aus der Hoch-Fürstl. Regierung desfals ergangen; Uhrkundlich unter meines Nahmens eigenhändiger Unterschrifft und beygedruckten Pittschafft. Dantzig / den 1. Martii 1729.
>
> (L. S.)
>
> Christian David Schröder /
>
> Des Regierenden Herrn Hertzogs zu Mecklenburg würckl. Regierungs-Cantzeley-Raht.

Weil nun dem Inquisito, laut folgenden Extracts der von denen Rechts-Gelahrten ausgesprochenen Condemnator-Urthel: So wäre Inquisitus David Heinrich Scharff / Enthalts der Peinlichen Halß-Gerichts-Ordnung Kaysers Caroli V. und der Gemeinen Rechte / mit der Straffe der Theilung in Vier Stücke / und deren Aufhenckung an öffentliche Oerter zu belegen.

V. R. W.

nicht die Straffe des Rades / sondern die lebendige Viertheilung zuerkandt worden / derselbe aber / nach abermahliger güthlichen Bekantniß / vor der Execution Todes verfahren / so ist nachfolgendes Hertzogliche Rescript, wegen der Execution an des Uebelthäters Cörper / unterm 8ten Decembr, 1723. Justitz mäßig ergangen und vollenstrecket.

ANNO 1729.

ANNO 1729.

Demnach der in Peinlicher Inquisition und Hafft nechsthin verstorbene Scharff in gütlicher Verhör bekandt und zugestanden / daß er an der Conspiration schuldig / und der Straffe unterworffen wäre / und dann die Strenge derer Rechte in dergleichen atrocissimis Delictis an die Hand giebt / daß wieder die bekandte oder überwiesene Delinquenten, wenn sie gleich vor der Execution dahin gefahren / an ihren Cörpern dasjenige vollenzogen werde / was sie lebendig zu gewärtigen gehabt / Wir auch in diesem Fall der heilsamen Justitz, zu Einreissung und entsiehung mehrerer solcher greulichen Boßheiten / nichts vergeben können / noch wollen; So committiren Wir Euch hiemit in gnädigstem Befehl / daß ihr den Cörper des besagten Inquisiti Scharffen in denjenigen Behaltniß / worinn er bißher gewesen / durch den Scharffrichter für einem auf dem inneren Festungs-Platz geordneten Peinlichen Halß-Gerichte vorbringen / daselbst zuforderst eine / aus diesem Unsern Rescripto gezogene / Sententz von dem Actuario öffentlich verlesen / darauff den Cörper hinaus führen / und an denselben / am denjenigen nechsten Ohrte / wo derer justificirten Delinquenten Eickhoff und Gielsen Leiber-Stücke auffgehangen sind / die Viertheilung und Auffhenckung / nebst Auffschlagung des Kopffs auff dem Pfahl / gleicher maassen würcklich vollenstrecken lassen / und Uns euren unterthänigsten Bericht ohnverzüglich anhero einsenden sollet.

So sind auch die beyde Musquetiers Eickhoff und Gielsen durch ein völlig besetztes Kriegs-Gerichte / laut nachfolgender Urthel / zu glüenden Zangenrissen / enthauptung und Viertheilung zwar condemniret / aber / auff Hertzogliche Milderung und Begnadigung / mit denen Zangen-rissen verschonet / wie nachgesetztes Attestatum beweiset.

Nachdem Anno 1721. wieder die beyde Musqvetiers Eickhoff und Gielsen / in puncto verrätherlicher Conspiration, von einem völlig besetzen Kriegs-Gerichte zu Dömitz die hiernechst folgende Condemnator Urthel zu glüenden Zangen-rissen / Enthauptung und Viertheilung / sampt Auffhenckung an den Land-Strassen ergangen / auch von Hoch-Fürstl. Regierung also confirmiret / und von mir selbst unterschrieben gewesen / haben Ihro Regierende Hoch-Fürstl. Durchl. zu Mecklenburg besagte Delinqventen dahin begnädiget / daß sie nur allein decolliret und die Urtheilmäßige Viertheilung darauff / an die Cörper vollenzogen worden; welches / der Wahrheit gemäß / mit meiner eigenhändigen Unterschrifft und beygedrucktem Pittschafft hiemit attestire. Dantzig / den 1. Martii 1729.

(L.S.)

Johann Conrad Wolff /

Seiner Regierenden Hoch-Fürstl. Durchl. zu Mecklenburg würckl: Regierungs-Rath.

IN Inqvisitions-Sachen wieder die beyde Musqvetirs Caspar Eickhoffen / und Hinrich Gielsen / wegen nicht nur verbohtlichen Brieff-zwischen-tragens / sondern auch hauptsächlich / wegen gemachten Complots von würcklichen Verrätherepen dieser Festung / und Entführung gewisser Gefangenen &c. Hat Ein Hochlöbliches Krieges-Gerichte / nach verles-und Erwegung der gehaltenen Protocollen, und der Inqvisiten eigenen Bekäntnissen / für Recht erkandt: Daß beyde Inqvisiten, nach dem 6ten und 45 Kriegs-Articul, vom Leben zum Tode zu bringen / und zwar in Krafft Kaysers Caroli Vti Peinlichen Hals-Gerichts-Ordnung (Artic. 124.) nechst vorhergegangenen 2. glüenden Zangen-Rissen / zuenthaupten / folglich zu viertheilen / und hernach solche Viertheile an den Land-Strassen auffzuhencken / wie Sie dann auch / Ihnen zur wohlverdienten Straffe und andern zum Exempel / Krafft dieses würcklich dahin condemnidet und verurtheilet werden B. R. W.

Publ. Dömitz /
d. 15 Decembr. Anno 1721.

J. G. Tylli

Seiner Hochfürstl. Durchl. des Regierenden Herrn Hertzogs zu Mecklenburg bestalter Obrister und Commendant der Vestung Dömitz.

J. L. Stahl.

Auditeur.

Daß diese Abschrifft der bey denen Inqvisitions-Acten liegenden Original-Urtheil gleich-lautend sey / Attestire mit eigenhändiger Nahmens Unterschrifft und Pittschafft ANNO 1729.

Ich Joh. Lud. Stahl,

Guarnisons-Audit. und Not. Cæsar. publ.

(L.S.)

EBenmäßig ist der Wahrheit entgegen / daß der zwar eusserst implicirte und gravirte Bürgermeister Brasch / nach seinem Tode / ausgeschleppet und unter dem Galgen begraben seyn sollen / wie abermahliges Attestatum darthut.

Nachdem der Inqvisitus Burgermeister Jacob Brasch / durante Inqvisitione zu Dömitz im Stock-Hause gestorben / und dann der Commendant, Obrist-Lieutenant Erich, bey der Hochfürstl. Regierung die Anfrage gethan / wie Er sich wegen des Cörpers zu verhalten hätte / so ist demselben aus der Hochfürstl. Regierung die Verordnung geworden / daß er den Verstorbenen Inqvisitum Jacob Braschen / da er litem bereits contestiret, und währender inqvisition gestorben / durch die Festungs-Gefangene an einem dritten Ohrte solte begraben lassen / wie dann eine andere Ordre auß der Hochfürstl. Regierung nicht ergangen; Uhrkundlich unter meiner eigenhändigen Unterschrifft und beygedrucktem Pittschafft. Dantzig den 1. Martii 1729.

(L.S.)

Christian David Schröder /

Seiner Hoch-Fürstl. Durchl. des Regierenden Herrn Hertzogs zu Mecklenburg würckl. Regierungs Cantzeley-Rath.

UNd weil es hiebey mit der Lästerung so weit gehet / daß auch wieder eben dieses Braschen Ehe-Weib / Brandmarckung / Staupenschlag und ewige Landes-Verweisung ausgeübet seyn solle / da doch derselben / ausser dem unvermeidlichen blossen Arrest / überall nicht das allergeringste Peinliches wiederfahren / sondern sie bis auf diese Stunde in einer eigenen Baraqve wohnhafft ist / und solche Alimentirung geniesset / deren Entziehung ihr wohl Straffe genug seyn würde / so kan für Kayserl Majest. es nimmer verantwortet werden / daß man solche offenbahre freche Falsitaten und Unwahrheiten / zu blosser des Herrn Hertzogs denigrirung / in der Welt / ja in ipso Loco Comitiali, unter dem Nahmen Kayserl. Allergerechtester Resolutionen aussprengen dürffen. Was

Ad 6tum, damit eigentlich gesaget seyn solle / daß die Execution derer zur Justitz-Canceley eingeschickten Criminal-Urtheile verhindert worden / ist zwar / wegen unterlassener speciellen Anführung / nicht zu errathen / stehet aber fest / daß die Oberste Jurisdiction in Criminalibus ein freyes Regale derer Reichs-Stände / und denenselben darinnen / weder durch Appellirung an die Reichs-Gerichte / noch sonsten / einige Turbation und Hinderniß zu machen sey; Wobey dann / als einer Ihrem eigenem Gewissen höchst anliegenden wichtigsten Sache / eine jede Christliche Landes-Obrigkeit dasselbe vorsetzlich nicht verletzen wird.

Ad 7mum. hat der Vorwurff eines veranlassten Vieljährigen / vollkommenen / höchst ärgerlichen und verderblichen Justitii keinen Wahrheits Grund / weil der Hertzog in seinen Landen / auch bey allen gewaltsamsten Turbationen, die Justitz Administration in beständigem Lauff und Fortgang erhalten / und was die stöhrende Thätlichkeiten dargegen für Hindernisse gemachet / dafür muß GOTT und dem Hertzoge Rechenschafft gegeben werden.

Ad 8vum, hat der Herr Hertzog wohl nichts mehr zu beklagen / als daß die angezogene Reichs-Väterliche Kayserl. De- und Adhortationes nicht so beschaffen gewesen / daß Sie mit Dero gerechtesten Gemüths-Neigung / und denen unverbrüchlichsten Reichs-Grund-Gesetzen übereinkommend gehalten / und also mit sonst willigst- und schuldigster Nachachtung befolget werden können; Wie aber die wahre Unmöglichkeit und Unstatthafftigkeit einer solchem Submission und Parition, wovon die Zumuthung geschehen wollen / in gegenwärtigem Circular-Schreiben Sonnenklahr bereits dargestellet worden / so will man sich darauff in beflissener Kürtze beziehen.

Ad 9num, die angeschuldigte verletzliche Expressiones, und Antastung der Kayserl. Conscientz und Justitz betreffend / hat der Herr Hertzog seine Reichs-Fürstl. Jura, und die Ihme

ANNO 1729.

ne darinnen wiederfahrende greulichste Turbationes, niemahlen anders/ als mit denen Buchstäblichen klaren und dürren Worten derer wesentlichen Reichs-Fundamental Gesetze ausgedrucket und behauptet/ und wenn dieses ein Crimen heissen und seyn solte/ würden/ auf die allerungereimteste Weise/ so wohl die Kayserl. Höchste Vorfahren/ mit dem gantzen Reiche/ welche sothane Reichs-Grund-Gesetze gestifftet/ als auch Kayserl. Majest. Selbst/ welche eben solche in ihrer Wahl-Capitulation beschworen/ daran verbrochen haben/ auch stehet ja wohl nicht zu glauben/ daß es mit dem Heil. Römischen Reiche schon so weit gekommen/ daß ein Alter Reichs-Fürst sich nicht mehr auf die Leges Imperii fundamentales, und derer obliegentlichste Nachlebung/ beziehen dürffte.

Ad 10mum, weiß der Herr Hertzog Sich der zwischen des Heil. Römischen Reichs-Ober-Haupt und Ständen gehörigen Subordination zwar wohl zu bescheiden/ aber auch dieses/ daß die Reichs-Ober-Hauptliche Gewalt Reichs Grund-Gesetz-und Capitulations mäßig gehandhabet werden müsse: Und daß von JHME durchaus kein freyes unumschräncktes Arbitrium, sondern nur allein die unverrückte Bewahrung und Festhaltung derer Reichs-Grund-Gesetze intendiret werde/ bekräfftigen Dero gesambte Fürstellung und Erklärungen/ wobey Er dann auch

Ad 11mum, Auff Sein von GOTT Jhme anvertrautes Regenten-Ambt desto billiger provociren können und müssen/ als Er versichert/ daß diese irrdische Haußhaltung nicht ewig bestehen/ sondern dereinsten eine andere folgen werde/ da alle vorgewesene Præpotentz und Subordination aufhören wird/ Und endlich

Ad 12mum, Die sogenandte Loßziehung auff die Kayserl. Commission anreichend/ werden sich von Seiten des Herrn Hertzogen/ keine andere Ausdrückungen und Vorhaltungen finden/ als welche die klahre Reichs-Grund-Gesetze/ nebst der beschwornen Kayserl. Wahl-Capitulation, insonderheit der unumbstoßliche Westphälische Frieden-Schluß mit deutlichen eigenen Worten an die Hand geben/ als in welchem Frieden-Schluß Artic. 17. ausdrücklich mit-enthalten/ daß keine Commissiones, in petitorio oder possessorio, wieder sothanen/ von derer Chur und Fürstlichen alten Häuser unverrücklichen Regalien und Landes Obrigkeitlichen Gerechtsamen Artic. 8. auf ewig decidirenden/ Frieden-Schluß jemahlen erkandt werden/ sondern vielmehr die dagegen mit Raht oder That handelnde/ Sie seyn Geist- oder Weltliche/ der Straffe des Friedenbruchs/ ipso Jure & facto, unterworffen seyn sollen.

No. 5.

Copia des Hertzoglichen Schreibens/ an die Höchstlöbl. Reichs-Versammlung zu Regenspurg vom 4ten Julii 1728.

Von GOttes Gnaden Wir Carl Leopold/ Hertzog zu Mecklenburg/ Fürst zu Wenden/ Schwerin und Ratzeburg/ auch Graff zu Schwerin/ der Lande Rostock und Stargard Herr rc.

Unsern freundlichen/ günstig und gnädigen Gruß/ auch geneigten Willen zuvor.

Hoch-und Wohl-Würdige/ Hoch-und Wolgebohrne/ Wohl-auch Edle/ Veste/ Ehrenveste und Hochgelahrte/ des Heil. Römischen Reichs Churfürsten/ Fürsten und Ständen/ auf fürwährendem Reichs-Tage/ gevollmächtigte Rähte/ Bottschaffteere und Gesandte/ besonders liebe Herren/ und liebe Besondere.

DEnen Herren und Jhnen können Wir/ Unser allerwichtigsten Angelegenheit nach/ hiemit vorstellig zu machen nicht entübriget seyn/ welchermassen/ wie Uns jederzeit nichts mehr für Augen noch am Hertzen gewesen/ als Jhro Römisch Kayserl. Majest. allen besonderen allerunterthänigsten Respect und Hochachtung zu bezeugen/ also eben dieses aller devoteste Zutragen und Vertrauen Uns auch zu der Entschliessung gebracht/ daß Wir/ sogleich nach denen Reichs-Kündigen unerhörten Unternehmungen in Unseren Hertzogthümern und übrigen Landen/ Uns in eigener Person Anno 1720. nacher Wien begeben/ und Höchstgedachter Kayserl. Majest. in aller Unterthänigkeit die wahre Bewandnis solcher Unser Sache gehörig vorgetragen/ da Uns dann/ bey Unser Sieben Monatlichen anwesenheit/ bald nach Unser Ankunfft/ die Versicherung gegeben worden: Kayserl. Majest. hätten einen Courier an den König von Engeland abgefertiget/ und hofferten binnen einiger Wochen Zeit einen solchen effect, daß wir mit aller Zufriedenheit nach Unsern Landen abgehen könten und würden.

Gleich wie aber die Lüneburgische Häuser jederzeit ihr Haupt-Absehen dahin gerichtet/ umb/ mit ihren Adhærenten, sich den Nieder-Sächsischen Crayß völlig Sujet und Dependent zu machen/ auch das Werck darauff nicht angefangen gewesen/ davon so leicht wiederumb abzustehen/ so ist/ auf Jhro Kayserl. Majest so allergerechteste Intention, eine dermassen herbe und bittere Declaration erfolget/ daß/ bey damahls noch anhaltendem Hispanischen Kriege/ Wir die Unmöglichkeit gnugsahm vermercket/ daß/ falls Kayserl. Majest. wie Lüneburg nicht in totum zerfallen solten/ welches nach damahligen Conjuncturen inpracticable gewesen/ Wir Uns/ in Gedult fassen/ und GOTT/ sambt der Zeit/ Unsere gerechte Sache befehlen müssen. Welchem nach Wir Unsere Importanteste Landes-Fürstl. Angelegenheiten und Gerechtsame/ in kräfftiger schrifftlicher Vorstellung/ zu allerhöchsten Kayserlichen Händen/ nebst unterthänigster Empfehlung zu Reichs-Väterlicher allergerechtesten Einsicht und Schutz-Haltung/ auch Versicherung Unser Reichs-Fürstlichen unverbrüchlichsten Treue/ selbst übergeben/ und Uns darauff im Monath Novembr. nach Unser Vestung Dömitz wiederum zurück verfüget.

Was Wir nun nach-und und bishero an das gesambte Reich/ von Zeit zu Zeit/ in dring-und erheblichsten Vorstellungen abgehen lassen/ ist denen Hohen Mit-Ständen zur Genüge bekandt; Wir haben auch weiter nichts verabsäumet/ umb/ so viel möglich/ Kayserl. Majest. Höchsten Person (wie von Dero allergerechtesten Gemühte Wir Selbst/ so wohl bey öffters gehabten allergnädigsten Audiencen, aus Kayserlichem Munde vernommen/ als auch noch aus letzterer unser Abschickung gleiche Versicherung erhalten) Unsern allersinnlichsten Respect und allerhöchste Hochachtung/ so für Deroselben Wir allemahl geheget/ und bis an Unser Lebens-Ziel hegen werden/ allerauffrichtigst zu contestiren und seyn dabey völlig überzeuget gewesen/ daß Kayserl. Majest. wieder Dero Höchstbeschworne Wahl-Capitulation von niemand/ also auch von Uns/ nichts erlangen/ noch auch/ ob Jhnen/ oder Dero Höchsten Hauß etwas dergleichen aus eigener Bewegnis gegeben würde/ nicht gebrauchen wollen noch können; Ob aber denen Reichs-Grund-Gesetzen/ als der Güldenen Bulle/ des Reichs-Freyheit in Religion-und Profan-Sachen/ auch Münster-und Oßnabrückischen Frieden-Schluß/ und Land-Frieden/ sambt Handhabung desselben/ ingleichen übrigen Capitulations-Articuln und Puncten/ einiges zuwieder erlanget und ausgehen würde/ das alles/ nach dem klaren Buchstabe des Artic. XVI. Krafftlos/ todt und abseyn solte und müste; Und solches mit desto gegründeter völligster Zuversicht/ als dem gantzen Römischen Reiche bekandt/ daß Unser Fürstliches Hauß/ als Eines von denen aller-ältesten/ seine uhralte Gerechtigkeiten/ Vorzüge/ Freyheiten/ Privilegien, hoher Landes-Obrigkeit/ so wohl im Geistlichen als Weltlichen/ Exercitium, Herrschafften/ Regalien, und dieser aller Possession, gantz unstreitig/ sich auch an das Römische Reich freywillig zu Lehn offeriret/ von Kayser zu Kayser in allen Lehn-Briefen darüber die kräfftigste Confirmation, und/ nebst übrigen Reichs-Grund-Gesetzen/ besonders in dem Westphälischen Frieden-Schluß Artic. VIII. §. 1. & 2., gleich andern regierenden Chur-und Fürstl. alten Häusern/ die ewige Bestätigung und Versicherung erhalten haben/ daß es darin zu keinen Zeiten/ von niemand/ unter was Schein es auch immer seyn möge/ de facto turbiret werden könne/ noch solle; Folglich Uns/ als regierendem Landes-Fürsten/ die Gerechtigkeit und Freyheit Tribut anzukündigen/ Soldaten zu werben/ und zu verpflegen/ Landes-Defensional Veranstaltungen zu machen rc. insonderheit aber so wohl mit andern Reichs-Ständen/ als Ausländischen Puissancen, Bündnisse zu schliessen rc nebst übrigen althergebrachten/ und durch die Reichs-Fundamental-Constitutiones bestätigten Regalien, gantz ohnwiedersprechlich competire.

Wie Wir nun Unsere Landes-Regierung/ nach Ableben Unsers in GOTT ruhenden Herrn Bruders Lbden. in solcher Verfassung vorgefunden und continuiret/ gegen das Heil. Römische Reich aber niemahlen das Geringste verbrochen/ noch unternommen haben/ so ist es doch für der gantzen Welt und des gesambten Reichs Augen/ welchergestalt/ währenden Nordischen Kriegs/ wieder obbezogene nachdrücklichste Reichs-Grund-Gesetze/ mit Uns verfahren/ indem Wir dadurch nicht allein in viele Millionen Schaden gesetzet/ und/ obgleich bey Kayserl. Majest. und dem Reiche darüber noch so viele und trifftige Vorstellungen und Ansuchungen geschehen/ ohn alle Hülffe und Erstattung gelassen/ sondern noch dazu/ nach Endigung besagten Kriegs/ durch Landfriedbrüchige Invasion derer Chur-und Fürstlichen Lüneburgschen Häuser/ in den Reichs-Ländlichen Zustand gesetzet worden/ welcher von allen auffrechtgesinnten Hohen-Mit-Ständen/ nach der mehrmahls warhafft fürgestelleten Connexion und Atrocität/ wohl nicht anders als höchstens zu apprehendiren und zu abhorriren stehet/

Diese / nach allen Umbständen / inexcusable Landfriedbrüchige Gewalt hat nun / bey übrigen unbeschreiblichen Intriguen und Hinterlisten / auch sogar mit von Kayserl. Majest. abgeschwornen / und auf ewig für todt und ungültig erklährten / erschlichenen Reichs-Hofräthlichen Conclusis vermeintlich autorisiret / und dadurch / nebst ihren Adhærenten, intendiret werden wollen / es dahin zu bringen / daß solche nunmehr ins Zehende Jahr anhaltende abscheuliche Beleidigung / nun auf viele Millionen austragende Beschädigung / nebst gäntzlicher Auffhebung Unser Landes Verfassung / und uhralter Fürstlichen unschätzbahrsten Regalien, ihnen nicht allein frey ausgehen / sondern wohl gar / zu ihrer Versicherung von Unseren Landen darüber Administratores und conservatoria, mit Umstürtzung aller Fundamental-Reichs-Gesetze / und sich nur formidabler dadurch zu machen / heraus zu bringen und zu unternehmen / die Clerisey / nebst denen Unterthanen / ihres Eydes erlassen zu wollen / der Collegiorum, nebst der Vestung Schwerin / sich zu bemächtigen / und / in Summa / mit Lästerungen und Unwahrheiten gegen Unsere Person so zu verfahren / als wenn keine Göttliche und Weltliche Gesetze mehr verhanden; Wo wieder / in specie was die angeschuldigte ärgerliche Excesse der Criminal-Jurisdiction zu Dömitz betrifft / aus denen Anlagen sub A. & B. (diese sind schon vorhin dem Schreiben ad Imperatorem No. 4. sub Lit. B. & C. beygefüget) klährlich erscheint / daß mit denen Peinlichen Inquisitionen, völlig besetzten Kriegs-Verhören / Urtheilen und Executionen, über all legaliter procediret worden; Da denn / bey dessen ersteren Ausbruch am Rußischen Hofe / Wir so gleich nach erhaltener Nachricht Ihro Kayserl. Majest. durch ein allerunterthänigstes Schreiben / unterm 4ten Febr. lauffenden Jahrs / wie die beyfolgende Abschrifft sub Lit. C. bescheiniget / (Eben dieses ist die vorige Beylage sub N. 2) davon gründliche Vorstellung gethan.

Wie Wir nun / bey diesen im Heil. Römischen Reiche wohl nie erhörten entsetzlichsten Entstehungen und Zusetzungen / Ihro Kayserl. Majest. / als allerwürdigstem Reichs-Ober-Haupt / aufs aller inviolablest und beständigst zutragende Unsere allerschuldig- und willigste allerunterthänigste Veneration, Devotion und Submission, und daß mit Dero gerechtesten Kayserlichem Gemühte / sambt denen so wohl Uns selbst / als Unser Abschickung / aus Kayserl. höchsten Munde ertheilten allergnädigsten Erklärungen und Versicherungen dieselbe unmöglichst übereinkommen, noch damit bestehen können / in allertieffstem Respect voraus setzen; So haben Wir das gesicherte Vertrauen / daß alle vor das Teutsche Vaterland / und dessen uhralte Freyheit / aufrechte gesinnete Reichs-Mit-Stände sich Unser wieder das / dem gantzen uhralten Fürsten-Stand zur Lästerung und Verletzung / ausgegangene so genandte Conclusum vom 12ten May dieses Jahres (welches / weil es ohne dem überall public gemachet / Wir beyzuschliessen unnöhtig halten) auf gleiche Weise mit annehmen / und die gehörige Ahndung / auch exemplarische Satisfaction, dafür an den Uhrhebern und Concipienten ebenmäßig dergestalt nachdrücklichst urgiren werden / wie es die Reichs-Gesetze und Kayserl. Wahl-Capitulation Artic. 16. klährlich mit sich führen. Wir haben also gesambten Hohen Mit-Ständen solches geziementlich kund thun wollen / und wie die unumstößliche Gründe der Göttlichen und Reichs-Fundamental-Gesetze / woran Wir Uns lediglich halten müssen / hierin alle Sicherheit versprechen / auch kein auffrecht gesinnter Reichs-Mit-Stand Uns abstimmig seyn kan / daß keine uhralte Fürstl. Regalien dermassen im geringsten præscribiret werden mögen / so sind Wir der gesichertesten Zuversicht / es werden Sich dieselbe zu nachdrücklichster Unser Annehmung / mit zusammen gesetzen Votis und Kräfften / dahin entschliessen / daß des uhralten Reichs-Freyheit in seiner unturbirlichen Verfassung verbleibe / und Wir zur gerechtesten Satisfaction, auch ruhiger Regierung Unserer Lande / aufs schleunigste gelangen.

Immassen denen Herren und Ihnen eben diese unsere allerwichtigste Angelegenheit dahin zugleich bestens recommendiret wird / davon nicht allein Dero Hohen Herren Principalen, Oberen und Committenten ohnausseßlichen Bericht zu erstatten / und behufige Instructiones einzuholen / sondern auch unter Ihnen darüber gedeyliche Consultationes zu pflegen.

Wir reserviren Uns hierbey alle und jede Uns und Unserm uhraltem Fürstlichen Hause / nach denen Reichs-Grund-Gesetzen / und notorischer Creyß-Territorial-Observantz, zuständige Landes-Fürst- und Obrigkeitliche Regalia, Regierungs- und Hoheits-Rechte aufs allergültigste und vollständigste / Protestiren gegen und wieder alle Turbationes, Eingriffe / Kränckungen / und Zumöthigungen / in der besten und kräfftigsten Form / wie solches zu Recht immer geschehen kan / soll und mag / und verbleiben übrigens denen Herren und Ihnen zu Erweisung Freundschafft und affectionirten / auch Gunst- und gnädigen Willen jederzeit bereit und beygethan.

Datum Dantzig den 8. Julii Anno 1728.
Der Herren und Ihrer

Freundwilliger / auch gantz wohl affectionirter.
CARL LEOPOLD
Hertzog zu Mecklenburg.

N. 6.

Copia Extract: des Chur Mäyntzischen Rescripti an Dero Abgesandten zu Regenspurg / sub dato Mayntz den 24. Julii 1728.

DEm Fürstlichen Mecklenburgischen Abgesandten kanst Du / wegen des Dir zugestelleten Original-Schreibens ad Imperium, und dessen verlangten Dictatur, gelegentlich bedeuten / daß Wir sothanes Schreiben / wegen seines allzuharten Inhaltes / Statibus Imperii nicht communicable findeten / über dieses auch Reichs-kündig wäre / warumb die an denen höchsten Reichs-Gerichten anhängige Sachen nicht ad Comitia zu ziehen seyen / und weilen so wohl aus vorangeregtem Original-Schreiben ad Imperium, als auch ab dem demselben sub N. 3. beygefügten Schreiben an Seiner Kayserl. Majest. / wegen ebenmäßigen gar harten Inhalts / so viel zu ersehen und zu vermuthen / daß sich fast keine Hoffnung zu machen / daß des Herrn Hertzogs zu Mecklenburg Lbden. sich allerhöchst erwehnter Seiner Kayserl. Majest. Verordnungen fügen / und Ihro eine anreichige Submission thun werden / wie Wir Seiner Lbden. doch verschiedentlich wohlmeinend eingerahten / so tragen Wir auch billiges Bedencken / Uns der Sache auf ein oder andere Weise anzunehmen / gestalten Wir nicht sehen / wie wohlermeldter Seiner Lbden. / ohne vorangeregte Fügung und Submission, zu helffen / mittelst deren Ergreiffung aber Sich von Seiner Kayserl. Majest. Weltkündigen Milde die gute Hoffnung zu machen / daß Sie des Herrn Hertzogs Lbden. eine consolable Resolution allergnädigst angedeyen lassen dörfften / ohne dereintwegen anderer Ohrten umzugehen.

No. 7.

Copia des ausgelassenen / und in Dero Landen publicirten Hertzoglichen Patents, vom 17. Decembr. 1728.

Von GOttes Gnaden Wir Carl Leopold / Regierender Hertzog zu Mecklenburg / Fürst zu Wenden / Schwerin und Ratzeburg / auch Graff zu Schwerin / der Lande Rostock und Stargard Herr.

FUgen / nechst respective Entbietung Unsers gnädigen Grußes / Unsern gesambten Fürstlichen Collegiis, Civil- und Militair Bedienten / Beambten und Pächtern von Domainen, auch denen von der Ritterschafft / Bürgermeistern / Gerichten / Rähten und Bürgerschafften in denen Städten / Ehrn Superintendenten, Præpositis, Pastoribus, nebst denen von der Clerisey abhangenden / Schultheissen / und Bauerschafften in denen Dörffern / und insgemein allen und jeden Unserer Hertzogthümer / und Lande Unterthanen und Eingesessenen / von was für Stande / Würde / Gewerbe und Wesen sie immer seyn mögen / über die kundbahre Ruchtbarkeit / hiedurch zu wissen / was gestalt / bey denen wieder Uns und unsere Hertzogthümer und Lande / Regalien und Revenuen, bereits Anno 1719. angegangenen / nunallschon bey nahe Zehen Jahre fortgewährten Friedbrüchigen und usurpatorischen entsetzlichsten Gewaltthätigkeiten / (welche jetzt Regierende Groß-Brittannische Königl. Majestät Selbst auch albereit gerechtest einzusehen / und / daß Sie an demjenigen / was zwischen Ihro verstorbenen Herrn Vaters Majest. und Uns passiret / keinen Theil nehmen / Großmüthigst zu declariren geruhet haben /) Unsers apanagirten Bruders Christian Ludwigs, Lbden. keine Scheu genommen / als in seinen Jagd-Begierden gantz verblendet / und ohne Nachsinnen derer uhralten Landes-Fürstl. unschätzbahrsten Regalien und Prærogativen, welche Wir / und Ein jeder Rechtschaffener Reichs-Fürst / als das von GOTT anvertrauete höchste Kleinod / aufs Gewissenhaffteste zu bewahren von indispensabler Obliegenheit erachtet / und solches / nechst der Ehre GOttes / und Landes Wohlfahrt / zum Endzweck Unser Regierung gesetzet / auch Uns niemahlen in den Sinn kommen lassen / Unsern getreuen Vasallen und Unterthanen ihre Privilegia, Freyheiten und Rechte zu kräncken / an Uns / Seinen Regierenden Bruder und rechtmäßigen Landes-Fürsten / Sich durch empfindlich-ärgste Zunöhtigungen und Excesse kecklichst zu vergreiffen; In dem Er nicht allein / so wohl zum vorsetzlichen Tort und Verdruß / als aus weiteren boßlichen Absichten / Unsere Eyd- und Pflicht-brüchig entwichene Ministros an Sich gezogen / sondern auch mit denen empöhrischen und criminellen Edelleuten / ja mit denen Gewaltübenden Chur- und Fürstl. Lüneburgschen Häusern selbst / sich in solche Verständniß und Verstrickung begeben / daß Ihme / zu Ausführung alles vermessenen Unternehmens / militairische Handbiethung geleistet / eine Guarde von auswärtigen Trouppen zu geordnet / und die Gewissens-ängstliche vorbedeutete

ANNO 1729.

deutete Rähte / in ihren Zu-und Abreisen / mit Escorten versehen worden: alle billige / dabevor angenommene / Vorschläge wegen einer convenablen Apanagial-Demeure verworffen / und mit allerdings unzuständlicher / in allen Reichs-Fürstl. Territoriis ungebräuchlicher / eigenen Auswahl / blos allein auf die Einräumung Unsers Fürstl. Hauses und Ambts Grabow / Seines unter Hand und Siegel dagegen ausgestelleten bündigsten Abdications- und Entsagungs-Reversus ohngeachtet / mit desto härterer Obstination bestanden / als Ihm bewust / daß Wir gleich besagtes Fürstl. Hauß und Ambt / weil dasselbe / wegen unmittelbahrer genauesten Verknüpffung mit denen Landes-Fürstl. besten Wild-Bahnen und Jagd-Gehegden / unentbehrlich / Uns nichs appochen lassen konten / noch würden / und Er daher um so mehr Prætext und Gelegenheit hätte / mit weiteren Animositæten und Desseins wieder Uns auszubrechen; Womit sichs denn auch dahin geäussert / daß Er / wieder Unsere Verwarnung / wo / wie / und wenn es Ihme nur gelüstet / mit Jagen und Wildfällen (dergleichen Unsere in GOTT ruhende Frau Mutter Selbst Sich niehmahlen angemasset / sondern mit accordirter Lieferung vergnügt gewesen) trotziglich fortgefahren / Lüneburgische Militz zur ungerechten Beschützung dabey gebrauchet / und dadurch so wohl Unserm zur Aufsicht beordreten Jagd-Juncker nachtrachten / als Unsere eige Förster und Jäger vertreiben / auch / zum Ruin der Waldung / in denen besten Wild-Gehegden / mit Zuziehung einiger rebellischen Edelleute / durch ihre zusammen gebrachte Bauren grosse Allées nach Gefallen aushauen / und also höchst frefentlich das beste Holtz niederschlagen lassen: Nach seeligstem Absterben-vor-wohlermeldeter Fürstl. Frau Mutter Sich in Possession des Uns / nach geendigtem Witthumb / zu Landes Fürstl. freyer Hand und Disposition verledigten Fürstl. Hauses und Ambts Grabaw einzudringen versuchet; Zu Unsern / nach [illegible] rechtmäßigen Possession, daselbst residirenden Ministrum, den Justitz-Raht Anseln / sich mit gewaltsamer delogirung / turbirung und übriger schnöden tractirung / aufs äusserste vergriffen: Die Fürst-Mütterliche Erb-Verlassenschafft zu keiner Theilung kommen lassen wollen / bis / zu Seiner alleinigen Verantwortung / die Einäscherung davon erfolget: Nach der Grabawschen Feuers-Brunst / ohne einzige Unsere Vorwissenheit und erlaubniß / Unser Fürstl. Sommer-Residentz Schloß Neustadt / mit gewaltsamer Erbrechung / gleichfals de facto occupiret; Denen Lünenburgern / zu ruinirlicher Niederschlagung und Verhandlung der Kostbahrsten Toddinschen Holtzung Rahe und That gegeben: Nach Ableben der Fürstl. Strelitzischen / seine eigene Printzeßin Tochter in Unserm unstreitigen Fürstl. Dominial-Ambte Ruhn zur usurpirlichen so genandten Regentin gleichfals eingeschoben / und Unsere / zu Fortsetzung der von jeheros unverrücklich beybehaltenen rechtmäßigen Possession committirt gewesene Bediente mit gewaltsamen Veranstaltungen abgehalten;

Diese und andere / zwar an sich gröblichste / Beleidigungen und exorbitantien sind Unsers vorernanten Bruders Lbden. noch nicht ersättiglich gewesen / sondern Er hat sich auch / erstaunlicher-aller criminellester Weise / nechsthin als ein vermeintlicher Administrator von Unsern Göttlich anvertraueten Hertzogthümern und Landen aufwerffen / und unterm 22ten Novembr. lauffenden Jahrs / die Deputirte von Unser Ritter-und Landschafft / mit dem Prædicat von Seinen lieben Getreuen / auf den 15ten dieses Monahes Decembris zu Sich nach Neustadt convociren / und den Inhalt / gleich einem wahren und würcklichen Regierenden Landes-Fürsten / dahin einrichten dürffen; Daß sie über unumgängliche Landes Angelegenheiten ihr rähtliches und Patriotisches Gutachten /
„ nach angehörten Vortrag / zu ertheilen / und Seine
„ Landes-Vätterliche Sorgfalt durch willige Erschei-
„ nung und guten Beyraht möglichst zu unterstützen /
„ einfolglich die rechte Proben ihres Gehorsahms und
„ sinceren Verlangens / künfftig in Friede und Ruhe
„ unter einer GOTT gefälligen Regierung zu leben /
„ kennbahr zu machen / und dagegen Seiner sorgfältigen
„ Conservirung aller ihrer habenden Privilegien, Frey-
„ heiten / Rechten und Gerechtigkeiten / ohne die ge-
„ ringste Besorgung deren Kränckung / auf Fürstl.
„ Versprechen sich jederzeit zu versichern hätten.

Als nun / Einen Rechtmäßigen Fürsten und Regenten dermassen auffrühreisch zu turbiren / und einzugreiffen / nach Göttlichen Natur-Völcker-und Reichs-Rechten / von allen greulichen Verbrechen und Unthaten wohl der detestableste Aus-und Zusammenfluß / auch die atrocität dieses Criminis keinerley Unterscheides von Personen im geringsten fähig / vielmehr / bey committirung Einiger Hauses Angehörigen / allerverdammlichst ist / der fürgeschützte Auftrag aber durch aus keine legale defension und exculpation mit sich führen mag / anerwogen Unsers Bruders Lbden / und jedermann / es wissen muß / und soll / daß alle dergleichen Ausgebungen und Erkäntnisse / Sie heissen Edicta, Decreta, Commissiones, Protectoria, Conservatoria, oder haben sonst Nahmen / Schein und Prætext, wie sie immer wollen / wieder alter Chur-und Fürstl. Häuser Territorial-Superiorität / Dignität / Landes-Obrigkeitliche Regierung / Regalia, und übrige hohe Gerechtsame / in denen Reichs-Fundamental-Gesetzen / besonders in dem / pro Basi & Fundamento, Norma & Forma totius Imperii waltenden / Münster-und Oßnabrückischen Frieden-Schluß / Land-Frieden / und Kayserlichen Wahl-Capitulation, jetzt alsdann / und dann als jetze / ein für allemahl gäntzlich cassiret / auf ewig für todt und abe erklaret / und eben also respective heiligst abgeschwohren worden / wesfals an Ihro Kayserl. Majest. von Uns / in aller devotesten und respectueusesten Terminis, solche gründlichste Vorstellungen geschehen / daß Dero allgerechtesten Reichs-Väterlichen Behertzigung / Penetration und Remedur Wir Uns völligst versichert halten / auch Ihre Königl. Majest. von Preussen Unsere in simili eingangene momenteuseste Remonstrationes nicht anders eingesehen und aufgenommen haben können / noch werden / als wie Sie / in Qualität Eines Fürnehmsten Chur-Fürsten / Creyß-Directoris, und nebenherigen Hohen bündigsten Allirten, Uns dazu alle gerechte Hoffnung geben; Diesem nach verwarnen Wir / mittelst feyerlichster Vorbehaltung aller Reichs-Gesetzmäßigen gerechtesten Satisfaction und Competentien, Unsere anfangs bedeutete sämbtliche Collegia, Militair- und übrige Bediente / Beambte / Ritterschafft / Magistraten, Gerichte / Clerisey, Bürger- und Bauerschafften / und insgemein alle und jede Unsere Unterthanen und Landes-Eingesessene / und gebieten denenselben hiemit / sambt und sonders / bey Vermeydung Unser grössesten Ungnade / auch bey unnachläßiger strengsten Ahndung und Bestraffung / an Ehren / Gütern / Leib und Leben / daß sie durch mehrernandten Unsers Bruders Christian Ludwigs Lbden / in seinen criminellesten Unternehmungen / sich auf keinerley Weise / unter falschem Landes-Väterlichen Deckmandtel / in der That landes Verrähterlich / irre machen / noch im geringsten einiges Ge- oder Verboth von Denselbigen annehmen und befolgen / weniger auf Dessen Beruffung erscheinen / und sich mit Denselben auf einige Arth und Weise / zu pflichten / oder sonsten einlassen / sondern Uns / als Ihrem von GOTT vorgesetzten eintzigen / wahren und rechtmäßigen Landes-Fürsten / mit schuldigster Treue / Pflicht / Gehorsam und Folge beständig anhangen sollen.

Zu welcher Kundmachung und Erreichung Unsers gerecht gnädigsten Willens / auch Entkräfftung aller hinkünfftigen Ausflucht / von Unwissenheit / oder nicht gehabten genugsahmen Begriff / Wir Gegenwärtiges von Uns eigenhändig Unterschriebenes / und mit Unserm Landes-Fürstl. Insiegel bestärcktes Patent zu öffentlichen Druck befordert / und in Unsern gesambten Hertzogthümern und Landen / aller dienlichen Orthen / affigiren und publiciren zu lassen befohlen haben. Gegeben Dantzig / den 17, Decembris Anno 1728.

CARL LEOPOLD,

Regierender Hertzog zu Mecklenburg.

(L. S.)

No. 8.

Extract des An. 1708. zwischen dem damahligen König von Preussen / und Chur-Fürsten von Brandenburg FRIEDERICH, und Regierenden Hertzog von Mecklenburg / FRIEDERICH WILHELM, geschlossenen Pacti perpetui, und / zufolge dessen / von dem jetzigen König von Preussen / und Chur-Fürsten von Brandenburg / Herrn FRIEDERICH WILHELM, und dem Regierendem Hertzog zu Mecklenburg / Herrn CARL LEOPOLD, ferner bestätigten Allianz-Tractats, sub dato Berlin den 14. Decembr. 1717.

WIr / den König / und Unsere Successores an der Cron und Chur / wollen auch den Hertzog / und das Fürstliche Hauß Mecklenburg dahin / auf beschehene Anzeigen und Begehren / zu Recht und ausser Gerichte / jedesmahl also mit vertreten und schützen / daß Dieselbe von Ihren Vasallis und Unterthanen all-Jährlich solche Contribution und Collecten erheben und geniessen können / wie es anderen Reichs Chur- und Fürsten / nach Maaßgebung der Reichs-Constitutionen, und Kayserl. Wahl-Capitulationen, und insonderheit / so viel auch die Landes-Defension betrifft / allerdings eignet / gebühret und zustehet / Und damit nun

Wir / der Hertzog und Unsere Successores an der Regierung / dessen allen umb so mehr gesichert / und in solchen Unseren Fürstlichen Hohen Gerechtsamen und Regalien in keine Wege gehindert / noch beunruhiget werden mögen; So versichern Wir / der König / vor Uns und Unsere Posterität hiemit / daß / im Fall des Hertzogs Ritterschafft und Unterthanen / wegen dessen / so hierunter geschiehet / an den Kayserl: Reichs-Hoff-Raht recurriren / und daselbst wiedrige

ANNO 1729.

Verordnungen/ es seyen Mandata, Rescripta, Protectoria, Conservatoria, oder wie es Nahmen haben möge/ auszubringen suchen solte/ Wir so dann zu forderst durch Unsere Officia bey Jhro Kayserl. Majest. und dem Reiche es dahin zu bringen bemühet seyn wollen/ daß sothane Verordnungen entweder nicht erfolgen/ oder in suspenso gehalten/ oder auch/ auff allem unverhofften wiedrigen fall/ nicht zur Execution, nach Anleitung der heilsamen Reichs Verfassungen/ und Käyserl: Wahl-Capitulationen, Und in Ansehung/ daß keinem anderen/ einiger massen considerablen, Reichs-Ständen dergleichen Einschrenckungen geschehen/ gebracht werden sollen. Jm Fall aber dennoch/ solchem zu wider/ dergleichen gefährliche Machinationes von jemanden/ wer der auch seyn möchte/ erfolgen/ und ins Werck zu richten/ gesuchet würden/ so wollen Wir/ der König/ und Unsere Successores an der Cron und Chur/ darwieder Jhme dem Hertzogen/ auf Dessen Anzeige und Begehren/ kräfftigst beytreten.

No. 9.

Copia Schreibens des Königs in Preussen Majestät an den Regierenden Herrn Hertzog zu Mecklenburg/ sub dato Berlin den 9. Novembr. 1728.

Von GOttes Gnaden FRIEDERICH WILHELM, König in Preussen/ Marggraff zu Brandenburg/ des Heil. Römisch. Reichs Ertz-Cämmerer und Chur-Fürst; Souverainer Printz von Oranien/ Neufchatel und Valengin/ in Geldern/ zu Magdeburg/ Cleve/ Jülich/ Berge/ Mecklenburg/ Stettin/ Pommern/ der Cassuben und Wenden/ auch in Schlesien zu Crossen Hertzog; Burggraff zu Nürnberg/ Fürst zu Halberstadt/ Minden/ Camin/ Wendeu/ Schwerin/ Ratzeburg und Mörs/ Graff zu Hohenzollern/ Ruppin/ der Marck/ Ravensberg/ Hohenstein/ Tecklenburg/ Schwerin/ Lingen/ Bühren und Leerdam/ Marquis zu der Vehre und Vlißingen/ Herr zu Rabenstein/ der Lande Rostock/ Stargard/ Lauenburg/ Bütow/ Arlay und Breda, rc. Unsere Freundschafft/ und was Wir mehr Liebes und Gutes vermögen/ zuvor.

Durchlauchtiger Fürst/ Freundlich lieber Vetter.

WJr beklagen nicht wenig/ daß Jhro Kayserl. Majest. Sich gemüßiget befunden/ zu den neulichen/ wegen Administrirung Eurer Durchl. Fürstl. Lande/ gemachten Provisional-Verordnungen zu schreiten/ zweiffeln aber doch keines weges/ daß Euer Durchl./ da es von Jhro Selbst lediglich dependiret/ daher Anlaß und Gelegenheit nehmen werden/ durch einen denen Kayserl. vorhin erlassenen gerechtesten Befehlen leistende völlige Parition, und zu Jhro Käyserl: Mayest: Reichs Väterlichen Gnade und Clementz nehmende Zuflucht/ Sich ausser allen embarras, und in den vorigen Ruhe-Stand anderwmb zu setzen.

Es wird Uns solches/ aus aufrichtiger vor Eure Durchl. habenden/ Freund-Vetterl: Affection, sehr erfreuen; Jnzwischen aber haben Wir Euer Durchl: hiedurch bekandt/ machen wollen/ daß/ nachdem Jhro Käyserl; Majest./ bey ermeldter mit der Fürstl: Mecklenburgischen Landes-Regierung gemachten neuen Einrichtung/ gut und nöthig gefunden/ uns/ als Hertzoge zu Magdeburg/ und des Nieder-Sächsischen Creyses dermahligem Directori Agenti, solche Commission aufzutragen/ als aus dem Käyserl;/ desfals an uns gerichteten/ Copeyl. hiebey gefügtem Rescript vom 11ten May, lauffenden Jahres mehrern Jnhalts zu ersehen/ Wir uns nicht haben entbrechen können/ dieser Commission uns zu unterziehen/ in dem festen Vorsatz/ Jhro Kayserliche Majest: dabey führenden intention, welche Wir nicht anders/ als billig/ nöthig/ und dem Kayserl. Ober-Richterl. Ambt überall gemäß zu seyn befinden/ ein Genügen zu thun.

Wir wollen aber nicht hoffen/ daß Ewre Durchl:/ durch einiges Jhro Kayserl. Majest. Verordnungen zu wieder lauffendes Unternehmen/ Uns Ursach geben und necessitiren werden/ den effect dieser Unserer obhabenden Käyserl: Commission gegen Dieselbe zu wenden/ als wovon Wir Eure Durchl./ zu Verhütung des Jhro sonst androhenden noch grössern Unglücks/ hiedurch treulich und wohlmeinend dehortiret haben wollen. Verbleiben Jhro auch im übrigen zu Erweisung aller angenehmen Gefälligkeiten stets geflissen. Berlin/ den 9ten Nov. 1728.

ANNO 1729.

Euer Durchl.

Freundwilliger Vetter

F. Wilhelm.

Jlgen.

Angefügte Copia des Kayserl. Rescripti, vom 11ten May 1728. an den König von Preussen.

CARL:

cum reliqv:

EW: Lbden. bleibet hiedurch ohnverhalten/ was gestalten Wir/ wegen deren/ zwischen des Hertzogen CARL LEOPOLDS zu Mecklenburg Lbden. und der Mecklenburgischen Ritter- und Landschafft/ fortgedauerten Mißhelligkeit/ Unser Käyserl. Conservatorium auf das Chur- und Fürstl. Hauß Braunschweig-Lüneburg bereits unterm 25. Octobr. 1717. erkandt haben. Und wie Wir nun solch Unser Käyserl. Conservatorium, aus besonderer Kayserl. Bewegnüß und Vertrauen/ auf Ew. Lbden. als Hertzogen zu Magdeburg/ und Mitausschreibenden Fürsten des Nieder-Sächsischen Creyses/ an heute extendiret haben; Also versehen Wir Uns zu Ew. Lbden/ Sie werden diesen Unsern Käyserl. Aufftrag willig auf- und annehmen/ und desselben Sich unterziehen/ folglichen/ in Krafft Unsers Deroselben hiedurch ertheilenden Käyserl. Gewalts/ mit Unseren übrigen Käyserl. Conservatoren, sambt und sonders/ die dabey zum Zweck gesetzte Sicherheit des Hertzogen CHRISTIAN LUDWIGS zu Mecklenburg Lbden/ als Unsers angeordneten Käyserl. Administratoris, imgleichen derer gesambten Mecklenburgischen Land-Ständen/ Räthen/ anderer Bedienten/ Militz und Unterthanen/ denenselben/ ohne Ausnahm/ bedürffenden Falls/ gegen alle und jede/ an der andern Seiten etwa vorkommende/ Eigenmächtige Gewalt/ durch genugsame Reichs-Constitutions-mäßige Mittel/ würcklich angedeyen lassen/ dabeneben sonst Unsern weiteren Kayserl. Aufftrag mit gehörigen Nachdruck vollziehen. Jnmassen Wir auch von Ew. Lbden/ ob Dero Willfährigkeit/ hierinnen umbständlichen Bericht fordersamst gewärtigen/ und verbleiben Deroselben rc.

Laxenburg den 11. May, 1728.

No. 10.

Copia Antwort-Schreibens des Regierenden Herrn Hertzogs zu Mecklenburg an den König von Preussen/ sub dato Dantzig den 17. Novembr. 1728.

Durchlauchtigster Großmächtigster König/ freundlich vielgeliebter/ Hochgeehrtester Herr Vetter.

AUs Ew: Königl. Majest. Geehrtestem Zuschreiben vom 9. Novembr. habe Jch des mehrern vernommen/ was Jhro/ so wohl in Absicht derer gegen mich unterm 11. May lauffenden Jahres ausgegangenen/ erstaunlich gravirenden/ Reichs-Hoff-Räthlichen Conclusorum, zugemuthet werden/ als auch/ was Sie diesfals an mich gelangen zu lassen belieben wollen.

Wie nun diese emergentien mir die völlige Uberzeugung machen/ das Meine Feinde und Wiederwärtige/ zu vermeintlicher Erreichung desjenigen/ welches ihrem Zweck am meisten im Wege zustehen geschienen/ auch diesen Versuch gethan/ Ew: Konigl. Majest. von Mir solcher Gestalt ab und in ihre Verständnisse mit hinein zu ziehen/ so gereichet Mir zu sonderbahrer Consolation und Stärckung Meines jederzeigen Vertrauens/ daß Ew; Konigl. Majest. Mir nicht allein die Justitz erweisen/ Mich wegen solcher unerhörten Proceduren zu beklagen/ und von Jhro Kayserl. Majest. Reichs-Väterlichen Gerechtigkeit/ Gnade und Clementz, wegen Terminirung alles embarras, und recuperirung des vorigen Ruhe-Standes/ in gäntzliche Zuversicht zu setzen/ sondern auch/ wenn solches geschehen werde/ aus aufrichtiger vor Mir habenden Freund-Vetterl. Affection, Dero Besondere Freude darüber allergütigst zu versichern.

Jch erkenne Mich dafür umb so mehr schuldigst und begierigst verbunden/ als Ew: Königl. Majest. beliebige Anweisung mit Meiner Verhaltung überein trifft. Denn/ wie das von Ew: Königl. Majest. billigst pro fundamento angezogene Kayserl. Ober-Richterliche Ambt wesentlich hierin bestehet/ daß die Höchste Kayserl. Würde und Autoritæt, nach

ANNO 1729.

nach Maaßgebung derer Reichs Grund-Gesetze / als Nahmentlich der Güldenen Bulle / des Land-Friedens / Westphälischen Frieden-Schlusses / Reichs Abschiede / und darüber so wohl Gedings- und Pacts-weise abgehandelten / als von Kayserl. Majest. heiligst beschwornen Wahl-Capitulation, lediglich gehandhabet / folglich ein ieder Reichs-Stand bey seinen / darinn unverbrüchlichst stabiliten alten Landes-Obrigkeitlichen Regalien, Herrlich- und Gerechtigkeiten unturbirlich aufrecht erhalten / und dabey wieder männiglichen Eingriff / Gewalt und Beleidigung Kräfftigst geschützet werden soll und muß / so ruhet Ew: Königl. Majest. vor allen anderen Fürnehmen Reichs-Mit-Ständen in bester Wissenschafft / daß Ich nach denen / wieder den höchstverpönten Land Frieden / Westphälischen Frieden-Schluß / und Kayserliche Wahl Capitulation, gegen Mich und Meine Uhralte Regalia, auch gesambte Lande und Leute / vorgegangenen entsetzlichsten Vergreiffungen / den gehörigen rechten Weg eingeschlagen / und so wohl bey Kayserl. Majest. als dem Reiche / Reichs Gesetzmäßige Assistentz und Manutenentz dagegen nicht allein obliegentlich gesuchet / sondern auch sothane Meine höchstdringlichste implorationes und requisitiones bis auf diese Stunde unablässig dergestalt fort gesetzet habe / daß Mir mit keinem Nachsinnen zu erreichen / wie Ich hierunter weder Kayserl. Majest. allerschuldigst mehr honoriren / oder denen Reichs-Grund-Gesetzen Mich anders und besser conformiren sollen. Denn / was Kayserl. Majest. Reichs-Väterl. Gnade und Clementz anbelanget / habe Ich GOttlob wissend- und erweißlich niemahlen etwas begangen / wodurch Ich dieselbe verschertzet / sondern / wie eben diese Kayserl. Gnade und Clementz von Dero Höchstem Kayserl. Ambte / und Dieses ebenmäßig von denen Reichs-Grund-Gesetzen / und Kayserl. Wahl Capitulation inseparabel ist / nehme Ich eben hierzu meine beständige Zuflucht / weiß auch von Dero Reichs-Väterlichen Gerechtigkeit / Gnade und Clementz mir keine andere Vorstellung und Versicherung zu machen / als daß Sie mit Meiner mehrmahligen aller devotesten Erklärung einer solchen gehorsamsten Parition und Submission, welche Allerhöchst Ihro von allen andern Regierenden alten Chur und Fürstlichen Häusern Reichs-Gesetz- und Crayß-Observantzmäßig / so wohl in Regalien-Sachen / als sonst überall geleistet wird / Allergnädigst zu frieden seyn / nicht aber auf eine also genandte arbitrarische Parition, welche Mich von denen Reichs-Grund-Gesetzen und Mitgenuß derer / gleich andern vorberegten alten Häusern / unverrücklichst zuständigen uhralten Regalien, mit unschätzbarem unwiederleglichen Verlust / ausschliessen müste / damit anzielen werden. Immassen sich hierbey keine Dritte Wahrheit finden kann / sondern / so wahr und Notorisch es ist / daß Allerhöchst besagte Kayserl. Maj. anderen alten Chur und Fürstl. Häusern keine Submission und Parition, welche Sie in ihren Landes Fürstl. Regalien turbiret / oder dererselben verlustig machet / zumuthen / so wahr ist es auch / daß solches bey mir / und meinem alten Fürstlichen Hause / ohne Umsturtz der gantzen Reichs-Verfassung / nicht geschehen könne / und bin von Ew: Königl. Majest. Erleuchtung / und für die inviolable Würdigkeit und aufrecht Erhaltung alter Reichs-Fürstlichen Häuser hegenden Æquanimitat. Ich sattsahm versichert / daß es mit der von Ihro erwehnten völligen Parition nur nach solchen unhintertreiblichen Gründen / und anders nicht gemeinet sey.

Wan nun / anstatt gerechtester Fürwaltung und Durchdringung veränderter unüberschreitlichen Reichs-Grund-Gesetze / es mit Meiner Gravirung (wovon Kayserl. Majest. Selbst gelassene Gerechtigkeits Liebe jederzeit ausbeschieden / und mit allergebührlichster Veneration erkandt und verehret bleibet) noch weiter angestiegen; So ist bey Antritt Dero Kayserl. Regierung ein für allemahl allergerechtest declariret / daß dem Westphälischen Frieden Schluß / Land-Frieden / und übrigen Reichs-Fundamental-Gesetzen zuwieder nichts gültiges ergehen kan / dahero die grausame Facta derer Lüneburger / wie auch Decreta von 1718. und 11. May dieses Jahrs / in ihren wahren Gründen und Eigenschafften werden genommen / und Reichs-Gesetz-mäßige Satisfaction der auf so viel Millionen ankommenden Beschädigung / auch wegen turbirung meiner schätzbaren Uhralten Landes-Fürstlichen Regalien, unwiedersprechlich geschehen müssen.

Ob auch gleich allen ersinnlichen Gefährlichkeiten diese mit hinzugefüget werden wollen / daß Ew: Königl. Majest. / als Hertzogen zu Magdeburg / und des Nieder Sächsischen Creyses dermahligem Directori Agenti, darüber ein Mit auftrag geschehen / so würde doch Ew: Königl. Majest selbst / und meinem Ihro zutragenden wahren Vertrauen / Ich unverantwortlich viel zu nahe thun / wenn mir auch nur einen Gedancken beykommen liesse / daß Sie / als ein Gekröntes Haupt / und fürnehmster Reichs-Mit-Stand / ja auch über dieses als ein mit mir / über eben solchen Puncten und Fällen / in einem Bündigsten Pacto Perpetuo, Reichs-Kündigermassen / stehender Hoher Allirter / sich durch einige Absichten bewegen lassen solten / in solche angesonnene impliciirung zu gehehlen / welche / gleich dem Haupt-Geschäffte und Antrag selbst / in denen Reichs-Grund-Gesetzen und der Kayserl. Wahl-Capitulation für respective Unstatthafft / nichtig / Todt und abe / jetzt als dann / und dann als jetzt / ein für allemahl erkläret worden.

Denn / was es nach Natur- Gött- und Menschlichen Rechten auf sich habe / wenn ein Printz vom Hause der lüsterischen Regierungs Begierde vor der Zeit den Zügel schiessen lässet / und daß ER solchen falls im geringsten nicht anders / als ein jeder / wieder den rechtmäßigen Regierenden Landes Herrn mit solchem verdammlichsten Crimine sich vergreiffender Privat Unterthan / zu consideriren stehe / auch was im gantzen Römischen Reiche / ja in der gantzen Christenheit / bey Regierenden Häusern für ungeheure Consequentien hieraus zu gewärtigen / darüber will Ew: Königl. Majest. Hocherlauchteten Penetration mit breiterer Vorstellung nicht beschwerlich fallen / lebe vielmehr des gäntzlichen Vertrauens / Ew: Königl. Majest. werden den im Schluß des Kayserl. Rescripti Ihro auffgegebenen umbständlichen Berichte an Ihro Kayserl. Majest. dergestalt zufassen und einzurichten geruhen / wie es denen unumbstößlichen Reichs-Grund-Gesetzen / meinen dawieder eusserst gekränckten alten Reichs-Fürstl. Gerechtsamen / und Ihro Allianz-Kundigen Hohen Versicherungen gemäß ist.

Dessen zuverläßig Ew: Königl. Majest Ich / unter hertzlichen Anwunsch beständigen Königlichen Hochergehens / mich zu vermögtlichgütigster Fürsorge bestens empfehle / und in unabsetzlicher Ergebenheit bis an mein Lebens-Ziel verbleibe

Ewer. Königl. Majestät

Dantzig den 17. Novembris 1728.

Dienstwilligster Vetter und Diener

CARL LEOPOLD

Hertzog zu Mecklenburg.

No. 11.

Von Gottes Gnaden Wir Christian Ludwig Hertzog zu Mecklenburg rc. rc.

auch jetziger Zeit Kayserlicher ADMINISTRATOR.

UNsern Gnädigsten Gruß zuvor. Beste / Ehrbahre Ehrsame / liebe Getreue. Aus dem Wörtlichen Einhalt des in vidimata copia anliegenden Ihro Römisch-Kayserl. Majest. allergnädigsten Rescripti inhæsivi, vom 30ten passato jetztlauffenden 1729ten Jahres / wird E.E. Ritter- und Landschafft des mehreren ersehen / was gestalt vor-höchstgedachte Ihro Kayserl. Majest. / Unser dißeitigen allerunterthänigsten Vorstellung / und E. E. Ritter- und Landschafft eingewandten vermeinten Entschuldigung ohngeachtet / dennoch in allerhöchsten Gnaden gefällig gewesen / UNS anderweitig aufzutragen / auff eine darzu anberahmende Tagefarth über deßen puncto eines AUTHORITATE CÆSAREA zu verkündigenden Landtages / und darzu / wie auch sonsten / erforderlichen Securität / auch wieder herzustellenden Ruhestandes des gantzen Landes / und was dem anhängig / in conformität Dero Reichs Väterlichen Intention etwan ferner proponiret werden dürffte / Uns mit Ihrem Rähtlichen Gutbefinden / und Ihro Kayserl. Majest. Reichs Väterlichen Absicht zustimmigen Erklährung an die Hand zugehen / anhero zu fordern. Wie WIR nun Unsers Orths dieser allergnädigsten Kayserl. Verfügung allergehorsahmst Folge zu leisten Unserer devotesten Obliegenheit befinden / und Sie zu obigen Ende auff den 27. kommenden Monahts Octobris, alßdenn durch gnugsame Gevollmächtigte ihres Mittels / wenn Abends vorhero Sie sich gebührend angemeldet haben / in krafft dieses Unsers anderweitigen Convocations-Schreibens anhero gnädigst erfordern; So sind WIR der gnädigsten Zuversicht / E. E. Ritter- und Landschafft werde / zu Ihro Kayserl. Majest. allerunterthänigsten Respect, und Unser gnädigsten Gefälligkeit / wie auch zu Beförderung dem gantzen Lande höchstnöhtigen Ruhe-standes / sich so denn willigst einfinden / und obernehmten præconsultationibus, mit Ertheilung Ihres Rähtlichen Gutachtens / beyzuwohnen nicht difficultiren / welches Wir Ihro Kayserl. Majest. allerunterthänigst anzurühmen / und für Uns mit Hochfürstl. Hulde und Gnade / alß womit WIR Ihnen solchen falß zugethan verbleiben / hinwiederum zu erkennen / nicht ermangeln werden / noch wollen. Gegeben in Bützow den 28. Sept, 1729.

Christian Ludwig H. z. M.

Denen Besten / Ehrbahren / Ehrsamen / Unser lieben Getreuen Ritter und Landschafft Unserer Hertzogthümer Mecklenburg / sämbtlichen Deputirten in Unser Erb-unterthänigsten Stadt Rostock.

Re-

ANNO 1729.

ANNO 1729.

Rescriptum Cæsareum an den Herrn Hertzog Christian Ludwig zu Mecklenburg / alß Kayserl. Administratorem.

In Sachen /

Mecklenburgischer Ritter- und Landschafft / Contra den Herrn Hertzog zu Mecklenburg. de dato Wien den 30. Augusti 1729.

CARL der VI. (&c.&c.) Nachdem WJR aus den von D: Lbd. erstatteten Berichten und geschehenen Anzeigen / die von Uns Derselben auffgetragene Kayserl. Administration der Mecklenburg. Landen betreffend / in Unterthänigkeit haben vortragen laßen; Als haben Wir gnädigst für gut befunden / D: Lbd. hiemit den Antrag dahin zuthun / daß SJE / nach Beschaffenheit gegenwärtiger situation, extra ordinem, in Rostock den Landtag halten / oder auch / wenn daselbst / wegen der darin noch befindenden Subdelegation, selbige extraordinaire Veranstaltung nicht thunlich seyn möchte / vor haltung des Landtages fordersamst mit der Ritter- und Landschafft über eine gnugsame Securität / vermittelst retablirung einer vormahls üblich gewesenen Land-MILICE, ingleichen Behandlung mehrerer Soldaten mit einem Reichs-Stand / nach Befindung mündlich oder schrifftlich sich vernehmen / hiervon einen sichern Schluß fassen / und in Würcklichkeit setzen. Dabeneben haben Uns D: Lbd. ob / und was maßen ein oder das andere geschehen / oder sonst noch fürzunehmen sey / fordersamst unterthänigst zu berichten / und dahingegen bey denen wegen derer Appanagen- und administrations-Geldern in denen Exhibitis vom 2ten und 13ten Junii jüngsthin gethanen Vorschlägen ein und andere erhebliche Bedencklichkeit sich ereignen will / So sind Wir disfalß der gnädigsten Meynung / erträglicher zu seyn / daß D: Lbd. davon abstehen. So viel diesemnach die Sache wegen des Bützowischen Landtages / und dabey in puncto Contributionis bey dem Closter Rühne entstandenen Streits anbelanget; so haben D: Lbd. selbige mit den dabey vorkommenden Umständen anderweit kürtzlich zu untersuchen / und hierüber Dero unterthänigste Vorstellung und Rähtliches Gutachten zu Unser fernern Kayserl. Erkänntniß einzuschicken / zu welchem Ende Wir gnädigst befohlen haben / den in Copia hiebey kommenen Bericht / welchen Uns der Chur-Hannoversche Abgesandter / Freyherr von Huldenberg, unterm presto: vom 30. Maji a. c. dieser Sache halber unterthänigst übergeben hat / Deroselben anzufügen / und verbleiben Wir wie rc. r.

No. 12.

Dict: Ratisb: d. 13. Jun: 1729. per Moguntin:

Kayserl. Commissions-Decret.

VOn der Römisch-Kayserl Majest. Unsers aller gnädigsten Herrn Herrn wegen / können Seine Hochfürstl. Gnd. Herr FROBENI FERDINAND, Gefürsteter Land-Graff zu Fürstenberg / Graff zu Heiligenberg und Werdenberg / des Heil. Römischen Reichs Fürst / Ritter des Güldenen Vließes / der Römisch Kayserl. Majest. würcklicher Geheimer Raht / und zu gegenwärtiger allgemeiner Reichs-Versammlung Gevollmächtigter Höchstansehnlicher Kayserl. PRINCIPAL-COMMISSARIUS, des Heil. Römischen Reichs Chur-Fürsten / Fürsten und Stände allhier versammleten fürtrefflichen Rähten / Bohtschafften / und Gesandten / hiedurch ohnangezeigt nicht lassen / und seye vorhin Reichskündig / welcher gestalt des Herrn Hertzogen CARL LEOPOLD zu Meklenburg Hoch-Fürstl. Durchl. / nach Antritt Ihrer Landes-Regierung / hierbey einer unverantwortlichen Abänderung sich unterzogen / wider die vorhin mit denen Vasallen und Unterthanen errichtete / auch in Übung gebrachte Landes-RECESSE und PRIVILEGIEN, und zwar via facti, vermittelst gantz entsetzlicher That-Handlungen / Verfahren / besonders der / zu Vollstreckung Dero Kayserl. Erkänntnissen und Verordnungen / eingerückten Kayserl. EXECUTIONS-COMMISSION mit militarischer Gewalt / auch Vorsetzlichem Blutvergießen sich wiedersetzet / das JUSTITZ Wesen in selbigen Landern zerrüttet / das Land und Hoffgericht in Gustrow zerstümmelt / und selbiges zum theil nach SCHWERIN, ingleichen die Regierung und Cantzeley von Rostock nach Dömitz / bevorab aus einer gefährlichen Absicht / fürnemlich gegen die von Ihme zum höchsten beleidigte / auch mehr und mehr angefeindete / und beständig für Rebellen und der Reichs-Acht schuldig geachtete Ritterschafft / versetzet / dabenebst in Dömitz / nach dem im Land und Crayß auch weiter im Reich entstandenen Ruff / und disfalß eingekommenen glaubwürdigen Bericht / ein entsetzliches Blut-Gericht / und zwar anfangs selbst / nachhero aber EXTRA FINES IMPERII aus Dantzig dirigiret / hierunter die Peinliche Hals-Gerichts-Ordnung und kundbahre Reichs-OBSERVANTZ, fürnemlich in Bestellung des CRIMINAL-Gerichts / und Verführung des INQUISITIONS-PROCESSES bey seits gesetzet / und besonders wieder den Geheimen Raht WULFFRATH, vermittelst der DECOLLATION, hiernechst den Geheimen-SECRETARIUM SCHAREFF, durch mehrmahlige TORTUR, mit dabey gebrauchten brennenden / ihm auf den Leib gegoßenen Schwefel / auch auffm Haupt angesteckten Schwefel-Krantz / und nach deßen hierauff im Gefängniß erfolgten Todt / an stat des ihm zuerkandten Todes / durch Viertheilung des einige Wochenlang gelegenen Cörpers / Auffsteckung und festmachung derer Viertheilen und des Kopffs außer der Stadt auff verschiedenen Pfahlen / auch Kopff- und Viertheilung zweyer dabey mit eingeflochtenen MUSQUETirern / ingleichen gegen den vor der execution verstorbenen Bürgermeister BRASCH in Dömitz / durch Ausschlepp- und Begrabung des Cörpers unter dem Galgen / wie nicht weniger wider deßen Ehe-Weib / Vermittelst der Brandmarckung / Staupen-Schlags / und ewiger Landes-Verweisung ausgeübet / solcher gestalt eine besondere Beyfferung vornehmer Reichs-Stände erwecket / dabenebenst noch letzhin / wie Sie niemanden hiervon / alß GOTT / dereinst Red- und Antwort zugeben hätten / ohne Scheu vorgewendet / ferner die EXECUTION derer zur JUSTITZ-Cantzeley eingeschickten CRIMINAL Urtheln verhindert / folglich viele Jahre her ein vollkommenes höchstärger- und verderbliches JUSTITIUM, zu ruin und eußerster Bekümmerniß vieler nohtleidenden Unterthanen / veranlaßet / hiernechst die von Kayserl. Majest. an des Herrn Hertzogen Durchl. lange Zeit über ergangene Reichs-Väterliche und ernstliche DE & ADHORTATIONES außer aller Acht gelaßen / dabeneben gegen die Kayserl. Majest. und Dero vormahlige Kayserl. COMMISSION mit höchstverletzlichen / und mit einer unveränderlichen RESISTENTZ verknüpfften / auch Er Durchl. bereits in dem Kayserl. allergnädigsten RESCRIPT vom 11. May 1728. mit mehrerem vorgehalten EXPRESSIONIBUS Sich vergriffen / ungleichen noch letzthin in Dero unterthänigstem Schreiben d. d. 15. und PRÆS: Den 3. Octob. 1728 anderweit die Kayserl. CONSCIENTZ und JUSTITZ angetastet / und wie Ihnen das geringste einzugehen / oder zu vergeben / MORALITER nicht möglich sey / beständig declariret / dabey auff das von GOTT Ihnen anvertrauete REGENTEN-Ambt PROVOCiret / und obberührt-vermeyntes frey- und uneingeschränckttes ARBITRIUM dargestellet.

ANN 1729

Diesemnach die von Göttlicher Majest. Selbst geordnete / und nach der Reichs Verfaßung festgesetzte SUBORDINATION, zu abbruch der Ihro Kayserl. Majest. / alß Römischen Kayser / obliegenden MANUTENENTS und Schutzes derer Mecklenburgischen Vasallen und gesambten Unterthanen / vermeßentlich besochten / ferner auff die vormahlige Kayserl. COMMISSION, mit Anzeihe gräulicher Unternehmungen und Eingriffe in Ihre TERRITORIAL SUPERIORItät / und weiter zu CONTINUIren wollenden COMMISSION loßgezogen / dergestalt ein *firmum atque immotum renitendi & injuriandi propositum* zu einer scharffen Reichs-CONSTITUTION-mäßigen Ahndung an den Tag geleget hätten.

Nachdem nun Ihro Kayserl. Majest. aus angeführten Reichs-kundbahren / höchst dringenden / gerechtesten Ursachen / Ihres allerhöchsten Kayserl Ober-Richterlichen Ambts hierunter zu gebrauchen / länger nicht anstehen könten noch wolten / sondern vorhin INTENDIRter maßen allbereit am 11. Maji. 1728. / jedoch für dißmahl nur eine PROVISIONAL-Veränderung bey der Landes-Regierung / bis zu mehr erwehnten Herrn Hertzogs CARL LEOPOLDS zu Mecklenburg Durchl. erfolgten ernsten / wahrhafften / unbeschränckten / vollständigen / und sattsam gesicherten / auch von Kayserl. Majest. dafür erkanten und angenommenen PARITION, fürzunehmen / und selbige des Herrn Hertzog CHRISTIAN LUDWIGS zu Mecklenburg Durchl. alß PROXIMO AGNATO, mit gemeßener Kayserl. INSTRUCTION zu übertragen gnädigst RESOLViret / ingleichen letzthin am 17. Januar. nup: dabey / mit Verwerffung des von Herrn Hertzogen CARL LEOPOLDS zu Mecklenburg Durchl. anderweit unternommenen unstachaffften / und zu mehrmahlen aberkandten Einwendens / es nochmahls allenthalben / auch mit anderweiten ernsten COMMINATION des FISCALIschen PROCESSES, lediglich bewenden laßen. Hernechst und nachdem des Herrn Hertzogen CHRISTIAN LUDWIGS zu Mecklenburg Durchl. in ihrem allerunterthänigsten Schreiben von dato den 16 Junii und prsto: den 27. Julii 1728. solcher denenselben / als PROXIMO AGNATO, PROVISORIE und bis auff weitere Kayserl. allergnädigste Verordnung / auffgetragener Landes-ADMINISTRATION gehorsamst SJCH zu unterziehen / auch der dabey zum Grund gesetzten Kayserl. INSTRUCTION allenthalben nachzugehen Sich erklähret / dabeneben über solche DECLARATION, absonderliche REVERSALES vom dato den 5. Febr. & prsto den 14ten ejusdem 1729. unter Dero Hand und Siegel / Inhalts mehr angezogener Kayserl. INSTRUCTION, außgestellet / solcher gestalt / was die Ihnen hierunter obliegende Pflicht anlanget / derselben allbereit / zum Behuff der vorhin angeordneten Einweisung ein vollkommenes unterthänigstes Genügen geleistet / Ihro Kayserl. Majest. der Nothdurfft befunden hätten / ohne mehrere Weiterung / die von allerhöchst

Denen-

Denenselben bereits aus dringenden gerechtesten Ursachen *INTENDIR*te / und am 11. May 172. *PUBLICIR*te, *PROVISIONAL* Landes-*ADMINISTRATION* in die *ACTIVI*tät zu setzen / solcher gestalt in SPECIE den am 5. Febr. 1728. verordneten / Verfaßungs-mäßigen ohnausetzlichen 6ten Landtag / bevor auf des Herrn Hertzogs zu Mecklenburg Strelitz Durchl. und sonst diesfalß eingekommenen Beschwerden / zu befördern / auch weitere dem PUBLICO heilsahme Verordnungen zu stellen. Alß hat hierauff sich weiter begeben / daß des Herrn Hertzogen CARL LEOPOLD zu Mecklenburg Durchl. ein gedrucktes PATENT sub dato Dantzig den 17. Decembr. 1728 darauff den 27. ejusdem, als am 3ten Weynachts-Feyertage / an der Gerichts-Stube zu Parchim / und auch an dasiger Kirche und Raht-Hauß / wie nicht weniger im gantzen Lande bey denen Städten / imgleichen an denen Schultzen-Häusern in denen Dorffschafften öffentlich affigiren laßen / und dorin untern andern gegen die vorderige Kayserl. *COMMISSION*, und nunmehrige *ADMINISTRATION*, unternommenen harten Verunglimpffungen / nebst vernichtung an Dero Herrn Bruders Durchl. beschehenen Kayserl. Auffträgs / ohngescheuet dahin / daß ermeldt seines Herrn Bruders „ Durchl. und jederman wißen müße und solle / wie aller der„ gleichen Ausgehungen und Erkäntniße / sie heißen *EDICTA*, „ *DECRETA*, *COMMISSIONES*, *PROTECTORIA*, *CON*„ *SERVATORIA*; oder sonst &c. &c. wider alter Chur- und „ Fürstlicher Häuser *TERRITORIAL-SUPERIOR*ität / jetzt „ alß dann / und dann alß jetzt / ein für allemahl gäntzlich „ *CASSI*ret / auf ewig für tod und abe erkläret / und eben „ also respective heiligst abgeschworen worden &c. sich declari„ ret. Diesem nach / an stat der denenselben bey der Kayserl. provisional-Landes Administration am 11. Maji 1728. anderweit injungirten wahren resipiscentz, und ernsten / uneingeschränckten / vollkommenen / auch sattsam gesicherten Submission, eine *CONTUMACIAM SEDITIOSAM* dem gantzen Reich frevendlich dargestellet / *in specie* durch die von denenselben unternommene zernichtung des an Ihres Herrn Bruders Durchl. beschehenen Kayserl. Auffträgs / auch aller andern ergangenen Kayserl. gerechtesten Erkäntniße und Verordnungen / die Reichskündige Subordination, folglich die der Kayserl. Majest. und dem Reich gebührende ohnmittelbahre Treue und Gehorsam præfracto gäntzlich abgeläugnet / der gestalt das *Systema Imperii* zerrüttet / und *totalem exemptionem à nexu Imperiali prætendi*ret / hingegen durch Ihre jedesmahl angehängte sincerationes Ihro Kayserl. Majest. ein mehrers nicht / als *nudum prerogativum honoris* und *inane nomen* eingestanden / daß dahero / und nachdem der *habitus renitendi* bey diesem Herrn Hertzogen fest eingewurtzelt / von demselben obige erforderte wahrhaffte Submission auff keine Arth noch Weise zu verhoffen / vielmehr / und da zumahl Dieselbe in denen beyden Orthen Schwerin und Dömitz Ihre MILITZ hätten / vor Ihres Herrn Bruders Durchl. imgleichen vor die Ritterschafft / und alle diejenigen / so ihren recurs an Ihro Kayserl. Majest. genommen / keine rechte Sicherheit zu erhalten seyn würde; Immaßen solches alles verschiedene / an Ihro Kayserl. Majest. von des Herrn Hertzogen renitentz und That-Handlungen unterthänigst erstattete / Reichs-Hoff-Rahtliche Berichte und Gutachten mit mehrern bewähreten.

Wie nun Ihro Kayserl. Majest / bey selbigen offenbahren Bewandniß / wider des Herrn Hertzogen CARL LEOPOLDS zu Mecklenburg Durchl. die weitere Kayserl. Obrist Richterliche Reichs-Constitutions-mäßige Ahndung hiermit ausdrücklich allergerechtest vorbehalten haben wolten; Also hätten SJE hiernechst aus erlauchtesten / besonder auff das gemeine Wesen im Reich / und deßen ohnveränderlichen Wohlstand / gerichteten / Kayserl. Gemüht für gut befunden / die im obigem *Patent* öffentlich / mit gröblichen Misbrauch der Kayserl. Reichs-Väterlichen Langmuht / und zu großem Aergerniß des gantzen Reichs / von dem Herrn Hertzog zu Mecklenburg unternommene vermeßene *Declaration*, mit dabey vorkommenden weit aussehenden Umständen / an die gesambte hiesige Reichs Versammlung zu bringen / und versehen Ihro Kayserl. Majest. Sich gnädigst / es werde dieselbe die bey dieser Sache in das Publicum einschlagende Momenta fördersamst in behörige proposition und Berahtschlagung zu ziehen / und an allerhöchst Dieselbe / auff was Arth und Weise hierbey denen etwa bevorgehenden Beschwerden und Gefährden sattsam begegnet / abgeholffen / und dawider ein vollkommener Reichs-Verfaßung- und Ordnungs-mäßiger Ruhe-Stand beybehalten und verwahret werden könne / ein standhafftes Rahtliches Gutachten zu erstatten nicht ermangeln. Wormit Ihro Hoch-Fürstl. Gnd. des Heil. Römischen Reichs Churfürsten / Fürsten und Ständen vortrefflichen Rähten / Bothschafften und Gesandten mit freund-geneigt- und gnädigem Willen beständig wohlzugethan verbleiben. Sig. REGENSPURG den 11. Junii 1729.

Frobeni Ferdinand

Fürst zu Fürstenberg.

N. 13.

Unumbstößliche Vorstellung über daß Kayserliche Commissions-Decret vom 11ten Junii 1729. welches den 13ten zur öffentlichen Dictatur gekommen.

WJe Ihro Hochfürstl. Durchl. der Regierende Herr Hertzog Carl Leopold zu Mecklenburg von jeher Ihro Kayserl. Majest. mit aller schuldigen allerunterthänigsten *devotion* und *respect*, gleich andern Chur- und Fürsten des Heil Römischen Reichs / begegnet / auch darinnen eiffrigst beharren werden; So sind Sie auch von jeher auff das festeste gegen allerhöchst Dieselbe versichert / daß Ihro / zum Nachtheil Dero uhralten Fürstl. *Regalien*, Kayserl. Majest. nach Dero eigenen ungezweiffelten Einsicht / denen Reichs-*Fundamental* Gesetzen / alß der Güldenen Bulle / der Reichs-Freyheit / dem Westphälischen-Frieden / Land-Frieden &c. zuwider nichts erkennen würden; Gestaltsam allerhöchst Dieselbe solches auf das bündigste bestätiget / wie dann auch die *Leges Imperii Fundamentales* darüber in klahren Worten für Ihro Hochfürstl. Durchl. *decidiren* / und Dieselbe so wohl auff die Reichs Grund Gesetze / alß die unumstößliche Wahrheit / welche zu retten wieder solche unerfindliche Beschuldigungen erörtert werden soll / *provociren*.

Dann Erstlich ist zur genüge bekandt / und von Sr. Hochfürstl. Durchl. dem gantzen Reiche überflüßig und auff das nachdrücklichste vorgestellet / in was für einen entsetzlichen Schaden Dero gantzes Land durch die *Nordische Troublen* wider alles Verschulden gesetzet / gäntzlich aber von dem Reiche ohn alle Hülffe gelassen worden / folglich / da SJE Anno 1713 von dem allerhöchsten GOTT zur Regierung beruffen / solche Landes-Regierungs Verfaßung Reichs-Gesetz-Mäßig vorgefunden und fortgesetzet / daß die *Licent* im gantzen Lande / und sonsten übriges der Crayß-*Observantz*, und Landes-Verfaßung gemäß eingeführet / als worauff das *Pactum perpetuum* mit dem Königl. Preußischen Hause de Anno 1708. sich fundiret / und es im Munde führet / solchem *Pacto perpetuo* zufolge auch der Mecklenburgsche TITUL und Wapen von Kayserl. Majest. dem Könige von Preußen zugestanden / wie denn solche *querelen* wegen Landes *Recessen* und *Privilegien*, zu umstürtzung des Westphälischen Friedens / oder zum Nachtheil der uhralten Landes-Obrigkeitlichen *Regalien*, von wenne es auch sey / gegen Dieselbe was unternehmen zu können / keines weges möglich / sondern solche *Fundamental*-Gesetze des Reichs klärlich *decidiren* / auch vor alle *Turbationes guarantiren* / und versichern; Also die Haupt Quelle aller *Factorum* daher rühret / daß / da Ihro Hochfürstl. Durchl. Anno 1716 einen Land-Tag ausgeschrieben / und die Stände convociret / einige vom Engern Ausschuße / mit hinwegraubung des Landes Siegels / sich frevendlich nach Ratzeburg in Lüneburische *protection* begeben / sich alldorten biß Anno 1719. auffgehalten / ob ihnen gleich unter Fürstl. Hand und Siegel sicher Geleit ertheilet / dennoch nicht erschienen / sondern der von ihren Mit Genoßen nur zu ihnen gekommen / daselbst mit dreyßig Reichsthaler *Subsistentz* Gelder Monahtlich versorget und unterhalten / dabey außerhalb Landes *convocationes* gemachet / und mit noch mehrern / dem Reich bekandten / *seditieusen* Schrifften auff das aller *criminelleste* sich auffgeführet. Da nun von denen Lüneburgern / bey damahligen *conjuncturen* des Rußischen Hoffes / nebst diesem höchst-verpœnten Verfahren / noch darzu eine *Commission* vom Reichs-Hof Raht erschlichen / folglich mit Feuer und Schwerdt die Mecklenburgsche Lande angefallen / wie die Umstände von solchem allem dem Reiche zur genüge vorgestellet / daß die Mecklenburgsche *Trouppen* feindlich angegriffen / die Lüneburger ins Land / ohne die geringste *requisition*, eingerücket / von denenselben Ober- und Unter-*Officirs*, nebst Gemeinen / erschoßen / und übrige zu Kriegs Gefangenen machen wollen / wie solches in dem Schreiben / so an den jetzigen König von Engelland bey Dero angetretener Regierung abgelaßen / und zu REGENSPURG gedruckt / mit allen Umständen mit mehrern ausgeführet worden / worinnen dann auch / was wegen Verlegung des Hoff Gerichts nach Schwerin / und Regierung nach Dömitz vorgenommen / angeführet / daß bey sothanen des Landes Umständen, und Aufführung der Lüneburger / es also geschehen müssen; Gestaltsam Sr. Durchl. ohne dem / alß Regierendem Landes Herrn / freystehet / die *Judicia* zu verlegen / wie Sie wollen.

Was das Blut-gerichte in Dömitz betrifft / so sind deßfalß so viele glaubwürdige *Documenta* nach *Regenspurg* eingesandt / daß an der Wahrhafftigkeit nicht zu zweiffeln / auch im geringsten nichts wider die Peinliche Halß-Gerichts-Ordnung und Reichs kundbahre *Observantz* vorgenommen / wie es denn recht entsetzlich / daß ein alter unverschuldeter Reichs-Fürst / auff einen verläumderischen Ruff / und unwahren eingeholten Bericht / so *detestabel* für dem gantzen Reiche blamiret / dahero auch billige *Satisfaction*. *in conspectu Imperii* nach denen Reichs-Grund-Gesetzen / alß welche in dergleichen *Abhortationibus*,

Anno 1729.

nibus, *Executionibus*, *Commissionibus*, und *Rescriptis* klärlich *decidiren* / auff das kräfftigste gefordert wird.

Was 1tens J: Hochfürstl. Durchl. / nach Inhalt der Reichs-Grund-Gesetze / und beschwornen Kayserl. Wahl *Capitulation*, allerunterthänigst und gerechtest gebeten und prætendiret / mag von Kayserl. Majest. allerhöchsten Person / und dem gantzen Römischen Reich / nicht anders als billig und recht erkandt werden / und wie Ihro Hochfürstl. Durchl. es niemahlen im Sinn gekommen / der Kayserl. AUTHORität im geringsten zu nahe zu treten / sondern jederzeit mit allerunterthänigstem *respect* Dero Vorstellungen gethan; also halten Sie Sich auch in Dero Gewissen nicht befugt / Dero von GOTT anvertraueten Regierung / und damit verknüpfften Fürstl. *REGALIEN* im geringsten / denen Reichs-Gesetzen zu wieder / etwas zu vergeben / als welche *Leges Imperii* Ihro Hochfürstl. Durchl. wider die Ihnen zugefügte Vergewaltigung eine Reichs-*Constitutions* mäßige Ahndung heiligst versichern / also folglich das gesambte Reich alle und jede des Reichs-Hoff-Rahts wieder Se. Hochfürstl. Durchl. vorgenommene entsetzliche Unternehmungen gerechtest einsehen und ahnden / Se. Hochfürstl. Durchl: Bruders / CHRISTIAN LUDWIGS Ldd. welche Sich so freventlich gelüsten lassen / Sich solchen höchst verpoenten Sachen zu immisciren / und beyzupflichten / nach denen klahren Reichs Gesetzen sein Verbrechen verweisen / und nach solchen der Bestraffung den Lauff zu laßen / und ein vor allemahl diesem Reichs-Gesetz-zerstöhrlichem Unwesen einen solchen Einhalt zu thun / damit die ruhige Regierung Sr. Hoch-Fürstl. Durchl. Herrn Hertzogs CARL LEOPOLD, denen unumstößlichen Reichs-*FUNDAMENTAL* Gesetzen und Crays-*Observantz* conform, hergestellet / und Ihro Majest. allergerechtestes Gemüht dahin bedeutet werde / daß von Ihro Hoch-Fürstl. Durchl. Herrn Hertzog CARL LEOPOLD, nach denen Reichs-Grund-Gesetzen / nicht anders *prætendiret* werden könte noch möchte / auch der unsägliche / und auff viele MILLIONEN sich belauffende Schade ersetzet / und Denselben / wegen aller entsetzlich in die unschätzbahreste Reichsfürstl. uhralte *REGALIEN* und Hoheits-Rechte gemachten *turbation*, eine Reichs-*Constitutions*-mäßige *Satisfaction* geschehe. Dantzig den 1. Julii 1729.

No. 14.

Copia Schreibens an den Reichs-Convent zu Regenspurg, sub dato Dantzig den 18 Maji, 1729.

CURIAL:

DEnen Herren und Ihnen können Wir / Unser allerwichtigsten Angelegenheit nach / hiemit vorstellig zu machen nicht entübriget seyn / welcher massen / wie Uns jederzeit nichts mehr für Augen noch am Hertzen gewesen / als Ihro Römisch Kayserl: Majest. allen besondern aller unterthänigsten *respect* und Hochachtung zu bezeigen / also eben dieses allerdevoteste zutragen und Vertrauen Uns auch zu der Entschliessung gebracht / daß Wir / so gleich / nach denen Reichs-Kündigen unerhörten Unternehmungen in Unsern Hertzogthümern und übrigen Landen / Uns in eigener Person Anno 1720. nacher Wien begeben / und Höchst gedachter Sr. Kayserl. Majest. in aller unterthänigkeit die wahre Bewandniß solcher Unser Sache gehörig vorgetragen / da Uns denn / bey Unser Sieben Monathlichen Anwesenheit / bald nach Unser Ankunfft die Versicherung gegeben worden: Ihro Kayserl. Majest. hätten einen Courier an den König von Engeland abgefertiget / und hoffeten binnen einiger Wochen Zeit einen solchen effect, daß Wir mit aller Zufriedenheit nach Unsern Landen abgehen könten und würden; Welchem nach Wir dann auch / bey damahligen *Conjuncturen* des annoch anhaltenden *Hispanischen* Krieges / Unsere *importanteste* Landes-Fürstliche Angelegenheiten und gerechtsame in kräfftiger schrifftlichen Vorstellung zu allerhöchsten Kayserl. Händen / nebst unterthänigster Empfehlung zu Reichs-Väterlicher allergerechtesten Einsicht und Schutz-Haltung / auch Versicherung Unser Reichs-Fürstlichen unverbrüchlichste Treue / Selbst übergeben / und Uns darauff im Monaht Novembr. nach Unser Vestung Dömitz wiederum zurück verfüget.

Was Wir nun nach-und bishero an das gesambte Reich / von Zeit zu Zeit / in dring-und erheblichsten Vorstellungen abgehen laßen / ist denen Hohen Mitt-Ständen zur gnüge bekandt; Wir haben auch weiter nichts verabsäumet / um / so viel möglich / Kayserl. Majest. Höchsten Person (: wie von Dero allergerechtestem Gemühte Wir selbst so wohl / bey öfftern gehabten allergnädigsten *Audiencen*, aus Kayserl. Munde vernommen / als auch noch aus letzterer Unser Abschickung gleiche Versicherung erhalten :) Unser allersinnlichsten *respect* und allerhöchste Hochachtung / so für Deroselben Wir allemahl geheget / und biß an Unser Lebens Ziel hegen werden / allerauffrichtigst zu contestiren / und seyn dabey völlig überzeugt gewesen / daß Kayserl. Majest. Unserm Fürstl. Hauße / als einem von denen alleraltesten / welches Reichskündiger maßen / seine uhralte Gerechtigkeiten / Vorzüge / Freyheiten / *PRIVILEGIEN*, hoher Landes-Obrigkeit / so wohl in Geistlichen alß Weltlichen *Exercitium*, Herrschafften / *Regalien*, und dieser aller *possession*, gantz unstreitig hergebracht / Sich an das Römische Reich freywillig zu Lehn offeriret / von Kaysern zu Kaysern in allen Lehn-Brieffen darüber die kräfftigste *Confirmation*, und darüber / gleich andern / die ewige Bestätigung und Versicherung erhalten / nicht zugeben würden / daß Ich darin zu einigen Zeiten von Jemanden / unter was Schein es auch immer seyn möge / *de facto* turbiret werden könne noch solle; Folglich Uns / als Regierendem Landes-Fürsten / die Gerechtigkeit und Freyheit / Tribut anzukündigen / Soldaten zu werben und zu verpflegen / Landes *Defensional*-Veranstaltungen zu machen 2c. 2c. insonderheit aber so wohl mit andern Reichs Ständen / als ausländischen *PUISSANCEN* Bündniße zu schliessen 2c. 2c. nebst übrigen alt-hergebrachten / und durch die Reichs-*Fundamental Constitutiones* bestätigten *Regalien*, gantz unwiedersprechlich competirt.

Wie Wir nun Unsere Landes Regierung / nach ableben Unsers in GOTT ruhenden Herrn Bruders Ldd. / in solcher Verfaßung vorgefunden und continuiret / gegen das Heil. Römische Reich aber niemahlen das geringste verbrochen noch unternommen haben; so ist es doch vor der gantzen Welt und des gesambten Reichs Augen / welcher gestalt / währenden *Nordischen* Kriegs / mit Uns verfahren / in dem Wir dadurch nicht allein in viele MILLIONEN Schaden gesetzet / und obgleich bey Ihro Kayserl. Majest. und dem Reiche darüber noch so viele und trifftige Vorstellungen und Ansuchungen geschehen / ohne alle Hülffe und Erstattung gelaßen / sondern noch darzu / nach Endigung besagten Kriegs / durch *invasion* derer Chur und Fürstl. Lüneburgischen Häußer in den Reichskündlichen Zustand gesetzet worden / wie solcher / nach der mehrmahl wahrhafft-fürgestellter *Connexion* und *Atrocität* / dem gantzen Reiche / ohne weitere Wiederholung / sattsam bekandt ist / bevorab auch / was in specie die angeschuldigte ärgerliche *Excessen* der *Criminalen Jurisdiction* zu Dömitz betrifft / aus denen Anlagen Sub A. B. C. D. E. F. G. H. I. & K. klärlich erscheinet / daß mit denen Peinlichen *Inquisitionen*, völlig besetzten Kriegs-Verhören / Urtheilen und *Executionen*, überall *legaliter* procediret worden. Da denn / bey deßen ersteren Ausbruch am Russischen Hoffe / Wir so gleich / nach erhaltener Nachricht / Ihro Kayserl Majest. durch ein allerunterthänigstes Schreiben davon gründliche Vorstellung gethan.

Gleichwie aber Wir in allertiefsten *respect* voraus setzen / was gestalt Wir nicht finden können / daß die erschlichene Reichs-Hoff-Rahtliche *CONCLUSA* mit Ihro Kayserl. Majest. / als allerwürdigsten Reichs-Oberhaupts gerechtestem Kayserl. Gemühte / samdt denen so wohl Uns Selbst / als Unser Abschickung / aus Kayserl. höchstem Munde ertheilten allergnädigsten Erklährungen und Versicherungen übereinkommen / oder damit bestehen können; alß haben Wir das gesicherte Vertrauen / daß alle vor das Teutsche Vaterland / und dessen uhralte Freyheit / auffrecht gesinnete Reichs-Mittstände / Sich Unser / wieder die dem gantzen uhralten Fürsten-Stand sehr nachtheilige *CONCLUSA*, und nunmehro schon ins Eilffte Jahr anhaltende äusserste *Turbation* Unserer Landes-Fürst-und Obrigkeitlichen *REGALIEN*, Reichs *CONSTITUTIONS*-mäßig annehmen werden.

Wir haben allen gesambten Hohen Mitt-Ständen solches hiedurch nochmahlen geziementlich kund thun wollen / und wie die unumstößliche Gründe der Göttlichen und Reichs-*FUNDAMENTAL*-Gesetze / woran Wir Uns lediglich halten müßen / hierin alle Sicherheit versprechen / auch kein auffrecht gesinneter Reichs Mitt Stand Uns / Unser uhralten Fürstlichen *REGALIEN* halber / abstimmig seyn kan / so sind Wir der gesicherten Zuversicht / es werden Sich Dieselbe zu nachdrücklichster Unser annehmung / mit zusammen gesetzten *VOTIS* und kräfften / dahin entschliessen / daß des uhralten Römischen Reichs-Freyheit in ihrer unturbirlichen Verfaßung verbleibe / und Wir zur gerechtesten *Satisfaction*, auch ruhiger Regierung Unserer Lande auffs schleunigste gelangen.

Immaßen Denen Herren und Ihnen eben diese Unsere allerwichtigste Angelegenheit dahin zugleich bestens *recommendiret* wird / davon nicht allein Dero hohen Herren *PRINCIPALEN*, Obern und *COMMITTENTEN* umständlichen Bericht zu erstatten / und behuefige *Instructiones* einzuholen / sondern auch unter Ihnen darüber gedeyliche *Consultationes* zu pflegen.

Wir reserviren Uns hiebey alle und jede Uns und Unserm uhralten Fürstl. Hauße / nach denen Reichs-Grund Gesetzen / und *notorischer* Crayß-*Territorial-Observantz*, zuständige Landes-Fürst und Obrigkeitliche REGALIA, Regierungs und Hoheits Rechte auffs aller gültigste und vollständigste / PROTESTiren gegen und wieder alle TURBATIONES: Eingriffe / kränckungen und Zunöhtigungen in der besten und kräfftigsten FORM, wie solches zu Recht immer geschehen kan / soll und mag / und verbleiben übrigens denen Herren und Ihnen

ANNO 1729.

ten zu Erweisung Freundschafft und *affectionirten* auch Gunst- und gnädigen Willen jederzeit bereit und beygethan. DATUM Dantzig den 18 Maji 1730.

CURIAL:

No. 15.

Von Gottes Gnaden Wir CARL LEOPOLD, Hertzog zu Mecklenburg.

NAchdem Wir benachrichtiget worden / ob äusseren sich unterschiedliche Dinge / worinn man trachte Unsere getreue Bediente / Einwohnere und Unterthanen Unserer Hertzogthümer / und Fürstlicher / auch übrigen Lande in ihrer Treue und Pflichten gegen Uns durch erschlichene Reichs-Hoff-Rähtliche DECRETA, oder wie es sonsten Nahmen haben mag / abwendig oder irre machen zu wollen; So haben Wir nöthig gefunden / alle Unsere COLLEGIA, auch Obrigkeiten / hiedurch nochmahlen auff das kräfftigste an Unsere *affigirte* gedruckte PATENTE von Anno 1723. den 19. Octobris, und 1728. den 17. Decembris, nebst hierbey geschlossenen gedruckten EXTRACT der jetzigen Regierenden Kayserl. Majest. beschwornen Wahl-*Capitulation Artic.* Sechzehn / und die in solchem *Articulo* nahmentlich mit beschworne übrige Reichs-Grund-Gesetze des Heil. Römischen Reichs / welche denn zu einem ewigen / unumstößlichen Gesetz von Kayserl. Majest. und dem gesambten Reich immerwährend gesetzet / zu verweisen. Wie nun ein jeder Bedienter / Landes Eingesessener und Unterthan nach diesen Gesetzen vor GOTT verbunden / selbigen Gesetzen und seinen Eyden lediglich zufolgen / Uns als ihrem rechtmäßigen / von GOTT gesetzten / Regierenden Landes Herrn alleinig anzuhangen / und Gut und Blut in solchen Fällen bey Uns auffzusetzen / ja biß an den letzten Odem bey ihrer Treue vor GOTT und Uns schuldigst zu beharren; Alß haben Wir euch solches hiedurch auffs kräfftigste befehlen wollen / euren anvertraueten und untergebenen solche ihre Pflicht auffs nachdrücklichste zu Gemühte zu führen / auch bey ihnen zu befestigen / so / wie ihr es vor GOTT und Uns / nach euren Eyden / und vorerwehnten klahren Gesetzen / euch schuldigst verbunden findet. An dem geschiehet Unser gnädigster auch ernstlicher Wille / und Wir verbleiben euch mit Gnaden wohl gewogen. Dantzig den 2. Novembr. 1729.

Erste Anlage ad N. 15.

Von Gottes Gnaden / Wir

CARL LEOPOLD,

Regierender Hertzog zu Mecklenburg / Fürst zu Wenden / Schwerin und Ratzeburg / auch Graff zu Schwerin / der Lande Rostock und Stargard Herr.

DEmnach an Uns / so wohl Unsere Regierung zu Dömitz / als auch Fürstliche Cammer / imgleichen Unser bestallter General Major van Vittinghoff, und Schwerinscher Commendant, Obrister von Zulow, ihren Pflichten nach / umbständlich anhero berichtet / welcher massen die in Unsern Hertzogthümern und Landen sich noch auffhaltende Lüneburger nicht allein Unsere zur Land Milice verordnete / bis daher im Lande ruhiglich *subsistirte*, Officirer mit Gewalt überfallen / gefangen nehmen / und auf die schimpflichste Weise herumb schleppen / sondern auch durch allenthalben im Landen angeschlagene und ausgestreuete Patente unterm 7. Aug. manifestiren lassen / daß Unsere Beambte / Vasallen / Stadt Magistraten / Steuer-Commissarii und Einnehmere / Officianten / und Unterthanen alle und jede von ihnen / denen Lüneburgern / und deren Subdelegation, gestellete Verordnungen / ohne Unterscheid / und schlechterdinges / auch ohne Anstand annehmen / und befolgen solten; und also sich hiemit offenbahr zu Tage leget / daß besagte Lüneburger / zu desto mehrerer Ausführung ihrer Land-Friedbrüchigen Feindlichen Gewalt und Absichten / unter einigem Schein Rechtens / und Deckmantel Kayserlicher Autorität, auf erschlichene Reichs-Hoff Rahts-Verordnung / nunmehro auch Unsere Unterthanen von der Treue / Pflicht und Folge / womit Uns / Ihrem angebornen Regierenden Landes-Fürsten / sie von GOTT und der Natur alleinigich verbunden / wo es möglich / abwenden / und in ihre Stricke ziehen wollen / gleichwol aber der in solcher Reichs Hoff Rahts-Verordnung vorausgesetzte Grund / als wenn Unsere Edelleute / als nicht nur blosse Vasallen, sondern zugleich wahre / und würckliche Unterthanen / einige Landes Pact und Reversalen vor sich hätten / oder haben könten / welche Unser uhralten Fürstlichen Würde und Territorial-Superiorität Einhalt thäten / und den Gebrauch derer Landes Fürstl. Regalien und Hoheits Rechte auf gewisse Maasse einschrenckten / der Warheit und Notorietät gäntzlich entgegen / und / was andern Chur Fürsten und Fürsten / von alten Häusern / im Heil. Römischen Reiche an Landes-Hoheiten / Geist- und Weltlichen Würden / Gerechtigkeiten / Macht und Gewalt / Regalien, Obrigkeiten / Freyheiten / und Privilegien, Krafft derer unumstößlichen Reichs-Fundamental Gesetze / als der Güldenen Bulle / des Land-Friedens und Westphälischen Frieden-Schlusses / in der beschwornen Kayserlichen Wahl-Capitulation, durch und durch / bevorab in Artic. 1. 16. & 19. Buchstäblichen Inhalts / auffs heiligste / und mit Vernichtigung aller Gegen-Verhängnisse und Erkäntnisse / jetzt alsdann / und dann als jetzt / immerwährend versichert worden / für Uns / und Unserm alten Fürstlichen Hause / mit gleicher Zuständig- und Verbindlichkeit *assecuriret* und bestätiget / auch das in solchen Patenten aus dem Westphälischen Friedens-Schluß Artic 8. §. 1 angezogene / als nur allein die unmittelbahre Reichs-Stände wegen ihrer Bündnisse / unter Sich / oder mit auswärtigen Machten / nach klarem Inhalt und Verstande angehend / hierauf im geringsten nicht zu ziehen; Dannenhero wieder solche unwandelbahre Reichs-Grund Gesetze / und darauf in der Wahl Capitulation Artic. 15. in pr. verbündlichst gerichtete Kayserliche Zusage / keinen Chur-Fürsten / Fürsten und Stand / seine Landsassen / Ihme mit / oder ohne Mittel unterworffene Unterthanen / und mit Landes Fürstlichen / auch andern Pflichten zugethane Eingesessene und zum Lande gehörige / von Dero Bothmäßigkeit- und Jurisdiction, wie auch wegen Landes Fürstlicher hoher Obrigkeit / weder unter dem prætext der Lehn-Herrschafft / noch einigen andern Schein / zu eximiren und zu befreyen / so lange das Heil. Römische Reich noch in seiner Verfassung / Form und Consistentz bestehen soll / kein Reichs-Ständlicher Unterthan / von dem Bande der Subjection, Pflicht / Treue und Gehorsams-Folge / womit Er seinem regierenden Landes-Herrn / in Krafft der Territorial-Superiorität, alleinig verknüpffet / und welches Band / so lange ein Reichs Stand aus verschuldeten Ursachen / denen Reichs-Grund-Gesetzen und dem in Kayserl. Wahl-Capitulation Artic. 20 desfalls vorgeschriebenen modo procedendi gemäß / von dem Kayser und gantzen Reiche nicht rechtmäßig in die Acht und Oberacht verurtheilet worden / allerdings unauflößlich / beständig und unzertrennlich / folglich ein jeder Unterthan seinem / von GOTT fürgesetzten / angebohrenen Landes-Fürsten / bis an den letzten Oden und Lebens-Rest / zu unverrücklicher Treue / Pflicht und Folge einzig zugeeignet und verpflichtet ist / von einigem / wer es auch sey / entbunden / erlassen / noch befreyet werden kan / zu dem auch die Lüneburger / offenkündiger maassen / noch vor Erschleichung obiger Reichs-Hoff-Raths Verordnungen / bereits unterm 3. Julii, durch ein aus Boitzenburg divulgirtes Verboth / allen und jeden Unsern Beambten / auf die von Schwerin oder Dömitz erhaltene Schrifft- oder Mündliche Citationes sich zu sistiren / noch denen Nahmens Unserer / als regierenden Landes-Fürsten / oder von Unserm Civil oder Militair Befehlshaber / er sey wer er wolle / ihnen zukommende Ordres, auf keinerley Arth und Weise zu pariren / pœnaliter inhibiret / imgleichen bey der / aus Landes-Fürstlicher Macht und Hoheit verfügten / Translocirung Unserer Regierungs und Gerichts-Collegiorum, des so genandten engern Ausschusses Rebellische Currenden durch gewaltthätige Zurückhaltung derer Bedienten / und Versiegelung derer Archiven, und Registraturen, unverantwortlichst unterstützet / weniger nicht die / bey intendirter Wiederkunfft nach Unsern Landen / zu einiger Unserer Sicherheit / bey der Land-Milice verordnete Officirer aus ihren Quartieren, bey ruhiger Verhaltung / mit Feindlicher Gewalt auffgehoben / gefänglich weggeschleppet / auch durch ihre / an Unsere Unterthanen / und sonst in Unsern Landen so wohl in Geist- als Weltlichen Ständen / ausgelassene Befehle und Veranstaltungen / ihre wieder Unser allerberechtigtes Jus Armorum, und uhralte Landes-Fürstliche Regalia, führende militarische Gewalt und Absichten mehr als zu viel entdecket / also die wieder Uns und Unsere Lande nunmehro fünff Jahre hindurch ergangene injustificable Proceduren sich gäntzlich zu eigen gemachet / und von allem vernünfftigen prætext der Kayserlichen allerhöchsten Autoritæt entblösset haben; jedoch bey allen solchen äussersten extremitæten zu dem gerechten GOTT / und Unserer gegründeten guten Sache / Unser Vertrauen / nach wie vor / fest bestehet / daß sich Unser unverschuldeter bedrängter Zu- und Noth-Stand / nach denen unumbstößlichen Reichs-Grund Gesetzen / bald wiederum wenden / und was wieder solche Land-Friedbrüchige Invasion und Oppression eines Reichs-Mit-Stands / in dem höchst verpœnten Land Frieden ohne einige Ansehung der Person / auffs nachdrücklichste verordnet ist / Uns zu Unserer gerechtigsten Satisfaction, angedeyen muß / um so mehr / als nach denen unwandelbahren Reichs Grund-Gesetzen / in specie der unwiederrufflichen beschwornen Wahl-Capitulation Artic. 16. & 19. die Jurisdiction des Reichs Hoff-Rahts / oder der Nahme und Nachdruck einiger Kayserlichen Commission, zu Kränckung Unserer Uhralten Landes-Fürst und Obrigkeitlichen Regalien, eben so wenig / als in denen Hannoverschen Territoriis, im geringsten statthafft / sondern das Land-Friedbrüchige Verfahren derer Lüneburger durch den Reichs-Land-Frieden de Anno 1521. Artic. 8. §. 3. & 4. & Artic. 2. schon ipso facto dergestalt verdammet ist / daß nach wörtlichen dessen Inhalt / auch vor und ehe die Declaration davon erfolget / dem Beschädigten / sambt seinen Verwandten / und Helffern / gegen denselben Thätern und Friedbrechern / auch den Ihren / und deren Mithelffern / sein Gegenwehr und Verfolg zu thun / zu frischer That / oder wenn er seine Freund und

ANNO 1729.

Helffer haben mag/ nicht verbothen/ sondern gäntzlich für behalten seyn/ auch gegenst die Friedbrechere/ zur Acht und andern pœnen, procediret und fürgenommen werden kan und soll.

Diesem nach befehlen und gebieten Wir allen und jeden Unsern Unterthanen/ und Landes-Eingesessenen/ Geist- und Weltlichen Standes/ und welcher Condition sie immer seyn mögen: ohne einigen Unterscheid/ oder Ausnahm/ bey Vermeydung Unser Landes-Fürstlichen schweresten Ungnade/ auch/ nach Befinden/ härtester Bestraffung/ an Gütern/ Ehre/ Leib und Leben/ Uns/ als Regierendem Landes-Fürsten mit unverbrüchlicher beständiger Treue alleintziglich anzuhangen/ und sich davon durch keinerley Anstellung/ zumuthung oder Aufwiegelung/ irrig und abwendig machen/ noch sich/ und ihre Uns alleinig verbundene Officia, wieder Uns/ und Unsere Landes-Fürstliche Regalia und Hoheits Rechte/ auf irgends einige Weise mißbrauchen zu lassen/ sondern Unsere entweder unmittelbahr/ oder in Unsern Nahmen/ von Unsern Civil- und Militair-Collegiis und Befelshaberen ergehende Mandata, Citationes, Ordres, Ausschreiben und Veranstaltunge ohne Unterscheid/ Anstand oder Absicht/ schlechterdings anzunehmen/ zu respectiren/ und mit schuldigstem Gehorsam und würcklicher Parition, als angebohrnen/ getreuen und rechtschaffenen Unterthanen/ von GOTT und Gewissens wegen/ gebühret/ zu befolgen/ auch solches/ bey vorangeführten unausbleiblichen Straffen und Ahndungen/ also und nicht anders zu halten.

Auf daß nun niemand sich hinkünfftig mit der Unwissenheit/ und nicht gnugsam gehabter Verständigung/ Begreiffung/ oder Verwarnung/ noch sonsten entschuldigen könne/ haben Wir dieses Unser höchstgemüßigtes Manifest zu Männiglichen Wissenschafft durch öffentlichen Druck ausgehen/ und so wohl von denen Cantzeln verkündigen/ als nebenher an gewöhnlichen Orten affigiren lassen. Uhrkundlich unter Unser eigenhändigen Unterschrifft/ und vorgedrucktem Fürstlichen Insiegel. Gegeben Dantzig/ den 19. Octobr. Anno 1723.

(L.S.)

Carl Leopold/

Regierender Hertzog zu Mecklenburg.

Zweyte Anlage ad N. 15.

EXTRACT

Aus Ihro Römischen/ jetzo Regierenden/ Kayserlichen Majestät beschwornen Wahl-Capitulation Artic. 16.

WEiter sollen und wollen Wir auch für Uns selbsten wieder obgemeldte Güldene Bulle Sub lit. A. und des Reichs-Freyheit/ den Frieden in Religion- und Profan-Sachen/ auch Münster und Osnabrückischen Frieden-Schluß/ Sub lit B. und Land-Frieden Sub. lit. C sambt der Handhabung desselben/ von Niemand nichts erlangen/ noch auch/ ob Uns oder Unserm Hauß etwas dergleichen/ aus eigener Bewegniß gegeben würde/ nicht gebrauchen: Ob aber diesen/ und anderen in dieser Capitulation enthaltenen Articuln und Puncten einiges zuwieder erlangt/ oder ausgehen würde/ das alles soll Krafftloß/ todt/ und ab seyn/ immassen Wir es/ jetzt als dann/ und dann als jetzt/ hiermit cassiren/ tödten und abthun/ und/ wo Noth/ den beschwerten Partheyen derhalben Nothdürfftige Urkund und Briefflicher Schein zu geben/ und wiederfahren zu lassen/ schuldig seyn wollen/ ArgList und Gefährde hierinnen ausgeschieden.

Extract aus der Güldenen Bull c. 14. A.

UNd die dermassen treuloß worden sind/ an ihren Güthern oder Lehen/ so sie haben aufgesagt/ sollen ihre Herren zu keiner Zeit betrüben oder beleydigen/ durch sich selbst/ noch andere/ auch dazu weder Rath noch Hülff geben oder leisten; und da jemands dawieder thäte/ und seinen Herren an Lehen oder Güthern/ die auffgegeben/ oder nicht aufgegeben wären/ angriffe/ oder in einigerley Wege zu betrüben unterstünde/ derselbige soll zu Stund solcher Lehen und Güther beraubt/ darzu verlaumbdet/ und in Kayserlichen Bann gefallen seyn/ auch hinführo nimmermehr zu demselbigen Lehen kommen/ noch ihm von neuem verliehen werden.

Extract aus dem Osnabruckischen Friedens-Schluß/ Artic. 8. §. 1. & 2. B.

§. I.

DAmit aber Vorsehung geschehe/ daß hinführo im Politischen Stande keine Spaltungen entstehen/ so sollen alle und jede Chur-Fürsten und Stände des Reichs/ bey Ihren uhralten Gerechtigkeiten/ Vorzügen/ Freyheit/ Privilegiis, Hoher Landes Oberkeit/ so wohl im Geistlich- als Weltlichen Excercitio, Herrschafften/ Regalien, und dieser aller Possession, Krafft gegenwärtiger Transaction dergestalt bestätigt seyn/ daß sie von Niemands/ unter was Schein es auch immer seyn möge/ de facto davon turbiret werden können/ noch sollen.

ANNO 1729.

§. II.

SIe sollen/ ohne Einrede/ sich des juris suffragii in allen des Römischen Reichs-Sachen fürfallenden Berathschlagungen/ fürnehmlich/ da Gesetze zu machen oder auszulegen/ Kriege zu decretiren/ Tribut anzu kündigen/ Soldaten zu werben und zu verpflegen/ neue Bestungen in der Stände Herrschafften im Nahmen des Reichs aufzurichten/ auch die Alten mit Besatzungen zu versehen/ wie auch/ wo Friede oder Bündnisse zu machen/ und was dergleichen Sachen mehr zu verrichten sind/ bedienen/ und soll dieses oder dergleichen hinführo weiter nicht geschehen/ oder jemahlen zugelassen werden/ es sey dann von sämbtlichen Ständen auf einem freyen Reichs-Tage bewilligt. Insonderheit aber das Jus, unter sich selbsten/ oder mit Ausländischen/ Bündnisse zu machen/ zu eines jedern Conservation und Sicherheit/ soll allen Ständen solches jederzeit frey seyn. Jedoch dergestalt/ daß solche Bündnissen nicht wieder die Römische Kayserl. Majestät/ das Reich/ und dessen Land-Frieden/ oder auch insonderheit gegenwärtige Transaction einlauffe: sondern denjenigen Pflichten/ damit ein jeder der Römisch Kayserl. Majest. und dem Reiche obligiret ist/ gemäß sey.

Extract aus dem Land-Frieden von Anno 1521. Artic. 8. §. 3. & 4. C.

§. III.

UNd nachdem sich mannigfältig im Reich begibt/ daß etliche leichtfertige Unterthanen/ um verschuldte Sachen von Ihrer Herrschafft abtreten und räumig werden/ dem Rechten zu entfliehen/ oder sich sonsten unbilliger Weise wieder ihre Herrschafft/ oder Nachbahren/ empöhren/ und unwillens befleißigen/ ihre Herrschafft/ oder derselben Unterthanen betrauen/ und um Ihr vermeynte Forderung nicht ordentlich billig Recht nehmen wollen; haben Wir denselben zu begegnen geordnet und gesetzt/ daß hinführo dieselben Niemand wissendlich enthalten/ hausen/ herbergen oder geleiten/ sondern soll dieselbe die Obrigkeit/ darunter sich solche Ausgetretene hielten/ so Sie dergleichen Trau-Wort vernommen und verstanden hätten/ zu pflichten annehmen/ sich ordentlichs Rechtens von ihrer Herrschafft begnügen lassen/ und thätliche Handlung zu vermeyden/ dafür solche ausgetretene Trauer keine Freyheit schützen oder schirmen soll. Doch soll ihm die Herrschafft nothdürfftig Geleit vor Gewalt zu Recht geben/ auch förderlichs gebührlichs Rechtens gestatten und verhelffen.

WElche Obrigkeit aber hierwieder jemand enthielte/ vergleitete/ oder nicht/ wie obstehet/ zu pflichten annehme/ so sie des ermahnet würde/ wieder die soll/ mit sambt den enthaltenen/ Vergleiteten/ alß für einen Fried-Brecher/ zur Acht/ und andern Pœnen, procediret und fürgenommen werden.

Noch Extract aus dem Land-Frieden Artic. 2. C.

§. IV.

ABer dem Beschädigten/ sambt seinen Verwandten und Helffern/ soll mitler Zeit/ auch vor- und ehe Declaration, erfolgt/ gegen denselben Thätern und Friedbrechern/ auch den Ihren/ und deren Mithelffern und Enthaltern/ sein Gegenwehr und Verfolgung zu thun/ zu frischer That/ oder wenn er seine Freund und Helffer haben mag/ solches auch allenthalben/ an Chur-Fürsten/ Fürsten und Stände des Reichs/ des wissens zu haben/ auszuschreiben und zu verkünden/ unbenommen/ nicht verbohten/ sondern gäntzlich fürbehalten seyn: Es sollen auch Dieselbe Beschädigten/ ihre Verwandten und Helffer/ durch solch ihr beschehene Gegenwehr/ Verfolgung und Handlung (wo die Beschädigung und Fried-Bruch kundbahr und offenbahr/ oder sich nachmahls erfünde) in keine Pœn gefallen/ nicht gefrevelt/ noch alsdann nichts verwirckt haben.

Fernere Versicherung aus dem Osnabruckischen Frieden-Schluß Artic. 17. §. 2. 3. & 4.

§. II.

AUch soll/ zu mehrerer Befestigung und Sicherheit aller und jeder obigen Pactorum/ dieser Vergleich ein immer-

wäh-

ANNO 1729.

währendes Gesetz und Grund-Satzung des Reichs seyn/ und/ gleich andern Gesetzen und Fundamental-Constitutionen des Reichs/ sowohl dem nechsten Reichs-Abschiede/ als auch der Kayserl. Capitulation selbst/ nahmentlich einverleibet werden.

§. III.

Weder diesen Vergleich/ oder einige dessen Articuln und Clausuln/ sollen keine Geist- oder Weltliche/ Gemeine oder besondere Rechte/ Schlüsse derer Concilien/ Privilegia, Indulta, Edicta, Commissiones, Inhibitiones, Mandata, Decreta, Rescripta, Litispendentien oder Rechts-Hängigkeiten/ zu einiger Zeit gefällete Urtheln/ Rechts-Kräfftigkeiten ꝛc. oder sonst einzige andere/ unter einigerley Nahmen oder Fürwand immer auszudenckende/ Ausflüchte und Einwendungen/ jemahlen angezogen/ angehöret oder zugelassen/ noch irgendswo wieder diesen Vergleich in petitorio oder possessorio, noch sonsten/ einige Processe oder Commissiones jemahlen erkandt werden.

§. IV.

Welcher aber diesem Vergleich/ mit Rath oder That/ zu wieder handeln wird/ soll/ er sey Geistlich oder Weltlich/ durch die That selbst/ mit allem Rechte in die Straffe des Friedbruchs verfallen seyn.

CXXXV.

Neue Wechsel Ordnung des Russischen Reichs/ ausgegangen unter Regierung PETRI II. 1729. [Copie Imprimée à Petersbourg.]

C'est-à-dire,

Réglement pour le change dans l'Empire de Russie, publié sous le Regne de l'Empereur PIERRE II. *le* 16. *May* 1729.

Wir Peter/ von GOttes Gnaden/ Kayser und Souverainer Beherrscher von gantz Ruß-Land/ &c. &c. &c.

Haben auf unterthänigst geschehene Vorstellung Unserer verordneten Commission der Commercien wegen des Reichs und der Kauffmanschafft Nutzen/ die in selbiger Commission gemachte Wechsel-Ordnung in Unserm gantzen Rußischen Reiche kund zu thun/ auch in alle gerichtliche Oerter zu verschicken allergnädigst befohlen/ so wie Wir denn auch hiemit nebst Kundmachung dieser Verordnung an Unsere getreue Unterthanen/ sowohl von der Kauffmanschafft selbst/ als auch denen übrigen/ welche durch Wechsel entweder Geld übermachen/ nehmen oder geben werden/ allergnädigst befehlen/ daß von dem verordneten Rath-Hause und Zoll eines jeden Orts/ ingleichen in denen übrigen Gerichten/ wo es nach Unsern Kayserl. Befehlen nöthig ist/ in Protest- und Streit-Sachen darnach verfahren/ und ohngesäumt das Urtheil abgefasset werde.

Gegeben in Unserm hohen geheimen Conseil den 16. May Anno 1729.

Bericht Von der Wechsel-Ordnung und denen Wechseln.

Man hat diese Wechsel-Ordnung deswegen abgefasset und heraus gegeben/ weil man in den Europäischen Ländern auf die Erfindung gerathen ist/ an statt das Geld selbst in natura von einer Stadt zur andern/ und fürnehmlich aus einer Provintz in die andere zu überschicken/ solches durch Briefe/ welche Wechsel genennet werden/ zu remittiren/ welche einer dem andern giebet oder übersendet/ und kräfftiger sind als eine bloße Handschrifft/ auch als baar Geld angenommen werden/ und im Nicht-Bezahlungs-Fall den manquirenden in mehrere pro Centen Straffe als andere credirte Gelder bringen können. Es entstehet über dem hieraus folgender Nutzen: (1) Daß man von dem Fuhr-Gelde frey ist. (2) Daß man keine Gefahr unter Wegens besorgen darff. (3) Daß die Kauffleute und Banquiers welche mit denen Wechseln handeln davon Profit ziehen. (4) Daß regierende Potentaten selbst in ihrem öffentlichen Handel hieraus den Nutzen und die Bequemlichkeit ersehen/ wenn man des Geldes in fremden Ländern benöthiget ist/ daß man solches durch Wechsel erhalten kan. (5) Daß dieses überhaupt das beste Mittel ist/ damit das Silber und Gold nicht aus dem Lande geführet werde/ und daß die gantze wohl eingerichtete Handelschafft ohne den Wechsel nicht wohl untereinander zurecht kommen kan.

Ob nun gleich in dem Rußischen Reiche der Transport aus der Kayserl. Cassa und bey particulair-Personen durch Wechsel geschiehet/ so ist dennoch derselbe noch nicht von der Würckung und dem Werth als in denen übrigen Europäischen Ländern: weil bißhero noch kein besonderes Wechsel-Recht gewesen/ und man daher genöthiget worden/ sowohl die Cassa- als Kauffmans-Gelder selbst von Stadt zu Stadt mehrentheils in Natura zu verführen; mit welchen Verschickungen des Geldes in einem so weitläufftigen Reiche an Vorspann und Convoye viele überflüßige Unkosten auffgehen/ und noch über diß unter Wegens viel Gefahr von Dieben und Räubern durch Stehlen und Morden sich ereignet: Derohalben ist auf allergnädigsten Befehl Unsers Allerdurchlauchtigsten und Groß mächtigsten Herrn Petri Alexiewitz Kaysers und Souverainen Beherrschers von gantz Rußland in der Commission der Commercien zu Nutzen und besserer Ordnung in der Kauffmanschafft/ und um die überflüßigen Unkosten zu ersparen/ wie auch der obenerwehnten Gefahr wegen/ diese neue Wechsel-Ordnung verfasset und in dem hohen Kayserl. Geheimen Conseil zur Approbation eingegeben; Allwo sie hernach auch gnädigst approbiret worden.

ANNO 1729.

Wechsel-Ordnung.

Das I. Capitel.

Von der der eigentlichen Beschaffenheit der Kauffmanns-Wechsel.

I.

Von dem Wechsel/ daß bey demselben keiner Zeugen Unterschrifft nöthig sey.

Wechsel-Briefe/ die einer dem andern giebet oder schicket/ (davon in dem dritten Capitel die Formulare zu sehen) sind an sich so kräfftig/ daß nicht nöthig ist/ selbige durch Zeugen unterschreiben zu lassen/ so wenig von Seiten des Trassenten als Indossanten und Acceptanten/ in dem ein Wechsel ohne dergleichen vieler Zeugen Unterschrifft/ bloß auf die Hand des Trassenten, Indossanten, und Acceptanten angenommen wird.

II.

Wie die Wechsel-Briefe nach den *Formularen* müssen geschrieben werden.

Der Trassent ist gehalten nach denen hier vorgeschriebenen Formularen sich zu richten/ und dahin zu sehen/ damit das nöthige nicht ausgelassen werde/ welches in den Formularen * weitläufftig abgehandelt und erkläret ist/ damit dergleichen Leute/ welche es nicht verstehen/ keine Gelegenheit zu streiten haben/ als wenn ein wort ausgelassen oder überflüßig wäre.

III.

Von den Personen/ welche in Wechseln vorkommen.

In den Wechseln kommen folgende Personen vor:

Der erste ist der Trassent welcher den Wechsel ausgiebt/ und sich verbindet/ solchen in einer andern Stadt oder Lande/ so wie es verabredet worden/ bezahlen zu lassen.

Der andere ist der Remittent, welcher das Geld dem Trassenten vor dem Wechsel erleget/ und denselben annimt.

Der dritte ist der Presentant, an welchen der Wechsel geschickt wird/ um das Geld zu empfangen.

Der vierdte ist der Acceptant welcher den Wechsel acceptiret/ das ist/ die Zahlung des Wechsels durch Unterschrifft verspricht/ und in gesetzter Zeit erleget.

Es können auch wenigere Personen in einigen Wechseln vorkommen; wie denn auch Indossanten seyn können/ welche den erhaltenen Wechsel vernegotiiren und indossiren/ daß solcher dem anderen/ welchem derselbe abgegeben ist/ soll bezahlet werden/ wie hievon in Formularen ‡ Anweisung geschehen/ und sind diese Indossanten gleich denen Trassenten, indem sie so wohl als die ersten Trassenten eine richtige Zahlung bekräfftigen.

IV.

Von den *Terminen* der Wechsel.

In den Wechseln/ sie mögen entweder in das Reich oder außerhalb demselben verschicket werden/ muß ein Termin gesetzet seyn/ um das Geld nach erhaltenem Wechsel in so viel Tagen oder Wochen zubezahlen/ oder es wird auch solcher

* Formulare mit den Erklärungen davon kommen unten vor im 3. Capitel.

‡ Im dritten Capitel das 10. Formular.

ANNO 1729.

cher Termin von dato des Wechsels angerechnet/ oder von Presentation desselben/ wie solches zwischen dem Trassenten und Remittenten abgeredet worden.

V.

Von Wechseln die innerhalb des Reichs gehen/ wo man nemlich nur *Prima* zu geben nöthig habe/ und wo man auch *Secunda* und *Tertia* geben müsse.

WEnn die Wechsel von einer Stadt oder Orte zum andern gegeben werden/ da die Städte und Oerter nicht weit von einander entfernet sind/ fürnehmlich wo ordentliche Posten gehen/ als zwischen St. Petersburg und Moscau/ desgleichen zwischen Archangel und Moscau/ wie auch in den übrigen Oertern von dergleichen Entfernung ist es genug nur einen Wechsel zu geben/ so Prima genennet wird. * Wenn aber wieder vermuthen prima verlohren gienge/ so kan man secunda geben. Es muß aber derselbe von Wort zu Wort wie prima eingerichtet seyn/ ohne veränderung weder des dati, noch der Geld-Summa; nur dieses muß man hinzusetzen/ daß/ wenn *prima* nicht bezahlet ist/ auf diesen *secunda* Wechsel zu zahlen sey. ‡ Solte auch secunda verlohren gehen/ so kan man mit dem tertia eben so verfahren. In entlegenen Orten aber/ wo keine ordentliche Posten angeleget/ oder sonst Gefahr unterwegens zu besorgen ist/ da kann man zugleich mit prima ohne Streit auch den secunda u. tertia Wechsel geben/ von eben derselben Krafft als der prima; nur daß man dazu setzet/ wenn *prima* und *secunda* nicht bezahlet sind. Wenn aber der Wechsel auf Sicht soll bezahlet werden/ in derselben Stadt oder Orte wo er genommen ist/ so kan man mit einem Wechsel/ welcher Sola genennet wird/ vergnüget seyn/ und in demselben sich der Worte bedienen/ auf diesen meinen *Sola*-Wechsel. § Selbige haben gleiche Krafft mit denen übrigen.

VI.

Von *Advis*-Briefen/ welche wegen der Wechsel zu schreiben sind.

UBer diejenige Wechsel/ in welchen eines Advises gedacht wird/ muß der Trassent an den Acceptanten einen Advis-Brief schreiben/ und solchen dem Remittenten abgeben. Wer auch als Acceptant dergleichen Wechsel/ darin eines Advis-Briefes erwehnet ist/ presentiret erhält/ derselbe sol solchen zu gleich mit fodern. Solche Advis-Briefe können dem Wechsel an seinem Werth weder helffen noch schaden/ in dem der Wechsel an sich selbst ohne dieselbe gültig ist/ nur meldet der Trassent bloß dem Acceptanten, wenn der Wechsel zu bezahlen/ und auf wessen Conto das Geld zu setzen/ oder woher die Zahlung zu nehmen sey/ und was er sonst noch schreiben will/ welches zu richtiger Bezahlung des Wechsels dienet. Uber Wechsel/ die in derselben Stadt zu bezahlen sind gegeben worden/ oder darin/ wenn sie gleich nach einer andern Stadt gehen/ keines Advises gedacht ist/ sind keine Advis-Briefe nöthig.

VII.

Von dem *Præsentanten*, daß er den Wechsel ohnverzüglich zur *Acceptation præsentiren* soll: Und von Bezahlung der Wechsel/ worinn die Zahlung auf Sicht ohne *Termin* gestellet ist.

WEr einen Wechsel empfänget/ und die Zahlung in demselben auf Zeit gestellet ist/ derselbe muß so bald es immer möglich denselben acceptiren lassen/ damit auch nicht die geringste Zeit verlohren gehe. Als nemlich/ wenn die Post früh ankommt/ so muß der Wechsel noch denselben Tag presentiret werden/ kommt sie aber spath/ so kan es biß auf den folgenden Tag anstehen/ und ist der Acceptant verbunden/ auf den Wechsel das Jahr/ den Monath und den Tag zu schreiben/ daß er die Zahlung nahmentlich leisten wolle/ welches insgemein durch das Wort: *Acceptiret*/ zu geschehen pfleget.

Dieser Termin wegen geschwinder Presentation des Wechsels ist deswegen verordnet/ im Fall der Presentant wegen des empfangenen Wechsels dißfals seine Pflicht versäumet/ der Acceptant aber währender solcher Zeit banquerout wird/ daß als-denn Remittent von dem Presentanten die Ersetzung seines Schadens prætendiren könne: Wenn aber der Acceptant solvendo bleibet/ und der Presentant gleich die gesetzte Zeit verfliessen lässet/ so hat er doch dabey keinen Verlust zu besorgen/ sondern die Acceptation und Zahlung muß ohne Wiederspruch erfolgen. Den acceptirten Wechsel hat der Presentant/ so wenig selbst/ als durch seine Bediente/ wenn er durch dieselbe das Geld heben lässet/ von sich zu geben/ biß die Zahlung erfolget. Wenn aber der Wechsel auf Sicht zu zahlen gestellet ist/ so ist bey Presentation entweder die Zahlung oder die Acceptation zu verlangen/ damit nach Verfliessung dreyer Tage/ wie im 14. Punct gemeldet ist/ die Zahlung würcklich erfolgen möge. Geschiehet weder Zahlung noch Acceptation/ so muß man protestiren.

ANNO 1729.

VIII.

Von Eincassirung der Wechsel/ wenn man die Gelder selbst oder durch einen andern empfängt.

WEnn der Termin zu Empfang des Geldes laut Acceptation da ist/ so muß der Presentant den Wechsel selbst presentiren/ und nach geschehener Zahlung auf den Wechsel quitiren. * So er aber den Wechsel durch einen Bedienten oder durch einen andern überschickt/ so ist der Presentant verbunden/ den Wechsel folgender Gestalt zu indossiren/ auf diesen Wechsel zahle der Herr Uberbringern ꝛc. und unter das Indossement seinen Nahmen zu schreiben; worauf Uberbringer nach Empfang der Bezahlung zu quitiren hat/ daß er selbige erhalten. Auf solche Weise siehet der Acceptant daß der Bediente mit seines Herrn Willen das Geld zu heben geschickt worden/ und hat er Acceptant ohne dergleichen Indossement keinem Bedienten/ er sey auch wer er wolle/ zu trauen/ noch das Geld ab zu liefern/ damit niemand auf einen gestohlenen accepirten Wechsel könne Geld heben.

IX.

Von Wechsel-Briefen worin etwas radirt und corrigirt ist/ und vom Acceptanten/ wenn er seine Acceptation ausstreicht.

WEnn in denen Wechseln Wörter zwischen denen Reihen geschrieben/ oder Wörter ausgestrichen und radirt gefunden werden/ und darüber bey dem Acceptanten oder bey einem andern ein Dispút entstehet/ so sind solche nicht vor gültig zu erkennen/ damit keine Hinterlist oder Betrug sich dabey ereugne. Sondern man hat sich deßfals an den ersten Ausgeber des Brieffs zu halten. Wenn aber der Acceptant einen Wechsel annimmt und die Acception unterschreibet/ zu gleicher Zeit aber/ wegen einer oder andern Ursache/ um den Wechsel kein Genügen zu leisten/ seine Acceptation ausstreichet/ so soll dennoch solche Ausstreichung den Wechsel nicht ungültig machen/ sondern er ist gehalten/ das Geld laut Wechsel zu entrichten.

X.

Von *Protestirung* der Wechsel/ welche der *Acceptant* nicht *acceptiren* wil.

WEnn der Presentant den Wechsel presentiret/ der Acceptant aber denselben nicht acceptiren will/ so muß man ohne Saumniß innerhalb 24 Stunden mit einem Notario Publico sich in des Acceptanten Hauß verfügen; wo kein Notarius vorhanden/ da nimmt man einen Cantzellisten aus dem Zoll- oder Rath-Hause/ auf den Land-Jahrmärckten/ wo kein Zoll ist/ einen Land-Richter/ in Beyseyn zweyer oder auch mehrer Zeugen/ welches Kauffleute seyn können/ wenn dergleichen vorhanden: wo aber auf dem Lande keine sind/ da kan man glaubwürdige Bauren nehmen/ und wegen Non Acceptation, warum der Acceptant den Wechsel nicht acceptire/ protestiren/ ‡ und müssen der Notarius oder Cantzellist/ auf dem Lande aber der Land-Richter/ als auch die Zeugen/ in welcher Stadt oder Orte sie wohnen/ und wes Standes sie sind/ unter den verfertigten Protest sich unterschreiben/ und dem Presentanten denselben überliefern. Solte es geschehen/ daß der Acceptant dieselbe zu protestiren nicht zu sich ins Hauß lassen wolte/ so soll in den Protest ausdrücklich inseriret werden/ daß der *Acceptant* wegen des Wechsels Red und Antwort zu geben/ sie zu sich ins Hauß nicht gelassen habe. Und wenn gleich ein Protest im Nothfall von einer particulair-Person/ wie oben gemeldet/ unter zwey Zeugen aufgerichtet worden/ so soll solches dennoch so kräfftig seyn/ als wenn eine ausdrücklich dazu verordnete Person denselben errichtet hätte/ nur/ daß diese Personen bekandt und ohne Verdacht seyn müssen.

XI.

Von denenjenigen welche wegen der *Acception* des Wechsels *Dilation* verlangen.

SOlte der Acceptant von dem Presentanten dilation verlangen/ vorstellend/ daß er vorher sehen müsse/ ob er dem

* Im dritten Capitel das vierdte Formular.
‡ Im dritten Capitel das neunte Formular.
§ Das fünffte und folgende Formulare.

* Wie die Zahlung soll quitiret werden/ davon ist im dritten Capitel die Erklährung des andern Puncts nachzusehen.
‡ Von Protesten siehe das 12 Formular im 3. Capitel.

dem Trassenten Geld schuldig oder wegen anderer Ursachen verbunden sey/ so kommt solche Dilation blosserdings auf den Willen des Presentanten an/ ob er selbige geben/ oder protestiren wolle. Es muß aber die Dilation nicht auf eine lange Zeit gegeben werden/ damit der im Wechsel gestellete Zahlungs-Termin nicht vorbey gehe/ und wer solche Dilation giebt/ der muß es nicht schlecht hin vor sich thun/ sondern selbiges bey einem Notario Publico, und/ wo keiner ist/ in dem Rath-Hause in die Gerichts-Bücher ausdrücklich protocolliren lassen/ daß sie sich auf so und so und so viel Zeit wegen der Dilation verglichen; giebet aber der Presentant die Dilation ohne dieses zu/ so ist derselbe verpflichtet seinem Correspondenten oder Compagnon von dem der Wechsel remittiret ist/ Rechenschafft zu geben; Erfolget als denn nach verflossenem Dilations-Termin keine Zahlung/ der Wechsel mag nun acceptiret seyn/ oder nicht/ so muß nothwendig von dem Presentanten ohne Zeit-Verlust der Protest ergehen/ so wie solches oben bereits gemeldet worden.

XII.

Von Advis-Schreiben wegen *Acceptation* der Wechsel/ und von Zurückschickung der Wechsel mit *Protest*.

DEr Presentant ist verpflichtet/ nach dem er den Wechsel erhalten/ unverzüglich dem Remittenten von Acceptation desselben Nachricht zu geben; wenn aber der Wechsel protestirt ist/ so muß er den Protest mit dem Secunda-Wechsel/ dafern einer vorhanden/ zurück schicken/ den Prima Wechsel aber bey sich behalten/ damit der Remittent mit dem Trassenten, und er mit den Acceptanten sich abfinden könne. Wenn aber Presentant die Acceptations-oder Protest Zeit/ auch hievon Advis dem Remittent zuzuschicken versäumet/ und sich unterdessen böse Folgerungen ereugnen/ daß zum Exempel der Acceptant fallit wird/ so ist er der Presentant vor Versäumung der Zeit verbunden/ dem Remittenten Red und Antwort zu geben/ und denselben Schadloß zu halten.

XIII.

Von Behaltung des Wechsels biß auf den gesetzten *Termin* nach dem *Protest*.

NAchdem der Protest wegen Weigerung der Acceptation geschehen/ und dieserhalben die Advis-Briefe mit denen andern Wechseln an den Remittenten abgegangen/ so muß der Presentant auch vor erhaltener Antwort/ den Wechsel biß auf den in demselben gesetzter Termin bey sich behalten/ im Fall er von dem Remittenten keine andere Ordre empfangen. Solte sich unterdessen der Acceptant zu der Zeit des Termins noch bedencken/ oder von dem Trassenten eine nähere Ordre erhalten haben/ und das Geld auszahlen/ so muß der Presentant dasselbe mit dem Bedieng annehmen/ daß die Unkosten/ welche wegen des Protestes und des Brief-Porto verwandt worden/ von dem Acceptanten ersetzet werden. Als nehmlich mit eins pro Cento, und nicht mit so viel als unten angesetzet ist: Weil dennoch der Wechsel an gehörigem Ort und auf gesetzte Zeit bezahlet worden.

XIV.

Von *Respit*-Tagen der Wechsel/ in welchen der Zahlungs-*Termin* entweder nach *dato* oder auff Sicht gestellet ist.

WEnn die Wechsel auf eine gewisse Anzahl Tage nach Dato zu bezahlen gestellet sind/ so pflegen nach solchem Termin noch die Respit-Tage oder 10 Tage Frist gegeben zu werden. Auf diejenige Wechsel aber/ welche auf Sicht gestellet sind/ werden nur drey Respit-Tage gegeben. Zu beyderley werden so wohl die Sonn-und Fest-Tage/ als auch derjenige Tag gerechnet/ an welchem die Zahlung fällig ist/ und kan in solchen Respit-Tagen wegen Non-Bezahlung kein Wechsel protestiret werden. Am letzten Respit-Tage aber muß man die Zahlung des Morgens fordern/ und in Weigerung derselben noch vor der Sonnen-Untergang/ oder auch im Nothfall des folgenden Tages protestiren. So sollen auch die obgedachte 10 Respit-Tage noch gegeben werden/ wenn gleich der Zahlungs Termin vor Erhaltung und Presentation des Wechsels schon verflossen wäre/ damit in der Zeit die Zahlung könne herbey geschaffet werden. Denjenigen Wechseln aber/ welche auf so und so viel Tage nach Sicht gestellet sind/ werden keine Respit-Tage mehr verstattet/ darum/ weil/ wenn auch der Wechsel sich wo auffgehalten hätte/ der Acceptant den Termin doch nur von der Presentation anrechnet/ wie derselbe in dem Wechsel gestellet ist.

XV.

Wie im *Non*-Bezahlungs-Fall zu *protestiren* sey.

WEnn an dem Verfall-Tage der Wechsel laut Acceptation nicht bezahlet wird/ so muß noch an denselben Tage vor Untergang der Sonnen/ oder wenn solches nicht mehr geschehen kan/ des andern Tages der Protest * durch einen Notarium Publicum oder einen Cantzellisten/ wie oben gemeldet/ aufgesetzet und unverzüglich dem Remittenten überschicket werden; daß derselbe von Weigerung der Zahlung Nachricht bekomme/ und dieserwegen mit dem Trassenten/ wie es sich gehöret/ verfahren könne. Der Presentant aber muß sich Tages darauf nach verflossenem Termin/ oder wenn solches ein Sonn oder Fest-Tag ist/ des folgenden Tages bey dem Zoll-Gerichte melden/ und von dem Acceptanten die Erfüllung des Wechsels sollicitiren/ damit der Remittent und der Trassent deßhalben in Sicherheit bleiben/ und ihnen aus Verabsäumung der Zeit kein Verlust entstehe. Wird alsdenn wegen sothaner Erfüllung zwischen dem Presentanten und Acceptanten alles wohl und gerichtlich abgemachet/ und die Unkosten ersetzet/ so kan sowohl Remittent als Trassent zu frieden seyn. Wenn aber der Presentant nicht so bald/ als der Termin zu Endigung dergleichen Processe gesetzet ist/ die Ersetzung seines Schadens so wenig gantz als eines Theils von dem Acceptanten gerichtlich erhalten kan/ oder dißfals andere Ordre erhält/ so kan er als denn entweder bey dem Remittententen/ oder Trassenten/ bey wem er will seinen Regress suchen/ in Betrachtung daß der Wechsel auf so jemand gestellet worden/ der nicht im Stande zu bezahlen gewesen. Nur im Fall der eigenen Nachlässigkeit der Presentanten/ wenn er nemlich den acceptirten Wechsel zur Verfall-Zeit nicht gehörig protestiret/ und nachgehends die Zahlung urgiret/ muß er davor dem Remittenten und Trassenten gerecht seyn/ und die Valuta aus seinen eigenen Mitteln vergüten/ seinen Regress aber kan er/ wo möglich/ noch beym Acceptanten suchen.

XVI.

Was zu thun sey/ wenn ein Frembder *per honneur* des *Trassenten* oder der *Indossanten* den Wechsel bezahlet.

WEnn der Wechsel zur Verfall-Zeit protestiret ist/ und ein Frembder par honneur des Trassenten oder eines von den Indossanten denselben bezahlen will/ so muß denselben in Gegenwart eines Notarii Publici, oder in Manquirung dessen eines Cantzellisten vom Zoll/ oder auch beyderseitiger Zeugen ein Attest ausgefertiget werden/ daß er per honneur deß und deß mit Nahmen den Wechsel bezahlet habe; Dahingegen er von dem Presentanten den Wechsel und Protest zurück nimmt/ und sich darunter von dem Presentanten quitiren lässet/ daß dieser das Geld wohl erhalten habe/ und was ihm hernach nach Wechsel-Styl an Capital und Unkosten zukommt/ solches entweder von dem Trassenten oder Indossanten/ von wem er will/ wieder zu fordern/ welche ihn/ als der ihre Ehre gerettet/ und den Wechsel in seinen Händen hat/ zu bezahlen und zu contentiren schuldig sind.

XVII.

Von dem Fall/ da jemand nicht alles Geld laut Wechsel bezahlen will.

WEnn Trassate bey Presentirung des Wechsels die gantze Summa nicht bezahlen will/ und daher denselben nicht acceptiret/ vorstellend/ daß er weder so viel Geld noch Waaren von dem Trassenten in Händen habe/ da muß der Presentant wieder den gantzen Wechsel protestiren; Wenn aber der Acceptant die offerirte Summa auff Abschlag bezahlt/ so muß der Presentant ihm hierüber eine aparte Quitanz zustellen/ und dem Remittenten Nachricht geben/ daß er wieder den Wechsel protestiret und vor das auf Abrechnung gegebene Geld eine aparte Quitanz von sich gestellet habe/ daneben er ihm auch den Protest zuschicket. So muß auch der Acceptant ebenfals seinem Correspondenten umbständlich schreiben/ warum er dieses gethan habe. Ist der Wechsel schon acceptiret und der Acceptant will zur Verfall-Zeit eben auch wegen gewisser Ursachen den gantzen Wechsel nicht entrichten/ so muß auf gleiche Weise mit Protestirung wieder den gantzen Wechsel verfahren werden. Dasjenige von der Remesse auch was Acceptant bezahlen will/ kann Presentant unter einer aparten Quitanz annehmen/ muß aber sowohl/ als der Acceptant seine Correspondenten davon benachrichtigen/ massen solche auf Abschlag erfolgende Bezahlung/ dem Wechsel-Rechte nichts præjudiciret. Die rückständige Summa aber welche nach Abziehung des bezahlten übrig bleibet/ muß der Presentant noch unverzüglich/ wie oben gemeldet/ vor Gerichte suchen/ dieweil der Acceptant die gantze Zahlung zu leisten acceptiret hat.

XVIII.

Von Wechseln/ welche gestellet sind von einer Stadt zur andern zu bezahlen.

WEnn der Wechsel auf eine Person in einer andern Stadt gestellet ist/ um denselben in der dritten Stadt zubezahlen/

* Siehe von Protesten das 12. Formular im 3. Capitel.

ANNO 1729.

zahlen/ so ist der Acceptant in der andern verpflichtet auf den Wechsel nahmentlich dieselbe Person zuschreiben/ welche in der dritten Stadt auf den in dem Wechsel gesetzten Termin das Geld auszahlen soll/ und nach dem auch der Presentant in der dritten Stadt den Wechsel erhalten/ so muß er solchen dem jenigen/ an welchen er aus der andern Stadt zubezahlen adressiret ist/ zur Acceptation presentiren: Damit dieser denselben acceptiret, daß er auf benselben Termin die/ Zahlung leisten wolle. Acceptiret dieser den Wechsel entweder gar nicht/ oder wenn er ihn gleich acceptiret/ die Zahlung aber auf gesetzten Termin nicht erleget/ da muß der gewöhnliche Protest ergehen.

XIX.

Von *Protestirten Indossirten* Wechseln.

WEil es bey Wechseln zu geschehen pfleget/ daß nach dem ersten Trassenten des Wechsels/ andere Personen denselben/ wie unten in den Formularen gewiesen/ * indossiren/ so daß die Zahlung an statt ihrer einem andern geschehen soll/ als kan der/ welchem solche geschehen solte/ falls der Wechsel nicht bezahlet worden/ in diesem Fall nach geschehenem Protest sowohl das Wechsel-Geld als auch die Unkosten dieser Verordnung nach entweder von dem Remittenten oder Trassenten/ nach seinem Belieben von wem ers will/ fordern/ und gäntzlich sich Schadloß machen.

XX.

Was zu thun/ wenn man in Erfahrung kömmt daß ein Kauffman vor dem Termin fallit wird.

WEnn der Acceptant nach dem Gerüchte der Leute fallit geworden/ und sich deswegen von der Börse absentiret/ so kan der Presentant durch einen Notarium Publicum, wo aber keiner ist/ in dem Zoll-Gericht suppliciren/ und von denselben eine sichere Caution nehmen/ ob gleich der Wechsel noch nicht zu Zahlen fällig ist. Wird als denn die Caution versaget/ so muß man darwieder wegen Mangel derselben protestiren/ und dem Remittenten den Protest, mit Advis, in welchem alles umständlich beschrieben/ zuschicken; daß weil er nemlich die Fallirung des Acceptanten vernommen/ er seines Correspondentens Interesse wahrgenommen und wegen Mangel der Caution protestiret habe: Komt denn der Zahlungs Termin, so muß er zum andernmahl wegen Non-Bezahlung protestiren/ und das Geld mit den Unkosten/ wie oben gemeldet/ suchen; Welcher Presentant aber von der erwehnten Fallirung des Acceptanten nicht weiß/ und die obengemeldete Cautions-Forderung unterläst/ dem soll in diesem Fall die Schuld nicht gegeben werden/ und bleibet der Wechsel dennoch gültig.

XXI.

Wie bey solchen Personen zu verfahren/ welche sich auf eine Zeitlang aus der Stadt entfernen/ oder sich gar nicht einstellen.

WEnn sich ein Acceptant, auf welchen ein Wechsel gegeben/ auf eine Zeitlang entfernet/ und sich ausserhalb der Stadt auf ein Dorff begiebt/ und seine Sachen niemanden aufträgt/ so soll der Presentant wegen Non-Acceptation protestiren/ und wenn der Termin des Wechsels vorhanden/ wegen nicht erfolgter Bezahlung ein gleiches thun lassen. Wesfalls solche Leute/ die ihren Credit conserviren wollen/ bey ihrer Abwesenheit jemanden ihre Sachen commitiren und demselben ein Creditiv geben müssen/ ohne Creditiv. Schreiben aber ist die Commission unvollkommen/ und solte gleich ein Freund oder Buchhalter oder ein andere ohne dergleichen Creditiv Schreiben den Wechsel acceptiren/ vorgebende dazu mündliche Ordre erhalten zu haben/ so ist dennoch diesem nicht zu trauen/ es sey denn/ daß jemand mit Acceptirung dieses Wechsels die Zahlung auf sich selbst nehme; Glaubt nun der Presentant denselben/ als denn kommt es in diesem Fall auf ihren Willen an/ und wenn sich hernach Zanck ereugnen sollte/ so muß sich der Presentant mit dem Acceptanten selbsten abfinden. Gleichfals wenn der Wechsel auf jemand gestellet ist/ den man mit grosser Mühe nicht antreffen kan/ oder der in derselben Stadt niemahls gewesen/ so soll der Protest auf der Börse oder an einem publiquen Orte/ wo die Kauffleute zusammen kommen/ geschehen. Muß dennoch ein jeder Vorsichtigkeit halber/ wenn der Wechsel auf einen unbekandten/ welchen er nicht kennet/ sollte gestellet seyn/ sich an den Trassenten halten/ damit er ihm einen oder auch mehr bekandte Personen verschaffe/ welche den Wechsel gut heissen/ das ist assecuriren/ und wer also assecuriret hat/ der bleibet als Cautionist desselben.

XXII.

Was zu thun/ wenn *Presentant* oder *Acceptant* vor Verfall-Zeit des Wechsels mit Tode abgehet.

WEnn Presentant oder Acceptant vor Verfall-Zeit des Wechsels sterben/ so müssen die Erben/ Vormünder und übrige/ welchen die Verwaltung der Geschäffte des verstorbenen Presentanten committiret ist/ die Zahlung von den Erben/ Vormündern und übrigen/ welche Commission von den Sachen des verstorbenen Acceptanten haben/ fordern/ und wenn hier auf die die Zahlung des Wechsels nicht erfolget/ so muß man protestiren. Solte hierin ein Streit entstehen/ daß man den Erben/ Vormündern und übrigen von der Seite des verstorbenen Presentanten die Auszahlung des Wechsels nicht trauen wolte/ u. dabey legitime Ursachen darüber angeführet würde/ so muß wegen Empfang der Valuta von Seite des Presentanten denen Erben des Acceptanten Caution gegeben werden/ damit selbe schadloß sind.

XXIII.

Von Wechseln/ worinn die *Adresse* zu schreiben vergessen worden.

WEnn Trassent vergißt den Wechsel zu addressiren/ das ist/ den Nahmen des Acceptanten in dem Wechsel zu setzen/ und der Remittent solches nicht bemercket/ in dem Advis-Briefe aber des Acceptanten Nahme geschrieben ist/ so muß laut dem Advis-Briefe der Wechsel unstreitig acceptiret werden. Würde auch der Presentant eine Copie vom Advis-Briefe verlangen/ so muß solche unter des Acceptanten Hand gegeben werden/ weil der Trassent ausdrücklich darin schreibet/ an wen/ wie viel/ und in was für einen Termin für seinen ausgegebenen Wechsel die Zahlung geschehen soll.

XXIV.

Von verlohrnen *acceptirten* Wechseln.

WEnn Presentant den vom dem Acceptanten acceptirten Wechsel verlieret/ so ist derselbe verpflichtet/ hievon unverzüglich dem Acceptanten in Beyseyn eines Notarii Publici, oder im Zoll-Gericht in Gegenwart einiger Zeugen schrifftliche Nachricht zu geben/ daß dieser Wechsel/ so ihn jemand bringen möchte/ nicht zu honoriren sey. Dieser Casus befreyet keines Weges den Acceptanten von der Zahlung desselben an Presentanten zu rechter Verfall-Zeit: Wegen seiner Sicherheit aber ist er schuldig bey der Zahlung eine Caution zu nehmen/ (wenn er ihm allein nicht Glauben zustellet/) und über dem Empfang der Gelder eine Quitanz, worinn der Verlust des acceptirten Wechsels ausdrücklich erwehnet wird/ von sich zu geben/ welche auch die Cautionisten unterschreiben müssen. Wenn Acceptant die Caution aber nicht annimmt/ noch das Geld auszahlet/ so muß er nach geschehenem Protest wegen Weigerung der Bezahlung den Wechsel mit allen Unkosten zahlen.

XXV.

Von *Advis*-oder Nachricht-Schreiben/ wenn dieselben nicht mit den Wechseln geschicket werden.

WEnn der Wechsel mit dem Advis-Schreiben dem Remittenten gegeben ist/ er aber denselben ohne Advis-Schreiben vorsetzlich oder aus Versehen dem Presentanten zuschicket/ so ist der Acceptant aus Mangel des Advis-Schreibens nicht schuldig/ den Wechsel zu acceptiren/ und wenn hievon der Protest zurück kommt/ so fallen alle aufgewandte Unkosten auf den Remittenten/ weil er das Advis-Schreiben bey sich behalten. Solte hergegen der Remittent darthun/ daß er dergleichen Brief von dem Trassenten nicht erhalten/ und der Trassent auch solches findet und nicht läugnet/ so ist er schuldig unverzüglich einen Advis-Brief auch Caution wegen des Geldes und den Unkosten bis der Wechsel bezahlet worden/ zu geben. Wenn der Trassent aber mit dem Mäcklers-Büchern und durch einen Mäckler beweiset/ daß das Advis-Schreiben abgegeben/ so darff der Trassent weder Caution stellen/ noch die Unkosten/ welche auf den Protest und vor Brieff-Porto verwendet worden/ dem Remittenten gut thun; Hergegen gestehet der Remittent/ daß das Advis-Schreiben bey ihm verlohren gegangen/ so kan Trassent von dem Remittenten einen Revers nehmen/ daß er künfftig mit keinen Unkosten zu thun haben wolle/ und über dem ersten abgelassenen Advis-Schreiben noch ein anderes geben. Dieses soll nur in denen Wechseln Krafft haben/ worinnen eines Advis-Schreibens Meldung geschehen.

XXVI.

Von Wechseln/ wobey zwo Personen einerley Nahmen

* In dritten Capitel das 10. Formular.

ANNO 1729.

Nahmen des in dem Wechsel gemeldeten *Acceptanten* führen/ und keiner von ihnen denselben *acceptiren* will.

WEnn der Wechsel auf eine Person gestellet ist/ in derselben Stadt aber ihrer zween desselben Nahmens sich befinden/ so muß der Presentant beyden den Wechsel presentiren/ und wann keiner von beyden denselben acceptiret, so muß erstlich wegen Weigerung der Acceptation, nachgehends auch wegen der Bezahlung gegen beyde der Protest geschehen; Damit aber alle Difficultäten vermieden werden/ so muß man unter den Wechsel oder auf das Couvert schreiben/ nicht allein den Vor- und Zunahmen/ sondern auch das Kirchspiel und die Strasse/ in welcher die Person/ auf welchen der Wechsel gestellet ist/ wohnet.

XXVII.

Von *acceptirten* Wechseln/ welche unterwegens am Verfall-Tage verlohren gehen.

WEnn der Presentant den acceptirten Wechsel am Verfall-Tage entweder selbst hinträgt/ oder jemanden um das Geld zu empfangen hinschicket/ der Wechsel aber/ auf welchen schon der Presentant nach Inhalt des 8ten Punctes in dorso sich unterschrieben/ unterwegens verlohren gehet/ so muß der Presentant denselben Tag zu dem Acceptanten hingehen/ und in Gegenwart einiger Zeugen darthun/ daß der Wechsel würcklich verlohren gegangen/ hierauf von dem Acceptanten auf den verlohrenen Wechsel die Zahlung fordern/ und in allem/ wie im 24. Puncte gemeldet/ verfahren; Geschiehet es aber nachgehends daß einer mit diesem gefundenen Wechsel sich zu dem Acceptanten begiebt/ und die Zahlung fordert/ so ist der Acceptant nicht schuldig auf den Wechsel zu zahlen/ sondern denselben so gleich in seinem Hause zu behalten/ und den Presentanten/ welcher den Wechsel verlohren hat/ hievon unverzüglich zu benachrichten. Wenn aber auch jemand mit dem gefundenen Wechsel sich zu dem Acceptanten begiebt/ und das Geld empfängt/ auch nach des Presentanten Vollmacht quitiret/ bevor von dem Presentanten von Verlust des Wechsels Nachricht bey dem Acceptanten eingekommen/ so ist gedachter Acceptant in diesem Fall den Wechsel zum andernmahl zu zahlen nicht gehalten; sondern alle Unkosten fallen auf den Presentanten.

XXVIII.

Von Rußischen Wechseln/ welche innerhalb das Reich verschicket werden/ und daß darin benennet werde/ ob die *Valuta* mit Waaren oder mit *contant* Geld vergütet sey.

ALle innländische Wechsel sollen ohnstreitig nach dieser Ordnung eingerichtet/ und eben so kräfftig/ und gültig auch so ordentlich gesetzet seyn/ als die ausländischen/ welche so wohl unter Kauffleuten für Waaren/ als auch sonst unter andern Personen/ wes Standes sie seyn mögen/ des Geld-Wechsels halber passiret werden; und wenn es auf Expeimirung der Zahlung ankomt/ (welches Valuta genannt wird) so stehet es frey dieselbe entweder auf Waaren oder Geld/ wie ein jeder beliebt/ zu stellen. Auch muß man in den Wechseln/ welche innerhalb Rußland verschicket werden/ ausdrücklich melden/ ob man sie in grosser harter/ oder kleiner, Silber- oder Kupffer Müntze will bezahlt haben/ und solte in einigen Wechseln nicht ausdrücklich der Müntze erwehnet seyn/ so muß derjenige darum nicht zanken/ der das Geld für den Wechsel mit Kupffer oder Silber-Müntze bezahlet; Gleichfalls wenn jemand vor das Übermachen der Gelder von einer Stadt zur andern ein gewisses vom Rubel zu nehmen verabredet/ so ist solches nicht verbothen/ sondern selbiges wird der Haupt-Summa des Wechsels zugeschlagen.

XXIX.

Vom Wechsel-*Cours* in Rußland.

WEil in keinen auswärtigen Ländern ein beständiger Wechsel-Cours ist/ gleichwol in den Wechseln die jedes Orts gebräuchliche Müntze als Stüver und dergleichen benennet wird/ nehmlich/ wie hoch sie den Rubel gegen solche rechnen wollen; Als soll der Wechsel/ wenn er wegen Non-Bezahlung mit Protest zurück kommt/ so hoch gerechnet werden/ als damahls der Wechsel-Cours an demjenigen Orte gewesen/ da der Wechsel ausgegeben worden/ auch soll derselbe von keiner Seite weder höher noch geringer gerechnet werden.

Von *Restitution* der bey *protestirten* Wechseln aufgegangenen Unkosten.

WEnn ein ausländischer oder innerhalb des Reichs gestellter Wechsel mit Protest zurück komt und auf die Verfall-Zeit nicht bezahlet wird/ so soll von dem schuldigen Part noch über das in dem Wechsel benennete und in den fremden Wechseln nach dem Cours, wie oben gemeldet/ ausgerechnete Geld für die Erstattung der wegen nicht geschehener Bezahlung verwandten Unkosten für dem ersten Termin von dato an des gegebenen Wechsels bis auf das Datum, da er protestiret worden gerechnet/ 8 pro Cento ersetzet werden/ welche Zahlung auff teutsch beschrieben wird/ für Protest, Recambium, Provision, Courtagie und Interesse: Welches jedoch so zu verstehen/ wenn von der gantzen Summa des Wechsels noch nichts bezahlet ist. Wenn aber von dem Acceptanten unter a parter Quitanze die Zahlung an dem Verfall-Tage/ wie oben Artic. 17. gemeldet/ eines Theils geschehen ist/ so werden diese 8 pro Cento nur vor das rückständige Geld gerechnet/ welches noch nicht bezahlet worden. So auch wenn nach der Verfall-Zeit und geschehenem Protest die Zahlung der gantzen rückständigen Summa, und was für den Zeit-Verlust gebühret/ freywillig/ oder durch Gerichts-Zwang in einer Woche/ oder aufs höchste in einem Monath nicht erfolget/ alsdenn kan man nach Verfliessung eines Monaths von Zeit des Protestes wegen Weigerung der Zahlung/ auf die restirende Summa vor einen jeden folgenden Monath anderhalb pro Cento rechnen/ bis das gantze Capital u. der Zeit-Verlust ist abgetragen worden/ damit ein jeder sich vor einer so schweren Bezahlung fürchten und nach geschehenem Protest baldigst zahlen möge.

XXXI.

Wann jemanden wegen *Restantien* oder sonst etwas seine Güther *confisciret* werden.

WEnn jemandes Güter wegen Reichs-Schulden/ Verbrechen/ Pretensionen/ oder auch um einiger andern Ursache willen möchten confisciret werden/ an selbigen aber bey solchem Zustande ein Wechsel/ den er heben soll/ geschicket wird/ so soll der Wechsel wenn er Einhabern selbst zugehöret/ sowohl wie des Eigners übriges Guth confisciret seyn/ und muß von selbigen laut Wechsel die Zahlung ordentlicher weise von dem Acceptanten/ wie oben gemeldet/ gefordert werden. Wenn aber der Wechsel nicht den Presentanten eigen/ sondern er auf denselben nur frembdes Geld empfangen soll/ um selbiges auf Ordre des Remittenten in loco abzugeben oder denselben zu remittiren/ solche Wechsel sollen alsdenn keines weges weder confisciret noch arrestiret werden/ damit dem Remittenten nicht vergebens Schaden zugefügt/ noch hiedurch der Credit unter den Kauffleuten geschwächet werde. Gleicher Gestalt ist mit den Leuten zu verfahren/ welche einen fremden Wechsel vor dem Arrest erhalten/ und für denselben das Geld empfangen oder nicht empfangen haben/ und sollen selbige für andere Schuld oder Verbrechen ihnen nicht abgenommen/ sondern denen jenigen/ denen die Wesel oder das Geld gehöret wieder ausgekehret werden. Wenn jemand einen Wechsel zur Zahlung acceptiret dessen Güter nachgehends vor dem Verfall-Tag des Wechsels confisciret oder mit Arrest beleget worden/ darneben das Geld welches der Acceptant vor dem Remittenten hätte bezahlen sollen/ des Acceptanten eigen/ und nicht des Remittenten ist/ so muß der Presentant nach geschehenem Protest, dem Remittenten solchen zuschicken/ damit sich derselbe mit dem Trassenten abfinde/ wenn aber das Geld gewiß des Trassenten gewesen/ so muß man erst die Bezahlung für den Wechsel aus den Gütern des Acceptanten nehmen/ und dann hierauff/ die Cron-Schulden und andere Pretensiones nach Beschaffenheit der Sachen suchen/ und sich nach bezahlten Wechsel von den Gütern des Acceptanten und Cautionisten contentiren/ damit der Wechsel so gültig sey/ daß man wegen dessen keines Arrestes oder Schadens sich zu befürchten habe.

XXXII.

Von Aufzeichnung oder *Consignation* der Wechsel/ und von Aufhebung der Streitigkeiten.

WEil wegen des allgemeinen Nutzens alle Wechsel/ und die wegen derselben abgeredte Cautiones durch verordnete beeydigte Mäckler müssen geschlossen werden/ so sind solche Mäckler über ihre übrigen Schuldigkeiten (wie in der Mäckler Instruction und Taxe soll gemeldet werden/) verpflichtet/ in ihren Büchern eine reine Consignation der geschlossenen Wechsel zu halten und in der Reihe nach den Datis so wohl die Nahmen der Remittenten als auch Trassenten/ wohin und auf wen der Wechsel gestellet/ wie lange Sicht/ und zu was Cours geschlossen sey/ wie auch alle übrige Umstände anzuzeichnen/ damit wenn sich hernach ein Streit ereignen möchte/ derselbe nach der von dem Mäckler gemachten Consignation könne erörtert werden. Wenn aber bey jemanden der Wechsel ohne Beyseyn eines Mäcklers geschlossen wird/ so muß der Streit durch schriffliche Zeugnisse und Zeugen geschlichtet werden.

XXXIII.

Von *Annullirung* der Wechsel welche weder *acceptiret* noch *protestiret* werden.

WEnn auf einem der gegebenen Wechsel die Zahlung erfolget oder auch acceptiret und wegen Wägerung der Zahlung protestiret worden / so sollen die übrigen zwey auf und nach den Termin ungültig seyn. Dafern auch alle drey verhanden seyn solten / aber keiner von denselben innerhalb 3 Monathen nach dem in den Wechsel gesetzten Zahlungs-Termin acceptiret würde / oder auch wegen Non-Bezahlung der gehörige Protest nicht aufgesetzet worden / so sollen dergleichen Wechsel sie mögen Sola oder auch dreyfach seyn / wegen vorbey gelassenen Termin weder im Gericht / noch in Rechnung / noch zu Remittirung angenommen werden können / sondern ihnen die Krafft des Wechsels benommen seyn wie denn auch allezeit die Acceptation und Zahlung gleichfals der Protest und Forderung vor Gericht nur auf einen Wechsel geschiehet / welches oben weitläufftiger erkläret worden. Wer aber weder acceptirt und protestirt und die gesetzte drey Monaths-Sicht vorbey gehen läst / der ist seines Rechts durch seine Nachläßigkeit verlustig. Denn die erhaltene Wechsel müssen besage diser Ordnung nothwendig in der gesetzten Zeit presentiret und acceptiret werden / auch hierauf die Zahlung oder bey Verfall-Zeit des Wechsels der Protest folgen. Und obgleich was die beyden Neben-Wechsel secunda & tertia betrifft / hiemit gnugsame abhelffliche Verordnung gegeben worden / so ist doch dienlich / daß ein jeder der solche in Händen hat / selbige auf solchen Fall nach Belieben entweder zerreisse oder durchstreiche / damit solche künfftighin keine Gelegenheit zum Betrug geben können.

XXXIV.

Von denen / welche auf Wechsel / so *annulliret* sind Geld fordern.

WEnn aber jemand mit Hindansetzung dieser Wechsel-Ordnung in drey Monat Frist auf einen verlohrnen oder gestohlenen Wechsel / ja auch der Presentant selbst auf einen annullirten Wechsel das Geld fordert / sich stellende als wenn noch auf keinem derselben das Geld wäre ausgezahlet worden / den soll man gleich durch ein von Zoll genommenes Stand-Gericht richten / und solte jemand mit einem solchen fremden Wechsel eines andern Geld prætendiren / und dessen überwiesen werden / denselben soll man wegen erdachten Betruges öffentlich straffen / und in dem Gericht / wo dergleichen Erkänntniß hingehöret / vor unehrlich erklären.

XXXV.

Von Betrüg in Stellung der Wechsel / und von Versehen im schreiben.

SOlte aber jemand unter einer fremden Hand den Wechsel stellen / und durch diese oder eine andere Art einen falschen Wechsel machen / auch darinn ergriffen und dessen überwiesen werden / den soll man solches Betrugs halber nach den Gesetzen straffen: Wenn sich aber der Trassent im Dato, Monath oder in der Geld-Summa verschrieben / welches wohl geschehen kan / so soll dieses Versehen ihm nicht als ein Dolus malus imputirt werden / sondern es kan wegen des Verschreibens ein Protest erfolgen / da denn in diesem Fall man schuldig ist die Interesse nebst dem daraus herfliessenden Schaden zu bezahlen.

XXXVI.

Von *promter Justice* und *satisfaction* in Wechsels-Sachen?

WEnn der Presentant oder ein anderer / dem der Wechsel nicht ist bezahlet worden / wegen nichs Bezahlung des Wechsels / und der desfalls aufgegangenen Unkosten entweder im Zoll-Gericht oder Rath-Hause vor Gericht suppliciren; So soll man so bald möglich hierauf Resolution ertheilen und mit der Resolution nich länger als 8 Tage Anstand nehmen / und während dieser 8 Tagen Acceptanten entweder an Waaren oder Güter soviel wie sich der Wechsel belaufft / arrestiren / verauctioniren und dem Supplicanten davon mit allen Unkosten wie oben im 30. Punct von den Unkosten erwehnet / contentiret werden / dabey die gantze Sache aufs höchste in zwo Wochen / und so die Noth / wegen Verlängerung des Verkauffs es erfordert / in Monath Zeit zu Ende gebracht werden muß / ausser in Sachen die weitläufftige Untersuchung und Anfragen aus andern Städten erfordern / wovon im Reglement des Zoll-Gerichts a parte gehandelt wird. Wenn aber die Waaren und Güter nicht an die Summa / welche zu zahlen ist / reichen / oder gar keine dergleichen verhanden / so muß man den Schuldner selbst unter Arrest setzen und mit demselben nach dem Reglement des Zoll-Gerichts verfahren. Wenn entweder der Acceptant, Remittent, Indossanten oder Trassent bey Protestirung des Wechsel legitime Ursachen vorwenden werden / warum sie die Zahlung weigern / so sollen ihnen 8 Tage Frist sich zu rechtfertigen gegeben werden. Indessen aber muß bis zum Austrag der Sachen und bis das gehörige dem Wechsel-Recht gemäß von dem Schuldigen restituiret worden / das Geld oder die Waaren (worüber gestritten wird) zur Sicherheit in das Gericht deponirt / oder deshalben suffisante Caution gestellet werden / ausser diesen aber muß der Richter keine Vorstellung regardiren / auch weder den Schuldigen loß lassen / noch dessen Straffe verringern / sondern denselben (vielmehr beständig) unter Wache halten / wenn aber der Richter hierwieder handelt / so muß er dasjenige / worüber suppliciret worden / selber gutthun / damit die Roulirung des Wechsels und die Gültigkeit desselben keinen Schaden leiden.

XXXVII.

Von dem Wechsel und Wechsel-Gericht wird kein Zoll genommen.

VOn den Wechseln sie mögen entweder ausser das Reich oder in dasselbe verschicket werden / wird kein Zoll genommen / auch dieselbige auf kein Stempel Papier geschrieben ausser der Protest und die andern vor Gericht vorkommende Schrifften / wo aber kein Stempel Papier verhanden / so wird sowohl der Protest als die übrige Schrifften auf schlecht Papier geschrieben / und die Gebühr für das Papier an die Crone bezahlet. Imgleichen wird von denen protestirten Wechseln / worüber entweder im Zoll-oder Rath-Hause mündlich geklaget wird / kein Zoll ausser den verordneten Accidentien genommen / wie solches im Reglement des Zoll-Gerichts gemeldet ist. Und diese Unkosten dürffen nicht von den Schuldigen restituiret werden / weil dem Kläger zur Vergeltung aller seiner Unkosten reichliche Interessen zugestanden sind.

XXXVIII.

Von den Wechsel-*Affairen* so im Rath-Hause und Zoll-Gericht vorkommen und nicht allein die Kauffleute / sondern auch andere Personen wes Standes sie auch seyn mögen / welche sich durch Wechsel verbinden / angehen.

OBgleich diese Wechsel-Ordnung vornehmlich vor die Kauffmannschafft verfertiget worden / so soll dennoch / wenn jemand entweder von dem militair, civil-und geistlichen Bedienten oder wes Standes es immer seyn möchte / Geld durch Wechsel übermachen / oder einen Wechsel auf sich selbst stellen / oder sonst mit der Kauffmannschafft in Form eines Wechsels sich verbinden würde / denselben nirgend anders / sie mögen entweder von den Kauffleuten oder die Kauffleute von ihnen etwas zu prætendiren haben / als nach dieser Wechsel-Ordnung im Rath-Hause oder Zoll-Gericht Satisfaction gegeben werden / ungeachtet ihrer Vorstellung / daß sie nicht unter dieses Gericht gehören / weil denen Kauffleuten der Zeitverlust und die Stöhrung ihres Negotii, wenn sie mit einer andern Person ausser den Kauff-Leuten / über die Wechsel in den Orten / wo deren Gericht ist / suppliciren sollen / nicht gelegen fället. Wer sich derhalben von solchen weder dem Rath-Hause noch Zoll-Gericht unterwerffen will / der soll sich auch nicht unterstehen / durch Wechsel / oder andre Schrifften in Form eines Wechsels mit denen Kauff-Leuten zu engagiren / oder sich nicht gegen dieselbe inexact bezeugen. Von Briefen aber / welche unter dem Nahmen eines Wechsels / nicht aber nach deren Formular, sondern nach einem andern / wie es auch immer seyn mag / gegeben werden / soll von denen / weche dergleichen wieder diese Ordnung geschrieben oder gegeben haben / ein halb pro Cento vor das Hospital genommen werden.

XXXIX.

Beschluß.

WEnn solche Wechsel-Affairen im Gericht verkommen / worin in dieser Ordnung gar nichts gehandelt worden / oder wo selbige zu Fällung der Resolution nicht zulänglich scheinet / so sollen dergleichen Sachen in den Städten in Zeit von 8 Tagen nach Angebung derselben vor Gericht / wenn vorher von dem Kläger oder von dem Beklagten / daß sie hierin gar keine Gedancken zur Verlängerung / noch wegen einiger Affecten die Sachen aufgehalten haben / geschworen werden / dem Commercien-Collegio nebst ihrem Gutachten zugeschicket werden / welche das Collegium alsdenn innerhalb 8 Tagen durchsehen soll. Ist nun unumgänglich nöthig etwas zu dieser Wechsel-Ordnung hinzu zu thun / so soll solches dem hohen Senat nebst dem Gutachten des Commercien-Collegii vorgetragen werden / allwo nach Approbation des hohen geheimen Conseil, solches aparte soll gedruckt und publiciret werden. Damit aber unterdessen die Forderung der Kläger wegen Banqueroute der Beklag-

ANNO 1729.

klagten nicht möge verlohren gehen / bis daß auf die Vorstellung ein Bescheid zur Completirung erfolget / und in dem Gericht / wo man wegen der Ordre angehalten / die Publication geschehen / so soll ein Arrest auf so und soviel Geld oder Güter / so hoch die Forderung mit allen Unkosten ist / auf die Person die man vor schuldig achtet / geleget werden; wenn man aber derselben ohne Arrest trauet / so muß sie wegen der Zahlung Caution stellen / bis nachgehends die Verordnung oder Ukase wegen Completirung dieser Wechsel-Ordnung darauf erfolget / und als denn muß darnach verfahren werden. Solte aber das Gericht die Affaire verzögern und Vorstellung thun / obgleich der Casus ausdrücklich in der Wechsel-Ordnung enthalten und selbigen auf eine andere Arth erklären / so sollen die Richter / wenn es bey der Approbation gemerckt wird / demjenigen / den sie in seiner Sache aufgehalten / und unschuldig arretirt haben / alle oben erwehnte pro Cento zu zahlen gehalten seyn / und über diß die Accidentien vor solchesmahl von der Sache nicht geniessen.

Das andere Capitel.

Von denen auf Cron-Gelder gestelten Wechseln.

I.

Wie man mit Cron-Wechseln Krafft des ersten Capitels dieser Ordnung verfahren soll.

OBgleich im Rußischen Reich das Übermachen der Cron-Gelder per Wechsel im Gebrauch ist / und vermöge des 36. Puncts der Instruction der Woywoden, so im vorigen 1728. Jahr herausgegeben / den Gouverneurs in denen Gouvernements die Cron-Gelder auf Wechsel zu geben und den Zahlungs-Termin auf ein Monath nach Sicht zu stellen befohlen worden / doch so daß die Provintz- und Stadt-Woywoden solches unterlassen müssen / weil eben zu der Zeit da diese Instruction heraus gekommen / noch keine besondere Wechsel-Ordnung gewesen; so soll doch auch diese Remittirung per Wechsel nicht allein bey den Gouverneurs, sondern auch bey den Collegiis, als dem Kriegs- Reichs-Kammer- und denen übrigen Collegiis und Cantzelleyen / wie auch bey deren Subalternen Statt haben. Und weil auch Frembde bisweilen contant Geld in die Casse geben und davor einen Wechsel nehmen / um die überflüßigen Unkosten wegen der Fuhr als auch die dabey zu besorgende Gefahr zu vermeiden; Als soll a Dato der Publication dieser Wechsel-Ordnung mit allen Reichs-Wechseln Krafft des ersten Capitels dieser Wechsel-Ordnung eben so / als in den Particulair-Wechseln gemeldet / verfahren werden; Was aber die bessere Sicherheit der Cron-Gelder und derselben geschwindere Auszahlung betrifft / darüber geschiehet in folgenden Puncten-Erklärung.

II.

Von denen / welche *contant* Geld in die *Casse* geben und Wechsel davor nehmen.

WEnn in St. Petersburg oder in Moscau oder in einer andern Stadt / wo die Verführung der Gelder gebräuchlich ist / entweder jemand von den Kauffleuten oder eine andere Person / wes Characters sie auch seyn mag / nach einer anderen Stadt Geld zu übermachen verlanget / so muß sich derselbe bey dem Commando, wo das Geld hinzuführen ist / melden / damit von ihm das Geld in die Casse möchte genommen / und ein Wechsel davor gegeben werden. Daselbst denn soll von demselben gleich die Supplique angenommen u. keine Zögerung gemachet werden (wie es zugeschehen pfleget / daß man auf dergleichen Suppliquen erst einen Auszug machet /) sondern nur die Rapporten u. Nachrichten durchgesehen werden / ob in der andern Stadt contant Geld ist / oder ob daselbst das Geld verschicket oder ausgegeben sey / und wenn man daraus ersiehet / daß in solcher andern Stadt contant Geld ist / alsdenn muß der Befehlshaber selbst / unter wessen Aufsicht die Geld-Cassa ist / die Supplique unterschreiben / daß man von Supplicanten das Geld empfange / und nach Empfang der Gelder solches in die Einnahm-Bücher eintrage. Hiernächst muß dem Supplicanten der Wechsel * unter der Hand des Befehlshabers in kurtzen Terminis gegeben werden / so daß darinn gemeldet werde / von wem und wieviel empfangen ist / und wieviel wieder von den contanten eingenommenen Geldern / sie mögen von einer Einnahme seyn wie sie wollen / dem Supplicanten oder dem er Ordre giebet / und in dorso unterschreibet / soll ausgezahlet werden. Solte auch jemand Secunda und Tertia-Wechsel verlangen / so sollen sie demselben also bald ohne einigen Wiederspruch gegeben und in dieselbe sowohl als in die Wechsel / von particulair-Personen nach obiger Verordnung gesetzet werden / in Secunda: wenn *Prima* nicht bezahlet worden / so zahle man auf diesen *Secunda*: in Tertia, wenn *Prima* und *Secunda* noch unbezahlt sind / so zahle man auf diesen *Tertia*. Wer nun also einen Wechsel annimmt / der muß darüber in den dortigen Einnahm-Büchern / in welche der Empfang der Gelder eingeschrieben wird / quitiren. Mit welcher Verrichtung dieser Sachen jedoch nicht länger als eine Woche soll zugebracht werden.

* Siehe im 3. Cap. daß 13. *Formular*.

III.

Von denjenigen / welche Geld auf Wechsel geben / und selbst versichern / daß in der Stadt / auf welche der Wechsel genommen wird / *contant* Geld vorhanden sey.

WEnn jemand Geld in die Casse zu geben ansuchet / und davor einen Wechsel nach einer andern Stadt zu nehmen / bey dem Befehlshaber aber derselben Stadt keine Nachricht vorhanden / ob allda contant Geld ist / und ob er gleich Nachrichten und Rapporten hat / jedoch dabey zweiffelhafftig ist / ob es nicht möchte geschehen seyn / daß nachdem der Rapport eingegeben / das Geld verschicket oder zu Ausgaben verbrauchet worden / so muß man in diesem Fal dem Supplicanten melden / ob er damit zu frieden seyn wolle / (wenn kein contant Geld vorhanden ist /) so lange zu warten / bis an denselben Orte welches zusammen gebracht worden. Verspricht er alsdenn zu warten / so soll man ihm solches unter seine Supplique unterschreiben lassen / und ihm hierauf den Wechsel geben / wie im andern Punck gemeldet ist.

IV.

Von richtiger Bezahlung auf solche Wechsel:

WEnn der Presentant in der Stadt / wohin der Wechsel gestellet / sich mit dem gegebenen Wechsel bey dem Befehlshaber / welcher die Aufsicht über das Geld hat / und auf den der Wechsel gestellet ist / meldet / so ist keine Supplique noch Extract zu machen vonnöhten / sondern der Befelshaber accepiret den Wechsel mit Hinzuthun des Jahrs / Monaths und des Dati der Presentation. Solte contant Geld in Cassa seyn / so soll unangesehen der Wechsel auf 8 Tage Sicht gestellet ist / noch desselben Tages das Geld ausgezahlet werden / wenn aber so viel Geld nicht in Cassa ist / so soll man solches von den Cassirern oder von einem andern Commando wo Geld vorhanden ist / aufnehmen / (wie solches im 7ten Punct unten gemeldet wird) und aufs höchste solches in einer Woche auszahlen / auch wegen der Zahlung von dem Presentanten unter den Wechsel sich quitiren lassen.

V.

Von Beybehaltung des bezahlten Wechsels und von Einschreibung in die Ausgab-Bücher; wie auch von *Rapporten*.

DEr mit der Unterschrifft des Einnehmers bezahlte Wechsel / soll beybehalten und mit den Ordres und Assignationen ordentlich verwahret / auch die Auszahlung desselben in die Ausgab-Bücher eingeschrieben werden / so daß daraus erhelle / woher / unter wessen Hand / und wem der Wechsel gegeben / und aus was vor Einkünfften das Geld bezahlet ist. Auch muß hernach gleich mit der Post ohne Abwartung biß zum Monathl. Rapport an den Ort / von wannen der Wechsel gegeben ist / ausführlich geschrieben / wie nicht weniger dem Cammer- oder einem andern Collegio, oder einer Cantzelley / an welche das Geld zu übermachen gewesen wäre / Nachricht gegeben werden / um wiederum von dem Ort / wo es sich gehöret / eine gleiche Summa zu heben / und nach Empfang in die Einnahm-Bücher zu schreiben / und muß dabey notiret werden / daß solches per Wechsel gehoben werden.

VI.

Von *Protesten* gegen Cron-Wechsel und von Wiedererstattung derselben.

WEnn der Wechsel / welcher auf contant Geld gestellet worden / am gesetzten Termin wegen Mangel des Geldes nicht bezahlet wird / und der Presentant hierauf keinen längern Aufschub wegen Zusammenbringung des Geldes geben will / so muß der Befehlshaber selber einen Protest auffsetzen lassen / und solchen dem Presentanten geben / daß er nemlich aus Mangel baar in Cassa befindlicher Gelder den Wechsel nicht bezahlet habe / auch muß er davon über diß mit der ordinairen Post an den Ort / von wannen der Wechsel gegeben ist / rapportiren. Hiernächst ist nun der Presentant schuldig unverzüglich so wohl den Wechsel als auch den Protest an den Remittenten zu schicken / und ist in diesem Fall derjenige / wel-

ANNO 1729.

welcher auf kein contant Geld den Wechsel gegeben / dem Remittenten schuldig / von seinem eigenen Gelde 8 pro Cento nach der Summa des Wechsels zu zahlen und dem Remittenten die gantze Summa aus der Casse unverzüglich und zwar in einer Woche zurück zu geben. Solte aber jemand dem Befehlshaber / der den Protest geschicket / beweisen können / daß er baares Geld in Cassa gehabt / und einen unnötigen Protest gegeben / so soll man von dem / welcher den Wechsel gegeben / 8 pro Cento nehmen / und es dem / welcher Geld vor den Wechsel gezahlet / nebst der gantzen Wechsel-Summa in einer oder der andern Stadt / in welcher es dem Remittenten beliebt / nach Erhaltung solcher Nachricht innerhalb einer Woche zu stellen: Der Trassent aber soll wegen des ihm zugefügten Schadens / so in 8 pro Cento bestanden / von dem der das Geld gehabt / und den Protest zugelassen / nach geschehener Untersuchung wegen des falschen Protestes noch halb so viel das ist / 12 pro Cento sich bezahlen lassen. Gleichfals wenn ein Befehlshaber aus Boßheit oder sonst aus irgend einer Affection den Wechsel nicht acceptiret / jedoch weder das Geld noch den Protest ausgiebt / so muß bey solchen Befehlshaber den Presentant mit einem Notario publico (wo einer ist) kommen / und in Gegenwart zweyer oder dreyer Zeugen indiciren / daß er wider ihn protestire / u. hierauf einen Protest mit der Zeugen Unterschrifft aufsetzen. Krafft desselben ist er als dann verpflichtet / die oben gemeldete 8 pro Cento aus seiner eigenen Cassa zu zahlen / und die gantze Summa, so vor den Wechsel gezahlet worden / aus der Reichs-Casse zurück zu geben. Wenn aber der Remittent selbst bey Empfang des Wechsels / des in Cassa baar befindlichen Geldes versichert gewesen / nicht aber von dem Befehlshaber / wie in dem 3ten Punct gemeldet ist / versichert worden / so muß er ohne Protest die Auszahlung des Geldes erwarten / welche so bald das Geld zusammen gebracht worden / erfolgen muß. Wenn aber das Geld schon beysammen gebracht und man ihn mit der Auszahlung aufhalten solte / so soll man protestiren / und wegen nicht erfolgter Bezahlung wie oben gemeldet verfahren / damit dadurch keine Gelegenheit zur Infirmation des Wechsels gegeben werde.

VII.

Von Wechseln / so von einem untern *Commando* an ein höheres gegeben werden.

WEnn ein Unter-Befehlshaber auf Ordre Geld zur Ausgabe an dem Orte / wo er wohnet / (aber nicht in eine andere Stadt zu remittiren /) nöthig hat und nachdem er von einem andern Geld aufgenommen und solches in seine Einnahm-Bücher eingetragen / wie oben gemeldet / an einen höhern Befelshaber einen Wechsel giebet / und die empfangene Summa richtig wieder auszuzahlen / so soll damit gleicher Gestalt verfahren werden / als mit Wechseln / welche von einem höhern Befelshaber an einen Untern gegeben werden; und ob wohl dergleichen subalterne Commando keine Nachricht haben können / ob die höhern Commando baar Geld in Cassa haben / so soll dennoch dem Lauff des Wechsels en faveur die Zahlung gewiß innerhalb einer Woche geschehen; und wenn kein baares Geld solte vorhanden seyn / so soll von einem andern Commando, wo Geld in Vorrath ist / und bey welchem es nur bis zur Zeit der benöthigten Ausgaben stille liegt / jedoch nicht über die Hälfte borgsweise ausgenommen werden. Solte die Hälfte wegen Auszahlung des Wechsels zu wenig seyn / so sol nach Proportion aus unterschiedenen andern Commando Geld eingenommen werden / damit der Wechsel kan gezahlet und auch zugleich die nöhtigen Ausgaben bey einem jeden derselben bestritten werden. Solte ein Commando dem andern hierin nicht willfährig seyn / und das habende Geld nicht vorschiessen wollen / wieder solches soll das höhere Gericht protestiren / als nehmlich in der Residentz der Senat, aufs höchste binnen einer Woche; wenn sie aber nicht bey Zeiten protestiren / so sollen sie denen Remittenten die gesetzte pro Cento bezahlen / der Gouverneur aber / welcher über ein gantzes Gouvernement das Ober-Haupt ist / muß nachdem der Protest in den hohen Senat geschicket worden / auch andere Commando mit Arrest zwingen / daß sie Geld aufbringen und den Wechsel contentiren.

VIII.

Von baldiger *Satisfaction* und Abthuung der Wechsel *Affairen* / wenn Wechsel auf empfangene Gelder gegeben sind.

OBen gemeldete Satisfaction wegen nicht Gnugthuung der gegebenen Wechsel / wogegen Geld in Cassa eingenommen ist / soll geschehen und zur Vollkommenheit gebracht werden / von denenjenigen / die das Ober-Commando über die Trassenten und Acceptanten haben / als in der Residentz von den Gouverneur und Woywoden durch ein kurtzes mündliches Zollgericht / dabey mit dem Schluß nicht länger als 8 Tage soll zugebracht werden / damit ein jeder sein Geld sicher an die Crone geben / und Wechsel davor nehmen / die Crone hingegen durch Ersparung des Fuhrlohns Nutzen nehmen könne.

IX.

Von solchen Personen / welche von der Crone auf *Caution* Geld *per* Wechsel nehmen wollen / um solches in dem Ort auszahlen zu lassen / wohin es hätte sollen geführet werden.

WEnn ein in gutem Credit stehender Kauffmann in der Stadt aus welcher das Geld nach St. Petersburg / Moscau / oder einen andern Ort soll verführet werden / suppliciren solte / daß ihm das Geld ausgezahlet werde / um durch ihn an den Orten / wo es nöthig / wieder auszahlen zu lassen / so soll solches demselben unter schrifftlicher Obligation und gestellter Caution nebst Rechnung eines dreyfachen Wechsels an den bestimmten Ort / wie oben gemeldet / ausgezahlet werden; * In welchen der Zahlungs-Termin muß geschrieben seyn / daß selbiger / wenn die Distantz des Ortes abgerechnet wird / wie lange der Wechsel unter Wegens seyn muß / sich nicht über acht Tage Sicht erstrecke / und muß der Wechsel an die Befehlshaber selbsten mit der ordentlichen Post oder durch einen Expressen geschicket werden / nur daß derselbe gewiß an den gemeldeten Ort gelangen möge / und abgegeben werde.

X.

Von *Acceptation* dieser Wechsel und von Zahlung der Gelder / oder im Fall der *Non*-Bezahlung von *Restitution* derselben.

WEnn die Wechsel erhalten seyn / so müssen diejenigen / auf die sie gestellet / selbige zur Zahlung acceptiren / und innerhalb einer Woche bezahlen. Hergegen wenn der Acceptant den Wechsel nicht acceptiren / sondern sagen wird / daß er nicht schuldig sey denselben zu honoriren / in dem er kein Geld von dem Remittenten habe; so muß man an statt des Protestes einen Revers unter seiner Hand nehmen / und selbigen darauf nach der Stadt / von wannen der Wechsel geschicket worden / senden / allwo alsdenn von dem Remittenten und dessen Cautionisten ohnverzüglich das Geld sammt denen verordneten 8 pro Cento zu nehmen / und hat man mit dem / an welchen der ungültige Wechsel geschicket worden / nichts zu thun / noch ihn deswegen zu halten / sondern man muß sich hierüber mit dem Remittenten selbst abfinden. Solte es sich aber zutragen / daß der Acceptant den Wechsel zwar zur Zahlung acceptiret / hergegen das Geld auf den Termin binnen 8 Tagen entweder gantz oder zum Theil nicht bezahlet / so muß man so fort den Tag darauf nach dem Termin das Geld / so würcklich für den Wechsel hafftet / mit 8. pro Cento von der nicht bezahlten / nicht aber von der gantzen Summa von demjenigen / der acceptiret hat / eintreiben / und muß alles ohnfehlbahr ehe ein Monath nach dem Verfall-Tage verflossen / contentiret seyn; Wenn man aber weder an Gelde noch an Gütern die gantze Summa von dem Acceptanten bekommen kan / oder bey der ersten Anforderung gar nichts zu erhalten ist / alsdenn muß man in solchem Fall die gantze Summa mit den pro Cento Geldern / entweder von dem Remittenten oder dessen Cautionisten ohne Aufschub auch innerhalb Monath-Frist eintreiben / weil der Wechsel auf eine unsichere Person gegeben / sonsten hat aber der Remittent damit nichts zu thun / und muß demselben kein Schaden zugefüget werden / weil alles auf den Acceptanten fält.

XI.

Von Auszahlung der *pro Cento*-Gelder / an die Befehlshaber / wenn vorher die Cron-Gelder eingegangen seyn.

OBenerwehnte pro Cento-Gelder / welche wegen Non-Bezahlung von dem Remittenten und Acceptanten genommen werden / sollen denen Befehlshabern / so solche eintreiben darum gegeben werden / weil sie auch wegen unrichtiger Bezahlung für Cron-Wechsel selbige von dem Ihrigen zahlen müssen / nur muß die Restituirung des Capitals vor der Auszahlung der pro Cento-Gelder geschehen; Solte sich aber jemand unterstehen selbige / bevor die Cron-Gelder eingegangen / zu nehmen / von dem soll man wegen seines Ungehorsams alle solche pro Cento-Gelder ohne Ansehen nehmen und an das Hospital geben.

XII.

Von Eintreibung der Cron-Gelder von den Befehlshabern selbst / wenn nehmlich an unsiche-

ANNO 1729.

re Personen solche auf Wechsel gegeben worden.

SOlte einer von den Befehlshabern von unsichern Leuten Wechsel nehmen/ und Cron-Gelder davor zahlen / so daß solche Wechsel/ weil sie der Acceptant nicht acceptiret/ wegen deren Non-Bezahlung/ wie hievon oben Erwehnung gethan/ zurück geschicket werden/ so soll selbiges Geld aus den Gütern der Befehlshaber innerhalb Monathszeit ersetzet / und die nichts im Vermögen habende Trassenten durchaus nicht unter die Cron Schuldner gerechnet / noch in dem Restantien Register angeführet werden / darum / weil der Befehlshaber selbst die Casse nicht in acht genommen/ u. Cron-Gelder auf unsicherer Leute Wechsel gegeben: der Befehlshaber aber kan nachgehends sich wegen der Gelder mit dem Zoll-Gericht abfinden.

XIII.

Daß von denen Befehlshabern selbst/ wenn sie die gehörige *Execution* zu rechter Zeit nicht verhängen/ oder den *Termin* verlängern/ solche mit Strafe soll gesuchet werden.

GLeicher Gestalt wenn der Befehlshaber auf einen zur Zahlung acceptirten Wechsel nach der Verfallzeit/ Krafft des 10. Puncts dieses Capitels die gehörige Genugthuung nicht bewircket/ sondern die Verfall-Zeit verschiessen läßt/ oder gar durch seine Nachläßigkeit den Termin dem Acceptanten verlängert/ weil er der Zahlung halber ihm trauet / so soll der Befehlshaber alle Cron-Gelder wegen Versäumung der Zeit und seiner eigenen Nachläßigkeit von dem Seinen bezahlen/ und noch über dieses 8 pro Cento Straff-Gelder ans Hospital geben / der Remittent aber ist von diesem allen befreyet / nur kan der Befehlshaber nach Erlegung der Gelder an den Acceptanten bey dem Zoll-Gericht seinen Regres suchen.

XIV.

Von *Contentir*ung der in dem Wechsel gesetzten *Capitals-Summa* mit *Intressen* an Gelde: oder dafern keines vorhanden/ mit Verkauffung der Haab und Güter ohne Verzug.

OBgemeldete Capital-Summa und pro Cento Gelder sollen sowohl von denen Remittenten und Acceptanten/ als auch von den Befehlshabern wie viel nemlich ein jeder zu bezahlen hat / an baarem Gelde beygetrieben werden / wenn aber kein baares Geld da ist/ so so sollen sowohl Mobilien als Waaren / wie auch unbewegliche Güter öffentlich verauctioniret und über die gesetzte Frist unter keinerley Vorwand versetzet/ noch für andere. Transporten (Anweisungen) berechnet werden / damit bey der Crone keine Restantien verbleiben / u die Kauffleute oder andere/ welche ihr Geld auf Wechsel gegeben / contentiret werden mögen: Sintemahl der Wechsel eben so gewiß und sicher als contant geschicktes Geld seyn muß / und man dadurch/ wenn auf denselben keine richtige Zahlung erfolget / seinen Credit verliehret/ auch andere selbst in Ruin bringet.

XV.

Von bezahten Wechseln.

WAnn auf Wechsel/ die nach Inhalt des 9. Puncts gegeben/ die Zahlung geschehen / und das Geld in die Einnahm-Bücher getragen worden/ so muß auf einen derselben quittiret werden / daß die darum enthaltene Summa (wie hoch sie nehmlich ist) völlig bezahlet / und in die Einnahm-Bücher unter dem und dem Dato und Nummer eingetragen sey /der Wechsel hergegen demselben/ welcher ihn bezahlet/ nebst Secunda und Tertia, welche nicht zur Acceptation presentiret/ abgegeben werden; welche zwey letztere man nachgehends/ um Streit zu vermeiden / durchstreichen oder zerreissen kan/ um dadurch zu verhüten/ daß künfftig dergleichen un-acceptirten und zu keiner Gültigkeit gekommenen Wechseln nirgends Glauben zugestellet werde/ wie hievon im ersten Capitel Meldung geschehen. Solten auf einige Wechsel wegen Non-Bezahlung pro Cento-Gelder genommen werden / so sollen solche nach der Haupt-Summa sparte benennet werden.

Das dritte Capitel.

*Formul*aren der Inländischen Wechsel/ nebst deren Erklärungen.

Das *I. Formular.*

Von Wechseln / welche auf Sicht zuzahlen gestellet werden.

Pleskow den 1. Sept. 1722. Wechsel auf Rubl. 100.

AUf Sicht zahle der Herr für diesen meinen Prima-Wechsel an Hn. Artemi Straschnow, Kauffmann in Pleskow / oder Ordre Rubl. hundert / Valuta an Geld von Hrn. Peter Tschernow Kauffmann in Beloserskoi empfangen / und stelle es à Conto laut Aviso.

Herrn Herrn Niclas Wernow Kauffmann in Moscau in der Batatschkoi Slobode.	Semen Krasnow Kauffmann in Pleskow.

Erklärung dieses *Formulars.*

(1.)

Der Trassent ist, Semen Krasnow.

Remittent, Peter Tschernow.

Presentant, Artemi Straschnow.

Acceptant, Niclas Wernow.

Dieser Personen ist im dritten Punct des ersten Capitels gedacht/ hier aber sind sie durch das Formular selbst erkläret worden.

(2.)

Dieser Wechsel muß Krafft des ersten Capitels 7. und 14. Puncts bey der Presentirung desselben Tages sofort bezahlet werden/ oder der Acceptant muß daß er in den 3. Respit-Tagen zahlen wolle/ acceptiren.

Das II. Formular.

Von denjenigen Wechseln/ welche auf Termin nach Sicht zu bezahlen.

Moscau den 2. Jan. 1729. Wechsel auf Rubl. 1000.

Ein Monath nach Sicht zahle der Herr auf diesen meinen Prima-Wechsel an den Herrn Karp Siderow Kauffmann in St. Petersburg / oder Ordre Rubl. 1000. Valuta empfangen von Hrn. Nasar Sarow Kauffmann in Novogrod und stelle es mir à Conto.

Herrn Hrn. Iwan Iwanow Kauffmann in St. Petersburg.	Karp Karpow Kauffmann in der Golutwamoi Slobode zu Moscau.

Erklährung dieses Formulars.

(1.)

In diesem Wechsel sind ebenfals vier Personen / wie im ersten Formular, nur mit dem Unterscheid / daß der Zahlungs Termin ein Monath nach Sicht gestellet; es ist aber dieser im Formular gemeldete Termin zu beobachten nicht von nöthen / sondern nach dem Contract der Remittenten/ in wie viel Tagen oder Wochen nach Sicht mit denselben contrahiret worden/ zu bezahlen/ wie im 4. Punct des ersten Capitels gemeldet ist.

(2.)

Im ersten Formular am Ende ist eines Advis-Briefes gedacht worden / wovon auch im 6. Punct des ersten Capitels gehandelt / hier aber ist im Formular keines Advis-Briefes Erwehnung geschehen/ ist also der Acceptant nicht eben schuldig über dergleichen Wechsel einen Advis-Brief von dem Presentanten zu fodern.

Das III. Formular.

Solcher Wechsel / welche von *Dato* an da sie gegeben worden/ auf Termin gerechnet werden.

Twer den 3. Januarii 1729. Wechsel auf Rubl. 500.

Sechzig Tage nach Dato zahle der Herr auf diesen meinen Prima-Wechsel Herrn Prochor Kondratiew Kauffmann in Nowogrod oder Ordre Rubl. Fünff-Hundert / Valuta von

 Hrn.

ANNO 1729.

Hrn. Kandrat Iwanow Kauffmann in Twer empfangen / und stelle es a Conto laut Advis.

Herrn Hrn. Gabriel Sidorow Kauffmann in Nowogrod. | Karp Sobolew Kauffman in Twer.

Erklärung.

(1.)

Dieses Formular ist von den beyden ersten nur hierin unterschieden / daß von Dato des gegebenen Wechsels an / der Termin in sechzig Tagen gestellet ist / welchem Termin man noch zehn Respit-Tage pflegt zu geben / wovon in dem 14. Punct des ersten Capitels gehandelt worden.

(2.)

Der Termin von Dato des gegebenen Wechsels in sechzig Tagen / ist in diesem Formular nur zum Exempel gesetzet worden / man kan aber den Termin länger oder kürtzer nach genommener Abrede mit dem Rem:ttenten / wie sie wollen / setzen / wovon im 4. Punct des ersten Capitels gemeldet ist.

Das *IV. Formular.*

In welchem drey Personnen genennet sind.

Nowogorod / den 7. Jan. 1729. Wechsel auf Rubl. 200.

Vierzehn Tage nach Sicht zahle der Herr auf diesen meinen Sol: Wechsel Herrn Ostafe Iwanow, Kauffmann in Nowogorod oder Ordre Zweyhundert Rubl. an Rubel-Stücken.

Herrn Hn. Semen Sinowjew in Nischni-Nowogorod in Nicolai Tschudotworza Kirchspiel. | Iwan Sawjalow, Kauffman in Nowogorod.

Erklärung.

(1.)

In diesem Wechsel sind nur drey Personen als.

der Trassent: Iwan Sawjalow.

der Remitent: Ostafei Iwanow.

und der Acceptant: Semen Sinowjew.

Bey diesem Wechsel siehet man / daß der Trassent den Wechsel / nachdem er das Geld dafür empfangen / an den Remittenten giebt / und hierauf der Remittent entweder selbst die Valuta von dem Acceptanten hebt / oder durch einen andern an statt seiner heben läst / und alsdenn in Dorso den Wechsel unterschreibet / so daß der Trassent eine vierte Person des Presentanten / im Wechsel zu schreiben nicht nöthig hat.

(2.)

Was hie erwehnet ist / daß die Zahlung an Rubel-Stücken geschehen soll / so stehet es in allen Wechseln frey / die Müntze zu schreiben / die man veraccordiret hat / es sey an Rubel-Stücken oder klein Geld an Silber- oder Kupffer-Müntze / wie dessen im 28 Punct des ersten Capitels gedacht ist. Wenn man aber die Müntze in Wechsel nicht meldet / (wie in den ersten dreyen Formularen geschehen /) so muß man Krafft desselben 28. Puncts, man werde alsdenn mit Kupffer- oder Silber-Müntze bezahlet / selbige annehmen.

(3.)

Dieses vierdte Formular ist auch kürtzer als die andern / die überhaupt pflegen geschrieben zu werden; denn darinn ist ausgeschlossen / von wem die Zahlung empfangen / und wie es auf Conto zu setzen / hat aber eben dieselbe Krafft als die übrigen / so daß auch hiebey / wenn Remittent es nicht verlanget / keines Advis-Schreibens von nöthen ist.

Das *V Formular.*

Worinnen nur zwo Personen benennet sind.

St. Petersburg den 10. Januarii 1729. Wechsel auf Rubl. 700.

Zwey Monath nach Dato zahle ich auf diesen meinen Sola Wechsel / an Herrn Iwan Iwanow Kauffmann in St. Petersburg oder Ordre Rubl. sieben hundert in kleiner Silber-Müntze / Gabriel Ermolajew, Kauffmann in St. Petersburg.

ANNO 1729.

Erklärung.

(1.)

Dieser Wechsel / worin zwo Personen vorkommen / da der eine dem andern Geld giebt / und auf Termin verspricht zu bezahlen / kan von eben der Krafft als die übrigen seyn.

(2.)

Hier ist mit kleiner Silber-Müntze zu bezahlen geschrieben / es kan aber auch nach diesem Formular eine andere Müntze geschrieben werden / wie oben erkläret ist.

Das *VI. Formular.*

Von Wechseln / die von denen *Patronen* auf ihre Buchhalter gezogen werden.

Archangel d. 12. Januarii 1:29. Wechsel auf Rubl. 300.

Zehn Tage nach Sicht zahle auf diesen meinen Prima-Wechsel aus meinen Mitteln an Herrn Naum Miljakow Kauffmann in Jaroslaw oder Ordre Rbl. Drey Hundert in Kupffer-Geld / an fünff- und ein Cop. Stücken.

Sot Sawjalow Kauffmann in Jaroslaw.

an

Meinen Buchhalter Semen Gerasimow, in Jaroslaw in der Ogorodnoi Slobode.

Erklärung dieses Formulars.

(1.)

Der Trassent ist der Patron selbst Sot Sawjalow, der Remittent und Presentant ist der Naum Miljakow, der Acceptant ist der Buchhalter Semen Gerasimow.

Nach diesem Formular können nicht allein Herren an ihre Buchhalter / sondern auch Väter an die Kinder / Brüder an Brüder oder auch an andere / welche das Hauß-Wesen verwalten / die Wechsel stellen.

(2.)

Dieser Wechsel / so von dem Patron gegeben / braucht keiner weiteren Vorsichtigkeit / denn der Patron hat selbst den Wechsel an seinen Hauß-Bedienten gegeben und nicht an einem Fremden.

Das VII. Formular.

Von Wechseln / so von Buchhaltern an die Patronen ausgegeben werden.

Wologda den 15: Jan. 1729. Wechsel auf Rubl. 250.

Viertzig Tage nach Dato beliebe der Herr zu bezahlen auf diesen meinen Sola-Wechsel an Hn. Elisar Bogdanow, Kauffman in Kasan oder Ordre Rubl. Zwey Hundert Funffzig / Valuta auf des Herrn Conto von Herrn Jeremias Subow an baarem Gelde erhalten / laut Aviso.

An meinen Patron den Hrn. Simon Petrow Kauffman in Kasan / in der Tartarischen Slobode. | Dessen Buchhalter Hiob Mischustin.

Erklärung.

(1.)

Trassent ist der Buchhalter Hiob Mischustin.

Remittent, Jeremias Sabow.

Presentant, Elisar Bogdanow.

Acceptant, der Patron des Buchhalters Simon Petrow,

In diesem Wechsel kommen eben die vier Personen vor / welche in denen ersten Formularen angeführet worden / nur mit dem Unterscheid / daß in diesem Wechsel ausdrücklich gemeldet wird / daß der gegebene Wechsel vom Buchhalter auff den Herrn gestellet worden.

(2)

(2.)

Beym Empfang dergleichen Wechsel/ so vom Buchhalter an den Patron gegeben worden/ muß der Remittent genau beobachten/ ob er Vollmacht vom Patron habe/ damit im Fall eines Protestes vom Patron, der Remittent keinen Schaden leide: Zu welchem Ende auch in dem Formular gemeldet worden/ daß die Valuta laut Advis-Brief für des Patrons Rechnung sey.

(3.)

Gleicher Gestalt kan mit den Wechseln/ welche Kinder auf ihre Väter/ Brüder und dergleichen auf ein ander ziehen/ verfahren werden.

Das VIII. Formular.

Von Wechseln in welchen man will zu erkennen geben daß die *Valuta* davor an Waaren vergütet sey.

Moscau den 17. Jan. 1720. Wechsel auf Rubl. 2000.

Vier Monath nach Dato zahle ich an Hrn. Anton Petuchow, Kauffmann in der Coschelnoi Slobode zu Moscau oder Ordre Rubl. Zwey Tausend in Rubel-Stücken/ Valuta habe davor an Waaren / als 100 Berkowitz Flachs/ 100 Pud Wachs u 10000 Arschin Leinwand empfangen.

Martin Dorofejew Kauffmann in der Bronnoi Slobode zu Moscau.

Das IX. Formular.

Von solchen Wechseln/ worin man auch zu erkennen geben will/ daß die Valuta an Waaren empfangen sey.

Moscau den 20. Januarii 1729. Wechsel auf Rubl. 900.

Den 4. Maji 1729. zahle der Herr auf diesen unsern Secunda-Wechsel/ Prima unbezahlt / auf Ordre Herrn Alexei Prostoi, Kauffmanns in Moscau Rubl. Neun Hundert/ Valuta von denselben an Waaren erhalten / und stelle es à Conto laut Aviso.

Herrn Hn Bogdan Kosirew Kauffmann in Tobolski.	Iwan Wlasow, Kauffmann in der Koschelnoi Slobode zu Moscau. Peter Serebrenikow, Kauffmann in der Goluswennoi Slobode zu Moscau.

Erklärung beyder *Formularen*.

(1)

So wohl in dem 8. als 9. Formular ist die Valuta an Waaren benennet/ dabey ist im 8. Formular nahmentlich was vor Waaren geliefert/ in den 9. Formular aber solches nicht ausgedrücket worden/ und kan man solche Wechsel wie man will/ entweder mit nahmentlicher Benennung der Waaren/ oder ohne dieselbe zu benennen/ oder auch derselben gar nicht zu erwehnen stellen / wie dessen im 18. Punct des 1. Capitels erwehnet ist.

(2.)

In dem 8. Formular sind nur zwo Personen / der eine wird als Remittent angesehen / nemlich der/ von dem die Zahlung an Waaren erhalten/ der andere aber ist der Trassent. Dahingegen kommen im 9. Formular vier Personen vor. Allein unter denselben sind 2 als Trassenten zu achten/ nehmlich Wlasow und Serebrenikow: Prostoi aber als Remittent, und Kosirew als Acceptant. Und kan man demnach zu folge dieses Formulars in alle Wechsel mehr oder weniger Personen/ so viele nehmlich als dabey vorkommen/ schreiben. Z. E. Es kommen zween Remittenten vor/ so schreibet man auch beyder Nahmen/ und eben so auch wann 2. Acceptanten vorkommen.

(3.)

Im 9. Formular ist der Termin zur Zahlung ausdrücklich den 4. May bestimmet. Dieses ist darum angeführet/ daß wenn der Remittent mit dem Trassenten verabredet/ den Termin precise anzusetzen/ in welchen Monath und Dato die Zahlung erfolgen soll/ es frey stehe/ den Tag in dem Wechsel zu benennen/ und sind dergleichen Wechsel denen gleich/ welche auf so und so viel Tage nach Dato des gegebenen Wechsels gestellet werden/ wie denn auch denselben 10 Respit-Tage Krafft des 14. Puncts gegeben werden.

Das X. Formular

Von solchen Wechseln/ auf welche Indossementen geschrieben werden.

St. Petersburg den 25. Jan. 1729. Wechsel auf Rubl. 1000.

Sechzig Tage nach Dato zahle der Herr auf diesen meinen Wechsel-Brief an Herrn Artamon Gusew Kauffmann in Kaluga oder Ordre Rubl. Tausend/ Valuta von Herrn Semen Serikow, Kauffman in St. Petersburg/ empfangen.

Hrn. Hrn. Spiridon Prawdiwoi Kauffmann in Kaluga.	Kosma Almasnikow Kauffmann in St. Petersburg.

***Indossements* so in *dorso* des Wechsels geschrieben werden.**

Das *I. Indossement*.

Für mich an die Ordre von Herrn Iwan Subrew Kauffmann in Moscau / Valuta von denselben empfangen / den 30. Januarii. 1729.

Artamon Gusew.

Das *II. Indossement*.

Für mich an Herrn Bogdan Knigin/ Kauffmann in Kaluga oder Ordre: Valuta empfangen/ den 10. Februarii 1729.

Iwan Subrew.

Das *III. Indossent*.

Inhalt dieses zu zahlen an Hn. Gerasim Sikow, Kauffmann in Orlow den 21. Februarii 1729.

Bogdan Knigin.

(Es können bey denen Wechseln mehr oder wenigere dergleichen Indossanten seyn.)

Erklärung.

(1.)

Dieses 10. Formular der Wechsel ist deswegen anhero gesetzt/ um zu zeigen / wie die Indossanten die Zahlung von sich auf andere transportiren müssen/ und können dergleichen Indossanten auch auf den übrigen Wechseln seyn/ deren Formularen oben gewiesen sind/ wie auch auf denen welche von einer Stadt zur andern zu zahlen gestellet/ davon im 18. Punct des ersten Capitels Meldung geschehen.

(2.)

Indossanten sind Remittenten/ wie im 10. Formular gewiesen/ weil in dem Wechsel dem ersten Remittenten Artemon Gusew oder Ordre zu zahlen ist/ der Gusew aber/ weil er den Wechsel indossirt, daß dem Iwan Subrew soll bezahlet werden/ u. selbigem den Wechsel abgegeben/ so ist er dadurch der andere Remittent geworden; Subrew gibt ihn hierauff wiederum an einen andern und gehet der Wechsel also mit dem Indossement aus einer Hand in die andere/ biß er entweder an den Presentanten oder Acceptanten gelanget.

(3.)

Wer in dem Indossement erwehnen will/ daß er die Valuta von dem/ welchem der Wechsel gegeben/ erhalten/ der kan solches thun/ oder auch nur schlecht hin melden/ Valuta empfangen/ ohne hinzu zu setzen/ von wem er selbige erhalten. Will er aber auch solches nicht thun; so indossiret er nur den Wechsel bloßerdings: Inhalt dieses zu zahlen vor mich an N. N. mit Unterschrift des Dati und seines Nahmens / wie davon oben gemeldet; denn hierin bey dem Wechsel keine Gefahr zu besorgen ist.

(4.)

Wenn ein solcher Wechsel von dem Presentanten wegen Non-Acceptation oder wegen Non-Bezahlung protestiret wird/ so können diejenigen/ welchen der Wechsel nicht bezahlet worden/ das Capital nebst den Unkosten/ der Wechsel-Ordnung gemäß/ von den oben erwehnten ersten Personen/ nehmlich von denen Remittenten oder Trassenten/ dem/ wo

von

ANNO 1729.

von im 19ten Punct des ersten Capitels Erwehnung geschehen.

(5.)

Obengemeldetes Wechsel-Formular mit Indossanten ist ein solches / worauf die Acceptation, das ist / die Unterschrift des Acceptanten zur Zahlung noch nicht geschrieben ist; Es pflegen auch auf Wechseln / welche der Acceptant zur Zahlung schon acceptiret / Indossanten zu seyn z. E. wenn der Presentant / welcher einen solchen acceptirten Wechsel hat / den Termin nicht erwartet / sondern auf einen andern dessen Empfang indossiret / und dieser wieder auf einen andern / so daß derjenige / an den das letzte Indossement lautet / von dem Acceptanten vermöge dessen Acceptation das Geld auf den Termin empfänget / und muß hierbey in allem / wie oben unterm 10. Formular erkläret / verfahren werden.

Formular der in auswärtige Oerter zuverschickenden Wechsel.

Das XI. Formular.

Moscau $\frac{1}{12}$ Octob. 1728.

Wechsel auf Rubl. 3000. à 53. Stuber per Rubl.

Sechs Wochen nach Sicht zahle der Herr für diesen meinen Prima-Wechsel an Hn. Iwan Lopatin oder Ordre Rubl. Drey Tausend à drey und funffzig Stüver courant per Rubl. Valuta contant empfangen von Hrn. Jacob Solenikow, und stelle es à Conto laut Aviso.

Herrn Hn. Matth. Ribnikow, Kauffmann in Amsterdam. *Prima.*	Andreas Baranow, Kauffmann zu Moscau in der Badaschkoi Slobode.

In diesem XI. Formular bestehet der Unterscheid gegen denen Inländischen Wechseln / darin:

(1.)

Im alten und neuen Styl, nachdem an einem jeden Orte solcher gebräuchlich ist / maßen der neue Styl noch nicht an allen Orten angenommen welches diejenigen / so Wechsel geben / oder nehmen / wissen müssen / und dergestalt bemercket wird / das der alte Styl oben / und der neue unter dem Strich geschrieben wird / dabey dieser Unterschied ist / daß der neue Styl 11 Tage voraus gerechnet wird.

2.

Die Zahlung wird an statt des Rußischen Geldes mit Stüvern geschrieben / weil gemeiniglich das Remittiren der Gelder durch Wechsel / nach dem man schliesset / theurer oder minder gegen Holländische Stüver zu geschehen pfleget; In einigen Orten aber als in Engelland / wird auf Pfund Sterlinge / und in Franckreich auf Cronen und andere dergleichen Müntze geschloßen. Von selbigen ausländischen Müntzen müßen daher diejenigen / so per Wechsel Gelder remittiren / mehrere Kundschaft haben / damit sie nicht wegen Unwissenheit der frembden Müntzen in unnöthigen Schaden verfallen.

3.

In die auf fremde Oerter gegebene Wechsel können die Terminen nach dem mit denen Remittenten geschlossen worden auf so viel Tage oder Wochen nach Dato oder Sicht / oder precise auf ein gewisses Datum gestellet werden / auch kan man die Valuta mit Geld oder Waaren vergütet zu seyn exprimiren / oder auch gar worin die Zahlung geschehen / nicht erwehnen / doch muß man dabey auf eines jeden Orts / wohin der Wechsel gehet / übliche Wechsel-Gewohnheit sehen / damit der Wechsel in keinem Stücke streitfällig sey.

4.

Gleichwie nun alle diese Formularen nur zur Notitz der Russischen Kaufmanschafft sind aufgesetzet und erkläret worden / damit die Kauf-leute ordentlich nach diesen Formularen die Wechsel einrichten mögen / so soll es mit denen auswärtigen Wechseln / welche auf Rußland gerichtet sind / so wie dieselben vordem nach dem dortigen Gebrauch geschrieben und verschicket sind / auch noch künftig gehalten werden. Nach Endigung des oben gemeldeten ist allhie auf ein jedes Formular die sich schickende Erklährung gegeben worden.

1.

Wie die *Acceptanten* den Wechsel unterschreiben das ist *acceptiren* sollen.

Wenn der Presentant dem Acceptanten den Wechsel zur Acceptation presentiret / so ist dieser schuldig denselben folgender Gestalt zu acceptiren

1729. den 10. Jan. acceptire zu bezahlen Iwan Galkin, Kauffmann in der Solutwennoi Slobode zu Moscau.

Wenn jemand auf Conto einer andern Person / oder vor seinen Patron bezahlen will / und solches verlanget in der Acceptation zu erklären / so kan solches folgender Gestalt geschehen:

1729. den 11. Jan. acceptire zu bezahlen für Rechnung des Sidor Ignatiew Kauffmanns in Twer / Karp Gabrilow Kauffmann in Nowogrod.

Oder

1729. den 12. Jan. Acceptire zu bezahlen vor meinen Patron Iwan Iwanow Kauffman in Moscau / dessen Buchhalter

Simon Nosow.

2.

Wie die Zahlung auf den Wechsel zu *quitiren* / und was daraus erfolget.

Wenn der Presentant das Geld empfängt / so quitirt er den Wechsel in dorso also.

1729. den 20. Jan. Inhalt dieses empfangen.

Sidor Semenow, Kauffman in St. Petersb.

Wenn man vor den Patron oder von einen andern quitiret / so kan man schreiben Vor meinen Patron, oder vor meinen Compagnon N. N. habe ich die Zahlung erhalten; und hierauf setzet man darunter seinen eigenen Vor-und Zu-Nahmen.

Nach diesem Formular ist man schuldig den Empfang der Gelder entweder auf acceptirte Wechsel zu quittiren / denn wenn auff einen Wechsel der auf Sicht lautet / das Geld bezahlet wird / und der Acceptant die drey Respit-Tage nicht verlanget / so quitiret der Presentant auch ohne Acceptation daß der Wechsel vergnüget sey.

Was aber anbetrifft / daß man dessen Nahmen / vor wem der Wechsel acceptiret oder das Geld eingenommen wird / erwehnet; so geschiehet solches mehrerer Sicherheit halber / daß wenn ein Bedienter den Wechsel acceptiret / und nicht meldet / daß solches auf Conto seines Patrons geschehe / der Patron aber unterdessen fallit wird / und der Bediente solvendo bleibet / der Bediente gezwungen ist aus dem Seinen solches zu bezahlen / hernach aber sich mit dem Patron oder mit andern / Krafft des ersten Capitels gerichtlich absinden kan.

Wenn es sich begiebt / daß der Presentant dem Acceptanten Glauben zustellet / und das Geld für den Wechsel nicht auf einmahl empfänget / sondern den Termin verstreichen läßt / so quittiret er den Wechsel folgender Gestalt.

1729 den 20. Januarii habe auf Rechnung so viel Rubl. empfangen.

Sidor Karpow.

Den 25. habe noch so und so viel Rubl. empfangen.

Den 10. Februarii habe den Rest an soviel Rubl. empfangen.

Sidor Karpow.

Hiebey stehet es frey zu schreiben / auf wessen Rechnung oder vor wem es empfangen worden / wie schon oben davon gedacht ist.

Von solcher von dem Presentanten gegebenen Frist ist zu wissen / daß der Presentant alle Gefahr auf sich genommen / und solte währender dieser Zeit der Acceptant falliren / so ist der Presentant dem Remittenten oder Indossanten verpflichtet solches mit dem Seinen zu contentiren / wovon im 12. Punct des ersten Capitels Erwehnung geschehen.

3.

Von dem Unterscheid zwischen dem *Secunda* und *Tertia* Wechsel.

In dem Prima Wechsel schreibet man gemeiniglich wie oben gewiesen.

Auf diesen meinen Prima Wechsel / &c.

In dem Secunda aber: Auf diesen meinen Secunda Wechsel / (Prima unbezahlt) &c.

Im dritten: Auf diesen meinen Tertia-Wechsel / (Prima und Secunda unbezahlt) u. s. w. nach denen vorgeschriebenen Formularen.

Dieser Unterscheid ist nur in solchen Wechseln / welche auf eine Summa dreyfach gegeben werden nöthig / nicht aber bey Sola-Wechseln.

Das

ANNO 1729.

Das XII. Formular.

Von Protesten.

Erstlich soll die Copie des Wechsels von Wort zu Wort auf einen gantzen oder halben Bogen geschrieben werden.

Unter dieser Copie.

St. Petersburg 1729. den 10. Febr.

Ich Endes-Unterschriebener Ihro Kayserl. Majest. bey der hiesigen Stadt verordneter Notarius Publicus, bin auf Verlangen des Artemi Straschnow, Kauffmanns in Pleskow/ mit dem Original Wechsel/ dessen Copie hie oben stehet/ zu dem Niclas Wernow, Kauffmann aus Moscau gegangen/ und habe von ihm die Acceptation (auf einem acceptirten Wechsel aber die Zahlung) dieses Wechsels verlanget/ worauf er mir in Gegenwart der unterschriebenen Zeugen geantwortet: (hier muß dasjenige was er gesagt ausdrücklich hingesetzet werden/) Derohalben habe ich Notarius auf oben bemeldtes Verlangen wegen Non-Acceptation (oder Non-Bezahlung/ dieses Wechsels um das Wechsel-Recht in vigore zu erhalten/ gebührender massen protestiret/ und diesen Protest obgedachtem Artemi Straschnow abgegeben

Iwen Gridnew.

Not, Publ.

Karp Sirnew, Kauffmann in St. Petersburg als Zeuge

Gabriel Tschernoi, Kauffmann aus Moscau als Zeuge

Eben so müssen auch die übrigen Zeugen unterschreiben/ wenn mehr verhanden/ wer aber selbst nicht schreiben kan/ an dessen statt kan ein anderer/ dem man glaubet/ nach dessen Bewilligung unterschreiben.

Nach solchem Formular sollen alle Proteste geschrieben werden/ sie mögen sich ereignen wo sie wollen/ von denen Notariis Publicis, wo welche sind/ wo aber keine sind/ alsdenn von einem Cantzelisten aus dem Zoll oder Rathhause/ auf den kleinen Land-Jahrmärckten aber von einem Land-Schreiber/ wovon im 10. Punct des ersten Capitels gemeldet; Dennoch aber wird an den Orten/ wo Notarii Publici sind/ verbothen/ daß keiner ausser ihnen sich unterstehe Proteste zu schreiben/ damit hiedurch kein Unterschleiff sich ereignen möchte.

In dergleichen Protesten, welche kein Notarius Publicus aufgesetzet/ muß man folgende Worte verändern.

Als an statt dessen: Ich Endes Unterschriebener Ihro Kayserl. Majestät verordneter Notarius Publicus bin gegangen; muß geschrieben werden: Ich Endes-Unterschriebener bin wegen Mangel eines Notarii Publici an hiesigem Orte/ mit dem Original-Wechsel gegangen &c. wie im Formular.

Gleichfals wenn jemand sie/ wegen Red- und Antwort zu geben/ nicht ins Haus läst/ wovon im 10. Punct Meldung geschehen/ so muß im Protest ausdrücklich angeführet werden. Wie nemlich er zu N N. gegangen/ die Acceptation (oder Zahlung) des Wechsels zu fordern; der Acceptant aber/ um Antwort zu geben/ ihn nicht zu sich ins Hauß gelassen/ dahero er Notarius wegen der Nicht-Einlassung und Non-Acceptation (oder wegen Non-Bezahlung) zu Beybehaltung des Wechsel-Rechts gebührender massen protestiret habe/ &c. nach dem Formular.

Das XIII. Formular.

Der auf Cron-Gelder gestellten Wechsel.

1729. den 14. Martii.

Im Nahmen Ihro Kayserl. Majestät ist dieser Prima-Wechsel aus der Renterey in Moscau dem Kauffmann in Moscau/ Simon Sidorov dergestalt gegeben/ daß nachdem von ihm Fünff Hundert Rubl. contant Geld in die Moscauische Renterey empfangen/ und in das Einnahm-Buch obenbenandten Dato unter Numer - 8 angeschrieben/ sind ihm hergegen dem Semen oder dessen Ordre, der den Wechsel indossiret/ in Nischni Nowogorod aus der Gouvernements Cantzeley von eingegangen contanten Geldern/ sie mögen Nahmen haben wie sie wollen/ Krafft des Wechsel-Rechtes nach Sicht des Wechsels/ auffs höchste in einer Woche ohnverzüglich eben so viel soll ausgezahlet werden.

Dieses muß der Befehlshaber desselben Orts selbst unterschreiben und der Cassirer contrasigniren.

Nach diesem Formular sollen aus allen Commanden wo Geld empfangen wird/ die Wechsel/ nur das essentielle berührend/ ohne Hinzuthuung weitläufftiger Redens Arten eingerichtet werden.

Das XIV. Formular.

Solcher Wechsel/ welche vor ausgegebene Cron-Gelder genommen werden.

Kasan den 30. Septembr. 1729. Wechsel auff Rubl. 800. ANNO 1729.

Nach Wechsel Styl zu Versendung dieses Wechsels - - Tage gerechnet und 8 Tage nach Sicht zahle der Herr auf diesen meinen Prima-Wechsel an die Renterey in Moscau Rubl. Achthundert/ welches Geld ich hier aus der Gouvernements-Cantzeley von Zoll- und Kabaken- (oder aus andern/ welches muß ausdrücklich geschrieben werden/) eingekommenen Geldern empfangen habe/ und obbemeldten Dato in die Ausgab-Bücher unter Nummer - - - eingetragen ist.

Herrn Hrn. Jeremias Karpou Banquier in Moscau.	Iwan Ribnikow Kauffmann in Kasan.

Gleicher Gestalt können auch die übrigen nach diesen und oben angeführten Formularen mutatis mutandis geschrieben werden/ nur muß man sich vorsehen/ daß nichts ausgelassen werde.

1. Als oben zu Anfangs der Ort/ wo der Wechsel geschrieben/ nebst Dato, und der Geld-Summa.

2. Daß des Wechsel-Styls gedacht werde.

3. Der Ort wo der Wechsel soll bezahlet werden/ und die Summa mit Buchstaben ausgeschrieben.

4. Von wannen und aus was vor Mitteln das Geld empfangen.

5. In welchem Dato und unter welcher Nummer es in die Ausgab-Bücher eingeschrieben; hierunter der Nahmen des Acceptanten und Trassenten.

Ubrigens was die Vorsichtigkeit so hiebey zu observiren anlanget/ solches ist oben im andern Capitel weitläufftig beschrieben.

CXXXVI.

Lettre de GEORGE I. *Roi de la Grande Bretagne à* PHILIPPE V. *Roi d'Espagne sur la Restitution de Gibraltar produite au Parlement de la Grande-Bretagne en 1729.* [Mercure Historique Tom. 86. pag. 435.]

MONSIEUR MON FRERE,

J'Ai apris avec une extrême satisfaction, par le raport de mon Ambassadeur, que V. M. est enfin résoluë de lever les obstacles, qui ont retardé, pour quelque tems, l'entier accomplissement de notre union, puisque par la confiance que V. M. me témoigne, je puis regarder comme rétablis les Traitez qui ont été en question entre nous; & j'espére qu'en conformité, les Pieces concernant le Commerce de mes Sujets auront été extraites. Je ne balance plus à assurer V. M. de ma promptitude à la satisfaire par raport à sa demande touchant la restitution de *Gibraltar*, lui promettant de me servir des prémiéres occasions favorables qui se présenteront pour régler cet Article du consentement de mon Parlement, & pour donner à V. M. une preuve convaincante de mon affection. J'ai donné ordre à mon Ambassadeur, aussi-tôt que la Negociation, dont il a été chargé, sera terminée, de proposer à V. M. de nouvelles liaisons de concert & conjointement avec la *France*, convenables dans les conjonctures présentes, non seulement à affermir notre union; mais à assurer le repos de l'*Europe*. V. M. peut être persuadée, que de mon côté, j'aporterai toutes les complaisances possibles: ce que je me promets aussi d'Elle pour l'avantage commun de nos Royaumes, étant très-parfaitement,

Monsieur Mon Frére,

De V. M.

A. S. *James* le 1. Juin 1721. — *Le bon Frére* GEORGE ROI.

CXXXVII.

Traité de Paix entre les Rois de SUÉDE *&* *de* POLOGNE *compris dans deux Lettres de* Juin.

cet

ANNO 1729.

ces Rois, du 9. May & du 2. Juin 1729. [Mercure Historique Tom. 87. pag. 178.]

A FREDERIC-AUGUSTE,

Roi de Pologne, &c. Salut, &c.

TRES-PUISSANT PRINCE,

„ NOus FREDERIC, par la Grace de Dieu, Roi de Suede, &c. Comme dès le commencement de notre Regne, un de nos premiers soins a été de vivre en parfaite Intelligence avec toutes les Puissances Etrangères, & principalement avec celles qui nous sont voisines, nous avons été principalement attentifs à rétablir par des voies amiables, l'Amitié & l'Union, qui, comme il est notoire, ont été troublées entre le feu Roi Charles XII. notre Prédecesseur, de glorieuse mémoire, & Votre Majesté, de même qu'entre leurs Etats respectifs, Provinces & autres Terres situées dans l'Empire: & comme tout ce qui a donné lieu aux précédens troubles, ou ce qui les a entretenus, a réellement cessé depuis long-tems de part & d'autre, & que d'ailleurs, tant de notre côté, que de la part de V. M., le desir de voir l'ancienne amitié & bon voisinage rétablis, s'est manifesté de plus en plus, par où les Sujets de part & d'autre jouïssent en effet de la Tranquillité & de la Paix, en sorte qu'il semble n'y manquer plus rien que de voir ces vues louables & chrétiennes confirmées & renduës publiques par une Déclaration solemnelle & par écrit; nous n'avons pas voulu manquer de notre côté de la mettre en exécution, en conséquence de la Convention faite dans les Cours respectives, & en consideration d'une pareille Declaration qui nous a été promise de la part de V. M.

„ C'est pourquoi nous déclarons de la maniere la plus solemnelle, par notre présente Lettre, promettons & voulons, que dès à présent entre nous & nos Successeurs à la Couronne, comme aussi entre le Roiaume de Suede & ses Provinces & Païs, situez tant au dedans que hors l'Empire d'une part, & V. M. & ses Successeurs à l'Electorat de Saxe, & autres Provinces & Terres y appartenant, tant au dedans que hors de l'Empire d'autre part, tous les précedens Troubles & Différends, quelque nom qu'on puisse leur donner, cesseront, seront abolis & demeureront dans un éternel oubli: Nous voulons au contraire qu'il y ait une Paix générale & durable, & une Amitié sincere, & que bien loin qu'on puisse de part ou d'autre, ouvertement ou en secret, directement ou indirictement, entreprendre la moindre chose qui y soit opposée, on songe au contraire à avancer & soutenir l'Honneur, le Bien & l'utilité reciproques, en prévenant de part & d'autre les Dommages, & qu'on ne neglige rien pour rendre constante & solide la Paix retablie entre Nous & V. M. & les Sujets respectifs, d'une maniere qu'elle ne puisse jamais être rompue ni troublée.

„ Et comme nous donnons à cette notre Déclaration une force pareille à celle d'un Traité formel de Paix, & que Nous nous obligeons d'en exécuter le contenu, de la même maniere que si elle avoit été établie & conclue par des Négociations dans les formes, Nous attendons la même chose de la part de V. M., d'autant plus que pour l'intérêt commun, on est déja convenu à cet égard, & que nous avons en Votre Majesté une confiance fraternelle.

„ Au surplus, Nous sommes toujours prêts à témoigner à Votre Majesté toute sorte d'amitié. Fait à Stokholm le 9. Mai 1729.

De V. Maj. le très-affectionné Frere, Oncle & Cousin,

Signé.

FREDERIC.

Plus bas,

CEDERNCREUTZ.

Le Roy AUGUSTE *fit la reponse suivante.*

A FREDERIC, Roi de Suede, &c. Salut, &c.

TRES-PUISSANT PRINCE, &c.

„ NOus FREDERIC-AUGUSTE, par la Grace de Dieu, Roi de Pologne, Electeur de Saxe, &c. Nous avons fait avec beaucoup de contentement la lecture de la Lettre de Votre Majesté du 9. Mai, d'autant que nous en avons trouvé le contenu entierement conforme aux sentimens que nous avons témoignez il y a long-tems, & que nous avons fait constamment paroitre, principalement depuis l'avenement de V. M. au Trône, suivant son propre aveu, une pareille inclination & desir pour le rétablissement de l'amitié & l'union, qui, comme le marque V. M., ont été troublées entre nous & le feu Roi Charles XII. de glorieuse mémoire, Prédecesseur de V. M. & notre Electorat, Provinces & Païs respectifs situez dans l'Empire.

„ Dans cette situation d'affaires, & après que, comme le remarque fort bien V. M., tout ce qui a donné lieu aux précedens Troubles, ou ce qui les a entretenus, a réellement cessé depuis long-tems, & qu'au contraire la correspondance & la bonne harmonie a été renouvellée & augmentée de tems en tems, par où nos Sujets de part & d'autre se voient depuis plusieurs années retablis dans leur précedente Tranquillité, & jouïssent en effet de la Paix, en sorte qu'il semble qu'il n'y manque plus à present que de confirmer par une Déclaration solemnelle, & par écrit ces vûës louables & Chrétiennes.

„ Comme donc Nous recevons avec un cœur sincere la *Declaration* de Paix de V. M., faite suivant la Convention, & que Nous étions prêts de faire à V. M. une pareille Declaration, Nous declarons par la presente, de la maniere la plus solemnelle, promettons & voulons que dès à present entre Nous & nos Successeurs à l'Electorat de Saxe, Provinces y apartenant, & autres situées dans l'Empire, d'un côté, & V. Maj. ses Successeurs à la Couronne & Royaume de Suede, Provinces & Terres y apartenant, situées tant au dedans que hors l'Empire, tous les precedens Troubles & Differends cesseront, seront abolis, & demeureront dans un éternel oubli: Nous voulons au contraire qu'il y ait une Paix générale & durable, & que bien loin qu'on puisse de part ou d'autre, ouvertement ou en secret, directement ou indirectement, entreprendre quelque chose qui y soit oposée, on songe au contraire à avancer & soutenir l'Honneur, le Bien & l'Utilité reciproques, en prevenant de part & d'autre les Dommages, & qu'on ne neglige rien pour rendre constante & solide la Paix, rétablie entre Nous & V. M. & les Sujets respectifs, d'une maniere qu'elle ne puisse jamais être rompuë ni troublée.

„ Et pour plus grande force de cette notre Déclaration, Nous voulons qu'elle ait la même vigueur qu'un Traité solemnel de Paix, & Nous nous obligeons d'en exécuter le contenu de la même maniere que si elle avoit été établie & concluë par des Négociations dans les formes, d'autant plus que pour l'intérêt commun, on est déja convenu à cet égard, & que Nous avons pareillement une confiance fraternelle en V. M.

„ Au surplus, Nous sommes toujours prêts à témoigner à V. Maj. toute sorte d'amitié. Fait à *Varsovie* le 2. Juin 1729.

De V. M. le très-affectionné Frere & Oncle.

Signé,

AUGUSTE ROI.

Plus bas,

E. C., Comte de MANTEUFFEL.

Publication de cette Paix à Stockholm.

„ NOus FREDERIC, par la Grace de Dieu Roi de Suede, des Goths, des Vandales, &c.

ANNO 1729.

„ &c. Savoir faisons, que l'intention fincere & Chré-
„ tienne que nous avons eue depuis notre Avenement
„ à la Couronne & que Nous avons encore, de ré-
„ tablir & de conserver une Paix sûre & bonne A-
„ mitié avec toutes les Puissances, & particuliere-
„ ment celles avec lesquelles Nous & la Couronne
„ de Suede avons été en Guerre, ayant eu une heu-
„ reuse réussite, il a plû au Tout-Puissant de benir
„ de telle maniere nos bonnes intentions, que les
„ Differends & les Troubles survenus il y a quelques
„ années, & sur-tout au commencement de la der-
„ niere & sanglante Guerre entre le feu Roi *Char-*
„ *les XII.*, notre Beau-Frere, de glorieuse Mémoi-
„ re, & le Roi *Auguste* de Pologne, comme Elec-
„ teur de Saxe, & qui, par raport aux Hostilitez,
„ avoient deja cessé, sont à présent entiérement
„ terminez, abolis & changez dans une parfaite Paix,
„ union, sûreté & tranquillité: Ce que Nous avons
„ voulu rendre public à la Gloire du Saint Nom
„ du Seigneur, & pour la satisfaction & joye de
„ nos fideles Sujets. Fait à Stokholm le 30. Juin
„ 1729.

CXXXVIII.

11 Juin. ***Decret de Commission Imperiale adressé à la Diète de l'Empire dans l'affaire du Mecklembourg du 11. Juin 1729.***

FRoben Ferdinand Prince & Landgrave de Furstenberg, Comte de Heiligenberg & Whertenberg, Prince du Saint Empire Romain, Chevalier de la Toison d'Or, Conseiller Privé actuel de l'Empereur, & son principal Commissaire à la présente Diète Génerale de l'Empire, comme ayant ordre de Sa Majesté Imperiale, ne peut se dispenser de notifier aux Ministres des Electeurs, Princes & Etats de l'Empire, ici assemblez, & de faire connoître à tout l'Empire de quelle maniere le Duc Charles-Leopold, après avoir pris possession de la Regence de ses Etats, y a introduit par des voyes de fait & par des entreprises inouïes, des changemens, tendant à la destruction des Droits du Païs & Privileges de ses Vassaux & Sujets. Et pareillement qu'il s'est oposé par les Armes & dans le dessein prémedité de repandre du Sang; à la Commission Imperiale, établie en exécution des Déclarations & Ordonnances Imperiales; qu'il a troublé la Justice du Païs; qu'il a divisé le Tribunal de Gustrow, en le transferant en partie à Schwerin, de même que la Regence & la Chancellerie de Rostock à Domitz, en intention de persecuter de plus en plus sa Noblesse, après l'avoir déja maltraitée, & donné des marques publiques de sa haine contre elle, la traitant continuellement de Rebelle, & comme digne du Ban de l'Empire.

Qu'ensuite, selon les fidelles Rapports, il a établi à Domitz un Tribunal sanguinaire, qui, dans le commencement de son établissement, a été dirigé par lui-même; & continué ensuite par ses ordres, dans le tems qu'il étoit à Dantzig; & hors des Limites de l'Empire, en quoi il a manifestement contrevenu aux Ordonnances observées dans l'Empire, en matiere Criminelle & dans des Procedures d'Inquisition. Que le Conseiller Wolffrath a été decapité par Sentence de ce Tribunal. Que le Secretaire Privé Scharf, après avoir été plusieurs fois mis à la Question; où on lui a fait souffrir de cruels tourmens, en lui jettant sur le Corps du Souffre fondu, & en lui mettant sur la Tête une Couronne de Souffre brûlant, étant mort dans la Prison; son Corps, qui suivant la Sentence ne devoit être que roué, avoit été écartelé quelques semaines après, & les quatre quartiers avec la Tête exposez sur des Pieux hors la Ville; que le Bourguemaître de Domitz Prasch étant mort en Prison avant le tems de son exécution, son Corps avoit été trainé sur une Claye par des Mousquetaires, & enterré sous la Potence; que la Femme de ce Bourguemaître a été fouettée, marquée & bannie du Païs; ce qui n'a pû qu'inspirer de l'horreur aux principaux Etats de l'Empire, pendant que le Duc soutenoit avec la plus grande hardiesse, qu'il n'avoit à rendre compte de ses Actions qu'à Dieu seul.

Que de plus ce Prince a empêché l'exécution des Sentences criminelles, envoyées à la Chancellerie de Justice; qu'il a arrêté pendant plusieurs années le cours de la Justice au grand préjudice & à la ruine de quantité de ses pauvres Sujets; qu'outre cela il a reçu avec indifference les exhortations paternelles & les remontrances réiterées de l'Empereur, qu'il s'est soulevé par des expressions offensantes contre la précédente Commission Imperiale & contre le Rescript Imperial du 11. Mai 1728.; Que par ses Lettres du 15. Septembre & 3. Octobre de la même année, il a attaqué la Conscience & la Justice de l'Empereur, & constamment déclaré, qu'il lui étoit moralement impossible de ceder en aucune chose, alleguant que comme il tient de Dieu seul la Regence, il ne depend de personne; sans faire attention que la Subordination étant établie de Dieu même, & confirmée par les Constitutions de l'Empire, il attaque le Droit que Sa Majesté Imperiale, a, comme Empereur des Romains, de maintenir & de proteger les Vassaux & Sujets du Duché de Mecklembourg; Qu'enfin la precedente Commission Imperiale voulant continuer sa fonction & exécuter ses ordres, il l'avoit insultée par des entreprises detestables, comme si elle en vouloit à sa Superiorité Territoriale, en sorte que témoignant de plus en plus sa résolution ferme & inébranlable de résister & d'injurier, il s'est rendu coupable d'un juste & severe reproche, conformement aux Constitutions de l'Empire.

ANNO 1729.

Comme donc Sa Majesté Imperiale pour des raisons si justes & si essentielles, n'a pû, ni voulu differer davantage de se servir de son Autorité, en qualité de Juge Suprême de l'Empire, elle resolut le 11. Mai 1728. de changer la Regence des Etats de Mecklembourg, mais par provision seulement, & jusqu'à ce que le Duc Charles-Leopold de Mecklembourg se fût soumis veritablement, avec sincerité, & d'une maniere qui eût été agréable à l'Empereur, & de donner avec des instructions convenables, l'Administration desdits Etats au Duc Chrétien Louïs, comme *Proximo Agnato*. De plus Sa Majesté Imperiale ayant rejetté le 17. Janvier dernier toutes les remontrances alleguées par le Duc Charles-Leopold de Mecklembourg, comme non fondées, & exhorté ce Prince de se soumettre, même avec menace de faire proceder contre lui fiscalement; & après que le Duc Chrétien-Louïs eut declaré par ses Lettres du 16. Juin & 27. Juillet 1728., qu'il acceptoit l'Administration qui lui avoit été deferée provisionellement, & jusqu'à ce que Sa Majesté Imperiale en eût autrement disposé, qu'il suivroit exactement les Instructions Imperiales; comme devant servir de Fondement à cette Administration; & qu'en consequence de cette Declaration il eut envoyé le 5. & le 15. Fevrier 1729. des Reversales particulieres, signées de sa main & sellées de son Seau, conformement auxdites Instructions, & à la satisfaction de l'Empereur, Sa Majesté a jugé nécessaire de mettre à execution l'Administration resolue pour des raisons essentielles, & publiée le 11. Mai 1728. Enjoignant sur-tout de convoquer les Etats du Mecklembourg, conformement au Reglement établi le 5. Fevrier 1728., afin de deliberer sur les Griefs du Duc de Mecklembourg-Strelitz & autres, & d'établir des Reglemens salutaires au Public.

Surquoi il est arrivé que le Duc Charles-Leopold a fait afficher le 27. Decembre 1728. aux Portes des Tribunaux, Maisons de Ville, Eglises & autres Lieux, dans toutes les Villes, Bailliages & Villages du Duché de Mecklembourg, une Patente datée de Dantzig le 17. du même mois, contenant des expressions injurieuses contre la precedente Commission Imperiale & contre l'Administration deferée en dernier lieu au Prince son Frere; en disant entr'autres avec beaucoup de temerité: *Que le Prince son Frere & tous ceux à qui il apartient, doivent savoir, que dès à present, pour toujours, & une fois pour toutes, il casse, annulle & regarde comme non avenuës toutes ces sortes de Declarations & Ordonnances, de quelque nom qu'on puisse les appeller; soit Edits, Decrets, Commissions, Protectoires, Conservatoires, &c., qui soient contraires à la Superiorité Territoriale de toutes les Maisons Electorales, des Princes, &c.* Par où le Duc, au lieu de se soumettre fincerement & de reconnoître l'Administration provisionelle ordonnée par Sa Majesté Imperiale le 11. Mai 1728., a exposé aux yeux de tout l'Empire une Contumace seditieuse; & specialement en ce que par ses entreprises contre l'Administration deferée par l'Empereur au Prince son Frere, & autres Declarations & Ordonnances Imperiales, il a entierement renoncé à la Subordination de l'Empire, & par consequent à la fidelité immediate & obéïssance dûës à Sa Majesté Imperiale & à l'Empire. Et oubliant ainsi le Systême de l'Empire, il prétend une exemp-

exemption totale du *Nexus Imperii*, & de ne laisser à l'Empereur que la simple Prérogative d'Honneur & un vain Nom. Desorte que l'habitude de resister étant comme enracinée en lui, il ne reste plus d'esperance qu'il se soumette sincerement. Outre que conservant des Troupes dans Domitz & Schwerin, il n'y a point de sûreté.

Tout ce qu'on vient d'alleguer étant clair & manifeste, Sa Majesté Imperiale se reservant le châtiment ulterieur contre le Duc Charles-Leopold de Mecklembourg, à jugé à propos de communiquer à la Diète générale de l'Empire avec toutes ses circonstances, la Déclaration contenuë en cette injurieuse Patente, si capable d'irriter la patience de l'Empereur, & de donner du scandale à tout l'Empire; & Sa Majesté Imperiale s'attend que les Etats de l'Empire ici assemblez délibereront incessamment sur cette affaire, & qu'ils lui communiqueront leurs avis sur les moyens par lesquels on pourroit prevenir les suites fâcheuses, & rétablir la tranquillité dans le Païs.

Signé,

FROBEN FERDINAND.

Fait à Ratisbonne le 11. Juin 1729.

CXXXIX.

24 Juillet. *Traité d'Amitié & d'Union entre quelques anciennes Maisons des Princes de l'Empire; du 24. Juillet 1729.* [Mercure Historique Tom. 87. pag. 414.

NOus Frederic, par la Grace de Dieu Roi de Suede, des Goths & des Vandales, &c. &c.

Soit notoire que dès le 24. Juillet 1727. certain Traité d'Amitié & d'Union aiant été conclu entre le Duc de Brunswich-Wolfenbuttel, & notre très-cher Cousin le Duc de Wirtenberg, nous avons été invité par le Duc de Brunswich Wolffenbuttel à acceder audit Traité, dont le contenu est ainsi qu'il s'ensuit.

Soit notoire, qu'il a plû à Son Altesse Serenissime le Duc de Wirtenberg d'envoier à Son Altesse Serenissime le Duc de Brunswich-Wolffenbuttel, son Conseiller intime & Ministre à la Diète Jean Henri de Schutz, avec le caractere de Ministre Plenipotentiaire, pour concerter sur diverses affaires concernant tant les intérêts particuliers des Princes, que d'autres au dehors *& Statum publicum*, ensorte qu'aiant exposé de part & d'autre le désir où ils étoient de conclure un *Traité d'Amitié & d'Union*, on est convenu de ce qui suit, en attendant la Ratification.

I. L. A. S. les Ducs de Brunswich-Wolffenbuttel & de Wirtenberg aiant cultivé dès leur jeunesse une tendre amitié personnelle, L. A. S. sont resoluës non seulement de l'entretenir soigneusement, mais encore d'en serrer encore plus étroitement les nœuds.

II. Quoique les diferends survenus entre les Alliez de Vienne & de Hanovre soient accommodez par la signature des *Préliminaires*, & que par cela même la crainte de voir l'Empire entrainé dans une nouvelle guerre soit dissipée, L.A.S par une précaution digne de fidèles Patriotes, & après avoir été informées du Comte de Wurmbrandt, Conseiller Privé de l'Empereur & Vice-Président du Conseil Aulique, des intentions pacifiques de Sa Majesté Imperiale, qui sont aussi celles des autres Couronnes, autant qu'on le peut découvrir; se sont engagées par la présente Alliance, d'agir toujours de concert & de prendre les mêmes mesures dans toutes les occasions, au prochain Congrès & à la Diète pour la conservation de la tranquilité publique dans l'Empire & la sureté de leurs Etats; sur-tout, lorsque L. A. S. seront averties de quelque danger commun ou particulier, de s'en donner mutuellement & fidèlement connoissance, & s'il est nécessaire de se secourir mutuellement de conseil & d'effets, ainsi que l'on en conviendra *eveniente casu.*

III. D'autant que L. A. S. sont sorties d'anciennes Maisons de Princes de l'Empire, & que dans la précedente Union des Princes on a pourvu autant qu'il a été possible, *pro statu rerum & temporum*, que la dignité des anciens Princes de l'Empire fût à couvert de tous les préjudices dont ils étoient menacez, comme aussi de toutes prétensions & procedures illegitimes, L. A. S. s'engagent de nouveau à cet effet d'entretenir une constante & fidèle correspondance, d'agir de concert & de faire tous leurs efforts pour maintenir & conserver les *Principia Regulativa* établis par la Paix de Religion & par celle de Westphalie, & les droits & prérogatives des Princes confirmez dans lesdits Traitez; & à cet effet que leurs Ministres à la Diète ou à la Cour Imp. auront ordre de ne rien faire que de concert & après communication reciproque dans les choses qui concerneront l'intérêt des Princes, & dans les cas douteux d'attendre des instructions en conformité de ce que dessus; mais dans les affaires déja terminées, & sur-tout qui regardent les anciens Princes de l'Empire, ils seconderont les intérêts reciproques des Hauts Contractans sans attendre de nouvelles instructions & sans perdre de tems, pour faire connoitre par cette conduite la bonne harmonie qui regne entre leurs Maitres.

IV. Les Hauts Contractans sont convenus de s'informer l'un l'autre par écrit & même par envoi de Ministres, dans les cas importans, pour prendre des resolutions de concert: même au cas que quelques-uns des anciennes Maisons des Princes de l'Empire fût tellement exposée à quelque tort, contre les Loix de l'Empire ou les Droits des Princes, après les requisitions nécessaires, ils prendront part à la chose, & feront tous leurs efforts par écrit, députation ou autrement de l'empêcher, puisqu'on est obligé par l'Alliance commune de s'interesser en de pareils cas; comme aussi de faire à cet égard des représentations convenables à la Cour Imperiale & à la Diète, enfin suivant les circonstances, d'envoier des secours réels pour donner plus de poids aux choses; à cet effet de se tenir chacun dans ses Etats en une telle posture, par raport aux Troupes, qu'ils soient en état de repousser les voies de fait, dont eux ou leurs Voisins seroient menacez.

V. D'autant que depuis plusieurs années on s'est plaint unanimement des entreprises du Directoire de la Diète, qui commence aussi à s'aproprier plusieurs des Droits des Princes; on est convenu de s'y oposer unanimement *in Comitiis*, & de tenter tant auprès de l'Electeur de Mayence qu'à la Cour Imperiale les moiens d'y remedier.

VI. Quant au ceremonial on est convenu de dresser un Projet tendant à empêcher qu'on ne porte préjudice à la dignité de personne en accordant ou s'atribuant des titres peu convenables, & l'on conviendra entre les Hauts Contractans & même avec les autres Cours, avec lesquelles L. A. S. sont respectivement en correspondance, de suivre le stile usité jusqu'à présent entre leurs Cours, & de se servir de la premiere occasion d'établir cette uniformité. Quant aux titres à donner aux Princes modernes, on s'en tiendra à ce qui a été reglé sur ce sujet dans l'Union des Princes, de leur donner suivant la distinction de leur Maison le prédicat de *Doorlugtig-Hooggeboren* ou de *Hooggeboren* simplement, se reservant au contraire par cette Convention le predicat de *Doorlughtigste* les autres *Curialia*, & par raport à donner la main & autres Céremonies semblables, à moins qu'il n'arrive quelque chose de particulier à cet égard par raison d'étroit parentage ou par amitié; auquel cas ces complaisances particulieres ne peuvent déroger au droit des autres & ne peuvent en aucune maniere tirer à consequence.

VII. D'autant qu'à la Diète le Principal Commissaire Imperial, les Commissaires, & les Envoiez des Electeurs veulent établir un nouveau Ceremonial, les derniers sur-tout ne voulant pas se contenter des Prérogatives qui leur sont attribuées dans la Bulle d'Or, affectent une prééminence préjudiciable aux Envoiez des anciens Princes, les Hauts Contractans sont convenus unanimement d'insister par écrit auprès de Sa Majesté Imperiale conjointement avec les Princes & Etats, conformément au Plan dressé par les Envoiez à la Diète, comme aussi, *quoad Electores*, de donner ordre à leurs Envoiez à la Diète de s'oposer aux distinctions qu'ils s'arrogent au delà des Conventions, tant pour contenir les Electeurs dans leur rang, que pour confirmer encore plus le *Jus Legationis* qui apartient aux Princes de l'Empire, de l'aveu des principales Têtes Couronnées de l'Europe, enfin de se donner reciproquement dès à présent le prédicat d'Excellence & les autres *Ministerialia* dans leurs Correspondances & Conversations, s'en servant aussi à l'avenir *extra Caract. Legati.*

VIII. E

VIII. Et d'autant que cette affaire pourroit ainsi être mise sur un bon pied si le reste des anciennes Maisons des Princes & Etats vouloient entrer dans les mesures que l'on prendroit, fondées sur les Loix fondamentales & les coutumes de l'Empire, les Hauts Contractans sont convenus d'y donner tous leurs soins & de faire toutes les diligences. En foi de quoi le présent Traité a été signé & scellé de la part de S. A. S. le Duc de Brunswich-Wolfenbuttel par ses Conseillers ci-dessous nommez & de la part de S. A. S. Le Duc de Wirtenberg par son susdit Ministre Plenipotentiaire le Baron de Schutz: & sera ledit Traité ratifié dans 6. semaines par leurs Ministres respectifs. Fait à Wolfenbuttel le 24. Juillet 1719.

Signé,

De la part de S. A. S. le Duc de Brunswich-Wolfenbuttel.

De la part de S. A. S. le Duc de Wirtenberg.

Van Ludeck. (L. S). *J. H. Baron van Schutz.* (L. S.)

Van Schlenitz. (L. S.)

Comte de Dehn. (L. S.)

Ainsi nous accedons en qualité de Duc de Pomeranie à ladite Alliance de la même maniere que si nous avions été dès le commencement l'un des Contractans avec cette reserve néanmoins, que par raport à ce qui est contenu dans l'Art. VI. des predicats respectifs des Princes, & dans l'Art. VII. du titre d'Excellence que les Envoiez des Princes & Conseillers intimes actuels se doivent donner reciproquement, nous nous en tiendrons à l'étiquette en usage reçu à notre Cour & en notre Chancelerie, jusqu'à ce que l'on soit convenu de part & d'autre d'un Projet de Ceremonial; & au cas que quelques Princes de l'Empire soient invitez à acceder au présent Traité, on en fera part fidellement auparavant à ceux qui auront déja accedé.

Nous aprouvons donc, confirmons & ratifions sous cette reserve le susdit Traité d'Amitié & d'Union avec tout ce qu'il contient & ses Articles ainsi qu'ils sont inserez ci-dessus de mot à mot; nous nous engageons & promettons, foi de Roi & de Prince, de ne nous en departir en aucune maniere & d'accomplir de notre côté tout ce qui y est stipulé, de ne rien faire & de ne pas souffrir que d'autres fassent quelque chose qui y fut contraire. En foi de quoi, nous avons signé la présente de notre propre main, & y avons fait aposer notre Seeau Roial, fait à Stokholm le 12. Mai 1729.

Signé,

(*L. S.*) FREDERICK.

T. V. CEDERNCREUTZ.

CXL.

1730. Octobre.

Salutations-Tractat zwischen Rußland und Dännemarck auf ewig errichtet. [Copie Imprimée à Petersbourg.]

C'est-à-dire,

Traité pour regler le salut sur mer entre les Vaisseaux Russiens & ceux de Dannemarck conclu à Moscou le 30 Octobre 1730. V. St.

IM Nahmen der heiligen und unzertrennlichen Dreyeinigkeit.

Kund und zu wissen sey jedermänniglich. Demnach zwischen Ihro Höchstseel. und Glorwürdigsten Kays. Maj. von gantz Rußland Petro dem Ersten an einer / und Ihro jetzt regierenden Königl. Maj. zu Dännemarck / Friedrich dem Vierdten an der andern Seite / mittelst der A. 1710. über den zwischen beyden Theilen zur See zu observirenden Salut und Gegen-Salut errichteten Interims-Convention und dessen 7den Articul ausdrücklich verabredet und stipuliret worden / daß / nach erfolgtem Friedens-Schluße mit der Crone Schweden / auch

zwischen Ihro Kays. und Königl. Maj. Majest. über sothane Salutation zur See ein anderweitiger förmlicher und auf beyderseits Nachfolgere in der Regierung zu extendirender / immerwährender Tractat geschlossen werden solte / und denn Ihro jetztregierende Kays. Maj. von gantz Rußland die Allerdurchlauchtigste / Großmächtigste Fürstin und Frau / Frau Anna / Kayserin und Selbstherrscherin von gantz Rußland / Moscau / Kiow / Wolodimer und Novogrod / Zaarin von Astrakan / Zaarin von Siberien / Frau von Pleskow und Großfürstin zu Smolensko / Fürstin von Esthland / Liefland / Carelen / Twer / Jugerski / Perm / Wiatki / Bolgorski / und anderer Länder Grosse Frau / Groß-Fürstin zu Novogrod / des Niederlandes Tschernichow / Resan / Rostow / Jaroslaw / Bielosero / Udorien / Obdorien / Kondin und der gantzen Nord-Seite Gebietherin / Frau des Twerischen Landes / der Kartalinskischen und Grusinskischen Zaaren / des Kabordinskischen Landes / auch derer Tscherkassischen und Gorischen Fürsten und vieler anderer Länder erbliche Frau und Gebietherin / nicht weniger als Ihro Glorwürdigste Vorfahren: mit Ihro Königl. Maj. zu Dännemarck dem gleichfalls Aller-Durchlauchtigsten / Großmächtigsten Fürsten und Herrn / Herrn Friedrich dem Vierdten / König von Dännemarck / Norwegen / der Wenden und Gothen / Hertzog zu Schleßwig-Holstein / Stormarn und der Ditmarsen / Grafen zu Oldenburg und Delmenhorst eine egale aufrichtige Neigung hegen / unter einander in beständigem guten und Nachbahrlichen Vernehmen zu leben / auch diesem zu folge alles dasjenige / was zu einiger und der geringsten Collision und Mißverständniß Gelegenheit geben könnte / sorgfältigst aus dem Wege zu räumen; Als sind in solcher reciproquen Intention Beyderseits Maj. Maj. unter sich schlüßig worden / dasjenige / was oberwehnter siebende Articul der Interims-Convention zu thun vorgeschrieben / ohne weiteren Anstand zu bewerckstelligen und zu erfüllen / und für sich und Ihre Nachfolgere in der Regierung wegen des See Saluts und Gegen-Saluts so wohl in der Ost-als Nord-See einen förmlichen immerwährenden Tractat zu errichten und zuschliessen; Zu welchem Ende denn dieselbe ihre beyderseitige Ministros / als nemlich Ihro Kays. Maj. von gantz Rußland Dero Groß-Cantzler und Ritter des Ruß. Ordens des Heil Apostels Andreä / den Hochgebohrnen Gabriel Grafen von Golowkin / wie auch Dero Reichs-Vice-Cantzler / und würcklich Geheimten Etats-Ministre auch Ritter des Ordens des Heil. Apostels Andreä / den Hochgebohrnen Hinrich Johann Friedrich / Grafen von Ostermann: Ihro Königl. Maj. zu Dännemarck aber Dero würckl. Conferentz-Rath und dermahligen Envoyé Extraordinaire an Ihro Ruß. Kays. Maj. Hofe / auch Ritter des Rußischen Ordens von St. Alexander / den Hochwohlgebohrnen Hans Georg von Westphalen ernennet und bevollmächtiget / darüber zusammen zu treten / und einen solchen Tractat gehörig zum Stande zu bringen und zu vollenziehen / wordurch es auch unter des Allerhöchsten Seegen dahin gediehen / daß erwehnte Kays. und Königl. Ministri / kraft hierzu habender Vollmacht / und nach gepflogenen Unterhandlungen sich über nachfolgende Puncten völlig vereinbahret und verglichen.

I.

DEr zwischen Ihro Kays. Majest. von gantz Rußland und Ihro Königl. Maj. zu Dännemarck mittelst gegenwärtigen Tractats ein für allemahl fest gestellete Salut geschiehet auf einen gantz egalen Fuß und mit gleichen Honneurs vor beyderseits Flaggen / und beginnet diese würckliche Abstattung auf der Höhe der äussersten Gräntzen beyderseits Puissantzen in würcklichem Besitz habender Länder.

II.

Da nun solchem nach der Eingang im Rigischen Haff zwischen dem äussersten Point der Insul Oesel nach Suden / und dem äussersten Point des Churischen Walls nach Norden / Doms-Nest genannt / des Rußischen Reichs Dominii unstreitige Gräntze in der Ost-See ist; Also gehet auch daselbst / nemlich auf der Höhe von Doms-Nest / der von Dänischer Seite der Rußischen Flagge zuerst abzustattende Salut an / und continuiret längst der Küsten der beyden Insuln Oesel und Dagoe / auch längst der gantzen Lief-und Esthländischen Küste / hindurch das Finnische Haff / biß Cronstadt und St. Petersburg / also und dergestalt / daß wenn es sich zuträgt / daß eine Königl. Dänische Kriegs-Flotte / Escadre / eintzele Kriegs-Schiffe / Kreutzer oder andere Wimpel und Flagge führende armirte Fahrzeuge in benanntem Fahr-Wasser von Doms-Nest auf dem Churischen Wall längst der gantzen Lief- und Esthländischen Küste und durch das Finnische Haff biß St. Petersburg eine Rußische Kayserliche Kriegs-Flotte / Escadre / eintzele Kriegs-Schiffe / Kreutzer / auch andere geringere / jedennoch Wimpel und Flagge führende armirte Fahrzeuge begegnen / oder für Ancker liegend antreffen solten / alsdenn die Rußige Flagge von Dänischer Seite zuerst salutiret wird / die Gegen-Salutation Rußischer seits aber nach dem Inhalt des 4ten und des ersten Articuls gegenwärtigen Tractats geschiehet.

III.

In der Nord-See behält man die Interims Convention von An. 1710. zum Grunde / und beginnet gefolgl. der Dä-

nischer

Anno 1730. nischer Seits an die Rußische Flagge zuerst zu gebender Salut auf der Höhe der so genannten Nord-Cape/ und continuiret die gantze Weiße See hindurch biß zum Munde des Dwina-Stroms bey Archangel/ und so weit sich der Orten Ihro Ruß. Kays. Majest. Bothmäßigkeit erstrecket.

IV.

Die Salutation und Gegen-Salutation geschiehet Beyderseits mit unebener Lösung und egalen Schüssen/ so daß wenn der erste Salut mit 3. 5. 7. 9. 11. oder 13. Schüssen abgestattet worden/ die Gegen-Salutation oder Bedanckung mit eben so viel Schüssen geschiehet/ als empfangen werden/ doch ohne Streichung der Flagge/ Wimpel oder des Top-Seegels.

V.

Der von Rußischer Seite der Königl. Dänischen Flagge zu erst abzustattende Salut beginnet in der Nord See im Gesicht der so genannten Nord Cape/ und continuiret der gantzen Norwegischen und Juthländischen Küste hinlängs biß zum Weser-Strom/ und so weit sich der Orten Ihro Königl. Majest. Bothmäßigkeit erstrecket/ auch durch das Categat in die Ost-See biß hinter Bornholm ins Gesicht dieser Dänischen Insul/ wie nicht weniger längst der Seeländischen/ Mon-Falster-Lalandischen und Femerschen-Küste bis zum Trave-Strom/ welcher das Hertzogthum Hollstein von dem Mecklenburgischen absondert und also der Orten des Königl. Dänischen Dominii äusserste Gräntzen ausmachet; Solte es auch geschehen/ daß sich auf der Küste von Ißland und der Insul Feroe Rußische und Dänische Kriegs-Schiffe begegneten/ so wird die Dänische Flagge auch daselbst von der Rußischen zuerst salutiret.

VI.

In der Ost-See geschiehet von der Höhe des Trave-Stroms und von der Höhe der Insul Bornholm Ostwerts an biß zu den Küsten der Provintzen Lief- und Esthland und des Finnischen Hafs zwischen beyder Puißancen Flotten/ Escadres oder eintzelen Kriegs Schiffen etc. kein Salut noch Gegen Salut. Mit denen Kauffardey-Schiffen aber hat es hierinnen eine andere Bewandniß/ und wie es mit solchen gehalten werden soll: solches ist im neundten Articul gegenwärtigen Tractats verabredet worden.

VII.

So ofte der einen Puissance Kriegs Flotte Escadre/ eintzele Orlogs-Schiffe/ oder auch geringere/ jedoch Wimpel und Flagge führende armirte Fahrzeuge der andern Puißance Vestungen/ Castele oder See-Batterien vorbey seegeln oder sich ins Gesicht derselben vor Ancker legen; So salutiren selbige solche Festungen/ Castele/ oder See-Batterien zuerst/ jedoch ohne ihre Flagge/ Wimpel noch Top-Seegel zu streichen/ die Contra-salutation aus sothanen Vestungen/ See-Batterien und Castelen geschiehet aber mit eben so viel Canon-Schüssen/ als ihnen gegeben worden.

VIII.

Alle und jede Kauffardey Fahrer beyder Nationen sind gehalten/ bey Paßirung der einen oder andern Puissance Vestungen/ Casteele oder See Batterien ihre Top oder Mars-Seegel zustreichen/ es wäre denn/ daß ein aufstossender Sturm oder andern dergleichen Zufall. jemanden solches zu thun/ verhindert würde. In solchem Falle aber soll die Sache so gleich von See-erfahrnen Leuten untersuchet werden/ damit man wissen möge/ ob die Schuld an den Schiffer gelegen oder nicht. Wird derselbe in Culpa befunden/ so kan er zwar des Versehens halber nicht angehalten/ und an der Fortsetzung seiner Reise verhindert werden; Es wird aber das Factum seiner natürlichen Obrigkeit zugesandt/ die ihn denn nach Befinden und Grösse seines Verbrechens ohne Nachsehen exemplariter abstraffen lässet/ damit ihm und andern boßhafften Leuten die Lust/ sich ihres Devoirs malicieusement zu entziehen vergehen möge.

IX.

Die Kauffardey-Schiffe beyder Nationen/ welche der einen oder andern Puissance gantze Krieg.-Flotte/ Escadres/ eintzele Kriegs-Schiffe oder andere armirte mit Wimpel und Flagge versehene Fahrzeuge nicht allein auf denen Küsten der einen oder andern Puißance Dominii/ sondern auch in der vollen See begegnen/ sie mögen unter Segel seyn/ oder vor Ancker liegen/ sind gehalten vor dieselben ihre Top- oder Mars-Seegel zustreichen/ und solches zwar in der Distance eines kleinen Canon-Schusses. Wenn ein Kauffardey-Mann hierwider handelt/ so wird über ihn geklaget und er/ nachdem er seines Verbrechens hinlänglich überführet worden/ von seiner natürlichen Obrigkeit scharff bestraffet.

X.

Da es auch zum öftern geschiehet/ daß die Commendanten der Vestungen/ Castele und See-Batterien/ wie nicht weniger die Creutzer und wachthaltende Kriegs-Schiffe um denen Kauffardeyfahrern einiges Geld abzupressen/ denenselben unnöthige Warnungs-Schüsse zu schicken lassen; so werden die Warnungs-Schüsse zwar beybehalten/ es werden dieselbe aber nicht bezahlet. Der Officier er sey Ruße oder Dähne/ der hierwider handelt/ wird/ nachdem er des Facti überführet worden/ exemplariter gestrafet/ noch härter aber derjenige Schiffer/ der überzeuget worden/ daß er mittelst muthwilliger Unterlassung seines Devoirs zu einigen Warnungs-Schüssen Anlaß gegeben. Anno 1730.

XI.

Ob zwar in der Interims-Convention von A. 1710. wegen Salutirung der See-Caracter nicht stipuliret worden; So ist jedoch/ daß zur bessern Vorbeugung aller Irrungen dieser Punct gleichfalls der Billigkeit gemäß reguliret werde/ vor nöthig befunden/ und derselbe solcher gestalt/ fest gestellet worden; daß die Caracters zur See von beyden Theilen nach eines jeden derer beyden contrahirenden Puissancen eigenen See-Reglement salutiret werden/ die Gegen Salutation aber mit einer gleichen Anzahl Schüsse als der erste Salut gewesen/ geschehen solle/ jedoch mit diesem Unterschiede/ daß der General-Admiral einen particulairen nur von einem Capitaine commandirten Kriegs-Schiff allemahl mit 4/ die übrige Flagg-Männer aber demselben mit 2 Schüßen weniger/ als der Salut gegeben worden/ antworten.

XII.

Wenn einer von beyden contrahirenden Theilen etwa mit einer andern Puißance in Krieg verfallen sollte so sollen desselben Commiß-Fahrers oder zum Capern ausgerüstete Schiffe und Fahrzeuge/ ob sie gleich nach Kriegs-Gebrauch gleich andern Kriegs-Schiffen armirt und ausgerüstet wären/ dennoch was den Salut anbelanget/ nicht als solche angesehen werden/ sondern gehalten seyn/ gleich andern Kauffardey-Schiffen/ alle Flagge und Wimpel-führende Schiffe und Fahrzeuge mittelst Streichung des Top- oder Mars-Seegels zu salutiren/ und können consolglich keinen Gegen-Salut pretendiren: damit aber auch hierunter keine Irrung vorfallen möge/ ist solcherwegen beyderseits verabredet worden/ daß solche Commiß-Fahrers keine Flagge noch Wimpel/ sondern nur eine Ruß. Kayserl. oder Königl. Dänische Gösche nebst einer Kauffardey-Flagge führen sollen.

XIII.

Wenn eine Ruß. Kays. oder Kön. Dähnische Kriegs-Flotte/ Escadre/ eintzeles Kriegs-Schif oder sonst armirtes Flagge und Wimpelführendes Fahrzeug bey Anlangung in einen Dähnischen oder Rußischen Hafen oder auf einer Dänischen oder Rußischen Rhede daselbst ein dem Herrn der Rhede oder des Hafens zugehöriges Kriegs-Schif vor sich finden solte/ und selbiges salutiret/ nachmahls aber noch ein anderes gleichmäßiges auch dem Herrn des Orts zugehöriges Kriegs-Schif von demselben Commando in selbigen Hafen oder Rhede zu Ancker kommen solte; So wird dieses letztere Schif nicht salutiret/ in dem der Salut bereits an ersteres abgestattet/ und also an einem Ort nicht zweymahl repetiret werden darf.

XIV.

Falls es sich aber auch zutrüge/ daß ein Corps Rußischer oder Dänischer Kriegs-Schiffe unter Commando eines Flagg-Manns/ von was Caracter er auch immer seyn möchte/ auf einer Dähnischen oder Ruß. Rhede oder sonsten/ wo der See-Salut zwischen beyden Nationen Kraft dieses Tractats statt hat/ ein eintzeles dem Herrn des Orts zugehörendes/ jedoch nur von einem Capitaine oder geringeren Officier geführtes Kriegs-Schif oder anderes nur Wimpel habendes Fahrzeug vor sich fände; Solchenfalls ist verabredet worden/ daß der frembde ankommende Flagg-Mann selbiges vor sich findende eintzele Schif nicht zu erst zu salutiren/ sondern vielmehr von demselben den ersten Salut zu erwarten habe/ und zwar solches wegen Disproportion der Caracters. Führet aber selbiges eintzele Schif gleichfalls eine Flagge; so wird dasselbe sonder die geringste Difficultät zu erst salutiret.

XV.

Wenn eine Ruß. Kays. oder Königl. Dähnische Kriegs-Flotte/ Escadres/ eintzele Kriegs-Schif oder andere geringere jedoch mit Wimpel und Flagge versehene Fahrzeuge/ so bey Abgang von einer Dänischen oder Ruß. Rhede oder Hafen den gebührenden Salut ordentlich abgestattet/ durch contrairen Wind/ Ungewitter/ Leckwerden oder andere sinistre Zufälle genöthiget würde/ wieder zurück zu kehren/ und an vorigem Orte zu Ancker zu kommen; So geschiehet kein neuer Salut/ in dem derselbe bereits abgestattet worden/ und nicht repetiret werden darf.

XVI.

Solte es nun wider Vermuthen/ und beyder contrahirenden Puißancen Intention entgegen geschehen/ daß ein Rußischer

ANNO 1730. scher oder Dänischer See-Officier wider den Inhalt gegenwärtigen Tractats handeln/ und den mittelst selbigen festgestellten und vorgeschriebenen Salut oder Gegen Salut abzustatten sich weigern sollte/ so soll (weilen öffters etwas auf Mißverstand oder üblem Begrif/ da die Malice keinen Theil an hat/ geschiehet) derjenige/ dem in solchem Falle zu nahe geschehen/ so gleich auf der Stelle/ jedoch mit Glimpf und Bescheidenheit Redreße des Versehens begehren/ selbige ihm auch mittelst Abstattung des gebührenden ersten Saluts oder Gegen-Saluts unweigerlich wiederfahren. Erfolget aber solches nicht/ so versichert sich der beleidigte mit zulänglichem Beweiß/ und machet die Sache an gehörigem Orte anhängig/ da denn der Ubertreter des errichteten Tractats und See Reglements nach Grösse seines Verbrechens und nach seines eigenen Herren Reglement mit äusserster Rigeur abgestraffet werden solle. Damit aber allen Verweiterungen unter beyden Nationen aufs sorgfältigste vorgebeuget werden möge/ wird dem in solchem Falle Beleidigten bey Leib und Lebens-Strafe verbothen/ sich selbst Recht zu schaffen/ und dem/ der ihn beleidiget/ oder dessen Schiff/ feindlich zu begegnen.

XVII.

Wenn es sich zutragen möchte/ daß ein Rußisch-Käyserl. oder Königl. Dänisches Kriegs-oder Kauffarthey-Schif in eintzeler oder mehrerer Zahl wegen einigen in der See genommenen Schadens/ verlohrnen Ruders/ Anckers/ Masten oder anderer dergleichen unglücklichen Zufälle in einen oder andern Dänischen oder Rußischen Hafen/ um daselbst seinen Schaden auszubessern einzulauffen genöthiget würde; so wird ein solches oder solche Schiffe mit einhabenden Leuthen von der Obrigkeit und Einwohnern des Orts freundlich aufgenommen und ihnen gegen baares Geld oder gnugsame Versicherung mit allem demjenigen/ was zur Reparation des Schadens vonnöthen/ falls solches [illegible] an dem Ort oder in der Nähe zu bekommen an die Hand gegangen.

XVIII.

Ingleichem wird von beyden Theilen hiemitnachdrücklichst verbothen/ daß wenn ein Rußisches oder Dänisches Kriegs-oder Kauffarthey-Schif/ in einem frembden Dänischen oder Rußischen Hafen/ oder auf einer Dänischen oder Rußischen Rhede zu Ancker-lieget/ der Befehlshaber solches Schiffes sich keines Weges unterstehen solle/ dem Souverainen desselben Orts/ ohne dessen Erlaubniß und gehörigen Paßport/ einige seiner angebohrnen Unterthanen/ unter was Umständen/ Pretext/ oder Vorwand solches immer geschehen möchte/ zu entführen. Unterstünde sich aber jemand diesem Verboth zu wieder solches zu thun/ und würde dessen in der That überführet/ so werden nicht nur solche entführete Leute/ wes Standes/ Profeßionen und Alters dieselbe auch wären/ auf Requisition ihres angebohrnen Herren/ wieder ausgeliefert und zurück gegeben/ sondern auch derjenige/ so dem Verboth zu wieder gehandelt/ nach Beschaffenheit seines Verbrechens von seinem eigenen Herren mit exemplarischer Straffe angesehen.

XIX.

Die Ratificationes gegenwärtigen Salutations-Tractats sollen von beyden Theilen innerhalb 75 Tage a dato der Unterschrift herbey geschaffet/ und allhier in Moskau gegen einander ausgewechselt/ hiernechst aber derselbe nicht allein bey beyderseits Puißanten Admiralitäten/ sondern auch allen Orten in denen an der Ost-und Nord-See gelegenen Ruß. und Dänischen See-Städten öffentlich publiciret/ und zu jedermanns Käntniß gebracht werden.

Uhrkundlig dessen allen sind von oben stehendem Salutations-Tractat/ zwey gleich-lautende Exemplaria verfasset/ von Beyderseits Ministris krafft habender Vollmacht eigenhändig unterschrieben/ mit ihren Petschafften besiegelt/ und also gegen einander ausgewechselt worden. So geschehen. Moscau den 30. Octobre 1730.

(L. S.) Cantzler Graf Golowkin.

(L. S.) Vice-Cantzler Graf von Ostermann.

(L. S.) H. G. von Westphalen.

CXLI.

1731. Janvier. *Declaration donnée au nom du Roi* D'ESPAGNE *aux Ministres de* FRANCE, *de la* GR. BRETAGNE *& des* ETATS GENERAUX *des Provinces Unies.*

LE Marquis de Castelar, Ambassadeur Extraordinaire & Plenipotentiaire du Roi Catholique, dit que quoi qu'immediatement après que l'Empereur eut refusé de consentir aux propositions pacifiques qui furent faites en termes amiables par les Alliez pour effectuer l'Etablissement du Serenissime Infant Don Carlos dans ses Etats de Toscane & de Parme, au moyen de l'Introduction des 6000. Espagnols dans les Places de ces Païs-là, comme principal objet du Traité de Seville, S. M. Cath. ait pû remarquer, non sans un grand étonnement, l'irrésolution non attendue des Puissances Alliées, sur l'exécution du même Traité, néanmoins la bonne foi convenable à un Traité aussi Solemnel, l'honneur & la Dignité d'une Alliance aussi puissante, & l'entiére confiance avec laquelle S. M. avoit mis si genereusement ses Interêts entre les mains des Puissances Confederées eurent tant de pouvoir sur l'Esprit de S. M. qu'elle voulut voir le procedé de ses Alliez se verifier évidemment, & découvrir leur precise volonté avant que de prendre une derniere résolution. A cette fin le Roi Cath. ordonna que le Marquis de Castelar se rendit à la Cour de France avec le Caractère de son Ambassadeur & Plenipotentiaire pour exposer le fondement & les raisons des grandes plaintes que S. M. avoit à faire sur l'inobservation du Traité de Seville, & pour representer aux Puissances Alliées qu'enfin le cas étoit arrivé, qu'il falloit recourir à la force des Armes pour son exécution; chose tant de fois prómise dans le cours de neuf mois qui se sont passés en Négociation infructueuse depuis l'Alliance signée & solemnellement jurée. En vertu des ordres que l'Ambassadeur avoit du Roi, son Maître, il exposa aux Ministres des Puissances Alliées par un Mémoire daté du 30. Octobre dernier, delivré à ces mêmes Ministres, la derniere Résolution de S. M. Catholique; Depuis il a continué les plus vives instances pour obtenir des Alliez une détermination finale & même un soin excessif pour la précipiter & pour recevoir les reponses de leurs Cours respectives; Mais tout cela a été inutile, & l'Ambassadeur n'a gagné à son grand étonnement & à celui de toute l'Europe que d'être témoin des nouvelles difficultés & embarras qu'ont produit les reponses indecises données à ce Mémoire, ainsi que du peu de conformité que faisoient remarquer entr'eux les Ministres des susdites Puissances dans ces Conferences reïterées & suivies, quelqu'un d'eux recourant à des interprétations arbitraires du véritable sens du Traité de Seville; Et cela à un point qu'enfin au moyen de ces délais si pernicieux, la totale répugnance des Alliez à entrer dans l'entreprise dûë & promise de l'exécution exacte du Traité de Seville & specialement de ce qui est stipulé dans l'Article 6. des secrets du même Traité, s'est évidemment manifestée. Pour ces raisons & plusieurs autres bien fondées que S. M. se reserve de manifester en son tems, renouvellant pour le present les mêmes importans motifs exposés dans le Mémoire precedemment cité. S. M. a ordonné précisement au Marquis de Castelar d'executer ses ordres. Il proteste formellement au nom du Roi, son Maître, aux Ministres de S. M. T. C. Britannique & des Provinces Unies, qu'attendu que l'obligation des Puissances contractantes du Traité de Seville est mutuellé & reciproque, que l'exécution en est inséparable & indivisible en toutes ces parties, & qu'il est déja vérifié par tant d'experiences si claires & si reïterées, que par la diversité des sentimens & la contrarieté des Résolutions des Alliez, la dûë exécution des stipulations du Traité susdit demeure entierement éludée & frustrée, à quoi se joignent d'autres puissans indices qui produisent une nouvelle & fondée défiance envers quelqu'une des Puissances contractantes & confederées; S. M. Cath. ne peut ni ne doit consentir à d'aussi grands préjudices, ni à des procedures si diametralement oposées à la Dignité Royale & à son honneur, & qui renverse l'objet principal de son Alliance, ni donner lieu à de plus grands délais après ceux qu'elle a toleré depuis un An. Dans cet Esprit fixe S. M. se déclare entierement libre de tous les engagemens contractés de sa part dans le même Traité avec les Puissances Confederées: & se tient en pleine liberté de prendre le parti qui conviendra le plus à ses interêts, cela étant la Royale resolution de S. M. & sa derniere & constante détermination, & en conséquence l'Ambassadeur d'Espagne déclare aussi pour ce qui le regarde personnellement qu'il se retire dès à présent de la Négociation, qui est sur le Tapis, & qu'il ne demeurera en cette Cour que pour attendre les ordres ulterieurs que le Roi, son Maître, daignera lui donner.

A Paris, le 28. Janvier 1731.

Etoit Signé, Le Marquis de CASTELAR.

ANNO 1731.

CXLII.

Anno 1731.

CXLII.

Traité d'Alliance entre l'Empereur & le Roi de la Grande Bretagne conclu à Vienne le 19. Mars 1731.

In Nomine Sanctissimæ ac Individuæ Trinitatis, Amen.

NOtum sit omnibus ac singulis, quorum interest, aut quomodocumque interesse potest; postquam Serenissimus ac Potentissimus Princeps & Dominus Carolus VI. Romanorum Imperator, Hispaniarum, utriusque Siciliæ, Hungariæ ac Bohemiæ Rex, Archidux Austriæ &c. &c. tum Serenissimus ac Potentissimus Princeps ac Dominus Georgius II. Magnæ Britanniæ, Franciæ, & Hiberniæ Rex, nec non Celsi & Potentes Domini Status Generales Unitarum Fœderati Belgii Provinciarum; considerato incerto turbidoque rerum, qui nunc est in Europâ, statu, mature perpenderunt media, quibus non modo mala ex gliscentibus in dies magis magisque, simultatibus jam jam eruptura anteverterentur, sed & publica tranquillitas modo, quantum fieri potest, stabili ac perennaturo, facilique una ac prompta ratione firmaretur Præfatæ Suæ Majestates ac præfati Ordines Generales, propenso penitus pacis studio ducti, opus tam salutare promovendi perficiendique è re esse judicaverunt, de certis quibusdam conditionibus generalibus inter se convenire, quæ basis loco inservirent, juxta quam dissentientium præcipuorum in Europâ Principum animi conciliandi, & controversiæ, quæ inter eosdem non absque publicæ tranquillitatis periculo, quam maxime jam vigent, componendæ forent;

Hunc itaque in finem Sacra Sua Cæs. & Cath. Majestas Celsissimum Principem ac Dominum Eugenium, Sabaudiæ & Pedemontii Principem, altefatæ Suæ Maj. Cæs. & Cath. Consiliarium actualem intimum, Consilii Aulico-Bellici Præsidem, suumque Locum-tenentem Generalem, Sacri Imperii Romani Campi-Mareschallum ac ejusdem Regnorum ac Statuum per Italiam Vicarium Generalem, & unius Desultoriorum Legionis Præfectum, Aurei Velleris Equitem; nec non Illustrissimum & Excellentissimum Dominum Philippum Ludovicum, Sacri Romani Imperii Thesaurarium hæreditarium, Comitem à Zintzendorff, Liberum Baronem in Ernstbrunn, Dominum Dynastiarum Gfoll, Superioris Selowits, Porlitz, Sabor, Mulsig, Loos-Zaan, & Dreskau, Burgravium in Rheineck, Supremum hæreditarium Scutiferum, ac Præcisorem in superiori ac inferiori Austria ad Anasum, Aurei Velleris Equitem, Sacræ Cæsar. Cath. Majestatis Camerarium, Actualem Consiliarium intimum ac primum Aulæ Cancellarium &c. ac Illustrissimum & Excellentissimum Dominum Gundaccarum Thomam, Sacri Romani Imperii Comitem de Staremberg, in Schaumburg & Waxenburg, Dominum Ditionum Eschelberg, Liecktenhagen, Roteneg, Freystadt, Haus, Oberwalsæ, Senffenberg, Bodendorff, Hatwan Aurei Velleris Equitem, S. Cæs. Cath. Maj. Consiliarium intimum, actualem Archiducatus Austriæ Superioris & Inferioris, Mareschallum hæreditarium; Sacra verò Regia Majestas Britannica Dominum Thomam Robinson, Armigerum, in Comitiis Parlamenti Magnæ Britanniæ Senatorem & Ministrum suum apud prædictam Majestatem Suam Cæs. & Cath.; Tum Celsi & Potentes Status Generales Unitarum Fœderati Belgii Provinciarum . . . . plena potestate munivimus, qui collatis inter se consiliis & commutatis prius Plenipotentiarum Tabulis, in sequentes Articulos & conditiones convenerunt.

ARTICULUS I.

Sit maneatque inter Sac. Cæs. Cath. Majestatem, Sacram Regiam Majestatem Magnæ Britanniæ, ac utriusque hæredes & successores, nec non Celsos ac Potentes Dominos Status Generales Fœderati Belgii firma, sincera & inviolabilis amicitia, pro mutuis commodis Provinciarum ac Subditorum ad unumquemque ex Principibus contrahentibus spectantium ita stabilita, ut singuli contrahentes Ditiones & Subditos aliorum tueri, nec non pacem manutenere atque aliorum reliquorum contrahentium commoda ceu sua promovere, damna vero & injurias cujuscumque generis prævenire & avertere teneantur; Itaque juxta tenorem præcedentium pacis, amicitiæ ac fœderis Tractatuum ac Conventionum, qui omnes ac singuli Tractatus ac Conventiones exceptis solummodo iis Articulis, Clausulis aut Conditionibus, quibus per præsentem Tractatum derogare è re visum est, plenum suum in omnibus ac per omnia robur ac vim obtineant, censeanturque vigore præsentis Tractatus renovati & confirmati; atque insuper Partes Contrahentes ad mutuam tuitionem, seu, uti vocant, *Guarantiam*, omnium Regnorum, Ditionum ac Terrarum ab unaquaque earumdem possessarum tum etiam jurium & immunitatum quibus unaquæque gaudet, aut gaudere debet, disertim se se vigore hujus Articuli obstrinxerunt, ita quidem ut mutuo declararint ac sibimet invicem spoponderint, quod omnibus viribus sese sint oppositura conatibus omnium ac singulorum, qui forsan præter spem, vel ullum ex contrahentibus, vel eorumdem successores ac hæredes in quieta possessione illorum Regnorum, Ditionum, Provinciarum, Terrarum, Jurium ac Immunitatum, turbare vellent, quibus unaquæque contrahentium pars tempore conclusi præsentis Tractatus gaudet aut gaudere deberet.

II. Quandoquidem nomine Sacræ Cæs. Cath. Majestatis sæpius expositum fuit, haud diu publicam tranquillitatem vigere ac constare, nec securam pro conservando duraturo in Europa æquilibrio rationem excogitari posse, nisi sibi Generalis tuitio, sponsio ac evictio, seu, uti vocant, *Guarantia* illius succedendi ordinis præstetur, qui juxta Declarationem Anno 1713. emanatam, in Serenissima Domo Austriaca obtinet, Sacra Regia Majestas Britannica ac Celsi ac Potentes Ordines Generales Unitarum Fœderati Belgii Provinciarum, tam eo studio ducti, quo in tranquillitatem publicam tuendam & Æquilibrium in Europa conservandum feruntur quam intuitu conditionum, quæ utrique huic scopo maxime inservientes in subsequentibus Articulis dispositæ reperiuntur, vigore præsentis Articuli *Guarantiam* modo dicti succedendi Ordinis generalem in se suscipiunt ac quoties opus fuerit, contra quoscunque præstandam spondent, promittentes proinde quo fieri potest meliori ac firmiore modo, quod omnibus viribus suis tueri, manutenere, ac uti vocant, *guarantigiare* velint ac debeant contra quoscunque, quoties opus fuerit, illum succedendi ordinem quem Sua Maj. Cæs. in forma perpetui, indivisibilis ac inseparabilis Fidei-commissi Primogenituræ affecti pro universis Suæ Majestatis, utriusque Sexus hæredibus Instrumento solemni die 19. Aprilis Anno 1713. prouti hujus Instrumenti Copia ad finem Tractatus adjuncta reperitur, declaravit ac stabilivit, quique subinde ab Ordinibus & Statibus universorum Regnorum, Archiducatuum, Principatuum, Provinciarum, ac Ditionum ad Serenissimam Domum Austriacam jure hæreditario spectantium communi omnium voto susceptus, & grato submissoque Animo agnitus, atque in vim Legis, Sanctionisque Pragmaticæ perpetuo valituræ, in Publica Monumenta relatus fuit, & quemadmodum juxta hanc succedendi normam & ordinem eum in casum, ubi annuente Divina Misericordia mascula Proles è Sua Majestate Cæs. Cath. descendens extabit, Primogenitus filiorum suorum aut hoc præ-mortuo hujus primogeniti primogenitus; nulla autem de Sua Cæs. Cath. Majestate prole masculina extante, primogenita filiarum suarum Serenissimarum Austriæ Archiducum, ordine ac jure primogenituræ indivisibilis nunquam non observato, succedere eidem debet, in omnibus Regnis, Provinciis ac Ditionibus, quas actu Sua Cæs. Maj. possidet, absque eo quod unquam seu favore illorum, aut illarum, qui vel quæ de secunda, tertia aut ulteriore linea aut gradu sunt, aut alias quacunque demum de causa divisioni ulli aut separationi locus sit, hoc ipso quoque ordine ac jure primogenituræ indivisibilis in omnibus reliquis casibus pariter obtinente, ac perpetuis in omne ævum temporibus observando, qui vel in Linea masculina Suæ Cæs. Majestatis, si Divinum Numen mascula eandem prole bearet, vel extincta Linea masculina, in Linea ejusdem fœminina evenire, vel denique alias, quoties de successione in Regna, Provincias ac Ditiones Hæreditarias Serenissimæ Domus Austriacæ quæstio enasceretur, obtingere possent. Ita sua Sacra Regia Britannica Majestas & Celsi ac Præpotentes Domini Status Generales Fœderati Belgii promittunt ac sese obstringunt, quod illum vel illam, qui vel quæ juxta normam & ordinem hactenus recensitum in Regna, Provincias ac Ditiones, quas Sua Maj. Cæs. actu possidet, succedere debet, in iisdem manutenere, ac contra quoscunque, qui forsan turbare hanc possessionem

Anno 1731.

ANNO 1731. nem ullatenus præsumerent; perpetuo tutari velint ac teneantur.

III. Cumque Sac. Cæs. Cath. Majestati, nomine Sacræ Regiæ Majestatis Britannicæ & Celsorum ac Potentium Ordinum Generalium Fœderati Belgii amicissimis verbis expositum sæpius fuerit, non esse certius medium exoptatam tamdiu publicam tranquillitatem, quo fieri potest, promtiori modo stabiliendi, quam si per immediatam introductionem sex millium Hispanorum militum, in munita Hetruriæ, Parmæ & Placentiæ loca, destinata Serenissimo Infanti Don Carlos, in modo dictos Ducatus Successio magis adhuc firmetur: Præfata S. M. Cæs. Cath. quo & ipsa pacifica Suæ Maj. Britannicæ ac Celsorum ac Potentium Ordinum Generalium Fœderati Belgii Consilia ac Vota promoveret, sua ex parte nulla prorsus ratione obsistet prædictorum sex millium Hispanorum militum pacatæ introductioni in munita Hetruriæ, Parmæ ac Placentiæ Ducatuum loca juxta Sponsiones à dicta Sua Maj. Britannica atque Ordinibus Generalibus desuper initas. Cum vero hunc in finem Sac. Maj. Cæs. Cath. Imperii quoque consensum necessarium censeat, simul eadem promittit quod omnem operam adhibere velit, quod consensus iste intra duorum mensium spatium, aut citius si fieri poterit, obtineatur, atque ut promptius obviam eatur malis, publicæ quieti imminentibus; Spondet præterea Sua Maj. Cæs. Cath. quod statim post commutatas invicem Ratihabitionum Tabulas, consensum à se, qua Imperii capite, præfatæ pacatæ Introductioni præbitum, tum Magni Hetruriæ Ducis, tum Parmensi, Ministro in Aula sua commorantibus, alibive, ubi conveniens visum fuerit, notum factura sit, nec minus sæpefata Sua Maj. Cæs. Cath. promittit ac spondet tam longè à se abesse mentem vel directe vel indirecte admissioni præsidiarii Hispani Militis in antedicta loca impedimentum ullum suscitandi aut afferendi, ut potius officia ac autoritatem suam interpositura sit, quo enascente præter spem obstaculo aut contradictione quidquid antememoratæ admissioni obesse posset, amoveatur; atque adeo sex millia Hispanorum Militum tranquille & sine mora in munita Magni Hetruriæ Ducatus, tum Parmæ tum Placentiæ Ducatuum loca, quo ante dictum est, modo introduci queant.

IV. Sint proinde maneantque Articuli de quibus irrevocabili partium contrahentium consensu hoc modo conventum est, ita firmiter & reciproce stabiliti penitusque decisi, ut neque in iis, quæ absque morâ & statim post Ratihabitionum tabulas invicem commutatas effectui danda sunt, neque in iis quæ in omne ævum inconcussa permanere debent, partibus contrahentibus ulla in re recedere ab iis liceat.

V. Cum pro assequendo scopo, quem Partes præsentem Tractatum contrahentes attingere intendunt, necessarium visum sit, ut cuncta diffidiorum & dissentionum semina radicitus evellantur; atque adeo pristinus ille amicitiæ nexus qui modo memoratas Partes contrahentes invicem ligaverat, non tantum renovetur, sed & in dies arctius stringatur: hinc est quod Maj. Sua Cæs. Cath. promittit ac sese vigore præsentis Articuli obstringit, quod cessare penitus illico & in perpetuum debeat omne ex Belgio Austriaco, ac ex aliis Ditionibus, quæ tempore Caroli II. Hispaniarum Regis Cath. sub Hispana Dominatione erant in Indias Orientales Commercium & Navigatio, & quod bona fide effectui sit datura, ne vel Ostendana Societas, vel quivis alius, seu in Belgio Austriaco, seu in Ditionibus, quæ, uti dictum est, tempore Caroli II. Regis quondam Catholici, sub Hispana Dominatione erant, existens, huic in perpetuum stabilitæ normæ directe & indirecte unquam contraveniat; duabus tantum navibus exceptis quæ nonnisi unica adhuc vice ex Ostendano portu cursum suum in Indias Orientales dirigere, & inde Ostendam mercibus onustæ, revertere, ibidemque pro lubitu asportatas ex Indiis merces venales exponere poterunt. Et Sua Reg. Maj. Mag. Brit. Celsique ac Potentes Status Generales Fœd. Belg. sua quoque ex parte promittunt, seque obstringunt, quod nulla interposita mora super commercio & modo vectigalium, vulgo *Tarif* nuncupato, novum Tractatum in quantum ad Belgium Austriacum attinet, ad mentem Art. 26. Tractatus, cui a limitibus nomen inditum fuit vulgo *Barriere*, cum Sua Cæs. Maj. inire velint. Quem quidem in finem nominandi statim erunt à Partibus contrahentibus Commissarii, qui intra spatium duorum Mensium à die subscripti Tractatus computandorum Antverpiæ sese congregare, ac tum super iis quæ plenariam executionem ante memorati Tractatus, cui à limitibus nomen inditum, quique Antverpiæ die 6. Novembris Anno 1713. conclusus fuit, tum Conventionis posterioris Hagæ Comitum die $\frac{11}{22}$ Dec. 1718. subscriptæ concernunt, convenire, tum vero speciatim novum, uti dictum est, super Commercio & modo Vectigalium, in quantum ad Belgium Austriacum attinet, Tractatum ad mentem antememorati Articuli 26. inire debebunt: conventumque insuper ac solemni stipulatione cautum est, quod cuncta ea, quæ Commissariis Antverpiæ congregandis demandare è re visum fuit, quam citissimè fieri poterit, ex æquo & bono ad finem penitus perducenda sint, ita quidem, ut non tardius, quam ad summum intra duorum annorum spatium ultima operi manus admovenda veniat. ANNO 1731.

VI. Cum reliquorum Capitum examen ac discussio, quæ seu ipsas inter Partes paciscentes seu aliquem ex earundem Fœderatis dirimenda restant, plus temporis consumptura sit, quam ancipiti hoc rerum statui expediat; quo, moræ omnes, quæ bono communi detrimenti nimium allaturæ forent, præscidantur, conventum concordatumque est, ut invicem declaretur, quod Tractatus omnes Conventionesque ab unaquaque Partium dictarum paciscentium cum Principibus aliisque Statibus initæ, uti sunt, subsistere possint, in quantum scilicet rei alicui haud adversantur, quæ per præsentem hunc Tractatum constituta est; quodque Controversiæ, seu inter dictas Partes paciscentes, seu quemlibet ex earum fœderatis amicè quàm primùm dirimendæ; atque interea à Partibus contrahentibus eò allaborandum sit, ut nemo ex iis, quorum res in controversia sunt, pro iis vindicandis vi uti possit.

VII. Sua autem Maj. Cæs. & Cath. quo Subditis Regis Mag. Britanniæ & Dominorum Ordinum Generalium de ipsorum Commercio in Regno Siciliæ exercendo nullus dubio locus supersit, jam nunc declarare voluit, illos eodem modo & ad eandem normam habitum iri, uti habiti sunt, aut haberi debuerunt, tempore Hispaniarum Regis Caroli II. Inclytæ Memoriæ, ac prout Gens amicissima haberi consuevit.

VIII. Includentur huic Tractatui pacificationis Omnes illi, qui post permutationem tabularum Ratihabitionis, intra sex menses ab una vel altera parte ex communi consensu nominabuntur.

IX. Approbabitur & ratihabebitur præsens Tractatus à Suâ Cæs. Cath. Maj. à Suâ Sac. Reg. Maj. Mag. Brit., & à Celsis & Potentibus Dominis Statibus Generalibus Uniti-Belgii & Ratihabitionum Tabulæ intra Spatium sex Septimanarum à die subscriptionis computandarum Viennæ invicem tradentur & commutabuntur.

In quorum fidem roburque tam Cæsarei Commissarii, tamquam Legati Plenipotentiarii Extraordinarii, quam Regis Magnæ Britanniæ Minister plenâ pariter facultate munitus Tabulas has propriis manibus subscripserunt & Sigillis suis muniverunt. Acta hæc sunt Viennæ Austriæ, 16. die Mensis Martii, Anno Domini 1731.

ARTICULUS SEPARATUS.

QUamvis Articulo Primo Tractatus inter Sacram Cæsaream Catholicam Majestatem, Sacram Regiam Magnæ Britanniæ Majestatem & Dominos Status Generales Unitarum Fœderati Belgii Provinciarum hodierno die conclusi, Partes Contrahentes inter alia Sibimet invicem spoponderint, quod omnibus viribus sese oppositura sint conatibus omnium ac singulorum, qui forsan præter spem vel ullum ex Contrahentibus vel eorundum successores ac Hæredes in quietâ possessione illorum Regnorum, Ditionum Provinciarum, Terrarum, Jurium aut Immunitatum turbare

Anno 1731.

bare vellent, quibus unaquæque Contrahentium Pars tempore conclusi præsentis Tractatus gaudet aut gaudere deberet; conventum tamen, inter easdem Partes paciscentes vigore præsentis Articuli separati est, quod, si forsan tractu temporis contingeret ut Sacram Cæsaream Catholicam Majestatem aut ejus Hæredes & Successores, Turcæ in quietâ possessione Regnorum, Ditionum, Provinciarum, Terrarum, Jurium aut Immunitatum, quibus Sua Cæsarea Majestas actu gaudet aut gaudere deberet, turbare vellent, ad hunc solum, qui modo memoratus est, Casum, *Guarantiæ* in dicto Articulo primo sancitæ, nullatenus extendi debeant.

Articulus hic Separatus eandem vim, &c.

Declaratio super Præsidiis Hispanicis in munita Hetruriæ, Parmæ & Placentiæ loca introducendis.

CUm Sua Sacra Cæsarea Catholica Majestas, antequam suâ ex parte consensum præberet iis, quæ Articulo tertio Tractatus hodierna die conclusi, de immediata introductione Præsidiarii Hispani Militis in munita Hetruriæ, Parmæ & Placentiæ loca, disposita sunt, super vero scopo & objecto Sponsionum, quæ desuper in Tractatu Hispalensi partim nona partim vigesima prima Novembris die, Anno 1729. subscripto continetur, secura omnino reddi voluerit; Sacra Sua Regia Magnæ Britanniæ Majestas, & Celsi, ac Potent. Domini Status Generales Fœderati Belgii non tantum Sponsiones istas, prouti hic annexæ reperiuntur, suæ Sacræ Cæsareæ Catholicæ Majestati bona fide exhibuerunt, verum etiam firmissime asseverare haud dubitarunt, non fuisse sibi, cum de introducendo in munita Hetruriæ, Parmæ & Placentiæ loca Hispano Præsidiario Milite convenissent, mentem, ulla in re ab iis recedere quæ Articulo quinto Fœderis quadruplicis Londini die 22. Jul. 2. Aug. Anno 1718. conclusi, tum de Cæsareis & Imperii Juribus, tum pro Securitate Regnorum ac Ditionum quas Sua Majestas Cæsarea in Italia actu possidet, tum denique pro conservanda quiete ac dignitate eorum, qui tunc erant, prædictorum Ducatuum legitimorum Possessorum sancita reperiuntur, quapropter Sua Regia Magnæ Britanniæ Majestas & Celsi ac Pot. Domini Status Generales Fœderati Belgii declararunt, prouti declarant, & prompti paratique ad dandas, prouti vigore præsentis Instrumenti dant suæ Cæsareæ Catholicæ Majestati, tam super rerum Capitibus superius recensitis, quam super omnibus iis, quæ ulterius adhuc prædicto Articulo quinto Fœderis quadruplicis nuncupati continentur, sponsiones, evictiones, seu uti vulgo vocant, *Guarantias*, quantum desiderari poterunt, validas & solemnes.

Præsens Declaratio eandem vim, &c.

Declaratio super Parmensi Successione.

NE inopina Mors Serenissimi Principis Antonii Farnesii, dum viveret, Parmæ ac Placentiæ Ducis, quæ in id ipsum tempus, quo de concludendo præsenti Tractatu agebatur, incidit, ejusdem conclusioni moram aut obstaculum afferat, Sua Majestas Cæsarea Catholica vigore hujus Instrumenti declarat ac sese obstringit, quod illo casu, quo spes de Graviditate Serenissimæ Ducis Viduæ præfati Serenissimi Ducis Antonii dum viveret Conjugis, concepta haud evanesceret, ac dicta Dux Vidua Prolem masculam in lucem ederet, cuncta ea quæ in introducendo in Parmæ & Placentiæ munita loca Præsidiario Hispano Milite tum Articulo tertio Tractatus hodierna die conclusi, tum declarationis Instrumento insuper dato sancita sunt, æquè locum obtinere debeant ac si mors ista inopina haud contigisset. Quod si verò vel evanesceret spes de graviditate prædictæ Ducis Viduæ concepta, vel Posthumam illa in lucem ederet, tum antefata Sua Majestas Cæsarea declarat ac sese obstringit quod loco introducendi in munita Parmæ & Placentiæ loca Præsidiarii Hispani Militis, ipse Serenissimus Hispaniarum Infans Carolus, juxta normam, de quâ, accedente consensu Imperii, cum Hispanâ Aulâ olim convenerat, Litterasque Investituræ eventualis, quarum tenor in omnibus Articulis, Clausulis ac Conditionibus, pro repetito & confirmato habendus est, in possessionem præfatorum Ducatuum mittendus sit, ita tamen ut prius tam dictus Hispaniarum Infans, quam Hispana Aula iis faciat satis quæ Tractatus anteriores, quorum Imperator accedente Imperii consensu Pars contrahens existit, requirunt; cumque post mortem antememorati Ducis Antonii Farnesii Miles Cæsareus in munita Parmæ & Placentiæ loca introductus sit, non ex mente, ut obstaculum afferretur Successioni eventuali, prouti illa Serenissimo Infanti Carolo per Tractatum Londinensem, vulgo Fœdus quadruplex nuncupatum, destinata fuerat, sed ut anteverterentur quæcumque Italiæ tranquilitatem turbare poterant Consilia, Sacra Sua Majestas Cæsarea Catholica quietem publicam juxtà pacifica sua vota, Tractatu hodierna die concluso, in quantum fieri potuit, stabilitam firmatamque cernens, denuò declarat, quod immittendo Copias suas in munita Parmæ & Placentiæ loca, non alia sibi mens fuerit quam ut quantum penes ipsam erat, Successionem Serenissimi Infantis Don Carlos, prouti illa Tractatu Londinensi eidem Infanti destinata fuit, magis suffulciret, quodque tantum absit, ut vel prædictæ Successioni, si forsan Proles mascula Farnesia penitus foret extincta, obsistere, vel etiam introductioni Præsidiarii Hispani Militis, si forsan Dux Vidua Posthumum in lucem ederet, opponere sese velit, quod potius declaret ac promittat proprio jussu Copias suas inde educendas fore, seu ut ipse Infans Carolus in possessionem sæpe memoratorum Ducatuum, juxta tenorem Litterarum Investituræ eventualis mittatur, seu ut introduci ibidem pacatè & nemine obsistente Hispana Præsidia queant, quæ ipsa Præsidia non alii usui inservire debebunt, quam ut certior de executione promissæ sibi Successionis, in eum casum quo Proles mascula Farnesia penitus erit extincta, Infans Carolus reddatur.

Præsens Declaratio eandem vim, &c.

Declaratio à Ministris Regis Magnæ Britanniæ & Dominorum Ordinum Generalium plenâ facultate munitis subscripta.

QUandoquidem inter alias Conditiones, de quibus Tractatu Hispalensi nona & vigesima prima Novembris die Anno 1729. subscripto, favore Magni Hetruriæ Ducatus, tum Parmæ Placentiæque Ducatuum convenerat, cautum quoque fuit, ut quam primum Serenissimus Hispaniarum Infans Carolus, vel is, qui in Jura ejusdem subintrat, in quieta possessione destinatæ sibi Successionis, & securus ab omni hostili invasione, ac contra justas formidinum causas fuerit, tunc Regia Sua Majestas Catholica protinus effectui sit datura ut Copiæ, ad ipsam & non ad Infantem Carolum, vel eum, qui in Jura ejusdem, uti antea dictum est, subintrat, spectantes, ex antememoratis Ducatibus educantur.

Infrascripti Ministri Regis Magnæ Britanniæ & Dominorum Ordinum Generalium vigore præsentis Instrumenti declarant, quod quemadmodum altefata Sua Regia Majestas Magnæ Britanniæ & Celsi ac Potentes Status Generales Fœderati Belgii nunquam non Promissa sua adimplere consueverunt, ita etiam constans illorum mens ac voluntas sit, ut prædictis in casibus Hispana præsidia ex Hetruriæ, Parmæ & Placentiæ Ducatibus protinus educantur.

Præsens Declaratio secreta maneto, habeat tamen eandem vim, &c.

ARTICULUS SEPARATUS.

CUm Tractatus hodierna die inter Majestatem suam Cæsaream Catholicam, Majestatem suam Britannicam & Celsos ac Potentes Dominos Ordines Gene-

ANNO 1731. Generales Unitarum Belgii Provinciarum conclusus à Ministro dictorum Ordinum Generalium in Aula Cæsarea commorante ideo subscribi & signari haud potuerit, quod juxta morem in Republica usitatum ejusque Regiminis formam, Plenipotentiarum Tabulæ prædicto Ministro, tam cito ac opus fuit, expediri nequiverunt; conventum inter Cæsaream & Regiam Britannicam Majestates est, ut præfati Ordines Generales (quippe quos Conditiones in hoc Tractatu sancitæ plurimum tangunt) pro Parte principali contrahente habeantur ac censeantur; sicut etiam in ipso Tractatu nominatim inserti sunt, sub spe scilicet fidentissimâ illos eidem tam cito accessuros ac consueta Regiminis ipsorum forma pati id poterit. Et quoniam studium, quod Respublica illa pro stabilienda firmandaque tranquillitate publicâ testatur, prædictis Majestatibus nullum dubitandi locum relinquit, quin & præfata Respublica, quo particeps fiat eorum, quæ in ipsius favorem antememorato Tractatu sancita reperiuntur, Pars ejusdem principalis contrahens quantocius fieri cupiat, eæ communi operæ allaborabunt ambæ Majestates Suæ, ut intra tres menses à die Subscriptionis præsentis Tractatus computandos, aut citius si fieri poterit, nomine quoque dictorum Ordinum Generalium hic ipse Tractatus Hagæ-Comitum subscribi & signari possit; Necessarium enim tam Cæsareæ quam Regiæ Britanniæ Majestati pro assequendo scopo qui præsente Tractatu intenditur perficiendoque communis tranquillitatis opere visum est, ut sæpe memorati Ordines Generales in partem quoque ac societatem horum Pactorum veniant.

Articulus hic Separatus eandem vim, &c.

Declaration touchant *l'Oost-Frise*. [Cette DECLARATION se trouve ci-dessous pag. 293.]

„ Comme les Etats Généraux avoient été compris „ à leur insçu dans ce Traité par les Puissances con„ tractantes, il y eut une longue Negociation pour „ régler les conditions de leur accession, qui produi„ sit l'Acte suivant.

ACTUS CONCURRENTIÆ *Ordinum Generalium Fœderati Belgii ad Tractatum Viennensem* 16 *Martii* 1731. *Actum Hagæ-Comitum die* 20 *Februarii* 1732.

CUm inter Serenissimum ac Potentissimum Principem Dominum Carolum VI. Romanorum Imperatorem, Hispaniarum, utriusque Siciliæ, Hungariæ & Bohemiæ Regem, Archiducem Austriæ, &c. & Serenissimum ac Potentissimum Principem ac Dominum Georgium II. Magnæ Britanniæ & Franciæ & Hyberniæ Regem, considerato incerti turbidoque rerum in Europa Statu perpensisque mature mediisquibus mala è gliscentibus in dies magis magisque simultatibus jam jam eruptura interverterentur & publica tranquillitas modo, quantum fieri potest, stabili ac perennaturo facilique simul ac prompta ratione firmaretur die decimo sexto Martii anni elapsi 1731. Viennæ Austriæ conventum sit de certis quibusdam Conditionibus generalibus quæ basis loco inservirent, juxta quas dissidentium præcipuorum in Europa Principum animi conciliandi & controversiæ quæ inter eosdem non absque tranquillitatis periculo, quam maximè vigent, componendæ forent, atque hunc in finem Tractatum modo memoratæ Majestates inierint atque concluserint, factoque judicio de propenso penitus Studio Celsorum ac Potentium Dominorum Ordinum Generalium Unitarum Fœderati Belgii Provinciarum opus tam salutare promovendi, eosdem in eodem Tractatu tamquam unam Partium principalium contrahentium comprehenderint, nulli dubitantes quin modo dicti Domini Ordines Gen. quamvis hic Tractatus eodem loco & tempore, ex parte illorum, ob rationes in Articulo Separato indigitatas, subscribi ac signari nequiverit, tam pro attingendo tam bono scopo, stabiliendaque quiete publica sese altefatis Cæsareæ & Catholicæ ut & Regiæ Brit. Majestatibus adjungere haud gravarentur, cumque propterea eundem Tractatum die 16. Martii Viennæ Austriæ conclusum, ut & Articulos Separatos & Declarationes eodem tempore factas cum iisdem communicaverint, eosdem invitaverint, ut in societatem ejusdem Tractatus tamquam Partes principales contrahentes sese aggregare velint, qui Tractatus, ut & Articuli Separati & Declarationes de verbo ad verbum transcripti hic sequuntur. ANNO 1731.

(Fiat insertio *.)

Itaque Celsi & Potentes Domini Ordines Generales Unitarum Fœderati Belgii Provinciarum Cæsareæ & Regiæ Suæ Catholicæ Maj. & Regiæ Suæ Brit. Majestatis laudatissimum pro bono publico, pro amovendis diffidiorum periculis & calamitatibus & pro conservanda Pace & Tranquillitate publica, curam & sollicitudinem assensu suo comprobantes, simulque testatum facere cupientes, quanto & ipsi Boni publici Pacisque studio ferantur, quantique faciant atque honori sibi ducant in causâ tam æquâ & in proposito tam laudabili cum tantis Principibus concurrere atque Cæsareæ Regiæque Catholicæ Suæ Maj. Regiæ Suæ Maj. Mag. Brit. socios se adjungere hoc animo & intuitu examinaverunt omnia & singula in dicto Tractatu, Articulis Separatis & Declarationibus comprehensa, cumque persuasissimum ipsis sit textum & mentem minimè esse, ut per verba *generalis & reciproca Garantia* in Articulo primo expressa quisquam Contrahentium censeatur obligari ullo modo ad tuitionem sive Garantiam Tractatuum nullo modo notorum; itaque hac fiducia freti, Tractatui suprascripto & Articulis Separatis ac Declarationibus eo modo & forma qua conclusi sunt tamquam Partes principales contrahentes se adjungere decreverunt, quod ut ad effectum perducatur plenam potestatem dederunt Deputatis & Plenipotentiariis suis Dominis Frider. Guill. Torck, Ordinis Teutonici Equiti, ex ordine Nobilium Geldriæ, in Tetrarchia Velaviæ, Consiliario & Assessori Cameræ Rationum Ducatus Geldriæ & Comitatus Zutphaniæ, Consuli Civitatis Hartemensis; Johan Henr. de Wassenaar, Toparchæ in Wassenaar Suydtwyck, Obdam, Hensbroek, Wegmer, Spierdyk, Libero Baroni de Laege, &c. ex Ordine Equestri & Nobilium Hollandiæ & Westfrisiæ, Universitatis Lugduno-Batavæ primo Curatori; Simoni de Slingeland, Ordinum Hollandiæ & Westfrisiæ Consiliario & Pensionario; Philip. Jacobo de Borsselen van der Hooge, Toparchæ in Voorhout, quondam Scabino & Senatori Civitatis Medioburgensis in Zeelandiâ, Consiliario & Questori ærarii in Brabantia Ditionis Fœderati Belgii; Joh. Servat. de Milan-Visconti S. R. I. Libero Baroni, Domino Castri de Nieveldt, Toparchæ in Veldthuysen, Bylefeldt, Roswede, Reyckerskoop, Lichtenberg, Ouden Ryn & Heycoop, &c. ac D. Mariæ Trajecti Canonico; Provinciæ Trajectinæ Ordinibus primi loci adscripto; Aggeribus Leccæ Superiori adsitis Præfecto, ut & Præfecto Aquis & Sylvis Diœceseos Trajectinæ; Georg. Wolfg. Libero Baroni in Schwartzenberg & Hogenlandsberg, ex parte Nobilium in Consessu Ordinum Frisiæ Deputato, Ditionis Menaldumaneel Grietmanno; Reinhardo Burchardo Rutgero de Rechteren, S. R. I. Comiti, Toparchæ in Marsen & Maesbergen, ex Ordine Nobilium Provinciæ Transisulanæ, & Egero Tamminga, Toparchæ in Marsen & Maersbergen, Prætori in Axel, Neusen & Biervliet, &c. omnibus in Consessu Dominorum Ordinum Generalium Deputatis, ex Provinciis Geldriæ, Hollandiæ & West-Frisiæ, Zeelandiæ, Ultrajecti, Frisiæ, Transisulaniæ, ac Groningæ & Ommelandorum.

Et quandoquidem Cæsarea & Catholica Sua Majestas, ac Regia Sua Majestas Britannica, itidem plenâ potestate muniverint, Sacra quidem Cæsarea & Regia Catholica Majestas Illustrissimum & Excellentissimum Dom. Franciscum Venceslaum, S. R. I. Thesaurarium hereditarium, Comitem à Sintzendorff, Liberum Baronem in Ernstbrun, Dominum Dynastiarum Plana, Gotschau, Leibin, Weiteneck, Zickinge & Matzelsdorf, Burggravium in Rheineck, Sacræ Cæsareæ Catholicæ Suæ Majestatis Camerarium & Consiliarium actualem intimum, atque Legatum ejus Extraordinarium & Plenipotentiarium.

Sa-

* On trouve ce Traité ci-dessus, pag. 288.

ANNO 1731. Sacra autem Sua Majestas Magnæ Britanniæ Consanguineum & Consiliarium suum Dominum Philip. Comitem de Chesterfield, Hospitii sui Regii Præfectum, Nobilissimi Ordinis Periscelidis Equitem, & Legatum suum Extraordinarium & Plenipotentiarium.

Quapropter modo nominati Plenipotentiarii unà congressi, communicatis inter se consiliis & commutatis Plenipotentiarum Tabulis de modo quo Domini Ordines Generales Fœderati Belgii se socios in dicto Tractatu constituerent, consenserunt in Articulos sequentes eandem vim cum Tractatu habituros, & ad majorem quorundam Articulorum elucidationem convenerunt, pro ut sequitur.

ARTICULUS I.

Domini Comites de Sintzendorff & Chesterfield, vi Plenipotentiarum suarum & nomine tam Cæsareæ Reg. Cath. Suæ Maj. Mag. Brit. agnoscentes sensum, quem Domini Ordines Generales Garantiæ generali & reciprocæ in Art. I. Tractatus attribuerunt, genuinum & verum illius esse sensum, quibus ita positis, cum Deputatis & Plenipotentiariis Dominorum Ord. tanquam cum Parte principali contrahente Tractatum & Articulos suprascriptos in eundem subscribendum, & Sigillis suis confirmandum paresque, declarationes mutuo extradendas susceperunt.

II.

Cum Art. I. & II. Tractatus die 16. Martii elapsi anni inter suam æsaream & Catholicam Maj. atque Regiam Suam Maj. Brit. Viennæ conclusi sancitum quidem sit quod Garantias, de quibus inibi sermo est, omnibus viribus ab iis, qui ad easdem explendas se obstrinxerunt præstandæ veniant, de modo autem quo id fieri debeat speciatim tunc haud provisum fuerit, necessarium censuerunt Partes contrahentes eâ quoque de re peculiari Articulo inter se convenire, conventum proinde est inter easdem quod quotiescumque casus Garantiæ seu in Art. I. seu in II. antememorati Tractatus expressæ existent, toties teneantur parti læsæ superstites contrahentes ab initio statim & intra bimestre temporis spatium à facta requisitione computandum submittere auxilia sequentia, unitim vel separatim videlicet Sua Maj. Cæs. Cath. 8000. Peditum, & 4000. Equitum, Sua Regia Maj. Magn Brit. tantumdem, Domini autem Status Generales 4000. Peditum cum 1000. Equitibus, proviso tamen quod si auxilia vel in Italiam, Hungariam, Ditionesque huic Regno extra Imperium adjacentes, requirerentur, ab Ordinibus Generalibus petenti vel Naves Bellicas vel Onerarias vel pecuniam ad valorem auxilii ab ipsis præstandi, militem autem ipsum, in Italiam, Hungariam & Ditiones huic Regno extra Imperium adjacentes mittere Ordines non teneantur: Quod si Sua Cæsarea Cath. Maj. ejus hæredes ac successores, existente, uti supra dictum est, uno alterove Garantiæ casu aliis quoque Ditionibus, Naves Bellicas vel Onerarias, vel etiam subsidia pecuniaria submitti mallet, quod in illius arbitrium reponitur, eo casu petitæ Naves, pecuniæque altefatæ Suæ Maj. Cæs. aut ejus hæredibus ac successoribus subministrabuntur ad mensuram sumptuum in militem impendendorum, & ut omnis ambiguitas circa calculum seu æstimationem dictorum sumptuum tollatur, placuit mille Pedites menstruatim ad valorem decem millium floren. Holl. mille vero Equites ad triginta mill. floren. Holl. menstruatim destinari, eadem intuitu Navium, proportione servata, ubi vero auxilia supra numerata impendenti necessitati imparia forent, Partes contrahentes de ferundis amplioribus suppetiis conveniant teneanturque pro repellenda vi hostili ac procuranda parti læsæ satisfactione ac reparatione ex plena securitate, casu exigente, socium omnibus viribus adjuvare, Bellumque aggressori denunciare.

III.

Quandoquidem Articulus IV. eo quo positus est in Tractatu loco dubium excitare posset, num æque ad sequentes quam ad præcedentes Articulos spectaret, omnesque Articuli Tractatus, nullo excepto, ejusdem valoris sint paremque obligationem inferant, proinde ne quod dubium supersit, communi consensu declaratur Articulum hunc IV. ad omnes Tractatus Articulos æqualiter applicandum esse, locumque in Tractatu illi assignatum nullius esse consequentiæ. ANNO 1731.

IV.

Quandoquidem Artic. V. ad Commercium Indicum spectans explanatione quadam indigere videtur, conventum est I. quod quantum ad Indiam Occidentalem attinet Partes contrahentes bona fide se conformabunt ad normam Tractatus Monasteriensis, in omnibus & singulis quæ de Navigatione & Commercio ad Indias Occidentales ibidem statuta sunt.

Deinde quod quemadmodum Articulo V. Tractatus die 16. Martii anni elapsi Viennæ conclusi statutum sit, quod cessare illico penitus & in perpetuum debeat omne ex Belgio Austriaco, ac ex Ditionibus quæ tempore Caroli II. Regis Cath. sub Hispanâ Ditione erant, in Indias Orientales Commercium & Navigatio ex Indiis Orientalibus in Belgium Austriacum & in Ditiones modo dictas eodem modo cessare debeat; ac propterea Sacra Sua Majestas promittit & se obstringit quod bona fide effectui sit datura, ne vel Ostendana Societas vel quævis alia, seu in Belgio Austriaco, seu in Ditionibus, uti dictum est, quæ tempore Caroli II. Regis quondam Catholici sub Hispana Dominatione erant, existens, huic in perpetuum stabilitæ normæ directè vel indirectè unquam contraveniat. Prohibitum tamen non sit Subditis dictarum Ditionum Cæs. Cath. Suæ Maj. emere aut vendere merces ex Indiis Orientalibus venientes, aliorum Navibus alibi ex Indiis istis advectas, & Mercaturam cum iis exercere ubicumque locorum.

Excipiuntur tamen duæ Naves quas Ostendana Societas, unica adhuc vice, ex Ostendano Portu vel alio loco ad Monarchiam Hisp. quondam spectante expedire poterit, ut inde Ostendam vel alium in Portum Flandriæ vel Ditionis quondam Hispanicæ redeant, quod licitum erit.

Duæ hæ Naves in Indias Orientales navigaturæ, ibidemque Commercia exercituræ sese abstinebunt ab omnibus Locis, Portubus & Oris quas Societas Indiæ Orientalis Magn. Brit. & Respublica Fœderati Belgii in Indiis possident, & ab illis locis ubi Commercio privativo actualiter fruuntur, neque dictis duabus Navibus fas erit iter suum extendere ultra viginti novem menses à die 1. Octobris anni 1732. computandos, solo casu naufragii excepto, antequam etiam modo dictæ duæ Naves è Portu Ostendano vela faciant nomina illarum ut & Præfectorum seu Capitaneorum simul etiam earum magnitudines Magn. Brit. & Reipublicæ Fœderati Belgii declarandæ erunt, ipsisque nomine Regiæ Suæ Magnæ Brit. Majestatis & Celsorum ac Potentium Ordinum Generalium Fœderati Belgii intra tres septimanas à die subscriptionis Tractatus numerandas Litteræ dabuntur, injungentes ut à Subditis tum Magnæ Brit. tum Fœderati Belgii ubicunque locorum degentibus, non tantum vis ulla Navibus hisce fiat, sed potius iisdem casu quo vi tempestatis, vel alia necessitate ad loca à dictis Societatibus possessa appellere cogantur, illis omnia officia præstentur quæ amicis Gentibus exhiberi consuetum est.

Præsens Instrumentum à Sacra Cæs. Cath. Maj. à Sua Sacra Reg. Magnæ Brit. Maj. & à Celsis & Potentibus Ordinibus Fæd. Belgii ratihabebitur & approbabitur intra terminum sex septimanarum à die subscriptionis computandarum, ac citius si fieri possit, atque ratihabitionum Tabulæ Hagæ-Comitum invicem extradentur & commutabuntur: in quorum fidem, &c. Actum Hagæ-Comitum die 20. Febr. 1732.

ARTICULUS SEPARATUS.

RAtione Articuli secundi Tractatus die sexto decimo mensis Martii anni 1731. conventum est inter Partes eundem Tractatum contrahentes, quod quoties illa ex Archiducibus fæminis, ad quam juxta ordinem succedendi in Sanctione Pragmatica de anno 1713. expressum futuris temporibus omnia Regna & Provinciæ Hereditariæ, quas Sua Sacra Cæs. Maj. modo possidet actu devolventur, nupta fuerit Princi-

pi

ANNO 1731.

pi tanta demum potentia & tot ftatibus prædito, ut juftæ inde & legitimæ formidinum caufæ pro communi Europæ tranquillitate, ejufdemque æquilibrio nafcerentur, toties liberum fit ac effe debeat, huic Principi vel transferendo Ditiones antea ad ipfum fpectantes in proximum Agnatum jure & beneficio Guarantiæ quæ in Articulo II. Tractatus die 6. menfis Martii noviffimè elapfi fancita eft, uti vel fi Ditiones antea ad ipfum fpectantes retinere velit, huic Guarantiæ, juri ac beneficio renuntiare, ita quidem ut priore in cafu fua Sacra Majeftas Britt. & Celfi ac Potentes Ordinis Fœderati Belgii ad implendas Guarantiæ Leges æque teneantur ac fi præfata Archidux fœmina Principi tanta potentia prædito nupta haud fuiffet; pofteriore vero in cafu antememorata Sua Maj. Brit. & Celfi & Pot. Status Gen. Fœd. Belgii liberi fint à Guarantia fæpe citato Articulo fecundo Tractatus fupra memorati promiffa; falva cæteroquin in omnibus aliis cafibus, fub exceptione hac quæ in Articulo præfenti feparato continetur, haud comprehenfis, manente regula in præfato Articulo fecundo Tractatus die 16 Martis anni 1731. ftabilita.

Articulus hic feparatus habeat eandem vim ac robur ac fi Articulus hic ipfi Tractatus de verbo ad verbum effet infertus, atque eodem modo & intra idem temporis fpatium quo ipfe Tractatus ratihabebitur & ratihabitionum Tabulæ invicem extradentur.

In quorum fidem, &c.

Declaration de la part de l'Empereur touchant les affaires d'Ooftfrife.

LEs Etats Généraux des Provinces-Uiens des Païs-Bas, ayant en plufieurs occafions fait connoître à Sa Majefté Imperiale & Catholique que dans l'intérêt qu'ils prennent à ce que le repos dans leur Voifinage & par conféquent dans la Province d'Ooftfrife, alteré par les Troubles qui y font furvenus depuis quelques années, foit remis & confervé, leur intention n'a jamais été de donner la moindre atteinte à la dépendance dont ladite Province d'Ooftfrife releve de l'Empereur & de l'Empire; Sadite Majefté Imperiale & Catholique pour donner une nouvelle preuve aux Etats Généraux, comme auffi à Sa Majefté Britannique qui a en ceci appuyé les intentions des Etats Généraux, de fon defir à leur complaire autant que la juftice le peut permettre, a bien voulu leur expliquer fur cette affaire fes véritables fentimens, & les raffurer par ce moyen des craintes qu'ils paroiffent avoir conçues. Pour cet effet on n'a pas héfité de leur déclarer par le préfent Acte de fa part, que fon intention a toujours été & eft encore.

§. I.

Que l'Amniftie qu'elle a très-gracieufement accordée à ceux d'Embden & à leurs Adhérans forte entierement fon effet, & qu'ainfi il ne foit plus exécuté aucune des peines qui ont été décretées contre eux, à caufe de leur Renitence; que les Amendes pecuniaires, qui pouvoient en avoir été exigées depuis la très-gracieufe acceptation de leur Soumiffion, c'eft à dire, depuis le 3. May 1729. leur foient rendues; que les Biens immeubles, y compris les Seigneuries de la Ville d'Embden, & les Capitaux, s'il y en a de confifquez ou fequeftrez, foient pareillement reftituez à leurs Proprietaires; que les fruits, qui en pouvoient être fequeftrez, foient pareillement reftituez à leurs Proprietaires; que les fruits qui en pouvoient être fequeftrez au profit de la Caiffe d'indemnifation, foient imputez à la fomme à payer pour la repartition des pertes de ceux qui ont été pillez pendant les troubles; & qu'enfin les Proprietaires ayent à rentrer dans la jouïffance de tous leurs Biens immeubles & Capitaux, fans préjudice néanmoins de ce qui fera dit dans le §. IV. de la préfente Déclaration, & fauf les droits d'Hypotheque dont ces Biens immeubles reftent affectez pour la fûreté de l'indemnifation dont il eft parlé.

§. II.

Sa Majefté Imperiale & Catholique ayant gracieufement permis par fa Réfolution du 12. Septembre 1729. à ceux de la Ville d'Embden & à leurs Adherans, de deduire de nouveau leurs griefs en ce qu'ils fe croyent lefez par les Decrets de 1721. & des années fuivantes, touchant le fonds des affaires, fur lefquelles ils ont eu des differends avec le Prince; & lefdits griefs ayant été exhibez par après fous le 20. Octobre de la même année, en toute foumiffion au Confeil Imperial Aulique, Sa Majefté Imperiale a déja ordonné & ordonnera encore, que ces griefs touchant le fond de l'affaire, après qu'ils auront été infinuez au Prince, & à ceux qui font caufe commune avec lui, qui devront y repondre dans deux mois après l'infinuation faite, foient examinez au plûtôt que faire fe pourra, & fa conftante Volonté, comme il a été fouvent declaré, a toujours été & eft encore qu'il foit décidé & ftatué là-deffus en toute juftice, auffi-tôt qu'il fera poffible, fuivant les Accords, Conventions & Décifions, qui font le droit particulier de la Province d'Ooftfrife, & qui font alleguez dans les Lettres Reverfales du Prince, paffé à fon avenement à la Regence, & dont l'obfervation a été jurée par les Officiers du Prince; bien entendu néanmoins, que fous les Accords, Conventions & Décifions, ceux & celles ne fauroient être compris, qui donnoient atteinte aux Droits fuprêmes de l'Empereur & de l'Empire fur la Province d'Ooftfrife, & fpecialement à fa Jurifdiction Imperiale; mais pour lever tout doute fur le vrai fens que cette Claufe reftrictive renferme, l'Empereur déclare en même tems que, content de garantir la Jurifdiction Imperiale de tout préjudice, fon intention n'eft pas d'anéantir ce qui dans un Accord ou Convention a été ftatué du libre confentement des Parties intéreffées fur les droits du Prince & de fes Etats. Et Sa Majefté Imperiale & Catholique, pour mieux donner à connoître fa très-gracieufe intention, d'abreger autant que la juftice le permet l'examen des griefs de ceux d'Embden & de leurs Adherans, a déja ordonné & fera ordonner de nouveau, que le Prince & ceux qui font caufe commune avec lui, après que l'infinuation du Libelle, tel qu'il a été exhibé, leur aura été faite, ayent à répondre en deux mois pour le plus tard, & une feule fois pour toutes, après quoi Sa Majefté Imperiale & Catholique remediera, point pour point, à chaque plainte, qui fera trouvée fondée dans les Accords citez ci-deffus.

§. III.

Comme en vertu de la très-gracieufe Amniftie accordée à ceux d'Embden & leurs Adherans, excepté uniquement ceux qui ont été fpecialement exclus de l'Amniftie, doivent être admis à l'Affemblée des Etats qui doit être convoquée, pour déliberer fans contrainte fur les affaires qui font de leur competence, pourvu qu'ils fe comportent d'une maniere pacifique, & qu'ils concourent aux befoins communs de la Province d'Ooftfrife, felon la même proportion qui avoit été obfervée avant la naiffance des derniers troubles qui y font furvenus; Sa Majefté Imperiale & Catholique ordonnera de nouveau efficacement que la Ville d'Embden, & tous ceux qui ci-devant avoient droit d'affifter à l'Affemblée des Etats, à la feule exception de ceux qui ont été fpecialement exclus de l'Amniftie, y foient convoquez & admis fuivant l'ancien ufage, de forte que, puifque même avant la naiffance des troubles, un chacun qui avoit droit d'y affifter a été obligé de fe comporter pacifiquement & de payer fa quotepart pour les befoins communs de la Province; l'Intention de Sa Majefté Imperiale & Catholique n'eft pas que ceux d'Embden & leurs Adherans foient de pire ou de meilleure condition, qu'ils n'ont été avant la naiffance des troubles, ou que les autres Etats, qui font caufe commune avec eux, le foyent non plus, mais que les uns & les autres auront les mêmes devoirs à remplir, & qu'à la feule referve fufdite, perfonne de ceux qui ont droit d'affifter à l'Affemblée des Etats n'en foient exclus; que tous y comparoitront avec la même liberté, fans reftriction pour l'un plus que l'autre, conformement à l'ancien ufage.

ANNO 1731.

§. IV.

Quant à l'indemnisation, Sa Majesté Imperiale & Catholique tâchant de faire accommoder les differends à l'amiable, pour cet effet elle ordonnera que l'une ou l'autre partie autorise quelqu'un pour comparoitre en son nom devant une Commission établie à Vienne à ce sujet, pour pouvoir passer Transaction sur cette affaire; & au défaut d'un accommodement Sadite Majesté Imperiale & Catholique, après avoir ouï les raisons des uns & des autres, déterminera la somme que ceux d'Embden & leurs Adhérans auront à payer une fois pour toutes, pour le dedommagement des pertes causées pendant les troubles, sans qu'ils puissent être inquietez pour cela à l'avenir; & selon ce qui a été déja dit dans le §. I. de la présente Déclaration, tous les fruits qui ont été sequestrez au profit de la Caisse d'indemnisation, & tout ce qui d'ailleurs a été exigé à cause de cette indemnisation, doit être deduit de la somme qui feroit ainsi determinée: de sorte que ceux d'Embden & leurs Adhérans n'auront qu'à payer le surplus, après lequel payement ils seront tout-à-fait quittes à cet égard, & l'Hypotheque dont il est parlé à la fin du §. I. cessera d'abord.

§. V.

L'Empereur a déja déclaré en différentes occasions que dans tout ce qui a été ordonné par les Décrets du Conseil Imperial Aulique de l'an 1721. & des années suivantes, il n'a jamais été question des Garnisons que les Etats Généraux ont dans la Ville d'Embden & dans Lieroort; il n'en est non plus question à l'heure qu'il est, & Sa Majesté Imperiale renouvelle à cet égard la déclaration, qu'elle a toujours eu intention d'avoir un soin particulier du payement des intérêts des sommes que les Etats d'Oostfrise & la Ville d'Embden ont empruntées des Sujets des Provinces-Unies, comme aussi du remboursement du Capital, suivant la teneur des Obligations passées à ce sujet.

CXLIII.

31. Mars. **Neues See-Zoll-Reglement / auf allergnädigsten Befehl Ihro Kays. Maj. von Rußland durch den Druck zu Moscau publiciret.** [Copie imprimée à Petersbourg dans l'Imprimere du Senat.]

C'est-à-dire,

Reglement pour la Marine dans l'Empire de Russie, dressé & publié sous le Regne de l'Imperatrice Anne le 31. Mars 1731.

Das Erste Capitel.

VOn ankommenden und weggehenden Schiffen / wie selbige sich anmelden / ihre Declaration machen / auch löschen und laden sollen / ingleichen von denen Lichtern: und denen Ursachen / wegen welcher sie sollen gestraft werden / wenn sie hierwieder handeln.

1.

Vom Anmelden im Zollhause.

ALle und jede zur See ankommende und abgehende Personen / ohne Ausnahme eines hohen oder niedrigen Standes / sonderlich aber Kaufleute und Schiffer / Rußische Unterthanen oder Ausländer / sie seyen aus einer Herrschafft / Land oder Stadt / wie sie nur immer wollen / sie mögen sich auff Kauffahrdey-Schiffen / See-Fahrzeugen / Last-Gefäßen oder auf Paquet-Booten mit halber oder gantzer Ladung oder nur auch mit Ballast befinden / sollen / so wohl wenn sie in Rußische Haven ankommen / als auch aus denenselben wieder abgehen / in dem Zoll-Hause / oder in der bey jeglicher Stadt und Haven gehörigen Tamoschna * sich angeben: Mithin sind alle angekommene Schiffe schuldig / ohngesäumt von der Zoll-Jacht einen Mann zu sich an Boord zu nehmen / und mit sich biß an die Tamoschna selbst zu führen / allwo sie sich angeben müßen. Wer hierwieder thut oder sich nur deshalben wiederseßlich erzeiget / der soll 50 Thaler Strafe geben.

* Tamoschna und Zollhauß bedeuten gleich viel / doch ist hie durchgehends der Unterscheid darunter / daß in diesem nur allein meine Ankunfft melde / 2c in jenem aber den Zoll von den ein oder ausgehenden Waaren entrichte.

2.

Wie die Declaration zu machen.

EIn jeder Schiffer hat nachdem er in den Haven angekommen / und den Ancker fallen laßen / außer wenn Sturm ist / vier und zwantzig Stunden Zeit / eine aufrichtige Declaration oder Angabe in seiner Sprache / ohngenötiget in einer andern / zuverfertigen / darinnen er setzen soll / den Nahmen des Schiffs / seinen eigenen Nahmen / von was für einer Nation er sey / woher er komme / was er geladen / die Packen / Ballen / und Kisten und alles übrige so Waare genennet wird / und von welchen der Zoll muß genommen werden. Ferner soll er in solcher Angabe nicht mit Zahlen sondern mit ausdrücklichen Worten beschreiben die Numern und Marcken aller jeden auszuladenden und in seinem Schiff befindlichen Güter / ingleichen wem oder an was für einen solche zu liefern sind / auch was für Provision und Vorrath er selbst mit sich habe. Solch Verzeichnüß oder Declaration soll er übrigens nach dem Innhalt derer Connoißementen und andern Documenten verfaßen / welche er oder sein Schreiber eigenhändig bey Ladung des Schiffes / an einem oder unterschiedlichen Orten unterschrieben von sich gegeben. Noch soll er gehalten seyn / seinen Paßport vorzuweisen und die Schifs-Bedienten und Paßagiers / mit allem was sie bey sich haben / ohne Ausnahme und Verhehlung anzugeben. Solch Original-Verzeichnüß nebst deßelben richtigen Copey soll er folgends denen Zöllnern oder Zoll-Einnehmern übergeben.

3.

Von Außschickung der Declaration und von Ablaßung des Schiffs nach der Tamoschna.

DIe Zöllner und Zoll-Einnehmer sind schuldig dergleichen Verzeichnüß oder Declaration / wie jetzt gemeldet worden / anzunehmen und die Copey / um solche ins Buch zu schreiben / bey sich zu behalten: Das Original deßelben aber sollen sie eigenhändig mit beygesetztem Dato der Ubergebung unterzeichnet / mit dem Auffseher des Schiffs an die gehörige Tamoschna abschicken. Hiebey sollen denn auch diejenige Schiffe / welche ohne ihre Ladung zu lichten nach der Tamoschna abgehen können / ohngesäumt mit ihrem Auffseher und dem bey sich habenden Soldaten / sonderlich wenn der Wind dazu favorable / noch denselben Tag und Stunde / nach dem der Schiffer will / abgelaßen werden.

4.

Vom Löschen der Ladung auf die Lichter und von Abfertigung derselben an die Tamoschna.

WEnn Schiffe da sind / welche ohne ihre Ladung zu lichten nicht durchkommen können / so soll denen Schiffern frey gegeben werden / ein Theil der Ladung auf Lichter zu löschen und was denn so gelöschet wird / soll aufgeschrieben / und mit jedem Lichter ein besonderes Verzeichnüß in die Tamoschna nebst Specificirung / aus welchem Schiff die Ladung sey / eingeschicket: die Schiffe und Lichter aber samt deren Auffseher und Soldaten nach dem Haven ohne Auffenthalt / wie zuvor gesagt / abgelassen werden. Jedoch sind derer Auffseher nicht genug vorhanden / so sollen die Verzeichnüße davon durch die Schiffer von denen Lichtern übergeschicket und die Lucken der Lichter und übriger Oerter / wo Waaren liegen / versiegelt werden.

5.

Keiner soll nach Ankunfft in den Haven aus dem Schif gehen / bevor solches der Havenmeister in der Tamoschna angegeben.

KOmmen nun dergleichen Schiffe und Lichter von dem Zollhauß in den Haven an / so soll weder der Aufseher noch der Patron des Schifs / und auf den Lichtern / wenn kein Auffseher ist / der Schiffer / sich nicht unterstehen von seinem Fahrzeuge wegzugehen / sondern der Havenmeister ist verpflichtet alsobald zu kommen und die geschickte Documenta aus dem Zollhause zu nehmen und in der Tamoschna zu presentiren.

6. Daß

ANNO 1731.

6.

Daß die Schiffe nicht sollen aus dem Haven gehen / bevor die Besichtigung geschehen.

EHe und bevor das gantze Schiff besichtiget ist / soll der Patron deßelbigen sich nicht unterstehen mit dem Schiff aus dem Haven oder von dem Ort / welcher ihm zum Lager von dem Havenmeister angewiesen worden / anders wohin zu gehen. Und solte jemand ohnerwartet der Besichtigung mit dem Schiff und mit der Ladung von dem angewiesenen Ort weglegen und Argwohn wieder sich geben / daß er ohne Erlaubnüß des Havenmeisters weggegangen / ob er gleich keine Waaren abgelassen / auch dessen nicht überzeuget wird / so soll er dem ungeachtet wegen seines eigenwilligen Weglegens in 50 Thlr. Strafe verfallen seyn. Solte er aber wegen Enge des Orts bey eben dem Hafen oder Anfuhrt / von angewiesenem Ort etwas weiter / oder bey entstehendem Sturm an einen sichern Ort ablegen / so soll ihm solches zu keiner Schuld gerechnet werden.

7.

Schiffer / Matrosen und Paßagiers sollen von dem Schiffe nicht weggehen / noch mit ihnen etwas abgelassen werden / ehe und bevor es angegeben worden.

WEder die Schiffer selbst noch die Matrosen / noch angekommene Paßagiers sollen / so wie bey dero Ankunfft am Zollhauß oder einem andern sonst angewiesenen Ort / also auch bey gehöriger Tamoschna vom Schiffe nirgendswohin weggehen noch mit denen Paßagiers die bey ihnen befindliche Waaren und andere Güter / ehe und bevor die Angabe geschehen / durchaus nicht abgeben noch abfolgen lassen / bey Vermeidung gleicher Strafe / welche auf andere verheelte Waaren und Sachen gesetzet ist. Uber das aber soll noch der Schiffer / wenn er Paßagiers oder Matrosen von Schif abläßet / ehe das Schiff gehöriger maßen angemeldet worden / wegen solches eigenwilligen vergönnten Weggehens / ob sie gleich nichts mit sich davon getragen / 20 Thlr. zur Strafe erlegen / damit durch solche Vorsicht niemand in Verdacht oder Argwohn kommen möge. Jedoch soll nach geschehener Angabe im Zollhauß denen Paßagiers erlaubet seyn vom Zollhauß wegzugehen / auch ehe das Schiff abgelassen: Es soll aber auch bey ihrem Weggehen wohl acht gegeben werden / daß sie nichts von Waaren und andern Gütern bey sich haben.

8.

Von denen Documenten / welche die Schiffer zur aufrichtigen Angabe haben müssen.

WIrd hiemit denen Schiffern anbefohlen alle gehörige Documenten und Nachrichten in einer wahren und authentiquen Consignation zu haben / woraus sie oben-beschriebenes Verzeichnüß oder Declaration von der Ladung ihrer Schiffe aufrichtig und ohne etwas unterzuschlagen geben können / weil sie sonst wegen solchen Unterschlagens und unrichtiger Angabe in Strafe verfallen können / wovon unten ins besondere soll gehandelt werden.

9.

Daß nicht das geringste ohne Angabe ins Schiff eingeladen werden soll.

KEin Schiffer soll sich unterstehen das geringste in sein Schiff zu laden / ehe und bevor ein Aufseher oder Zoll-Bedienter und Soldat auf selbiges gegeben worden: Diese aber sind nach ihrer Ankunfft auf das Schiff so gleich verpflichtet fleißig in demselben zu observiren / ob etwas eingeladen sey / das nicht verzollet / und finden sie dergleichen / so sind sie schuldig / solches anzuhalten und in der Tamoschnen anzugeben / da denn selbige das verheelte so gleich confisciren soll.

10.

Von der Provision und anderer Ladung.

WEnn Schiffer / bey ihrer Anwesenheit im Hafen zu ihrer und der Schiff-Bedienten Provision und täglichen Kost gebacken Brod / allerhand Früchte / Fische und frisch Fleisch und andere dergleichen Lebens-Mittel mehr an Bord tragen lassen / so soll man solches ohne Jerlick * und ohn erlegten Zoll paßiren lassen. Wollen sie aber noch außer dem / obgleich auch zu ihrer Provision etwas zur Reise oder sonst wozu zu Schiffe bringen / so sollen sie solches zuvor in der Tamoschna angeben / welche darnach sehen und darüber dem Aufseher ein Jerlik zustellen lassen soll: Aber ohne geschehene Angabe in der Tamoschna und ohne Besichtigung soll nichts ins Schiff genommen werden: wie denn auch die Aufseher verpflichtet und durch dieses Reglement beordret sind nichts mehr paßiren zu lassen / als was im Jerlik enthalten.

11.

Von Abfertigung der Lichter an das Zollhauß.

WAaren / welche aus dem Haven ins Zollhauß auf Lichtern zu bringen / sind alsdenn abzulassen / wenn aus der gehörigen Tamoschna ein Aufseher und Soldat auf selbige gestellet / und an diese wegen der in sie zu ladenden Waaren ein Jerlik ertheilet worden. Wenn aber Aufseher in genugsamer Menge nicht da sind / so sollen jetzt-gedachte Jerliken mit dem auf den Lichtern fahrenden Schiffman geschicket und alle Luken darauff nebst allen andern Oertern / wo Waaren hingelegt / wohl versiegelt werden.

12.

Ladung aus den Lichtern in die Schiffe soll nach Inhalt der Jerliken geschehen.

SOlche Jerliken sollen bey abgehenden Schiffen deren auf selbigen befindlichen Aufsehern bey dem Zollhause abgegeben werden / damit diese nachgehends nach dem Inhalt derselben können einladen laßen. Fünde sich aber beym Einladen etwas mehrers / als angegeben und im Jerlik befindlich / so soll alles selbige confisciret werden.

13.

Von Bestraffung wenn Lichter diesem Reglement zuwieder handeln.

SO iemand entweder in Abschickung aus dem Haven nach dem Zoll-Hauß / oder in Herführung der Waaren von da / dem was oben gemeldet / nicht nachkömmt / noch sothane Aufseher auf die Fahrzeuge oder Lichter aus der Tamoschna übernimmt / oder auch in Ermangelung derselben ohnversiegelt wegsegelt und auf der Reise zwischen der Tamöschna und dem Zollhause ertappet wird / so soll der Patron eines solchen Fahrzeuges oder Lichters / obschon er nicht kan überführet werden / daß er unangegebene Waren an Boord genommen / oder von da abgelaßen / in Strafe von 100 Rubel verfallen seyn. Solte er aber diese 100 Rubel nicht erlegen / so soll sein gantzes Fahrzeug confiscirt werden. Käme es nachgehends wieder / daß er zum andern und dritten mahl dieses Verbrechen begienge / so soll er andern zum Exempel über vorgedachte Geld-Strafe am Leibe gestrafet werden.

14.

Von Schiffen / so ohne Paßport wegsegeln.

FErner sollen alle Schiffe / so in dem Rußischen Gebiethe gelöschet oder geladen werden / und deren Schiffer sondern einen Paß aus der Tamoschna zu nehmen weggehen / aber nachgehends wieder ergriffen werden / mit denen auf selbige heimlich einpracticirten unverzolleten Waaren confisciret werden. Jedoch die übrigen darauf befindlichen Waaren / von welchen der Zoll ordentlich bezahlet worden / sollen denen Eigenthümern zurück gegeben / anbey auch denenselben erlaubet werden / selbige ohne anderweitige Erlegung eines Zolls mit einem andern Schiff zu versenden.

15.

Von baldiger Abfertigung derer Schiffe und Lichter.

DAmit / wegen langsamer Spedirung der Schiffe in der Tamoschna / keine Klagen entstehen mögen / so werden alle Zoll-Directeurs auf das nachdrücklichste gewarnet / in Spedirung

* Heißt ein Frey-Zettul / Paßier-Zettul.

kung und Absendung der einkommenden und ausgehenden Schiffe oder Lichter und in allem was zu folge diesem Reglement sich gebühret/ nicht die geringste Verzögerung zu verursachen/ und dadurch gute Winde vorbey streichen zu lassen/ sondern sollen/ wenn das Schiff oder Lichter in allem zu der Reise fertig ist/ diesem ein Jerlik und jenem einen Paß ausgeben/ welches alles innerhalb 2 Stunden/ wo nicht eher/ geschehen soll.

16.

Uber voriges.

DAferne Zöllner oder Zoll-Einnehmer und andere Zoll-Bedienten und Aufseher denen Kaufleuthen und Schiffern/ so wohl von denen Schiffen als Lichtern einige Verhinderniß in den Weg legen/ so sollen dieselben nicht allein auf schrifftlich verfaßte/ sondern auch auf mündlich geschehene Klagen von dem Ober-Zoll-Directeur mit harter Strafe nach Beschaffenheit der Schuld beleget werden. Vornehmlich soll wenn innerhalb den zweyen Stunden/ wie oben erwehnet/ denen zur Reise fertig liegenden Schiffen der Paß/ und denen Lichtern das Jerlik nicht ausgegeben worden/ von demjenigen der solchen zu geben hat für eine jede Stunde/ die beyden gehörigen ausgenommen 10 Thlr. oder Rubel Strafe und zwar biß zu der Stunde gerechnet/ da der Paß würcklich abgegeben/ genommen/ und hingegen wieder an die Patronen von den Schiffen und Lichtern gegeben werden. Zu dem Ende soll auch ein besonder Aufschreibe-Buch gehalten werden/darinnen/so bald als einer nach einem Paß oder Jerlik kömt/ aufgezeichnet soll werden/ die Stunde zu welcher er sich darum gemeldet/ mithin soll auch unter dieser Aufzeichnung annotiret werden/ zu welcher Stunde er spediret worden.

17.

Aufseher und Soldaten sollen von denen Schiffen und Lichtern nicht weggehen.

DIe Aufseher und Soldaten/ welche auf die Schiffe und Lichter gestellet sind/ sollen ohne davon hinweg zu gehen/ beständig darauf verbleiben/ in specie auf denen ankommenden Schiffen/ und zwar so lange/ biß daß sie in der gehörigen Tamoschna angegeben und das Schiff visitiret worden: Auf denen abgehenden aber so lange/ biß sie würcklich von dem Zollhause frey und unter Seegel gehen. Auch sollen sie genaue Acht geben/ daß nichts von denen angekommenen Schiffen abgelassen/ oder von denen verziehenden nichts eingenommen werde/ was nicht angegeben worden. Außer dem aber müssen sie auch acht haben/ daß keine Verhinderniß in Fortsetzung der Reise geschehe. Derohalben soll auf sie selbst nicht minder genaue Acht gegeben/ auch diejenigen so hierwieder handeln/ ernstlich gestrafet werden/ so wie es die ihrenthalben herausgegebene Instructionen verhängen.

18.

Vom Löschen und Laden wie es zu gesetzten Stunden und nicht bey Nachtzeiten geschehen soll.

WEnn Schiffe und Lichter in denen Haven liegen/ so sollen sie ihre Waaren bey Tage löschen und laden/ nemlich zur Zeit wenn bey Aufgang der Sonnen von der Festung ein Canonen-Schuß gethan wird/ soll die Arbeit angehen/ und wieder aufhören/ wenn nach Untergang der Sonnen wieder ein Canonen Schuß geschehen. Bey der Nacht aber sollen keinerley Waaren gelöschet noch geladen werden. Wäre es aber/ daß jemand des Abends nach/ u. des Morgens vor dem von der Festung gegebenen Signal entweder Waaren löschen oder laden liesse/ ob es schon angegebene wären/so soll derselbe eine Strafe von 50 Thlr. erlegen/ der am Bord befindliche Aufseher aber soll am Leibe gestrafet werden/ damit dergleichen ausser den determinirten Stunden unerlaubtes Löschen und Laden keines weges verstattet werden möge.

19.

Von Verwahrung der Schießlöcher.

AUf allen Kauffahrdey-Schiffen/ welche Geschütze führen/ sollen die Löcher/ in welchen die Canonen ausgestellet sind/ mittlerweile die Waaren gelöschet oder geladen werden(zwischen dem Verdeck zugemacht u. von selbigen nicht mehr offen gelassen werden/ als der Havenmeister erlaubet hat. Würde jemand hierwieder handeln/ so soll auf das Schiff eine Straf von 25 Thlr. geleget werden.

20.

Wie die Lasten der Schiffe sonder verheelen anzugeben.

AlLe Schiffer sind schuldig ihre Schiffe/ sie mögen Nahmen haben wie sie wollen/ nach der wahren Grösse von Lasten anzugeben. Wenn aber einer oder der andere sollte betretten werden/ daß er von seinem Schiff oder Fahrzeug mehr als 10 Lasten verschwiegen hätte/ so soll derjenige zum erstenmahl für jede Last die er zu wenig angegeben 2 Thlr. zum andern mahl 3 Thlr. und also für jedes folgende da er solches verschwiegen/ einen Thaler mehr bezahlen.

21.

Wenn ein Zoll-Einnehmer aus Argwohn eines Betrugs die Ladung des Schiffs wieder löschen läßt.

DAfern ein Zöllner oder Zoll-Einnehmer auf irgend ein Schiff wegen eines bey denen darinn geladenen Waaren vorgegangenen Betrugs Verdacht schöpffet/ so ist ihm anbefohlen/ alle die Waaren/ ohngeachtet aller Gegenrede des Schiffers löschen zu lassen. Findet er denn etwas so verstohlener Weiße ins Schiff practiciret worden und unverzollet ist/ so soll der Schiffer wegen des hierüber verursachten Auffenthalts und Zeit-Versäumniß an den Zöllner nichts zu fodern haben. Sollte es aber seyn/ daß er das Schiff ohne genugsames Fundament und rechtmäßigen Ursachen löschen lassen und noch dazu nichts findet/ das im Zoll nicht angegeben gewesen/ so sind die Zoll-Bedienten gehalten/ alle Unkosten oder Schaden/ die sowohl in dem Löschen als wieder laden verursachet worden/ nach Taxation dem Schiffer zu erstatten.

22.

Von der Confiscation nicht angegebener Waaren/ item vom Laden nach bereits genommenen Paß.

AlLe eingeschlichene und unangegebene Waaren/ unter was für Vorwand sie sonder Erlegung des Zolls gelöschet oder geladen seyn mögen/ sollen confisciret werden. Uber das aber soll von dem Schiffer/ wenn er sich gnugsam justificiren oder erweißlich machen kan/ daß solche Güter wieder sein Wissen und Befehl verschwiegen und nicht angegeben worden/ zur Strafe noch eins so viel Zoll genommen werden/ als von solchen eingeschlichenen unangegebenen Waaren hätte in die Cassa kommen müssen; deßgleichen sollen auch alle angegebene Güter confisciret werden/ welche der Schiffer nach bereits ausgenommenen Paß laden wird. Jedoch im fall der Schiffer nach ausgenommenen Paß wegen einiger Hindernüssen sich nicht so geschwinde auf die Reise fortmachen kan/ oder siehet/ daß sein Schiff noch nicht völlig geladen ist/ und darauf solches mit angegebenen Waaren vollzuladen verlanget/ so ist er gehalten/ solches in der Tamoschna zu melden und um Erlaubniß dazu anzuhalten/ welche alsdenn die Tamoschna ohnverweigert geben soll/ damit beydes die Zölle ordentlich bezahlt werden/ und die Schiffer an ihrem Interesse keinen Nachtheil leiden.

23.

Von der Aufsicht welche der Schiffer selbst auf seine Leute und Waaren haben soll.

DAmit nicht auch die Schiffer in die durch dieses Reglement statuirte Strafen verfallen mögen/ so liegt ihnen ob/ so wohl auf ihr Volck/ als auf die im Schiff habende Güter gute Acht zu geben/ ihr Schiff selbst zu examiniren und zu visitiren/ aufrichtige Declaration zu übergeben und nichts folgen oder einnehmen zu lassen/ was nicht angegeben/ auch nichts zu unternehmen was in diesem Reglement verbothen und selbigem zuwider ist.

24.

Ist verbothen an ungeordonirten Plätzen zu löschen und zu laden.

KEin Schiffer soll seine Güter löschen oder laden an einem andern Ort als ihm von dem Havenmeister angewiesen worden/

ANNO 1731. den/ vornehmlich zu St. Petersburg und Cronstadt/ auch nirgends anderswo/ d. i. weder in der See/ noch in den Baaken. Wenn aber Schiffe an verbothenen Oertern angetroffen werden/ und daselbst/ ehe sie den Paß aus der Tamoschna ausgenommen/ ohne derselben Vorwißen löschen oder laden/ so soll dieserwegen der Schiffer/ ohngeachtet es angegebene Güter wären/ um 100 Thlr. gestrafet werden. Indem aber bey diesem löschen oder laden Güter solten gefunden werden/ die nicht angegeben und in der Tamoschna verschwiegen worden/ so sollen solche eingeschluchene unangegebene Waaren confisciret/ mit dem Schiffer aber nach Vigeur des 22. Articuls verfahren werden.

Das II. Capitel.

Von den Kaufleuten oder Eigenthümern der Waaren/ wie sie ihre Declaration oder Angabe in der Tamoschna übergeben sollen: Von falschen Declarationen und Confisciren; item von Zoll und andern Einnahmen.

25.

Wie Kaufleuthe und Eigenthümer der Waaren ihre Declaration übergeben/ und die hergeführte Waaren visitiret werden sollen.

Nachdemweilen die Schiffer gemäß dem 2. Articul nur verpflichtet sind in ihren Declarationen von der Schiffs-Ladung oder demjenigen was mit ihnen gesandt worden/ die Stücken/ Numern rc. anzuzeigen/ ausgenommen ihre eigene Waaren/ als davon sie die Beschaffenheit gewiß wissen/ u. also in der Declaration mit specificiren können: So soll ein jeder er sey hohes oder niedrigen Standes/ deßgleichen Kaufleuthe/ Schiffer und Paßagierer gehalten seyn ein jeder von dem seinigen eine aufrichtige Declaration in der Tamoschna zu übergeben/ darinnen gemeldet werde/ was für Waaren und Güter würcklich in denen Ballen/ Packen rc. sind/ und wieviel von jedem/ imgleichen wie sie heissen/ von was für Maase/ Gewicht und Werth sie sind/ auch den rechten Preiß/ wornach der Zoll von den Waaren genommen wird. Wenn sodann diese Angabe/ so viel die Numern betrifft/ mit des Schiffers Declaration einstimmig befunden worden/ so soll/ so bald als es möglich/ ohne Aufschub die Visitation der Güter vor sich gehen.

26.

Einkommende und ausgehende Güter sollen im Packhause beym Zoll und nicht in Privat-Häusern/ außer im fall der Unmöglichkeit besichtiget werden.

ERwehnte Besichtigung so wohl von den ein- als ausgehenden Waaren/ vornemlich die in Packen/ Ballen/ Kisten und dergleichen sind/ wem sie auch zugehören/ muß im Packhauß bey der Tamoschna und nicht in Privat-Hausern oder andern Orten geschehen. Sind es aber solche Waaren/ welche im Packhauß nicht placiret werden können/ wie z. E. Geträncke/ Juchten/ Linnen und dergleichen grobe Waaren/ als die in dazu expres ordinirten oder noch künfftighin zur Bequemlichkeit der Kauffmannschafft zu ordinirenden und anzubauenden Gasthöfen/ Anbaren und Kellern gehalten werden/ so soll die Besichtigung davon auf der Stelle geschehen/ allwo solche entweder gelöschet oder geladet werden sollen. Jedoch die Weine können auch wohl auf Begehren der Kauffleuthe/ zu derselben schleuniger Vergnügung auf den Anfuhren besichtiget werden.

27.

Von baldiger Besichtigung wie auch von Examinirung nach den Marcken und nach den Facturen/ damit alle Waaren nicht dürffen von einander genommen werden.

DAmit aber auch die Besichtigung eilig von statten gehe/ absonderlich bey Waaren/ davon eine große Parthey vorhanden ist/ als Ballen/ gantze und halbe Stücke Lacken und dergleichen andere mehr/ welche/ dafern sie solten nachgemessen werden/ nicht nur viele Zeit erfordern/ sondern solches auch ihrer Qualität schaden würde; als wird hiemit allen Kaufleuten aufgetragen/ dafür zu sorgen/ daß auf dem an allen gantzen oder halben Stücken/ welche mit Ellen gemessen werden/ befindlichen und am Ende derselben herabhängenden Bley das wahre und an dem Ort/ woher die Waaren gebracht worden/ gebräuchliche Ellen-maaß ausgedruckt stehe/ an Waaren aber so gewogen werden/ das ihres Orts/ woher sie kommen/ gebräuchliche wahre Gewicht zu finden seyn möge. Ist aber dieses Bley oder Marque am Ende der Waaren nicht zu finden/ so soll der Kaufmann/ wo er anders nicht alle seine Waaren aufgemachet haben will/ die Original Factur/ die er von seinen Correspondenten empfangen hat/ produciren/ und davon eine gültige mit seiner eigenen Hand unterschriebene Copey der Declaration beylegen: Darauf dann die Visitateurs vom Zoll ein oder etliche gantze oder halbe Stücken vorzunehmen und zu examiniren haben/ ob das Maaß oder Gewicht getreulich specificiret ist. Kommt alles richtig überein/ und ist sonst kein Verdacht vorhanden/ so sollen sie den Rest nicht durchsehen und dann keine Zeit verlieren. ANNO 1731.

28.

Wie die Streitigkeiten durch die Factur zu schlichten.

DIeweil zwischen den Angebern der Waaren u. denen Zoll-Bedienten über die Nichtübereinstimmung der Declaration mit denen bey sich habenden Connoißementen und Facturen/ als welches durch Verschreiben in der übergebenen Declaration leicht geschehen kan/ allerhand Streitigkeiten währender Besichtigung entstanden sind/ auch künfftighin entstehen können/ so soll zur Schlichtung solcher Disputen/ jeder Schiffer und Kaufmann oder ein anderer/ welcher Waaren und Güter kriegt/ gehalten seyn/ innerhalb 24 Stunden/ von der Zeit an zu rechnen/ da die Disputen entstanden sind/ die Original Connoißementen und Facturen zu produciren/ und so wie im vorhergehenden Articul gemeldet ist/ eine authentique Copey davon unter seiner Hand in der Tamoschna zu lassen: Darauf denn die Streitigkeiten ohne den Fehler im Schreiben zuzurechnen/ nach diesen Connoißementen und Facturen zu decidiren sind/ nur sollen wegen mehrerer dabey verursachten Mühe doppelte Accidentien genommen werden.

29.

Von dem was zu folge der Factur entweder zu viel oder zu wenig befunden wird/ oder auch darmit gar nicht übereinkommt.

SOlte man bey Besichtigung der Waaren befinden/ daß folgends der Factur mehr als 5 pro Cent an Maaß und Gewicht/ so wie es der Orten/ von wo die Waaren hergekommen/ gebrauchet wird/ zu viel ist/ so soll das übrige was mehr ist/ confisciret werden. Aber wenn folgends der Factur ein Unterscheid von nicht mehr als 5 pro Cent gefunden wird/ so ist solches nicht anzusehen. Dahingegen soll von dem was nach der Factur sich nicht findet/ und davon nicht erweißlich gemacht werden kan/ wo es geblieben/ der Zoll nach dem Reglement genommen werden. Desgleichen wenn nach der Factur in einem Packen/ Kisten/ oder was solches sonst seyn mag/ etwas zu viel oder zu wenig annotiret gefunden wird/ und doch alles mit selbigem Schiffe eingebracht worden/ so soll man auch diß nicht rechnen/ nur muß jedoch dabey die general Summa mit der Rechnung überein kommen.

30.

Von dem Versehen in Vergleichung der ausländischen Gewichte und Maaßen mit den Rußischen: item von den Waaren die gezehlet werden.

DAmit über die dem Gewicht und Maaße unterwürffige Waaren wegen des Confiscirens nicht noch mehr Streitigkeiten und Beschwerungen entstehen mögen/ absonderlich da die ausländischen mit dem Rußischen Gewicht und Maaß müssen verglichen werden/ so soll bey Besichtigung und Examinirung/ wenn in Gegenhaltung der Declaration/ worinnen Rußisch Gewicht und Maaß gestellet wird/ ein Fehler in der Vergleichung der ausländischen Maaß und Gewicht mit den einländischen gefunden wird/ solches nicht gerechnet/ sondern der gesetzte Zoll genommen werden. Jedoch wenn zehlbahre Waaren/ über die Factur und Angabe gefunden werden/ so sind solche ohne Repartition zu confisciren/ gestalten allezeit möglich ist solche Waaren besser und treulicher aufzuschreiben/ da es in denen gewogenen und gemessenen Waaren wegen Unterscheid in denen mancherley Gewichten und Maaßen/ da selbige sich zu der Rußischen Maaß und Gewicht nicht so genau reduciren lassen/ nicht allemahl so accurat geschehen kan.

31.

Vom Versehen in Waaren/ davon der Zoll nach dem Werth genommen wird.

WAnn zufolge der Angabe eine Ungleichheit in der Maase und Gewicht derjenigen Waaren angetroffen wird/ von welchen nach dem Tarif der Zoll nach der Taxation zu nehmen ist und die dem Nahmen nach auch darinnen ausdrücklich specificiret sind/ als auch von denen so im Tarif zwar nicht genennet/ aber von welchen jedoch der Zoll nach der Taxation ge-

ANNO 1731.

hört genommen zu werden / so soll solches nicht gerechnet / noch das mehrere confiscirt werden / nur soll man acht geben / daß die Summa von dem Preiß mit allen diesen Waaren übereinkommend sey / davon der Zoll soll genommen werden. Wenn aber die Zoll-Bedienten sehen / daß die Summa des Preißes zu gering nach der Vielheit von Waaren gestellet ist / so sind sie schuldig zu folge dem 38. Articul dieses Reglements darinnen zu verfahren.

32.

Von Waaren davon der Eigenthümer nicht kan gefunden werden.

WEnn ein Schiffer einige Stücke angiebt und der Eigenthums-Herr um selbige in Empfang zu nehmen nicht kan gefunden werden / so sollen dieselben aus dem Schiff genommen und in dem Packhauß ein Jahr und 6 Wochen verwahrlich aufbehalten werden. Mittler Zeit aber ist an gehörigen Orten zu dreyen mahlen zu publiciren / daß sich der Eigenthums-Herr angeben möge. Meldet sich nun derselbe innerhalb dieser Zeit nicht / oder findet er sich ja ein / kan aber doch nicht genugsam beweisen / daß er Herr von den Waaren sey / so sollen dieselben verkaufft und das daraus gelößte Geld dem Fisco zugeschlagen werden. Alleine auf den Fall / daß unter denen Waaren einige so dem Verderben unterworffen / wahrgenommen würden / so sind solche nach Verlauf von 3 Monathen öffentlich zu verkauffen / und die davor eingekommene Gelder biß zu der gesetzten Zeit von einem Jahr und 6 Wochen in der Tamoschna verwahrlich anzunehmen. Und könt es nachgehends daß sich in gesetzten Termin / der Eigenthümer angiebe / so soll ihm nach zuvor abgezogenen Zoll / Anbaren-Geld / und übrigen bey dem Verkauff vorgefallenen Unkosten das übrige Geld ausgezahlet werden; Wenn aber der Eigenthümer nach Verlauff des gesetzten Termins sich einfinden solte / so soll man ihn im geringsten nicht davor erkennen / noch ihm die Waaren oder das davor erstandene Geld abfolgen lassen.

33.

Von Waaren die der Schiffer in seiner Declaration nicht annotiret und davon der Eigenthümer sich angiebt.

WEnn solte gefunden werden / daß ein Schiffer des genugsamen Termins ohngeachtet / welcher ihm zu Einrichtung der Angabe gegeben wird / einige Waaren und Stücke in seiner Declaration nicht angezeichnet habe / sich auch nicht durch die Connoißementen / so wie oben im 28. Articul statuiret ist / justificiret / der Eigenthums Herr zu diesen Waaren und Stücken aber beym löschen derselben aus dem Schiff oder im Packhauß sich meldet und durch die Connoißementen und Facturen in der Tamoschna genugsam darthut / daß die Waaren und Stücken an ihn kommen / so soll mann als dem dergleichen Waaren dem Eigenthums-Herrn davon nach Zahlung des gehörigen Zolls abfolgen lassen; Jedoch von dem Schiffer soll wegen seines Verschreibens und Unachtsamkeit zur Strafe eben so viel Geld genommen werden / als der Eigenthums-Herr an Zoll hat erlegen müssen.

34.

Von der Confiscation uber Waaren / die des Schiffers eigene sind aber nicht mit auf der Angabe stehen.

WAaren die dem Schiffer selbst gehören / aber von ihm nicht mit in die Declaration gestellet worden / sollen confisciret werden / maßen Schiffer ihre eigene Waaren sehr wohl wissen und getreulich in der Declaration aufschreiben können.

35.

Von Confiscation der Waaren / welche der Schiffer nicht angiebet / und davon auch der Eigenthümer nicht zu finden.

WEnn einige Stücke Waaren im Schiff sind / davon der Schiffer die Angabe nicht gethan / und dazu sich noch zum Überfluß kein Herr findet / so wie im 32. und 33 Articul gemeldet ist / so sollen solche sonder Annehmung einiger Entschuldigung confisciret werden.

36.

Von dem Fall / wenn Waaren unter einem unrechten Nahmen angeschrieben worden.

DAferne jemand bey der Angabe in der Tamoschna einer Waare durch Versehen einen andern Nahmen giebt / und nachgehends bey der Besichtigung aus der in der Tamoschna gleichfals niedergelegten Facture sich zeiget / daß solches mit derselben übereinkomme / so soll von derselben Waare nach ihrer Qualität der gewöhnliche Zoll genommen werden: Wenn aber aus der Factur erhellet / daß eine Waare mit anderen Nahmen / das ist / eine gute Waare schlecht genennet worden um desto weniger Zoll zu geben / alsdenn soll von solcher guten Waare noch halb so viel / als der gewöhnliche Zoll ist / genommen werden.

37.

Von Waaren die in andere versteckt.

WÄre es / daß jemand betroffen würde / seine Waaren oder Güter in andere Packen / Stücke oder Gefäße die sein eigen / verborgen zu haben / damit er davon keinen Zoll bezahlen dürffte / so soll nicht allein das versteckte / sondern auch der Packen / Stück oder Gefäß in welchem es verborgen gewesen / confisciret werden / ohngeachtet von dem Packen / Stück oder Gefäß der Zoll bereits erleget worden.

38.

Von Waaren die in niedrigem Preiß angegeben werden.

ALldieweilen in dem Tarif etliche Waaren nach der Taxe angeschlagen sind / als sollen / um allen Betrug vorzukommen / die Zoll-Bedienten acht haben / ob jemand seine Waaren bey dem Zoll in zu geringem Preiß angiebt / und so sie befinden / daß selbige in höheren Preiß sind / so stehet denen Zoll-Bedienten frey die Waaren für sich zubeschlagen / jedoch das beste nicht daraus zu lesen / sondern sie müssen den gantzen Packen Kiste oder Partie annehmen / und darnach dem Kauffmann / welcher solche Waaren nicht getreulich angegeben / noch selbigen Tag den Preiß / in welchen er dieselben bey der Declaration angegeben / mit 20 pro Cent darüber zahlen. Im Fall sie so gleich kein Geld hätten / soll ihnen zwey Tage Zeit gegeben werden / um solches irgendwo aufnehmen oder die angenommene Waaren verkauffen und so dann das Geld davor zahlen zu können. Jedoch solten die Waaren eine Summa von 5000 Rubel übersteigen / so soll ihnen zu Beytreibung derselben eine Woche / aber nicht mehr / Zeit gelaßen werden / damit denen Kaufleuten durch längern Anstand der Bezahlung kein Überlast geschehe / doch bleiben die Fest-Tagen davon ausgeschloßen. Aber alsdenn sind auch die Zoll-Bedienten den im Tarif gesetzten Zoll nach der Angabe des Kauffmanns und der ihm darüber gegebenen 20 pro Cento zu erlegen schuldig.

39.

Wie mit Waaren zu verfahren / wovon der Eigenthums-Herr die Factur noch nicht erhalten hat.

ALs jemand in der Tamoschna angiebt / daß er von denen eingebrachten Gütern noch keinen Fracht-Brief oder Factur empfangen und deswegen von denen Waaren keine Angabe thun könne / so sollen dieselben ins Packhauß genommen / dem Kauffmann aber zu Lieferung der Facture eine Zeit bestimmet werden / so wie es die Tamoschna nach Entlegenheit des Orts für gut befinden wird. Geschiehet nun die Lieferung der Facture in gesetzter Zeit nicht / so sollen die Waaren besichtiget / und was zu meßen / gemeßen / was zu wägen / gewogen / und was zu zehlen gezehlet / mithin der Zoll davon nach dem Wehrt zufolge dem couranten Preise um welchen man sie verkaufft / von den andern / in Gewicht und Maaß bestehenden aber nach dem Tarif bezahlet werden. Zu dieser Bezahlung des Zolls sollen denn ferner so viel Wahren als der Zoll und die dabey vorkommende Accidentien erfordern / genommen und durch eine Auction öffentlich verkauffet / die übergebliebene Waaren aber dem Kauffmann / an welchen sie addressiret / eingeliefert werden. Jedoch ist hiebey das Accidentien-Geld wegen mehrerer Mühe / so durch das Wägen und Meßen verursachet worden / doppelt zu nehmen / und auch solcher gestalt allen Vorwendungen einer nicht erhaltenen Factur vorzukommen. Wolte indeßen nachgehends der Kauffmann die übrig geblibene Waaren nicht zu sich nehmen / so können selbige zur Verwahrung in die Anbaren gebracht und so dann doppelt Anbaren-Geld davor genommen werden / damit das Packhauß von dergleichen Waaren rein sey.

40.

Ist verbothen die Waaren vor der Declaration auf- oder loßzumachen.

KEin Kauffmann oder Bedienter von ihnen / auch kein Schiffer / noch ein anderer soll befugt seyn / Kisten / Packen / Fäßer und dergleichen / es möge Nahmen haben / wie es wolle / bevor sie in denen Anbaren visitiret worden / auf- oder loßzumachen. Wer hierwieder thut ist in 100 Thaler Strafe verfallen.

41. Wie

ANNO 1731.

41.

Wie zu verfahren/ wenn ein von dem Schiffer in seiner Declaration annotirtes Stück bey Löschung oder Besichtigung des Schiffs nicht gefunden wird.

JMgleichen/ dafern bey Löschung oder Visitirung eines Schiffs ein unter seiner Numer und Marcke von dem Schiffer gehöriger maaßen in seiner Declaration angegebenes Stück/ Packen/ Ballen/ Kiste oder dergleichen/ nicht solte gefunden werden/ so ist alsdenn die Original-Factur innerhalb 24 Stunden zu produciren/ doch dergestalt/ daß der Eigenthümer von dieser nicht daseyenden Waare eydlich beschwere/ das es die Original-Factur sey/ die er von seinem Correspondenten erhalten/ folglich auch kein Betrug darunter stecke. Auf diesen Eyd soll alsdenn für die Waare/ die in der Factur zwar gemeldet/ doch nicht gefunden ist/ von dem Schiffer eben so viel Zoll genommen werden/ als von der besten Sorte dieser Waaren zu nehmen ist/ wobey dem Kauffmann frey bleibet den Schiffer über die verlohrne Waare vor Gerichte an welchem Orte es ihm gefällig an zu klagen/ Jedoch würde die Factur innerhalb vorgeschriebenem Termin nicht produciret/ noch von dem Eigenthümer beschworen/ so soll wegen eines jeglichen nicht zu findenden unbekannten Stücks von dem Schiffer eine Straffe von 200 Thlr. genommen werden/ und der Schiffer so lange bis er selbige erleget/ in Arrest gehalten werden.

42.

Daß die streitigen Waaren angehalten/ die unstreitigen aber abgefolget werden sollen.

WEnn zu folge einer Declaration unterschiedliche Waaren angegeben wären/ über deren etliche aber ein Streit entstehen solte/ alsdenn können diejenigen/ darüber kein Disput ist/ nach geschehener Ausrechnung und Erlegung des Zolls abgefolget werden. Die streitigen Waaren dahingegen sollen biß zur Entscheidung des Streits angehalten werden.

43.

Wie es mit Fuhrleuten und Schiffern zuhalten/ wann sie Kisten und Packen ohne dem Eigenthümer bringen.

AUf den Fall/ daß ein Fuhrmann oder Schiffer einige Kisten/ Packen und dergleichen von jemand mitbringet mit dem Vermelden/ daß der Besitzer davon nachkommen werde/ so sollen sothane Kisten/ Packen/ oder Ballen ins Packhauß bis zu desselben Ankunfft gebracht/ und allda so wohl mit dem Zoll- als desjenigen seinem Siegel verwahret werden/ der sie hergebracht hat/ und dieses deswegen/ damit sie nach Ankunfft des Besitzers können visitiret und der Zoll davon gehöriger maaßen genommen werden: Jedoch im Fall daß sie lange Zeit liegen bleiben/ so soll mit ihnen dem 32. Articul gemäß verfahren werden.

44.

Wird denen Post-Bedienten verbothen unangegebene Waaren nicht zuverschicken.

HJemit wird denen Post-Directeurs und andern von der Post dependirenden Bedienten verbothen/ eigene Waaren/ ohne daß sie angegeben worden/ bey Verlust ihres Amts und Confiscation solcher Waaren nicht zu verschicken. Wäre es aber/ daß dergleichen zu verschickende Waaren nicht ihre eigene/ so sollen sie nichts desto weniger/ weil sie nicht angegeben/ genommen werden/ es sey auch einer Herr davon wer er wolle. Der Post-Directeur aber soll hiebey den Wehrt solcher Güter zur Strafe erlegen.

45.

Schiffer und Bootsleute können frey verkauffen/ so bald sie ihre Waaren angegeben.

WEnn Schiffer und Matrosen auf ihren Schiffen Waaren verkauffen wollen/ die ihnen nach dem 47. Articul erlaubet sind/ so können sie solches sehr wohl thun; nur lieget ihnen dabey ob/ solche Waaren vor dem Verkauf in der Tamoschna anzugeben/ den Zoll davon zu erlegen/ und wegen freyen Verkauffs einen Zoll-Zettul aus der Tamoschna zu nehmen. Andere Waaren/ jedoch ins kleine zu verkauffen/ außer denen davon ihnen der Verkauf erlaubt ist/ wird verbothen.

46.

Von Zahlung nicht allein des Zolls nach dem Tarif/ sondern auch von andern Auflagen.

ALle ein- und ausgehende Kauffleuthe und Schiffer haben nicht allein den Zoll von ihrem Schiff und Gütern/ sondern auch alle übrige Auflagen zu erlegen/ welche Ihro Kayserl. Maj. in denen deßfals herausgekommenen Verordnungen anbefohlen haben.

47.

Von einiger Zoll-Freyheit der Schiffer/ item vom Verkauff einiger Waaren ins kleine.

WEnn Schiffe eingelauffen/ und die Patronen davon/ sie seyen Ausländer oder Russen/ ihre gantze Ladung in der Tamoschna angegeben/ so soll denenselben/ sie fahren mit grosen oder kleinen Fahrzeugen/ zur Ergötzlichkeit einige Zoll-Freyheit in ihren eigenen zum Verkauff mitgebrachten Waaren verstattet werden/ nemlich zu 8 Thlr. dem Schiffer/ zu 4 Thlr. dem Steuermann/ und zu 2 Thlr. jedem Matrosen/ wobey anzudeuten/ daß gedachte Schiffer/ Steuer- und Bootsleute keine andere Waaren aus ihrem Schiff ins kleine verkauffen sollen/ als: feine und grobe/ porcellainene und irrdene Gefäße/ allerhand irische Früchte/ Käse/ Butter/ Tisch- und höltzernes Haußgeräthe/ Oliven Anchovien/ gedörrte Fische/ Laberdaan/ Fleisch/ geräucherte Würste/ allerhand Grütze/ als Perlen-Grütze/ Austern/ Kringel u. Zwibacken/ Pfefferkuchen/ allerhand ausländische Biere und höltzernes Korbwerck. Alle andere aber so die Schiffleute mitbringen/ sollen sie en Gros an die Kaufleute verkauffen/ auch davon den Zoll erlegen.

48.

Provision der Schiffleute ist zoll-frey.

ALle Provision an Essen und Trincken/ so die Schiffer zu ihrer eigenen Verpflegung mitgebracht/ und welche nach der Angabe und Besichtigung/ befunden worden keine Waaren zu seyn/ sollen denen Schiffern zur Douceur nach Gutbefinden der Zoll-Directeurs so wohl bey der Ankunfft als wieder Weg-Reise/ wenn etwas übrig geblieben und nicht consumiret worden/ zollfrey paßiren. Gleicher gestalt soll ihnen bey ihrer Wegreise darinnen eine Douceur gemachet werden/ daß sie zollfrey einkauffen können an Geträncke und andere dergleichen Provision/ so viel als die Tamoschna zur Reise nach Entlegenheit des Orts/ wohin das Schiff destiniret ist/ ingleichen der Jahrszeit/ für nöthig erkennen wird/ damit das Schiff zur Genüge mit solchen Sachen versehen sey/ und die Schiffer und Bootsleute auf ihrer vorhabenden Reise keinen Mangel leyden mögen. Allein damit die Schiffer von dieser ihrer Provision nichts verkauffen/ oder auch unter dem Schein der Provision nichts anders zollfrey laden mögen/ so sollen die auf das Schiff gestellte Auffseher und Soldaten bey schwehrer und harter Strafe genaue Acht darauf haben.

49.

Alle und jede/ ohne Ausnahme/ müssen von allen Waaren und Gütern Zoll erlegen.

SO wohl Ihro Kayserl. Maj. als alle Unterthanen/ sie seyen vom Geist- oder Weltlichen Stande/ auch von was Nahmen sie wollen/ hohe und niedrige Standes-Personen und Ausländer sind verpflichtet/ von ihren auf Contract erhaltenen/ gekaufften/ verkaufften oder zum Gebrauch und Consumtion hergeführeten Waaren und Gütern/ es mögen dieselben Nahmen haben wie sie wollen/ den Zoll nach dem Fuß zu erlegen/ wie er in dem Tarif gestellet ist.

50.

Ohne Bezahlung des Zolls sind keine Waaren abfolgen zu lassen.

DJe Zoll-Gelder sind ohne Ausnahme zu erlegen/ ehe und bevor die Waaren aus dem Packhause ausgenommen werden/ auch ein beladen Schiff soll aus dem Haven nicht verziehen können/ bevor der Zoll davon entrichtet worden.

51.

Nichts soll ohne Erlegung des Zolls und vorhergehender Besichtigung abgelassen werden.

Weder an dem Hof Ihro Kayserl. Maj. noch an jemand anders/ er sey ein Fremder oder Unterthan/ oder wer er sonst wolle/ soll man zufolge diesem Reglement keine Waaren nicht allein ohne Bezahlung des Zolls/ sondern auch nicht einmahl ohne vorhergehende Visitation abfolgen lassen/ um dadurch weder Confusion noch eine unrichtige Rechnung in der Tamoschna zu verursachen.

52.

Von denen zur Zahlung offerirten Thalern.

So jemand zur Bezahlung des Zolls Thaler unter seinem eigenen Petschafft und angegebener Zahl bringt und in der Tamoschna niederlegt/ so lange biß er dieselben recht zehlen kan/ so soll derjenige der sie deponiret/ zu mehrerer Sicherheit in ein apartes Buch einschreiben/ und ausdrücken/ wieviel Stücke/ folgends des an dem Beutel herabhangenden Billets/ darinnen sind/ wer sie gezehlet/ und mit wessen Petschafft sie versehen. Jedoch wenn verschiedene Petschafften/ die nicht von dem Eigenthümer/ daran wären/ so soll noch von demselben sein eigenes auf jeden Beutel aufgedrucket und zu Vorkommung alles Streits auch dasselbe unter die davon aufgeschriebene Notice gesetzet werden/ damit ein solcher bey Zurückgebung des Beutels nicht zu contradiciren habe/ als wenn nicht sein Petschafft auf dem Beutel stehe. Nachgehends sollen sie in der Tamoschna in einen besonders dazu destinirten Kasten gelegt/ und als wenn es würcklich empfangene Zoll-Thaler wären/ unterm Schloß und Petschafft der Zollbedienten/ des Ober-Zöllners/ Controlleurs und Cassiers verwahret werden/ damit davon nichts verlohren gehen möge. Ferner sollen diese Thaler ehe und bevor sie für den Zoll ausgerechnet/ auch würcklich davor ausgezahlet worden/ weder an die Contoirs-Bedienten/ noch an die Herrn selbst zurück gegeben werden. Sonsten aber was nach der Ausrechnung von denen Thalern übrig bleibt/ soll denen Eigenthums-Herrn sonder Anstand ausgegeben werden/ auch damit oben-besagte Einschreibung ausgestrichen seyn.

53.

Von Rußischen Waaren/ wenn sie von einem Rußen aus einem Haven in den andern transportiret werden.

Alle in Rußland fallende oder allda verarbeitete Waaren/ sollen/ wenn sie von Rußischen Unterthanen nach Rußischen Haven verführet/ und verzollet worden/ zollfrey seyn/ wenn sie nachgehends nach einem andern Rußischen Haven durch Rußische Kauffleute transportiret würden. Nur muß der Schiffer ein glaubwürdiges Attestat aus der Tamoschna und eine authentique Nachricht von den Waaren und der gantzen Ladung/ davon der Zoll bezahlet ist/ mit sich bringen.

54.

Von dergleichen Waaren/ wenn sie Ausländer verführen.

Wenn dergleichen Waaren/ welche in Rußland fallen oder verfertiget worden/ von einem Rußischen Haven in einen dergleichen andern durch Ausländer zum Verkauff geführet werden/ so sollen dieselben gehalten seyn davon den in dem Tarif auf die ausgehende Waaren gestellten Zoll zu erlegen. Gleicher gestalt soll auch von ihnen in dem Haven/ wohin sie zum Verkauff geführet worden/ der gehörige ausländische Zoll nach dem Tarif entrichtet werden.

55.

Von denen ausländischen Waaren/ wenn sie zu Wasser nach andern Rußischen Haven verführet werden.

Indem ein Fremder seine ausländische Waaren nach einem Rußischen Haven bringt und allda den einkommenden Zoll bezahlet/ er selbst aber nachgehends oder ein anderer Ausländer/ welcher die Waaren ihm abgekaufft/ selbige nach einem andern Rußischen Haven zu Wasser transportirt/ so soll von solchen Waaren in dem ersten Haven der ausgehende/ und in dem andern Haven/ wohin die Waaren verführet werden/ der einkommende Zoll zum zweyten mahl nicht genommen werden; nur allein soll man in dem zweyten Haven einige kleine Gefälle heben können.

56.

Von Ausfuhr fremder Waaren in auswärtige Reiche.

Auch sollen fremde Waaren/ dasjenige aber ausgeschlossen was im 65. Articul gemeldet/ welche man aus denen Rußischen Haven in auswärtige Reiche verführen möchte/ und davon der einkommende Zoll bezahlet worden/ zollfrey und ohne zum andernmahl die kleinen Gefälle zu nehmen/ abgelassen werden.

57.

Von fremden zu Lande eingebrachten Waaren.

Wenn aber Ausländer zu Lande von einem Haven zum andern oder weiter Land-einwerts in Russische Städte ausheimische Waaren verführen/ so ist davon der Passage-Zoll nach dem einländischen Zoll-Reglement zu bezahlen.

58.

Wenn Rußen dergleichen Waaren verführen.

Allein daferne Rußische Unterthanen auf gleiche Weise von einem Haven zum andern/ so wohl zu Wasser als zu Lande/ fremde Waaren transportiren/ so soll bey der Abfuhr aus dem ersten Haven weder der ausgehende noch bey der Einfuhr in den andern Haven der einkommende Zoll/ noch die andern kleinen Gefälle zum andernmahl genommen werden.

59.

Von Victualien/ so in Rußland fallen und mit Rußischen Schiffen verführet werden.

Victualien/ oder Lebens-Mittel/ als Roggen/ Weitzen/ Meel / allerhand Grütze / Maltz / Haber/ Gerste / Fleisch / Butter/ Fisch/ lebendig Vieh und andere dergleichen/ welche in denen Rußischen Provintzien fallen/ sollen zum Vergnügen der dabey interessirten Rußischen Unterthanen mit Schiffen und andern denen Rußen zugehörigen Fahrzeugen von einem Rußischen Haven zum andern können verführet werden/ ohne daß die ausgehende oder einkommende Rechte davon dörffen bezahlet werden. Nur soll man bey Abladung dergleichen Victualien Versicherung unter-Bürgschafft nehmen/ daß man sich verbindet über die transportirte Victualien aus dem andern Haven ein Attestat innerhalb einen halben Jahr zu bringen; wer aber ein solch Attestat nicht bringet/ von dem soll anderthalb pro Cent Zoll genommen werden. Jedoch solten dergleichen Victualien oder einige andre Waaren/ welche durch besondere Ukasen in fremde Reiche zu verführen verbothen worden/ von jemand unter der Declaration selbige nach anderen Rußischen Haven abzuführen/ in fremde Reiche transportiret werden/ so soll von demjenigen/ der sie abgeladen hat/ der gantze Preiß/ was sie kosten/ genommen werden.

60.

Was zu observiren/ wann gemeldete Victualien auf ausländischen Schiffen befindlich sind.

Auf den Fall daß ein solcher Transport von in Rußland fallenden Victualien mit ausländischen Schiffen fortgebracht würde/ so soll davon/ ohngeachtet der Transport aus einem Rußischen Haven nach dem andern geschähe/ der gantze Zoll dem Tarif zu folge gezahlet werden.

61.

Von über See verschickten Rußischen Waaren/ so wieder zurück kommen.

Von denen durch Rußische Unterthanen nach fremden Haven abgesandten und mit dem Ausfuhr-Zoll verzolleten Waaren/ soll/ wann sie aus Ursache/ daß sie nicht verkauffet worden/ nach Rußland wieder zurück gebracht werden/ auf umständliche und genaue Untersuchung der Tamoschna der Einfuhr-Zoll nicht genommen werden.

62.

Von Waaren welche aus einem einkommenden in ein abgehendes Schiff eingeschiffet werden.

Waaren/ welche aus einem ankommenden in ein anders nach Rußischen Haven abgehendes Schiff zu dem Ende gelöschet sind/ daß sie nicht zur Niederlage oder zum Verkauff sollen angegeben/ sondern wieder über See versandt werden/ sind unter Angabe und Aufzeichnung in der Tamoschna/ auch dergleichen Aufsicht/ wie in denen folgenden 64. und 68. Articuln statuiret ist/ nur mit Nehmung

ANNO 1731.

mung der Accidentien-Gelder überzuladen und wieder wegzulassen. Jedoch müssen diese Waaren zufolge angeführten Articuln keine solche seyn/ dergleichen in Rußland fallen oder auch verfertiget werden.

63.

Von Schiffen/ welche nicht mit völliger Ladung abgehen.

WOfern ein Ausländer oder Einwohner von diesem Kayserthum in dem Haven/ wo sein Schiff ist/ demselben seine völlige Ladung nicht schaffen kan/ sondern zu dessen Volladung aus diesem Haven nach einem andern begehet abzugehen/ so soll er verpflichtet seyn bey der an solchem Ort befindlich Tamoschna sich dieserwegen zu melden/ seine bereits geladene Waaren gehöriger maßen anzugeben/ auch davon den Zoll zu erlegen: Und ist er nachgehends frey/ wenn er in einen andern Rußischen Haven angekommen/ allwo er sein Schiff vollzuladen sucht/ von diesen schon verzolleten Waaren einen anderweitigen Zoll zu geben. Jedoch würde ein solcher Ausländer dergleichen Waaren in dem andern Haven verkauffen/ so soll hiebey nach dem 54. Articul verfahren werden.

64.

Von Schiffen/ welche kommen um vollzuladen.

DAfern in Rußische Haven ein Schiff mit sothanen fremden Waaren/ welche in Rußland fallen oder daselbst gemacher und auch von daraus verführet werden/ arrivirte/ und zwar in der Absicht seine Ladung voll zu machen/ so ist nicht nur von den mitgebrachten der einkommende/ sondern von den geladenen/ auch der ausgehende Zoll mit allen übrigen Auflagen gemäß der Verordnung zu nehmen. Wenn aber ein Schiff mit solchen Waaren ankäme/ die weder in Rußland gemacht/ noch aus selbigem verführet werden/ so soll ihm frey gegeben seyn/ seine Ladung mit Rußischen Waaren vollzumachen/ von denen er auch allein/ ohne die innhabende Waaren verzollen zu dürffen/ den ausgehenden Zoll und übrige kleine Accidentien zu erlegen hat. Sonsten aber soll/ so wie auf andern Schiffen/ auch auf dieses von der Tamoschna ein Aufseher und Soldat gestellet werden/ damit sie von ihren inhabenden Waaren nicht das geringste heimlich löschen noch auch unangegebene Sachen laden mögen. Jedoch da jemand wolte von den mitgebrachten Waaren nur das geringste verkauffen/ so soll er solches in der Tamoschna angeben/ und davon nach dem Reglement den Zoll bezahlen.

65.

Von beschädigten Schiffen die in einen Haven einlauffen sich zu repariren.

IMgleichen/ so ein Schiff vom Sturm oder vom Feinde beschädiget/ sich zu repariren/ in einen andern Haven/ als dahin es destiniret/ einzulauffen genöthiget worden/ oder wenn ein Schiff auch sonder Schaden/ um sich nur vor Sturm und andern plötzlichen Zufällen zu salviren und nicht um Handel zu treiben/ eingelauffen wäre/ so ist von demselben und seinen inhabenden Waaren/ ohngeachtet selbige auch wegen genommenen Schadens am Strande möchten gelöschet und wieder geladen werden/ kein Zoll zunehmen Indessen soll nichts desto weniger/ so lange das Schif sich in solchem Haven aufhält/ oder repariret wird/ ein Aufseher und Soldat auf selbiges gemäß dem vorhergehenden 64. Articul gestellet und das Feuer-Geld genommen werden.

66.

Von ausgeseegelten Schiffen/ so wegen genommenen Schadens in den Haven wieder zurück kommen.

WEnn auch ein bereits abgefertigtes Schiff in der See zu stranden käme/ und alle darauf befindliche Waaren/ oder ein Theil davon/ naß oder trucken geborgen/ und wie zuvor nach eben demselben oder auch nach einem andern Rußischen Haven gebracht würden/ so soll von solchen Waaren so wohl für das Einbringen/ als auch nach dem dieselben repariret sind/ vom Verkauff und Ausfuhr weder der Zoll noch andere kleine Auflagen zum andernmahl genommen werden/ und zwar deswegen/ weil bey der ersten Ablassung aller Zoll von diesen Waaren genommen worden.

67.

Von einkommenden Waaren/ die auf der Reise beschädiget worden.

ALs ein in den Haven kommendes Schiff auf seiner Reise in denen See-Mündungen zu stranden gekommen/ so daß die Waaren darauf beschädiget worden/ man aber dieselben nicht begehrt zurück zuführen/ so soll von solchen beschädigten Waaren/ nachdem sie getrucknet oder repariret sind/ der Zoll auf solche Art genommen werden. Z. E. wenn an einem Stück Stoff oder an dergleichen einige Arschinen unbeschädiget geblieben/ so soll davon der volle Zoll laut dem Tarif genommen werden. Auf gleiche Art ist es auch mit den zu wägenden oder dergleichen andern Waaren zu halten. Allein von den beschädigten Waaren soll nach dem Preiß um welchen sie bey öffentlichem Ausruff verkauffet werden 2. pro Cent in Thalern bezahlet werden/ und solcher öffentliche Verkauff der beschädigten Waaren soll durch denjenigen/ an welchen sie addreßiret oder auch welchem sie anvertrauet worden/ in Gegenwart eines geschwornen Mäcklers innerhalb einer Monaths-Frist/ ohne länger damit zu warten/ vor sich gehen.

68.

Von zollfreyer Zurücksendung eingebrachter Waaren.

AUf den Fall/ daß auf einem Siff unter andern zum Verkauff eingebrachten Waaren auch ein Stück/ Ballen oder Kasten ist/ davon man bey desselben Ankunfft declariret/ daß weil er nicht könne verkauffet werden/ er wieder dahin/ von wo er gekommen/ oder nach einem andern Lande wieder müsse zurück geschickt werden/ oder wenn man auch von selbigen declariret/ daß sie nach einem andern Haven destiniert und nur mit andern Waaren aufgebracht sind/ so sollen dieselben/ wenn es nur keine Güter sind/ die weder in Rußland fallen/ noch gemachet oder auch aus selbigem verführet werden/ gantz Zoll-frey/ nur mit Erlegung der Accidentien-Gelder wieder abgelassen werden. Jedennoch soll man sie alsbald besichtigen und vors erste mit dem Zoll-Siegel verwahret ins Packhauß bringen/ allwo sie biß zur Wiedereinschiffung sollen liegen bleiben. Es sollen aber dieselben biß zur Wiedereinschiffung nicht länger als 6 Wochen/ von Zeit der Angabe zu rechnen/ in dem Haven bleiben/ es sey denn/ daß ein Sturm oder ein ander unversehener Fall daran verhinderlich falle. Auch soll darauf zu sehen seyn/ daß solche Waaren nicht zu Lande sondern zu Wasser aus dem Haven geführet werden; zu dem Ende soll man auch dieselben auf die ausgehende Liste des Aufsehers von dem Schiff/ mit welchen sie versandt werden/ specificiren/ ingleichen auch dem Zollhause von Ausfuhr derselben gehörige Notification thun. Giengen aber die zur Wieder-Ausfuhr determinirte 6 Wochen vorbey/ oder wären es Waaren die in Rußland fallen und gemacht werden/ so sollen die einkommende Rechte davon genommen und so dann abgelassen werden.

69.

Wegen Verlängerung des gemeldeten Termins biß auf den Frühling.

WEnn gemeldete Waaren/ die aus dem Haven müssen wieder zurück gesendet werden/ erst sehr spät in dem Herbst ankomen/ und also ohnmöglich wieder zurück gehen können/ so soll man denenselben biß zu den erst-verziehenden Frühlings-Schiffen Ausstell geben und die Accidentien und Anbaren Gelder von ihnen nehmen/ daferne sie unter Verwahrung des Packhauses bleiben werden.

70.

Von etlichen Waaren die in Häusern gehalten werden/ und von deren Verkauf en gros.

WIrd erlaubt/ Waaren die im Packhauß liegen und vom Regen/ Hitze/ Kälte und großem Wasser verderben können/ als Spiegel/ Gardinen/ kleine Eßwaaren/ Pflaumen/ Anchovien und dergleichen nach geschehener Besichtigung und erlegtem Zoll mit Vorwissen der Tamoschna zu Hause zu halten. Nur müssen die Kauffleuthe solche en gros/ keinesweges aber beym kleinen verkauffen/ und solches noch dazu in der Tamoschna aufschreiben lassen.

71.

Vom marquiren der Waaren.

AUf alle fremde eingebrachte Waaren und Güter/ sie mögen Nahmen führen/ und zugehören wem sie wollen/ es seyen diese nun Rußische Unterthanen oder Ausländer/ soll bey der Besichtigung die Marque aus der Tamoschna (wo es nur möglich) gesetzet werden/ diejenigen jedoch ausgenommen auf welche man die Marque nicht setzen kan/ oder auf welche sie auch nicht gesetzet wird: zu dem Ende damit man wissen möge / welches angegebene oder unangegebene Waaren sind. Und solten nachgehends bey jemand im Reich Waaren / sie mögen auch heissen wie sie wollen / und wenn sie nur können gemerckt werden / ohne solche Marque anzutreffen seyn / so sollen dieselben confisciret werden.

Das III. Capittel.

Von Kriegs- und Last-Schiffen / von Ammunitions-oder Schatz Gütern / von hohen und niedrigen Stands-Personen / für welche Güter verschrieben werden / item von denen Fehrleuten.

72.

Kriegs-Schiffe sollen keine Waaren ohne Angabe überbringen.

KEin Officier oder jemand anders / er habe Nahmen wie er wolle / soll sich unterstehen Waaren ohne Zoll unter dem Pretext / als kämen solche für Ihro Kayſ. Maj. oder einen andern Officier / auf Kriegs-Schiffen und andern Kriegs-Fahrzeugen ein-und auszubringen oder zu löschen. Solte es sich aber fügen / daß bey Gelegenheit einige Waaren auf Kriegs-Schiffen von Ihro Kayserl. Maj. oder auch auf andern Kriegs-Fahrzeugen solten geladen werden / so soll der Capitaine oder Schiffer von einem solchen Schiff gehalten seyn / davon eine Declaration unter seiner eigenen Handschrifft an die Tamoschna einzuschicken / darinnen die Anzahl der Waaren / wer sie geladen und an wen sie addreßiret sind / enthalten sey. Nach Eingebung einer solchen Declaration ist sodann wegen der Besichtigung und Nehmung des Zolls / so wie mit andern Schiffen zu verfahren. Solte es jedoch geschehen / daß ein Capitaine oder Schiffer sothane Declaration nicht thut / und nachgehends überführet wird / daß er Waaren ohne es in der Tamoschna anzugeben / ein-oder ausgeführet hätte / so soll er seiner Charge verlustig seyn / und über dieses die Waaren und Güter / so wie es wegen unangegebener und defraudirter Waaren statuiret ist / confisciret / auch doppelter Zoll von selbigen aus denen Hab und Gütern des Capitains oder Schiffers genommen werden.

73.

Last-Schiffe und Packet-Boote müssen die Declaration thun und die Besichtigung zulassen.

IMgleichen sollen die auf den Last-Fahrzeugen und Packet-Booten (obgleich solche Packet-Boote Kriegs-Fregatten wären / dennoch aber Kauffleuthe und andere Standes-Personen mit ihrer Bagage überbringen) befindliche Officiers oder Schiffer / alle und jede / keiner ausgeschlossen / bey ihrer Ankunfft in den Haven / oder bey ihrer Abreise / aus demselben / in der Tamoschna schrifftlich angeben / was für Ladung oder Paßagiers sie aufhaben / nächst dem aber das Schiff nach solcher Declaration visitiren lassen. Desgleichen sollen so wohl bey dem Löschen als Laden Aufseher aus der Tamoschna zugegen seyn / die wohl und genau Achtung geben sollen / daß beym Löschen und Laden keine Güter abgelassen oder angenommen werden / die nicht angegeben sind / unter gleicher Strafe als oben wider die Ubertreter gestellet ist.

74.

Keinem ist verstattet aus eigener Authorität etwas aus dem Schiff zu nehmen.

ALlen Hof-Admiralitäts-und übrigen so wohl hohen als niedrigen Standes-Personen / von was Nahmen sie auch sind / wird hiemit ernstlich verbothen / verschriebene Materiallien / Provision und Waaren / ja nichts / aus denen Schiffen in die unter ihnen stehende Anbaren und Kellern / ohne Erlaubniß der Tamoschna / und ohne Besichtigung und Bezahlung des Zolls / weder zu entsiegeln noch aus eigener Macht weg zu nehmen / bey Strafe / als in dem 72. Articul statuiret ist.

75.

Von der Angabe in der Tamoschna und Visitirung aller Parcelles oder Stücken.

ALle mit jedem Kauffahrdey-Schiff und Last-Fahrzeuge einkommende oder weggehende Waaren und Güter / ob sie gleich Ihro Kayserl. Maj. selbst / oder anderen hohen und niedrigen Standes-Personen gehören möchten / sollen gemäß diesem Reglement in der Tamoschna angegeben / und darüber denen Zoll-Bedienten die Visitation nach denen Coffers / Mantelsäcken / Kisten / Fässern und allerhand Stücken ohne etwas dawieder zu sagen / zugelassen werden.

76.

Daß keiner mit seinen Fahrzeugen etwas von oder an Bord bringen soll.

FErner wird so wohl allen hohen als niedrigen Stands-Personen unter gleicher Strafe als oben angedeutet worden / scharf verbothen / keinerley Waaren oder Güter mit ihren Schiffen / Boyers / Chaloupen oder andern Fahrzeugen weder aus einem ankommenden Schiff abzuhohlen noch auf ein anders hinzubringen / welches wegsegeln will.

77.

Daß keine Waaren sonder Angabe von einem Schiff ins andere zu transportiren / item von der darauf gesetzten Strafe.

KEinerlei Waaren sollen von Schiffern und Kauffleuten aus einem Schiff ins andere / ohne daß es zuvor in der Tamoschna angegeben worden / gebracht werden. Wer demnach eher als in der Tamoschna die Angabe geschehen Waaren von einem Schiff auf das andere transportirt / es mögen dieselben zugehören wem sie wollen / oder wäre es auch auf Ihro Kayserlich. Majestät Krieges-Schiffen selbst oder sonst irgend einem andern Fahrzeuge / dem sollen selbige Waaren / eben als wenn es defraudirte wären genommen / und dem Schiffer oder Commandeur der Cron-Schiffe noch dazu 50 Thlr. zur Strafe auferleget werden. Jedoch ist erlaubt / daß ein Schiffer von dem andern / mit Vorwißen der auf die Schiffe gestelten Aufseher / Winden / Blocken und andere nötige Hebzeuge sonder Ausnahme übernehmen kann.

78.

Ist verbothen / daß Fehrleute Waaren weder auf ein Schiff bringen oder von selbigem abhohlen sollen.

ALlen denenjenigen Leuten / welche mit Booten und andern kleinen Fahrzeugen Menschen und Güter überführen / imgleichen denen die an der See wohnen / wird untersaget ohne Vorwißen der Tamoschna Waaren und andere Güter / von welchen der Zoll muß erleget werden / auf die Schiffe zubringen oder von selbigen abzuhohlen. Wird jemand aber hierinnen ergriffen / so soll derselbe als ein offenbahrer Dieb am Leibe gestraffet und das Fahrzeug confisciret werden.

79.

Wie diejenigen Ubertreter bey dem Commertz-Collegio sollen gestrafet werden / die unter dem Zollgerichte nicht stehen.

WEnn Personen gefunden würden / die wieder vorhergehende Articul gehandelt hätten und es solche wären / die der Jurisdiction des Zoll-Gerichts nicht unterworffen / so sollen dieselben jedoch Krafft dieses Reglements bey dem Commertz Collegio ohne alles Verschonen und Ansehen der Person gestrafet werden / damit in Betrachtung solcher Strafe / sie sich selbst desjenigen was zu thun verbothen ist / enthalten / auch dem Gericht dieses Collegii nicht unterwerffen mögen: Gestalt von der Einnahme des Zolls und der Aufsicht darüber Ihro Kayſ. Maj. hohes interesse dependiret. Und wer um deswillen gestrafet wird / von dem soll an das über ihn gestellte höhere Commando rapportiret werden.

Das IV. Capitel.

Von denen Zoll-Bedienten / wie man mit selbigen und sie selbst wieder mit andern ordentlich verfahren sollen / auch wie selbige aus denen confiscirten Gütern zu recompensiren. Item vom Versehen in Rechnungen / und von Delation verheelter Waaren.

80.

Keiner soll die Zoll-bedienten weder schelten noch schlagen.

ALlen Officieren / Kauffleuten / Schiffern und deren Subalternen oder Bedienten / sie mögen heißen wie sie wollen

ANNO 1731.

len/ allen insgesamt wird hiemit ernstlich und unter schwerer Strafe verbothen/ keinen derer Zoll-Bedienten auf keinerley Art und Weise bey Verrichtung ihres Amts mit unanständigen Worten zu schmähen oder wohl gar mit Schlägen zu tractiren.

81.

Wie wider denjenigen zu verfahren/ der angehaltene unangegebene Waaren mit Gewalt oder Schlägen suchet fort zu bringen.

WEnn jemand seine Waaren/ denen gemachten Reglementen und Verordnungen zu wieder untreulich angegeben/ und deswegen die Ordre ergehet/ daß solche sollen genommen werden: Er aber sich unterstehen solte/ denen Besuchern oder denjenigen so dergleichen Ordre exequiren sollen/ die Waaren mit Gewalt oder mit tödlichen Schlägen zu entreissen/ so soll derselbe ohne alle Gnade am Leben gestraffet werden. Jedoch soll an denjenigen/ wer solches thut/ nicht eher die Todes-Strafe vollführet werden/ bevor davon an das Collegium und durch dieses an das höhere Gericht/ worunter er stehe/ Rapport abgestattet worden.

82.

Von Satisfaction der Zoll-bedienten/ die gescholten oder geschlagen worden.

DIejenigen/ welche einen von den Zoll-bedienten mit unanständigen Worten oder Schlägen beleidigen/ sollen gehalten seyn eine solche Satisfaction an selbige zu geben/ als ihnen von dem Gericht wird aufgeleget werden: Uber dieses aber sollen sie auch schuldig seyn nach Bewandniß der Sachen die ihnen dictirte Strafe ohne Verschonen zuerlegen.

83.

Von Strafe der Zoll-bedienten/ wenn sie selbst andern Verdruß anthun.

Gleicher gestalt wird auch allen und jeden so wohl hohen als niedrigen Zollbedienten und Soldaten verbothen/ Kaufleuten/ Schiffern und andern Handelsleuten Unrecht und Schaden zu zufügen/ oder sie mit unanständigen Schimpf-Worten/ viel weniger mit Schlägen zu beleidigen. Solte aber jemand diesem Verboth zu wider handeln/ so soll derselbe nach der Sache Beschaffenheit eben so scharf gestrafet werden/ als nach diesem Reglement Kaufleute oder andere Personen hätten müssen gestraffet werden/ wenn sie sich an die Zoll-Bedienten vergriffen hätten.

84.

Von Nachläßigkeit der Zoll-Bedienten und von derselben Versehen in Rechnung auch von Ausstehenlassung der einzucaßirenden Restantien Gelder.

WEil es den Kaufleuten in ihrem Handel Verhinderung bringet/ wenn sie aus Unachtsamkeit der Zoll-Bedienten um einige ihnen nachgegebene Restantien-Gelder angesprochen werden/ dabeneben aber auch durch gegenwärtiges Reglement bereits ernstlich geordnet worden/ nichts sonder Bezahlung des Zolls abfolgen zu lassen/ so wird jedoch nochmahlen verordnet/ daß/ wenn die Zoll-Bedienten in denen Ausrechnungen mit den Kauf-Leuten durch ihre eigene Unachtsamkeit einige Irrungen begehen/ oder sonst etwas versäumen; Jungleichen falls sie Waaren aus dem Pack-Hause abfolgen oder einschiffen lassen/ ohne daß der Zoll davon bezahlet worden/ und sie nachgehends denen Kaufleuten über das zu wenig empfangene beschwerlich fallen und ansprechen/ alsdenn alles nach der Schärfe von denen Zoll-Bedienten selbst oder dererselben Bürgen/ so einige da/ gefordert werden/ damit sie desto fleißiger zusehen und nichts unbezahlet ausstehen lassen mögen/ wodurch der Kaufmannschaft nur nachgehends Verdrießlichkeit zuwächst.

85.

Wie die Zoll-Bedienten aus denen confiscirten Gütern zu recompensiren.

VOn allen Confiscationen der nicht angegebenen Güter/ welche von denen Zoll-Bedienten so wohl auf den Schiffen als bey denen Besichtigungen im Pack-Hauß angehalten werden/ ist den Angebern davon der vierdte Theil zu geben/ um sie dadurch zu fleißiger Aufmerksamkeit aufzumuntern/ und der zweyte vierdte Theil soll unter die übrigen Zoll-Bedienten nach Proportion distribuiret werden: Die übrigen zwey Viertheile oder die Helfte aber/ soll an das Hospital gegeben werden; jedoch muß zuvor der Zoll von allen den Waaren decourtiret werden/ von welchen er nicht genommen ist. Allein unangegebene Waaren/ welche/ da sie entweder aus dem Schif abgehohlet/ oder auf dasselbe gebracht worden/ aufgefangen werden/ sollen allzumahl/ ob sie gleich von Zoll-Bedienten oder andern ausgekundschafftet wären/ abgegeben/ und davon der Zoll gemäß dem Reglement genommen werden

ANNO 1731.

86.

Von der Delation derer verschwiegenen Waaren.

SO jemand einkommende oder ausgehende Waaren/ welche verschwiegen worden/ dergestalt von einem angiebt/ daß sie entweder in oder aus ein Schif gebracht worden/ oder auch bereits irgendswo hingelegt/ aber doch noch in Natur da sind/ so soll man darnach senden/ und die eingeschlichene verschwiegene Waaren wegnehmen. Solte aber jemand dergleichen Waaren angeben/ die jedoch in Natura nicht mehr vorhanden/ oder es hätte auch der Angeber solches nur von blossen Hörensagen/ alsdenn Tamoschna damit nicht meliren/ um dadurch in andern Sachen keine Unordnung zu verursachen.

87.

Welche Haven diesem Reglement unterworffen.

IN denen Havens von St. Petersburg/ Narva/ Wiburg/ Archangel und Kola soll nach diesem Reglement verfahren werden. Riga/ Reval/ Arensburg und Pernau aber bleiben bey ihren vorigen Reglements und Privilegien.

Das V. Capitel.

Was für Zoll Rußische Unterthanen in denen Haven von St. Petersburg/ Archangel/ Kola und Pustosero zu geben haben/ wenn sie auf eignen in Rußland selbst verfertigten oder gekaufften und gemietheten ausländischen Schiffen Handlung treiben.

88.

Von dem Zoll/ welchen Rußische Kauf-Leute von über See mit Russischen Schiffen versandten Waaren zu erlegen haben.

WEnn Rußische Kauf-Leute aus denen Haven von St. Petersburg/ Archangel/ Kola und Pustosero Waaren mit ihren eigenen oder von Rußischen Unterthanen gemietheten/ so wohl in Rußland gebaueten/ als auch gekauften auswerts verfertigten Schiffen über See versenden/ so soll davon nur der vierdte Theil des nach dem Tarif gehörigen Abfahr-Zolls genommen werden/ und dieses zwar wegen Prerogativ der Rußischen Flagge/ und zu Beförderung der Navigation: Dahingegen soll bey Anherokunft derselben Schiffe von denen ausländischen Waaren/ um keinen Unterscheid noch Unterschleif zu verursachen/ der völlige Zoll nach dem Tarif genommen werden.

89.

Von denen Last-Geldern Rußischer Schiffe.

BEydes von denen mit Ladung einkommenden als abgehenden Rußischen Schiffen und andern Fahrzeugen/ sie mögen gehen wohin sie wollen/ soll in denen Rußischen Haven an Feuer- und Last-Geldern die Helfte/ von dem was ausländische geben müssen/ gezahlet werden: Allein so sie sonder Ladung ein und ausgehen/ so sollen so wohl von ihnen als auch denen Lichtern/ die zwischen dem Haven und Zoll-Hauß gehen/ ingleichen von eigenen Fahrzeugen/ die aus denen an der See gelegenen Orten mit Hauß-Provision/ aber nicht mit Waaren geschicket werden/ keine Feuer- noch Last-Gelder gezahlet werden.

90.

Wie der Zoll von denen auf ausländischen Schiffe befindlichen Waaren Rußischer Kauf-Leute zu nehmen sey.

SO jemand von denen Rußischen Unterthanen Waaren mit fremden Schiffen versendet/ so sollen von solchen wegzusendenden Waaren drey Viertheil Zoll nach dem Tarif genommen werden/ das vierdte Viertel aber soll ihnen zum Faveur biß zu der Zeit erlassen seyn/ da mehrere Rußische Schiffe seyn werden. Aber von denen Waaren und Gütern

welche

ANNO 1731. welche mit ausländischen Schiffen an Rußische Unterthanen eingebracht werden / soll der völlige Zoll ohne einzige Decourtage gezahlet werden.

91.

Rußische Kauf-Leute sollen den Zoll gemäß dem Tarif an Thalern erlegen.

OBen angezeigter Zoll / so wohl von einkommenden als ausgehenden Waaren / soll zufolge dem Tarif von denen Rußischen Unterthanen in Thalern entrichtet werden.

52.

Land-Zoll wird von dem See-Zoll nicht abgezogen.

AN allen Gütern / welche Rußische Unterthanen versenden / sollen dieselben diesem Reglement nach zwar eine Verminderung des See-Zolls geniessen; Jedoch von dem einländischen Land-Zoll / soll so wie zuvor / keine Decourtage geschehen.

93.

Was für Precaution bey Ablassung der Waaren Rußischer Kaufleuten zu gebrauchen / um zu sehen / ob die Waaren würcklich ihnen und nicht ausländischen Kaufleuten zugehören.

DAmit bey Ablassung derer den Rußischen Kaufleuthen gehörigen Waaren kein Betrug vorgehen möge / so soll man der in der Tamoschna darüber gemachten Aufzeichnung nachgehen und zu sehen / ob solche weggusendende Waaren würcklich derselben eigene sind; Auch soll man die Connoissementen oder auch das Verzeichniß vom Schif wohl untersuchen / damit keine Gelegenheit seyn möge den Zoll durch Abschiffung der Ausländer-Waaren unter dem Nahmen eines Rußen zu defraudiren.

94.

Schiffer müssen eine Manifestation von der Ladung des Schifs / einen Paßport / und ein Attestat aus dem Sund bey sich haben.

ALlen Patronen von Rußischen Schiffen wird hiemit ernstlich anbefohlen mit einem Verzeichniß oder Manifestation von dem / was sie zu löschen und zu laden haben / versehen zu seyn / in welchem denn nach denen Nummern alles soll specificiret seyn / ingleichen wo / was Waaren / von wem und an was für einen sie solche zulöschen und zu laden haben Noch sollen sie einen Paßport aus dem Zoll desjenigen Orts haben / wo sie gewesen / ingleichen ein Attestat aus dem Sunde / wenn sie solchen paßiren / damit sie auf bedürfenden Fall von sich und ihrer Ladung / auch wo sie gewesen / allezeit richtige Antwort geben können.

95.

Von der Strafe / wenn Rußische Kaufleute unter ihrem Nahmen derer Ausländer Waaren verschiffen.

WEnn aber jemand von Rußischen Unterthanen unter seinem Namen / Waaren von fremden Leuten um weniger Zoll zu geben / zu Schiffe abführen möchte / und darüber attrappiret würde / so sollen erstlich die Waaren / sie mögen gehören wem sie wollen / confisciret / und vors andere / von demjenigen / welcher sie unter seinem Nahmen hat einschiffen lassen der völlige Zoll nach dem Tarif doppelt genommen werden. Wenn aber der Schiffer selbst dergleichen thut / so soll auch von ihm doppelter Zoll gehoben / oder sein Schiff confisciret werden / wofern er solchen Zoll zu erlegen nicht vermögend ist.

96.

Von Ausländern / welche wegen Lucrirung des dritten Parts an Zoll / ihre eigene Schiffe auf Rußischer Kaufleute Nahmen stellen.

WEnn Ausländer sich unterstehen mit ihren eigenen Schiffen / die jedoch um nur weinigern Zoll bezahlen zu dürfen / auf Rußischer Unterthanen Nahmen angeschrieben sind / Handlung zutreiben / so sollen sothane Schiffe mit allen darauf befindlichen Waaren confisciret werden. Von demjenigen aber / welcher zugelassen hat unter seinem Nahmen durch Unterschleif ein Schiff zu halten / soll doppelter Zoll von allen im Schiff gewesenen Waaren genommen werden.

97. ANNO 1731.

Rußische Schiffer / welche selbst keine eigene Waaren verführen können / haben Erlaubniß ihre Schiffe an Rußen oder Ausländer zu vermiethen.

EIn jeder Rußischer Schiffer / ohngeachtet er keine eigene Waaren hat / kan sich dennoch durch Vermietung der Schifs-Lasten / so wohl an Rußen als Fremden / einen Profit machen. Nur muß er in der Declaration ohne einigen Unterschleif aufrichtig und stückweise anzeigen / welche Waaren denen Rußen / und welche Ausländern gehören. Thut er es nicht / so ist er der obenbeschriebenen Strafe unterwürfig.

98.

Was für Zoll zu nehmen von Waaren / welche auf Cron-Fahrzeugen geladen sind.

WEnn mit Kriegs-Schiffen oder Last Fahrzeugen und Paquet-Booten / Waaren oder Güter / (von welchen laut dem Kauf-Reglement und Tarif der Zoll genommen wird) verführet werden / so ist von selbigen Waaren der Zoll nicht zu verringern / maaßen sothaner Transport von Waaren durch diese Articul nicht ausgeschlossen ist.

99.

Was für Zoll von Waaren zu nehmen / die auf Cron-Schiffen zu Fortsetzung der Commercien gegeben worden.

WEnn der Kaufmannschaft zu Fortsetzung der Commercien einige Kriegs-Schiffe oder Last-Fahrzeuge für oder ohne Geld / oder auch zur Convoy gegeben werden / so sind sothane Schiffe und Last Fahrzeuge eben so eng als eigentliche Kauffahrden-Schiffe eingeschrencket / ohngeachtet Officiers und Matrosen in Gage von der Cron darauf sind.

(L.S.)

NAch dem von Ihro Kays. Maj. eigenhändig unterschriebenen Original vom 31. Mart. 1731.

CXLIV.

Decret de Commission Imperiale à la Diète de l'Empire pour avoir son aprobation sur les nouveaux arrangemens par raport à la Toscane, Parme & Plaisance, produit le 19. Mai 1731. 19. Mai.

FROBEN-FERDINAND, Prince & Land-Grave de Furstenberg, Comte de Heiligenberg & Werdenberg, Prince du Saint Empire Romain, Chevalier de l'Ordre de la Toison d'Or, Conseiller Privé actuel de l'Empereur, & son Principal Commissaire à l'Assemblée générale de l'Empire, notifie par la présente, au nom de Sa Maj. Imp., aux Conseillers & Ministres des Electeurs, Princes & Etats à la Diète, que les Electeurs, Princes & Etats respectifs de l'Empire, doivent être suffisamment convaincus, par tout ce que Sa Maj. Imp., suivant sa bonté paternelle, a fait negocier & entrepris jusqu'à présent, dans les circonstances dangereuses & épineuses où l'on s'est trouvé depuis longtems, au préjudice même des Droits de sa Maison Archiducale, & avec de grandes dépenses, qu'elle n'a jamais eu d'autre but que de remplir fidelement les Conventions & Alliances solemnelles qu'elle a contractées, du consentement de l'Empire, avec quelques Puissances étrangeres, afin de rétablir par-là, autant qu'il seroit possible, & affermir pour l'avenir la Paix génerale & la Tranquillité dans la Chrétienté. Comme la Paix a toujours été le but de Sa Maj. Imp., tant par la conclusion de la *Quadruple-Alliance*, que par les autres Traitez conclus depuis, & que même pour y parvenir, elle a sacrifié à plusieurs égards, les Droits de sa Maison Archiducale, ainsi qu'il paroît plus amplement par ses Decrets de Commission, délivrez, de tems en tems, à la Diète, & particulierement par ceux du 9. Septembre 1720., 20. Juin 1725. & 27. Mars 1730., comme aussi par les mesures prises en conséquence, les Electeurs, Princes & Etats, doivent se ressouvenir que Sa Majesté Imp. dans

ANNO 1731. dans le tems qu'elle faisoit connoître par tout, les raisons pour lesquelles elle ne pouvoit acceder au Traité de Seville, par rapport à ce qui y étoit stipulé de contraire à l'Article V. de la *Quadruple-Alliance*, & aux changemens faits à cet égard, à l'insçû & sans le consentement de Sa Maj. Imp. & de l'Empire, elle a declaré en même tems, conformément à ses intentions pacifiques, qu'elle ne s'opposoit pas à assurer davantage, par des moyens les plus efficaces, la succession destinée à Don Carlos, & qu'elle étoit prête d'y donner les mains, afin de parvenir par-là à une Paix durable, pourvû que ce Prince & la Cour d'Espagne exécutassent les Traitez précedens, & qu'on donnât à cet égard à Sa Majesté Imperiale, à l'Empire, & aux legitimes Possesseurs des Duchez de Toscane, Parme & Plaisance, une satisfaction convenable. Il est suffisamment connu par tout ce qui s'est négocié depuis le Traité de Seville, & particulierement par le Decret Imperial de Commission du 27 Mars 1730. combien Sa Majesté Imperiale étoit justement fondée, à s'opposer au changement des Garnisons Neutres, en Garnisons Espagnoles: on se souviendra sans doute, qu'il étoit autant question de la forme que de la chose même, & qu'il s'agissoit également d'empêcher qu'on ne fit rien sans le consentement de Sa Majesté Imperiale & de l'Empire, que de maintenir les Droits de l'Empire par rapport auxdits Duchez, d'assurer la tranquillité des legitimes Possesseurs, & de pourvoir à la sureté des Royaumes & Etats de Sa Majesté Imperiale en Italie. Pendant que dans ces circonstances, Sa Majesté Imperiale étoit occupée à se précautionner contre un incident si peu prévû, & qu'elle étoit resoluë de maintenir le contenu de l'Article V. de la *Quadruple-Alliance*, & l'Investiture éventuelle accordée à l'Infant Don Carlos, l'Espagne de son côté fit des mouvemens & des préparatifs, qui obligerent Sa Majesté Imperiale à prendre les mesures convenables pour soutenir ses Droits & ceux de l'Empire, & de faire, en qualité de Chef, d'autres préparatifs, non sans de grandes dépenses. Il est arrivé dans ces dangereuses circonstances, que le Roi de la Grande Bretagne, comme ancien Allié de Sa Majesté Imperiale & de l'Empire, connoissant sans doute les intentions pacifiques de Sa Majesté Imperiale, & animé par de pareilles vûës, a trouvé bon & necessaire, dans la ferme confiance que les Etats Generaux des Provinces Unies concourront à une vuë si salutaire, d'employer d'un commun concert, de tels moyens qui puissent éteindre un feu prêt à s'allumer, & établir autant qu'il seroit possible la Paix génerale d'une maniere facile & prompte, & sur un fondement ferme & durable pour l'avenir. Sa Majesté Imperiale, pour achever un Ouvrage si salutaire, n'a pas hesité d'y donner les mains, & en conséquence elle a signé le 16. Mars dernier, par le moyen de ses Plenipotentiaires, le Traité de Pacification ci-joint: elle espere que le Seigneur, qui dispose des Cœurs des Rois, portera les principales Puissances de l'Europe à s'unir & à rétablir entr'elles une parfaite harmonie, & à terminer toutes les disputes & differens qui ont subsisté depuis quelque tems. On verra par l'Article III. de ce Traité, & par les Déclarations annexes, qu'après que Sa Majesté Imperiale eut été requise par le Roi de la Grande Bretagne, de consentir à l'Introduction des Garnisons Espagnoles, elle a eu tout le soin nécessaire de maintenir ses Droits & ceux de l'Empire, d'assurer la Tranquillité & la Dignité des legitimes Possesseurs des Duchez mentionnez ci-dessus, & d'établir en Europe une Paix sure & durable. Comme le Roi de la Grande Bretagne a bien voulu se prêter aux moyens de parvenir à une vûë si salutaire & si juste, Sa Majesté Imperiale, après une mûre déliberation des circonstances des affaires, par amour pour la Paix, & afin d'éloigner les dangers dont l'Europe étoit menacée, a jugé à propos de donner enfin les mains au contenu de l'Article III. de ce Traité: En consentant à l'Introduction des Garnisons Espagnoles, stipulée par ledit Article, au lieu des Troupes Neutres, dont il est fait mention dans l'Article V. de la *Quadruple Alliance*, elle s'est reservée d'obtenir le consentement de l'Empire, & elle a d'autant moins hésité d'y consentir, que les inconveniens qui étoient à craindre à l'occasion de l'Introduction des Garnisons Espagnoles, sont levez par la Garantie specifiée dans la Déclaration de Sa Majesté Britannique, au sujet des Garnisons Espagnoles, annexe au Traité. Sa Majesté Imperiale espere que les Electeurs, Princes & Etats de l'Empire, enverront à leurs Ministres à la Diète les Instructions convenables pour déliberer sur tout ceci, & particulierement sur ce qui regarde l'affaire des Garnisons Espagnoles, afin d'y donner leur consentement, & elle se flatte qu'on prendra là-dessus une résolution avec d'autant plus de promtitude, que le repos & la sureté de l'Empire en particulier, & de la Chrétienté en géneral, en dépendent &c. Fait à Ratisbonne le 19. Mai 1731. ANNO 1731.

Etoit Signé,

FROBEN FERDINAND, &c.

Resolution de la Diète de l'Empire sur le Decret precedent du 14. Juillet 1731.

A Son Excellence le Prince Froben-Ferdinand, Landgrave de Furstenberg & Moskirken, Comte de Heiligenberg & Werdenberg, Landgrave de Bar, Seigneur de Hauffen, Chevalier de la Toison d'Or, Conseiller Privé de Sa Majesté Imperiale, son Principal Commissaire & Plenipotentiaire à la Diète de l'Empire; savoir faisons qu'ayant été murement déliberé, suivant l'importance de la matiere, en consequence du Decret de Commission Imperiale, sur l'Article III. du Traité entre Sa Majesté Imperiale & le Roi de la Grande Bretagne, & sur les deux Déclarations qui concernent l'Introduction de six mille Espagnols dans les Places fortes de Toscane, Parme & Plaisance, datées de Vienne le 16. Mars de cette année, & communiquées par la Dictature publique le 21. de Mai dernier, il a été trouvé bon & resolu non seulement de remercier Sa Majesté Imperiale, de la part de l'Empire, de l'attention paternelle qu'elle a euë (même en postposant les intérêts de sa Serenissime Maison Archiducale, après avoir fait d'immenses dépenses) pour la conservation de la Paix & de la tranquillité dans la Chrétienté, & sur tout dans notre chere Patrie, & de la communication qu'elle nous a donnée du susdit Traité & des Déclarations, d'autant plus qu'en conservant ainsi la Paix, Sa Majesté Imperiale a suivi les fideles conseils de plusieurs Electeurs & Princes de l'Empire; mais encore d'accorder le consentement reservé au Corps de l'Empire, pour l'Introduction de six mille Espagnols dans les Places fortes de Toscane & de Parme, Fiefs constans de l'Empire, à la place de 6000 hommes de Troupes neutres, stipulez dans l'Article V. de la Quadruple Alliance, pour la sureté de la Succession de Don Carlos, Infant d'Espagne, c'est ce dont nous nous acquittons par le présent Acte. Et les Conseillers, Ministres, & Ambassadeurs ici présens, des Electeurs, Princes & Etats de l'Empire se recommandent à Son Excellence. Signé à Ratisbonne le 14. Juillet 1730.

CXLV.

Octroi accordé par le Roi de Suède, pour l'Erection d'une Compagnie des Indes, dans ses Etats du 14. Juin 1731. 14. Juin.

FREDERIC par la Grace de Dieu Roi de Suède, &c. &c. Sçavoir faisons que nôtre Amé & Fidèle Sujet le Commissaire Henri Köning, nous a representé très-humblement que lui & ses Interessez avoient pris le dessein de commencer & régler une Navigation & Commerce pour certains Lieux & Places dans les Indes-Orientales, où aucune des autres Puissances de l'Europe ne s'étoit acquis quelque Jurisdiction ou droit particulier de Commerce; Suppliant pour cette fin très-humblement que Nous voulussions bien assurer & confirmer ce Projet par notre Permission & Privilège. Et comme nous avons non seulement trouvé le susdit dessein fort louable, mais aussi fort équitable, & ordonné d'une telle maniere, qu'aucune Nation n'est altérée par là dans ses Droits particuliers, & que nos soins ont été & seront toûjours disposez pour contribuer au bien de nôtre Royaume, & de nos fidèles Sujets, dont nous sommes en droit, autant par nôtre pouvoir Royal que par notre bonne volonté, de donner aussi dans cette occasion des marques. Ainsi & en consideration de tout ceci, nous n'avons pas seulement vou-

ANNO 1731. lu consentir par ces présentes, comme de nous-même donnons nôtre consentement aux susdites Representations du Commissaire Köning, mais nous lui accordons aussi pour cette fin, par ce Privilège ouvert, les Prerogatives suivantes.

I. En vertu des présentes Lettres patentes & de nôtre Privilège irrevocable pendant le terme nommé ci-dessous, nous accordons, permettons & concedons gracieusement au Commissaire Henri Köning & Compagnie, la faculté, & liberté de naviger, & négocier aux Indes-Orientales, c'est-à-dire dans tous les Ports, Havres, Lieux, & Rivieres au delà du Cap de Bonne Esperance, où les autres Nations trafiquent librement pour le terme de quinze années consécutives à compter de la Date de l'Expedition de ce Privilège, mais il ne lui sera point permis d'étendre ce Commerce à aucun Port, Lieu, Riviere, &c. appartenant aux autres Princes & Etats Européens, sans leur Consentement ou Permission.

II. Les Vaisseaux employez dans ledit Commerce prendront toûjours leur depart du Port de Gothenbourg & y reviendront aussi pour y decharger, & y faire la vente publique de leur Cargaison. Laquelle dite Vente ou Auction se fera aussi-tôt que cela se pourra commodément.

III. Henri Köning, & Compagnie payeront au Roi & à la Couronne pendant ledit terme de quinze ans *Cent Daler Silbermunt* par *last* pour chaque Vaisseau, qu'ils employeront, & chargeront de Marchandises pour ledit Trafic, c'est-à-dire suivant la grandeur ou la capacité desdits Vaisseaux, qui pour cette fin seront mesurez avant que de partir de Gothenbourg, & cet impôt doit être payé en Carolins en espèce, six mois après le retour desdits Vaisseaux, de même ils payeront pour les Marchandises qui viendront des Indes-Orientales au lieu des Droits de Ville en tout, *deux Daler Silbermunt* par *last*. Mais au reste, Henri Köning & Compagnie ne seront pas obligez de païer aucun autre droit, ni d'entrée ni de sortie ou de quelque autre nom & nature que ce soit sur lesdits Vaisseaux, ou sur lesdites Marchandises.

IV. Henri Köning & Compagnie pourront employer, équiper, & armer tel nombre de Vaisseaux, qu'ils trouveront convenir pour ledit Trafic, mais à condition qu'ils soient construits ou achetez en Suéde, pourvû qu on y en puisse trouver de commodes & convenables pour ledit Commerce, & qu'ils y soient fournis & équipez de tous les materiaux necessaires. Mais en cas, comme cela peut arriver au commencement, qu'il ne se trouve pas en Suède des Vaisseaux, materiaux, & autres choses necessaires & convenables pour ladite Navigation & ledit Trafic, il sera en tel cas permis à Henri Köning & Compagnie d'acheter & de faire venir d'ailleurs, & où ils les trouveront les plus convenables, & à meilleur marché, des Vaisseaux, & des materiaux, & autres choses necessaires pour être employez dans ladite Navigation & ledit Commerce; bien entendu que le dit Henri Köning & Compagnie auront toûjours un soin particulier d'avantager autant que possible, les Fabriques, produits, & Manufactures de la Suéde.

V. Lesdits Vaisseaux arboreront le Pavillon marchand de la Suéde, & seront toûjours munis des Commissions signées de la main de Sa Majesté & de Passeports bons & valables d'Alger.

VI. Il sera permis à Henri Köning & Compagnie d'employer un tel fond ou Capital qu'ils trouveront necessairé pour faire réussir ledit Commerce, qu'ils peuvent lever par souscription, ou en quelque autre maniere qu'ils trouveront plus convenable pour ledit Trafic; Et ceux qui souscrivent seront obligez de payer leur Argent au tems de la souscription, ou au tems fixé par Henri Köning, & Compagnie, autrement leur souscription sera nulle, & ils n'auront point d'intérêt dans ledit Commerce.

VII. Nous permettons à Henri Köning & Compagnie d'embarquer de l'Artillerie & autres attirails de Guerre & toute autre chose dont ils auront besoin, comme aussi toutes sortes de Marchandises & denrées, aussi-bien que de l'argent monoyé ou non monoyé, qui leur sera necessaire, & qu'ils feront venir des autres Païs, mais il ne leur sera pas permis d'embarquer ou emporter des Especes du Païs fabriquées aux Coins & Armes de Sa Majesté & de la Suède. De même Henri Köning & Compagnie; leurs Super-Cargos, ou employez peuvent charger aux Indes telles Denrées & Marchandises qu'ils trouveront les plus convenables à porter en Suede, & ils auront pleine liberté de les décharger & de les vendre à leur retour à Gothenbourg de quelle sorte ou espece qu'elles soient, en conformité du 3. Article ci-dessus. ANNO 1731.

VIII. Lesdits Vaisseaux auront pleine liberté de sortir des Ports & Rades de Suede, lorsqu'ils seront chargez & prêts à mettre à la voile, & d'entrer à leur retour dans lesdits Ports & Rades, sans être empêchez ou retardez en aucune maniere par les Gouverneurs & Commandants des Places, ou Magistrats des Villes, ou Officiers de la Douane, ou par quelque autre que ce soit, ou sous quelque prétexte que ce puisse être.

IX. Les bois & les materiaux necessaires que ledit Henri Köning & Compagnie pourront faire venir d'un Port de la Suéde à l'autre, ou des autres Païs, pour être employez à la construction & au radoubement des Vaisseaux qu'ils feront construire & radouber ici, seront exempts de tout droit d'Entrée. Il ne sera pareillement exigé aucun droit de sortie pour les Munitions & vivres necessaires tant pour la defense desdits Vaisseaux, que pour la nourriture & avitaillement de l'Equipage. Seront aussi exemts de tout droit d'entrée, les Denrées & Marchandises que Henri Köning & Compagnie trouveront nécessaires de faire venir d'un Port de la Suéde à l'autre, ou des autres Païs, pour être employez dans ladite Navigation & ledit Commerce, bien entendu après les avoir déclarées à la Douane, & les avoir fait mettre sous la Clef des Douanes auxquelles il appartiendra, dans les propres Magazins de la Compagnie, jusqu'au tems de leur Embarquement, & après avoir payé un huitiéme pour cent, nommé Recognition, à la Douane, mais pour tous les produits & Denrées de la Suède, dont les Vaisseaux pourront être chargez pour les porter aux Indes, ils payeront la Douane accoutumée selon le Tarif, comme aussi les Droits des Villes.

X. Soit defendu rigoureusement aux Administrateurs, Officiers & Commis des Provinces & Villes appartenantes à la Couronne de Suéde & autres auxquels il appartiendra, d'arrêter ou retarder les Marchandises & Denrées venants des Indes, que Henri Köning & Compagnie, ou leurs employez feront voiturer des Vaisseaux à leurs Magazins, ou transporter d'une Ville à l'autre, après qu'ils seront munis des Passeports convenables, ni d'en exiger aucun Droit, quel qu'il soit, ni sous quelque prétexte que ce puisse être, après que Sa Majesté & la Couronne en auront reçu les Droits suivant le contenu de l'Article troisiéme.

XI. Comme dans ces sortes de Voyages de si long Cours, il est bien nécessaire d'observer une exacte discipline, pour éviter les séditions & soulevemens qui peuvent arriver parmi l'Equipage: Les Capitaines, ou Commandants desdits Vaisseaux auront la même autorité que les Capitaines, Officiers des Vaisseaux du Roi, pour la Discipline de l'Equipage & des Soldats, mais qu'ils prennent bien garde de ne pas exercer cette autorité au préjudice des Loix, & que les Super-Cargos, Capitaines, Officiers & autres employez se conforment toûjours aux ordres & instructions qu'ils recevront de la part de Henri Köning & Compagnie en tout ce qui regarde la Navigation de ces Vaisseaux & leurdit Commerce, entant qu'ils ne sont point contradictoires aux Conditions contenuës dans ce présent Privilège.

XII. Les Matelots, Soldats, ou autres de l'Equipage desdits Vaisseaux ne seront pas enlevez ou forcez d'entrer dans le service du Roi ou de quelque autre que ce soit. Mais il ne sera pas permis d'employer des Matelots ou des Soldats, qui ont deserté le service de Sa Majesté.

XIII. Henri Köning & Compagnie auront la liberté de faire arrêter les Matelots ou Soldats qui s'engageront à leur service, & qui avant l'expiration du terme de leur engagement auront deserté ou se seront écartez sans la permission de leurs Capitaines, dans quelque lieu qu'on les trouve, à condition que cela se fasse par les Magistrats du lieu, auxquels il appartiendra de le faire & qui seront obligez de leur prêter un promt secours.

XIV. Les Vaisseaux de retour, ayant dechargé & vendu leurs Marchandises, les Achetteurs ne seront pas obligez de payer aucun Droit sur lesdites Marchandises; ou pour la liberté de les faire transporter dans quelque autre lieu de la Suéde. Même il leur sera permis de les faire transporter directement de là dans les Païs Etrangers, sans payer aucun Droit de

for-

ANNO 1731. sortie ou autre quelque ce soit, hormis un dix-huitiéme pour cent dit Recognition.

XV. La Direction de la Compagnie de Henri Köning consistera toûjours au moins en trois Personnes de probité & d'expérience dans le Commerce, & les autres deux Personnes que Köning s'associera, pour l'assister dans la direction dudit Négoce, joüiront avec lui de tous les Privilèges accordez par ces Présentes à Henri Köning & Compagnie, comme s'ils y étoient nommez. Et en cas de la mort dudit Henri Köning ou autre des Associez, ou qu'ils quittent la Societé pour quelque autre raison, les Directeurs qui restent, éliront une autre Personne de probité & capacité pour le remplacer, afin qu'ils soient toûjours trois au moins pour diriger & conduire ledit Commerce, & joüiront de ce présent Privilege tout de même comme Henri Köning & ses premiers associez en avoient joüi. Bien entendu que les Associez soient toûjours ou nez ou naturalisez Suédois qui se soient obligez à la Couronne par un serment de fidelité & de la Religion Protestante, & qu'ils resident toûjours dans le Royaume hormis quand ils sont obligez d'être absents pour le service ou affaires de ladite Compagnie & avec le consentement des autres Associez, auquel cas l'Associé absent peut substituer une autre personne de probité & d'expérience en sa place, pourvû que les autres Associez le trouvent convenable. Et il sera permis audit Henri Köning & Compagnie de faire & établir entre eux tels Reglemens & Ordonnances pour la conduite & direction dudit Commerce, comme ils trouveront le mieux convenir, pourvû qu'ils ne soient pas contradictoires aux Articles de ce présent Privilège, mais ils auront bien soin de rendre fidele compte à tous ceux qui seront interessez avec eux dans ledit Trafic, autant de leur Capital souscrit, que des profits en revenants bons, ou des pertes, aussi-tôt que cela se pourra faire après le retour de leurs Vaisseaux, & après la vente publique de leurs Marchandises. Et il ne sera point permis à Henri Köning & Compagnie de jamais déclarer ou découvrir les noms des intéressez ou les sommes qu'ils auront souscrites, comme ils ne seront aussi jamais obligez de montrer leurs Livres à qui que ce soit, ni sous quelque prétexte que ce puisse être. Et en cas que quelqu'un des Associez dans ladite Direction trouve, que les autres ont trahi leurs Secrets, ou en aucune maniére fraudé les Intéressez, ou agi contre leurs intérêts communs, ils peuvent s'en plaindre au Collège de Commerce de Sa Majesté & du Royaume afin d'en avoir réparation, & tels Transgresseurs de la Convention faite entre eux seront suspendus ou déchus de ladite direction suivant le Crime, & alors les autres Associez les remplaceront par une Personne de bien & de capacité. Les Intéressez auront le même Droit, s'ils trouvent que ledit Köning & Compagnie ont commis quelque malversation, ou leur ont fait quelque tort ou injustice, de les poursuivre en justice devant le Juge competant.

XVI. Nous accordons à Henri Köning & Compagnie la permission d'employer tel nombre de Super-Cargos, d'Officiers, de Matelots & Soldats ou autres Personnes qu'ils trouveront necessaires pour ledit Voïage ou Trafic, & comme pour faire réussir ledit négoce il sera bien necessaire d'employer des Gens de probité & bien entendus dans la Navigation & dans les Commerces des Indes-Orientales, ce sera à lui & Compagnie de tâcher d'engager dans leur service tous ceux qu'ils trouveront les plus habiles & convenables, soit Suédois ou Etrangers qui viendront habiter en Suéde & qui seront intéressez dans ledit Trafic ou qui seront employez par Henri Köning & Compagnie, ou sur les Vaisseaux ou à Terre, qu'ils joüiront des mêmes Privilèges dans leurs Personnes & biens que les Suédois natifs. Et l'Argent des Etrangers ou autres engagez ou intéressez dans ledit Commerce, ne pourra pas être arrêté en tout ou en partie, de qui ou sous quelque autre prétexte que ce soit. Et pour leur plus grande assurance nous promettons de leur accorder les Lettres de Naturalisation suivant leur qualité & condition, quand ils s'addresseront très-humblement à nous pour ledit effet.

XVII. S'il arrive que Henri Köning & Compagnie ou leurs employez soient maltraitez, molestez ou empêchez dans leurs Commerce ou Navigation par qui, ou en quelque partie du Monde que ce soit, que cela se fasse, ou par pratique, ou par violence, Sa Majesté leur accorde par ce présent Privilège plein-pouvoir de se faire réparation & justice par tous les moïens convenables & necessaires & d'empêcher toute violence par la même voïe, comme aussi de considérer tous ceux-là comme des Pirates & des ennemis publics. Voulant Sa Majesté, pour leur plus grande sureté, que ledit Pouvoir & Privilège soient expressement marquez dans toutes les Commissions qu'Elle donnera aux Capitaines ou Commandants desdits Vaisseaux dans le Négoce de Henri Köning & Compagnie, & en cas que contre toute attente lesdits Vaisseaux soient attaquez ou pris par qui que ce soit, Sa Majesté après avoir pris connoissance du fait ou du tort qu'on leur aura fait, & en cas qu'ils n'ayent point contrevenu à ce que l'Article premier contient en faisant leur Négoce dans des Places, ou d'autres Puissances se sont acquis un droit particulier de négocier, Elle leur accordera sa protection & les pouvoirs necessaires pour se faire Justice, & pour avoir une entiere satisfaction, ou par la voïe de represailles, ou dans la maniere la plus prompte & convenable.

XVIII. Sa Majesté défend très-expressement à tous ses autres Sujets de faire directement ou indirectement ladite Navigation ou Commerce aux Indes-Orientales, c'est-à-dire, dans les lieux au delà du Cap de Bonne Esperance en quelque maniere que ce puisse être, pendant ledit terme de quinze ans, à peine de l'indignation de Sa Majesté & de la confiscation des Vaisseaux, Marchandises, Munitions & tout ce qui appartient auxdits Vaisseaux, au profit de Henri Köning & Compagnie & de tous ceux qui seront intéressez avec eux dans ledit Commerce.

XIX. Notre intention étant de favoriser & encourager autant qu'il est possible un Commerce, qui pourra devenir si avantageux au Royaume, nous assurons ledit Köning & Compagnie & tous ceux qui seront intéressez avec eux dans ledit Trafic, ou y employez, soit Suédois ou Etrangers, de notre Protection en tous cas de besoin. Et nous promettons de changer ou augmenter les conditions & Privilèges accordez dans ces Présentes, si cela se trouve nécessaire pour l'avancement dudit Commerce, & que Henri Köning & Compagnie s'addresseront à nous pour ledit effet; en foi de quoi nous avons signé ceci de notre main & l'avons fait sceller du sceau de nos Armes; Fait à *Stockholm*, au Sénat, ce 14. de Juin 1731.

FREDERIC.

CXLVI.

22. Juillet. *Tractatus inter Sacram Cæsaream Catholicam, Sacram Catholicam, & Sacram Regiam Britannicam, Majestates: Viennæ Austriæ 22. Mensis Julii die, Anno 1731. conclusus.*

IN NOMINE SANCTISSIMÆ AC INDIVIDUÆ TRINITATIS, AMEN.

NOtum sit omnibus ac singulis, quorum interest, aut quomodocunque interesse potest. Postquam super introductione præsidiarii Hispani militis, cui loco Militis neutrarum Partium, de quo in Quadruplice Fœdere convenerat, custodiam munitorum Hetruriæ, Parmæ, & Placentiæ locorum Sua Majestas Catholica committi desideraverat, varii motus non absque publicæ tranquillitatis periculo exorti sint, Sua Majestas Cæsarea Catholica, & Sua Majestas Regia Britannica prævertendis malis, quæ inde eruptura timebantur, Articulo Tertio Tractatûs die decimâ sextâ Martii præsentis Anni Viennæ conclusi signatique, atque duabus Declarationibus eò pertinentibus ita desuper convenerunt, sicuti ex tenore hujus Articuli atque prædictarum Declarationum uberius elucescit: qui quidem tenor de verbo ad verbum ita sese habet.

ARTICULUS III.

Tractatus Die 16. Martii 1731. conclusi.

CUmque Sacræ Cæsareæ Catholicæ Majestati nomine Sacræ Regiæ Majestatis Britannicæ, & Celsorum ac Potentium Ordinum Generalium Fœderati Belgii amicissimis verbis expositum sæpius fuerit, non esse certius medium, exoptatam tam diû publicam tranquillitatem, quo fieri potest, promptio-

ANNO 1731. re modo stabiliendi, quàm si per immediatam introductionem sex millium Hispanorum Militum in munita Hetruriæ, Parmæ, & Placentiæ loca destinata Serenissimo Infanti Don Carlos in modo dictos Ducatus successio magis adhuc firmetur; præfata Sua Majestas Cæsarea Catholica, quo & ipsa pacifica Sua Majestatis Britannicæ, & Celsorum ac Potentium Ordinum Generalium Fœderati Belgii Consilia ac vota promoveret, suâ ex parte nullâ prorsus ratione obsistet, prædictorum sex millium Hispanorum Militum pacatæ introductioni in munita Hetruriæ, Parmæ, & Placentiæ Ducatuum loca juxta sponsiones à dicta Sua Majestate Britannica atque Ordinibus Generalibus desuper initas. Cum vero hunc in finem Sua Majestas Cæsarea Catholica Imperii quoque Consensum necessarium censeat, simul Eadem promittit, quod omnem operam adhibere velit, quo Consensus iste intra duorum Mensium spatium, aut citius si fieri poterit, obtineatur. Atque ut promptius obviam eatur malis, publicæ quieti imminentibus, spondet præterea Sua Majestas Cæsarea Catholica, quod statim post commutatas invicem Ratihabitionum Tabulas consensum à se qua Imperii Capite præfatæ pacatæ introductioni præbitum, tum Magni Hetruriæ Ducis, tum Parmensi Ministro, in Aula sua commorantibus, alibive, ubi conveniens visum fuerit, notum factura sit. Nec minus sæpefata Sua Majestas Cæsarea Catholica promittit, ac spondet, tam longe à se abesse mentem, vel directe vel indirecte admissioni præsidiarii Hispani Militis in antedicta loca impedimentum illud suscitandi, aut afferendi, ut potius officia & Auctoritatem suam interpositura sit, quo enascente præter spem obstaculo aut contradictione, quicquid antememoratæ admissioni obesse posset, amoveatur, atque adeo sex millia Hispanorum Militum tranquille & sine mora in munita Magni Hetruriæ Ducatus, tum Parmæ, Placentiæque Ducatuum loca, quo antea dictum est, modo introduci queat.

Declaratio super Parmensi Successione.

NE inopina mors Serenissimi Principis Antonii Farnesii, dum viveret, Parmæ & Placentiæ Ducis, quæ in id ipsum tempus, quo de concludendo præsenti Tractatu agebatur, incidit, ejusdem conclusioni moram aut obstaculum afferret: Sua Majestas Cæsarea Catholica vigore hujus Instrumenti declarat, ac sese obstringit, quod illo in casu, quo spes de graviditate Serenissimæ Ducis Viduæ, præfati Serenissimi Ducis Antonii, dum viveret, Conjugis, concepta haud evanesceret, ac dicta Dux Vidua prolem masculam in lucem ederet, cuncta ea, quæ de introducendo in Parmæ & Placentiæ munita loca præsidiario Hispano Milite, tum Articulo Tertio Tractatus hodierna Die conclusi, tum Declarationis Instrumento desuper dato sancita sunt, æque locum obtinere debeant, ac si mors ista inopina haud contigisset.

Quod si vero vel evanesceret spes de graviditate prædictæ Ducis Viduæ concepta, vel posthumum illa in lucem ederet, tum antefata Sua Majestas Cæsarea declarat, ac sese obstringit, quod loco introducendi in munita Parmæ & Placentiæ loca præsidiarii Hispani Militis Ipse Serenissimus Hispaniarum Infans Carolus juxta normam, de qua Imperii accedente consensu cum Hispana Aula olim convenerat, Literasque Investituræ eventualis, quarum tenor in omnibus Articulis, Clausulis ac Conditionibus pro repetito ac confirmato habendus est, in possessionem præfatorum Ducatuum mittendus sit: ita tamen, ut prius tam dictus Hispaniarum Infans, quam Hispana Aula iis faciat satis, quæ Tractatus anteriores, quorum Imperator accedente Imperii consensu Pars Contrahens extitit, requirunt. Cumque post mortem antememorati Ducis Antonii Farnesii Miles Cæsareus in munita Parmæ & Placentiæ loca introductus sit, non ea mente, ut obstaculum afferretur Successioni eventuali, prouti illa Serenissimo Infanti Carolo per Tractatum Londinensem, vulgo Fœdus Quadruplex nuncupatum, destinata fuerat, sed ut anteverterentur, quæcunque Italiæ tranquillitatem turbare poterant, consilia, Sacra Sua Majestas Cæsarea Catholica quietem publicam juxta pacifica sua Vota Tractatu hodierna die concluso, in quantum fieri potuit, stabilitam, firmatamque cernens, denuo declarat, quod immittendo Copias suas in munita Parmæ & Placentiæ loca non alia sibi mens fuerit, quam ut quantum penes ipsam erat, Successionem Serenissimi Infantis Don Carlos, prouti illa Tractatu Londinensi Eidem Infanti destinata fuit, magis suffulciret, quodque tantum absit, ut vel prædictæ successioni, si forsan proles mascula Farnesia penitus foret extincta, obsistere, vel etiam introductioni præsidiarii Hispani Militis, si forsan Dux Vidua posthumum in lucem ederet, opponere sese velit, quod potius declaret & promittat, proprio jussu Copias suas inde educendas fore, seu, ut ipse Infans Carolus in possessionem sæpe memoratorum Ducatuum juxta tenorem Literarum Investituræ eventualis mittatur, seu, ut introduci ibidem pacate & nemine obsistente Hispana præsidia queant: quæ ipsa præsidia non alii usui inservire debebunt, quam ut certior de executione promissæ sibi Successionis in eum casum, quo proles mascula Farnesia penitus erit extincta, Infans Carolus reddatur. ANNO 1731.

Declaratio super præsidiis Hispanis in munita Hetruriæ, Parmæ & Placentiæ loca introducendis.

CUm Sua Sacra Cæsarea Catholica Majestas, antequam sua ex parte consensum præberet iis, quæ Articulo tertio Tractatus hodierna die conclusi de immediata introductione præsidiarii Hispani Militis in munita Hetruriæ, Parmæ & Placentiæ loca disposita sunt super vero scopo & objecto Sponsionum, quæ desuper in Tractatu Hispalensi partim nona, partim vigesima prima Novembris Die Anno Millesimo Septingentesimo Vigesimo nono subscripto continentur, secura omnino reddi voluerit; Sacra Sua Regia Magnæ Britanniæ Majestas, & Celsi ac Potentes Domini Status Generales Fœderati Belgii non tantum Sponsiones istas, prouti hic annexa reperiuntur, Suæ Sacræ Cæsareæ Catholicæ Majestati bona fide exhibuerunt, verum etiam firmissime asseverare haud dubitarunt, non fuisse sibi, cum de introducendo in munita Hetruriæ, Parmæ & Placentiæ loca Hispano præsidiario Milite convenirent, mentem, ulla in re ab iis recedere, quæ Articulo quinto Fœderis Quadruplicis Londini Die 22. Julii / 2. Augusti *Anno 1718 conclusi, tum de Cæsareis ac Imperii Juribus, tum pro securitate Regnorum ac Ditionum, quas Sua Majestas Cæsarea in Italia actu possidet, tum denique pro conservanda quiete ac dignitate eorum, qui tunc erant, prædictorum Ducatuum legitimorum Possessorum sancitu reperiuntur. Quapropter Sua Regia Magnæ Britanniæ Majestas, & Celsi & Potentes Domini Status Generales Fœderati Belgii declararunt, prouti declarant & prompti paratique sunt, ad dandas, prouti vigore præsentis Instrumenti dant, Suæ Cæsareæ Catholicæ Majestati, tam super rerum capitibus superius recensitis, quam super omnibus iis, quæ ulterius adhuc prædicto Articulo quinto sponsiones, evictiones, seu, uti vulgo vocant, Guarantias, quantum desiderari poterunt, validas ac solemnes.*

Specification des Engagemens du Traité de Seville.

„ QU'on effectuera dès à présent l'Introduction „ des Garnisons dans les Places de Livourne, „ Porto Ferrajo, Parme & Plaisance, au nombre de „ six mille Hommes des Troupes de Sa Majesté Ca„tholique & à sa solde, lesquels serviront pour la plus „ grande assûrance, & conservation de la Succession „ immediate desdits Etats, en faveur du Serenissime „ Infant Don Carlos; & pour être en état de resister „ à toute entreprise & opposition, qui pourroit être „ suscitée au prejudice de ce qui a été reglé sur ladite „ Succession.

„ Que les Puissances Contractantes feront dès à pre„sent toutes les diligences, qu'elles croiront convena„bles à la Dignité & au repos des Serenissimes Grand „ Duc de Toscane, & Duc de Parme, afin que les „ Garnisons soient reçûes avec la plus grande tran„quillité, & sans opposition desqu'elles se presente„ront à la vuë des Places où elles devront être in„troduites.

„ Que lesdites Garnisons feront aux presens Posses„seurs le serment, de defendre leurs Personnes, Sou„verainetez, Biens, & Etats, & Sujets, en tout ce „ qui ne sera point contraire au Droit de Succession „ reservé au Serenissime Infant Don Carlos; & les „ presens Possesseurs ne pourront rien demander ou „ exiger, qui y soit contraire.

„ Que lesdites Garnisons ne se mêleront directe„ment ni indirectement, sous aucun pretexte que ce „ puisse être, des affaires du Gouvernement Politi„que, Oeconomique, ni Civil; & auront ordre très „ exprès, de rendre aux Serenissimes Grand Duc de „ Tosca-

ANNO 1731.

„ Toscane, & Duc de Parme, tous les Respects & Honneurs Militaires, qui sont dus à des Souverains dans leurs Etats.

„ Que l'objet de l'introduction desdits six mille hommes, des Troupes de Sa Majesté Catholique, & à sa solde, étant d'assurer au Serenissime Infant Don Carlos la Succession immediate des Etats de Toscane, de Parme & de Plaisance, Sa Majesté Catholique promet, tant pour Elle, que pour ses Successeurs, qu'aussitôt que le Serenissime Infant Don Carlos son Fils ou tel autre, qui sera à ses Droits, sera possesseur tranquille desdits Etats, & en sureté contre toute invasion & autres justes motifs de crainte, elle fera retirer des Places de ces Etats les Troupes, qui seront siennes, & non pas propres à l'Infant Don Carlos, ou à celui, qui sera à ses Droits, en sorte que par là, ladite Succession & Possession reste assurée & exempte de tous évenemens.

„ Que les Puissances Contractantes s'engagent d'établir selon les Droits de Succession, qui ont été stipulez, de maintenir le Serenissime Infant Don Carlos, ou celui à qui passeront ses Droits dans la possession & jouïssance des Etats de Toscane, Parme & Plaisance, lorsqu'il y sera une fois établi, & de le defendre de toute insulte contre quelque Puissance que ce soit, qui penseroit à l'inquieter, se declarant Garantes à perpetuité du Droit, Possession, tranquillité & repos du Serenissime Infant, & de ses Successeurs auxdits Etats.

„ Qu'à l'égard des autres details, ou Reglemens concernant la manutention desdites Garnisons, une fois établies dans les Etats de Toscane, de Parme & Plaisance, comme il est à presumer que Sa Majesté Catholique, & les Serenissimes Grand Duc, & Duc de Parme en conviendront par un accord particulier, les autres Puissances Contractantes promettent que dès que cet accord sera fait, elles le ratifieront & garantiront, tant envers Sa Majesté Catholique, qu'envers les Serenissimes Grand Duc, & Duc de Parme.

Cum proinde Regia Sua Majestas Catholica facta sibi hujus Articuli atque Declarationum eo pertinentium communicatione desiderio suo, non nisi ad firmandam magis magisque Serenissimo Infanti Carolo filio suo eventualem in Hetruriæ, Parmæ & Placentiæ Ducatus successionem collimanti, atque Sponsionibus inter Eandem & Regiam Magnæ Britanniæ Majestatem initis, prouti illæ Suæ Majestati Cæsareæ Catholicæ communicatæ, atque præinsertis Declarationibus explanatæ fuerunt, penitus satisfactum cerneret; sua quoque ex parte iis deesse noluit, quæ communi quieti firmius adhuc stabiliendæ inservire poterunt.

Quem quidem in finem Sacra Sua Majestas Cæsarea Catholica Celsissimum Principem ac Dominum *Eugenium Sabaudiæ*, & *Pedemontium Principem*, Altesatæ Suæ Majestatis Cæsareæ Catholicæ Consiliarium Actualem Intimum, Consilii Aulico-Bellici Præsidem, suumque Locumtenentem Generalem, Sacri Romani Imperii Campi-Mareschallum, ac Ejusdem Regnorum, ac Statuum per Italiam Vicarium Generalem, & unius Desultoriorum Legionis Præfectum, Aurei Velleris Equitem: Nec non Illustrissimum, & Excellentissimum Dominum Philippum Ludovicum Sacri Romani Imperii Thesaurarium Hæreditarium Comitem à *Sinzendorf*, Liberum Baronem in Ernstbrunn, Dominum Dynastiarum Gföll, superioris Selowiz, Porliz, Sabor, Mülzig, Loos, Zaan, & Droskau, Burggravium in Rheineck, Supremum Hæreditarium, Scutiferum ac Præcisorem in Superiori, & Inferiori Austria ad Anasum, Aurei Velleris Equitem: Sacræ Cæsareæ Catholicæ Majestatis Camerarium, Actualem Consiliarium Intimum, ac primum Aulæ Cancellarium: ac Illustrissimum Dominum Gundaccarum Thomam, Sacri Romani Imperii Comitem ad *Starhenberg* in Schaumburg, & Waxenberg, Dominum Ditionum Eschelberg, Lichtenhaag, Rottenegg, Freystadt, Haus, Oberwalsee, Senftenberg, Bodendorf, Hattwan, Aurei-Velleris Equitem, Sacræ Cæsareæ Catholicæ Majestatis Consiliarium Intimum Actualem, Archiducatus Austriæ Superioris Mareschallum Hæreditarium: & denique Illustrissimum, & Excellentissimum Dominum Josephum Lotharium, Sacri Romani Imperii Comitem à *Konigsegg*, & Rothenfels, Dominum in Aulendorf, & Staussen, Sacræ Cæsareæ Catholicæ Majestatis Consiliarium Actualem, Intimum, Consilii Aulico-Bellici-Vice Præsidem, Generalem-Campi Mareschallum, Warasdini, & Confinium Petriniorum Præfectum Generalem, unius Legionis Pedestris Tribunum, & Ordinis albæ Aquilæ Polonicæ Equitem. Sacra vero Regio-Catholica Majestas Illustriss. & Excellentiss. Dominum Jacobum Franciscum *Fitzjames*, Ducem de *Liria*, & de Xerica, ex Magnatibus Hispaniæ primæ Classis, Aurei Velleris & Sanctorum Andreæ & Alexandri de Russia Equitem, Primum Regentem perpetuum Civitatis sancti Philippi, Sacræ Catholicæ Majestatis Cubicularium, Castrorum Præfectum, Suumque apud altesatam Majestatem Suam Cæsaream Catholicam Ministrum Plenipotentiarium: Et Sacra denique Regia Britannica Majestas Dominum Thomam *Robinson* Armigerum, in Comitiis Parlamenti Magnæ Britanniæ Senatorem, & Ministrum suum apud prædictam Majestatem Suam Cæsaream Catholicam: plenâ potestate muniverunt, qui collatis inter se consiliis, & commutatis prius Plenipotentiarum Tabulis in sequentes Articulos, & conditiones convenerunt.

ARTICULUS I.

Sacra Sua Regia Catholica Majestas probe perpenso præinserto Articulo tertio Tractatûs die 16. Martii præsentis anni conclusi, & probe perpensis duabus Declarationibus, pariter præinsertis, cujus quidem Articuli, & quarum Declarationum tenor in eo jam est, ut effectui detur, nihil amplius à se desiderari, quin potius iisdem se penitus acquiescere professa est. Atque ne ullus dubio aut controversiæ locus supersit, promptam sese insuper paratamque exhibuit, ut tam Tractatus Londini die secunda Augusti Anno 1718. initus, ac vulgo Fœdus Quadruplex nuncupatus, tum pax Viennæ Austriæ die septima Junii, Anno 1725. inter Sacram Cæsaream Catholicam Majestatem, Sacrumque Romanum Imperium ex una, atque altesatam Sacram Regiam Catholicam Majestatem ex altera parte conclusa plene in omnibus Articulis, Clausulis, ac Conditionibus renoventur, ac formentur: iis tantum exceptis, quæ de immutandis neutrarum Partium præsidiis in Hispana præsidia supra citato Articulo, ac Declarationibus mutuo consensu placuerunt, atque præsente Tractatu denuo corroborata sunt. Hunc itaque in finem Sacra Sua Regia Catholica Majestas declaravit, sicuti vigore hujus Articuli declarat, quod præcitati Tractatus plene renovati, ac denuo firmati censendi sint, prouti etiam præsente Articulo renovantur, ac denuo firmantur, promittitque Sacra Sua Regia Catholica Majestas tam pro se, quam pro hæredibus suis, ac Successoribus, & speciatim pro eo insuper ex descendentibus suis Masculis, cui juxta modo memoratos Tractatus, tenoremque Literarum Investituræ eventualis, die 9. Decembris Anno 1723. expeditarum, extincta penitus Linea Medicea & Farnesia Mascula Successio in antedictos Hetruriæ, Parmæ, & Placentiæ Ducatus debetur, aut ad quem hæc ipsa Successio futuris temporibus devolvetur; quod tam ipsa quam hæredes sui ac Successores, & speciatim is ex descendentibus suis Masculis, ad quem modo memorata Successio devoluta fuerit, præstare, atque adimplere omnia ea ac singula velint, ac teneantur, quæ in præcitatis duobus Tractatibus continentur.

II.

Vicissim Sacra Cæsarea Catholica Majestas, & Regia Britannica Majestas promittunt, ac sese Sacræ Regiæ Majestati, ipsiusque Hæredibus, ac Successoribus obstringunt, quod favore prolis masculæ præsentis Hispaniarum Reginæ, prout illa juxta Tractatus antea citatos, ac tenorem Literarum Investituræ eventualis ad Successionem in Hetruriæ, Parmæ, & Placentiæ Ducatus vocata est, omnia ea ac singula adimplere velint, quæ in præinserto Articulo tertio Tractatus die decima sexta Martii hujus Anni conclusi; ac duabus Declarationibus pariter præinsertis disposita reperiuntur. Nec minus Sacra Cæsarea Catholica Majestas & Sacra Regia Magnæ Britanniæ Majestas acceptando Renovationem Fœderis Quadruplicis nuncupati, Sacra autem Cæsarea Catholica Majestas acceptando insuper Renovationem Pacis die 7. Junii, Anno 1725. inter Eandem, & Sacrum Romanum Imperium ex una, Sacram Regiam Catholicam Majestatem ex altera parte conclusæ, promittunt, ac sese pro se, ac suis Hæredibus, & Successoribus obstringunt, quod sua quoque ex parte, in quantum ad unamquamque Earundem spectat, erga Sacram Regiam Catholicam Majestatem, & ipsius Hæredes, & Successores fideliter sint adimpleturæ, quæcunque vigore hujus Acceptationis præstanda

ANNO 1731. standa veniunt; nimirum Sacra Cæsarea Catholica Majestas quæcunque tum in Fœdere Quadruplice, tum in antememorata pace die 7. Junii, Anno 1725. conclusa sancita sunt, Sacra vero Regia Britannica Majestas, quæcunque juxta Fœdus Quadruplex nuncupatum ab Eadem adimplenda veniunt.

III.

Quæ hactenus mutuo, ac irrevocabili Partium Contrahentium consensu placuerunt, normæ loco inservire debebunt, sive unice de introducendo præsidiario Hispano Milite, sive casu aperturæ in Quadruplice Fœdere expresso existente, de immissione quoque Serenissimi Hispaniarum Infantis Caroli in Parmæ, Placentiæque Ducatus quæstio sit, ita nimirum, ut ultimo hoc in casu præfatus Serenissimus, Hispaniarum Infans Carolus, aut qui post eum Articulo quinto Fœderis Quadruplicis ad Successionem hanc eventualiter vocatur, possessionem horum Ducatuum ea plane ratione, quæ in Literis Investituræ eventualis de die nona Decembris, Anno 1723. expressa est, adipisci possit, ac debeat.

IV.

Cum ea, quæ favore Serenissimi Hispaniarum Infantis Caroli, aut eorum, qui in Jura ipsius juxta antememoratos Tractatus subintrant, Articulo quinto Fœderis Quadruplicis disposita reperiuntur, tum etiam Sponsiones desuper inter Sacram Regiam Catholicam Majestatem, & Sacram Regiam Britannicam Majestatem initæ jam dudum Serenissimis, qui pro disparitate temporis tunc in vivis erant, Magnæ Hetruriæ, Parmæ, & Placentiæ Ducibus exhibitæ; neque minus præinsertus Articulus tertius Tractatus Die 16. Martii præsentis Anni Viennæ conclusi, eoque pertinentes duæ Declarationes pariter præinsertæ Magni Hetruriæ Ducis, & Parmensi in Aula Cæsarea commorantibus Ministris pro corroboranda publica tranquillitate magis exoptandum sit, quam ut omne obstaculum & contradictio, unde remora forsan iis, quæ mutuo Partium Contrahentium consensu hactenus placuerunt, afferri posset, quantocius amoveatur; hinc est quod Sacra Cæsarea Catholica Majestas, Sacra Regia Catholica Majestas, & Sacra Regia Britannica Majestas promiserint, ac sese obligarint, quod unaquæque Earundem statim ac præsens Tractatus signatus atque subscriptus fuerit, omnem operam bona fide sit impensura, quo Serenissimus quoque Magnus Dux Hetruriæ, non tantum sæpefatæ præsidiarii Hispani Militis introductioni, sed & omnibus iis, quæ alias juxta antecitatos Tractatus, Conventiones, & Declarationes favore Prolis Masculæ præsentis Hispaniarum Reginæ disposita reperiuntur, quantocius assentiat: ita tamen, ut subsecuto etiam prædicti Magni Hetruriæ Ducis consensu cuncta, quæ hactenus memorata sunt, non nisi post permutatas invicem Ratihabitionum Tabulas locum habere queant.

V.

Præterea Sacra Cæsarea Catholica Majestas, Sacra Regia Catholica Majestas, & Sacra Regia Magnæ Britanniæ Majestas declarant, nihil sibi magis in votis esse, quam ut Serenissimus Magnus Hetruriæ Dux iis acquiescere velit, quibus in antememoratis Tractatibus tum Dignitati suæ ac quieti, tum etiam propriæ, & subditorum Statuum securitati consulitur. Quem quidem in finem præfatæ Partes Contrahentes non tantum sibimet invicem, sed & Regiæ Suæ Celsitudini promittunt, ac spondent quod ea omnia & singula, quæ in antecitatis Tractatibus tum quoad Dignitatem suam, tum quoad propriam, & subditorum Statuum securitatem disposita reperiuntur, renovata, ac confirmata censeri debeant, quodque ea tuenda & explenda, seu, uti vulgo vocant, guarentigianda in se suscipiant.

VI.

Et quoniam pro assequendo, perficiendoque salutari, quem Partes Contrahentes intendunt, scopo, communis nimirum quietis penitus firmandæ, nihil magis expedire visum est, quam si Serenissimus Magnus Dux Hetruriæ præsenti Tractatui accesserit; hinc est quod eædem Partes Contrahentes è re esse judicarunt, Regiam Suam Celsitudinem amicissimis verbis ad hanc, quæ modo memorata est, accessionem invitare, sicuti Eandem præsente Articulo ad hoc ipsum invitant: quo nimirum Regia Sua Celsitudine ad opus tam proficuum pariter concurrente eo securior sit publica Europæ tranquillitas. ANNO 1731.

VII.

Præsens Tractatus ratihabebitur & approbabitur à Sua Sacra Cæsarea Catholica Majestate, & Sua Sacra Regia Majestate Magnæ Britanniæ, & Ratihabitionum Tabulæ intra spatium duorum Mensium, à die Subscriptionis computandorum, aut citius si fieri poterit, Viennæ Austriæ invicem extradentur & commutabuntur.

In quorum fidem roburque tam Cæsarei Commissarii tanquam Legati Plenipotentiarii Extraordinarii, quam Regis Catholici, & Regis Magnæ Britanniæ Ministri plena pariter facultate muniti Tabulas has propriis manibus subscripserunt, & sigillis suis muniverunt. Acta hæc sunt Viennæ Austriæ die 22. Mensis Julii, Anno Domini Millesimo Septingentesimo Trigesimo Primo.

(L. S.) Eugenius à Sabaudia.

(L. S.) Philip. Lud. C. à Sinzendorff.

(L. S.) Gundaccarus C. à Stahrenberg.

(L. S.) J. L. C. à Königsegg.

(L. S.) Dux de Liria.

(L. S.) Thomas Robinson.

Accession du Grand Duc de Toscane au Traité precedent.

POur parvenir au But salutaire que Sa Sacrée Majesté Imperiale Catholique, Sa Sacrée Majesté le Roi Catholique, & Sa Sacrée Majesté le Roi de la Grande Bretagne se sont proposé en signant le Traité conclu à Vienne le 22. du mois de Juillet de la présente année; savoir d'affermir & d'établir de toutes parts la tranquilité publique dans l'Europe; rien n'a paru convenir davantage à leur dessein que l'Accession du Serenissime Grand Duc audit Traité. C'est pourquoi lesdites Parties Contractantes ont cru devoir, par l'Article VI. de ce Traité, inviter amiablement S. A. R. à concourir au susdit Traité; d'autant plus que Sadite Altesse Royale n'ignore pas les engagemens que lesdites Parties y ont pris envers elle, non plus que la bonne volonté qu'elles ont témoignée en d'autres occasions à l'égard de Son Altesse Royale & qu'on l'assure encore derechef que Sa Sacrée Majesté Imperiale & Catholique, Sa Sacrée Majesté le Roi Catholique, & Sa Sacrée Majesté le Roi de la Grande Bretagne auront un soin particulier, & s'attacheront principalement à contribuer à sa dignité & son repos, aussi bien qu'à la sureté & à l'avantage des Etats qui lui sont soumis. Et lesdites Parties Contractantes persistant dans leurs bonnes intentions à cet égard, S. A. R. pour se conformer à leur désir, autant que faire se peut, & se faisant d'ailleurs un plaisir & un honneur de s'associer à de si grands Princes dans le louable dessein qu'ils ont de conserver & d'affermir la tranquilité publique: après avoir murement examiné tout ce qui est contenu dans le susdit Traité, entant qu'il concerne S. A. R. sa dignité & son repos, aussi bien que la sureté & l'interêt des Etats qui lui sont soumis; elle a resolu de l'approuver tout en son entier, en y accedant & en l'acceptant. Mais comme avant qu'on eut connoissance à Florence de la conclusion dudit Traité, les Ministres Plenipotentiaires de S. M. le Roi Catholique & ceux de S. A. R. avoient signé, en ladite Ville de Florence, la Convention du 25. du même mois de Juillet, & ensuite publiée ici; & quoique cette Convention fût purement de Famille à Famille, & ne tendît qu'à regler les interêts particuliers de S. A. R. & de sa sœur la Serenissime Electrice Douairiere Palatine, sans qu'il y soit aucunement

ANNO 1731.

nement préjudicié aux Accords ou Conventions faites entre les principaux Princes de l'Europe; de telle maniere que ce qui est arrêté dans ladite Convention de Florence, ne peut donner aucune atteinte aux Droits établis par les Pactes & Accords entre les autres Princes, qui n'ont pas concouru à la susdite Convention; cependant il a été jugé nécessaire que les Parties Contractantes de ladite Convention de Florence, exposassent par une Déclaration solemnelle, l'intention qu'ils avoient euë en contractant. Pour cet effet, afin d'ôter tout doute à ce sujet, & pour que Son A. R. puisse concourir avec les Parties Contractantes du Traité conclu à Vienne le 22. Juillet de la présente année, en accedant audit Traité, ce qui ne contribuera pas peu à assurer le repos mutuel, l'unique but desdites Parties: Moi, soussigné, Envoyé Extraordinaire de S. A. R. le Grand Duc de Toscane, après avoir montré & fait reconnoître les pleins-pouvoirs dont je suis autorisé; je déclare & je promets au nom de S. A. R. qu'elle accede entierement, & qu'elle approuve toutes & chaque choses qui sont contenues dans ledit Traité susmentionné de Vienne, en date du 22. Juillet de la présente année; entant que ledit Traité concerne Son Altesse Royale, sa dignité, son repos, aussi bien que la sureté & l'avantage de ses Sujets & de ses Etats: Elle déclare de plus que la susdite Convention du 25. du mois de Juillet, n'a été concluë par aucun autre motif que par un Pacte de Famille à Famille, qui concerne uniquement les interêts de Son A. R. & de sa sœur, la Serenissime Electrice Douairiere Palatine, & lesdits interêts y étant reglez de telle maniere qu'ils ne peuvent ni ne doivent préjudicier en rien aux Droits des autres Princes qui n'ont point concouru à la susdite Convention, lesquels Droits leur sont confirmez par les Pactes & Conventions conclues entre les principaux Princes de l'Europe.

En échange nous soussignez Ministres Plenipotentiaires de Sa Sacrée Majesté Imp. & Cath., de Sa Sacrée Maj. le Roi Catholique, de Sa Sacrée Majesté le Roi de la Gr. Bretagne, & en vertu des pleins-pouvoirs, duement montrez & reconnus, nous acceptons & recevons au nom de Leursdites Majestez, tant la Déclaration faite & signée à Florence au nom de S. A. R. le Grand Duc de Toscane, au sujet de la Convention du 25. de Juillet, que la susdite Accession de S. A. R. au Traité conclu à Vienne en Autriche le 22. du même mois de Juillet: de sorte que Leurs susdites Majestez s'obligent & s'engagent elles & leurs Successeurs, envers S. A. R. à remplir & exécuter tout ce qui se trouve réglé dans le susdit Traité, en faveur de S. A. R. pour son repos & pour sa dignité; aussi bien que pour la sureté & l'interêt des Etats de sa Domination.

Le présent Instrument d'Accession, de Déclaration & d'Acceptation sera ratifié par toutes les Parties Contractantes, & les Lettres de Ratification seront expediées en bonne & duë forme dans l'espace de deux mois, à compter du jour de la Souscription, ou plûtôt, si faire se peut, & seront échangées & delivrées mutuellement à Vienne en Autriche.

En foi de quoi, &c. Fait à Vienne le 21. jour de Septembre 1731.

(L. S.) *Eugene de Savoye.* (L. S.) *J. Duc de Liria* (L. S.) *Thomas Robinson.*

(L. S.) *Philip. Louis C. de Sinzendorff.*

(L. S.) *Gundacre. C. de Stahrenberg.*

(L. S.) *J. L. C. de Konigsegg.*

CXLVII.

25. Juillet. *Convention de Famille entre la Maison de Medicis & le Roi d'Espagne, pour la Succession aux Etats du Grand Duc. Faite à Florence le 25 Juillet 1731.*

AU NOM DE LA SAINTE TRINITÉ, PERE, FILS ET SAINT ESPRIT.

LA Divine Providence ayant inspiré au Serenissime Jean Gaston, Gr. Duc de Toscane, & à la Serenissime Anne Marie Louïse, Electrice Douairiere Palatine, le sincere & ardent desir, qu'a toujours eu le Serenissime Gr. Duc Cosme III. leur Pere de glor. Mem. d'entrer dans les mesures, qu'auroient prises les principales Puissances, pour pourvoir au défaut de Successeurs dans leur Famille, dans la maniere qui seroit trouvée la plus efficace & la plus propre à conserver & à assûrer contre tout évenement la Tranquilité publique, & en particulier celle de leurs Etats, & procurer & affermir le bonheur & les avantages de leur Peuple, elles ont enfin resolu d'exécuter de si bonnes intentions, en engageant les principales Puissances à concourir à une si bonne œuvre, en reglant pacifiquement la Succession à la Souveraineté desdits Etats, en faveur d'un Prince aussi étroitement uni à leur Serenissime Maison par les liens du Sang, que l'est le Serenissime Prince Don Carlos, Infant d'Espagne, Fils ainé de Sa Majesté Catholique, & de la presente Reine d'Espagne, que L. A. R. ont par cette raison toujours preferé à tout autre, & qui a toujours été l'objet des vœux de leurs Peuples, tant à cause de l'éclat de sa naissance que pour ses autres qualitez personnelles, & Héréditaires, qui font avec raison esperer à toute la Toscane, sous le Gouvernement d'un si grand Prince, la continuation des prosperitez, & du repos, dont elle a joui sous les Grands Ducs de la Serenissime Maison regnante. Et comme pour mettre la derniere main à une affaire de cette importance, diferée jusqu'à présent à cause de l'incértitude d'obtenir le concours de Sa Maj. Imperiale & des autres principales Puissances de l'Europe, desiré également par Sa Majesté Catholique, par le Grand Duc, & par la Serenissime Electrice Douairiere Palatine, mais dont on est assûré présentement depuis que certaines difficultez ont été levées par les derniers Traitez, il a été trouvé à propos de négocier & conclure directement entre Sa Majesté Catholique & Leurs A. R. un Traité ou Convention de Famille à Famille, où seroient réglez les divers interêts concernant non-seulement le plus convenable établissement de la succession du Serenissime Infant susdit auxdits Etats, pendant que le Serenissime Grand Duc, que Dieu conserve long tems, est encore en vie, en qualité de son Successeur immediat, mais encore la conservation de la Souveraineté, Autorité & Tranquilité de son Altesse Royale, de l'Honneur, & de l'interêt de la Serenissime Electrice Palatine Douairiere, & des avantages de leurs Etats & de leurs Peuples; pour cet effet Sa Majesté Catholique a jugé à propos de donner ses Pleins-pouvoirs au Reverend Pere Salvador Ascanio, de l'Ordre des Dominicains, son Ministre à la Cour de Toscane, & S. A. R. a commis avec ses pleins-Pouvoirs, le Chevalier & Prieur, le Marquis Charles *Rinuccini* du Conseil d'Etat & Secretaire de guerre, & le Chevalier & Prieur Jacques *Geraldi* du Conseil d'Etat; lesdits Ministres Plenipotentiaires, s'étant communiqué, & ayant échangé leurs pleins-pouvoirs respectifs, & ayant tenu plusieurs Conferences entr'eux, sont convenus d'un Traité de Famille, comme il est dit ci-dessus, & d'une Alliance & Amitié perpetuelle entre Sa M. C. ses Heritiers & Successeurs d'une part, & le Serenissime Grand Duc, & ses Successeurs d'autre part, de la maniere & aux conditions exprimées dans les Articles suivans.

ARTICLE I. Pour établir sur la base la plus solide & la plus inalterable, une Alliance perpetuelle, & une sincere amitié entre la Famille Royale d'Espagne, & la Maison regnante de Toscane, les Royaumes & la Couronne de Sa Maj. & les Etats de Son A. R. tant le Serenissime Grand Duc, que la Serenissime Electrice Palatine, sa sœur, sont convenus pleinement, ont resolu & consenti, que, nonobstant toute autre disposition quelconque, qui pourroit avoir été faite ci-devant en Toscane, par rapport à la succession suivant la situation d'alors des affaires publiques; le Grand Duc, que Dieu daigne conserver, venant à mourir sans laisser d'Enfans Mâles, le Serenissime Prince Infant Don Carlos sera & devra être son Successeur immediat à la Souveraineté de tous les Etats qui composent, à present, le Grand Duché

ANNO 1731. Duché de Toscane, & successivement l'ainé des Enfans Màles dudit Infant, & à leur défaut, ladite succession passera de plein droit à l'ainé de ses Serenissimes Freres, Fils de S. M. C. & de la présente Reine d'Espagne.

II. S. A. R. & S. A. Elect. voulant que ce Reglement de Succession à la Souveraineté de leurs Etats, ait l'effet le plus sûr & le plus tranquile qu'il se pourra, s'engagent de communiquer la présente Convention au Senat, après l'échange des ratifications, & de lui en faire jurer la religieuse & inviolable observation, si le Roi Catholique le souhaite & le demande.

III. Leurs Maj. Cath. promettent, au nom du Serenissime Infant Don Carlos, & de ceux qui succederont à ses Droits, que les fonds, & dettes publiques & les revenus destinez à cet effet seront maintenus, & que l'Ordre Militaire de S. Etienne sera de même maintenu dans l'état & l'éclat où il est à présent.

IV. Elles promettent pareillement que la constitution du Gouvernement en Toscane, sera maintenue, tant pour l'œconomique, le civil & le juridique, que les Droits, Privileges & Prerogatives de la Ville de Florence, lui seront conservez & qu'elle sera la principale residence du Serenissime Infant Successeur; La même chose sera observée à l'égard de chacune des autres Villes, sur-tout à l'égard des Magistrats; on procurera aux Sujets toutes sortes de facilitez, & exemptions dont ils ont joui sous la Regence de la Serenissime Maison Regnante; enfin on ne conferera qu'aux Naturels, les Emplois civils & œconomiques, les Evèchez, & autres Benefices Ecclesiastiques.

V. Que les Personnes, Effets, Bâtimens, & Commerce des Naturels de Toscane seront maintenus en Espagne dans la possession des mêmes franchises, & exemptions dont jouïssent les Nations les plus amies & les plus favorisées de la Couronne dans le Commerce.

VI. Que le Grand Duc Regnant en consideration de ce qu'il fait & accorde pour assurer la succession immediate au Serenissime Infant, ne rencontrera aucun obstacle dans le libre exercice de la Souveraineté, & continuera à gouverner ses Etats, & son Peuple, avec la même puissance absolue & independance, avec laquelle il les a gouvernez jusqu'à présent; & Sa Majesté Catholique, pour témoigner l'affectueuse estime qu'elle a pour S. A. R. s'oblige de traiter à sa Cour la personne & les Ministres du Gr. Duc, & de ses Successeurs de la même maniere & avec les mêmes Titres que l'on a donnez à la Cour d'Espagne, à la personne & aux Ministres du Serenissime Seigneur Duc de Savoye avant qu'il fût reconnu Roi de Sardaigne.

VII. L. A. promettent que tous leurs Biens meubles & immeubles, tant Féodaux qu'Allodiaux, leur apartenans, & situez tant au dedans qu'au dehors de leurs Etats, & qu'ils se trouveront à posseder à l'heure de leur mort, passeront au Serenissime Infant comme Grand Duc de Toscane, & aux autres Grands Ducs ses Successeurs; elles promettent de même de laisser au Serenissime Infant & aux autres Grands Ducs tous les Patronats des Benefices Ecclesiastiques de leur Maison, & de leur Etat dont elles pouront disposer en quelque maniere que ce soit.

VIII. Que tous les Biens meubles & les Meubles de quelque genre, prix & valeur, qu'ils soient, & en quelque lieu qu'ils soient tenus, conservez & placez, restent & doivent rester dans le libre & absolu pouvoir de L. A. tant pour l'usage que pour la propriété, pouvant en disposer librement, tant pendant leur vie, qu'à leur mort, comme restent à leur disposition tous les effets & biens qu'elles se trouvent avoir & posseder hors des Etats de la Toscane, & nommément les Revenus de l'Héritage des Serenissimes Gr. Duchesses de Toscane, Victoire d'Urbin, & Marguerite de France, leurs Ayeule & Mere respectives, & toutes les sommes qui leur sont duës en quelque lieu que ce soit, à la reserve de l'Artillerie, & des Armes, Munitions & autres choses concernant le service de la Guerre & de la Marine.

IX. L. A. s'obligent de ceder comme elles cedent dès à présent au Serenissime Infant, pour le tems qu'il sera Grand Duc de Toscane, & aux Grands Ducs ses Successeurs, toutes les autres dettes qui ne sont pas specifiées ci-dessus, & que les Ancêtres de leur Maison Régnante ont contractées avec les Puissances Etrangéres, hormis avec la Couronne d'Espagne, & la Faculté & le Droit qu'elles ont, ou peuvent avoir de recouvrer & faire valoir leurs pretentions sur les Etats & Biens qui ne sont pas possedez à présent par leur Maison, pour l'agrandissement des Etats, & Domaines de la Toscane. ANNO 1731.

X. D'autre part L. M. C. sont contentes & promettent au nom du Serenissime Prince Infant, & de ceux qui entreront dans ses Droits, que la Serenissime Electrice, survivant au Serenissime Grand Duc, son Frere, elle poura & devra prendre & garder, durant sa vie, le Titre de Grande Duchesse & jouïr des Honneurs, & Prérogatives dont ont joui les autres Grandes Duchesses de Toscane, & particulierement celle d'être entretenuë avec sa Cour des deniers publics.

XI. Que si à la mort du Serenissime Gr. Duc, le Serenissime Prince Infant ne se trouve pas en Toscane, & que la Serenissime Electrice survive, elle pourra & devra aussitôt prendre, avec le Titre de Regente, au nom du Serenissime Infant, alors Grand Duc, l'Administration du Gouvernement qu'elle gardera jusqu'à son arrivée dans lesdits Etats; & S. A. E. aura, avec le titre de Regente, & de Tutrice, le Gouvernement jusqu'à ce que le Prince Infant, absent, ou présent, ait sa dix-huitiéme année accomplie, & même, après les dix-huit ans accomplis, si le Serenissime Infant sortoit desdits Etats de Toscane.

XII. Que le Serenissime Infant, alors Grand Duc, étant devenu Majeur, il devra admettre la Serenissime Electrice dans tous les Conseils d'Etat, de Grace & de Justice, & conferer à sa nomination les Charges Civiles & Oeconomiques, les Benefices, & Dignitez Ecclesiastiques, & laisser à S.A.E. la Surintendance des Lieux pieux & de l'Academie de Pise.

XIII. On invitera & priera de la part de Sa Majesté Cath. & de S. A. R., Sa Majesté Britannique, & les Seigneurs Etats Géneraux des Provinces Unies des Païs-Bas, de garantir * la présente Convention que Sa Majesté Catholique, au nom du Serenissime Infant & Son Altesse Royale s'obligent de ratifier, & de faire échanger les Ratifications ici (à Florence) au bout de trois mois à compter du jour de la Signature, ou plûtôt si faire se peut.

En foi de quoi tous les Ministres Plenipotentiaires souscrits de Sa Maj. Cath. & de S. A. R. le Grand Duc, en vertu de nos pleins-pouvoirs que nous nous sommes reciproquement communiquez, & dont copie sera mise à la suite du présent Traité & Convention de Famille, nous avons signé & apposé le Sceau de nos Armes; fait à Florence le 25 Juillet 1731.

Signé,

(L. S.) *Fra Salvatore Ascanio.*	(L. S) *Carlo Rinuccini.*
	(L. S.) *Jacopo Giraldi.*

ARTICLE SEPARE'.

ON est convenu dans le présent Article séparé, qui aura la même force & vigueur que s'il étoit inseré dans la Convention signée ce jourd'hui, que S. A. R. pour donner la preuve la plus autentique de ses sinceres & affectueuses intentions envers Sa Majesté Catholique & sa Famille Royale, consent, pourvû que Sa Majesté Imperiale approuve, que le Serenissime Infant Don Carlos puisse, pendant la Vie, & le Gouvernement du Serenissime Grand Duc, venir & resider en Toscane de la maniere qui sera reglée sans être à charge au Trésor de S. A. R., & au Païs & sans aucun préjudice à la Souveraineté & pleine autorité de S. A. R. qui se persuade que Sa Majesté Catholique, en consideration dudit consentement & des fortes & graves raisons qui ont été representées & qu'on represente de nouveau, daignera par un Acte de Clemence Royale, delivrer les Places & autres lieux des Etats de la Toscane, du pesant & incommode fardeau de recevoir des Garnisons Espagnoles, ou de quelque autre Nation, puisque le Païs peut suffisamment être gardé & defendu par

(*) Ce qui est conforme à l'Article XIII. du Traité de Seville.

ANNO 1731.

par ses propres Garnisons, qui en tems de necessité peuvent être augmentées des deniers que l'Espagne jugeroit à propos de fournir pour cet effet & de la maniere dont on conviendroit. Au cas que la constante confiance que l'on a que Sa Majesté Catholique s'engagera à ne faire entrer dans les Places & lieux de Toscane, aucunes Troupes Espagnoles ou de quelque autre Nation, ait lieu, S. A. R. permettra que l'on fasse passer par la Toscane les Troupes Espagnoles, qui seront envoyées dans les Etats de Parme, en suivant le Réglement, qui, dans ce cas, seroit fait pour la marche, & le bon ordre, afin qu'elles ne soient point à charge.

Sa Maj. Imp., Sa Majesté Très-Chrét., Sa Maj. Brit., & les Seigneurs Etats Generaux des Provinces Unies des Païs-Bas, seront priez & invitez par Sa Maj. Cath. & par S. A. R. de garantir aussi le présent Article séparé, qui sera ratifié tant par Sa Majesté que par S. A. R. & l'échange des Ratifications se fera à Florence dans le terme de trois mois à compter de la date du présent Article, ou plûtôt, si faire se peut: En foi de quoi, &c.

(L. S.) *Fra Salvatore Ascanio.* (L. S.) *Carlo Rinuccini.* (L. S.) *Jacopo Giraldi.*

Arrangement pris par les Ministres Plenipotentiaires d'Espagne & de Toscane, pour la Reception & Residence du Serenissime Infant Don* CARLOS *Successeur immediat du Serenissime Grand Duc, dans ses Etats.

LE Serenissime Grand Duc & la Serenissime Electrice Palatine sa Sœur, voulant donner les plus grandes, & plus affectueuses preuves de leur estime pour le Serenissime Prince Infant Don Carlos, il est reglé & arrêté que lorsque le Serenissime Prince abordera & debarquera à Livourne, il y sera reçû & respecté par le Gouverneur, avec tous les Honneurs dûs à la Dignité de son rang & à celle du Successeur immediat du Serenissime Grand Duc, de la même maniere qu'il s'est toujours pratiqué à l'égard du Serenissime Grand Prince Ferdinand, de glorieuse Memoire

Un ou plusieurs Gentilshommes envoyez expressément par L. A. se trouveront à Livourne, pour y recevoir & servir le Serenissime Prince Infant, qui prendra son Logement dans l'appartement qu'occupoit le susdit Serenissime Grand Prince Ferdinand; & leurs Alt. sachant bien que le Serenissime Prince ne pourroit avoir, à son arrivée, ses propres équipages tout prêts, auront soin qu'il s'en trouve à Livourne, avec un détachement des Gardes du Corps, des chevaux de l'Ecurie de S. A. R. & quelques Officiers de leur Cuisine & de leur Maison, pour servir le Serenissime Prince, pendant le court séjour qu'il feroit dans cette Ville, & à son arrivée à Florence, où le Serenissime Prince Infant commencera à se traiter à ses propres depens & toute sa Cour, ainsi qu'on en est convenu.

Le Serenissime Infant, en arrivant à Florence, se rendra directement au Palais, où il trouvera préparé pour son Logement un des apartemens le mieux meublé & le plus proche de celui de Son Altesse Electorale Palatine, afin que Son Altesse Electorale soit d'autant plus près de la personne du Serenissime Prince & qu'elle puisse avoir pour sa précieuse conservation, & pour toutes les autres choses qui concerneroient le service de sa personne, comme le choix des Gentilshommes, & autres Domestiques qu'on trouvera à propos de prendre en Toscane, le même soin que S. A. Electorale auroit pour son propre Fils.

Dans toutes les autres occasions le Serenissime Prince Infant Don Carlos, sera traité par Leurs Altesses & respecté d'un chacun avec les mêmes marques d'Honneur & d'Estime, qui ont été en usage en cette Cour envers le Serenissime Grand Prince Ferdinand. Son Altesse Royale permettra au Serenissime Prince Infant Don Carlos de former & entretenir à ses dépens, une Garde particuliere composée de Nobles Toscans, s'il juge à propos d'en former un Corps.

En foi de quoi le présent Arrangement a été arrêté par les soussignez Ministres Plenipotentiaires d'Espagne & de Toscane, en vertu de leurs Pleins-pouvoirs; & ils y ont fait appofer le Seau de leurs Armes. Fait à Florence le 25. de Juillet 1731.

(L. S.) *Fra Salvatore Ascanio.* (L. S.) *Carlo Rinuccini.* (L. S.) *Jacopo Giraldi.*

Declaration du Roi d'Espagne au sujet de cette Convention.

COmme il est arrivé qu'avant qu'on eût aucune connoissance à Florence, du Traité conclu à Vienne le 22. Juillet de la présente année, entre Sa Sacrée Majesté Imperiale & Catholique & entre Sa Sacrée Majesté le Roi de la Grande Bretagne, il y avoit une certaine Convention signée audit Florence le 25. du même mois de Juillet par les Ministres Plenipotentiaires de Sa Majesté le Roi Catholique; & par ceux de Son Altesse Royale le Grand Duc de Toscane; laquelle Convention ne tendoit qu'à l'utilité & au bien particulier de son Altesse Royale, & de sa Sœur, la Serenissime Electrice Palatine Douairiere, & ne pouvoit être regardée que comme un engagement de Famille, sans aucun préjudice des engagemens contractez entre les principaux Princes de l'Europe; & particulierement du Traité de la Quadruple-Alliance, de la Paix conclue à Vienne le 7. Juin 1725.; aussibien que du susdit Traité du 22. Juillet de la présente année, & qui par conséquent ne doit avoir lieu qu'autant qu'elle ne contient rien de contraire aux Droits des Puissances qui n'ont pas concouru à ladite Convention, ni aux engagemens pris entr'eux. Mais pour ôter tout sujet de doute, il a été jugé nécessaire d'expliquer, par un Instrument solemnel, l'intention de Sa Sacrée Majesté le Roi Catholique, quant à ce qui concerne la susdite Convention.

A cet effet, moi soussigné Ministre Plenipotentiaire de Sa Sacrée Majesté le Roi Catholique, en vertu des Lettres & Pleins-pouvoirs que j'ai au préalable montrez & fait reconnoître; j'atteste & j'affirme au nom de Sa susdite Majesté le Roi Catholique que par la Convention conclue & signée à Florence le 25. de Juillet de la présente année, il n'est en aucune maniere derogé à tout ce à quoi Sadite Majesté Catholique s'est engagée par rapport au Traité de Vienne en Autriche du 22. du même mois, envers les autres Parties Contractantes du même Traité; & que la susdite Convention ne peut ni ne doit aucunement préjudicier aux interêts de Sa Sacrée Majesté Imperiale & Catholique non plus qu'à ceux de Sa Sacrée Majesté le Roi de la Grande Bretagne.

En échange, nous soussignez Ministres Plenipotentiaires de Sa Sacrée Majesté Imperiale & Catholique, en vertu des Pleins-pouvoirs, montrez au préalable, & reconnus pour valables, nous acceptons au nom de Sa Sacrée Majesté Imperiale & Catholique, & de la meilleure maniere que faire se puisse, la Déclaration susdite au sujet de la Convention signée à Florence le 25. Juillet de l'Année présente.

En foi de quoi nous soussignez avons signé & scellé le présent Instrument de Déclaration dans le même tems que l'on a échangé les Lettres de Ratification. Fait à Vienne le 9. Septembre 1731.

Remarques de l'Empereur sur la Convention précedente.

SA Majesté Imperiale & Catholique a de tout tems donné à connoître, que le repos & la dignité de S. A. R. le Grand Duc de Toscane; la sûreté de ses Etats & les intérêts de S. A. R. l'Electrice Douairiere Palatine sa Sœur, Lui tenoient extrémement à cœur: & même dans les circonstances les plus délicates on en a eu tout le soin, que l'attachement inviolable aux Traités precedens a pû permettre Ce fut dans cette vûe, que dans le Traité signé ici le 22. Juillet passé, on a stipulé les Garanties les plus fortes & les plus solemnelles en faveur du Grand Duc, & que l'on y a fait mention expresse des intentions benignes de S. M. C. à l'égard de tout ce qui pourroit Lui faire plaisir, intentions, qui regardoient sur tout les avantages de l'Electrice Douairiere Palatine sa Sœur, pour lesquels la Cour Imperiale a souvent reiteré ses instances auprès de celle d'Espagne.

L'Empereur est donc très-éloigné de trouver à redire

ANNO 1731. dire à ce qui ne va pas plus loin, que d'assurer au Grand Duc & à l'Electrice Douairiere sa Sœur les avantages susdits, sans donner atteinte aux Traités faits entre les principales Puissances de l'Europe, ni à ses droits suprêmes qui y sont si clairement énoncés.

Mais quelque disposé qu'il fût à concourir à ce qui pourroit leur faire plaisir, il ne peut que desapprouver tout ce qui paroit être contraire à ces mêmes Traités & à ces mêmes droits, prêt d'ailleurs à assurer le but, qu'on dit s'être uniquement proposé, par des moyens qui y sont convenables: de sorte que pour expliquer avec toute la clarté & la précision possibles, les sentimens de S. M. I. & C. sur la Convention signée à Florence le 25. Juillet passé, il est bon de distinguer ce qui n'y est sujet à aucune difficulté, d'avec ce qui n'est pas faisable.

Primò. L'Empereur ne trouve nullement à redire, que le Grand Duc & l'Electrice Douairiere sa Sœur reconnoissent la Succession immediate du Ser. Infant Don Carlos; cette reconnoissance étant en elle-même une suite naturelle de l'accession au Traité du 22. Juillet, à laquelle S. A. R. a été invitée. Mais que le droit dudit Infant, bien loin d'être fondé dans la Quadruple Alliance & dans les autres titres, qui y ont du rapport, paroisse être attribué au consentement du Grand Duc & de sa Sœur, & à la reconnoissance du Senat, c'est ce qui repugne évidemment à tant d'engagemens pris par les principales Puissances de l'Europe, au Diplome de Charles Quint, & à la nature de plusieurs Fiefs, possédés comme tels dès à present par le Grand Duc.

Secundò. On ne pretend pas examiner ici, si la feudalité, dont il est parlé dans la Quadruple Alliance, doit commencer ou non, avant l'extinction entiere de la famille de Medicis? mais si par les mots: *assoluta podestà ed independenza*: glissés dans l'Article VI. de la Convention en question, on pretendoit aneantir toute dependance, de quelque nature qu'elle soit, l'Empereur ne pourroit se dispenser d'y contredire, pour tant de raisons assez connuës, & qu'il est inutile de repeter dans le present Ecrit.

Tertiò. Il n'est pas dans le pouvoir du Grand Duc, de ceder à d'autres les Privileges & Concessions, que sa Famille ne tient que de la munificence des Empereurs, Prédecesseurs de S. M. I. & C. Mais ces Privileges & Concessions doivent toujours émaner de la même source à l'égard de tous ceux, qui voudroient s'en prévaloir.

Quartò. Le Titre de *Grande Duchesse* peut être accordé à l'Electrice Douairiere Palatine par un Diplome Imperial, en cas que l'Empereur en soit duëment requis: mais Elle ne sauroit l'obtenir valablement par aucune autre voye.

Quintò. L'Empereur n'a aucune repugnance d'autoriser ladite Electrice Douairiere pour être Tutrice de l'Infant & Regente du Païs pendant sa minorité & son absence. Mais Lui seul peut accorder ce que l'on appelle *Veniam ætatis*, & lui seul est en droit de constituer la Tutele: le Droit feodal & la disposition de la Quadruple Alliance étant claire & précise à cet égard.

Enfin il est hors de doute, qu'en vertu des Lettres d'Investiture éventuelle, la possession du Grand Duché de Toscane est duë à l'Infant Don Carlos, dès que la famille mâle de Medicis sera éteinte. Mais qu'on passe sous silence ces mêmes Lettres d'Investiture éventuelle & tous les devoirs, qui en resultent, & qu'independemment de tout ceci on presume d'attribuer ladite possession à l'Infant Don Carlos, c'est s'éloigner de l'esprit & de la lettre de tant de Traités solemnels, faits depuis quelques années.

Voici les principaux motifs, pour lesquels on ne peut se dispenser de desapprouver la Convention du 25. Juillet. Il auroit été sans doute plus convenable, que S. A. R. au lieu de prêter les mains à cette Convention, eût accedé au Traité fait ici le 22. du même mois, selon l'invitation qui Lui en a été faite. Car quoi qu'on ait donné à connoitre à Mr. le Marquis Bartolomei, qu'il étoit indifferent à l'Empereur, que le Grand Duc traite avec l'Espagne à Florence, ou à Vienne, on n'a eu garde de lui insinuer, que dans des points, qui touchent de si près les droits suprêmes de S. M. I. & qui s'étendent au delà des interêts de famille à famille, on puisse s'éloigner de la disposition des Traitez précedens. Il s'agit donc de redresser & éclaircir ce qui dans la Convention susdite est ou peu conforme aux engagemens pris par les principales Puissances de l'Europe, ou susceptible d'un sens qui y seroit contraire. Et c'est le but, qu'on s'est proposé dans le Projet de l'Acte d'accession & de declaration ci-joint, ou content de se garantir contre le préjudice qui pourroit naître de la Convention dont il s'agit, on a du reste menagé les termes en sorte, que tout le monde doit être convaincu, qu'on s'empresse en cette occasion comme en toute autre, à apporter de ce côté-ci toutes les facilités possibles.

CXLVIII.

3. Août. *Traité d'Alliance (1) entre les Cours Electorales de Hanovre & de Saxe conclu à Dresde le 3. Août 1731.*

QU'il soit notoire comme ainsi soit que les Prédecesseurs des Maisons Electorales de Saxe & de Brunswich-Lunebourg, ayent de toute ancienneté entretenu ensemble une bonne intelligence particuliere, laquelle non seulement a donné lieu au Traité d'Union hereditaire perpetuelle dont l'on est convenu dans l'année 1687. entre les deux Maisons, & a été continuée sans interruption jusqu'à présent & transmise aux deux Princes regnans, mais depuis a été augmentée par la proximité que le Sang établit entre eux, & par la consideration personnelle qu'ils se portent l'un à l'autre; & que sur ces motifs & fondemens, il ait été agréé de part & d'autre de cultiver & cimenter ulterieurement ce lien d'Union, d'Amitié, de Confidence & de bon Voisinage, dont on s'est si bien trouvé jusqu'ici, & à cette fin de dresser ensemble un nouveau Traité défensif accommodé aux circonstances du tems présent, & à la sûreté & prosperité de leurs Païs & Sujets respectifs; à ces causes les deux Parties sont convenues des Articles suivans qu'elles ont fait traiter & conclure par leurs Ministres, munis de Pleins-pouvoirs à ce sujet.

ARTICLE I.

Cette Convention & Alliance défensive n'a pour but de lezer ni d'offenser personne, moins encore l'Empereur & le Saint Empire Romain, mais elle est faite uniquement en vuë de maintenir les Droits & les Privileges des deux hauts Contractans, comme aussi pour conserver & défendre leurs Etats & Sujets contre toutes attaques & violences, de même que toutes prétensions, Entrées dans leurs Païs, Invasions Ennemies, Passages de Troupes & établissemens de Quartiers, Assemblées & Revuës d'Armées, Contributions & Exactions contraires aux Constitutions, & aux Ordonnances d'Exécutions de l'Empire, par qui & sous quelque nom & prétexte que ce puisse être.

II.

Pour cette fin les deux Conféderez veulent prendre une entiere confiance l'un en l'autre, & se tenir étroitement liez pour s'entre aider de conseil & d'effet, procurer le bien l'un de l'autre, s'avertir du mal & du dommage qui pourroit les menacer & les détourner, communiquer & consulter souvent & confidemment ensemble, sur tous les évenemens dont il pourroit resulter des troubles & des dangers, & sur les moyens de les éloigner, & autant qu'il sera possible, prendre ensemble des mesures conformes, & telles qu'elles puissent être avantageuses au Public principalement au service, à l'honneur, au bien, à la liberté & sûreté de Sa Maj. Imp. & de l'Empire, aussi les Hauts Contractans veulent ordonner aux Ministres qu'ils auront tant à la Diète de l'Empire, qu'aux Assemblées des Cercles, & par tout ailleurs, de correspondre & communiquer confidemment ensemble; & afin que cette bonne intelligence soit d'autant moins interrompue, en cas qu'il survint quelques differens entre les deux Maisons Electorales, & leurs Sujets respectifs, l'on tâchera avant toutes choses de les composer à l'amiable, & l'on n'en viendra point à des voyes de fait, avant que d'avoir au préalable tenté tous les moyens propres à accommoder les choses d'une maniere équitable.

III.

En vertu de la présente Alliance les Hauts Alliez se

(1) Ce Traité a été renouvellé en 1736.

ANNO 1731.

se promettant reciproquement qu'au cas que l'un d'eux vienne à être attaqué par qui que ce puisse être dans ses Païs & Provinces, & dans ses Droits & Privileges contre les Constitutions de l'Empire, ou bien à être incommodé, troublé & molesté dans ses Païs par des Enrôlemens, des Revues, des Quartiers, des Garnisons, des Marches, des Contributions, des Demandes, des Provisions, & des Munitions, ou par d'autres charges & exactions semblables, ou au cas que l'on eût des avis certains que telles choses dûssent arriver, l'autre prendra fidelement le parti du lezé, & sera tenu de lui prêter réellement & en effet le secours promis dans cette Alliance, mais aucun des Alliez ne pourra être requis de fournir du secours à l'autre, si l'un d'eux, sans communication avec son Allié, & sans son consentement, attaquoit quelqu'un en Ennemi, & à main armée, & que par-là il fut attaqué & poursuivi lui-même dans ses propres Païs, ou dans ses Droits par l'Offensé ou par ses Alliez.

IV.

Dans cette Alliance sont compris les deux Electorats & les Païs qui y sont incorporez, comme aussi tous les Païs y appartenans situez en Allemagne, aussi le Traité d'Union héreditaire de 1687. dont il est fait mention ci-dessus, demeure à cet égard & à tous autres dans toute sa force, comme s'il étoit effectivement inseré dans la présente Alliance.

V.

Pour ce qui concerne le Secours, les Hauts Alliez sont convenus pour cette fois-ci, sans que cela puisse tirer à conséquence que l'une des deux Parties assistera & aidera l'autre, le cas de l'Alliance existant, de trois mille hommes de Troupes Allemandes, savoir deux mille hommes d'Infanterie & mille de Cavalerie; mais au cas que le Requerant trouvât nécessaire qu'il y eût une autre proportion de Cavalerie par raport à l'Infanterie, ou de celle-ci par raport à la premiere, en tel cas celui qui aura été requis sera tenu de lui complaire, & de lui prêter la main autant qu'il le pourra avec l'Infanterie ou la Cavalerie qu'il aura souhaité, moyennant qu'il soit pourvu lui-même de l'une ou de l'autre au delà du nombre marqué dans l'Alliance, & qu'il puisse la tenir prête, & pour lors un Cavalier ou Dragon sera évalué pour trois hommes de pied, & afin que la différence des armes & de leurs calibres dans les operations, qui pourront survenir, ne cause aucun desordre, comme il arrive souvent, l'on a trouvé bon que le cas de l'envoi du secours arrivant, l'on s'entendra ensemble auparavant & à tems, l'on conviendra de l'égalité des armes.

VI.

Si le secours dont on est convenu dans cette Alliance, n'étoit pas suffisant à pouvoir détourner le danger où se trouvera l'Offensé, en ce cas les Hauts Alliez conviendront pour l'augmenter au double & même au triple, & ils le regleront de façon que la Partie requerante ait du moins chaque fois autant de Troupes que la Partie requise; aussi dépendra-t'il de la volonté du Requerant de demander tout, ou en partie le Secours stipulé.

VII.

Chaque Allié est tenu de fournir dans le terme de quatre semaines depuis la requisition faite, réellement, sans excuse, oposition, ni delai sous quelque prétexte que ce puisse être, dans le Païs du Requerant le Secours stipulé; cependant il ne sera point obligé de rompre avec l'Aggresseur, mais bien autant qu'il sera possible d'interposer auprès de lui tous les bons offices les plus propres à procurer à l'Offensé une satisfaction & une sûreté convenable: mais soit que ces bons offices portent leur effet ou non, la Partie requise n'en sera pas moins tenue de prêter réellement le Secours stipulé & le continuer jusqu'à ce que la Partie lezée soit pleinement rétablie dans l'état où elle se trouvoit avant l'invasion & jusqu'à ce que le dommage & le tort qu'elle aura souffert, ait été dûment reparé, à moins que celui qui fournit le Secours ne fût envahi & poursuivi lui-même, & que pour sa propre défense & délivrance, il n'eut besoin en tout ou en partie de ses Troupes Auxiliaires.

VIII.

Lorsque les Troupes se seront jointes, l'Officier qui commandera les Troupes Auxiliaires, exercera sur elles sans difficulté ni empêchement aucun le commandement & la jurisdiction, mais il sera obligé de tenir bon ordre & discipline Militaire, & de châtier exemplairement les Coupables sans delai, connivence, ni égard quelconque, & au cas que la Partie à qui aura été fournie le Secours, ne soit pas satisfaite du châtiment qu'aura infligé le Général ou l'Officier Commandant de la Partie requise, cet Officier tiendra les Délinquans de quelque état ou condition qu'ils soient, aussi long-tems en arrêt, jusqu'à ce que les Hauts Confederez en ayent communiqué ensemble. Pour le Commandement général en Campagne, & dans les Expeditions Militaires, il restera à celui des Alliez & à son Général à qui sera envoyé le Secours, de maniere pourtant que l'on n'entreprendra rien d'important avant que d'avoir déliberé & pris préalablement resolution sur la chose dans un Conseil de Guerre, en présence du Général ou Officier Commandant, qui aura été envoyé par la Partie requise.

IX.

Celui des Alliez qui aura besoin fera connoitre à tems la qualité de l'Officier qu'il destine à commander en Chef, afin que la Partie qui assistera puisse se régler là-dessus, & envoyer avec ses Troupes Auxiliaires un Officier Commandant qui n'ait pas de plus haute Charge que l'autre.

X.

Le Requerant est tenu de fournir à ses dépens le gros Canon, les Munitions, & tout ce qui appartient à l'Artillerie de Campagne dont on aura besoin pour l'operation Militaire, en quoi cependant la Partie requise lui prêtera la main, moyennant un payement & une satisfaction raisonnable, s'il a provision de ces choses dans le Voisinage, & qu'il puisse s'en passer sans se faire tort; la Partie requise de son côté pourvoira ses Troupes de pieces de Canon de Regiment, & de petites pieces nécessaires.

XI.

Celui qui donne le secours est obligé d'entretenir ses Troupes Auxiliaires à ses dépens, mais le Requerant mettra ordre à ce qu'on leur fournisse & vende à un prix raisonnable & sur le pied qu'il le peut avoir pour ses propres Troupes, les Vivres & l'Avoine nécessaires, que l'on payera regulierement tous les mois; à l'égard du Foin, de la Paille, & du Pâturage on en donnera aux Troupes Auxiliaires gratuitement.

XII.

Lorsqu'on envoyera réellement le Secours, les Hauts Alliez conviendront au juste des Reglemens pour l'entretien des Troupes, pour la formation des Regimens, des Compagnies, & autres choses semblables, l'on observera en toutes choses une parfaite égalité autant qu'il sera possible, & l'on évitera & se précautionnera du mieux qu'il se pourra faire contre toutes confusions & désordres.

XIII.

Aucun des Alliez ne demandera à l'autre des passages inutiles des Troupes par ses Païs, mais en cas qu'une nécessité indispensable, eu égard à la situation du Païs, exige ce passage, l'on se conformera en tout au Reglement pour la Marche des Troupes, dont l'on est convenu de part & d'autre, établi le 27. Decembre 1687. sans rien faire qui y soit contraire.

XIV.

Les deux Hauts Alliez se reservent expressément ce à quoi ils sont tenus envers leurs Maisons, confor-

ANNO 1731. formement aux Pactes de Familles, & ils s'en tiennent également aux Alliances, Engagemens & Reglemens, par lesquels ils se trouvoient liez avec d'autres, & cela d'autant plus qu'ils sont d'une nature à ne point les empêcher de remplir les Obligations de la présente Alliance.

XV.

Cette Alliance doit durer trois ans, & avant qu'ils soient écoulez l'on traitera de la nécessité de la continuer; mais si vers la fin du tems fixé l'on se trouvoit dans un danger réel, & en des operations Militaires, l'on continuera de fournir ce à quoi l'on est obligé en vertu de la présente Alliance jusques à ce que le danger ait cessé.

XVI.

L'on a agréé & l'on est convenu que si quelque Etat de l'Empire avoit intention d'acceder à la présente Alliance, & donnoit à connoître en avoir envie, il y sera admis par commun accord & consentement, moyennant des Conditions proportionnées, sur lesquelles les deux Alliez delibereront quand le cas y écherra.

XVII.

Le présent Traité sera en outre ratifié par les deux Hauts Contractans, & les Ratifications seront échangées dans le terme de six semaines, à compter du jour de la date d'icelui, ou plûtôt si faire se peut.

XVIII.

Enfin de ce qui est contenu ci-dessus tout ce qui a été ainsi traité, & dont l'on est convenu, a été expedié en double, & en ont signé & scellé les Ministres Plénipotentiaires des deux Parties, chacun un Exemplaire, & ont été les deux Exemplaires échangez. Ainsi fait & donné à Dresde le 3 Août 1731.

CXLIX.

16 Octob. *Resolution Imperiale pour l'Emancipation de la Tutelle de l'Infant d'Espagne Don* CARLOS; *du 16. Octobre 1731.*

L'Empereur ayant agréé l'Avis donné par le Conseil Imperial Aulique touchant l'Emancipation à la Tutelle de Don Carlos Infant d'Espagne, cet Avis fut publié audit Conseil le 16. de ce mois d'Octobre & contient ce qui suit.

1. On doit mettre dans les Archives de l'Empire, l'Original de la Lettre que le Roi d'Espagne a envoyée à l'Empereur, datée à Seville le 15. de Septembre au sujet de ladite Emancipation de Don Carlos avec la Declaration dudit Roi, de ne pas se mêler de la Tutelle Imperiale dudit Infant son Fils, mais de la reconnoître & de n'entreprendre rien contre icelle. Sa Majesté Imp. ayant accepté & confirmé cette Emancipation & Declaration par son autorité Imperiale, afin que l'Usage & les Droits de l'Empire Romain reçûs dans les Fiefs de l'Italie, fortifient leur effet.

2. L'Infant D. Carlos étant encore Mineur, l'Empereur en vertu de sa Puissance Imperiale lui donne pour Tuteurs la Serenissime Princesse Dorothée Sophie Duchesse Douairiere de Parme & de Plaisance, son Ayeule Maternelle, & le Grand Duc Jean Gaston.

3. Il sera écrit à cette Princesse & à ce Prince que comme il n'y a plus de doute sur l'extinction de la succession Masculine de la Maison Farnese, & que par consequent le cas de la Vacance des Duchez de Parme & de Plaisance alleguée dans la Quadruple Alliance est effectivement arrivée & qu'ainsi pour le plus grand affermissement de ladite Alliance & de l'Investiture éventuelle suivie en après, item en consequence de ce qui est reglé par le Traité de Vienne du 7. Juin 1725. l'Infant Don Carlos, en qualité d'un nouveau Vassal, appellé à ses Fiefs Imperiaux de Parme & de Plaisance, doit succeder. Mais comme ce Prince à cause de sa Minorité n'est pas encore en état d'administrer ses affaires, ni d'exécuter ce qui est requis par les Lettres Patentes de ladite Investiture éventuelle, que de plus, aucun Roi d'Espagne n'est en droit d'accepter ni de gérer la Tutelle d'un pareil Prince, appellé à une pareille succession & que ledit Roi, eu égard à tout cela, & pour l'exécution de toutes les choses auxquelles il est obligé, par les Conventions faites, concernant la Tutelle, a affranchi ledit Infant Don Carlos de son pouvoir Royal & Paternel, & l'a fait par là son propre Maître & l'a delivré de tout lien de puissance Royale & Paternelle, & que ledit Roi a envoyé à l'Empereur la Lettre qui contient la Déclaration de ladite Emancipation & affranchissement en date du 15. Septembre dernier signée de sa propre main, cachetée du Cachet des Armes Royales, & contre signée par son premier Secretaire d'Etat; & que pour raison de tout ceci il est nécessaire d'établir à Don Carlos des Tuteurs & Curateurs qui pendant sa minorité ayent soin de ses affaires, qui reconnoissent, promettent & exécutent ce que, en conformité des Lettres d'Investiture éventuelle, ce Prince, s'il étoit Majeur, seroit obligé de promettre & d'exécuter.

A ces causes, Sa Majesté Imperiale par son pouvoir Imp. a nommé, établi & donné par la presente pour Tuteurs & Curateurs audit Prince ladite Duchesse Serenissime Dorothée Sophie, Douairiere de Parme & de Plaisance, son Ayeule maternelle, par la confiance sur ses excellentes vertus & par son amour & affection envers ledit Infant; & son Altesse Jean Gaston Grand Duc de Toscane: Sa Maj. Imp. ne doutant point qu'elle n'eut fait le meilleur choix dans les personnes de L. A. dont Sa Majesté Imper. attend un témoignage assuré & agréable par une promte Declaration de l'acceptation de cet office de Tuteurs & par l'expedition de Pleins-pouvoirs suffisans par lesquels leurs Procureurs, bien instruits & munis, seront admis au Conseil Imperial Aulique, pour la prestation du serment des Tuteurs, sur leurs ames, pour ensuite & après avoir envoyé les *Reversalia* en forme de Convention, ils recevront de la Chancelerie Imperiale Aulique, les Pleins-pouvoirs accoutumez pour l'administration de ladite Tutelle.

D'ailleurs Sa Majesté Imperiale espere que les Princes Tuteurs ensuite ne laisseront rien manquer de leur côté par la présentation des Pleins-pouvoirs, requis pour recevoir l'Investiture des Duchez de Parme & de Plaisance, & par la prestation de tous les autres devoirs accoutumez au Conseil & à la Chancelerie Aulique Imperiale, afin qu'il n'y ait rien qui les empêche d'obtenir en qualité de Tuteurs l'Investiture actuelle desdits Duchez du Trône Imperial, d'une maniere solemnelle & accoutumée, & cela tout au plus dans l'espace d'un an à compter du tems de la Possession prise.

Signé,

J. S. HAYECK DE WALDSTÆTTEN.

Patente Imperiale pour constituer les Tuteurs ou Curateurs de l'Infant Don CARLOS, *du 31 Octobre 1731.*

CAROLUS VI, &c.

Recognoscimus, & notum facimus tenore præsentium universis, quod Nos, cum de extinctâ penitus stirpe Farnesiâ masculâ jam nullum plane supersit dubium, atque adeo casus aperturæ Parmæ, Placentiæque Ducatuum in Quadruplici Fœdere die 18 Augusti Anno 1718. Londini concluso, expressus existat, quo nimirum ad ejusdem Fœderis & subsecutarum Litterarum eventualis Investituræ die 9 Decembris Anno 1723. ac Pacis Viennensis de dato 7mâ Anno 1725. normam in dictis Ducatibus Serenissimus Hispaniarum Infans Carolus, Serenissimi ac Potentissimi Hispaniarum Regis Philippi Quinti Filius, tanquam novus ad illa Parmæ ac Placentiæ Feuda Imperialia vocatus Vassallus succedere debeat, Is verò ob minorennem ætatem suam nec ipse rebus suis præesse nec per se ea, quæ juxta antedictas eventualis Investituræ Literas, & alias, adimplenda veniunt, præstare, nullus etiam Hispaniarum Rex tutelam ejusmodi Principis ad talem Successionem vocati assumere & gerere possit, hocque antefatus Serenissimus ac Potentissimus Hispaniarum Rex Philippus Quintus probe agnoscens, iisque satisfacturus, ad quæ conventorum Pactorum tenor Serenitatem suam quoad tutelam seu curatelam adstringit, prælibatum Infantem Carolum e Regia & Patria

ANNO 1731. Patria sua potestate dimiserit, ac in statum sui juris posuerit, & ab omni vinculo, quodcunque demum illud sit, Regiæ & Patriæ Potestatis suæ liberum pronunciaverit, hujusque Emancipationis solenne Instrumentum manu Suâ Regiâ subscriptum, Sigilli appositione munitum & à Status Consiliario, atque primo omnium gerendarum rerum Status Secretario subsignatum die 15tâ Septembris nuperi exaratum Nobis transmiserit.

Nos Serenissimum Joannem Gastonem Primum, Magnum Ducem Hetruriæ, una cum Serenissima Parmæ, Placentiæque Duce Vidua, Dorothea Sophia, nata Comite Palatina ad Rhenum, Bavariæ, Juliaci, Cliviæ ac Bergæ Duce, prælaudato Regio Infanti Tutorem seu Curatorem nominaverimus, dederimus, atque Imperiali authoritate nostrâ constituerimus.

Cum igitur Nobis nomine modofati Magni Ducis Plenipotentiarius, ejusque ad Aulam Nostram Cæsaream Ablegatus Extraordinarius Ferdinandus de Bartholomæis Mandatum speciale ad præstandum Tutelæ juramentum, ut & desideratas pro recipiendo à Nobis gerendæ tutelæ seu Curatelæ Talisque administrationis legali tutorio Literas reversales submisse exhibuerit.

Hinc est quod prædictum Ablegatum & Plenipotentiarium ad consuetam Tutelæ seu Curatelæ Juramentum clementissime admiserimus; ipseque isthoc vice, nomine, & in animam Serenissimi sui Principalis hodiernâ die in Consilio Nostro Imperiali Aulico præstiterit.

Nos proinde volumus, omnemque potestatem harum vigore benigne tribuimus, ut præmemoratus Magnus Dux Hetruriæ prærepetiti Hispaniarum Infantis, Principis Caroli, Personæ, dictorum Ducatuum bonorumque ac jurium ad hos pertinentium, tutelam, curam, administrationem Eidem præfatâ authoritate Imperiali collatam, & à sua Dilectione laudabili promptitudine susceptam pro comperta sua prudentia, fide ac integritate, quâ legitimus à Nobis dictus & constitutus Tutor seu Curator fideliter gerat, & exerceat, ac omnibus negotiis, & causis Eundem Regium Hispaniarum Infantem Principem Carolum tanquam novum ad Parmæ ac Placentiæ Feuda Imperialia vocatum successorem concernentibus quoties, & ubicunque casus, seu necessitas postulaverit, in judicio, & extra bona fide præsit, commoda & utilitatem pro viribus promoveat, injurias vero & damna sedulo caveat, & avertat, Leges & Pacta in præcitato Quadruplici Fœdere, item in eventualis Investituræ Literis, & Pace Viennensi de Anno 1725. expressa, in quantum nimirum hæc antenominatos Parmæ & Placentiæ Ducatus, eorum administrationem & Serenissimi Principis Caroli Tutelam vel Curatelam, atque petendam desuper, & rite accipiendam Investituram Imperialem concernunt, reversalesque, ut supra, Nobis exhibitæ efflagitant, singulari studio observet, atque usque ad tempus majorennitatis à Lege præscriptum omnia & singula faciat, quæ fidum, probum & diligentem Tutorem, seu Curatorem facere ac peragere decet, ita ut de hujusmodi Tutela seu Curatela, & administratione D. O. M. & cum Nobis respective, tum crebro dicto Serenissimo Infanti Principi Carolo rationem suo tempore reddere & præstare possit: Prout Nos prænominatum Tutorem seu Curatorem omni studio, operâ & fide pro injuncto à Nobis sibi officio tam pio facturum esse nulli dubitamus. Harum Testimonio Literarum manu Nostrâ subscriptarum, & Sigilli Nostri Cæsarei appensione munitarum. Quæ dabantur Viennæ 31. Octobris 1731.

Serment prêté par les Tuteurs ou Curateurs.

EGo Ferdinandus Marchio de Bartholomæis Serenissimi Domini Joannis Gastonis Primi, Magni Ducis Hetruriæ, vigore Mandati in hoc excelso Consilio Imperiali Aulico per me exhibiti constitutus Plenipotentiarius & Ablegatus Extraordinarius juro in Deum, & ad Sancta Ejus Evangelia, quod prædictus Serenissimus Dominus Magnus Dux Hetruriæ quâ à Sacra Cæsarea Majestate Serenissimi Domini Hispaniarum Infantis Caroli nominatus Tutor, seu Curator omnia ea, quæ in utilitatem, commodum, & incrementum modo dicti Regii Infantis cedere possint, fedulo sit procuraturus, damna vero & nocumento obnoxia diligenter aversurus, Personæ bonisque suis fideliter præfuturus, horum Inventarium facturus, suo debito tempore susceptæ Administrationis rationes daturus, & cuncta ea, quæ occasione hujus muneris ad manus suas pervenerint, atque Serenissimi Infantis fuerint, eidem extraditurus, & quævis alia sic curaturus, prouti fideli Tutori seu Curatori incumbit, eumque decet, sub Hypotheca omnium bonorum suorum, omni fraude ac dolo semotis. Ita Eundem Serenissimum Principalem meum Deus adjuvet, & sancta Ejus Evangelia. ANNO 1731.

Lettres Reversales des Tuteurs de l'Infant D. Carlos pour le serment de fidelité à l'Empereur, & à l'Empire.

NOs N. N. legitime constituti Tutores Serenissimi Hispaniarum Infantis Caroli vigore Præsentium agnoscimus & profitemur. Cum Articulo V Fœderis Quadruplicis, die 2. Augusti Anno 1718. Londini conclusi, inter alia dispositum sit, ut Status seu Ducatus ab eo, qui tunc in vivis erat, Parmæ, Placentiæque Duce, possessi futuris in perpetuum retro temporibus ab omnibus Partibus contractantibus agnoscantur, & habeantur pro indubitatis Sacri Romani Imperii Feudis masculinis; Sacra quoque sua Majestas Cæsarea Catholica jam tunc pro se, seu Caput Imperii consenserit, ut si quando casus aperturæ dictorum Ducatuum ob deficientiam Hæredum masculorum stirpis Farnesiæ contingat, tunc præfatus Serenissimus Hispaniarum Infans Carolus, hujusque descendentes masculi ex legitimo matrimonio nati, iisdemque deficientibus secundus aut alii postgeniti præsentis Hispaniarum Reginæ, natæ Ducis Parmæ & Placentiæ Filii, pariter una cum eorum Posteris masculis ex legitimo matrimonio natis, in antedictis Statibus seu Ducatibus succedant; post hæc vero obtento pro corroborandis iis, de quibus tunc convenerat Imperii consensu Litteræ Eventualis Investituræ die 9. Decembris Anno 1722. expeditæ & vicissim ad implendas conditiones in iisdem expressas peculiares Reversalium ac Guarantiæ Literæ nomine eorum, qui rebus tunc præerant. Hispaniarum, Galliarum & Magnæ Britanniæ Regum extraditæ fuerint; hæcque omnia & singula Instrumento Pacis die 7. Junii Anno 1725. inter suam Majestatem Cæs. & Cathol. Sacrumque Romanum Imperium ex una, tum Majestatem Suam Catholicam ex altera parte concluso, dein vero Tractatu die 22. Julii præsentis Anni Viennæ Austriæ subscripto denuo firmata ac corroborata sint, jam vero in eum statum res devenerint, ut nullum plane de extinctâ penitus stirpe Farnesiâ Masculâ dubium supersit, atque adeo casus aperturæ in Quadruplici Fœdere expressus existat, & possessio prædictorum Ducatuum nomine sæpefati Serenissimi Hispaniarum Infantis Caroli, e patria ac Regia potestate solenni emancipationis Instrumento dimissi, per Nos utpote à Sacra Sua Majestate rite ac legitime constitutos Ejusdem Tutores capienda, prius vero à Nobis peculiaribus reversalium Literis nomine sæpefati Infantis Caroli ea agnoscenda & promittenda veniant, quæ ipse Infans Carolus, si adultæ ætatis foret, tanquam novus & non ex pacto & providentia Majorum ad prædicta Imperii Feuda vocatus Vassallus agnoscere, atque ad eadem adimplenda obstringere sese debuisset. Hinc est quod Nos, à Sacra Sua Majest. Cæs. Cathol. rite constituti Serenissimi Hispaniarum Infantis Caroli Tutores, nomine ac vice Ejusdem Infantis, ac Ipsius Hæredum & Successorum, ad Parmæ, Placentiæque Ducatus, uti supra dictum est, vocatorum in meliore modo ac forma qua de jure, consuetudine, & Lege Imperii id fieri potest ac debet, promittimus, ac spondemus, prædictum Principem Carolum, Ejusque Hæredes, ac Successores ad antememorata Imp. Feuda vocatos Sacræ Suæ Cæsareæ Majestatis, & secuturis Romanorum Imperatoribus & Regibus, ac Sacro Romano Imperio perpetuo fideles & obedientes futuros contra omnes homines, neque minus Nos Tutorio nomine, intra Annum & Diem à tempore adeptæ possessionis computandum, ipsum vero Infantem Carolum, ejusque Successores quoties deinceps suo tempore casus evenerit, realem, actualem & proprie ita dictam Investituram a Sacra Cæsarea Majestate, Ejusque Successoribus, Romanorum Imperatoribus, & Regibus, vel ipsosmet, vel post præviam Cæsaream dispensationem per legitimos, validos, ac sufficiente Mandato instructos Procuratores tempore, loco, styloque consuetis requi-

ANNO 1731. requiſituros, debitum homagium facturos, ac præſtitis prius quibuscunque penes Conſilium ac Cancellariam Imperialem Aulicam, quæ alias pro diverſitate caſuum præſtari juris aut moris eſt, conſuetâ formâ ac modo recepturos; & ſolitum deſuper ſubjectionis ac fidelitatis jusjurandum præſtituros, prout in Feudis ac Homagiis Italicis recepii Cæſarei Romano-Germanici juris aut moris eſt, ac denique omnia ea ſedulo obſervaturos, quæ obedientes Principes ac Vaſſallos Sacræ Cæſareæ Majeſtatis, Sacrique Romani Imperii agere & præſtare decet & convenit.

Prædicta omnia rata ac firma eſſe vigore harum Literarum reverſalium promittimus, manu noſtra, Tutorio nomine ſubſcriptarum, ac ſigillorum noſtrorum appenſione munitarum: quæ dabantur, &c.

Acte d'Emancipation de l'Infant Dom CARLOS *de la part du Roi d'Eſpagne.*

NOs Philippus V. Hiſpaniarum, &c. Agnoſcimus ac profitemur. Cum Articulo quinto Fœderis Quadruplicis, die ſecundâ Auguſti, Anno Milleſimo Septingenteſimo Decimo Octavo Londini concluſi, cui ſolenni Inſtrumento die 17. Februarii Anni Milleſimi Septingenteſimi Vigeſimi Hagæ Comitum ſubſcripto, Nos quoque acceſſimus, inter alia diſpoſitum ſit, ut Status ſeu Ducatus a Magno Duce Hetruriæ, & eo, qui tunc in vivis erat, Parmæ, Placentiæque Duce poſſeſſi futuris in perpetuum retro temporibus ab omnibus Partibus Contrahentibus agnoſcantur, & habeantur pro indubitatis Sacri Romani Imperii Feudis Maſculinis; Sereniſſimus quoque ac Potentiſſimus Princeps, ac Dominus Carolus Sextus Romanorum Imperator, Frater Noſter Chariſſimus, jam tunc pro ſe, ceu Caput Imperii conſenſerit, ut, ſi quando caſus aperturæ dictorum Ducatuum ob deficientiam hæredum Maſculorum ſtirpis Mediceæ aut Farneſiæ contingat, tunc Chariſſimus Filius Noſter, Sereniſſimus Hiſpaniarum Infans Carolus ex Dilectiſſima Conjuge Noſtra, Sereniſſima ac Potentiſſima Principe, ac Domina Eliſabetha Hiſpaniarum Regina, nata Duce Parmæ, & Placentiæ ſuſceptus, hujusque Deſcendentes maſculi ex legitimo Matrimonio nati, iisque deficientibus ſecundus, aut alii poſtgeniti ejusdem Reginæ filii pariter una cum eorum poſteris maſculis ex legitimo matrimonio natis, in antedictis Statibus ſeu Ducatibus ſuccedant; neque minus eodem Articulo quinto tranſactum ac ſolenni ſtipulatione cautum ſit, quod nullus unquam Hiſpaniarum Rex Tutelam ejusmodi Principis ad eventualem quam diximus ſucceſſionem vocati aſſumere poſſit aut gerere valeat; poſthæc vero obtento pro corroborandis iis, de quibus tunc convenerat, Imperii conſenſu Literæ eventualis Inveſtituræ in forma, de qua pariter convenerat, die nonâ Decembris Anno 1723. expeditæ, & viciſſim ad implendas Conditiones in iisdem expreſſas peculiares Reverſalium ac Guarantiæ Literæ nomine eorum qui rebus tunc præerant, Hiſpaniarum, Galliarum, & Magnæ Britanniæ Regum extraditæ fuerint, hæcque omnia & ſingula Inſtrumento Pacis die 7. Junii Anno 1725. inter præfatum Sereniſſimum & Potentiſſimum Principem ac Dominum Carolum Sextum Romanorum Imperatorem, Sacrumque Romanum Imperium ex una, & nos ex altera parte concluſo, dein vero Tractatu die 22. Julii præſentis Anni Viennæ Auſtriæ ſubſcripto denuo firmata ac corroborata ſint; jam vero in eum ſtatum res devenerint, ut nullum plane de extincta penitus ſtirpe Farneſia maſcula dubium ſuperſit, atque adeo caſus aperturæ Parmæ Placentiæque Ducatuum in Quadruplice Fœdere expreſſus exiſtat, & poſſeſſio prædictorum Ducatuum nomine Chariſſimi Filii Noſtri Sereniſſimi Hiſpaniarum Infantis Caroli capienda ſit, hic vero ob minorennem ætatem ſuam nec ipſe rebus præeſſe, nec per ſe ea, quæ juxta antedictas Literas eventualis Inveſtituræ adimplenda veniunt, præſtare poſſit.

Hinc eſt, quod Nos ſatisfacturi iis, ad quæ antememoratorum Pactorum Conventorum tenor quoad Tutelam ejusmodi Principis Nos obſtringit, præfatum Sereniſſimum Filium Noſtrum, Hiſpaniarum Infantem Carolum, e Regia ac Patria poteſtate Noſtra, quo fieri poteſt, firmiore ac ſolenniore modo dimittimus, eumque in ſtatum ſui juris ponimus, & liberum ab omni vinculo, quodcumque demum illud ſit, Regiæ ac Patriæ poteſtatis Noſtræ pronunciamus. Cumque ob minorennem ejusdem filii ætatem Tutrice aut Tutore is indigeat, à qua vel quo durante hâc ætate ea adimplenda veniunt, quæ juxta Literas eventualis Inveſtituræ ipſe præfatus Filius Noſter, ſi adultæ ætatis foret, præſtare deberet, atque a Sereniſſimo & Potentiſſimo Romanorum Imperatore Carolo Sexto hæc ipſa Tutela Sereniſſimæ Principi Dorotheæ, viduæ Parmæ ac Placentiæ Duci, junctim cum Sereniſſimo Magno Hetruriæ Duce Joanne Gaſtone delata ſit, Nos præſentibus hiſce declaramus ac profitemur, quod Nos Tutelæ ſæpe dicti Chariſſimi Filii Noſtri neutiquam Nos immiſcere, ſed potius cuncta ea, quæ vel a jamjam conſtitutis ejusdem Tutoribus, vel deficientibus iisdem a conſtituendis aut conſtituendo poſt hæc Tutoribus aut Tutore gerentur, agnoſcere, nec quicquam in contrarium movere velimus. In quorum omnium fidem præſens emancipationis Inſtrumentum, &c.

CL.

Actes qui concernent la GARANTIE *de la* PRAGMATIQUE SANCTION CAROLINE *pour l'Empire.* 18 Octob.

Decret de Commiſſion Imperiale à la Diète de l'Empire pour demander la Garantie de la Pragmatique Sanction produit le 18. *Octobre* 1731.

FROBEN-FERDINAND, Prince & Landgrave de Furſtenberg, Comte de Heiligenberg & Werdenberg, Prince du St. Empire Romain, Chevalier de l'Ordre de la Toiſon d'Or, Conſeiller Privé Actuel de l'Empereur, & ſon principal Commiſſaire à l'Aſſemblée génerale de l'Empire, notifie par la préſente, au nom de Sa Majeſté Imperiale aux Conſeillers & Miniſtres des Electeurs, Princes & Etats à la Diète: Que le cours & les circonſtances des affaires paſſées ont ſuffiſamment fait connoſtre tout ce que Sa Majeſté a fait depuis ſon Avenement au Thrône Imperial, pour maintenir & affermir la Paix & la Tranquillité publique, conſerver la balance en Europe, & défendre l'Honneur, la Dignité & les Droits de l'Empire, qu'elle a toujours preferez à toute autre conſideration; & les Electeurs, Princes & Etats de l'Empire ſe reſſouviendront ſans doute de tout ce qui a été communiqué à ce ſujet à la Diète par les Decrets de Commiſſion qui y ont été délivrez de tems en tems.

Comme il a plû à la Divine Providence de benir les juſtes vûës de Sa Majeſté Imperiale, d'une telle maniére, qu'au moyen du Traité conclu le 16. Mars dernier avec le Roi de la Grande Bretagne, & de ce qui s'eſt paſſé depuis, en conſéquence dudit Traité, on a ſuffiſamment pourvû aux dangers qui étoient prêts à éclater, & poſé par-là un fondement ſolide & capable de prévenir tout ce qui pourroit, dans la ſuite, troubler la Paix & la Tranquillité de l'Europe, & en renverſer la balance; il eſt donc juſte que d'un autre côté l'Empire concoure à perfectionner, par une Réſolution génerale, cet Ouvrage qui ſe trouve déja poſé ſur un ſi ſolide fondement.

Pour parvenir à un but ſi ſalutaire, ſa Majeſté Imperiale a jugé à propos de communiquer à la Diète ſon intention par rapport à la Garantie de l'Ordre de Succeſſion dans la très-Illuſtre Maiſon d'Autriche, établi par ſa Déclaration du 19. Avril 1713., dans l'entiere confiance, que comme la Puiſſance de la Maiſon d'Autriche a ſervi jusqu'à préſent de Boulevart à la Chrétienté, & qu'elle ſervira à défendre contre toute attaque la Liberté de l'Europe, & en particulier celle de la très-chere Patrie de Sa Majeſté Imperiale, chaque Etat de l'Empire reconnoſtra ſans peine, que de la conſervation entiere & indiviſible de cette Puiſſance, dépend non ſeulement la ſureté de l'Europe en géneral, mais auſſi le Bien & le Salut de l'Empire en particulier. Sa Majeſté Imperiale n'a point en vûë par l'établiſſement de cette ſucceſſion d'aggrandir ſa Maiſon Archiducale, mais de conſerver pour elle, pour ſes Héritiers & Deſcendans de l'un & de l'autre Sexe, dans un état indiviſible, les Royaumes & Païs Héreditaires qui lui ont été donnez de Dieu, & qu'elle poſſede actuellement. Que cette affaire doit d'autant moins rencontrer de difficulté, que l'Ordre de Succeſſion dans l'Illuſtre Maiſon d'Autriche eſt fondé depuis

ANNO 1731. depuis plusieurs siécles, sur les Privileges & Libertez, acquis avec l'approbation de l'Empire, sur les Pactes Héreditaires, confirmez par les Engagemens & Acceptations respectifs. dont il est fait mention ci-dessus, lesquels se trouvent déja affirmez d'une telle maniere par la Garantie, tant de quelques Puissances étrangeres que des principaux Etats de l'Empire, que si on y ajoute la Résolution de l'Empire, il n'est point à présumer que qui que ce soit voulût y apporter quelque obstacle. Cette Garantie qu'on demande ne tend point à préjudicier à personne, mais uniquement à défendre ce qui appartient à un chacun: & bien loin qu'on en puisse craindre quelques inconveniens pour l'avenir il n'y a point de moyen plus convenable & plus sûr que ladite Garantie, pour prévenir ceux qui pourroient arriver, si faute de cette précaution, on laissoit quelque esperance de réussir, à ceux qui par des vûës contraires, voudroient exciter quelques troubles; & les Electeurs, Princes & Etats de l'Empire ne doivent pas ignorer que ces troubles peuvent survenir, tant au dedans qu'au dehors de l'Empire; qu'ils sont capables d'en renverser la Constitution; & que ses Membres ne pourront s'empêcher d'y prendre part même malgré eux.

Comme tout ceci a été reconnu par des Puissances étrangeres, portées à contribuer de leur côté au maintien de la Tranquillité publique; Sa Majesté Imperiale se confiant sur le zèle des Electeurs, Princes & Etats de l'Empire, elle ne doute pas qu'ils n'acceptent au plûtôt la Garantie de l'Ordre de Succession dans la Maison Archiducale, tel qu'il a été établi par la Déclaration de Sa Majesté Imperiale du 19. Avril 1713., de la même maniere qu'elle a été acceptée par la Couronne d'Angleterre, conformément au Traité du 16. Mars de cette année, communiqué à la Diète, & qu'en conséquence ils n'envoyent pour ce sujet à leurs Conseillers & Ministres à la Diète de l'Empire des ordres convenables, & qui puissent repondre aux désirs de Sa Majesté Imperiale.

Sa Majesté Imperiale compte sûrement sur le consentement de l'Empire à cet égard: elle le regardera comme une reconnoissance de l'affection qu'elle a toujours euë, & qu'elle aura toujours envers les Electeurs, Princes & Etats de l'Empire, & elle reconnoîtra avec gratitude les témoignages de leur zèle pour Sa Majesté Imperiale & pour sa Maison Archiducale, &c. Fait à Ratisbonne le 18. Octobre 1731.

Etoit signé,

FROBEN-FERDINAND,
Prince de Furstenberg.

Opposition des Electeurs de Saxe, de Baviere & de Cologne à la Garantie de la Pragmatique Sanction par l'Empire.

LE Ministre de Baviere à Ratisbonne, *Præmissis Curialibus*, rend graces au Directeur de ce qu'il a bien voulu communiquer à la Diète ses Lettres de Créance. Après quoi il déclare: Que Son Altesse l'Electeur son Maître, l'avoit envoyé pour concourir aux Déliberations qui se feroient dans cet Illustre College, sur tout ce qui pourroit contribuer à la gloire de Sa Maj. Imp. & à l'avancement de ses interêts aussi bien que de l'interêt public: Que comme il donneroit toute son attention à exécuter ponctuellement ses ordres, il s'appliqueroit aussi très-constamment à se comporter en toute occasion d'une maniere qui pût convaincre les Ambassadeurs & Ministres de la Diète, de sa veritable estime, & les porter à lui accorder la continuation de leur amitié, faveur & bienveillance, laquelle il leur demandoit en grace, promettant de son côté de se prêter sincerement à l'entretien d'une bonne intelligence & parfaite harmonie.

Que pour ce qui regarde la Garantie proposée, l'Electeur son Maître l'avoit chargé de leur faire la Déclaration suivante de ses intentions à cet égard.

Sa Majesté Imperiale par son Decret de Commission du 18. Octobre dernier, demande & s'attend que les Electeurs, Princes & Etats se chargeront de la Garantie de l'ordre de succession établie dans son Auguste Maison, & publiée le 19. Avril 1713., de la maniere que la Couronne de la Grande-Bretagne s'en est chargée, en vertu du Traité communiqué cette année à la Diète génerale, & que leurs Ambassadeurs, Ministres & Députez se prêteront favorablement à la demande & aux intentions de Sa Majesté Imperiale. Ce Decret de Commission contient les principaux motifs qui ont porté Sa Majesté Imperiale à declarer ses intentions à ce sujet à tout l'Empire, lesquels sont: ANNO 1731.

1. Que depuis l'avenement de Sa Majesté Imperiale au Trône, la situation des affaires avoit assez fait connoître les soins assidus & paternels qu'elle avoit employés pour conserver & affermir le repos & le bien public, & combien elle avoit toujours préferé à toutes autres considerations le maintien d'un juste équilibre en Europe, & la conservation de l'honneur, de l'autorité & des prérogatives du Corps Germanique: Que par la Benediction divine ces soins n'avoient pas été inutiles, ayant été suffisamment pourvû au danger qui pourroit naître de quelque delai par le Traité conclu avec Sa Majesté Britannique le 16 Mars dernier, & par ce qui s'en est ensuivi du depuis, par où en même tems il a été posé un fondement solide pour détourner tout ce qui dans la suite pourroit préjudicier à ce repos, & bien public, & à l'équilibre en Europe qui y est si étroitement lié.

2. Comme cependant la puissance de sa Maison Archiducale serviroit à l'avenir de boulevard à la Chrétienté, & à défendre efficacement la liberté de l'Europe, & surtout de la Patrie si chere à Sa Majesté Imperiale contre toutes entreprises & usurpations étrangeres, chaque Etat bien intentioné de l'Empire comprendroit & jugeroit sans peine que c'est de l'indivisible conservation de cette Puissance que dépend sa propre autorité; de même que la fureté & tranquillité publique.

3. Que Sa Majesté Imperiale ne se proposoit point en ceci l'agrandissement de sa Maison, & qu'on formeroit d'autant moins de difficulté contre la Garantie de cet ordre de succession dans sa Maison, si l'on consideroit qu'il se trouve fondé depuis quelques Siécles sur des Privileges & Prérogatives notoires, aquises du sû de l'Empire, & sur des Pactes de succession: Qu'il a été confirmé depuis par des Actes reciproques d'Obligation & d'Acceptation, desquels il y a été joint copie, & qu'enfin il a déja été fortifié par la Garantie, non seulement de quelques Puissances étrangeres, mais même de quelques-uns des principaux Membres de l'Empire.

4. Qu'ainsi cette Garantie demandée par Sa Majesté Imperiale, ne tendant qu'à la conservation de ses possessions, ne portoit préjudice à personne, & que bien loin qu'il y eût de mauvaises suites à en apréhender, on ne sauroit trouver un moyen plus sûr pour obvier à tout embaras.

5. Que si au contraire on negligeoit les précautions nécessaires à cet égard, & qu'il restât la moindre esperance à ceux qui pourroient avoir des vûës opposées, de parvenir à leur but; il étoit aisé de prévoir quels troubles & quelles divisions en resulteroient tant au dedans qu'au dehors de l'Empire, qui se trouveroit tellement menacé par-là d'un renversement total de son Systême interieur, que personne ne pourroit éviter, malgré qu'il en eût, d'y prendre part; ce qui même avoit déja été reconnu par des Puissances étrangeres qui prennent le bien public veritablement à cœur.

I. Pour ce qui est du prémier point, on ne sauroit assez remercier Sa Majesté Imperiale de ce que, par un esprit pacifique, elle a mieux aimé se prêter aux insinuations de Sa Majesté Britannique & consentir aux Garnisons Espagnoles dans les Places fortes de Toscane, Parme & Plaisance, que d'exposer la tranquillité de l'Europe aux troubles qui la menaçoient, en insistant sur les Garnisons Neutres stipulées dans l'Art. V. de la Quadruple Alliance, conduite veritablement conforme aux assurances que Sa Majesté Imperiale a toujours données aux Electeurs, Princes & Etats de l'Empire, de son attention pour le maintien & l'affermissement du repos public. Et comme par cette condescendance il a été suffisamment pourvû au danger qu'un plus long delai auroit pû faire apréhender aux hauts Contractans du Traité de Seville; cette même Quadruple Alliance, qui n'a été modifiée que dans ce seul Art. V. par le changement des Garnisons Neutres en Garnisons Espagnoles, & qui d'ail-

ANNO 1731. d'ailleurs a toujours, & en toutes occurrences, été regardé comme *Basis & fundamentum*, reste dans toute sa force & vigueur. Par conséquent Sa Majesté Imperiale trouve déja dans cette Quadruple Alliance, & dans l'Accession tout nouvellement faite de l'Espagne au Traité de Paix, une si forte Garantie de toutes les Puissances étrangeres, qui auroient pû lui donner de l'ombrage, contre tous ceux qui oseroient jamais entreprendre d'attaquer ses Royaumes & Provinces en Italie, ou dans les Païs-Bas, qu'on ne sauroit concevoir d'un côté, quelle plus grande sûreté on pourroit établir, ni de l'autre, pourquoi on exige présentement une nouvelle Garantie de l'Empire pour ces Royaumes & Provinces, après qu'il a été négocié si long-tems là-dessus avec des Puissances étrangeres, à son insçû & sans sa participation. La situation de ces Royaumes & Païs hors de l'étenduë de l'Empire, & très-éloignez les uns des autres mérite ici quelque attention, ce qui a même fait juger à Sa Maj. Imp. qu'elle ne sauroit mieux pourvoir à leur sûreté que par des engagemens avec des Puissances étrangeres, moyennant le Traité de la Quadruple Alliance & l'Accession reïterée de la Couronne d'Espagne, sans qu'on ait fait entrer l'Empire dans ce prémier Traité, & sans qu'il y ait aucune autre part que d'avoir eu l'honneur de donner, suivant la promesse de Sa Majesté Imperiale, son consentement aux Lettres d'expectative dont il y est fait mention, contenant l'Investiture éventuelle des Duchez de Toscane, Parme & Plaisance, comme des Fiefs Masculins du Saint Empire Romain pour le Prince ainé d'Espagne, né du second lit; de concilier la conclusion de la Paix avec l'Espagne, uniquement sur le pied de l'Article V. de la Quadruple Alliance, & de la ratifier ensuite de la même façon, *Tr-stibus Actis & Conclusis* du 9 Decembre 1722. & 20. Juillet 1725. Par cette Quadruple Alliance & par la Paix avec l'Espagne qui s'en est suivie, & qui depuis a été confirmée de plus en plus, Sa Majesté Imperiale a obtenu toute la sûreté requise moyennant les Renonciations solemnelles que Sa Majesté Catholique y a faites pour elle, ses Successeurs & Heritiers, à tous les Roïaumes & Païs conquis dans la derniere Guerre; mais comme Sa Maj. Imp. s'est procurée, de la maniere qu'on vient de dire, par de si solemnelles Renonciations, & en particulier par la Garantie des Puissances Contractantes de la Quadruple Alliance, *sub indictione Belli contra quemcumque aggressorem*, toute la sûreté imaginable pour ses Etats en Italie & dans les Païs-Bas, & qu'elle demande nonobstant cela, à l'heure qu'il est, à tout l'Empire une Garantie generale de tous les Royaumes & Païs qu'elle possede actuellement, pour elle & ses Serenissimes Heritiers & Successeurs, suivant l'Ordre de Succession établi dans son Auguste Maison, & publié le 19. Avril 1713. & sur le mêmepied que la Cour d'Angleterre s'y est obligée par le Traité du 16. Mars dernier, communiqué à la Diète, c'est-à-dire, en propres termes, *ad quoscunque*: il est de la derniere nécessité de peser très-murement une affaire de tant d'importance, *dont les Siécles passez ne fournissent aucun exemple*, de l'examiner profondement, & de déliberer là-dessus en bons Patriotes, vû qu'il s'agit du repos de la Patrie, à cause des proprietez essentielles desdits Royaumes & Païs, & de leur éloignement; car il est aisé de comprendre, que si dans la resolution à prendre sur ce sujet on ne considere pas tout avec une extrême attention, en s'en tenant précisement aux principes établis jusqu'ici dans l'Empire, il pourroit aisément, au lieu du repos, de la fureté & de la Paix, que Sa Majesté Imperiale se promet de ceci, être exposé aux plus grands troubles, & alors tous les soins seroient tardifs & superflus; car quant à ces Royaumes & Païs étrangers, tant en Italie qu'aux Païs-Bas, il est notoire que les premiers n'ont non seulement aucune connexion avec l'Empire, mais que le Corps Germanique n'en retire aussi aucun profit. Ainsi pour juger à fond de cette affaire, il est clair que si, contre toute attente, les Puissances intéressées dans la Quadruple Alliance & dans la derniere Accession de l'Espagne, venoient un jour à retracter leur parole & à ne point s'aquiter de la Garantie promise, comme en effet Sa Majesté Imperiale ne paroît pas s'y fier uniquement, puisqu'elle demande encore outre cela la Garantie de l'Empire, & si ces Puissances, sous quelque prétexte que ce fût, attaquoient les Successeurs de Sa Majesté Imperiale dans ces Royaumes & Païs étrangers, l'Empire seroit, en ce cas-là, hors d'état d'offrir sa Médiation, toute utile & avantageuse qu'elle pourroit être selon les conjonctures, & seroit engagé dès à présent, en prenant part à la Garantie demandée, à rompre aussi avec ces Puissances étrangeres, & à secourir, suivant l'esprit de cette Garantie absoluë, *contra quoscunque*, celui qui auroit succedé selon l'ordre établi, & qui possederoit lesdits Royaumes & Païs. Et comme dans les siecles passez on a épuisé l'Allemagne pour porter l'Argent en Italie, on y seroit obligé de nouveau, sans connoissance des raisons justes ou injustes que l'un ou l'autre des Hauts Contractans pourroit avoir de se retracter & de faire la Guerre, & sans connoissance des forces qu'une ou plusieurs Puissances pourroient opposer à leurs Ennemis. A quoi il faut ajouter, qu'on ne sauroit prévoir ni prédire, en quelle situation l'Empire se pourroit trouver au tems d'une telle rupture, s'il ne seroit peut-être pas déja engagé dans quelque autre Guerre pour la défense de ses propres Etats, & si en envoyant des secours dans ces Royaumes & Païs étrangers, il n'attireroit pas tout le danger dans son propre sein; d'autant plus, que non seulement ces Royaumes & Païs étrangers, à ce que l'experience des siécles précedens a fait connoître, se trouvent par leur situation naturelle plus exposez à des attaques que d'autres, & que la Paix & la Guerre dependent de la Providence, & non de la Prudence Humaine, mais qu'il est aussi incontestable que leur éloignement rend leur défense extrêmement difficile, & d'une si incroyable dépense qu'on n'en sauroit porter le fardeau sans en sentir un épuisement considérable, qui s'augmenteroit avec le danger, si ces Puissances en Guerre avec Sa Majesté Imperiale, en haine du secours de l'Empire, & pour faire diversion, attaquoient l'Empire même, ce qui probablement ne manqueroit pas d'arriver, de sorte que ce dernier seroit assez occupé de sa propre défense; quoiqu'en même tems dans l'obligation d'envoyer du secours en des Royaumes & Païs étrangers avec lesquels il n'a aucune connexion, & dont il n'a aucune assistance à esperer. C'est pourquoi on ne doit jamais oublier ce qui se passa à peu près dans une pareille occasion sous le regne de Ferdinand II. Cet Empereur fit proposer le 3. Juillet de l'année 1630. aux Colléges des Electeurs assemblez ici (à Ratisbonne,) qu'outre les troubles qui regnoient alors dans l'Empire, les brouilleries que la mort de Vincent, Duc de Mantouë & Montferrat avoit fait naître en Italie, & auxquelles le Roi de France & la Republique de Venise prenoient part, faisoient craindre une dangereuse machination contre les Droits & Prérogatives dont l'Empire jouïssoit encore en Italie. A quoi tous les Electeurs répondirent le 19. du même mois: Qu'ils avoient appris avec chagrin ces querelles en Italie & les apparences qu'il y avoit qu'il en vînt une Guerre sanglante; mais comme les deux Duchez de Mantouë & Montferrat, quoiqu'ils fussent du Patrimoine de l'Empire, n'en étoient pourtant point des Membres ni des Etats, & que l'Empire n'en tiroit d'autres avantages ni profit, sinon qu'ils en relevoient: Comme outre cela cette Guerre causoit la ruïne totale de l'Empire & de tous ses Etats, vû que les Troupes Imperiales qui y étoient employées étoient levées dans l'Empire, où elles avoient non seulement leurs lieux d'assemblées & de revuës, mais que même l'Empire étoit obligé *novo & inaudito exemplo*, de leur procurer & envoyer tout le nécessaire, à quoi on ne sauroit plus fournir, ni l'endurer plus long-tems, ils prioient très-humblement Sa Majesté Imperiale, de vouloir bien employer tous ses soins Paternels pour finir cette Guerre, & ne laisser échaper aucun moyen pour parvenir à ce but, (car la conservation de la Gloire Imperiale ne consiste pas toujours dans des mesures outrées) & qu'en attendant elle eût la bonté de ne point permettre que le mal fût aigri par des diversions ou autres voyes offensives contre la France, qui ne serviroient qu'à rendre l'Accommodement plus difficile. A quoi le Collége Electoral offroit son entremise si Sa Majesté Imperiale le jugeoit à propos, promettant de travailler seul ou conjointement avec Sa Majesté Imperiale à obtenir la conclusion de la Paix. Il paroît clairement par cette Réponse du College Electoral, & par sa Déclaration finale du 12. Août de la même année, par où il persiste dans son sentiment, sans vouloir entendre à aucun Contingent ou autre assistance, qu'on n'a pas voulu de la part de l'Empire se laisser charger

ANN 1731.

ANNO 1731.

ger du fardeau de la Guerre, ni se brouiller avec des Puissances étrangeres, pour l'amour des Etats d'Italie.

Pour ce qui est du Cercle de Bourgogne ou des Païs-Bas Autrichiens, on sait bien que par la Convention d'Augsbourg de l'année 1548. ils ont été constituez partie de l'Empire, pour contribuer à sa défense, & joüir reciproquement de sa Protection, moyennant le double du Contingent d'un Electeur, ce qui a été confirmé par le 3. Article de la Paix de Munster; mais dans un sens particulier & restrictif, comme il paroit par les paroles du Texte: *quod in futurum si inter ea Regna (Galliæ & Hispaniæ) controversiæ oriantur, semper maneat inter universum Imperium & Reges Regnumque Galliæ, de mutuis hostibus non juvandis, supra dictæ reciprocæ obligationis necessitas.*

C'est pour ces raisons que dans l'année 1668. on n'assista point les Païs-Bas attaquez par le Roi de France *Jure devolutionis*, quoiqu'ils envoyassent une Députation solemnelle à la Diète pour implorer le secours de l'Empire, tout ce qu'on fit alors, est, qu'on fut bien aise que les Electeurs de Mayence & de Cologne, comme Voisins, employassent leurs bons offices auprès de Sa Majesté Très-Chrétienne. Aussi l'Empire ne prétendit prendre aucune part à la Paix qui termina cette Guerre, & n'envoya personne pour assister de sa part au Congrès d'Aix-la-Chapelle; car il est notoire que quoique le Cercle de Bourgogne, du tems de son incorporation à l'Empire, se soit engagé, en considération du profit & de l'avantage qui lui en reviendroit au double, du Contingent d'un Electeur, il ne l'a pourtant jamais fourni, ni contribué, depuis tout ce tems-là, la moindre chose à l'Empire, par conséquent il s'est privé lui-même de l'*Auxilium mutuum*. Il n'est pas moins digne de considération, que depuis l'introduction du Cercle de Bourgogne dans l'Empire, depuis la Paix de Westphalie, & encore depuis peu d'années, ce Cercle a tout-à-fait changé de face, vû que non seulement les sept Provinces-Unies s'en sont séparées, mais qu'il est aussi notoire que la France s'est apropriée une grande partie des Païs-Bas par les Traitez de Paix qu'elle a conclû, de sorte que ce qui en reste & qui apartient encore à Sa Majesté Imperiale, ne peut pas seulement représenter le Cercle de Bourgogne tel qu'il étoit du tems de l'incorporation, bien loin que l'Empire puisse s'en promettre aucun secours reciproque, ce qui étoit pourtant la condition sous laquelle il a été uni à l'Empire. A quoi il faut ajouter, que même des Païs-Bas Autrichiens tels qu'ils sont aujourd'hui, la plûpart des Forteresses sont comprises sous la Barriere de Messieurs les Etats Généraux, sans que l'Empire en tire le moindre profit, & que par leur situation ils sont exposez, comme l'experience l'a fait assez connoître, à servir toujours de Théatre de la Guerre. Quand donc Sa Majesté Imperiale croiroit ne pouvoir pas se fier sur la Garantie des Couronnes de France, d'Espagne & d'Angleterre, aussi bien que de Messieurs les Etats Généraux, stipulée si solemnellement, même *cum indictione Belli* contre l'Agresseur, en faveur desdits Païs, par le Traité de la Quadruple Alliance, l'Empire ne sauroit trouver que très-épineux & digne des plus serieuses réflexions de s'exposer par la Garantie demandée à tout le danger, & à se charger du plus grand fardeau, de se désister de tous les principes salutaires, établis avec tant de soins pour la conservation du bien & du repos de l'Empire; & d'entrer par ladite Garantie de tous les Etats d'Italie & de ces Païs-Bas si fort diminuez, sans prévoir les conjonctures ni la nécessité, dans des engagemens perpetuels si dangereux qu'ils paroissent plutôt une servitude perpetuelle, & cela malgré la certitude avec laquelle on peut prévoir que cette démarche extraordinaire procureroit indubitablement dans la suite l'épuisement total du Corps Germanique. Ce sont ces considerations qui ont retenu l'Empire avec raison, d'entendre aux Propositions faites par les Ministres Autrichiens dans un Mémoire qu'ils présenterent à la Diète en 1729. sur le même sujet, où ils avoient trouvé à propos de n'insister que sur le demi Contingent. Les *Acta Imperii* nous fournissent un exemple plus ancien, qui convient parfaitement à ce sujet, car lorsque dans l'année 1603. les Prédecesseurs de Sa Majesté Imperiale demandoient à l'Empire la défense du Roiaume de Hongrie, regardant cette affaire non comme étrangere, mais comme touchant de fort près l'Empire, & comme s'il s'agissoit de sa propre ruïne, on leur déclara nonobstant cela, que par le secours de l'Empire, il falloit entendre uniquement la défense de la Patrie, que la Hongrie étoit un Royaume à part qui ne pouvoit nullement passer pour la Patrie des Allemands; car quoiqu'on dit que l'Empire se trouvoit interessé dans la Guerre de Hongrie, puisque le danger le menaçoit de près; il y avoit pourtant bien de la différence entre ce qui nous touche *per consequentiam* ou *principaliter*, & que l'obligation n'étoit pas également forte dans l'un & l'autre de ces deux cas. Tout cela fait voir que les deux Royaumes que Sa Majesté Imperiale possede hors de l'Empire, non plus que les Etats d'Italie & les Païs-Bas, ne sauroient obliger à se désister des principes que l'Empire a coutume de suivre toutes les fois qu'il s'est agi de leur défense, & suivant lequel il n'a pas même voulu se laisser charger de la défense du Royaume de Hongrie contre les Turcs, toute dangereuse que fût cette guerre pour la Chrétienté, ni se laisser priver de la liberté de donner sans contrainte tel secours qu'il jugeroit à propos. Pour ce qui est de la Garantie de l'Empire à l'égard des Etats que Sa Majesté Imperiale possede en Allemagne, & du Royaume de Hongrie, qui confine à l'Archiduché d'Autriche, il plaira à Sa Majesté Imperiale de se ressouvenir, que ces Païs Allemans, excepté ledit Royaume, sont tellement *in nexu feudali Imperii* depuis que la Maison Archiducale en a obtenu la possession, qu'en vertu des Constitutions de l'Empire, ils ne sont pas moins garantis contre toutes attaques, que les Païs des Electeurs, Princes & Etats de l'Empire, de sorte qu'on ne sauroit comprendre quelle plus grande sureté pourroit être desirée, puisque celle-ci a toujours été regardée comme suffisante; & qu'on s'en est bien trouvé pendant plusieurs siécles, ce que Sa Majesté Imperiale & ses augustes Prédecesseurs ont connu par experience, les zélez Etats de l'Empire ayant en tout tems, & contre les attaques de toutes les Puissances étrangeres, soutenu cette Garantie de toutes leurs forces; & il n'y en auroit encore à l'heure qu'il est aucun qui ne connût assez son devoir pour sacrifier son Bien, ses Etats & sa Vie pour la défense de Sa Majesté Imperiale, & de sa Maison Archiducale, en cas qu'elle fût troublée dans la possession de ses Etats dans l'Empire. Outre cela ces Païs Hereditaires en Allemagne, se trouvent déja assez garantis par leur situation naturelle, n'ayant aucune attaque à appréhender avant que l'Empire ne soit attaqué, & même avant qu'il ne soit reduit, par consequent ils tirent toute leur sureté d'eux-mêmes & de leur éloignement. Quant au Royaume de Hongrie, il se trouve, par la grace de Dieu, & par la puissance & les soins de Sa Majesté Imp., joints à la fidele assistance de l'Empire, présentement en état de ne point craindre les Turcs, pourvu que Sa Majesté Imp. continue à pourvoir les Forteresses de tout le nécessaire; & en cas que, par la permission divine, la Porte voulût songer à quelque nouvelle entreprise, les Etats de l'Empire ne manqueroient certainement pas de contribuer aux fraix de la défense, ayant déja depuis plus de deux siécles, fourni des sommes immenses à Sa Majesté Imp. & à ses Augustes Prédecesseurs en faveur dudit Royaume, sans qu'ils ayent eu la satisfaction que la moindre partie de ces secours considerables ait été employée au bien de l'Empire, ou que seulement on les leur ait demandé serieusement, c'est de quoi les Actes de l'Empire font foi.

Comme donc les Etats de l'Empire ont tant de fois témoigné leur bonne volonté pour sauver le Royaume de Hongrie, en se chargeant de Contributions si considerables, & en fournissant fidelement des secours d'Argent & de Troupes, on ne sauroit trouver injuste, qu'en consideration que ledit Royaume n'a aucune connexion avec l'Empire ni avec la Nation Allemande, & que tout ce qu'on a fait pour le délivrer d'entre les mains de ses ennemis n'a été qu'un effet de bonne volonté, il soit par reconnoissance uni & incorporé à l'Empire. Proposition à quoi Sa Majesté Imperiale n'a jamais voulu entendre, toute juste & fondée qu'elle soit en elle-même; c'est pourquoi on ne sauroit trouver qu'étrange & très-préjudiciable, que dans le tems que par l'assistance incontestable de l'Empire, ce Royaume a été mis dans le meilleur état de défense où il a jamais été, & où, selon toute apparence, il pourra se maintenir, on demande encore à présent une Garantie perpetuelle & génerale de tous les Etats de l'Empire, & que pour recompense des témoignages réels qu'ils ont donné de leurs bonnes in-

ANNO 1731.

tentions, on leur veuille faire un devoir de ce qu'ils ont fait jusqu'ici librement & sans contrainte, en les obligeant de s'epuiser eux-mêmes & leurs Sujets, dans la seule vuë de procurer une sureté superfluë à un Successeur futur & jusqu'ici inconnu, & à ses Heritiers, qui posséderont un jour ce Royaume avec tous les autres Païs qui apartiennent actuellement à la Maison d'Autriche, & de le rendre tranquille & sans inquiétude, en chargeant par cette Garantie perpetuelle l'Empire avec ses Electeurs, Princes & Etats, de tout le fardeau, & en les exposant à tout le danger, sans considerer de quelle maniere ce Successeur parviendra à la Succession, ni comment il s'aquitera de sa Regence. La sincerité Allemande a jusqu'ici eu la reputation de ne s'être jamais démentie, & tout ce qui a été generalement promis a aussi été exécuté de bonne foi & inviolablement. Mais posé que les Etats de l'Empire voulussent tenir à présent & à l'avenir la promesse donnée par cette Garantie, en fournissant les secours perpetuels *contra quoscunque*, & en entretenant pour cet effet le nombre nécessaire de Troupes; ne devroit-on pas en même tems laisser à leurs considerations, comment ils repondront devant la Posterité d'une maniere conforme aux devoirs dont chaque Etat est obligé de s'aquiter envers l'Empire, si elle les accuse de s'être désistez, sans aucune nécessité urgente, des Principes fondamentaux du Corps Germanique, établis avec tant de prudence & d'une maniere si sacrée par leurs Ancêtres, d'avoir changé en servitude la Liberté aquise par l'effusion de tant de sang, & d'avoir consenti inconsidérement à sa diminution & destruction? D'autant plus qu'il est clair comme le jour que le bien & la tranquillité de l'Empire, de même que l'équilibre de l'Europe peuvent être conservez également sans cette Garantie perpetuelle si dangereuse & si onereuse. N'ont-ils pas été maintenus de tout tems jusqu'à présent, & ne le seront-ils pas à l'avenir bien plus aisément, sans cette nouveauté? Car, pour parler en bon Patriote, il est sûr que les Païs que Sa Maj. Imperiale possede actuellement, ne sauroient seuls constituer l'équilibre de l'Europe, mais bien conjointement avec l'Empire. Il n'est pas moins incontestable que le bien & la tranquillité de l'Empire sont si étroitement liez avec les Païs considerables que Sa Majesté Imperiale y possede, que, pour répondre

II Au deuxiéme Motif contenu dans le Decret de Commission, cette même liaison, qui subsiste entre lesdits Païs & l'Empire, ne laisse pas douter, que ce dernier n'assiste fidelement un Etat si puissant toutes les fois qu'il seroit attaqué. Sa Majesté Imperiale sait par experience, aussi bien que ses augustes Prédecesseurs, comme il a déja été allegué ci-dessus, que la sureté & la tranquillité commune tant de l'Empereur que de l'Empire, consiste principalement & incontestablement dans leurs forces unies; ce qui ne diminuë en rien la puissance de la Maison Archiducale, & ne l'empêche nullement de continuer, avec la Garantie des Puissances étrangeres, & apuyée sur le Systême interieur de l'Empire, en faveur d'un si puissant Etat, à servir de Boulevard à la Chrétienté, & à défendre conjointement la Liberté de l'Europe, & principalement la Patrie si chere à Sa Majesté Imperiale, contre toutes les attaques & entreprises ennemies.

III. Pour ce qui est du troisiéme Motif, on veut bien croire de la part de l'Empire que Sa Majesté Imperiale, en demandant la Garantie de ses Royaumes & Païs, aussi bien que de l'ordre de succession qu'elle a établi, ne se propose aucun agrandissement de Sa Maison Archiducale; mais on laisse là ce qui y est ajouté, que cette Garantie devroit rencontrer d'autant moins de difficulté, puisque cet ordre de succession étoit fondé depuis quelques siécles sur des Privileges & Prérogatives notoires, & sur des Pactes de Succession faits & obtenus du sû de l'Empire; car, à la reserve de ce qu'on en trouve pour & contre dans des Livres imprimez, l'Empire auroit de la peine à se ressouvenir de ces prétendus Privileges, aquis de son sû, n'en ayant été question que lorsque l'Evêque de Bamberg les revoquoit en doute devant la Chambre Imperiale, & depuis aussi devant la Diète de Ratisbonne en 1654. *in causa executionis* de ses Biens & Terres dans le Duché de Carinthie; la même question fut aussi agitée par les deux Evêchez de Trente & de Brixen, où à la verité la Diète laissa ces Privileges dans leur valeur; mais, pour autant que l'auguste Maison les avoit aquis *legitimo modo*, & qu'ils ne porteroient point préjudice à d'autres Etats de l'Empire, qui pourroient avoir de pareils Privileges, & pour autant qu'ils avoient été mis *ad observantiam & usum*. C'est dans ce sens qu'il faut aussi prendre les Piéces annexes au Décret de Commission de Sa Majesté Imp., d'autant plus qu'elles ne font aucune mention d'une Garantie *contra quoscunque & in aeternum*, & que par conséquent elles ne sont pas en place, puisqu'il ne s'agit pas présentement de l'examen de quelque interêt ou prétention particuliere; mais d'une affaire, qui, ayant été portée *ad totum Imperium*, est aussi devenuë suivant l'intention de Sa Majesté Imperiale, *res communis totius Imperii*. Sur ce fondement la question se reduit à savoir: 1. Si la Garantie demandée est nécessaire, utile & convenable au Corps Germanique, suivant ses Constitutions fondamentales, & sa situation présente? Et 2. comment l'interêt de l'Empire pourroit être concilié avec la demande de Sa Majesté Imperiale, qui, sans contredit, tend principalement à l'avantage de sa Maison Archiducale, & comment l'Empire pourroit être assuré contre toutes les suites dangereuses que la Garantie tire après elle, comme aussi, quelle recompense proportionée il auroit à esperer en se chargeant d'un si pesant fardeau. Par consequent la question *quomodo?* doit être inséparablement liée avec la question *an?* & on doit deliberer également sur l'une & sur l'autre, afin de choisir unanimement le meilleur & le plus sûr; car il ne s'agit certainement pas de quelque devoir prescrit par les Constitutions de l'Empire, mais purement d'une libre volonté; il ne s'agit pas non plus, du moins pour le présent, de la défense de l'Empire, laquelle présuppose une attaque, ou du moins un danger plus pressant qu'il n'y a actuellement, pour ne pas paroître s'allarmer mal à propos, & prendre des précautions prématurées; mais toute l'affaire roule sur une Alliance éternelle avec la Maison Archiducale d'Autriche, laquelle s'étende sur tous les Royaumes & Païs étrangers qu'elle possede, & qui n'ont jamais été garantis par l'Empire, de sorte qu'il seroit obligé à soutenir les Guerres qui s'allumeroient à cette occasion, & à prendre part à la dépense aussi bien qu'au danger. Il est vrai qu'on allegue les Garanties déja données par des Puissances étrangeres, comme un exemple à encourager l'Empire de s'y prêter; mais il plaira à Sa Majesté Imperiale de se ressouvenir que par le V. Article de sa Capitulation, elle a promis: „ Que dans toutes les affaires qui regardent la „ sureté de l'Empire, elle tâcheroit d'obtenir le con„ sentement unanime de tous les Electeurs assemblez „ en corps, & non par des declarations particulieres, „ jusqu'à ce qu'on put parvenir à une Assemblée gé„ nerale de l'Empire, & qu'en cas qu'elle voulût faire „ quelque Alliance qui n'eût rapport qu'à ses Païs He„ reditaires, (soit avec des Puissances étrangeres ou „ avec quelques-uns des principaux Membres de l'Em„ pire) elle auroit soin que de telles Alliances ne por„ tassent point préjudice à l'Empire; mais qu'elles „ fussent conformes à l'Instrument de Paix". Comme donc ces Puissances étrangeres, dont il est fait mention dans le Decret de Commission, n'ont sans doute donné leur Garantie qu'en stipulant des avantages reciproques, & que d'ailleurs le consentement que l'Empire s'est reservé dans ledit Article V. de la Capitulation Imperiale n'existe pas encore, il est clair que ces Garanties étrangeres ne peuvent pas servir d'exemple à l'Empire. Par conséquent on pourra juger aisément, *ad*

ANNO 1731.

IV. Si les difficultez ci-dessus mentionnées & l'appréhension des suites dangereuses que cette Garantie génerale de tous les Royaumes & Païs de Sa Majesté Imperiale, si fort éloignez, & hors de toute connexion avec l'Empire, tireroit après elle, tomberont d'elles-mêmes; & s'il ne faut pas de mûres reflexions pour s'appercevoir, comme il est dit dans le Decret de Commission; „ Que cette Garantie, bien loin de porter „ préjudice à personne, est le moyen le plus convena„ ble & le plus sûr pour obvier à tout embaras". Certes les Electeurs, Princes & Etats de l'Empire doivent en bons Patriotes, & suivant leur devoir, bien prendre à cœur le préjudice inexprimable & irreparable, qui naîtroit de cette Garantie; & comme dans le tems passé on n'a pas craint de declarer ses sentimens aux Empereurs, sur des affaires & demandes de moindre importance que celle-ci, ils doivent aussi considerer & représenter, que la Liberté de l'Empire, ses Constitutions & les Capitulations Imperiales, sont des regles si sacrées & inviolables selon lesquelles tous les Etats de l'Empire doivent agir, que même la plus grande nécessité ne permet pas de les ébranler, & d'autant moins dans le cas dont il s'agit, vû qu'on

connoît

ANNO 1731. connoît bien la justice & l'équité de Sa Majesté Imperiale; mais qu'on ignore encore le Successeur présomptif, & son humeur aussi bien que son affection pour l'Empire. Au reste la Pragmatique Sanction, qui ne dépend nullement de la Garantie génerale desdits Royaumes & Païs, est une affaire qui ne regarde point l'Empire, & c'est à Sa Majesté Imperiale à savoir si elle peut l'établir sans préjudice d'un troisiéme. *Ad*

V. On ne voit pas quels terribles Troubles il y auroit à apprêhender au dedans & au dehors de l'Empire, ni quel bouleversement de son systême interieur en resulteroit, si les Etats de l'Empire, après avoir mûrement pesé la chose, jugeoient ne pouvoir pas se prêter à cette nouvelle Garantie, & qu'ils ne voulussent s'en tenir à cette ancienne & irrevocable liaison qui subsiste à jamais, en vertu même du systême & des Constitutions de l'Empire entre eux & les Successeurs au Trône Imperial, comme les plus puissans & les principaux Etats de l'Empire; car il faut considerer, qu'aucun des augustes Prédecesseurs de Sa Majesté Imperiale n'a jamais eu la moindre pensée d'une pareille Garantie, mais que depuis plusieurs siécles ils se sont tous contentés de jouïr de cette liaison naturelle & irrevocable, dont ils se sont trouvez si bien, que non seulement il n'a rien été détaché de leurs Royaumes & Païs, mais que leur puissance a été augmentée au point où elle se trouve aujourd'hui; Sa Majesté Imperiale étant présentement possesseur des deux Royaumes de Naples & de Sicile, des Duchez de Mantoue & de Milan, aussi bien que des Païs-Bas, & ayant la satisfaction de voir les Limites du Royaume de Hongrie si étenduës & en si bon état de défense, que les entreprises des Turcs ne paroissent gueres plus à craindre; d'où il est facile d'inferer, que comme les Etats de l'Empire ont repandu librement & de bonne volonté leur sang & leur argent, pour contribuer à cette augmentation de la Puissance Imperiale, ils n'y manqueront pas aussi à l'avenir. Enfin Sa Majesté Imperiale ne peut que ressentir du contentement & de la joye, si elle considere, que se trouvant en parfaite santé & à la fleur de son âge, il n'y a rien qui presse, mais qu'on a tout à esperer de la bonté & de la Providence Divine. Puis donc que d'un côté les Royaumes & Païs que Sa Majesté Imperiale possede actuellement en Allemagne sont déja suffisamment garantis par cette liaison naturelle & irrevocable dont on vient de parler, & que de l'autre, les Royaumes de Hongrie, de Sicile & de Naples, n'ont aucune connexion avec l'Empire, & que ce dernier n'en retire aucun avantage, non plus que des Duchez de Mantouë & de Milan, ni des Païs-Bas, comme il a été dit. Toutes ces raisons & bien d'autres, doivent porter les fideles Etats de l'Empire à considerer principalement, s'il seroit convenable & permis de se desister absolument des principes observez jusqu'ici dans l'Empire, & de faire, moyennant cette Garantie perpetuelle de la Sanction Pragmatique, *ex quacunque causa & contra quoscunque*, sa propre affaire de tout ce qui adviendroit à ces Royaumes & Païs étrangers; comme aussi s'il seroit permis, en prêtant cette Garantie d'avance, de faire plus pour le Successeur, & les Successeurs des Successeurs établis dans la Pragmatique, qu'on n'a jamais fait pour aucun Empereur, en se chargeant d'une telle obligation, & en se plongeant dans tout le danger qui en peut resulter; car il ne faut point oublier, que de la part de l'Empire, on a toujours eu soin de se faire solemnellement promettre par chaque Empereur, dans leurs Capitulations, qui sont le trésor de l'Empire, & l'unique lien qui a jusqu'ici uni le Chef & les Membres du Corps Germanique, qu'ils n'entraineroient point l'Empire dans des Guerres étrangeres, qu'ils se desisteroient de toute assistance qui pût lui causer du danger ou du dommage; „ Et qu'ils ne commenceroient au nom de „ l'Empire, aucune Brouillerie, Querelle, ou Guer„ re, en dedans, ou au dehors, sous quelque pré„ texte que ce soit, ni ne concluroient aucune Al„ liance sans le consentement des Electeurs, Princes „ & Etats de l'Empire". Or un Successeur futur, ou ses Successeurs, qui se trouveroient déja munis de cette Garantie, seroient par là même quittes des Engagemens où tous les Empereurs ont bien voulu entrer avec le Corps Germanique, & ce dernier se chargeroit d'une obligation, & changeroit, s'il est permis de parler ainsi, sa précieuse Liberté pour une honteuse servitude, *puisqu'il seroit* toujours tenu, quelles que fussent les raisons pourquoi un tel Successeur, soit qu'il parvînt à la Couronne Imperiale, ou qu'il demeurât seulement le plus puissant Etat de l'Empire, se trouveroit attaqué, à repandre ses biens & son sang pour le défendre *contra quoscunque*; sans aucune exception, & sans avoir égard aux fraix immenses à quoi l'éloignement de ces Païs engageroit, ni à l'impossibilité d'en tirer aucun avantage réciproque; sans considérer aussi les forces qu'on opposeroit à celles de l'Empire, & les troubles & attaques qu'il y auroit à craindre dans le cœur de l'Empire, quand il se verroit dans l'obligation, pour assister ce Successeur, de se dépouiller de ses forces, indispensablement necessaires pour sa propre défense, & de s'exposer par là aux suites les plus dangereuses; car quoiqu'on ne puisse pas prévoir toutes les conjonctures innombrables qui peuvent arriver, il est sûr du moins que les Electeurs, Princes & Etats de l'Empire, chargez à jamais de ce fardeau, ne sauroient éviter de s'épuiser tellement eux-mêmes & leurs Sujets, qu'au lieu de pouvoir continuer à rendre, à l'exemple de leurs Ancêtres, depuis plusieurs siécles, des services signalez & utiles à l'Empire, ils auroient de la peine dans la suite à se reconnoître eux-mêmes, & à se sauver du moindre danger dont la chére Patrie pourroit être menacée; ils se verroient même contraints à subir tous les desseins qu'on pourroit avoir prémeditez contre eux. Il est cependant d'une très-grande importance à tous les Electeurs & Princes seculiers, préferablement aux Ecclesiastiques, de se maintenir en consequence de leur ancienne & glorieuse naissance, dans cette dignité & autorité qui leur est devoluë, de même que leurs Etats & Païs, *Jure hæreditario*, & de conserver inviolablement le fondement de leur Liberté, afin de pouvoir transmettre l'une & l'autre à leur posterité. Or il est clair & incontestable, que si l'Empire se charge de cette Garantie extraordinaire sans les précautions requises, il s'engageroit dans des Guerres infinies, & dans des Troubles si terribles que ne s'agissant pas de moins que du bouleversement total de son Systéme interieur, personne ne sauroit s'empêcher d'y prendre part bongré malgré. Mais comme Sa Majesté Imperiale pendant tout le tems de son glorieux & très-gracieux Regne, a donné des Attestations & Déclarations réiterées, qu'elle préferera toujours le bien & la tranquilité de l'Empire à ses propres intérêts, on ne peut qu'esperer de sa justice naturelle, qu'elle voudra bien approuver très-gracieusement toutes les déliberations qui tendent à l'amelioration & à l'affermissement de ce bien & de cette tranquilité de l'Empire, ce dont on se flate d'autant plus, qu'elle déclare expressément, dans le Decret de Commission, de n'avoir point d'autre but, & puisque ses Royaumes & Païs y ont, & auront toujours beaucoup d'intérêt.

Comme donc cette affaire n'est pas jusqu'ici dans tout son jour, Son Altesse Electorale de Baviere ne voit pas comment elle peut se déclarer sur la demande de Sa Majesté Imperiale à ce sujet, avant qu'on ait mûrement déliberé sur toutes les difficultez que la Garantie de tous les Royaumes & Païs de Sa Majesté Imperiale traîne après elle, & avant que la question *Quomodo?* inséparablement liée à la question *An?* soit mieux éclaircie. Une prompte resolution sur cette derniere lui paroît impossible sans fermer les yeux sur les suites, & sans enfraindre les Constitutions de l'Empire. Son Altesse Electorale espere que Mrs. les Ministres des autres Electeurs, Princes & Etats de l'Empire, jugeront pareillement ces déliberations ulterieures sur les questions *An?* & *Quomodo?* d'une nécessité indispensable, eu égard au trop grand préjudice qui en naîtroit à jamais pour l'Empire, par l'embaras où cette Garantie le jetteroit, & par le fardeau insuportable dont il seroit chargé. Et en cas que quelques uns d'entre eux ne fussent pas encore munis d'Instructions suffisantes & assez détaillées, pour déliberer sur toutes les circonstances qui peuvent être considerées *hinc & inde*, Son Altesse Electorale se flate qu'ils voudront bien rendre compte à leurs Maîtres de cette déclaration sincére, & qu'il leur plaira, en attendant, de surseoir les déliberations, vû que par la continuation de la Paix, aussi bien que par l'âge florissant de Sa Majesté Imperiale, & par la parfaite santé dont elle jouït, laquelle Dieu veuille lui conserver le plus long-tems qu'il est possible, il n'y a, comme il a été dit, aucun danger

ANNO 1731.

ger qui puisse exiger qu'on se précipite dans une affaire plus importante qu'il n'en a jamais été proposé à l'Empire, & qu'on procede à la décision avant que les suites ci-dessus mentionnées soient détournées de l'Empire, ou avant qu'il ait été consulté suffisamment & unanimement entre les Electeurs, Princes & Etats de l'Empire, sur les moyens de le maintenir, nonobstant ces suites prévuës, dans la prosperité, tranquilité & liberté dont il a joui jusqu'ici; mais si au contraire, on néglige ces déliberations si nécessaires pour se justifier devant la posterité, Son Altesse Electorale de Baviere, qui en bon Patriote, n'a pour but que le maintien des Prérogatives de chaque Etat de l'Empire en particulier, & la liberté & le bien de la chere Patrie en général ne sauroit se resoudre à se désister sans aucune nécessité urgente des Principes & Constitutions de l'Empire, qui, à ce qu'il a été dit, sont si sacrez & inviolables que même la plus grande nécessité ne les doit pas ébranler; & elle ne sauroit prendre part à une décision, qui, en chargeant l'Empire de la Garantie irrevocable de tous les Royaumes & Païs de Sa Majesté Imperiale, lui ôteroit sa liberté, & sa prosperité, conservée jusqu'ici par l'observation inviolable de ses Constitutions. *Ulteriora reservando.*

Le Ministre Plenipotentiaire de Son Altesse Electorale de Saxe a aussi déclaré: Que la Garantie demandée étoit une affaire si importante, & touchoit de si près le bonheur & le malheur de l'Empire, qu'avant que d'entrer dans la discussion de la question, si l'on doit consentir à cette Garantie, il étoit d'une nécessité indispensable de convenir préalablement des conditions & des moyens les plus propres, d'un côté à obtenir le but qu'on se propose par cette demande, & qu'on dit n'être que le bien de l'Empire, & de l'autre à lever des difficultez qui se rencontrent *ratione modi*; car comme ladite Garantie devoit s'étendre sur des Païs qui n'ont aucune connexion avec l'Empire, & qui en sont fort éloignez, il y avoit à apréhender, que si l'on négligeoit les précautions nécessaires, cela porteroit un préjudice très-considerable à l'Empire, & l'engageroit dans des Guerres infinies, de sorte qu'au lieu du repos, de la sureté & tranquilité esperée, il pourroit être jetté dans de grands troubles, comme Sa Majesté le Roi de Pologne l'avoit déja démontré à Sa Majesté Imperiale, dans une Lettre particuliere sur ce sujet: Que ces raisons, & plusieurs autres, amplement detaillées dans l'excellent *Votum* de Son Altesse Electorale de Baviere, à quoi on se refere pour éviter la longueur, donnoient lieu d'esperer à Sa Majesté le Roi de Pologne, qu'en consideration de la très-grande importance de cette affaire, on voudroit bien déliberer murement là-dessus, aussi bien que sur les conditions & moyens propres à lever toutes les difficultez, & qu'avant que cela fût fait on n'en précipiteroit pas le *Conclusum. Ulteriora reservando.*

Le Ministre Plenipotentiaire de Son Altesse Electorale Palatine a aussi déclaré: Que l'Electeur son Maître avoit en tout tems donné à Sa Majesté Imperiale tant de preuves convainquantes de sa dévotion, & de sa parfaite estime pour l'auguste Maison Archiducale, qu'il ne sauroit que se flater que Sa Majesté Imperiale ne fût entierement persuadée de son zèle & de son attention à avancer ses vues paternelles pour le bien de l'Empire; mais comme dans la Garantie demandée de la Pragmatique Sanction, la question *Quomodo?* étoit inséparablement liée avec la question *An?* & que bien loin que les circonstances très-considerables qui se rencontrent dans cette affaire, permettent que l'une soit debattuë sans l'autre, il étoit plutôt d'une nécessité indispensable de les discuter en même tems, & de déliberer, *uno tractu*, sur les moyens de concilier cette Garantie avec le maintien de la tranquilité & sureté de l'Empire, & comment on la pourroit prêter sans préjudice d'autrui, & sans contrevenir aux principes salutaires que le Corps Germanique a suivi jusqu'ici pour sa conservation interieure, afin de ne pas engager l'Empire dans des embaras dangereux, sur tout à l'égard des Royaumes & Païs hereditaires de Sa Majesté Imperiale qui n'ont aucune connexion avec l'Empire, & qui en sont si fort éloignez, & afin de ne le pas charger d'une obligation dont peut-être il lui seroit difficile, & même impossible de s'aquiter dans la suite, sans sa ruïne & destruction interieure. Pour ces raisons Son Altesse l'Electeur Palatin, par le seul désir que lui inspiroit son devoir de veiller sur le bien de l'Empire, s'étoit cruë obligée de proposer en bon patriote, qu'on voulut déliberer en même tems sur lesdites deux questions *An?* & *Quomodo?* & en peser murement toutes les circonstances les plus considerables.

ANNO 1731.

Resultat de l'Empire pour la Garantie de la Pragmatique Sanction Caroline.

SOIT NOTIFIE', par la présente au Prince Froben Ferdinand de Furstenberg, Principal Commissaire de l'Empereur, à la présente Assemblée générale de l'Empire, &c. &c. Qu'ayant examiné avec toute l'attention convenable, dans les trois Colleges de l'Empire, le Decret Imperial de Commission, communiqué aux Etats le 19. Octobre, & le 5. Novembre 1731. & y ayant vû que sa Majesté Imperiale souhaite que les Electeurs, Princes & Etats de l'Empire, se chargent au nom dudit Empire, conformément à la teneur du II. Article du Traité, conclu le 16. Mars de l'année derniere, entre Sa Majesté Imperiale & la Couronne d'Angleterre, de la Garantie de l'ordre de Succession, établi par Sa Majesté Imperiale dans sa Maison Archiducale le 19. Avril 1713. par rapport à tous les Royaumes hereditaires & Païs qu'elle possedoit alors en forme d'un *Fidei-Commis* perpetuel, indivisible & inséparable, selon l'ordre de Primogeniture en faveur des deux sexes: Qu'ayant particulierement consideré que par le maintien inseparable & indivisible de tous les Royaumes & Païs possedez par Sa Majesté Imperiale, cette grande Puissance unie servira à l'avenir de Boulevart à la Chrétienté, qu'elle maintiendra la Balance de l'Europe, qu'elle conservera la Liberté Germanique, dont le Salut dépend de la Tranquilité générale & de la Paix en Europe, & que sur tout elle défendra & maintiendra l'Honneur, les Droits & les Constitutions de l'Empire contre toute attaque & entreprise ennemies: Et que de plus, la Garantie de l'Empire étant jointe à celle des autres considerables Puissances étrangeres, si fort portées pour le Bien public, & qui ont reconnu que les vues de Sa Majesté Imperiale étoient les moyens les plus convenables pour maintenir la tranquillité generale de l'Europe, il ne seroit pas facile à qui que ce soit d'entreprendre quelque chose contre ces grandes Puissances unies, par où l'on éloigneroit tout ce qui pourroit donner lieu à tant de malheureuses Divisions, Guerres & effusion du Sang, qui pourroient arriver si les Etats de l'Empereur venoient à être separez, & qui seroient capables de mettre toute l'Allemagne en feu: Les Etats, après avoir murement deliberé sur cette importante affaire & sur ses circonstances, ont resolu de remercier Sa Majesté Imperiale de ses soins Paternels, pour éloigner tous les dangers qui pourroient troubler le Salut, l'Honneur & la Sureté de l'Empire, & d'accepter la Garantie demandée par Sa Majesté Imperiale de l'Ordre de Succession de tous les Royaumes Héreditaires & Païs qu'elle possede, ainsi qu'il a été établi par Sa Majesté Imperiale dans sa Maison Archiducale le 19. Avril 1713. & conformément à l'Article II. du Traité conclu entre Sa Majesté Imperiale & la Couronne d'Angleterre, (*la teneur de cet Article est inserée ici mot à mot*,) comme ils le font par la présente, en y consentant, & l'acceptant entierement, & declarant qu'ils defendront cet Ordre de Succession, tel qu'il a été établi, contre tous ceux qui voudroient s'y oposer, ou troubler, en quelque maniere que ce soit, Sa Majesté Imperiale ou ses Successeurs, dans la possession d'aucun de ses Royaumes héreditaires & Païs, & qu'ils employeront, pour cet effet, en tout tems, en cas de besoin, toutes leurs forces, & tout ce qui sera nécessaire pour le maintien & l'exécution de cette Garantie de l'Empire, se confiant que d'un autre côté on leur fournira tous les secours nécessaires, en cas de quelque danger inopiné, ou Attaque ennemie, &c.

Signé,

(L. S.) DE LA CHANCELERIE ELECTOALE DE MAYENCE.

Confirmation du Resultat précedent par l'Empereur, du 4. Fevrier 1732.

SA MAJESTE' IMPERIALE s'étant fait représenter la Résolution de l'Empire, prise le 11. du

Anno 1731. du passé, sur la Garantie proposée dernierement par Sadite Majesté Imperiale aux Electeurs, Princes & Etats de l'Empire, touchant l'Ordre de Succession, établi dans la très-Illustre Maison d'Aûtriche, & déclaré par Sa Majesté Imperiale le 19. Avril 1713. elle y a vû avec satisfaction & une reconnoissance particuliere, la grande prudence, les mûres Déliberations, le zèle véritablement Allemand, les soins fidèles & les bonnes intentions, avec lesquels les Electeurs, Princes & Etats de l'Empire, ont examiné cette importante affaire, & se sont ensuite conformez, par une Resolution unanime & générale, aux soins paternels & aux vuës salutaires de Sa Majesté Imperiale.

Une Resolution si digne d'un véritable zèle pour la Patrie, devant être regardée avec justice comme le vrai fondement d'une durable tranquillité pour l'avenir, d'une entiere sureté contre toute entreprise étrangere, & le moyen le plus efficace pour maintenir inviolablement les anciennes Constitutions, la Liberté & le Bien général de la Patrie, Sa Majesté Imperiale a aussi jugé à propos d'approuver & de ratifier, dans toute sa teneur, la Resolution solemnelle du 11. du mois dernier, pour servir de Constitution & de Fondement salutaire à toute la Posterité Allemande.

Sa Majesté Imperiale se confiant entierement sur la Fidelité & le Zèle des Electeurs, Princes & Etats de l'Empire pour la Patrie, se flatte, que comme elle ne manquera jamais de défendre & de donner à l'Empire, selon ses engagemens, le secours nécessaire contre tout danger imprévû & entreprise ennemie, lesdits Electeurs Princes & Etats de l'Empire, tant en général qu'en particulier, seront aussi resolus de maintenir toujours & de confirmer de plus en plus les engagemens dans lesquels, après une mure déliberation, on vient d'entrer, pour le Bien général de l'Empire, au moyen d'une Constitution solemnelle, & qui tendent à affermir pour l'avenir, sous la Divine Protection du Tout-Puissant: la Tranquillité, la Liberté & la Sureté de la chere Patrie, & cela avec une Union étroite & inviolable, d'autant plus nécessaire, que le Bien général en dépend, & par consequent la sureté de chaque Particulier. Surquoi Sa Majesté réitere ici les assurances de sa Reconnoissance pour les témoignages d'affection des Electeurs, Princes & Etats de l'Empire, pour elle & pour sa Maison Archiducale, &c. Fait à Ratisbonne le 4. Fevrier 1732.

Etoit signé,

FROBEN FERDINAND,
Prince de Furstenberg.

CLI.

28. Dec. *Ordonnance de l'Imperatrice de Russie pour la succession au Trône. Du 28. Decemb. 1731.*

NOus, ANNE, par la Grace de Dieu, Imperatrice & Souveraine de tous les Russes, &c. Savoir faisons par la Présente à tous nos fideles Sujets: Il paroît par tant de Manifestes, nouvelles Loix, Reglemens & Ordonnances, que Nous avons fait publier depuis le commencement de notre Regne, avec combien de zèle & de soins, conformément au Devoir qui nous a été imposé de Dieu, nous avons employé tous nos efforts, pour maintenir & étendre la Religion Chrétienne & Orthodoxe selon le Rite Grec, pour soutenir la Justice, pour défendre nos Sujets opprimez, pour introduire un meilleur ordre & Discipline dans nos Armées, destinées à la défense de cet Empire contre toute Attaque Ennemie, pour ériger des Ecoles suffisantes & de bonnes Academies, dans lesquelles la jeunesse est non-seulement élevée, *gratis*, dans la crainte de Dieu & dans nôtre Religion Orthodoxe, mais aussi dans toutes les Sciences, tant Civiles que Militaires, utiles à l'Empire, & qui peuvent tendre à procurer tout ce qui peut avancer le Bien, la Tranquilité & le Salut de tous nos fideles Sujets, & à faire fleurir de plus en plus notre chere Patrie. Nous employons aussi actuellement nos soins gracieux à chercher les moyens necessaires pour mettre les Subsides sur un meilleur pié, & les diminuer le plus qu'il sera possible, dès que les nécessitez génerales & les Interêts de l'Empire pourront le permettre.

En consequence de tous ces efforts salutaires & continuels pour le Bien de notre Empire, nous avons jugé qu'il étoit principalement de notre Devoir, tant envers Dieu, qui nous a confié le souverain Gouvernement de nos Royaumes, qu'envers nos Sujets, d'avoir soin de confirmer par de bonnes & suffisantes Loix & Ordonnances cette heureuse situation de nos Royaumes, non seulement pendant notre Regence, mais aussi pour les tems à venir, afin que dans tous les Incidens qui peuvent survenir & qui dépendent du Ciel, nos fideles Sujets puissent, pour la conservation de l'Empire, être maintenus en toute Tranquillité, & mis en sureté contre les désordres & Troubles, contraires aux Loix Divines, & aux Constitutions & Loix fondamentales de notre Empire, comme il en est arrivé à notre Avenement au Trône, qui auroient certainement ruïné notre chere Patrie, si Dieu par une grace particuliere & par sa bonté ne les eût éloignés. Anno 1731.

Quoique nos fideles Sujets nous ayent déja prêté, comme à leur Souveraine Imperatrice & Dame, le Serment de fidelité & de soumission parfaite, & que, conformément à l'Ordre de Succession, établi le 5. Fevrier 1722., & confirmé par un Serment solemnel de tous les Etats & fideles Sujets de l'Empire Russien, il a toûjours dépendu du choix & du bon plaisir des Souverains de nommer leur Successeur, néanmoins, afin de confirmer le Bonheur & la Conservation de l'Empire, maintenir tous nos fideles Sujets dans une parfaite Tranquillité, & prévenir tout ce qui pourroit troubler ces vûës salutaires, nous avons jugé à propos d'ordonner par la Présente, que tous & un chacun de nos fideles Sujets, tant Ecclésiastiques que Temporels, Militaires & Civils, de quelque nom qu'on puisse les nommer, de nous prêter de nouveau Serment & Hommage, selon le Formulaire ci-joint, entierement conforme au Serment qui a été prêté aux Empereurs nos Prédecesseurs. C'est pourquoi, nous avons ordonné de faire imprimer notre présent Commandement avec le Formulaire, & de le faire publier par tout notre Empire, afin que personne n'en puisse prétendre cause d'ignorance: Et de notre part, nous avons résolu, & notre volonté est, après avoir invoqué l'assistance Divine, par des Prieres ardentes, de prendre de telles mesures, qui ne peuvent tendre qu'au véritable avantage & au Bonheur de tout l'Empire & de tous nos fideles Sujets, & à la conservation de notre Religion Orthodoxe. En foi dequoi nous avons signé la Présente de notre propre main. Fait à Moscou le 28. Decembre 1731.

„ Voici le formulaire du serment qui fut prêté & „ qui a été exigé de tous les Sujets de tous les Or„ dres, non seulement dans tout l'Empire, mais mê„ me dans les Païs étrangers, où les Ministres de Sa „ Maj. Imp. ont reçu ordre de le faire signer à „ tous les Russiens qui s'y trouvent.

Quoique j'aye déja prêté le Serment de fidelité & de soumission à la Très-Illustre & Très-Puissante Dame ANNE JOANNOWNA, Imperatrice & Souveraine de tous les Russes, ma legitime Souveraine Imperatrice & Dame, je soussigné promets neanmoins de nouveau par les Présentes, pour plus grande confirmation de ma très-soumise fidelité, & jure par le Dieu Tout-Puissant, & devant son Saint Evangile, tant pour moi que pour mes Héritiers, présens & à venir, que je veux, & que je ferai, comme y étant obligé, fidele, obéïssant & soumis, non seulement à S. M. ma legitime Dame & Imperatrice ANNE JOANNOWNA, mais aussi dans la suite aux Successeurs de S. M., qu'en vertu de la Souveraine & Imperiale Puissance, qui lui a été donnée de Dieu, Elle a établi ou qu'elle établira, & jugera dignes du Souverain Trône de Russie, que je défendrai de toutes mes forces, de tout mon pouvoir, & sur ma Conscience tous les Droits & Prérogatives de l'Autorité & de la Puissance de S. M. Imp. & des Successeurs qu'elle nommera, en la maniere que lesdits Droits & Prérogatives sont à présent établis, & qu'ils pourront l'être à l'avenir, & que pour cet effet; au cas que le besoin vînt à l'exiger, je n'épargnerai pas ma vie, mais que je ferai tous mes efforts pour avancer constamment & avec zèle, tout ce qui peut être utile au service de S. M. Imp. & des Successeurs qu'elle nommera, & au bien de l'Empire, de telle maniere que je puisse en répondre devant Dieu & son Tribunal: Ainsi Dieu Tout Puissant me soit en aide: Pour conclusion de mon présent Serment, je baise le St. Evangile & la Croix de mon Sauveur: *Amen.*

ANNO 1732. 21 Janvier.

CLII.

Traité de Paix entre l'Empire de Russie & le Royaume de Perse conclu à Riascha en Ghilan le 21. Janvier 1732. [Tiré du Tom. VII. du Recueil Historique des Actes &c. de M. Rousset.]

D'Autant que depuis quelques années plusieurs troubles sont survenus dans le Royaume de Perse, & que presque tous les Sujets s'y sont soulevés contre leur Roi legitime & Hereditaire, ce qui non seulement a jetté ce Royaume dans un peril manifeste, mais qui a occasionné en même tems à l'Empire Russien un préjudice & une perte considerable par rapport à son Commerce; C'est pourquoi S. M. Imp. *Pierre le Grand*, de glorieuse memoire, tant pour faire prosperer ses Provinces, qui sont situées dans le Voisinage de la Perse, que pour prévenir la ruïne totale de ce Royaume, s'est trouvé dans la necessité, d'entrer en Perse avec ses troupes, & de prendre possession des Provinces, & des Villes situées près de la Mer Caspienne, pour les defendre contre les Peuples, qui se sont revoltés contre le *Schach*; pour lui faciliter les moyens de reprendre sa Capitale, la Ville de *Ispahan*, & de remonter sur son Trone hereditaire; Ce qui a été continué ensuite par Sa Majesté Imp. à présent regnante, *Anna Joannowna*, qui a fait donner toutes les assistances possibles à Sa Maj. le *Schach*; Et comme par une amitié cordiale, & en bonne Voisine, Elle lui souhaite toute sortes de biens, & qu'il puisse bien-tôt voir son Royaume heréditaire delivré de tous les Troubles, Elle a donné ordre, & Plein-pouvoir à ses deux Plenipotentiaires, qui à présent sont dans le *Ghilan*, le General en Chef *Wasilii Lewascheff*, & le Conseiller actuel d'Etat le Baron *Pierre Schafiroff*, d'entrer en Négotiation, & de conclure un Traité pour affermir de plus en plus l'ancienne amitié reciproque; Comme en conformité de ces ordres, & de leurs Instructions, ils sont réellement entrez en Negotiation avec *Mirsa Mehemet*, Ministre de Sa Maj. le *Schach*, pourvû, par son haut Principal, d'un Plein-pouvoir suffisant, tous trois ont conclu ensemble un Traité formel d'une amitié perpetuelle, sur les conditions & les articles suivants.

I. On oubliera à perpetuité tous les Demêlez survenus pendant les troubles de la Perse & les Hostilitez commises de part & d'autre; & la bonne amitié ancienne & inviolable qui a subsisté entre les deux Empires sera rétablie de manière que l'un procurera le bien de l'autre autant qu'il pourra, & aura soin de détourner tous les torts & domages.

II. Sa Maj. Imp. de Russie, pour donner à Sa Maj. le Schach une preuve convaincante de son amitié, renonce de son propre mouvement genereux aux pretensions aquises sur les Provinces de Perse par ses prédecesseurs de Glor. Mémoire, par les Traitez & par le droit des Armes à cause des grandes dépenses & preparatifs de Guerre. Et elle promet aux Ministres Plénipotentiaires de Sa Majesté le Schach de vuider un mois après la Signature du présent Traité & de restituer au Schach la Province de Lagetschank avec ses dependances, tout Ranakut & ce qui est au de là de la Riviere dite *Cepid-Rud* & 5. mois après la conclusion du present Traité & l'Echange des Ratifications les Provinces de Gilan, Astarinsk, & autres pays entre Astrabat & la Riv. de Kour, dans le même bon état où elles sont sous la Garde des Troupes de Sa Maj. Imp.: les autres Provinces & Places situées de ce côté-ci de la Kour restant sous la Domination de Sa Maj. Imp. comme elles y sont à present, dans cette seule vuë d'empêcher que si Sa Maj. Imp. en retiroit ses Troupes, les Nations remuantes des Frontiéres ne se joignissent aux Sujets mal intentionnez du Schach, & ne causassent de nouveaux troubles en s'emparant de force des Places actuellement occupées par les Troupes de Sa Maj. Imp. Au reste Sa Maj. le Schach reconnoit la Générosité de cette Resolution de Sa Maj. Imp. qui lui cede ces Provinces, promettant de son côté de lui en temoigner sa reconnoissance par toutes sortes de marques d'Amitié.

III. En consequence Sa Maj. le Schach declare pour lui & ses successeurs, de vivre avec Sa Maj. Imp. & son Empire dans une perpetuelle & inviolable amitié & bon voisinage, & de tenir pour ses Ennemis ceux qui le seront de Sa Maj. Imp. accordant aux Sujets de Sa Maj. Imp. de commercer librement dans toutes les Terres & Places de sa domination, sans païer aucun droit pour les marchandises aportées de Russie en Perse, soit qu'elles y soient achetées ou troquées. A quelle fin le Schach commandera à tous Officiers dans les Villes & Provinces, de n'éxiger aucun droit ni présent des Marchands Russiens, & à la vuë d'une Declaration des Officiers Russiens sur la Frontiere, qu'ils sont véritablement Sujets de la Russie, les laisser commercer sans payer de droit dans toutes les Places de la Perse. Et en cas qu'ils voulussent passer aux Indes ou autres Païs pour y negocier, de les laisser passer librement par Mer ou par Terre sans payer aucun Droit & sans exiger d'eux aucun impôt au profit de Sa Majesté le Schach, ni aucun don ou présent pour eux. Mais, étant requis de leur rendre bonne Justice en fait de Dettes ou Dommages, sans soufrir qu'il leur soit fait le moindre tort. De même il est permis auxdits Marchands de bâtir dans des endroits convenables des Maisons, & Magazins pour y serrer leurs Marchandises; les Officiers Persans leur marqueront à cet effet lesdites Places & leur prêteront tout secours; Et si quelque Vaisseau ou Bâtiment chargé de Marchandises des Russiens venoit à périr sous la Domination de Sa Majesté le Schach, on donnera toute sorte de secours à ceux qui seront en danger pour sauver leurs Effets, & tout pillage & vol dans ces occasions est deffendu sous grieve peine; si quelque Russien venoit à mourir en Perse, ses effets, sans en detourner ou retenir aucun, seront remis, sur quittance, à ses Associez ou parens.

IV. Sa Maj. Imp. promet de son côté aux Sujets du Schach, qui viendront negocier dans ses Etats, ou qui y passeront pour aller dans d'autres païs, qu'ils y jouïront de toutes les franchises & avantages qui peuvent s'accorder, suivant les usages & Constitutions de son Empire, & qu'à leur requisition, on leur rendra une exacte Justice, & à cet effet il sera ordonné à tous les Officiers de Sa Maj. Imp. dans les Villes de leur accorder toute sorte de franchises, & de les proteger dans leur Commerce. Sa Maj. Imp. promet aussi que lorsque quelques Marchands de la Cour du Schach viendront en Russie, avec de bonnes Attestations qu'ils sont envoyez pour acheter des Marchandises pour Sa Maj. ils ne payeront aucun droit, comme effets apartenants au Schach, & cesdits Marchands seront reçus, suivant l'ancien usage, avec toute sorte d'égards & reconduits de même, s'ils sont véritablement Persans & s'ils n'achetent rien pour d'autres que pour le Schach.

V. D'autant que pendant les derniers troubles de la Perse plusieurs Marchands Russiens ont été massacrez par les Sujets rebelles du Schach, qui leur ont enlevé plusieurs milliers de Roubles, ce qui a plongé plusieurs personnes dans la derniere misere; Sa Majesté le Schach promet de faire examiner lesdites pertes à l'avantage des Sujets Russiens, & de leur faire rendre Justice lorsqu'ils pourront faire connoître le coupable, en faisant reparer la perte aux depens des biens meubles ou immeubles des coupables ou de leurs Héritiers.

VI. Il a été aussi reglé & statué qu'il sera libre à chacun des Contractans de tenir à la Cour de Sa Maj. Imp. & à celle de Sa Majesté le Schach, des Ministres de tel caractere que le demandera l'importance de la Négociation; & l'on donnera de part & d'autre auxdits Ministres tel Logement & apointement par jour qu'il conviendra à leur Caractere; de même il sera permis aux Contractans de tenir des Agens ou Consuls dans les autres Villes, où ils trouveront convenable, & il leur sera rendu le respect qui convient à leur Charge; & les Officiers de ces Villes auront ordre de les respecter ainsi qu'il convient, & les protéger contre tout dommage & insultes, comme aussi, sur leurs remontrances, d'administrer bonne Justice lorsqu'il aura été fait quelque tort aux Sujets des deux Souverains: terminant les procès sans délai, & faisant donner satisfaction à ceux qui auront soufert quelque Dommage.

VII. On est aussi convenu que Sa Maj. le Schach ne tiendra pour Sujets infideles les Persans, qui, pendant l'invasion des Troupes Russiennes & leur demeure dans les Provinces & Villes de Perse, sont entrez au service de Sa Maj. Imp. & ont été revêtus de quelqu'emploi, & qu'après la retraite des Russiens, ils n'en seront punis ni en leur Corps ni en leurs biens, & qu'on ne les inquiétera pas, mais ils reste-

ANNO 1732. resteront en paisible possession de leurs biens; Sa Maj. Imp. promet de son côté qu'après l'échange des Instrumens de ce Traité il ne sera enlevé aucun sujet du Schach malgré eux, étant permis à ceux qui sont entrez volontairement au service de Russie, d'en sortir & de retourner chez eux.

Conclu & Signé à *Riascha* en Ghilan le 21. Janvier 1732. par les Plénipotentiaires respectifs le General en Chef *Lewascboff*, & le Baron de *Schafiroff* de la part de l'Imperatrice de Russie; & *Mirsa Mehemet* & *Ibrahim* de la part du Schach de Perse.

Les Ratifications en ont été reçuës à Petersbourg au commencement de Juin.

CLIII.

28. Janv. *Scedule du Roi d'Espagne à ses Officiers en Amerique défendant les déprédations & les hostilitez commises par les Gardes-Côtes contre les Bâtimens Anglois. Du 28. Janvier 1732.*

LE ROI.

Comme le Sieur Keene, Ministre Plenipotentiaire du Roi de la Grande-Bretagne, residant à ma Cour, m'a representé: Que nonobstant les ordres que j'ai donnez plusieurs fois, pour empêcher que les Armateurs Espagnols en Amerique, ne commettent aucune hostilité contre les Anglois ou leurs Vaisseaux navigeans dans ces Mers; il continue cependant d'en être fait, non seulement par ceux qui ont Commission de quelques Gouverneurs des Ports de mes Etats, dans les Indes Occidentales; mais aussi par ceux qui n'en ont point: que l'on colore ces hostilitez du prétexte specieux de Commerce illicite, & que les Gouverneurs ne font aucune attention aux Plaintes, qui leur sont addressées de la part des Anglois, qui ont souffert de telles injustes vexations, ni ne leur font donner aucune juste satisfaction pour les dommages qu'on leur à causé; J'ai resolu de reïterer, par cette présente Lettre, les ordres déja donnez à cet effet. C'est pourquoi j'enjoins aux Gouverneurs des Ports & des Places, qui sont sous mon obeïssance en Amerique, de ne pas souffrir, qu'aucun de mes Sujets moleste, maltraite ou inquiete les Anglois, ou leurs Vaisseaux, qui trafiquant dans ces Mers-là, se tiendront dans les latitudes où il leur est permis d'aller; & qui ne seront point trouvez avoir part ou interêt dans aucun Commerce défendu. Je leur ordonne de plus d'avoir soin, que mesdits Sujets se gouvernent exactement & indispensablement, en conformité des Loix Royales & Ordonnances émanées à ce sujet, à peine contre celui ou ceux qui y contreviendront, d'être punis avec la plus grande séverité, suivant l'énormité de l'offense commise; laquelle punition s'étendra aussi à l'égard de ceux qui iront en Mer, sans la moindre Commission, & pour le seul dessein de commettre des Hostilitez, & de faire des Prises injustes. Je prétends encore & veux, que lesdits Gouverneurs entendent & reçoivent toutes les plaintes, qui leur seront faites de la part des Officiers & Commandans Anglois, soit en personne ou par Lettre, & qu'ils leur rendent toujours Justice & en tout tems, en leur faisant donner une juste satisfaction, par raport aux pertes qu'ils pourroient souffrir de la part des personnes qui y donneroient occasion, & qui par consequent doivent les en dédommager & indemniser. En outre, lesdits Gouverneurs doivent savoir, qu'ils seront responsables de toutes les violences que lesdits Armateurs commettront à cet égard. C'est pourquoi avant que de leur donner Commission d'aller en Mer, ils doivent s'informer du caractere de leurs personnes, & s'assurer d'eux, par des Cautions suffisantes. Car telle est ma volonté & mon bon Plaisir. A Seville le 28 Janvier 1732.

Signé,

MOI LE ROI.

Et plus bas,

DON JOSEPH PATINHO.

CLIV.

16. Fev. *Decret du Pape* CLEMENT XII. *pour ériger Ancone en Port Franc. Du 16. Fevrier 1732.*

ANNIBAL, par la Grace de Dieu Evêque de Sabine, Cardinal de St. Clement, Camerlingue du S. Siége de Rome.

Nôtre S. Pere, le Pape Clement XII. ayant toûjours été attentif, depuis qu'il est sur le St. Siége, à procurer tous les avantages possibles à ses fidelles Sujets, pour mieux mettre en execution ses bonnes intentions paternelles, a toujours examiné avec soin tous les moyens qui lui ont été proposez: & considerant que l'accroissement du Commerce & de la Navigation contribueroit beaucoup à la perfection des Arts, &c. dans l'Etat Ecclesiastique, que plusieurs familles en retireroient de grands avantages & que les manufactures & les fruits de ce païs s'en débiteroient mieux; S. S. a trouvé bon, pour ne pas priver ses bons Sujets d'une occasion si favorable, imitant en ceci l'exemple de ses Prédecesseurs, & pour ne rien faire à la legere dans une affaire de cette importance, à convoqué une Congregation particuliere des Eminens & venerables Cardinaux & de quelques Prélats de la Cour pour prendre leurs avis, lesquels ont representé à S. S. qu'il seroit très avantageux d'étendre autant qu'on peut le Négoce dans la Mer Adriatique entre ses Sujets, & les Marchands étrangers qui aporteroient toutes sortes de vivres & autres Marchandises & denrées, dans le Port d'Ancone sur leurs Vaisseaux, Bateaux, Barques ou autres Bâtimens de quelque grandeur qu'ils fussent & de quelqu'endroit qu'ils vinssent; Et à cet effet de déclarer ledit Port d'Ancone un Port Franc, & donner liberté entiére à tous Marchands de toutes Nations d'y venir, d'y trafiquer, & de disposer de leurs Effets, sans payer à l'avenir, les droits & impôts payez jusqu'à present dans ce Port. De plus ladite Congregation, en consequence de la susdite resolution, a dressé les Articles suivans tant pour établir un bon ordre dans ledit Port que pour la sureté des Négocians; lesquelles résolutions Sa Sainteté a approuvé & signé de sa main le 14. du present mois & nous les a envoyées avec les Articles, déclarant le Port d'Ancone un Port Franc, & lui accordant les Privileges, Franchises, & Graces dont on jouït dans d'autres Ports Francs; abolissant, à cet effet, tous droits, impôts, taxes, de quelque genre que ce puisse être, qui ont été payez jusqu'à present dans les susdits Port & Ville, conformément aux Articles suivans, comme il paroit plus amplement dans la Patente signée de la main de Sa Sainteté, & gardée par le Secretaire soussigné, à laquelle nous nous referons.

Pour executer les ordres exprès de S. S. contenus dans ladite Patente, & en vertu de notre Charge de Camerlingue, nous notifions à un chacun les susdits Droits, Franchises & Privileges accordez dans le susdit Port à tous Marchands & Négocians étrangers, leur promettant que leurs Effets seront exempts des droits, impots, &c. & joüiront des Privileges expliquez dans les Articles suivans.

I. Les Capitaines ou Maîtres, les Marchands & Negocians de quelque Nation qu'ils soient, qui aborderont à l'avenir dans le Port Franc d'Ancone, pourront librement entrer dans le Port & dans la Ville, avec leur Bâtiment & leurs effets pour y commercer, & en disposer comme ils trouveront à propos, soit en gros, ou en détail, & ensuite en partir en toute liberté, en sûreté, sans craindre aucun empêchement.

II. Et afin d'ôter aux Négocians toute crainte d'être retenus & arrêtez trop long-tems, ou obligez de faire de grandes dépenses au cas qu'ils ayent quelque démêlé au sujet de leurs Marchandises, &c. S. S. consent en faveur du Commerce, que le Consulat des Négocians connoisse comme Juge de toutes les affaires qui concernent le Commerce, auquel effet S. S. confirme, autant qu'est besoin, tous les Privileges accordez jusqu'à présent audit Consulat, de la même maniére dont en jouïssent les Consuls dans le Levant ou en Portugal, les renouvellant & les confirmant; Et de plus, pour la plus grande facilité des Marchands du Levant ou de Portugal & empêcher qu'ils ne perdent leur tems ou leur Argent devant d'autres Tribunaux,

ANNO 1732. naux, au cas qu'ils ne soient pas contens de la Sentence de leurs Consuls, prétend Sa Sainteté qu'ils ne pourront en apeller qu'au Consulat des Négocians, sans avoir recours à quelque autre Tribunal, & qu'ils se conformeront à la décision dudit Consulat.

III. Pour encourager les Marchands étrangers & les Ouvriers à se venir établir avec leurs familles dans la Ville & le Port-Franc d'Ancone, S. S., pour donner des marques de son amour Paternel & de ses bonnes intentions, veut que chaque Négociant ou Ouvrier, qui viendra s'établir dans ladite Ville, après la publication des Présentes, jouissent pendant 10. années de l'exemption de toute taxe nommée *beneſtante*, comme aussi de tous impôts sur l'entrée des vins & huiles étrangeres, qui seront pour leur consomption.

IV. Tous les Vaisseaux de quelque Nation qu'ils soient qui aborderont dans le Port d'Ancone, chargez de Marchandises, auront la liberté de les vendre & négocier le mieux qu'ils pourront & au plus grand profit des propriétaires; il leur sera libre aussi de décharger leurs Effets dans les Magazins ordinaires de la Ville & les faire sortir de la Ville par eau sans païer aucun droit ni impôt, à l'exception des grains de dehors & des *Margatelli* qui ne pourront entrer sans une permission expresse.

V. Pour prévenir tout desordre par raport aux Marchandises déja défendues comme Draps, Soyes, Brocards, Dentelles, d'Or, d'Argent, de Soye & de Fil, &c. & autres dont l'entrée dans l'Etat Ecclésiastique pourroit être défendue à l'avenir, Sa Sainteté veut que la sortie de ladite Ville en soit libre, & à cet effet on marquera une place où elles pourront être gardées jusqu'à ce que le Vaisseau sera en état de partir pour les transporter hors de l'Etat Ecclesiastique ou en d'autres lieux où elles ne feront pas défendues, & pour ledit Magazinage il sera seulement payé 5. Bajocchi pour une voiture remplie desdites Marchandises, lorsqu'elles sortiront librement du Port sans payer aucun Droit ou Impôt.

VI. Quoique le Lazaret d'Ancone soit bien placé & tout propre pour y purifier les Marchandises suspectes, les ordres ont été donnez de netoyer ledit Lazaret, & les Inspecteurs de la Santé auront des ordres très-précis de faire tout ce qui peut contribuer à la sureté publique.

VII. Et d'autant que c'est une très-mauvaise coutume que de permettre que des Gens se mêlent de Courtage dans des Marchandises, dont ils n'ont pas de connoissance, S. S. a resolu pour prevenir cet abus d'établir les Consuls comme elle les établit par ces présentes, pour empêcher que personne n'exerce l'Office de Courtier, qu'ils n'ayent auparavant examiné s'il est capable de l'exercer comme il faut, & l'en trouvant capable, lesdits Consuls lui donneront une Attestation par écrit, pour la présenter à la Chancelerie, ou sur ladite Attestation, & après le Serment requis, & non autrement, il lui sera accordé la Permission, & un Acte lui en sera expedié comme de coutume; & pour plus grande sureté des Marchands, le nombre des Courtiers sera fixé, & ils exerceront cet Emploi suivant les Loix que Sa Sainteté trouvera à propos de leur prescrire.

VIII. Pour l'encouragement des Acheteurs & des Vendeurs, & pour prévenir tous différens entre eux, S. S. entend que tous les Effets qui seront vendus ou négociez dans la Ville & le Port libre d'Ancone, seront aussi-tôt sujets aux Droits usitez & publics en payant la susdite petite taxe, sans aucun changement, & cela tant par raport aux Effets qui sortiront par Eau, que pour ceux qui entreront ou sortiront par Terre.

IX. D'autant qu'il est très-nécessaire que les Marchands ayent des Gens exprès pour embaler & debaler leurs Marchandises, les ordres ont été donnés à cet effet, & ces Gens seront payez suivant leurs peines, ensorte qu'il ne puisse y avoir de démêlé à cet égard, personne ne pouvant exiger que le Salaire ordinaire.

X. Sa Sainteté prétend que les Capitaines payent le droit d'Ancrage de tous les Bâtimens qui entreront dans le Port Franc d'Ancone, dans le District marqué, savoir depuis la Pointe *di Falconara* en ligne droite jusqu'au Rocher *della Volpe*, soit que les Bâtimens soient chargez ou qu'ils n'ayent que du Leste, & de quelque endroit qu'ils viennent, suivant le Tarif ci-joint, & à proportion de ce qu'on paye dans les autres Ports, en sorte néanmoins que les Barques qui vont seulement à la Pêche, ne seront pas tenuës de payer l'Ancrage, mais s'ils sont chargez de Marchandises, ou qu'ils en déchargent, ils devront payer. ANNO 1732.

XI. S. S. prétend que les Capitaines ou Maitres, aussi-tôt qu'ils seront arrivés dans le Port Franc d'Ancone, déclarent au *Cartolario* ou à ses Commis la qualité & la quantité des Effets qu'ils ont à bord, comme il est usité ailleurs, ils déclareront aussi expressement à qui lesdits Effets sont adressez, afin de prévenir tout desordre, sur tout par raport aux Marchandises défendues, ci-dessus spécifiées.

XII. S. S. défend expressement à tous Capitaines & Maitres de décharger du leste dans le Port ou d'y jetter aucune ordure, sous peine de 200. Ecus chaque fois; & afin que le Port reste toujours net, à l'avantage des Vaisseaux qui y entrent, on a marqué une place, où l'on pourra jetter le Leste, &c.

XIII. Enfin S. S. veut que, selon l'usage pratiqué dans tous les Ports, les Vaisseaux qui seront dans celui d'Ancone, se pourvoye dans cette Ville de Biscuit, Sel, Chair, Vin, &c. autant qu'ils en auront besoin.

TARIF.

L'Ancrage que les Capitaines ou Maîtres seront tenus de payer en entrant dans le Port d'Ancone, sera

Pour les petits Bâtimens navigeant dans le Golfe de Venise, grands de 50. *Migliaja* ou 75. *Rubbia.* Ecus. 0-50

Bâtimens plus grands à proportion de leur grandeur jusqu'à 200. *Migliaja* ou 300. *Rubbia.* 2-0

Petits Bâtimens navigeans hors du Golfe, de 50. *Migliaja.* 1-0

Plus grands à proportion jusqu'à 200. *Migliaja.* 4-0

Tous autres gros Bâtimens navigeans tant dedans que hors le Golfe savoir *Vaisseaux*, *Pataches*, *Flutes*, *Brigantins*, *Pinques* & autres semblables de 200. *Migliaja* ou 300. *Rubbia.* 5-0

De 300. *Migliaja* ou 500. *Rubbia.* 10-0

De 450. *Migliaja* ou 700. *Rubbia.* 15-0

Tous Bâtimens plus grands. 20-0

Le présent Tarif, les Privilèges, droits & franchises ci-dessus specifiez seront à l'avenir inviolablement observez & exécutez. Donné à Rome dans la Chambre Apostolique le 16. de Février. 1732.

Signé, A Evêque de Sabine, Cardinal de St. Clement, Camerlingue.

Plus bas, F. G. CANCCI, Auditeur.

Au dessous, N. LANA, Commissaire Général.

DOMINICO ANTONIO GALOSI, Secretaire & Chancelier de la vénérable Chambre Apostolique.

CLV.

Octroi du Roi d'Espagne accordé à D. EMANUEL DE ARIAGA *& Compagnie pour l'Erection de la Compagnie Royale des* PHILIPPINES; *Donné le 26. Avril 1732.* 26. Avril

PHILIPPE par la Grace de Dieu Roi de Castille, de Leon, d'Arragon, des deux Siciles, de Jerusalem, de Navarre, de Grenade, de Tolede, de Valence, de Galice, de Mayorque, de Seville, de Sardaigne, de Cordouë, de Murcie, de Jaen, des Algarves, des Algecires, de Gibraltar, des Isles des Canaries, des Indes Orientales & Occidentales, Isles & Terre Ferme, de la Mer de l'Ocean, Archiduc d'Autriche, Duc de Bourgogne, de Brabant & Milan, Comte d'Habsbourg, de Flandres, Tirol & Barcelone, Seigneur de Biscaye & de Molina, &c. &c.

D'autant que les Monarchies ne sont opulentes qu'à proportion du Commerce qui s'y fait, il est du bien de nos Sujets pour l'augmentation de leurs richesses, & de notre propre intérêt pour nos revenus, de procurer

ANNO 1732. curer dans l'étenduë de nos Etats, & Domaines les établissemens qui peuvent y produire des effets si avantageux: dans cette vuë nous désirons, que le Commerce fleurisse non seulement dans nos Indes Occidentales, mais qu'il puisse être porté *directement* dans nos Isles des Philippines: pour cela nous jugeons à propos, de notre propre mouvement, pleine connoissance, autorité Royale, & droit de Souveraineté, d'établir, & former une Compagnie expresse pour le Commerce de nosdites Isles des Philippines, qui aura son étenduë dans toutes nos autres Provinces, & Royaumes: nonobstant la prohibition inserée dans la Loi 34. Livre 9. Titre 45. du Recueil des Indes appelé *Recopilacion de Indias*, à laquelle Loi nous dérogeons seulement pour cette Compagnie, à qui nous accordons gratuitement pour nous, & nos Successeurs un établissement dans notre bonne Ville de Cadix pour le tems, & espace de vingt années consécutives, par cette présente Résolution irrevocable, sous le nom de *Compagnie Royale des Philippines*, & aux Articles, Franchises, clauses & conditions suivantes.

I. Cette Compagnie aura la faculté, & le Privilege de naviger à nos Isles des Philippines, & d'y négocier de même que dans les Indes Orientales, & aux Côtes d'Afrique, tant en deça qu'au delà du Cap de Bonne Esperance, & dans tous les Ports, Bayes, Lieux, & Rivieres, où les autres Nations trafiquent librement, devant jouïr du droit d'Hospitalité, selon qu'il est d'usage & coutume, durant le terme de vingt années à compter du jour de la date de notre présente Résolution Royale.

II. Il ne sera permis à nulle autre personne, de quelque qualité ou condition qu'elle puisse être, qui ne sera du Corps de cette Compagnie, de faire directement ou indirectement ladite Navigation dans les vingt années ci-dessus mentionnées sous peine d'encourir notre indignation, & de confiscation, au profit de ladite Compagnie, de leurs Vaisseaux, Bâtimens, Armes, Munitions, & Marchandises, de quelque espece qu'elles soient.

III. Pour cet effet nous révoquons, & annullons toutes les permissions que jusqu'à présent nous avons données pour faire ladite Navigation, spécialement le Traité accordé au nom de *Don Manuel de Arriaga*.

IV. Nous accordons & permettons à ladite Compagnie d'arborer tous ses Vaisseaux grands, & petits, du Pavillon de nos Armes, & d'avoir aussi un sceau, ou cachet particulier où seront gravées les Armes de notre bonne Ville de Cadix, pour s'en servir uniquement dans les Actes, Lettres Patentes, & Commissions, qui concerneront la Regie, direction, & administration de ses affaires.

V. Tous les Vaisseaux de cette Compagnie seront exempts pendant le tems, qu'elle doit durer, de payer aucun droit, ni de tonneaux, ni d'étrangers, ni de *media annata*, devant être considerez comme Vaisseaux de notre Royale Mariné; & l'aumone pour notre Collège, & Seminaire de Saint Elme de cette Ville, restera au choix, & volonté des Directeurs, aussi-bien que l'admission dans lesdits Navires, des jeunes gens qui s'y élevent pour la Navigation, auxquels les Directeurs déstineront les Places de Mousses, & de Matelots, comme ils le jugeront convenable.

VI. Nous donnons faculté aux mêmes Directeurs de choisir & nommer les Maîtres Charpentiers & Calefats, qui leur conviendront, tant pour les carennes & radoubs, qu'autres Ouvrages dont leurs Vaisseaux pourront avoir besoin, à condition neanmoins que ces Maîtres doivent être de notre approbation.

VII. Si pour la plus grande sûreté des intérêts de la Compagnie, ou pour quelqu'autre motif que ce puisse être, nous jugeons à propos de lui vendre ou frêter un, ou plusieurs de nos Vaisseaux: nous les lui accorderons, & nous ordonnons que ce soit du port, & avec les circonstances qu'elle les demandera, en convenant du prix de la vente ou du fret, entre l'Intendant & le Controlleur principal de notre Marine à Cadix d'une part, & les Directeurs de la Compagnie de l'autre.

VIII. Nous permettons à ladite Compagnie de faire construire dans toute l'étenduë de nos Royaumes & Domaines, les Navires qu'elle voudra pour son service, & ordonnons que dans tous les endroits où elle les fera fabriquer, elle jouïsse des mêmes franchises & exemptions, pour lesdits Vaisseaux, que ceux que l'on construit pour notre service.

IX. Ladite Compagnie pourra de même faire construire, ou achéter s'il lui convient, dans les Ports Etrangers, les Navires qu'elle voudra pour son service, & les faire passer dans nôtre Port & Baye de Cadix, où elle pourra librement achéter aussi ceux qu'elle trouvera suffisants; & dans l'un & l'autre cas, nous exemptons lesdits Vaisseaux du droit *d'Alcavala*, & de quelqu'autre que ce puisse être, bien entendu que cette exemption ne tombera pas sur ceux dont elle pourra se défaire, car alors elle payera pour la vente de ceux-ci le susdit droit, ainsi qu'il est établi dans notre Royaume. ANNO 1732.

X. Tous les Cordages, Voiles, Ustenciles, Munitions & Bois que la Compagnie achetera, tant en dedans qu'au dehors de nos Royaumes, de même que les vivres necessaires à la nourriture des Equipages de ses Navires, tant pour le tems de leur carenne & armement, que celui de leur Navigation, jouïront de la même franchise de droit que si c'étoit pour ceux de notre service; & pour cet effet, il lui en sera donné les dépêches ordinaires: & en cas que la Compagnie ait besoin des susdites choses, de nos Arsenaux, & Magasins, elles lui seront livrées sur leur juste valeur, par nos Officiers à qui la connoissance en apartient.

XI. La Compagnie pourra établir tous les Magasins dont elle aura besoin pour carenner, & garder les Agrets, Ustenciles, Vivres, & Munitions de ses Vaisseaux, lesquels jouïront des mêmes Privileges dont jouïssent ceux de nos Arsenaux; mais en cas d'indice d'y avoir de la fraude, ils devront être visitez de même qu'on le pratique dans nos Arsenaux.

XII. Comme il pourroit arriver peut-être qu'il ne se rencontrât pas, parmi nos Sujets, le nombre necessaire d'Officiers & Gens de Mer, qui eussent couru les Mers d'Afrique & Orientales, parce que cette Navigation ne leur est pas ordinaire: Notre volonté est, que les Directeurs de cette Compagnie, puissent nommer lesdits Officiers & Gens de Mer, Etrangers, qu'ils jugeront à propos pour le Commandement, & Equipement de ses Vaisseaux; à condition neanmoins que le premier Capitaine de chaque Navire aura pris naissance dans nos Royaumes, & toûjours pour le moins la moitié de l'Equipage sera Espagnol; de plus nous voulons qu'il soit expedié tant auxdits Capitaines qu'à leurs Lieutenants, les Commissions correspondantes au grade de Mer, & Guerre afin qu'ils soient considerez, & respectez pour tels, des Nations avec lesquelles ils auront à traiter.

XIII. Considerant aussi par la raison mentionnée au précédent Article, qu'il pourroit ne pas se rencontrer, autant qu'il seroit besoin de personnes habiles, & intelligentes pour les Négoces, Achapts, & Ventes, que cette Compagnie ne pourra pas se dispenser de faire dans les Domaines des Princes de l'Asie, & Afrique; pour prévénir cet inconvenient, nous permettons aux Directeurs de nommer quelques Facteurs & Commissionaires Etrangers qui soient au fait de semblable Commerce pourvû qu'ils soient de bonne réputation & de louable conduite.

XIV. Les Officiers, Commissionaires, Facteurs qui seront nommez par les Directeurs, seront obligez d'observer exactement les ordres, instructions, & routes qu'on leur prescrira, & y manquant ils seront griévement punis, sans que lesdits Directeurs soient censez responsables des opérations desdits Officiers, Commissionaires, & Facteurs, attendu qu'ils les auront choisis avec les qualitez requises pour bien remplir leur devoir.

XV. Les Directeurs de cette Compagnie pourront expédier annuellement un Navire, ou plus, selon qu'ils le trouveront convenable, & s'ils ont besoin d'y avoir quelques Troupes pour assûrer la Navigation, & contenir leurs Equipages, nous voulons bien les leur accorder, en convenant auparavant, avec l'Officier que nous destinerons, de la solde que devra donner la Compagnie, pendant le Voyage, à chaque Soldat de notre Marine.

XVI. Etant défendu (comme en effet nous défendons) aux Navires de cette Compagnie de faire échelle dans les Ports de l'Amerique; cependant, si par quelque urgente necessité, ou forcé par les accidents de la Mer, ils sont obligez de relâcher dans quelque Port de nos Domaines: nos Officiers qui s'y trouveront Commandants devront les considérer comme s'ils étoient des Vaisseaux de notre Marine, & les pourvoir, à un prix raisonnable, de tout ce dont ils auront besoin pour poursuivre leur Voyage: & en cas qu'ils n'eussent point l'argent necessaire pour payer la dépense qu'ils y auroient pû faire; il leur sera fourni de nos

nos Caisses Royales, & l'Officier qui aura fait subministrer cet argent, nous devra en rendre compte, en nous envoyant l'état du montant, que la Compagnie sera tenuë de rembourser ponctuellement en notre Port de Cadix.

XVII. Si les Directeurs de cette Compagnie jugent à propos de faire embarquer dans leurs Vaisseaux les Marchandises, & fruits, qu'ils trouveront leur convenir tant de nos Royaumes que des Etrangers, pour les vendre ou échanger en nosdites Isles des Philippines, & dans les Ports Asiatiques, ils pourront le faire librement; & à cet effet il leur sera expedié les depêches necessaires par le Président du Tribunal de la Contractation des Indes, en payant seulement les droits qui ont été fixez par le Projet du 5. Avril 1720.

XVIII. Les Directeurs pourront charger dans la même forme & sous les mêmes dépêches, la quantité de cinq cens mille Piastres fortes, en monnoye d'argent, ou plus ou moins, dans chaque Navire, selon que la nature de la Negociation l'exigera, pour faire leurs emplettes de Marchandises Orientales, qu'ils pourront conduire, & apporter dans nos Royaumes de ce Continent; & s'il arrive qu'après ces achats faits, il leur reste quelque portion dudit argent blanc, ils pourront le troquer pour de l'or, surquoi nos Sujets trouveront une grande utilité & accroîtront leurs richesses, attendû que l'or donne de l'avantage par raport à la valeur qu'il a en Europe, & que pour l'embarquement & extraction dudit argent, ils ne seront obligez de payer aucun droit.

XIX. Attendu que les droits d'entrée & sortie que la Compagnie sera tenuë de contribuer, devront être payez à Cadix; aucun des Officiers employez dans nos Finances de *Manila* ne prendra connoissance d'aucuns effets, fruits, or, ni argent, qu'elle pourra embarquer ou debarquer de ses Navires dans ce Port-là; mais les Administrateurs, Maîtres ou Commissionaires de ceux qui y arriveront, seront obligez d'exhiber au Président de notre Royale Audience des Philippines, comme Gouverneur & Capitaine Général d'icelles, l'état ou facture de la Cargaison que chaque Navire portera, laquelle facture devra être signée par le Président de la Contractation de Cadix, avec l'expresse Déclaration d'y avoir payé les droits qu'on devoit de sortie, & la Compagnie aura la liberté de vendre, ou échanger lesdites Piastres & effets, soit en tout ou en partie, dans les autres Ports de l'Asie ou de l'Afrique, suivant qu'elle le jugera à propos.

XX. Nous permettons que les Navires & autres Bâtimens petits ou moyens (étant au service de la Compagnie) puissent trafiquer & commercer dans lesdites Isles des Philippines & parcourir les autres Ports, & Côtes des dépendances étrangères sans que nosdits Officiers des Finances de *Manila* puissent prendre connoissance ni intervenir pour raison des Marchandises qui y seront venduës, achetées ou échangées, encore moins les obliger à la contribution du droit *d'Alcavala* ou de quelqu'autre que ce puisse être: De plus ordonnons qu'il soit fourni de bons Magasins où la Compagnie puisse mettre & conserver ses Marchandises, jusqu'au tems du départ de ses Navires pour s'en retourner en nos Royaumes d'ici, auquel effet nous ordonnons audit Gouverneur & Capitaine Général des Philippines, d'assister, & de protéger cette Compagnie & ses Officiers, Facteurs & employez pour faire librement leur Commerce sans en exiger le droit de Gabelle, ni aucune autre contribution, & aussi de ne point permettre que leurs Vaisseaux soient arrêtez dans aucun Port, sous quelque prétexte ou motif que ce soit.

XXI. Si par quelque motif particulier les Vaisseaux de cette Compagnie s'arrêtoient dans les Ports des Princes Orientaux, qu'ils y échangeassent ou achetassent des effets pour leur chargement, ils pourront s'en revenir en droiture dans les Ports de nos Royaumes de l'Europe sans être obligés de relâcher auparavant dans ceux de nos Isles Philippines.

XXII. Si les Navires de cette Compagnie en allant ou revenant de leur Voyage, jugeoient à propos ou étoient obligés d'entrer dans les Ports de l'Afrique & qu'il leur convînt d'y achêter quelques Negres natifs de ces climats, en argent comptant ou en échange d'effets pour les transporter & vendre aux Philippines, aux Indes-Orientales, ou même en Espagne, nous le leur permettons afin que sans aucun empêchement ils puissent le pratiquer ainsi, à condition néanmoins qu'ils ne pourront pas transporter ni introduire lesdits Negres dans l'Amerique.

XXIII. Les prises que les Navires de cette Compagnie feront dans toutes les Mers par où ils passeront, soit sur des Pirates ou sur des Ennemis de notre Couronne, devront lui apartenir, à l'exception néanmoins d'un dixiéme pour cent de leur valeur qu'elle sera obligée de remettre à notre Trésor Royal; lequel dixiéme pour cent sera pris sur la juste évaluation des Vaisseaux & effets pris, que la Compagnie aura la faculté de faire vendre ou échanger pour d'autres Marchandises par le moyen des Facteurs ou Directeurs qui se trouveront à leur réception, dans quelque Port que ce soit de nos Royaumes: & sur la Relation veridique que donneront les susdits Facteurs ou Directeurs certifiée & signée d'eux, de l'évaluation desdits effets, les Officiers, destinez pour nos Finances en tireront le susdit dixiéme pour cent, au moyen de quoi la Compagnie ne payera aucun autre droit, contribution ni Gabelle, pour raison desdites prises, ou venduës ou échangées.

XXIV. La Compagnie aura la proprieté des Forteresses, Châteaux, & Habitations, qu'elle pourra achetter ou négocier avec les Princes étrangers ou leurs Sujets, de même que de ce qu'elle pourra conquerir ou peupler dans les lieux déserts, conformément à nos Loix contenuës dans le susdit Recueil des Indes, à cet effet il lui sera permis d'envoyer pour ses nouvelles Colonies & pour l'éducation & instruction des habitans, les Ecclésiastiques, ou autres personnes qu'elle jugera necessaires, aussi bien que toutes les Armes, & Munitions de Guerre dont elle aura besoin, le tout sans préjudice de notre Souveraineté Royale.

XXV. Les Directeurs de cette Compagnie seront obligez de produire un Manifeste de toute leur Cargaison bien circonstanciée & très-véritable, devant notredit Président de la Contractation ou devant la personne à qui sera commise l'Intendance de ses Navires, afin qu'en vertu d'icelui les Dépêches, tant pour le dedans que pour le dehors du Royaume, leur en soient expediées.

XXVI. La charge que les Navires de cette Compagnie aporteront de retour en ces Royaumes pour y être venduë & consumée devra être composée de Cuivre, de soye torse, & en écheveaux; de Thé, bou & vert, de Porcelaines, d'Ouvrages en bois vernissé, de pierreries, Tissu de Coton, Poivre, Cloux de girofle, Muscade, Racine de Chine, Canelle, Rhubarbe, Galanga, Cacao, Gutte-Gomme, Borax, Musc, Benjoin & autres genres & espèces d'herbes Medecinales qui puissent être consumées en Europe: il leur sera aussi permis d'aporter dans chaque Navire les Tissus de Soye correspondans à la capacité de 50. Tonneaux, un peu plus ou moins, pour être vendus dans nos Royaumes; mais non pas y être consumez: notre volonté étant que la Compagnie par elle-même ou par ses acheteurs, puisse les transporter chez les Etrangers & à l'Amerique, où elle pourra les faire vendre & consumer.

XXVII. Cette Compagnie sera tenuë de payer à notre Trésor Royal à l'entrée dans nos Royaumes la contribution de huit pour cent de la valeur des épiceries que ses Navires aporteront, & de cinq pour cent de celle de tous les autres genres de Marchandises a proportion des taxes nommées *Aforos* & des évaluations qui seront specifiées à la suite de notre présente Dépêche; bien entendu cependant qu'à l'égard des Marchandises qui n'y sont pas denommées & que l'on pourroit aporter, on devra s'en tenir aux prix que les connoisseurs y mettront, pour pouvoir en tirer les droits accoutumez.

XXVIII. Dans ces Droits seront compris tous ceux d'entrée & de sortie qui ont été imposez pour les Douanes de nos Royaumes, tant à nous apartenant, qu'aux Communautez municipales, Consulats & autres personnes particulieres, de même que les droits *d'Alcavala*, *Cientos*, *&* *Milliones*, qui se payent pour la consommation desdites Marchandises & Epiceries qui y sont sujettes; cependant nous entendons que ces droits resteront dans leur entier à l'égard des differentes especes de Marchandises qui seront aportées, & dont le Commerce se fera par la main des Etrangers, & afin de prévenir les fraudes que l'on pourroit tenter de faire, à la faveur de ces graces que nous accordons seulement à la Compagnie: Notredit Président de la Contractation ou la personne qui le représentera, sera obligé d'envoyer à notre Douane de Cadix une Relation exacte & bien circonstanciée de tout le chargement des Navires de la Compagnie, lequel sera debarqué & mis en Magasin sur la

Anno 1732. la Dépêche de notredit Président, qui aura soin d'en faire plomber toutes les pièces du Sceau des Armes que nous avons accordé a cette Compagnie par l'Art. IV. ci-dessus.

XXIX. Les Directeurs de cette Compagnie choisiront des Magasins pour mettre en dépôt toute la Charge de leur Navire; & là, ils pourront vendre publiquement au dernier encherisseur, ou en particulier, le tout ou partie de leurs Marchandises pour lesquelles ils ne payeront ni *Alcavalà*, *Cientos*, ni aucune autre chose, attendu qu'ils auront déja satisfait les huit & cinquiéme pour cent expliquez à l'Article XXVII.

XXX. Les Directeurs de cette Compagnie, pourront (quand ils le jugeront à propos) faire embarquer pour nos Indes Occidentales les Marchandises & Epiceries à elle apartenantes, en payant néanmoins les droits reglez par le Projet pour les Flottes & Gallions: il leur sera également permis d'expedier avec chaque armement de Flotte & Gallions, un Navire du port de 350. Tonneaux, un peu plus ou moins, sur lequel ils pourront charger leurs effets & Tissus de soye; & la place dans ledit Navire qui restera, après y avoir mis leurs effets, il leur sera loisible de la fréter à des Particuliers, se reglant à cet effet sur le même Projet: mais pour ledit Navire qui ira en Flotte ils payeront 50. Piastres Provinciales par Tonneau & pour celui des Gallions le prix le plus moderé qui sera reglé, suivant l'usage; & ces prix, pour raison de Tonneaux tant de Flotte que de Gallions, seront les mêmes auxquels les Créanciers de la Flotte de Vigo, à qui nous les avons cédez, & les autres qui pourront avoir de legitimes droits, vendront ceux qui leur apartiendront, exemptans lesdits Navires du droit d'Etrangers & tiers des propriétaires de recolte, apellé, *terçio de Cocecberot*, de la même manière qu'il se pratique pour nos Vaisseaux: quant à ceux de la Compagnie ils devront naviguer comme les autres de Flottes & de Gallions à commencer avec les premiers qu'on dépêchera, en contribuant également aux droits prefix; & au cas que la Compagnie voulût depser quelqu'un de ses Vaisseaux dans les Ports des Indes, elle pourra l'éxécuter librement en observant la même règle qui se pratique avec nos Vaisseaux de Flotte & de Gallions.

XXXI. Les Marchandises qui ne se vendront ni se chargeront pour l'Amerique, pourront sortir pour les Royaumes Etrangers, soit pour le compte de la Compagnie, soit pour celui des Acheteurs, que nous exemptons du droit d'extraction & de tous autres impôts, en consideration du benefice qui resultera pour nos Finances & à nos Etats, de la vente d'icelles aux Etrangers, dont les produits avantageux ne pourront que l'être à l'enrichissement du Royaume.

XXXII. Si les Debiteurs de cette Compagnie ne payent à l'écheance des termes, dont ils seront convenus avec les Directeurs & Facteurs; il sera procedé contre eux par les voyes de droit, sans qu'il puisse leur être accordé aucune remise ou délai, à moins que lesdits Facteurs ou Directeurs n'en conviennent.

XXXIII. Les Directeurs auront la faculté de nommer à leur volonté & à la pluralité des Voix, les Trésoriers ou Caissiers, Teneurs de Livres, Secretaires, Notaires, Agens, Commissionaires, Maitres de Navires, Officiers, Subalternes, & tous les autres d'inferieures classes qui devront être employez au service de cette Compagnie, dans quelque operation que ce puisse être, & auront le pouvoir de les suspendre ou casser de leurs emplois & en nommer d'autres toutes les fois qu'ils jugerout leur convenir, car nous voulons que ceux qui seront ainsi nommez soient exemts & relevez d'aprobation, examen, caution & d'être enregistré par aucun Tribunal, Consulat ni Maison de Saint Elme; c'est pourquoi nous enchargeons à la direction de la Compagnie d'avoir grand soin que ces nominations ne tombent que sur des personnes de bonne foi, & qui ayent les qualitez requises pour l'exercice de leurs emplois.

XXXIV Les Directeurs ne pourront pas être vexez par voye d'emprisonnement ni arrêt ni saisie de leurs biens ou effets, sous prétexte de leur faire rendre compte de leur Administration, ni à cause des Personnes dependantes de la Compagnie, jusqu'à ce que la sentence définitive soit renduë par leur Juge competant, qui (pour ces cas & pour tous autres qui pourront survenir) devra l'être privativement notredit Président de la Contractation; mais les jugemens n'auront leur effet sur aucun desdits Directeurs ni leurs Subdeleguez pendant qu'ils seront employez à l'expédition de quelque Navire, dont le retardement pourroit être préjudiciable, de plus nous enchargeons très-expressement notredit Président de la Contractation de veiller avec toute l'attention possible à la conservation & augmentation de cette Compagnie, dont nous avons tout lieu d'attendre des succès favorables pour notre Etat & l'avantage de nos Sujets. Anno 1732.

XXXV. Les Livres de la Compagnie aussi bien que ceux de ses Directeurs ne pourront pas être tirez de la Maison où ils auront été établis, non plus que d'entre les mains des Caissiers par ordre d'aucun Juge, pour les inserer ou faire paroître dans quel Acte ou Jugement que ce puisse être; notre volonté étant qu'il soit donné foi publique aux Certificats qu'ils donneront ou qui leur seront demandez.

XXXVI. Les Directeurs regleront tous les apointemens & salaires qu'on devra donner aux Officiers, Gens de Mer & autres Serviteurs de la Compagnie, en convenant avec eux, ou le proportionnant au travail & merite d'un chacun.

XXXVII. Les Officiers & Gens de Mer que la Compagnie aura employée, au service de ses Navires, jouïront des mêmes graces & Privilèges que ceux de notre Marine, & ne pourront pas être employez ailleurs que ce ne soit du consentement de la Direction.

XXXVIII. Les Officiers Gens de Mer au service de la Compagnie ne pourront porter, ni en allant ni au retour de Voyage pour quelque motif, & prétexte que ce soit, aucun argent, Denrées ni Marchandises qui puissent leur apartenir, à peine d'être confisquez & appliquez au profit d'icelle, à moins que les Directeurs n'y ayent consenti par écrit, encore faudra-t-il que leurs effets soient mentionnez dans le Manifeste du chargement, selon qu'il est exprimé ci-devant dans l'Art. XXV.

XXXIX. Les Directeurs de cette Compagnie prêteront serment entre les mains de notredit Président de la Contractation, d'observer & garder la fidelité en tous les points que demande le bien, l'avantage, & le succès de ladite Compagnie, ensuite de quoi ils tiendront leurs Assemblées en ladite Ville de Cadix, où ils devront précisement faire leur Résidence, y rédiger par écrit une formule de Regles, & d'Ordonnances pour la meilleure & plus juste direction de leurs affaires communes.

XL. Tous nos Sujets, Particuliers, Corps & Communautez de quelque Païs, qualité ou condition qu'ils soient, pourront prendre intérêt en cette Compagnie soit par voye de souscription, par achat d'Actions ou par quelqu'autre Titre, sans que pour cela ils dérogent en aucune maniere de leur Noblesse, Grade ni Privilège.

XLI. De même tous les Etrangers établis dans nos Royaumes pourront entrer dans cette Compagnie avec l'assurance que les Actions qu'ils y auront ne seront point saisies ni confisquées pour quelque cause publique ou consideration d'Etat que ce puisse être, même dans le cas de Guerre ouverte avec les Princes ou Puissances dont ils seront Sujets.

XLII. Il ne sera pas permis de saisir les effets, ni Actions apartenantes à cette Compagnie, encore moins d'empêcher le cours de sa Negociation par aucun Titre, ni motif de quelque nature qu'il soit, mais en cas qu'il falût indispensablement saisir à quelque interessé la partie qu'il y auroit, pour lors on pourra le faire à condition que la Compagnie en sera dépositaire & responsable, jusqu'à la parfaite conclusion du motif, qui aura causé la saisie: on ne pourra non plus saisir aux Officiers & Gens de Mer, que le tiers de leurs appointemens qui servira à satisfaire les dettes qu'ils auront contractées; les deux autres tiers seront reservez pour leur entretien, afin de leur conserver les moyens de continuer le service.

XLIII. Le fonds de cette Compagnie sera de quatre Millions d'Ecus de huit reaux de plate ancienne Pièce Provinciale, qui sera partagée en quatre mille Actions, chacune de mille Ecus, lesquelles ne pourront pas être venduës ni cedées, avant que les Livres de souscription soient complets; & ceux qui seront interessez dans la Compagnie seront réputez possesseurs & véritables propriétaires de leurs Actions, qu'ils pourront vendre ou céder après, soit par eux ou par procuration.

XLIV. Les susdites souscriptions pour le fonds de cette Compagnie se feront à Cadix par devant les Directeurs, ou la personne qui sera nommée à cet effet;

ANNO 1732. effet; ceux qui voudront fousfcrire envoyeront des billets écrits de caractere lisible, fans aucun abrége ni chifre, avec la date & lieux de leur demeure, leurs noms de Batême & de famille & le nombre d'Actions.

XLV. Ceux qui auront part aux fonds de la Compagnie en la maniere ci-dessus expliquée, feront obligez de payer au tems des fouscriptions, la quatriéme partie de chaque Action, & les autres trois quarts à la disposition de chacun de fes Directeurs, qui felon l'exigence auront le foin d'en avertir les intéressez par des Placarts publics que l'on affichera aux endroits accoutumez; & lorsque le nombre d'Actions fera complet, les Directeurs livreront d'abord aux Actionaires leurs billets d'Actions; bien entendu que ceux qui en négligeront le payement dans les termes prescrits, perdront, au profit de la Compagnie, la partie d'Actions qu'ils y auront.

XLVI. Nous nommons pour Directeurs de cette Compagnie pendant le terme de fa Concession, & qu'elle fubsistera, *Don Manuël de Arriaga, Don Alonso Garcia, Don Gullermo Marcè, Don Juan Garcia Romero, Don Joseph del Duque, Don Lorenzo Dey, Don Gaspar Pren y Castro, Don Juan Tirri & Don Juan White*, qui auront un chacun le fonds de vingt-cinq Actions pour le moins fous leurs noms & pour leur propre compte, libre de tous engagemens, pour fervir de caution à ladite Compagnie; & nous avons tout lieu d'esperer de leur probité, de leur expérience dans les affaires, & de leur fage conduite, un heureux fuccès dans la Direction d'une entreprise d'une aussi grande importance pour le bien de notre Etat & de nos Sujets, & en particulier avantageuse aux interessez; mais fi quelqu'un de ces Directeurs venoit à manquer à fon credit, ou à remplir fon devoir; par les mêmes causes il devra cesser de l'être, & fera feparé de fa commission immediatement après qu'elles fe rendront publiques.

XLVII. Si quelqu'un de ces Directeurs vient à décéder, ou s'absenter pour long-tems, ou que fon crédit tombe absolument; dans de pareils cas, ceux qui resteront, devront s'assembler pour en choisir un autre qui foit revêtu des qualitez requises, quand même il feroit Etranger, pourvû qu'il ait fa demeure fixée en ces Royaumes; mais pour honorer davantage ce choix & y donner dans le public le relief qu'il merite, la personne choisie nous fera proposée, afin que fon Election foit confirmée par notre Royale approbation.

XLVIII. Toutes les fois que les Directeurs auront des affaires d'importance à terminer, ou à résoudre, ils feront tous convoquez à s'assembler, & fe trouvant au nombre de cinq pour le moins, ils décideront à la pluralité des voix, mais s'ils fe trouvent partagez, ils citeront un des plus intéressez dans la Compagnie demeurant à Cadix, dont la voix fera décisive, pour la matière dont il fera question.

XLIX. Chacun desdits Directeurs jouïra annuellement de deux mille Ecus de huit reaux de plate Provinciale d'apointemens, à compter du jour que le premier Navire, ou plusieurs, dépêchez par la Compagnie fortiront du Port de Cadix pour les Mers Orientales, nous reservant d'augmenter lesdits apointemens à proportion du travail que donnera l'accroissement du Commerce de cette Compagnie.

L. Il ne fera point permis à aucune personne de cette Compagnie de s'en retirer, fi ce n'est en vendant ou cedant fes Actions, lesquelles demeureront dans le fonds d'icelle, & feront réputées comme des biens meubles des Intéressez & de leurs Héritiers.

LI. Au retour d'un ou plusieurs Navires de la Compagnie, venant des Mers Orientales, où leurs chargemens auront été vendus; les Directeurs auront foin de faire la répartition entre les Actionaires proportionnément aux profits & gains que les Navires auront raportez; après néanmoins le payement des dettes de la Compagnie, & qu'il fera reservé en caisse une fomme fuffisante pour fes besoins & faire les achats, qui plus ils feront considerables, plus d'utilité il reviendra aux interessez.

LII. Les Directeurs formeront tous les cinq ans, à l'usage & stile du Commerce, un compte general de leur administration, lequel fera donné à notre Président de la Contractation, qui de concert avec eux, nommera une Personne habile pour examiner & faire des Remarques fur les parties qu'il trouvera mal chargées ou douteuses, afin de les corriger promptement: ils devront aussi lui assigner la juste recompense que meritera fon travail.

LIII. Les Directeurs feront favoir publiquement, foit par les Gazettes ou par des Lettres circulaires, le jour précis de la répartition des gains, afin que les Actionnaires étant avertis, fe rendent à Cadix pour les recevoir eux-mêmes ou ceux qui feront munis de leurs procurations. ANNO 1732.

LIV. Nous ordonnons & enjoignons expressément à tous les Gouverneurs de nos Places, Généraux & Commandans de nos Armées de Terre & de Mer, que pour quelque prétexte ou motif que ce foit, ils n'empêchent ni détiennent en aucune manière la fortie de nos Ports aux Navires de cette Compagnie, aussi tôt qu'ils feront prêts de mettre à la voile, encore moins leur en défendre l'entrée lorsqu'ils y arriveront: de plus nous ordonnons qu'on ne puisse en exiger ni tirer aucun droit de contribution pour leur entrée, ou fortie, ni quel autre que ce puisse être, fous peine de nous déplaire & d'encourir notre indignation, leur recommandons d'avoir une attention toute particuliere à l'exécution de cet Article, que nous considerons très-necessaire & avantageux à cette Compagnie, que nous protegeons de tout notre Royal pouvoir.

LV. Toutes les fois que les Directeurs jugeront leur convenir d'augmenter ou limiter quelques Articles de cette permission, pour établir & assûrer davantage le Commerce de leur Compagnie, ils devront nous le proposer en exposant les motifs qui les y obligeront, afin d'obtenir notre Royale approbation.

LVI. Pour témoigner l'empressement avec lequel nous désirons l'établissement & le foutien de cette Compagnie, que nous considerons très-necessaire pour l'augmentation du Commerce de nos Etats, & afin que tous ceux qui voudront s'y intéresser puissent l'exécuter fans répugnance, foupçon ni crainte; de notre propre mouvement, nous nous y interessons pour quatre cens Actions, dont le Fonds fe prendra de notre Trésor Royal, pour fervir de commencement à celui de ladite Compagnie.

LVII. Si après l'expérience faite dans quelques-uns des Voyages que les Navires de cette Compagnie feront, on vient à reconnoître que fon Commerce ne lui est pas favorable; pour lors elle ne fera plus obligée à la continuation, & par la même raison restera éteinte.

LVIII. Nous promettons de garder & tenir à cette Compagnie pour le tems de fa concession tous les Articles ici contenus, & un chacun d'iceux en particulier; fans y contrevenir ni permettre que l'on y contrevienne en quelque façon ou maniere que ce foit: Voulant la fecourir & défendre contre tous ceux, qui, injustement, par voye de fait ou par quelqu'autre que ce puisse être, la molesteront ou tenteront de la molester; & d'employer en cas de besoin la force de nos Armes pour la foutenir en pleine Liberté dans fon Commerce & Navigation, de même que pour lui faire donner ample fatisfaction des insultes qui pourroient lui être faites.

Relation des Droits que l'on devra contribuër à notre Trésor Royal dans la Ville de Cadix, tant pour les effets chargez fur les Navires de cette Compagnie qui iront aux Philippines & autres parties des Indes-Orientales, que pour ceux qui reviendront en ces Royaumes, conformément au Projet du 5. Avril 1720. concernant les expeditions des Flottes, Gallions & Regiftres à l'Amerique, & aux aforos *qui feront expliquez pour le produit des droits que les differentes fortes de Marchandises ci-après declarées, devront payer.*

Pour charger les Navires dans ledit Port de Cadix.

DE toutes les Marchandises embalées que l'on embarquera, après avoir tiré les dépêches de notre Président de la Maison de la Contractation, ou de l'Officier destiné à cet effet, & à la formation des Registres: il fera payé à raison de cinq reaux & demi de plate pour chaque palme, ou pan cubique, que contiendront dans leur mesure les *fardos*, paquets, balots, caisses ou barils; ainsi qu'il est reglé par ledit Projet.

Pour

ANNO 1732.

Pour toutes les Marchandises détachées que l'on chargera: on devra payer aussi à notre Trésor Royal les mêmes droits qui sont fixez à leurs quantité & poids, dans le Projet ci-dessus mentionné.

Contributions qui se devront payer à Cadix pour l'Or & autres espèces de Marchandises aportées des Philippines & d'autres parties des Indes-Orientales.

POur l'Or en pâte ou façonné, on payera, selon les carats de son alloi, les mêmes droits que payent en Espagne ceux qui en aportent, Registrez dans les Flottes, & Gallions conformément au susdit Projet.

Toutes les Epiceries fines payeront à raison de huit pour cent sur l'évaluation & *aforos* suivants.

La Canelle à raison de 100. Piastres *excudos* chaque quintal, les cloux de Gerofle à raison de 100. piastres de là Monnoye, le poivre 150. reaux de plate le quintal, la Muscade 150. piastres le quintal, & le Cacao, selon *l'aforo*, qu'il a présentement en ces Royaumes.

Toutes les autres espèces de Marchandises ci-après mentionnées, avec leur évaluation, payeront à raison de 5. pour cent: savoir

Le cuivre blanchâtre & rouge évalué huit écus le quintal: La soye en écheveaux à quatre écus la livre: La soye torse & de couleur à 4. écus la livre: Les brocards à fleurs dorées à 17. piastres de 8. reaux de plate ancienne, chaque piéce: Les Satins à petites fleurs à 15. écus même Monnoye la pièce: Les Damas noirs & de couleurs à 13. écus la pièce: Les Satins unis à 11. écus la pièce: Les Gourgorans ou Etoffes de Soye à petits carreaux à 10. écus la pièce: Les Picôts de Soye à 8. écus la pièce: Les Tafetas doubles, à huit piastres & demi la pièce: Les Tafetas minces, appellez, saya, saya, à 4. piastres la pièce: Les rubans ouvragés par poids cinq piastres & demi la livre: Les Rubans unis à 4. écus & demi la livre: Les Bas de Soye à 2. écus la paire: Les Tasses grandes & petites & assiétes régulieres de Porcelaine à 3. écus la douzaine de chaque espèce, & à proportion les autres piéces, plus ou moins de valeur qu'elles auront, le Thé Bou & Vert à 7. Reaux de plate Provinciale la livre, l'un portant l'autre: Le Café à 3. Reaux de plate même Monnoye la Livre: Les Toiles de Coton à 3. Reaux de plate chaque aulne d'Espagne; aux Commodes, Cabinets & Paravants, on leur donnera les *aforos* ou taxes à proportion de leur qualité & grandeur, comme il sera expliqué ci-après pour produire le droit de cinq pour cent; les *bateas* ou corbillons en forme de grands plats de bois auront huit Reaux de plate d'évaluation chacun, les évantails a raison de 3. écus la douzaine, Racine de la Chine a cinq Reaux de plate la livre, la Rhubarbe à 3. écus la livre, la Galanga à 2. écus la livre, la Gutte à 7. Reaux de plate la livre, la Gomme 1. Real de plate la livre, l'Atincar à 7. Reaux de plate la livre, le Benjoin à huit Reaux de plate la livre, le Musc à 32. écus la livre, & l'Ambre à raison de 50. écus même Monnoye la livre.

Tous les autres genres ou espèces de Marchandises qui ne sont pas ici nommées, que l'on pourroit aporter, devront être sujettes à l'évaluation qui sera faite, par des personnes intelligentes en ladite Ville de Cadix, sur le pié qu'on les y achette au Magasin, & avec l'assistance d'Officiers ou Ministres qui se trouveront à leur reception & depêche, & de l'estimation qui en sera faite, on devra payer les droits de cinq pour cent ci-dessus mentionnez.

C'est pourquoi nous ordonnons aux Présidents & Conseillers de nos Chambres Souveraines, Chancelieries, Audiences & autres Tribunaux, de même qu'aux Vice-Rois, Capitaines Généraux, Gouverneurs & à tous les Officiers à qui apartient & pourra apartenir la connoissance de notre présente Royale déliberation, qu'ils l'exécutent & fassent exécuter & accomplir litteralement dans toutes les formes duës, & sans aucune interprétation qu'elle puisse être, parce que notre Royale Volonté a pour fin l'augmentation & la durée de cette Compagnie, & enjoignons de faire enregistrer cette Depêche aux Bureaux de nos Conseils de Castille, Indes & Finances, afin que par iceux, les ordres requis soient expediez pour son accomplissement, & entiere observation, aux lieux & Bureaux de leurs jurisdictions respectives. Donné à *Seville* le 29. Mars 1733.

ANNO 1732.

YO EL REY.

DON JOSEPH PATINHO.

Projet Royal du 5. Avril 1720. contenant les droits de sortie d'Espagne, que les Marchandises & Denrées qu'on embarque pour les Indes doivent payer.

POur faciliter le Commerce en le soulageant dans la contribution des droits, par une juste proportion d'équité & d'égalité à la valeur des effets & denrées qu'on embarque pour les Indes, les reglant d'une façon que les dépêches en soient abregées & faciles, sans que le Commerce en puisse souffrir la moindre peine ni retardement, soit pour les Vaisseaux, ou autres Bâtiments, qui vont dans quelque endroit que ce soit d'Amerique; nous avons ordonné qu'on reglât les droits dans les formes qui seront specifiées; prévenant que tout le poids dont il sera fait mention doit s'entendre poids de Castille, net, juste: & pour ce qui regarde la Monnoye de sa contribution elle consistera en Reaux de plate anciens, qui seront payez comptant dans les Villes de Seville, & Cadix, au tems qu'on embarquera les denrées, & Marchandises & ils payeront en forme de droit pour chaque pan ou palme cube cinq Reaux & demi, comme aussi à proportion de la mesure que pourront contenir chaque *fardo*, Balle ou Ballot, Caisse, demie charge, paquet, ou baril de Marchandises, lesquels ayant subi l'examen & satisfait à la mesure, ne seront point ouverts pour reconnoître ce qu'ils contiendront.

Le fer en barre, plat, quarré, en forme de grillage ou massuë, payera 4. Reaux par quintal en tous lieux.

Le fer, en forme de hâche, pêle, pioche, ou maniere de figure courbe sans travail, payera 6. Reaux le quintal.

Le fer, en gros cloux, de poids & par compte, payera 10. Reaux le quintal.

Les fers à cheval & les cloux qui y correspondent, payeront 9. Reaux le quintal.

L'acier, payera 16. Reaux le quintal.

Le Plomb à tirer, payera 6. Reaux *le quintal*

Le fer blanc, payera 32. Reaux le Baril ordinaire, contenant 450. feuilles.

Le fil d'archal, payera 15. Reaux le quintal.

La Cire en pain, payera 10. Reaux l'arobe, ou quart de quintal.

Le Papier commun, separé ou en ballot, payera 2. Reaux la rame.

Le Papier de la petite marque, payera 4. Reaux la rame.

Le grand Papier & à la grande marque 6. Reaux la rame.

La Toile cruë, ou de menage, payera 6. Reaux la pièce.

La Toile claire séparée, payera la même chose.

La Crée d'Hambourg, payera 8. Reaux la pièce.

Les Toiles bleuës, & blanches, qu'on appelle *Creas Listadas* des ordinaires, contenant 80. à 90. aulnes d'Espagne payeront 16. Reaux la pièce.

Les Toiles pour les Matelots, qu'on appelle façon de Damas, payeront 4. Reaux la pièce.

Les fleurets de fil, separez, payeront un Real & demi la douzaine.

Ficelles & autres Cordages de chanvre, payeront 10. Reaux le quintal.

Peaux de Vaches de Moscovie, payeront 20. Reaux le rouleau, composé de six peaux.

La Canelle, payera 20. écus le quintal.

Le Poivre, payera 12. Reaux l'arobe.

Les Plumes à écrire 4. Reaux le millier.

Le Soufre, payera 5. Reaux le quintal.

Le Vert de gris en pain, payera 16. Reaux l'arobe.

Le blanc d'Espagne ou Ceruse, 6. Reaux le quintal.

La Couperose, trois Reaux & demi le quintal.

L'anis & la Sésame en simple pain 3. Reaux le quintal.

ANNO 1732. Les Drogues d'Apotiquaire, simples, chaque caisse d'une demie charge, 16. Reaux, chaque cantine du port ordinaire 8. Reaux, chaque baril d'un demi quintal 12. Reaux, & celles qui seront dans des sacs, payeront 9. Reaux le quintal, le tout devant être reconnu au tems de l'embarquement.

Les Drogues ou Medicaments, composez, chaque Caisson d'une demie charge, payera 8. Reaux.

Chaque Cantine du port ordinaire 4 Reaux.

Chaque Baril d'un demi quintal 4. Reaux.

Le tout étant reconnu dans les formes ci-dessus mentionnées.

Livres d'impression d'Espagne, 5. écus chaque caisson d'une charge, les ayant auparavant reconnus.

Livres d'Impression Etrangere 20. écus chaque caisson les visitant aussi.

Les Raisins secs, 6. Reaux le baril d'un quintal, en les reconnoissant auparavant.

Amandes, 32. Reaux le baril du même port, qui sera aussi reconnu.

Capres & Olivés, 2. Reaux chaque petit baril.

Le vin, un Real chaque urne, contenant une arobe & un quart, ou dix pots de Camp Cinq Reaux le baril de quatre arobes & demie, à huits pots de Camp l'arobe, & 28. Reaux la Pipe ou Tonneau de 27. arobes & demie.

L'Eau de vie, 36. Reaux la Pipe contenant 27. arobes & demie, 3. Reaux la cantine de deux arobes & quart.

L'huile, un Real & demi l'arobe, mis dans des urnes.

Savón, 4. Reaux le quintal.

Lavande, Origan, Romarin, & Reguelisse mis en sacs, deux Reaux le quintal.

Tout le reste des Marchandises dont il n'est pas fait ici mention, seront comprises dans la règle de la mesure du palme, & seront tenuës d'en payer le droit pour éviter la confusion: en prévenant, que quiconque voudra introduire dans les caissons ou barils, autre sorte de Marchandises que les nommées ci-dessus, & que produira le certificat de celles qu'il a vendu, sera compris dans la fraude, & par conséquent subira la peine de l'omission, qui est déja specifiée au sujet des Marchandises qu'on tache d'embarquer de la sorte: Toute sorte d'Officier ou Ministre qui contribuera ou aidera à un semblable embarquement, ou le dissimulera, le sachant, doit être prévenu des mêmes Avertissemens & subira les mêmes peines en y contrevenant.

Dudit Royal Projet, par lequel Sa Majesté ordonne & fixe les Droits que doit payer l'Or, qui sera transporté de tous tes endroits de l'Amerique.

ON payera pour tout ce qui s'apelle Or, soit monnoyé, en lingots, ou travaillé, à raison de deux pour cent.

CLVI.

26. Mai. *Traité d'Alliance & de Garantie entre l'Empereur des Romains, l'Imperatrice de Russie & le Roi de Dannemarck conclu à Coppenhague le 26 Mai 1732.* [Tiré du Tom. VII. du Recueil Historique de Mr. Rousset.]

AU NOM DE LA TRES SAINTE TRINITE'.

SAvoir faisons à qui il appartiendra. Leurs Majestés, l'Empereur des Romains & l'Imperatrice de Russie, ayant mûrement consideré, que rien n'étoit plus necessaire pour maintenir & affermir la Tranquillité génerale en Europe, que de mettre les affaires du Nord sur un tel pié sûr & fixe qu'il ne puisse être troublé par qui que ce soit; & que pour parvenir à ce but, il n'y avoit point de moyen plus sûr que de rétablir avec le Roi de Dannemark l'étroite Amitié & bonne Intelligence qu'il y a eu ci-devant avec ses Illustres Prédecesseurs, & de la confirmer par une Alliance qui n'ait pour but qu'une plus grande sureté des Royaumes & Etats respectifs; & S. M. D ayant témoigné de vouloir concourir à un si salutaire dessein, leurs Ministres Plenipotentiaires, savoir de la part de l'Empereur le C de Seckendorff (*cum cæteris titulis*) de la part de l'Imperatrice de Russie, le Baron de Brackel (*cum cæteris titulis*) d'une part, & de l'autre de la part du Roi de Dannemark les Conseillers privés Louis de Plessen, Iver Rosenkrantz, Charles Adolf de Plessen & Otto Blome (*cum cæteris titulis*) sont convenus entr'eux d'un Traité d'Amitié & de Garantie aux conditions suivantes, qui doivent être ratifiées. ANNO 1732.

I. Tout les hauts Contractans s'obligent, puisqu'ils ont conclû & arrété entre eux par le present Traité, qui ne porte prejudice à personne, une ferme & perpetuelle amitié, de se conduire l'un envers l'autre à l'avenir comme veritables Alliez fidèles & sinceres amis, avançant les interets l'un de l'autre, comme les siens propres & detournant, autant que faire se pourra, tout ce qui pourroit être prejudiciable.

II. A cet effet ils entretiendront toujours une sincere Correspondance & au cas de quelque revolution dangereuse, ils delibereront entre eux & conviendront de ce qui sera le plus convenable à leur utilité commune; en quoi ils se secourront mutuellement & donneront à cet égard les instructions necessaires à leurs Ministres dans les Cours Etrangeres.

III. D'autant que les hauts Contractans se promettent mutuellement de procurer de leur mieux & en toute maniere l'avantage les uns des autres, ils s'engagent de ne contracter d'oresnavant avec d'autres Puissances aucune Alliance contraire au present Traité, & de ne rien faire qni puisse, ni directement ni indirectement de quelque maniére que ce soit, être préjudiciable à leurs Royaumes & Terres, mais au contraire si quelqu'un vouloit entreprendre quelque chose, ils l'empecheront de tout leur pouvoir: & pour donner plus de force au present engagement, ils s'obligent de garantir respectivement de la maniere la plus forte tous leurs Royaumes, Principautez, Comtez, Seigneuries, Provinces, Territoires & Villes en Europe de la maniere qu'ils les possedent actuellement lors de la Conclusion du present Traité, comme aussi tous leurs droits, regales, franchises & privileges, sans en excepter aucun & de se maintenir & defendre mutuellement de toute leur force contre qui que ce soit, dans la paisible & entiere possession d'iceux.

IV. D'autant que S. M. I. & Cathol. en particulier juge qu'il est très-necessaire, pour prévenir toute sorte de trouble en Europe, que l'ordre de succession établi dans sa Maison Archiducale d'Autriche reste dans son entier & que pour plus grande sureté elle soit appuyée & soutenue par des Puissances Etrangeres, & S. M. le Roi de Dannemark & de Norwegue voulant faire connoitre a S. M. I. & Cathol. ses sinceres intentions à cet égard & qu'il est porté à lui donner toute sorte de marques d'amitié & de bonne Volonté: à cet effet il s'engage & promet par le present Art. pour lui, ses heritiers & Successeurs tant Males que Femelles, de garantir la Succession établie dans la Maison Archiducale d'Autriche & qui depuis a été acceptée avec très-humble reconnoissance par tous ses Roiaumes & Païs héreditaires, & de la maintenir invariablement de toutes ses forces contre un chacun, de maniere que S. M. de Dannemark & de Norwegue, ses Heritiers & Successeurs exécuteront cette garantie toutes les fois que S. M. I. & Cathol. pendant sa vie ou ses Heritiers & Successeurs après sa mort (que Dieu veuille encore éloigner longtems) seront troublés ou attaqués par qui que ce soit contre le contenu dudit ordre de Succession du 19. Avril 1713. dans la succession de tous & chacun desdits Roiaumes & Etats héréditaires au dedans ou au dehors de l'Empire, nul excepté.

V. Si l'un des Contractans du présent Traité d'amitié & de guarantie étoit préjudicié par quelqu'un, qui que ce soit & pour quelque raison que ce puisse être, dans ses droits, Privileges & justes prétentions, ou étoit actuellement attaqué ou envahi dans les Terres qu'il possede en Europe, les hauts Contractans, en conséquence de la Garantie mutuelle promise dans les Art. précédens, promettent qu'à la requisition de la Partie offensée, ou qui seroit en danger, ils employeront aussi-tôt leurs bons offices auprès de l'assaillant, pour lui faire donner entiere satisfaction, & que s'ils étoient inutiles ils viendront d'abord au secours du requerant conformément à une Convention qui sera

(*) Le Duc de Holstein a protesté contre ce Traité pour ce qui concerne la Garantie de Sleswig au Roi de Dannemark.

ANNO 1732.

sera reglée après la ratification du présent Traité & le plûtôt possible à des conditions convenables & avantageuses à toutes les Parties, & qu'ils continueront à l'assister sans mettre bas les armes jusqu'à ce que la Partie offensée ait été rétablie dans son premier état & ait eu satisfaction des dommages & dépenses qu'on lui aura causées.

VI. Il a été resolu & statué que si quelque Puissance témoignoit vouloir acceder au présent Traité, ou qu'elle y fut invitée par l'un ou l'autre des Contractans, elle y sera admise, après que les Parties contractantes en auront communiqué entr'elles & y auront consenti.

VII. En foi de quoi, copies semblables du présent Traité de Garantie & d'Amitié ayant été dressées, ont été signées & scelées separement par les Ministres à ce autorisez des trois Hauts Contractans; & les Ratifications en seront échangées dans trois mois, ou plûtôt, si faire se peut. Fait à Coppenhague le 26. Mai 1732.

Etoit signé,

F. H. *Comte de* SECKENDORFF.	CASP. CHR. *Baron de* BRACKEL.	CH. L. VON PLESSEN. IVER ROSENKRANTZ. C. A. VON PLESSEN. OTTO BLOME.

I. Article Séparé.

D'autant que Sa Majesté Imp. & Cath. & Sa Maj. Imp. de tous les Russes ont fait connoître dès le commencement des Négociations du Traité signé ce jourd'hui, qu'il étoit necessaire pour la conservation du Repos dans la Basse Saxe & pour prévenir les troubles qui pourroient arriver dans le Nord, que les demêlez qui subsistent entre Sa Maj. Roy. de Dannemark & Norwege & Son Altesse Royale le Duc Charles Frederic de Holstein-Gottorp soient accommodez à l'amiable; Sa Majesté Imp. & Cath. l'Empereur des Romains & Sa Maj. Imper. de tous les Russes ont proposé à cet effet, que S. A. R. le Duc renonçât pour lui, ses Heritiers & Agnates à la partie du Sleswyck qu'elle possedoit ci-devant, & que Sa Maj. Royale de Dannemark & Norwege lui payât pour équivalent deux millions de Ryxdaldres qui seroient designez au Duc en Effets. Sur quoi Sa Maj. Roy. de Dannemark & Norwege a prétendu prouver par de bonnes raisons qu'on ne peut exiger d'elle avec justice aucun équivalent; qu'il lui est impossible de payer cette somme en argent, & remontrant d'un autre côté qu'elle ne peut ceder ni Effets ni Terres. Cependant Sa Majesté a enfin declaré uniquement en considération de Sa Maj. Imp & Cath. & de Sa Maj. Imp. de tous les Russes, & pour donner une preuve de sa disposition à conserver la Tranquilité Publique, qu'elle payera audit Seigneur Duc de Holstein un million de Ryxd. en florins de l'Empire, ou en monnoye d'égale valeur, comme un dedommagement; Elle promet donc qu'aussitôt que ledit Duc de Holstein aura fait & délivrera à Sa Majesté une Cession & Renonciation dans les formes (munie du consentement de tous ses Heritiers & Agnates) à toutes les prétensions qu'il forme, ou pourroit former sur la partie du Duché de Sleswyck qui a autrefois apartenu au Dannemark, Sadite Majesté lui fera aussi-tôt payer 500. mille Ryxd. & ensuite 100. mille Ryxd. par an jusqu'à l'entier païement de ladite somme d'un million promis; lequel païement se fera à Hambourg sans aucun fraix pour le Duc.

Sa Maj. Imp. & Cath. & Sa Maj. Imp. de tous les Russes promettent de leur côté, qu'elles employeront tout leur pouvoir pour persuader à S. A. R. le Duc de Holstein d'accepter cette offre en faisant la cession & renonciation susdite pour lui, ses Héritiers & Agnates. En foi de quoi le present Article &c. ce 26. Mai 1732.

II. Article Séparé.

D'autant que Sa Maj. le Roi de Dannemark s'est laissé persuader par Sa Maj. Imp. & Cath. & par Sa Maj. Imp de tous les Russes, de promettre, par l'Article séparé signé aujourd'hui & qu'elle ratifiera le 10. de Juin, d'accorder à Son Alt. R. Charles Frederic Duc de Holstein, un million de Ryxdald. en donnant une Cession & renonciation des prétensions que lui, ses Heritiers & Agnates croyent avoir sur la portion qu'elle a eue dans le Duché de Sleswik; Sa Maj. Imp. & Cath. & Sa Maj. Imp. de tous les Russes déclarent de leur côté, qu'elles fixeront au Seigneur Duc de Holstein un terme peremptoire de 3. ans à compter du jour de la Ratification du Traité signé aujourd'hui pour recevoir ledit million promis. Mais si, contre toute esperance, S. A. R. le Duc de Holstein, refusoit avant la fin de ce terme d'accepter cette offre, Sa Majesté Roy de Dannemark & Norwege ne sera plus tenuë ni obligée à rien, & elle sera à couvert pour toûjours de toutes prétensions que ledit Duc de Holstein pouroit former, Sa Maj. Imp. & Cath. & Sa Maj. Imp. de tous les Russes ne faisant aucune difficulté de déclarer d'avance, qu'en ce cas elles ne seront plus obligées aux engagemens dont elles se sont chargées en faveur dudit Duc. En foi de quoi ce second Article séparé &c. Ce 26. Mai 1732.

Signé comme le Traité.

CLVII.

Traité de Partage & d'accommodement sur la Succession de la Maison d'Orange, conclu entre Sa Maj. le Roi de PRUSSE & son Alt. Seren. le Prince d'ORANGE & de NASSAU, le 14 Mai & 16 Juin 1732. Juin.

TAnt de Négociations consécutives & réiterées, pour ajuster les differens survenus après la mort de Guillaume III. Roi de la Grande-Bretagne, de Glorieuse Memoire, entre Sa Majesté le Roi de Prusse, & la Sérénissime Maison d'Orange & de Nassau, au sujet des Principautez, Comtez, Terres, Biens & Domaines délaissez par les deffunts Princes d'Orange, & en dernier lieu par Sadite Majesté le Roi de la Grande-Bretagne, avoient trop fait connoître, qu'elles souhaitoient effectivement de s'accommoder à l'amiable pour ne pas esperer qu'on y travailleroit tôt ou tard avec succès, & qu'ainsi ils seroient terminez un jour à leur contentement reciproque.

La Majorité de S. A. S. le Prince d'Orange & de Nassau, donna occasion à des ouvertures, qui tendoient à renouer les Conférences tenuës ci-devant à cette fin, & particulierement la derniere Négociation, entamée à Berlin en 1722.; Sa Majesté le Roi de Prusse y répondit favorablement, & les deux Hauts Contractans n'ayant mutuellement rien tant à cœur que de regler enfin à des Conditions justes & raisonnables une Contestation, qui avoit duré tant d'années, convinrent de faire examiner à quoi on en étoit resté en 1722. & de le poser pour une espèce de fondement d'une Négociation nouvelle.

C'est donc pour parvenir à un but si salutaire, & afin de resserrer par de nouveaux nœuds les liens de Parenté & d'Amitié qui les unissent d'ailleurs, que le Sérénissime & très-Puissant Prince & Seigneur Frederic Guillaume, Roi de Prusse, Marggrave de Brandebourg, Archi-Chambellan & Prince Electeur du St. Empire Romain, Souverain Prince d'Orange, de Neuf-Châtel & Vallengin, de Gueldres, de Magdebourg, Cleves, Juliers, Bergue, Stettin, Pomeranie, des Cassubes, Vandales, & de Mecklenbourg, comme aussi en Silesie, Duc de Crossen, Bourggrave de Neurenberg, Prince de Halberstadt, Minden, Camin, Vandalie, Swerin, de Rachebourg & Meurs, Comte de Hohenzollern, de Ruppin, de la Mark, de Ravensberg, Hohenstein, Tecklenbourg, Lingen, Swerin, Buuren & Leerdam, Seigneur de Ravenstein, Rostok, Stargard, Lawenbourg, Arlay, & Breda, &c. Et le Sérénissime Prince & Seigneur Guillaume-Charles-Henri Friso, par la Grace de Dieu, Prince d'Orange & de Nassau, Comte de Catzenellebogen, Vianden, Dietz, Spiegelberg, Buuren, Leerdam, Marquis de Ter-Veer & Vlissingen, Baron de Breda, de Beylstein, de la Ville de Grave & Païs de Cuyk, d'Ysselstein, de Granendonk, d'Eindhoven, & de Liesfeldt; Seigneur de Bredenvoort, de Turnhout, de Geertruydenberg, de Willemstadt, de Clunderd,

Anno 1732.

derd, de St. Maartensdyk, de Seevenbergen, de Steenbergen, de la Haute & Basse Swaluwe, de Naaltwyk, de Grimbergen, de Herstal, d'Arlay, Nosseroy, St. Vith, Butgenbag, Daasburg & Warneton; Seigneur independant de l'Ile d'Ameland, Burggrave Héréditaire de Hollande; Stadhouder & Capitaine & Admiral-Général de Gueldre, & de la Comté de Zutphen; Stadhouder Héréditaire, & Capitaine Général de la Frise, Stadhouder & Capitaine Général de Groeningen & des Ommelandes, & du Païs de Drenthe, &c. Ont nommé & authorisé leuas Ministres, savoir Sa Majesté le Roi de Prusse ses Ministres d'Etat, le Lieutenant-Général *Adrien-Bernhard de Borcke, Henri de Podewils* & *Guillaume-Henri de Thulemeier*; & S. A. S. le Prince d'Orange & de Nassau ses Ministres, *Diderik Baron de Linden*, Seigneur de Parck, Brigadier & Colonel d'un Regiment de Cavallerie, & son Grand-Maître d'Hôtel; *Hobbe, Baron d'Aylua*, Colonel d'un Regiment d'Infanterie, son Grand-Ecuyer, & Drossard de la Comté de Buuren; & *Jean Duncan* son Conseiller Ordinaire, & Maitre des Requêtes, & Conseiller & Maitre des Comptes de ses Domaines; lesquels après s'être communiquez reciproquement & avoir échangé leurs Pleinpouvoirs, dont les Copies seront insérées à la fin de ce Traité, & ayant repris le fil de la derniere Négociation de Berlin, & débattu ce qui restoit à regler, sont convenus au nom de Sa Majesté & du Sérénissime Prince, leurs Maitres respectifs, des Conditions & Articles suivans.

Article I.

Un Partage équitable des susdites Principautez, Comtez, Domaines, Terres, Maisons & Biens, ayant été le fondement des Négociations précédentes, il a été convenu d'y avoir encore recours comme à l'expédient. le plus propre pour éteindre toutes les Contestations formées ou à former, & ayant été discuté & pesé soigneusement ce qui restoit à ajuster pour regler & perfectionner le Plan de Partage dressé en 1722 il a été accordé pour cet effet de la manière qui s'ensuit.

II.

Le Seigneur Roi de Prusse aura pour son Partage la Principauté d'Orange avec les Seigneuries & Lieux de la Succession de Chalon & Châtel-Belin, situez en France & dans la Comté de Bourgogne, le tout & ainsi que Sa Majesté en a cedé la proprieté au Roi Très-Chrêtien par le Traité de Paix signé entre elle & la France à Utrecht le 11. Avril 1713. & déclare le Seigneur Prince d'Orange & de Nassau, d'acquiescer à cette Cession, ensorte qu'il ne troublera ou n'inquietera point le Roi Très-Chrêtien dans la paisible possession & jouïssance de ladite Principauté d'Orange, & des autres Biens specifiez ci-dessus.

III.

Comme Sa Majesté s'est chargée & a promis à cette occasion de satisfaire par un Equivalent à la prétention que les Héritiers du feu Prince d'Orange & de Nassau, formoient sur ladite Principauté, & sur les autres Biens dont il a été fait mention ci-dessus, le Sérénissime Prince déclare pour soi & pour ses Héritiers & Descendans Mâles & Femelles, qu'il se contentera & se contente à cet égard de l'Equivalent qu'il recevra par son Partage specifié ci-dessous, sans que le Seigneur Roi sera obligé de l'en dedommager ultérieurement de quelque autre maniére que ce soit, ou pour quelle raison que ce puisse être.

IV.

Le Seigneur Prince aura la liberté d'imposer le nom de la Principauté d'Orange à tel autre de ses Domaines qu'il trouvera convenable, & d'en retenir le Titre & les Armoiries, tant pour lui que pour ses Héritiers & Descendants Mâles & Femelles, de même qu'il a été stipulé par le Traité nommé ci-dessus, en faveur du Seigneur Roi, & promet & s'engage Sa Majesté d'employer ses bons offices pour que le Roi Très-Chrêtien y donne son consentement. afin d'ôter & abolir toute matiere de nouvelle discorde. Bien entendu que cela ne portera aucun préjudice à Sa Majesté le Roi de Prusse, par raport aux Titres & Armoiries d'Orange, qui seront toûjours continuez dans sa Famille Royale aux Princes & Princesses de Prusse.

Anno 1732.

V.

Sa Majesté le Roi de Prusse aura de plus pour son partage, & gardera en toute proprieté tant pour lui, que pour ses Héritiers & Successeurs, la Principauté de Meurs, la Comté de Lingen, l'Ammanie de Montfort, la Seigneurie de la Haute & Basse Swaluwe, les Seigneuries de Naaltwyk, Hoenderland, Wateringen, Orange-Polder, & s'Gravesande, le Peage de Gennep, la Barônie de Herstal toute entiere, la Seigneurie de Turnhout, la Maison à la Haye nommée la Vieille Cour, & la Maison de Honslaardyk, & jouïra le Seigneur Roi desdits Biens, Domaines, Terres & fonds, avec toutes leurs appartenances & dependances, Droits, Revenus, Justices, Jurisdictions Hautes & Basses, Droits regaux, Prérogatives, & Prééminences y attachées, Dixmes, Moulins & Dependances qui appartiennent auxdites Seigneuries & biens situez & levez dans leurs districts, dont les Princes d'Orange ont profité, sans exception & distinctions par quel des Princes susdits ils pourront être acquis, & par raport aux Maisons avec les Meubles qui y appartiennent & s'y trouvent actuellement; & renoncera & renonce le Seigneur Prince tant pour lui que pour ses Héritiers & Descendants Mâles & Femelles en faveur de Sa Majesté & de ses Héritiers & Descendants Mâles & Femelles, à tous ci-devant prétendus droits de proprieté & autres sur lesdits Biens, Domaines, Terres & Maisons, ensorte que lui, ses Hoirs & Successeurs n'y puissent jamais rien prétendre sous quelque titre ou prétexte que ce soit.

S. A. S. fera aussi ensorte que d'abord après la Ratification de ce présent Traité, on cessera de lever le Peage qui a été levé jusques ici dans la Ville de Grave, sous le nom de Peage de Gennep.

VI.

Le Seigneur Prince ne pourra rien prétendre à l'égard de l'Ammanie de Montfort, en vertu de la Sentence de la Cour de Ruremonde du 23. Avril 1704. ni aussi à l'égard de la Principauté de Meurs, de la Comté de Lingen, & susdits autres Domaines, Terres, & Biens, dont le Seigneur Roi jouït actuellement, ou jouïra à l'avenir en vertu du présent Traité, sous prétexte d'avoir été ameliorez ou augmentez, ou bien à cause des Provisions, arrerages & restes des Comptes qui s'y trouvoient au profit du feu Roi Guillaume, & de ses Héritiers, lorsque Sa Majesté en a fait prendre possession, & viendront toutes ces Ameliorations, Augmentations, Provisions, Arrerages & restes des Comptes aussi au profit du Seigneur Roi.

VII.

Le Seigneur Prince d'Orange & de Nassau aura pour son Partage & gardera en toute proprieté, tant pour lui que pour ses Héritiers & Successeurs, tous les autres Domaines, Terres, Maisons & Biens appartenans à la Succession d'Orange, tant ceux qui lui sont déjà extradez, que ceux qui se trouvent encore actuellement sous l'Administration de L. H. P. les Etats Généraux des Provinces-Unies, ou entre des mains étrangeres sans en excepter aucun, comme aussi les Maisons dont Sa Majesté le Roi de Prusse jouït actuellement & qu'elle lui cedera ensuite, & aussi tous les Biens, Domaines, Terres & Maisons appartenantes à la Succession d'Orange, qui ne sont pas compris dans le partage de Sa Majesté.

Comme premiérement les Domaines, Terres, Maisons & Biens qui sont déjà extradez à S. A. S. & qu'elle possede actuellement; Savoir l'Ammanie de Bredenvoort, les Dixmes de Buuren, la Seigneurie de Seevenbergen, le Hondenhuis à la Haye, les Dixmes sous Delft & Monster, la Maison nommée le Kruitberg, Colinsplaat, & les autres biens en Noordbeveland, la Baronie d'Yssellstein, les Biens dans le Hulster-Ambagt, le Palais à Bruxelles, la Baronie de Diest, la Seigneurie de Zichem & Scherpenheuvel, les Seigneuries de Roozendaal, Nispen, Oosterhout & Don-

ANNO 1732. Dongen, la Seigneurie de Steenbergen, la Seigneurie de Princeland, la Baronie de Cranendonk & la Seigneurie de Eindhoven.

Et en second lieu les Domaines, Terres, Maisons & Biens qui sont encore actuellement sous l'Administration de L. H. P. les Etats Généraux des Provinces-Unies, ou entre des mains étrangeres sans en excepter aucun, savoir la Maison de Dieren avec ses Appartenances & Dépendances, la Maison de Loo avec ses Appartenances & Dépendances, la Seigneurie de Klundert ou Niervaart, la Seigneurie de Geertruydenberg avec ses Appartenances & Dependances, le Marquisat de Ter-Veer & de Vlissingen, la Seigneurie de St. Maartensdyk & Scherpenisse, la Maison de Soestdyk avec ses Appartenances & Dependances, la Comté de Buuren, la Comté de Leerdam, & d'Acquoy, les Seigneuries de Grimbergen, Meerhout & Voorst, le Burggraviat d'Anvers, la Baronie de Breda, les Biens de la Commanderie de Braque, la Baronie de Grave & du Païs de Cuyk, la Seigneurie de Willemstad, & Ruigenhil, les Biens de Weernhout, Vyanden, St. Vith & Butgenbag, Daasburg & Warneton.

Le Seigneur Prince ayant cedé ci-dessus par l'Article cinquiéme, à Sa Majesté le Roi de Prusse la Baronie de Herstal toute entiere, de la moitié de laquelle S. A. S. avoit joui jusques ici, Elle aura en échange pour son partage, & gardera de même en toute propriété tant pour Elle, que pour ses Héritiers & Successeurs, les Seigneuries de Monster, Ter-Heiden, la moitié de Loosduinen, les Fiefs de Polaanen, & la Cense joignante la Maison de Nieuburg auprès de Ryswyk grande de quinze Arpents & 580. Verges, tenuë ci-devant en Ferme par Pierre Colin.

Et cedera, & cede de plus Sa Majesté le Roi de Prusse au Seigneur Prince, comme une marque particuliere de son Amitié, la Maison de Nieuburg située auprès de Ryswyk, & la Maison au Bois nommée d'Orange-Saal, comme S. A. S. sera ainsi aussi dechargée de la Rente annuelle de mille florins, qui pour l'entretien de cette derniere Maison se doit payer des Revenus de Sevenbergen, bien entendu que le Sérénissime Prince sera obligé de bonifier au Général Baron de Keppel les Méliorations, qu'il prouvera avoir faites à ladite Maison au Bois & à ses Appartenances & Dépendances; & jouïra pareillement le Seigneur Prince desdits Biens, Domaines, Terres & Maisons, avec toutes leurs Appartenances & Dependances, Droits, Revenus, Justices, Jurisdictions Hautes & Basses, Droits regaux, Prérogatives & Prééminences y attachées, Dixmes, Moulins & Dépendances qui appartiennent auxdites Seigneuries & Biens, situez & levez dans leurs Districts, dont les Princes d'Orange ont profité sans exception & distinction, par quels des Princes susdits ils pourront être acquis, & par rapport aux Maisons avec les meubles qui y appartiennent & s'y trouvent actuellement; & renoncera & renonce le Seigneur Roi tant pour lui que pour ses Héritiers & Descendants Mâles & Femelles, en faveur du Seigneur Prince & de ses Héritiers & Descendants Mâles & Femelles, à tous ci-devant prétendus Droits de propriété & autres sur lesdits Biens, Domaines, Terres & Maisons, en sorte que lui, ses Hoirs & Successeurs n'y puissent jamais rien prétendre sous quelque titre ou prétexte que ce soit.

VIII.

Les deux Hauts-Contractants & leurs Héritiers & Descendants Mâles & Femelles, garderont tous les Titres & Armoiries, dont ils se sont servis jusques-ici, chacun de son côté, à l'égard des Principautez, Domaines, Terres, Maisons & Biens appartenans à la Succession d'Orange, sans que cela puisse ou doive porter aucun préjudice, ni à Sa Majesté le Roi de Prusse, ni au Sérénissime Prince, ni à leurs respectifs Héritiers & Descendants Mâles & Femelles, ni deroger à la validité perpétuelle des Cessions réciproques faites par ce présent Traité.

Et comme Sa Majesté le Roi de Prusse a témoigné tant pendant les Négotiations précedentes, que dans le cours de celle-ci, qu'Elle verroit avec satisfaction que le Seigneur Prince ne se servît plus des Titres de Meurs & de Lingen, S. A. S. empressée d'aller au devant de tout ce qui peut faire plaisir à Sa Majesté, a bien voulu y renoncer, comme Elle y renonce par la Convention présente, y compris les Armoiries, tant pour lui, que pour ses Héritiers & Descendants Mâles & Femelles; ainsi que le Seigneur Roi par la même complaisance a bien voulu renoncer, comme Sa Majesté y renonce par cet Article, tant pour lui que pour ses Héritiers & Descendants Mâles & Femelles, aux Titres & aux Armoiries du Marquisat de Ter-Veer & de Vlissingen, de sorte que les deux Hauts Contractants ne se serviront plus réciproquement des Titres & Armoiries susdites à l'avenir. ANNO 1732.

IX.

Et pour ce qui est du Supplement, dont le Roi aussi-bien que le Seigneur Prince auroient dû jouïr annuellement, en vertu de la Resolution de Leurs Hautes Puissances du 11. Juillet 1711., & dont le Conseil des Domaines ne leur a païé qu'environ une seule année, parce que les autres Depenses qu'il avoit été indispensablement obligé de faire pour les besoins pressans de la Succession, & lesquels en vertu de ladite Resolution devoient être préferez audit Supplement, ne lui avoient pas laissé le moyen & les fonds necessaires pour en continuer le payement, Sa Majesté renoncera & renonce à tout droit & prétension qu'Elle pourroit former à cet égard, & conséquemment aux Arrerages qu'Elle en pourroit exiger, & qui viendront au profit de la Masse génerale de la Succession.

X.

Comme il y en a d'autres, qui en qualité d'Héritiers, ou soi disant tels, font des prétentions sur une partie des Biens, Domaines & Terres de la Succession d'Orange, qui entrent dans le présent partage, les deux Hauts Contractans se promettent une garantie réciproque contre ces prétendants, & de s'assister mutuellement, la seule voye de fait ou des Armes exceptée, de toutes sortes de devoirs, actions & autres moïens efficaces & valables, que leurs droits leur peuvent fournir conjointement ou séparement, selon qu'il sera trouvé le plus convenable pour l'intérêt commun, & pour se maintenir & se conserver dans la possession & la paisible jouïssance de tout ce qui est cedé à l'une & à l'autre partie par cet accommodement, & regardera cette garantie particuliérement la prétention que le Prince de Nassau-Siegen forme sur quelques-uns des susdits Biens, Domaines & Terres, & s'engage le Seigneur Roi de Prusse, si besoin en est, & le Seigneur Prince le requiert, d'instituer aussi tôt son Action par maniére d'intervention ou autrement contre ledit Prince de Nassau-Siegen, laquelle Sa Majesté poursuivra avec toute la vivacité & vigueur possible, & s'oblige Sa Majesté d'employer toutes les autres voyes imaginables tant Judiciaires, qu'Extrajudiciaires, pour faire désister ledit Prince d'une prétention si injuste & peu fondée.

XI.

Le Seigneur Prince se chargera & se charge, de toutes les Dettes passives qui sont affectées en général sur la Succession des susdits Seigneurs Princes de la Maison d'Orange, y compris les Dettes passives, qui jusques au jour de la Signature du présent Traité sont affectées sur le Westland, & la pension constituée en forme de Fidei-commis par le Prince FREDERIC HENRI, au Sieur Frederic de Zuilestein & ses Descendans tant pour le passé que pour l'avenir, hormis celles qui s'y trouvent au profit du Seigneur Roi, & profitera S. A. S. à l'encontre seule de toutes les Dettes actives & telles autres prétentions qui y peuvent appartenir, y compris la Rente constituée par les Etats de Hollande & de Zeelande l'année 1584. en faveur du Prince FREDERIC HENRI d'Orange, tant pour le passé que pour l'avenir sans en excepter aucune, que celles qui s'y trouvent à la charge de Sa Majesté, ainsi que les prétentions que les deux Hauts Contractans pourroient former l'un contre l'autre seront compensées plus spécialement ci-dessous, & les deux Rentes de 80. mille & 20. mille florins, affectées sur les droits d'entrée & de sortie de la Meuse, à l'égard desquelles il a été accordé particuliérement de la maniere suivante.

ANNO 1732.

XII.

Pour ce qui concerne les deux Rentes de 80. & 20. mille florins affectées sur les droits d'entrée & de sortie de la Meuse, il a été stipulé & convenu que le Seigneur Roi aura pour lui celle de 80. mille florins, & que le Seigneur Prince aura celle de 20. mille florins pour son partage.

XIII.

Et quant aux Arrerages de ces deux Rentes, qui sont dus à la Succession depuis 1703. jusques à la Ratification du présent Traité, il a été convenu qu'ils seront partagez entre les deux Hauts Contractans, & qu'ils en jouïront par moitié; bien entendu toutefois, que Sa Majesté le Roi de Prusse ne sera point obligée de contribuër au payement de ces Arrerages, quoi qu'elle ait participé depuis l'an 1713. aux droits d'entrée & de sortie de la Meuse.

XIV.

Comme parmi les Dettes actives de la Succession il se trouve deux prétentions à la charge du Roi d'Espagne, assignées par Sa Majesté sur les Revenus des Indes par le Traité du 26. Decembre 1687.; l'une d'une Rente annuelle de 50 mille Florins & l'autre d'un Capital de 120. mille Ecus, le Seigneur Roi s'engage & promet d'assister le Seigneur Prince par toute sorte de bons offices pour le recouvrement & le payement de ces Prétentions, & tachera Sa Majesté de les lui faire obtenir tant pour le passé que pour l'avenir.

XV.

A l'égard des dettes passives & actives, hypothequées sur chaque Domaine, Terre ou Bien en particulier, il a été stipulé, & convenu qu'à l'exception de celles qui sont affectées sur le Westland, dont il est disposé ci-dessus, toutes les autres resteront à la charge & au profit de celui des Hauts Contractans qui en aura la proprieté, & viendront aussi à l'avantage de celui des Hauts Contractans qui les aura pour son partage, non seulement tous les fruits & revenus qu'ils ont tirez des Biens & Terres qu'ils possedent actuellement, mais aussi tous les Revenus, Fruits, Arrerages & restes des Comptes qui ne sont pas encore payez des Biens, & Seigneuries qu'ils reçoivent par le présent partage.

XVI.

Au sujet des Joïaux & Vaisselles qui se sont trouvées dans la Succession de Nassau Orange, on est convenu qu'on se tiendra de part & d'autre au partage qui en a été fait dans l'année 1701.

XVII.

Et afin de prevenir tout nouveau sujet de different & de dispute entre les deux Hauts Contractans & d'obtenir ainsi entierement le but salutaire, qu'ils se sont proposé par cet accommodement, ils renonceront & renoncent réciproquement pour eux & leurs Héritiers & Descendans Mâles & Femelles, à toutes sortes d'autres Actions & Prétensions, qu'à cette occasion ils peuvent avoir intentées l'un contre l'autre, ou qu'ils pourroient intenter encore, quelles qu'elles puissent être, & pour quelque cause & prétexte que ce soit, & seront toutes ces actions & Prétentions entierement compensées & annullées; ainsi que les Procès, Procedures, & poursuites entamées à leur égard de part & d'autre cesseront, & seront éteintes aussitôt que le présent Traité sera ratifié.

XVIII.

On extradera & delivrera fidellement aux deux Hauts Contractans, ainsi qu'ils les extraderont & délivreront mutuellement l'un à l'autre, en Original, tous les Titres, Chartres, Documens, Registres, Comptes & generalement toutes les Archives & Papiers, qui regardent les Biens, Domaines, Terres & Maisons, qui se trouvent de part & d'autre dans leur partage, & dont par le présent Traité ils se sont cedé reciproquement la proprieté & la possession, & en disposera chacun d'eux comme bon lui semblera, & ainsi qu'il le trouvera le plus convenable pour ses intérêts, & cela non seulement à l'égard des Archives & Papiers qu'ils ont reciproquement en main, mais aussi de ceux qui, en vertu de l'Administration de Leurs Hautes Puissances les Etats Généraux des Provinces-Unies, sont sous la Garde du Conseil des Domaines du feu Roi Guillaume.

ANNO 1732.

XIX.

Aussi-tôt que ce Traité sera conclu & ratifié, les deux Hauts Contractans s'adresseront conjointement aux Seigneurs Etats Généraux des Provinces-Unies, comme Exécuteurs des Testamens du feu Roi de la Grande-Bretagne GUILLAUME III. & du Prince FREDRIK-HENRI d'Orange, pour leur donner communication de cet Accommodement; afin qu'il s'ensuive l'extradition des Biens, Domaines, Terres & Maisons, avec les Archives, & tout ce qui en dépend, qui entrent réciproquement dans leur Partage, & se trouvent encore sous l'Administration de Leurs Hautes Puissances; & employeront les Hauts Contractans de concert & mutuellement tous leurs soins, afin que cette Extradition se fasse sans délai, & le plûtôt qu'il sera possible.

XX.

Le présent Traité sera ratifié & approuvé par le Seigneur Roi & le Seigneur Prince, & les Lettres de Ratification seront délivrées dans le terme de quatre semaines, ou plûtôt, si faire se peut, à compter du jour de la signature.

En foi de quoi, nous Ministres de Sa Majesté le Roi de Prusse, & de S. A. S. le Prince d'Orange & de Nassau, en vertu de nos Pleins-pouvoirs respectifs, avons en leurs noms signé le présent Traité de nos seings ordinaires, & y fait apposer le Cachet de nos Armes. Fait à Berlin ce 14. du mois de Mai 1732.

Signé,

(L. S.) A. B. BORCKEN.

(L. S.) H. DE PODEWILS.

(L. S.) G. H. DE THULEMEIER.

Fait à Dieren ce 16. du mois de Juin 1732.

Signé,

(L. S.) D. V. LYNDEN TOT DE PARCK.

(L. S.) H. VAN AYLVA.

(L. S.) J. DUNCAN.

S'ensuit la teneur du Plein pouvoir de Sa Majesté le Roi de Prusse.

FREDERIC-GUILLAUME, par la Grace de Dieu Roi de Prusse, &c. &c. &c. (T. T.) A tous ceux, qui ces présentes Lettres verront, Salut. Le Sérénissime Prince GUILLAUME-CHARLES HENRI FRISO, Prince d'Orange & de Nassau, Stadhouder & Capitaine & Admiral-Général de Gueldre & de la Comté de Zutphen. Stadhouder Héréditaire & Capitaine Général de la Frise, Stadhouder & Capitaine Général de Groeningen & des Ommelandes, & du Païs de Drenthe, &c. notre très-cher Cousin, nous ayant fait connoître qu'il souhaiteroit de s'accommoder à l'amiable avec nous sur les différens survenus après la mort de GUILLAUME III. Roi de la Grande-Bretagne, de glorieuse mémoire, au sujet de la Succession d'Orange, nous y avons donné les mains avec d'autant plus de plaisir, que nous souhaitons sincerement de vuider avec Sadite Altesse les différens susdits à des Conditions justes & raisonnables, & nous avons, pour cette fin salutaire, commis & deputé nos Ministres d'Etat & de Guerre, notre Lieutenant-Général *Adrian Bernhard de Borcke*, *Henry de Podewils*, & *Guillaume Henry*

ANNO 1732.

rr de Thulemeier, auxquels nous avons departi, & departons par ces présentes, signées de notre main, Pleinpouvoir & Authorité pour en notre nom traiter & convenir avec les Ministres, qui de la part dudit Sérénissime Prince, seront munis d'un Pleinpouvoir pareil, sur ledit Accommodement, le conclure & signer; Promettant en foi & parole de Roi, d'avoir pour agréable, d'approuver & ratifier, d'accomplir & d'exécuter tout ce que par les Sieurs de Borcke, de Podewils, & de Thulemeier, aura été négocié, conclu & signé avec les Ministres dudit Sérénissime Prince, sans jamais y contrevenir ni permettre qu'il y soit contrevenu pour quelque cause, ou sous quelque prétexte que ce puisse être, & d'en faire expédier & délivrer nos Lettres de Ratification, dans le tems qu'ils auront promis de les fournir.

En témoin de quoi nous avons fait mettre notre grand Scel Royal à cesdites présentes. Donné à Berlin ce 1. de Mars 1732.

Signé,

(L. S.) F. GUILLAUME.

Plus-Bas, *Signé,*

A. B. BORCKEN.

H. DE PODEWILS

S'ensuit la teneur du Pleinpouvoir de S. A. S. le Prince d'Orange & de Nassau

GUILLAUME CHARLES-HENRI-FRISO, par la grace de Dieu Prince d'Orange & de Nassau, &c. &c. &c. (T. T.) A tous ceux qui les présentes Lettres verront, Salut.

Le désir que nous avions eu de tout tems de nous accommoder un jour à l'amiable avec Sa Majesté le Roi de Prusse, sur les différens, qui subsistoient toûjours entre Sa Majesté & Nous, pour la Succession d'Orange delaissée en dernier lieu par GUILLAUME III. Roi de la Grande-Bretagne, de glorieuse mémoire, fit que nous reçumes avec plaisir les ouvertures que nous fit le Sieur *Duncan* dès le commencement de l'année passée, que les liaisons qu'il avoit avec le Sieur *Luiscius*, Conseiller de la Cour de Sa Majesté, établi à la Haye, nous pourroient faciliter l'occasion de renouer à notre Majorité la derniere Négociation entamée à Berlin en 1722. & que comme elle devoit remedier au plus grand inconvenient qui en avoit empêché alors la réussite, nous pourrions espérer de la terminer enfin avec succès. Notre Majorité même n'existoit point, que nous n'en profitâmes aussi-tôt avec satisfaction. Le Sieur Luiscius fonda les intentions du Roi, son Maitre, & Sa Majesté daigna y répondre favorablement, & déclarer de son côté, que souhaitant sincerement de s'accommoder avec nous à des Conditions justes & raisonnables, elle étoit disposée à faire examiner à quoi l'on en étoit resté en 1722. & de le poser pour une espèce de fondement d'une Négociation nouvelle. On reprit le fil des Conférences précédentes. La Négociation passa par les mains des Sieurs Luiscius & Duncan, qui se trouvants tous deux à la Haye, furent à portée d'en communiquer; ce qui réussit si heureusement, que Sa Majesté consentit d'autoriser quelques uns de ses principaux Ministres pour porter cette affaire si salutaire à une conclusion finale, & pour en signer le Traité dans les formes.

C'est donc pour ces mêmes causes, & les bonnes Considérations à ce nous mouvantes, que nous confians entiérement en la capacité, zèle & fidelité pour notre Service, de *Diderik Baron de Lynden*, Seigneur de Park, Brigadier & Collonel d'un Regiment de Cavallerie, notre Grand-Maître d'Hôtel; de *Hobbe Baron de Aylua*, Collonel d'un Regiment d'Infanterie, notre Grand-Ecuyer, & Drossard de notre Comté de Buuren; & de *Jean Duncan*, notre Conseiller Ordinaire & Maître des Requêtes, & Conseiller & Maître des Comptes de nos Domaines; nous les avons nommez, commis & députez par ces présentes signées de notre Main, ainsi que nous nommons, commettons, & députons lesdits Sieurs de Lynden, d'Aylua & Duncan, & leur avons donné & donnons Pleinpouvoir, & Commission spéciale de traiter en notre nom avec les Ministres de Sa Majesté le Roi de Prusse revêtus d'un pareil Pleinpouvoir, & de conclurre & signer tel Traité de Partage & d'Accommodement au sujet de la Succession d'Orange que nosdits Ministres conformement à leurs instructions aviseront bon être, & convenir à nos intérêts. Promettant en foi & parole de Prince, d'avoir pour agréable, & tenir ferme & stable à toûjours d'accomplir & d'exécuter tout ce que lesdits Sieurs de Lynden, d'Aylua & Duncan, auront stipulé, promis, & signé en vertu du présent pouvoir, sans jamais y contrevenir, ni permettre, qu'il y soit contrevenu pour quelque cause, ou sous quelque prétexte que ce puisse être, comme aussi d'en faire expédier nos Lettres de Ratification en bonne forme, & de les faire délivrer pour être échangées dans le tems, dont il sera convenu par le Traité à faire. En témoin de quoi nous avons fait mettre notre Sçel à ces présentes. Donné à *Leeuwaarde* ce 4. de Mars 1732.

Signé,

(L. S.) G. C. H. F. PRINCE D'ORANGE.

S'ensuit la Ratification de Sa Majesté le Roi de Prusse.

FREDERIC-GUILLAUME, par la Grace de Dieu Roi de Prusse, &c. &c. &c. (T. T.) à tous ceux qui ces présentes Lettres verront, Salut. Ayant vû & examiné le Traité que nos Ministres d'Etat & de Guerre, le Lieutenant Général *Adrien Bernhard de Borcke*, *Henry de Podewils*, & *Guillaume Henry de Thulemeier*, en vertu du Pleinpouvoir que nous leur en avions donné, avoient conclu; arrêté & signé le quatorziéme du présent mois de Mai, avec les Ministres du Sérénissime Prince GUILLAUME CHARLES HENRI FRISO Prince d'Orange & de Nassau, &c. &c. &c. (T. T.) à sçavoir avec les Sieurs *Diderik Baron de Lynden*, Seigneur de Parck, Brigadier & Colonel d'un Regiment de Cavallerie, & Grand-Maître d'Hôtel dudit Seigneur Prince, *Hobbe Baron d'Aylua*, Colonel d'un Regiment d'Infanterie, son Grand-Ecuyer, & Drossard de la Comté de Buuren, & *Jean Duncan* son Conseiller Ordinaire & Maître de Requêtes, & Conseiller & Maître des Comptes de ses Domaines, aussi munis des Pleinspouvoirs de sa part, duquel Traité la teneur s'ensuit:

Fiat insertio.

Nous ayant pour agréable le susdit Traité en tous & chacuns les points & Articles qui y sont contenus & declarez, avons iceux accepté, approuvé, ratifié & confirmé, comme Nous les acceptons, approuvons, ratifions & confirmons par ces présentes, promettant en foi & parole de Roi d'accomplir, d'observer & de faire observer sincerement & de bonne foi ledit Traité dans tous les points contenus en icelui, sans aller, ni souffrir qu'il soit allé directement, ni indirectement au contraire en quelle sorte & maniére que ce soit. En témoin dequoi Nous avons signé ces présentes de notre main, & à icelles fait apposer notre grand Sçel Royal. Donné à *Berlin* ce trentiéme jour du Mois de Mai, l'An de Grace mil sept cens trente & deux, & de notre Regne le Vingtiéme.

Signé,

F. GUILLAUME,

Plus-Bas. *Signé,*

A. B. BORCKEN.
H. DE PODEWILS.

Et Scellé du Grand-Sceau de Cire rouge.

ANNO 1732.

S'ensuit la Ratification de S. A. S. le Prince d'Orange & de Nassau.

GUILLAUME-CHARLES HENRI FRISO par la Grace de Dieu Prince d'Orange & de Nassau, &c. &c. &c. (T. T.) à tous ceux, qui ces présentes Lettres verront, Salut. Ayant vû & examiné le Traité que Nos Ministres *Diderik Baron de Lynden*, Seigneur de Parck, Brigadier & Collonel de Cavallerie, notre Grand Maître d'Hôtel, *Hobbe Baron d'Aylua* Collonel d'un Regiment d'Infanterie, notre Grand Ecuyer, & Drossard de notre Comté de Buuren, & *Jean Duncan*, notre Conseiller Ordinaire & Maître des Comptes de nos Domaines, en vertu du Pleinpouvoir que nous leur avions donné, avoient conclu, arrêté, & signé le seizième du présent mois de Juin avec les Ministres du Sérénissime & très-Puissant Prince Frederic Guillaume, par la Grace de Dieu Roi de Prusse, &c. &c. &c. (T. T.) à sçavoir avec les Sieurs le Lieutenant Général *Adrien Bernhard de Borcke*, *Henry de Podewils*, & *Guillaume Henry de Thulemeier*, aussi munis de Pleinspouvoirs de sa part, duquel Traité la teneur s'ensuit:

Fiat Insertio.

Nous ayant pour agréable le susdit Traité en tous & chacuns les points & Articles qui y sont contenus & déclarez, avons iceux accepté, approuvé, ratifié & confirmé, comme nous les acceptons, ratifions & confirmons par ces présentes, promettant en foi & parole de Prince d'accomplir, d'observer & de faire observer sincérement & de bonne foi ledit Traité dans tous les points contenus en icelui, sans aller, ni souffrir qu'il soit allé directement, ni indirectement au contraire en quelque sorte & maniére que ce soit. En témoin de quoi Nous avons signé ces présentes de notre main & à icelles fait apposer notre grand Sçel. Donné à *Dieren*, ce trentiéme jour du mois de Juin, l'an de Grace, mil sept cens trente & deux.

Signé,

G. C. H. F. PRINCE D'ORANGE.

Et Scellé du Grand Sceau de Cire rouge.

Extract uyt het Register der Resolutien van de Edele Mog. Heeren Staaten van Zeeland.

Den 17. *November* 1732. *om de Steden* Vlissingen *en* ter Veer *t'ontheffen van alle Tassailage en Leenroerigheit.*

IS met eenparige bewillinge van alle de Leeden goedgevonden en verstaan, gelijk goedgevonden en verstaan werd by desen, op gronden, meermaal soo by geschrifte als mondeling gededuceert, uyt kragte van haar Edele Mog. hoge Souverainiteit en incontestabele Magt, de Steden Vlissingen en Veere, van nu aan voor altoos en ten eeuwigen dage te ontheffen *de facto & jure*, van alle Vasallage en Leenroerigheid, deselve daar van ten volle en in alle sijne deelen libererende, gemelde Steeden tot vrye Graffelyke, en als andere stemmende Steden deser Provintie alleen directelyk en immediaat d pendent en onderworpen de Souverairie Vergadering van haar Ed. Mog., declarerende de Bailliuwen, alle de Regenten, subalterne Collegien, Officianten, haare Bedienden en alle Inwoonderen ontslaande van alle verpligting en verbintenissen, daarmede sy in het gemeen ofte in het b sonder aan den Heer ofte Marquis sijn geobligeert geweest, sonder hiermede eenigsints te prejudicieren de Provintie ofte de Respective Steeden, Privilegien, hoog-ende geregtigheden.

Dat tot een dedommagement van de voorgem: Devasallagie haar Ed: Mog: Ontfanger Generaal zal worden gelast en geauthoriseerd, gelyk gelast en geauthoriseerd word mitsdesen op de Conditie, stipulatie ende verbintenisse als de laatstvorige gedaene Negotiatie van Obligatien, op te nemen en te ligten een somme van hondert duizend Ryxdaalders, ende gemelde somme by provisie en tot nader dispositie alhier in Banco te seponneren, ten behoeve van die geene, die tot de Seigneurie van gemelde Steeden van Vlissingen en Veere geregtigt bevonden zullen worden te zyn.

Dat van dese resolutie ter bequamer gelegentheid kennis zal worden gegeven aan de Generaliteyt met allegatie van de redenen en motiven, die haar Ed. Mog. gepermoveerd hebben, om dese Resolutie te neemen, en daar en boven te declareren, ingeval door Neutrale Arbitres, aan welkers uytspraeke haar Ed. Mog. verklaren geneigt en bereid te sijn, de Decisie daar over te laaten, in 't vervolg geoordeelt mogt worden de gemelde geseponneerde somme niet te wesen geproportionneert na de waarde en estimatie der voorsz. Leenen, haar Ed. Mog. volveerdig gevonden zullen worden gezegde somme na billykheid te augmenteren, gelyk ook tot alle gevoeglyke inschikkentheid om in der minne (voor behoudens nogtans de hier vooren gedaane Devasallagie en Leenroerigheid) na redelykheid met de Geinteresseerde partye daar over te convenieeren en te gedragen.

Dat van nu af aan ter vermeidinge van alle Cavillatien en retardement, die by onverhoopte discrepantie daar aan zoude konne werden toegebragt, de Respective Leeden sig verbinden, om voorseide surplus, ook by Negotiatie op voorzeide voet te vinden, waar toe haar Ed. Mog. Ontfanger Generaal of in der tyd zullende zyn van nu af aan

Extrait du Registre des Resolutions de leurs Nobles Puissances les Seigneurs Estats de la Province de Zeelande.

Le 17. *Novembre* 1732. *pour devassaler le Marquisat le Flessingue & ter Veer.*

ON a trouvé convenable, & on est convenu d'un Consentement unanime de tous les Membres, comme on trouve bon, & l'on convient par celle ci, par les Raisons plusieurs fois deduites tant par écrit, que de bouche, & en vertu de la Souveraineté, & de la pleine & incontestable Puissance de leurs Nobles Puissances d'affranchir les Villes de Flessingue *&* Veere *de tout Vassallage, & de toutes les charges, qui sont annexées aux Fiefs* de jure & de facto *pour toujours & sans aucun retour, & de déclarer cesdites Villes, libres & égales aux autres de cette Province, qui ont voix & seance, & qui sont directement & immediatement sujettes & dependantes de l'Assemblée souveraine de L: N: P:; Declarant en même tems, que tous les Baillifs, Officiers, leurs Suppots, & tous leurs Sujets seront absous des Engagements, dont ils ont été liez en general, ou en particulier, au Seigneur ou au Marquis, sans aucun préjudice pourtant de la Province, des Villes respectives, des Privileges, & des hautes & autres Jurisdictions;*

Que pour le dédommagement dudit Devassalage on ordonnera & authorisera le Receveur General de leurs Nobles Puissances, comme il est ordonné & authorisé par cette présente sur les mêmes conditions, stipulations, & engagements de la derniére Negotiation des Obligations, d'emprunter une somme de Cent Mille Ecus en Espece, & de déposer cet argent par provision, & jusques à une disposition ulterieure ici en Banque, pour pouvoir être employée au profit de ceux, qu'on trouvera avoir un droit legitime sur lesdites Villes de Flessingue *& de* Veere.

Que lorsqu'on le jugera à propos, on donnera connoissance à la Generalité de cette Resolution, & des Raisons, & des motifs, qui ont obligé L: N: Puissances, de prendre cette Resolution; Qu'on leur declarera en même tems, que si des Arbitres impartiaux (au jugement desquels L: N: Puissances promettent d'être prêtes d'acquiescer) jugeroient dans la suite, que la somme mentionnée ne seroit pas proportionnée à la valeur & à l'estimation desdits Fiefs, Elles augmenteront toujours cette somme suivant l'équité & là justice; Comme Elles s'engagent en même tems d'entrer là dessus dans une negotiation amiable avec la partie interessée. Sauf pourtant le Devassalage mentionné, & les charges y annexées.

Que pour prévenir toute Cavillation & Retardement, qui pourroient survenir contre toute attente par une opposition contraire, tous les Membres s'engagent dès à present, de trouver encore par negotiation ledit surplus sur le même pied mentionné, le Receveur General de leurs Nobles Puissances, ou ceux qui en au- ront

Anno 1732.

daar toe werd gelaft en gequalificeert, jegens de dan Cours fullende hebben Intreft, en op de conditien, ftipulatien, en onder verband als vooren. Dat de Bailfiuwen der meergemelde Refpective Steeden van Vliffingen en Veere zullen worden aangefchreven voor het toekomende de Vierfchaare te fpannen uit naam van de Heeren Staaten of Graaffelykheid van Zeeland, met agterlating van alle het geene fyn relatie tot een Heer ofte Marquis van Vliffingen en Veere heeft.

Gelyk ook de Heeren Regeerders van gemelde Steeden van Vliffingen en Veere fullen worden verfogt, gelijk verfogt worden by defen, die voorfieninge in den haare te doen, dat alle bewoordingen fijne applicatie hebbende tot den Heer of Marquis uit alle de formulieren, foo van Borger Brieven, Eeden als anders worden geroyeerd en geligt, ook by publicatie de Borgers en Ingefetenen gewaarfchouwt en behoorlyk geadverteert, van alle verpligtingen aan een Heer ofte Marquis te zijn ontflagen.

Dat de Heeren Haar Ed. Mog. Gecommitteerde Raden die voorfiening zullen doen, dat geen Brieven van verhef ofte overdragt van Vliffingen en Veere meer werden gepaffeerd, en die van de provinciale Reekenkamer, dat niet meer mogen werden geregiftreerd, en den Rentmeefter Generaal Bewefterfchelt geordonneert word by defen, geen brieven van verhef ofte tranfport van Vliffingen en Veere te doen opmaken ofte pafféeren, en de Leenmannen Bewefterfchelde adverteren en waarfchouwen over geen diergelyk tranfport te ftaan of die te bezegelen, indien daar toe mogte worden gerequireerd, maar op de fteenrolle of Regifter van de Leenen aan te tekenen dat die Steeden door Haar Ed: Mog. zyn en blyven onthéven van alle Vafallagie en Leenroerigheid ten eeuwigen dage.

Dat van het geene voorfch. is aan de Heeren Staaten van Holland ende Weft-Vriesland kennis zal werden gegeven en defelve bedankt voor de cordate en vriendelyke aanbiedinge by haare Miffive van den 3. October laeftleden by het voorn: point gevoegd geweeft, met verdere betuiging dat de verwagting en het vertrouwen, die haar Ed. Mog. hebben op het kragtig appuy in defen van hooggemelde Heeren Staaten, ook gedient heeft, om haar Ed. Mog. te permoveren tot het neemen van defe haar Ed. Mog. Refolutie, en dat by de eerfte bequame gelegentheid getreden zal werden tot het benoemen van eenige Heeren om meer hooggemelde Heeren Staaten daar voor te bedanken en om in communicatie te treeden.

En is verders goedgevonden, dat by de eerfte Vergaderinge tot het benoemen van die Heeren zal worden getreden, tegens welken tyd ook een concept Inftructie voor gemelde Heeren Gedeputeerdens zal worden ontworpen, om daar op als dan nader te worden gerefolveerd.

En werden by defen gecommitteerd de Heeren Somer, Tulleken, de Jong, Verfelewel, Turcq van Pere, van Souburg, Huyffen, benevens den Raad Penfionaris omme te vifiteren, examineren, wat tot meerder applaneringe van defe devafallagie zoude behooren te werden gedaan, en daar van rapport te doen.

Onderftond,

Accordeert met het voorfz. Regifter,

En geteekent

DIGNUS KEETLAAR.

Anno 1732.

ront charge, étant authorifés dès à prefent, de negocier cedit furplus fuivant le cours des interets, & aux Conditions, ftipulations, & engagements fusdits; Qu'il fera ordonné aux Baillifs des Villes refpectives de Fleffingue *&* de Veere, *de faire à l'avenir juftice au nom des Seigneurs Etats, ou de la Comté de Zeelande, à l'exclufion de tout ce qui pourroit avoir le moindre raport au Seigneur, ou Marquis de* Fleffingue *&* de Veere;

Les Magiftrats & les Regents desdites Villes de Fleffingue *& de* Veere *feront requis en même tems, comme on les requiert par celle-ci, de prendre garde dans leurs departemens, que toutes les expreffions, qui jufqu'à prefent ont été relatives au Seigneur ou au Marquis, foient rayées & biffées de tous les Formulaires, des Lettres de Bourgeoifie, & des ferments; & que tous les Bourgeois & habitans foient avertis de la manière accoutumée & par une Ordonnance publique, que dès à prefent ils font abfous de tout engagement envers le Seigneur ou le Marquis;*

Que les Seigneurs du Confeil des Deputés de leurs Nobles Puiffances auront foin, qu'aucunes Lettres de relief & de tranfport des Villes de Fleffingue *& de* Veere *ne foient plus paffées à l'avenir, & que ceux de la Chambre Provinciale des Finances ne les acceptent plus, pour en faire l'enregiftrement; Qu'il foit ordonné au Receveur General du Quartier Occidental, comme il lui eft ordonné par ces Préfentes, de ne plus expedier, ni paffer aucunes Lettres de relief, & de tranfport auxdites Villes, & ceux de la Cour feodale du Quartier occidental feront avertis de n'affifter & de ne mettre leurs Seaux auxdits transports, en cas qu'ils en foient requis, mais au contraire de faire noter fur le Regiftre des Fiefs, que ces deux Villes font, & feront pour toûjours relevées par leurs Nobles Puiffances de tout Vaffallage & des Charges annexées aux Fiefs ordinaires;*

Que l'on donnera connoiffance aux Seigneurs Etats de Hollande & Weftfrife de tout ce qui a été réfolu, qu'on les remerciera des offres amiables & genereufes, qu'ils ont bien voulu ajouter à leur Lettre du 3 d'Octobre; en y ajoutant en même tems, que la ferme confiance de L: N: Puiffances dans l'amitié & l'appui des Seigneurs Etats de Hollande avoit beaucoup contribué, à faire prendre cette refolution à L: N: Puiffances; & qu'à la prémiére occafion on ne manqueroit pas, de nommer des Deputés, pour aller remercier les Seigneurs Etats de Hollande & Weftfrife, & entrer avec eux en conference fur cette affaire;

Et on eft convenu enfuite, qu'à la premiére Affemblée on procédera à la nomination desdits Deputés, pour lequel tems on dreffera le projet des Inftructions, dont ils feront munis, & fur lequel on prendra une refolution ulterieure à la premiére Affemblée;

Les Seigneurs Somer, Tulleken, de Jong, Verfelewel, Turcq van Pere, van Soubourg, Huyfen, *& le Confeiller Penfionnaire feront commis, pour voir & examiner, tout ce qui fera encore neceffaire pour terminer entierement ce Devaffalage, & en faire leur rapport;*

S'accorde avec ledit Regiftre

étoit figné,

DIGNUS KEETLAAR.

Advis van Rechtfgeleerde.

Cafus.

BInnen feeckere Republijcque, onder eene Ariftocratife Regeringe, fyn gelegen verfcheyde Ambagten, Heerlijckheden en andere goederen by den Prince van den Lande te Leen uytgegeven; en onder anderen is aldaer een aenfienlijck onverfterflijck Erfleen, mede van de Staten releverende, het welck lang voor dato van de erectie van een vrye Staets Regeringe, door den eerften Leenman, voor een groot gedeelte tot fynen koften met merckelijcke Verbeteringen en Aenwaffen, was in wefen gebragt, en alfoo aen den Leenheer opgedraegen, en wederom te Leen ontfangen, zynde het verdere gedeelte daer naer met gelt aengekogt; Voorts is het felve-

*Avis * des Jurifconfultes fur le Cas fuivant.*

Le Cas.

D*Ans une certaine Republique, dont le Gouvernement eft Ariftocratique ils fe trouvent plufieurs Bailliages, Seigneuries, & autres Terres, que le Prince du Pays a donné autrefois en fief. Entre autres il s'y trouve un Fief confiderable, héréditaire, & fans aucune reverfion, qui relève en même tems des Etats du pays; mais qui, long-tems avant l'érection de la liberté de la Republique, a été acheté & amelioré par le prémier Feudataire à fes propres fraix, & enfuite offert, dans cet état, au Seigneur direct, & reçu de lui en fief; une partie de ce fief, qui dans ce tems-là ne s'y trouvoit pas jointe, ayant été peu à peu achetée argent*

* *On ajoute ici les plus confidérables Actes & Memoires qui ont raport à cette Refolution quoique plufieurs l'aient precedée.* [Tirez d'une Deduction du Droit de S. A. le Prince d'Orange & de Naffau au Marquifat de Veere & Fleffingue, imprimée à Franequer chez Guil: Coulon 1733.

ANNO 1732.

ve Leengoet wegens de Voorsaten van den jegenwoordigen Leenvolger, als mede voor de tijden van de Vryheyt, by Executie in 't openbaer, en by publicque opveilinge met Decreet van den Provintialen Regter, gekogt en betaelt, en sedert oock altoos sonder interruptie, meer als hondert en twintig Jaeren lang, vreedsamelijck beseten, en van tijd tot tijd van den eenen Successeur op den anderen, sonder tegenspreecken van ymant, geduirigh op een nieuw verheven; de vorige Vasallen hebben oock ten allen tyden gehad en gebruykt alle sulcke geregtigheden, als den eersten Verly-brief, en de opentlijcke Conditien en Brieven van Decreet inhouden, en boven dien nog van hunnen Leenheer meermalen versogt en verkregen successive Octroyen, om van het voornoemde Leen by Uyterste Wille te mogen disponeren.

Het is nu sulcx, dat eenige Regenten in de Republicq het daer heen gaern souden dirigeren, dat men aen den jegenwoordigen Leenvolger Investiture bleef weygeren, en het Leengoet verklaerde *de facto* vry en ontheven van alle Vasallage en Leenroerigheyt, onder belofte van een æquivalent, en tegens wil en danck van den Leenvolger, die elders is woonachtigh: wordende daer toe voorgeslagen een *dominium super-eminens*, voortspruytende uyt de Despoticque Oppermacht van den Souverain, en wordende tot een grontreden van dien in dit geval aen de handt gegeven, dat dit Leen soude syn van soo grooten gevolgh en verren uytsien, ten minsten dat den aenkomenden Leenman sigh soude konnen toevoegen soodanige Voorregten, dat daer uyt te vreesen soude staen, *dat de vryheyt van de Staetsche Regeringe van de Provintie en der Steden, heymelijck belaegt en onderkropen soude konnen worden, en vervolgens dat het intrecken en vernietigen van dit Leen soude geschieden, tot meerder vast stellen van de ordre en forme van Regeringe der Provintie, Steden en Leden van dien, en om dat het selve alsoo soude behooren, om het regt, het nutte en gemeene best.*

En aengesien den eersten Minister van de voorgemelde Provintie, by een integrerend en voornaem Lith van Staet hier over geconsuleert synde, opentlijck en schriftelijck heeft verklaert, *het selve te houden voor een quæstio Juris, en wel van die importantie*, dat daer op behoorde te werden ingenomen het Advijs van fameuse Regtsgeleerde,

Soo wort gevraagt:

Of een wettig Leenvolger, op sulcke en diergelijcke gronden, van hooger handt wegens syn Leenheer, uyt het genot van syn Leenregten, soude mogen werden gehouden, en verders daer van in 't geheel versteken?

GEsien by de ondergeschrevens het bovenstaende geval, en gelet op de Vrage daer uyt voorgestelt, dunkt (onder verbeteringe) dat, aengesien alle Leenen eerst gegront syn op een præcedent Contract feudael, of van Leen-gunningh, soo als het noemt *Hugo de Groot in syn Inleydinge tot de Hollandsche Rechtsg.* 3. B. 25. D., uyt kragte van het welck ontstaet een wedersijdse verbintenisse, van den Leenheer aen de eene zyde, om het Leengoet, met alle bedonge preeminentien en geregtigheden, aen den Leenman behoorlijck te leveren, en van den Vasal aen de andere zyde, om aen sijn Heer te voldoen de beloofde Manschap en Heergewaeden; en dewijl mede, het selve van weerkanten sijnde geadimpleert, gelijck den Vasal by continuatie aen sijn Leenheer in alle gelegentheden schuldigh blyft te bewijsen alle eere en respect, en als het nodigh is op een nieuw verly te versoecken, en 's Heeren Regten daer voor te voldoen, alsoo oock den Leenheer altoos gehouden is sijn Vasal met de versogte Brieven van Investiture te voorzien, hem by sijn Leenregten te hanthaven, en ten allen tijden nae geregtigheyt, billijckheyt ende Justitie te handelen; uyt die reciprocque belofte en geduurige verbintenisse klaer genoeg deflueert en voortvloeyt, dat geen Leenheer, hoewel met souveraine magt bekleet, in sijn hant of wille heeft, een Leen eenmael by hem geconstitueert en solemnelijck uytgegeven sijnde, weder in te trekken en aen den Successeur van sijn overleden Vasal te onthouden; *ex promisso & contractu enim Regis nascitur vera & propria obligatio, quæ jus dat ipsis Subditis, ea enim est promissorum, & contractuum natura, etiam*

argent comptant. Ce même Fief a été ensuite acheté & payé par les Ancêtres du présent Vassal, lorsqu'il fut vendû publiquement par execution, & par decret du Juge Provincial long tems avant la Liberté de la Republique, & ils en ont joui en repos, & sans interruption plus de cent vingt années, ledit Fief aïant été relevé de nouveau de tems en tems & d'un successeur à l'autre, sans que personne s'y soit jamais opposé; Les premiers Vassaux ont aussi joui en tout tems, & se sont servis de tous ces droits & prérogatives exprimées dans la premiére Lettre feodale, dans les conditions publiques, & dans les Lettres decretales, & outre cela ils ont demandé, & obtenu plusieurs fois du Seigneur direct des Octrois successifs, pour pouvoir disposer desdits Fiefs à leur gré & par testament;

A présent il arrive, que quelques-uns des Regens de ladite Republique voudroient disposer les choses de maniére qu'on refusât l'investiture au présent successeur feodal, & qu'on declarât de facto *le Fief libre & absous de tout Vasselage, & des charges, qui y sont annexées, sous promesse d'un Equivalent, contre le gré, & sans le consentement du présent successeur, qui a son Domicile ailleurs, & pour y parvenir on allegue un* Dominium super-eminens, *derivant du Pouvoir despotique du Souverain; Et pour raison de tout ceci on avance, que ce Fief est d'une si grande consequence, que le Vassal, qui pour le présent en recevroit l'investiture, se pourroit approprier tant de prérogatives, qu'on auroit raison de craindre:* Que la Liberté de la Regence Aristocratique de la Province, & des Villes, ne fût ébranlée, & à la fin tout-à-fait renversée; & que par consequent l'anéantissement de ce Fief ne se feroit dans d'autres vuës, que d'affermir d'autant plus l'ordre, & la forme du Gouvernement de la Province, des Villes, & des Membres respectifs; & que ce changement seroit absolument necessaire pour la conservation des droits, de l'utilité & du bien public;

Et d'autant que le premier Ministre de cette Province, ayant été consulté sur cette affaire par un des prémiers Membres de l'Etat, a declaré ouvertement, & par écrit, qu'il estimoit, que c'étoit proprement une quæstio Juris & d'une importance si grande, *qu'elle meritoit bien, qu'on en prît l'avis des plus fameux Jurisconsultes.*

C'est pourquoy on demande:

Si un legitime successeur feodal peut pour les raisons alleguées être suspendu, & à la fin tout à fait privé par une Puissance superieure, & de la part de son Seigneur direct, de la jouïssance de ses droits feodaux?

L*Es soussignés ayant vû le cas mentionné, & ayant examiné la question proposée, il leur semble (sauf meilleur avis) que, tous les Fiefs étant fondez prémierement sur un Contract feodal précedent*, (vulgo Leen-gunningh:) *comme le remarque* Hugo Grotius dans son Introduction à la Jurisprudence de Hollande L. 3 D. 25, *en vertu duquel Contract il resulte un Engagement reciproque entre le Seigneur direct d'un côté, pour remettre au Vassal le Fief, avec toutes les prerogatives, & jurisdictions, dont on est convenu, & le Vassal d'autre côté, pour s'acquiter envers son Seigneur direct de toutes les charges & services, qu'il lui a promis; Et parce qu'en même tems tout ceci a été exactement accompli des deux côtés, & que le Vassal reste dans une Obligation continuelle de témoigner à son Seigneur direct toutes sortes d'honneur & de Respect, & de demander en cas de besoin une nouvelle investiture, & de satisfaire pour cela aux droits du Seigneur: Le Seigneur direct de son côté est aussi obligé en tout tems, de pourvoir son Vassal des Lettres d'investiture, lorsqu'il les demande; de le maintenir dans ses droits feodaux, & de le traiter en tout tems suivant l'équité & la justice. En sorte qu'il resulte avec évidence de cette promesse reciproque, & de cet engagement continuel, qu'il n'est absolument pas dans le pouvoir d'aucun Seigneur direct, nonobstant qu'il soit revetu d'une Puissance souveraine, de retirer un Fief, qu'il a une fois constitué, & conferé solemnellement, & de le refuser ensuite absolument au Successeur legitime de son defunt Vassal*, Ex promisso & contractu enim Regis nascitur vera & propria obligatio, quæ jus dat ipsis Subditis, ea enim est promissorum, & contrac-

ANNO 1732.

ANNO 1732.

tiam inter Deum & hominem, Hugo de Groot de Jure Belli & Pacis lib. 2. cap. 14. num. 5. & 6. Perez in Cod. libr. 10. tit. 5 num. 7. add. l. 1. pr. & l. 7. §. 7. D. de pact. & Zoeſ. de Feud. cap. 6. num. 7. Item Gudelin. de Jure Noviſſ. lib. 3. cap. 7. vers. emphyteutico contractui &c. want, even en aleens als een Vaſal uyt hoofde van felonie of miſdaad tegens ſyn Heer, wort verſtaen te vervallen van ſyn Leenregt, ſoo ſoude oock den Leenheer verlieſen ſyn *Dominium directum*, als hy in de pligten van protexie en beſcherminge ten opſigte van ſyn Vaſal quam te manqueren; *Dominus enim in his omnibus vicem fideli ſuo reddere debet libr. 2. feud. tit. 6. & tit. 26. verſ. Domino committente &c. Item tit. 47.* En *Papon livr. 13. Chapit. 1. art. 21.* ſpreekt daer van in deſe termen: *tout ainſi comme le Vaſſal perd ſon fief pour avoir fait injure à ſon Seigneur, ainſi le Seigneur perd ſon droit de fief ayant abuſé de ſon authorité contre ſon Vaſſal; Quod idem affirmant plurimi de eo caſu ſi Vaſſallo petenti Dominus inveſtituram denegaverit. Guido Papa quæſt. 168. Jul. Clar. §. feud. quæſt. 49. num. 7. Dominus enim tenetur Vaſſallo facere Juſtitiam & eum contra jus non gravare; nec ab eo aliquid aufferre injuſte. Math. de afflict. dec. Neap. 265. num. 76. & Zoeſ. de feud. cap 14. num. 3. expreſſe docet, Vaſallum poſſe implorare Judicis officium contra Dominum turbantem;* waer toe oock by alle geciviliſeerde volkeren en in wel geſtelde Regeringen Koningen en Princen ſigh hebben onderworpen aen de ordinaire Parlementen, of afgeſonderde Leengerigten, om over queſtien tuſſchen haer en haer onderhorige Vaſallen ontſtaende, nae Wetten en Coſtumen, ſoo als dat behoort, te werden regt gedaen, en aldaer is het dat een Leenman, vermeynende door ſijn Heer beledigt te ſijn, ſigh kan en magh addreſſeren, en ten welken eynde in deſe Landen van Hollandt ende Zeelant by ſpeciale Inſtructien en overkomſte tuſſchen de beyde Provintien, ſijn gecommitteert de Provintiale Hoven van Juſtitie, gelijck dat genoegh bekent is, alwaer een Leenman eerſt moet werden uytgewonnen, aleer hy magh werden gedepoſſideert; volgens de hantveſten en privilegien gemeenlijck genaemt *het groot Privilegie van Vrouw Maria, aen deſe Landen gegeven op den 14. Maert* 1476. alwaer deſelve Gravinne voor haer en haere naerkomelingen, onder anderen *art.* 39. wel duydelijck belooft, in deſe termen: *dat wy of onſe naerkomelingen niemands goet Leen of Erve binnen onſen Lande van Hollant, Zeelant ende Vrieſlant, tot onſer taefel leggen en ſullen, nog niemant by proviſie uyt ſijn Poſſeſſie ſtellen en ſullen, maer ſullen nae dat die natuere ende conditie van den goeden ſijn, eerſt verwonnen ſijn, en daer naer geëxecuteert werden;* ſoo verre is het 'er van daen, dat een Leenheer ſigh ſoude konnen laten inleyden, om uyt kragte van een deſpoticq bevel ſijn Vaſal te ontkleden, en ſigh alſoo van het Leengoet met den gevolge van dien te ſaiſeren en meeſter te maecken, niet anders als of het ſelve door eenige hooghgaende miſdaed van felonie was vervallen en confiſcabel, als wanneer nog naer regten, particulierlijck over de Leenen beſchreven, worde vereyſcht een voorgaende gewijſde van den competenten Regter; *per textum expreſſum in lib. 1. feud. tit. 7. ubi ſtatuitur, quod natura feudi ſit, ut ſi Princeps inveſtierit capitaneos de aliquo feudo, non poteſt eos deveſtire, ſine culpa, & tit. 20. & 21. eod. convicta culpa quæ ſit laudanda per judicium Parium ſuorum:* Invoegen dat niet wel te begrypen is, hoe den Prins van den Landen, wel onderregt ſijnde, ſigh ſoude laeten beweegen, om de hant te leenen tot het mortificeren van een Leen by hem ſelfs uytgegeven, en gevolgelijck niet alleen contrarie ſijn geratificeerde beloften, waer aen alle menſchen ſonder onderſcheyt, volgens goddelijcke en aengeboore Wetten, heylighlijck ſijn verplight, maer ook tegens het voorname oogmerck, waer mede een ygelijck ſigh met meer andere in de eerſte ſamenkomſte der Republicquen heeft geaſſocieert; en gevoegt onder eene Regeringe, waer uyt alle heerſchappyen; die niet door gewelt ſijn verkregen, haren eerſten oorſpronck hebben, om onder derſelver opſight en directie, volgens egale wetten, des te geruſter te konnen leven, en te gevoeglijcker elck met het ſijne, buyten verbo-

tractuum natura, etiam inter Deum & hominem; Hugo Grotius de Jure Belli & Pacis lib. 2. cap. 14. num. 5. & 6. Perez in Cod. lib. 10. tit. 5. num. 7. add. l. 1. pr. & l. 7. §. 7. D. de pact. & Zoef de feud. cap. 6. num. 7. Item Gudelin. de Jure Noviſſ. lib. 3. cap. 7. vers. emphyteutico contractui &c. *Car comme un Vaſſal perd inconteſtablement ſon droit legitime au Fief, qu'il poſſede, & qui lui appartient, lorſqu'il commet une felonie ou quelque autre crime capital envers ſon Seigneur direct, il n'y a point de doute, que le Seigneur devroit perdre ſon* Dominium directum, *lorſqu'il vient à manquer à ſon devoir, & à la protection, qu'il doit à ſon Vaſſal;* Dominus enim in his omnibus vicem fideli ſuo reddere debet; lib. 2. feud. tit. 6. & tit. 26. verſ. Domino committente &c. Item tit. 47. Et Papon liv. 13. Chap. 1. art. 21. *ſe ſert ſur ce Cas des termes ſuivans.* Tout ainſi, comme le Vaſſal perd ſon Fief, pour avoir fait injure à ſon Seigneur, ainſi ſon Seigneur perd ſon droit de Fief, ayant abuſé de ſon Autorité envers ſon Vaſſal; *Quod idem affirmant plurimi de eo caſu, ſi Vaſſallo petenti Dominus inveſtituram denegaverit,* Guido Papa quæſt. 168. Jul, Glar. §. feud. quæſt. 49 num. 7. Domipus enim tenetur Vaſſallo facere Juſtitiam; & eum contra jus non gravare, nec ab eo aliquid aufferre injuſtè. Math. de afflict. dec. Neap. 265. num. 76. & Zoef. de feud. cap. 14. num. 3. expreſſe docet, Vaſſallum poſſe implorare Judicis officium contra Dominum turbantem; *Etant encore certain, que parmi toutes les Nations civiliſées, & dans tous les Gouvernemens bien policez, les Rois & les Princes ſe ſont ſoumis aux Parlemens ordinaires, ou aux Cours de juſtice particulieres, pour que l'on y prononce & décide en toute liberté ſuivant les Loix ordinaires ſur tous les Cas, qui pourroient ſurvenir entre eux & leurs Vaſſaux; Et c'eſt à ces Tribunaux, qu'il eſt permis à un Vaſſal de s'addreſſer, lorſqu'il croit être lezé par ſon Seigneur; C'eſt encore dans la même vue, que dans ce pays les deux Provinces de Hollande & de Zelande ſont convenuës par des Inſtructions ſpeciales, & par un accord reciproque, d'établir les Cours de juſtice (ce qui eſt connu de tout le monde) où ſuivant les Loix il faut qu'un Vaſſal ſoit premierement convaincu de felonie ou d'autre Crime, avant qu'il puiſſe être privé de ſon Fief, ſuivant les Ordonnances & les Privileges, qu'on appelle communément:* La Grande Charte de Madame Marie, accordée à ces pays, le 14. de Mars 1476. *Et dans lequel cette Comteſſe promet entre autres choſes bien préciſement* art. 39. *pour Elle & pour ſes deſcendans:* Que Nous, ou Nos ſucceſſeurs ne retirerons jamais pour le profit de notre table les Fiefs, & les Heritages de qui que ce ſoit dans nos pays de Hollande, de Zeelande, & de Friſe, ni que Nous ne demettrons jamais perſonne par proviſion de ſes Poſſeſſions, avant qu'il ſoit condamné ſuivant la nature, & la condition de ſes biens, & qu'après l'execution s'enſuive. *Donc bien loin delà, qu'un Seigneur puiſſe ſe laiſſer induire, à depouiller ſon Vaſſal en vertu d'un ordre deſpotique, & à ſe ſaiſir & ſe rendre maître de ſon Fief avec l'uſufruit, & le reſte, qui en depend, comme ſi ledit Fief lui étoit devolu pour quelque Crime de felonie, & par conſequent étoit devenu confiſcable, auquel cas même ſuivant tous les Juriſtes, qui parlent des Fiefs, il eſt neceſſaire d'obtenir préalablement la ſentence du Juge competent* per textum expreſſum in lib. 1. feud. tit. 7. ubi ſtatuitur, quod natura feudi ſit, ut ſi Princeps inveſtierit Capitaneos ſuos de aliquo feudo, non poteſt eos deveſtire, ſine culpa, & tit. 20. & 21. eod. convictâ culpa ſit laudanda per judicium Parium ſuorum; *Enſorte, qu'il eſt preſque impoſſible de comprendre, comment un Souverain d'un pays, qui devroit être bien inſtruit des Statuts, qui y ſont relatifs, puiſſe ſe laiſſer induire à prêter la main à l'amortiſſement d'un Fief, qu'il a conferé lui-même, & d'agir par conſequent ſelon ſon bon plaiſir, non ſeulement contre ſes engagements ratifiés, à quoi tous les hommes ſans exception ſont engagés ſuivant les Loix divines & naturelles, mais en même tems contre le but principal & inconteſtable, que les prémiers hommes ont eu, en s'aſſociant avec d'autres pour former des Republiques, & en ſe ſoumettant ſans aucune contrainte ſous un même Gouvernement; d'autant qu'il eſt certain, que delà ſont provenues enſuite toutes les Souverainetés, qui ſont exemptes de la tache d'uſurpation, & de Tyrannie, dans la ſeule vuë de pouvoir vivre ſous la direction de ces Regences ſous des Loix égales & dans une entiere ſûreté, chacun y jouiſſant de ſon bien, dont il peut diſpoſer à ſon gré & ſans en fai-*

ANNO 1732.

Anno 1732.

den misbruyck, te konnen handelen naer welgevallen; *Id est proprium Civitatis atque Urbis (ait Cicero de Offic. 2. cap. 78.) ut sit libera & non sollicita suæ rei cujusque custodia*, en *cap.* 73. te vooren, *hanc enim ob causam, maxime ut sua tenerentur Respublicæ Civitatesque constitutæ sunt.* Wel is waer, dat uyt dien selven oorspronck voortvloeyt, dat daer dit gemeene welvaren in die forme gelijck het is ingestelt niet soude konnen behouden blijven, en in cas van onvoorsiene toevallen van hoogdringende nootsackelijckheyt, of wesentlycke nuttigheyt, of gebreck aen iets dat niet konde werden ontbeert, of in diergelijcke voorvallen, een yder wort onderstelt van den beginne af aen daer in te hebben toegestemt, dat hy als dan ten behoeve van de gemeene sake van sijn eygen regt en eygendom wel soude willen afgaen, dogh altoos met dien verstande, dat het goet van een particulier ten gemeenen welwesen niet sijnde verbruyckt of tot een geduirigh gebruyck aengelegt, aen den voorigen Eygenaer moet werden wedergegeven, en dat, buyten gevallen van soodanige necessiteyt of nuttigheyt, elck meester blijft van het sijne, en by het onverhindert besit en genot van dien, door ofte van wegens de hooge Regeringe moet werden gemaintineert, die daer over doorgaans niet anders kan exerceren, als een Politicq gesagh, en een algemeene directie; *Bona Subditorum privata Magistratui sunt commissa, quoad defensionem & conservationem contra omnem vim & injuriam, non quoad alienationem & ademptionem, nisi ex causis duabus Subditi nimirum culpa, vel publicæ salutis necessitate*, segt daer van seer wel *Althusius in Politic. cap.* 37. *num.* 111. & *num.* 115. & *Grot. de Jur. Belli. & Pacis. lib.* 2. *cap.* 14. *num.* 8. *ait, ubi Dominium aut jus aliud alicui legitimo modo partum est, id ne sine causa ei auferatur, Juris est naturalis; & Rex si contra faciat, facit contra verum jus Subditi, Dominium autem eminens vocat, quod Civitas habet in Cives & res Civium, ad usum publicum, eod. libr. cap.* 1. *lib.* 3. *num.* 6. & *cap.* 1. *num.* 6. *fin, ubi tamen videatur Zieglerus in annotat. qui ambitiosum dicit vocabulum Domini, ipsa enim, ait; vis imperii propter salutem publicam sufficientem principi titulum præbet, urgente necessitate, utendi bonis suorum Subditorum: quod fundamentum habere docet, Ulric. Hub. in tractat. de jure Civitat. libr.* 1. *Section.* 3. *cap.* 6. *num.* 39. & 40. *in consensu eorum qui constituunt Civitatem, quos omnes ita velle manifestum est; ut si contingat Reipublicæ utilitatem non posse custodiri, sine incommodo damnove privatorum, utilitas publica privatæ præferatur, sic tamen, subjungit, num.* 43. & 44., *ut Respublica quam primum poterit ad restituendum teneatur, quia certum est populos quam minimo singulorum damno illud eminens Dominium fundare voluisse; & sect.* 9. *ejusd. libri cap.* 5. *num.* 20. *requirit ad id, utilitatem magnam vel necessitatem rei publicæ, modo tali prætextu non tegantur iniquitates & calumniæ; ac ideo requiritur causa gravis, ardua, & prægnans, & si æstimatio Domino non iniqua tribuatur, Peck. ad Regul. jur. reg.* 79. *num.* 2. *Princeps enim absolutam potestatem exercere non debet, nisi justa & legitima causa & ratione suadente, Gaill. libr.* 2. *observ. cap.* 56. *num.* 13. *cui suffragatur Perez. in Cod. libr.* 10. *tit.* 6. *num.* 9. *excederet enim, ait, Princeps terminos justitiæ, & peccaret contra ordinationem Dei, qua jubetur facere Justitiam & judicium, & Principis nomine se indignum redderet; & numero.* 10. *in specie, Vassallum feudo privare Princeps sine legitima causa non potest: add. num.* 12. & 13. Zijnde in desen nog seer applicabel, de leere van *Molinæus ad consuet. Parisi. tit.* 1. §. 51. *gloss.* 2. *num.* 98. *ubi agit de amortisatione Regia, ac causas allegat, ob quas hæc fieri possit a regia Majestate in prejudicium Domini inferioris, ita tamen, ait, si non agatur de magno præjuditio nec de amplo latifundo, sed de modicis prædiis: ceterum hac vel simili Reipublicæ necessitate cessante, tenet, quod prætextu amortisationis regiæ non magis tenetur Dominus inferior, indemnitate accepta consentire, quam quilibet Dominus justo recepto pretio rem suam vendere, & num.* 97. *præcedenti dixerat, non inveniri exemplum, quod a regia Majestate emanaverit aliqua amortisatio in præjudicium tertii inferioris, non vocati, nec consentientis*: soo oock *Mr. Pieter Bort, in sijn tractaet van Hollands Leenregt*, 6. *p. tit.* 1. §. 30. alwaer hy handelende van *heerlijckheyt en Jurisdictie* by den Prins van den Lande te Leen uytgegeven

re un mauvais usage; Id est proprium Civitatis atque Urbis (ait Cicero de Offic. 2. cap. 78.) ut sit libera & non sollicita suæ rei cujusque custodia, *& au Chapitre* 73 hanc enim ob causam, maxime ut sua tenerentur Respublicæ Civitatesque constitutæ sunt; *On est neanmoins bien éloigné de nier, qu'il ne resulte pas des motifs raportez des prémiers établissemens, qu'au cas que le bien public ne pût être conservé dans ces Republiques dans la même forme du premier établissement; ou qu'en cas d'accidens imprévus d'une necessité urgente, ou d'une utilité essentielle, ou dans le défaut de quelque chose, dont il seroit impossible de se passer, ou dans d'autres circonstances pareilles chacun est censé avoir consenti au commencement de l'Etablissement de se desister de ses propres droits, & de ses biens, au profit de la Cause commune. Cependant il reste toûjours certain, que les biens d'un particulier n'ayant pas été employés pour le bien public, mais destinés à y être toujours employés, ils doivent retourner, & etre rendus au premier propiétaire; & hors ces cas de necessité & d'utilité, chacun doit rester maître du sien, & doit être maintenu dans sa paisible possession par la Régence souveraine qui ne se peut approprier sur ces biens qu'une inspective politique & une direction générale.* Bona Subditorum privata Magistratui sunt commissa, quoad defensionem & conservationem contra omnem vim & injuriam, non quoad alienationem & ademptionem, nisi ex causis duabus Subditi nimirum culpa, vel publicæ salutis necessitate; *ce que dit fort bien sur cette matiere* Althusius in Politic. cap. 37. num. 111. & num. 115. & Grot. de Jure Belli & Pacis lib. 2. cap. 14. num. 8. ait, ubi Dominium aut jus aliud alicui legitimo modo partum est, id ne sine causa ei auferatur, juris est naturalis, & Rex si contra faciat, facit contra verum jus Subditi, Dominium autem eminens vocat, quod Civitas habet in Cives, & res Civium, ad usum publicum; eod lib. cap. 1. lib. 3. num. 6. & cap. 1. num. 6. ubi tamen videatur Zieglerus in annotat. qui ambitiosum dicit vocabulum Domini, ipsa enim, ait, vis imperii propter salutem publicam sufficientem Principi titulum præbet, urgente necessitate, utendi bonis suorum Subditorum: quod fundamentum habere docet, Ulric. Hub. in tractat. de jure Civitat. lib. 1. section. 3. cap. 6. num. 39. & 40. in consensu eorum, qui constituunt Civitatem, quos omnes ita velle manifestum est, ut si contingat, Reipublicæ utilitatem non posse custodiri, sine incommodo damnove privatorum, utilitas publica privatæ præferatur, sic tamen, subjungit. num. 43 & 44. ut Respublica quam primum poterit ad restituendum teneatur, quia certum est populos quam minimo singulorum damno illud eminens Dominium fundare voluisse; & sect. 9. ejusd. libri cap. 5. num. 20. requirit ad id, utilitatem magnam vel necessitatem Reipublicæ, modo tali prætextu non tegantur iniquitates & Calumniæ; ac ideo requiritur causa gravis, ardua, & prægnans, & si æstimatio Domino non iniqua tribuatur; Peek. ad Regul. juris reg. 79. num. 2. Princeps enim absolutam potestatem exercere non debet, nisi justa & legitima causa & ratione suadente; Gaill. lib. 2. observ. cap. 56. num. 13. cui suffragatur Perez in Cod. lib. 10. tit. 6. num. 9. excederet enim, ait, Princeps terminos justitiæ, & peccaret contra ordinationem Dei, qua jubetur facere justitiam & judicium, & Principis nomine se indignum redderet, & numero 10 in specie, Vassallum feudo privare Princeps sine legitima causa non potest. add. num. 12. & 13.; *La doctrine de* du Moulin ad Consuet. Parisin. tit. 1. §. 51. gloss. 2. num. 98. *étant encore très applicable dans le cas présent*, ubi agit de amortisatione Regia, ac causas allegat, ob quas hæc fieri possit à Regia Majestate in præjudicium Domini inferioris, ita tamen, ait, si non agatur de magno præjudicio, nec de amplo latifundo, sed de modicis prædiis: ceterum hac vel simili Reipublicæ necessitate cessante, tenet, quod prætextu amortisationis Regiæ non magis tenetur Dominus inferior, indemnitate accepta consentire, quam quilibet Dominus justo recepto pretio rem suam vendere; & num. 97. præcedenti dixerat, non inveniri exemplum, quod à Regia Majestate emanaverit aliqua amortisatio in præjudicium tertii inferioris, non vocati, nec consentientis: *Ce que dit aussi* Maître Pierre Bort, dans son Traité du Droit feodal de Hollande, 6. p. tit 1. §. 30. *où il traite de* la prérogative & de la jurisdiction, *que le Prince du Pays a conferé par investi-*

Anno 1732.

ANNO 1732.

ven, leert dat alleen aen de persoon van den Prins blijft gereserveert, *ratione absoluti & supereminentis Dominii, quævis extraordinaria justitiæ delatio seu revocatio*, verre van daer dan dat den Prins die gantsche Jurisdictie wederom soude mogen aen den Vasal ontrecken, het welk den selven Bort even te vooren contrarie hadde vast gestelt, *allegans Loiseau en son Traité des Seigneuries. tit.* 13. *num.* 19. *cum seqq.* en *Tondut. in Tractat. prævent. judic. part.* 4. *cap.* 11. *num.* 7. *&* 8. Nu wert in het voorgestelde geval niet gevonden dat het Leen aldaer gemelt, als het in allodiael soude wesen geconverteert, en den Leenvolger alsoo ontvreemt, daerom soude sijn van grooter nuttigheyt of ander gebruyk voor het gemeen, als het is geweest geduirende dien ganschen tyd, dat het selve by des jegenwoordige Vasals Predecesseuren is te Leen gehouden, en als soodanig by den Leenheer t'elckens, soo by vernieuwinge van investiture, als andersints is erkent en bevestigt geworden, sonder dat daer door aen de erectie van een vrye staets bestieringe belet is toegebragt, of de geduirsaemheyt van dien tot nog toe is verhindert geworden, veel minder nog dat de motiven, waer op de interpositie van dit *Dominium eminens* in desen soude moeten berusten, souden konnen gesegt worden van die nature te sijn, dat de Republicq het meergemelte Leengoet tot eenig nootsaekelijk of hoog-nuttig gebruyk, nu meer als te vooren soude noodig hebben, en nog veel minder, dat die nuttigheyt en nootsaekelykheyt soude wesen van die aengelegentheyt voor het gemeene best, als daer toe soude worden vereyscht: In tegendeel schijnen de insigten hunne betreckinge niet soo veel te hebben op het goet selve, als wel op de persoon van de Leenvolger, die by het geval in questie gesegt wort sijn woonplaets te houden buyten de Provintie, ook tot nog toe te sijn onverlyt en buyten possessie, en vervolgens geen reden kan hebben gegeven waerom men hem soude verdenken, dat hy van sijn Leenregten en preëminentien sal maken een misbruyk tegens sijn Leenheer, om den selven *te belaeben en te onderkruypen*; die als dan sijn regt soude konnen gebruyken, en sig te vooren kan munieren met alle sulke precautien als billijk en daer tegens nodig sijn, *Interim non debent tam tristes eventus expectari; nec ulla ratio ejusmodi interesse haberi*, segt op een gelijk subject, *Molinæ. ad Consuet. Parisiens. tit.* 1. *gloss.* 2. §. 51. *num.* 63. *&* 64. Ook kan 'er geen een lith van eene civile societeyt gesegt worden, in het instellen van dien, te hebben gedagt veel min geconsenteert, dat ymant uyt ongegronde en verre gesogte suspicie van het sijne ten behoeve van het gemeen soude mogen worden onteygent, en dat dit al mede *inter casus eminentis Dominii* soude worden genoemt, het geene daer van de eerste source soude moeten wesen, als vooren is gebleecken; in tegendeel wort het in de populaire regeringe van de Griecken en Romeynen, voor een tyrannie aengemerkt, dat het volk sig door middel van dit *Dominium eminens* van groote luyden omdede, alleenig om datse te magtig waren, en uyt agterdogt datse naer het oppergebiet souden staen, als in de voorbeelden van *Aristides, Themistocles, Camillus* en andere bekent is, en indien dat regt was, so soud 'er geen Leenman seeker sijn van sijn Leengoet tegens sijn Heer, die hem het selve altoos om de felonie quasi te voorkomen soude konnen afhandig maeken, en voornamelijk soude men dat sien practiseren daer de Leenluyden ruym soo magtig sijn als haere Heeren selfs, waer van de exempelen in Europa niet manqueren; en daer ook, daer de Leenluyden selfs mede Leden in de Regeringe sijn: waerom niet veel eer gepresumeert en vastgestelt, dat den Leenvolger by het geval in desen gemelt, sijn regten en preëminentien hem uyt kragte van het Leen in questie competerende, sal toebrengen ten meeste beste en nutte van de Provintie, waer in hy uyt dien hoofde soo merkelijk is geinteresseert? zynde, soo veel de ondergeschrevens hebben konnen naspeuren, geen exempelen te vinden dat de Leenen van importantie by de Leenheeren op sulke of diergelijke gronden sijn geincorporeert en vernietigt, en dat buyten eenige forme van regtspleginge; en indien het selve in dit geval bereyts gebeurt ware, dat nogtans gesegt wort soo verre niet te sijn, soo soude men, veel eer als te presumeren, dat den Prins van den Lande daer in met voorbedagten raet hadde gehandelt, moeten gelooven, dat het selve soodanig door luyden, die daer in hun baet ofte heerssugt betragten, was bewerkt, om het *Dominium super-eminens* in het toekomende ook tegens andere op gelijke pretexten te onbeschroomder te konnen foveren en invoeren, en dat mits dien den Prins of Overheyt daer toe sub en obreptive was geinduceert, non

vestiture, qui suivant sa doctrine reste toujours réservé à la personne du Prince, Ratione absoluti & supereminentis Dominii, quævis extraordinaria justitiæ delatio seu revocatio; *pourtant est bien éloigné de dire qu'un Prince auroit le pouvoir d'ôter à son Vassal toute jurisdiction, ce que ce même* Bort *avoit pourtant affirmé auparavant:* alleguant Loiseau en son Traité des Seigneuries tit. 13. num. 19. cum seqq. & Tondut: in Tractat. prævent. judic. part. 4. cap. 11. num 7. & 8. *On ne trouve en aucune manière dans le Cas proposé, que le Fief mentionné, lorsqu'il seroit converti en un bien allodial, & que par cette raison le successeur feodal en seroit privé, pourroit porter plus d'utilité au public, & pourroit être employé à d'autres usages, que dans tout les tems, les Ancêtres, & les Prédecesseurs du présent Vassal en ont reçu l'Investiture, pendant lequel tems il a été toûjours reconnu pour un Fief réel par le Seigneur direct tant dans tous les renouvellemens des Investitures, que dans toutes les autres circonstances, qui se sont rencontrées, sans que l'on ait pensé à porter par là le moindre préjudice à l'erection & à l'établissement d'un Gouvernement libre, ou qu'on ait tâché jusqu'à présent d'en empêcher la continuation. On trouve encore moins, que les motifs & les raisons, sur lesquelles on voudroit fonder l'interposition du* Dominium eminens, *pourroient être d'une nature à demontrer que la Republique pourroit avoir besoin, ou employer ledit fief à un usage necessaire & plus utile pour le présent, que dans le tems passé; & que cette utilité & necessité soient pour le bien public d'une aussi grande importance qu'on voudroit le persuader. Il paroit au contraire, que les vuës alleguées n'ont pas tant de rapport au Fief même, qu'en particulier à la personne du successeur feodal, puis qu'on dit dans la question présente, qu'il a son Domicile hors de la Province, qu'il n'en a pas encore reçu l'Investiture, & ne se trouve pas en possession de ce bien; par consequent qu'il ne peut pas encore avoir donné aucun soupçon de faire un mauvais usage de ses droits feodaux, & de ses prééminences contre son Seigneur Direct pour le tromper, & pour luy faire infidelité; car alors celui-ci pourroit avec raison se servir de son droit, & il ne manqueroit pas alors des moyens & des precautions necessaires, pour prevenir & pour empecher la félonie,* Interim non debent tam tristes eventus expectari, nec ulla ratio ejusmodi interesse haberi, *dit sur un pareil sujet* Du Moulin, ad Consuet. Parisiens. tit. 1. gloss. 2. §. 51. num. 63 & 64. *On peut encore moins soutenir, qu'aucun Membre d'une Societé civile, lorsqu'elle fut établie, ait jamais pensé, & encore moins consenti, que quelqu'un pût être privé de son bien sous un simple soupçon que ce pourroit être pour le bien public, & qu'on pût mettre cela* inter casus eminentis Dominii, *ce qui pourtant devroit être la prémière source de cette manière d'agir, comme Nous l'avons déja marqué plus haut; Tout au contraire on trouvera, que dans la Republique de la Grece & de Rome, on regarda toujours comme une Tyrannie que le peuple, à la faveur du* Dominium eminens *trouvât le moyen de se delivrer des personnes puissantes par la seule raison qu'elles étoient trop puissantes, & qu'on les soupçonnoit, de vouloir se rendre Souverains, & Maitres absolus de la patrie, ce dont nous avons des exemples en* Aristide, Themistocle, Camille *& plusieurs autres; si cela s'accordoit avec la justice, il est certain, qu'aucun Vassal ne jouïroit jamais en sureté de son Fief par rapport à son Seigneur Direct, qui, sous prétexte de prévenir la pretendue félonie, pourroit en tout tems le priver de son bien légitime; Ce que l'on verroit principalement dans ces pays, où les Vassaux quelquefois sont aussi puissants, que leurs Seigneurs dont nous avons plusieurs exemples en Europe, même dans de certains endroits, où les Vassaux sont quelquefois Membres de la Regence; Pourquoi ne pas plûtôt présumer, qu'un Vassal dans le cas mentionné, lorsque ses droits & prééminences lui apartiennent legitimement en vertu du Fief en question, voudroit de tout son cœur contribuer au bien, & à l'utilité de la Province, à laquelle il est si notablement interessé? Les soussignés, quelques recherches qu'ils aïent fait n'ont trouvé aucun exemple, que des Fiefs importans aïent jamais été incorporés & aneantis par le Seigneur Direct pour des raisons telles que celles qui sont alleguées, & sans aucune forme de justice; Et en cas que cela fut deja arrivé dans le Cas présent, ce que pourtant on nous assure n'être pas encore si avancé, au lieu de présumer, que le Souverain auroit agi dans cette affaire après une mûre deliberation, on seroit tenté de croire que cela auroit été executé par de certaines gens, qui dans cette affaire n'ont pas eû en vuë que leur haine, ou leur envie de s'aggrandir, pour pouvoir plus hardiment introduire & faire valoir à l'avenir le* Dominium super-eminens *contre d'autres, sous les mêmes prétextes, & sans plus craindre d'oppo-*

ANNO 1732.

ANNO 1732. *nonnunquam enim male instruitur & informatur Princeps, & nunquam præsumitur Principi aliquid placere nisi quod justum & verum sit, Gaill. lib. 2. Observ.* 58. *num. 7. & 8., & num. 9. ait, æquo animo Principem pati debere, cum veritas & justitia defenditur, cum ob multitudinem negotiorum Princeps omnibus intentus esse & omnium memoriam habere non possit, add. num.* 10. 11. *& 12. ibid. alleg. plurim.* anderſints ſoude men ſig moeten overgeven aen de ſchadelijke ſentimenten en dwalingen van *Thomas Hobbes*, die ſijn ganſche Tractaet, *de Cive*, op geen andere gront als van ſoo onredelijcken *Dominium ſuper-eminens* heeft gebout, en om het ſelve (waere het mogelijk) ſtaende te houden, niet alleenig tegens het gevoelen, van alle andere regtſinnige ſchrijvers, maer ook tegens alle reden en billijkheyt, daer toe heeft moeten vervallen, en tot een grontſlag leggen, dat niemant iets eygen ſoude hebben of houden, als het geene en ſoo lange het den gebiedenden Heer of Prins van den Lande ſoude gelieven; willende de Burgers ten opſigte van haer Overheden geen meerder regt laeten als de ſlaeven hadden tegens haere Heeren en Eygenaers, *ita enim ait capite* 8. *num.* 5. *fin. nihil igitur eſt quod ſervus poſſit ut ſuum retinere contra dominum, eo modo quo civi nihil eſt proprie ſuum contra voluntatem civitatis,* en *cap.* 12. *num.* 7. *dominium ergo & proprietas tua tanta eſt & tamdiu durat, quanta & quamdiu civitas vult:* even en aleens als voor deſen de Coningen in de Ooſterſe Landen een dominiael of heril gebied voerden over de goederen en perſoonen van haere Onderdanen, alwaer haere wijſe van doen was, onder anderen, dat ſy *Ackers, Wyngaerden en Olyfgaerden van hunne Onderdanen namen, en gaven die aen haere knegten*, gelijck dat beſchreven wort 1 *Sam.* 8. *v.* 11. *en* 14. en dit was oock de maniere van doen waer van *Achab* ſigh bediende tegens *Naboth*, wanneer hy ſig wilde meeſter maken van deſſelfs Wyngaert, voor een anderen Wyngaerd die beter was, of deſſelfs waerde in gelt, om dat die aen het Paleys, en ſulcks den Koning, ſeer wel gelegen was. 1 *Coning.* 21. *vers.* 2. *add. vers* 19. geheel anders wort het waere regt der Koningen beſchreven *Deuteronom.* 17. *vers.* 14. *cum ſeqq.* en *Ezech.* 45. *vers.* 7. 8. 9 *&* 10. *& cap.* 46. *vers.* 16. *&* 17. en voornamelijck behoorden ſulcke *Dominium ſuper-eminens* buyten nootſaekelijckheyt, niet te worden ingevoert in een *Ariſtocratie* of vrye ſtaets regeringe, waer aen het volck ſig ongetwijffelt te williger en te liever heeft geſubmitteert, om dat, gelijck deſelve aen de eene zyde niemant van ſijne domeſtique beſigheden aftreckt, oock niet geſchat wort ſoo ſeer ſubject te weſen aen tumulten en Burgerlijcke tweedragten, als in eene Democratie, en of het volck ſelfs de beſtieringe hadde, ſoo oock aen de andere zyde, een ygelijck in het ſijne niet behoorde te weſen geëxponeert aen de exercitie van dit *Dominium ſuper-eminens* of de deſpotique bevelen, die veel eer te wagten ſtaen van de ſinnelijckheyt van een Opperhooft alleen, als van eene ganſche Staets Vergaderinge, en ſulks om dat de Ariſtocratice forme van regeringe wel wort geſchat voor de ſagtſte en gemackelickſte van alle; *ii qui Rempublicam tuebuntur imprimis operam dabunt ut juris & judiciorum æquitate ſuum quiſque teneat, & neque tenuiores propter imbecillitatem circumveniantur, neque locupletibus ad ſua vel tenenda vel recuperanda obſit invidia, Cicero de Offic. libr.* 2. *cap.* 85. en aldus hebben het ook behandelt de Ed: Mog: Heeren Staten van Zeelant, in een ſeer notabel voorval in den Jare 1585. (het welk hier wel tot een voorbeelt mag worden bygevoegt) als wanneer de Nederlanden in de uyterſte noot en ſwarigheyt waeren, om door de Spanjaerts onder den Prince van Parma te worden overrompelt; den Prins van Oranje Willem den eerſten was 's Jaers te vooren tot Delft ſeer ſchielijk om den hals gebragt; Prins Maurits was nog geheel jong: de Staten hadden het oppergebiet over de Landen gepreſenteert aen den Koning van Vrankryk, dog die hadde geweygert het ſelve aen te nemen, en alles ſtont geſchaepen om wederom te moeten vallen in de wreede handen van den Koning van Spanje, indien de Koninginne van Engelant ſig niet eyndelijk hadde laeten bewegen, om hulptroepen over te ſenden, onder conditie, dat deſelve by haer proviſionelijk geligt en betaelt ſouden worden, en dat, het Lant dien ſtorm weder te boven komende, en in beter ſtaet gerakende, als dan de verſchoote ſoldyen en andere onkoſten aen Engelant ſouden werden gerembourſeert; maer daer voor moeſte men aen de Engelſche verpanden en aen derſelver Benden ſoo lang inruymen, onder anderen, de Stadt van Vliſſingen in Zeelant: den wel-

d'oppoſition, & qu'ils ont trouvé le moien d'y determiner le Souverain ou la Regence ſub & obreptivè; Nonnunquam enim male inſtruitur & informatur Princeps, & nunquam præſumitur Principi aliquid placere niſi quod juſtum & verum ſit; Gaill. Libr. 2. Obſerv. 58. num. 7. & 8. & num. 9. ait, æquo animo Principem pati debere, cum veritas & juſtitia defenditur, cum ob multitudinem negotiorum Princeps omnibus intentus eſſe, & omnium memoriam habere non poſſit; add. num. 10. 11. & 12. ibid. alleg. plurim. *Autrement on ſeroit obligé de ſe rendre aux ſentiments pernicieux de* Thomas Hobbes, *qui n'a fondé tout ſon Traité* de Cive *ſur d'autre baſe, que ſur l'injuſte* Dominium ſuper-eminens; *& pour ſoutenir ſa Theſe s'il étoit poſſible il a été obligé d'avancer & de poſer pour fondement non ſeulement contre les ſentiment de tous les autres Auteurs ſenſés, mais contre toute raiſon & contre l'Equité même, que perſonne ne devoit rien avoir, ni conſerver en propre, que ce, & auſſi long-tems qu'il plairoit au Seigneur ſupreme, ou au Prince du pays, ſoutenant en même tems, que les citoyens ne pouvoient avoir plus de droit par rapport à leurs Magiſtrats, que les Eſclaves en ont par rapport à leurs Maitres;* Ita enim ait capite 8. num. 5. fin. nihil igitur eſt, quod ſervus poſſit ut ſuum retinere contra Dominum, eo modo quo Civi nihil eſt proprie ſuum contra voluntatem Civitatis, & cap. 12. num. 7. Dominium ergo & proprietas tua tanta eſt, & tamdiu durat, quanta & quamdiu Civitas vult. *C'eſt ainſi que les Rois de l'Orient s'arrogent un pouvoir deſpotique ſur les biens & ſur les perſonnes de leurs Sujets, ayant entre autres la* Coutume d'ôter à leurs Sujets les terres, les vignes, & les jardins, & de les donner à leurs Officiers, *comme on le trouve écrit* 1. Sam. 8. v. 11. & 14. *C'étoit auſſi le principe* d'Achab, *lorsqu'il ôta à* Naboth *ſa vigne, & s'en rendit le maitre, quoi qu'il lui en rendit une autre, qui étoit meilleure, ou qu'il lui en payât la valeur en argent comptant, & cela par la ſeule raiſon, que la Vigne* de Naboth *étoit proche du Palais, & à la convenance du Roi* 1. Reg. 21. v. 2. add. v. 19. *Mais le droit des Rois eſt tout autrement décrit* Deuteron. 17. vers. 14 cum ſeqq. & Ezech 45. v. 7. 8. 9. & 10. & cap. 46. vers. 16. & 17. *Et principalement on doit prendre garde d'introduire ce* Dominium ſuper-eminens *ſans une neceſſité abſolue dans un Gouvernement libre &* Ariſtocratique, *où le peuple s'eſt ſans doute ſoumis d'autant plus volontiers, que non ſeulement perſonne n'y eſt empêché de faire ſes affaires domeſtiques, mais que l'on ſe perſuade auſſi, que l'on n'y eſt pas ſi ſujet aux tumultes, & aux diſſenſions civiles, que dans un Gouvernement* Democratique, *où la populace même tient le timon des affaires publiques, & que d'ailleurs perſonne n'y peut être exposé à ce* Dominium ſuper-eminens, *ou aux ordres deſpotiques, qu'on doit plûtôt attendre des caprices d'un Prince ſouverain, que de toute une aſſemblée de Senateurs, puiſque le Gouvernement* Ariſtocratique *a toujours été conſideré comme le plus doux & le plus raiſonnable;* ii qui Rempublicam tuebuntur imprimis operam dabunt ut juris & judiciorum æquitate ſuum quiſque teneat, & neque tenuiores propter imbecillitatem circumveniantur, neque locupletibus ad ſua vel tenenda vel recuperanda obſit invidia; Cicero de Offic. lib. 2. cap. 85. *C'eſt de la même maniére que leurs Nobles Puiſſances les Seigneurs Etats de Zelande en ont agi en* 1585 *dans une affaire importante & très remarquable, ce qu'on peut fort bien alleguer ici, parce que cela peut ſervir de modele. Lorsque les Provinces-unies ſe trouverent dans un danger éminent, & ſur le point d'être la proye des Eſpagnols, qui ſe trouvoient alors ſous les ordres du fameux Duc de Parme; le Prince d'Orange Guillaume I. aiant été aſſaſſiné à Delft une année auparavant, & le Prince* Maurice *étant encore très jeune, les Etats avoient offert la Souveraineté de tout le pays au Roi de France, qui avoit refuſé de l'accepter: Enfin tout ſe trouva dans une telle Criſe, qu'on avoit lieu de craindre de retomber ſous la cruelle Domination, ſi la Reine d'Angleterre ne leur avoit pas à la fin envoyé, par compaſſion, des troupes auxiliaires, ſous condition néanmoins, qu'elle leveroit & entretiendroit proviſionnellement ces troupes, & que lorsque l'Etat ſe ſeroit tiré d'affaire, & ſe trouveroit dans une meilleure ſituation, on rembourſeroit alors à l'Angleterre la ſolde de ces Troupes, & les autres fraix, qu'elle avoit faits. Mais pour ſureté de ce payement, on fut obligé en attendant d'engager aux Anglois, & d'evacuer à leurs troupes la Ville de Fleſſingue en Zelande. Peu de tems auparavant le Prince Maurice avoit ſuccedé à feu ſon pere, comme Marquis de Vere & de Fleſſingue* ANNO 1732.

ANNO 1732. welgemelden Prince Maurits was nu weynig te vooren in sijn Vaders plaetse gesuccedeert als Marquis van Veere en Vlissingen (zynde een onversterffelijk Erfleen het welk verbeven wort van de Hooghgemelde Heeren Staten van Zeelant) en of schoon den selven Prince Maurits alsdoe in dat Marck-Graefschap nog niet was ingehuldigt, soo hebben egter de Heeren Staten van Zeelandt, als mede de Heeren Generaele Staten, hoe seer den noot drong, de Stadt van Vlissingen, in maniere en ter oorsake als voorzeyt is, niet willen verpanden en met Engelsch Guarnisoen laten besetten, voor en aleer den Prins daer in vrywillig hadde geconsenteert, en dat aen hem sijnde gegeven een seekere Acte van Indemniteyt, hy hadde verklaert daer mede gecontenteert en te vreden te wesen; soo als nader te sien en te lesen is by *Borr-Christiaens. in sijn Nederlantsche Historien het 20. Boek, en by Emanuel van Meteren in sijn Nederlantsf. Histor.* 13. *B.* alwaer wert gevonden een Brief van den welgemelden Prince aen den Engelschen Ambassadeur Davidson, op den raet van sijne Vrienden geschreeven, by dewelke hy onder anderen betuygt, *dat hy gewilligh consenteerde, dat de Stadt van Vlissingen, wesende sijn patrimonie, aen de Koninginne soude in handen gestelt worden;* Zynde de voormelde Stadt daer naer ook, als de nootsaeklijkheyt voorby was, en het Engelsch Guarnisoen vertrocken, wedergekeert tot den voorigen Eygenaer en Leenman, en voorts gedevolveert op sijne naervolgers tot den laest overleden Koning van Engelant incluys, die mede Marquis van Veere en Vlissingen is gebleven sijn leven lang geduirende, en in diervoegen is men gewoon te handelen in soodanige omstandigheden van saken, en daer het gemeene welvaren anders soude pericliteren: konnende de ondergeschrevens niet twijfelen, of den Leenheer in de Casus gemelt, sal op de gesonde reden en particulierlijk op dit exempel, onder een wel geordineerde Staets Regeringe voorgevallen, meer reguard nemen als op de verkeerde Inductien van andere.

Aldus geadviseert in 's Gravenhage op den 8. February 1707.

P. Emons. *S. Thierens.*
Adr. van Dorsten.
Pieter van Vbelen.

Den ondergeschreve confirmeert sig met het voorenstaende advys, behoudelijk dat ingeval de *publica salus*, of nuttigheyt van 't gemeene-best, absolutelyk vereyschte; dat het Leengoedt in desen geroert, wierde gemaekt vry van alle Leenroerigheyt, dat in dat geval den Souverain sulks vermag te doen, mits aen den Leenman de waerde van het Leen vergoedende, of hem op een andere wijse contenterende.

A. V. Edenburg.

Den ondergeschreeven conformeert sig als boven.

J. F. Vogelvanger.

Gesien by de ondergeschreve de geannexeerde copie *Casus-positie* en Advis van de Heeren *Emons, Thierens, van Dorsten* en *van Vbelen*, met de confirmatien van de Heeren *van Edenburg* en *Vogelvanger*, sonder reguard te nemen op de reserve, door de gemelde Heeren *van Edenburg* en *Vogelvanger* by hunne respective confirmatien gevoegt, als zynde daer aen by 't Advis selve genoeg voldaen, verklaren ons met de Resolutie op de voorgestelde vrage te conformeeren; te meer, om dat de ondergeschrevenen geinformeert zyn geworden, dat onder het voorschreve Leen zyn gehoorende twee Steeden, die voor dato dat het zelve Leen door den Prædecesseur van den tegenwoordigen Leenvolger is aengekogt, by den Souverain van den Lande zyn begiftigt geworden met een Privilegie, om te wesen integreerende Leeden van Staet, en daeromme ook vermeynen, dat, soo wanneer in dezen al gevonden wierd soodanigen pretensen boogdringenden nood, dat daeromtrent zoude behooren te worden geëxerceert het regt van *dominium-eminens*, des neen, dan evenwel niet soude behooren vernietigt te werden de regten van den Leenman, die zyne Prædecesseurs al voor het gemelde Privilegie hebben gecompeteert, maer dat in dien gevalle alleen

que qui est un Fief perpetuel, qui releve des Seigneurs Etats de Zelande; & quoi que le Prince Maurice n'eût pas encore reçu l'investiture de ce Marquisat, cependant les Etats de Zelande, & les Seigneurs Etats Generaux, malgré le peril évident, qui les menaçoit, ne voulurent pas engager la Ville de Flessingue, & y faire entrer une Garnison Angloise de la maniere, & aux conditions mentionnées, avant que le Prince y eût consenti librement, & après qu'on lui eut donné un Acte d'indemnité, dont il declara être content; ce que l'on peut trouver avec toutes ses circonstances dans Borr-Christiaens. Histoire des Païs-Bas lib. 20. & dans l'Histoire des Païs-Bas d'Em. de Meteren L. 13. *où on trouve une Lettre du Prince, écrite à Monsr. Davidson Ambassadeur d'Angleterre, par laquelle il avoue que par la persuasion de ses amis,* il donnoit son Consentement librement, & sans aucune contrainte, à faire remettre entre les mains de la Reine la Ville de Flessingue, qui étoit de son Patrimoine; *mais lorsque le peril fut passé, & que la Garnison Angloise eut evacué ladite Ville, elle retourna au premier Proprietaire & Vassal, & passa ensuite à ses Successeurs & heritiers jusqu'au defunt Roy d'Angleterre inclusivement, qui a toujours conservé ce Fief, & la dignité de Marquis de* Veere *&* de Flessingue *jusqu'au dernier moment de sa vie. C'est de cette maniere, que l'on doit toujours agir dans de pareilles circonstances; & où il s'agit de la conservation du bien public.*

Au reste les soussignés ne doutent pas, que le Seigneur direct n'aura pas plus d'égard dans le Cas présent aux raisons alleguées, & en particulier à l'exemple allegué, & qui s'est passé sous une Regence Republicaine bien reglée, qu'aux inductions sinistres de quelques Particuliers;

Avisé à la Haye le 8. Fevrier 1707.

P. Emons. S. Thierens.
Adr. van Dorsten.
Pieter van Vhelen.

Le soussigné se conforme à l'Avis précedent, à la reserve que si le publica salus, *ou l'utilité du bien public demandoit absolument, que le Fief mentionné fut desfeodé, & dechargé de toutes les charges annexées à un Fief, qu'alors le Souverain a le pouvoir absolu de le faire, à condition pourtant de bonifier au Vassal la valeur du Fief, ou de l'indemniser & de le contenter d'une autre maniére;*

A. V. Edenburg;

Le soussigné se conforme, comme dessus;

J. F. Vogelvanger.

Les soussignés ayant vû la Copie annexé du Cas proposé, & l'Avis, que les Srs. Emons, Thierens, van Dorsten, & van Vbelen, ont donné, avec la Confirmation des Srs. Edenbourg, & Vogelvanger, sans avoir égard à la reserve, que les Srs. Edenbourg & Vogelvanger ont ajouté à leurs Confirmations respectives, parce qu'il y a été assés satisfait par l'Avis même, Nous declarons, que Nous nous conformons à l'avis qu'on a pris sur la question proposée; Et cela d'autant plus, que les soussignés ont été informez qu'il y a deux Villes, qui sont enclavées dans ce Fief, & qui, avant que ce Fief ait été acheté par le Prédecesseur du présent Vassal, ont été gratifiées par le Souverain du Privilege d'être Membres de l'Etat, & que par consequent ils sont de l'opinion, qu'en cas d'une necessité urgente, ou d'un peril éminent comme on suppose, où on devroit necessairement exercer Dominium-Eminens *à leur égard, ce devroit être sans anéantir pour cela les droits & les Privileges du Vassal, dont ses Predecesseurs ont été déja en possession avant le Privilége mentionné; Mais qu'il falloit se contenter de retirer simplement le Privilége, comme la cause de la prétenduë nécessité urgente, & de l'incompatibilité ou plûtôt de la contrarieté avec & contre les maximes*

ANNO 1732.

alleen soude behoren te worden ingetrocken het voorsz. Privilegie, waer door soude zyn veroorsaekt die pretense boogdringende nood en incompatibiliteyt of strydigheyd met of tegens de maximes van de regeering, naementlyk dat Steden onder een particulieren Heer geboorende, Stem in Staat soude hebben; sodaenig nogtans, dat dan evenwel de Leenman, wiens Leen door het gemelde Privilegie, meer aensien heeft bekomen, en daerom nae alle waarschynlykheyd des te duurder is aengekogt, wegens en ter saeke van de revocatie van het meergemelde Privilegie, in alle redelykheyd zoude behooren te werden gededomageert.

Aldus geadviseert in 's Gravenhage den 6. Januarii 1733.

FRANÇOIS ELLINCK-HUYSEN.	S. H. KRUGER.
BLOMMESTEYN.	J. v. HONERT.
C. DE WAEL.	

Aan de Ed: Mog: Heeren Staten van den Lande ende Graaffelijkheyt van ZEELAND.

Edele Mogende Heeren.

HEt is U Ed: Mog: genoeg bekent, hoe menigvuldige en ernstige devoiren, instantien en versoeken, geduijrende de minderjarigheyt van sijn *Hoogheyt* myn Meester, soo by de *Vrouwe Furstinne Douariere van Nassau*, des selfs *Vrou Moeder*; Als by haar *Hoogh: Mog. de Heeren Staten Generael*, in qualiteyt als Executeurs van den Testamente van sijne *Koninklyke Majesteyt van Gr. Britt: glor: ged:* ende den Raad der Domeynen tot d'administratie van de Koninklyke naelaetenschap, by haer provisionelijk geauthoriseert; Al kort na het overlijden van *Hoogst gedagte Majesteyt*, en soo successivelijk by na sonder ophouden, aen U Ed: Mog. sijn gedaen en geaddresseert; Eensdeels ten eynde aen de soo bekende preeminentien, Rechten, en gerechtigheden, van de respective Leengoederen, binnen U Ed: Mog. Provintie gelegen; En in specie van het *Markgraaffschap van VEERE en Heerlijckheyt van VLISSINGEN*, dependerende, gene prejudiciable grieven mogten werden gelegt, maer alles gelaeten in sijn voorige staat en wesen.

Anderdeels, ten eynde naer ordre en forme, volgens de Leenrechten deser Landen gebruykelijk, de brieven van verly, en Investiture van de gemelte Leenen, mochten werden geëxtradeert en uytgegeven.

't Welk dan ook, van dat gevolg is geweest, dat U Ed. Mog. soo veel het eerste versoek aengaet, meermaelen, en by verscheydene Resolutien en rescriptien, hebben gelieven te verklaeren, geen intentie te hebben, om den Wettigen *Successeur en Leenvolger* in de meergemelte Heerlijke Goederen, van haer releverende, eenige de minste prejuditie te leggen.

En aengaende het tweede, ook by der selver Resolutie van den 8. September 1702. aen haer Hoog. Mog. in haer voornoemde qualiteyt, wel specialijk te verleenen, Acte van Diligentie.

Ende of wel vervolgens sijn *Hoogheyt*, myn Meester, op die beyde gepremitteerde gronden, als het effect en de ziel van de voorschreve U Ed: Mog: soo edelmoedige en gereitereerde verklaringe, en verleende Acte van Diligentie, met reden hadden mogen hopen en verwagten, dat Hy uyt den hoofde van des selfs goet en incontestabel Recht van Successie, ten minsten, onder de bestieringe, ende het opsicht van haer Hoog: Mog: in hare meergemelte qualiteyt tot het volkomen genot en possessie, van de voorschreve Zeeuwse Leengoederen, soude sijn toegelaeten geworden;

Was hy niet alleen soo ongelukkig geweest, van tot noch toe, gansch het tegendeel te moeten ervaren.

Maer selfs tot sijn uytterste leetwesen en surprise, noch boven dien te verstaen en ondervinden, hoe dat by sommige particuliere Regenten, in U Ed: Mog: Provintie, op dese en gene Chimerique Presuppoosten, en speculative, soo niet geinteresseerde Vues, door alle Ressorten wierde gewerkt, omme *via facti*, en op een gansch ongehoorde wijse, by een Politijcque Resolutie, de beyde Steden van *VEERE* en *VLISSINGEN*, van alle Leen-roerigheyt te ontheffen; En alsoo den PRINS, mijn Meester, *quasi*, onder een gepresenteert Equivalent, of vergoedinge (des noots) ook in weerwil van hem selfs, en onaengesien de Declinatoire verklaringe

ximes du Gouvernement qui ne permettroient pas que des Villes, qui appartiennent à un Seigneur particulier, puissent avoir seance & voix dans l'Etat, Etant pourtant juste alors, que le Vassal, dont le Fief a reçu plus de lustre par le privilége mentionné, & suivant toutes les aparences, a coûté, pour cette raison, plus d'argent au premier acquereur, soit indemnisé & dédomagé d'une manière juste & équitable, à cause de la Revocation du Privilége mentionné.

ANNO 1732.

Avisé à la Haye le 6. de Janvier 1733.

FRANÇOIS ELLING-HUYSEN,	S. H. KRUGER.
BLOMMESTEIN,	J. V. HONERT,
C. DE WAEL.	

Memoire presenté à L. N. P. les Seigneurs Etats de la Comté de Zeelande.

Nobles & Puissans Seigneurs.

V*Os Nobles Puissances savent parfaitement combien d'instances, de prieres & de devoirs très serieux ont été faites & adressez successivement & sans relache à V. N. P. pendant la Minorité de S. A. mon Maitre par Madame la Princesse Douairiere de Nassau, Sa Mere; comme aussi, peu après la mort du Roi de la Gr. Bretagne de Glor. Mem., à LL. HH. PP. les Seigneurs Etats Généraux comme Executeurs du Testament de Sa Maj. & enfin au Conseil des Domaines autorisé par LL. HH. PP. provisionnellement pour l'administration de l'heritage Royal; ce que l'on a crû être obligé de faire prémierement, afin que les préeminences, les droits, & les prérogatives des Fiefs respectifs, situés dans la Province de V: N: P:, & bien specialement* le Marquisat de Veere, & de la Seigneurie de Flessingue, *& le reste, qui en depend, ne fussent pas sujets à des griefs préjudiciables; mais que tout fût laissé dans son premier état, & dans la situation, où ils se trouvent à présent.*

Et deuxiémement, afin que les Lettres d'Investiture fussent accordées, concedées & expediées suivant les Loix feodales établies & usitées dans ce païs.

Ce qui a été suivi d'un si heureux succès, qu'il a plû à vos Nobles Puissances par rapport à la prémiere demande de déclarer plusieurs fois par plusieurs Resolutions & Rescripts, qu'Elles n'avoient pas intention de porter le moindre préjudice au Successeur légitime des Fiefs Seigneuriaux qui relevent d'Elles.

Et quant à la deuxiéme, elles consentirent par leur Resolution du 8. de Sept. 1702 d'accorder bien specialement à leurs Hautes Puissances dans la qualité mentionnée, un acte de Diligence.

Et quoique son Altesse, mon Maître, auroit pû esperer, & s'attendre avec raison, qu'en consequence de ces deux fondemens, comme l'effet, & l'ame de la Resolution genereuse, & si souvent reiterée de V: N: Puissances, & par l'Acte de Diligence expedié, elle auroit été admise, & introduite dans la possession, & dans la jouïssance entiére des susdits biens feodaux de Zeelande en vertu de ses droits incontestables de succession, & du moins sous la direction, & l'inspection de LL. HH. PP. elle a pourtant eu le malheur, non seulement d'être avertie du contraire, mais d'apprendre en même tems avec autant de chagrin que d'étonnement qu'on mettoit en œuvre toutes sortes de ressorts de la part de plusieurs Regens particuliers de votre Province pour les engager par des suppositions chimeriques, ou plutôt par des vuës d'interet, à exempter par une Resolution Politique via facti *& d'une maniere inouie les deux Villes de* Veere *& de* Flessingue *de toute dependance feodale, & par consequent de frustrer tout à fait le Prince mon Maître, de son propre bien, & de son droit acquis de succeder audit Fief sous les offres,* quasi, *d'un Equivalent, & d'une indemnisation, (en cas de Necessité) même malgré le Prince, & nonobstant la*

Decla-

ANNO 1732.

klaringe by haer *Hoogheyt de Furstinne van Nassau* in hare qualiteyt als Moeder en Voogdesse albereyts in't eerste abord op dat subject gegeven, van sijn eygen goet en geacquireert Recht van Leenvolginge en successie, geheel en al te frustreren en ontsetten.

't Welk dan ook ten voorschreven fine, reets als een hooft poinct (waer aen de *Hoogheyt*, *Vryheyt en Souverainiteyt* van den Lande van Zeelant ten hoogsten gelegen lag) door der selver directien en influentien, onder U Ed: Mog: wichtige Staetse Deliberatien, is geinterjecteert geworden.

En alhoewel de PRINS myn Meester, van U Ed: Mog: wijsheyt, Æquanimiteyt, en bescheydentheyt, veel te hooge en avantagieuse gevoelens in sich voed, om te kunnen denken, dat U Ed: Mog: oyt souden kunnen ofte willen resolveeren, tot soo een Despotique hardigheyt; Als waer van niet alleen in dese Republicq, maer selfs in de alder willekeurigste Monarchie, lichtelijk geen paralel exempel soude te vinden sijn.

Heeft echter sijn *Hoogheyt*, na dat deselve een weijnig tijd geleden, sijne mondige jaren bereykt, ende vervolgens het opsicht en Directie over sijne eygene Domestijcque saeken en belangens op sich genomen hadde, dit poinct in sijn t'samenhang, met alle het voorige gepasseerde, van die Inportantie en na bedenkinge geoordeelt, dat hy vermeynt heeft sich selven niet te kunnen dispenseeren, omme tot conservatie en handhoudinge van sijn voornoemd goed, en incontestabel Recht van successie, in de meergemelte Zeeuwsche Leengoederen, (welke soo considerabelen aendeel in de *Koninckly̆ke* nalatenschap uytmarken) door alle convenable wegen en middelen, de verdere Prejudiciable voortgangen en poursuites van dien, te obvieren, en soo veel mogelijk te stuyten.

Met welk goet oogmerk dan, Ed: Mog: Heeren, de PRINS myn Meester, my expressselijk herwaertsaen heeft gesonden, om U Ed: Mog: beneffens de notoire ongerijmtheyt van het voorgemelte project van Politique Amortisatie en vernietinge der Leenroerigheyt van de voorschreve twee Steden, nochmaels by reiteratie, in alle eerbiedigheyt, en niet te min met meesten ernst te remonstreren, de notable ongelijken en grivances, die hem sedert het overlijden van meer *Hoogst gedagte sijne Brittanische Majesteyt*, in, en ontrent by na alle de Seigneuriale Domeynen, en gerechtigheden van de meer gemelte Leenen, onwederspreekelijk dependerende, enkel en alleen, op het t'eenemael ongegronde voorwendsel, en presuppoost, dat als noch geen bekent *Marquis* en was geinvestieert; By continuatie sijn aengedaen en gelegt.

Ik sal U Ed: Mog: Attentie voor 't jegenwoordige niet ophouden, met my op nieuws in te laten, in een wijdloopige discussie en verthoogh; Om U Ed: Mog: demonstratijf aen te toonen, dat niemand als sijn *Hoogheyt* mijn Meester tot de Successie in het meergemelte *Marquisaet* en *Heerlijkheyt*, gerechtigd is, dewijle alreede geduirende sijn minderjarigheyt, door de goede voorsorge van hare *Hoogheyt* des selfs Vrouw Moeder, diens aengaende een soo opereuse en omstandige Deductie is in het licht gebracht; En van welke sy haer d'eere heeft gegeven, U Ed: Mog: de nodige Exemplaren toe te dienen.

Gelijk ik het ook om voorschreve reden teenemael onnoodich, soo niet selfs by de jegenwoordige Constitutie en gelegentheyd genoegsaem ontijdig achte, van stuk, tot stuk, te gaen detailleren, en ontledigen; Hoe, ende waer in sijn *Hoogheyt* ten desen opsigte, vermeynt geledeert te sijn; Nademael het selve al mede in de voornoemde Deductie (waer toe ik gevolglijk de vrijheyd neme my kortheytshalven in desen te refereren) uytvoerig en klaer genoech is aengewesen.

Sullende alleenelijk tot Corroboratie, en vermeerderinge van de solide argumenten daer inne vervat, noch dit daer maer byvoegen, Dat het meer gemelte *Marckgraefschap* en *Heerlijckheyt*, al meermalen het ongeluk heeft gehad, van tusschen dese en gene *Hooge* Pretendenten in gelijke Contestatie te vallen; Waer door het uytgeven van de Letteren van Investiture mogelijk al mede is vertraegd geworden; Als sijnde tusschen de dry Heeren Broeders *Philips Willem*, *Maurits* en *Frederick Henderick* van *Orange*, Al van, ende sedert den Jare 1584 (tijde van de ongeluckige dood van *Prins Willem* d'eerste onsterfferlijke gedagtenisse) tot in het Jaer 1609. toe; (Wanneer eerst het bekende Tractaet van partage tusschen haer dryen is gesloten over haer Vaderlijke Erffenisse) gedisputeerd geworden.

En wederom naer het afsterven van *Prins Willem* den tweeden (als wanneer wegens de voogdye over den laest overleden *Coninck Willem de derde*, ende d'Administratie

Declaration Declinatoire, que son Altesse la Princesse de Nassau en qualité de Mére & de Tutrice a faite d'abord sur ce sujet.

Ce qui pour les raisons allegnées, a été mis par la direction & l'influence des susdits Regens au nombre des points importans de deliberation de vos Nobles Puissances, comme un point capital qui interesse notablement la Puissance, *la* Liberté *& la* Souveraineté *de la Province de Zeelande.*

Et quoi que le Prince, mon Maître, nourrisse dans son ame de trop hauts sentiments, de la grande prudence, de l'equanimité, & de la discretion de V. N. P., pour pouvoir s'imaginer, que V. N. P. pussent ou voulussent jamais se resoudre à une dureté si Despotique, dont il seroit difficile de trouver un Exemple, non seulement dans cette Republique, mais même dans la Monarchie la plus despotique;

Cependant son Altesse aiant atteint depuis peu l'âge de Majorité, & s'étant par conséquent chargée Ellemême de l'inspection, & de la Direction de ses propres affaires, & interêts Domestiques, Elle a jugé, que ce point dans sa connexion, avec ce qui s'est passé auparavant, étoit d'une telle importance, & d'une si grande consideration, qu'elle ne pouvoit se dispenser d'obvier, & de s'oposer, autant qu'il lui seroit possible, aux suites préjudiciables de cette affaire, par tous les moyens convenables, afin de conserver ses susdits biens, & son droit incontestable de succession dans ces Fiefs de Zeelande, qui font une partie si considerable de l'Heritage Royal.

C'est donc, Nobles & Puissans Seigneurs, dans cette seule & bonne vue, que le Prince, mon Maître m'a envoyé ici, pour réiterer à V. N. P. d'une maniére soumise, & très-serieuse les précedentes Remontrances tant au sujet de l'irregularité, sur laquelle est fondé le projet mentionné d'amortissement Politique, & d'abolition du Vassallage desdites Villes, que par raport aux injustices & aux Griefs notables, auxquels il a été continuellement exposé depuis la mort de Sa Majesté Britannique, dans presque tous les Domaines Seigneuriaux, & dans les prérogatives qui dependent incontestablement des Fiefs mentionnez, injustices & Griefs fondés uniquement sur la prétendue supposition, que jusqu'à présent on ne connoît encore aucun Marquis, qui ait été investi.

Je n'abuserai pas à present de l'attention de V. N. P., & je ne m'amuserai pas ici de nouveau, de leur prouver demonstrativement par une ample Déduction, qu'exceptée son Altesse, mon Maître, personne ne peut être en droit, de prétendre à la Succession du Marquisat & de la Seigneurie mentionnée, parceque pendant sa minorité, il a déja paru sur ce sujet une Deduction assés circonstanciée de la part de son Altesse, sa mere; Et dont Elle s'est donnée l'honneur de faire remettre à V. N. P. les Exemplaires necessaires.

C'est encore par les mêmes raisons, que je crois qu'il seroit tout à fait superflu, & même hors de propos dans la Constitution, & dans les circonstances présentes, de detailler ici de point en point de quelle maniére, & en quoi son Altesse croit être lezée à cet égard, parce que cela a été remontré amplement & avec évidence dans ladite Deduction, à laquelle par consequent je prens la liberté de me raporter.

Cependant pour confirmer & ajouter encore aux Argumens solides, qu'elle contient déja, je me contenterai de remarquer seulement; Que le susdit Marquisat, & Seigneurie, ont déja eu le malheur plus d'une fois, d'être exposez à de pareilles contestations entre les hauts Prétendans. Ce qui peut avoir retardé l'expedition des Lettres d'Investiture. Telle a été la dispute entre les trois Freres, Philippe Guillaume, Maurice, *&* Frideric Henry, *depuis l'année 1584 (c'est-à-dire depuis la mort malheureuse du* Prince Guillaume, *de glorieuse memoire,) jusqu'à l'année 1609, que ces trois Freres conclurent entr'eux un Traité de partage de la Succession de leur Pere.*

Ces mêmes Fiefs de Zeelande resterent encore sans Investiture, après la mort du Prince Guillaume II. *jusqu'à l'an 1659, & par consequent pendant 8 ans entiers,*

ANNO 1732. nistratie sijner Patrimoniele Goederen, tusschen desselfs Moeder en Grootmoeder, mede sware en lankduyrige differenten waeren geresen) de Zeeuwse Leenen van gelijke tot den Jare 1659. (sulcx ruym acht Jaren lank) sijn onverlijt en buiten Investiture gebleven.

Sonder dat nochtans oyt (het zy met alle schuldig Respect gesegt) by de Heeren Staeten deser Provintie, dit als een fondament en reden is gelegt en opgenoomen, om geduyrende de selve Contestatien en dispuyten, de houge Seigneuriale Domainen, en Gerechtigheden, van de meergemelte Leenen, aen de Graeffelijkheyt over te brengen: Onaangesien men in het eerste verhaelde geval, met vrij meerder glimp (dewijle d'ouste van de voornoemde drye Gebroeders, sich doenmaels aen de sijde van de Vyand hield) het selve soude hebben konnen sustineren, als wel nu, Daer alrede een Acte van Diligentie (die naer alle feudale Rechten, ten opsichte van den Leen-Heer en sijn Vassal, de kracht van Verly geoordeeld werd te hebben) by U Ed: Mog: sonder eenige hesitatie is uyt gegeven; En maer een eenige Erfgenaem, en noch een Inbooreling van de *Geunieerde Provintien* (die in derselver behoud en welvaren soo grooten part en deel heeft) tot den Wettigen Leen-volger by Testamente van den laest overleden *Marquis* is aengestelt; En vervolgens niemandt anders de Possessie daer van met eenig Recht of reden kan pretenderen, voor dat de nulliteyt ofte onwaerde van de selve dispositie, Judicielijk is bewesen, en vervolgens het Testament van den voorigen Leen-Man by een Wettich Decreet van den Competenten Rechter, is gerescindeert en vernieticht.

Waermede dan vervolgens overgaende, tot het tweede en principale Poinct van de meergemelte Amortisatie, der Leen-roerigheyt; Kan den Ondergeschreven vermogens sijn ordre en Instructie niet naerlaten, U Ed: Mog: met noch meerder nadruk en empressement by wege van klachte te betuygen, en obtesteren, met hoe gevoelige smerte, en hoe gansch onbegrypelijk zyn *Hoogheyt* mijn Meester altijd is voorgekomen, dat men een PRINS (die zich gansch onbewust vint, selfs aen eenig particulier Regent, ofte Lid deser *Provintie*, en veel min aen U Ed: Mog: en Illustre Vergaderinge, oyt de aldergeringst reden van misnoegen of afgunst gegeven te hebben) op soo ongehoorden wijse, soude willen trachten sijn Erfgoet afhandig te maeken.

Op welken grond hy dan ook in die Confidente hoop en verwachtinge is, dat U Ed: Mog: in cas subject sich noyt van der selver *Souveraine* macht en Opperheerschappye sullen willen bedienen, om uyt te voeren en werkstellig te maeken een project, dat niet alleen is gedestitueert en ontbloot van alle fondament van reden en Justitie, maer selfs jegens alle Goddelijke en Wereldlijke Rechten, ende den eygen aert van een vrye en Republicaire Regeringe, directelijk is aenloopende.

Maer dat U Ed: Mog: veel eer na der zelver *Edelmoedige* en equitable neyginge, op de gronden van die mutuele verbintenis, en sterke reciprocatie, die 'er tusschen een *Leen-Heer* en sijn Vassal altijd moet gehouden werden te sijn, hem niet alleen sullen munieren met hare krachtdadige protexie, schut, en scherm, jegens alle verdere indragten in desselfs meer voorgemelte soo bekende Rechten, en Gerechtigheden; Maer ook geen verdere swaerigheyt maken, om de nochmaels versochte Brieven van Investiture, (die al over lange ter requisitie van de interesseerende, wegens de Hollandse, Brabantsche, en Gelderse Leen-goederen, van de *Koninklyke* Naerlaetenschap sijn uytgegeven) mede op dien voet te accorderen en verleenen.

Hebbende sijn *Hoogheyt* myn Meester, op dit subject my ook gelast, over al waer het soude mogen van nooden wesen, en wel particulierlijk, mede aen U Ed: Mog: by de tegenwoordige gelegentheyt, op de aldergevoeglijkste en meest Respectueuse wijse te Denuntieren; Dat hy om verscheyde Domestique redenen, sich buyten staat bevind, om over de bekende Leen-goederen, van U Ed: Mog: releverende, 't zy dan onder een gepresenteert Equivalent, Dedomagement, vergoedinge, ofte wat naem men het ook soude mogen geven, te kunnen handelen, of contracteren, en veel min de selve geheel en al af te staen.

Ende dat ook de verdere verweygeringe ofte dilay van de meermaels gerequireerde Investiture, niet anders als ten uyttersten schaedelijk, soo niet t' eenemael ruyneus voor de meergemelte Naelaetenschap, en vervolgens ook voor sijn Domestijque belangens kan wesen.

Edoch, soo by aldien buyten alle hoop ende verwachtinge des Ondergeschreve jegenwoorde soo ernstige en geëm-

tiers, à cause des grands & longs differens, qui survinrent sur la tutele du feu Roi Guillaume III. *& sur l'administration de ses biens patrimoniaux, entre sa mere, & son Ayeule.* ANNO 1732.

Sans que pourtant cela ait jamais été expliqué, & allegué par les Seigneurs Etats de cette Province, comme un fondement, & une raison suffisante, de pouvoir réunir les Domaines Seigneuriaux & les prerogatives de ces Fiefs à la Souveraineté de cette Province, pendant que ces Disputes subsistérent; Quoi que dans le prémier Cas allegué, on auroit pû le soutenir avec plus de couleur, qu'à present, parce que l'ainé des trois Freres étoit alors parmi des Ennemis; outre que V. N. P. ont deja expédié, sans avoir en aucune maniere hesité, un Acte de diligence, qui suivant tous les droits feodaux est censé avoir la même force que l'investiture même par rapport au Seigneur & à son Vassal: & que d'ailleurs il n'a été institué par le Testament du dernier mort comme Marquis, & successeur legitime dans ces Fiefs, qu'un seul héritier né dans les Provinces-Unies, & qui a un intérêt si notable dans la prosperité & dans la conservation de la Republique; Ensorte qu'aucun autre au monde ne peut pretendre à la possession avec droit & avec raison, avant qu'on ait prouvé juridiquement l'insuffisance, & la nullité de cette disposition, & qu'ensuite le Testament du precedent Vassal ait été annullé par un Decret legal du Juge compétent.

Passant à present au deuxiéme, & au principal point de l'amortissement, de la mouvance dudit Fief, le soussigné ne peut pas se dispenser, en conformité de ses ordres & de son Instruction, de porter des plaintes à V. N. P., & de leur temoigner avec encore plus d'efficace & d'empressement, avec quelle douleur, & comment il a toûjours paru incomprehensible à son Altesse, mon Maître, qu'on ait voulu entreprendre de le frustrer d'un bien hereditaire, d'autant qu'il ne se souvient pas d'avoir jamais donné la moindre raison de mecontentement ou d'envie à un seul Regent, ou Membre particulier de cette Province, & encore moins à toute l'illustre Assemblée de vos Nobles Puissances;

Et c'est sur ce fondement, qu'elle conserve une Confiance certaine & entiére, que V. N. P. ne voudront jamais se servir de leur Souveraineté & de leur Puissance suprême dans le Cas mentionné, pour effectuer, & pour mettre en œuvre un projet, qui non seulement est destitué de toute raison & justice, qui repugne aussi à toutes les Loix divines & humaines, & qui est diametralement contraire à la nature d'une Domination libre & Republicaine.

Mais S. A. se flatte que bien loin de là, V. N. P. suivant leurs sentimens genereux & equitables feront plûtôt reflexion sur les engagemens mutuels, & sur la forte reciprocation, qui doit toujours subsister entre un Seigneur & son Vassal, & qu'elles l'assisteront de leur puissante protection, & appui contre tous les griefs ulterieurs, & contre tous les préjudices, qu'on pourroit encore porter à ses droits & préeminences; Et qu'elles ne feront plus de difficulté de lui accorder sur ce pied les Lettres d'investiture, qui, sur la requisition des interessés, ont été déja expediées depuis long-tems au sujet des Fiefs de Hollande, de Brabant, & de Gueldres, & qui sont relatifs à l'heritage Royal;

Son Altesse, mon Maître, m'ayant encore ordonné sur ce sujet, de représenter par tout, où il seroit besoin, & bien particuliérement à V. N. P. de la maniére la plus sensible & la plus respectueuse; Que pour plusieurs raisons Domestiques, il se trouve hors d'état d'entrer en Negotiation sur les Fiefs mentionnés, qui relevent de V. N. P. par raport aux offres d'un Equivalent, Dédomagement, indemnisation, ou quel autre nom, qu'on leur pourroit donner, & encore moins de s'en desister tout à fait.

Et qu'un refus, ou delai ulterieur de l'investiture requise ne peut être que très pernicieux, si ce n'est tout à fait ruineux pour toute la susdite Succession, & par consequent pour ses affaires domestiques;

Si pourtant contre toute esperance, & attente du soussigné, cette présente instance si serieuse & si empressée, jointe

ANNO 1732. geëmpresseerde Aenverginge, gevoegt, by soo menichvuldige voorgaende Remonstrantien, Vertoogen, Deductien, Missiven, en Obtestatien, ten voorschreven eynde aen U Ed: Mog: gedaen, als mede U Ed: Mog: eygene meermaels gereitereerde Verclaringe, *van niet te willen eenich nadeel of Attainte geven aen des Marquis Recht*, echter des onaengesien ten gemoede van deselve geen ingang konde gewinnen, en U Ed: Mog: op dat Poinct even inflexibel bleven;

Soo Bid den Ondergeschreve by soo een onverhoopt nooddringend geval in name als boven,

Dat U Ed: Mog: dan ten minsten de Deure van de Justitie (die nu alreede soo lange door een Politique Inhibitie is geslooten gehouden) eenmael gelieven te openen, en alsoo aen den PRINS myn Meester, ofte aen de Administrateurs van de meergemelte Nalatenschap, als dan occasie te geven, van sich te konnen bedienen van de Protectie van een Neutrael Hoff, ofte Recht-bank, tegens alle die gene die hem in des selfs gesustineerd goet Recht, eenige verdere Indracht soude willen doen, ofte hem, aengaende de *Coninglijke* Successie, en Leenvolginge partye stellen;

Welk versoek immers Ed: Mog: Heeren, soo eenvoudig, soo billik, ende met alle de Principes van der Natuyre en der Volkeren Recht, in alle deelen so seer is over eenkomende, dat het aen de geringste Ingeseten selfs niet en kan ofte behoorde geweygert te worden, en veel min aen een PRINS, welkers *Doorluchtige* Voorouders, beyde Goed en Bloed hebben opgeset, om de Justitie als de Ziel van de Vryheyt, het fondament van alle Borgerlijke t'samen woninge, den Band van eenigheyt, en eyndelijk den eenigen en veyligen toevlucht tegens alle overmacht en oppressie, ongekreukt in sijn geheel te bewaeren;

Waeromme de *Heeren Staaten van Vrieslant* op de gepremitteerde gronden, en den uytgedrukten inhout van het 17 Artikel van de *UNIE*, tusschen de respective Provintien gesloten, ook niet en hebben willen afwesen, ter instantie van sijn *Hoogheyt* mijn Meester, U Ed: Mog: door haere nadruckelijke en iterative brieven van voorschryvens, als hare Bontgenooten daer toe wel Expresselijk te Sommeren en aen te maenen;

Sulx dat den ondergeschreven om alle de voorenverhaelde redenen, motiven, en argumentatien, dan als noch van U Ed: Mog: Hoogwyse bescheydentheyt (achtervolgens de natuyrlijke eygenschappen van hare sachte en Republicaire Staats Regulen en maximes) is afwagtende, dat de selve. op dese sijne soo ernstige als rechtmatige Bede, een betamelijke reflectie en Resolutie sullen nemen.

In welk vast vertrouwen en Confidentie, hy vervolgens sich d'eere geeft, van U Ed: Mog: toe te wenschen, een langduyrige, loflijke, voorspoedige en geluckige Regeringe.

In *Middelburg* den sesden February Ao. xvijc. acht, was Geteekent:

D. V. HEMMEMA.

jointe aux precedentes Remontrances, Deductions, Missives, & prieres, qui ont été déja souvent faites à V. N. P. pour la même fin, & même la propre Declaration si souvent reitirée de V. N. P., à savoir de ne vouloir porter le moindre préjudice ou atteinte aux droits du Marquis, *ne pouvoient avoir aucun succès, & ne gagnoient rien sur leurs Esprits, en sorte qu'elles restassent inflexibles sur cet article;*

Le Soussigné est obligé, dans un cas si peu attendu & si urgent, de prier au Nom de son Altesse son Maître;

Qu'il plaise au moins à V. N. P. de vouloir ouvrir une bonne fois la porte à la Justice, qui depuis si longtems a été fermée par une inhibition Politique, & par consequent de fournir alors l'occasion au Prince, mon Maître, ou aux Administrateurs de la susdite Succession, de pouvoir se servir de la Protection d'une Cour de Justice neutre contre tous ceux, qui voudront continuer à lui porter encore quelque préjudice dans ses droits legitimes, ou se qualifier comme partie dans cette succession de l'heritage Royal, *& des Fiefs.*

Cette demande, Nobles & Puissans Seigneurs, étant certainement dans toutes ses parties si simple, si juste, & si convenable à tous les principes de la Nature, & du Droit des Gens, qu'elle ne peut, ni ne devroit être refusée au moindre Habitant, & beaucoup moins à un Prince, dont les Illustres Ancêtres ont prodigué leur sang & leurs biens, pour conserver dans son entier & sans aucune alteration la Justice, comme étant l'ame de la Liberté, le fondement de toutes les Societés Civiles, le lien de toutes les Unions, & enfin le Refuge certain contre la Tyrannie, & contre toute oppression des plus forts;

C'est pourquoi les Seigneurs Etats de Frise fondés sur les raisons susdites, & sur le Contenu expres de l'article 17. de l'Union, conclue entre les Provinces respectives, n'ont pas voulu refuser sur les instances de son Altesse, mon Maître, de sommer expressement, & d'exhorter à cela vos N. P. comme leurs Confederés, par plusieurs de leurs Lettres de Recommandation.

En sorte que toutes les raisons, motifs, & arguments alleguez, & si souvent reiterés obligent le soussigné, d'attendre encore de la prudente moderation de V. N. P. qui s'accorde si bien avec les qualités naturelles de leurs douces maximes d'Etat, & Republicaines, qu'Elles voudront bien faire les reflexions convenables, & prendre une bonne Resolution sur sa juste demande.

Et dans cette ferme confiance & attente, il se donne l'honneur, de souhaiter à V. N. P. une Regence glorieuse, heureuse, & de longue durée.

Fait à Middelbourg *le 6. de Fevrier l'année 1708.*

(Etoit signé)

D. V. HEMMEMA.

Korten inhoud der *Missive* (1) van Hare Hoogheyd Mevrouwe de Princesse Douariere van Orange en Nassau, op den tweeden Februarii van den jaere 1723. geschreven aen Haar Hoog Mogende de Heeren Staten Generael; met de verklaring van de Heeren Gedeputeerden van de Provincie van Gelderland, daar omtrent gedaen; en het Advis van de Heeren Gedeputeerden van Vriesland, daar op ingebragt.

Contenu de la Lettre (1) que son Altesse, Madame la Princesse Douairiere d'Orange & de Nassau, a écrite en date du 2. Fevriet 1723., à leurs Hautes Puissances, les Etats Generaux; avec la declaration, que les Seigneurs Deputés de la Province de Gueldres ont faite à ce sujet; & avec l'Avis, que les Seigneurs Deputés de Frise ont produit en consequence.

ONtfangen een Missive van de *Vrouwe Furstinne Douariere de Nassau*, geschreven te Leeuwaarden den tweeden Februarii laastleden, houdende, hoe dat in het seker was geinformeert geworden, dat eenige Leden van de Regeringe in de Provincie van Zeeland hadden kunnen goetvinden om op nieuws voor te slaan en aen te dringen, ten eynde alle de rechten van den Marquis van Vlissingen en Veere mogen, werden gemortificeert

R*Eçu une Missive de Madame la Princesse Douairière de Nassau, écrite à Leeuwaarden le 2. de Fevrier passé, & portant, qu'Elle avoit été informée, sans en pouvoir douter, que certains Membres de la Regence dans la Province de Zeelande avoient pû trouver bon, de mettre de nouveau sur le Tapis, & de faire leurs efforts, afin que tous les droits du Marquis de* Flessingue *& de* Veere *fussent amortis & anéantis, & qu'il fût*

(1) *De voorschreve* Missive *van hare Hoogheyd Mevrouwe de Princesse, so als ook die van syne Furstelyke Doorlugtigheyd den Heere Landgrave van Hessen-Cassel, zyn hier niet geinsereert, om dat het substantieele daar van, genoegsaem is vervat in de voorgaande Memorie door den Heere Hemmema. uyt den naam van den Heere Prince, aen deselve Heere Staten gepresenteert.*

(1) *La Lettre mentionnée de son Altesse Madame la Princesse, & celle de son Altesse Serenissime, le Land-Grave de Hesse-Cassel, ne sont pas insérées icy, parce que leurs substances se trouvent assez amplement dans le Memoire qu'on vient de lire & que Mr. Hemmema a presenté par ordre, & au nom de son Altesse le Prince, aux Etats de Zeelande.*

Anno 1732.

ceert ende vernietight, en door de Heeren Staten van hooghgemelde Provincie moge werden verklaart, dat de Regeringe der voorschreve twee Steden, noch omtrent de Justitie, noch omtrent de Politie eenige Vassallage onderworpen zyn, de selve ontslaende van alle Leenroerigheyt aen de Graaffelykheit van Zeelandt, ende *de facto*, ende *de jure*, houdende en doende houden als independente, immediate ende onleenroerige stemmende Steden, onder een dedommagement, soo veel het utile aengaet, aen de hooge Geintereßeerdens ende Geregtigheden tot de Nalatenschap van zyne Majesteyt van Groot-Brittanien, glorieuser gedaghtenisse; versoekende, om redenen in het breede in de voorschreve Missive geallegeert, dat haar Hoogh Mog. als Executeurs van de uyterste wille van hooghstgedaghte Syne Majesteyt van Groot-Brittanien, glorieuser gedaghtenisse, gunstelyk gelieven by hooghgemelde Heeren Staten van Zeelandt te intercederen, ende door andre bequaame middelen te coöpereeren, dat dog de Marquisaten van Vlissingen ende Veere, met alle haare vryheeden, Reghten en Præeminentien in haar geheel gelaten mogen werden, ende dat in allen gevalle de differenten, die over de exercitie der voorschreve rechten souden mogen wesen, werden gerenvoyeert aen de ordinaris Justitie, en ten dien eynde de soo lang continueerende surseantie en hantsluitinge aen de selve gedaen, weggenomen, en opgeheven moge werden.

Waarop de Heeren Gedeputeerden van de Provincie van Gelderland verklaard hebben, dat aangezien de Heeren Staten hare Principalen in weynig dagen staan te vergaderen, zy niet konden afwezen een zake van die importantie te brengen tot derzelver deliberatie, dog dat ondertusschen vermeynden dat haar Hoog. Mog. na het overlyden van zyne Majt. van Gr. Britt., glorieuser gedagtenisse, hebbende aangenomen het Executeurschap van desselfs Testament, als nu niet kunnen nalaten, aan het wel hebbende Regt van de onmondige Furstelyke Pupillen de hand te houden. En hebben de Heeren Gedeputeerden van de Provintie van Holland en West-Vriesland, van Zeeland, van Utrecht, en van Overyssel, de voorsz. Missive Copielyk overgenomen, om in den haren breder gecommuniceert te werden.

De Heeren Gedeputeerden van de Provintie van Vriesland, hebben voor haar advis gesegt en laten aantekenen, dat het verzoek by de voorsz. Missive gedaan, geaccordeert behoort te werden, geconsidereert dat haar Hoog. Mog. volgens de Unie, gehouden zyn, alle en een ygelyk niet alleen van de Provintien en Leden van dien, maar ook van de Ingezetenen te maintineeren, en te helpen maintineeren by hare wettige verkregen Regten en Possessien, en daar benevens haar Hoog. Mog in haare qualiteyt als Executeurs van het Testament van hoogstgedagte zyne Maj. van Groot Britt. glorieuser gedagtenisse, verpligt zyn, de goederen en geregtigheden, tot de nalatenschap van hoogstgedagte zyne Maj. gehoorende, die onder haare administratie zyn, te conserveeren in dien staat waar in zy die gevonden hebben, sonder toe te staan, dat die buyten den weg van Regten verminderd, ofte veranderd mogen worden; dat zy Heeren Gedeputeerden, daarom geen bedenken dragen, en ook in een billyke hope en verwagtinge zyn, dat by de Heeren Gedeputeerden van de andere Provintien geen bedenken gedragen zal werden, om volgens het verzoek by de voorsz: Missive gedaan, en om de pregnante redenen daar in ter neder gestelt, by de Heeren Staten van Zeeland te intercedeeren, en dezelve op het kragtigste te dehorteeren, ten eynde door dezelve niets geresolveert, nogte gedaan moge werden, dat tot prejuditie van de minderjarige Furstelyk Pupillen, Erfgenamen van hoogstgedagte zyne Majesteyt, en tot nadeel en verkortinge van de vryheden, Regte, en preëminentien van de Marquisaten van Vlissingen en Veere, aan dezelve by Regt van Successie toekomende, zoude kunnen strekken, in zonderheid daar de Furstelyke Voogden van de voorsz: minderjarige Pupillen bereyt zyn, de differenten, welke over de voorsz: Vryheden, Regten en Preëminentien zouden mogen werden gemoveert, te laten ter decisie van de Ordinaris, en Competenten Regter, niet anders verlangende, als dat de deure van de Justitie, die door de verleende surcheantien gesloten is, geopent moge werden, gelyk zelfs by ende van wegen haer Hoog. Mog: daar toe voor desen, ten tyde als de voorsz: surcheantien verleent zyn, verscheyde iterative en ernstige instantien zyn gedaan. Dat de Heeren Staten van Vriesland, hare Principalen, altoos van gedagten zyn geweest, dat de weg van de Justitie, voor niemand besloten behoort te werden, daarom de Heeren hare Gedeputeerden in den tyd hebben gelast, daar toe alle meest kragtige

fût declaré par les Seigneurs Etats de cette Province, que la Regence de ces deux Villes n'étoit plus sujette au moindre Vassellage ni par rapport à la Justice, ni par rapport à la Police, en les delivrant de facto *&* de jure *de toute mouvance envers la Province de Zeelande, & en les tenant, & les faisant tenir pour de Villes independantes, immediates, devassélées, ayant voix & seance, sous le bénéfice d'un dedommagement, quant à l'utile, en faveur des Interessés, & ayant droit à la Succession de Sa Majesté de la Grande Bretagne, de glorieuse memoire, ladite Princesse priant pour des raisons qui sont plus amplement specifiées dans sa dite Missive, qu'il plaise à leurs Hautes Puissances, comme Executeurs du Testament de feue Sa Majesté de la Grande Bretagne, d'interceder auprès les Etats de Zeelande, & de faire ensorte par d'autres moyens convenables, que les Marquisats de* Flessingue *& de* Veere, *avec tous leurs Privileges, Droits, & Immunitez soient conservés dans leur entier, & qu'en tous cas, les differends, qui pourroient exister actuellement sur la puissance de ces Droits, fussent renvoyés à un Tribunal ordinaire, pour que la surseance & les oppositions qui ont duré depuis tant d'années, soient à la fin levées.*

Surquoi les Seigneurs Deputés de la Province de Gueldres ont declaré, que quoique les Seigneurs Etats de leur Province ne s'assembleroient que dans quelques jours, ils ne pouvoient s'empêcher d'entrer en déliberation sur une affaire d'une si grande importance, mais qu'ils étoient en attendant dans la persuasion, que leurs Hautes Puissances ayant accepté après la mort de Sa Majesté de la Grande Bretagne, d'être les Executeurs de son Testament, ne pouvoient pas refuser à présent, de tenir la main aux justes droits des Pupilles mineurs; Et les Seigneurs Deputés des Provinces de Hollande & de West-Frise, de Zeelande, d'Utrecht & de Overyssel ont pris Copie de cette Lettre, pour en communiquer plus amplement chez eux.

Les Seigneurs Deputés de la Province de Frise ont dit & fait enregistrer comme leurs avis, qu'il étoit convenable, d'accorder la demande faite dans la susdite Lettre, en consideration, que leurs Hautes Puissances, en vertu de l'Union, sont obligées de maintenir, en general, & chacun en particulier, non seulement toutes les Provinces & leurs Membres, mais aussi le moindre Habitant, & d'aider à les maintenir dans leurs droits legitimement acquis, & dans leurs Possessions. Qu'outre cela leurs Hautes Puissances, en leur qualité d'Executeurs du Testament du feu le Roi de la Grande Bretagne de glor. mem. se trouvoient encore dans une obligation indispensable, de conserver les biens, & les Droits, qui appartiennent à la Succession de feue Sa Majesté, qui sont sous leur administration, dans le même état qu'ils les ont trouvez, & sans permettre, qu'ils soient diminués, ou changés que par la voye ordinaire de la justice; C'est pourquoy ces Seigneurs Deputés ne se faisoient aucun scrupule, & qu'ils étoient dans la ferme attente, que les Seigneurs Deputés des autres Provinces ne s'en feroient pas davantage, d'interceder auprès des Seigneurs Etats de Zeelande, en conformité de la priere, faite dans la Missive mentionnée, & pour les raisons qu'on y a alleguées; & de les exhorter de la maniere la plus efficace, afin que rien ne fût resolu, & fait par eux, qui pût porter & faire préjudice aux Pupilles mineurs, comme étant Héritiers de feue Sa Majesté, ny lézer les Privileges, Droits, & Préeminences des Marquisats de Flessingue *&* de Veere, *qui leur appartiennent par le droit de Succession, & particulierement, parce que les Tuteurs de ces Pupilles mineurs s'engagent de laisser à la decision d'un Juge ordinaire & competent les differents, qui pourroient être mûs à l'occasion des Privilèges, Droits, & Préeminences mentionnées, & qu'ils ne demandent autre chose sinon qu'on leur ouvre la porte de la justice, qui par diverses surseances accordées leur a été fermée; c'est à cette même fin qu'ils ont déja fait plusieurs instances serieuses & réitérées auprès de leurs Hautes Puissances, lorsque les susdites surseances ont été accordées; Que les Seigneurs Etats de Frise, leurs hauts Commettans, ont toûjours été dans la ferme persuasion, que la voye de la Justice ne devoit jamais être fermée à personne, & que c'étoit pour cela, qu'ils avoient ordonné dans ce tems aux Seigneurs leurs Deputés, d'y cooperer par des instances les plus fortes, & d'insister auprès de leurs Hau-*

ANNO 1732. tige instantien te doen, en by haar Hoog. Mog. aan te houden, specialyk met opzigt tot de zaken van Vlissingen en Veere, dat daar in geen veranderinge gemaakt moge werden; dat ingevolge van dien zy Heeren Gedeputeerden haar verpligt vonden, vriendelyk en serieuselyk te verzoeken, dat haar Hoog Mog: ten spoedigsten, omtrent de Heeren Staten van Zeeland, alle mogelyke middelen willen aanwenden, om dezelve te induceeren, en te permoveeren, ten eynde door dezelve geen zoo verre uytziende Resolutien of proceduren mogen werden ondernomen, als zouden wezen de Mortificatie van de Regten van de Marquis van Vlissingen ende Veere, aangezien zodanige Mortificatie, waar door de minderjarige Furstelyke Pupillen, in hare minderjarigheid, op een extrajudicieele wyze feytelyk zoude werden ontzet van hare Regten, en geregtigheden, wel en wettig verkregen, ende gesterkt door een possessie van verre over de 100 Jaren, van de uytterste hardigheidt zoude zyn, en buyten exempel in deze Landen, en zoude aanloopen tegen alle Regt, en æquiteit, tegen de gronden van een welgestelde Regeeringe, en specialyk tegen de Privilegien, Regten, en Loffelyke Usantien dezer Landen, volgens de welke niemand, die zig presenteert, om voor de Competenten Regter te staan, van zyne goederen of geregtigheden ontzet, en gedestitueert mag werden, by wegen van feyte, zynde het een van de wezentlyke deelen van de Vryheid, waar van deze Landen door Gods goedheid jouisseeren, dat een yder zyn goed met gerustheid bezit, zonder daer van, buyten wegen van Regten wettig gedepossedeert ofte verstooken te kunnen werden; dat zy Heeren Gedeputeerde hoopen, en vertrouwen dat haar Hoog Mog: wel rypelyk zullen overwegen, de verre uytziende gevolgen die te wagten staan, by aldien onverhopentlyk voortgegaan zoude werden, met de voorgemelde Mortificatie, ten geenen tyde voor heenen getenteert, en zoo zeer tegen alle Regt en billykheid aanloopende; gelyk ook het ongelyk dat daar door zoude werden aangedaan, aan de minderjarige Furstelyke Pupillen omtrent goederen die haar Hoog Mog: onder hare Administratie, en by gevolge onder hare protectie hebben genomen, en dat haar Hoog Mog: derhalven zoodanige ongeregtelyke proceduren wel sullen willen tegengaan, ende hoog gemelde Heeren Staten van Zeeland dehorteeren en disponeeren, om van de geproponeerde Mortificatie af te zien; by onverhoopte onstentenisse van het welke zy Heeren Gedeputeerden uyt de naam van de Heeren Staten hare Principalen wel expresselyk protesteeren tegen alle het geene tot nadeel van 't goed Regt van den Marquis van Vlissingen en Veere buyten wegen van Regten zoude mogen worden geresolveert, en gedaan; Reserveerende daar tegen zodanige verdere aanteekeninge te doen, als de Heeren Staten hare Principalen zullen vinden te behooren.

ANNO 1732. *Hautes Puissances, & bien specialement par rapport aux affaires de* Flessingue *&* de Veere, *afin qu'il n'y fût fait aucun changement. Qu'en consequence, ces Seigneurs Deputez se trouvoient obligez de prier amiablement & très serieusement leurs Hautes Puissances d'employer tous les moyens possibles auprès des Etats de Zeelande, pour les porter à ne pas prendre des resolutions qui puissent aller si loin, telle que pourroit être celle de l'amortissement des droits du Marquis de* Flessingue *&* de Veere; *étant certain, que cet amortissement, par lequel les Illustres Pupilles seroient privés pendant leur Minorité,* de facto, *& d'une maniere extrajudiciaire des droits & prééminences, qu'ils ont acquis legitimement, & qui ensuite a gagné une force entière par une possession non interrompue de plus de* 100 *ans, seroit de la derniere dureté, ne trouveroit point d'exemple dans ce pays, & seroit absolument contraire à toutes les Loix, à l'Equité, & aux Maximes d'une République bien ordonnée, & particulierement aux Priviléges, droits, & louables Us & Coûtumes de ces pays, en conformité desquels aucune personne, qui offre de comparoître devant le Juge competent, ne peut, ni ne doit être depouillée* via facti *de ses biens, & de ses prééminences, étant une des parties les plus essentielles de la liberté, dont ces pays jouissent par la Grace de Dieu, que chacun puisse demeurer dans une possession tranquile de son bien, sans en pouvoir être dépossédé que par les voyes de la Justice; Que ces Seigneurs Députés esperent, & ont la confiance, que leurs Hautes Puissances voudront bien faire de serieuses reflexions sur les consequences, auxquelles on a à s'attendre pour l'avenir, en cas que l'on continue contre toute attente de pousser cet amortissement; Ce que l'on n'a encore jamais tenté ci-devant comme étant tout à fait contraire à la justice, & à l'équité; Et particulierement sur le préjudice, que les Illustres Pupilles mineurs recevroient par rapport au bien, que leurs Hautes Puissances ont pris sous leur administration, & par consequent sous leur Protection; C'est pourquoi ils esperent, que leurs Hautes Puissances voudront bien s'opposer à ces injustes Procedures, & tâcher de disposer les Seigneurs Etats de Zeelande, à se desister de cet amortissement; Et en cas que leurs esperances fussent trompées ces Seigneurs Deputés protestent expressément au Nom de leurs Hauts Commettans, contre tout ce qui seroit résolu au préjudice du bon droit du Marquis de Flessingue & de Veere, & ce qui seroit fait sans les voyes de la Justice, se reservant au surplus de faire faire telle autre Protestation, qu'il sera trouvé être convenable par les Seigneurs Etats leurs Commettans;*

Missive van sijne Furstelyke Doorlugtigheyd den Heere Landgrave van Hessen Cassel, en het versoek by de Heeren Gedeputeerd: van Vriesland, by die gelegentheyd gedaen.

ONtfangen een Missive van *syne Furstelyke Doorluchtigheydt den Heere Land-Grave van Hessen-Cassel,* geschreven te Cassel den vyftienden der voorleede maandt, houdende, dat syne Furstelyke Doorluchtigheydt geinformeert was, dat by de Heeren Staten van Zeelandt getracht soude werden, om de *jura* van den Marquis van Veere en Vlissingen te mortificeeren en te annulleren, ende de Regeering van die twee Steden van Zeelandt, van alle Leenplichten, zo wel ten aensien van de justitie, als in het regard van het politique, vry te verklaren, en *de facto & jure* voor independente, immediate ende stemmende Steden te houden, mitsgaders dat, de hooge Prætendenten, welke tot de Orangische Successie recht hebben, soo veel het utile aangaat, gedeommageert soude werden; versoekende, om redenen in de voorschreve Missive in het breede geallegeert, dat haar Hoog Mog: haer daer aen gelegen gelieven te laten zyn, dat de *jura* van het Marquisaet van Vlissingen en Veere, tegens alle recht en billykheyd niet gelædeert, veel min geëxtingueert, waar voor de jonge Prins van Nassau, Syne Furstelyke Doorlughtigheydts kleynsoon, aen syne Curatele aanbevolen, als eenige universeele Erfgenaam van Syne Koninghlyke Majesteyt van Gr. Britt: Willem de derde, glorieuser gedagtenisse, in een volkomen staat geconserveert, en den selven, ofte syne hooge Voogden

Lettre de son Altesse Serenissime le Land-Grave de Hesse-Cassel, & la demande faite à cette occasion par les Seigneurs Députés de Frise.

REçu une Lettre de son Altesse Serenissime le Seigneur Landt-Grave de Hesse-Cassel, *écrite à Cassel le* 15 *du mois passé, contenant, que son Altesse Ser. avoit été informée, que les Seigneurs Etats de Zeelande paroissoient entierement disposez à amortir & annuller les droits du Marquis de* Veere *& de* Flessingue, *& declarer la Regence de ces deux Villes libres de tout Vasselage tant par rapport à la Justice, qu'à la Police, & les tenir* de facto & de jure *pour des Villes indépendantes, immédiates, & votantes, & que les hauts Prétendans, qui ont un droit incontestable à la Succession d'Orange, devroient être dedommagés, pour ce qui regarde l'utile; priant pour des Raisons, qui sont plus au long alleguées dans ladite Lettre, qu'il plaise à leurs Hautes Puissances de s'interesser avec efficace à ce que les* jura *du Marquisat de* Flessingue *&* de Veere *ne soient lezés contre toute justice & équité, & encore moins amortis, mais au contraire qu'ils soient conservés dans un bon état, pour le jeune Prince de Nassau, petit-fils de son Alt: Seren:, lequel ayant été recommandé à sa Curatele, étoit le seul heritier universel de Sa*

ANNO 1732.

den ongehoort, tot syn nadeel en præjuditie was gedaan, of voorgenomen mogte werden.

Waarop de Heeren Gedeputeerden van de Provincien van Gelderlandt, Holland ende Westvriesland, Zeelandt, Utrecht en Over-Yssel, de voorschreve Missive copielyk hebben overgenomen, om in den haren breder gecommuniceert te werden.

Ende hebben de Heeren Gedeputeerden van de Provincie van Gelderlandt daar by geinhereert, het geene voorleden Saturdag op den Brief van de Vrouwe Furstinne Douariere van Nassau, dit selve subject concernerende, hebben gedaen aanteyckenen.

De Heeren Gedeputeerden van de Provincie van Vrieslandt hebben insgelyks geinhereert haar advis, op de voorschreve Missive van de Vrouwe Furstinne Douariere van Nassau, voorleden Saturdag uytgebragt, ende hebben daar by versogt, dewyle dese saecke is overgenomen, om gebragt te werden ter deliberatie van de respective Provincien, dat inmiddels ende hangende de deliberatien daar over, niets geinoveert moge werden, ende specialyk dat de Heeren Gedeputeerden van de Provincie van Zeelandt hare goede officien by de Heeren Staten hare Principalen willen employeren, ten eynde, dat, hangende dese deliberatie, niets præjudiciabels geresolveert en gedaen moge werden.

Majesté Britannique Guillaume III. *de glorieuse memoire;*

Sur quoi les Seigneurs Deputés des Provinces de Gueldres, de Hollande & West-Frise, de Zeelande, d'Utrecht & d'Overyssel ont pris copie de cette Lettre, pour être communiquée plus amplement chez eux,

A cette occasion les Seigneurs Deputés de la Province de Gueldres ont repeté de nouveau, ce qu'ils ont fait enregistrer Samedi passé sur la Lettre reçue de Madame la Princesse Douairière de Nassau, qui concernoit le même sujet.

Les Seigneurs Deputés de Frise ont insisté en même tems que leur avis sur la Lettre mentionnée de Madame la Princesse Douairiare de Nassau, donné Samedi passé, fût enregistré à cette occasion, & ils ont en même tems prié, parce qu'on a pris cette affaire, pour être portée à la deliberation des Provinces Respectives, que pendant qu'on en délibereroit rien ne fût innové; Que les Seigneurs Deputés de la Province de Zeelande fussent specialement priez de vouloir employer leurs bons offices auprès des Seigneurs Etats leurs Commettans, afin que durant les délibérations présentes, il ne soit ni résolu ni fait aucune chose, qui pût être prejudiciable.

Resolutie van de Provincie van Overyssel, genomen op den 8 *April* 1723.

ONtfangen een Missive van de Vrouwe Douariere Princesse van Orange, geschreven tot Leeuwarde den 6e. van deze maand, houdende dat voor het zekere geinformeert was, dat eenige Leden van de Regeeringe van de Provintie van Zeeland alle devoiren van nieuws quamen aen te wenden om de Regten van de Marquis van Veere en Vlissinge te doen mortificeeren, en alzoo die onderneminge ten uyttersten nadeelig waren, aen het Regt van de Princen desselfs Kinderen, Verzoekende om redenen daar by in het breede vermeld, dat de Ridderschap, en Stede, der zelver Heeren Gedeputeerden ter Generaliteit zoude willen instrueeren, authoriseeren, ende gelasten, om de zake te zamen met de Heeren gedeputeerdens van de andere Provintien, daar henen te dirigeeren, ten eynde van wegens haar Hoogh Mog: als Executeurs van de Uytterste wille van zyne Maj: van Groot Brittannien op het kragtigste zoo by Hoog gem: Heeren Staten van Zeeland, als daar het meer van eenige vrugt kan wezen, werde geintercedeert. Voorts door alle andere bequame middelen gecoopereert en uytgewerkt, dat dog het Marquisaet van Veere en Vlissingen, met alle hare Vryhede, Regten, en Preëminentien, in haar geheel gelaten mogen werden, en dat in allen gevalle de differenten die 'er over de exercitie der voorsz: Regten zouden mogen wezen, werden gerenvoyeert aan de Ordinaris Justitie, en ten dien eynde, die zoo lang continueerende Surceance en handsluytinge aan dezelve gedaan, weggenome, of opgeheven worden. Ende is wyders geleze een Missive van de Heeren Gecommitteerden ter Generaliteit dezer Provintie, geschreven in den Hage den 6. April dezes Jaars, hebbende voor bylage twee Copiele Missive, d'eene van den Heere Land-Grave van Hessen Cassel, geschreven te Cassel den 15. February dezes Jaars, ende de andere van de Vrouwe Douariere Princesse van Orange, geschreven te Leeuwaarde den 2 February dezes jaars, beyde aan haar Hoog Mog: geaddresseert, en het zelve Subject concerneerend. Waarop gedelibereert, ende geconsidereert zynde, dat aan Ridderschap en Stede van deze zake tot nog toe geen Authentique Stucken of narigten zyn ingekomen, is goedgevonden te verklaren, dat over dese zaake noyt geen aanzoekinge aan de Ridderschap en Steden, directelyk, of indirectelyk is gedaan, en wyders de Heeren gecommitterden ter Generaliteit aan te schryven, en te gelasten, dat zig particulierlyk zullen hebben te informeeren, wat hier omtrent is gepasseert, en tot haar kennisse gekomen is, en dat de Authentique Stucken, welke daer van kunnen bekomen ende magtig worden, alhier zullen overzenden, om daar op nader gedelibereert te worden; zynde de Ridderschap en Steden van gedagten, dat aan den Marquis van Veere en Vlissingen, geen prejuditie tegens Regten, of schade, moet worden toegevoegt.

Onderstond,

Accordeert met het voorsz: Register, getekent, H: Royer.

WAAR

Resolution de la Province d'Overyssel, prise le 8 d'Avril 1723.

REçu une Lettre de Madame la Princesse Douairière de Nassau, écrite à Leuwaarden le 6 de ce mois, contenant, qu'Elle avoit été surement informée, que quelques Membres de la Regence de la Province de Zeelande recommençoient de nouveau, à faire tous leurs efforts pour faire amortir les droits du Marquis de Veere *&* de Flessingue; *Et comme cette Entreprise étoit très préjudiciable aux droits des Princes ses Enfans; Elle prioit pour des Raisons, qui y sont deduites plus amplement, que la Noblesse & les Villes voulussent bien instruire, autoriser, & enjoindre aux Seigneurs leurs Deputés à la Généralité, de tâcher de diriger cette affaire conjointement avec les Seigneurs Deputés des autres Provinces, à ce que leurs Hautes Puissances, comme Executeurs du Testament de Sa Majesté le Roi de la Grande Bretagne, intercedassent de la manière la plus efficace auprès des Seigneurs Etats de Zeelande, & partout, où cela pourroit être de quelque utilité; Et qu'il fût encore cooperé & effectué par tous les moyens convenables, que le Marquisat de Veere & de Flessingue, avec tous ses Privileges, Droits, & prééminences, fût laissé en son entier & qu'en tout cas les differens, qui subsistent sur la jouïssance de ces droits, fussent renvoyés à la Justice ordinaire, & que pour y parvenir avec plus de facilité, la surseance & l'oposition soient levées; Il a été encore lû une Lettre des Seigneurs Deputez de cette Province à la Généralité, écrite à la Haye ce 6. d'Avril de cette année, y ayant été joint Copies de deux Lettres, la prémière de son Alt: Seren: le Seigneur Land-Grave de Hesse Cassel, écrite à Cassel en date du 15 Fevrier de cette année, & l'autre de Madame la Princesse Douairière de Nassau écrite à Leeuwaerde le 2. Fevrier de cette année. & toutes deux addressées à Leurs Hautes Puissances, sur le même sujet. Sur quoi ayant été déliberé, & consideré, que jusqu'à présent on n'a encore produit à la Noblesse & aux Villes aucunes Pieces authentiques ni directement, ni indirectement; On a trouvé bon de declarer, & d'écrire ensuite aux Seigneurs Deputés, & de leur enjoindre, qu'ils ayent à s'informer de ce qui s'est passé à ce sujet, & ce qu'ils en ont appris, & qu'ils doivent envoyer ici les Pièces authentiques, pour autant qu'ils en pourront recevoir, afin de pouvoir deliberer ici sur cette affaire; la Noblesse & les Villes étant de sentiment, qu'il ne faut pas qu'il soit fait aucun prejudice ou dommage au Marquis de Veere & de Flessingue contre la justice & l'équité.*

(Plus bas)

S'accorde avec le Registre mentionné,

(Signé) *H. Royer.*

Surquoi

ANNO 1732.

WAAR OP gedelibereert zynde. hebben de Heeren Gedeputeerden van de Provintien van Holland en Westvriesland, en van Zeeland; de voorsz: Resolutie copielyk overgenomen, om in den haren breder gecommuniceert te werden. De Heeren Gedeputeerden van de Provintie van Utrecht hebben geinhereert hare voorige aanteekeningen, en de Resolutien van de Heeren Staten hare principalen, op het Subject van de Nalatenschap ingebragt.

Resolutie van de Provincie van Stad en Landen, genomen op den 10 *April* 1723.

GEdelibereert zynde op de ingekomene Missive van hare Hoogheyt de Princesse Douariere van Orange en Nassau, geschreven uyt Leeuwaarden den 5. dezer lopende maand April, by dewelke aen de Heeren Staten van Stad en Lande kennisse word gegeven, als of door eenige Leden van de Provintie van Zeeland zoude werden getenteert, om alle de Regten van de Marquis van Veeren en Vlissingen te mortificeeren, en te vernietigen, de voornoemde Steden te libereren van alle Vasallage, zo omtrent de Justitie als de Politie, haar te ontslaan van alle Leenroerigheid aen de Graeffelykheid van Zeeland; voorts dezelve te houden, en te doen houden, *de Facto* en *de Jure*, als independente, immediate, en onleenroerige Stemmende Steden, onder een Dedommagement, voor zoo veel het Utile aangaat, aan de Hoge geinteresseerden, en geregtigde tot de Nalatenschap van zyne Majesteyt van Groot Brittannien, glorieuser gedagtenisse; vermoelende om verscheyde gewigtige Redenen in de voorsz: Missive gededuceert, dat de Heeren Staaten van deze Provintie, de Heeren hare Gedeputeerden ter Generaliteit gelieven te instrueeren, en te authoriseeren, om de zake te zamen met de Heeren Gedeputeerden van de andere Provintie daar henen te dirigeeren, ten eynde van wegens haar Hoog Mogende als Executeurs van de uytterste wille van zyne Majesteyt van Groot Brittanien op het kragtigste zoo by Hooggemelde Heeren Staaten van Zeeland, als daer het meer van eenige vrugt kan wezen, werde geintercedeert; voorts door alle bequaeme middelen gecoöpereert en uytgewerkt, dat dog het Marquisaet van Veeren en Vlissingen, met alle hare Vryheden, Regten en Preëminentien in haer geheel gelaten mogen werden, en dat in allen gevalle de differenten die'er over de exercitie der voorsz Regten zouden mogen wezen, werden gerenvoyeert aan de ordinaris Justitie, en ten dien eynde de zoo lang continueerde Surcheance en handsluytinge aan dezelve gedaan, weg genomen en opgeheven. Hebben de Heeren Staten van Stad en Lande, het verzoek by de voorsz: Missive gedaan, geaccordeert, en verstaan, dat haar Hoog Mogende als Executeurs van het Testament van zyne Koninklyke Majesteyt van Groot Brittanje, Glorieuser gedagtenisse, verpligt zyn de goederen en geregtigheden van gemelde Nalatenschap te conserveeren tegen een yder een, zoo daar op eenige indragt zoeken te doen, zonder toe te staan, dat die buyten de weg van Regten verminderd of veranderd mogen werden; en dat om de redenen in de voorsz Missive na regt en billykheyd ter nedergesteld, haar Hoog Mogende behoorden verzogt te worden, op alle bedenkelyke maniere, en het aller ernstigste by de Edele Mogende Heeren Staaten van Zeeland te intercederen, en de zelve op het kragtigste te dehorteeren, ten eynde door de zelve niets geresolveert, nogte gedaan mogte werden, dat tot Prejuditie van de Princelyke Pupillen, Erfgenamen van zyne Koninklyke Majesteyt, glorieuser gedagtenisse, en tot nadeel en verkortinge van de Regten, Vryheden en Preëminentien van de Marquisaten van Veere en Vlissingen, aan de zelve by Regt en Successie toebehoorende, zoude konnen strecken, op dat die Staaten mogen worden gedehorteert van het ondernemen van diergelyke verre uytziende Resolutien en proceduren, als zoude wesen het Amortiseren van de Regten van de Marquis van Veere en Vlissingen, waar van dese Furstelyke Pupille op een feitelyke; en extrajudicieele, en op een in deze Republique noyt gehoorde wyze zouden worden ontzet; het welke zouden wezen een hardigheid, waar van noyt bevorens in deze Republique is gehoort, en tegen alle Regt, Reden en Billykheid aanlopende, zynde het eene van de wezentlykste deelen van de Vryheid, daar deze Landen, door Gods zegen, van jouïsseren, dat yder zyn goed gerust mag bezitten, zonder daar in wederregtelyk geturbeert, en zoo doende op een onregtmatige wyze daar van gedepos-

Surquoi ayant été deliberé les Seigneurs Deputés des Provinces de Hollande & West-Frise & de Zeelande, ont reçu copie de la Resolution mentionnée, pour être communiquée chez eux; Les Seigneurs Deputés de la Province d'Utrecht ont insisté sur leur prémier avis, & ont delivré la Resolution des Seigneurs les Etats leurs Commettans, au sujet de la Succession.

ANNO 1732.

Resolution de la Province de Groningue; prise le 10 d'Avril 1723.

Ayant été deliberé sur la Lettre de Madame la Princesse Douairière d'Orange & de Nassau, écrite à Leuwaerden le 5 du Courant; & par laquelle il a été donné connoissance aux Seigneurs Etats de la Province de Stadt & Landen (Groningue & Ommelande) qu'il auroit été tenté par quelques uns des Membres de la Province de Zeelande, d'amortir tous les droits du Marquis de Veere *& de* Flessingue, *de delivrer cesdites Villes de tout Vasselage, tant par rapport à la Justice qu'à la Police, & de toute mouvance à la Province de Zeelande; Ensuite de les tenir, & de les faire tenir* de facto *&* de Jure *pour des Villes indépendantes, immediates, destodées, & votantes, le tout contre un dédommagement (quant à l'utile) pour les Hauts interessés, qui ont droit à l'heritage de feu Sa Majesté de la Grande Bretagne de glorieuse memoire; Et priant pour certaines raisons très importantes; qui sont plus amplement deduites dans ladite Lettre, qu'il plaise aux Seigneurs Etats de cette Province d'instruire & d'authoriser les Seigneurs leurs Deputés à la Generalité, de diriger cette affaire conjointement avec les Seigneurs Deputés des autres Provinces, de manieres que leurs Hautes Puissances, comme Executeurs du Testament de Sa M: de la Grande Bretagne; veuillent employer leurs bons offices tant auprès des Seigneurs Etats de Zeelande, que par tout ailleurs; où il pourroit convenir; Et qu'Elles veuillent au plûtôt coopérer & effectuer par les moyens les plus efficaces, que le Marquisat de* Flessingue *& de* Veere, *avec tous ses Privileges, Droits & Preeminences soit laissé & conservé en son entier; & qu'en tout cas les differens, qui pourroient subsister réellement sur l'exercice de ces droits mentionnés, fussent renvoyés à la Justice ordinaire, afin que par là puisse être levée la surséance & l'oposition, qui a duré depuis tant de tems; Les Seigneurs Etats de Groningue & Ommelande ont consenti à cette requisition, & il leur paroit, que leurs Hautes Puissances, comme Executeurs du Testament de sa Majesté Royale de la Grande Bretagne de G: M:, sont indispensablement obligées, de conserver les biens, & les jurisdictions de la susdite Succession contre tous ceux qui entreprendront d'y porter dommages & préjudice, sans qu'Elles permettent, qu'il y soit rien changé ou diminué sans la voye de la Justice ordinaire; Ayant pris cette resolution par les Raisons, qui ont été deduites dans cette Lettre, & qui se trouvent conformes à la Justice & à l'Equité, à savoir que leurs Hautes Puissances doivent être priées d'interceder très serieusement auprès des Seigneurs Etats de Zeelande, & de les exhorter avec efficace, à ne prendre aucune resolution, qui pût tendre au préjudice des Illustres Pupilles, Heritiers de Sa Majesté Royale, de Glor. Mem & des Privilèges, Droits, & Immunités des Marquisats de* Veere *& de* Flessingue, *qui leur appartiennent par droit de Succession, ensorte qu'on engage lesdits Etats à ne pas prendre une Resolution sujette à d'aussi grandes suites, que pourroit être celle de l'amortissement des droits du Marquis de* Veere *& de* Flessingue, *dont ces Illustres Pupilles seroient depouillez & privez d'une manière despotique, & extrajudiciaire, dont on ne trouveroit point d'exemple dans cette Republique; Ce qui certainement seroit une procedure très dure, dont jamais personne n'a entendu parler dans ces pays, & qui répugne absolument à toutes les Loix, au Droit, & à la justice, dont l'observation est un des principaux points de la Liberté, dont par la grace de Dieu, ces païs jouissent, que chacun puisse conserver & posseder son bien en repos, sans en être troublé, ou en être dépossedé d'une maniere illegitime & extrajudiciairement. Et qu'à ces* cau-

ANNO 1732. deposſideert te worden, en dat daarom haar Hoog Mogende wel rypelyk zullen gelieven te overwegen de verre uytziende gevolgen die te wagten staan, by aldien (onverhoopentlyk) voortgegaan zoude worden met de voorgemelde Mortificatie, noyt bevorens getenteert, en zoo zeer tegen alle Regt, Reden en Billykheid aanlopende, gelyk ook het ongelyk dat daer door zoude worden aangedaan aan de Furstelyke Pupillen, omtrent Goederen die haar Hoog Mogende onder hare Administratie, en gevolglyk onder hare Protectie hebben genomen, en dat haar Hoog Mogende derhalven zodanige onregtmatige Proceduren wel zullen willen tegen gaan, en hoog gemelde Heeren Staten van Zeeland dehorteren, en disponeeren om van de geproponeerde Mortificatie af te zien, voornamentlyk daar de Furstelyke Voogden gezint zyn, deze differentie te laten aan de Cours van de Justitie voor den Competenten Regter, niet anders urgeerende, als dat de deure van de Justitie, die door de verleende surcheantien gesloten is, moge werden geopent, gelyk daar toe by haar Hoog Mog: iterative instantien zyn gedaan.

Onderstond,

Coll. Accordeert, geteekent

Beckeringh.

causes il plaise à leurs Hautes Puissances, de faire de serieuses, reflexions, sur les Consequences, qu'on en doit attendre pour l'avenir, si on continue à pousser, contre toute attente, cet amortissement, si contraire à tous les Droits, Raisons, & equité; comme aussi sur l'injustice & le préjudice, qui serois fait, & qui en reviendroit à ces Illustres Pupilles, par rapport aux biens, que leurs Hautes Puissances ont pris sous leur Administration, & par consequent sous leur Protection, & que par cette raison leurs Hautes Puissances voudront bien s'opposer à ces injustes procedures, & exhorter les Seigneurs Etats de Zeelande, & les disposer à se desister du susdit amortissement, & cela principalement, parceque les Tuteurs de ces Illustres Pupilles sont resolûs, de remettre ces differens aux voyes de la Justice, & à la decision d'un Juge competent, & qu'ils ne prétendent autre chose, que de voir ouvrir la porte de la Justice, qui leur a été fermée par la surseance accordée, & en conformité des instances réiteratives, que vos Hautes Puissances ont déja fait à ce sujet; ANNO 1732.

(Plus bas)

Coll: accordé & signé

Beckeringh.

Waar op gedelibereert zynde, hebben de Heeren Gedeputeerde van de Provintien van Holland ende West-Friesland, en van Zeelandt, de voorschreve Resolutien copielyk overgenomen, om in den haren breder gecommuniceert te werden. De Heeren Gedeputeerden van de Provintie van Gelderland, hebben geinhæreert hare voorige aanteekeninge op dit subject gedaan. De Heeren Gedeputeerden van de Provintie van Utrecht, hebben geinhæreert de Resolutien en verklaringe van de Heeren Staten hare Principalen, op het subject van de nalatenschap voor dezen ingebragt. De Heeren Gedeputeerden van de Provintie van Vriesland hebben mede geinhæreert haar voorig advis en aanteekening op dit subject.

Surquoi ayant été deliberé, les Seigneurs Deputés des Provinces de Hollande, de West-Frise, & de Zeelande, ont pris copie de la Resolution mentionnée, pour être communiquée plus amplement chez eux; Les Seigneurs Deputés de la Province de Gueldres ont reiteré leur précedent avis sur ce sujet; les Seigneurs Deputés d'Utrecht se sont rapportés aux declarations, & à la Resolution des Seigneurs Etats leurs Commettans, qu'ils ont deja fait inserer auparavant sur ce sujet dans le Registre de la Generalité; Les Seigneurs Deputés de la Province de Frise se sont en même tems rapportés à leur premier avis & à l'enregistrement sur ce sujet;

Resolutie van de Provincie, van Gelderland genoomen op den 21 *April* 1723.

INgekomen en ter vergadering gelesen zijnde eene Missive van Hare Hoogheyd Mevrouwe de Princesse Douariere van Orange en Nassau, geschreeven binnen Leeuwarden den 6. deser loopende maand, inhoudende, hoe dat geinformeerd was geworden, als of door eenige Leeden van de Regeeringe in de Provintie van Zeeland op nieuw voorgeslagen en aangedrongen wierde, om alle de Regten van den Marquis van Veere en Vlissingen te mortificeeren en te vernietigen, de voornoemde Steden te libereeren van alle Vasallage soo omtrent de Justitie als Politie, haar ontslaan van alle Leenroerigheit aan de Graaflykheit van Zeeland; voorts deselve *de facto* en *de jure* te houden en doen houden als independente, immediate, en onleenroerige stemmende Steeden, onder een dedommagement, voor soo veel het utile aangaat, aan de hooge Geinteresseerdens en gerechtigde tot de Nalatenschap van Syne Majesteyt van Groot Brittannien, glorieuser gedagtenisse; versoekende om seer gewigtige redenen, by de voorschreve Missive in het breede gededuceert, dat de Heeren Staaten deser Provintie derselver Gecommitteerden ter Vergaderinge van Haar Hoog Mog: gelieven te instrueren, authoriseren en te gelasten, om de saak te samen met de Heeren Gedeputeerden van de andere Provintien daar henen te dirigeren, ten einde van wegens Haar Hoog Mog:, als Executeurs van de uiterste wille van Syne Majesteyt van Groot Brittannien, op het kragtigste soo by hooggemelde Heeren Staaten van Zeeland, als daar het meer van eenige vrugt zoude konnen wesen, werde geintercedeerd; voorts door alle bequame middelen gecoöpereerd en uitgewerkt, dat dog het Marquisaet van Veere en Vlissingen, met alle hare vryheden, regten en preëminentien in haar geheel gelaaten mogen worden, en dat in allen gevalle de differenten, die 'er over de Exercitie der voorsz: Regten zouden mogen wesen, worden gerenvoyeerd aan de ordinaris Justitie, en ten dien einde de soo lang continuerende surcheantie en handsluitinge aan deselve gedaan, weggenomen en opgeheven. Waar op gedelibereerd zynde, hebben Haar Edele Mog: goedgevonden derselver Gecommi-

teerden

Resolution de la Province de Gueldres, du 21 d'Avril 1723.

REçu & lu dans Notre Assemblée une Lettre de son Altesse Madame la Princesse Douairiére d'Orange & de Nassau du 6 de ce mois, contenant, qu'Elle a été informée, qu'il auroit été proposé, & apuyé par quelques Membres dans la Province de Zeelande, d'amortir & aneantir tous les droits du Marquis de Flessingue *&* de Veere, *de delivrer lesdites Villes de tout Vassellage par rapport à la Justice & à la Police, de les exempter de toute dépendance de la Comté de Zeelande, Et de les tenir & faire tenir en même tems* de facto *&* de jure, *pour des Villes independantes, immediates, inféodales, & votantes, offrant, par rapport à l'utile, un Dedommagement aux hauts Interessés, & aux legitimes Prétendans de l'Heritage de Sa Majesté Britannique de Glor: Mem: Et priant pour des raisons importantes, deduites plus amplement dans la Lettre mentionnée, que les Seigneurs Etats de cette Province veuillent bien instruire, authoriser, & enjoindre aux Seigneurs leurs Deputés à l'Assemblée de leurs Hautes Puissances, de diriger cette affaire ensorte, & conjointement avec les Seigneurs Deputés des autres Provinces, que de la part de leurs Hautes Puissances, comme Executeurs du Testament de feu Sa Majesté Royale de la Grande Bretagne, il fut intercedé d'une maniére efficace tant auprès les Seigneurs Etats de Zelande, que par-tout ailleurs, où il pourroit être nécessaire; & qu'on voulut cooperer par tous les moyens convenables, à ce que le Marquisat de* Veere *& de* Flessingue *restât dans son entier, & qu'en tout cas les differens, qui pourroient exister sur les Privileges, les droits, & les préeminences, fussent renvoyés à la Justice ordinaire, & que pour y parvenir, la surseance & l'opposition, qui ont subsisté depuis si long tems, fussent levées & mises à neant. Surquoi ayant été deliberé, leurs Nobles Puissances ont entendu & trouvé bon, d'enjoindre aux Sei-*

gneurs

Anno 1732.

teerden wegens dese Provintie ter Vergaderinge van Haar Hoog Mog: te gelasten, van ter hooggemelde Vergaderinge voor te dragen, hoe dat Haar Ed: Mog: by examinatie van voornoemde saak hebben bevonden geensins te worden in contest getrokken het Regt, dat Syne Hoogheid den Heere Johan Willem Friso, Prince van Orange en Nassau glorieuser gedagtenisse heeft verkregen, en also *jure successionis* desselfs Furstelyke Weesen hebben, uit kragte van het Testament van Syne Majesteyt van Groot Brittannien tot het Marquisaet van Veere en Vlissingen, nemaar, dat dat verkreegen Regt de Heeren Staaten van Zeeland zouden voorneemens wesen op een wederregtelyke wyse door een Politique Resolutie de Furstelyke Pupillen de *facto* te ontnemen, en deselve daar van, door het amortiseren van de Regten van den Marquis van Veere en Vlissingen, ten eenemaal te ontsetten.

Dat derhalven Haar Edele Mog: niet kunnen voorby wesen, de respective Bondgenoten te representeeren, hoe dat Haar Hoog Mog: eenmaal aangenomen hebbende het Executeurschap van het Testament van Syne Koninglyke Majesteyt van Groot Brittannien William de III. glorieuser memorie, uit hoofde van dien ook verpligt zyn, de goederen tot de voorsz: Nalatenschap gehoorende, geduerende het zelve Executeurschap, en alle de Voorregten, Privilegien, en Preëminentien, sorgvuldig te bewaren, en te handaven, en geensins gedoogen, dat aan deselve, sonder behoorlyke middelen rechtens door iemand eenig nadeel of verkleininge werde toegebragt.

Dat Haar Edele Mogende de respective Bondgenoten almede hebben versogt, in een serieuse overweginge te willen neemen het nadeel, het geen desen Staat t'eeniger tyd zoude te vreesen hebben, door op dusdaanigen wyse een regt te beneemen van een Prince, aan wiens Illustre voorouderen de Republiiq soo veel verpligtinge is hebbende, wanneer die selve Voorregten weder zouden komen te eyschen; wat des avantageuse gedagten by vreemde Mogentheden, als mede by alle de Onderdaanen van desen Staat niet zouden worden gegeven van de Regeeringe deser Landen, in alle oude tyden door haare loffelyke gewoonten en Ordonnantien soo seer vermaard, wanneer iemand met verweigeringe selfs van Justitie, *de Facto* van sijn goed hebbend Regt wierde ontset; eene saak waarlyk, van alle eeuwen ongehoord, en 't welk in een welgestelde Republyq aan de minste Onderdanen niet behoorde te geschieden, nog ook niet kan geweigert worde, zynde immers eene der voornaamste Voorregten in een Republicainsche Regeeringe en genoegsaam de reden en fondementen van opregtinge derselve, ja ook van ouds in dese Landen altoos heilig gepractiseerd, dat ieder, wie het ook mag wesen, sijn goederen veilig en sonder vreese mogê besitten, daarin niet kan worden geturbeerd ofte ontset, als by wege van Rechten.

Dat Haar Edele Mogende wel moeten avoueren, waar, en in regten gefundeert te zyn, dat een Souverain de goederen van sijn Onderdanen, tegens vergoedinge der waarde kan na sig neemen; dog dat ook te gelyk mede waar is, dat de selve Souverain sulks niet mag werkstellig maken, sonder in de uiterste injustitie te vervallen, als in cas de nood en behoudenis van het Land het quam te vereischen, dat nu in cas subject, alwaar de Heeren Staaten van Zeeland, tot bereykinge van haar eigen vuës het Regt van den Marquis van Veere en Vlissingen soeken te benadeelen, sodaanige convenientie in regten vereischt wordende, niet en is als wel in desen gepretendeerd word, twyfelen Haar Edele Mogende niet, of zullen de respective Bondgenoten moeten avoueren:

Dat Haar Edele Mogende ook niet kunnen bevroeden, sodaanige vrees ooit te kunnen plaats hebben, vermits niet anders kan worden vereischt in dit cas, als een getrouwigheit van den Leenman, welke uit kragte van het Contract van Leen verpligt is, en van welke na het Exempel van deselfs Prædecesseurs niet anders te wagten is, als dat daar van een eygentlyk en goed gebruyk zal maken, en kan de Vrees des te minder plaats hebben, geconsidereerd een Leen sonder consent van sijn Leenheer, niet kan worden veralieneerd.

Dat dien volgens Haar Edele Mogende ten eenemaal overtuigt zynde van het ongelyk, 't geen de Heeren Staaten van Zeeland by voortgank van derselver voorgenomene Proceduiren, om het Regt van den Marquis van Veere en Vlissingen te willen vernietigen, aan Haare Hoogheit en derselver Furstelyke Pupillen, daar door tegens Rechten zouden komen aan te doen, ook niet hebben kunnen hesiteren, van in (by voorsz: missive) soo regtmatig en billyk versoek te consenteren.

gneurs leurs Deputés à l'Assemblée de leurs Hautes Puissances, de remontrer à cette Assemblée, que leurs Nobles Puissances, après avoir examiné cette affaire avec attention, ont été convaincuës, que l'on ne pouvoit contester les droits, que son Altesse le Seigneur Jean Guillaume Friso, Prince d'Orange & de Nassau, de G: M: a obtenû, & qui par consequent, jure Successionis, *ont encore la même force par raport à ses Heritiers, en vertu du Testament du feu Roi de la Grande Bretagne, sur le Marquisat de* Veere *&* Flessingue; *que d'ailleurs les Seigneurs Etats de Zeelande seroient intentionés de frustrer ces illustres Pupilles* de facto *d'une manière extrajudiciaire; & par une Resolution Politique, de leurs droits bien acquis & de les en depouiller tout à fait, par l'amortissement entier des droits du Marquis de* Veere *&* Flessingue:

Que par cesdites Raisons leurs Nobles Puissances ne pouvoient se dispenser de représenter aux Confederés respectifs, que leurs Hautes Puissances ayant une fois accepté d'être Executeurs du Testament de Sa Majesté Royale de la Grande Bretagne, Guillaume III. *de G: M: sont aussi obligées de conserver avec beaucoup de soin pendant leur administration les biens, qui appartiennent à cet heritage, avec tous leurs droits, Privileges, & Preëminences, de les maintenir, & de ne permettre en aucune manière, qu'il y soit fait aucune diminution, ou préjudice, par qui que ce pût être, sans les voyes ordinaires & usitées de la justice.*

Qu'il y a déja quelque tems, que leurs Nobles Puissances ont prié tous les Confederés respectifs, de vouloir reflêchir serieusement sur les dangereuses consequences, que cette Republique auroit à craindre tôt ou tard, si on y vouloit priver de cette manière de ses droits un Prince, dont les Ancêtres ont merité tant de reconnoissance de cette Republique, & lorsqu'ils reviendroient reclamer les mêmes droits & preéminences; Ce que toutes les Puissances étrangéres, & même les Habitans de cet Etat pourront penser au desavantage de la Regence de ces Pays, qui a été si renommée dans le tems passé à cause de ses louables Coutumes & Ordonnances, si à présent quelqu'un y étoit privé de ses droits bien acquis, de facto, *& en lui deniant même les voyes ordinaires de la Justice; Ce qui seroit certainement une entreprise, dont on trouveroit, à peine un seul exemple dans les siécles passés, & qui dans une Republique bien policée, ne devroit pas même avoir lieu contre le moindre des habitans; puisqu'un des principaux Priviléges dans un Etat Republicain, & particulierement le motif & la premiere cause de son établissement, & qui a été aussi religieusement observé & pratiqué de tous tems dans notre Patrie, consiste en ce que chacun, de quelle Condition qu'il soit, puisse rester en possession paisible de ses biens sans craindre d'y être troublé, ou d'en être privé, que par les voyes de la justice.*

Que leurs Nobles Puissances étoient obligées d'avouer, qu'il étoit vrai, & de Droit, qu'un Souverain puisse s'aproprier les biens de ses Sujets, en leur en bonifiant la juste valeur; mais qu'il n'est pas moins vrai en même tems, que le même Souverain ne peut pas user de ce droit, sans commettre la derniére injustice, si ce n'est dans un cas, où la necessité, & la Conservation du pays le demandoit; Ce qui ne se trouve pas dans le cas mentionné, où les Seigneurs Etats de Zeelande cherchent à préjudicier aux droits du Marquis de Veere *& de* Vlessingue, *dans la seule intention de satisfaire à leurs propres vuës, & sans qu'il s'y trouve la moindre des circonstances requises en justice; ainsi Leurs Nobles Puissances ne doutent pas, que les Confederés respectifs ne soient obligés d'avouer;*

Que leurs Nobles Puissances ne peuvent pas convenir, qu'une pareille Crainte puisse jamais avoir lieu, parceque dans le Cas présent on ne peut requerir autre chose, qu'une fidelité de la part du Vassal; qui y est obligé en vertû du Contract feodal, & de qui, à l'exemple de ses Illustres Prédecesseurs, on peut esperer avec raison, qu'il en fera un particulier & bon Usage; Cette crainte ayant encore moins de lieu, en ce qu'un Fief ne peut être alienê sans le Consentement de son Seigneur;

Qu'en consequence leurs Nobles Puissances sont suffisamment convaincues de l'injustice, que les Seigneurs Etats de Zelande feroient contre toutes les Loix à son Altesse, & à ses Illustres Pupilles, par la Continuation de leurs Procedures, pour l'amortissement des Droits du Marquis de Veere *&* Flessingue, *en sorte qu'Elles n'ont pas hesité, de consentir à la juste & équitable requisition contenue dans la susdite Lettre.*

ANNO 1732.

Dat derhalven Haar Edele Mogende de respective Bondgenoten ernstig willen hebben versogt, van op alle bedenkelyke wyse by de Heeren Staaten van Zeeland te intercederen, en deselve op het kragtigste soeken te dehorteren, ten einde tot nadeel en verkortinge van de regten, vryheden en preëmenentien van het Marquisaat van Veere en Vlissingen, en alsoo tot præjuditie der Furstelyke Pupillen daar omtrent competerende, op een soo extrajudicieele wys niets zouden willen ondernemen, maar daar van volkomen te mogen af sien; Zynde haar Edele Mogende in een onverhoopten anderen cas genood drongen by desen aan de respective Bontgenoten te moeten betuigen, onschuldig te willen wesen, aan alle daar uit voort te komene onheylen, tot nadeel van desen Staat.

Onderstond,

pro vero Extractu,

geteekent,

WENTHOLT.

Waar op Gedelibereerd zynde, hebben de Heeren Gedeputeerden van de Provintien van Holland ende West-Vriesland, en van Zeeland, de voorsz: Resolutie copielyk overgenomen, om in den haaren breder gecommuniceert te werden.

De Heeren Gedeputeerden van de Provintien van Gelderland, Vriesland, en Stadt en Lande, hebben geinhæreerd de Resolutien en advysen van wegen hoog gemelde Provintien op dit subject ingebragt, en versogt en geinsisteerd, ten einde dien conform aan de Heeren Staaten van Zeeland geschreeven moge werden, om deselve te versoeken alles ten opsigte van de voorsz: Heerlykheden van Veere en Vlissingen in sijn geheel te laaten, en niets te resolveren, dat tot præjuditie van het Regt van den Marquis van Veere en Vlissingen zoude mogen strekken.

Den aanwesende Heer Gedeputeerde van de Provintie van Overyssel heeft geinhereerd de Resolutie van de Heeren Staaten sijne Principaalen, den 14. deser loopende maand ingebragt, en voor soo veel het schryven aan de Provintie van Zeeland aangaat, gereserveerd sig in weinig dagen daar op nader te verklaren.

Propositie by de Heeren Gedeputeerden van de Provincie van Hollandt ende West-Vrieslandt, raakende de Steeden Vlissingen en Veere; ter Vergaderinge van Haar Hoogh Mog: gedaan.

DE Heeren Gedeputeerden van de Provincie van Hollandt en West-Vrieslandt hebben uyt naam en van wegen de Heeren haare Principaalen ter vergaderinge voorgedraagen, dat rypelijk zijnde overwoogen de Missive van de Vrouwe Furstinne Douariere van Nassauw, gedateert den tweeden Februarii laastleeden, en ter Vergaderinge van haar Hoog Mog. op den seeven en twintigsten Maart daar aan volgende gelesen, de Verklaringe van de Heeren Gedeputeerden van de Provintie van Gelderland ten selven dage gedaan aanteykenen.

Het advis van de Heeren Gedeputeerden van de Provincie van Vrieslandt daar op in gebragt, de Missive van de Heer Landgraaf van Hessen-Cassel, gedateert den vyftienden Februarii laastleeden, ter Vergadering van haar Hoog Mog. op den dertigsten Maart daar aan volgende gelesen, en het versoek by de Heeren Gedeputeerden van de Provintie van Vrieslandt by die occasie gedaan.

De Resolutie van de Provincie van Overyssel genoomen op den achtsten April laatstleeden, en ter Vergaderinge van haar Hoog Mog. op den veertienden daar aan volgende ingebragt, de Resolutie van de Provincie van Stadt en Lande, genoomen op den tienden April laatstleeden, ter Vergaderinge van haar Hoog Mog. op den vyftienden daar aan volgende ingebragt.

En eyndelijk de Resolutie van de Provincie van Gelderlandt, genoomen op den een en twintigsten des selve maands April, en ter Vergaderinge van haar Hoog Mog. op den vyfden daar aan volgende ingebragt,

En het geen ten selven dage by de Heeren Gedeputeerden van de Provincien van Gelderlandt, Vrieslandt, en Stadt en Lande is geurgeert. Alle concerneerende de deliberatie in de Provintie van Zeelandt, raakende het

ANNO 1732.

Et c'est pourquoi aussi leurs Nobles Puissances prient très serieusement les Confederés respectifs, de vouloir bien employer auprès des Seigneurs Etats de Zeelande toutes sortes d'instances, pour les engager efficacement, de ne rien entreprendre extrajudiciairement au préjudice & au dommage des droits, privileges, & prééminences du Marquisat de Veere & Flissingue, & par consequent des Illustres Pupilles, qui y sont interessés; & de s'en desister entiérement; Leurs Nobles Puissances étant forcées, en cas qu'on en agît autrement contre leurs esperances, de protester par celle-ci aux Confederés respectifs, qu'Elles seront innocentes des malheureuses suites, qui en pourront naître au desavantage de cet Etat.

au bas

pro vero Extractu,

Signé

WENTHOLT.

Surquoi ayant été deliberé, les Seigneurs Deputés des Provinces de Hollande & West-Frise, & de Zeelande, ont pris Copie de la presente Résolution pour en être communiqué plus amplement chez eux.

Les Seigneurs Deputés de Provinces de Gueldres, de Frise, & de Groningue, se sont rapportés aux Resolutions, aux avis, qui ont été déja delivrez de la part de ces Provinces respectives sur ce sujet, & ils ont demandé & insisté, qu'en conformité de ces Resolutions il soit écrit aux Seigneurs Etats de Zeelande, pour les prier de vouloir laisser dans son entier tout ce qui regarde les Seigneuries de Veere & de Flessingue, & qu'ils ne prennent aucune Resolution, qui puisse porter préjudice aux droits du Marquis de Veere & de Flessingue.

Le Seigneur Deputé de la Province d'Overyssel, qui s'est trouvé présent, s'est rapporté à la Resolution des Seigneurs Etats ses Hauts Commettans, delivrée le 14. du Courant, & par rapport à la Lettre à la Province de Zeelande, il s'est reservé, de donner là-dessus plus précisément sa declaration en peu de jours;

Proposition, faite par les Seigneurs Deputés de la Province de Hollande & de West-Frise à l'Assemblée de leurs Hautes Puissances, concernant les Villes de Veere & de Flessingue.

LES Seigneurs Deputés de la Province de Hollande & West-Frise ont proposé à l'Assemblée au nom & de la part de leurs Hauts Commettans, qu'ayant été murement reflechi sur la Lettre de Madame la Princesse Douairiére de Nassau, datée le 2 Fevrier passé, & lû dans l'Assemblée de leurs Hautes Puissances le 27. de Mars suivant; & sur la Declaration des Seigneurs Deputés de la Province de Gueldres, enregistrées le même jour,

L'avis des Seigneurs Deputés de la Province de Frise delivré sur ce sujet; la Lettre du Seigneur Land-Grave de Hesse-Cassel, datée le 15 de Fevrier passé, & lûe à l'Assemblée de leurs Hautes Puissances le 30 de Mars suivant, & la demande des Seigneurs Deputés de la Province de Frise faite à cette occasion;

La Resolution de la Province d'Overyssel, prise le 8. du mois d'Avril passé, & delivrée à l'Assemblée de leurs Hautes Puissances le 14 du même mois; la Resolution de la Province de Groningue, prise le 10 d'Avril, & delivrée à l'Assemblée de leurs Hautes Puissances le 15. suivant;

Et enfin la Resolution de la Province de Gueldres, prise le 21 du mois d'Avril, & rapportée à l'Assemblée de leurs Hautes Puissances le 5 du mois suivant;

Et toutes les instances faites le même jour, par les Seigneurs Deputés des Provinces de Gueldres, de Frise, & de Groningue le tout par raport aux Deliberations de la Province de Zeelande, au sujet du Devassellage des

ANNO 1732.

het houden van de Steden Vlissingen ende Veere buyten Vassallagie; sy Heeren Gedeputeerden haar vinden gelast op alle het geen daar in is vervat, ter Vergaderinge van haar Hoog Mog. te declareeren, dat de Heeren haare Principalen deese saak aanmerken als niet alleen het domestycque van de gemelde Provincie van Zeelandt, maar ook by consequentie de Provincie van Hollandt ende West-Vrieslandt, als meede de verdere geunieerde Provincien ten hoogsten concerneerende, en derhalven te moeten representeren het navolgende.

In de hier voorgemelde Missiven van de Heer Landgraaf van Hesse-Cassel, en van de Vrouwe Furstinne Douariere van Nassauw, en in het geen by de Heeren Gedeputeerden van de Provincien van Gelderland, van Vrieslandt, en van Stadt en Lande is geadviseert en aangedrongen, werdt, van het geen in oude tyden op dit subject is gepasseert, niet gemeldt van verscheyde seer essentiele circumstantien en voorvallen, en bysonderlyk niet van de Octroyen aan de gemelde twee Steeden gegeven, waar by t'eenemaal vry gemaakt zyn. Nog van het geen in dese Landen, en specialyk in de Provincie van Zeelandt, voor een vaste maxime is gehouden, van dat geene Steeden sessie en stem in de Vergaderinge der Staaten konnen hebben, die niet zyn onder de immediate protectie van den Prince van den Lande.

De deliberatie in de Provintie van Zeelandt werdt voorgestelt in seer haatelijke expressien, even als of het voorneemen was *via facti*, tegen alle recht en reeden, met een onbedacht en ongegrondt voornemen, en op fondament van een bloote convenientie, toegelegt wierdt, om den Heere Prince van Nassau van een recht, dat by erffenisse soude hebben verkreegen, te depossideeren, en daarenboven, als of de meyninge was deswegen geen andere vergoedinge te doen als soo veel het *utile* aangaat, waar meede dan apparentelijk het genot in Gelde verstaan werdt.

Daar nochtans, soo veel de Heeren Staaten van Hollandt en West-Vrieslandt is voorgekomen, geen andere intentie is, als sich te bedienen van het recht alle Souveraine Princen competeerende, gemeenlijk het *dominium eminens* genaamt, en dat noch onder behoorlijk en voldoende dedommagement van de rechte waardye.

Welk recht in de gemelde Missiven, en andersints, werdt erkent op de Souverainiteyt gefondeert te zyn, maar gecontesteert werdt, dat in deesen daar toe suffisante reedenen souden dienen. Sulks de staat van de quæstie eygentlijk daar in bestaat, of in deesen genoegsaame reedenen zyn, om dat recht te gebruyken.

En alsoo het overwegen van die reedenen enkelijk verseert omtrent saaken van Politie, wyst het sich selfs, dat dit geen object kan zyn van de ordinaris Justitie

Alle het welke nader werdt geëlucideert door de beschouwing van het evengemelde recht, en de applicatie van dien op het geen voor handen is.

Waar uyt dan sal volgen een peremptoire refutatie van de raisonnementen in de hier voorgemelde Missiven, Verklaaringen en Advisen tegen het werkstellig maaken van dat recht gemoveert, en mitsdien ook de conclusie tot Justificatie van de conduites daar toe tendeerende lichtelijk sal zyn op te maken.

Het is een indisputabel en alomme erkent recht, soo als het ook is een noodsakelyk gevolg van alle hooge Regeeringen, te konnen disponeeren van het goedt van haar Onderdaanen, tot conservatie en dienst van de gemeene saake.

Het geen onder anderen sig vertoont in alle schattingen, en alle Reglementen omtrent de dispositie van verscheide besittingen.

De schattingen benemende een gedeelte van de inkomsten, benemen te gelijk een gedeelte van het genot van de eygendom, met reflexie op de natuyre van de saake, sonder reguard op expressien gebruykelijk in het recht tusschen Particulieren onder malkanderen.

Alle Reglementen op gebouwen, op Manufacturen, en andere, benemen doorgaans yets min of meer van de vrye dispositie over eygene Goederen, of handelingen in Negocie, Manufacturen, culture van Landen en wat des meer zy.

Alle soodanige dispositien van de Regeeringe zijn niet subject aan de ordinaris Justitie, maar het komt aan op het gemoet van de Regenten te overwegen, of en hoe verre het gemeene welwesen sulks vereyscht, en dat de consideratie van dat gemeene welwesen overtreft de verminderinge van de revenues, of andere belemmeringen van den handel van Particulieren. Soodanig dat alle diergelyke dispositien, dan de een en dan de ander meer belastende, over de gemeene Societeyt, door

het

des Villes de Flessingue & de Veere; lesdits Seigneurs Deputés ont été chargés, de déclarer sur tout ce qui a été proposé, que les Seigneurs leurs Committans regardent cette affaire, non seulement comme Domestique de la Province de Zeelande, mais aussi par consequence comme concernant la Province de Hollande & de West-Frise, & en même tems les autres Provinces Unies, & que pour cela ils sont obligez de représenter:

Que dans les Lettres susdites du Seigneur Land-Grave de Hessen-Cassel, & de Madame la Princesse Douairière de Nassau, & dans tout ce qui a été avisé & représenté par les Seigneurs Deputés des Provinces de Gueldres, de Frise, & de Groningue, il n'est fait aucune mention de ce qui s'est passé sur la même affaire du tems passé, de plusieurs circonstances très-essentielles, & bien specialement des Octrois, qui ont été accordez à ces deux Villes; ni de ce qui a été tenu en tout tems pour une maxime constante dans ces Pays, & sur-tout dans la Province de Zeelande, à savoir qu'aucune Ville ne pourra avoir séance & voix dans les Assemblées des Etats, qui ne sont pas sous la Protection immédiate du Prince du païs;

La deliberation de la Province de Zeelande a été proposée avec des expressions très-odieuses, comme si on vouloit y entreprendre via facti, *contre tout Droit & Raison, d'une manière peu fondée & mal conçuë, & sur le fondement d'une simple convenance, de depossеder le Seigneur Prince de Nassau d'un droit, qu'il auroit obtenu par héritage, & outre cela, comme si l'intention étoit de ne vouloir pas donner d'autre dedommagement, que quant à l'*utile*; étant apparemment entendu par là un payement en argent;*

Au lieu, pour autant qu'il est venu à la connoissance des Seigneurs Etats de Hollande & West-Frise, qu'il n'y a pas d'autre intention, que de se servir du droit, qui apartient à tous les Souverains, appellé communement Dominium eminens, *& cela encore en donnant un dedommagement juste & satisfaisant, de la juste valeur;*

Ce droit a été avoué dans les susdites Lettres, & dans les autres Pièces, comme fondé sur la Souveraineté, mais on y soutient en même tems, que dans le cas présent il faudroit produire des raisons suffisantes; Desorte que toute la question roule proprement sur ceci: si dans le Cas présent, on a des raisons suffisantes, pour pouvoir se servir du susdit droit;

Et comme la discussion de ces raisons est proprement relative aux affaires Politiques, il s'ensuit de soi-même, que cela ne peut pas être un objet de la Justice ordinaire;

Ce qui paroitra encore mieux par la consideration de la nature dudit droit, & par son application à ce qui se passe;

D'où il s'ensuivra une refutation peremptoire des raisonnements, qui sont contenus dans les Lettres, les Declarations, & les avis mentionnés, contre les Effets réels de ce droit; & qu'il sera facile d'en tirer en même tems un Conclusion, pour justifier les Conduites de ceux, qui ont cette intention;

C'est un droit indisputable, & reconnu par-tout, comme c'est en même tems une Consequence necessaire de toutes les Regences Souveraines, de pouvoir disposer des Biens de leurs Sujets pour la conservation & pour le service de la Cause commune;

Ce qui se demontre entr' autres dans tous les Impots, & dans tous les Reglemens au sujet de la disposition de differentes possessions;

Les Impots emportant une partie des Revenus, engloutissent en même tems une partie de la jouissance de la proprieté relativement à la nature de la chose, & sans s'arreter aux expressions, qui sont en usage dans le droit entre les Particuliers;

Tous les Reglemens sur les Batimens, sur les Manufactures, & sur d'autres choses, otent par-tout quelque chose de plus ou de moins de la libre disposition sur la proprieté des biens, ou sur le maniement dans le Negoce, les Manufactures, la culture des païs, & autres choses semblables;

Toutes ces dispositions de la Regence ne sont pas sujettes à la Justice ordinaire, mais il s'agit seulement que les Regens pesent murement & en conscience si & jusqu'où le bien public le demande; Et que la consideration de l'utilité publique l'emporte sur la diminution des Revenus, ou autres empêchemens dans le Negoce des Particuliers; Ensorte que toutes les dispositions pareilles, qui sont à charge du plus au moins à l'un & à l'au-

tre;

ANNO 1732.

ANNO 1732.

het betrachten van desſelfs conſervatie en voordeel, werden gecompenſeert.

De meeſte van alle diergelijke diſpoſitien, immers alle ſchattingen brengen meer of min nadeel toe aan de Particulieren, van dewelke yets werdt gevordert, wanneer men die aanmerkt ſonder betrecking op de gemeene ſaake.

Nogtans werd daar over by geen redelyke Onderdaanen geklaacht, ſoo lange niet komen in het begryp, dat deſelve onnodig, te ſwaar of onbehoorlyk zyn

En dan klaagt men wel als over een hardigheyt, maar men ſuſtineert niet, dat daar over, als over een queſtie tu'ſchen Onderdaanen, by eenige Rechtbank kan werden geoordeelt.

De bedenkelykheyt die ſoude konnen vallen, wanneer een Prins, hebbende een gelimitteerde magt, of eenig Lidt van de Souverainiteyt, oppoſitie quam te vinden, op fundament van ſijn authoriteyt geëxcedeert te hebben, komt hier niet te paſſe. Dewyl in deeſe door de hooge Regeeringe werd gemeynt en verſtaan, de Regeeringe die buyten diſpuyt de hoogſte Macht heeft, welke hoogſte Macht in alle ſoorten van Staaten altoos in een of meer Perſoonen, Vergaderingen of Collegien reſideert.

Gelijk het nu ſeeker en ontwyffelbaar is, dat ſoodanige hoogſte macht kan diſponeeren van het inkomen van de Onderdanen, om het ſelve voor een gedeelte by weege van ſchattingen ten dienſte van het Gemeen te vorderen, ſonder daar tegen aan die ſelve Particulieren yets te reſtitueeren, maar alleen aan de ſelve het equivalent, en meer, te doen vinden in de gemeene protectie, volgt het onwederſpreekelijk, dat de ſelve hoogſte Macht het Goedt van Particulieren onder behoorlijcke vergoedinge kan na ſich neemen, als vermeynt, dat de gemeene ſaak ſulks vereyſcht, waar by Particulieren, van wien het Goedt tot dienſt van het Gemeen werdt afgenomen, onder een behoorlijke vergoedinge, niet komen te lijden. Alſoo voor het geen tot vergoedinge werdt toegelecht diergelijks konnen bekomen, immers niet meer lijden als het miſſen van haar ſinnelijckheyt of affectie voor dat ſelve Goedt, en derhalven van minder beſwaaringh is als de ſchattingen, byſonderlyk als de noodt van den Staat ſwaare ſchattingen komt te vereyſſchen.

Het geen tot hier toe is gemeldt van de macht van de hooge Overigheydt, om te konnen diſponeeren van het Goedt van hare Onderdaanen, heeft om deſelve reedenen geen minder plaatſe omtrent het Goedt van Vreemden en Buytengezeetenen in haar Territoir gelegen.

Dewyl het kennelijk is, dat alle Schattingen en Reglementen op Goederen ſoo wel gaan over Goederen van Vreemden als over die van Onderdanen.

Het ſoude een merkelijke abſurditeyt impliceeren, dat ſoo weſentlyke rechten van de Souverainiteyt over Goederen, Effecten en Rechten daar onder geleegen of behoorende, door vertrek van de Eygenaar, door alienatie van het Goedt aan een Vreemde, of devolutie by erffeniſſe, ſoude werden geinfringeert of verkort

Wanneer ook de reedenen van het aanneemen van eenig Goedt ſouden beſtaan in de preventie van ſchaade en gevaar uyt dat Goedt te appreheuderen, ſouden ſelfs die reeden krachtiger zyn ten aanſien van het Goedt Vreemden toebehoorende.

Dit recht heeft met'er tydt bekomen de naam van *dominium eminens* of opperſte Eygendom.

Het is eenigſints te verwonderen, dat het ſelve recht nu voor yets ſingeliers werdt opgenomen, daar het nochtans ſoo evidentelijck vloeyt uyt de natuyre van de Souverainiteyt, daar het welweeſen van de Societeyt het ſoo hooglijck requireert, en daar het by alle Rechtsgeleerden en polityeque Schryvers erkent werdt.

En is te meer te verwonderen als men conſidereert, dat ſonder eenige reflexie werden gepaſſeert, en voor rechtmaatige diſpoſitien van de Souverain werden gehouden, als dat recht werdt gebruykt in ſaaken daar het te meermaalen te paſſe komt.

Waar omtrent tot exempelen konnen dienen het vergraaven van Landt van Particulieren tot Fortificatien, om het gemeene Landt te ſecureeren tegen Vyanden, en tot Dyckagie om het Landt te bewaaren tegen inundatien.

Men laat ſtaan andere voorvallen, als van het laaten innudeeren van geheele Diſtricten, om den Vyandt af te houden, het verwoeſten van groote Streeken Lands om den Vyandt ſubſiſtentie te beneemen, het afbreeken van Huyſen, het zy om den voortgang van brant te beletten, of aan den Vyandt te beneemen de gelegentheyt van ſich daar in te verſchanſſen, of daar door an-

ter, ſont compenſées ſur toute une Societé, puiſqu'elles tendent à ſa conſervation & à ſon avantage;

La plûpart de ces ſortes de diſpoſitions, & particuliérement tous les Impots portent plus ou moins de préjudice aux Particuliers de qui on les exige, ſi on les conſidere ſans relation & ſans avoir égard au Bien Public.

Cependant on n'entend aucun Sujet raiſonnable s'en plaindre, tant qu'il ne lui paroît pas que cela eſt ſuperflu, trop dur, & illegitime.

Et alors on ſe contente de ſe plaindre de la dureté, ſans pourtant vouloir ſoutenir, qu'il en peut être jugé dans une Cour de Juſtice, comme d'une diſpute entre des Sujets reciproques;

La reflexion qu'on pourroit faire, qu'on peut s'opoſer à un Prince dont le pouvoir eſt limité, ou à un Membre de la Souveraineté, par la raiſon & ſur le fondement d'avoir ſurpaſſé leur autorité, ne peut avoir lieu ici; parce que par la ſouveraine Regence, on entend ici la Regence, qui eſt munie ſans aucune diſpute de la ſuprême Puiſſance; laquelle ſuprême Puiſſance reſide toûjours dans tous les Etats dans une, ou pluſieurs Perſonnes, Aſſemblées, ou Colléges;

Et comme il eſt certain & indubitable, que cette ſuprême Puiſſance peut diſpoſer des Revenus des Sujets, pour en demander une partie par la voie d'impots pour le ſervice du Public, ſans être obligé de reſtituer pour cela la moindre choſe à ces Particuliers, mais ſeulement de leur faire trouver un équivalent, & encore davantage, dans la protection commune; il s'enſuit auſſi de là que la même Puiſſance ſuprême peut ſe ſaiſir des biens des Particuliers, en leur donnant une indemniſation convenable, lorſqu'elle juge que le Bien Public le demande, & alors les Particuliers, dont les biens ſont ſous une indemniſation juſte & convenable, n'en ſouffrent aucune perte ni préjudice; parce que pouvant avoir la même choſe pour l'indemniſation qu'on leur donne, ils ne ſouffrent pas autre choſe, que la perte de leur attachement ou de l'affection, qu'ils ont pour ce Bien; & par conſequent leur eſt moins onereux que les impots, particuliérement, lorſque la neceſſité de l'Etat demande de groſſes Taxes;

Tout ce qui a été dit juſqu'à préſent du pouvoir, qu'a un Souverain, de diſpoſer des biens de ſes Sujets, n'a pas moins lieu, pour les mêmes raiſons, par rapport aux Biens des Etrangers, & de ceux qui habitent hors de ſon Territoire;

Etant connu que toutes les Taxes & Reglements, au ſujet des biens, ſont faits auſſi bien pour les biens des Etrangers, que pour ceux des Sujets du Païs.

Il impliqueroit d'ailleurs une abſurdité manifeſte, que les droits eſſentiels de la Souveraineté ſur les biens, les effets, & les droits dans l'étendue de ſa Domination duſſent recevoir quelque préjudice, par le depart du Proprietaire, par une alienation des biens à un Etranger, ou par la devolution par Heritage;

Et ſuppoſé auſſi, que les raiſons de prendre quelque bien fuſſent fondées ſur la prévention du préjudice & du danger, qui ſeroient à apprehender de ce bien; Ces mêmes raiſons auroient encore plus de poids à l'égard des biens, qui appartiennent à des Etrangers;

C'eſt ce Droit, qui a enfin obtenu avec le tems le nom de Dominium eminens; *ou Proprieté ſuprême;*

C'eſt pourquoi il paroît en quelque maniére étonnant, que ce Droit ſoit à préſent regardé comme quelque choſe de ſingulier, quoiqu'il émane évidemment de la nature de la Souveraineté, que la proſperité & le ſalut de la Societé le requierent ſi neceſſairement, & qu'il eſt reconnu & avoué de tous les Savans & de tous les Auteurs politiques;

Ce qui paroît encore plus étonnant, lorſqu'on conſidere, que l'on paſſe ſans aucune reflexion, & qu'on tient pour legitimes & juſtes des diſpoſitions d'un Souverain, lorſqu'il ſe ſert de ce droit dans des choſes, qui arrivent plus d'une fois.

Ce dont on peut alleguer pour exemples, l'emploi, qu'on fait des Terres d'un Particulier à une Forteresſe pour couvrir tout un païs contre l'Ennemi; ou dont on ſe ſert aux Digues, pour préſerver un païs des frequentes inondations;

On ſe diſpenſe de faire mention ici d'autres cas, qui arrivent journellement, comme ſont les inondations d'un Diſtrict entier, pour empêcher l'entrée du païs aux Ennemis; la deſtruction des Provinces entiéres pour ôter la ſubſiſtance aux Ennemis; la demolition des Maiſons, ou pour empêcher, que l'incendie n'aille plus loin, ou pour ôter à l'Ennemi l'occaſion de pouvoir s'y fortifier, ou pour

ANNO 1732.

ANNO 1732.

andere belemmeringen en nadeel te veroorsaaken, en diergelijke voorsieningen, die gepreesen werden, als men overtuygt is van de noodsakelijkheyt. En welke voorsieningen nochtans onvergelijckelijk harder zijn, als het aanneemen van seeker Goedt, onder behoorlijk dedommagement.

Dit recht komt wel meest te passe omtrent vaste goederen, die aangenomen werden tot seeker gebruyk, en ook wel om, als schadelijk aan het Gemeen, te vernietigen ofte te destrueeren.

Maar het volgt uyt het weesen van de saake, en uyt de gelijkheyt van de reedenen, dat het even seer applicabel is op Actien, en Gereghtigheeden, wanneer voor den gemeenen Staat, en tot conservatie van dien noodig bevonden werdt die Actien en Gerechtigheeden uyt handen van een Particulier aan te neemen, aan de Domeynen te hechten, en daar by te incorporeeren, of te vernietigen.

Welk gevolg soo evident is, dat daar aan niet kan werden getwyffelt.

Het wordt niet ontkent, dat de macht van de hooge Overigheyt, in het werkstellig maaken van het *Dominium eminens* kan werden misbruykt. Maar het misbruyk van de hoogste Macht kan ook vallen in alle andere oeffeningen van dien.

En gelijk de klachten over het misbruyk in andere gevallen, en bysonderlijk ten aansien van schattingen, niet behooren tot de ordinaris Justitie, dienende tot decisie van differenten tusschen Particulieren, soo konnen ook de klachten over het misbruyk van het *Dominium eminens* niet zyn een object van de ordinaris Justitie.

Het is wel waar, dat wanneer den Souverain heeft gecontracteert met yemandt van sijne Onderdanen by weege van koop, of andere handelingen, onder private Persoonen gebruykelijk (en sulks buyten het afstaan van een gedeelte van de hoogste authoriteyt) het dispuut, dat mochte vallen ten aansien van de meyninge der Contrahenten over de voldoeninge of andersints, behoordt tot de ordinaris Justitie, en dat den Prins sich dat niet mag onttrecken, sonder misbruyck van sijn Macht, dewyl soodanige saaken niet specteeren tot het *Dominium eminens*, en dat in die Contracten de Souverain werdt geconsidereert als een privaat Persoon.

Maar het regt van Souverainiteyt kan door geen soodanige Contracten met Onderdaanen werden verkort, of men soude moeten stellen dat een Onderdaan yets acquireerende by koop of andere handelinge, van sijne hooge Overigheyt, daar mede een gedeelte van de hooge Overigheyt hadde bekoomen, dat absurd soude weesen.

Dit sal klaarder voorkoomen by een exempel, te weeten, dat den Prins eenige Landen van sijn Domeynen verkocht hebbende, wel moet te recht staan voor de ordinaris Justitie in quæstien over de koop selfs, en de gevolgen van dien. Maar niemandt sal konnen sustineeren, dat den Kooper recht soude hebben om den Prins te beletten dat Landt tot conservatie van het gemeen, onder behoorlijke vergoedinge, aan te neemen.

Het recht dat Particulieren verkrygen door contract met den Souverain, geeft haar wel het selve recht teegens den Souverain, als teegens een Particulier, maar ook geen meer recht. En voor al geen recht, dat soude strecken tot belet van soodanige dispositien, als geoordeelt mochten werden tot behoudenisse of ten dienste van het gemeen nodig te zyn.

Om de selve reedenen kan ook het *Dominium eminens* niet werden verstaan verkort te zyn, door eenige dispositien van den Prince van den Lande, op de administratie van de Justitie tusschen twee of meer Pretendenten op het selve Goedt.

En noch veel min door het aanneemen, besorgen of admitteeren van executeurschap, curateele, voogdye of andere administratie.

Dit recht, als annex en inseparabel aan de Souverainiteyt, kan gevolgelijk ook niet werden gepræscribeert, dewyl het niet is gefondeert op eenige positive Wetten of Costuymen, maar op den Souverainiteyt selfs. Welkers essentie bestaat in de opperste Macht van te besorgen het geen bevonden werdt tot het gemeene welweesen noodig te zyn

Sulks dat dit ook uyt de natuyre van de saake in effecte een recht is van het geheele Volk, om door de hooge Regeeringe te konnen hebben besorght, het geene aller welweesen vereyscht.

ANNO 1732.

pour en porter aux autres un notable préjudice & dommage, & autres précautions de ce genre, qui méritent des éloges, lorsqu'on est persuadé de leur necessité absolue; il est pourtant certain, que ces précautions sont incomparablement plus dures, que la saisie de certain bien sous le benefice d'un juste & convenable dédommagement.

Ce droit vient ordinairement à propos au sujet des Terres, & des biens, que l'on prend pour un certain usage; & quelquefois, pour les détruire ou pour les anéantir, parce qu'ils portent plus de dommage, que de profit au Public;

Mais il s'ensuit aussi de l'essence de la chose même, & de la parité des Raisons alleguées, qu'on peut en faire la même application aux actions, & aux prééminences, lorsqu'on trouve être necessaire de prendre des mains d'un Particulier ces actions, & ces prééminences pour la conservation d'un Etat public, de les incorporer à ses Domaines, ou les anéantir tout à fait.

Cette Conséquence est si évidente, que personne n'en peut douter.

On ne veut pas nier ici, que la Puissance Souveraine ne puisse faire un mauvais usage de ce Dominium eminens; Mais l'abus de la suprême Puissance peut aussi bien arriver dans toutes les autres fonctions, qui y sont relatives.

Et comme les plaintes, qu'on pourroit former dans ces autres Cas, & sur-tout au sujet des impôts, n'ont aucune connexion avec la Justice ordinaire, qui n'est établie, que pour décider les differens entre les Particuliers; les plaintes sur l'abus du Dominium eminens ne peuvent être non plus l'objet de la Justice ordinaire.

Il est bien vrai, que lorsque le Souverain a contracté avec quelqu'un de ses Sujets par voye d'achat, ou d'une autre maniere en usage entre les Particuliers, & que ce contract s'est fait, sans s'être désisté d'une partie de la suprême Autorité, la dispute, ou le different, qui pourroit survenir à l'égard du sens dans lequel les Contractants auront compris la satisfaction des engagemens, ou d'autres points est du ressort de la Justice ordinaire, & que le Prince ne peut refuser de s'y soumettre, sans faire un mauvais usage de sa Puissance, parce que ces sortes d'affaires ne sont pas relatives au Dominium eminens, & que dans ces Contracts un Souverain ne peut être regardé que comme un Particulier;

Mais le droit de la Souveraineté ne souffre, ni ne peut souffrir aucune atteinte ni préjudice par ces sortes de Contracts, à moins qu'on ne voulût soutenir, qu'un Vassal ou Sujet, ayant acquis quelque chose du Souverain par Achat, ou par d'autres voyes, ait en même tems acquis par-là une partie de la Souveraineté; ce qui seroit absurde.

Ce qui paroîtra encore plus clair, en posant un exemple: savoir: Qu'un Prince, ayant vendu quelques Terres de ses Domaines, est bien obligé de comparoître devant la Justice ordinaire, quand il est question de l'Achat, & des conséquences, qui en resultent; Mais personne ne pourroit soutenir, que l'Acheteur auroit le droit d'empêcher le Prince de reprendre ces Terres contre un équivalent convenable, lorsqu'il s'agit de la conservation du Bien public.

Le droit, que les Particuliers acquierent par Contract avec le Souverain, leur donne bien le même droit contre un Souverain qu'ils ont contre leurs égaux, mais il ne leur donne pas plus de droit, & encore moins un droit, qui pourroit empêcher les dispositions, que l'on jugeroit être necessaires pour la conservation, ou pour le service du Public.

C'est par les mêmes raisons, qu'on ne peut pas soutenir non plus, que le Dominium eminens ait reçu quelque atteinte, par les dispositions du Prince du Païs, à l'occasion de l'Administration de la Justice entre deux ou plusieurs Pretendans à quelque Bien;

Et bien moins encore, lorsqu'il accepte, procure ou admet l'office d'Executeur Testamentaire, de Curateur, de Tuteur ou autre semblable administration.

Ce droit, étant annexé & inséparable de la Souveraineté, ne peut par conséquent se prescrire, parce qu'il n'est fondé sur aucune Loi ou Coûtume positive, mais sur la Souveraineté même; Dont l'essence consiste dans la suprême Puissance de pourvoir à tout ce qu'on peut juger être necessaire à l'utilité publique;

Ensorte que par la nature de la chose même c'est en effet un Droit de tout le Peuple, qui par la Souveraine Puissance a pourvû à tout ce que demande le bien public.

ANNO 1732. En dewyle het fondament van dit recht bestaat in de Macht, en ook in de plicht, tot het besorgen van het gemeene welweesen, is het evident, dat het altoos mag en moet werden gebruykt, wanneer, en soo dikwils het noodig werdt bevonden te gebruyken, het zy op nieuwe voorvallen, of ook wel by nader reflectie op saaken en gevolgen, die te vooren soo seer niet waaren geconsidereert of geapprehendeert.

Waar uyt ook volgt, dat den Souverain door geen Actens sich de handen kan, of mag, laaten binden, om dat recht noyt te gebruyken.

In het ondersoek en raisonnement over het goedt of quaadt gebruyk van het *Dominium eminens* in bysondere voorvallen, is enkelijk maar te reflecteeren op de importantie van het geene waar omtrent het gebruykt werdt, in tegenstellinge van het ongemak dat yemandt soude moogen lyden, wanneer genoodtsaakt werdt af te staan van eenig goedt, recht of gerechtigheyt, daar voor affectie heeft, en dat liever wilde behouden, als onder een æquivalent over geven.

Sulks dat het niet altoos onreedelijk soude weesen, dat recht te gebruyken tot saaken van geen groote importantie of noodtsaakelijkheyt, of met reflexie op het geen verre gesocht, en van weynige apparentie soude mogen zyn, wanneer ook het aanneemen van het goedt van Particulieren daar tegen overgestelt, van gelijke geringe importantie soude wesen.

Immers het is bekent door de ervarentheyt, en gemeene raisonnementen, dat de exercitie van dat recht, in saaken geensints wesende van de uytterste noodsaakelijkheyt, veeltydts passeert sonder klachte, ende selfs gepreesen werdt, als het strekt tot eenige commoditeyt, en ook wel enkelijk tot ornament. Gelijk is het verbreeden van Straaten, het vergrooten van Pleynen voor Stadthuysen en publicque Gebouwen, en wat des meer is.

Het is onnoodig dieper in die materie te treeden, dewyl hier werdt geverseert in een saake van seer groote gewigt, gevolg en consequentie.

Alleenlijk staat ten aansien van toekomende, en selfs onseekere saaken, te considereeren, dat het gebruyk van het *Dominium eminens* daar op alsoo wel kan gefondeert en redelijk zijn, als op het tegenwoordige, na de nature, en importantie van het geen daar op gereflecteert werdt.

Te meer, alsoo de exercitie van het *Dominium eminens* veel tydts, ook wel met het meeste fondament, te passe komt in saaken, die noch niet voor de handt, en noch niet seeker zijn, en waar omtrent het te laat soude zijn te vigileeren, als men gewagt hadde tot dat het gevaar voor de handt was. Waar toe al wederom konnen dienen de exempelen, van Dijckagien, die noyt met meer vrucht gedaan werden, als wanneer het somersaisoen voor handen is, en van Fortificatien kort na den oorlog, en in tyden als men meynt reeden te hebben van een langduurende vreede te verwagten.

En al schoon het niet seeker zy, of ter plaatse daar men de Dijck versterckt een doorbraak soude koomen, of de Vyandt soude inbreeken ter plaatse daar men fortificeert, is het daarom niet min in de macht, en selfs van de plicht van den Souverain, ook tegen dat soort van onseekere voorvallen by tydts te waaken.

Gelijk nu, aan de eene syde, den Souverain de magt heeft, om in saacken van importantie het goedt van Particulieren na sich te neemen, vereyscht ook aan de andere zyde de reden en æquiteyt, dat daar tegens behoorlijke vergoedinge geschiede, en wel na de natuure en waardye van het goedt.

Sulks dat ten aansien van Heerlijke Rechten de vergoedinge niet alleen soude reflecteeren op het inkoomen in geldt, maar ook op de meerder waardye van het Heerlijk Recht.

Doch het soude onreedelijk zyn onder die waardye te computeeren de affectie tot het goedt, en noch veel onreedelijker, daar onder te brengen de gelegentheid om, door het behouden van het goedt, of door het beletten van het aanneemen van het selve by den Souverain, aan het Gemeen nadeel te konnen bybrengen.

Het Heerlijk recht over de Steeden van Vlissingen en Veere, dat gesustineert werdt onder de Nalaatenschap van den Koning William van Groot Brittannien, glorieuser gedachtenisse, begrepen te zijn, behelst wel voornamentlijk, na de selve sustenue, het recht tot de verkiesinge van de Schout, Scheepenen, Secretaris en Bode, en selfs ook van Burgemeesteren en van Vroedtschappen.

Het is niet te twyffelen of soodanige Macht baant de weg

ANNO 1732. *Et puisque le fondement de ce droit consiste proprement, dans le pouvoir, & dans l'obligation de veiller au Bien public, il est évident, que l'on peut toûjours s'en servir, & qu'il faut même qu'on le fasse, toutes les fois qu'on le trouve nécessaire, soit dans un Cas nouveau, ou lorsqu'on vient à faire des reflexions plus mûres sur des affaires & sur des conséquences, qui n'avoient pas été assez bien considerées auparavant:*

D'où il s'ensuit, que le Souverain ne peut & ne doit pas se laisser lier les mains par aucuns Actes, pour ne jamais se servir de ce droit.

Dans l'examen & le raisonnement sur le bon ou le mauvais usage du Dominium eminens *dans les Cas particuliers, 'on n'a qu'à reflechir seulement d'un côté sur l'importance de la chose, où on est obligé de s'en servir, en comparaison de l'incommodité, qui pourroit en revenir à quelqu'un, lorsqu'il seroit obligé de céder quelque bien, droit, ou Privilège, qui lui seroit cher, & qu'il aimeroit mieux conserver, que de céder contre un équivalent.*

Ensorte qu'il ne seroit pas toûjours injuste de se servir de ce droit dans des affaires, qui ne sont pas d'une grande importance ou necessité, ou en faisant réflexion sur ce qui seroit recherché de trop loin & où il y auroit peu d'apparence, si en comparaison l'apropriation du Bien des Particuliers, étoit aussi de peu d'importante.

On sait d'ailleurs par l'experience, & par les raisonnements ordinaires, que l'exercice de ce droit dans les affaires, qui ne sont pas d'une nécessité absolue, passent souvent, sans causer des plaintes, & que quelquefois même il a merité des eloges, lorsqu'on s'en est servi pour quelque commodité, ou simplement pour quelque ornement; comme par exemple pour l'élargissement des rues, & l'aggrandissement des Places devant une Maison de Ville ou autres maisons publiques;

Il est superflu, d'entrer plus avant dans cette matiere, parce qu'il s'agit ici d'une affaire très-importante, & d'une grande consequence.

Il reste seulement à considerer par rapport aux affaires futures, & qui même sont incertaines, que l'exercice du Dominium eminens *peut être aussi juste & aussi bien fondé à leurs égards, qu'à l'égard du Cas present, suivant la nature, & l'importance de la chose dont il s'agiroit.*

D'autant plus, que l'exercice du Dominium eminens, *vient souvent à propos, & qu'il est le mieux fondé dans des affaires, qui n'existent pas, & qui ne sont pas encore certaines, & auxquelles il seroit trop tard de veiller, si on attendoit, que le peril fût arrivé. C'est ce qu'on peut encore prouver par l'exemple des Digues, qui ne sont jamais construites avec plus d'avantage, que lorsque la saison de l'Été s'approche, & par celui des fortifications, qu'on fait immédiatement après une guerre, & dans le tems, qu'on a toutes les raisons du monde de pouvoir esperer une paix durable.*

Et quoiqu'il ne soit pas certain, que la digue ne puisse pas se rompre dans la même place, où elle a été accommodée, ou que l'Ennemi ne puisse pas entrer par l'endroit, où on fait les fortifications; cependant le Souverain n'en a pas moins le pouvoir, & même c'est de son devoir, de veiller aussi à tems contre ces sortes d'accidens incertains;

Et comme d'un côté le Souverain a le pouvoir dans les affaires d'importance de s'approprier les biens des Particuliers, de même d'un autre côté la Raison & l'équité demandent qu'il leur en soit donné une indemnisation raisonnable & proportionnée à la nature & à la valeur des biens;

En sorte que par rapport aux Droits Seigneuriaux, cette indemnisation ne doit pas seulement être proportionnée aux Revenus en argent comptant, mais au plus haut prix auquel ces Droits Seigneuriaux pourroient être estimés.

Mais il ne seroit pas équitable, si dans cette derniére estimation, on vouloit mettre en ligne de compte l'affection, ou l'attachement pour ce bien; & il seroit tout-à-fait injuste d'y ajouter l'occasion de pouvoir préjudicier au Public, en conservant ces Terres, ou en empêchant le Souverain, de se les approprier contre un équivalent suffisant.

Le droit Seigneurial sur les Villes de Flessingue *&* de Veere, *qu'on soutient être compris dans l'héritage du Roi Guillaume de la Grande Bretagne de glorieuse memoire, comprend en même tems & bien specialement, suivant la même pretension, le droit d'élection du Baillif, des Echevins, du Secretaire & des Huissiers, & même des Bourguemaîtres & de tout le Conseil;*

Il n'y a pas à douter, que ce pouvoir, & ce droit n'ap-

ANNO 1732.

weg tot de geheele directie in de Regeeringe van die Steeden, en het geen van de selve dependeert.

Sulks dat een Marquis en Heere van die twee Steeden lichtelijk op de Regenten soo veel sal vermogen; dat haar advisen in de Vergaderinge van de Staaten van Zeelandt sullen zyn geschikt na sijne intentie.

En het is wel af te neemen, uyt het gemeene beloop van diergelijke saaken, wat influentie twee Steeden, een derde gedeelte van de stemmen uytmaakende, en door een Hooft bestiert werdende, konnen verkrygen in de Staats Vergaderinge.

En gevolgelijk, wat directie soodanige Marquis en Heere soude konnen hebben in de deliberatien over saaken van die Provintie, en over saaken van die Provintie dependeerende.

En sulks ook, in het vergeeven van Ampten en Commissien, binnen en buyten de Provincie, in de Hooven van Justitie van de Provincien van Hollandt en van Zeelandt, als meede ter Vergaderinge van haar Hoog Mog. en in Collegien van de Unie, om daar te delibereeren, en helpen resolveeren, uytvoeren ende doen uytvoeren alle saaken van de gemeene Unie, en daar onder saaken relatie hebbende tot andere Princen en Staaten.

Alle welke faculteyt soude zijn gegeeven aan Heeren die door de directie van een Prins (dewelke t'eeniger tydt een vreemd Prins soude konnen weesen) souden zijn gestelt in de Regeeringe, en na alle apparentie door de selve directie gedeputeert.

Het is onnodig de importantie, en gevolg, van soodaanigen gesag breeder te deduceeren, dewyl niet werd gelooft, dat het by yemandt, dit alles serieuselijk overwoogen hebbende, sal werden teegengesproocken of gesustineert, dat dese saaken van weynig importantie en gevolg souden weesen.

Ten overvloede mag op dit en diergelijke subjecten wel werden geremarqueert, dat in de Provincien van Vrieslandt en van Stadt en Landen van oudts seer voorsigtig gepraecaveert is, dat de Stadthouders geen Landt souden moogen acquireeren, om dat uyt dien hoofde stem in de Staaten souden hebben.

Het komt'er niet op aan, dat die voorsorge niet in alles mochte gelijk wesen met de voorsorge om, door het afkoopen van het gesustineerde Heerlijk recht over de gemelde twee Steeden, de vryheyt van de hooge Regeeringe in de Provincie van Zeelandt te bewaaren.

Het is genoeg, dat de overeenkoominge evident is in het geen daar het in deesen op aan komt, te weeten, de importantie van te besorgen, dat de Leeden, stem in de Vergadering der Staaten hebbende, in haare vryheyt niet werden belemmert.

Het is ook van oudts in deese Landen voor een vaste Maxime gehouden, dat het incompatibel was, dat een Stadt stem in de Staaten soude hebben, die niet immediatelijk onder de Souverain behoorde. Soo als gebleeken is in de Steeden van Hollandt, die voor deesen een particulier Heer hadden, als zijn geweest Gouda en Purmereynde. Dewelke niet zijn beschreeven geworden, als na dat van alle Vassallage waaren bevrydt; waar by ook gevoegt kan werden Gornichem, ten aansien van het Drost-Ampt

De Stadt Gouda, door het overlyden van den laatste Heer gekoomen zijnde aan de Domeynen, anno dertien hondert seeven en negentig, is doen eerst door Hertog Albreght beschreeven; Purmereynde is van het Huys van Egmond expresselijk ontslaagen, en voor altoos vastgehecht aan Hollandt in den jaare vyftien hondert twee en tachtich op den vierden en twaalfden October.

Den Drost van Gornichem, als zijnde *ratione officii* meede onder Egmond, wierdt van sijn eedt tot soo verre ook ontslaagen.

Op de bezeegeling van de opdracht van de Graaffelijkheyt van Hollandt aan Prins Willem werdt gesegt, dat Asperen en Heuckelum, als zijnde onder particuliere Heeren, by andere Steeden wierden vervangen.

Het selve is ook gebleeken in de Provincie van Zeelandt, en wel bysonderlijk meede ten aansien van Vlissingen en Veere

Op dit subject vindt men een notabele passage in de Chronyk van Zeelandt van Boxhorn, 1. deel, p. 441., na dat verhaalt was, dat den Heere van Bergen door het verstrecken van Penningen op de Stadt van Tholen, was geworden Pandtheer van de selve Stadt. Vervolgt de Autheur in deeser voegen,

Hier over op het jaar vyftien hondert twintig in de

n'applanisse pas le chemin à toute la direction dans la Regence de ces Villes, & à tout ce qui en depend.

Ensorte qu'un Marquis & Seigneur de ces deux Villes gagnera facilement tant de pouvoir sur les Regens, que leurs avis, qu'ils donnent dans l'Assemblée des Etats de Zeelande, seroient conformes à ses intentions.

Et il est facile de comprendre par le cours ordinaire de ces sortes d'affaires, quelle influence deux Villes, qui font le tiers des voix, & qui sont gouvernées par un même Chef, peuvent avoir dans l'Assemblée de l'Etat;

Et par consequent quelle direction un tel Marquis & Seigneur pourroit avoir dans les deliberations sur les affaires de la Province, & sur celles, qui en dependent;

Et par consequent aussi dans la disposition des Charges & des Commissions, au dedans & au dehors de la Province, dans les Cours de Justice, des Provinces de Hollande & de Zeelande, comme aussi dans l'Assemblée de leurs Hautes Puissances, & dans les Colléges de l'Union, pour y deliberer, & pour y aider à deliberer, pour y executer, & faire executer toutes les affaires qui regardent l'union, entre lesquelles plusieurs sont relatives à d'autres Princes & Etats.

Ces emplois seroient donnez à des personnes, qui, par la direction d'un Prince (qui dans la suite du tems pourroit être un Prince étranger) seroient placées dans la Regence, & par consequent deputés par la même direction.

Il est superflu, de deduire ici plus au long l'importance, & la consequence d'un tel pouvoir, parce qu'on ne peut pas se persuader, que quelqu'un, ayant fait de serieuses reflexions sur tout ceci, puisse le contredire, ou soutenir, que cette affaire seroit d'une petite importance, & consequence.

Au reste il ne sera pas hors de propos, de remarquer ici sur le sujet dont il s'agit, & sur d'autres semblables, que dans le tems passé on a pris la sage précaution dans les Provinces de Frise & de Groningue, que les Stadthouders *ne pourroient pas acquerir un pouce de terre, afin qu'ils ne puissent par ce moyen obtenir séance & voix dans l'Assemblée des Etats.*

En vain objecteroit-on, que cette précaution n'auroit pas en tout une juste égalité avec la précaution de vouloir conserver la liberté de la haute Regence dans la Province de Zeelande par l'achat du prétendu droit Seigneurial sur les deux Villes;

Puisqu'il suffit, que l'égalité soit évidente en ce, dont il est question ici, savoir: dans l'importance de pourvoir à ce que les Membres, qui ont voix dans l'Assemblée des Etats, ne soient en rien inquietez dans leur Liberté;

Et dans ces païs ici on a aussi tenu au tems passé pour une maxime constante, qu'il étoit incompatible, qu'une Ville, qui n'étoit pas immédiatement sous le Souverain du païs, pût avoir voix dans les Etats. Nous en avons des Exemples dans les Villes de la Hollande, Gouda *&* Purmerent *qui autrefois ont eu un Seigneur Particulier, & qui n'ont pas été apellées aux Etats avant qu'Elles aient été delivrées de tout Vassellage; on y peut encore ajouter* Gorcum, *par rapport à son Grand Drossart.*

La Ville de Gouda, *ayant été jointe aux Domaines l'an* 1397: *après la mort du dernier Seigneur, y a été alors appellée pour la prémiére fois par le Duc Albert; & la Ville de* Purmerent *a été expressement devassellée, par la Maison de* Egmond, *& annexée pour toûjours à la Hollande, dans l'année* 1582. *le* 4 *&* 12 *d'Octobre.*

Le Drossart de Gorcum, *comme étant aussi sous* Egmond, ratione Officii, *fut en même tems absous, quant à cela, de son serment.*

Dans l'Acte de la Commission du Comté de Hollande au Prince Guillaume, *il est dit, que les Villes d'*Asperen *& de* Heuckelum, *étant sujettes à des Seigneurs particuliers, étoient excluës par les autres Villes.*

La même chose est arrivée en Zelande, & particuliérement à l'égard des Villes de Flessingue *&* de Veere;

Et sur ce sujet il se trouve un passage bien remarquable dans la Chronique de Boxhorn part: 1. p. 441. *après y avoir dit, que le Seigneur de* Bergen, *ayant prêté de l'argent sur la Ville de* Tholen, *étoit devenu Seigneur Hypothecaire de cette Ville, l'Auteur poursuit:*

Ayant été deliberé sur cela dans les Assemblées

ANNO 1732.

de consenten over beeden, werdt Ter-Tholen niet gedaght, alsoo dat verpandt was aan den Heere van Bergen op Zoom, gedurende welcke tydt die van Ter-Tholen onder de Steeden niet hebben verscheenen, maar wel de voorschreeve Heere van Bergen onder het Lidt van de Edelen van Zeelandt.

Doch na haare ontlastinge zijn weeder verscheenen onder de Steeden, maar hebben dus haar eerste plaatse verlooren, die van der Goes het voorsitten geoccupeert hebbende ende behouden.

Immers in het jaar vyftien hondert vier en twintigh werd weeder gevonden ende getelt onder de Steeden ende Staaten van Zeelandt, soo als uyt de Acten opgemaackt, in die tyden wel haarschynelijck mag blyken.

en 1520:, on n'y a pas fait mention de Ter-Tholen, perce qu'Elle étoit engagée au Seigneur de Bergen-op-Zoom, pendant lequel tems ceux de Ter-Tholen n'ont pas comparu entre les Villes, quoique le Seigneur de Bergen comparût parmi les Membres de la Noblesse de Zeelande;

Mais après le rembourfement ils ont reparu entre les Villes, mais ils ont pourtant perdu leur prémiére place, ceux de Goes ayant occupé & conservé le rang;

Et dans l'année 1524: on la trouve & on la compte entre les Villes & les Etats de Zeelande, ce qui paroît clairement par les Actes dressés dans ce tems.

ANNO 1732.

Sulks dat men in Zeelandt van begrip was, dat Steeden by de Graaf uytgegeeven, en selfs maar verpandt zijnde, geen stem in de Vergadering der Staaten konden hebben of behouden.

En sorte qu'on étoit en Zelande du sentiment, que les Villes conferées ou hypothequée par le Comte, ne devoient ni avoir ni garder leur voix dans l'Assemblée des Etats.

Dit vertoont sig ook allesints in het geen aan de Steeden van Vlissingen en Veere is wedervaaren, bestaande, soo veel het teegenwoordige subject aangaat, in het volgende.

Ce qui paroit clairement par ce qui est arrivé aux Villes de Veere *& de* Flessingue, *& se réduit, par rapport au Cas présent, à ce qui suit;*

Maximiliaan van Bourgondien, Heere van Vlissingen en Veere zijnde gestorven in den jaare vyftien hondert acht en vyftig, en alle sijne Heerlijckheeden moetende werden verkoght voor de schulden, was den Heere van Auxi kooper gebleeven van Vlissingen.

Maximilien de Bourgogne, *Seigneur de* Flessingue *& de* Veere, *étant mort en 1558:, & toutes ses Seigneuries ayant été vendûës par necessité pour payer ses dettes; Le Seigneur d'*Auxi *acheta* Flessingue;

Korts daar na wierdt de koop by den Koningh van Spagne als Graaf overgenoomen met de lasten daar op staande.

Peu de tems après le Roi d'Espagne, comme Comte se chargea de l'achat, avec toutes les charges y annexés;

De Heerlijkheyt van Veer viel wel op Maximiliaan d'Hennyn, Susters Soon van den voornoemden Maximiliaan van Bourgogne, doch moest al meede ten behoeve van de Crediteuren werden verkocht.

La Seigneurie de Veere *tomba bien en partage à* Maximilien d'Hennyn, *neveu dudit* Maximilien de Bourgogne, *cependant il fallut qu'elle fût vendue au profit des Créanciers;*

Den Koning wierdt kooper in den jaare vyftien hondert seven en sestich.

Le Roi en fut l'Acheteur l'année 1567;

Deese twee Steeden aldus zijnde geconsolideert aan de Graaffelijkheyt, en gebracht onder de immediate protectie van den Graaf, hebben de selve tot Leeden van de Staaten van Zeelandt konnen werden gequalificeert, en zijn om haar verdiensten daar toe Brieven van Octroyen gegeeven by den Prince van Orange, van weegen den Koning, gedateert, die van Vlissingen den tweeden Maart vyftien hondert vier en seeventich, en die van Veere op den elfden van de selve maandt.

Ainsi ces deux Villes ayant été réunies au Comté, & étant passées sous la protection immediate du Comte, Elles ont pu être qualifiées Membres des Etats de Zeelande; & il leur fut accordé, pour recompense, des Lettres d'Octroi par le Prince d'Orange, de la part du Roi, qui sont datées, celle de Flessingue *le 2 de Mars 1574, & celle de* Veere *le 11. du même mois;*

In het Octroy van Vlissingen houden de seeven eerste Articulen.

Les sept prémiers Articles de l'Octroy de Flessingue *contiennent,*

Dat den Koning de Stadt Vlissingen nam en hieldt immediate in sijne protectie en onderdanigheyt.

Que le Roi prend la Ville de Flessingue *& la tient immediatement sous sa protection & sujettion;*

En dit nog met een uytdruckelijke belofte, voor hem en sijne Nakomelingen, van dese Stadt tot geenen tyde te sullen veralieneren, by transporte, beleening of andersins, in het geheel of ten deele.

Et même avec la promesse expresse, pour lui & pour ses heritiers, de ne vouloir jamais aliener cette Ville par Transport, par engagement ou d'autre maniére en tout ou en partie;

Dat den Koning den Bailliuw soude aanstellen.

Que le Roi y mettroit un Bailif;

Dat de Bailliuw, Burgermeesteren en Scheepenen met de oude Wethouderen souden voor eens kiesen vier en twintig Persoonen tot Vroedtschappen en Raaden, uyt welck getal sy vier souden nomineeren, om daar uyt by den Koning twee geëligeert te hebben tot Burgermeesteren, en soo uyt de Raaden als uyt het Corpus van de Gemeynte nog achtien Persoonen, om daar uyt by den Koning negen gekosen te hebben tot Schepenen, het geen van doen af voortaan jaarlijks gedaan soude werden by het geheele Collegie van Bailliuw, Burgermeesteren, Scheepenen, en Raaden;

Que le Baillif, les Bourguemaîtres avec les anciens Echevins devroient élire pour une fois vingt & quatre personnes pour Conseillers, du nombre desquels quatre seroient nommés, pour que le Roi en choisit deux pour Bourguemaitres; & ainsi du nombre des Conseillers & du Corps des Bourgeois encore dix-huit personnes, pour que le Roi en pût choisir neuf pour Echevins; ce qui depuis ce tems-là devoit être observé & fait tous les ans par le Baillif, les Bourguemaîtres, Echevins, & Conseillers;

Dat by overlyden van een Burgermeester den Bailliuw ende het Collegie van Wet en Raaden de nominatie van een dubbelt getal soude maaken, daar uyt den Koning een verkiesen soude.

Que si un Bourguemaître venoit à mourir, le Baillif & le Collége des Echevins & des Conseillers devoient faire la nomination de deux personnes, dont le Roi choisiroit un;

Dat het vernieuwen van Wet en Raaden jaarlijcks soude geschieden.

Que l'on devoit renouveller tous les ans les Echevins & les Conseillers.

En werden vervolgens Burgermeesteren, Scheepenen en Raaden gequalificeert tot het aanstellen van een Rentmeester, en ook van andere Officianten.

Les Bourguemaîtres, les Echevins, & les Conseillers y sont ensuite qualifiés pour établir un Receveur & d'autres Officiers;

In alle het welke, gelijk ook in het geheele Octroy, geene de minste mentie van een Heer of Marquis werd gemaakt; Gelijk ook, mits het neemen en houden in de immediate protectie van den Graaf, niet konde geschieden.

Il n'a été fait dans ces Articles, comme aussi dans les Lettres d'Octroi, aucune mention d'un Seigneur, ou d'un Marquis; comme effectivement cela ne se pouvoit faire, puisque la Ville étoit prise & tenue dans la protection immediate d'un Comte;

In dit selve Octroy, daar by de immediate protectie van den Graaf wierd bevesticht, is ook verleendt het recht van te zijn een Lid der Staaten van Zeelandt, in deese nadruckelijke woorden, zijnde articul vyf en twintigh

Et dans le même Octroi, ou la protection immediate du Comte a été confirmée, il leur a été aussi accordé le droit d'être Membres des Etats de Zeelande par ces paroles expresses dans l'article 25:

Item sal voortaan de voorschreeve Stadt van Vlissingen *meede*

Item ladite Ville de Flessingue doit être pour

ANNO 1732.

meede weesen een van de Staaten van de Lande, en Graafschap van Zeeland in het generaal, als van den Lande van Walcheren in het Particulier, en over sulcks geroepen en præsent weesen tot alle Vergaderingen Communicatien, Reekenschappen, ende alle andere handelingen en affairen, de selve Staaten concerneerende, ende daar beneffens hebben stemmen ende voys als andere Staaten gewoonlijck zijn te doen.

Alle welke Poincten by het slot van het voorschreeve Octroy aan de Stadt van Vlissingen, voor haar, en haare Nakoomers, Poorteren, ende Ingezeetenen, op de kraghtigste wyse zijn belooft.

Daar op quam die van Vlissingen; neevens andere groote Steeden, op de Daghvaart van de Staaten van Zeelandt.

Het Octroy gegeeven aan de Stadt Veere houdt in Articul een, dat de selve van weegen den Koning wierdt genoomen en gehouden, in desselfs protectie, met belofte van niet te sullen alieneeren, op de wyse als aan Vlissingen was belooft.

Articul vyftien, werdt gegeeven het recht van een Lidt van de Staaten te zijn in de selve termen, als het hier voor gemelde articul vyf en twintig van het Octroy van Vlissingen, als dat alhier van Middelburg by de andere Staaten werdt gemeldt.

Articul ses en twintig werden Burgermeesteren en Scheepenen, met de oude Wethouderen gequalificeert, om vier en twintig Persoonen aan te stellen, tot de Vroedtschap en Raadt, waar uyt sy souden maaken een nominatie van vier, om daar uyt by den Koning twee tot Burgermeesteren verkoosen te werden, en voorts soo uyt de Vroedtschap als uijt het geheele Corpus van de Gemeynte, mede nomineeren sestien Persoonen, maakende met de genomineerde en niet gekoosene Burgermeesters agtien Persoonen, uyt dewelcke den Koning neegen soude kiesen tot Schepenen

Het geen jaarlijcks soude werden geobserveert by het geheele Collegie van Burgermeesteren, Scheepenen en Raaden.

Alle het welcke aan de voorschreeve Stadt Veere, voor haar, en haare nakoomelingen, Poorters en Ingezeetenen, op de kragtigste wyse werdt belooft.

Sonder dat ook in dit Octroy eenige de minste mentie van de Marquis of Heer werdt gemaakt, gelijk het om meergemelde reedenen selfs niet hadde konnen geschieden.

De vier en twintig aangestelde Raaden waaren gehouden haar leeven lang te dienen.

By overlyden of vertrek van yemandt van de selve, souden de verdere Raaden aan sijn Excellentie, representeerende den Koning, overgeeven een dubbeldt getal, om daar uyt een geëligeert te hebben: Uyt allen deese komt overvloedig te blyken, dat in Hollandt en Zeelandt, in verscheyde gevallen, en op de nadruckelijkste wyse ten aansien van Vlissingen en Veere, voor een vaste Maxime is gehouden, dat alle subjectie buyten de immediate onderdanigheyt aan de hooge Regeeringe incompatibel is met de qualiteyt van een Lidt van de Staaten te zijn, en dat sulks met de daadt t'elckens daar het te passe quam getoont is, selfs in een tydt als de hooge Regeering bestondt in de Persoon van de Graaf, in verscheyde opsichten gelimiteert door het Recht van de Staaten.

Het geen dan des te meer moet plaatse hebben, by soodanige forme van Regeeringe daar de magt van de Graven, ende het recht van de Staaten, zijn geconsolideert, en de geheele Souverainiteyt aan de Staaten gekoomen is.

Niet tegenstaande de gemelde twee Steeden, op de wyse als verhaalt is, waaren vry gestelt van alle mediate beheeringe, en daar toe, en te gelijk tot het compareeren als Leden van de Staaten in de Vergadering expressselijk geoctroyeert waaren, en uytdruckelijcke belofte voor den Graaf en sijne Successeurs van ten geenen tyden te sullen alieneeren of verpanden, nochtans te weege gebragt, dat Prins Willem van Orange, Heer van beyde die Steeden is geweest, ende heeft de selve het soodanig weeten te dirigeeren, dat niet min die twee Steeden haar stem in de Vergadering van de Staaten van Zeelandt hebben behouden, waar toe aanleydinge is gegeeven, door het van nieuws te koop stellen van de voorschreeve Steeden.

De Magistraat en Regeeringe van Vlissingen hadde wel soodaanig gevigileert, dat de selve Koopers waaren gebleeven voor seeven en tneegentig duysent guldens,

ANNO 1732.

pour l'avenir un des Etats du Païs & du Comté de Zeelande en général, & du païs de Walcheren en particulier, & par dessus Elle doit être appellée & être présente dans toutes les Assemblées, Communications, Comptes, & dans toutes les autres affaires, qui regardent ses Etats; avoir en même tems voix, comme les autres Etats sont accoutumés d'avoir;

Tous ces points mentionnés ayant été promis de la manière la plus efficace à la fin de l'Octroi à la Ville de Flessingue *pour Elle, pour ses Successeurs, Bourgeois* (vulgò Poorteren) *& habitans;*

La Ville de Flessingue comparut ensuite avec les autres grandes Villes, à l'Assemblée des Etats de Zeelande.

L'Octroi, accordé à la Ville de Veere, *contient art: premier, qu'Elle est prise & tenue de la part du Roi; dans sa protection, avec promesse, de ne vouloir l'aliener jamais, de la même manière qu'il a été promis à la Ville de* Flessingue.

Dans l'article 15. il lui est accordé le droit d'être un Membre des Etats, dans les mêmes termes, qui ont été raportés de l'article 25. dans l'Octroi de Flessingue, *si ce n'est qu'il est fait mention ici de Middelbourg avec les autres Villes.*

L'Article 26: Les Bourguemaîtres & les Echevins, avec les anciens Conseillers sont qualifiés, pour nommer vingt & quatre personnes pour la Vroedtschap *& pour le Conseil, desquels ils devoient choisir quatre, dont deux seroient élus Bourguemaitres de la part du Roi; & pour nommer encore du* Vroedtschap *& de tout le corps des Bourgeois seize personnes, faisant dixhuit personnes avec les deux Bourguemaîtres nommés, & qui n'ont pas été élûs, & desquels le Roi éliroit neuf, pour être Echevins.*

Ce qui seroit observé tous les ans à l'égard de tout le Collége des Bourguemaîtres, des Echevins, & des Conseillers.

Tous ce que dessus fut promis à ladite Ville de Veere *pour elle, ses successeurs,* Poorters; *ou Bourgeois, & habitans, de la manière la plus efficace;*

Sans qu'il soit fait dans l'Octroi de cette Ville la moindre mention du Marquis ou du Seigneur; comme effectivement cela ne pouvoit pas se faire pour les raisons susdites;

Les vingt quatre Conseillers étoient alors obligés de servir leur vie durant;

Et lorsque quelqu'un d'eux venoit à mourir; ou à quiter la Ville, les autres Conseillers étoient obligés de présenter un double nombre à son Excellence, représentant le Roi, pour en nommer un autre Conseiller; Il paroît donc suffisamment par tout ce qui a été dit, que, par rapport à Flessingue *& à* Veere, *on a toûjours tenu pour une maxime constante tant en Hollande, qu'en Zeelande; dans tous les cas, qui se sont présentés, & de la manière la plus efficace, que toute autre sujettion, que celle, qui étoit immediatement relative à la jurisdiction suprême; étoit incompatible avec la qualité de Membre des Etats, ce qu'on a toûjours fait voir dans toutes les occasions; qui se sont présentées sur ce sujèt, & même dans le tems, que la suprême Puissance residoit encore dans la personne d'un Comte, qui pourtant alors étoit encore limitée à plusieurs égards par les droits qui appartenoient aux Etats;*

Ce qui par consequent doit avoir plus de force dans une forme de Gouvernement, où la puissance des Comtes, & les droits des Etats, ont été réunis; & où la Souveraineté toute entière a été enfin transferée aux Etats.

Quoique cesdites deux Villes aïent été délivrées de toute domination médiate, d'une manière authentique, comme nous venons de le rapporter, & qu'elles en aïent obtenu l'Octroi, comme aussi de comparoître comme Membres dans l'Assemblée des Etats; quoiqu'on leur eût fait des promesses solemnelles, que le Comte, & ses successeurs ne les alieneroient ni engageroient jamais, Cependant le Prince Guillaume *d'Orange étant devenu Seigneur de ces deux Villes; il sut diriger les choses de manière, que ces deux Villes conserverent leur séance & leur voix dans l'Assemblée des Etats de Zelande, ce qui est venu particulierement de ce que ces deux Villes avoit été exposées en vente de nouveau, & pour la deuxiéme fois;*

Le Magistrat, & la Regence de Flessingue, avoit pris toutes les précautions possibles pour en rester les

Acher-

ANNO 1732.

dens, op den achtienden October vyftien hondert tachtig.

Doch de koop omloopende, is het Decreet gemaakt tot nieuwe verkoopinge

Den Prince van Orange deedt Vlissingen mynen voorvyf en seventig duysent en hondert guldens.

En overmits den Heer van Froimand twintig duysent guldens 's daags te vooren op Vlissingen gehoogt hadt, overquam den Prins met hem, en wierdt alsoo Heer van Vlissingen.

De Stadt Veere is in den jaare vyftien hondert een en tachtigh ook opgevylt, onder anderen, met conditie dat den Kooper het regt soude hebben over alle Edelen te repræsenteeren de Staaten van den Lande. En wierdt de selve Prince van Orange doenmaals Kooper, en Markgraaf, voor vier en seeventig duysent een hondert guldeus.

In de gemelde Chronyk van Zeelandt, van Boxhorn 2. d. p. 528. werdt gesegt dat de Prins van Orange door koop, by de Staaten van Zeelandt goedtgevonden, Marquis van Veere en Vlissingen was geworden, voor hondert ses en veertig duysent guldens.

Het is onnodig te treeden in de particulariteyten van die tyden, de saake van selfs spreekende, dat het enkelijk is geweest de authoriteyt van de Prince van Orange, waar door te weeg is gebragt, dat dese twee Steeden, tegen soo solemnele Octroyen en Privilegien, op gesignaleerde diensten vergunt, en daar by uytdruckelijke gedaane beloften tegen alle alienatien, weder zyn gebragt onder Vassallage, en ook aan de andere zyde, dat het recht van de Provintie van Zeeland geinfringeert, en tegen de fondamenteele Maximes van de Regeeringe deser Landen geprocedeert is, wanneer de selve Steeden, na dat weder onder Vassallage gebragt waren, in de Vergaderinge der Staaten als Leeden zyn gebleeven:

Gelijk ook naderhandt een considerable partye in de Provintie van Zeelandt, geattacheert aan het Princelijke Huys, selfs in de tyden als 'er geen Stadthouder was, de oorsaake zyn geweest, dat die Steeden niet zijn herstelt in haar volkoomen vrydom.

Het is onnodig te ondersoeken, of de telle quelle possessie, tegen soo solemneele en krachtige Privilegien en beloften, en directelijk strydende met de Grondtwetten van de Regeeringe deeser Landen, en in præjuditie van het recht van de Poorteren ende Ingezeetenen van de voorschreve twee Steeden, eenig recht soude konnen geeven, om daar in gemaintineert te werden.

En of niet in tegendeel de Staaten van Zeelandt, gesuccedeert aan de Graaven, verplicht zijn gestandt te doen, het geen van weegen den laatsten Graaf, voor hem en sijne Successeurs, by de gemelde Privilegien is belooft, dierectelijk en uytdruckelijk aan de gemelde twee Steeden, en der selver Poorters en Ingezeetenen, en met de daadt aan de Provincie selfs, wanneer willende de twee Steeden begunstigen met de sessie en stem in de Staaten, de selve ook heeft vry gestelt van de Vassallagie, en genoomen in sijne immediate protectie.

Want het is in deesen genoeg, en komt daar op aan, of de herstellinge van de selve twee Steeden in de voorige en natourlijke staat, in conformiteyt van de krachtighste Privilegien, en van de fundamenteele maximes van de Regeeringe deeser Landen, en dat nog onder een behoorlijcke en voldoende dedomagement, eenige onreedelijkheyt of hardigheyt in sig soude behelsen, bysonderlijk als de begrootinge van het dedommagement wierdt genoomen, even als of geen questie over het goedt, en possessie van dien, konde werden gemaakt.

De billijkheyt, soo wel als de importantie van deese saak, sal noch te grooter voorkomen, als men wyders considereert, dat het onseeker is aan wien dit gesustineert Recht over de voorschreve twee Steeden zal te beurte vallen, en het geen nog verder gaat, dat het onseeker is op wie het na deesen soude konnen devolveeren.

Het was selfs niet onmogelijk, dat dit Recht t'eenitydt op een Prins, niet zynde van de Protestantsche Religie, soude konnen komen.

Deese reflectien konnen niet werden aangesien als te verre gesogt.

De experientie van voorige tyden geeft genoeg exempelen aan de handt van onvoorsiere veranderingen door sterfvallen, huwelijken en andersints.

Als men ook particulierlijk sijne gedachten laat gaan op de Familien en Staten, sedert de Reformatie weder gekeert tot het Pausdom, of daar onder vervallen, en op de occasien daar toe gedient hebbende, sal men deese

ANNO 1732.

Acheteurs pour la somme de quatre-vingt-dix-sept mille florins, *le* 18. *d'Octobre* 1580.

Mais la Vente aiant pris un tout autre tour, on publia un Decret pour une seconde Vente;

Et le Prince d'Orange fit offrir pour Flessingue *la somme de* soixante & quinze mille, & cent florins;

Mais comme le Seigneur de Froimand *avoit offert pour la Ville de* Flessingue, *le jour précedent*, vingt mille florins de plus, *le Prince s'accommoda avec lui, & devint par là Seigneur de* Flessingue.

L'Année 1581. la Ville de Veere fut aussi exposée en Vente, & avec cette Condition entre autres, que l'Acheteur obtiendroit en même tems le droit, sur tous les Nobles, de representer les Etats du païs; Le même Prince d'Orange en étant devenu l'Acheteur; il en devint aussi le Marquis pour la somme de soixante & quatorze mille & cent florins.

Boxhorn, dans sa Chronique de Zeelande part. 2. p. 528. *dit: Que le Prince d'Orange étoit devenu Marquis de* Veere *&* *de* Flessingue *par l'Achat, pour la somme de* cent quarante six mille florins, *& avec l'approbation des Etats de Zeelande.*

Il n'est pas necessaire d'entrer ici dans les particularités de ce tems, parce que toutes les Circonstances de l'affaire montrent assés, que c'est la seule autorité du Prince d'Orange, qui a effectué, que ces deux Villes aïent été réduites de nouveau sous le Vassellage, malgré les Octrois solemnels, & les Privileges, qui leur avoient été accordez en recompense de leurs services signalés, & les promesses positives contre toute alienation; Et d'un autre côté, que le droit de la Province de Zeelande a été préjudicié, & que l'on a procedé contre les maximes fondamentales du Gouvernement, parce que ces deux Villes, après être retombées en Vassellage, sont restées comme Membres, dans l'Assemblées des Etats.

Comme il est aussi arrivé ensuite, qu'un Parti considerable dans la Province de Zeelande, attaché à la Maison du Prince, dans le tems même, qu'il n'y avoit pas de Stadthouder, *a été la cause, que ces Villes n'ont pas été rétablies dans leur précedente liberté.*

Il est encore superflu d'examiner, si une possession telle quelle, nonobstant des Priviléges, & des promesses si solemnelles & efficaces, & directement opposée aux Loix fondamentales du Gouvernement de ces païs, & au préjudice des Bourgeois & des Habitans de ces deux Villes, peut donner un droit suffisant, pour y être maintenû;

Ou si, au contraire, les Etats de Zelande, ayant succedé aux Comtes, sont dans une obligation indispensable, de soutenir ce qui a été promis, dans les Priviléges alleguez directement & expressement à ces deux Villes, à leurs Bourgeois & Habitans, par le dernier Comte pour lui & pour ses Successeurs, *& en effet à la Province même, lorsqu'elle consentit, que ces deux Villes fussent gratifiées du droit de Séance & voix dans les Etats, & qu'elles fussent delivrées de tous Vassellage, & prises sous leur protection immédiate;*

Car il suffit ici d'examiner, & toute la difficulté roule sur cela, si le rétablissement de ces deux Villes dans leur premier état naturel, en conformité des Priviléges les plus efficaces, & des maximes fondamentales du Gouvernement de ces païs, le tout contre un dedommagement suffisant, pourroit être taxé d'injustice & de dureté; & bien particuliérement, si la valeur du dedommagement étoit reglée comme s'il n'y avoit aucune dispute touchant ce bien, ou sur sa possession.

L'Equité, & l'importance de cette affaire paroitront encore plus grandes, si l'on considere encore, qu'il est incertain, à qui écherra le Droit disputé sur les deux Villes mentionnées, & ce qui va encore plus loin, qu'il est très-incertain, à qui ce Droit pourroit passer dans la suite du tems;

Il ne seroit pas même impossible, que ce Droit n'échut dans l'un ou l'autre tems à un Prince, qui ne seroit pas de la Religion Protestante;

Ces Reflexions ne peuvent point passer pour controuvées & cherchées de loin.

L'Experience du tems passé nous fournit assés d'exemples de plusieurs changemens imprevus, & qui sont arrivés par la mort, par les mariages, & autrement.

Et si en même tems on fait en particulier reflexion sur les familles & les Etats, qui, depuis la Reformation sont rentrez dans le sein de Rome, ou retombez sous sa Puissance, & aux occasions, qui y ont donné lieu on trou-

ANNO 1732. deese reeden van bekommeringe niet verre gesogt bevinden.

En genoomen dat verre gesogt was, soude de mogelijkheyt alleen genoegsaame reeden geeven om soodanig ongeval tydig voor te koomen.

Alle deese reflectien geeven te gelijk aan de handt een peremptoire weederlegginge van het geen teegen het vaststellen van den vrydom van de Steeden Vlissingen en Veere is ingebragt, ende bysonderlijk soo veel aangaat het geen soo iterativelijk is voorgestelt en aangedrongen, als of deese saake was een object van de ordinaris Justitie.

Want immers is daar benevens t'elckens geadvoueert, dat aan den Souverain competeert het regt om Goederen van Onderdaane onder vergoedinge na sich te neemen.

De bygevoegde limitatie tot gevallen van hoogdringenden noodt, tot behoudenisse of evidente nuttigheyt van het Gemeen, in een gesonden sin opgenoomen voor gevallen van groote aangeleegent, geeft te kennen, dat men, soo veel het geval in quæstie aangaat, daar over niet behoeft te disputeeren.

En soo met die woorden yets anders gemeynt werdt, of ook gemeynt werdt de bepaalinge tot het tegenwoordige, soodanig, dat alle het toekoomende, en alles dat noch niet t'eenemaal seeker is, daar van soude zijn gesecludeert, werdt gerefereert tot het geen op dit subject onder de raisonnementen over het regt in sich selve is aangeweesen en gedemonstreert.

Het is onnoodig naader te beantwoorden het geen iterativelijk werdt geinsinueert, en aangedrongen, van de onbetamelijkheyt, disreputatie, en nadeel van den gemeene Staat in het onthouden of weygeren van Justitie.

Want, het zy daar meede gemeynt werdt, dat eenige injustitie soude werden gepleegt in het vrymaaken van de twee Steeden, onder voldoende vergoedinge, of dat die saak aan de ordinaris Justitie soude moeten werden gebragt, vindt het overvloedig sijne solutie in het geen hier vooren is gededuceert, van het regt van de Souverainiteyt, van de betamelijkheyt in de postpositie van particuliere sinnelykheyt aan de behoudenisse van de gemeene securiteyt, vryheyt en independentie van den Staat, en in de eygenschap van het regt. In welkers exercitie geen andere objecten konnen zijn, als van politicque deliberatien, en geensints van de ordinaris Justitie.

Sulks dat in deesen maar is te overweegen of de reedenen tot het aanneemen, of afkoopen van het gesustineerde regt, werden bevonden suffisant en voldoende te zyn.

Het welk hier vooren, in de raisonnementen over de applicatie van het regt, overvloediglijk is aangetoont.

Weshalven alleen questie kan zijn over de begrootinge van het Dedommagement, waar omtrent erkent werdt, dat de estimatie behoordt te werden genoomen, als van heerlijk Goedt, en niet genoeg soude wesen daar in geen andere reflexie te maken, als op het genot in gelde, soo als de saake in de voorschreeve Missivens schijnen te weesen begreepen, als van het *utile* gemeld werdt.

Het geen wyders in de voorschreeve Missiven werd geallegeert, vind sijne solutie by de voorstellinge van de staat van de questie, en het geen daar op verder gededuceert is, concerneerende het regt ende applicatie van dien.

Als waar uyt evidentelyk volgt, dat het geen is bygebragt van de eerste uytgifte, van de koop aangegaan by Prins Willem, en van de possessie, geen veranderinge kan maken, met relatie tot het recht van de Staaten als Souverainen in haar Provincie, nog het selve beneemen of verkorten.

Alhoewel veel soude te seggen vallen op de verkoopinge, tegen soo krachtige Octroyen, op de continuatie in der Staaten Vergaderinge van de Gedeputeerden van Steeden herbragt onder Vassallagie, en op soodanige possessie, sal het dog onnodig weesen alle die saaken na de dispositien van rechten te examineeren, dewyl het genoeg is, dat'er zijn voldoende redenen om het gesustineerde Recht aan te neemen of af te koopen.

Het geen is bygebragt van het Leenrecht, en het Contract tusschen de Leenheer en Vasal, vindt al meede sijne solutie in 't beschouwen van den staat van de quæstie. Dewyl hier geen dispuyt is over saken, het Leenrecht concernerende, nog over de natuyre van het soogenaamde Contract, maar over het regt van den

Sou-

trouvera, que ces raisons, & ces craintes ne sont pas cherchées de loin. ANNO 1732.

Et supposé qu'elles fussent cherchées de loin, la seule possibilité fourniroit des motifs suffisans de prévenir de pareils accidens, pendant qu'il est encore tems.

Toutes ces reflexions fournissent en même tems une réfutation peremptoire de ce qui a été avancé contre la resolution de retablir la liberté des deux Villes de Flessingue *& de* Veere, *& sur tout de ce qui a été proposé réitérativement, & sur quoi on a si fortement insisté, à savoir: Que cette affaire étoit un objet de la Justice ordinaire.*

D'autant plus qu'on a toujours avoué, que le Souverain a le droit de s'aproprier les Biens de ses Vassaux, contre un equivalent.

La limitation jointe: dans le Cas d'une nécessité urgente, & pour la Conservation, ou l'utilité évidente du Public; *si elle est prise dans un bon sens, pour des cas d'une grande conséquence, fait suffisamment connoitre, que par rapport à l'affaire en question il ne doit y avoir aucune dispute.*

Mais si par ces Paroles on entend quelque autre chose, ou qu'on y soussentende des restrictions par rapport aux cas presents, de sorte que tout ce qui est de l'avenir, ou qui n'est pas tout à fait certain, en devroit être exclus; on se refére à ce qui a été deduit & remonstré sur ce sujet entre les Raisonnemens sur le droit en soi-même.

Il est encore superflu de répondre expressement à ce qui a été insinué réitérativement, & sur quoi on a tant insisté, à savoir: sur la Disreputation peu convenable & le préjudice qui retombe sur l'Etat, par l'empêchement ou par le deni de la justice;

Parce que, soit qu'on veuille dire par là qu'on commettroit quelque injustice en rendant la Liberté à ces deux Villes, contre un Equivalent satisfaisant, ou qu'il falloit, que cette affaire fût portée devant un Tribunal ordinaire; Cela trouve une solution suffisante dans ce qui a été deduit plus haut du droit de la Souveraineté, de l'obligation indispensable de postposer les sentimens particuliers à la Conservation de la sureté publique, à la Liberté, & à l'indépendance de l'Etat, & dans la nature de ce droit, dont l'exercice ne peut être que le sujet des deliberations Politiques, & point du tout de la justice ordinaire.

En sorte que l'on n'a qu'à peser ici, si les Raisons, qui ont été alleguées en faveur du saisissement, ou du rachat de ce droit soutenu, seront trouvées suffisantes.

Ce qui a été suffisamment déduit plus haut dans les Raisonnemens sur l'application de ce droit;

*C'est pourquoi aussi il ne peut plus y avoir de dispute, que sur la valeur du dedommagement, & à ce sujet on convient, qu'il n'est que juste, que l'on fasse son estimation comme d'un bien Seigneurial, & qu'il ne suffiroit pas, de ne faire attention qu'à ses revenus en argent; comme il semble que cette affaire a été comprise dans les Lettres, dont il s'agit, lorsqu'on y fait mention de l'*Utile.

Le reste qui a été allegué dans ces Lettres trouve sa solution dans la proposition de l'état de la question, & dans ce qui a été ensuite deduit, & qui concerne le droit, & l'application qu'on en peut faire;

D'où il suit avec évidence, que tout ce qui a été allegué, de la première vente, de l'Achat fait par le Prince Guillaume, & de la Possession, ne peut y aporter aucun changement, relativement au droit des Etats comme Souverains dans la Province, ni le leur ôter en tout ou en partie.

Et quoi qu'il se trouve beaucoup à dire contre la vente de ces Villes faite malgré des octrois si autentiques, contre leur Continuation dans l'Assemblée des Etats parmi les Deputés des Villes, nonobstant leur recidive dans le Vassellage: & contre une telle possession; il ne sera pourtant pas necessaire d'examiner toutes ces choses suivant les dispositions du droit, parce qu'il suffit, qu'il se trouve des motifs de s'aproprier ou de redimer le droit soutenu.

Ce qu'on a dit & allegué du droit féodal, & du Contract entre le Seigneur & le Vassal, trouve encore sa solution dans l'examen de l'Etat de la question; Parce qu'il n'y a pas de dispute ici sur des choses, qui concernent le droit féodal, ni sur la nature du Contract prétendu, mais sur le droit du Souverain, qui peut fort bien être separé de celui du Seigneur Direct; par la raison, qu'un Seigneur Direct peut être une autre personne, que le Souverain du

Vas-

ANNO 1732.

Souverain, dat t'eenemaal kan zijn gesepareert van een Leenheer.

Gemerkt een Leenheer kan wesen een ander als de Souverain van de Leenman, en de Leenman een Onderdaan kan zijn van een ander Souverain, als waar onder het Leen gelegen is.

Dit kan immers niet betwist werden, dat het Recht van de Souveraine Maght niet minder is op Goedt van hem te Leen gehouden als op ander Goedt, en dat het seer absurd soude wesen, dat de Souverain in saken van hoogdringende noodt, swaare gevolgen, en diergelyke redenen tot het gebruyk van het *dominium eminens* suffisant zynde, sig de handen soude moeten laten binden door den Leenman, en het gemeene welwesen aan de sinnelykheyt van den Leenman soude moeten postponeeren.

En gelijk het niet kan werden tegengesprooken, dat de Souverain (en mitsdien ook het geheele Volk in saaken van haare protectie) dat recht niet verliest door de krachtigste verkoopinge die te vooren mochte zijn gedaan, en dat de geene, die by de verkoopinge den eygendom heeft verkreegen, daar meede geen Regt heeft bekoomen, om de Souverain in het gebruyk van het *dominium eminens* te beletten, is het immers soo evident, dat de Souverain eenig Goedt te leen uytgevende, of een Leenman daar mede verleydende, zijn Regt van Souverain op het Goedt niet komt te verliesen, nog een Leenman eenig Regt komt te acquireeren om de Souverain te konnen beletten in groote nootsakelykheyt daar over te disponéeren, soo als de gemeene saak mochte vereysschen.

De objectien van dat den Leenman geen Onderdaan soude wesen van de Staaten van Zeelandt, komt al mede te vervallen, als eenige reflectie wordt gemaakt op het Regt van de Souverainiteyt over Goederen daar onder gelegen, gelijk ook hier voorens in de raisonnementen over dat recht is aangeweesen.

De allegatie van het Executeurschap by haar Hoog Mog. aangenomen, en van der selver pligt daar uyt resulterende, kan zyn applicatie hebben op de toesicht tot conservatie van de Goederen en protectie tegen injustitie, maar heeft geen connexie met de saak in quæstie, als waar in enckelijk is te overwegen het evengemelde Recht van de Souverainiteyt over Goederen daar onder gelegen, aan welk Recht geen executeurschap, of andere administratie van de selve Goederen, eenig præjuditie kan toebrengen, en in het gebruyck van welk Recht, om sufficante redenen niemandt ongelijk geschiedt.

Het geen niemandt soude bedisputeeren in het gebruyk van dit recht van het opperste gesag omtrent saaken daar het meest te passe komt, en daar men het meer gewoon is, als by exempel in het vergraven van Landt tot Fortificatien of tot Dijckagie.

Het welk dan even seer gefondeert is in alle saaken van gelijke importantie en noodtwendigheyt.

Van gelijke kan tegen de exercitie van het selve recht niet obsteeren de Resolutie van de Heeren Staaten van Zeelandt van den een en twintigsten October seventien hondert vijf, alsoo daar by niet werdt gemeld van dit Recht, veel min daar aan werdt gerenuncieert, en noch min by de Provintie van Zeelandt, dewelcke in dese saak in de eerste plaatse en directelijk is geconcerneert. Behalven dat een Souverain, uyt cragte van de Souverainiteyt selve, dat Recht altoos kan exerceeren, niet alleen by nieuwlijks opkoomende voorvallen, maar ook by nadere reflectien op saaken, dewelke tot de exercitie van dat Regt suffisant zijn, soo als mede in de selve Deductie is gedemonstreert.

Op dese Deductie van het recht en applicatie van dien, en van de aanwysinge van de daar uyt profluerende solutien op alle het geene daar tegen gemoveert is, is de conclusie ligtelyk op te maaken.

De rechtvaardigheyt in desen te observeeren vereyscht wel aan de eene zyde, dat dit Recht niet werde misbruykt, maar ook, en wel voornaamentlijk aan de andere zyde, dat niet werde versuymt het geen de Overigheyt aan de gemeene Staat, en sulks aan de Onderdanen, voor het tegenwoordige en voor het toekomende, toestaat te besorgen, ende dat geen soo groot ongelijk werde gedaan, als dat sulks uyt eenige particuliere consideratien soude werden nagelaaten.

Het was onverantwoordelijk in desen niet te vigileeren, al was het maar voor de Posteriteyt, terwyl de vryheyt en independentie van desen Staat aan de Voorouders soo duyr heeft gestaan.

En mag derhalven wel werden beslooten, dat de Hee-

Vassal, & que le Vassal peut être Sujet d'un autre Souverain, que de celui, dans les Etats duquel le Fief est situé.

On ne peut certainement pas disputer, que le droit de la Puissance Souveraine ne s'étende aussi loin sur les biens, dont elle a donné l'investiture, que sur d'autres biens;

Et qu'il seroit tout-à-fait absurde, que le Souverain dans les affaires d'une necessité absolue, d'une consequence dangereuse, & d'autre nature, où les raisons seroient suffisantes pour l'exercice du Dominium eminens, devroit se laisser lier les mains par un Vassal, & qu'il devroit postposer le bien & la prosperité publique aux intérêts particuliers du Vassal;

Et comme on ne peut nier, qu'un Souverain, (& en même tems tout le peuple dans les affaires de leur Protection) ne peut pas perdre ce droit, par la vente la plus authentique, qui pourroit avoir été faite auparavant, & que celui, qui par cette Vente en a acquis la proprieté, n'en a pas obtenu un droit, pour empêcher le Souverain d'exercer le Dominium eminens; il est évident, que le Souverain, qui confére un bien en Fief, ou qui en investit un Vassal, ne peut pas perdre sur ce bien son droit de Souveraineté, & que le Vassal n'acquiert aucun droit pour empêcher le Souverain dans de grandes necessités, d'en disposer, comme les affaires du Public le pourroient exiger.

L'Objection, que le Vassal ne seroit pas un Sujet des Etats de Zelande, tombe encore d'elle-même, lorsqu'on fait la moindre reflexion sur le droit de la Souveraineté sur les biens, qui sont situés dans son ressort: ce que nous avons déja deduit plus haut dans les raisonnemens sur ce Droit.

Ce qui a été allegué au sujet de la qualité d'Executeurs Testamentaires, que leurs Hautes Puissances ont acceptée, & de leur Devoir, qui en resulte; peut être appliqué à l'inspection, & à la conservation des biens, & à la protection contre l'injustice; ce qui n'a aucune connexion avec l'affaire en question, où il s'agit seulement de peser le Droit si souvent repeté de la Souveraineté sur des biens situés sous elle, & au quel droit aucune qualité d'Executeurs, ou d'autre Administration ne peut porter le moindre préjudice: & dans l'exercice duquel il n'est fait injustice à personne pour des raisons suffisantes.

C'est ce que personne ne voudroit disputer dans l'exercice de ce droit de la suprême Puissance par rapport aux affaires, où il vient le plus à propos, & où on est davantage accoutumé, par exemple: dans l'emploi d'un certain terrain aux fortifications, & aux Digues.

Ce qui est egalement bien fondé dans toutes les autres affaires de la même importance & necessité.

La Resolution des Seigneurs Etats de Zeelande du 21 d'Octobre 1705. ne peut porter non plus d'obstacle à l'exercice de ce droit; parce qu'il n'y a pas été fait mention de ce droit, auquel il n'y a pas été renoncé: ce qui a été encore moins fait par la Province de Zeelande, qui doit être considerée la premiere & que cette affaire regarde directement. Outre qu'un Souverain, en vertu de la Souveraineté même, peut toujours exercer ce droit, non seulement dans des évenemens récens, mais aussi après de mûres reflexions sur des affaires, qui sont suffisantes, pour déterminer à l'exercice de ce droit; comme il a été en même tems démontré dans la même Deduction.

Il est facile, après tout-ceci, de conclure pour peu qu'on fasse de serieuses reflexions sur la Deduction de ce droit & de son application, & à la demonstration des solutions, qui en resultent, contre tout ce qui a été allegué au contraire;

Pour observer une équité parfaite en tout ceci, il est bien necessaire d'un côté, que l'on ne fasse pas un mauvais usage de ce droit; mais aussi & sur-tout de l'autre côté, que le Souverain ne neglige pas d'avoir soin de tout ce qui est necessaire pour le présent & pour l'avenir à l'Etat public, & par consequent aux Sujets; & qu'on ne leur fasse pas l'injustice criante, de ne pas s'en servir par des Considerations particuliéres.

On seroit inexcusable, si on negligeoit de prendre des précautions, ne fut-ce que pour la posterité, puisque la liberté, & l'indépendance de cet Etat a coûté si cher à nos Ancêtres.

Ainsi on peut bien conclure, que les Seigneurs Etats de

ANNO 1732.

Heeren Staaten van Zeelandt, niet alleen suffisante reedenen hebben, om haar regt tot het vrystellen van de Steden van Vlissingen en Veere onder genoegsaame vergoedinge te gebruycken, maar ook, sonder injustitie aan haar Provintie, en by vervolg ook aan andere Provintien te doen, niet konnen negligeeren.

En dat de Heeren Staaten van Hollandt en West-Vrieslandt, als daar in na de Provintie van Zeelandt wel meest geconcerneert, bevoegt en verpligt zyn daar aan de handt te houden.

De drie Provincien, die den Heere Prince van Nassau hebben tot haar Stadthouder, yveren seer voor de conservatie van het voorschreve Heerlijk Recht, het geen sustineeren aan de selve toe te komen.

Dese Provincien werden gebeden sich voor een moment te stellen in de plaatse van de Provintie van Zeelandt, en ook in de plaatse van de Provintie van Hollandt en West-Vriesland daar mede soo veele relatie hebbende.

En souden alsdan wel seckerlijk de saake begrypen soodanig als die by dese twee Provintien begreepen werdt.

Te meer, aangesien elck van de selve drie Provintien wel heeft goedtgevonden, op het Stadthouderschap soodanige Instructie en Reglement te maaken, dat de vryheyt van de Staaten, na haare gedachten, niet soude werden verkort.

Weshalven niet anders te besluyten is; of de selve souden, ten aansien van het gemelde recht, raisonneeren, als nu by de Provincien van Hollandt en van Zeelandt geraisonneert werdt.

Wanneer by de gemelde drie Provincien allesints werd geinsinueert, dat gehouden zijn respective voor haar Pupille, en voor een Prins, waar toe soo veele relatie hebben, te vigileren, dat niet benadeelt mogte werden, gelieven de selve sig ook in dat opsicht voor een moment te stellen in de plaatse van de Provincien van Hollandt en Zeelandt.

Als dan souden buyten twyffel deselve yver hebben om te waken voor soo veel Pupillen als 'er Onderdaanen zijn, en voor de gemeene vryheydt van de Provincien.

Wyders werden de selve Provincien ook gebeden serieuse reflexie te maken op de gevolgen ten aansien van de Unie, wanneer eenig Prins, en bysonderlijk t'eeniger tydt een magtig Prins, en die in dese staat geen ander intrest soude konnen hebben, door 't middel van de Regeeringe van twee Steeden, van een soo considerabele en soo wel gesitueerde Provincie als is die van Zeelandt, gelegentheyt soude hebben om die Provincie te troubleeren, en door die weg mede onrust in de aangelegene Provincien, en in de Unie te verwecken. In de naastgelegene Provincien, bysonderlyk van Hollandt ende West-Vrieslandt, door de naauwe gemeenschap van Interessen, Commissien in de Hoven van Justitie, en Officien daar toe specterende, en in de Vergaderinge van haar Hoog Mog., en Generaliteyts Collegien, door Heeren uyt die twee Steeden daar in te deputeeren.

Om alle welke redenen de gemelde Heeren Gedeputeerden, uyt de naam en van wegen de Heeren Staaten van Hollandt en West-Vrieslandt, haar Hoog Mog. versochten, dat op de Missiven van den Heere Landgraaf van Hesse-Cassel, en van de Vrouwe Furstinne Douariere van Nassauw, in dier voege moge werden geantwoort, dat aan deselve geen hoop werde gegeven, van de Provincie van Zeelandt van het houden van de meergemelde Steeden van Vlissingen en Veere buyten Vassallage, te dehorteren, en veel eer, tot preventie van onlusten, de hooggemelde Heer Landtgraaf en Vrouwe Furstinne mogen werden geëxhorteert, om dese saake, op de gronden hier vooren gemeldt, te helpen faciliteeren.

WAAR op gedelibereert zynde, hebben de Heeren Gedeputeerden van de andere Provincien het voorschreve geproponeerde copielyk overgenomen, om in den haren breder gecommuniceert te werden.

En hebben de Heeren Gedeputeerden van de Provincien van Gelderlandt, van Vriesland, en van Stad en Lande, geinhæreert de Resolutien en Advisen van wegen hooggemelde Provincien, hier bevoorens uytgebragt, ten eynde de Heeren Staten van Zeelant gedehorteert mogen werden, van voort te gaan met de ontslaginge van Veere en Vlissingen uyt de Vassallage.

de Zeelande ont non seulement des raisons suffisantes, de se servir de leur droit, pour remettre en liberté les Villes de Flessingue *&* de Veere, *en donnant un Equivalent suffisant; mais que même ils ne peuvent pas le negliger, sans faire une Injustice manifeste à leur Province, & par consequent aux autres Provinces aussi.* ANNO 1732.

Et que les Seigneurs Etats de Hollande & West-Frise, qui y sont les plus interessés après la Province de Zeelande, sont en droit & obligés d'y tenir la main.

Les trois Provinces, qui ont le Seigneur Prince de Nassau pour leur Stadthoudre, *témoignent beaucoup de zèle pour lui conserver le droit Seigneurial qu'elles soutiennent lui appartenir.*

Ces Provinces sont priées de se mettre pour un moment à la place de la Province de Zeelande, & en même tems dans celle des Provinces de Hollande & West-Frise, qui y a tant d'interêt.

Et elles regarderont certainement alors cette affaire, du même oeil qu'elle est regardée & considerée par ces deux Provinces.

D'autant plus que chacune de ces trois Provinces a trouvé bon, de dresser telle Instruction, Reglement au sujet du Stadthouderat, *que la liberté des Etats, selon eux, n'en peut recevoir aucun préjudice.*

Ce qui fait conclure, que par rapport à ce droit elles feroient les mêmes raisonnemens, que les Provinces de Hollande & de Zeelande.

Lorsque ces trois Provinces insinuent qu'elles sont respectivement obligées de veiller pour leur Pupille, & pour un Prince qui leur est si justement uni, afin qu'il ne lui soit porté aucun préjudice; Qu'elles ayent alors la bonté, de se mettre aussi pour un moment sur ce sujet dans la place des Provinces de Hollande & de Zeelande.

Et alors elles auront certainement le même zèle pour veiller pour autant de Pupilles, qu'il y a de Sujets & pour la liberté publique de ces Provinces.

Ces mêmes Provinces sont encore priées de faire de serieuses reflexions sur les Consequences par rapport à l'Union, s'il arrivoit qu'un Prince, & particulierement tôt ou tard un Prince puissant, & qui n'auroit pas d'autre interêt dans cet Etat, eut l'occasion, par le moyen de la Regence de deux Villes d'une Province si considerable & si bien située, de troubler la Province de Zeelande, & de porter par ce même moyen les troubles dans les Provinces voisines, & dans l'Union. Dans les Provinces Voisines, & particuliérement dans celle de Hollande & West-Frise, par l'étroite connexion des Interets, des Commissions dans les Cours de Justice, & dans les autres emplois, qui y sont relatifs; Et dans l'Assemblée de leurs Hautes Puissances, & les Colléges de la Generalité, par la Deputation des Seigneurs de ces deux Villes.

Pour toutes ces raisons alleguées, les Seigneurs Deputés au Nom & de la part des Seigneurs Etats de Hollande & West-Frise, prient leurs Hautes Puissances, qu'il soit répondu aux Lettres du Seigneur Land-Grave de Hesse-Cassel; & de Madame la Princesse Douairiére de Nassau, d'une maniére, qu'il ne leur soit donné aucune esperance, qu'on dissuadera la Province de Zeelande de continuer le Devassellage, une fois accordé aux Villes de Flessingue *& de* Veere; *& que pour prévenir plûtôt toutes sortes de disputes, le Seigneur Land-Grave, & Madame la Princesse soient exhortez de vouloir aider à faciliter cette affaire par les raisons déduites.*

Surquoi ayant été deliberé, les Seigneurs Deputés des autres Provinces ont pris copie des propositions mentionnées, pour être communiquées plus amplement chez eux.

Et les Seigneurs Deputés des Provinces de Gueldres, de Frise, & de Groningue ont réiteré les Resolutions & les avis de leurs Provinces respectives delivrez auparavant, tendans à ce que les Seigneurs Etats de Zeelande fussent exhortez à ne pousser pas plus loin le Devassellage des Villes de Flessingue *&* de Veere,

ANNO 1732.

Propositie door de Heeren Gedeputeerden van de Provincie van Vriesland op den 2 July van den jaaren 1723. ter Vergadering van Haar Hoog Mogende gedaan, met een advis door de Heeren Gedeputeerden van Gelderland, waar mede de Gedeputeerden van Vriesland, mitsgaders die van Stad en Lande sig hebben geconformeert.

DE Heeren Gedeputeerden van de Provincie van Vriesland hebben ter vergaderinge voorgedraegen, dat haere Furstelike Doorluchtigheden de Heere Landgrave van Hessen Cassel, en de Vrouwe Furstinne Douariere van Nassau, als Voogden over de minderjarige Prins en Princesse van Nassau, kinderen van gemelde Furstinne Douariere, by successie van haar overleden Vader Prins Johan Wilhelm Friso, testamentaire Erfgenamen van syne Majesteyt de Koning van Groot Brittannien, Willem de derde, Glorieuser gedagtenisse, by hare brieven alhier ter vergaderinge ingebragt, den 27. en 30. Maart deses jaars, aan haar Hoog Mog. kennis hebben gegeven, hoe dat geinformeert waren van de deliberatie die in de Provincie van Zeeland was aangestelt, om alle de regten van de Marquis van Veer en Vlissingen te mortificeeren en te vernietigen, en door de Heeren Staten van de Provincie van Zeeland te verklaren, dat de Regeeringen der voorschreve twee Steeden, nog omtrent de Justitie, nog omtrent de Politie, eenige Vassallage onderworpen zyn, deselve ontslaande van alle leenroerigheyt en Graaffelykheyt van Zeeland, en deselve *de facto* en *de jure* houdende, en doende houden, als independente, immediate, en onleenroerige stemmende Steeden, onder een dedommagement, soo veel het utile aangaat, aan de hooge Geinteresseerden en Geregtigden tot de Nalatenschap van hoogst gedachte sijne Majesteyt van Groot-Brittannien, glorieuser gedagte: hooggemelden Furstelyken Voogden daar beneevens versogt hebbende om redenen in het breede in de voorschreeve Missiven geallegeert, dat haar Hoog Mog. als Executeurs van de uyterste wille van hoogstgedagten sijne Majesteyt van Groot-Brittannien, gelieven by hooggemelde Heeren Staaten te intercedeeren, en door andere bequame middelen te coöpereeren, dat de Marquisaten van Veere en Vlissingen, met alle haere vryheden, regten en præeminentien, in haar geheel gelaten mogen werden, en dat in allen gevalle de differenten, die over de exercitie van de voorschreve regten souden mogen weezen, mogen werden gerenvoyeert aan de ordinaris Justitie, en ten dien eynde de soo lang continueerende surceantie en handsluytinge, aan deselve gedaan, weggenoomen en opgeheeven moogen werden.

Dat sy Heeren Gedeputeerden doenmaals, en ook vervolgens altyd van advise sijn geweest, om redenen breder gededuceert in haar Advis en *aanteekening van 27. Maart* lestleden, dat de Heeren Staten van Zeeland door haar Hoog Mog. soo uyt kragte van de Unie als uyt hoofde van het voorgemelde Executeurschap, behoorden te werden versogt en gedehorteert, om met de geproponeerde mortificatie en vernietiging van het heerlyk regt van Marquis van Veer en Vlissingen niet voort te gaan, maar dat regt in syn geheel te laten, of immers de saak te laten aan de Justitie, en ten dien eynde de gesllooten deure van de Justitie weder te openen. Dat sy Heeren Gedeputeerden van de Heeren Staaten haere Principalen gelast waren om daar op nogmaal te insisteeren, en op nieuws te versoeken, dat haar Hoog Mog. ten fine evengemelt haere intercessie by de Heeren Staten van Zeeland gelieven te interponeeren.

Dat voor soo veel aan haar Heeren Gedeputeerden voorgekomen was, dat een bekommeringe voor sommige gevallen, die hoewel onseeker evenwel souden kunnen gebeuren, wanneer de voorschreeve Marquisaten by vervolg van tyden souden konnen komen in andere, en selfs vremde handen, ten deele aanleydinge tot deese deliberatie in de Provincie van Zeeland soude kunnen gegeeven hebben, sy Heeren Gedeputeerden gepersuadeert waren, dat de Furstelyke Voogden niet ongeneegen souden werden gevonden, indien het door bequame temperamenten konde geschieden, en daar toe door ofte van weegen de Heeren Staeten van Zeeland eenige voorslaegen wierden gedaan, om daar in aan deselve voor sodaenige toekoomende en gebeurlyke

Proposition faite à l'Assemblée de leurs Hautes Puissances, le 2 de Juillet 1723. par les Seigneurs Deputés de la Province de Frise; avec un Avis des Seigneurs Deputés de Gueldres, auquel les Deputés de Frise, & de Groningue se sont conformez.

ANNO 1732.

LEs Seigneurs Deputés de la Provinee de Frise ont proposé à l'Assemblée de L. H. P., que son Alt. Seren. le Seigneur Land-Grave de Hesse-Cassel; & Madame la Princesse Douairiére de Nassau, comme Tuteurs du Prince & de la Princesse de Nassau, Enfans mineurs de ladite Princesse Douairiére, & Successeurs par la mort de feu leur pere, le Prince Jean Guillaume Friso, & heritiers Testamentaires par conséquent de Sa Majesté Royale de la Grande Bretagne, de gl. mem., ont informé leurs Hautes Puissances, par leurs Lettres delivrées le 27. & le 30. de Mars; Qu'ils avoient été informés des Deliberations, qu'on avoit entamé dans la Province de Zeelande; pour y amortir, & anéantir tous les droits, qui apartiennent au Marquis de Veere *&* de Flessingue, *& qu'il seroit declaré par les Seigneurs Etats de la Province de Zeelande, que ces deux Villes ne seroient plus sujettes à aucun Vassallage au sujet de la Justice & de la Police, & qu'Elles seroient délivrées pour l'avenir de toutes les obligations, & charges par rapport au Comté de Zeelande; que les Seigneurs Etats les tiendroient, & les feroient tenir pour l'avenir pour des Villes independantes, immédiates; libres de tout Vassellage, & pouvant donner leur voix immédiatement, comme les autres Villes, le tout en donnant un Dedommagement au sujet de* l'Utile, *qu'on donneroit aux hauts interessés, & aux légitimes héritiers de Sa Majesté Britannique de g. m.; Les susdits Illustres Tuteurs ayant prié outre cela dans leursdites Lettres pour les raisons, qui y sont alleguées, qu'il plût à leurs Hautes Puissances, d'intercéder auprès des Etats de Zeelande, & de vouloir cooperer par tous les moyens imaginables, à ce qu'on laisse dans son état précédent, & dans son entier le Marquisat de* Flessingue *& de* Veere *avec tous ses Privilèges, ses droits, & ses préeminences, & qu'en tout cas, les differens, qui subsistent sur l'exercice des droits, & des immunités mentionnées, fut renvoyé à la Justice ordinaire; & que pour cet effet on veuille lever une fois pour toutes la surseance & l'empechement, qu'on y avoit mis, & qui avoit continué si long tems.*

Que cesdits Seigneurs Deputés avoient toûjours donné leurs avis dans ces tems, comme après dans les occasions, qui se sont présentées à ce sujet, & par les raisons, qu'ils ont deduites plus amplement dans leurs avis, & protestation du 27. de Mars; Que leurs Hautes Puissances étoient obligées en vertu de l'Union, & de leur Acceptation de la qualité d'Executeurs Testamentaires, de prier & d'exhorter les Seigneurs Etats de Zeelande, à ne poursuivre pas cet amortissement & cette abolition du droit Seigneurial du Marquis de Flessingue *&* Veere; *mais au contraire de laisser ce droit dans son entier, & de renvoyer cette affaire à la décision de la Justice ordinaire, & par consequent d'ouvrir la porte fermée jusqu'à present au cours de la Justice; Que ces Seigneurs Deputés avoient reçu des ordres & des instructions ulterieures, de leurs Hauts Commettans, pour y insister tout de nouveau, & pour presser leurs Hautes Puissances, d'interposer sur ce sujet leur intercession auprès de leurs Nobles Puissances les Etats de Zeelande;*

Que pour autant qu'il avoit paru aux Seigneurs Deputés, qu'on alleguoit une certaine apprèhension pour des évenemens imprevûs; qui quoiqu'encore incertains, pourroient pourtant arriver, si ledit Marquisat dans la suite des tems venoit à écheoir à d'autres Seigneurs, & même à des Etrangers; ce qui avoit donné occasion aux présentes delibérations de la Province de Zeelande sur ce sujet; Ces Seigneurs Deputés étoient persuadés, que les Tuteurs des Princes mineurs, lorsque cela se pourroit faire moyenant un temperament convenable, & que les Seigneurs Etats de Zeelande, ou quelques-un de leur part leur fissent des propositions acceptables, feroient tout ce qui seroit équitable,

par

ANNO 1732.

ke gevallen in alle redelykheyt te gemoet te koomen, om alle bekommeringe daar omtrent weg te neemen, en dat sy Heeren Gedeputeerden sodanige voorslagen gedaan werdende, gaarne daar toe hunne goede officien sullen aanwenden, gelyk ook haar versekert houden dat de Heeren Staeten, hare Principalen . van gelyken sullen doen: in die hoope en op dat vast vertrouwen, dat de Heeren Staten van Zeeland ondertusschen de saeke niet buyten haar geheel sullen stellen.

Waar op gedelibereert zynde, hebben de Heeren Gedeputeerden van de Prov: van Gelderland, verklaart van advise te zyn, (waar mede de Heeren Gedeputeerden van de Prov: van Vriesland, en van Stad en Lande haar hebben gevoegt) dat aan de Heeren Staten van Zeeland kennisse gegeeven behoort te werden van het voorschreeve geproponeerde, en dat deselve behooren te werden versogt, en gedehorteert, van met de mortificatie van het voorschreeve Heerlyk regt van den Marquis van Veere en Vlissingen niet voort te gaan, maar de saeke te laten in syn geheel, ofte die te renvoyeeren aan de Justitie, ten minste die te laten in state; dat ten dien eynde aan hooggemelden Heeren Staten behoort te werden gerepreesenteert, dat wanneer haar Hoog Mog. ontfangen hebben gehad de hier voren gemelde brieven van Furst: Voogden, sy de redenen daar in bygebragt, gevonden hebben van soo veel gewigt en kragt, dat sy van doen af aan niet souden hebben gehæsiteert daar over aan hooge geinstrueerden Heeren Staten te schryven en by deselve te intercedeeren, ten eynde door hooggemelden Heeren Staten, geen soo præjudiciabele resolutie genomen moge werden, als waar over de deliberatie schynt te weesen aangestelt; maar dat de Heeren Gedeputeerden van eenige Provintien, om de importantie van de saeke, nodig geoordeelt hebbende alvoorens daar op te moeten inhaelen het goedvinden van de Heeren Staeten haere Principalen, haar Hoog Mog. niets hebben willen præcipiteeren, maar afwagten tot dat de Heeren Gedeputeerden van de Provincien, de voorschreeven brieven overgenomen hebbende, van de resolutien van de Heeren Staten hare Principalen souden weesen geinformeert, het welk ten meesten deele geschied zynde, haar Hoog Mog. als nu niet langer hadden kunnen leedig staan, deselve tot het gunt voorschreeve is te versoeken, in hoope en verwagtinge dat haere intercessie, gevoegt by de redenen van weegen de hooggemelden Furstelyke Voogden in de voorschreeve brieven geallegeert, by hooggemelden Heeren Staten ingang sullen vinden, en dat deselve haar sullen laten beweegen, om met deese verre uytsiende proceduren niet voort te gaan.

Dat haar Hoog Mog. haar tot deese hare intercessie verpligt vinden, niet alleen om dat zy als Executeurs van het Testament van hoogstgedagten syne Majesteyt van Groot-Brittannien, glorieuser gedagtenisse, gehouden zijn de regten van den erfgenaam voor te staan, en die soo veel in haar vermogen is te helpen conserveeren, ook te besorgen, dat de goederen, gehoorende tot de naelatenschap van hoogstgedagten syne Majesteyt, soo lange die onder hare administratie zyn, niet weggenomen, nogte in hare regten verkort komen te werden, om in tyden en wylen niet subject te zyn aan de blame, en verantwoordinge van daar omtrent niet behoorlyk te hebben gevigileert: maar ook, om dat sy volgens de Unie gehouden zijn, alle ende een ygelyk, niet allen van de Provincien en Leeden van dien, maar ook van de Ingezetenen, te maintineeren by hare wettige verkreegen Regten en possessien, en daar beneevens niet anders kunnen oordeelen, of de mortificatie en vernietiging van het Heerlyk Regt van den Marquis van Veere en Vlissingen, door een politique Resolutie buyten den weg van Justitie, soude weesen ten uyterste hart, en soude meedebrengen een notoir ongelijk voor die geene, die wettig regt hebben tot de voorsz: Marquisaten; dat ook het selve soude aanloopen tegen de æquiteyt en teegen de loffelijke en wel hergebragte Privilegien en Costuymen deser landen, welke uytdrukkelyk mede brengen, dat den Prins van den Lande, soo als in desen de Heeren Staten van Zeeland geconsidereert moeten werden, niet bevoegt is de goederen, leenen, ofte erven, van de Ondersaten te beneemen, ten zy die in regten verwonne zijn; Privilegien van alle tyden geagt, zo nut en nodig voor de Onderdanen, tot conservatie van haare vryheyt, en van de geruste besittinge haarer goederen, regten en geregtigheeden, en tot haere versekertheyt teegen alle overheerschende magt, dat daar aan niet geraakt behoort te werden, nogte geraakt mag werden, sonder te krenken de algemeene vryheyt en securiteyt, in een van

ANNO 1732.

par rapport à ces évenemens imprevûs, pour les delivrer de cette apprehension ; & qu'eux Députez interposeroient volontiers leurs bons offices au cas qu'on fit quelque proposition, étant persuadés, que les Seigneurs Etats, leurs Commettans, feront la même chose, dans l'esperance, & dans la ferme confiance, qu'en attendant, les Seigneurs Etats de Zeelande laisseront les choses in statu quo.

Surquoi ayant été déliberé ; les Seigneurs Deputés de la Province de Gueldre ont declaré d'être d'avis (auquel avis les Deputés de Frise & de Groningue se sont joints) qu'il convenoit de donner connoissance aux Seigneurs de Zeelande de ce qui avoit été proposé, & qu'ils devroient être priez & exhortés, de ne pousser pas plus loin l'amortissement des droits mentionnés du Marquis de Veere *& de* Flessingue, *mais de laisser cette affaire dans son prémier état, ou du moins de la renvoyer à la Justice ordinaire; Que pour cet effet il devroit être représenté auxdits Seigneurs Etats, que lorsque leurs Hautes Puissances avoient reçu les susdites Lettres des Tuteurs respectifs, Elles avoient trouvé, que leurs raisons alleguées étoient suffisantes, pour les obliger, à n'hesiter pas d'écrire, dans le moment, sur cela auxdits Seigneurs Etats, & d'interceder auprès d'eux, à ce qu'ils ne prissent pas une Resolution si préjudiciable, sur laquelle il paroissoit, que l'on étoit entré dans la Deliberation présente; Mais que les Seigneurs Deputés de quelques Provinces ayant jugé qu'il étoit nécessaire, vû l'importance de cette affaire, de s'informer préalablement des sentimens des Seigneurs Etats, leurs Commettans; leurs Hautes Puissances n'avoient voulu rien précipiter, mais attendre auparavant, que ces Seigneurs Deputés des Provinces respectives, s'étant chargés des susdites Lettres avoient été informés des Resolutions des Seigneurs Etats, leurs Hauts Commettans; Ce qui ayant été fait pour la plus grande partie, leurs Hautes Puissances, n'avoient pas pu se dispenser plus long-tems, d'interceder auprès desdits Seigneurs Etats, esperant, que leur intercession, jointe aux raisons alleguées dans les Lettres respectives des Tuteurs, auront le succès desiré auprès des Seigneurs Etats de Zeelande, & qu'ils se laisseront à la fin persuader de ne pas pousser plus loin ces procedures, qui pourroient avoir de si grandes suites.*

Que leurs Hautes Puissances se trouvant indispensablement obligées à cette intercession, non pas seulement parce qu'Elles se trouvent engagées, comme Executeurs du Testament de Sa Majesté Britannique de gl: m:, de défendre les droits de ses héritiers, & de les conserver dans leur entier autant qu'il leur est possible, & d'avoir en même tems soin, que les biens, qui appartiennent à cet héritage, n'en soient pas détournez & ne reçoivent préjudice dans leurs droits competens, tant qu'ils resteront sous leur administration, pour ne pas s'exposer tôt ou tard au reproche; qu'Elles ne se sont pas duement acquitées de leur devoir; Mais aussi, qu'Elles sont obligées en conformité de la Convention de l'Union, de maintenir, & d'aider à maintenir non seulement toutes les Provinces, mais aussi tous les particuliers de ces Provinces, dans leurs légitimes droits; & que par cette raison elles ne peuvent s'empêcher de reconnoitre que l'amortissement & l'abolition des droits Seigneuriaux du Marquis de Flessingue *&* Veere, *ordonnée par une Resolution Politique & sans les voyes ordinaires de la Justice, seroit très dure, & qu'il s'ensuivroit une injustice notoire pour ceux, qui ont un droit legitime audit Marquisat; Qu'il seroit en même tems contraire à l'équité, & aux Priviléges, & aux Coûtumes Louables établies dans ces païs-ci, qui veulent expressement, que le Prince du païs, (comme il n'est que juste, de considerer les Seigneurs Etats de Zeelande) n'ait pas le pouvoir de priver les Sujets de leurs biens, Fiefs, & heritages, à moins que cela ne se fasse par les voyes ordinaires de la Justice; Ces Priviléges ayant été jugés si nécessaires, & si utiles en tout tems pour les sujets, & pour la conservation de leur liberté, de la possession tranquile de leurs biens, de leurs droits, & de leurs prééminences, & pour leur sureté contre un pouvoir arbitraire, qu'il ne faudroit jamais y toucher, comme effectivement on ne le peut faire sans donner en même tems atteinte à la liberté, & à la sureté publique dans une de ses parties les* plus

ANNO 1732. van haare essentieelste deelen, en sonder het gebouw van den Staat te labefacteeren; waarom niet sonder reeden te bedugten is, dat, gelijk de deliberatie over dese saake van soo verren uijtsigte, al bereyts seer veel beweeging en opschudding heeft gemaakt, dat die verder voortgeset werdende, ende veel meer wanneer die onverhopentlijk tot conclusie gebragt, ende werkstellig gemaakt soude werden, daar uijt groote dissentien ende verwyderingen souden ontstaan, die met alle sorgvuldigheyt geeviteert behooren te werden.

Dat Haar Hoog Mog. niet anders kunnen bevatten, of de quæstie, die tegenwoordig gemoveert werd, over de Marquisaten van Veere en Vlissingen, is, ende moet weesen een object van de Justitie, het zy die geconsidereert werd als een quæstie over een Leen, tusschen de Leenheer ende sijn Vassal, of als een quæstie over een Goed ende Eygendom aan den Marquis toebehoorende, verkregen by een wettigen Titul van Koop, versterkt door eene vreedsame en geruste possessie, van meer als hondert en twintig jaren, met kennisse, ende sonder eenige contradictie van de Heeren Staaten van Zeeland; dat *daar van tegenwoordig te willen maaken een enkel object van Politie, soude kunnen werden opgenoomen, als of het selve sproot uyt eene diffidentie, om de saake te laaten komen onder het ooge van een neutraal ende onpartydige Regter, om daar over te oordeelen volgens eed ende conscientie, naa regt, ende volgens de Wetten van den Lande.*

Dat ook hier op te willen appliceeren het regt van de Opperste Magt, *Dominium eminens*, dat een Souverain heeft, om in cas van nood, of van publique utiliteyt ten dienste van 't gemeen, onder vergoedinge der goederen van particuliere Onderdanen te moogen gebruyken, soude kunnen voorkoomen, *als of men wilde doorhakken een knoop, die niet anders los te maken soude zyn.*

Dat Haar Hoog Mog. niet onbewust zijn, nog disconvenieeren, dat een Souverain heeft sodanig regt, maar dat het selve niet is absolut of onbepaalt, maar dat het gebruyk daar van dan eerst plaatse kan hebben, als een hooge nood, ofte publique utiliteyt van de gemeene societeyt sulks vereysschen, ende dat die nood ende die utiliteyt soo klaar ende soo doorsteekende moet sijn, dat die volkoomen komt te blyken aan het geheele volk, uyt welkers boesem dat regt van de Overigheyt is gekoomen, en het welk te saamen, ende ieder goed Onderdaan in het bysonder, gestelt moet werden wel te willen, dat in sodanigen geval het particulier interest voor het gemeene wijkt. Dog dat het seer gevaarlyk schynt, dit regt te verre te extendeeren, ofte ligtvaardig te gebruyken, alsoo daar door ligt vervallen soude kunnen werden in excessen, die souden kunnen degenereeren in eene arbitraire magt, welkers oeffeninge in alle Regeeringen ende bysonder in die van desen vryen Staat, de uytterste quade gevolgen soude kunnen naar sig sleepen.

Dat aan Haar Hoog Mog. tot nog toe van weegen de Heeren Staaten van Zeeland, niet voorgekoomen zijn de redenen en motiven, die haar bewoogen hebben, om een deliberatie aan te stellen over deese saake, die soo teeder en van soo verren uytsigt is; dat ook niet weeten of hooggemelde Heeren Staaten sullen willen adopteeren de stellingen ende redenen, vervat in de Propositie, die door de Heeren Gedeputeerde van de Provincie van Holland ende Westvriesland, op dit subject in Haar Hoog Mog. Vergaderinge is gedaan, en dat daarom ook haar voor als nog niet sullen inlaaten, om die redenen te debatteeren, dog dat evenwel niet kunnen nalaaten, met een woort te seggen, dat daar by, naa haar oordeel, ten opsigte van de vernietiging van de Marquisaten van Veere en Vlissingen, geensins beweesen is de groote nood, ofte publique utiliteyt, die beweesen hadde moeten worden, om daar op het *eminens Dominium*, hoe ampel het selve ook by de voorschreeve Propositie geëxtendeert is, applicabel te maken.

Dat Haar Hoog Mog. intentie voor 't tegenwoordige alleen is, om hooggemelde Heeren Staaten vriendelijk te versoeken, om niet te willen voortgaan tot een resolutie van soo verren uytsigt, als soude weesen het vernietigen ende mortificeeren van het Heerlijk regt van den Marquis van Veere ende Vlissingen door eene politique dispositie, buyten de weg van de Justitie, maar veel meer het regt van den Marquis te laaten in sijn geheel, ende in allen gevalle de saake te laaten aan de decisie van den competenten Regter, ten dien eynde openende de deure van de Justitie, die door de verleende surceantie geslooten is.

plus essentielles, & sans ébranler l'Edifice entier de l'Etat; C'est pourquoi on a raison de craindre, que, comme les deliberations sur cette affaire de si grande consequence, ont déja effectivement donné occasion à plusieurs mouvemens, ils ne manqueroient pas de causer dans la suite, encore de plus grandes dissentions, & disputes, si elles étoient portées à une Conclusion reelle; Ce que l'on devroit éviter avec tous les soins imaginables. ANNO 1732.

Que leurs Hautes Puissances ne peuvent pas se faire une autre idée de cette affaire, que celle, que la question, mue à present sur les Marquisats de Veere *&* *de* Flessingue, *est, & doit être un objet de la Justice, soit qu'elle soit considerée comme une question sur un Fief entre le Seigneur & le Vassal, ou comme une question sur un bien allodial, qui appartient au Marquis, & qu'il a acquis à titre d'Achat, fortifiée par une possession tranquile & non interrompuë de plus de cent & vingt ans, avec connoissance, & sans la moindre contradiction des Seigneurs Etats de Zeelande;* Et que d'en vouloir faire à présent un Objet uniquement relatif à la Politique, ce feroit donner lieu de croire que l'on craint de soumettre cette affaire à l'examen d'un Juge neutre & impartial, qui en décideroit suivant son serment, & sa conscience, avec équité, & conformement aux Loix du païs;

Que de vouloir appliquer dans le cas présent le droit de l'autorité Souveraine, Dominium eminens, *qui apartient à tout Souverain, & dont il peut se servir en cas de nécessité, & d'utilité publique, en donnant un équivalent pour les biens des Particuliers, c'est laisser penser qu'on veut* couper un nœud qu'on ne pourroit denouër autrement.

Que leurs Hautes Puissances n'ignorent pas & ne disconviennent pas, qu'un Souverain est muni d'un tel pouvoir; Mais que ce pouvoir n'est pas absolu, qu'il a de certaines bornes, & qu'on n'y doit jamais avoir recours, que lorsqu'une nécessité urgente, ou l'utilité publique d'une Societé entiere le demandent; Et que cette nécessité, & cette utilité seroient si claires qu'elles sautent, pour ainsi dire, aux yeux du public, du consentement duquel tous les Magistrats ont été établis; car on doit faire reflexion que c'est ce Public en général, & chaque Sujet en particulier, qui consentent, que dans un tel cas l'interêt particulier soit postposé à l'interêt & au bien public; Mais qu'il ne pourroit qu'être très-dangereux de porter ce droit trop loin, ou de s'en servir trop legerement d'autant que par ce moyen on tomberoit dans des excès, qui à la fin pourroient degenerer en une puissance arbitraire, & qui entraineroit des consequences très-dangereuses dans toutes sortes de Gouvernement, mais particuliérement dans celui de cette Republique libre.

Que leurs Hautes Puissances n'ont reçu jusqu'à présent aucune Notification de la part des Seigneurs Etats de Zelande, des raisons & des motifs, qui les ont mûs, à entamer une deliberation sur une affaire, qui étoit si delicate, & qui portoit ses vues si loin; Qu'elles ne savoient pas non plus, si lesdits Seigneurs Etats voudroient adopter les sentimens & les raisons, qui ont été proposées sur ce sujet dans l'Assemblée de leurs Hautes Puissances par les Seigneurs Deputés de la Province de Hollande & West-Frise & qu'ainsi ils n'entreroient pas pour le présent dans la discussion de ces raisons; Que neanmoins ils ne pouvoient se dispenser, de dire en peu de mots qu'il leur paroit qu'ils n'ont pas prouvé dans leur Deduction par rapport à l'amortissement du Marquisat de Veere *&* de Flessingue; *la grande nécessité, ou l'Utilité publique; qu'il auroit néanmoins fallu prouver, pour y apliquer le* Dominium eminens, *quelque étenduë qu'on veuille lui donner dans la susdite proposition.*

Que pour le présent leurs Hautes Puissances n'avoient d'autre intention, que de prier amiablement les Seigneurs Etats de Zeelande, de ne point passer à une Resolution aussi importante que seroit celle de l'amortissement & de l'abolition du droit Seigneurial du Marquis de Veere *&* Flessingue *par une disposition politique, & hors de la voye de la Justice; mais de laisser plûtôt ce droit au Marquis en son entier, ou en tout cas de renvoyer cette affaire à la decision d'un Juge competent, en rouvrant pour cela la porte à la Justice, qui avoit été fermée par la surseance accordée;*

Qui

ANNO 1732.

Dat Haar Hoog Mog. dit van de hooge æquiteyt van de hooggemelde Heeren Staaten onfeylbaar sullen verwagten, immers, dat de selve met deese saake niet sullen voortgaan dewyle geensins eenig *periculum in morâ* is, en door de Propositie van de Heeren Gedeputeerde van de Provincie van Vriesland, aanleydinge gegeeven werd, om te koomen tot eene Onderhandelinge, om door bequame temperamenten tot een minnelijke afkomste van deese moeyelyke deliberatie te koomen.

De Heeren Gedeputeerde van de Provincie van Holland ende Westvriesland, hebben op de bovenstaande Propositie verklaart, dat sy deselve overneemen, ende niet souden kunnen toestaan, dat, invoegen hier vooren gemelt, aan de Heeren Staaten van Zeeland geschreeven soude werden, maar dat het selve ter conclusie gebraght werdende, sy het selve souden moeten contradiceeren, daar tegen protesteeren, ende reserveeren daar tegen soodanige aanteekeninge te doen, als de Heeren Staaten haare Principalen sullen vinden te behooren, inhæreerende immiddels haare gedane Propositie.

De Heeren Gedeputeerde van de Provincie van Zeeland, hebben verklaart het voorschreeve geproponeerde over te neemen, het geadviseerde van de Provincien van Gelderland, Vriesland, ende Stad ende Lande te contradiceeren, en daar tegen te protesteeren; als sijnde de saake van Veere ende Vlissingen een domestique saak van de Provincie van Zeeland, daar meede, nog de Unie, nogte de andere Provincien, nog Haar Hoog Mog. als Executeurs, niet bevoegt zijn haar te bemoeyen, reserveerende verders daar op sodanige verdere aanteekeninge te doen, als de Heeren Staaten hare Principalen sullen vinden te behooren.

De Heeren Gedeputeerden van de Provincie van Utrecht, hebben geinhæreert haare vorige aanteekeningen op het subject van de Nalaatenschap gedaan.

De Heeren Gedeputeerde van de Provincie van Over-Yssel, hebben geinhæreert de Resolutie van de Heeren Staaten haare Principalen van den achtste, ende alhier ter Vergaderinge ingebragt, den 14. April leststleeden, met byvoeginge, dat sy Heeren Gedeputeerde gelast waaren daar by te blyven, ende verders te acceedeeren by de Provincien, welke souden goedvinden te schryven aan de Staaten van Zeeland, in beleefde termen, om de saake, betreffende het Marquisaat van Veere ende Vlissingen, te willen laaten in den selven staat, tot de meerderjaarigheyt van den Prince van Nassau.

ANNO 1732.

Que leurs Hautes Puissances persuadées de la haute sagesse & équité des Seigneurs Etats de Zelande, se flattoient qu'ils acquiesceroient à leur demande, & qu'ils ne pousseroient pas plus loin cette affaire, d'autant plus qu'il ne s'y trouve pas le moindre periculum in morâ; *& que d'ailleurs la proposition des Seigneurs Deputés de la Province de Frise frave le chemin à une Négotiation, dans laquelle on pourroit se débarasser amiablement d'une déliberation si epineuse au moïen d'un temperament convenable.*

Les Seigneurs Deputés de la Province de Hollande, & West-Frise, ont declaré sur la proposition susdite, qu'ils en demandoient Copie, mais qu'ils ne pouvoient consentir, que leurs Hautes Puissances écrivissent aux Seigneurs Etats de Zelande dans les termes mentionnés; & que si cette proposition passoit, ils seroient obligez de s'y oposer, de protester au contraire; & de se reserver de faire enregistrer telle autre Protestation que les Seigneurs Etats, leurs Commettans, jugeront convenable; Adherant au surplus à leurs propositions precedentes.

Les Seigneurs Deputés de la Province de Zelande ont demandé copie de ce qui avoit été proposé; se sont oposez & ont protesté contre ce qui avoit été proposé par les Provinces de Gueldres, de Frise, & de Groningue; Parce que l'affaire de Veere *& de* Flessingue, *ne pouvant être considerée, que comme une affaire domestique de la Province de Zelande, l'Union, les autres Provinces, ni leurs Hautes Puissances, comme Executeurs testamentairs n'étoient pas en droit, de s'en mêler en aucune manière; se reservant au surplus, de faire enregistrer sur cette affaire telle Protestation que les Seigneurs Etats, leurs Hauts Commettans, trouveront à propos;*

Les Seigneurs Deputés de la Province d'Utrecht se sont rapportés à ce qu'ils ont fait enregistrer au sujet de la succession.

Les Seigneurs Deputés de la Province d'Overyssel se sont rapportés à la Resolution des Seigneurs Etats, leurs Commettans du 8 *& delivrée le* 14 *d'Avril à l'Assemblée de leurs Hautes Puissances, avec cette clause, que lesdits Seigneurs Deputés avoient reçu ordre d'y persister, & de se joindre aux Provinces, qui seroient du sentiment, que l'on écrivît aux Etats de Zelande en termes honnetes, pour leur persuader, de laisser l'affaire du Marquisat de* Veere *&* Flessingue *dans le même état, jusqu'à la Majorité du Prince de Nassau.*

Resolutie van de Edele Mogende Heeren Staten van Gelderland door de Heeren Gedeputeerden van dezelve Provincie op den 18 October van den Jaare 1723. ter Vergadering van Haar Hoog Mogende ingebragt.

DEn aanwesenden Heere Gedeputeerde van de Provincie van Gelderlandt, heeft ter Vergaderinge ingebragt en laten lesen de Resolutie van de Heeren Staaten van de hooggemelde Provincie sijne Principalen, genomen op het subject van de deliberatien in de Provincie van Zeelandt aangestelt, om de rechten van den Marquis van Veere en Vlissingen te mortificeeren, en te verklaren, dat de Regeeringe van de voorschreve twee Steeden, nog omtrent de Justitie, nog omtrent de Politie, eenige Vassallage onderworpen zijn, en de selve te ontslaan van alle leenroerigheydt van de Grafelykheydt van Zeelandt, en de selve *de facto* en *de jure* te houden, ende te doen houden, als independente, immediate ende onleenroerige stemmende Steeden, onder een dedommagement aan de hooge Geinteresseerden; volgende de voorschreve Resolutie hier naar geinsereert.

Resolution des Nobles, & Puissans Seigneurs les Etats de Gueldres, delivrée par les Seigneurs Deputés de leur Province le 18. d'Octobre de l'année 1723 à l'Assemblée de leurs Hautes Puissances.

LE Seigneur Deputé de la Province de Gueldres ici présent, a délivré à l'Assemblée de leurs Hautes Puissances, & y a fait faire la lecture de la Resolution, que les Seigneurs Etats de sa Province ont prise au sujèt des deliberations, que l'on a entamé dans la Province de Zelande, pour y amortir les droits du Marquis de Flessingue *& de* Veere, *pour déclarer, que ces deux Villes ne seroient plus sujettes à aucun Vassellage par rapport à la Justice & à la Police; pour les libérer de toute dépendance féodale de cette Province; Et enfin pour les tenir* de facto *&* de jure, *& pour les faire tenir pour des Villes indépendantes, immédiates, ayant voix & séance comme Villes devassellées; en donnant un dedommagement aux hauts interessés; En conformité de la Resolution mentionnée insérée ci-après.*

Extract uyt het vervolg des Reces van een Landdag in September en October 1723. ordinarie binnen Zutphen gehouden.

Martis den 12. *October* 1723.

DE Staaten des Furstendoms Gelre ende Graafschaps Zutphen, gelesen en geëxamineert hebbende een ample Propositie by de Gecommitteerden van de Heeren Staaten van Holland ende West-Vriesland ter

Extrait du Recès de l'Assemblée des Etats tenue ordinairement à Zurphen dans les mois de Septembre & d'Octobre 1723.

Mardi le 12 *d'Octobre* 1723.

LEs Etats de la Principauté de Gueldres, & du Comté de Zutphen, ayant lû & examiné la proposition, que les Seigneurs Deputés de Hollande & West-Frise ont fait à l'Assemblée de leurs Hautes Puissances le 5 *de*

ANNO 1732.

Vergaderinge van haar Hoog Mog. den 5 Juny deses Jaars gedaan, en in de notulen van dien datum geinsereert, waar by tragten te justificeeren en te billyken, dat de Heeren Staaten van Zeeland zoude voorneemens wesen, en waar toe Hooggemelde Heeren Staaten selfs zoeken te induceeren, om alle de Regten van den Marquis van Veere en Vlissingen te mortificeeren, en te verklaren, dat de Regeeringe der voorsz: twee Steeden nog omtrent de Justitie, nog omtrent de Politie, eenige Vassallage onderworpen zouden zyn, deselve te ontslaan van alle Leenroerigheyd van de Graeffelykheyd van Zeeland, en deselve *de facto* en *de jure* te willen houden, en doen houden als independente, immediaate en onleenroerige stemmende Steeden, onder een dedommagement aan de hooge Geinteresseerdens en Geregtigde tot de Nalatenschap van Syne Koninklyke Majesteyt van Groot Brittannien William de derde, glorieuser Memorie, en dat wel op een fundament van het Regt, Souveraine Princen en Staaten competerende, gemeenlyk genaamt het *Dominium eminens*; welkers executie daar by ampel en breed komen uijt te breiden, en in desen cas applicabel zoeken te maken; als mede geëxamineert het gerapporteerde door de Gecommitteerdens wegens dese Provintie ter Generaliteyt op de tegenwoordige Landschaps Vergaderinge gedaan. Eyndelyk gezien het geene die selve Gecommitteerdens op de propositie van de Gecommitteerdens van de Heeren Staaten van Vriesland, den 2. July deses Jaars, ter Hooggemelde Vergaderinge hebben verklaart, en in de notulen van dien datum is geinsereert.

Waar op gedelibereert zynde, hebben haar Edele Mogende, approberende al het geene door derselver Gecommitteerdens ten dese opsigte ter hooggemelde Vergaderinge is gedaan, goedgevonden deselve Gecommitteerdens wederom te gelasten, om ter Vergaderinge van Haar Hoog Mog. voor te brengen, hoe dat haar Edele Mog. by derselver Resolutie van den 21. April deses Jaars, en op den 5. May daar aan volgende, ter hooggemelde Vergadering geopend, met veele reedenen vermenen te hebben aangetoont, het ongelyk, het geene de Heeren Staaten van Zeeland door het *de facto* te willen mortificeeren het Marquisaat van Veere en Vlissingen, aan de Furstelyke Pupillen van de Heer Johan Willem Friso, Prince van Orange ende Nassau, Hooglosselyker Memorie, tegens regten zouden komen te doen. Gelyk ook het groote nadeel, dat door dusdanig wederregtelyke procedure in een Land, als dese Republicq van alle oude tyden soo zeer door derselver losselyke gewoontens vermaart, aan de goede Ingezetenen zoude werden toegebragt.

Dat haar Ed. Mog. hadden verhoopt dat de Heeren Staaten van Zeeland, met postpositie van haar eygene vues, in desen zouden hebben afgesien van haar ongefundeerde voorgenomene procedure, om buyten eenige weegen van Rechten, voorsz: Marquizaat van Veere en Vlissingen te willen vernietigen, en dat in contrarien geval alle de andere respective Bondgenoten met haar Edele Mog. zouden hebben geconcurreert, om die zelve Heeren Staaten van Zeeland, door alle meest kragtige reedenen daar van te willen dissuaderen.

Dat haar Edele Mog. by de lecture van het geene de Heeren Staaten van Zeeland, ter Vergaderinge van haar Hoog Mog. op de propositie van de Gecommitteerdens van de Heeren Staaten van Vriesland den 2 July jongstleeden hebben doen aantekenen, niet anders kunnen bevroeden, als dat Hooggemelde Heeren Staaten van Zeeland in derselver voornemen, om het Marquisaat van Veere en Vlissingen te willen vernietigen, als Domesticq, en de andere Bondgenoten niet concernerende, wel zouden willen houden.

Gelyk zulks de Heeren Staaten van Holland en West-Vriesland by derselver bovengemelde propositie insgelyks ook komen te stellen.

Dat haar Edele Mog. daar tegens moeten verklaren, dat het vernietigen van gemelde Marquisaat, invoege het zelve althans schynt voorgenomen te worden, niet konnen aanzien als een Domestique zaake van de Provintie van Zeeland, en waar mede nog de respective Bondgenoten op hun zelve aangemerkt, nog haar Hoog Mog. als Executeurs van het Testament van Koning William de derde, glorieuser gedagtenisse, bevoegd zoude wesen hun te bemoeyen.

Dat haar Edele Mog. wel toestemmen waar te sijn, dat ieder der Respective Provintien binnen hunne territoire hebben het Regt van Souverainiteyt, maar dat ook te gelyk vermynen waar te zyn, dat de exercitie

van

Juin de l'année courante, & qui a été inserée sous la même date dans les Notules *de la Généralité; & par laquelle ils tâchent de justifier, & d'approuver l'intention, que les Seigneurs Etats de Zeelande paroissent avoir & dans laquelle ils semblant apuiez par lesdits Seigneurs Etats de Hollande & West-Frise, d'amortir tous les droits du Marquis de* Veere *&* Flessingue, *& de declarer, que ces Villes ne seroient plus sujettes à aucun Vassellage par rapport à la Justice, & à la Police; qu'Elles seroient délivrées de toutes les charges feudales, qui appartiennent à la Province; & qu'ils les tiendroient & feroient tenir* de facto *&* de jure *pour des Villes immediates, independantes, devassellées, & avant voix & séance, comme les autres Villes de la Province; le tout en donnant un dedommagement pour les Interessés, & les Hauts Prétendans à l'heritage de Sa Majesté Royale de la Grande Bretagne* Guillaume III., *de g. m. Et que cette Resolution auroit été prise en consequence du Droit, qui apartient aux Princes & aux Etats Souverains, & qu'on nomme ordinairement* Dominium eminens; *à l'exercice & à l'usage duquel ils ont cherché de donner une étendue extraordinaire en l'appliquant au cas présent. Ayant en même tems examiné ce qui a été proposé par les Seigneurs Députés de notre part à l'Assemblée de leurs Hautes Puissances, Et ayant vû ce que lesdits Deputés ont déclaré, & fait enregistrér le 2 Juillet de l'année courante, sur les propositions, faites par les Deputés des Seigneurs Etats de* Frise.

Surquoi ayant été déliberé, leurs Nobles Puissances aprouvent par celle-ci tout ce que leurs Seigneurs Deputés ont fait dans l'Assemblée de la Généralité sur ce sujet, & trouvent bon & convenable, d'ordonner derechef à leursdits Deputés, de proposer à toute l'Assemblée de leurs Hautes Puissances, que leurs Nobles Puissances sont dans la persuasion, qu'Elles ont suffisamment prouvé par des raisons très évidentes, deduites dans leur Resolution du 21 Avril, & délivrée à ladite Assemblée generale le 5 de Mai; l'injustice, que les Seigneurs Etats de Zelande feroient, contre toutes les régles de l'équité, aux Illustres Pupilles du Seigneur Jean Guillaume Friso, *Prince d'Orange & de Nassau, de glorieuse memoire, par l'amortissement projetté du Marquisat de* Veere *& de* Flessingue. *Et en même tems le grand préjudice, qui reviendroit incontestablement aux bons Sujets de cette République, si on voudroit introduire de pareilles procedures illégales dans un païs, comme celui-ci, qui depuis son premier établissement a merité des louanges à cause de ses sages loix, & de ses justes Coutumes.*

Que leurs Nobles Puissances avoient esperé, que les Seigneurs Etats de Zelande, en postposant leurs vuës particulières, auroient retardé une procedure aussi mal fondée, que celle qui tend à amortir, & anéantir le Marquisat de Veere *& de* Flessingue, *sans y procéder par les voyes ordinaires de la Justice; ou que dans le cas contraire, tous les autres Confédérés respectifs auroient concouru avec leurs Nobles Puissances, à en dissuader les Seigneurs Etats de Zelande, par les raisons les plus fortes.*

Que leurs Nobles Puissances, ayant fait la Lecture de ce que les Seigneurs Etats de Zeelande ont fait enregistrér sur la proposition des Deputés des Seigneurs Etats de Frise, faite dans l'Assemblée de leurs Hautes Puissances le 2 de Juillet passé, n'en peuvent tirer d'autre consequence sinon, que les Seigneurs Etats de Zelande continuent dans leur précedente Resolution, de vouloir amortir le Marquisat de Veere *& de* Flessingue, *& qu'ils cherchent à faire passer cette affaire pour domestique, & ne concernant en aucune manière les autres Confederés;*

Ce que les Seigneurs Etats de Hollande & de West-Frise ont de même posé pour fondement dans leur proposition alleguée ci-dessus.

C'est pourquoi leurs Nobles Puissances se trouvent obligées de declarer au contraire, qu'Elles ne peuvent regarder l'amortissement dudit Marquisat, qui paroît être resolu tout à fait, comme une affaire domestique de la Province de Zelande, dont ni les Confederés respectifs, chacun consideré en particulier, ni leurs Hautes Puissances en général, comme Executeurs du Testament du Roi Guillaume III. *de g. m. ne sont pas en droit de se mêler.*

Que leurs Nobles Puissances conviennent, qu'il est vrai, que chacune des Provinces respectives a le droit de la Souveraineté dans les limites de son territoire; Mais qu'Elles se persuadent en même tems, qu'il n'est pas moins

vrai

ANNO 1732. van die Souverainiteyt in diverse respecten eenige bepalingen is hebbende, door dewelke de selve Souverainiteyt niet kan of mag worden geextendeert tot nadeel van den Staat in het gemeen, of tot nadeel van derselver Onderdanen in het particulier.

Dat zulks onder andere evidentelyk is blykende uyt den 17: Artikel van d'Unie, tusschen de Respective Bondgenoten in den jaare 1579. binnen Utrecht geslooten; Waar by deselve Bondgenoten malkander solemnelyk hebben geëngageert, met alle omsigtigheyd haar te zullen waghten van aan Uytheemsche Vorsten, Heeren, Landen, of Steeden, eenige Occasie tot offensie te geeven, en ten dien eynde zoo wel de Uytheemsche als de Ingesetenen, goed Regt en Justitie te administreren.

Dat haar Ed. Mog. vervolgens, buyten nog meerdere andere reedenen vermeenen, dat de Heeren Staaten van Zeeland, uyt hoofde van de voorgeallegueerde 17. Artikel van d'Unie onbevoegd zijn door eene politique Resolutie, en dus buyten alle forme ende weegen van Reghten, de Furstelijke Pupillen van haar soo regtmatig verkregen Regt op 't Marquisaat van Veere en Vlissingen, te ontzetten.

En dat haar Ed. Mog. daar en tegens verpligt zyn, die selve Heeren Staaten van dese soo verre uytziende onderneeminge te dehorteren, en te verzoeken, dat de zaaken willen laaten aan de Ordinaris Justitie, als zijnde met haar Ed. Mog. des weegen in een en deselve Verbintenisse, om een ider goed Regt en Justitie te laaten wedervaaren, sonder te mogen dulden, veel min te practiseren, dat iemand van sijn goed hebbend Regt, *de Facto* word ontzet.

Dat haar Hoog Mogende met consent van alle Geunieerde Provintien aangenomen heben het Executeurschap van het Testament van weylen sijne Koninklyke Majesteyt van Groot Brittannien William de Derde, Glorieuser gedagtenisse, geensints gezegd konnen worden onbevoegd te weesen, hun dese zaake, die van soo veel belang voor de Hooge Geinteresseerdens van de Nalatenschap is, aan te trekken.

Maar wel het tegendeel, dat alle de respective Bondgenoten sonder onderscheyd, in het aanneemen van het voorsz. Executeurschap bewilligt hebbende, ook alle in het generaal en yder van deselve in het byzonder als Executeurs, nae Regten gehouden sijn, om alle de goederen nevens derselver Voorregten, præeminentien en Vryheeden tot de voorsz: Naelatenschap gehorende, in haar geheel te conserveeren; kunnende immers met geen reeden van æquiteyt, veel min met de Verpligtinge uijt het eenmaal aangenomen Executeurschap noodwendig vloeyende, over een te brengen wezen, dat een der Executeurs, geduyrende het Gemeene Executeurschap, Goederen, Rechten, en Præeminentien, tot dezelve gehorende, *de Facto* sonder Middelen van Regten, zoude na sig neemen, en tot sijnen voordeel en eygen gebruijk maaken.

En dat de overige mede Executeurs niet bevoegd zouden weesen dergelyke onderneemingen tegen te gaan, notoir zijnde, dat den selven Executeur neffens sijne mede Executeuren, voor soo verre daar inne geconsenteert hebben, daar van niet anders als zeer nadelige gevolgen te wagten hebben, en by de onpartydige Wereld in het ongelijk gestelt moeten worden.

Dat dus aangetoond zijnde de Verbintenisse, die soo uijt kragte van voorsz: 17. geallegueerde Artikel van d'Unie, als uijt kragte van het aangenomene Executeurschap op alle de Bondgenoten in 't gemeen, en op yder van dezelve in het byzonder, is liggende.

Haar Ed. Mog. moeten verklaaren, dat naa examinatie van alle de reedenen tot justificatie van de voorgenomene vernietinge van het Marquisaat van Veere en Vlissingen geallegueert, sy alle deselve reedenen niet soude konnen aansien als wettige reedenen, om daar op in desen cas het Regt, Souveraine Staaten op de goederen hunner Onderdanen competerende, gemeenlyk genoemt het *Dominium eminens*, te moogen funderen ende werkstellig maeken.

Vermits dat Regt in sijn eygentlyke en natuurlyke exercitie aangemerkt, niet kan nog mag, sonder daar van een misbruyk te maaken, zelfs in een eenhoofdige Regeringe, veel weyniger in een vrye Republicq, in 't werk gestelt worden, ten zy de nood, conservatie en behoud van het Land daar aan mogte geleegen sijn; En dat dan ook de nood zoodanig evident is, dat daar van een ygelijk redelyker wijse overtuygt kan weesen.

Dat haar Ed. Mog. insgelyks oordelen, dat de Exercitie van dat zelve Regt niet kan of mag, gelyk de Hee-

vray, que l'exercice de cette Souveraineté a en divers égards certaines bornes, qui empêchent, que cette Souveraineté ne soit étendüe au préjudice de l'Etat en général ni au préjudice & au dommage de leurs Sujets en particulier. ANNO 1732.

Que cela paroit avec évidence par l'Article 17. de l'Union, conclue entre les Confederés respectifs à Utrecht l'année 1579. Les Confederés s'y étant engagés entr'eux solemnellement, qu'ils useroient de toute la circonspection possible, pour ne pas donner la moindre occasion d'offense aux Princes, aux Seigneurs, aux païs, ou aux Villes étrangéres, & que pour cela ils feroient bonne justice aux Etrangers aussi bien qu'aux Sujets natifs.

Qu'en consequence leurs Nobles Puissances, sans compter encore d'autres raisons importantes, sont d'opinion, que les Seigneurs Etats de Zeelande, en conformité de cet Article de l'Union, n'ont pas le pouvoir de frustrer les illustres Pupilles de leur droit bien acquis sur le Marquisat de Veere *& de* Flessingue, *par une Résolution politique, & sans y avoir observé aucune formalité de Justice;*

Et que pour cela leurs Nobles Puissances sont obligées de dissuader les Seigneurs Etats d'une entreprise de si grande conséquence, & de les prier, de vouloir remettre cette affaire à la Justice ordinaire, d'autant qu'ils sont avec leurs Nobles Puissances dans un même engagement, pour administrer bonne Justice à un chacun, sans qu'il leur soit permis de souffrir, & encore moins de le faire, que quelqu'un soit frustré de facto, *de son droit legitime, & bien acquis.*

Que leurs Hautes Puissances ayant accepté d'être Exécuteurs du Testament de feu Sa Majesté Britannique Guillaume III. *de glorieuse memoire, avec le Consentement de toutes les Provinces Unies, on ne pouvoit soutenir, qu'elles ne doivent pas s'intéresser, & se mêler dans cette affaire, qui est d'une si grande consequence pour tous les Hauts Interessés audit héritage.*

Mais qu'on pouvoit bien soutenir le contraire, & que les Confederés respectifs, ayant consenti dans l'acceptation de la qualité d'Executeurs, tous en général, & chacun en particulier, comme Executeurs, sont obligez suivant les Loix, de conserver dans leur entier tous les biens avec leurs droits, prééminences, & Privilèges, appartenants à cet héritage; Etant impossible qu'on puisse accorder avec l'équité, & bien moins avec les obligations, qui suivent necessairement la Dignité d'Executeur, dont on s'est chargé une fois, que l'un des Executeurs puisse se saisir de facto, *& sans les voyes de la Justice, des biens, des droits, & des prééminences, qui appartiennent à cet heritage, pendant qu'ils sont tous encore chargez de l'éxécution du Testament, ensorte qu'il les pourroit convertir à son profit & à son usage particulier;*

Pendant que les autres Co-Executeurs auroient les mains liées, pour ne pouvoir s'opposer à de telles entreprises. Or il est notoire, qu'un tel Executeur, & tous ses Co-Executeurs, pour autant qu'ils y auroient consenti, ne s'en pourroient promettre que des suites très dangereuses, & qu'ils seraient au moins taxés d'une injustice manifeste, par les personnes impartiales.

Il est donc suffisamment démontré quelles son à cet égard les obligations de tous les Confederés en général, & de chacun d'eux en particulier, tant en vertu du susdit Article 17. de l'Union, que de la qualité d'Executeurs Testamentaires, dont tous les Confédérés se sont chargés en commun;

Leurs Nob. Puissances sont obligées de déclarer, qu'après avoir examiné toutes les raisons, qui ont été alleguées, pour justifier l'amortissement projetté du Marquisat de Veere *&* Flessingue, *elles ne peuvent les trouver ni legitimes, ni legales, & elles ne peuvent servir dans le cas present de fondement à l'usage du Droit, appellé ordinairement* Dominium eminens, *qui apartient aux Souverains sur les biens de leurs Sujets;*

Parce que ce droit, consideré dans sa nature, & dans son usage, ne peut & ne doit être employé dans une Monarchie même, & bien moins dans une République libre, à moins qu'on ne voulût en abuser, si ce n'est que la nécessité, ou la conservation de l'Etat le demande absolument; encore faut-il que cette nécessité soit si évidente, que chacun en puisse être convaincu raisonnablement.

Que leurs Nobles Puissances sont encore du sentiment, que l'usage de ce droit ne peut & ne doit être étendu juf-

ANNO 1732. Heeren Staaten van Holland en West-vriesland in derzelver Deductie gelieven te poseren, tot alle Mogelijkheden geëxtendeert worden: Want dusdanige Licentie eenmaal geintroduceert zynde, zeer veele, en gansch nadelige gevolgen ten koste van den Staat in het gemeen, en derzelver Ingezetenen in 't particulier, soude konnen na sig sleepen; en voorts aan alle Souveraine Mogentheden een weg baanen, om onder het een of andere pretext, die nooyt sullen manqueren, hun buyten eenige Regt-plegiinge Meester te kunnen maaken van de goederen en andere wel hebbende Regten hunner Onderdanen.

Dat nu in desen Cas, als is het vernietigen van 't Marquizaat van Veere en Vlissingen dusdanige hoogdringende nood tot behoudenis, als ook niet tot evidente nuttigheyd van het Gemeen is, om het voorsz: Regt daar op te funderen, vermeinen haar Ed. Mog. genoegzaam te kunnen worden afgenomen uijt de constitutie der zaake zelfs; Behalven dat de Exercitie van het voorsz: Regt, buyten de hoogste noodzaakelijkheyd en een evidente nuttigheyd voor het Gemeen, geensints over een te brengen is met den Aart en Natuer der Republiquainsche Regeringe, welke Republiquainsche Regeringe opgerigt zynde door een vrywillige toestemminge van veele, om door een gesamentlijke overeenkomende Magt des te veyliger voor alle invasie van buyten te weesen bevryt, tot een voorname grondslag heeft, dat yder der zelver het vrye gebruyk van sijne goederen, en volkomene exercitie van sijne Regten, sonder bespieringe, als door wegen van Justitie, komen te hebben.

Dat haar Ed. Mog. daar in des te meer worden gesterkt ter saeke geene Exempelen dien aangaande, voor zoo veel tot haar Ed. Mog. kennisse is gekomen, binnen dese Republicq worden gevonden.

Willende Haar Edele Mogende gaarne aan het æquitable oordeel van alle cordate Regenten, en andere onpartydigen overlaeten, of uijt de Exercitie van het Regt de Souveraine Mogentheden op de Goederen hunner Onderdanen competerende, en welk regt sig als daegelyks vertoont en opdoet, in het naanemen van der Onderdanen goederen, tot het leggen van Fortificatie werken; maaken van Dycken, omhaalen van huysen tot vordere weeringe van Brandt, en andere dergelyke aangehaalde Exempelen, wel met eenige gelijkheyd van reedenen is af te leyden, of daarmede eeniger maten over een te brengen dat gesustineerde Regt, het welke de Heeren Staaten van Zeeland in desen cas subject vermenen te hebben, om het Marquizaat van de Steeden Veer en Vlissingen buyten eenige nood en sonder evidente nuttigheyd voor het Gemeen *de facto* in weerwil van de Hooge Geinteresseerdens te vernietigen, en daar door aan de Furstelijke Pupillen eene soo merkelijke præjuditie te doen.

Boven en behalven dat de Exercitie van het bovengemelden regt in alle diergelijke gevallen, als dit, niet is over een te brengen met de Grondwetten en Privilegien van meest alle de Nederlandsche Provintien, welkers Staaten van alle oude tyden herwaarts, blykelyk by de Gedenkschriften dier tijden nergens soo zeer hebben voor gesorgt, als dat niemand der Onderdaanen, door wie of onder wat prætext het ook zoude konnen wezen, van sijne goederen en andere wel hebbende Regten zoude konnen worden ontzet, dan door de weg van Justitie.

Gelyk het selve in het byzonder ook is strydende met de Privilegien, al oudtyds aan de Provintie van Zeeland geconcedeert, als onder andere met het Privilegie van Vrouw Maria van de jaare 1476. waar by wel expresse is gestatueert, dat de Graven of Haare Naakomelingen niemants goed, Leen, nog Erven, binnen den Lande van Zeeland tot haaren tafel leggen zullen, nog niemand by provisie uyt sijne possessie stellen, maar zullen, naa dat de natuer of conditie van Goederen zijn, eerst verwonnen en daar na geexecuteert worden, navolgende de Regten en Costumen van den Lande, Steeden en Vlekken, daar die Sententie gegeven, of Condemnatie gedaan zal worden; En dat in den jaare 1497. binnen voorschreeve Provintie tot een algemeene Keur en Landwet is vast gestelt, dat die eenig Leen of ander goed, jaar en dag zal hebben bezeeten, daar uyt niet zal mogen worden gestelt, als door middelen van Regten.

Dat Haar Ed. Mog. daar en boven vermeynen, wanneer de Heeren Staaten van Zeeland ooyt hadden willen werkstellig maaken de Exercitie van dat regt, het zelve immers zouden moeten gedaan hebben in den

jaar

jusqu'à toutes les choses, qui pourroient arriver, ou être possibles; parce que cette Licence, étant une fois introduite & établie, pourroit être suivie de plusieurs conséquences très-dangereuses à la charge de l'Etat en general, & de ses Sujets en particulier, & applanir en même tems le chemin à toutes les Puissances Souveraines, pour s'emparer des biens & des droits bien acquis de leurs Sujets, sans recourir aux voyes ordinaires de la Justice, & sous le premier prétexte spécieux, qui ne leur manqueroit jamais. ANNO 1732.

Que d'ailleurs dans le cas présent, où il s'agit de l'amortissemtnt du Marquisat de Veere *& de* Flessingue, *on ne trouve pas cette necessité urgente pour la conservation ou pour l'utilité publique, pour pouvoir donner lieu à l'usage de ce Droit; ce qui paroit clairement, suivant les sentiments de leurs Nobles Puissances, par la nature de l'affaire même; outre que l'exercice de ce droit, sans la plus grande necessité & une utilité évidente pour le public, ne peut absolument pas s'accorder avec la nature d'un Gouvernement Républicain, qui ayant été établi du consentement libre de plusieurs, pour pouvoir vivre sous une Puissance réunie avec plus de sureté contre les invasions du dehors, a par conséquent pour base cette maxime que chacun d'eux puisse rester dans une possession paisible de ses biens, & dans l'exercice de ses droits, sans y être inquiété, que par les voyes de la Justice.*

Que leurs Nobles Puissances en sont encore d'autant plus persuadées, que, pour autant qu'elles le sachent, il ne s'en trouve sur ce sujet aucun exemple dans cette République.

Leurs Nobles Puissances remettent très-volontiers, au jugement équitable de tous les Regents sages & prudens, & de toutes autres personnes desinteressées, si de l'usage qu'on fait tous les jours de ce droit qui apartient à toutes les Puissances Souveraines, sur les biens de leurs Sujets, en se saisissant de ces biens, pour s'en servir à augmenter des fortifications, ou pour faire des Digues, ou lorsqu'on abbat des Maisons, pour empêcher que le feu ne se communique plus loin, on peut fonder, avec une même égalité de raisons, du droit, que les Seigneurs Etats de Zeelande pensent avoir dans le cas présent, d'amortir le Marquisat des Villes de Veere *&* de Flessingue de facto, *sans aucune nécessité, & sans une utilité évidente pour le public, malgré les Hauts interessés, & en causant par là un préjudice notable aux Illustres Pupilles?*

Sans compter encore, que l'exercice de ce droit dans tous les cas égaux à celui-ci, ne peut absolument pas quadrer avec les Loix fondamentales, & avec les Privileges de presque toutes les Procinces des Pays-bas, dont les Etats, comme il paroit clairement par les Annales, n'ont eu en tous tems de plus grand soin, que d'empecher qu'aucun de leurs Sujets ne soit privé de ses biens, & de ses autres droits légitimes, par qui, & sous quelque prétexte que cela pourroit arriver, sans que cela se fit par les voyes ordinaires de la Justice.

Cela est même bien particuliérement incompatible avec les Privileges, qui ont été accordez, autrefois à la Province de Zelande, & entr'autres avec ceux de la Comtesse Marie *de l'année* 1476. *où il a été expressement statué, que les Comtes, ou leurs Successeurs dans le pays de Zelande, ne pourroient jamais approprier à leur Table les biens, & les héritages de leurs Sujets, ny de qui que ce soit, & qu'ils ne pourroient deposseder personne par provision; mais que ces biens, suivant leur nature ou leur condition, devroient être obtenus par les voyes de la Justice, après quoi ils seroient sujets à la saisie, suivant les Loix, & les Coûtumes du Pays, des Villes, & des Bourgs, où la Sentence auroit été prononcée, ou la Condamnation obtenue; Et il a été établi une fois pour toutes en* 1497. *dans cette Province, comme une Loi fondamentale, & comme une Coûtume universelle, que celui, qui auroit été en possession d'un Fief pendant un an & un jour, n'en pourroit plus être depossedé, que par les voyes de la Justice;*

Que leurs Nobles Puissances étoient encore de l'opinion, que si les Seigneurs Etats de Zelande avoient jamais voulu mettre ce Droit en pratique, ils auroient dû le faire en 1585, *lorsque leur pays se trouva effecti-*

vement

ANNO 1732.

jaare 1585. als wanneer deze Landen in de uyterste nood en swaarigheyt zynde, des tydts egter de Heeren Staaten van Zeeland niet hebben willen treeden tot bepandinge van de Stad Vlissingen, en inruyminge van deselve Stad aan Engelsch Guarnisoen, buyten prealable toestemminge en volkomene Approbatie van de Voogden van den Heere Prince Mauritz, ter selver tyd nog minderjarig zijnde.

Dat haar Ed. Mog uyt het voorverhaalde niet anders konnen concluderen, als dat de Heeren Staaten van Zeeland dat regt in die tyden, en doen daar toe zoo veele reedenen scheenen te weesen, niet hebbende in het werk gestelt, zelfs van Sentiment zyn geweest, gelyk als nog behoorden te weesen, dat dusdanig Regt in cas subject niet practicabel is.

Dat gelyk nu de Exercitie van dat Regt in desen cas, ten aansien van de Politie, met geen fundament kan worden gesoutineert, toepasselyk te weesen, haar Edele Mog: sustineeren, dat het selve te minder kan bestaan en over een komen met den aard van alle Leenen, en met de dispositie van de feudale Wetten: Notoir synde, dat uyt kragte van de Mutueele Verbintenissen, die uyt hoofde van het Contract van Leen, tussen den Leenheer en syn Vassal subsisteeren, den Leenheer soo min beregtigt is, om buyten consent van syn Vassal het Leen, eens voor een onlosbaar Leen, als in desen uytgegeeven, tegens Regten na sig te neemen, als den Vassal, om geen hulde of homage te præsteeren: In welken cas den een den anderen reciproquelyk bevoeght is, in Regten te betrekken.

Dat Haar Edele Mog:, en alle onpartydige Regenten, niet anders als voor een vergesogt pretext konnen aanmerken, die voorgewende en vergehaalde Vreese, als of voorschreeve Marquisaat van Veere ende Vlissingen, in handen van een Prins, niet zynde van de Protestantsche Religie, wel ten eeniger tyd by koop, verpandige of successie zoude kunne vallen.

Ende dat Haar Edele Mog: vervolgens, die geimagineerde Vreese, niet kunnen houden als een wettig fundament voor de Heeren Staaten van Zeeland, om tegenwoordig, daar de verbeelde Vreese, na alle waarschynelykheyd nooyt zal exteren, het selve Marquisaat te vernietigen; gelyk de Heeren Staaten van Holland en Westvriesland in der selver meer geseyde Deductie, soeken te beweeren.

Dat die selve Vreese wel haast zal verdwynen, wanneer de Heeren Staaten van Zeeland, in agtinge gelieven te neemen, dat indien ooyt onverhoopentlyk voorschreeve Marquisaat zoude verkogt ofte verpandt worden, zoodanige verkoop of verpandinge buyten consent en toestemminge van den feudalen Leenheer, in desen de Heeren Staaten van Zeeland, niet zoude kunnen of mogen geschieden, en dat over zulks, in zulken onvermoedelyke val, hooggemelde Heeren Staaten genoegzame geleegentheyd zouden hebben, om daar in te voorsien; En dat ten aanzien van de Successie, de Heeren Staaten van Zeeland ook geene gefundeerde Vreese kunnen hebben, immers tot volkome wegneeminge van dien, in die door de Furstelyke Voogden iterativelyke aengebodene Conferentien, soodanige Pointen zouden konnen vaststellen, waar door hoog gemelde Heeren Staaten, ten dien opsigte alle ombrage benoomen, en volkomen gerust gestelt zouden konnen worden.

Dat Haar Edele Mog: ook voor geen wettig fundament, tot vernieting van het selve Marquisaat kunnen aanneemen het voorwendsel, als of het ten eenemaal incompatibel, en tegenstrydig zoude weesen, dat de voorschreeve Steeden van Veere en Vlissingen, integrerende Leeden zyn van de Heeren Staaten van Zeeland, en in zeekere Respecte particuliere Vassallage onderheevig aan haar Marquis of Heer, geconsidereert dat die geallegeerde en soo vermeende tegenstrydigheyd en incompatibiliteyt, nog op de Regten, nog op de gronden van een regtmatige Politie is vast te maaken, niets soo gemeen en bekent zynde, als dat Universiteyten of Steeden konnen zyn, ook werkelyk zyn integrerende Leeden van een vryen Staat, in het bestier van dien vryen Staat jouisserende van een gelyk Regt, met alle de Meede-Leeden, schoon de selve Universiteyten of Steeden in andere gevallen, het gemeene bestier van dien Staat concernerende, subject syn een particuliere Vassalage; dat ook uyt hoofde van dien, de selve Steeden in den jaare 1575, en alzoo voor het ingaan van de Unie tussen de respective Bondgenoten gesloten, het regt van Stem en Sessie in de Vergaderinge van de Hee-

ANNO 1732.

vement dans la dernière nécessité, & dans un danger évident; Que cependant les Seigneurs Etats de la Province n'ont pas voulu consentir alors à l'engagement de la Ville de Flessingue, *ni d'y faire entrer une Garnison Angloise, sans avoir obtenu au préalable l'agrément & l'approbation entière des Seigneurs Tuteurs du Prince Maurice, qui dans ce tems étoit encore mineur.*

Que leurs Nobles Puissances ne peuvent conclure de tout ce qui a été dit, sinon que les Seigneurs Etats de Zelande, n'ayant pas eu recours à ce droit dans ce tems, où il paroit qu'ils avoient des raisons suffisantes pour le faire, ont été eux-mêmes du sentiment dans ce tems-là, comme il seroit équitable qu'ils le fussent encore, qu'un tel droit n'étoit pas praticable dans le Cas présent.

Et comme il n'est pas possible de soutenir avec quelque fondement, que l'usage de ce droit est applicable au cas présent, par raport à la Politique; leurs Nobles Puissances soutiennent de leur côté, qu'il peut encore moins convenir & subsister avec la nature de tous les Fiefs, & avec la disposition des Loix féodales; puisqu'il est notoire, qu'en vertu des engagemens mutuels qui subsistent entre le Seigneur & le Vassal, suivant le Contract féodal, le Seigneur n'a pas plus de droit de se saisir, & de reprendre sans aucune forme de Justice, & sans le Consentement du Vassal, un Fief, qu'il a une fois conferé comme hereditaire (ce qui est le cas dont il s'agit) que le Vassal n'en a, de ne prêter pas le serment & l'hommage accoutumé; Dans lequel cas, l'un & l'autre ont un droit reciproque de s'en rapporter à la Justice ordinaire.

Que leurs Nobles Puissances, & tous les Regens desinteressés ne peuvent pas par consequent considerer la crainte imaginaire, des Etats de Zelande comme un motif legitime & suffisant, d'amortir ledit Marquisat dans un tems, où il y a apparence que cette crainte ne deviendra jamais réelle, quelques peines que se soient données les Seigneurs Etats de Hollande & de West-Frise pour le soutenir dans leur Deduction si souvent alleguée.

Que cette crainte imaginaire s'évanouira bien-tôt d'elle-même, si les Seigneurs Etats de Zelande veulent serieusement reflechir, que supposé que ledit Marquisat soit un jour vendu ou hypothequé contre toute attente; cette Vente ou cet Engagement ne pourroit jamais se faire sans le Consentement & l'approbation du Seigneur direct (& par consequent des Seigneurs Etats de Zelande) & lorsqu'un cas si imprevû arriveroit, ces Seigneurs Etats ne manqueroient pas alors de moyens d'y remedier. Par rapport à la Succession, la crainte des Seigneurs Etats de Zelande n'est en aucune maniere mieux fondée; puisque, pour en prevenir les suites, on pourroit facilement convenir, dans les Conferences, que les Seigneurs Tuteurs des Princes mineurs ont si souvent offertes, d'articles & de conditions qui dissiperoient tous les ombrages des Seigneurs Etats de Zelande, & les mettroient dans une tranquilité entière sur ce sujet.

Que leurs Nobles Puissances ne pouvoient pas non plus aprouver comme un motif solide & suffisant d'amortir ledit Marquisat, le prétexte allegué, comme s'il étoit tout à fait incompatible que les Villes de Veere *&* de Flessingue *fussent des Villes votantes dans l'Assemblée des Seigneurs Etats de Zelande, & en même tems à certain égard sujettes par un Vassellage particulier à leur Marquis ou Seigneur; puisque cette prétendue contradiction, & incompatibilité, ne peut être fondée ni sur les Loix, ni sur les maximes d'une équitable Politique. En effet rien n'est si commun ni si notoire, qu'il peut y avoir, & qu'il y a effectivement des Universités, ou Villes, qui sont Membres intégrans d'un Etat libre, & qui jouissent d'un droit égal dans le Gouvernement de cet Etat libre avec tous leurs autres Co-membres, quoique ces Universités & ces Villes soient sujettes à un Vassellage particulier dans d'autres cas, qui regardent la Regence publique & générale de cet Etat. C'est en vertu de cet usage reçu que ces mêmes Villes de* Veere *& de* Flessingue, *ont obtenu le droit de séance & de suffrage dans l'Assemblée des Seigneurs Etats de Zelande en* 1575.

ANNO 1732.

Heeren Staaten van Zeeland, by een formeel Octrooy en Privilegie hebben verkreegen, en dat meergemelde Steeden, zonder dat voorschreeve haare Vassalage eenige obstacul heeft gegeven, en alzoo met en onder die Conditie in de voorschreeve Unie tussen de gesamentlyke Provintien, in den jaare 1579. binnen Utrecht gesloten, zyn gekomen, en tot op den huydigen dage, zonder tegenspraake van ymand als nu syn verbleeven.

Dat haar Edele Mog. uyt alle die voornoemde reedenen en motiven, haar als nog vinden overtuygd, dat wanneer de Heeren Staaten van Zeeland in desen iets zouden willen onderneemen, het zelve niet anders zoude konnen of ook behooren te doen, als door de weg van Justitie; en welke weg de Heeren Staaten van Holland en West-Vriesland in den Jaare 1704. hebben geoordeelt in desen te moeten worden gebruykt, wanneer by Resolutie van den 6. Juny desselven jaars, hebben verstaan, dat de President en Raaden van den Hoogen Raad zouden werden aangeschreven, om in voorsz: saake soodanig te procederen als deselve in goeden gemoede zouden verstaan te behooren; en wanneer de Heeren Staaten van Holland en West-Vriesland al eenigsints van die gedagten scheenen verandert te weesen, en by Resolutie van den 21. October 1705. resolveerden de Hoven van Justitie te dispenseren van de judicature in de zaaken van de Magistraats bestellinge van Veere en Vlissingen met de gevolgen en aankleven van dien, soo hebben egter hooggemelde Heeren Staaten by deselve Resolutie voorbehouden, die geene, die hier na het Regt tot het voorschreve Marquisaet zoude hebben bekomen, en daar mede zoude wesen verlegd, zoude vrystaan syne actie en pretensie ter saake van voorschreve Magistraats bestellinge, als anders, te mogen entameren, en te vervolgen, daar en soo het behoord: over sulcks dat meer hooggemelde Heeren Staaten de verschillen over het Marquisaat van de Steeden Veere en Vlissingen, zelfs in die tyd hebben gehouden voor een Object van de Ordinaris Justitie.

Wien volgens haar Edele Mog: de respective Bontgenoten als nog willen hebben versogt van met haar Edele Mog: te willen concurreren, om door alle meest efficatieuste redenen en middelen, de Heeren Staaten van Zeeland te willen persuaderen, ten eynde van dese soo verre uytziende Procedure, als is het *de facto* amortiseren van het Marquisaat van Veere en Vlissingen, willen afzien, en voorschreeve saak laaten aan de Ordinaris Justitie, en ter gevolge van dien opheeven de soo lang geduurd hebbende surcheance en handsluitinge van dien

Moetende Haar Edele Mog: in onverhoopte contrarie gevallen, versoeken en obtesteren onschuldig te willen syn gehouden aan alle onheylen en inconvenienten, welke uyt een zaake van soo groote en veruytziende gevolgen te eeniger tyd zoude konnen ontstaan en profiueren, en wel speciaal verklaaren daar aan nooyt part of deel te sullen willen hebben, dat Ingezetenen van desen vryen Staat, men geswyge Furstelyke weesen van die distinctie, buyten weegen van Regten, by politique Resolutie, sonder het minste schyn van Reeden, onder pretext en ongegronde applicatie van het soo genaamde Recht van *Dominium super-eminens*, van haare Regten en geregtigheden zouden worden ontset en versteeken.

Ende hebben haar Edele Mogende goet gevonden, dat de voorschreve Resolutie aan de Gecommitteerde wegens dese Provintie ter Vergaderinge van haare Hoog Mog: zal werden toegezonden, om ter hooggemelde Vergaderinge ten eersten te openen, ende van die gedaane openinge aan den Hove Provinciaal kennisse te geeven.

Onderstond,

pro vero Extractu,

En was geteekent,

J. L. T. B. WENTHOLT.

Waar op gedelibereert zijnde, hebben de Heeren Gedeputeerden van de Provincie van Holland en West-vriesland ende van Zeelandt, de voorschreve Resolutie copielyk overgenomen, om in den haren breder gecommuniceert te werden; en hebben dien overhindert geinhæreert de Propositien ende Missiven door ofte van wegen de Heeren Staaten van hooggemelde Provin-

ANNO 1732.

1575. par un Octroy formel, & par un Privilége special, & par consequent long-tems avant que l'Union ait été concluë entre les Confédérez respectifs, & que les deux dites villes, sans que leur Vassellage y ait porté le moindre obstacle, sont entrées avec & sous cette condition dans l'Union, concluë à Utrecht en 1579 entre toutes les Provinces respectives, & y sont restées jusqu'à ce jourd'hui sans la moindre contradiction.

Que par toutes ces raisons & ces motifs leurs Nobles Puissances se trouvent encore convaincues jusqu'à présent, que si les Seigneurs Etats de Zelande vouloient entreprendre quelque chose dans le cas présent, cela ne pourroit ni ne devroit se faire, que par la voye de la Justice. Les Seigneurs Etats de Hollande & West-Frise ayant jugé eux-mêmes par leur Resolution du 6. de Juin de l'année 1704, qu'il falloit qu'ils se servissent de ce moyen en ceci, y ayant été dit & resolu, que le Président & les Conseillers du Haut-Conseil devroient recevoir les Instructions necessaires, pour pouvoir proceder dans cette affaire, comme ils jugeroient en conscience qu'il convenoit de faire; Et lorsqu'il parut en quelque maniére, que lesdits Seigneurs Etats de Hollande & de West-Frise avoient changé de sentiment, & qu'ils prirent la Resolution le 21 d'Octobre 1705. de dispenser leurs Cours de Justice de la judicature dans l'affaire qui regardoit le changement des Magistrats dans les Villes de Veere *&* de Flessingue*, avec ses suites & annexes, lesdits Seigneurs Etats se sont pourtant reservés dans la même Resolution, que ceux qui ensuite obtiendroient le droit au susdit Marquisat, & qui en seroient investis, auroient la liberté entiere d'entamer & de poursuivre, par-tout où il appartiendroit, leur action & prétension par rapport à la nomination & au changement des susdits Magistrats; En sorte que ces Seigneurs Etats ont consideré dans ce tems le differend & la dispute touchant le Marquisat des Villes de* Veere *& de* Flessingue*, comme un Objet qui appartenoit à la discussion de la Justice ordinaire.*

C'est ce qui engage encore leurs Nobles Puissances, de prier les Confederés respectifs, de vouloir concourir avec Elles, pour persuader les Seigneurs Etats de Zelande par des moyens & des raisons les plus efficaces, de se desister d'une procedure aussi épineuse, qu'est l'amortissement de facto *du Marquisat de* Veere *& de* Flessingue*, ou de renvoyer cette affaire à la Justice ordinaire, & en consequence, de vouloir bien lever la surséance & l'opposition, qui a déja subsisté assez longtems.*

Leurs Nobles Puissances se trouvant obligées, en cas qu'il en arrivât autrement contre leur esperance, de prier qu'on les veuille tenir pour innocens, comme elles le feront effectivement, de toutes les mauvaises suites & inconveniens, qui tôt ou tard pourroient resulter d'une affaire aussi importante; & elles déclarent en même tems, qu'elles ne prendront jamais aucune part en ce que les Habitans de cette République libre, & encore moins des Pupilles d'un rang aussi distingué, soient privés de leurs Droits & Préeminences, sans les voyes ordinaires de la Justice, par une Resolution Politique, sans la moindre ombre d'équité, & seulement sous le prétexte & l'application mal fondée du prétendu droit du Dominium super-eminens.

Et leurs Nobles Puissances ont trouvé bon, que cette Résolution seroit envoyée aux Seigneurs Deputés de cette Province à l'Assemblée de leurs Hautes Puissances, pour la communiquer au-plûtôt à cette Illustre Assemblée, & de faire ensuite leur Rapport de cette Communication à la Cour Provinciale.

au bas

pro vero Extractu,

Signé

J. L. T. B. WENTHOLT.

Sur quoi ayant été déliberé, les Seigneurs Deputés de la Province de Hollande & de West-Frise, & de celle de Zelande, ont pris copie de la susdite Resolution, pour en pouvoir communiquer plus amplement chez eux; & ce nonobstant ils ont adheré aux propositions & Lettres qui ont été delivrées auparavant sur ce sujet à l'Assem-

blée;

ANNO 1732. vincien haare Principalen op dit subject alhier ter Vergaderinge te vooren ingebragt.

Den aanwesenden Heere Gedeputeerde van de Provincie van Utrecht heeft geinhæreert de Resolutie van de Heeren Staaten sijne Principalen op het subject van de Nalatenschap voor desen genomen, ende mede alhier ter Vergaderinge ingebragt.

De Heeren Gedeputeerden van de Provincie van Vrieslandt, hebben insgelyks geinhæreert de voorige Propositie en aantekeningen, wegens hooghgemelde Provincie op dit subject gedaan, ende hebben verklaart haar te conformeeren met het sentiment van de Heeren Staaten van Gelderland, in de bovenstaande Resolutie vervat.

Den aanwesenden Heere Gedeputeerde van de Provincie van Overyssel heeft gereserveert, sig in weynig dagen nader te sullen, verklaaren.

blée, par, ou de la part des Seigneurs Etats de ces deux Provinces respectives; ANNO 1732.

Le Seigneur Deputé d'Utrecht, qui s'est trouvé présent, a adheré à la Resolution, que les Seigneurs Etats ses Committans, ont pris autrefois au sujet de cette Succession Royale, & qui à été produite alors à l'Assemblée Générale.

Les Seigneurs Deputés de la Province de Frise, ont tout de même adheré à la précedente proposition, & protestation de la part de cette Province sur ce sujet, & ils ont declaré en même tems, qu'ils se conformoient au sentiment des Seigneurs Etats de Gueldres, expliqué dans leur Resolution précedente.

Le Seigneur Deputé de la Province d'Overyssel, ici présent, se reserve de pouvoir se declarer sur ce sujet en peu de jours.

Deductie van Redenen dienende tot beantwoordinge van de Propositie, wegens de Heeren Staten van Holland, en West-Vriesland, ter Vergaderinge van haar Hoog Mogende gedaan, rakende het Mortificeren van het Marquisaat van Veer en Vlissingen, door het gebruyk en applicatie van het Recht de Oppermagt competerende, gemeenlyk *Dominium Eminens* genaamt.

Deduction des Raisons, en reponse sur la Proposition, faite de la part des Seigneurs Etats de Hollande & de West-Frise à l'Assemblée de leurs Hautes Puissances, au sujet de l'amortissement du Marquisat de Veere & de Flessingue, par l'usage & l'application du droit, qui apartient au Souverain, appellé communément *Dominium Eminens*.

DE Furstelyke Voogden over de minderjarige nagelaten Kinderen van den Heere JOHAN WILLEM FRISO, in Zyn Leven Prince van Orange en Nassauw; vernemende dat 'er op nieuws zeer ernstige en geëmpresseerde bewegingen, in de Provintie van Zeeland wierden gemaakt, om het Marquisaat van Veere en Vlissingen, met alle zyne Rechten, Gerechtigheden, en Preëminentien te Mortificeren, die beide voorsz: Steden te ontslaan van alle Leenpligtigheyt, en te verklaren independente, immediate, en Onleenroerige stemmende Steden, hebben zich verplicht gevonden, om tegens die onderneminge, ten uittersten nadelig aan het onbetwistbaar Recht der Furstelyke Wesen, Haare opzicht aanbevolen, na vermogen te vigileren

Ten welken einde Haare Furstelyke Doorlugtigheden zich hebben geaddresseert, in de eerste plaatze, aan de Heeren Staten van Zeeland, vervolgens mede aan de Heeren Staten van Holland en West-Vriesland, met gedienstig verzoek, dat de Heeren Staten van Zeeland mochten werden gedisponeert, om het voorsz: Marquisaat, en aanhorige Rechten, en Preëminentien, te laten in zyn geheel, en de differenten die over de Exercitie van voorsz: Rechten mochten wezen, gerenvoyeert, en gelaten aan de Ordinarisse Justitie.

En hoewel Haare Furstelyke Doorlugtigheeden hoope hadden, dat de redenen en middelen in voorsz: Haare Missive aangeroert, het geluk zouden hebben gehat, van Haar Edele Groot Mog. te persuadeeren van de gefondeertheit van voorsz: verzoek, en vervolgens te bewegen, om de versochte Intercessie, en goede devoiren by de Heeren Staten van Zeelandt aan te wenden.

Zo is het nochtans daar en tegens, dat Haar Edele Groot Mogende, antwoordende op de voorsz: Missive der Hoog Furstelyke Voogdye, verklaren te wezen van een ander sentiment. En wel tot zo verre, dat Haar Edele Groot Mog. oordelen, dat de Heeren Staten van Zeeland, door het Amortisseren van voorsz: Marquisaat, geen ongelyk aan ymand zouden doen, dewyle dezelve daar toe genoegzaam gerechtigt, ja zelfs verplicht zouden wezen.

En nademaal Haar Edele Groot Mog. dat Haar sentiment, naderhandts in een Deductie ter Vergaderinge van Haar Hoog Mog. ingebracht, in het brede, en met verscheide redenen hebben getragt te Justificeren, en met eenen te wederleggen het geene de Furstelyke Voogdye, tot defensie van het Wettige Recht, Haare Furstelyke Wezen, op het Marquisaat, en Gerechtigheden van dien, competerende, in gemelde Haare Missiven hadden geallegeert, zo zal het nodig en dienstig wezen, om de gronden en argumenten door Haar Edele Groot Mog. in voorsz: Haare Deductie gelegt en gebruikt, wat nader te examineren, en met convenable redenen te wederleggen, en op te lossen.

De Hoog Furstelyke Voogdye hadde in meergedagte Haa-

*L*ES *Illustres Tuteurs des Enfans mineurs du Seigneur* Jean Guillaume Friso, *Prince d'Orange & de Nassau, ayant été informés, que l'on commence de nouveau, à faire dans la Province de Zelande des mouvemens très-serieux, & très-empressés, pour amortir le Marquisat de* Veere *& de* Flessingue *avec tous ses droits, Privileges, & Preéminences, pour delivrer ces deux Villes de tout Vassellage, & pour les déclarer Villes indépendantes, immédiates, & ayant séance & voix comme les autres, se sont trouvés obligés, de s'oposer de tout leur pouvoir à cette Entreprise, si préjudiciable aux droits incontestables de ces Illustres Pupilles.*

C'est pourquoi leurs Altesses Serénissimes se sont addressées en prémier lieu aux Seigneurs Etats de Zelande, & ensuite aussi aux Seigneurs Etats de Hollande & West-Frise, en requerant amiablement, que les Seigneurs Etats de Zelande voulussent bien laisser dans son entier le susdit Marquisat, & tous les droits, Priviléges & preéminences, qui y sont annexez, & de renvoyer & laisser à la décision de la Justice ordinaire les differens, qui pourroient subsister sur l'exercice de ces droits.

Et quoique leurs Altesses Serenissimes eussent esperé, que les raisons & les moyens déduits dans leur Lettre auroit eu le bonheur de persuader leurs Nobles & Grandes Puissances de la solidité de leurdite requisition, & de les engager ensuite à employer leur intercession & leurs bons offices auprès des Etats de Zelande.

Il est pourtant arrivé tout le contraire, leurs Nobles & Grandes Puissances ayant declaré dans leur réponse à la Lettre des Illustres Tuteurs, qu'elles étoient d'un autre sentiment; Et même jusques là, que L. N. & G. Puissances jugeoient que les Seigneurs Etats de Zelande ne feroient aucune injustice a personne par l'amortissement de ce Marquisat, parce qu'ils étoient suffisamment en droit, & même obligés de le faire.

Et comme leurs Nobles & Grandes Puissances, ont tâché ensuite de justifier leurs sentimens par plusieurs raisons exposées dans une très-ample Deduction, delivrée dans l'Assemblée de leurs Hautes Puissances, & de prouver le Contraire de ce que les Illustres Tuteurs avoient allegué dans leurdite Lettre, pour la defense du droit légitime, & des preéminences, qui apartiennent à leurs Illustres Pupilles sur ce Marquisat; Il sera très-necessaire, & très-utile, d'examiner avec exactitude les Arguments, & les Raisons, que leurs N. & G. P. ont posé pour fondement dans leur Deduction, & de démonstrer le contraire par des raisons convenables;

Les Illustres Tuteurs avoient posé pour fondement dans leur

ANNO 1732.

Haare Missiven geposeert, en in 't korte aangetoont; Eerstelijk, dat de Heeren Staten van Zeelandt, als Leenheeren geconsidereert wordende, niet gerechtigt waren, om een Leen, door Haar zelfs uitgegeven, en verkocht tot een onsterflyk Erfleen, met renunciatie aan het Recht van Lossinge en Retour, tegens wille en dank van den Leen-Man te vernietigen en wech te nemen; En ten tweden, dat Haar Edele Mog. het zelve mede niet gevoeglyk konden doen, als Souverainen van den Graafschappe, buiten de betrekkinge op de verbintenisse, die 'er is tusschen een Leenheer en zyn Leenman; Dewyle zulks moetende worden afgeleidt uit een Recht, de Oppermacht wordende toegeschreven, en bekent onder de naam van *Dominium eminens*, in dezen geen *termini habiles*, tot exercitie van dien, worden gevonden.

Haar Ed. Groot Mog. de eerste der voorsz: stellingen voorbygaande, en alzo de gefundeertheit van dien erkennende, verklaren de intentie der Heeren Staten van Zeeland te zijn, om zich in dezen te bedienen *van het Recht, alle Souveraine Princen competerende, gemeenlyk het Dominium eminens genaamt*, en verklaren verders, de staat van de questie daar inne te bestaan; *Of in het tegenwoordige geval, genoegzame redenen zyn, om dat Recht te gebruiken*, sustinerende daar van de affirmative.

Doch alvorens te treden tot onderzoek en overweginge van de Argumenten, door Haar Ed. Groot Mog. bygebracht, om voorsz: Haare sustinuë te legitimeren en vast te maken, kan de Furstelyke Voogdye niet onaangeroert voorby gaan, dat haar deze Methode, om tot de vernietiginge van het Marquisaat van Veer en Vlissingen, door een Polityk middel, met uitsluitinge van de wech der Ordinarisse Justitie te geraken, daaromme zo veel te onverwagter en surprenanter te voren is gekomen, om dat dezelve strydig is met het sentiment, waarinne de Heeren Staten van Hollandt en Zeelandt, daar ontrent voor dezen zyn geweest, en zich ook by gereitereerde Resolutien hebben geuitet en verklaard gehadt.

Want dat wanneer, na het overlyden van Zyn Majesteit van Groot Britt. Glor. Ged. sommige Regenten in Zeelandt hebben beginnen te leggen den grondslag, van het geene tegenwoordig uitdrukkelyk beoogt word; En dat de twee Vasalle Steden, zich hebben begonnen te ontrekken aan het Recht van den Marquis, door het maken van nieuwe Reglementen, en veranderinge in de Regeringe van voorsz: Steden; En de Raden der Domeinen zich daar over addresseerden aan den Hogen Rade, wierden gecontracarreert door de Heeren Staten van Zeeland, zo is het, dat de Heeren Staten van Hollandt by Resolutie van den 6. Juny 1704. hebben verstaan, en geresolveert, *dat de President en Raden van den Hogen Rade zouden worden aangeschreeven, om in de voorsz: zaken zodanig te procederen, als dezelve in goeden gemoede en Justitie, zouden verstaan te behoorten.*

Dat wyders na verloop van eenigen tydt, en op de ernstige en gereitereerde instantien der Heeren Staten van Zeelandt, Haar Ed. Groot Mog. daar ontrent wel eenigzints van gevoelen zijn verandert, maar nochtans gebleven by die gedachten, dat het geene zoude mogen concerneren het maken van veranderinge in de Rechten van den Marquis, of de faculteit om zich daar aan te onttrekken, was een voorwerp van de Ordinarisse Justitie, gelyk afgenomen moet worden uit de woorden van derzelver Resolutie in Dato den 21. October 1705. luidende aldus; *Dat de Hoven van Justitie in deze Provintie zullen worden gedispenseert van de Judicature, in de zake van de Magistraatsbestellinge van het Marquisaat van Veer en Vlissingen, met de gevolgen en aanklevén van dien; Behoudelyk dat die geene, die hier na het Recht tot het voorsz: Marquisaat zal hebben bekomen, en daar mede zal wezen verlydt, zal vry staan zyn actie en pretensie, ter zake van voorsz: Magistraatsbestellinge, als anders, te entameren en te vervolgen, daer en zo het behoort.*

Met welke Resolutie de Heeren Staten van Zeeland zich naderhandts hebbende geconformeert, daar van ook niet zyn afgegaan, niet tegenstaande in den jare 1706. en vervolgens door de Steden Vlissingen en Ter Goes, propositien wierden gedaan, om de vernietiging van het Marquisaat te vorderen als een Recht van Conveniëntie. Verklarende zich, onder anderen daar op de Magistraat van Zierikzee, by een Resolutie ingebracht ter Vergaderinge van de Staten, den 16. January 1708. op een zonderlinge en nadrukkelyke wyze, en concluderende, *onveranderlyk te zullen blyven van dat senti-*

leur Lettre, & y avoient remontré en peu de mots, prémiérement: que les Seigneurs Etats de Zelande, étant considerés comme Seigneurs Directs, ne sont pas en droit, d'amortir & de se saisir sans le Consentement, & malgré le Vassal, d'un Fief, qu'il a conferé & vendu lui-même, comme un Fief perpetuel & hereditaire, en renonçant pour lui & pour ses heritiers ou successeurs au droit de retrait & de dégagement; Et secondement, *que leurs Nobles Puissances ne pouvoient pas le faire avec équité, comme Souverains de la Comté, au préjudice de l'engagement & de la Convention, qui se trouve entre le Seigneur Direct, & le Vassal, parce qu'une telle entreprise ne peut deriver que du droit, qui appartient à la suprême Puissance, & connu sous le nom du* Dominium eminens, *on n'y trouvera certainement pas les* termini habiles, *pour y pouvoir appliquer l'usage de ce Droit.*

Leurs Nobles Grandes Puissances, ayant passé la prémiére de ces positions, & reconnoissant par consequent sa solidité; déclarent, que les Seigneurs Etats de Zelande ont resolu de se servir du droit, qui apartient à tous les Souverains, communement appellé *Dominium eminens, & elles declarent encore, que l'état de la question roule sur ceci:* Si on trouve de raisons suffisantes dans le Cas présent, pour pouvoir se servir de ce droit; *Dont elles soutiennent l'affirmative.*

Avant néanmoins que d'entrer dans l'examen, & dans la consideration des argumens, que leurs N. & G. P. ont bien voulu alleguer, pour établir la legitimité & la solidité de leur These, les Illustres Tuteurs ne peuvent s'empêcher de remarquer ici, que la Méthode, dont on s'est servi, pour parvenir à l'amortissement du Marquisat de Veere *& de* Flessingue *par un moyen politique, & en excluant tout-à-fait la voye ordinaire de la Justice, leur a paru d'autant plus surprenant & inattendu, qu'elle repugne entierement, & qu'elle est contraire aux sentimens, que les Seigneurs Etats de Hollande & West-Frise ont eu auparavant, & qu'ils ont fait connoitre publiquement dans plusieurs Déclarations réiterées.*

Or, lorsqu'après la mort de Sa Majesté de la Grande Bretagne de glor. mem. plusieurs Regens dans la Province de Zelande commencérent à jetter le fondement de ce qu'on entreprend à présent ouvertement; Et que les deux Villes, sujettes au Vassellage, commencérent à se soustraire aux droits du Marquis, en faisant de nouveaux Reglemens, & en changeant la Regence ordinaire, qui avoit été en tout tems en usage dans ces Villes; en sorte que les Conseillers des Domaines furent obligez de s'addresser sur ce sujet au Grand Conseil où ils trouvérent des opositions de la part des Seigneurs Etats de Zeelande; il s'ensuivit, que les Seigneurs Etats de Hollande & West-Frise ont entendu par leur Resolution du 6 de Juin 1704. & ont resolu, Qu'on enverroit les ordres necessaires au Président & aux Conseillers du Grand Conseil, pour procéder dans cette affaire de la maniére, qu'ils croiroient en bonne conscience, convenable avec les Loix, & avec la Justice;

Qu'il étoit vrai, que leurs N. & G. Puissances avoient changé en quelque manière de sentiment quelque tems après à la priere & aux instances serieuses & si souvent réitérées des Seigneurs Etats de Zelande; mais elles ont pourtant toujours persisté dans le sentiment, que le projet de l'amortissement des droits du Marquis, ou la faculté de pouvoir les amortir, seroit toûjours un objet de la Justice ordinaire; Ce qui paroit avec évidence par ce passage de leur Resolution en date du 21. d'Oct. 1705. contenant; Que les Cours de Justice de ces Provinces seroient dispensées de la Judicature, dans l'affaire, qui regardoit la nomination des Magistrats dans le Marquisat *de* Veere *& de* Flessingue, avec toutes ses suites & annexes; à la reserve pourtant, que ceux, qui auront obtenu ci-après le droit audit Marquisat, & ceux, qui en recevront l'Investiture, auront toûjours la faculté & la liberté entiére, d'entamer & de poursuivre leurs actions, & leurs prétensions, au sujet de la nomination du Magistrat & des autres prétensions, par tout, ou il leur conviendra.

Les Seigneurs Etats de Zelande se sont aussi conformés ensuite à cette Resolution, & n'ont pas voulu pousser cette affaire plus loin, quoique les Villes de Flessingue, *& de* Ter Goes *fissent des propositions réiterées, pour presser l'amortissement du Marquisat, comme étant de droit & de Convenance; le Magistrat de la Ville de* Zierikzee *ayant sur cela délivré à l'Assemblée des Etats sa Resolution du 16 de Janvier 1708, en ces termes exprès & très-forts,* qu'il resteroit inalterablement dans

le

ANNO 1732.

sentiment, om de Cours van de Justitie, zo als van oudts open te laten.

Dat ook de Heeren Staten van Hollandt en Zeeland, zedert dien tyd, en specialyk in den jaare. 1708. aan wylen den Heere Johan Willem Friso Prins van Orange en Nassau, hebben laaten voorstellen, ook ten dien einde de voorspraak der Heeren Staten van Vrieslandt verzocht, om het voorsz: Marquisaat aan de Provintie van Zeelandt, of de beide Vasalle Steeden te verkoopen, of op een ander gevoeglyke wyze daar over te handelen.

Doch dat zulks by Zyn Hoogheit gedeclineert en van de hand gewezen zynde, de zaake daar by is gebleven, zonder dat Hooggemelde Heeren Staten doen ter tydt in gedachten is gekomen, om uit krachte van het *Dominium eminens* het voorsz: Marquisaat Politykelyk te vernietigen, gelyk nu de toeleg is;

Daar nochtans het zelve Heerlyk goed nu van geen ander natuer is, als het is geweest in voorgaande en hier voren genoemde tyden; en daar om ook geen de minste reden, om het zelve door zo een extraordinaris en ongewoon middel, buiten alle Rechtsplegingen, of immers een amiable onderhandelinge, nu meer als oit te vooren, werkstellig te maaken.

Behalven dat, na de sustenue van de hoog Furstelyke Voogdye, in allen gevalle, geen probable, veel min genoegzame reedenen in dezen gevonden worden, die aan de Heeren Staten van Zeeland de faculteit zouden geven, om het vorengemelde Recht te gebruiken; het welke zynde het eenige point in questie, vervolgens wat nader ondersocht dient te worden.

Gelyk de Furstelyke Voogdye in haare Missiven heeft erkent, zoo staat dezelve noch gaarne toe, dat 'er in de Oppermacht is een Recht, een volheit van gezach, uit kracht van het welke dezelve niet alleen kan bepalen het gebruik der goederen van haare Onderdanen, maar ook, in zekere gevallen, den eigendom daar van mag na zich nemen, en ten besten van het Gemeene bekeeren.

Doch dewyle van dit Recht, na het Avû zelfs van Haar Edele Groot Mog. lichtelyk zoude kunnen worden geabuseert, zo is het, dat alle geapprobeerde Autheuren, die deeze materie hebben verhandelt, daarinne over een komen, en het alzo een constant en algemeen gevoelen is geworden, dat het voorschreeve Recht in geenen deele ongelimiteert is, dat daar en tegen een Souverain, zonder een Notoire injustitie te doen, de Goederen van zyne Onderdanen niet vermag na zich te nemen, als in Singuliere gevallen, en dan noch niet als onder zekere conditien en bepalingen.

Dat van die gevallen geen andere worden erkent, als van noodtzaakelykheit, en nuttigheit voor het gemeene beste;

Dat die noodzakelykheit moet wezen hoogdringendt en swaar wichtig; en de nuttigheit groot, evident, en wezentlyk, zo dat het Gemeen, zonder merkelyke schade te lyden, het zelve niet kan ontbeeren;

En dan noch onder die bepalingen, dat een Particulier zyn Goed ten gemeenen dienst hebbende opgeoffert en overgegeven, daar voor door het Publyk werde gededomageert en schadeloos gehouden; of indien het zonder verbruikt te wezen, maar voor een tydt ten Gemeenen Nutte is aangelegt geweest, dat die nuttigheit, of noodtsakelykheit cesserende, dât goed aan den voorgaanden Eigenaar moet worden gerestitueert.

Dat buiten zodanige gevallen van dringende noodzakelykheit, of van groote en evidente nuttigheit, elk en een yder moet meester blyven van het zyne; En by het onverhindert bezit en genot van het zelve, door, en wegens de Hooge Regeringe worden gemaintineert.

Dat de waarheit van die stellingen evidentelyk kan worden afgeleidet uit de grondslag, waar op dat Recht van de Oppermacht is gebouwt, te weten, het consent van elk en een yder der Particulieren, een Burgerlyke Gemeenschap uitmakende, die gepresumeert worden, alle te zamen daarinne te hebben toegestemt, dat wanneer het Gemeene beste niet kan worden geconserveert, als met schade en ongemak van een Particulier, de Gemeene Nuttigheit, in zulken gevalle, moet worden geprefereert;

Dat wanneer het gebruik van voorschreeve Recht verder mochte worden geëxtendeert, het zelve notoirlyk zoude strydig wezen met het oogmerk het welk gehadt hebben alle de geene, die zich met meer anderen, in de eerste te zamenkomste der Republyken, hebben gevoegt en geassocieert onder een Regeringe, te weten, om onder deszelfs opzicht en directie, volgens egale Wetten, des te veiliger te kunnen leven, te geruster zyne

le sentiment, de laisser un cours libre à la Justice, comme il avoit été en usage au tems passé.

Que depuis ce tems les Seigneurs Etats de Hollande, & West-Frise, avoient fait proposer particuliérement dans l'année 1708: au feu Seigneur Jean Guillaume Friso, *Prince d'Orange & de Nassau, qu'il vendit à la Province de Zeelande le Marquisat, ou le Vassellage de ces deux Villes, ou qu'il le leur cédât d'une maniere ou d'autre; & pour cette fin ils eurent recours à l'intercession des Seigneurs Etats de Frise.*

Mais son Altesse ayant temoigné qu'elle n'y donneroit jamais son consentement, on avoit alors comme abandonné cette affaire, sans que lesdits Etats aïent seulement fait paroitre leur dessein d'amortir ce Marquisat politiquement en vertu du prétendu droit de Dominium eminens; *comme on fait à présent.*

Quoi que ce bien Seigneurial n'aie pas changé de nature depuis ce tems là, & que par consequent ils ne peuvent pas produire des raisons valables, pour l'effectuer plûtôt à présent, que dans ce tems, par un moyen aussi extraordinaire & aussi inusité, sans aucune forme de justice, & pas même par une négotiation amiable.

Et que d'ailleurs, suivant le Systême des Illustres Seigneurs Tuteurs, on ne peut trouver en tout cas des raisons probables & encore moins de suffisantes, qui pussent fournir aux Seigneurs Etats de Zelande la faculté de se servir du susdit droit. Ce qui étant le seul point en question, mérite sans doute, qu'on l'examine avec plus de précision.

Les Seigneurs Tuteurs ne s'éloignent pas de reconnoitre, comme ils ont fait déja dans leur Lettre, qu'il se trouve dans la Souveraineté un droit, une plenitude de pouvoir & de puissance, en vertu de laquelle Elle ne peut pas seulement borner l'usage des biens de ses Sujets, mais que dans certains cas, Elle peut aussi s'en saisir, & les convertir à l'utilité du Public.

Comme pourtant, suivant le propre aveu de leurs Nobles & Grandes Puissances, il seroit très-facile, de pouvoir abuser de ce droit; on trouvera aussi, que tous les Auteurs approuvés, qui ont traité de ce droit, conviennent, (& que par consequent cela est devenu un sentiment général & constant) que ce droit dans toutes ses parties, ne peut pas être illimité; que nonobstant qu'un Souverain soit en possession de ce droit, il ne peut pourtant pas prendre les biens de ses Sujets, sans commettre une injustice manifeste que dans certains cas singuliers; & que ce soit sous de certaines Conditions, & restrictions.

Que de tous ces cas, qui y peuvent avoir une relation juste & équitable, on n'a adopté que la necessité urgente, & l'utilité generale.

Qu'il faut que cette nécessité soit bien pressante, & d'une consequence dangereuse; Et que l'utilité soit grande, évidente, & essentielle, & que le Public ne puisse pas s'en passer, sans souffrir un préjudice palpable & essentiel.

Et cependant il faut que cela se fasse alors avec la restriction, qu'un Particulier, ayant abandonné ses biens au service du Public, il en soit recompensé & dedommagé par le Public, & si ses biens n'ont servi pour le Public; que pour un certain tems, & que la necessité publique vienne à cesser, que ces biens soient rendus & restitués au prémier Proprietare;

Que hormis ces deux cas d'une necessité urgente, ou d'une utilité évidente & palpable, il faut absolument, que chacun soit & reste maitre absolu de ses heritages & de ses acquets; & qu'il soit maintenu dans la possession tranquile du sien par la Puissance Souveraine.

Que la verité de cette position découle naturellement & avec évidence de la même source, dont derive la suprême Puissance; à savoir du consentement de chaque Particulier, qui forment une Societé, ou une République, & qu'on présume avoir consenti tous en général, que lorsque le bien public ne peut être conservé, que par la perte des biens, ou par d'autres incommodités d'un Particulier, la necessité & l'utilité publique doivent être préferées dans ce cas, à celle du Particulier.

Mais on ne peut étendre plus loin l'usage ce & droit, sans repugner aux vuës, qu'ont eu tous ceux, qui, au prémier établissement des Républiques, se sont associés avec d'autres sous un même gouvernement, dans l'esperance & sous la condition, d'y pouvoir vivre plus tranquiles sous la direction, & les soins de leurs Magistrats, & de pouvoir jouïr & posséder leurs biens sans aucun em-

ANNO 1732.

zyne Eigendommen bezitten, en daar mede handelen na hun welgevallen.

Dat op die gronden, die voor onbetwistbaar worden gehouden, aan Haar Edele Groot Mog: zonder beswaringe kan worden geaccordeert, dat een Souverain, uit hoofde van het *dominium eminens*, Landen van Zyne Onderdanen tot Fortificatien kan vergraven, tot dekkinge en beveiliginge van het gemeene Land tegens den gemeene Vyand; tot Dykagien verbruiken tegens inundatien; geheele Districten onder water zetten, om den selven de subsistentie te benemen; Huizen afbreken, het zy om den voortgang van Brandt te beletten, of aan den Vyand de gelegentheit te beneemen, van zich daar inne te verschanssen, en wat meer van die natuer mag zyn; alzoo in die gevallen resideert een baarblyklyke noodzaaklykheit en nuttigheit voor het Gemeen, wel te weeten gepresupponeert zynde, dat het gevaar voor de attacque en invasie van den Vyand, of ook d'overstrominge van het water, en voortgang van Brandt, wezentlyk en baarblyklyk zy.

Doch dat aan Haar Edele Groot Mog. geenzins kan worden toegegeven, dat de vooren genoemde gevallen, waarinne ogenschynlyk resideert een nootzaaklykheit, of groote nuttigheit voor het Gemeen, eenige de minste overeenkomst hebben met dat, waar over in dezen word gecontroverseert.

Dat Haar Edele Groot Mog: om zulks aan te toonen, voorwenden, dat het Marquisaat van Vlissingen en Veere, met zyne Heerlyke Rechten, is schadelyk aan, ja incompatibel met de vryheit en independentie van de Provintie van Zeelandt; dewyle het gesach van den Marquis, den wech zoude baanen tot de geheele directie in de voorsz: twee Vasalle Steden, en vervolgens een groote influentie hebben op de Staatse Vergaderinge van Hooggemelde Provintie; ja zelfs in de Vergaderinge van Haar Hoog Mog: en in de Collegien van de Unie.

Dat zodanig een Gezach en Faculteit daarom te bedenklyker is, om dat meergemelde Marquisaat staat te vallen in handen van een Prins; ja dat het niet onmogelyk is, dat dit Recht t'eeniger tydt zoude kunnen komen op een Vreemd Prins. En wel op een vreemd Prins, niet zynde van de Protestantse Religie.

Doch dat zulken overwegend gezach van den voorsz: Marquis, in diervoegen als het zelve door Haar Edele Groot Mog: wordt geëxtendeert en uitgemeeten, op verre na niet vloeit, noch gehaalt kan worden, uit de Rechten van het Marquisaat.

Want dat de voorsz. Rechten wel geëxamineert zynde, bevonden zullen worden, geen de minste gemeenschap te hebben met de Provintiale Regeeringe, en de Deliberatien, ter Vergaderinge der Heeren Staten van Zeelandt voorvallende, en 't geene daar van als gevolgen, door Haar Edele Groot Mog: word getrokken.

Maar alleene haare betrekkinge te hebben op zaken, de administratie van goede Politie en Justitie binnen voorsz: Steden, concernerende; en waar door met geen grond van reden, gezegt kan worden; dat de Vryheit en Independentie van die beide Steden in het Politique Staatsbestier eenigzins wordt vermindert; gelyk zulks mede niet gezegt kan worden te geschieden door den Eed van Trouwe en Homage, aan den Marquis wordende gepresteert, dewyle dezelve geenzints vernietigt of wechneemt de verplichtinge van getrouwigheit, waar mede beide, de Heer, en de Ingezetenen van die Steden, aan de Graaflykheit verbonden zyn.

Dat ook boven dien uit den inhoud van het Privilegie de Anno 1574. geblykt, dat het Recht van Stem en Sessie in de Vergaderinge der Staten te hebben, niet is gegeven aan den Marquis, maar aan het Corps der Gemeente van die beide Steden; dewelke diens volgens ook niet kunnen gezegt worden haaren Feudalen Heer, in dien deele, te representeeren; of in zaken de Hoge Provintiale Regeeringe aangaande, van den zelven te dependeren, dewyle zy ongehouden zyn, Hem Marquis daar van rekenschap te geven, of zyne orders te respecteren, en op te volgen.

Dat het ook in geenen deele voor incompatibel of tegenstrydig kan worden gehouden; dat een Universiteit, een integrerend Lidt van Staat zynde, evenwel in zekere gevallen Vassallage onderworpen is, gelyk daar van de Exempelen in Naburige Landen menigvuldig bekent zyn, en zelfs in de Republyk aangetoont zoude kunnen worden.

Dat ook geen een bewys wordt bygebragt, waar uit zoude kunnen geblyken, dat dezelve Steden, geduirende allen den tydt, dat dezelve Sessie en Stemme in de Staatse Vergaderinge van Zeelandt hebben gehat,

met

ANNO 1732.

pêchement, & sans en être privé par une Puissance absoluë;

Que sur ce fondement, & ces raisons, qui sont incontestables, on peut fort bien accorder à leurs N. & G. P. qu'un Souverain, en vertu du Dominium eminens, *peut se servir des Terres de ses Sujets, pour y bâtir des fortifications, pour couvrir le Païs contre l'invasion des Ennemis; qu'il peut s'en servir pour faire des digues, afin de préserver tout un pays des inondations; qu'il peut inonder des contrées entiéres pour arrêter les Ennemis; qu'il peut faire brûler une Province entiére, pour empêcher l'ennemi de pouvoir subsister; qu'il puisse faire abattre les maisons, pour empêcher un incendie de s'étendre plus loin, ou pour ôter l'occasion à l'ennemi de s'en servir pour s'y fortifier; Que par conséquent il se trouve dans ces cas mentionnés une necessité, & une utilité publique, qui saute d'abord aux yeux; bien entendu, & présupposé, que l'attaque, & l'invasion des Ennemis, le debordement des eaux, & la communication du feu, soient essentielles & palpables.*

Sans pourtant qu'on veuille convenir ici en aucune maniére avec leurs N. & G. P., que lesdits cas, où se trouve sans la moindre contradiction une necessité urgente, ou une utilité évidente pour tout le Public, puissent être applicables au cas présent, sur lequel on est actuellement en dispute.

Que leurs N. & G. P., pour apuier leurs raisons, pretextent, que le Marquisat de Veere *& de* Flessingue, *avec ses droits & ses prééminences Seigneuriales, est préjudiciable, & incompatible avec la liberté & l'indépendance de la Province de Zelande; parceque l'autorité & le pouvoir du Marquis pourroit à la fin se fraïer le chemin à la direction entiére dans ces deux Villes féodales, & par conséquent avoir une grande influence dans les délibérations de l'Assemblée des Etats de cette Province; ce qui s'étendroit (suivant leur Systême) jusqu'à l'Assemblée de leurs Hautes Puissances, & aux Colléges de l'Union.*

Que cette autorité, & cette faculté dans le cas présent étoit d'une consequence d'autant plus grande, que ce Marquisat est sur le point de tomber entre les mains d'un Prince; Et qu'il ne seroit pas impossible, qu'il ne passât ensuite à un Prince étranger; Et même à un Prince étranger qui ne seroit pas de la Religion Protestante.

Que néanmoins cette prétenduë autorité, & ce pouvoir du Marquis, ne peut absolument pas deriver, ni avoir sa source dans les droits du Marquisat, de la maniére qu'il a plû à L. N. & G. P. de l'étendre;

Parceque cesdits droits, ayant été bien examinés, toutes les Personnes desinteressées trouveront qu'ils n'ont pas la moindre connexion avec la Regence Provinciale, ni avec les délibérations de l'Assemblée de leurs Hautes Puissances, comme leurs Nobles & Grandes Puissances présupposent dans leur Resolution.

Mais qu'ils sont seulement relatifs aux affaires, & à l'administration de la bonne Police, & de la justice, qui concerne ces deux Villes; ce qui ne peut pas fournir de raisons valables, pour soutenir, que ces deux Villes souffrent la moindre atteinte dans leur liberté, & leur indépendance, pour agir librement dans les deliberations de la Province, & de l'Etat en général; Ce qu'on ne peut pas dire du serment, & de l'hommage, que ces deux Villes sont obligées de prêter à leur Marquis: parceque cela n'exemte en aucune maniére le Marquis de ses obligations de fidélité, par lesquelles, tant lui, que les Habitans des deux Villes sont liez à la Comté.

Qu'il paroit encore par le contenu du privilége de l'année 1574:, que le droit de Séance & de suffrage dans l'Assemblée des Etats de la Province, n'a pas été accordé au Marquis, mais au Corps entier des Bourgeois de ces deux Villes: En sorte que l'on ne peut pas dire non plus, que ces deux Villes représentent dans ce cas leur Seigneur Féodal; ni qu'Elles dependent de lui dans les affaires, qui concernent la haute Régence de la Province, parcequ'Elles ne sont pas obligées, de lui rendre compte de leurs délibérations, ni de respecter, & de suivre ses ordres, qu'autant qu'elles veulent;

Qu'il n'est pas non plus incompatible en aucune maniére, qu'une Université, quoi qu'Elle soit un Membre intégrant de l'Etat, puisse pourtant dans certains cas être sujette au Vassellage; dont on a plusieurs Exemples dans les païs voisins, & même dans la République.

Que d'ailleurs on n'a pas encore aporté aucune preuve, que cesdites deux Villes aïent donné leurs avis dans l'Assemblée des Etats de Zélande avec moins de liberté & d'indépendance, que les quatre autres Villes,

Anno 1732. met minder liberteit en onafhanklykheit Haare Advysen hebben gegeven, als eenige der vier andere Graaflyke Steden.

Dat het contrarie onder anderen is gebleken, in een zeer notabel geval, gebeurt in den Jare 1584. Wanneer eenige Steden in Zeelandt, na het exempel van het geene in Hollandt verhandelt wierde, in deliberatie brachten, en daar op aandrongen, om aan de Prince van Orange, de Souverainiteit van het Landt, onder den Naam van Graaf van Zeelandt op te dragen, want dat het zelve met veel vrymoedigheit, cordaatheit, en standtvastigheit is tegengesproken en gestuit, nevens de Steden Middelburg en Ter Goes, ook door de Stadt Veere; als te rechte oordelende dat de Verplichtinge om de Vryheit en Gemeene Welvaren te maintineren en voor te staan, veel sterker tot Haaren laste lag, als de obligatie en betrekkinge die Zy hadden, aan, en op den Prince Haaren Heere en Marquis.

Dat by experientie is gebleken dat de Forme van Regeeringe in de voorsz: twee Steden, zo als de zelve zedert een immemoriale tydt is geweest, geen de minste verwarringe of wanordre in de Hoge Reegeringe van Zeelandt, of eenig nadeel aan 't Gemeen, of Particuliere Ingezetenen heeft toegebragt. Dat ter contrarie noyt de Publique rutte, harmonie, eenigheit, en goede ordre in de voorsz: Provintie, en onder de Regenten van dien, beter zyn geconserveert geworden, noch de goede Ingezetenen meerder hebben gefloreert in Haare Commercie, en toegenomen in haare vermogens, als geduerende dien tydt.

Dat uit alle 't geene voorsz: is geblykende, dat de Subsistentie van het Marquisaat, met zyne Preëminentien, Rechten, en Gerechtigheden noch incompatibel is, met de maximes van Regeeringe in deze Landen geëtablisseert, noch nadeelig aan het Gemeen, of de Goede Ingezetenen in het Particulier, 'er geen de minste reden kan overblyven, waarom het zelve zoude mogen, en zelfs moeten worden vernietigt.

Dat in allen gevalle, wanneer immers het raisonnement van haar Ed. Groot Mog. mochte doorgaan (des geenzins) dat het tegens de vaste Maximes, van oulds in deze Landen onderhouden, strydig zoude zyn, dat een Leenroerige Stadt, Stem in Staat zoude hebben, het zelve nochtans niet concludent zoude wezen voor het Amortissement van voorsz: Marquisaat, het welke al lange voor de introductie der Vassalle Steden in de Vergaderinge der Staten, met alle Zyne Rechten heeft gesubsisteert.

Maar eerder strekken, om de twee Steden uit de Staatse Vergaderinge te doen amoveren.

Dat het geene Haar Ed. Groot Mog. allegeren en aandringen uit den inhoud van het Privilegie in den jare 1574. door den Heere Prince van Orange, in den name van den Koning van Spanjen aan de voorsz: Steden gegeven; en wel specialyk uit de Clausule van des Graven immediate Protectie, en Belofte van de zelve noit te zullen alieneren, daar inne vermeldt, daar uit infererende dat dezelve Steden vry gesteldt zynde, van alle mediate beheeringe, door de Authoriteit van den Prince van Orangen t'onrechte weder zyn gebragt onder Vasallage, veel te swak is, om te kunnen gelden tegens een voorgaande Sententie, en wettig Decreet van Interpositie, door den Rechter gegeven tot nadere Verkopinge. Mitsgaders tegens een daar op gevolgde langduerige en ongeturbeerde Possessie van verre over de hondert Jaaren.

Want dat het bekend is, dat de voorsz: Clausule *de non alienando* eeniglyk berust op den eersten Koop door Koning Philips de tweede, Graave van Zeeland in den Jaare 1566. gedaan.

Dat diensvolgens, zoo het oit tydt was, om onder aanbiedinge van de Kooppenningen te voldoen (die door den Koning onbetaalt waaren gelaaten) zich tegens de nadere Verkopinge te opposeren, het doenmaals is geweest. Maar dat het nu ongerymt zoude wezen, om onder sodanigen ongegrond voorwendsel, na verloop van soo veele over de hondert jaaren, en na dat de meergemelde Steden nu reeds by successie, tot op den sesden Leenvolger syn gedevolveert, de tweede rechtelyke Koop te annulleren, en buiten effect te stellen.

Dat sulks te meer doorgaat, om dat het in het minste niet volgt, het geene Haar Edele Groot Mog: sustineren, dat het *Dominium Utile* van het Marquisaat, met het *Directum*, als doen in een Persoon synde komen te concentreren, daar door de Leenroerigheit van beide Steeden, zoude syn vernietigt en weggenoomen geweest.

Dat

les, depuis tout le tems qu'elles ont eu séance & voix dans cette Assemblée. Anno 1732.

Qu'il a même paru tout le contraire dans un cas très-remarquable, qui arriva l'année 1584. Lorsque quelques Villes de Zelande, se conformant à ce qui fut alors negotié dans la Province de Hollande, insisterent pour offrir la Souveraineté de ce païs au Prince d'Orange, avec le Titre de Comte de Zelande, les Villes de Middelbourg *& de* Ter Goes *s'y opposérent, Celle de* Veere *s'y opposa avec une liberté & une fermeté encore plus grande, & empêcha que cela eût le succès desiré; jugeant & avec raison que leur obligation de maintenir la Liberté publique, étoit beaucoup plus forte, que leur engagement avec leur Marquis & Seigneur.*

Que l'experience a suffisamment fait voir; que la forme de la Regence de ces deux Villes, de la maniére, qu'elle a été constituée depuis un tems immémorial, n'a jamais causé ni préjudice ni desordre dans la haute Regence de Zelande, ni au Public, ni aux Sujets particuliers de cette Province; mais que tout au contraire la tranquilité publique, & le bon ordre dans la Province, & entre les Regents, n'y a jamais été mieux observé; Et que les bons Sujets n'y ont jamais été dans un état plus heureux, pour y faire fleurir le Commerce, & pour faire prosperer leurs biens, que pendant ce tems.

Ensorte qu'il paroit suffisamment par ce qui vient d'être allegué, que l'existence du Marquisat, avec ses Prééminences, Droits & Privileges, n'est point du tout incompatible avec les maximes qui sont établies dans ce païs; & qu'elle est encore moins préjudiciable au Public en général, & aux habitans en particulier; que par consequent on ne peut aporter aucune raison légitime, pour persuader qu'il seroit absolument necessaire d'amortir ledit Marquisat.

Et que s'il arrivoit en tout cas, que les Raisonnemens de leurs Nobles & Grandes Puissances eussent le dessus, (ce que l'on n'espere pas:) & qu'elles pussent persuader qu'il repugne, & qu'il est contraire aux maximes constantes, établies dans ces païs depuis leur établissement, qu'une Ville féodale eût séance & voix dans les Etats; on ne pourroit en conclure, que le Marquisat de Veere *& de* Flessingue *devroit être necessairement amorti, parce qu'il a subsisté long-tems avec tous ses droits, avant que les Villes féodales ayent été introduites dans l'Assemblée des Etats.*

Mais cela tendroit plûtôt à exclure ces deux Villes de la Séance & Voix, qu'Elles ont legitimement acquises.

Que tout ce que leurs Nobles & Grandes Puissances alleguent, & pressent si fort par rapport au contenu du Privilége de l'année 1574, que le Prince d'Orange a accordé à ces deux Villes, au nom & de la part du Roi d'Espagne; & particuliérement la Clause de protection immediate du Comte, & la promesse qui est faite, qu'Elles ne seroient jamais plus aliénées; d'où on veut inférer, que ces deux Villes ayant été une fois delivrées de toute Domination médiate, avoient été injustement réduites dans le Vassellage par l'autorité du Prince d'Orange; est une raison trop foible, pour l'opposer à la Sentence préalable, & au Decret d'interposition, que le Juge avoit donné pour les vendre pour la deuxiéme fois; Et encore moins contre la possession constante & non contestée, depuis plus de cent ans.

Etant connu, que ladite Clause de non alienando *s'entend uniquement du premier achat, fait du tems du Roi* Philippe II, *Comte de Zélande, dans l'année 1566.*

Et que par consequent, si l'occasion avoit jamais été favorable de s'opposer à une vente ultérieure, en offrant le payement de l'achat (dont ce Roi ne s'étoit pas acquité) on l'auroit pu trouver dans ce tems-là; mais qu'il seroit à present absurde, de vouloir annuller & suspendre l'effet de la deuxiéme vente, ou achat, qui s'est fait légalement; & cela sous des prétextes controuvés, & après que ces deux Villes sont passées par succession jusqu'au sixiéme Vassal.

Que cela est d'autant plus certain, qu'on ne peut tirer aucune consequence de ce que leurs N. & G. P. soutiennent, savoir: que le Dominium Utile *s'etant trouvé réuni alors avec le* Dominium directum *dans une même personne, le Vassellage de ces deux Villes avoit été dès-lors amorti & anéanti.*

Que

ANNO 1732.

Dat daar en tegens uit verscheide Notable omstandigheden, verleende Acten en Commissien, aangetoont kan worden, dat de intentie van Philips, verre van de zelve in de Graaflykheit in te lyven, enkel is geweest, om deselve als een particulier Domein, in natuur onderscheiden van Zyne andere Graaflyke Steeden, te blyven behouden, dat daaromme te onrechte, door Haar Ed. Groot Mog. wordt gesegt, dat sulks enkelyk soude te wege gebracht syn, door de Authoriteyt van den Prince van Oranjen;

En dies soo veel te meer, om dat het consteert, dat de Heeren Staten van Hollandt, by Resolutie van den 26. Juny 1581 Hooggemelden Prince hebben aangeraden, en met empressement by den zelven geinsisteert, dat doch de voorsz. Heerlykheden door Zyn Excellentie mochten worden gekocht, met aanbiedinge, om, ingevalle de prys daar van acht à tien duysent Guldens te hoog mochte lopen, Hooggemelde Heeren Staaten Zyn Excellentie daar van, onder eenige te makene Conditien, souden ontlasten.

Dat in allen gevalle, het verschil over dit stuk is een object van de Justitie, het welke door den Ordinarisen en Competenten Richter gedecideert moetende worden, vervolgens op de exercitie van het *Dominium eminens*, het welke in dezen eeniglyk in Disquisitie komt, geen Applicatie schynt te kunnen hebben.

Dat aen Haar Edele Groot Mog. geerne word toegestaan, dat het Marquisaat in questie zal vallen in handen van een Prins; doch dat vast staande, 't geene hier vooren is gedemonstreert, dat de Rechten van het Marquisaat, geensints zyn van die bedenkelykheit, of prejuditie aan de vryheit, en independentie van de Provintie van Zeelandt; het beswaarlyk te begrypen is, wat gevaar daar inne zoude resideren, dat het Marquisaat wierde gepossideert door een Prins, ja dat dat gevaar zelfs zo groot zoude wezen, dat eer het zelve voor goed aan te zien, beter, raadzamer, ja nodig zoude wezen, het Marquisaat met alle zyne geannexeerde Rechten te vernietigen.

Voornamentlyk daar het notoir en Haar Ed. Groot Mog. ten besten bewust is, dat het zelve, uit krachte van de Testamentaire dispositien van Prins Mauritz, en van Zyne Majesteit van Groot-Brittannien, beide van Glorieuse Gedachtenisse, is gedevolveert op de Furstelyke Weesen, nagelatene Kinderen van Wylen den Heere JOHAN-WILLEM FRISO, Prince van Oranjen en Nassau, en wel in de eerste plaatse op den Jongen Prince WILLEM-CAREL-HENDRIK FRISO

Dat het ongehoord, strydig met de gronden van deze Republyk, en met een van een verre uitziende consequentie zoude wezen, een Persoon, om die redenen, dat hy is van een Eminente en Hooge Geboorte, van Zyne Goederen, tegens Zynen wille en dank, te ontzetten.

Dat de hardigheit van die Proceduren daarom zo veel te groter zoude wezen, om dat Hooggemelde Prince noch zynde in Zyne tede jaren, geen de minste reden heeft gegeven, van te suspicieren, dat Hy van het Markgraafschap, en deszelfs Preëminentien en Gerechtigheden, een quaad gebruik zoud willen maken, of yets nadeligs aan het belang van den Staat in 't gemeen, of aan de Provintie van Zeelandt in het byzonder, machineren en ondernemen.

Dat verre daar van daan, men veel grond van hope en verwachtinge heeft, dat Zyn Furstelyke Doorluchtigheit, zynde een Ingeboren van deze Landen, in rechte descendente Linie afgekomen van de Prince van Oranjen en Nassau, dewelke de Grondslag van de Vryheit dezer Landen hebbende gelegt, en met Haar bloed gecimenteert, ook verders door Haare Wysheit, Dapperheit en goed Beleidt, onder Godes Zegen, niet weinig hebben gecontribueert, tot deszelfs Opbouw, Bevestiginge en Beschermingе; uit hoofde van Zyne importante Goederen, en hoge Employen, notabel en boven anderen geinteresseert, by den Welstandt en Conservatie van dezen Staat, tot Zynen competenten ouderdom gekomen zynde, de Roemwaardige voetstappen van Zyne Doorluchtige Vooronderen zal naarvolgen; ook Zyne Goederen, en daar onder het voorsz. Markgraafschap, by gelegentheit, aanleggen en gebruiken ten meesten nutte en beste van het Gemeen; gelyk Hooggedachte Zyne Antecesseuren hem daar inne soo menigmaal hebben voorgegaan; en wel particulier Prins Mauritz, wanneer Hy in den Jare 1585. met zo veel vrywilligheit toestondt, dat de Stadt Vlissingen aan de Koninginne van Engelandt tot onderpandt wierde ingeruimt, en met Engelsch Guarnisoen bezet, eeniglyk,

om

Que l'on peut tout au contraire faire voir par plusieurs circonstances notables, par des Actes & des Commissions, que bien loin que l'intention du Roi Philippe *ait été dans ce tems, d'incorporer ces deux Villes dans la Comté de Zelande, il n'a eu en vuë que de s'en servir comme d'un Domaine particulier, & comme un bien allodial, ce qui est bien éloigné de la nature des autres Villes de cette Comté, C'est pourquoi leurs Nobles & Grandes Puissances n'accusent pas juste, lorsqu'Elles disent, que cela a été executé uniquement par l'autorité du Prince d'Orange.*

Ce qui paroit d'autant plus clairement, que les Seigneurs Etats de Hollande par leur Résolution du 26me de Juin de l'année 1581. n'ont pas seulement conseillé audit Prince, mais qu'ils ont insisté auprès de lui avec empressement, qu'il achetât lesdits deux biens Seigneuriaux, sous la condition que si leur prix excedoit la somme de huit ou de dix mille florins, leurs N. & G. P. en déchargeroient son Excellence sous de certaines conditions raisonnables.

Qu'en tout cas, la dispute à cet égard est un objet incontestable de la justice, & doit être décidé par un Juge ordinaire & competent; & il paroit avec évidence, qu'on ne peut lui apliquer le Dominium Eminens, *sur lequel roule en ceci toute la dispute.*

On accorde très-volontiers à L. N. & G. P. que le Marquisat en question est sur le point de tomber entre les mains d'un Prince; mais posant pour certain ce qu'on a demontré ci-dessus, savoir que les droits du Marquisat ne sont absolument pas d'une aussi grande consequence, & ne peuvent causer aucun préjudice à la Liberté, & à l'independance de la Province de Zelande; il sera très-difficile de comprendre, quel peril ou dommage on a à craindre, si ce Marquisat est possedé par un Prince, & que même ce peril seroit si grand, que plûtôt que de le souffrir, & d'y donner le consentement, il seroit mieux, plus convenable, & même très-necessaire d'amortir ce Marquisat avec tous ses droits.

Sur-tout puisqu'il est notoire, (ce que L. N. & G. P. n'ignorent pas:) que ce Marquisat est devolu aux illustres Enfans mineurs de feu le Seigneur Jean Guillaume Friso, *Prince d'Orange & de Nassau; & particuliérement en prémier lieu, au jeune Prince* Guillaume-Charles-Henri Friso, *par la disposition Testamentaire du Prince* Maurice, *& de sa Majesté Britannique* Guillaume III., *de glorieuse memoire.*

Qu'il seroit inouï, tout-à-fait contraire aux maximes de cette Republique, & pour l'avenir d'une consequence très-dangereuse, de vouloir priver une personne de ses biens & de ses droits légitimes contre son gré, & sans son consentement, par la seule raison, qu'il est d'une grande & eminente Naissance.

Que la dureté de cette procedure seroit d'autant plus grande, que cet Illustre Prince, étant encore dans un âge mineur, ne peut avoir donné la moindre occasion de soupçonner qu'il feroit, ou voudroit faire un mauvais usage de ce Marquisat, & des Privilèges, droits, & prééminences qui y appartiennent; ou qu'il voudroit machiner, & entreprendre la moindre chose au desavantage & au préjudice de l'Etat en général, ou de la Province de Zelande en particulier.

Que bien loin de-là, on a plus de raisons d'espérer & de s'attendre, que son Altesse étant née dans ce païs, & sortant en droite Ligne de ces Princes d'Orange & de Nassau, qui non seulement ont posé le fondement de cette Republique, mais qui ensuite n'ont pas peu contribué à son accroissement & à sa défense, par leur sagesse, leur courage, & leur bonne conduite; & étant en vertu de ses biens considérables interessé notablement, & plus que personne, à la conservation de cette Republique, lorsqu'il sera parvenu à un âge competent, suivra les glorieuses traces de ses Illustres Ancêtres; Et qu'il employera ses biens, entre lesquels se trouve le Marquisat, au profit & à l'utilité du Public; Comme ses Illustres Ancêtres lui en ont si souvent donné l'exemple; & entre autres particuliérement le Prince Maurice, *lorsqu'il consentit de si bon cœur en 1585. que la Ville de* Flessingue *fût livrée en Hypoteque à la Reine d'Angleterre, & qu'on y mît une Garnison Angloise, dans la seule vuë de faciliter la protection & le secours de Sa*

Maje-

Anno 1732. om daar door te faciliteeren de Protectie en Bystandt van Haare Majesteyt voor den Staat, in de hachelykste toestant van tydt, waarinne dezelve zich oit heeft bevonden.

Dat de Heeren Staten van Holland en Zeeland, in voorgaande tyden, immers zo wel als Haare Nakomelingen in dezen tydt, geinformeert zijn geweest, van de Rechten, de Oppermacht over Haare Onderdanen, en derzelver Goederen Competerende; datze ook niet minder gezeleert zijn geweest, voor de conservatie van de algemeene vryheit en onafhankelykheit van Haare Provintien, als men tegenwoordig voorgeeft te wezen.

Dat nochtans uit het geene hier voren is bygebracht van de devoiren en geëmpresseerde instantien, door de Heeren Staten van Hollandt aangewendet en gebruikt, om den Heere Prince Willem van Orange te persuaderen tot het kopen van het Marquisaat; als mede uit het goed genoegen, dat de Heeren Staten van Zeelandt, daar inne hebben gehadt, geblykt, dat Haar Edele Mog., noch de Heeren Staten van Hollandt, doen ter tydt ganssch niet zijn geweest van dat gevoelen, dat het Markgraafschap, met zijne Rechten, die als doen de zelfde waren als nu, zo hoog schadelyk en ruïneus zoude wesen, voor de Vryheit en Independentie van de Provintie van Zeelandt, wanneer het viel in handen en Eigendom van een Prins, gelyk tegenwoordig schynt te wezen het sentiment van haar Edele Groot Mog.

Ook niet dat het Recht van Hooggemelde Provintie geinfringeert, en tegens de Maximen van de Regeringe dezer Landen is geprocedeert, wanneer de Steden Veere en Vlissingen onder de Vasallage continuërende te blyven, met eenen mede in de Staatse Vergaderinge, als Leden van dien, waren gebleven.

Want dat anderzints alle het zelve niet alleen ten tyde van voorsz: Koop (in diervoegen als hier voren gezegt is) hadde kunnen voorgekomen worden, maar dat ook na de dood van Prins Willem Hooggedacht, gunstige gelegentheit is geweest, om het voorsz: Markgraafschap, door dit als nu eeniglyk aangedrongen middel van het *Dominium Eminens*, uit de wech te nemen.

Dat, behalven dat de gepretexteerde Authoriteyt van Prins Willem, daar aan geen obstacul meer konde toebrengen, in dien tydt noch mede concurreerden de zelfde omstandigheden, dewelke de Heeren Staten van Hollandt en Zeelandt, na de doodt van Zyn Majesteit van Groot Brittannien voor valabel en genoegzaam hebben geoordeelt, om de verzochte Investiture te weigeren, en de Cours van de Justitie daar over te stateren.

Want dat 'er in dien tydt dispuit was tusschen de Prins en Erfgenamen van Hooggemelden Prince, wie van Haar tot het Marquisaat gerechtigt, en vervolgens daar mede verleydt zoude worden.

Dat 'er ook gevaar was, dat het zelve mochte worden geadjudiceert aan den Oudsten Zoone Prins Philips, die Paaps, en in de Macht van den Spanjaart was.

Dat niet tegenstaande dat alles, de Heeren Staten meer Hooggemeld, in plaatse van Haar te bedienen van zulken buitengewonen en extremen middel, om het Marquisaat te vernietigen, geen difficulteit hebben gevonden, om het zelve, van successie tot successie, te laten in handen van een Prins.

Dat wat aangaat de apprehensie die Haar Edele Groot Mog. betuigen te hebben, van dat het Marquisaat t'eeniger tydt zoude kunnen vallen in handen van een Uitheems Prins; Ja van een Prins de Paapsche Religie toegedaan, dezelve niet alleen zeer verre gezogt is;

Maar dat ook, voor zo veel Haar Edele Groot Mog. sustineren, dat zodanig een geëloigneert geval, hoe weinig apparent om te zullen gebeuren, zo verre als 'er maar mogelyheit in is, een Souverain genoegzaam zoude qualificeren en begerechtigen, om een tegenwoordige Eigenaar, op wien geen diergelyke suspitien kunnen vallen, van Zyne Goederen te priveren; Zulks in geenen deele aan Haar Edele Groot Mog. kan worden toegegeven, als veel te verre de palen van een Oppermacht te buiten gaande, en van een schroomlyke consequentie zijnde voor de securiteit van de goede Ingezetenen, en van derselver wettig verkregene Eigendommen, dewelke men waarlyk niet gerustelyk zoude kunnen bezitten, in een Landt daar zulke Maximes de overhandt hebben.

Dat Haar Edele Groot Mog., zo gehoopt wordt, wel zullen willen toestaan, dat de Exercitie van het Domi-

Majesté pour cet Etat, dans la circonstance la plus épineuse, & la plus dangereuse, où il se fut jamais trouvé depuis son Etablissement.

Que les Seigneurs Etats de Hollande & de Zelande, du tems passé, ont été aussi bien informés de leurs Droits, & de leur Souveraineté sur leurs Sujets, & sur leurs biens, aussi bien que leurs descendans qui sont à present au timon des affaires; & il paroît qu'ils n'ont pas eu moins de zéle & de vigilance pour conserver la liberté & l'indépendance de leurs Provinces, qu'on pretend en avoir aujourd'hui.

Que pourtant il paroit avec évidence par ce qui a été allegué ci-dessus, des devoirs & des instances empressées des Seigneurs Etats de Hollande, pour persuader au Prince Guillaume *d'Orange, d'acheter ce Marquisat; & du contentement qu'en ont fait paroître les Etats de Zelande; que leurs Nobles Puissances, ni les Seigneurs Etats de Hollande, n'ont pas été dans ce tems du sentiment, que ce Marquisat avec ses droits & prérogatives, qui étoient alors essentiellement les mêmes qu'à présent, pourroit être si préjudiciable & si ruineux pour la Liberté, pour l'indépendance de la Province de Zelande, lorsqu'il tomberoit entre les mains d'un Prince, comme il paroît, que L. N. & G. P. le pensent à présent.*

Que lesdits Etats du tems passé n'ont pas été non plus de l'opinion, que les droits de la Province de Zelande recevroient quelque préjudice, & que l'on procederoit contre les maximes de cet Etat, si on laissoit continuer les deux Villes de Veere *& de* Flessingue *dans leur Vasselage, & si on leur conservoit en même tems leur séance & voix dans l'Assemblée des Etats, comme Membres effectifs.*

Qu'autrement tous ces inconveniens, qu'on prétexte à présent, auroient pû être prévenus dans le tems de l'Achat, (comme on a fait voir ci-dessus); & que d'ailleurs on auroit trouvé l'occasion la plus favorable, de le faire après la mort du Prince Guillaume de glorieuse memoire, & de se servir alors du prétendu expedient du Dominium eminens, *pour se tirer cette épine du pied, & amortir le Marquisat.*

Que, outre que la prétendue autorité du Prince Guillaume *n'y auroit pu mettre le moindre obstacle, il se trouva alors les mêmes circonstances que les Seigneurs Etats de Hollande & de Zelande ont jugé être assez suffisantes, après la mort de Sa Majesté de la Grande Bretagne de g. m. pour refuser l'investiture requise, & arrêter le cours ordinaire de la Justice.*

Car il est notoire qu'il y avoit dans ce tems-là une grande dispute entre le Prince, & les autres heritiers du Prince Guillaume, *lequel d'entr'eux seroit en droit de prétendre au Marquisat, & d'en être investi ensuite.*

Qu'il y avoit même dans ce tems un peril évident, que l'on n'adjugeât le Marquisat au Prince Philippe, *qui étoit Catholique, & entre les mains des Espagnols.*

Que pourtant nonobstant tout cela, les Seigneurs Etats de Zelande, au lieu de se servir de moyens si extraordinaires & si peu connus pour amortir ce Marquisat, n'ont fait aucune difficulté de le laisser à un Prince de Succession à Succession.

Que l'apprehension que leurs Nobles & Grandes Puissances témoignent avoir, que ce Marquisat ne vienne à tomber tôt ou tard entre les mains d'un Prince étranger, & même entre les mains d'un Prince de la Religion Romaine, est cherchée de bien loin.

Et quant à ce que leurs Nobles & Grandes Puissances soutiennent, qu'un tel cas éloigné, si peu d'apparence qu'il y aït qu'il puisse arriver, ne laissoit pourtant pas de fournir un droit suffisant au Souverain, pour priver de ses biens légitimes un proprietaire actuel, quoique le dit Souverain ne pût produire ni raisons ni preuves d'un tel soupçon contre ce Vassal; c'est ce dont on ne peut absolument pas convenir avec L. N. & G. Puissances, parce que seroit étendre trop loin les bornes de la Souveraineté, ce qui seroit d'une dangereuse consequence pour la sureté & pour la tranquilité de leurs bons & fideles Sujets, & pour les biens qu'ils ont acquis, & qui leur appartiennent légitimement, lesquels ils ne seroient jamais assurés de pouvoir posseder en repos, ni d'en jouir tranquilement dans un pays où ces Maximes seroient établies & mises en pratique.

Que l'on se persuade, que leurs Nobles & Grandes Puissances voudront bien convenir, que l'exercice de ce Do-

Anno 1732.

ANNO 1732.

Dominium Eminens, ontrent het aantasten en na zich nemen van Goederen en Eigendommen, Particulieren toekomende, is extraordinair, en niet behoort gebruikt te worden, als wanneer alle andere sagtere middelen, om den dienst van het Gemeen te bevorderen, of desselfs schade af te wenden, ontbreken.

Dat wanneer het mochte gebeuren: ('t gene Godt genadelyk verhoede:) dat de tegenwoordige Jonge Prins van Oranjen en Nassau, zonder Wettige Descendenten quaame te overlyden; en dat ondertusschen de Princesse Zyne Suster was getrouwt, of zich by vervolg, in Huwlyk engageerde aan een Buitenlands Prins, van wien men, onverhopentlyk, op goede, of ten minsten zeer probable Gronden konde presumeren, dat hy niet hadde de behoorlyke Affectie voor den Staat; maar van wien men reden hadde te apprehenderen, dat hy van de Rechten, Gerechtigheden, en Preëminentien van het Marquisaat zoude willen abuseren, en zich bedienen, om zyne Leenheeren te onderkruipen, of te belagen, het als dan noch tydts genoeg zal wezen, om daar tegens te voorsien, het zy door het gebruik van het *Dominium eminens*, of zodanigen ander middel, als, in zulken gevälle, dienstig en toereikent zal worden bevonden, dewyle doch de Rechten van de Oppermacht, na de eigen stellingen van Haar Edele Groot Mog. geen præscriptie onderworpen zyn, en het weigeren van Investiture, aen zulken met Fundament Suspecten Personagie, dan ook niet strydig zoude wezen met de Regulen en Wetten van het Leenrecht.

Dat hoewel het geene hiervoren is Gerepresenteert, Aangewezen, en Gedemonstreert, voldoende behoorde te wezen, om de Heeren Staten van Hollandt en Zeelandt te Overtuigen, dat de Oeffeninge van het *Dominium eminens*, in dezen geen plaatze kan noch behoort te hebben; zo ontbreken 'er nochtans geen andere redenen en consideratien, gehaalt uit de naturire van dit Heerlyk Leen, en de Grondtwetten in de Provintie van Zeelandt geëtablisseert, die het zelve versterken en bevestigen.

Dat dit Heerlyk Goedt in den jare 1477. door Vrouw Marie van Bourgondien als Gravinne van Hollandt en Zeelandt, by wege van Koop, is uitgegeven tot een Onsterflyk Erfleen, met Speciale Renuntiatie aan alle lossinge en Retour, en by vervolg van tydt, onder denzelfden Onereusen Tytel van Koop, gekomen en gebleven is in den Huize van Oranjen.

Dat het in 't Generaal ongehoort is, dat een Leenheer een Recht zoude toekomen, om, buiten Speciaal beding, in weerwil van zyn Vassal, een uitgegeven Leengoedt te lossen.

Maar dat zulken Recht van lossinge noch minder plaatze kan hebben, wanneer daar aan expres is Gerenuntieert, gelyk consteert in dezen geschiedt te zyn.

Dat die Renuntiatie, door den Souverain in der tydt zo Solemnelyk gedaan voor Hem en Zyne Nakomelingen, zynde en blyvende Obligatoir, de Heeren Staten van Zeelandt, als tegenwoordige Leenheeren, moeten verstaan worden verplicht te zyn aan de voldoeninge en onderhoudinge van dat Contract, het welke, uit zyn natuir, is van wedersydtse verbintenisse.

Dat hoewel niet ontkent wordt, dat door zulken Contract een Souverain niet kan worden verstaan, zig gehelyk te hebben benomen de faculteit, om in cas van *Urgente Necessiteit*, onder een convenabel Equivalent, zulk een verkocht en uitgegeven stuk Goedts weder na zich te nemen;

Even wel met eenen geavoüeert zal moeten worden, dat zodanig een Contract als een dubbelde band legt op den Souverain, om den Eigenaar te laten blyven, en zelfs te maintineren in de geruste Possessie van dat indiervoegen door hem zelfs verkocht en gealieneerdt Goedt; en dat het de hardigheit merkelyk zoude vermeerderen, wanneer onder verre gezochte pretexten, en zonder een onvermydelyke en klaarblykende noodzakelykheidt, het voorsz: Goedt, aan den wettigen Eigenaar en Bezitter, tegens zyn wille en dank, door den Souverain afhandig wierde gemaakt.

Dat noch van immers zo veel consideratie en gewichte, in dezen is, het groote Privilegie of Handtvest, door Vrouwe Maria van Bourgondien, Gravinne van Hollandt en Zeelandt, in den Jare 1476. verleendt en uitgegeven; en wel op speciaal Versoek, Remonstrantie, en Ontwerp van de Staaten dier beide Provintien.

Dewelke considererende, hoe dikwils Haare Graven in voorgaande tyden, na de wyze van andere Princen, en Eenhoofdige Regeringen, Haare Macht hadden misbruikt, met hunne Onderdanen, onder gezochte pretexten, te depossideren van Haare Goederen en Ei-

Dominium eminens par rapport à la saisie des Biens & des Proprietés qui appartiennent aux Particuliers, est très-extraordinaire, & qu'il ne convient absolument pas de s'en servir, que lorsqu'on ne peut trouver d'autres moyens plus deux de procurer la sureté & l'utilité publique, ou pour prévenir la perte totale de la Societé.

Que si le cas arrivoit (ce qu'à Dieu ne plaise) que le présent jeune Prince d'Orange & de Nassau vînt à mourir, sans laisser des Descendans legitimes; Et que la Princesse sa sœur fût mariée, ou ensuite vînt à s'engager par mariage à un Prince étranger, de qui on pût présumer effectivement, ou au moins probablement, (ce que pourtant on ne veut pas esperer) qu'il n'auroit pas l'affection requise pour l'Etat; ensorte qu'on eût alors des raisons suffisantes & réelles, d'apprehender dans cette Republique, qu'il seroit dans l'intention de vouloir abuser des Droits, des Privilèges, & des Préeminences du Marquisat, & les employer, ou s'en servir, pour préjudicier à ses Seigneurs directs; il seroit alors tems de songer à prévenir ces pernicieuses intentions, soit par l'exercice de ce Dominium eminens, ou par tels autres moyens que l'on jugeroit convenables & suffisans pour l'en empêcher; parce que suivant le propre Systeme de L. N. & G. P., les droits de la Souveraineté ne sont sujets à aucune prescription, & que dans ce cas, le refus de l'investiture à une telle Personne, qu'on pourroit soupçonner avec raison, ne seroit pas contraire aux Règles & aux Loix feodales.

Et quoique tout ce qui a été déja représenté, & suffisamment prouvé, pourroit suffire, pour convaincre les Etats de Hollande & de Zelande, que l'exercice du Dominium eminens ne peut ni ne doit absolument pas avoir lieu dans le cas présent; on ne manque pourtant pas d'autres raisons, & d'autres considerations, qu'on pourroit tirer de la nature même de ce Fief Seigneurial, & des Loix fondamentales établies dans la Province de Zelande, qui seroient encore d'un plus grand poids.

A savoir, que ce Bien Seigneurial a été conferé en 1477. par Madame Marie de Bourgogne, comme Comtesse de Hollande & de Zelande, & par voye d'Achat, comme Fief héréditaire & perpetuel, sous la Renonciation speciale de retrait & de dégagement, & qu'ensuite il est venu, & resté à la Maison d'Orange, sous ce titre onéreux d'Achat.

Que jamais personne n'a entendu dire, que le Seigneur direct eut le droit de retirer ou de degager un Fief conferé, sans une condition speciale, & sans le consentement du Vassal.

Mais bien que ce droit de retrait put encore moins avoir lieu lorsque le Seigneur y a renoncé expressément, comme il est arrivé dans le cas présent.

Que cette Renunciation ayant été faite dans ce tems-là si solemnellement par le Souverain pour lui & pour ses Successeurs, & par consequent étant & restant obligatoires; il s'ensuit incontestablement, que les Seigneurs Etats de Zelande, comme Seigneurs directs d'à présent, sont obligés de satisfaire, & d'executer ce Contract, lequel de sa nature oblige reciproquement.

Que néanmoins on ne peut pas disconvenir, qu'un Souverain ne se prive pas absolument par un tel Contract de la faculté de reprendre un tel Fief vendu & conferé en cas d'une nécessité urgente, & contre un équivalent convenable.

Il faut pourtant convenir en même tems, qu'un tel Contract engage doublement le Souverain à laisser & même à maintenir le proprietaire dans la possession tranquile d'un bien qu'il a vendu & aliené lui-même; Et qu'une autre procedure seroit d'autant plus aggravante, si cedit bien étoit amorti, & ôté par le Souverain au proprietaire contre son gré & consentement, sous des pretextes controuvés, & sans une necessité inévitable, & qui saute aux yeux de tout le monde raisonnable.

Ce qui merite encore une reflexion particuliere & doit être bien pesé, c'est que le Privilége & l'Octroy accordé en 1476. par Madame Marie de Bourgogne, Comtesse de Hollande & de Zelande, n'a été accordé qu'à la requisition, sur les Remontrances, & le propre projet des Etats de ces deux Provinces.

Qui considerant que leurs Comtes ayant, à l'exemple des autres Princes & des autres Etats Souverains, fait au tems passé plusieurs fois mauvais usage de leur puissance, en dépossedant leurs Sujets de leurs biens & de leurs proprietés, sous des prétextes controuvés & imaginaires, &

voulant

ANNO 1732.

ANNO 1732. Eigendommen, tot voorkominge en fluitinge van diergelyke gevaarlyke abuysen en inconveniënten, Hooggedachte Haare Gravinne persuadeerden, om onder anderen, in het 39. Artikel voor Haar en Haare Nakomelingen, op een zeer nadrukkelyke maniere te beloven en te statuëren; *Dat de Graven, of Haare Nakomelingen, niemants Goed, Leen of Erven, binnen den Lande van Zeelandt tot Haaren Tafel zullen leggen, noch niemant by provisie uit Zyne possessie stellen; Maar zullen, na dat de nature en conditie van de Goederen zyn, eerst verwonnen zyn, en daar na geëxecuteert worden, navolgende de Rechten en Costuimen van den Landen, Steden en Vlekken, daar de Condemnatie gegeven of afgedaan zal worden.*

Dat daar en boven ook noch in den jaare 1495. onder den Grave Philips Ertzhertog van Oostenryk is gestatueert en vastgesteldt, Cap. 2 Art. 1. van de Keuren van Zeelandt, *Dat die eenig Leen, of ander Goed, Jaar en Dach, rust en vredelyk zal hebben bezeten, daar uit niet zal mogen worden gezet, als door middel van Rechte*, En verders Art. 2. *dat die eenig Leen, of ander Goed zal hebben bezeten, den tydt van twintig Jaren, tegens de Presente. zal hebben bekomen Recht van Præscriptie, en tegens de Uitlanders, door een bezit van dertig Jaren.*

Dat uit de Voorreden, slot, en Opene Brief van confirmatie van voorsz: Keur klaarlyk geblykt, dat alle het zelve is gestatueert en vastgesteld, met die intentie, dat het zoude wezen als een perpetuëel Edict, vaste Permanente en onverbrekelyke Wet, welke noch door den Grave, noch door de Prelaten, noch door de Edelen, noch door de Steden, zoude mogen worden verandert noch vernietigt, als zynde de observantie daar van, door alle dezelve, met solemnelen Eede besworen; en tot onverbrekelyke bestendigheit desselfs bevolen, dat t' elkens op de vernieuwinge van de Wet, alle jaaren geschiedende, ook die Eed zoude worden vernieuwt, 't geene als noch by alle de Steden en Gerechten, uitgezondert Middelburg en Zierikzee (tot de voorsz: keure niet behoorende) wordt onderhouden.

Dat voorengemelde zo heilzame Wetten, tot geruststellinge van de Goede Ingezetenen gemaakt, en ook onderhouden zynde geweest, in een tydt, dat de Provintien van Hollandt en Zeelandt beide noch waren onder een Eenhoofdige Regeeringe, immers niet behoorden te worden geluxeert, noch ingebroken onder de gelukkige Regeringe tegenwoordig in deze Landen geëtablisseert; Dewelke Zyn voornaamste Grondslag heeft, op de ongekreukte observantie van de voorsz: en andere loffelyke Wetten, waar door de Vryheit van den Staat, van de Personen en Goederen Haarder Onderdanen, zo wyslyk, zo omzichtig, en zo krachtig is onderschraagt, en tot noch toe Roemrugtig gemainteneert.

Een Vryheit, die, naast de Voorzienigheit van Godt Almachtig, haare geboorte verschuldigt is aan de Cordate, Standvastige, Wettige, en Welgefundeerde Oppositie van de Regenten en Ingezetenen dier Steden, tegens het verkrachten, schenden, verbreken, en vernietigen van de Wetten, Privilegien, Keuren en Costuimen, door den Koning van Spanjen; tegens Zyn gegeven woordt, en plechtelyk gestaafden Eed, gordende ondernomen.

Dat ook niet een eenig geval, met het tegewoordige overeenkomste hebbende, zal kunnen worden geallegeerd, dat, onder zodanig willekeurige voorwendzel, als in dezen gebruikt wordt, zulk een notabel en Heerlyk stuk Goeds, aan een Eigenaar tegens zyn wille en dank is afgenomen.

Dat daaromme het eerste Exempel daar van te statueren in de Perzoon van een Minderjarig Prins, tot wiens laste niets Personeels, noch kan, noch ook word ingebracht, die daar en tegens, uit meer als een hoofde, recommandabel behoorde te wezen aan den Staat, en alle de integrerende Leden van dien, niet anders als zeer bedenkelyk kan te vooren komen, aan andere gequalificeerde Ingezetenen van Hollandt en Zeelandt; die met groote reden te apprehenderen hebben, dat die wech eens, op een eclatante wyze, gebaant zynde, zy t'avond of morgen wel het zelfde lot zouden kunnen te verwachten hebben.

Dat de reflexie op het Executeurschap van het Testament van wylen Zyne Majesteit van Groot Brittanjen Glor. Ged. ook tot een Motyf kan en behoort te verstrekken, om de Heeren Staten van Hollandt en Zeelandt te dehorteren van de ondernomene defeuda- tie,

ANNO 1732. *voulant prévenir pour l'avenir ces abus & ces inconveniens dangereux, persuadérent à leur susdite Comtesse, de prometire & de statuer entr'autres pour Elle & pour ses Successeurs dans l'article 39. de la grande Chartre d'une maniére très-forte*: Que les Comtes, ou leurs Successeurs, n'appliqueroient pas à l'usage de leur table les biens, les Fiefs, & les héritages de personne dans le pays de Zelande, & qu'ils ne mettroient personne hors de ses possessions légitimes, par provision: mais qu'ils devroient prémiérement les obtenir par la voye de la Justice, suivant la nature & la condition de ces biens, & ensuite on pourroit proceder à l'execution suivant les Loix & les Coutumes des Païs, des Villes, & des Bourgs, où la Condamnation auroit été prononcée.

Que d'ailleurs il a été encore statué & établi l'année 1495. pendant la Regence du Comte Philippe Archiduc d'Autriche, Cap. 2. Art. 1. des Loix de Zelande; Que celui qui a été dans une possession tranquile d'un Fief, ou d'un autre Bien pendant un an & un jour, n'en doit plus être depossedé, que par la voye de la Justice; *Et encore Art. 2.* que ceux qui ont été en possession d'un Fief ou d'un autre Bien, pendant le tems de vingt années, doit avoir aquis le droit de prescription contre les habitans du païs, & contre les Etrangers, par la possession de trente ans.

Qu'il paroit clairement par la préface & par la conclusion de cette Loi, & par les Lettres patentes qui la confirment, qu'elle a été statuée & établie dans l'intention, que ce seroit un Edict perpetuel, & une Loi permanente & durable, qui ne pourroit ni ne devroit être changée ni aneantie, ni par le Comte, ni par les Prelats, ni par les Nobles, ni par les Villes, tous en général ayant alors fait un serment solemnel, de l'observer exactement; & qu'il a été en même tems ordonné, que l'on renouvelleroit cette Loi tous les ans, & en même tems le serment de n'y vouloir rien changer: Ce qu'on fait encore tous les ans dans toutes les Villes & Cours de Justice, hormis à Middelbourg *& à* Zierickzee (*qui ne sont pas sujettes à cette Loi.*)

Que les Loix susdites ayant été faites & observées pour la tranquilité de tous les bons habitans, dans le tems que les deux Provinces de Hollande & de Zelande se trouvoient encore sous la domination d'un seul Souverain, elles ne devroient pas être abolies ni revoquées sous la Regence heureuse, qui a été depuis établie dans ces païs; & qui a pour principal fondement l'execution inalterable de cette même Loi, & de plusieurs autres, par lesquelles la liberté de cet Etat, des personnes & des biens de leurs Sujets, a été établie avec tant de sagesse, de circonspection & de réalité, & maintenue jusqu'à présent à leur gloire immortelle.

Une Liberté, qui, après la Providence du Tout-Puissant, doit uniquement sa naissance à l'Opposition unanime, constante, legale, & bien fondée des Regents, & des Habitans de ces Villes, contre la violation & l'anéantissement des Loix, des Privileges, & des Coutumes, que le Roi d'Espagne entreprit contre sa parole donnée, & contre son serment fait solemnellement.

Qu'on ne peut pas non plus alleguer, ou faire voir un seul cas de la même nature que celui-ci, dans toutes ses circonstances, où on auroit amorti & enlevé un bien si considerable à son proprietaire contre son gré sans son consentement, & sous un prétexte purement despotique, tel que celui qu'on allegue dans le cas présent.

C'est pourquoi vouloir en statuer le prémier Exemple contre la personne d'un jeune Prince mineur, qu'on ne peut pas charger, & qu'on ne charge effectivement d'aucune faute personnelle, qui au contraire devroit être recommandable à l'Etat, & à tous ses Membres integrans, par plus d'une raison, c'est donner lieu à des reflexions très serieuses de la part de tous les Habitans de Condition des Provinces de Hollande & de Zelande; qui certainement ont de grandes raisons d'apprehender, que ce chemin ayant été applani une fois d'une maniére si éclatante, ils pourront avoir le même sort un jour ou l'autre.

Que la reflexion sur la qualité d'Executeurs du Testament de feu Sa Majesté de la Grande Bretagne de Glor. Mem. peut & doit aussi servir de motif de dissuader aux Seigneurs de Hollande & de Zelande, de poursuivre ce De-

ANNO 1732.

tie, door een middel, dat in alle gevalle, extreem is, en van een bekommerlyk gevolg.

Dat Hoogstgedachte Zyne Majesteit, den Prince van Nassau JOHAN WILLEM FRISO, hebbende aangesteldt tot Zynen Eenigen Universelen Erfgenaam; En tot uitvoeringe van Zyne uiterste Wille, Haar Hoog Mog. de Heeren Staten Generaal hebbende verzocht, zekerlyk met eenen van intentie is geweest, om, nevens Zynen na te latene Boedel, ook voorsz. Zynen Erfgenaam, aan de Protectie van Hooggedachte Haar Hoog Mog. te recommanderen en aan te bevelen.

Dat Haar Hoog Mog. met kennisse en approbatie van alle de Vereenigde Provintien, het voorsz. Executeurschap hebbende aangenomen, de Heeren Staten van Hollandt en Zeelandt, door dat Haar gegeven Consent, mede als Executeurs moeten worden aangezien; En vervolgens, nevens de Heeren Staten van de andere Provintien, verplicht zyn, om alle mogelyke zorge te dragen voor de Conservatie van de Goederen, tot de Koninklyke Nalatenschap gehorende.

Dat met de voorsz. plicht beswaarlyk of liever geheel niet, over een zoude kunnen worden gebracht; Ja dat het niet anders als zeer hard en aanstotelyk zoude moeten voorkomen, indien de mede Executeurs en Handthavers van voorsz. Nalatenschap, ondernamen aan dezelve te onttrekken, een van de Waardigste en Aanzienlykste der Domeinen daar onder gehorende; En zulks ten kenbaren nadeele van Minderjarigen, die door den Koninklyken Erf-later aan de bescherminge van den Staat, zyn toevertrouwt.

Dat de Furstelyke Voogden vermeinen, dat alle de Redenen en Motiven hier voren geallegeerd, meer als overtuigende zyn, om de Heeren Staten van Hollandt en Zeelandt te bewegen, om af te zien van de ondernomene vernietiginge van het Marquisaat van Veer en Vlissingen, met Zyne Preëminentien, Rechten en Gerechtigheden, door het Extraordinarisse middel van het zo genaamde *Dominium Eminens*.

En dies zo veel te meer, om dat Haare Furstelyke Doorluchtigheden hebben gepresenteert, en als noch daar toe overbodig zyn, om de Heeren Staten van Hooggemelde Provintien, ontrent Haare opgevatte Apprehensie tegens de Subsistentie van het voorsz. Marquisaat, midtsgaders het vallen van den Eigendom en Bezit daar van in handen van een Prins, alle gerustheit te geven, die van Haar, als Voogden, met reden kan worden vereischt, en daar over met Haar Ed. Mog. in minnelyke onderhandelinge te treden.

Dat by onverwachte afslag van dien, Haare Furstelyke Doorluchtigheden, in Haare Qualiteit, zich by continuatie verplicht zullen vinden, te imploreren de Intercessie, de Protectie, en Adsistentie van Haar Hoog Mog. in Haare Qualiteit van Executeurs van de uiterste wille van Zyn Majesteit van Groot Britannien Glor. Gedachtenisse.

Gelyk mede als Handthavers van het Eeuwig verbond, waarmede deze Landen aan malkanderen onverbrekelyk geunieert en te zamen gevoegt zyn, het welke Art. 17. wel expres medebrengt, *dat de Provintien, Steden en Leden van dien, gebonden zullen wezen, zo wel den Uitheemsen, als den Ingezetenen van de voorsz. Provintien, te Administreren goed Recht ende Justitie; en zo verre ymand van hen daar van in gebreken blyft, zullen de andere Bondtgenoten, die Handhouden, by alle behoorlyke wegen en middelen, dat zulx gedaan zal worden; en dat alle abuizen, waar door zulx belet, en de Justitie door verachtert zoude mogen worden, gereformeerd en Gecorrigeert zullen worden, als na Rechten, en vermogens een yder zyn Privilegien, Loffelyke, en welhergebrachte Costuimen.*

Devasselage entamé par un moyen, qui en tous cas est extrême & d'une consequence dangereuse.

Que Sa Majesté de la Grande Bretagne ayant institué pour son Heritier unique & universel le Prince de Nassau Jean Guillame Friso; *& ayant prié leurs Hautes Puissances les Seigneurs Etats Généraux d'executer sa dernière Volonté, elle aura eu aussi sans doute intention, en recommendant l'heritage à la protection de leurs Hautes Puissances, de leur recommander en même tems son Héritier.*

Que leurs Hautes Puissances ayant accepté cette charge d'Executeurs avec la connoissance & l'approbation de toutes les Provinces Unies, les Seigneurs Etats de Hollande & de Zeelande, par leur consentement donné, sont en même tems à 'considerer comme Executeurs de ce Testament; Et par consequent dans une obligation indispensable d'avoir tout le soin possible avec les Seigneurs Etats des autres Provinces, pour conserver tous les biens qui appartiennent à la Succession de Sa Maj.

Qu'il seroit difficile ou plûtôt impossible d'accorder avec cette obligation, & que même il paroitroit très-dur & injuste, que les Co-Executeurs & les Protecteurs dudit Heritage voulussent entreprendre d'en ôter un des meilleurs & des plus considerables Domaines, qui y appartient; Et cela au grand & notable préjudice des Mineurs, qui ont été confiés à la protection de l'Etat par le Royal Testateur.

Que les Illustres Tuteurs sont dans la persuasion, que toutes les raisons & les motifs allegués ci-dessus seront d'une force suffisante pour engager les Seigneurs Etats de Hollande & de Zelande, à se desister de l'amortissement projetté, & de l'abolition du Marquisat de Veere *& de* Flessingue *avec ses préminences, droits, & priviléges, par un moyen aussi extraordinaire, que seroit le prétendu droit appellé* Dominium eminens.

Et cela avec d'autant plus de raison, parce que leurs Altesses Serenissimes ont presenté, comme ils sont effectivement encore dans la même intention, de donner aux Seigneurs Etats de ces deux Provinces respectives toute la sureté, que l'on peut exiger d'eux comme des Tuteurs, contre leur prétendue apprehension sur la continuation dudit Marquisat, & dans le cas que sa propriété & sa possession tombe entre les mains d'un Prince, & d'entrer là-dessus dans une Negotiation amiable avec L. N. P.

Et qu'en cas d'un refus, leurs Alt. Serenissimes, dans leur qualité de Tuteurs, sont obligées par continuation, d'implorer l'intercession, la Protection, & l'assistance de leurs Hautes Puissances dans leur qualité d'Executeurs du Testament de feu Sa Majesté Britannique de glor. mem.

Et en qualité de Protecteurs de cette Union éternelle, par laquelle tous ces païs sont étroitement liés ensemble d'une manière indissoluble, & dont le 17. Article porte bien expressément: Que les Provinces, les Villes, & leurs Membres seront obligés d'administrer une bonne Justice tant aux Etrangers, qu'aux Habitans & aux Sujets de ces Provinces Respectives; Et qu'en cas que quelqu'une d'elles vînt à manquer, les autres Conféderez doivent employer tous les moyens possibles, afin que cela se fasse; & que tous les abus, par lesquels cela pourroit être empêché, & la Justice retardée, devroient incessamment être reformés & corrigés, & le tout suivant les bons droits, & en conformité des Priviléges & des Coûtumes louables d'un chacun.

Deductie wegens Hare Hoogheit de Princesse Douariere van Oranjen en Nassauw, als Moeder en Wettige Voogdesse over de Furstelyke Weesen, en naagelatene Kinderen, van wylen de Heere Johan Willem Friso, Prince van Orange en Nassau, Glorieuser gedagtenisse. Dienende ter beantwoordinge van de *Deductie*, door Haar Edele Groot Mogende de Heeren Staten van Holland en West-Vrieslandt, ter Vergaderinge van haar Hoog Mogende de Heeren Staten Generaal der Vereenigde Nederlanden, ingebracht en overgegeeven; rakende de *Mortificatie* en *Vernietinge* van

Deduction de la part de son Altesse Madame la Princesse Douairiére d'Orange & de Nassau, comme Mere & Tutrice légitime des Illustres Orphelins, & Enfans de feu le Seigneur Jean Guillaume Friso, Prince d'Orange & de Nassau de Glor. Mem., servant de Reponse à la Deduction de L. N. & G. Puissances les Seigneurs Etats de Hollande & de West-Frise, délivrée à l'Assemblée de leurs Hautes Puissances les Seigneurs Etats Generaux, au sujet de l'amortissement & de l'abolition du Marquisat de Veere

ANNO 1732.

van het Marquisaat van Vlissingen en Veere, door de Heeren Staten van Zeelandt, geprojecteert en ondernoomen.

HARE HOOGHEIT de Furstinne Douariere van Orange en Nassauw, in Hare qualiteit, als Moeder en Voogdesse, over den minderjarigen Prins en Princes, nagelatene Kinderen van wylen den Heere JOHAN WILLEM FRISO, in zyn leven Prince van Orangie en Nassauw Hooglosfyker Memorye, en alzoo mediate Erfgenamen van wylen Zyn Majesteit van Groot Brittannien Glorieuser Gedachtenisse, eenigen tydt geleeden, geinformeert zynde, dat in de Vergaderinge der Heeren Staten van Zeeland, op nieuws was voorgedragen en geinsisteert, om het Marquisaat van Veere en Vlissingen, met alle zyne Rechten, Gerechtigheden, en Preëminentien, te mortificeren, de voorsz. Steden te ontslaan van alle Leenroerigheit aan de Graaflykheit, en dezelve te verklaren voor independente, immediate, en Onleenroerige Steden, heeft zich genoodtsaakt gevonden gehadt, te vigileeren voor de belangens van Hooggemelde Haar minderjarige Kinderen; en zich vervolgens geaddresseert, gelyk aan de Heeren Staten van Hollandt en Zeelandt, zoo ook aan haar Hoog Mogende, als Executeurs van den Testamente van Hoogstgedachte zyn Majesteit, met zeer gedienstig verzoek, dat Hooggemelde Heeren Staten van Zeelandt, het voorsz. Marquisaat, met alle zyne Vryheden, Rechten en Gerechtigheden, in haar geheel gelieven te laaten.

En aan Haar Hoog Mogende in voorsz. haare Qualiteit, dat zy door haare Intercessie, het zelfde wilden faciliteren. Immers en in allen gevalle daar toe coöpereren, dat de differenten, die over de Exercitie van voorsz. Rechten zouden mogen wezen, worden gerenvoiceert aan de ordinarise Justitie, en ten dien einde de zoo lange gecontinueerde surseance, en handtsluitinge aan de zelve gedaan, op geheeven en wechgenomen.

En hoewel Hare Hoogheit hadde verhoopt, dat zulk een billyk Verzoek, om de redenen en middelen tot adstructie van dien, in haare Missive aangehaalt, door de Heeren Staten van Zeelandt zoude ingewilligt zyn geweest, soo verneemt nochtans Hare Hoogheit, tot haar smertlyk Leedwesen, dat alle haare aangewende devoiren tot noch toe niet alleen niet zyn geweest van het gewenschte Effect, maar daar en tegens, dat het zeer te beduchten is, dat meer Hooggedachte Heeren Staaten van Zeelandt, met het mortificeeren van vooren gedachte Marquisaat, en zyne Rechten, zullen voortgaan. Immers soo veel Hare Hoogheit meent te moeten besluiten uit den inhoudt van de Missive, door de Heeren Staaten van Hollandt, aan Hare Hoogheit toegezonden, in antwoord op den Brief, die de zelve aan haar Edele Groot Mogende op dat Subject hadde geschreven.

In welke antwoord Hooggemelde Heeren Staaten ten vollen justificeerende de deliberatien in de Provintie van Zeelandt gevallen, over het vryhouden van de Steden Vlissingen en Veere van de Vassallage, zulx verklaren te wesen, en van het Recht, en van een indispensabele Plicht, voor de Heeren Staaten van Hooggedachte Provintie.

En nademaal haar Edele Groot Mogende, de Patrocinie van de Heeren Staten van Zeelandt op haar nemende, dezelfde Sustenue hebben geavanceert, in haare Deductie ter Vergaderinge van Haar Hoog Mog. ingebracht, en met verscheide Redenen getracht te justificeren en goedt te maaken; zoo vindt Hare Hoogheit, hoewel tot haar leedwezen, zich onvermydelyk genoodtzaakt, tot defencie van het zoo wettige Recht van haare Minderjarige Kinderen om de voorsz. Sustenuë, en de gronden waar op de zelve is gebouwt, wat nader te onderzoeken, en met alle discretie, Zeedigheit, en deference voor Haar Edele Groot Mogende, de ongefondeertheit daar van te toonen.

Maar nademaal de voorsz. gronden, nu voor de eerstemaal, ten minsten in het publyk, zoo veel Hare Hoogheit bewust is, worden gelegt, daar nochtans de verhinderinge van het gebruik der Rechten van 't Marquisaat, en de surseance van de Cours der Justitie daar over, al een reex van twintig Jaaren heeft geduurt; Zoo is dienstig geoordeelt, al voorens te treden tot het examen van het voorsz. nieuws geallegueerd en eeniglyk aangedrongen fondament van Rechte, voor a[illegible] laten gaan een kort en succinct verhaal, van i[illegible]e in voorsz. zaake van het Marquisaat, ze[illegible] van zyn Majesteit van Groot Brittanje G[illegible]nisse, is voorgevallen, als mede van de

Veere & de Flessingue, projetté & entrepris par les Seigneurs Etats de Zeelande.

ANNO 1732.

SOn Altesse Madame la Princesse Douairière d'Orange & de Nassau, en sa qualité de Mere & Tutrice du Prince & de la Princesse enfans mineurs & orphelins du feu le Seigneur Jean Guillaume Friso, *pendant sa vie, Prince d'Orange & de Nassau de glor. mem., & par consequent heritiers mediats de feuë Sa Majesté Britannique de gl. mem., ayant été informée il y a quelque tems, qu'il avoit été proposé, & insisté de nouveau dans l'Assemblée des Seigneurs Etats de Zelande, d'amortir le Marquisat de* Veere *& de* Flessingue *avec tous ses droits, privileges, & préeminences, de delivrer cesdites Villes de tout Vasselage, & de les declarer Villes indépendantes, immediates, & devassellées; Elle s'est trouvée obligée de veiller pour les interets de ses Enfans mineurs, & de s'addresser ensuite aux Seigneurs Etats de Hollande & de Zelande, comme aussi en même tems à leurs Hautes Puissances, comme Executeurs du Testament de feuë Sa Majesté, avec cette très-humble priere, qu'il plaise aux Seigneurs Etats de Zelande de laisser en son entier ledit Marquisat avec ses privileges, droits & préeminences.*

Et à leurs Hautes Puissances dans leur qualité mentionnée, de le vouloir faciliter par leur intercession, & de vouloir tout au moins & en tout cas y cooperer, afin que les differens, qui pourront subsister par raport à l'Exercice de cesdits Droits, soient renvoyés à la Justice ordinaire, & que pour cette fin la surséance & l'opposition, qui a duré depuis si long-tems, soit levée.

Et quoique son Altesse eût esperé, que les Seigneurs Etats de Zelande auroient consenti à cette juste priere, pour les raisons & les motifs qui ont été allegués dans sa Lettre, cependant son Altesse vient d'être informée à son grand regret, que toutes ses instances non seulement n'ont eu aucun effet, mais que tout au contraire il y a lieu de craindre, que les Seigneurs Etats de Zelande ne continuent dans leur résolution d'amortir ledit Marquisat & tous ses Droits; au moins autant que Son Altesse a pu concevoir du contenu de la Lettre que les Seigneurs Etats de Hollande lui ont écrite, en reponse à celle qu'elle avoit écrite sur ce sujet à L. N. & G. P.

Dans laquelle Reponse lesdits Seigneurs Etats, en justifiant entiérement les Deliberations de la Province de Zelande sur le Dévassellage des Villes de Veere *& de* Flessingue, *y declarent, que* cela s'est fait suivant les droits, & les devoirs indispensables des Seigneurs Etats de cette Province.

Et parce que leurs N. & G. Puissances, s'étant chargées de la defense des Seigneurs Etats de Zelande, ont soutenu la même These dans la Déduction qu'elles ont fait delivrer à l'Assemblée de leurs Hautes Puissances, & tâché de la justifier par plusieurs raisons; Son Altesse, quoiqu'à son grand regret, se trouve indispensablement obligée pour la defense de ce droit legitime de ses Enfans mineurs, d'examiner un peu plus particuliérement la susdite These, & les raisons sur lesquelles elle a été fondée, & d'en remontrer le peu de solidité & l'insuffisance, avec toute la discretion, modestie & déférence pour leurs Nobles & Grandes Puissances.

Mais parce que ces raisons alleguées viennent de paroitre à présent pour la prémiére fois, au moins au Public, pour autant que son Altesse en a connoissance, au lieu que l'empechement de l'usage des Droits du Marquisat, & la surséance du cours de la Justice dans cette affaire a déja duré pendant vingt ans; On a jugé qu'il étoit nécéssaire, avant que d'entrer dans l'examen des droits, qu'on y pose pour un fondement nouveau, & sur lesquels on insiste si fort, de faire préalablement une courte & succincte narration de tout ce qui s'est passé dans cette affaire du Marquisat, depuis la mort de Sa Majesté de la Grande Bret. de gl. mem. comme aussi des rai-

ANNO 1732.

de redenen die voor dezen tot Justificatie van de voorsz: Provisioneele stremminge, van de Exercitie der Rechten, aan het zelve geannexeert, en deny van Justitie, zyn te berde gebracht. Waar uit zal geblyken hoe men, als by trappen, van hardigheit tot hardigheit is voortgegaan, tot dat men nu schynt gekomen te weezen tot vullinge van de maate, door het wechneemen, en eradiceeren, met wortel en tak, van het Marquisaat zelve, en alle zyne Rechten.

Het is dan alzoo, dat naa het overlyden van zyn Majesteit van Groot Britt. en het openen van deszelfs Testament, waar by de Heere Johan Willem Friso, Prince van Nassauw, was aangesteld tot zynen Universeelen Erfgenaam, de Furstinne Douariere van Nassauw zyn Furstelyke Doorluchtigheits Vrouw Moeder en Tutrice, de investituire van voorsz. Marquisaat, van de Heeren Staaten van Zeelandt heeft verzocht. Doch dat Haar Ed. Mog. daarinne hebben gedifficulteert, om redenen: *Dat de Koning van Pruyssen zich ingesteld hebbende tot mede Pretendent tot de gantsche Successie, van meer Hoogst Gedachte zyn Majesteit van Groot Britt. vervolgens ook van het Marquisaat, Haar Ed. Mog. raadtzaam oordeelden, zich tusschen beide Hoge Parthyen impartiaal te houden, zonder den een voor den anderen te prefereren, maar met het verleenen der investituire wachten, tot dat het geschil over de Erffenis zoude wezen beslegt en vereffent.*

En wanneer Haar Hoog Mog. tot wechneeminge van dat obstacul, goedtvonden, dat de investituire, in haaren name als Executeurs, zoude worden verzocht, buiten præjuditie van beide Hoge Parthyen, zoo heeft doch daardoor niets anders kunnen worden geobtineert als een declaratoir, by resolutie van Haar Ed. Mog. gegeeven, dat het verloop van tydt aan het verzochte verly niet zoude schaaden, wordende de verzoekers gehouden voor diligent.

En of men uit de vorengemelde Redenen, en Resolutie niet anders scheen te kunnen en mogen verwachten, als dat Haar Ed. Mog. intentie was, de zaaken van het Marquisaat te houden in staat, zoo zyn nochtans, kort daar na, daar ontrent zeer notable en præjudiciable veranderingen ingevoert en voorgevallen, als naamentlyk.

Dat Haar Ed. Mog. de Magistraats-bestellinge van beide Steeden hebben aan zich getrokken. Verhindert dat de electie van Burgemeesteren en Scheepenen meer wierde gezonden aan den Marquis, of den Representant van dien, maar geordonneert dat dezelve zoude worden geaddresseert aan de Staaten.

Met Last aan de Magistraaten van voorsz: Steeden, om de Electie van Burgemeesters en Scheepenen, die haar van den Marquis gezonden mochten worden, niet aan te neemen; den Bailliuwen en alle anderen geinterdiceert, dezelve Burgermeesters en Schepenen, wegens den Marquis op een Wettige nominatie verkoren, te beëdigen, en te installeren, de Regenten der beide Steeden geobligeert, nieuwe Reglementen te maaken, over de veranderinge van de Magistrature, direct aanloopende tegens het Recht van den Marquis, ook tegens de Protestatie van een aanzienlyk getal mede Regenten van de zelve Steeden; voorts de Bailliuwen van dien, buiten alle Exempel van voorgaande tyden, genomen in een Particuliere Eed van de Provintie, en eindelyk het Recht van de Zeedriften den Marquis toebehorende, met de Militaire handt, en bedreiginge van nader ressentiment, geturbeert en genoegzaam wechgenoomen, ook het mandement van Maintenue, tegen de turbe in het laast gemelde Recht by den Hoogen Raade bekoomen, door de stremminge van de Justitie, elusoir en vruchteloos gemaakt.

Alle welke nieuwigheden, turbes, en verhinderingen der Rechten van den Marquis, zyn ondernomen en doorgedreeven met veel precipitantie, en zonder verhoor van ymandt wegens de hooge pretendenten, Haar Hoog Mog. als Executeurs, of die van den Raade der Domeinen, en gepalliert met die Reden, *om dat 'er dispuiten waaren over den eigendom van het Marquisaat, dat'er door deze dispuiten noch geen Successeur in het zelve was bekent gemaakt, veel min dat die de Hulde en Eed van getrouwigheit aan den Graaf hadde gepresteert, by gevolge dat de directie, en administratie was gevallen in den boezem van de Heeren Staaten van Zeelandt, als Domini Directi, en Representerende den Graaf.*

Wanneer nu al het voorsz: op dien voet wierde verricht, en de devoiren zoo door Haar Hoog Mog. als door

ANNO 1732.

raisons qui ont été alleguées auparavant pour justifier l'empechement provisionel de l'exercice des droits y annexez, & le deni de justice; Et par laquelle il paroitra, comment on est manié, comme par degrés, d'une dureté à l'autre, jusques à ce que l'on crut être parvenu à présent au comble de la Mesure, par l'amortissement & l'abolition entiere de ce Marquisat, & de tous ses droits.

Il arriva donc, qu'après la mort de Sa Majesté de la Grande Bretagne, & après qu'on eut ouvert son Testament, par lequel le Seigneur Jean Guillaume Friso, *Prince de Nassau, étoit institué son heritier unique & universel, Madame la Princesse Douairière de Nassau, Mere du defunt Prince, s'addressa aux Seigneurs Etats de Zelande, pour demander & pour obtenir l'investiture de ce Marquisat; Leurs Nobles Puissances en firent difficulté, par la raison:* Que le Roi de Prusse, étant intervenu comme Co-Prétendant de tout l'héritage Royal, & par consequent dudit Marquisat, Leurs Nobles Puissances jugeoient qu'il feroit convenable de se tenir impartial entre ces deux prétendans, sans préferer l'un ou l'autre, & de surseoir l'investiture, jusqu'à ce que le different sur cet héritage fût entierement accommodé.

Et lorsque Leurs Hautes Puissances, pour lever entiérement cet obstacle, trouvérent bon que l'investiture de ce Marquisat fût demandée par elles, comme étant Executeurs dudit Testament, & sans que cela pût porter aucun préjudice aux deux Pretendans, elles ne purent obtenir qu'une simple Declaration, qui fut donnée par la voye ordinaire d'une Resolution de l'Assemblée de ces Etats, que la prescription ne porteroit aucun préjudice à l'investiture requise, & que l'on tiendroit toujours les Requisiteurs pour diligens.

Et quoiqu'il y eût toutes les raisons pour se persuader, que l'intention des Seigneurs Etats de Zelande étoit en effet de conserver ce Marquisat dans son entier; Cependant il a paru peu de tems après, qu'on y a fait plusieurs changemens notables & préjudiciables, savoir.

Que leurs Nobles Puissances se sont saisis de la Magistrature de ces deux Villes; Qu'elles ont empêché, que l'Election des Bourguemaîtres & des Echevins dépendît comme auparavant du Marquis, ou du Représentant, mais qu'elles ont ordonné que cela fût pour l'avenir addressé aux Etats de la Province.

Ordonnant en même tems aux Magistrats des deux Villes, de n'accepter absolument pas l'Election des Bourguemaîtres & des Echevins, qui auroit été faite par le Marquis; interdisant en même tems aux Baillifs & aux autres, d'installer & d'accepter les sermens de ces Bourguemaîtres & Echevins, élus, de la part du Marquis, d'une maniére légale; obligeant les Regens des deux Villes, de faire de nouveaux Reglemens sur le changement de la Magistrature; ce qui est directement contraire aux droits du Marquis, & à la protestation d'un grand nombre des prémiers Regens de ces deux Villes; Que d'ailleurs cesdits Etats ont obligé lesdits Baillifs, de prêter à leur Province un serment nouveau & particulier, inconnu au tems passé; Et enfin qu'ils ont troublé, & tout à fait fait perdre par des Executions militaires, & par des menaces réïtérées d'un ressentiment ulterieur, les profits de la Mer & des Naufrages, qui apartiennent incontestablement au Marquis; Et enfin qu'ils ont éludé, & rendu inutile, le mandement de maintenuë, que le Grand Conseil avoit rendu en sa faveur, pour empêcher qu'il fût troublé dans ses droits, par deni de Justice.

Toutes ces Nouveautés, Troubles, & Empêchemens des droits du Marquis, ayant été entrepris & executez avec beaucoup de précipitation, & sans avoir voulu entendre personne de la part des Illustres Prétendans, comme par exemple leurs Hautes Puissances, comme Executeurs du Testament, ou les Seigneurs du Conseil des Domaines, sous prétexte; Qu'il y avoit encore des disputes sur la proprieté & sur la possession du Marquisat; qu'à cause de ces Disputes on ne connoissoit pas encore le Successeur légitime, qui jusqu'à présent n'avoit pas encore prêté au Comte le serment de fidelité & l'hommage requis; Et qu'en consequence de tout cela, la direction & l'administration du Marquisat étoient tombées entre les mains des Seigneurs Etats de Zelande, comme Seigneurs Directs, & représentant l'ancien Comte.

Et lorsqu'on eut fait tout son possible, pour s'acquiter de tout ce qui a été raporté; & que leurs Hautes Puissances,

ANNO 1732. door Hare Hoogheit de Princesse Douariere van Nassauw, en de Raaden der Domeinen daar tegens aangewendt, vruchteloos wierden bevonden, is men genoodzaakt geworden recours te neemen tot de ordinarise Justitie.

Gelyk dan ook by den Hoogen Raade van Hollandt en Zeelandt, op het einde van het jaar 1703. verkregen zyn, vier Mandamenten Possessoir, alle tenderende om deze turbes, en ondernoomene veranderingen, tegens het Recht van den Marquis, te hebben vernietigt en afgedaan. Doch hier tegens hebben de Heeren Staaten van Zeelandt kunnen goedtvinden te ordonneeren, dat aan voorsz: Mandamenten niet soude worden geobedieert, met eenen aan den Hoogen Raade daar van kennisse gevende, en van dezelve requirerende, dat uit dien Hoofde geen Proceduuren souden worden gehouden.

En alhoewel de Heeren Staaten van Hollandt, op de remonstrantie door President en Raaden van den Hoogen Raade, aan Haar Ed. Groot Mog. daar tegens gedaan, eerst hadden geresolveert, en den Hogen Raade aangeschreeven, *om in de zaake van voorsz. Mandamenten zoodanig te Procederen, als in goeden gemoede en Justitie zouden bevinden te behooren.*

Zoo zyn nochtans Haar Ed. Groot Mog. niet lange daar na, op de ernstige en gereitereerde instantien der Heeren Staaten van Zeelandt, daaromtrent van sentiment verandert, resolverende op den 5den October 1705., dat de President en Raaden van den Hogen Raade. by provisie zullen worden gedispenseert, van de judicatoire in saaken van de Magistraats-Bestellinge van Vlissingen en Veere, met den gevolge en aankleeve van dien. *Behoudelyk, dat die geene die hier na het voorsz. Marquisaat zal hebben bekoomen, en daar meede zal wezen verlyt, zal vrystaan zyne actie en pretentie ter zaake van voorsz. Raadts-Bestellinge, als anders, te entameren, en vervolgen, daar en zo het behoort.* Naa welke Resolutie dan ook, tot den huidigen daage toe, alle wyder vervolg in Rechten heeft moeten stille staan.

Hoewel uit het geene hier vooren is verhaalt, genoegzaam geblykt van de hardigheit der Proceduiren der Heeren Staaten van Zeelandt, soo schynt nochtans uit de Redenen die Haar Ed. Mog. tot billykinge van haar gedrach, in allen dezen hebben bygebracht, te moeten worden beslooten, dat haare intentie, tot dus lange, niet anders is geweest, als dat alle die veranderingen, turbes, en verhinderingen, maar souden wesen Provisioneel, en tot'er tydt toe, dat, of by wegen van accommodement, of van decisie, soude wesen getermineert, wie van beide Hoge Pretendenten tot het voorsz. Marquisaat gerechtigt is.

Gelyk dan ook versekert wordt, dat de Heeren Staaten van Zeelandt, genoegzaam alle haare Resolutien desen aangaande genoomen, hebben gelieven te Clausuleeren, *ongepreyudiceert het Recht van den Marquis*, als ook; dat Haar Ed. Mog. meermalen souden hebben verklaart, *dat dezelve geen Intentie hebben, van de Heer Marquis te benadeelen, dat dezelve ter contrarie avers zyn om eenige atteinte te geven aan het Recht den Marquis Competerende.* Veel min dat Haar Ed Mogende van gedagten souden zyn geweest, om het geheel Marquisaet, met alle zyne Rechten, en Gerechtigheden te mortificeeren, gelyk tegenwordig de toeleg schynt te weesen.

Hare Hoogheit vermeint niet van nooden te hebben om te treeden in discussie van de Reden en motiven, door de Heeren Staaten van Zeelandt, tot Justificatie van haare voorgaande Conduite, te berde gebracht, en hier voren kortelyk aangehaalt.

Ook niet om te enerveren en te wederleggen de argumenten die Haar Ed. Mog. voor dezen hebben getrokken, uit den inhoudt van de Octroyen in den Jaare 1574. door Prins Willem van Oranjen, in Naame van den Koning van Spanjen (die te gelyk was Marquis van Vlissingen en Veere, en Graaf van Zeelandt) aan beide voorsz. Steden gegeven, *en uit verscheide andere circumstantien en voorvallen, waar uit zoude geblyken, dat de voorsz. Steden ten eenemaale vry gemaakt zyn.* Oordeelende Hare Hoogheit dat zy zich kan dispenseeren van die moeite te neemen, om twee redenen. Voor eerst om dat alle de voorsz. argumenten, en in de Remonstrantien, wegens de Voogden van wylen zyn Majesteit van Groot Brittannien, al in den Jaare 1651. uitgegeven, by Aitzema in zyne herstelde Leeuw te vinden; En wel bezonderlyk in de wel doorwrochte en krachtige *Deductie van het Recht, Competerende Syn Hoogheit Johan Willem Friso, Prince van Oranjen en Nassau*, in den Jaare 1706. uitgegeven, van Pag. 32.

tot

res, Madame la Princesse Douairière de Nassau, & les Conseillers des Domaines y eurent employé tous leurs soins, on s'aperçut que c'étoit peine perdue, & on fut à la fin obligé d'avoir recours à la Justice ordinaire. ANNO 1732.

Ensorte que le Haut Conseil de Hollande & de Zelande accorda sur la fin de l'année 1703, quatre Mandemens possessoires, qui tendoient tous à rendre illusoires toutes les entreprises & changemens qu'on avoit faits, au préjudice & contre les droits du Marquis. Mais nonobstant cela, les Seigneurs Etats de Zelande ont trouvé bon d'ordonner, qu'il ne seroit pas obeï auxdits Mandemens, ce dont L. N. P. donnerent connoissance au Grand Conseil, requerant qu'en conséquence de leur Résolution, il ne poursuivroit plus ces procedures.

Et quoique sur les Remontrances du Président & des Conseillers du Haut Conseil, faites à L. N. & G. P. les Seigneurs Etats de Hollande, sur ce sujet, ils eussent pris la résolution, & ordonné au Haut Conseil, de proceder dans l'affaire des Mandemens susdits de la maniére qu'il trouveroit convenir en bonne Conscience, & suivant les Regles de la Justice.

Cependant leurs Nobles & Grandes Puissances ont changé de sentiment sur cette affaire peu de tems après, par les instances serieuses & réitérées des Seigneurs Etats de Zelande; puisqu'elles résolurent le 5. d'Octobre 1705. que le Président & les Conseillers du Haut Conseil seroient dispensés provisionellement, de la Judicature dans les affaires qui concernoient l'établissement du Magistrat à Flessingue *& à* Veere, *avec tout ce qui en depend; mais bien entendu*, Qu'il seroit toûjours reservé à celui, qui ensuite auroit obtenu le droit audit Marquisat, & qui en etoit investi, d'entamer & de poursuivre la nomination des Magistrats, & ses autres prétensions, par-tout & de la maniére qu'il appartient. *Après cette Résolution, toutes poursuites de ces droits ont dû cesser jusqu'à ce jourd'hui.*

Et quoique la dureté de ces procédures des Seigneurs Etats de Zelande saute aux yeux de tout le monde, par ce qui a été allegué ci-dessus; Il paroissoit encore par les raisons que leurs Nobles Puissances avoient alleguées dans ce tems-là, que leur intention étoit seulement, que ces changemens, empêchemens, & troubles seroient seulement provisionels, & ne subsisteroient que jusqu'à ce qu'il eût été determiné par la voye d'un accommodement, ou d'une decision, auquel des deux Prétendants seroit adjugé le droit de ce Marquisat.

D'autant plus qu'il est certain que les Seigneurs Etats de Zelande ont toûjours eu la précaution, par rapport à cette affaire, d'inserer dans leurs Résolutions cette Clause: Sans porter préjudice aux droits du Marquis, *& que leurs Nobles Puissances ont déclaré plusieurs fois:* Qu'elles n'avoient absolument pas intention de porter dommage au Marquis; que tout au contraire elles étoient bien éloignées de porter la moindre atteinte aux droits qui apartiennent au Marquis. *Auroit-on crû qu'il seroit jamais tombé dans l'esprit de leurs Nobles Puissances, d'amortir tout-à-fait ledit Marquisat, avec ses droits & préeminences, comme il paroît que c'est à présent leur but.*

Son Altesse croit pouvoir se dispenser d'entrer dans la discussion de toutes les raisons mentionnées, & des motifs que L. N. P. ont tâché d'étaler, pour justifier leur Conduite passée;

Et de combattre les argumens que L. N. P. ont voulu tirer autrefois du Contenu des Octroits, que le Prince Guillaume d'Orange a donné l'année 1574. auxdites Villes au Nom & de la part du Roi d'Espagne (comme étant pour lors Marquis de Flessingue *& de* Veere) comme de plusieurs autres circonstances & rencontres, par lesquelles on prétend qu'il paroît clairement, que ces deux Villes ont été pour toûjours remises dans leur précedente liberté; *Son Altesse croit, qu'elle peut se dispenser de cette peine par deux raisons. Prémiérement, parce que tous ces Argumens se trouvent dans les Remontrances, que les Tuteurs du feu Roi d'Angleterre ont mises au jour en 1651., & qui ont été imprimées dans le* Herstelde Leeuw d'Aitzema; Et sur-tout, dans la solide Déduction du droit qui compete à son Altesse, Jean Guillaume Friso Prince d'Orange & de Nassau, *publiés l'année 1706. depuis*

pag.

ANNO 1732. tot aan Pag. 43. (*) zoo volkomen zyn gedestrueert, en vernietigt, dat men reden heeft sich te verwonderen, dat de Heeren Staaten van Hollandt hebben kunnen goedtvinden, om daar van in Haare Deductie wederom ample mentie te maaken, en de Furstelyke Voogdije als te reprocheren, dat dezelve in haare Missiven, gelyk mede niet de Heeren Gedeputeerden van de Provintien van Gelderland, Friesland, en Stadt en Lande, in haare advysen op dit subject, geen mentie gemaakt hebben van de hier voren gemelde *Octroyen, en verscheiden 'andere omstandigheden en voorvallen*, die haar Ed. Groot Mogende gelieven voor *zeer Essentieel* aan te zien.

Ten tweeden, om dat alle de Redenen en Argumenten, rakende de plicht van een Leenheer, om des verzocht zynde, de investituire aan zyn Vasal te verleenen, zyn onbevoegtheit om een Leen, by hem met expresse Renuntiatie van Lossinge en Retour, verkocht en uitgegeven, zonder eenige reden weder naa zich te neemen en toe te eigenen.

Maar daar en tegens zyn schuldigheit, om zyn Vasal by zyne Leenrechten te handthaven, en ten allen tyden na Gerechtigheit en billykheit te handelen; of, en hoe verre de Heeren Staaten van Zeelandt, als Leenheeren zich, in cas Subject, van die plicht by provisie hebben mogen dispenseren, veele wesentlyke en prejuditiable veranderingen in de Rechten van het Marquisaat te maken, hoe verre de Rechten van den Marquis over beide Vasalle Steeden zich extenderen, of, en hoe verre dezelve door Octroyen en Conventien, zyn gelimiteert, en vermindert geworden, van wat kracht en consideratie moet werden gehouden, tot verkryginge van een Wettig Recht, een langduerige en ongeinterrumpeerde Possessie van over de hondert en twintig Jaaren, en wat dies meer mochte wezen, notoirlyk zyn *het object van de Ordinarise Justitie*, vervolgens geventileert en gediscutieert zouden moeten worden, voor de Competente Rechters, die in desen ongetwyffelt zyn de Hoven van Justitie van Hollandt en Zeelandt. Verlangende Hare Hoogheit niets meer, als dat de geslootene deure der Justitie geopent, en alle de Differenten, het Marquisaat van Veere en Vlissingen aangaande, mitsgaders de Preëminentien, Rechten en Gerechtigheden, daar toe en aangehorende, voor den gemelden Richter gebracht, en door den zelven gedecideert mogen worden. Gelyk dan daar toe ook heeft getendeert het verzoek van de Furstelyke Voogdye meermaalen gedaan, en noch laatstelyk in haare Missiven aan Haar Hoog Mog. en Provintien afgevaardigt.

En waar op de Hooggemelde Furstelyke Voogdye niet kan nalaten, by continuatie, op het krachtigste te Urgeren, waar van ook de Heeren Staaten van Zeelandt, onder Reverente correctie, zich niet kunnen ontslaan; niet alleen om dat het zelve vloeit uit de reciproque verplichtinge, die'er is tusschen een Leenheer en zyn Vasal, maar ook, om dat Haar Ed. Mog. particulierlyk daar toe zyn verbonden, uit krachte van het groote Privilegie van Vrouw Maria, van den Jaare 1476. Statueerende Art. 39. *Dat dit Graven, ofte Haare Nakomelingen, niemandts Goedt, Leen, noch Erven, binnen den Lande van Zeelandt, tot Haaren Tafel leggen en zullen; noch niemandt by provisie uit Zyn Possessie stellen en zullen, maar zullen, na dat de natuure en conditie van de Goederen zyn, eerst verwonnen zyn, en daar na geëxecuteert worden, navolgende die Rechten en Costuimen van de Landen, Steeden en Vlekken, daar die Sententie of Condemnatie gegeeven, of afgedaan zal worden.*

Doch even dit selfde is het, 't welke de Heeren Staten van Hollandt vermeinen geëviteert te moeten worden, voorziende apparent, dat door de wech van de Justitie niets voordeeligs voor de Heeren Staten van Zeelandt zoude kunnen worden geobtineert, tot bereikinge van Haare verre gaande intentie.

Dieshalven is het, dat Haar Ed. Groot Mog. de onderneminge van de Heeren Staaten van Zeelandt, om het Marquisaat van Vlissingen en Veere te mortificeeren, eeniglyk funderen op het Recht, dat alle Souveraine Princen soude competeren, vervolgens ook Haar Ed. Mog. als Souverainen van den Graafschappe, geabstraheert van Haare qualiteit als Leenheeren, gemeenlyk *Dominium eminens* genaamt.

Over welk Recht, de uitgestrektheit van dien, in hoedanige gelegentheden het zelve mach worden gebruikt, met speciale Applicatie op het Amortissement in quæstie, Haar Ed. Groot Mog. zich, van het begin

(*) Van de Editie in Folio.

pag. 32. jusqu'à 43. (*) où ces raisons allegutes ont été combattues avec tant d'évidence, que l'on a raison d'être étonné, que les Seigneurs Etats de Hollande ayant jugé à propos d'en faire encore mention dans leur ample Deduction, & de vouloir faire en quelque maniére des reproches à l'Illustre Tutele, de n'avoir pas fait mention dans sa Lettre, des susdits Octrois & autres diverses circonstances, *non plus que les Seigneurs Deputés des Provinces de Gueldres, de Frise, & de Groningue, dans leurs Avis, L. N. P. trouvant ces Octrois & autres circonstances très essentielles.* ANNO 1732.

Secondement parce que d'un côté toutes les raisons & les argumens qui concernent l'obligation indispensable du Seigneur direct, de conférer l'investiture à son Vassal, lorsqu'il en a été duëment requis; son defaut de droit, de reprendre & de s'approprier, sans aucune raison ni forme de procès, ledit Fief, qu'il a vendu & conferé sans aucune Condition, & même avec la Renonciation expresse de degagement & de retour.

Et de l'autre, ses obligations de conserver son Vassal dans ses droits légitimes & féodaux, & de l'y maintenir avec justice & équité; si, & combien les Seigneurs Etats de Zelande, comme Seigneurs Directs, ont été en droit d'en dispenser par provision dans le cas présent? Quelle étenduë ont les droits du Marquis sur ces deux Villes? Si, & quand, ils ont été limités par les Octrois, & par les Conventions? S'ils en ont souffert quelque diminution ou préjudice? Quelle force & consideration doit naturellement avoir une possession non interrompue de plus de cent & vingt ans? &c. sont notoirement l'objet de la Justice ordinaire; *& que par consequent il faut, que tous ces points soient discutés par un Juge compétent, qui ne peut être un autre dans le cas présent que les Nobles Cours de Justice de Hollande & de Zelande; son Altesse ne desirant autre chose, sinon qu'on veuille ouvrir la porte à la Justice, & que tous les differens, qui regardent le Marquisat de* Veere *& de* Flessingue, *& en même tems ses prééminences, ses droits, & ses privilèges, soient portés devant ce Juge competent, & remis à sa décision. Ce que les Illustres Tuteurs ont plusieurs fois demandé, & particuliérement dans la derniére Lettre qu'ils ont écrite à L. H. P. & aux Provinces.*

Les Seigneurs Tuteurs de ces Illustres Princes ne peuvent cesser d'insister sur cette Demande, & les Seigneurs Etats de Zelande ne peuvent refuser d'y consentir, parce que cela ne provient pas seulement de l'obligation reciproque, qui se trouve entre le Seigneur & le Vassal, mais que les Seigneurs Etats y sont specialement obligés, en vertu du grand Privilége de Madame Marie *de l'année 1476. où il est statué Art.* 39. Que les Comtes, ou leurs Successeurs, n'apliqueroient pas à l'usage de leur Table les biens, les Fiefs, & les héritages d'aucun Sujet du Païs de Zelande, & qu'ils ne mettroient aucune personne par provision hors de ses Possessions, avant qu'ils les ayent obtenus par la voye de la Justice, suivant leur nature & leur condition; & qu'ensuite on pourroit proceder à l'execution suivant les droits & les coutumes des Païs, Villes, & Bourgs, où la Sentence, ou Condamnation, auroit été prononcée.

Mais c'est justement ce que les Seigneurs Etats de Hollande jugent qu'on doit éviter; parce qu'ils prévoyent apparemment, que les Seigneurs Etats de Zelande n'obtiendroient jamais par la voye de la Justice leur point de vuë & leur intention.

Et c'est pour cela, que L. N. & G. P. fondent uniquement l'entreprise des Seigneurs Etats de Zelande, d'amortir le Marquisat de Veere *&* de Flessingue, *sur le droit qui doit competer à tous les Princes Souverains, & par consequent à L. N. P. comme Souverains du Comté de Zelande, & qu'on appelle ordinairement* Dominium Eminens.

Leurs Nobles & Grandes Puissances s'étendent sur ce Droit depuis le commencement jusqu'à la fin de leur Déduction, où elles examinent son étendue, & en quelles occasions on peut s'en servir avec une application speciale

(*) Dans l'édition in folio.

ANNO 1732. gin tot aan het einde van Haare Deductie, in het brede extenderen; en waar op Haar Hoogheit de vryheit zal nemen, van haare confideratien en belang te zeggen.

Gelyk Hare Hoogheit in Hare Missiven heeft erkent, soo staat dezelve als noch geerne toe, dat in de Oppermacht is een Recht, een Volheit van Gezach, uit krachte van welke, dezelve niet alleen kan bepalen het gebruik der Goederen van Haare Onderdaanen, maar ook, in zeekere gevallen, den eigendom daar van mach na zich nemen, en ten besten van het Gemeen bekeeren.

Doch dewyle van dit Recht, na het Avû zelfs van Haar Ed. Gr. Mog. lichtelyk zoude kunnen worden geabuseert, dat ook de historien overvloedige bewyzen aan de hand geven, op hoe menigerhande wyze Koningen, en andere Souverainen, daar van misbruik hebben gemaakt.

Zoo is het, dat alle geapprobeerde Autheuren, die dese Materie hebben verhandelt, daar inne overeenkomen, en het alzoo een constant en algemeen gevoelen is geworden, dat het voorsz. Recht in geenen deele ongelimiteert is; Dat daar en tegen een Souverain, zonder een notoire injustitie te doen, de Goederen van zyne Onderdanen niet kan na zich nemen, als in singuliere gevallen, en dan noch onder zeekere bepalingen.

Welke gevallen, geen andere worden gestelt te zyn, als van Nootsakelykheit, en Nuttigheit voor het gemeene beste.

Welke Nootsakelykheit geleert wordt te moeten wezen hoogdringende, en swaarwichtig, en de Nuttigheit, groot, evident, en wesentlyk, zoo dat het gemeen, zonder merkelyke Schaade te lyden, het zelve niet kan ontberen.

En dan noch onder die bepalingen, dat een Particulier zyn goed ten gemeenen dienste hebbende opgeoffert, en overgegeven, daar voor door het Publyk werde gededomageert, en schadeloos gehouden; Of indien het, sonder verbruikt te wezen, maar voor een tydt ten gemeenen nutte is aangelegt geweest, dat die Nuttigheidt of Nootzaakelykheit cesserende, dat goedt aan den voorgaanden Eigenaar moet worden gerestitueert.

Buiten die gevallen van dringende Noodtzaakelykheit, of van groote en evidente Nuttigheit, moet elk en een yder meester blyven van het zyne; En by het onverhindert bezit en genot van het zelve, door, en wegens de Hooge Regeringe worden gemaintineert en beschermt.

Want het is klaar en by allen erkent, dat het oogmerk het welke gehadt hebben, alle de geene, die zich met meer anderen, in de eerste t'zaamenkomste der Republyken, hebben geassocieert en gevoegt onder eene Regeringe, is geweest, om onder derzelver opzicht en directie, volgens egale Wetten, des te veiliger te kunnen leven, te geruster zyne Eigendommen besitten, en daarmede handelen naa zyn welgevallen.

Op deese gronden, die, des nood zynde, met veele authoriteiten zouden kunnen worden bevestigt, vermeint Hare Hoogheit, dat geoordeelt moet worden van den Staat der Quæstie, dewelke by Haar Ed. Groot Mog. geposeert wordt, eigentlyk daar inne te bestaan, *Of in desen genoegzaame Redenen zyn, om dat Recht* (het *Dominium Eminens*) *te gebruiken.*

Hare Hoogheit hadde in Hare Missiven gesustineert, en kortelyk aangetoont, dat 'er in dit geval geen *Termini habiles*, tot exercitie van voorsz: Recht worden gevonden.

Haar Ed. Groot Mogende het zelve tegensprekende en debatterende, verklaaren van gevoelen te weezen, dat de Heeren Staaten van Zeelandt, zich, in cas Subject en kunnen, en zelfs moeten bedienen, van dit Recht.

Om dat haar sentiment te adstrueren, gelieven Haar Ed. Groot Mog. zich te bedienen van Redenen en Argumenten, zoo wydluftig, van zoo verscheiden aart, ook veele tot de *Status Quæstionis*, zoo als dezelve by Haar Ed. Groot Mog. zelve is geformeert, niet eigentlyk, maar eerder tot een Gerechtelyke Discussie behoorende, dat men, om niet te opereus te weezen in het verhandelen van dit verschil, en de contestatien daar over, die Hare Hoogheit doch zoo smertelyk vallen, niet te vermenigvuldigen, zich zal bevlytigen, om alleen te onderzoeken en te examineren, de voornaamste en peremtoirste motiven, die Haar Edele Gr. Mog. gebruiken tot hare principaal oogmerk, (zonder dat nochtans daaromme Hare Hoogheit verstaan moet worden, alle de verdere Stellingen van Haar Edele Groot Mog. en de gevolgen daar in uit-

le à l'Amortissement en question: Sur quoi son Altesse se donnera la liberté d'exposer ses remarques. ANNO 1732.

Son Altesse convient très-volontiers, comme elle en est déja convenue dans sa Lettre, qu'il se trouve dans la Souveraineté un certain droit, une certaine plenitude de pouvoir, en vertu de laquelle elle ne peut pas seulement mettre des bornes à l'usage que leurs Sujets font de leurs biens, mais que dans certains cas & circonstances, il lui est permis de s'en saisir, & de les convertir à l'avantage du bien public.

Mais parce que suivant l'aveu même de leurs Nobles & Grandes Puissances, il seroit très-facile d'abuser de ce droit, *& que les Histoires mêmes nous fournissent grand nombre d'exemples, que les Rois & les Princes Souverains en ont abusé en differentes manières.*

C'est pour cela, que tous les Auteurs approuvés, qui ont traité de cette matiere, s'accordent généralement, ensorte que c'est à present un sentiment universel & constant, que ledit droit n'est absolument pas illimité, ni en général, ni en partie; Que tout au contraire un Souverain, sans commettre une injustice manifeste, ne peut se saisir des biens de ses Sujets, que dans certains cas singuliers, & encore sous de certaines conditions limitées.

Lesquels cas ne peuvent pas être d'autres, que la nécessité urgente, ou l'utilité publique.

Laquelle Necessité *doit être trouvée, suivant les règles, très-pressante & d'une conséquence dangereuse, &* l'Utilité publique, *grande, évidente & essentielle, ensorte que le public ne puisse pas s'en passer, sans souffrir un préjudice & une perte considerable;*

Et que cela se fosse alors sous la condition, qu'un Particulier, ayant abandonné ses biens pour le service & au profit du public, en soit dedommagé & indemnisé par le public; Et si ces biens, sans avoir été convertis à un certain usage, n'ont été employez pour le public que pendant un certain tems, cette utilité ou necessité du Public venant à cesser, il faut absolument qu'ils soient restitués au Proprietaire.

Hormis ces deux cas de Necessité urgente, *ou* d'Utilité évidente, *il faut que chacun reste Maître de ses biens; & qu'il soit maintenu & protegé dans cette possession tranquile par la Regence Souveraine.*

En effet il est évident & chacun convient, que les prémiers hommes, qui, lorsque les Societez se sont formées, se sont associés & soumis sous une même Regence, n'ont pas eu d'autre point de vues que de se procurer une vie plus sûre & plus commode sous la juste Regence & direction de leurs Magistrats, de pouvoir jouïr plus tranquilement de la possession de leurs biens, & d'en pouvoir user suivant leur bon gré.

C'est sur ces raisons & sur ce fondement, qu'on peut en tout cas prouver par de grandes autorités, que son Altesse se persuade, que tout le monde décidera de l'état de la question, qui par leurs Nobles & Grandes Puissances est presupposé consister en ceci, s'il se trouve des raisons suffisantes dans le cas présent pour pouvoir se servir de ce droit. (Dominium eminens.)

Son Altesse avoit soutenu dans ses Lettres, & y avoit deduit en peu de paroles, qu'il ne se trouve pas dans ce cas de Termini habiles, *pour pouvoir faire usage de ce droit.*

Leurs Nobles & Grandes Puissances, en combattant cette proposition, declarent être d'avis, que les Seigneurs Etats de Zelande peuvent & doivent même se servir de ce droit, dans le cas mentionné.

Et pour prouver leur sentiment, leurs Nobles & Grandes Puissances se sont servi de raisons, & d'arguments diffus, & de differente nature, & de plusieurs qui n'ont proprement aucun raport à l'état de la question, tel qu'il a été posé par L. N. & G. P. mêmes, mais plutôt à une discussion judiciaire; Que pour n'être pas incommode dans la discussion de ce différend, & des contestations qui s'ensuivent, & qui causent un véritable chagrin à son Altesse, on se contentera d'examiner & de discuter seulement les principaux motifs & les plus peremtoires, dont leurs Nobles & Grandes Puissances se servent pour parvenir à leur but principal; (sans que son Altesse prétende pour cela vouloir admettre & aprouver toutes les autres positions & raisons de L. N.

Anno 1732.

uitgetrokken, de welke om voorsz. redenen, in desen sonder examen of wederlegginge worden voorby gegaan, te erkennen, te approberen, of toe te staan.)

Bestaande in substantie daar inne, dat de Vasallage van de Steden Vlissingen en Veere, strydig en incompatibel soude wesen, met de Vryheyt en independentie van de Provintie van Zeeland, die haere Voorouders zoo duyr heeft gestaen.

Ten welken eynde geallegeerdt wordt, dat het Heerlyk Recht van den Marquis over voorsz Steden, zoo als gesustineert wordt, behelst voornaementlyk het Recht tot de Verkiesinge van de Schout, Schepenen, Secretaris, en Boden, zelfs ook van Burgermeesteren en Vroedschappen.

Welke Recht banende de weg tot de gehele directie van de Regeeringe in die Steden, vervolgens de Marquis lichtelyk dat vermogen soude hebben, dat haere advisen, in de Vergaedering der Staaten van de Provintie souden worden geschikt nae zyne Intentie; en hy daar door verkrygen een groote Influentie, en directie in de deliberatien over zaeken van de Provintie, en die van de Provintie dependeeren; en zulks ook in 't vergeven van Ampten, en Commissien, binnen en buyten de Provintie, in de Hoven van Justitie van Hollandt en Zeelandt, ter Vergadering van Haar Hoog Mog., en in Collegien van de Unie, om daar te helpen delibereren en resolveren, uytvoeren en doen uytvoeren, alle zaaken van de gemeene Unie, ook zaaken relatie hebbende tot andere Princen, en Staten.

Dat d'importantie en 't gevolg van zoodanigen gesach, daarom te grooter en bedenklyker is, om dat 't zelve zoude worden geëxerceert door een Prins, dewelke niet alleen, met 'er tydt een Vreemd Prins zoude kunnen wesen, zynde noch onseeker, aan wien het gesustineerde Recht over de voorsz. twee Steeden, zal te beurte vallen; En het gene noch verder gaat, op wien het naa desen zoude kunnen devolveren. Wesende selfs niet onmogelyk, dat dit Recht t' eeniger tydt, op een Prins niet zynde van de Protestantse Religie, maer tot het Pausdom wedergekeert, of daar onder gebracht, quam te vervallen.

Dese inconvenienten, en gebeurlyke gevallen, hoe geëloigneerdt deselve ook mogen wesen, souden, naa Haar Ed. Groot Mog. Sustenue, aan de Heeren Staaten van Zeeland, een genoegsaame Faculteyt geven, ook een plicht opleggen, om door middel van het *Dominium Eminens*, het geheele Marquisaat te mortificeren des de geintereseerde behoorlyk dedomagerende. Dewyle niet alleene voorgesiene toekomende gevallen, maar ook zelfs daar een mogelykheyt in is, om te kunnen gebeuren, reden zouden geven, om door dat middel soodaanige ongevallen voor te komen.

Omme alle het welke te beandtwoorden, Hare Hoogheyt, op 't eerst, te weeten de gepretendeerde strydigheyt en incompatibiliteyt van het Recht van den Marquis, met de Vryheyt, en Independentie van de Provintie van Zeeland zal seggen; Dat de Illatien, en Consequentien, die Haar Ed. Groot Mog. zoo breed etaleren en trecken, uyt het Recht van den Marquis, om binnen de Steden Vlissingen en Veere den Bailliuw, Burgermeesteren, Scheepenen, Vroedschappen, Secretaris en Boden te eligeren, veel te verre worden geextendeert en uytgemeten, en niet natuirlyk vloeijen uyt het voorsz. Recht; Dewyl het verkiesen van Magistraten en Vroetschappen, en wat dies meer is, geheel en al is gesepareert, jaa geen de minste gemeenschap heeft, met de Provintiale Regeringe, en de deliberatien ter Vergaderinge van de Staten voorvallende, en 't gene daar van als gevolgen door Haar Ed. Groot Mog. doch *pro Arbitrio*, word getrocken.

Het welke klaarlyk kan geblyken uyt de Commissien aan Bailliuwen, Burgermeesteren, Schepenen en Vroedschappen wordende gegeven, ende formuliere van Eedt door deselve wordende gepresteert. Want daar inne worden de Burgermeesteren en ook de andere Officianten, tot geene wydere zaeken verbonden, *als om de Rechten van den Marquis, als haaren Leenheer, te bewaren, de gemeene zaake, tot wederstandt van den algemeenen Vaderlands Vyand, te vorderen en te avanceren naa vermogen &c. der Stede haer Recht wel te houden, Weduwen, Wesen, en innocente miserable Persoonen te beschutten voor onrecht &c. alle Keuren, Rechten, Privilegien en goede Costumen, te vermeerderen en niet te verminderen, en daar naa Regt een ygelyk te administreren, rechte Vonnissen te wysen, rechte Kennisse te dragen, rechtveerdige Zegelinge te doen &c Recht, Wet en Justitie te doen, en administreren een ygelyk &c.*

Alle

& G. P. qu'elle passe sans les examiner, & sans en faire voir l'irregularité, par les raisons deja alleguées.)

Les susdits Motifs consistent en substance en ceci; que le Vassellage des Villes de Veere *&* de Flessingue, *seroit contraire & incompatible avec la liberté & l'indépendance de la Province de Zelande, qui a tant couté à leurs Ancêtres.*

Et sur cela on allegue, que le Droit Seigneurial du Marquis sur ces deux Villes (comme on s'efforce de le soutenir) comprend en même tems & principalement, le Droit d'Election du Baillif, des Echevins, des Secretaires & des Huissiers, & même des Bourguemaîtres & du Conseil.

Lequel droit pouvant facilement applanir le chemin à la direction entiere de la Regence de ces Villes, le Marquis pourroit par consequent obtenir facilement le pouvoir, que leurs avis dans l'Assemblée des Etats de la Province se conformeroient à ses intentions; & que par-là il auroit une grande influence & direction dans les affaires de la Province, & dans celles qui dependent de la Province; Et par consequent dans la nomination ou le changement des Charges, des Emplois, des Commissions dans la Province & hors de la Province, dans les Cours de Justice de Hollande & de Zelande, dans l'Assemblée de leurs Hautes Puissances, & dans les Colleges de l'Union, pour y assister aux Deliberations & aux Résolutions, & pour y expédier & faire expédier toutes les affaires de l'Union, & même des affaires relatives aux Princes Etrangers.

Que l'importance, & la conséquence de cette autorité, est d'autant plus grande, & merite des reflexions d'autant plus serieuses, qu'elle seroit exercée par un Prince, *qui non seulement avec le tems pourroit être un* Prince étranger, *puisqu'il est encore incertain,* à qui le droit soutenu sur ces deux Villes pourra apartenir; *mais même ce qui va bien loin, pourroit dans la suite passer, on ne sait pas à qui; puisqu'il n'est pas même impossible, que ce droit put écheoir par Succession, ou par Héritage tôt ou tard, à un Prince, qui ne seroit pas de la Religion Protestante, mais qui seroit rentré dans l'Eglise Romaine.*

Ces inconveniens, & ces cas, qui peut-être pourroient arriver, quoi qu'ils soient encore bien éloignés, devroient, suivant la supposition de leurs Nobles *& Grandes Puissances, donner une faculté suffisante aux Seigneurs Etats de Zelande, & même les forcer, par un devoir indispensable, à amortir tout le Marquisat de* Veere *&* de Flessingue, *à la faveur du* Dominium eminens, *en donnant un équivalent convenable aux interessés; par la raison que non seulement de certains cas prévus & futurs, mais même ceux en qui il reside une certaine possibilité d'exister un jour, seroient suffisans pour engager ces Seigneurs Etats à prévenir ces cas par le moyen de ce droit.*

Pour repondre à toutes ces propositions, son Altesse dit touchant la prémiére (savoir la prétendue contrarieté & incompatibilité des droits du Marquis, avec la liberté & l'indépendance de la Province de Zelande) Que les raisons & les consequences, que L. N. & G. P. étalent & tirent du droit que le Marquis a d'élire dans les Villes de Veere & de Flessingue *le Baillif, les Bourguemaîtres, les Echevins, le Conseil, les Secretaires, les Huissiers, sont exposées ici dans une trop grande étendue, & n'émanent pas naturellement des droits mentionnés; parce que l'Election du Magistrat, du Conseil, & du reste, est tout à fait distincte, & n'a pas la moindre connexion, ni avec la Régence Provinciale, ni avec les Deliberations de l'Assemblée des Etats de la Province, ni avec tout ce que leurs Nobles & Grandes Puissances en veulent inférer comme des consequences certaines.*

Ce qui saute d'abord aux yeux à la lecture des Commissions qu'on y donne aux Baillifs, Bourguemaîtres, Echevins, & aux Conseillers des Villes, & par les formulaires de serment qu'ils sont obligés de prêter, & par lequel les Bourguemaîtres & les autres Officiers ne sont obligés à d'autres choses, qu'à conserver les droits du Marquis, comme de leur Seigneur féodal; avancer suivant tout leur pouvoir la prosperité & la fureté publique contre l'ennemi commun de la patrie *&c:* conserver & entretenir les Loix des Villes, defendre les Veuves, les Orphelins, & les personnes innocentes & miserables contre toute injustice &c. augmenter, au lieu de diminuer tous les Octrois, Droits, Priviléges, & bonnes Coutumes, administrer la Justice à un chacun, prononcer de justes sentences, observer l'equité dans les informations, se servir des Sceaux avec équité &c. faire & administrer à un chacun, les Droits, les Loix & la Justice établie.

Ce

ANNO 1732.

Alle Poinčten en Saaken, de Adminiſtratie van goede Politie en Juſtitie, binnen voorſz. Steeden, concernerende. Geen de minſte mentie wordt hier inne gemaakt van iets de algemeene Regeringe, of Belang van de Provintie raakende, ten waare men daar toe wilde brengen de verplichtinge, waar aan alle goede Onderdaanen gehouden zyn, om de gemeene zaake tegens den Vyandt te vorderen. Geen de minſte verplichtinge wordt hier gevergt, om, op recommandatie van den Heer, ter Vergaderinge van Staaten te deputeren; aldaar na zyne ſinlykheit te adviſeren, Commiſſien op Perſoonen hem aangenaam, binnen of buiten de Provintie te dirigeren, en wat dies meer door Haar Edele Groot Mog. willekeurlyk wordt opgetelt.

Het is 'er derhalven verre van daar, dat in de Exercitie der Rechten en Preëminentien van den Marquis, als Leenheer, met betrekkinge op de Magiſtraatsbeſtellinge in de twee Steeden, met den aankleve van dien, die nadeeligheit voor de vryheit en onafhanklykheit van de Provintie van Zeelandt reſideert, of ook zoude kunnen reſideren, gelyk Haar Edele Groot Mog. in Haare Deductie voorgeven, het welke nochtans was te demonſtreren, indien deeze argumentatie van eenige klem zoude weezen, ter intentie van Haar Edele Groot Mog. en tot een bewys ſtrekken, gelyk het daar toe wordt bygebracht, van de preſſante en evidente noodtzaakelykheit of nuttigheit voor het Gemeen, om uit krachte van het *Dominium Eminens*, het voorſz. Marquiſaat, met zyne Rechten te dooden, en voor altoos uit de weg te nemen.

De Ongefondeertheit van deze Suſtenuë zal noch klaarder doorſtralen, wanneer men eens intreedt in het onderzoek van voorgaande tyden. Want het is niet van heden of van giſteren, dat dit Marquiſaat is geſtigtet, de Rechten daar van geëxerceert, en de beide Vaſalle Steeden Stem in Staat hebben gehadt.

Dit Heerlyk Leen is al in den Jaare 1477. door Vrouw Maria van Bourgondien verkocht en uitgegeeven tot een goed Erfleen, met Renuntiatie van alle Loſſinge en Retour; en, by Succeſſie van tydt in den Jaare 1581. met kenniſſe niet alleen van de Heeren Staaten van beide Provintien, *maar zelfs op ſterk aanraaden en preſſant verzoek der Heeren Staaten van Hollandt*, door Prins Willem van Oranjen gekocht, en zedert den tydt van hondert en twintig Jaren, zoo door hem, als zyne nakomelingen bezeten, en de Rechten daar van geëxerceert. Zynde aan de twee Vaſalle Steeden, al in den Jaare 1574. vergunt Seſſie en Stemme in de Staatſe Vergaderinge van Zeelandt.

Wat hebben nu de Heeren Princen van Oranjen, als Marquiſen en Heeren van voorſz. twee Steeden, gedeurende deſe haare immemoriale Poſſeſſie, en Exercitie van Hare Heerlyke Rechten gecommitteert of misdaan? Hebbenſe voorſz. Hare Rechten geëxtendeert, of getracht te extenderen, boven 't geene haar volgens haare Verly-brieven, gemaakte Accoorden, en Verdraagen, toequam? Hebbenſe haare Leenroerige Steeden gezocht te verkorten in Hare Rechten en Previlegien? De Ingeſetenen der zelver te onderdrukken en te benaadeelen? Hebben daarentegens deſe Steeden, en Hare Ingezetenen, ooit gelukkiger geweeſt, meer toegenomen en gefloreert in haar Commercie en vermogens, als onder en geduerende de Regeringe van deze Hare Heeren? Hebbenſe, als Marquiſen, ooit iets geëmpiëteert of ondernomen op de Hoogheit, Souverainiteit, Vryheit, en Independentie van de Heeren Staaten van Zeelandt? Hebben niet de Gedeputeerdens uit de twee Steeden, Vliſſingen en Veere, in de Staatſe Vergaderinge, de zelfde vryheit van Voteren en Diſponeren over alle zaaken, aldaar verhandelt wordende, over het verlenen van Commiſſien binnen en buiten de Provintie, en wat dies meer is, gehadt en gehouden, even zoo wel als de andere vier Steeden?

Van alle deeze dingen en diergelyke, wordt aan Hooggemelde Heeren en Marquiſen niets te laſte gelegt, en zal ook niet kunnen worden gedaan, het welke nochtans nodig was, en vereiſcht wierde, om aan te tonen, dat in de ſubſiſtentie van het Marquiſaat ſulken groten en eminenten gevaar ſteekt, dat het verdient gemortificeert en uitgeroeit te worden.

Hare Hoogheit zoude hier een breed veldt hebben, om uit te weiden en zich te extenderen op de groote merites van Hooggemelde Heeren Princen van Oranjen, ook met ſpeciale relatie tot de Provintie van Zeelandt; doch dewyle alhier niet gehandelt wordt, als van zaaken, betreckinge hebbende op het Marquiſaat, zoo zal Hare Hoogheit, voor het tegenwoordige, daar niet verder intreden, en zich vergenoegen met maar

Ce ſont en général & en particulier des points, qui regardent la bonne Police dans ces deux Villes; n'y étant pas fait la moindre mention de la Regence publique, ou des affaires qui regardent la Republique ou la Province en particulier; à moins qu'on ne voulût y joindre les obligations où ſont tous les bons Citoyens; de s'intereſſer pour le bien public contre un Ennemi. Par les engagemens du ferment; on ne les oblige pas non plus de deputer à l'Aſſemblée des Etats, ſur la recommandation du Seigneur, & d'y voter ſuivant ſes intentions, ni de donner des Commiſſions au dedans & au dehors de la Province pour y diriger les affaires à ſa fantaiſie, & le reſte, qui a été detaillé par L. N. & G. P.

Il n'eſt donc point prouvé, que l'exercice des droits & des prééminences du Marquis, comme Vaſſal, & relativement à l'Election de la Magiſtrature dans ces deux Villes & avec ce qui en dépend, ſoit contraire à la liberté & à l'independance de la Province de Zelande, & même qu'il ſoit poſſible qu'il y fût contraire, comme il a plû à leurs Nobles & Grandes Puiſſances de l'avancer dans leur Deduction, ce qui pourtant ſeroit encore à prouver, en cas que cet Argument dût porter ſon coup, ſuivant l'intention de L. N. & G. P. pour prouver la neceſſité preſſante & l'utilité évidente du public, pour amortir ledit Marquiſat avec tous ſes droits, en vertu du pretendu droit de Dominium eminens.

L'inſuffiſance de cet argument paroîtra encore plus clairement, pour peu qu'on entre dans le détail de ce qui s'eſt paſſé ci-devant. Or ce n'eſt pas d'aujourd'hui ni d'hier, que ce Marquiſat a été érigé, que ſes droits ont été exercés, & que ces deux Villes ont eu voix & ſéance dans l'Aſſemblée des Etats de la Province de Zelande.

Ce Fief Seigneurial a été vendu, & conferé dès l'année 1477. comme un bon Fief héréditaire par Madame Marie *de Bourgogne, avec la Renonciation à tout dégagement & retrait; & enſuite acheté en 1581. par le Prince* Guillaume *d'Orange, non pas ſeulement avec connoiſſance des Seigneurs Etats des deux Provinces,* mais même par le conſeil; & à la perſuaſion preſſante & reiterée des Seigneurs États de Hollande. *Lequel Fief a été enſuite poſſedé tranquilement par lui, & par ſes deſcendans au delà de cent & vingt ans, enſorte qu'ils en ont toûjours exercé les droits, ſans aucune interruption, quoique ces deux Villes ayent obtenu dès l'an 1574. le droit d'avoir ſéance & voix dans l'Aſſemblée des Etats de la Province.*

Que l'on produiſe donc le moindre crime de felonie, que les Seigneurs Princes d'Orange, comme Marquis de ces deux Villes, auroient commis pendant cette poſſeſſion immemoriale. Leur peut-on reprocher qu'ils ayent étendu, ou cherché à étendre leurs ſusdits droits, au delà de ce qui leur appartenoit, ou de ce qui leur avoit été accordé par leurs Lettres d'inveſtiture, & par les autres Conventions? Ont-ils cherché à priver leurs Villes Féodales de leurs droits & de leurs privilèges, & à opprimer ou préjudicier aux habitans de ces Villes? Tout au contraire, ces deux Villes ont-elles été jamais plus heureuſes & plus floriſſantes? Leurs habitans ont-ils jamais plus proſperé dans le Commerce, & dans l'acquiſition de leurs biens, que pendant qu'ils ont été ſous la domination de leurs Marquis? Les Princes d'Orange, comme Marquis de ces deux Villes de Veere *& de* Fleſſingue, *ont-ils jamais entrepris ou empiété la moindre choſe, ſur la Seigneurie, la Souveraineté, la liberté, & l'independance des Seigneurs Etats de la Province de Zelande? Les Deputés des deux Villes de* Veere *&* de Fleſſingue, *n'ont-ils pas eu & conſervé la même liberté, que les quatre autres Villes, de donner leur voix, de diſpoſer de toutes les choſes qu'on y a traité, de conferer les Commiſſions au dedans & au dehors de la Province?*

On ne charge de rien de tout cela les Seigneurs Marquis, & même on ne peut pas les en charger: Ce qui pourtant ſeroit neceſſaire pour faire voir qu'il ſubſiſte dans ce Marquiſat un peril ſi éminent, qu'il merite d'être amorti, & entiérement aboli.

Son Alteſſe trouveroit ici un vaſte champ à s'étendre ſur les grands & éclatans ſervices des Seigneurs Princes d'Orange, & même relativement à la Province de Zelande en particulier: Mais, comme on ne traite ici que des affaires qui ſont relatives au Marquiſat, ſon Alteſſe n'y entrera pas plus avant pour le préſent, & ſe contentera d'alleguer ſeulement un Exemple, qui y a un rap-

ANNO 1732.

ANNO 1732.

een exempel aan te haalen, daar mede overeenkomst hebbende. Waar uit aan de eene kant is gebleeken, de goede Genegentheit, Liefde, Trouwe, en Aanklevinge van een der Hooggemelde Heeren en Prinsen, voor den dienst en behoudenis van den Staat, en desselfs noch waggelende vryheit; en aan de andere kant de Æquiteit, de Rechtvaardigheit, en de Moderatie der Heeren Staten van Zeelandt in dien tydt.

Het zelve is voorgevallen in den jaare 1585. *als wanneer deze Landen in de uiterste nood en swarigheit waren, om door de Spanjaarts, onder den Prince van Parma, overrompelt te worden; de Prins van Oranjen Willem den Eerste, was 's jaars te vooren tot Delft zeer schielyk vermoort, Prins Maurits zyn Soon noch heel jong. De Staten hadden het Oppergebied van deze Landen gepresenteert aan den Koning van Vrankryk; doch die hadde geweigert het zelve aan te nemen, en alles stonds geschapen, om weder te moeten vallen onder het zware en wrede juk van den Koning van Spanjen, indien niet de Koninginne van Engelandt zich eindelyk hadde laten bewegen, om eenige Troupen ter hulpe over te zenden, onder conditie, dat dezelve by haar provisionelyk gelicht en betaalt zouden worden, en dat het Landt, (dien storm weder te boven komende, en in beter staat gerakende, als dan de verschotene Soldijen, en andere Onkosten, aan Engelandt gerestitueert en gerembourseert zouden werden. Maar tot versekeringe daar van, moeste men aan de Engelsen verpanden, en aan haare Benden inruimen, onder andere, de Stadt Vlissinge; En ofschoon Prins Maurits als doen in dat Markgraafschap niet was ingehuldigt, zoo hebben egter de Heeren Staten van Zeelandt, hoe zeer de nood drong, de Stadt Vlissingen, in maniere en ter oorzaake als gezegt is, niet willen verpanden, en met Engels Guarnisoen laten besetten, voor en al eer die Prins daar inne vrywillig hadde geconsenteert; En dat aan hem zynde gegeven zekere Acte van Indemniteit, hy hadde verklaart, daarmede te vreden te wezen. Synde de voorgemelde Stadt daar naa ook, als de nootzakelykheit voorby was, en het Engels Guarnisoen vertrokken, weder gekeert tot den vorigen Eygenaar en Leenman.*

Hare Hoogheit heeft zoo veel te meer dienstig geacht, dit exempel wat in 't brede aan te haalen, om dat het zelve verschaft een perfect Model van de maniere, op welken tusschen een Leen-heer en zyn Leen-man, een Souverain en zyn Onderdaan, in diergelyke omstandigheden, waar over alhier gecontroverteert word, gehandelt behoort te worden.

Hier was groote en pressante nood, hier inne verseerden een importante en evidente nuttigheit voor het Gemeen; hier was een Leengoed waar mede noch niemandt was geinvestieert, jaa waar van het noch onseker was, wie'er den Eigenaar van zoude wesen, Prins Philips, de Oudste der Soonen van Prins Willem: (die Paaps was:) of Graaf Maurits. De Heeren Staaten van Zeelandt, wyse en cordate Luiden, waaren ongetwyffelt in dien tydt zoo wel geinformeert van het *Dominium Eminens* en het Recht van den Souverain op de goederen van zyne Onderdanen, als Haare Nakomelingen tegenwoordig. Evenwel, niet tegenstaande alle de Requisiten tot Exercitie van dat Recht daar waaren; niet tegenstaande noch niemandt de investiture van het Leen hadde bekomen, ook noch niet was getermineert, wie'er eigentlyk in soude succederen, Haar Ed. Mog. neemen daarom het Leen-goedt van Haaren Leen-man en Onderdaan *de facto* niet wech; zy gebruiken het zelfs niet ten gemeenen Nutte, voor en al eer Graaf Maurits daar over gevraagt is, en met veel vrywilligheit zyn consent gegeven heeft. De Presente nood is zoo ras niet gepasseert, en het gebruik van dat goed niet meer van de voorgaande nuttigheit voor 't gemeen, of Haar Ed. Mog. geven het geleende goed wederom aan den Eigenaar, laatende hem, en zyne Successeuren, daar van in het vrye en onbelemmerde genot.

Dewyle hier vooren genoegsaam aangetoont is, dat het gezach en de directie van den Heere, en Marquis, van Vlissingen, en Veere, op verre naa zoo groot, noch uytgestrekt niet is, als Haar Ed. Groot Mog. gelieven te beschryven, maar dat deselve alleen bepaalt is ontrent de Politie, en Justitie binnen de voorsz: Steden, en alzoo geen gemeenschap heeft met de Regeering van de Provintie noch de deliberatien van de Staten; dewyle ook de Experientie geleert heeft, dat de Heeren Princen van Oranjen, als Marquisen, geduyrende den langen tyd, van hare possessie, in het exerceeren van haare Rechten, geen de minste indragt hebben gedaan, noch præjuditie veroorsaakt aan de Vry-

port particulier; & qui est une preuve d'un côté de l'affection, l'amour, & la fidelité de l'un des Seigneurs & Princes d'Orange pour le service & pour la conservation de l'Etat, & de sa liberté encore chancellante, & de l'autre côté, de l'Equité, la Justice & la Moderation des Seigneurs Etats de Zelande de ce tems-là. ANNO 1732.

Cela se passa en 1585, lorsque ces païs se trouvoient dans un peril éminent, d'être envahis par les Espagnols, sous le commandement du Prince de *Parme*; le Prince *Guillaume d'Orange* avoit été subitement assassiné à Delft un an auparavant; son Fils le Prince *Maurice* étoit encore fort jeune, les Seigneurs Etats avoient déja offert la Souveraineté de ces Païs au Roi de France, mais il avoit refusé de l'accepter; Et tout se trouvoit dans une situation à faire craindre, qu'on ne retombât sous le joug pesant & insuportable du Roi d'Espagne, si enfin la Reine d'Angleterre n'avoit eu la compassion de sauver cet Etat, en y envoyant quelques troupes Auxiliaires, sous la condition qu'Elle les léveroit, & les payeroit provisionellement; mais qu'après que ce Païs auroit dissipé cet orage, & seroit revenu dans une situation plus heureuse & plus tranquile, on rembourseroit l'Angleterre de cette Solde, & des autres Fraix avancés. Mais que pour sureté du Remboursement, les Anglois demandérent entre autres comme une hypotheque la Ville de Flessingue, où ils pussent mettre une Garnison de leurs troupes. Quoique le Prince *Maurice* n'eût pas encore été investi de ce Marquisat, les Seigneurs Etats de Zelande ne voulurent pas engager cette Ville de la maniére & sous les conditions raportées, ni permettre qu'il y entrât une Garnison Angloise, avant que ce Prince y eût consenti librement: Et après qu'on lui eut donné un certain acte d'indemnisation, il avoit declaré par écrit, qu'il en étoit content. Aussi ladite Ville est-elle retournée, & a été renduë à son Proprietaire & à son Seigneur feodal, aussi-tôt que cette grande necessité cessa, & que la Garnison Angloise partit.

Son Altesse a crû très nécessaire d'alleguer cet Exemple avec toutes ses circonstances, parce qu'il peut servir d'un Modele complet de la maniére qu'il convient d'agir entre un Seigneur Direct & son Vassal, entre un Souverain & entre ses Sujets; ce dont il s'agit ici.

Il se trouvoit alors une nécessité pressante, & une utilité importante & évidente pour le public: Il se trouvoit alors un Fief, dont personne n'avoit encore été investi; étant encore incertain même qui en obtiendroit l'investiture, & qui en seroit un jour le proprietaire, si ce seroit le Prince Philippe, *le Fils ainé du Prince* Guillaume *(qui étoit Catholique Romain) ou le Comte* Maurice. *Les Seigneurs Etats de Zelande de ce tems, comme des hommes sages & prudens, étoient sans doute dans leur tems aussi bien informés du droit du* Dominium Eminens, *que leurs Successeurs le peuvent être à présent: Et nonobstant qu'il se trouvât alors tous les* Requisita *pour l'Exercice de ce droit, & que personne n'eût encore obtenu l'investiture de ce Fief, mais même qu'il n'eût pas été encore decidé qui y succederoit, cependant leurs Nobles Puissances ne se saisirent pas de* facto *de ce Fief, & n'en privérent pas leur Vassal & leur Sujet: Ils ne l'employérent pas pour l'utilité Publique, avant de s'être addressé sur cela au Comte* Maurice, *& d'avoir obtenu son consentement libre. La nécessite pressante, & l'utilité évidente de ce Fief pour le Public n'est pas sitôt passée, que leurs Nobles Puissances le restituent au Proprietaire, lui en laissant la jouïssance libre, & à ses Successeurs.*

Or de ce qui a été suffisamment démontré ci-dessus, que l'Autorité, & la direction du Seigneur & du Marquis de Flessingue *& de* Veere, *n'est à beaucoup près ni si grande ni si étendue, qu'il a plû à leurs Nobles & Grandes Puissances de la représenter ni par rapport à la Police, ni par rapport à la Justice dans ces deux Villes, & que par consequent elle ne peut avoir la moindre relation avec la Regence de la Province, ni avec ses déliberations: Et qu'elle est seulement relative à la Police & à la Justice dans ces deux dites Villes, ensorte qu'elle ne peut avoir aucune connexion avec ce qu'on a avancé: Et de ce que d'ailleurs l'experience nous apprend, que les Seigneurs Princes d'Orange n'ont pas causé le moindre préjudice à la liber-*

ANNO 1732.

Vryheyt, en independentie van de Provintie, en Hooge Regeringe van dien, zoo cortueert daar door gegenoegſaam als van ſelfs, de bedenklykheyt die Haar Edele Gr. Mogende betuygen te hebben op den perſoon van den Leenvolger, om dat deſelve is een Prins; En dies zoo veel te meer, om dat die Leenvolger onbetwiſtbaar geen ander is als de Prince van Oranjen en Naſſauw, Hare Hoogheits eenige en Minderjarige Zoon, wiens Recht haar Ed. Gr. Mog. al te wel bewuſt is, als dat deſelve daar aan ſoude twyffelen.

Dewelke immers, in deſe zyne noch tedere Jaren, geen de minſte reden heeft gegeven van te denken, dat hy van zyne Leenrechten, en Preëminentien eenig misbruyk zal willen maaken; tegens Synen Leenheer.

Die geen Vreemdeling is in deſe Landen, maar daar inne gebooren en geëtabliſſeert; In rechte deſcendente Linie afgekomen van de Princen van Oranje en Naſſau; dewelke de grondſlag van de Vryheyt deſer Landen hebbende gelegt, met haar Bloed gecimenteert; ook verders door haare wysheyt, dapperheyt, en goed beleydt, niet weynig, onder Godes Zegen, hebben gecontribueert tot deſſelfs Ophouw, Beveſtinge, en Beſcherminge. Die ook uyt hoofde van zyne importante goederen, door Syn Majeſteit van Groot Brittannien met 'er doodt ontruymt, zoo notabel is geïnteresſeert by de Welſtandt, en Conſervatie van de Republyk; En van wien men daar omme met reden heeft te verwachten, dat hy tot Competenten Ouderdom gekomen zynde, de roemwaardige voetſtappen van Syne Doorluchtige Voor-Ouderen zal naavolgen; En by gelegentheit, die zyne Goederen, ook de Rechten en Preëminenten van het Markgraafſchap in quæſtie, aanleggen ten meeſten Nutte en beſte van den Staat, en van de Provintie van Zeelandt in 't particulier, gelyk hem Syne Illuſtre Voor-Ouderen, daar inne zoo menigmaal hebben voorgegaan; daar van den Staat een eeuwigduyrend getuicheniſſe aan de Poſteriteit heeft naagelaaten, in het Epitaphe dat de Heeren Staeten Generaal hebben laaten ſtellen op de Heerlyke Tombe; die Haar Hoog Mog. tot Delft ter Eeren van Prins Willem de Eerſte, Voor-Vader van den Tegenwoordigen Prince in de vyfde Aſcendente Graad, hebben opgericht.

Maar, zeggen Haar Ed. Groot Mog. verder, het Marquiſaat ſoude naa dezen kunnen devolveren op een Vreemd Prins, en wel een Prins niet zynde van de Proteſtantſe, maar van de Paapſe Religie. Daar byvoegende, dat hoe geëloigneert deze gevallen ook zouden kunnen wezen, dezelve nochtans genoechſaam Recht, en Reden fourneeren; om zich van het *Dominium Eminens* te bedienen, dewyle alle toekomende gevallen, daar maar een mogelykheyt in is, om te kunnen gebeuren, tot de Applicatie van dat Recht genoegſaam zyn.

Deze haare ſtellinge appuyerende met twee exemplen van het maaken van Fortificatien tegens d'invaſie van een publyken Vyandt, en het leggen van Dykagien tegens inundatien. In welke gevallen het geoorloft is het goedt van een Particulier aan te taſten, en te gebruiken, tot beveiliginge van het gemeene Landt, niet tegenſtaande het onzeker is, waar de Vyandt inbreeken, of waar de Zee haar geweldt zal oeffenen tot overſtrominge. Applicerende het zelve in vervolg, op de zake alhier in quæſtie, met reflexie ſoo wel op de Furſtelyke Wezen, als op die geene die hier na haar zouden kunnen ſuccederen, in den eigendom van het Marquiſaat.

Een ſtellinge waarlyk, en een vergelykinge die vry verre gaat, en die Hare Hoogheit, met alle het reſpect datze aan Haar Ed. Groot Mog. ſchuldig is, nooit ſal kunnen admitteren, of toeſtaan.

Want dat Recht van de Oppermacht, het welk men *Dominium Eminens* noemt, is, na het algemeene gevoelen, gefondeert op het Conſent van elk en een yeder der Particuliere Leden, een Burgerlyke gemeenſchap uitmakende, die gepreſumeert worden, alle te zamen daarinne te hebben toegeſtemt, dat wanneer het Gemeenebeſte niet kan worden geconſerveert als met ſchade en ongemak van een Particulier, het Gemeene nutte in zulken gevalle moet worden gepREfereert.

Nu kan immers met geen ſchyn van reden worden geſegt, dat een eenig Lidt van een Civile Societeit, by het inſtellen van dien, zoude hebben gedacht, veel min daar inne Conſent gedragen, dat ymandt om geſochte

ANNO 1732.

liberté & à l'indépendance de la Province, pendant le tems de cent vingt années, qu'ils ont été en poſſeſſion de ce Marquiſat, & qu'ils ont joui de l'exercice de ſes Droits, Priviléges, & Prééminences, il s'en enſuit *ſuffiſamment de ſoi même, les reflexions que l'on peut faire ſur les reflexions mêmes que L. N. & G. P. font dans leur Deduction ſur le Succeſſeur feodal, parce que c'eſt un* Prince: *Et cela d'autant plus que ce Succeſſeur féodal ne peut pas inconteſtablement être un autre, que le Prince d'Orange & de Naſſau, le Fils unique & mineur de Son Alteſſe, & dont le droit inconteſtable eſt trop bien connu à L. N. & G. P. pour qu'elles puiſſent en douter.*

Qui, pour le moins, dans l'âge où il ſe trouve, ne peut pas encore avoir donné aucune raiſon de pouvoir ſuppoſer & s'imaginer, qu'il ſeroit dans l'intention de vouloir faire un mauvais uſage de ſon droit féodal & de ſes prééminences, au préjudice de ſon Seigneur direct.

Qui n'eſt pas étranger dans ce païs-ici, mais qui y eſt né, & établi; Etant deſcendu en droite ligne de ces Princes d'Orange & de Naſſau, qui ont poſé le fondement de la Liberté de ces Provinces; qui l'ont cimenté de leur ſang; & qui n'ont pas peu contribué à ſon élevation, à ſa conſervation, & à ſa défenſe. Que d'ailleurs, par l'importance des biens, qu'il a hérité de feue Sa Majeſté, il eſt ſi notablement intereſſé dans la proſperité & dans la conſervation de cet Etat; Et de qui par conſequent on a raiſon d'attendre, qu'étant parvenu à un âge competent, il ſuivra généreuſement les traces de ſes illuſtres Ancêtres; Et que, lorſque l'occaſion ſe préſentera, il employera ſes biens, ſes droits, & ſes prééminences du Marquiſat en queſtion, pour le bien & pour l'utilité Publique de toute la Republique en général, & de la Province de Zelande en particulier; ce dont ſes Illuſtres Ancêtres lui ont fourni tant de remarquables Exemples; & ce dont la Republique a donné un témoignage éternel par le Tombeau magnifique, que leurs Hautes Puiſſances ont fait dreſſer à Delft, en memoire & à l'honneur du Prince Guillaume I., *Bis-ayeul du préſent Prince d'Orange dans le 5 degré aſcendant.*

Mais leurs Nobles & Grandes Puiſſances pourſuivent dans leur Deduction, en y diſant que ce Marquiſat pourroit à la fin écheoir à un Prince Etranger, & ſurtout à un Prince qui ne ſeroit pas de la Religion Proteſtante, mais de la Romaine; En y ajoutant, quelque éloignés que ſoient ces cas préſuppoſés, qu'ils peuvent fournir un droit ſuffiſant, & des raiſons pour ſe ſervir du Dominium eminens; *parce que tous les cas futurs, dans leſquels il ſe rencontre ſeulement une certaine poſſibilité d'exiſter, ont une application ſuffiſante à ce droit.*

En appuyant cette propoſition de deux Exemples de la Conſtruction des Fortifications contre l'invaſion d'un Ennemi commun, & des Digues contre les inondations & le debordement des eaux; Dans leſquels cas on convient, qu'il eſt permis de ſe ſaiſir des biens des Sujets, quoiqu'il ſoit encore incertain de quel côté l'Ennemi a projetté ſon attaque, ou que la Mer fera ſes plus grands efforts pour ruiner la digue; & apliquant enſuite ces deux Exemples à l'affaire en queſtion, on en tire des conſequences tant contre ces Illuſtres Orphelins innocens, que contre ceux qui, par une ſuite incertaine du tems, pourroient ſucceder dans la poſſeſſion de ce Marquiſat.

Ce qui certainement eſt une poſition, & un parallele, qui va trop loin; & que Son Alteſſe, avec tout le reſpect, qu'elle eſt obligée de porter, & qu'elle porte en effet à leurs Nobles & Grandes Puiſſances, ne leur accordera, ni ne peut jamais leur accorder.

Parce que le droit de la Souveraine Puiſſance, appellé communément Dominium Eminens, *eſt fondé, ſuivant le ſentiment général, ſur le Conſentement de chacun de ces Membres particuliers, qui forment, en tout & en général, une Société civile; & qui tous ſont préſumés d'avoir conſenti, que lorſque le bien public ne peut abſolument être conſervé que par le préjudice & par le dommage d'un Particulier, l'utilité publique doit toûjours être preferée à l'avantage d'un particulier.*

Cependant perſonne ne peut ſoutenir avec la moindre ombre de raiſon, qu'un ſeul Membre de la Societé civile auroit jamais pu s'imaginer, à ſa prémiére inſtitution, & encore moins, qu'il y auroit conſenti alors, que quelqu'un a'en-

ANNO 1732. sochte Pretexten, en soo verre uitgestrekte apprehensie, die zich, zelfs tot alle mogelyke en bedenkelyke toekomende gevallen extendeert, van zyn eigendommen, wel verkregene, en door een langduirig bezit begroeide Rechten, en gerechtigheden, souden kunnen worden ontzet.

Men heeft reden te schricken als men gedenkt, welken wyden deure hier door soude worden geopent, aan de ambitie, de begeerlykheit, en licentie van de Souverains, die de Experientie leert, dat aan die driften noch meer subject zyn als Particuliere, om dat zy meer gelegentheit hebben, om die onbeschroomdelyk te oeffenen.

Wat particulier Ingesoten kan zyn goed met gerustheit besitten, wanneer die Regul en Maxime doorgaat?

Immers soude dan de Furstelyke Voogdye van nu af aan wel mogen vast stellen, dat zy in Hare Qualiteit, de goederen van Hare Minderjarige Weezen maar *precario* possideert, en tot dat het den Oppermacht, waar onder dezelve gelegen zyn, sal goedtvinden het *Dominium Eminens* daar op ook te appliceren. Want dezelfde onzekerheit, wie die Goederen hier na zal bezitten, en dezelfde bekommeringe voor een Buitenlandts Prins, daar omtrent soo wel gepretexeert zoude kunnen worden, als omtrent dit Marquisaat.

En wat aangaat de twee Exempelen die Haar Ed. Groot Mog. bybrengen tot bevestiginge van dese Hare Stellinge, daar op seght Hare Hoogheit, dat zy geerne toestaat, dat in de twee aangehaalde gevallen, particuliere Ingesetenen verplicht zyn, om, tegens een redelyke vergoedinge, Hare Landen, ten dienste van het Gemeen over te geven. Maar vermeint, dat de Applicatie daar van ongelukkig, en soo veel dezelve ook Relatie mochte hebben op de Furstelyke Weezen, odieuslyk op het geval in Questie gemaakt wordt.

In de twee eerste gevallen worden voor ondergesteld, een Vyand, die den Staat of Actuelyk den Oorlog aan doet, of met wien men voorsiet, dat men in rupture soude kunnen geraaken; en het woeste Element, het Water van de Zee, dat men wel mach aanzien als een geduurige Vyand, tegens welken men onophoudelyk op zyn hoede moet wezen. In die precautien vervolgens om zyne Frontieren te versterken tegens Invasie van den Vyandt, en zyne Landeryen door Dyckagien te dekken tegens het gewelt van de Zee, sicht een groote noodsakelykheit, en een evidente Nuttigheit van het Gemeene beste, de twee Conditien die tot het gebruik van het *Dominium eminens* vereischt worden; Wat gemeenschap nu heeft dat alles met de saake waar over in dezen gecontroverseert wordt.

Is 'er een evenredigheit van gevaar, ten opsichte van het Gemeen, in de voorsz. twee gevallen, waar in het niet minder als op de behoudenisse, of de totale Ruïne van een Landt aankomt; en de exercitie van het Recht van de Marquis van Veere en Vlissingen, en wel particulierlyk van de Raadts-bestellinge in die Steeden, waar op in desen eeniglyk gedoelt wordt?

Is de comparatie van Hare Hoogheits minderjarige Kinderen: (want de vergelykinge, en het Raisonnement in de Deductie daar uit getrokken, schynt in 't generaal, en zonder uitzonderinge, te reflecteren op de Navolgers in het Leen:) of ook wel van die geene, die haar hier na mochten komen te succederen, met Vyanden, of ten minsten, machtige, ambitieuse, en gewelddryvende Nabuuren; of de woeste en tomelooſe Zee, tegens welken men geduirich verplicht is, te waken, en sich te precautioneren, wel geschikt, of net gepast? Ja is ze niet daar en tegens seer odieus?

Doch Hare Hoogheit zal de gevolgen, die uit dese vergelykinge natuurlyk vloeijen, niet verder presseren, gepersuadeert, dat Haar Ed, Groot Mog. deselve met verfoeyinge zouden desavouëren en verwerpen.

En derhalven daar van afgaande, zal Hare Hoogheit by het geene hier voren op dit Articul rede gesegt is, noch maar voegen, dat uit het voorsz. genoegsaam geblykt, dat het waarlyk een insoutenable stellinge is, dat om de onsekerheit, wie aan den Prince Haaren Soone, tegenswoordige Heer en Markgrave van Vlissingen en Veere, t'eeniger tydt zouden kunnen succederen, men daarom met recht hem, van nu af aan, soude kunnen, ja moeten ontsetten van zyn wettig Recht.

Doch indien het mochte gebeuren, ('t geene Godt genadiglyk verhoede:) dat de Prince sonder wettige Descendente quame te overlyden; En dat ondertusschen de Princesse zyne Suster was getrouwt, of sich by ver-

volg

d'entre eux dût jamais être dépouillé de sa proprieté, & de ses droits, & prééminences, acquises légitimement, & qui sont encore fortifiées, par une possession de tant d'années, sous des prétextes controuvez, & sous une apprehension cherchée de si loin, qu'elle pourroit être même étendue à tous les cas futurs & possibles. ANNO 1732.

On a lieu de trembler, lorsqu'on fait tant soit peu réflexion quelle porte on ouvre par là à l'ambition, à l'avarice, & à la licence des Souverains; Que l'experience nous apprend être plus sujets à ces sortes de passions que les Particuliers; par la raison, qu'ils ont plus d'occasion de les satisfaire impunément.

Qui des Particuliers peut être tranquile sur la possession de ses biens, si cette maxime a lieu?

D'ailleurs les Illustres Tuteurs doivent-ils dès à present se persuader que dans leur qualité, ils ne possedent que precairement *les biens de leurs Pupilles, jusqu'à ce qu'il plaise au Souverain des Endroits où ils se trouvent situez, de les soumettre au* Dominium eminens; *parce que la même incertitude, & la même supposition, qu'un Prince Etranger pourroit un jour entrer en possession des autres biens, peut être de même un prétexte à leur égard, comme à présent à l'égard du Marquisat.*

Et quant aux deux Exemples, que leurs Nobles & Grandes Puissances alleguent, pour fortifier leur supposition, son Altesse y repond, qu'elle convient volontiers, que dans les deux cas mentionnés il y a une obligation indispensable pour les Sujets particuliers, d'abandonner leurs biens & leurs terres pour le service du public; Mais qu'elle croit, que l'application, qu'on en fait, n'est pas heureuse, & même qu'elle est odieuse dans le cas présent, & pour autant qu'elle seroit relative aux Pupilles.

On suppose, dans ces deux prémiers cas, un Ennemi; qui fait actuellement la guerre à l'Etat, ou dont on a lieu de craindre qu'il la fera; ou l'Element terrible de la Mer, qu'on a raison de craindre toûjours comme un Ennemi perpetuel, & contre lequel on doit toûjours être en garde; Et par consequent personne ne peut disconvenir, qu'il ne se trouve une nécessité, & une utilité évidente dans les precautions de fortifier ses frontières contre l'invasion de l'Ennemi, & de couvrir le païs par les digues contre le debordement de la mer; étant les deux & les seules Conditions, qui fondent l'Exercice du Dominium Eminens: *Mais qu'on nous dise, & qu'on prouve, quelle connexion peuvent avoir ces suppositions & ces exemples avec l'affaire en question?*

Est-ce qu'il se trouve une parité de danger pour le public dans ces deux cas mentionnés, où se trouve absolument ou la perte totale, ou la conservation entière de l'Etat, & dans l'exercice des droits qui apartiennent au Marquis de Veere *& de* Flessingue; *& particulierement dans le droit d'Election du Magistrat de ces deux Villes, sur quoi L. N. & G. P. insistent le plus dans leur Deduction.*

La Comparaison, qu'on y fait des Enfans mineurs de son Altesse; (car il saute d'abord aux yeux, que cette Comparaison, & tout le raisonnement étalé dans cette Deduction roule & réflechit sur les Successeurs dans ce Fief) & en même tems de ceux qui pourroient un jour leur succeder, avec des Ennemis, & au moins avec des Voisins puissans, ambitieux & insolens, ou avec la mer orageuse, contre lesquels on est obligé d'être à tout moment sur ses gardes, n'est elle pas des plus odieuses?

Cependant son Altesse ne pressera pas davantage les consequences, qui naissent naturellement de cette Comparaison, étant persuadée, que L. N. & G. P. en auroient horreur elles mêmes, & qu'elles les desavoueroient.

Ainsi sans s'y arrêter davantage, son Altesse ajoutera seulement à ce qui a été déja dit sur cet article, qu'il est assez demontré, que c'est une supposition insoutenable, que l'on pourroit dépouiller, avec justice & des à present, le Prince son fils, qui est Seigneur & Marquis actuel de Flessingue *& de* Veere, *& le priver de ses droits legitimes & bien acquis, parce qu'il est encore incertain qui lui succedera un jour dans ce Marquisat.*

Mais supposé qu'il arrivât (ce qu'à Dieu ne plaise) que le jeune Prince vînt à mourir, sans laisser de descendans légitimes; Et que la Princesse sa sœur fût mariée alors ou s'engageât dans la suite à un Prince Etranger, du-

quel

ANNO 1732.

volch in Huwelyk engageerde aan een Buitenlandts Prins, van wien men onverhopentlyk op goede of ten minsten seer probable Gronden soude kunnen presumeeren, dat hy niet hadde de behoorlyke Affectie voor den Staat; van wien men Reden hadde te apprehenderen, dat hy van de Rechten, Gerechtigheden, en Preëminentien van het Marquisaat soude willen abuseren, en bedienen, om zynen Leen-heeren te belagen en te onderkruipen, (hoewel de presumtie daar toe noch niet genoegsaam soude wezen:) in zulken gevalle soude men het misschien de Heeren Staaten van Zeelandt, tot voorsichtigheit kunnen toereekenen, datze tegens die Inconvenienten eenige betamelyke precautie en Maat regels namen.

Ja zoude Hare Hoogheit, zoo veel als haar aangaat, om aan de Delicatesse van de Heeren Staten van Hollandt en van Zeelandt, naa haar vermogen, in 't gemoet te komen, niet ongenegen worden gevonden, om te hooren naa convenable voorslagen, die zouden kunnen dienen, om dese apprehensie van haar Ed. Groot Mogende en van Haar Ed. Mogende tegens zulken geëloigneerden en onverhoopten geval, te verminderen, of wech te nemen.

Het geene de Heeren Staten van Hollandt aanhalen van de Precautien die de Provintien van Vrieslandt en Stadt en Lande, al van den beginne der gelukkige opkomste deser Republyk hebben gebruikt in de Instructien van haare Stadthouders, om daar mede te vergelyken en te justificeren de tegenwoordige ondernemingе der Heeren Staten van Zeelandt, heeft ook weinich overeenkomste en klem.

Want behalven de dispariteit die Haar Ed. Groot Mogende in dit paralel zelven vinden, zoo is 'er noch eene in, en die vry groter.

In desen wordt gecontroverseert. of de Heeren Staten van Zeelandt Recht hebben, om den Marquis haren Vasal, die geen selonie noch geen andere misdaat begaan heeft, ook geen misbruyk van zyne Rechten en Preëminentien gemaakt, welkers Regten en Preëminentien men ook aangetoont heeft, dat weinig of liever geen natuerlyke Influentie hebben op de Algemeene Regeringe van de Provintie, of schade toegebracht aan de Goede Ingesetenen zyn Wettig Geërft Goed, tegens zyn wille en dank, af te nemen.

Het welke seekerlyk geen Gemeenschap heeft met de Instructien, door de Heeren Staten van Hooggemelde Provintien gegeven aan Haare Stadthouders, noch Haare wyse Voorsorge, om de Authoriteyt en het Gesach den selven in handen gegeven, en waar door zy aan 't Hooft van de Militie, en de Collegien van Politie en Justitie gesteldt zyn, te brideren en te bepalen.

Doch dit is niet het eenigste dat men tot Roem van Haar Ed. Mog. Wysheit en Cordaatheyt kan seggen. Want behalven 't gene voorsz: en by Haar Ed. Groot Mog. selve met Approbatie aangehaalt is, kan men ook niet anders als ten uitersten Lauderen derselver Moderate Maximes, ontrent de vrye en onbelemmerde Administratie van de ordinarise Justitie, synde by Haar Ed. Mog. genoegsaam onbekent, wat het te seggen is, door Polityke bevelen de Handt op de Justitie te leggen, en den Cours daar van te Surcheeren; het welke Hare Hoogheyt reden heeft te wenschen, dat overal met de selfde Religieusheyt wierde onderhouden.

Hier mede vermeynt Hare Hoogheyt genoegsaam, en soo veel ter materie vereyscht word geadstrueert, en geëvinceert te hebben, 't gene zy, in hare Missiven aan Haar Hoog Mog. en de Heeren Staaten van Hollandt, en Zeelandt hadde geavanceert, dat 'er geen Fundament noch reden is, om zich in desen te bedienen van dat Recht der Oppermacht, het welke men *Dominium eminens* noemt.

Als zynde en in voorsz: Missiven, en in sonderheyt in deze Deductie overtuygende aangetoont, dat de Exercitie van de Rechten, en Gerechtigheden van het Marquisaat van Veer en Vlissingen, geen de minste præjuditie noch verhinderinge toebrengt, aan de Vryheyt en independentie van Hooggedagte Provintie, en immers zoo weynig aan het belang van hare Ingesetenen. Vervolgens dat 'er in de Mortisicatie van voorsz. Marquisaat noch nooodsaaklykheit, noch nuttigheit voor het Gemeen resideert, 't welke Hare Hoogheyt eeniglyk te demonstreren stonde.

Al het welke Hare Hoogheyt hoopt ook alzoo en by Haar Ed. Gr. Mog. de Heeren Staaten van Hollandt,

ANNO 1732.

quel on pourroit présumer avec de justes raisons, ou au moins très-probables, qu'il n'auroit pas l'affection requise pour l'Etat; ou qu'il seroit à apprehender, qu'il voulût abuser des Droits, des Privilèges, & des Preéminences de ce Marquisat, & s'en servir pour préjudicier à son Seigneur direct (quoique dans cette occasion la seule présomption ne suffiroit pas); alors, & dans le tems que ce cas existeroit, on conviendroit que la prévoyance des Seigneurs Etats de Zelande pourroit y mettre des obstacles & des bornes convenables.

Son Altesse la Princesse Douairière d'Orange & de Nassau, pour autant qu'elle y est interessée, & qu'il lui sera possible de prévenir la délicatesse des Seigneurs Etats de Hollande, est toûjours dans l'intention d'entendre & de recevoir les propositions convenables, qui pourroitnt servir à dissiper cette apprehension de leurs Nobles & Grandes Puissances dans un cas si éloigné & si inopiné.

Ce qu'il a plû aux Seigneurs États de Hollande d'alleguer, au sujet des Précautions, dont les Provinces de Frise & de Groningue se sont servies dans les Instructions de leurs Stadthouders, *depuis l'Etablissement heureux de la Republique, & l'aplication qu'il ont jugé à propos d'en faire à ce qui se passe aujourd'hui dans la Province de Zelande, dans la vue de justifier par-là ses entreprises de leurs Nobles Puissances; y a certainement peu de connexion, & encore moins de force.*

Parce que, sans compter la disparité que leurs Nobles & Grandes Puissances trouvent elles-mêmes dans ce Parallele, il s'y en rencontre encore une, qui certainement est d'un bien plus grand poids.

Il s'agit de décider, si les Seigneurs Etats de Zelande ont un droit légitime & legal, de priver le Marquis, contre son gré, & sans son consentement comme étant leur Vassal, de ses biens & droits, legitimement herités, d'autant plus qu'il n'a commis ni aucune felonie, ni aucun autre crime; qu'il n'a jamais fait un mauvais usage de ses droits, & de ses prééminences; & qu'on a suffisamment fait voir, qu'il n'a que fort peu, ou plûtôt aucune influence dans la Regence générale de cette Province; & qu'il n'a jamais porté préjudice, ou dommage à ses bons habitans.

Ce qui certainement ne peut avoir de connexion avec les instructions que les Seigneurs Etats de Frise & de Groningue ont données à leurs Stadthouders; *ni à leur sage précaution, pour brider, & borner l'autorité & le pouvoir qu'ils lui ont confié, & en vertu desquels il se trouve à la tête du Militaire, & des Collèges de Police & de Justice.*

Mais ce n'est pas la seule chose qu'on puisse dire à la louange de la sagesse & de la fermeté de leurs Nobles Puissances; Parce qu'outre ce que L. N. & G. P. ont allegué elles-mêmes avec approbation, on ne peut s'empecher de donner aussi de grandes louanges à leurs maximes justes & moderées au sujet de la libre Administration de la Justice ordinaire, puisqu'il est tout-à-fait inconnu à leurs Nobles Puissances, de porter les mains sur la Justice, par des Mandemens politiques, & d'en surseoir le cours; Ce que son Altesse a raison de souhaiter qu'on observât par-tout aussi religieusement.

Son Altesse étant au-reste dans la persuasion, qu'autant que le sujet le demande, ce qu'elle a avancé dans ses Lettres à Leurs Hautes Puissances, & aux Seigneurs Etats de Hollande & de Zelande, a été suffisamment établi & prouvé: savoir, qu'il ne se trouve ni fondement, ni raisons, pour se servir dans le Cas present du droit Souverain, appellé & connu sous le Nom de Dominium eminens.

Etant suffisamment prouvé dans lesdites Lettres, & bien particuliérement dans la presente Deduction, que l'Exercice des Droits & des Prééminences du Marquisat de Veere *&* *de* Flessingue, *ne porte absolument aucun préjudice ni obstacle à la liberté & à l'independance de cette Province, & aussi peu de dommage à ses habitans; Et par consequent, qu'il n'y a ni necessité ni utilité pour le public, dans l'amortissement de ce Marquisat; Ce que son Altesse a été obligée de deduire, & de prouver uniquement.*

Esperant au surplus, que L. N. & G. P. les Seigneurs Etats de Hollande, & L. N. P. les Seigneurs

Etats

ANNO 1732.

landt, en Haar Ed. Mog. de Heeren Staaten van Zeeland, begreepen en opgevat te sullen worden, wanneer het den selven sal gelieven *een weynig stille te staan*, en met haare gewoone Bescheydentheyt, Wysheit, en Voorsichtigheyt te overwegen 't gene Hare Hoogheyt, door Hare Moederlyke, en voormomboirlyke pligt, tot voorstandt van het Recht Haarder Minderjarige Kinderen, en Beschermінge van Haare wettig competerende Eygendommen, genoodtsaakt is geweest, tot beandtwoordinge van Haar Ed. Groot Mog. Missive en Deductie, in desen aan te tonen en te demonstreren.

Etats de Zelande seront du même sentiment, lorsqu'il leur plaira seulement de se tranquiliser tant soit peu, *& de reflechir avec leur moderation, sagesse, & prudence ordinaire & connuë, sur ce que son Altesse, comme Mere & Tutrice, a été obligée de deduire & de demontrer, en reponse à la Lettre & à la Deduction de L. N. & G. P. pour defendre les droits de ses Enfans mineurs, & pour la conservation des biens qui leur apartiennent légitimement.*

En dat als dan de Heeren Staaten van Zeeland de goedtheyt sullen hebben, om van Hare onderneminge te Desisteren, en het Marquisaat voorsz. in zyn Wesen, en Ongemortificeert te laaten.

Et que les Seigneurs Etats de Zelande se desisteront ensuite de leurs entreprises, & laisseront le Marquisat dans son état ordinaire, & tel qu'il étoit à la mort de Sa Majesté.

Immers, en in allen gevalle goedvinden dat de differenten die daar over, en over de Excercitie van desselfs Heerlyke Rechten mogten wesen, door de ordinarise wech van de Justitie werden getermineert, en afgedaan; En ten dien eynde de zoo lang continueerende Surcheançe opgeheven, en de vrije Cours aan de Justitie gelaten.

Et en tout cas, qu'ils auront la bonté de trouver bon que les differens qu'il y aura touchant ce Marquisat & l'Exercice de ses droits Seigneuriaux, soient terminés & finis par la voye ordinaire de la Justice; Et que pour cette fin la longue surséance soit levée, en laissant un cours libre à la Justice.

Waar toe Hare Hoogheyt nochmaals d'Assistentie en Intercessie van Haar Hoog Mog. als Executeurs, gelyk mede van de Heeren Staten der andere Provintien, op het aldergedienstigste imploreert, en afbid.

Son Altesse s'addressant derechef à leurs Hautes Puissances, & aux Seigneurs Etats des autres Provinces, ne cesse d'implorer leur secours & leur intercession dans une affaire si juste & si équitable.

Advys door de Heeren Gedeputeerden der Stadt Veere, uyt den naam, ende van wegens hunne Principalen, ter Vergaderinge van de Edele Mogende Heeren Staten van Zeelandt ingebraght, met de Aanteekeninge, door de vyf andere Steeden daar tegen gedaan.

Avis délivré à l'Assemblée des Etats de Zelande par les Deputés de la Ville de Veere, au Nom de leurs Commettans; Et l'Enregistrement, que les autres cinq Villes ont fait faire au contraire.

UYt het gerapporteerde van de Heeren Gedeputeerdens ter dagvaart gaande, nogmaals gehoort zynde hoe alle de voorsittende Leden ter Hoogstgemelde Vergaderinge op de laatst afgeloopene Sessien, en nu wederom op nieuws naar het gedane Rapport van de Heeren extraordinaris Gedeputeerdens, aan de Edele Mogende Heeren Staten van Holland en Westvriesland van advyse zyn dat, tot vaststellinge en conservatie van de jegenwoordige Forme en Constitutie van de Regering niet beter en salutairder soude wesen als om de Steden van Veere en Vlissingen van alle Leenroerigheyd en Vasalage, onder een sortabel te geven æquivalent, *arbitrio boni viri* te ontheffen, en hoe sy Heeren Gedeputeerdens geduerende Haar Ed. Mog. voorgaande en jegenwoordige sessien en by eenkomste, tot der selver toekomst op dit soo swaarwigtig poinct, soo iteratively sich vinden gesommeert.

ATant été derechef entendu par le Rapport des Seigneurs Deputés qui vont à l'Assemblée de la Province, que tous les Membres integrans de ladite Assemblée ont été d'avis dans la derniére Session, & qu'ils le sont à présent tout de nouveau; après avoir entendu le Rapport des Seigneurs Deputés extraordinaires, envoyés aux Nobles & Puissants Seigneurs Etats de Hollande & de West-Frise, que rien ne seroit mieux, ni plus salutaire pour le maintien & pour la conservation de la présente forme & constitution de la Regence, que de delivrer les deux Villes de Veere *& de* Flessingue, *de toute Vassellage & de toute Féodalité, contre un equivalent sortable* arbitrio boni Viri; *& que les Seigneurs Deputés, pendant les Séances & les Assemblées passées & présentes, ont été sommez iterativement, de joindre aux autres leur Avis sur ce point d'une si grande importance.*

Is naa ryp overleg en overweging van de merites van dese soo grote en veruytsiende deliberatie, goedtgevonden en verstaan de Heeren Gedeputeerdens ter dagvaart gaande te authoriseren en gelasten, gelyk deselve geauthoriseert en gelast werden by desen, voor Haar Ed. Agtb. stedelyk Advis, ter Hoogstgemelde Vergadering in te brengen.

Et après des déliberations préalables, & très-sérieuses sur une affaire d'une si grande consequence, il a été trouvé bon, & il est entendu, d'autoriser les Seigneurs Deputés qui vont à l'Assemblée, & de leur enjoindre, comme ils sont autorisés, & qu'il leur est enjoint par cette présente, de porter à ladite Assemblée l'Avis suivant de la part du Conseil.

Dat, Haar Ed. Agtb. uyt grond des herten, en overvloedige genegentheyd, om de jegenwoordige Regerings Forme en Constitutie der Provincie buyten de Stadthouderlyke digniteyt en bestiering, soo veel in haar vermogen was te helpen vaststellen en affecureren, al aanstonds naa de dood van zyn Majesteyt van Groot-Britt. Willem de IIIde Glor. Ged., laatst overleden Stadthouder, en wel speciaal naa de laatste besending aan de Ed. Mog. Heeren Staten van Hollandt en West-Vriesland, met allen ernst en applicatie haare gedagten hadden laten gaan, op wat wyse men best en gevoegelykst, dat soo gewenste oogmerk, soude konnen bereyken en effectueren.

Que le Conseil a donné sincérement & avec zéle toute son attention aux moyens qui seroient les plus convenables pour parvenir à maintenir & à affermir la présente forme & constitution du Gouvernement de la Province, sans que l'autorité & la dignité d'un Stathouder y intervint; ce que le Conseil a fait dès l'instant de la mort du Roi Guillaume III. *de Glor. Mem. dernier Stathouder, & particuliérement depuis la derniere Deputation faite aux N. & P. S. Etats de Hollande & de West-Frise.*

Dat Haar Ed. Agtb. met hert en ziel wensten, dat de gegeve hoop by Resolutie van Haar Hog. Mog. op den 30. January 1706., om het Marquisaat van Veere en Vlissinge, by koop ofte handelinge, met Geinteresseerde in de Konincklyke Nalatenschap, aan die beyde Steden te konnen overbrengen, zyn gewenst succes had mogen, of als nog konde genieten.

Que le Conseil souhaitoit du fond de leur ame, que la bonne esperance qu'on leur avoit fait concevoir par la Résolution de leurs Hautes Puissances du 30. Janv. 1706. de pouvoir transporter le Marquisat de Veere *& de* Flessingue *à ces deux Villes, ou par la voye de l'Achat, ou par celle de la Negotiation avec les interessés dans l'héritage Royal, eût eu alors un succès heureux, ou le pût encore avoir.*

Maar dat dewyl sedert, door de opgevolgde openbaare weygering van den aparenten Successeur, dese deliberatie t'eenemaal van natuur verandert is, Haar Ed. Agtb. bevorens een Resolutie van soo verren uytsigt en naabedencking (en dat nog in een saak, waar in

Mais comme cette deliberation avoit depuis tout à fait changé de nature, par l'opposition publique de la part du Successeur apparent, le Conseil, avant de prendre & d'executer une Resolution si serieuse, & qui peut avoir tant de suites (& principalement dans une affaire, où le

ANNO 1732.

in te gelyk zy zelfs, en haar goede Ingeseten in haar particulier soo merkelyk zyn geconcerneert) te nemen en werkstellig te maken, van de voorsigtigheyd, wysheyd en volstrekte pligt, als goede Regenten hadden geoordeelt, met alle neerstigheyt en omsigtigheyd, te moeten ondersoeken en overwegen.

Eerstelyk, of soodanigen Resolutie na order van Regering en gemeene Lands Wetten, soude konnen genomen werden.

Ten Tweeden, of deselve algenomen zynde, in de uytvoering ook wel soude konnen werden staande gehouden.

En ten Derden, wat goede en wat quade gevolgen, nuttigheden en inconvenienten, daar uyt in tyden en wylen te wagten zyn.

Dat voor soo veel de eerste consideratie en bedenc-king aanbelangt, Haar Ed. Agtb. niet en konnen verbergen, dat zy altyt in het generaal van die opinie en bevatting zyn geweest, dat men naa den eygen aart van eene vrye Staats-Regering, alle polityeke en willekeurige dispositien over en omtrent de goederen, eygendommen en besittingen van de gemeene Ingesetenen, soo veel maar eenigsints mogelyk is, behoord te menageren en vermyden; want dat gelyk aan de eene zyde in een Republyk de volkome geruste versekertheyt van dien, onder andere altydt een van de voornaamste vrugten en effecten van de gemeene Vryheyd is gecht geweest: aan de andere zyde ook in een Monarchale en eenhoofdige Regering, het dispotycq en al te licentieus gebruyk van het Recht van Opperheerschappy, omtrent de voorsz: objecten, ('t zy dan op pretext van redenen van Staat, of andere diergelyke specieuse voorwendtselen), altoos voor een van de principaalste fouten en ongemacken is gerekent en aangesien.

Dat daarom ook, volgens de getuygenis van *Grotius*, in zyn Hollandtsche Rechtsgeleerdtheyt, daar hy handelt van het besit Recht, de Graven in voorige tyden hier omtrent sich somwylen misgrepen hebbende, by Handvest van Vrouw Maria, van den 14. Maart 1476. op het speciaal versoek, Remonstrantie en Ontwerp van de Staaten der drie Provincien, Hollandt, Zeelandt, en West-Vrieslandt, naadruckelyk daar jegens is voorsien, en by Hoogstgemelde Gravinne voor haar en hare Nakomelingen, op het 39. Art. in substantie is belooft, dat zy buyten ordentelyke Rechtsforme niemands Goedt, Leen ofte Erve, soude naa sich nemen, ofte iemandt by provisie uyt de Possessie stellen, en soo voorts; gelyk mede, om alle pretexten desen aangaande t'eenemaal weg te nemen, door de Edelen en Steeden in den jaare 1495. soo veel was geëffectueert, by den doenmaaligen Grave Philips, dat naa veel overleg en gehoudene deliberatien, onder andere verseekeringen, by een algemeene Keure en Landwet van Zeelandt, als een eeuwig Edict is gestatueert en vastgestelt, dat die eenig Leen ofte ander Goed jaar en dag rustelyk en vredelyk zal hebben beseeten, daar uit niet sal mogen werden gestelt, als door middel van Rechte.

Dat Haar Ed: Achtb: om die redenen wel hadden gewenst, dat die Leden welke op dese by haar geprojecteerde politicque defeudatie, met soo veele ernst blyven urgeren, haar ten minsten eenige paralele exempelen hadden aangewesen, om tot een spoor en voet in desen te konnen dienen, dewyl zy geerne willen bekennen, dat zy niet en weten, dat of waar eenige vestigia van diergelyke Willekeurige Resolutien te vinden zyn.

Dat het wel waar is, dat het 16. en eenige volgende Art: van de crimineele Ordonnantie van Philips de tweede tot soodanige politique nadering van leenen, weder op nieuws eenige aanleyding schynen te geven, maar dat het ook te gelyk waaragtig is, dat de selve Ordonnantie onder den titul en benaming van criminele Ordonnantie van den Hertog van Alba, als zynde alleen op dessels goetvinden en advis in het alderhevigste van troubelen en vervolgingen, onaangesien (nota) alle Privilegien, Statuten &c. ter contrarie geëmaneert, en in verscheyde opsigten captieus en tiranick geoordeelt, by het 5. Art: van de pacificatie van Gent ten jare 1576. specialyk wederroepen, en onder andere geen van de minste redenen is geagt geweest, waaromme naderhand, den selven Philips van de Heerschappy en Souvereyniteyt, deser geunieerde Provintien is verklaard vervallen te zyn; behalven dat ook de Regtsleerde op de voorsz. Art. aanteykenen, dat de selve noyt in gebruyk zyn geweest, dat omme vervolgens dese speciale Resolutie sonder eenig voorgaan-

 de

le Conseil & ses bons Bourgeois & habitans en particulier sont si notablement interessés) avoit jugé, qu'il convenoit à la circonspection, à la prudence, & au devoir indispensable de bons & sages Magistrats & Regens, d'examiner avec toute la circonspection & l'exactitude possible:

Premierement, *Si on pourroit prendre une telle Résolution suivant l'ordre établi dans la Regence, & en conformité des Loix & des Coutumes du pays.*

Secondement, *Si cette Resolution ayant été effectivement prise, pourroit bien être soutenuë & executée.*

En troisieme lieu, *Quelles bonnes, & quelles mauvaises suites, quelle utilité ou quels inconveniens on en pourroit attendre un jour.*

Que par rapport à la prémière considération, le Conseil ne voudroit ni ne pourroit pas désavouer, qu'en general elles ont toujours été d'opinion, que c'étoit la nature de la Regence dans une Republique libre, d'y menager, & d'y éviter toutes les dispositions politiques & despotiques des biens, des propriétés & des possessions des Habitans & des Sujets, autant que cela étoit possible; parce que, comme d'un côté la possession tranquile & assurée des biens dans une Republique a été de tout tems regardée & estimée comme un des prémiers effets & fruits de la Liberté publique: d'un autre côté on a compté & consideré aussi dans un Gouvernement monarchique l'exercice despotique & trop licentieux du droit de la Souveraineté au sujet des objets mentionnés (soit sous le prétexte de Raisons d'Etat, ou sous d'autres prétextes specieux & controuvés) pour un de ses plus grands & de ses principaux defauts & inconveniens.

Et que c'est pour cela; suivant le témoignage de Grotius, *dans sa* Jurisprudence Hollandoise, *où il traite de ce droit, & de l'abus, que les Comtes en ont fait plusieurs fois au tems passé, qu'à la requisition speciale, & sur les Remontrances & le projet des Etats des Provinces de Hollande & West-Frise, & de Zelande, il y a été pourvû efficacement par l'Octroy de Madame* Marie *du 14. de Mars de l'année 1476, où la Comtesse promet en substance pour Elle, & pour ses Héritiers, Art. 39. qu'elle ne se saisiroit du bien, du Fief, & de l'Héritage de personne hors des voyes ordinaires de la Justice, & ne mettroit personne par provision hors de ses possessions, &c. Et que pour couper racine tout d'un coup à tous les prétextes, les Nobles, & les Villes, obtinrent en 1495. du Comte Philippe, leur Seigneur dans ce tems, qu'après plusieurs Consultations & Déliberations, il fut, entre autres assurances, statué & résolu, par une Loi fondamentale & Provinciale de Zelande, sous le nom d'Edit perpetuel; Que celui qui se trouveroit dans la possession tranquile d'un Fief, ou d'une Terre pendant un an & un jour, n'en pourroit plus être depouillé, que par la voye de la Justice ordinaire.*

Que par ces raisons le Conseil auroit bien souhaité, que les Membres, qui continuent de presser ce Devassellage politique, dont ils ont dressé le prémier projet, leur eussent du moins allegué quelques Exemples pareils, qui pussent servir de fondement dans le Cas present; d'autant qu'ils veulent bien avouer, qu'ils ignorent si & où il se trouve quelques vestiges d'une Resolution si despotique.

*Qu'il étoit bien vrai, que l'Art. 16. & quelques autres Articles suivans, de l'Ordonnance Criminelle du Roi Philippe II. paroissent fournir quelque nouvelle ouverture à une pareille saisie politique des Fiefs; mais qu'il n'étoit pas moins vrai & certain, que cette Ordonnance, sous le titre d'Ordonnance Criminelle, ayant été faite par l'avis & par les conseils du Duc d'*Albe *dans le plus fort des troubles & des persecutions, & contre* (Nota) *tous les Privileges, Statuts &c. émanés au contraire, & ayant été jugé captieux, & tyrannique à plusieurs égards, a été specialement revoqué l'année 1576. par l'Art. 5. de la Pacification de Gand, & qu'entre les autres griefs, celui-ci n'a pas fourni la moindre raison, pour declarer le Roi* Philippe II. *dechu de la Domination, & de la Souveraineté de ces Provinces-Unies. Outre que les Jurisconsultes remarquent sur les Art. mentionnés, qu'ils n'ont jamais été en usage; Que le Conseil croyoit que dans le cas present ce seroit remonter*

 trop

ANNO 1732.

Anno 1732.

de exempel direct tegens een nadruckelyk en bekend privilegie, op den grond van het soo genaamde *Dominium Supereminens*, anders het regt van opperheerschappy, te willen schragen, haar Ed. Agtb. om voorverhaalde redenen vermeynen, dat dit in cas subject, vry te verre soude gehaalt zyn, om in de approbatie van de geheele werelt, en een gedisintresseert oordeel te konnen vallen.

Dat ook by aldien men het soo evengenoemde regt van Opperheerschappy, (waar van men in een Republicq sig nooyt en moet bedienen als in de uytterste extremiteyt, en wanneer alle andere middelen van precautie om een oogschynelyk en eminent onheyl van het gemeene best af te keeren, kome te deficieren) zoo onbepaalt, en tot saken selfs van die natuure als dese, soude willen extenderen en uyttrecken, metter tyt die remedie, hares agtings, van veel gevaarlycker en pernicieuser gevolgen, voor de gemeene vryheyd soude kunnen werden, als de inconvenienten selve, die men daar mede soude tragten te verhoeden en te prævenieren; want dat eenemaal van de al-oude grondwetten en loffelyke en sagte Staats maximen der Voorvaderen geluxeert zynde, het aan de meerderheyd van de respective Vroetschappen (die in materien van policie niet altyt van een opinie en interest blyven) noyt aan eenige voorwentselen en andere geprexteerde nuttigheyd sal ontbreken, om t'elckens de constitutie van de regering, na hare particuliere convenienten en speculative bevatting, te transformeren en te schicken, en sig van de Goederen en Effecten der gemeene Ingesetenen ten dien fyne *pro arbitrio* meester te maken.

Dat schoon genomen dit project van politique defeudatie, onaangesien alle de voorige contrarierende præmissen, egter met de gronden van de politie al was te compasseren en over een te brengen, het zelve nogtans naar de algemeyne beschreven Regten en particuliere feudale wetten deser landen, ter oorsaak van de mutueele verbintenis en reciprocatie tusschen de Leen-Heer en zyn Vasal, uyt den hoofde van Contract feudaal resulterende, in geenen deele soude konnen bestaan, als wesende het eenparig sentiment en oordeel van alle de Regtsgeleerde die over die materie ooyt geschreven hebben, dat een Leen-Heer alsoo weynig bevoegt is een Leen eenmaal by hem geconstitueert en effectivelyk uytgegeven, buyten toestemming van zyn Vasal, weder in te trecken en naar sig te nemen als den Vasal bevoegt is, den Heere diensten en andere verschuldigde pligten van homage aan den Leen-Heer te weygeren, dat niet alleen in soodanige gevallen, en den een, en den ander daar over in Regten betreckelyk zyn, maar dat zelfs soo wel den Leen-Heer (syn authoriteyt tegens syn Vasal misbruykende) werdt verstaan zyn *Dominium Directum* te verliesen, als den Leen-man ofte Vasal by ontrouwigheyd aan zyn Leen-Heer, geoordeelt werd van zyn Leen-Regten vervallen te zyn.

Dat het argument, dat zoude konnen gehaalt werden uyt het eerste Art. van de Privilegien van Veere en Vlissingen, van den Jaare 1574. (inhoudende de Clausule van 's Graven immediate protextie en belofte, van de zelve steden, nooyt meer te sullen veralieneren, waar op verscheyde Leden haare consideratien schynen te funderen) naar Haar Ed: Agtb. opinie, veel te swak is om in Regten tegens een voorgaande sententie en wettig Decreet van interpositie, tot nader verkooping ter instantie van de gemeene Crediteuren van de Naalatenschap van wylen Maximiliaan van Bourgondien, al in den Jare 1581. by den Hove Provintiaal verleend, als mede jegens een daar opgevolgde en over eeuwde possessie, met eenige vrugt ofte hoop van succes te konnen objecteren.

Dewyl het immers al te bekent is dat de voorsz: clausule de *non alienando*, nergens anders op berust als op de eerste koop, by Philips de tweede Grave van Zeeland ten Jare 1566. geschiet, dat vervolgens soo het ooyt tyt was om onder aanbieding van te voldoen de kooppenningen, waar aan den gemelden Grave was gebleven in gebreke, sig tegen de voorsz: nadere verkoopinge te opposeren, het doenmaals is geweest, maar dat het immers nu een al te frivolen pretext zoude weser, om naar verloop van over de hondert en dertig Jaren, en naar dat de gemelde steden nu by successie tot op den sevenden Leen-volger zyn gedevolveert, daar op de tweede Regtelyke koop te willen doen anulleren volgende in het alderminste niet dat uyt die voorsz: eerste koop soude proflueren, namentlyk dat het *Dominium Utile* met het *directum*, als doen in een persoon zynde komen te consentreeren, daar door

ook

Anno 1732.

trop loin que de vouloir apuyer l'usage du Dominium Eminens *sur cette Résolution particuliere, sans aucun autre Exemple précédent, directement opposé à un Privilége connu, & qu'il n'y a aucune aparence qu'on pût meriter l'aprobation des personnes desinteressées.*

Et en cas qu'on voulût étendre ce droit de la supréme Puissance sans aucune borne, & dans des affaires mêmes qui seroient de la même nature que celle-ci (ce que pourtant on ne devroit jamais faire dans une Republique, que dans la dernière extremité, & lorsque tous les autres moyens & précautions pour prevenir un danger éminent & réel pour le Public viennent de manquer) ce Remede (suivant l'opinion du Conseil) pourroit être avec le tems d'une consequence plus dangereuse & plus pernicieuse pour la liberté publique, que les inconveniens mêmes, qu'on chercheroit de prevenir par-là; parce que s'étant une fois écarté des anciennes Loix fondamentales, & des louables & douces maximes d'Etat de nos Peres, il ne manquera jamais de prétextes d'une prétendue necessité à la pluralité des voix des Villes) qui en matière de politique ne sont jamais d'une même opinion ni d'un même interet) pour transformer toûjours la forme du Gouvernement, suivant leurs interéts particuliers, ou selon leur conception spéculative, & de se rendre maitres par ce moyen, & pro arbitrio, *des biens des Habitans particuliers.*

Et supposé même que ce projet de Devassellage politique, nonobstant toutes les contrariétés précédentes, pût s'accorder avec les Regles de la Politique; néanmoins, suivant les Loix écrites, & le Droit féodal de ces païs, il ne pourroit absolument & en aucune manière subsister, par la raison de l'Engagement mutuel, & reciproque, qui se trouve entre le Seigneur & le Vassal, & qui resulte du Contract féodal. Tous les Jurisconsultes, qui ont traité de cette matière étant d'accord, qu'un Seigneur direct est aussi peu en droit de retraire, & de se saisir, sans le consentement du Vassal, d'un Fief, qu'il a une fois accordé & conferé effectivement, que le Vassal de refuser à son Seigneur les services & les autres devoirs ordinaires de l'hommage; Que dans une telle occurrence, non seulement l'un & l'autre sont obligés de recourir au Juge ordinaire; Mais que même le Seigneur Direct (abusant de son Autorité envers son Vassal) est censé avoir perdu son Dominium directum, *tout de même que le Vassal est dechu de ses droits feodaux, lorsqu'il commet quelque infidelité ou felonie envers son Seigneur.*

Qu'au sentiment du Conseil, l'argument qu'on pourroit tirer du premier Art. des Privileges de Veere *&* *de* Flessingue *de l'année 1574. (contenant la Clause de la protection immediate du Comte & de sa promesse, de ne jamais plus aliéner ces deux Villes) sur quoi il paroit, que plusieurs Membres ont fondé leurs considerations, n'est pas d'une force suffisante à être objecté en Justice, avec la moindre esperance de succès, contre une Sentence préalable, & contre un Decret légal d'interposition, accordé pour une vente ultérieure, aux instances de tous les Créanciers de l'Héritage de feu* Maximilien de Bourgogne, *dans l'année 1581. même par la Cour Provinciale, & encore moins, qu'il puisse porter préjudice à une possession constante de plus d'un siecle.*

D'autant plus qu'il est notoire, que la Clause mentionnée de Non alienando, *n'a d'autre Relation qu'à la Vente prémiere, faite en 1566. par Philippe II. Comte de Zelande; que par consequent, si jamais il s'étoit trouvé une occasion favorable de s'oppoier à cette seconde vente, en offrant de payer les deniers du premier achat dont ce Comte ne s'étoit pas acquité, ce fut certainement alors; mais que ce seroit à présent un prétexte trop frivole, de vouloir faire annuller le deuxiéme achat légal, après l'écoulement de cent trente ans, & après que ces deux Villes ont été devolues jusqu'au septiéme Successeur féodal; D'autant qu'il ne s'ensuit absolument pas, de ce que par le premier achat le* Dominium utile *s'est trouvé réuni au* directum, *dans une même personne, que le Vassellage de ces deux Villes eut en*

même

ANNO 1732.

ook te gelyckelyk de Leenroerigheyd van beyde steden soude zyn vernietigt en weggenomen geworden: maar veel eer uyt verscheyde notable omstandigheden, verleende acten, en commissien, die Haar Ed. Agtb. om redenen hier niet sullen ophaalen, ter contrarie oogschynelyk blykende, dat de intentie van Philips (verre van de zelve wederom in de Gravelykheyd in te lyven) enkel is geweest om de zelve als een particulier Domeyn, in natuur onderscheyden van zyn andere Gravelyke steden te blyven houden, soo als men tot een gelyk voorbeeld by wege van Elucidatie ten desen opsigte zoude konnen allegeren. De Heerlykheyt van Poortvliet welke niet jegenstaande de zelve mede met soodanigen privilegie de *non alienando* was voorsien, in in den Jare 1704. onder andere dominiale goederen van dese Provintie, by haar Ed. Mog. is opgeveylt en verkogt.

Dat haar Ed. Agtb. voor zoo veel nu haar tweede bedenkinge omtrent dit project van politique defeudatie aangaat, op den grond van het reets gepremitteerde moeten oordeelen dat al was het, dat men al met eenparige bewilliging van alle de integrerende Leden van de Provintie jegenwoordig soodanigen resolutie quame te nemen, de zelve egter in de uytvoeringe gants nietig en sonder effect zoude wesen, immers dat het niet bedenkelyk is, dat de zelve langer door de politique magt soude konnen werden staande gehouden, als tot dat eenmaal de swevende differenten tusschen de hooge pretendenten (die *&* *animo* *&* *corpore* hare possessie zouden tragten te behouden, en de zelve ten allen tyden actuelyk gelykerhand te recupereren) sullen wesen afgedaan, ofte de Justicie de handen geopent en toegelaten, daar over haare competente Judicature te oeffenen.

Dat, boven dien oock de ervarentheyt maar al te klaarlyk heeft geleerd, dat van zulke eclatante en veruytsiende resolutien by de minste verandering der tyden en saken gemeenlyk niet anders overblyft, als een algemeene haat en particuliere vindictie tegens die gene, die zelve hebben helpen nemen en werkstellig maken; dat onder veel andere gelyke Exempelen die men uyt de gedenkschriften van dese en andere Staten en Republiquen overvloedig soude konnen afhalen, hares agtens het eeuwig Edict in de nabuurige Provintie van Holland tot amortisatie en vernietiging van de Stadhouderlyke waardigheyt in den Jare 1667. met soo veel wyse en omsigtige præcautien gearresteert, en by alle particuliere Leden van de respective Vroetschappen hooft voor hooft solemnelyk met Eede gestaaft, in desen tot een iluster en leersaam voorbeelt kan strecken, om te voorsien wat in tyden en weylen by diergelyke ongeluckige constellatien en toevallen (die God genadelyk verhoede) van dese geprojecteerde politique defeudatie zoude konnen werden.

Dat tusschen de voorsz: resolutie van de Heeren Staten van Holland, en dese, nog dat notabel onderscheyd is.

Dat Haar Ed. Groot Mogende naar de fundamentele Wetten en order van de Regering, daar toe buyten alle tegenspreking volkomen bevoegt en geregtigt waren, zonder van dese hare voorsz. willekeurige Resolutie aan yemant in de werelt eenige rekenschap te geven, als zynde een digniteyt die buyten alle dispuyt van Hoogstgemelde Heeren Staten haare vrye en libere dispositie absolutelyk was afhangende, sonder dat daar mede yemand in zyn particuliere wierde verongelykt.

Daar ter contrarie in cas subject om voor verhaalde redenen, dese resolutie tegens de bekende gronden beyde van Policie en Justicie, directelyk zoude aanloopen, en met dese vernietiging en amortisatie van het voorsz. Marquisaat van Veere en Vlissingen, ymant in weerwil van hem selfs van zyn Regt van Leenvolging, zoude werden ontset en versteken, waar over men in tyden en wylen de Judicature van een Leenhof zoude moeten ondergaan.

Dat haar Ed. Agtb. vervolgens hier mede in ordre overgaande tot het derde lid, van dese haar voorsz. consideratien en advis, namentlyk tot de overweging en Examinatie van goede en quade gevolgen, nuttigheden en inconvenienten deser geprojecteerde defeudatie, vermeynen dat de zelve in cas subject moeten werden aangemerkt, of ten opsigte van de Provincie in het gemeyn, ofte ten opsigte van beyde de Steden van Veere en Vlissingen in het particulier.

Dat belangende de Provincie in het algemein, Haar Ed. Agtb. niet en weten dat by de Leden die dese saak van zoo grooten importantie en noodsakelykheyt oordeelen, ooyt eenige andere wesentlyke nuttigheyd is geal-

ANNO 1732.

même tems cessé par-là; mais qu'il paroit tout au contraire avec évidence par plusieurs circonstances notables, par des Actes accordez, & par des Commissions, dont le Conseil ne veut pas faire ici mention pour plusieurs raisons; que l'intention de Philippe (bien loin de vouloir les réincorporer à la Comté) a été alors uniquement, de les conserver pour lui comme un Domaine particulier, & qui dans sa nature étoit bien different de la situation des autres Villes de la Comté, comme on pourroit alleguer ici pour exemple, par maniére d'Eclairciffement, la Seigneurie de Poort Vliet, qui nonobstant qu'elle ait été pourvuë d'un même Privilége de non alienando, fut pourtant mise en vente, & vendue effectivement par leurs Nobles Puissances en 1704. avec quelques autres Domaines.

Que par raport à la deuxiéme Confideration sur ce sujet, le Conseil est obligé de remarquer que supposé que le projet du Devasselage politique pût avoir lieu, & qu'on vint à présent à prendre une telle Résolution avec le Consentement unanime de tous les Membres integrans de la Province; Elle seroit pourtant dans son execution nulle & d'aucun effet; parcequ'il seroit ridicule de s'imaginer, qu'Elle pût être soutenuë par la Puissance politique, que jusqu'à ce que les differens, qui subsistent à présent entre les hauts prétendans (qui sans doute tacheroient & animo & corpore, de conserver leur possession, & de la recouvrer actuellement tôt ou tard avec leurs forces jointes:) seront applanis, ou qu'on la porte à la Justice, & qu'on lui laisse les mains libres, pour y exercer sa Judicature competente.

Que d'ailleurs l'expérience à appris suffisamment, qu'une haine générale, & une vengeance particuliére contre tous ceux qui y ont prêté les mains, & qui ont contribué à la mettre en execution, ont été de tout tems, & au moindre changement des affaires, les suites ordinaires de ces sortes de Resolutions éclatantes & considerables; qu'entre plusieurs autres Exemples paralleles, dont il seroit facile de tirer un grand nombre des Histoires de ces Etat & de plusieurs autres Republiques, l'Edit perpetuel & inalterable de la Province de Hollande au sujet de l'Amortissement, & de l'Anéantissement de la dignité du Stadhouder, qui fut arrêté l'année 1667. avec tant de circonspection, & avec des précautions si prudentes, & ensuite confirmé solemnellement & par serment tête par tête de tous les Conseils des Villes, peut suffire pour donner un exemple fameux & suffisant, & pour conclure ce qui pourroit arriver dans des circonstances aussi facheuses, (: ce qu'à Dieu ne plaise) de ce projet de Devasselage Politique.

Qu'il se trouve encore cette notable difference entre la Résolution des Seigneurs Etats de Hollande, & celle-ci;

Que leurs Nobles & Grandes Puissances y étoient sans aucune contradiction en droit suivant les Loix fondamentales, & l'ordre du Gouvernement, de pouvoir le faire, sans rendre compte de leur Résolution despotique à ame vivante; Cette dignité etant absolument & sans aucune dispute dépendante de la libre disposition des Seigneurs Etats de cette Province, sans que personne pût se plaindre qu'on lui fit tort dans son particulier.

Mais que cette Résolution, dans le cas dont il s'agit à présent, seroit tout-à-fait contraire, par les raisons alleguées, à toutes les regles connues de la Police & de la Justice, puisque par cet Amortissement du Marquisat de Veere & de Flessingue, quelqu'un seroit privé, contre son gré, de ses droits féodaux; ce qui ne pourroit manquer d'être porté tôt ou tard devant le Tribunal d'une Cour féodale.

Que le Conseil passant ensuite au troisiéme point de ses Considerations & de son Avis, c'est-à-dire à l'Examen des bonnes & des mauvaises conséquences, de l'utilité, & des inconveniens de ce Devassellage projetté, il est d'opinion, qu'il faut les considerer dans ce cas, ou par rapport à la Province en general, ou par rapport aux deux Villes de Veere & de Flessingue en particulier.

Que par rapport à la Province en general, le Conseil n'est pas informé, que les Membres, qui jugent cette affaire d'une si grande importance & necessité, aient jamais allegué & prétexté une autre utilité essentielle, que

ANNO 1732.

gealliegeert ende voorgewent, als dat daar door de jegenwoordige constitutie van Regering buyten de Stadhouderlyke waardigheid en bestiering, tegens alle contrarie aanleydingen en ondernemingen, soude werden geassecureert en vastgesteld.

Dat Haar Ed. Agtb. zoo veel aangaat het wesentlyke oogmerk van de respective Leden, wel hebben willen lauderen, approberen en prysen haren goeden yver en intentie om de zelve in hare jegenwoordige gestalte te mainteneren, staande te houden en te versekeren, waar toe Haar Ed. Agtb. ook betuygen ten allen tyden, naar haar vermogen te willen en te zullen coöpereren, als zynde sedert de afstyvigheyd van den laastoverleden Stadhouder nooyt andere gedagten in hare herten opgekomen, dog dat zy ook te gelyk niet konnen naalaten te remarqueren, dat die opgevatte opinie van de noodzakelykheyd dezer politicque defeudatie, nergens anders uyt kan zyn voortgekomen, als uyt een kennelyke source van deffidentie, en een vulgaire, dog ten eenemaal erroneuse onderstellinge.

Dat de Regeringe van de meergem. beyde Steden, ter oorsaak van der zelver zoo genaamde Vasallage in het stuk van Justitie, ook in materie van Policie, omtrent het voorschreve poinct meerder influentie als de andere vier, tot nog toe met den tytel van Graaflyke bekende Steden soude onderworpen zyn, en dat de Stadhouders in vorige tyden haar zelven door dien weg in het Staats bestier zouden hebben ingedrongen

't Welk Haar Ed. Agtbaare nu nog nooyt zullen kunnen advoueren, dewyl zy haar t'eenemaal versekert houden, dat ider een die maar een distincte perceptie heeft van de particuliere constitutie van hare stedelyke Regeringe, insonderheid zoo als de zelve jegenwoordig op den grond van het notabel berigt en geadviseerde van de Heeren Haar Ed. Mogende Gecommitteerde Raden, van den eersten Septemb: 1651. zoo in policie als justicie is gevestigt, aanstonts de ongefundeertheyt van de meergemelde suppositie, en vermoeden klaarlyk zal ontdecken, en buyten alle bescheyden tegenspreking moeten toestaan.

Dat de politique directie en bestiering zoo ten opsigte van de hooge Regeringe van de Provincie, als van hare particuliere stedelyke huyshouding, jegenwoordig (met seclusie van Schepenen) zynde in handen van een Collegie van Vroetschappen, alleen bestaande in vier en twintig permanente Raden, door haar eygene mede Leden gecreëert werdende, en t'eenemaal ongehouden van haar doen of laten aan haren feudalen Heer of Marquis, eenige rekenschap te geven, veel min van den zelven eenige ordres, instructie ofte bevelens te ontfangen en reverenderen, haar Edele Agtb. immers alzoo weynig als eenig ander integrerend Lid van de Souvereiniteyt, konnen geoordeelt ofte verdagt werden van eenig particulier af te hangen, ofte aan eenige meerdere swakheid en influentien subject te wesen, maar ter contrarie in dat poinct met alle de andere politique Collegien ofte Vroetschappen, van de zoo genaamde Graaflijke Steden in aller deelen gelyk te zyn.

Konnende niet begrypen hoe de gedagten in sommige Leden van de Regering kunnen opkomen als of de Steden van Vlissingen en Veere in haren jegenwoordigen Leenroerigen staat zouden moeten werden aangemerkt als het representatif van een Vasal, nademaal zulcks immers strydig is tegens de eerste kennis van de Regeering deser Landen, ende eygene nadruckelyke woorden van de bysondere Privilegien der beyde Steden hier voren meer gemelt, waar by het Regt van stemminge en sessie in de Hooge Provintiale Vergadering niet en is gegeven aan den Heer ofte Marquis, maar aan het Lighaam van hare Gemeynte, ende gevolgelyk dat zy in die qualiteyt, alzoo weynig konnen gesegt worden, haren feudalen Heer te verbeelden, als in vorige tyden de Graaflyke steden konden bedagt werden als Leden van Staat, het Representatif van den Persoon van den Grave te zyn geweest.

't Geene ook by welgemelde Heeren haar Edele Mog. Gecommitteerde Raden in haar voorschreve notabel advis van den Jare 1651. (waar in het Regt van beyde de Steden affonderlinck van haren Marquis uyt de oorspronkelyke Constitutie van de Regering en het *jus publicum Universitatis* zoo geleerdelyk is gediriveert, ende afgehaalt,) als een onwrikbare gronditellinge in dier voegen is opgevat, en zelfs by het Contra-Berigt van wegens de Voogden van Syn Majesteyt van Groot Brittannien glorieuser gedagtenisse doenmaals overgegeven, niet en word tegengesproken.

Dat Haar Edele Agtb. vervolgens op dit fundament voortgaande, vermeynen dat haar gesustineerde independence

que celle, que par-là la Constitution présente de la Regence, sans la dignité & l'autorité d'un Stadhouder, *seroit assurée & affermie contre toutes les Entreprises contraires & dangereuses.*

Que le Conseil, pour autant que cela concerne le but essentiel des Membres respectifs, n'a pu s'empêcher de louer & d'approuver leur zèle & leur bonne intention, pour maintenir & affermir la Constitution présente; Et il promet d'y contribuer en tout tems, autant qu'il lui sera possible, n'ayant jamais eu d'autres pensées depuis la mort du dernier Stadhouder; *Mais qu'il ne peut en même tems s'empêcher de faire remarquer, que cette pretenduë opinion de la necessité de ce Devassellage Politique, ne peut venir que d'une certaine défiance & d'une présupposition vulgaire & très-erronée:*

Savoir que la Regence de ces deux Villes, par la raison de leur prétendu Vassellage tant au sujet du Politique que de la Justice, seroit sujette à cet égard à une influence plus grande, que les quatre autres Villes, qui jusqu'à présent sont connues sous le titre connu de Villes de la Comté; Et que c'étoit par ce moyen que les Stadhouders *s'étoient autrefois introduits dans la Regence de l'Etat.*

Ce que le Conseil ne peut avouer ni à présent ni jamais, parce qu'il est suffisamment persuadé, que quiconque n'a qu'une simple connoissance de la Constitution de la Regence de leur Ville, & particulierement de la maniére qu'Elle est à présent établie & affermie, tant dans le Politique que dans la Justice, sur le fondement des Avis notables des Seigneurs Conseillers deputez de leurs Nobles Puissances en date du premier de Sept. 1651, decouvrira dans ce moment la fausseté de cette supposition, & sera obligé de convenir sans aucune contradiction:

Que la direction politique tant par rapport à la haute Regence de la Province, qu'à l'œconomie particuliére de la Ville, étant à présent entre les mains d'un Collége de Conseillers (:dont les Echevins sont exclus:) & dont le nombre est fixé à 24. Conseillers permanens, & choisis par leurs propres Membres, qui sont absolument dispensés de rendre compte de leurs actions à leur Marquis, ou Seigneur féodal, & encore moins obligés de recevoir de lui aucuns ordres, instructions, ou mandemens; le Conseil ne pouvoit être plus taxé, ou soupçonné, qu'un autre Membre integrant, d'être sujet à une dépendance particuliére, ou à une foiblesse, & à des influences plus grandes; mais plûtôt d'être dans ce point dans une parfaite égalité, avec tous les autres Colléges & Conseils des Villes respectives de la Comté.

Ne pouvant pas d'ailleurs comprendre, comment il peut tomber dans l'esprit de plusieurs Membres de la Regence, que les Villes de Flessingue *&* de Veere, *dans leur état présent & féodal, doivent être considerées, comme les Representatifs du Vassal; d'autant que cela est absolument contraire à la prémiére connoissance du Gouvernement de ces païs, & aux expressions propres qui se trouvent dans les Privileges particuliers des deux Villes, dont on a souvent fait mention, & par lesquels le droit de séance & de suffrage dans l'Assemblée des Etats de la Province n'est pas donné au Seigneur ou au Marquis, mais au Corps entier de leurs Communautez, & que par consequent on ne peut pas dire, que dans cette qualité elles représentent leur Seigneur féodal, comme on peut soutenir que les Villes Comitiales, pour autant qu'Elles sont Membres de l'Etat, ont été les Representatifs de la Personne du Comte.*

Ce qui a été aussi posé comme un fondement indisputable, par les Seigneurs Conseillers deputez de leurs Nobles Puissances, dans leur Avis notable de l'année 1651. (dans lequel on fait remonter avec solidité les droits de ces deux Villes, sans aucune relation à leur Marquis, à la Constitution originaire de la Regence, & de jure publico Universitatis) *ce qui n'a pas été plus contesté dans la Contre-deduction, qui fut délivrée en reponse dans ce tems-là, par les Tuteurs de sa Majesté Britannique* Guillaume III. *de gl. mem.*

Que le Conseil, s'apuïant sur ce fondement, est d'opinion, que l'independance de la Ville ne souffre aucune dimi-

ANNO 1732.

pendentie en onafhankelykheid, in het Politique niet en wert vermindert ofte gelabefacteert, door het dominiale Regt, den Marquis uyt kragte van zyn Leenbrieven omtrent de administratie van de Justicie over beyde Steden competerende, gelyk ook niet door den Eed van trouwe en homage die de Gemeynte (uit welkers boesem eygentlijk de voorschreve permanente raden werden genomen) aan den selven by sijne inhuldinge gewoon sijn te doen, dewyl immers het eerste met het politique Stadt en Staatsbestier geen de alderminste gemeynschap heeft, en het tweede geensints wegneemt of vermindert die verpligting van getrouwigheid waar mede zy, en hare feudalen Heer te gelijk aan de Provincie ofte Graaflijkheid zyn verbonden.

Dat haar Edele Agtbaare daarom al (verder onder reverente correctie) in de Constitutie van hare stedelijke Regering, zoo als de zelve onder de voren ter nedergestelde distinctie ten deele Vasal, ten deele wederom independent kan en moet werden aangemerkt, die incongruiteyten en tegenstrydigheden niet en konnen vinden, die sommige Leden schynen te vermeynen daar uit te moeten volgen; want dat het hares agtens alsoo weynig incompatibel en tegenstrydig is, dat een Stadt ofte Universiteyt, een integrerend Lid van Staat sijnde, in zekere respecten particuliere Vasallage subject is, als het van outs incompatibel en tegenstrydig was, dat die zelve Steden over de welke den Grave doen ter tyd (voor zoo verre de zelve niet ter Leen waren uitgegeven, ofte uitgegeven sijnde, de feudale Heeren uit kragte van de zelve uitgiften) alle soorten van Jurisdictie, verkiesing van de Magistraten en Regenten, den Eed van homage en onderdanigheid, en andere hooge regallen meer, indisputabel was competerende, egter niet nalieten te sijn en blyven integrerende en stemmende Leden van Staat, (niet als representerende den Graaf, maar enkelyk als het Representatif van het Corps van hare Gemeyntens, aan den welken de Graaf wederom Vice Versa was gehouden, by wege van bede, zyne petitie voor te stellen, en op verscheyde andere notabele poincten, het gemeene welwesen en bestiering van den Lande, ja zelfs hem in zyn eygen persoon rakende, consent en toestemming daar toe te verzoeken, en het nu nog jegenwoordig.) naa dat het een hoofdig gesag en Jurisdictie van den Graaf by representatie in de boesem van de gesamentlyke Steden weder is vervallen en geconsolideert, kan incompatibel en tegenstrydig gesegt ofte geoordeelt werden, dat een het zelfde Lid met de andere zyne mede Leden 't samen gekomen en geassocieert, over alle zaken helpt delibereren, resolveren, bevelen geven, wetten maken, Consenten dragen, Magistraten en Regenten kiesen, ofte het Regt van Electie by Octroi aan malkanderen defereren, Privilegie verleenen, van de Vasallen van de Graaflijheid hulde en homage ontfangen, en alle andere bedenkelijke Acten van Souvereiniteit plegen, en van de andere zyde wederom gehouden is de gemeene resolutien, gedragene Consenten, gegevene ordres, en gemaakte wetten te reverenderen, geboorsamen en ter executie te leggen, Privilegien, Octrooijen te versoeken en te ontfangen, de Vierschaar in den naam van de Graaflijkheid (anders de Staaten) te bannen, en alsoo in die andere respecten meer de Souverainiteyt, Hoogheid en Jurisdictie van sijne mede Leden te erkennen.

Dat het ook niet sonder exempel is by andere Staten en Republicquen, (als by voorbeeld in het Keyserrijk en elders,) dat sommige Steden in sekere opsigten aan particuliere feudale Heeren subject, egter *in caeteris* als immediate Rijksteden en Leden van Staat afzonderling van hare Heeren, door Gedeputeerde in de respective Hooge Vergaderingen stem en sessie hebben, dat zelfs in de nabuurige Provintie van Utregt, de Stad en het Graafschap van Montfoort by koop aan de Staaten aldaar gekomen sijnde, nog op den huydigen dag, (schoon een integrerend Lid van de Souverainiteit) als een bysonder Domein van de zelve Provintie werd gehouden, en als zoodanig hare Magistraats-bestelling, (onaangesien de zelve aan alle de andere stemmende Steden by Octroy is uitgegeven) nog jaarlijx van de keure van haare mede Leden moeten afwagten, waar uit dan immers vry meerder contrarieteiten en ongerymtheden zouden moeten vloeijen, als uit de Constitutie van de Regeeringen van Veere en Vlissingen, onder den naam van Vasalle Steden in Zeeland bekend.

Dat ook in die en andere Provintien van de Unie en omleggende Landschappen meer de gesamentlijke feuda-

diminution dans le Politique, par le droit Seigneurial, qui apartient au Marquis dans l'administration de la Justice sur ces deux Villes en vertu de ses Lettres d'Investiture; ni par le serment de fidelité & par l'Hommage, que toute la Bourgeoisie (entre laquelle on choisit les dits Conseillers permanens) est accoutumée de lui prêter à son avenement à la succession; parce que le prémier point n'a pas la moindre connexion avec les affaires politiques de l'Etat & de la Ville; & que le deuxiéme ne diminue & n'efface en aucune maniére l'obligation de fidelité, par laquelle eux, & en même tems leur Seigneur féodal, sont liez à la Province & à la Comté.

Que d'ailleurs le Conseil ne peut non plus trouver dans la Constitution de la Regence de leur Ville, (laquelle, suivant la précedente distinction établie, peut & doit être considerée en partie féodale, & en partie independante) ces incongruités, & ces contrarietés, que quelques-uns des Membres supposent devoir suivre: parce que, suivant leur sentiment, il est aussi peu incompatible & contradictoire, qu'une Ville, ou une Communauté, étant un Membre integrant de l'Etat, puisse être à certain égard sujet à un Vassellage particulier, comme il étoit incompatible & contradictoire au tems passé, que ces mêmes Villes, sur lesquelles le Comte avoit incontestablement (entant qu'Elles n'étoient pas conferées comme Fiefs, si elles l'étoient, la même chose apartenoit au Seigneur feodal, en vertu de l'Investiture) toutes sortes de jurisdiction, Election des Magistrats & des Régens, serment de fidelité & d'hommage, & plusieurs autres regales, & que nonobstant tout cela Elles ne laissérent pas d'être & de rester Membres integrans & votans de l'Etat, (non pas comme représentans le Comte, mais seulement comme Représentatifs du Corps de la Bourgeoisie; & à laquelle le Comte étoit obligé vice versa, *de porter sa petition par maniére de requisition, & de demander leur consentement dans plusieurs autres points notables, qui concernoient le Gouvernement du païs, & même quelquefois sa propre personne, ce qui est encore actuellement observé. Mais depuis que l'autorité & la jurisdiction Souveraine du Comte est retombée & réunie par représentation dans le sein de toutes les Villes, on peut fort bien dire, ou juger, qu'il est incompatible & contradictoire, qu'un & le même Membre associé avec les autres ses Co-membres, puisse aider à deliberer, & à resoudre sur toutes les affaires, à donner des ordres, à faire des Loix, à donner des Consentemens, à élire les Magistrats & les Regens, ou à déferer entre eux & reciproquement le droit d'Election par des Octrois, à accorder des Privilèges, à recevoir les Sermens & l'Hommage des Vassaux de la Comté, & à exercer tous les autres Actes imaginables de la Souveraineté; & que d'un autre coté ce même Membre est obligé au contraire de respecter, d'obéir & de mettre en execution les Résolutions prises en commun, les Consentemens accordez, les ordres donnez, de demander & de recevoir des Privilèges, & des Octrois; de rendre Justice criminelle au nom de la Comté* (autrement des Etats) *& par consequent de reconnoitre la Souveraineté la superiorité, & la jurisdiction de ses Co-membres, à cet égard, & à plusieurs autres.*

Que plusieurs autres Etats & Republiques (comme par exemple celle du Saint Empire &c.) nous fournissent plusieurs exemples, que quelques Villes y sont sujettes à plusieurs égards à des Seigneurs particuliers & féodaux, & que in caeteris *elles envoient pourtant leurs Députés, & ont voix & séance dans les Assemblées Respectives comme Villes immédiates, & comme Membres de l'Etat, avec abstraction de leur Seigneur. Que dans la Province d'Utrecht, la Ville & la Comté de Montfort étant venu en propre aux Etats de la Province, par voye d'Achat, elle est encore tenue aujourd'hui comme un Domaine particulier de la Province, quoiqu'elle soit effectivement un Membre intégrant de la Souveraineté, & que comme telle, elle est obligée d'attendre tous les ans l'Election & le changement de son Magistrat, quoiqu'il ait été accordé à toutes les autres Villes votantes par des Octrois, du bonplaisir & du consentement de ses Co-membres. Or il est certain que de tout ce qui vient d'être remarqué, il resulte plus de contrariétés & d'incompatibilités, que de la Constitution de la Regence de* Veere *& de* Flessingue, *qui sont connues dans la Province de Zelande sous les noms de Villes Vassalles.*

Que dans cette Province & dans plusieurs autres de l'Union, & des Païs voisins, tous les Seigneurs féodaux

ANNO 1732.

dale Heeren, ſchoon dat zy Vaſallen ſijn, helpen componeren en uitmaken een gedeelte van de Souverainiteit, en vervolgens yder over ſijn particuliere Leenen en Heerlijkheden homage doende, ook van andere hulde en homage ontfangt.

Zulks dat dan alle de duyſterheyd, en die confuſe idée en bevattinge, die de meeſte menſchen van deze vermengde Conſtitutie van de Regeringe komen te maken, nergens anders uit ontſtaat, als uit een kennelyk gebrek van diſſernement van onderſcheyding tuſſchen die præeminentien en geregtigheden, die de Graven in den tyd uit de ſource van hare Univerſele Jurisdictie, en hare eygene regalien en patrimoniele Domeynen, als gemeene Landsheeren aan particuliere Vaſallen te Leen hebben uitgegeven, en die voorregten, geſag en adminiſtratie, die de zelve Graven als Souverainen *ex plenitudine poteſtatis* aan de Steden en andere Lighamen van de Gemeynte, by wege van Privilegie hebben vergund, ofte wel anders van de beginne door de zelve Steden by ſpeciale conventie, overkomſten en verdraagen, met de zelve haare Landsheeren voor haar hulde aangegaan, in haaren boeſem affonderlyk zyn gereſerveert en gehouden.

Welke noodſakelyke diſtinctie eenemaal wel gemaakt zynde, het vervolgens ſeer ligt zal vallen te decideren, wat regt den Marquis uit hoofde zyner Leenbrieven, ende wat regt wederom de meergemelde twee Steeden, *ex jure publico Univerſitatis*, en vermogens haare byſondere Privilegien, in haar zelven is competerende, en tot hoe verre de zelve Vaſal, en tot hoe verre wederom independent en met andere Graafelyke Steden gelyk konnen gerekent werden.

Dewyl het immers al te bekent is, dat, ſedert de eerſte grondlegging van de Republicq, deze en andere nabuerige Provintien noyt ſonder een Illuſter Hoofd ofte Stadhouder zyn geweeſt, als van den jare 1650. tot het ongeluckige en diſaſtreuſen jare van 1672. als wanneer den laaſt overleden Stadhouder niet door eenige intrigue van Regering, maar alleen door een overſtroomende beweging van de Gemeynte, (waar van de Stad Veere en Regenten van dien in eygenen perſoon ruym zoo veel als eenige andere de animoſiteyten en andere violente effecten hebben moeten ondergaan) is op zyn ſtoel gebragt, en naar dat het vooren gemelde eeuwig Edict in Holland was vernietigt, de aanſtelling by de beyde Provintien by naar op een en de zelve tyd is geſchiet.

Synde wel waar dat de Provintie van Zeeland beneffens de andere Bondgenooten, maar zeer weynig jaren naar de dood van Prins Willem de tweede, tegens de acte en ſecluſie van Willem de derde loffelyker Memorie, uit alle zyne Vaderlyke digniteyten en bedieningen, by de Heeren Staten van Holland op den 4. Mey 1654. (ten tyde van de Cromwelſe vredehandeling, affonderling gepaſſeert en gearreſteert) ſig met allen ernſt heeft aangekant, en zedert by de geſamendlyke Steden en Leden van de Provintie, in voorſeyde occaſien een perſeverante, en eenparige genegentheyd is getoont, om alle vooren gemelde hooge Charges zoo van de Unie als van de Provintie dependerende, op den zelven Prins Willem de derde, (naderhand Koning van Groot-Brittanjen) te confereren.

Dog dat dit met geen de minſte ſchijn van reden aan de inductie van de twee laaſt ſtemmende Leden kan werden toegeſchreven, vermeynen haar Ed. Agtb. onder andere uit zoo veel notabele en geraiſonneerde reſolutien, zedert dien tijd ſucceſſivelijk zoo ter Generaliteijt, als in de Vergadering van Holland, wegens haar Ed. Mog. op dat ſubject gedaan inbrengen, beneffens zoo veel opereuſe poincten van beſchrijving, door de Heeren Gecommitteerde Raden ten zelve eynde bevorens aan de reſpective Leden toegeſonden, en welke buyten twyffel van die beyde Steden niet zyn afgevloeyt, al te evident en klaarblykelyk te ſijn, behalven dat het mede t'eenemaal buyten alle preſumtie is, dat de meergemelde twee laaſte Steden, ſchoon dat zy al in *eo tertio* 't eens waaren, zoo veel overwigt in de Provintiale Regering zoude konnen maken, dat zy aan een dubbelt getal van haare voorſittende mede Leden, een eminent hoofd ofte Stadhouder zoude konnen opdringen.

Waaromme dan haar Edele Agtbare (onder reverentie) dat groote en uitterſte, nut, en die abſolute noodzakelijkheyd voor de Provintie, in de meergemelde Amortiſatie der Leenroerigheyd van het Marquiſaat niet en konnen ſien, als ſommige Leden ſig daar van ſchijnen te imagineren, immers niet om daarom iemant in weerwil van hem zelfs het ſijne te ontnemen, gelijk mede

daux, nonobſtant qu'ils ſont Vaſſaux, aident pourtant à compoſer une partie de la Souveraineté; & par conſéquent chacun faiſant ſerment particulier de fidélité & hommage pour les Fiefs qu'il poſſede, il reçoit auſſi le ſerment & l'hommage des autres.

Enſorte que toute cette obſcurité, & les idées confuſes que quantité de perſonnes ſe ſont faites de la conſtitution mixte de cette Regence, ne viennent que d'un défaut de diſcernement & de ce qu'on ne diſtingue pas entre les préeminences & les juriſdictions que les Comtes ont conferées dans ce tems, comme faiſant partie de leur Juriſdiction univerſelle, de leurs. Regales & de leurs Domaines patrimoniaux, comme Seigneurs Territoriaux; Et entre les Préeminences, la puiſſance & l'adminiſtration, que ces mêmes Comtes, comme Souverains, ont accordé ex plenitudine poteſtatis *& par voye de privileges aux Villes, & aux autres Corps publics; ou qui ont été reſervez de tout tems particulierement par les mêmes Villes, dans des Conventions, & dans des Accords particuliers, qu'elles ont faits avec leurs Souverains, avant de lui avoir prêté foi & hommage.*

Cette diſtinction neceſſaire étant faite & bien établie une fois, il ne ſera plus difficile enſuite de decider, quel droit apartient au Marquis en vertu de ſes Lettres féodales, & quel droit apartient à ces deux Villes en elles-mêmes ex jure publico Univerſitatis, *& en vertu de leurs Privilèges particuliers; juſqu'à quel point ces deux Villes ſont ſujettes au Vaſſellage, & juſqu'à quel point elles ſont independantes & peuvent être conſiderées comme égales aux autres Villes de la Comté.*

D'autant plus qu'il eſt notoire, que depuis le prémier Etabliſſement de la République, ni cette Province, ni les autres voiſines n'ont jamais été ſans un Chef illuſtre, ou ſans un Stadthouder, *que depuis l'année 1650. juſqu'à la malheureuſe & fatale année 1672. lorſque le dernier* Stadthouder *défunt fut retabli dans ſa dignité, non pas par les intrigues de la Régence, mais par la force majeure du Public (ce dont la Ville de Veere, & ſes Regens perſonnellement ont reſſenti les animoſités, & les autres effets violens) & après que l'Edit perpetuel eut été préalablement abrogé en Hollande, on le retablit dans la charge & dans l'autorité de ſes ancetres preſqu'en même tems dans ces deux Provinces.*

Il eſt bien vrai, que la Province de Zelande, & tous les autres Confédérés, s'oppoſérent de toutes leurs forces peu d'années après la mort de Guillaume II. *à l'Acte par lequel* Guillaume III. *de glorieuſe memoire devoit être privé de toutes les dignités & charges de ſes ancêtres, & qu'elle fit ſur ce ſujet ſes remontrances le 4 de Mai 1654. aux Seigneurs Etats de Hollande, lorſqu'on fit avec Cromwel une paix particulière & ſeparée, & qu'enſuite les Villes & Membres de la Province temoignerent en pluſieurs occaſions une inclination générale, de conferer, audit Prince* Guillaume III. *(depuis Roi de la Grande Bretagne) toutes les Charges honorables, qui dependoient tant de l'Union en général, que de la Province en particulier.*

Mais que cela ne peut être imputé avec la moindre ombre de raiſon à l'induction des deux Membres, qui ne donnent leurs voix, que les derniers; le Conſeil ſe perſuade que cela paroitra avec évidence & ſans contradiction, entre autres choſes, par tant de Réſolutions notables & bien raiſonnées, qui ont été delivrées ſur ce ſujet ſucceſſivement par leurs Nobles Puiſſances, tant à la Generalité, qu'à l'Aſſemblée des Etats de Hollande, & par divers points de deliberation couchez dans les Lettres circulaires des Seigneurs Conſeillers deputez envoyez préalablement pour cette fin aux Membres reſpectifs, & qui ſans-doute ne peuvent être mis ſur le compte de l'induction de ces deux Villes; outre qu'on ne peut raiſonnablement preſumer, que ces deux dernieres Villes, quoiqu'elles s'accordaſſent in eo tertio, *puſſent avoir aſſez d'influence dans la Régence Provinciale, pour obliger un double nombre de Villes les prémieres votantes, d'accepter par force, de leurs mains un Chef éminent, ou un* Stadhouder.

C'eſt pourquoi le Conſeil ne peut pas trouver cette grande & extraordinaire utilité, ni cette neceſſité abſolue pour la Province, dans cet Amortiſſement du Vaſſellage du Marquiſat, que pluſieurs Membres s'imaginent d'y trouver, pour vouloir pour cette raiſon priver quelqu'un de ſes biens, contre ſa volonté; auſſi les avantages que ces deux Villes y gagneroient en parti-

ANNO 1732.

mede de avantages die beyde de Steden in haare particulier daar by souden capteren, haar van dat aanbelang niet sijn voorgekomen, dat eenigsints zoude kunnen opwegen de oogschijnlijke inconvenienten en swarigheden, die voor haare goede Ingesetenen in tyden en wijlen uit zoo een eclatante onderneming sijn te voorsien, dat zelfs daar uit voor de Provintie en Steden oneyndige disputen, moeyelijkheden en inconvenienten te wagten staan.

Dat voor eerst direct tegens den uitgedrukten synen intentie van het 17. Art. van de Unie, (waar by de respective Bondgenooten malkandere solemnelijk hebben verobligeert, *haar met alle omsigtigheyd te zullen wagten, van aan eenige Uytheemsche Fursten, Heeren, Landen of Steden, eenige occasie tot offencis te geven, en ten dien eynde zoo wel de Uytheemsche als de Ingesetenen te administreren goet Regt en Justitie:*) hier mede aan de Hooge Geinteresseerde in de Koninckliјke Nalatenschap een notabel grief zal werden gelegt, en allen t'halven regtveerdige redenen van misgnoegen gegeven.

Dat al verder hier uit is te voorsien, dat de Provintie van Vriesland, welke voor dezen al door verscheyde significante brieven van aanschrijving op den grond van zoo evengemelde 17. Art. van de Unie, en nu maar zoo onlangs door haare schriftelijke gedaane aanteykeninge, op den brief van de Princesse Douariere van Nassau en Orange, aan haar Hoog Mog. op dit subject in de voorledene Maand Maert geschreven, blijken heeft gegeven, van sig in dit geval voor den Heere Prince van Nassau haaren jegenwoordige Stadhouder te willen interesseren, (waar by sig de Provintie van Gelderland en Groeningen buyten alle twijffel zullen voegen) dese saak niet ongevoegelyk zouden behandelen, maar allerwegen, zelfs ligt door het verleenen van represaillie en andere gelijke feytelijke middelen van contrainte, sig daar jegen zullen tragten aan te kanten, welke vervolgens niet als schadelijcke dissentie en verwyderinge zal causeren.

Dat ten lesten komende (behalven alle de gevaren uit de vooren ter neder gestelde consideratien te apprehenderen) de Provintie en de steden, terwyl het niet te denken is dat men altyt de Justitie de handen zal konnen gesloten houden, sig onvermijdelik hier mede zullen op den hals halen, een kostbaar ende haggelyck proces, 't welk, particulierlyk voor de Steden van ruineuse gevolgen zoude konnen wesen.

Dat eijndelyk, al was het dat alle de voorsz. moeijelykheden van buyten al konde werden uit de weg gelegt ende geapplaneert, egter nog zeer veel difficulteyten en swarigheden, onder de Leden van de Provincie zelve, (immers tusschen de Heeren van Middelburg, Vlissingen en Veere) om de bekende differenten over het politique en criminele ressort van de laaste twee gemelde Steden, sig zouden opdoen, omtrent de extentie van deze voorgenomen resolutie, en het specifycq denombrement van 't gene als wettige appendentien en dependentien, aan de zelve Steden zouden volgen, en geannexeert blyven.

Sonder welke klare en distincte expressie, mitsgaders het ligten en vernietigen van de protesten by Middelburg, jegens die en andere effecten en gevolgen van het meergemelde Privilegie van Veere van den 11 Maart 1574. en wel zonderlinge jegens der zelver sessie in de Hooge Provinciale Vergadering en andere mindere Collegien gedaan, doen haar Edele Agtb. noyt (al was het zelfs met toestemming van de hooge Pretendenten) dese knoop zoude los maken.

Want dat het immers aan geen Stad ofte Lid kan te vergen sijn, ter contemplatie van hare Mede-Leden haare præmitive oorspronkelyke constitutie naa derselver particuliere conveniente, en speculative bevatting te transformeren, sonder dat het zelve Lid ook te gelykelyk door haare Mede-Leden, ontrent haare eygene Stedelyke Regten en geregtigheden, in een behoorlijke securiteyt werd gestelt. En dat het ook boven dien geensints redelyk, ja zelfs niet betamelijk kan geoordeelt werden, dat terwyl men met den anderen besig is op middelen te dencken, omme de Hooge Regering en Vrijheyd van de Provincie, tegen ondernemingen en surprises van buijten te verzekeren, men onder de Staats Leden, ende zulcx in den eygen boesem van de Provincie zoude blijven voeden een eeuwigdurende argwaan en diffidentie, en een regte twist appel om oneyndige disputen, verwarringen en verdeeltheden te veroorsaken, welke in tijden en wijlen, dog nergens anders toe souden konnen strecken, als tot een steen des aanstoots om de vrijheyt over te doen struijckelen.

Dat

particulier, ne leur ont pas paru d'une si grande consequence, qu'ils puissent contrebalancer en quelque manière les inconveniens & les difficultez incontestables, qui seront certainement à craindre tot ou tard pour leurs bons habitans, d'une entreprise si éclatante; Et que même toute la Province, & toutes les Villes n'en peuvent attendre que des disputes continuelles, & des inconveniens sans nombre.

Que par ladite entreprise les Illustres Interessez dans cet héritage Royal seroient sans doute, notablement préjudiciez, contre l'esprit & l'intention expresse de l'Art. 17. de l'Union, (les Confederés respectifs s'y étant engagés reciproquement & réellement, (de se bien garder, autant qu'il seroit possible, de donner aucune occasion de plaintes & d'offenses aux Princes, Seigneurs, Etats & Villes étrangeres, & que pour cela ils feroient bonne justice tant aux Etrangers qu'aux habitans du païs) *que par consequent cela donneroit occasion à tout le monde d'en parler.*

Que la Province de Frise ayant déja suffisamment fait voir il y a quelque tems, tant par plusieurs Lettres très-fortes, qui sont fondées sur le même Art. 17. de l'Union, & à présent tout nouvellement par les Remarques qu'elle a fait délivrer par écrit, sur la Lettre de Madame la Princesse Douairière d'Orange & de Nassau, à l'Assemblée de leurs Hautes Puissances, qu'Elle s'interesse dans le cas présent pour les droits du Seigneur Prince d'Orange, (& étant probable, que les Provinces de Gueldre & de Groningue se joindront à elle) il est apparent & très-facile à prévoir, que toutes ensemble sont dans l'intention, de traiter serieusement cette affaire, & qu'Elles s'y opposeront en toutes manières, soit par la permission des Represailles, ou par d'autres moyens effectifs de contrainte, & dont les conséquences ne laisseront pas de causer des dissensions & des disputes dangereuses.

Que d'ailleurs, outre tous les inconvenient dangereux, & toutes les autres considerations évidentes, qu'on a déja présupposé, la Province s'attireroit sans-doute un procès épineux, & qui lui couteroit cher; parce qu'il n'est pas raisonnable de s'imaginer, qu'on pût éternellement arrêter le cours de la Justice. Ce qui particuliérement seroit d'une consequence ruineuse pour les Villes.

Et enfin, supposé que tous les inconveniens mentionnés pussent être applanis par rapport au dehors, il resteroit encore un grand nombre de difficultez & d'inconveniens entre les Membres de la Province, par exemple entre les Conseils de Middelbourg, de Flessingue & de Veere, par raport au different connu touchant le ressort politique & criminel de ces deux dernieres Villes, lorsqu'il s'agira de rédiger la susdite Résolution, & qu'il faudra faire le denombrement specifique de ce qui devroit être accordé & annexé à ces deux Villes, comme des appendances & des dependances.

Sans laquelle distinction claire & expresse, & en même tems sans l'abolition entiere des Protestations de Middelbourg contre plusieurs effets & consequences du Privilége de Veere *du 11. de Mars de l'année 1574. & bien specialement contre la séance dans l'Assemblée Provinciale, & dans d'autres Colléges inferieurs, le Conseil n'y donneroit jamais son consentement, quand même on auroit obtenu le consentement des Illustres Interessez.*

En effet on ne peut exiger raisonnablement d'une Ville, ou d'un Membre, sur les speculations de leurs Comembres, de changer & de transformer leur constitution primitive & originaire, suivant les Convenances particulieres & les idées speculatives de ces derniers, & sans que cette Ville, ou ce Membre, reçût en même tems une sûreté convenable des droits & des prérogatives, qui lui appartenoient sans aucune contestation; qu'il seroit encore moins juste & convenable que, pendant qu'on s'appliqueroit reciproquement, à penser aux moyens de preserver la haute Regence & la liberté de la Province, contre les entreprises & contre les surprises du dehors, on voulut nourrir entre les Membres de l'Etat, & dans le sein même de la Province, un soupçon & une defiance perpetuelle, vraye pomme de discorde, capable d'occasionner des disputes, des confusions, & des divisions sans nombre & sans fin; qui tôt ou tard pourtant n'aboutiroient à autre chose, qu'à servir d'une pierre d'achoppement contre laquelle la Liberté pourroit aller se briser.

Que

Anno 1732.

Dat haar Ed. Agtb. consequentelijk om alle de solide redenen, argumentatie en incontestabele gronden van Regten en Policie, in de drie onderscheydene Leden van dit haar zoo uitvoerig en circumstantieel advis ter neder gestelt ende vervat, noodsakelyk moeten concluderen en besluijten.

Eerstelyk dat soodanigen resolutie tot vernietiging en amortisatie van de Leenroerigheit van de twee meergemelde Steden van Vere en Vlissingen, buyten kennelycke bewilliging van de Hooge Geintresseerde Pretendenten, behoudens de gemeene Lands Wetten en Privilegien, mitsgaders de natuurlyke eygenschappen van een vrye en republicaire Regering, geensints en kan ofte behoorde genomen te werden.

Ten tweeden dat ingevalle men des niet jegenstaande dese resolutie al quam te nemen, de zelve egter t' eenemaal onuytvoerlyk en sonder eenig wesentlyk effect zoude zyn, immers dat zoo de zelve nog al door de politique magt en de soogenaamde beloofde guarantie van de Staten van Holland en Westvriesland, als met het swaard in de hand voor eenige tyd konde werden gemaintineert, evenwel by de minste verandering van zelfs zoude staan te corrueren, of door een ordentelyke regtsvordering geannulleert te werden.

En ten derden dat in allen gevalle daar uit vry meerder inconvenienten, swarigheden en gevaren als essentieele nuttigheden, in het gemeyn en voor beyde de Steden en particuliere Regenten van dien, in het bysonder staan te resulteren en te volgen.

Behalven dat haar Ed. Agtb. by ondervinding ook in die opinie volkomen zyn gevestigt, dat het salutair en intrinsique oogmerk in desen geensints door de doode Letter van dees of geene geprojecteerde resolutien is te bereyken en effectueren, maar veel eer met de Gemeynte, (die dog niet anders oordeelt als uit de sigtbare en tastelyke gevolgen en uitwerkingen, welke haar daaglyks voorkomen) door een onderlinge goede harmonie en eene losselyke zagte en moderate directie en bestieringen zoo in de Policie als Justitie oogschynelyk te doen sien en ontwaar worden, dat de jegenwoordige Regerings forme in allen deele beter geruster en veiliger is, voor de gemeene vryheyd en de Provintie, als die geene welke zy naar de dood van den laast overleden Stadhouder Willem de derde Glorieuser gedagtenis, hebben verlaaten, en sedert de eerste grondlegging van de Republicq doorgaans is gebruykt geweest.

Waar toe haar Ed. Agtb. als nog in alle opregtigheyd betuygen, en verklaren by alle voorvallende gelegentheden en occurentien van tyden en saaken, van haare zyde zoo veel eenigsints in haar vermogen is te willen en te zullen contribueren.

Que par consequent toutes ces raisons solides, tous ces argumens enfin, ces fondemens incontestables de droits, & de Politique, qui sont allegués & posés dans les trois chefs, & considerations du présent Avis, obligent le Conseil necessairement de conclure & de resoudre,

Premierement, Qu'on ne peut, & ne doit prendre la Résolution d'amortir & annuller le Vassellage des deux Villes de Veere & de Flessingue, sans le consentement public des Illustres Prétendans interessés, sans préjudicier aux Loix & Priviléges de la Province, & aux maximes naturelles d'une Regence libre & républicaine.

II. En cas qu'on vienne à prendre cette résolution, nonobstant les raisons alleguées, elle seroit impraticable & sans aucun effet; & même si on la maintenoit pour un certain tems, par la Puissance poltique, & par la prétendue Guarantie promise des Seigneurs Etats de Hollande & de West-Frise, il ne s'ensuivroit pourtant pas moins, qu'au premier & au moindre changement elle tomberoit d'elle-même, ou qu'elle seroit annullée par une procedure reglée devant les Cours de Justice.

Et III. Qu'en tout cas il en resulteroit plus d'inconveniens, de difficultez & de dangers, que d'utilité essentielle, tant pour le Public, que pour ces deux Villes, & pour leurs Regens en particulier.

De-plus, le Conseil est parfaitement confirmé par l'expérience, dans l'opinion qu'on ne peut parvenir au but salutaire & intrinseque auquel on vise dans le cas present, par la lettre morte d'une Resolution projettée; mais bien plutôt, en faisant voir clairement au Public (qui ne juge jamais que sur les consequences & suites visibles & palpables qui arrivent tous les jours) par une bonne harmonie reciproque, & par une direction sage & moderée dans la Police & dans la Justice, que la présente Constitution de la Regence, est beaucoup meilleure plus tranquile, & plus sûre pour la liberté publique de la Province, que celle qu'on a quité après la mort de Guillaume III. de glorieuse memoire, & qui avoit été en usage depuis la première institution de la Republique.

Le Conseil déclare & assure en même tems avec sincérité, d'y vouloir concourir dans toutes les occasions, tout autant qu'il lui sera possible.

DE Heeren van Middelburg, Ziericzee, Goes, Tholen en Vlissingen, uit het raport van de Heeren, Haare Gecommiteerde ter Staats Vergaderinge, hebbende vernomen, hoe dat de Heeren van Veere, in plaats van te blyven persisteren by Haar Consent, in den jaare 1705. ter Vergaderinge ingebragt, ende in vervolg van tydt by reiteratie meermalen gesterkt, om het Marquisaat van Veere niet meer ter Leen uit te geven, maar de Steden Vlissingen en Veere uit de Vasalage te ontslaan, en in plaats van met de andere Voorzittende Leden daar in te blyven concurreren, de tegenwoordige Regeerders der Stadt Veere, in tegendeel niet alleen hebben konnen goedvinden, het nemen van een finale Conclusie te difficulteren, maar zelf by een wydlopig schriftelyk advys, op den 21 Juny deses jaars 1723. ter Vergaderinge ingebragt, in 't breede te deduceren, de redenen die Zy Heeren Regeerders van Veere vermeinen te hebben, waarom Haar Ed. daar in niet en konnen toekomen, dat de Heeren van Veere, na zo meenigmaal door alle de andere Leden verzogt zynde, om dat advys te willen intrekken; en uit de Notulen van Staat houden, op dat daar van geen traces zouden overblyven, Haar Ed. zulks hebben blyven uitstellen, en weigerig zyn gebleven om aan het versoek aan de Voorzittende Leden te voldoen.

De vyf Voorzittende Leden betuigen, dat Haar het zeer smert, dat door een van Haar Mede-Leden, op dusdanig een onaangename, en zo zeer toucherende wyze, vinden geaggresseert, dat hoe ongeerne, echter Haar verpligt oordelen, Haar daar tegens te moeten opposeren, op dat Haar stilswygen by de Posteriteit niet zoude kunnen aangemerkt werden, als of van ongelyk in dezen overtuigt waren geworden, ende als of Haar Ed. zich onvoorzichtiglyk in een verre uitziende en gevarelijke deliberatie, zo by Haar Ed. genaamt werdt,

LEs Seigneurs de Middelbourg, de Ziriczee, de Goes, de Tholen, & de Flessingue, ayant entendu par le Rapport des Seigneurs leurs Commettans à l'Assemblée de l'Etat; que les Seigneurs de Veere, au lieu d'adherer à leur prémier sentiment & à leur consentement, délivré à l'Assemblée l'année 1706. & ensuite confirmé à differentes fois, de ne plus conferer le Marquisat de Veere comme un Fief, mais de liberer les Villes de Flessingue & de Veere de leur Vassellage; & au lieu de continuer à concourir en cela avec les autres Membres integrans, les présents Regens de la dite Ville de Veere, n'ont pas seulement trouvé bon & convenable, de faire des difficultés dans cette conclusion finale, mais de deduire aussi par un Avis circonstancié, qu'ils ont délivré à l'Assemblée le 21. de Juin 1723. les raisons que ces Seigneurs Regens de Veere pensent avoir, de n'y pouvoir pas consentir, que les Seigneurs de Veere, ayant été souvent requis par les autres Membres, de retirer ledit Avis, & de le biffer des Notules de l'Etat; afin qu'il ne reste aucunes traces du passé, les dits Seigneurs ont toujours differé & ont refusé de satisfaire à la requisition des autres cinq premiers Membres intégrant.

Lesdits cinq Membres protestent, qu'ils sont dans un chagrin sensible, de se voir attaquez d'une maniére si desagréable & si touchante par l'un de leurs Comembres; Que, quoique contre leur gré, ils se sont cru obligés de s'y opposer, afin que leur silence ne puisse pas être taxé par la Posterité, comme s'ils avoient eu tort en ceci, & comme si L.N.P. s'étoient engagées sans aucune circonspection dans une délibération si dangereuse & si importante (comme il plait au Conseil de Veere de la nommer.) & qu'elles avoient consenti dans une

ANNO 1732. werdt, hadden ingelaten, ende geconſenteert in een zaak, die met eene goede Regeeringe en Juſtitie niet en zoude kunnen beſtaan Mits welke zo hebben de Heeren van Middelburgh, Ziericzee, Goes, Tholen, en Vliſſingen, zich gezamentlijk verplicht gevonden, om deze aanteikening tegens het advys van de Heeren Regeerders van Veere te moeten doen, met verſoek dat het insgelijks in de Notulen mach werden geinſereert.

De Heeren van Middelburgh, Ziericzee, Goes, Tholen, en Vliſſingen, kunnen niet verbergen, dat het voorſchreven Advijs van de Heeren Regeerders van Veere, Haar niet voorkomt als een onpartijdigh Advijs van een Lid van deze Vergaderinge, dat verpligt is, benevens Haar, de hoogheit en geregtigheit van den Lande, Steden, en Leden van dien, voor te ſtaan, en te helpen mainteneren, maar als af te komen van Menſchen, die geheel gepreoccupeert zyn, en niet difficulteren, haar opentlyk te intereſſeren voor het gepretendeerde Recht van een Marquis, en dat tegens het wezentlykſte deel van Haar eigen Privilegies, uit krachte van het welke, Seſſie en Stemme in deze Hooge Vergaderinge hebben bekomen.

De vyf Voorzittende Leden zullen zig tegenwoordig niet uitlaten, en achten het ook onnodig, om het advys van de Heeren Regeerders van Veere te wederleggen en aan te toonen, dat de Raiſonnementen en Argumenten daar in vervat, zeer verre zyn gehaalt, en van alle grond van reden zyn ontbloot, de voorſchrevene Leden zullen haar noit verlegen vinden, om aan de geheele onpartydige Wereldt te doen blyken, dat zy in dezen niet anders en hebben gedaan, ende geadviſeert, als het geene alle Regenten van Eer, en die ſich van Haar Eed en Plicht willen quiten, ſchuldig en gehouden zyn te doen; en dat Haar intentie en oogmerk in dezen is overeenkomende, met de gronden van een goede Regeeringe, van Juſtitie, en van billikheit, zonder dat daar by eenig regard nemen op Haar eigen particulier Intereſt of verwachtinge, waar op deze Regeerders van Veere niet weynig ſchynen oplettelyk te zyn.

Voor het overige zullen de vyf voorzittende Leden, met de eigen woorden van het Advis van Veere zeggen, dat het voorſz. Advis opgevult is, met vulgaire en erroneuſe onderſtellingen, en dat men daar uit, als men noch het beſte wil preſumeeren, een kennelyck gebrek van decernement en ervarentheit, in zake van Regeeringe, kan beſpeuren.

Om dat met een opſlag aan te toonen, dient maar gelet te werden, dat de Heeren Regeerders van Veere, in dat Advijs, gelijk als by verwijt aan de andere Leden, te gemoet voeren, dat het by de nadere verkooping, te weten by Decreet, voor den Hove Provinciaal, de rechte tydt was, om zich tegen die verkooping te oppoſeren. En dat het nu te frivolen pretext is, om zulks na verloop van hondert dartig jaaren te willen doen.

Indien de Opſteller van het Advys, de vyf Leeden onbekent, het heeft geignoreert, zo hadden de Heeren Regeerders van Veere het behooren te weeten, en uit der Staten Notulen te hebben geleert, dat de Heeren Staaten van Zeeland, in dien tydt ook met concurrentie van de Heeren van Veere, zich in der daat tegens die verkoopinge hebben geoppoſeert, dat die verkoping niet alleen is geſchiet zonder Conſent van de Staaten, dat ontwyffelbaar daar toe werd vereiſcht, maar dat die Staten ook alle mogelyke devoiren tot het beletten, ja zelfs maar tot een proviſionele ophouding van die verkoopinge hebben aangewent, en billijke preſentatien ten dien einde gedaan. De tegenwoordige Regeerders van Veere, die nu goet gevonden hebben, zulken advys in tegendeel in te brengen, zouden daar uit, tot haar overtuiging en beſchaming, hebben konnen zien, dat haar Voorzaten in die tydt meer cordaatheit hebben gehad, dan zy tegenwoordig hebben, en dat zy wel hebben begrepen, wat van Haar Eed en Plicht was, tot voorſtand van de Hoogheit en Gerechtigheit van den Lande, en van de voornaamſte en wezentlykſten inhoud van Haar eigen hier voor gemelde Privilegien.

Die Regeerders van Veere hadden ook konnen zien, dat het poinćt van deliberatie, waar omtrent Wy tegenwoordig verſeren, geen nieuwigheyt en is, noch eerſt zedert den jaare 1706. op de baan gebragt, dat Koning Philips de Tweede, ten tyde van de verkoopinge by Decreet, voor den Grooten Raad van Mechelen, reeds heeft geoordeelt, *dat de Steden Vliſſingen en Veere, van te veel aangelegentheit waaren, om onder een particulier Heer ofte Marquis te worden gelaten, en daarom die koop heeft overgenomen*; dat ten tyde van de laaſte verkooping, voor den Hove Provinciaal, de Aarts-Hertog

une affaire, qui ne pouvoit pas s'accorder avec une bonne Regence & Justice: C'eſt pour cela, que les Seigneurs de Middelbourg, de Zirickzee, Goes, Tholen, & Fleſſingue, ſe ſont cru obligés, de faire la préſente Proteſtation contre l'Avis des Seigneurs Regens de Veere; avec la requiſition, qu'il ſera auſſi inſeré dans les Notules de l'Aſſemblée des Etats. ANNO 1732.

Les Seigneurs de Middelbourg, de Zierickzée, Goes, Tholen, & Fleſſingue, ne peuvent pas cacher, que l'Avis des Seigneurs Regens de Veere ne leur paroit pas être un Avis impartial de l'un des Membres de l'Aſſemblée, qui ſe trouve obligé, tout comme eux, de tenir la main & d'aider à maintenir la Souveraineté & la juriſdiction du Païs, & de ſes Villes & Membres; mais qu'il provient de certaines perſonnes, qui ſont tout-à-fait préoccupées, & qui ne font pas de difficulté, de s'intereſſer ouvertement pour les droits prétendus du Marquis; & cela contre une partie très-eſſentielle de leurs propres Privileges, en vertu deſquels ils ont obtenu ſéance & voix dans cette Illuſtre Aſſemblée.

Les cinq prémiers Membres ne ſe donneront pas à preſent la peine, & ils croyent auſſi qu'il ſeroit ſuperflu, de combattre l'Avis des Seigneurs Regens de Veere, & de faire voir que les Raiſonnemens, & les Argumens, dont on s'y eſt ſervi, ſont recherchés de bien loin, & deſtitués de tout fondement; Leſdits Membres ne ſe trouveront jamais en peine, de faire voir à toute la terre impartiale, qu'ils n'ont rien fait dans cette affaire, ni aviſé, que ce que tous les Regens d'honneur, qui veulent s'acquiter de leur ſerment & de leur devoir, ſont indiſpenſablement obligés de faire; Et qu'en ceci leur intention & leur point de vue s'accorde parfaitement avec les Règles d'un bon Gouvernement, de la Juſtice, & de l'Equité, ſans qu'ils ayent aucunement en vuë leurs interêts particuliers, ou les recompenſes qui leur en pourroient revenir un jour, ſur quoi les Seigneurs Regens de Veere ſemblent avoir fait une ſerieuſe attention.

Du reſte, les cinq prémiers Membres ſe contenteront de ſe ſervir des propres termes de l'Avis de Veere, & de dire, que ledit Avis eſt rempli de ſuppoſitions & de raiſons vulgaires & erronées, & que le jugement le moins deſavantageux qu'on en peut porter, eſt de dire qu'on y trouve un defaut évident de diſcernement & d'experience dans les affaires de la Regence.

Et pour le faire voir d'un coup d'œil, on n'a qu'à obſerver, que les Seigneurs Regens de Veere inſinuent dans leur Avis, comme par maniére de reproche aux autres Membres, que le tems favorable de s'oppoſer à cette vente avoit été lorsqu'on la fit pour la deuxiéme fois par decret devant la Cour Provinciale; Et que ce ſeroit un prétexte frivole de vouloir le faire à préſent, après que cent trente ans étoient paſſés.

Si l'Auteur de l'Avis, que les cinq Membres ne connoiſſent pas, l'avoit ignoré, il auroit pourtant convenu aux Regens de Veere, de ſavoir, & d'avoir appris des Notules de l'Etat, que les Seigneurs Etats de Zéelande ſe ſont effectivement oppoſés dans ce tems-là à cette Vente, & même avec le concours des Seigneurs de Veere; que cette Vente ne s'étoit pas ſeulement faite ſans le conſentement des Etats, qui ſans-doute y étoit très néceſſaire; Mais que les Seigneurs Etats s'étoient donnés toutes les peines poſſibles, & avoient fait toutes les repréſentations raiſonnables, pour empêcher dans ce tems, ou du-moins pour faire ſuſpendre proviſionnellement cette Vente; les Regens préſens de Veere, qui ont à préſent jugé à propos de delivrer tout au contraire leurdit Avis, auroient pû y apprendre, & y être convaincus à leur honte, que leurs Prédeceſſeurs en ont agi avec une plus grande cordialité, qu'ils ne font à préſent; & que leurſdits Prédéceſſeurs ont fort bien compris, ce qui étoit relatif à leur ſerment, & à leur devoir, pour ſoutenir la Souveraineté, & les Prééminences du Pays, & le contenu principal & le plus eſſentiel de leurs propres privilèges.

Les Regens de Veere auroient d'ailleurs pu s'appercevoir, que le point des deliberations, dont il s'agit à préſent, n'eſt pas une nouveauté, qui ſuivant leur Syſtême a pris origine depuis l'année 1706; Que le Roi Philippe a déja jugé, lorſque cette vente s'eſt faite par Decret, devant le Grand Conſeil de Malines. Que les Villes de Fleſſingue & de Veere étoient d'une conſequence trop grande, pour les laiſſer à un Seigneur particulier, ou au Marquis, & que pour cela il les acheta lui-même; *Que du tems de la derniére vente devant la Cour Provinciale, l'Archi-Duc* Matthias (*au-quel*

ANNO 1732. Hertog Matthias, aan wien het Gouvernement Generaal was toevertrouwt, met Advys van den Raad van State, Secrete Raad, en van die van de Financien, nevens hem zynde, de Staten van Zeeland, en veel Leden uit de Vergaderinge van de Provincie van Holland en West-Vrieslandt, van dat verstand zyn geweest, dat die verkooping en vervreemding, zonder groot nadeel van de Provintie van Zeelandt in 't particulier, en van de andere Provintien in 't algemeen, niet en konde noch behoorde te geschieden.

Dat de Heeren Staten van Zeelandt niet lang na de verkooping noch hebben aangehouden, dat de Steden Vlissingen en Veere, uit de Vasallage zouden worden ontslagen, en onder het Lichaam vau Zeeland gebragt; Dat de verkooping is geschiet, en dat alle aangewende devoiren, echter in het vervolg, vruchteloos zijn geweest, is alleen toegekomen door het groot gezach en vermogen van de Heeren Princen van Orangen, het welk aan de Heeren van Veere meede niet onbekent behoorde te wezen.

Het moet aan een ygelijk zeer vreemt en bedenkelyk voorkomen, dat de Regeerders van Veere, niet alleen hebben konnen goedvinden, zich te kanten en aan te gaan tegen het eenparig advys van de vyf Voorzittende Leden van deze Provintie, en zelfs tegen het advis van Haar Stad, meermalen ter Vergaderinge ingebragt; Maar dat zy zelfs hebben durven bestaan, een schriftelyk Advis in deze Vergaderinge over te geven, dat behalven verscheide hatelyke expressien, en illatien, tot laste van de vyf andere Leden, ook opgevult is, met verscheidene bedreigingen, om was het mogelyk, alle goede en getrouwe Regenten af te schrikken, van te adviseren, het geene zy oordelen met Haar Eed en Plicht over een te komen, en dat dieshalven nadeelig is aan de Hoogheit en Vryheit van deze Vergaderinge. Daar toe specteren die termen, *dat de Provincien van Gelderland, Vriesland, en Groningen, zich voor den Heere Prince van Nassau willen Interesseren, en die zaak niet ongevoelig zullen behandelen, maar allerwegen, zelfs ligt door het verleenen van represailles, en andere gelyke feitelyke middelen van Contrainte, zich daar jegens zullen trachten aan te kanten*; Daar toe specteert mede de verkeerde illatie, *dat de Bondgenoten malkandere solemnelyk hebben geobligeert, Haar met alle omzichtigheit te zullen wachten, van eenige Uitheemsche Fursten en Heeren, eenige occasie van Offensie te geven*, als of men zeggen wilde, dat de Regenten van Zeeland, het ressentement van de een of andere Mogentheit hebben te wachten; Dat is noch niet genoeg, men gaat verder, en men durft van ter zyden de goede Regenten ook met het ressentement, van een aanstaande Stadthouder dreigen, met allegatie van het desastrueuse jaar 1672. hier schynende wederom vergeten te hebben, dat in de Maand October laastleden, op een solemnele wyze, met concurrentie niet alleen van de ses Leden van Staat, maar zelfs met een Unanimiteit van alle Regenten in de Respective Steden, ende zulks ook met Haar eige vrijwillige goedkeuring, Haar woord gegeven hebben, de tegenwoordige Regeeringsform te zullen maintineren en handhaven; men vergeet ook niet te zeggen, dat men zich een kostelyk en hachlyk proces, 't welke particulierlyk voor de Steden van ruineuse gevolgen zoude kunnen wezen, op den hals zal halen, maar het geene noch alle buitensporigheit te boven gaat, dat men onder de Staats Leden zelve, en zulks in de eigen boesem van de Provintie zouden blyven voeden, een eeuwigduirende argwaan, en diffidentie, en een rechte twist-appel, om oneindige disputen, verwarringen, en verdeeltheden te veroorsaken, welke in tyden en wylen, doch nergens anders toe zoude kunnen strekken, als tot een steen des aanstoots, om de Vryheit hier over te doen struikelen; Daar het nochtans aan een ygelyk, die maar een gesond oordeel heeft, bekent is, dat het Marquisaat van Ter Veere, altyd een steen des aanstoots in de Regeering van deze Provintie is geweest, dat de deliberatien en het consent van de andere Leeden daar heenen gaan, om die steen des aanstoots wech te nemen, en dat de poginge van de Regeerders van Veere alleen daar toe strekken, om de zelve te behouden, op dat de Vryheit in 't toekomende daar over zoude konnen struikelen.

En gelyk den inhoud van het voorgaande Advys van de Heeren Regeerders van Veere, aan alle goede en getrouwe Regenten, zeer bedenkelyk moet voorkomen, zo moet ook de Periode, waar mede dat advys wort besloten, geen minder bekommeringh verwekken; Doch alzo dezelve wat duister schynt te wezen, moet en wil men wel presumeren, dat de Regenten van Veere

quel on avoit confié le Gouvernement général, avec l'assistance & l'avis du Conseil d'Etat, du Conseil Secret, & de celui des Finances) les Seigneurs Etats de Zelande, & plusieurs Membres de l'Assemblée des Etats de Hollande & de West-Frise, ont été de ce sentiment, que cette Vente, & cette alienation ne pouvoit pas se faire sans porter un préjudice notable à la Province de Zelande en particulier, & aux autres Provinces en général. ANNO 1732.

Que les Seigneurs Etats de Zelande avoient encore insisté fort peu de tems après que cette Vente fut faite, que les Villes de Flessingue & de Veere fussent delivrées de leur Vassellage, & réunits au Corps de la Zelande; Qu'on avoit pourtant fait cette Vente, & que toutes les instances faites depuis étoient restées sans aucun effet, par la grande autorité & par le pouvoir du Seigneur Prince d'Orange; ce que les Seigneurs de Veere ne devoient pas non plus ignorer.

Chacun trouvera sans-doute très-particulier, que les Regens de Veere n'ont pas seulement pu trouver bon & raisonnable, de combattre & de s'opposer à l'Avis unanime des cinq premiers Membres de cette Province, & même au propre Avis de leur Ville, si souvent donné dans l'Assemblée de l'Etat; mais qu'ils ont même osé délivrer dans cette Assemblée un Avis écrit, qui, sans compter plusieurs expressions odieuses, & plusieurs insinuations, qu'on y met à la charge des cinq autres Membres, est encore rempli par tout de plusieurs menaces, pour intimider, s'il étoit possible, tous les Fideles Regens, & les detourner de donner leurs Avis, suivant qu'il convient à leur serment & à leur devoir; ce qui, par consequent, est très-préjudiciable à la Souveraineté, & à la Liberté de cette Assemblée, C'est pour cela, qu'on s'est servi des termes, que les Provinces de Gueldres, de Frise, & de Groningue veulent s'interesser pour le Seigneur Prince de Nassau, & qu'elles ne traiteront pas cette affaire avec indifference; mais qu'elles tâcheront toûjours & par tout de s'y opposer, & peut-être même par la permission des Represailles, & par d'autres moyens réels de Contrainte; *C'est à quoi aboutit encore cette reflexion*, que les Confederés se sont obligés réciproquement, & solemnellement, de se garder avec toute la circonspection possible, de ne donner aucune occasion de plaintes à quelque Prince, ou Seigneur étranger, *comme si on vouloit insinuer par-là, que les Regens de la Province de Zelande avoient à craindre les justes ressentiments de l'une ou de l'autre Puissance. Cela ne suffit pas encore, on va plus loin, & on ose menacer les bons Regens du ressentiment d'un futur* Stadthouder, *en alleguant la fatale année 1572 en quoi il paroît evidemment, qu'ils ont oublié d'avoir donné leur parole dans le mois d'Octobre dernier d'une manière solemnelle, non pas seulement avec la Concurrence des six Membres de l'Etat, mais même avec une unanimité de tous les Regens des Villes respectives, & avec leur libre & propre consentement, de vouloir soutenir & maintenir la présente forme de Gouvernement. On n'oublie pas non plus d'y dire*, qu'on pourroit facilement s'attirer sur les bras un procès épineux, & de grands fraix, ce qui pourroit être en particulier d'une consequence pernicieuse pour les Villes; *Et ce qui surpasse de beaucoup tout le reste*, que l'on nourriroit par là entre les Membres de l'Etat même, & par consequent dans le propre sein de la Province, des soupçons, & une défiance perpetuelle, & une vraie pomme de discorde, capable d'y occasionner des disputes, des divisions, & des confusions continuelles, & qui ne pourroient aboutir à autre chose en tems & lieu, qu'à servir d'une pierre d'achoppement, contre laquelle la Liberté pourroit aller se briser. *Or il est connu tout au contraire à tous ceux qui voudront juger sainement, que le Marquisat de Veere a été de tout tems une pierre d'achoppement pour la Regence de cette Province; Que les déliberations & les consentemens des autres Villes n'ont en vue, que d'ôter cette pierre d'achoppement; & qu'au contraire les intentions des Regens de Veere ne tendent uniquement, qu'à la conserver, afin que tot ou tard la Liberté s'y puisse heurter;*

Et comme le contenu du précedent Avis des Seigneurs Regens de Veere ne peut pas manquer de surprendre tous les bons & fideles Regens; La Periode, qui sert de Conclusion audit Avis, ne laisse pas non plus de les embarasser: Mais comme elle paroit être un peu obscure, on se contente de présumer, que les Regens de Veere n'y ont

re

pas

ANNO 1732. re daar op niet zullen hebben gereflecteert, noch bemerckt de quaadaardigheit die daar in steekt, en noodzakelyk daar uit prosflueren moet; Anderzins indien dat voorbedachtelyk is geschiet, zo behoorden die Regeerders van Veere, die bestaan hebben, zulken Advys in deze Vergaderinge voor het Haare in te brengen, zich wel eens nader te expliceren, wat zy daar mede voor hebben, of zy deze Vergaderinge met een tumultaire beweging van de Gemeinte willen dreigen, en of, als zy als een Maxime willen vaststellen, dat de Resolutien in deze Vergaderingen ten dienste van het Gemeen genomen, maar een doode letter zoude wezen, ten zy die by de Gemeinte werden goedgekeurt. De andere Leden weten zo wel als de Regenten van Veere, dat de Regering door een goede harmonie, door een loffelyke en sachte moderatie en directie. zo in de Politie als Justitie, bestendig gemaakt moet worden: Waar by Wy wel willen gevoegt hebben de onbesproke levenswyze van de Regenten, Haar in het byzonder onthoudende van alle zichtbare, tastelyke, en by de Wet gecondemneerde Conduites, maar wenschten van de Regeerders van Veere wel eens te vernemen, hoe die allegatie hier te passe komt, en met wat voor intentie die word gedaan.

De vyf Voorzittende Leden willen, tot besluit, de Regeerders van Veere wel ernstig verzoeken en vermanen, dat Zy zich nader gelieven te bedenken, en te gelyk met aandagt overwegen, dat de tegenwoordige deliberatie, om de Steden Vlissingen en Veere uit de Vasalage, en onderwerping aan een Particulier Heer te ontslaan, en dezelve te verklaren en te houden voor vrye Graafelyke Steden, volgens den uitdrukkelyken inhoud van Haare Privilegie; een zaak is van de allergrootste en wezentlykste importantie, en die eigentlyk de Hoogheit, Vryheit, en Gerechtigheit van deze Provintie, van deze Hooge Vergaderinge in 't gemeen, en van de Steden Vlissingen en Veere in 't particulier, is rakende: dat zy vervolgens buiten alle preoccupatien en byzonder belang, willen overwegen, den solemnelen Eed, die Zy als Comparanten van deze Hooge Vergaderinge hebben gedaan; Vervolgens willen de Voorzittende Leden betrouwen, dat de Regenten van Veere beter onderrigt en overtuigt zynde, niet langer swarigheit zullen maken, van aan het Advys van de vyf Voorzittende Leden toe te komen, en daar beneffens Haar schriftelyk Advys weer in te trekken, en uit de Notulen te lichten.

par bien reflechi, & qu'ils n'ont pas remarqué la malignité, qui y est cachée, & qui en doit émaner necessairement; Autrement si cela s'étoit fait de propos prémedité, les Regens de Veere, qui ont consenti de délivrer cet Avis, comme venant d'eux, dans l'Assemblée, seroient obligés d'expliquer un peu plus clairement, quelle a été leur intention: s'ils veulent menacer cette Assemblée d'un mouvement tumultueux de la Populace, & poser comme une Maxime constante, que les Resolutions, qu'on prend dans cette Assemblée pour le bien public, ne seroient à considerer, que comme une Lettre Morte, *si Elles n'ont été auparavant approuvées par la Populace; Les autres Membres savent aussi bien que les Regens de Veere, que la Regence ne peut être renduë permanente, que par une bonne harmonie, & par une moderation, & une direction louable & douce, tant dans la Police, que dans la Justice: A quoi Nous voulons bien, qu'on ajoute encore par une manière de vivre irreprochable des Regens, qui s'abstiennent en particulier d'une conduite visiblement condamnée par les Loix; Mais ils souhaitent aussi d'apprendre des Regens de Veere, comment cette allegation peut venir ici à propos, & à quelle intention on l'y a inserée.* ANNO 1732.

Pour Conclusion, les cinq prémiers Membres prient & exhortent très-serieusement les Regens de Veere, qu'il leur plaise de reflechir, & de considerer avec plus d'attention; Que la Deliberation présente, de delivrer les Villes de Flessingue & de Veere de leur Vassellage, & de toute sujettion à un Seigneur particulier, & de les déclarer & tenir pour des Villes Libres de la Comté en conformité de la teneur expresse de leurs Privileges, est une affaire de la plus grande & plus essentielle importance, & qui regarde proprement la Souveraineté, la Liberté, & les Prééminences de cette Province & de cette Assemblée en general, & de la Ville de Flessingue en particulier; Qu'ils veuillent ensuite considerer, sans préoccupation, & sans aucune vuë d'interêt particulier, le serment solemnel qu'ils ont prêté, comme Comparans de cette Illustre Assemblée; Et pour le reste les cinq prémieres Villes esperent alors, que les Regens de Veere, ayant été mieux informés & convaincus, ne feront plus difficulté d'accéder à l'Avis des cinq prémieres Villes, & en même tems de retirer leur propre Avis écrit, & de le faire bisser par des Notules.

Origine du Marquisat de Flessingue & de Ter Veere. [Tiré de la Deduction du Droit du feu Prince d'Orange *Jean Guillaume Friso.*]

V*Eere* & *Flessingue*, ainsi que la plupart des Villes maritimes de ces Provinces, n'ont été dans leur origine que des Hameaux habitez par des Pêcheurs ou des Bateliers. Ceux de *Veere* transportoient les Passagers dans le Territoire de *Kamp*, qui, avant l'inondation de 1552. faisoit partie de l'Isle de *Noordbevelandt*, d'où ce Hameau prit le nom de Kamp-Veere, c'est-à-dire, le passage ou le trajet à Kamp, qu'il garda assez long-tems, faisant alors partie de la Seigneurie [Ambacht] ou Fief de *Zandyck*, que *Florent V.* Comte de Hollande & de Zeelande vendit en 1280, comme *Mauvais* (†) Fief de Zeelande, à *Wolphart de Borselle* & à *Sibille* son Epouse, qui ayant beaucoup bonifié ce bien, l'offrirent, comme c'étoit alors l'usage, à la Comtesse *Beatrix* Epouse du même Comte *Florent*, afin que cette Princesse le leur vendant, il acquit la qualité de *Fief Perpetuel & Hereditaire*, ce qui fut executé, comme il paroît par les Lettres d'Investiture de 1282. Avec le tems, *Camp-Veere* devint plus peuplé, on y batit une Eglise, vers le milieu du 14. Siecle, & *Henri I. de Borselle* commença en 1368 à l'environner d'un mur. L'Imperatrice *Marguerite*, Comtesse de Hollande & Zelande, attribua en particulier à *Camp-Veere* les Droits Féodaux du Fief de Zandyck en 1346., en faveur de *Wolphart III.* & *Guillaume de Baviere* le fit encore d'une maniére plus particuliere en 1350. en faveur du même. C'est ainsi que le Fief de *Veere* a été possédé par les descendans de *Wolphart I. de Borselle* jusqu'en 1487. que mourut *Wolphart V. de Borselle* sans laisser d'heritiers mâles, ensorte que ce Fief passa dans la Maison de *Bourgogne* par le mariage de sa fille ainée *Anne* avec *Philippe de Bourgogne* fils d'*Antoine*, le Grand Bâtard.

L'Origine de *Flessingue* est la même que celle de *Ter Veere*: au commencement ce n'étoit qu'un Hameau habité par des Pêcheurs & par des Bateliers qui transportoient les Passagers sur la Côte de Flandres. En 1290. ce n'étoit encore qu'un Village, lorsque le Comte *Florent* y aborda en revenant d'Angleterre. *Guillaume*, Comte de Hainaut, Hollande & Zelande lui donna des Loix, & en fit une Ville au commencement de 14. siècle, après lui avoir fait construire un Port. Elle resta au pouvoir des Comtes jusqu'en 1452. que *Philippe* Duc *de Bourgogne*, Comte de Hollande & Zelande, la vendit & transporta avec *Westcapel* & *Dombourg* à *Henri II.* Seigneur de *Veere* & le penultieme de la famille de *Borselle*, à la mort de *Wolphart V.* son fils, la Seigneurie de Flessingue &c. passa avec celle de Veere à *Philippe de Bourgogne*, marié à *Anne de Borselle*.

En 1518. *Adolphe de Bourgogne* succeda à sa Mere, & son fils *Maximilien* qui lui succeda en 1540 posseda ces Seigneuries comme Fief Hereditaire ainsi que ses predecesseurs avec toutes les Jurisdictions ordinaires & autres prééminences contenues dans les Lettres d'Investitures, jusqu'en 1555. que l'Empereur *Charles V.* en qualité de Comte de Hollande & de Zeelande, érigea ces deux Villes avec ce qui en dependoit, en Marquisat, & en investit *Maximilien de Bourgogne*, le 21. Oct. 1555.

Maximilien mourant sans Enfans nomma pour son successeur *Maximilien de Hennin*, fils de Messire *Jean de Hennin* Comte de *Bossu* & *d'Anne de Bourgogne* sœur de *Maximilien*. Mais la Succession de celui-ci se trouvant chargée de dettes considerables, le Comte de *Bossu* l'abandonna aux créanciers, qui obtinrent en 1566. un Decret du Gr. Conseil de Malines pour la

(†) C'est-à-dire que faute d'héritier mâle le Fief devoit retourner au Comte.

ANNO 1732.

vente du Marquisat &c. le Sr. d'*Auxi* en fut l'adjudicataire, mais il le céda en 1567. à *Philippe II.* Roi d'Espagne Comte de Zeelande, qui s'engagea de rembourser les sommes pour lesquelles le Marquisat étoit hypothequé. Mais les troubles qui survinrent dans ces Provinces, ne permirent pas à ce Prince d'effectuer sa parole, ainsi les Créanciers s'adresserent à la Cour Provinciale de Hollande & Zeelande, & en obtinrent une provision ulterieure, en vertu de laquelle la Seigneurie de Flessingue fut vendue provisionellement & adjugée à Jacob Bouwentz Bourguemaitre de ladite ville au nom des Regens & Magistrats.

Ter Veere fut adjugée au Receveur *Jacob Campen*, pour lui & ses Associez, sans qu'il fût fait mention des Regens de la Ville.

Par interposition du Decret, les Acheteurs furent ajournez devant la Cour au 21. Nov. Enfin aux poursuites des mêmes Créanciers Sentence fut prononcée le 12. Mai 1581. en vertu de laquelle le susdit Marquisat de Veere & Flessingue a été mis en vente publiquement dans le Parquet de la Cour, après en avoir fait faire les publications & affiches ordinaires; & le 27. & 29. de Juin le Sgr. *Guillaume de Nassau*, Pr. d'Orange & Comte de Nassau nommé chez nous *Guillaume I.* en resta le plus offrant & adjudicataire pour la somme de 144600 fl., savoir pour *Ter Veere* & ses dépendances & la Ville de *Domburg* 74500 fl. & pour *Flessingue* 70100., outre une somme de 24. mille flor. qui devoit être payée dans deux ans au Sr. de *Fremont* pour extinction de ses pretensions, ensorte que cela faisoit en tout 168600. fl. somme excessive vû les circonstances critiques de ce tems-là. Cet Achat ayant été fait avec toutes le formalitez requises par les Loix & Coutumes du Païs, le Prince *Guillaume I.* prêta hommage & fit le serment requis le 8. Août suivant. Ce Prince ayant été cruellement assassiné à Delft deux ans après, eut pour Successeur dans le Marquisat le Prince *Maurice*, son second fils. Celui-ci étant mort sans Enfans légitimes en 1625. institua son Frere le Pr. *Frederic-Henri* héritier du Marquisat, que celui-ci laissa à son fils *Guillaume II.* auquel succeda son fils *Guillaume III.* de Glor. Mem. Roi d'Angleterre, qui institua par son Testament du 18. Oct. 1695. le Prince *Jean-Guillaume Friso* son legataire universel.

Suivant les Lettres de création & d'érection, le dénombrement de ce en quoi consiste le Marquisat, contient:

La Ville de *Ter Veere* avec le château de *Zanderburg* & 300. arpens de terre constituant la banlieue de la Ville, le Village de Polder avec les Terres; qui en dependent; le *Schorse* qui s'etend vers Arnemuyde & depend de Ter Veere; & les Villes, Terres & Seigneuries de Flessingue, Westcapel & Domburg, avec ce qui en dépend, la Maison & Fief de Popkensburg, le Fief de Duynbeecke, le tout situé dans l'Isle de Walkeren, Païs & Comté de Zeelande, lesquelles diverses Portions & Fiefs Héréditaires seront tenues de la Comté de Hollande.

En outre y sont encore annexées les Seigneuries que *Maximilien de Bourgogne* a possedé en Walkeren comme *Mauvais* Fiefs, savoir, la Seigneurie de *Zandyck*, *Serooskerke*, *Clevaarskerke*, *Koudekerke*, *Bingenkerke*, *Kremmenboecke*, *Hoogelande*, *Willinckwerve*, & *Willinckwerve* dans Zuyd-Wateringe, *S. Janskerke*, *Serpoppenkerk*, *Westcappel-Buyten*, & *Wetkinsdorp*, *vieux Vlissingen* & *Welsingen*. Il est vrai qu'avec le tems on en a demembré les Villes de *West-Cappel*, & *Domburg*, le château de *Popkensburg*, le Fief de *Duynbeecke* & quelques morceaux de terres, Tienden & aux environs des Polders.

Enfin étant survenu quelque dispute entre les 3. Villes de Walkeren touchant la Jurisdiction sur les Villages & Seigneuries de cette Isle, dont une partie avoit été annexée au Marquisat; le Prince *Maurice*, à la decision duquel on remit ce different, fit un partage provisionel, en vertu duquel chacune desdites 3. Villes a exercé depuis ce tems-là jusqu'à present, la *Judicature* & la *haute jurisdiction* sur les Villages & Seigneuries qui lui sont échues par ce partage.

CLVIII.

Août.

Declaration du Roi de France à son Parlement pour en regler la conduite dans le Cas des Remontrances &c. donnée à Marly, le 19 Août 1732. [Mercure Historique Tom. 93. pag. 329.]

ANNO 1732.

LOUIS, &c. Par l'Examen que nous avons fait faire en notre Conseil des dernieres Remontrances de notre Cour de Parlement de Paris, nous avons reconnu que la Discussion des faits qui y sont exposez auroit été peu convenable à la Maj. Royale, & penible même à notre bonté. Ainsi, nous avons crû que pour y répondre dignement, nous devions porter nos vuës sur l'avenir beaucoup plus que sur le passé, en rappellant & en affermissant par une nouvelle Loi les Regles que notre Parlement a toujours dû, & qu'il doit toujours suivre pour remplir également toutes ses obligations. Animez du même esprit que les Rois nos Prédecesseurs, qui ont trouvé bon que leurs Cours Superieures leur fissent des Représentations auxquelles ils étoient toujours les maitres d'avoir égard, ou de ne pas déferer, nous n'avons jamais eu intention ni de diminuer la liberté des suffrages de notre Parlement de Paris, ni de l'empêcher de nous donner des marques de son zèle sur ce qui peut l'exciter justement dans les matiéres dont la connoissance lui est attribuée.

Une liberté sage & respectueuse, un zèle éclairé & conduit par la prudence, trouveront un accès facile auprès de notre Trône. Mais si nous sommes disposez à y recevoir favorablement les Représentations des Officiers de notre Parlement, ils doivent de leur part être toujours prêts à faire ceder leurs sentimens particuliers aux vuës générales & superieures qui nous font juger de ce qui convient le mieux au Bien commun de notre Etat. Ensorte qu'après avoir usé d'abord comme des Magistrats éclairez de la permission qu'ils ont de nous proposer leurs Réflexions, ils se soumettent ensuite à notre Autorité comme de fideles Sujets sur lesquels nous voulons bien nous reposer du soin de faire exécuter nos Loix. Ce sera donc par leur attachement à des Regles si inviolables qu'ils donneront plus de force à leurs Représentations, & sur-tout à celles qui tendront à conserver le Dépôt sacré des Maximes de ce Royaume, sur les Libertez de l'Eglise Gallicane. La ferme resolution où nous sommes de les maintenir, à l'exemple de nos plus augustes Prédecesseurs, a été pleinement manifestée aux yeux du Public par tout ce qui est émané de notre Autorité sur une matiere si importante, & par l'approbation que nous avons donnée solemnellement & plus d'une fois aux sages précautions que notre Cour de Parlement prit sous les yeux du feu Roi, notre très-honoré Seigneur & Bis-Ayeul, pour prevenir toutes les mauvaises conséquences que des Esprits mal-intentionnez voudroient tirer de la Bulle *Unigenitus*. Mais en soutenant des Maximes qui nous sont plus précieuses qu'à aucun de nos Sujets, notre Parlement ne doit pas moins s'élever contre la malignité de ceux qui pendant qu'ils affectent de se dire les Défenseurs de notre Autorité, ne cherchent qu'à la rendre moins respectable par des bruits artificieusement repandus, que notre intention est d'abolir l'usage des Appels comme d'abus, & de retrancher une voye si nécessaire pour arrêter le cours des entreprises reciproques sur les Droits du Sacerdoce ou sur ceux de l'Empire. Oser faire naitre des soupçons si injurieux à la Majesté Royale, c'est une témerité qui ne peut être regardée que comme un crime; & le plus digne usage que notre Parlement puisse faire de l'Autorité que nous lui confions, est de reprimer une licence si punissable, pour affermir dans le cœur de nos Sujets la fidélité & l'obéïssance, l'amour & la confiance qu'ils nous doivent. Le principal devoir de cette Compagnie est de leur en donner toujours l'exemple, & elle ne le fera jamais plus utilement, que lorsqu'elle sera attentive à éloigner avec soin de ces Assemblées, ce qui pourroit faire dégénerer la liberté des opinions dans une confusion contraire à la gravité d'un Corps dont l'ordre & la regle doivent faire le principal ornement. C'est dans cette vuë, que nous avons resolu d'employer dès à présent nos intentions sur des difficultez qui semblent d'abord ne tomber que sur la forme, mais qui peuvent influer sur le fond des Délibérations. Nous-nous proposons d'y ajouter dans la suite, par un Reglement plus, étendu les dispositions nécessaires pour faire régner dans notre Cour de Parlement une subordination & une discipline aussi convenable à sa digni-

té

ANNO 1732.

té & à ses vrais intérêts, qu'au bien de notre service & au maintien de notre Autorité.

A ces Causes, de l'avis de notre Conseil, &c. Voulons & nous plait ce qui suit.

I. Les Ordonnances, Edits & Déclarations & Lettres Patentes publiées en notre présence, seront inviolablement observées, à compter du jour de la publication qui en aura été faite, suivant l'Ordonnance de 1667., sans que l'exécution en puisse être différée, même sous prétexte de Remontrances ou Représentations que nous aurions trouvé bon que notre dite Cour nous fît au sujet desdites Loix.

II. Dans tous les cas ou suivant la disposition des Ordonnances où notre Parlement aura cru nous devoir représenter ce qui lui paroîtra utile pour le bien de la Justice & pour le maintien de l'Ordre public dans les matieres de son ressort, nous lui ferons savoir notre volonté, après avoir fait examiner les Remontrances à notre Conseil; & elle sera tenuë de s'y conformer à peine de desobéïssance, sans pouvoir nous faire de nouvelles Remontrances, à-moins que nous le lui ayons permis expressément.

III. Les Requisitions faites par nos Avocats & Procureurs-Generaux verbalement ou par écrit, soit pour être reçûs Appelians comme d'Abus d'Ordonnances émanées de l'Autorité Ecclesiastique, soit pour reprimer les entreprises qui pourroient être faites en quelque maniere que ce fut sur le pouvoir que nous tenons de Dieu seul, ou contre les Libertez de l'Eglise Gallicane, les Droits des Evêques & les Maximes du Royaume ne seront portées qu'à la Grand-Chambre, pour y être par elle pourvû, ainsi qu'il appartiendra.

IV. Il ne pourra être fait aucune Déliberation au sujet des matieres mentionnées dans l'Article précedent, que sur Requisitions de nosdits Avocats ou Procureurs-Generaux, ou sur la proposition qui en sera faite par le Premier Président, ou par le Président en son absence; sauf à ceux des Officiers de notre dit Parlement qui estimeroient qu'il y auroit quelque Déliberation au sujet desdites matieres d'en informer le Premier Président en particulier, ou celui qui présidera en son absence, pour y être pourvû par la Grand-Chambre, ainsi qu'il appartiendra.

V. Défendons expressément aux Officiers des Enquêtes de déliberer ailleurs que dans toutes les Chambres en quelque maniere que ce puisse être, soit sur ce qui concerne l'Enregîtrement de nos Ordres, soit sur toute autre matiere publique, dont la connoissance est attribuée à notre Cour de Parlement, ou de s'assembler ensuite par Députez, & prendre des Déliberations communes, ni de tenir aucun Regître propre à toutes les Chambres, ou à chacune d'elles sur lesdites matieres; le tout à peine de desobéïssance & d'encourir notre indignation contre les Présidens & Conseillers qui auroient provoqué lesdites Assemblées, ou qui y auroient assisté, notamment à l'égard de ceux qui se seroient entremis même comme Députez de leur Chambre pour savoir les avis des autres Chambres, & en former un nœud commun. Déclarons nul & de nul effet tout ce qui pourra être fait ou entrepris au préjudice de la présente Disposition.

VI. Enjoignons à toutes & chacune les Chambres de notre dit Parlement de vaquer assiduëment chacune en ce qui la regarde à l'administration de la Justice, leur défendons de cesser sans notre permission en quelque cas que ce soit, de la rendre à nos Sujets; ce qui sera pareillement exécuté à peine de desobéïssance & d'encourir notre indignation, même de privation de Charges de ceux qui contreviendront à nos Défenses; nous réservant au surplus de faire dans la suite tels Reglemens que nous jugerons necessaires, pour prevenir tout ce qui pourroit troubler le bon ordre & la discipline de ladite Compagnie.

Si donnons en Mandement, &c.

19. Août 1732. à *Marli.*

CLIX.

Septemb. *Ordonnances des Etats Généraux des Provinces Unies pour defendre à leurs Sujets de prendre part aux Compagnies des Indes, étrangeres, ou d'entrer à leur service &c. du 24. Septembre 1732.* [Mercure Historique Tom. 93. pag. 596.

ANNO 1732.

L*Es Etats Généraux des Provinces Unies des Païs-Bas, à tous ceux qui ces présentes verront ou entendront lire*, SALUT, Savoir faisons que pour bonnes raisons nous avons plusieurs fois, mais particulierement par nos Ordonnances du 21. Sep. 1713. & du 19. Juin 1723. defendu à nos Sujets de s'engager au service de quelque Compagnie étrangere pour naviguer aux Indes Orientales ou Occidentales, ou de s'y intéresser & prendre part ni directement ni indirectement; mais craignant qu'ils ne fussent trompez, soit par ignorance ou autrement, sur-tout dans un tems où l'on trouve que depuis quelques années on a fait & fait encore diverses entreprises hors du Païs pour naviguer aux Indes Orientales, ce qui ne peut être que très-préjudiciable à l'Etat & aux Compagnies des Indes Orientales & Occidentales de ce Païs: A CES CAUSES, L.H.P. voulant y pourvoir, & mettre leurs Sujets à couvert de tous dommages, sans déroger aux précedentes Ordonnances sur ce sujet, ont trouvé bon d'ordonner & statuer de nouveau par la présente, pour s'opposer d'autant mieux aux Compagnies étrangères érigées depuis le 21. Sept. 1713. ou qui seront erigées à l'avenir.

I. Que personne ne se hazarde de débaucher, enroler ou engager, encore moins enlever aucune Personne de ce Païs, sur-tout aucun Homme de Mer, soit Officier ou Matelot pour le service de quelque Compagnie & de Négocians ou Fretteurs particuliers; pour les employer à naviguer vers les Places situées dans le District des Octrois des Compagnies des Indes Orientales & Occidentales de ce Païs-ci, sous peine contre ceux qui seront pris ayant débauché, enrolé ou engagé quelqu'un, d'être fouetez publiquement & bannis à perpetuïté.

II. Qu'aucuns Sujets ou Habitans de cet Etat & particulierement les Gens de Mer, ne pourront s'engager au service de quelque Compagnie étrangere déja érigée ou qui sera érigée; ou de quelque particulier Négociant ou Frêteur d'autre Païs; pour naviguer sur leurs Vaisseaux vers quelques Places situées dans les Limites des Octrois accordez aux Comp. des Indes Orientales & Occidentales, ou pour y négocier. Quant à ceux qui pourroient être actuellement engagez audit service & s'y sont laissez employer, ils seront tenus de l'abandonner & de revenir dans le lieu de leur demeure dans 2. mois, à compter du jour de la date de la présente pour ceux qui pourroient n'être pas encore en Mer; ou du jour de l'arrivée de leur Vaisseau, pour ceux qui pourroient être deja en Mer; sous peine contre les Contrevenans à cet Art. d'être bannis à perpetuïté des Terres de l'Etat, & contre ceux qui auront leur Domicile ou leurs Biens dans des endroits où la Confiscation a lieu; lesdits Biens, comme arrêtez & confisquez, seront saisis & vendus par l'Officier du lieu de leur Domicile ou de celui où lesdits Biens se trouveront; & en outre lesdits Contrevenans étant apréhendez dans le Païs ou aux Indes, soit Orient. ou Occid. dans les Limites des susdits Octrois, seront punis de mort. Ordonnant par ces présentes à tous Officiers & Gens de Justice dans les Provinces-Unies, & à tous Gens qui sont dans notre service ou dans celui des Comp. Orient ou Occid. qui se trouveront dans les Limites des Octrois, de se regler sur le présent Article, & de punir à la rigueur les Contrevenans suivant notre présente Ordonnance, sans aucune connivence, indulgence ou dissimulation. Ceux qui reviendront dans le tems de deux mois, ainsi qu'il est dit ci-dessus, dans le lieu de leur précedente Residence, & iront se déclarer aux Bourguemaitres du lieu, jouïront de l'impunité des peines qu'ils auroient encourues en contrevenant aux précedentes Ordonnances émanées sur ce sujet.

III. Que personne dans ce Païs ne pourra, soit par Commission ou autrement, louer, acheter, ou équiper aucun Vaisseau pour être employé à naviger d'autres Païs vers les Limites des Octrois des Comp. des Indes Orient. ou Occid de ce Païs, ou pour le service d'aucune Compagnie étrangère déja érigée ou qui sera érigée, sous les peines portées dans les précédentes Ordonnances, savoir la confiscation desdits Vaisseaux & de tout ce qui seroit envoyé dans lesdits Vaisseaux de quelqu'autre Païs aux Indes-Orient. ou

ANNO 1732.

ou Occid ou en reviendroit, le tout au profit desdites Compagnies; & en outre les Contrevenans seront mis à l'amende du quadruple de la valeur de la confiscation, dont les deux tiers seront pour l'Officier, & l'autre tiers pour le Délateur.

IV. Qu'aucun des Sujets ou Habitans de cet Etat ne pourra souscrire, s'interesser, ou avoir part en aucune maniere, soit directement ou indirectement, dans la susdite Navigation ou Commerce qui se feroit d'autres Païs aux Indes Orient. ou Occid. dans les Limites des Octrois, soit par quelque Compagnie, soit par quelque particulier Négociant ou Frêteur, sous peine contre les Contrevenans de payer l'amende du Quadruple de la valeur de la Souscription ou de la Portion pour laquelle ils sont Participans ou Intéressez, & ce autant de fois qu'ils auront pris de Souscription, ou part & portion dans le susdit Commerce ou Navigation: & en outre quiconque après avoir été une fois calangé, sera surpris en recidive sera, outre l'amende, déclaré deshonoré & infame. La susdite amende aplicable un tiers au Délateur, & les deux tiers à l'Officier qui aura fait faire la Citation.

V. Qu'aucun Courtier ou autre ne pourra souscrire, présenter à vendre, ou vendre aucune Portion, Action, ou Souscription, dans aucune Compagnie ou Equipement particulier pour la Navigation ou le Commerce d'autres Païs aux Indes dans les Limites des susdits Octrois, ni de négocier ou d'excompter, pour compte de leurs Maitres, aucune Lettre de Change ou d'Assurance à la charge ou au profit desdites Compagnies ou Equipemens particuliers, ou des Vaisseaux ou Effets appartenans auxdites Compagnies ou Equipemens, ou d'y faire l'Office de Courtier, comme il est defendu à tout autre de tirer de telles Lettres de Change ou d'Assurance, de les négocier ou excompter, accepter ou acquiter, ni de signer aucune Assurance ou Bodemerie sur lesdits Vaisseaux ou Effets allant des Païs étrangers aux Indes, ou venant des Indes pour les mêmes Païs, sous peine contre les Courtiers d'être privez de leur Emploi & de payer une amende de 1000. fl. pour chaque fois qu'ils auront prêté leur ministère à l'achat ou vente de telles Actions, Portions ou Souscriptions, ou pour négocier des Lettres de Change ou d'Assurance, ou pour faire signer lesdites Assurances de la maniere énoncée ci-dessus.

VI. Et enfin, que non seulement l'Acheteur desdites Actions, Portions ou Souscriptions, mais même le Vendeur ou Transportant, ou celui qui les aura presenté à vendre, c'est-à-dire l'un des deux (l'un étant cité devant l'Officier, & l'autre restant exempt) payera le Quadruple de la valeur de la Mise, Action ou Souscription, qu'il aura présenté à mettre ou à vendre ou qu'il aura vendu, comme aussi le Quadruple des Lettres de Change, de Bodemerie ou Assurance, à la charge ou au profit desdites Compagnies, ou des Frêteurs ou Négocians particuliers, ou sur les Vaisseaux ou Effets en dépendans, payable par ceux qui auront tiré, accepté, excompté ou acquitté telles Lettres de Change ou de Bodemerie, ou ceux qui auront signé les Assurances, laquelle amende sera aplicable comme ci dessus, les deux tiers à l'Officier qui aura actionné, & l'autre tiers au Délateur; & en outre ce dernier, le cas regardant la Compagnie des Indes Orient. ou Occident. aura une récompense de mille fl. pour chaque partie des susdits Contracts defendus qu'il viendra dénoncer, selon l'occasion, aux Directeurs respectifs desdites Compagnies, de maniere que le Contrevenant soit convaincu en Justice: & de plus il ne sera fait droit en Justice sur aucune Souscription, Acte, ou Instrumens provenans de ce Commerce défendu.

Et afin que personne ne prétende cause d'ignorance de tout ce que dessus, nous, &c. Fait & arrêté dans l'Assemblée des Etats Généraux, à la Haye ce 24. Septembre 1732.

CLX.

Decret de l'Empereur pour etablir & regler l'Administration du Duché de Mecklenbourg. [Mercure Historique Tom. 93. pag. 648.

Publicatur Resolutio Cæsarea, dont voici le Contenu.

ANNO 1733.

Rescribatur au Duc de Mecklembourg.

SOn Altesse Serenissime est sans-doute assez instruite de quelle manière le Mecklembourg est reduit dans l'état le plus deplorable par l'opiniatre desobéïssance du Duc Charles-Leopold son Frere, ensorte que la pressante nécessité de rétablir la Justice dans cet Etat, & d'empêcher une plus grande ruine du Païs, demande que l'on prenne d'autres mesures.

Le devoir de notre charge de Souverain Juge exige absolument de nous, que nous conservions autant que nous pouvons une Principauté si considerable qui releve de nous & de l'Empire: c'est pourquoi, pour mieux instruire le Duc Charles Leopold, ou autres, à ne prendre que des mesures conformes aux Constitutions de l'Empire, nous avons resolu d'adresser à Votre Altesse Serenissime, comme à son plus proche parent, une ulterieure Commission Imperiale, ordonnant que

I. Votre Altesse exécutera avec zèle, attention & soin la Commission Imperiale dont avoient été chargez par nous l'Electeur de Brunswick & le Duc de Wolffenbuttel, qui l'ont executée avec tant de sagesse & de reputation.

II. Comme les Diètes annuelles sont le point le plus essentiel dont les Etats du Mecklembourg ont été privés depuis plusieurs années, Votre Altesse Sérénissime convoquera d'abord, *Autoritate Cæsarea*, une Diète, dans un lieu convenable, & continuera de le faire à l'avenir jusqu'à nouvel ordre de Notre Majesté Imperiale; & que vous y proposerez l'Article essentiel des contributions qui seront publiées à l'ordinaire & levées avec égalité; on y examinera, comme il convient, les Griefs du Païs qui seront deferez, & qu'on nous envoyera, avec un avis auquel nous puissions ajouter foi, afin que nous en décidions, & l'on obeïra à notredite décision; & comme nous ne voulons pas manquer à prendre les précautions nécessaires par raport aux Griefs qui nous ont été communiquez par la prudente Commission Imperiale, & dont on a fait le raport ici, nous-nous les ferons incessamment représenter, & nous y donnerons notre Confirmation à ce que le redressement soit aussi-tôt executé.

III. Dans la premiere Diète on déliberera particulierement sur le point qui concerne les Troupes, & notre sentiment est que suivant les circonstances où se trouvent les interessez du Mecklembourg, il seroit plus avantageux de prendre à la solde du Païs, un certain nombre de Troupes d'un tiers Etat de l'Empire, qui ne sera pas interessé aux affaires présentes, que de lever de nouvelles Troupes. Ainsi S. A. doit faire ensorte que l'on trouve les fonds nécessaires pour payer ces Troupes étrangeres, afin que celles de la précedente commission, qui sont encore dans le Païs, à l'exception de celles dont on parlera ci-après, & auxquelles on donnera caution, puissent sortir du Païs le plûtôt possible

En attendant que cet Article qui concerne les Troupes puisse être effectué, celles de la précédente Commission qui sont dans le Païs, y resteront, *Autoritate Cæsarea*, sur le même pied & solde où elles ont été jusqu'à-présent, pour la sûreté du Païs. Mais dès-que d'autres Troupes, en nombre suffisant, seront dans le Païs, & que celles de la précédente Commission seront payées de leurs arrerages, ou qu'on leur aura donné caution suffisante, elles en sortiront entièrement. Mais si ce payement, ou la caution n'étoit pas encore prestée, lorsqu'on prendra d'autres Troupes suffisantes, il ne restera de la susdite Commission Imperiale que 3. à 400. Hommes jusqu'à ce que l'entier payement, ou ladite caution ayent été prestez. Et comme le Roi de la Grande Bretagne, comme Electeur de Brunswick-Lunebourg, nous a iterativement représenté que l'on doit à cet égard accorder au Duc de Brunswick-Lunebourg-Wolffenbuttel, pour sa quote-part, jusqu'à l'entier payement ou caution, de laisser 200. Hommes d'Infanterie; & que le payement de 200. Cavaliers qui sont nécessaires seroient payez par la Caisse d'exécution, mais suivant ses offres il pourra se charger des 200. Cavaliers suivant le compte de leur solde

(5) D'autant que notre Conseil Aulique a liquidé les comptes, tant de la Caisse d'execution que des frais

Anno 1732. frais de ladite exécution, & qu'il paroît qu'il est dû d'arrerages respectifs a la précédente Commission, savoir à l'Electeur de Brunswick 789856. Rixd. 23. s. 21. p.; & au Duc de Wolffenbuttel 268755. Rixd. 23. s. 6¾. p. on aura particulierement soin d'en procurer le payement promis sous notre garantie Imperiale, & de marquer à cet effet quelques Domaines qui pourroient être hypothequez.

Avant tout on satisfera entiérement la susdite Commission Imperiale, ou on lui laissera la disposition de la Caisse d'Exécution dans le Mecklembourg; avec cette exception cependant, que ce qui appartient à son Altesse sera exempt, car aussi-tôt que le Payement ou la Caution sera prestée, nous ne manquerons pas de lui confier ladite Caisse d'Exécution.

IV. D'autant qu'il paroît par les relations de la précédente Commission, que la Justice est tombée dans ce Païs dans la plus grande décadence, nous en recommandons particuliérement le rétablissement à Son Altesse; ensorte que la Justice se rende à l'avenir suivant le droit commun & conformément aux Loix du Païs, surtout pour ce qui concerne la Confirmation & l'exemption de sentence criminelle.

(*a*) Bien entendu néanmoins que par raport au démêlé qui subsiste entre le Duc Régent d'une part, & la Noblesse de Mecklembourg avec la Ville de Rostock d'autre part, au sujet de leurs intérêts communs touchant la succession éventuelle, Son Altesse établira une Commission de Conseillers, qu'elle délivrera préalablement des engagemens du serment prêté à cause de leur charge, & qui seront chargez d'examiner tout ce qui a raport à cette affaire, & de déclarer leur sentiment.

(*b*) Quant à ce qui concerne *revocationem Dicasteriorum* adressez à Rostock & Gustrau, nos précédentes aprobations Imperiales, & particulierement celle du 14. May 1723. (qui porte que nos *Decreta evocatoria* émanez soient exécutez, & en cas éventuels ladite Justice pourra, conformément à son origine, être évoquée ailleurs) insistant que tout soit reglé à cet égard, & que l'on nous fasse au plûtôt un fidèle raport; & de quelle maniére, selon la situation présente, ce point pourra être reglé.

V. Son Alt. est chargée, lorsqu'il faudra remplir les charges vacantes, de faire attention à la naissance, la bonne conduite, & la capacité des Personnes suivant la nature de l'Emploi qu'ils sollicitent, & de ne conferer qu'à des personnes d'honneur, capables, & laborieuses, les charges de Conseillers & autres; de laisser, comme de coutume, la discussion des affaires aux Officiers du Païs chacun dans son departement; & en même tems de pourvoir au maintien desdits Officiers dans le Mecklembourg, suivant la Justice & le Droit, c'est-à-dire de les proteger tant qu'ils ne feront rien qui merite qu'on les depose, & de penser à leur avancement, & en cas de nécessité de nous informer de tout ce qui se passera.

VI. En vertu de notre autorité de Juge Supreme, nous ordonnons que pendant que cette administration Imperiale durera, on payera, des revenus annuels, au Duc regnant pour sa pension 40. mille Rixdales, évaluées sur le pied de la monnoye du Mecklembourg, y compris ce qu'il tire par an du Bailliage & de la Douane de Domitz & de la Ville de Swerin, & à Son Altesse, comme Administrateur Imperial, outre son apanage, 25. mille Rixdales évaluées de même; bien entendu qu'il jouïra aussi de tout ce qui est attaché à la Cour, comme Etangs, Jardins, grande & petite Chasse, bois de Chaufage &c. dont Son Altesse fera former une Liste qui nous sera remise pour être ratifiée; comme aussi une autre du nombre & des Emplois qui lui restent par la cessation de la précédente Commission Imperiale, & dont Son Altesse peut tirer ses *naturalia & competentia*.

VII. Nous sommes persuadez & nous avons cette confiance en vous, que vous-vous aquiterez à ces égards du devoir d'un Prince qui est bien intentionné pour nous & pour l'Empire, & que vous nous obéïrez en tout dans cette Commission Imperiale, suivant les mesures que nous avons prises, les Constitutions du Païs, les Reversales & les Ordonnances Imperiales dont elles sont la baze.

Il est enjoint en même tems à V. A. S. de nous envoyer à tems des Reversales finales & valables par raport à ces présentes nos Instructions Imperiales, & avant que nous expediyons nos Patentes pour adresser la Noblesse & les Etats de Mecklembourg à V. A. S. comme Commissaire Imperial, & le Duc Charles-Leopold de Mecklembourg Votre Frere sera exhorté à obéïr & à s'abstenir de toutes voyes de fait, vous laissant dans la paisible possession de cette nouvelle Commission Imperiale établie *authoritate Cæsarea*. Anno 1732.

Signé,

ARNOLD HENRY V. GLANDORFF.

CLXI.

Déclaration du Roi AUGUSTE II. *de Pologne, pour annoncer sa paix avec la Couronne de Suede. Donnée à Varsovie, le 7 Octobre* 1732. [Mercure Historique Tom. 93. pag. 568.] Octobre.

NOus *Auguste* II., &c. &c. La fin des Troubles causés par la Guerre du Nord, Nous ayant donné occasion de songer mûrement aux moyens de conserver par tout la Paix & la Concorde, rien ne Nous a été recommandé avec plus d'instance, de la part des Etats de notre Royaume, que le rétablissement de l'ancienne & bonne Intelligence avec nos Voisins, & l'affermissement d'une Paix stable & d'une Amitié sincere. Le desir constant que Nous avons toûjours eu de renouveller en particulier la Paix avec le Serenissime Roi & le Royaume de Suede, a paru évidemment, tant par les soins que Nous-nous sommes donnez pour cet effet, que par la Commission que les Etats, en vertu d'un Decret public, ont établie à la Diette generale tenuë à Grodno en 1725. Et c'est en consequence, que Nous n'avons rien negligé pour retablir entre la Pologne & la Suede la Paix perpetuelle, alterée & interrompuë par la suite des tems, affermir l'Amitié entre les 2. Royaumes, effacer la memoire de toutes offenses, & éloigner pour l'avenir tout pretexte qui pourroit y donner lieu: Nous devons rendre de très-humbles graces à Dieu, Auteur de la Paix, pour celle qu'il nous a accordée par sa Toute Puissance: Et comme nous avons reconnu que le Roi & les Etats de Suede avoient le même penchant pour la Paix, tant par les Lettres amiables que Sa Maj. Nous a écrites, que par son Ministre, muni d'Instructions necessaires pour cet effet, & que d'ailleurs tout ce qui regarde cette affaire a été unanimement pesé dans les Conferences tenuës entre les Commissaires de la République & ledit Ministre, Nous n'avons pas voulu tarder de concourir à tout ce qui peut contribuer au rétablissement d'une Paix ferme & sincere, à l'avantage reciproque des 2. Royaumes, sur les anciens fondemens d'Amitié & de bon Voisinage: Nous avons de notre part d'autant plus volontiers donné les mains a la conclusion d'un Ouvrage si salutaire, auquel on a travaillé d'un concours mutuel, & Nous avons voulu apporter tous nos soins, & faire tous nos efforts pour le rétablissement de la Concorde entre les 2. Nations, afin que les Droits de l'Amitié, alterez en quelque maniere par l'injure des tems, puissent être rétablis dans leur ancienne vigueur, & que tout ce qui a été negligé, puisse être affermi d'un Lien plus solide.

C'est pourquoi, afin que ce penchant sincere pour l'établissement de la Paix, du bon Voisinage, & d'une ferme Amitié qui doit être perpetuelle, sincere & maintenuë à jamais de part & d'autre, soit connu à tout l'Univers, Nous déclarons par ces présentes Lettres, lesquelles, en vertu de la Foi donnée & reçûë reciproquement, auront la même force & vigueur que des Actes & Instrumens solemnels de Paix, Nous nous engageons, & Nous voulons, tant pour Nous que pour nos Successeurs dans le Royaume de Pologne & dans le Grand Duché de Lithuanie, que tout ce qui pourroit avoir été fait contre la teneur du Traité précedent de Paix & d'Amitié, à l'occasion des derniers mouvemens dans le Nord, soit entierement annullé & mis dans un éternel oubli en vertu d'une Amnistie generale, de même que tout ce qui pourroit avoir été entrepris au préjudice de l'une ou de l'autre Nation, ou avoir en quelque maniere troublé ou offensé l'ancien & bon Voisinage établi autrefois entre la Pologne & la Suede, & si heureusement cultivé: Qu'en vertu de cette présente Declaration reciproque & amiable, la Paix faite ci-devant entre les Royaumes Confederez de Pologne &

ANNO 1732.

& de Suede, sera non seulement maintenuë de la même maniere que si à l'occasion des derniers Troubles dans le Nord il n'y étoit survenu aucune alteration, mais qu'elle sera renouvellée & raffermie plus solidement entre les Royaumes respectifs, les Provinces y annexes, les Etats & les Habitans de part & d'autre: Que cette Paix fleurira à l'avenir comme elle a fleuri autrefois, qu'Elle sera universelle & durera à jamais avec une Amitié sincere, veritable & reciproque: Qu'en vertu de la Présente & du consentement mutuel, aucune des 2. Parties ne pourra préjudicier à la precedente Paix perpetuelle, bien loin d'entreprendre quelque chose qui y soit contraire, en particulier ou en public, directement ou indirectement, soit par Elle même, soit par d'autres; mais dès-qu'elle viendra à s'appercevoir que d'autres trament quelque chose contre cette Paix, Elle en donnera d'abord avis, & fera tous ses efforts pour éloigner le prochain danger, afin qu'on puisse prevenir & étouffer dans leur naissance les maux dont l'une ou l'autre Partie pourroit être menacée.

Pour plus grande fermeté & sureté de cette Paix perpetuelle, Nous avons eu soin que les Libertez, les Constitutions & les Droits fondamentaux des 2. Royaumes soient conservez & maintenus saufs, entiers & inviolables à jamais. Nous donnons par les Présentes, & en vertu du Decret de la Diette de Grodno de l'année 1726., dressé d'un commun consentement, à cette notre Déclaration, en tout & par tout, la même force & vigueur que pourroient avoir des Actes solemnels de Paix & d'Alliance, devant être échangée contre une pareille Déclaration du Roi & du Royaume de Suede; & Nous l'avons signée de notre propre main, & fait appofer le Seau de notre Royaume. Fait à *Varsovie* le 7. Octobre 1732.

CLXII.

1733. Fevrier.

Decret de Commission Imperiale au sujet de l'Investiture de Bremen & Vehrden accordée à l'Electeur de Hanovre du 28. *Fevrier* 1733. [Mercure Historique Tom. 94. pag. 313.]

AU NOM & de la part de Sa Majesté Imperiale notre très-gracieux Seigneur, Son Altesse Frobeni Ferdinand, Prince & Landgrave de Furstenberg, &c. Donne à connoitre par les présentes aux Conseillers Ambassadeurs & Deputez des Electeurs, Princes & Etats de l'Empire, assemblez à la présente Diéte de Ratisbonne, que Sa Majesté Imperiale a été informée de Sa Majesté Britannique, comme Electeur de Hannover, que les Duchez de Bremen & de Vehrden Fiefs dependans de l'Empire Romain, ont été cedez entièrement & sans aucune reserve au feu Roi de Glorieuse Memoire, Pere de Sa Majesté Britannique, en vertu du Traité, conclu en 1719., le 9. (20.) Novembre, avec Sa Majesté la Reine Ulrique Eleonore de Suede, & cette Couronne; Suppliant Sa Majesté Imperiale de vouloir bien donner à Sadite Majesté Britannique comme Electeur de l'Empire, l'Investiture desdits deux Duchez. Ce qu'ayant été accordé par Sa Majesté Imperiale, après de mures déliberations, & des raisons à ce mouvantes, l'Acte d'Investiture en a été déja actuellement expedié le 1. de Fevrier, de l'année courante. Sa Majesté Britannique comme Electeur de Brunswic & de Lunebourg, aussi bien que ses Successeurs mâles dans ce Fief, en ont été investis & coinvestis, conformément à l'ordre établi par la Paix de Westphalie & autres Loix de l'Empire; Sa Majesté Imperiale a cru nécessaire d'en donner connoissance à tous les Electeurs, Princes & Etats de l'Empire, comme aussi à leurs Excellens Conseillers, Ambassadeurs & Deputez, par le présent Decret Commissorial & Imperial, & cela, afin que sadite Majesté Britannique, comme Electeur & Prince de l'Empire, soit admis aussi en qualité desdits Duchez de Bremen & de Vehrden, dans l'Assemblée des Etats de l'Empire, & afin que tout ce qui, en pareils cas, est de Droit & de Coutume, soit observé.

Sadite Altesse Sérénissime offre aux Electeurs, Princes & Etats de l'Empire, aussi bien qu'aux Nobles & Excellens Conseillers & Deputez, ses bons offices, &c. Ratisbonne ce 28. Fevrier 1733.

Signé, FROBENI FERDINAND, Prince de Furstenberg.

CLXIII.

ANNO 1733. Mars.

Ordonnance Imperiale, pour regler le Gouvernement de l'Isle de CORSE *sous la garantie de l'Empereur, du* 16 *Mars* 1733. [Mercure Historique Tom. 95. pag. 24.]

„ NOUS CHARLES VI. &c &c. Faisons sa„ voir, en vertu des présentes, à tous ceux auxquels il appartiendra; Que dans les derniers „ troubles de Corse, il ne nous a pas semblé, non „ plus qu'à la Republique de Genes, qu'il y eut, „ pour les appaiser, un meilleur moyen que de re„ mettre, par une Amnistie, à tous ceux qui se sont „ écartez de l'obéïssance dûë à leur Souverain, la „ peine qu'ils avoient encouruë; & d'assurer les Cor„ ses, pour leur ôter tout sujet de plainte, que par „ notre Garantie, nous les ferons joüir de toutes les „ graces qui leur seront accordées par leur Souve„ rain légitime. Sur ces assurances, il est arrivé „ que les Corses ayant mis bas les armes, ont implo„ ré la Grace & la Clémence de leur Souverain, & „ ont promis solemnellement, qu'ils seront à l'ave„ nir fidèles à la Sérénissime Republique de Genes. „ Aussi-tôt qu'elle a vû ses Sujets dans de telles dis„ positions, elle n'a eu rien plus à cœur que de ga„ gner leurs esprits par d'éclatans témoignages de son „ Indulgence & de sa Clémence, & de leur faire é„ prouver combien ils sont redevables à la bienveil„ lance qu'elle a pour eux. Dans cette vûë, elle a „ établi une nouvelle forme d'un doux Gouverne„ ment, dont voici la teneur en substance.

LE DOGE,

LES GOUVERNEURS ET LES PROCURATEURS DE LA SERENISSIME REPUBLIQUE DE GENES.

I. Une Amnistie générale & un Pardon complet ayant été les moyens par lesquels nous avons manifesté aux Peuples de notre Royaume de Corse la grandeur de notre moderation & de notre clemence, en recevant pleinement à notre grace, ceux qui en auroient été déchûs, à l'occasion des troubles passez; & voulant constater plus clairement notre volonté inviolable à cet égard, Nous-nous sommes déterminez non seulement à renouveller & à confirmer ladite Amnistie & ledit Pardon; mais nous voulons encore l'étendre & l'effectuer envers ceux qui par des delits commis dans ces occurences, auroient été alors recherchez ou condamnez, soit par contumace ou définitivement; le tout jusqu'au mois de Juin de l'année derniere 1732. Notre intention n'est point, que ceux qui auroient commis depuis ce tems-là de nouvelles fautes soient compris dans cette grace.

II. Notre condescendance nous portant à être favorables aux représentations de ces Peuples, nous voulons bien leur remettre, comme nous leur remettons généreusement, les grosses depenses par nous faites pour rétablir la tranquillité dans le Royaume, & y assûrer la felicité publique; en sorte qu'ils ne puissent jamais à l'avenir être inquiétez à ce sujet, en aucun tems, ni en aucune occasion, soit en commun, soit en particulier. Et pour effacer jusqu'au souvenir des troubles passez, nous défendons à quelques personnes que ce puisse être, sous des peines à nous arbitraires, d'injurier lesdits Peuples, soit en paroles ou d'une autre maniere, en leur faisant le reproche de rebelles, ou autres semblables.

III. Nous avons en tout tems fait éprouver aux Corses la grandeur de notre affection, en dirigeant même leur préjudice à leur avantage particulier, & en le faisant servir à la conservation & à la défense du Royaume: Et desirant toûjours de leur en donner un nouveau & genereux témoignage, nous remettons libéralement auxdits Peuples en général, & à toutes les Villes, Communautez & Lieux de cette Isle en particulier, tous les arrérages des dettes qu'ils ont avec notre Chambre des Finances, tant pour les tailles & autres impositions qui n'ont pas été perçûes dans l'année 1732. que pour les différens subsides que l'on n'a pas payez jusqu'à ce tems-là, soit en argent comptant ou en denrées: ce que nous faisons à cause de la nécessité dans laquelle se trouve le Royaume

ANNO 1733. me, & afin que tous comptes précédens pour lesdites tailles & subsides étant mis au néant, on forme un Compte nouveau pour ce que lesdits Peuples pourront devoir à l'avenir, lequel Compte aura commencé d'avoir lieu au premier Janvier de cette année.

IV. Pour exaucer pareillement les désirs de ces Peuples, nous avons reglé, qu'on établiroit en Corse un Ordre de Noblesse immatriculée, au nombre de laquelle seront inscrites pour cette premiere fois & pour les suivantes, les Familles de cette Isle que nous estimerons dignes d'une telle Prérogative, & dans lesquelles, selon l'information & le rapport qui nous en seront faits, nous trouverons des qualitez proportionnées à soutenir ce rang avec honneur & avec décence. Cet Ordre de Nobles sera composé de dix-huit Seigneurs. Il y en aura douze pour la partie d'en deça les Monts, & six pour la partie de l'Isle, qui est au delà des Monts.

V. Ces Nobles seront considérez de la même maniere que l'on regarde à Genes, ceux qui sont élus de la part des Villes subalternes de la Republique. Ils jouïront du titre de Magnifiques & du privilege de se couvrir devant le Sérenissime College & le Sénat. Ils auront de même le droit de se couvrir & de s'asseoir devant les autres Magistrats & Juges de la Republique, y compris le Doge & les Illustres Sindics.

VI. Il y aura deux Livres appellez Livres d'Or, dans lesquels seront inscrits les noms de ces Nobles & de leurs légitimes Descendans. L'un sera conservé à Genes, auprès du Très-Illustre Magistrat de Corse, & l'autre à la Bastie. Les noms de ceux qu'on admettra à la Noblesse, seront inscrits à Genes, dans le Livre susnommé, par le Sécretaire dudit Magistrat & en sa présence. On en tirera un Extrait authentique, qui sera inscrit à la Bastie dans l'autre Livre, par le Chancelier de l'Isle. Le Magistrat de Corse établira un tarif modique pour l'enregistrement, & pour l'Extrait qui en sera pris.

VII. Cet Ordre de Nobles jouïra dans le lieu de la résidence du Gouverneur de l'Isle, de la distinction d'une Antichambre, dans laquelle on n'admettra point ceux qui ne seront pas Nobles, ou qui se trouveront tels parmi le nombre de Juges, de Magistrats du Royaume ou d'Officiers Militaires, jusqu'au rang d'Enseigne inclusivement.

VIII. Notre soin principal étant de faire observer de plus en plus dans le Royaume de Corse, la Religion, la Pieté Chrétienne & les bonnes moeurs, choses auxquelles l'exemple des Ecclesiastiques contribue beaucoup; ainsi pour les encourager à faire du progrès dans les Sciences, & à suivre la Discipline Ecclésiastique, nous déclarons, que quand des Ecclesiastiques de Corse concourront à quelque Evêché de l'Isle, pourvû qu'ils n'ayent pas un démerite particulier envers nous, il ne sera apporté de notre part aucun obstacle à leur élection; revoquant pour cet effet tel Décret que nous aurions pû rendre qui y fût contraire.

IX. A ces fins, nous tâcherons d'obtenir du Pape, qu'il veuille exaucer les souhaits de ces Peuples, en leur donnant un Visiteur-Apostolique, pour reprimer les abus, & la corruption; & pour retablir la Discipline Ecclésiastique dans les Diocèses; sauf néanmoins dans les occasions où nous jugerons cet examen nécessaire, afin que le Royaume ne se trouve point surchargé par de trop fréquentes visites.

X. Lesdits Peuples nous ayant sollicitez de fonder & d'entretenir, à leurs dépens, dans quelque Ville de Corse une Académie pour l'éducation & l'avancement de la jeunesse du Païs, & pour l'instruire dans les Sciences Divines & Humaines; nous ne négligerons rien pour y concourir par notre Autorité & notre Protection, & pour affermir cet établissement en telle forme ou par de tels Reglemens, qui nous paroîtront convenables aux tems & aux circonstances.

XI. Les Corses auront droit d'entretenir à Genes un Sujet de leur Nation, avec titre d'Orateur. Il sera chargé de recommander & de seconder auprès de nous, les Requêtes qui concerneront le Royaume, ses Provinces, Villes & Lieux, de même que contre les Magistrats, qui pourroient opprimer le Peuple dans l'administration de la Justice. Cet Orateur sera reçû à notre Tribunal comme s'il étoit du Corps de la Noblesse; quand même il ne feroit point Noble.

XII. Pour que l'on s'attache davantage à la culture des Terres & à faire fleurir les Arts Méchaniques, le Magistrat sur la Corse élira chaque Trimestre trois Députez Nationaux, avec titre de Promotteurs des Arts & du Commerce. Il y en aura deux pour la partie en deça les Monts, & un pour celle qui est au delà des Monts. Ils seront chargez de l'execution de nos ordres & de tout ce qui pourra repondre au but que nous nous proposons. ANNO 1733.

XIII. Comme il seroit d'une grande utilité au Païs d'y avoir un plus grand produit des Soyes, ainsi pour engager les Habitans à se donner les soins nécessaires pour la culture des Vers & pour les Plantations nécessaires à leur subsistance, & animer par ce moyen leur industrie, nous les exemptons pour le terme de vingt-cinq ans du payement de tous Droits, quelconques sur les Soyes produites dans le Royaume.

XIV. Nous nous sommes déterminez à établir deux Charges de Capitaines de Ports, l'une à la Bastie & l'autre à Ajaccio. Elles seront conférées à des Corses de Nation, avec les mêmes appointemens que nous donnons à notre Capitaine de Cavalerie dans la Bastie. Pendant l'exercice de ces Charges, ceux qui les occuperont, seront considérez comme Nobles quand même ils ne le seroient pas.

XV. Dans tous les lieux où il y aura un Gouverneur, ou des Magistrats, ou des Juges, il devra aussi y avoir un Avocat qui sera Protecteur des pauvres Prisonniers. Il sera chargé de veiller à l'expedition de leurs causes, en faisant parvenir leurs Requêtes à nous ou au Magistrat pour la Corse. Les Nobles seront chargez d'y donner aussi leurs soins, & de faire expédier les différentes causes, même celle des personnes qui se trouveroient dans l'indigence.

XVI. Les douze Nobles pour la partie d'en-deça les Monts, & les six pour la partie qui est au-delà des Monts, éliront chacun dans leur département un Avocat plaidant, pour avoir des Requêtes qui pourroient être présentées contre les vexations des Juges, Officiers & Ministres de Judicature. Ils pourront aussi envoyer faire dans chaque lieu les informations nécessaires par des Avocats particuliers, qui auront droit de nous envoyer ou au Magistrat sur la Corse, les Requêtes des pauvres Requérans; ce qu'ils pourront faire par le moyen de l'Orateur, ou d'une autre maniere.

XVII. Enfin comme le repentir sincére que nous nous promettons de la part des Corses, nous a porté à les faire jouïr de tous les susdits effets de notre Bénignité & de notre modération; ainsi les Communautez, les Villes, Lieux & Particuliers qui ne se comporteront pas à l'avenir envers la Sérenissime République de Genes, comme il appartient à des Sujets fideles & obéïssans, nous entendons que ceux-là soient tout à fait déchus du Bénéfice de la présente Amnistie, ainsi que des Graces qu'on leur y accorde. Et les anciennes Procedures intentées contre eux seront renouvellées, & eux traitez comme s'étant rendus indignes de notre Générosité & de notre Clémence.

GARANTIE DE L'EMPEREUR.

„ C'est pourquoi, afin de répondre aux voeux „ communs de la Sérenissime Republique de Genes, „ & à ceux des habitans de l'Isle de Corse, & pour „ parachever une si bonne Oeuvre; nous déclarons: „ Qu'en vertu du présent Acte, nous prenons sur „ nous, la Garantie de tout ce qui est contenu dans „ la nouvelle forme de Gouvernement, rapportée „ ci-dessus. Nous promettons sur notre parole „ d'Empereur & d'Archiduc, de faire ensorte, que „ les Corses goûtent en sûreté & en abondance, „ les fruits de la Bénignité de la Republique envers eux; & qu'à ce nouvel Etablissement, il ne „ soit fait aucune contravention par ceux auxquels „ le Gouvernement du Royaume de Corse sera confié à l'avenir. Ou si pareille chose arrivoit, „ contre notre attente, nous nous engageons d'obliger la Republique, après qu'elle en aura été priée „ par des requêtes soumises, à y apporter un prompt „ remede. Déclarons en outre, que toutes ces choses n'auront lieu qu'autant que les Corses garderont à leurs Souverains, la fidelité qui leur est „ duë: En foi de quoi, nous avons donné ces présentes Lettres signées de notre main, dans notre „ Ville de Vienne, en Autriche, le 16. Mars de „ l'année 1733. de notre regne, en qualité d'Empe-

„ reur

ANNO 1733. „ reur, la vingt-deuxième; en qualité de Roi d'Espagne, la trentiéme; & en qualité de Roi de Hongrie & de Boheme, la vingt-troisième.

CLXIV.

29 Mars. *Octroy du Roy d'Espagne*, PHILIPPE V. *pour l'établissement d'une Compagnie des Indes sous le nom de* COMPAGNIE DES PHILIPPINES; *donné à Seville, le 29 Mars* 1733. [Tiré du Tom. VIII. du Recueil Historique de Rousset.]

PHILIPPE, par la Grace de Dieu Roi de Castille, de Leon, d'Arragon, des deux Siciles, de Jerusalem, de Navarre, de Grenade, de Tolede, de Valence, de Galice, de Mayorque, de Seville, de Cerdagne, de Cordoüe, de Murcie, de Jaen, des Algarves, des Algecires, de Gibraltar, des Isles Canaries, des Indes Orientales, & Occidentales, Isles, & Terre Ferme, de la Mer de l'Ocean, Archiduc d'Autriche, Duc de Bourgogne, de Brabant, & Milan, Comte d'Hasburg, de Flandres, Tirol, & Barcelone, Seigneur de Biscaye, & de Molina, &c.

D'autant que les Monarchies ne sont opulentes qu'à proportion du Commerce qui s'y fait, il est du bien de nos Sujets pour l'augmentation de leurs richesses, & de notre propre intérêt pour nos revenus, de procurer dans l'étendue de nos Etats, & Domaines les établissemens qui peuvent y produire des effets si avantageux: dans cette vue nous désirons, que le Commerce fleurisse non seulement dans nos Indes Occidentales, mais qu'il puisse être porté directement dans nos Isles des Philippines: pour cela nous jugeons à propos, de notre propre mouvement, pleine connoissance, autorité Royale, & droit de Souveraineté d'établir, & former une Compagnie expresse pour le Commerce de nos dites Isles des Philippines, qui aura son étendue dans toutes nos autres Provinces, & Royaumes, nonobstant la Prohibition inserée dans la loy 34. livre IX. titre 45. du Recueil des Indes appellé *Recopilacion de Indias*, à laquelle loy nous dérogeons seulement pour cette Compagnie, à qui nous accordons gratuitement pour nous, & nos Successeurs un établissement dans notre bonne Ville de Cadix pour le tems, & espace de vingt années consecutives par cette presente Résolution irrevocable sous le nom de *Compagnie Royale des Philippines*, & aux articles, Franchises, clauses, & conditions suivantes.

1. Cette Compagnie aura la faculté, & le privilége de naviguer à nos Isles des Philipines, & d'y négocier de même que dans les Indes Orientales, & aux Côtes d'Afrique, tant en deçà qu'au delà du Cap de Bonne Esperance, & dans tous les Ports, Bayes, Lieux, & Rivieres, où les autres Nations trafiquent librement, devant jouir du droit d'hospitalité, selon qu'il est d'usage & coûtume, durant le terme de vingt années à compter du jour de la datte de notre présente résolution Royale.

2. Il ne sera permis à nulle autre personne, de quelque qualité ou condition qu'elle puisse être, qui ne sera du corps de cette Compagnie, de faire directement, ou indirectement, ladite navigation dans les vingt années ci-dessus mentionnées sous peine d'encourir notre indignation, & de confiscation, au profit de ladite Compagnie, de leurs Vaisseaux, Bâtiments, Armes, Munitions, & Marchandises, de quelque espèce qu'elles soient.

3. Pour cet effet nous revoquons, & annullons toutes les permissions que jusqu'àpresent nous avons données pour faire ladite navigation, specialement le Traité accordé au nom de *Don Manuel de Arriaga*.

4. Nous accordons & permettons à ladite Compagnie d'arborer tous ses Vaisseaux grands, & petits, du Pavillon de nos Armes, & d'avoir aussi un sceau, ou cachet particulier où seront gravées les Armes de notre bonne Ville de Cadix, pour s'en servir uniquement dans les Actes, Lettres, Patentes, & Commissions, qui concerneront la Regle, direction, & administration de ses affaires.

5. Tous les Vaisseaux de cette Compagnie seront exempts pendant le tems, qu'elle doit durer, de payer aucun droit, ni de tonneaux, ni d'étrangers, ni de *media-annata*, devant être considerez comme Vaisseaux de notre Royale Marine; & l'aumone pour notre College, & Seminaire de Saint Elme de cette Ville, restera au choix, & volonté des Directeurs, ANNO 1733. aussi bien que l'admission dans les dits Navires, des jeunes gens qui s'y élevent pour la navigation, auxquels les Directeurs destineront les Places de Mousses, & de Matelots, comme ils le jugeront convenable.

6. Nous donnons faculté aux mêmes Directeurs de choisir & nommer les Maitres Charpentiers & Calefats, qui leur conviendront, tant pour les carennes & radoubs, qu'autres ouvrages dont leurs Vaisseaux pourront avoir besoin; à condition neanmoins que ces Maitres doivent être de notre approbation.

7. Si pour la plus grande seureté des interêts de la Compagnie, ou pour quelqu'autre motif que ce puisse être, nous jugeons à propos de lui vendre ou fréter un, ou plusieurs de nos Vaisseaux: nous les lui accorderons, & nous ordonnons que ce soit du port, & avec les circonstances qu'elle les demandera, en convenant du prix de la vente ou du fret, entre l'Intendant & le Controleur principal de notre Marine à Cadix d'une part, & les Directeurs de la Compagnie de l'autre.

8. Nous permettons à ladite Compagnie de faire construire dans toute l'étenduë de nos Royaumes & Domaines, les Navires qu'elle voudra pour son service, & ordonnons que dans tous les endroits, où elle les fera fabriquer, elle jouïsse des mêmes franchises & exemptions, pour lesdits Vaisseaux, que ceux que l'on construit pour notre service.

9. Ladite Compagnie, pourra de même faire construire, ou acheter, s'il lui convient, dans les Ports Etrangers, les Navires qu'elle voudra pour son service, & les faire passer dans notre Port & Baye de Cadix, où elle pourra librement acheter aussi ceux qu'elle trouvera suffisants; & dans l'un & l'autre cas, nous exemptons les dits Vaisseaux du droit *d'Alcavala*, & de quelqu'autre que ce puisse être, bien entendu que cette exemption ne tombera pas sur ceux qu'elle pourra se défaire, car alors elle payera pour la vente de ceux-ci le susdit droit, ainsi qu'il est établi dans notre Royaume.

10. Tous les Cordages, Voiles, Ustanciles, Munitions & Bois que la Compagnie achetera, tant au dedans qu'au dehors de nos Royaumes, de même que les vivres necessaires à la nouriture des Equipages de ses Navires, tant pour le tems de leur carenne & armement, que celui de leur navigation, jouïront de la même franchise de droit que si c'étoit pour ceux de notre service; & pour cet effet, il lui en sera donné les dépêches ordinaires; & en cas que la Compagnie ait besoin des susdites choses, de nos Arcenaux, & Magasins, elles lui seront livrées sur leur juste valeur, par nos Officiers à qui la connoissance en appartient.

11. La Compagnie pourra établir tous les Magasins dont elle aura besoin pour carenner, & garder les Agrez, Ustanciles, vivres, & munitions de ses Vaisseaux, lesquels jouïront des mêmes Privileges dont jouïssent ceux de nos Arcenaux; mais en cas d'indice d'y avoir de la fraude, ils devront être visitez de même qu'on le pratique dans nos Arcenaux.

12. Comme il pourroit arriver peut-être qu'il ne se rencontrât pas, parmi nos Sujets le nombre necessaire d'Officiers & Gens de Mers d'Afrique & Orientales, parce que cette navigation ne leur est pas ordinaire: Notre volonté est, que les Directeurs de cette Compagnie, puissent nommer les dits Officiers & Gens de Mer, Etrangers, qu'ils jugeront à propos pour le Commandement, & Equipement de ses Vaisseaux; à condition neanmoins que le premier Capitaine de chaque Navire aura pris naissance dans nos Royaumes, & toujours pour le moins la moitié de l'Equipage sera Espagnol; de plus nous voulons qu'il soit expedié tant aux dits Capitaines qu'à leurs Lieutenants, les Commissions correspondantes au grade de Mer, & guerre, afin qu'ils soient considerez, & respectez pour tels, des Nations avec lesquelles ils auront à traiter.

13. Considerant aussi par la raison mentionnée au précédent article, qu'il pourroit ne pas se rencontrer, autant qu'il seroit besoin de personnes habiles, & intelligentes pour les negoces, achapts, & ventes, que cette Compagnie ne pourra pas se dispenser de faire dans les Domaines des Princes de l'Asie, & Afrique; pour prévenir cet inconvenient, nous permettons aux Directeurs de nommer quelques Facteurs & Commissionaires Etrangers qui soient au fait de sem-

ANNO 1733.

femblable commerce pourvû qu'ils foient de bonne réputation & de loüable conduite.

14. Les Officiers, Commiffionaires, & Facteurs qui feront nommez par les Directeurs, feront obligez d'obferver exactement les ordres, inftructions, & tout ce qu'on leur prefcrira; & y manquant ils feront griévement punis, fans que les dits Directeurs foient cenfez refponfables des operations des dits Officiers, Commiffionaires, & Facteurs, attendu qu'ils les auront choifis avec les qualitez requifes pour bien remplir leur devoir.

15. Les Directeurs de cette Compagnie pourront expedier annuellement un Navire, ou plus, felon qu'ils le trouveront convenable; & s'ils ont befoin d'y avoir quelques Troupes pour affûrer la Navigation, & contenir leurs Equipages, nous voulons bien leur accorder, en convenant auparavant, avec l'Officier que nous deftinerons, de la folde que devra donner la Compagnie, pendant le voiage, à chaque Soldat de notre Marine.

16. Etant deffendu (comme en effet nous deffendons) aux Navires de cette Compagnie de faire échelle dans les Ports de l'Amerique; cependant, fi par quelque urgente neceffité, ou forcé par les accidents de la Mer, ils font obligez de relâcher dans quelque port de nos Domaines; nos Officiers qui s'y trouveront commandants devront les confiderer comme s'ils étoient des Vaiffeaux de notre Marine & les pourvoir, à un prix raifonnable, de tout ce dont ils auront befoin pour fuivre leur voyage: & en cas qu'ils n'euffent pas l'argent neceffaire pour payer la dépenfe qu'ils y auroient pû faire, il leur fera fourni de nos Caiffes Royales, & l'Officier qui aura fait fubminiftrer cet argent, nous devra en rendre compte, en nous envoyant l'état du montant, que la Compagnie fera tenuë de rembourcer ponctuellement en notre Port de Cadix.

17. Si les Directeurs de cette Compagnie jugent à propos de faire embarquer dans leurs Vaiffeaux les Marchandifes, & fruits, qu'ils trouveront leur convenir tant de nos Royaumes que des Etrangers, pour les vendre ou échanger en nos dites Ifles des Philippines, & dans les Ports Afiatiques, ils pourront le faire librement; & à cet effet il leur fera expedié les depêches neceffaires par le Préfident du Tribunal de la Contractation des Indes, en payant feulement les droits qui ont été fixés par le projet du 6. Avril 1720.

18. Les Directeurs pourront charger dans la même forme & fous les mêmes dépêches, la quantité de cinq cens mille Piaftres fortes, en monnoye d'argent, ou plus ou moins, dans chaque Navire, felon que la nature de la negociation l'exigera, pour faire leurs emplettes de Marchandifes Orientales, qu'ils pourront conduire, & aporter dans nos Royaumes de ce Continent; & s'il arrive qu'après ces achats faits, il leur refte quelque portion dudit argent blanc, ils pourront le troquer pour de l'or, fur quoi nos Sujets trouveront une grande utilité & acroîtront leurs richeffes, attendu que l'Or donne de l'avantage par rapport à la valeur qu'il a en Europe, & que pour l'embarquement & extraction dudit argent, ils ne feront obligez de payer aucun droit.

19. Attendû que les droits d'entrée & fortie que la Compagnie fera tenuë de contribuer, devront être payez à Cadix; aucun des Officiers employez dans nos Finances de *Manila* ne prendra connoiffance d'aucuns effets, fruits, or, ni argent, qu'elle pourra embarquer ou débarquer de fes Navires dans ce Port là; mais les Adminiftrateurs, Maîtres ou Commiffionaires de ceux qui y arriveront, feront obligez d'exhiber au Préfident de notre Royale Audience des Philippines, comme Gouverneur & Capitaine General d'icelles, l'état ou facture de la Carguaifon que chaque Navire portera, laquelle facture devra être fignée par le Préfident de la Contractation de Cadix, avec l'expreffe déclaration d'y avoir payé les droits qu'on devoit de fortie, & la Compagnie aura la liberté de vendre, ou échanger les dittes piaftres & effets, foit en tout ou en partie, dans les autres Ports de l'Afie ou de l'Afrique, fuivant qu'elle le jugera à propos.

20. Nous permettons que les Navires & autres Bâtimens petits ou moyens (étant au fervice de la Compagnie) puiffent trafiquer & commercer dans les dites Ifles des Philippines, & parcourir les autres Ports & Côtes des Dépendances étrangeres, fans que nos dits Officiers de Finances de *Manlina* puiffent prendre connoiffance ni intervenir pour raifon des marchandifes qui y feront venduës achetées ou echangées, encore moins les obliger à la contribution du droit *d'Alcavala* ou de quelqu'autre que ce puiffe être: De plus ordonnons qu'il foit fourni de bons Magafins où la Compagnie puiffe mettre & conferver fes marchandifes, jufqu'au tems du départ de fes Navires pour s'en retourner en nos Royaumes d'ici, auquel effet nous ordonnons au dit Gouverneur & Capitaine General des Philippines d'aider, affifter, & proteger cette Compagnie, fes Officiers, Facteurs & Employez, pour faire librement leur commerce fans en exiger le droit de Gabelle, ni autre contribution, & auffi de ne point permettre que leurs Vaiffeaux foient arrêtés dans aucun Port, fous quelque pretexte ou motif que ce foit.

21. Si par quelque motif particulier les Vaiffeaux de cette Compagnie s'arrêtoient dans les Ports des Princes Orientaux, qu'ils y échangeaffent ou achetaffent des effets pour leur chargement, ils pourront s'en revenir en droiture dans les Ports de nos Royaumes d'Europe, fans être obligés de relâcher auparavant dans ceux de nos Ifles des Philippines.

22. Si les Navires de cette Compagnie en allant ou revenant de leur voyage, jugeoient à propos ou étoient obligés d'entrer dans les Ports de l'Afrique, & qu'il leur convînt d'y acheter quelques Negres natifs de fes climats, en argent comptant ou en échange d'effets, pour les tranfporter & vendre aux Philippines, aux Indes Orientales, ou même en Efpagne, nous le leur permettons, afin que fans aucun empêchement ils puiffent le pratiquer ainfi, à condition neanmoins qu'ils ne pourront pas tranfporter ni introduire dans l'Amerique les dits Negres.

23. Les prifes que les Navires de cette Compagnie feront dans toutes les Mers par où ils pafferont, foit fur des Pirates ou fur des Ennemis de notre Couronne, devront lui appartenir, à l'exception neanmoins d'un dixiéme pour cent de leur valeur qu'elle fera obligée de remettre à notre Trefor Royal; lequel dixiéme pour cent fera pris fur la jufte évaluation des Vaiffeaux & effets pris, que la Compagnie aura la faculté de faire vendre ou échanger pour d'autres Marchandifes, par le moyen des Facteurs ou Directeurs qui fe trouveront à leur reception, dans quelques Ports que ce foit de nos Royaumes: & fur la relation veridique que donneront les fusdits Facteurs ou Directeurs certifiée & fignée d'eux, de l'evalution des dits effets, les Officiers deftinez pour nos Finances en tireront le fusdit dixiéme pour cent, au moyen de quoi la Compagnie ne payera aucun autre droit, contribution ni Gabelle, pour raifon desdites prifes, ou venduës ou échangées.

24. La Compagnie aura la proprieté des Forteresfes, chateaux, & habitations, qu'elle pourra achetter ou négocier avec les Princes étrangers ou leurs Sujets, de même de ce qu'elle pourra conquerir ou peupler dans les lieux déferts, conformément à nos Loix contenuës dans le fusdit Recueil des Indes; à cet effet il lui fera permis d'envoyer pour fes nouvelles Colonies & pour l'éducation & inftruction des habitans, les Ecclefiaftiques, ou autres, auffi bien que toutes les Armes & munitions de Guerre dont elle aura befoin, le tout fans préjudice de notre Souveraineté Royale.

25. Les Directeurs de cette Compagnie feront obligés de produire un Manifefte de toute leur carguaifon bien circonftancié & très-veritable, devant notre dit Préfident de la Contractation ou devant la perfonne à qui fera commife l'Intendance de fes Navires, afin qu'en vertu d'icelui les dépêches, tant pour le dedans que pour le dehors du Royaume, leur en foient expediées.

26. La charge que les Navires de cette Compagnie apporteront de retour en ces Royaumes pour y être venduë & confumée devra être compofée de Cuivre, de Soye torfe, & en écheveau; de Thé, bou & vert, de Porcelaines, d'ouvrages en bois verniffé, de Pierreries, Tiffu de Coton, Poivre, Cloux de Gerofle, Mufcade, Racine de Chine, Canelle, Rubarbe, Galanga, Cacao, Gutte Gomme, Borax, Mufc, Benjoin, & autres genres & efpèces d'herbes medicinales qui puiffent être confumées en Europe: il leur fera auffi permis d'aporter dans chaque Navire les Tiffus de Soye correfpondants à la capacité de 50. Tonneaux, un peu plus ou moins, pour être vendus dans nos Royaumes, mais non pas y être confumez; notre volonté étant que la Compagnie, par elle-même ou par fes A-

Anno 1733. chetteurs, puissent les transporter chez les Etrangers & à l'Amerique, où elle pourra les faire vendre & consumer.

27. Cette Compagnie sera tenue de payer à notre Tresor Royal à l'entrée dans nos Royaumes la contribution de huit pour cent de la valeur des épiceries que ses Navires apporteront, & de cinq pour cent de celle de tous les autres genres de marchandises à proportion des taxes nommées *aforos* & des evaluations qui seront specifiées à la suite de notre présente Dépêche; bien entendu cependant qu'à l'égard des marchandises qui n'y sont pas denommées & que l'on pourroit apporter, on devra s'en tenir aux prix que les Connoisseurs y mettront, pour pouvoir en tirer les droits accoutumez.

28. Dans ces droits seront compris tous ceux d'entrée & de sortie qui ont été imposés pour les Doüanes de nos Royaumes, tant à nous appartenants, qu'aux Communautez municipales, Consulats & autres personnes particulieres, de même que les droits *d'Alcavala, Cientos, & Millions*, qui se payent pour la consommation des dites marchandises & Epiceries qui y sont sujettes; cependant nous entendons que ces droits resteront dans leur entier à l'égard des differentes espèces de marchandises qui seront apportées; & dont le commerce se fera par la main des Etrangers; & afin de prevenir les fraudes que l'on pourroit tenter de faire, à la faveur de ces graces que nous accordons seulement à la Compagnie, Notre dit Président de la Contractation, ou la personne qui le représentera, sera obligé d'envoyer à notre Doüane de Cadix une relation exacte & bien circonstanciée de tout le chargement des Navires de la Compagnie, lequel sera debarqué & mis en magasin sur la Dépêche de notre dit Président, qui aura soin d'en faire plomber toutes les pièces du sceau des Armes que nous avons accordé à cette Compagnie par l'article 4. ci-dessus.

29. Les Directeurs de cette Compagnie choisiront des magasins pour mettre en dépôt toute la charge de leur Navire; & la, ils pourront vendre publiquement au dernier encherisseur, ou en particulier, le tout ou partie de leurs marchandises pour lesquelles ils ne payeront ni *Alcavala*, *cientos*, ni aucune autre chose, attendû qu'ils auront déja satisfait les huit & cinquième pour cent expliquez à l'article 27.

30. Les Directeurs de cette Compagnie pourront (quand ils le jugeront à propos) faire embarquer pour nos Indes Occidentales les marchandises & épiceries à elle appartenantes, en payant neanmoins les droits reglés par le Projet pour les Flottes & Gallions: il leur sera également permis d'expédier avec chaque armement de Flotte & Gallions, un Navire du port de 350. tonneaux, un peu plus ou moins, sur lequel ils pourront charger leurs effets & Tissus de soye; & la place dans le dit Navire qui restera, après y avoir mis leurs effets, leur sera loisible de la fréter à des Particuliers, se reglant à cet effet sur le même Projet: mais pour le dit Navire qui ira en Flotte ils payeront 50 piastres provinciales par tonneau, & pour celui des Gallions le prix le plus moderé qui sera reglé, suivant l'usage; & ces prix, pour raison de tonneaux tant de Flotte que de Gallions, seront les mêmes auxquels les Creanciers de la Flotte de Vigo, à qui nous les avons cédez; & les autres qui pourront avoir de legitimes droits, vendront ceux qui leur appartiendront exemptans lesdits Navires du droit d'Etrangers & tiers des Proprietaires de recolte, appellé, *terçio de Coçecheros*, de la même maniere qu'il se pratique pour nos Vaisseaux: quant à ceux de la Compagnie ils devront naviguer comme les autres de Flottes & de Gallions à commencer avec les premiers qu'on dépêchera, en contribuant également aux droits préfix; & au cas que la Compagnie voulût depecher quelqu'un de ses Vaisseaux dans les Ports des Indes, elle pourra l'executer librement en observant la même regle qui se pratique avec nos vaisseaux de Flotte & de Gallions.

31. Les marchandises qui ne se vendront ni se chargeront pour l'Amerique, pourront sortir pour les Royaumes Etrangers, soit pour le compte de la Compagnie, soit pour celui des achetteurs, que nous exemptons du droit d'extraction & de tous autres impots, en consideration du benefice qui resultera pour nos finances & à nos Etats, de la vente d'icelles aux Etrangers, dont les produits avantageux ne pourront que l'être à l'enrichissement du Royaume.

32. Si les debiteurs de cette Compagnie ne payent point à l'échéance des termes, dont ils seront convenus avec les Directeurs & Facteurs, il sera procedé contre eux par les voyes de droit, sans qu'il puisse leur être accordé aucune remise, ni delai, à moins que les dits Facteurs ou Directeurs n'en conviennent. Anno 1733.

33. Les Directeurs auront la faculté de nommer à leur volonté & à la pluralité de Voix, les Tresoriers ou Caissiers, Teneurs de Livres, Secretaires, Notaires, Agents, Commissionnaires, Maitres de Navires, Officiers, Subalternes, & tous les autres, d'inferieures classes qui devront être employez au service de cette Compagnie, dans quelque operation que ce puisse être, & auront le pouvoir de les suspendre, ou casser de leurs emplois, & en nommer d'autres toutes les fois qu'ils jugeront leur convenir; car nous voulons que ceux qui seront ainsi nommez soient exempts & relevez d'approbation, caution, & d'être enregistré par aucun Tribunal, Consulat ni Maison de Saint Elme; c'est pourquoi nous enchargeons à la direction de la Compagnie d'avoir grand soin que ces nominations ne tombent que sur des personnes de bonne foy, & qui aient les qualitez requises pour l'exercice de leurs emplois.

34. Les Directeurs ne pourront pas être vexez par voye d'emprisonnement, ni arrêt, ni saisie de leurs biens ou effets, sous pretexte de leur faire rendre compte de leur Administration, ni à cause des Personnes dépendantes de la Compagnie, jusqu'à ce que la Sentence définitive soit rendûë par leur Juge competant, qui (pour ces cas & pour tous autres qui pourront survenir) devra l'être privativement notre dit Président de la Contractation; mais les jugements n'auront leur effet sur aucun des Directeurs ni leurs Subdeleguez pendant qu'ils seront employez à l'expedition de quelque Navire, dont le retardement pourroit être préjudiciable: de plus nous enchargeons très-expressément notre dit Président de la Contractation de veiller avec toute l'attention possible à la conservation & augmentation de cette Compagnie, dont nous avons tout lieu d'attendre des succès favorables pour notre état & l'avantage de nos Sujets.

35. Les Livres de la Compagnie aussi bien que ceux de ses Directeurs ne pourront pas être tirés de la maison où ils auront été établis, non plus que d'entre les mains des Caissiers par ordre d'aucun Juge, pour les inserer ou faire paroître dans quel Acte ou Jugement que ce puisse être; notre volonté étant qu'il soit donné foi publique aux certificats qu'ils donneront ou qui leur seront demandés.

36. Les Directeurs regleront tous les apointements & salaires qu'on devra donner aux Officiers, Gens de Mer & autres Serviteurs de la Compagnie, en convenant avec eux, au se porportionant au travail & merite d'un chacun.

37. Les Officiers & Gens de Mer que la Compagnie aura employés au service de ses Navires, jouïront des mêmes graces & privileges que ceux de notre Marine, & ne pourront pas être employez ailleurs, que ce ne soit du consentement de la Direction.

38. Les Officiers, Gens de Mer au service de la Compagnie ne pourront porter, ni en allant ni au retour du voyage, pour quelque motif & pretexte que ce soit, aucun argent, Denrées ni marchandises qui puissent leur appartenir, à peine d'être confisquez & appliqués au profit d'icelle, à moins que les Directeurs n'y ayent consenti par écrit; encore faudra-t-il que leurs effets soyent mentionnez dans le Manifeste du chargement, selon qu'il est exprimé ci-devant dans l'article 25.

39. Les Directeurs de cette Compagnie prêteront serment entre les mains de notre dit Président de la Contractation, d'observer & garder la fidelité en tous les points que demande le bien, l'avantage & le succès de ladite Compagnie, ensuite de quoi ils tiendront leurs Assemblées en ladite Ville de Cadix, où ils devront précisément faire leurs résidence, y rédiger par écrit un formule de Regles & d'Ordonnances pour la meilleure & plus juste direction de leurs affaires communes.

40. Tous nos Sujets, Particuliers, Corps & Communautez de quelque pays, qualité ou condition qu'ils soient, pourront prendre interêt en cette Compagnie, soit par voye de souscription, par achat d'Actions ou par quelqu'autre titre, sans que pour cela ils derogent en aucune maniere de leur Noblesse, grade ni privilége.

41. De même tous les Etrangers établis dans nos Royaumes pourront entrer dans cette Compagnie avec l'assû-

ANNO 1733. l'assûrance que les Actions qu'ils y auront ne seront point saisies, ni confisquées pour quelque cause publique ou consideration d'Etat que ce puisse être, même dans le cas de guerre ouverte avec les Princes ou Puissances dont ils seront Sujets.

42. Il ne sera pas permis de saisir les effets, ni Actions appartenantes à cette Compagnie, encore moins d'empêcher le cours de sa negociation par aucun titre, ni motif de quelque nature qu'il soit; mais en cas qu'il falût indispensablement saisir à quelque Interessé, la partie qu'il y auroit, pour lors on pourra le faire à condition que la Compagnie en sera dépositaire & responsable, jusqu'à la parfaite conclusion du motif qui aura causé la saisie: on ne pourra non plus saisir aux Officiers & Gens de Mer, que le tiers de leurs apointements, qui servira à satisfaire lesdettes qu'ils auront contractées; les deux autres tiers seront reservés pour leur entretien, afin de leur conserver les moyens de continuer le service.

43. Le fonds de cette Compagnie sera de quatre millions d'écus de huit réaux de plate ancienne provinciale pièce, qui sera partagée en quatre mille actions, chacune de mille écus, lesquelles ne pourront pas être venduës ni cedées, avant que les Livres de souscription soient complets; & ceux qui seront interessés dans la Compagnie seront reputez possesseurs & veritables propriétaires de leurs actions, qu'ils pourront vendre ou ceder après, soit par eux, ou par procuration.

44. Les susdites souscriptions pour le fonds de cette Compagnie se feront à Cadix par devant les Directeurs, ou la personne qui sera nommée à cet effet; ceux qui voudront souscrire envoyeront des billets écrits de caractere lisible, sans aucun abregé ni chifre, avec la date & lieux de leur demeure, leurs noms de Batême & de famille & le nombre d'actions.

45. Ceux qui auront part aux fonds de la Compagnie en la maniere ci-dessus expliquée, seront obligés de payer au tems des souscriptions, la quatrième partie de chaque action, & les autres trois quarts à la disposition chacun de ses Directeurs, qui selon l'exigence auront le soin d'en avertir les Interessez par des Placarts publics que l'on affichera aux endroits accoutumez; & lorsque le nombre d'actions sera complet, les Directeurs livreront d'abord aux actionaires leurs billets d'actions; bien entendu que ceux qui en negligeront le payement dans les termes prescrits, perdront, au profit de la Compagnie, la partie d'actions qu'il y auront.

46. Nous nommons pour Directeurs de cette Compagnie pendant le terme de sa concession, & qu'elle subsistera, *Don Manuel de Arriaga*, *Don Alonso Garcia*, *Don Guillermo Marce*, *Don Juan Garcia Romero*, *Don Joseph del Duque*, *Don Lorenzo Dey*, *Don Gaspar Pren y Castro*, *Don Juan Tirri & Don Juan White*, qui auront un chacun le fonds de vingt cinq actions pour le moins sous leurs noms & pour leur propre compte, libre de tous engagemens, pour servir de caution à la ditte Compagnie; & nous avons tout lieu d'esperer de leur probité, de leur experience dans les affaires, & de leur sage conduite, un heureux succès dans la Direction d'une entreprise d'une aussi grande importance pour le bien de notre Etat & de nos Sujets, & en particulier avantageuse aux interessez; mais si quelqu'un de ces Directeurs venoit à manquer à son credit, ou à remplir son devoir, par les mêmes causes il devra cesser de l'être, & sera separé de sa commission immediatement après qu'elles se rendront publiques.

47. Si quelqu'un de ces Directeurs vient à décéder, ou s'absenter pour long-tems, ou que son credit tombe absolument; dans de pareils cas, ceux qui resteront devront s'assembler pour en choisir un autre qui soit révêtu des qualitez requises, quand même il seroit Etranger, pourvu qu'il ait sa demeure fixée en ces Royaumes; mais pour honnorer d'avantage ce choix & y donner dans le public le relief qu'il merite, la personne choisie nous sera proposée, afin que son élection soit confirmée par notre Royale approbation.

48 Toutes les fois que les Directeurs auront des affaires d'importance a terminer, ou à resoudre, ils seront tous convoquez à s'assembler, & se trouvant au nombre de cinq pour le moins, ils decideront à la pluralité des voix: mais s'ils se trouvent partagez, ils citeront un des plus interessez dans la Compagnie demeurant à Cadix, dont la voix sera décisive pour la matiere dont il sera question.

49. Chacun desdits Directeurs jouïra annuellement de deux mille écus de huit réaux de platte provinciale d'apointemens, à compter du jour que le premier Navire, ou plusieurs, dépêchez par la Compagnie sortiront du Port de Cadix pour les Mers Orientales, nous reservant d'augmenter lesdits apointemens à proportion du travail que donnera l'acroissement du commerce de cette Compagnie. ANNO 1733.

50. Il ne sera point permis à aucune personne de cette Compagnie de s'en retirer, si ce n'est en vendant ou cedant ses Actions, lesquelles demeureront dans le fonds d'icelle, & seront reputées comme des biens meubles des Interessez & de leurs heritiers.

51. Au retour d'un ou plusieurs Navires de la Compagnie, venant des Mers Orientales, où leurs chargemens auront été vendus; les Directeurs auront soin de faire la répartition entre les Actionaires proportionnément aux profits & gains que les Navires auront raportés; après néanmoins le payement des dettes de la Compagnie, & qu'il sera reservé en caisse une somme suffisante pour ses besoins & faire les achats, que plus ils seront considerables, plus d'utilité il reviendra aux interessez.

52. Les Directeurs formeront tous les cinq ans, à l'usage & stile du commerce, un compte general de leur administration, lequel sera donné à notre President de la Contractation, qui, de concert avec eux, nommera une Personne habile pour examiner & faire des remarques sur les parties qu'il trouvera mal chargées ou douteuses, afin de les corriger promptement: ils devront aussi lui assigner la juste récompense que meritera son travail.

53. Les Directeurs feront savoir publiquement, soit par les Gazettes ou par des Lettres circulaires, le jour précis de la repartition des gains; afin que les Actionaires étant avertis, se rendent à Cadix pour les recevoir eux-mêmes, ou par ceux qui seront munis de leurs procurations.

54. Nous ordonnons & enjoignons expressément à tous les Gouverneurs de nos Places, Generaux & Commandans de nos Armées de Terre & de Mer, que pour quelque prétexte ou motif que ce soit, ils n'empêchent ni détiennent en aucune maniere la sortie de nos Ports aux Navires de cette Compagnie, aussi-tôt qu'ils seront prêts de mettre à la voile, encore moins leur en defendre l'entrée, lorsqu'ils y arriveront: de plus nous ordonnons qu'on ne puisse en exiger ni tirer aucun droit de contribution pour leur entrée, ou sortie, ni quel autre que ce puisse être, sous peine de nous déplaire & d'encourir notre indignation, leur recommandons d'avoir une attention toute particuliere à l'execution de cet article, que nous considerons très-necessaire & avantageux à cette Compagnie, & que nous protegeons de tout notre Royal pouvoir.

55. Toutes les fois que les Directeurs jugeront leur convenir d'augmenter ou limiter quelques articles de cette permission, pour établir & assûrer davantage le commerce de leur Compagnie, ils devront nous le proposer en exposant les motifs qui les y obligeront, afin d'obtenir notre Royale aprobation.

56. Pour témoigner l'empressement avec lequel nous desirons l'établissement & le soutien de cette Compagnie, que nous considerons très-necessaire pour l'augmentation du commerce de nos Etats, & afin que tous ceux qui voudront s'y interesser puissent l'executer sans repugnance, soupçon ni crainte; de notre propre mouvement, nous nous y interessons pour quatre cens actions, dont le Fonds se prendra de notre Tresor Royal, pour servir de commencement à celui de ladite Compagnie.

57. Si, après l'experience faite dans quelques-uns des Voyages que les Navires de cette Compagnie feront, on vient à connoitre que son commerce ne lui est pas favorable; pour lors elle ne sera plus obligée à la continuation, & par la même raison restera éteinte.

58. Nous promettons de garder & tenir à cette Compagnie pour le tems de sa concession tous les articles ci-contenus, & un chacun d'iceux en particulier, sans y contrevenir ni permettre que l'on y contrevienne en quelque façon ou maniere que ce soit: Voulant la secourir & défendre contre tous ceux qui, injustement, par voye de fait ou par quelqu'autre que ce puisse être, la molesteront ou tenteront de la molester; & d'employer en cas de besoin la force de nos Armes pour la soutenir en pleine liberté dans son Commerce & Navigation, de même que pour lui fai-

 re

ANNO 1733. re donner ample satisfaction des insultes qui pourroient lui être faites.

RELATION *des Droits que l'on devra contribuer à notre Tresor Royal dans la Ville de Cadix, tant pour les Effets chargez sur les Navires de cette Compagnie qui iront aux Philippines & autres Parties des Indes Orientales, que pour ceux qui reviendront en ces Royaumes, conformément au Projet du 5 Avril 1720. concernant les expeditions de Flottes, Gallions & Regiftres à l'Amerique, & aux* Aforos, *qui feront expliquez pour le produit des Droits que les differentes fortes de marchandifes ci-après déclarées, devront payer.*

Pour charger les Navires dans ledit Port de Cadix.

De toutes les marchandifes embalées que l'on embarquera après avoir tiré les Dépêches de notre Préfident de la maifon de la Contractation, ou de l'Officier destiné à cet effet, & à la formation des Regiftres: il fera payé à raifon de cinq reaux & demi de platte pour chaque palme, ou pan cubique, que contiendront dans leur mefure les *fardos*, paquets, balots, caiffes ou barils; ainfi qu'il eft reglé par ledit Projet.

Pour toutes les marchandifes détachées que l'on chargera, on devra païer auffi à notre Trefor Royal les mêmes droits qui font fixés, à leur quantité & poids, dans le Projet ci-deffus mentionné.

Contributions qui fe devront payer à Cadix pour l'or & autres efpeces de marchandifes aportées des Philippines & d'autres Parties des Indes Orientales.

Pour l'or en pâte, ou façonné, on payera, felon les carats de fon alloy, les mêmes droits que payent en Efpagne ceux qui en apportent, regiftrez dans les Flottes & Gallions, conformément au fusdit Projet.

Toutes les épiceries fines payeront à raifon de huit pour cent fur l'évaluation & *aforos* fuivants.

La canelle à raifon de 100. Piaftres *escudos* chaque quintal, le cloux de gerofle à raifon de 100. Piaftres de la même monnoye, le poivre 150. Reaux de platte le quintal, la mufcade 150. Piaftres le quintal, & le Cacao, felon l'*aforos* qu'il a préfentement en ces Royaumes.

Toutes les autres efpèces de Marchandifes ci-aprés mentionées, avec leur évaluation, payeront à raifon de 5. pour cent favoir.

Le cuivre blanchâtre & rouge évalué huit écus le quintal: La Soye en échevaux, à 4. écus la livre: La foye torfe & de couleur, à 4 écus la livre: Les brocards à fleurs dorées, à 17. Piaftres de 8. Reaux de plate ancienne, chaque Pièce: Les fatins à petites fleurs, à 15. écus même monnoye la Pièce: Les Damas noirs & de couleurs à 13. écus la Pièce: Les Satins unis, à 11. écus la Pièce: Les Gourgorans, ou étoffes de foye à petits careaux, à 10. écus la Pièce: Les Picots de foye, à 8. écus la Pièce: Les Tafetas doubles, à huit Piaftres & demie la Pièce: Les Tafetas minces, appellez faya, à 4. Piaftres la piéce: Les rubans ouvragez par poids, cinq Piaftres & demi la livre: Les Rubans unis, à 4. écus & demi la livre: Les Bas de foye, à 2. écus la paire: Les Taffes grandes & petites & Affietes regulieres de porcelaine, à 3. écus la douzaine de chaque efpèce, & à proportion, les autres pièces, plus ou moins de valeur qu'elles auront: Le Thé Bou & Vert, à 7. Reaux de plate provinciale la livre, l'un portant l'autre: Le Caffé, à 3. Réaux de plate, même monnoye, la livre: Les Toiles de coton à 3. Reaux de plate chaque aulne d'Efpagne: les Commodes, Cabinets & Paravents; on leur donnera les *aforos* ou taxes à proportion de leur qualité & grandeur, comme il fera expliqué ci-après, pour produire le droit de cinq pour cent: Les *Bateas* ou Corbillons en forme de grands plats de bois, auront huit Reaux de plate d'évaluation chacun: Les Evantails, à raifon de 3. écus la douzaine: Racine de la Chine, à cinq Reaux de plate la livre: La Rubarbe, à 3. écus la livre: La Galanga, à 2. écus la livre: La Gutte, à 7. Reaux de plate la livre: La Gomme, 1. Real de plate la livre: L'Atincar, à 7. Reaux de plate la livre: Le Benjoin, à huit Reaux de plate la livre: Le Mufc, à 32. écus la livre, & l'Ambre à raifon de 50. écus même monnoye la livre.

Tous les autres genres ou efpèces de Marchandifes qui ne font pas ici nommées, que l'on pourroit apporter, devront être fujets à l'évalution qui fera faite, par des perfonnes intelligentes en ladite Ville de Cadix fur le pié qu'on les y achette au Magafin; & avec l'affiftance d'Officiers ou Miniftres qui fe trouveront à leur reception & depêche, & de l'eftimation qui en fera faite, on devra payer les droits de cinq pour cent ci-deffus mentionnez. ANNO 1733.

C'eft pourquoi nous ordonnons aux Prefidens & Confeillers de nos Chambres Souveraines, Chancelleries, Audiences & autres Tribunaux, de même qu'aux Vice-Rois, Capitaines Généraux, Gouverneurs & à tous les Officiers à qui apartient & pourra apartenir la connoiffance de notre préfente Royale délibération, qu'ils l'exécutent & faffent exécuter & accomplir litteralement dans toutes les formes duës, & fans aucune interpretation quelle qu'elle puiffe être; parce que notre Royale Volonté a pour fin l'augmentation & la durée de cette Compagnie, & enjoignons de faire enregiftrer cette Dépêche aux Bureaux de nos Confeils de Caftille, Indes & Finances, afin que par iceux, les ordres requis foient expediez pour fon accompliffement, & entiere obfervation, aux Lieux & Bureaux de leurs Jurifdictions refpectives. Donné à Seville le vingt-neuviéme Mars mil fept cens trente trois

YO EL REY.

DON JOSEPH PATINHO.

CHAPITRE V.

Du Projet Royal du cinq Avril mil fept cent vingt, contenant les droits de fortie d'Efpagne, que les Marchandifes & denrées qu'on embarque pour les Indes doivent payer.

Pour faciliter le Commerce en le foulageant dans la contribution des droits, par une jufte proportion d'équité & d'égalité a la valeur des effets & denrées qu'on embarque pour les Indes, les reglant d'une façon que les Dépêches en foient abregées & faciles, fans que le Commerce en puiffe fouffrir la moindre peine ni retardement, foit pour les Vaiffeaux, ou autres Bâtimens, qui vont dans quelque endroit que ce foit d'Amerique; nous avons ordonné qu'on reglât les droits dans les formes qui feront fpécifiées; prevenant que tout le poids dont il fera fait mention doit s'entendre poids de Caftille, net, jufte: & pour ce qui regarde la monnoye de fa contribution, elle confiftera en Reaux de plate anciens, qui feront payez comptant dans les Villes de Seville & Cadix, au tems qu'on embarquera les denrées & Marchandifes, comme il eft marqué dans le Chapitre III. & ils payeront en forme de droit pour chaque pan ou palme cube cinq Reaux & demi, comme auffi à proportion de la mefure que pourront contenir chaque *fardo*, Balle ou ballot, Caiffe, demie charge, paquet, ou baril de Marchandifes; lefquels ayant fubi l'examen & fatisfait à la mefure, ne feront point ouverts pour reconnoître ce qu'ils contiendront.

Le fer en barre, plat, quarré, en forme de grillage ou maffuë, payera 4. Reaux par quintal en tous lieux.

Le fer, en forme de hache, pêle, pioche, ou maniere de figure courbe fans travail, payera 6. Reaux le quintal.

Le fer, en gros cloux, de poids & par compte, payera 10. Reaux le quintal.

Les fers à Cheval & les cloux qui y correfpondent, payeront 9. Reaux le quintal.

L'acier payera 16. Reaux le quintal

Le Plomb à tirer payera 6. Reaux le quintal.

Le fer blanc payera 32. Reaux le Baril ordinaire, contenant 453. feuilles.

Le fil d'archal payera 15. Reaux le quintal.

La Cire en pain payera 10. Reaux l'arobe, ou quart de quintal.

Le Papier commun, feparé ou en ballot, payera 2. Reaux la rame.

Le Papier de la petite marque payera 4. Reaux la rame.

Le grand Papier, & à la grande marque, payera 6. Reaux la rame.

La Toile cruë, ou de menage, payera 6. Reaux la Pièce.

La Toile claire feparée payera la même chofe.

La Crée d'Hambourg payera 8. Reaux la piéce.

Les Toiles bleües & blanches, qu'on appelle *Creas liftadas* des ordinaires, contenant 80. à 90. aulnes d'Efpagne, payeront 16. Reaux la piéce.

Les Toiles pour les matelats, qu'on appelle façon de Damas, payeront 4. Reaux la piéce.

Les Fleurets de fil, feparez, payeront un Réal & demi la douzaine.

Ficel-

ANNO 1733.

Ficelles & autres Cordages de chanvre, payeront 10. Reaux le quintal.

Peaux de Vaches de Moscovie, payeront 20. Reaux le rouleau, composé de six peaux.

La Canelle payera 20. écus le quintal.

Le Poivre payera 12. Reaux l'arobe.

Les plumes à écrire 4 Reaux le millier.

Le souffre payera 5. Reaux le quintal.

Le Vert de gris en pain, payera 16. Reaux l'arobe.

Le blanc d'Espagne ou Ceruse, 6. Reaux le quintal.

La Couperose trois Reaux & demi le quintal.

L'Anis & la Sesane en simple pain 3. Reaux le quintal.

Les Drogues d'Apotiquaire, simples, chaque caisse une demie charge 16. Reaux, chaque cantine du port ordinaire 8. Reaux, chaque baril d'un demi quintal 12. Reaux, & celles qui seront dans des facs, payeront 9. Reaux le quintal, le tout devant être reconnû au tems de l'embarquement.

Les Drogues ou Medicaments, composez, chaque Caisson d'une demie charge, payera 8. Reaux.

Chaque Cantine du port ordinaire 4. Reaux.

Chaque Baril d'un demi quintal 4. Reaux.

Le tout étant reconnu dans les formes ci-dessus mentionnées.

Livres d'Impression d'Espagne, 5 écus chaque caisson d'une charge, les ayant auparavant reconnus.

Livres d'Impression Etrangere 20. écus chaque Caisson, les visitant aussi.

Les Raisins secs 6. Reaux le baril d'un quintal, en les reconnoissant auparavant.

Amandes, 32. Reaux le baril du même port, qui sera aussi reconnu.

Capres & Olives, 2. Reaux chaque petit baril.

Le vin, un Réal chaque urne, contenant une arobe & un quart, ou dix pots de Camp; cinq Reaux le baril de quatre arobes & demie, à huit pots de Camp l'arobe, & 28. Reaux la pipe ou tonneau de 27. arobes & demie.

L'Eau de vie 36. Reaux, la pipe contenant 27. arobes & un quart.

L'huile, un Real & demie l'arobe, mis dans des urnes.

Savon, 4. Reaux le quintal.

Lavande, Origan, Romarin, & Reglisse mis en facs deux Reaux le quintal.

Tout le reste des Marchandises dont il n'est pas fait ici mention, seront comprises dans la règle de la mesure du palme, & seront tenuës d'en payer le droit pour éviter la confusion, en prevenant que quiconque voudra introduire dans les Caissons ou barils, autre sorte de Marchandises que les nommées ci-dessus, & que produira le Certificat de celles qu'il a vendu, sera compris dans la fraude, & par consequent subira la peine de l'omission, qui est déja specifiée au sujet des Marchandises qu'on tâche d'embarquer de la sorte: l'Officier ou Ministre qui contribuëra ou aidera à un semblable embarquement, ou le dissimulera, le sachant, doit être prévenu des mêmes avertissements & subira les mêmes peines en y contrevenant.

CHAPITRE VII.

Dudit Royal Projet, par lequel Sa Majesté ordonne & fixe les droits que doit payer l'or, qui sera transporté de tous les endroits de l'Amerique.

On payera pour tout ce qui s'apelle or, soit monnoyé, en lingots, ou travaillé, à raison de deux pour cent.

CLXV.

27. Avril. *Confœderatio Generalis omnium Ordinum Regni Poloniæ & Magni Ducatus Lithuaniæ in Convocatione generali Varsoviensi die 27. mensis Aprilis, Anno Domini millesimo supra septingentesimum trigesimo tertio sancita.* [Copie autentique communiquée.]

C'est-à-dire,

Confederation generale de tous les Ordres du Royaume de Pologne & du Gr. Duché de Lithuanie, dans la Convocation Generale à Varsovie, le 27 Avril 1733.

ANNO 1733.

NOs Senatores Regni Poloniæ ac Magni Ducatus Lithuaniæ, nec non Provinciarum ad Illas pertinentium Spirituales, & Seculares, Nuntii Terrestres & reliqui Status omnes, uti unica & indivisa Respublica post inevitabilia Fata Memoriæ non intermoriturae Serenissimi Regis Augusti Secundi Domini Nostri in Convocationem Varsaviensem a Celsissimo Principe Theodoro Potockio, Archi-Episcopo Gnesnensi, Regni Poloniæ & Magni Ducatus Lithuaniæ Primate ex Senatus Consilio pro die vigesimâ septimâ Aprilis anni præsentis millesimi, septingentesimi, trigesimi tertii assignatam congressi ad perpetuam Rei memoriam & secuturam Posteritati Imitationem, ut & ad Notitiam omnium & singulorum, quibus ea scire interest, significamus.

I. Siquidem omnium Regionum firmum & stabile fundamentum in vero DEO, Luctu ac Sanctâ Religione consistit, igitur per hanc Confœderationem Nostram Juribus & Privilegiis Orthodoxæ Romano-Catholicæ & Ritûs Græco-Unitorum Ecclesiæ, Nemini derogare concedimus; quinimò, uti in hoc Orthodoxo Regno exoticos detestamur cultus, ita Detentionem Sanctæ huius Ecclesiæ Catholicæ Romanæ & Immunitatum illius Exemplo Prædecessorum Nostrorum pollicemur, & Easdem manutenere velle profitemur.

II. Dissidentibus autem (tam in Regno quam Magno Ducatu Lithuaniæ) in Religione Christianâ Pacem juxta antiquas Confœderationes & præcipue juxta Constitutionem Anni Millesimi, Septingentesimi, Decimi Septimi ac Securitatem Bonorum, Fortunarum & æqualitatis Personarum cavemus, ita tamen, ut saltem in Congressu Nuntiorum, in Tribunalibus & in Commissionibus activitate careant, & Congressus suos privatos seu Conventicula jure prohibita, & officia Regni & Magni Ducatus Lithuaniæ, Palatinatuum, Terrestria & Castrensia (salvis modernis Possessoribus) non teneant, nec ullas Protectiones per se & Ministros apud Exteros Principes quærant, sub severis Jurium pœnis in Perduelles constitutis.

III. De Arianis verò, Quakeris, Memnonistis, Anabaptistis & Apostatis, omnes antiquiores Leges specialiter Confœderationem anno millesimo, sexcentesimo, septuagesimo quarto sancitam, in toto reassumimus, & firmiter in omnibus & singulis Punctis observandam statuimus.

IV. Et quia Tempus præsens Rege deficiente variis expositum est periculis, omnes in hoc Congressu generali Varsaviensi curavimus, ut Exemplo Prædecessorum Nostrorum Ipsi inprimis inter Nos Pacem habeamus, & postea, Justitia, bonus ordo & Defensio Reipublicæ conservetur, tandemque illud, quod Emendationem Jurium Reipublicæ & eorundem Deviationem concernit, in suum Ordinem redigatur. Quoniam verò propter breve temporis spatium eò perveniri non potuit, totum & integrum hoc negotium ad futuram DEO dante Electionem reservamus, & tunc ante Nominationem novi Domini easdem corrigere & abolere volumus, reassumentes plenarie in hoc Puncto Exorbitantium Confœderationem Anni millesimi, sexcentesimi, Trigesimi secundi.

V. Pro firmo ac perennaturo in Posteritatem fundamento felicitatis publicæ proponimus Nobis, & mediante hac Generali Confœderatione juratâ sub fide, honore & Conscientiis Nos obligamus, quod futurum Regem Dominum Nostrum verum Natione Polonum & Romano-Catholicum ex utrisque Parentibus Orthodoxæ Fidei progenitum, nulla Dominia, vel Provincias hæreditarias, nec Exercitum proprium ultra fines Regionum Nostrarum habentem, unà cum Reginâ Catholicâ (& nullius alterius avertat DEUS! Religionis) eligemus, alios autem etiamsi Indigenatu gaudentes, nominare, promulgare, & ad Thronum promovere nolumus, semperque insimul Jura & Privilegia Orthodoxæ Romano-Catholicæ & Ritus Græco-Unitorum Ecclesiæ (& nullius alterius) omnibus viribus Nostris manutenebimus, & ad defensionem pro Sanctâ hac Ecclesiâ, nec non pro liberâ Regum & Dominorum Nostrorum Electione fortunas ac vitam Nostram impendere, hac Confœderatione Nostrâ invicem spondemus.

VI. Ac prouti semper poscit tutas dulcis Concordia mentes, ita, dum ab unione cordis & animorum

ANNO 1733. optatus eventus omnium Consiliorum Nostrorum dependet, hinc stabili & concordi suffragii vinculo Sacro-Sancto omnes unanimiter sub fide, virtute & honestate spondemus, atque pollicemur, quod nullam omninò inter Nos Scissionem, vel dispartitionem facturi, aut velut una pars absque altera Dominum sibi eliget, aut factione privatâ utetur, nec alium per fraudes, vel semet ipsum, in detrimentum liberæ Electionis, vel pecunias, tam proprii commodi quam faciendarum partium causa sumendo, vel etiam promissæ apud futurum Dominum Benevolentiæ litando, Regno potiri faciet; Non aliter verò ullius Domini Electioni assensuri, nisi quem liberis suffragiis nemine contradicente, elegerimus. Et quod si aliquis, vel Senatorum Spiritualium, vel Secularium, vel Officialium Regni & Magni Ducatus Lithuaniæ, ut & ex privatis personis, sine unanimi Consensu omnium Ordinum Regem nominare auderet, talem Nos quemcunque pro hoste Patriæ habere volumus, nec prius Celsissimus Princeps Primas ad Nominationem Regis accedet, nisi antea tribus vicibus quæsiverit, num omnium Consensus adsit? numque omnibus Exorbitantiis satisfactum fuerit? Insuper etiam cum hac expressa Conventione, Eum Nobis omnia Jura, Libertates & Privilegia Nostra. per Serenissimos Reges & Dominos Nostros Nobis concessa, & quæ per Pacta Conventa ante Denuntiationem post Juramentum ipsi porrigemus, non immutando illud (nisi in hoc quod fidei Sanctæ Romano-Catholicæ contrarium fuerit) a Juramentis Serenissimorum Regum Polonicorum, Sigismundi Augusti, Henrici, Stephani, Sigismundi Tertii, Vladislai quarti, Johannis Casimiri, Michaëlis, Johannis Tertii & Augusti Secundi recenter decessi, Regno & Magno Ducatui Lithuaniæ, nec non annexis & incorporatis Provinciis in Coronationibus Eorundem præstitis, & post hoc Juramentum per Constitutiones Comitiales omnia isthæc Jura, Libertates, Facultates & Privilégia (exceptis, quæ Sanctæ Fidei Catholicæ adversantur) corroboraturum fore.

VII. Cavemus Nobis & hoc & speciali ratione junctim obligamus Nos sub fide, honore & Conscientiis Nostris, ut si forte aliquis Exterorum Principum, vel Civium hujus Reipublicæ per Co-intelligentiam & illicita media in præjudicium Jurium & Libertatum Nostrarum ratione liberæ Electionis conditarum, Nobis invitis per potentiam quempiam, vel semet ipsum inthronisare, & Nos ipsos per hoc confundere præsumeret, contra quemlibet ejusmodi omnia studia & vires Nostras convertere, unus alterum non deserere, sed tamdiu in hoc Nostro vinculo indivulsi persistere velimus, quamdiu Respublica per liberam Electionem Regis pacificata non fuerit. Contra quemlibet ergo violatorem Libertatis Nostræ & Jurium tam antiquorum (quæ omnia reassumimus) quam etiam in modernâ Nostrâ Confœderatione Statutorum omnes consurgemus, & quamdiu vita, opes & sanguis Nobis non deficiet, Nos opponemus, absque ullâ Scissione aut divisione tam Coronæ a Magno Ducatu Lithuaniæ, quam Magni Ducatus Lithuaniæ à Coronâ, nec non aliarum Provinciarum incorporatarum Palatinatuum, Terrarum & Districtuum, ut una & indivisa Respublica.

VIII. Animadvertentes autem providâ Circumspectione omnes necessitates, Commoditates & Circumstantias circa hunc Actum Electionis, quatenus in omnibus, quantum possibile, cunctarum Ditionum Coronæ & Magni Ducatus Lithuaniæ Commodo prospiciatur, unanimi Consensu Dominorum Senatorum & Nuntiorum terrestrium ad hanc Convocationem congregatorum & in virtute Laudi præsentis Congressus assignamus tempus huic Electioni diem vigesimam quintam Augusti anni currentis millesimi, septingentesimi, trigesimi tertii, convocando ad ipsam omnes Status Reipublicæ (exceptis jure victis) Generali Conventu absque apparatu pro Expeditione bellicâ usitato, solam saltem electricem Nobilitatem, salvis Juribus Terrarum Prussiæ ac Civitatum Majorum, & Ducatuum Satoriensis, Oswiecimensis atque Masoviæ, tum Palatinatuum Kyoviæ, Podlachiæ & Terræ Lucoviensis, nec non aliorum Palatinatuum in Confiniis Turcarum existentium; Magno Ducatui Lithuaniæ verò modus præsentiæ ad hanc Electionem secundum bene placitum Fratrum in Comitiolis Relationum regulari conceditur, prouti comparere voluerint, sive viritim sive alio modo. Constituimus etiam, ut illi, qui in diversis Palatinatibus, Terris & Districtibus tam in Regno, quam in Magno Ducatu Lithuaniæ suas Possessiones habent, & ipsi personaliter huic Electioni ex quavis Provincia, Palatinatu, Terra vel Districtu aderunt, jam ulterius nullatenus respectu Bonorum in aliis Provinciis, Palatinatibus, Terris & Districtibus habentium homines, secundum Constitutionem Anni Millesimi, Sexcentesimi, Vigesimi, Sexcentesimi Vigesimi primi & Millesimi, Sexcentesimi Trigesimi secundi non sint expedituri, qua in re ipsis nullæ Consuetudines particulares & Exceptiones Palatinatuum, Terrarum & Districtuum præjudicare non debebunt. Et hæc prædicta Electio quidem quam brevissime finiri debet, quod si autem cito non finiretur, nullo modo tempus Comitiis Ordinariis præfixum, scilicet spatium sex septimanarum excedere debet. Civitates verò, quæ Privilegiis dandorum pro novo Domino Suffragiorum gaudent, hæc eadem Jura in futura Electione demonstrare debent. ANNO 1733.

IX. Et quoniam peractis infelicitatibus nunc demum Patria Nostra incepit adversam placare fortunam, hinc, ne antiquæ renoventur Ruinæ, cavemus Actu præsenti, ut Palatinatus, Terræ & Districtus tam Regni, quam Magni Ducatus Lithuaniæ ad futuram Electionem tendentes, quilibet sua ratione vivendi & sumtu, absque inutili multorum hominum Comitatu, solita via, pro omnibus secundum possibilitatem Conventionis in rebus emendis exsolventes ad Varsaviam in Loca Palatinatibus, Terris & Districtibus usu antiquo destinata perveniant, nullaque in via exerceant damna.

X. Et quidem Illustres Senatores, Colonelli & Centuriones in Regno & Magno Ducatu Lithuaniæ, uti & Senatores, vel cui juxta antiquas Leges competit, secundum Jura & Prærogativas suas hic demum sub Varsaviâ Vexilla Districtuum suorum erigere tenebuntur. In Transgressores præsentis Statuti (quod quidem justitiam, modestiam & methodum viam peragendi concernit) rigorem in Constitutione Anni Millesimi, Septingensimi, Vigesimi primi Titulo: modus Universalis Congressus. Nec non in Confœderatione Generali & Descriptione Ordinis Electionis Anni Millesimi, Sexcentesimi, Septuagesimi Quarti expressum ad præsentem Actum applicamus & reassumimus. Et si cuipiam non fuerit satisfactum de injuriis in Loco Transitus sibi factis, Forum habere debet in Capturalibus generalibus, quæ juxta Præscriptum antiquarum Confœderationum & præcipue Anni Millesimi, Sexcentesimi, Septuagesimi quarti, primo die Electionis præfixo per Magnificos Mareschalcos Utriusque Gentis formari debent, quod idem Forum specialiter Palatinatibus Masoviæ & Podlachiæ cavetur.

XI. Locum huic Electioni Ordinarium inter Varsavam & Wolam, ubi tempore præteritorum Interregnorum Electio peragi solebat, penes consuetum Nubilare & fossas ad congreganda Consilia designamus.

XII. Electionem autem Mareschalci Equestris Ordinis in futura DEO dante Electione futuri Regnantis juxta antiquiorem usum & praxin Palatinatibus, Terris & Districtibus harum Regionum concedimus, ita tamen, ut in futuris Comitiolis Relationum, vel dum Varsaviam pro eadem Electione advenerint, inter se conveniant & decernant, qua Methodo hæc Electio Mareschalci Equestris Ordinis perfici debeat, hac tamen præcustoditione, ut si prima die præfata Electio ad finem perduci non potuerit, propter Urgentes Reipublicæ Necessitates & eo maturiorem futuri Regis Electionem, eadem quam brevissimè finiri debeat.

XIII. Ratione progrediendi ad hanc Electionem futuri Regnantis ut & Securitatis publicæ sub tempus ejusdem Actus, nec non respectu Assistentiæ & servorum omnes antiquas Confœderationes & Descriptionem Ordinis Electionis Anni Millesimi, Sexcentesimi, Septuagesimi quarti per Status Reipublicæ factas, in toto reassumimus, secundum quas Confœderationes & Ordinem circumscriptum tam Concives Regni, quam etiam Nuntii Exotici, nec non cujusvis Conditionis homines & Incolæ Urbium, Villarum & Suburbiorum Varsaviensium regulari tenebuntur, sub rigoribus in modo dictis Confœderationibus & Articulis delineati Ordinis Electionis expressis.

XIV. Quoniam Respublica tempore moderni Interregni magnas expensas facere necessitatur, itaque Oeconomiæ tam Regni & Lithuaniæ, quam in Palatinatibus Prussicis existentes, nec non Administrationes principaliores Salifodinæ, Telonea, Portoria Gedanensia & alii omnes Oeconomici Proventus Mensæ Regiæ & Reipublicæ, ut a Magnificis Thesaurariis

Utri-

ANNO 1733.

Utriusque Gentis sine quavis cujusvis præpeditione secundum Jura ipsorum teneantur & recipiantur; Magnifici autem Regimentarii utriusque Nationis in casu alicujus necessitatis & præpeditionis ipsis Assistentiam præbeant, præsenti Actu cavetur, qui quidem Magnifici Thesaurarii de perceptis proventibus Calculationem reddent & hoc præcavere debebunt, ut Bona Mensæ Regiæ nullæ ruinæ subjiciantur, ne futurus Regnans egeat.

XV. Et quia salus interna in Concordia & reciproca Civium Confidentia, ut & in securitate omnium Bonorum & Præsidiis Propugnaculorum limitaneorum, Militia Reipublicæ & Commendantibus instructis fundatur, hinc Magnifici Regimentarii Utriusque Gentis Custodias vigilares exponent, copias per Palatinatus ad dissipandos Cœtus insolentes collocabunt, nec non Castella Præsidiis & bonis Præfectis providebunt.

XVI. Arcis Cracoviensis Præsidium sub præsenti Interregno ducentis militibus de Corpore militari, & centum de Corpore & Regimine Oeconomico ab antiquo ibi existere solitis, augmentatur, quibus portionibus ex Thesauro Regni sub Interregno tantummodò ex Bonis Oeconomicis ad Assignationem Celsissimi Principis Primatis solvendum est, obligando fide publica honore & Conscientia Dominum Capitaneum Cracoviensem, ut Arcem hanc cum Insigniis nemini, nisi qui omnium Ordinum Consensu sine Scissione Rex Poloniæ electus fuerit, tradat; Magnificus autem Generalis Artilleriæ Regni ammunitione & Tormentis pro sufficientia Arcem hanc providere, nec non Administratio Generalis Cracoviensis per eundem fulcimentis firmari debet.

XVII. Militia Grand-Muskieterow ex Nobilitate Regni Lithuaniæ & Provinciarum annexarum secundum Regulamen per Officialem exhibitum & manibus propriis Celsissimi Principis Primatis ut & Magnifici Mareschalci Comitiorum præsentis Convocationis subscriptum ad ulteriorem Dispositionem Reipublicæ ex Bonis Oeconomicis sub præsenti Interregno sustentanda est, quorum Officiales & ipsimet sub amissione Functionum suarum fidelitatem Reipublicæ coram Illustrissimo supremo Mareschalco Regni jurare & sub Commenda ipsius stare debent.

XVIII. Cursus modernarum Contributionum pro regulari exsolutione Exercitus temporibus & locis in Constitutione anni 1717. descriptis, ut sub rigoribus ibidem expressis observetur, (salvis Decretis Tribunalitiis Regni Radomiensibus de hac exsolutione latis) cavemus, qui quidem Exercitus tam Regni quam etiam Magni Ducatus Lithuaniæ, siquidem regularem (modo quo supra) de Republicâ solutionem accipit, ne ullas conspirationes & turbas faciat, sub pœnis Constitutionibus annorum 1601. 1609. 1623. 1699. & 1717. sancitis serio prohibemus, semotâ abhinc omni spe Amnestiæ, & Illustribus Regimentariis utriusque Gentis attendentiam hujus & animadversionem ac extendentiam pœnarum suprascriptis Constitutionibus decretarum super delinquentes in hocce Exercitu commendamus.

XIX. Quia per Constitutiones Annorum 1622. & 1649. ut & alias, nec non Pacta Conventa Serenissimi Regis Johannis III. Anno 1674. præcustoditum est, ne Serenissimi Reges Nostri sine Consensu omnium Ordinum non solum Ipsi ullum Exercitum aut Copias conducant, sed etiam ut nemini ejusmodi Exercitum vel potius Militiam colligendi facultatem concedant, simulque secus facientes pro infamibus, perduellibus & invindicabilibus capitibus declarati fuerunt, igitur, ne tempore præsentis Interregni, dulci & illæsa pace gaudentis, nemo cujuscunque Dignitatis & Conditionis ille sit, ad commovendam & turbandam publicam & domesticam tranquillitatem sine Consensu totius Reipublicæ homines Polonici vel Extranei Auctoramenti, nec non conterminos Exercitus conducere, vel Turmas vagabundas colligere audeat, præfatas Constitutiones in toto reassumimus seriò itaque prohibendo tales (etiam Laudis Palatinatuum, Terrarum & Districtuum comprobatas) militum Conscriptiones pœnas in Transgressores hujus Juris supra expressas confirmamus.

XX. Et sicuti cum omnibus Potentiis finitimis Pacta inita Tractatibus obfirmata sub præsenti Interregno & quocunque alio tempore inviolabiliter conservantur, & Serenissimi Reges Nostri nec Bellum inchoare nec Pacem inire, nec Colligationes & Fœdera cum Extraneis Monarchis sine Consensu totius Reipublicæ in Comitiis juxta Constutiones Annorum 1632. & 1646. ac juxta formam Regiminis Nostri ullatenus sancire possunt, & ad hoc præstatione Juramentorum super Pacta Conventa cum Concursu omnium Ordinum obligantur, ita & futurum (DEO dante) Regnantem ad conservandam firmo & inviolabili nexu eandem Pacem per Rempublicam Tractatibus firmatam & ad ejusdem præsenti Actu assecuratam manutentionem cum omnibus istis Monarchis, similiter Pactis Conventis firmiter jure-jurando obligabimus, & pro Cardinali Jure ponemus, ne ullis inter vicinas Potentias Machinationibus contraria Statibus & Dictionibus Reipublicæ ratione & modis sese immisceat. Et prout Nos pro Nobis & Serenissimis Regibus Nostris vicinæ Amicitiæ & Pacis observantiam finitimis Potentiis cavemus; ita casu, quo aliquis vicinarum harum Potentiarum mutuam Amicitiam & Pacta non servare, vel ea quovis colore & prætextu violare, & Exercitus in viscera Regni & annexas Provincias introducere auderet, in hoc casu propter providendam defensionem cuique naturaliter licitam Celsissimum Primatem obligamus, ut cum præsenti tunc temporis Senatu ad Generalem Congressum sine divisione Belli Edicta promulget, & intervenientibus (avertat DEUS) præmissis ad omnes Monarchas Christianos & alios (protestando de violentis attentatis) literales Expeditiones emittat, subsidia per diversionem Belli tantummodo exposcat, & Tractatuum omnium Potentiarum cum Republicâ & in tuitionem securitatis ipsius factorum mentionem faciat.

XXI. Quæ omnia confirmando, ut Orbi universo ostendamus & Posteritati exemplum demus, qualiter Jura & Libertates Nostras observamus, & intaminate Easdem conservare volumus, nec finitimis Dominis permittimus, ut iisdem ad Interesse ipsorum privatum usurpent, hic statim præsentes, qui ad hanc Convocationem congressi sumus, talibus Juramentis corporalibus ea roboravimus, scilicet Celsissimus Princeps Primas.

Ego N. juro DEO omnipotenti in Sanctâ Trinitate unico, quod in futurâ Electione Regem Natione Polonum, prout Ille in Confœderatione præsenti est descriptus, nominare & eligere, nullas in favorem Extraneorum & liberæ Electionis contrarias Factiones practicare, & contra illum, qui Sacrosanctum hoc Fœdus rumpere conaretur, assurgere, & ipsum pro Inimico Patriæ habere velim: sic me DEUS adjuvet & innocens Filii ejus Passio.

Juramentum Illustrissimorum Dominorum Episcoporum.

Ego N. juro quod in futurâ Electione Regem Natione Polonum, sicut ille in præsenti Confœderatione descriptus est, nominare & eligere, nec Jus Primatiale (avertat DEUS) si quando ad Scissionem in Republicâ perveniret, meâ particulari Nominatione violare, & contra talem, qui Sacrosanctum hoc Fœdus rumpere præsumeret, assurgere, & ipsum pro hoste Patriæ habere velim, Factiones nullas cum Extraneis faciam; sic me DEUS adjuvet & innocens Filii ejus Passio.

Juramentum Dominorum Senatorum, Ministrorum, Nuntiorum & omnium Statuum.

Ego N. juro quod in futura Electione Regem Natione Polonum, ut ille in Confœderatione modernâ descriptus est, nominare & eligere, nullas Factiones in favorem Extraneorum (immò ipsos excludendo) in præjudicium liberæ Electionis Poloni practicare, & contra eum, qui Sacrosanctum hoc Fœdus rumpere præsumeret, assurgere, & ipsum pro hoste Patriæ habere velim; sic me DEUS adjuvet & innocens Filii ejus Passio.

At Reverendus Custos Coronæ suo Juramento addidit: Quod Coronas harum Regionum fideliter Reipublicæ custodire, & Nemini alii ad coronandum extradere velim, nisi illi Poloniarum Regi, qui ab omnibus Statibus Reipublicæ libere electus fuerit.

XXII. Utque hoc Juramentum ad effectum uti inter æquales in Republicâ Cives perveniat, tale Jus con-

condimus, & hoc Nobis pollicemur, ut quicunque futuræ Electioni adesse voluerit, cujuscunque Status & Præeminentiæ ad Consilia publica & ad suffragium Nominationis futuri Regis admitti non debeat, nisi prius per Palatinatus, Terras & Districtus in Comitiolis Relationum coram Senatoribus, aut deficientibus Ipsis coram Mareschalco, (qui hæc Juramenta connotare debent) vel etiam in principio Electionis coram Delegatis ex Senatu & Ordine Equestri ad hoc constitutis, secundum Formulam præsenti Confœderatione sancitam implere nolit, rigori Confœderationis circa hoc punctum in Anno 1688. descripto & nexui præsentis Confœderationis subjacere tenebitur. Illis verò, qui modò juramus, subscriptio cujusque in Confœderatione præsenti documento expleti Juramenti erit.

XXIII. Ducatus Curlandiæ, uti Feudum Reipublicæ, ut ab externis prætensionibus liberetur, & Princeps Ferdinandus vigore Investituræ Possessionem Ducatus hujus quam celerrime adire, & recognitionem sui ab Incolis Curlandicis cum debitâ obedientia obtinere possit, similiter & Eliberationem Territorii Elbingensis & Pignorum Reipublicæ Regestro specificatorum, nec non reluitionem Capitaneatus Drahimsciensis secundum mentem Constitutionum Anni 1726. Celsissimo Primati unà cum Senatoribus præsentibus ad expediendas Conferentias cum Extraneis Ministris utrumque hoc Negotium commendamus. Celsissimo vero Principi Christophoro Szembekio; Episcopo Varmiensi, Commissionis Curlandiæ Præsidi, tam pro opera ibidem præstita, quam etiam pro abductione Coronarum & Archivi Cracoviam, nec non & aliis Commissariis ad eandem Curlandiam destinatis pro labore & sumtibus propter servitium Reipublicæ de proprio ære expensis omnem spondemus gratitudinem. Eundem illum Ducatum Curlandiæ & Livoniæ circa Exercitium Augustanæ Fidei juxta Constitutionem Anni *1726* cum cæteris Ritibus securum reddimus.

XXIV. Uti Capturalia Judicia in Palatinatibus, Terris & Districtibus tam in Regno quam in Magno Ducatu Lithuaniæ; & causæ ad hæc Judicia pertinentes, Antiquis Confœderationibus singulatim Anni 1674. circumscripta sunt, & securitas Judicibus & reliquis personis Familiarum earundem, nec non aliis euntibus ac redeuntibus de hisce Judiciis cauta fuit, ita & præsenti Convocatione hæcce Jura, quæ quovis modo Capturalia & Executiones Decretorum concernunt, valere volumus, imò eadem plenarie reassumimus, cavendo insuper, quod fatalia Juris & præscriptiones durante præsente Interregno nemini nocere debeant.

Excipiuntur tamen

Ab his Judiciis Capturalibus Delinquentes Plebeji & Civitatenses, quos Civitas ipsa juxta antiquas Leges sine composito Judicio judicare debet.

XXV. Omnia Regni & Magni Ducatus Lithuaniæ Tribunalitia, Castrensia & qualiacunque aliorum Judiciorum in quibusvis causis Decreta & Executiones, quæ a die mortis Regiæ usque ad publicationem in hoc Districtu, ubi Bona consistunt, Universalium Celsissimi Principis Primatis emanarunt, tale & legitimitatem habere debent, ac si ante fata Regia lata essent, non præcludendo tamen viam ad tollenda Decreta in contumaciam & vim Legis sapientia in Tribunali & aliis Dicasteriis obtenta.

XXVI. Alterum, siquidem post publicationem Universalium Celsissimi Principis Primatis in Regno & in Magno Ducatu Lithuaniæ, ex communi Status Nobilium illius Palatinatus, Terræ & Districtus Consensu Libri Castrenses aperti sunt, hinc omnes Inscriptiones ad rei memoriam & Chirographariæ, ut & Testamenta, Protestationes & Relationes illis insertæ valorem habere debent, & sicuti hactenus, libri prædicti clausi forent tam in Regno quam in Magno Ducatu Lithuaniæ, abhinc Officium Castrense illos aperire, & cuilibet liberum ad illos accessum concedere debet, omnesque causæ ad Acta sub Interregno susceptæ eandem Auctoritatem uti sub Regimine præteriti Regis habere debent.

XXVII. Domini Capitanei Jurisdictionem habentes, qui de piæ memoriæ Rege Privilegia ad Capitaneatus vel Cessiones cum Consensu præfati Domini habent, & nondum jurarunt, nunc sub Interregno coram Judicibus Capturalibus sui Palatinatus, Terræ vel Districtus, Officium Castrense autem coram eodem Capitaneo suo ibidem Juramenta præstare debent, (quæ iidem Magnifici Capitanei futuro (det DEUS) Regi iterare tenebuntur) post hoc verò Juramentum Acta tam prædicti Capitanei & Castrum Nakielscense aperient, insimul & modernus Capitaneus Nakielscensis (uti jam post præstitum hoc Juramentum) Judicia Capturalia feria secunda post Festum Sancti Johannis Baptistæ Anno præsenti 1733. inchoando solitum Juramentum à Magnificis Judicibus Capturalibus pro Castro Nakielscensi per Laudum Sredense designatis suscipiet, & eadem Judicia Capturalia simul cum Magnificis Judicibus juxta mentem Legis exercebit. Palatinatus Mscislaviensis Capturalia in Comitiolis Electionis Nuntiorum (in his Comitiis Convocationis Activitatem habentium) sancita approbamus.

XXVIII. Magnifici Senatores similiter Privilegia à Serenissimo beatæ memoriæ Rege recenter defuncto habentes, nunc in Senatu jurare possunt.

Capitaneis & Officialibus Castrensibus nocere non debet, quod Executiones Decretorum Tribunalitiorum ante fata Serenissimi Regis in quibusvis causis latorum ad præsens facere non possint, post Coronationem autem

XXIX. Novi Regis intra sex Septimanas ad cujusvis requisitionem easdem perficere juxta juris exigentiam tenebuntur. Causæ verò omnes Fisci cum Exactoribus & Retentoribus omnium Reipublicæ Contributionum in Judiciis Capturalibus decidi debent, (exceptis Palatinatibus Prussicis, qui ab hac Calculatione pro præsenti excipiuntur) & Executiones Decretorum Tribunalitiorum & Capturalium Officia Castrensia indilate sub solutione de suo facere debent. Quod si verò per hoc tempus Judex aliquis Capturalis Officio ullo Terrestri vel Castrensi carens ejusmodi executiones fecerit & Condescendentias expediverit, hoc omne Nullitatis esse debet: spectat enim hoc de jure ad Officiales Judiciales Terrestres vel Castrenses.

XXX. Reassumendo antiquas Constitutiones de Suspensis, Senatoribus, Nuntiis terrestribus & ad Exteros concessis, ut & de Exemptionibus militaribus, volumus, ut in Judiciis Capturalibus omnino juxta præscriptum Legum observentur, quæ Suspensa etiam Magnificis Commissariis ad expediendas Conferentias cum extraneis Ministris, nec non aliis per præsentem Convocationem ad publicas functiones destinatis inservire debent, & si in contrarium aliqua Decreta & Condemnationes steterint, illæ ex Consensu Dominorum consultantium præsenti Conventione abolentur.

XXXI. Omnium particularium Confœderationum ut & Comitiolorum ordinario cursu peractorum Lauda non derogantia Juribus Reipublicæ & Privatorum, tum Decretis Tribunalitiis, ad præsentem Generalem Confœderationem referuntur & approbantur. Contraria verò Jura & ratione quorum protestationes exortæ sunt, abrogantur, salvis Juribus Terrarum Prussiæ.

XXXII. Pons super Vistulam, Nubilare & Fossa, ut pro futura Electione tempestive sumptu Reipublicæ præparentur, Illustrissimos Thesaurarios utriusque Gentis secundum antiqua Jura obligamus, qui sumptus in rationibus ipsorum acceptabuntur.

XXXIII. Et quoniam Electio futuri Regnantis tempus, quo Deputati & Commissarii ad Tribunalia Regni & Thesauraria eligendi sunt, abbreviat, igitur electionem eorundem post Electionem futuri Regis in Comitiolis propter Nuntios ad Coronationem deputandos Palatinatibus Terris & Districtibus in Regno, Palatinatibus autem Masoviæ & Ravensi Generalem Conventum ad Electionem dictorum Nuntiorum duabus Septimanis post præfata Comitiola (salva voce vetandi) assignamus, Magnum Ducatum Lithuaniæ verò penes Jura desuper scripta conservamus.

XXXIV. Quemadmodum non omnibus propè Varsaviam consistere continget, ita si fortè ex remotioribus Stationibus Nuntii vel Deputati à Palatinatibus, Terris & Districtibus ad Generalem Congressum emitterentur, in eum finem in Civitate Varsaviensi more solito Illustrissimi Mareschalci Diversoria pro Nuntiis ex omnibus Palatinatibus, Terris & Districtibus, ex quibus Nuntii expediri solent, tam Regni quam Magni Ducatus Lithuaniæ distribuent; habentes tamen in consideratione antiquas Hospitiorum Revisiones, & ob majorem commoditatem servitoratus & omnes Hospitiorum libertationes pro hac vice suspendimus, exceptis Lapideis Kostczynscia pro Typographia Privilegiata, & Szelzinscia alias Drewnoscia duabus Constitutionibus privilegiata.

XXXV. Quoad Urbes Metropolitanas, Cracoviam, Vilnam, Leopolim, Posnaniam & Varsaviam, Punctum in

ANNO 1733. in Generali Confœderatione Varsaviense Anni 1674. expressum in toto pro interesse dictarum Civitatum reassumimus, & easdem circa suas distinctas Prærogativas, Jura & Privilegia, Jurisdictiones, Exemtiones, Ordinationes, Vladislai Quarti Decreta & Depositoria, nec non Academiam Cracoviensem & Vilnensem cum suis omnibus Privilegiis & immunitatibus conservamus; Civitatem verò Sandomiriensem & alias omnes cum illarum Juribus & Privilegiis præsenti Confœderatione protegimus.

XXXVI. Quoniam Civitas Opatowa Illustrissimi Principis Sanguszko hæreditaria tempore Comitiolorum a servis & aliis insolentibus hominibus multum semper perpessa est, nunc verò per Laudum Palatinatus Sendomiriensis de talibus aggravationibus liberata fuit, hinc Punctum hoc Laudi approbantes pro perpetuâ Lege illud haberi volumus, idemque Punctum aliis Civitatibus, in quibus Comitiola peragi solent, inservire debet.

XXXVII. De non contrahendo ad Electionem Exercitu Ditionum Nostrarum, nec non de Capitaneis finitimarum Arcium, eandem Anni 1674. Confœderationem in omnibus reassumimus.

XXXVIII. Ratione Recessûs Nuntiorum Extraneorum, Ministrorum, Commissariorum, Plenipotentiariorum, Legatorum, Consiliariorum, Secretariorum Residentium, & omnium aliorum Exoticorum de Varsaviâ, omnes Generales Confœderationes & Constitutiones anni 1683 ad executionem perduci volumus, & propterea Celsissimo Primati & denominatis Constitutione Anno 1726. Commissariis Conferentias cum iisdem Nuntiis & Ministris quam celerrimè finire commandamus, ut duabus hebdomadibus ante Electionem Varsaviâ recedant. Illustrissimus Mareschalcus Coronæ verò iisdem Nuntiis & Ministris Extraneis in instanti hanc præsentem Constitutionem & antiqua Jura significavit, & eorundem adimpletionem exposcet. Et quoniam aliqui Nobiles servitia apud eosdem Dominos Nuntios & Ministros extraneos amplexi sunt, igitur ut (quasi compars electoris populi) sub carentiâ activæ vocis in Electione servitia hæc deponant, & eadem stante Interregno moderno non contineant, præsenti Confœderatione cavetur.

XXXIX. Respublica multas tribulationes & publicæ utilitatis retardationes cedendo Commendam super Exercitum exotici auctoramenti perpessa est, abrogando itaque hunc abusum potestatis Campi Ducalis, & similibus malis consequentiis obviando, pro perpetuâ Lege statuimus, ut non solum Illustrissimi Regimentarii Generales utriusque Gentis ad præsens existentes, sed etiam futuri Magnifici Campi Duces nemini Generalem Commendam super Exercitum Regni & M. D. Lithuaniæ exotici Auctoramenti. Constitutionem anni 1717. Paragrapho: *De Clavis Ducalibus statuimus*, explicando præsenti Convocatione cavetur, ut in futurum Ministeria Belli (quando in prioribus Comitiis aliquâ interveniente occasione conferri non poterunt) ad Jus Majestaticum futuri Regnantis revertantur, quod & de Sigillis pro hac solâ vice intelligendum est.

XL. Subveniendo necessitati curandæ valetudinis Reverendissimi Domini Zaluscii, Episcopi Plocensis, Celsissimi Janusii Wisniowiecki, Castellani Cracoviensis, Illustrissimi Ludovici Szoldrscii, Palatini Inowladislaviensis, Johannis Kodna Sapieha, Castellani Trocensis, Celsissimi Principis Czartoryscii, Pro-Cancellarii M. D. Lithuaniæ, & Petri in Skrzynna Dunin, Castellani Radomiensis, captato tempore post Coronationem ex Consensu omnium Ordinum ultra fines Regni Thermas pro Curâ sanitatis adire permittimus.

XLI. Occurrendo omnibus periculis, latrociniis & tyrannidi Incolarum in Confiniis prope Regnum Hungariæ existentium, & Constitutiones obsoletas omnes, nec non Commissionem Anni 1717. ad Limites Regni expeditam reassumendo Commissarios designamus, Celsissimum Principem Augustum Czartoriscium Palatinum Russiæ, Illustrissimum Mathæum Ustrzyccium, Leopoliensem, Nicolaum Soltyk, Przemysliensem, Castellanos, Joannem Cetnerum, Culinæ Regni Præfectum, Georgium Mniszek, Venatorem Regni, Adamum Humniccium, Capitaneum Horodolscensem, Josephum Bukowscium, Vexilliferum Sanoccensem, Franciscum Bukowscium, Judicem Terrestrem Sanoccensem, Stanislaum Wisloccium, Ensiferum Zydaczewscensem, Joannem Jaworscium, Ensiferum Kyoviensem, Josephum Stadniccium, Pocillatorem Sanoccensem, Franciscum Cieszanowscium, Pincernam Dobrzynscensem, Petrum Wisloccium, Pincernam Gostynscensem. Qui Magnifici conjungendo se cum Commissariis Cæsareæ Suæ Majestatis in locis prædicatis in limitibus, absentiâ unius duorumve, vel plurium nonobstante, secundum olim præscripta Jura omnes causas utriusque Gentis dijudicare tenebuntur, extraditionem profugorum Subditorum Dominis proprietariis injungent, in futurum tranquillitatem, pacem & securitatem Incolis Palatinatuum prospicient & firmabunt. Quæ Commissio, ut quotannis suum cursum habeat pro fundandâ securitate & avertendis temerariis invasionibus, coërcendamque licentiam præsenti assensu Conventûs Nostri volumus. ANNO 1733.

XLII. Uti immortalis memoria Serenissimi Regis Joannis III. perennaturam in Cordibus Nostris recognitionem habet; ita pro documento inextinctæ erga hunc Dominum gratitudinis assertam per Pacta Conventa & Tractatum Comitialem Varsaviensem in anno 1717. Serenissimo Principi Regio Jacobo Personæ & Bonorum securitatem etiam præsenti Statuum Confœderatione cavemus. Et quoniam Eidem Serenissimo Principi Regio Jacobo in prætensionibus suis realibus ad Serenissimum Regem divæ memoriæ Augustum II. habentibus, non est satisfactum, ideò Respublica hujus Interesse efficacem promotionem & protectionem Serenissimo Principi Regio, ut & aliarum omnium prætensionum per Constitutionem Anni 1717. Titulo: *Tribunale Thesaurarium*, agnitarum & approbatarum spondet. Cavemus etiam securitatem summarum circa Oeconomias Szaveliensem & Tygenhofiensem recognitarum, ne eædem ad solvenda onera (præviâ Commissione circa Exemptionem) Hybernalium & Locationum militarium omniumque Stationum obligentur, sed uti Regiæ Oeconomiæ pari immunitate gaudeant.

XLIII. Quia Pacta Conventa futuro Regnanti in hisce Convocationis Comitiis regulari & conscribi non potuerunt, hinc ad futuram Electionem illa differimus.

XLIV. Comitiolis Relationum in Palatinatibus, Terris & Districtibus tam in Regno, quam etiam in M. D. Lithuaniæ dies 14. mensis Julii anni currentis 1733. servatis solennitatibus & usibus Terrarum Prussiæ, nec non Ducatibus Zatoriensi, Masoviensi & Terræ Halicensi, qui septimanâ sua Generalia præcedere debent, præfigitur.

XLV. Summa Neapolitana, quoniam Illustrissimus & Reverendissimus Episcopus Cujaviensis indefesso studio boni publici jam per viginti annos, ex quo incepit, easdem summas Neapolitanas vindicat, & jam brevi tempore fructus laboris speratur, proinde, ut illud Negotium continuet, juxta tenorem Commissionis vivente adhuc Serenissimo Rege sibi datæ, eodem amore Patriæ obligamus, utque hoc Interesse Pactis Conventis futuro Regnanti inseratur, cavemus.

XLVI. Consulendo Dignitati Reipublicæ, quam vel in minimis circa Venerationem Majestatis conservare solet, simulque gratæ memoriæ erga Serenissimum Regem Augustum Secundum, Dominum & Regem Nostrum piè defunctum præsenti Confœderatione permittimus, ut ex Bonis Oeconomicis utriusque Gentis secundum Confœderationem anni 1674. sumptus necessarii ad Corpus Defuncti per Illustrissimos Thesaurarios utriusque Gentis provideantur. Et quia hactenus omnis decentia penes Lipsana Serenissimi Regis nuper è vivis excessi exhibita est, publicoque decori & obligationi Nostræ usque ad finem deesse nequeamus, hinc ex Senatu Illustrissimum & Reverendissimum Stanislaum Hosium, Episcopum Posnaniensem, Illustrissimum Andream Glemboccium, Palatinum Ravensem, Valerianum Luszczewscium, Castellanum Zochaczeviensem; ex Equestri Ordine Magnificos, Michaëlem Eperyesz, Capitaneum Szirwinscensem & Nuntium ex Districtu Wilkomiriensi, Antonium Eperyesz, Skierstymensem, Timotheum Podoscium, Rypincensem, Capitaneos, Joannem Wolscium, Notarium Castrensem Chencinscensem, Judicem Capturalem Palatinatûs Sendomiriensis Districtuum Radomiensium, nominamus, ut penes Corpus mortuum Serenissimi Regis usque ad futuram DEO dante Electionem omnem decentiam curando commorentur, pro meliori autem ordine & securitate circa Corpus Regium Magnificis Mareschalcis consuetam, Mareschalcalem Jurisdictionem commendamus; Ad abductionem autem Corporum Regiorum Joannis Tertii & Reginæ Conjugis, nec non modò defuncti Serenissimi Augusti Secundi ante Electionem ad S. Florianum Cracoviam sumptus Magnifici Thesaurarii

ANNO 1733.

utriusque Gentis proportionatâ cuilibet praxi ex Bonis Oeconomicis procuraturi ſunt.

XLVII. Quamvis permiſſam Conſtitutione Anni 1717. ad proxima ſaltem Comitia & per tot Annos prolongatam & Ordini Equeſtri gravaminoſam agrariam Contributionem vulgò Podymne Magnifici Nuntii M. D. Lithuaniæ in præſenti Confœderatione (vi oppoſitionum ratione Inſtructionum ſuarum) in Bona hybernalia (proponendo varia media) transferre ſategerint, & omnino tollendam judicarint, attamen, quod hæc materia nullo modo locum invenire, nec ullus modus Exercitui Stipendia ſolvendi in moderno Reipublicæ ſtatu ſub Interregno quam maximè neceſſarii in hac anguſtiâ temporis adinveniri potuit, hinc in futuris DEO dante Comitiis Electionis præſens tunc temporis ipſa Nobilitas cum intermedio Ordine hoc Intereſſe pro ſummo & indilato Exorbitantiarum M. D. Lithuaniæ objecto habens, tam abrogationem dictarum Contributionum quam etiam Conſervationis indubitatæ Exercitus ſolutionis medium exquirere tenebitur.

XLVIII Elucidationem Correcturæ Tribunalis M. D. Lithuaniæ Anni 1726. ad futura Comitia Coronationis in receſſum propter temporis arctitudinem Reſpublica differt.

XLIX. Et quemadmodum Reipublicæ multum intereſt, ut Propugnacula limitanea Kamienca & Skopow Sanctæ Trinitatis in optimo ordine & ſtatu ſint, deſignamus pro Commiſſariis ex Senatu Illuſtriſſimo Martinum Kalinowazcium, Kamienicenſem, Mionczynſcium Chelmenſem, Lânkoronſcium Goſtinenſem, Caſimirum Mierzeiewſcium Zacroczymienſem Caſtellanos; Ex Equeſtri Ordine Illuſtres Joannem Peptowſcium Suc-Camerarium Podolienſem, Woronicium, Vexilliferum Winnicienſem, Capitaneum Oſtrcenſem, Andream Gurowſcium, Dapiferum Podolienſem, Valerianum Trembinſcium, Pincernam Lucovienſem, Jacobum Columnam, Vice-Judicem Terreſtrem Podolienſem, Joannem Stadnicium, Sub-Dapiferum Belſcenſem, Caſimirum Boreyko, Venatorem Leopolienſem, Baſilium Zagwoyſcium, Capitaneum Czerniechovienſem, Severinum Principem Coributh Woronieccium, Judicem Caſtrenſem Camenenſem, Adamum Preretiatkiewicium, Vice-Capitaneum Nowogrodenſem, Dominicum Krokowſcium, Notarium Camenenſem Caſtrenſem; qui Magnifici Domini Commiſſarii, unius duorumve, vel plurium abſentiâ non obſtante, ut conferendo ſe ad iſta Propugnacula in craſtino poſt finita Comitiola Relationis a præſentibus Comitiis Convocationis neceſſitates Fortificationum, Armamentariorum, nec non Reconditoriorum perluſtrent, & Calculationes ſecundum Percepta & Expenſa de aſſignatis & per Palatinatus nec non Theſaurum Regium exſolutis ſummis pro reparatione dictorum Propugnaculorum in manus Dominorum Architectorum militarium & illorum, qui ſummas haſce ab ultimo calculo in ſua diſpoſitione tenuerunt, qui calculus per Illuſtriſſimum Palatinum Podoliæ exſtare debet, quo mature finito Domini Commiſſarii Relationem Statibus Reipublicæ in futuris Comitiis Electionis facient.

L. 1. Originales Tractatus Reipublicæ cum variis Potentiis necnon Acta Negotiationum & Commiſſionum, in ſummâ omnia Documenta publicum Intereſſe tangentia quæcunque apud viventes adhuc, vel poſt mortem Legatorum & Miniſtrorum Reipublicæ apud Succeſſores eorundem, vel etiam aliquo caſu apud aliquemcunque inveniuntur, ab illis ad Archiva utriusque Gentis, reſpective quorſum ſpectant, indilatè reddenda ſunt, in caſu non ſatisfactionis, dilationis, vel renitentiæ verò Magnificis Inſtigatoribus utriusque Gentis commendamus, ut eosdem Dominos propterea Jure ad Capturalia Generalia conveniant.

2. Gravamina & alia violenta attentata Militum Brandenburgenſium & aliarum vicinarum Potentiarum, inprimis Diœceſi Warmienſi, Plocenſi, Maſovienſi & aliis Palatinatibus collimitaneis, uti Kyovienſi, Podolienſi, Braclavienſi, præcipue Capitaneatui Czechrynſcienſi a Dominiis Moſcoviticis olim & recenter illata iidem Magnifici Commiſſarii ad Conferentias per Conſtitutionem anni 1726. deſignati ad ſatisfactionem injuriatorum promovere debent, ſpecialiter intereſſe Czechrynſcenſis Capitaneatûs redditionem a parte Magnifici Woynarowski, Domini.... Sopocki & multarum aliarum perſonarum concernens, nec non ratione redditionis Librorum Palatinatuum tam Magnæ Poloniæ, quam Podoliæ finitimorum, ut & aliarum prætenſionum & injuriarum fortiter urgebunt, in quem finem Palatinatus, Terræ & Diſtrictus omnium ſuarum læſionum & gravaminum Iisdem Magnificis Commiſſariis Connotationes tradent, & manibus propriis ſubſcribent, ſimulque iidem Domini Commiſſarii ratione Judiciorum limitaneorum, ut ad inſtar Judiciorum Palatinatûs Podoliæ regulentur, inſtabunt.

ANNO 1733.

LI. Quoniam multum Patriæ intereſt, ut in tali Reipublicæ termino ad ſubitos caſus Conſilium & mutua Cointelligentia in promptu ſit, veſtigiis & exemplo Anteceſſorum Noſtrorum inſiſtendo, adjungimus Celſiſſimo Principi Primati & utroque Reipublicæ Ordine ex utraque Gente cordatas Perſonas, quæ Eidem Celſiſſimo Principi in occurrentibus neceſſitatibus Reipublicæ maturô conſiliô & auxiliô adjutoriô ſint, idque vel perſonaliter apud Celſitudinem ejus vel alicubi in Viciniâ commorando, & vel oraliter vel ſcripto conferendo, ex Senatu Illuſtriſſimos Magnificos Dominos, Joannem Lipſcium Cracovienſem, Principem Severienſem, Chriſtophorum Szembecum, Cujavienſem & Pomeraniæ, Staniſlaum Hoſium Poſnanienſem, Andream Zaluski Plocenſem, Chriſtophorum Szembeccum, Principem Epiſcopum Varmienſem & Sambienſem, Joannem Felicianum Szarnawſcium, Chelmenſem, Boguslaum Poſzewscium Smolenſcenſem, Epiſcopos; Principem Januſium Wiſniowieccium Cracovienſem, Principem Caſimirum Czartoriſcium Vilnenſem, Caſtellanos; Joſephum Oginſcium, Palatinum, Joannem Sapiebam, Caſtellanum, Trocenſes; Georgium Varſzyccium Lenczycienſem, Andream Dombſcium, Breſcenſem Cujavienſem, Joſephum Potoccium, Generalem Terrarum Kyovienſium, Ludovicum Szoldrſcium Inowladienſem, Generalem Magnæ Poloniæ, Principem Auguſtum Czartoriſcium Ruſſiæ, Stephanum Humienieccium Podolienſem, Joannem Tarlo Lublinenſem, Antonium Potoccium, Belſcenſem, Principem Radzivilium Novogrodenſem, Franciſcum Zaluſcium, Plocenſem, Martinum Oginſcium Vitepſcenſem, Staniſlaum Poniatowſcium Maſovienſem Exercitus Regni Generalem Regimentarium, Andream Glemboccium, Ravenſem, Joannem Czapſcium Culmenſem, Petrum Prebendowſcium Mariæburgenſem, Petrum Czapſcium Pomeraniæ, Antonium Morſtinum, Livoniæ, Joſephum Potuliccium Czerniechovienſem, Palatinos; Antonium Mycielſcium, Sieradienſem, Caſimirum Steccium, Kyovienſem, Joſephum Solticum Lublinenſem, Nicolaum Podoscium, Plocenſem, Caſimirum Rudzinscium Czernenſem, Vladiſlaum Trzinscium Ravenſem, Franciſcum Siemianowſcium Vielunenſem, Nicolaum Solticum Premiſlienſem. . . . Mionczynſcium Chelmenſem, Staniſlaum Lochoccium Dobrinenſem, Caſimirum Wloſtowscium Krzywinscenſem, Caſimirum Valewscium, Breſinſcenſem, Joannem Kwiatkowscium, Inovlocenſem, Valerianum Luſzczewſcium, Sochoczevienſem, Moſtowſcium, Sierpſcenſem, Caſtellanos; Ex Stuba Nuntiorum, de Magnâ Poloniâ: Magnificos Dominos Antonium Dembowscium, Referendarium Plocenſem, Tymbarscium & Bendzinienſem Capitaneum, Joſephum Mecelſcium, Dapiferum, Michaelem Bielinſcium Pincernam, Regni Miniſtros; Fabianum Szaniawſcienſem, venatorem M. D. Lithuaniæ, Sochacenſenſem, Rudzicienſem, Moſtowſcenſem, Czerkaſienſem, Konkolewſcenſem Capitaneum; Franciſcum Rudzewſcium, Poſnanienſem, Simonem Olszynſcium, Viſcenſem, Michaëlem Nieborowſcium, Ciechonovienſem, Vladiſlaum Nieborowſcium, Ravenſem, Konarſcium, Pomeraniæ ſuæ Camerarios; Mencinſcium Vielunenſem, Antonium Koſſowſcium, Przedeccium, Joſephum Rudzinſcium, Kruſvicienſem, Mathiam Szymanowscium Wyſſogrodenſem, Capitaneos; Malawſcium, Poſnanienſem, Stephanum Lenkowſcium Inowlocenſem, Malinſcium, Goſtinienſem, . . . Kimowscium Pomeraniæ, Vexilliferos; Poninſcium, Poſnanienſem, Kopanicenſem Capitaneum, Caſimirum Domoſcium, Brzeſtenſem Cujavienſem Dapiferos, Rogalinſcium Vice-Judicem Terreſtrem Frauſtadienſem, Caſparum Sufficzyncium, Sub-Dapiferum Czerſcenſem, Modlibowſcium Frauſtadienſem, Joſephum Grabscium, Brzeſtenſem Cujavienſem, Adamum Krawinscium, Ciechanovienſem, Pincernas, Menczynſcium, Sieradienſem Venatorem, Brzozowcium, Terreſtrem & Caſtrenſem Ciechanovienſem Notarium, Lipscium, Poſnanienſem Enſiferum, Joannem Mniſzek, Javorienſem, Blaſium Kraſinſcium, Praſniſcenſem, Gurowſcium, Obernicenſem, Joſephum Mogilniccium, Nieſzavienſem, Kwileccium, Meſinſcenſem...., Skarbcium, Tuſzynſcenſem, Caſimirum Kuczynſcium, Jadovienſem Capitaneos, Czapſcium Pomeraniæ, Joannem

ANNO 1733. nem Schlenum, Livoniæ Palatinides; Hieronimum Skrzynſcium, Leczycenſem, Joannem Piltrokonſcium, Brzeſtenſem Cujavienſem, Sebaſtianum Melzynſcium, Rypinenſem, Petrum Kruzynſcium Gedanenſem Caſtellanos, Michaëlem Kalſzteynium, Judicialem Aſſeſſorem Mariæburgenſem, Joannem Sicorſcium, Notarium Caſtrenſem Pomeraniæ, Michaëlem Garczynſcium Judicialem Aſſeſſorem Michalovienſem, Joannem Kitnowſcium, Vexilliferum Michalovienſem, Mareſchalcum Provinciæ Pruſſiæ; Vladiſlaum Zawadſcium, Dapiferum Novogrodenſem, Victorinum Bagniewſcium, Judicem Judiciorum Capturalium Palatinatûs Culmenſis. De minori Poloniâ: Magnificos Dominos, Georgium Mniſcium, Venatorem Sanocienſem Capitaneum, Wenceſlaum Rzevuſcium, Scribam Campeſtrem, Georgium Ozarowſcium, Caſtrorum Metatorem Magnum Regni, Novomicyscenſem Capitaneum, Carolum Odrowonz Comitem Szedlniccium, Vice-Præfectum Stabuli M. Ducatus Lithuaniæ, Capitaneum Mielnicenſem, Antonium Tripolſcium, Kyovienſem, Nicolaum Kurdanowſcium, Halicienſem, Joannem Peplowſcium Podoliæ, Joſephum Cieſzkowſcium Novogrodenſem Suc-Camerarios, Staniſlaum Potoccium, Halicienſem, Franciſcum Potoccium Belzenſem, Joſephum Jablonowſcium, Buſcenſem, Adamum Humniccium, Horodolscenſem Capitaneos; Nicodemum Woronicz Owrucenſem, Joſephum Radeccium, Grabowiecenſem, Martinum Kuczynſcium Bielſcenſem, Vexilliferos, Joſephum Solticum, Sendomirienſem, Petrum Potempſcium Lublinenſem, Dapiferos, Joſephum Woronicz, Pocillatorem Ovrucenſem, Jacobum Columnam, Pogroſzowſcium, Vice-Judicem Terreſtrem Podolienſem.... Steccium Venatorem Ovrucenſem, Potoccium, Notarium Terreſtrem Kyovienſem, Piaskowſcium, Theſaurarium Volbyniæ, Joſephum Potoccium, Siezzerzeccenſem, Adamum Tarlo, Jaſelscenſem, Drohicienſem, Dolnicienſem, Zwolinſcienſem, Mareſchalcum Palatinatûs Lublinenſis, Antonium Lubomirium, Caſmirienſem, Jablonowſcium, Czechrinscenſem, Baſilium Zagwoyſcium, Czerwonogrodenſem, Principem Swatopelcum, Czertweryſcium, Zyczynſcenſem, Martinum Jelowiccium, Szcurovienſem, Franciſcum Jelowiecium, Hulanicenſem, Capitaneos; Adamum Peretiat Kievicium, Vice-Capitaneum Caſtrenſem Novogrodenſem, Lichodowſcium, Sub-Dapiferum Volbyniæ, De Magno Ducatu Lithuaniæ: Sapieham, Scribam Campeſtrem, Ignatium Oginſcium, Caſtrorum Præfectum, Joannem Sapieham, Generalem Artilleriæ, Joannem Odachowſcium, Theſaurarium M. Ducatus Lithuaniæ, Joſephum Scipionem Lidzcium, Benedictum Thyſenhauſium, Wilkomirſcenſem, Antonium Domoſcium, Inowrodſlavienſem, Zabam Starodubowſcenſem, Capitaneos; Rudominam, Suc-Camerarium Braclavienſem, Joannem Volscium, Vexilliferum Vilnenſem, Antonium Orceſzcium, Judicem Pinſcenſem, Taruſſam, Scribam Trocenſem Terreſtrem, Chreptovicium, Dapiferum Novogrodenſem, Joannem Horainum, Sub-Palatinum Vilnenſem, Simonem Syrucium, Sub-Capitaneum, Antonium Zabilo, Pocillatorem, Covnenſes; Antonium Bochomulcum, Vitepſcenſem, Raphaëlem Szpilewſcium, Mſciſlavienſem, Mathiam Bykowſcium, Buccenſem, Caſtrenſes Notarios; Caſimirum Sapieham Merecenſem, Thadeum Oginſcium, Przevalienſem, Petrum Pac, Vilnenſem, Michaëlem Eperieſzum, Szyrwinſcenſem, Sliznium Krewſcenſem, Capitaneos; Principem Udalricum Radzivilium, Palatinidem Novogrodenſem, Suliſtrowſcium, Kurkleccenſem, Wolam, Tramborſcenſem, Caſimirum Svieniccicium, Sulimiſcenſem, Capitaneos; Carpium, Judicem Caſtrenſem Samogitiæ, Adamum Vilcowſcium, Sochaczevienſem, Woynam Oranſcium, Czerniechovienſem, Suc-Camerarios, Joſephum Podoscium, Dobrzinscenſem, Ignatium Potoccium, Luchovienſem, Jablonowſcium Bialocerkiewscenſem, Adamum Tarlo, Goſzynscenſem, Brzegowscium, Scalſcenſem, Antonium Eperieſz, Skiertimonſcenſem, Capitaneos; Dominicum Comitem Kraſiccium, Caſtellanidem Chelmenſem, Zatorienſem, Andream Szumlanſcium, Capitaneum Buczniewſcenſem, Dapiferum Kolomynſcenſem, Antonium Tarlo, Capitaneum Zlororifcenſem, Joannem Grodziccium, Theſaurarium Sanocenſem.

LII. Cum quibus Celſiſſimus Princeps Primas tam Legationes Extraneas, quam & alias omnes incidentes Reipublicæ Neceſſitates præſertim cum præſentibus & manſione ſibi proximis, alios non quærendo, propter Remoram Intereſſe publici, communicabit, perficiet & communi Conſilio providebit, ne quid detrimenti Reſpublica capiat; principaliora verò & difficiliora, Statum Reipublicæ animamque præſentis Interregni concernentia ad Electionem, ad Notitiam & Deciſionem omnium Statuum reſervabit. ANNO 1733.

LIII. Ut Magnifici Domini Theſaurarii utriuſque Gentis erogationem ad omnes Expenſas, quæcunque ex neceſſitate publica accident & accidere poſſunt, ex Proventibus Reipublicæ & Menſæ Regiæ ad Aſſignationes & Diſpoſitiones Celſiſſimi Primatis & Conſiliariorum pro tunc præſentium provideant, commendamus & ad hoc eosdem obligamus.

LIV. Ut Statibus Reipublicæ conſtet, an Theſaurus Reipublicæ juxta mentem Conſtitutionis Comitiorum Anni 1726. in unum congeſtus fuerit, anque in Arce Cracovienſi reconditus in ſuo ſtatu integro reperiatur, auctoritate præſentis Conventus illis Magnificis, quibus publica occluſio ejuſdem Theſauri concredita fuit, ſcilicet Celſiſſimo Caſtellano Cracovienſi, nec non Cracovienſi, Poſnanienſi, Vilnenſi Sendomirienſi, Kaliſienſi, Trocenſi, Palatinis, una cum Magnificis, Theſaurario Regni & Reverendiſſimo Cuſtode Coronarum Regni, antiquitus huc ſpectantium, addimus & deputamus, ex Senatu: Illuſtriſſimum & Reverendiſſimum Andream Zaluſcium, Epiſcopum Plocenſem, Michaëlem Jordanum, Palatinum Braclavienſem, Andream Morſtinium, Sandecenſem, Michaëlem Conarscium, Wiſlicenſem, Caſtellanos; Ex Stuba Nuntiorum, De Majori Polonia: Magnificos, Suffczynſcium, Sub-Dapiferum Czerſcenſem, Kreſcium, Capitanidem Stawiszynscenſem; De Minori Polonia: Joannem Szumlanſcium, Dapiferum Trembowelscenſem, Joannem Dziduszyccium, Pincernam Halicienſem, Franciſcum Dembinscium, Capitaneum Frauſtadienſem, Marcum Szembek, Colonellum R. S. Majeſtatis & Reipublicæ, Vladiſlaum, Vexilliferum loricatæ Militiæ Magnifici Capitanei Stobnicenſis, Joſephum Podoscium, Capitaneum Dobrzynscenſem; Qui Magnifici Septimana ante Comitia Coronationis Cracoviam iter facientes eundem Theſaurum quoad Coronas, Clenodia, Apparatus, Documenta, Privilegia & Scripta publica correvidebunt, Inventarium novum conficient & ſubſcribent, deque omnibus in iiſdem auxiliante Deo Comitiis Coronationis relationem facient, conducendo ſimul capaces perſonas ad Conſcriptionem & Regiſtraturam Scriptorum, Documentorum & Privilegiorum, & ipſis proportionata Salaria pro labore aſſignando. Prouti Jura patria ingentem læſionem & contemptum ex eo perpeſſa ſunt, quod Saliſodinæ Cracovienſes, pretioſa Reipublicæ Metalla in manibus exoticarum & Accatholicarum perſonarum paſſim verſabantur, ſic ſine dubio & eadem hæc principalis in Regno Oeconomia per hanc intruſionem circa competentem ſuam Conſervationem (de qua Reipublicæ multum intereſt) ingenti & irreparabili damno debilitari debuit, ea propter tam pro Reviſione dictarum, quam etiam inveſtigatione cauſatorum per iſtos Extraneos intruſos damnorum & quorumvis præjudiciorum Auctoritate Reipublicæ Commiſſarios deſignamus. Ex Senatu Illuſtriſſimos Nicolaum Podoſcium, Plocenſem, Soltyccium, Przemislienſem, Caſtellanos; Ex Stuba Nuntiorum Majoris & Minoris Poloniæ: Magnificos, Felicianum Grabſcium, Lenczycienſem, Jacobum Narcymskium, Nurcenſem, Suc-Camerarios; Joannem Malachowſcium, Opoczynscenſem, Joſephum Zaluſcium, Ravenſem, Capitaneos; Hieronymum Gurowscium, Vexilliferum Caliſienſem, Kolicium Brodowſcenſem, Capitaneum, Paulum Jaroszewscium, Dapiferum Zawskrzynscenſem, Albertum Sokolowſcium, Pincernam Bidgoſcenſem, Judicem Caſtrenſem Przedecienſem, Lucam Riwileccium, Capitaneum Moſinscenſem, J. Laſoccium, C. W. Georgium Ozarowscium, Caſtrorum Metatorem Supremum Regni, Capitaneum Novo-Civitatenſem, Franciſcum Novoſielscium, Capitaneum Lucovienſem, Michaëlem Soltyccium, Dapiferum Sendomirienſem, Staniſlaum Dobinscium, Cuſtodem Arcis Cracovienſis, Laurentium Lankoronscium, Capitaneum Stobnicenſem, Andream Tyminſcium, Pincernam Nurcenſem, Scribam Officii Caſtrenſis Sandecenſis; qui pro die 28. menſis Julii anno præſenti 1733. una cum Officialibus Theſauri Regni & Officio Suc-Camerariatus Cracovienſis, nec non Bachmiſtrzovienſi in fundum congreſſi, ut Subterraneas fodinas intrent, & functionem hanc quam citiſſime & omni meliori modo peragant, obligantur. Fundamentum præterea prætenſionis Celſiſſimi Palatini Cracovienſis ad Rema-

nen-

ANNO 1733.

nentias dictarum Fodinarum post Regem defunctum residuas, & per Thesaurum Regni in usus publicos legitime receptas formatæ ibidem in loco loci examinabunt, & de omnibus in futura Deo dante Electione exacte Rempublicam informabunt. Pensiones ultimariâ Commissione assignatas, Debita omnia Salinaria & pecuniaria Palatinatibus & Terris ratione Salis retenti secundum varias Constitutiones unicuique Palatinatui competentis, ut & Laboratoribus nec non alias fodinarias ex hac Remanentiâ competentes exsolutiones idem Regni Thesaurus præstabit. Iidem Commissarii ex circumstantiâ propinquitatis Oeconomiæ Regiæ Cracoviensis Wielkoriendy & Niepolomnicæ nominatæ Proventus & omnes Reditus verificabunt, defectus & ruinas perspicient, & plenariam relationem Reipublicæ in futurâ Electione facient, Simulque Constitutionem Anni 1726. ad Cunigundam in rem Celsissimorum Lubomirsciorum & Successoris Principissæ Sanguszcensis (salvâ relatione & approbatione in Comitiis Coronationis) ad effectum perducent.

Porrò etiam volentes statum præsentem omnium aliorum Bonorum ad Mensam Regiam spectantium & nominatim Samboriensis, Sendomiriensis, Mariæburgensis & Rogozinscensis Oeconomiæ exploratum habere, similiter præter Officium Thesauri Regni delegamus, & quidem ad Mariæburgensem & Rogozinscensem: ex Senatu, Illustrissimum Bagniewscium, Castellanum Elbingensem: Ex Stubâ Nuntiorum Majoris & Minoris Poloniæ: Magnificos, Stanislaum Konarscium, Successionis Camerarium Pomeraniæ, Suc-Camerarium Pomeraniæ, Rudziccium, Judicem Castrensem Zakroczynscensem, Josephum Wongroccium, Pincernam Zakroczynscensem, Franciscum Nakwascium, Wyssogrodensem, Joannem Rzechowscium, Rozanscensem, Terrestres & Castrenses Scribas, Petrum Czarlinscium, Nuntium ex Palatinatu Pomeraniæ, Jacobum Zboynscium, Suc-Camerarium Dobrzynscensem, Valerianum Krembinscium, Pincernam Lucoviensem, Georgium Pruszynscium, Capitaneum Nossowscensem. Et ad Oeconomiam Sendomiriensem & Samborscensem, Ex Senatu, Illustrissimum Casimirum Rudzinscium, Castellanum Czerscensem; Ex Stubâ Nuntiorum Majoris & Minoris Poloniæ: Magnificos, Antonium Trypolscium, Suc-Camerarium Kyoviensem, Christophorum Godlewscium, Capitaneum Nurcensem, Felicianum Swiderscium, Dapiferum Viscensem, Michaëlem Suscium, Venatorem Terræ Lomzynscensis, Adamum Humniccium, Capitaneum Horodolscensem, Bukowscium, Vexilliferum Sanocensem, Andream Gurowscium, Dapiferum Podoliensem, Christophorum Ujeyscium, Sub-Dapiferum Sendomiriensem, Casimirum Boreyko, Venatorem Leopoliensem, Radziminscium, Ensiferum Novogrodensem, Basilium Zagwoyscium, Capitaneum Czerwonogrodensem; qui Oeconomias supradictas scitu Officii Thesauri Regni perlustrare, & Reipublicæ de Proventibus, detrimentis, incommodis & ruinâ earundem plenariam informationem in futurâ Electione facere tenebuntur, hoc addendo, quod præfati Domini Commissarii tam Thesauro, quam etiam pauperibus Oeconomiarum subditis non sint graves, nec Expensas ingentes faciant, quod idem Thesaurus Regni præcavere debebit, & hæc Revisio cujusque Oeconomiæ perfici & incipi debet a die 28. mensis Julii anno præsenti 1733. salvis per omnia Juribus Illustrissimis Supremi Thesaurarii Regni, qui Reditus ex omnibus generaliter Bonis Mensæ Regiæ sine cujusquam præpeditione in Regno percipere debet, ut & ex Lithuanicis Oeconomiis M. Thesaurarius M. Ducatus Lithuaniæ, Contractus verò omnes, qui inscio Thesauro facti sunt, nullum valorem habere debent.

LVI. Volentes in modernis Reipublicæ Necessitatibus per Intercessionem Sanctorum Patronorum Nostrorum benedictionem divinam Regno huic conciliare, obligamus Celsissimum Principem Primatem, ut nomine Reipublicæ Instantiam ad Sanctam Sedem Apostolicam inferat, pro Beatificatione & Canonisatione, sanctitate & miraculis clarorum Beati Joannis Cantii, Beati Joannis de Dukla, Beati Josephi Calasantii Scholarum piarum Fundatoris, Andreæ Bobolæ, Ladislai a Gielnow, Ordinis S. Francisci de observantiâ Provinciæ Majoris Poloniæ, cujus Corpus multis claret Miraculis Varsaviæ, Venerabilis, Narburti Venerabilis Annæ Omiecinsciæ, Zapolscii, Beatæ Cunegundæ, Beati Bogumili, Venerabilis Columbæ & Raphaëlis Bernhardini de Warta, nec non Festum immaculatæ Conceptionis Beatissimæ Virginis Mariæ promoveat.

LVII. Magnificis Dominis, Michaëli Knias Masalscio, Scribæ M. Ducatus Lithuaniæ, Capitaneo Grodnensi, Radoszkowscensi & Berznicensi, Mareschalco præsentis Confœderationis, Georgio Ozarowscio, Supremo Castrorum Metatori Regni, Capitaneo Nowomicyscensi, Mareschalco nuperno & trium Comitiorum Directoris, nec non Magnifico Secretario præsentis Convocationis pro labore & studio justam Celsissimus Primas assignabit compensationem.

LVIII. Projectum Mediationis Palatinatus Kyoviensis manibus tam Celsissimi Primatis, quam etiam Illustrissimorum Senatorum, nec non Magnifici Domini Mareschalci Nuntiorum subscriptum in omnibus ejus punctis & clausulis pro hac solâ vice approbamus.

LIX. Et quia per Laudum Districtus Orszanscensis Puncta quædam in Comitiolis ante Convocationis Juri & æquitati contraria honori Magnificorum ejus Palatinatus Incolarum damnum inferentia apparuerunt, hinc Lege præsenti tam prædicta puncta, quam emanata eo intuitu Decreta contra Magnificos Zawierzam Stetkiewicium, Capitaneum Bystrzykowscensem, ad Arnum Krogerum, Capitaneum Zwletscensem, Adamum Krogerum, Capitaneum Zwletscensem, Franciscum, Michaëlem & Adamum Alexandrowicios Venatoris Orszancensis filios, nec non contra alios Magnificos in Judiciis Capturalibus Orszanscensibus lata cassamus, & ne honori Magnificorum Dominorum noceant, & propterea diutius nullis vexis subjaceant, sub nullitate earundem cavemus.

LX. Quoniam omnia Desideria Palatinatuum, Terrarum & Districtuum utriusque Gentis in hac Convocatione locum habere non potuerunt, igitur communi Consensu ad Comitia Coronationis eadem differuntur.

LXI. Et sicuti præteritis Confœderationibus Aula Celsissimi Principis Primatis de generali motione pro Electione absolvi consuevit, ita & nunc Actu Convocationis absolvitur, Personarum hujus Aulæ connotatio in Electione tradetur. Actum in Conventu Generali Varsaviensi omnium Ordinum die 23. Mensis Maji, Anno Domini 1733.

1. THEODORUS POTOCCIUS, Archi-Episcopus Gnesnensis, Primas Regni & Magni Ducatus Lithuaniæ, salvis ex integro Sacræ Romanæ Ecclesiæ Juribus & Immunitatibus.

2. a JOANNES LIPSCIUS, Episcopus Cracoviensis, Pro-Cancellarius Regni; salvis ex integro Sacræ Romanæ Ecclesiæ Juribus & Immunitatibus, ac omnibus Constitutionibus de liberâ Electione, cum protestatione solenni contra Punctum de tradendis Sigillis extra Comitia, contra Statuta & Constitutiones antiquas appositum, contra mentem Reipublicæ.

2b. CHRISTOPHORUS ANTONIUS SZEMBEK, Episcopus Vladislaviensis & Pomeraniæ; salvis Juribus & Immunitatibus Sacræ Romanæ Ecclesiæ, & salvâ liberâ Electione Regis, & salvis Pensionibus antiquis ex Salisfodinis Vielicensibus & Bochnensibus.

3. STANISLAUS HOSIUS, Episcopus Posnaniensis, salvis ex integro Sacræ Romanæ Ecclesiæ Juribus & Immunitatibus.

4. ANDREAS ZALUSCIUS, Episcopus Plocensis, Sacræ Romanæ Ecclesiæ Juribus & Immunitatibus per omnia salvis, tum Decretis Ducum & Exceptis Masoviæ, protestando contra compatibilitatem Sigilli cum Episcopatu Cracoviensi.

5. CHRISTOPHORUS JOANNES SZEMBEK, Episcopus Varmiensis & Sambiensis, Terrarum Prussiæ Præses, salvis ex integro Sacræ Romanæ Ecclesiæ Juribus & Immunitatibus, salvis quoque Terrarum Prussiæ Juribus.

6. JOANNES FELIX SZANIAWSCIUS, Episcopus Chelmensis; salvis Sacræ Romanæ Ecclesiæ & Immunitatibus;

7. BOGUSLAUS CORVINUS GOSIEWSCIUS, Episcopus Smolenscensis; salvis juribus Sacræ Romanæ Ecclesiæ & Immunitatibus.

8. JANUS PRINCEPS WISNIOWIECIUS, Castellanus Cracoviensis; salvis Juribus Sacræ Romanæ Ecclesiæ & Unitorum, tum quoque salvis Legibus omnibus de liberâ Electione latis, cum solenni manifestatione contra sola Munia Ministeriorum Status Restitutionis Sigilli; Negotium hoc pro Comitiis Electionis ad Decisionem totius Reipublicæ ibi congregatæ remittendo.

9. THEODORUS LUBOMIRIUS, Palatinus Cracoviensis, cum simili, ut supra, præ custoditione.

10. GEORGIUS LUBOMIRIUS, Palatinus Sendo-

ANNO 1733.

domiriensis, salvis antiquis Juribus Ministeriorum circa Munia Pacis & fundamentis liberæ Electionis.

11. CASIMIRUS PRINCEPS CZARTORISCIUS, Castellanus Vilnensis.

12.a. JOSEPHUS OGINSCIUS, Palatinus Trocensis.

12.b. JOANNES IN CODNO SAPIEHA, Castellanus Trocensis, Capitaneus Brzestensis, ex punctis omnibus salvis, Legi publicæ contrariis & præsenti Confœderationi.

13. GEORGIUS WARZYCCIUS, Palatinus Lenczyciensis, salvo jure respectu Ministeriorum Pacis ad Terminum Electionis.

14. ANDREAS DE LUBRANCE DOMBSCIUS, Palatinus Brzestensis Cujaviensis, salvo antiquo jure Ministeriorum Pacis reservato.

15. JOSEPHUS POTOCCIUS, Palatinus & Generalis Terrarum Kyoviensium, salvis juribus Ecclesiæ Orthodoxæ Romano-Catholicæ & liberâ Electione, tum quoque salvis Juribus antiquis Ministeriorum Pacis, & salvis per omnia Confœderationibus Palatinatuum.

16. LUDOVICUS SZOLDRSCIUS, Palatinus Inovladislaviensis, Majoris Poloniæ Generalis.

17. AUGUSTUS ALEXANDER PRINCEPS CZARTORYSCIUS, Palatinus & Generalis Terrarum Russiæ.

18. MICHAËL POTOCCIUS, Palatinus Volhyniæ, salvis Confœderationibus Palatinatuum.

19. STEPHANUS HUMIECCIUS, Palatinus Podoliæ, salvâ veteri libertate, cum protestatione contra salva, quæ repugnant sancitis, Unioni & Juramento præsentis Confœderationis.

20. JOANNES TARLO, Palatinus Lublinensis, Generalis Terrarum Podoliensium, Camenensis, Laticzeviensis, Sokalscensis Capitaneus, Locumtenens Generalis Exercitus Regni, me subscribo ut supra.

21. ANTONIUS MICHAËL POTOCCIUS, Palatinus Belzensis, cum manifestatione contra Puncta de Restitutione Sigilli non in Comitiis, quæ sunt contraria tum multis Constitutionibus & Statutis, tum salva in toto Confœderatione Palatinatus Belzensis, & omnium Palatinatuum, Terrarum & Districtuum, quæ juri tantum publico non derogant.

22. MARTIANUS OGINSCIUS, Palatinus Vitepscensis, salvis Juribus & Immunitatibus Reipublicæ, salvâ liberâ Electione cum exclusione Extranei, etiam salvâ præcustoditione Ministeriorum Status, quæ juxta Legem in Comitiis restitui debent.

23. STANISLAUS CIOLEK PONIATOWSCIUS, Palatinus Masoviæ Regimentarius Generalis Exercitus Regni, cum protestatione contra salva, quæ repugnant sancitis, Unioni & Juramento præsentis Confœderationis.

24. MICHAEL SAPIEHA, Palatinus Podlachiæ, salvâ liberâ voce vetandi & liberâ Electione juxta antiquam Praxim.

25. ANDREAS IN GLEMBOCCO GLEMBOCCIUS, Palatinus Ravensis, cum Reprotestatione contra protestationes respectu Ministeriorum Status & Belli nec non incompatibilitatis factas seu faciendas, uti etiam, ne Thesaurus ad exsolvendum ullas largitiones dispensetur, præcustodit & præcavetur.

26. JOANNES CZAPSCIUS, Palatinus Culmensis, in vim Ratihabitionis Terrarum Prussiæ, & salvis Juribus, Immunitatibus & Laudis, in tuitionem Indigenatus in Provinciâ sancitis, nec non libera Electione.

27. PETRUS PREBENDOWIUS, Palatinus Mariæburgensis, salvis per omnia Juribus Terrarum Prussiæ, & libera voce vetandi.

28. PETRUS JOANNES CZAPSCIUS, Palatinus Pomeraniæ, salvis juribus Terrarum Prussiæ, præcipuè juris Indigenatus ac Immunitatibus Civitatum Majorum.

29. ANTONIUS MORSZTYNIUS, Palatinus Livoniæ.

30. JOSEPHUS POTULICCIUS, Palatinus Czerniechoviensis, concordo cum Celsissimo Principe Castellano Cracoviensi, & salvis Juribus Prussiæ, & salvô antiquô usu in Electione Nuntiorum ex Palatinatu Czerniechoviensi.

31. MATHIAS MYCIELSCIUS, Castellanus Kalisiensis, salvis Constitutionibus de Ministeriis Status.

32. ANTONIUS MYCIESCIUS, Castellanus Sieradiensis, salvis Juribus Ecclesiæ Romano-Catholicæ, tum Præcustoditione Ministeriorum Status, juxta Statuta & Constitutiones.

33. GEORGIUS HIERONYMUS CRISPINUS KERSZENSTEYNIUS, Castellanus Ducatus Samogitiensis.

34. FRANCISCUS MICHAEL MOSZEZENSCIUS, Castellanus Brzestensis Cujaviensis.

35. CASIMIRUS IN STECZANKA STECCIUS, Castellanus Kyoviensis, salvô & illæso jure de Sigillis, veteri & salvô usu Sex Legatorum Czerniechoviensium.

36. JOSEPHUS FRANCISCUS SOLTYCCIUS, Castellanus Lublinensis, cum protestatione contra salva, quæ derogant sancitis, Unioni & Juramento præsentis Confœderationis.

37. ANTONIUS OSKIERKA, Castellanus Palatinatus Novogrodensis.

38. MICHAËL PODOSCIUS, Castellanus Plocensis, cum protestatione contra salva, quæ derogant sancitis & juramento præsentis Confœderationis.

39. CASIMIRUS RUDZINSCIUS, Castellanus Czerscensis, Colonellus Husariæ Sacræ Regiæ Majestatis.

40. WENCESLAUS IN TRECIANNÂ TRICINSCIUS, Castellanus Ravensis, salvis Juribus S. R. Ecclesiæ.

41. BARTHOLOMÆUS BAGNIEWSCIUS, Castellanus Elbingensis, salvâ Approbatione Provinciæ, Juribus & Immunitatibus per omnia Terrarum Prussiæ & Majorum Civitatum, salvâ libera voce vetandi in Campo Electorali cuilibet Nobili

42. FRANCISCUS CZAPSCIUS, Castellanus Gedanensis, salvâ ratificatione Terrarum Prussiæ, nec non salvis Juribus, Privilegiis & Prærogativis Civitatum Majorum.

43. FRANCISCUS GODSTSCIUS, Castellanus Czerniechoviensis, cum protestatione contra salva, quæ derogant sancitis juramento præsentis Confœderationis.

44. ANDREAS MICHAEL MORSZTYNIUS, Castellanus Sandecensis, salvâ securitate Juramentorum & Publici Consilii.

45. MICHAEL DE KONAR KONARSCIUS, Castellanus Vislicensis, excludendo omnia salva, quæ Juramento, Unioni & sancitis præsentis Confœderationis sunt contraria.

46. FRANCISCUS ROZDRAZEWSCIUS, Castellanus Rogozynscensis.

47. NICOLAUS SOLTYCCIUS, Castellanus Premisliensis, cum protestatione contra salva, quæ derogant sancitis, Unioni & juramento præsentis Confœderationis, salvâ manutentione in omnibus Punctis præsentis Confœderationis.

48. M. MIONCZYNSCIUS, Castellanus Chelmensis.

49. STANISLAUS DE LOCHOC LOCHOCCIUS, Castellanus Dobrzynscensis, Osieccensis Capitaneus, cum protestatione contra salva, quæ derogant Sancitis, Unioni, Juramento & Confœderationi, tum quoque cum protestatione contra Laudum Terrarum Prussiæ.

50. CASIMIRUS WLOSTOWSCIUS, Castellanus Krzywinscensis.

51. CASIMIRUS WALEWSCIUS, Castellanus Spicimirscensis.

52. JOANNES JAXA KWIATKOWSCIUS, Castellanus Inowlocensis.

53. ADALBERTUS DE BNINA BNINSCIUS, Castellanus Kovaliensis Capitaneus Nakielensis, salvâ præcustoditione Ministeriorum Status, ut in Comitiis distribuantur.

54. VALERIANUS LUSZCZEVIUS, Castellanus Sochaczeviensis, salvis Privilegiis S. R. Majestatis, generaliter omnibus Punctis præsentis Confœderationis.

55. ALBERTUS DE BRZEZIE LANSKORONSCIUS, Castellanus Gostinensis.

56. THEODORUS IN MOSTOWA MOSTOVIUS, Castellanus Szerpscensis, salvô Laudô & illæsâ Confœderatione Palatinatus Plocensis.

57. W. GRZEGORZOVIUS, Castellanus Ciechanoviensis, approbando hancce Confœderationem in toto.

58. A. CIECISZEWSCIUS, Castellanus Livensis.

59. JOSEPHUS DE MAGNA KONCZYCE MNISZECH, Supremus Regni Mareschalcus, Juribus S. R. Eccl.

ANNO 1733. R. Eccl. tum Immunitatibus, Libertatibus ac Prærogativis Ministeriorum Status Regni ad mentem Legum & Constitutionum atque Jurisdictionibus Mareschalcalibus salvis.

60. MICHAEL CORYBUTH PRINCEPS WISNIOWIECCIUS, Cancellarius M. Ducatus Lithuaniæ & Generalis Exercitus Regimentarius, salvis antiquis Legibus, sancitorum & juramenti, in futurâ Electione Ratihabitione a Palatinatibus & Districtibus M. Ducatus Lithuaniæ.

61. MICHAEL PRINCEPS CZARTORYSCIUS, Pro-Cancellarius M. Ducatus Lithuaniæ, salvâ plenariâ manutentione in omnibus Punctis hujus Confœderationis.

62. MAXIMILIANUS DE TENCZYN OSSOLINSCIUS, Thesaurarius Magnus Regni, salvâ plenariâ manutentione in omnibus Punctis hujus Confœderationis.

63. JOANNES SOLLOHUB, Thesaurarius M. Ducatus Lithuaniæ, salvis omnibus Punctis.

64. FRANCISCUS BIELINSCIUS, Mareschalcus Curiæ Regni, Terrarum Prussiæ Thesaurarius, Generalis Oeconomus Mariæburgensis, salvis Juribus Terrarum Prussiæ, salvâ liberâ voce.

65. PAULUS DUX SANGUSZKO, Mareschalcus Curiæ Regni M. Ducatus Lithuaniæ, salvâ liberâ Electione & antiquis Constitutionibus de distributione Sigillorum in Comitiis.

66. MICHAEL JOSEPHUS KNIAZ MASSALSCIUS, Scriba Magnus M Ducatus Lithuaniæ, Grodnensis, Radoszkoviensis, Berzniccensis Capitaneus, Mareschalcus Equestris Ordinis.

67. STANISLAUS DE DOBNA DOBINSCIUS, Custos Arcis Cracoviensis & Legatus Primus Palatinatus ejusdem Cracoviensis.

68. FRANCISCUS DE DEMBIAN DEMBINSCIUS. Capitaneus Uschovensis, ita sicut Princeps Castellianus Cracoviensis subscribo me.

69. HIERONIMUS VIELOPOLSCIUS, Capitaneus Zarnowieccienſis, salvâ in totô manutentione præsentis Confœderationis.

70. STEPHANUS ALEXANDER IN RACIBORSCO MORSZSTYNIUS, Legatus Palatinatus Cracoviensis, salvis Juribus Monasticis.

71. LAURENTIUS DE BRZEZIA LANKORONIUS, Capitaneus Stopnicienſis, Legatus Palatinatus Cracoviensis, salvâ in totô manutentione præsentis Confœderationis.

72. VLADISLAUS DE TRZEBIENICE TRZEBINSCIUS, Vexillifer Illustrissimi Domini Capitanei Stopnicienſis, Legatus Illustris Palatinatus Cracoviensis.

73. GEORGIUS DE OZAROWA OZAROVIUS, Castrorum Regni Metator, Capitaneus Novomiestensis, Legatus Ducatuum Zatoriensis & Oswiecimensis.

74. JOSEPHUS DE MYCIEL MYCIELSCIUS, Dapifer Regni, Legatus Palatinatus Posnaniensis.

75. FRANCISCUS DE BNINA RADZEWSCIUS, Camerarius & Legatus Palatinatus Posnaniensis.

76. FRANCISCUS LODZIA PONINSCIUS, Dapifer Posnaniensis, salvâ Constitutione de Distributione Ministeriorum, nec non exclusâ solutione Contributionis agrariæ, ibi, ubi desunt jugera.

77. ANTONIUS LODZIA DE DZWONOWA ROGALINSCIUS, Vice-Judex Terræ Schovensis, Legatus Palatinatus Posnaniensis.

78. GASPARUS EX MODLIBOGOWICA MODLIBOWSCIUS, Pincerna Schovensis, Nuntius Palatinatus Posnaniensis.

79. BENEDICTUS JOANNES VOLSCIUS, Vexillifer & Nuntius Palatinatus Vilnensis, salvâ per omnia præcedentiâ Palatinatus Nostri Vilnensis, & ratione alternationis, & salvâ manutentione in totô præsentis Confœderationis.

80. JOANNES HORAIM, Pincerna & Vice-Palatinus, Capitaneus Krasiewscensis & Nuntius Palatinatus Vilnensis, salvâ Præcedentiâ Palatinatus Nostri ex ratione alternationis, & salvâ manutentione in totô præsentis Confœderationis.

81. THOMAS MICHAEL CZECHAWICIUS, Thesaurarius, Præfectus militum, Vice-Præses judicialis & Nuntius Districtus Osmianensis, salvâ manutentione hujus Confœderationis & Præcedentiâ alternationis Palatinatus Vilnensis & Districtuum Nostrorum.

82. ANTONIUS SULISTROWCIUS, Capitaneus Curclecienſis, Nuntius Districtus Osmiensis, salvâ manifestatione contra Projecta se non regulantia ad Actum Confœderationis, reassumendo Prærogativam Thesaurariatûs Curiæ M. D. Lithuaniæ in Administratione Mensæ Regiæ vivente Principe. ANNO 1733.

83. JOSEPHUS DE CAMPO SCIPIO, Lidscensis & Mucaroviensis Capitaneus, Legatus Districtûs Lidscensis, salvâ Manutentione in totô hujus Confœderationis, & salvâ Præcedentiâ Palatinatûs Vilnensis & Districtuum Nostrorum ex ratione Alternationis Lithuanicæ.

84 PETRUS PAC, Comes in Rozanka ex Dowspuda, Capitaneus Vileyscensis, Nuntius Districtus Lidscensis.

85. BENEDICTUS TYSENHAUSIUS, Præses Judicialis & Legatus Districtûs Wilcomiriensis, salvâ protestatione contra Punctum approbans Decreta Tribunalitia M. D. Lithuaniæ, post Fata Sacræ Regiæ Majestatis lata & recognitiones post eadem Fata in Tribunali Generali M. D. Lithuaniæ obvenientia, simul cavendo, ut Thesaurarii Curiæ Lithuanici circa sua Jura ad Administrationem Bonorum Oeconomicorum stante vitâ Principis pertineant & illa disponant.

86. MICHAEL EPERIESCIUS, Capitaneus Szyrwyncensis & Meyscaliensis, Nuntius Districtûs Wilkomiriensis, salvâ veteri libertate & præcustoditione conformi cum Collegâ meo in omnibus, & in puncto Muneris & Officii Magnifici Domini Thesaurarii Curiæ M. D. Lithuaniæ me subscribo.

87 JOSAPHAT ANTONIUS MIRSCIUS, Mareschalcus, Colonellus & Nuntius Districtûs Braclaviensis, salvâ manifestatione & præcustoditione liberæ Electionis & Ministeriorum Statûs, simul & in puncto Muneris & Officii Magnifici Domini Thesaurarii Curiæ M. D. Lithuaniæ, ut gaudeat suo honore.

88. THADEUS DE KOVIELSKA OGINSCIUS, Palatinides Vitepscensis, Capitaneus Prævaliensis, Legatus Districtûs Braclaviensis, subscribo salvâ liberâ Electione Extraneorum & salvâ præcustoditione Ministeriorum Statûs, quæ juxta Legem in Comitiis distribui debent, in exteris ad præcustoditionem Magnifici Domini Sulistrowscii, Nuntii Districtûs Osmianensis me refero.

89. MICHAEL ALEXANDER SOLTYCCIUS, Dapifer & Legatus Palatinatûs Sendomiriensis.

90. CHRISTOPHORUS ALEXANDER DE RUPNIEW UICYSCIUS, Sub-Dapifer & Nuntius Palatinatûs Sendomiriensis.

91. JOSEPHUS POTOCCIUS, Capitaneus Szczyrzecensis, Nuntius Palatinatûs Sendomiriensis, salvô jure antiquô respectu Ministeriorum Pacis.

92. JOANNES CASIMIRUS LUBOMIRIUS, Capitaneus Bolemoviensis, Legatus Palatinatûs Sendomiriensis, salvâ liberâ & illimitatâ Electione.

93. ANTONIUS DE TENCYN OSSOLINSCIUS, Capitaneus Przymscienſis, Colonellus Artilleriæ Regni, Nuntius Palatinatûs Sendomiriensis.

94. ANDREAS FRANCISCUS TIMINSCIUS, Notarius Castrensis Sandoriensis, Palatinatûs Sendomiriensis Nuntius, salvâ Exclusione Dissidentium Extraneorum ab Officiis bellicis, me subscribo.

95. PETRUS SAPIEHA, Dapifer M. D. Lithuaniæ, Fraustadiensis & Zitoviensis Capitaneus, Legatus Palatinatûs Calisiensis, salvâ præcustoditione Ministeriorum Statûs, quæ in Comitiis juxta Legem reddi debent, tum salvis omnibus Privilegiis Sacræ Regiæ Majestatis.

96. MELCHIOR HIERONYMUS DE GOROWA GOROWSCIUS, Vexillifer & Nuntius Palatinatûs Calisiensis, Colscensis & Brodowiensis Capitaneus.

97. VLADISLAUS DE SZOLDR SZOLDRSCIUS, Capitaneus Rogozinscensis & Nuntius de Palatinatu Calisiensi.

98. JOANNES DE GOROWO GOROWIUS, Capitaneus Oborniensis & Legatus de Palatinatu Calisiensi.

99. LUCAS IN KWILEC KWILOWSCIUS, Capitaneus Mosiriscensis, Nuntius Palatinatûs Calisiensis, salvâ præcustoditione Ministeriorum Statûs, quæ juxta Legem in Comitiis distribui debent, tum salvis omnibus Privilegiis Sacræ Regiæ Majestatis.

100.

ANNO 1733.

100. NICOLAUS SWINARSCIUS, Colonellus Reipublicæ, Nuntius de Calisiensi Palatinatu.

101. CASIMIRUS JOSEPHUS UKOLFTIUS, Cywun, Vice-Palatinus Palatinatûs Trocensis, Nuntius hujusce Palatinatus, salvis Juribus Regni & voce vetandi, in materia Juramenti verò, quod extenditur ad Palatinatum, ad referendum me subscribo.

102. ANDREAS JOSEPHUS TARUSSA, Vexillifer pro tunc Notarius Terrestris & Nuntius Palatinatûs Vilnensis.

103. JOSEPHUS WALL, Nuntius Districtûs Grodnensis, salvis Juribus, libertatibusque Regni, nec non omni Immunitate Privilegiorum Sacræ Regiæ Majestatis; nihil derogando Legi expressæ de conferendis Ministeriis Statûs.

104. SIMON SIRUC, Castrorum Metator & Vice-Præses Judicialis Districtûs Cownensis, salvis per omnia libertatibus futuræ Electionis.

105. ANTONIUS ZABIELO, Pincerna & Legatus Districtûs Kownensis, salvis per omnia libertatibus liberæ vocis vetandi.

105. MICHAËL KORSAK, Mareschalcus & Legatus Upitscensis.

107. PAULUS FRANCISCUS MARCINKIEWICIUS, Judex Terrestris & Nuntius Districtus Upitscensis, salvis Juribus Regni & vocibus vetandi.

108. JOANNES MALACHOVIUS, Capitaneus Opoceynscensis, Nuntius de Palatinatu Sieradiensi.

109. ALEXANDER VALEUSCIUS, Capitaneus Wratscensis, Nuntius Palatinatûs Sieradiensis.

110. ADALBERTUS MONCZYNSCIUS, Venator Sieradiensis, Nuntius Palatinatûs Sieradiensis, salvâ liberâ Electione & Constitutionibus de Ministeriis Pacis.

111. PROCOPIUS DE LIPA LIPSCIUS, Ensifer Palatinatûs Posnaniensis, Colonellus Hussariorum Loricatorum Palatinatûs Sieradiensis, cum Manifestatione, ut Ministeria Statûs, id est Pacis juxta antiquas leges in Comitiis distribuantur, & salvâ liberâ Electione.

112. JOANNES DE KUROZWENK MENCZYNSCIUS, Capitaneus & Nuntius Terræ Vielunensis, salvâ per omnia & illæsâ liberâ Electione & omnibus Constitutionibus de eadem Electione sancitis, nec non acceptatione Juramenti a Terrâ meâ, atque præcustoditione, ut Ministeria Status juxta antiquam Legem distribuantur in Comitiis, & Legibus Libertatis æqualitatisque in totô manentibus.

113. IGNATIUS DE KRENSCA KRENSCIUS, salva approbatione & acceptatione tum Collegæ mei, ratione liberæ Electionis & puncti in Instructione expressi & Juramento comprobati, tum Ministeriorum Pacis Constitutionibus declaratorum.

114. FELICIANUS DE GRABIA GRABSCIUS, Suc-Camerarius Palatinatûs Lenczyciensis, salvis Juribus Sanctæ Romanæ Ecclesiæ & liberâ Electione.

115. STEPHANUS LENTKOWSCIUS, Vexillifer Inowlocensis, Nuntius Palatinatûs Lenczyciensis, salvis Juribus Sanctæ Romanæ Ecclesiæ & Libertatis.

116. HIERONIMUS DE SKRZYNNO SKRZYNSCIUS, Castellanides & Nuntius Palatinatûs Lenczyciensis, cum eadem salvâ Sanctæ Romanæ Ecclesiæ & liberæ Electionis.

117. JOANNES SKARBEK, Capitaneus Tuszynensis, Nuntius Palatinatus Lenczyciensis, salvis Juribus Sanctæ Romanæ Ecclesiæ & liberæ Electionis.

118. JOANNES ODACHOVIUS, Thesaurarius M. D. Lithuaniæ, Potociensis Capitaneus, Nuntius Ducatûs Samogitiæ, salvâ Manutentione Confœderationis in totô.

119. FRANCISCUS KARPIUS, CYWUN EYRAGOLSKI, Capitaneus Potepscensis, salvâ Manutentione Confœderationis in totô, Legatus Ducatus Samogitiæ.

120. ANTONIUS DE GLOGOVA KOSSOVCIUS, Capitaneus Przedecensis, Regens Cancellariæ Minoris M. Ducatus Lithuaniæ, Nuntius Palatinatûs Brzestensis Cujaviensis, super Manutentionem Confœderationis subscribo me.

121. ALBRECHTUS ANTONIUS SOKOLOVIUS, Pincerna Bidgostensis, Judex Castrensis Cujaviensis.

122. ANTONIUS TRIPOLSCIUS, Suc-Camerarius Kyoviensis, Capitaneus Trechtimiriensis, Nuntius Palatinatûs Kyoviensis, præcustoditâ salvâ ab Illustrissimo Dominô Palatinô Kyoviensi interpositâ me subscribo.

123. NICODEMUS CASIMIRUS IN SZUMSKO WORONICIUS, Vexillifer Owrucensis, Capitaneus Ostrzycensis, Vice-Palatinus Judicialis Judiciorum Generalium Palatinatûs Kyoviensis, Nuntius de Palatinatu Kyoviensi.

124. JOSEPHUS WORONICIUS, Pincerna Owrucensis, Nuntius Palatinatûs Kyoviensis.

125. MICHAEL STECCIUS, Venator Owrucensis, Nuntius Palatinatûs Kyoviensis, salvâ præcustoditione Palatini Nostri.

126. JOSEPHUS ANTONIUS POTOCCIUS, Notarius Terrestris & Nuntius Generalis Conventûs Palatinatûs Kyoviensis, salvâ per Illustrissimum Dominum Kyoviensem præcustoditione, nec non præviâ exclusione extraneorum Dissidentium ab Exercitu Auctoramenti Exotici me subscribo.

127. GEORGIUS JOANNES DE PRUSZYNA PRUSZYNSCIUS, Capitaneus Nossoviensis, Nuntius ad Comitia Convocationis Palatinatûs Kyoviensis, salvâ antiquâ Lege per omnia de Distributione Sigilli, me subscribo.

128. K. DE LUBRANIEC DOMBSCIUS, Dapifer Brzestensis Cujaviensis, Nuntius Palatinatus Inowrozlaviensis.

129. JOSEPHUS DE GRABIA GRABSCIUS, Pincerna Brzestensis Cujaviensis, Nuntius Palatinatûs Inowrozlaviensis.

130. JACOBUS DE OSSOWSCA ZBOINSCIUS, Suc-Camerarius & Nuntius Terræ Dobrzynscensis, Noensis Capitaneus.

131. FRANCISCUS KON: IN OBROW ROSCISZEWSCIUS BOBROWNICIUS, Terræ Dobrzynensis Generalis Capitaneus, Nuntius Terræ Dobrzynensis.

132. JOANNES CETNER, Culinæ Regni Præfectus, Nuntius Palatinatûs Russiæ, de Terrâ Leopoliensi, subscribo cum solenni manifestatione contra Punctum de Laudis & Confœderationibus Palatinatuum, contra Punctum de distributione Sigilli extra Cadentiam Comitiorum, uti contra Legem, salvâ in totô Confœderatione Palatinatûs Russiæ & aliorum Palatinatuum, Terrarum & Districtuum, nec non salvis omnibus Constitutionibus de liberâ Electione sancitis.

133. ADAMUS MICHAEL HUMNICCIUS, Capitaneus Horodolscensis, Nuntius Palatinatûs Russiæ, de Terrâ Præmiscensi.

134. BOGUSLAUS USTRZYCCIUS, Castellanides Leopoliensis, Nuntius Palatinatûs Russiæ, de Terrâ Præmiscensi.

135. GEORGIUS DE MAGNIS KONCZYCE MNISZEK, Venator Regni, Capitaneus Sanocensis, Nuntius Palatinatûs Russiæ de Terrâ Sanocensi, salvâ in totô Confœderatione Palatinatûs Nostri Russiæ, salvis Juribus & Constitutionibus Ministeriorum Statûs, una cum Protestatione contra Punctum de Laudis.

136. JOSEPHUS BUKOWSCIUS, Vexillifer Terræ Sanocensis, Nuntius Palatinatûs Russiæ, salvâ Confœderatione Palatinatûs Russiæ ac Punctis tantummodo securitatem internam & externam in moderno statu concernentibus, exceptis privatis quibusvis, quod & de Sigillis intelligendum, quæ in Comitiis distribui debent.

137. WENCESLAUS DE RZEWUSKO RZEWUSCIUS, Notarius Campestris Regni, Nuntius Palatinatûs Russiæ, Terræ Chelmensis.

138. JOANNES Comes KRASICCIUS, Nuntius Palatinatûs Russiæ, Terræ Chelmensis, salvis Constitutionibus & Statutis de Ministeriis Statûs.

139. MICHAEL NICOLAUS KURDUANOVIUS, Suc-Camerarius Terræ Haliciensis, Nuntius Palatinatûs Russiæ de Terrâ Haliciensi.

140. STANISLAUS POTOCCIUS, Capitaneus Haliciensis & Kolomiscensis, Nuntius Terræ Haliciensis Palatinatûs Russiæ & Brzestensis.

141. JOANNES JABLONOWSCIUS, Capitaneus Czechrinscensis, Nuntius Palatinatûs Russiæ, Terræ Haliciensis, salvis Juribus Terræ Haliciensis & Constitutione 1703. de Stipendiis antiquis militaribus.

142. JOANNES IN MAGNIS DZIEDOSZYCIS DZIEDOSZYCCIUS, Pocillator & Nuntius Palatinatûs Russiæ de Terrâ Haliciensi.

143. PETRUS JOSEPHUS DE GROBIA POTEMPSCIUS, Dapifer Lublinensis, Nuntius Palatinatus Russiæ, Terræ Haliciensis & Districtuum ad illam spectantium.

ANNO 1733.

Anno 1733.

144. Joannes Szumlarycius, Dapifer Trembovelscensis, Nuntius Palatinatûs Russiæ de Terra Haliciensi.

145. A. Mionczyrcius, Capitaneus & Nuntius Districtûs Lucensis, Palatinatûs Volhyniæ, subscribo me prævià Exclusione Magnificorum Dominorum Dissidentium ab Officiis militaribus utriusque Auctoramenti, secundum Constitutionem Novellæ Legis Anni 1717. conservando autem Nobilitatem Curlandiæ, Livoniæ & annexarum Provinciarum & Manutentionem Distributionum Ministeriorum juxta eandem Legem.

146. Antonius Junosza Piaskowscius, Thesaurarius Novogrodensis, Nuntius Palatinatûs Volhyniæ, Districtûs Lucensis.

147. Franciscus Vincentius de Siecin in Krasicino, Comes Krasiccius, Capitaneus Corytnicensis, Nuntius Palatinatûs Volhyniæ de Districtu Vlodzimiriensi.

148. Franciscus Michael Bozeniec Jelowiccius, Capitaneus Hulanicensis, Nuntius Palatinatûs Volhyniæ, de Districtu Wlodimiriensi, salvis Constitutionibus de Ministeriis Statûs & cum Clausulâ non admittendorum amplius Exoticorum Dissidentium ad quævis Officia Militaria utriusque auctoramenti reservatis ad ea munera Ducatuum Curlandiæ, Livoniæ & Semigalliæ Nobilibus, me subscribo.

149. Ignatius Sapieha, Palatinides Brzestensis Lithuaniæ Nuntius Palatinatûs Volhyniæ, Districtûs Crzemieniecensis, salvis Constitutionibus & Statutis de Ministeriis Statûs.

150. Petrus Antonius de Drzewco Drzewieccius, Dapifer Chelmensis, Notarius Lucensis, Nuntius Palatinatûs Volhyniæ & Districtûs Cremenensis.

151. Joannes de Peplovo Peplovscius, Suc-Camerarius & Nuntius Palatinatûs Podoliæ, salvis Juribus Palatinatûs Podoliæ.

152. Bazilius Zagwoyscius, Capitaneus Czervonogrodensis, Colonellus Exercitûs Sacræ Regiæ Majestatis, & Reipublicæ Nuntius Palatinatûs Podoliæ.

153. Joannes Jacobus de Magno Pogroszew Pogroszovius, Vice-Judex Terrestris & Nuntius Palatinatûs Podoliæ.

154. Andreas Severinus de Gorovo Gorovius, Dapifer & Nuntius Palatinatûs Podoliæ.

155. Casimirus Boreyko, Venator Leopoliensis, Nuntius Palatinatûs Podoliæ de Districtu Czervonogrodensi, salvâ per omnia manutentione præsentis Confœderationis in totô me subscribo.

156. Valerianus de Tremsin Tremsinius, Pocillator Lucoviensis, Locumtenens Exercitûs Reipublicæ, Nuntius Palatinatûs Podoliæ, Districtûs Czervonogrodensis, salvâ per omnia Manutentione præsentis Confœderationis in totô.

157. Stanislaus Antonius de Burzyno Burzynius, Instigator M. D. Lithuaniæ, Nuntius de Palatinatu Smolenscensi me subscribo, salvis Juribus Regni & M. D. Lithuaniæ.

158. Antonius Alexander Corvinus Gosiewscius, Vice-Palatinus & Nuntius Palatinatûs Smolenscensis, salvâ integritate Legum Regni & M. D. Lithuaniæ.

159. Casimirus Sapieha, Palatinides Brzestensis, Nuntius Districtûs Staroduboviensis, salvâ Indemnitate Thesaurariatûs Curiæ M. D. Lithuaniæ, atque Constitutionibus & Statutis de Ministeriis Statûs, in totô me subscribo.

160. Joannes Antonius Zaba, Capitaneus & Nuntius Districtûs Starodubowiensis, me subscribo, salvâ Indemnitate Thesaurariatûs Curiæ Lithuaniæ vivente Principe.

161. Adamus Tarlo, Jassiescensis, Drohobicensis, Dolinscensis, Zwolinscensis Capitaneus, Nuntius de Palatinatu Lublinensi, reservatâ præcustoditione contra salvâ, quæ conjuratæ huic Confœderationi repugnant.

162. Antonius Lubomirius, Capitaneus Camiriensis, Nuntius Palatinatûs Lublinensis.

163. Franciscus Nowosielscius, Capitaneus Lucoviensis, Nuntius de Palatinatu Lublinensi.

164. Josephus Pokosz, Dapifer de Palatinatu Potocensi & Nuntius, salvâ liberâ Electione cum exclusione Extranei, atque Constitutione Anni 1717. de Ducibus & Functionibus illorum, cum manifestatione in Puncta non spectantia ad Actum præsentem Convocationis, etiam cum præcustoditione Ministerii Thesaurarii Curiæ M. D. Lithuaniæ circa Administrationem Bonorum vivente Principe.

165. Basilius Korsaccius, Notarius Castrensis Districtûs Staradubowiensis, Nuntius Palatinatûs Polocensis, salvâ præcustoditione & Constitutionibus de Ministeriis Statûs, & exclusione Magnificorum Dominorum Dissidentium ab Officiis militaribus utriusque Auctoramenti.

166. Franciscus Potoccius, Capitaneus & Nuntius Palatinatûs Belzensis, salvâ Confœderatione Palatinatûs Belzensis, uti nihil Juri publico derogante, tum aliorum Palatinatuum præcipuè Russiæ, salvis quoque Decretis in causâ honoris latis, cum protestatione contra Punctum de annihilatione Decretorum in Contumaciam & vim Legis sapientium, idque in solis causis honoris, non præjudicando in Causis Juris, nec non salvis antiquis Juribus de Ministerio Statûs.

167. Josephus Radeccius, Vexillifer Graboviensis.

168. Nicolaus Josephus de Koriskoccius, Judex Terrestris & Nuntius Palatinatûs Belzensis, salvâ in totô Confœderatione Palatinatûs Belzensis, uti nihil Legi publicæ Juribus derogantì, me subscribo.

169. Georgius Rzeczyccius, Capitaneus Rzeczicìensis, Nuntius Palatinatûs Belzensis circa Jura & Libertates.

170. Udalricus Christophorus Carolus, Princeps Radzivilius, Palatinides & Nuntius Palatinatûs Novogrodensis, salvâ Manutentione in omnibus punctis hujus Confœderationis, exceptô Juramentô, quod sumo ad referendum & placitum Fratribus.

171. Joannes Litawor Chreptovicius, Dapifer & Nuntius Palatinatûs Novogrodensis, Juramentum, quod ad Palatinatum meum extenditur, sumendo ad referendum Fratribus; insuper salvâ Prærogativâ Ministris Thesaurariorum Curiarum circa Dispositionem Oeconomiæ vivente Principe; nec non salvis Juribus Academiæ Vilnensis.

172. Antonius Casimirus Sapieha, Capitaneus Mereccensis, salvis Juribus Regni & M. D. Lithuaniæ, super hanc Confœderationem me subscribo, uti Nuntius Districtûs Smolenscensis.

173. Michael Adamus Slizien Krewscius, Wisniowscensis Capitaneus, Nuntius Districtûs Slonimscensis, cum reassumptione Constitutionis 1631. de Congressu Antecomitiali Slonimcensi suspensâ Lege 1717. ad plenos Reipublicæ Ordines ratione Distributionis Ministeriorum, salvis Juribus Thesaurarii Supremi, & Indemnitate Thesaurarii Aulici M. D. Lithuaniæ ratione Administrationis Bonorum Mensæ Regalis vivente Principe, nec non salvis Juribus Academiæ Vilnensis.

174. Leo Boguslaus in Tulowa Tulowscius, Tribunus Wilcomiriensis, cum manifestatione de Contributione ex Bonis Terrestribus, de læsione Constitutionis Anni 1717. respectu Clavarum, & de hoc, quodcunque sine Consensu Equestris Ordinis hic insertum est; Juramentum ad referendum Fratribus sumendo, uti Nuntius hujus Districtûs me subscribo.

175. Michael Siegeri, Thesaurarius Districtûs Wilcomiriensis, cum Manifestatione de Contributione de Bonis Terrestribus, de læsione Constitutionis anni 1717. respectu Clavarum, & de hoc, quodcunque absque Consensu Reipublicæ insertum est, Juramentum ad referendum Fratribus sumendo, uti Nuntius hujusce Districtûs me subscribo.

176. Antonius Sebastianus Dembovscius, Referendarius Regni, Plocensis, Tymbariensis, Bendzinscensis Capitaneus, Nuntius Palatinatûs Plocensis, salvâ liberâ Electione, tum salvâ per omnia Jurisdictione Capitaneali Plocensi, atque iis punctis Laudi, super quibus fuit assensus Nobilitatis.

177.

Anno 1733.

177. Paulus Franciscus in Jaroszowa Jaroszowscius, Dapifer Terræ Zawskrzynscensis & Nuntius Palatinatûs Plocensis, salvâ manutenendâ in totô præsenti Generali Confœderatione, in iis punctis quæ Legibus Regni non contraveniunt.

178. Adamus Krasinscius, Pincerna Terræ Ciechanoviensis, Generalis Major Sacræ Regiæ Majestatis Exercitûs M. Ducatus Lithuaniæ, Nuntius Palatinatûs Plocensis, salvâ Confœderatione ejusdem Palatinatûs.

179. Josephus in Nidzbona Natzymius, S. B. Nuntius Palatinatûs Plocensis, salvâ Confœderatione ejusdem Palatinatûs.

180. Stanislaus de Kozielsko Oginscius, Palatinides Vitepscensis, Capitaneus Wimboviensis, Nuntius Palatinatûs Vitepscensis me subscribo, salvâ liberâ Electione cum exclusione Extranei, & salvâ præcustoditione Jurium & Constitutionum de Ministeriis Statûs.

181. Paulus Josephus Bohomosccius, Dapifer, Notarius Castrensis & Nuntius Palatinatûs Vitepscensis, suspensâ Lege Constitutionis Anni 1717. de Ministeriis Statûs circumscriptâ, & salvâ Palatinatûs mei Juramenti approbatione, me subscribo.

182. Franciscus de Minsko Rudzinscius, Capitaneus Cruswicensis, Nuntius Terræ Czerscensis, salvâ manutentione omnium Punctorum in hac Confœderatione sancitorum.

183. Casparus Suffczino Suffczinius, Sub-Dapifer & Nuntius Terræ Czerscensis Palatinatûs Masoviæ, salvâ manutentione in omnibus Punctis præsentis Confœderationis, salvisque Juribus & Decretis Ducatûs Masoviæ.

184. Joannes Vandalinus de Magnis Konczyc Mniszek, Capitaneus Jaworowcensis, Nuntius Terræ Varsoviensis, Ducatûs Masoviæ Juribus in integro manentibus.

185. Franciscus in Komorowo Kalisz, Nuntius Terræ Varsaviensis Palatinatûs Masoviæ.

186. Simon Olszinius, Suc-Camerarius & Nuntius Terræ Viscensis, salvis Juribus Sanctæ Romanæ Ecclesiæ, Reipublicæ, atque Ducatûs Masoviæ.

187. Felicianus Stanislaus Sviderscius, Dapifer & Nuntius Terrestris Terræ Viscensis Ducatus Masoviæ, salvis Exceptis Ducatus ejusdem.

188. Mathias de Szymanova Szymanowscius, Capitaneus Wissogrodensis, Nuntius Ducatus Masoviæ, salvis Juribus & Decretis Ducatus Masoviæ.

189. Franciscus a Naquaszyno Naquascius, Notarius Terrestris Castrensis & Nuntius Terræ Wyssogrodensis, salvis Juribus Romanæ Ecclesiæ & Exceptis Ducatus Masoviæ, nec non salvô jure de Compositionibus Decimarum Anni 1635. ac rehabitatione Capitaneatus Valcensis a Dissidente contra mentem Legum Possessore, manutenendo in omni puncto præsentem Confœderationem.

190. Antonius Radziccius, Judex Terrestris & Nuntius Terræ Zakroczymensis, Ducatus Masoviæ, salvis Juribus Ecclesiæ & Exceptis Ducatus Masoviæ, ac rehabitatione Capitaneatus Valcensis contra mentem Legis a Possessore.

191. Josephus de Wongrodna Wongroccius, Pocillator & Nuntius Terræ Zakroczymensis, Ducatus Masoviæ, salvis Juribus de Compositione Decimarum, ac contra Dissidentes.

192. Michael Nieborscius, Suc-Camerarius & Nuntius Terræ Ciechanoviensis de Palatinatu Masoviæ, salvis in generali Libertatibus Reipublicæ.

193. Casimirus Brzozowscius, Notarius Terrestris Castrensis & Nuntius Terræ Ciechanoviensis, salvis per omnia Juribus liberæ Electionis Regis.

194. Thomas Zielinscius, Nuntius Terræ Lomzinsœnsis, salvâ Confœderationis dispositione Palatinatus Plocensis.

195. Michael Suscius, Venator & Nuntius Terræ Lomzensis, salvâ circa Leges Regni voce vetandi.

196. Blasius Krasinscius, Capitaneus Prasnyscensis, manutenendo præsentem Confœderationem.

197. Joannes Rzehovscius, Notarius Terrestris Castrensis Rosanensis Macoviensis, manutenendo præsentem Confœderationem & salvis Juribus Ducatus Masoviæ.

198. Josephus Columna Oborscius, Nuntius Ducatus Masoviæ & Suc-Camerarius Terræ Livensis.

199. Fabianus Zukowscius, Thesaurarius Terræ Livensis Nuntius.

200. Jacobus Narzymscius, Suc-Camerarius Terræ Nurscensis, salvis omnibus Constitutionibus de liberâ Electione, Exceptisque Ducatus Masoviæ, ac Juribus Terrarum Prussiæ.

201. Christophorus Stanislaus Gozdawa Godlewscius, Capitaneus & Nuntius Terræ Nurcensis, salvâ liberâ Electione nativi Poloni, nec non in totô manente Confœderatione Comitiolorum Nurcæ solito locô.

202. Casimirus Cuczynscius, Castellanides Podlachiæ, Capitaneus Jadowscensis, Nuntius Terræ Drohyciensis, Palatinatus Podlachiæ, salvis Juribus hujusce Palatinatus.

203. Laurentius Adalbertus in Kosowo Ciolek Kossowscius, Centurio Terrestris & Judex Castrensis Drohiciensis, Nuntius Palatinatus Podlachiæ de Terrâ Drohiciensi, manutenendo præsentem Confœderationem in totô; Incompatibilitatem verò Ministerii Status abrogando, subscribo.

204. Carolus Odrowone Comes Siedlniccius, Stabuli Vice-Præfectus M. Ducatus Lithuaniæ, Capitaneus Mielnicensis & Nuntius Palatinatus Podlachiæ, Terræ Bielscensis, salvis omnibus de liberâ Electione & Distributione Sigillorum in Comitiis, Constitutionibus sancitis, nec non Juribus Palatinatus Podlachiæ.

205. Franciscus M. Princeps Korybut de Zbaraz Woroniccius, Nuntius Terræ Mielnicensis Palatinatus Podlachiæ, salvô Jure antiquô intuitu Ministeriorum Status ad futurum Actum Electionis.

206. Martinus in Kuczynia Kuczynscius, Vexillifer & Nuntius ex Palatinatu Podlachiæ, Terræ Bielscensis, salvis Constitutionibus Regni intuitu Ministeriorum Status; tum quoque salvô Jure Thesauri Regni, in suo robore manentibus me subscribo.

207. Paulus Kruszewscius, Pocillator Terræ Bielscensis & Nuntius de hacce Terrâ Palatinatus Podlachiæ, salvâ liberâ voce vetandi, tum salvis Constitutionibus de Ministeriis Status sancitis per omnia manentibus.

208. Vladislaus Nieborowscius, Suc-Camerarius Palatinatus Ravensis & Nuntius Terræ Ravensis.

209. Josephus Zaluscius, Capitaneus Ravensis & Nuntius Palatinatus ejusdem, salvâ protestatione contra salva, quæ repugnant Sancitis, Unioni & Juramento præsentis Confœderationis.

210. Josephus in Brzezinis Lasoccius, Nuntius Palatinatus Ravensis, Terræ Sochaczeviensis, suo & Magnifici Domini Fabiani Szaniawski, Venatoris Lithuaniæ, Collegæ mei de Consensu Ejus nomine subscribo ut suprâ.

211. Joannes Malinscius, Vexillifer & Nuntius Terræ Gostinensis de Palatinatu Ravensi.

212. Georgius Ciechomscius, Pincerna & Nuntius Terræ Gostinensis, de Palatinatu Ravensi.

213. Carolus Sapieha, Notarius Campestris M. Ducatus Lithuaniæ, Nuntius de Palatinatu Brzestensi M. Ducatus Lithuaniæ, salvis Statutis & Constitutionibus de distribuendis Ministeriis Status in plenâ Republicâ simul insistendo, præcustoditione Magnifici Domini Sulistrowski Nuntii Osmiacensis.

214. Antonius Comes de Lubranca Dombscius, Capitaneus Inowladislaviensis, Nuntius Palatinatus Brzescianensis, salvâ liberâ voce vetandi, tum salvis in totô Constitutionibus & Statutis de Distributione Ministeriorum Statuum.

215. Antonius Joannes Orzesko, Judex Terrestris & Nuntius Districtus Pinscensis, salvis Juribus omnibus Reipublicæ in omni & Conservatione liberæ Vocis.

216. Josephus Kurzenieccius, Pocillator Districtus Pinscensis & Nuntius, salvis per omnia Juribus Reipublicæ in omni.

217. Michael Bielinscius, Pincerna Regni, Nun-

Anno 1733.

Nuntius Palatinatus Culmensis, salvis Juribus Prussiæ, ac Privilegiis & Immunitatibus Thesauri Terrarum Prussiæ.

218. Joannes Georgius Kos, Suc-Camerarius Culmensis, Nuntius Palatinatus Culmensis, in vim Ratihabitionis Provinciæ Prussiæ, tum salvis Juribus & Immunitatibus ac Laudis in Provinciâ sancitis, in Tuitionem Indigenatus ac aliarum Prærogativarum, vigore - - - - - - salvô jure vetandi circa liberam Electionem.

219. Joannes Ki:nowscius, Vexillifer Michaloviensis, Nuntius de Palatinatu Culmensi, salvis per omnia Sanctæ Romanæ Ecclesiæ Immunitatibus, Terrarum Prussiæ Juribus & Consuetudinibus, præcipuè avito Jure Indigenatus, cum protestatione contra Præaggravationem Contributionum in Anno 1717. impositarum.

220. Petrus Comes in Kczewic Kczewscius, Staniflavoviensis & Szynwaldscensis Capitaneus, uti Nuntius Palatinatus Culmensis in vim Ratihabitionis Terrarum Prussiæ, & salvis per omnia Terrarum Prussiæ Juribus.

221 Sebastianus Meldzynscius, Castellanides Rypiensis, Nuntius Palatinatus Culmensis, salvis Juribus Terrarum Prussiæ, nec non Legibus & Constitutionibus Regni de Ministeriis Status.

222. Melchior Kalkstein Stolinscius, Notarius Castrensis & Nuntius de Palatinatu Culmensi, Juribus Terrarum Prussiæ, liberâ Electione, Laudi in fundamento Legis ratihabitione, per omnia salvis, cum protestatione, de non admissa liberâ voce ad executionem Jurium Thesauri Terrarum Prussiæ.

223. Paulus Bagniewscius, Nuntius Palatinatûs Culmensis, salvis per omnia Juribus Terrarum Prussiæ & liberô veto in Campo Electorali.

224. Casimirus in Pzwnicis Pzwniccius, Ensifer Livoniæ, Notarius Terrestris Culmensis, Nuntius de Palatinatu Culmensi, salvis per omnia Juribus Terrarum Prussiæ.

225. Josephus Czapscius, Ensiferides Terrarum Prussiæ, Nuntius Palatinatus Culmensis, salvis per omnia Juribus Terrarum Prussiæ.

226. Theodorus Bagniewscius, Vice-Judex Terrestris Culmensis, Sub-Palatinus Palatinatûs Mariæburgensis, Nuntius de Palatinatu Culmensi, salvis per omnia Juribus Terrarum Prussiæ & Majorum Civitatum.

227. Alex ander Czapscius, Pocillator Braslaviensis, Nuntius de Palatinatu Culmensi, salvis per omnia Juribus Terrarum Prussiæ.

228. Michael Garcincius, Judex Terrestris Michaloviensis, Nuntius Palatinatûs Culmensis, salvis per omnia Juribus Terrarum Prussiæ.

229. Vladislaus Franciscus Rogula Zavadscius, Dapifer Novogrodensis, Judex Capturalis Culmensis, Nuntius Palatinatus Culmensis, salvis per omnia Juribus Terrarum Prussiæ.

230. Joannes Czapscius, Suc-Camerarius Vendensis, Nuntius de Palatinatu Culmensi, salvis per omnia Juribus Terrarum Prussiæ.

231. Petrus Kruszyncius, Castellanides Gedanensis, salvis per omnia Juribus & Immunitatibus Terrarum Prussiæ, tum & Ratihabitione Indigenatûs, ac Privilegiis Civitatum Majorum.

232. Franciscus Bagniewscius, Nuntius Palatinatûs Culmensis, salvis per omnia Juribus Terrarum Prussiæ.

233 Albertus Plonskoviscius, Capitaneus Lidzbarosensis, Nuntius Palatinatus Culmensis, salvâ liberâ Electione, salvis per omnia Immunitatibus Terrarum Prussiæ & Ratihabitione Provinciæ, cum protestatione de non admissâ voce circa tuitionem Jurium & oppressi Thesauri Prussiæ per Thesaurum Regni.

234. J. Victor Bagnievscius, Nuntius & Judex Capturalis de Palatinatu Culmensi, salvis per omnia Juribus Terrarum Prussiæ.

235. Thomas de Lubranca Dombscius, Vexillifer Covaliensis, Nuntius de Palatinatu Culmensi, salvis per omnia Juribus Terrarum Prussiæ & Ministeriis Pacis.

236. Mathias Czapscius, Nuntius Palatinatûs Culmensis, salvis per omnia Terrarum Prussiæ Juribus.

237. Michael Lescius, Pocillator Livoniæ, Nuntius Palatinatûs Culmensis, salvis Juribus Terrarum Prussiæ.

Anno 1733.

238. Ignatius Dzialowscius, Nuntius Palatinatus Culmensis, salvis per omnia Juribus & Immunitatibus Terrarum Prussiæ.

239. Franciscus Antonius Cielscius, Judex Capturalis & Nuntius de Palatinatu Culmensi, salvis Juribus & Immunitatibus, Privilegiis & Prærogativis per omnia Terrarum Prussiæ & Civitatum Majorum.

240. Josephus Leo Rutkowscius, Nuntius de Palatinatu Culmensi, salvis per omnia Juribus, Privilegiis & Immunitatibus Terrarum Prussiæ, simul protestatione de Impositione aggravatoriâ sexcentorum viginti quatuor millium stipendiorum militarium super easdem Terras, salvis quoque Constitutionibus & Statutis sancitis.

241. Antonius Bagniewscius, Nuntius Palatinatus Culmensis, salvis Juribus per omnia Terrarum Prussiæ, & liberô veto.

242. Casimirus Pivniccius, Sub-Palatinides Culmensis, Nuntius Palatinatûs Culmensis, salvis per omnia Juribus Terrarum Prussiæ & aliis, ut supra.

243. Michael de Felden Wybczynscius, Nuntius de Palatinatu Culmensi, Immunitatibus Ecclesiæ Romanæ ac Juribus Terrarum Prussiæ Constitutionibusque de Ministeriis Statûs sancitis in salvo manentibus, tum futuræ Electionis Regnantis Libertate illæsâ.

244. Julius Dzievanowscius, Nuntius de Palatinatu Culmensi, salvis per omnia Juribus Terrarum Prussiæ, vigore Privilegiorum Incorporationis harum Terrarum.

245. Stanislaus Scurzevius, Nuntius de Palatinatu Culmensi, salvis per omnia Juribus Terrarum Prussiæ.

246 Raphael Thadæus Nieronovicz Szpilkowscius, Capitaneus Larvanoviensis Horodniczy, Notarius Castrensis & Nuntius Palatinatûs Msciflaviensis, salvis Juribus & Constitutionibus de Ministeriis Statûs.

247. Florianus Theophilus Marcowscius Fronkiewicz, Capitaneus Holovacensis, Graboviensis Scissor, Militiæ Præfectus & Nuntius Palatinatus Msciflaviensis, salvis Juribus & Constitutionibus de Ministeriis Statûs & de liberâ Voce vetandi.

248. Michael Kalksteinius, Judex Terrestris Palatinatus Mariæburgensis & Nuntius, sicut ante Juramentum Juribus, Immunitatibus, Privilegiis Terrarum Prussiæ & Majorum Civitatum Laudis in manutentionem Juris Indigenatus & Thesaurarii, Protestationibusque cum Lege factis ac Præcustoditionibus ratione exorbitantiarum ante Electionem Regnantis sopiendarum, in totô salvis manentibus jurejurando manifestavi me; ita expleto Juramento penes subscriptionem præsentis Confœderationis hoc idem confirmo, approbo & ratifico.

249. Joannes Guilielmus Comes de Schlieben, Palatinides Livoniæ, Nuntius Palatinatûs Mariæburgensis, salvis Juribus & Immunitatibus Terrarum Prussiæ ac Majorum Civitatum, & manutentione plenariâ omnium Punctorum hujus Confœderationis, uti circa Assensum totius Reipublicæ concessorum, salvisque Statutis & Constitutionibus de Ministeriis Statûs sancitis.

250. Franciscus Parlovius, Vice-Judex Terrestris & Nuntius Palatinatus Mariæburgensis, salvis per omnia Juribus, Privilegiis & Prærogativis Thesauri ac Immunitatibus Majorum Civitatum Terrarum Prussiæ, tum Constitutionibus & Statutis Ministeriorum Status.

251. Antonius Kruszynius, Castellanides Gedanensis, Nuntius Palatinatus Mariæburgensis, salvis per omnia Juribus, Privilegiis & Immunitatibus Terrarum Prussiæ, tum Majorum Civitatum, nec non Confœderatione Palatinatus Plocensis in totô manente.

252. Jacobus Pawlowscius Vice-Judex Terræ Swicensis & Nuntius Palatinatus Mariæburgensis, salvis per omnia Juribus & Prærogativis Terrarum Prussiæ, Immunitatibusque Majorum Civitatum, tum & Constitutionibus Ministeriorum Status.

253. Gabriel Joannes Steffens, Vice-Judex Terrestris, Nuntius Palatinatus Mariæburgensis,

ANNO 1733. sis, Colonellus; salvis Juribus Terrarum Prussiæ & Civitatum per omnia Majorum.

254. THEODORUS PAVLOVIUS, Judex Terrestris Fczewscensis, salvis Juribus Terrarum Prussiæ & Constitutionibus de Ministeriis Status.

255. MICHAEL KRUSZYNIUS, Castellanides Gedanensis, Nuntius Palatinatus Mariæburgensis, salvis Juribus, Privilegiis & Immunitatibus per omnia Terrarum Prussiæ.

256. JOANNES PORAY PSTROKONSCIUS, Nuntius Palatinatus Mariæburgensis, salvis Juribus per omnia Terrarum Prussiæ, ac Statutis & Constitutionibus de Ministeriis Status sancitis, præcustodiendoque, ut omnibus exorbitantiis ante Electionem satisfiat.

257. RAPHAEL KZEWSCIUS, Nuntius Palatinatus Mariæburgensis, salvis per omnia Juribus & Immunitatibus Terrarum Prussiæ, ac Civitatum Majorum, tum Laudis in manutentionem Juris Indigenatus.

258. ALEXANDER WIBIECIUS, Nuntius de Palatinatu Mariæburgensi, salvis in totô Juribus Terrarum Prussiæ.

259. MICHAEL SWATOPELCUS, Princeps Czetvertinscius, Capitaneus Zyczynscensis, Nuntius Palatinatus Braclaviensis, salvâ præcustoditione factâ ante juramentum Confœderationis, circa Jura Palatinatuum limitaneorum ratione Laudorum Contributionis, & expeditionum contra licentiosos homines sub Interregno statutorum, quæ tot Confœderationibus Anno 1648. Anno 1668. Anno 1674. Respublica approbavit, idque circa præteritam declarationem, ne ulla locum habeant Puncta, quæ non tangunt præsentem Statum, subscribo.

260. MARTINUS JELOWSCIUS, Capitaneus Sczuroviecensis, Nuntius Palatinatus Braclaviensis, repetendo præcustoditionem, quam ante juramentum feceram, unâ cum Collegis meis.

261. AUGUSTINUS JAROSZYNSCIUS, Ensifer Braclaviensis, Nuntius Palatinatus Braclaviensis; cum præcustoditione, quam ante juramentum feci, nunc cum Collegis meis me subscribo præviâ manifestatione.

262. PETRUS RADZIMINSCIUS, Ensifer Novogrodensis, Nuntius de Palatinatu Braclaviensi, cum superius expressâ Collegarum meorum præcustoditione.

263. LUDOVICUS ZWOLSCIUS, Nuntius Palatinatus Braclaviensis, modò quo supra Collegarum meorum me subscribo.

264. ADAMUS OCHOTZ PERETIATKOWICIUS, Vice-Præses Castrensis Novogrodensis, Nuntius Palatinatus Braclaviensis, cum hâcce præcustoditione ut & supra Collegæ mei subscribo.

265. STANISLAUS CONARSCIUS, Suc-Camerarius Pomeraniæ, Nuntius de Palatinatu Pomeraniæ & Districtu Tezeviensi, salvis per omnia Juribus, Privilegiis, Immunitatibus ac Prærogativis Terrarum ac Civitatum Majorum Prussiæ tum quoque salvis Constitutionibus, intuitu Ministeriorum Status in totô permanentibus.

266. CASIMIRUS STANISLAUS KITNOWSCIUS, Vexillifer & Nuntius Palatinatus Pomeraniæ, salvis Sanctæ Romanæ Ecclesiæ Immunitatibus, tum Juribus Terrarum Prussiæ & Consuetudinibus, præcipuè verò avitô Jure Indigenatus, cum protestatione contra præaggravationem Contributionum in Anno 1717. sancitarum.

267. THOMAS CZAPSCIUS, Capitaneus Knyszynensis, Nuntius Palatinatus Pomeraniæ Districtus Tczewiensis, in vim Ratihabitionis, salvis per omnia Juribus Terrarum Prussiæ & liberâ Electione.

268. PETRUS CZAPSCIUS, Nuntius Palatinatus Pomeraniæ a Powiatu Tczewscensi, in vim Ratihabitionis, salvis Juribus per omnia Terrarum Prussiæ & liberâ Electione.

269. JOANNES THEOPHILUS SICORSCIUS, Notarius Castrensis & Nuntius Palatinatus Pomeraniæ, Districtus Tczewiensis, salvis per omnia Juribus, Privilegiis, Diplomatibus, Immunitatibus & Consuetudinibus Terrarum Prussiæ; nec non Constitutionibus Annorum 1674. & 1676. salvis quoque Juribus Civitatum Majorum earundem Terrarum.

270. PETRUS CZARLINIUS, Nuntius de Palatinatu Pomeraniæ, Districtus Tczeviensis, salvis per omnia Juribus Terrarum Prussiæ, tum quoque Constitutionibus de Ministeriis Status salvis manentibus.

271. ROCHUS KLINSCIUS, Judex Terrestris Mirachoviensis, Nuntius Palatinatus Pomeraniæ & Districtus Tczeviensis, salvis Juribus Terrarum Prussiæ. ANNO 1733.

272. JOSEPHUS POVALSCIUS, Præfectus Arcis Pomeraniæ, Nuntius de Pomeraniâ & Districtu Tczeviensi, salvis per omnia Juribus Terrarum Prussiæ.

273. FRANCISCUS SICORSCIUS, Nuntius Palatinatus Pomeraniæ & Districtus Tczeviensis, salvis per omnia Juribus & Consuetudinibus Terrarum Prussiæ ac Civitatum Majorum.

274. STANISLAUS LEWALD GORSCIUS, Nuntius Palatinatus Pomeraniæ & Districtus Tczeviensis, in vim Ratihabitionis, salvis per omnia Juribus Terrarum Prussiæ & liberæ Electionis.

275. ADAMUS ELGANOWSCIUS, Nuntius Palatinatus Pomeraniæ & Districtus Tczeviensis, salvis Juribus Terrarum Prussiæ per omnia.

276. ANTONIUS WYBCZYNIUS, Nuntius Palatinatus Pomeraniæ & Districtus Tczeviensis, salvis Juribus Terrarum Prussiæ.

277. FRANCISCUS GRALEWSCIUS, Nuntius Palatinatus Pomeraniæ & Districtus Tczeviensis, salvis Juribus Terrarum Prussiæ.

278. STANISLAUS JASINIUS, Judicides Terrestris Tucensis, Nuntius de Palatinatu Pomeraniæ & Districtu Tczeviensi, salvis per omnia Juribus, Privilegiis & Immunitatibus Terrarum Prussiæ.

279. NICOLAUS ZEMBOWSCIUS, Judex Castrensis Bydgoscensis, Nuntius Palatinatus Pomeraniæ & Districtus Swiecensis, salvis per omnia Juribus, Privilegiis & Immunitatibus Terrarum Prussiæ & Majorum Civitatum, tum Statutis & Constitutionibus Ministerii Status.

280. PETRUS TUCHOLKA, Nuntius Palatinatus Pomeraniæ, Districtus Tucholscensis, salvis per omnia Juribus, Consuetudinibus & Laudis Terrarum Prussiæ.

281. FRANCISCUS DE LUTOMIA LUTOMSCIUS, Nuntius Palatinatus Pomeraniæ, Districtus Tucholscensis, salvis per omnia Juribus, Consuetudinibus, & Laudis Terrarum Prussiæ.

282. SEBASTIANUS TUCHOLKA, Nuntius Palatinatus Pomeraniæ & Districtus Czluchoviensis, salvis per omnia Juribus, Consuetudinibus & Laudis Terrarum Prussiæ, ac feriâ præsentis Confœderationis vigore Juramenti Manutentione.

283. JOANNES IN GOCKOVIS GOCKOWSCIUS, Nuntius Palatinatus Pomeraniæ, Districtus Czluchoviensis; Juribus, Usibus, Prærogativis & Laudis, aviti Indigenatus, Thesauri, ac Majorum Civitatum Terrarum Prussiæ salvis, cum protestatione læsionis præmissorum, ac prætermissæ declaratæ per publicam sponsionem Medelæ Status Provinciæ ex occasione non admissorum Dissidentium in Religione casu inter Exorbitantias non præstandæ, salvo regressu ad statum antiquum; feriâ quoque manutentione in puncto juramenti præsentis Confœderationis salvâ.

284. JOSEPHUS ALEXANDER JABLONOWSCIUS, Capitaneus Buccensis, Nuntius Palatinatus Livoniæ, cum protestatione contra salva, quæ repugnant sancitis, Unioni & Juramento præsentis Confœderationis & Constitutioni Lublinensi 1703. de stipendiis antiquis militaribus.

285. STANISLAUS JOSEPHUS SVIENCICCIUS, Capitaneus Sumiliscensis & Nuntius Palatinatus Minscensis; salvis per omnia Juribus Reipublicæ & M. Ducatus Lithuaniæ.

286. IGNATIUS CASIMIRUS DE TAXIS HRYDZYEZ BYKOWSCIUS, Notarius Castrensis Buscensis, Nuntius Palatinatus Minscensis, salvis Decretis Tribunalitiis post mortem Regis ante Innotescentias in fundamento Legum etiam in Contumaciam latis.

287. STEPHANUS MICHAËL OSKIERSKA, Castellanides Novogrodensis, Nuntius Districtus Mosiriensis, salvâ Conservatione Jurium in Confœderationibus & Pactis Conventis circumscriptorum, simul Ministerii Thesaurarii M. Ducatus Lithuaniæ.

288. ALEXANDER VLADISLAUS SKORYNA, Sub-Dapifer & Nuntius Districtus Rzeczycensis,

ANNO 1733.

sis, salvâ manifestatione de Projectis non regulantibus se ad Actum Confœderationis, reassumendo Prærogativam Thesaurariatus Curiæ M. Ducatus Lithuaniæ intuitu Administrationis Mensæ Regiæ vivente Principe.

289. GREGORIUS JOSEPHUS SKOROBOHATY, Vigiliarum Præfectus Orszanensis, Nuntius Districtus Rzecziccensis, salvâ manifestatione contra Projecta ad præsentem Actum sese non regulantia, reassumendo simul Prærogativam Thesaurariatus Curiæ M. Ducatus Lithuaniæ vivente Principe.

290. JOSEPHUS THEODORUS MOGILNICCIUS, Ensifer Terræ Chelmensis, Capitaneus Nieszaviensis, Nuntius Palatinatus Livoniæ,

291. IGNATIUS DE KOZIELSKO OGINSCIUS, Castrorum Metator M. Ducatus Lithuaniæ, Judex Braslaviensis, & Borisovscensis Capitaneus, Nuntius Livoniæ, salvâ liberâ voce vetandi.

292. ANTONIUS SZEMBEK, Nuntius ex Ordine Ducatus Livoniæ.

293. ANTONIUS DUSICTSCIUS RUDOMINA, Suc-Camerarius Braclaviensis, Capitaneus Sabocensis, Nuntius Terrestris ex Ordine ejusdem Ducatus Livoniæ, salvâ liberâ Electione & observatione Vocis vetandi, cum protestatione, ut Sigilla Regni & Lithuaniæ secundum antiqua Jura in Comitiis distribuantur, cavendo, ut Dominus Thesaurarius Curiæ Lithuanicæ circa sua Jura ad Administrationem Bonorum Oeconomicorum Lithuanicorum vivente Principe spectet & illa disponat, præcavendo, ut Academia Vilnensis secundum sua Privilegia & Jura eadem Prærogativâ gaudeat cum Cracoviensi.

294. JOSEPHUS DE CIECISZEWA CICISZCOWSCIUS, Suc-Camerarius Novogrodensis, Palatinatus Czervonogrodensis, salvis Usibus Palatinatus ejusdem.

295. MICHAEL IN LEDUCHOVO LEDUCHOVIUS, Sub-Dapiferides Volhyniæ, Nuntius Palatinatus Czervonogrodensis, salvis Usibus Palatinatus hujus.

296. ADAMUS VILCOWSCIUS, Suc-Camerarius Terræ Sochaczeviensis, ad Latus Celsissimi Primatis a *Statibus Regni Deputatus* Residens.

297. HYACINTHUS ZAYFERRUS, Consul & Nuntius Urbis Metropolis Cracoviæ, salvis Juribus, Prærogativis ac Privilegiis Civitatis & Magistratus.

298. VALENTINUS JOSEPHUS KAJERSCIUS, Syndicus, Secretarius & Nuntius Metropolis Urbis Cracoviæ, salvis Juribus, Prærogativis ac Privilegiis Civitatis & Magistratus, tum Immunitatibus ac Decretis.

299. ALEXANDER STEPHANOWICIUS WARGOLOWSCIUS, Pro-Consul, Nuntius a Magistratu, salvis Juribus, Constitutionibus, Sacræ Regiæ Majestatis Metropolis Vilnensis.

300 JOANNES WILCZEK, Sacræ Regiæ Majestatis Secretarius, Consul & Nuntius Civitatis Leopolis Metropolis Russiæ, salvis Juribus ejusdem Civitatis.

301. M. NICOLAUS ZIENTKIEWICIUS, Philosophiæ & Juris utriusque Doctor, Proto Notarius Apostolicus, Consul & Ablegatus Civitatis Sacræ Regiæ Majestatis Metropolis Russiæ, salvis Juribus, Prærogativis & Immunitatibus ejusdem in totô manentibus

302. Illustrissimi & Reverendissimi Domini, MARTINUS ZALUSCIUS, Episcopus Suffraganeus Plocensis, Secretarius Major Regni, Josaphat Michael Karpius, Magni Ducatus Lithuaniæ, JOSEPHUS ZALUSCIUS, Referendarius Regni, Abbas Przemencensis, & Illustrissimus JOANNES BRANICCIUS, Vexillifer & Generalis Artilleriæ, & JOSEPHUS SIERAKOWSCIUS, Vigiliarum Præfectus Magnus, Colonellus Exercitus, ad Portam Ottomannicam Legatus Regni; nec non Magnificus & Reverendissimus VLADISLAUS SIERAKOWSCIUS, Custos Coronarum Regni Rothâ suprascriptâ in hanc Confœderationem juraverunt.

303. JOANNES STANISLAUS RAWICZ WOLSCIUS, Notarius Castrensis Chencinscensis, Judex Capturalis Palatinatus Sendomiriensis, Districtus Radomiensis, Secretarius Comitiorum Convocationis.

ANNO 1733.

SCRIPTUM ANONYMUM, ou *Ecrit Anonyme répandu à Varsovie pendant la Diète de Convocation après la mort du Roi Auguste II.*

Avril

SErenissimo quondam Poloniæ Rege defuncto, Cæsaream Regiam Catholicam Majestatem, tum ob Regnorum suorum ac Provinciarum hæreditariarum cum Poloniæ regno viciniam, tum ob commune Christiani bonum Orbis, rite legitimeque peragendæ novi Regis Electioni curas suas impendere par est.

Equidem latere neminem arbitratur, jam per integra duo sæcula inter augustissimam Domum Austriacam, tum Regna ac Provincias suas hæreditarias ex una, ac serenissimos Poloniæ Reges & Rempublicam ex altera parte, arctæ unionis ac amicitiæ vinculum intercedere, Solemnibus Pactis Conventis innixum. Quæ Pacta Conventa Anno 1677. sub Imperatore Leopoldo gloriosæ Memoriæ, & serenissimo Joanne III. Poloniæ tunc Rege cum pluribus Capitibus aucta, ac tertia Novembris 1732 inter Legatum Cæsareum Comitem à Wilozen, tum Reipublicæ Commissarios in Grodnensibus Comitiis anno 1726. celebratis ad id denominatos ac plena facultate instructos, denuò corroborata fuerunt.

Sicuti proinde Augustissimi Antecessores nunquam non periclitantis Reipublicæ ac Poloniæ Libertatis scutum extitêre, ita Augustissimus Regnans Imperator, exemplo quoque Antecessorum suorum, Tutamini ejusque nunquam deerit curæ, præsertim supradictis Pactis Conventis specialiter ad id obstrictus.

Tam longe itaque ab eo alienum est, liberæ Electionis juri Reipublicæ competenti quidquam detrahere, ut potius hoc ipsum liberæ Electionis jus, contra quoscunque adversariorum conatus viribus sibi à Deo concessis propugnare sit paratus. Eumque in finem aliquot Peditum Equitumque Legiones in Silesiæ Confinibus collocare jusserit.

Timendum vero est, ne vel Galliarum, vel veteres Stanislai Asseclæ sub inani prætensæ Electionis ante aliquot jam annos peractæ prætextu, novæ Electionis ritum interturbare tentent *nulla habita Patriæ cura*, utpote cujus Leges palam hac ratione infringerentur, & quæ proinde tum domesticis insidiis, tum externorum armis in extremum adduceretur discrimen. Neque enim Augustissimus Imperator vel reliqui vicini Principes, Serenissima imprimis Russiæ Autocratrix, unquam permissuri sunt, vel sub ante dicto prætextu, vel sub alio quocumque colore Patriæ suæ necdum reconciliatus Stanislaus Lesczynski Poloniæ Thronum conscendat.

Nullum irritumque esse prætensæ Electionis Actum vi armisque anno 1704. a defuncto Succiæ Rege extortum fusius demonstrare haud opus est, cum a Sede Pontificia severe in eos ex Ecclesiastico Ordine [Boniensem imprimis Episcopum] fuerit animadversum, qui prætensæ huic Electioni fautores sese aut asseclas præbuerunt, nihil etiam actum est, quo toto Orbi non constaret displicere conatus eorum, qui a debiti obsequii via deflexerunt.

Sunt autem complura alia, eademque summi momenti motiva, ut proscriptio Stanislai facta per integram Rempublicam, sub Guarantia Russiæ per solemnes Tractatus nota, pro conservanda Pace Europæ, quæ amplius non subsisteret, si Reginæ Galliæ Parens regnaret.

Contradictiones magnorum virorum in Republica, qui huic contradicent Electioni, exinde in summum detrimentum Reipublicæ timenda scissio.

Quo non suadent modo, sed efflagitant, ut omnes illi, quibus Christiani Orbis quies & salus curæ cordique est, consilia juxta ac operam jungant, quo Stanislaus spe quam denuo concepisse videtur cadat.

Compescendis Turcarum moliminibus multum interesse, qualis Rex Poloniæ Reipublicæ præsit, aliquot sæculorum monumenta loquentur, ac insigni maxime Documento est Fœdus sacrum sub auspiciis Sedis Pontificiæ, hunc ipsum in finem initum.

Quid vero a Stanislao apud Turcas olim profugo & azylum ibidem quærente, Christianus Orbis polliceri sibi queat, res ipsa loquitur.

Nec hoc quidem satis est: etenim certo constat ab iis, cum quibus compluribus vinculis arcte, & quam maxime Stanislaus ligatus est, sæpius & instantissime sollicitatos Turcas fuisse, ut inita cum Persis pace, con-

Anno 1733. contra Romanorum Imperatorem aut Russiæ Autocratorem vertant arma, ac necdum aliquot effluxerunt septimanæ, quod denuò ab eo, qui Regis & Reipublicæ negocia Constantinopoli procurabat Ministro, nec a Rege, nec a Republica necessariis ad hoc ex Regni Cancellariæ mandatis instructo [instinctu hujus Malevoli] publicas sed falsissimas ad Portam delatas esse querelas, ac si Russi contra Tractatum ad Flumen Pruth conclusum Copias suas Poloniæ Regna immiserint. Jam vero cum fidum Stanislai asseclam hujus partes adhuc propugnantem antesignanum agere, complurésque hujus sortis, si ad Regiam Dignitatem Stanislaus eveheretur, maximis officiis præfigendos fore, dubio omni caret. Unde facile colligere est, quænam mala universo Orbi Christiano imminerent, si qui præcipua in Republica autoritate pollerent, non jam amplius Christianorum, sed Turcarum faverent causæ. Reliqua Augustissimi Imperatoris Cura circa Electionis negotium nonnisi in eo se extendit, quo liberis Polonæ Nationis suffragiis Rex, quiscumque ille demum sit, eligatur, a quo nec Reipublicæ Constitutioni ac Libertati periculum; nec vicinis excitandarum Turbarum metus immineat.

CLXVI.

Exposition des motifs légitimes de la Resolution de Sa Majesté Imperiale & Catholique, de Sa Majesté Imperiale de toutes les Russies, & de Sa Majesté Royale de Prusse, de faire entrer en Pologne leurs Troupes assemblées sur les Frontiéres, à la requisition de plusieurs des Principaux Membres de la République, tant de l'Ordre des Sénateurs, que de celui de la Noblesse, pour maintenir la Liberté des Suffrages, & prevenir une plus grande oppression. [D'après l'Imprimé de Vienne en Août 1733.]

IL est notoire que le plus précieux Joyau de la Nation Polonoise consiste dans la *Liberté* des Sufrages non forcez, que le Pauvre comme le Riche, le moindre Noble comme le premier Senateur, possedent dans une telle égalité, que l'un a autant de Droit que l'autre de parler dans les Assemblées Publiques, & dans les Diètes Génerales; en sorte que si quelqu'un d'entr'eux contredit un de ses Confreres, il n'est pas obligé d'en dire la raison. Non seulement cette Nation a mis cette *Liberté* pour Base de la Forme de son Gouvernement, mais même elle l'a fortifiée par les Traités & Garanties contractées avec les Puissances Voisines. La Noblesse Polonoise a sacrifié, depuis son origine jusqu'à présent, sa Vie & ses Biens pour la conservation de cette *Liberté*, & les Histoires anciennes & modernes témoignent que pour conserver le *Liberum veto*, il y a eu plus de Diètes rompuës, qu'il n'y en a eu de conduites à une heureuse fin. Les voisins mêmes ont temoigné leur attention à maintenir la République dans ce systême, & la Noblesse dans cet éclat; & à la moindre aparence de danger, ils sont venus à son secours, comme l'Histoire en fournit plusieurs exemples.

Dans les derniers tems du Regne d'*Auguste II.* les choses allérent si loin, que pour conserver le *Liberum veto*, quelques-unes des principales Familles, qui, pour parvenir à leurs vuës particuliéres, ont coutume de faire agir la petite Noblesse, se font exposées plus que d'ordinaire, sur-tout lorsqu'il s'est agi de conférer les Charges vacantes de Chancelier de la Couronne & des Grands Généraux, & ils ont produit des *Constitutions*, suivant lesquelles le Roi ne pouvoit les conférer, sans le concours de la République *in plenis Comitiis*. Comme on s'imaginoit que les persuasions de quelques personnes, qui étoient dans un grand crédit auprès de Sa Maj. l'auroient déterminée à conférer ces grandes Charges, dans la Diète extraordinaire du mois d'Octobre 1732. sans communiquer auparavant ses intentions aux Competiteurs, il y eut des mouvemens extraordinaires tant entre les Sénateurs qu'entre les Nonces, qui allérent si loin, qu'avant de consentir à la convocation d'une nouvelle Diète extraordinaire pour le mois de Janvier de la présente année, pour terminer cette difficile Affaire, quelques-uns des plus considerables de la République ont eu recours aux Ministres de l'Empereur, de l'Imperatrice de Russie, & du Roi de Prusse, pour les engager à secourir la *Liberté* de la Republique, & ne pas souffrir qu'elle fut opprimée; Anno 1733. ce que ces trois Puissances leur promirent, au cas que la necessité le demandât, en vertu des *Pacta Conventa* & des Garanties, qu'ils ont avec la Republique; & même l'Empereur non seulement en fit donner sa promesse de bouche au Primat par son Ambassadeur, mais même Sa Maj. Imp. renouvella cette promesse dans une Lettre à ce Prelat. [*Voyez la preuve* A.]

La mort ayant enlevé le Roi Auguste pendant le cours de cette Diète, il sembla que cette crainte, qu'on avoit conçuë, de l'oppression de la Liberté, dût cesser; cependant il resta entre les Membres de cet Etat sans chef, une défiance, qui fit bien voir que leur Jalousie par raport aux Charges vacantes de Grands Généraux, étoit l'origine du mal, desorte que ceux qui poussérent leurs projets, sans reflechir s'ils étoient contraires au bien public, n'oubliérent rien pour mettre en œuvre tous les moyens que leur ambition & leur intérêt particulier leur suggérérent pour parvenir à leur but, à la faveur de l'Election d'un nouveau Roi. A cet effet ils se reconciliérent en apparence avec ceux qui les avoient traversez ci-devant, & les trompérent si adroitement, par les brillantes apparences de leurs bons sentimens pour le bien public, que ceux-ci se laissérent persuader, malgré les remontrances de quelques bien-intentionnez, qui leur representérent qu'on ne devoit rien attendre de bon de tels Factieux, qui, ci-devant, s'étoient opposés & de paroles & d'effets au Bien & à la Liberté de la République. En un mot ces Factieux sçurent porter les choses si loin par leurs intrigues, avec le secours de l'Argent étranger, qu'ils s'emparérent de la *Dictature*, & qu'ils furent absolument les Maîtres dans la Diète *de Convocation*, tant pour le choix d'un Maréchal des Nonces, que dans les Délibérations sur tous les Points proposés.

Les choses étant dans cette situation, ils tachérent, par toutes sortes d'insinuations, d'inspirer à leurs Freres, des soupçons contre toutes les Puissances voisines, comme si elles vouloient tenter de limiter la Liberté de l'Election. Lorsque ces Puissances firent assurer le contraire par leurs Ministres ici; & qu'elles maintiendroient la Republique dans la Liberté de l'Election & dans ses autres Droits & Privileges, [*Voyez les Preuves* B. C. & D.] ceux de la grande Faction publiérent avec un orgueilleux mépris, que les trois Puissances Alliées n'étoient plus d'accord; & que la France donneroit tant d'occupation à l'Empereur, les Suedois, les Turcs & les Tartares aux Russiens, qu'ils n'auroient guéres le tems de penser à l'Election des Polonois.

Ces bruits & autres mesures semblables ne tendoient qu'à mettre sur le Trône, de quelque maniere que ce fût, un Candidat; que les précédentes Constitutions & plusieurs Decrets du Senat avoient depuis longtems declaré Ennemi de la Patrie. Ce qui peut être prouvé par les Constitutions de la Diete de 1593, [*Voyez la preuve* E.] les Constitutions de 1607.] [F.] & 1670. [G.] la Constitution de Lublin de 1703. [H.] la Confederation générale de Sendomir de 1704. [I.] confirmée par le Congrès général de 1710. dans lequel NB. le Prélat, qui est aujourd'hui Primat du Royaume, & qui étoit alors Evêque de Culm, a juré [K.] librement & volontairement avec les autres Senateurs, que le *Pseudo-Electus* proposé par le *Conventicule* de Varsovie, étoit pour jamais déclaré incapable de porter la Couronne de Pologne; & le Prince *Wiesnowieski*, Chatelain de Cracovie, encore plein de vie, a été témoin de la prestation de ce Serment; enfin le Manifeste de la Republique en 1705. [L.] qui renouvelle la Confederation de Sendomir, le Conseil de Grodno aussi de 1705. [M.] la Confirmation de la Confederation generale de Sendomir, dans le Congrès general de Wilna en 1710. [N.] où la Confederation générale de Sendomir est confirmée mot à mot avec la reserve *Juris vetandi*, & la Proscription *Candidati electi*; enfin la Constitution de 1717. [O.] qui aprouve le Traité de 1716. Art. VIII. §. 4. lesquelles Constitutions ont été confirmées à la Diete de Grodno de 1718, de la maniére la plus forte.

Tout ce qu'on vient de raporter prouve suffisamment d'un côté le grand soin que cette Noble Nation a pris dans toutes les rencontres, de la conservation de sa précieuse *Liberté*, & le zèle autant que l'aversion qu'elle a témoigné contre les violences d'un Candidat, qui a été intrus par la force des Armes pendant

dant

ANNO 1733.

dant la vie d'*Auguste II.*, son legitime Souverain. D'un autre côté qui sont les véritables amis de la République? ou la Faction qui, au mépris des Droits de toute une Noblesse libre, veut introduire *Regem exlegem*, un Roi exclu par les Loix; ou les Puissances Voisines qui, sans aucun intérêt, & uniquement par affection, s'opposent à ces violences dans une République libre, & ne veulent que proteger ceux qui implorent leur secours, dans un tems où plusieurs Senateurs, Ministres d'Etat & Nonces se plaignent que le Primat & son Parti oppriment la Liberté de toute sorte de maniéres? Ces violences consistent dans les Points suivans.

1. Que de 300. Nonces, qui ont assisté à la Diète de *Convocation*, chacun d'eux ayant Droit de voter, avant qu'il soit permis aux Senateurs de déliberer & de former une conclusion, à peine 17. ont donné leur Voix, on refusa aux autres la *Liberté* de recueillir leurs suffrages.

2. Que, nonobstant que, suivant les Loix fondamentales, chaque Gentilhomme ait la liberté de voter dans le Champ d'Election, on a borné la *Liberté* de leurs suffrages; & quoique plusieurs Palatinats ayent recommandé même sous serment, à leurs Nonces de ne donner l'exclusion à personne, qui que ce pût être, le Primat & son parti ont trouvé à propos dès la Diète de *Convocation*, sans avoir auparavant pris les suffrages de tous, de donner hautement & contre l'intention des Palatinats, l'*Exclusion* aux Etrangers, d'en faire un des Articles de la Confédération, & de le faire jurer sous Serment.

3. Que le Primat n'étant pas encore content de cela, n'a pas consideré que quand même l'*Exclusion* auroit été résolue *unanimement* dans la Diète de *Convocation*, par ces 300 Nonces, ce petit nombre n'a pas le pouvoir de borner, dans le Champ *d'Election*, la libre volonté de tous les Nobles, dont le nombre va au delà de 100. mille; ce qui n'a pas empêché le Primat d'employer la violence pour faire prêter ce Serment sur les Articles de cette Confederation qui n'avoient pas été aprouvez.

4. Que ce Serment est sans exemple, que la plupart y ont été trompés, que le Primat a le premier prêté le Serment, & ensuite ses Partisans, & que les autres y ont été contraints, nonobstant les Protestations qui furent faites.

5. Qu'un Nonce de Prusse ayant protesté contre le Serment, non seulement on n'eut aucun égard à son *Liberum veto*, mais on l'obligea à signer, en le menaçant de le jetter par la fenêtre.

6. Que certain Palatin * ayant voulu aussi s'opposer au Serment, en demandant la liberté des suffrages, on le menaça de le sabrer, de confisquer ses Biens & le déclarer Ennemi de la Patrie, s'il ne prêtoit le Serment sur le champ; en sorte que dans cette occasion on peut remarquer les effets du *metus cadens in constantes Viros*, c'est ainsi qu'on a traité les autres.

7. Que non seulement on a fait jurer par force quelques Articles de la Confédération qui n'étoient pas aprouvez, mais même on a contraint les Evêques à renoncer, par Serment, à la liberté qu'ils ont, suivant les Loix, (si le Primat, dans le cas d'une Scission, nommoit un Roi, dont l'Election seroit contre les Loix) que les Evêques suivans, pour prevenir de plus grands maux dans la Republique, nomment, suivant les Constitutions, celui qui conviendroit le mieux au bien de l'Etat; que l'on a même fait sortir un Evêque de son lit, où il étoit malade, en le menaçant de le déclarer Ennemi de la Patrie, pour lui faire prêter le Serment; & de plus que, quoique le Primat ait promis de ne proclamer Roi, que celui qui seroit élu unanimement, il n'en a pourtant pas fait mention dans son Serment, comme les Evêques ont été obligez de promettre, dans le leur, de ne point nommer de Roi en Scission.

8. Qu'en prêtant le Serment, une partie des Evêques, des Senateurs & des Nonces ont declaré, qu'ils juroient par force, sans savoir sur quels points, & d'autres l'ont fait *salvâ libertate eligendi, salvis Constitutionibus & Legibus*; un troisieme parti, en protestant contre l'oppression de la liberté des sufrages; d'autres, en ajoutant qu'ils ne vouloient être tenus à ce Serment qu'autant que les absens s'y conformeroient; enfin un grand nombre voyant qu'ils seroient obligez de se conformer aux volontez du Parti dominant, se sont retirez sans signer ni jurer: ce qui fait voir que cet Acte ne peut être consideré, ni comme une Confédération generale, ni comme une Diete limitée, parce que les suffrages, qui auroient dû former la Majorité, n'ont pas été recueillis dans les formes: enfin on ne peut lui donner le nom de *Comitia legitima*, puisque l'essentiel, qui est l'unanimité des suffrages, n'y a pas été observé.

9. Que ce Serment est bien différent d'un autre sans exemple, prêté dans un précédent Interregne, & seulement une fois, après l'abdication du Roi Jean-Cazimir, contre la Faction Françoise, qui vouloit mettre un Prince François sur le Trone pendant la vie de ce Roi.

10. Que quoique le Primat & le Marêchal de la Diète eûssent promis solemnellement, *ore publico*, avant la fin de la Diète de Convocation, qu'on n'exigeroit point la signature de la Confederation générale avant que tous les Articles eûssent été généralement aprouvez, & qu'il seroit permis à un chacun, après en avoir ouï la lecture, de les aprouver ou non *pro arbitrio suo*: cependant on y a inseré subreptivement plusieurs Points, dont il n'avoit seulement pas été parlé dans la Chambre des Nonces, & sur lesquels les Palatinats n'avoient pas d'instruction, puisqu'on y trouve un Article, par lequel le Primat (ce que la Republique n'a jamais accordé à ses Rois) est établi l'arbitre de la Paix & de la Guerre, & il lui est permis d'entrer comme il jugera à propos *in societatem Armorum*; outre cela un autre Article qui lui donne *plenariam dispositionem* sur le Trésor de la République & sur les Revenus Royaux; autorité, qui le mettroit en état de s'attribuer celle de ne jamais nommer un nouveau Roi, & autres articles du même genre, sur lesquels on n'étoit pas aussi d'accord; & dèsqu'ils eurent été lûs, il ne fut permis à personne de s'y opposer; bien loin de-là on passa tumultuairement & sans ordre à la signature, & comme plusieurs ne signèrent que *cum Clausulis reservatoriis*, on employa huit jours entiers à engager *prece & pretio*, ceux qui s'étoient ainsi servis de réserves, à bisser leur signature; & l'on peut voir sur l'Original, combien de signatures ont été changées.

Comme ce sont là des Griefs de la derniére importance, capables de renverser toute la forme du Gouvernement en Pologne, les Puissances Voisines & Alliées ne peuvent, en vertu de leurs Alliances, refuser leur secours à ceux qui se trouvent ainsi opprimez, d'autant plus que ces Puissances ont elles-mêmes interêt que la République continue dans son ancienne forme de Gouvernement. C'est dans cette vûë qu'on a eu soin de representer amiablement au Primat, au Senat & aux Nonces, que toutes ces entreprises contraires aux fondemens de la Liberté, ne peuvent avoir que des suites fâcheuses, mais on n'a pu réussir à persuader des Esprits entraînés par leurs passions, & qui ne laissent voir que violence & arrogance; il paroit assez par la Lettre que le Primat a écrit en reponse à l'Empereur [*Voyez Preuve* P,] que ce Parti a resolu de ne pas demordre de son dessein, quelque malheur qu'il en pût arriver à la Patrie, puisque l'on veut faire accroire à l'Empereur, dans cette Lettre, que la *libre Election* consiste en ce que *Respublica respectu Candidatorum ad Thronum, nec negativam nec affirmativam sententiam ab exteris Potentiis aut expectet aut admittat.*

Sur quoi il faut particulierement remarquer qu'une certaine Couronne éloignée, ainsi qu'il est notoire, a fait connoitre par ses Ministres, non seulement en Pologne, mais encore ailleurs, quelle devoit être cette *affirmative*, puisque son Secretaire d'Ambassade à la Cour de Russie a déclaré *que le Roi son Maître, coûte que coûte, placeroit Stanislas sur le Trone, & qu'il feroit tellement sentir sa puissance à ceux qui s'y opposeroient, même à sa Maj. Imp. des Romains, que l'envie leur passeroit bientôt de s'opposer à Stanislas; & qu'elle presseroit tellement de près les autres Competiteurs, qu'ils perdroient bientot l'envie de disputer cette Couronne à Son Beau-pére.*

Puisque cette Couronne prend à present la liberté de s'arroger l'affirmative, & d'employer l'argent & des mesures de violence pour parvenir à son but, le Primat n'a point raison de se plaindre de la négative des Puissances Voisines, puis qu'il seroit plus préjudiciable à la République & à la *Liberté de l'Election*, si cette Couronne donnoit l'exclusion à tous les Candidats *contra Leges*, que si les Puissances Alliées la donnoient à un seul Candidat *secundum leges*.

La Lettre alleguée du Primat dit encore, *Fœdera & Pacta servire tantum ad Amicitiarum indissolubiles nexus, & non pertinere ad liberam Electionem, quæ naturam suam amit-*

* Celui de Podlaquie.

ANNO 1733. *amitteret, si minimis etiam ligamentis teneretur.* Cette proposition peut être vraie: mais comment cette Couronne a-t-elle donc pû malgré cela, à la faveur d'un simple lien d'amitié, se mêler de cette liberté de l'Election, jusqu'à faire déclarer ici „ qu'elle vouloit „ proteger la liberté des suffrages, & ne soufriroit pas „ que des Puissances Etrangeres donnassent l'Exclusion „ à qui que ce fût, ensorte que si quelque Prince ten„ toit de troubler cette liberté, elle employeroit tou„ tes les forces que Dieu lui a données, pour l'em„ pêcher.

Le Secretaire d'Ambassade de cette Couronne à Petersbourg s'est expliqué souvent en des termes peu convenables sur cette *Affirmative* ou *Negative*, c'est-à-dire sur cette Promotion ou Exclusion; & il a, sans detour, fait connoitre qu'il falloit que *Stanislas* montât sur le Trone, & que tous ses Competiteurs, mais particulierement certain Electeur de l'Empire en fut exclu; & la faction de *Stanislas* a tellement confirmé cette déclaration dans la Diète de Convocation, par le Serment extorqué, que le Primat a prêté le premier, qu'ils auroient honte de la nier: c'est pourquoi les Puissances alliées espérent que le Primat ne prendra pas en mauvaise part, qu'elles suivent l'exemple de cette Couronne & ses maximes, en donnant l'exclusion à *Stanislas*, au lieu que les Alliez sont obligez par les *Pacta conventa*, Alliances & Garanties, non seulement avec le Roy de Pologne, mais même avec toute la République, de la defendre en tous tems contre ses Ennemis, & de maintenir ses Constitutions; puisqu'il est dit expressément dans ces Traitez, *& qui hostis Reipublicæ est, sit & hostis harum Potentiarum.* Or puisque *Stanislas Leczinski* est declaré ennemi de la Republique par tant de Constitutions, dès-qu'il se presente comme Candidat, qu'il est apuyé par cette Couronne éloignée, qui employe tant de millions, & même ses armes à le maintenir, & que lui-même se donnant pour Candidat, propose les conditions auxquelles il demande la Couronne, les Puissances alliées non seulement ont droit de prendre part à l'Election, mais même elles sont obligées de le faire pour maintenir la *Liberté* de la République & l'Election libre, qu'on veut violenter. D'où il s'ensuit qu'on ne doit pas s'imaginer, par raport à *Stanislas* personnellement, que les Puissances voisines voulussent lui donner l'exclusion, quoiqu'elles le pourroient, en suivant l'Exemple de la Couronne tant de fois alleguée; mais parce qu'il est exclu de Droit, par les Constitutions de la République, & qu'Elles sont obligées, *vi Fœderum & Guarantiæ*, de le regarder comme Ennemi, & de le traiter comme tel.

Le Primat dit dans sa Lettre: *Libertas demùm Gentis licet consistat in integritate sancitorum & constitutionum Regni, ne scilicet à Supremo Ordine violentur, ... veruntamen ex consensu trium Ordinum multas & immutatas & abrogatas leges usus & experientia probant, neque extraneorum sollicitudinem unquam fuisse in iis, quæ ad solam ac liberam, & apud se quidquid velit facturam pertinent Rempublicam*, ensorte que *Sancita & Constitutiones Regni* ne peuvent être abrogées que par les trois Ordres de l'Etat, d'où il suit naturellement que pendant l'Interregne, où manque *Caput & Supremus Ordo*, les Constitutions, qui ont déclaré *Stanislas* Traitre & Ennemi de la Patrie *vi Constitutionis an.* 1593. pour s'être fait élire & couronner, *vivente Rege*, ne peuvent être abrogées, & lui ne peut être admis à la Couronne, & reste toujours *hostis Patriæ & vicinorum Fœderatorum*, qui peuvent & doivent comme bons amis, au jugement de tout l'Univers, assister la République contre ceux qui l'oppriment, & qui, malgré les Loix, veulent mettre *Stanislas* sur le Trone.

On exprime, dans la même Lettre, les Raisons pourquoi la *Liberté* de la Nation consiste dans le maintien des Loix & Constitutions de l'Etat, savoir: *ne leges à Supremo Ordine violentur: unoque admisso inconvenienti, omnium tollendarum legum arbitrium fit penes Principem, quod non nisi unicè & consensu trium Ordinum abrogari potest.* D'où il conste *à paritate rationis, admisso uno inconvenienti*, que si l'on souffre que quelques Loix de l'Etat soient abrogées par deux Ordres de la République, rien n'empêchera que les Loix les plus salutaires ne soient renversées dans un interrègne, ce qui est du dernier absurde, puisqu'alors toute la Societé seroit troublée, non seulement quant à l'interieur, mais même par rapport aux Etrangers, ensorte qu'on ne pourroit plus faire fond ni sur le Droit des Gens, ni sur la foi publique. On en a vû un triste commencement dans la dernière Diète de *Convocation*, où le parti dominant de *Stanislas*, auquel le Primat, comme *Custos Legum Reipublicæ, autoritate suâ Interregi*, devoit s'opposer, a opprimé le *Liberum veto*, en empêchant des Senateurs & des Nonces de donner leurs suffrages, & ce qui est pis encore, en les contraignant à prêter un Serment; violences, que ni leurs Concitoyens, ni les Puissances voisines n'ont pu voir avec indifférence, & encore moins souffrir, en vertu de leurs obligations contractées dans les *Pacta conventa*. ANNO 1733.

Le Primat donne, dans sa Lettre, de grands éloges à la Magnanimité & à la Bonté de l'Empereur & de la Maison d'Autriche, qui a toûjours défendu la *Liberté* de la République quand elle a été en danger. L'année derniere, lors qu'on s'étoit imaginé que le Roi *Auguste* pourroit donner quelque atteinte à la *Liberté* des Suffrages par rapport aux Charges vacantes des Grands Généraux, & qu'il ne maintînt, avec ses troupes Saxonnes, la Collation qu'il en auroit faite, l'Empereur & ses Alliez avoient promis leur secours à la République, qui l'avoit imploré, qu'ils empêcheroient l'entrée de ces troupes, & qu'ils maintiendroient le *Liberum veto.* Ne sera-t-il pas infiniment plus glorieux à Sa Maj. Imp. & à ses Alliez, aujourd'hui que la République est en danger de perdre, à l'occasion de l'Election, *apicem libertatis*, le précieux fleuron de sa liberté, de se mettre à la breche pour empêcher, de toutes leurs forces, la perte de cette *Liberté*, dont dépend la conservation de l'Equilibre en Europe.

Quant à ce que le Primat avance dans sa Lettre, *futurum Candidatum absque omni turbarum Vicinis excitandarum metu fore, & Reges in Poloniâ non regere, sed potiùs regi*; il est trop dangereux de s'en fier à cette promesse: car si l'or étranger a déja eu tant de pouvoir sur la faction formée en faveur de *Stanislas*, que sans aucun égard pour les amiables représentations des Voisins bien intentionnez, elle a tout entrepris pour le placer, par voyes de fait, sur le Trône, que n'entreprendroit pas cette même faction, si l'Empereur & ses Alliez le laissoient paisiblement prendre possession de ce Trone, sur-tout puisque dès à présent ils osent déclarer; comme on l'aprend aussi de Constantinople, où les Chefs de la faction ont d'étroites intelligences, que *Stanislas* sera constamment ami de cette Couronne & de la Porte, c'est-à-dire un constant Ennemi de l'Empereur & de ses Alliez? Qu'arriveroit-il donc si, comme on en a déja fait la menace, cette Couronne & ses Alliez attaquoient S. M. I. & que, la paix étant faite entre les Turcs & les Persans, on fit attaquer l'Imperatrice de Russie par ces deux Puissances? Les Polonois ne couperoient-ils pas toute communication entre S. M. I. & la Russie, & ne seroient-ils pas en état d'empêcher ces deux Puissances de se secourir, ainsi que quelques-uns des Senateurs l'ont déja fait entendre, & qu'on peut se le promettre des obstacles, qui se sont rencontrés du vivant du Roy *Auguste*, en faveur de cette Couronne éloignée, lorsqu'il y a deux ans, on refusa *innoxium transitum*, au travers de la Pologne aux troupes que S. M. I. Cz. demandoit, sous pretexte que le Turc pouvoit le prendre pour une Contravention au Traité du *Pruth*? Ne persiste-t-on pas aujourd'hui dans les mêmes Sentimens? & ne dit-on pas qu'on veut mettre *Stanislas* sur le Trone, & non un autre Piaste *ex æqualitate*? parce qu'avec le secours de la Couronne qui lui est alliée, on sera toûjours en état d'empêcher que les troupes Russiennes n'aillent au secours de l'Empereur. Ce qui vaut autant que si l'on disoit, que si l'Empereur étoit attaqué d'un côté par le Turc & de l'autre par l'Ennemi héréditaire de l'Empire Romain, il devroit périr: intention pernicieuse, dont la République de Pologne ressentiroit les suites. Par consequent tous ceux qui sont bien intentionnez, ne doivent-ils pas s'unir aux autres Puissances Chrétiennes, & n'ont-ils pas assez de raisons de s'opposer aux desseins de ces detestables Patriotes, si mal intentionnez contre leur Patrie & contre la Religion Catholique?

Ne paroit-il pas assez par cette reponse, & par tout ce qu'on a attenté jusqu'à présent, quelles sont les vuës de la prochaine *Election*, & quelle est l'intention des Auteurs d'une telle faction, en introduisant ces Violences illicites, & cette forme de gouvernement despotique, dans la Republique? Enfin que leurs secretes pratiques entraineront, tot ou tard, la ruine totale de la Nation, puisqu'ils prévoient bien qu'ils ne pourront pas continuer ainsi *in libero*

Statu Reipublicæ, dès-que la République jouïra de toute sa Liberté.

Le But secret de la Faction, en élisant *Stanislas*, se découvre assez dans les *Universaux*, que le Primat a envoyez aux Diétines de Relation, où il censure avec si peu de menagement & sans raison le gouvernement de son feu Souverain, sous le nom d'un *Régent étranger*, & où il exalte avec une ridicule éloquence sa Vice-royauté & l'heureux succès de la *Diète de Convocation*, qu'il a terminée par la Confédération générale, dont il se félicite tant, ainsi que du Serment qu'il a extorqué, *afin que la prochaine Election soit irreprochable, ce qui ne pourroit être sans prejudicier à la Liberté, si l'on y souffroit les intrigues & les machinations des Puissances étrangeres.* Ces Eloges que le Primat se donne si libéralement, auroient été plus brillans, s'il avoit avoué combien lui & ses adherans ont reçu & espérent encore de recevoir d'Or étranger, pour pousser les violences, intrigues & corruptions commencées, & combien d'Exprès il a envoyez continuellement à *Chambor* pour réitérer les assurances de tout mettre en œuvre pour empêcher qu'on élise un autre Roy que celui qui étoit *legibus jam exauctoratus*, auquel effet il lui vient de ce côté-là des Zephirs plus agréables que du côté du Nord.

C'est avec la même témérité que le Primat fait mention dans ses Universaux de l'*Exécution de Thorn*, qu'il nomme *Sainte*, & de la Commission de Courlande, comme d'un Acte digne de l'Immortalité, au mépris des Puissances Etrangeres; quoique, si Dieu n'y avoit mis la main, la République auroit pû être exposée par-là à des troubles dangereux. Dans les mêmes Universaux il exhorte la Noblesse, à se rendre *bien armée* au Champ d'Election, pour se joindre au Corps des Troupes Nationales, pendant qu'il est dit expressément dans la Confédération generale qu'on y viendra *absque armis*. C'est ainsi encore que, nonobstant que suivant les articles de la Confédération générale, le Marechal des Nonces de la Diète d'Election dût être élû *unanimi omnium consensu*, le Primat propose le contraire dans ses Universaux aux Diétines de Relation, & prétend qu'il soit élû par Deputez. Voilà de quelle maniere ce Primat a fait les changemens qu'il a voulu, toutes les fois qu'il l'a jugé convenable à ses vuës pernicieuses.

Il seroit inutile, & l'on ne finiroit pas, s'il falloit raporter toutes ses exorbitances: les raisons que l'on a alleguées font assez connoître les dangereuses vuës de ce Prélat, qui s'est laissé aveugler par d'autres, au grand préjudice de sa Patrie. La Comparaison qu'il emprunte d'*Asdrubal*, qui avoit juré la ruïne de Rome, est aussi extraordinaire qu'étonnante; d'autant plus qu'en rappellant ce trait, il a oublié le serment qu'il a fait étant Evêque de Culm, dans la Confédération de Sendomir, contre un *Proscrit*, & que dans la Confédération générale du présent Interregne, il a lié toute la Noblesse, en dépit des Loix, par un Serment nouveau, jusqu'alors inconnu, & au préjudice de la Patrie. Si le Primat avoit voulu examiner les *Retroacta* du dernier Interregne, de 1697, il auroit trouvé que le Pape *Innocent XII.* avoit relevé les Polonois du Serment de la Confédération, qu'ils firent alors, comme préjudiciable à la Republique & aux Immunitez Ecclesiastiques, & qu'il est dit expressément dans le Bref de ce Pape, *que personne ne peut être lié à l'avenir, par Serment ou Promesse, pour choses illegitimes.* D'où le Primat auroit dû conclure *quod Juramentum debeat fieri intuitu melioris boni & absque præjudicio tertii*, & que, son second Serment tendant *in pejus malum, præjudicium tertii, & ad oppressionem Libertatis*, outre qu'il est extorqué, doit encore moins lier ou imposer quelque obligation. Il n'y a pas de bon Patriote qui ne trouve que ces deux Sermens sont contradictoires, & consequemment que si le premier est bon, le dernier ne vaut rien, & que c'est un faux Serment.

Nonobstant cela, le Primat & ses adhérens n'oublient rien de tout ce qui peut contribuër à l'execution de leurs violences; c'est pourquoi il prétend dans ses Universaux, que les Troupes qui sont à la solde de la Republique, doivent, *de lege*, être postées pendant l'Election sur les frontiéres, sans-doute pour maintenir son autorité, & le crédit de sa Faction dans la violation du *Liberum veto*: donc il doit d'autant moins tenir pour suspectes les Puissances alliées, si elles font entrer les leur en Pologne, *ad defendendas leges & avertendam oppressionem Libertatis* de ceux qui sont exposez à ses violences, & qui ont besoin de secours.

Outre ce que l'on vient de raporter des Universaux, le Primat a eu recours à un noir artifice. Un Ministre de Pologne auprès de certaine Couronne du Nord avoit presenté avant la fin du mois d'Avril un Mémoire, & le Ministre de certaine Couronne en avoit presenté un autre, tendant également à demander des forces pour maintenir la *Liberté* de l'Election en Pologne. On avoit repondu à ce dernier, ainsi qu'au Ministre Polonois, „ que, suivant la forme du Gouvernement, le Roi & le Senat ne pouvoient commencer une Guerre, sans la Convocation préalable & le consentement des Etats, & qu'avant que cette Convocation fût faite, il seroit trop tard & les affaires terminées; que cette Couronne n'étoit pas en état d'employer la force contre les Puissances du Parti contraire, dont elle est environnée, & qu'ainsi elle ne pouvoit être d'aucun secours à la République, & se jetteroit seulement dans le plus grand embarras, dont les amis de la Couronne de Pologne auroient bien de la peine à la tirer, qu'en faisant une puissante diversion à l'Empereur des Romains; ce qui ne seroit d'aucun avantage, & ne mettroit ni cette Couronne du Nord, ni la Pologne à couvert des efforts de leurs voisins, & encore moins empêcheroit une invasion dans les deux Royaumes. &c.

Sans avoir égard à une Déclaration si sage & si raisonnable, le Primat fit mettre dans les Gazettes publiques de Pologne, vers la fin de Juin, (dans le tems qu'il devoit déja être informé de cette reponse par le Ministre de la République) une Lettre de sa façon, où l'on disoit „ que cette Couronne du Nord étoit prête non-seulement à envoyer une Escadre avec toutes sortes de Munitions de Guerre, mais même à faire quelque entreprise considérable avec une Armée de Terre; que l'Escadre destinée pour la Mer Baltique, & composée de 8. Vaisseaux de Guerre, & de 3. Fregates, n'attendoit que le retour d'un Exprès envoyé en France; & qu'alors cette Escadre mettroit en Mer, & seroit renforcée de quelques Vaisseaux & de Troupes toutes fraiches.

D'où il paroit visiblement avec quelle franchise le Primat & ses adhérens en agissoient avec leurs Compatriotes, & avec quelle sincerité ils leur communiquoient les Relations de leurs Ministres; ou, pour mieux dire, à quels artifices ils avoient recours pour déguiser les véritables raports des Ministres des Hauts Alliez de la Noble Nation Polonoise, & la précipiter dans sa propre ruïne, en lui faisant prendre de pernicieuses mesures.

Il est évident par l'Examen de ces obstacles suscitez par le Primat, que s'il ne réüssissoit pas dans ses vuës en faveur de *Stanislas*, il auroit recours à de nouvelles intrigues, qui ne lui manqueront pas, pour differer l'Election, & perpetuer autant qu'il pourra sa Domination despotique d'Interroy. On sait même qu'il s'en est assez clairement expliqué dans quelques entretiens, où il a raporté des Exemples d'Interregnes en Pologne, qui ont duré plusieurs années. C'est aux Patriotes bien intentionnez pour la Liberté, à prendre des mesures pour s'opposer à ces desseins dangereux du Primat, & à se prevaloir du secours des Puissances voisines: car c'est à cet effet qu'elles font entrer leurs Troupes, comme amies, dans la Pologne; afin que, *ad casum Electionis dubiæ*, on ne soit pas obligé d'attendre les secours, dont on auroit besoin, pour éloigner du Trône un Candidat choisi d'entre les Piastes par une faction mal-intentionnée, nonobstant qu'il ait été déclaré *hostis Patriæ & perduellis*, & apuyer l'Election d'un digne Roi.

D'AUTANT qu'un très-grand nombre de Patriotes bien intentionnez & qui cherissent véritablement la Patrie, se sont addressez par Ecrit à sa Maj. l'Empereur des Romains, à sa Maj. l'Imperatrice de Russie, & à sa Maj. le Roi de Prusse, implorant leur puissante protection pour prevenir cette téméraire & injuste violation des Droits de la Liberté dans la prochaine Election; Ces Puissances ont facilement compris que, sans leur secours effectif, c'en étoit fait des Loix fondamentales de la Liberté de la Republique, que la Resolution étoit prise de mettre *Stanislas* sur le Trône, sans avoir aucun égard au *Liberum veto*, ou aux oppositions de tant de Membres tant du Senat que de la Noblesse, qui ont declaré qu'ils ne le veulent pas pour leur Roi: outre qu'étant étroitement allié à certaines Puissances, on ne pourroit s'attendre à jouïr avec

Anno 1733. vec lui d'un tranquille voisinage, ni à avoir aucune sureté touchant les Traitez & Garanties contractées avec la Republique; outre que toutes les representations amiables qu'on a pu faire, n'ont eu aucun effet sur l'opiniatreté d'Esprits prevenus par l'Or & les Promesses des Etrangers. C'est pourquoi lesdites Puissances en consideration des Traitez & Garanties qu'elles ont avec la Republique, en consequence des susdites requisitions, sans aucune vuë d'interêt, par les motifs d'une véritable amitié pour la Nation Polonoise & pour maintenir ses Droits & sa Liberté, ont resolu de faire entrer, comme amis, en Pologne, les Troupes qu'elles ont sur la Frontière, en leur faisant observer un bon ordre & une exacte discipline, pour délivrer la Noble Nation Polonoise d'un Roi exclu par toutes les Loix, & qu'on veut lui imposer par force, & pour la rétablir dans la jouïssance de ses anciennes libertez, afin qu'elle puisse se choisir librement & sans contrainte un Roi capable de gouverner la République, & agréable aux Puissances voisines, afin qu'uni avec Elles par les liens de l'amitié & d'un bon voisinage, la tranquillité puisse continuër long-tems entre Elles & le Royaume de Pologne, & dans tout le Nord.

Pièces Autentiques qui servent de Preuves.

[A.]

Ad Primatem Poloniæ.

SIcuti inter Augustam Domum Austriacam tùm Regna & Provincias hæreditario jure ab eadem possessas ex unâ, ac Serenissimos Poloniæ Reges hujusque Nominis Rempublicam ex alterâ parte, arctæ unionis ac amicitiæ vinculum, ab aliquot retrò Sæculis intercedit, solennibus Conventis identidem renovatis innixum; Ita R^mam^ Paternitatem Vestram latere minimè arbitror, Augustos Antecessores meos, nunquam non periclitantis Reipublicæ ac Polonæ Libertatis Scutum extitisse. Horum Vestigiis insistens non tantum ut vetera ligamina utriusque parti adeo proficua renovarentur curam omnem impendi, sed & promptum me ad eadem opere ipso implenda obtuli, cum juxta Reverendissimæ Paternitatis Vestræ ac complurium aliorum Magnatum Sensus sub finem præterlapsi Anni Reipublicæ Libertati evidens periculum imminere videbatur, atque ne Ego tutamini Ejusdem desim à tantæ dignitatis Patriæque amantibus Viris rogabar.

Neque verò alia vel tunc mihi mens fuit, vel in posterum erit, quam benevolum vicinum fidumque fœderatum Reipublicæ amicæ exhibere, ac collati beneficii gloriâ contentus non alios, quam qui in Rempublicam inde redundant fructus unquam captabo constantem itaque affectum ac providam curam quæ juxta Vota Reverendissimæ Paternitatis Vestræ vivo adhuc Rege tam propè me tetigit, ut viduæ quoque Reipublicæ impendam, mearum partium esse duco. Deessem autem præcipuæ obligationi, quam cura hæc à me exposcit, nisi liberæ Electionis Jus Reipublicæ competens contra quoscunque adversariorum conatus, viribus à Deo mihi concessis, propugnare, ac ne interna ejusmodi quies Scissionibus turbetur, aut aliàs contra Regni, quæ jam sunt Constitutiones minus ritè in Electionis negotio procedatur providere forem paratus. Tam longè itaque à me abest præfato liberæ Electionis Juri quidquam detrahere, ut potius nè gratum quidem mihi Candidatum aliis mediis ad Regium Culmen evectum velim quam quæ cum hoc ipso liberæ Electionis Jure, & Regni, quæ sunt, Constitutionibus conspirant, Votorum meorum summâ non nisi eo tendente, ut circa personam eligendi sartæ tectæque maneant Regni, quæ jam sunt, Constitutiones, cæteròquin autem liberis ac unanimibus Polonæ Nationis Suffragiis ejusmodi Rex, quiscunque ille sit, eligatur, à quo nec Reipublicæ Libertati periculum nec Vicinis excitandarum turbarum metus immineant. Eandem quoque Fœderatis meis mentem esse, nec ulli alii scopo Copias in finibus Regni collocandas, unquam inservituras Reverendissimæ Paternitati Vestræ spondere nullus ambigo. Id enim tum vetera tum nova Pacta Conventa, quæ Me iisdem indissolubili vinculo ligant exposcunt, quippe quæ cuncta Tutamini præsentis Reipublicæ Constitutionis liberæque Electionis, tanquam basi ac fundamento superstructa fuerunt. Indefessus, quem Reverendissima Paternitas Vestra quieti, prosperitati ac incrementis Patriæ suæ per tot annos impendit, Zelus, dubio penes Me locum haud relinquit, quin Consilia sua & opera in scopum tam salutarem promovendum unicè sint collimatura.

Anno 1733. Ita de Deo, Christiano Orbe, me ac Patriâ Suâ, Reverendissima Paternitas Vestra optimè mereri perget, ac cum ingenti Nominis sui famâ, simul primi Principis & optimi Civis munia adimplebit.

Ego autem vicissim non tam verbis quàm opere ipso tam erga Reverendissimam Paternitatem Vestram quam erga suos gratâ memoreque mente illa quoque officia recolam, quæ Patriæ salutem, propiùs quam me tangunt.

Cæterùm &c. &c.

Viennæ 14. Aprilis 1733.

[B.]

Declaratio tradita Celsissimo Primati d. 22. April. 1733.

AUgustissimus Imperator attentione dignas non censuit insinuationes absque fundamento in Poloniâ factas, ad avertendos bene de Patria sentientes Cives, ab antiquâ fiduciâ in Principem amicum, vicinum & confœderatum, qui exemplo Augustissimorum Prædecessorum suorum, tantò minus Libertatem Reipublicæ ejusque Constitutionem Legibus circumscriptam, vel in minimò infringi permittet, quantò magis ejusdem semper erit firmissimum fulcimentum, fidelisque hujus Libertatis & Pacis publicæ protector & ex obligatione Pactorum conventorum à duobus penè sæculis inter Augustissimam Domum Austriacam, & Serenissimos Poloniarum Reges ac hujus nominis Rempublicam feliciter subsistentium contra quoscunque, qui Libertatem ejusque Leges & Constitutiones contra dicta Pacta & Fœdera turbare vellent, fortissimus Defensor, hoc enim potissimum sibi cordi gerit.

Undè & Ministri Cæsarei multùm ab illorum exemplo alieni, sibi liberæ Gentis suffragia in arctos unius subjecti Limites restringere conantur, mox ab initio Interregni declararunt: Augustissimum Imperatorem nullatenùs permissurum, ulla media, quæcunque illa demùm esse possent, Juribus liberæ Electionis, Constitutionibus ac Legibus Regni fundatis contraria, Pacemque publicam turbantia adhiberi, tam longè enim à Sua Cæsareâ Majestate abest, præfatæ Libertati quicquam detrahere, ut potiùs nè gratum quidem illi Candidatum aliis mediis ad Regium Culmen evectum vellet; quam quæ cum hoc ipso liberæ Electionis Jure & Regni, quæ sunt, Constitutionibus conspirant.

Hi sunt veri Augustissimi Imperatoris Sensus, ejusque firma Resolutio, cum quo eodem Fœdere junctæ Potentiæ & cum primis eæ, quæ Compactatorum in se susceperunt tutelam, à quibus inseparabilis est, unum idemque sentiunt: Hinc inexpectata omninò illa Declaratio & in terminis non æquè trutinatis, & cum affectatione minus decenti Majestati Cæsareæ facta Exprobratio, quâ tamen multò magis notandi venirent illi, qui viis atque principiis è diametro contrariis rem agunt. Et quoniam Ministro Cæsareo in Galliâ declaratum est, quod Rex congregationem Militiæ Cæsareæ in Silesiâ eò interpretetur, ac si libertas Electionis Polonæ perindè restringi intenderetur; ideò declarat, quod supremus & absolutus Regnorum & Provinciarum suarum hæreditarius Dominus, nemini de ingressu & locatione Copiarum suarum in Silesiam rationem reddere teneatur; Justitia tamen, quâ omnes & singulas actiones ejus dirigit, nullum scopi & finis propositi dubium relinquet, demonstrabitque Augustissimus, & in hac occurentiâ, sicut & in omnibus aliis, tantùm fidei & rectitudinis, circa ea, quæ Jura Tertii respiciunt, quantùmque Constantiæ & Fortitudinis in tuendo, quæ sua, fœdereque sibi junctorum concernunt.

[C.]

Declaratio ulterior tradita Celsissimo Primati. d. 14. Maji 1733.

SPerabam, Celsissime Princeps Primas, quod Declaratio à me nuper facta, Litteræque Augustissimi Imperatoris Romanorum ad Celsitudinem Vestram directæ, non in alium, quam clara verba sonant, explicabuntur sensum. Inaudio contrarium; nam sicut an-

ANNO 1733.

antehac Scripto publicabatur, quod Legati & Ministri Aularum extranearum Declarationes suas minis & terroribus, liberæ Nationi inconvenientibus, notum faciebant, quod ad Thronum Polonum alium eligere non permissuri sint, nisi talem, qui illis ad placitum esset, ita de facto contrarius spargitur rumor, quod nempè vicinæ junctæ Potentiæ, ab aliis Reipublicæ colligatis timeant, disseminando quid & à quo, cuilibet illorum eventurum sit mali, & quod hæc vicinarum Potentiarum unio brevi dissolvetur tempore. Hinc denuò declarare necesse duxi, quod vicini non timeant sed ament Rempublicam, uti ex nuperâ satis patet declaratione, quod liberæ Gentis Suffragia in arctos unius subjecti limites ad Exemplum aliorum, restringere nolint, nec ullâ vi armorum, sed solum quâ veri amici & Confœderati, vi Pactorum Conventorum & Fœderum iis se opponere, qui contra Constitutiones & Leges Pacem publicam turbare vellent.

Habent enim sufficientes à Deo sibi concessas vires, ut & contra quoscunque adversariorum conatus liberum Electionis Jus Reipublicæ propugnent, & se ab eis qui hoc impedire illosque contra omnem Justitiam offendere vellent, defendant.

Ideoque nec timent, nec terrent, sed amica Consilia, & quidem vi Pactorum & Garantiæ præbent, & denuò hortantur, ut liberis ac unanimibus Poloniæ Suffragiis ejusmodi Rex, quiscunque ille demum sit, eligatur, à quo nec Reipublicæ libertati Periculum nec vicinis excitandarum Turbarum metum immineat, nec necesse sit prudentissimæ ad futuram Electionem congregatæ Nobilitati, novas ulteriores facere declarationes, sed ut ex nunc ità conveniant ut salva maneat libertas Electionis, Pax Reipublicæ, simulque vicinorum ac totius Europæ.

Quod autem de Dissensu cum Augustissimo Imperatore fœdere junctarum Potentiarum spargitur, præsentes declarabunt Ministri, quod inseparabiles sint, unum idemque sentiant, & Rempublicam nequaquam opprimere, sed illius libertatem, ejusque Leges & Constitutiones illæsas conservare, sicque Pacem & Tranquillitatem Reipublicæ & vicinorum semper defendere velint.

Imputet Respublica sibi & non Vicinis, si hæc non conservabitur, & si hæc Declaratio non satis clara est, declarabit eventus.

[D.]

Declaratio tradita Celsissimo Primati die 20. Junii 1733.

QUinam sint Sacræ Cæsareæ Majestatis, Sacræ totius Russiæ Majestatis, & Sacræ Regiæ Borussiæ Majestatis circa futuram Regis Poloniarum Electionem, animi sensus plus unâ jam vice sat clarè ac dilucidè Celsitudini Vestræ expositum fuit.

Præter omnem proinde Expectationem accidit, quod quæ, nomine altefatarum Majestatum Suarum declarata hucusque fuerunt, vel aliter quam par erat Serenissimæ Reipublicæ relata, vel saltem in sensum haud genuinum ab iis, qui curam Patriæ affectibus vel passionibus suis postponunt, detorta fuerint. Neque verò hic substiterunt pro abalienandis à fidis amicisque Vicinis Polonæ Nationis animis impensæ perniciosæ artes.

Contra Reverentiam iisdem Majestatibus debitam sparsi complures rumores, non à veritate minus quam ab honestate alieni, Turcas Tartarosque in Ditiones, quæ Imperio earundem subsunt, propediem irrupturos, per coëmptos Emissarios pro certo ac re optatissimâ ventilatum, ac posthabitâ omni Religionis ac fidei curâ, quo id fieret, aut saltem à rerum ignaris crederetur, nihil intentatum relictum fuit. Ac quod mirum quam maximè est, haud erubuerunt illi ipsi, qui dum leges convellere satagunt, Patriæ Libertatem majori strepitu clamant minis ac vi in Concives suos uti, & eò operam omnem impendere, ut in liberâ Gente Suffragiorum Libertas à paucorum arbitrio dependere, ac pro horum lubitu mox extolli, mox restringi, mox adimi posse videretur. Quanto animi mœrore Augustissimus Imperator hæc perceperit facilè Celsitudo Vestra ex compluribus documentis colliget, quæ de constante suo in amicam Rempublicam affectu nullo non tempore Eidem comprobavit, exemplo Antecessorum suorum Sponsorem se Polonæ Libertatis prouti illa antiquissimis Regni Constitutionibus stabilita est, & hactenus professus fuit, & porrò profitebitur. Ac denuò suo Nomine declarare me jussit neminem seu in Poloniâ oriundum seu alibi natum vel à se, vel à Fœderatis suis quibus arcto & indissolubili vinculo junctus est, nec pro nunc nec in futurum excludi, quam qui legibus jam jam exclusus reperitur.

Has vero junctâ cum Fœderatis suis operâ contra quoscumque iniquos conatus viribus à Deo sibi concessis tutari, ac quæ violentis ausis oppressa reperitur, Poloniæ Libertatem vindicare, suarum partium esse ducit; solâ collati beneficii gloriâ contentus, & absque eo, quod vel sibi vel Augustæ Domus Suæ vel sibi Confœderatis ullum alium quam qui in amicam Rempublicam inde redundat fructum captet.

Falsi, qui sparguntur rumores, nec Sacram Cæsaream Majestatem nec Fœderatos suos à constante, quod modo dictum est proposito unquam dimovebunt, & Eventus docebit fallere & falli illos, qui spes, vota ac perversas artes tam inanibus fulcris superstruunt, & terrere & terreri nescius Augustissimus Imperator juxta Pacta Conventa, quæ a duobus sæculis Augustam Domum Austriacam Serenissimæ Poloniæ Reipublicæ feliciter ligant ac interveniente Celsitudinis Vestræ eximiâ operâ haud ita pridem renovata fuerunt curam, opem, ac concessas sibi à DEO vires adimplendis ex asse fidi Fœderati muniis pari promptitudine nunc impendet, ac necessarium id sub finem præterlapsi anni ab ipsa Celsitudine Vestrâ judicatum fuerat, cum Polona Libertas & Regni Leges quibus eadem innititur in longè minore discrimine essent.

Nè proindè sibi, nè Dignitati ac Gloriæ Suæ, nè ei, quod æquum & justum est, nè susceptis in se solenni ritu sponsionibus, nè prosperitati amicæ Reipublicæ, nè quieti Christiani Orbis desit; cuncta quæ hactenus dicta sunt, quo nec Celsitudinem Vestram, nec Rempublicam in quâ Eadem primum nunc locum occupat lateant, palam denuò declarare jussit.

Pietas vero & Zelus, quem Patriæ Suæ Celsitudo Vestra debet dubio procul penes Sacram Cæsaream Majestatem ac fœderatos ejusdem locum haud relinquunt, quin prævertendis malis, quæ ex perversis adeò & non minus à Christiano homine quam bono Cive, longè alienis artibus certo prona natura sunt operam, &, quâ in Republicâ juxta leges pollet, authoritatem sedulò & jugiter sit impensura.

[E.]

Constitution de la Diète de Varsovie de l'an 1593. touchant la liberté dans l'Election.

QUoique la liberté des Nations Polonoise & Lithuanienne soit incontestable, & connue de tout l'Univers, cependant nous avons jugé à propos de declarer, avant notre separation, qu'en vertu de la Constitution constante de l'Election de Henri, personne n'a droit de nommer un Successeur, ni d'en prendre soin, encore moins porter quelqu'un sur le Trone *per Successionem*; & si nous l'entreprenions, ce qu'à Dieu ne plaise, ce que nous ferions, feroit nul & de nulle valeur, en sorte que toutes pretensions & cessions, qui en proviendroient, de quelque maniére que ce fût, seroient rejettées; & qui que ce fût, Patriote ou Etranger, qui, pendant notre regne, ou après qu'il sera fini, parviendroit à la Couronne de cette maniere, sans une Election libre au prealable, ou par la force, sera tenu pour Ennemi de la Patrie, & tous ceux qui l'auront assisté pour Rebelles. On produira & executera contre lui toutes les peines prescrites par le Droit naturel, le Droit écrit, & les Constitutions qui ordonnent de poursuivre les Ennemis de la Patrie, & ce Droit sera sacré & maintenu religieusement à jamais, & quiconque le revoqueroit en doute, sera tenu *pro hoste Patriæ & perduelli*, & puni comme tel.

[F.]

Constitution de la Diète de Varsovie de l'an 1607. touchant la liberté dans l'Election.

PRemierement nous statuons la libre Election de cette maniere, quoique cette Election soit telle, fondée dans cette Republique sur le Droit commun, que conjointement avec d'autres immunitez de la Nation Polonoise, rien n'est plus sûr ni plus évident, puis-

puisque ni nos Predecesseurs, ni nous-mêmes n'en avons jamais douté, pas même pendant notre heureux Regne, jusques-là que nous l'avons de nouveau fortement statuée dans une Constitution de la Diète de Varsovie de l'an 1593. mais comme le zèle que l'on a pour la conservation de cette plus considerable des libertez, inspire de la crainte sur ce sujet à quelques-uns, nous voulons en délivrer nos Sujets, leur ôter tous soupçons, & leur faire connoitre quel cas nous avons fait, faisons & ferons de leurs Droits & Libertez, c'est pourquoi après avoir rappellé ici tous les Droits accordez par les Rois de Pologne, nos Predecesseurs, & en particulier par Louïs Uladislas III., Casimir, Jean Albert, Alexandre, Etienne & Nous, nous les renouvellons & confirmons, & nous declarons aujourd'hui de nouveau, que comme nous avons toujours conservé en leur entier les autres Privileges, Droits & Libertez de la Couronne de Pologne & de Lithuanie, nous avons conservé de même la Liberté constante de l'Election d'un Roi de Pologne, de maniere qu'on ne peut procurer ou introduire dans le Royaume de Pologne un Roi, sous quelque pretexte que ce soit, *per cessionem Juris*, ou par quelque autre artifice humain; mais si le Royaume de Pologne n'avoit pas de Roi, il en sera élu un, en tous tems, par les suffrages libres & unanimes de la Noblesse de tous les Etats de la Couronne & du Grand-Duché de Lithuanie; & tout ce qui pourroit être entrepris par nous (ce qu'à Dieu ne plaise) ou par quelqu'autre, soit Patriote ou Etranger, avant ou après nous, sans une libre Election & consentement de tous les Ordres de la République, sera nul; & quiconque à la faveur de telles procédures & prétensions imaginaires, s'élevera en Pologne pour s'y rendre maître, sera declaré & tenu Ennemi de la Patrie & traité en Ennemi de la Couronne, en outre sera à jamais inhabile à aspirer à la Couronne de Pologne & du Grand-Duché de Lithuanie; ceux qui auront assisté telle personne de leurs conseils ou d'effets, & qui par leurs intrigues ou alliances auroient exposé la Pologne, le Grand-Duché de Lithuanie ou la Liberté de l'Election à son oppression, ou machiné en sa faveur secretement ou ouvertement dans le Royaume, seront traitez comme Rebelles, on procedera contre eux conformément au Droit naturel & écrit & aux Constitutions contre de tels Rebelles, qui seront executées contre eux à la rigueur & sans perte de tems; Droit, qui sera toujours observé inviolablement, comme Sacré; & quiconque osera le révoquer en doute, ou s'y opposer, sera tenu *pro hoste patriæ & perduelli*, & comme tel soumis aux mêmes peines que ci-dessus; ce dont nous assurons presentement les Etats, par un privilége particulier, sous le Sceau de la Couronne & du Grand-Duché de Lithuanie, en confirmation de la presente Constitution, que nous avons accordée: ordonnant qu'elle soit inserée dans le Corps des Loix, dans cette Diète, la déclarant Loi perpetuelle.

[G.]

Constitution de la Diète tenue à Varsovie en l'Année 1670. touchant la Liberté dans l'Election.

QUoiqu'il soit indubitablement notoire à tout l'Univers, que personne ne peut être élevé au Trone & à la Majesté de Roi de Pologne, que par une unanime & libre élection de tous les Etats de la Couronne de Pologne du Grand-Duché de Lithuanie & des Provinces adjointes, ce qui est assez fortement exprimé dans les Loix, Constitutions & Diplomes Anciens & Modernes; cependant, sans pour cela mettre en doute les susdites Loix, & seulement par reconnoissance de l'affection particuliere que cette Noble Nation nous a témoignée, en nous preferant dans l'Election aux autres Candidats, & en nous confirmant à présent dans la Majesté Royale, nous voulons par les presentes renouveller & confirmer en tout, tant les anciens que les nouveaux Droits, touchant la Liberté de l'Election, accordez par nos Serenissimes Predecesseurs, en conformité des articles des *Pacta Conventa*, que nous avons jurez lors de notre genereuse Election; assurant que nous n'en violerons ni ne changerons pas le moindre article, & que nous ne souffrirons pas que personne le fasse, en forte que nous entendons que la Liberté de l'Election des Rois de Pologne par les Etats de la Couronne, du Grand-Duché de Lithuanie & des Provinces adjointes, soit à jamais un Article incontestable; & si quelqu'un des Sujets de cette Couronne, du Grand-Duché de Lithuanie ou des Provinces adjointes, Ecclesiastique ou Seculier, de quelque rang ou dignité qu'il fut, entreprenoit (ce qu'à Dieu ne plaise) contre la disposition des susdites Loix, du vivant du Roi élu & couronné, d'en introduire un autre dans le Royaume, d'entretenir des pratiques & intelligences ouvertement ou secretement avec les Etrangers, pour mettre quelque obstacle à la Liberté de l'Election, & par consequent violer des Loix publiques & des Libertez, en sorte qu'on puisse l'en convaincre par des preuves évidentes, nous déclarons que nous-nous opposerons à de tels Sujets comme à des Rebelles, & que nous procederons contre eux suivant les Ordonnances criminelles écrites, & déclarerons incapables de parvenir à la Couronne, tous ceux qui y aspireroient par de telles voyes illegitimes, & par des intrigues & correspondances qui ne conviennent pas avec une libre Election, & qui employeront des moyens violens: Et nous voulons que cette Loi soit perpetuelle.

[H.]

Extrait de la Constitution de Lublin de l'an 1703. sous le titre de Preuve &c. fol 5.

NOus déclarons, en vertu de la Constitution de la presente Diète, tous ceux qui se trouvent à présent auprès du Roi de Suede & dans son Armée & ses adherans, (au cas que conformément aux Exhortatoires des Constitutions * de Sendomir, de Thorn & de Marienbourg, ils n'abandonnent pas ce Parti contraire, pour retourner dans le sein de leur Mere) Ennemis de la Patrie, comme assistans l'Ennemi de conseils & d'effets, étant indignes de la Liberté publique; Cependant par notre grace speciale & de la Republique nous leur accordons encore un délai de 6. Semaines, à compter du jour que la presente Diète finira, pour se consulter, & nous leur promettons toute seureté pour leur vie & biens, pourvû que dans cet intervalle ils se presentent pour implorer notre Clemence; mais au cas que dans ce tems ils ne se presentent pas en personne, & qu'ils continuent dans leur opiniâtreté, nous declarons par les presentes que nous procederons à la collation de leurs Emplois, Starosties & autres, qu'ils ont possedez jusqu'à present. † &c.

[I.]

Extrait de la Confederation générale de Sendomir de l'An 1704. confirmée au Congrès général de Varsovie en 1710.

NOus declarons infame le *Pseudo-Electus* de quelques factieux & leur Conventicule de Varsovie, qui est contraire aux Loix; & non seulement nous-nous déclarons contre la dite Election illegitime, par nos libres suffrages & nos protestations solemnelles *in jure Vetandi*, tel qu'il convient à une Nation libre; mais même nous declarons ledit Candidat ou Elu, Ennemi de la Patrie, & à jamais incapable de parvenir à la Couronne de Pologne, & de plus nous le tenons pour Usurpateur, Tyran & Imposteur, puisqu'il nous dispute le Droit que nous avons, suivant les Loix, à la nomination & proclamation d'un Roi &c.

[K.]

Juramentum Illustrium Dominorum Senatorum tam Ecclesiasticorum quam Secularium, & Ministrorum Statûs Senatorii Ordinis, factum in Confœderatione generali Sendomiriensi, Anno 1704

EGO

* Le Conseil de Sendomir du 22. Août 1702. Celui de Thorn du 27. Novembre 1702.

† Quoique *Stanislas Lesczinski* ne soit pas expressément nommé dans cette Constitution, il y est pourtant compris, comme il est dit dans la Constitution de 1710, ou la Confederation Générale de Sendomir, où l'on trouve ce qui suit sub Tit.... fol. 3. comme aussi l'Election forcée & le Couronnement de *Stanislas Lesczinski*, qui a été declaré rebelle à la Patrie en vertu de la Diète de Lublin, de la Confederation Générale de Sendomir, & du Congrès général de Grodno &c.

ANNO 1733.

EGO N. N. juro Deo omnipotenti in Sancta Trinitate uni, quod circa Cultum Divinum & Sanctuaria Domini, circa dignitatem incolumitatemque Sereniſſimi Regis Auguſti Secundi liberè Electi, circa integritatem inſeparabilis Reipublicæ, tuitionemque liberæ Electionis, nec non Jurium Spiritualium ac Secularium cuilibet hoſtium me opponam, & ſecundum obligationem meam Senatoriam, ac Juramentum uſque ad integralem tam ab intra, quam ab extra Reipublicæ pacificationem, in hac generali Confœderatione, cum ultimâ Virium, Sanguinis & Fortunæ jacturâ perſiſtam, omnibuſque reſpectibus, Sanguinis nexibus, affinitatibus, promiſſis, amore, odioque ſepoſitis, nulla negotia, correſpondentias, conferentias, Regi & Patriæ nocivas, nec per me, nec per ſubordinatas perſonas, cum nemine inibo; immo quidquid videro, ſcivero Bono publico huicquè generali Confœderationi præjudicioſum, id indicabo, & juxta meum poſſe avertere conabor.

Quiſquis vero hoc Generale Ordinum Reipublicæ vinculum manutenere nollet, quemlibet ejusmodi, futurumque Electum, ſi eſſe deberet, aut Candidatum, pro hoſte Patriæ me habiturum, & perditioni ejus allaboraturum declaro, Proceſſus in Judicium illatos juſtè ſecundum Deum, Legem & Conſcientiam judicabo. Et prout dethroniſationem ſincerâ mente ejuravi, ita & Exvinculationem Malorum Patriæ Filiorum & externam Potentiam quæ imponitur, ejuro & deteſtor, hocquè Juramentum ſinè ullâ imaginariâ diſpenſatione in omnibus punctis obſervabo: ſic me Deus adjuvet, innocenſque filii ejus Paſſio.

Subſcriptio Primatis.

THEDOR POTOCKI Biskup Chelminsky, Pomeſanky, Salvis Juribus & Immunitatibus. S. R. E.

[L.]

Manifeſte des Etats de la Republique avec le Renouvellement des Engagemens de la Confederation generale de Sendomir, en l'abſence de Sa Maj., à Breſc, en Lithuanie, le 11. Juillet 1705.

D'Autant que dans la Confederation de Sendomir nous avons deſaprouvé & proteſté contre toutes entrepriſes formées *quocunque titulo*, contre Sa Maj. notre très-clement Seigneur, l'Uſurpation du Trone Royal, & l'Election illegitime entrepriſe temerairement par une Puiſſance étrangére & quelques factieux mal-intentionnez, nous-nous y oppoſons de nouveau &c. puiſque nous tenons pour Rebelles & Ennemis de la Patrie, tous ceux qui ont commencé, frequenté, continué & autoriſé une telle aſſemblée.

[M.]

Extrait du Conſeil de Grodno du 16 Decembre 1705. qui a été renouvellé en 1710. au Congrès general de Varſovie, tit. Urbis Piecze nie.

PRemierement, en conſequence de la ſusdite Conféderation de Sendomir, de la derniére Diéte de Lublin tenuë en 1703., & d'autres Confederations publiques & particuliéres de toute la Republique, & de tant de Palatinats, dont nous voulons à jamais obſerver les Decrets, nous declarons pour violens, injuſtes & procedant d'un principe ſeditieux, tous les actes du Roi de Suéde & de ſes adherans, faits contre nous, Prince Legitime, & pendant notre vie, depuis le commencement de la Guerre, ſous quelque pretexte qu'ils ayent été entrepris, avec toutes les ſuites qu'ils pourront avoir, & en conſequence, Nous les caſſons & annullons tous; voulant que les peines établies par leſdites Conſtitutions & Conféderations ſortent leur effet ſans delais & à toute rigueur, tant contre ceux qui ont commis leſdits actes de violence, que contre leurs adherans, ainſi qu'ils ont été jugez & punis par la Diète de Lublin, & par la Conféderation qui y fut formée.

ANNO 1733.

[N.]

Confirmation de la Confederation de Sendomir dans le Congrès general de Varſovie, en l'an 1710. fol. 2. & 3. Tit. nonnullis Promiſſis.

D'Autant que les Etats aſſemblez en leur nom & au nom de toute la Republique, conſiderez comme legitimes deſcendans de leurs loüables Ancêtres, qui jamais n'ont ſouffert aucune violence ni dependance étrangere dans une libre Election, ni n'ont permis que la Couronne & le Sceptre de Pologne ſoient compris dans aucun Traité particulier ou Tranſaction ſecrete, Nous ont promis ſous Serment & en conſcience, qu'ils nous maintiendroient avec leur valeur & leur courage naturel, dans notre Autorité Royale contre tous Ennemis du dehors & du dedans, qui nous attaqueront, ſous quelque pretexte que ce ſoit, qu'ils nous defendront comme leur Legitime Seigneur & Roi élu par leurs libres ſuffrages, dans le Champ d'Election & confirmé dans les Diètes de Varſovie & de Lublin, & par l'étroite union de la Conféderation Generale de Sendomir, qu'ils ne ſe deſiſteront pas, juſqu'à la derniere extremité, de leur libre Election, & qu'ils y perſevereront; ce qu'ils ont declaré à cet effet dans le Diplome du Congrès qui nous a été delivré dans ladite Diète de Varſovie, & inſéré dans le Recueil des Loix; de plus qu'ils ont annullé, abrogé & caſſé tous attentats publics & particuliers, Conventions par écrit, Confederations contraires, Projets & Conſentemens, qui auroient pû être conclus, faits ou accordez par le Parti oppoſé, au prejudice des Droits de notre Couronne dans les Palatinats & Provinces ſoit par force, ſoit volontairement, ſous quelque nom ou pretexte que ce ſoit; tout Congrès ou Conſeil tenu, & en particulier la pretenduë Conféderation de Varſovie, concluë à Varſovie ſous le nom de la Grande Pologne & ſous la Direction du Noble Pierre Jacques Broniſz notre Staroſte à Pysdry, qui a été continué par pluſieurs Actes, comme auſſi l'Election uſurpée & le Couronnement de *Staniſlas* Lezienski, qui en conformité de la Diète de Lublin, de la Confederation generale de Sendomir & du Congrès General de Grodno, a été declaré Ennemi de la Patrie & condamné; en général tous Ecrits & Traitez conclus avec la Couronne de Suède, & en particulier le Traité de Varſovie & la Convention d'Alt-Ranſtadt, de quelque maniere qu'elle ait été concluë, & toutes autres Tranſactions compriſes dans quelque Traité que ce ſoit qui pourroient être préjudiciables à la Sainte Religion Cathol. Rom. à la Juriſdiction Eccleſiaſtique, & particulierement concernant la nouvelle forme d'Aſſemblées Eccleſiaſtiques, tous Inſtrumens prejudiciables & contraires à la liberté de l'Election, aux Droits & Coutumes reçues, mais ſur-tout celui qui contient une Declaration pour relever un chacun du ferment de fidelité, comme auſſi pluſieurs Manifeſtes qui ont précédé ou ſuivi, & en particulier le dernier qui a été exhibé au Grod de Waleckſch; enfin la Publication de l'Interrègne, faite pendant notre abſence, pour des raiſons preſſantes & par une neceſſité indiſpenſable, & dans l'intention cependant de nous maintenir ſur le Trône, & d'executer la Confederation de Sendomir, & comme étant le moyen de nous remettre en poſſeſſion de notre Souveraineté inconteſtable & de la faire reconnoitre; Tous leſquels Actes entant qu'ils concernent notre Regne ſont abolis, abrogez & annullez, comme s'ils n'avoient jamais ſubſiſté. &c.

[O.]

ART. VII. §. 4. *Tractatûs Varſoviæ, Die 13. Nov. 1716. Concluſi atque in Conſtitutione anni 1717. approbati.*

PRæcavetur tamen ſpecialiter quod Beneficio amniſtiæ Staniſlas Leſczynski & Aſſeclis ejus, extra regnum commorantibus, niſi intra trimeſtre à datâ præſentis Tractatûs ſubſcriptionis, ad Corpus Reipublicæ redierint, gaudere ac ſe tutari non licebit, eoque intuitu in caſu non reſipiſcentiæ, ſalva executio, Pœnarum contra eos, in Legibus expreſſarum reſervatur.

[P.]

ANNO 1733.

[P.]

RESPONSUM CÆSARI,

Sacræ Cæsareæ, Regiæ, Catholicæque Majestati &c. &c. Domino Domino Gratiosissimo.

AD Litteras, quibus Me nunc orphanæ Serenissimæ hujus Reipublicæ, breve sub Interregno, ac utinam brevissimum Regimen tenentem, Sacra Cæsarea Regiaque Catholica Majestas Vestra honorare dignata est, cum profundissimo respondere cultu Divis Cæsarum sanguinibus ac prærogativis digno; debiti mei simul ac officii duco.

Præter longam Annalium seriem, tam vetustate quam verò non amici nobis ab occidente aeris hilaritate, insignem, cum retroacta propius, nec à præsenti Temporum cursu nimis dissita revolvam sæcula, adsum ipse assertæ Veritati Testis, inter potentissimum Imperium, tum Regna & Hæreditarias Provincias Sacræ Cæsareæ Regiæque Catholicæ Majestatis Vestræ ab unâ, & Ditiones Serenissimæ hujus Reipublicæ parte ab alterâ viciniam illæsam & optimam continuò mansisse, pacem inconcussam ac inalterabilem viguisse, nec in iis quæ Jure transigi poterant ad extrema & violenta unquam venisse, adeo antiqua Fœdera, & recentiora Amicitiarum vincula inter easdem Nationes sibi collimitaneas feliciter inita, & diligenter ab utrinque servata, nullus dubitat, magnis communis tranquillitatis Præsidiis ac mutuis sui contra Hostes auxiliis, non parum profuisse. Quod verò Augustissimorum Domûs Austriacæ Prædecessorum Religio bene culta fovit, & servavit in integro, hoc Magnanimitas & Bonitas Sacræ Cæsareæ Regiæque Catholicæ Majestatis Vestræ exaltavit & posuit in amplo, cum non nec quovis prætextu vel motu interturbandi eximiam suam operam dederit, verum etiam libertatibus Regni hujus ubi earundem periculum imminebat, assistere & suffragari non recusaverit in Avis ac Abavis suis Pacta Conventa ritè tenentibus candor reputatur ad Justitiam; in Sacrâ vero Cæsareâ Regiâque Catholica Majestate Vestrâ supra eorundem strictam & sanctam observationem adhuc pro libertatibus Nostris zelante ascendit altius, & elevatur ad immensam Nominis sui Gloriam nulla ætate, nullo angulo Orbis, nullo Ore tacendam, tum non moritur unquam, in immortali Republicâ Gratitudinem pro tam rara & ferme primâ inter tanti Imperii molem & curam, ad interesse liberi Regni hujus attentione.

Nunc autem Serenissima hæc Respublica in orbitate sua, luctuosæ ac luctuanti cum Fatis suis humanas mentes in ambiguo & suspenso tenentibus situationi obnoxiâ, longè & infinities majoribus Suæ Cæsareæ Regiæque Catholicæ Majestati Vestræ obligationibus se devictam fatetur & sentit, cum illi unicam & delicatissimam libertatis pupillam liberam futuri Regnantis Electionem pientissime vult, vovet, & ne aliquo modo lædatur in id omnes conatus suos convertere appromittit. Sanctas has Justitiæ Juribus quidem Nostris assymbelas intentiones quas in Corde Serenissimæ Cæsareæ Regiæque Catholicæ Majestatis Vestræ supremus universi Conditor Dominusque Dominantium operatus est, confirmet plus ultra. Mihi permissum erit ex amore in Patriam ex onere præsentis in ea regiminis, aliqua breviter de natura & proprietate liberæ Electionis innuere: Certum est absolute aliquid liberum nec posse dici nec dari tale, nisi sit ex toto & ex omni parte liberum; per consequens, liberrimam in hoc Regno Regum suorum Electionem quæ est omnium Prærogativarum ac Immunitatum Nostrarum Fons, Fundamentum, & Basis id omnino requirere; ut respectu Candidatorum ad Thronum nec Negativam nec Affirmativam sententiam ab externis Potentiis aut expectet aut admittat. Eo ipso enim duci & trahi potius quam suo proprio & naturali motu ad Scopum suum pergere videretur. Unum quodque Regnum suis Moribus & Legibus regitur, quæ sunt illi plus vel minus commoda aut congrua, diligentius hæc interno & domestico quam externo perspiciuntur oculo. Serenissima hæc ac liberrima Respublica, licet sit diminuta Statibus de substituendo iterum sibi Principali Membro in libertate sentiendi & eligendi deliberaturis & in id unice ac studiosissime intentis, ut uno Principe Fatis adversis avulso, alteri Diis propitiis concordibusque suffragiis Electo Coronam imponerent; Libertatis Nostræ unicum pretiosissimum & ab omni imaginabile dependentiâ absolutum ac integrum munus. Fœdera & Pacta quorum inter Partes paciscentes & fœderatas sancta & laudabilis est observatio servire & convenire tantum ad amicitiarum indissolubiles Nexus quibus obfirmatur strictius Pax, reciprocis constans emolumentis, sed non pertinere unquam ad liberam hanc Regum Electionem, quæ statim Naturam suam amitteret si minimis etiam Ligamentis teneretur. Nec Fœderati quicunque illi fuerint ultra fœdera sua, articulos in iisdem expressos quidquam ex æquo contra hoc liberum Regnum liberamque Electionem attentare præsument, nisi summo Jure summam Injuriam inferre velint. Libertas demum Gentis hujus licet consistat in integritate Sancitorum & Constitutionum Regni, ne scilicet aliquando à supremo Ordine violentur, unoque admisso inconvenienti omnium tollendarum Legum arbitrium sit penes Principem, verum tamen ex consensu trium Ordinum multas & immutatas & abrogatas Usus & Experientia probant, Volumina testantur, neque Extraneorum sollicitudinem & curam unquam fuisse constat in iis quæ ad solam & liberam ac apud se quidquid velit facturam pertinent Rempublicam. De reliquo quisquis ille fuerit Candidatus, & quem Deus Omnipotens Regum Sceptrorumque Dator ad Sedem Regiam Liberis Suffragiis eligendum & vocandum huic Electori populo inspiraverit, quia me nullarum partium nisi solius Reipublicæ concordis & unanimis esse eventus probabit & justificabit; id possum Sacræ Cæsareæ Regiæque Majestati Vestræ asseverare firmiter, quod idem ipse qui ascensurus est Regni hujus Thronum gratissimi & acceptabilis Sacræ Cæsareæ Regiæque Catholicæ Majestati Vestræ Candidati implebit officia, tam sine ullo libertatum nostrarum periculo, quam etiam absque omni turbarum vicini excitandarum metu: In hoc enim Regno libero & libere sibi eum qui dominaretur assumendo plusquam compertum est; non Reges regere sed potius regi. Vidit hoc ætas præterita ad Viennam: nulla autem non probavit Serenissimam hanc Rempublicam magis rationibus suis Statisticis semper immoto animo innixam fuisse, quam votis & meditationibus Principum suorum adhæsisse. His itaque ultra propositum meum prolixius, & velut ex torrente cordis mentem propulsante effusis ac enunciatis, humillime peto & exoro Sacram Cæsaream Regiamque Catholicam Majestatem Vestram ut futuram, Deo dante, novi Regis Electionem; eamque (ut Fas) liberrimam Serenissimæ huic Reipublicæ amicæ & fœderatæ Suæ relinquere in toto & tuto dignetur. Actus hic Justitiæ & Pietatis plenissimus dilatabit amplius & amplius gloriam suam jam per orbem satis extensam, accumulabit Divinas Benedictiones felicissimo suo Imperio, & ne post sera Fata sub Nomen alterius cadat, me omne apud Deum impossibile verbum dabit adhuc de lumbis Successorum Imperatores secuturis ætatibus geniturum, & Augustissimam Domum Austriacam, si immortalis esse nequit, ad Confinia Immortalitatis perductorum.

[Q.]

Excerptum Brevis Apostolici Innocentii Papæ XII. ad inclytam Regni Poloniæ Rempublicam missi die 6. Mensis Martii 1697.

DOminus Universi, qui Ecclesiam suam congregatam ex Gentibus, inter quas ante Miecislaum Primum Christianum inclytum etiam Regnum Poloniæ censebatur, voluit semper esse non habentem maculam, neque rugam, idem Petro Apostolorum Principi ejusque Successoribus Vicariis JESU Christi ligandi atque solvendi contulit potestatem: Quodcunque ligaveris super Terram, erit ligatum & in Cœlis. Quapropter de plenitudine Apostolicæ Potestatis, omnium hujus Regni fidelium conscientiam absolvimus, inprimis à juramento Confœderationis, non minus Reipublicæ quam immunitatibus Ecclesiasticis injuriosæ, declaramusque præsentibus, neminem ullo Voto juramentoque ad illicita unquam obligari. Cum enim quodvis votum juramentumque sit actus Religionis, non potest esse, nisi de bono meliori, & sine injuriâ tertii, multo minus cum damno & discrimine totius Regni &c.

CLXVII.

ANNO 1733.

CLXVII.

Manifeste des Opposans, qui s'étoient retirés du Champ d'Election à Prague *au-delà de la Vistule, contre l'Election faite à* Wola, *le* 14. *Sept.* 1733. [Tiré du Tom. IX du Recueil Historique de Mr. Rousset.]

COmme nous avons porté au pied du Trône du souverain & redoutable Juge de *l'Univers* l'affliction générale où se trouve notre Patrie, nous esperons avec confiance que sa divine Justice & sa Bonté infinie viendront à notre secours selon nos vœux: mais dans la nécessité où nous sommes aujourd'hui de plaider notre Cause à la face de toute la Terre, nous ne doutons point que le Monde entier ne soit rempli d'étonnement de voir tant de malheurs réunis pour la perte de notre Patrie; Assemblage funeste dont nous n'avons point encore d'exemples. Il est vrai que notre Republique s'est trouvée autrefois dans de semblables conjonctures, mais jamais elle n'avoit eu la lâcheté de prêter si subitement le col à une Puissance, dont le bras peut d'un seul coup emporter & couper le nerf qui soutient & vivifie notre Patrie. Plusieurs grandes Monarchies se flattent d'être invincibles à l'apui de leurs propres forces. Il semble que Dieu & la Nature n'ont d'autres soins que de combler de richesses ces Potentats, & de les faire en quelque façon les Tresoriers de l'*Univers:* mais qu'ils joüissent comme bon leur semblera de leurs immenses Richesses, nous avons le précieux joyaux de notre Liberté qui surpasse tout cela, & que nous estimons infiniment plus que tous les Trésors du monde. Cependant le pourroit-on croire? Dans un très-court, mais très-malheureux intervalle de tems, le prix de cette Liberté a tout d'un coup diminué à un tel point, que ce Trésor inestimable est présentement fort au dessous d'un chetif interêt particulier.

L'Election qui vient d'être faite en est une triste preuve. Il seroit plus facile d'en faire le lugubre recit, que d'exposer au Public toutes les fatales conséquences qu'elle doit entraîner après elle: qu'il suffise de dire que cette Election met le comble à tous les malheurs de notre patrie, ayant, par une déplorable metamorphose, fait du Champ Electoral un Lieu de Discorde & de Scissions. Il est sûr que la Posterité en sera étonuée, & qu'elle detestera le mauvais genie qui nous a excité à de pareilles fureurs, sur-tout si elle lit avec quelqu'attention les Actes de la présente Election. Nos Neveux y trouveront une forme unique dans son espece, & inouïe jusqu'a nos jours. Ils verront que l'on y a renversé & confondu l'ordre que l'on avoit coutume de garder, & que les Loix ordonnent entre les Etats de la Noblesse; que l'on a omis de regler ses Exorbitances, qui sont un des points essentiels; que l'on en est venu d'abord à la nomination d'un Roi qui étoit destiné de longue main au Trône par les intrigues de quelques personnes, lesquelles pour cet effet ont menacé de tuer, saccager & dépouiller quiconque seroit assez hardi pour se servir du droit que les Loix lui donnent, & qui ne voudroient pas consentir à cette Election, au-moins par un respectueux silence. Enfin nos Neveux verront dans ces Actes, que tout s'est fait impunément contre la teneur de nos Loix & du Libre *Veto*. Il est donc évident que cette prétendue Liberté n'a aucune aparence de la véritable dont nous devons joüir. La puissance d'un certain nombre étant superieure, il ne pouvoit plus y avoir de liberté; & alors il n'y avoit plus même de sûreté pour plusieurs personnes, si elles n'avoient eu la précaution de se mettre à couvert. C'est pourquoi, nous Sénateurs spirituels & séculiers, unis avec l'Ordre Equestre, nous avons crû être obligés de venir respirer ici l'air de notre Ancienne Liberté, que le poids de l'or étranger étoit sur le point d'étouffer, notre patience ne pouvant plus tenir contre de pareils attentats. Etant donc ici assemblés en tel nombre que nous faisons la plus considerable partie de la Republique, après avoir gémi sur les malheurs publics de notre Patrie, & sur le renversement total de nos Droits, nous avons crû devoir déclarer ouvertement tout le tort que l'on fait à notre Liberté & à nos Droits du libre *Veto*, & faire sentir de bonne heure les malheurs qui resulteroient d'une Election aussi nuisible à la Republique; mais nous avons eu le chagrin de voir que non seulement on n'a eu aucun égard à nos fraternelles & salutaires intentions, mais qu'on a même manqué de respect pour nos propres personnes, en vuë des interêts particuliers: On a été jusqu'à exclure de la nomination quelques-uns d'entre nous, & si on nous y a appellés, ce n'étoit que par dérision, puisque dans le tems que les Députés nous parloient encore pour nous inviter à l'Election, ou plûtôt à aller être les temoins de notre Liberté expirante, le triste bruit du Canon nous annonça que l'on avoit proclamé un Roi, & donné le dernier coup à la Liberté.

ANNO 1733.

Ne faut-il donc pas avoir le cœur tout à fait endurci, & être Ennemi du Bien de la Patrie pour ne pas s'appercevoir, & en même tems être touché de la perte si considerable qu'elle fait? Et ceux qui en sont veritablement touchez, ne doivent-ils pas s'unir à nous pour travailler de toutes leurs forces à soutenir notre Republique chancelante, & à relever notre Liberté entiérement tombée? Le seul moyen qui reste dorsenavant de maintenir les Loix & les Priviléges de nos Ancêtres est de concourir avec nous à ce louable dessein. Il est constant que l'Election qui devoit être libre, n'a été faite que par une Force majeure & une Autorité insuportable; la Crainte du Massacre a ôté la liberté requise dans les suffrages; Le Libre *veto* n'a été consideré pour rien. On n'a fait nulle attention pendant l'Election à la protestation de plusieurs Principaux, tant Nonces que Nobles, particulierement des Capitaines d'*Opoczno*, d'*Oswiciz* & de *Mscilow*, & autres Députés des Palatinats de *Cracovie*, de *Séndomir* & de *Volbinie*; On avoit excité exprès un bruit tumultueux d'Armes, afin que les Opposans ne pûssent être entendus distinctement; On étoufoit les voix de ceux qui parloient pour la Liberté; Quiconque vouloit parler librement étoit traité comme un Ennemi, on tiroit sur lui à coups de fusil; En sorte qu'un Camp composé d'Amis & de Freres a pensé être inondé de sang. Des Palatinats s'élevoient contre d'autres Palatinats, qui prétendoient se servir du Libre *veto*, en conséquence de leur Liberté. En un mot toute la face de cette Election a été changée en un affreux spectacle, qui bien loin d'être le présage de quelqu'heureux Succès, n'anonçoit que des malheurs sans nombre prêts à fondre sur notre Republique.

En conséquence des justes remontrances que nous venons de faire sur les Calamités publiques & sur le perilleux état où se trouve notre Patrie; nous tous qui sommes ici assemblés, & unis par les liens Fraternels, dans l'intention de la secourir par notre Zèle; nous déposons solemnellement ce Manifeste contre la derniere Election, & contre tout ce qui s'y est passé entre les mains de Messieurs les Maréchaux avec nos propres signatures pour être inserez dans les Actes Publics. Nos Freres verront par-là que les Libertés de la Patrie sont entiérement détruites ainsi que nos Droits, qui jusques à présent ne s'étoient soutenus que par l'égalité en fait de suffrage & par le Libre *Veto*.

CLXVIII.

Manifeste de la Diète d'Election en Pologne, contre ceux qui ont apellé des Troupes étrangeres dans la Republique, le 4 *Sept.* 1733. [Tiré du Tom. IX. du Recueil Historique de Mr. Rousset.]

NOus les Senateurs spirituels & séculiers & toute la Noblesse de la Couronne de *Pologne* & du Grand-Duché de *Lithuanie*, voulant éterniser à jamais une procedure aussi injuste, que celle de l'entrée des Russiens, savoir faisons par la présente à tous & un chacun.

Nous avons toûjours observé inviolablement & saintement les Traités d'Alliance & d'Amitié conclus avec les Très-Illustres Puissances voisines: Dans la derniere Diète générale de convocation nous avons non seulement confirmé ces Traités, mais nous y avons donné, tant en notre nom, qu'au nom de nos très-Illustres Rois, les assurances les plus fortes que nous entretiendrons réligieusement & avec joie une Amitié sincére avec les dites Puissances: Notre intention

Anno 1733.

tention n'a jamais été de causer le moindre préjudice à nos voisins; nous en prenons à témoin le grand Dieu notre Juge suprême: Nous comme assemblés ici au lieu ordinaire entre Varsovie & Wola selon l'ancienne pratique & usage, depuis le Regne du Très-Illustre Roi *Sigismond Auguste*, conformément aux Loix fondamentales & Constitutions du Royaume, & en vertu de nos Privilèges & des *Pacta Conventa* faits avec nos Très-Illustres Rois, afin d'y proceder, d'un suffrage libre & unanime, & de notre propre mouvement & volonté, à l'Election d'un Roi & Seigneur, ainsi qu'il appartient à une Nation libre, qui ne veut être contrainte ni dépendre de qui que ce soit: Nous avons commencé pour cet effet nos deliberations, en ce qui regarde l'Acte d'Election & les Affaires de notre Royaume, & nous l'avons fait jusqu'à-présent d'une maniere paisible, n'ayant ni guerre ni aucun different avec qui que ce soit, & ne voulant pas nous mêler des affaires étrangeres. Mais comme nous avons apris que l'Armée de la Très-Illustre Czarienne est entrée en *Lithuanie*, & qu'elle poursuit sa marche vers les frontiéres de Pologne, dans le dessein d'opprimer sous un pouvoir arbitraire notre libre Election, independante de qui que ce soit; de violenter le premier & le plus authentique de nos Droits, qui est celui de l'Election; de violer les *Pacta* & les Traités conclus cidevant, & en particulier celui de *Pruth*; de maîtriser notre Patrie exempte de tout reproche, d'y faire couler des ruisseaux de sang, & de souiller notre Païs d'un sang innocent: nous ne pouvons plus nous retenir ni nous empêcher de manifester devant Dieu, les Puissances voisines & le Monde entier, les injustices & les violences qu'on commet envers nous au moyen d'une procedure aussi illégale, que celle de l'Entrée desdites Troupes Czariennes dans ce Royaume, sans que nous y ayons donné le moindre sujet, & qui ne tend qu'à ravager notre Païs par des attentats injustes, & à opprimer les droits incontestables d'une libre Election, acquis par nos ancêtres au prix de leur sang, & reconnus de tout tems par les Puissances Voisines. Nous-nous adressons à tous les Potentats, & nous leur déclarons par la présente, que notre intention n'étant pas d'agir offensivement, Dieu en est témoin, nous avons resolu, selon le Droit naturel, & permis à un chacun pour sa propre défense, de sacrifier notre sang, nos vies & tout ce qui est en notre pouvoir, à l'exemple de nos Ancêtres, pour le maintien d'une prérogative & d'un droit aussi précieux que celui d'une libre Election, & d'appeller à notre secours celui dont la Vengeance poursuit les Coupables, & dont la Justice prend la défense des Innocens, & les maintient dans leurs Droits, Libertés & Prérogatives,

Ultima pro nobis vibrabit Fulmina Cælum,

enfin le Ciel lancera ses foudres en notre faveur.

Comme nous avons appris, tant par les Manifestes des Moscovites que par la voix publique, qu'il se trouve quelques Membres de la Republique, tant de l'Ordre Ecclesiastique que de l'Ordre Seculier, qui ont appellé lesdites Troupes Etrangeres pour opprimer avec violence & à main armée la libre Election, & troubler la Tranquilité, tant interieure qu'exterieure de la Patrie, la Republique les regarde comme de véritables Monstres, dégénérés de leur Race, & une engeance de Vipere dénaturée & méchante contre leur propre Mere: Elle les desavouë & les raye du Livre des vivans, & de ceux qui sont élevés dans l'état de la Liberté, comme des Gens indignes de ce précieux Gage. Elle les coupe & sépare du Corps de la Republique, comme des Membres pourris & infectés du feu d'une Rage infernale. Elle les déteste comme des Enfans illégitimes, qui n'appartiennent pas à l'Héritage de leur commune Mere, parce qu'ils ont ôsé lever leurs mains cruelles contr'elle. Elle les déclare Ennemis de la Patrie, Rebelles, infames & *invindicibilia Capita*, ainsi que tous ceux qui à l'avenir pourront les aller joindre, entretenir correspondances avec eux, ou qui les assisteront directement ou indirectement: ces sortes de Gens étant véritablement des Ennemis capitaux de la Patrie, puisqu'ils ont entrepris d'y introduire des Troupes Ennemies, & de l'inonder d'un déluge de sang & de larmes. Les Etats de la Republique s'engagent de s'élever contre un tel ou tels, quel qu'en puisse être le nombre, de se saisir de leurs Biens & de ceux de leurs Successeurs pour les joindre au Fisc, & s'en servir ensuite pour dédommager ceux dont les Biens auront été ravagez par les Troupes Etrangeres, introduites dans le Royaume d'une maniere si impie: La Maison, dans laquelle un tel ou tels ont habité, sera rasée pour une marque éternelle de leur Trahison; on ne leur accordera point d'Amnistie, & ils ne pourront jamais être réhabilités dans leur précedente égalité, leurs femmes mêmes seront privées de leurs privilèges & prérogatives. S'il arrive qu'un Evêque soit du nombre de tels Sujets, il sera frustré de sa Dignité, autorité & activité dans les Assemblées publiques, & les Revenus de ses biens seront mis en sequestre, jusqu'à une décision définitive à cet égard. Il est expressément stipulé, qu'aucun Evêque ni Sénateur Séculier ne pourra pendant ce tems de Troubles, sortir du Royaume, ou envoyer quelqu'un dans les Païs Etrangers, sous les peines portées ci-dessus contre les Rebelles, outre la confiscation de ses biens & la perte de sa Charge: & ceux qui se trouvent actuellement hors du Royaume, seront obligés d'y revenir sous les mêmes peines. A cet effet, nous avons signé le présent Manifeste dans tous ses points & clauses; & si quelqu'un des Evêques, Sénateurs, Ministres ou des Membres de la Noblesse des deux Nations refuse de le signer pareillement, il sera tenu *ipso facto* pour Ennemi de la Patrie. Fait au Champ Electoral entre Varsovie & Wola, le 4 Septembre 1733.

CLXIX.

Propositions faites à la Diète d'Election de la part du Roi STANISLAS, *& qu'on prétend avoir été distribuées à la Diète de Convocation.*

I.

Meldet sich dieser Durchl. Coronat unter denen Concurrenten zur Künfftigen Election aus puren Eyfer und Liebe des Vaterlandes und des Boni publici, wünschend/ daß durch die Ratificirung und Restitution seiner Person auf den Pohlnischen Thron alle æmulationes und Scissiones unter denen eligirenden Ständen/ mithin auch die daraus ohnvermeidelich zum Ruin des geliebten Vaterlandes entspringende Gefährlichkeiten vermieden werden möchten; Zu welchem Ende denn derselbe gesonnen ist/ sich theils als ein König/ theils als ein Pohlnischer Edelmann/ der sich in seinen Antecessoren von undencklichen Zeiten her um das Vaterland verdient gemacht/ theils als ein Bruder/ unter seinen mit bluts-freundschafft und ansehnlichen Häusern Verbindung thuns verwandten Brüdern in Campo Electorali zu præsentiren/ welcher seit seinem Refugio nach Franckreich (worzu ihn das Verhängnis genöthiget) zu keinem dem Vaterland zu wieder lauffenden unternehmen seiner Prætension wegen an den Thron/ weil ein anderer König gelebet und prævaliret/ sich verleiten laßen; wie er denn auch jetzund dem willen Gottes/ der Gewogenheit und Zuneigung derer Stände der Republic sich mit aller Bescheidenheit und Submission gäntzlich resigniret und überläßet/ als ein rechtschaffener Catholischer Christ/ der fast in die 30. Jahr her die Hand des Höchsten/ und durch allerhand Veränderungen erkennen lernen/ was gut und böse ist/ welche Hand er davor mit gröster Veneration küsset und ausruffet: Wenn Er mich auch töden solte/ will ich doch auff Ihn hoffen.

2.

Machet sich dieser Durchlauchtigste Coronat anheischig/ ob dem wahren Römisch-Catholischen Glauben/ in welchem er gebohren und von Jugend auf darinn erzogen worden/ nicht allein Lebenslang vor seine Person/ sondern auch auf ewige zeiten in denen Ständen bis aufs Blut zu halten. Welcher Ursachen halber Er denn den Warschauischen Tractat de anno 1705. in so fern derselbe in einigen Articuln dem heyligen Catholischen Glauben verdächtig und præjudicirlich zu seyn scheinet (wie denn derselbige nach Erforderung der damahligen Conjuncturen geschloßen worden) so wie er denselben längst und jederzeit in seinem Hertzen und Meynung disapprobiret/ also auch nachgehends in der that selbst zu verwerffen heiliglich verspricht/ und solches jederzeit das vornehmste augmerk seiner ferneren Unternehmungen will seyn laßen.

3.

Die Wahl und den Modum der Reinthronisation seiner Person überläßet er dem freyen Willen und der Disposition der Republic. und ob er zwar ein formales Jus ad

ANNO 1733.

rem hat (außer andern Documenten) vermöge dem Abdications Diplomate, und so vieler Potentaten / wie auch eines theils der Republic Recognition / so cediret er doch / aus Liebe der freyheit des Vaterlandes sein Interesse an eine freye Wahl / davon er auch vor diesem Anno 1692. ein Mit-Glied gewesen / und gedenket derselben im geringsten nicht Eintrag zu thun / sondern vielmehr als ein Pohle / sohn und Kind der freyheit / dieselbe / wenn es auch mit Hindansetzung seiner eigenen Ehre geschehen solte /, auf alle weise zu behaupten; Insonderheit aber wider derer benachbarten Potentien jetzige Praeventiones / vermittelst welchen sie sich so sehr / und mit ungewöhnlicher Violenz in die freye Wahl der Könige in Pohlen mischen und in gemeinschafftlicher Zusammentretung dahin trachten / daß sie durch eine in wahrheit unrechtmäßige Usurpation ein Votum Exclusionis derer Candidaten zur Pohlnischen Crone / auf dergleichen Art / als in dem Conclavi zu Rom zu geschehen pfleget / einführen wollen. Daß nun hieraus inskünfftige das Præjudicium erwachsen könte / daß man der freyen Republic nach und nach das Joch auf den Hals zu legen bemühet seyn würde / kan jeder verständiger aus denen daraus folgenden üblen Suiten leichtlich ermeßen.

4.

Kan jemanden einen Scrupel machen / daß dieser Coronat mit dem König von Franckreich in so naher Verbindligkeit stehet / als welches die Benachbarten / oder nur einiger maßen interessirte Potentien apprehendiren. Aber das wird folgender gestalt abgelehnet; Denn obgleich unser Coronat seinem Fleisch und Blut natürlicher weise sehr verpflichtet ist / so muß doch jeder die Sache wohl überlegender und erfahrner Stati also urtheilen / daß benenter Coronat das Vaterland in höherm Grad lieb habe / in dem er sich mit der freude vergnüget / welche ihm Gott der Herr in den Jahren / und die Zeit über / da er sich in dem Frantzösischen Gebiete aufgehalten / mit augenscheinlicher Providenz wiederfahren laßen / dahero er der Colligation mit dem Könige in Franckreich sich also bedienen wird / als es der Nutzen der Cron Pohlen erfodert.

5.

Es verlanget derselbe nicht / hat es auch nicht in Sinnen / weder durch gewalt nog geschenke zum Thron zu gelangen / denn by so lang ausgehaltener Entfernung von dem lieben Vaterland und seinen Erbgütern / kan er so vermögend nicht seyn / daß er mit Geld-Mitteln allen und jeden in Statu præsenti dienen könte / wie er wohl weiß und verstehet; Jedoch offeriret er in festem vertrauen auf die Göttliche Providenz / die er schon sehr und rechtschaffen an sich erfahren / seinen Schatz der Republic / so viel derselbe betragen wird / und sacrificiret ihn zu des Gemeinen Wesens Besten / mit einer solchen Resolution / wie sie einem Pohlnischen Gemüthe / das sein Vaterland / die Adeliche Brüderschafft und derselben freyheit und nutzen aufrichtig liebet / angebohren ist; wobey er sich denn auf Treu / Ehre und Gewißen verbindet / daß er die etliche Millionen / welche er zu seiner Zeit und stelle richtig außzahlen wird / durch grausame Extorsions-Wege / umsich deßen / was auf die Wahl spendiret worden / zu erhohlen / wieder aus zu pressen weder gedenke / noch in der That thun werde / sondern sich mit denen gewöhnlichen / denen Königen von Pohlen secundum Leges præscriptas ausgeworffenen Einkünften / sonderlich bey seiner schwachen Familie und Hoffstatt / welche er mit keiner fremden assistenz zu vermehren gesonnen / als ein Vater und alter rechtschaffener dem Vaterlande wohlwollender Pohle begnügen werde.

6.

Obligiret sich dieser Coronatus / daß er bey Austheilung der Ehren-Aemter keinen egard auf Verwandschafft oder Ansehung der Person machen wolle / sondern daß die Wohlmeritirten die Praeferenz haben sollen; worinnen er sein zartes gewißen zum Pfande giebt.

7.

Die Pacta Conventa, wie man darüber auf beyden Seiten stipuliren wird / verspricht er ohne alle auslegung / ausnahm und Restriction schlecht / treulich und aufrecht zu halten / und soll jeden frey stehen / an allem Orte und zu jeder zeit / wegen ihrer Nicht-haltung Erinnerung zu thun,

8.

Denen Herren Creditoren / so auf seine Güter einige Anforderung haben / declariret derselbe / daß sie in instanti satisfacirt und befriedigt werden sollen / wie man etwan darüber nach beyderseitiger Berahtschlagung wird eines werden können / in dem er dadurch seine Successores / die Reichsglieder und Gesetze nicht graviren will / sondern was er nur an erblichen Gütern in diesem Lande vermag / das gedenket er mit aufrichtigen unveränderlichen vorsatz zum nutz und Dienst der Republic justis & legalibus mediis anzuwenden / und seine unverwährende Dankbarkeit dem Vaterlande dar zu thun.

ANNO 1733.

9.

Was ins besondere aus falschen Praesuppositis ehedem declariret worden / und in rem privatorum resultiret / will derselbe mit wahrhafftem und ehrlichen affect seiner aequanimität nach aufgehoben haben / vor Gott und Menschen versichernd / daß er niemanden schaden / noch mit eines andern schaden jemanden nutzen bringen wolle / als welcher bey seinem zum ende gehenden alter sich einzig und allein / wie auch billig ist / angelegen seyn läßet / sein Leben Gott und dem Nächsten ohne Partheyligkeit zu Diensten anzuwenden. Wofern also ehe dem ein und andere Declarationes ergangen / so hat derselben nicht allein die veränderung der Zeit / sondern auch die so lang gemachte überlegung der Umstände gantz und gar verändert.

10.

Der Coronat / deßen aufrichtiges und in die Zeit sich schikendes gemüht Gott dem Herrn bekant ist / manifestirt sich hiermit bey Verlust der Seelen Seeligkeit / daß er aus keiner andern Absicht seine Reinduction auf den Thron projectire / als das werthe Vaterland / den Catholischen Glauben / die alterworbene freyheit / den erwünschten frieden in beständigen flor zuerhalten; deßwegen er allem Eigennutzen / aus Liebe für das Bonum Publicum renuncirt / und seine Seele nicht lieber hat als das Vaterland; dem auch die Meriten seiner Vorfahren in dieser Durchl. Und freyen Republic / welche sie durch alle Gradus derer Aembter und Dienste dargethan / und unserm Coronat ab ipsa stirpe & sanguine eingepragt worden / bekant sind und am Tage liegen.

CLXX.

Declaration du Roi de France à la Diète d'Election de Pologne & du Grand Duché de Lithuanie. le 4. Sept. 1733.

LES Rois Très-Chrétiens ayant, depuis plusieurs siècles, fait voir par leurs soins & leurs secours, qu'ils n'avoient rien de plus à cœur que de procurer à la Sérénissime Republique de Pologne une entière jouïssance de sa Liberté, pleine, indépendante & illimitée, le Roi Très-Chrétien mon Maître déclare par moi son Ambassadeur, que non seulement il promet de maintenir soigneusement & fortement cette Liberté dans le point essentiel de l'Election d'un Roi, mais encore qu'il n'a négligé aucune démarche, ni aucune mesure, soit en employant ses bons Offices, soit en faisant des Armemens considerables pour empêcher par le moyen des diversions, que la Sérénissime Republique soit en aucune maniere, & par qui que ce soit, troublée dans sa Liberté. Que si la noble Nation Polonoise, présentement assemblée, s'accordoit à porter sur le Trône de Pologne, par ses suffrages libres & unanimes, le Sérénissime Roi *Stanislas*, tant en considération de ses éminentes vertus, & de ses bienfaits envers la Patrie, que parce que ce Prince étant beau-pere du Roi Très-Chrétien, lui est attaché par les liens les plus tendres & les plus étroits, alors le Roi mon Maître promet de le maintenir non seulement avec efficacité & de toutes les forces que Dieu lui a confiées; mais outre cela si les Puissances voisines de la Republique vouloient l'attaquer par le motif de cette Election, le Roi mon Maître promet de faire toucher alors par mes mains, des sommes tirées de ses coffres, autant qu'il en faudra pour augmenter les Troupes de la Republique: Mais si après l'Election du Sérénissime Roi *Stanislas*, les Nations voisines, ainsi que la justice le demande, laissent la Republique en paix, comme étant maîtresse de ses Droits, cependant en témoignage de sa sincere affection & amitié, le Roi Très-Chrétien, mon Maître, offre à l'Etat de la Noblesse, de payer ponctuellement pendant deux ans, qui commenceront au mois de Mars prochain 1734. les contributions reglées par la Confederation de 1717. pour la solde de l'Armée appellée *Capitation* dans le Royaume de Pologne, & *Fumalia* (les Cheminées) dans le Grand Duché de Lithuanie. A Varsovie le 4. Septembre 1733. 4. Sept.

Signé,

MONTI.

CLXXI.

ANNO 1733. 1 Novemb.

CLXXI.

Articuli Pactorum Conventorum, inter Status Serenissimæ Reipublicæ Polonæ, tam Senatorii, quam Equestris Ordinis Regni & M. D. L. omniumque ad eadem Dominia annexarum Prov. ab una; Et Serenissimum Principem Regium Poloniæ & M. D. Lithuaniæ; Dominum, Dominum FRIDERICUM AUGUSTUM, *Ducem Saxoniæ, Juliaci, Cliviæ, Montium, Angriæ, & Westphaliæ, S. R. Imperii Archi-Mareschalcum, & Electorem, Landgravium Thuringiæ, Marchionem Misniæ, nec non Superioris ac Inferioris Lusatiæ, Burgravium Magdeburgensem, Comitem Principem Hennebergensem, Marcæ, Ravensbergæ & Barbii, Dominum in Ravenstein. &c nunc verò, Electum Dei Gratiâ Poloniæ Regem, & M. D. L. Russiæ, Prussiæ, Masoviæ, Samogitiæ, Kijoviæ, Volbiniæ, Podoliæ, Podlachiæ, Livoniæ, Smolensciæ, Severiæ, Czerniechoviæque; Parte ab altera, conscripti & conclusi: atque per Illustrissimos & Excellentissimos D D.* JOSEPHUM ANTONIUM GABALEONEM *Comitem de* WACKERBART SALMOUR, *Consiliarium Status Intimum, Aulæ Principis Regii & Electoralis Præfectum, nec non SS. Mauritii & Lazari Equestrem Militem, atque* GUELPHUM HENRICUM A BAUDISSIN, *Ducem Generalem Copiarum Equestrium, nec non Equitum Sclopetariorum, vulgo Carabiniorum, ad custodiam Corporis Serenissimi Regis destinatorum, Præfectum, Aquilæ Albæ Polonicæ Equites, Conclavisque Regii Secretioris Ministros, ad præsentem Electionis Actum Ablegatos Ministros Plenipotentiarios, præsentaneâ sponsione ac Personali Juramento, ratificati & comprobati.*

QUandoquidem Dispositioni Supremi Numinis, à cujus nutu Reges & Regna pendent, sic placitum est, ut memeratus Serenissimus PRINCEPS REGIUS *Poloniæ & M. D. L.* ELECTOR *&* DUX *Saxoniæ, inter tot Præclarissimos Poloni Sceptri Competitores, Liberis Serenissimæ hujus Reipublicæ Suffragiis, in Regem Poloniæ & M. D. L. ac cæterarum Regni Provinciarum* PRINCIPEM, *unanimiter* ELECTUS *& publicè in Campo Electorali declaratus sit, exposcebant illicò antiqua hujus Reipublicæ instituta, pro integritate Jurium & Libertatum, atque meliori sorte & conditione istius Regni, ut certa Pacta seu Conditiones partim à prædictis Illustrissimis & Excellentissimis Ministris Plenipotentiariis sufficienti potestate instructis, oblatæ, partim ab ipsis Regni & Magni Ducatûs Lithuaniæ Statibus propositæ, de mutuo consensu inirentur, sancirenturque. Quarum conditionum patriâ linguâ, ex tali methodo, quasi ipsemet Serenissimus* PRINCEPS ELECTUS REX *præsens adesset, conscriptarum tenor in eum sequitur modum:*

SEnatus Regni, Ordo Equestris, & omnes Status Regni Poloniæ & M. D. Lithuaniæ, omniumque aliarum Provinciarum annexarum, de hoc sibi apud Nos caverunt, Nos vero idem illis pollicemur, illudque pro Lege perpetuâ haberi consentimus, videlicet quemadmodum per libera & unanimia suffragia omnium Statuum Reipublicæ utriusque Gentis Polonicæ & Lithuanicæ, singularumque Ditionum annexarum, ad hoc Regnum electi & suscepti sumus, ita nec *Nos*, nec Successores Nostri, stante vita nostra, Reges nominabimus, neque ullo modo aliquem in Thronum Nostrum Regium inducemus, idque ideo, ut perpetuis temporibus, post decessum Nostrum, libera Electio Regum, apud *Status Regni, & Magni D. L.* & omnium Provinciarum annexarum, secundum Jura, Privilegia, & Constitutiones *de libera Electione* latas, tam antiquas, quam recentes Annorum 1607, 1609, 1631, 1662, & 1667, in pleno robore maneat.

Reassumendo omnia Jura *de libera Electione*, cavemus, *ne Domus Nostra Regia ullam successionem & prætextum proximitatis ad Regnum sibi præsumat*: His enim saltem prærogativis utetur, quibus Progenies antecedentium Serenissimorum Regum Poloniæ usa est, salvis Juribus Reipublicæ circa hoc latis.

Licet Jura antiqua sint indubitata, *quod Rex sit Catholicus*, propter æternum tamen valorem, nunc & in posterum, *perpetuâ Lege cavemus, pro Nobis & Successoribus Nostris*, quia Nos Fidem Romano-Catholicam profitemur, ne quoque in posterum Rex diversæ Religionis in Regnum Poloniæ & Magnum Ducatum Lithuanie eligatur, nisi sit Romanæ Orthodoxæ Religionis Catholicæ. Ejusdem fidei etiam Regina esse debet, sive natione, sive vocatione.

Et quoniam in hoc inclyto Regno Poloniæ, Polonicæ & Lithuanicæ Nationis & Provinciarum annexarum, non exiguus est *Dissidentium in Religione Christiana* numerus propterea exemplo Antecessorum Nostrorum, ne postea ex hac causa scissiones & sanguinis effusiones fiant, id quod antiquis Confœderationibus & Constitutionibus cautum est, perpetuis temporibus tenebimus, *non obstantibus quibuscunque Protestationibus, integrâ tamen in omnibus Dissidentium in Religione Christiana, Pace & Securitate.*

Et quod attinet ad Personas Græcæ Religionis *Unitas & Disunitas*, quicquid propter alia impedimenta, in præsenti Electione, locum nancisci non potuit, hoc in Comitiis futuræ Coronationis, juxta Jura antiqua utriusque Partis, in præsentia Deputatorum ex utroque Ordine, *sine omnibus dilationibus & disquisitionibus*, per Commissarios indilatè pacificare, & ita *conjunctim cum Republica* componere promittimus, ut cuilibet in suis bene fundatis gravaminibus Jus & satisfactio fiat. Bona & Dignitates Spirituales Græcæ Religionis, Personis incapacibus, juxta Jura antiqua non dabimus, nec per cessionem tenere permittemus. *Avulsa bona* à Metropoli Kijoviensi Jure belli non alienata, ad eandem Metropolin spectantia, juxta antiqua Jura eidem adjungere promittimus.

Contra *Mennonistas, Anabaptistas, Kwakeros*, qui ad Jus *Dissidentibus in Religione Christiana* inserviens, pertinere non debent, omnia Jura & Statuta *contra Arianos* lata reassumimus.

Conservando Prærogativam libertatis, *Jus æqualitatis inter Concives Regni*, uti præcipuum fundamentum & decus primarium, imò matrem liberi Status Equestris Ordinis, inter Jura Cardinalia istius Reipublicæ tenebimus & observabimus, neque illud per ullas nomenclaturas familiarum, scilicet, Comitatuum, Marchionatuum, & titulorum Principum, deprimi & debilitari permittemus, sed parem & in æqualitate viventem omnem Nobilitatem, *solo officio ex meritis parto, distinguente Personas*, censebimus, imo cavebimus, ne potentior fiat gravis minori.

Bona hæreditaria nec per Nos, nec per subordinatas Personas, neque in Prolem Nostram, neque pro Nobis ipsis acquiremus; id quod *pro Nobis & Successoribus Nostris cavemus.*

Juramentum Nostrum, & Pacta Conventa summarie collecta, in quibusvis Comitiis, prima die, loco Articulorum Mareschalcalium, in præsentia Senatus legi debent; qua lectione Pactorum Conventorum, cuilibet Nuntiorum liberum erit notare *exorbitantiam, si quæ evenerit.*

Ne *Justitia distributiva* occasionem ambitui Civium præbeat, circa collationem honorum & beneficiorum, à nemine ulla Juramenta privata exigemus, nec *submissiones subscriptas* postulabimus. Et si alicui propter promotionem in Regnum, per Nos, vel subordinatas personas, aliquid promiserimus vel assecuraverimus, tam in Regno, quam in Magno D. L., & Provinciis annexis, *hoc debet esse nullitatis, neque ullatenus promissum adimplere tenebimur, sub nullitate.*

In unam familiam duo Ministeria suprema Status, uti *Clavas, Sigilla, Baculos Mareschalcales; Thesaurariatus* in Regno, & Magno Ducatu Lithuaniæ, non conferemus; nec Abbatias, Dignitates & Capitaneatus minorennibus, sed solum bene meritis Terrigenis, ætate & ratione vigentibus, salvis modernis possessoribus.

Similiter *uni personæ, ultra duos Capitaneatus boni* Pro-

ANNO 1733.

Proventus, *aut Tenutas insignes* (quibus Capitaneatus cum Jurisdictione non debent includi;) pariter *faeminis*, ultra duos Capitaneatus boni Proventus, Jure communicativo, exceptis Capitaneatibus limitaneis & cum Jurisdictione, (quorum Possessionis secundum Jura sunt incapaces) tenere non erit permissum, *salvis itidem modernis Possessoribus*. Et ubi alicui Dignitati Capitaneatus aliquis Castrensis annexus fuerit, alterum ejusmodi Capitaneatum, neque in hoc, neque in alio Palatinatu conferemus.

Hoc quoque promittimus, quod Privilegia, Capitaneis in Advocatias (sive *Woytostwa*) quae olim seorsum collatae fuerunt, non dabimus, *neque Plebejis* personis *Tenutas* concedemus, *exceptis his Plebejis personis*, quae Meritis ab aliis distinguuntur.

Et quoniam Palatinatus Culmensis Ordine in Prussiae Provincia primus, admodum tenui, ex Capitaneatu *Kowalevienfi*, ipsi incorporato, gaudet Proventu, nulla ad alios Palatinatus Prussiae habita proportione, ita ut sine insigni propriorum Bonorum diminutione, publicis invigilare curis non possit: ergo spondemus, Nos huic Palatinatui, *ex primis in Palatinatu Culmensi vacantibus*, Capitaneatum aliquem sive bonum aliquod Regale addituros, & Capitaneatui *Kovalevienfi* esse incorporaturos. Quod Ordines Regni in primis Comitiis, Constitutione approbabunt.

Cavemus & hoc; quod duo Privilegia in unum Munus & vacans in Regno & Magno Ducatu Lithuaniae, & annexis Provinciis, nemini dabimus, neque ante *actualem ascensum*, *neque post certa fata conferemus*: quare una cum altera Cancellaria in Regno & Magno Ducatu Lithuaniae, Privilegia collata, propter informationem, communicare debet.

Dignitates & Munia, tam in Regno, quam in Magno Ducatu Lithuaniae, & annexis Provinciis, penes Jura antiqua, Jurisdictiones, Consuetudines & praescripta Regni & in Magno Ducatu Lithuaniae, *juxta Coaequationem & Ordinationem*, conservabimus: Praerogativas & Proventus illorum, nullo modo a quopiam minui & abrogari permittemus.

Vacantia *extra tempus Comitiorum*, ad maximum, spatio sex hebdomadum, a prima notitia Nostra, & ante omnia, in Comitiis conferemus, & cui collata fuerint, statim publicabimus, eademque *Terrigenis, Indigenis paritate gaudentibus, bene meritis, aetate & discretione vigentibus*, utriusque Gentis & annexarum Provinciarum, juxta Jura & Privilegia distribuemus.

Incompatibilia in Juribus descripta, scilicet *Mareschalcatus*, *Sigilla* & *Thesaurariatus* cum *Clava*, simul non dabimus.

Sigillo cubiculari & signo privato, in negotiis & expeditionibus Reipublicae non utemur, Litteras omnes & Legationes publicas, tantum *Lingua Polonicâ* & *Latinâ* expediemus, Privilegia aut Universalia, sub dictis sigillis *etiam ex Senatus consulto* extradi, non jubebimus, reservando id Cancellariis utriusque Gentis.

Thesaurariatus Magni, Regni & Magni Ducatus Lithuaniae, ut in futuris Comitiis, *per plus offerentiam* conferantur, curabimus: quae res in Comitiis decidetur.

Pacta & Foedera cum Potentiis externis renovabimus, & conservationem illorum procurabimus, tam *sine ullo praejudicio Reipublicae*, *& avulsione cujuscunque Provinciae*, quam etiam sine ulla infractione ac sinistra interpretatione, *Tractatuum Pacis & Foederum*, per quamcunque partem. Differentias cum vicinis Potentiis, conjunctim cum Republica, secundum aequitatem, amicabiliter quam primum componere, & ad finem perducere studebimus.

Compactata vero cum Serenissimo Imperatore, per Deputatos, ex Constitutione Grodnensi Anni 1725. anno praeterlapso 1732. renovata, & ad ratificationem ad Comitia remissa, ut in futuris, Deo annuente, Comitiis conclusis, juxta tenorem suum ratificentur, curabimus.

Pacificationem similiter Reipublicae, tam ab intra, quam ab extra, sicut & *evacuationem Copiarum extranearum*, sine ulla ad Rempublicam Praetensione, conjunctim cum Ordinibus Regni, habentes prius ab illis provisam securitatem, quantocius procurabimus.

Avulsorum recuperationem, occasione justa & legitima data, curae habebimus: Bella autem hujus causa, inconsulta plena Republica, cum nemine inchoabimus, sed bono potius publico, uti summo, omnibus modis prospiciemus.

Legatos & Residentes ad exteros Principes, tantum Nobiles, bene possessionatos, utriusque Gentis, ex utroque Ordine mittemus: quibus Instructiones datae, inter Senatus Consulta scribi, in Comitiis per Cancellarios Nostros legi; & postquam ex functionibus suis redierint, Relationes illorum in Comitiis scriptae reddi: *Legationes* quoque, à Principibus externis ad Comitia, in omnium Ordinum praesentia recipi, ad audientiam admitti & expediri debent, salvis extraordinariis, in urgente necessitate casibus, tunc, non expectatis Comitiis, ad mentem praesentis Consilii expedire Nobis liberum erit.

Ad Legationem Romanam Personas Saeculares, non Spirituales, adhibebimus. Et cum Jus nominandi Subjecta ad Cardinalatum habemus, hoc ipsum Jus servabimus.

Instabimus quoque apud Beatissimum Patrem, ut differentiae de *Jure Patronatus*, & alia Reipublicae desideria, quantocius cum Curia Romana, cum Nostra & Reipublicae satisfactione, per Concordata finaliter terminentur & pacificentur. In proximis autem, quae ad finem perducentur, Comitiis, cum Ordinibus Reipublicae, id enixe curabimus, ut ad satisfactionem Beatissimi Patris, Constitutionis Grodnensis A. 1726. sancitae, fiat modificatio.

Exteros, aut quempiam alium, ex Nostra Persona, ad *Indigenatum*, Nobilitatem haud promovebimus, sed tantum hos, quos Palatinatus utriusque Gentis, vel Ministri Status, & Duces Exercitus, Sagô & Togâ bene meritos commendabunt. Recens autem creatis Nobilibus Officia & Beneficia ad tertiam Progeniem non dabimus, neque Legatos mittemus, exceptis iis, qui vita aut fortunis tuebuntur Patriam, & qui ex antiquis familiis externis recepti fuerint.

Extraneos cujuscunque Conditionis homines, ad Consilia Reipublicae, aut ad ullas administrationes & negotia haud admittemus, neque iis Dignitates, Capitaneatus, Tenutas conferemus, ex praescripto *Constitutionum A.* 1607. & aliarum, ad quas in omnibus agere volumus: salvis Domesticis Nostris bene meritis, quoad collationem *Advocatiarum*, juxta antiquas leges. Neque ut se instantiis, negotiis, promotionibus, porrectionique chartarum ad subscribendum immisceant, concedemus, sub vinculo juramenti Nostri.

Aulam dignitati Nostrae Regiae convenientem, ex Gente *Polona*, *Lithuana* & annexarum Provinciarum, tantum ex ipso Ordine Equestri, prae aliis, incipiendo ab Officialibus Aulicis, usque ad *Ephebos & Janitores* habere promittimus, praeter alias Personas ad minora obsequia pertinentes, cujuscunque conditionis.

Similiter & Serenissima *Regina*, *Conjux Nostra*, in Aula sua, Personas *Polonicas*, Senatorii tantum & Equestris Ordinis habeat, providendo Aulae suae Personas extraneas, pro dignitate & decentia sua.

Serenissima Conjux Nostra tali *Dotalitio* in Tenutis & Bonis Regiis gaudebit, quale Serenissimae Reginae Poloniae, *Ludovica*, *Eleonora* & *Maria* habuerunt.

Custodiam Corporis Nostri & Cancellarias, ad mentem Constitutionis Anni 1717. sustentabimus & conservabimus.

Stipulamur pro *Serenissima Conjuge Nostra Regia*, quod Ea in materias Status, aut promotiones, sive per Se, sive per alios, nunquam Se ingeret.

Reassumendo Pacta Conventa & Jura Serenissimae Prolis Regiae, inter Rempublicam & Serenissimum, sanctae memoriae, *Johannem III.* Regem Poloniae, Antecessorem Nostrum, indemnitatem & immunitatem bonorum & fortunarum, *Serenissimi Principis Regii*, *Jacobi*, simul Personam ejus in Protectione Nostra manutenebimus, praevio Juramento fidelitatis, in conformitate Legum, Nobis & Reipublicae praestando.

Judicata quorumvis Magistratuum, praecipue Judiciorum Nostrorum, per Rescripta privata, ne suscitentur, sub nullitate eorum praecavebimus, & salvos Conductus, *vulgo Gleyty*, in Regno secundum antiquam Consuetudinem, ad jure agendum, solummodo in sex menses, & prorogationes eorum, non nisi bis, ex Cancellariis Nostris dari permittemus, neminemque captivari, nisi jure victum, patiemur.

Privilegia omnia, *tam publica*, *quam privatorum*, ab Antecessoribus Nostris concessa, inquantum Juri publico & Legibus non repugnant, conservare & manutenere spondemus.

Du-

ANNO 1733.

Ducatus *Zatoriensem* & *Oswiecimensem*, per *Constitutionem Anni* 1581. circa incorporationem suam, à solutione vectigalis & teloniorum, pro lignis & piscibus, quos aquâ *Cracoviam* & ultra ex Bonis suis demittunt, liberatos, immunes fore promittimus, & ne ullum præjudicium à magna *Procuratione Cracoviensi* afferatur, curabimus, prævio tamen eorum Juramento, quod ligna & pisces ex propriis fundis, non aliunde coemtos, demittant.

Providendo omnibus Juribus & Immunitatibus *Provinciæ Prussiæ*, ne in illis ullam læsionem accipiat, sed ut provisis suis in toto gaudere possit, Legibus, verbo Regio spondemus, quod omnia vacantia, *Ecclesiastica & Secularia*, *Sellas Senatorias*, *Munia & Capitaneatus*, *Tenutas & Advocatias*, solis, veris & indubitatis Indigenis, Nobilibus bene meritis, vigore Privilegii incorporationis, & Diplomatum Serenissimorum Antecessorum Nostrorum, & illius, quod Nos ipsi daturi, conferemus, neque consensus ad cedendum permittemus, & casu quo aliquis Privilegium, huic sponsioni Nostræ contrarium, obtinuerit, illud pro nullo & invalido ex nunc declaramus, & non tantum Nuntiis reclamandi facultatem, sed etiam vim agendi in Judiciis Nostris *postcurialibus*, pro repositione, & abjudicatione Privilegii atque consensus, concedimus.

Commercia Incolarum Prussiæ, simul Urbium & Oppidorum hujus Provinciæ, quod juxta mentem *Privilegii Incorporationis* anni 1454. ab omni vectigali, tam terrestri, quam fluviali, erunt immunia, & præcipue in *Camera Fordanensi*, Reipublicæ pollicemur.

In *Judiciis Comitialibus postcurialibus* & aliis, causas omnes, ita, uti ex Regestro obvenient, non immutando earum ordinem, judicabimus, & nihil in præjudicium justitiæ & injuriatorum faciemus, conformando sententiam Nostram ad pluralitatem votorum, quæ statim in triduo, sine depactatione vel immutatione, partibus in debita forma & securitate extradi debet. Judicia quoque *Curlandiæ* in terminis circumscriptis, præviis intimatorialibus, non prætermittere declaramus.

In *Judiciis postcurialibus*, secundum præscripta Jura Henriciana, ex sententia Dominorum Officialium, apud Nos existentium, procedemus, deliberationes tertio die absolvemus, & omnes causas superiores, nondum decisas, expediri curabimus.

Judicia Relationum non prætermittemus, quin imo accelerationem illorum per intervalla promittimus, Notariosque in his causis, juxta antiquam praxin conservabimus, ipsaque Decreta, per pluralitatem votorum Senatoriorum, conscribi curabimus.

In omnibus causis ad quævis Subsellia inter Concives Regni & Magni D. L. intervenientibus, *instantias* contra injuriatos non dabimus.

Bona nostra Oeconomica & Capitaneatus, *Salisfodinas*, *Metricas*, *Regentias*, *Regni & Magni D. L.*, *Secretariatus*, *Notariatus Cameræ & Thesauri*, & in genere Administrationes & lustrationes Thesauri non dabimus, neque telonia vectigalia, Cameras locari permittemus, nisi personis Ordinis Equestris, utriusque Gentis, mere possessionatis, sub pœna duorum millium marcarum Polonicalium, & nullitate Contractus, in eos, qui vel Plebejæ conditionis vel Judæi fuerint, & ejusmodi contractus quæsiverint, aut obtinuerint, ad instantiam cujusvis Nobilis, in quolibet Foro, ex regestro Fisci vindicanda.

Præfecturas Præsidiorum, in Bonis Nostris, in Urbibus, Arcibus & Propugnaculis Regni, M. D. Lithuaniæ & Provinciarum annexarum, non Plebejis Personis, sed Nobilibus, possessionatis, & bene meritis dabimus.

Oeconomias ad Mensam Nostram pertinentes, sine speciali Reipublicæ consensu, non amplificabimus, nec novos fines & fundos illis per potentiam Administratorum vindicari permittemus, sed potius ad dijudicandas injurias, Commissiones concedere non gravabimur, exceptis pure avulsis.

Cum his Oeconomiis, secundum Jura, agemus, neque per ulla avulsa illegitime obtenta minui patiemur, sed eas in administrationem aut Arendam, tantum Nobilibus, sitas scilicet in Regno, Regni; Lithuanicas, Lithuaniæ & annexarum Provinciarum, harum Terrigenis dabimus.

Et quoniam sub prætextu *bonorum Mensæ Regiæ*, varia Bona, quæ ad mensam Regiam nunquam pertinuerunt, titulo avulsionis, ad *Judicia postcurialia*, trahi solent, hæc vero sæpius sub arbitra Majestate nutant: quare declaramus, hæc tantum bona ex natura sui ad Mensam Regiam pertinere debere, quæ antiquitus ad illam relata sunt.

ANNO 1733.

Donatarios omnes, juxta tenorem Jurium eorum, ab antiquo illis concessorum, in plena securitate possessionis relinquemus, in Regno, secundum Constitutionem eo nomine descriptam, & in Lithuania, secundum eorum Statutum.

Injuriatis prætendentibus satisfactionem ab Administratoribus Nostris circa Documenta liquida spondemus.

Publicam Oeconomiam, secundum antiqua Jura *Vladislai* IV. & *Johannis Casimiri*, Antecessorum Nostrorum, conservabimus, cui juxta *Constitutionem Anni* 1659. duos Capitaneatus, ex primis vacantibus, quorum Proventus triginta millia efficient, incorporare promittimus, & omnia, juxta tenorem Pactorum Conventorum, cum Rege & Parente Nostro, sanctæ memoriæ, initorum, quoad hoc punctum observabimus.

Nullum Exercitum extraneum, sine speciali consensu Reipublicæ, in viscera Regni introducemus, neque *Quartianos*, neque alios milites novis supplementis augebimus, aut sine speciali Reipublicæ consensu, extra limites educemus.

Et si quis contrarium fecerit, licet Litteris Nostris pro conscribendo milite (*listy przypowiedne*) subreptitiè obtentis, instructus, talem *pro perduelli*, *infami ac hoste Patriæ* declaramus.

More exterorum, milites locare nemini permittemus: Exercitum autem utriusque Gentis & auctoramenti ad mentem *Constitutionis Anni* 1717. servabimus.

Obstricti etiam erimus, deliberatione cum Ordinibus Reipublicæ instituta, in futuris Coronationis Comitiis curam adhibere, ut *militia equestris & pedestris*, in optimum Ordinem, & ad talem numerum reducatur, ut omni occasioni ingruenti sufficientem se probet; pariter ne bona terrestria & ecclesiastica, utriusque partis, ac Regia, transitu & Stationibus à milite exhauriantur, & ut milites in disciplina militari maneant, ad mentem dictæ Legis novellæ 1717. Cavebimus in posterum, ne ulla *Vexilla & Regimenta* utriusque auctoramenti vendantur, nisi bene meritis.

De redimendo *Drabimo* & Territorio Elbingensi, ut & ratione Trajectus ad Civitatem *Neuburgensem*, nec minus de *Lisnoviensi* ac aliis Templis, pariter de omnibus prætensionibus veteribus & recentibus, cum Aula *Berolinensi* conferemus, & ex vi Pactorum componere allaborabimus.

Et nominatim, ut Jura, Privilegia, Immunitates, Tractus *Lauenburgensis & Bitoviensis*, tam Ecclesiastica, quam Civilia, prout per omnia, sub immediato Dominio Regni, iisdem utebantur, juxta Jura & Constitutiones Regni conserventur, providebimus, & ne Incolæ Equestris Ordinis, ultra consensum unanimem in Comitiolis suis, tributis onerentur, apud Aulam *Berolinensem* bona nostra officia interponemus.

Similiter, ut *Ducatus Curlandiæ*, ab externis prætensionibus liberetur, & Dux, Dominus Ferdinandus, uti investitus, juribus suis uti, & ad possessionem bonorum suorum pervenire possit, & ut Incolæ hujus Ducatus, Duci, licet *pro nunc, ob impedimenta extranea absenti, in Regno tamen commoranti, debitam præstent obedientiam, conjunctim cum Republica curas Nostras indilatè impendemus, salvis, hujus Ducatus, Nobilitatis & Civitatum antiquis juribus.* In avulsionem verò hujus Ducatus, a Corpore Reipublicæ, nunquam consentiemus.

Quoniam Sal Reipublicæ *trimestris seu quartualis* (*Sol Suchedniowa*) Nobilitati, respectu bonorum terrestrium, ex Salisfodinis *Bochnensibus & Vielicensibus*, ut & ex Oeconomia Nostra *Samborcensi*, extradi solet, spondemus, respectu ejusmodi bonorum terrestrium, dictum Salem, secundum antiqua Regestra, omnibus Palatinatibus & Terris, juxta jura antiqua & consuetudines concessum iri: & quidem proximi Palatinatus, ipsi sibi hunc Salem petent, remotioribus autem, in loca constituta nostris sumtibus, pretio juribus descripto, subvehi curabimus: cui rei attendere, magni Regni Thesaurarii obstricti erunt. Administratores vero Salisfodinarum, sub amissione contractus, & pœnis Legibus descriptis, salem erogare tenebuntur, ad instantiam Palatinatuum, Terrarum & Districtuum. Et si Administratores, aut quocunque modo dicti Tenutarii, ex Salisfodinis, salem ejusmodi non erogaverint, liberum erit cuilibet Palatinatui & Terræ, illos per instigatorem suum ad Tribunal citare, inter causas Fisci, ex speciali regestro, & pœnas in eos urgere, ut in *Constitu-*

ANNO 1733.

stitutione anni 1654. & aliis antiquis descriptæ sunt. Terræ autem *Czersensis*, *Lomzensis*, *Nursensis*, & sigillatim *Ciechanoviensis*, quæ maxime ab aliis læsa, penes jura antiqua *anni* 1607. & consuetudines servari debent, sine diminutione tamen proventuum mensæ Regiæ.

In hoc etiam securum reddimus Ordinem Equestrem, quod si in alicujus bonis inveniantur fodinæ *metallorum*, *Salis*, *Sulphuris & alius generis*, in fundo terrestri, nemini in fodiendo, utendo & vertendo in commodum suum, neque per Nos, neque per quemvis alium, perpetuis temporibus, impedimentum aliquod afferemus.

Compensationem pro fodina salis, *Cunigunda* dicta, Magnificis & Generosis *Lubomirsciis*, juxta *Constitutionem Anni* 1726. ad effectum perducere declaramus.

Ut Oeconomia *Olkussiensis* incrementum accipiat, & ad antiquos proventus, per injuriam imminutos, reducatur, curabimus, salvis salvandis.

Et quoniam Dominia Nostra *Saxoniæ hæreditaria*, propter ingentes ad eorum Statum pertinentes necessitates, carere nostra, in suis visceribus, præsentia non possunt; proinde ex consensu Ordinum, juxta *Constitutionem anni* 1717. habito respectu *Constitutionis Lublinensis* 1703 abitum nostrum & commorationem ordinabimus: privilegia tamen ibi, & publicas expeditiones non extrademus, sed omnia ad reditum nostrum in viscera Regni, aut in ejus fines differemus, exceptis militaribus & spiritualibus.

Proventus ex *Moneta* Regni & M. D. Lithuaniæ, quoniam ad Rempublicam pertinent, neque Nos, neque Successores, jus in illos, Nobis vindicabimus, nec etiam monetam ex consensu Senatus cudi jubebimus, juxta *Constitutionem anni* 1632. verum de *ordinatione monetali*, Regni & M. D. Lithuaniæ, non alibi, nisi in Comitiis agemus. Et quia per occlusionem officinarum monetalium Respublica magnum passa damnum, curabimus, habito Consilio cum Ordinibus Reipublicæ, ut officinæ aperiantur, ac juxta ligam Imperii & vicinorum Principum, moneta argentea & aurea cudatur.

Clenodiis sive lapidibus Reipublicæ *pretiosis* uti, & Thesaurum aperire, etiam ex Senatus Consulto nemini permittemus, sine speciali Reipublicæ consensu.

Mensium Militarium, qui *Towarzyskie* dicuntur, ut & Præfectorum auctoramenti extranei, in actuali obsequio personaliter existentium, in distributione *panis benè meritorum* peculiarem habebimus rationem.

Ordinis Cistercienses Monasteriorum *Olivensis & Peplinensis* jura, privilegia, signanter liberam Abbatum suorum electionem manutenebimus, hoc præcautô, ut personas Nobiles, non Plebejas eligant, cujus electionis approbationem Nobis reservamus.

Vindicatio *Summarum Neapolitanarum* cum Censibus, cura & impensis Reverendi in Deo Patris, Christophori *Szembek*, Episcopi Cujaviensis, jam benè in vias planas directarum, ut ad optatum perveniat effectum, & Respublica celeriorem accipiat satisfactionem, bona officia Nostra & interpositionem apud Aulam *Viennensem* adhibebimus.

Munus *Thesaurariatus Curiæ Regni*, juxta antiquum *Statutum Regis Alexandri*, secundum *Constitutionem* anni 1607. & penes recentiora jura, ad illud pertinentia confirmamus, illudque in receptione proventuum ex bonis oeconomicis Regiis, ac reditibus solitis, sine ulla præpeditione personarum ecclesiasticarum, inviolabiliter custodimus.

Academiam Cracoviensem, uti meritissimam Reipublicæ, omnium Scientiarum Magistram, circa instructionem Studiosorum infatigabilem, & circa productionem magnorum & dignorum virorum sollicitam, in antiquis Juribus & Privilegiis nunquam mutandis, conservabimus: imo in augmentum ulterioris Nostræ benevolentiæ erga illam, occasionem nullam omittemus.

Similiter Academiam *Vilnensem*, cum omnibus Juribus & Privilegiis, ab Antecessoribus Nostris concessis, ac noviter a Serenissimo sanctæ memoriæ Rege AUGUSTO II. Privilegio firmatam, cum exercitio omnium Scientiarum, simul fundationem Collegii *Polocensis*, penes omnia Jura, secundum *Constitutionem Anni* 1717. huic Collegio servientem, conservare promittimus.

Urbs *Cracovia*, quondam Serenissimorum Antecessorum Nostrorum dilecta & delecta Residentia, & nunc ex multis causis in ruinam vergens, commercia quoque ibidem labentia, singularem a Nobis exigunt considerationem, quare non solum eam circa antiqua *Jura, Privilegia, Constitutiones, Prærogativas & Immunitates* conservabimus, sed etiam sedem Nostram, captatô opportunô tempore, per intervalla constituere, & ulteriori ruinæ tam celebris in Europa Urbis occurrere, imo de modis, quibus emolumenta ejus procuranda, cogitaturos Nos obstringimus.

Civitatem *Varsaviensem* circa Jura antiqua conservabimus.

Tattari in Magno Ducatu Lithuaniæ habitantes, Jure terrestri, secundum antiqua Ducum Lithuaniæ, & postea *Serenissimorum Regum*, sanctæ memoriæ Antecessorum Nostrorum, Privilegia ipsis concessa & confirmata gaudentes, tanquam homines Reipublicæ & Regibus suis fideliter & probe parentes, hanc invenerunt apud Nos Considerationem, ut illos penes omnia Jura sua antiqua conservare velimus, quare Constitutiones illis servientes in toto, tam respectu bonorum terrestrium, quam Oeconomiarum legitime acceptarum, approbamus.

Ut obvenientes cum *Cæsarea Majestate* de finibus controversiæ, & aliæ incolarum Reipublicæ postulationes finaliter componantur, cum debita eorum, qui injurias passi, satisfactione, interpositionem nostram Regiam, ad Serenissimum Imperatorem deferemus.

Propositiones per Ministros Nostros plenâ facultate instructos, Ordinibus Reipublicæ oblatas, in præsentibus Pactis Conventis expressas, quod sacrosanctè manutenebimus, verbô Regiô spondemus, easdemque Pactis Conventis junctas Sacramentô Nostro confirmabimus, & quicquid ex re & commodo Reipublicæ proficuum fuerit, nulla occasione, pro possibilitate Nostra, omittemus.

Propositionum autem harum essentialium, Serenissimæ Reipublicæ & omnibus Ordinibus Regni & Magni Ducatus Lithuaniæ, per Illustrissimos *Ministros Plenipotentiarios*, cum absolutissima Plenipotentia, ex parte *Serenissimi Principis Poloniæ & Electoris Saxoniæ*, nomine ejusdem *Serenissimi Principalis & Domini eorum Clementissimi*, oblatarum, tenor est sequens:

Quoniam nemo dubitare potest, *Serenissimum Principem Regium Poloniæ, Electorem Saxoniæ*, esse verum & indubitatum *Catholicum*, tantôque zelo, religione ac pietate, sanctæ & universali Matri *Ecclesiæ Romano-Catholicæ* junctum & addictum, ut pro integritate, veritate & defensione ejus, omnes vires & quicquid cari habet, impendere non recusaret: operæ pretium non est, Orthodoxis Serenissimæ Reipublicæ Ordinibus veritatem hanc superfluis probare argumentis. Universus enim Orbis videt, miratur & magni facit, veram, non vanam, nec fucatam Principis hujus Religionem, quam propriis suis meritis & virtutibus ita exornat, ut in exemplar præsentis nostri sæculi à Deo datus intelligi possit. Juncta enim in eo est puritati Religionis omnium Virtutum norma, quæ & Principem ad magna natum, & Virum honestum in omnibus conspicuum reddunt. Nullum in eo datur vitium, quo summæ ejus animi dotes, aut imminui, aut ab ipsâ invidia obumbrari possint. Junxit justitiæ clementiam, fortitudini consilium, rebus gerendis prudentiam, potentiæ moderationem, auctoritati gratiam, opibus liberalitatem, fortunæ suæ temperantiam, alienæ curam. Procul ab eo ira & vindicta, fidei violatio, meritorum oblivio, aut beneficiorum tarditas. In excipiendo clemens, accessu facilis, comis omnibus & affabilis.

Deducere Serenissimam ejus Stirpem non est momenti præsentis, hanc enim jam in Serenissimo olim *Rege Augusto, Parente Ejus* desideratissimo, probe cognovit Respublica. Enimvero, quod in nostro *Principe Regio* singulare & præcipuum est, ille illustris Sanguis, qui ex vetusta familia *Jagellonis*, per *duodecim cognationes*, in venas ejus derivatur, purus & calens adhuc in ipso durat, & in inclytam *Gentem Polonam*, vivo naturalique inclinat amore. Per hos inæstimabiles tanti sanguinis influxus, existimat *Princeps Regius*, apertam sibi viam ad amplissimos Nationis *Polonæ* invictissimæ affectus, quos non marcescentes ac ultra patrios fines protensos erga Stirpem *Jagellonicam*, sæcula probant; adeo ut hac prorsus ratione non degener ramus, Serenissimus Princeps Regius, liberrimis Reipublicæ Polonæ suffragiis, Se sortemque suam tradere, &, uti facit, impense commendare non diffidat.

Per hunc Sanguinem & per hanc Cognationem, neque pro extraneo, neque pro indocili Jurium & Polonæ Libertatis institutorum haberi potest, Serenissimus Princeps Regius, Elector Saxoniæ, quin imo in non vana spe ponit fiduciam, quod & hac in parte fidus acceptusque erit liberis suffragiis electoris Populi, quæ solo bene merendi studio, non ulla alia causa ac ratio-

ne

ne mereri, ac in Se derivare cupit.

Et sicut Serenissimus olim Rex, Parens ejus, liberis electus suffragiis, & nullis fortunæ adversæ casibus, per Dei gratiam à Regno amotus, Jura & Libertates ejus intacte servavit & auxit, usibusque publicis Serenissimæ hujus Reipublicæ vitam litavit, nec ullum jus speciale *Serenissimo Principi Regio*, filio suo, ad petendam Coronam reliquit, aut quidquam eum in finem toto tractu vitæ suæ tentavit, sed integram & liberam hac in parte Electionem inclytis Reipublicæ Ordinibus reliquit; ita & *Serenissimus Princeps Regius*, solis liberrimæ Gentis Suffragiis & Affectibus se permittens, postea, quando, Providentia divina sic disponente, & *Serenissimæ Reipublicæ* assensu accedente, *Rex electus erit*, promittit se *Pactis Conventis* jurejurando firmandis, simul Diplomate quam sufficientissime *Serenissimæ Reipublicæ* confirmaturum, *quod tantum liberis Suffragiis, & non alio quovis prætextu aut colore, Solium hoc Regium ascenderit, & quod hæredes nullum peculiare jus aut juris speciem, quo Regnum hoc sibi petant, sint habituri*, sed quod liberum per omnia Reipublicæ, post sera fata, in Regem, quicunque placuerit, sibi eligere.

In majorem hujus Rei securitatem, *Guarantiam* quam solennissimam procurabit *Serenissimus Princeps Regius*, si id Reipublicæ necessarium videbitur: pari securitate omnes Regni hujus Libertates, Immunitates, Cautiones, Prærogativas, Privilegia, Jura tenere, religiose spondet, ineundaque Pacta Conventa inviolabiliter observare promittit.

Regnum hoc celeberrimum, & Provincias ad illud pertinentes, secundum Leges, Constitutiones & Ordinationes suas gubernabit, idque consilio Senatus, Ministrorum, & Ordinum Reipublicæ. Ne vero *Ministerium Saxonicum*, ullo quopiam modo & prætextu, in Regni hujus promotiones & dispositiones se ingerat, Serenissimus Princeps Regius *art. II. §. 5. in Tractatu anni* 1717. expressum, desuper observabit.

Tranquillitatem internam, qualis à Serenissimo, piæ memoriæ, Rege, Parente suo gloriosissimo, stabilita est, & unionem animorum inter Ordines & Cives patriæ summa cura servabit & tuebitur.

Pacem externam, amicitiam & bonam viciniam, cum Principibus externis, quibus Serenissimus Princeps Regius non est obnoxius, quibusque nullam inimicitiarum occasionem dabit, tutò colet.

Curlandiam, aut aliam quamcunque Provinciam, à Corpore Reipublicæ avelli haud patietur.

Et casu, quô Serenissima Respublica bello peteretur, & auxilium in armis prætenderet, Serenissimus Regius Princeps Augustus, Elector Saxoniæ, in tali necessitate in quantum Serenissima Respublica *copias auxiliares* desideraret, declarat, Se *easdem in necessitatem, & juxta tenorem desiderii Reipublicæ* suppeditaturum, sumtibusque suis pecuniariis sustentaturum, excepto tantum pane pro milite, & pabulo pro equis.

Promittit quoque Serenissimus Princeps Regius *Camenecum Podoliæ & Fortalitium Sanctissimæ Trinitatis*, ad meliorem, quam nunc sunt, defensionem, propriis sumtibus reducere.

Armamentaria Reipublicæ, quatenus apparatu bellico instrui possint, Serenissimus Princeps Regius unà cum Republica, efficaciter modum inire, & ex parte sua in eam rem contribuere declarat.

Scholam seu Academiam militarem, ut exerceant se juvenes Poloni, bellicis artibus operam daturi, propriis sumtibus servabit, donec Respublica certum fundum procuraverit.

Domum quoque seu Xenodochium, pro militibus infirmis viribus, exstruere Serenissimus Princeps Regius declarat, ubi certus numerus bello fractorum, tam Polonici, quam externi Auctoramenti, militum, sufficienter ex liberalitate Principis Regii sustentabitur.

Simul Idem Serenissimus Princeps Regius, ex singulari erga Rempublicam, & ejus commodum, studio & propensione, ad levandas necessitates publicas, *tres milliones florenorum Polonicorum* offert.

Quoniam vero *Serenissima Respublica*, non tantum domi, armis & consilio, sed etiam extra fines, legationibus & cultura concordiæ cum exteris Principibus niti debet, inde huic rei conveniens, ut ad exemplum aliarum Nationum, Ministros suos in *Aulis externis* & præcipue vicinis habeat: quod ut eo facilius fieri possit, Serenissimus Princeps Regius, ex liberalitate propria, summam *centum millium florenorum Polonicorum*, ex Proventibus suis Oeconomicis, ad subveniendum Thesauro Regni, singulis annis, *in ejusmodi Legationes* se assignaturum declarat.

Et quoniam hoc præcipuum Regum Poloniæ jus, quod habeant in manibus suis, *justitiam distributivam*, ideo Serenissimus Princeps Regius, postquam eodem ex liberis Suffragiis potitus fuerit, gratias, beneficia, & munia Regni, non aliter dispensabit, quam conformando se ad præscripta Legum, & secundum merita, nec alia, sed tantum virtutis commendatione & distinctione. Nam magnanimitas hujus Principis fugit indecens & vanum lucrum.

Mensium quoque militarium, in conferendis præmiis, justam habebit rationem, administrationibusque Oeconomicis, secundum Leges patrias tantum Nobiles possessionatos Regni & Provinciarum ei junctarum, admovebit.

Salisfodinarum & earum conservationis, ne ruant aut destruantur, summam habebit curam; *Salem* quoque nobilitarem, *Sol Suchedniowa* dictum, punctualiter Nobilitati, secundum antiquum usum, integre extradi jubebit, atque illis Palatinatibus, qui eum in lapidibus crudis, alias *w balwanach* recipiebant, pari modo tradetur.

Metallorum fodinas, in primis *Olkussenses*, quibus Ærarium Publicum sublevaretur, aperiri & reparari curabit, operamque suam in id intendet, ut *jus cudendæ monetæ, & officina monetalis*, jam admodum neglecta, restauretur, & moneta non justi valoris, per quam Reipublicæ quotidie intolerabile infertur damnum, corrigetur, & ad pedem & valorem justum reducatur. Curam quoque & Officia sua Serenissimus Princeps Regius interponet, ut exteri Principes, æqualis & probati valoris monetam, in commerciis cum Regno Poloniæ adhiberi faciant.

Commercia pariter, per quæ emergunt & ditescunt Regna, nervusque rerum augetur, ut in emolumentum Reipublicæ ad pristinum florem redeant, & cum iis incolarum Regni & Urbium opulentia, splendor & felicitas reduci possent, Serenissimus Princeps Regius operam suam navabit, atque omnes difficultates, quæ impedimento sint, studio & officiis suis apud vicinos Principes amoveri curabit.

Sacellum Cracoviæ & perpetua Suffragia pro Regibus Poloniæ instituet.

Et cum idem *Serenissimus Princeps Regius, Elector Saxoniæ*, ob amplas & locupletes Provincias suas sufficientibus gaudeat facultatibus, ideo a Republica neque Ipse, neque Serenissima ejus Soboles quicquam sibi deposcet, quin imo in publicum commodum, facultates, quas ipsi Deus concessit, impendet.

Quoniam vero omnibus constat, *Serenissimum Principem Regium, Saxoniæ Electorem*, justum esse Principem, catholicum orthodoxum, fidei verum observatorem ac immutabilem, dubitare minime potest Respublica; Eundem sacrosancte observaturum, & religiose impleturum, non tantum hoc quod modo declarat, sed & ea omnia, quæ per pacta Secum ineunda, vere & solenniter spondebit.

Denique omnia Jura & Immunitates, Privilegia & Libertates omnium personarum, Statuta Regni & M. D. Lithuaniæ, & annexarum Provinciarum, omnibus Ordinibus Spiritualibus, Romani & Ritus Græci unitorum, & Sæcularibus, incorporatis & annexis Provinciis, *Academiis Cracoviensi, Zamoiscensi & Vilnensi*, ut & *Civitatibus omnibus servientia*, juste & legitime concessa, omnibus & singulis, & articulos omnes in Coronationibus Regum *Henrici, Stephani, Sigismundi III. Vladislai IV. Johannis Casimiri, Michaelis, Johannis III. & Augusti II.*, sanctæ memoriæ, Parentis & Antecessoris Nostri sancitos, & coæquationem Jurium atque Ordinationem Tribunalis, simul distributionem & locationem utriusque Gentis & Auctoramenti secundum præscripta Legum, & illud omne, quodcunque in futuris, Deo dante, Coronationis & aliis postea secuturis Comitiis, unanimi omnium Ordinum consensu, sancitum & constitutum fuerit, Nos servaturos, & integre in omnibus punctis, clausulis, nexibus & ligamentis, manutenturos & adimpleturos spondemus. *Litteras simul Confirmationis* Jurium & præsentium Pactorum, & hujus nostræ sponsionis, exemplo Antecessorum nostrorum, dare promittimus.

Si vero (quod Deus avertat!) aliquid *contra Jura legitime data, Libertates, articulos & conditiones omnes egerimus*, aut aliquid non impleverimus, tunc incolas Regni, utriusque Gentis, ab obedientia & fide Nobis debita liberos facimus, secundum *Constitutiones Annorum* 1576. 1607. 1609.

Johannes Lipski, Episcopus Cracoviensis, Pro-Cancell. Regni, Juribus

Michael Korybut, Princeps Wisniowiecki, Magnus Cancell. M. D. Lith. Gen.

ANNO 1733.

& Immunitatibus S. Eccl. Romanæ salvis in toto manentibus. Deputatus ad Pacta Conventa ex Senatu.

Stanislaus Hosius, Episcopus Posnaniensis, salvis Juribus & Immunitatibus S. Romanæ Eccl. per totum. Deputatus ad Pacta Conventa ex Senatu.

Theodorus Lubomirski, Palatinus Cracoviensis.

M. F. Princeps Radziwil, Palatinus Nowogrodiensis.

J. R. Potulicki, Palatinatus Czerniechoviæ. Deputatus ad Pacta Conventa ex Senatu.

Petrus in Skrzynno Dunin, Castellanus Radomensis, Capitaneus Zat. & Deputatus ad Pacta Conventa.

Johannes Branicki, Vexillifer & Rei Tormentariæ, sive Artilleriæ Regni Generalis, & Deputatus ad Pacta Conventa.

J. Michael Rzewuski, Incisor Regni. Deputatus ad Pacta Conventa.

Carolus Odromunx, Comes Sedlnicki, Stabuli M. D. Lith. Vice-Præfectus, Capitaneus Mielnicensis. Deputatus ad Pacta Conventa.

Michael Nieborski, Succamerarius Terræ Ciechanoviensis. Deputatus ad Pacta Conventa.

Jacobus Narzymski, Succamerarius Nursensis. Deputatus ad Pacta Conventa.

Johannes z Kurozwenk Menczinski, Capitaneus Vielunensis. Deputatus ad Pacta Conventa.

Stanislaus Poninski, Stabuli Regni Vice-Præfectus. Deputatus ad Pacta Conventa.

Johannes z Szczeglowa Frezer, Burggrabius Cracoviensis. Deputatus ad Pacta Conventa.

Alexander Kicki, Sub-Judex Terrestris Ciechanoviensis. Deputatus ad Pacta Conventa.

Michael Suski, Venator Lomzynensis. Deputatus ad Pacta Conventa, salvis juribus S. Romanæ Ecclesiæ, & exceptis Ducatus Masoviæ.

Marcus Szembek, Succamerarius Cracoviensis. Deputatus ad Pacta Conventa.

Mathias Kemlada Grabowski. Deputatus ad Pacta Conventa.

Michael Johannes Leski, Pocillator Livoniæ. Deputatus ad Pacta Conventa.

Alexander, Comes de Skrzynno Dunin, Vexillifer Vin. Deputatus ad Pacta Conventa.

Gen. Exercitus Regimentarius.

Michael Sapieha, Palatinus Podlachiæ. Deputatus ex Senatu.

Johannes A. Czapski, Palatinus Culmensis. Deputatus ad Pacta Conventa ex Senatu.

Josephus, Comes de Skrzynno Dunin. Deputatus ad Pacta Conventa.

M. Casimirus Bleszynski, Pincerna Petricoviensis. Deputatus ad Pacta Conventa.

A. Stanislaus de Gorne Linczs Linczowski. Deputatus ad Pacta Conventa.

Melchior Kalckszteyn Stolinski. Deputatus ad Pacta Conventa.

Ignatius z Urbanic Urbanski. Deputatus ad Pacta Conventa.

Johannes Rybinski. Deputatus ad Pacta Conventa.

Stanislaus Szydlowski. Deputatus ad Pacta Conventa.

Michael Ernestus Rexyn, Provinciæ Prussicæ Nuntius, & Deputatus ad Pacta Conventa.

Johannes Orzynski, Venator Braclaviensis. Deputatus ad Pacta Conventa.

Ignatius, Comes in Baksztach, Berdycze & Zawiszynie z Rozycow Zawisza, Ensifer M. D. Lith. Capitaneus Castrensis Minscensis, Czeczersk: Choslaw: Sumilic: Præfectus Militum utriusque Auctoramenti, & Palatinat: Minscens. Deputatus ad Pacta Conventa ex Provincia M. D. Lith.

Michael Casimirus, Princeps in Olyka & Nieswitz Radziwil, Stabuli M. D. L. Præfectus & Deputatus ad Pacta Conventa.

Josephus Tyszkiewicz, Notarius M. D. Lith.

Ferdinandus Plater, Succamerarius Wilkomiriensis.

Casimirus z Nicfielowicz Cyrynski, Capitaneus Palatinatus Novogrodiensis, Mareschalcus Confœderationis.

Boguslaus Niezabitowski, Capitaneus Propoyscensis. Deputatus ad Pacta Conventa Provinciæ M. D. Lith.

Stanislaus Bykowski Lopott, Notarius Castrensis Smolensc. Deputatus ad Pacta Conventa ex Provinciâ Magni Ducatus Lithuaniæ.

Marcus Ignatius Zyrkiewicz, Capitaneus Dziacelscensis, Castra-metator Palatinatus Mscislaviensis. Deputatus ad Pacta Conventa.

Stephanus z Jaxow Rydziez Bykowski, Quæstor & Judex Castrensis, Palatinatus Minscensis Consiliarius & Deputatus ad Pacta Conventa.

Antonius Redziewski Loyko, Incisor Districtus Osmianensis.

ANNO 1733.

QUos quidem *Pactorum Conventorum Articulos*, inter *Status Serenissimæ Reipublicæ* ab una, & *Serenissimum Neo-Electum Regem* AUGUSTUM III. parte ab altera, per supra nominatos Illustrissimos ac Excellentissimos Dominos, *Josephum Antonium Gabaleonem, Comitem de Wackerbart-Salmour*, atque *Guelphum Henricum, Baronem a Bandissin*, Ministros Plenipotentiarios ejusdem Serenissimi *Electi Novi Regis*, vigore Plenipotentiæ illorum sequentis tenoris:

FRIDERICUS AUGUSTUS, *Dei Gratiâ, Princeps Regius Poloniæ & Magni Ducatus Lithuaniæ, Dux Saxoniæ, Juliaci, Cliviæ, Montium, Angriæ & Westphaliæ, Sacri Romani Imperii Archi-Mareschallus & Elector, Landgravius Thuringiæ, Marchio Misniæ, nec non Superioris ac Inferioris Lusatiæ, Burggravius Magdeburgensis, Comes Princeps Henneberg ensis, Comes Marcæ, Ravensberga & Barbii, Dominus Ravensteinii, &c.*

Significamus ac notum facimus tenore præsentium; quod animo constituentes, non sine gravissimis rationibus, cum cæteris Competitoribus, ad ambiendam amplissimi Poloniæ Regni Coronam, concurrere, ea de causa Perillustrem, Magnificos & Generosos, fideles Nobis ac sincere dilectos, Aquilæ Albæ Polonicæ Equites, Conclavisque Nostri Secretioris Ministros, *Josephum Antonium Gabaleonem, Comitem de Wackerbart-Salmour*, Consiliarium Status Intimum, Aulæ Principis Nostri Electoralis Præfectum, nec non Sanctorum Mauritii & Lazari Equestrem Militem; atque *Guelphum Henricum à Baudissin*, Ducem Generalem Copiarum Equestrium, nec non Equitum Sclopetariorum, vulgo Carabiniorum, ad Custodiam Corporis Nostri destinatorum Præfectum, Nostros ad Serenissimam Poloniæ Rempublicam *Ministros Plenipotentiarios* misimus, iisque, vigore hujus Nostri Mandati, Plenipotentiam omnimodam concedimus, non solum apud Illustrissimos, Reverendissimos & Magnificos dictæ Serenissimæ Reipublicæ Antistites & Proceres, Audientiam, toties quoties è re ipsis visum fuerit, petendi, & omnia quæ ipsis in Mandatis dedimus exponendi, verum etiam cum illis conferendi, tractandi, & plenariè concludendi. Nos recipimus ac pollicemur, omne id, quod, occasione hujus Negotii, tractaturi & conclusuri sunt, ita Nos agnituros atque ratihabituros, æque ac si a Nobismet Ipsis tractatum atque conclusum esset. In quorum fidem & securitatem præsentes *Mandati Litteras*, Nominis Nostri subsignatione propria, ac sigillô Nostrô Electorali secretiore, deliberatô animô firmavimus. Dabantur Dresdæ die 6. April. 1733.

FRIDERICUS AUGUSTUS.

(LS. Electoralis Secretiosis.)

Conscriptos & conclusos, in omnibus eorum Punctis, Clausulis & Conditionibus, propter evidentius robur perpetuæ firmitatis, supradicti Illustrissimi ac Excellentissimi D. D. Ministri *Plenipotentiarii*, Nomine & locô SERENISSIMI ELECTI NOVI REGIS, publice in Præsentia Statuum & Ordinum Regni, ac Magni Ducatus Lithuaniæ, *Juramento personali* comprobaverunt, juxta Rotham ejusmodi:

Ego JOSEPHUS ANTONIUS GABALEO, *& Ego* GUELPHUS HENRICUS, *spondeo & sancte juro, ad hæc Sancta Christi Evangelia*, Domino DEO *omnipotenti, in Sancta Trinitate uni, quia hos omnes Articulos Pactorum Conventorum, quot cum Amplissimis Statibus Regni & Magni Ducatus Lithuaniæ, annexarumque Provinciarum, ac universa Serenissima Republica, Nomine Serenissimi* FRIDERICI AUGUSTI, *Principis Regii Poloniæ* & *Magni Ducatus Lithuaniæ, Electoris Saxoniæ, nunc vero* ELECTI POLONIARUM REGIS, *& M. D. L. Russiæ, Prussiæ, Masoviæ, &c. Domini Nostri Clementissimi, in præsenti Electione constituimus, transegimus & conclusimus*, SERENISSIMUS PRINCEPS REGIUS, ELECTOR SAXONIÆ, *nunc vero* ELECTUS POLONIÆ REX, *in omnibus & singulis eorum Punctis, Clausulis, Ligamentis & Conditionibus, ita, ut cla-*

ANNO 1733. *nec generalitas specialitati, nec specialitas generalitati deroget, ratos habebit, sacro-sanctè observabit, & manutenebit, & confirmabit, & adimplebit, illosque juxta Instrumentum Denunciationis, Sacramento Juramenti confirmabit. Sic Nos DEUS adjuvet & hæc Sancta Ejus Passio.*

JOSEPHUS ANTONIUS GABALEO de WACKERBART.

(L. S.)

WULFF HINRICH de BAUDISSIN.

(L. S.)

Actum & datum Varsaviæ Die 1. Novembris Anno Domini 1733.

CLXXII.

Veræ & commoventes Rationes quæ Reipublicæ Confœderatæ dederunt Motivum ad disapprobandam Pseudo-Electionem STANISLAI LESZCYNSKI, *& salvandam communem libertatem & salutem publicam, per viam liberæ & ab omni privato studio alienæ Electionis Serenissimi & Potentissimi* AUGUSTI *Tertii Regii Principis Poloniæ & Electoris Saxoniæ, in Regem Regni Poloniæ & Magnum Ducem Lithuaniæ, Dominumque annexarum Provinciarum ad idem Regnum spectantium.*

C'est-à-dire,

Veritables motifs qu'a la Republique Confederée de s'opposer à l'Election de STANISLAS LESCZYNSKI *de la desaprouver, & de sauver la Liberté publique en élisant librement & sans aucune partialité le Serenissime Electeur de Saxe* AUGUSTE III. *pour Roi de Pologne & Grand Duc de Lithuanie.*

POst luctuosam & omnium fere Seculorum sensibilitate nunquam satis deplorandam Mortem placidè nunc in Deo quiescentis Serenissimi & Potentissimi Poloniarum Regis, Augusti Secundi, Domini nostri Clementissimi, nemo gnarus Actorum negabit, quod vitio & labe quadam Sæculi in Vicario Ministerio Regni erat veluti emortua omnis Pietas, Fides, Amor Boni publici, & publica salutis libertatisque sollicitudo.

In quorum locum præoccupaverat animos Prædominantium sub Interregno inauditus à conditâ Republicâ fastus, & arrogantia, itidem Avaritia, pessimum Reipublicæ malum; privata studia publicis anteponens commodis.

Ex quibus fontibus processit Genesis Malorum in Republicâ, nempe oppressio avitæ Libertatis & Aequalitatis, à prævalente & plus quam civilia audente, Domo Potocianâ, Eique annexorum affidatorumque publica Consilia, ad suum arbitrium privatum dirigentium, quamvis in æquali Republicâ de Jure & Justitia, par in parem nullam possit exercere potestatem.

Hinc quoque emersit eversio fundamentalium Legum Reipublicæ, quæ præcipuè consistunt in observantiâ & conservatione liberi Juris vetandi, à quo Salus publica totaque pendet Libertas.

Ex eodem Vitiorum fonte pullulavit ultimarie violentissima Impositio in Regimen & Regnum Personæ invisæ Stanislai Lesczynski, contra quam non solum Leges Patriæ & expressissimæ Constitutiones Regni, sed insuper Pacta cum vicinis Potentiis Fœdera Reipublicæ apertissimè reclamitabant.

Longum esset exponere dolosas artes, quibus hæc gravis Reipublicæ Factio usa sit ad eludendam & infringendam liberam Regis Electionem, & erigendas pravas Machinationes suas.

Probat ejus rei fidem statim ab initio Interregni, tempore Convocationis in ordine ad designandum tempus Electioni Novi Regis conflata à Primate Regni, ejusque adhærentibus corruptissima Confœderatio. In qua ad elusionem & defraudationem Jurium Libertatumque Regni, conducto ex Gallia auro partim emebantur, partim vero vi & comminationibus necessitabantur animi liberrimæ Gentis Polonæ ad juratoriam obligationem, dolosissimis conceptum terminis, de non eligendo alio Rege, nisi Indigenâ, quem eadem captiosa & fraudulenta præscriberet Confœderatio. ANNO 1733.

Patet autem palpabilissimè dolus & supplantatio, quâ versus Ordines Reipublicæ idem Primas Regni usus sit, dum non solum Statum Sæcularem ad Puncta Confœderationis non approbata, acceptanda Juramento compulerit, sed etiam Episcopos, in ejusdem factionis Authoritatem, & Prærogativas Lege sibi concessas ejurare coëgit, adeo ut si Primas Regni contra Leges per Scissionem, vel in damnum Patriæ, in Electione aliquem ex Candidatis in Regem nominaret, succedentibus Ordine & Honore Episcopis, conformiter ad antiquas Constitutiones, ad evitanda Reipublicæ Mala, non esset liberum, in Derogationem Jurium Primatis Regni salvare Patriam, & alium Reipublicæ salubriorem & magis proficuum Candidatum in Regem nominare.

Apparet etiam exinde astus ejusdem Primatis, quod etiamsi in Confœderatione fecerit sponsionem, se non alium Candidatum velle nominare in Regem, nisi qui unanimi Consensu & Nemine contradicente, ab Electore Populo fuerit electus, attamen hoc maximi momenti Punctum, à quo Securitas Liberæ Electionis, & publica pendet Salus, non inseruit Rotæ Juramenti sui, quamvis è converso in hunc finem jurare debuerunt, quod Jus Primatiale non violabunt, & in casu Scissionis nullum Candidatum nominabunt.

Tali igitur facto, factiosus Regni Primas, eique annexi fœderatique Stanislao Lesczynsko, straverunt iter ad Regni Diadema. Quem ut fortiori fundarent Fundamento, placuit abuti Sacratissimo Vinculo, quod in mentes animosque Mortalium Religionis motivo vel maximè prædominatur, scilicet Obligatione juratoriâ, cujus tamen invaliditas exinde ad liquidum patere potest, quod plurimos ad Comitia Convocationis congregatos, ad præstandum hocce Juramentum coactè, dolosè, sive subreptitiè, & planè temerè induxerint. Et quidem coactè, quia ex utroque Ordine Cives Regni, metu Mortis, & comminatione confiscandorum bonorum, honorumque & Ministeriorum privatione, ad Juramentum impulerunt, dolosè & subreptitiè, quia Rota Juramenti referebatur ad Puncta Confœderationis, quorum tenor ab Ordinibus Regni non erat generaliter approbatus; temerè, quia inducebantur animi ad invocandum nomen Dei Omnipotentis in vanum, stringebanturque jurare in præjudicium Legum, in damnum Reipublicæ, & in præjudicium salubrioris Reipublicæ Candidati, qui salvâ internâ & externâ pace & tranquillitate Reipublicæ, liberè, sine ullâ vi & coactione eligi potuisset, adimebaturque Electori Populo libera voluntas eligendi Regem ad arbitrium & beneplacitum suum, in quovis basis & fundamentum communis Libertatis verè & unicè consistit. Reclamabant confestim generosæ pro tuendis Immunitatibus Regni, mentes, quibus Lumen rationis, & cognitio Status Reipublicæ concessit nosse Mysteria huic communi Libertati præjudiciosissima & fraudulentæ Actioni, & ut torrenti hujus perniciosæ Factionis resisterent, in subscriptionibus ejusdem Instrumenti Confœderationis apposuerunt necessarias præcustoditiones & salvas, remittendo Approbationem hujus extorsivi & dolosi Juramenti ad Generalem Palatinatuum & Districtuum in Campo Electorali concursum.

Sed parum hæc per contemptum & calcata Jura procedentibus obsistere potuerunt; Etenim appropinquato tempore Electioni Regis dicato, nulla in corrupto & prævaricato Primatu Regni interpositarum Contradictionum habita fuit ratio; Nulla datarum Instructionum Nuntiis à Districtibus & Palatinatibus Electioni Stanislai Lesczynski apertissimè contradicentibus fuit apprehensio. Nihil valuere fortissimæ rationes, nihil moverunt animos in præceps ruentium promulgatæ per typum Clarigationes vicinarum Potentiarum, se etiam vi armorum obstituros, ne à Cliente Gallici Imperii & Suecorum, Turcarumque fœderato, cui jam olim nocivus Reipublicæ & ejus Fœderatis, cum prædictis Potentiis Tractatus intererat, Polonici Regni Thronus præoccuparetur.

Nulla adjiciebatur fides constantibus Relationibus de Copiis Militiæ Moschovitici Imperii, asserentibus illas jam actu Limites Regni Poloniæ subintrasse, & citatis passibus accelerare ut Fœderi & Guarantiæ suæ jam olim contra illegitimum ambitum & attentata ejusdem

ANNO 1733.

jusdem Stanislai Lesczynski cum Republica interpositæ satisfaceret.

Imo quod vix dictu credibile, eò processit obstinata & tranquillitati totius Christianitatis inimica Factio Interregiæ Potestatis, ut Litteras Serenissimæ Imperatricis Moschovitici Imperii, cum omni amicabili præcautione eo intuitu ad Serenissimam Rempublicam Polonam scriptas, in sequiorem torqueret Interpretationem, & variis afficeret acclamationibus, ut Auditoribus verum rei adimeret intellectum.

Nihil ultimariè profuere interpositæ numerosissimæ à Senatu & Equestri Ordine, imo ab integris Palatinatibus & Districtibus Protestationes & Manifestationes de ruptis Legibus & infractâ liberâ Electione, de violatis Fœderibus cum vicinis Potentiis, & perturbata Pace & Tranquillitate internâ & externâ Reipublicæ dolentissimè conquerentium, & à violento, doloso, & perniciosissimo Electionis Actu publica Consilia in liberiorem & tutiorem locum transferentium.

Pars enim Imperiosæ & Legifragæ Reipublicæ intervertendo omnia quæcunque Jus, Mos in Libero & Electitio Regno, longo annorum usu, stabiliverat, violavit, imprimis patria Jura & Consuetudines denegando in Campo Electorali comparitionem Oratoribus Extraneorum Principum studia & desideria Principalium suorum exponere Jus habentium.

Eundem commisit errorem non admittendo Propositiones Candidatorum ad Coronam Regni dolosissimo fine, ne Elector Populus de commodis & incommodis quæ Reipublicæ exindè provenire possint, informatus, necessarias in Electione Regis & præferentiâ Candidatorum mensuras capere possit.

Violavit ultimariè pretiosissima & cardinalia Jura Libertatis, & propriam juratam Confœderationem, dum arrogatâ sibi quadam potestate contra jus æquitatis & æqualitatis in apertissimâ Reipublicæ scissione die 12. Septembris processit ad nominationem sui Electi, ediditque in lucem hactenus occultatam in favorem Gallicæ Factionis Machinationem, imponendo Liberrimæ Nationi Polonæ, postposita parte Reipublicæ contrarium sentiente, pro Rege & Rectore Regni Stanislaum Lesczynskum, Indigenam & Patriotam quidem, sed ob rationes infra allegandas, expressissimis Constitutionibus proscriptum & pro Hoste Patriæ declaratum, atque ex ratione Pactorum & Fœderum Reipublicæ cum vicinis Amicis Potentiis sine infractione Pacis & Concordiæ cum iisdem, ad Gubernacula Regni nunquam admissibilem.

Quæ omnia ad liquidum patere possunt primo ex Constitutione Lublinensi Anni 1703. itidem ex Confœderatione Sendomiriensi Anni 1704. quæ Generali Congressu, sive Consilio Magno Varsaviensi sub Anno 1710 plenam nacta est Confirmationem, in eaque præsens Celsissimus Primas Regni pro tunc Episcopus Culmensis, sollenni in facie Statuum Reipublicæ præstito Juramento, ipse eundem Stanislaum Lesczynskum, tanquam à Coronâ Suecicâ intrusum Reipublicæ Pseudo-Electum, in ævum pro incapaci & inhabili ad Coronam Regni Polonicæ juratâ expunxit fide. Ultimarie Constitutio Anni 1717. Tractatus Varsaviensis tractans de indulgendo beneficio Amnestiæ, Stanislao Lesczynsko, & his, qui extra Limites Regni cum eo remorabantur, expressissimè præcavet, quod nisi hi tumultuarii, & crimine Perduellionis notati Cives in spatio trium Mensium ad Rempublicam sint reversuri, illos communi Libertate amplius in Republicâ Polonâ gaudere non posse, & ideo in casu non resipiscentiæ, in eadem Constitutione, salva executio pœnarum in Legibus expressarum contra eosdem omnino est reservata. Quæ postea Comitiis Grodnensibus Anni 1718. in toto approbata fuit.

Jam vero est quod æquo Judicio Orbis & justæ Reipublicæ indignationi subesse debeant, quod dum idem Primas Regni in nuperis Comitiis Convocationis juratâ suâ Confœderatione omnes Jure victos arceret à Campo Electorali & Regis Electione. Ipse impudenter & inconsideratissime contra antiquiores & recenter latas Leges ipsamque Confœderationem suam, in nuperâ Pseudo-Electione Varsaviensi personam ejusdem Lesczynski sub gravissimo nexu Juris existentem, quem Respublica tanquam Socium & Fœderatum Hostis Patriæ, Usurpatoremque alieni Throni tot repetitis Constitutionibus Regni proscripsit & condemnavit, communique Patriæ Libertate interdixit, Regno Poloniæ pro Rege & Rectore ausus sit obtrudere..

Utque compleret invertere Jura & Consuetudines Regni eundem Stanislaum Lesczynskum sub ipsam Electionem ex Galliâ conduxit Varsaviam, ut præsentia ejus Partes Factionis suæ eo fortius augere, Electionemque suam promovere possit, postpositis Legibus Patriis, quæ Candidatos ad Regnum propè Electionem commorari expressissimè interdicunt.

Hæc itaque communem Libertatem, Dignitatem, Jura & Securitatem Reipublicæ evertentia, attentata Imperiosi Vicariatus Regni Rempublicam ultro in tempestates & in inevitabilia pericula protrudentes moverunt animos Confœderatæ Reipublicæ, ut exemplo Majorum suorum arriperet media de restituenda Tranquillitate publica, & de erigenda & vindicanda prostrata & conculcata avita Libertate, & maxime ea quæ est Basis omnium Libertatum nostrarum, scilicet de eversa libera Regis Electione, stantibus tot millenis Nobilium Contradictionibus.

Igitur post interpositam ritè & in tempore Manifestationem, dum locus ordinarius in Campo Electorali cædibus & injuriis sæviens in liberas Confratrum suorum voluntates, factus sit veluti opprobrium & scopulus Libertatis, Pars læsa & oppressa Reipublicæ transtulit Consilia publica in liberiorem & tutiorem à tumultibus & persecutionibus locum trans Vistulam Amnem, ut Pharsalicos cum Confratribus suis evitaret Conflictus, indulgeretque spatium maturiori Deliberationi; ubi superatis Deo auxiliante periculis & Hostilitatibus Tyrannicæ Persecutionis adversæ Partis, quæ usque ad Confinia Lithuaniæ erat hostilitatibus, cædibus & lanienis propulsa; Tandem die 5ta Mensis Octobris in Anno currente, nondum effluxo spatio sex Hebdomadarum Comitiis Electionis de Lege præscripto in Tempore, quod convulsores Patriarum Legum præcoce & perimenti facto suo temerè interruperant, reassumptis Consiliis processit ad liberam Electionem, & Errores Confratrum, qui contra Jus scriptum evidens & contra Voluntatem liberam Aequalium sibi Concivium Authoritatem imponendi Communi Nobilitati Regem sibi appropriare voluerunt corrigere, & labentia Privilegia Libertatis Postliminio firmare posset.

Itaque dum tentatis acriter mediis ob sublatum præcipitanter die 16. Septembris Pontem in Vistula Fluvio, quem propter Commeatum & Communicationem Consiliorum cum Districtibus & Palatinatibus Lex & Consuetudo ad ultimum Comitiorum Electionis determinatum spatium sex Hebdomadarum continentium in plena integritate conservare constituit, & ob continuatas ab adversa parte crudelissimas Hostilitates nullus ad reoccupandum usitatum Electionis Locum inter Varsaviam & Volam daretur modus, non in loco sed in re, & concordibus Consiliis, more & exemplo Majorum suorum Libertatibus & Juribus suis quærendo salutem; Ita dictante & inspirante gratia Divina in Campo Militari ad Hamiennam liberis & concordibus suffragiis sub prudentissimâ Nominatione Illustrissimi & Reverendissimi Domini Stanislai Hosii Episcopi Posnaniensis in frequentissimo Illustrissimi Senatus & Regni Ministrorum Comitatu, dirigente pro tunc Equestris Ordinis Rotam Illustrissimo Domino Poninscio, Instigatore Regni non per calcata Jura vetandi, fatali Varsaviensis Pseudo-Electionis Exemplo, sed præmissa trina per Palatinatus & Districtus Interrogatione, nemine contradicente, imo omnibus applaudentibus. Pars Reipublicæ antiquas Libertates, Immunitates, & Jura Regni manutenens, Serenissimum Principem ac Dominum Dominum Fridericum Augustum, Principem Regium Poloniæ & Electorem Saxoniæ in Regem Poloniæ, & Magnum Ducem Lithuaniæ, annexarumque Provinciarum Dominum, sub nomine Augusti Tertii feliciter elegit & nominavit.

Et quemadmodum hæc pars de Republicâ rectè sentiens hunc pium, justum, fortem & magnanimum Principem in Tutorem & Vindicem Libertatum, Immunitatum & Jurium suorum firmiter constituit, ita pro defensione communi & tuitione Serenissimi Electi Sacro-Sancto & strictissimo Confœderationis Vinculo sese eidem Serenissimo Regi electo obstrinxit Fortunas, Sanguinem & Vitam, pro tuendâ fide, electo Rege & Lege, fideli oblatione immolando, constituitque sibi in Directorem præfatæ Generalis Confœderationis eundem Illustrissimum Instigatorem Regni, qui Comitiis Electionis ex Provinciâ Majoris Poloniæ tanquam Director & Mareschalcus Ordini Equestri feliciter præfuerat.

Traxit animos Reipublicæ Confœderatæ in Venerationem & Electionem hujus Magnanimi Principis, prius, vera & constans erga Religionem Orthodoxam Romano-Catholicam propensio.

Distin-

Anno 1733.

Distinctissimæ Heroïcarum Virtutum qualitates, Regalis & Majestuosus Augustissimi Sanguinis splendor, innumeris Originibus de stirpe Jagellonicâ derivans, adeoque nativo amore & correlatione ad tuendum & protegendum decus Polonæ Libertatis propendens; Et ex hac ratione pro vero Piasto, Indigena Polono, ab omnibus Impartialibus Compatriotis jure merito venerandus.

Militavit pro eodem Principe edocta à Parente & Præceptore Rege, ars, comiter, liberaliter, gratiosissimè imperandi liberæ Genti, evitandique ea cuncta quæ Legum & Libertatis Polonæ Instituta lædere, animosque fidelium Subditorum affligere possint.

Recommendarunt Amori Electoris Populi & publico Delectui eundem Principem, Propositiones communi Libertati, Commodis, Gloriæ & Securitati totius Reipublicæ faventissimæ, quas Magnanimo & Optimo Principi in signum benevolentissimi animi sui erga Rempublicam Polonam per Illustrissimos & Excellentissimos Ministros Plenipotentiarios suos in Campo Electorali proponere placuit.

Conciliavit Vota & favorem ejusdem Electoris Populi in optionem Serenissimi Electi Nostri etiam Vicinorum Principum elucens erga dictum Regem nostrum Amicitia & Propensio, quæ Reipublicæ Nostræ Polonæ bonam Vicinitatem, Pacem & Amicitiam cum iisdem pollicetur Potentiis.

Commovet nos ultimarie in Dilectionem & Electionem hujus Principis Fortitudo, Auxiliumque in Armis quæ ab hoc potentissimo Electo in casu necessitatis contra quosvis Hostes & Aggressores parata habere possumus. Eis pactis ut ad instantiam Reipublicæ, cessante necessitate defensionali, protinus evacuari, nec Reipublicæ esse infesti debeant. Adeo ut in hoc præsenti arduo & difficillimo Reipublicæ tempore Electus Rex noster solus pretiosas Libertates Juraque Reipublicæ reparare, & contra Convulsores & Oppressores manutenere, Tranquillitatem internam & externam Patriæ redonare, sæculoque nostro pacem & quietem impertiri conciliareque poterit.

Hæ igitur sunt veræ & justissimæ Rationes, quæ animos Electoris Populi à Stanislao Lesczinsko, violento & injusto usurpatore Regni averterunt, & in Electionem Serenissimi ac Potentissimi Principis Friderici Augusti Regii Principis Poloniæ & Electoris Saxoniæ converterunt. Quem uti Ordines Reipublicæ liberis & concordibus suffragiis, & fideli Applausu sub Augustissimo Nomine Augusti Tertii, nuper in Campo Electorali ad Hamiennam in Regem Poloniæ, & Magnum Ducem Lithuaniæ, Annexarumque Provinciarum Dominum, nominaverunt elegeruntque; Ita iidem nunc Confœderati Ordines in Tuitionem & Defensionem Serenissimæ ejus Majestatis, & avitarum Libertatum, Fortunas, Vitam, & carissima quæque impendere Sacro-Sancto appromittit voto, huncque Zelum suum toto Christianitatis Orbi faciunt manifestum.

Antonius Lodua Ponynski,
Electionis & Confœderationis Generalis Mareschalcus.

(L.S.)

CLXXIII.

10. Octobre.

Ordonnance du Roy, portant Declaration de Guerre contre l'Empereur. Du 10. Octobre 1733.

De par le Roi.

Sa Majesté, depuis son avenement à la Couronne, n'a rien eu plus à cœur que de concourir à tout ce qui pouvoit contribuer au maintien de la paix; mais l'injure que l'Empereur vient de lui faire en la Personne du Roy de Pologne, son beau-pere, interesse trop l'honneur de Sa Majesté, & la gloire de sa Couronne, pour ne pas employer les forces que Dieu lui a confiées, à en tirer une juste vengeance. Dans cette vûë, après avoir repandu dans toutes les Cours de l'Europe, les justes motifs qui la forcent à prendre les armes, Elle a résolu de déclarer la guerre, comme Elle la déclare par la présente, par mer & par terre, à l'Empereur; persuadée que Dieu qui connoit le desinteressement & la justice de ses intentions, voudra bien les favoriser de sa divine protection. Ordonne & enjoint Sa Majesté à tous ses Sujets, Vassaux & Serviteurs, de courre sus aux Sujets de l'Empereur, leur fait très-expresses inhibitions & deffenses d'avoir cy-après avec eux aucune communication, commerce, ni intelligence, à peine de la vie; Et en consequence Sa Majesté a dès-à-present revoqué & revoque toutes Permissions, Passeports, Sauvegardes, & Sauf-conduits qui pourroient avoir été accordez par Elle, ou par ses Lieutenans-Generaux & autres ses Officiers, contraires à la presente, & les a declarez & declare nuls, & de nul effet & valeur; deffendant à qui que ce soit d'y avoir aucun égard. Mande & ordonne Sa Majesté à Monsr. l'Amiral, aux Maréchaux de France, Gouverneurs & Lieutenans-Generaux pour Sa Majesté en ses Provinces & Armées, Maréchaux de Camp, Colonels, Mestres de Camp, Capitaines, Chefs & Conducteurs de ses gens de guerre, tant de cheval que de pied, François & Etrangers, & tous autres ses Officiers qu'il appartiendra, que le contenu en la presente, ils fassent executer, chacun à son égard, dans l'étenduë de leurs pouvoirs & jurisdictions: car telle est la volonté de Sa Majesté, laquelle veut & entend que la presente soit publiée & affichée en toutes ses Villes, tant maritimes, qu'autres, & en tous ses Ports, Havres, & autres lieux de son Royaume & Terres de son obéïssance que besoin sera, à ce qu'aucun n'en prétende cause d'ignorance. Fait à Fontainebleau le dixième Octobre mil sept cens trente-trois.

Signé, LOUIS.

Et plus bas, Phelypeaux.

Manifeste du Roy de France au sujet de la Guerre déclarée à l'Empereur en 1733. intitulé, Motifs des Resolutions du Roi de la fin de 1733.

Le Roy a donné depuis son avenement à la Couronne, des preuves éclatantes de sa modération, & de son amour pour la paix; peut-être même pourroit-on lui imputer de les avoir portées trop loin: Cependant il a préféré le repos & la felicité de ses peuples, à la funeste ambition d'étendre les limites de son empire. Mais la modération a ses bornes comme les autres vertus, & l'Europe jouïroit encore d'une tranquilité profonde, si les ennemis de la France n'avoient pas forcé Sa Majesté à prendre les armes pour defendre la dignité de sa Couronne, la gloire de la Nation Françoise, l'honneur & la liberté de la Pologne.

Depuis que le Throne de Pologne a été vacant, le Roy a constamment respecté la Liberté Polonoise, il n'a rien exigé d'un Peuple libre, & seul arbitre de son sort. La République elle-même a imploré son secours; elle a redoublé ses instances, à mesure que ses allarmes croissoient, & qu'elle se voyoit environnée d'Armées ennemies; elle a cherché dans l'équité & dans les forces de sa Majesté, un asyle toujours ouvert aux Puissances qui sont menacées d'être opprimées. Le Roy, à l'exemple de ses Ancêtres, a assuré sa protection à la Pologne: il l'a declaré à tous les Souverains, mais dans les termes les plus mesurez, & avec cette modération digne des grands Princes. Il a même, dès les premiers moments, fait connoître à la Cour de Vienne ce qui pouvoit seul prévenir les troubles en Europe; & toutes les démarches qu'il a faites depuis, sont autant de monumens illustres de son amour pour le maintien de la tranquillité publique.

Une conduite aussi sage n'a pas empêché la Cour de Vienne, d'éclater contre un Prince né dans le sein de la Pologne, & attaché au Roy par des liens aussi étroits. Cette Cour encouragée par tant de mesures anterieures, favorables à ses projets particuliers, a prodigué pour répondre à la declaration de Sa Majesté, les termes les plus offensans, & qui devroient être inconnus entre Princes que leurs Sceptres rendent égaux. Le Roy n'est point sorti des bornes que sa sagesse lui avoit prescrites: Il ne s'est point pressé de tirer la vengeance que demandoit une insulte qui lui devenoit personnelle, & si les préparatifs necessaires ont annoncé son juste ressentiment, il en a suspendu les effets jusqu'au moment où il ne lui a plus été possible de conserver la paix, sans blesser la dignité de sa Couronne, & l'honneur de son Sang.

Peut-on douter que l'interêt personnel de l'Empe-

Anno 1733.

reur n'ait decidé de sa conduite, & n'ait déterminé les engagemens qu'il avoit pris pour disposer d'une Couronne independante de l'Empire, & qui n'étoit pas même encore vacante? Il prétendoit exclure également le Roy Stanislas par le seul motif de ses liaisons avec la France, & l'Electeur de Saxe parce qu'il paroissoit alors avoir des interêts opposez à ceux de la Maison d'Autriche. La mort du Roy Auguste a donné lieu à de nouveaux projets: Cet Electeur s'est hâté d'entrer dans toutes les vûës de l'Empereur, & dès lors il a cessé de meriter l'exclusion que ce Prince & la Czarine lui avoient donnée. Cette exclusion a été lévée; l'on a promis par un nouveau Traité d'élever l'Electeur de Saxe sur le Thrône de Pologne, & les troupes ennemies se sont rapprochées de la Republique, pour la forcer à souscrire à ces arrangemens.

Les Polonois ont cru necessaire à leur Liberté, d'exclurre tout Prince etranger de la Couronne qui étoit vacante. Cette exclusion a eté prononcée par la Diète de convocation; & elle a paru si essentielle, qu'elle a été affermie par un serment solemnel. La Cour de Vienne a voulu franchir cette nouvelle barriére; il n'est rien qu'elle n'ait tenté pour procurer l'absolution de ce serment; comme si les interêts & les projets sans bornes de la Maison d'Autriche, devoient décider d'un engagement consacré par la Religion.

L'Empereur a redoublé ses efforts; il avoit annoncé „ Qu'il ne permettroit jamais que Stanislas remontât „ sur le Thrône, sous prétexte de sa premiére élection, „ ou de quelqu'autre maniere que ce fût. „ Ses Ministres près de la Republique ont agi dans une parfaite intelligence avec ceux de Saxe & de Moscovie; ils ont même fait trophée de leur union, ils l'ont publiée avec éclat à Warsovie: toutes leurs declarations ont été faites dans le même esprit, mêmes insultes au Roi de Pologne, mêmes ordres à la Republique; les menaces, les intrigues, les suppositions les plus calomnieuses, la marche des Troupes, tout a eté concerté entre eux, tout leur a eté commun. Les Ministres de Saxe & de Moscovie, lors de l'élection, se sont retirez chez celui de l'Empereur; & afin qu'il ne restât plus aucun doute de leur union, le Ministre de l'Empereur s'est joint à celui de Moscovie, pour notifier publiquement au Primat l'entrée des Moscovites en Pologne, & pour montrer à la République assemblée les fers qu'on lui avoit préparez.

La Cour de Vienne a-t-elle pû penser en imposer à l'Europe, & se flatter de dissiper l'orage, en différant de faire entrer ses troupes en Pologne, lors même qu'elle déterminoit les Moscovites à faire une irruption? Elle a esperé que les armes des Moscovites suffiroient pour intimider & asservir les Polonois, & d'ailleurs les troupes Imperiales & Saxonnes n'étoient-elles pas toûjours sur les frontieres de la Pologne, prêtes à y entrer pour soûtenir leur violence?

A tous ces traits, il est facile de reconnoître l'Aggresseur. Les Traitez par lesquels l'Empereur a voulu disposer en Maître absolu de la Couronne de Pologne; l'exclusion qu'il s'est efforcé de donner, sans authorité & sans pouvoir, à un Prince que ses vertus rendent digne du Thrône; les assûrances données à l'Electeur de Saxe, pour recompense de sa docilité; la marche des troupes Imperiales, de concert avec celles de Saxe & de Moscovie; l'hostilité que les Moscovites ont commise dans le tems même de l'élection, pour assûrer par la force des armes l'execution des projets de l'Empereur, cette hostilité approuvée, & même annoncée par son Ministre. Toute cette conduite sera à jamais un témoignage public que ce Prince est seul auteur de la guerre; qu'il a forcé le Roy à prendre les armes, par l'outrage qu'il a voulu faire à Sa Majesté, & par les violences exercées, ou par lui, ou de son aveu, contre la Republique de Pologne.

Si tous ces efforts ont été inutiles lors de l'élection, le Roy & le Royaume de Pologne en sont uniquement redevables à celui à qui seul il appartient de disposer des Couronnes, & qui tient en ses mains les cœurs des Peuples comme ceux des Rois. Le courage des Polonois les a affranchis de la servitude dans laquelle la Cour de Vienne vouloit les précipiter: mais le Roy ne peut demander raison qu'à l'Empereur, de son opposition au rétablissement du Roy de Pologne, de ses declarations injurieuses répandues dans toute l'Europe par les ennemis qu'il a suscitez à la France & à la Pologne qui ne desiroient que la paix & la liberté, des conseils qu'il a donnez à la Cour de Russie, des esperances dont il a flatté celle de Saxe, enfin de tous les efforts qu'il fait encore pour soûtenir ses premiers projets.

En vain la Cour de Vienne espere de cacher ses intrigues aux yeux de l'Europe, on retrouve par-tout ses conseils, ses principes, ses expressions indécentes, ses desseins formez contre la Liberté Polonoise. Anno 1733.

Le Prince respectable contre lequel l'Empereur s'éleve, est le même en qui la plus grande partie des Souverains de l'Europe, & nommément l'Empereur Joseph, avoient reconnu le sacré caractere de la Royauté. L'alliance que le Roi Stanislas avoit contractée avec le Roi, a changé les dispositions & le langage de la Cour de Vienne: ce Prince est devenu dès-lors, selon l'expression des Alliez, „ un Citoyen proscrit de sa patrie. „ Cette variation auroit dequoi surprendre, si l'on n'en voyoit pas le principe dans le projet que l'Empereur a formé d'offenser Sa Majesté dans la personne d'un Prince qui lui est cher, & de se rendre le dispensateur des Couronnes.

La Republique de Pologne n'a point de prérogative plus precieuse que celle de disposer de son Thrône, attribut éminent de sa liberté, & pour la conservation duquel on l'a vû verser son sang. L'Empereur a voulu y donner atteinte, il n'a pas craint de marquer, & le Prince qu'il vouloit exclure, & celui qu'il vouloit porter sur le Thrône. Il a entrepris de prononcer sans authorité, sur ce qui s'étoit passé dans l'interieur de la Republique au sujet de la premiere élection du Roi de Pologne: il a décidé en Legislateur souverain, des Loix qui doivent subsister en Pologne, & des fondemens de la Liberté qu'il a voulu renverser. Le seul menagement qu'il a eu pour elle, a eté de déguiser ses entreprises sous les apparences d'une protection trompeuse, & sous le voile d'un prétendu Traité, que le tumulte des armes enfanta avec précipitation, & que la Republique rendue à elle-même n'a pas crû devoir suivre.

L'Empereur & la Czarine se sont toûjours expliquez à la Republique, comme on parle à un Royaume tributaire ou à une Nation subjuguée. Leurs menaces ont été accompagnées de la marche de leurs troupes jusques sur les frontieres; l'Armée Moscovite est entrée en Pologne, afin de remplir ses engagemens avec l'Empereur, dans le tems même de l'élection, dans la vûe, & pour étouffer par le bruit des armes les Loix & les suffrages de la Republique.

Cependant la Nation Polonoise a déliberé sur l'élection de son Roi, avec cette tranquillité que la justice seule peut inspirer au milieu des dangers. Les vœux de la Republique avoient prévenu le retour du Roi de Pologne; sa presence a reuni les esprits, le Champ d'élection n'a retenti que d'une voix en sa faveur; & cette déliberation a eté consommée avec une unanimité dont on n'a pas vû d'exemple dans les Fastes de la Pologne.

C'est cette unanimité qui devoit imposer un silence éternel à ses ennemis, puisqu'elle annonçoit la volonté du Maître des Rois; & c'est cependant ce qui les détermine à se porter aux derniers excès. Le comble est mis à la violence; l'Armée Moscovite, par le concert des Alliez, s'avance vers Warsovie; les troupes de l'Empereur & de l'Electeur de Saxe sont prêtes à marcher sur les mêmes traces, si les armes Moscovites ne suffisent pas pour accabler un Peuple libre, qui reclame ses droits les plus incontestables, & le glorieux usage de sa Liberté.

Que les Cours de Vienne & de Russie cessent d'usurper l'auguste titre de Protecteurs de la Pologne: A ce titre même auroient-elles le droit d'ouvrir, & de fermer les barrieres qui défendent l'accès du Thrône vacant? Ce n'est point en étouffant les droits d'une Nation, qu'on merite le nom de son Protecteur, mais en la défendant contre ceux qui la voudroient opprimer. Le Roi en avoit donné l'exemple à l'Empereur; Il ne craint point d'en prendre à témoin la Republique même & toute l'Europe: Quoique S. M. dût souhaiter le rétablissement d'un Prince que la France avoit reçu dans ses malheurs, & qui lui est uni par les liens les plus sacrez, Elle n'a rien exigé des Polonois, persuadée qu'il n'appartient qu'à la Nation Polonoise de rappeller un Prince que les malheurs des tems avoient long-tems separé d'elle. La Lettre de S. M. au Primat du 6. Juillet, ne respire que la justice & la paix: l'Europe y reconnoitra la droiture des intentions du Roi: elle y verra combien le Roi est éloigné d'inspirer au Roi de Pologne des sentimens opposez aux interêts de la Republique; & que s'il a souhaité avec empressement le retablissement de ce Prince, c'est pour concourir avec lui à l'observation des Traitez qui interessent la Pologne, & contribuer en même temps

ANNO 1733. à la gloire de cette Republique, & à la tranquillité du Nord.

Ce n'est donc point par des vûës d'ambition ou d'interêt, que le Roi prend les armes. Contente de posseder un Royaume florissant, & de regner sur un peuple fidelle, Sa Majesté ne cherche point à reculer les bornes de sa domination. En vain l'Empereur, pour interesser l'Empire dans ses projets, cherche-t-il à l'allarmer sur les desseins qu'il attribuë faussement à Sa Majesté. L'Empereur a voulu la guerre, qu'il a renduë necessaire en outrageant le Roi dans ce qui doit être de plus sacré parmi les Souverains. Sa Majesté se propose d'effacer jusques aux moindres traces de l'outrage que la Cour de Vienne a cru lui faire, & de soûtenir l'honneur de la France. D'aussi justes motifs redoubleront encore l'ardeur des troupes Françoises; elles prennent les armes avec empressement pour venger leur Roi, & pour empêcher d'Illustres Alliez de succomber sous les forces que l'Empereur a suscitées contre eux. C'est au Dieu des Armées à donner la victoire: le Roi peut l'invoquer avec confiance, & esperer que ses succès répondront à sa moderation, à sa patience, & à la pureté de ses sentimens.

Copie de la Declaration faite au nom du Roi, au mois de Mars 1733.

LE ROI suspendroit encore son jugement, sur l'objet du corps considerable de Troupes que l'Empereur fait marcher vers la frontiére de Pologne, si les declarations faites par la plupart des Ministres Imperiaux, pouvoient permettre de douter du desir & même du dessein de contraindre les Polonois. A la vûë d'un projet aussi hautement declaré, Sa Majesté ne peut dissimuler, qu'outre l'interêt commun que tous les Princes ont de maintenir la Liberté de la Pologne, sa dignité, & le rang qu'elle tient parmi les Puissances de l'Europe, la mettent en droit, & l'obligent même à prendre part aux affaires qui peuvent troubler la tranquillité generale. C'est dans cette vûë que le Roi a déja fait assûrer les Polonois, qu'il maintiendroit, autant qu'il feroit en lui, la liberté entiére des suffrages, & il ne se départira jamais de ces principes d'équité. Sa Majesté croit donc devoir déclarer qu' Elle ne pourroit regarder toutes démarches ou entreprises ou faites pour contraindre leurs suffrages, que comme un dessein de troubler le repos de l'Europe: Sa Majesté ne pourroit donc se dispenser alors, d'agir avec le zele & la fermeté que l'importance de la matiere le requiert.

Declaration de l'Empereur, en réponse de celle de Sa Majesté.

L'EMPEREUR n'a pas jugé digne de son attention, les insinuations mal fondées qu'on employoit en Pologne pour détourner les bons Patriotes à mettre leur confiance en un Prince ami, voisin, & allié, qui à l'exemple de ses Augustes Prédecesseurs, bien loin de permettre qu'on donne la moindre atteinte à la Liberté de la Republique, & à sa Constitution, telle qu'elle se trouve établie par les Loix, en sera toûjours le plus ferme appui: Garant de cette liberté, en vertu des *Pacta conventa* qui depuis deux siécles subsistent entre l'auguste Maison d'Autriche, & les Serenissimes Rois de Pologne, & la Republique de ce nom, le soin de la maintenir contre les entreprises de qui que ce soit, le touche principalement; & bien loin que ses Ministres ayent imité ceux qui prétendent borner les suffrages d'une Nation libre, à un seul sujet, ils ont declaré dès le commencement de l'Interregne, tant de vive voix, que par écrit. Que l'Empereur ne souffrira pas, qu'aucuns moyens contraires aux droits d'une libre élection, tels qu'ils se trouvent établis par les Constitutions presentes du Royaume, y soient employés, quand même on voudroit s'en servir pour faire monter sur le thrône de Pologne un Candidat, qui d'ailleurs lui seroit agréable.

Tels étant donc les sentiments de ce Prince, & tels étant encore ceux de ses Alliez, dont il est inseparable, il ne pouvoit qu'être extrêmement surpris, que par une declaration conçûë en des termes peu mesurez, & répanduë avec une affectation indécente, on ait voulu faire tomber sur luy un reproche, qui conviendroit mieux à ceux qui agissent par des voyes & des principes opposez.

Souverain dans ses Etats héréditaires, il n'a à rendre aucun compre de la marche de ses Troupes en Silesie; la justice qui regle toutes ses actions, ne laisse aucun doute sur le but qu'il s'est proposé; & il fera paroître en cette occasion, comme en toute autre, autant de droiture en ce qui regarde les droits d'autrui, que de fermeté à soûtenir les siens & ceux de ses Alliez. ANNO 1733.

Copia Declarationis Imperatoris, ipsiusque Fœderatorum.

SPERABAM, Celsissime Princeps Primas, quod declaratio à me nuper facta, Litteræque augustissimi Imperatoris Romanorum ad Celsitudinem vestram directæ, non alium, quam clara verba sonant, interpretabuntur sensum.

Inaudio contrarium; nam sicut antehac scripto publicabatur, quod Legati & Ministri Aularum extranearum declarationes suas minis & terroribus liberæ electioni inconvenientibus notum faciebant quod ad thronum Polonum, alium eligere non permissuri sint, nisi talem qui illis ad placitum esset: ita de facto contrarius spargitur rumor, quod nempe vicinæ sibi fœdere junctæ Potentiæ ab aliis Reipublicæ colligatis timeant, disseminando quid & à quo cuilibet illorum eventurum sit mali, & quod hæc vicinarum Potentiarum unio brevi dissolvetur tempore.

Hinc denuo declarare necesse duxi, quod vicini non timeant, sed ament Rempublicam, uti ex nuperâ satis patet declaratione.

Quod liberæ Gentis suffragia in arctos unius subjecti limites, ad exemplum aliorum restringere nolint, nec ullâ vi armorum, sed solum quâ veri amici & confœderati, vi Pactorum conventorum & Fœderum, iis se opponere, qui contra Constitutiones & Leges, pacem publicam turbare vellent. Habent enim sufficientes à Deo sibi concessas vires, ut & contra quoscumque adversariorum conatus liberam electionis jus Reipublicæ propugnent, & se ab iis qui hoc impedire, illosque contra omnem justitiam offendere vellent, defendant.

Ideoque, nec timent, nec terrent, sed amica consilia & quidem vi Pactorum & Guarantiæ præbent: & denuo hortantur, ut liberis ac unanimibus Poloniæ suffragiis ejusmodi Rex, quiscumque ille demum sit, eligatur à quo nec Reipublicæ libertati periculum, nec vicinis excitandarum metus immineat, nec necesse sit prudentissimæ ad futuram electionem congregatæ Libertati novas ulteriores facere declarationes; sed ut ex nunc ita conveniant, ut salva maneat libertas electionis, pax Reipublicæ, simulque vicinorum ac totius Europæ.

Quod autem de dissensu cum Augustissimo Imperatore Fœdere junctarum Potentiarum spargitur, præsentes declarabunt Ministri, quod inseparabiles sint, unum idemque sentiant, *& Rempublicam nequaquam opprimere, sed illius libertatem ejusque Leges ac Constitutiones illæsas conservare, sicque pacem & tranquillitatem Reipublicæ & Vicinorum semper defendere velint.*

Imputet Respublica sibi & non vicinis, si hæc non conservabitur; & si hæc declaratio non satis clara est, declarabit eventus.

LETTRE du Roy au Primat, du 6. Juillet 1733.

MON COUSIN, je vois avec plaisir par votre Lettre du 10. Juin, que la Serenissime Republique de Pologne attend de moi les mêmes sentimens d'amitié, dont les Rois mes predecesseurs ont toûjours cherché à lui donner les marques les plus distinguées. Animé du seul amour de la Liberté, qui est le droit naturel & fondamental de votre patrie, vous n'en desirez pour elle que l'entiére jouissance; & vous lui preparez une gloire immortelle, en annonçant à toute l'Europe, que quelque choix que la Serenissime Republique fasse, elle veut toûjours observer exactement & religieusement les Traitez d'Alliance, faits & renouvellez avec ses voisins. Quel appui, & quelle protection ne doit pas esperer un Royaume qui se conduit par des sentimens aussi purs, & dont il n'est pas permis de douter, lorsqu'un Prelat aussi connu que vous par l'esprit de Verité, & aussi bien instruit des maximes de sa Nation, en porte l'assûrance aux yeux de toutes les Puissances de l'Europe! Je la reçois personnellement avec une veritable satisfaction; Et prêt à seconder & à soûtenir en toutes occasions des principes si justes, & si conformes au bonheur de la Couronne de Pologne, & à la tranquillité du Nord, j'en ferai avec joye le fondement de la protection dont j'ai chargé le Mar-

ANNO 1733.

Marquis Monti de donner les plus fortes assûrances à la Serenissime Republique. Veuille le Seigneur, par une suite de benedictions qu'il a si souvent & si visiblement répanduës sur la Pologne, inspirer l'esprit d'union & de concorde, & réunir les suffrages sur un Sujet, dont les sentimens lui soient assez connus, pour qu'elle puisse compter qu'il ne se souviendra que de ce qu'il devra au bonheur & au maintien de la tranquillité de sa patrie, aussi bien qu'à la gloire & propagation de notre Sainte Religion. Sur ce, &c.

Declaration aux Princes & Electeurs de l'Empire.

QUoique le Memoire des motifs qui determinent les Resolutions du Roy ait suffisamment montré à l'Europe la pureté des intentions de sa Majesté, cependant en même tems qu'elle fait passer le Rhin à ses Troupes, elle veut encore faire connoître plus particulierement à l'Empire ses sentimens & ses principes. Elle desire de conserver la Paix avec le Corps Germanique, & elle est dans la disposition d'observer avec luy des Traitez de Paix, aussi longtems que Sa M. pourra le regarder comme Ami. En attaquant le Fort de Kell, & en s'assûrant des passages sur le Rhin, ce n'est point par aucune mauvaise intention contre le Corps Germanique, dont elle a fait voir en plus d'une occasion que les interêts lui etoient chers; Elle n'en veut à aucun de ses Membres, elle veut même en prenant des passages sur le Rhin se mettre en etat de secourir ceux des Princes d'Allemagne que l'Empereur voudra forcer à servir ses vues particulieres, & l'execution de ses projets: Elle a donné ses ordres à ses Generaux pour que les Etats des Princes qui ne prendront point de parti, & qui ne donneront point de secours contre Elle, soient traitez avec toute sorte d'attention & de menagemens. S. M. contente de ce qu'elle possede, & bien éloignée de vouloir faire servir les succès de ses armes à reculer ses frontieres, n'hesite pas de declarer solemnellement qu'elle n'a aucunement en vue de faire des conquêtes ni de conserver des Etablissements qui pourroient interesser la sureté du Territoire Germanique. Elle veut seulement poursuivre son juste ressentiment des sujets de mecontentement que l'Empereur lui a donnés à la face de toute l'Europe. Elle ne negligera rien pour que les Princes d'Allemagne reconnoissent de plus en plus chaque jour combien elle desire de conserver avec eux cette bonne intelligence, si necessaire & si convenable entre le Garant des Traitez de Westphalie, & les Membres du Corps Germanique.

CLXXIV.

Manifeste de la part de Sa Majesté le Roy de Sardaigne, pour declarer la Guerre à l'Empereur. 1733.

LE Roy de Sardaigne, étroitement uni au Roy de France par les précieux liens du Sang & de l'amitié, a vivement partagé sa juste sensibilité au sujet des déclarations injurieuses, des odieuses négociations, & des violentes voyes de fait, par lesquelles l'Empereur a affecté de choquer Sa Majesté Très-Chrêtienne, & s'est efforcé de fermer le chemin du Thrône à un Prince, au sort duquel elle prenoit le plus tendre interêt, & qui étoit si digne de la Couronne, que les insinuations, les menaces, & les hostilités employées à lui enlever les suffrages de la Nation Polonoise, n'ont pû traverser son unanime Election.

Quoique l'esprit dominant à la Cour de Vienne se fût assez manifesté en Europe, pour que les prétentions les plus étenduës de sa part ne dûssent plus surprendre, on n'a pû toutefois y voir sans étonnement la naissance & les progrès d'un si injuste engagement: Soit que l'on considerât la Personne du Roy Stanislas, contre laquelle il étoit formé; soit la Dignité du Roy de France, qu'il offensoit; soit la Constitution du Royaume de Pologne, qu'il sappoit par les fondemens, soit enfin la nature des moyens employés à le soûtenir, tels que ce Royaume se fût à peine attendu à les voir mettre en œuvre par le plus dangereux de ses Voisins.

L'objet que présente un grand Roy insulté de propos déliberé dans l'endroit le plus sensible, & le spectacle d'une Nation opprimée pour n'avoir pas voulu renoncer à sa Liberté, ne sauroient être regardés d'un œil tranquile par aucune Puissance. Mais combien le Roy de Sardaigne n'a-t-il pas lieu d'en être frappé? Lui qui ne peut s'aproprier le bonheur d'une étroite parenté avec Sa Majesté Très-Chrêtienne, sans participer en même tems à l'outrage qu'on lui a intenté; ni envisager l'usage que l'Empereur a aspiré de faire de son autorité, dans un Royaume indépendant, sans reflêchir aux conséquences de l'abus qu'il fait journellement de cette même autorité, dans une Region qui lui est déja plus qu'à moitié soûmise.

ANNO 1733.

En vain le Roy de Sardaigne a-t-il voulu pendant longtems s'aveugler sur ces tristes conséquences: La Cour de Vienne lui a fait sentir par ses démarches, qu'elle fondoit sur sa ruïne celle de la Liberté de l'Italie, dont sa Royale Maison avoit toûjours été le plus ferme soûtien.

Les premiéres injustices de la Cour de Vienne ont pour époque & pour date les tems mêmes auxquels la Maison de Savoye faisoit les plus genereux efforts en faveur de celle d'Autriche. Le Traité d'Alliance conclu en 1703. entre le feu Roy de Sardaigne, & l'Empereur Leopold, aussi mal executé du côté des assistances promises, qu'imparfaitement accompli du côté des Cessions stipulées: Les considerables avances faites en ce tems-là pour l'entretien des Troupes Imperiales en Piémont, non encore remboursées, sont les monumens autentiques de la reconnoissance de la Cour de Vienne.

Tel fut le traitement que le feu Roy Victor en reçût en qualité de fidele & d'utile Allié. Mais à peine la dissolution de la Ligue l'eut-elle obligé d'entrer dans les mesures pacifiques qui se prirent à Utrecht, où la pluralité des suffrages de l'Europe lui décerna le Royaume de Sicile par des considérations, qui devoient en perpétuer la possession à sa Posterité la plus reculée, que la Cour de Vienne, éclatant contre lui, s'en prit d'une maniére outrageante à ses Ministres à Vienne, & à Ratisbonne, par des Decrets aussi violens qu'injustes, sans épargner les expressions les plus piquantes, & sans ménager la Dignité toûjours respectable d'un Souverain.

Le Congrès d'Utrecht, contre lequel les Ministres Autrichiens se déchaînoient sans-cesse, avoit pourtant abondamment pourvû à la splendeur & à l'élevation de l'Empereur, en lui assûrant la considerable addition des Pays-Bas, & des Etats situés dans le Continent d'Italie, à ceux qu'il possédoit déja en Allemagne; Luimême par le succès de ses Armes contre le Turc, avoit reculé bien loin les bornes de sa domination du côté de la Hongrie & de la Transilvanie. Tant de prosperité devoit combler les vœux de la Cour de Vienne: Cependant la seule Sicile échûë au Roy Victor, étoit encore un objet suffisant à la troubler. Il fallut la lui céder par un Traité, qui laissoit néanmoins jour à une discussion avantageuse au nouveau Roy de Sardaigne C'est ainsi que la Maison de Savoye étoit sans-cesse destinée à contribuer à l'agrandissement de celle d'Autriche, tantôt par les services les plus signalés, tantôt par les sacrifices le plus coûteux.

N'auroit-on pas cru que la Cour de Vienne, dont on assouvissoit à l'envi les desirs, se feroit du-moins portée à rendre justice au Roy de Sardaigne sur des articles moins essentiels, que la sage disposition des Puissances contractantes avoit renvoyés au Congrès désigné à Cambray? Tant de condescendance ne fit qu'augmenter sa dureté: En vain les Plenipotentiaires s'y assemblérent, la lenteur affectée, & l'inflexibilité des Ministres Imperiaux firent perdre tout le fruit de cette Convocation, & même tout espoir de voir renaître une occasion favorable de réparer les préjudices supportés.

Le Roy de Sardaigne entiérement livré par-là à la Cour de Vienne sur le point de sa légitime satisfaction, éprouva dès-lors tout le poids de son aliénation pour lui. Elle n'a cessé depuis de lui susciter des oppositions, & des contestations de toute espéce.

Elle avoit déja prétendu mettre le Roy de Sardaigne au rang des simples Vassaux, & Feudataires, par rapport aux contributions, & cela de l'autorité privée de l'Empereur, & de celle de son Conseil, sans aucune délibération de la Diète, & même sur des lieux, qui ont été declarés indépendans de l'Empire par la Paix de Munster, regardée comme Loy sacrée & fondamentale par tout le Corps Germanique.

Elle a permis au Conseil Aulique d'écouter, & d'encourager les Appels des Vassaux & Sujets du Roy de Sardaigne, au préjudice de la prérogative dont il jouït par sa Dignité de Vicaire de l'Empire, & par les

ANNO 1733.

les Diplômes accordés par les Empereurs, à la Maison de Savoye.

Elle lui a formé des difficultés recherchées en toute occasion, soit dans les requisitions qu'il a faites de l'Empereur à prix d'argent, soit dans les Investitures générales de ses Etats, en lui disputant tantôt les Titres, tantôt les distinctions, dont sa Maison a joüi autrefois, & cela même en s'éloignant, par un exemple presque inouï, de l'avis du Conseil Aulique.

Elle a éludé par des délais infinis la demande des Titres, & autres Ecritures appartenantes au Duché de Monferrat, dont la remission est expressément stipulée par les mêmes Traités qui portent la cession de cet Etat, & vingt ans de sollicitations n'ont encore pu les obtenir.

Afin d'ôter au Roy de Sardaigne les moyens de se défendre, elle a prétendu lui limiter la liberté absoluë de fortifier ses Places, que le Droit Naturel, aussi bien que les Traités, lui accordent: Et elle a tâché de forcer, par des interprétations artificieuses, le vrai sens des mêmes Traités.

Elle a fomenté avec soin, & soûtenu avec hauteur les injustes prétentions des Terres de l'Etat de Milan, confinantes avec les Etats du Roy de Sardaigne, rejettant même toutes les ouvertures d'un raisonnable accord, souvent proposées par ce Prince. La Cour de Vienne affectant de tenir cette voye ouverte pour l'inquiéter, & troubler sa Jurisdiction.

Enfin la Cour de Vienne, attentive aux occasions de choquer celle de Turin par les endroits les plus sensibles, a choisi le moment que les Plenipotentiaires du Roy de Sardaigne alloient prêter hommage de cette partie de ses Etats, qui releve de l'Empire, pour introduire, par surprise, une étrange nouveauté, & une odieuse distinction, contre l'usage établi, & recemment pratiqué envers les Rois d'Angleterre, de Dannemarc, & de Suéde: Et sur les vives protestations, qui lui ont été faites à ce sujet, par les Ministres du Roy de Sardaigne, elle a prétendu reparer l'offense au moyen de quelques excuses privées, & échapées par occasion à un Officier de la Cour de l'Empereur, dont il a refusé de donner Acte.

Dans ces circonstances le Roy Très-Chrétien, qui de son côté avoit donné pendant long-tems à la Cour de Vienne les exemples de la plus singulière modération, & les preuves de la plus sage tolerance, a jugé qu'une pareille conduite cesseroit d'être loüable, dès qu'elle devenoit incompatible avec sa gloire personnelle, l'honneur de son Royaume, & l'apui qu'il devoit à ses Alliés. Il s'est déterminé à déclarer la Guerre à l'Empereur, & a invité le Roy de Sardaigne à prendre à cette Guerre la même part, qu'il prenoit aux motifs qui la rendoient indispensable.

Le Roy de Sardaigne engagé par tant d'endroits à épouser le juste ressentiment de Sa Majesté Très-Chrêtienne, ayant de plus ses propres Griefs à reparer, convaincu par une longue expérience, que les maximes de la Cour de Vienne, invariables sur son compte, tendoient à miner sa Souveraineté, en attendant l'occasion de l'opprimer sans ressource. Confirmé dans cette certitude par des exemples capables d'allarmer les plus grandes Puissances, a signé au Traité; joignant avec confiance ses Armes à celles d'un Prince, qui, depouillé d'ambition, n'a cherché à se distinguer en Europe, que par son amour pour la Paix, & par l'équité de ses desseins.

Le Roi de Sardaigne en qualité de Souverain indépendant est dispensé d'autoriser, par des exemples, les mesures qu'il est contraint de prendre contre l'Empereur: En qualité de Prince de l'Empire, il en a d'illustres à suivre. Il faura s'y conformer, en maintenant une indissoluble union avec cet Auguste Corps, & une parfaite amitié avec les dignes Membres qui le composent, du nombre desquels il fait gloire d'être.

C'est donc pour l'honneur de son auguste Allié, pour le sien propre, pour sa sûreté, pour la tranquilité, & le bonheur de ses Etats, que le Roy de Sardaigne, après avoir marqué par toutes ses déterminations un sincére désir de maintenir la bonne intelligence avec ses Voisins, & d'épargner à ses Peuples les calamités de la Guerre, prend maintenant les Armes.

En agissant par des motifs si dignes de déterminer un Souverain, il espere non seulement de trouver dans ses Sujets les mêmes ressources de zèle, de fidélité, & de valeur, que ses Augustes Prédécesseurs ont trouvées en eux; mais aussi que le Dieu des Armées protégera sa Cause, & bénira par d'heureux succès la justice de ses desseins.

ANNO 1733. Novemb.

Decret de Commission Imperiale où l'on expose l'injustice des motifs que la France allegue dans la Rupture de la Paix avec Sa Majesté Imperiale.

ON ne peut gueres imaginer de Motif plus frivole; que celui que la Couronne de France emprunte de l'Election d'un Roi de Pologne, pour rompre ouvertement le Traité conclu à Bade avec Sa Maj. Imp. le 7. de Sept. 1714. non seulement en commettant des Hostilitez effectives en deçà du Rhin, sur les Terres de l'Empire, & nommément contre le Fort de Kehl, mais encore en projettant celles qu'elle va exécuter en Italie contre les Etats de l'Empereur. Dès le 14. de ce mois, sa Maj Imp. a été informée par son Ministre à la Cour de Turin, que le Roi de Sardaigne en qualité de Duc de Savoye, induit par les persuasions de la France, avoit conclu avec cette Couronne une Alliance offensive contre Sa Majesté Imperiale, dans le même temps qu'il lui faisoit prêter le serment de Fidelité des Fiefs qu'il posséde comme relevans de l'Empire; ce Prince, ayant fait declarer audit Ministre, par son Maître des Ceremonies, *qu'il s'étoit allié avec la France pour faire la guerre à l'Empereur*, & qu'on lui laissoit la liberté de rester encore quelques semaines à Turin, pour mettre ordre à ses affaires domestiques, avec défense neanmoins de se presenter devant le Roi, ou de conférer avec ses Ministres. Vers le même temps le Ministre de France, résidant à la Cour de l'Electeur de Mayence, y fit une Declaration (A.) qui ne sert que de voile à des Entreprises bien differentes de celles qu'on couvre du Pretexte de vouloir maintenir la Liberté Polonoise dans l'Election, & qui sont infiniment plus dangereuses pour le St. Empire. En effet Sa Maj. Imp. a-t-elle fait entrer un seul Soldat jusqu'à ce jour, dans le Royaume de Pologne; & ne s'est-elle pas abstenue aussi bien que le S. Empire, de faire la moindre demarche, qui pût lui attirer aucun reproche d'hostilité? Ainsi sa Maj Imp. également animée & par son Devoir, & par son Amour paternel envers l'Empire, ne peut se dispenser d'informer en detail, & dans la plus exacte verité, les Electeurs, Princes & Etats de l'Empire, de tout ce qui s'est passé jusqu'à présent touchant les affaires de Pologne, & qui peut y avoir quelque rapport. Sa Maj. Imp. s'assûre d'avance, qu'en mettant en comparaison la conduite qu'Elle a tenue dès le commencement, dans les affaires de Pologne, avec celle de la France, tout l'Univers sera convaincu de l'impartialité de sa Maj. Imp & des vûes interessées de cette Couronne, qui depuis la mort du Roi Auguste II. a tout mis en œuvre pour profiter de cet événement, s'en étant servi comme d'un adroit pretexte de mettre l'Empereur, l'Empire & ses fideles Alliez dans une situation à paroître n'avoir aucun droit d'ouvrir les yeux sur les Troubles que la France alloit exciter. Elle n'a pu s'imaginer que les Liens communs entre le Chef & les Membres, ni ceux qui serrent étroitement l'Union entre des Alliez, pussent être rompus par un prétexte frivole que l'Ennemi allégueroit pour pallier ses Hostilitez, ou par l'adresse qu'il employeroit pour faire confondre, s'il étoit possible, l'Agresseur & l'Attaqué; ou enfin que toutes les Obligations seroient enervées, & que les Traitez ne feroient plus que de simples Noms.

Il s'en trouvera qui, par pure prévention, épouseront aveuglément le parti contraire: en vain voudroit-on les ramener à l'équité par des Raisons; mais excepté ceux-là, il n'y a personne dans la conjoncture présente qui ne distingue parfaitement l'Agresseur de l'Attaqué. En effet, qu'a fait Sa Maj. Imp. par raport à la Pologne, que les mouvemens nécessaires pour couvrir ses Etats Héréditaires, voisins de ce Royaume, ainsi qu'il s'est pratiqué dans les autres Elections? Qu'a-t-Elle entrepris, que ce que le Primat & la Republique ont exigé d'Elle, même du vivant du feu Roi, comme Garant de la Liberté Polonoise? Le Primat n'a point osé le nier chaque fois que nous lui en avons rapellé le souvenir dans les conjonctures presentes, & il n'osera jamais le nier dans la suite. Est-ce aujourd'hui la premiere fois que la France, peu contente des moyens légitimes, a tenté de forcer la Republique de recevoir, à l'exclusion de tout

(A) *Déclaration de la France aux Etats de l'Empire.*

ANNO 1733.

tout autre & au prejudice du *Liberum veto*, le Candidat qu'elle recommandoit? Elle avoit pris ses mesures de longue main, ses derniéres demarches l'ont assez prouvé; quoique de l'aveu du Primat & suivant les Constitutions, anciennes & modernes de la Republique, rien ne soit plus contraire à la Liberté, dont ces Constitutions sont la Base. La Couronne de France se mit au dessus de tout, en appuyant ses menaces de preparatifs extraordinaires de Guerre, jusqu'à commencer ses Hostilitez dans un temps, où Sa Maj. Imp. se reposant sur la foi des Traitez les plus solemnels, ne pouvoit s'attendre que, sans aucun juste motif, & par des vuës particulieres d'Interêt, la France, qu'elle se flatoit en vain de s'être conciliée, entreprendroit de troubler le repos de l'Empire, & celui dont toute l'Europe jouïssoit depuis si long-tems, & à la conservation duquel Sa Maj. Imp. a si souvent sacrifié ses propres intérêts.

Quoique l'indecente Declaration de la France repanduë, contre toute attente, avec tant de précipitation, ne permît pas de douter de ce que cette Couronne meditoit, Sa *Maj.* Imp. également sincére & portée à maintenir la Liberté dans l'Election du Roi de Pologne, bien loin d'y apporter le moindre obstacle, ainsi qu'elle s'en est expliquée à la face de l'Univers, par sa Déclaration (B), ne pût se persuader que les Sentimens pacifiques, en apparence, de la Cour de France, dûssent changer aussi subitement qu'on l'a vû; d'autant plus qu'entre tant de démarches pacifiques, Sa Maj. Imp. avoit fait paroitre dans sa Lettre au Primat de Pologne (C), tant d'équité, & un si grand desir d'entretenir la bonne Intelligence avec la Republique, qu'il étoit aisé de s'apercevoir que sa Magnanimité naturelle ne lui permettoit pas de s'écarter de ses Principes, & de recourir à des voyes qui sentissent la Violence. Cette espérance si juste a été trompée; & la Diète de Convocation a vu éclater ce qu'on avoit prevû d'avance dans la Contre-Declaration de Sa Maj Imperiale, où l'on avoit predit que toutes les demarches de la France aboutiroient à violer les Constitutions du Royaume, tant Anciennes que Modernes, & à étouffer la Liberté des Suffrages, pour mettre sur le Trone le Candidat qu'elle favorise, à l'exclusion de tous les autres.

Dès qu'elle eut pris ses mesures, de quelles menaces, de quelles violences n'usa-t-on pas impunément contre plusieurs Evêques & Senateurs séculiers, & contre la plus grande partie de l'Ordre Equestre? Le *Liberum veto*, qui est le fondement de la Liberté Polonoise fut sapé par des Sermens extorquez, qui, par là même ne pouvoient être qu'en exécration au Souverain Etre. En un mot on n'oublia rien, quoique sans succès, pour exciter les Turcs & les Tartares à prendre les armes contre les Puissances voisines: enfin on a agi en tout avec si peu de menagemens, qu'il n'y a point d'exemple dans toutes les Annales de Pologne, que la Liberté & les Loix de cette Nation ayent été violées plus ouvertement & en tant de maniéres.

Ce sont ici des faits si connus & si publics, que ni le Primat ni ses Adhérens n'en ont pû disconvenir, puisqu'eux-mêmes l'avouent dans leur Déclaration. Des procedures si exorbitantes engagérent plusieurs des Magnats de l'Ordre Equestre d'avoir recours à sa Maj. Imp. & Cath. & à sa Maj. Czarienne, comme Garants de la Liberté Polonoise, pour implorer leur secours. De si justes motifs auroient pû déterminer aussi-tôt sa Maj. Imp. & sa Maj. Cz. à concourir à l'exécution des Garanties, dont il est notoire qu'elles sont chargées depuis tant de Siècles, & qui les autorisoient à prendre les mesures convenables; cependant leurs Majestez ne se sont point pressées autant que la nécessité & leur obligation le demandoient: Elles ont usé des moyens les plus doux, & les Remontrances qu'elles ont faites pour cet effet au Primat du Royaume (D), en sont des preuves assez manifestes. C'est sur ces Remontrances que le Primat fit à sa Maj. Imp. & Catholique, la reponse (E) qui est entre les mains de tout le monde. Mais que l'effet fut different des promesses que cette Lettre fit esperer! En même temps qu'on y donnoit à sa Maj. Imp. les assurances les plus respectueuses, on prodiguoit les termes les plus offensans contre les Puissances voisines dans les Universaux aux Diétines de Relation (F): ce fut alors que Sa Maj. Imp. se crût obligée de faire réponse (G) à la Lettre du Primat: ce fut en vain qu'on tâcha de porter ce Prélat à mettre fin aux violences qui menaçoient ouvertement la Liberté Polonoise d'une ruïne totale: ses Emissaires, de concert avec le Ministre de France à Varsovie, mirent tout en œuvre pour armer le Turc contre la Chrêtienté. Bien loin de donner lieu à des projets si peu Chrêtiens, Sa Maj. Imp. a déclaré plus d'une fois, de la maniere la plus solemnelle, & l'on pouvoit s'en fier à sa Modération & à ses Sentimens pacifiques, qu'elle n'avoit aucun dessein de prendre la moindre part aux affaires de l'Election en Pologne. Ces démarches seules de la France devoient suffire pour ouvrir les yeux au Monde Chrêtien, sur ce qu'on doit attendre d'un Roi aussi étroitement lié avec la Porte Ottomane, dès-que celle-ci auroit les mains libres, aussi bien que des Promoteurs de ce Candidat.

On est allé plus loin: Le Primat & ses Adhérens ont porté leurs excès jusqu'à outrager, d'une maniere inouïe, le Caractere sacré des Ministres publics, respecté même des Nations les plus Barbares, & que la Republique avoit reconnu & respecté dans ceux qui en étoient revêtus. Le Nonce du Pape, l'Ambassadeur de Sa Maj. Imp. & Cath. celui de Sa Maj. Cz. les Ministres de la Grande-Bretagne, de Prusse & de Hollande, ne trouverent-ils pas, dans cet outrage, un juste sujet d'en faire Cause commune, & d'insister auprès du Primat pour obtenir une satisfaction éclatante? Quelle impression firent toutes leurs Démarches sur l'esprit du Primat? Eurent-elles plus de succès que les justes remontrances qui les avoient précedées? Elles ne firent qu augmenter la rage du Palatin de Kiow, son frére, qui, au mépris des Remontrances les plus serieuses, s'est laissé aller jusqu'à entreprendre des hostilitez contre les Palais des Ministres de Russie & de Saxe, à les piller, & ôter à ces Ministres & à celui de Sa Maj. Imp. & Cath. toute communication, non seulement avec les Polonois bien intentionnez, mais même avec leurs Cours, & les tenir, pour ainsi dire, en arrêt comme des Ennemis publics & déclarez de la République.

A tous ces traits le Monde impartial ne reconnoîtra-t-il pas d'un coté toute l'indignité des Violences du Parti contraire; & de l'autre des Preuves évidentes que la Proclamation de l'Electeur de Saxe, qui s'est faite au milieu de ces violences, est exemte de l'illégalité & des autres défauts qui rendent celle de *Stanislas* illegitime? Sans-doute. On auroit porté encore plus loin les excès & les violences, même contre le Palais de l'Ambassadeur Imperial & contre les Ministres qui y avoient cherché un Azyle, si l'intercession du Nonce du Pape à Varsovie, & du Ministre de la Grande-Bretagne, ou plutot la crainte des armes Russiennes, n'avoient eu la force de suspendre l'Animosité du Palatin de Kiow.

C'est cette entrée des Troupes Russiennes qui sert de voile à la France pour couvrir son irruption dans l'Empire; c'est ce qui lui a donné lieu de publier & de menacer impunément, longtemps auparavant, que, quand même les Troupes de sa Maj. Imp. n'entreroient pas dans la Pologne, comme en effet elles n'y sont pas entrées, Elle declareroit pourtant la Guerre à sa Maj. Imp. pour venger sur Elle cette entrée des Troupes Russiennes, par la seule raison, que sa Maj. Imp. étoit en bonne intelligence avec Sa Maj. Cz. Loin de nier ce dernier trait, sa Maj. Imp. se fait gloire de déclarer qu'Elle travaillera en tout temps à entretenir, autant qu'Elle pourra, & avec toute la fidélité requise, une Alliance aussi avantageuse à la Chrêtienté.

Constamment resolue de condamner l'oppression de la Liberté des Suffrages dans le Royaume de Pologne, & les violences auxquelles on a eu recours pour cet effet, Sa Maj. Imp. ne peut desaprouver les secours que Sa Maj. Cz. accorde aux pressantes instances de la République, & que Celle-ci a jugées si nécessaires pour garantir sa Liberté des violences de ses Oppresseurs. Ainsi on ne peut point regarder les Troupes Russiennes comme Ennemies de la République, où elles sont entrées comme amies, & qui bien loin d'attenter à sa Liberté, n'ont cherché qu'à mettre l'Election à couvert de toutes les violences, & à maintenir le *Liberum*

(B) *Déclaration de l'Empereur au Primat, du 22. Avril.*
(C) *Lettre de l'Empereur au Primat du 14 Avril.*
(D) *Declaration des Ministres de l'Empereur & de sa Maj. Cz. au Primat du 20. Juin.*
(E) *Lettre du Primat à l'Empereur.*
(F) *Universaux envoyez par le Primat après la fin de la Diète de Convocation.*
(G) *Reponse de l'Empereur à la Lettre E, du Primat.*

ANNO 1733. *berum veto*, ce dépot le plus precieux de la République.

Le pourra-t-on croire? La fidelité avec laquelle Sa Maj. Imp. a exécuté les Traitez conclus & observez depuis tant d'Années avec Sa Maj. Czarienne, & nommément celui de 1726. sert de prétexte à une tierce Puissance pour déclarer la guerre à Sa Majesté Imperiale & à l'Empire: qu'eut-ce été, si ces Traitez n'étoient pas aussi incontestablement justes qu'ils le sont? Quels qu'ils soient, la France veut y trouver un prétexte du juste motif, en prétextant que de l'aveu de l'Empereur, & à sa persuasion, Sa Majesté Czarienne a fait entrer ses Troupes en Pologne.

Ceux qui ont la moindre connoissance des affaires, & qui sont au-dessus des Préjugez & de la Prévention, décideront d'autant plus facilement de ce dont il s'agit, qu'il est notoire, qu'il y a environ 18. ans que les choses furent portées jusqu'à des Confédérations & des Scissions entre le feu Roi & la République, au sujet des Troupes Saxonnes; en sorte que pour appaiser les Troubles de ce temps-là, le Czar Pierre I. fut obligé d'y intervenir, & de lever les difficultez par sa Médiation. D'un côté il fut reglé, par une Convention Solemnelle confirmée en pleine Diète en 1717. que les Troupes Saxonnes sortiroient du Royaume; & de l'autre on conclut & résolut solemnellement & unanimement *la Proscription de* STANISLAS, qui fut *declaré inéligible à jamais*. Le feu Czar garantit l'un & l'autre: le Roi de Pologne & la République garantirent de leur côté les Intérêts que la Russie avoit dans ces Conventions; c'est sur ces Actes solemnels qu'est fondé tout ce que Sa Maj. Cz. aujourd'hui Regnante, entreprend à présent dans les affaires de Pologne; & parce que cette Princesse ne veut pas se désister d'un droit qui lui est si justement acquis, la France s'en prend à Sa Maj. Imp., comme Alliée de la Russie, & se déclare son Ennemie.

Tel est le véritable état & le plus juste détail des affaires de Pologne. On trouvera sans peine, dans la conduite de Sa Maj. Imp. pour autant qu'Elle y a part, comme en toute autre occasion, autant de desinteressement, d'équité & de modération, que de zèle à maintenir la Paix & l'Equilibre de la Justice. Avec ces Principes, qui ne distinguera sans peine l'Agresseur & la Partie lezée? Sa Maj. Imp. ne craint point de soutenir devant Dieu & devant le monde impartial que toute la justice est de son côté; & dans cette confiance elle est en droit de se promettre tout ce que l'Ordre, les étroites Liaisons, les Obligations mutuelles & les Intérêts communs entr'Elle & le St. Empire doivent lui en faire attendre.

Sa Maj. Imp. portée par son Amour Paternel pour l'Empire, n'a rien oublié pour pourvoir d'avance & par précaution à la Sûreté commune, dès-qu'elle s'aperçût, que ni sa Magnanimité, ni sa Modération, ne pouvoient plus arrêter les Entreprises ennemies de la France. C'est à cet effet, qu'Elle a fait le premier pas; & après avoir resolu de retirer la plus grande partie des Troupes de la Silesie, Elle a assemblé son Armée dans le Royaume de Bohème entre Eger & Pilsen, & lui a donné l'ordre de marcher vers les Endroits où la Paix sembloit le plus exposée au danger. C'est encore ce même zèle pour le Bien commun de l'Empire, qui l'a portée à inviter ses respectables Alliez, la Grande-Bretagne, le Danemarc, la Prusse, & les Etats Generaux, à la secourir comme ses fidèles amis; Elle n'a épargné ni les soins nécessaires, ni les frais les plus grands, pour prendre un nombre considerable de Troupes à son service; Elle a mis *Luxembourg* en bon état de defense; sans vouloir relever tant d'autres précautions & mesures anterieures, qu'Elle a prises, pour concourir à tout ce que le Bien de l'Empire peut demander. Elle a fait faire les Rémontrances nécessaires aux Ministres de ses fidelles Alliez, & Elle ne craint point de se flatter trop, en esperant qu'elles auront l'effect que, malgré les Demarches empressées que la France fait pour les aliéner de sa Maj. Imp. leur Fidelité trompera sûrement les flatteuses esperances de cette Couronne, dans une circonstance aussi pressante, où la Paix a été rompue ouvertement.

Sa Maj. Imp. se repose avec confiance sur l'assistance Divine, sa juste cause, & le puissant secours du Saint Empire & de ses fidelles Alliez; Elle se confie d'avance dans l'affection des Electeurs, Princes & Etats de l'Empire, qu'ils l'assisteront tous & chacun fidellement de leurs conseils, & de ce courage intrépide, si naturel aux Allemands; & qu'en opposition aux hostilitez présentement entreprises par la France contre les Etats de l'Empire en Allemagne & en Italie, ils prendront une Résolution ferme, efficace & unanime, tendante à assurer le Salut commun de l'Empire dans une conjoncture si ouvertement injuste, & dont les conséquences peuvent être si dangereuses. D'autant plus que ce n'est pas en effect contre les seuls Païs Héréditaires de Sa Maj Imp. faisans partie de l'Empire, mais contre tout l'Empire en général, que les Projets les plus dangereux sont formez: On a commencé même déja les Hostilitez contre les Forts & Places de l'Empire dans les Cercles voisins du Rhin; dans le temps que d'autres éclatent contre les Etats & Fiefs appartenans à l'Empire en Italie, à l'aide du Roi de Sardaigne en qualité de Duc de Savoye, au mépris des liens si étroits qui l'unissent avec l'Empire, & de tout ce que la Religion a de plus sacré parmi les hommes; ensorte que la Liberté du S. Empire est exposée de tous cotez aux plus grands dangers: Et comme l'Expérience des temps passez a suffisamment appris de quel aloi sont à la fin les promesses de la France d'abord si flatteuses, & qu'Elle prodigue au commencement avec un pompeux appareil de grands mots pour parvenir à ses fins; Sa Maj. Imp. ne doute point qu'on ne soit prevenu d'avance, que les vûes présentes & particulières de la France, tant contre le Saint Empire en général, que contre chaque Etat de l'Empire en particulier, sont d'une conséquence qui interesse tout l'Empire, à s'y opposer d'un commun accord en secourant la Liberté en danger. ANNO 1733.

CLXXV.

Manifeste de la Cour d'Espagne, sous le titre de Memoire pour l'Ambassadeur du Roi Catholique à la Cour de la Grande-Bretagne, contenant les raisons qui ont obligé Sa Majesté Catholique à déclarer la Guerre à l'Empereur.

LE Roi Catholique n'a jamais pu voir avec une tranquile indifference l'étrange suite de violences & d'insultes que l'Empereur & la Cour de Vienne ont mis en usage pour gêner par leur opposition la liberté incontestable de la Republique de Pologne, & il n'étoit pas possible que Sa Majesté n'y prît un vif intérêt. En vain on déguisoit, sous le spécieux prétexte de maintenir cette liberté, le dessein que l'on avoit d'en dépouiller les Polonois. Il n'étoit que trop visible que tout n'aboutissoit qu'à les empêcher de disposer d'un Trône libre & indépendant en faveur d'un Prince, à qui donnent un nouvel éclat les liens étroits & respectables qui l'attachent à l'auguste Maison de Bourbon, dont le Roi Catholique fait une des principales parties; ou qu'à le renverser du Trône, après que les suffrages & les vœux de sa Nation l'y auroient placé. Le silence que Sa Majesté Catholique a gardé dans toutes les circonstances de cette affaire, & depuis l'exclusion publique & outrageuse du Roi Stanislas, étoit une expression aussi claire de ce qu'elle pensoit sur ce procedé, que pouvoient l'être les Déclarations publiques du Roi Très-Chrétien son neveu. Son ame étoit également sensible aux mauvais procedez de la Cour de Vienne, dont l'ambition n'est pas tolérable, & à ce qu'exigeoient les mouvemens généreux du point d'honneur. Sa Majesté Catholique esperoit néanmoins que l'Empereur ne manqueroit pas de faire enfin réflexion sur les dangereuses suites d'une entreprise si criante, & aux risques auxquelles l'expose le systême chimerique & imaginaire de la superiorité qu'il s'arroge; & qu'enfin ces considérations le porteroient à se désister de son monstrueux projet, à ne point donner aveuglément sur un écueil aussi dangereux pour lui, & à ne point pousser à bout la patience trop délicate de ces Puissances, sur-tout s'il consideroit que les injures sont communes entre elles, & que leurs motifs sont les mêmes.

Malgré la conduite irréguliere de la Cour de Vienne, Sa Majesté Catholique, toujours conduite par son amour pour la Paix & par son zèle pour la tranquillité générale, a continué de solliciter les effets de la Médiation & de la Garantie du Roi de la Grande-Bretagne, afin d'obtenir une satisfaction amiable des affronts & dommages faits contre la foi des Traitez, aux Etats & à la Personne même de son Fils le Sérénissime Seigneur D. Carlos, Infant d'Espagne. Mais l'ambition de l'Empereur franchissant toutes les bornes, &

1733. & la Cour de Vienne s'abandonnant à son insatiable fureur de dominer, passion qui est le triste fruit de la complaisance qu'ont eue des Puissances de l'Europe, de lui procurer de vastes Etats; on l'a vu enfin recourir à des voyes extraordinaires, tenter le difficile dessein de sacrifier à ses caprices, en la Personne du Roi Stanislas, la Souveraineté de deux grands Monarques, rejetter en même tems avec mépris les prudentes Propositions du Roi de la Grande-Bretagne, & se jouant des dispositions Chrétiennes du Roi Catholique pour la Paix, éluder les avantages que l'on avoit tout lieu de se promettre d'une Négociation prolongée pour parvenir a un amiable Accommodement.

Ces Résolutions de l'Empereur auxquelles on n'avoit garde de s'attendre, Résolutions suggerées par une haine dominante, & tendantes ouvertement à troubler les Princes legitimes, en violant les droits de succession: ces Résolutions, dis-je, sont aisées à reconnoître dans la conduite despotique que l'on a publiquement tenue contre *la libre Election* du Roi Stanislas; & quoique le Public ne soit pas moins informé des obstacles qu'on a artificieusement fait naître, pour traverser la succession du Seigneur Infant Don Carlos, il ne semble pas qu'on les doive présentement passer sous silence, puis-qu'ils demontrent incontestablement la justice du Roi Catholique.

Le Duc Antoine de Parme avoit à peine rendu le dernier soupir, que l'Empereur se saisit de ses Etats à main armée: comptant pour rien ses engagemens, ou peut-être oubliant à quel titre il s'étoit obligé par des Traitez solemnels, réïterez & ratifiez, de mettre le Seigneur Infant Don Carlos en possession du Duché comme Successeur legitime & immediat. Pour colorer cette usurpation, on eut recours à l'ignominieux pretexte de la grossesse supposée de la Duchesse Douairiere Henriette, qui se prêta à cette manœuvre, & crut aux depends de son honneur se faire de cette scandaleuse connivence un merite auprès de la Cour de Vienne. L'Empereur de son côté crut venir à bout de son injuste dessein, en donnant cette comedie au Public, & la faisant valoir de toutes ses forces. On vit bien-tôt des Ordonnances publiques, des Conseils de Regence, & autres dispositions, le tout fait au nom du prétendu fruit de la Duchesse Douairiere.

Il n'y a pas lieu de douter que la Cour de Vienne ne se fût d'abord flattée, que par ce detestable manege elle mettroit des obstacles invincibles à la succession de l'Infant. Mais elle s'apperçut qu'avec le tems l'illusion se dissiperoit d'elle-même, & que la supercherie éclateroit. Elle crut donc se faire un merite de reconnoître que l'on s'étoit trompé, & de faciliter par-là l'exécution des Articles dont on étoit convenu en faveur de la succession de Don Carlos, & qu'elle avoit elle-même arrêtez avec le Roi d'Angleterre, qui voulut bien engager son nom & interposer son autorité pour faire rendre justice au Seigneur Infant.

Il est certain que dans cet intervalle de tems le Roi Catholique eut beaucoup d'égards pour les insinuations obligeantes, les offices efficaces & les genereuses offres de Sa Majesté Britanique, qui n'oublioit rien pour l'engager à se contenter de la satisfaction qu'elle lui menageoit amiablement, par rapport à la legitime & paisible possession des Etats de Parme & à la sûreté de l'Expectative de Toscane, pour le Seigneur Infant Don Carlos.

Ce n'est pas que les risques évidens auxquels tant de condescendance exposoit le Roi Catholique, échapassent à sa penetration. Il n'avoit pû si-tôt oublier la mauvaise foi dont il avoit fait une continuelle épreuve durant tant d'années, ni l'infraction de tant de Traitez. Il connoissoit trop bien les maximes ambitieuses de la Cour de Vienne, pour n'être pas dans une prudente défiance, & pour ne pas soupçonner avec bien du fondement que la complaisance forcée de l'Empereur pour l'autorité du Roi de la Grande-Bretagne, n'iroit pas jusqu'à lui faire resserrer dans de justes bornes son esprit de domination, & donner un frein aux prétentions d'un orgueil desordonné, pretensions dont personne ne convient.

Toutefois Sa Majesté Catholique voulut bien en courir les risques, afin de mieux s'assûrer des vrais sentimens de la Cour de Vienne, & elle convint le 6. de Juin 1731. avec Sa Majesté Britannique, que pour ne point allumer une Guerre, ni troubler la tranquillité publique, elle accepteroit les offres amiables faites & stipulées en faveur de Don Carlos, & l'introduction paisible des six mille Espagnols, avec cette condition expresse que, „ Ni de la part du Serenissime „ Infant, ni de la part de Sa Majesté Catholique, il „ ne feroit point necessaire de disputer, de debattre, „ ou d'applanir aucune difficulté, quelle qu'elle fût, „ qui pourroit se présenter, sous quelque pretexte que „ ce pût être. ANNO 1733.

L'Empereur consentit à l'exécution de cet Accord. Il le ratifia, & il en stipula même la Ratification avec le Ministre de Sa Majesté Catholique. Sur des sûretez si bien garanties, le Roi devoit bien se promettre la prompte & juste prise de possession des Etats de Parme & de Plaisance pour le Seigneur Infant D. Carlos, & compter que le Corps de Troupes mentionné pourroit entrer paisiblement en Toscane & y demeurer. Cependant contre toute attente, & au mepris des Traitez les plus solemnels, l'Europe vit violer outrageusement le respect dû au Seigneur Infant, & l'Empereur manquer à ses engagemens envers Sa Majesté Catholique, à la faveur d'une chicane imprévue qu'il fit sur l'Acte de possession déja accordé. On prétendit qu'avant tout, le Ministre d'Espagne, residant à Parme, donnât une Déclaration de laquelle il n'avoit jamais été dit le moindre mot Elle contenoit des Conditions nouvelles, toutes plus honteuses l'une que l'autre, qui n'avoient jamais été articulées ni proposées, & qui toutes étoient dressées au gré de la Cour de Vienne. Le Ministre n'étoit nullement autorisé pour cette affaire; & pendant ce tems-là on déroboit frauduleusement la connoissance de ces démarches obliques aux Ministres de Leurs Majestez Catholique & Britannique qui residoient alors à Vienne, & qui peu de tems auparavant avoient au nom de leurs Souverains solemnellement stipulé des conditions bien différentes. Fondé sur de si frivoles instrumens, l'Empereur ne laissa pas de faire immédiatement aussi-tôt connoître ses prétensions, & menaça de chasser avec trente Bataillons & deux mille Hommes de Cavallerie, les six mille Espagnols à peine introduits en Italie.

Sa Majesté Catholique fit connoître à l'Empereur ce qu'elle devoit penser de ce traitement inouï, & l'Europe entiere retentit bien-tôt de ses plaintes. On ne fit aucune reponse à ses plus vives instances, & tout ce qu'elle put obtenir ce fut un desistement dissimulé, qu'on sembloit même n'accorder que par mépris.

Il parut que la Cour de Vienne n'étoit pas encore satisfaite de ce qu'elle avoit fait pour lasser la patience du Roi. Elle ordonna qu'on insultât de toutes les maniéres possibles les frontiéres & la jurisdiction du Seigneur Infant Don Carlos; soit en usurpant les Terres, Châteaux & Domaines de ce Grand Prince; soit en empêchant ses Feudataires de reconnoître sa Souveraineté; ou en refusant de le mettre en possession des Fiefs situez dans le Royaume de Naples; ou en en incorporant d'autres de son autorité absolue à son Domaine, & cela contre les clauses expresses des Investitures & des Traitez. Elle poussa la hardiesse de ces violences arbitraires, jusqu'à expedier deux Decrets également injurieux. Dans l'un elle faisoit une espèce de crime au Grand Duc de Toscane, d'avoir permis que le Seigneur Infant reçût en son nom l'Hommage des Peuples de ces Etats, & de l'avoir volontairement reconnu en qualité de son legitime Successeur. Dans l'autre elle faisoit le Procès au Seigneur Infant, & supposoit qu'il s'étoit arrogé à tort le titre de grand Prince; titre anterieurement admis par le Ministere de Vienne sans aucune contestation de la part de cette Cour, tant dans les Actes publics, que sur les Monnoyes, & dans les acclamations des Peuples. On oublioit à Vienne que c'est une pratique autorisée de tout tems, & observée encore à présent par les autres Princes de l'Empire, sans qu'il soit besoin d'un autre fondement que celui d'une Investiture éventuelle, qui est le cas dont il s'agit ici.

Enfin la Cour de Vienne voyant que l'on avoit percé les voiles artificieux sous lesquels elle avoit prétendu cacher ses maximes & ses idées particuliéres, s'avisa d'empoisonner toutes ces actions innocentes, d'en faire autant de crimes, en les entassant confusément, & en les donnant pour des attentats inexprimables contre ce que les Feudataires doivent à l'Empire. A quoi donc avoit-on manqué envers l'Empereur? Il n'y a aucun acte de soumission dont on ne se soit aquité avec l'exactitude la plus rigoureuse, soit pour l'admission des Tuteurs, soit par rapport à l'Emancipation du Prince, ou à la reconnoissance de sa Minorité, & par consequent, tout ce qui étoit relatif aux pro-

Anno 1733.

procedez les plus purs & les plus formels; quoique les Traitez conclus, ni les Investitures Eventuelles ne demandassent rien de semblable.

Durant ces excès si sensibles à Sa Majesté Catholique, elle a désiré que le Monde entier voulût bien comparer sa prudente moderation avec la conduite inconstante & violente de l'Empereur; & elle a voulu chercher les voyes de la Justice avant que de recourir à celles des Armes. Elle a confié à l'entremise du Roi de la Grande-Bretagne ses justes plaintes sur les Griefs & les outrages perpetuels qui troubloient la tranquille possession du Seigneur Infant, & attaquoient l'honneur de Sa Majesté Catholique. Sa Majesté Britannique est convenue de la justice du Roi d'Espagne, & elle a interposé ses bons offices à la Cour de Vienne, & tâché par diverses Conférences de trouver les temperamens les plus propres à procurer un accommodement amiable & honorable. Mais les delais continuels, les réponses ambigues, les propositions non recevables, les termes imperieux & offensans dont on se servoit dans les Projets qui étoient dressez à Vienne, les éloignemens colorez & la lenteur systématique de ce Ministére, ont fait échouer tous les soins que l'on avoit pris. Tout le fruit des mouvemens que s'étoient donnez les Ministres de la Grande-Bretagne, s'est borné à un Projet dressé le 21. Juillet 1733. approuvé par l'Ambassadeur de Sa Majesté Catholique, & que celui de l'Empereur a refusé de recevoir sans de nouveaux ordres de son Souverain. Le Ministre d'Espagne a plus d'une fois protesté qu'il ne souffriroit plus que l'on amusât le tapis par des delais artificieux, & on a néanmoins porté la complaisance jusqu'à permettre que la Cour de Vienne fît perdre malicieusement la saison d'entrer en Campagne. A cette condition on a expedié aux deux Cours le Projet d'accommodement; & tandis que Sa Majesté Catholique le renvoyoit muni d'une prompte approbation, la Réponse de Vienne se faisoit attendre & n'arrivoit point. Tantôt c'étoient les vents contraires qui la retardoient, tantôt c'étoient les serieuses réflexions du Ministére Imperial. Il n'y avoit que le veritable motif qu'on ne disoit point, quoique tout le monde le vît bien, savoir la malignité.

A la fin, dans le tems qu'on attendoit de la Cour de Vienne un acquiescement si ardemment desiré & si vivement sollicité par Sa Majesté Britannique; après que Sa Majesté Catholique avoit déclaré qu'elle donnoit les mains au Projet qui lui avoit été communiqué, il arrive de Vienne un Courier extraordinaire, avec un Contre-projet aussi illusoire, aussi injurieux que tous ceux que cette orgueilleuse Cour avoit jusqu'alors envoyez. Surpris autant qu'irrité d'un procedé si étrange & si outrageant, le Ministre de Sa Majesté Catholique s'est vû forcé à déclarer que la Négociation étoit entierement rompue. Sa Majesté Britannique a connu par elle-même combien la plainte de ce Ministre étoit fondée, & quel doit être le juste ressentiment de Sa Majesté Catholique. Le Ministére Britannique ne s'est pourtant point rebuté; & malgré le peu d'efficace des bons offices du Monarque auprès de la Cour de Vienne, le zèle de ses Ministres les a portez à demander au Roi d'Espagne un nouveau delai de trente jours. Mais de sages réflexions sur tout le passé, ont fait prévoir à Sa Majesté Catholique les suites préjudiciables de sa complaisance, & le deshonneur qu'elle se feroit à elle-même, si elle usoit d'une plus longue tolerance, à la vue de tant d'outrages accumulez & faits coup sur coup aux Princes de la Maison de Bourbon. Elle a senti la nécessité indispensable de prendre une résolution conforme à ce qu'exigeoient d'elle ces diverses conjonctures; & de joindre incessamment ses Troupes à celles du Roi Très-Chrêtien pour faire la guerre à l'Empereur, venger ainsi les injures qui leur sont communes, & faire rendre le respect à deux Monarchies, que l'intolerable ambition de l'Empereur a si indignement offensées.

Sa Majesté Catholique ne sauroit croire qu'après tant de delais affectez, & de supercheries de la Cour de Vienne, qui ne sont que trop visibles, après tant de marques réitérées de la condescendance de la Cour d'Espagne, Sa Majesté Britannique puisse ne pas approuver sa résolution, dès-qu'elle fera attention à l'injure que l'on a faite à sa Médiation, & qu'elle aura égard au mépris que l'on a marqué pour la Souveraineté des Princes qui ne reconnoissent point de Superieur. Elle est persuadée au contraire que le Roi de la Grande-Bretagne agréera la reconnoissance qu'elle a de ses louables intentions, & entretiendra plus que jamais une bonne intelligence inalterable entre les deux Nations, afin qu'elles continuent de goûter les heureux fruits d'un Commerce durable & fidéle, & de jouïr des biens que leur garantit la précieuse Amitié des deux Monarques.

Anno 1733.

CLXXVI.

Acte de Sureté par rapport à la Religion, donné par le Duc Charles-Alexandre de Wurtenberg *le* 19. *Decembre* 1733. & 21. *Janv.* 1734.

Decembre.

Pro Memoria:

Es haben des Regirenden Herrn Hertzogen zu Würtemberg Hoch-Furstl. Durchl. gleich nach dem Antritt in dero Hertzogthum und Lande in ansehung gegenwaertig sehr weit aussehenden Zeit-Umbstaende Ihre vornehmste Anliegenheit mit seyn lassen, denen Hoch- und Löbl. Staenden des Hoch-Löbl. Schwäbischen Creysses, dero, vor das gemeine Reichs- und Creysses-Best tragende Patriotische Sorgfalt zu erkennen zu geben, werden auch daumt unausgesetzt fort zu fahren niemahlen entstehen. Al dieweilen aber bey dermahliger Crisi hauptsaechl. darauf zu sehen, dass dieses Creysses auf den Beinen habende Mannschafft und zu gemeinsamer Rettung und Defension destinirte Militar-Verfassung best moeglichst beobachtet, und in dienstbahren Stand gesetzet und erhalten werde; So sind hoechstgedl. Se. Hoch-Furstl. Durchl. in solch einiger Betrachtung bewogen worden, neben den Creyss-General Feld Marchalln Ambt, auch auf das vacirende Dragoner Regiment zu competiren, um dadurch desto mehr Gelegenheit zu gewinnen, von dero Eyfer vor das gemeine Beste denen Hoch- und Löbl. Mit-Ständen über zeugende Proben vor zulegen. Ob nun wohl kein Zweifel obwaltet, es werden diesem so unbeweglichen als Ruhm-vollen Vorsatz samtl. Hoch und Löbl. Stände willigst entgegen gehen, besonders aber derselben Evangel. Antheil, in dem gegen das Hoch-Furstl. Hauss Wurtemberg zu allen zeiten mit grossen Nutzen und Vorstands geäusserstem Vertrauen fernerhin unausgesetzt continuiren, so haben jedoch zu des letzern Unterhalt und Befestigung S. Hoch Furstl. Durchl. an dero, bey gegenwärtigen Creyss-Convent anwesende Gesandschafften, das in Copiis per Extractum angebogene Gnadigste Rescript ergehen lassen, und darinnen die ungekraenckte Handhabung Schützung der in dero Hertzogthum und Landen eingeführten Evangel. Religion, auch der nach solcher, so wohl in publicis als sonsten angenommenen und ausgeübter principiorum auf Art und Weise, wie hoechst dieselbe sich den 28. Febr. dieses lauffenden Jahres, gegen dero in Gott ruhenden Herrn Vetters Hoch Furstl. Durchl. und schon vorhero gegen dero Treu gehorsamste Prælaten und Landschafft verbindlich gemacht, versichert, mit dem ferners angehaengten Genadigsten Befehl, denen Hoch- und Löbl. Gesandschafften Evangelischen Antheils davon die Umbstaendliche Nachricht in beglaubter Form zu communiciren. Zu dessen unterthanigster Befolgung in der fernern Anlage von der Hoch Furstl. Würtembergischen Gesandschafft die passus concernentes aus erst berührter der Hoch-Furstl. Wurtembergischen Landschafft ertheilten solennen Declaration per Extractum mit getheilet, und weilen dadurch alle wiedrige Verbildungen von selbsten aus dem Grunde erhaben werden, auch keine Ursach übrig bleibet, warumb Status Evangelici mit hindansetzung ihres freyen Wahlrechts und bey so fest begründeten statu Evangelico in Ducatu Wurtembergico dessen, umb die Christenheit so hoch verdienten, und pro salute Circuli so eyfrig besorgten Durchleuchtigsten Regenten vorbey gehen, und das Commando, des ohnehin grössten Theil von dem Hoch-Furstl. Hauss dependirenden Regiments demselben nicht Vorzüglich goennen wolten; Also hat man sich auch gesichert, es werden gedachte Hoch- und Loebl. Evangel. Stände mittelst conferirung des vacanten Dragoner Regiments in conformitæt der bishero bey allen Occasionen weislich geführeten principiorum des Herrn Hertzogen Hoch-Furstl. Durchl. um so unbedencklicher zu willfahren belieben, als hoechst dieselbe, wie aus denen demnechst einlauffenden Requisitions Schreiben sich deutlicher veroffenbahren wird, sich die Besorgung des Creysses Ehr und Wohlfarth dabey zum alleinigen End-Zweck vorgesetzet, und in dem übrigen keine Gelegenheit vorbey gehen lassen werden, dagegen Ihre Bereitwilligkeit und Beflissenheit Dancknehmig und Werkthätig an den Tag zu legen. Ulm, den 19. Dec. 1733.

Hoch Furstl. Würtembergische Gesandschafft.

C. H. Korn.

J. C. Weinland.

Extract Gnaedigsten Rescripti von des Regirenden Herrn Hertzogen zu Würtemberg Hoch-Furstl.

ANNO 1733.

Fürstl. Durchl. an dero zu Ulm subsistirende Gesandtschafft.

Von Gottes Gnaden Carl Alexander Hertzog zu Würtemberg und Teck / Graff zu Moempelgard / Herr zu Heydenheim / Unsern Gnaedigen Gruss zuvor / Vester und Hochgelahrter / lieber getreuer

Wir geben Euch gnaedigst zu erkennen / was maßen Wir aus einem besondern Beweg-Ursachen für nöthig finden / Unsern Hoch- und Loebl. Creyss Mit-staenden Evangel. Antheils in Puncto Religionis & status Evangelici unsers Hertzogthums und Landen durch Euch eine Declaration thun zu lassen; Gleichwie Wir nun bereits unterm 28. Febr. dieses lauffenden Jahres / so wohl gegen unsers in Gott ruhenden Herrn Vetters Gnaden und Liebd. als auch gegen Unsere treu gehorsamst Praelaten und Landschafft / Uns für uns / Unsere Eheliche Fürstl. Mannes-Erben und gesambte Posteritaet auf dem Fall hochgedl. S. Gnaden und Liebd. ohne Hinterlassung Fürstl. Manns Erben nach Gottes heiligen Willen etwa erfolgenden hoechst seel. Ableibens / und Uns dadurch qua proximo Agnato zukommenden Succession in der Landes-Regirung / sonderheit ratione status & Religionis Evangelicæ, wissend und wohlbedaechtl. also declariret / und verbindlich gemachet / wie Ihr aus der Euch unterm 2. Novemb. nuperi bereits Gnaedigst zugefertigten vidimirten Abschrifft solch Unserer am Hochgedl. S. Gnaden und Liebd. wie auch Unseren Treu gehorsamste Praelaten und Landschafft ausgestellten Declaration und respective Revers-Brieff des mehrern gehorsamst werdet ersehen haben; Also gesinnen Wir hiemit Gnaedigst an Euch / Ihr wollet denen Saembtl. Evangel. Gesandten hiervon Umbstaendlich nachricht ertheilen / und allenfalls den Innhalt sothaner Unserer bereits gethanen Declaration (welche wir in allen hiehero gehoerigen passibus intuitu des Uns und Unserm Fürstl. Hauss competirenden Directorii Evangelici / bey dem Löbl. Schwaebis. Creyss hiehero expresse wiederhohlen / und daß solche auch in hoc puncto von eben diesem Effect und Verbindlichkeit seyn solle / als wann sie nach Ihren Woertl. Innhalt hierinnen inseriret wäre / wohlbedaechtlich erklaehren) quoad Substantialia dem Creyss-Protocoll inseriren auch denen Ständen auf Begehren Extractus in Forma authentica und probante ertheilen / annebenst aber auch zu erkennen geben / wie wir nicht den geringsten Zweifel trügen / daß dieselbe ratione status Evangelici solcher gestalten volkomen sicher gestellet worden. Melden wir in Gnaden

Womit Wir Euch stets wohl zugethan verbleiben
Göppingen den 15. Dec. 1733.

Carl Alexander Hertzog
zu Würtemberg.

Extract des der Löbl. Landschafft zu Würtemberg gegebenen Hoch Fürstl. Reverses.

Von Gottes Gnaden Wir Carl Alexander / Hertzog zu Würtenberg und Teck / Graff zu Mömpelgardt / Herr zu Heydenheim. &c.

Urkunden und bekennen hiemit: Nachdeme der Durchl. Fürst. und Herr / Herr Eberhard Ludwig / Hertzog zu Würtemberg und Teck / Graff zu Moempelgard / Herr zu Heydenheim &c. Unsers Hochgeehrtesten Herrn Vetters Gnaden Uns dero Treu gehorsamsten Praelaten und Landschafft unterthaenigst angelegentlichstes Gesuch / daß auf den Fall Hochgedacht Ihro Gnaden nach Goettlichen Heiligen Willen / ohne Maennliche Leibes Erben / dieses Zeitl. gesegnen mithin vermoeg der / in Erectione hujus Ducatus, und sonsten gegründeten Erb-Folgs-Ordnung auf Uns / als nechstem Agnatum die Landes-Regirung hinkünfftig devolviret werden solte / von Uns / wegen der in diesem Hertzogthum eingeführt- und befestigten Evangelischen Religion der unveraenderten Augsp. Confession eine förmliche assecuration ausgestellt werden moegte / in mehrern Freund-Vetterl. zu vernehmen gegeben.

Und wir nun dieses Landschafftl. Desiderium und Gesuch der Observantz / denen Reichs-Constitutionibus, und der Landes Verfassung selbsten durchaus gaentzlich gemaeß / und vor gantz billig befunden / dahero auch bereits dieserthalben einer Ehrsamen Landschafft solch gebethene Assecuration besonders ertheilet haben / daß wir nicht weniger gegen hochermeldt unsers Hochgeehrten Herrn Vetters / Hertzogs Eberhard Ludwigs Gnaden auf obgedachten Fall / dero ohne Hinterlassung Fürstl. Manns-Erben nach Gottes Heiligen Willen etwa erfolgenden Hochseel. Ableibens / und dadurch uns qua proximo Agnato zu kommenden Succession in der Landes-Regirung / uns absonderlich auch in puncto. Religionis hiermit wißentlich und wohl bedaechtlich für uns / Unsere Eheliche Fürstl. Manns-Erben und gesammte Posteritaet folgender massen declariren und verbindlich machen.

Demnechst und 2. Geben wir auch die Fürstl. versicherung / daß in diesem gantzen Hertzogthum und Landen von nun an und in ewigen Zeiten auf alle unsere Fürstl. Erben und Nachkommen der bißherige Evangel. Gottes Dienst nach der unveraenderten Augsp. Confession allein beybehalten / so mithin auch denenjenigen / so alterius Religionis sind / weder die vorhandene Kirchen eingeraumet / noch auch neue zu erbauen / und darinnen einen oeffentlichen Gottes-Dienst zu halten erlaubet / vielweniger aber Cloester angelegt / oder Orden und Communitaeten an- und eingenommen / oder darzu privat-Haeusser aptirt und verstifftet werden sollen. So versprechen wir auch.

3.

Zu keiner zeit und aus keinerley ursachen einiges Simultaneum einzuführen / noch auch sonsten etwas unternehmen zu lassen / welches den Statum Religionis Evangelicæ directe oder indirecte alteriren koente.

4.

Ingleichen das Fürstl. Theologische Stipendium zu Tübingen / und die Closter Schulen in statu quo verbleiben / sondern auch

5.

Weder auf der Universitaet noch in dem Collegio Illustri zu gemeldten Tübingen einige Aenderung vornehmen / und so ein als andern Orths keiner andern Religion zugethane Professores constituiren lassen.

6.

Versprechen wir ferner im Fall einer noethigen Abaenderung dißeitiger Legum Provincialium nichts so der Verfassung des Landes und der Evangelischen Religion zu wieder laufft / verfügen / demnechst und

7.

Den geheimen Regiments-Rath / die Regirung / Consistorium, Synodum, Hoffgericht / Cantzley und die gantze Dienerschafft / in Kirchen und Schulen / auch auf dem Land / in allen Geist- und Weltl. Officiis / wie auch Stadt- und Dorff-Gerichte mit Evangelischen besetzen &c. auch

8.

Uberhaupt alle wieder den Statum Religionis in diesem Hertzogthum directe und indirecte lauffende Eingrieffe und attentata vermieden werden sollen &c. So wollen wir auch ferner

9.

Wie seithero also noch künfftig die dießeitige Gesandschafften / so wohl bey dem Loebl. Schwaebischen Creyß / als in Comitiis jederzeit mit Evangelischen Subjectis versehen / und dann nicht weniger / so ein als andern Orths ratione deß Creyß Directorii und Respective Fortführung deß dißeitigen Voti bey dem Corpore Evangelicorum allezeit das noethige und behufige nach denen Evangelischen Principiis beobachten laßen.

Dieses alles nun auf Eingangs erwehnten nach Gottes heiligen Willen etwa über kurtz oder lang ratione der Landes-Regirung uns betreffenden Successions-Fall / also steiff und fest zu halten / gereden und versprechen wir / Hertzog Carl Alexander zu Würtemberg / vor Uns / Unsere Fürstl. Eheliche Mannes Erben und Nach-Folger am Regimente / wie vor Uns auch ins besondere gegen E. E. Landschafft bereits geschehen / hiermit wißentlich und woßlbedaechtlich bey unseren Fürstl. Ehren / wahren Worten und Treuen / ohne einige Gefaehrde / nebst renuncirung auf alle Paestl. Indulten / dispensationen, Interpretationen, auch Begebung aller Beneficiorum, restitutionum, desgleichen Exceptionis Doli, Persuasionis, und in genere aller Geist- und Weltl. Rechten. Innmassen wir dann auch zu dessen Uhrkund und Festhaltung gegenwaertigen Revers-Brieff / nach dem wir selbigen von puncten zu puncten behoerig durchgangen / und selbigen anbey völlig Unserer Intention gemaeß eingerichtet zu seyn befunden / mit Unserer Fürstl. Hand Unterschrifft und angehaengten Fürstl. Secret-Insiegel, bekraefftiget haben.

So geschehen Winnethal den acht und zwantzigsten Monaths Tag February / des Ein-Tausend Siebenhundert drey und dreyßigsten Jahrs.

Carl Alexander Hertzog
zu Würtemberg.

(L.S.)

CLXXVII.

ANNO 1734.

CLXXVII.

Decret du Senat de Hambourg pour interdire tout Commerce d'Interlopes, publié le 15. Janvier 1734.

NOus les Bourguemaîtres & Senateurs de Hambourg, faisons savoir, que Sa Maj. Imp. ayant aboli la Compagnie d'Ostende, & défendu à ses Sujets Héréditaires des Pays-Bas tout Commerce aux Indes-Orientales, selon le sens des Traitez du 16. de Mars 1731. & du 20. Fevrier 1732. conclus avec la Couronne de la Grande-Bretagne & la Republique des Provinces-Unies; Ce fut à l'occasion des Marchandises qui arrivérent à Hambourg directement des Indes-Orientales, à bord du Vaisseau l'Apollon en 1731. & de celles qu'on transporta ici l'an 1732. par la voye de Cadix, dans le Vaisseau Marie-Armande, que les susdites Puissances Maritimes conçurent toute sorte de soupçons, comme si la Ville cherchoit par-là à encourager des Sujets qui trafiquent contre la Permission de leurs Souverains respectifs; Surquoi l'Empereur trouva à propos de requerir très-gracieusement de cette Ville, qu'elle ne permît pas que des Vaisseaux venans des Indes-Orientales, & appartenans à la ci-devant Compagnie d'Ostende, ou à d'autres Sujets Héréditaires de Sa Maj. Imp. aux Pays-Bas, compris sous la défense des Traitez, eussent l'entrée libre dans ce Port, & que personne achetât ou vendît, à son sçu, les Effets qu'ils apporteroient.

C'est donc pour faire honneur à Sa Maj. Imp. pour lui témoigner son très-grand respect, sa très-humble vénération, & conséquemment pour ôter les susmentionnez soupçons des susdites Hautes Puissances, que l'Honorable Sénat, en vertu de Sa Magistrature, avertit par cette Patente tous les Habitans & Trafiquans de cette bonne Ville, que, suivant les conjonctures & circonstances présentes, ils ayent à s'abstenir tout à fait du susdit Commerce illicite, lorsqu'ils en auront quelque connoissance; faute de quoi, & si quelqu'un ne pouvoit se justifier ou se purger par un Serment corporel, de n'en avoir rien sçû, celui ou ceux-là seront responsables des suites fâcheuses qui en resulteront: bien entendu que la libre Navigation, le Trafic, le Negoce, les Prérogatives & Constitutions de la Ville de Hambourg, seront reservez à elle, ses Bourgeois & Habitans en leur entier, aussi-bien que le Commerce qui subsiste entre elle & d'autres Nations, qui se peut continuer en tout tems, en liberté & sûreté, sans aucun préjudice, & sans qu'il y soit derogé par cet Acte. Fait & décreté dans le Sénat, & publié ce Vendredi 15. Janvier 1734.

CLXXVIII.

Réponse à l'Ecrit qui a pour titre, Memoire pour l'Ambassadeur du Roy Catholique à la Cour de la Grande-Bretagne, contenant les raisons qui ont engagé S. M. Catholique à faire la guerre à l'Empereur, publiée à Vienne en Mars 1734.

IL a parû depuis peu un Ecrit, qui a pour titre: MEMOIRE *pour l'Ambassadeur du Roy Catholique à la Cour de la Grande-Bretagne, contenant les raisons qui ont engagé S. M. Catholique à faire la guerre à l'Empereur.* S'il doit servir de Manifeste à l'Espagne, on peut dire de n'en avoir guères vû de semblable. Quand autrefois de grands Princes se sont fait la guerre, ils ne croyoient pas pour cela leur être permis d'avilir leur auguste Dignité jusqu'au point d'employer des termes que la bienséance rend inconnus à ceux-mêmes qui sont d'un rang beaucoup inférieur. Ce n'est plus la même chose aujourd'hui. On n'a qu'à lire l'Ecrit dont il s'agit, pour voir avec surprise & indignation, jusqu'où la Cour d'Espagne porte ses excès. Faute d'avoir de bonnes raisons à alleguer, on entasse faussetés sur faussetés, & on les debite de la maniere du monde la plus grossiere. Tout l'Ecrit n'est qu'un tissu d'expressions offensantes, d'injures, d'outrages & de calomnies. Foible ressource pour colorer une Guerre injuste, s'il y en eût jamais! A ces traits mêmes peut-on ne pas reconnoître l'indignité du procedé de la Cour d'Espagne? L'esprit, qui l'anime? Et l'unique motif, qui l'engage à faire la guerre à l'Empereur? Motif, qu'elle n'a garde de produire aux yeux du Public, mais qui ne se découvre que trop, par le peu de soin qu'elle a de se tenir aux bornes prescrites par la bienséance & la moderation. Il est difficile de se persuader, que pour un prétendu retardement des ordres de l'Empereur, pour un Courrier arrêté par des vents contraires, sans qu'il y aille de sa faute, on s'oublie en Espagne jusqu'au point d'imputer à ce Prince *une extravagante suite d'outrages, des desseins énormes, une fureur insatiable du Pouvoir Suprême*, & de lui faire tant d'autres reproches de la même nature, qu'on a honte de répeter. Voilà cependant le précis du Manifeste du Roy d'Espagne. On n'ose, & on ne peut pas nier, que l'Empereur a eu la condescendance extrême de se prêter à tout ce que publiquement on a parû souhaiter pour l'Infant Don Carlos. On se plaint donc, qu'il l'a fait trop tard. On impute à la Cour de Vienne *des délais etudiés*, & c'est à quoi, après une declamation très indécente contre les prétendus *outrages, insultes & violentes procedures de l'Empereur*, se reduisent enfin les plaintes de S. M. Catholique.

Les affaires de Pologne, qu'on met à la tête des raisons qu'on a trouvé bon de publier, ne faisoient ni directement, ni indirectement l'objet de l'accommodement qui se traitoit par la mediation du Roy de la Grande-Bretagne. Jamais il n'en a été parlé ni d'une part ni d'autre. La Cour Imperiale ne balance pas de s'en rapporter au témoignage des Ministres Anglois, & il ne lui sera pas difficile de mettre dans tout son jour, pourquoi les prétendus *griefs communs des Princes de la Maison de Bourbon*, ont touché si tard le Roy d'Espagne. Stanislas, *attaché par un lien si étroit à cette Auguste Maison, dont le Roy Catholique est une des principales branches*, ne lui paroissoit pas au commencement *un Prince si respectable*, qu'il n'eût pû songer à faire tomber la preference sur un autre Candidat; & on sçait, que peu après la mort du feu Roi Auguste, la Cour d'Espagne autorisa le Pere Arcelli Theatin, à briguer la Couronne de Pologne pour l'Infant Don Carlos.

Les faits, qui suivent dans le Manifeste du Roy d'Espagne, quoi-que rapportés d'une maniere très eloignée de la verité, sont anterieurs au Traité du 22. Juillet 1731., & à tant d'autres engagemens, qui y ont du rapport. Cette circonstance n'empêche pas la Cour d'Espagne d'y avoir recours pour justifier sa rupture; & à l'exemple du Roi de Sardaigne, elle cherche à suppléer au defaut des plaintes réelles par l'énumeration des differends qui ont été terminés ci-devant par les Traités les plus solemnels. Il ne faut pas en être surpris: cette Cour n'a pas contracté l'habitude de faire des Traités pour les accomplir, mais elle ne les fait que pour couvrir ses veritables vûës, & pour épier une occasion d'autant plus favorable à les enfraindre.

Ce n'est pas-là le tout. L'Emportement de la Cour d'Espagne va plus loin encore. Elle ne ménage pas l'honneur d'une Princesse alliée de si près à Leurs Majestés Catholiques. On la comble, aussi-bien que la Cour Imperiale, d'imputations les plus injurieuses. La grossesse de la Duchesse Doüairiere Henriette étoit non seulement possible, mais, après toutes les marques qui en paroissoient, très-croyable. La Cour Imperiale n'ômit rien pour s'éclaircir de la verité, conformément aux règles que les Loix prescrivent en de pareilles occurrences. Toutes ces providences furent communiquées au Duc de Liria. La Cour d'Espagne en parut contente. Cependant on reproche aujourd'hui à l'Empereur, *d'avoir fait joüer sur le theatre du monde avec grand scandale une scéne des plus fabuleuses & honteuses.* Mais n'est-il pas étonnant, qu'on fasse des réproches si outrés à la Cour de Vienne, pour n'avoir pas été plus clair-voyante de loin, que la Mere de la Reine d'Espagne ne l'a été sur les lieux même, après avoir assisté à l'acte de visitation conjointement avec les Medecins, Chirurgiens, & Sages-femmes, dont on lui avoit laissé le choix?

Enfin quelque soin que la Cour d'Espagne ait eû de faire naître de nouvelles contestations, à mesure qu'on finissoit les anciennes, & à mesure que l'Empereur se montroit également complaisant pour Leurs Majestés Catholiques, & indulgent pour l'Infant Don Carlos, elle n'a pû éviter, qu'il ne lui restât tout le tort & le blâme, de ce que la Negociation amiable a été rompuë, & les esperances d'un accommodement, des plus honorables & avantageux pour l'Infant, entierement évanoüies. L'Empereur a agréé le Projet du 21. Juillet 1733. longtems avant que le Comte Montijo, *surpris & irrité*, à ce qu'on dit, *du procedé du Comte Kinski*,

 fus

ANNO 1734.

fut obligé de déclarer, qu'il rompoit toute negociation. L'Ambaſſadeur de l'Empereur a offert de le ſigner purement & ſimplement, ſans que le Comte Montijo fut encore *ſurpris & irrité* d'une telle offre juſqu'au point de faire ladite declaration. Le Miniſtre Eſpagnol ſe doutoit bien, que puiſque la rupture de la France & de ſon Allié, le Roi de Sardaigne, avoit éclaté dans cet intervalle, la Reine d'Eſpagne voudroit profiter d'une occaſion ſi favorable à ſes vûes, vûes qui ne tendent qu'à agrandir ſon fils, à quel prix ou par quelle voye que ce puiſſe être. Il refuſa donc de ſigner de ſon côté le projet dont il s'agiſſoit; mais il colora ce refus par la neceſſité, où il étoit d'attendre des nouveaux ordres de ſa Cour; & après l'événement, dont toute l'Europe a été frappée, ces ordres ne tarderent pas de venir tels que Montijo ſe les étoit imaginés. Si le Roi de Sardaigne, par un procedé qu'on peut à juſte titre nommer *extravagant & énorme*, avoit plutôt conſenti à ſubir le joug des deux Branches de la Maiſon de Bourbon, les Conferences de Londres n'auroient pas tant duré. Dans le doute, où l'on en étoit en Eſpagne, on trouva à propos de les faire traîner, de ſorte que lors qu'on étoit déja d'accord ſur le contenu du projet du 21. Juillet, on fit naître un incident ſur la forme ſous laquelle il devoit paroître. La Cour Imperiale ignoroit cet incident, & n'avoit pas le don de le prévoir; mais dès-qu'elle en fut informée, elle donna les ordres au Comte Kinski de ſe conformer en tout au goût du Comte Montijo. C'étoit trop tard, puiſque la guerre avoit éclaté dans cet intervalle, quoique le Courrier, que l'Ambaſſadeur d'Eſpagne avoit dépêché pour le même ſujet, ne fut pas encore de retour, ni par conſequent la negociation declarée rompue.

Ces remarques generales ſuffiroient pour convaincre le monde impartial, & ſur-tout ceux qui ſont au fait des affaires, du néant des pretextes frivoles, dont l'Eſpagne s'efforce envain de couvrir l'injuſtice de la guerre qu'elle fait à l'Empereur. Mais comme plus on eſt inſtruit du détail des negociations, qui l'ont precedée, plus la moderation, la complaiſance, & l'indulgence de ce Prince éclatent, & plus les veritables vûës de la Cour d'Eſpagne ſe découvrent; on a crû ne pouvoir mieux faire que d'oppoſer à la declamation injurieuſe de l'Eſpagne, un recit ſimple & fidele des faits qui y ont du rapport.

Tout le monde ſait, que pendant que l'Empereur étoit occupé en 1717. à la guerre contre les Turcs, pour ſauver l'Italie du danger dont elle étoit menacée, le Roi Catholique choiſit ce tems pour l'attaquer. Les Rois de la Grande Bretagne & de France employerent leurs bons offices pour rétablir la tranquillité publique, & pour la rendre plus durable. L'Empereur ſacrifia à l'amour de la Paix ſes juſtes droits ſur la Monarchie d'Eſpagne. En revanche les Etats qu'il poſſedoit, & ſur-tout ceux d'Italie, furent garantis à lui & à ſes Succeſſeurs de la maniere du monde la plus ſolemnelle. La premiere idée du Plan qu'on forma alors pour aſſûrer l'equilibre en Europe, étoit fondée ſur le principe, que l'Empereur pourroit auſſi peu avoir un pied en Eſpagne, que le Roy d'Eſpagne en pourroit avoir un en Italie. On parut dans la ſuite perdre de vûë ce même principe, lors-qu'il s'agiſſoit de déterminer à qui les Etats de Toſcane & de Parme devoient écheoir un jour. L'Empereur en repréſenta les conſequences, & pour le tranquilliſer ſur ſes juſtes craintes, on eut ſoin de tâcher de prévenir, autant que cela ſe pouvoit faire par des Traités, la part que le Roi Catholique & ſes Succeſſeurs pourroient vouloir prendre aux affaires de Toſcane & de Parme. L'Infant, à qui ces riches heritages étoient deſtinés, devoit être émancipé de la puiſſance paternelle: aucun Roi d'Eſpagne ne pouvoit en être le Tuteur: il devoit ceder au futur heritier de Toſcane, le peu qui lui reſtoit en Italie. Les Etats de ce Prince étoient declarés fiefs maſculins de l'Empire; ils ne pouvoient jamais être poſſedés par celui qui porteroit la Couronne d'Eſpagne. Enfin il fut expreſſément ſtipulé, que ſi S. M. Catholique ne vouloit pas ſe conformer à ces arrangemens, les Princes contractans diſpoſeroient autrement des Etats en queſtion. S. M. Catholique ne jugea pas à propos de rejetter une offre ſi avantageuſe à ſa deſcendance Royale. Elle ſouſcrivit en 1720. à toutes les clauſes & conditions qui y furent jointes, & l'Europe n'auroit pas ſenti tant de troubles, ſi en Eſpagne on avoit été auſſi fidéle à les remplir, qu'on a été fécond en promeſſes à cet égard. Mais ce que l'Empereur dès-longtems avoit prévû, ne ſe verifie aujourd'hui que trop. Toutes ces clauſes & conditions n'étoient que des digues trop foibles pour arrêter l'ambition demeſurée de la Reine d'Eſpagne. Elle éclata preſque auſſitôt qu'elle vit ſon fils en poſſeſſion d'une partie des Etats qui lui étoient deſtinés. La conduite de l'Empereur étoit très-differente. Ce Prince, toûjours attentif à executer de bonne foi les promeſſes une fois données, fit tous ſes efforts pour obtenir le conſentement de l'Empire à ce qui avoit été ſtipulé par le cinquième Article de la Quadruple Alliance. Il fit expedier enſuite les Lettres *d'Inveſtiture eventuelle* (1) où on eut ſoin d'inſerer les devoirs auxquels l'Infant Don Carlos en qualité de Vaſſal de l'Empire s'engageoit.

Ces Lettres d'Inveſtiture éventuelle furent acceptées par les Miniſtres Plenipotentiaires d'Eſpagne au Congrès de Cambray. Par des Reverſailles datées à Madrid le 28. Fevrier 1724. le Roi Catholique s'obligea tant en ſon nom, qu'au nom de l'Infant & de ſes Succeſſeurs, à en accomplir religieuſement toute la teneur, & ce même accompliſſement fut de nouveau garanti par les Rois de la Grande-Bretagne & de France. En 1725. le Traité de Paix avec S. M. Cathol. fut conclu à Vienne. Les clauſes de l'Article V. de la Quadruple Alliance, & celles des Lettres d'Inveſtiture éventuelle, y furent repetées & confirmées. La Cour d'Eſpagne en parut ſi contente, que la plus grande partie de l'Europe prît ombrage de l'union étroite qui la lioit à l'Empereur. Ce fut dans le tems que cette étroite union ſubſiſtoit entre les deux Cours, qu'on régla ce qui ſe devoit faire à l'ouverture des Succeſſions de Toſcane & de Parme, pour mettre l'Infant dans la poſſeſſion des Etats qui les compoſent. Le Plein-pouvoir pour le Commiſſaire Imperial en Italie, & le *Mandatum ad Subditos Hetruriæ*, furent dreſſés en conformité de l'Article V. de la Quadruple Alliance, du Reſultat de la Diéte de l'Empire, & des Lettres d'Inveſtiture éventuelle, citées ci-deſſus. Il ne reſta plus qu'une ſeule difficulté à lever. Le feu Grand Duc Coſme, par un Décret émané en 1713., & inſinué au Senat de Florence, avoit prétendu diſpoſer de ſes Etats en faveur de l'Electrice Douairiere Palatine, en cas que la Famille mâle de Medicis vint à s'éteindre. Le principe erronné de la prétendue entiere liberté de Florence, ſur lequel étoit fondé ledit Décret, étoit directement contraire à l'eſprit, & à la Lettre du cinquième Article de la Quadruple Alliance. On prit donc le parti de le declarer nul, & de faire des defenſes relatives à la caſſation de ce Décret, tant au Senat de Florence, qu'à l'Electrice Douairiere Palatine Toutes ces meſures furent reglées avec le Duc de Bournonville en 1728., & l'Empereur en fut remercié au nom de Leurs Majeſtés Catholiques. Les affaires changerent de face l'année d'après: l'Empereur refuſa de ſe prêter à des demandes qui n'étoient pas conformes aux Traités; c'eſt à dire de laiſſer introduire des garniſons Eſpagnolles, au lieu des neutres dont on étoit convenu par la Quadruple Alliance: & comme la Reine d'Eſpagne ne croyoit pas la Cour Imperiale diſpoſée à entrer dans toutes ſes vûes, de quelle nature qu'elles fuſſent, elle ſe détermina à rompre tous les engagemens qui avoient été contractés entre les deux Cours Tout d'un coup le Marquis de la Paz le declara au Comte de Königſegg: on croyoit qu'une telle démarche ſuffiſoit pour anéantir les Traités les plus ſolemnels. Et voilà comme on s'embarraſſe peu en Eſpagne des promeſſes qu'on y fait. Le Traité de Seville fut conclû peu après. L'Empereur réſolût de s'oppoſer à ſon execution. Il fit marcher une forte Armée en Italie. Mais on ne jugea pas à propos de tenter alors l'introduction des Garniſons Eſpagnolles. Sur ces entrefaites commencerent les Negociations amiables, qui furent heureuſement terminées par le Traité du 16. Mars 1731. Avant que ce Traité fût conclu avec la Grande-Bretagne, le Duc de Liria arriva à Vienne. Le cas où la Cour Imperiale ſe trouvoit alors, étoit aſſez ſingulier. Il ne tenoit qu'à elle d'éviter les Garniſons Eſpagnolles, en ſe prêtant aux propoſitions du Duc de Liria & aux inſinuations de la Cour de France, & elle y conſentit ſur les inſtances qui lui en furent faites par S. M. Britannique. Elle ne le fit pourtant pas ſans y être determinée par de fortes raiſons.

L'experience l'avoit convaincue du peu de fond qu'il y avoit à faire ſur les promeſſes de la Cour d'Eſpagne. Elle croyoit ſa liaiſon avec les deux Puiſſances Maritimes neceſſaire au bien & à la liberté de toute l'Europe; qui de tout tems a fait le prin-

(1) Cette Piéce & toutes celles qui ſont citées ou dont il eſt parlé dans cette Reponſe ſe trouvent imprimées ou dans le *Corps Diplomatique*, ou dans le *Suplement* ou dans le *Recueil Hiſtorique de Rouſſet*.

ANNO 1734. principal objet des efforts & souhaits de l'Empereur, & de son Auguste Maison. Et quoiqu'elle prévît toutes les suites d'un changement si important, fait à la Quadruple Alliance, elle se reposa tellement sur la bonne foi des deux Puissances Maritimes, qu'elle aima mieux s'y prêter en se les attachant, que d'en être quitte en prenant une route contraire. Elle fit plus. Elle mit l'Angleterre en état de remplir, sans coup ferir, tous les engagemens du Traité de Seville. Mais elle ne le fit qu'en se stipulant reciproquement les garanties les plus fortes, pour la sûreté des Etats hereditaires de l'Empereur; garanties dont elle reclame aujourd'hui l'accomplissement fidelle, dans l'entiere confiance où elle est, qu'après tant de sacrifices faits de sa part au repos public, & au desir de voir le systeme de l'Europe sur un pied solide & permanent, le fruit qu'elle en attend, ne pourra pas lui manquer. On n'a qu'à lire la Declaration donnée sur les Garnisons Espagnoles par le Ministre Britannique, & adoptée par Mess. les Etats Généraux dans leur Acte d'accession, pour être pleinement convaincu, que la confiance, qu'on vient de dire, a été l'unique motif qui a determiné l'Empereur sur le choix qu'il avoit à faire.

La Cour d'Espagne voyant ses esperances frustrées prit le parti de dissimuler, & elle feignit de vouloir adopter ce qui à cet égard avoit été stipulé & promis par S. M. Britannique. L'Empereur étoit alors bien armé en Italie. Ses Troupes étoient dans Parme & Plaisance, & il n'auroit pas été aisé de les en deloger. On vint donc à la conclusion du Traité du 22. Juillet 1731. Mais on ne fut pas longtems à s'appercevoir, que le nombre des Traités n'arrêteroit guères la Cour d'Espagne, & que pour avoir multiplié ses engagemens, on n'aura pas une meilleure foi à attendre de sa part à l'avenir, que l'on en avoit éprouvé par le passé. Trois jours après la signature du Traité de Vienne, le Pere Ascanio en signa un autre à Florence; nullement combinable avec le premier. On fit sentir la contrarieté qu'il y avoit entre l'un & l'autre; par les Remarques qui furent communiquées tant au Duc de Liria qu'à Monsr. de Robinson. La verité étoit trop palpable pour n'être pas reconnue. Le Duc de Liria, conjointement avec le Ministre Anglois, signa la Declaration dressée pour rectifier la Convention de Florence; & le Roi Catholique modifia la ratification de cette même Convention, dans le même tems qu'il ratifia purement & simplement ce qui avoit été conclu à Vienne. Tout ceci fit renaître les esperances d'un repos plus durable. La Cour Imperiale fut donc toute occupée à mettre de bonne foi en execution ce que disposoient les Traités. On communiqua au Duc de Liria les lumieres qui lui manquoient, au sujet de la feudalité qui s'y trouvoit établie. Le Projet de l'Acte d'Emancipation fut dressé à Vienne. S. M Catholique l'agréa, & le signa. L'Empereur nomma ensuite les Tuteurs, & il eut encore en ceci égard aux souhaits de Leurs Majestés Catholiques. Le Grand Duc de Toscane avoit accedé au Traité du 22. Juillet 1731. Il fut donc joint à la Duchesse Dorothée mere de la Reine d'Espagne. Le *Tutorium* fut expedié, le serment de Tutele prêté, & par des Reversailles exhibées au nom des Tuteurs, ils s'obligeoient à l'observation exacte des Traités & des Investitures. La Cour d'Espagne n'a eu garde de soutenir alors, comme elle fait à present, *que les Traités & les Investitures n'exigeoient point toutes ces demarches*. Elle reconnut le contraire, & n'alla pas si loin, que de vouloir decider sur ce que le style de la Cour Feodale, l'usage, & les Constitutions de l'Empire prescrivent. On proceda donc à dresser l'Edit, qui devoit être publié pour mettre l'Infant, où plutôt ses Tuteurs en possession des Etats qui lui étoient échûs. Mais pendant, qu'on étoit occupé à le dresser, l'Empereur fut extremement surpris d'apprendre, que le nombre des troupes Espagnoles nouvellement debarquées excedoit celui qui avoit été stipulé par les Traités. On fit là-dessus des représentations tant au Duc de Liria qu'à Msr. de Robinson; & sur les assurances que ces Ministres donnoient qu'on renvoyeroit en Espagne ce qu'il y en auroit de trop; on envoya les ordres au Comte de Stampa pour l'évacuation des Duchés de Parme & de Plaisance. On n'attacha aucune condition à ces ordres, horsmis celle qui étoit clairement exprimée dans les Traités, à savoir, que le nombre des Troupes Espagnoles ne devoit pas exceder celui de six mille, & que l'Infant ne devoit reconnoître d'autre Seigneur suprême; que l'Empereur. Voilà le précis des ordres envoyés au Comte de Stampa, qui ne furent nullement cachés, ni au Duc de Liria, ni à Msr. de Robinson. Tout ce qui est dit sur cet Article dans le Manifeste d'Espagne, est absolument faux; & on n'a pas si mauvaise opinion du caractere du Duc de Liria, pour se persuader qu'il osera soûtenir ce que sa Cour avance. L'Acte qu'on lui avoit proposé de signer, est une preuve évidente, que la Cour Imperiale ne prétendoit pas insister sur tout ce que le Marquis de Monteleon a souscrit, ni retarder sous ce pretexte l'évacuation de Parme & de Plaisance. Il est vrai, que puisque selon les Traités, six mille Espagnols devoient suffire pour assûrer à l'Infant Don Carlos l'une & l'autre succession, qui lui étoit destinée, ce nombre paroissoit excessif, pour en assûrer une seule, après qu'il se trouveroit déja en paisible possession de l'autre. C'est dans ce sens, qu'on en a parlé aux Ministres de Leurs M. B. & Catholique, qui étoient à Vienne; & c'est dans ce sens qu'on a ordonné au Comte de Stampa d'en parler au Marquis de Monteleon. Mais quelque fondé qu'on fût à le prétendre, l'Empereur n'a pas voulu, qu'à cause de ce point, l'execution des Traités fût moins prompte. Et les ordres du Comte de Stampa portoient très-expressément, qu'il devoit se contenter a le représenter au Marquis de Monteleon, mais sans en rien exiger comme une condition préalable, & sans differer un seul jour l'évacuation de Parme & de Plaisance. Le Comte de Stampa n'eut pas beaucoup de peine à faire comprendre au Ministre Espagnol, l'équité de ce qu'il lui représentoit. Ce Ministre la comprit sur le champ, il s'offrit de donner des Declarations conformes à ses sentimens; & il les donna en effet: de sorte que tout le crime qu'on pourroit en vouloir faire au Comte de Stampa, ou a la Cour de Vienne, seroit, que le premier, à l'insçu de sa Cour, n'a pas refusé ce que le Marquis de Monteleon a eu si peu de repugnance à lui offrir. Excellent motif pour rompre la Paix tant de fois renouvellée! pour crier à l'insulte, & pour se plaindre *de l'honneur de l'Infant outragé, de celui de S. M. Catholique grièvement offensé, & des procedés subreptices cachés avec soin & frauduleusement*. A-t-on jamais entendu des plaintes plus étranges? Le Duc de Liria ne s'attendoit pas, que sa Cour condamneroit la conduite du Marquis de Monteleon; au contraire il crut, aussi bien que la Cour Imperiale, qu'après ce qui s'étoit passé à Parme, il n'étoit plus besoin de signer l'Acte qu'on lui avoit demandé peu auparavant, & ce ne fut qu'au mois de Fevrier de l'An 1732. qu'on commença à se plaindre des Declarations du Marquis de Monteleon. Mais ces plaintes ne furent pas alors telles, qu'on les publie aujourd'hui. On n'avoit aucun lieu d'en inferer, que l'Espagne dût assurer un jour, *qu'elle avoit fait connoître à l'Empereur le sentiment que devoit produire en elle un traitement si inouï, & qu'elle avoit instruit toute l'Europe de ses justes sujets de plaintes*. Les discours du Duc de Liria & ses Memoires étoient beaucoup plus doux, & amiables. Il ne respiroient que l'extrême desir de leurs Majestés Catholiques de resserrer de plus en plus l'union la plus étroite entre les deux Cours, & de la rendre indissoluble à jamais. Mais quelle ne doit pas être la surprise de la Cour Imperiale de voir, qu'après les paroles qu'on vient de citer, on y ajoûte dans le Manifeste d'Espagne, *de n'avoir jamais pû avoir aucune réponse, malgré les instances les plus vives, & que tout ce qu'on avoit pu obtenir d'un mépris si marqué avoit été un desistement simulé de la part de la Cour de Vienne*. Le Duc de Liria avoit sur ce sujet écrit un billet au Prince Eugene de Savoye le 5. May 1732. & la réponse à ce billet lui fut remise avant le depart de l'Empereur pour Prague. Cette réponse contenoit tout ce que la Cour d'Espagne pouvoit raisonnablement souhaiter, & du depuis on n'a plus fait la moindre instance, pour que le nombre de six mille Espagnols fût diminué: marque certaine combien la complaisance de la Cour Imperiale a été peu simulée.

Dans le même tems que tout ceci se passa au sujet des Declarations du Marquis de Monteleon, le Duc de Liria sollicita la dispense d'âge pour l'Infant Don Carlos, & il donna à entendre, que S M. Catholique étoit très-portée à entrer dans un nouveau Traité avec l'Empereur. Ce Prince résolut de la donner, pourvû que l'Investiture actuelle fût prise préalablement par les Tuteurs; & sur les instances réiterées du Duc de Liria, on lui communiqua l'ébauche du Traité que la Cour Imperiale offroit de conclure: Ebauche qui étoit toute tirée de celui du 30. Avril de l'An 1725. excepté qu'on qu'on n'y faisoit nulle mention de la garantie de l'ordre de Succession, établi dans l'Auguste Maison d'Autriche. Jusqu'à ce tems l'Empereur ne reçut, qu'assûrances sur assûrances de la vraie & sincere amitié de leurs Majestés Catholiques, & combien Elles souhaitoient de voir bien affermie l'harmonie la plus parfaite entre les deux Cours; mais du depuis les choses changérent entierement de face. L'ébauche du Traité déplut si fort à la Cour d'Espagne, qu'elle n'a jamais daigné y faire réponse, & c'est à la communication de cette ébauche, qu on doit fixer l'Epoque des plaintes & des reproches qui ont succedé de si près aux assûrances les plus amiables & les plus pacifiques. On laisse à déviner au Lecteur ce qui pourroit en être la cause.

Peu après la Cour Imperiale apprit ce qui s'étoit passé à Florence le jour de S. Jean Baptiste 1732. à l'occasion de l'Hommage qu'on a coûtume d'y renouveller tous les ans. Cette demarche renfermoit toutes les irrégularités de la Convention de Florence, étant fondée sur les mêmes principes & suppositions erronées. L'Empereur s'addressa d'abord à S. M. Britannique, afin que par l'interposition de ses bons offices, ce qu'il y avoit d'irregulier dans ce procedé fût rectifié. On exposa le fait dont il s'agissoit, dans un Memoire raisonné. Ce Memoire fut envoyé à Milord Harrington par le Comte Philippe Kinski, & Msr. de Keene fut chargé de faire là-dessus des représentations convenables aux Ministres de S. M. Catholique. Il le fit, & il ne reçut qu'une reponse peu satisfaisante du Marquis de la Paz. L'Empereur ne pouvoit pas se dispenser de demander l'avis du Conseil Imperial Aulique, sur une matiere qui étoit entiérement de son ressort. Ce Conseil donna son avis, & en consequence de cet avis, on fit expedier quatre dépêches sur le modèle de celles qui furent citées ci-dessus, & dressées en 1728. à la requisition de Monsr. le Duc de Bournonville. L'Empereur eut la bonté de les faire communiquer tant au Duc de Liria, qu'à Monsr de Robinson, & de les accompagner d'une Note pour le premier, qui renfermoit les éclaircissemens necessaires sur ce sujet. En même tems qu'on redressa par deux de ces dépêches les irrégularités passées, on eut soin d'obvier aux objections & plaintes de la Cour d'Espagne, en indiquant & preparant d'avance par les deux autres la seule voye legitime, par laquelle l'Infant Don Carlos comme nouveau Vassal pouvoit être mis en possession des Etats, qui devoient encore lui tomber en partage, *non ex pacto, & providentia Majorum*, mais en vertu d'une nouvelle concession fondée sur le Traité de la Quadruple Alliance. On fit voir quel étoit en tout ceci l'unique but de S. M. I. & que dès qu'elle auroit mis à couvert ses droits suprêmes & ceux de l'Empire, Elle étoit prête & disposée à apporter dans tout le reste toute la facilité qui n'y seroit pas contraire. En un mot, *les deux rescrits injurieux*, dont parle le Manifeste d'Espagne, furent conçus en des termes plus mesurés, que ceux que Msr. le Duc de Bournonville avoit sollicités en 1728., & pour l'expedition desquels il avoit témoigné à l'Empereur la reconnoissance de Leurs Majestés Catholiques. On n'a qu'à comparer les uns aux autres, pour en être convaincu. Mais c'est qu'en Espagne, les mêmes choses sont envisagées differemment d'un jour à l'autre. On crie aujourd'hui à l'injure, pour ce qu'on avoit desiré ci-devant. On y est aussi peu retenu à changer de sentiment, qu'à s'éloigner des Traités. Plus l'Empereur employoit de douceur & de moderation, plus le Ministre d'Espagne s'énonçoit en des termes peu convenables. S. M. B. fit communiquer à la Cour Imperiale, tant les représentations de Msr. de Keene, que la réponse du Marquis de la Paz, sur quoi on remit à Msr. de Robinson le Memoire du 5. Decembre de la même année.

Quelque peu de succès qu'eussent eu les représentations de Msr. de Keene, S. M. B. ne discontinua pas d'employer ses offices & ses soins les plus efficaces, pour applanir toutes les difficultés, & Elle fit insinuer un nouveau moyen d'accommodement, par le Memoire que présenta Msr. de Robinson le 18. Janvier 1733. L'Empereur se conforma entierement aux souhaits de de S. M. B. Il le fit connoître à Msr. de Robinson par la réponse du 31. Janvier, à laquelle étoit joint le Projet de la demande qui devoit être faite au nom de l'Infant, pour le titre de Grand Prince de Toscane: Projet qui, comparé avec la requête que l'Agent des Tuteurs de l'Infant s'étoit efforcé de faire goûter au Conseil Imperial Aulique, paroissoit devoir être infiniment plus du goût de Leurs Majestés Catholiques, excepté qu'on n'y declamoit pas contre ceux qu'on supposoit vouloir animer la Cour de Vienne contre celle de Seville. Le Roi de la Grande Bretagne parut charmé de la condescendance extrême de l'Empereur. Il le donna à connoître par les insinuations faites au Comte de Montijo, au mois de Mars de la même année. Mais tandis qu'on cherchoit les moyens de terminer les differens survenus au sujet de la prise d'Investiture, du titre de Grand Prince de Toscane, & de ce qui s'étoit passé en 1732. à l'occasion du renouvellement annuel de l'Hommage à Florence; la Cour d'Espagne eut soin de faire naître de nouvelles disputes. Elle se plaignit, *qu'on défendoit aux Feudataires de Parme de rendre l'Hommage aux Tuteurs de l'Infant; qu'on empêchoit l'extradition des Fiefs du Royaume de Naples; qu'on s'attribuoit la souveraineté de l'Isle de Ponza; & qu'on empiétoit sur les limites & les Jurisdictions de l'Infant Don Carlos.* Msr. le Comte Montijo en prit occasion de présenter un second Memoire au Ministre Anglois le 6. Janvier 1733. auquel il fut répondu le 16. du même mois; & S. M. B. fit connoître à la Cour Imperiale, qu'elle souhaitoit d'avoir au plûtôt les informations necessaires sur tous les points qu'on vient de rapporter. Rien n'étoit plus aisé, que de donner à S. M. B. les informations qu'elle demandoit. Personne n'auroit sans-doute pu trouver à redire, si les Feudataires de Parme Sujets de l'Empereur avoient differé à prêter le serment de Vassellage, jusqu'à ce que les Tuteurs de l'Infant eussent rendu en son nom l'Hommage qu'il devoit lui-même à l'Empereur. D'ailleurs on avoit changé à Parme la formule du Serment, d'une maniere à ressembler plûtôt à un Hommage qu'a un simple Serment de Vassellage. L'Hommage n'étoit dû à l'Infant que de ses Sujets, & non des sujets de l'Empereur, qui pour des Fiefs qui relevoient des Ducs de Parme, n'étoient que de simples Feudataires. Voilà l'unique raison qui les a retenus un peu de tems à s'aquiter de leur devoir. On se contenta ensuite à Parme de ce qui avoit été usité ci-devant, & lesdits Feudataires prêterent le serment qu'on en exigeoit, même avant que les plaintes du Comte Montijo fussent connues à Vienne. C'est ce qu'on a repondu à Msr. de Robinson sur ce sujet avec offre que si l'on indiquoit quelqu'un qui ne l'eût pas fait encore, l'Empereur l'y obligeroit, pourvû qu'on n'en exigeât pas plus que de coûtume. En pouvoit-on souhaiter d'avantage? Ces offres furent souvent repetées, tant de bouche que par écrit, & durant tout le tems qu'on a employé inutilement à un accommodement amiable, on n'a cité aucun Feudataire, qui ait refusé de prêter le serment de Vassellage. On s'en rapporte au témoignage de tous ceux qui ont eu part à la Negociation. Mais encore en ceci on ne découvre que trop les veritables vuës de la Cour d'Espagne. Le Manifeste publié de sa part, parle *d'un Hommage dû à l'Infant comme Souverain.* Ce qui ne peut pas convenir à de simples Feudataires, qui ne sont pas ses Sujets.

Quant aux biens de Naples, possedés ci-devant par la Maison Farnese, l'Empereur n'auroit eu que trop de sujet de les sequestrer. Ces biens ne sont nullement compris sous les Traités, & les Investitures. Les Etats de Parme & de Plaisance y ont été declarés Fiefs masculins de l'Empire. Mais que des biens que les Ducs de Parme possedoient, non en cette qualité, mais comme des Particuliers; que des biens situés dans un Royaume entierement independant, au prejudice de cette même independance changeassent de nature, & relevassent de l'Empereur & de l'Empire, au lieu de n'avoir jamais relevé que du Roy de Naples; les Contractans de la Quadruple Alliance n'en ont certainement jamais eu la pensée. Ni la lettre, ni l'esprit des Traités & des Investitures, ne donnent du poids à une prétension si extraordinaire. Voilà cependant sur quoi rouloit uniquement la dispute. L'Infant Don Carlos vouloit posseder ces Fiefs en la même qualité & au même titre qu'il possedoit les Etats de Parme & de Plaisance, & par une contradiction des plus palpables, & qui fait assez sentir combien on étoit interieurement convaincu de son tort, on s'addressa aux Tribunaux de Naples au sujet des biens qu'on prétendoit ne relever que de l'Empereur & de l'Empire. Pour confondre encore sur ce point la Cour d'Espagne, l'Empereur donna à connoître, qu'il ne cherchoit, ni à s'approprier ces biens, ni à les ôter à l'Infant Don Carlos; & que ces biens étant devolus à la Reine sa Mere, il n'avoit qu'à en produire la cession, pour que l'Empereur reconnût, qu'ils lui apparte-

Anno 1734. roient de droit: bien entendu neanmoins, que l'Infant ne pourroit les posseder, qu'en la même qualité, & au même titre, qu'ils avoient été possedés par ses antecesseurs les Ducs de Parme, issus de la Maison de Farnese. L'Empereur ne s'est point borné à des offres si genereuses. Il a poussé l'indulgence plus loin. Pendant que l'Infant Don Carlos refusoit de se conformer à l'usage constant du Royaume de Naples, & à l'exemple de ceux dont il pouvoit avoir cause, l'Empereur permit qu'on lui payât les rentes qui en provenoient; & il offrit même de lui accorder, à l'égard du droit de relevance, la même grace qui a été quelquefois accordée aux Princes de la Maison de Farnese. Que pouvoit-on desirer ou souhaiter davantage? La Posterité aura de la peine à croire, qu'une si grande condescendance ait attiré à ce Prince tant d'outrages, & des invectives si sanglantes, & qui plus est, qu'elle ait servi de prétexte pour lui faire la guerre. La Cour d'Espagne se deshonore elle-même par une conduite si opposée aux sentimens que de grands Princes doivent avoir.

Les insultes & les violences, qu'on dit avoir été *commises sur les limites & les jurisdictions de l'Infant Don Carlos*, ont été commises par son ordre sur les limites & jurisdictions de l'Empereur comme Duc de Milan, & l'indulgence de ce Prince n'a pas moins éclaté dans cette occurrence, que dans toutes les autres. Dans le tems que le Duché de Milan étoit sous la domination des Rois d'Espagne, les Ducs de Parme n'ont jamais osé empieter, comme on a fait en dernier lieu, sur les confins du Milanez. Ils n'eurent garde de le faire, & en Espagne on n'auroit eu garde de le souffrir. On ne peut donc pas ignorer le droit incontestable de l'Empereur, tant sur les deux rivages du Pô, que sur le territoire qui y est adjacent. La Cour d'Espagne a changé d'opinion, depuis que par le Traité de la Quadruple Alliance les Duchés de Parme & de Plaisance ont été destinés à l'Infant Don Carlos. On encouragea sous main le feu Duc de Parme à former des prétentions, qu'il n'auroit jamais osé faire valoir ci-devant. L'Empereur, toûjours guidé par la droiture & la moderation, convint par l'Article XI. du Traité du 30. Avril 1725. que ces differends devoient être terminés par des Arbitres. Il ne pouvoit plus être tenu à cette promesse, après la declaration du Marquis de la Paz rapportée ci-dessus, par laquelle le Roi Catholique renonçoit à tous les engagemens contractés avec l'Empereur. Cependant il la renouvella dans la Réponse donnée à Mr. de Robinson. Et comme les differends sur les limites ne peuvent de leur nature être debatus & examinés que sur les lieux, il invita le Roi de la Grande-Bretagne à y concourir en nommant un Ministre, qui de sa part assisteroit à leur discussion. Mr. le Comte de Montijo ne jugea pas à propos d'acquiescer à une offre si pleine d'équité & de moderation. Il vouloit que les limites du Milanez & du Parmesan fussent reglées à Londres; & puisque la Cour de Vienne n'a pas trouvé la chose faisable, on crie en Espagne à *l'extravagance & à l'insulte*. Diroit-on trop, si l'on regardoit ces plaintes comme deraisonnables & extravagantes? On s'en remet au jugement de tous ceux qui se donneront la peine de lire la presente Réponse.

Enfin l'Empereur fit dresser une ample Information touchant l'Isle de Ponza, laquelle fut remise à Mr. de Robinson au mois de May de l'année passée. Comme cette Information se trouve jointe au present Ecrit, on se rapporte à son contenu pour ne pas fatiguer le Lecteur par des redites inutiles.

Pendant qu'on étoit occupé à Vienne à fournir à S. M. B. les éclaircissemens qu'Elle demandoit, la Cour d'Espagne rejetta le projet d'accommodement contenu dans le Memoire de Mr. de Robinson du 18. Janvier, & agréé de S. M. Imperiale par la Réponse du 31. du même mois. Il étoit aisé de juger des intentions de la Cour d'Espagne par ce refus. A mesure que l'Empereur offroit de nouvelles graces, & des graces que l'on n'étoit pas en droit de demander en vertu des Traités, la Cour d'Espagne fit de nouvelles demandes, & elle se montra d'autant plus éloignée à venir à la conclusion de l'accommodement tant desiré de S. M. B. Ce Prince n'en fut point rebuté. Son empressement extrême de prevenir des troubles qui menaçoient le repos de l'Europe, le porta jusqu'à conseiller des complaisances ulterieures à S. M. I. quelque peu de fruit qu'on en eût tiré, pour les avoir prodiguées par le passé. Le projet d'accommodement du 21. Juillet, fut dressé en Angleterre. Le 7. Août il fut communiqué aux Ministres de l'Empereur, on y fit réponse le 18. du même mois. Le Comte Philippe Kinsky fut muni d'un plein pouvoir pour terminer tous ces differends par un accommodement amiable. On ne doutoit pas que Mr. le Comte de Montijo ne voudroit donner une declaration conforme à ce que la Lettre du Duc de Neucastel paroissoit insinuer, & l'Ambassadeur de l'Empereur fut autorisé à en donner une autre, telle qu'on avoit compris le sens de la Lettre du Duc de Neucastel. Cette Contre-declaration envoyée à Londres est traitée *d'illusoire & d'injurieuse* dans le Manifeste Espagnol. Pour faire voir combien peu ces épithètes lui conviennent, on se contente de la communiquer au public. Quiconque y trouve *des illusions, des injures, & de la hauteur*, trouvera de la moderation, de la retenue, de la douceur, & du bon sens dans le Manifeste de la Cour d'Espagne. Et le monde raisonnable s'appercevra tout d'un coup, que les idées qu'il a conçues jusqu'ici des choses, seront renversées à l'avenir. Anno 1734.

Avant que les sentimens de l'Empereur pouvoient être connus à S. M. B., les nouvelles qu'Elle reçut de son Ministre à la Cour d'Espagne, l'engagerent à envoyer de nouveaux ordres à celui qui residoit auprès de l'Empereur. Mr. de Robinson s'en aquitta par le Memoire qu'il presenta le 7. Septembre. La Cour Imperiale procedoit avec trop de candeur, pour avoir jamais eu la pensée que la negociation se pourroit accrocher à plusieurs des points énoncés dans le Memoire qu'on vient de citer. Elle s'apperçut, que la Cour d'Espagne pourroit vouloir trouver à redire à des expressions, qu'elle ne croyoit pas meriter la peine qu'on s'y arrêtât un seul moment. Elle n'en eût donc aucune de changer le projet de Contre-declaration, de la maniere que le Ministre d'Angleterre paroissoit le souhaiter, & elle lui donna tous les éclaircissemens qu'il demandoit par la Réponse du 12. du même mois.

Dans ces entrefaites le Sieur d'Esquilluz, chargé des affaires d'Espagne, reçut un Courier de sa Cour, qui, à ce qu'il assuroit, ne lui avoit été depêché, que pour faciliter l'accommodement, qui se traitoit par la médiation du Roi de la Grande-Bretagne. On lui communiqua le précis de la Réponse remise à Mr. de Robinson, comme aussi le projet de la Contre-declaration, tel qu'il avoit été dressé en dernier lieu. Il ne donna pas à connoître, qu'il y trouvoit *des illusions, des injures, & de la hauteur*, & il ne s'expliqua pas d'une maniere à faire croire que Leurs Majestés Catholiques en feroient si fort choquées. En un mot, on ne lui découvrit aucun mécontentement, du moins sur ce sujet, & il se hâta à redepêcher son Courier en Espagne.

Pendant que tout ceci se passa, la Cour Imperiale ignoroit absolument que la modalité, à laquelle elle s'étoit tenue jusqu'ici, de terminer le tout par le moyen d'une Declaration & Contre-declaration, n'étoit pas du goût de Mr. le Comte de Montijo, & qu'il préferoit celle d'écrire deux Lettres, qui renfermeroient ce qu'on avoit supposé à Vienne devoir entrer dans les Actes de Declaration & Contre-declaration. On s'y attendoit d'autant moins, que la negociation dût être rompue pour un si noble sujet, que l'on n'en avoit jamais entendu parler, & que l'on n'y étoit pas accoutumé à s'embarasser de ces sortes de finesses. La Cour Imperiale fut donc extrêmement surprise d'apprendre, tant par le Memoire de Mr. de Robinson du 26. Septembre, que par les relations de Mr. le Comte Philippe Kinsky, qu'il s'agissoit d'écrire des Lettres au Duc de Neucastel & à Mylord Harrington, au lieu de se donner des Declarations & Contre-declarations; que la Langue Latine deplaisoit à Mr. le Comte de Montijo; & qu'il falloit ni ajouter, ni ôter, ni changer une syllabe de ce que contenoit la Lettre du Duc de Neucastel du 21. Juillet.

Quelques bizarres que fussent ces demandes, on resolut de les accorder toutes; & aussitôt que l'Empereur fut de retour d'Halbthurn, & par consequent avant la rupture de la France, on autorisa le Comte Philippe Kinsky à satisfaire pleinement aux souhaits du Comte de Montijo par les ordres qui lui furent envoyés le 6. Octobre de l'année passée. Le Courier Anglois, qui porta ces depêches, n'arriva en Angleterre que lorsque la rupture de la France & du Roi de Sardaigne avoit deja éclaté. Nonobstant l'offre de l'Ambassadeur de l'Empereur de signer la Lettre mot pour mot, telle que le Comte de Montijo l'avoit souhaité, celui-ci refusa d'écrire celle à laquelle il

ANNO 1734.

il s'étoit offert. Il n'alla pas pourtant si loin, que de declarer qu'il rompoit toute négociation. Il colora au contraire son refus, comme il a été dit ci-dessus, par la necessité d'attendre les ordres qui devoient lui venir de sa Cour. Celle-ci ne se demasqua pas entierement, que quelque tems après. Et même après s'être demasquée envers l'Angleterre, ses Ministres jouerent une scène en Italie, qui ne pouvoit convenir qu'à elle seule. Ils soutenoient toûjours, & même après l'arrivée du Comte de Montemar, & du Duc de Liria, que les troupes Espagnoles ne venoient que pour couvrir les Etats de l'Infant Don Carlos, & qu'elles seroient simples spectatrices de la guerre, qui se feroit par d'autres. Mais à peine une partie de ces Troupes étoit-elle debarquée; qu'elles furent employées à envahir le bien d'autrui. Elles agirent en ennemies; elles occuperent par force des Fiefs de l'Empire, & se jetterent même sur ceux qui n'appartenoient pas à l'Auguste Maison d'Autriche. Massa, Lavenza & Aula furent les premiers à ressentir l'effet de leurs violences, & selon la note ci-jointe on épargna aussi peu en Italie qu'en Allemagne les biens qui, sans avoir aucune dependance de la Maison d'Autriche, ne relevent que de l'Empereur & de l'Empire. Quand il s'agit d'exiger des contributions, tout est égal à l'Espagne & à ses Alliés. Enfin pour faire voir combien lui tenoit à cœur *le Droit Féodal de l'Empire*, qu'on se vante encore dans le Manifeste *d'avoir observé scrupuleusement, & au delà de la teneur des Traités, & des Investitures, par un procedé pur & dans les formes*; L'Infant Don Carlos se declara de son chef majeur & independant de qui que ce soit, & il s'émancipa jusqu'à determiner l'âge de majorité pour tous ses successeurs. Voilà ce qui s'appelle *se tenir religieusement aux Traités, ne pas vouloir prejudicier aux droits suprêmes de l'Empire, remplir les devoirs d'un Vassal fidele, être poussé du desir de la paix; zélé pour la tranquillité publique, animé par la justice, & s'attacher aux regles d'une prudente tolerance avant que d'employer la force.*

Les hostilités que l'Empereur & l'Empire éprouvent aujourd'hui, feront voir aux autres Princes de l'Europe, ce qu'ils auront à se promettre de la fidelité de la Cour d'Espagne. La Nation Angloise n'a pas sujet d'en tirer un heureux présage pour *l'harmonie inalterable entre les deux Nations, & pour les avantages d'un commerce fidéle & continué.* Eclairée, comme elle est, elle n'a besoin sur ce sujet que de ses propres lumieres.

Le Roi d'Espagne se comporte en digne allié de la France, qui se dit ami de l'Empire pendant qu'il l'attaque les armes à la main. Celui de Sardaigne commence deja à sentir les fers qu'il porte. Il a été la duppe de deux principales branches de la Maison de Bourbon, & tel sera toûjours le sort des Princes qui s'y fient. Tout a, auprès de ceux qui les composent, son terme. Leur moderation, & leur amour pour la paix, finit dès-qu'ils trouvent une occasion favorable pour être guerriers. Ils sont mal ensemble quand il s'agit de diminuer l'ombrage dont d'autres pourroient être susceptibles, & réunis dès-qu'il est question de l'aggrandissement de leur Maison, & de l'abbaissement de celle d'Autriche. Cependant tant d'ennemis n'ébranlent pas la constance de l'Empereur. La fraude & la perfidie peuvent donner quelques avantages au commencement, mais on peut esperer avec confiance, qu'à la fin la juste cause triomphera.

CLXXIX.

Manifeste des Etats du Royaume de Pologne, du Grand-Duché de Lithuanie & des Provinces qui en dépendent, touchant la libre & légitime Election du Serenissime AUGUSTE III *Roi de Pologne & Electeur de Saxe; & l'obligation où sont les Confédérez de le maintenir sur le Trône: avec une Explication sincere des faits & des circonstances qu'il est nécessaire de savoir. Publié le* 16. *Avril* 1734. [Traduit du Latin.]

NOus les Etats, Seigneurs, Officiers & toute la Noblesse du Royaume de *Pologne*, du Grand-Duché de *Lithuanie*, & des Provinces qui en dépendent, confédérez pour la libre & légitime Election, & pour le maintien du Serenissime Roi AUGUSTE III. notre très-gracieux Seigneur; ne pouvant plus douter que tout espoir ne soit perdu, pour faire rentrer en soi-même le Parti de *Stanislas Leszczynski*, & qu'il n'y a plus aucun moyen d'en changer la férocité effrénée, ni de lui faire prendre les sentimens que la Conscience, les Loix, l'Amour de la Patrie, les gémissemens des Pauvres, la douceur de la Paix, l'avantage du Bien public, & enfin la Clémence & la Bonté Royale leur devroient inspirer; Et ledit Parti ayant porté l'exécution de ses pernicieux desseins à de si grands excès, qu'il semble vouloir plutôt augmenter, que diminuer ou faire cesser les crimes énormes & à jamais mémorables, que son téméraire, opiniâtre & malicieux attachement aux intérêts d'une Personne fatale à ce Royaume & à toute l'*Europe*, lui a fait commettre contre les Loix publiques, la Liberté, la Patrie, & la Dignité du Trône & de la Nation *Polonoise*: C'est pourquoi ayant considéré la situation & la crise dangereuse où se trouve la République, & voulant prevenir son ultérieure ruïne, afin qu'elle ne déperisse pas entierement & sans ressource, nous déclarons & protestons solemnellement devant le redoutable Tribunal de Dieu, le Protecteur & le Vangeur de notre juste cause; devant le *S. Siége Apostolique* & le *Pape* nôtre Seigneur & Pere commun, comme Vicaire de sa Souveraine Puissance, & généralement devant tout l'Univers, contre le Révérendissime Seigneur *Théodore Potocki* Archevêque de *Gnesne*, *Primat* du Royaume, & contre tous les Partisans de *Stanislas Leszczynski*, qui lui adhérent aux dépens de la Liberté, & à la ruïne totale de l'Etat.

Que ledit Révérendissime Seigneur *Primat*, conjointement avec ses Adhérans, attachez aux intérêts de *Stanislas Leszczynski*, ayant dépouillé toute crainte de Dieu, qui ne manque jamais de punir sévèrement le mal qu'on fait, a foulé aux pieds les Loix du Royaume qui s'opposoient à ses injustes desseins; renoncé à l'amour & aux égards qu'il devoit à la Patrie; & méprisé l'égalité établie entre nous. Ebloui par l'espoir de ses intérêts particuliers, & des avantages qu'il croyoit procurer à sa Maison, qui semble vouloir franchir les bornes trop étroites qui la mettent de niveau avec nous, il a contre tout Droit & Equité, contre ses sermens solemnels si souvent réitérez, contre la foi publique, en avilissant sa Dignité Primatiale & en excédant son Pouvoir limité par les Loix, formé immédiatement après la mort du Serenissime Roi AUGUSTE II de glorieuse memoire, le dessein de mettre la Couronne de *Pologne* sur la tête de *Stanislas Leszczynski*. Secondé en ceci par les menées sourdes & par les conseils également pernicieux à l'Etat & à la tranquillité publique, qui lui étoient suggérez par le *Triumvirat* qu'il s'étoit associé pour concourir à ses vûes, & par quelques personnes étrangeres, il n'a pas daigné faire attention que son Candidat avoit été déclaré inhabile de monter sur le Trône, & que toute la République en corps l'en avoit exclus pour jamais par une Loi formelle, que ledit *Primat* avoit confirmée lui-même lors de la *Confédération générale de Sendomir* par un Serment personnel, libre & solemnel: Préférant ainsi l'élevation d'une personne civilement morte à la conservation du Royaume, de la Patrie, de la Liberté & de la Tranquillité publique. Ils ont pris pour cet effet des mesures si violentes, que tout le monde doit convenir, qu'elles étoient propres, non-seulement à opprimer la Liberté, à bouleverser l'Etat, & à détruire les Loix & les Constitutions du Royaume, mais très-capables même de troubler le repos de toute l'*Europe*, & de mettre le feu aux quatre coins du monde. Pour mieux faire comprendre ceci au S. *Siége Apostolique* & à toutes les Puissances, nous exposerons ici fidélement tous les maux que nous avons soufferts jusqu'à présent, & qui nous affligent encore actuellement. Loin d'en user à cet égard comme nos Adversaires, qui suppriment la vérité, qui publient effrontément comme des faits avérez tout ce qui se présente à leur imagination, qui calomnient d'une maniere indigne de Personnes illustres par leur naissance, & respectables par leurs vertus & par le rang qu'elles tiennent dans le monde, qui chargent l'Innocence d'opprobres, & qui fardent enfin tout ce qu'ils font, même les procédez les plus noirs & les plus détestables, du titre pompeux d'actions bonnes, licites, utiles & nécessaires au Bien de la République: Nous attestons Dieu & notre conscience, que nous n'avancerons rien dans le présent Document authentique, qui ne soit conforme à l'exacte vérité,

&

ANNO 1734. & qui ne puisse être vérifié par le témoignage de plusieurs Personnes illustres & très-dignes de foi, de même que par celui des Ministres des Puissances Etrangeres sous les yeux desquels tout s'est passé.

Comme une cause mauvaise par elle-même ne peut jamais s'appuyer sur de bonnes raisons, ni être maintenue & exécutée par des voyes licites: De même on n'a pu employer que des conseils & des moyens violens, cruels & desesperez pour autoriser & réhabiliter une Personne qui avoit été dégradée par les Loix & les Constitutions de la République, & nonseulement déclarée incapable pour jamais de monter sur le Trône, comme étant un Ennemi de la Patrie, un Tyran & un injuste Usurpateur de la Couronne, mais qui avoit même été chassée & bannie du Royaume.

Pendant l'Interregne, le *Primat*, aidé par ses Adhérans, entierement dévouez à ses vûes, & propres à tout entreprendre, employa tout ce qu'il avoit d'Autorité & de Pouvoir, & n'omit rien de ce qui pouvoit servir à l'exécution de ses desseins, qui aboutissoient à l'élevation de *Stanislas*. Ce ne fut que menaces continuelles, & leur fureur alla jusqu'au meurtre, pour effectuer ce qui avoit été résolu par le *Triumvirat*, savoir de placer sur le Trône celui à qui on avoit destiné la Royauté, soit par la voye d'une nouvelle Election, ou de toute autre maniere. Pour faire réussir à souhait cette résolution privée & particuliere, & pour n'en avoir pas le démenti, l'Election même se fit rapidement & à la hâte, avec beaucoup de confusion & de violence, sans déliberation suffisante, & sans observation des solemnitez ni des coûtumes prescrites par les Loix, tant pour l'avantage de la République en général, que pour la sûreté de cet Acte & de la Liberté en particulier; en un mot, avec tant de desordre, qu'ils ont eu de la peine à reconnoître & à distinguer eux-mêmes ce qui se passoit au milieu d'eux. C'est ainsi qu'ils traiterent une chose de si grande importance, & dont toute l'*Europe* attendoit l'issue, comme une affaire de rien, & comme une bagatelle, sans considérer que l'Election est comme la Mere d'un fruit bon ou mauvais, un Acte, duquel dépend le Bonheur ou le Malheur de la République, qui décide de tous nos Droits, Prérogatives & Immunitez, & dont l'heureux succès, c'est-à-dire s'il se fait unanimement & sur des principes salutaires, répond de la Paix générale & de la conservation de la sûreté publique.

Mais les considérations des avantages particuliers ayant prévalu sur le Bien public, on ferma les oreilles à tout bon conseil, en sorte qu'il n'y avoit point d'espérance de parvenir à l'Union tant désirée, tandis qu'on s'emportoit avec tant de fureur pour les intérêts d'un seul. Enfin ce jour fatal à la République & à toute l'*Europe* arriva, auquel devoit se faire la funeste intrusion de *Stanislas Leszczynski* par la malheureuse nomination du *Primat*: Ce jour, où devoient commencer tous nos maux; où le *Primat*, sourd aux Protestations fréquentes & solemnelles de tant d'Illustres Personnes & de tant d'Electeurs, sans se mettre en peine d'une multitude de Grands, de Sénateurs, de Ministres & de Nobles qui s'étoient retirez à *Prague*, & qui demandoient avec zèle le rétablissement du *Liberum veto*, & sans considérer le grand nombre de ceux qui s'y joignirent dans la suite, tant pour leur sûreté personnelle, que pour sauver la Liberté & pour secourir la Patrie, menacée des plus grands dangers, détermina le sort de la République. Ce jour enfin de calamité & de misére arriva, qui devoit couter la vie à plusieurs de ceux qui refuserent de joindre leurs voix aux acclamations de *Vive Stanislas*, & où le Camp Electoral arrosé du sang fraternel, présageoit dès-lors les funestes suites qu'on en devoit craindre. Moyennant ce début, les barbares Assassins des Loix, de la Patrie, de la Liberté & de leurs Freres, s'ouvrirent par leurs mains parricides un vaste champ à tout le reste.

Sachant par l'expérience journaliere & par des milliers d'exemples, qu'à des affaires désesperées il faut aussi des remedes extrêmes, ce prétendu Roi & ses fidéles Adhérans ne manquerent pas d'entasser crime sur crime, soit par leurs actions ou par leurs conseils. Et comme les Loix donnoient formellement l'exclusion à celui qu'on avoit élevé sur le Trône, vû qu'il en avoit été déclaré pour jamais inhabile & absolument inéligible, on eut recours à la force des armes. On leva tumultueusement des Troupes plus propres à commettre toutes sortes de crimes & de desordres, qu'à combattre; des Troupes qui ne méritoient pas d'en porter le nom, & *Stanislas* commença son Regne par nous faire menacer, insulter & attaquer hostilement à *Prague*, où plusieurs, qui ne s'étoient attendus à rien de semblable de la part de leurs Egaux, perdirent la vie, outre qu'on y prit & pilla nos voitures & nos bagages. Le bruit de l'approche des *Russiens*, qui devenoit tous les jours plus grand, ne permit pas de passer outre, quoique peu auparavant ce fut un crime de faire la moindre mention de leur entrée en *Lithuanie*. La marche de cette Armée changea la joye des Adhérans de *Stanislas* en tristesse, & le meilleur parti qui leur restoit à prendre, fut de se sauver à *Dantzick* par une promte fuite, où l'on se flattoit d'être bientôt puissamment secouru par Mer & par Terre. Quoique cette résolution ne relevât gueres la Gloire du nouveau Regne, on trouva néanmoins à propos de la suivre; & le nouveau Roi, qui ne l'étoit que depuis huit jours, le *Primat* & tous leurs Amis & Partisans se retirerent le mieux & le plus promtement qu'ils purent, faisant consister toute la magnificence de ce voyage dans la sureté de leur fuite. Arrivez à *Dantzick*, Ville fameuse par son Commerce dans toute l'*Europe*, ils sûrent l'engager dans leurs interêts, & en y faisant parade de leur splendide misere, ils entraînerent cette Ville dans leur ruïne d'une maniere qu'elle n'en relevera jamais. Après avoir ainsi pourvû à leur sûreté, ils animerent les autres Adhérans qui étoient demeurez dans le Royaume, où ils ramassoient des Troupes telles quelles, exigeoient des Contributions insupportables de leurs Compatriotes, & envahissoient hostilement les Terres des bien intentionnez, à multiplier tous ces desordres, capables d'ébranler le Royaume jusques dans ses fondemens, & de le réduire dans la situation la plus pitoyable & la plus déplorable qui fût jamais.

Pour se vanger de la retraite qu'on avoit été obligé de faire, on envoya de *Dantzick* ordre au nouveau *Régimentaire*, d'attaquer & d'envahir les Palais des Ministres Etrangers qui résidoient à *Varsovie*, quelque privilegiez qu'ils fussent d'ailleurs par le Sacré Droit des Gens, & principalement d'assieger avec des Troupes & du Canon l'Hôtel du *Ministre de Russie*, pour en chasser, prendre & arrêter vingt-quatre Hommes, qui, sur la permission du *Primat*, y avoient été mis pour le garder, & pour s'emperer des Chevaux. Il lui étoit de plus enjoint d'insulter & de menacer le *Comte* de *Lowolde* même, qui avec plusieurs autres Ministres Etrangers se tenoit pour sa sûreté renfermé dans le Palais du *Comte* de *Willzek* Ambassadeur de l'*Empereur* auprès de la République, & généralement de ne ménager personne. En vertu des mêmes ordres, il devoit aussi investir le Palais Royal appartenant à S. M. notre très-gracieux Souverain. Ce dernier point fut exécuté avec un bon nombre de Troupes & de l'Artillerie, qu'on fit tirer sans-cesse, ensorte que le second jour de ce Siège, le détachement de soixante Hommes, qui avoit été mis dans le Palais pour le garder, du consentement du *Primat*, fut contraint, après avoir perdu beaucoup de son monde, de capituler & de mettre bas les armes. Après cette expédition on permit aux Troupes de piller quelques appartemens du Palais, afin de les encourager par-là à suivre d'autant plus volontiers les ordres de leur Général, lorsqu'il y auroit quelque nouveau butin à faire. Quoiqu'il semblât que ce seul Acte, également criminel & execrable, dût mettre le comble à l'injuste procedé des *Partisans de Stanislas*, leur zèle & leur dévouëment n'en fut pourtant pas tellement satisfait, qu'ils n'en devinssent plus téméraires pour commettre de nouveaux attentats.

Comme le succès d'une mauvaise Action est d'ordinaire un degré qui conduit à une autre: De même ici, la consommation d'un crime fut bientôt suivie de quelque nouvelle entreprise. L'aveugle attachement qui les joignoit si étroitement aux interêts de celui qu'ils avoient élu, leur inspira & les remplit de tant de fureur, que ni la crainte ni la Religion ne furent plus capables d'arrêter leurs cruels desseins. Ils tournerent donc de nouveau leur rage contre nous, pour empêcher absolument l'effet de ce que Dieu avoit operé en nous. Bientôt le bord de la *Vistule* près de *Varsovie* fut couvert d'Artillerie & de Troupes ramassées de tous côtez; Nous vîmes & entendîmes continuellement tirer sur nous pendant plusieurs jours; mais malgré tout ce qu'ils faisoient pour troubler & empêcher notre légitime Election, nous ne nous opposâmes point à leurs vains efforts. Nous fimes notre de-

Anno 1734.

devoir, & fous l'affiftance du Ciel, qui favorifoit notre ouvrage, & nous donnoit des marques évidentes de fa fainte volonté, nous élumes pour le bien de la Nation, unanimement & d'une même voix, avec un applaudiffement général, dans toutes les formes d'une Election légitime, & avec les cérémonies & les folemnitez ordinaires, le Serenissime Roi, qui fut couronné le 17. Janvier de l'année courante avec beaucoup de pompe & de magnificence, & qui nous gouverne heureufement à préfent, ayant religieufement obfervé à tous égards le *Liberum veto*, & les Droits d'une Election parfaitement libre; dans l'efperance que ce feroit-là un moyen fuffifant pour garantir le Royaume de tous les maux ulterieurs.

Mais comme un Aveugle qui a perdu entierement la vûe, n'en voit pas plus clair quand les rayons du Soleil éclairent en plein midi: De même les *Partifans de Stanislas*, marchant à tâtons fous les ténébreux Aufpices de leur prétendu Elû, exclus par les Loix du Trône Royal, ne reconnurent point la Dignité qui reluifoit dans Sa Majefté notre Souverain, ni la Clémence peinte dans fon vifage ferein, & prête à tout pardonner, ni ne rentrerent pas pour cela dans le chemin dont ils s'étoient écartez. Car pour guerir des Corps qui commencent à mourir lentement, & qui reffemblent déja à des cadavres puants, on a beau employer des médecines ordinaires, on doit avoir recours aux remedes extrêmes.

La nouvelle de l'Election du Sereniffime Roi Auguste III. quelque agréable qu'elle fût à tout le monde, fit beaucoup de peine aux nouveaux Hôtes de la Ville de *Dantzick*, & les furprit tellement, que ne fachant plus eux-mêmes ce qu'ils vouloient, ni ce qu'ils devoient faire, ils en demeurerent étonnez & confus, tout comme autrefois ceux qui bâtiffoient la Tour de Babel. Celui qui donnoit les confeils les plus pernicieux étoit cenfé le plus fage, & on n'admit plus aux déliberations que ceux qui méritoient cette faveur, foit par les horribles imprécations, foit par les funeftes projets qu'ils faifoient contre notre *Sereniffime Elu*, contre les Electeurs & contre tout le Royaume. Voilà comment, après avoir renoncé à toute crainte de Dieu, & violé les Loix les plus facrées de la République, ils fe font portez aux injures, aux calomnies, à des interprétations malicieufes de l'Acte d'Election, des *Pacta Conventa*, & de tout ce qui s'eft fait depuis; comme auffi aux menfonges qu'on a débitez dans les Cours des Puiffancés étrangeres, aux faux rapports abfolument deftituez de tout fondement, & à d'autres démarches de cette nature.

Peu après ils joignirent l'audace à l'orgueil; leur malice prévalut fur toutes les confidérations du Bien & de l'Honneur, ils s'éleverent contre leurs égaux, & foulerent aux pieds tout Droit & Juftice; les uns en vouloient à nos vies, d'autres à nos biens, quoique garantis par les Loix & par la Sûreté publique, & tous enfemble pilloient, exigeoient des contributions, & ravageoient le Royaume. Tout, fans diftinction, étoit expofé à leurs brigandages, & les Loix n'étoient plus d'aucun fecours. On s'empara par force des Perfonnes & des Biens de plufieurs Hommes Illuftres, & de quelques-uns de la Nòbleffe, qu'on envoya aux fortifications comme des Efclaves. Il n'y eut plus de fûreté pour perfonne, foit qu'on demeurât chez foi, ou qu'on fe trouvât en voyage, pas même dans les Eglifes ni hors du Royaume. Les Poftes furent interceptées, & les Couriers munis de bons Paffeports, arrêtez, dépouillez, & affaffinez. Il étoit permis de commettre toutes fortes d'excès, & d'exercer impunément toutes les violences imaginables, pourvû que cela fe fit pour la caufe de *Stanislas*. La Nobleffe étoit par tout opprimée d'une maniere inouïe, & la République & la Nation fe trouvoient réduites dans le plus pitoyable état, puifque généralement on n'ufoit plus que de force & de violence, fous prétexte de conferver la liberté. Voilà les moyens par lefquels *Stanislas* s'efforce encore de fe maintenir dans le Royaume. Les mefures qu'il prend au dehors pour établir fon prétendu droit, fe reffentent du même efprit.

Il a envoyé des Gens aux Cours des Puiffances qui lui étoient affectionnées, pour y déguifer la vérité fous de faux rapports, afin d'engager les Princes Etrangers dans fes interêts, & pour fe faire des Protecteurs au préjudice & au dommage irreparable de la République, par fes magnifiques promeffes. Combien d'Emiffaires *Stanislas* n'a-t-il pas envoyez pendant le court efpace de fon Regne à la *Porte Ottomanne*, & au *Chan des Tartares de Crimée*, le tout aux dépens des revenus du Royaume, pour y faire des propofitions execrables? Propofitions autant fcandaleufes que pernicieufes à toute la Chrétienté. Il n'a même pas balancé d'offrir de fa propre autorité, à certaines Cours, des Provinces entieres de la République, pour les difpofer par-là, à quelque prix que ce foit, de lui prêter la main pour s'affûrer du Trône.

Anno 1734.

Tout ceci n'eft que peu de chofe en comparaifon de ce qui va fuivre, & que nous ne faurions rapporter qu'avec horreur. Car on ne fe contenta plus d'aller comme par degrez & à grands pas au comble des crimes, mais on y courut à toute bride. On viola toutes les Loix Divines & Naturelles, & tout ce que leur malice véritablement diabolique leur pût fuggerer de déteftable & de monftrueux, d'horrible & d'execrable à tout honnête homme, fut exécuté fur le champ. On s'addreffa à cette efpece d'Hommes, qui, quoique foumis à leurs Seigneurs, en font néanmoins toujours les ennemis, pour les animer à fe foulever contre leurs Maîtres; on les appella au fecours fous de grandes promeffes, & on joignit ce qu'on avoit de Troupes à ces Legions ruftiques & indifciplinées. Avec cette Armée on marcha droit à *Cracovie*, Capitale du Royaume, où l'on garde les Ornemens Royaux, & où eft la fépulture de nos Rois. Cette Ville, qui pour le grand nombre de Corps Saints & d'autres Reliques qu'elle renferme, a déja mérité chez nos Ancêtres le nom de *Petite Rome*, fut affiegée & inveftie de tous côtez; on battit fes murs par le feu continuel de l'Artillerie; on ravagea toute la Campagne des environs: En un mot, on mit entre les mains de gens qui ne peuvent jamais être retenus dans leur devoir que par la rigueur des Loix les plus féveres, la défenfe de la caufe de celui qui, au dommage irréparable & à la deftruction entiere de la République, avoit avec grande effufion de fang levé depuis peu fa main rebelle contre fon Roi, fon Seigneur & fon Bienfaiteur.

La fureur de ces gens n'en demeura point-là, & leur brutale rage n'avoit pas encore atteint fes bornes, puifqu'elle n'en connoiffoit aucunes. La crainte de Dieu, l'amour de la Patrie, l'Honnêteté & la Bienfeance étoient des remparts trop foibles pour l'arrêter. Car comme un Pecheur abandonné à fes paffions ne fe foucie plus de rien, de même leur licence effrenée fe livra fans réferve à tous les excès imaginables, & ne connut plus d'autres Loix que celles que le caprice leur dicta. Après tous ces defordres caufez dans le Royaume, leur noire malice leur fuggera de tenter la même chofe au dehors. Ils mirent donc tout en œuvre pour difpofer par la *nouvelle Confédération de Sendomir* qui a été imprimée, & par des gens habiles dans ce manége, qui voulurent bien y prêter leur miniftere infernal, les Sujets de l'*Empereur* & de *S. M. Czarienne*, Peuples fidéles aux commandemens de Dieu, & dans l'obéïffance duë à leurs Souverains, de fe foulever contre leurs Princes. Quelle abomination devant Dieu! Quel honteux procedé & indigne du Nom Chrétien! Quel horrible attentat! De femblables deffeins peuvent-ils jamais tomber dans l'efprit d'un Homme d'honneur? Des machinations fi pernicieufes n'entrainent-elles pas la ruïne des Nations, & ne font-elles pas en exécration même chez les Peuples barbares? Combien de Loix n'y a-t-il pas qui puniffent feverement, & comme un crime capital, toute réfiftance à Dieu & au Souverain, qui eft le dépofitaire de fon Autorité? Quelle fureur & quel tranfport infenfé pouvoit donc porter un Peuple fidéle à s'élever ainfi contre Dieu & contre leurs Seigneurs, & à confpirer pour le bouleverfement de tout l'Univers!

Mais puifque les chofes fe trouvent encore actuellement dans un état que la République ne peut que fouffrir vivement de chaque pas qu'on fait, & qu'elle a lieu d'appréhender de recevoir de jour en jour encore plus de tort & de préjudice: Nous, qui fommes animez d'un vrai zéle pour la Religion Catholique, & pour la Sainte Eglife Romaine, laquelle trouve un grand avantage dans la grace miraculeufe que le Ciel a répandue fur les Sereniffimes *Electeurs de Saxe*, & un plus grand encore, dans la Pieté admirable & très-exemplaire du Sereniffime Roi Auguste III. heureufement regnant; Nous, qui cheriffons plus fincerement, plus tendrement, & plus cordialement que qui que ce foit, la Patrie & la Liberté; qui avons véritablement à cœur la conferva-

tion

ANNO 1734.

tion de la République & le rétablissement de la Paix; qui, prenant en main la hache qui a déja commencé à abattre l'arbre par sa racine, & en nous opposant fortement aux divers maux qui nous accablent de tous côtez & en grand nombre, n'avons que des intentions très-pures; nous répétons ici expressément le présent Manifeste solemnel, & tout ce que nous avons declaré ci-dessus: Suppliant le *S. Siége Apostolique*, & notre Seigneur & Pere commun, de vouloir discerner notre cause d'un Peuple profane, & nous délivrer de l'iniquité d'un Homme frauduleux. Nous conjurons aussi toutes les Puissances & Républiques, de ne vouloir seconder en aucune maniere les entreprises malicieuses de nos Adversaires, mais de les extirper plutôt par-tout, comme des Boute-feux qui ont mis toute l'*Europe* en combustion; de ne pas ajouter foi au *Primat*, qui par ses artifices & par ses brigues est le principal Auteur & le prémier Mobile des maux présens, ni à qui que ce soit de son Parti: mais de les renvoyer sans leur donner audience, & de concourir avec nous pour la cause commune, afin de rétablir la Paix & assûrer le Bien public, que nous-nous proposons uniquement pour but. En agissant ainsi, on reconnoîtra bientôt, lequel des deux Partis a été le plus autorisé à prendre les armes? Quel est le plus juste & le plus légitime? Et enfin quel est le plus avantageux à la République & à toute l'*Europe*? En même tems on apprendra à connoître nos Adversaires, par leur conduite & par leurs démarches.

ANNO 1734.

Exposition de l'état des affaires.

LE défunt Cardinal *Radziejowski*, ci-devant *Primat* du Royaume, s'étant malheureusement engagé dans certaines factions très-préjudiciables à la République, donna la plus cruelle & la plus injuste atteinte aux Droits d'une Nation libre, en disposant par son autorité plusieurs Seigneurs à proceder à une nouvelle Election, du vivant même & pendant le Regne légitime du Serenissime Roi AUGUSTE II. de glorieuse memoire. Toute la République extrêmement indignée d'une entreprise si odieuse, (étant naturel à notre Nation, de garder toujours à nos Rois & Seigneurs une entiere & inviolable fidélité) ne fut pas plutôt informée de cet Acte pernicieux, qu'elle indiqua une Assemblée générale à *Sendomir* pour le 20. *Mai* 1704, où plusieurs Palatinats se rendirent en corps, & d'autres se contenterent d'y envoyer des Députez, & tous y comparurent avec un zéle extraordinaire pour maintenir la Majesté de leur légitime Roi & Seigneur. On y fit plusieurs Reglemens contre la Faction du *Primat* en cassant, annullant & condamnant tous les Actes passez & futurs; & pour mieux parvenir à la fin qu'on se proposoit, les Etats du Royaume formerent une *Confédération générale*. Le principal objet de cette démarche étoit, de s'opposer à la prétenduë nouvelle Election, pour laquelle on venoit d'indiquer une Diète, ainsi qu'il paroît par les paroles suivantes; qui sont copiées de mot à mot sur l'Acte même:

Abortivum partum horum aliquot plùs vel minùs seditiosorum capitum, ipsumque illorum Conventiculum Varsaviense, *pro infame & condemnato legibus patriis congressû declaramus, futuramque temerè & rebelliter divulgatam Electionem, non tantùm liberis suffragiis, & solemnibus protestationibus in jure vetandi, ut Gens libera impugnamus; verùm & ipsum Candidatum, sive Electum*, pro hoste Patriæ, in omne ævum inhabili ad Thronum Regium, *inmò pro* Invasore, Tyranno, & Impostore *declaramus*.

Nous déclarons l'avorton de quelques-uns de ces Chefs factieux, & le *Conventicule* qu'ils ont tenu à *Varsovie*, comme une Assemblée infame & condamnée par les Loix de la Patrie: Nous-nous opposons non-seulement comme une Nation libre, & en vertu du *liberum veto*, par nos suffrages & par des Protestations solemnelles à la prochaine Election, qui a été témerairement & séditieusement indiquée; mais nous déclarons aussi que le Candidat même, ou celui qui aura été élû, est un *Ennemi de la Patrie, inhabile pour jamais de monter sur le Trône*, & un injuste *Ravisseur, Tyran & Imposteur*.

La même Confédération porte aussi en propres termes:

Similiter omnes cum præfato R. Archi-Episcopo Gnesnensi *conjunctos, eique adhærentes, præcipuè Illustr.* Stanislaum Leszczynski Posnaniensem Palatinum, *& alios, qui fuerunt, suntque actû, consilio & auxilio complices Hostis, pecuniamque ab illo acceperunt, & ex cruentis spoliis nostris participaverunt, obliti tot beneficiorum, quibus à* SERENISSIMO REGE *ornati, & proventuum quibus ampliati, & quibus saltem pro verecundiâ peccandi sufficerit tam effusa Bonitas & Clementia Principis, attamen in reprobum abierunt sensum, jamque omnium factionum facti Coöperatores, quapropter illos unà cum aliis adhærentibus* Comitiis Lublinensibus *condemnatos, pro* hostibus Patriæ, & ampliùs indignis beneficio Libertatis communis *declaramus, & ex corde Reipublicæ ejicimus*.

Comme aussi tous les Partisans & Adhérans du susdit Révérendissime *Archevêque de Gnesne*, & principalement *Stanislas Leszczynski, Palatin de Posnanie*, & autres qui se sont rendus complices de l'Ennemi, soit par leurs conseils ou par leurs actions, qui en ont tiré de l'argent, & qui ont participé à nos sanglantes dépouilles, qui ont oublié tant de Bienfaits dont le SERENISSIME ROI les a comblez, & les graces dont il les a enrichis, & qui en considération de l'extrême Bonté & Clémence de ce Prince auroient au-moins dû avoir honte de se soulever contre lui; mais qui nonobstant cela se sont abandonnez au crime, & se sont rendus Complices des factieux. C'est pourquoi nous les déclarons avec tous leurs Adhérans, qui ont déja été condamnez par la *Diète* tenue à *Lublin*, *Ennemis de la Patrie*, & *indignes de participer desormais à la Liberté commune*, & les chassons du sein de la République.

Et voici la Conclusion du même Acte:

Hunc ergo generalem inter Ordines Reipublicæ nexum constitutum, & juxta Comitia pacificationis, statutaque Monitionis generalis *sub* Sandomiriâ, Confœderationisque *sub* Kolo, *nec non juxta* ultima Comitia Lublinensia, *generalis unionis animorum, & executionis sanciterum, firmissimè stabiliendo, pro Deo, Lege & Rege, robore & authoritate* modernæ Generalis Confœderationis, *quæ ut in omnibus punctis & clausulis perpetuam vim & validitatem habeat, inviolabilis maneat, arctissimo nexu* juramentorum, *& subscriptionum nostrarum, hoc salutare opus corroboramus*.

Voulant donc confirmer plus que jamais, & resserrer les nœuds qui lient tous les Etats de la République ensemble, & unir les esprits pour l'exécution unanime de ce qui a été proposé & statué, soit à l'égard de la Religion, ou de nos Loix & de notre Roi, tant à la *Diète de Pacification*, que par les *Points de la Convocation générale à Sendomir*, aussi bien que par la *Confédération faite au Kolo* & les Resolutions prises à la *derniere Diète de Lublin*, nous avons fait la *présente Confédération générale*; Et afin qu'elle demeure à perpetuité inviolable, & que tous ses Points & Clauses ne perdent jamais rien de leur force, nous confirmons cet ouvrage salutaire par un *serment solemnel* & par notre propre *signature*.

Voici à présent le *Formulaire du Serment* prescrit par le susdit Acte, & qui a été prêté par tous les Sénateurs Spirituels & Séculiers, par les Ministres d'Etat, & par toute la Noblesse, qui furent présens à l'Assemblée:

Ego N. N. juro Deo Omnipotenti &c. quod gloriam Dei, defensionem Sacræ Romanæ Ecclesiæ, Majestatem & salutem Sacræ Regiæ Majestatis AUGUSTI II. liberè electi, integritatem Reipublicæ indivisam, liberam Electionem, Juraque Spiritualia & Nobilium contra quemlibet hostem tuebor, *& juxta Se-*

Je N. N. jure devant Dieu le Tout-puissant &c. que je défendrai contre tout Ennemi & Aggresseur, la Gloire de Dieu, & de la Sainte Eglise Romaine, la Dignité & la Vie de sa Sacrée Majesté le Roi AUGUSTE II. *qui a été librement élû, la Conservation entiere & indivise de la République, la liberté de l'Election, & gé-*

ANNO 1734.

Senatoriam meam obligationem ac juramentum, ad plenam Reipublicæ pacificationem, tàm ab intra quàm ab extra in præsenti Generali Confœderatione, ad extremas vires, sanguinis guttam, & residuitatem fortunæ manebo; nullum respectum habebo pro colligationibus, proximitatibus, amicitiis &c. Quicunque deniquè ille sit, ab hoc generali nexu Ordinum Reipublicæ recedens, quemlibet talem, & futurum Electum, si inveniretur, vel Candidatum, pro hoste Patriæ *habebo, in ipsiusque interitum exsurgam.* Quemadmodum verò Dethronisationem sincerâ mente ejuravi, ita & Exvinculationem obedientiæ, per prævaricationem degenerorum Patriæ filiorum, & externam Potentiam impositam, ejuro & detestor. *Hoc quoque juramentum sine ullâ imaginariâ dispensatione, in omnibus punctis manutenebo & servabo: Sic me Deus adjuvet* &c.

généralement tous les Droits du Clergé & de la Noblesse; Que suivant mon devoir & mon serment de Sénateur, je demeurerai dans la présente Confédération générale, jusqu'à l'entiere pacification de la République, tant au dedans qu'au dehors, & que j'y sacrifierai mes Biens, ma Vie, & ma Fortune; Que je n'aurai aucun égard aux Alliances, au Parentage ni à l'Amitié &c. Et enfin que, si qui que ce soit vient à abandonner cette Union générale des Etats de la République, je le regarderai, aussi bien que le futur Elû, supposé qu'il y en ait un, ou bien tout Candidat, comme un *Ennemi de la Patrie*, & que je tâcherai de le détruire. *Et comme j'ai juré sincerement de ne point concourir au Détrônement, j'abjure de même, & je déteste la cassation du serment d'obéissance qui a été publiée par quelques fils ingrats & dégénérez de la Patrie, soutenus par une Puissance Etrangere.* Et je promets de tenir & d'observer inviolablement ce serment dans toutes ses clauses, sans aucune dispensation imaginaire; Ainsi que Dieu me soit en aide &c.

C'est suivant ce même Formulaire, en changeant seulement les paroles qui regardent particulierement les Sénateurs, que tous les Officiers, Conseillers, & l'Ordre de la Noblesse prêterent serment: Après quoi, voici en quel ordre se fit la signature:

Stanislas Donhoff, Grand-Veneur du Grand-Duché de *Lithuanie*, Maréchal de la Confédération générale.
Louis Zaluski, Evêque de *Plocsko*.
André Zaluski, Evêque de *Warmie* & de *Samogitie*, Grand-Chancelier du Royaume.
Alexandre Wybowski, Evêque de *Lucko*.
Jean Bokum, Evêque de *Premislie*, nommé à l'Evêché de *Cracovie*
Théodore Potocki, Evêque de *Culm* & de *Pomerellie* (c'est le *Primat* d'aujourd'hui.)
J. Gomolinski, Evêque de *Kiow*.
Lubomirski, Castellan de *Cracovie*, Général de la Couronne.
Stanislas Morsztyn, Palatin de *Sendomir*.
Janus Korybuth, Prince *Wisznowiecki*, Castellan de *Vilna*.
François Galecki, Palatin *de Kalisch*.
Jean Jablonowski, Palatin de *Russie*.
Nicodeme Zaboklicki, Palatin de *Podolie*.
Martin Chomentowski, Palatin de *Masovie*.
Pierre Kczewski, Palatin de *Marienbourg*.
Jean Koniecpolski, Palatin de *Brackslow*.
Ladislas Sapieha, Palatin de *Minsko*.
François Zaluski, Palatin de *Czernichow*.
Joseph, Marquis *Myszkowski*, Castellan de *Sendomir*.
Casimir Bielinski, Grand-Maréchal de la Couronne.
Marcien Wollowicz, Grand-Maréchal du Grand-Duché de *Lithuanie*.
Charles Prince *Radzivill*, Grand-Chancelier du Grand-Duché de *Lithuanie*.
Jean Szembeck, Vice-Chancelier du Royaume.
George Przebendowski, Grand-Thrésorier de la Couronne.
Louis Peciey, Grand-Thrésorier du Grand-Duché de *Lithuanie*.
Stanislas Rzewuski, Référendaire de la Couronne.
Constantin Szaniawski, Référendaire du Grand-Duché de *Lithuanie*.
George Lubomirski, Sous-Chambellan de la Couronne.
Bogislas Donhoff, Sous-Chambellan du Grand-Duché de *Lithuanie*.
Encore quinze autres Castellans.
Paul Olszewski, Instigateur de la Couronne.

Les Sénateurs & la Noblesse de la *Grande Pologne*, savoir des Palatinats de *Posnanie*, de *Kalisch* & autres, ont aussi signé cet Acte à leur Diète générale, & ont prêté le serment de Confédération suivant le même Formulaire.

Voici la signature des autres Palatinats:

1. Le Palatinat de *Cracovie*.
2. Les Duchez de *Zathor* & d'*Oswiekzin*.
3. Le Palatinat de *Vilna*, avec ses Districts.
4. Le Palatinat de *Sendomir*.
5. Le Palatinat de *Troki*.
6 Le Palatinat de *Siradie*.
7. Le District de *Wielun*.
8. Le Palatinat de *Lencici*.
9. Le Duché de *Samogitie*.
10. Le Palatinat de *Cujavie*.
11 Le Palatinat d'*Inowladislaw*.
12. Le District de *Dobrzin*
13. Le Palatinat de *Russie*, & le District de *Leopol*.
14. Le District de *Premislie*.
15. Le District de *Sanock*.
16. Le District de *Chelm*.
17. Le District de *Halicz*.
18. Le Palatinat de *Volhinie*.
19. Le Palatinat de *Podolie*.
20. Le Palatinat de *Lublin*.
21. Le Palatinat de *Belcz*.
22. Le Palatinat de *Novogrodeck*.
23 Le Palatinat de *Plocsko*.
24. Le Palatinat de *Vitepsk*.
25. Le Palatinat de *Masovie*.
26. Le Palatinat de *Podlachie*.
27. Le Palatinat de *Rava*.
28. Le Palatinat de *Brzestie*.
29. Le District de *Pinsko*.
30. Le Palatinat de *Braclaw*.
31. Le Palatinat de *Minsko*.
32. Le Palatinat de *Livonie*.
33. Le Palatinat de *Czernichow*.

Cette Confédération fut dressée, signée & confirmée par un serment solemnel, libre & volontaire, suivant le Formulaire rapporté, avec tant de zéle & d'empressement, par tous ceux qui sont spécifiez ci-dessus, qu'il étoit impossible de s'imaginer, que jamais il pourroit y en avoir quelqu'un qui deviendroit parjure, & qui voudroit entreprendre quelque chose contre une Loi si formelle & contre son serment; vû surtout, que cet Acte général & solemnel des Etats a constamment servi de base & de fondement à tous les autres Actes faits depuis jusques en 1717. En cette même conformité la *Confédération générale de Tarnogrod*, faite en ladite année 1717. sous la Médiation du Czar *Pierre I.* porte en termes exprès, par rapport à la personne de *Stanislas Leszczynski:*

Præcavetur specialiter, quod beneficio amnestiæ Stanislao Leszczynski, *& Asseclis ejus extra Regnum commorantibus, nisi intra* trimestre, *à datâ præsentis Tractatûs subscriptione, ad Corpus Reipublicæ redierint, gaudere ac sese tutari non licebit, eoque intuitû in casû non resipiscentiæ*, salva executio pœnarum *contra eos in legibus expressarum reservatur.*

Il est spécialement stipulé, que *Stanislas Leszczynski* & ses Adhérans qui se tiennent hors du Royaume, ne pourront joüir ni se prévaloir du benefice de l'Amnistie, à-moins qu'ils ne rejoignent le Corps de la République avant l'expiration de *trois mois*, à compter du jour de la signature du présent Traité: Et au cas qu'ils ne changent point de sentiment, on *réserve* contre eux *l'exécution des peines* portées par les Loix.

Tous ceux qui se trouvoient auprès de *Stanislas* furent frappez & ébranlez par cet avertissement, particulierement le Seigneur *Poniatowski*, un de ses plus fidéles Partisans, & qui lui avoit de grandes obligations. Ils retournerent au sein de la République, & le Serenissime Roi AUGUSTE II. de glorieuse memoire

ANNO 1734. moire les reçût avec tant de marques de Bonté, que *Stanislas* lui-même, las de se voir continuellement le jouët de la fortune, & abandonné de tout le monde, commença à former le dessein de se jetter pareillement aux pieds de son Roi, & d'implorer sa Clémence. Aussi l'auroit-il peut-être exécuté, si pour le malheur de la République & de toute l'*Europe*, d'autres circonstances n'y eussent mis de l'empêchement.

Que tout le monde juge à présent par les Documens rapportez ci-dessus, si un Serment, conçû dans la forme de celui qu'on a lû, doit être inviolable, ou non? S'il oblige à soutenir l'inéligibilité de *Stanislas* unanimement résolue & déclarée par les Etats assemblez, & son exclusion perpetuelle du Trône, ou point? On croit que les *Partisans de Stanislas* mêmes ne pourront raisonnablement répondre à ces questions, que conformément à la Justice & à leur conscience: savoir, qu'une Loi faite par tout le Corps des Etats, & confirmée par un Serment aussi solemnel, doit certainement être maintenue. De quelle autorité & de quel front, ceux qui ont eu la présomtion de vouloir mettre à toute force sur le Trône un sujet exclus pour jamais, ont-ils donc pû se dégager d'une obligation si absolue? En quel lieu & en quel tems ont-ils pu chercher la réhabilitation, & la dispensation du Serment qui les lioit à cet égard? Une Loi publique si solemnellement établie, & confirmée par toute la République, moyennant tant de Constitutions faites successivement, & dans un si grand nombre d'Actes publics, pouvoit-elle si témerairement être cassée & annullée par l'Autorité privée, & selon le bon-plaisir des *Adhérans de Stanislas*? Un Serment conçû en des termes si forts, pour l'observation exacte & inviolable de cette même Loi, devoit-il être si frivolement negligé & rejetté? Ce que les trois Ordres des Etats de la République avoient resolu & établi en Corps, & même solemnellement juré, ne devoit-il pas de même être aboli par tout le Corps des Etats? Les *Partisans de Stanislas* alléguent vainement à cet égard, que la susdite Loi n'obligeoit qu'uniquement durant la vie du Serenissime Roi AUGUSTE II de glorieuse memoire. C'est un frivole subterfuge, puisqu'on sait bien que ce Prince ne pouvoit pas toujours vivre: Et si l'on admettoit cette proposition, il s'ensuivroit, que toutes les Constitutions de la République seroient nulles, & auroient dû être censées abolies par la mort de chaque Roi, durant le Regne duquel elles ont été faites.

Voilà donc les motifs que les Etats, qui représentent la vraye République, laquelle n'est ni parjure ni intéressée, mais seulement attentive à maintenir inviolablement ses Loix, ont eu de ne pas admettre au Trône *Stanislas Leszczynski*; nommément, que par un Serment solemnel, dont rien au monde ne sauroit les dispenser, il a été exclus pour jamais du Trône, publiquement declaré Ennemi, Usurpateur & Tyran de la Patrie, & chassé comme tel du Royaume; les peines statuées contre lui ayant aussi déja été en partie exécutées, mais en partie suspenduës, dans l'espérance qu'il se soumettroit encore, & rentreroit dans son devoir. Toutes ces raisons, & les autres pour lesquelles ils refusent de l'admettre, se réduisent aux chefs suivans:

I. *Parce que leur Conscience s'y trouve engagée par un Serment qu'ils ont prêté volontairement & après une mûre déliberation, & duquel rien au monde ne peut les dispenser.*

II. *Parce qu'il s'agit du maintien d'une Loi publique, dont la violation seroit infailliblement suivie du renversement de toutes les Constitutions du Royaume.*

III. *Parce que l'Honneur & la Dignité du Trône & de la Couronne de* Pologne *exigent, que la Royauté ne soit pas conferée à celui qui en a été une fois exclus & éloigné par les Loix.*

IV. *Parce que cela est absolument nécessaire pour la conservation de la Liberté, de même que pour le maintien d'une libre Election & du* Liberum veto, *qui a été opprimé par la violente intrusion de* Stanislas Leszczynski, *faite par le* Triumvirat.

V. *Parce qu'on veut prevenir par-là pour l'avenir la funeste & injuste ambition de ceux qui aspirent au Trône du vivant même du Roi, comme infiniment pernicieuse à la Liberté, à la libre Election, & à la Tranquillité publique.*

VI. *Parce qu'on vouloit éviter la guerre que l'Election de* Stanislas *ne pouvoit manquer d'attirer à la République.*

VII. *Parce que la sûreté des* Pacta Conventa *y est intéressée: Car la République pouvoit-elle s'attendre raisonnablement à leur exécution de la part de celui qui par une Loi publique avoit été reconnu & déclaré* Ennemi, Tyran *&* Usurpateur *de la Couronne?* ANNO 1734.

VIII. *Parce qu'on apprébendoit que la* France, *qui s'est attaché* Stanislas *par tant d'endroits, & à laquelle il a de si grandes obligations, ne fût assez puissante pour lui donner un jour un Successeur; Car plus elle étoit assûrée de* Stanislas, *plus aussi il lui étoit facile de se mêler des affaires de la République, & d'en disposer à son gré, ainsi qu'on en peut juger par les Traitez faits entre eux, où l'on promet entre autres à ceux qui seront descendus de* Stanislas *en ligne directe, les mêmes prérogatives qu'aux Princes de Maison Royale. La République n'avoit-elle donc pas lieu de craindre qu'on ne destinât la succession à un de ceux-là?*

IX. *Parce que le nombre des Parens & Alliez de* Stanislas *est fort grand, & qu'il y avoit à craindre que les égards pour sa famille l'emporteroient toujours sur le mérite des autres.*

X. *Parce que ceux qui avoient marqué le plus le zéle pour la Liberté de la Nation & de l'Election, & qui avoient le plus insisté sur l'établissement de la Loi faite contre lui, apprébendoient avec raison son ressentiment, & qu'il ne s'en vengeât un jour.*

„ Outre la Loi établie par la *Confédération de Sendomir* pour l'exclusion de *Stanislas*, il y a plusieurs Constitutions & Sanctions pragmatiques très-anciennes, qui déclarent non-seulement inhabiles de regner, tous ceux qui aspirent au Trône du vivant du Roi, mais qui les menacent aussi des peines les plus rigoureuses.

Ces raisons & ces motifs très-valables & bien fondez nous ont portez à exclure du Trône *Stanislas Leszczynski*, & à élire le Serenissime AUGUSTE III. Prince Royal de *Pologne* & Electeur de *Saxe*; fils d'un Pere, dont les mérites envers la République égalent la gloire qu'il s'est acquise dans le monde; Ce Prince qui regne heureusement sur nous, & qui a été couronné à *Cracovie*, le 17. Janvier de l'année présente, avec une pompe & une magnificence extraordinaire; Ce Prince très-Catholique, très-pieux, très-clément, & orné de toutes les Vertus Royales: Le même enfin, à qui les *Adhérans de Stanislas* ont autrefois offert à l'envi leurs suffrages pour l'élire Roi, ainsi qu'on en peut produire des preuves authentiques, mais qui refusa de les accepter alors, par respect pour les Loix.

Ayant donc élû à présent ce même Prince, quel tort avons-nous fait aux Loix? Quel danger la Liberté en a-t-elle à craindre? Quel préjudice la République en reçoit-elle? Et enfin quelle considération ou quel scrupule devoit-il nous en empêcher? Que les Perturbateurs de la Paix & de la Sûreté publique, les opiniâtres Prévaricateurs qui ont empieté sur nos Droits & sur notre Liberté, nous le disent!

La Loi portée à la *Diète de Convocation* à *Varsovie* contre les Candidats Etrangers, ne sauroit en aucune maniere être regardée comme juste & légitime, vû quantité d'abus excessifs qui se sont commis à cet égard, comme ayant été établie par violence & par l'autorité absolue du Parti dominant, dans une Scission ouverte de la République, & au milieu des troubles & des desordres. Supposé néanmoins, que suivant la prétension des seuls *Adhérans de Stanislas*, elle obligeât véritablement; Quel rapport auroit-elle au *Prince Royal de Pologne*, puisqu'il y est simplement parlé des *Princes étrangers*? Il y a une grande différence entre le *Prince Royal de Pologne*, qui, en vertu d'une Loi de la Diète générale tenue en 1726. a des Possessions dans le Royaume, & des Princes purement étrangers. Ainsi la prétendue Loi, contre laquelle on a fait par tout tant de Protestations, ne s'étend aucunement jusqu'à lui, parce qu'il est de la Maison Royale, dont on n'a pas fait la moindre mention. C'est ainsi que du tems de l'Election du Serenissime AUGUSTE II. de glorieuse memoire, le Serenissime Prince *Jacques*, fils du Roi, & parce qu'il étoit de la Maison Royale, fut élû par un grand nombre de Suffrages, quoiqu'on eût unanimement stipulé, que tout *Piaste* seroit exclus de l'Election. Il n'y a que des Insensez, & des gens peu versez dans nos Loix, qui puissent regarder comme étranger le fils d'un Roi de *Pologne*, lequel à cause de sa proximité est incorporé au Royaume avec son Pere, & appartient même specialement à la République par

ANNO 1734.

par le titre de *Prince Royal de Pologne* qu'il porte, ensorte qu'il ne sauroit plus être réputé étranger. Il a donc été légitimement élû, sans blesser même la Loi portée contre les Etrangers, parce qu'il est de la Maison Royale. Une autre raison qui empêche qu'il soit compris sous cette Loi, c'est qu'il descend de la Maison de *Jagellon*, pour laquelle les *Polonois* ont une inclination & une affection si naturelle, qu'ils ont même été chercher au delà des Mers des Princes qui en étoient issus, pour les placer sur le Trône de *Pologne*. Les circonstances qu'on a ajoutées à l'*Acte de Convocation* contre le Prince Royal de *Pologne*, ne peuvent rien à son préjudice, y ayant été malicieusement insérées de l'autorité privée du *Primat*, qui étoit déja prevenu en faveur de *Stanislas*: Aussi n'en a-t-on pas fait publiquement mention, & l'on fut très-surpris de les voir imprimées dans la suite. Mais comme on en étoit bien payé, les Auteurs & Inventeurs étoient fort intéressez à ne rien négliger pour les y maintenir. La Loi en question ne pouvoit pas non plus s'étendre à tous les étrangers en général, ni les exclure absolument du Trône; parce qu'une Loi publique concernant quelque sujet important, doit être statuée & décretée, sinon par toute la République en corps, au moins par l'unanimité des Etats, qui y doivent tous également concourir & y consentir. De plus une semblable Loi ne doit être en aucune maniere préjudiciable à la République, qui cependant perdroit considérablement par l'exclusion d'un Prince, duquel la Nation pourroit espérer & se prometre les plus grands avantages: Car plus il y a de Candidats, plus aussi la République y gagne, parce qu'alors ils lui font des propositions plus avantageuses les unes que les autres. Une telle Loi doit aussi se faire sans diminution ni oppression de la Liberté, qui cesseroit d'être parfaite & illimitée, si on vouloit mettre des bornes à ce qui constitue la principale partie d'une libre Election, & qui en est comme l'ame. Elle ne doit pas non plus se faire aux dépens d'un tiers, tellement qu'il puisse avoir juste raison de s'en plaindre. Car si quelque Prince étranger, doué de toutes les qualitez nécessaires, eût sû gagner à tems le cœur & l'esprit des futurs Electeurs, & eût rendu de grands services à la République dans une occasion importante, & que dans la suite du tems on vînt à exclure du Trône tout Etranger; ne seroit-ce pas lui faire tort? La République n'en souffriroit-elle pas, si dans un cas de besoin elle se trouvoit privée de l'assistance & des bons offices de ceux dont on se seroit si cruellement joué? Au lieu qu'elle en pourroit toujours attendre la même protection, si on leur permettoit seulement d'être du nombre des Concurrens, & de gagner par des voyes licites les suffrages des Electeurs, quand même ils ne seroient pas élus, puisqu'après tout c'est Dieu qui fait les Rois. Enfin une semblable Loi est manifestement contraire à la volonté de Dieu, & nullement compatible avec la coûtume qu'on a d'invoquer avant tout l'assistance du Saint Esprit. Car qui est-ce qui a pénétré dans les Conseils & dans les Decrets de la Providence? A qui le Ciel a-t-il fait connoître ses intentions par rapport au Roi à élire? Incertains sur ce point, nous devons implorer le Roi des Rois, pour qu'il lui plaise de diriger nos cœurs & de bénir notre ouvrage. Et par conséquent nous ne pouvons ni ne devons anticiper sur sa Divine volonté, soit en destinant absolument la Couronne à qui que ce soit, ou en donnant l'exclusion à d'autres, mais il est de notre devoir d'accepter avec soûmission celui que Dieu nous indique. Car ne seroit-ce pas le tenter d'une maniere criminelle, ou plutôt se jouer de lui, que de vouloir placer quelqu'un sur le Trône au risque de troubler la Paix, de perdre la Liberté, de ruïner la Patrie, & de causer une grande effusion du Sang de ses Freres & Compatriotes, lorsque de toute éternité la Providence a disposé autrement de la Couronne?

Quelle pitié donc, de se voir continuellement & par tout accuser de parjure, par ceux-là même à qui tout l'Univers peut le reprocher avec le plus de justice! Car n'est-ce pas évidemment être Parjure & Impie, que d'enfraindre & de violer témerairement le Serment volontairement prêté après une mûre déliberation, par lequel la Loi faite contre *Stanislas* a été confirmée à perpetuité? Et si les *Adhérans de Stanislas* ont cru pouvoir passer par dessus une Loi publique decretée par eux-mêmes, & par dessus un Serment si solemnel, qu'ils ont promis d'OBSERVER INVIOLABLEMENT SANS AUCUNE DISPENSATION IMAGINAIRE & s'ils n'ont point de honte d'avoir donné par-là l'exemple d'un terrible parjure; comment & de quel front peuvent-ils donc prétendre plus de fidélité & plus d'exactitude de la part de ceux qui se sont laissez entraîner dans leur parti, soit par leurs violences ou par leurs artifices, & qui ont bonnement cru que tout se faisoit pour le Bien de la République? Sur quel fondement peuvent-ils en exiger une observation inviolable de leur Serment, qui, outre qu'il a été extorqué par la force, est très-défectueux à tous égards, & entraîne des conséquences très-préjudiciables au Royaume? Car pour mieux disposer les esprits à le prêter, les Lettres de Convocation, & les assûrances données, différoient infiniment du procedé qu'on tint, & des effets dont elles furent suivies: C'est pourquoi aussi plusieurs de ceux qu'on avoit attirez dans le Parti de *Stanislas*, témoignerent leur mécontentement de cette supercherie & falsification manifeste.

La nomination, soit qu'elle ait été faite par le *Primat* ou par un Evêque du Royaume, n'ajoute ni n'ôte rien à la valeur de l'Acte d'Election. Cette cérémonie est une simple Prérogative de la Dignité Primatiale. Aussi avons-nous plusieurs exemples de Rois légitimement élûs & couronnez, qui ont été nommez par des Evêques, à qui les Loix permettent de faire la nomination, lorsque, par exemple, le *Primat* se trouve impliqué dans quelque Faction contraire aux véritables interêts de la République, comme dans le cas présent. La même chose a lieu par rapport au Couronnement. Mais pour mieux mettre au jour l'injuste partialité du *Primat* à cet égard, nous allegueron ici l'exemple de *Stanislas Leszczinski* même, qui lors de sa prémiere Election, laquelle couta tant de sang à la République, & manqua de la renverser de fond en comble, fut nommé en très-grande confusion par l'*Evêque de Posnanie*, qui étoit justement à *Varsovie*, & seulement à mille pas du *Cardinal Radzieïowski*, *Primat* du Royaume. Nonobstant cela le *Primat* d'aujourd'hui, pour lors encore Evêque de *Culm*, sans se laisser détourner par ce tort fait à la Dignité Primatiale, & sans se mettre en peine de la Loi dont il avoit en personne juré solemnellement l'observation, non plus que des Monitoires du *S. Siégé Apostolique*, fut le prémier de tous les Evêques du Royaume qui reconnût *Stanislas* pour Roi; devenant ainsi rebelle à son Roi légitime & à la République, & inobéissant au Souverain Pontife. Or si cette Nomination, faite par l'*Evêque de Posnanie* lors de la susdite fausse Election au grand dommage de la République, n'a pas déplû au *Primat*; D'où vient qu'il desapprouve si fort aujourd'hui la nomination faite dans une Election légitime & infiniment plus formelle que celle de *Stanislas*, par le très-Illustre & Révérendissime Seigneur *Evêque de Posnanie*, Homme d'une vie très-exemplaire, d'un mérite distingué & d'une vertu éminente, surtout puisque cela s'est passé en l'absence du *Primat*, & dans le tems qu'il étoit occupé à *Dantzik* à forger de funestes projets contre la République?

Le lieu de l'Election ne fait rien du tout ou fort peu à l'affaire. Car comme il n'est pas déterminé par les Loix, on peut désigner pour chaque Election tel endroit qu'on juge à propos. Les exemples font voir que l'on ne s'est nullement gêné à cet égard. Le Roi *Henri* fut élu au même endroit où le Serenissime Roi d'aujourd'hui AUGUSTE III. l'a été, & *Sigismond III.* le fut dans un Fauxbourg de *Varsovie*. Il n'y a que le Couronnement que les Loix ont fixé positivement à *Cracovie*; ensorte que les Rois ne peuvent être couronnez nulle part ailleurs que dans ladite Ville: Et dans toute l'Histoire de la République on ne trouve qu'un seul exemple du contraire, savoir celui d'*Eleonore*, femme du Roi *Michel*, qui moyennant la dispensation de tous les Etats fut couronnée à *Varsovie* dans un très-pressant cas de besoin, & pour de très-fortes raisons. Nous ne devons pas passer sous silence l'action remarquable que firent les *Adhérans de Stanislas*, en mettant immédiatement après sa Nomination le feu au *Szopa*, ou à la Maison construite au Camp pour les Sénateurs, & en faisant démolir les remparts qui servoient d'enceinte au lieu où la Noblesse avoit tenu ses séances, dont il n'y a jamais eu aucun exemple. C'étoit apparemment dans la vûe d'abolir jusqu'à la mémoire de cette prétendue Election, afin que la Postérité ne trouvât plus le moindre vestige d'un Acte si criminel & si vicieux, & pour qu'on choisît un autre endroit pour les Elections. Au reste nous-nous dispensons de repondre à toutes les autres fictions, rêveries & mensonges que les *Adhérans de Stanis-*

Anno 1734.

nislas Lefzczynski débitent, comme purement controuvez par cette Troupe factieuse, & indignes d'être relevez.

Nous nous contentons d'avoir solidement démontré la nullité de la prétendue Election & de l'intrusion de *Stanislas*, par laquelle on a opprimé le *Liberum veto*, enfraint les Loix, violé le Droit des Gens, troublé la Paix, blessé la Conscience, & attiré sur la République un déluge de maux.

Concluons par une courte explication des circonstances qui rendent une Election libre & légitime. Ce n'est pas dans la quantité des Electeurs qui assistent à cet Acte, & dont le nombre varie chaque fois, que consiste la validité de l'Election. Cette variation provient de la faculté dont la Nation jouït de s'assembler en personne ou par Députez. Cela fait que plusieurs Palatinats se rendent en corps à la Diète, tandis que d'autres y envoyent seulement des Nonces. Cependant tous les suffrages sont égaux pour l'Election, & chacun y peut donner librement le sien. La pluralité ne l'emporte pas non plus, mais le Roi doit être élu unanimement & sans aucune contradiction. Le lieu de l'Election & la Nomination du *Primat*, sont pareillement deux circonstances très-indifférentes, comme il a été prouvé ci-dessus. C'est dans l'unanimité des suffrages & dans le consentement général de tous, après une Nomination & Interrogation préalablement répétée trois fois de suite, clairement, distinctement & à haute voix, & qui doit être suivie à chaque fois par les acclamations générales & unanimes de tout le Peuple Electeur, que consiste une Election légitime. La Nomination de *Stanislas Lefzczynski* est très-défectueuse à cet égard, & a été combattue par des milliers de Protestations à la fois, vu que les acclamations de *Vive Stanislas* étoient mêlées des voix d'une infinité de personnes qui crierent hautement, *Je proteste*. Mais dans l'Election du Serenissime Roi AUGUSTE III. tout le monde s'est écrié comme d'une même voix *Vive* AUGUSTE: Acclamation, qui n'a pas été arrachée par la force, qui ne consiste pas simplement dans l'opinion qu'on l'a entendue, qui n'a pas été achetée à force de promesses & d'argent. De même aussi la Nomination s'est faite clairement & distinctement, d'une maniere aussi solemnelle que le succès en a été heureux. Ce n'est pas l'Esprit du trouble & du desordre qui a dirigé & inspiré les coeurs des Electeurs, mais la Grace du Saint Esprit, qui, continuant à répandre ses Bénédictions sur son propre Ouvrage & sur notre juste Cause, confondra enfin nos Adversaires, & les terrassera, pour faire servir à jamais d'exemple à la Posterité, la peine qu'ils méritent.

CLXXX.

Lettre du Comte GOLLOWSKIN, *Grand Chancelier de l'Empire de Russie au Grand-Visir, servant de Manifeste sur le sejour des Troupes Russiennes en Pologne.* [Traduction d'une Copie authentique.]

J'Ai reçu ces jours passez dans la Dépêche de Mr. Neplueff, Resident de Sa Majesté Imperiale, ma très-Gracieuse Souveraine, auprès de la Porte Ottomane, la Lettre que Votre Excellence a pris la peine de m'écrire: je la fis traduite aussitôt, & l'ayant ensuite lue avec attention, je fus surpris qu'on ait été assez effronté d'insinuer à la Porte Ottomane, que les Polonois assemblez depuis la mort du feu Roi Auguste auroient procedé d'un consentement unanime à l'Election d'un nouveau Roi, & que l'Armée de la très-Auguste Imperatrice, ma très-Gracieuse Souveraine, ne feroit entrée dans la Pologne que pour renverser la Liberté & les Droits de cette ancienne République, & pour détruire entierement le Royaume.

D'ailleurs, le Traité de Paix perpetuelle conclu entre les deux Empires, portant en termes exprès (Article II.) que la Liberté & l'Indépendance de ce Royaume demeureroient inviolables, & que par conséquent il ne feroit permis aux Russiens de s'avancer jusques dans la Pologne, à moins qu'ils n'y fussent obligez par des Troubles excitez dans ce Royaume, Votre Excellence déclare que la Marche des Troupes Russiennes, suivant les Relations que la Porte Ottomane en a reçues, ne lui paroît nullement conforme au contenu de la Convention mentionnée, en vertu de laquelle V. E. insiste au contraire qu'on fasse retirer au plutôt ces Troupes, & souhaite en même tems que je lui mande par ma Reponse dans quelle disposition la très-Auguste Imperatrice, ma très-Gracieuse Souveraine, seroit à cet égard.

Sa Maj. Imperiale, après avoir entendu le très-humble rapport du contenu de votre Lettre, m'ordonne d'y répondre, qu'elle ne pouvoit s'imaginer qu'un aussi glorieux & grand Empire que celui des Ottomans, & un premier Ministre aussi sage & éclairé que V. E. ayent pu ajouter la moindre foi à des insinuations malicieuses, & à des rapports notoirement faux, & que Sa Maj. étoit surprise que de tels rapports eussent été capables de vous donner quelque ombrage, attendu que ce qui a donné lieu aux Troubles de la République de Pologne, s'est passé & se passe encore à la vue de tout le Monde, de sorte que les Auteurs de ces Relations extravagantes devroient rougir de honte, d'avoir osé surprendre l'Empire Ottoman par des Contes inventez à plaisir, & par des Calomnies grossieres, dont tout l'Univers, &, comme je suis persuadé, la Sublime Porte elle-même a déja reconnu la fausseté.

Sa Maj. Imp. n'ignore pas le contenu du Traité de Paix perpetuelle, aussi ne s'en est-elle jamais départie, jamais elle n'a formé le dessein d'empieter sur les Droits & Constitutions de la Pologne, ce sont plutôt ces mêmes Droits & ces mêmes Constitutions, principalement le Droit d'une libre Election & le *Liberum Veto*, dont la République en général, aussi-bien que chacun de ses Membres en particulier, doit incontestablement jouïr, comme du plus précieux Bijou d'une Liberté parfaite, que Sa Maj. s'est proposée de maintenir dans leur entier; & bien loin qu'elle ait en vue de profiter des Dissensions des Polonois, ou de faire des Conquêtes en Pologne, elle ne souffrira jamais que qui ce soit porte la moindre atteinte à cette République.

C'est à quoi Sa Majesté Imperiale se tient obligée, tant par son propre Intérêt & par l'attention qu'elle a naturellement pour un Royaume voisin, que par plusieurs Traitez & Alliances solemnelles qui subsistent entre Sa Maj. Imp. & la République de Pologne, & même en vertu des Engagemens où la Russie est entrée par le Traité de Paix perpetuelle avec la Porte, que Votre Excellence vient d'alleguer. Les Affaires de Pologne dont il est question, s'étant faites à la face de toute l'Europe, comme je viens de le dire, la Porte ne sauroit les ignorer, & elle peut être entierement convaincue de la fausseté des insinuations qu'on lui a faites, & de la justice évidente des démarches que Sa Maj. Imp. a tenu en ces occasions; de sorte qu'on a lieu de croire que la Cour Ottomanne elle-même ne voudra pas en disconvenir, & qu'il ne fera pas besoin d'une Déduction ulterieure de ma part, d'autant plus que tout le Monde raisonnable & impartial en est convaincu & le reconnoit: cependant pour le démontrer clairement à V. E. à la confusion de tous ceux qui, jaloux de la bonne Harmonie qui regne entre la Russie & la Porte Ottomanne, ont fait depuis longtems de vains efforts pour la détruire, je vais lui représenter le plus succinctement qu'il me sera possible, la source des Troubles qui agitent présentement la République de Pologne, & les principales raisons qui ont déterminé Sa Maj. Imp. à en prévenir l'oppression. Avant toute chose il faudra faire mention de Stanislas Lesczynski, source fatale de tous les troubles auxquels la République a failli de succomber. V. E. se souvient que Charles XII. Roi de Suede entreprit dans les premieres années de la derniere Guerre, de renverser entierement la Liberté, les Droits & les Privileges de ce Royaume, & sans avoir aucun égard pour Auguste II. Roi legitimement élû, d'élever au Trône d'une maniere jusques-là inconnue, uniquement par la force des Armes, ledit Stanislas Lesczynski: celui-ci ne fit point difficulté de conclure publiquement avec son Bienfaiteur une Alliance offensive contre la Russie, par laquelle il s'étoit obligé de ceder à Charles XII. des Provinces considerables de Pologne, d'attaquer les Puissances voisines, & de porter la Guerre en Russie.

La République de Pologne se voyant ainsi sappée jusques aux fondemens, naturellement ne pouvoit faire autrement que de s'y opposer de toute sa force. Elle déclara d'abord par des Actes publics Stanislas Ennemi & Traître à la Patrie, & s'obligea par une Con-

ANNO 1734.

Conféderation générale, ſous Serment, de maintenir ſon légitime Roi Auguſte II. Feu l'Empereur des Ruſſies Pierre I. de glorieuſe Memoire, fut requis par elle en vertu des Alliances, de concourir pour s'oppoſer aux violences extrêmes qu'elle ſouffroit alors du Roi de Suede, & de Staniſlas ſon Allié.

Votre Excellence ſait de plus que le Tout-Puiſſant, Protecteur de la bonne Cauſe, couronna les Armes de Ruſſie d'un ſi heureux ſuccès, que Staniſlas fut enfin chaſſé, la Paix rétablie avec la Suede entierement à ſon Excluſion, la République ſauvée & préſervée d'un bouleverſement général dont elle étoit menacée, & conſervée dans une parfaite jouïſſance de ſes Droits & Libertez juſqu'à la mort de ſon légitime Roi. Et afin que ce Royaume ne pût à l'avenir être expoſé à cauſe de la perſonne de Staniſlas, à de pareils troubles & malheurs, la République a confirmé la Déclaration ci-deſſus mentionnée, par laquelle il avoit été déclaré Ennemi de la Patrie, banni à perpetuité, incapable à jamais de porter la Couronne, & indigne d'être jamais réincorporé au Corps de la Nobleſſe Polonoiſe. La Republique ne ſe contentant pas d'avoir confirmé cet Acte par Serment, en demanda encore la Garantie à l'Empire de Ruſſie, lequel par le Traité de Varſovie s'en eſt chargé de la maniere la plus ſolemnelle. Tout ceci eſt clair & évident par la Conſtitution de Lublin de 1703. par l'Inſtrument de la Conféderation de Sendomir de 1704. par le Reſultat du Grand-Conſeil tenu à Varſovie en 1717. & par le Reſultat de la Diète de Grodno en 1718. leſquelles Conſtitutions étant publiques & notoires, on ne peut douter que la Cour Ottomanne n'en ſoit ſuffiſamment informée.

Juſques au Decès d'Auguſte II. de glorieuſe Memoire, les affaires de Staniſlas reſtoient en cette ſituation. Perſonne n'a envié à cet Exilé le bonheur qu'il eut depuis de voir ſa Fille mariée au Roi de France; & bien qu'avant la mort d'Auguſte il y eût des avis de Pologne, que certaines Factions commençoient à ſe former en faveur de Staniſlas, on n'a pas daigné y faire reflexion, parce qu'en effet on avoit de la peine à croire, qu'il y eût des Polonois infidèles à leur Patrie, juſqu'au point de ſe ranger du côté de ce Prétendant, de mépriſer par conſéquent les Conſtitutions de la République, de violer leur Serment, & d'expoſer leur Patrie, par cette lâcheté ſans exemple, au funeſte état où elle ſe voit à préſent réduite.

Il y avoit bien moins d'apparence que Louïs XV. pour l'amour de ſon Beau-Pere, voulût obliger les Polonois de violer leur Serment, & de ſacrifier leurs Libertez, Droits & Conſtitutions; Que les Voiſins vouloient s'oppoſer à une pareille deſtruction totale de la République, & que celle-ci elle-même ne voudroit pas conſentir à ſubir le joug qu'on tâcheroit de lui impoſer; ce Roi animé par une Ambition auſſi précipitée qu'injuſte, voulut déclarer & faire la Guerre à tout le monde.

Cependant on s'eſt vû trompé, & le tems a enfin developpé ce Myſtere. La France, pour mettre en exécution ſes vaſtes deſſeins, a entretenu de longue main en Pologne des perſonnes venales, pour mettre par leur moyen Staniſlas Leſczynsky ſur le Trône, à quelque prix que ce fût.

Dans cette vûe la France a ſû gagner, ſoit par des ſommes conſiderables, ſoit par d'autres artifices, le Primat & la Famille de Potocki; afin qu'au cas de la mort d'Auguſte, ſans avoir égard aux Loix Fondamentales du Royaume, ils euſſent ſoin d'élever à la Royauté l'Ennemi déclaré de la Ruſſie & de la Pologne.

Ce Prélat & ſes Adhérens, aveuglez, comme je viens de le dire, par l'Argent de la France, ſe ſont portez avec tant de chaleur à l'exécution de ce Projet, qu'immediatement après la mort du Roi, ils ont employé l'Autorité que le Pouvoir de Primat leur donnoit, ſe ſervant des moyens les plus énormes pendant l'Interregne, pour parvenir à leur but.

D'ailleurs ce Prélat, reconnoiſſant bien que l'Election de Staniſlas étoit diametralement contraire aux Loix Fondamentales du Royaume, & que la Republique & tous les vrais Patriotes n'y conſentiroient jamais, franchit le pas, & foulant aux pieds les Conſtitutions de la République, le *Liberum Veto*, & le Serment par lequel il avoit autrefois renoncé lui-même à Staniſlas, oubliant Dieu & ſa conſcience, n'héſita & ne differa plus d'employer la force ouverte pour réuſſir dans ſon déteſtable deſſein.

Mais comme il prévoyoit fort bien que les Puiſſances voiſines de la Pologne, principalement Sa Majeſté Imp. ma très-Gracieuſe Souveraine, l'Empereur des Romains & le Roi de Pruſſe par leur Interêt de Voiſins, & en vertu de leurs Alliances avec la République, ne ſouffriroient jamais le bouleverſement des Conſtitutions, Droits & Libertez des Polonois; il ne garda plus aucunes meſures, & avec l'aſſiſtance de ſes Adhérens, il mit en uſage des Violences juſques-là inconnues dans un Etat libre, agiſſant en tout avec tant de précipitation, que Sa Maj. l'Imperatrice des Ruſſiens n'eut pas le tems de ſecourir & de proteger, ſuivant ſes Engagemens, cette République agoniſante.

On ſait de quelle maniere il en uſa à la Diète de Convocation, qu'il ne permit ni aux Sénateurs, ni aux Nonces, de s'y prévaloir du *Liberum Veto*. Ceux-ci furent menacez d'être jettez par la Fenêtre, d'être privez de leurs Charges, de voir confiſquer leurs Biens; & d'être déclarez Ennemis de la Patrie. Ces faits étant notoires & inconteſtables, on conviendra que depuis que la Pologne eſt un Royaume libre, perſonne n'y a oſé exercer de ſemblables violences. Cependant le Primat ſe mit ſi peu en peine des Formalitez, ou plutôt des Conſtitutions du Royaume; que pour favoriſer la Cour de France, il avoit réſolu d'élever au Trône ſon Candidat, & de le proclamer Roi; ſans l'expoſer au hazard d'une Election; mais cette Propoſition ayant été rejettée par ſes Créatures mêmes, il s'aviſa de précipiter la Diète d'Election; & d'y fixer un terme ſi court, que les véritables Polonois, attentifs à la conſervation des Droits, des Libertez & du Bonheur de leur Patrie, faiſant la principale & la plus ſaine partie de la République, ne pouvoient pas avoir le tems de ſe reconnoitre, & moins encore celui de ſe mettre en état d'arrêter le torrent de tous ces deſordres.

Dans le même tems la France fit déclarer par tout qu'en cas que Staniſlas fût exclus de la Couronne, elle ſeroit obligée de commencer la Guerre pour cette raiſon, ſans conſiderer qu'une Nation libre ne reçoit point de loix d'un Prince étranger, & que ce ſeroit une injuſtice criante de donner à la République de force un tel Roi, qui par des Conſtitutions fondamentales, confirmées par ſerment, avoit été déclaré non ſeulement incapable de porter la Couronne, mais auſſi indigne des droits de la Nobleſſe Polonoiſe: le Primat de ſon côté gardoit une pareille conduite, ne ſe ſouciant plus des Droits & Coutumes de ſa Patrie (où il doit s'obſerver une parfaite égalité entre les Membres qui la compoſent, afin de terminer toutes les affaires par une entiere liberté des ſuffrages) il mit tout en œuvre avec un pouvoir deſpotique pour frayer le chemin à ſon Candidat, avec un entier renverſement des Loix de la Patrie; dûſſent tous ceux qui voudroient s'oppoſer à ſes entrepriſes déteſtables, être exterminez.

La plus grande & la plus reſpectable partie de la République, tant de la Couronne que du Grand Duché de Lithuanie, ayant pris à cœur l'extrême danger auquel leur Patrie étoit expoſée par cet étrange procedé du Primat & de ſes partiſans, eut en cette occaſion recours, non ſeulement à l'Auguſte Imperatrice ma très-Gracieuſe Souveraine, mais auſſi à leurs Majeſtez l'Empereur des Romains & le Roi de Pruſſe, leſquels ils prierent très-inſtamment, par des Lettres réïterées & renduës publiques, de vouloir bien, en conformité des Traitez d'Alliance, concourir avec la République à la conſervation du Royaume de Pologne, & maintenir contre toute oppreſſion illegitime, à l'aide de leurs Troupes, la libre Election d'un Roi que la République regarde comme la baſe & le fondement le plus eſſentiel de ſa Liberté, afin que les Polonois fuſſent en état d'élire par un libre ſuffrage, ſelon leurs Loix & Conſtitutions, un tel Roi, dont ils pourroient attendre un regne heureux & pacifique, ſoit par rapport à l'intérieur du Royaume, ſoit à l'égard des engagemens où la République eſt entrée avec ſes Voiſins.

Quoique Sa Majeſté Imperiale, ma très-Gracieuſe Souveraine, ayant été avertie que la France ſe mêloit des affaires de Pologne, juſqu'à un tel point de fouler ouvertement aux pieds les Conſtitutions & la Liberté de la République, fût en plein droit & même obligée, non ſeulement aux inſtantes prieres des Polonois mêmes, mais auſſi ſelon la teneur très-expreſſe du Traité de Paix perpetuelle avec la Sublime Porte, de ſecourir & de défendre la Liberté opprimée de la Ré-

Anno 1734.

Republique, & de ſe ſervir pour cet effet des forces que Dieu lui a confiées, en faiſant auſſi-tôt entrer ſon Armée en Pologne, cependant Sa Maj. Imp. ne l'a pas fait, & a mieux aimé employer avant toutes choſes les voyes de douceur pour ramener le Primat & ſes adhérens aux devoirs que leurs Charges & les Loix de la Patrie demandoient d'eux, & pour les detourner des Réſolutions violentes qu'ils avoient priſes aux inſinuations & incitations de la Cour de France.

Pour cet effet Sa Maj. Imp. a exhorté plus d'une fois & dans les termes les plus forts le Primat, tant par ſes Miniſtres à Varſovie que par des Lettres publiques, de s'abſtenir de toute violence, & de laiſſer la République & ſa chere Patrie dans la jouïſſance de leurs Droits & Libertez, de ne porter aucun préjudice à la libre Election ni au *liberum veto*, de ne pas forcer la République d'accepter pour Roi un tel Candidat, lequel étoit exclus à perpetuité par les Conſtitutions fondamentales de la Couronne auſſi bien que du Corps de la Nobleſſe & ennemi déclaré de Sa Majeſté Imperiale, & de ne pas reduire par-là ſoi-même & ſa Patrie à la derniere extrémité, mais de s'en remettre plutôt à la République, afin qu'elle choiſît par de libres ſuffrages un Roi propre auſſi bien à conſerver le repos & le bonheur du dedans du Royaume, que de vivre en bonne intelligence avec les Puiſſances voiſines.

L'Empereur des Romains, Allié de ma très-Gracieuſe Souveraine, a fait de ſon côté de pareilles exhortations au Primat; & pour rendre ces remontrances d'autant plus efficaces, & pour prévenir les plaintes que les Polonois auroient pu faire avec juſtice, comme ſi l'on n'étoit pas aſſez diſpoſé de leur prêter réellement le ſecours exigé par les Traitez d'Alliance ſolemnels, & qu'on ne s'intéreſsât point à ſauver une Liberté qui ſe trouvoit au point de faire naufrage, plaintes que le Prince & ſes Adhérens eurent grand ſoin de repandre dans le public, pour ôter à la Nation Polonoiſe toute l'eſpérance qu'elle pouvoit juſtement ſe promettre.

Leurs Majeſtez Imperiales firent avancer une partie de leurs Troupes vers les Frontieres de la Pologne, dans l'eſperance que le Primat & ſes Créatures en ayant été avertis ſe deſiſteroient de leurs Intrigues, qui n'aboutiſſoient qu'à la ruïne de la République, & qu'ils voudroient une bonne fois embraſſer les veritables intérêts de leur Patrie, tant en ce qui concerne ſes Loix & Conſtitutions en général, que particulierement en ce qui regarde la liberté d'élire un Roi par de libres Suffrages: mais tout cela ne ſervit de rien, & le Primat pour hâter l'exécution de ſes Deſſeins, contraires aux Loix Divines & Humaines, & ſur-tout aux Loix de ſa Patrie, en prit occaſion d'outrer les Maximes qu'il avoit juſques-là ſuivies, & agit avec la derniere violence & avec tant de fureur, que l'Imperatrice, ma très-Gracieuſe Souveraine, ſe vit dans la néceſſité indiſpenſable de ceder aux prieres de la République, fondées ſur les Alliances reciproques, & de faire entrer ſes Troupes en Pologne.

Ces Troupes y ſont entrées, non pas pour renverſer les Droits & la Liberté de la République, mais pour les maintenir & les proteger contre l'oppreſſion ouvertement attentée par une Puiſſance Etrangere, je veux dire la France; non pas pour cauſer quelques torts ou dommages aux Habitans, mais plutôt pour les conſerver & les défendre contre toute violence.

Pour cet effet ladite Armée y ſubſiſte aux frais de Sa Maj. Imp. & paye argent comptant les vivres, fourages & tout ce qu'il lui faut, ayant des ordres très-rigoureux de n'y pas exercer la moindre hoſtilité, mais au contraire d'executer tout ce que la vraye République jugera néceſſaire d'entreprendre pour le maintien de ſa Liberté contre les deſſeins pernicieux du Primat & de ſes adhérens, y ayant été envoyée uniquement en cette vuë aux inſtantes prieres des Polonois mêmes, la Ruſſie ne prétendant pas un pouce de terre de la Pologne, mais ſouhaitant ſeulement de conſerver ſes Droits & Libertez en leur entier, & de prévenir toutes les Entrepriſes contraires.

La Sublime Porte & Votre Excellence elle-même ſe ſouviendra encore ſans doute que Sa Majeſté Imperiale, ma très-Gracieuſe Souveraine, a communiqué à la Porte Ottomane de tems en tems depuis la mort du Roi Auguſte juſqu'à préſent, par ſon Reſident Mr. Neplueff, tout ce qui s'eſt paſſé par rapport aux Affaires de la Pologne, & en particulier ce qui regardoit l'oppreſſion dont la Republique étoit menacée, l'avancement des Troupes de Sa Majeſté vers les Frontieres de la Pologne, & enſuite leur entrée même en ce Royaume, afin que la Porte reconnût elle-même que toutes les Démarches de Sa Majeſté Imperiale ſont entierement conformes aux Alliances où Sa Majeſté ſe trouve engagée avec la République de Pologne, auſſi bien qu'au Traité de Paix perpetuelle conclu avec la Porte Ottomane; d'autant plus que dans cette derniere Convention, il a été ſtipulé en termes exprès que la République ſeroit maintenue à perpetuité dans ſes anciens Droits, Conſtitutions & Privileges, & que l'Empire de Ruſſie ſeroit tenu de détourner par ſes forces tous les Troubles qui pourroient y être excités par qui que ce ſoit.

On avoit cru que le Primat & ſa Cabale changeroient de conduite à l'aproche des Troupes Ruſſiennes; mais on a été au contraire ſurpris de voir que leur Rage n'en faiſoit qu'augmenter, & que, réſolus d'achever les Deſſeins pernicieux qu'ils avoient ſi long-tems tramez, ils mirent tout en œuvre pour y réuſſir, avant que le Secours de la Ruſſie fût arrivé.

J'ai déja remarqué ci-deſſus, que le terme de l'Election du Roi fut limité à un tems plus court qu'il ne s'étoit pratiqué autrefois en pareille occaſion, afin d'ôter aux vrais Patriotes le tems néceſſaire pour ſe mettre en état de défenſe.

Le Primat, cachant contre ſon devoir à la République les Exhortations réïterées que Sa Maj. Imp. lui avoit fait par ſes Lettres, s'aviſa, pour couper toute eſperance aux Polonois, fidélement attachez à la bonne cauſe, de faire publier qu'ils ne devoient attendre aucune aſſiſtance du côté de la Ruſſie.

Il n'avoit pas honte d'aſſurer publiquement qu'à la requiſition de la Cour de France & à la ſienne, la Porte prendroit ouvertement le Parti de Staniſlas, & étoit prête de le ſoutenir par une puiſſante Armée, & que les hoſtilitez commiſes depuis quelque tems contre la Ruſſie par les Tartares de la Crimée, n'avoient été autoriſées par la Porte que dans la même vuë.

D'ailleurs, pour ne rien négliger de tout ce qui pouvoit faciliter ſon Projet, il prit à tâche d'exciter par des Créatures, ou plutôt par de groſſes ſommes d'Argent de France, des Diviſions & des Troubles à la Diète de Relation, qui, ſuivant la coutume, précede celle de l'Election: Il eut ſoin de s'aſſujettir par des menaces quelques-uns des Deputez, & de ſe défaire des autres, afin que la Nobleſſe ne fût pas en état de paroître, comme il auroit falu, en aſſez grand nombre à la Diète d'Election.

Les Couriers de Ruſſie, munis de Paſſeports publics, qui, ſelon le Droit des Gens, devroient être inviolables, même parmi des Ennemis déclarez, ont été arrêtez, mal-traitez, & en partie trainez au ſupplice, & pendus par les ordres de ce Prélat.

Le jour précipité de l'Election étant arrivé, le Primat & ſon Parti s'y ſont conduits d'une maniére ſi étrange & ſi deſpotique, qu'on peut dire avec raiſon qu'ils ont fait main baſſe ſur tout le bon Ordre & les Coutumes que l'Uſage avoit établis en pareille occaſion depuis tant de Siécles en ce Royaume libre & indépendant.

D'abord ils ne voulurent pas permettre, que ſuivant ce même uſage les Ambaſſadeurs & Miniſtres des Puiſſances Etrangeres ſe trouvaſſent au Champ d'Election, pour y faire publiquement les Propoſitions dont ils étoient chargez de la part de leurs Maîtres.

Ils refuſerent de même d'écouter les Propoſitions de la part de pluſieurs Candidats, parmi leſquels il y avoit des Piaſtes, quoique ſuivant la coutume, il eût été du devoir du Primat de recevoir ces Propoſitions & d'en faire part à la République, afin de la mettre en état de choiſir par ſes libres Suffrages, tel Roi qu'elle jugeroit le plus capable de bien gouverner la Nation.

Nonobſtant les Conſtitutions de la République, qui ordonnent bien expreſſément qu'aucun des Candidats n'oſe paroître, ſoit au Champ d'Election même, ſoit aux environs, le Primat fit voir aux yeux de tout le monde, que l'Election de ſon Candidat ne dépendoit pas des Suffrages de la République, mais qu'il établiſſoit lui-même un Roi, conformément aux intentions de la France, cette Couronne de concert avec ce Prélat & ſon Parti, ayant jugé à propos d'envoyer Staniſlas à Varſovie dans le tems même de l'Election, pendant qu'une Eſcadre Françoiſe ſe préſentoit dans la Mer Baltique, & que l'on débarquoit un nombre conſidérable de Gens de Guerre avec quantité d'Armes & de Mu-

Munitions à Dantzig & autre part. On enrolloit des Soldats, & on en formoit des Troupes, pour foutenir, conjointement avec l'Efcadre Françoife, ce Candidat malgré la République.

En effet, Staniflas & le Secours François étant arrivez en même tems, le Primat ne voulut plus tarder un moment à faire la Proclamation de ce Candidat. Il parut peu touché lorfque la plus grande partie & les perfonnes les plus confidérables de la République, (parmi lefquels il y avoit des Candidats Piaftes, dignes de porter la Couronne) accompagnés de quelques mille Nobles Polonois, après avoir protefté tant par écrit que de vive voix contre Staniflas, comme Ennemi de la République & Fils indigne de la Patrie, quitoient le Champ d'Election, & fe retiroient de l'autre côté de la Viftule.

Il précipita la Proclamation à l'aide de Gens qui étoient reftez auprès de lui, gagnez par des remifes de France, ou intimidez par la force qu'il avoit en main. Staniflas donc ne fut point élû, mais feulement proclamé, fuivant le Syftême du Primat. Plufieurs Nobles, qui proteftoient publiquement contre cette Proclamation, à quoi ils étoient pleinement autorifez par les Conftitutions du Royaume, furent incontinent maffacrez au Champ d'Election.

Et non content de toutes ces cruautez commifes au Champ d'Election, fa rage fe deborda fur fes Confreres. Il les fit attaquer comme des Ennemis, il fit piller leurs Biens & ravager leurs Villages; en un mot, il ne balança point à proceder, fous le nom de fon Candidat & fous la Protection de la France, avec tant de rage & de tyrannie contre fa propre Patrie & fes Compatriotes, qu'un Ennemi déclaré n'en pouvoit pas faire davantage.

Ces Tyrannies lui attireront fans-doute & à fa Famille une haine & malediction éternelle de la République d'à préfent, auffi bien que de toute la Poftérité. Lui qui avoit juré la Conftitution, par laquelle Staniflas avoit été à jamais exclus de la Couronne & banni de fa Patrie, s'obligea par un autre Serment folemnel, pour duper les Crédules, à la derniére Diète de Convocation, qu'il ne feroit point la Proclamation d'un Roi, à moins que d'y être autorifé par le confentement unanime & général de la République; cependant il ne fe fit aucun fcrupule de rompre le dernier Serment, auffi bien que le premier, pour venir à bout de fes funeftes entreprifes, fans fe mettre en peine de la Proteftation de plufieurs mille Gentilshommes Polonois, il fuivit fon penchant, & préfera l'Argent de France au Bonheur & à la Tranquillité de la Pologne.

Pendant que tout cela fe paffoit, les Troupes Ruffiennes, encore fort éloignées du Champ d'Election, continuoient leur marche, conformément aux inftances réitérées de la République, avec le meilleur Ordre & la Difcipline la plus exacte, fans exercer la moindre hoftilité. Mais le Primat & fes Partifans, bien loin de vouloir conferver le bon Ordre & la Paix dans la République, ne cherchoient qu'à allumer une Guerre génerale en Pologne & par toute l'Europe.

Pour cet effet, ils commencerent fans aucune raifon à traiter d'Ennemis les Troupes Ruffiennes appellées tant de fois par la République même au fecours du Royaume, à infulter les Miniftres publics de Sa Majefté Imperiale d'une maniére barbare, & jufques ici inouïe, contraire à toutes les Loix Divines & Humaines, de piller leurs Hôtels, d'emprifonner leurs Domeftiques, fans que ceux-ci euffent fait la moindre réfiftance, & de déclarer ouvertement la Guerre à la Ruffie, par des Manifeftes publiez au nom de leur Candidat, & remplis des Calomnies les plus atroces.

La Partie la plus faine du Corps de la République opprimée & proche de fa ruïne avoit paffé, comme j'ai déja dit, la Viftule, où s'étant rejointe elle commença, fuivant les anciennes Loix, fes déliberations pour contribuër à la tranquillité & au falut de la Patrie, & élut enfin le 5. d'Octobre, avant que le terme des fix femaines deftinées à la Diète d'Election fût échû, par de libres fuffrages, fans être contrainte par aucune Puiffance étrangere, pour Roi de Pologne & Grand-Duc de Lithuanie, l'Electeur de Saxe fils d'Augufte II.

Le Primat auffi-bien que Staniflas même convaincus de leur conduite très-irréguliére, perfuadez d'ailleurs, que ni la République, ni l'Empire de Ruffie, ni enfin les autres Puiffances voifines, ne permettroient jamais le fufdit renverfement des Loix & des Libertez de Pologne, & craignant de plus qu'outre la vengeance divine, ils ne s'attiraffent le reffentiment de la Nation, jugerent bien qu'il n'y avoit plus de fûreté pour eux à Varfovie, & fe retirerent dans la Ville de Dantzig, où les Gens de Guerre arrivez de France faifoient & continuent encore leurs enrollemens & autres préparatifs de Guerre; ils s'y retirerent, dis-je, fe croyant, fous cette Protection Françoife, à l'abri de la Nation indignée de leurs démarches. Le Primat cependant avoit laiffé à Varfovie le Palatin de Kioff, Potocki fon Parent, qui étoit dans les mêmes intérêts, avec ordre d'agir hoftilement, foit contre les Ruffiens Alliez de la République, foit contre les Polonois qui refufoient de fe ranger de fon côté.

Ces ordres ne furent que trop ponctuellement exécutez par ledit Palatin. Les Troupes Ruffiennes étant arrivées près de Varfovie, & n'ayant jufques là commis aucunes hoftilitez, furent attaquées, quoiqu'inutilement, à diverfes reprifes, & ce Palatin exerçoit par toute la Pologne tant de cruautez contre fes Confreres, qu'il eft difficile de croire, que des attentats fi noirs & fi publics, foient échappez à la connoiffance de la Porte Ottomanne.

C'eft pourquoi je puis me difpenfer de les lui repréfenter en détail, d'autant plus que ces affaires ne regardent proprement que la République & fes Droits & Conftitutions, laquelle n'étant pas moins portée que Sa Majefté Imperiale, à conferver inviolablement les Traitez qu'elle a conclu avec la Sublime Porte, n'a pas laiffé d'envoyer elle-même fon Internonce, pour lui faire une exacte Relation de ce qui s'eft paffé en Pologne; outre que plufieurs Manifeftes approuvez & foufcrits par plufieurs mille Gentilshommes des plus confidérables dans la Republique tant Séculiers qu'Ecclefiaftiques, & des principaux de la Nobleffe, & rendus publics, demontrent clairement la fauffeté des infinuations malicieufes, que les Ennemis de la Pologne ont tâché de faire à la Porte Ottomanne.

Par le détail que je viens de faire à Votre Excellence, il paroîtra évidemment que toutes les démarches de Sa Majefté Imperiale ma très-Gracieufe Souveraine, bien loin d'être contraires au Traité de Paix perpetuelle, en ont été une fuite néceffaire, & que Sa Majefté s'y trouve obligée par les engagemens même dudit Traité.

Pour mettre cette vérité dans tout fon jour, il n'y a qu'à rapporter ici ce qui a été ftipulé dans le II. Article de ce Traité. Il porte en termes exprès: „ Que „ fur l'avis qu'une Puiffance Chrétienne voudroit entrer dans la Pologne & violer les anciennes Loix, „ Conftitutions & Libertez de la République, les Ruffiens font autorifez de marcher en Pologne pour „ obvier à ces attentats; parce qu'un tel cas, non feulement eft bien éloigné de toute mauvaife intention, „ mais eft abfolument néceffaire, afin que les Coûtumes, Conftitutions & Libertez établies depuis fi „ long-tems en cette Republique, foient maintenuës „ & confervées en leur entier ".

Voilà la teneur du II. Article de la Paix perpetuelle, qui fubfifte entre la Ruffie & la Porte Ottomanne.

Qu'il plaife à cette heure à Votre Excellence de confiderer par ce qui eft deduit ci-deffus, fi de la part de Sa Majefté Imperiale ma très-Gracieufe Souveraine, on y a fatisfait ou contrevenu. N'eft-ce pas cet Article même, qui en cas que les Polonois fuffent inquiétez dans leurs anciennes Conftitutions, Droits & Libertez, autorife les Ruffiens d'aller à leur fecours, ou, pour mieux dire, qui les oblige expreffément de prêter ce fecours à la Republique? Il eft inutile d'expliquer plus amplement, comment une Puiffance étrangère, je veux dire la France, par le Primat & fes adhérens, a renverfé les anciennes Loix & Conftitutions de la Pologne, qu'elle a envoyé en Pologne Staniflas ennemi déclaré de Sa Majefté Imperiale ma très-Gracieufe Souveraine, auffi bien que de la République; que la même Puiffance étrangere, afin de forcer les Polonois d'accepter ce Pretendant, a envoyé une Efcadre dans la Mer Baltique, & a fait débarquer en Pologne des Gens & des Munitions de Guerre, qu'on y forme actuellement des Troupes; & puifque la République de Pologne, l'Empire Ruffien & fon Allié l'Empereur des Romains, ne font pas difpofez de voir tranquillement & de permettre ce renverfement entier de la Liberté Polonoife, elle commence & déclare pour cela la Guerre.

Ces faits étant connus à toute l'Europe, j'ôfe bien appeller à l'équité de Votre Excellence, & je m'en rapporte avec confiance à fon propre jugement, fi

dans

ANNO 1734. dans un tems que les désordres & les violences, dont il est parlé audit Art. II. regnent en Pologne, que la Couronne de France entreprend d'élever par force au Trône de Pologne, notre ennemi declaré & celui de la République, qu'elle envoye une Escadre dans la Mer Baltique, qu'elle y forme des Troupes & des Armées, dans un tems, dis-je, que les Affaires sont en cette extrémité; je demande à Votre Excellence si Sa Majesté Imperiale n'est pas, suivant le II. Article de la Paix perpetuelle, en droit d'envoyer ses Troupes en Pologne, d'en déloger son Ennemi, d'y rétablir la tranquillité, de relever la République presque tombée en ruïne, & d'y maintenir les anciennes Loix, Coutumes & Constitutions? D'autant plus, que Sa Majesté Imperiale y étant déja obligée par des Traitez & Garanties, où elle s'est engagée avec la République & d'autres Alliez, auxquels on n'a pas renoncé, & qui ne déroge en rien à l'Article II. de la Paix perpetuelle, ne peut se dispenser de prêter ce secours à la Republique, soit en vertu des Traitez mentionnez, soit en considération de l'intérêt qu'elle y prend comme voisine de la Pologne.

Sa Majesté Imperiale, ma très-Gracieuse Souveraine, bien loin de rompre la Paix, n'en a jamais eu la pensée; aussi a-t-elle témoigné en toutes ces occasions qu'elle est fermement resolue de cultiver avec la Porte Ottomanne, une amitié sincére & inviolable.

Les Actions de Sa Majesté, ma très-Gracieuse Souveraine, justes & équitables en elles-mêmes, étant reconnues pour telles par tout le Monde raisonnable & impartial, n'ont ici besoin d'aucune justification; mais d'un autre côté, Sa Majesté ne sauroit comprendre comment la Porte Ottomanne, si du moins elle a la même bonne intention pour la conservation de la Paix, & ne veut pas l'enfreindre ouvertement, a pu faire aucun fond sur des rapports si extravagans & si malicieusement inventez, pour en prendre ombrage ou concevoir quelque soupçon contre la Russie: D'autant plus que la Sublime Porte est assez clairvoyante pour juger, que de telles insinuations faites par une Puissance Chrétienne, tourneront plutôt au profit de ceux qui en sont les Auteurs, qu'à l'avantage des Ottomans, aucune Puissance Chrétienne ne les ayant jamais animez à prendre les armes contre un autre Prince Chrétien, dans la vue de procurer les intérêts de la Porte, mais uniquement pour avancer les siens en particulier, dont Votre Excellence sera convaincue par quantité d'exemples, s'il lui plaît de remonter aux tems passez.

Quoiqu'il en soit, il est constant que la Russie n'a rien entrepris dans toutes ces affaires de Pologne, que l'on puisse avec raison trouver contraire aux engagemens où cet Empire se trouve à l'égard de la Porte Ottomanne.

L'intention de Sa Majesté Imperiale, comme j'ai dit ci-dessus, n'est pas de s'approprier la moindre partie de la Pologne par les Troupes qu'elle y a envoyées; elle ne cherche que d'en chasser Stanislas son Ennemi déclaré, qui n'y est rentré qu'à la faveur des armes de la France au mépris des Libertez de la Pologne; qu'à appaiser les troubles suscitez à son sujet, & à conserver à la République le précieux dépot de ses Loix & Constitutions; aussi ne manquera-t-elle jamais d'employer, conjointement avec ses Alliez, toutes les forces que Dieu lui a mises en main, envers & contre tous ceux qui entreprendront de renverser l'ancienne Liberté de la Nation Polonoise.

Pour ce qui est de l'Election d'Auguste III. cette affaire, à proprement parler, ne regarde point la Russie.

Sa Majesté Imperiale, ma très-Gracieuse Souveraine, a si peu pensé à forcer, au sujet de l'Election d'un Roi, cette libre Republique, qu'elle ne lui a pas même proposé de Candidat; le soin principal de Sa Majesté étoit de faire élire par de libres suffrages tel Roi que la Nation souhaiteroit, Piaste ou Etranger, Sa Majesté s'en étant en cette occasion entierement rapportée au jugement de l'Assemblée parfaitement libre, & qui ne devoit à l'égard de cette élection recevoir des Loix d'aucune Puissance étrangere.

Le Choix de la République tomba enfin, comme j'ai dit, sur l'Electeur de Saxe, dont cette Republique donna aussitôt part à Sa Majesté Imperiale, ayant fait, selon les avis qu'on a reçus, une pareille notification à la Porte Ottomanne, par des Personnes d'un Caractere distingué.

Comme cette Election n'a dépendu que de la propre volonté de la République, & qu'il n'y a personne parmi les Polonois qui s'y oppose, à la reserve de Stanislas & de ses adhérens parjures; la Russie, bien loin de desapprouver cette Election, se sent plutôt obligée de reconnoître pour Roi de Pologne celui que les libres suffrages de la République ont élevé à cette dignité, d'autant plus que les Polonois s'étant engagez par une Conféderation générale confirmée par serment, de maintenir leur Roi nouvellement élu jusqu'à la derniere goute de leur sang contre qui que ce soit; de sorte que si la Russie s'avisoit de rejetter cette Election légitime, tout le monde, & la Porte Ottomanne elle-même, auroit raison d'interpreter cette demarche comme contraire à la Liberté de la République, que Sa Majesté Imperiale a tant de soin de conserver. ANNO 1734.

J'ai de plus appris par la Lettre de Votre Excellence, que des Esprits inquiets & mal intentionnez s'appliquent à persuader à la Porte Ottomanne, que l'Election de ce nouveau Roi, comme d'un Prince & fils du defunt, n'étoit qu'un acheminement à la succession héréditaire qu'on alloit établir en Pologne.

Cependant tout le monde sait, & Votre Excellence même ne le peut ignorer, que l'interêt de la Russie, & celui de tous les autres voisins de la Pologne, demande absolument que ce Royaume ne devienne jamais héréditaire: Il appartient au contraire à ses voisins, & principalement à la Russie, de prendre toutes les mesures convenables, afin qu'il demeure toûjours électif.

Et quoiqu'il soit vrai que le Roi nouvellement élû soit fils du défunt, cependant cela n'involve aucun droit héréditaire à la Couronne. Car sans compter de pareils exemples, dont il y en a plusieurs dans la suite des Rois de Pologne, il est évident qu'Auguste III. ne monte pas sur le Thrône en qualité de Fils & d'Héritier du feu Roi son Pere, mais en qualité d'élû par les libres suffrages de la République, qui a pris de telles mesures & précautions pour détourner la Succession Héréditaire par les *Pacta Conventa*, confirmez par serment par le nouveau Roi, (comme Votre Excellence le verra dans l'Article ci-joint) que Sa Majesté Imperiale, ma très-gracieuse Souveraine, & les autres Puissances voisines de la Pologne ont toute raison d'y acquiescer.

C'est pourquoi Sa Majesté Imperiale n'a point fait difficulté, à la requisition de la République, de reconnoître ce nouveau Roi legitimement élû, & continuera volontiers à contribuer à l'avenir, comme par le passé, tout ce qui pourra servir à la conservation des anciens Droits & Privileges du Royaume, & généralement à satisfaire à toutes les obligations où elle est engagée, tant par les alliances faites avec la République, que par le droit de voisinage, sans se faire détourner, par qui que ce soit, de cette ferme résolution.

Comme les Troupes Russiennes ne sont entrées en Pologne que pour la defense de la Republique & pour donner la chasse à leur ennemi déclaré, & que le nouveau Roi unanimement élû par la République sera selon toute apparence couronné même avant l'arrivée de cette Lettre; on peut esperer avec raison une prochaine Pacification générale en Pologne, à moins que le Royaume ne continue d'être troublé par des Troupes étrangeres, ce que les Partisans de Stanislas affectent de débiter; de maniere qu'après cela le nouveau Roi & la République se trouvant en état de le soutenir eux-mêmes, les Russiens n'auront plus que faire en Pologne; étant d'ailleurs, comme des Troupes amies & alliées, obligées d'y vivre à leurs propres depens; c'est aussi pourquoi Sa Majesté Imperiale leur a déja envoyé des ordres exprès, par lesquels il leur est enjoint de retourner en Russie aussitôt que Stanislas sera chassé de Pologne, pour faire voir à tout le monde & à la Porte Ottomanne en particulier, que dans les actions de Sa Majesté il n'y a pas moins de justice que de sincerité, & combien elle est accoutumée à observer religieusement la foi des Traitez.

Je m'en rapporte du reste à tout ce que la République même, & le Roi après son Couronnement, auront mandé à la Porte avec plus de circonstances & d'une maniere solemnelle; cette affaire regardant la République en particulier, qui sous la benediction de Dieu & avec l'assistance de ses fidèles Alliez, lesquels en consideration de leur propre interêt sont obligez de la secourir, ne manquera pas de moyens de se défendre contre toutes sortes d'insultez.

ANNO 1734.

Sa Maj. Imperiale, ma très-gracieuse Souveraine, ne souhaite rien plus que de vivre dans une parfaite harmonie avec la Porte Ottomanne suivant les Traitez qui subsistent entre les deux Cours, & dans cette intention, elle a souffert avec beaucoup de ménagement les invasions que les Tartares ont fait dans les Provinces de Russie, quoique Sa Majesté se trouve assez en état pour ressentir & venger de semblables insolences comme ils le méritent. Elle a de plus en diverses occasions, & sur-tout dans l'affaire d'Ardevil, donné tant de preuves de sa bonne intention, que la Porte n'en sauroit desirer davantage d'une véritable amie & voisine.

Dans cette disposition, Sa Majesté Imperiale ne peut attendre qu'une conduite réciproque à son égard du côté de la Porte Ottomanne, & ne doute pas que la Sublime Porte n'employe des moyens prompts & efficaces pour mettre à la raison lesdits Tartares, & pour donner à l'Empire de Russie une juste satisfaction sur ces forfaits. C'est de cette maniere que l'amitié sera inviolablement conservée & cultivée de part & d'autre, & que les Sujets des deux Puissances pourront jouir d'une paix sure & d'une felicité permanente.

Qu'il plaise à Votre Excellence, comme Grand-Visir & Premier Ministre de la Porte Ottomanne, de considerer, selon sa prudence consommée & selon son très-louable penchant pour la parfaite union des deux Empires, que ce que je viens de dire est indispensablement nécessaire: Et comme de mon côté je m'applique sans-cesse, suivant les devoirs de ma Charge, à cimenter, autant qu'il depend de moi, cette étroite union & amitié, je suis pleinement persuadé que Votre Excellence, pénétrée de ces mêmes sentimens, ne manquera pas d'en faire autant de son côté.

Je me remets du reste à ce que le Resident de Sa Majesté Imperiale & son Contre-Admiral, le Sieur de Neplueff, aura l'honneur de déclarer plus amplement à Votre Excellence en conformité de ses Instructions, & je prie Votre Excellence de l'écouter favorablement, & d'ajouter pleine foi à tout ce qu'il proposera en cette occasion, aussi bien que dans toutes les autres, & de s'expliquer là-dessus toûjours d'une maniere aussi favorable que cette Cour la doit attendre, conformément aux droites intentions où elle est, & selon que le vrai bonheur des deux Empires l'exige.

CLXXXI.

Declaration de Guerre de l'Empereur & de l'Empire contre les Rois de France & de Sardaigne (1); *publiée le* 13. *Mars* 1734.

NOus *Charles VI.* &c. &c. &c. Faisons savoir à tous & un chacun, que les Electeurs Princes & Etats du St. Empire, ayant pris en déliberation par leurs Excellens Conseillers, Ministres & Envoyez, notre Decret Imperial de Commission communiqué à la Diète de l'Empire à Ratisbonne le 4. Novembre de l'Année derniere, au sujet de la téméraire, injuste & perfide infraction de Paix, & des hostilitez faites & exercées par les Rois de France & de Sardaigne comme Duc de Savoye, & ayant en même tems vû que sous un prétexte de néant emprunté de l'Election d'un Roi en Pologne, la Couronne de France a rompu la Paix conclue à Bade en Ergau le 7. Septembre 1714., avec Sa Majesté Imperiale & le St. Empire, non seulement en faisant le 18. Octobre de l'Année derniere, une irruption sur le Territoire incontestable de l'Empire en deça du Rhin, en attaquant ensuite le Fort de Kehl, & exigeant de plusieurs fidèles Etats de l'Empire & de leurs Païs & Sujets, des livraisons onereuses & de grosses contributions, & leur faisant violence en pleine Paix, mais aussi en exécutant la même chose contre les Etats de l'Empire en Italie; que de plus, le Roi de Sardaigne comme Duc de Savoye, lors même que par un serment solemnel il confirmoit la fidelité qu'il doit à Dieu, à Nous & à l'Empire, pour les Etats & Fiefs considerables qu'il en tient, seduit par la France, avoit d'une maniere presque inouïe conclu avec cette Couronne une Alliance offensive, osé déclarer la Guerre à Sa Majesté Imperiale, attaqué conjointement avec les Forces de la France le beau Duché de Milan, & enlevé par une perfide violence les Places fortes de cet important & incontestable Fief de l'Empire.

ANNO 1734.

Les mêmes Electeurs, Princes & Etats ayant outre cela apris, que le Ministre de France Blondel, residant à Mayence, avoit fait à Son Altesse Electorale comme Archi-Chancelier de l'Empire dans la Germanie, de même qu'aux autres Electeurs, Princes & Etats, une Declaration illusoire contre le Suprême Chef, & tendant à la honte de la puissante Nation Germanique & de tant de considerables Membres qui la composent: Et que Sa Majesté Imperiale, pour conserver & mettre en sureté les Cercles & les Etats de l'Empire les plus exposés, avoit fait avancer une bonne partie de ses Troupes vers les endroits où il y avoit le plus à craindre, & avoit obligé par-là l'Armée Françoise de repasser le Rhin.

Vu aussi, que contre la teneur des Traitez de Munster, d'Osnabrug, de Nimegue, de Ryswick, & de Bade, la Couronne de France a commis des contraventions & des infractions sans nombre, en retenant plusieurs Districts & Villes considerables de l'Empire, qu'elle auroit dû restituer, & qu'en dernier lieu elle a violé & envahi hostilement son Territoire, sans que celui-ci lui en ait donné le moindre sujet legitime: Reconnoissant donc en consequence de tout ceci, avec très-humbles actions de graces à Sa Majesté Imperiale, pour les très-gracieuses & glorieuses Intentions qu'elle a fait connoître à l'Empire dans cette conjoncture délicate, & pour le zèle qu'elle a fait paroître, & les mesures qu'elle a prises pour arrêter les suites de cette pernicieuse violation de Paix de la part de la France; Reconnoissant (dis-je) dans l'Avis du 26. Fevrier dernier, Avis dressé avec une égale sagesse, grandeur & union, qu'après tant d'actes d'hostilité, il ne s'agissoit point à présent de la Cause de la Guerre, mais du Droit de se défendre, de se venger, & de soutenir la Gloire & la Liberté de l'Empire; que par consequent il falloit regarder le Roi de France & le Roi de Sardaigne comme Duc de Savoye, comme Ennemis de Sa Majesté Imperiale & de l'Empire, leur declarer la Guerre, & publier cette juste Déclaration en notre Nom & en celui de l'Empire; que cette Guerre à laquelle on nous a forcé nous & l'Empire, doit être certainement regardée d'un chacun, comme une Guerre commune de tout l'Empire; qu'à l'exemple de plusieurs Electeurs & Princes, & en particulier des 5. Cercles Associez, qui poussez par un louable zèle pour la défense de la Patrie, ont déja opposé la plus grande partie de leurs Forces à l'Ennemi; on doit unir, conformément aux Loix de l'Empire & à l'Ordonnance d'Exécution, toutes les Forces qu'on a reçû de Dieu, pour assister Sa Maj. Imp., & soutenir la Cause commune, par un secours proportionné au danger, & non pas moins par de bons conseils: Et qu'à cette fin nous aurions à publier, en vertu de la plenitude de notre Puissance Imperiale, les autres Ordonnances qui nous ont été très-humblement presentées.

Et nous de notre côté ayant, par un Decret de Commission, communiqué le 10 du Mois de Mars courant à la Diète de l'Empire à Ratisbonne, approuvé tout ce que les Electeurs, Princes & Etats ont si sagement, si généreusement & si glorieusement déterminé, conclu & conseillé à Sa Majesté; & étant bien resolus d'employer tout notre Pouvoir Imperial pour le mettre à execution, & appliquer toutes nos Forces, de concert avec les Electeurs, Princes & Etats, à la sûreté présente & future de l'Empire, pour le bien & le maintien de ses Droits & de sa Liberté, avec une entiere confiance en Dieu Tout-Puissant, le Seigneur des Seigneurs, que sa Justice immuable ne laissera pas impunie l'atroce injure & l'affront intolerable que les Rois de France & de Sardaigne & leurs adhérens, ont fait à l'Empire dans son Territoire en Allemagne & en Italie, esperant au contraire que dans une occasion si juste, il comblera les Armes de l'Empire & de ses Alliez de bénédictions si abondantes, qu'on mettra enfin des bornes stables & solides à ces petulantes & fréquentes infractions de Paix, qui, malgré les Conventions & les Traitez les plus sacrez & les plus solemnels, ont si souvent troublé le repos de la Chrétienté, & que l'Europe pourra enfin, & l'Empire avec elle, se flatter d'une

(1) La Cour de Vienne n'a daigné répondre au Manifeste du Roi de Sardaigne, raporté ci-dessus pag. 462, que par cette Declaration de Guerre.

ANNO 1734. ne Paix ferme & constante & d'une tranquillité inalterable.

Nous déclarons donc, & publions par ces Lettres Patentes, en vertu de notre suprême Autorité Imperiale, de science certaine & de propos déliberé,

I. La Couronne de France & le Roi de Sardaigne comme Duc de Savoye, tous leurs Adherens, Officiers, Soldats & Sujets, Ennemis de Sa Majesté Imperiale & de l'Empire; que la Guerre à laquelle on nous a forcé, est une Guerre juste, publique & commune de l'Empire; que pour la pousser avec succès, tous les Vassaux & Sujets de l'Empire, tant petits que grands, doivent prendre les Armes, & unir, conformément aux Constitutions de l'Empire & à l'Ordonnance d'Execution, les Forces qu'ils ont reçû de l'Empire, de nous & de Dieu, dans la ferme confiance qu'avec la Divine assistance, elles suffiront pour éloigner le danger dont on est menacé; qu'ils ne protegeront, ni n'assisteront publiquement ni en cachette, sous quelque prétexte que ce puisse être, aucun de ces Ennemis; qu'ils ne leur accorderont point de Quartiers, de Passages, de Levées de Soldats, de Transports de Munitions de Guerre ou de Bouche ou choses semblables; mais qu'au contraire, ils leur feront tout le dommage possible, aideront à les attaquer, poursuivre & opprimer avec la derniere vigueur, afin que pour l'avantage & la conservation d'un chacun, on puisse recouvrer les Etats qu'on a enlevés à l'Empire, & les rétablir, aussi bien pour le Spirituel que pour le Temporel, dans l'état que les Loix fondamentales de l'Empire & les Traitez, dont il est fait mention dans les Avis susdits, prescrivent; pour vanger en même tems l'innocence, la majesté & la liberté de l'Empire, obliger l'Ennemi à une satisfaction convenable pour les injures, le dommage & les sanglans affronts qu'il nous a faits, lui arracher des assurances solides pour l'avenir, & parvenir ainsi au but de nos vues paternelles, en le forçant à une Paix avantageuse, solide, glorieuse, & qui puisse assurer la tranquilité de l'Empire & de l'Europe, contre ces turbulens Voisins.

II. Nous commandons, ordonnons & voulons, non seulement que tous Nos Sujets & ceux de l'Empire, qui sont à present dans le service Militaire ou Civil des Rois de France & de Sardaigne, de leurs Alliés & Adherens publics ou cachés, de même que Nos Vassaux & ceux de l'Empire qui sont dans leur Païs, l'abandonnent immédiatement après la publication de cette Déclaration de Guerre, & reviennent dans l'Empire ou dans nos Royaumes & Etats; Mais aussi que dès à présent & pendant tout le cours de cette Guerre, ils ne s'engagent auprès de qui que ce soit, sinon au service de la Patrie & de ses Alliés présens & futurs, qui se feront actuellement déclarés pour Elle contre les Ennemis jurés de l'Empire; Et qu'au contraire, ils renoncent absolument à tout Engagement Etranger.

III. On ne permettra aucune Neutralité, Correspondance, ni Commerce de Manufactures Françoises ou Savoyardes, soit de Laine ou de Soye, d'Or ou d'Argent, ni de Vin, d'Huile, d'Eau de Vie, de Fruits ou autres choses, soit qu'elles viennent immédiatement de ces Païs, ou qu'elles passent par d'autres, non plus que le Change ni le Contrechange avec les Ennemis, aussi bien hors que dans l'Empire; bien moins sera-t-il permis d'avoir aucune intelligence mediate avec eux, ni d'avoir, sous quelque prétexte que ce puisse être, des Conseillers, Domestiques & Serviteurs François, Sardaignois, Savoyards, ou autres Personnes suspectes d'une de ces Nations; au contraire on sera obligé de se défaire de tout cela, comme de choses defendues, & toutes les Marchandises Françoises & Savoyardes seront regardées comme contrebande. Tous les Magistrats feront faire à cette fin aux Douanes toutes les recherches & visites convenables, & se comporteront à cet égard, comme il est ordonné dans les differens Mandats & Defenses de nos Augustes Predecesseurs.

IV. Mais les Superieurs & Magistrats prendront particulierement garde avec toute l'attention possible, qu'on ne sorte de l'Empire, des Grains, de la Farine, des Chevaux, du Bétail, des Armes, Poudre, Plomb, Souphre, Nitre, ni aucune chose propre ou necessaire pour faire la Guerre, non pas même qu'on les transporte dans un Païs Neutre, à moins d'une permission expresse à cet effet.

V. On ne recevra non plus aucun François & Savoyard, de l'un ou de l'autre Sexe, ni à son service, ni dans aucun Chapitre, Abbaye, Couvent, Cloître & Maison Religieuse; & ceux qui s'y trouvent déja seront d'abord congediez, à moins, pour ce qui regarde les Gens d'Eglise, que leurs Superieurs, Evêques & Prelats, ne donnent de bonnes suretez pour eux, & ne répondent qu'ils n'entreprendront rien, par écrit ou autrement, contre nos intérêts ou ceux de l'Empire; & pour ce qui regarde les Seculiers, à moins qu'ils ne soient établis depuis plusieurs années avec leurs Familles & Effets dans l'Empire, ou qu'étant sortis de France, Savoye ou Piemont pour cause de Religion, ils ne soient sous la protection de quelque Etat de l'Empire, lui ayent prêté les fermens ordinaires de fidélité & d'obéissance, & ne se comportent en tout conformément aux Loix & Constitutions de l'Empire. ANNO 1734.

VI. Il ne sera de même permis à aucun Allemand, quel qu'il soit, & sous quelque prétexte ou nom que ce puisse être, de voyager en France ou autre Païs Ennemi.

VII. Et comme les Puissances Etrangeres, ou même les Electeurs, Princes & Etats de l'Empire, qui pour diminuer ses forces, pour faire quelque diversion, ou pour interrompre nos justes entreprises & celles de nos Alliez, ou pour quelque autre raison, & sous quelque autre prétexte, attaqueroient un autre Electeur, Prince ou Etat de l'Empire, se jetteroient sur son Païs ou l'inquieteroient, seroient traitez comme Ennemis de l'Empire & déclarez pour tels.

VIII. De même si quelqu'un des Etats de l'Empire, qui que ce puisse être, refusoit de prendre les Armes contre la France, le Roi de Sardaigne Duc de Savoye & leurs Adherens, ou de livrer les Contingens de l'Empire & du Cercle, ou qu'il assistât les Ennemis ou leurs Adherens, soit ouvertement ou en cachette, soit en leur fournissant des Troupes, en leur permettant de lever du monde dans son Païs, d'y acheter ou d'en transporter des Chevaux, des Munitions de Guerre ou autres choses de quelle maniere que ce soit, celui ou ceux-là seront reputez Ennemis de l'Empire, & traitez comme tels, jusqu'à ce qu'ils se soient reconciliez avec nous & l'Empire, & qu'ils ayent satisfait à leur devoir: en attendant, aucun Vassal ou Sujet de l'Empire ne pourra rester à leur service, mais il sera obligé de le quitter sans delai, & d'entrer à celui de l'Empire ou de ses Alliez.

IX. De plus, si quelque Membre ou Etat de l'Empire, à moins qu'il ne fût actuellement sous le pouvoir de l'Ennemi, ne s'aquitoit pas promptement, en conformité de ce present & autres Decrets, de son devoir envers l'Empire, ou qu'il fût déja en neutralité avec la France ou ses Alliez, ou bien qu'il y entrât dans la suite, on procedera contre celui ou ceux-là, par la privation de leurs Fiefs & Bénéfices qu'ils tiennent de nous & de l'Empire, temporels & spirituels, selon la disposition des Loix de l'Empire, de l'Ordonnance d'execution & du Droit commun.

X. Tous les autres qui contreviendront à cette Déclaration de Guerre & notre Ordonnance Impériale, seront punis arbitrairement, ou, même selon le degré de leur desobéissance, dépouillez de leurs Fiefs, Droits, Charges & Expectances; & si on peut se saisir de leurs Personnes, de mort; mais s'ils se sont évadez, ils seront punis en effigie comme traitres de la Patrie & coupables de Leze Majesté & de Felonie; il ne leur sera plus permis ni à leurs héritiers de porter leurs Armes de Familles, &c.

En conformité de tout ceci, nous commandons, en vertu de notre autorité Imperiale, de la fidélité & de l'obéissance qu'on nous doit comme Empereur, & à l'Empire, & sous peine d'être privez de tous les Droits, Libertez & Privileges qu'ils tiennent de nous & de l'Empire, à tous les Electeurs, Princes Ecclésiastiques & Seculiers, Prélats, Comtes &c. en général & en particulier, d'observer religieusement notre presente Déclaration, Ordonnance & Défense, dans tous leurs points, articles & contenu, de les publier, & de les faire observer dans leurs Electorats, Principautez, Comtez, &c. *A Vienne le 13. Mars 1734. &c.*

CLXXXII.

Manifeste publié par le Comte de MUNICH *General-*

Anno 1734.

ralissime des Russiens devant la Ville de Dantzick, le 18 Mars 1734.

MOi Burchard-Christofle de Munich, Comte de l'Empire Russien, Chevalier des Ordres de St. André & de St. Alexandre, Velt-Maréchal Général Commandant, President du Conseil de Guerre de l'Empire, Genéral de l'Artillerie, Directeur Général de toutes les Fortifications de l'Empire Russien, Chef du Corps des Nobles Cadets, Colonel d'un Regiment de Cuirassiers & d'un autre d'Infanterie; Je notifie par la présente à tous ceux qui y sont intéressez, particulierement aux Etats respectifs de la République de Pologne & du Magistrat, Clergé, Jurez, Officiers, Bourgeois, & Habitans de la Ville de Dantzig & de son Territoire, que (comme il est déja assez notoire par les Manifestes & Déclarations publiées en diverses occasions, & par la conduite pacifique & l'observation de la plus exacte Discipline & du bon ordre parmi les Troupes de Sa Majesté, qui étoient alors en Pologne & y payoient tout Argent comptant) l'on a souvent insinué & représenté, que l'Armée de ma très-gracieuse Imperatrice n'y est venue d'abord en petit nombre, qu'à la requisition & aux instances pressantes des divers Etats du Royaume de Pologne & du Grand-Duché de Lithuanie; Mais que la desunion & le trouble augmentant dans le Royaume, on avoit envoyé successivement plus de Troupes au secours des opprimez, dans la vue sincere & salutaire de maintenir efficacement, en vertu des Traitez la République de Pologne, dans la possession entiere de sa Liberté & de ses Privileges bien fondez, de proteger les opprimez, de conserver la Paix en Europe & particulierement dans le Nord; de prévenir les Troubles funestes & dont on a fait plusieurs fois l'experience dans la Republique, & de remedier le plutôt qu'il seroit possible à tous les malheurs qui pourroient en resulter pour le Public, & à l'oppression inévitable des Innocens.

Nonobstant cela, Sa-dite Majesté Imperiale voit avec le déplaisir le plus sensible, que plusieurs Membres Mal-intentionnez de la République de Pologne, corrompus & aveuglez par Argent Etranger, sont devenus les plus grands Ennemis de leur Patrie, ce qui entretient le Trouble & la Division, viole la Liberté de la Republique, & ruine les Innocens; & la Prise d'Armes & les Hostilitez commises en plusieurs endroits contre les Troupes Auxiliaires, que ma très-gracieuse Imperatrice avoit envoyées pour la juste défense & la protection efficace des fidèles & bien-Intentionnez Etats de la République, ont donné lieu à une Guerre publique, & d'autant plus sur-tout que la Ville de Dantzig, après avoir reçû à bras ouverts dans son Sein les Ennemis de Sa Majesté Imperiale & de la République, a pris les Armes & déclaré Ennemie par des Edits publics l'Armée de Sa Majesté Imperiale, se conduisant à son égard comme Ennemi & lui faisant la Guerre ouvertement, au mépris du respect dû à ma très-gracieuse Imperatrice, & negligeant inconsiderément de faire aucune attention à son juste ressentiment, ce qui oblige Sa-dite Majesté Imperiale contre sa clemence naturelle, de tirer sur ces procedez une juste satisfaction de la Ville, qui par cette façon d'agir déraisonnable est la cause de la ruïne de ses habitans, tant coupables qu'innocens.

Or comme ce malheur ne provient que de ce que divers Membres du Magistrat, Chefs des Corps de Métiers & Bourgeois, se sont laissez corrompre par Argent Etranger, & seduire par de fausses flatteries, par des promesses, & enfin aussi par des menaces, se reposant sur une poignée de Gens ramassez à la hâte, leurs Fusiliers & Bandits, & un Secours imaginaire, ma très-Gracieuse Imperatrice, en conséquence de cette Entreprise très-dangereuse de la Ville de Dantzig, & du Malheur qui doit inévitablement lui en arriver, m'a ordonné de me rendre ici sans perte de tems, & de me charger, pour prévenir de plus grands desastres, & remedier aux troubles actuels, du commandemeet de son Armée en Pologne, pour la reconduire en Russie, après avoir rétabli la tranquilité.

Pour cet effet donc, & en vertu du Plein-Pouvoir que Sa Majesté Imperiale m'a accordé, j'offre de nouveau à tous les Etats de la République, la haute Grace & la puissante Protection de Sa Majesté Imperiale, pourvû qu'ils se tiennent tranquiles, & se soumettent à leur Roi légitimement élû & déja couronné *Auguste* III. & aux justes Loix de la République libre, & qu'ils renoncent à tous les Engagemens qu'ils ont contractez avec les Ennemis de Leurs Majestez Imperiale & Royale, & vivent ensuite en paix; mais au contraire, j'annonce serieusement par la présente, aux Ennemis opiniâtres & corrompus de Leurs Majestez Imperiale & Royale, la haute Disgrace & la Punition qu'ils ont justement méritée. On avertit sur-tout de nouveau la Ville de Dantzig, qui, en recevant de l'Assistance Etrangere, tâche d'entretenir & d'augmenter le Feu intestin malheureux de la Guerre, & qui par un grand aveuglement ne peut voir son prochain malheur; que si après la publication de la présente, elle met bas les Armes, se soumettant à son Roi légitime *Auguste* III. & donnant une satisfaction respectueuse à Sa Majesté ma très-Gracieuse Imperatrice, & qu'à cette fin elle vienne dans l'espace de 24. heures me remettre les Clefs de la Ville, & me cede une de ses Portes pour y mettre Garnison, on lui accordera toute Grace & Faveur, & qu'on ne fera aucun préjudice aussi-bien au Magistrat qu'à tous les Bourgeois & Habitans, tant en leurs Maisons qu'en leurs Biens, moins encore en leurs Corps & en leurs Vies, ni d'aucun des leurs, mais qu'au contraire la Ville & son District seront protegez & maintenus dans l'entiere jouïssance de leurs anciens Droits & Privileges.

Mais en cas que le Magistrat, la Bourgeoisie, & les Habitans de la Ville de Dantzig & de son District, méprisant cette haute Grace & cette Offre amiable de Sa Majesté Imperiale, s'ils persistent dans leur opiniâtreté, s'ils continuent à prêter l'oreille aux Ennemis de la République, & à faire la Guerre à l'Armée glorieuse de Sa Majesté Imperiale, & s'ils refusent de consentir qu'une de leurs Portes me soit remise en 24. heures de tems, j'ai l'ordre très-gracieux & le pouvoir de commencer d'abord de telles Operations de Guerre que l'exigeront les circonstances, de ramener par l'Epée la Ville à son juste devoir, de l'assujettir à son légitime Roi *Auguste* III. & de procurer une satisfaction suffisante à ma très-Gracieuse Imperatrice. C'est pourquoi par la présente & en vertu de ce Manifeste, je déclare & donne à la connoissance d'un chacun ma parole, que je ne voudrai plus après l'écheance des 24. heures, entendre parler de Capitulation; mais que j'attaquerai la Ville, ses Murs, Remparts, conformément aux usages de la Guerre, & que je traiterai ses Habitans comme Ennemis de Leurs Majestez Imperiale & Royale & de la République; de sorte que si la Ville persiste dans son opiniâtreté, que les Enfans & les petits Enfans portent la peine du Péché de leurs Peres, & que le Sang innocent soit versé avec les Coupables, les Opiniâtres en seront responsables devant Dieu & devant les Hommes.

Les Gardes de la Couronne & autres Troupes, qui jusqu'ici se sont tenues parmi les Ennemis, sont exhortées à se ranger sans délai sous l'obéïssance de leur Roi legitime *Auguste* III. & de venir en lieu convenable faire hommage à Sa Majesté, au défaut de quoi ils seront traitez comme des Rebelles. Les Fusiliers, qui ne doivent point être considerez comme Milices, mais comme des Bandits & des Assassins, à moins qu'ils ne mettent bas les Armes immédiatement après la publication de la présente, seront pendus sur les remparts de la ville, & les maisons qui leur auront servi de logemens, rasées jusqu'aux fondemens. Que chacun donc se garde de dommage & de malheur, le Magistrat de Dantzig étant serieusement exhorté à publier convenablement ce Manifeste, & à le faire afficher aux lieux où il apartiendra. Donné sous ma propre Signature & l'Apposition de mon Sceau, dans le Quartier-Général à Prust, le 18. Mars 1734.

Etoit signé,

B. C. COMTE MUNICH.

CLXXXIII.

Acte de sureté pour la Religion, donné par son Altesse Electorale AUGUSTE III. *Roi de Pologne, à ses Etats Hereditaires de Saxe, du 12. May 1734.*

Nous

ANNO 1734.

NOUS FREDERIC-AUGUSTE, par la Grace de Dieu, Roi de Pologne, &c. &c. &c., Duc de Saxe, Archi-Maréchal & Electeur du St. Empire, &c. &c. A tous & chacun à qui il appartiendra. Notre plus grand foin, depuis notre Avénement à la Régence, a été de gouverner l'Electorat que Dieu nous a confié, ainsi que les Païs & Terres qui y sont incorporez ou annexez, de maniere que justice soit faite indistinctement à chaque de nos fidèles Etats, Vassaux & Sujets, & qu'on leur donne en tout tems les Audiences convenables, afin que les uns & les autres puissent être maintenus inviolablement dans leurs justes Libertez & Prerogatives: En consequence, nous avons déja fait connoître notre intention paternelle à ce sujet par nos Mandemens publiez le 19. Octobre & le 26. Novembre 1733.

Comme nous sommes dans la ferme Résolution non seulement de maintenir notre fidèle Electorat, Païs & Terres en dépendantes, dans la jouïssance de ses Droits, mais aussi de ne jamais permettre que tôt ou tard il soit rien introduit de contraire aux Constitutions du Païs, voulant que nos fidèles Sujets puissent compter avec assurance sur leurs Droits Ecclesiastiques & Politiques: C'est pourquoi, après une mûre déliberation, conformément à la Protection que nous devons à nos fidèles Sujets, à l'exemple & selon les Mandemens émanez de tems en tems sous le Regne du feu Roi notre Pere, & particulierement en vertu de la Règle fondamentale établie dès notre Avenement à la Regence, nous déclarons de notre propre mouvement, tant pour nous que pour nos Successeurs, que nous ne permettrons jamais qu'il soit fait quelque tort à qui que ce soit, ni dans les affaires Ecclésiastiques, ni dans les Civiles; & nous assurons en outre, que l'état de la Religion de la Confession d'Augsbourg sera maintenu en son entier, sans qu'on puisse en aucune maniere inquiéter nos Sujets de ladite Religion, ni les troubler dans la jouïssance des Droits, Prérogatives & Biens qui ont appartenu jusqu'à présent à leurs Eglises.

Nous déclarons & Nous promettons, tant pour nous que pour nos Successeurs, sur notre Parole Royale & Electorale, que nous maintiendrons dans toute son étendue ledit Etat de la Confession d'Augsbourg, les Eglises qui en dépendent, le Service Divin, Cérémonies, Coûtumes, Universitez, Ecoles, Benefices, Revenus, Prérogatives, Libertez, le tout de la même maniere qu'on en a joui ci-devant, & comme on en jouït à présent, ne voulant pas y faire la moindre innovation, ni permettre que personne en fasse; de sorte que tout ce qui a été accordé en ce Païs en faveur de la Religion Evangelique par le Traité de Westphalie, & particulierement par le V. Article concernant l'état de la Religion, restera dans sa pleine vigueur, & sera maintenu & effectué tant par nous que par nos Successeurs, sans préjudice néanmoins de l'Exercice de notre Religion, selon qu'il est fondé par ladite Paix de Westphalie, usité de Droit dans le St. Empire Romain.

Pour plus grande assurance, tranquillité & satisfaction de nos fidèles Sujets, nous avons, de notre propre mouvement, signé cette notre Déclaration, qui doit servir de Règle fixe dans notre Electorat & Terres incorporées, & nous y avons fait appofer notre Seau Royal & Electoral, avec ordre de la faire imprimer & afficher aux Lieux ordinaires. Fait à Dresde le 12. Mai 1734.

Signé,

AUGUSTE *Roi.*

CLXXXIV.

Acte & Serment des Seigneurs Polonois pris à Dantzick, pour reconnoitre le Roi AUGUSTE III. *du 29. Juin 1734.*

D'Autant que par la Permission de la Divine Providence, par les Circonstances présentes, & par les Evenemens que nous voyons arriver, il paroît avec évidence, que la volonté du Tout-Puissant est, que le très-Illustre Electeur de Saxe règne en Pologne, nous soussignez, en considération des présentes Conjonctures, reconnoissons & admettons le susdit très-Illustre Electeur de Saxe pour notre Roi & Seigneur, dans la juste persuasion qu'il maintiendra & conservera inviolablement les Droits, Libertez & Privileges qui nous ont été donnez par tous ses Prédecesseurs, nos Rois & Seigneurs: en foi dequoi, nous avons signé la Présente. Fait à *Dantzig* le 29. Juin 1734.

Etoit Signé

A. Zalusky, Evêque de *Ploko*; Casimir, Prince Czartorisky; A. Lubranca Damsky; Auguste Prince Czartorisky; Stanislas Poniatowsky; Prince Przebendowsky, Palatin de *Marienbourg*; Pierre Jean Czapsky, Palatin de *Pomeranie*; Antoine Morszrin, Palatin de *Livonie*; François Rozdrazewsky; Woyciech Wessel, Castellan de *Varsovie*; Michel Bielinsky; Théodore Prince Czartorisky, George Sapieha; Sierakowsky, Garde de la Couronne; Antoine Casimir Sapieha; Stanislas, Prince Czarorisky; Adam Rostkowsky; Ossolinsky, Grand-Trésorier de la Couronne; F. Bielinsky, Maréchal de la Cour de la Couronne; Antoine Rogalinsky; Samuel Szwykowsky; Louïs Oskierka; Jean Narzynsky; Jean Joseph Wessel; Boguslas Ustrzycky; Joseph Dowoyna Solohub; Joseph Skrzetusky; Hierome Laba; Joseph Cywinsky; Charles Charczowsky; Mikotay Rutzczyc; Raphaël Kczewsky; Jean-Antoine Horaim; Jean Wolodkowicz; P. Z. L. Dambsky; Stanislas Miaskowsky; Josaphat Mickiwicz; Rydowsky; Mikotay Stawinsky; Rychlicky; Stanislas Gurowsky, Antoine Krusynsky; Jean Theophile Sikorsky; François Radzewsky; Blaise Krasinsky; Trembecky; Albert Plashowsky.

SERMENT.

MOI N. N. je jure, au nom de Dieu, uni dans la Sainte Trinité, sans vouloir donner aucune interprétation contraire à ce Serment, qu'ayant reconnu pour Roi de Pologne & pour mon Maître le Sérénissime Prince & Roi Auguste III., élû unanimement par des Voix libres, & déja heureusement couronné, je lui témoignerai & rendrai une fidélité inviolable & une obéïssance conforme aux Loix. Je renonce & abjure la Proclamation de la Personne de Stanislas, attentée contre tant de Constitutions, comme celui que la République, par ses anciennes Loix, par la Diète de Lublin, par la Confédération de Sendomir, en avoit exclu, & qui par le grand Conseil de Varsovie & par les deux Diètes consécutives de l'an 1717 & 1718. est condamné & declaré une fois pour toûjours Ennemi de la Patrie. Je condamne, annulle & casse tous les Actes qui ont été faits en sa faveur: & accedant volontairement à la Confédération générale des Etats de la République, commencée par l'autorité de Sa Majesté, & réassumée à Cracovie; en acceptant en même tems de bon gré tous ces liens & obligations, je ferai, avancerai & maintiendrai, conjointement avec la République, tout ce qui regarde la Religion Catholique, Sa Majesté le Roi, les Loix & la Liberté. Et si j'ai eu le malheur d'être entraîné par ceux qui ont contribué à exciter l'animosité dans la République, ce sera pour l'appaiser que je m'appliquerai sincerement & efficacement par tous les moyens dont je serai capable, & tâcherai de tout mon pouvoir de procurer à la République le plus promt repos. Je ne tramerai jamais rien ni directement ni indirectement contre la Personne Sacrée de Sa Majesté le Roi Auguste III., & je ne garderai absolument rien dans le reçès de mon cœur qui lui soit contraire, mais je demeurerai constant auprès de ce même Maître, & tant que la Vie & les Biens me resteront, le defendrai & le soutiendrai. Je ne ferai pas non plus aucunes trames nuisibles, ni cointelligences, ni correspondances; au contraire, je me souleverai, comme contre l'Ennemi de la Patrie, contre quiconque voudra tenter quelque chose de nuisible. Je resterai enfin constamment dans cette obligation, aussibien dans la prospérité que dans l'adversité, ne craignant rien avec l'aide de Dieu, & ne suivant point ni les respects ni les vuës particulieres. J'y demeurerai constant, non seulement jusqu'à ce que la République soit entierement pacifiée, tant au dedans qu'au dehors, mais aussi toûjours dans la suite. Ainsi m'aide le bon Dieu & sa Passion innocente.

ANNO 1734.

CLXXXV.

Déclaration de la Cour de Russie au sujet des Troupes Françoises prisonnieres devant Dantzick. Donné à Petersbourg le 6. Juillet 1734.

LEs Troupes Françoises envoyées par la France au secours de la Ville de Dantzig ayant été réduites par les Armes de Sa Majesté Imperiale de toutes les Russies, à la nécessité de se rendre par accord, en vertu duquel elles seroient transportées dans un des Ports de la Mer Baltique, où elles pourroient aisément être embarquées sur des Vaisseaux François, ou sur des Vaisseaux Marchands, Sa Majesté Imperiale déclare que son intention n'a pas été, & n'est pas encore, d'enfreindre en aucune maniere la Capitulation accordée aux susdites Troupes; mais l'Escadre Françoise, envoyée dans la Mer Baltique, ayant cependant

I. Attaqué, sans qu'il y ait eu aucune Déclaration de Guerre entre la Russie & la France, & pris en pleine Mer un Paquet-Bot & 2. Galiotes, & en dernier lieu une Fregate Russienne, fait prisonnier & amené avec soi tout l'Equipage desdits Vaisseaux, & saisi les Effets & Marchandises qui s'y trouvoient, & envoyé la Fregate même en France.

II. Quoique cette Fregate & Vaisseaux mentionnez, n'eussent commis de leur part aucunes Hostilitez contre les Vaisseaux François, la Fregate Russienne n'ayant eu aucun ordre d'en commettre, & les autres Vaisseaux n'étant point du tout armez, mais servant uniquement à entretenir la Correspondance entre Croonstadt & Lubec, & à transporter les Passagers & leurs Effets d'un endroit à l'autre, comme cela se pratique depuis plusieurs années.

III. Lesquelles Hostilitez commises de la part de la France, ont d'autant plus lieu de surprendre, que de la part de la Russie on n'en a commis aucunes envers la France, mais bien au contraire le Commerce des Marchands & Sujets François ayant eu son libre cours sans aucun empêchement ou interruption jusqu'à ce jour dans les Ports de la Russie.

IV. De telles Démarches & Procédures de la part de la France envers la Russie étant tout à fait contraires au Droit des Gens & aux Coutumes reçues & usitées entre toutes les Nations même les moins civilisées, qui ne commettent point d'Actes d'Hostilité, sans avoir préalablement déclaré la Guerre.

C'est pour ces raisons que S. M. Imp. se trouve en droit & même en devoir, de retenir les Troupes Françoises mentionnées, par droit de Représailles, jusqu'à ce que la Fregate, nommée *Mitau*, soit restituée avec tout son Equipage, c'est-à-dire, le Capitaine, les Lieutenans & les autres Hauts & Bas Officiers, Soldats, Matelots & autres du premier jusqu'au dernier rang, sans en exclure qui que ce soit, & sous quelque prétexte que ce puisse être, avec tout le Canon, Munitions & tous les Effets, en un mot dans le même état où elle se trouvoit lorsqu'elle fut prise par les Vaisseaux François, de même que tout l'Equipage & Monde avec tous les Effets pris & enlevez des autres 3. mentionnez, & que tout ceci sans aucune exception ou détention ait été renvoyé, réellement restitué & délivré dans un des Ports de la Russie.

Et quoique Sa Majesté Imperiale se trouve obligée, par les raisons susdites, de retenir ces Troupes Françoises, jusqu'à ce qu'on ait entierement satisfait de la part de la France à ces justes prétensions de Sa Maj. Imperiale, elle déclare toutefois, qu'en attendant elles seront traitées d'une maniere convenable à la condition d'un chacun, & qu'on aura tout le soin nécessaire pour leur entretien & subsistance, selon qu'on en conviendra plus particulierement avec l'Officier qui les commande, auquel Sa Majesté Imperiale accorde aussi la permission d'envoyer en France quelqu'un des siens, muni de bons Passeports, pour y porter cette Déclaration, & pour effectuer le plutôt qu'il sera possible une prompte résolution, & la satisfaction demandée ci-dessus, afin que les Troupes Françoises puissent être incessamment renvoyées en France, & que de la part de la Russie, dans ce cas-là, cette restitution se puisse faire sans delai, on laissera ces Troupes dans un lieu voisin de la Mer Baltique, où elles puissent aussitôt être embarquées pour s'en retourner en France: à quoi on apportera toute sorte de facilité, & on leur donnera toute l'assistance nécessaire. Fait à Petersbourg le 6. Juillet 1734.

ANNO 1734.

CLXXXVI.

Capitulation de la Ville de Dantzick pour se rendre aux Généraux de l'Imperatrice de Russie & du Roi de Pologne du 7. Juillet 1734.

NAchdem die Stadt Dantzig das schwere Verhängniß betroffen / daß sie in dem jetzt lauffenden Jahr von der Rußisch-Keyserlichen Armee unter Commando Ihro Excellenz des Herrn Grafen und Rittern Burchard Christopher von Münnich / Ihro Russisch-Keyserl. Majestät Herrn General Feld-Marschalls &c. &c. belagert und bombardiret worden; Hierzu auch annoch die Königlich-Pollnische und Churfürstlich Sächsische Trouppen / unter dem Commando Ihro Hochfürstl. Durchl. Herrn Johann Adolphen Hertzogen zu Sachsen-Weissenfels &c. &c. gestoßen; die Sachen aber endlich unter Göttlichem Beystand dahin gediehen / daß zwischen hochbesagte Ihro Excellenz den Herrn Grafen und Rittern Burchard Christopher von Münnich / commandirenden General Feld-Marschall der Russich-Keyserlichen Armee &c. &c. Jngleichen Ihro Hochfürstl. Durchl. Herrn Johann Adolph / Hertzogen zu Sachsen-Weissenfels / als commandirenden General der Königl. Pollnischen und Churfürstl. Sächsischen Trouppen &c. &c. an einem und der Stadt Dantzig Deputirten / Herrn Johann Wahl / und Herrn Nathanael Gottfried Ferber / am andern Theil / eine schrifftlich abgefaßte Capitulation nachfolgendes lauts beramet und geschloßen worden:

Puncta Capitulationis

Zwischen Ihro Excell. den Herrn Grafen und Ritter Burchard Christophern von Münnich / commandirenden General-Feld-Marschall der Russisch-Keyserl. Armee &c. &c. ingleichen Ihro Hochfürstl. Durchl. Herrn Johann Adolph / Hertzogen zu Sachsen-Weissenfels / als commandirenden General der Königlich-Pollnischen und Churfürstl. Sächsischen Trouppen &c. &c. an einem / und der Stadt Dantzig am andern Theil.

I.

Die Stadt erkennet Ihro Königl. Majest. in Pohlen und Churfürstl. Durchl. zu Sachsen Augustum Tertium vor ihren rechtmäßigen Allergnädigsten König und Herrn / und verspricht höchst Deroselben alle schuldige Treue und Gehorsam / so wie es redlichen Unterthanen gebühret / zu erweisen / wird auch ungesäumt an Höchstgemeldte Königl. Majest. jemanden aus der Stadt mit einem unterthänigsten Submissions-Schreiben abschiken / und in der Stadt die Agnition offt Höchstgenannter Königl. Majest. mit allen üblichen solennitäten publiciren / die Huldigung / wenn sie gewöhnlicher maßen von Ihr wird abgenommen werden / leisten / auch die Höheste Person Ihro Königl. Majest. bey dero / Gott gebe / baldiger und glücklichen Annäherung / mit allen unterthänigsten Ehren-Bezeugungen / in specie / was Ihro Königliche Majest. bey sich habende wache betrifft / wie solche vormahlen bey der Ankunfft und dem Einzug der Durchlauchtigsten Könige von Pohlen in Dantzig gebräuchlich gewesen / in die Stadt invitiren und aufnehmen.

2.

Höchstgedachte Ihro Königl. Majest. wird ein Diploma / worinnen der Stadt alle Rechte / Freyheiten und Immunitäten in Geist- und Weltlichen Sachen / gewöhnlicher maßen confirmiret werden / nach dem Exempel dero glorwürdigsten Vorfahren / der Durchlauchtigsten Könige in Pohlen / allergnädigst ertheilen.

3.

Wann die Stadt Dantzig gebethen / daß so wohl Ihro Russisch-Keyserl. als auch Königl. Pollnische Majest. eine General-Amnestie wegen dessen / was bishero vorgegangen / es bestehe worinnen es immermehr wolle / durch besondere desfalls aufzurichtende Instrumenta zu accordiren geruhen mögen / so daß alles vorhero passirte weder der Stadt und gemeinde / noch derselben Einwohnern / von welches Condition sie immer seyn mögen / ins besondere zu imputiren / sondern ein jeder derhalben einer völligen sicherheit sich erfreuen / und aus keiner Ursache oder Praetext wegen alles vergangenen gefähret werden könne / auch die Ersetzung der Schadens / so ein und anderes hierbey interessirtes Theil aus solcher gelegenheit betroffen haben dürfte / nicht zu forderen seyn werde: wesfalls auch bey der künfftigen / Gott gebe baldigen allgemeinen

ANNO 1734. meinen Friedens-Tractaten eine Guarantie vor die Stadt zu erhalten gebeten worden: Als haben des Rußisch-Keyserl. Herrn General Feld-Marschalls Hochgräfl. Excellenz dergleichen Amnestie von seiten Ihro Rußisch-Keyserl. Majest. vor die Stadt Dantzig declariret / und ein allergnädigstes Keyserl. Diploma darüber zu wege zu bringen sich anerboten: Des Herrn Hertzogs von Sachsen-Weissenfels Hochfürstl. Durchl. haben ebenfalls dieses Ansuchen bey Ihro Königl. Majest. in Pohlen und Churfürstl. Durchl. zu Sachsen aufs beste zu insinuiren / und dero Bemühung / um die Stadt hierunter hinsecur zu machen / aufs bewegenste anzuwenden versichert / welches auch des Rußisch-Keyserl. Herrn General Feld-Marschalls Hoch-Gräfl. Excellenz mit dero Recommandation zu secundiren sich erklähret.

4.

Die beyden Regimenter / welche der Stadt vor der Belagerung gezydiget / wie auch alle andere Militair-Personen / die in währender Belagerung Militarische Dienste / ohne in der Stadt solche zustehen / gethan haben / sie mögen seyn von welcher Nation sie wollen / ingleichen die / so mit der Frantzösischen Escadre nach der Münde gekommen und in die Stadt passiret sind / werden den nächstfolgenden Tag nach der von der Stadt ratihabirten Capitulation zum Petershagischen Thor / mit allen Militarischen Ehren-zeichen heraus ziehen / und von der Russisch-Kayserl. Generalität als Kriegsgefangene angenommen werden. Wenn aber die Russisch-Keyserl. Generalität von diesen Trouppen einige / welche hier zu lande einheimisch sind / auf freyen fuß laßen solte / wird es der Stadt frey seyn / selbige wieder in ihre Dienste zu nehmen.

5.

An dem Tage / welcher nach dem Abzuge obiger Trouppen aus der Stadt nächstens folgen wird / werden des Russisch-Keyserl. Herrn General Feld-Marschalls Hochgräff Excellenz die Sommer- und Winter-Schantz / nebst der bey ihrer Einnehmung darinnen gefundenen Artillerie / wie auch die an der Bootsmanns Schantze gemachte Redouten / der Städtischen Besatzung einräumen.

6.

An eben diesem Tage nach dem Abzuge obbemeldter Trouppen aus der Stadt / wird die Stadt / um eine würkliche Probe der allerunterthänigsten Vertrauens zu Ihro Königl. Majest. Augusto Tertio, Ihrem allergnädigsten Könige und Herrn / abzulegen / das Olivische Thor den Königl. Polnisch- und Churfürstl. Sächsischen Trouppen zur Besetzung mit zweyhundert Mann Infanterie mit dazu gehörigen Ober-Officieren einräumen / und werden die Gräntzen / wie weit der wall bey dortigen Thor von gedachter Anzahl Trouppen zu besetzen seyn wird / vorgängig durch die Officiers besagter Trouppen und die von der Stadt Guarnison zu berahmen seyn. Diese zweyhundert Mann Königl. Polnische und Churfürstl. Sächsischer Trouppen werden vor ihr eigen geld zehren / sich aber der Jurisdiction über die dortigen Einwohner in keinem Stük anmaßen / und das Thor selbsten / so bald Ihro Königl. Majest. in Pohlen und Churfürstl. Durchl. zu Sachsen / bey dero Gott gebe baldiger und glüklichen ankunfft / sich desfalls unterthänigst werden haben erbitten laßen / der Stadt Guarnison wieder einräumen.

7.

Unter Ihro Königl. Majest. in Pohlen und Churfürstl. Durchl. zu Sachsen Guarantie giebt die Stadt Dantzig hiemit die Versicherung / daß sie die feinde Ihro Rußisch-Kayserl. Majest. niemahls mehr einnehmen / noch ihnen einigen Vorschub thun / sich auch künfftig gegen allerhöchst gedachte Rußisch Kayserl. Majest. mit mehrern Respect als bishero geschehen / bezeugen / und vielmehr mit ersinnlichsten fleiß dahin sich bestreben wird / daß die unschätzbare Hulde Ihro Russisch-Keyserl. Majest. der Stadt beständig conserviret werden möge.

8.

Aus dem Mittel der dreyen Ordnungen der Stadt Dantzig wird eine solenne Deputation / bestehend in zwo Personen aus jeder Ordnung / und zwar solchen / welche Ihro Rußisch Kayserl. Majest. selber allergnädigst ernennen werden / nach Petersburg fordersamst abgefertigt werden / woselbst diese Deputation die schuldige Deprecation zu thun haben wird: Dagegen die Ordnungen gesichert seyn können / daß niemand der ihrigen auf keinerley weise gekränkt werden sollen.

9.

Wann des Russisch-Kayserl. Herrn General Feld-Marschalls Hochgräfl. Excell. den hohen willen Ihro Rußisch Keyserl. Majest. dahin zu erkennen gegeben / daß allerhöchst gemeldte Kayserl. Majest. wegen derer bloß der Dantziger Belagerung halber zu lande und zu waßer aufgewandten sehr großen Unkosten einiger maßen mit einer Million Species Thaler werden zu dedommagiren seyn / so verspricht die Stadt / noch vor dem abzuge der Rußisch-Kayserlichen Armee / und zwar innerhalb drey wochen dreymahlhundert tausend Species Thaler oder den werth derselben an anderer Müntze zu zahlen: Der erstfolgende Termin wird über sechs Monat fallen / und hernach alles dergestalt en reguliret seyn / daß die völlige summa innerhalb einem Jahr von dem ersten Termin an zu rechnen abgetragen sey. In deßen träget die Stadt zu Ihro Rußisch Kayserl. Majest. weltberühmten großmuth das allerunterthänigste Vertrauen / daß allerhöchst Dieselbe mit dem gantz erschöpften zustande der Stadt ein allergnädigstes Mitleyden tragen / und dero allermildeste Resolution zu soulagirung der armen Stadt huldreichst zu richten / und sie damit zu erfreuen geruhen werden. ANNO 1734.

10.

Nachdem des Russisch-Kayserl. Herrn General Feld-Marschalls Hochgräfl. Excell. der Stadt Dantzig bedeutet / daß die gloken / weil sie währender Belagerung / aller Kriegs-Usance zuwider / geläutet worden / dadurch verfallen seyn; als wird gemeldte Stadt der Rußisch-Kayserl. Generalität / Artillerie und dem Ingenieurs Corps dreyßigtausend Species Ducaten zahlen.

11.

Obschon Rußisch-Kayserlicher Seits / noch auch sonst / gar keine andere Trouppen / als bloß diejenige / welche von der Stadt dependiren / weder in selbige / noch in ihre werke gelegt werden sollen / so wird es doch so lange als die Rußisch-Kayserl. Armee sich noch anjetzo in dieser gegend befinden wird / in der Russisch-Kayserl. Generalität Belieben stehen / daß wenn sie in die Stadt sich wird begeben wollen / sie eine Rußische wache in allem von dreyßig bis viertzig Mann / mit gehörigen Ober- und Unter-Officiern / in die Stadt nehmen möge / welche wache / wenn Hochgedachte Generalität wieder aus der Stadt zurukkehren wird / wieder heraus ziehen wird. Auf welche Art es auch mit der Königlich Pollnischen und Churfürstl. Sächsischen wache / wenn innerhalb obgedachter zeit die Königlich-Pollnische und Churfürstl. Sächsische Generalität in die Stadt zu kommen wird belieben wollen / zu halten seyn wird.

12.

Die Ströhme und Straßen nach und von der Stadt werden nach der von der Stadt geschehenen Ratihabirung dieser Capitulation geöffnet und der Stadt freye zufuhr und Commercia / auch die völlige Disposition über den See-Hafen und Beobachtung aller Rechte und gewohnheiten / so wegen der Schiffath bishero observirt worden / der Stadt gäntzlich überlaßen / auch die festung Weichselmünde nebst der Wester-Schantz in dem Stand / als selbige sich zu der zeit befunden / da sie von der Städtischen Guarnison übergeben worden / mit allem zubehör / so bald Ihro Königliche Majest. in Pohlen und Churfürstl. Durchl. zu Sachsen / bey / Gottgebe / baldiger und glüklicher anherokunfft sich desfalls unterthänigst werden haben erbitten laßen / der Stadt wiederum eingeräumt werden.

13.

Die Stadt verspricht / so wohl die Officierer als gemeine / welche in der festung Weichsel-Münde und ihre Contrescarpe auch der über der Weichsel gelegenen Wester-Schantz in Besetzung gelegen / und sie übergeben haben / ohne alle Untersuchung wieder in ihren Diensten auf dem vorigen fuß als sie vor der Belagerung gewesen / zu conserviren.

14.

So bald die Capitulation von der Stadt wird ratihabiret seyn / werden die Russisch-Kayserliche wie auch Königlich-Pollnische und Churfürstlich-Sächsische Trouppen von dem Territorio der Stadt und allen deßelben Einwohnern ausserhalb dem Grase / sonsten nichts / es habe Namen wie es wolle / abfordern.

15.

Nachdem des Russisch-Kayserlichen Herrn General Feld-Marschalls Hochgräfl. Excell. wegen Entfernung des Stanislai Leszczynski / welcher vor Endigung des Elections-Reichstags in die Stadt Dantzig eingenommen worden / und nachhero eben zu der zeit / da deßen Extradition von obbemeldter des Herrn General-Feld-Marschalls Hochgräfl. Ex-

ANNO 1734. Excell. verlangt worden/ entwichen ist/ eine Million Species Thaler an Jhro Russisch-Kayserl. Majest. zu bezahlen verlangt haben/ welche Summa dennoch der Stadt/ falls sie denselben a dato innerhalb vier wochen wieder schaffen würde/ erlaßen werden solte; so lebet die Stadt der ungezweifelten Hoffnung/ daß wenn die hierüber zu haltende Inquisition und genaueste Nachsuchung es anweisen wird/ daß die Stadt an der Evadirung vorgemeldter Person nicht Schuld noch Theil habe/ sie auch desfalls mit aller Ahndung von Jhro Russisch Kayserl. Majest. allergnädigst werde verschonet werden.

16.

Wann auch öffter erwehnte des Russisch-Kayserl. Herrn General Feld-Marschalls Hochgräfl. Excell. verlangt haben/ daß die Stadt Dantzig/ damit sie künftig nicht möge vorgeben können/ daß sie die an sie geforderte Geld-Summen allein aus eigenen Mitteln bezahlet/ alle in der Stadt befindliche Frantzösische Effecten und sowohl an das Publicum als an Particulier-Personen entrichtete Gelder aufs genaueste angeben sollen/ um so viel mehr/ als verlauten will/ daß Frankreich die Stadt in allem schadloß zu halten declariret habe; So erkläret sich ein E. Rath dieser Stadt im Namen aller Ordnungen/ daß Jhnen nicht bewust/ außer was an Almosen/ imgleichen zu sublevirung armer Leuthe bey den Bürger-wachen/ wegen der quartiere der beyden vor der Belagerung eingenommenen Regimenter/ imgleichen einer kleinen Verehrung an die Guarnison/ und was sonsten an kleinigkeiten möchte vorgekommen seyn/ daß Particulier-Personen durch Frantzösisch Geld/ oder anderer Art Frantzösische Geschenke/ sich zu einer Partheylichkeit solten haben verleiten laßen; Dasjenige aber was dem Publico zur Beyhülffe wegen der bisherigen extraordinair großen Unkosten ist gegeben worden/ bey weitem nicht zu Bestreitung derselben zugereichet habe: So sey auch keine schrifftliche Verbindlichkeit beygekommen/ daß die Stadt von Frankreich in allen solte Schadloß gehalten werden/ ob gleich mündlich von dem Marquis de Monti Hoffnung gegeben worden/ daß der Schade/ der durch das Bombardement entstehen würde/ einem jeden Particulier erstattet werden solte. Ubrigens soll alle mögliche Untersuchung von der Stadt desfalls geschehen/ und was sich finden wird/ treulich angegeben werden.

17.

So wie ein E. Raht der Stadt Dantzig die Umstände/ wie es mit der Stanislai Leszczynski Entweichung zugegangen/ bereits durch Personen seines mittels zu untersuchen angefangen; Also soll selbige Untersuchung mit zuziehung eines General-Auditeur-Lieutenants von Russisch-Kayserlicher/ und eines General-Auditeur-Lieutenants von Königl. Polnisch-und Chur-fürstl. Sächsischer seite aufs genaueste fortgesetzt und ins besondere die Leuthe aus dem Hause wo Stanislaus logirt gewesen/ zur Inquisition gezogen werden. Bevor obige Untersuchung gehörig wird zu Ende gebracht seyn werden/ werden die von der Stadt Dantzig zu dieser Capitulation abgeschikte H. H. Deputirte als Geißel im Russischen Lager verbleiben.

18.

Alle Bauers-Leuthe/ welche an der niedrigen Seite vor der Stadt/ alwo das Land überschwemmet ist/ sich zu der zeit/ da Stanislaus soll entwichen seyn/ aufgehalten haben/ oder noch aufhalten/ sollen zu obiger Inquisition gezogen werden.

19.

Jm fall die Stadt Dantzig einigen fremden Negotianten in ihren freyheiten und gerechtsamen Eintrag oder Abbruch gethan/ welches sie doch gethan zu haben ihr nicht bewust ist/ so soll solches ab-und die Sache auf dem vorigen fuß gestellt werden.

20.

Alle Deserteurs und Gefangene/ wes Standes und Condition dieselbe seyn möchten/ sollen nebst Jhrem gewehr/ Mondirung und Trommeln ohne Entgeld extradiret/ und Niemand unter keinerley Praetext zurük behalten werden.

21.

Diese Capitulation wird so wohl von des Russisch Kayserl. Herrn General Feld-Marschalls Hochgräfl. Excell. als auch von des Herrn Hertzogs Johann Adolph zu Sachsen-Weissenfels Hochfürstl. Durchl. imgleichen von denen Deputirten der Stadt Dantzig eigenhändig unterschrieben und besiegelt/ auch so viel die Stadt Dantzig betrifft/ vom Raht derselben im Namen aller Ordnungen ratihabiret/ und solche Ratihabition/ wo nicht eher/ spätestens innerhalb zweymahl vier und zwantzig Stunden unter dem Siegel der Stadt anhero eingeschiket werden. ANNO 1734.

Geschehen im Haupt-Quartier des Russisch-Kayserlichen Lagers Ohra den 26 Junii / 7 Julii Anno 1734.

Burchard Christoffer/ Graff Münnich.
(L. S.)

Johann Adolph H. Z. Sachsen.
(L. S.)

Johann Wahl/ Rahts Verwandter und Deputirter der Stadt Dantzig.
(L. S.)

Nathanael Gottfried Ferber/ Rahts Verwandter und Deputirter der Stadt Dantzig.
(L. S.)

Als Versprechen wir Bürgermeister und Raht der Stadt Dantzig obenstehende Capitulations-Puncta/ nebst allem dem was darinnen enthalten/ so wie es hieselbst schrifftl. ausgedrukt/ und von denen im Eingang dieses Instrumenti benennten Deputirten dieser Stadt mit vorwißen und genehmhaltung sämtlicher dieser Stadt Ordnungen wohlbedächtig berahmet und geschloßen ist/ so wohl vor unß/ als auch in Namen jetztgedachter Ordnungen in allen und jeden Stükken/ fest und unverbrüchlich zu halten/ auch damit denenselben gantz genau nachgelebet werde die behörige sorgfalt zu tragen; wie wir denn solches alles hiemit bekräfftigen und bestättigen/ auch zu deßen desto mehrer Beglaubung unter dieses Instrument das gewöhnliche Insiegel der Stadt druken laßen. So geschehen in Dantzig den 9. July Anno 1734.

Burgermeister und Raht/ der Stadt Dantzig.
(L. S.)

Articulus Separatus.

Obgleich der 4te Articul vorher befindlichen Capitulation des Jnhalts ist: Daß die beyden Regimenter/ welche der Stadt vor der Belagerung geeydet/ wie auch alle andere Militair Personen/ die in währender Belagerung Militarische Dienste/ ohne in der Stadt sold zustehen/ gethan haben/ sie mögen seyn von welcher Nation sie wollen; Jmgleichen die/ so mit der Frantzösischen Escadre nach der Münde gekommen und in die Stadt passirt sind/ den nächstfolgenden Tag nach der von der Stadt ratihabirten Capitulation/ zum Pettershofischen Thore mit allen militarischen Ehren-Bezeugungen heraus ziehen/ und von der Russisch-Kayserlichen Generalität als Kriegs-Gefangene angenommen werden sollen 2c. 2c. So ist jedennoch solcher Articul zwischen Jhro Hoch Gräfl. Excell. dem Russisch Kayserl. Herrn General Feld-Marschall Grafen von Münnich und seiner Hochfürstl. Durchl. dem Hertzog zu Sachsen-Weissenfels/ ob sie gleich beyderseits über Partage derer Kriegs-Gefangenen nicht instruiret sind/ folgender gestalt erkläret und erläutert worden. Daß Se. Hochf. Durchl. der Hertzog diejenige Mannschafft an Stab-Ober-Unter-Officiers und gemeinen/ welche bey der alten Pollnischen Cron-Guarde gestanden/ und würklich mit im Comput begriffen gewesen/ auch vor der Belagerung in die Stadt Dantzig marschiret/ nicht minder diejenige/ welche entweder auß Sachsen gebürtig sind/ oder in Sächsischen Kriegs-Diensten gestanden haben/ von denen Kriegs Gefangenen wiederum zu sich an-und zu übernehmen haben werden.

Urkundlich ist gegenwärtiger Erläuterungs-Articul von Sr. Hochgräfl. Excell. dem Russisch-Kayserl. Herrn General Feld-Marschal Grafen von Münnich und Sr. Hochf. Durchl. dem Hertzog von Sachsen-Weißenfels eigenhändig unterschrieben/ besiegelt und dabey verabredet worden/ daß solcher eben so gültig seyn solle/ als wenn er von wort zu wort in der Capitulation selbst mit enthalten wäre. Datum ut supra den 27 Junii / 7 Julii 1734.

Burchard Christoffer/ Graf Münnich.
(L. S.)

Johand Adolph H. Z. Sachsen.
(L. S.)

CLXXXVII.

Anno 1734.

CLXXXVII.

Manifeste du Roi Stanislas I. *de Pologne sur son Election & celle du Roi* Auguste III. *donné le 13. Aout 1734.*

Stanislas I. par la grace de Dieu Roi de Pologne & Grand Duc de Lithuanie, &c. &c.

Nous sommes assûrez que la tragédie dont la Pologne est aujourd'hui le triste Théatre, est trop exposée aux yeux de toute l'Europe, pour ne pas attirer l'attention des plus indifférens: l'action en est trop vive, pour que les plus ignorans n'en comprennent pas le sujet: enfin elle est trop importante, pour qu'il ne se trouve pas une infinité de personnes qui veuillent en porter leur jugement.

Quoique l'Equité n'ait pas de compte à rendre, que la Vérité n'ait pas besoin de défenseur, ni la Raison de preuves, nous croirions pourtant nous rendre coupables envers Dieu, si nous n'exposions pas aux yeux de la Chrétienté une affaire où elle est tant intéressée; envers notre Patrie, si nous témoignions par notre silence que nous sommes insensibles à ses malheurs; & envers nos Sujets, si nous ne les instruisions pas de ce qui les occupe à présent, afin qu'ils en jugent sans prévention.

Notre devoir demande donc que dans le tems que nous nous trouvons en sureté, nous élevions la voix, non pour arrêter le cours violent des injustices, non pour implorer quelque secours contre la persécution la plus inouïe, car nous n'attendons ce secours que du Ciel; mais pour engager ceux qui ont encore des sentimens de conscience, d'honneur & d'équité, à s'intéresser au malheureux sort de la Pologne.

On sait qu'à la mort du Roi *Auguste*, nous ne nous sommes pas servis de notre ancien droit à la Couronne de Pologne, ayant été pendant notre exil assujetti au Pouvoir qui étoit maitre de la Liberté de notre Nation; & quoique nous n'ayons pas été en état de défendre cette Liberté & de vivre sous ces Loix, nous ne l'en avons pas moins respectée. Nous avons attendu que la République étant rétablie dans tous ses droits, fût assemblée, pour nous présenter en personne, & attendre ce qu'elle décideroit de notre sort.

A peine eumes-nous mis le pié en Pologne, que nous nous vîmes replacez sur le trône; notre air natal, que nous recommencions à respirer, ne retentissoit que d'acclamations; nous ne trouvames dans cette illustre Nation réunie, qu'un cœur qui aspiroit après nous, & nous n'entendimes qu'une voix pour nous déclarer Roi.

Comme nous ne voulons pas donner ici un journal de ce qui s'est passé dans notre élection, nous ne repeterons pas tout ce qui a été déja dit sur ce sujet. Quiconque veut être instruit de la vérité de toutes ces circonstances, trouvera cent mille témoins qui lui certifieront la légitimité de tout ce qui s'est fait alors, non seulement par rapport à l'autorité de ceux qui y ont eu part, par le tems, par le lieu, par la liberté des sentimens & l'unanimité des suffrages.

S'il subsiste encore la moindre trace de la forme de notre Liberté, comment la fourbe la plus insolente ose-t-elle avancer le contraire, & soutenir faussement à la vue du Ciel & de la Terre, qu'on n'a pas observé dans cet Acte solemnel, ce qui constitue la légitimité de l'élection d'un Roi de Pologne?

Quant à nous, que la plus cruelle violence nous dispute la Couronne! Nous faisons plus de cas de la glorieuse maniere dont nous l'avons obtenue de l'affection de notre Nation, que de toutes les autres manieres de l'obtenir qu'on pourroit imaginer. Et nous pouvons nous vanter qu'on ne nous enlevera cette Couronne, qu'en arrachant à la Nation ce cœur qui fait l'apui de notre Trône, l'étendue de notre Royaume, & la sureté de notre Regne: outre que, tous les efforts des Puissances ne pouvant préjudicier à l'équité, ni étouffer la verité, nos droits l'emporteront toujours sur la force & la violence; car ils sont trop bien défendus par les Loix du Royaume, pour que ce qu'on appelle *ultima ratio Regum* y puisse faire la moindre breche.

Nous pourrions ne faire seulement pas attention aux oppositions de quelques Compatriotes séparez du corps de la République, qui prétendent qu'en vertu de la Constitution de 1717. nous sommes inhabiles à monter sur le Trône: cependant pour empêcher que ceux qui ont un peu de bon sens, donnent dans cette calomnie, nous les renvoyons à la Constitution même, où l'on veut que nous soyons compris parmi les adhérens de la Suede contre lesquels on employe la sévérité des Loix. Nous ne nous reconnoissons pas sous ce titre, & nous avons pris les armes contre le Roi Auguste, sans dépendre de la Suede; mais comme bon Citoyen, & en qualité de Sénateur, obligé par son serment à s'opposer à l'Infracteur des Loix.

Anno 1734.

Depuis ceux-là ont été du parti de la Suede qui sont entrez dans la Confédération de la République, qui, pour donner un apui à ses Loix & à sa Liberté, a fait avec ce Royaume une alliance, en vertu de laquelle nous sommes devenus alliez de la Suede, mais comme adhérens aux intérêts de notre Patrie.

La paix que le Roi Auguste a faite avec nous, prouve assez la différence qu'il y a entre ces deux qualitez; si en traitant avec la Suede on devient son adherent, le Roi Auguste l'est donc devenu par le Traité d'Alt-Ranstadt. Outre que c'est une dispute qui n'a encore été décidée que par la force, savoir qui des deux, suivant nos Loix, mérite d'être considéré comme ennemi de la Patrie, ou celui qui étoit adhérent de la Suede, ou le Roi Auguste? & si le crime d'Etat consistoit à être bon Suedois, en s'opposant à une guerre commencée à l'insçu de la République, ou à être bon Saxon en souffrant qu'une des principales Loix de l'Etat fût enfreinte

Mais supposons que cette Sentence ait été portée contre nous, a-t-elle été précédée d'aucune formalité de Justice? Et pouvoit-elle être prononcée par un Roi qui avoit renoncé au Trône, & dont la démission étoit autorisée par une proclamation de la vacance du Trône, faite par le Primat, qui étoit alors de son parti; par un Roi qui n'a été rehabilité par aucun Acte à remonter sur le Trône, où il n'a été toleré que par la condescendance de la République; enfin par un Roi qui m'avoit lui-même reconnu pour légitime Roi de Pologne.

Outre cela, les Membres de la République, qui étoient pour la plupart complices de notre prétendu crime, pouvoient-ils former un Conseil de Juges legitimes? Mais ce n'est pas ici le lieu de rendre compte de notre précédente conduite; nous pourrions néanmoins la mettre dans tout son jour, & faire voir quel zèle nous avons montré pour notre chere Patrie, quels sacrifices nous lui avons faits, & de quels devoirs nous nous sommes acquitez, si elle n'en étoit déja assez persuadée, comme elle l'a fait connoître publiquement par la justice qu'elle nous a rendu aussitôt qu'elle s'est vue en liberté, en reconnoissant tout ce que nous avons souffert pour elle, pendant qu'elle-même étoit obligée de porter le joug.

Il ne s'agit donc ici que d'examiner deux questions principales 1. Si ceux qui se sont séparez du corps de la République, ont droit de former quelque opposition dans le tems qu'ils n'ont point paru être autorisez dans le champ d'élection à en former aucune; & qu'outre cela ils ont été déclarez bannis, non seulement par Sentence unanime d'une République libre & indépendante; mais même par eux-mêmes, puisqu'ils ont porté leur propre Sentence dans le Manifeste qu'ils ont signé, & dans lequel ils se sont dépouillez de toute activité, ou pouvoir de s'opposer à notre élection, & encore plus d'en faire une autre à leur maniere.

2. Quelle différence il y a entre notre bannissement (s'il existoit) & celui de l'Electeur de Saxe? La République, qui est maitresse de ses Loix, nous recevant dans son sein en nous élisant, & en nous plaçant à sa tête, rend notre prétendu crime méritoire, & notre punition bien glorieuse; pendant qu'elle abjure l'Electeur de Saxe, en l'excluant du Trône comme tous les Etrangers, par une nouvelle Constitution qu'on ne peut enfreindre sans violer toutes les Loix divines & humaines.

Cependant nous voyons qu'un petit nombre de personnes, qui s'arrogent hardiment le nom de République, s'emparent de son autorité, méprisent ses Ordonnances, favorisent l'entrée de troupes étrangeres, abolissent l'ancienne forme de gouvernement; & eux qui sont retranchez du corps de la République, & déchus du droit d'assister à l'élection d'un Roi, entreprennent une nouvelle élection. Quand? Dans le tems que les

ANNO 1734. les Ordres de la République ont déja reconnu un Roi legitimement élu. Où? Dans le Camp, pour ainsi dire, de l'ennemi. En faveur de qui? En faveur d'un Prince que la République, & en même tems ceux qui en font l'élection, a fait serment de ne jamais élire.

Au reste, pour nous exempter d'entrer dans un plus long détail, nous renvoyons ceux que nous prenons pour nos Juges, aux Actes Publics, qui sont entre les mains de tout le monde: y a-t-il quelqu'un qui pourra approuver que dans ce Corps nombreux d'une illustre Noblesse, il s'en trouve quelques-uns qui changeant la Liberté, à laquelle de sages Loix ont donné des bornes, en une Licence effrenée, se livrent à celle-ci suivant le penchant de leur passion, qui leur fait préferer leurs honteux intérêts particuliers à l'intérêt public, & violer par un parjure affreux la parole & la foi qu'ils avoient jurée à Dieu même.

Mais ce qui n'a point d'exemple & qui doit causer le plus grand étonnement, c'est le procédé des Puissances voisines de la Pologne. Ce Royaume a-t-il rompu la paix avec quelqu'une pour s'attirer une guerre? Est-il dépendant ou tributaire pour recevoir la loi des autres? Est-ce un païs conquis qui doit obéir aux Loix & aux Ordonnances du Vainqueur? Cependant on dispose de sa Couronne comme on le juge convenable à ses propres intérêts, & l'on renverse entierement la forme du Gouvernement. On limite le *liberum veto*, on se jette dans le Royaume de tous côtez, on contraint les Provinces à approuver ce procédé, plus de respect pour les Eglises, plus d'égards pour le Sexe, plus de sureté pour les Citoyens, tout est dans le desordre, tout est pillé: on ne se contente pas de ruïner tout le Royaume; la ville de Dantzick, qui en fait un des ornemens, a essuyé tout ce que la guerre a de plus cruel & de plus horrible, on la traite en rebelle; parce qu'elle a été fidèle à un Roi qu'elle avoit reconnu pour son Maitre, dans un tems qu'elle n'avoit pas encore entendu qu'il y en eût un autre, & qu'elle ne pouvoit penser qu'il pût y en avoir un. On la châtie, parce qu'elle s'est défendue lorsqu'on est venu l'attaquer sans aucun égard. On la ravage & on la ruïne autant qu'on peut à coups de canon & à force de bombes, on ravage & on brûle son territoire; on la condamne à payer des sommes exhorbitantes, dont une partie est à cause qu'elle nous a laissé échaper, comme si on nous avoit confié à sa garde, ou comme si une ville assiegée avoit coutume de répondre des actions de ceux qui y ont le commandement. Conduite inouïe! Nouvelle maniere de faire la guerre!

La conduite qu'on tient envers le Primat du Royaume, ne fait-elle pas assez connoitre le peu de considération qu'on a pour la République, qui est honnie & meprisée en sa personne, qui est un Personnage illustre par sa naissance, vénérable par son âge, estimable par ses longs services, respectable par son Caractère Sacré & par sa Dignité Primatiale, qui n'est coupable en rien dans toute sa conduite, & qui est immolé comme une glorieuse victime à la fureur, pour les justes intérêts de la Patrie, dont il a soutenu les droits avec une fermeté sans exemple, pendant qu'il souffre patiemment qu'on le traine lié & enchainé pour la cause de la Liberté.

Ce qui est arrivé à l'Ambassadeur de France est une suite des violences qu'on exerce de tous côtez, & une violation du Droit des Gens, respecté par toutes les Nations; si son caractere consideré de quel côté qu'on voudra, ne peut le mettre à couvert d'un si dur traitement, sa personne ne mérite pas une fevere prison, qu'on ne peut lui infliger, le considérant même comme prisonnier de guerre.

Que dirons-nous de l'injustice avec laquelle on traite les Sénateurs & autres illustres Membres de la Nation? On les force à reconnoitre pour Roi celui qu'ils n'ont pas choisi, & qu'ils ont juré de ne pas reconnoitre. On les traite en rebelles, sans qu'ils ayent été Sujets; comme criminels d'Etat, sans avoir commis aucun crime; & en esclaves, sans avoir été soumis.

Qu'on mette de son côté tant qu'on voudra le droit des armes, on ne trouvera nulle part aucun exemple qu'il s'étende jusques sur les Consciences d'une Nation libre: c'est cependant ce qui vient d'arriver; puisqu'on les a contraints, les armes à la main, à faire un des plus affreux Sermens.

Nous laissons aux Casuistes à fixer la différence qu'il y a entre un Serment volontaire, & un autre extorqué le pistolet sur la gorge. Si ce dernier Serment se fait sincerement, peut-il être consideré autrement que comme un Parjure évident & une violation du précédent; ce Parjure peut-il servir de sûreté d'une fidélité qu'on viole à l'égard de Dieu? Et si au contraire le premier Serment reste dans toute sa force, le second, qu'on n'a pas fait dans l'intention de l'observer, est nul & de nulle valeur; pourquoi donc prendre le nom de Dieu en vain? ANNO 1734.

Il faut espérer que le Ciel, qui ne considere que la sincérité & la pureté de nos cœurs, aura égard à l'état violent où nous jettent alors les menaces horribles & la crainte: mais il est à craindre que sa Justice ne rende responsables de tant de blasphèmes involontaires, ceux qui les ont fait commettre, & qui ont sacrifié à leur ambition jusqu'au salut de leurs ames.

Enfin on ne se contente pas d'emprisonner les principales personnes de l'Etat, & d'extorquer leurs sentimens avec violence, on soumet leur Conscience à un joug insupportable, pour ne laisser plus la moindre trace de la liberté.

Voilà l'état déplorable où se trouve la Pologne, qui expose aux yeux de toutes les Puissances jalouses des droits du Trône, les effets d'une fausse Politique; à ceux des Nations jalouses de la conservation de leurs Loix, qu'il n'y en a point qui soit à couvert de l'injustice; & à ceux de toute la Chrétienté, que la Société Civile ne trouve plus de sureté dans la foi des Traitez, dans la Religion, ni dans les remords de la Conscience. Exemple inconnu aux siécles passez! triste monument pour la postérité!

Nous savons que les Souverains ne doivent rendre compte de leur conduite qu'à Dieu seul; & c'est à son terrible Tribunal que j'en appelle, protestant contre toutes violences, dans l'espérance que sa Toute-puissance confondra le fort & l'orgueilleux, que Sa Sainteté punira l'impie, & que sa Justice défendra l'innocent. Ce 13. Août 1734.

CLXXXVIII.

Edit des Etats Généraux des Provinces-Unies des Päis-Bàs pour la Navigation libre de leurs Sujets sur les Côtes d'Afrique, publié en Octobre 1734.

I. TOus les Sujets de la République auront la liberté de naviger & de négocier pendant 20. ans de suite, & ainsi jusqu'à la fin de l'an 1754. dans l'espace de 60. lieues des Côtes où la Compagnie Occidentale s'étoit reservé le négoce privatif par le Réglement du 8. Août 1730. laquelle reserve ou exception est abolie par la présente.

II. Mais lesdits Sujets de la République ne pourront aller negocier dans ledit District de 60. lieues avec des Bâtimens, qui, suivant les ordres de la Compagnie, ne peuvent naviger ni négocier sur cette Côte, ni avec d'autres Bâtimens, qui, suivant les mêmes ordres n'y peuvent négocier sans avoir auparavant payé les droits, à moins qu'ils n'ayent fait auparavant leur déclaration au Château Delmina, ou en tel autre endroit que les Directeurs pourroient designer dans la suite, & d'en avoir montré le Passeport, en sorte que cette clause doit être ajoutée à l'Acte de caution, que celui qui frête un Vaisseau doit fournir suivant l'Art. 21. du Réglement du 8. Août 1730.

III. Les Directeurs, Receveurs, Suppôts ou Officiers de la Compagnie Occidentale ne pourront naviger ni négocier directement ni indirectement de quelque maniere que ce soit pour eux ou pour d'autres dans aucun des endroits d'Afrique situez dans les limites de l'Octroi de la Compagnie, sous les peines portées dans l'Art. 31. de l'Octroi. Cependant l'intérêt que quelques-uns desdits Directeurs, Receveurs, Suppôts ou Officiers, pourroient avoir dans ladite Navigation & Commerce, subsistera jusqu'au retour des Vaisseaux auxquels ils ont part. Et si à présent quelques Directeurs, Receveurs, Supots, ou Officiers vouloient frêter pour ladite Côte comme ci-devant, ils en informeront, dans l'espace de 6. semaines, la Chambre de la Compagnie dont ils dépendent; afin qu'en ayant communiqué avec les autres Chambres, elle dispose à cet égard suivant ce qui sera trouvé convenable.

IV. Afin de faciliter la Navigation des Sujets de la République sur la Côte d'Afrique, le terme de 12. mois que les Vaisseaux pouvoient rester dehors, suivant l'Art. 14. du Réglement du 8. Août 1730.

ANNO 1734.

sera prolongé, comme il est prolongé par la présente jusqu'à 16. mois, à moins qu'ils ne passent par l'Amerique, auquel cas ils pourront employer 20. mois à compter du jour que lesdits Bâtimens sortiront des Ports de la Patrie; ensorte que la Prime (*Napræmie*) des Vaisseaux qui resteront plus de 16 ou 20. mois, sera réglé sur le pied d'un 16. ou d'un 20. pour chaque mois entier qu'ils seront restez au delà de ce tems; restant au surplus le reste dudit Art. en son entier, & sans déroger à l'Art. 19. du Réglement qui reserve le Commerce dans les Colonies de Surinam, Isequebo & Barbice à la seule Compagnie.

V. En considération des Primes (*Napræmien*) que les Frêteurs payent, suivant l'Art. 14. & de la perte qu'ils font lorsque leurs Bâtimens restent plus longtems en mer, les Directeurs de la Compagnie restitueront 2. mois desdites primes aux Frêteurs respectifs, & il en sera fait un partage entre lesdits Frêteurs au *pro rata* du tems qu'ils seront restez plus ou moins longtems.

VI. Pour encourager la susdite Navigation, ceux qui l'entreprendront pourront négocier avec le Gouverneur de la Compagnie sur la Côte d'Afrique, les Esclaves qu'ils auront achetez, au prix dont ils pourront convenir avec les Officiers de la Compagnie dans cet endroit.

VII. Il sera permis aux Vaisseaux respectifs de rentrer dans tel Port de la Patrie qu'ils voudront, sans être obligez de rentrer dans celui d'où ils seront partis; l'Art. 2. du Réglement du 8. Août 1730. étant changé ainsi à cet égard.

VIII. Quant au Jaugeage des Vaisseaux qui seront frêtés pour la Côte d'Afrique, on s'en tiendra à la Résolution ou Réglement des Directeurs, statué dans l'Assemblée des Dix le 14. Octobre; qui sera observé à cet égard.

IX. Tout ce qui est statué ci-dessus aura aussi lieu par rapport aux Vaisseaux qui sont déja en voyage ou sur la Côte, ensorte qu'ils seront traitez de même que les Vaisseaux qui seront frêtez à l'avenir.

X. Tous les Articles du Réglement arrêté par Leurs Hautes Puissances le 8. Août 1730. seront exécutez selon leur forme & teneur, à l'exception de ce qui a été changé par ce Réglement postérieur, &c.

CLXXXIX.

Traité d'Amitié, de Commerce & de Navigation entre l'Empire de Russie & la Couronne de la Grande-Bretagne, conclu à Petersbourg le 2. Decemb. 1734 [**Sur l'Imprimé à Petersbourg en Russien & en François.**]

COmme la très-Sérénissime & très-Puissante Princesse & Dame, Dame ANNA, Impératrice & Autocratrice de toutes les Russies, de Moscovie, Kiovie, Wladimirie, Novogorod: Czarine de Casan, Czarine d'Astracan, Czarine de Siberie; Dame de Plescow & Grande-Duchesse de Smolensko; Duchesse d'Esthonie, de Livonie, Carelie, Twer, Jugorie, Permie, Wiatkie, Bolgarie & d'autres; Dame & Grande-Duchesse de Novogorod inferieur, de Czernigovie, Resan, Rostow, Jaroslaw, Belooserie, Vdorie, Obdorie, Condirie, Impératrice de tout le Côté du Nord; Dame d'Iverie, & Princesse héréditaire & Souveraine des Czars de Cartalinie & Grusinie, Comme aussi des Princes de Czircassie, de Georgie, & d'autres, &c. &c. &c.

Et le très-Sérénissime & très-Puissant Prince GEORGE II. par la Grace de Dieu, Roi de la Grande-Bretagne, de France & d'Irlande; Défenseur de la Foi; Duc de Brunswic & de Lunebourg; Archi-Trésorier & Prince Electeur du Saint Empire Romain, &c. &c &c.

ONt réfléchi qu'il y a eu depuis fort longtems une liaison de Commerce & de bonne Amitié entre leurs Etats & Sujets réciproquement, sans qu'elle fût réglée & établie par une Convention sûre & détaillée, & voulant rendre cette Correspondance plus ferme & durable, par des Réglemens & Conditions qui puissent ôter quelques difficultés qui y étoient survenues, & mettre le Commerce & la Navigation sur un fondement qui répondît mieux à la bonne Intelligence mutuelle, qui subsiste entre ladite Impératrice & ledit Roi, & leurs Etats & Sujets: Ils ont trouvé à propos de nommer & d'autoriser des Ministres de côté & d'autre pour cet effet, c'est-à-dire, *Sa Majesté Impériale*, &c. a nommé pour Commissaire & Plénipotentiaire, de sa part, son Ministre de Cabinet, Conseiller Privé actuel & Chevalier de l'Ordre de St. André, HENRI JEAN FREDERIC Comte d'OSTERMAN, de même que Son Ministre de Cabinet, Conseiller Privé actuel & Chevalier de l'Ordre de St. André, Prince ALEXEI CZERCASCOY, comme aussi son Conseiller Privé actuel, Sénateur, Président au Collége de Commerce & Chevalier de l'Ordre de l'Aigle Blanc, Baron PIERRE de SCHAPHIROFF.

Et *Sa Majesté Britannique* a nommé pour Commissaire & Plénipotentiaire, de sa part, le Sieur CLAUDIUS RONDEAU, son Résident auprès de *Sa Majesté Imper.* lesquels ayant conféré ensemble, en vertu de leurs Plein-pouvoirs respectifs, sont convenus des Articles suivans.

1.

LA paix, amitié & bonne correspondance qui subsistent heureusement entre leurs *Majestez de toutes les Russies & de la Grande-Bretagne*, seront confirmés & établis par ce Traité; de sorte que dès à présent, & pour l'avenir, il y aura entre la Couronne de toutes les Russies, d'un côté, & la Couronne de la Grande-Bretagne, de l'autre; comme aussi entre les Etats, Païs, Royaumes, Domaines & Territoires qui Leur obéissent, une paix, amitié & bonne intelligence, vraye, sincere, ferme & parfaite, lesquelles dureront pour toujours, & seront observées inviolablement, tant par Mer que par Terre, & sur les Eaux douces; & les Sujets, Peuples & Habitans de part & d'autre, de quel Degré ou Condition qu'ils puissent être, se traiteront mutuellement avec toute sorte de bienveillance, aide & assistance possibles, sans se faire aucun tort ou dommage quelconque.

2.

Il y aura une parfaite Liberté de Navigation & Commerce, dans tous les Etats d'aucune des deux Hautes Parties Contractantes, situées en Europe, où la Navigation & le Commerce est à présent permis, ou sera permis ci-après, par les Hautes Parties Contractantes, aux Sujets d'aucune autre Nation.

3.

Il est convenu que les Sujets des Hautes Parties Contractantes puissent entrer en tout tems, dans les Ports, Places ou Villes d'aucune des Hautes Parties Contractantes, avec leurs Vaisseaux, Bâtimens ou Voitures chargés ou vuides, dans lesquels il est permis aux Sujets d'aucune autre Nation d'entrer, commercer ou demeurer, & les Matelots, Passagers & Vaisseaux, tant Russes qu'Anglois, quoique parmi leur Equipage il se trouve des Sujets de quelque autre Nation étrangere, seront reçus & traités, comme la Nation la plus favorisée: & les Matelots ou Passagers ne seront pas forcés à entrer dans le service d'aucune des Hautes Parties Contractantes, à l'exception des Sujets de celles des Parties Contractantes qui auroit besoin de leur service. Et il est accordé que les Sujets des Hautes Parties Contractantes puissent acheter toute sorte de choses nécessaires, dont ils peuvent avoir besoin, au prix courant, radouber & raccommoder leurs Vaisseaux, Bâtimens ou Voitures, & acheter toute sorte de Provisions pour leur Subsistance ou Voyage, demeurer & partir à leur bon plaisir, sans molestation ou empêchement, pourvû qu'ils se conforment aux Loix & Ordonnances des Etats respectifs des Hautes Parties contractantes, dans lesquels ils arriveront ou demeurent.

4.

Il est convenu que les Sujets de la Grande-Bretagne puissent apporter, par Eau ou par Terre, dans tous, ou aucun des Etats de la Russie, où il est permis aux Sujets d'aucune autre Nation de commercer, toutes sor-

Anno 1734. ſortes d'Effets ou Marchandiſes, dont le Commerce & l'Entrée n'eſt pas défendu: Et pareillement que les Sujets de la Ruſſie puiſſent aporter dans tous, ou aucuns des Etats de la Grande Bretagne, où il eſt permis aux Sujets d'aucune autre Nation de commercer, toute ſorte de Marchandiſes du Produit ou Manufactures des Etats de la Ruſſie, dont le Commerce & l'Entrée n'eſt pas défendu; & pareillement les Marchandiſes du Produit ou Manufactures d'Aſie, pourvû que cela ne ſoit pas défendu actuellement par aucune Loi, à préſent en force dans la Grande Bretagne; Et qu'ils puiſſent acheter & transporter hors des Etats de la Grande Bretagne, toute ſorte d'Effets & de Marchandiſes, que les Sujets d'aucune autre Nation peuvent acheter dans les Etats, & transporter hors des Etats de la Grande Bretagne, particulierement, de l'Or & de l'Argent travaillé ou non travaillé, l'Argent monnoyé de la Grande Bretagne excepté. Et afin que l'égalité ſoit conſervée par raport à l'exportation des Denrées & Marchandiſes, où les Ruſſes payent beaucoup moins de Droits que ceux qui y trafiquent de la Grande Bretagne, les Sujets de la Ruſſie payeront à l'avenir les mêmes Droits de ſortie, que payent les Marchands Anglois ſur les mêmes Effets à l'exportation hors des Ports de la Ruſſie: & les Marchands Ruſſes joüiront des mêmes Libertés & Privilèges des Commerces en Angleterre, que joüiſſent les Marchands Anglois qui ſont de la Compagnie de Ruſſie: Bien entendu toujours, qu'il n'y a rien dans cette permiſſion, contre les Loix du Païs, & que les Marchands tant Anglois que Ruſſes, & leurs Facteurs, s'accommoderont aux Loix, Statuts & Ordonnances reçuës & établies dans les Païs reſpectivement où ils auront à faire leur Négoce, afin qu'aucune fraude ou abus ne s'y gliſſe.

5.

Il eſt convenu que les Sujets de la Grande Bretagne, s'ils n'ont point de Rixdales pour payer les Douanes, ou Droits payables ſur leurs Marchandiſes entrées, puiſſent payer en Eſpéces d'argent courant, à raiſon de cent & vingt-cinq Copeques pour une Rixdale.

6.

Toute l'aiſance & dépêche ſera donnée ſuivant le Réglement à ce ſujet, à l'entrée des Vaiſſeaux Anglois, à charger & décharger les Marchandiſes apartenantes aux Sujets de la Grande Bretagne, & ils ne ſeront en aucune maniére retenus, ſous les peines ſpécifiées dans les Réglemens: Et ſi les Sujets de la Grande Bretagne font aucun Contract avec aucune Chancellerie ou Collége, pour délivrer aucuns Effets ou Marchandiſes, ſur la déclaration que les Marchandiſes ſont prêtes à être délivrées, Elles ſeront reçuës ſuivant le tems ſpécifié dans le Contract, après quoi le Compte ſera réglé & liquidé dans tel tems qu'il aura été convenu dans le Contract entre la Chancellerie ou Collège & les Marchands Anglois.

7.

Il eſt convenu que les Sujets de la Grande Bretagne puiſſent, dans toutes les Villes & Places de la Ruſſie, où il eſt permis aux Sujets d'aucune autre Nation de fréquenter, payer pour Marchandiſes achetées, le même argent courant de Ruſſie qui a été reçu pour Marchandiſes vendues; à moins qu'aucun Contract particulier ne ſpécifie le contraire.

8.

Il eſt convenu que les Sujets de la Grande Bretagne puiſſent aporter dans la Ruſſie toute ſorte d'Effets ou Marchandiſes, & les transporter au travers des Etats de la Ruſſie, par le plus court ou le plus convenable chemin, en Perſe, payant trois pour cent en Rixdales, *ad valorem*, pour les Droits & Tranſit desdites Marchandiſes, & pas davantage, ſous quelque prétexte que ce ſoit. Néanmoins les Marchands Anglois ſeront obligés de s'accommoder avec les Sujets Ruſſes, touchant les fraix du tranſport, tant par Eau que par Terre, & de leur donner pour cela un prix raiſonnable; & des Ordres les plus précis ſeront donnés pour ce que les Marchands Anglois trouvent toute l'expedition & facilité ſur la route. Pareillement qu'ils puiſſent aporter toute ſorte d'Effets & Marchandiſes de Perſe, & les transporter, au travers de la Ruſſie, Anno 1734.
avec la même liberté & aiſance, payant ſeulement trois pour cent en Rixdales, *ad valorem*, pour les Droits & Tranſit, comptant les Rixdales de la maniére qu'il eſt d'uſage dans les Douanes Ruſſiennes. Et afin de prévenir toute fraude de la part des Sujets Anglois, & toute vexation & délai de la part des Officiers Ruſſes, les Marchands Anglois déclareront les Marchandiſes deſtinées à paſſer au travers de la Ruſſie pour aller en Perſe, & de même celles qu'ils aportent de la Perſe, à la premiére Place où elles arrivent en Ruſſie, & elles ſeront reçues & admiſes ſur leur Connoiſſement, Police ou Regître, & ſuivant leur valeur déclarée, ſur laquelle un Droit de trois pour cent ſera payé ſans ouvrir ou déballer les Marchandiſes, plus qu'il n'eſt abſolument néceſſaire pour ſatisfaire l'Officier Ruſſe, que les Marchandiſes ſpécifiées par le Connoiſſement, Police ou Regître, & aucune autre ou autres, n'eſt contenu dans le Ballot ou Balle, dans leſquels les Marchandiſes ſont empaquetées. Mais en cas que l'Officier Ruſſe ait raiſon de ſoupçonner que les Marchandiſes ne ſont pas déclarées à leur entiére Valeur, à vingt pour cent près, dans ce cas l'Officier Ruſſe payant au Marchand la Valeur déclarée, & vingt pour cent par deſſus, ſans aucune déduction, peut prendre les Marchandiſes & en diſpoſer. Quand l'Officier Ruſſe a fait ſa Viſite, laquelle ſera faite ſans vexation ou tort, aux Marchandiſes ou Emballages, il plombera les Balles ou Balots dans leſquelles les Marchandiſes ſont, il les numérotera & les marquera, & donnera au Marchand un Certificat du payement des Droits, & par ce Certificat, Plomb, Marque & Numero, elles paſſeront au travers de la Ruſſie, pour aller en Perſe, ou en venir, ſans aucun autre obſtacle ou moleſtation; mais en cas que les Marchands ne paſſent pas toutes, ou aucunes des Balles au travers de la Ruſſie, ſuivant la déclaration, ou qu'ils rompent les Plombs, & en ôtent aucune des Marchandiſes, en Ruſſie; S'il y a aucune raiſon de ſoupçonner que cela a été fait contre le ſens clair & l'intention de cet Article, il ſera mis à l'amende, & payera la Valeur entiére déclarée de telle Balle ou Ballot qui manquera, ou dont le Plomb aura été rompu.

9.

Qu'aux Lieux accoutumés de tranſport, il ſera réciproquement permis aux Sujets des Hautes Parties Contractantes de charger à bord de leurs propres Vaiſſeaux, Bâtimens ou Voitures, ou aucun autre, les Marchandiſes qu'ils ont achetées, excepté ſeulement dont la ſortie eſt défendue, & de les emporter, ou envoyer librement, pourvû qu'ils ayent payé les Douanes, & que les Vaiſſeaux, Bâtimens ou Voitures ſoient acquitées, ſuivant le Règlement.

10.

Que les Sujets de l'une ou de l'autre des Parties, ne payeront pas plus de Douane ou Droits pour l'entrée ou la ſortie des Marchnndiſes, que ce qui eſt payé pour l'entrée ou la ſortie des mêmes Marchandiſes, par les Sujets d'aucune autre Nation. Et que pour empêcher toute fraude des Douanes, d'un & d'autre côté, les Marchandiſes qui ont gliſſé la Douane, pour éviter le payement des Droits d'Entrée, ſeront confiſquées, & on n'infligera pas d'autre châtiment aux Marchands de l'une ou de l'autre des Parties.

11.

Il eſt convenu que les Sujets de l'une ou de l'autre des Parties puiſſent librement aller, venir & commercer dans tous les Etats qui ſont, ou pourront être ci-après en inimitié avec aucune des Parties, excepté ſeulement les Places qui ſont actuellement bloquées ou aſſiégées, pourvû qu'ils ne portent point de Munitions de guerre à l'Ennemi, avec tous autres Effets; les Vaiſſeaux, les Paſſagers & les Effets, ſeront libres & ſans empêchement.

12.

ANNO. 1734.

12.

Les Canons, Mortiers, Armes à feu, Pistolets, Bombes, Grenades, Boulets, Bales, Fusées, Pierres à feu, Méches, Poudre, Salpêtre, Souffre, Cuirasses, Piques, Epées, Ceinturons, Gibecieres, Poches à Cartouche, Selles & Brides en aucune quantité, au delà de ce qu'il en faut, pour la Provision du Vaisseau, ou ce qui peut appartenir & être jugé nécessaire pour chaque homme appartenant au Vaisseau ou Passager, sera estimé Munition de guerre; Et si on en trouve, on pourra les saisir & les confisquer, suivant les Loix; mais ni les Vaisseaux, Passagers, ou le reste des Effets, ne feront detenus pour cette raison, ou empêchés de poursuivre leur Voyage.

13.

Qu'en cas de Rupture entre les hautes Parties Contractantes, ce qu'à Dieu ne plaise, les Personnes, Effets ou Vaisseaux des Sujets de l'une ou de l'autre des Parties, ne seront pas detenus, ni confisqués; mais il y aura, au moins un an de tems d'alloue, pour qu'ils puissent vendre, disposer, emporter ou envoyer leurs Effets, & transporter leurs Personnes.

14.

Les Marchands, Matelots, Vaisseaux, ni Effets ne seront pas, de part ou d'autre, arrêtés ni forcés à entrer dans le Service, sans leur propre consentement, sous quelque prétexte que ce soit. Et si aucun Domestique ou Matelot deserte son service ou Vaisseau, il sera rendu; bien entendu que rien dans cet article ne tende à empêcher le cours ordinaire de la Justice de part ou d'autre.

15.

Qu'en cas de naufrage dans aucun endroit des Etats des hautes Parties Contractantes, toutes sortes d'assistance seront données aux malheureux; aucune Violence ne leur fera faite, ni leurs Effets qui seront sauvés par eux-mêmes ou par d'autres, ou jettés sur les bords par la Mer, ne seront pas cachés, on ne les leur retiendra pas, ni on ne les endommagera pas, sous quelque prétexte que ce soit, mais on les leur conservera, & ils payeront un prix raisonnable, pour l'assistance qu'ils auront pu avoir pour aider à sauver les Personnes, les Vaisseaux & les Effets.

16.

Les Marchands Anglois pourront bâtir, acheter ou louer des Maisons & les vendre, ou en disposer dans aucun autre endroit de St. Petersbourg, à Moscou dans la Slabod Allemande, dans Astracan & dans Archangel; & on ne mettra personne en quartier dans leurs Maisons, dans ces Places; dans tous les autres endroits, quoi qu'il leur fera permis d'acheter, vendre, ou louer des maisons, ils ne seront cependant pas exempts des quartiers, mais ils les supporteront également avec les autres habitans. Il est pareillement accordé que les Marchands Russes puissent bâtir, acheter ou louer des Maisons dans la Grande-Bretagne & l'Irlande, & les vendre ou en disposer, se qualifiant pour cet effet, de la même maniere que les Sujets d'aucune autre Nation la plus favorisée, sont obligés de faire, & qu'ils seront exempts des quartiers, & qu'ils auront le libre exercice de la Religion Grecque dans leurs maisons, ou Lieux qui seront marqués pour ce sujet.

17.

On accordera les Passeports à tous Sujets Anglois qui ont envie de quitter les Etats de Russie, deux Mois après qu'ils auront averti du dessein où ils sont de partir, sans les obliger à donner aucune Caution; si dans ce tems il ne paroit pas aucune juste cause pour leur détention, ou sans les obliger à s'adresser ailleurs qu'au College de Commerce, ou à celui qui sera substitué dorenavant au lieu de ce College pour leurs Passeports. La même expédition & facilité à partir, sera donnée aux Sujets Russes, dans tous les Etats de la Grande-Bretagne, suivant l'usage du Païs, dans telle occasion.

ANNO 1734.

18.

Les Marchands Anglois qui prennent à leur service, ou louent des Domestiques en Russie, avec tel Passeport que la Police trouve a propos d'enregistrer, ne seront pas dans la suite obligés à payer davantage pour eux aux Maitres de ces Domestiques, que ce qui aura été convenu entre les Marchands Anglois, & les Domestiques, mais les Marchands Anglois ne gardera pas les Domestiques plus longtems, que le terme qui leur est alloué pour servir, par le Passeport de leurs Maitres; mais sans *Pokermenove*, aucun Domestique ne sera pris en service, ou loué; Et en cas que les Marchands prennent obligation de Caution, pour la probité & fidélité du Domestique, & s'il arrive que ce Domestique ne se conduise pas bien, & qu'il trompe quelqu'un, le Marchand n'en sera pas responsable, mais la Caution. Il y aura le même réciproque, sureté & justice, pour le Marchand Russe demeurant dans les Etats de la Grande-Bretagne, qui y louera des Domestiques, suivant les Loix du Païs.

19.

Toutes les affaires des Marchands Anglois en Russie, seront sous la connoissance du College de Commerce seulement, ou telle autre Cour qui pourra être marquée ci-après, au lieu de ce College, pour prendre connoissance des affaires des Marchands Etrangers, & nul autre. Les Marchands Russes, dans les Etats de la Grande-Bretagne, seront sous la protection & justice des Loix de ce Royaume, comme tous les autres Marchands Etrangers, & ils seront traités comme la Nation la plus favorisée.

20.

Les Marchands Anglois ne seront pas obligés à montrer leurs Livres ou Papiers, à qui que ce puisse être, excepté pour faire preuve en Justice, ni leurs Livres ou Papiers ne leur seront pas enlevés ou détenus, ni leurs Effets ne seront pas exécutés ou vendus, sous quelque prétexte que ce soit, hormis en cas de banqueroute; & alors par les Jugemens du College de Commerce seul, ou telle autre Cour qui pourra être marquée ci-après, à la place de ce College, pour avoir soin des affaires des Marchands étrangers; & les Marchands Russes, dans les Etats de la Grande-Bretagne, seront protegés par les Loix, comme dans l'Article précédent.

21.

Qu'en cas de Procès, quatre Personnes de réputation sans reproche, entre les Marchands étrangers, seront nommés par le College de Commerce, pour examiner les Livres & Papiers du Poursuivant, lorsque l'occasion le requerra, & le rapport des Examinateurs, au College de Commerce, de ce qu'ils auront trouvé dans l'Examen des Livres ou Papiers, sera tenu pour bonne évidence dans le cas.

22.

La Douane aura soin d'examiner les Domestiques des Marchands Russes, quand ils écrivent des Marchés, s'ils ont des Ordres, ou Lettres de crédit de leurs Maîtres, pour cela: S'ils n'en ont point, on ne se fiera pas à eux. La même chose sera faite envers les Domestiques des Marchands Anglois, & les Marchandises seront écrites sur le Compte des Maîtres, lesquels, au cas qu'ils ayent donné des Ordres, ou Lettres de crédit à leurs Domestiques, seront alors responsables, comme s'ils avoient écrit les Marchandises eux-mêmes. Pareillement on enregistrera tous les Domestiques Russes, employés dans les Boutiques, & leurs Transactions, en fait de Commerce.

ANNO 1734.

23.

Au cas que des Marchands Russes devant à des Marchands Anglois, quittent les Lieux où ils sont, & s'en aillent dans le Païs: S'il arrive que pendant leur absence, on donne des petitions contre eux, avec preuve de la dette, alors le College de Commerce les citera trois differentes fois, en allouant un tems suffisant pour leur comparoissance devant le College; mais s'ils ne comparoissent pas, le College les condamnera & enverra une personne exprès, aux fraix du Poursuivant, aux Gouverneurs ou Prévôts, pour mettre la Sentence en execution, & obliger le Débiteur à payer ce qui est demandé.

24.

Que les Marchands Russes qui viennent avec leurs Marchandises, seront obligés de les entrer à la Douane, au plutôt possible; & quand elles seront vendues, ils écriront la quantité, le poids & la mesure, suivant les Réglemens.

25.

Le Brack sera établi avec Justice, & mis sur une bonne Règle, & les Brackers seront responsables, pour la qualité des Marchandises, & les faux & Emballages, & seront sujets à payer les pertes, sur la preuve contre eux.

26.

Il y aura des Réglemens établis, pour régler les abus qu'il peut y avoir dans les Bandages sur les Cuirs & la Filasse; en attendant s'il arrive quelque dispute entre Acheteur & Vendeur, sur la Tare de quelque Marchandise, la Douane la décidera sans délai, suivant la raison & l'équité.

27.

Pour une plus grande facilité & encouragement au Commerce de la Grande-Bretagne, il est accordé qu'à l'avenir les Etoffes de Laine d'Angleterre, ci-après spécifiées, ne payeront pas plus de droit d'Entrée que ce qui est spécifié dans cet Article, favoir: Le Drap d'Angleterre, pour Soldat, ne payera que deux Copekcs en Rixdalers l'Archine, de Droit d'Entrée. Le gros Drap de la Comté d'Yorck, connu dans le Tarif Russien, par le nom de Kostrogi, ne payera que deux Kopekcs en Rixdalers l'Archine, de Droit d'Entrée. La Flanelle large ne payera qu'un Copekc en Rixdalers l'Archine, de Droit d'Entrée. La Flanelle étroite ne payera que trois quarts de Copekc en Rixdalers l'Archine, de Droit d'Entrée.

28.

Il est convenu & conclu entre les hautes Parties Contractantes, que les Sujets de l'une & de l'autre, seront toujours considérés & traités, comme la Nation la plus favorisée, dans leurs Etats respectifs, & que les Sujets de la Russie, qui iront en Angleterre, pour y apprendre les Arts ou le Commerce, seront protegés, favorisés, instruits. Pareillement les Vaisseaux Russes, s'ils sont en Mer pour la Navigation, n'y seront aucunement empêchés par les Vaisseaux Anglois, lors qu'ils se rencontreront, pourvû que, dans la Mer Britannique ils se comportent selon la coutume: Mais on les favorisera & leur prêtera tous les Secours possibles, & de même dans les Ports ou Havres de la Domination de la Grande-Bretagne.

29.

La paix, amitié & bonne intelligence, durera pour toujours entre les hautes Parties Contractantes; & comme il est de coutume de donner un certain tems aux Traités de Commerce, lesdites hautes Parties Contractantes sont convenues que celui-ci durera l'espace de quinze ans, à compter du jour de la Signature du présent Traité; & avant le terme expiré, ils pourront convenir ensemble, afin de le renouveller & prolonger.

30.

Ce présent Traité de Navigation & de Commerce, sera approuvé & ratifié par *Sa Majesté Impériale* & *Sa Majesté Britannique*; & les Lettres de Ratification en bonne forme, seront échangées de part & d'autre à St. Petersbourg, dans l'espace de trois Mois, ou plutôt, si faire se peut, à compter du jour de la Signature.

En foi de quoi, Nous soussignés, munis des Pleinpouvoirs de *Leurs-dites Majestés Impériale & Britannique*, avons èsdits Noms, signé le présent Traité, & y avons fait apposer les Cachets de nos Armes. Fait à St. Petersbourg, le deuxiéme de Decembre 1734.

Les signatures sur l'Original se voyent ainsi:

(L.S.) H. J. F. D'OSTERMANN.

(L.S.) P. A. CZERCASKOY.

(L.S.) B. P. de SCHAFFIROW.

(L.S.) CLAUDIUS RONDEAU.

On a reçû, par le sousmentionné Résident d'Angleterre, la Ratification de ce Traité, signée par *Sa Majesté le Roi de la Grande-Bretagne*: En échange, on lui a donné la pareille, signée par *Sa Majesté Impériale de toutes les Russies*, le 10 de Mars 1735.

L.S.

CXC.

Traité d'Alliance & de Subside entre le Roi de la Grande-Bretagne & celui de Dannemarck, conclu le 9. Septembre 1734.

ART. I. Il y aura entre Leurs Majestés *Britannique* & *Danoise*, leurs Successeurs & Héritiers, Royaumes & Sujets, une amitié & une union très-étroite.

II. Tous les précedens Traitez, conclus entre les deux Etats, seront censez renouvellez & confirmez par celui-ci.

III. Le Roi de *Dannemarck* s'engage de fournir pendant trois ans, pour le service du Roi de la *Grande-Bretagne*, 1000. hommes de Cavalerie & 5000. d'Infanterie.

IV. Pour subvenir à l'entretien de ces 6000. hommes, Sa *M. Brit.* s'engage de payer au Roi de *Dannemarck* 80. Ecus pour chaque Cavalier duement monté, & 30. Ecus pour chaque Fantassin, favoir la moitié immédiatement après la signature du présent Traité, & l'autre moitié dès que lesdites Troupes seront entrées à la Solde du Roi d'*Angleterre*. De plus, Sa *M. Brit.* s'engage encore de payer au Roi de *Dannemarck* un subside annuel de deux cens cinquante mille Ecus de Banque, pendant que les susdites Troupes seront à la Solde de Sa *M. Danoise*; mais, lorsqu'elles auront passé à la Solde d'*Angleterre*, ce Prince ne recevra que cent cinquante mille Ecus de Banque par an.

V. Le Roi de la *Grande-Bretagne* se chargera de la Solde & Traitement, tant ordinaire qu'extraordinaire, des Officiers & Soldats, de même que de ce qui regarde les Recrues, sur le pié que cela a été reglé par les Traitez anterieurs.

VI. Il sera libre à *Sa M. Brit.* d'employer ces Troupes par tout où elle jugera à propos, excepté en *Italie* & sur Mer: Elles ne pourront non plus être transportées

ANNO 1734. tées en *Angleterre*, à moins qu'il ne s'agisse de la défense de la *Grande-Bretagne* ou du Royaume d'*Irlande*.

VII. Si le Roi de *Dannemark* venoit à être attaqué, celui de la *Grande-Bretagne* promet de lui renvoyer promptement ses Troupes, & de donner outre cela à Sa Majesté *Danoise* tout le secours par Mer & par Terre, que le cas exigera; lequel secours lui sera continué jusqu'à la conclusion d'une Paix avantageuse. Le Roi de *Dannemark* s'engage de son côté au reciproque envers celui de la *Grande-Bretagne*, & se reserve expressément la Liberté du Commerce pour ses Sujets qui trafiquent, tant en *France*, que par-tout ailleurs, pendant tout le tems de la présente Guerre; à quoi Sa *Maj. Brit.* consent.

VIII. Pour juger, si le cas de cette Alliance existe ou non, il suffira qu'une des Parties Contractantes soit actuellement attaquée par la force des Armes, sans qu'elle ait auparavant usé de force ouverte contre l'Aggresseur.

IX. Le présent Traité durera trois ans.

X. Les Ratifications en seront échangées à *Londres* deux mois après la signature, en foi dequoi, &c.

CXC.

*Représentations * des Citoyens & Bourgeois de Genève presentées aux Conseils en* 1734. *avec les Additions & le Rapport des Commissaires nommez par les Conseils pour en faire l'examen.* [Sur la Copie imprimée à Genève.]

LES Conclusions que nous prenons dans les Représentations que nous avons l'honneur de faire à Messieurs les Sindics, & à M. le Procureur-Général, tendent à prier les Magnifiques Conseils 1. De vouloir bien refléchir sur les Impôts qu'ils ont établis sans en demander l'approbation au Conseil Général, & même sans le consulter sur l'importante résolution qu'ils prirent en 1715. de fortifier cette Ville, & d'en faire une des plus fortes Places de l'Europe.

2 Qu'en conséquence les M. Conseils ayent l'équité de résoudre, que conformément à ce que nous avons droit d'exiger, le Conseil Général sera assemblé, aux fins que lesdites Résolutions y soient portées, pour le maintien de notre Liberté, de même que pour l'affermissement & l'avancement du Bien Public, qui sera en tout tems l'objet de nos vœux les plus ardens, & celui de nos desirs les plus empressés.

Les redressemens que nous demandons sont si équitables, & d'une si grande importance pour un Peuple Libre & Souverain, comme nous le sommes, que nous ne croirions pas qu'il fût nécessaire de déduire les motifs qui fondent notre Réquisition, si notre dessein n'étoit pas de manifester au Public, & de transmettre à notre Posterité la validité des raisons qui démontrent la justice de la cause que nous débatons

C'est ce qui résulte d'abord de la nature de la chose même. Car sans faire ici la moindre application, & en déclarant que nous n'avons en vûe qui que ce soit, nous demandons quelle barriere on peut opposer à l'ambition de ceux qui sont à la tête d'un Etat, & qui voudroient abuser de leur autorité, si une fois ils sont en possession de mettre des Impôts sur le Peuple, sans son consentement, & même contre sa volonté.

Nous protestons que nous ne nous défions en aucune maniere de ceux qui nous gouvernent: mais personne n'ignore que ce Droit, entre les mains de ceux qui voudroient en abuser à l'avenir, peut leur fournir le moyen de lever des Troupes, de les entretenir, d'intimider par-là le Peuple, & de le tenir dans une servile dépendance. Aussi les Peuples qui, étant nés Libres, ont eu quelques desirs de conserver leur Liberté, n'ont pris d'autres précautions que celles de se reserver le droit d'avoir des Assemblées Périodiques, & celui de s'imposer à eux-mêmes, lorsque les besoins le requeroient. ANNO 1734.

Nous n'avons pour nous en convaincre, qu'à jetter les yeux sur divers Royaumes, qui subsistent aujourd'hui: tout le monde convient que s'il y en a où les Peuples jouïssent d'une réelle Liberté, c'est sur-tout l'Angleterre, la Suede, la Flandre Espagnole, & quelques autres.

Dans ces différens Royaumes, le Prince nomme aux Emplois, il est le maître de donner des Pensions à qui il veut, il fait les Alliances qu'il trouve à propos, il déclare la Guerre & il fait la Paix: mais la seule chose qui tempere son Autorité, & assure la Liberté du Peuple, c'est la nécessité où le Prince se trouve par les Loix de recourir à ses Etats, ou à son Parlement, pour avoir des Subsides, sans lesquels tous les autres Privileges dont il jouït, lui deviendroient inutiles.

Le Peuple de Geneve est Libre & Souverain, par la Révolution qui fut une suite de la Réformation de cette Ville; il entra dans les Droits de l'Evêque, qui en étoit Prince Temporel & Spirituel (b).

Il a le Droit Legislatif, & celui de créer ses Magistrats; il s'est reservé la connoissance *des choses importantes, & celle des cas ardus*; avant & après la Réformation il avoit le Droit de s'assembler quand il le vouloit, il étoit assemblé & consulté sur la levée des deniers & autres affaires importantes, dont il accordoit l'exercice aux Conseils (c).

Cependant on prétend être en droit de nous imposer sans notre consentement, & de nous priver de la connoissance des choses importantes, & d'une telle importance, que depuis la consistance de la République, on n'en a vû ni on n'en verra de semblables: & pour soutenir ce paradoxe, on allegue l'Edit du 2. Avril 1570. que nous rapporterons ici en propres termes tel qu'il est conçu.

Le 2. Avril 1570. *Le Conseil Général fut assemblé à Saint Pierre*, après avoir été appellé au son de la Trompette, & aujourd'hui au son de la Cloche, où il fut proposé & lû par écrit ce qui suit par le Secretaire du Commandement des Seigneurs Sindics.

„ Messeigneurs voyant les grandes charges qui sont „ à supporter, tant ordinairement qu'extraordinairement, „ surmonter les facultés & revenus de la Ville, „ ont dès plusieurs années tâché, autant qu'il leur a „ été possible, d'épargner, même se sont abstenus de „ beaucoup de choses qui eussent été requises, afin „ de serrer ce qu'on pourroit d'argent; toutesfois on „ n'a tant su faire, que tous les ans on ne soit demeuré „ en arriere & beaucoup, tellement que s'il n'y est „ remedié, on ne pourra pas longuement subsister, & „ fournir aux nécessités du Public. Et combien qu'on „ pourroit user du remede, qu'on a pratiqué ci-devant, „ faisant des Collectes quand la nécessité l'a „ requis, cela ne suffiroit pas: car on a experimenté „ en cet endroit petite charité en la plupart des contribuans.

„ Au moyen dequoi, & afin de prevenir la ruïne „ du Public, & tant de Collectes qui sont odieuses & „ de petite efficace, Messeigneurs du Petit & Grand „ Conseil seroient d'avis de penser aux moyens *d'augmenter* „ *les revenus* de la Ville, tellement qu'ils ayent „ dequoi fournir aux nécessités, & pour ce faire ont „ trouvé bon d'en avertir cette Compagnie, & savoir „ s'il lui plaira donner puissance à MM. du Petit „ Conseil de proposer aux CC. les moyens qu'il „ trouvera propres, & avouer & approuver tout ce qui „ audit Conseil des CC. aura été ratifié & conclu; „ & par ce moyen sera évité à cette Compagnie la „ peine de s'assembler si souvent, qu'il sera possible „ requis, ce qui seroit mal aisé.

Là-dessus étant recueilli les voix, par mon Compagnon & moi, savoir les Nobles Chenalat & Gallatin, Secretaire d'Etat. „ Tous, réservés trois ou quatre, „ d'un commun consentement, ont approuvé l'avis de „ Messeigneurs du Petit & Grand Conseil. Dieu y „ doint sa bénédiction.

Nous remarquons d'abord, qu'il n'y a dans cet Edit aucun terme qui indique que le Conseil Général accorda alors à celui des CC. la permission de met-

tre

(*) Ces Pièces devoient être placées au commencement de cette Année, mais n'en ayant pu obtenir plutot une Copie exacte, nous avons été obligés de les renvoyer à la fin. Ce sont ces Representations qui ont été comme le Tocsin des troubles qui ont agité cette Ville jusqu'à la fin de 1737. que la France & les Cantons de Zurich & de Berne, les apaisèrent comme nous le rapporterons en son lieu.

(b) Voyez la Dissertation de feu M. le Sindic Chouet sur l'Histoire de Geneve, & son Discours prononcé en 1707. en Conseil Général.

(c) Voyez les Edits faits en Conseil Général le 23. Juillet 1491. le 15. Juillet 1527. le 6. Fevrier 1536. le 2. Avril 1570. & le 20. Decembre 1712.

ANNO 1734.

tre des Impôts; bien loin de-là, il n'y en a aucun qui ne prouve qu'il ne s'en agissoit pas. Le Conseil des CC. propose au Conseil Général de lui permettre de chercher *les moyens* d'avoir de l'argent, ce qui renferme en général toutes les voies qu'on croira convenables au but que l'on se propose, & assurément jamais on ne pourra penser, que *les moyens de trouver de l'argent* puissent signifier, que dès que le Conseil Général aura accordé la permission de chercher ces moyens, on chargera le Peuple d'Impôts, & qui plus est, qu'on sera en droit de se prévaloir de cette concession pour un tems illimité & indéfini.

S'il s'étoit agi des Impôts, pourquoi ne propose-t-on pas ce moyen au Conseil Général d'une maniere claire & précise? Si on l'avoit eu en vûe, rien n'étoit plus naturel ni plus aisé que de le proposer, & il n'auroit pas été nécessaire que, comme le porte l'Edit en question, *le Petit Conseil propose aux CC. les moyens* qu'il jugera convenables au dessein que l'on avoit.

Non seulement on parle en général *des moyens, mais encore des moyens propres.* Or bien loin que la voie des Impôts soit un moyen qui convienne à un Peuple Libre & Souverain, lorsqu'il ne les autorise pas par un consentement exprès, qu'au contraire les Impôts ont toûjours été regardés comme une chose odieuse & de dangereuse conséquence, & à plus forte raison, quand on voudra soutenir que cet établissement est à perpetuité.

Bien moins encore étoient-ils un moyen propre, dans un tems où le Peuple étoit affligé par la Peste, & par une grande Cherté de vivres (*a*), car un moyen propre, c'est celui qui convient le mieux, qui est le moins onereux, & le moins desagréable, à celui à qui on le propose. Si donc les M. Conseils avoient explique le pouvoir qu'ils reçoivent du droit de mettre des Impôts, ils auroient fait le contraire de ce qu'ils se proposoient, ils auroient pris la voie la moins propre, la plus onereuse pour le Peuple.

Non seulement ils auroient fait le contraire de ce qu'ils se proposoient, mais ils n'auroient pas été en droit de le faire; parce qu'un Inferieur ne doit jamais aller au-delà de ce que son Superieur lui accorde, & bien moins encore au-delà de ce qui est renfermé dans la demande qu'il fait à son Superieur.

D'ailleurs, pour priver un Souverain d'une chose aussi essentielle à sa Liberté que l'est le Droit des Impôts, il faut que la demande qu'on lui en fait soit specifiée de la maniere la plus précise, & sans aucune ambiguité, ce que l'on n'oseroit affirmer de l'Edit de 1570.

Aussi dans les extraits des Registres de ces tems-là, extraits fort exacts & très-authentiques, on découvre que dans les dures extrémités où on se trouva pendant la guerre de 1589. on s'attacha particulierement à d'autres moyens pour avoir de l'argent.

(b) En Mars 1589 le Registre porte, que comme il falloit trouver environ 5000. écus pour entretenir 2000. hommes pendant trois mois, on avisa de tous moyens pour lever de l'argent, on appella les Aisés, on proposa une Collecte générale, on proposa d'engager des draps de soye & de laine à Basle, on demanda de la vaisselle d'or & d'argent à ceux qui en avoient. De plus on exhorta les principaux Italiens à prêter de l'argent, ils s'excuserent d'abord d'avoir la plupart de leurs biens à Lyon: Néanmoins M. Pierre Deodaty promit 500. écus & M. Miquely 6000. fl. En outre on les a prié de s'assembler pour aviser aux expediens.

(c) On retrancha aussi les gages des Professeurs en Droit pendant la Guerre.

En Janvier 1590. les M. Conseils demanderent derechef de l'argent aux Particuliers.

Il est vrai qu'outre ces moyens, le 6. Mars 1593. le Conseil des CC. doubla quelques-uns des Impôts qui étoient établis depuis longtems, comme celui du bled, qui étant de 2. s. par coupe, fut mis à 4. sols, & celui des marchandises qui fut porté à un pour cent: mais y ayant eu des plaintes de la part du Peuple en 1603. & en 1604. le 23. Novembre 1604. on les diminua, & l'on ôta l'un pour cent sur les marchandises.

(a) Les Registres des années 1570. & 1571. portent que le bled étoit si cher, qu'il étoit monté jusqu'à 12. fl. la coupe.

(b) Voyez le fol. 50. de ce Registre de ces tems-là.

(c) Voyez le fol. 70. du Registre.

Le 9 Janvier 1598. le Conseil des CC. fut assemblé, & furent deputés tant du Petit que du Grand Conseil des CC. quelque nombre pour aviser de faire de l'argent au Public; auquel nombre presidoit le dernier Sindic. On y proposa d'affranchir des censes annuelles dues à la Seigneurie, à raison de 150. fl. la coupe, sauf le Fief, & réduire quelques Fiefs en Seigneurie: sur quoi il n'y eut point de conclusion, hormis quelques affranchissemens faits en faveur de quelques-uns.

D'où vient donc que parmi ce nombre d'expediens que l'on cherche, on ne propose pas tout à coup de nouveaux Impôts? D'où vient ne fait-on pas valoir l'important Edit de 1570. pour se tirer de l'embarras où l'on se trouve?

Enfin, si les M. Conseils, dans l'Edit de 1570. rejettent la voie des Collectes, parce que, disent-ils, c'est un moyen odieux, quoiqu'il laisse a chacun la liberté de contribuer ce qu'il trouve à propos, comment entrera-t-il dans l'esprit qu'ils avoient eu, ou pu avoir en vue d'établir des Impôts, qui, comme on l'a déja dit, sont une voye plus odieuse que les Collectes, puisqu'elle oblige la plupart du tems, le riche & le pauvre, à contribuer également, soit qu'ils le veuillent, soit qu'ils ne le veuillent pas.

Mais en supposant (ce qui ne paroît pas) que l'Edit de 1570. regardât les Impôts, nous demandons par quel endroit il peut paroître perpetuel & irrévocable? Il n'y a pas un seul terme qui le laisse présumer, surtout en le comparant avec celui du 30. Octobre 1635. pour lequel le Conseil Général fut assemblé, sur une affaire infiniment moins considerable & moins interessante que la matiere des Impôts. Cet Edit ayant été aprouvé par le Conseil Général, il fut couché & publié, *qu'il tiendroit lieu d'Edit & de Loi perpetuelle, & seroit inseré aux Ordonnances de cette Cité.* La même Clause se trouve dans les Edits passés en Conseil Général le 4. Février 1558. sur les Subhastations, & en 1568. sur les Emprunts, Censes, Revenus, &c.

Nous disons donc, ou cette Clause est absolument nécessaire, pour démontrer qu'un Edit est perpetuel & irrévocable, ou elle ne l'est pas.

Si elle ne l'est pas, pourquoi est-elle inserée dans l'Edit de 1635. & dans les autres susnommés? Si elle est nécessaire, pourquoi ne se trouve-t-elle pas dans celui de 1570?

D'ailleurs, il n'y a qu'à faire attention aux circonstances dans lesquelles l'Edit de 1570. fut fait, & aux motifs qu'il renferme, pour découvrir qu'il ne porte aucun caractere d'un Edit perpetuel & irrévocable.

Avant l'année 1570, l'Etat avoit été surchargé de grandes dépenses, qui se renouvellerent pendant le cours de ladite année, soit par la perte des bleds, soit par les dégâts extraordinaires causés par le débordement de la riviere d'Arve. On craignoit d'ailleurs d'être obligé d'entrer en Guerre, & avec raison, puisqu'on étoit harcelé de tems en tems (d), & que la Guerre éclata ouvertement en 1589. En un mot, la Peste avoit commencé d'affliger cette Ville en 1568, & ne finit qu'en 1572. Elle étoit même si ardente sur la fin de 1570, que le 14. Avril 1571, (comme le Registre le porte) le Gouverneur du Païs de Gex fit publier une défense, sous des peines très-rigoureuses, à tous les habitans de ladite Province, de s'approcher du Territoire de Geneve.

Que pouvoient donc faire de plus sage & de plus prudent, ceux qui étoient à la tête de l'Etat? si ce n'est de convoquer le Peuple, comme ils l'avoient fait auparavant en de semblables occasions, pour lui demander la permission de lever de l'argent, & de pourvoir aux nécessités de l'Etat, en saisissant pour cette convocation le tems dans lequel la Peste paroissoit être calmée.

Mais pour rendre la chose plus palpable, entrons dans un examen plus détaillé de l'Edit en question.

Les motifs que les Conseils exposent au Conseil Général, sont:

1. Les grandes charges ordinaires & extraordinaires qui étoient à suporter.

2. Les

(d) Voyez l'Histoire de Geneve par M. Spon, commentée par M. le Conseiller Gautier, pag. 517. 519. 520.

ANNO 1734.

ANNO 1734.

2. Les dettes & les arrerages de l'Etat, auxquels il falloit supléer.

3. Les nécessités du Public auxquelles il falloit pourvoir.

4. La prudence qu'il y avoit à prévenir la ruïne de l'Etat, à subvenir à ses besoins, & à augmenter ses revenus.

5. La peine que le Peuple auroit à s'assembler aussi souvent qu'il seroit possible requis, s'il y vouloit pourvoir par lui-même.

6. Enfin, les difficultés & les risques qu'il y auroit à s'assembler souvent, (vû sans-doute les tristes & fâcheuses circonstances où l'on se trouvoit, & que l'on a rapportées.)

Soutenus par de tels motifs, les Conseils demandent au Conseil Général, *s'il lui plaira donner puissance à Messieurs du P. C. de proposer aux CC. les moyens qu'il trouvera propres, & avouer & approuver tout ce qui audit Conseil des CC. aura été ratifié & conclu.*

Quel est donc le but de cet Edit? De pourvoir aux besoins urgens de l'Etat, & par-là à sa sureté: c'étoit des besoins pressans & actuels, des dettes par lesquelles le Public étoit en arriere, des précautions à prendre, & nécessaires pour se mettre en état de soutenir une Guerre que l'on craignoit, & pour subvenir aux dépenses qui étoient une suite des malheurs auxquels on étoit exposé.

Tels étoient les objets qu'on avoit en vue, & ce fut pour y parvenir, que le Conseil Général fut prié d'approuver ce que les Conseils résoudroient à cet égard: ce fut par cette approbation qu'ils travaillerent à pourvoir aux besoins qui existoient, & qui auroient mis l'Etat en risque de perir, si on n'y avoit pourvu.

Or par quelle regle de Rhetorique, des besoins qui étoient actuels & pressans, peuvent-ils être confondus avec ceux qui sont survenus cent quarante cinq ans après, & qui ont été la production des grandes entreprises que l'on a faites en 1715. pour fortifier notre Ville?

Les expediens que les Conseils trouverent en 1570. pour avoir de l'argent, & pour suppléer aux arrerages & aux besoins de ces tems-là, pouvoient-ils avoir en vûe la resolution qu'on a prise avec tant de peine & après tant de débats? Est-ce à quoi le Conseil Général fut invité de donner les mains en 1570? & encore une fois, où est le moindre terme dans l'Edit de 1570. par lequel il paroisse que le Conseil Général se soit dépouillé à toujours & à perpetuité du droit d'être consulté sur les besoins extraordinaires de l'Etat, & dans les affaires importantes?

D'ailleurs si l'un des grands motifs qui opérerent l'Edit de 1570. fut la consideration des difficultés qui se seroient rencontrées à s'assembler souvent, dans un tems tel que celui où l'on étoit: comment ces difficultés de s'assembler peuvent-elles regarder un tems depuis lequel il s'est écoulé 145. ans? Un tems où, graces à Dieu, l'Etat étoit tranquille, où l'on n'étoit ni affligé de la peste, ni inquieté par la crainte d'une guerre; un tems en un mot, où le Peuple venoit de donner une preuve éclatante de sa condescendance pour les Conseils, en se dépouillant du droit qu'il avoit de s'assembler de 5. en 5. ans.

On doit ajouter, qu'il n'y a qui que ce soit qui puisse comprendre, que ce motif qui est énoncé à la fin de l'Edit, *& par ce moyen sera évité à cette Compagnie la peine de s'assembler si souvent qu'il sera possible requis, ce qui seroit mal aisé*, puissent signifier, que par ce moyen on sera dispensé pour toujours de s'assembler.

Ces termes, *Si souvent qu'il sera possible requis, ce qui seroit mal aisé*, ne marquent-ils pas clairement, que lorsqu'il sera possible & aisé de s'assembler, on le fera?

En un mot, dire qu'on ne s'assemblera pas si souvent, est-ce déclarer qu'on ne le fera jamais?

Enfin, par quel privilege l'Edit de 1570. sera-t-il plus perpetuel, que tous ceux de la même nature qui l'ont précédé? Dès-que le Gouvernement eut reçu la consistance qu'il a aujourd'hui, & même auparavant, le Conseil Général étoit assemblé pour les affaires importantes, & chargeoit les M. Conseils de lever de l'argent, de faire des alliances, & autres chôses semblables.

En conséquence du Droit que les M. Conseils avoient reçu du Conseil Général, ils cherchoient les expediens nécessaires, & au bout d'un certain tems, lorsque les besoins se renouvelloient, le Conseil Général étoit derechef convoqué, & accordoit de-nouveau au Conseil des CC. le même pouvoir qu'auparavant; de sorte qu'en conformité de cet usage, qui étoit une suite de la Souveraineté du Peuple, le Conseil Général fut assemblé en 1570. pour les mêmes fins. ANNO 1734.

Cette Convocation prouve donc, que les Edits precedens n'avoient pas été regardes comme perpetuels, & qu'au bout d'un certain tems, qui varioit suivant les besoins de l'Etat, les M. Conseils ne se croyoient pas en droit d'user pour un plus long terme du pouvoir qui leur avoit été accordé, & en conséquence ils se le faisoient renouveller en Conseil Général: aussi conste-t-il par la lecture de notre Histoire, que lorsqu'on mettoit des Impôts pour des besoins extraordinaires & pressans, ils n'étoient mis que pour un tems fixe & limité: voyez en particulier l'Edit passé en Conseil Général le 26. Avril 1495.

Il resulte même par les circonstances où l'on étoit en 1570. & par les motifs énoncés dans l'Edit de cette année-là, qu'il a beaucoup moins de force & moins de caractere de perpetuité que les précédens. On n'avoit donc pas plus de raison de l'inserer dans les Edits qui ont été imprimés, que ceux qui avoient été faits auparavant. Aussi dans les Exemplaires manuscrits de nos Edits que l'on avoit en 1707. & que l'on a encore, celui de 1570 n'y a jamais été vû, non plus que dans les Annales de Savyon, qui sont pourtant très-exactes, dont l'Auteur vivoit en 1570. & qui est mort Sindic. Ajoutons qu'en 1704. lorsque les Citoyens & Bourgeois firent des Représentations contre l'impôt qu'on vouloit mettre sur le vin étranger, les M. Conseils n'opposerent point l'Edit de 1570.

Pour infirmer la preuve que nous avons tirée (contre la perpetuité de l'Edit de 1570) des circonstances fâcheuses où l'on étoit alors, & de la peste qui regnoit dès l'an 1568. quelques personnes ont osé avancer qu'il n'y avoit point de peste à Geneve en 1570.

Mais (outre les preuves que nous avons données du contraire) si ce que l'on avance est vrai, d'où vient que Mr. le Conseiller Gautier, qui a commenté l'Histoire de Geneve, par l'ordre & sous les yeux des M. Conseils, sur les Registres qu'il avoit compilés lui-même avec tant de soin & d'exactitude, ne releve pas Mr. Spon dans cet endroit, & au contraire confirme ce qu'il dit?

M. Spon ayant dit, page 320. de l'Histoire de Geneve sur l'année 1567: *Ces bruits de guerre furent suivis de la peste qui emporta bien du monde: on découvrit, comme aux precedentes, des gens qui s'aidoient à infecter la Ville, on en tenailla & brûla quelques-uns; mais nonobstant cela, elle ne laissa pas de durer jusqu'en 1572. Cette année acheva de l'éteindre, parce qu'elle fut une des plus froides qu'on eût vû de memoire d'hommes.* Voici de quelle maniere M. Gautier commente cet endroit de l'Histoire de M. Spon.

M. Spon dit, *Il auroit pû ajouter parmi les évenemens naturels qui arriverent en ces tems-ci, le débordement extraordinaire de la Riviere d'Arve, &c.*

D'ailleurs, si la peste ne regnoit pas en 1570. quelle étoit cette peine, quelles étoient ces difficultés, qu'il y auroit eu à s'assembler *si souvent qu'il seroit possible requis*? A la verité, il est vraisemblable qu'on prit pour cette Assemblée toutes les précautions imaginables, & un intervalle de tems le moins dangereux: effectivement le Registre porte, que *pendant les premiers mois de l'année 1570. la peste se calma, mais qu'elle recommença à pulluler fortement dès la fin d'Octobre.*

Dira-t-on que ces difficultés de s'assembler ne regardoient que celles qu'on prévoyoit dans un avenir éloigné? Mais encore une fois il s'agissoit de pourvoir à des besoins actuels & pressans, auxquels, *Quelques mesures que l'on eût pris dès plusieurs années, on n'auroit pu remedier; il falloit encore prévenir la ruïne du Public.*

Peut-on representer plus vivement des besoins actuels, un peril éminent, auquel il étoit nécessaire d'apporter un prompt remede? Tout concourt donc à démontrer que cette peine & ces difficultés qu'il y avoit à s'assembler, ne regardoient pas l'avenir, mais le tems dans lequel on parloit. Car si ces difficultés de s'assembler devoient se rapporter à l'avenir, à des tems éloignés & non limités, pourquoi ne s'exprime-t-on pas clairement dans la demande que l'on fait, com-

Anno 1734. comme on le fit en 1712. dans celle que les M. Conseils firent au Conseil Général? Enfin quelles difficultés y a-t-il à s'assembler dans un tems où l'Etat est tranquille, & où l'on n'est affligé d'aucun fleau? Toutes les années on s'assemble deux fois pour les élections des Magistrats, quel inconvenient en resulte-t-il?

On insiste & on dit, que ce qui démontre que l'Edit de 1570. est perpetuel & irrevocable, c'est que depuis ce tems-là le Peuple n'a jamais été convoqué ni consulté sur la levée des deniers. Cela peut être vrai: mais si le Peuple depuis l'année 1570. n'a pas été convoqué ni consulté sur la levée des deniers, & cela parce que l'occasion & la nécessité de le faire ne s'en sont pas presentées, ne l'a-t-il pas été pour des choses moins importantes, & entre autres en 1635. & en 1707.

Enfin, le Peuple dès l'an 1715. n'a-t-il pas fait ses Representations sur l'établissement des impôts, & surtout en 1716. & 1718.

Mais en supposant que depuis 1570. le Conseil des CC. eût mis des impôts, nous disons que le Peuple ne devoit pas craindre pour sa Liberté, en laissant le Conseil des CC. en possession de cet usage; parce qu'ayant alors & ayant eu jusqu'en 1712. le droit de s'assembler lorsqu'il le trouvoit à propos, & même periodiquement, il pouvoit & étoit en possession, lorsqu'il s'assembloit, de demander les redressemens qu'il jugeoit convenables: Mais depuis 1712. s'étant dépouillé du droit qu'il avoit de s'assembler de 5. en 5. ans, il ne lui reste de ressource pour le maintien de sa Liberté, que celle de se reserver la connoissance des choses importantes, comme l'est la matiere des impôts. Il est donc évident qu'il n'y a aucune consequence à tirer de l'état où le Peuple a été jusqu'en 1712. à celui où il se trouve depuis ce tems-là. Cette Remarque étant de la derniere importance pour nous, nous prions très-humblement les M. Conseils d'y faire une attention toute particuliere.

En un mot, comme nous l'avons dit, nous sommes nés Libres & Souverains, toute l'autorité dont notre Magistrat jouït, il ne la tient que du Conseil Général, & elle doit avoir pour bornes les Loix qu'il lui a prescrites, dont il ne lui est pas permis de s'écarter en quoi que ce soit. Mais par quelle fatalité notre condition seroit-elle devenue pire que celle de quelques Peuples, qui quoique nés Sujets, & qui appartenans à leur Souverain par droit de conquête, ne supportent pourtant aucune taxe, & n'en craignent aucune que celle qu'on leur demandera dans la necessité, *comme un don gratuit, & sans aucune consequence pour l'avenir.* Voilà donc d'un côté, des Nations conquises qui jouïssent d'une réelle Liberté; & de l'autre, un Peuple né Libre & Souverain, qui n'en retient plus que le nom.

Plusieurs personnes avouent, lorsqu'on les presse, qu'à la verité il seroit à souhaiter que l'Edit de 1570. fût couché avec plus de précision qu'il ne l'est, & que les termes dans lesquels il est énoncé indiquassent plus clairement son caractere de perpetuel. Il y a donc, de l'aveu de ces personnes, quelques obscurités dans cet Edit. Si cela est, à qui appartient-il de l'expliquer & de lui donner le sens qu'il doit avoir? Sera-ce au Magistrat ou au Souverain qui a fait cet Edit? A celui qui n'a que le droit de proposer & de faire administrer les Loix, ou à ceux à qui la fonction en est reservée?

Enfin, ces mêmes personnes tombent d'accord, que par le droit on ne peut imposer à un Peuple libre sans son consentement; mais, disent-elles, qu'il seroit bien fâcheux qu'après avoir retabli le Conseil Général dans le Droit de donner son consentement à la levée des deniers, il refusât dans des cas pressans & légitimes, d'accepter ce qu'on pourroit lui proposer pour les besoins de l'Etat. Mais outre que nous protestons du contraire, est-il vraisemblable qu'un Peuple comme celui-ci, qui a marqué en tout tems un zèle si ardent pour le maintien de sa Liberté & de sa Religion, refuse jamais de contribuer pour la conservation de l'un & de l'autre? L'honneur & l'interêt de tous les Citoyens Bourgeois, & l'experience du passé, ne sont-ils pas des garans assurés du contraire?

Nous pourrions nous arrêter ici, & nous contenter de ce que nous venons d'exposer: mais afin de ne rien laisser en arriére, nous estimons qu'il est encore nécessaire de répondre à divers raisonnemens, dont on se sert pour éluder la force des preuves qui établissent notre droit. Anno 1734.

On dit donc, qu'ayant demandé en 1707. l'impression de nos Edits, & les ayant reçû tels qu'ils sont aujourd'hui, notre silence & notre approbation ont été la confirmation de celui de 1570. qui y est renfermé.

Mais 1. ce n'est pas notre faute, si les Edits qui ont précédé celui de 1570. & qui nous étoient inconnus, n'ont pas été inserés dans le corps de nos Edits lorsqu'ils ont été imprimés.

2. Nous avouons ensuite que par l'impression & l'acceptation de nos Edits, celui de 1570. a été confirmé: mais comme renfermant une preuve palpable & incontestable, que dans les cas importans le Conseil Général étoit consulté, & doit l'être dans celui-ci, dont l'importance est infiniment au-dessus de celle de tous les cas de cette nature qui se soient jamais presentés, soit pour l'ouvrage en lui-même, soit pour les sommes extraordinaires qui sont encore nécessaires pour le parachever.

3. Si cet Edit pouvoit être regardé comme perpetuel & au-dessus de toute exception, il seroit certainement de la derniere importance pour les M. Conseils, qui n'auroient dû laisser échaper aucune occasion de le produire & d'en manifester l'authenticité, sur-tout après qu'ils se sont apperçûs que le Peuple le regardoit comme défectueux & non valable en faveur des Conseils, comme ils ont eu l'occasion de s'en appercevoir dès l'établissement qu'ils ont fait des impôts.

Mais d'où vient que M. le Conseiller Gautier n'en dit pas un mot dans ses Commentaires sur l'Histoire de Geneve, qui a été compilée & publiée dans un tems où la dispute sur cette matiere étoit élevée, & causoit beaucoup de fermentation, pendant que parlant des Réglemens faits dans ces tems-là, & dont M. Spon ne fait pas mention; il dit page 319. du premier volume de son Histoire, paragraphe 9. *M. Spon ne disant rien de ce qui se passa pendant les années 1568. 1569. & 1570., on suppléera en peu de mots quelques faits qui méritent d'avoir place dans cette Histoire, depuis que les Edits qui regardoient le gouvernement de l'Etat eurent été approuvés l'an 1543. par tous les Conseils; on avoit remarqué, &c.*

Si M. le Conseiller Gautier, qui a travaillé par ordre des Conseils, (parlant de ce qui arriva de remarquable dans les années 1568. 1569. & 1570.) a estimé qu'il étoit important d'ajouter à ce que M. Spon avoit omis sur cette matiere, ce qui regarde les soins qu'on prit dans ces tems-là, de compiler & de perfectionner les Edits politiques & civils: Quel jugement peut-on porter sur le silence qu'il garde, par rapport à l'Edit prétendu perpetuel de l'année 1570? Edit pourtant qui, selon les M. Conseils, *est la base de leur Autorité, le fondement principal de la Constitution presente de l'Etat, auquel on ne pourroit toucher sans donner atteinte aux Loix les plus respectables, sans renverser de fond en comble le Gouvernement, sans en faire une veritable Anarchie, & mettre à tous momens l'Etat à deux doigts de sa perte.*

En verité, il faudroit une pénétration extraordinaire pour pouvoir découvrir la cause de ce silence; si effectivement cet Edit avoit eu dans son origine le caractere de perpetuel, pendant qu'on ne cesse de desapprouver hautement ceux qui manifestent le moindre doute sur sa perpetuité.

Disons plus, M. le Conseiller Gautier nous apprend qu'on remarqua qu'il y avoit des Articles à changer dans les Edits qui regardent le Gouvernement, que l'on travailla à les perfectionner, & qu'ils furent approuvés en Conseil Général le 29. Janvier 1568. Voilà donc dès ce jour-là les Edits Politiques mis dans l'état où ils devoient être pour le bien du Public & du Gouvernement, sans que l'Edit de 1570. qui ne fut fait que deux ans après, y fût compris. On n'a donc pas pû l'y inserer dans la suite avec fondement, parce que pour cela il faudroit qu'il eût reçu force de Loi, & de Loi perpetuelle, comme tous les autres Edits l'ont reçu. Or c'est ce caractere essentiel à un Edit perpetuel que celui de 1570. n'a jamais eu, comme nous l'avons démontré ci-dessus; & c'est ici où nous découvrons la raison de ce que nous avons avancé, que dans tous les Exemplaires manuscrits de nos Edits qui ont reçu force de Loix, celui de 1570. n'y avoit jamais été vû, c'est parce qu'on ne lui avoit jamais donné ni le sens ni le prix

que

ANNO 1734. que les M. Conseils lui ont assigné, lorsqu'ils l'ont inseré dans les Edits qui furent imprimés, & qu'il ne peut avoir, que préalablement on n'en ait fait en Conseil Général, une Loi perpetuelle & irrevocable.

Mais quand on accorderoit (ce qui n'est pas) que cet Edit dans son origine a été revêtu de tous les caractéres nécessaires pour le rendre perpetuel & irrévocable, & même qu'il a été soutenu par une possession de 145. ans; nous démontrons, que ce qui fut fait en 1712. l'auroit absolument abrogé.

Le Peuple, qui comme Libre & Souverain avoit le droit de s'assembler dans les cas qu'il jugeoit importans, fut convoqué en 1707. ensuite des Représentations qu'il avoit faites. Entre les Reglemens qu'il fit alors pour le maintien de sa Liberté, il estima que pour éviter toutes contestations à l'avenir, il devoit déterminer un tems dans lequel il assembleroit périodiquement, & fixa les Assemblées de 5. en 5. ans.

Ayant été en conséquence assemblé en 1712. les M. Conseils lui représenterent *les fâcheuses suites que pouvoit avoir la resolution qu'il avoit prise en 1707. le peril qu'il y avoit à déterminer par avance, & fixer à certaines années plutôt qu'à d'autres, la convocation du Souverain Conseil*; & lui proposérent, *qu'il suffiroit de resoudre purement & simplement, qu'aucune Loi ou Changement à l'Edit n'aura force, qu'il n'ait été approuvé dans le Souverain Conseil; qui pour ce sujet, ou pour autres affaires de telle importance qu'elles demandent son autorité, pourra être assemblé par les Sindics, Petit & Grand Conseil, dans le tems qu'ils jugeront le plus propre*, ce qui fut approuvé.

Nous remarquons d'abord, que par cette Déclaration les Conseils ne contestent pas au Conseil Général, le droit qu'il a de s'assembler dans les cas importans: bien loin delà, ils le confirment & souhaitent seulement pour le bien de l'Etat, que le tems de ses Assemblées ne *soit pas fixé periodiquement & par avance*, & croient qu'il suffit de résoudre, *qu'il sera convoqué pour donner son approbation aux changemens à l'Edit, aux nouvelles Loix, & aux Affaires importantes*.

Il s'agit donc de prouver par surabondance de droit, que non seulement ce que les Conseils ont prétendu s'attribuer, est un changement à l'Edit & une nouvelle Loi, mais encore que de tout tems les Impôts ont été mis dans le rang & à la tête des choses importantes, qui demandent l'approbation du Conseil Général.

Que ce soit un changement à l'Edit, peut-on en concevoir un plus palpable & plus essentiel, que d'un Edit qui n'est que provisionnel & à tems, d'en vouloir faire un Edit perpetuel & irrévocable?

Si c'est un changement à l'Edit, c'est une nouvelle Loi, & une Loi si interessante, qu'elle ne tend à rien moins qu'à rendre le Magistrat maître quand il le voudra, des biens & de la liberté du Peuple.

Il s'ensuit donc en même tems, que c'est la chose la plus importante pour le Peuple, & qui demande le plus son attention.

Quoi! une entreprise faite pour fortifier notre Ville & la rendre une des plus fortes Places de l'Europe; une entreprise qui exige une dépense de quelques millions, dont tous les Particuliers de cette Ville doivent être chargés, & qui engage à des emprunts très-considerables, n'est pas une chose importante, & ne demande pas l'autorité & la convocation du Conseil Général? Que l'on remonte à l'origine de notre République, que l'on cherche tous les cas importans pour lesquels le Conseil Général a été assemblé, & qu'on nous dise s'il y en a jamais eu un qui approchât tant soit peu de celui dont il s'agit aujourd'hui? Le Droit législatif & celui de créer ses Magistrats, peuvent-ils être comparés à celui-ci? En un mot, n'avons-nous pas prouvé qu'il ne peut point y avoir de réelle Liberté pour un Peuple, s'il n'est pas le maître de donner son consentement aux taxes qu'on lui impose, & autres impôts dont on le charge?

Dans les débats réïterés qu'il y eut dans le Conseil des CC. au sujet de l'entreprise des Fortifications, ceux qui la soutenoient ne cessoient de dire, qu'elle étoit si importante pour l'Etat, que c'étoit du succès de cette entreprise que dépendoit la conservation de leurs Biens, de leur Vie, de leur Religion & de leur Liberté.

Nous croirions faire tort à ceux qui opinoient de cette maniere, si nous leur demandions de s'expliquer & de nous dire, s'ils n'avoient en vûe alors que l'avantage de ceux qui composoient le Conseil des CC. ou bien s'ils renfermoient aussi là-dedans tous leurs Concitoyens. Car si, comme il y a apparence, ils avoient en vûe le bonheur de la Généralité, cette entreprise étoit tout ce que l'on pouvoit imaginer de plus important & de plus interessant pour le Peuple. ANNO 1734.

Il ne nous reste donc qu'à appuyer ce que nous avons prouvé, de quelque autorité qui ne soit point équivoque: c'est celle du Conseil Général lui-même, qui nous apprend clairement quelles sont les choses qui doivent être regardées comme importantes.

Par les Edits faits dans ce Souverain Conseil, le 23. Juillet 1491 & le 15. Juillet 1525. confirmés par ceux du 6. Fevrier 1534. & 6. Fevrier 1536. le Conseil Général céde à celui des CC. *toute pleine puissance, & telle que l'Assemblée Générale pouvoit l'avoir*, avec cette réserve seulement, *que les Conseils ne pourroient faire aucune aliénation, & que les cas ardus & les choses importantes, & qui seroient d'une telle nature qu'elles méritoient la Convocation du Conseil Général, lui seroit reservée.* Si donc (dans le systême des M. Conseils) en 1570. ils demandent au Peuple de se dépouiller du droit qu'il avoit de donner son consentement à la levée des Impôts: cela ne prouve-t-il pas avec la derniere évidence, que les impôts jusqu'alors avoient été mis dans le rang & à la tête des choses importantes, dont le Peuple s'étoit réservé la connoissance? De sorte que si en 1712. par une condescendance sans exemple, il céde aux Conseils un Privilege qui étoit la principale base de sa Liberté, & s'il se réserve la connoissance des choses importantes, n'est-il pas par cela même prouvé mathematiquement, que l'article des impôts a été de tout tems du nombre des choses importantes dont le Peuple doit connoître?

En un mot, ou les M. Conseils en 1712. eurent dessein de lever le Conseil Général & de sapper sa Liberté, ou non. Le premier ne doit pas se présumer. Si donc les Conseils eurent l'intention de conserver au Peuple le droit qu'il avoit de discuter les affaires importantes, droit dont il a joui de tout tems, & pour le maintien duquel étoient réservées les Assemblées périodiques de 5. en 5. ans; il est évident qu'on ne peut lui contester ce droit, après en avoir de plus fort reconnu la validité & la nécessité en 1712. sur-tout dans une chose la plus essentielle à sa Liberté, comme l'est la matiere des impôts.

Ce changement à l'Edit dont nous venons de parler, n'est pas le seul qui ait été fait par l'autorité du Conseil des CC. Lorsque les Edits eurent été revus & confirmés en Conseil Général, le 5. Octobre 1713. il fut publié & imprimé, *que dès ce jour-là tous les Conseils & Tribunaux de cette République, toutes les personnes qui lui sont soumises & qui en dépendent, suivroient & observeroient les presentes Loix, Réglemens & Edits, & ne s'en écarteroient en aucune maniere ni façon que ce fût.*

Cependant depuis ce tems-là le Conseil des CC. de sa seule autorité, a fait des changemens à l'Edit.

L'Article XIX. du Titre XXV. de nos Edits porte, *que sur le prix des expeditions on payera en premier lieu les fraix des Levations, Criées, Saisies, Subhastations, &c.*

Par cet Edit, les Citoyens & Bourgeois qui font des acquisitions, se liberoient d'une nouvelle charge, en statuant que les fraix des Subhastations se leveroient sur le prix des expeditions: mais nonobstant la clarté de cet Edit, le Conseil des CC. a rendu un Arrêt qui l'abroge & qui porte, *que les fraix des Levations, Criées & Subhastations se payeront par l'Acheteur.* Il est vrai que s'étant presenté un cas où l'Acheteur a refusé de payer en se prévalant de l'Edit, on lui a rendu justice, & on a respecté l'Article dix-neuf cité cidessus; mais du moins, ou cet Arrêt du Conseil des CC. doit être abrogé, ou il doit être porté au Conseil Général.

Mais, dit-on encore, qu'y a-t-il à craindre de laisser le droit de mettre des Impôts au pouvoir du Conseil des CC? Ne convient-on pas que ceux qui imposent au Peuple, s'imposent à eux-mêmes que les deniers sont bien administrés & employés directement

au

au bien public? Qu'il n'eſt point vraiſemblable que ceux d'entre les Conſeils, dont les enfans n'auront peut-être jamais aucune part au Gouvernement, veuillent ſoutenir des principes qu'ils croiroient tendre au Deſpotiſme.

Nous répondons d'abord, qu'il eſt vrai que ceux qui impoſent aux Peuples s'impoſent à eux-mêmes: mais ſi le droit d'impoſer appartient abſolument, & ſans aucune reſtriction, au Conſeil des CC. il ne dépend que de lui d'impoſer au Peuple, ſans s'impoſer à ſoi-même: y a-t il quelque limitation à cet égard, dans cette prétendue conceſſion de l'Edit de 1570.

Nous avouons encore que les deniers publics ſont adminiſtrés avec œconomie & fidelité: mais ſans dire qu'on ne peut pas être certain que les choſes ſeront toujours ſur le même pied dans les générations à venir, n'eſt-il point de la ſageſſe & de la prudence du Peuple, de prendre ſes précautions pour aſſurer à ſa poſterité une ſolide Liberté?

Enfin nous convenons que pluſieurs de ceux qui compoſent les Conſeils, ne peuvent gueres ſe flater que leurs enfans auront part au Gouvernement: mais qui ne ſait qu'en général on a beaucoup de penchant à ſe flater, & l'experience ne prouve-t-elle pas d'ailleurs que la plupart du tems le preſent nous frappe plus que l'avenir qui eſt éloigné.

Et qu'on ne diſe pas encore que les démarches que nous faiſons, ſont une ſuite du deſſein où nous ſommes de changer le Gouvernement; nous ſommes très-éloignés d'avoir une ſemblable penſée; nous reſpectons notre Magiſtrat & le Gouvernement, & nous déſirons la paix & le bonheur de la Patrie; mais de plus nous ſoutenons que ce que nous demandons n'eſt pas une nouveauté: il eſt inconteſtable que la véritable Liberté ne peut ſubſiſter, qu'autant qu'on reſpecte les Loix & la Conſtitution de l'Etat, & que ſans cela la Liberté de Geneve tombera dans une affreuſe licence; mais dans ce dont il s'agit aujourd'hui, nous ne demandons que ce qui eſt fondé ſur nos Droits, & nous le prouvons.

Mais, ajoute-t-on, le Peuple n'a rien à craindre, parce que les Conſeils ſont dans l'intention de ne mettre aucun nouvel impôt.

Nous le voulons croire, mais cela ne remedie pas à ce que l'on peut craindre pour notre poſterité: car ſi aujourd'hui les Conſeils ſe prévalent d'un Edit, qui étoit fondé ſur l'uſage où l'on étoit de demander au Peuple la permiſſion de lever de l'argent, & eſt inconteſtablement en ſa faveur; n'eſt-il point à craindre que l'on ne ſe prévaille à l'avenir de tout ce qui s'eſt paſſé depuis 1715. ſi on ne fait pas quelques Actes authentiques, par leſquels il conſte que ce droit apartient au Peuple.

Ce qui nous confirme dans cette crainte, & qui nous donne lieu de tout apprehender pour l'avenir, eſt ce que nous liſons dans la Publication qui fut faite en 1718, à l'occaſion des Lettres anonymes qui parurent dans ce tems-là ſur la matiere des Impôts.

Les M. Conſeils, non contens de prononcer contre l'Auteur de ces Lettres, & contre la voye illicite & dangereuſe dont il s'étoit ſervi pour les introduire ici, & qui fut deſaprouvée de tous les Citoyens, n'héſitent pas de déclarer avec confiance, que *les maximes répandues dans ces Lettres ſont ſéditieuſes, tendantes à l'Anarchie & à bouleverſer l'Etat, pleines de calomnies contre le Magiſtrat, qui y eſt accuſé d'uſurper les droits du Peuple; maximes qui vont enfin à dépouiller les Conſeils du pouvoir qu'ils ont de mettre des Impôts, & qu'ils ont par nos anciens Edits, notamment par celui de 1570. & confirmé par un uſage invariable; pouvoir qu'ils veulent tranſmettre en entier à leur poſterité, comme un précieux dépôt.*

A la lecture d'un ſemblable Placard, qui ne diroit que les M. Conſeils ſont en état de nous produire une foule d'anciens Edits clairs & inconteſtables, qui démontrent que le Droit de mettre des Impôts réſide uniquement & abſolument dans les M. Conſeils? Qui ne jugeroit que le pouvoir qu'ils s'attribuent à cet égard, a été confirmé par l'Edit de 1570, & ſoutenu par un uſage invariable juſqu'à nos jours?

Mais dans quel étonnement n'avons-nous pas lieu d'être, quand nous venons à reflechir que non ſeulement juſqu'à-preſent on ne nous a produit aucun de ces anciens Edits, mais encore que le ſeul Edit de 1570 prouve évidemment que du-moins juſqu'alors les Conſeils n'avoient pas le pouvoir de lever de l'argent ſans l'approbation & le conſentement du Conſeil Général, à qui ils le demandent expreſſément en 1570.

Notre étonnement augmente, quand venant à examiner de près & avec ſoin l'Edit de 1570. nous n'y découvrons, ſoit dans la demande des Conſeils, ſoit dans la conceſſion qui leur fut faite par le Conſeil Souverain, aucun terme qui dénote qu'il s'y agiſſoit des Impôts, & bien moins encore que le pouvoir que le Peuple donne au Conſeil des CC. ſoit perpetuel & irrévocable.

Enfin, quand nous penſons que dans les beſoins les plus preſſans, & les plus proches de l'année 1570. bien loin d'établir de nouveaux Impôts, on s'eſt attaché particulierement à d'autres moyens pour avoir de l'argent, nous ſommes obligés de ſoutenir, qu'on ne ſauroit découvrir l'origine du prétendu *précieux dépôt* que les M. Conſeils ont deſſein de tranſmettre en entier à leur poſterité.

Comment donc pouvoir s'imaginer nous rendre juſtice & diſſiper nos juſtes craintes, en ſe contentant de nous déclarer qu'on ne mettra plus d'Impôts, pendant qu'on laiſſera ſubſiſter ce qui eſt renfermé dans cette Publication, qui a été imprimée & repandue en divers endroits de l'Europe? Ne nous rendrions-nous pas inexcuſables à notre poſterité, ſi nous ne faiſions tous nos efforts pour renverſer à cet égard un Acte auſſi préjudiciable à nos Droits les plus eſſentiels, & dont on pourroit ſe ſervir en tout tems contre nous?

Enfin, on dit que quand le Droit ſur lequel nous conteſtons appartiendroit au Peuple, il ſeroit à ſouhaiter qu'il s'en dépouillât.

Mais outre qu'il ne s'agit pas de décider ici ce qui convient, mais ce qui eſt dû & ce qui eſt juſte: outre que lorſqu'il s'agiroit de ſavoir ce qui convient à la Communauté, ce ſeroit elle-même qui devroit en juger, & non ceux qui ne ſont établis que pour ſuivre les Loix qu'elle leur preſcrit, nous ſoutenons, comme nous l'avons prouvé, que les Peuples qui ſont nés Libres, ne peuvent éviter de voir tôt ou tard leur Liberté anéantie, qu'en ſe reſervant le Droit de donner leur conſentement à la levée des Impôts.

En un mot, on ne voit pas que l'exercice de ce Droit, pendant qu'il a été entre les mains du Conſeil Général, ait jamais donné la moindre atteinte à la conſtitution de l'Etat & à ſa tranquilité.

Mais nous le repetons avec plaiſir & avec empreſſement, nous honorons notre Magiſtrat, nous abhorrons tous principes qui tendroient à l'Anarchie, & à changer le Gouvernement que nous voulons maintenir à forme de l'Edit, qui porte: *Pour ce que le Gouvernement & Etat de cette Ville conſiſte par quatre Sindics, les Conſeils des 25. des 60. & des 200. du Général &c.* Nous-nous déclarons hautement contre tous ceux qui voudroient admettre de tels principes, & nous ſommes prêts à nous ſacrifier pour le bien de l'Etat, de même que pour l'execution des légitimes deſſeins des M. Conſeils, pour la proſperité deſquels nous faiſons des vœux très-ardens.

Nous avons eſtimé, que pour ne pas interrompre la liaiſon & la ſuite de nos raiſonnemens, nous devions renvoyer ici la citation de divers Conſeils Généraux, qui ſervent à prouver ce que nous avons établi.

Le 14. Janvier 1364. le Conſeil Général aſſemblé ordonna aux Sindics & Procureurs, qu'il élut de cette année-là, & à douze Coadjuteurs qu'il leur aſſocia, & qu'il prit d'entre le Peuple, de pourvoir aux urgentes affaires de la Ville; tant pour les Bâtimens, Clôtures, & Refections des Tours, Murailles & Terreaux de la Cité, de recevoir & créer des Bourgeois & Jurés, demander & recouvrer les droits de la Cité, impoſer des Collectes & Tailles, faire des Statuts & Ordonnances au profit de la Cité &c. le tout par Acte reçu par Eſtienne Fabry Notaire de Villars.

L'an 1410. Les Sindics aſſemblerent le Conſeil Général, pour lui demander la permiſſion de prêter 400. fl. au Comte Amé de Savoye.

Le 24. Fevrier 1457. le Peuple fut aſſemblé en Conſeil Général, & forma un Conſeil de 25. & de 50. Voici les termes du Regiſtre: *Que l'Aſſemblée Générale du Peuple confera à ce nouveau Conſeil pleine puiſſance,* OMNIMODAM POTESTATEM, *toute telle que le Conſeil Général l'avoit lui-même, ſous la ſeule reſerve qu'il ne pourroit faire aucune alienation, & ce fut alors le Peuple qui fit l'élection dudit Conſeil.*

En

En 1457. le Duc de Savoye ayant fait faire des propositions, consistant en dix-sept articles, le Conseil Général fut assemblé deux jours de suite pour cette affaire.

En 1457. il fut encore assemblé sur un prêt de 1000. fl. que le Duc de Savoye demandoit.

Le 10. Avril 1459. le Conseil Général confirma l'autorité du susdit nouveau Conseil.

En 1460. le Conseil Général donna plein-pouvoir aux 50. d'accorder au Prince de Piemont la somme de 600. fl. & ordonna une levée de deniers de 9000. florins.

La Duchesse de Savoye ayant demandé aux Sindics, Conseils & Citoyens une place près de sa chapelle, pour y construire un clocher & un où elle voulut être ensevelie, sa demande lui fut accordée le 10. Juin par le Conseil Général.

Le 2. Août 1461. le susdit Conseil ayant été trouvé trop nombreux, on le réduisit de 75. à 50. ce qui dura jusqu'en 1484. L'Edit porte & déclare de plus *que tout ce qui sera fait par ce Conseil devra avoir la même force que si le Conseil Général l'avoit fait*; mais en même tems il veut *que les 50. qui doivent être faits au Conseil ordinaire, soient pris deux de chaque dixaine, & que chaque dixaine fasse élection de ces deux Sujets.* La même chose fut confirmée en Conseil Général le 2. Août 1484.

L'an 1467. a été arrêté en Conseil Général *que les Sindics sont tenus & doivent dans un mois prochain après l'an défini & après leur issue du Sindicat, rendre bon compte & loyal ès mains des Auditeurs des Comptes de cette Cité, avant qu'ils soient payés d'aucun salaire; ce qui fut écrit & enregistré par Michel Monthion Secretaire.*

Le 16. Août 1474. l'Evêque ayant ordonné aux Sindics de lever deux mille hommes dont il avoit besoin pour assister le Comte de Romont, les Sindics joignirent aux deux Conseils quelques-uns des Citoyens les plus éclairés pour opiner de cette proposition. On lui en accorda une partie, & on mit un impôt sur les marchandises en 1475.

En Novembre 1475. le Conseil Général approuva la gestion de ses Députés envoyés à Fribourg & à Berne, pour conferer avec eux sur le rachat de la Ville menacée d'un pillage; on promit une somme, & le Conseil Général donna pouvoir au Conseil ordinaire de trouver cet argent par les moyens qu'il trouveroit à propos. On mit pendant dix ans des impôts sur diverses choses; on obligea les Particuliers à donner des joyaux & des marchandises, & on emprunta diverses sommes.

Le 23. Juillet 1491. un nouvel Edit passé en Conseil Général ordonna que toutes les affaires importantes se rapporteroient audit Conseil.

Le 26. Avril 1495. le Conseil Général imposa Gabelle sur le Vin & sur le Sel, & la fixa pour trois ans: mais Antoine de Champion qui étoit alors Evêque, crut qu'il suffisoit de la fixer seulement pour un an, ce qui fut approuvé.

Le 15. Fevrier 1502. le Conseil Général rétablit le Conseil de 75. avec cette pleine puissance qu'il avoit eue autrefois.

Le 22. Juillet 1512. les Conseils proposerent & demanderent au Conseil Général la permission de faire un present au Duc de Savoye.

L'an 1521. on mit de nouveaux impôts sur le Vin & la Viande.

Le 12 Novembre 1525. les Auditeurs des Comptes & le Trésorier Boulet rendirent compte au Conseil Général

Le 6. Septembre 1526. fut tenu le Conseil Général au cloître auquel Besançon Hugues exposa les grandes dépenses que la Cité avoit supportées, & pour trouver d'argent aux moindres dommages de la Cité, il fut avisé par le Conseil étroit & par le Conseil reservé l'entrage du Vin toute l'année, du cru, & non cru, sans que nul en soit exemt, à quoi tout le Peuple consentit.

Le 15. Juillet 1527. lorsque Pierre de la Beaume notre dernier Evêque fut reçu à la Bourgeoisie, ce Prélat confirma les Alliances. Le Registre de la tenue de ce Conseil Général porte *qu'on donna aux Sindics, à leur Conseil, aux 50. & aux 200. le pouvoir de répondre, d'écrire & de faire des Ordonnances, & toutes les fois qu'il seroit nécessaire, si ce n'est dans les cas ardus & d'une telle nature, qu'ils méritoient la convocation du Conseil Général.*

L'an 1529. le Conseil Général arrêta qu'on feroit de nouveaux Bourgeois pour avoir de l'argent pour subvenir aux nécessités publiques, sans que cela eût eté porté ni en petit Conseil ni en 200. Cette même année Pierre Vandel, Coquet & Richardet anciens Sindics protesterent en 200. au sujet d'une somme de 13000. fl. qu'on vouloit emprunter, disant que la chose étant importante devoit être portée en Conseil Général.

En 1532. le Petit Conseil porta au Conseil Général l'Impôt de la Gabelle sur la Viande comme étant de sa compétance.

Il proposa d'abbattre les hauts bancs, à moins d'une taxe que le Conseil Général fixa.

Le 28. Avril 1540. le 26. May, le 6. Juillet, le 25. Août, le Conseil Général fut assemblé pour élire des Ambassadeurs pour aller à Berne, Lausanne & ailleurs traiter des affaires d'Etat.

Ensuite donc de l'usage constant où l'on étoit de consulter le Conseil Général sur la levée des deniers, & autres affaires importantes, il fut assemblé a ces fins le 2. Avril 1570

Enfin dès que nous nous voyons dans la necessité de presser la validité des Edits passés en Conseil Général, sous la bonne foi desquels nous avons vécu, nous ne saurions trop insister sur ce que nous avons déja remarqué, savoir que celui de 1712. n'abroge que ce qu'il y avoit de periodique dans les Conseils Généraux, & non les Conseils Généraux extraordinaires.

Le Petit & Grand-Conseil, dit l'Edit, *declarent unanimement qu'il y a du péril à déterminer par avance & fixer à certaines années plutôt qu'à d'autres, la convocation du Conseil Général, qui pourra être assemblé pour les affaires de telle importance qu'elles demandent son autorité.* Cette abrogation ne prive donc pas les Citoyens & Bourgeois des avantages qui leur sont dus, & qu'ils ont eu dessein de se conserver, en se reservant le droit de s'assembler pour donner leur approbation *aux choses importantes, aux nouvelles Loix, & aux changemens qu'on voudra faire à l'Edit.* De sorte que nous nous trouvons aujourd'hui dans les mêmes termes où nous étions avant la révocation des Conseils Généraux periodiques; nous avons donc droit de demander la communication des choses importantes qui interessent la Communauté, tels que sont le Plan général des Fortifications, & en conséquence les Impôts résolus en 1715. & tous les autres moyens de lever de l'argent; car comment se mettre dans l'esprit que si les Conseils Généraux periodiques statués par l'Edit de 1707. n'eussent pas été revoqués on eût pu s'empêcher de communiquer au Conseil Général qui se feroit tenu en 1717. la résolution prise en 200. en 1715. de raser toutes les Fortifications de cette Ville pour en faire de nouvelles, & en conséquence d'établir des Impôts & de faire des emprunts très-considérables: de deux choses l'une; ou les Conseils auroient prévenu le Conseil Général en lui faisant part de cette résolution, & en lui demandant qu'il l'approuvât; ou les Citoyens & Bourgeois surpris du silence des Conseils sur ces deux articles, auroient immanquablement fait leurs plaintes, & requis en conséquence la communication de ce vaste & important projet, qui interesse par une infinité d'endroits toute la Généralité.

S'il est donc incontestable que la chose se feroit passée de cette maniere dans le Conseil Général qui auroit été convoqué en 1717. comme chacun doit le sentir dans sa conscience; avec quelle ombre de justice pourroit-on refuser de nous tenir parole, & nous contester la connoissance des choses importantes qui nous est due & confirmée par l'Edit de 1712?

Outre cela, l'execution de la promesse faite au Conseil dans l'Edit de 1712. est l'unique & le vrai moyen de *conserver* (comme le porte le même Edit) *la paix & la tranquilité de cet Etat, au dedans & au dehors, & de rendre*, selon le Serment que le Petit & Grand Conseil prêtent, à chacun *ce qui leur est dû*, bien loin que l'on doive présumer *que les Citoyens & Bourgeois veuillent faire abus de quelques termes dudit Edit*, comme on l'a insinué dans le Placard de 1718. dont on a parlé ci-dessus.

Additions aux Représentations précédentes.

NOUS avons remarqué dans nos Représentations; que par l'Edit de 1570. il s'agissoit de pourvoir à des besoins actuels & pressants, *à des Charges*

Anno 1734. *ges, qui sont,* & non *qui seront à supporter.* Il s'agissoit de précautions promptes à prendre, pour prévenir la ruïne du Public; c'étoit-là le grand objet, le grand but, que l'on avoit. Il faut donc savoir quels moyens l'on mit en usage pour parvenir a ce but. Si ce fut l'expedient de lever des Impôts, on ne peut douter que cet Edit ne regarde les Impôts; mais s'il ne s'en est pas agi, il est incontestable qu'on ne peut pas s'en servir, pour autoriser la Concession que les Magnifiques Conseils prétendent leur avoir été faite, d'établir des Impôts sur le Peuple sans lui en demander l'approbation.

Or les expediens que l'on employa en 1570. pour avoir de l'argent, à quoi se réduisirent-ils? Et comment pourvut-on à ces besoins urgents qui mettoient le Public dans un grand danger, si, comme on l'assure de toutes parts, on ne mit aucuns Impôts qu'en 1574. & même des Impôts fort peu considérables qui ne pouvoient pas suffire pour subvenir aux Charges ordinaires & extraordinaires qui étoient à supporter en 1570. & encore moins pour augmenter dès-lors les revenus de l'Etat?

Il est incontestable que les Actes ne tirent & ne peuvent tirer leur force que, ou des termes dans lesquels ils sont énoncés, ou de l'usage qu'on en a fait dans le tems qu'ils ont été créés; ou (lorsqu'ils sont obscurs) de l'explication que leur donne le Souverain qui a fait lesdites Loix. Si donc il n'y a aucun terme dans l'Edit de 1570 qui indique que le pouvoir fut donné aux Conseils de lever des Impôts; si on n'en établit pas en 1570. & si le Souverain qui a fait cet Edit, ne l'explique pas des Impôts; il est évident que la prétention des Magnifiques Conseils à cet égard n'est pas fondée.

Ce même raisonnement sert pour continuer à prouver que quand il s'agiroit des Impôts dans l'Edit de 1570. il n'est pas perpetuel, parce que tous les termes démontrent qu'il s'agissoit de pourvoir au présent, & d'éviter les difficultés qu'il y auroit eu à s'assembler dans ce tems-là & aussi souvent qu'il auroit été nécessaire.

D'ailleurs, pour ôter à un Souverain un Privilege qui est la principale base de sa Liberté, il faut une demande précise sur cet Article, & de sa part une Concession expresse; car quelle énorme différence n'y a-t-il pas pour un Peuple libre d'entrer dans de certains engagemens, ou dans de certaines servitudes, pour un tems limité, ou pour un tems illimité & pour toûjours? Et en faveur de qui doit-on expliquer l'Edit dans un cas de cette nature? Si ce n'est en faveur du Souverain, qui declare par le plus grand nombre de ceux qui le composent, que son intention n'a jamais été de transmettre ce droit irrevocablement & à perpetuité aux M. C.

Mais si les Magnifiques Conseils avoient estimé que l'Edit de 1570. fût si clair, si solide & hors de toute exception en leur faveur, d'où vient que pour lui donner plus de force, ils ont employé des moyens, qui ne paroissent pas être selon la Loi, & qu'ils auroient blâmés dans les Citoyens & Bourgeois s'ils s'en étoient servis? Car pourquoi les Magnifiques Conseils ou quelques Membres desdits Conseils ont-ils exigé en 1718. des signatures à Londres, à Paris & à Lyon de divers Genévois, Majeurs & Mineurs, pour désavouer & désapprouver les Citoyens & Bourgeois qui s'opposoient aux Impôts, & qui déclaroient l'Edit de 1570. invalide & non perpetuel? Ce desaveu de quelques Particuliers peut-il former un Edit? Celui qui défend les signatures, regarde autant les Magnifiques Conseils que les Citoyens & Bourgeois, qui composent la plus grande partie du Conseil Général. On ne pense pas qu'il doive y avoir de la différence à cet égard.

D'ailleurs, ces Citoyens & Bourgeois qui ont donné leurs signatures, l'ont-ils fait avec connoissance de cause? Etoient-ils informés de toutes les raisons qu'on allegue aujourd'hui pour prouver la non-perpetuité de l'Edit de 1570. & du droit que le Conseil Général a de connoître des choses importantes par l'Edit de 1712? Une preuve du contraire, c'est que plusieurs des Citoyens qui sont revenus dans notre Ville, ont trouvé & trouvent justes, les Représentations faites sur la Contestation d'aujourd'hui, & que plusieurs ne voulurent pas donner leurs signatures sans un plus ample examen de la Question. Outre cela, pourquoi les Conseils appellent-ils à leur secours dans la Publication de 1718. des Edits anterieurs à celui de 1570. qu'ils savent très-certainement être à tems? Pourquoi celui de 1570. sera-t-il d'une différente nature? Anno 1734.

Mais, dit-on, lorsqu'on a fait une Loi, il est censé qu'elle est à perpetuité.

Sans doute, 1. lorsqu'elle ne renferme rien qui fasse voir qu'elle n'est qu'à tems, ce qu'on a prouvé de l'Edit de 1570.

2. Elle est irrevocable, lorsque le Souverain qui l'a faite ne lui conteste pas ce caractére de perpetuité.

3. Lorsqu'il ne la veut pas expliquer autrement.

4. Nous demandons quelle différence le Souverain a voulu mettre entre les Loix qu'il a déclarées perpetuelles comme celle de 1635. & celles qu'il n'a pas déclaré telles? A-t-il prétendu par-là n'y mettre aucune différence? & ne seroit-ce la qu'un vain titre & des termes inutiles?

5. Nous ajoutons que par le principe que nous combattons, il n'y a aucun Souverain qui puisse faire le moindre changement à ses Loix; ce qui (comme chacun le sent) seroit de la derniere absurdité: car dire qu'on a le pouvoir Legislatif; n'est-ce pas en même tems assurer qu'on a le droit de faire les Changemens qu'on trouve à propos, aux Loix qu'on a faites, & d'en faire de nouvelles?

6. Ne seroit-ce pas encore poser un principe qui est contredit par l'experience de tous les tems? Mais, sans remonter si loin, le Conseil Général n'a-t-il pas fait des Changemens très-importans en 1707. & en 1712. Se pouvoit-il en particulier un Edit plus formel, & qui regardât plus expressément l'avenir que celui de 1707. qui statue les Assemblées periodiques de cinq en cinq ans? Cependant il a été abrogé en 1712

Il y a environ trente ans que le Conseil des Deux-cens, estima qu'il étoit du bien de l'Etat qu'il prît à soi la nomination des Conseillers du Petit Conseil. Ce changement étoit-il juste, ou non? Et a-t-on jamais dit que c'étoit une entreprise qui tendoit à bouleverser l'Etat?

On répond que ce changement ne renfermoit rien d'irrégulier, parce que le Conseil des Deux-cens le fit de concert avec le Petit Conseil; mais nous ne voulons rien faire non plus que de concert avec les Magnifiques Conseils, conformément à nos Edits

Outre cela le Conseil des Deux-cens a fait de sa seule autorité des changemens à l'Edit, comme à celui des Subhastations, & même à celui de 1635. qui est déclaré perpetuel par le Conseil Général.

Enfin, si le Conseil Géneral n'est pas en droit de faire de nouvelles Loix & d'expliquer celles qui sont faites, nous demandons quel sens on doit donner à ce que Monsieur le Sindic Chouet prononça en 1707. dans le Conseil Général. *Il n'y a personne sans exception, Mag. & Souv. Seigneurs, qui ne doive tomber d'accord que la Souveraineté appartient uniquement à ce Conseil-ci, & ce seroit une pensée très-criminelle que d'en douter; c'est donc à lui seul qu'appartiennent véritablement & incontestablement tous les Droits de Souveraineté, tels que sont le Pouvoir legislatif, de créer des Magistrats, le droit de la Guerre & de la Paix, celui de battre la Monnoye, de lever des Deniers, ou mettre des Impôts sur le Peuple. Tous ces Droits de Souveraineté sont tellement propres à ce Conseil Général, que si quelques autres Corps ou quelques Particuliers, en quelque nombre qu'ils fussent, entreprenoient de se les attribuer; nous ne faisons pas difficulté de dire, qu'ils se rendroient coupables du crime de Leze Majesté; de là V. S. peuvent d'abord voir que notre Gouvernement est purement democratique, &c.*

Mais pour donner une idée encore plus précise & plus étendue de notre Gouvernement; il nous faut distinguer avec soin le Droit de Souveraineté d'avec son exercice; car un Souverain en conservant tous ses Droits, peut pourtant en conferer l'exercice à qui il lui plaît, & pour le tems que bon lui semble, &c.

Voilà assurément des idées bien justes & bien précises de notre Gouvernement, & nous ne voyons pas comment on les peut concilier avec les principes que les Magn. Conseils soutiennent: Cela seul est plus que suffisant pour détruire une objection que les Magn. Conseils font avec tant de confiance, lorsqu'ils prétendent qu'une possession de 145. ans les met en droit de nous refuser ce que nous demandons: Car s'il n'y a point de prescription contre

tre

ANNO 1734. tre un Souverain, & s'il n'y a jamais eu de Loi qui puiſſe l'autoriſer, c'eſt en vain qu'on prétend ſe prévaloir de cette poſſeſſion.

Mais d'ailleurs, quand cela ne ſeroit pas, n'a-t-elle pas été invalidée en ce qu'on veut la faire valoir, par ce qui s'eſt paſſé à la part des Citoyens & Bourgeois dans les années 1604. & 1704.

En 1593. le Conſeil des 200. doubla par neceſſité quelques-uns des Impôts établis depuis long-tems, & en établit un nouveau, ſavoir celui de un pour cent ſur les Marchandiſes, & les fixa pour trois ans, mais en 1603. & en 1604. y ayant eu là-deſſus des repréſentations à la part du Peuple le 23. Novembre 1604. le Conſeil des 200. revoqua cet établiſſement: En 1704. le Conſeil des 200. réſolut de mettre un Ecu d'impôt ſur châque ſeptier de Vin étranger, ce qui engagea quelques Citoyens & Bourgeois à en porter leurs plaintes à Monſieur le Procureur Général qui les aſſura que quoiqu'il fût de l'avis des Conſeils, il appuyeroit leurs demandes; & il le fit avec tant d'équité & de force, qu'ils ſe déſiſterent de ce qu'ils avoient réſolu. L'on peut même ajouter qu'un bon nombre de Citoyens de ce tems-là, ont aſſuré que dans les déliberations des Conſeils, concernant ledit Impôt, l'on ne fit aucune mention de l'Edit de 1570. lequel eſt néanmoins le grand Bouclier dont les Conſeils ſe ſervent aujourd'hui pour mettre ſouverainement & irrevocablement des Impôts ſur leurs Concitoyens, dont cependant ils tirent originairement leur prétendu droit.

Dira-t-on que ce que le Peuple conteſtoit alors au Conſeil des 200. n'étoit pas le droit de mettre les Impôts, & que ce n'étoit que l'Impôt en lui-même qu'il n'agréoit pas?

Mais celui qui a le plus, n'a-t-il pas par cela même le moins? Celui qui a le droit de demander qu'on ôte tels Impôts, n'aura-t-il pas le Privilege d'approuver & d'autoriſer ceux que ſes inferieurs ont établi ſans ſon conſentement, & pour une entrepriſe de telle importance qu'elle demande l'Approbation du Conſeil Général?

Si aujourd'hui l'on préſumoit (ce qui n'eſt pas) que le Peuple voulût s'oppoſer à la continuation des Fortifications & des Impôts, il n'auroit qu'à demander qu'on en ſuprimât tels & tels, & par ce qu'on vient de démontrer, on ne pourroit lui refuſer ſa demande. Mais parce qu'il ne ſouhaite que d'autoriſer & d'accelerer les entrepriſes des Conſeils, on s'y oppoſe: ſe peut-il une contradiction plus étrange?

Il y a plus: ſi la poſſeſſion que le Conſeil des 200. prétend avoir eu de mettre des Impôts pendant une longue ſuite d'années, privoit le Peuple du droit d'être conſulté ſur cette matiere, cette poſſeſſion auroit eu ſon prix en tous tems. Avant l'an 1570. le Conſeil des 200. avoit joui de cette poſſeſſion. Voyez les Arrêts faits dans ledit Conſeil le 7. Avril, le 12. Avril, le 4. Septembre 1536. le 30. Janvier, 12. Fevrier, 27. Septembre 1537. le 15. & 29. Avril 1539.

Mais ſi cette poſſeſſion devoit priver le Conſeil Général du Privilege de mettre des Impôts; d'où vient qu'en 1570. comme le pretend le Conſeil des 200. il demanda au Conſeil Général la liberté d'en lever? Ce qui eſt juſte dans un tems, deviendra-t-il injuſte dans un autre?

„ *En 1611. (Voyez le fol. 82. des Regiſtres) le Conſeil des 200. quoi qu'il n'en eût pas le droit, donna* „ *puiſſance au Petit Conſeil d'emprunter les ſommes qu'il* „ *verroit néceſſaires pour le bien de l'Etat, de deliberer* „ *ſur tout ce qui ſera expedient pour la fortification &* „ *pour faire venir des hommes, & ce qu'ils auront reſolu en leurdit Conſeil; Meſſieurs des 200. leur donnent puiſſance de le faire promptement executer ſans être* „ *tenus de le rapporter.*

Voilà une Conceſſion bien expreſſe; cependant le Petit Conſeil a-t-il eſtimé qu'elle lui donnoit le droit dans la ſuite de lever de l'Argent & des Troupes ſans l'approbation du Conſeil des 200? Et lors qu'il s'eſt preſenté de nouvelles occaſions de pourvoir à des beſoins de cette nature, ne s'eſt-il pas adreſſé au Conſeil des 200. pour en obtenir une nouvelle Permiſſion?

Mais ce qui détruit abſolument ce prétendu droit émané de la poſſeſſion, eſt l'infinie différence qu'il y a entre ce qui s'eſt fait en 1570. ſoit en matiere d'Impôts, ſoit en matiere de Fortifications, & ce qui s'eſt fait en 1715. ANNO

Depuis 1574. on a établi, il eſt vrai, de tems en tems, quelques Impôts, on a élevé quelques Baſtions, & on en a réparé d'autres: mais outre que l'on y pourvut ſur-tout par les ſecours que l'on reçut, ſoit d'Hollande, ſoit d'Allemagne, ſoit des Egliſes reformées de France, comme auſſi par le travail & le zèle de nos Concitoyens: s'eſt-il jamais agi dans ces tems-là d'une entrepriſe de pluſieurs Millions, comme l'eſt celle de 1715. une entrepriſe qui exige un grand nombre d'Impôts, & des emprunts exorbitans; une entrepriſe qui engage preſque tous les revenus publics, & les capitaux non ſeulement de pluſieurs Particuliers de cette Ville, mais encore la plupart de ceux de nos directions de charité? 1734.

D'ailleurs, ſi par cette Conceſſion la matiere des Impôts eſt uniquement de la competence du Conſeil des 200. pourquoi le 5. Octobre 1713. porta-t-il au Conſeil Général l'Impôt du dix pour cent, établi par Arrêt des 200. le 3. Decembre 1680. Pourquoi lui en demanda-t-on l'Approbation? Et ſi cet Impôt du dix pour cent porté en Conſeil Général en 1713. eut été rejetté, peut-on s'imaginer qu'en 1715. le Conſeil des 200. eut mis des Impôts ſans l'approbation du Conſeil Général?

Mais la bonne foi & la Juſtice des Conſeils parut d'une maniere bien éclatante, par l'Acte qu'ils firent en 1713. Perſuadés qu'ils étoient que les Impôts étoient du nombre de ces affaires importantes qui demandent l'approbation du Conſeil Général; ils n'héſiterent point, dix mois après l'Edit de 1712 de lui porter l'Impôt du dix pour cent pour avoir ſon approbation ou rejection.

Enfin ſi la poſſeſſion à la part du Conſeil des 200. privoit le Conſeil Général de ſon droit, il auroit également perdu celui d'être conſulté ſur la Guerre & ſur la Paix; ce que nous ne croyons pas que perſonne puiſſe aſſurer un peu ſerieuſement. Cependant en 1579. le 200. déclara la Guerre; il fit la Paix en 1603. ſans la participation du Conſeil Général. Il eſt vrai que les Citoyens en porterent leurs plaintes en 1604. 1605. 1606. mais outre cela Monſieur le Conſeiller Gautier, qui a travaillé à l'Hiſtoire de Génève par ordre des Conſeils & ſous les yeux de cinq Commiſſaires très-éclairés du Petit Conſeil, nous donne la raiſon de ces ſortes d'évenemens.

Dans le premier Volume de ſon Hiſtoire, page 340. parlant d'un Traité fait entre Monſieur de Sancy & la Ville de Génève, il dit: *Au reſte, dans ces tems de trouble, le Petit Conſeil avoit tellement la confiance des autres Conſeils, qu'ils regardoient ce que ce Conſeil faiſoit, comme s'ils l'euſſent fait eux-mêmes: C'eſt pour cela ſans doute que le Traité dont on vient de parler ſe fit par la ſeule autorité du Conſeil Ordinaire.*

Pour ſoutenir notre droit, nous avons encore allegué dans nos Repréſentations l'Edit de 1712. par lequel le Conſeil Général en abandonnant les Aſſemblées periodiques de cinq en cinq ans, s'eſt reſervé la connoiſſance des choſes importantes, & nous croyons avoir demontré que l'établiſſement de ce grand nombre de nouveaux Impôts, & la vaſte entrepriſe des Fortifications étoit ce qu'il y a de plus important pour nous.

Mais nonobſtant la force des preuves que nous avons alleguées là-deſſus, les Magnifiques Conſeils prétendent que ces Articles ne ſont pas importants, & que c'eſt à eux ſeuls à juger s'ils le ſont.

Cette Juriſprudence nous paroît un peu nouvelle, car ſans repeter ce que nous avons déja dit là-deſſus, nous demandons à qui il appartient de déterminer le ſens que le Conſeil Général a donné *aux choſes importantes* de l'Edit de 1712. Sera-ce à celui qui a donné force de Loi à cet Edit, ou à ſon Inferieur qui n'a que l'exercice des Loix, auxquelles le Conſeil Général a donné la ſanction?

D'ailleurs, à bien conſiderer l'Edit de 1712. on doit concevoir que la promeſſe qui y eſt faite au Conſeil Général, ne roule que ſur ces termes: *Affaires de telle importance qu'elles demandent ſon autorité*

Si donc on prétend que le Conſeil des Deux-cens a le droit de connoître ſeul ſi une telle ou telle affaire eſt importante ou non; la promeſſe de l'Edit ſera purement illuſoire, parce que quand il le voudroit, il ne ſe trouveroit jamais rien d'aſſez important, pour être communiqué au Conſeil Général. De maniere

ANNO 1734. niere que le sens de l'Edit de 1712. se réduira à ceci:

Abandonnez-nous les Conseils Généraux periodiques, mettez les à néant: & en échange il suffira de dire que pour conserver la paix au-dedans & au-dehors, nous ne vous accorderons jamais rien, ou nous ne trouverons jamais rien d'important pour vous être communiqué.

En verité seroit-il possible de présumer une semblable chose des Conseils, & que ce fût là un vrai moyen d'entretenir la paix & l'union dans l'Etat? Ce qui est néanmoins le but de l'Edit de 1712. Mais si les Conseils perseverent dans ces idées, au moins ils devroient avoir la charité de donner une explication claire & nette à ceux qui achetent la Bourgeoisie, de ces trois Articles du Serment que prêtent les Bourgeois. 1. *De venir en Conseil quand vous y serez demandé.* 2. *De bien & loyalement conseiller.* 3. *De tenir secret tout ce qui sera dit en Conseil.*

Pour ce qui est des deux autres Articles de la promesse faite dans ledit Edit, savoir *qu'aucunes Loix ou changement à l'Edit n'aura force qu'il n'ait été approuvé en Conseil Général*; Il faut convenir qu'ils sont absolument inutiles, parce que le 200. n'a jamais eu le droit de faire des Loix ou des changemens à l'Edit; de sorte qu'il est inutile de promettre de ne pas faire ce qui lui est impossible & défendu de faire; ou plutôt en promettant cela au Conseil Général, il ne lui promet rien.

Mais si l'Impôt du dix pour cent a été porté en Conseil Général en 1713. à combien plus forte raison l'Impôt sur le poids du Bled & sur la Viande, &c. doit-il avoir l'Approbation du Conseil Général? puisqu'il affecte les Denrées & interesse toute la Généralité, riches & pauvres, Citoyens & Bourgeois, Habitans & Etrangers.

Pour démontrer que la levée des deniers & les fortifications sont dans le rang des choses importantes & du ressort du Conseil Général; nous avons cité dans nos Représentations divers Conseils Généraux auxquels on a porté ces matieres. On répond à cela qu'il n'y a aucune conséquence à tirer de ce qui s'est fait avant la Réformation; parce que ce n'est qu'à la Réformation qu'on peut marquer la véritable Epoque de la consistance de notre Gouvernement. Mais nous demandons en quel endroit de nos Archives se trouve cet Acte qui statue qu'à la Réformation, le Conseil Général a perdu le droit qu'il avoit auparavant de connoître des choses importantes? Il conste au contraire que s'il y a eu du changement dans notre Gouvernement, il a été tout en faveur du Peuple: aussi Monsieur le Sindic Chouet, dans la Dissertation sur l'Histoire de Génève, assure *que le Peuple, par la Réformation, entra dans les Droits de l'Evêque qui étoit Prince Temporel & Spirituel de cette Ville.*

Notre Histoire nous apprend encore que depuis la Réformation, le Conseil Général a été assemblé plusieurs fois, soit pour des affaires importantes, soit pour des affaires de petite conséquence. Enfin ce qui se passa en Conseil Général en 1570. en 1635. en 170 . & en 1712. est une preuve évidente que par la Réformation le Peuple n'a pas perdu le droit d'être consulté sur la levée des deniers & sur les affaires importantes. Aussi Monsieur Barbeyrac dans sa Consultation reconnoit qu'il y a des cas dont le Conseil Général s'est reservé la connoissance. Que seroient ils ces cas, si une entreprise telle que celle de 1715. qui n'a jamais eu ni n'aura la semblable, n'y entroit pas? Il est vrai que notre Etat a eu diverses Epoques qui ont fixé la forme du Gouvernement. Les premieres sont anterieures à la Réformation; les autres sont depuis la Réformation; & la derniere est celle de 1707. Dans ce tems-là (en 1707.) les Citoyens & Bourgeois se plaignirent que les Magn. Conseils ne leur donnoient plus connoissance de rien, & qu'ils s'étoient emparés de la Souveraineté. Ils demanderent donc diverses choses:

1. Qu'il entrât moins de personnes d'une même famille dans le Conseil des 200.

2. Qu'on éloignât les Parens jusqu'à un certain degré dans les Elections & Jugemens.

3. Qu'on fît imprimer les Edits, afin que chacun fût sous quelles Loix il vivoit.

4. Qu'il y eût des Assemblées periodiques pour y lire les Edits, les corriger, les augmenter, ou les abreger suivant le besoin.

5. Que l'on procedât aux Elections par la balotte.

Les Magn. Conseils trouverent ces demandes si graves, qu'ils n'oserent rien décider sans avoir l'aveu de nos Ill. Alliés leurs Exc. de Zurich & de Berne, & cela en considération de notre Traité de Combourgeoisie, par lequel chacun des trois Etats contractans doit rester dans la même forme de Gouvernement qu'il avoit lors que le Traité fut fait. ANNO 1734.

Nos Alliés ayant donc envoyé ici des Ambassadeurs chargés de leurs ordres, ceux-ci déclarerent dans la premiere Assemblée Générale, *que leurs Seigneurs & Superieurs avoient fort à cœur que le Gouvernement fût conservé & maintenu dans l'état où il étoit lors que l'Alliance fut faite avec le Souverain Conseil.*

Et ce fut en conséquence de ce juste désir de nos Alliés & de l'équité des demandes des Citoyens & Bourgeois, que les Articles cités ci-dessus furent accordés & réglés. Un de ces Articles fut donc la fixation des Assemblées periodiques de cinq en cinq ans, qui étoient destinées à écouter ce qui seroit proposé pour le bien de l'Etat, & à faire les changemens qu'on trouveroit utiles & nécessaires; par là ces Assemblées periodiques mettoient le Peuple à l'abri de toute crainte de perdre la Liberté, parce que s'il étoit arrivé qu'il se fût glissé quelques abus contraires à ses Droits, ils auroient été facilement reparés; c'est pourquoi en 1717. le Conseil Général n'auroit pas manqué d'être informé du vaste & prodigieux projet arrêté en 1715. de même que de toutes ses dépendances, pour y donner son approbation ou rejection.

Nous voici enfin parvenus à la derniere objection que l'on fait contre nos Droits. Si, dit-on, on accorde que ce que le Peuple demande aujourd'hui est important & doit lui être communiqué, tout sera important pour lui à l'avenir; de sorte que ce Gouvernement dégénerera dans une affreuse Anarchie. Nous avons déja repondu à cette objection dans nos Représentations, en protestant de nos bonnes intentions & de notre attachement au Gouvernement & au bien de l'Etat.

Nous ajouterons que rien n'est plus aisé, pour se tirer d'un embarras où l'on est, que de se livrer à des suppositions qui ne sont point vraisemblables, & qui sont renversées par l'experience du passé; c'est là une route dont nous serons toujours fort éloignés par le respect que nous avons pour notre Magistrat, & par les égards qu'on se doit les uns aux autres; plus retenus en cela que le fameux Monsieur Barbeyrac, qui dans sa Consultation donne une si belle idée de nos Conseils Généraux; politesse dont nous le remercions très-particulierement, en le priant pourtant de vouloir bien nous marquer quelque Epoque dans notre Histoire qui dénote *que la plus grande partie de ceux qui composent notre Conseil Général, ne sont que des ignorans, des brouillons, & faciles à se laisser mener par le premier Démagogue qui se présente.*

Nous demandons ensuite comment on peut faire de semblables suppositions, quand on a lû les Conclusions que nous avons prises dans nos Représentations, qui sont claires & précises.

CONCLUSIONS

Nous demandons donc que l'entreprise des Fortifications & les Impôts établis à cette occasion nous soient communiquez dans un Conseil Général convoqué exprès pour y donner notre approbation, & cela, pour le maintien de notre Liberté, de même que pour l'affermissement & l'avancement du Bien Public.

Nous finirons par cette remarque: Savoir, qu'il est de la derniere importance au Magnifique Conseil des Deux-cens, pour éviter tout reproche, de communiquer au Conseil Général la résolution prise en 1715. de raser toutes les Fortifications de cette Ville, pour en faire de nouvelles, étant incontestable que ce projet, soit par rapport à l'ouvrage même, soit par rapport aux sommes immenses qui sont nécessaires pour l'amener à sa perfection, doit être mis au nombre *de ces cas ardus & importans* dont le Conseil Général doit connoître.

Cette necessité paroîtra dans tout son jour, lorsqu'on fera attention au Traité d'Alliance & Confédération perpetuelle fait entre les L. Cantons de Zurich & de Berne, & la République de Génève, ratifié & juré au Conseil Général le 18. Octobre 1584. en

ANNO 1734. en présence des Envoyez de Zurich & de Berne.

L'objet de ce Traité est la Ville de Génève, comme étant *la Clef de la Suisse, & un commode passage pour y entrer; les deux L. Cantons nos Alliez y disent qu'il leur convient d'aviser non seulement à l'avancement de l'apparente sureté des deux Cantons, mais aussi à la prosperité de toute la Communauté des Ligues.*

Puis donc qu'il se fait de si grands changemens à la Ville de Génève par les immenses Fortifications, sans la participation du Conseil Général qui en est le seul & legitime Souverain, avec qui les deux L. Cantons ont fait Alliance; les plaintes des Citoyens & des Bourgeois de cette Ville qui forment les cinq sixiémes du Conseil Général, ne sont-elles pas bien fondées? Car comment se persuader que lesdits L. Cantons nos Alliez, ayent voulu faire une Alliance perpetuelle avec le Conseil Général de Génève, si ledit Conseil n'avoit pas été Souverain & n'avoit pas le droit de connoître *des cas ardus & importans*, qui peuvent regarder la fureté de la *Ville* ou de la *Place* qui fait l'objet de l'Alliance?

Il est évident que c'est manquer au Traité, & pourvoir imparfaitement à la fureté de la Place, que de la bouleverser de fonds en comble, sans le consentement du Conseil Général; car si après un tel mépris le Conseil Général reste indisposé contre celui des Deux-cens, peut-on croire que nos Alliez voyent de bon œil cette mesintelligence, & les inconveniens qui peuvent en resulter; puisque la fureté de la Place dépend moins des Fortifications que de l'union & de la bonne intelligence de ses Citoyens & Bourgeois avec tous les Conseils?

Aussi nos Alliez, Article XI. de ladite Alliance, ont fait inserer: *Il a été accordé entre les Parties, & expressément réservé, que chaque Ville qui entre en ce Traité, demeure en tous ses Droits, Libertez, proprietez, bonnes Coûtumes, Jurisdictions & Privileges, tels que chacun a eu, & apporte en entrant en cette Alliance.*

Il ne faut donc pas alleguer la démolition forcée des Fauxbourgs, résolue dans le Conseil des Deux-cens en Septembre 1534. comme une preuve de son droit, à l'égard de l'entreprise prodigieuse des Fortifications, puisque l'Alliance des L. Cantons de Zurich & de Berne avec la Communauté de Génève ne s'est faite que cinquante ans après, laquelle donne droit au Conseil Général de prendre connoissance de tout ce qui peut se faire d'important pour la fureté de la Ville, comme étant la Clef de la Suisse; & ce Droit est encore confirmé de la maniere la plus autentique par l'Edit de 1712. & par plusieurs autres citez dans notre Memoire.

PROTESTATION *des Citoyens & Bourgeois, faite à Messieurs les Syndics, & à Mr. le Procureur Général, le 23. Juin 1734.*

COmme il nous parvient de toutes parts, que quelques personnes croyent voir dans nos Représentations des Principes de dangereuse conséquence, qui tendent, dit-on, à changer le Gouvernement; & comme nous n'avons jamais eu en vûe, ni prétendu admettre de tels Principes:

Nous venons protester de la maniere la plus forte & la plus solemnelle, au nom de la Généralité, que dans nosdites Représentations, nous n'entendons demander autre chose que ce qui est clairement contenu dans les Conclusions d'icelles, savoir:

Que l'entreprise des Fortifications & l'établissement des Impôts soient portez au Conseil Général convoqué exprès; restans constamment attachez à la Constitution du Gouvernement, telle qu'elle est établie par nos Loix.

RAPPORT *des Commissaires nommés par les Conseils de Génève pour examiner les Représentations & donner leur avis sur ce dont il y est question.*

MAGNIFIQUES ET TRES-HONOREZ SEIGNEURS. Les Representations que vos Seigneuries nous ont chargé d'examiner, tendent à ce que le Conseil Général soit assemblé & que les deux questions des Fortifications & des Impôts y soient portées. ANNO 1734.

Le moyen sur lequel cette demande est fondée est que les Citoyens sont Libres & Souverains; qu'ils ont droit de connoître des affaires importantes, & qu'ils sont Juges de l'importance.

Pour satisfaire aux intentions de V. S. nous avons pris une exacte instruction par nos Regiltres & par nos Edits sur ces deux questions des Fortifications & des Impôts, & nous avons examiné ensuite les raisonnemens sur lesquels les Représentations sont fondées. Nous rapportons à V. S. ce qui resulte de ces recherches & de cet examen.

Information en fait tant sur les Fortifications que sur les Impôts & autres levées de deniers, & premierement sur les Fortifications.

NOus n'entrerons pas dans le détail de tous les faits concernant la Fortification de notre Ville: nous nous contenterons de rappeller ici quelques-unes des principales époques de chaque siècle. Les reflexions qui en resulteront donneront une instruction suffisante.

Il paroît par l'Histoire que Génève a été dans tous les tems une Place forte; mais il n'est pas nécessaire par rapport à l'objet de ce Mémoire de remonter plus haut qu'à l'année 1364. C'est la premiere époque que nous trouvons dans nos Annales concernant les soins de la Fortification. Cette année-là le C. G. assemblé le 14. Janvier donna commission aux Sindics & à douze personnes qu'il leur associa *de pourvoir aux affaires urgentes de la Ville, pour les Bâtimens, Clôtures & réparations des Tours, Murailles & Fossez de la Cité.*

Cet Acte est cité dans les Représentations.

Ce qu'on fit en conséquence ne fut pas apparemment fort considerable, ou du moins ne fut pas tel que la Ville se trouvât en bon état de défense.

Une centaine d'années après, car il paroît qu'en 1475. il étoit nécessaire de réparer les murs de la Ville, mais l'épuisement où se trouvoit alors la Communauté, ne permit pas de faire de grandes réparations.

S. Gervais entre autres étoit en très-mauvais état; il fut resolu en 1511. au Conseil des 50. d'y faire des Fossés & 5. Boulevards, & ce même Conseil ordonna aux Dizaines d'y aller travailler: ces ouvrages n'avancerent pas beaucoup, soit manque d'argent, soit par les irruptions que causerent les courses des Gentilshommes de la Cuilliere & les entreprises du Duc de Savoye Charles III.

Cependant en 1529. le Conseil des CC. ayant repris la résolution de fortifier S. Gervais, & donné quelques ordres pour cela, on acheva en 1531. de le clore de murailles du côté du Lac par Ordonnance du P. C.

On ne négligeoit pas les autres quartiers de la Ville, mais les Fauxbourgs qui étoient plus grands que la Ville même, rendoient l'enceinte si grande, qu'il auroit été impossible d'y satisfaire.

Le Conseil des 60. avoit déja déterminé en 1531 de démolir les murs de saint Victor; & en 1534. le Conseil des CC. prit la resolution d'ordonner qu'on démolît tous les Fauxbourgs pour mieux fortifier la Ville, sur quoi il y eut des plaintes de la part des interessés; mais néanmoins le Conseil persistant dans sa résolution fit mettre incessamment la main à l'œuvre.

Dès les années suivantes on travailla aux Fortifications avec beaucoup d'activité par les ordres du P. & G. C. On envoya des Experts visiter les Places fortes dans les Pays étrangers, pour examiner quelle seroit la meilleure maniere de fortifier la nôtre; & l'an 1543. on finit la Courtine de la Corraterie, le Bastion de l'Oye & la Courtine sous la Treille; en 1546. le Bastion de Cornevin fut fini & celui du Pin commencé.

On continua de travailler ainsi aux Fortifications par les ordres du P. C. jusqu'en l'année 1564. que les Conseils des LX. & des CC. donnerent de nouveaux ordres pour y faire travailler avec plus de vigueur; & en conséquence on fit un examen de la Place Bastion par Bastion pour voir les réparations qu'il y auroit à faire & pour les perfectionner suivant un plan général.

ANNO 1734.

La Ville mise de cette façon en assez bon état de défense, du moins pour les tems d'alors, on eut lieu de s'en applaudir quand il fallut entrer en Guerre ouverte l'an 1589.

Mais ensuite l'entreprise de l'Escalade faite la nuit du 12. Decembre 1602. fit comprendre qu'il y avoit encore bien des défauts à corriger & bien des choses à faire pour mettre la Place en meilleur état.

Le P. C. donna déja divers ordres à ce sujet dès l'année 1603. Il reçut un Mémoire de M. de la Noue en 1605. contenant un Plan général de ce qu'il y avoit à faire; & l'année suivante le Landgrave de Hesse-Cassel, touché des dangers que Génève avoit couru & de ses besoins, ayant fait present à la République de dix mille écus, le P. C. employa cette somme à faire construire le Bastion de Rive, qui par cette raison fut appellé le Bastion de Hesse.

La situation où étoit la Rep. en 1610. ne fit que redoubler le désir que les Conseils avoient depuis si longtems d'entreprendre une Fortification générale & réguliere de notre Place. On consultoit les Ingenieurs étrangers, & on en faisoit venir à Génève. L'Ingenieur Vandame qu'on avoit attiré au service de la Rep. & divers autres donnerent successivement des Plans généraux de Fortifications, dont les Conseils faisoient executer ce qu'ils pouvoient d'année en année.

Cependant la Place n'avoit encore au devant de ses murs qu'un Fossé & quelques ouvrages détachés, qui depuis les progrès dans l'Art d'attaquer & de fortifier les Villes ne paroissoient pas suffisans.

Enfin l'année 1639. on produisit deux Plans généraux à l'examen desquels les Conseils donnerent leur attention, & l'année suivante le Conseil des CC. se détermina pour un Plan de Fortification depuis le Rhône jusqu'à la porte de la Rive, pour l'exécution duquel on fit venir le Sr. Yvoy Ingenieur du Prince d'Orange.

On y travailla avec empressement dès cette année-là, & pendant un grand nombre d'autres on fit ces ouvrages qui subsistent depuis le Rhône jusqu'au Bastion du Pin, mais l'Ingenieur ayant été appellé en Hollande, & l'Etat épuisé ayant besoin de relâche, on s'arrêta.

On ne laissoit pas cependant de faire toutes les années quelque dépense pour la Fortification, quelques petits ouvrages détachés en divers endroits de la Place où cela paroissoit plus nécessaire: mais cela n'étoit que par provision & avec regret, on peut le dire, puisqu'on sentoit bien que cela ne suffisoit pas & ne laissoit pas de causer assez de dépense. Aussi dès que par la grace de Dieu on vit la Rep. dans une situation plus heureuse, on songea bientôt à reprendre le projet de nos Peres que l'on n'avoit jamais perdu de vûe, qui étoit de suivre un Plan général de la Fortification de notre Ville qu'on avoit commencé en 1660.

La résolution en fut prise en 1714. selon le Plan de M. Desroques Directeur Général des Fortifications de LL. HH. PP. de Hollande qui fut approuvé au Conseil des CC; & de nouvelles reflexions fondées sur les conjonctures firent resoudre en 1715. d'accelerer ce grand ouvrage le plus qu'il seroit possible. Dieu a beni cette sage résolution; on a travaillé autant que les forces de l'Etat ont pu le permettre: nous verrons bientôt la fin de nos travaux depuis le Bastion de Hesse jusqu'au Rhône, & nous voilà prêts à passer à S. Gervais avec l'esperance de pouvoir finir en peu d'années tout ce qui reste à faire pour l'entiere Fortification de notre Ville.

Ce sont là, M. & T. H. S. les faits les plus importans que nous avons cru devoir rapporter à V. S. concernant nos Fortifications. Il en résulte ces considerations.

On voit qu'il a toujours regné dans Génève un desir empressé de se fortifier le plus exactement qu'il se pouvoit; on voit que c'est l'esprit général de tous les tems & avant & depuis l'établissement de la Rep. mais en particulier on voit que ce desir devint plus vif & plus agissant depuis la bienheureuse Réformation arrivée en Août 1535, qui en nous procurant la Liberté temporelle & spirituelle, avoit si avantageusement réuni tout ce qu'il y a de plus cher à conserver, qu'il étoit bien naturel que le zèle redoublât pour y donner toute son application. D'où il paroît que les Conseils en entreprenant les ouvrages qu'ils executent à present, ne font que suivre les vues que nos peres s'étoient constamment proposées.

Il paroît encore que, toutes proportions gardées, les ouvrages faits par nos peres, le plan qu'ils se proposoient étoit une entreprise, eu égard à leur état, beaucoup plus considerable que celle que les Conseils executent aujourd'hui.

ANNO 1734.

Enfin une autre consideration qui résulte des faits, c'est que constamment depuis l'établissement de la Rep. il n'est jamais arrivé que les affaires de la Fortification ayent été portées au C. G. Les Syndics & Conseils en ont seuls ordonné jusqu'à aujourd'hui. Depuis que ce soin eut été remis aux S. & C. on a toujours estimé que c'étoit une suite naturelle de leurs Charges & de leurs incombances. Il falloit des fonds pour s'en acquitter: nous allons indiquer en fait les divers moyens employés, & comment on y a procedé.

Sur les Impôts & autres Levées de Deniers.

M. & T. H. S. Nous ne croyons pas qu'il soit nécessaire de s'arrêter beaucoup aux anciens temps sous les Evêques. L'Acte de 1364. cité ci-dessus, qui commettoit aux Sindics le soin de la Fortification leur donnoit pouvoir d'imposer des Collectes & Tailles. Ce moyen fut mis assez souvent en usage; mais ces temps nous interessent peu. Venons à ce qui s'est passé depuis l'établissement de la Rep. Cette heureuse révolution augmenta à la verité les revenus de la Ville; mais la Rep. se trouvant dès sa naissance dans un état de Guerre presque continuelle les besoins publics se multiplierent infiniment. La levée & l'entretien des Troupes, les Munitions & les Fortifications causoient des dépenses extraordinaires & mettoient nos peres dans une sollicitude continuelle pour y pourvoir; Collectes, Cottisations, Contributions, Tailles générales, Vente des Fonds Publics, Travaux personnels à la Fortification par Compagnies entieres; tout est mis en usage par les Conseils ordinaires, car c'étoit dès lors les Petit & Grand Conseils qui en ordonnoient seuls. Il seroit trop long de citer tous les faits. On en voit divers exemples par les Registres dans les années 1535, 36, 44, 46, 55, 64, & 65: mais tous ces moyens extraordinaires ne suffisant pas à beaucoup près, il fallut avoir recours à de nouveaux emprunts, on dit de nouveaux, parce qu'il y en avoit déja d'anciens dont on n'avoit pas pu s'acquitter.

Ces nouveaux emprunts qui furent faits par les ordres du P. & du G. C. dans les années 1543, 45, 46, 67, 68, & 69, montoient, sans compter les vieux, à plus de cent mille écus d'or; somme prodigieuse pour ce tems-là & eû égard à l'état pauvre de la Rep. Aussi falut-il, outre les gros interêts qu'on en payoit, donner pour sûreté l'engagement général & particulier du Conseil des CC. qui voulut bien s'y obliger par sa resolution du 11. Janvier 1567. & du 20. Fevrier 1569. & encore n'ayant pas de l'argent pour payer beaucoup d'interêts retardés qu'on devoit à Basle, il fut arrêté en Conseil ordinaire le 18. Juillet 1569. *d'en emprunter par tout où on en pourroit trouver.*

Dans cette situation les P. & G. C. voyoient la Rep. endettée, chargée de gros interêts qui absorboient ses revenus, pendant que d'un autre côté les dépenses nécessaires pour sa conservation augmentoient au lieu de diminuer, ce qui accumuloit toujours plus les dettes publiques n'alloit pas à moins qu'à les perpetuer sans espoir d'y satisfaire ou plutôt à faire totalement succomber la République.

Les Conseils comprirent qu'il seroit impossible de subsister ni de maintenir son crédit, dont on avoit plus besoin que jamais, si l'on ne trouvoit des moyens de se procurer des fonds fixes & constans par une augmentation annuelle & perpetuelle des revenus de la Ville.

C'étoient bien les P. & G. C. qui depuis la Réformation de la Rep. avoient ordonné toutes ces sortes de levées de deniers dont on a parlé; mais ces moyens n'étoient point établis d'une maniere fixe & à toujours, ils ne les ordonnoient que par provision & à chaque necessité pressante qui survenoit.

C'est ce qui engagea les Conseils, dans les sages vues qu'ils se proposoient, de mettre sur pied un établissement de revenus fixes, & des moyens qui pussent toujours & dans tous les tems être proportionnés aux nécessités publiques, à se faire autoriser à cela par le Conseil Général.

Vol.

ANNO 1734.

Voici ce que porte la Délibération du 17. Mars 1570. en Petit Conſeil.

„ Pour autant que le revenu de la Seigneurie n'eſt „ pas ſuffiſant pour ſupporter tant de charges, même „ qu'il a été rapporté qu'on dépend annuellement plus „ de 12. mille florins par deſſus les revenus; arrêté „ de penſer aux moyens d'accroître le revenu de la „ Seigneurie; Et afin qu'il ſe puiſſe faire plus com- „ modément qu'on le propoſe en CC. & puis en Gé- „ néral, pour lui demander puiſſance & autorité de „ pouvoir, par l'avis du P. & G. C. informer & „ conclure deſdits moyens pour les pratiquer ainſi qu'ils „ auront ordonné, ſans être tenu d'en faire le rapport „ audit Général.

Cet avis ayant été porté au Conſeil des CC. le 30. Mars il fut dit & arrêté: „ Comme ainſi ſoit qu'on „ ait de grandes charges à ſupporter excedant même „ de beaucoup les facultés du Public, il ſera impoſſi- „ ble de pouvoir ſubſiſter ci-après, quoi qu'on tâche „ d'épargner; Pour à quoi remedier, il ſemble né- „ ceſſaire d'augmenter le revenu de la Ville, & que „ pour ce faire on aſſemble le G. C. pour lui deman- „ der puiſſance de pouvoir aviſer en Petit Conſeil des „ moyens à ce propres, & iceux rapporter au G. C. „ avouer & approuver tout ce qui en icelui aura été „ trouvé bon.

En conſéquence des reſolutions ci-deſſus, le G. C. fut aſſemblé le 2. Avril ſuivant, lequel entrant dans les ſages vues des Conſeils, & plein de confiance en eux, qu'il avoit vû juſqu'alors ordonner de tout ce qui regardoit les levées de deniers 35. ans, n'heſita pas à lui donner la puiſſance qu'ils demandoient, comme eſt contenu dans l'Edit, ſuivant lequel dans les Regiſtres ſe trouve intitulé en marge: REVENUS DE LA SEIGNEURIE.

Le Dimanche 2. Avril le C. G. fut aſſemblé à Saint Pierre, après avoir été appellé au ſon de la Trompette le jour précedent, & aujourd'hui au ſon de la Cloche, où il fut propoſé & lû ce qui ſuit par le Secretaire du Commandement des Seigneurs Sindics.

„ Meſſeigneurs voyant les grandes charges qui ſont „ à ſupporter, tant ordinairement qu'extraordinaire- „ ment, ſurmonter les facultés & revenus de la Vil- „ le, ont dès pluſieurs années tâché, autant qu'il leur „ a été poſſible, d'épargner, même ſe ſont abſtenus „ de beaucoup de choſes, qui euſſent été requiſes, a- „ fin de ſerrer ce qu'on pourroit d'argent; toutes fois „ on n'a tant ſu faire, que tous les ans on ne ſoit de- „ meuré en arriere & beaucoup, tellement que s'il „ n'y eſt remedié, on ne poura longuement ſubſiſter, „ & fournir aux néceſſités du Public. Et combien „ qu'on pourroit uſer du remede, qu'on a pratiqué „ ci-devant, faiſant des collectes, quand la néceſſité „ l'a requis, cela ne ſuffiroit pas : car on a experi- „ menté petite charité en la plupart des contri- „ buans.

„ Au moyen dequoi, & afin de prévenir la ruïne „ du Public, & tant de collectes qui ſont odieuſes & „ de petite efficace, Meſſeigneurs du Petit & Grand „ Conſeil ſeroient d'avis de penſer aux moyens d'aug- „ menter les revenus de la Ville, tellement qu'il y „ eut dequoi fournir aux néceſſités, & pour ce faire „ ont trouvé bon d'en avertir cette Compagnie, & „ ſavoir s'il lui plaît donner puiſſance à MM. du Pe- „ tit Conſeil de propoſer au CC. les moyens qu'il „ trouvera propres, & avouer & approuver tout ce „ qui audit Conſeil des CC. aura été ratifié & conclu: „ & par ce moyen ſera évité à cette Compagnie la „ peine de s'aſſembler ſi ſouvent, qu'il ſera poſſible „ requis, ce qui ſeroit mal-aiſé.

Là-deſſus étant recueilli les voix, par mon compagnon & moi, ſavoir les Nobles Chenalat & Gallatin, Secretaires d'Etat. „ Tous, réſervés trois ou „ quatre, d'un commun conſentement, ont approuvé „ l'avis de Meſſeigneurs du Petit & Grand Conſeil. „ Dieu y doint ſa bénédiction.

Ce ne fut pourtant que quatre ans après que le Conſeil des CC. commença à en faire uſage, par ſon Arrêté du 30. Août 1574. par lequel il mit un Impôt ſur le poids du Bled & ſur le Vin, & il doubla la gabelle de la Chair.

On ne mit point de nouveaux Impôts juſqu'au tems de la Guerre de 1589; ce n'eſt pas qu'il n'y eût bien des dépenſes extraordinaires que cauſerent les actes d'hoſtilité & les tentatives faites en 1582. & les années ſuivantes. On y pourvut par un autre moyen.

Le P. C. ſuivant le pouvoir qui lui en fut donné par le Conſeil des CC. fit un emprunt de trente mille écus de divers étrangers au denier 15. & il en fit divers autres moins conſiderables en pluſieurs endroits, & l'année ſuivante on reçut une ſubvention de 5039. liv. ſterling que la Reine d'Angleterre procura pour la défenſe de Geneve.

De nouvelles entrepriſes faites en 1586, qui engagerent à augmenter la Garniſon de 300. Suiſſes, & la Famine qui ſurvint cette année-la où le bled ſe vendoit 22. fl. cauſerent encore une nouvelle dépenſe. On y pourvut par des Contributions en forme de prêt que le P. C. ordonna, & dont il donna en même tems l'exemple auſſi bien que la venerable Compagnie des Paſteurs & Profeſſeurs. On ſupléa au reſte par divers emprunts.

Mais la Guerre de 1589. ayant éclaté, on fut bien obligé de recourir à une augmentation d'Impôts & à en créer de nouveaux, outre les taxes & les emprunts qu'on fit dans la Ville: ainſi au mois de Mai de cette année le Conſeil des CC. ordonna une taxe générale payable chaque mois; les plus riches payant 20. & enſuite 25. écus par mois, & les années ſuivantes juſqu'à la fin du ſiécle on augmenta par ordre du même Conſeil à trois, à quatre repriſes les divers Impôts ſur le Bled, le Vin, la Chair, le Sel, les Cuirs & les Marchandiſes.

On juge bien que le produit de tous ces impôts ne ſuffiſoit pas à beaucoup près aux frais immenſes de la Guerre, mais ils mettoient en état d'emprunter & de ſoutenir le crédit public par des payemens d'interêts, ſans quoi la Rep. auroit ſuccombé; car outre les groſſes dettes dont elle étoit déja chargée avant la Guerre & dont elle n'avoit pû acquitter qu'une petite partie, il fallut bien recourir à de nouveaux emprunts.

On débuta par un emprunt de cinquante mille écus fait dans la Ville par voye de contribution en prêt, que le Conſeil des CC. ordonna ſous l'obligation faite en faveur des prêteurs avec l'interêt au huit pour cent, les Seigneurs du P. C. ayant montré l'exemple, & on fit divers emprunts chez les étrangers.

La fin de la Guerre diminua bien les dépenſes extraordinaires, mais les grandes dettes qu'elle avoit été obligée de contracter furent une charge à l'Etat d'une durée d'autant plus longue, que les conjonctures ne laiſſerent pas le pouvoir de s'en liberer.

Comme on conteſtoit l'incluſion de Génève dans le Traité de Paix de Vervins de 1598. les craintes, les entrepriſes continuerent, & la Guerre ouverte recommença à l'occaſion de l'eſcalade.

Le Traité de S. Julien y mit fin en 1603; mais le peril qu'on avoit couru, les avis & les allarmes qu'on eut les années ſuivantes, ayant fait prendre la reſolution de ſe fortifier, ce fut une nouvelle ſource de dépenſes auxquelles la Rep. épuiſée ne pouvoit fournir ſans de nouveaux ſecours.

On faiſoit bien travailler perſonnellement par compagnies, on ſe cottiſoit pour les Fortifications par l'ordre & à l'exemple des Conſeils, cela ſoulageoit l'Etat & les Pauvres, mais ne ſuffiſoit pas; il fallut avoir recours à de nouveaux emprunts & à de nouveaux Impôts pour faire les fonds des interêts & enſuite du rembourſement du capital.

C'eſt à quoi le Conſeil des CC. fut obligé de ſe déterminer en 1604, 6, 11. & dans les années ſuivantes, quoiqu'en 1611. on reçut des ſecours conſiderables d'hommes & d'argent.

Il paroît néanmoins que ce n'étoit qu'avec peine qu'on ſe portoit à mettre tant d'impôts: le Regiſtre de l'an 1620. porte que le Conſeil des CC. rejetta la propoſition de doubler la gabelle de la Chair juſqu'à ce qu'on eût cherché tous autres moyens d'avoir de l'argent plutôt *que de mettre des Impôts ſur le peuple.*

Mais les beſoins commandoient: l'année ſuivante le même Conſeil des CC. ſe trouva obligé d'augmenter d'un tiers cette même gabelle, & l'Impôt de ſix ſols par ſeptier ſur le vin blanc, & de trois ſols pour le rouge.

On n'en demeura pas là pendant une trentaine d'années ſans en mettre de nouveaux, excepté celui de ſix ſols par balle que le Conſeil des CC. mit ſur les marchandiſes de paſſage en 1637; mais à la reſerve de cet article on préfera depuis 1621. juſqu'en 1644. la voye des cottiſations & des contributions, les unes volontaires, les autres forcées.

Les Membres du P. & G. C. payoient les premiers

ſur

ANNO 1734. sur le champ, portant leur argent sur la table devant Messieurs les Sindics en pleine Assemblée, comme on le peut voir dans le Regiltre des années 1628, 38, 40, 41. & 43.

Mais enfin l'inquiétude que causoient les dettes de la Seigneurie, obligea les Conseils, sans abandonner la ressource des cottisations, d'y joindre quelques nouveaux Impôts.

En 1644. ils mirent un Impôt sur le contrat des Subhastations. Il en est parlé dans les Representations du 4. Mars dernier comme d'un sujet de plainte & d'une contravention à l'Edit, parce que ce droit a été pris sur l'Acheteur plutôt que sur le Vendeur, au lieu que par l'Edit les frais des Subhastations doivent se prendre sur le Vendeur. Nous remarquons en passant que c'est-là le seul cas dont on fasse reproche aux Conseils, & l'on voit que c'est faute d'entendre de quoi il est question, car on a toujours pris & on prend encore les frais ordinaires de Justice sur les deniers suivant l'Edit; ce n'est que ce droit nouveau, cet impôt, qui n'est ni dans l'Edit ni dans le Tarif, qui s'est pris sur l'Acquereur, ordinairement plus riche que le Vendeur, qui vend souvent par nécessité.

NB. Les faits mal rapportés dans les Representations. Le Conseil des CC. n'a point fait d'Arrêt pour changer l'art. 19. du Tit. 25 de nos Edits Civils de 1713. Voici le fait. Messieurs de la Justice avoient ordonné par erreur qu'on prendroit sur les deniers procedés d'une expedition forcée le droit d'un & demi pour cent, parce qu'ils confondoient les frais de Justice reglés par le Tarif, à forme duquel l'Edit porte que ces frais seront levés avec le droit d'un & demi pour cent qui a été établi sur les derniers encherisseurs. Les Conseils en ayant été informés, en délibererent, & ordonnerent que l'on continueroit à exiger ce droit suivant l'usage.

Si l'on s'étoit donné la peine de lire l'article de l'Edit de 1568. & celui de 1713. on y auroit vû qu'on n'y a fait aucun changement, sinon que pour ôter cette équivoque, on a inseré dans le dernier ces mots *à forme du Tarif*, dans lequel ce droit d'un & demi pour cent n'est point compris.

En 1646. on avoit fait la proposition que chacun donnât *un pour cent de tout son avoir* pour l'acquit des dettes. Le Conseil des CC. la rejetta, mais il decerna en même tems une Commission aux fins d'examiner les moyens de trouver promptement de l'argent, ce qui opera de nouvelles contributions & de nouveaux Impôts ordonnés par le Conseil des CC.

En 1648. entr'autres l'Impôt sur les Revendeurs de Vin fut doublé, & le produit affecté au payement des dettes; le prix du Sel mis à 5. s. la liv. au lieu qu'il n'étoit qu'à 4. & demi.

Il falut même aller plus loin en 1656. Des créanciers étrangers menaçoient d'arrêter les marchandises des Génévois à cause des arrerages des interêts qui leur étoient dûs qui montoient à la somme de 40. mille écus. Il ne convenoit pas, & même il n'étoit pas juste d'épuiser entierement les aisés. Le Conseil des CC. assemblé *pour aviser aux moyens de fournir aux nécessités publiques*, arrêta unanimement qu'on doublât les impôts de l'entrée du Vin, de la gabelle de la Chair, du Suif & de la marque des Cuirs, & qu'on haussât de deux sols par coupe celui du poids du Bled. Le produit de ces impôts ayant mis la Rep. un peu au large, les Conseils qui n'avoient jamais perdu de vue la Fortification générale & reguliere de notre Place, commencerent à l'entreprendre en 1660. & y firent travailler plusieurs années de suite; nouvelle dépense pour laquelle cependant on ne mit pas de nouveaux impôts, mais on fit des emprunts, on ordonna des contributions, on les pressa, on fit travailler aux ouvrages tous les Bourgeois & Habitans par Compagnies; on chercha même à se procurer un secours étranger, on envoya aux Etats Généraux pour avoir une subvention d'argent & la somme de 30. mille écus qu'ils accorderent, servit à construire le Bastion qu'on a appellé à ce sujet le Bastion de Hollande.

Ces dépenses épuiserent le Trésor Public. Le lods des Successions, autrement le droit du dix pour cent établi en 1680. payable par les heritiers ou legataires qui ne sont pas en degré de legitime: l'impôt de 6. s. par marc sur l'affinage introduit d'abord par l'avis du P. C. & confirmé en 1689. au Tarif des Halles, n'étoient pas une ressource suffisante & assez prompte pour payer une partie des dettes de l'Etat: mais outre cette consideration les conjonctures d'alors furent telles, que l'on trouva nécessaire d'avoir des Troupes de nos Alliés dans notre Ville, & de faire de grandes réparations à nos Fortifications, & notamément à la Porte de Rive & aux Chemins couverts. ANNO 1734.

C'est ce qui porta les Conseils en 1690. à ordonner une contribution extraordinaire qu'on appelloit geometrique, parce que la taxe s'en faisoit par diverses gradations proportionnelles aux facultés d'un chacun.

En 1704. le Conseil des CC. poussa jusqu'à un écu par septier le droit d'entrée sur quelques Vins étrangers, pour empêcher le trop grand versement des Vins fins; mais cette augmentation fut revoquée sur les représentations de plusieurs Cit. & B.

En 1708. on augmenta la contribution que les aisés payent pour la garde de la Ville. En 1711. on mit un impôt de trois sols par livre sur le Caffé qui se consomme dans la Ville.

Par tout ce qui vient d'être rapporté des dépenses extraordinaires dont la Rep. a été chargée presque sans relâche pendant deux siécles consecutifs, & des grandes dettes qu'elle a été obligée de contracter, on comprend bien que l'augmentation des révenus de la Ville par le moyen des Impôts établis ne servoit qu'au courant & ne donnoit qu'à la Caisse de la dépense.

Ce ne fut que depuis le commencement de ce siècle qu'on put enfin jouir du fruit de ces Impôts, & en porter une partie à la Caisse de l'Epargne; ce qui mit enfin la Rep. en état d'acquitter entierement ses anciennes dettes comme cela fut fait en 1711. sans qu'il fût nécessaire de mettre de nouveaux Impôts pour cet effet; les anciens suffirent & voici comment.

Dès l'an 1628. le Conseil des CC. fit l'heureux établissement de la Chambre des Bleds, & lui assigna le produit de quelques-uns des revenus pour ses fonds. Cette Chambre ayant prosperé par ce moyen, elle devint peu à peu non seulement le grenier, mais encore une des caisses de l'Etat, dont elle a facilité l'acquittement des dettes. C'est ainsi que l'experience nous a appris que cette Chambre, dont l'établissement essuya tant de contradictions, est véritablement la mere nourrice de l'Etat & sa ressource dans les besoins pressans.

Libre enfin des engagemens onereux de tant de dettes le Conseil des CC. estima en 1714. que le tems étoit venu de suivre aux vues de nos peres pour l'execution d'un plan général de nos Fortifications, & pour s'en faciliter les moyens, voici ce qu'il a fait.

Cette même année 1714. il établit l'Impôt sur le Papier marqué, & en 1716. il mit un Impôt sur les Cartes à jouer.

On ne met pas en ligne de compte la révision & augmentation du Tarif sur les Cuirs faite en 1714. elle fut faite sur la représentation du P. C. & sur le Memoire qu'il remît de la part des Tanneurs & Corroyeurs, lesquels prierent qu'on augmentât les droits sur les Cuirs étrangers afin de favoriser la fabrique de ceux de la Ville.

En 1715. & 16. le Conseil des CC. doubla l'imposition du poids du Bled & la gabelle de la Chair pour dix ans, & en 1726. il ordonna que ces Impôts seroient continués pour dix autres années.

On doubla aussi en 1716. la gabelle du Vin, mais en 1719. sur la requête des hôtes & cabaretiers, cette augmentation fut suspendue pour trois ans, & n'a point été établie.

Ces Impôts ne suffisant pas & les Conseils ne jugeant pas à propos d'en mettre d'autres, on eut recours à d'autres moyens. On a fait des emprunts dans la Ville à constitution de rente à trois pour cent. On a fait de plus deux Loteries, & enfin en Fevrier 1354. on a ouvert des souscriptions volontaires & en don gratuit, ou en prêt sans interêt pendant dix ans.

Telle est M. & T. H. S. l'information qu'il y avoit à donner sur les Impôts & autres levées de deniers pour savoir en fait, quand, comment & par qui il en a été ordonné, pour quelle cause, & quel en a été l'usage & l'emploi; sur quoi V. S. sont priées de faire les reflexions suivantes.

Il paroît par ce qui vient d'être rapporté, que depuis l'établissement de la Rep. c'est le Conseil des CC.

seul

ANNO 1734. seul qui a ordonné & disposé de tout ce qui regarde les Finances soit pour la levée, soit pour l'emploi des deniers, emprunts, taxes, tailles, contributions, corvées ou travaux personnels & impôts, c'est le Conseil des CC. qui a toujours ordonné, ou le P. C. autorisé par celui des CC. & cela non par quelques Actes seulement & de loin en loin.

Tel a été l'état de la Rep. depuis sa naissance jusqu'à nos jours, que l'exercice de ce pouvoir a été continuel & sans interruption pendant deux censans.

On voit avec quelle autorité les Conseils donnoient & faisoient executer leurs ordres; cependant nulle opposition de la part du Peuple sur le droit en vertu duquel les Conseils exerçoient ce pouvoir: soumission, confiance entiere depuis l'établissement de la Rep. jusqu'à l'année 1715. qu'il y eut des représentations, & en 1718. que parurent les Lettres anonymes en Octobre & Novembre.

V. S. ont pu remarquer ensuite qu'on évitoit autant qu'on pouvoit de mettre des impôts, qu'on n'en mettoit que le moins qu'il étoit possible, & seulement pour des besoins indispensables. De là viennent tous ces différens moyens mis en usage pour subvenir aux nécessités publiques autrement que par des augmentations d'Impôts.

Il paroît encore que de nos jours on a fait comme nos peres: le même esprit regne parmi nous; même répugnance, même discretion à mettre des impôts, la seule nécessité y force, & pour n'être pas obligé d'en mettre, ou trop considerables, on a de même eu recours à d'autres moyens, non à des collectes ou à des contributions forcées, moyens si souvent employés par nos peres, ni à des emprunts faits sous des conditions dures & peu honorables, à gros interêts & à datte fixe, chercher de toutes parts, & qui sembloient plus propres à publier notre indigence de ville en ville qu'à nous y donner du credit.

L'Etat, par la grace de Dieu, s'est trouvé dans une meilleure situation; si l'on a fait des emprunts, ce n'a été que dans la Ville, même à bas interêt & remboursables à la volonté de la Seigneurie. Emprunts qui en donnant du comptant pour les besoins de la Rep. conservent dans le sein de la patrie les capitaux des Particuliers. C'est dans ce même esprit de ménagement qu'on s'avisa des Loteries, moyen spécieux, mais auquel bien des obstacles & bien des inconveniens ont empêché de revenir; & enfin au lieu de contributions forcées, ordonnées si souvent par nos peres, on a introduit pour une fois & pour voir la fin de nos ouvrages ces souscriptions volontaires qui font honneur à l'Etat & aux Particuliers. Résolution dont le succès a répondu à l'attente publique en même tems qu'elle a donné une nouvelle preuve que ceux qui remplissent aujourd'hui les places du P. & du G. C. aussi bien que la vénérable Compagnie des Pasteurs de cette Eglise, n'ont pas dégeneré du zèle & de l'affection de leurs predecesseurs. On a eu même la satisfaction de voir un grand nombre d'autres personnes, Citoyens, Bourgeois, Etrangers même, donner les marques les plus affectueuses de l'interêt qu'ils prennent à l'avancement du Bien public.

Le resultat de tous ces faits & de toutes ces considerations nous conduit à faire une comparaison de l'état où est aujourd'hui la Rep. par rapport aux ouvrages qu'on a entrepris, aux impôts qu'on a mis & augmentés, & aux emprunts qu'on a faits, avec l'état où étoit autrefois la Rep. les ouvrages qu'elle avoit entrepris, les impôts, contributions & emprunts dont on étoit chargé.

On voit dans les Registres un rapport des dettes de la Seigneurie à des Créanciers étrangers du 13. Janvier 1604 par lequel il paroît que la Seigneurie devoit 128395. écus sols sans compter les interêts.

Ces interêts échus, joint à ce que la Seigneurie devoit dans la Ville, alloient, comme on le peut voir par les Registres, à plus de cent mille écus; ainsi la somme totale des dettes étoit d'environ deux cens trente mille écus.

Si l'on faisoit comparaison de la valeur des especes d'alors, & si on la combine avec la différence de la fortune des Particuliers d'aujourd'hui, on verra que toute proportion gardée, nous sommes beaucoup moins chargés de dettes que nos peres ne l'étoient en 1604 Et comme on ne doit juger de la grandeur d'une entreprise que par comparaison avec les forces & les moyens, il est certain que ce que nous avons avancé ci-dessus est juste; savoir que l'entreprise de nos Fortifications est beaucoup moins considerable que celle de nos peres, sans compter que nos emprunts ont été faits à sûr & à mesure des besoins pour les Fortifications; car quand on les entreprit on ne devoit rien, au lieu que nos peres devoient la somme ci-dessus en 1604. & tout chargés qu'ils étoient de si grosses dettes, ils pensoient dès lors à se fortifier. ANNO 1734.

Nous avons vu en fait qu'en 1605. M. de la Noue leur presenta un plan général des Fortifications. Si dans cette conduite de nos peres on ne trouve que du courage & non de l'imprudence, il semble qu'étant parvenus à une situation beaucoup plus heureuse, on auroit pu taxer les Conseils d'imprudence ou de peu de zèle, s'ils n'avoient pas mis la main à l'œuvre pour exécuter entierement ce que nos peres avoient commencé & n'avoient pu faire qu'imparfaitement.

On exagere cette entreprise: la comparaison qui vient d'être établie déduit la chose au plus vrai & au plus juste, & quoiqu'il en soit, les vœux & les efforts de nos peres animeront toujours & justifieront ceux que les Conseils font aujourd'hui.

Droits des Conseils concernant les Fortifications.

M. & T. H. S. La constitution de l'Etat, l'usage & la convenance établissent le droit des Conseils touchant la Fortification.

Par la constitution de l'Etat l'administration des affaires en général est entierement confiée au P. & au G. C. affaires civiles, affaires criminelles; affaires d'Etat; affaires militaires; la garde, seureté & défense de la Ville, & tout ce qui en dépend; par conséquent le soin de la Fortification y est compris; on ne trouvera nulle part, ni par nos Edits, ni par nos us & coutumes, que le C. G. se soit jamais reservé qu'on lui portât la connoissance de ce qui regarde la Fortification; ce soin est une suite naturelle des incombances du Gouvernement & de l'administration ordinaire.

Ce titre général devroit suffire sur tout dans une affaire de la nature de celle-ci, dont le soin est si évidemment du devoir de ceux qui gouvernent. Si à chaque Acte d'autorité qu'on exerce dans un Etat, on demandoit un titre specifique pour cet Acte ou cette branche de l'autorité, il n'y auroit assurément aucun Etat dans l'Europe où l'on ne pût mettre des entraves au Gouvernement.

C'est pourquoi on reçoit par tout pays comme une maxime fondamentale de la tranquilité publique, que les us & coutumes ont force de Loi & sont un titre suffisant, sur-tout quand ces us & coutumes ont une manifeste analogie avec le titre général qui fait la constitution de l'Etat. C'est le cas où se trouvent les Conseils. Nos Edits donnent force de Loi aux us & coutumes, en ce qu'ils exigent des Sindics de les maintenir de tout leur pouvoir, & des Cit. & B. de les garder & observer.

La constitution de l'Etat donne aux Conseils l'administration générale des affaires, & par les us & coutumes les Conseils ont toujours eu le soin de la Fortification, sans que jamais le C. G. s'en soit mêlé, ni qu'il ait demandé d'en connoître.

Certainement il n'en faudroit pas davantage; mais si on veut quelque chose de plus pour fondement de l'autorité des Conseils dans cette partie de leurs fonctions, savoir le soin des Fortifications; en voici des preuves plus particulieres.

Nous avons déja rapporté ci-dessus en fait l'Acte de 1364. pour faire voir le désir & le soin qu'on a eu de tout tems de se fortifier. Cet Acte fait voir que dès lors on en donna le pouvoir à ceux qui avoient l'administration des affaires; mais dans ces tems-là il n'y avoit rien de bien fixe. En nous approchant des tems de la naissance de la République nous prendrons pour époque l'Edit de 1534. qui est l'année que la Rep. commença à se former.

Le Conseil des CC. étoit déja établi, savoir en 1527. qu'il fut fixé à 200. Cit. & B. quelques esprits inquiets faisoient des cabales pour l'abolir; le C. G. as-

ANNO 1734. assemblé le 8. Fevrier 1534. jour de l'élection des Seigneurs Sindics, qui se faisoient alors en Fevrier, déclare unanimement: „ Que pour éviter les séditions, conjurations & détestables entreprises des „ pervers, il est arrêté, statué & ordonné que le Conseil des CC subsiste à perpetuité avec l'omnimode „ puissance qui lui a été donnée jadis, & que ce soit „ le Conseil ordinaire qui continue à en faire l'élection.

Voilà la plénitude de puissance donnée jadis au Conseil des CC. reconnue & confirmée solemnellement, & elle le fut encore après la Réformation par l'Edit de 1536.

Or chacun avoit vu le Petit & le Grand Conseil disposer & ordonner de ce qui regarde la Fortification. Dans les années précedentes depuis l'année 1511. on confirme & on reconnoit son pouvoir sans plainte ni changement, par où il est démontré qu'on regardoit le soin de la Fortification comme une des branches de ce pouvoir général donné au Conseil des CC.

Les Edits n'ont jamais été révoqués, & posterieurement à ces Edits tout comme auparavant les Conseils ordonnent de la Fortification jusqu'au tems de la compilation de nos Edits faite en 1560. de sorte qu'alors le Conseil des CC. se trouvoit dans le droit & dans la possession; & bien loin qu'en 1568. on y ait fait des changemens, on va voir au contraire que ce droit fut reconnu & confirmé.

Il faut remarquer que nos Edits n'établissent rien de nouveau dans le Gouvernement: mais supposant au contraire les droits dont chacun des Ordres de la Rep. se trouvoit actuellement en possession, soit par d'anciens Edits, soit par les us & coutumes, ils confirment par cela même à chaque ordre ses différens droits, & fixent à cet égard l'état & le gouvernement de la Rep. c'est ce que l'on peut recueillir du préambule qui porte: „ Pour ce que le gouverne„ment & état de cette Ville consiste par quatre Sin„dics, le Conseil des 25. des 60. des CC. du Gé„néral & un Lieutenant en la Justice ordinaire avec „ autres offices, selon que bonne police le requiert, „ tant pour l'administration du Bien public que de „ la Justice, nous avons recueilli l'ordre qui jusques „ ici a été observé avec quelques déclarations &c. Et alors le droit des Conseils, la possession, *l'ordre observé* étoit que les Conseils ordonnoient de la Fortification, par conséquent il a laissé les choses à cet égard sur le pied du droit & de l'usage connu & établi pour être observé à l'avenir.

Il fut reconnu & convenu par cet Edit que tel étoit le pouvoir & le droit des Conseils, & qu'il devoit être gardé à l'avenir. Aussi voit-on en conséquence que par cet Edit de 1568. imprimé en Avril 1707. tout ce qui concerne le militaire, la garde & défense de la Ville, Tours & Boulevards, l'Artillerie & Munitions, & généralement tous les Offices & Emplois qui ont du rapport à la sureté de la Place, tout cela est mis aux soins du P. & G. C. comme étant de sa competence de toute ancienneté. C'est ce que savoient tous ceux qui assistérent à la sanction de ces Edits en 1568. ils avoient vû quelques mois auparavant & toutes les années précedentes depuis la naissance de la Rep. les Conseils ordonner des Fortifications & faire des emprunts coup sur coup ou des collectes pour cela; ils avoient vu les Fauxbourgs démolis par les seuls ordres des Conseils pour mieux fortifier la Ville. S'ils avoient estimé que ce pouvoir ne leur appartînt pas, ou qu'il ne dût pas leur appartenir, quelle apparence qu'ils n'eussent rien statué là-dessus?

Tels sont, M. & T. H. S. les fondemens du droit. Ils reçoivent une nouvelle force par l'usage invariable & constant qui confirme & perpetue le droit & la possession des Conseils; la preuve en est toute établie par les faits que nous avons rapportés à V. S.

Nous nous en tiendrons aux usages certainement connus à nos Legislateurs de 1568. Nous en avons rapporté divers exemples comme de l'an 1511. 27, 29, 31. celui de 1534. est des plus forts, c'est l'ordre du P. & du G. C. de démolir les Fauxbourgs pour mieux fortifier la Ville; ordre qui causa bien des plaintes par le grand nombre de maisons & de clos qu'on abatit, qui ne pouvoient qu'interesser un grand nombre de personnes.

Les exemples du droit des Conseils se multiplient depuis, comme en 1536, 44, 46, 55, 64, 65, & 1567.

C'est par cette multitude d'Actes qui ont précédé la compilation de nos Edits, dont tous les Cit. & B. d'alors avoient été les témoins, qu'il étoit parfaitement constaté que le soin de la Fortification étoit entre les mains des Conseils, comme une de leurs principales incombances. ANNO 1734.

Depuis l'Edit de 1568. ce même usage a suivi constamment & pour ainsi dire d'année en année jusqu'à nos jours, sans que jamais il soit venu en pensée à qui que ce soit, que le Conseil des CC. usoit d'un pouvoir qu'il n'avoit pas.

Cependant on voyoit bien autrefois, comme aujourd'hui, que l'entreprise des Fortifications étoit considerable, qu'elle coutoit beaucoup, qu'elle donnoit lieu à ordonner ou à continuer des impôts & des contributions, & cependant personne n'a pensé qu'on dût porter à la déliberation du C. G. les matieres de la Fortification; jamais on ne l'a proposé ni demandé; tant il est vrai que chacun étoit persuadé que la Fortification, comme la garde de la Ville, étoit essentiellement du soin du P. & du G. C.

Il n'y a ni nécessité ni convenance à demander au C. G son avis sur la Fortification. Point de nécessité à l'égard des Conseils, parce que la constitution de l'État & l'usage constant leur en donne le pouvoir, ou plutôt leur en impose l'obligation d'y veiller & d'y travailler incessamment à l'exemple de nos peres. Point de nécessité à l'égard de la chose même, parce qu'assurément ce n'est pas une question, ce n'est pas une chose à mettre en problême si on doit se fortifier ou non; & quant à la maniere de le faire, il est évident qu'il n'est point convenable d'entrer dans ces discussions dans une Assemblée aussi nombreuse que le C. G. le choix de tel ou de tel plan n'est point à sa portée ni à l'examen des moyens nécessaires pour l'execution.

Enfin, comme la décision de toutes ces questions du choix du plan & du plus ou du moins du tems & de l'acceleration, dépend des motifs qui sont connus aux Conseils; qui ne voit qu'à cet égard, bien loin qu'on doive les communiquer à tout un peuple, il est de la prudence & de la fidelité des Conseils de garder le secret?

Il seroit dangereux d'expliquer à treize ou quatorze cent personnes de tous ordres les défauts de la Place & des munitions, les avis secrets qu'on a reçus, les vues pour l'avenir, & tant d'autres choses délicates ou périlleuses qui dépendent de diverses conjonctures. Nos peres ont senti toutes ces raisons de convenance, nous croyons qu'on ne peut mieux faire que de s'en tenir à leur experience & à leur pratique constante, nous nous en sommes bien trouvés jusqu'ici.

Après tout, ce n'est point la Fortification, entant que Fortification, qui interesse nos Citoyens autrement que pour s'en feliciter & benir Dieu de ces heureux progrès: elle ne peut leur faire de la peine qu'autant qu'elle entraîne avec elle la principale question à laquelle il faut venir, savoir si le Conseil des CC. a droit de mettre des impôts.

Du Droit des Conseils concernant les impôts & autres levées de deniers.

M. & T. H. S. nous trouvons que le droit d'en ordonner & disposer appartient au P. & G. C. par la disposition générale de nos Edits fondamentaux, par nos us & coutumes, & par l'Edit particulier de 1570.

Nos Edits donnent à ces Conseils l'administration générale des affaires & finances sans aucune reserve. Si l'Acte primitif d'établissement y paroît trop général, l'usage qui en tire son origine en donne l'intelligence dans les cas particuliers, & cet usage est aussi respectable que la Loi même. De là vient que par tout païs, comme on l'a déja dit, mais sur-tout dans les Rep. & particulierement dans celles de Suisse, on joint aux Loix, Statuts & Edits les *us & coûtumes*, comme ayant même force & même autorité; & par rapport à nous c'est notre Edit même qui le veut ainsi, & qui nous engage expressément au maintien & à l'observation des *us & coûtumes* aussi bien que des Loix écrites.

Par conséquent la disposition générale de notre constitution jointe à l'usage constant, seroient deux titres suffisans pour maintenir les Conseils dans la possession où ils se trouvent depuis 200. ans, d'ordonner de toutes sortes de levées de deniers, quand même

ANNO 1734.

même ils n'auroient pas de titre particulier en leur faveur. Aussi avons-nous vu ci-dessus que lorsque le P. C. délibera de proposer au C. G. la matiere de l'Edit de 1570. ce n'étoit pas qu'il estimât être dans l'obligation de porter cette affaire au Peuple, il paroit seulement que c'étoit par des motifs de prudence & de convenance, *afin qu'il se puisse faire plus commodément qu'on le propose au CC. & puis au Général.*

Nous en avons indiqué la raison ci-dessus. Depuis l'établissement de la Rep. le Peuple avoit bien vû les Conseils ordonner des finances, faire des emprunts, lever des collectes ou contributions de leur propre autorité; mais ce n'étoient là que des moyens à tems; il ne leur avoit encore rien vû ordonner de perpetuel.

Les Conseils trouvant qu'on ne pouvoit se dispenser d'en venir là, pouvoient bien également s'autoriser du pouvoir général qu'ils avoient pour ordonner des impôts; mais comme c'étoit un moyen qu'ils n'avoient pas encore mis en usage, ils estimerent prudemment que pour éviter toute dispute, & afin qu'on s'y prêtât plus volontiers, il étoit à propos d'avoir le consentement specifique du C.G. pour pouvoir mettre en usage tous les moyens qui leur paroîtroient les plus propres.

Nos peres sentans bien que l'attribution de ce pouvoir au G. C. bien loin d'être contraire aux conventions & aux vues de l'association qui avoit formé la Rep. les remplirent d'autant mieux & plus surement, donnerent leur consentement à la proposition, persuadés que tout ce qui regarde les finances étoit plus convenablement entre les mains du P. & G. C. qu'entre les mains d'un Conseil aussi nombreux que celui de tout un Peuple.

Ainsi, puisqu'outre les deux titres généraux dont nous venons de parler, il y en a un specifique sur le droit des Conseils, savoir cet Edit du 2. Avril 1570; c'est à celui-là que nous allons principalement nous arrêter.

Cet Edit passé en C. G. „ donne pouvoir au P. C. „ de proposer au CC. les moyens qu'il trouvera pro- „ pres pour augmenter les revenus de la Ville tel- „ lement qu'il y ait dequoi fournir aux nécessités, „ avouant & approuvant tout ce qui audit Con- „ seil des CC. auroit été ratifié & conclu.

Ensuite & en vertu de cet Edit le Conseil des CC. mit divers impôts, ordonna diverses sortes de levées de deniers; & a toujours continué d'exercer ce pouvoir dans toutes les occasions où cela a paru nécessaire sans en rien rapporter au C. G. & sans que jamais il se soit élevé de doute sur le droit même du Conseil des CC. ou sur la continuation & perpetuité de ce droit, si ce n'est depuis quelques années.

On veut revoquer en doute que cet Edit soit une Loi perpetuelle, un ordre établi dans l'Etat. On veut l'expliquer comme s'il ne contenoit qu'une concession à tems pour les nécessités d'alors, uniquement & exclusivement à celles qui pourroient survenir dans la suite; en sorte que l'occasion pour laquelle cet Edit fut fait étant passée, le Conseil des CC. n'avoit plus la faculté de mettre des impôts sans une nouvelle commission ou concession du C. G. si bien que le droit que les Conseils s'attribuent, & qu'ils exercent en mettant ou en continuant des impôts seroit une usurpation.

Pour justifier les Conseils il n'est besoin que d'examiner l'Edit en lui-même, dans sa cause, sa disposition, ses motifs & ses vues, l'usage qui a suivi, soit la maniere dont il a été executé, & la confirmation qui en fut faite en 1707. & en 1712. C'est par ces sortes de preuves que nous allons établir le droit des Conseils.

Raisons & preuves tirées de l'Acte même de l'Edit de 1570.

Deux remarques se présentent d'abord. La premiere, c'est qu'il est de l'essence des Loix générales d'être perpetuelles. Toute Loi faite par celui en qui réside le pouvoir législatif, est perpetuelle de sa nature.

L'Acte de 1570. est fait suivant les regles de notre constitution pour être un Edit proposé au P. & G. C. & de là porté en C. G. & approuvé. Cet Acte est par conséquent une Loi perpetuelle de sa nature.

La seconde, c'est qu'il n'y a rien dans tout l'Acte qui marque ou indique qu'il ait été fait pour quelque occasion particuliere: on jouissoit, au contraire, d'une assez grande tranquilité pour le dehors: la négociation du Traité avec la Savoye, qu'on appelle le mode de vivre, s'avançoit si bien qu'elle fut conclue au mois de Juillet 1570. Au dedans, la peste dont on avoit été travaillé, paroissoit être sur ses fins, comme il en conste par les Registres. D'ailleurs ce ne fut que quatre ans après que le Conseil des CC. fit usage pour la premiere fois du pouvoir que l'Edit lui donne; ainsi point de cause ni d'occasion particuliere & provisionelle de cet Edit; la cause est générale tirée des besoins de la République.

Chargée de grandes dettes & de gros interêts, la Rep. n'étoit pas en état de s'en liberer tout d'un coup: tout ce qu'on avoit d'argent avoit déja sa destination: on jouissoit de quelque calme à la verité, mais il étoit de la prudence de ne pas s'endormir: on se servoit de ce tems pour se munir & se précautionner: on fortifioit la Ville: on l'approvisionnoit, après quoi il n'y avoit pas de deniers de reste pour payer les interêts échus, & cependant on en craignoit les arrerages, parce qu'on avoit besoin de conserver son crédit, prévoyant bien qu'au premier bruit de Guerre il faudroit avoir recours à de nouveaux emprunts, comme cela ne manqueroit pas d'arriver.

Dans cet état des choses; dépenses nécessaires au-dessus de la recette, dettes contractées, interêts arreragés, emprunts à faire au premier besoin. Il étoit visible que la Rep. ne pouvoit jamais s'en dégager que peu à peu & à la longue, en mettant sur pied un moyen de durée, qui à la longue pût fournir dequoi les éteindre: & chacun sait qu'en effet on n'a pu se liberer de nos anciennes dettes que peu à peu, & qu'il n'y a gueres plus de vingt ans qu'on en a fait le payement final.

Voilà les causes véritables & l'occasion de l'Edit. Voilà les raisons & la nécessité qu'il y avoit *d'augmenter* en général *le revenu de la Ville*, & d'ouvrir par là une ressource de moyens à ceux qui gouvernent qui les mît en état dans tous les tems de pourvoir aux nécessités publiques.

Telle a été véritablement l'intention de nos peres. Pour en être persuadé, il n'y a qu'à lire avec attention l'Acte même: on verra par les motifs qu'il contient, par les vues qu'il indique, par sa disposition & par la force des termes qu'il employe, qu'il n'étoit pas question de quelque objet passager, mais d'un ordre établi pour la suite des tems.

L'Edit même nous informe de divers motifs qui ont porté nos peres à le faire; il y en a plusieurs.

L'experience du passé les fait songer de pourvoir à l'avenir: *Voyans*, disent-ils, *les grandes charges qui sont à supporter tant ordinairement qu'extraordinairement surmonter les revenus de la Ville*; termes généraux, qui, comme on voit, peuvent se rapporter simplement à quelque cas particulier ou present ils ont trait à l'avenir.

Il ne s'agit pas des charges qu'il avoit falu supporter, par lesquelles les finances étoient épuisées & l'Etat endetté, mais *des charges qui sont à supporter.*

Il ne s'agit pas des charges extraordinaires seulement, qui ne reviennent plus ou qui ne reviennent pas souvent; mais des charges *ordinaires*, du courant comme on parle, qui excedoit continuellement la recette. Ainsi l'on voit déja par l'exposé de ce premier motif, qu'il s'agit d'une intention générale d'établir un ordre pour l'avenir par lequel on puisse remedier au déficient de la recette; *autrement s'il n'y est remedié, on ne pourra pas longuement subsister & fournir aux nécessités du public.* C'est le second motif de l'Edit qui marque également la prévoyance de nos peres pour l'avenir, & par conséquent que l'avis proposé n'indique pas une simple voye momentanée pour y pourvoir, mais qu'il s'agit d'ouvrir une source durable à laquelle on puisse recourir aussi longtems qu'il est à souhaiter que la Rep. subsiste, & au moyen de laquelle on puisse toujours fournir aux nécessités du public. Le 3. motif *c'est que l'usage des collectes pratiqué ci-devant quand la necessité l'a requis, ne suffiroit pas*; cette voye étoit bonne ou pouvoit suffire pour un cas particulier, encore avoit-on trouvé *petite charité*: mais s'agissant de fournir non à quelque cas particulier, mais *aux nécessités publiques, aux charges qui sont à supporter tant ordinairement qu'extraordinairement*, qui sont une affaire de suite & de durée à toujours, il faut un moyen qui y soit proportionné, au

ANNO 1734.

un moyen d'un usage général & permanent *pour n'être pas toujours à recommencer:* un moyen d'autorité qui y pourvoye efficacement & qui ne dépende pas de la charité incertaine des contribuans, *pour prévenir la ruine du public & tant de collectes qui sont odieuses & de petite efficace.*

C'est le 4. motif qui prouve bien fortement qu'il s'agissoit ici d'une vue générale de prévoyance pour l'avenir. S'il n'avoit été question que de quelque cas pressant, une seule collecte auroit été nécessaire, au lieu qu'on prévoyoit qu'il en falloit tant & plus *pour prévenir tant de collectes*, dit l'Edit. Et que veut dire le mot de prévenir? Ce mot ne se rapporte ni au present ni au passé; il ne peut se rapporter qu'à l'avenir, & par ce moyen sera évité à cette Compagnie de s'assembler si souvent qu'il seroit possible requis.

C'est un 5. motif qui prouve encore que l'ordre que l'on prenoit le parti d'établir, n'étoit pas pour une fois ou pour lors seulement, mais un *établissement d'Etat* pour la suite du tems conformément à la déliberation du P. C. citée ci-dessus, qui découvre que l'intention étoit que ce pouvoir une fois donné, les Conseils ne fussent plus tenus d'en faire le rapport au C. G. ni de l'assembler pour cela; ce qui prouve encore qu'alors on trouvoit qu'il y avoit de l'inconvenient à des Assemblées trop frequentes, sur tout pour des matieres de cette nature; aussi est-il dit *que cela seroit mal-aisé.*

A ces motifs, dont nous venons de voir la sagesse & l'étendue, il faut joindre une reflexion sur les vues, le but & la fin qu'on se proposoit en faisant cet Edit.

Nos peres nous le disent: *Ils pensoient aux moyens d'augmenter les revenus de la Ville tellement qu'il y eût dequoi fournir aux nécessités.* Ces nécessités sont d'une nature les unes à subsister toujours, les autres à revenir souvent. Si l'établissement proposé n'étoit que pour une fois ou pour un tems, nos peres ne seroient pas venus à leurs fins: car ce qu'on auroit établi pour une fois n'auroit donné qu'une fois pour la nécessité d'alors, & n'auroit pas *augmenté les revenus de la Ville*, qui étoit pourtant ce qu'on se proposoit; qui dit *revenus de la Ville*, dit quelque chose d'annuel & de perpetuel. L'Edit en ajoutant ces mots *tellement qu'il y eût dequoi fournir aux nécessités*, marque jusqu'où & jusqu'à quand cette augmentation devoit avoir lieu; & comme les nécessités publiques sont quelque chose d'indéfini, aussi l'Edit ne marque pas d'autres bornes à cette augmentation, tant pour la quantité que pour la durée, que celle des nécessités publiques, le moyen proposé, l'ordre établi pour y pourvoir y devra toujours être proportionné; c'est l'ordre général établi une fois pour toutes.

Comme les vues étoient générales & pour l'avenir, il faut que l'aveu ou l'approbation du C. G. le soit aussi; car s'il n'y avoit pas un aveu général donné d'avance & qui portant à l'avenir indéfiniment, l'Edit pourroit paroître n'être fait que pour un cas particulier passé ou present, mais la disposition de l'Edit est toute autre.

Il faut bien observer qu'on ne propose point au Peuple les moyens mêmes dont on se serviroit. La demande est générale pour éviter d'en venir à des demandes particulieres à chaque fois qu'un cas particulier l'exigeroit, & le C. G. y donne son approbation en général, en fixant de quelle maniere cela se devoit faire; il donne suivant l'avis *puissance au Petit Conseil de proposer les moyens au Conseil des* CC. & avoue d'avance (car c'est l'expression universelle dont l'Edit se sert) tout ce qui proposé de cette maniere par le P. C. aura été ratifié & conclu par le Conseil des CC.

Ainsi rien ne regarde le passé, c'est un aveu général donné d'avance indéfiniment, & par conséquent pour l'avenir: c'est une methode introduite, un ordre établi dans l'Etat pour l'avenir & à toujours, à moins qu'il n'y ait quelque clause, quelque expression qui marque le contraire: mais il n'y a rien de semblable. L'Edit porte *qu'étant recueilli les voix, tous reservés trois ou quatre d'un commun consentement ont approuvé l'avis de Messeigneurs du Petit & Grand Conseil.* D'où il paroit qu'ici tout est général: La fin qu'on se propose est générale & à perpetuité, parce que, comme on l'a dit, elle est de nature à subsister & à revenir à perpetuité, l'ordre établi pour y parvenir est général, aussi tout marque une confiance générale & absolue au Gouvernement: *Puissance est donnée aux Conseils de penser aux moyens d'augmenter les revenus de la Ville tellement qu'il y ait dequoi fournir aux nécessités.* Le Conseil général *avouant & approuvant tout ce qui aura été ratifié & conclu par le Conseil des CC.* sans clause de reserve, sans restriction ni limitation.

ANNO 1734.

A cette remarque, tirée de la disposition de l'Edit, il en faut joindre une autre sur la force des termes qui y sont employés pour marquer le genre d'autorité que le C. G. donne à celui des CC. & les différens degrés de pouvoir qu'il attribue au P. & G. C. selon l'analogie de notre constitution. Au petit Conseil il lui donne puissance de proposer à celui des CC. les moyens qu'il trouvera propres; mais au Conseil des CC. ce grand & nombreux Conseil, il lui donne pouvoir de *ratifier & conclure.*

La ratification est l'Acte suprême & dernier qui termine les affaires, de sorte que le C. G. en donnant au Conseil des CC. le pouvoir de ratifier, lui transfere son droit à cet égard pour en jouïr de la même maniere qu'il jouït de divers autres droits qui lui sont attribués, comme le droit de battre monnoye, le droit de faire grace, l'administration souveraine de la Justice &c. Ainsi ces termes *ratifié & conclu* marquent un ouvrage fini & consommé, pour lequel conformément à ce que porte la déliberation du P. C. il n'est plus nécessaire de revenir à l'Assemblée du Peuple, ni de recourir de nouveau à son consentement.

Tels sont les motifs, telles sont les vues générales de l'Edit. Ces mêmes motifs, mêmes vues ont continué dès lors & subsistent encore aujourd'hui; ainsi l'ordre établi par l'Edit a été nécessaire, efficace & permanent jusqu'à ce jour, & c'est de-là que nous tirons une autre sorte de preuve du sens que nous donnons à l'Edit.

Raisons tirées de l'usage soit de la maniere dont l'Edit a eu son execution.

M. & T. H. S. à ces preuves tirées de l'Edit, nous joignons celles qui naissent de l'usage, qui est un sûr & véritable interprete des Loix, & qui fait une Loi nouvelle selon nos Edits. Voyons comment nos ayeux ont entendu cet Edit de 1570. qu'ils passerent eux-mêmes, & comment nos peres qui leur ont succedé ont compris ou apris de leurs prédécesseurs qu'il devoit être entendu.

Pour nous éclaircir sur ces deux questions décisives, nous ne pouvons recourir à rien qui puisse plus pleinement satisfaire qu'à l'execution même de l'Edit, & la maniere de l'execution nous en donnera le véritable sens tel que nos ayeux & nos peres l'ont entendu. Cette règle est infaillible. Il reste donc uniquement à s'informer de quelle maniere cet Edit a été mis en execution par les P. & G. C. d'une part, & par le surplus de la Bourgeoisie d'autre part.

Or nous trouvons qu'en execution de cet Edit les P. & G. C. ont établi successivement des impôts & ordonné des taxes & des contributions à mesure que les nécessités le requeroient, & que tous les Citoyens de quelque ordre qu'ils soient ont payé ces impôts, & se sont soumis à l'exercice de ce pouvoir. D'où nous concluons que tous les ordres de la Rep. qui avoient fait cet Edit, & qui savoient bien ce qu'ils avoient fait & voulu faire, entendirent que par cet Edit le Magn. Conseil des CC. étoit autorisé à mettre des impôts ou à faire toute autre sorte de levée de deniers toutes les fois qu'il le jugeoit nécessaire pour le Bien public, de la maniere & pour autant de tems qu'il le trouvoit à propos.

A cet égard il n'y a qu'à consulter les faits que nous avons rapportés ci-dessus tirés de nos Registres, qui font la preuve de l'usage invariable & constant qui a suivi l'Edit de 1570. & qui l'a transmis dès les tems de nos peres jusqu'à nous, dans le sens & la force de l'Edit véritablement perpetuel.

Il n'est pas nécessaire de reprendre tous ces faits; mais l'Arrêté du M. Conseil des CC. de 1574. mérite quelque reflexion, parce que c'est-là l'époque des impôts que le CC. a ordonné en vertu de l'Edit de 1570.

La déliberation fut très-grave, & porte sur ces deux principes, que ne trouvant pas de meilleur expedient pour fournir aux nécessités publiques que celui d'accroître *annuellement* les revenus de la Ville par l'aug-

ANNO 1734.

l'augmentation des Gabelles à l'exemple de plusieurs Villes franches & Rep. d'Allemagne & du pays des Ligues, & la *puissance leur ayant été donnée par le C. G. l'avis est d'imposer pour l'avenir*.

Cette déliberation, cet Arrêté du Conseil des CC. leve toute équivoque, il éclaircit tous les doutes qu'on pourroit se former sur la perpetuité de l'Edit de 1570.

Nous avons déja indiqué qu'il prouve qu'on n'entendoit pas que l'Edit n'eût été fait que pour quelque occasion pressante d'alors, puisqu'on ne commença à en faire usage que quatre ans après. Mais il faut pousser cette remarque plus loin.

Cet Arrêté de 1574. porte expressément que *c'est en conséquence du pouvoir donné par le C. G.* que le CC. met des impôts.

Si l'Edit n'avoit été fait que pour les circonstances de cette année-là, il s'ensuivroit qu'en 1574. ces circonstances ayant cessé, le Conseil des CC. n'avoit pas droit de mettre des impôts, & l'avoit moins alors qu'aujourd'hui, puisqu'il n'avoit pas la longue possession.

Cependant il en établit à la vue de tout le Peuple qui avoit passé l'Edit de 1570. & il déclare que c'est en vertu du pouvoir qui lui en a été donné. La plupart de ceux qui avoient fait cet Edit quatre ans auparavant étoient pleins de vie, cependant personne ne se récrie de ce qu'on déclare publiquement qu'on a le pouvoir de mettre des impôts. C'est la preuve la plus forte comme elle est la plus prochaine que tous les Citoyens savoient également qu'en effet cette puissance avoit été donnée au P. & G. C. sans reserve ni limitation de terme, sans égard à quelque assurance particuliere, mais en général pour s'en servir toutes les fois qu'il le jugeroit à propos pour les nécessités publiques.

Comme l'Edit est perpetuel, la disposition de l'Arrêté du Conseil des CC. faite en conséquence est aussi à perpetuité, & non pour une fois ou pour un certain espace de tems; l'Arrêté ne laisse aucun doute là-dessus, il porte expressément ces deux choses. La premiere, la fin, le but qu'il se propose c'est *d'accroître annuellement les revenus de la Ville*. La seconde, le moyen qu'il employe c'est *d'imposer pour l'avenir*, & cela indéfiniment.

L'Edit se proposoit le même but & le même moyen, & voilà qui confirme la remarque que nous avons faite ci-dessus, que qui dit *revenus*, dit quelque chose d'annuel & de perpetuel.

Cet Arrêté déclare encore qu'il s'agit d'établir une méthode durable, pour *n'être pas toujours à recommencer*, d'autant mieux qu'on ne pouvoit *recueillir pour un coup tout ce dont on avoit besoin*, que cette méthode n'est autre que celle des impôts, plus équitable que toute autre, & qu'à moins d'une telle méthode, *il faudroit imposer quelque grande taille sur le peuple qui seroit odieuse, & viendroit mal à propos en un tems calamiteux*.

Voilà de quelle maniere nos ayeux ont entendu l'Edit de 1570. & comment ils l'ont mis en execution quatre ans après en mettant des impôts.

Cet usage commença alors en 1574. a continué sans interruption jusqu'à nos jours, comme il paroît par l'information des faits donnés ci-dessus.

On voit par là que la maniere d'entendre & d'executer l'Edit est uniforme, & du tems de nos peres, par un usage constant, suivi & de près à près durant l'espace de 164. ans, dont on a indiqué les différentes époques qui remontent de l'an 1726. en 1716. au siecle précedent, du siecle précedent au tems de la Guerre de l'an 1589, & de ce tems à l'année 1574 & 1570. qui est la datte du droit établi par l'Edit en vertu & en execution duquel cet usage a suivi. D'où il paroît qu'il n'y a eu aucun tems où l'on ait pu prétendre cause d'ignorance sur le sens de l'Edit ou sur l'usage que les Conseils en faisoient, non plus que sur le droit qu'ils en prenoient & qu'ils mettoient si souvent en pratique.

Mais nous rapporterons encore à V. S. quelques faits plus particuliers, que nous avons reservés pour leur donner place ici, comme étant tout autant d'aveus formels du pouvoir des Conseils.

L'an 1574. premiere Epoque de l'usage, le Conseil des CC. entre autres impôts établit celui de 2. f. sur chaque setier de vin. L'année suivante 1575. les Vendeurs de vin se plaignirent par requête au Conseil de ce que les Fermiers exigeoient l'impôt sur le vin en comptant le setier à 24. quarterons, au lieu de le

ANNO 1734.

compter à 26. ce qui donna lieu au reglement qui subsiste encore aujourd'hui sur la différente maniere de mesurer avant ou après la Saint Martin.

En 1591. 92. & 93. nouvelle augmentation d'impôts & soumission entiere, si ce n'est qu'il y eut des représentations faites par un grand nombre de Marchands, dont plusieurs sans doute avoient assisté au C. G. de l'année 1570. Ces représentations n'avoient pas pour objet le droit de mettre des impôts, elles tendoient seulement aux fins que pour le bien du Commerce, le droit du demi pour cent mis sur les Marchandises, se levât sur la charge entiere ou sur le poids à tant par quintal plutôt que sur chaque piece. Sur quoi fut fait un réglement par les Conseils.

En 1598. le Conseil des CC. ayant revû le Tarif des Halles & doublé l'impôt sur la plupart des Marchandises, les Maîtres Tanneurs, Pelletiers, Cordonniers & autres presenterent requête tant pour obtenir cette diminution de l'impôt sur les cuirs, que pour être liberés de certaines adstrictions qui les génoient dans les déclarations qu'ils étoient obligés de faire des peaux qu'ils avoient achetées; leur requête fut rejettée, & ils se soumirent.

En 1604. le Conseil des CC. sur la requête du Sieur Pierre Patac, par laquelle il prie qu'on abatte l'impôt d'un pour cent sur les Marchandises, d'autant que le terme pour lequel il avoit été établi étoit expiré, on donna ordre de ne plus exiger cet impôt, *à la charge que les Marchands rembourseroient les Fermiers dudit impost ce qui vaudra moins que de coutume*, & il fut mandé au P. C. *d'aviser aux moyens propres & tant égaux qu'il se pourroit pour soutenir les charges du public, afin de les rapporter au plutôt en CC.* ce qui donna lieu de faire un nouveau Tarif des Halles, qui fut approuvé en CC. quelques semaines après.

En 1620. le Conseil des CC. arrêta que les Cabaretiers payeroient l'impôt du vin de leur crû comme de l'autre, sauf ce qui seroit nécessaire pour leur menage; sur quoi ils presenterent une requête en CC. pour en demander la révocation, mais elle fut rejettée.

En 1637. le Conseil des CC. mit un impôt de 6. f. sur chaque balle de marchandise de passage; on s'y soumit d'abord, mais neuf ans après en 1646. plusieurs Marchands presenterent une requête pour demander diminution. Le Procureur Général donna ses conclusions, mais il fut arrêté de s'en tenir à l'Arrêt de 1637.

En 1648. impôt mis sur les Revendeurs de vin; requête des Revendeurs & Cabaretiers pour être déchargés du surhaussement de l'impôt. Arrêté qu'on s'en tient à ce qui avoit été ordonné, sauf quelque diminution sur le vin poussé.

En 1690. le Conseil des CC. ordonna la contribution geometrique. On l'a déja dit ci-dessus; mais ce qu'il faut ajouter ici, c'est qu'on se souvient encore que cette taxe faite de cette façon & qui étoit très-forte, rencontra de grandes oppositions. C'étoit une occasion pour reveiller le Peuple sur le droit de mettre des impôts; cependant personne ne s'avisa de le mettre en question.

En 1704. les Conseils augmenterent jusqu'à un écu par setier le droit d'entrée sur quelques vins étrangers, & divers Bourgeois ayant représenté qu'ils craignoient que cet impôt ne fît hausser le prix du vin dans la Ville, cette augmentation fut revoquée la même année.

Enfin en 1711. le Conseil des CC. établit un impôt de 3. f. par livre sur le caffé qui se consomme dans la Ville. L'année suivante divers Négocians présenterent un Mémoire, disant que ledit impôt étoit préjudiciable au Commerce. Sur quoi ouï le rapport d'une Commission décernée pour l'examiner, & les conclusions du P. C. il fut arrêté en 1714. de continuer cet impôt.

Par cette addition de faits on voit qu'il y a eu un grand nombre d'occasions où l'on a fait des plaintes & des représentations; qu'elles étoient adressées aux Conseils qui y répondoient définitivement, après quoi il y avoit soumission parfaite.

Mais ce qu'il faut remarquer, on faisoit des représentations. On donnoit donc une grande attention à la nature des impôts, c'étoit l'interêt qui excitoit ces plaintes, & la disposition où l'on est en pareil cas engage à ne rien négliger de tout ce qui peut servir pour venir à ses fins.

Cependant ces plaintes & ces représentations qui,

comme on voit, ont été faites par des gens de tout ordre & de toute profession, n'ont jamais été faites contre le droit même de mettre des impôts, elles ne tomboient que sur la maniere ou sur quelque article particulier; on ne trouve qu'une seule occasion où la plainte tomboit en particulier sur le défaut de droit, mais c'étoit par rapport au P. C. Le fait est trop décisif pour ne le pas rapporter à V. S.

Le P. C. avoit ordonné en 1668. qu'on exigeât 6. s. par marc sur l'affinage des matieres d'or & d'argent, l'execution devant être surcise jusqu'à ce que la chose eût été portée en CC.

Cette affaire n'ayant pas été suivie, elle fut reprise onze ans après, savoir en 1679. Les Marchands & Fabriquans de dorure s'en plaignirent; ils furent renvoyés par devant les Seigneurs Commis en la Chambre des Comptes où ils firent leurs représentations, lesquelles portoient entre autres raisons: Que ce droit de 6. s. par marc étant un véritable impôt, le P. C. n'avoit pas pu l'ordonner, parce que le pouvoir de mettre des impôts appartient uniquement au Conseil des CC.

L'avis du P. C. fut porté en 1682. en CC. où il fut approuvé, & dès lors l'impôt a toujours été payé.

Cette plainte, & le motif qui la fonde, est, comme on voit, une reconnoissance formelle du pouvoir du Conseil des CC. Cette plainte & les autres que nous venons de rapporter, nous donnent une preuve bien forte & bien précise qu'on ne regardoit pas ce droit du Conseil des CC. comme douteux, ni comme une usurpation ou un abus de l'Edit, mais comme un droit constant & certain apartenant incontestablement aux Conseils.

Or le tems où l'on a pu le mieux savoir ce qu'on avoit prétendu faire par l'Édit de 1570, c'est sans doute celui qui a suivi immédiatement, & c'est sans doute le tems où ceux-là mêmes qui l'avoient passé le voyoient mettre en execution, comme leurs enfans le virent successivemenr dès lors jusqu'à nos jours.

Voilà donc, M. & T. H. S. un usage constant depuis l'Edit de 1570. & suivi invariablement par un exercice continuel, sans que jamais on ait contesté le droit & le pouvoir. Usage qui feroit seul un titre legitime, sur tout dans un Etat, où parce que tout se fait au vû & sû des Citoyens, l'Edit public présumant leur consentement, a donné specifiquement aux *us & coûtumes* la même force qu'aux Loix écrites, comme nous l'avons déja remarqué.

Cela nous conduit naturellement à une reflexion que de bons Citoyens ne peuvent s'empêcher de faire. Ce sont nos peres qui ont été non seulement les témoins, mais les auteurs, les executeurs euxmêmes de l'établissement, du progrès & de la continuation de cet usage jusqu'à nos jours.

Nos peres ne s'imposoient pas eux-mêmes, ils en avoient donné le pouvoir au Conseil des CC. cependant ils n'avoient pas moins à cœur leur liberté que nous, comme ils n'avoient pas moins de sagesse que nous pour connoître leurs véritables interêts, la Loi qu'ils ont faite, l'Usage qu'ils ont établi, qu'ils ont suivi constamment & qu'ils nous ont transmis, nous paroît d'autant plus respectable, qu'ils s'en sont bien trouvés; & nous estimons que notre prudence doit consister à profiter de l'experience de nos ancêtres, & à n'être pas curieux de nous jetter dans le même état par où ils ont passé, pour apprendre à nos dépens, si la méthode qu'ils ont heureusement suivie étoit la meilleure & la plus salutaire, & s'il la faut continuer ou en rechercher une autre.

Il semble qu'à cet égard ce qui se passa en 1707. nous devroit être une leçon suffisante, nous y trouvons une nouvelle reconnoissance du droit des Conseils, que les circonstances d'alors nous paroissent rendre remarquables.

Raisons & preuves tirées de ce qui s'est passé en 1707. & même en 1712.

M. & T. H. S. pour mieux sentir la force de la preuve que nous en tirons, nous prions V. S. de se rappeller deux considerations.

La premiere, qu'en 1707. personne ne pouvoit ignorer que le Conseil des CC. exerçoit le droit de mettre des impôts, & qu'il y avoit très-peu de personnes qui n'en eussent vû mettre de leurs jours. D'ailleurs il se trouve que cette même année 1707. l'Edit de 1570. fut imprimé avec nos autres Edits, & distribué à tous les Citoyens & à leur requisition. Ils connoissoient donc tous & le fait, savoir l'exercice de ce droit, & le titre de ce droit.

La seconde consideration, que c'étoit alors un tems de troubles & de contestations entre les Conseils & le surplus du Peuple, où il y avoit bien des gens qui cherchoient à diminuer l'autorité des Conseils, & où l'on fit plusieurs propositions tendantes à ce but, sous le prétexte d'une plus grande Liberté.

Telle étant la disposition des esprits, & personne ne pouvant prétendre cause d'ignorance sur la question des impôts; si le droit des Conseils avoit paru une usurpation ou quelque chose d'odieux & de contraire à la Liberté publique, il est manifeste qu'on n'auroit pas manqué de saisir un sujet si interessant & si propre à émouvoir le Peuple Cependant dans ce tems critique & dans ces circonstances, il ne vint à personne dans l'esprit d'élever le moindre doute sur cette question des impôts & du droit de les mettre. Il nous paroît que c'est une preuve bien forte que chacun étoit convaincu & instruit héréditairement que ce pouvoir n'étoit point un pouvoir usurpé ni un abus de l'Edit de 1570. que c'étoit au contraire un droit fondé sur un Édit & sur un Usage constant, de la sagesse duquel on avoit fait une heureuse experience, & auquel on devoit bien se donner de garde de toucher. Mais il y a plus: non seulement personne ne s'avise dans ce tems critique en 1707. de mettre en question le droit des Conseils touchant les impôts, nous trouvons encore qu'il a été pleinement reconnu.

Les Cit. & B. avoient demandé en 1707. qu'on fit imprimer tous nos Edits, & qu'ils leur fussent distribuez, afin que chacun en pût avoir connoissance. Les Conseils leur accordant leur demande les firent imprimer, & la distribution s'en fit dans toutes les Dixaines le second jour de Mai 1707. avant la premiere Assemblée du C. G. tenu le Jeudi 12. Mai 1707. L'Edit de 1570. s'y trouve à la page 40. Chacun peut l'y voir sous la qualification d'Édit, d'un Edit qui étoit connu en vigueur, & qu'on y donnoit pour tel, & par conséquent qu'on regardoit comme perpetuel.

Ce sont là, M. & T. H. S. les fondemens en droit de l'autorité qu'a le Conseil des CC. de mettre des impôts, ou d'ordonner toute autre sorte de levée de deniers selon qu'il le juge à propos pour les nécessités publiques. Nos Edits, nos us & coûtumes en général & en particulier. Un Edit specifique, reconnu & approuvé par le consentement & la soumission de nos ayeux, de nos peres, & de nousmêmes, à l'exercice continuel que les Conseils ont fait de leur droit & confirmé de nos jours en 1707. & 1712. par l'approbation de tous les Citoyens & Bourgeois.

Ce titre ancien & cette possession constante, qui en est la suite, ont aussi leur fondement sur des raisons très-solides, qui font voir qu'en établissant cet ordre dans l'Etat & en l'executant, nous n'avons rien fait, nos peres & nous, que de sage & de convenable au Bien public.

Nous avons vu & par les faits rapportés ci-dessus & par les motifs de l'Edit, quelle en étoit la necessité & le but, pour empêcher la Rep. de succomber, pour la faire subsister longuement. Il nous reste à voir à present quelle est la convenance de cette méthode introduite par l'Edit de 1570. & quel en est l'heureux succès.

Cette convenance doit être examinée à deux égards. A l'égard du choix des moyens pour fournir aux nécessités publiques, ou à l'égard du pouvoir d'ordonner de ces moyens, qui par l'Edit est attribué au Conseil des CC.

Le choix des moyens dépend sans doute de la prudence, selon la grandeur ou la multiplicité des nécessités publiques; ainsi du tems de nos peres l'Etat accablé de besoins, les Conseils se sont vûs contraints en certaines occasions de mettre sur pied contributions, impôts & collectes tout à la fois; mais hors de ces cas de besoins extraordinaires & en grand nombre tout à coup, le moyen des impôts suffisant

on

Anno 1734.

on n'alloit pas recourir à d'autres. L'Arrêté de 1574. donnoit la préference à ce moyen comme plus équitable, étant supporté également par les riches & les pauvres chacun selon sa portée.

Enfin la voye des impôts est la plus douce, parce qu'elle est imperceptible. C'est en général le riche qui en paye le plus, parce que c'est le riche qui fait le plus de consommation de toutes les choses sur lesquelles on peut mettre des impôts. On y trouve d'ailleurs cet avantage, c'est que par les impôts on tire de l'Etranger même. Les contributions qui ne tombent absolument que sur les aisés doivent être menagées pour des cas d'extremités, d'autant qu'il est bien connu que ce sont les aisés, qui par leurs charités ou par leurs dépenses ordinaires entretiennent & font vivre une grande partie de la Ville.

S'il y a de la convenance à préferer pour l'ordinaire la voye des impôts à tous autres moyens, comme cela a été reconnu par nos peres suivant la pratique de tous les autres païs, & comme l'Auteur des Lettres anonymes de 1718. en convenoit; il n'y en a pas moins à remettre ce pouvoir au Grand Conseil de la Rep. & à en faire un de ses attributs.

Nous sommes persuadés que si l'on consultoit à cet égard les plus habiles Politiques, savoir s'il convient mieux dans un Etat Republiquain que le droit de mettre des impôts soit entre les mains du Grand Conseil ou entre les mains de l'Assemblée générale de tout le Peuple; leur réponse feroit honneur à la sagesse de nos peres, qui ont attribué ce pouvoir au Conseil des CC. par leur Edit de 1570.

Aussi est-ce également la pratique de tous les païs où il y a un Gouvernement bien reglé: par tout on a trouvé que la force & la seureté de l'Etat, qui demande du secret & de l'expedition dans les affaires, demandoit aussi que les moyens sans lesquels on ne peut parvenir à ces fins, fussent entre les mains de ceux qui ont l'administration générale des affaires, afin de n'être ni traversé ni retardé dans les résolutions importantes.

D'ailleurs, comme ce sont les finances qui donnent la vie & le mouvement à tout dans un Etat, il est évident que s'il falloit porter à tout le Peuple la question des impôts, quand il en faut mettre, augmenter ou diminuer, ou faire quelqu'autre levée de deniers, par là le C. G. deviendroit un Conseil ordinaire; car alors il faudroit lui dire la cause, & déliberer sur la cause. Pour cet effet il faudroit l'informer de toutes les branches de la recette & de la dépense, & lui ensoumettre l'examen.

Il est visible que cela donneroit lieu à une infinité de discussions, qui ne sont point assurément de la portée de tout un Peuple. Mais en même tems que d'occasions favorables pour ceux qui ayant leurs vûes particulieres ne demanderoient pas mieux que de controller sur tout pour faire échouer de bons desseins & venir à leurs fins! on ne pourroit s'assurer du secret.

Cependant il ne suffiroit pas de proposer de mettre des impôts; il faudroit dire pour quel sujet, circonstances & dépendances. Or combien de choses qu'on ne doit point confier à l'Assemblée générale de tout un Peuple? L'état de la Place, des provisions, des munitions & des finances, sans compter des cas imprevûs qui surviennent, des dangers qu'il faut prévenir sans allarmes, des avis qui engagent à des précautions dans le silence des Négociations, dont le succès dépend entierement du secret, & tant d'autres affaires délicates par les circonstances du tems, ou des personnes, ou des choses mêmes.

Il est manifeste qu'il n'est point convenable au Bien public de faire déliberer tout un Peuple sur de telles matieres; les longueurs, le désordre & la confusion, inévitables dans ces grandes Assemblées, les multiplient à l'infini: & pour peu qu'il y aït de contestation, ce qu'il est impossible d'empêcher, elles deviennent bientôt tumultueuses. Ainsi la porte seroit ouverte aux troubles & aux divisions, & une occasion à nos ennemis d'en profiter. Ainsi nos peres ne pouvoient rien faire de plus prudent pour le bien de la Rep. que d'établir l'ordre qui a été observé jusqu'ici, établissement qu'ils firent avec sagesse & avec le temperament convenable pour lui donner toute l'efficace necessaire & l'exempter de toute possibilité d'abus; c'est ce qu'ils firent en se conformant à la nature de notre Constitution fondamentale.

Ils ne remirent point ce droit de mettre des impôts au Conseil étroit, ils l'attribuerent au Grand Conseil, composé pour l'ordinaire, de plus de cent familles differentes, faisant deux cens vingt cinq personnes quand il est complet, & par conséquent la sixiéme partie de tous les Citoyens; qui par leurs liaisons de parenté & d'amitié ou autres relations, tiennent aux deux extremités, aux riches & aux pauvres, à ceux qui sont dans les premieres places, & à ceux qui sont hors des Conseils, qui ont les mêmes interêts, & n'en peuvent avoir d'autres que ceux de leurs Concitoyens, puisque ces places du CC. ne sont pas hereditaires, & que tel s'y voit aujourd'hui dont le pere n'y étoit pas, & dont les enfans n'y seront peut-être jamais.

D'ailleurs ce qui assure, contre tout abus, qu'on ne mettra pas des impôts & qu'on ne les continuera pas sans nécessité ou au-delà des besoins publics, c'est que ces mêmes deux cens vingt-cinq personnes qui ordonnent des impôts, sont les premiers à les payer; ce sont elles qui en supportent la plus grande partie sans aucune exemption, sans aucun privilege quel qu'il soit. Mais la convenance de l'ordre établi par l'Edit de 1570. ne consiste pas seulement en ce qu'il sert à éviter de très-grands inconveniens, elle consiste encore dans les autres avantages qu'il procure pour le Bien public, dont le plus essentiel est que par là le Gouvernement est plus stable & plus assuré.

En laissant les choses comme elles sont établies par la Loi, les Conseils ont en main dequoi survenir à tout; ils remedient au passé, ils pourvoient au present, ils peuvent penser à l'avenir, se faire des plans & les suivre, former des entreprises à l'avantage du Public & les pousser, tout est plus prompt, plus aisé, plus efficace, plus secret, plus convenable à la tranquilité publique.

Nous avons fait, par la grace de Dieu, nos peres & nous, une heureuse experience de cette verité, laquelle est parfaitement justifiée par le succès de l'Edit, qui confia au Conseil des CC. le pouvoir dont il s'agit, dont il suffit d'indiquer quelques-uns des principaux effets.

Il paroît par notre Histoire & par le récit des faits rapportés ci-dessus, que ce sont les emprunts qui ont soutenu & sauvé la Rep. que ce sont les impôts qui ont donné le moyen d'emprunter & d'acquitter les emprunts; & que si les Conseils n'avoient pas eu le droit d'emprunter & d'imposer, jamais on ne se seroit porté à recourir à ces moyens aussi souvent qu'il a fallu le faire, ou l'on n'auroit jamais eu assez de crédit pour le faire avec succès. Il est donc manifeste que c'est la sage établissement de 1570. qui a fait toute la force & tout le crédit du Gouvernement & de l'Etat.

Si la Ville est venue peu à peu au point de prosperité où nous avons la satisfaction de la voir, c'est encore une suite de cet heureux établissement. Car si la Rep étoit restée sur le même pied qu'elle étoit autrefois, à ne pouvoir se soutenir que par de frequentes contributions, quelle apparence qu'on eût choisi pour retraite une Ville endettée de tous côtés & sans revenus, ou plutôt quelle apparence que la Rep subsistât encore? Mais par l'ordre établi elle a maintenu son crédit. Le nombre de ses Bourgeois & Habitans a augmenté, & le Commerce est devenu plus florissant.

De-là si l'on jette les yeux sur notre Ville, & que l'on vienne à se rappeller combien d'établissemens on y a faits & de réparations utiles & necessaires, qui même ont contribué à l'embellissement de la Ville, fruits & preuves du bon ordre; on trouvera encore que tout cela est dû à l'Edit de 1570, sans lequel assurément jamais on n'eût pu faire tant d'entreprises, qui font honneur à cette Ville, & qui en rendent le séjour plus agréable.

L'Eglise a vû multiplier ses Temples & ses Pasteurs, & l'Academie ses Professeurs, en même tems que la Ville a vû fortifier ses remparts, & renouveller & augmenter son Artillerie, munitions & tout ce qui en dépend.

Ainsi, comme tout a prosperé depuis l'Edit de 1570, ainsi a été accompli le vœu de nos peres.

Par ce moyen le Gouvernement ayant pris une plus ferme consistance en a donné à la Rep. même, & a fait un Etat d'une Ville qui auparavant se ressentoit encore de la confusion & du peu de dignité d'une simple Communauté.

Par ce moyen le Gouvernement s'est maintenu malgré les Guerres, malgré les rudes épreuves & les divers dangers par lesquels nous avons passé, & il se main-

ANNO 1743. maintient encore aujourd'hui même, tout petit qu'est l'Etat, avec honneur & quelque réputation.

Rien ne prouve mieux que les Conseils ont fait un bon usage de leur pouvoir; mais à cet égard nous n'avons pas besoin d'autres preuves que l'aveu de nos Concitoyens. S'il est affligeant pour les P. & G. C. de voir un grand nombre d'entr'eux, qui mal informés sur le droit de mettre des impôts, s'en plaignent & témoignent de la défiance; les Conseils ont du moins cette satisfaction que leurs Concitoyens leur rendent témoignage sur l'integrité de leur administration, & qu'au milieu de cette division de pensées sur la question des impôts, il n'y a qu'une voix sur le bon usage qu'ils en font, ils sont déclarés irrecherchables à cet égard par la bouche même de ceux qui sont les plus prévenus.

Ce ne sont pas des plaintes sur le passé, ce ne sont que des craintes pour l'avenir qui donnent lieu aux représentations auxquelles nous allons passer.

M. & T. H. S. par tout ce que nous venons d'exposer à V. S. il nous paroît démontré que quand les Conseils ont mis ou augmenté quelques impôts en 1715. & 1716. qu'ils ont renouvellé en 1726. pour se faciliter les moyens de continuer & de finir les Fortifications de notre Place, & pour la pourvoir d'Artillerie & des munitions necessaires, ils n'ont fait qu'user de leur droit, dont la convenance pour le Bien public est si sensible, qu'il seroit du Bien public d'établir cet ordre dès aujourd'hui, s'il ne l'étoit pas déja par la prudence de nos peres.

Il nous paroît enfin que c'est à ce bon ordre que nous devons, par la grace de Dieu, la conservation de l'Etat, de notre Liberté & de notre prosperité, de sorte qu'il ne s'agit plus que de savoir s'il faut demeurer à l'ordre établi, ou le changer. Ce que nos Citoyens demandent par leurs Représentations, est un changement & une nouveauté qu'on veut introduire dans l'Etat. Mais avant que d'examiner de plus près les conclusions qui sont prises dans ces Représentations, pour faire voir d'autant mieux qu'elles tendent au renversement de notre constitution, & qu'elles sont contraires au Bien public. Et pour refuter ensuite le raisonnement & moyens sur lesquels on les fonde, V. S. agréeront que nous rappellions ici les vrais principes du Gouvernement en général, & ceux du nôtre en particulier.

Chacun sait quels sont *les premiers principes du Gouvernement en général*; qu'il n'y a point de véritable Liberté, s'il n'y a point d'ordre & de gouvernement.

L'experience ayant fait comprendre aux hommes qu'ils ne pouvoient faire un plus noble usage de leur Liberté qu'en établissant entr'eux un ordre, un gouvernement auquel ils s'engagerent tous de se soumettre pour le maintien même & l'interêt de leur Liberté, que le gouvernement doit être stable, autrement on retomberoit dans le peril qu'on a voulu éviter en l'établissant.

Que pour le rendre stable on n'a pu faire autre chose que d'établir un ordre fixe par *des Loix ou des Edits*, qui en reglent la forme & la maniere, qui par cette raison sont appellés *les Statuts fondamentaux du Gouvernement*, & forment en chaque different païs ce qu'on appelle *la Constitution de l'Etat*, à quoi l'on joint *les us & coûtumes* observés d'ancienneté dans la forme du Gouvernement.

Que ces Edits & Statuts fondamentaux sont de leur nature & dans l'intention des Legislateurs & Fondateurs des Republiques *perpetuels*, & forment *un contrat reciproquement obligatoire* entre ceux qui gouvernent & ceux qui sont gouvernés.

Que cette Constitution fondamentale de l'Etat *ne peut être rompue ni par ceux qui gouvernent d'une part, ni par ceux qui sont gouvernés d'autre part*. On ne peut la rompre, on n'y peut toucher que d'un commun accord par le consentement des deux parties.

Voilà des principes fort simples, fort connus, que personne ne contestera, du-moins entre ceux qui sont tant soit peu versés dans la connoissance de l'établissement des Societés & du Droit public.

A ces principes de Gouvernement en général il faut joindre les principes fondamentaux de celui de notre République en particulier, on verra qu'ils y ont le rapport ordinaire de l'espece au genre.

Au commencement de l'établissement de la Rep. dont on peut fixer l'époque en l'année 1535. qu'arriva notre bienheureuse Réformation, nous voyons en fait qu'après la retraite de Pierre de la Baume notre dernier Evêque, les droits de la Ville réunis avec la Souveraineté du Prince, la Souveraineté entiere parvint au corps entier de la Rep. & il en revint à chacun des ordres de l'Etat un surcroît de pouvoir relatif & analogue à celui dont il étoit déja en possession: ainsi ce fut dès lors que le C. G. eut le droit législatif, électif & confoederatif, & en général la décision des autres affaires qui pourroient lui être portées par les Syndics, Petit & Grand Conseil ANNO 1734.

D'un autre côté le droit de faire grace, celui de battre monnoye, l'administration souveraine de la Justice & tous les droits du Fisc furent entre les mains des Syndics P. & G. C. outre le droit d'élire à toutes les charges, excepté celles qui sont reservées au Conseil Général.

Tel fut l'état du Gouvernement & des droits qui en dépendent. Pour fixer d'autant mieux cet établissement, on fit un corps d'Edits en 1543. qui fut mis en meilleur ordre & approuvé en 1568. qu'on fit la compilation générale de nos Edits, dont le préambule nous indique quelle est la forme du Gouvernement. „ Pour-„ ce que le Gouvernement & Etat de cette Ville „ consiste par 4. Sindics, le Conseil des XXV, des „ LX, des CC & du General & un Lieutenant en la „ Justice ordinaire avec autres Offices, selon que bon-„ ne police le requiert, tant pour l'administration du „ Bien public que de la Justice, nous avons recueil-„ li l'ordre qui jusqu'ici a été observé avec quel-„ ques déclarations, afin qu'il soit gardé à l'avenir „ tant en l'élection qu'en l'exercice de chacun Of-„ fice.

Cet Edit autrefois compilé, convenu & autorisé par tous les ordres de l'Etat assemblé en C. G. fait notre Loi fondamentale reciproquement obligatoire, consacre nos us & coûtumes, & nous indique d'une maniere fixe l'ordre, l'office & l'exercice du pouvoir qui compete à chacun des Corps & des Conseils de la Rep. Il fait la regle commune, tant de ceux qui gouvernent que de ceux qui sont gouvernés.

C'est ce qu'il y avoit à dire en fait, M. & T. H. S. sur la maniere dont le gouvernement de notre Rep. s'est formé, dont voici les principes généraux.

Le premier est que les divers Ordres, les divers Corps ou Conseils de la Rep. ont chacun leurs attributions réelles qui leur appartiennent par la Loi, & par les us & coûtumes, qui font la constitution de l'Etat, de façon que l'un des divers corps ou ordre ne peut empieter sur l'autre, ni le priver du droit qui lui est attribué sans injustice, excepté dans les cas évidens d'abus qui dégenerent en oppression & tyrannie.

Le second. Toutes les differentes parties de l'autorité souveraine de la Rep. se trouvent réunies dans le C. G. legitimement convoqué & assemblé, lequel forme le corps entier de la Rep. dont les Sindics P. & G. C. sont la tête, & dont tous les autres Citoyens & Bourgeois sont les Membres.

Le 3. Les P. & G. C. ont chacun leurs droits particuliers, qui ne peuvent leur être ôtés, & leur autorité respective est balancée par la maniere dont ils s'élisent, & par la matiere dont la connoissance leur est attribuée suivant nos Edits.

Le 4. L'autorité de l'un & de l'autre de ces Conseils est temperée par celle du C. G. en ce que les P. & G. C. ne peuvent faire aucune Loi nouvelle ni aucun changement aux Edits sans l'approbation du C. G. & en ce que l'élection aux principales Charges lui appartient; savoir celle des Sindics, Chefs de la Rep. & Présidens de tous les Conseils, du Lieutenant & des Auditeurs de la Justice & Police, du Trésorier & du Procureur Général.

Le 5. Mais d'un autre côté le C. G. *qui a aussi ses droits particuliers qui lui sont reservés*, ne peut point s'assembler que par l'autorité des Sindics P. & G. C. sous la présidence & direction des Sindics, & ne peut, quand il s'assemble, déliberer que sur ce qui aura été auparavant proposé & déliberé au P. & au G. C. & que les Conseils auront trouvé à propos de lui porter.

Le 6. Pour assurer d'autant mieux à ces divers ordres les attributions qui leur appartiennent à chacun en particulier par la Loi & par les us & coûtumes, afin de contenir d'autant mieux dans le devoir & ceux qui gouvernent & ceux qui sont gouvernés; de façon que les uns n'empietent & n'usurpent point sur les autres, mais que tous soient également soumis aux Loix, sans être tentés de chercher ou de provoquer des nouveautés.

ANNO 1734. tés. L'Edit a ordonné un *Serment d'Etat* le plus fort & le plus formel qu'on puisse imaginer, qui les lie réciproquement, tant ceux qui gouvernent que ceux qui sont gouvernés, au maintien & à l'observation constante des Loix & Edits, Us & Coûtumes.

Celui des Sindics porte *de maintenir & défendre de tout leur pouvoir la liberté & droits de la Ville.*

Celui des Bourgeois est conçu en ces termes; *d'être bon & loyal à cette Cité de Geneve, & d'obéïr à mes très-honorés Seigneurs & à leurs Officiers; d'observer & garder les Libertés, Franchises, Us & Coûtumes, Edits, Statuts & Ordonnances de la Cité; de ne faire, ni souffrir être faites aucunes pratiques, machinations ou entreprises contre le Magistrat, Republique, Libertés, Edits & Statuts d'icelle, mais le tout rapporter à mesdits Seigneurs.*

Le 7. C'est cet ordre établi qui fait l'équilibre du Gouvernement: cette distribution des diverses parties de l'Autorité souveraine: ces rapports; cette inspection; cette dépendance réciproque, qui est entre les divers ordres de l'Etat, forme le contrepoids qui empêche que la balance ne panche d'un côté ou d'autre, en ce que l'autorité de l'un contient l'autorité de l'autre dans la regle; & voilà ce qui fait la base de la sûreté & de la tranquilité publique, & qui établit une barriere, tant contre l'abus de l'autorité que contre la licence & l'abus de la Liberté.

Par où il paroît que c'est uniquement le Bien public qui a été l'ame, le motif & la regle de cette distribution, des droits & prérogatives entre les divers ordres de l'Etat, *le salut de la Rep. qui fait la suprême Loi.*

Par cet exposé, de la maniere dont notre Gouvernement est formé, & de ces principes fondamentaux, il paroît que notre Rep. est une Rep. mixte, dont le Gouvernement est mêlé de Democratie & d'Aristocratie élective. On dit *Aristocratie élective*, parce qu'il n'y a point de droit hereditaire dans le Gouvernement, tous les emplois se donnent par élection, & tous les Citoyens sont éligibles; si bien que c'est la Démocratie qui fournit à l'Aristocratie, n'y ayant aucun des Citoyens qui ne puisse parvenir à la premiere Magistrature par ses talens & par ses services. A quoi il faut ajouter cette remarque, que ceux des Cit. & B. qui viennent à être appellés au P. & G. C. qui forment la partie Aristocratique du Gouvernement, n'acquierent aucun privilege particulier, aucune distinction pour leur famille, ils restent également dans la classe & dans l'ordre de tous les autres Citoyens Membres de l'Aristocratie par élection, qui ne leur donne qu'une qualité accidentelle & à vie seulement, ils restent Membres de la Democratie par leur naissance qui fait leur qualité essentielle, la seule qui passe à leurs enfans.

On voit donc que notre Gouvernement n'est pas une pure Democratie, ni une pure Aristocratie, mais une *Aristo-Democratie.*

C'est par ce sage temperament, approuvé des Politiques qui le connoissent, que nos peres ont su établir dans le Gouvernement l'autorité & la liberté tout ensemble, l'autorité sans la tyrannie, & la liberté sans licence & sans confusion.

Si cette forme de Gouvernement est excellente, comme l'exposition seule le prouve & comme une heureuse experience l'a confirmé, il est sans doute de l'interêt de la patrie de maintenir cette Constitution selon notre serment, comme nos Edits nous le prescrivent.

Nous allons faire maintenant l'application de ces principes à la question presente, pour juger de la demande contenue dans les conclusions des Représentations & des moyens sur lesquels on les fonde.

Ce n'est pas que nous nous proposions de les suivre pied à pied pour refuter ou relever les faits mal posés, les contradictions & tous les raisonnemens peu convenables qu'on y trouve presque à chaque page: nous ne prendrons en consideration que les principes généraux sur lesquels on fonde les conclusions prises à la tête de ces Représentations, les propositions & les conséquences dangereuses qu'on y trouve, & quelques objections particulieres qu'on fait contre le droit des Conseils. Nous pouvons réduire les moyens des Représentations à ces cinq.

1. Cherchans à rejetter le tort & le blâme d'un changement sur les Conseils, les Auteurs des Représentations disent que ce sont les Conseils qui ont fait un changement à l'Edit & à la Constitution de l'Etat, en s'attribuant le droit de mettre des impôts en vertu de l'Edit de 1570, comme si cet Edit parloit d'impôts & étoit perpetuel.

2. Mais sentans bien qu'ils ne peuvent faire ferme là-dessus, ils disent ouvertement que c'est à eux à changer, interpréter ou revoquer la Loi comme il leur plaît, qu'ils sont le Souverain, les Superieurs, & les Conseils leurs inferieurs, qu'ils ont droit de s'assembler quand ils le jugent à propos. ANNO 1734.

3. Comme cela paroît contradictoire avec ce dont ils semblent convenir que les changemens sont dangereux, & comme l'Edit de 1570. & l'usage constant, quoiqu'ils en disent, les met dans la nécessité de reconnoître que ce qu'ils proposent est un changement pour s'autoriser dans celui qu'ils veulent faire, ils soutiennent qu'en tout cas ils en ont le droit en vertu du nouvel Edit de 1712. par lequel ils prétendent indistinctement que la connoissance des affaires importantes leur appartient, & par conséquent la connoissance des Fortifications & des Impôts & autres Levées de deniers.

4. Et prévoyans bien la solide réponse qu'il y a à leur faire là-dessus, ils ajoutent pour la prévenir que ce sont eux seuls qui doivent être Juges de l'importance, savoir si une affaire est de telle importance qu'elle doive leur être portée, & ils demandent quelles seroient autrement les affaires importantes dont l'Edit leur reserve la connoissance.

5. Enfin ils découvrent quel est le motif & le préjugé qui leur fait faire ces propositions; c'est l'idée où ils sont qu'il n'y a de Peuples Libres que ceux qui s'imposent eux-mêmes, & qui ont des Assemblées periodiques, & la crainte qu'ils ont pour l'avenir que leur Liberté ne soit réduite en un vain nom, si l'on peut faire des levées d'argent sans leur demander leur consentement.

Tels sont, M. & T. H S. les moyens généraux dont ils se servent. En les examinant pour y répondre & pour les réfuter, nous aurons occasion de répondre incidemment à plusieurs objections particulieres.

Nous remarquons d'abord que nos Citoyens reconnoissent eux-mêmes qu'il ne faut point introduire de nouveauté ni de changemens dans l'Etat; tous les principes du Gouvernement ci-dessus supposent en effet que tous changemens sont dangereux.

On dit dans les Représentations que les Conseils n'ont pas le droit d'ordonner des Fortifications & des Impôts: que c'est un changement qu'ils ont fait à l'Edit & à la Constitution de l'Etat, dont les Citoyens qui ont fait les Représentations demandent le rétablissement.

Mais on a démontré le contraire d'une maniere incontestable, & que la question se réduit à ce point, savoir si l'on peut ôter ce droit au Conseil des CC. quoiqu'il n'en ait point abusé.

C'est donc un changement qu'on veut faire dans l'Etat; nos Concitoyens n'ont pas refiechi que cette prétention est injuste & dangereuse.

Elle est *injuste*, puisqu'elle tend à dépouiller les Conseils d'un droit que les Loix leur attribuent.

Elle est *contraire à la Constitution de l'Etat*, par laquelle les Edits qui réglent le Gouvernement de la Rep. forment un engagement réciproque, qui ne peut être rompu que d'un commun consentement, & que nous jurons tous de garder & de maintenir.

Elle est *dangereuse*, en ce qu'elle tend à nous replonger dans les inconveniens que nos peres ont voulu éviter; sur quoi nous nous rapportons à ce que nous avons dit ci-dessus des raisons de convenance qui engagerent nos Législateurs à établir l'ordre que l'on veut changer aujourd'hui. Que si tous changemens sont dangereux en général, parce qu'on sait bien comme on est, mais qu'on ne sait pas comme on sera; combien plus lorsqu'on change sans nécessité, & que le changement qu'on veut faire est un changement capital qui rompt totalement l'ordre établi.

Premier Moyen des Représentations.

Les Auteurs des Représentations sentant fort bien que les changemens sont dangereux, & que la proposition par conséquent en seroit odieuse & contraire à la Constitution de l'Etat, ont grand soin de représenter leur demande sous une autre face. Ils rejettent sur les Conseils mêmes l'introduction d'un changement, & ne proposent leur demande que sur

ANNO 1734.

le pied d'un *rétablissement* des choses, d'un *redressement.* Mais comme la possession constante, l'exercice continuel, & le titre, savoir l'Edit de 1570. assure le droit des Conseils & les sauve de toute imputation, d'usurpation ou d'innovation, on fait tout ce qu'on peut pour infirmer cette possession & ce titre.

Pour les faits qui justifient l'exercice continuel & la possession, l'Auteur des Représentations s'en tire par une reticence qui paroît affectée, & oubliant que deux paragraphes plus haut, il avoue que *le 6. Mars 1693. le Conseil des CC. doubla quelques impôts qui étoient établis depuis longtems*, le conclud: *D'où vient que parmi ce grand nombre d'expediens que l'on cherche, on ne propose pas tout à coup de nouveaux impôts? D'où vient qu'on ne fait pas valoir l'important Edit de 1570, pour se tirer de l'embarras où l'on se trouve?* Et ces idées de suspicion sont jettées en plusieurs endroits: ils disent même que si le Peuple de l'année 1570. n'a pas été convoqué ni consulté sur la levée des deniers, c'est parce que l'occasion & la nécessité de le faire ne se sont pas présentées.

A cet égard nous renvoyons pour toute refutation au récit des faits ci-dessus alleguez, de même que sur diverses autres insinuations qui se détruisent d'elles-mêmes, & que nous nous dispenserons de relever.

Nous y renvoyons aussi au sujet de deux objections particulieres qu'on fait contre le titre même de l'Edit de 1570. qui ne fut fait que pour les nécessités d'alors, & qu'il n'attribue pas le droit de metre des impôts, ce terme n'y étant pas. Ces deux objections ne méritent pas d'autre réfutation.

On en fait une troisième, qui est que l'Edit *rejettant la voye des collectes comme étant odieuses, ne peut avoir en vûe celle des impôts qui sont beaucoup plus odieux que les collectes.*

Mais quel seroit donc le moyen d'augmenter les revenus de la Ville, tellement qu'il y eût de quoi fournir aux nécessités; car voilà ce que l'Edit a eu en vûe de pouvoir subsister longuement, pour remedier au déficient de la recette qui étoit fort inferieure aux dépenses annuelles, & pour acquitter peu à peu les dettes de l'Etat?

Sur les moyens propres pour parvenir à ces fins l'Edit ne fixe rien, il s'en rapporte à la prudence des P. & G. C. auxquels il donne la puissance en général d'employer *tous ceux* qu'il trouvera convenables. Or les collectes étant odieuses, les contributions donnant peu, quels autres moyens y a-t-il que les impôts par lesquels on puisse *accroître annuellement les revenus de la Ville à proportion des nécessités?*

C'est une erreur de penser que les impôts soient plus odieux que les collectes: s'il en faut faire une comparaison, on trouvera au contraire qu'il n'y a rien de plus désagreable que d'être sollicité tous les jours de donner, d'autant plus que cela s'adresse directement à chaque personne en particulier. Cela est importun & donne du dégoût, au lieu que la voye des impôts est la voye la plus aisée & la plus douce d'avoir de l'argent, parce qu'elle est imperceptible à chaque particulier, & ne s'adresse directement à personne: aussi est-il bien certain que quand on joint l'idée *d'odieux* aux impôts, ce n'est point à cause des impôts en eux-mêmes, mais à cause des abus qui peuvent les accompagner.

Mais au reste la maniere dont l'Edit a été exécuté par nos peres en 1574. & dès lors jusqu'à nos jours, suffit pour détruire cette objection. Il paroît qu'ils ne se faisoient pas des impôts l'idée qu'on affecte de s'en faire aujourd'hui. Les faits rapportés ci-dessus justifient que ce fut par le moyen des impôts que l'on mit cet Edit en exécution.

On fait une autre objection particuliere. On dit *que les Conseils ont bien reconnu qu'ils n'avoient pas le droit de mettre des impôts sans l'approbation du C. G. puisqu'en 1713. les Conseils assemblerent le C. G. pour lui porter l'impôt du dix pour cent établi en 1680. sur les legs & successions qui parviennent à ceux qui n'ont pas droit de légitime.*

Nous remarquons d'abord que c'est mal à propos qu'on dit que les Conseils assemblerent le C. G. en 1713. pour lui porter l'impôt du dix pour cent. Ils assemblerent le C. G. pour lui porter le corps entier de nos Edits civils dont on avoit fait la revision. C'est ce que porte la sanction qui est mise à la tête: *Ayant consideré que pour le bien de cet Etat &c. il étoit nécessaire d'éclaircir divers articles de nos anciens Edits, en retrancher & en ajouter quelques-uns, à ces causes &c.*

ANNO 1734.

Il est vrai que cet article de dix pour cent fut inferé à sa place dans ces nouveaux Edits, mais ce n'est pas sous l'idée d'impôt; car pourquoi auroit-on porté celui-là seul? La raison qui le fit joindre au corps de l'Edit, c'est parce qu'il fut regardé comme un changement ou plutôt comme une explication de l'Edit de 1568.

Il étoit statué par le vieux Edit art. 2. du tit. 16. des lods, *qu'il n'étoit dû aucun lods pour succession de parens &c.* ce qui dispensoit des lods toutes sortes de personnes en quelque degré qu'ils fussent; mais par Arrêt du Magn. Conseil des CC. du 13. Avril 1680. il fut dit *que toutes sortes de personnes qui n'ont pas droit de légitime payeront le dix pour cent &c.*

Cet Arrêt fut mis en note dans nos vieux Edits imprimés & distribués en 1707. comme une explication de l'art. 2. du tit. 16. des lods auquel il a rapport. Voilà pourquoi lors de la revision de ces Edits en 1713. cette note fut inserée au corps même de l'Edit au tit. des lods 19. art. 3. d'où il paroît que ce n'est pas comme un impôt que ce droit du dix pour cent fut porté en C. G. mais comme faisant partie de l'Edit, dont la revision lui étoit portée: ce qui paroîtra d'autant plus évident, si l'on fait attention que cet Arrêt des CC. a été executé 33. ans avant qu'il ait été passé en Edit en Conseil Général.

Mais l'objection qu'on presse le plus contre cet Edit de 1570. c'est qu'il n'est pas perpetuel, & comme on ne la presse qu'afin de rejetter sur les Conseils le blâme d'un changement à l'Edit (tant on reconnoit bien que ceux qui auroient fait ou voudroient faire un changement à l'Edit, seroient dans le tort) il est important de bien examiner cette objection.

On dit donc dans les Représentations *que le droit que les Conseils prétendent s'attribuer est un changement à l'Edit, puisqu'on ne peut pas en concevoir un plus palpable & plus essentiel que d'un Edit qui n'est que provisionnel & à tems en vouloir faire un Edit perpetuel & irrevocable*; & on prétend prouver qu'il n'est pas perpetuel, parce que ce terme de *perpetuel* n'y est pas, au lieu qu'il est dans l'Edit de 1635. & autres.

Il est aisé de répondre à cette objection. Il est évident par la nature de la chose, par les termes de l'Edit, par la maniere dont il a eu son exécution, que cet Edit n'étoit pas fait uniquement pour ce tems-là, mais pour l'avenir, il n'est pas nécessaire que les termes de *perpetuel & irrevocable* y soient inserés.

Pour s'en convaincre il n'y a qu'à faire cette consideration incontestable en droit & en pratique. Il est de la nature & de l'essence des Loix pures & simples d'être perpetuelles & irrévocables: ainsi l'Edit de 1570. soit qu'on le considere sous le point de vue d'un contrat est perpetuel de sa nature, quoique ce terme n'y soit pas; & si la clause de perpetuité se trouve dans quelques Edits, c'est une chose indifférente & superflue, qui ne fait ni bien ni mal, & qui n'ajoute rien à la Loi.

Plusieurs de nos Edits, & notamment celui de 1712. & celui de 1713. ne le portent pas; ils sont cependant perpetuels.

Nous ajouterons une autre considération. Quand on dit que l'Edit de 1570. n'est pas perpetuel, c'est pour reprocher aux Conseils de faire un changement essentiel à cet Edit, en le regardant comme perpetuel & comme étant encore en vigueur: mais ceux-là mêmes qui font ce reproche l'ont regardé, l'ont reçu & approuvé comme tel en 1707. & sur le même pied que nos autres Edits; on l'avoue dans les Représentations, *que par l'impression & acceptation de nos Edits celui de 1570. a été confirmé.*

Telle est la force de la verité. S'il a été reconnu & confirmé en 1707. ce n'étoit pas pour cette prétendue occasion particuliere de jadis 1570. ce n'étoit pas non plus par une simple application qu'on en vouloit faire à quelques cas particuliers en 1707; car alors il n'y avoit pas d'autre occasion que celle de la demande que les Citoyens avoient faite, que l'on fit imprimer nos Edits & qu'on les distribuât afin qu'ils en eussent connoissance? On leur donna l'Edit de 1570. comme les autres, ils le reçurent comme les autres, le re-

ANNO 1734.

reconnurent donc d'eux-mêmes pour un Edit perpetuel tout comme les autres.

Au ſujet de cette impreſſion & acceptation de cet Edit en 1707. nous ne pouvons que marquer notre ſurpriſe de ce qu'on ne laiſſe pas d'inſinuer par tout que les Conſeils n'ont pas oſé produire l'Edit de 1570. ſe fondant entr'autres ſur ce qu'il n'en eſt pas parlé dans la nouvelle Edition de l'Hiſtoire de Spon imprimée en 1731. d'où l'on remonte aux anciennes copies manuſcrites de nos Edits de 1568. & aux Annales de Geneve de Savien qui avoit été Sindic de cette Rep. où l'on ne voit pas cet Edit de 1570.

Une ſemblable omiſſion dans les copies de nos Edits ne prouve rien, y en ayant même où l'Edit de 1570. ſe trouve.

La conſéquence non plus n'eſt pas juſte que cet Edit de 1570. n'exiſte pas, puiſque Savien n'en dit rien dans ſes Annales de Geneve dont on vante l'exactitude. Sur ce pied-là nous n'aurions donc point d'Edits, car ces Annales ſi exactes ne font pas mention de nos Edits de 1568. (il fait mention du corps d'Edits approuvés en Conſeil Général en 1543. le 8. Janvier, dont ceux de 1568. ne ſont qu'une reviſion de quelques articles de ceux de 1543.) & ne parlent point auſſi du mode de vivre avec la Savoye de 1570, & de même dans les notes ſur l'Hiſtoire de Geneve de Spon il y a bien des choſes qu'on a laiſſées en arriere.

Les Auteurs ſentans combien ces inſinuations deviennent abſurdes par l'impreſſion & l'acceptation du même Edit en 1707. ont recours à une autre inſinuation, ſavoir qu'il ne fut pas confirmé entant que c'étoit un Edit perpetuel, mais dans une autre vue: voici ce qu'ils diſent: *Nous avouons que par l'impreſſion & acceptation de nos Edits celui de 1570. a été confirmé, mais comme renfermant une preuve palpable & inconteſtable que dans les cas importans le C. G. a été conſulté.*

Cette prétendue reſerve, qui ne détruiroit pas la perpetuité de l'Edit, eſt avancée ſi affirmativement, qu'on pourroit croire qu'elle exiſte quelque part. Cependant cet Edit de 1570. fut reçu & reconnu purement & ſimplement comme tous les autres, & par conſéquent reconnu comme perpetuel & actuellement en vigueur. Ainſi le reproche de changement, ce reproche dont on ſent bien la conſéquence, puiſque l'on veut le rejetter ſur les Conſeils, tombe entierement ſur ceux qui au préjudice d'un Edit clair & formel, fait & mis en execution par nos peres, reconnu & confirmé il n'y a gueres que vingt ans, veulent aujourd'hui le méconnoître pour changer l'ordre établi, quoiqu'ils ſoient obligés de convenir que le bon uſage qu'on en a fait, & le ſuccès a répondu aux vues qu'on ſe propoſoit en l'établiſſant.

Second Moyen des Repréſentations.

Pour s'autoriſer à faire ce changement, on ſuppoſe qu'il y a de l'obſcurité dans l'Edit, & que par conſéquent il faut l'interpreter; & quoique nos Concitoyens déclarent *qu'ils ne veulent rien faire que de concert avec les Magn. Conſeils & conformément à nos Edits*, cependant oubliant ce principe ils prennent le nom de la généralité; ils raiſonnent comme s'ils étoient les Superieurs & les Conſeils leurs inferieurs; ils raiſonnent comme ſi le plus grand nombre d'entr'eux ſéparément des Conſeils faiſoit le Souverain, pouvoit expliquer ou changer la Loi, & avoir droit de s'aſſembler.

Il eſt important de ſe faire de plus juſtes idées de notre Conſtitution. Le C. G. duement convoqué & aſſemblé eſt Souverain, & la déciſion qui en ſort ſur les matieres qui y ſont portées de la part des P. & G. C. par la bouche des Seigneurs Sindics, eſt Souveraine ſans-contredit; mais hors de-là les ſentimens des Citoyens en quelque nombre qu'ils ſoient, ne ſont que des penſées de Particuliers. Hors du Conſeil Général il n'y a point d'autre Souverain que la Loi, & point d'autre Superieur que le Magiſtrat, les Sindics P. & G. C. à qui nous ſommes tous tenus d'obéir. C'eſt pourquoi il eſt néceſſaire que chaque Citoyen faſſe réflexion que nous ne ſommes tous que des Particuliers également ſoumis au Gouvernement & aux Loix.

Telle eſt la règle, telle eſt la conſtitution de notre Rep. ſans laquelle il n'y auroit point de Gouvernement, point de véritable Liberté, on n'y verroit regner qu'une affreuſe confuſion.

Quand les Citoyens ajoutent *qu'ils ont droit de s'aſſembler*, ils diſent une choſe qui eſt contre tout ordre & contre la conſtitution de l'Etat.

C'eſt une maxime fondamentale dans tous les Etats, que dès-qu'on a établi une fois une forme de Gouvernement, il n'eſt plus permis aux Particuliers d'agir en matieres publiques, quelque bon deſſein qu'ils ayent, ſans ordre de ceux qui gouvernent; le bon ordre, ſans lequel une Rep. ne ſauroit ſubſiſter, demandant que ceux qui ſont prépoſés au Gouvernement, gouvernent en effet.

Qui eſt-ce donc qui peut légitimement convoquer les Aſſemblées du Peuple? Il eſt viſible que ce ſont les mêmes à qui le Peuple légitimement convoqué a donné pouvoir de punir ceux qui s'attroupent ou qui s'aſſemblent ſans ordre. Et qui a ce droit, ſi ce n'eſt ceux à qui ce même Peuple a remis l'autorité pour gouverner? Toute Aſſemblée donc qui ſe feroit ſans être convoquée par les Sindics P. & G. C. qui ſeuls ont droit de convoquer le Peuple, qui ſeuls ont droit de lui propoſer les matieres qu'il y a à traiter, toute Aſſemblée qui ſe feroit autrement que par leur autorité & ſous leur préſidence & direction, ne formeroit qu'un attroupement de la multitude défendu par la Loi ſous de grieves peines.

Ce qui ſert encore à confirmer cette verité, c'eſt que le ſeul droit que l'Edit ait reſervé aux Particuliers Cit. & B. quand ils ont quelque choſe à requerir du Gouvernement, eſt de faire des repréſentations en la maniere licite & convenable. C'eſt aux Sindics P. & G. C. à examiner ces repréſentations pour les approuver & les rejetter ſuivant qu'elles leur paroîtront juſtes ou injuſtes, convenables ou préjudiciables au bien public.

En un mot, ces repréſentations doivent être des repréſentations reſpectueuſes & non des ordres, en quelque nombre que ſoient ceux qui les font ou qui y adherent; & ç'a été plus d'une fois un grand bonheur pour la Rep. Que ſeroit-elle devenue ſi les Magiſtrats avoient eu égard aux deſirs du plus grand nombre en diverſes conjonctures délicates & critiques?

Mais à qui appartient-il d'expliquer l'Edit & de lui donner le ſens qu'il doit avoir? Sera-ce au Magiſtrat ou au Souverain qui a fait cet Edit? Ce ſont les termes des Repréſentations.

Si aujourd'hui on éleve des doutes ſur le ſens de l'Edit de 1570. il eſt évident que ce ſont des doutes mal fondés, & l'on pourroit en élever ſur tout; par où l'on voit à quoi ce principe meneroit. Il n'y aura qu'à jetter de longue main des doutes & des ſcrupules ſur d'autres Loix l'un après l'autre, & ſous le prétexte ou le nom modeſte d'interpretation, on viendra à ſes fins d'introduire des changemens qu'on n'oſeroit pas propoſer ſur le pied de changement; mais heureuſement il n'y a ni obſcurité ni ambiguité; l'Edit eſt clair en lui-même, & s'il a beſoin d'interprete il n'eſt pas néceſſaire que ce ſoit ni le Magiſtrat ni le ſurplus de la Bourgeoiſie; il y en a un ſûr & fidele reconnu par tous les païs, recommandé & conſacré par nos Edits; interprete impartial & qui ne peut être ſuſpect. C'eſt l'uſage invariable & conſtant qui a tranſmis cet Edit dès le tems de ſa création par une multitude d'actes continuels juſqu'à nous, dans le ſens & la force que les Conſeils lui attribuent. C'eſt la reconnoiſſance & acceptation qui en a été faite ſur ce pied-là en 1707. par tous nos Citoyens, & la maniere dont il a été mis en exécution depuis en 1708. & en 1711. un an avant l'Edit de 1712. Voilà donc une choſe claire. Nos Citoyens diront-ils que tout cela eſt vrai? mais aujourd'hui *ils y veulent donner un autre ſens*, c'eſt-à-dire ils veulent changer parce que telle eſt leur volonté.

Nous ſommes perſuadés que le plus grand nombre n'adoptera jamais ſciemment un principe d'anarchie tel que celui-là, au moyen duquel il n'y auroit rien de ſûr ni de ſtable; il n'y auroit ni règle ni loi ſur laquelle on pût compter, & dont on ne pût rendre le ſens aujourd'hui d'une façon, demain d'une autre.

Ainſi quoique ce principe *nous voulons changer*, nous voulons donner à l'Edit un autre ſens que nos peres y ont donné & que nous y avons donné nous-mêmes, ſoit répandu dans les Répreſentations; quoique ce ſoit le langage de bien des gens dans le public, quand ils ne ſavent plus que dire contre les preu-

ANNO 1734. preuves du sens & de la perpetuité de l'Edit en question; cependant l'erreur & le danger de ce principe pernicieux, ruïneux, destructif de tout Gouvernement, est si évident & si palpable que nous ne croyons pas qu'il y ait beaucoup de Citoyens qui veuillent l'admettre. C'est pourquoi sans nous y arrêter davantage, nous passerons à l'examen du troisiéme moyen général des Représentations.

Troisiéme Moyen des Représentations.

Après avoir dit qu'il y a du peril à déterminer par avance & fixer à certaines années plutôt qu'à d'autres la convocation du Conseil Général, cet Edit porte cette resolution: *Il suffit de resoudre purement & simplement qu'aucune loi ou changement à l'Edit n'aura force qu'il n'ait été approuvé dans ce Souverain Conseil, qui pour ce sujet ou pour autres affaires de telle importance qu'elles demandent son autorité, pourra être assemblé par les Sindics P. & G. C. dans le tems qu'ils jugeront le plus propre.*

Voilà la clause & la resolution de 1712. dont on tire le moyen principal pour appuyer & fonder les conclusions des Représentations; & pour le fortifier davantage on ajoute que cette clause est une reserve que les Citoyens ont fait de leur côté & une promesse solemnelle que les Conseils leur ont fait d'autre part, en échange de la condescendance sans exemple qu'ils eurent de se désister des Assemblées periodiques de cinq en cinq ans qui faisoient, selon eux, la principale base de leur Liberté.

Par cet Edit il est vrai que les Assemblées générales periodiques qui avoient été introduites par les malheureux troubles de 1707. furent revoquées & elles le furent juridiquement. Le désir de les rétablir ou de s'en procurer l'équivalent & même plus, transpire néanmoins de toutes parts.

Pour savoir si on y doit avoir regret comme *à la principale base de la Liberté, & pour juger de cette condescendance sans exemple* avec laquelle le Peuple consentit à les revoquer, il ne faut que se rappeller comment & pour quel but on avoit demandé ces Assemblées periodiques en 1707. & voir ce que l'Edit de 1712. que les Citoyens reclament, prononce là-dessus.

Entre les requisitions (elles sont contenues dans les propositions des Cit. & B. imprimées sur une feuille in 4. par les Citoyens le 22. Mai 1707. trois jours avant la derniere Assemblée générale) que les Cit. & B. firent en 1707: la seconde portoit, *que l'on règle les Assemblées du C. G. au troisiéme Jendi du mois de Juin de chaque année pour l'établissement ou changement des Loix & Edits.*

Telle fut la proposition étrange du plus grand nombre des Cit. & B. qu'on passa dans ce tems de troubles. La seule modification qu'on y pût apporter pour diminuer le mal, ce fut d'y mettre le terme de cinq en cinq ans.

Le calme étant revenu, le premier usage qu'on fit de cette Loi en assemblant en conséquence le C. G. en 1712. ce fut de la revoquer pour rétablir le Gouvernement sur le pied qu'il étoit avant ces troubles qui avoient introduit une si dangereuse nouveauté; & voici les motifs que contient cet Edit du 20. Decembre 1712. & le jugement qu'il porte de cette prétendue base de la Liberté. Il dit *que cette résolution des Assemblées periodiques de cinq en cinq ans étoit contraire à l'Edit, à la Constitution fondamentale de l'Etat, qu'elle fut prise dans un tems de trouble & de confusion, où il n'y avoit aucune soumission aux Loix, aucun respect pour les Magistrats, aucune Liberté, & où le désordre fut si grand, qu'il seroit à souhaiter qu'on en pût effacer la mémoire.* Voilà ce que l'Edit de 1712. prononce sur ces Assemblées générales periodiques, & voilà les premiers motifs de leur revocation.

Si donc nos Citoyens respectent cet Edit qu'ils reclament, il nous paroît qu'ils devroient témoigner moins de regret à la supression de ces Assemblées periodiques, & que bien loin de les regarder comme *la base de la Liberté publique*, ils devroient apprendre de cet Edit à les reprouver comme contraires au bien public, & convenir que cette *condescendance* dont ils parlent n'est autre chose qu'un *retour à l'ancien ordre* que les Conseils ont proposé pour le bien de l'Etat, & auquel le Peuple se porta volontairement & avec sagesse. ANNO 1734.

Quoiqu'il en soit, il ne s'agit point de reserve ni de promesse, il est simplement déclaré par cet Edit que ce que le Peuple pouvoit raisonnablement souhaiter par rapport au but de la demande des Assemblées périodiques, il l'avoit autant que cela étoit nécessaire pour le bien public, en résolvant *purement & simplement qu'aucune Loi ou changement à l'Edit n'auroit force qu'il ne fût approuvé en C. G. &c.* Et c'est ce que ce Conseil approuve sans stipulation d'aucune recompense, persuadés que de bons Citoyens la trouvent suffisamment dans la satisfaction de faire leur devoir & le bien de leur patrie.

En vertu de cette clause nos Citoyens prétendent qu'on n'a pu resoudre l'entreprise de nos Fortifications en 1714. & mettre la main à l'œuvre en 1715. sans leur demander leur approbation; d'autant plus que pour executer cette entreprise il a falu mettre quelques impôts. Ils concluent qu'aujourd'hui en 1734. ils doivent être assemblés pour connoître de ces deux affaires, *les Fortifications & les Impôts*, & ils se fondent sur ce moyen général tiré de l'Edit, disent-ils, qu'ils ont droit *de connoître des affaires importantes*; sur quoi ils exagerent la vaste & importante entreprise des Fortifications, & le grand nombre d'impôts & d'emprunts qui en sont la suite.

Nous remarquons d'abord qu'il est fort surprenant qu'on attende que les trois quarts des ouvrages soient faits pour s'en plaindre.

La resolution qui fut passée en 1714. fut publique, les ouvrages ont été faits à la vue du public, personne n'en a fait des plaintes. L'an 1718. dans les mois d'Octobre & Novembre que parurent les deux Lettres anonymes, bien loin de rien dire contre l'entreprise des Fortifications, l'Auteur y applaudissoit; ce n'est qu'aujourd'hui qu'on a élevé cette question.

Une autre remarque que nous devons faire, est qu'on change les termes de l'Edit de 1712. on parle comme si cet Edit portoit en général *que toutes les affaires importantes* doivent être communiquées au Peuple. Cela seroit diametralement opposé à la Constitution de l'Etat, & il seroit bien extraordinaire que l'Edit de 1712. portant lui-même que bien loin d'avoir été fait pour changer cette Constitution, il a été fait au contraire pour la rétablir, il donnât cependant une atteinte si capitale à toute l'œconomie du Gouvernement: mais il n'y a rien de semblable; l'Edit porte simplement que pour les Loix ou changemens à l'Edit ou *pour autres affaires de telle importance qu'elles demandent son autorité, le Conseil Général pourra être assemblé.*

Par où l'on voit que conformément à la Constitution de l'Etat, dont on a vu les principes ci-dessus, la raison, les motifs, la nécessité & le tems de semblables Assemblées, tout est laissé à la prudence & à la discretion des Conseils, sans autre obligation que de faire à cet égard ce que la prudence lui suggerera suivant la nature des affaires.

Et en effet cet Edit de 1712. étant fait pour revoquer les C. Généraux périodiques, nouveauté introduite lors des troubles de 1707. il est évident que la vue n'a été & n'a pu être que de laisser à la prudence des Conseils le soin d'assembler le C. G. lorsqu'ils le trouveront à propos conformément à notre Constitution.

Ces remarques faites, nous allons examiner si les Fortifications & les Impôts sont une affaire aussi périodique qu'on veut l'exagerer, & ensuite quelle qu'en soit l'importance, si ces Fortifications & ces Impôts sont des affaires d'une telle nature & d'une *telle importance*, qu'on n'ait pu les résoudre sans demander l'autorité du Conseil Général.

Sur les Fortifications on dit *que jamais on n'a vu ni on ne verra une affaire d'une aussi grande importance que cette vaste & prodigieuse entreprise de raser toutes les Fortifications de notre Ville pour en faire une des plus fortes Places de l'Europe.*

C'est à quoi on revient en plusieurs endroits, on prétend même que cela est contraire à notre Traité d'Alliance de l'an 1584. avec les louables Cantons de Zurich & de Berne.

Ces exagerations qui tiennent du reproche sont peu convenables; on dit *que jamais on n'a vu ni on ne verra une affaire d'une aussi grande importance.*

On

On se trompe. Elle est bien importante sans doute, beaucoup moins pourtant que n'étoit celle des Fauxbourgs abatus par ordre des Conseils, mais de ce même genre d'importance pourtant qui consiste dans la certitude & dans la grandeur du bien qu'on se propose; c'est pour la conservation de notre Patrie, pour notre sureté, pour celle de nos enfans, de nos biens & de notre Religion. On a vu des affaires d'une toute autre importance, par l'embarras, la perplexité, le danger où elles mettoient, dont les Conseils ont toujours décidé sans les porter au Conseil Général.

On dit *que c'est une vaste & prodigieuse entreprise.* L'entreprise est grande, mais elle est nécessaire & indispensable; elle est manifestement avantageuse, elle n'est point au-dessus de nos forces; elle est conforme au désir & au projet de nos peres, qui ont fait de beaucoup plus grands efforts que nous pour la mettre en exécution. A cet égard nous renvoyons à la preuve que nous avons établie ci-dessus par les faits rapportés & aux heureux progrès de cette entreprise, qui sont tels qu'il ne reste plus que le quart de tout l'ouvrage, dans peu d'années nous en verrons la fin, de même que de nos dépenses & une bonne Fortification autour de notre Ville; ce que nos peres avoient toujours desiré de voir, à quoi ils ont travaillé & tant dépensé pendant plus de deux cens ans, & dont ils n'avoient pu venir à bout.

On a rasé, dit-on, *toutes nos Fortifications pour en faire de nouvelles.* C'est ce qu'on dit & ce qu'on repete en tout autant de termes; cependant dans l'enceinte de notre Ville depuis le Lac jusqu'au Rhône du côté du midi il y a environ huit Bastions, dont il n'y en a que deux & demi qui ayent été faits nouvellement, tous les autres subsistans en leur entier, auxquels on a ajouté divers ouvrages exterieurs pour couvrir le corps de la Place.

On dit encore qu'on a résolu de faire de notre Ville une des plus fortes Places de l'Europe, & que c'est manquer au Traité d'Alliance de 1584. & pourvoir imparfaitement à la fureté de la Place, que de la bouleverser de fond en comble sans le consentement du Conseil Général.

Nous ne comprenons pas à quoi tend cette objection; & les Conseils en mettant notre Ville en meilleur état de défense, n'apprehendent aucun reproche de Messieurs nos Alliés ni de notre posterité.

Comme ils ont imité nos peres dans leurs vues & dans leurs travaux, ils les ont imité aussi dans les moyens qu'ils ont employé pour y parvenir. Emprunts, Impôts sur lesquels on n'exagere pas moins que sur l'ouvrage des Fortifications.

On dit *que les Conseils ont mis souverainement sur les Citoyens un grand nombre d'impôts qui les chargent, sans compter les emprunts exhorbitans, l'engagement de presque tous les revenus publics & celui des capitaux, non seulement de plusieurs Particuliers, mais encore des fonds des Directions de Charité.*

Cette expression *de mettre souverainement des impôts sur les Concitoyens qui est dans un Ecrit intitulé Additions* (a) *aux Représentations du 4. Mars 1734.* pourroit donner à entendre que les Conseils en mettant des impôts ne chargent que leurs Concitoyens, au lieu qu'il n'y a personne qui en soit exemt, & que les Membres du P. & G. C. qui les ordonnent sont ceux qui en supportent la plus grande partie.

On ajoute que ces impôts dont on se plaint, établis ensuite de la résolution prise de se fortifier *sont en grand nombre & qu'on est chargé.* Pour en juger, il suffit de renvoyer au rapport en faits que nous en avons donné. Ces nouveaux impôts ne vont en tout qu'à dix mille écus, somme modique pour l'état de notre Ville; ce que chacun en paye, si on veut la proportionner avec la valeur intrinseque du droit ancien, se trouvera même moins considérable que ce que nos peres payoient. La charge d'ailleurs est adoucie par une meilleure police. On comprend bien que cette augmentation des revenus de l'Etat si fort exagerée & si modique en effet, ne pouvoit pas suffire. Les Conseils ont fait des emprunts dont on ne manque pas de parler de même dans les Représentations & Additions d'une maniere outrée.

On voit d'abord une affectation de parler d'emprunts extraordinaires, d'engagement de revenus publics, d'engagemens des capitaux des Particuliers, & d'engagement des fonds des Directions de Charité, comme si c'étoient quatre choses distinctes, quatre différens moyens employés par les Conseils, cependant il n'y en a qu'un. Les Conseils ont fait des emprunts, cela est vrai; on dit qu'ils sont *immenses, prodigieux, exhorbitans*, ces emprunts ne vont en tout qu'à deux cens soixante dix mille écus à constitution de rente à trois pour cent, sur quoi on a fait les trois quarts de l'ouvrage, & le reste se fera au moyen des Souscriptions dont on a parlé.

Les Particuliers qui ont prêté à la Seigneurie l'ont fait volontairement, ne croyant pas placer plus surement leurs capitaux, & les Directions de Charité ont cru aussi ne pouvoir pas mieux faire que de suivre cet exemple.

La Seigneurie sans toucher aux fonds nécessaires pour le service de la Rep. a des fonds pour payer regulierement les interêts des sommes qui lui ont été prêtées, & pour les rembourser peu à peu quand les dépenses de nos ouvrages seront finies.

Il étoit nécessaire de réduire au vrai en quoi consiste l'entreprise de nos Fortifications, & quels sont les moyens employés pour en venir à bout. Par où l'on voit que ce qu'il en coûte aux Particuliers est très-modique, quoique les ouvrages soient très-considerables: nous ajouterons même ici qu'on n'a pas tout employé à la Fortification, puisqu'on a dépensé *cent vingt mille écus pour les besoins de l'Artillerie & de ce qui en dépend.*

En réduisant l'entreprise de nos Fortifications avec ses suites à ses véritables termes, nous ne laissons pas de convenir que c'est une entreprise considerable & très-interessante; mais quelle qu'en soit l'importance, ce n'est pas de quoi il est question. Il s'agit de savoir si cette affaire est *de telle importance* qu'elle demande l'autorité du C. G. Car nous avons déja vu que l'Edit de 1712. sur lequel on se fonde, ne porte pas qu'on doive assembler le C. G. pour *toutes les affaires importantes*, il porte au contraire une expression restrictive qui réduit la chose uniquement aux affaires de *telle importance* qu'elles demandent son autorité.

D'où il suit que toutes les affaires qui ne demandent pas l'autorité du C. G. ne seront pas du nombre de celles qui doivent lui être portées. Et si nous voulons savoir quelles sont les affaires qui ne demandent pas l'autorité du C. G. nous trouverons que ce sont sans contredit toutes celles pour lesquelles l'autorité ordinaire est suffisante; toutes les affaires dont la Loi, l'Edit fondamental a confié l'administration aux Conseils en leur attribuant l'autorité nécessaire pour les gerer, en disposer & ordonner, à moins qu'on ne voulût dire que l'Edit de 1712. a changé notre Constitution & abrogé nos Loix & Edits. Mais au contraire chacun fait qu'il a été fait pour rétablir cette Constitution sur le pied qu'elle étoit avant les troubles de 1707. par conséquent notre Gouvernement est toujours le même tant à l'égard des Fortifications que des Levées de deniers, l'Edit de 1712. n'y a rien changé.

Or il est démontré par les Edits & Usages de cette Rep. que les Conseils ont l'autorité nécessaire pour ordonner des Fortifications & des Levées de deniers; par conséquent les Conseils n'ont rien fait de contraire à l'Edit de 1712. en prenant la résolution d'achever nos Fortifications, & en mettant quelques impôts pour s'en faciliter les moyens; ils n'ont fait que ce que leur office porte & que leur devoir exige, qui est sur toutes choses de pourvoir à la sureté & à la défense de la Patrie.

Quatriéme Moyen. Qui doit être Juge de l'importance?

Par ce raisonnement simple visiblement fondé sur les propres termes de l'Edit qu'on objecte, il est clair que c'est la Loi qui doit regler & non pas *l'importance des affaires*, & rien n'est plus heureux pour la Rep. autrement si nous n'avions pas d'autre regle pour juger quelles sont les affaires que les Conseils peuvent résoudre par leur seule autorité *que l'importance des affaires*, on auroit bien mal pourvu à la tranquilité publique, & à la solidité du Gouvernement. Il est visible

(a) Elles parurent dans le public vers le milieu d'Avril 1734. & les Cit. & B. les approuverent le 2. Mai qu'ils allerent au nombre de cinquante ou soixante chez M. le P. S. le Fort, lui faire des représentations tendantes à ce qu'ils eussent dans peu une réponse des Conseils à leurs demandes.

ſible que ſi nous n'avions pas d'autre règle qu'un principe auſſi vague & auſſi général, il n'y auroit rien de fixe, tout *ſeroit* dans la confuſion.

L'interpretation & application de ce principe aux cas divers ne dépendroit pas ſeulement de la diverſité ordinaire des jugemens des hommes, mais ce qu'il y a de pis elle dépendroit principalement des vuës intereſſées de quelques Particuliers inquiets ou ambitieux, & leur mettroit en main un moyen d'un uſage univerſel qui porteroit à tout, qui s'adapteroit à tout, & qui par conſéquent leur préſenteroit tous les jours des occaſions & des prétextes à leur gré pour venir à bout de leurs deſirs & de leurs projets.

En effet, ſi la Loi & l'Uſage ne font pas la règle qui nous arrête, il n'y a pas de raiſon de ſe reduire aux affaires de la Fortification & des Impôts. Si la clauſe de l'Edit de 1712. doit être entenduë généralement ſelon l'intention de ceux qui pour diſcerner ce qui eſt laiſſé à l'autorité des Conſeils, ou qui demande l'approbation du C. G. ne veulent admettre que la *prétenduë importance* des affaires, il n'eſt point de barriere qui empêche de demander la connoiſſance de toutes les autres affaires, en ſorte que le C. G. deviendroit, comme on l'a déja dit, un Conſeil ordinaire.

Les perſonnes ſages qui réflechiſſent de ſang froid là-deſſus, comprendront aiſément qu'il n'eſt pas poſſible que l'Edit de 1712. rendu exprès pour abolir les Conſeils Généraux periodiques, comme une nouveauté préjudiciable à la Rep. en ait voulu introduire un autre qui eſt beaucoup plus dangereux par cela même qu'elle eſt d'une influence plus univerſelle, comme ſeroit celle d'obliger les Conſeils à porter non ſeulement la connoiſſance de toutes les affaires importantes, mais encore la déciſion de la queſtion préalable, ſavoir ſi une telle affaire eſt importante ou non.

Nous avons prévenu cette queſtion qu'on objecte, les réflexions que nous venons de faire y ſervent de réponſe, à quoi il ſuffit d'ajouter cette autre conſideration.

On peut dire que toutes les affaires dans une petite Rep. comme Geneve ſont importantes, entr'autres toutes les affaires d'Etat, ſoit en elles-mêmes, ſoit par les ſuites que pourroient avoir celles qui ne paroiſſent pas d'abord fort intereſſantes. On ne prétend pas qu'on doive toutes les porter au C. G. *il y a donc un choix à faire. Or il eſt évident* que ce choix ne peut être fait par une Aſſemblée générale de tout le Peuple, puiſque pour le mettre en état de faire ce choix il faudroit lui porter tout, & cependant on convient que cela ne ſe doit pas; par conſéquent il faut néceſſairement s'en remettre à la prudence des Conſeils qui ont l'adminiſtration générale du Gouvernement; & c'eſt auſſi ce que notre Loi a établi, & qu'il nous faut conclure qu'il y avoit peut-être lieu à cette queſtion: *Qui ſera juge de l'importance?* s'il n'y avoit pas un Gouvernement reglé, une Conſtitution d'Etat; mais il y en a une, & là où la Loi parle le jugement des Particuliers doit ceſſer.

On découvre par tout ce qui vient d'être dit, quelles peuvent être ces affaires de *telle importance* qu'elles paroiſſent demander l'autorité du C. G. & pour leſquelles, ſelon les termes de l'Edit de 1712. le C. G. pourroit être aſſemblé par les Sindics P. & G. C. & dans le tems qu'ils le jugeront à propos.

Sur quoi on peut ſe faire cette règle pour les mieux diſcerner, que toutes les choſes qui peuvent donner atteinte à la Conſtitution fondamentale, alterer le Traité d'aſſociation qui a formé la Rep. ſont de telle importance qu'elles demandent l'autorité du C. G. mais lorſqu'il ne s'agit que de l'exécution des clauſes du contrat fondamental, de gouverner la Rep. ſuivant les Loix, quoique les matieres ſoient importantes, elles ne ſont pas de *telle importance* qu'elles doivent être portées au C. G. Ces matieres tendent à la conſervation de la Societé, & non à ſa deſtruction ou alteration: ainſi elles ne demandent pas la conſultation de tout un Peuple, car il ſeroit peu ſage à des Magiſtrats de mettre en déliberation dans un C. G. s'ils doivent executer la Loi ou non, comme il ſeroit de la derniere imprudence à eux de mettre en queſtion dans un C. G. s'il faut changer une Loi dont on ſe trouve bien & qui ne produit aucun abus.

Pour réſumer & faire l'application de tous ces raiſonnemens, nous diſons que la conſtruction & l'entretien des Fortifications, les proviſions de Munition & d'Artillerie & la garde de la Ville, ſont des articles qui ne font pas de nouvelles conditions de la Societé qui forme la Rep. ce n'eſt que l'execution des articles qui ſont ſpécifiquement partie du pouvoir attribué au P. & G. C. par le contrat fondamental de 1568.

Le Droit de lever des deniers en eſt la ſuite & le moyen, & de plus eſt ſpécifiquement du pouvoir de ces Conſeils par l'Edit de 1570. exercé & mis en execution dès lors juſqu'à nos jours, ſans avoir jamais dans aucun tems ni dans aucun cas conſulté là-deſſus le Conſeil Général.

En 1707. l'Edit de 1570. fut reconnu & confirmé; en 1712. on ne parla point de le révoquer; cela ne vint en penſée à qui que ce ſoit. On propoſa ſeulement au C. G. de révoquer l'article de l'Edit de 1707. qui établiſſoit des Conſeils Généraux periodiques.

On fait donc une Loi qui porte qu'on révoque ces Conſeils Généraux periodiques, & *qu'il ſuffit d'arrêter qu'aucune Loi ou Changement à l'Edit n'aura force qu'il n'ait été approuvé en Conſeil Général.*

Il n'y a perſonne qui ne doive convenir de bonne foi que c'eſt dire: les Loix faites juſqu'à-preſent ſubſiſteront, & par conſéquent celle de 1570. ce ne ſera qu'à l'avenir lorſqu'on voudra faire de nouvelles Loix, changer les Edits ou ſtatuer ſur affaires de *telle importance qu'elles demandent l'autorité du C. G.* qu'il faudra lui demander ſon conſentement; mais lorſqu'il ne s'agira que d'executer les Loix déja faites que l'on confirme de plus fort, il n'y aura aucune approbation à requerir.

Or quand en 1714. on a réſolu de fortifier notre Ville, & on a augmenté quelques impôts, on n'a fait qu'executer les Edits de 1568. & 1570. non révoqués, confirmés au contraire en 1707. & 1712. comme on vient de le dire. D'où il paroît que ce ſeroit vouloir quereller de gayeté de cœur, que de dire: nous ſouhaitons de nous aſſembler en Conſeil Général pour revoquer une Loi par nous confirmée il y a peu de tems, parce que vous, Magiſtrats, vous l'avez executée.

Cinquiéme Moyen des Repréſentations.

Enfin le dernier moyen général des Repréſentations qui nous découvre quel eſt le motif de ceux qui les ont faites, c'eſt le préjugé où ils ſont qu'il n'y a de Peuples libres que ceux qui ont des Aſſemblées frequentes ſinon periodiques & qui s'impoſent eux-mêmes: c'eſt la crainte pour l'avenir que leur liberté ne ſoit réduite qu'à un vain nom, s'ils n'ont pas le droit de s'aſſembler quand ils le jugent à propos, & ſi l'on peut faire des levées d'argent ſans leur demander leur conſentement.

Nous faiſons d'abord deux reflexions ſur le premier article de ce moyen au ſujet de ces Aſſemblées générales dont on parle, en rappellant ſi ſouvent l'Edit de 1707. & les anciens tems de la Communauté.

Premiere reflexion. Par la conſtitution de l'Etat, nous ne devons avoir d'autres Aſſemblées générales que celles que la *Loi* ou la *Néceſſité* exigent. Par la Loi nous n'avons dans notre Rep. que deux Aſſemblées générales periodiques tous les ans pour l'élection des principaux Magiſtrats; & pour les cas de néceſſité la Loi a bien ſpécifié ceux qui pouvoient être ſpécifiés ſuivant la regle donnée ci-deſſus, mais par ſon ſilence elle a laiſſé les autres à la prudence des Conſeils.

Si autrefois avant l'établiſſement de la Rep. il y avoit de plus frequentes Aſſemblées générales, il n'en faut pas être ſurpris: il n'y avoit point encore de Gouvernement fixe, ni de force dans le Gouvernement.

Ceux qui étoient à la tête de la Communauté preſque toujours aux priſes avec leurs derniers Evêques & avec les Princes de leurs Maiſons que ces Evêques favoriſoient, les Sindics étoient intereſſés à aſſembler la Communauté, non pas ſeulement parce qu'ils n'oſoient trop prendre ſur eux, mais encore parce que par Actes de la Communauté ils s'aſſuroient une indemnité des avances qui pouvoient leur être faites, ces Actes portant promeſſe de les relever de toutes charges, & il étoit bien rare que ces Aſſemblées fûſſent auſſi nombreuſes que celles du Conſeil des CC.

Mais depuis que par la grace de Dieu il y a un Gouvernement reglé dans la Rep. dont tous les *Ordres* ont leurs droits & leurs fonctions depuis l'établiſſement de notre pleine liberté, nous n'avons plus à dépendre

que

ANNO 1734. que de la Loi, de la constitution de l'Etat que nous avons faite nous-mêmes; tout a si bien prosperé qu'il n'a pas été necessaire de convoquer fort souvent des Assemblées extraordinaires du C. G. Il n'y en a eu que trois ou quatre depuis la compilation de nos Edits en 1568. jusqu'à l'année 1584. & dès lors il n'y en a point eu jusqu'à ceux tenus de nos jours en 1707. 1712. & 1713.

Ce que nous pouvons recueillir de la connoissance que nous avons des Conseils généraux soit avant soit après l'établissement de la Rep. c'est que jamais il n'y en a eu de periodiques pour traiter d'affaires, que jamais ils n'ont été ni pu être convoqués & assemblés que par l'autorité des Sindics & Conseils, & l'on voit par l'Edit du C. G. de 1527. un des plus canoniques qui se soient tenus, puisqu'il étoit autorisé par la présence de l'Evêque, qui en étoit le Prince, que toute Assemblée faite autrement étoit déclarée tumultueuse & séditieuse, & défenduë sous de grieves peines. L'on voit enfin que si depuis l'établissement de la Rep. il y a eu beaucoup moins d'Assemblées générales qu'il n'y en avoit jadis du tems de la Communauté sous les Evêques; c'est un fruit & une preuve de notre Liberté, de notre prosperité, & de la solidité de notre Constitution.

En repassant sous ces anciens tems dans nos Annales, il semble que l'on ne devroit trouver que des sujets de se feliciter de l'heureuse situation à laquelle nous sommes parvenus.

La seconde réflexion que nous avons à faire, c'est que ce préjugé qui fait avoir regret aux Assemblées frequentes & periodiques, devoit bien être détruit par le jugement qu'en porte notre Edit de 1712. Le jugement de cet Edit que nos Citoyens prennent pour appui de leurs demandes & qui doit être leur juge, est d'autant plus fort qu'il est fondé sur l'experience, sur une experience toute récente de ce qui s'étoit passé parmi nous, sans compter tant d'autres exemples anciens & modernes qui justifient que des Assemblées populaires plus frequentes que la *Loi* ou la *necessité* ne l'exigent, alterent la constitution du Gouvernement, jettent tôt ou tard dans la confusion & l'anarchie, & que bien loin d'assurer la Liberté, elles ouvrent la porte aux brigues, aux intrigues & aux cabales, & aboutissent enfin pour l'ordinaire à l'oppression & à la tyrannie.

Mais n'est-il pas du droit d'un Peuple *libre de s'imposer soi-même?* C'est le second article du dernier moyen que nous examinons, sur lequel nous faisons les reflexions suivantes.

Le Peuple de Geneve est censé s'imposer lui-même, puisque les impôts ne sont ordonnés qu'en vertu de la Loi qu'il a faite lui-même, & par le Grand Conseil des CC. auquel la Loi a attribué ce pouvoir; *Conseil* dont tous les Membres sont Cit. & Bourgeois, peres, enfans, parens & amis des autres Citoyens qui ne sont pas de ce Conseil aujourd'hui, & qui les remplaceront eux ou leurs enfans dans la suite; *Conseil* dont tous les Membres sont soumis aux mêmes impôts, & qui n'en peuvent établir aucun qu'ils n'en supportent la plus grande partie.

Que si chaque individu de la Rep. n'ordonne pas les impôts, cela ne préjudicie point à sa Liberté; c'est au contraire en vertu de cette Liberté qu'il a donné originairement ce pouvoir aux P. & G. C. & de la même maniere qu'il a estimé ne pouvoir pas faire un meilleur usage de cette Liberté, qu'en s'assujettissant aux autres dépendances du Gouvernement pour ses biens, sa vie & son honneur, ce qui ne l'empêche pas d'être un homme libre, puisque ce qu'il en a fait c'est pour le maintien même de sa Liberté.

Les exemples cités dans les Représentations n'ont rien qui n'autorise notre Constitution à cet égard & la conduite des Conseils, puisque ce ne sont pas les Particuliers, mais les Grands Conseils, Parlemens ou Etats des païs dont il est parlé qui établissent les impôts.

Mais nous ne devons pas chercher des exemples ailleurs que chez nous & dans la conduite de nos peres; ils ne s'imposoient pas eux-mêmes; ils ne prétendoient pas avoir droit de s'assembler & de juger s'il falloit s'assembler ou non. Ils avoient établi une toute autre sorte de Gouvernement, & s'étoient liés à s'y soumettre & à le maintenir par le même serment qui nous y engage aujourd'hui. Il s'agit de savoir si nous en devons croire ou nos peres qui ont fondé la Rep., établi la forme de notre Gouvernement; ou ceux de nos Concitoyens d'aujourd'hui, qui depuis l'an 1718. se sont mis dans l'esprit qu'il n'y a de Peuples libres, que ceux qui s'imposent eux-mêmes & qui s'assemblent quand ils le trouvent à propos. ANNO 1734.

Nous n'hesitons pas à suivre l'avis & l'exemple de nos peres: nous sommes instruits de leurs bonnes intentions pour l'avancement de la Rep. de leur amour pour la véritable Liberté & des justes idées qu'ils s'en faisoient, parce que nous en sommes convaincus par les *effets* qui sont un sûr garant des bonnes intentions & des bons succès de ces bonnes intentions. Au lieu que les raisonnemens vagues, les conjectures sur un mieux être pour l'avenir, en changeant notre Constitution trompent le plus souvent les plus habiles; nous voyons que c'est l'experience des désordres par lesquels ils avoient passé, qui leur avoit apris par degrés à former l'excellente Constitution qu'ils nous ont laissée. Ils ont vêcu, ils sont morts libres & avec cette douce esperance qu'en suivant leurs exemples & leurs Loix, leurs enfans maintiendroient & conserveroient ce précieux heritage de la Liberté.

Ce sont les idées que l'on a toujours eu parmi nous jusques au tems des Lettres anonymes (*a*) qui parurent en Octobre & Novembre 1718. Les objections & les raisonnemens que nous avons examiné jusqu'ici, sont tirés des principes de ces Lettres. Principes d'anarchie destructifs de tout Gouvernement en général & du nôtre en particulier, ce qui joint à la voye illicite dont l'Auteur se servit pour répandre ses pernicieuses idées, engagea les Conseils à proscrire ces Lettres comme il le fit unanimement par une proclamation qui fut affichée & publiée par les carrefours de la Ville le 15 Decembre 1718. Plus on examine ces Lettres, & plus on trouve qu'elles ont été meritoirement qualifiées de seditieuses & condamnées comme telles. Nous ne nous arrêterons pas à relever la violence avec laquelle l'Auteur des Representations s'est licentié à parler de cette sage proclamation.

Motif des Representations crainte d'abus pour l'avenir.

Enfin, M. & T.H.S. le grand motif qui porte une si grande partie de nos Citoyens à adherer aux Representations, ce ne sont pas des plaintes, ce n'est pas l'experience du passé; ils s'en louent au contraire, ils applaudissent au Magistrat, ils reconnoissent son zele & son integrité, ce sont des craintes pour l'avenir; ils apprehendent que les choses n'aillent pas si bien dans la suite, ils disent: *Quelle barriere opposer à l'ambition*, si on laisse au Conseil le droit des levées de deniers, & si le Peuple ne peut pas s'assembler quand il lui plait? Ils disent qu'il est vrai que ceux qui imposent au Peuple s'imposent à eux-mêmes; mais si le droit d'imposer appartient absolument & sans restriction au Conseil des CC. il ne dépend que de lui d'imposer au Peuple sans s'imposer à soi-même. Y a-t-il quelque limitation à cet égard dans cette prétenduë concession de l'Edit de 1570.? Nous ne doutons point que V. S. n'ayent été vivement blessées d'un soupçon si injurieux qui tend à faire envisager, comme possible à la part des Conseils, une résolution qui seroit un acte de tyrannie des plus marqués & un renversement total de notre Constitution, puisque par notre Constitution tous les Conseils & chaque Individu de la Rep. sont soumis également & necessairement aux Loix & à toutes les Charges de l'Etat.

Il faut faire d'autres reflexions là-dessus. Nous disons que telle est la nature des choses humaines, qu'il faut necessairement de la confiance dans les affaires de la vie, & les Conseils méritent entierement celle du Peuple; le passé est un garant de l'avenir. Nos Loix, notre Constitution d'Etat, la méthode de nos élections, sont une barriere suffisante contre toutes ces craintes frivoles.

Si on reflechit sur la maniere dont le G.C. est composé, on trouvera qu'il est impossible qu'un tel Conseil forme jamais un tel dessein contre ses Concitoyens, ou qu'il pense à s'exempter des impôts qu'il ordonneroit. Il est absurde de fonder une crainte sur un fait moralement impossible, & plus absurde encore de vouloir sur une pareille crainte changer dès aujourd'hui le Gouvernement.

Au

(*a*) Déja en Novembre & Decembre 1715. M. L. Le Fort P. G. fit des représentations en P. & G. C. à la réquisition de 70. à 100. Cit. & B. qui demandoient que les impôts mis à l'occasion des Fortifications fussent portés en Conseil Général.

Anno 1734.

Au reste on pourroit aussi demander, *quelle barriere contre l'abus de la Liberté?* Mais le meilleur est de prendre confiance sur l'experience du passé en se tenant fermes à la Constitution de notre Gouvernement qui, comme on l'a vu ci-dessus, a été sagement temperée, formant une balance en vue d'éviter ces deux extrémités.

A quoi donc se réduira notre Liberté, si nous ne nous imposons pas nous-mêmes, si nous ne pouvons pas changer les Loix & le Gouvernement, dès qu'un grand nombre d'entre nous témoigne qu'il le désire?

Nous répondons qu'elle ne consistera pas dans la licence, ni dans l'indépendance, ni dans la confusion des changemens & des nouveautés. Elle consistera à vivre comme nos peres ont vêcu doucement & paisiblement, en toute sureté pour nos personnes, nos biens, nos possessions, nos droits & privileges. Elle consiste à n'être soumis à aucunes Loix qu'à celles que nous avons faites nous-mêmes, & à être assurés qu'on ne peut les changer ces Loix sages sous lesquelles nos peres & nous ont vêcu heureusement. ni en faire de nouvelles sans notre consentement. Elle consiste à donner notre suffrage en Conseil Général toutes les fois que nous y sommes appellés, & à être maintenus dans tous les droits & prérogatives que nos Loix & nos usages attribuent à chaque Corps de la Rep. dont nous sommes Membres: à élire nous-mêmes nos principaux Magistrats: à recevoir en C. G. comme nous faisons toutes les années, le serment qu'ils font de maintenir de tout leur pouvoir nos Loix & nos Edits; de rendre bonne justice, de proteger les bons & de punir les méchans, & de faire en général tout ce qui dépend d'eux pour le bien & la conservation de l'Etat. Elle consiste encore en ce qu'il n'y en a pas un de nous qui ne puisse parvenir aux emplois, entant que nous & nos enfans nous en rendrons dignes. Elle consiste enfin en ce que nous avons tous la faculté, si nous nous appercevons de quelques abus, de faire des représentations qui, lorsqu'elles ont paru justes & fondées, n'ont jamais manqué d'avoir leur effet.

Et quant à la sureté de tous ces avantages, nous l'avons toute entiere par la nature même du Gouvernement tel qu'il est établi par les *Loix*; par la sorte de dépendance ou d'inspection reciproque des divers *Conseils*; par le nombre des familles qui composent le Conseil des CC. qu'on voit par experience se remplacer continuellement les unes les autres, & la methode de nos principales élections, qui n'étant qu'annuelles, mais sous l'esperance de retour après trois ans revolus, animent l'inclination naturelle des Magistrats à se conduire toujours d'une maniere qui puisse leur attirer la confiance & l'estime de leurs Concitoyens.

M. & T. H. S. nous avons établi dans les deux premieres parties de ce Rapport le Droit des Conseils touchant la Fortification & les Levées de deniers, leur possession constante, la convenance & l'heureux succès de cette attribution de pouvoir. Nous avons fait voir que n'ayant point usurpé ce droit & n'en ayant point abusé, toute la question se réduit à savoir s'il y a lieu d'ôter ce droit aux Conseils? Si cela sera plus convenable au bien public? D'où il resulte que ce qu'on propose par les Représentations n'est pas un *rétablissement* ni un *redressement*, mais au contraire un changement à l'Edit & à la Constitution de l'Etat sans nécessité ni aucun sujet de plainte.

Nous venons d'examiner dans cette troisième partie de notre Rapport les moyens généraux sur lesquels les conclusions des Représentations sont fondées, dont nous avons fait sentir le peu de solidité & les dangereuses conséquences.

Il ne nous resteroit donc plus qu'à rassembler les principaux traits qui peuvent faire porter un jugement général sur ces Représentations, en rappellant quelle en est la cause & la premiere source; quelle voye a été employée pour les faire avouer par les Particuliers & pour les remettre aux Magistrats; quel en est le stile; quels faits y sont posés pour base; quels sont les principes & les moyens sur lesquels elles sont fondées.

Mais, T. H. S. nous croyons devoir épargner à V. S. ce détail. Nos Concitoyens ont fait une démarche inconsiderée, ils sont dans l'erreur; mais ce sont nos Concitoyens, & l'affection de V. S. pour eux nous fait penser qu'elles approuveront que nous ne mettions pas sous leurs yeux des faits & des principes qui nous feroient de la peine à tous. V. S. aimeront mieux, sans doute, que nous finissions par quelques considérations qui puissent aider nos Concitoyens à réflechir sur leurs véritables interêts & sur ceux de la Patrie. Anno 1734.

La premiere regarde les conclusions des Représentations & le moyen employé pour les fonder; les conclusions sont particulieres, restraintes aux deux seules questions de la Fortification & des Impôts, mais le moyen sur lequel on se fonde est général. On demande la connoissance de ce qui regarde la Fortification & les Impôts, parce qu'on prétend avoir droit de connoître des affaires d'importance, ce qui embrasse tout. On fait plus, on se déclare même juges de la question préalable de l'importance.

Si les Auteurs des Représentations avoient des vues cachées, ce que nous avons peine à croire, il y auroit de l'artifice dans cette methode. Il a falu, pour complaire au plus grand nombre, se borner aux deux questions des Impôts & de la Fortification; mais par le moyen du principe général sur lequel on fonde les conclusions, on se reserveroit une porte aussi large qu'on la peut souhaiter, pour entrer quand on voudroit dans le détail du Gouvernement, & y faire les breches qui conviendroient aux interêts & aux passions de ceux qui sauroient faire des cabales. Mais quand actuellement il n'y auroit point de vues cachées, il n'en est pas moins vrai que la porte seroit ouverte pour l'avenir, & qu'on en pourroit profiter dans un tems ou dans un autre. Il n'en est pas moins vrai que tôt ou tard il se pourroit élever des gens qui en profiteroient & qui diroient:

En 1734. on ne demanda à la verité que la connoissance des Impôts & des Fortifications, on se contenta de cela pour lors; mais cette demande étoit fondée sur ce moyen général, que le Peuple a droit de connoître des affaires importantes & qu'il est le juge de l'importance. On voit à quel danger cela expose la Rep. le danger paroîtra d'autant plus, si on combine ce moyen général des Représentations avec divers autres principes. Par exemple, l'affectation avec laquelle on ramene si souvent les anciens Conseils Généraux qui se tenoient fréquemment du tems de la Communauté sous les Evêques, comme si ce seroit un grand bonheur pour la Rep. de la replonger dans le même état où étoit notre Ville dans ces tems-là, à quoi il faut joindre le motif unique qui, à ce qu'on dit, engage nos Citoyens à faire leur demande, c'est la crainte que les Conseils n'abusent à l'avenir de leur pouvoir, c'est pourquoi ils veulent le leur ôter. Motif qui, comme on voit, porte également à tout; non seulement aux Fortifications & aux Impôts, mais encore à toutes les autres branches de l'Administration publique. Car il n'y a qu'à dire de même que la Justice civile & criminelle a été bien exercée jusqu'ici: que les Elections ont été aussi bien faites qu'on peut l'attendre des hommes: que la Rep. a été maintenue & cultivée avec tous les soins d'un Magistrat Chrétien: que les Conseils n'ont jamais trahi les interêts de la Patrie. Mais qui nous répondra de l'avenir? C'est ainsi donc qu'en louant le passé, il n'y auroit qu'à prétexter des craintes d'abus pour l'avenir, afin de pouvoir tout changer.

Si on rassemble toutes ces idées, tous les principes d'anarchie & de confusion répandus en divers endroits des Représentations: si on les combine avec d'autres indices, avec divers traits qui échappent & qui transpirent dans le public, il est difficile de ne pas présumer qu'il y a plus que du mal entendu en tout ceci de la part de quelques-uns. Mais quoiqu'il en soit, les bonnes intentions n'enlevent pas l'abus dangereux qu'on peut faire tôt ou tard des principes & des raisonnemens qui sont répandus dans les Représentations du 4. Mars 1734. & dans les Additions à icelles.

Nos Concitoyens ont un grand interêt à réflechir sérieusement là-dessus: ce qu'il y a à désirer d'eux conformément à leur devoir & à leur affection envers la Patrie, c'est de se mettre dans la tranquilité nécessaire pour reconnoître combien seroient préjudiciables les changemens qu'on propose, qui seroient nécessairement la source de tant d'autres dans l'Etat. Ils devroient examiner de quel côté il y a le plus à risquer; ou à demeurer comme nous sommes, & comme

nos

ANNO 1734. nos peres ont été en conservant nos Loix & nos Usages, ou a se livrer aux changemens qu'on y veut faire.

De quoi s'agit-il? Des Fortifications & des Impôts. A rester comme nous sommes ou continuer nos Fortifications, on poussera au quartier de S. Gervais; dans peu tout sera fini, & notre Place sera entierement & régulierement fortifiée.

Pour y parvenir il faudra, selon les apparences, continuer cette modique augmentation d'impôts faite au sujet de nos ouvrages. Voila tout l'inconvenient auquel nous sommes exposés, si c'en est un: nous voyons clairement le fond qui peut nous en arriver; car on voit bien que l'intention des Conseils n'est pas de continuer l'augmentation des impôts au-delà de nos nécessités, leur propre interêt nous en assure, quand nous n'aurions pas cent exemples par devers nous des principes de conduite du Conseil des CC. & du plaisir que les Magistrats se font d'agréer à leurs Concitoyens. Nous savons donc parfaitement à quoi nous en tenir.

Mais de l'autre côté le risque que nous pouvons courir est tout autre; il est d'autant plus grand que nous n'en pouvons pas voir le fond: nous ne pouvons ni savoir ni prévoir ce qu'on fera parce qu'on pourra tout faire, ni à quoi les entreprises pourront aboutir, les principes sur lesquels on se fonde portant à tout & excluant toutes bornes & toutes barrieres.

La disposition d'esprit au mécontentement & à l'ambition n'éclate pas quand il y a des Loix qui y servent de frein: mais quand la nature des Loix mêmes semblent y inviter & y amener; quand la Loi même en fournit l'ouverture, tel qui peut-être sans cela n'y auroit jamais pensé, y trouvant des facilités, par ce moyen fait des tentatives & compte, à l'abri d'une telle nature de Loix, ne risquer tout au plus que le succès de son entreprise.

Or au moyen des principes nouveaux qu'on voudroit établir dans le Gouvernement; *que les Citoyens doivent connoître des affaires importantes; qu'ils sont les Juges de l'importance; que la seule crainte d'abus est un sujet de changer*, il est visible qu'il y auroit à perpetuité une porte ouverte aux mécontens & aux ambitieux, aux ennemis soit du dedans soit du dehors. Qui peut s'assurer que jamais personne n'en profitera? Seroit-il sage & prudent d'en préparer l'occasion au premier qui voudroit s'en saisir? Quelle Constitution d'Etat seroit la nôtre! Mobile, incertaine, toujours dépendante du caprice, des vuës interessées de quelques Particuliers, elle livreroit à leur merci les Loix de la Rep., les Places du Gouvernement, la Liberté, les biens, l'honneur & la vie des Citoyens. On ne voudroit ni vivre ni se retirer sous un Gouvernement où le maintien de la tranquilité publique seroit si peu assuré. Seroit-il bien propre à faire fleurir notre Commerce? Dans quel mépris & dans quel discredit ne nous jetteroit-il pas? Et peu à peu dans la misere, pour être enfin la proye de qui voudroit se rendre notre maitre.

Ces réflexions, qui sont bien présentes à l'esprit des Conseils, méritent toute l'attention de nos Concitoyens; leur propre interêt, leur affection pour la Patrie, leur zèle pour son bonheur & sa tranquilité les doit engager à bien peser & examiner & cet amour même qu'ils ont pour la Liberté, qu'ils disent être le motif de la démarche qu'ils font aujourd'hui, doit être aussi le motif & le but de cet examen.

Nous finissons par cette considération. Comme il est bien certain que les droits & les prérogatives qu'on attribue aux différens Conseils de la Rep. ne leur sont pas attribuez pour leur avantage propre & particulier, mais pour le bien public, pour un meilleur ordre du Gouvernement, comme on l'a vu ci-dessus, nous devons bien nous dire à nous-mêmes, que si les Conseils croyent devoir conserver le pouvoir que les Edits leur donnent, ce n'est pas pour leur propre interêt, mais parce qu'ils croyent que c'est l'interêt de l'Etat. Il ne s'agit point ici de la cause particuliere des Conseils, mais de celle de la Patrie, que nos peres ont eu uniquement en vue en établissant les Loix & les Usages que nous avons suivis jusqu'ici, & qui ont fait prosperer la République.

Au reste la Déclaration faite & remise par écrit à Messieurs les Sindics & au Sieur Procureur-Général par plusieurs de nos Concitoyens le 23. de Juin 1734 que V. S. ont trouvé à propos de nous communiquer, ne nous a pas paru demander aucune nouvelle réflexion, puisque les conclusions sont les mêmes que celles des Représentations, & portent sur les mêmes principes & moyens.

Telle est, M. & T. H. S. l'information que nous avons recueillie pour remplir la commission dont V. S. nous ont chargé. Nous avons estimé que dans une affaire de cette importance nous ne devions négliger aucunes des réflexions qui nous ont paru propres à éclaircir les esprits & à donner de justes idées sur les principes contenus dans les Représentations.

Nous esperons qu'avec la grace de Dieu V. S. par leur sagesse & par leur prudence trouveront les moyens d'empêcher que la République ne souffre du dommage.

La tranquilité reviendra, & nos Concitoyens mieux informés reconnoîtront que leurs Magistrats ne se sont jamais mieux montrés les Peres de la Patrie que dans cette grande occasion.

CXCI.

Projet d'Accommodement ou de Pacification, qu'ensuite de l'acceptation de l'offre de leurs bons offices, le Roi de la Grande Bretagne & les Etats Généraux des Provinces Unies ont proposée aux Puissances engagées dans la Guerre. [Sur les Copies imprimées à Vienne en François & en Allemand communiquées le 28. Fevrier 1735. 1735.

Il n'est pas nécessaire pour le But que Sa Maj. Britannique, & leurs Hautes Puissances, se proposent dans ce Projet, d'examiner scrupuleusement si les brouilleries, que la vacance du Trône de Pologne a fait naître, sont le principal, sinon l'unique, motif de la présente Guerre, ou si elles n'en sont que la cause accidentelle: mais, il est seulement nécessaire de faire les deux Observations suivantes.

La premiere, que dans l'état présent des affaires, on travailleroit inutilement à un Accommodement entre les Puissances en Guerre, sans commencer par la Pologne:

La seconde, qu'il est évident à quiconque réfléchit avec un peu d'attention sur la nature des brouilleries que la vacance du Trône de Pologne a fait naître, & sur l'Etat présent de ce Royaume, que pour terminer par un Accommodement ces brouilleries, il est absolument nécessaire d'éviter les discussions de Droit, & de plusieurs difficultez de même nature.

Après ces deux Observations préliminaires, S. M. B. & L. H. P. se croyent en droit d'avancer, que le plus apparent, sinon le seul & l'unique, moyen de terminer ces Brouilleries d'une maniere à guérir les inquiétudes de l'Empereur & de la Russie, & de sauver en même tems l'honneur de la France & du Roi *Stanislas*, & pour frayer le chemin au retour si désirable de la Paix générale, par l'éloignement d'un obstacle si capital, est que le Roi *Stanislas*, du consentement du Roi Très-Chrétien, son Beau-Fils, déclare par un Acte en due forme, adressé à la Nation Polonoise ses Sujets, *Que, préferant dans son âge avancé le repos & la tranquilité de la vie privée à tout ce que le monde a de plus brillant, après avoir satisfait à ce qu'en qualité de Roi il se devoit à lui-même & à ses fidéles Sujets, il renonce librement & volontairement à la Couronne de Pologne, & déclare ses Sujets dégagez & libres du Serment de fidélité qu'ils lui ont prêté ou dû prêter, comme à leur légitime Roi, dans la ferme attente, que toute l'Europe, & sur-tout le Roi Très-Chrétien, dont il a l'honneur d'être le Beau-Pere, approuveront cette Démarche, qui tend visiblement à calmer les Troubles de Pologne, & à ramener la Paix entre les Puissances, qui à cette occasion sont en Guerre.*

Mais, sachant combien les matieres dans lesquelles il s'agit de l'honneur, & sur-tout de l'honneur des Souverains, sont délicates, S. M. Britannique & L. H. P. n'ouvrent cet expédient, tout plausible qu'il leur paroît, qu'aux conditions & avec les restrictions suivantes.

1. Que le Roi *Stanislas* conserve les Titres de Roi de

de Pologne & de Grand Duc de Lithuanie, avec tous les honneurs & prérogatives qui sont attachez à ces Augustes Titres & à ce Rang, qui lui seront rendus en quelque Pays qu'il se retire.

2. Que ce Prince aura la libre jouïssance de ses biens & de ceux de la Reine son Epouse.

3. Qu'il y aura une Amnistie de tout le passé, par rapport aux Troubles présens, pour toutes les personnes de quelque qualité, rang, & condition qu'elles soient, & notamment que toutes les Provinces & Villes, & en particulier celle de Dantzig, où le Roi *Stanislas* s'est retiré depuis son Election, seront rétablies & maintenues dans le même état où elles étoient avant la naissance des Troubles présens, par rapport à leurs Droits, Libertez, & Privileges, Honneurs, & Dignitez; & qu'immédiatement après l'Abdication, le Fort de Weichselmunde sera rendu à la Ville de Dantzig, à laquelle pareillement le reste de la Taxe, que lui avoient imposée les Saxons, sera remis.

Les Articles concernant lesdites conditions seront inserez dans le susdit Acte, & en feront une partie essentielle; &, pour en assurer l'exécution, la Partie adverse, qui se qualifie du nom de République Confederée, ou bien de la Diète de Pacification, si elle est assemblée lorsque le Roi publiera son Abdication, lui envorra une Députation solemnelle, pour le remercier du sacrifice qu'il veut bien faire de ses propres intérêts les plus précieux au repos & à la tranquilité de sa Patrie; & pour lui remettre un Acte d'Acceptation, dans lequel lesdits Articles seront inserez. Et faute de cela l'Abdication du Roi *Stanislas* sera censée nulle & comme non faite.

Comme elle sera aussi reputée nulle, si les Troupes Russiennes ne se retirent pas de la Pologne & du Grand-Duché de Lithuanie, immédiatement après la Publication desdits Articles & Acte d'Abdication.

Ensuite, le Roi *Stanislas* le notifiera à tous les Princes, à qui il a notifié son Election, & tant l'Empereur, que S. M. Britannique, & L. H. P. dans leurs Réponses aux Lettres de notification, le reconnoitront pour Roi de Pologne, conformément au susdit Acte en renonçant à la Couronne, & s'employeront auprès des Puissances leurs Amies & Alliées, afin qu'elles en fassent autant.

Attendu que les Troubles de Pologne sont la principale source de la présente Guerre, toutes les Puissances belligerantes, pour contribuer autant qu'il dépend d'elles audit Accommodement, le garantiront & même employeront leurs bons offices auprès de l'Impératrice de Russie, pour que de son côté elle en fasse de même, & pour qu'elle retire incessamment, après l'Abdication du Roi *Stanislas*, ses Troupes de Pologne; le tout, afin que les Polonois jouïssent tranquillement & sans contrainte des Libertés & Prérogatives de leurs Constitutions, & principalement de la Libre Election de leur Roi.

Et, finalement, s'il arrivoit contre toute apparence, que, pendant le cours de la Négociation pour l'acceptation du présent Plan d'Accommodement, les raisons qui font juger l'Abdication du Roi *Stanislas* comme le plus apparent & non le seul expédient pour terminer à l'amiable les brouilleries de Pologne, vinssent à cesser, par quelque accident imprevu, le reste des Préliminaires n'en demeureroit pas moins en son entier.

Les Evénemens de la Guerre, dont la France a dès le commencement porté le fort en Italie, ayant fait tomber entre les mains de la France & de ses Alliés les principaux Etats que l'Empereur possédoit dans ce Païs-là avant la guerre conformément aux derniers Traitez de Paix, l'Empereur, animé d'un désir sincére de procurer à l'Europe une Paix stable & solide, cedera à l'Infant *Don Carlos* les Royaumes de Naples & de Sicile; comme aussi il cedera au Roi de Sardaigne, Tortone & le Tortonois, Novare & le Novarois, & le Vigevanasco, pour être détaché du Duché de Milan, & faire à l'avenir un Corps avec le Piemont; avec pouvoir au Roi de Sardaigne de fortifier lesdites Places, aussi bien que toutes les autres Frontieres qu'il trouvera nécessaires pour la défense de ses Etats; bien entendu, & à condition expresse, que la France & ses Alliés restitueront de bonne-foi tout ce qu'ils ont pris d'ailleurs de l'Empereur & à l'Empire pendant la présente Guerre, & que l'Infant Don Carlos de son côté cedera à l'Empereur tous ses Droits sur la Toscane & les Duchez de Parme & de Plaisance, pour être possédez par l'Empereur en pleine proprieté, à l'exception notamment de la Ville de Livourne, laquelle pour la Liberté du Commerce sera une Ville & Port Libre & indépendante de tout autre Souverain, que de ses propres Magistrats. Et, par dessus cela, l'Infant Don Carlos s'engagera, en qualité de Roi de Naples & de Sicile, que le Commerce des Sujets de S. M. B. & de L. H. P. y sera incessamment rétabli & maintenu à tous égards, sur le pied qu'il étoit du vivant de *Charles II.* Roi d'Espagne, de glorieuse Mémoire. Et d'autant que l'Empereur ne pourra pas prendre possession de la Toscane, ni en tirer des revenus pendant la vie du Grand-Duc, & qu'en attendant l'Infant Don Carlos jouïra des Royaumes de Naples & de Sicile, on conviendra dans la Négociation d'un dedommagement en argent en faveur de l'Empereur, durant la vie du Grand-Duc.

Comme la conservation de l'Equilibre des Puissances, dont dépend le Repos de toute l'Europe, demande absolument l'Indivisibilité de tous les Etats de la Maison d'Autriche, la France, animée du même désir que l'Empereur, de procurer à l'Europe une Paix stable & solide, garantira la *Pragmatique Sanction* de l'Année 1713. de la même maniere que d'autres Puissances l'ont déja garantie, & par conséquent cette Garantie ne regardera que les Etats que l'Empereur posséde actuellement & qu'il possédera conformément à ce Plan d'Accommodement, sans y comprendre ceux sur lesquels lui ou ses Successeurs pourroient avoir des prétentions, ou qu'ils pourroient aquérir par Succession, Mariage, ou autrement. Puisque l'Espagne a déja garanti ladite *Pragmatique Sanction*, elle ne fera point de difficulté de renouveller, à cette occasion, sa Garantie; & l'on doit s'attendre que le Roi de Sardaigne n'en fera pas non plus de suivre l'exemple de ses Alliez.

Ce seroit faire tort à la pénétration des Puissances engagées dans la présente Guerre, si S. M. Britannique & L. H. P. pensoient être obligées à détailler les raisons qui doivent, à leur avis, porter lesdites Puissances à accepter ledit Plan, ou, du-moins, à le regarder comme la Base, sur laquelle on peut d'abord entrer en Négociation touchant un Accommodement.

C'est aux Puissances, auxquelles le susdit Plan sera présenté, qu'il appartient d'en juger, sans que S. M. Britannique & L. H. P. prétendent les prévenir en sa faveur, autrement qu'en les priant d'en combiner les divers Membres, & de comparer le tout avec l'état présent des choses; bien persuadées, que quiconque voudra se donner cette peine n'en aura point d'avouer, qu'il n'y a qu'un désir sincére de concilier les Différends, & de procurer par-là une Paix durable à l'Europe, conduit par une impartialité parfaite, qui l'ait dicté.

Sa Majesté Britannique, & Leurs Hautes Puissances, ne peuvent nullement douter, que ce Plan ne rencontre par-tout un Accueil favorable, & que la Reponse des Puissances, auxquelles il sera présenté de leur part, ne soit aussi prompte, aussi claire & positive, que la circonstance du tems le demande; & qu'elle n'autorise Sa M. Britannique & L. H. P. à faire une nouvelle Démarche vers une Pacification générale, en proposant la Methode la plus courte de travailler à un Traité formel, dans lequel tous les Différends soient applanis & finalement ajustez.

Mais, quoiqu'il en arrive, S. M. Britannique & L. H. P. auront du moins la consolation que ce Plan servira pour le tems à venir de monument de leur sincére désir de procurer la Paix à l'Europe, & que ceux qui refuseront d'y donner les mains, seront seuls responsables de tous les malheurs qui pourroient arriver par la continuation de la Guerre. Rien au reste n'est plus capable, de l'aveu de tout le monde, de reculer la Pacification, qu'en faisant naître de nouveaux obstacles; & par conséquent rien n'est plus opposé au but de Sa Majesté Britannique & de L. H. P. en proposant ce Projet d'Accommodement aux Parties belligerantes, que la continuation des hostilitez; & c'est aussi pour ces considérations, qu'elles se jugent indispensablement obligées à proposer, avant toutes choses, aux Parties belligerantes, un Armistice pour tout le tems de la Négociation, & de leur recommander, avec tout l'empressement dont elles sont capables, d'y consentir chacune de son côté sans perte de tems; le Printems, &, par conséquent, la

ANNO 1735.

la Saison de mettre les Armées en Campagne, s'approchant à grands pas.

CXCII.

30. Juillet. *Solemnissima Confœderatæ Reipublicæ Manifestatio, Patriæ suæ insinuata, & universis Europæ Potentiis pro informatione præsentis status sui, exhibita, die 30 Julii.* [Sur la Copie imprimée à Konigsberg.]

NOS STATUS ET ORDINES Regni Poloniæ & Magni Ducatus Lithuaniæ sacro unionis vinculo, pro tuitione Majestatis Serenissimi Stanislai Primi, Regis & Domini nostri clementissimi, ac simul manutentione avitæ Libertatis nostræ congregati: Notum testatumque facimus:

Quod, prout in Nostris utriusque Gentis Generalium Confœderationum Consiliis, mutuâ correspondentia, & indissolubili animorum harmonia, constitutum esset; ut ad visionem Majestatis Serenissimi Regis Stanislai I. Domini Nostri clementissimi Patriæ suæ nati, eidemque servandæ singulari Dei præsidio conservati, Nos conferremus, ita ineffabili animorum lætitiâ scopum desideriorum Nostrorum attigimus, cum & ad adorationem suæ Majestatis clementer admissi, & exoptato Paternæ Dexteræ osculo, solati sumus.

Hinc præprimis debitas supremo Numini pro salute Principis, à qua Reipublicæ dependet salus, litavimus Grates, deinde ea, quæ modernum afflictæ Reipublicæ statum concernunt, omnimodè præcustodiendo, unanimi sensu & assensu faciendum esse duximus: ut omnes Reipublicæ Provincias, Palatinatus, Terras & Districtus, ac omnes cujusvis Statûs, Dignitatis & Conditionis Confratres & Concives Nostros tum Exercitus utriusque Gentis & authoramenti ac particulares quosvis officio aut servitio bellico accinctos, qui aut Fatis tantis perconcedere, & meliorem fortunam expectare coguntur, aut qui turpi seducti lucro malevolorum secuti partes; de caussis & rationibus, quæ nos extra Patriam Nostram, in Ditionibus Borussicis collocarunt, tum & de inconcusso nostro ad tuendam Patriam, Jura & Libertates animo & zelo, certiores reddamus; Ac simul universas & singulas Europæ Potentias, tam viciniores, quam remotas, & præprimis summum in Terris Christi Vicarium, Reges, Respublicas, Duces ac Principes, præsertim autem amicos & Fœderatos nostros, de statu Reipublicæ Nostræ, semper alias gloriosæ, nunc demùm per Usurpatorem Throni, suis propriis ac Moschicis Armis tumidum oppressæ, informemus.

Palam est, nec explicatione indiget, Confœderatam Rempublicam Nostram, non cœco impetu, non Exoticæ Factionis stimulo, non Privatorum commodorum studio; sed fundamentali rerum consideratione, excutiendæ externæ impositionis ratione, Boni Publici zelo, & juratæ fidei pietate, omnes actus suos direxisse. Et prout illibata fide & jurejurando in virtute Sancitorum Generalis Convocationis liberrime & ad vota omnium Instructionum, Nuntiis Terrestribus datarum, conclusæ & definitæ, (& cujus autoritate etiam Pseudo-Electio Pragensis, seu Kamiennensis, suos nititur fundare actus) Regem Natione Polonum, utrisque Parentibus Catholicis progenitum, Dominia aut Exercitus extra Regnum non habentem Nos electuros spopondimus, eidemque sponsioni liberrimâ Serenissimi Stanislai I. Regis & D N. C. Electione, tempore & loco per eandem Generalem Convocationem assignatis satisfecimus; ac eandem Satisfactionem Sacro Confœderationis vinculo, post peractam Electionem reiterato, manutenendam assumpsimus; ita neminem dubitare volumus, imò verò omnes & singulos certificamus:. Nos in eadem obligatione Nostra, infracta erga Serenissimum Regem Stanislaum I. D. N C. fide, constanti pro tuenda Libertate, unico tantum Domino Dominantium subjecta, zelo; ad ultimum vitæ momentum perseveraturos.

Non deterrebunt Nos ab hoc sancto proposito Nostro, ultima facultatum & fortunarum Nostrarum jam alias per Moschos & Saxones funditùs desolatarum dispendia, non cædes, & immanes Concivium, Fratrum & Liberorum Nostrorum lanienæ, non Ergastula, Vincula, Exilia, non stratagemata & insidiæ, tam intra Patriam nostram, quam in Dominiis Neutralitatem observantibus, terra marique positæ, non

captivitas quam tanto temporis tractu Celsissimus Regni Primas, aliique plures optimi Cives, pro Patria perpeti dulce duxerunt. Non declinabunt Nos à tramite recti, usurpata per pseudo-Electum Regni Gubernacula, perjuriis, scandalis, violentiis & oppressionibus sententia, non præsumptiva Comitiola, Comitia Tribunalia, & quævis iniqua Subsellia, non propositæ proscriptiones & Bonorum confiscationes, scimus equidem necessarium esse, ut sint quandoque scandala; sed credimus eadem nequaquam impunita relinqui.

Nec ignorat Terrarum Orbis liberrimum Poloniæ Regnum, ejusque immunitatem universæ Europæ tam caram, quàm utilem, non posse conferri à Cæsare, non obtineri à Prætendente, non extorqueri à suppositiva Guarantia: scit Europa peroptime præsumptæ Exclusionis rationes nullas esse, scit aliud munus Guarantis, aliud Mediatoris esse, patet Tractatum Anni 1727. inter Serenissimum Augustum II. Regem Poloniæ ab una, & Rempublicam pro tunc Confœderatam parte ab altera, circa mediationem Serenissimi Petri, Moschorum Monarchæ, non tam libenter, quam reverenter conclusum esse, nullam tamen Guarantiæ mentionem in eodem reperiri. Videt ad oculum pseudo-Electionem, & subsecutam pseudo-Coronationem Electoris Saxoniæ; improbrosa paucitate, & quod maximum, perjurorum partisantium, sub Moschorum Armis expeditam; nec micam quidem solitorum ac de Lege necessariorum rituum ac solemnitatum habuisse. Patet quasvis Partis adversæ, ab ipsa incipiendo Pseudo-Electione practicatas insolenti ausu Actiones, Sancita, Resultata, Manifestationes, Litteras Universales, & alia ejusmodi Scripta, circumventionem & dementationem populi, malitiosis & falsis repræsentationibus, intendisse & intendere.

Trutinet hæc justè quivis prudens, & justus rerum arbiter perpendat & novissimum Domini Zawisza ad Aulam Moschoviticam Pseudo-Legati sub data die 7. Januarii anni currentis 1735 promulgatum & ad Acta Pseudo-Tribunalis Vilnensis die 12. Maii eodem anno, per oblatam perrectum, specie Literarum Universalium scriptum, crassissimis mendaciis & calumniis refertum; & facile tanquam infamem partum spernet & abjiciet, sciens Christianissimi Regis mensuras & dispositiones, altioris considerationis esse, quam ut Theonino dente corrodi queant. Novit Orbis universus gloriosos istius Monarchæ progressus, Qui alieni Regni avulsi nec possunt velle, nec volunt posse Hostium mercari amicitiam.

Examinet Litteras sic dictas Universales, ac si pro Comitiis pacificationis anno currentis emanatas, atro carbone notandas, & sine dubio recognoscet, toxicum in nectare propinatum. Promittitur in illis Pax & Tranquillitas publica, sed subintelligitur requies sempiterna jugulatæ Libertatis Polonæ. Promittitur Evacuatio Exoticarum Copiarum; sed adæquata ratio dari nequit, quo jure, qua autoritate sunt introductæ. Quid prodesset temporalis evacuatio, si autorisaretur perpetua oppressio? Cribratur iisdem Litteris Libera & unanimis in omni formalitate Serenissimi Regis Stanislai I. expedita Electio, ex eo principali motivô: quod tota moles Electionis, in uno tantum modo Candidato fundaretur; Ac si non extaret pateticum in cóntra Documentum, scilicet præfinita Comitiorum Convocationis dispositio, ubi videre licet quemquam Natione Polonum ad Regni fasces Candidatum fuisse, inter quos Serenissimus Rex Stanislaus I. memorando erga patriam Charitatis exemplo, fortes suas liberis congregatæ Reipublicæ suffragiis, plenariè resignans, computabatur. Potestne ergo redargui Respublica, Jurium suorum Domina, si non ad placitum Viennensis & Moschorum Aulæ; sibi eligit Regem? cum sit independens ab utraque.

Licuit & potuit Respublica in Electione viritim congregata, non modo interpretari, aut abrogare Leges, quæ Serenissimo Regi Stanislao I. obtruduntur, verùm etiam anteriorem in virtute Legum Cardinalium, de non præstanda Regi obedientia anno 1567. 1576. 1607. 1609. sancitarum, factam Ejusdem Serenissimi Regis Electionem reassumere & ratificare. Quod multò majori posset fieri autoritate, quam in Generali Concilio Varsaviensi, post Tractatum Altranstatensem post abdicationem Serenissimi Augusti II. post declarata per binos Primates Regni, & binas, scilicet Varsaviensem & Sandomiriensem, Confœderationes, interregna, Anno 1710. celebrato; ubi præfatus Serenissimus Augustus II. post Cladem Pultaviensem, Moschorum Armis suffultus, rursus ad

Anno 1735.

Thronum Polonum est restitutus, ubi quoque Respublica, propriis viribus destituta, tales Leges (quæ modo malitiosè citantur) scribere debuit, quales Moschorum & Saxonum Exercitus dictabat. Unde quam fatales pro Republica promanarunt consequentiæ, præsens Domus Saxonicæ ambitus, per quævis extrema Thronum Polonum appetens, & nec Religionis vincula, per Rempublicam providè circumscripta considerans, sufficienter demonstrat. Et tamen ea omnia, quæ meritò reticenda, & in futurum cavenda essent, conspiratio Pragensis pro gloriosis reputat, iisdemque Rempublicam, ac mundum universum dementare studet.

Allegantur in iisdem Literis Universalibus, etiam anteriores Constitutiones Regni, scilicet Annorum 1607 & 1670. verè ut in præsenti statu revolvantur, dignissimæ. Damnant eædem Constitutiones Usurpatores Throni, etiamsi per potentiam coronati fuissent, damnant eorum Asseclas, damnant omnes tales Actus, quales Pragensis Factio practicavit. Et in fundamento earumdem Legum, tam particulares Palatinatuum, Terrarum ac Districtuum Confœderationes, quam generales utriusque Gentis constitutæ solidantur. Jam vero Electionem Serenissimi Regis Stanislai I. D. N. C. minimè afficiunt; nam si ad anteriorem Ejusdem Electionem & Coronationem citantur, tunc simul citari deberent Leges præallegatæ Cardinales, de non præstanda Regi obedientia latæ, ac simul Pacta Conventa inter Serenissimum Augustum II. & Rempublicam stipulata, & juramentum per Eundem Regem Reipublicæ præstitum tum quoque observantia Eorumdem Pactorum, & juramenti, perpendi deberet. Si vero ad secundariam retorquentur Electionem, utique universo Orbi Terrarum constat Pseudo-Electionem Pragensem seu Kamiennensem, stante jam Serenissimi Regis Stanislai I. legitima Electione, fabricatam esse, quantitatem suffragiorum Electori Saxoniæ in ibidem collatorum nemo ignorat; Libertatem verò Electionis D. Generalis *Lascy*, Literis suis ad Aulam Moschoviticam exaratis, & per Milites Polonos interceptis, sufficienter explicat; referendo sese eandem Electionem, partim persuasionibus, partim minis ad effectum deduxisse.

Invitamur, pro Coronide, præmemoratis Literis, sic dictis universalibus ad Patriam, & in funiculis cujusdam *Amoris & Gratiarum trahimur.* Heu funesti *sunt ejusmodi funiculi!* utpote Libertatem, Jura & Prærogativas Reipublicæ strangulantes. Comparebimus tamen Deo dante in Patria sibi plenarie restituta, ab Exercitu exotico evacuata, & à præsumptiva vicinarum Potentiarum dependentia immuni. Interea prædicta Comitia pacificationis, nullo jure, & authoritate assignata, laqueum perdendæ Libertatis dolosè instructum esse nemo ignoret. Ex antecedentibus metiantur subsequentia, utique toto hoc calamitatis Tractatu, Nobilitas non tam Literis Universalibus, quam Moschorum Edictis ad similes Conventus compellebatur, utique Electoris Saxoniæ, pro Rege Poloniæ recognitiones, summa violentia extorquebantur, utique ea omnia, quæcunque hostilis dictabat livor, pro Lege reputabantur, & tamen ea omnia specie Libertatis adumbrantur, & Comitialem authoritatem sibi arrogare præsumunt.

Unde facile unusquisquam sibi inferre potest, illos omnes (paucissimis Pragensis factionis motoribus exceptis) quicunque partes Electoris Saxoniæ sequuntur, strepitu armorum exoticorum & longa suppetiarum expectatione coactos & necessitatos esse, uti novissimum in Celsissimo Primate Regni patet Exemplum. Nec dubitare potest quemquam verum Polonæ Aquilæ pullum ad Libertatem anhelare, & primam excutiendi laquei occasionem arrepturum esse.

Non desunt viva Generositatis Polonæ Argumenta, præsenti calamitate intemeratam fidem & constantiam probantia. Vidit Orbis universus universalem pro bono publico zelum & sollicitudinem, cum inchoata feliciter ad mentem Sancitorum Generalis Convocationis Electione; jam vero hostili potentiâ undique irrumpente, & Rempublicam impediendæ & subvertendæ liberæ Electionis gratiâ invadente, Urbis Cracoviæ Regni Metropoleos, Thesaurique ibidem asservari soliti; prima & maxima habebatur consideratio. Et quoniam Cracovia imminenti proxime Furori Hostili, impar pro tunc resistendo videbatur, hinc provida Celsissimi Primatis gloriosè vice-Regia sub id tempus dignitate fungentis, illorumque ex Senatu Patrum, Statusque ac Belli Ministrorum, & ex Equestri Ordine Civium, quibus Jura, Immunitates & Libertates Patriæ, cordi esse maximè videbantur circumspectione, & salutifero consilio futura damna prospiciente; Ejusdem Thesauri, suppellectilis semper Reipublicæ Sacræ; nimirum Diadematum & insigniorum regni, solemnibus (nec alias validis) Regum Coronationibus consecratorum cura, & ad securius depositorium transportatio *Illustrissimo supremo Regni Thesaurario, & perillustri Coronarum Regni Custodi*, ad id de Lege assignatis, est præcommissa.

Anno 1735.

Quid de Palatinatuum, Terrarum & Districtuum, inter innumeros Hostium Exercitus, resolutione dicendum? Non illos excubantes, Eorundem Phalanges, ab ultima salvandæ Libertatis medela cohibere poterant: imo verò expeditis particularibus in locis consuetis Confœderationibus, pro constituenda generali totius Reipublicæ Confœderatione, ad Oppidum Dziskow prope Sandomiriam situm, relictis Laribus propriis, Uxoribus, Liberis, & quidquid pretiosius habebatur, tanquam ad commune incendium restinguendum undequaque concurrebatur. Convolabat pariter heroico zelo ad Bonum commune utriusque Gentis Exercitus, qui licet sibi & Reipublicæ quondam sufficere, & inimicis formidabilis esse consuevit. Tractatu tamen præallegato anni 1717. inter Regem & Rempublicam, circa evacuationem Saxonicæ Militiæ facto, ad paucas copias reductionem pati debuit; nec augmentationem tempore interregni propositam, obstantibus exoticis factionibus, mereri valuit. Deinde in parte, per secessum Generalis Regimentarii immediate præteriti, ad partem adversam tractus, sortem iniquam sequi debuit. Nihilominus tamen illa pars Exercitus Regni, quæ ad Officium Regi & Patriæ debitum, sub Regimen Commendantis Regimentarii est reversa tam magni Ducatus Lithuaniæ Exercitus, eandem Copiarum Regni dismembrationem, & plane roboris Belli, ex aliquot Legionibus sclopetariorum regulati, avulsionem minimè apprehendendo, nullatenus de rigore demisit. Quinimò tenax recti uterque Exercitus, vera virtutis specimina, aliquoties confligendo gloriosè exhibuit, nihilque in se fidei, probitatis & generositatis desiderari permisit, nec deinceps cum supremi Numinis ope desiderari permittet.

Cum tamen toto ferè biennio, sine hybernis, sine stativis, *sine respirio*, pondus diei & æstus tolleraret, jam vero solito stipendiorum fundo, per hostiles Copias in dies accrescentes, penitus exhausto frustraretur, nec quo famem solaretur, nec ubi caput reclinaret, grassantibus undequaque Hostium catervis, inveniret: Hinc præstolata fœderatarum Potentiarum Auxilia, omnino expectare necessitatur, tantisper vero relictis nonnullis circa Illustrissimos utriusque Gentis Generales Regimentarios, utriusque authoramenti Turmis, plerisque Legionum, Cohortum, ac Vexillorum Præfectis, reliquis aliis commilitonibus, (quos tamen ad primum Classicum reversuros nemo dubitat) ad propria reverti permissum est.

Hoc itaque calamitoso rerum tractu, Confœderati utriusque Gentis status & ordinis, nihil consultius esse judicarunt, quàm ut unius corporis membra supremo capiti jungerentur, & ad Latus Serenissimi Stanislai I. Poloniarum Regis, D. N. C. permanerent, ac Patriam suam, etiam extra Patriam cum plena Reipublicæ confœderatæ autoritate, donec supremus rerum Arbiter meliora provideat, repræsentent & tutentur. Deo Justitiæ supremo vindici, oppressionumque rigoroso ultori, confidentes, nec quidquam de promissis fœderatarum Potentiarum, præcipue Regis Christianissimi suppetiis desperantes, Nos brevi tempore Serenissimum Regem & D. N. C. in sinum Patriæ & Thronum Regni, illi soli debitum, prono subjectionis respectu comitaturos.

Interea verò contra quosvis Factionis Pragensis, ac ipsius Pseudo-Electi violentos actus, utpote Reipublicæ exitiosos, tum contra omnia & singula eorumdem Pacta, Sancita, Resultata, Manifestationes, Protestationes, Literas universales, & alia quævis scripta quocunque titulo vocitata in oppressionem Patriæ Nostræ emanata, præcipue vero contra præsumptam Pseudo-Comitiolorum tam Generalium, quam particularium, ac ipsorum Pseudo-Comitiorum, sic dictorum pacificationis, dispositionem, eorumdemque quævis eventus & successus, solennissimè protestamur & manifestamur.

Ut verò hæc Nostra immutabilis circa tuitionem Majestatis, & manutentionem Libertatis intentio, & constantissimus ad quævis extrema zelus ac resolutio, tam Patriæ Nostræ, quam & universis Europæ Potentiis

tentiis

ANNO 1735. tentiis innotescat, proinde hanc publicam Manifestationem & Protestationem Nostram, manibus propriis subscriptam, ad Acta autentica porrigi & ingrossari demandamus. Die & anno ut *supra*.

Signatum.

ADAMUS TARLO *Mareschalcus Generalis Statuum Reip. Confœderatorum Jaslensis, Drochobiensis, Dolinensis, Zwolinensis Capitaneus.*

MARTIANUS DE KOLIELSKO OGINSKI *Palatinus Vitebscensis, Mareschalcus Generalis Confœderationis Magni Ducatus Lithuaniæ.*

Et ab Episcopis Vilnæ & Thesaurariis Poloniæ & Lithuaniæ, Palatinis Siradiæ, Lublini, Belzæ, Pomeraniæ, Livoniæ, Pociey Regim. Lithuan. septem aliis Senatoribus, & à 124. Nunciis & Delegatis ex variis District. tam Polon. quam Lithuan.

CXCIII.

Ad Scriptum quoddam Regiomontani in Borussiâ sub die 30. Julii Anni currentis 1735 manatum, quod MANIFESTATIONIS *Confœderatæ Reipublicæ præ se fert Titulum, Brevis ac sincera Replicatio. E Meditullio Regni Poloniæ, mense Augusto.*

ANtequam imminentia Generalia Statuum Reipublicæ Comitia, à Serenissimo Rege *AUGUSTO TERTIO* ritè ad Vota Populi & universales Palatinatuum, Terrarum & Districtuum Regni Poloniæ & Magni Ducatûs Lithuaniæ instantias, pro die 27. Septembris Varsaviæ designata, de Actis Cœtûs Regiomontani, tum & de sorte Eorum, qui illum componunt, decernant; antequam Insolentiæ modum ponant, ausum reprimant, injurias vindicent, Majestatisque Regiæ Coronati Capitis respectum inculcent; nunc minimè visum est, ullo publico Instrumento Manifestationis Regiomontanæ nuper emanatæ, tanquam temeræ ac per se invalidæ, contenta refellere, aut cœtui Privatorum (etsi formam Reipublicæ extra Rempublicam indebitè usurpent) quibus volupe ærumnas Patriæ suæ, quas ipsimet causarunt, protrahere, Dignitatem Reipublicæ opponere.

Attamen ne repletis dolosâ querelâ paginis, obtrusisque Malevolentiæ artificiis, ac variâ rerum insubsistentium congerie multorum Credulitas decipiatur, operæ pretium fuit, justiori informatione fidem publicam instruere.

Sed adæquatos malitiæ, quæ modum excessit, terminos, aut parem indignis scommatibus rimam, nemo in Responso hoc expectet, longè enim ab honestis injuria, à cordatis abest altercatio; ipsi viderint, quid expectare debeant, qui pro læsæ Majestatis ac Status Criminibus rationem reddituri sunt.

Scriptum hocce Regiomontanum specioso quidem insignitur titulo: *Nos Status & Ordines Regni Poloniæ & Magni Ducatûs Lithuaniæ. &c. &c.* Sed cui Status, Forma & Regimen Polonæ Reipublicæ nota sunt, cui Acta, Codices & Annales Regni hujus constant, facile occurret, Cœtus ejusmodi, Congressus, seu Conventicula quævis extra Regnum formata, multo magis Authoritatem Statuum Reipublicæ sibi arrogantia, nusquam aliter, quam pro *seditioso secessu* censeri & haberi.

Si olim Respublica Polona ægrè ferebat, dum in Hungariâ de rebus Polonicis consulebatur, quamvis idem Caput Poloniæ & Hungariæ simul cingebat Corona; Si Sigismundo Tertio è Sueciâ ad Thronum Poloniæ vocato nusquam permissum in Sueciâ Reipublicæ momentis vacare; Si Augusto Secundo Regi desideratissimo, similis per legem imposita est obligatio, ne in Saxoniâ extra Regnum, Regni Gubernacula exerceret, adeò ut ne gratias quidem (quod pure Juri Majestatico affectum est) foris dispensare potuerit: Quâ demum Lege aut Legis colore Regiomontani residentes authorisari possunt, ut extra Regnum, sub Principe alieno, cujus Neutralitas declarata ansam rixarum atque factionum vitare suadet, & non nisi pacificum præbet Asylum, ibidem formam Pseudo-Reipublicæ repræsentare, acta verò totius & integralis Reipublicæ, in tribus Ordinibus coadunatæ, omniaque ad normam Legum & Libertatum suarum disponentis, reprobare præsumant? ANNO 1735.

Utique illud ipsum novissimum in Comitiis Electionis compilatum Instrumentum, quô omnes & singulos sub gravissimis pœnis, etiam ad Successores extendendis, obligatos esse voluerunt, ne quis extra Regnum secedere, multò minùs Cœtus & Conventicula coadunare præsumat; Hoc ipsum dico Statutum, quod eadem factionis Capita formarunt, cujus ipsi Authores & Violatores extiterunt, formam hanc Consiliorum, quam nunc vendicant, evertit & annihilat.

Ponunt illi pro fundamento prætensam Confœderationem suam Dzikoviensem: Illam Confœderationem, qua Arbitrium supremum Belli & Pacis sibi usurparunt, omnesque materias Statûs ad se pertraxerunt, quâ Bellum Cæsari clarigaverunt, quâ Dominiorum ejus rebellionem apertè fomentârunt, quâ Otthomanicas Tartaricasque ac alias Gentes in Viscera Patriæ invitarunt, quâ Legationes decreverunt; quâ antiquas Nobilissimas Regni familias, quotquot insolentiæ ipsorum sese opponunt absque jure & judicio proscripserunt, Bonis & Honoribus spoliarunt; illam dico Confœderationem, quam intra pauca Capita factionis compilatam, pluribus ipsorum Membris ignotam, subreptitiè subscriptam, universæ Nobilitati imponere volebant; à quâ statim magna Nomina Patriæ suæ Bonum sincerè amantia, tum & Exercitus Regni cum Ductore suo, factâ solenni Manifestatione de eversione Statûs, recessere; & quam denique Palatinatus, Terræ, & Districtus, postquam ad notitiam ipsorum typis mandata pervenit, & Crimina Status oculis subjecit, reprobarunt atque condemnarunt.

Hanc nihilominus Confœderationem Dzikoviensem pro basi & fundamento prætensæ huic Manifestationi suæ substruunt, eâque omnes legitimos Actus Reipublicæ in tribus Ordinibus ritè Leges condentis, peractos ac peragendos invalidare & annihilare nituntur.

Authorisare demùm Manifestationem suam volunt, compilatis multorum Nominibus, quæ Palatinatibus respectivis præsidere jusserunt; multi interim leguntur, qui aut servitio Dominis suis inibi sunt adstricti, nec primævo Actui Confœderationis prætensæ Dzikoviensis fuerant adscripti, aut noviter in Consiliarios & Residentes ad latus Regiomonti sunt adsciti, in locum videlicet Eorum, qui sese ex justis motivis perituræ Patriæ, à nexu & cœtu ipsorum avulserunt.

Hinc notum sit Orbi Terrarum Universis & Singulis, tam Regibus, Principibus, Rebuspublicis & earum Vasallis, quam & omnibus Reipublicæ Polonæ Statibus & Concivibus, Manifestationem Regiomontanam, uti contra Statum & Leges Regni emanatam, quinimo protrahendi Belli causâ formatam esse, ita seditiosam, criminalem, Patriæque suæ fore damnosam Nam si hæc ac tanta audent, dum pauci, omnique succursu destitui degunt, quid non tentarent si Auxiliis suffulti, prædominari, atque malitiæ exercendæ campum nancisci possent?

Tempus aderit, quo crimina Statûs ac læsæ Majestatis, tum & oppressæ Libertatis expiandum erit, nunc contemnendum credimus, quod malè loquantur & scribant, nam nesciunt benè. Expungendam tamen malitiam censemus, quâ liberam Serenissimi Regis Augusti Tertii Electionem *Theonino dente* (verbis ipsorum utor) proscindunt, atque *Usurpatorem Throni, propriisque ac Moschicis armis tumidum*, compellare non erubescunt

In aperto est, Serenissimum Augustum III. convenienti magnis Principibus viâ, per amorem & suffragia liberæ Gentis, per oblationem magnorum Emolumentorum Reipublicæ, per Legatorum suorum officia Coronam Regni palam quæsivisse; Notum pariter est, Eundem Principem, cujus Regias Qualitates, & Pietatem, ne ipsa quidem Invidia obumbrare potuit, à liberrimis Reipublicæ Statibus, qui à contagione Factionis præpotentis, ex rationibus in Manifesto suo solenni pro tunc deductis, Pragam semoti sunt, spontè ac liberè intra terminum Electioni præfixum, electum esse; demum Pactis Conventis, ac nexu Juramenti Reipublicæ obstrictum, ad Thronum invitatum, ritè coronatum, Regni Gubernacula piè, justè, clementer moderare.

Electus est absens (juxta Legum Patriarum dispositionem) summo Reipublicæ Bono, nam cùm non sit Vicinis nostris obnoxius & infensus, Vicini pariter Pacem & Amicitiam, quam per infracta Jura Gen-

ANNO 1735.

ANNO 1735.

tium violatam sensere, cum ipso, & propter ipsum conservandam declarant.

Electus est ceu Piastus Jagellonici Sanguinis, à quo duodenis rivulis procedit, Ramus desiderabilis.

Electus est ceu Incola Regni, nam Constitutione Comitiorum Grodnensium. An. 1726. extitit Hæres fundorum Terrestrium, quos Serenissimus Pater suus ad, & circa Varsaviam Commoditatis suæ causâ amplos comparavit

Electus est ceu Regni Indigena, nam de Anno 1652. Serenissima Domus Saxonia, ob merita sua in Rempublicam, Indigenatu donata est.

Hinc evenit, quod anteriori Electione post fata Regis Joannis Tertii indictâ, dum Piastum à Throno excludendum volebant, Primas Cardinalis Radziejowski (uti in Actis Castrensibus Ravensibus Feriâ quintâ post festum Sanctæ Margarithæ V. & M. An. 1697. exstant Universales ejus Litteræ ad reiterandam Electionem pro die 26 Augusti ejusdem Anni indictæ) eâ prorsus ratione Serenis. Augustum Secundum à Throno Poloniæ amovibilem declarabat, quòd Constitutione prætactâ Anni 1652. Piastus & Indigena, qualem pro tunc Convocationis Acta excludebant, censeretur.

Igitur Serenissimus Augustus Secundus Pater tanquam Piastus & Indigena Regni, Serenissimus verò Augustus Tertius filius ejus, & Princeps Regius Poloniæ & Magni Ducatûs Lithuaniæ, tanquam Extraneus & Alienigena, mirâ Geniorum variatione, & indignâ Exclusionis arte à cordibus & suffragiis Liberæ Gentis amovebantur.

Sed popularis hæc multoque studio & cuniculis elaborata Exclusio captioso quantumvis juramento involuta, omnes adeo infascinare non potuit, ut Principis hujus Regias qualitates, ac opportuna Patriæ sub Regno ejus emolumenta, non præviderent, & non exoptarent.

Electus itaque est, observatis de Lege solennitatibus, observatâ delicatissimè libertate vetandi, procul à Copiarum Russicarum (prout falso, uti cætera alia, in Manifestatione exaggeratur) adeo ut *Usurpator* dici nequeat, quem taliter sana Pars Reipublicæ liberis suffragiis spontè, nulla impellente factione, seligit & eligit

Si forte *manifestantes Regiomontani*, qui nodum in scirpo quærunt, defectum Electioni Kamionensi imputant ex eo, quod Primatis defuerat proclamatio, quodque non in loco designato peracta fuerit; Rationes hujus patent amplissimæ in Manifesto ab iisdem Statibus Pragæ ad Vistulam publicato, tum & in Actis Electionis Serenissimi Augusti III. Sed si retrò respicimus, paucas admodum habemus Regum Electiones, quos Primates, maximè ubi partiales animadverterentur proclamassent. Non obfuit Magnis Regibus Stephano Bathoræo & Sigismundo Tertio, etiamsi non in loco designato electi, nec à Primate nominati essent, imo expressum comperimus in Denunciatione Reginæ Annæ Stephani Regis Uxoris, *Electionem Regum non ad locum Electioni designatum, sed ad Eligentes regulari.* Sufficit, quod Serenissimus Augustus III. intra determinium Electionis præfixum, ritè ac liberè electus sit.

Quod attinet Copias Russicas, quarum moram Serenissimo Regi Augusto malè imputant; Memoria hominum quotquot in Republica vivunt, minimè excidisse, quando, & quô motivo in Ditiones Reipublicæ intrarunt. Longe ante Convocationis Congressum remonstrabant Ministri Vicinarum Potentiarum, quibus communis cum Republicâ Negotiorum causa, & bonæ Vicinitatis Pacta intercedunt, quatenus talis eligatur Rex, qui nullam Vicinis offensionis & inimicitiarum ansam præberet.

Cum vero Capita Factioni Gallicæ obstricta, sermonem hunc intelligere nollent, iidem Ministri clariùs jam, quà voce, quà scriptim insinuabant, ne fiduciarius Galliæ Candidatus, multis titulis jam ante obnoxius, & in futurum tranquillitati Septentrionis periculosus, Throno Poloniæ imponatur, salvâ per omnia, quò ad omnes alios Candidatos, libertate Electionis.

Sed dum nec hisce repræsentationibus locum darent, hi, qui pro tunc moderamen Reipublicæ tenebant, eædem Potentiæ vicinæ, *viribus sibi à Deo concessis* prævenire potius, quam præveniri maluerunt, eoque motivò Copias Russicas in viscera Reipublicæ, *notandum* ante Electionem induxerunt, motivô videlicet arcendiâ Throno Poloniæ subjecti Gallici, ne Bellum, quod Gallia Imperatori & Imperio actu apparabat, diversione armorum in Septentrione juvaretur.

De promovendo pro tunc ad Thronum Serenissimo Electore Saxoniæ, uti nulla fuit quæstio, quinimo electori Populo omnimoda permissa est libertas, eligendi quem vellent, atque Patriæ suæ utilem crederent, ita nefas est dicere, Serenissimum Augustum *armis exoticis suffultum intumescere, aut Thronum alienum usurpare.* Propriâ ille Virtute desiderioque & Suffragiis Liberæ Nationis, evectus est ad thronum, in quo feliciter regnat. Demum indubitatum est, Potentiam Russicam non nisi post Electionem Serenissimi Augusti causam communem cum eo fecisse, Ejusque gratiâ Pacem & Amicitiam instaurandam declarasse.

Quia vero ad Regnum venit propriis stipatus Copiis, nemo alter in causa est, nisi hi ipsi, quorum consilio & instigatione, non modo Libertates Nationis atque Tranquillitas Patriæ, sed ipsa etiam Jura Gentium in Ministris characterisatis & eorum Residentiis, tuta esse non valebant. Quot & quanti benè sentientium viri dignissimi, captivati, catenis onusti, bonis spoliati aut exusti, æquales ab æqualibus ad pœnas & supplicia impunè trahebantur, aut vinculis detinebantur, usque dum morte finirent miseram sortem suam. Prædominium hoc Dzikoviensium tanto in omnes furore egit, ut nemo tutum se crederet, nî Copiæ Regis Asylum præberent, adeò jus dedit sceleri prætensa Dziskoviensis Confœderatio.

Sed mirare malitiam, Lector, hæc quæ faciunt ipsi, Cædes, Lanienas, Vincula, Exilia, Proscriptiones, Devastationes, Incendia, Spoliationes &c. partibus Serenissimi Regis Augusti perfrictâ fronte impingunt.

Comparentur Acta quævis, quocunque Sancitorum, Resultatorum, sive Universalium nomine venientia, quæ Serenissimus Augustus III. unà cum Senatu & Equestri Ordine hucusque sanxit & edixit, cum his, quæ Dziskoviensium animositas peragit: quid quæso in illis continetur, quod formam Legum, & Libertatis, tum Publici Boni, & Clementiæ Regiæ effectum non præ se ferat? quid è converso in istis, quod eversionem Status, Libertatis oppressionem, ærumnas Patriæ, Belli involutiones, furorem & ultionem non spiret? Et quod deplorandum magis, sancita ipsorum ejusmodi, stricto Vinculo Juris-jurandi non authorisantur modô, sed jubentur: Ipsa etiamnum Amnestia, (quam absoluti aliquando Principes non negant) ab istis severissimè sub juramento prohibita est, adeò ut si frater pro fratre exoret, pœna talionis damnaretur.

Quis Castellanum Lendensem (ut intra plurimos paucos referam) domi suæ sub securitate Nobilitari degentem, pariter & Judicem Posnaniensem captivavit, priorique mortem violentam causavit? Quis incendiis grassatus, uti in Kargowâ, cujus Immunitas per Capitulationem stipulata erat, in Tykocin, cujus Hæres D. Branicki Vexillifer Regni actu apud ipsos in captivitate degebat, tum in Territorio Thorunensi in Varmiâ, & alibi?

Sane fatale Reipublicæ Stanislai nomen, secundario jam fumantes Patriæ Lares reddit. Nondum excidit memoriâ tot Arcium & Castellorum, (incipiendo à Cracoviensi) Oppidorum & Vicorum fax incendiaria; horrorem hucusque incutiunt combusta, & è cineribus prostantia amplissima Bona Radzivilliorum, Sieniavy Castellani Cracoviensis, Szczuka Pro-Cancellarii Lithuaniæ, Miezczynski Thesaurarii Curiæ Regni, ac aliorum complurium; adeo ut justum metum incutiant violentissima etiamnum adhærentium Stanislai Consilia, quibus de facto nullus poneretur modus, si tanta vis, quanta malitia foret.

Exprobrant nobis Dziskovienses Regiomontani perjurium quoddam, ex eo, quod impositivum Juramentum Convocationis, non ad mentem ipsorum secuti fuerimus; Sed nemo nostrûm obligatum se hoc Vinculo credebat, ut Stanislaum, hunc & non alium, eligeret.

Notum est jam Orbi Universo sufficienter, quô motu, & quibus cuniculis juramentum illud fabricatum fuit, quantoque impulsu & violentiâ cogebantur renitentes ad explendum. Frustra reclamabant Lithuaniæ & Prussiæ Delegati, se non esse authorisatos in Congressibus à Nobilitate, ut Juramentum illud expleant, multò magis ut reliquam Nobilitatem, quæ suum desuper Consensum, minime dederat, obligatam reddant. Frustra reclamabant & Deputati ex Senatu & Equestri Ordine, ad formandas Constitutiones

nes

ANNO 1735. nes Convocationis à Republica designati, Projectum hocce Juramenti à se minime concertatum, non examinatum, non communicatum, derepente prodiisse.

Placet hoc loco innuere veridicam relationem, & rationes circa hocce Juramentum expressas in Scripto illo, quod per manus Carnificis (adeo veritas offenderat) Varsaviæ rogo demandatum fuit. Notat ibi Statista Patriæ ac Libertatis suæ amans, rationes justissimas, quæ Juramentum illud invalidabant: videlicet, quod *non fuerit actus bonæ volontatis*: quod *non fuerit sponsio & votum de meliori Bono Reipublicæ*: quod *non fuerit de re certâ, sed accidentali & perplexa*: uti jam edocemur revolutione rerum & temporum; quod *fuerit in præjudicium Jurium & Libertatum ipsiusmet Electionis, tum & in præjudicium anteriorum, solennium Juramentorum*: quod *involveret in se contradictiones & falsa supposita*: denique quod *fuerit subreptitium*; *talem* videlicet *eligendi Regem, qualis in Constitutionibus describetur*: prius vero Juramentum dictatum est, quam Constitutiones ad notitiam jurantium pervenêre.

Judicet demum quisquis impartialis Judex, utrum Juramento ejusmodi deferre ad mentem factiosorum jus & fas erat? Utrum damno Reipublicæ evidenti manutenendum est? Utrum majoris momenti Leges, & Jura Regni Cardinalia, cæco dolosi hujus Juramenti recessu, subvertenda sunt?

In Anno 1704. Status Reipublicæ in tribus Ordinibus coadunati, per nexum juris-jurandi sese obligarunt, atque summâ deliberatione per Sancita Confœderationis Sendomiriensis hanc obligationem in ævum assumpserunt, non permissuros, ut is quem pro tunc ad Thronum Regni, Rege vivente, ambitio & Externæ Potentiæ fautoratus evehebat (fuit ille Candidatus pro tunc Sueciæ, nunc Galliæ) nunquam eligibilis aut capax Coronæ efficiatur, sed ut in perpetuum excludatur. Quomodo igitur anterius hocce & tam solenne Juramentum, cui nulla in subsequenti Lex & Constitutio derogavit, tolli & annihilari potuit posteriori Juramento Convocationis? Quod ad solam Electionem spasti, idque notandum: *Nullo Legis nexu innodati*, prout Acta ejusdem Convocationis sonant, institutum fuit. Docet nos pura Theologia, non teneri Juramento, quod peccatum sive damnum exinde emergens præsupponit; Nonne major nos Conscientia tenere debet, ubi ultimum Patriæ exitium, ubi Nostra ipsorum pericula, imo crimina in Cœlum clamantia maturiori reflexione conspicimus?

Non ignorat certè terrarum Orbis, quæ sit Libertatis Polonæ Prærogativa, noscit eam Europa, & adamat adeò ut & Cæsar & Principes Vicini & Guarrantes, Amici pariter & Inimici conservandam, quisque pro ratione suâ, putent: Sed hanc bene ordinatam, & intra terminos suos compositam volunt. Ast ubi bonæ Viciniæ & Amicitiæ ligamina disrumpere, Pacta convellere, Jura Gentium violare pergit, mirum videri nequit, si ab his, qui Legibus Nostris non tenentur, sanctiorem Pactorum observantiam non experimur.

Ægrè ferunt Dzikovienses Regiomontani, quod D. Zawisza ab Aulâ Roxolanâ redux, Literis suis expunxerit, Actisque Tribunalitiis Vilnensibus induxerit, de oblatis scilicet per Christianissimum Regem alteri Potentiæ Provinciis Polonis & Magni Ducatûs Lithuaniæ; Negare tamen minime possunt, subsistere in hucusque Tractatum Serenissimi Galliarum Regis Benderi in Valachiâ confectum Anno 1712. (de quo in Corpore Diplomatico, tum & in Lamberti Tomo Septimo folio 608. vestigium habes) quo mediante Kamenecum cum Podoliâ Otthomanicæ Portæ æviternis temporibus, nullo prætextu reclamante, tradendum spondet, dummodo Portha Copiis suis juvare, olim Suecicum, nunc Gallicum Candidatum non gravetur. Fient palam & alii cum aliis Principibus Contractus, quibus evidentius probabitur, velle, si foret possibile, alieni Regni avulsis, hostium mercari amicitias.

Literarum Universalium Serenissimi Regis Augusti III. pro Comitiis Pacificationis emanatarum censura, etsi nihil contineat præter inanem verborum pruritum, & lividæ malevolentiæ morsum, quærere tamen juvat, quid tandem mali in illis animadvertant.

Si manutentio Legum ac Libertatum spondetur, si abusus & pericula remonstrantur, si Unio inter Status instauratur, si modus ærumnarum ac finis Belli proponitur, si interna tranquillitas indigitatur, si Pax, Amicitia, & Pacta cum Vicinis postliminio revocantur, si Evacuatio Copiarum externarum (quarum ingressus quibus de causis successit, superius demonstratur) religiose declaratur, si antiqua Forma & Authoritas Reipublicæ reinducitur, si malevoli quoque & dissidentes in Statu funiculis Charitatis invitantur, si ex Personâ Regis amnestia donantur; Nam hæc & non alia sunt Literarum Regiarum contenta; Sunt-ne hæc Crimina Status? Sunt-ne in detrimentum Reipublicæ? Sunt-ne funiculi Libertatem jugulantes, dum quod omnes spectat, ad omnes refertur?

ANNO 1735.

Plane malevolentia hæc Dzikoviensium, quo magis de omnibus Actis suis ad respondendum Reipublicæ tenetur, eo graviori temeritate, non modò externis Nationibus, sed & ipsis Patriæ suæ Concivibus, illudere non veretur. Ac si non satis foret millenis jam falsitatum obscæniis, vanis promissis, vagis sponsionibus, ne quid dicam de venenatis magnorum in Republicâ Virorum criminationibus, publicam credulitatem infascinâsse.

Quod de binis Interregnis callidè allegant, quibus ex unâ parte Abdicationem Serenissimi Regis Augusti Secundi, ex alterâ Legitimationem Electionis sui Stanislai stabilire prætendunt, palam est, magnam inter hæc Interregna fuisse differentiam: Primas Radziejowski Regem Coronatum, quem Ipse non proclamaverat, cuique offensus erat, Suecicâ pro tunc instigante Potentiâ dethronisare, (non obstante Juramento fidelitatis, quo ei obstrictus erat) nitebatur. Primas vero Szembek cui justi & honesti ratio cura fuit, per Interregnum à se promulgatum tempus reditui ad Regnum Eidem Augusto, Regi legitimo maturavit. Quod quam gratum & acceptum fuit Reipublicæ, loquuntur Acta Regni publica, ac vel maxime Sancita Consilii magni Varsaviensis de Anno 1710. demum Comitiorum Pacificationis Anno 1717. & posteriora Grodnensia Anno 1718. atque subsequentia, in pacificâ Republicâ peracta, nullâ Potentiâ externâ (prout malitiosè contrarium innuunt) impellente.

Deinde juxta Dispositionem Legis quæ post Abdicationem Joannis Casimiri lata, & inter Pacta Conventa Regi Michaeli inserta est, circa Abdicationes Regum, simultaneam requiri exvinculationem, videlicet tam Regis à vinculo quo Regno obstringitur, quam & Statuum Reipublicæ ab ulteriori obedientiâ. Quod quia defuerat ad Abdicationem Serenissimi Regis Augusti Secundi, per consequens Tractatus subreptitius Altrandstadiensis, valorem habere non potuit.

Malitiosè pariter interpretantur Constitutiones, *De non præstanda obedientiâ*. Nam hæ eædem Leges præscribunt modum & gradus, quibus Primas cum Statibus Reipublicæ procedere debeat, antequam ad exvinculationem ab obedientiâ perveniant. Non privata ansa in Primate, non alienæ Potentiæ instigatio, sed justæ causæ monendi Regis (quibus Cardinalis Radziejowski carebat) ad talem actum manuducere debuerant.

Hinc si impositionem, seu, ut illi volunt, relectionem & reinductionem sui Stanislai (insistendo videlicet primævæ illi Electioni in Anno 1705. cui Generalis Horn, nam Primas ipse deerat, centenis in circa Electoribus præsidebat, atque hunc & non alium sustinuerat) legitimare ex allegatis volunt insimul cardinalissimas Leges, magno motu jam ante sæculum & ultra stabilitas abolere, (ac vel maxime eas, quæ de Annis 1593. 1607. 1670. in Literis Universalibus Serenissimi Regis Augusti exprimuntur) quarum tenore omnis intrusor, quisquis ille fuerit, qui Regi viventi Coronam detrahere vellet, etiamsi ipse coronaretur (uti pro tunc Stanislaus nulliter coronatus fuit Varsaviæ ab Archi-Episcopo Leopoliensi) pro perduelli, pro hoste Patriæ, pro Capite invindicabili declaratur, & in ævum à Coronâ & Regni Domicilio excluditur, eo ipso in perpetuum incapax, quia præsumeret.

Has ipsas Leges Confœderatio Sendomiriensis, & Acta Comitiorum superius hic allegata, solennissimè directè contra personam Stanislai Leszczynski reassumpserunt, & ad manutentionem earum Status Reipublicæ Juramento sese obstrinxerunt.

Proinde primævæ huic obligationi insistendo præcipuè hi omnes, qui Pragam recesserant, Legesque prætactas in vigore suo manutenere volentes; nulla ratione induci poterant, ut exclusum per Leges a tribus Ordinibus Reipublicæ sancitas, iterum pro Rege assumerent aut recognoscerent.

Dein.

Anno 1735. Deinceps in aperto est, quantis curriculis, quanto Legum despectu, quantâ Libertatis oppressione, per insidias & mortis cominationes reimpositio hæc fuerit instituta. Palatinus Inovladislaviensis, Generalis Majoris Poloniæ à siccario trucidandus erat, ne præmoneretur, ne Electioni Candidati Gallici in Campo se opponat, proinde Pragam secedere coactus est. Ad Palatinum Podoliæ in fronte Palatinatus sui equo insidentem, bis explosum est, & certe tanquam intentionibus ipsorum non correspondentem, periturum volebant, ne Nobilitas eundem in meditullium sui pertraheret, & ab ictibus defenderet. Ipsa quoque vocis tessera quæ tunc intra solennitates Electionis per ora volitabant, *Melius est excidium, quam Scissio*, demonstrabat non fuisse curæ salutem nostram, non fuisse Legum & Libertatum observantiam, sed fuisse stabiliendæ factionis quoquô modo intentum.

E converso in Kamionensi Electione omnes prærogativæ Libertatis religiosè observatæ, Assensus Electoris Populi ter exquisitus, opponentes amice ad assensum reducti, nemo vi, nemo minis adigebatur; Candidatus nullô Legum cardinalium nexu ab Electione excludebatur, nulli Vicinorum, cum quibus pacem & amicitiam colere Reipublicæ intererat, obnoxius aut offensus, Regno vero multis titulis & æmolumentis opportunus ac proficuus, liberè & pacificè electus est.

Et quod de Generalis Lacy Literis interceptis produnt, falsitas hæc, jam ante ejusdem Generalis, tum & Ministrorum Russiæ testificationibus, sed magis ipsa rei veritate, expuncta patuit: nam notorium est prætactum Generalem (qui ad solam extrusionem infensi Vicinis Candidati Varsaviam properabat) procul cum copiis suis à Campo Electorali Kamionensi abfuisse.

Vitio adhuc habetur, quod Dissidentes in Statu, clementer ad Unionem invitentur: nec mirandum, assuetis geniis ad despoticum prædominium, ad cædes & incendia, ad capturas & proscriptiones, quas in æqualitate & paritate nobilitari exercere non verebantur, insolitus est Clementiæ & moderationis stylus.

Magis ipsis arridet falsitas, quâ totum Scriptum suum implevere: dicunt iterum, sed non probant, *Nobilitatem regni edictis Moschorum ad Conventus compelli, & recognitiones violentiis extorqueri.*

Sed quo loco violentia hæc & coactio facta? Si Augustus Rex hos omnes, qui sponte eum recognoscunt, nullo Juramenti nexu, sed sola fidei & verbi nobilitaris, conscientiâ obligatos sibi voluit, quid eget forti impulsu ad ea, quæ Rempublicam & Bonum commune omnium concernunt? Evidenti utique sunt testimonio numerosissima Palatinatuum Comitiola, quæ sponte ac liberè Nuncios à se electos, ad Comitia Generalia Pacificationis destinant.

Frustra in nos retorquent culpam detentionis Celsissimi Primatis, nam hæc non aliâ de causâ successit, quam quod sortem Candidati Gallici, quem copiæ prætactæ quærebant, secutus Gedanum fuerit. Cæterum postquam spontè partibus ejus renunciavit, Regemque Augustum recognovit, pristinæ libertati atque Primatiali dignitati illico restitutus est. Et quod sincerè partibus Serenissimi Regis Augusti adhærere constituerit, & ex quibus motivis resolutionem hanc assumpserit, patet non modo ex Literis ipsius, quibus mentem suam omnibus Palatinatibus, Terris, ac Districtibus pro Comitiolis explicavit, verum etiam & ex his, quas ad Summum Pontificem expedivit. Anno 1735.

Sequuntur jam exemplum ejus multi Procerum & Incolarum Regni posteaquam sufficientem omni ex parte Libertatibus patriis, ac inalterabili Reipublicæ Constitutioni securitatem perspexerunt, postquam Pacis & tranquillitatis instaurandæ tam internæ quam externæ certitudinem adverterunt postquam è converso deceptiones Partis adversæ & involutiones belli in detrimentum Patriæ vergentes, maturius considerarunt.

Idem erat motivum & Exercitui Regni utriusque authoramenti, dum adverteret omnes adversæ partis intentiones, non ad salvandam Patriam, sed ad involvendam majori bello Rempublicam, quô Gallicas res sublevaret, tendere, tum maximè, cum ad irruptionem in Hungariam & in Imperii Provincias sollicitaretur; & quamvis naturalis militiæ ardor stimulum addebat, ea tamen Exercitui deerat impietas, ut privati lucri studio, Patriæ suæ quæ ipsi stipendia providet, pericula accersere velit; quo nomine optime de Republica meruit.

Cæterum quâ mente, & quàm furtivè Diadematum & suppellectilis Clenodiorum Regni ablatio ex Thesauro Regni facta fuerit, plusquam notum est omnibus. Falsò allegatur præmonitos fuisse Senatores, nam hi, quibus scire competierat, qui per Legem assignati sunt ad custodiam, & Claves penes se asservant, suntque in respondendo capaces, minime sciverunt de hoc Domini Thesaurarii Regni facto, ideoque solennem desuper suo & aliorum nomine Manifestationem ad Acta Varsaviensia porrexerunt.

Finaliter pro Coronide Manifestationi Regiomontanæ responsum esto: Serenissimum Regem Augustum unà cum Statibus Reipublicæ, impotentis malitiæ minas infra se putare, minimeque curare, quæ dicant, quæve scribant, dum facere facienda sinant.

CXCIV.

5. Août. Defensive Alliance Tractat, zwischen denen Kronen Schweden und Rußland; den 22.ten Februarii 1724. geschlossen und nunmehro zwischen Selbigen Hohen Thronen erneuert. So geschehen zu Stockholm den $\frac{5}{16}$ Augusti 1735. [Sur l'imprimé à Petersbourg en Russien & en Allemand.]

Im Nahmen der Hochgelobten heiligen Drey-Einigkeit.

Kund und zu wissen sey hiemit jedermänniglich. Demnach der zwischen Ihr. Königl. Maj. zu Schweden und Ihr. Rußis. Kayserl. Majest. An. 1724. den 22. Febr. auf 12. Jahre geschlossene Defensiv-Allianz-Tractat nunmehro bald zu Ende gehet / auch in dessen 21. Art. verabredet worden / daß beyderseits hohe contrahirende Theile bey Zeiten und längstens 6. Monaht vor deren Ablauff / wegen Prolongation desselben wollen conferiren / und Handlung pflegen lassen; Und höchstermeldte Ihro Majest. Majest. Dero aufrichtige Neigung zu erkennen geben lassen / erwehnte Defensiv-Allianß mit einander zu erneuern / und die zwischen beyden Reichen bishero unterhaltene Freundschafft und das gute Nachbahrliche Vertrauen weiter fortzusetzen / und noch näher zu befestigen; Und dann Ihro Königl. Majest. zu Schweden auch zu solchem Ende Dero Gevollmächtigte Herrn Commissarios verordnet / nemlich den Hochwohlgebohrnen Grafen / Herrn Arvid Horn / Ihro Königl. Majest. von Schweden und Dero Reichs-Rahte und Präsidenten des Königl. und Reichs-Cantzley-Collegii, den Hoch-wohlgebohrnen Grafen / Herrn Gustav Bonde |

CXCIV.

Renouvellement du Traité d'Alliance entre l'Imperatrice de Russie & le Roi de Suède, à Stokholm le 5. Août 1735: [Sur l'Imprimé à Petersbourg en Russien & en Allemand.] 5. Août.

Au Nom de la très-Sainte Trinité.

SAvoir faisons à tous & chacun, que comme le Traité defensif, conclu pour 12. ans entre Sa Majesté Impériale de toutes les Russies, & Sa Majesté Royale de Suede, l'année 1724. le 22. Fevrier, sera bientôt expiré, & que les deux Augustes Contractans y sont convenus Art. 21. d'entrer en négociation, & de conferer sur la prolongation de ce Traité défensif pour le moins 6. mois avant son expiration; Que d'ailleurs L. L. M. M. ont témoigné reciproquement un désir sincere, de renouveller ce Traité défensif, & de n'entretenir pas seulement cette parfaite correspondance & amitié, qui a subsisté jusqu'à présent entre elles, mais aussi de serrer encore davantage ce lien, pour avancer, autant qu'il sera possible, leurs Intérêts communs; Sa Majesté Imp. de toutes les Russies a ordonné, & muni d'un Pleinpouvoir special le Seigneur Michel de Bestucheff, son Conseiller d'Etat & son Envoyé Extraordinaire, pour

ANNO 1735.

de/ Jhro Königl. Majest. von Schweden und Dero Reichs-Raht und Cantzeley-Raht / den Hochwohlgebohrnen Grafen/ Herrn Johann C. Strömfeldt/ Jhro Königl. Majest. von Schweden und Dero Reichs-Raht/ den Hochwohlgebohrnen Grafen/ Herrn Olof Törnstycht/ Jhro Königl. Majest von Schweden und Dero Reichs-Racht/ den Hochwolhgebohrnen Grafen/ Herrn Samuel Barck/ Jhro Jhro Königl. Majest. und Dero Reichs-Raht wie auch den Hochwohlgebohrnen Baron/ Herrn Joh. Hnr. von Kochen/ Jhro Königl. Majest. von Schweden verordneten Hof-Cantzler/ den Hochwolhgebohrnen Baron/ Herrn Hermann Cedercreutz/ Jhro Königl. Majest. von Schweden verordneten Etats-Secretaire, wie nicht weniger den Wohlgebohrnen Hrn. Joh. Fried. von Schantz/ Jhro Königl. Majestät verordneten Cantzley-Raht /und den Wohlgebohrnen Hrn. Joachim Neres, Jhro Königl. Majest. von Schweden verordneten Cantzley-Raht/ und mit einer specialen Vollmacht versehen/ und mit Jhro Rußisch-Kayserl. Majestät Geheimten Raht und Envoyé Extraordinair, dem Wohlgebohrnen Herrn/ Michael von Besluchef, zusammen zu treten/ und wegen Erneuerung vorerwehnter Defensiv-Alliance zwischen höchstgedachten Majest. Majest. zu unterreden/ und darüber mit einander zu handeln und zu schliessen; Als haben dieselbe auch zu dem Ende/ nach beyderseits aufgewiesenen und gegen einander ausgewechselten Vollmachten dieses gegenwärtige Instrument errichtet/ geschlossen und unterschrieben/ wie folget:

Art. I.

Soll ein beständiger Friede und gutes nachbahrliches Vertrauen unter beeden Reichen seyn/ und der zu Nystadt errichtete Friedens-Schluß/ als hier aufs neue wiederholet/ angesehen/ und was etwa von beeden Seiten davon noch nicht erfüllet/ förderfamst ins Werck gerichtet werden.

Art. II.

Soll diese Zusammensetzung und Defensiv-Alliance zu keines andern Beleidigung oder Nachtheil/ sondern blosser Dings zu Beybehaltung des Friedens und Ruhe-Standes insgemein/ insonderheit aber dahin gerichtet/ und angesehen seyn/ daß Jhro Königl. Majestät von Schweden und Jhro Rußisch-Kayserl. Majest. eine gute vertrauliche Correspondence in allen Dero Reiche concernirenden Fällen pflegen/ und dahin mit zusammen gesetzten Kräfften arbeiten wollen/ daß dieselbe/ und die darinnen gesessene Unterthanen/ für allen feindlichen Ein-und Überfall befreyet/ und in friedlichen Zustande und beständigen Aufnehmen erhalten werden mögen.

Art. III.

Zu Erreichung dieses heilsamen Zwecks/ und um zu zeigen/ daß beederseits hohe Theile es mit einander im rechten Vertrauen meynen/ wollen beede Majestäten Majestäten mit Raht und That deßfalls festiglich an einander halten/ einer des andern Bestes befördern/ Schaden und Arges warnen und wehren/ über alle Begebenheiten/ woraus Unruhe und Gefahr entstehen mögte/ fleißig und vertraulich communiciren/ auch sich angelegen seyn lassen/ solche Mesures zu nehmen/ welche dem beederseitigen gemeinsahmen Interesse und der Ruhe/ Sicherheit und dem Wohlstande beederseits Reichen/ Länder und Unterthanen zuträglich seyn.

Art. IV.

Jm Fall aber wieder alles besser Vermuhten/ und ohngeachtet dieser friedlichen und innocenten Absichten/ es sich dennoch zutragen solte/ daß nach dem Schluß und der Ratification dieses Bündnisses/ einer von beeden hohen Theilen in Dero in Europa liegenden Reichen/ Länder und Provintzien/ aus was vor einer alten oder neuen Ursache es auch geschehen möchte/ von irgend einer Christlichen Europæischen Puissance würcklich angegriffen würde/ wobey jedennoch die gegenwärtige in Pohlen entstandene Unruhe/ und daraus herfliessende Folgerungen/ à Casu fœderis eximiret werden/ so soll/ auf erfolgte Requisition, nicht nur ein jeder von ihnen durch seinen/ entweder an dem Hofe des Aggressoris seynden/ oder sofort an denselben abzuschickenden Ministre, alle gute Officia und Vorstellungen dawider anwenden/ und völlige Satisfaction desfals begehren; sondern auch/ im Fall dieselbe fruchtloß ausschlagen/ aufs längste innerhalb zwey/ drey/ höchstens vier Monahten nach geschehener Requisition, wie es die Beschaffenheit der Jahres Zeit/ oder die Entlegenheit der Oerter zulassen/ und an Hand geben wird/ die stipulirte Anzahl Troupen/ wo es der Requirente verlangen wird/ ohne Einwendung liefern.

Art. V.

ANNO 1735.

pour s'assembler & pour entrer en conference avec les respectifs Sénateurs & Commissaires de Sa Majesté Royale de Suede, le Seigneur Comte de Horn, Président de la Chancellerie; le Seigneur Comte de Bonde, Sénateur; le Seigneur Comte Charles Jean de Strömfeld, Sénateur; le Seigneur Comte Oloff de Tornflycht, Sénateur; le Seigneur Comte Samuel Barck, Sénateur; le Seigneur Baron Jean Henry de Scochen, Chancelier de la Cour; le Seigneur Baron Herman Cedercreutz, Secretaire d'Etat; le Seigneur Jean Frideric de Schantz, Conseiller de la Chancellerie; le Seigneur Joachim Nerés, Conseiller de la Chancellerie; pour renouveller cette Alliance Défensive entre L. L. M. M. Russienne & Suedoise; lesquels ayant pour cette fin exhibé réciproquement, & échangé leurs Pleinpouvoirs, sont convenus de ce présent Instrument, & l'ont conclu & signé de la maniere qui suit.

I.

Il y aura une Paix ferme, & une bonne intelligence de voisinage entre les deux Etats; & le Traité de paix conclu à Neustadt sera censé être repeté ici; & s'il y a de part & d'autre encore quelque point non executé, il le sera incessamment.

II.

Cette Conféderation & Alliance Défensive ne tendra au préjudice ni offense de qui que ce soit, mais uniquement à la Conservation de la Paix, & du Repos général, & particulierement à ce que Sa Majesté Impériale Russienne & Sa Majesté Suedoise veuillent entretenir une bonne & confidente Correspondance dans tous les cas concernant leurs Etats, & travailler conjointement à les garantir, & leurs Sujets de toutes vexations, & les conserver dans un état de repos & de constante prosperité.

III.

Pour obtenir ce but salutaire, & pour faire voir que les Hauts Contractans de côté & d'autre sont dans une sincere intention à cet égard, ils s'assisteront de conseil & d'effet pour avancer l'avantage l'un de l'autre, & avertiront & détourneront les dommages & préjudices, communiqueront diligemment & confidemment toutes les occasions, d'où il peut venir des troubles & dangers, & prendront avec soin de telles mesures, qui seront avantageuses à l'interêt commun, & au repos, sureté, & avantage des Royaumes & Etats de part & d'autre de leurs Sujets.

IV.

Si, contre toute meilleure attente, & nonobstant ce but paisible & innocent, il arrive, qu'après la Conclusion & la Ratification de cette Alliance, un des deux Hauts Pacifians fût pour quelque vieille ou nouvelle cause attaqué, dans ses Royaumes, Etats, & Provinces situées en Europe, par quelque Puissance Chrétienne Européenne, dont on excepte pourtant les troubles, qui pour le présent sont survenus en Pologne, & toutes es suites qu'ils pourroient avoir, non seulement chacun d'eux après la requisition, fera ses efforts par son Ministre Résident à la Cour de l'Aggresseur, ou bien par celui, qu'il y dépêchera, par ses bons offices, & représentations, & demandera une pleine satisfaction; mais aussi en cas qu'ils fussent infructueux, livrera sans objection dans deux, trois, ou tout au plus tard dans quatre mois après la requisition faite, selon la qualité de la saison de l'année, & l'éloignement du lieu, le nombre des Troupes, là où le Requerant le désirera.

ANNO 1735.

Art. V.

Was das Quantum der Hülffs-Völcker betrifft / womit beyderseits Bunds-Verwandte in solchen sich eräugnenden Fällen / einer dem andern zu assistiren / verbunden seyn sollen; So ist beyderseits beliebet / verabredet und beschlossen / daß Ihro Königl. Majest. von Schweden / existente casu fœderis, auf Erfordern / Ihro Rußis. Kayserl. Majest. mit acht tausend Mann zu Fuß und zwey tausend Mann Reuter oder Dragoner nach des Requisiti convenience, guter regulirten Trouppen / wie auch mit sechs Schiffen vom Rang von fünffzig bis siebentzig Canonen / auch zwo Fregatten / jede von dreyßig Stücken / assistiren wollen / und sollen. Hingegen wollen und sollen auf eben solchen Fall / Ihro Rußis. Kayserl. Majest 12000. Mann zu Fuß und vier tausend Mann Reuter oder Dragoner / nach des Requisiti convenience, guter regulirten Trouppen / wie auch mit neun Schiffen vom Rang von funffzig bis siebentzig Canonen und drey Fregatten / jede von dreyßig Stücken / Ihro Königl. Majest. von Schweden auf Dero Anfodern zu Hülffe kommen: welche Hülffs-Völcker mit nöthiger Feld-Artiglerie oder Regiments-Stücken / als etwa auf jede Bataillon zwey drey pfündige Feld-Stücken und Kriegs-Ammunition / wie auch die Kriegs-Schiffe und Fregatten mit nothwendiger Besetzung an Boots-Leut-und Soldaten / welche letztere solchen Fals von der vorher an beyden Seiten stipulirten Infanterie genommen und abgerechnet werden / auch mit allem Zubehör nach Kriegs-Gebrauch versehen seyn sollen.

V.

Pour ce qui est du nombre des Troupes Auxiliaires, dont les Alliés de part & d'autre s'obligent de s'assister en tel cas, il est convenu, que Sa Majesté Russienne, le cas de Traité venant à exister à la requisition de Sa Majesté Suedoise, l'assistera avec douze mille Fantassins, & quatre mille Cavaliers & Dragons, bonnes troupes & régulieres, selon la convenance de celui qui en est requis, & avec neuf Vaisseaux de ligne de 50. à 70. Pièces de Canon, & trois Fregattes chacune de 30. Pièces de Canon: D'un autre côté Sa Majesté Suedoise s'oblige dans le même cas d'assister Sa Majesté Impériale Russienne à sa requisition avec huit mille Fantassins & deux mille Cavaliers reguliers & bonnes troupes, selon la convenance de celui qui en est requis, comme aussi de six Vaisseaux de ligne de 50. à 70. Pièces de Canon, avec deux Fregattes chacune de 30. Pièces de Canon. Lesquelles Troupes auxiliaires seront pourvues de l'Artillerie de Campagne nécessaire; comme par chaque Bataillon deux Pièces à trois livres de Balle & de Munition: De même les Vaisseaux de Guerre & les Fregattes seront pourvues de l'Equipage nécessaire, Matelots & Soldats, le nombre desquels derniers en ce cas sera deduit du nombre des Fantassins ci-dessus stipulez, & seront pourvûs de tout le nécessaire selon l'usage de la Guerre.

Art. VI.

Diese Auxiliar-Troupen werden von dem requirirten Theile selbst besoldet / von dem Requirente aber werden ihnen die gewöhnliche Rationes und Portiones an Proviant und Fourage / wie auch die benöhtigte Quartiere gereichet und gegeben: Alles auf demselben Fuß / wie diese Troupen von ihrem eigenen Herrn im Felde verpfleget zu werden gewohnt sind.

VI.

Ces Troupes Auxiliaires seront entretenues par la Partie requise elle-même; mais le Requerant leur fournira les rations & portions ordinaires de Munition & de Fourage, comme aussi les Quartiers nécessaires, le tout sur le même pied que ces Troupes sont entretenues en Campagne par leur propre Maître.

Art. VII.

Die Kriegs-Schiffe / so nach dem vorhergehenden 5. Art. auf erforderten Fall / der eine Theil dem andern soll zu Hülffe schicken / müssen nach Kriegs-Gebrauch equippiret und besetzet / auch auf 4. Monaht mit Proviant versehen seyn; Wan aber dieselbe nach Verlauff solcher 4 Monahten / einiger Kriegs Operationen oder anderer Ursachen halber bey dem requirirenden Theile solten verbleiben müssen / als dann soll der requirirende Theil gehalten seyn / denenselben die gebührliche Verpflegung und Proviant auf eben dem Fuß / wie sie es von ihrem eigenen Herren geniessen / zu reichen; Die auf selbigen Schiffen aber befindliche Officierer und übrige Equipage sollen von dem Requisito ihren Sold bekommen.

VII.

Les Vaisseaux de Guerre, que l'une des Parties doit, selon le contenu du 5. Article, envoyer au secours de l'autre, seront, selon l'usage de la Guerre, montés, équipés, & avitaillés pour 4. mois. Mais si après les quatre mois passez ils sont obligés de demeurer auprès du Requerant pour quelque Opération de Guerre ou quelque autre raison, alors le Requerant sera obligé de leur fournir l'entretien dû, & les provisions sur le même pied, que leur propre Maître les leur donne, les Officiers néanmoins desdits Vaisseaux, & tout le reste de l'Equipage, recevront leur solde du Haut Contractant requis.

Art. VIII.

Behält zwar ein jeder commandirender Officier bey denen ihme untergebenen Hülffs-Völckern das Commando; das General-Commando aber im Felde und andern Kriegs-Operationen gehöret unstreitig demjenigen / welchem der Requirente dasselbige zu Wasser und zu Lande aufgetragen / jedoch dergestalt / daß nichts hauptsächliches vorgenommen werde / ohne daß die Sache vorhero im Kriegs-Raht und im Beyseyn des von dem requirirten Theile geschickten Generals oder commandirenden Officiers / überleget und resolviret worden.

VIII.

Chaque Officier Commandant gardera le Commandement des Troupes Auxiliaires, qui lui ont été confiées; mais le Commandement Général en Campagne, & aux autres Opérations de Guerre, appartient sans dispute à celui à qui le Requerant l'a confié sur terre & sur mer; de maniere néanmoins, qu'il ne s'entreprendra rien d'importance qui n'ait été avisé & conclu auparavant dans un Conseil de Guerre, & en présence du Général ou Officier Commandant de la Partie requise.

Art. IX.

Damit dann auch wegen des Caracters bey Commandirungen keine Irrung und Mißverstand entstehen möge / so soll der requirirende Theil bey Zeiten anzeigen / was Er für einen Chef zum General-Commando gebrauchen wolle / damit Requisitus den Caracter desjenigen / der die Hülffs-Troupen oder Schiffe commandiren solle / darnach einrichten und proportioniren möge.

IX.

Afin qu'il ne survienne aucun différend ni mal entendu dans le Commandement, le Requerant indiquera de bonne heure quel Chef il employera au Commandement Général, afin que l'Allié requis puisse régler & proportionner le Caractére de celui qui commandera les Troupes Auxiliaires, ou les Vaisseaux de Guerre.

Art. X.

Sollen die Auxiliar-Troupen ihre eigene Priester haben / und ihren eigenen Gottesdienst frey und ungehindert üben / auch dieselbe nach keinen andern Gesetzen / Kriegs-Articuln und Verordnungen / als ihrer respective Herren eigenen / und von keinen / als ihren eigenen Officieren / geurtheilet wer-

X.

Les Troupes Auxiliaires auront leurs propres Prêtres, & exerceront leur Culte particulier librement: Elles ne seront jugées que par leurs propres Officiers, & selon aucunes autres Loix, Articles de Guerre, & Ordonnances, que celles de leurs Maîtres respectifs; Mais

Anno 1735.

werden. Solten aber zwischen Officierern oder Gemeinen von des Requirenten eigenen und denen ihme zu Hülffe geschickten Auxiliar-Troupen einige Streitigkeiten entstehen/ so sollen dieselbe durch/ aus beyderseits Troupen in gleicher Anzahl hiezu bestellete Commissarios untersuchet/ und die schuldige folglich ein jeder nach eines eigenen Herrn Kriegs-Articuln gestraffet werden. Desgleichen soll es dem General sowohl als denen übrigen Troupen frey stehen/ ohngehindert durch Briefe oder Expressen nach ihrer Correspondence zu führen.

Art. XI.

Es sollen die Auxiliar-Troupen gehalten seyn/ sich nach des en Chef commandirenden Generals Befel in allem zu richten/ und wo er hin will/ sich transportiren/ und zu allen Kriegs-Operationen gebrauchen zu lassen/ jedennoch nach Maßgebung des obeingeführten 8ten Articuls. Diese Troupen aber und Escadres, wenn selbige zugleich begehret worden/ müssen respective in Marschen/ Commandirungen/ Actionen/ Einquartierungen und sonsten so viel immer möglich/ zusammen gehalten/ und nicht weit aus und von einander separiret und abgesondert werden. Damit auch die Auxiliar-Troupen/ nicht mehr als die eigene/ bey denen Kriegs-Operationen oder sonsten/ fatigiret und exponiret/ sondern zwischen selbigen eine vollkommene Egalität observiret werden möge/ so soll der en Chef commandirende General gehalten seyn/ bey allen Commandirungen eine billige und genaue Proportion derselben nach der Stärcke der gantzen Armee in Acht zu nehmen.

Art. XII.

Hingegen/ und damit des Requirenten Unterthanen auf keinerley Weise beschwehret/ sondern dieselbe bey dem Ihrigen geruhig bleiben/ und also die von denenselben und andern Orten benöthigte Zufuhr der Lebens-Mittel und anderer Nohtwendigkeiten nicht gehindert werden möge/ soll der commandirende General oder Officier der Hülffs-Völcker schuldig seyn/ bey denen unter ihm stehenden Troupen gute Ordre und Kriegs-Disciplin zu halten/ und die Delinquenten ohne Verzug/ Connivenz oder andere Absichten/ alsdann exemplariter, nach Maaßgebung des vorhergehenden 10 Articuls/ zu bestraffen.

Art. XIII.

Sind beyde Theile einig/ daß ein jeder den Abgang seiner Auxiliar-Trouppen selber ersetzen und recrutiren solle. Wann aber bey Marschen oder völligem Abzuge der Auxiliar-Trouppen aus des Requirenten Landen/ einige zu denenselben gehörige Officier und Gemeine wegen Kranckheit oder andern Ursachen/ zurück bleiben solten/ so verspricht der requirirende Theil denen Krancken gute Verpflegung zu geben/ und sonst ihnen und den übrigen zur ohnbehinderten Fortsetzung ihrer Reise alle Freyheit geniessen und allen möglichen Vorschub thun zu lassen/ und dieselben unter keinen Vorwand/ wer derselbe auch seyn mag/ zurück zu halten.

Art. XIV.

Solte auch ein oder ander Theil mehrere Troupen oder Schiffe/ als hier specificiret worden/ vonnöthen haben/ so verbinden sich beederseits hohe Theile/ so viel eines jeden Reichs-Zustand leiden will/ solche gleich falls auf obige Conditiones herzugeben/ und sich darinnen willig zu bezeigen.

Art. XV.

Es soll einem jeden Theile/ während daß der andere Krieg hat/ erlaubet seyn/ aus des andern Lande alle zum Kriege nöthige Materialien und Effecten nach dem daselbst couranten Preyß zu kauffen.

Art. XVI.

Es declariren beede hohe Contrahenten/ daß dieselbe mit keinem in einige Bündniß stehen/ welche dieser gegenwärtigen Allianz könten zuwider seyn; folglich behalten die vorige Bündnisse/ als die mit diesem keineswegs streitig sind/ ihre völlige Krafft. Damit aber beeder hohen Theilen Vorsatz/ dasjenige/ was hiemit zwischen ihnen stipuliret und geschlossen worden/ ohnverbrüchlich zu halten/ am Tage ge-

Mais s'il survient quelque différend entre les propres Officiers & Soldats du Requerant, & ceux des Troupes Auxiliaires, il sera examiné & jugé par des Commissaires à cela commis, en nombre égal, & choisi des Troupes de part & d'autre, & les coupables seront par conséquent punis selon les Articles de guerre de leur propre Maître: Sera pareillement libre au Général, comme aux autres Officiers des Troupes Auxiliaires, d'avoir correspondance chez eux par des Lettres, ou par des Exprès.

XI.

Les Troupes Auxiliaires seront tenues d'obéir en tout aux ordres du Général Commandant en Chef, & se transporter où il veut, & se laisser employer aux Opérations de Guerre, en observant néanmoins la maniere convenue dans l'Article 8. ci-dessus: Mais ces Troupes & Escadres, quand elles auront été demandées en même tems, seront respectivement dans les Marches, Commandemens, Actions, Quartiers & autrement, tenues, autant qu'il est possible, l'une près de l'autre, & ne seront pas trop séparées & éloignées l'une de l'autre, & enfin, que les Troupes Auxiliaires ne soient dans les Opérations de Guerre, ou autrement, fatiguées & exposées plus que les autres Troupes du Requerant; mais qu'il y soit observé entre elles une parfaite égalité, le Général Commandant en Chef sera tenu d'observer dans tous les Commandemens une juste & exacte proportion entre elles, selon la force de toute l'Armée.

XII.

D'un autre côté, & afin que les Sujets du Requerant ne soient point surchargés, mais qu'ils jouissent tranquilement du leur, & qu'ainsi le transport des Vivres & autres besoins de chez eux & d'ailleurs ne soit point empeché, le Général ou Officier Commandant des Troupes Auxiliaires sera obligé de garder parmi les Troupes de son Commandement un bon ordre & discipline, & de punir exemplairement les délinquans, sans retardement, connivence, ou autre vue, selon le contenu du précedent Article X.

XIII.

Est convénu de part & d'autre, que chacun remplira, & recrutera le manque de ses Troupes Auxiliaires: Mais si dans des marches ou l'entiere retraite des Troupes Auxiliaires des Etats du Requerant, quelques-uns de leurs Officiers ou Soldats demeuroient en arriere pour maladie, ou autres causes, le Requerant promet de faire donner aux malades tout secours, & d'ailleurs de leur laisser, & aux autres, toute liberté de continuer leur voyage sans empêchement, de leur accorder toute assistance possible, & de ne les point retenir sous quelque pretexte que ce puisse être.

XIV.

Si l'une ou l'autre Partie avoit besoin de plus de Troupes, ou de Vaisseaux, qu'il a été specifié, les Contractans de part & d'autre s'engagent, entant que l'Etat des Royaumes de chaque Partie le peut souffrir, de le fournir pareillement aux conditions ci-dessus, & de se montrer favorable en cela.

XV.

Il sera permis à chaque Partie, pendant que l'une est en guerre, de tirer des Etats de l'autre tous les materiaux & effets nécessaires pour la Guerre, au prix courant dans ces endroits-là.

XVI.

Les deux Hauts Contractans déclarent, qu'ils ne sont avec personne dans aucun engagement qui puisse être contraire à cette Alliance, par conséquent les engagemens antérieurs, comme n'étant nullement contraires à celui-ci, conserveront leur force entiere: Mais afin que l'intention des deux Hauts Contractans, de remplir sincerement ce qui a été stipulé & conclu en-

ANNO 1735.

leget werden möge; So verbinden sich beede Majestäten Majestäten Krafft dieses/ daß allen und jeden Articulis dieses mit guter Treu und Glauben geschlossenen Bündnisses/ ihres Orts getreulich und aufrichtig soll nach gelebet/ und auf keinerley Art und Weise/ weder/ unter dem Vorwand einiger vorigen Engagemens, oder andern Prætexten / sie mögen Nahmen haben / wie sie wollen / darinnen einiger Eingriff geschehen und zugelassen werden.

Art. XVII.

Wann auch Requisitus wegen solcher geleisteten Hülffe oder sonsten feindlich angegriffen / und also beede Theile in einem Kriege verwickelt werden solten / so soll keiner in eine Friedens-Handlung oder Stillstand der Waffen sich einlassen / vielweniger darunter etwas schliessen, es sey dann mit des andern guten Belieben/ und vollkommener Concurrentz / insonderheit daß zu förderst dem beleidigten Theile der erlittene Schade gut gethan und erstattet werde.

Art. XVIII.

Wann eine oder andere Puissance mit in diese Allianz eingeschlossen zu werden verlangen solte / kan es zwar / aber nicht anders / als mit beederseits Bewilligung geschehen.

Art. XIX.

Solten die Unterthanen ein oder anderseits de protracta aut denegata justitia Klagen zu führen sich befuget halten/ will man nicht sogleich zu Repressalien schreiten / sondern vorhero von dem andern/. durch den daselbst seyenden Minister, Bericht einfordern lassen / und die alsdann ohne gnugsahmen Grund geklaget / zu gebührender Ahndung ziehen.

Art. XX.

Es soll ein Commercien-Tractat mit dem fördersamsten errichtet / und darum von beyden Theilen alle Facilität gezeiget werden.

Art. XXI.

Diese *Alliance* soll auf 12 Jahre sich erstrecken / und im Fall nach Verfliessung solcher Zeit beyderseits hohe Contrahenten dieselbe zu prolongiren nöthig finden solten / wollen sie bey Zeiten und längstens 6 Monahte vor deren Ablauff/ weiter darüber conferiren und Handlung pflegen lassen.

Art. XXII.

Letzlich ist hierbey verabredet und versprochen / daß die Ratificationes über diesen Tractat beyderseits ausgefertiget / und innerhab drey Monahte à dato, oder eher / alhie zu Stockholm ausgewechselt werden sollen. Zu Uhrkund dessen ist dieses in duplo ausgefertigte Instrument von Ihro Königl. Majest zu Schweden und Ihro Russisch-Kayserl. Majest. bevollmächtigten Ministris unterschrieben und besiegelt. Stockholm / den 5 Augusti 1735.

Michael Bestuchef. (L. S.

A. Horn. (L. S.)
Gust. Bonde (L. S.)
Joh. C. Strömfeldt. (L. S)
Or Tornflycht. (L. S.)
S. Barck. (L S)
J. H. v. Kochen. (L. S.)
H. Cedercreützt. (L. S.)
J. F. v. Schantz. (L. S.)
Joach. Neres. (L. S.)

Articulus separatus Primus.

I.

Demnach Ihro Rußische Kayserl. Majest. in dem Nystädtischen Friedens-Instrument und dessen 6ten Articul Ihro Königl. Majest. zu Schweden jährlich und beständig die Zollfreye Ausfuhr einer Quantität Getreyde / so viel nehml. als vor 50000 Rubel erhandelt werden kan / zugestanden / so ver-

tre eux, paroisse clairement, leurs Majestés s'obligent par les présentes, de faire chacun en son endroit executer fidélement chacun des Articles conclus de bonne foi, & de ne permettre en aucune maniere qu'on y contrevienne, soit sous prétexte d'aucun engagement antérieur, ou sous aucun autre nom quel qu'il soit.

ANNO 1735.

XVII.

Si le Contractant requis étoit attaqué pour telle assistance ou autrement, & ainsi tous les deux fussent engagées dans une guerre, aucun d'eux n'entrera en Négociation pour une Paix ou Trève, encore moins conclura à cet égard, sinon du consentement & pleine concurrence de l'autre Partie, & que particulierement on ait fait à la Partie lesée reparation du dommage souffert.

XVIII.

Si l'une ou l'autre Puissance désiroit d'être comprise dans cette Alliance, il se fera, mais pas autrement que du consentement des deux Parties.

XIX.

Si les Sujets de part & d'autre se croyent en droit de porter des plaintes de justice retardée ou deniée, on ne passera pas d'abord aux represailles, mais on en demandera auparavant information à l'autre Partie par le Ministre Résident, & ceux qui alors ont fait des plaintes sans fondement suffisant, seront châtiés selon l'exigence du cas.

XX.

Il se fera incessamment un Traité de Commerce, & les deux Parties y apporteront toute facilité.

XXI.

Cette Alliance durera l'espace de douze ans, & en cas que les Hauts Contractans de part & d'autre, après l'expiration de ce terme, jugeassent nécessaire de le prolonger, ils feront de bonne heure conferer & négotier là-dessus, & tout au plus tard dans six mois avant son expiration.

XXII.

Est convenu en dernier lieu, que les Ratifications de ce Traité seront expediées & échangées de part & d'autre ici à Stockholm dans trois mois, à compter depuis ce jour d'aujourd'hui, ou même plutôt.

En foi de quoi ce présent Instrument a été expedié en double, & signé par les Ministres Plenipotentiaires de Sa Majesté Impériale de toutes les Russies & de Sa Majesté Royale de Suede, & muni de leurs Cachets. Fait à Stockholm le 5. d'Août 1735.

Michel de Bestuchef.
(L. S.)

Arvid Horn L. S.
Gustaff Bonde L. S.
Charles Jean de Strömfeld. L. S.
Oloft de Tornflycht. L. S.
Samuel Barck. L. S.
Herman Cedercreutz. L. S.
Jean Frid. de Schantz. L. S.
Joachim Nerés. L. S.

Articles Separez.

I.

Sa Majesté Imperiale de toutes les Russies ayant accordé à Sa Majesté Royale de Suede, dans le Traité de Neustadt Art. 6. une sortie libre de Grains pour cinquante mille écus par an, Sa Majesté Impériale de toutes les Russies s'engage & promet encore par

ANNO 1735.

verbinden sich Jhro Rußische Kayserl. Majest. ebenfals hiermit / daß über dieses Zollfrey auszuführende Quantum an Getreyde / es Jhro Königl. Majest. zu Schweden noch weiter soll zugelassen seyn / zum Behuef ihrer Flotten / so lange diese Defensiv-Alliance währet / in Jhro Rußis. Kayserl. Majest. an der Ost-See belegenen Haven und Städten / vor eben so viel tausend Rubel an Hampf / Flachs und Mast-Balcken aufzukauffen / und diese Waaren auf eben dem Fuß / als wegen des Getreydes in dem oberwehnten Nystädischen Friedens-Schluß verabredet worden / Zollfrey abholen zu lassen; also und dergestalt / daß in allen vor hundert tausend Rubeln / theils an Getreyde / theils an Hampf / Flachs und Masten / in erwehnten Haven und Städten zu Jhro Königl. Majest. von Schweden Behuef und Diensten kan und mag aufgekaufft / und davor Rußischer Seits bey deren Ausfuhr weder einiger Zoll noch andere Aufflagen gefordert werden: Jedoch mit diesen Bedinge / daß der oder diejenige / denen aufgegeben ist / diesen Handel und Ausfuhr zu besorgen / sich desfals an gehörigen Oertern angeben und legitimiren sollen. Jm Fall aber in einem oder andern Jahre durch Mißwachs oder aus andern Ursachen die Ausschiffung des Getreydes entweder gäntzlich oder zum Theile verbohten würde / und also diese Zollfreye Ausfuhr des Getreydes nicht geschehen könte / sollen Jhro Königl. Majest. von Schweden befuget seyn / an Hampf / Flachs und Mast-Balcken / so viel Zollfrey ausführen zu lassen / als an Getreyde gefehlet.

Zu Uhrkund dessen ist obiger Articulus separatus, welcher eben so gültig seyn soll / als wenn er der unterm heutigen dato geschlossenen Defensiv-Alliance von Wort zu Wort einverleibet wäre / abgefasset / und von beyderseits bevollmächtigten Ministris unterschrieben und besiegelt. So geschehen Stockholm / den 5 Augusti 1735.

par ces présentes, qu'outre cela il sera encore permis a Sa Maj. Suedoise d'acheter dans les Ports & Villes de S. M. J. situés à la Mer Baltique pour autant de milliers d'Ecus du Chanvre, du Lin, & des Mats, & de les emporter sans aucune charge, pour autant d'années que durera cette Alliance Défensive: En sorte qu'on peut acheter & emporter sans aucune charge desdits Ports & Villes de S. M. I. pour la somme entiere de 100000. Ecus, partie en Grain, & l'autre partie en Chanvre, Lin, & Mats, à condition pourtant que les Commissaires, qui seront chargés de Sa Majesté Suedoise, d'en faire l'achat, seront indispensablement obligés de se légitimer auparavant, & de le déclarer aux endroits convenables. Et en cas qu'il arrivât une année de mauvaise recolte, & que Sa M. I. se trouvât obligée de défendre pour cette année le transport des Grains soit en tout ou en partie, il sera permis à S. M. Suedoise d'y acheter pour toute la somme accordée du Chanvre, du Lin & des Mats, & transporter le tout sans être obligée à aucune charge.

En foi de quoi cet Article Separé, qui aura autant de force, que s'il avoit été inseré de mot en mot dans le Traité d'Alliance Défensive conclue cejourd'hui, a été conclu, & signé des Plenipotentiaires reciproques, avec l'apposition des Cachets. Fait à Stockholm le 5. d'Août 1735.

Articulus separatus Secundus

Demnach einige Holländische Creditores Anno 1707. unter derer Herren General-Staaten Garantie an Jhro Königl. Majest: von Sweden König Carl den XII. glorwürdigsten Andenckens gegen Hypothecirung des Rigischen Zolls / eine Anleihe von 750000 Holländische Gulden gethan / worauf zwar ein ansehnlicher Theil von der Kron Schweden schon bezahlet worden / ein Theil dieser Schuld aber an Capital und Interessen annoch rückständig ist / und Jhro Russische Kayserl. Majest. sich dahin geneigt zu seyn erklähret / selbige zu übernehmen / und besagte Creditores deshalber völlig zu vergnügen / wann Königl. Schwedischer Seits davon eine genaue Specification und Rechnung aufgegeben würden / was die Krone Schweden dieser Schuld wegen denen Holländern eigentlich noch zu bezahlen schuldig sey; Als ist zwischen beyden hohen Theilen hiermit verabredet und festgestellet worden / daß obangeregtes Schuld-Residuum von Jhro Russisch-Kayserl. Majest. so wohl an Capital als Interessen an besagte Holländische Creditores soll bezahlet / und dieselbige deshalber völlig vergnüget werden / so daß die Krone Schweden / in Ansehung dieser Schuld-Forderung / alles fernern Anspruches hiemit gäntzlich befreyet wird / wie dann auch Jhro Rußische Kayserl. Majest. sich hiemit anheischig machen / höchstgedacht Jhro Königl. in Ansehung dieser Schuld-Forderung ausgestellete Original-Verschreibung und Obligation Jhro Königl. Majest. und der Krone Schweden einhändigen zu lassen.

Zu Uhrkund dessen ist obiger separate Articul, welcher eben so gültig seyn soll / als wenn er der unterm heutigen dato erneuerten und geschlossenen Defensiv-Alliantz von Wort zu Worte einverleibet wäre / abgefasset / und von beederseits bevollmächtigten Ministris unterschrieben und besiegelt. So geschehen Stockholm den 5 Aug. 1735.

II.

Comme dans l'année 1702. quelques Particuliers Hollandois ont fait un prêt de sept cenc cinquante mille florins d'Hollande, au feu Roi Charles XII. de glorieuse memoire, sous la Garantie des Etats Généraux, & sur l'hypotheque de la Douane de Riga, de laquelle dette la Couronne de Suede a payé déja une partie considérable, mais dont il reste une autre partie à acquiter, tant du Capital, que des Interêts. Et comme S. M. Impériale de Russie a déclaré être dans la disposition de s'en charger, & de satisfaire entierement les Créanciers existans à ce sujet, pourvu que de la part de S. M. Suedoise, il fût delivré une specification & un compte exact de ce que la Couronne de Suede devoit encore payer aux Hollandois, pour extinction de cette dette. Ainsi, il a été convenu & arrêté entre les deux Parties Contractantes, que le restant de cette dette, tant du Capital, que des Interets, sera payé par Sa Majesté Imp. de Russie, auxdits créanciers Hollandois, & qu'ils seront par elle entierement satisfaits à cette occasion, en sorte que la Couronne de Suede est par-là absolument degagée de toute requisition ulterieure, concernant la pretension de cette dette. Au surplus S. M Impériale de Russie s'engage par le présent Article, de faire remettre à Sa M. Suedoise & à la Couronne de Suede, l'Ecrit Original, & l'Obligation expediée par rapport à la même dette.

Ce deuxiéme Article Séparé aura la même force, que s'il avoit été inseré de mot en mot dans le Traité d'Alliance Défensive conclu ce jourd'hui. En foi de quoi nous Plenipotentiaires reciproques l'avons signé & y apposé nos Cachets. Fait à Stockholm le 5. d'Août 1735.

Signé comme le Traité même.

CXCV.

IN NOMINE SANCTISSIMÆ & INDIVIDUÆ TRINITATIS.

18. Sept. *Traité d'Alliance entre le Roi de France & les Confederez de Pologne & de Lithuanie, conclu à Versailles le 18. Sept. 1735.*

SErenissimus Christianissimus Rex, & Serenissimus Rex Poloniæ, tam suo quam Reipublicæ fœderatæ nomine, judicantes conducere eorum Causæ communi ut Fœdus inter se particulari Tractatu inirent, quod esset omnibus & singulis novum pignus exhibens sensum animi quo Christianissima Majestas fertur erga Regem & Rempublicam Poloniæ, Eadem Christianissima Majestas Illustrissimum & Excellentissimum Chauvelin, Præfectum Sigillorum Galliæ, Ministrum & Secretarium Status à Negotiis cum Externis Potentiis, & Serenissimus Rex Poloniæ aque Serenissima Respublica Poloniæ, Illustrissimum & Excellentissimum Ofarowski, Mareschallum Palatinatus Cracoviensis Confœderatum, Supremum Castrorum Regni Imperatorem, ad id munierunt Plenipotentiis, qui matura deliberatione adhibitâ super præsenti rerum statu convenerunt circa sequentes Articulos perpetuis temporibus duraturos.

Art. 1.

Perfecta & intima amicitia permanebit inter Christianissimum Regem & inter Regem & Rempublicam Poloniæ; ita ut una Pars commoda alterius tanquam sua respiciat, & utraque in perfecta Harmonia ad mutuam sui Conservationem & ad avertenda ea quæ contra earum alterutram fieri aut attentari possint.

Art. 2.

Quandoquidem Christianissima Majestas pro defensione Liberæ & unanimis Electionis Serenissimi Regis Soceri sui, atque Jurium, Privilegiorum Libertatum-

ANNO 1735.

que Sereniſſimæ Reipublicæ Bellum præſens cœpit, proinde ſpondet eidem Sereniſſimo Poloniæ Regi & Sereniſſimæ Reipublicæ, quod idem Bellum eo uſque proſequetur quouſque ubique fini propoſito non fuerit ſatisfactum, & quouſque non effectum fuerit ut Rex & Sereniſſima Reſpublica fruantur ſemper libero Jurium ſuorum exercitio: ſingulariter vero in eo quod concernit Liberam Regum Poloniæ Electionem, ita ut non poſſit ex occaſione Electionum perturbari & impeti ab ulla Potentia.

Art. 3.

Quod ſi tale quid contingeret, Chriſtianiſſimus Rex declarat in tali quovis caſu præſens Fœdus locum habiturum; & quod in tali occaſione Chriſtianiſſimus Rex id omne præſtiturus ſit, quicquid Reſpublica ſibi jure merito promittere poteſt à ſuo fideli Fœderato qui ſincere cordi habet omnem ejuſdem proſperitatem & tranquillitatem; promittitque Chriſtianiſſimus Rex quod ſi talis caſus eveniret, convenietur inter utramque partem de modo ab utriſque adhibendis, quæ incertæ futuri temporis circumſtantiæ nunc definire non permittunt.

Art. 4.

Declarat Chriſtianiſſimus Rex quod quamdiu præſens Bellum duraverit, continuabit impendere omnes ſuas quas poteſt vires, atque totum quod à ſua dependebit potentia, & ad liberandam quanto citius quo id fieri poteſt à præſenti oppreſſione Poloniam, & ad obtinendos feliciter eos fines qui Art. 2. fuſius expreſſi Bello huic Cauſam præbuerunt, inducet pariter Fœderatos ſuos ad has ipſas Cauſas bello proſequendas, quæ eoſdem ad uniendas ſecum vires permoverunt.

Art. 5.

Et quemadmodum ob præſentaneos ſucceſſus violentiarum quæ exercentur in Polonia, non tantum Sereniſſimus Rex Poloniæ commorandum ſibi duxit in Pruſſia, ſed etiam ingens numerus Magnatum & Familiarum Regni Poloniæ ſeſe receperunt tam in Pruſſiam quam in alias Regiones Reipublicæ vicinas, Chriſtianiſſimus Rex continuabit ſuas impendere curas ut omnes pergant frui omni Securitate & Libertate in iis in quibus perſiſtunt locis, quouſque ſtatus Regni Poloniæ aliud non permittet.

Art. 6.

Declarat Chriſtianiſſimus Rex quod in Congreſſu pro ſtabilienda Pace Generali inſiſtet, ut nullatenus ab hoc puncto recedatur, ut quam evidentiſſime proſpiciatur Privilegiis & Libertatibus Regni Poloniæ.

Art. 7.

Antequam aut Belli Succeſſus aut Pax Generalis permittant cuivis reditum in Poloniam, Chriſtianiſſimus Rex ſuppeditabit his qui Regi fideles permanſerint ſubſidia perſonalia & neceſſaria quouſque revertantur ad uſum actualem ſuarum facultatum, cui rei proſpectum in Pacificatione Generali Chriſtianiſſimus Rex in ſe recipit.

Art. 8.

Chriſtianiſſimus Rex continuabit ſua officia ad Romanam Curiam, & apud alias Potentias, circa omnia quæ poſſunt concernere negotia Regis & Reipublicæ confœderatæ cum ea qua hucuſque egit activitate poſſibili.

Art. 9.

De aliis Potentiis convenietur quæ invitandæ ſunt ut accedant ad præſentem Tractatum, Ratificationes commutabuntur in ſpatio duorum Menſium aut citius ſi fieri poteſt. In quarum rerum fidem nos infraſcripti muniti Plenipotentiis nobis invicem exhibitis, & quorum Copiæ collatæ repertæ ſunt conformes eorum Libris originalibus, & de verbo ad verbum ad finem præſentis Tractatus inſertæ ſunt, Fœdus præſens ſubſcripſimus & Sigillis mutuis communivimus. Datum Verſaliis die 18. Septembris 1735.

CHAUVELIN. OSSAROWSKI.

ANNO 1735. 24. Nov.

CXCVI.

Reſultat du Senatus-Conſilium, *tenu à Varſovie après la Diète infructueuſe de Pacification, du* 24. *Novembre* 1735. [Traduction.]

AU NOM DE DIEU, AMEN.

AUguſte III. par la Grace de Dieu, Roi de Pologne, &c. Savoir faiſons &c. La Providence Divine, qui Nous a mis, par une libre élection, ſur le Trône de ce Royaume, ayant voulu, en rétabliſſant la concorde, réunir à la République tous les Palatinats, Terres & Diſtricts, tant de la Couronne que du Grand Duché de Lithuanie & autres Provinces y annexées, achever ſon Ouvrage, par une générale & libre Acceſſion à Nous; De Notre côté, ſur les inſtances des Députez deſdits Palatinats & Diſtricts, envoyez pour Nous prêter hommage, & de l'avis unanime des Etats Conſédérez, qui ſe trouvent auprès de notre perſonne, Nous avions indiqué ici à Varſovie, au 27. de Septembre de la preſente année, une Diète de Pacification de ſix ſemaines, comme l'unique & ſalutaire moyen pour rétablir la tranquillité, n'ayant, avec les Etats Conſédérez, rien tant à cœur que de voir au plutôt la proſperité publique ramenée, & qu'on puiſſe aviſer à la maniere la plus convenable pour pouvoir faire ſortir les Troupes étrangeres du païs; Et ayant eſperé que la Diète venant à ſubſiſter, la Republique pourroit, tant par raport à ſa Forme ordinaire, que par raport à tout ce qui eſt utile au Bien Public, & aux Droits ſortis de leur orniere, être remiſe dans une Conſtitution legale, il ſemble néanmoins, que la Juſtice impénétrable de Dieu veut, ſelon la meſure des tranſgreſſions, ſe ſervir encore de la verge de ſa colere, puiſqu'au grand préjudice & à l'affliction commune de la Republique, ce ſalutaire ouvrage n'a pu parvenir à ſa perfection, à cauſe des contradictions obſtinées & injuſtes de quelques Nonces, qui pendant les ſix ſemaines de la Diète, n'ont pu être émus par les Repreſentations les plus ſatisfaiſantes à leurs demandes.

Nos intentions, toujours favorables pour les contenter, Nous ont porté à faire tout ce que l'équité pouvoit raiſonnablement Nous demander. Nous avons été prêt à faire remettre, entre les mains du Reverend Prince Primat du Royaume, un Diplome ſuffiſant au ſujet de la ſortie effective de Notre Armée; Et ſur les aſſûrances que nous avons reçu des Miniſtres Plénipotentiaires de la Séréniſſime Souveraine de Ruſſie, Nous avons donné notre parole Royale aux Etats de la Republique, que l'Armée Ruſſienne évacueroit auſſi les Provinces du Royaume, pourvu que les Nonces de la Diète vouluſſent tous, unanimement & conformément aux Loix, prendre en main, ſous la direction d'un nouveau Maréchal, les moyens les plus propres pour rétablir la Tranquillité & une Paix ſtable en dedans & au dehors.

Mais toutes ces bonnes intentions, dont nous avons donné des preuves évidentes, ont été inutiles: Et ni les Deputations de l'illuſtre Senat, faites par deux fois, ni l'urgente Neceſſité de la Republique, n'ont rien pu effectuer ſur l'eſprit de ceux qui ont ſouhaité ouvertement que la tranquilité ne fût point rétablie, par où ils ſont cauſe que les Troupes étrangeres ſe ſont vu obligées de reſter dans le païs.

Voyant donc par-là que la République entiere reſte dans un état d'opreſſion, au mal de laquelle Notre affection paternelle ſouhaiteroit d'aporter du remede, & ſur-tout après que le terme de la Diète eſt expiré ſans effet, voulant prévenir les maux futurs par bonnes & prudentes déliberations, c'eſt aux préſens Etats Conſédérez, tant à ceux qui ont réaſſumé à Cracovie la Confédération Générale, qu'à ceux qui y ont accedé en dernier lieu, & qui ſont reſpectivement obligés, non ſeulement à maintenir la Sainte Religion Catholique Romaine, mais auſſi notre Majeſté, de même que leurs Droits & Libertés, que nous avons permis de tenir le préſent Conſeil: Et à ces cauſes faiſons publier ce qui a été reſolu d'un conſentement unanime.

De la Sureté de Notre Dignité Royale.

Les Etats Confédérez, ayant remarqué les ſoins paternels

ANNO 1735. ternels que Nous employons sans cesse, tant pour le rétablissement de la tranquillité de la République, que pour l'avancement de son Bien & Salut, Nous ont toujours témoigné leur zèle à vouloir fermement maintenir Notre Dignité Royale, en la défendant jusqu'à la derniere goute de leur sang, ils n'ont pas manqué aussi de montrer le même zèle pour notre personne au présent Conseil, en condamnant les Conventicules tenus à Dzikow, & à Wilna, comme des productions monstrueuses avec tout l'effet qu'ils ont eu, & veulent qu'ils soient regardez à jamais comme des Actes indignes.

D'ailleurs, remettant à Notre disposition de convoquer l'Arriere-ban, selon la maniere indiquée dans la Réassomption de Cracovie, ils seront obligez, en cas de nécessité, de monter tous à cheval, pour s'opposer à ceux qui oseroient entreprendre la moindre chose contre notre Majesté.

De l'Assurance des Prérogatives du Primat.

Le Reverend Archevêque de Gnesne, Primat du Royaume de Pologne & du Grand Duché de Lithuanie, adorant la volonté suprême du Très-Haut, a reconnu que c'est Elle qui a inspiré au cœur du Peuple Electeur, Notre Election pour Roi de Pologne. à cause du merite ineffaçable du Roi, Notre Sérénissime Pere & Antecesseur de glorieuse Mémoire; il a consideré en même tems, que nous n'avons pas manqué une seule occasion d'assurer solidement les Droits & Libertés de la République par Nos sermens réïterez, & par d'autres promesses faites à l'exemple de nos Sérénissimes Prédécesseurs, & ayant encore remarqué, que tous nos soins ne tendent qu'à avancer le Bien Public & le Salut de la République, & à y amener une telle felicité que tous les Habitans & Sujets en puissent jouir sans interruption: Ce sont toutes ces considerations qui l'ont porté à faire son Accession volontaire, & à Nous reconnoitre librement pour Roi, & Seigneur du Royaume de Pologne & du Grand Duché de Lithuanie, aussi bien que des Provinces y annexées, en s'obligeant de vouloir, en vertu de son Autorité Primatiale, contribuer serieusement de son côté tout ce qui peut servir à pacifier la République, afin qu'elle ne soit point ébranlée ni troublée de nouveau par des esprits de dissention; Desorte que Nous acceptons avec reconnoissance sa recognition, aussi bien que les promesses & les engagemens où il est entré, par raport à ce qui est dû à Notre Majesté. Et puisque la Confédération Générale de Varsovie s'est servi, dans le tems que les esprits n'étoient pas encore réunis, de quelques expressions vives, qui ont été sensibles audit Primat, Nous cassons & annullons, par cet Ecrit public, tous les passages qui se trouvent exprimés contre lui dans l'Acte de cette Confédération de Varsovie: C'est ce que nous faisons en faveur & en consideration de sa Dignité connue de tout l'Univers, & qui reste dans toute sa vigueur; Et nous y avons été d'autant plus engagez, que par ses soins infatigables pour le Bien Public, il a fait voir l'attachement constant qu'il a pour Nous.

Aussi lui promettons-Nous, non seulement toute sorte de sureté & d'immunité pour son honneur & sa personne, mais Nous Nous engageons encore de maintenir toutes les prérogatives de la Dignité Primatiale, confirmées par les anciens Statuts & Constitutions, & particulierement par celle de 1718.

Des Déclarations à faire de Notre part au Saint Pere.

Les Etats de la République, à la Conclusion des *Pacta Conventa*, Nous ayant réïterativement représenté de vouloir bien employer Nos instances auprès de S. S. pour que la conservation du Droit de Patronage & autres demandes soient terminées d'une maniere favorable; & ces mêmes Etats ayant témoigné de la disposition de leur côté à vouloir modifier la Constitution de 1726. à la satisfaction du St Siège Apostolique, Nous renvoyons cette matiere à la premiere future Diète, d'autant qu'elle ne sauroit être reglée presentement, que la Diète n'a pas eu lieu; & Nous promettons en même tems, qu'en vertu de la présente Confédération, & par Notre Amour filial pour le St. Pere, Nous apuyerons ladite modification à la future Diète, dans l'esperance d'obtenir aussi un effet favorable à l'égard du Droit de Patronage.

ANNO 1735.

De l'Evacuation des Troupes Etrangeres.

Comme nous ne souhaitons que de voir la Republique dans l'état le plus florissant, & delivrée de toute charge onereuse, mais principalement que l'évacuation entiere des Troupes étrangeres se puisse faire; Aussi avions-Nous esperé que cela arriveroit infailliblement à la derniere Diète, après qu'on y auroit suffisamment pourvu à la sureté de Notre Majesté & à celle de la Republique; Et c'est dans cette même vue que depuis le tems de Notre heureux Couronnement, Nos soins paternels nous ont fait employer tous les moyens imaginables, pour parvenir au but si salutaire de repos & de tranquillité publique.

Mais malheureusement cette Diète n'étant point parvenue à sa consistance, Nous n'avons pourtant pas laissé de traiter avec les Ministres Plenipotentiaires de la Sérénissime Souveraine de Russie, afin que ladite évacuation fût executée, & qu'il fût remedié aux plaintes de plusieurs habitans de la République contre quelques Officiers qui avoient commis des Actions contraires aux bonnes intentions de leur Sérénissime Souveraine: Mais quoique ces Ministres Nous ayent représenté par les raisons les plus fortes & les mieux fondées, que la tranquilité n'étant pas encore entiérement rétablie dans la Republique, ils ne pourroient pas non plus satisfaire à nos souhaits, en faisant sortir toutes les Troupes Russiennes, ils nous ont cependant donné des assurances, qu'une partie considerable de leur Armée sortiroit dans peu conformément à Nos desirs, & que du reste, ils se montreroient faciles en tout, selon l'équité.

De la Sureté des Déliberations.

N'y ayant pas de bon ordre à esperer dans aucun Royaume, si on n'y pourvoit par des Délibérations sages & prudentes, & si on n'y établit des Loix, la République assemblée dans ses trois Ordres, fera à l'avenir telles Loix, dont il lui en revienne toutes sortes d'avantages, afin d'établir par-là le bon ordre & en maintenir la durée, effet qui n'est à esperer en aucune façon, si ce qui a été arrêté d'un consentement universel, comme une Loi indubitable, reste sans vigueur: De sorte que Nous promettons que, conformément à l'équité, à l'autorité & à l'observation des Loix, Nous y voulons tenir la main, pour que tous les Droits & Constitutions de la République, & principalement la Constitution de 1690. concernant le réglement de la maniere de proceder à la Diète, soient observez.

Du Terme à la Resipiscence.

Quoique Notre Clemence, dont nous avons déja fait assurer plusieurs fois les Citoyens de la Patrie qui se trouvent au-delà des frontieres, n'ait pu les ramener encore du dessein dans lequel ils persistent, Nous voulons pourtant, par affection paternelle, accorder de nouveau à tous ceux qui sont hors des limites, un terme à la resipiscence, jusqu'à ce que Nous fassions indiquer les Jugemens de Confédération, dont l'ouverture a été laissée à Notre disposition, Notre but étant de les attirer tous par les liens de l'Amour à cette Republique, qui, par la grace de Dieu, se trouve déja réunie, & qui est pleinement composée de tous ses ordres: Mais en attendant Nous exhortons tous ceux qui se sont séparez du corps de la République, en abandonnant leur Patrie, & qui, à leur propre perte, se tiennent au-delà des frontieres, de ne vouloir plus abuser de Notre patience, ni de l'indulgence des Etats Confédérez, mais suivre un conseil salutaire en revenant sans délai, à l'exemple des autres qui aiment leur Patrie.

Des Jugemens de Confédération.

Les Etats Confédérez ayant résolu unanimement, que les Jugemens de Confédération subsisteroient jusqu'à la future Diète, Nous les renouvellons, conformément à la Constitution de 1717, & ils se tiendront contre tous ceux qui feront des machinations contre Notre Majesté pour exciter de nouvelles brouilleries dans la République. Ces Jugemens auront

ANNO 1735. ront lieu contre ceux qui oseront causer des troubles en tenant des Conventicules contre le cours du Droit, & en s'assemblant pour regler des Contributions & des nouveaux Tarifs, & en faisant d'autres Actes & Crimes defendus par les Loix, & principalement par la Constitution de 1717. Lesdits Etats ont laissé à Notre disposition la determination de ces Jugemens, mais cela ne derogera en rien aux autres Tribunaux qui continueront selon leur cours & coutume ordinaire.

Des Jugemens dans les Provinces, & aux Grods.

Nous exhortons les Staroſtes & les Officiers de Justice dans les Provinces & aux Grods, sous peine de privation de leur Charge, & sous la rigueur des Loix, de faire ouvrir sans délai & au plus tard dans l'espace d'un Mois après la publication du présent Resultat, tous les Jugemens dans les Provinces & aux Grods, dans tous les Palatinats, Terres & Districts, où ils n'ont pas encore été commencez: En attendant, ceux qui sont obligez d'avoir recours à la Justice, pourront porter leurs Causes au Grod le plus prochain dans leur Palatinat, afin de finir d'autant plutôt leurs affaires, ce qui est à entendre des Grods qui pourroient être vacans dans le Royaume; il est cependant nécessaire, selon la coutume, que les relations de ces personnes soient auparavant enregitrées au Grod où elles apartiennent naturellement.

De la Commission de Radom.

Quelques-uns des Senateurs, qui conformément aux Loix avoient été nommez à la derniere Diète pour la Commission de Radom, étant decedez, & d'autres se trouvant absens, il a falu renvoyer à un autre tems le terme pour tenir cette Commission; d'autant plus que l'Armée de la Couronne se trouvant presentement éloignée, & obligée de marcher là où la nécessité le demande, il faudroit la séparer & l'affoiblir, si elle devoit vaquer à cette Commission.

De l'Amnistie.

Quoique quelques habitans des Palatinats & Districts se soient obligez par serment dans leurs Conventicules (que nous avons condamnez avec tout leur effet en conformité des précédentes Sanctions, & que Nous condamnons encore de nouveau,) que l'Amnistie ne seroit accordée à personne qui ne la demanderoit; Nous sommes pourtant fort éloigné d'user de telle rigueur, voulant employer des moyens plus doux, afin que les personnes lesées ne se ressentent pas d'une trop grande perte, & que les innocens ne souffrent point pour les coupables: Ensorte que Nous accordons l'Amnistie aux Armées du *Comput* des deux Nations, tant sur le pié du pays, que sur le pié étranger, dont elles jouïront à l'égard de ce qui a été pris pour l'entretien indispensable de leurs gens, & de leurs chevaux: Mais tout ce qui s'est fait sans cela, toutes les injustices commises, tous les dommages qui ont été portés, aussi bien que toutes les irruptions, incendies & autres déprédations à peu près semblables, de même que les Contributions exigées par des Particuliers, ou par des Conventicules tenus contre le Droit & extorquées de vive force; De tous ces excès & autres pareils, commis dans les Economies Royales & Ecclésiastiques, aussi bien que de tout ce que les Drapeaux nouvellement levés contre les Loix & de ce que des Bandes de gens sans aveu ont osé entreprendre, Nous promettons, en vertu des Loix, & de la Confédération générale, réassumée à Cracovie, aussi bien qu'en vertu des Relations émanées, tant à Oliva, qu'ici à Varsovie, qu'il sera libre à chaque personne lesée, d'en chercher la reparation, & la punition, par devant le Tribunal competent, sans aucun retardement par interjection d'Appel: Et pour cela même, voulons que les anciens Droits & les Constitutions, concernant l'Amnistie, faites en 1623. 1634. 1638. 1710. & 1717. soient conservées dans toute leur vigueur.

De la Gratitude qui est due à l'Evêque de Cracovie Lipski, & au Prince Wisnowieski Palatin de Vilna & Grand Général de Lithuanie.

ANNO 1735. Le Reverend Evêque de Cracovie Lipski, qui a rendu à Nous & à la Republique de tres-bons services, & qui par la fidélité & l'attachement qu'il a témoigné à Notre Majesté, & par les sages & importans Conseils qu'il a donné pour l'avantage du Bien Public, s'est acquis une grande réputation, s'étant chargé d'un travail infini, pendant qu'il a administré la fonction de Vice-Chancelier de la Couronne, sur-tout depuis que la place du Grand Chancelier de la Couronne a été vacante, & Nous ayant présentement remis le petit Sceau en conformité des Loix, qui déclarent l'union de certaines Charges incompatibles en la même personne; Et le Prince Michel Wisniowieski Palatin de Vilna & Grand Général de Lithuanie ayant pareillement resigné entre Nos mains le Grand Sceau du Grand Duché de Lithuanie, après avoir été nommé, de notre Autorité Royale, Palatin de Vilna, à cause de ses grands merites & de ses Actions louables faites dans sa Patrie, Nous déclarons par les présentes, que dans toutes les occasions Nous ferons ressentir à tous les deux les effets de notre Bienveillance Royale pour les bons services qu'ils ont rendus, & les assurons pareillement d'une entiere gratitude de la part des Etats de la Republique. Nous enjoignons en même tems sous notre bienveillance & sous la rigueur des Loix au Reverend André Zaluski, Evêque nommé de Luck & Grand Chancelier de la Couronne, de même qu'au Grand Chancelier de Lithuanie Jean Sapicha, & au Vice-Chancelier de la Couronne & Starotte d'Uporzin Jean Malachowski, comme Nos Gardes de Sceaux, qu'en vertu de leurs fonctions Ministeriales & de leur serment prêté, ils ayent l'œil attentif sur les Droits de la Majesté & autres.

De la Forteresse de Caminiec, & du Fort de la Ste. Trinité.

La Forteresse de Caminiec, qui sert de rempart non seulement à la République, mais aussi à toute la Chrétienté, demandant qu'on en prenne un soin particulier, Nous aurons soin qu'il ne lui manque rien des munitions nécessaires pour sa conservation; la même chose s'entend du Fort de la Ste. Trinité: Et afin que l'Artillerie y soit entretenue dans le meilleur ordre du monde, & que ledit Fort puisse fournir comme de coutume les munitions de guerre à la Forteresse de Caminiec, Nous y pourvoirons à l'avenir, assignant pour cet effet, outre les 15000. florins de Pologne, assignez déja ci-devant du Trésor de la Couronne, encore une pareille somme, qui fait par conséquent 30000. florins Polonois; voulant d'ailleurs avoir soin de la continuation des Fortifications.

De la Courlande.

Comme Nous avons promis à la République entière de la conserver dans ses Droits & Libertez, de même nous l'assurons que nous protegerons & conserverons les Duchez de Courlande & de Semigalle, selon les Pactes de sujettion dans tous leurs Droits, Privileges & Libertés, & dans la forme de leur Gouvernement.

Du Payement de l'Armée du Grand Duché de Lithuanie.

La Commission qui devoit être chargée de régler le payement des Troupes du Grand Duché de Lithuanie n'étant point parvenue à sa consistence, le payement desdites Troupes sera continué, conformément à la Constitution de 1717. jusqu'à la nouvelle disposition à faire à la future Diète: Cependant le gros par Cheminée ne sera point payé sur les Quittances.

De la Permission accordée à ceux qui veulent entreprendre des Voyages au-delà des Frontieres du Royaume.

Au nombre de ces personnes, qui ont obtenu ci-devant

ANNO 1735.

devant à la Diète de convocation, la permission de sortir du pays, pour chercher à rétablir leur santé, Nous ajoutons encore le Prince Michel Wisniowieski, Palatin de Vilna, & Grand Général du Grand Duché de Lithuanie, aussi bien que le Palatin de Mazovie, Stanislas Poniatowski, & le Maréchal de la Cour de la Couronne, François Bielinski, pour qu'ils puissent entreprendre leur voyage au tems qui y sera convenable.

Du Devoir des Généraux.

Nous enjoignons aux Généraux des deux Nations d'avoir, selon leur devoir, l'œil fort attentif pour que la sureté soit conservée tant au dedans qu'au dehors du Royaume; exigeant d'eux en même tems, que s'il se trouvoit dans quelques endroits des bandes de gens sans aveu, qu'ils ayent à les faire enlever & delivrer à la Justice, pour subir les punitions que ces gens méritent, & cela afin que la paix soit maintenue & qu'un chacun puisse être en sureté, tant chez soi que dans les chemins. Ils auront aussi attention, que personne ne s'émancipe à enroller des gens ni à les mener hors des Frontieres. D'ailleurs Nous ferons avec les Généraux un Réglement touchant l'état complet des Drapeaux & des Regimens, & aussi touchant l'ordre nécessaire qui concerne l'Artillerie.

De la Déclaration donnée au Palatin de Kiovie & Grand Général de l'Armée de la Couronne, de même qu'au Maréchal de la Cour de la Couronne.

Nous apuyerons à la future Diète les intérêts du Palatin de Kiovie & Grand Général de l'Armée de la Couronne, Joseph Potocki, concernant la Seigneurie de Niemierow, en considération des grands services qu'il a rendus, tant ci-devant qu'à cette heure, à Nous & à la Republique; & sur-tout pour apaiser les malheureux troubles d'a-présent. Nous avancerons pareillement, à la future Diète, l'intérêt du ci-devant Grand Maréchal de la Couronne Casimir Bielinski, qui lui a déja été assuré par les anciennes Constitutions & Actes, & qui, par un souvenir reconnoissant, lui a été adjugé de nouveau.

De la Recommandation du Prince de Radzivil, Palatin de Novogrod, & de son fils.

Comme Nous avons coutume de récompenser, selon la justice distributive, les mérites d'un chacun, Nous promettons de vouloir reconnoitre par des récompenses & par d'autres marques de bienveillance, les services signalés que le Prince Palatin de Novogrod, Nicolas de Radzivil, a rendus à Nous & à la Republique, sur-tout pendant les présens troubles, à l'avantage du Bien Public, & lesquels services sont connus d'un chacun. Nous ferons jouïr d'une pareille récompense son fils, Udalric de Radzivil, Ecuyer du Grand Duché de Lithuanie, & Nous-Nous souviendrons des services qu'il a rendus pendant deux années, au hazard de sa vie, de sa santé & à l'entiere ruïne de ses terres & biens, par un sincere & fidéle attachement à Notre Majesté, & pour le Bien Public. Et les intérêts de ces deux personnes ayant été apuyez par des Recommandations réïterées des Etats de la Républiques, Nous les récompenserons de leurs services & des pertes qu'ils ont fait. Nous assurons de la même grace le Chambellan du Grand Duché de Lithuanie, Ignace Zawisza, Seigneur de Baszty, pour ses bons services, & pour les peines de son Ambassade à la Cour de Petersbourg.

Du Defroyement à payer aux Députez du Grand Duché de Lithuanie.

En vertu du présent Conseil, Nous faisons souvenir tous les Palatinats & Districts de la Coutume recue & du Statut introduit, de faire payer aux Nonces Elus & Deputez pour la Diète, les sommes qui leur sont dues, conformément aux anciens Statuts des Palatinats & Districts, en continuant par-là l'usage & satisfaisant à la Loi.

De la Ville Capitale de Cracovie.

Cette Ville étant tombée en decadence, tant par l'excessive imposition des Capitations, que par plusieurs autres accidens malheureux, & Nous souhaitant de la preserver d'une plus grande ruïne & desolation, Nous enjoignons au Trésor de la Couronne de payer à ladite Ville 8000. florins, pour subvenir à la Capitation imposée, jusqu'à ce que la République lui trouve un autre soulagement à la Diète. Mais pour ce qui est du reste des 10000. florins de la somme destinée pour cette Ville, cela sera employé à la reparation du Pavé & des Murailles, & le Magistrat sera tenu de n'employer qu'à l'usage indiqué, ce reste qui lui sera payé.

De la Ville de Vilna.

Nous assignons pareillement à cet endroit, comme Ville Capitale du Grand Duché de Lithuanie, une somme annuelle de 8000. florins du Trésor de ce Grand Duché, pour soulager cette Ville des grandes charges qu'elle a été obligée de porter, jusqu'à ce que la République en dispose autrement.

Des Villes de Leopol & de Petrikow.

Nous ne prendrons pas moins soin desdites Villes entierement ruïnées, pour qu'elles se relevent.

De la Ville d'Elbing.

Pour soulager cette Ville, qui paye tous les ans des Contributions, non seulement pour elle-même, mais aussi pour son Territoire qui se trouve entre des mains étrangeres, par où elle souffre une perte considerable, Nous lui destinons le restant de la Province de Prusse, dont cet endroit est une des Villes, afin de diminuer par-là le fardeau injuste qu'elle porte; & cela durera jusqu'à ce que Nous & la Republique en disposions d'une autre maniere, enjoignant au Trésor de la Couronne de faire payer ponctuellement à la Ville d'Elbing ledit restant, conformément à ce que Nous venons de régler.

Des Pensions à payer du Généreux Pujet, à l'Ecclesiastique Vincent, & à autres Personnes.

Le Conseil tenu ici à Varsovie, après la Diète de 1732, ayant apris la mort du Résident à Rome Pujet, assigna à son fils, le présent Suppliant, 1000. écus espèce du Trésor de la Couronne, pour l'observation des affaires de la République à ladite Cour; & puisqu'à la réassomtion de la Confedération de Cracovie, Nous avons accordé cette somme à l'avenir, tous les ans audit généreux Pujet, Nous enjoignons au Trésorier de la Cour de la Couronne, de faire payer la somme susmentionnée, depuis la date de la derniere quittance de Rome jusqu'à Notre ulterieure disposition: Nous voulons outre cela, que le même Trésorier de la Cour de la Couronne fasse compter à l'Ecclésiastique Vincent les 500. écus espèce, qui lui ont été assignés aussi par ce Conseil & qui n'ont pas été aquités jusqu'ici. D'ailleurs Notre intention est, que les sommes spécifiées ci-après, soient aussi payées de la recette dudit Trésor, savoir: (1) 23918. florins de Pologne & 20. gros à l'Echanson de Podolie, Makowicki, qui avoient été assignez à Varsovie le 7. Mars 1685. du Trésor de la Couronne au Capitaine de Cavalerie de l'Armée de la Couronne, André Wolodiowski; (2.) 500. écus courants au Chambellan de Kiovie Trypolski, qui lui ont été assignez de la recette des deux Trésors: (3) 1665 Tymffs 20. gros au Notaire du Grod de Chencim, qui lui ont été assignés du Trésor de Lithuanie à la Diète de Convocation par le Conseil tenu *ad Latus* du Prince Primat du Royaume: & nous y renvoyons ces personnes.

Des Tartares de la Couronne, & du Grand Duché de Lithuanie.

Les Tartares qui demeurent dans la Couronne, & dans le Grand Duché de Lithuanie, sur les Terres de la Noblesse, aussi bien que sur celles de la Table Royale, ou sur des Biens Royaux, en vertu des Privileges qui leur ont été accordés, ayant obtenu, comme des Personnes Equestres, une entiere sureté par plusieurs Constitutions & *Senatus-Consilia* de 1659, 1662, 1670, 1673, 1674, 1677, 1678, & 1726. en

ANNO 1735.

en considération de leur Fidelité pour le Service de la République; Nous les maintiendrons dans leurs Droits, & ne permettrons point qu'il leur soit imposé aucune charge, contraire aux Constitutions alleguées: Nous ne voulons pas non plus, qu'aucune Décision soit formée contr'eux, dans les Palatinats & Districts, & que de tout ce qu'ils vendent, ils ne payent, ni à Vilna, ni à aucun autre Endroit, plus que les autres de la Noblesse, voulant les conserver dans leurs Prérogatives, comme des Gentilshommes fideles à Nous & à la République.

De la Poste de Lithuanie à Brzesc.

La Poste de Lithuanie à Brzesc, qui avoit été bien réglée par le Palatinat de ce Nom, & à l'entretien de laquelle on avoit pourvu dans les précédentes Diètes, par l'Impôt sur les Bondons de ladite Ville, étant venue en desordre par les Calamités qui ont duré jusqu'ici, & souhaitant qu'elle soit remise dans son premier ordre, Nous en laissons la Disposition au Grand-Chancelier du Grand Duché de Lithuanie, Jean Sapieha, Seigneur de Kodniow, & lui donnons Commission de constituer pour cela quelque habile Maître de Poste, & qu'il y employe, dudit Impôt de la Ville de Brzesc, la Somme qui y est destinée tous les Ans selon la Disposition qui en a été faite autrefois par ce Palatinat, voulant que cette Somme, payée sur les Assignations dudit Grand-Chancelier, passe en compte.

Des Résidens, qui sont nommés AD LATUS REGIUM.

Pendant les premiers trois Mois, à compter depuis le premier de Decembre 1735. jusqu'au dernier de Fevrier 1736, resident *ad Latus*, ou restent auprès de notre Personne.

Le Reverend Prince Evêque de Cracovie.
Le Palatin de Minsk.
Le Castellan de Posnanie, &
Le Castellan de Czechow.

Pour les seconds trois Mois de l'Année 1736. depuis le premier de Mars jusqu'au dernier de Mai de ladite Année, sont nommez:

Le Reverend Evêque de Cracovie.
Le Palatin de Livonie, &
Les Castellans de Sendomir & de Naklo.

Aux troisiemes trois Mois de 1736. depuis le premier Juin, jusqu'au dernier d'Août de la même Année.

Le Reverend Evêque de Cujavie,
Le Palatin de Czerniecko, &
Les Castellans de Calisch & de Rospir.

Pendant les quatriemes trois Mois de l'Année 1736. depuis le premier de Septembre, jusqu'au dernier de Novembre de ladite Année

Le Reverend Evêque de Cujavie.
Le Castellan de Cracovie, &
Les Castellans de Woynicz & de Bziechow.

Pour les cinquiemes trois Mois, depuis le premier de Decembre de l'Année 1736. jusqu'au dernier de Fevrier de l'Année 1737.

Le Reverend Evêque de Posnanie,
Le Palatin de Cracovie, &
Les Castellans de Gnesn & de Bydgost.

Aux sixiemes trois Mois depuis le premier de Mars 1737. jusqu'au dernier de May de la même Année.

Ledit Réverend Evêque de Posnanie,
Les Castellans de Posnanie & de Siradie,
& aussi celui de Brzezin.

Pendant les septiemes trois Mois, depuis le premier de Juin 1737. jusqu'au dernier d'Août de la même Année:

Le Réverend Evêque de Vilna.
Les Castellans de Vilna & de Lenczyc,
& celui de Kruswiz.

Et pour les huitiemes trois Mois, depuis le premier de Septembre 1737. jusqu'au dernier de Novembre de la même Année:

Le susdit Réverend Evêque de Vilna.
Le Palatin de Kalisch, &
Les Castellans de Samogitie & d'Oswiecim.

De la Continuation de la Conféderation générale, jusqu'à la Diète.

Le desir ardent que Nous & la République avions, de voir parvenir la Diète à une heureuse Consistance, n'ayant pas été accompli, Nous conservons, jusqu'à la future Diète, dans toute sa vigueur, cette même Conféderation générale, qui a été réassumée à Cracovie, & renouvellée présentement, en la conservant sous les mêmes Maréchal, Conseillers, & Secretaire, aussi bien que sous les mêmes Maréchaux, & Résidens, qui ont été élus dans les Palatinats, Terres, & Districts, pour être auprès de Notre Personne. Nous le faisons en présence du Réverend Primat du Royaume, en cherchant conjointement avec lui à pourvoir à la sureté interne, & en regiant heureusement, avec l'aide de Dieu, ce qui a été trouvé nécessaire, selon les circonstances.

Les vues que Nous avons en cela, sont, que la République ne se trouve pas destituée de Conseils, d'autant plus que les Etats Conféderez ont laissé à notre Disposition le tems de la Diète extraordinaire, & la convocation d'un Conseil ulterieur, pour les pouvoir indiquer, selon que le tems & les circonstances l'exigeront en presence du Sénat & des Ministres de Paix & de Guerre, qui seront alors présens: de sorte que nous réassumons ici en vertu de ladite Conféderation, toutes les Sanctions & Résultats qui ont été faits & conclus depuis la réassomtion de Cracovie, de même qu'à Olive, & ici à Varsovie: &, comme nous faisons en même tems une attention particuliere aux Soins infatigables, aux peines, & à la perte des biens où sont exposés le Maréchal de la Conféderation, les Conseillers, & le Secretaire de ladite Conféderation, nous recommandons au Trésorier de la Cour de la Couronne, le Comte Mofzynski, comme Administrateur du Trésor de la Couronne, aussi-bien qu'au Palatin de Trock, Joseph Oginski, comme Administrateur du Trésor de Lithuanie, de leur faire payer ponctuellement, devant toutes autres Assignations, les Pensions qui leur ont été assignées, & dont le payement a été déja si souvent ordonné, assurant en outre à ces Personnes la continuation de notre Grace & Reconnoissance Nous recommandons encore aux deux Trésoriers, de faire donner aux Députez de l'Armée de la Couronne, & de celle du Grand Duché de Lithuanie, la paye usitée, selon l'état qui en a été fait, savoir aux Députez de l'Armée de la Couronne 20000 Florins de Pologne, du Trésor de la Couronne, & autant à l'Armée de Lithuanie, du Trésor de ce Grand Duché; & le payement de ces Sommes, aussi-bien que de celles qui sont encore à bonifier, passeront en compte auxdits Administrateurs des Trésors; Enjoignant au reste à l'Administrateur du Trésor de Lithuanie, d'acquiter entierement toutes les Sommes qui sont dues à l'Armée, & qui leur ont été assignées par tant de Constitutions. Et, afin que tout ce qui a été arrêté, d'un consentement unanime, au présent Conseil, parvienne d'autant plutôt à la connoissance d'un chacun, & puisse être mis en exécution, Nous voulons, en vertu du présent Conseil, que ce Resultat soit porté aux Actes, & qu'après avoir été imprimé & scellé du Sceau de la Couronne pour le Royaume, & de celui de Lithuanie pour le Grand Duché de ce nom, il soit envoyé & publié dans tous les Grods.

CXCVII.

1736. 3. Janv.

Préliminaires de la Paix conclus à Vienne, entre l'Empereur & la France, & communiquez au Roi de la Grande Bretagne & aux Etats Généraux, le 3. Janvier 1736. [Copie Authentique.]

ANNO 1736.

SA Majesté Imperiale & Sa Majesté Très-Chrétienne, voulant contribuer au plus prompt Retablissement de la Paix, sont convenues des Articles suivans:

I. Le Roi, Beau-Pere de S. M. T. C., qui abdiquera, sera reconnu & conservera les Titres & Honneurs de Roi de Pologne, & de Grand Duc de Lithuanie.

On lui restituera ses Biens, & ceux de la Reine son Epouse, dont ils auront la libre jouïssance & disposition.

Il y aura une Amnistie de tout le passé, & en conséquence Restitution des Biens d'un chacun.

On stipulera le Retablissement & la Maintenue des Provinces & Villes de la Pologne, dans leurs Droits, Libertez, Privileges, Honneurs, & Dignitez, comme aussi la Garantie pour toujours des Libertez & Privileges des Constitutions des Polonois, & particuliérement de la libre Election de leurs Rois.

L'Empereur consent que le Roi, Beau-Pere de S. M. T. C. sera mis en possession paisible du Duché de Bar, & de ses Dépendances, dans la même étendue que le possede aujourd'hui la Maison de Lorraine. De plus il consent que, dès que le Grand-Duché de Toscane sera échu à la Maison de Lorraine, conformément à l'Article suivant, le Roi Beau-Pere de S. M. T. C. soit encore mis en possession paisible du Duché de Lorraine; & de ses Dépendances, pareillement dans la même étendue que le possede aujourd'hui la Maison de Lorraine: & ledit Sérénissime Beau-Pere jouïra tant de l'un que de l'autre Duché sa vie durant; mais, immédiatement après sa mort, ils seront réunis en pleine Souveraineté, & à toujours, à la Couronne de France; bien entendu que, quant à ce qui releve de l'Empire, l'Empereur, comme son Chef, consent à ladite Réunion dès à présent, & de plus promet d'employer de bonne foi ses Offices pour n'en obtenir pas moins son Consentement. S. M. T. C. renoncera, tant en son Nom qu'au Nom du Roi son Beau-Pere, à l'usage de la Voix, & Séance, à la Diète de l'Empire.

Le Roi Auguste sera reconnu Roi de Pologne, & Grand-Duc de Lithuanie, par toutes les Puissances qui prendront part à la Pacification.

II. Le Grand-Duché de Toscane, après la mort du présent Possesseur, apartiendra à la Maison de Lorraine, pour l'indemniser des Duchez qu'Elle possede aujourd'hui.

Toutes les Puissances, qui prendront part à la Pacification, lui en garantiront la Succession éventuelle. Les Troupes Espagnoles seront retirées des Places fortes de ce Grand-Duché, & en leur place introduit un pareil nombre de Troupes Imperiales, uniquement pour la sûreté de la Succession éventuelle susdite, & de la même maniere qu'il a été stipulé à l'égard des Garnisons neutres, par la Quadruple Alliance. Jusqu'à ce que la Maison de Lorraine se trouve en possession du Grand-Duché de Toscane, elle restera en celle du Duché de Lorraine, & de ses Dépendances, conformement au Traité de Paix de Ryswick; & pour accélérer un Ouvrage aussi salutaire que celui de la Paix, & en considération des Engagemens que la France contracte, pour rendre plus stable la Tranquilité publique, S. M. I. se charge de bonifier, pendant cet intervale, à la Maison de Lorraine, les Revenus du Duché de Bar, & de ses Dépendances, sur le pied de l'Evaluation qui en sera faite dans le Terme le plus court qu'il se pourra, en décomptant auparavant les Charges attachées à leur Administration. Livourne demeurera Port-Franc, comme il l'est.

III. Les Royaumes de Naples & de Sicile appartiendront au Prince qui en est en possession, & qui en sera reconnu Roi par toutes les Puissances qui prendront part à la Pacification.

Il aura les Places du côté de la Toscane, que l'Empereur a possédées, Porto-Longone, & ce que du tems de la Quadruple Alliance, le Roi d'Espagne possédoit dans l'Ile d'Elbe.

Il y aura une Amnistie pleine & générale, &, par conséquent, Restitution des Biens, Benefices, & Pensions Ecclésiastiques d'un chacun, qui pendant la présente Guerre auront suivi l'un ou l'autre Parti.

IV. Le Roi de Sardaigne possédera à son choix, ou le Novarois & le Vigevanasc, ou le Novarois & le Tortonois, ou le Tortonois & le Vigevanasc: & les deux Districts, ainsi par lui choisis, seront unis à ses autres Etats: bien entendu que, de même que tout l'Etat de Milan est Fief de l'Empire, il reconnoîtra encore pour tels ces Districts, qui en sont démembrez.

Il aura de plus la Supériorité Territoriale des Terres des Langhes, conformément à la Liste produite par le Commandeur Solar en 1732. & annexée aux présens Articles Préliminaires: pour lequel effet l'Empereur, non seulement renouvellera, en faveur du Roi de Sardaigne, tout le contenu du Diplome Imperial du feu Empereur *Leopold*, du 8. Fevrier 1690; mais de plus, il étendra la Concession y énoncée sur toutes les Terres spécifiées dans la susdite Liste; ensorte que, comme Arriere-Fiefs, elles soient sujettes à la Domination immédiate: & le Roi de Sardaigne sera tenu de les reconnoître comme mouvantes & relevantes de l'Empereur & de l'Empire.

Il aura les quatre Terres de *St. Fidel*, *Torre di Forte*, *Gravedo*, & *Campo Maggiore*, en conformité de la Sentence prononcée par les Arbitres en 1712. Il lui sera libre de fortifier, pour sa Défense, telles Places qu'il jugera à propos dans les Pays acquis ou cédés.

V. Seront rendus à S. M. I. tous les autres Etats, sans exception, qu'il possedoit en Italie avant la présente Guerre.

En outre, lui seront cédés en pleine Propriété les Duchez de Parme & de Plaisance.

S. M. I. s'obligera à ne point poursuivre la Desincamération de Castro & de Ronciglione, comme aussi de rendre Justice à la Maison de Guastalla, pour ses Prétentions sur le Duché de Mantoue, conformément à l'Article XXXII. du Traité de Paix de Baden.

S. M. T. C. restituera de son côté à Sa Maj. Imp. & Cath. & à l'Empire, toutes les Conquêtes, sans exception, faites sur l'un ou l'autre par ses Armes.

VI. S. M. T. C., en considération de ce que dessus, garantira dans la meilleure forme la *Pragmatique Sanction* de 1713., pour les Etats que l'Empereur posséde actuellement, ou qu'il possédera en vertu des présens Articles.

VII. Il sera nommé des Commissaires de part & d'autre, pour régler entre Sa Maj. Imp. & Sa Maj. Très-Chrét., les Détails des Limites d'Alsace, & des Pays-Bas, conformément aux Traitez précédens, nommément celui de Baden.

NOUS Soussignez, en vertu des Pleins-Pouvoirs de nos Maîtres, avons arrêté les présens Préliminaires, qui resteront secrets, jusqu'à ce qu'il soit convenu autrement entre les Parties, & seront ratifiez dans un mois, ou plutôt, si faire se pourra. Fait à Vienne le 3. d'Octobre 1735.

(*L. S.*) PHILIPPE LOUÏS,
Comte de Sintzendorff.
(*L. S.*) JEAN-BAPTISTE
DE LA BEAUNE.

S'ensuit la Note des Terres Imperiales des *Langhes*, Terres dont S. M. posséde une partie. 1. Rochetta del Tanaro, 2. Rocca d'Arazzo, 3. Mombercelli, 4. Vincio, 5. Castel-Nuovo di Calea, 6. Rozzolasco, 7. Albaretto, 8. Serravalle, 9. Feesolio, 10. La Niella, 11. S. Benedetto, 12. Montechiaro, 13. Mioglia, 14. Prunetto, 15. Levico, 16. Soalletta, 17. Monusilio, 18. Provida, 19. Carretto, 20. Cencio, 21. Rochetta del Cencio, 22. Rocca Grimalda, 23. Tailo, 24. Spinola, 25. Capriata, 26. Francavilla, 27. Bissio, 28. Montaldi, 29. S. Christophoro, 30. Carosio, 31. Bardinetto, 32. Balestrino, 33. Nazino, 34. Caprasina, 35. Alta, 36. Cornasco, 37. Lovanio, 38. Rozzo, 39. Cesio, 40. Testico, 41. Garlenda, 42. Passavenna, 43. Rossi, 44. Duranti, 45. Stabanello, 46. S. Vincenzo, 47. Belvedere un tiers, 48. Morra la moitié, 49. Mornese la moitié, 50. Cairo les trois quarts, 51. Rochetta les trois quarts, 52. Vignarello les trois quarts, 53. Millesimo la moitié, 54. Cosseria la moitié, 55. Plodio la moitié, 56. Bistro la moitié, & 57. Aqua Fredda la moitié.

Il y a de plus la Terre de Tassarolo, laquelle on n'a pas encore pu sçavoir, si elle est Imperiale, ou à qui elle appartient; & au cas qu'elle soit telle, il faudra aussi la comprendre dans la Note.

L'on fait remarquer, qu'il y a quatre Hameaux, qui ne sont que des Territoires du Cairo & de Millesimo, qui sont compris dans cette Liste comme des Terres principales.

Article Séparé.

S. M. de toutes les Russies, & S. M. le Roi Auguste,

guste, seront considerées en ce qui regarde les Affaires de Pologne, comme Parties principales Contractantes, & invitées comme telles au futur Congrès, & y admises aux Conferences relatives à leurs Intérêts.

On terminera ledit Congrès le plutôt que faire se pourra, en n'y admettant que les Matieres qui regardent immédiatement les Parties Belligerantes.

Comme les Conjonctures présentes n'ont pas permis, qu'avant la Conclusion des Articles Préliminaires S. M. I. ait pu recevoir l'Agrément & le Consentement de l'Empire sur tout ce où il est interessé, elle tâchera de l'obtenir suivant l'Usage établi dans l'Empire, le plutôt qu'il sera possible.

Le présent Article aura la même Force, que s'il étoit inseré mot à mot dans les Articles Préliminaires. Fait à Vienne, ce 3. Octobre 1735.

(*L. S.*) PHILIPPE LOUÏS DE SINTZENDORFF.
(*L. S.*) JEAN-BAPTISTE DE LA BEAUNE.

I. Article Séparé.

Comme dans les Titres employez, soit dans les Pleins-Pouvoirs, soit dans les Articles Préliminaires, quelques-uns ne sont pas reconnus de part & d'autre, il a été convenu que ces Titres ne donneroient aucun Droit, & ne causeront aucun préjudice; & le présent Article Séparé aura la même Force, que s'il étoit inseré mot à mot dans les Articles Préliminaires. Fait à Vienne, ce 3. Octobre 1735.

II. Article Séparé.

Les Présens Articles Préliminaires ayant été composez & rédigez en Langue Françoise, contre l'Usage ordinairement observé entre S. M. I. & S. M. T. C., cette Difference ne pourra être alleguée pour exemple, ni tirer à conséquence, ou porter préjudice en aucune maniere à qui que ce soit; & l'on se conformera à l'avenir à tout ce qui a été observé jusqu'à présent dans de semblables Occasions, & nommément dans le Congrès ou Traité Général à faire, les présens Articles Préliminaires ne laissant pas d'avoir la même Force & Vertu, que s'ils étoient en Langue Latine; & le présent Article Séparé aura pareillement la même Force, que s'il étoit inseré *mot* à mot dans les Articles *Préliminaires. Fait* à Vienne, ce 3. Octobre *1735.*

(*L. S.*) PHILIPPE LOUÏS, *Comte de Sintzendorff.*
(*L. S.*) JEAN-BAPTISTE DE LA BEAUNE.

CXCVIII.

25. Mars. *Decret de Commission Imperiale, adressé à la Diète de l'Empire, pour avoir son aprobation sur les Préliminaires de la Paix, du 25. Mars* 1736, *avec le Résultat de l'Empire du* 18. *May* [Mercure Historique, pag. 397.]

JOSEPH-GUILLAUME, Prince de Furstenberg, &c. &c. Conseiller-Privé de Sa Majesté Imperiale, & son Principal Commissaire à la Diète de l'Empire, &c.

Il est assez connu à tous & un chacun, combien Sa Majesté Imperiale a pris à cœur, dès le commencement de son Regne, de rétablir non seulement la Tranquilité générale, mais aussi d'affermir en particulier le Repos du St. Empire Romain; & que Sa Majesté Imperiale, pour parvenir à un But si salutaire, a souvent négligé ses propres Intérêts, & les Droits incontestables de sa Maison Archiducale. On se souvient aussi avec combien de reconnoissance l'Empire a approuvé les Préliminaires réglez à Rastadt, au commencement de l'Année 1714. afin d'arrêter plus promptement les Maux de la Guerre, qui auroient pu accabler de plus en plus la chere Patrie. Les Matiéres, qui faisoient dans ce tems-là le Sujet des Négociations, regardoient immédiatement l'Empire. Et, comme l'Intention constante de Sa Majesté Imperiale a toujours été, non seulement de conserver & de maintenir en leur entier les Droits & les Libertez des Etats de l'Empire, mais aussi d'y pourvoir de la maniere la plus efficace, Sa Majesté Imperiale auroit fort souhaité que lesdits Etats eûssent pu participer à toute la Négociation dès son commencement, au cas que la Chose eût pu se faire, sans porter du Préjudice aux Intérêts mêmes desdits Etats, & du Bien-Public: c'est pourquoi l'Empire, en ayant reconnu l'impossibilité, fit non seulement remercier l'Empereur de ses Soins paternels, mais l'autorisa de conclure le Traité de Paix dans les formes, en le suppliant de recommander à ses Plénipotentiaires d'avoir Soin des Intérêts de l'Empire; ce qui fut exécuté au Moyen du Traité de Paix conclu à Bade dans l'Argow, & le 9. Octobre 1714. l'Empire en fit remercier Sa Majesté Impériale. La même chose arriva, lorsque le 9. Decembre 1722. l'Empire donna le Consentement demandé par rapport au contenu du Cinquiéme Article de la Quadruple-Alliance, & qu'il pria en même tems l'Empereur de conclurre sur ce pié-là la Paix avec l'Espagne.

Le Desir sincére, que l'Empereur a toujours eu d'éloigner à tems tout ce qui pourroit troubler la Tranquilité Publique, a été l'unique Motif qui l'a engagé de tems en tems à sacrifier quelque chose, autant qu'il a pu le faire sans préjudicier à la Dignité & aux Prérogatives de l'Empire: cependant, la suite n'a pas toujours répondu aux Desirs de Sa Majesté Imperiale, quoique les circonstances des Affaires permissent de l'esperer; & il y a apparence, que ses Desseins auroient eu tout le Succès désiré, si des Personnes, qui se plaisent dans le Desordre, & ne cherchent qu'a brouiller les Affaires, n'eûssent trouvé Moyen d'exciter de la Mefiance.

Si les Efforts, que Sa Majesté Imperiale a faits pour maintenir la Paix, ont été grands, ceux qu'elle a employez pour soutenir la Guerre, après qu'on la lui eut dernierement déclarée, n'ont pas été moindres, nonobstant le Nombre & la Puissance des Couronnes Alliées, & les Circonstances où l'Empire & l'Empereur se sont trouvez On ne sauroit contester, que Sa Majesté Imperiale, pour secourir l'Empire a non seulement fait plus que n'exigeoit d'Elle l'obligation commune; mais que même elle a employé plus de Forces que n'avoit jamais fait aucun de ses Prédecesseurs, afin d'éloigner de l'Empire les Maux de la Guerre. Ces Maux, après une courte durée, viennent de finir par la Grace Divine. Les deux Puissances Maritimes, pour parvenir à un But si salutaire, avoient projetté un Plan de Pacification La Déclaration faite à ce sujet au Nom de Sa Majesté Imperiale, n'a point laissé de doute de son Amour sincere pour la Paix: & comme la Cour de France, de son côté, ne souhaitoit pas avec moins d'ardeur & de bonne foi de voir finir les Troubles, ce Plan n'a pas peu contribué à la Reconciliation des Esprits: cependant les circonstances des Affaires étoient telles, que le Succès de la Négociation dépendoit en partie du secret, sans lequel, vu lesdites circonstances, & l'état où se trouvoient les Affaires de l'Europe, il n'auroit pas été possible d'accelerer le grand Ouvrage de la Paix: il étoit même à craindre, que pour peu qu'on en eût retardé le Cours, il auroit pu survenir des Incidens, qui auroient peut-être interrompu, & mis dans une grande Incertitude, tout le succès de la Négociation

Comme Sa Majesté Imperiale ne pouvoit ignorer combien les Electeurs, Princes, & Etats de l'Empire, souhaitoient un prompt Rétablissement d'une Paix desirée & durable, elle n'a point manqué d'y travailler avec Ardeur, afin de remplir leurs Souhaits à cet égard, & elle a dirigé les Affaires d'une Maniere, que la Dignité & les Prérogatives de l'Empire n'en souffrent aucun Préjudice, & qu'on a obvié à tout ce qui pourroit à l'avenir donner lieu à de nouveaux Troubles.

Les Articles Préliminaires, dont on est convenu à la Satisfaction réciproque, & dont on joint ici une Copie, sont presque en tout conformes au Plan projetté par les deux Puissances Maritimes: & ce qui y a été ajouté par rapport à la Lorraine & le Barrois, est pareillement fondé sur leur Approbation, donnée devant & après. Quant au Consentement de l'Empire, on a pris à cet égard les mêmes Précautions, que celles qui ont été prises du tems des Préliminaires de Rastadt, & de l'Etablissement de la Quadruple-Alliance.

Les Droits de l'Empire, par rapport à la Toscane, Parme & Plaisance, ne courent plus, suivant le nouveau Systême, les mêmes Dangers que ci-devant; &, par les Suretez qu'on a prises à cet égard, il en revient un plus grand Avantage à l'Empire, que ne pour-

ANNO 1736.

pourroit lui causer de Préjudice le peu de Pays qui en dépend, & que l'on cede à la France; d'autant plus que Sa Majesté Imperiale, pour prévenir les Inconveniens qui en pourroient résulter à l'avenir, a non seulement obtenu de la Cour de France, qu'elle ne se mêleroit point en aucune maniere des Affaires de l'Empire, & ne formeroit aucune Prétention contre les Etats ou Pays mediats de l'Empire, sous prétexte de Réunion ou de Dépendance; mais qu'elle a aussi eu la Prévoyance de régler d'une maniere avantageuse les Inconveniens qui pourroient survenir, par rapport au peu de Pays cedé à la France, qui se trouve mêlé parmi les Etats de l'Empire, & qui pourroit leur causer quelque Ombrage.

D'ailleurs, l'Empire se trouve considérablement soulagé par rapport à ses Engagemens anterieurs, au moyen de ce qui a été reglé, tant à cause de la Nature & de la Situation des Pays qui y sont compris, que parce que la Garantie de la France est jointe à tant d'autres, & que la Bonne-Foi de cette Couronne, & ses propres Interêts exigent qu'elle la remplisse fidelement; de sorte qu'on peut se promettre pour l'avenir une Tranquilité durable sur un Fondement solide.

Quant à ce qui regarde les Avantages accordez au Roi de Sardaigne, les Droits de l'Empereur & de l'Empire sont à cet égard conservez en leur entier, & Sa Majesté Imperiale, par un effet de son Amour naturel pour la Justice, a pris sur elle de contenter ceux qui possedent actuellement ce qu'on appelle les Langhes: d'ailleurs, elle a égard aux Promesses & Concessions faites ci-devant à la Maison de Savoye, particulierement par les Empereurs Ferdinand II., & Leopold, de Glorieuse Mémoire.

On auroit dû s'attendre à des Plaintes plutôt qu'à un Consentement, si ces Difficultez avoient arrêté ou arrêtoient encore la Conclusion de la Paix: ainsi, Sa Majesté Imperiale se promet, vu les Circonstances présentes des Affaires, que les Electeurs, Princes, & Etats de l'Empire, reconnoîtront avec gratitude ses Soins Paternels, qui, dans toute cette Négociation, n'ont eu pour But que le Bien général de la Patrie; & que l'Empire donnera d'autant plutôt son Consentement aux Articles Préliminaires, qu'il paroît avec évidence que Sa Majesté Imperiale non seulement n'a prétendu porter aucun préjudice à l'Empire, mais qu'au contraire elle l'assure constamment, comme elle le fait par la Présente, de la maniere la plus efficace, qu'elle conservera inviolablement les Etats de l'Empire, tant pour le présent que pour l'avenir, dans leurs Droits de Suffrage aux Négociations de Paix, *ex Forma Reipublicæ*, & conformément au Traité de Westphalie, & autres Constitutions fondamentales de l'Empire; de sorte que Sa Majesté Imperiale ne demanderoit point des Electeurs, Princes, & Etats de l'Empire, le même Pouvoir, qui lui fut accordé en 1714. pour la Conclusion de la Paix en forme, si elle n'étoit pleinement persuadée, que le Bien général de l'Empire exige à présent, plus que dans ce tems-là, qu'on se serve d'une voye aussi courte: le tout, neanmoins, sans préjudicier aux susdits Droits de Suffrage de l'Empire. L'Empereur ne souhaite rien plus, au moyen de l'Accession des Alliez de la France, & en vertu d'un Acte, dont on est convenu avec le Ministre de France à la Cour Imperiale, par rapport à l'Evacuation du Plat-Pays de l'Empire, que de voir la Paix non seulement assurée, mais aussi que l'Empire puisse jouïr des premiers Fruits de la Tranquilité rétablie, après la Publication du présent Decret.

Outre les Sacrifices que Sa Majesté Imperiale a fait pour le Repos Public, celui que fait le Duc de Lorraine est si sensible, que Son Altesse n'y auroit pas donné les mains, si le Desir de voir ses Fidéles Etats délivrez d'autant plutôt des Maux de la Guerre, n'eut point prévalu sur elle: & il ne seroit pas juste qu'elle fût privée par-là de son Droit de Suffrage à l'Assemblée Générale de l'Empire. Et comme il paroît évidemment qu'il importe beaucoup à l'Empire, & en particulier aux fidéles Cercles, qui se trouvent les plus exposez, que tout ce qui a été reglé, soit au plutôt effectué, & que les Forteresses de l'Empire, qui sont encore au Pouvoir de la France, soient incessamment restituées, ce qui dépend d'une prompte Résolution de l'Empire, Sa Majesté Imperiale ne fait aucun doute, que les Electeurs, Princes, & Etats de l'Empire, vu leur zéle pour le véritable Bien de la Patrie, ne délibérent sans differer là-dessus, & ne prennent une Résolution unanime & convenable à ce sujet, &c. Fait à Ratisbonne le 25. Mars 1736. Etoit *signé*, JOSEPH, *Prince de Furstenberg*.

ANNO 1736.

Le Resultat de l'Empire.

„ QU'il faut remercier Sa Majesté Imperiale, de la part de l'Empire, non seulement des soins Paternels qu'elle a toujours eus pour le Bien de l'Empire, & en particulier dans la présente Affaire de la Paix, si nécessaire & si utile, mais encore de la communication qu'elle lui a faite des Actes de cette même Paix. Qu'il faut donner le Consentement de l'Empire aux Articles Préliminaires communiquez *in extenso*, & qu'il est donné par le présent Resultat. Que Sa Majesté Imperiale ayant déclaré dans son Décret de Commission, qu'elle n'a eu, dans ces Négociations, aucune pensée de causer le moindre préjudice aux Etats de l'Empire, mais qu'au contraire elle veut absolument que le Droit de Suffrage appartenant aux Etats dans les Traitez de Paix leur soit conservé à présent & pour l'avenir, il faut pour cette fois & sans conséquence pour l'avenir, donner a Sa Majesté Imperiale le Plein-Pouvoir de conclure la Paix avec la France en forme, selon le contenu des Préliminaires, & qu'on donne ledit Plein-Pouvoir par le présent Résultat. Que Sa Majesté Imperiale est suppliée d'employer ses Soins Paternels, afin que la Couronne de France, à l'ombre de la Cession des Duchez de Lorraine & de Bar, ne s'immisce point dans les Affaires de l'Empire, ni ne trouble aucunement, sous prétexte de Réunion, de Dépendances, ou autres prétextes qu'on pourroit trouver, soit la Maison Ducale de Lorraine dans le reste de ses Terres appartenantes à l'Empire, soit les autres Etats voisins, dans leurs anciens Droits, tant Ecclésiastiques que Séculiers; & enfin, que cette Couronne se contente uniquement de ce qui lui sera cedé en termes exprès dans le futur Traité, renonçant solemnellement à toutes autres Prétensions formées; ou qui pourroient l'être à l'avenir contre la Maison de Lorraine, ou d'autres Etats de l'Empire. Le quatriéme Article porte qu'on remerciera, au Nom de l'Empire, le Duc de Lorraine de la Resolution généreuse que Son Altesse Royale a prise pour le Rétablissement du Repos Public & de celui de l'Empire en particulier, en se depouillant de ses propres Etats, & qu'il sera déclaré que ce Prince conservera son Droit de Suffrage & de Séance dans les Diètes, sous le titre accoutumé de Nomeny, en vertu des Terres immédiates de l'Empire qui lui restent. „

On ne proposa de reserve que de la part des Electeurs de Baviere & Palatin, qui dirent: „ Que les Electeurs leurs Maitres ne participoient avec joye à cette Affaire, qu'autant qu'elle contribue à maintenir les Droits Suprêmes, les Prérogatives, & les Libertez du St. Empire; & qu'à l'égard des choses qui pourroient y être contraires, ils déclaroient y refuser pour toujours leur Consentement. „

CXCIX.

*Convention d'Execution * signée à Vienne entre l'Empereur & le Roi de France le 11. Avril, ratifiée le 15. Mai, & communiquée aux Puissances Maritimes le 1. de Mai 1736.* Avril.

Au Nom de la Très-Sainte Trinité, Pere; Fils; & Saint Esprit.

SA Majesté Impériale & Sa Majesté Très-Chrétienne, *animées d'un désir égal d'affermir de plus en plus la bonne Intelligence & Amitié rétablies entre Elles, & si nécessaires pour le Bien de la Chrétienté, & d'assurer solidement un parfait Repos en Europe, loin de se borner à la Cessation des Hostilitez établie, déclarent qu'Elles veulent procéder aussi promtement qu'il sera possible à l'Effectuation des Conditions de Paix, stipulées par les Articles Préliminaires, signez & ratifiez de*

(*) Elle est nommée ainsi, parce que ce n'est qu'un Avant-coureur du grand Traité Général & *Definitif*, & qu'elle n'est destinée qu'à l'*Execution* des Articles Préliminaires.

ANNO 1736.

de part & d'autre: &, voulans à cet effet agir dans un Concert parfait, Elles sont convenues des Articles suivans.

Article Premier.

Sa Majesté Impériale, & Sa Majesté Très-Chrétienne, confirment, autant que de besoin, la Convention signée à Vienne le 5. du Mois passé, par leurs Ministres respectifs, concernant les Contributions & toutes autres Impositions du côté de l'Allemagne, & stipulant le tems auquel les Troupes de S. M. T. C. se retireroient du Plat Païs de l'Empire, ladite Convention sera censée avoir la même force que si elle étoit inserée ici mot à mot.

II. L'Empereur, & le Roi T. C., ne permettront pas que leurs Troupes exigent de nouvelles Impositions ou Contributions des Etats Neutres en Italie; & si, contre leur désir, ils étoient obligez d'y laisser encore quelques-unes de leurs Troupes, elles s'abstiendront de tout excès en quelque chose que ce puisse être. L'Acte signé à Vienne le 4. Fevrier de la présente Année, pour procurer plus d'aisance aux Troupes Impériales, sera censé avoir la même force, que s'il étoit inseré ici mot à mot; & s'il manquoit encore quelque chose à sa parfaite & entiere exécution dans tout ce qu'il contient, elle aura son effet au plutôt possible. Les Revenus du Milanez dont la Diaria fait partie, & les Impositions faites sur le Païs pour le Traitement, les Fourages, & les Quartiers d'Hiver des Troupes, appartiendront à S. M. T. C. ou à ses Alliez, jusqu'au jour de l'Echange des Ratifications de la présente Convention, & seront payez dans le terme de 3. Mois, à compter du jour de l'Echange des Ratifications de la présente Convention, sans que néanmoins il soit permis d'user d'aucune voye d'exécution, pourvu qu'il ait été donné caution suffisante pour le payement.

On évacuera dans le plus court terme qu'il sera possible tout le Milanez, à l'exception des 2. Districts qui doivent appartenir au Roi de Sardaigne, en vertu des Préliminaires: cette Evacuation ne pourra être differée par delà le terme de 6. Semaines, à compter du jour de l'Echange des Ratifications de la présente Convention.

Dans le même tems, le *Roi de Sardaigne*, demeurant en *possession desdits Districts*, prendra aussi celle de tout ce qui est stipulé en sa faveur dans le Quatriéme Article des Préliminaires.

Pour ce qui regarde le Traitement des Troupes jusqu'à leur entiere Retraite, les Généraux respectifs auront ordre de s'entendre ensemble sur cela, d'une maniere à pourvoir en même tems au soulagement du Païs, & à la conservation des Troupes: il ne sera commis aucun excès dans lesdits Païs, ni rien innové, & les Places seront remises avec l'Artillerie qui y a été trouvée; & si aucune avoit été transportée ailleurs, elle sera restituée sur le champ. Et à l'égard des autres Païs qui doivent appartenir à S. M. Imp. ou dans lesquels Elle doit mettre des Garnisons, il n'y sera non plus commis aucun excès, ni rien innové, & l'Evacuation s'en fera exactement dans les termes qui auront été ou seront convenus par les Généraux respectifs, en conséquence des Déclarations de S. M. Imp. & de S. M. T. C. du 30. Janvier de la présente année, lesquelles Déclarations seront censées faire partie de la présente Convention. L'on ne détournera aucuns Documens, Papiers, Ecrits, ni Archives, concernant les Païs qui doivent revenir à S. M. Imp.; & si aucuns avoient été detournez, ils seront rendus de bonne foi; & réciproquement, si quelques-uns avoient été détournez, appartenans aux Etats que l'Empereur céde par les Préliminaires, ils seront rendus de même de bonne foi.

III. Et comme tout doit marcher d'un pas égal, on convient que les Troupes des Alliez de S. M. Imp. qui sont encore en Pologne & en Lithuanie, n'y commettront aucun excès, qu'elles n'y feront aucune innovation capable de porter la moindre atteinte aux Loix & Libertez des Polonois, ou qui ne soit conforme à ce qui est porté par les Articles Préliminaires, enfin qu'elles y vivront & s'y comporteront comme Troupes qui ont à en sortir 6. Semaines après l'Echange des Ratifications de la présente Convention; c'est-à-dire, dans le même tems que tout ce qui est convenu d'ailleurs dans les Préliminaires sera exécuté. Et quant à la subsistance desdites Troupes jusqu'à leur entiere retraite, on se reglera entiérement sur ce qui conviendra en même tems au soulagement du Païs & à la conservation des Troupes.

IV. S. M. Imp. qui promet à S. M. T. C. la parfaite exécution de sa part du Premier Article Préliminaire en tous ses Points, dans le terme de 6. Semaines, à compter du jour de l'Echange des Ratifications de la présente Convention, s'engage aussi à faire remettre à S. M. T. C. incessamment & au plus tard dans l'espace d'un Mois, à compter du jour de la Signature de la présente Convention, les Déclarations en bonne forme de la Czarine & du Roi *Auguste*, portant non seulement l'acceptation de tout ce que contient le Premier Article des Préliminaires, mais encore l'obligation & l'engagement qu'il sera pleinement exécuté en Pologne, notamment en ce qui regarde la reconnoissance du Roi *Stanislas I.* avec les Titres & Honneurs de Roi de Pologne & Grand Duc de Lithuanie, la Restitution de ses Biens & de ceux de la Reine son Epouse, la Conservation inviolable des Droits & Privileges de la République de Pologne, & la Sureté pour toutes Personnes, Provinces, & Villes, sans aucune exception, de n'être ni molesté ni inquieté, sous prétexte de ce qui se sera passé pendant les derniers Troubles de Pologne. Réciproquement, l'Acte d'Abdication du Roi *Stanislas I.* & les Actes réciproques des Déclarations de la Czarine & du Roi *Auguste* seront remis à S. M. Imp., pour être délivrez & avoir leur effet seulement en même tems que ce qui est marqué ci-dessus aura son plein & entier effet.

V. Seront concertez dès à présent entre les Parties interessées tous les Actes des Cessions des Païs, qui, en vertu des Préliminaires doivent appartenir & rester à chacun, pour être lesdits Actes délivrez en bonne forme, & les Cessions avoir leur effet dans le même terme que les Evacuations auront lieu.

VI. S. M. Imp. s'engage d'employer de bonne foi tous les soins possibles pour obtenir dans le terme de 6. Semaines, à compter du jour de l'Echange des Ratifications de la présente Convention, ou plutôt si faire se peut, le consentement de l'Empire en bonne forme aux Articles Préliminaires, pour tous les Points où ledit Consentement peut être nécessaire.

VII. Supposé qu'avant l'expiration du terme de 6. Semaines après l'Echange des Ratifications de la présente Convention, le Consentement de l'Empire aux Articles Préliminaires pour les Points où il peut être nécessaire, soit déja obtenu, S. M. T. C. fera évacuer dans le même terme les Places de Kehl, Philipsbourg, & Trêves, dont les 2. premieres seront remises à la disposition de l'Empereur & de l'Empire, & la troisiéme à l'Electeur de ce nom; en sorte que les Troupes de S. M. T. C. n'y puissent plus rien posseder ni retenir: mais si, contre toute attente, le Consentement de l'Empire tardoit plus longtems à être donné, l'évacuation susdite auroit à se faire au moment que la France en seroit assurée.

VIII. S. M. Imp. & S. M. T. C. se déclarent garantes de l'exécution de tout ce que contient la présente Convention, & en conséquence Elles n'agiront que d'un parfait Concert sur tout ce qui pourra regarder l'affermissement & la continuation de la Paix, en même tems que la plus promte effectuation, tant des Articles Préliminaires, que de la présente Convention. Les Ratifications de la présente Convention seront échangées dans le terme d'un Mois, ou plutôt si faire se peut.

En foi de quoi, Nous Ministres Plénipotentiaires de S. M. Imp. & de S. M. T. C. avons signé cette présente Convention, & y avons fait apposer les Cachets de nos Armes. A *Vienne* en *Autriche*, le 11. Avril 1736.

Article Séparé I.

Sa Majesté Très-Chrétienne ayant fait connoître que, nonobstant ce qui est stipulé au Premier & au Second Articles des Préliminaires sur le tems où le Duché de Lorraine devra suivre le sort de celui de Bar, Elle desiroit, qu'au lieu de prendre pour Epoque la Vacance du Grand Duché de Toscane, on le fixât au terme de la Prise de possession du Duché de Bar, par le Roi Beau-Pere de Sa Majesté Très-Chrétienne.

S. M. Imp. déclare, nonobstant ces Clauses du Premier & du Second Articles Préliminaires, que le Duché de Lorraine sera cedé au Roi Beau-Pere de S.

ANNO 1736.

ANNO 1736.

S. M. T. C. auffitôt après la Conclufion & l'Echange des Ratifications d'une Convention à cet effet fignée, foit entre S. M. Imp. & S. M. T. C., foit entre S. M. T. C & S. A. R. le Duc de Lorraine, & à laquelle on procedera inceffamment.

Bien entendu, que fi l'on ne parvenoit à conclure cette Convention qu'après le tems où le Roi Beau-Pere de S. M. T. C. devra être mis en poffeffion du Duché de Bar, fuivant les Préliminaires & la Convention de l'effectuation fignée ce jourd'hui, dont le préfent Article feparé fait partie, la Remife du Duché de Bar à ce Prince ne pourra être différée, ni par ce motif, ni par les difcuffions qui pourroient furvenir fur l'Etendue & les Limites dudit Duché de Bar, lefquelles feront enfuite reglées à l'amiable.

Article Séparé II.

Le Roi *Staniflas* entrant en poffeffion des Duchez de Lorraine & de Bar, la prendra de tout ce que poffede le Duc de Lorraine dans la Lorraine & le Barrois, Appartenances & Dépendances, foit d'ancien Patrimoine, Acquifitions ou Biens Allodiaux, & à quelque Titre que ce puiffe être, à l'exception néanmoins du Comté de Falckenftein & Dépendances.

Convenu réciproquement, que par rapport aux différentes Enclaves & Terres mêlées avec différens Princes de l'Empire, il fera pris de concert avec S. M. I. de telles mefures & arrangemens, que l'on ne laiffe fubfifter aucune occafion ou prétexte qui pourroit donner lieu à troubler le repos & la bonne intelligence réciproque. Les préfens Articles Separez auront la même force que s'ils étoient inferez de mot à mot dans la Convention d'aujourd'hui. Fait a *Vienne* le 11. Avril 1736.

Article Séparé.

La Convention fignée ce jourd'hui, ayant été compofée & redigée en Langue Françoife, contre l'ufage ordinaire obfervé entre S. M. Imp. & S. M. T. C., cette différence ne pourra être alleguée pour exemple, ni tirer à conféquence, ou porter préjudice en aucune maniere à qui que ce foit, & l'on fe conformera à l'avenir à tout ce qui a été obfervé jufqu'à-préfent dans de femblables occafions, & nommément dans le Traité de Paix folemnel à faire, la Convention fignée aujourd'hui ne laiffant pas d'avoir la même force & vertu, que fi elle étoit en Langue Latine, & le préfent Article Séparé aura pareillement la même force que s'il y étoit inferé mot à mot. Fait à Vienne *le* 11. *Avril* 1736.

DECLARATION.

Le Souffigné Miniftre du Roi Très-Chrétien auprès de l'Empereur, muni des Pouvoirs néceffaires, déclare, qu'en confidération & en conféquence des deux Articles féparez de la Convention fignée aujourd'hui, S. M. T. C. s'occupera autant que l'Empereur, & agira de concert avec S. M. Imp. pour procurer à la Maifon de Lorraine tous les Biens de quelque nature qu'ils puiffent être dans le Grand Duché de Tofcane; que ni le Roi Staniflas, *ni Sa Majefté Très-Chrétienne, ne prétendront aucune Sujettion de qui le Duc de Lorraine n'en prétendoit pas, & qu'ils donneront toute l'affurance poffible contre toute Idée de Réunion, enfin qu'ils difpenferont le Duc de Deux Ponts de la Relevance d'un Fief* ad Cameram. *Fait à* Vienne *le* 11. *Avril* 1736.

CC.

Avril. *Mémoire du Miniftre de Suede à l'Empereur pour l'Abolition de la Claufe de l'Art. IV. du Traité de Ryswick. Prefenté au milieu d'Avril* 1736.

„ COmme le Decret de Commiffion de Sa Maj. Imp. & Cath. communiqué aux Etats de l'Empire affemblez à Ratisbonne leur a fait voir avec une entiere certitude, qu'on touche à la conclufion de la Paix, le fouffigné Miniftre Plénipotentiaire du Roi de Suede, conformément aux Ordres du Roi fon Maître, a cru ne pouvoir differer plus longtems à repréfenter très-humblement à S. M. I., qu'il feroit infiniment avantageux au Chef & aux Membres du S. E. R. & qu'il n'eft pas moins néceffaire, qu'en mettant la main à la Conclufion de cette Paix, on pefe férieufement la Claufe du IV. Article du Traité de *Ryfwick* (a), fource continuelle de defordres & de griefs fans nombre, afin de l'annuller abfolument, & de réduire par-là les différends en matiere de Religion dans les bornes que la Paix de Religion a d'abord prefcrites, & que le Traité de Munfter a enfuite confirmées.

„ Le Souffigné Miniftre croit d'autant moins néceffaire de rapporter les raifons qui portent S. M. Suedoife à faire ces Remontrances, que c'eft une chofe connue de tout l'Univers, que non feulement dès le commencement S. M. I, comme Partie principale Contractante & en même tems Garante du Traité de Weftphalie, s'eft oppofée (b) à cette Claufe avec tous les Etats Proteftans de l'Empire, mais auffi que ces mêmes Etats n'ont ratifié le Traité de Ryfwick, qu'après que S. M. I. leur eut donné des affurances Impériales a cet égard. Mais comme, non obftant les Proteftations réïtérées faites à cette occafion, & les Déclarations données en conféquence, cette Claufe fi préjudiciable au bien public, & fi contraire au Traité de Weftphalie, n'a pas laiffé de donner lieu à de fréquens abus, contre les intentions de S. M. I., le Roi de Suede, fouhaitant de voir la confiance & l'union rétablies fur un pié ferme dans l'Empire, croit que pour atteindre un but fi falutaire, il ne peut y avoir une occafion plus favorable que celle qui fe préfente aujourd'hui, d'écarter une fois pour toutes cette pierre d'achoppement.

„ Les affurances très-gracieufes que S. M. I. a bien voulu donner de nouveau aux Etats de l'Empire, particulierement au commencement de la Guerre préfente, font autant de preuves convaincantes que S. M. I. conformément à fa pénétration ordinaire, regarde cette Affaire de même œil, & a réfolu d'obvier aux fuites ultérieures qui pourroient en refulter: Enforte qu'il n'y a point de doute, que, pourvu qu'on mette férieufement la main à l'œuvre, les foins paternels de S. M. I. ne conduifent cette Affaire à une heureufe fin, n'étouffent entierement le germe de la Défiance, ne diffipent les Griefs & les Plaintes, & ne rétabliffent dans l'Empire une Paix folide, fur les fondemens d'une confiance réciproque, &c. &c.

Signé,

Le Comte de Teffin.

Mémoire du Corps Evangelique remis au Principal Commiffaire Impérial à la Diète de l'Empire pour l'abolition de la Claufule de l'Art. IV. du Traité de Ryswick, du 26. *Avril* 1736.

Pro Memoria.

Le 5. de May S. A. M. le Prince de Furftenberg déclara par ordre en réponfe. Que Sa Majefté Imperiale aura la bonté de fe fouvenir de ce qui s'eft paffé ici à la Diète générale au Mois de Février 1734. au fujet du Point de la Religion Proteftante, inferé à leur préjudice dans l'Inftrument de la Paix de Ryfwick, & qu'en conféquence on a difcuté, & enfin qu'on eft convenu le 26. de Fevrier 1734.

„ Que tout ce qui a été changé au fujet de la Religion Proteftante dans les Païs à-préfent occupés par les Armes des Ennemis, ou ce qu'on y a changé auparavant dans les Guerres précédentes, *in Ecclèfiafticis & Politicis*, feroit rétabli *in optima forma* en leur faveur, & à la confolation des Etats Proteftans qui fouffrent à-préfent, & qu'on

„ au-

(a) L'Art. IV. du Traité de *Ryfwyk*, ayant ftipulé la reftitution non feulement de tout ce qui avoit été occupé pendant la Guerre fur l'Empereur & l'Empire, mais encore de tout ce dont le Roi de France s'étoit faifi en vertu des Arrêts des *Chambres de Réunion de Metz*, de *Befançon* & de *Brifac*, eft terminé ainfi, *Religione tamen Catholicâ Romanâ in locis fic reftitutis, in ftatu, quo nunc eft, remanente.*

(b) Cette Oppofition fe trouve dans le Corps Diplomatique des Traitez &c. Tom. VII. Part. 2. Pag. 434. où il eft fait mention expreffe de cette Claufe de l'Art. IV.

ANNO 1736.

„ auroit tous les égards imaginables pour eux, suivant les Constitutions fondamentales de l'Empire, „ & bien particulierement suivant le Résultat de la „ Diète du 14. Fevrier de l'Année 1689. „

Que d'ailleurs, S. M. Imp. avoit fait assurer aux Etats Protestans de l'Empire, par ses très-gracieux Decrets du 19. Fevrier 1734 que suivant le IV. Article de sa Capitulation, non seulement elle n'empêcheroit pas le redressement des Griefs des Protestans, mais qu'elle y coopereroit de toutes ses forces: en voici le contenu.

„ Que les Prétentions legitimes des Protestans seroient redressées par la Paix présente à faire; que „ Sa Majesté Impériale auroit un soin particulier, que „ Sa Majesté Impériale, le St Empire, & bien particulierement ceux de la Confession d'Augsbourg, „ fussent rétablis dans leur entier. „

C'est pourquoi tout le Corps Evangelique n'a plus aucun doute, que S. M. Imp., suivant ses soins paternels pour tous les Etats de l'Empire, & bien spécialement suivant ses très-gracieuses promesses, & le resultat de l'Empire, n'ait déja pris les mesures nécessaires pour les Protestans, dans les Négociations de la Paix qu'on traite actuellement, mais qu'elle en prendra aussi ensuite des soins paternels & interessans: comme pourtant dans la situation présente il paroit être d'une nécessité absolue aux Etats Protestans d'en avoir une Déclaration plus précise de Sa M. Imp, Comme Chef de l'Empire, tout le Corps Evangelique s'adresse avec toute la vénération possible à Son Altesse Monseigneur le Principal Commissaire, pour obtenir au plutôt par eux une Déclaration ulterieure de S. M. I. A Ratisbonne, le 26. d'Avril 1736.

„ Sa Majesté Impériale se ressouvenant parfaitement de l'Art. IV. de la Capitulation de son Election (a), & des Résultats de l'Empire du 19. „ Fevrier 1689. & du 26. Fevrier 1734. Elle ne „ manquera pas d'insister dans la Conclusion de la „ Paix, qu'on remette sur l'ancien pied ce qui a été „ changé en faveur de la Couronne de France, tant „ dans le Spirituel que dans le Temporel, de maniere que les anciennes Constitutions rentrent dans toute leur vigueur; que dans toutes les occasions Sa Majesté Impériale a toujours fait connoitre ses soins „ paternels pour les intérêts de l'Empire, & qu'elle les redouble dans cette occasion, en ordonnant „ bien expressément à ses Ministres Plénipotentiaires, d'employer tous leurs efforts pour remplir les „ Obligations de Sa Majesté Impériale pour la conservation des Constitutions de l'Empire. „ Le Prince de *Furstenberg* s'est acquité de cette Commission auprès du Corps Evangelique, le 5. de ce Mois.

CCI.

***Résultat de l'Assemblée Générale des Habitans de l'Ile de Corse, au sujet de l'Election & de la Proclamation du Roi* THEODORE. *Tiré de l'*HISTOIRE *des Révolutions de l'Ile de Corse &c. A la Haye* 1737.**

AU Nom & à la Gloire de la Très-Sainte Trinité, Pere, Fils, & St. Esprit, & de l'Immaculée Vierge Marie.

AUJOURD'HUI Dimanche, 15. du Mois d'Avril de l'Année 1736. dans l'Assemblée Générale du Royaume de *Corse*, dument convoquée par Ordre de nos Excellentissimes Généraux, & tenue dans *Alesano*; & après de longues & mures Déliberations des Principaux & de tous les Peuples du Royaume, a été déterminé & arrêté de choisir un Roi, & de vivre sous sa Dépendance: & le Seigneur THEODORE, *Baron de Newhoff*, a été reconnu & proclamé pour tel, sous les Pactes & Conditions qui suivent, & à l'observation desquels ledit Seigneur Baron devra s'engager par Serment, tant pour lui, que pour ses Successeurs; l'Intention des Peuples étant, qu'il ne puisse faire aucun Acte de Royauté, que préalablement il n'ait accepté lesdits Pactes & Conditions, juré de les observer, signé de sa propre Main & scellé de son propre Sceau le Présent Acte, dressé & rédigé en forme de Contract, afin qu'il soit à jamais stable, & sortisse dans tous ses Articles une pleine & entiere exécution.

Voici donc ce qui a été convenu & arrêté.

I. Que le Seigneur THEODORE, *Baron de Newhoff*, soit déclaré Souverain, & premier Roi de ce Royaume; &, après lui, ses Descendans mâles par Droit & suivant le Rang d'Ainesse; &, au défaut des Mâles ses Filles par même Droit & suivant le même Rang, pourvu que ceux qui succéderont au trône soient Catholiques-Romains, & résident toujours dans le Royaume, comme ledit Seigneur Baron devra y résider.

II. Qu'en cas que le Seigneur Baron n'ait point de Descendant, il puisse se nommer & choisir un Successeur Parent, qui soit Catholique-Romain, & réside dans le Royaume.

III. Que si les Descendans de la Ligne tant Masculine que Feminine dudit Seigneur Baron, ou de celui qu'il aura établi son Successeur, viennent à finir, le Royaume restera dans son Droit de Liberté, & les Peuples pourront, ou se donner un Roi, ou se choisir telle Forme de Gouvernement qu'ils jugeront à propos.

IV. Que le présent Roi, & ses Successeurs, jouïront de toute l'Autorité qui leur compete, & de tous les Droits de la Royauté, à l'Exclusion néanmoins des Points & Articles ci-après réservez.

V. Que l'on nommera & établira une Diète dans le Royaume, laquelle sera composée de 24. Sujets les plus qualifiés & les plus meritans: savoir, 16. d'en deçà des Monts, & 8 d'en delà, & que 3. Membres de cette Diète, savoir 2. du nombre des 16. & 1. d'entre les 8. résideront toujours à la Cour; & que le Roi ne pourra rien résoudre sans leur Consentement, soit par rapport aux Impôts & Gabelles, soit par rapport à la Paix ou à la Guerre.

VI. Que l'Autorité de cette Diète consistera à prendre, conjointement avec le Roi, des Mesures sur les Affaires concernant la Paix ou la Guerre, & les Impôts & Gabelles; à désigner les Endroits du Royaume, qui paroîtront les plus convenables pour y faire les Embarquemens des Effets & des Marchandises du Crû du Païs; & à pouvoir s'assembler dans toutes Occasions, & dans tel Endroit, qu'elle jugera à propos.

VII. Que les Dignitez, Charges, & Emplois quelconques, ne feront conférez qu'aux Nationaux, à l'Exclusion perpetuelle de tout *Etranger*, quel qu'il puisse être.

VIII. Qu'immédiatement après l'Etablissement de la Constitution du Gouvernement, on chassera du Royaume tous les *Génois*; & qu'aussitôt après la Pacification dudit Royaume, il n'y restera de Troupes, que celles qui seront composées de Soldats *Corses*, à la réserve toutefois de la Garde du Roi, qui pourra se servir, ou de *Corses*, ou d'*Etrangers*, à son libre Choix.

IX. Que, quant à présent, & tant que durera la Guerre avec les *Génois*, le Roi pourra faire venir & employer des Troupes *Etrangeres*, pourvu qu'elles n'excedent point le Nombre de 1200. au cas que la Diète, conjointement avec Sa Majesté, ne juge point à propos de l'augmenter.

X. Qu'aucun *Génois*, de quelque état & condition qu'il soit, ne pourra, ni s'arrêter, ni s'établir dans le Royaume, & qu'il ne sera pas même libre au Roi de le permettre.

XI. Que les Effets & Marchandises du Crû du Païs, que l'on fera sortir hors du Royaume, ne payeront aucune Gabelle, ni aucun Droit de Sortie.

XII. Que tous les Biens des *Génois*, & des Rebelles du Royaume & de la Patrie, compris ceux des *Grecs* qui habitent dans la *Paonie*, seront confisqués; bien entendu néanmoins, que ne seront point sujets à la

(a) Il est réglé dans cet Article, comment l'Empereur se conduira en faisant la Guerre & la Paix avec des Puissances voisines, & il y est dit entre autres: „ Nous ne ferons nulle Paix „ sans la coöperation & le consentement des Electeurs, Princes, „ & Etats; & en cas que la Paix s'ensuive, nous prendrons un „ soin très-serieux, que toutes les choses qui ont été occupées „ par les Ennemis dans l'Empire, ou *qui ont été changées in Politicis & Ecclesiasticis*, soient restituées à la Consolation des Etats & Sujets oprimez, dans leur premier état, conformément „ aux Loix Fondamentales de l'Empire, & aux Instrumens de „ Paix, entre lesquels ceux de la Confession d'Augsbourg ne „ veulent pas entendre la Paix de *Ryswik*, &c.

ANNO 1736. à la même Peine les Biens qui appartiennent à quelque *National*, quand bien même il en auroit payé quelque Rente, ou quelque Droit, soit à la *République de Genes*, soit à quelque Particulier *Génois*.

XIII. Que le Tribut annuel, ou autrement la Taille, qui se levera sur les *Corses*, ne pourra être au-dessus de 3. Livres Monnoye courante pour chaque Chef de Famille; & qu'on abolira les Demi-Tailles, ensorte que les Veuves ne soient sujettes, ni à cet Impôt, ni à celui d'aucune Gabelle.

XIV. Que le Sel, que le Roi fournira aux Peuples, ne pourra être payé plus haut que 13. Sols & demi, Monnoye courante, pour chaque Mesure, qui sera de 22. Livres de Poids ordinaire du Pays.

XV. Que les Villes & les Citez du Royaume seront maintenues dans leur Ancien Droit, au sujet de l'Oeconomat des Vivres, & par rapport à la Quantité, Qualité, & Taxe, des Denrées nécessaires à la Vie.

XVI. Que l'on formera, dans une Ville du Royaume, une Université Publique pour les Etudes, tant du Droit, que de la Philosophie: que le Roi, conjointement avec la Diète, pourvoyera à son Entretien, en lui assignant des Revenus suffisans, de la Maniere, & dans la Forme qu'il sera trouvé à propos; & que Sa Majesté sera obligée de la faire jouïr de tous les Privileges, dont les autres Universités publiques sont en Possession.

XVII. Que le Roi établira incessamment, pour l'Honneur & la Gloire du Royaume, un Ordre de Noblesse, composé des *Nationaux* les plus qualifiés.

XVIII. Que tous les Bois & les Terres labourables du Royaume continueront à demeurer aux Nationaux de la même maniere, qu'ils y ont été par le passé, & qu'ils y sont actuellement; ensorte que le Roi n'y ait, & n'y puisse prétendre, d'autre Droit, que celui dont jouïssoit la République.

Mandement de THE'ODORE, *Roi de Corse à ses Sujets.*

LA Situation présente de ce Royaume, & la Résolution que Nous avons prise de le délivrer de ses Ennemis, sur-tout des *Génois*, qui y ont toujours exercé leur Tirannie, sont des Motifs trop justes, pour que Nous puissions demeurer dans l'Indifférence, au sujet des véritables Patriotes, qui sont Habitans de la *Bastie*, & qui gémissent encore sous le Poids de l'Oppression. Nous savons, qu'ils ont été hors d'état, jusqu'à présent, de donner des Preuves publiques de leur Amour & de leur Zèle pour la Patrie. Nous ne laissons pas de les croire dans la Bonne Volonté de s'unir à Nous, pour travailler conjointement à assûrer le Bonheur de la *Nation Corse*. Nous Nous persuadons même, qu'ils ont dû ressentir une véritable Peine, de n'avoir pu concourir, avec leurs Freres, au Rétablissement de la Liberté commune. Ainsi, pour leur faire éprouver les prémieres Marques de notre Bienveillance, Nous Nous sommes determinez à les inviter, par ces présentes, à se rendre vers Nous, sans aucun Délai, aussi-tôt que nos Troupes seront arrivées devant leur Ville. Ils peuvent être assûrez, que Nous les recevrons favorablement, & que Nous les traiterons sans aucune Différence des autres fideles Concitoyens. Si néanmoins, ce qu'à Dieu ne plaise, ils entendoient assez peu leurs Intérêts, pour en agir autrement, Nous leur déclarons, que, contre notre Gré, Nous Nous trouverons dans la Nécessité d'employer contre eux la Force des Armes, & de leur faire sentir les terribles Effets de la Guerre. Dans ce Cas-là, Nous ne leur ferons aucune Grace, ni Quartier, encore moins à ceux qui ne se feront pas soûmis, lorsque les Vaisseaux, que Nous attendons, seront arrivez. Ils se verront alors forcés de se rendre à Discrétion, sans nulle Espérance de la moindre Faveur, ni pour leur Vie, ni pour leurs Biens.

Edit de la République de Genes contre le soi-disant Baron THEODORE.

NOUS, DOGE, GOUVERNEURS, ET PROCURATEURS, DE LA REPUBLIQUE DE GENES, &c. Avons appris, qu'un certain Personnage fameux, habillé à l'Asiatique, a débarqué dans notre Royaume de *Corse*, du côté d'*Aléria*, où il s'étoit rendu avec quelques Munitions de Guerre à bord d'un petit Batiment, commandé par le Capitaine *Dick*, Anglois: que cet Anonime, quoiqu'inconnu, avoit néanmoins trouvé le Moyen de s'insinuer auprès des Chefs des Soulevez, qui y trouvant leur Intérêt, ont sçu par Artifice le faire agréer par les Peuples: que le même Personnage leur avoit distribué des Armes, de la Poudre, & quelques petites Piéces d'Or, & qu'il les amusoit de l'Espérance d'un promt & puissant Secours. Comme toutes ces Circonstances sont contraires à la Tranquilité publique, & qu'il nous importe d'y pourvoir pour le Bien de nos Sujets de *Corse*, Nous avons jugé à propos de les informer de la véritable Qualité & Condition de cet Homme, conformément aux Preuves & Témoignages autentiques que Nous en avons. ANNO 1736.

Il tire son Origine d'un Canton de la *Westphalie*, & se fait nommer le Baron THE'ODORE DE NEWHOFF. Il se dit fort éclairé dans la Chimie, la Cabale, & l'Astrologie, par le Moyen desquelles Sciences il prétend avoir trouvé les Secrets les plus importans; mais ce n'est en effet qu'un Vagabond, & d'une Fortune très-médiocre.

En *Corse*, il se fait appeller *Théodore*. C'est sous ce Nom, qu'il s'est rendu à *Paris*, vers l'Année 1729., d'où il s'est retiré ensuite, après y avoir abandonné sa Femme, Irlandoise de Nation, qu'il avoit épousée en *Espagne*, & dont il avoit eu une Fille, qu'il a pareillement abandonnée. En courant par le Monde, il a déguisé son Nom & sa Nation. A *Londres*, il étoit Allemand, à *Livourne*, Anglois, & à *Genes*, Suédois; prenant tantôt le Nom de *Baron de Naporer*, tantôt celui de *Smihmer* ou de *Nissen*, & quelquefois celui de *Schmitberg*, ainsi qu'il paroît par ses Passeports, & par d'autres Piéces autentiques, qui Nous ont été envoyées de divers Endroits, & que Nous conservons.

C'est sous ces différens Noms, qu'il a trouvé le Moyen de vivre aux Dépens d'autrui, à la faveur de ses Tours de Souplesse. On sait que, vers l'Année 1727., il a dissipé en *Espagne* l'Argent qu'on lui avoit avancé pour lever un *Régiment* Allemand, ainsi qu'il s'y étoit engagé. Ayant été obligé de fuir d'*Espagne*, il a trompé & filouté, en divers Endroits, des *Anglois*, des *François*, des *Allemands*, & plusieurs autres Personnes de différentes Nations.

Par-tout où il a filouté, il a eu grand soin de tenir ses Fourberies cachées; mais, après son Départ, elles ont paru manifestement. Une Lettre d'un *Gentilhomme Allemand*, écrite de *Lisbonne* du 20. Février de l'Année courante 1736., en est une preuve évidente.

Il y a quelque tems, qu'il emprunta des Banquiers *Jabach*, à *Livourne*, 515. Piéces de huit, qu'il promit de faire rembourser à *Cologne*. Ses Créanciers, se voyant trompez, le firent mettre en Prison. Il en sortit quelques Mois après, ayant sçu engager le Patron d'un Petit Bâtiment d'être sa Caution, comme il paroît par l'Acte de son Elargissement, passé à *Livourne* le 6. Septembre 1735., par devant le Notaire *Jean-Baptiste Gumano*: &, pour le guérir d'une Maladie qu'il avoit contractée dans sa Prison, il fut mis à l'Hôpital *del Bagno* de ladite Ville, pour y être traité en qualité de nécessiteux.

Il est allé ensuite à *Tunis*, où il a exercé la *Médecine*, & tenu plusieurs *Conférences secrettes* avec les *Chefs des Infidèles*. Il a sçu en tirer des Armes & des Munitions de Guerre, avec lesquelles il s'est transporté en *Corse*, accompagné de *Christoforo*, Frere du Médecin *Buongiorno* à *Tunis*; de trois *Turcs*, parmi lesquels se trouve un certain *Mahomet*, qui fut autrefois *Esclave* sur les *Galeres de Toscane*, de deux jeunes *Livournois*, nommez *Attiman* & *Bondelli*, fugitifs de leurs Maisons paternelles; & d'un *Prêtre* de *Porto-Ferraio*, que les Peres Missionaires de *Tunis* ont jugé à propos d'éloigner pour de justes Raisons.

En conséquence de tout ce que dessus, & d'autant que cet Homme s'est ingéré de vouloir gouverner en *Corse*, & de détourner malicieusement nos Sujets de la Fidélité qu'ils doivent à leur Souverain naturel; que d'ailleurs il est à craindre qu'un Homme, dont la Conduite & les Maximes sont si dépravées, n'excite de plus grands Troubles parmi nos Sujets: Nous avons jugé convenable de rendre public ce que dessus, & de déclarer, ainsi que Nous le déclarons, par le présent Edit, le susdit prétendu *Baron de Newhoff*, Auteur actuel des nouvelles Séditions, Seducteur des Peuples, Perturbateur de la Tranquillité Publique, coupable de Haute-Trahison & de Leze-Majesté au premier Chef, &, comme tel, digne de toutes les Puni-

ANNO 1736. Punitions prefcrites par nos Loix, défendant à qui que ce foit d'avoir aucune Correfpondance ou Commerce avec lui, & déclarant dignes des mêmes Punitions, Criminels de Leze-Majefté, & Perturbateurs du Répos Public, tous ceux qui lui prêteront Secours ou Affiftance, ou le fuivront pour augmenter la Révolte & troubler le Repos de nos Peuples Fait dans notre Palais Royal, le 9. Mai 1736.

Etoit figné,

GIUSEPPE MARIA.

Manifefte du Roi THEODORE.

TEODORO, *per Grazia primieramente della Santiffima & individua Trinità, e poi dei veri, & gloriofiffimi Liberatori, e Padri della Patria, Primo Re di Corfica.*

SU le notizie pervenuteci, che dagl' ufurari Genovefi, e con effi dal Duce e Senato di Genova, fia ftato dato fuori, fotto li 9. del caduto mefe di Maggio, un foglio, o, per dir meglio, un Libello infamatorio, pieno di calunniofe impofture contro di noi, nel quale doppo un' profluvio di menzogne, abbia pretefo dichiararci Autore di novi tumulti in quefto Regno di Corfica, Seduttore, e Perturbatore di publica quiete, Reo di alto tradimento, e di Lefa-Maeftà in primo grado, e perciò incorfo in tutte le pene prefiffe dalle fuppofte loro leggi, e con quel di piu, che in effo Libello, &c.

Per tanto noi, (non perche punto ci caglia quefto loro latrare, che è lo fteffo à quello de' Cani quando abbaiano follemente contro la Luna, che anzi, noi per non contravenire a quelle leggi, di cui da effi alcuna non fe ne offerva, che permettono alla lingua de tormentati ogni sfogo della loro paffione, per tali diffamazioni non ci chiamiamo offefi in alcuna maniera........

Mà per fempre più fare nota al mondo la loro tirannica perfidia, e fuperbia che fi avanza a pretendere dominio fopra chi è di loro Maggiore, & per maggiormente far coftare la loro vanità, ed affieme rinovar la memoria delle loro fceleragini).........
li facciamo intefi .....

1. Che effi fono affai meno certificati della vera qualità, & condizione noftra, di quello fiamo noi ed il mondo tutto delle loro ignominie, e viltadi, ma poiche non fiamo noi tenuti in modo alcuno á darli conto dell' effer noftro, ci bafta per ora d'efporli che fiamo ftati conofciuti, e dichiarati degni di corona, e di fcetro da quefti fedeliffimi Patrioti, l'occulta fapienza de quali, doppu averli tolta dagl' occhi quella banda, con cui la fooprafina malizia de liguri aveva loro velate le luci dell' intelletto, non differente da quella che allo ftemma del Regno avevano affiffa *, ha fatto loro conofcere e l'eccellenza noftra, e l'infamia loro.

2. Che ci rifferbiamo di farli coftare la nobile noftra origine, (non macchiata da quei mechanici efercizi che deturpano la da effi pretefa nobilta) doppo che, affiftiti dal vero valore, e corraggio di quefti popoli, e dal Cielo vendicatore, gli auremo fatto portare la pena delle loro depravate procedure, e coftumi colla totale efpulfione da quefto Regno, e collo ftrappamento de quel diadema che folo da quefto ftato riconofcevano, e del quale mentifcono dirfi principi naturali, mentre non ne erano fe non meri ufurpatori, e detentori.

3. Che quand'anche per l'avanti foffimo ftati di non troppo felice fortuna, come effi afferifcono, abbiamo però fempre auvuto il merito, ed un merito tale, che ingigantito al *non plus ultra* dall' impegno prefo di foccorrere la giuftizia di quefti popoli, ce l'ha faputa convertire, e render feliciffima madre di quefta corona.

4. Che con quelle munizioni, e poche monete che allegano aver noi qui recate abbiamo comprata la libertá ad un Regno gia totalmente fatto fchiavo, ed á noi la gloria mortale in terra, ed immortale in Cielo in premio d'aver fiaccate le corna alla tirannica loro fuperbia, e toltagli dal facrilego capo quella corona che per fola merce di quefto regno veniva permeffa al Liguftico ftemma, e di cui per mille capi, e ragioni effi fono fempre ftati, e fono indegni.

* E una tefta umana cogl' occhi velati.

5. Che avanconque di baffa fortuna, com' effi ci fpacciano, ad ogni modo il noftro merito ci hà fatti miniftri della S. Sede Romana, di cui ci fiamo fempre proffeffati veri Chriftiani, e di cui ci dichiariamo veri, e fedeliffimi figli, all' oppofto de' Genovefi che fe par vogliono dirfi Chriftiani, convien che fi dicano Chriftiani Atheifti; ed il Cielo ci ha predeftinati a fargli vomitare quefto Regno da effi rubbato al Romano Pontefice, e del quale (1) Bonifacio ottavo ingionfe loro la reftituzione li 12. Maggio 1303, e poi (2) ne furono dichiarati tiranni da Eugenio quarto con una Bolla fulminata li 12 Novembre 1444. ANNO 1735.

6. Che li accordiamo benfi effere fempre ftati i noftri raggiri intefi, e indirizzati ad azzioni Illuftri, e degne di noi, e della noftra origine, e che quand' anche foffimo andati in Tunis, e d'indi aveffimo qui recati quatro di que' barbari, come vien da loro mentito, nonci fareffimo però colà portati per farci compagni agl' infedeli afine di andar con effi loro rubbando amici, e nemici come fecero gli Antenati de Genovefi (3) l'anno 1323. allorche con zo Gallere fi fecero compagni del Cerebi di Sinobia Ammiraglio di Turchia.

Ne meno avreffimo condotte a que' Mahometani vettovaglie, ed agiuto (4) come fu fatto da medefimi l'anno 1272; ne Mai fareffimo ftati capaci d'inalberare le infegne dell' Alcorano (5) ad efempio di quanto effi pratticarono l'anno 1317; e quall' ora aveffimo portato alcuno di delle genti per noftro fervigio, ciò farebbe ftato a maggior gloria del vero noftro Dio, (di cui effi Genovefi ne proftergono le leggi) mentre affoggettandoli anime mifcredenti, verreffimo fempre più a glorificare la Santiffima Triade.

Ne quelli aureffimo qui recati come fchiavi per efiggere da effi quel rifcatto perfonale (6) che da progenitori Genovefi fù introdotto nel mondo, ne li avreffimo qui condotti come liberi ad effetto che occupaffero quefti lidi (7) come fu fatto da effi quando conduffero in Europa l'Armi Ottomane.

7. Che in prova della noftra Giuftizia, e di quella di quefti popoli, ed a riprova delle loro infoffiftenti ed ampliofe menzogne li rinfacciamo che fe foffe ftata loro a cuore la tranquillità di quefto Regno come fi milantano, non l'avrebbero con tante tiranniche oppreffioni affaffinato e diftrutto, e ridotto all' eftremo della difperazione, ne li aurebbero ufato tanti tradimenti per mezzo de fuoi piu tofto ficari, che Miniftri, e particolarmente per mezzo di Antonio Spinola, che perfidamente contro la data fede fece trucidare i migliori capi, e Principi di quefta Ifola di Corfica; ed altre volte per mezzo di Nicolo Fiefco, che doppo le convenzioni accordate con Alfonfo Ornani, fueno tanti innocenti; ed ultimamente coll' aver impriggionato, e con infidiofi cavilli tentato di far morire i migliori, e principali diffenfori de divitti della Patria con troppo enorme, e publica offefa della Garanzia fatta con Cefare l'anno 1732.

8. Che non poffono effi dirfi Principi naturali di quefto Regno ne pretendere fuoi fudditi quefti popoli, perche ne fono effi fempre ftati meri occupatori, e laddri, e perche non foggette, ma convenzionali erano quefte Provincie à Genovefi, à quali però ben è convenuto di romper le dette convenzioni imperciocche fecondo l'affioma: *qui frangit fidem, fides frangatur eidem.*

9. Che manifefta, e ridicola pazzia è ftata la loro dichiarazione di voler pretendere noi Autore di novi tumulti, Seduttore de' Popoli, Perturbatore della publica quiete, reo d'alto tradimento, e di Lefa-Maefta in primo grado e perciò incorfi nella pena prefcritta dalle loro afferre leggi, attefo che è manifefto a tutto il mondo che i tumolti di quefto Regno erano digia inforti fin dall' principio dell' anno 1720, e noi non gia, ma autore di novi tumulti, il Seduttore dè Popoli, il Perturbatore della Publica quiete è ftato il loro peffimo, e tirannico gouverno, che ha sforzata la pazienza di quefta nazione al rifcotimento noi non già, mà il Reo di alto tradimento, e di Lefa-Maeftá è ftato il fuo Colleggio per aver non folamente traditi quefti Signori nell' abollimento delle dette

(1) Ex Litt: Lat: 12. Kal: Maii Curil. l. 9. pag. 91. Ray: an: ecl. n. 29. 1303.
(2) Boff. l. 22. Raynol: Annal: Eccl. n. 24. anno 1444.
(3) J: Vall. Lib. 9. f. 217. Ray. n. 13.
(4) Leg. l. Gr. 1. 2. MS: Bibl: Rayn: n. 12. *dicti anni.*
(5) Rayn: n. 36. d.ti annl.
(6) Idem ut fupra.
(7) Ex omnibus fcriptis.

ANNO 1736. dette convenzioni, ma eziandio lo stesso Imperadore vivente nel vilipendio delle sue Garanzie, e quel ch'è peggio La Maestà dello stesso Iddio ancora per mezzo di tante sceleraggini, di tanti assassinii, e di tante perfidie, che del continuo hanno esercitato contro questi innocentissimi popoli

E quand' anco noi fossimo colpevoli di qualche offesa verso di loro, non potressimo però giammai esser chiamati, ne pretesi Rei di Lesa-Maestà, perche essi non hanno questo titolo di Maestà, che sebbene, per bontà di questo stato possono gloriarsi d'averla avuta, presentemente però non l'hanno più, imperciò che con tante iniquità, e tirannie l'hanno talmente sporcata, e vilipesa, che finalmente è restata per essi già da longo tempo estinta, e distrutta.

10. Che più che pazzia si scorge nella prohibizione da essi promulgata contro tutti di commercio, e di pratica con noi, imperciòche con ciò vengono a pretendere sovranità sopra ogni nazione straniera, e da essi indipendente.

Nel resto dichiariamo essere noi qui venuti (comecche dall' origine nostra essendo auvezzi al commando l'obligo nostro è di assistere e patrocinar la Giustizia) per soccorrere gli oppressi, e dar l'ultima mano per estirpare dalla Corsica le tirannie, ed oppressioni della Ligustica empietà.

Aggiongendo a maggiore loro, vergogna che in nulla ei offende questo Libello diffamatorio da loro divulgato, perciochè sicome essi Genovesi discendono da què medesimi Giudei, che reliquie della distrutta Gierusaleme furono da Tito Imperadore posti sopra alcune barche a discrezzione di quei Venti che li condussero nella Liguria, così non è gran fatto, che ad imitazione de loro progenitori i quali hanno tanto mormorato in Giesu Christo vomitino contro di noi pure tante mormorazioni.

E quand' anco noi fossimo tali, quali essi si sforzano di dimostrarci, e spacciarci, cioè à dire, che se ben fosse vero che noi fossimo di povera fortuna, e di bassi natali, ciò sarebbe per loro un affare el' maggior confusione, imperciochè in tal guisa si vedrebbono rinovate à soglievo de poveri per mezzo della nostra persona le disposizioni della divina onnipotenza offesa, come si vidde e a prò degl' Israeliti per mezzo di Mosè là nell' Egitto, e di Davidde colà nella Palestina, e d'altri, che naquero di piu bassa fortuna, e da piè vili parenti, di quello possiamo noi esser nati.

Finalmente per approffitarci dell' auvertimento che ci lasciò scritto Traiano Boccalini, che è di dovertenere lontani i Genovesi come Sanguisughe fatali inclinate a succhiare il sangue de Principi, ed Ammaestrati dall' esperienza delle loro tante enormità pratticate in questo Regno, e nell' Universo tutto, li assicuriamo, e possono viverne certi, che noi li terremo affatto lontani da questi lidi del nostro Regno, da quali lidi in tanto.

Valendoci di quella autorità, che questi popoli, e suoi principali Signori, e Padri ci hanno conferito, li dichiariamo perpetuamente banditi sotto pena della vita, come già ingiustissimi occupatori, oppressori e tiranni di quest' Isola, e debitori all' erario di questo nostro Regno di tutto il ritrattone con tante ingiustizie per tutto il tempo che ne hanno ingionte le rendite, e divorate le sostanze e così abbiamo espressamente decretato, e sentenziato.

In Patrimonio dirrebbio questo di 2. di Giugno 1736.

CCII.

25 Juin. ***Constitutiones Comitiorum Pacificationis, extraordinariorum, per duas hebdomades, Varsaviæ, habitorum, & in diem vigesimum quintum, Mensis Junii, Anno Domini 1736. edictorum.***
[Sur l'Imprimé traduit du Polonois en Latin.]

C'est à-dire,

Constitutions de la Diète extraordinaire de Pacification tenue à Varsovie pendant quinze jours, & luës le 25 du mois de Juin 1736. ANNO 1736.

IN NOMINE DOMINI AMEN!

AUGUSTUS III.

Dei gratiâ Rex Poloniæ, Magnus Dux Lithuaniæ, Russiæ, Prussiæ, Masoviæ, Samogitiæ, Kijoviæ, Volhyniæ, Podoliæ, Podlachiæ, Livoniæ, Smolensciæ, Severiæ, Czernichoviæque, nec non Hæreditarius Dux Saxoniæ & Elector, &c. &c.

NOtum facimus universis & singulis, quorum hæc scire interest: quod, post irrita, superiore annô, Comitia Pacificationis, non dimittentes ex animo Nostro paternas curas, quâ ratione dissona Civium corda, ad perfectam unionem & veram confidentiam perducere, atque ita calamitates publicas omnes amoliri & procul removere possemus, Comitia præsentia extraordinaria duarum Hebdomadum, ad procurandam generalem Pacem & Securitatem edixerimus: Et postquam in iis, auctoritate præsentium *Comitiorum Pacificationis*, Confœderationes quaslibet dissolvimus, sequentes Constitutiones, ex unanimi consensu omnium Statuum utriusque Gentis, sancivimus.

Tuitio Majestatis Nostræ, & Pacificatio Statuum Regni Poloniæ, & Magni Ducatus Lithuaniæ.

Quanquam firmamentum Throni Nostri, in amore & fidelibus Pectoribus dignissimorum hujus Patriæ filiorum posuerimus, omnibus tamen obviando occasionibus, quæ ex quibuscunque in Campo Electorali coortis dissidiis, vel etiam ex suspicione & diffidentia adversus Majestatem Nostram, qualicunque prætextu nasci possent, Omnes Status Regni Poloniæ & Magni Ducatus Lithuaniæ Provinciarumque annexarum ad præsentia Comitia congregati, ductu veræ erga Nos affectionis, hâc generali, pro tuitione Personæ Nostræ & Majestatis Regiæ, suo & totius Reipublicæ nomine, se devinxerunt obligatione: Se, postquam liberis suffragiis & concordi omnium accessu, Nos sibi pro Domino elegerunt, & recognoverunt, exemplô priscorum Majorum Suorum, non modo Nos, in ullo periculo nunquam deserturos, sed etiam pro conservatione Personæ Nostræ & Majestatis Regiæ, Vitam, Sanguinem, & Substantias suas, ita, ut honestos Polonos decet, impensuros, sub vinculo fidei, honoris & conscientiæ suæ declarant; Inter se verò Amorem & Pacem indivulse conservare pollicentur, & unumquemque, qui contra Nos, Electionem Nostram, Thronumque Nostrum, communi omnium accessu firmatum, sive palàm, sive clàm aliquid moliri auderet, pro Perduelli & Hoste Patriæ declarant, & se, in perpetuam ejus destructionem consurrecturos, copiasque militum à Privatis Personis, ad turbandam Publicam Pacem conductas deleturos spondent. Præterea omnia Scripta, Electioni Nostræ contraria, per quemcunque, ubicunque, & quôcunque modô confecta, nec non projecta & scripturas omnes diffidentiæ publicæ, contra Personam Nostram, occasionem præbentes abolent & in nihilum redigunt.

Ut verò pacem publicam, præveniendo omnes in Republica dissensiones & suspiciones, eò firmius stabiliamus, commonefacimus, quod animadversio in transgressionem Legis publicæ Personam Nostram spectantis, pertinebit ad Processum in Constitutione anni 1609. *de non præstanda obedientia*, descriptum, quam Legem perpetuis temporibus in suo valore & robore conservamus.

Ad perfectiorem verò & eò stabiliorem Provinciarum Nostrarum Pacificationem internam, omnibus, omnes scrupulos Personam Nostram tangentes, funditùs eximendo, præsentem perpetuam in future tempora Regno Poloniæ & Magno Ducatui Lithuaniæ damus cautionem:

Quod una cum conservanda Integritate Religionis Sanctæ Romano-Catholicæ, libera inclytarum harum gentium Electio, secundùm antiquas & novas Leges, præcipuè verò secundùm *Constitutiones Annorum* 1670 & 1699. immota semper manebit: Item, quod Jura omnia antiqua, sicut & illa, quæ adhuc statuemus, & libertatem Immunitatemque Gentium, quam tribus vicibus, juxta formam Juramenti, sincerâ mente ad-jura-

ANNO 1736.

juravimus, in omnibus punctis inviolabiliter manutenebimus. Status verò tam Regni Poloniæ, quam Magni Ducatus Lithuaniæ, Provinciarumque annexarum, reciproce obviando pacis publicæ turbationi, contra hos, qui adverſus Majeſtatem Noſtram aliquid moliri audebunt, in Judicia Extraordinaria, ad latus Noſtrum, juxta Normam Conſtitutionis 1717. & quidem uſque ad Comitia proxima conſummata, habenda, conſentiunt. Ad hæc autem Judicia extraordinaria ſimul cum Magnificis Senatoribus & Miniſtris utriuſque Gentis ſequentes deſignamus Aſſeſſores:

Ex MINORI POLONIA; generoſos: *Georgium Mniszech*, Succamerarium Magni Ducatus Lithuaniæ, Capitaneum Sanocenſem, *Severinum Rzewuski*, Pocillatorem Regni, Capitaneum Chelmenſem, *Adamum Malachowski*, Capitaneum Oswiecimenſem, *Franciſcum Saleſium Potocki*, Capitaneum Belscenſem, *Antonium Lubormirſcium*, Capitaneum Caſimirienſem, *Ignatium Humiecki*, Capitaneum Liſratycenſem, *Paulum Benoe*, Vexilliferum Kolomiſcenſem, *Franciſcum Wenglinski*, Judicem Terreſtrem Chelmenſem, *Joſephum Rosnowski*, Dapiferum Sanocenſem, *Stephanum Uniatycki*, Dapiferum Pilsnicenſem, *Caſimirum Boreyka*, Venatorem Leopolienſem, *Michaëlem Rzeczycki*, Capitaneum Potorzycenſem.

Ex MAJORI POLONIA, generoſos: *Antonium Lodzia Poninski*, Referendarium Regni, Capitaneum Petricovienſem, *Felicianum Grabski*, Succamerarium Lencicenſem, *Staniſlaum Swidzinski*, Capitaneum Radomienſem, *Stephanum Szoldrski*, Capitaneum Lencicenſem, *Joſephum Saluski*, Capitaneum Ravenſem, *Melchiorem Gurowski*, Vexilliferum Kaliſſienſem, *Joannem Chryſoſtomum Badoiewski*, Vexilliferum Bydgoſtenſem, *Antonium Karczewski*, Notarium Terreſtrem Czerscenſem, *Staniſlaum Sobolewski*, Notarium Terreſtrem Varſavienſem, *Joſephum Podoski*, Capitaneum Dobrzynenſem, *Timotheum Podoski*, Capitaneum Rypinſcenſem. *Joſephum*, Comitem Oſtrorogenſem.

Ex MAGNO DUCATU LITHUANIÆ, generoſos: *Uldaricum Principem Radziwilium*, Præfectum Stabuli Magni Ducatus Lithuaniæ, *Januſſium Principem Sanguszko*, Ordinatum Oſtrogenſem Enſiferum Magni Ducatus Lithuaniæ, *Ignatium Oginski*, Caſtrametatorem M. D. Lithuaniæ, *Joannem Odachowski*, Theſaurarium Magni Ducatus Lithuaniæ, *Caſimirum Baranowicz*, Excubiarum Præfectum M. D. Lithuaniæ, *Caſimirum Ukolski*, Judicem & Vice-Palatinum Trocenſem, *Tadeum Oginski*, Capitaneum Wierzbovienſem, *Joſephum Sollohub*, Capitaneum Sannicenſem, *Caſimirum Nieſiolowski*, Capitaneum Cyrynenſem, *Michaëlem Sliznia*, Capitaneum Krevſcenſem, *Martinum Chrebtowicz*, Capitaneum Werbelſcenſem, *Antonium Suliſtrowski*, Capitaneum Kurklewſcenſem.

Hæc verò Judicia extraordinaria, methodô in Conſtitutione anni 1717. *exactè obſervanda*, & *præviô in eâdem Conſtitutione expreſsô Juramentô*, tàm per Magnificos Senatores & Miniſtros Status, quam per generoſos, ex Equeſtri Ordine Judices, *circa fundationem Jurisdictionis explendo*, incipiendo à die *per Reſcriptum Noſtrum intimandi*, per duas hebdomades ſingulis anni quadrantibus, ſi neceſſum fuerit, exercebuntur.

Quia autem copias noſtras hæreditarias nonniſi ex occaſione primò Dantiſcum introducti, poſteà verò Regiomonti commorantis, tùm temporis *Æmuli* in Provinciis Reipublicæ ſuſtinuimus, jam ergo pacatâ, quæ Dei eſt gratia, Republicâ, omnes copias militum noſtrorum hæreditarias extra fines Reipublicæ, in ſpatio quadraginta dierum, incipiendo â die Nona Julii Anni præſentis, educere, verbô Regiô declaramus: & caſu quô, Exercitus Noſtri hæreditarii intra ſpatium ſupra dictum non exiverint, aut gradum retrorſum moverint, aut ſi unquam *ultra Conſenſum totius in Comitiis Reipublicæ, contra præſentem Conſtitutionem*, ſive *ex Senatus Conſilio*, ſive *quovis colore*, ſive è Ditionibus extraneis, ſive è noſtris Provinciis conducti, reverti auſi fuerint, tunc elapſis quadraginta diebus, omnibus, *ſub onere* antiquarum Legum, *de expeditione bellica* latarum, hoc eſt, *ſub amiſſione Honoris & Subſtantiæ*, injungendo concedimus, ut Expeditione generali bellica nobilitatis, (alias *Poſpolite Ruszenie* dicta,) jam ſine omnibus Univerſalibus Noſtris (*id, quod pro læſione Majeſtatis Noſtræ neutiquam habebimus*,) ſed ad ſolam notificationem & intimationem horum, quorum intererit, equos tàm in Regno, quàm in Magno Ducatu Lithuaniæ conſcendant, ſibi invicem ſuccurrant, & omnes illos, qui contraveniendo huic promiſſioni Noſtræ, non egrediuntur, vel planè revertuntur, *tanquam Hoſtes Patriæ partitim ſive conjunctim*, tàm in Regno, quàm in Magno Ducatu Lithuaniæ tollant, id quod *in ullum Crimen Læſæ Majeſtatis, vel Perduellionis nullô prætextu trahemus, quin potius iſtud pro Jure permiſſo*, tam ex præſenti Lege, quàm vigore Conſtitutionum anni 1646. & 1699. quas *ad eundem caſum*, in toto reaſſumimus, habebimus.

ANNO 1736.

Quoniam vero per *Pacta Conventa*, exemplo Conſtitutionum anni 1699. & 1717. Nobis permiſſum eſt, ſuſtentare mille bis centum milites de Exercitu Noſtro Saxonico, *pro Cuſtodia Corporis Noſtri*, idcircò aſſecuramus Status Reipublicæ, quòd prædictum numerum mille ducentorum militum, *Methodô in Conſtitutione anni 1717. expreſsâ & Jurisdictione Mareſchalcali præcuſloditâ*, tenebimus; & quidem hâc ratione, ut Officialis commendans, (ſeu Supremus horum militum Præfectus) Nobis & Reipublicæ *Juramentum fidelitatis* præſtet, numerum militum non augeat, & ſecundum Leges de Jurisdictione Mareſchalcali latas, ſe gerat. Sponſionem quoque damus verbô Noſtro Regiô Statibus Reipublicæ, quòd juxta aſſecurationem, Nobis, ad intenſas & efficaces Noſtras inſtantias, datam, Exercitus Sereniſſimæ Czareæ Majeſtatis, *in ſpatio* quadraginta dierum, incipiendo à die *nona menſis Julii anni præſentis*, extra terminos tàm Regni Poloniæ, quàm Magni Duc. Lithu. Provinciarumque incorporatarum, ſpecificè verò Curlandiæ & Semigalliæ egredientur, omnemque curam adhibebimus, ne unquam in fines Reipublicæ revertantur. Denique etiam ſoliciti erimus, ut Commiſſio, in gratiam reddendorum Subditorum ex Ditionibus Regni Poloniæ & M. Duc. Lithu. abductorum, & ad ſatisfactionem injuriarum eo tempore, quò auferebantur à militibus Sereniſſimæ Czareæ Majeſtatis factarum, ordinanda, quantocyùs expediatur.

Ad quam Commiſſionem in Comitiolis Relationum, ex Palatinatibus, Terris & Diſtrictibus injuria affectis, Commiſſarii deſignabuntur & eligentur. In hoc quoque aſſiduam ponemus operam, ut CLERICI & NOBILES detenti & abducti, quàm celerrimè in libertatem reſtituantur; & Fortalitia Reipublicæ, inprimis *Bialocerkwienſe* quantocyùs evacuentur. Tandem, ut Bona Reipublicæ ſequeſtrata ſine morâ Proprietariis reddantur.

Acta Interregni.

Ad majorem ſecuritatem, non modò Regiminis Noſtri unanimi conſenſu Statuum Reipublicæ congregatorum per Legem præſentem confirmati, ſed etiam ad fundamentum liberæ Electionis, nec non Legum, Immunitatum & Libertatis inclytarum Gentium, Electionem Noſtram approbantes, *Acta Privilegiorum, Diplomatum Noſtrorum, Diplomatis Primatialis & Reipublicæ; ad normam Diplomatis Regi Michaëli anno 1669. dati, & in Archivo Reipublicæ exiſtentis, Pactorum Conventorum*, ut Volumini Legum inſerantur, & omnes hi Actus in medium Conſtitutionum præſentium reimpreſſi locentur, commendamus; quos ita, prout hic ſunt inſerti, pro validis habebimus. Diſpoſitiones in diſtributione Miniſteriorum Pacis & Belli, & in aliis Vacantiis factas, approbamus.

Diſtributio verò Miniſteriorum Belli, non obſtante Conſtitutione 1717. ad Jus Majeſtaticum abhinc pertinebit, ne Comitia his Vacantiis difficiliora reddantur. Acta quoque Interregni, in Juribus hujus Regni fundata, & Judicia Capturalia, quæ à tempore Obitus Sereniſſimi Regis Anteceſſoris Noſtri, uſque *ad Actum Coronationis* duraverunt, approbamus.

Judiciorum verò tam Generalis, quàm particularium Judiciorum *Capturalium* Decreta, *ſi qua Juribus & Conſtitutionibus repugnent*, *caſſata quoque caſſatione* Decreti in Judicium *Capturale Oszmianenſe* làti, tollimus. Alios autem Actus, vel æqualitati Immunitatum Nobilium, vel Libertati Patriæ, vel Paci tam internæ, quàm externæ, vel Amicitiæ cum Vicinis & Potentiis, cum quibus æternæ pacis conditi ſunt Tractatus, vel Honoribus & Prærogativis quorumcunque ac Fortunis, per Scripta tam publica, quam privata, nocivos, abolemus, & illos ex Libris authenticis, ex Typographia, & ex aliis locis privatis eximi jubemus; Et quiquid durante nuperrimâ Revolutione, *ſive zelo libertatis*, *ſive animoſitate ſentiendi*, ex orbita antiquarum Legum & Immunitatum patriarum deflexit, *ad antiquam formam & normam*

anti-

ANNO 1736.

antiqui Status Reipublicæ & Libertatum, reducimus (1).

Confirmatio Generalis Jurium.

IN NOMINE DOMINI Amen. Nos AUGUSTUS III. DEI Gratiâ REX Poloniæ, Magnus Dux Lithuaniæ, Ruſſiæ, Pruſſiæ, Maſoviæ, Samogitiæ, Kijoviæ, Volhyniæ, Podoliæ, Podlachiæ, Livoniæ, Smolenſciæ, Severiæ, Czerniechoviæque; Nec non Hæreditarius Dux Saxoniæ, Princeps & Elector, &c. Manifeſtum ac teſtatum facimus præſentibus Litteris Noſtris, quorum intereſt, Univerſis & Singulis, tàm præſentibus, quàm futuris, harum notitiam habituris. Per Omnipotentis DEI Gratiam, Coronas & Sceptra diſpenſantis, liberis ac ſpontaneis liberrimarum Gentium Poloniæ & Lithuaniæ, Ampliſſimorum Statuum ac Ordinum Sereniſſimæ hujus Reipublicæ Suffragiis, ad Thronum inclyti Regni hujus evecti, Sacroque Diademate Regio inſigniti, primam ac præcipuam imponi Nobis neceſſitatem, ut pro tanto Affectu ſtudiiſque in Nos collatis, perpetua grati Animi Noſtri palàm ſit teſtificatio; & quò pluribus, iiſque Excellentiſſimis, tùm propriis, tùm externis Chriſtiani Orbis Principibus, Perſona Noſtra prælata eſt, eò inſignioribus Gratiis atque Gratitudine Noſtra Regia reſpondendum veniat, nihilque Nobis tàm carum ſit, quod in ordinandi ampliandique hujus Regni non faciles, unà cum vita Noſtra tribuamus; & jam facto ipſo, integritatem, decora, ac ſplendores Patriæ hujus cariora eſſe, quàm propria, rectè probamus, dùm quidquid in illa reperiri poteſt, ad commoda & utilitates iſtius, libentes conferimus, & inceſſanter Nos collaturos ſperamus, quo tantæ benevolentiæ & fidei parem animum & gratiam teſtemur in perpetuum. Cum vero omnia Jura, Privilegia, Libertates, Prærogativæ, & quæcunque in Patria hac potuerunt haberi Chariſſima & Nobiliſſima Nobis concredita, ac in manibus Noſtris, velut in Sacrario aliquo, repoſita ſint, licet ſi nullum eorum certius poſſit eſſe vinculum, ac pignus, quàm Pectus Noſtrum Conſcientiaque, Jurisjurandi jam bis à Nobis præſtiti Solennitate adſtricta, nihilominus quò contra Vetuſtatem Oblivionemque monumenta Litterarum, æternitatem rerum præſentium cuſtodiant, hiſce pro officio Noſtro Regio, pro Utilitate Regni, conſuetudineque Anteceſſorum Noſtrorum, Divorum Poloniæ REGUM, & Magnorum DUCUM Lithuaniæ, ſpontè ac liberè maturaque deliberatione præhabita, omnia Privilegia, Donationes, Inſcriptiones, Advitalitates, Libertates, Prærogativas & Immunitates Regni Poloniæ & Magni Ducatûs Lithuaniæ, Ruſſiæ, Pruſſiæ, Maſoviæ, Samogitiæ, Kijoviæ, Volhyniæ, Podoliæ, Podlachiæ, Livoniæ, Smolenſciæ, Severiæ, Czerniechoviæque, ut & in ſpecie Ducalis Pruſſiæ, Lemburgi & Bitoviæ, juxta jura ſua. Quo nomine Confirmationem Noſtram, ad Normam, à Divis Prædeceſſoribus editam, ex Cancellaria Noſtra extradere & Conſtitutionibus moderni Conventus inſerere juſſimus, ac aliarum Provinciarum iis annexarum, conjunctim aut ſeparatim Ipſis conceſſas Eccleſiaſticas & Sæculares, tam publicarum, quam privatarum Perſonarum, cujuſcunque Status & Conditionis atque Sexus, exiſtentium, Civitatumque ac Locorum quorumcunque, per Anteceſſores Noſtros, REGES Poloniæ & Magnos DUCES Lithuaniæ, ac Terrarum iis conjunctarum REGES, PRINCIPES, DUCES ac Dominos, tàm in toto, quàm in parte, præſertim vero CASIMIRUM Magnum, LUDOVICUM, *Lois* nuncupatum, VLADISLAUM II. JAGELLONIDEM dictum, Fratreſque ejus, VITTOLDUM & SIGISMUNDUM, Magnos Duces Lithuaniæ, VLADISLAUM III. CASIMIRUM III. JAGELLONIS Filios, JOANNEM ALBERTUM, ALEXANDRUM, SIGISMUNDUM I. SIGISMUNDUM II. AUGUSTUM, HENRICUM STEPHANUM, ac SIGISMUNDUM III. & VLADISLAUM IV. JOANNEM CASIMIRUM, MICHAELEM, JOANNEM III. & AUGUSTUM II. REGES Poloniæ & Magnos Duces Lithuaniæ; ac etiam per Magiſtratus Pruſſiæ, atque Archi-Epiſcopos, Epiſcopos, Magiſtros, Præceptores antiquos Livoniæ, necnon Duces, Principes, ac Dominos Terrarum Ruſſiæ & Maſoviæ, juſte & legitimè conceſſas & emanatas, ac Juri Communi Utriusque Gentis non contrarias. Et item Jura, Leges, Statuta, Conſtitutiones, Judicia Tribunalis, ultimæ Inſtantiæ ac Decreta, Libertates ac Immunitates in Conventibus Regni Generalibus quibuslibet, Ordinationesque latas atque ſancitas; nominatim autem, Libertates ac Leges in Conventu Electionis HENRICI, Regis, ac in Conventu Andreovienſi & Coronatione Regis STEPHANI, Conſtitutionesque in Coronatione *Sereniſſimi* SIGISMUNDI III. laudatas, ac denique Leges & Conſtitutiones in præſenti Conventu ſancitas, aut quæ adhuc ſancientur & Nobis exhibebuntur. Ita tamen, ut nec Specialitas Generalitati, nec Generalitas Specialitati deroget: tùm etiam conditiones cum Ordinibus ſancitas, in omnibus earum Articulis, Punctis, Clauſulis, Conditionibus, approbandas, roborandas duximus, approbamusque, roboramus, confirmamus per præſentes Litteras Noſtras. Decernentes illas, & illa omnia, quæ ſuperiùs commemorata ſunt, perpetuæ, indubiæ ac inviolabilis firmitatis robur obtinere debere, recipimus, ſpondemus & Regio Verbo Noſtro pollicemur; illas in prædictis earum Punctis, Articulis, Clauſulis, Conditionibus, firmiter, inconcuſsè, inviolabiliter tenere, obſervare, implere & exequi, ac Omnibus & Singulis ex iis ſatisfacere cum effectu, teneri, obſervari & exequi facere. Item pollicemur, recipimus, ac ſpondemus, quod omnia per hoſtes finitimos injuſtè à Regno & Magno Ducatu Lithuaniæ, ac Dominiis earundem, quocunque modo occupata, vel bello, vel quovis alio modo diſtracta, ad Proprietatem & Unitatem ejusdem Regni Poloniæ & Magni Ducatus Lithuaniæ, tum Provinciarum iis annexarum, aggregabimus, neque fines Regni & Dominiorum Noſtrorum minuemus, ſed pro Viribus Noſtris proferemus & dilatabimus. Quod ſi aliquid contra Libertates & Immunitates, Jura, & Privilegia prædicti Regni & Magni Ducatus Lithuaniæ, ac cæterarum Provinciarum iis annexarum, fecerimus, non ſervantes (quod abſit) aliquid illorum in toto, vel in parte, id totum irritum & inane, nulliuſque momenti fore decernimus & pronuntiamus. Quod vero ſupra hiſce Litteris Privilegia, Libertates Eccleſiaſticas cum cæteris confirmavimus, in Juramento Noſtro Eccleſiaſticas Catholicas Romanas nominaverimus, id nihil omnibus Eccleſiis Græcis, & Privilegiis earundem obeſſe debet, imo eadem in ſuo robore conſervamus, nec non & Articulo Juramenti huic nequaquam derogare volumus: quod videlicet Pacem & Tranquillitatem inter Diſſidentes de Religione tuebimur & manutenebimus, quam inconcuſsè, firmiter ac inviolabiliter, & cum effectu Nos obſervaturos, promittimus ac ſpondemus, juxta Conſtitutiones & Statuta Regni, Jura quoque Terrarum Pruſſiæ, ſpecialiter verò Indigenatus, in omnibus manutenebimus, & in ſuo robore conſervabimus; Vacantiasque omnes in Terris prædictis juxta tenorem Jurium Terrarum prædictarum, & *Conſtitutionem Anni* 1647. Indigenis Terrarum Pruſſiæ conferemus, & Articulum de Diſtribuendis Vacantiis, Pactis Conventis felicis *Electionis* JOANNIS CASIMIRI inſertum, ſpeciali Juri Terrarum Pruſſiæ derogare non debere declaramus. Dantes inſuper poteſtatem Cancellario & Vice-Cancellario Regni & Magni Ducatûs Lithuaniæ, ut has Litteras Confirmationis Generalis Jurium, Privilegiorum & Libertatum Regni & Magni Ducatûs Lithuaniæ, ac Terrarum iis annexarum, authenticè ſub Regni Sigillo, Ordinibus, Terris ac Subditis Noſtris, qui eas requirent, non expectato alio Mandato Noſtro, Uter vel Alter eorum, extradat. In cujus rei fidem Litteras haſce Manu Noſtra ſubſcripſimus, Sigillumque Regni ei appendi juſſimus. Datum Cracoviæ in Conventu felicis Coronationis Noſtræ, Die XIX. Menſis Januarii, Anni Domini MDCCXXXIV. Regni Noſtri Anno Primo.

Præſentibus admodum Reverendo, ac Reverendis in Chriſto Patribus: Magnificis, Venerabilibus, Generoſis, Nobilibus ac Spectabilibus, *Joanne Alexandro Lipski*, Epiſcopo Cracovienſi, Duce Severiæ, Pro-Cancellario Regni Noſtri; *Staniſlao Joſepho de Bezdan Hoſio*, Epiſcopo Poſnanienſi, Abbate Czervinenſi, *Theodoro Lubomirski*, Cracovienſi, *Georgio Lubormirski*, Sandomirienſi, *Alexandro à Slupow Szembek*, Siradienſi, *Ludovico Szoldrski*, Junivladiſlavienſi, Majoris Poloniæ Capitaneo Generali; *Joanne Anſgario Czapski*, Culmenſi, *Michaele Jordan*, Braclavienſi, *Joſepho Remigiano Potulicki*, Czerniechovienſi, Palatinis; *Ca-*

(1) On a retranché ici *Reimpreſſionem Actorum Interregni*, qui font raportez ailleurs, entre autres *la Grande Confederation de Varſovie* raportée ci-devant pag. 421. & *les Pacta Conventa* pag. 451.

ANNO 1736. *ſimiro Lubienski*, Sandomirienſi, *Franciſco Skarbek*, Lancicienſi, *Petro Alberto à Slupow Szembek*, Oswiecimenſi, *Petro à Skrzynno Dunin*, Radomienſi, *Theleſphoro Zakrzewski*, Santocenſi, Caſtellanis; *Michaële Corybuth, Duce Wisniowiecki*, Supremo Magni Ducatûs Lithuaniæ Cancellario, *Paulo, Duce Sanguszko*, Curiæ Magni Ducatûs Lithuaniæ Mareſchalco; *Kunicki*, Cracovienſi, *Franciſco Kobielski*, Vladiſlavienſi, *Staniſlao Grabowski*, Posnanienſi, Suffraganeis; *Lierowski*, Abbate Cyrzycenſi, *Sebaſtiano Antonio Dembowski*, Referendario Regni, *Joanne Cantio Moszynski*, Theſaurario Curiæ Regni, *Joanne Branicki*, Vexillifero & Generali Artilleriæ Regni. *Michaele Caſimiro, Duce Radziwil*, Præfecto Stabuli M. D. Lithuaniæ, *Jacobo Alexandro Lubomirski*, Regni, & *Ignatio in Bakszty Zawisza*, M. D. Lithu. Enſiferis, *Joanne Cetner*, Præfecto Culinæ Regni, *Michaële Rzewuski*, Inciſore Regni, *Carolo Sapieha*, Notario M. D. Lithuaniæ, *Antonio Lodzia Poninski*, Inſtigatore Regni, *Franciſco à Slupow Szembek*, Vexillifero Curiæ Regni, *Joanne Stdlnicki Odrowunz*, Vice-Præfecto Stabuli Magni D. Lithuaniæ & Capitaneo Mielnicenſi, *Antonio à Slupow Szembek*, Succamerario Generali Palatinatus Cracov. *Nicolao Wyzycki*, Decano, *Vladiſlao Lubinski*, Scholaſtico, Cathedralibus Cracovienſibus; *Ferdinando Plater*, Vilkomirienſi, *Michaële Nieborski*, Ciechanovienſi, *Jacobo Narzymski*, Nurenſi, Succamerariis; *Staniſlao Kreski*, Cantore, *Adamo Komorowski*, Cancellario, *Sebaſtiano Kamocki*, Cuſtode, Cathedralibus Cracovienſibus; *Joanne Malachowski*, Opoczynenſi, *Joanne à Raciborsko Morsztyn*, Siradienſi, *Antonio à Lubraniec Dumbski*, Junivladiſlavienſi, *Joanne à Kurozwenki Mecinski*, Vielunenſi, *Matthia Szymanowski*, Viſſogrodienſi, *Vladiſlao Szoldrski*, Rogosnenſi, *Zaluski*, Zavicholtenſi, *Boguſlao Niezabitowski*, Propoyſcenſi, *Caſimiro Nieſiolowski*, Cyrinenſi, *Bernardo Gozdzki*, Mſcibovienſi, *Sigismundo Linowski*, Zegrzenſi, *Kreski*, Staviſinenſi, Capitaneis; *Andrea Olszowski*, *Caſparo Szczepkowski*, *Michaële Wozicki*, Officiali, *Caſimiro Morsztyn*, *Caſimiro Trzebinski*, *Martino Zeromski*, *Joanne Lukini*; *Hiacyntho Lopacki*, Archi-Presbytero; *Joſepho Rogalli*, *Franciſco Borowski*, *Bonaventura Turski*, *Nicolao Dembowski*, *Dominico Lochman*, *Martino Waleſzynski*, Rectore Almæ Univerſitatis, Canonicis Cathedralibus Cracovienſibus; *Joanne Dembinski*, Pincerna Zatorienſi, *Dembinski*, Capitaneo Chovienſi, *Uladiſlao Gurowski*, Capitaneo Brdovienſi, *Matthia Grabowski*, Michalovienſi, *Antonio Straszewski*, Trembovolienſi, *Staniſlao Szczepanowski*, Czerniechovienſi, Vexilliferis; *Joſepho Lubomirski*, Palatinida Sandomirienſi, *Alberto Skarbek*, Caſtellanida Lancicienſi, *Matthia Poniatowski*, majori, *Thoma Grabski*, minori, Vexilliferis Lancicienſibus; *Thoma Slucki*, Judice Terreſtri Lancicienſi, *Branicki*, Vexillifero Terræ Halicienſis, *Alexandro Kicki*, Subjudice Terreſtri Ciechanovienſi, *Carolo Unrug*, Dapifero Wſchovenſi, *Wieniawski*, Subdapifero Præmiſlienſi, *Joanne de Szczeglow Frezer*, Burgrabio Cracovienſi, *Renard*, Pincerna Nurenſi, *Michaële Mauritio Suski*, Venatore Terræ Lomzenſis, *Franciſco Nakwaski*, Notario Terræ Viſſogrodienſis, *Swinarski*, *Marco à Slupow Szembek*, *Joanne Rybinski*, Colonellis Noſtris, *Melchiore Kalkſztein Stolinski*, Notario Culmenſi, *Stephano Wolicki*, *Andrea Nizniewski*, Nunciis Terræ Vielunenſis, *Kurdwanowski*, Nuncio Terræ Sochaczowienſis, *Caſimiro Bleszynski*, Pincerna Petricovienſi, *Alberto Rzyszczowski*, Pincerna Novogrodenſi, *Joſepho Chociszewski*, Subdapifero Novogrodenſi, *Joſepho Stobiecki*, Enſifero Petricovienſi, *Jaſtrzembowski*, Enſifero Lancicienſi, *Michaële Szembek*, Succamerarida Cracovienſi, *Czerny*, Capitaneida Parnavienſi, *Raszewski*, Culmenſi, *Kempinski*, Owrucenſi, *Sobolowski*, Inoulodenſi, Dapiferis; *Lubinski*, Caſtellanida Sandomirienſi, *Dembinski*, Caſtellanida Voynicenſi, *Antonio Loyko*, Inciſore Osmianenſi, *Ignatio Urbanski*, Pincerna Zydaczowienſi, *Antonio Dylewski*, Caſtrorum Metatore Palatinatûs Smolenſcenſis, *Matthia Caſimiro Zborowski*, Laticzevienſi, *Franciſco Niemvski*, Drohicienſi, *Antonio Wiklinski*, Braclavienſi, Pocillatoribus; *Staniſlao Linczewski*, Vice-Palatino Biecenſi, *Auguſtino Dzialinski*, *Mattheo Nowowieyski*, *Kurdwanowski*, *Alexandro Konopnicki*, *Brzozowski*, Burgrabio Culmenſi, *Adamo Remiszewski*, *Ignatio Remiszewski*, Burgrabida Cracovienſi, *Gorecki*, *Rexin*, Vice-Colonellis in Exercitu Regni, *Staniſlao Dembowski*, *Antonio Bukowski*, *Staniſlao Opacki*, *Comite Cebrowski*, *Franciſco Hankiewicz*, Judice Vielicenſi, *Staniſlao Antonio Lopacki*, *Dominico Meglioruci*, *Paulo Soldadini*, *Joſepho Zaleski*, *Hiacyntho Zayferdt*, *Joanne Karli*, *Joanne Dzianoty*, *Ignatio Michaloski*, *Matthia Bartſch*, *Franciſco Soldadini*, *Carolo Turiani*, *Franciſco Szelegowski*, Conſulibus; *Staniſlao*, *Lopacki*, *Lazaro Deriakubowicz*, *Dominico Awedyk*, Pro-Conſulibus Urbis Noſtræ Cracovienſis, aliisque quàm plurimis Nobilibus, Officialibus, Nuntiis Terreſtribus & Secretariis Noſtris. ANNO 1736.

AUGUSTUS REX.

(L. S. R.)

Diploma ratione Evacuationis Exercituum Extraneorum &c.

AUGUSTUS III.

DEI *Gratiâ* REX POLONIÆ, *Magnus* DUX *Lithuaniæ*, *Ruſſiæ*, *Pruſſiæ*, *Maſoviæ*, *Samogitiæ*, *Kijoviæ*, *Volhyniæ*, *Podoliæ*, *Podlachiæ*, *Livoniæ*, *Smolenſciæ*. *Severiæ*, *Czerniechoviæque*; *Nec non Hæreditarius Dux Saxoniæ*, *Princeps & Elector*. *&c. &c.*

SIgnificamus Univerſis & Singulis, quorum intereſt: Quemadmodum jam repetitis vicibus, per Pacta Conventa jurejurando confirmata, per Diplomata anteriora, per Confirmationem Jurium & Privilegiorum Reipublicæ, in felici Noſtra Coronatione, & per alios Actus publicos, Ordines Regni Poloniæ, M. D. Lithuaniæ, Provinciarumque incorporatarum ſufficienter fecimus ſecuros, Nos poſtquam in Thronum Poloniæ, liberis liberæ Gentis evecti ſumus ſuffragiis, Fidem ſanctam Romano-Catholicam, Libertatem, Jura & Immunitates hujus Reipublicæ, quæ in libera Regum Electione nituntur, ſanctè eſſe conſervaturos, ita, quanquam dubitemus, an poſt tot Documenta, aliqua de ſinceris intentionibus Noſtris ſuperſit dubitatio, & ſiniſtra, de conſervatione Legum, Libertatis & Electionis liberæ perſuaſio; Interim tamen, ut Reipublicæ probemus, Noſtros ad Salutem Publicam directos, nunquam mutari nec deflecti poſſe Senſus, nihilque in corde Noſtro abſconditi, inclytæ Genti hujus Reipublicæ contrarii, reperiri; præſens Ordinibus Reipublicæ damus Diploma; ſcilicet Nos omnia Jura de libera Electione lata, avitam Libertatem & Immunitates Polonicas, exemplo Anteceſſorum Noſtrorum tenerrimè foturos, illaſque ſortiter eſſe manutenturos, cum nihil magis in votis habeamus, quam ut Rempublicam in firmiſſimis locemus fundamentis; Quam ob rem Comitia extraordinaria hic Varſaviæ ediximus habenda, ut in illis *Rempublicam* eo citius & efficacius, ſimul & indiſſolubiliter cum Ordinibus Regni, redderemus pacatam, illam ab omnibus oneribus & adverſitatibus liberaremus, ſecuritatem internam & externam firmaremus, illamque ex vinculis præſentium Confœderationum ſolutam, ad priſtinam Regiminis formam reduceremus. In quem finem, uti *toties quoties* omnibus Regiam Noſtram obtulimus Clementiam, ita & nunc, aperto & pleno affectionis paternæ animo, omnes Perſonæ Noſtræ illatas offenſiones, injurias & læſiones propter amorem Dei condonamus, illaſque æternæ oblivioni tradimus; nulli dubitantes, quin exemplo Noſtro Ordines Reipublicæ ducti, pretio ſolidæ pacis, ſublatis odiis reciprocis, omnes, tam ex ratione Belli, quam ex aliis occaſionibus, coortas diffidentias oblivione extinguant. Quod ut Conſtitutione caveatur, in futuris, Deo favente, Comitiis, curam Noſtram impendemus. Renovamus & in hoc aſſecurationes Noſtras, *Nos*, per efficaces inſtantias, apud Sereniſſimam *Autocratricem Ruſſiæ* evincturos, ut Ejus Exercitus ex Viſceribus Regni ſtatim quantocius egrediantur, & *ex nunc* præcepta pro eorundem abitu promulgentur. Noſtras vero Copias hæreditarias, quas hucuſque, durantibus præſentibus motibus, ad Cuſtodiam Corporis Noſtri retinere, neceſſitas Nobis impoſuit, ſtatim poſt Comitia deducemus. Interea, ſicuti per ultimum Noſtrum Reſultatum, hic Varſaviæ promulgatum, Ordines Reipublicæ de ceſſatione Commeatuum & exactionis eorundem, à Copiis Noſtris, aſſecuravimus, ita & nunc non parcendo propriis ſumtibus, quibus illas ſuſtentare decrevimus, idem confirmamus. Et cum ductu Paternæ Noſtræ Affectionis erga Ordines inclytæ Gentis, ita Noſtros

expro-

ANNO 1736. expromamus Sensus, Securitatemque Personæ Nostræ non in viribus Nostris, sed in filiali amore ponamus, speramus fore ut Status Reipublicæ, inclytorum suorum Antenatorum Exemplo, Majestatis Nostræ securitatem in futuris Comitiis provideant. Quod præsens Diploma, manu Nostra subscriptum, ut ob incendendum erga Nos in animis civium filialem amorem, & ob excitandum salvandæ patriæ desiderium, in Castra authenticè mittatur, Magnificis Cancellariis commisimus. Datum Varsaviæ die X. Mensis Aprilis, Anno Domini MDCCXXXVI. Regni vero Nostri III. Anno.

AUGUSTUS REX.

(L. S.)

Michael Suski, Regens Cancellariæ Regni.

Cautio Statuum Reipublicæ.

Status Reipublicæ, *quoad Dissidentes in Religione*, ad Constitutionem Anni 1717. & Convocationem Anni 1733. se referunt: nec minus sibi cavent, ne Exercitus Saxonici, *sub ullo prætextu*, etiam necessitatis Reipublicæ, fines Regni Poloniæ & M.D. L. ingrediantur, similiter ac, *ne Personæ Plebejæ & Ignobiles, sub ullo titulo*, Bona Regalia recipiant, tum quoque ut Tractatus cum Exteris renovandi & concludendi solummodo in *plenis Ordinibus*, robur suum nanciscantur.

Pacificatio Statuum Reipublicæ.

Quemadmodum ad generalem Reipublicæ Pacificationem, mutua factarum in hac Republica injuriarum, damnorum & læsionum pertinet Venia, ita referendo nos ad antiquiores Constitutiones *in simili necessitate publica indispensabili*, usitatas, de Consensu omnium Ordinum utriusque Gentis, *Amnestiam, tàm in civilibus, quàm in militaribus, salvis Privatorum injuriis*, hoc concedimus modo: Ut omnia Palatinatuum, Terrarum & Districtuum Constituta, Lauda Mareschalcorum, Ductorum Palatinatuum & Consiliariorum Sancita & Dispositiones in suis, pro præterito Palatinatibus, factæ, pariter ac Dispositiones *Æmuli tum temporis Throni*, nec minus supremæ potestatis super Exercitus Computi, utriusque Gentis & partis Dispositiones & quicquid *Jure Belli*, in Præliis, Procurationibus & Transitibus, aut in quibuscunque Conflictionibus Copiarum, tam ad Computum pertinentium, quam & noviter conductarum & in expeditionibus bellicis utriusque Gentis, cum quavis & cujusvis injuria & damno evenit, æternæ tradantur oblivioni.

Rapinæ verò omnes, Invasiones, Sanguinis innocentis, *non jure Belli*, Effusiones, Latrocinia in viis, Exustiones Bonorum & Domuum, & alii excessus commissi, ad præsentem Amnestiam pertinere non debent.

Sub hanc quoque *Amnestiam* cadere non poterunt, injuriæ ab Exercitu Russico vel Saxonico, per Subordinationem (*sive per Subornationem*) cujuscunque factæ, hoc præcauto, ut ille, qui alterum hujus abhinc accusaverit, neque tamen præfatorum Exercituum Subordinationem, (*sive Subornationem*,) *in Scripto vel per Inquisitionem ex testibus fide dignis, demonstraverit, pœna talionis puniatur.*

Quæ quidem injuriæ *in Foro competenti*, in Tribunalibus autem Regni & M. D. L. *ex quolibet Regestro vindicandæ relinquuntur.*

Sententias condemnatorias & Decreta singula in contumaciam, *tàm in civilibus, quàm in militaribus*, lata, de his, qui eo tempore cum Condemnationes & Decreta contra illos pronunciarentur, *in opere Belli, vel extra fines, versati sunt, Auctoritate præsentium Pacificationis Comitiorum tollimus*, ita tamen, ut illud legitimis comprobent Documentis; Illi verò, qui tunc, cum Condemnationes & Decreta in Contumaciam adversus illos obtinebantur, intra fines Reipublicæ commorati sunt, *legitimum impedimentum obstans*, cur in judicio comparere non potuerint, præviô evincant Juramento.

Productio autem legitimorum Documentorum Juramentumque coram Judicio vel Officio, in eodem Foro, ubi Sententiæ vel Decreta in Contumaciam impetrata sunt, fieri debet.

Hæc autem *Amnestia*, ab *Actu Electionis Nostræ, usque ad Actum præsentium Comitiorum Pacificationis proderit*, quam pro ultima & nunquam practicanda vice concedi cavemus, rigoremque simul contra Turbatores pacis publicæ, in antiquis Legibus expressum, reassumimus. ANNO 1736.

De Expeditione Generali Bellica & Lustratione Nobilitatis.

Prospiciendo in omnes Casus Securitati Reipublicæ, Expeditionem Generalem Nobilitatis, (*alias Pospolite Ruszenie*) usque ad futura, DEO dante, Comitia, in manibus Nostris relinquimus, & ratione illius antiquas Constitutiones in omnibus punctis reassumimus.

Ut autem Ordo Equestris eo melius Se ad operas bellicas ratione equorum & armaturarum aptet, Lustrationes, (alias *Okazowania*,) antiquis Legibus præscriptas, decernimus, idemque de M. D. L. sine divisione Belli, constituimus.

Modificatio Constitutionis Grodnensis.
Titulo.

Delegatio ad Beatissimum Patrem Sedis Apostolicæ.

Cum felices Regni Regiminisque Nostri Successus ex Paterna Summi Ecclesiæ Pastoris speremus Benedictione; in majus Nostræ filialis observantiæ, erga *Sanctam Sedem Apostolicam*, Documentum *Constitutionem Grodnensem Anni* 1726 de qua *Sancta Sedes conqueritur*, ad sequentes Terminos reducimus: scilicet Magnifico *Joanni Tarlo*, Palatino Sendomiriensi, vigore præfatæ Constitutionis, ad Beatissimum Patrem Delegato denominato, committimus, ut cum Reverendissimo in DEO P. *Nuntio*, de prætensionibus, *Jura Majestatis & Reipublicæ, nec non Patronatus* concernentibus, agat, nulli dubitantes, quin Beatissimus Pater, in Nostris & Reipublicæ justis Desideriis, paternam Suam præstet facilitatem.

Alias autem Expressiones in eadem Constitutione Grodnensi exstantes, & *gradus Executionis*, tollimus, non *derogando antiquis Juribus & Statutis, de manutentione Juris Patronatus Nostri*, sancitis.

In præsens verò *ex particulari gratia Nostra Regia*, Reverendos P. *Abbates, Auctoritate Sanctæ Sedis Apostolicæ locatos, approbamus.*

Testificatio bonæ Amicitiæ Potentiis Vicinis & Reassumtio Conferentiarum.

Cum Reipublicæ multum intersit, ut cum finitimis Potentiis, bonam amicitiam vicinalem illæse servet, *Serenissimo Imperatori Christiano, Serenissimæ Czareæ Majestati, Portæ Ottomannicæ, & aliis Potentiis*, constantem servandæ immutabilis amicitiæ Vicinæ Voluntatem declarat, simulque auctoritate præsentium Comitiorum, Reverendis in DEO, Magnificis & Generosis, per Sancitum Comitiorum, Anni 1726. ad Conferentias cum Ministris Extraneis, signanter vero cum *Ministro Plenipotentiario Serenissimæ Czareæ Majestatis*, Commissariis designatis committit, ut intra spatium præsentium & proxime sequentium Comitiorum, de omnibus tam antiquioribus, quam & recentioribus Circumstantiis agant, Puncta autem deliberata & conventa approbationi tunc temporis Reipublicæ submittant.

Dotalitium Serenissimæ Reginæ.

Dotalitium, communi Statuum Regni & M. D. L. Consensu, *Serenissimæ Reginæ, dilectissimæ Conjugi Nostræ, juxta Præscriptum Pactorum Conventorum*, tale, quale Serenissimæ Reginæ Poloniæ, *Ludovica, Eleonora & Maria*, habuerunt, hoc est, *centum millia florenorum Polonicorum* ratione *Dotis*, & ratione *Dotalitii* (*sive Reformationis*) *alia centum millia florenorum Polonicorum*, pro reditu annuo, *auctoritate præsentis Conventus*, constituimus, & Bona in Regno & M.D.L. ex primis Vacantibus, hoc est: Duos Capitaneatus præcipuos in Regno & M.D.L. ut illis hoc *Dotalitium* inscribi, atque ita fixum locum suum habere possit, designabimus, & *una cum juribus Patronatus* applicabimus.

Administrationes autem omnium horum Bonorum,

(in

Anno 1736.

(in quibus *Exoticus* miles locari non debet) Provinciarum harum *Indigenis*, *Nobilibus*, & *bene Possessionatis*, conferentur, sine omni præpedimento Jurisdictionis Judicialis *Quarta* vero ex iisdem Bonis, Reformatione non obstante, ad Urbem Ravam, & in M.D.L. *Donativum*, ad Thesaurum conferetur, similiter ac alia onera Reipublicæ more consueto.

Donum Nuptiale Serenissimæ Reginæ, ex Salisfodinis *Bochniensibus* & *Vielicensibus*, scilicet, *Duo millia Aureorum Hungaricorum* quotannis assignamus, assecurantes, *Successores Serenissimæ Reginæ, ratione hujus Reformatorii Juris*, possessionem ullam horum bonorum sibi non vindicaturos nec illam adire valituros; neque Respublicam obstrictum iri, Summas præfatam, sive *Serenissima Regina vivente*, sive post *fera Ejusdem fata*, cuiquam numerare; Sed *Serenissimam Reginam, his Tenutis, tam diu esse fruituram, quam diu Regina Poloniæ audiet.*

De Prærogativis Primatis.

Conservando *Dignitatem Primatialem, circa suas Prærogativas*, singulas Constitutiones, *in rem Dignitatis Primatialis*, sancitas signanter vero: *Privilegium Casimiriense de Anno* 1457. *Constitutiones Annorum* 1550. 1607. *reassumimus*, & ne aliquis alius, sed solus Reverendissimus in DEO P. Primas, Reges Poloniæ nominare & coronare audeat, auctoritate Comitiorum præsentium cavemus, simulque hoc punctum *Dignitatis Primatialis, ad antiquam formam Legibus descriptam*, reducimus. *Locum* autem *Electionis*, intra *Wolam* & *Varsaviam*, & non alium, in perpetuum habere volumus, & constituimus.

Thesaurus Regni.

Quoniam Magnificus *Joannes Cantius Moszynski*, Supremus Regni Thesaurarius, ex singulari erga Patriam, & quicquid commodis ejus inservire potest, amore, hanc ipsi testatur propensionem, se quicquid Telonia Reipublicæ, Depositoria Vinorum, & alii Proventus in Summis pecuniariis importabunt & efficient, ad necessitates & usus publicos justè & plenariè esse redditurum; Respublica, remunerando ejus candidam benevolentiam, eidem Magnifico Regni Thesaurario Supremo, *centum & viginti millia* florenorum Polonicorum, præter Pensiones consuetas Officialium Thesauri, quotannis designat & determinat, præsentique Lege reciproce constituit, ut *Superintendentes* vel Administratores Teloniorum & Repositoriorum (*Vectigalium*) Reipublicæ, Nobiles & bene Possessionati, quotannis omnes Cameras visitent, singulisque annis coram Tribunali Thesauri *Radomiensi*, Secunda die Lunæ, post inchoationem Tribunalis, *in præsentia* Magnifici Regni Thesaurarii Supremi, *vel ejus officii*, Juramentum juxta Rotham hic insertam eum in finem præstent, ne idem Magnificus Thesaurarius obstaculum pro obtinenda Apocha, quæ jam his Juramentis evincitur, inveniat.

Ego N. Juro Deo Omnipotenti in Sacrosancta Trinitate Uni, quod satisfaciendo muneri Superintenduræ meæ, omnes Scribas in Provincia mihi commissa existentes, diligenter observaverim, ut omnes merces illarumque Species fideliter recognoscerent, ne cui parcerent, neque quempiam depactarent (sive plus justo exigerent) ibi verò, ubi ipse Revisioni adfui, eandem fideliter expediverim, nullum Rerum aut Personarum respectum habuerim, neque aliquid in meum commodum, sive *pro Apochis*, sive *pro Vialibus*, ullo prætextu, acceperim, omnem pecuniam, quam ex Teloniorum Cameris tam Aquaticis, quam Terrestribus, vel ex Repositoriis (Vectigalibus) Vinariis juxta Præscriptum Libri Taxæ Thesaurariæ, *vulgo Instruktarz Skarbowy*, & ex Confiscationibus, secundum antiquam praxin receperim, nihil subducendo, neque retinendo, Juxta Apochas Magnifici Regni Thesaurarii Supremi, in Thesaurum Regni fideliter ac juste importaverim, nec quidquam in proprium commodum, excepto consueto Salario, converterim, neque unum Grossum Polonicum subtraxerim, sic me Deus adjuvet & innocens ejus Passio.

De Vectigalibus Particularibus tollendis.

Quum *Constitutio Anni* 1726. omnia Vectigalia & Portoria, exceptis iis, ubi sumtus notabiles in emendationem Viarum, & Pontium, impenduntur, abrogaverit, Possessoresque variorum bonorum, hanc Constitutionem abusive interpretentur, unde Thesaurus Reipublicæ insigne capit detrimentum, auctoritate præsentium Comitiorum, Portoria & Vectigalia particularia generaliter omnia abrogamus, exceptis iis, quæ antiquis Antecessorum Nostrorum Privilegiis, *ante Constitutiones*, de Teloniis particularibus concessis, muniuntur; tum quoque exceptis Vectigalibus in iis locis, ubi fossæ & pontes, quibus carere impossibile est, notabilem requirunt reparationem, quo casu Possessores Grosso uno Polonico, pro equo vel pro bove contenti esse debent.

Anno 1736.

Libertationes, quæ cum magno Thesauri detrimento in antecessum concedebantur, abhinc tollimus, protectionemque Mercatoribus & Judæis dari, nemine excepto, prohibemus, illis vero, qui præsenti Constituto adversantur, Forum Tribunalis *Radomiensis* assignamus, ut Delinquentes pœna Sessionis Turris, per dimidium annum & mulcta pecuniaria afficiat. Quapropter Magnifico Thesaurario Regni Supremo committimus, ut hos, qui sibi Vectigalia & Portoria ejusmodi attribuunt, via juris prosequatur; In quem finem Magnificus Dux Generalis Exercitus Regni, ad requisitionem Magnifici Thesaurarii Regni Supremi, milites, *ad tuitionem & observantiam præsentis Sanciti*, in perpetuam Assistentiam Thesauri Regni, & Defensionem ab omnibus Injuriis & Protectionibus, dare tenebitur; Hæc autem Ordinum Reipublicæ, respectu Thesauri Regni, Dispositio, eo usque saltem durabit, quousque Magnificus in præsens Thesaurarius Regni Supremus, Ministerio Thesaurariatus Regni, fungetur.

Tribunal Thesauri.

Reassumendo *Constitutiones Annorum* 1717. & 1726. *de Tribunalibus Thesauri*. Exercitumque Regni, circa exactam Stipendiorum Solutionem, in obsequio & *Disciplina militari conservaturi*, intra tempus præsentium, & futurorum Comitiorum, finiendorum, hoc Tribunal, singulis annis, per sex hebdomades, in Urbe *Radom* semel exercendum assignamus, primæque *Cadentiæ*, diem *primum Lunæ, post Festum Sancti Stanislai Episcopi, Anni futuri* 1737., similiter ac cæteris *Cadentiis* eundem diem Lunæ præfigimus.

Ad quod Tribunal, *ex Senatu*, admodum Reverendum in DEO P. *Joannem Lipski*, Episcopum Cracoviensem, Magnificosque *Michaëlem Potocki*, Palatinum Volhyniæ, *Adamum Tarlo*, Palatinum Lublinensem, *Nicolaum Podoski*, Palatinum Plocensem, *Joannem Czapski*, Palatinum Culmensem, *Jacobum Narzymski*, Palatinum *Czerniechoviensem*, *Matthæum Kozminski*, Castellanum Posnaniensem, *Matthæum Mycielski*, Castellanum Calissiensem, *Franciscum Moszczynski*, Castellanum Brestensem Cujaviensem, *Casimirum Stecki*, Castellanum Kijoviensem, *Casimirum Rudzinski*, Castellanum Czerscensem; & Generosos, *Michaëlem Konarski*, Castellanum Wislicensem, *Nicolaum Soltyk*, Castellanum Przemysliensem, denominamus Commissarios. *Quibus singulis præsentibus*, Magnificus Thesaurarius Regni Supremus, *distinctim Tria millia florenorum Polonicorum* quotannis solvet, *absentium vero Contingens, in emolumentum Reipublicæ*, in Thesauro relinquet; *ex Equestri vero* Ordine, hos, quos Palatinatus & Terræ juxta Jura & consuetudinem à se *salariandos* eligent, designamus Commissarios.

Qui admodum Reverendus in DEO, similiter ac Magnifici & Generosi Commissarii, in assistentia Thesaurarii Regni Supremi, aut *Officii ipsius*, prævio, coram Judicio Terrestri Sendomiriensi, aut vacante hoc Judicio, coram Judicio & Castro Radomiensi, ad tenorem *Rothæ Tribunaliriæ*, juxta *Constitutionem Tribunalis Thesauri* de Anno 1685. (omittendo Verba, *jakom sie o to nie staral*) Juramentô, *Mareschalcum è medio Sui, sive ex Senatorio, sive ex Equestri Ordine, eligent*, Alternationem (quæ à minori Polonia incipiet,) scilicet, ut una vice Mareschalcus ex minori Polonia, secunda autem vice, ex majori Polonia eligatur, (id quod etiam de Alternatione ratione Calami, per Regentes, intelligendum est,) conservabunt, & post fundatam Jurisdictionem, Constitutiones supra dictas, & quidquid, ad Solutionem regularem Stipendiorum Exercitus Regni, & ad Justitiam, illis, qui injuriam ab Exercitu perpessi sunt, præstandam, spectat, plenariè conservare, exequi & ad bonum ordinem reducere, tenebuntur.

Insuper idem Tribunal, *Liquidationes Contributionum omnium*, in Comitiis præteritis & in Magno Consilio Varsaviensi, (*Walna Rada Warszawska* dicto,) per Palatinatus & Terras vero in Comitiolis

san-

ANNO 1736.

ſancitarum, ſignanter Vectigal de Molendinis, Ordine in hoc Conſilio Varſavienſi præſcripto, examinabit, (*præviaque Magnificorum & Generoſorum Commiſſariorum reali informatione, & Exactorum,* (vulgo *Poborcowie, juxta antiquam Praxin, delatione,*) iiſdem Exactoribus exſolutionem Tributorum injunget, *demandata etiam forti Executione, contra Exactores antiquos*, vel eorum Succeſſores, & hos omnes, qui pecunias publicas a Palatinatibus, Terris, & Diſtrictibus, ſancitas, ſub quocunque prætextu, averterunt & retinuerunt.

Singuli autem Exactores, ſine quavis citatione, in prima *Cadentia*, comparere, & ad Inſcriptiones (denunciationes) Generoſi Inſtigatoris vel Vice-Inſtigatoris Regni, per Palatinatus & Diſtrictus factas, cauſam dicere & reſpondere tenebuntur.

Idem Tribunal Theſauri, omnia *Sancita* in Conſtitutionibus Annorum 1717. & 1726. ſibi præſcripta, exequetur.

Liquidationes vero *Cohortium, Legionum,* (*vulgo Regimentorum,*) cum Subſcriptionibus & Luſtrationibus, per Generoſos Commiſſarios, in Stationibus, diligentiſſime expeditis, ad avertendam omnem, ratione numeri completi, Defraudationem, conferri debent.

Quapropter, Generoſus Commiſſarius, vel Commiſſarii, reſpectu Luſtrationum, *juxta Præſcriptum Anni 1717. expreſſum*, in omnibus ſe geret, & ſe gerere tenebuntur.

Collatio vero exhibitorum, in Tribunali Theſauri, à Deputatis Exercitus, utriuſque auctoramenti, *Regeſtrorum*, in *Stuba*, (ſive *Conclavi*) Judicii, in præſentia Magnificorum & Generoſorum Commiſſariorum, & Notarii Theſauri, fieri, Juramentumque, *juxta Rotham, per Judicium componendum*, penes *menſulam Officii*, per Deputatos duos, de Cohortibus Polonicis, & per Officiales duos Legionum, (vulgo *Regimentorum,*) præſtari debet.

Et ſi ex aliquo Palatinatu, propter rupta Comitiola Oeconomica, Commiſſarius non adeſſet, primus Senator vel Officialis hujus Regni, præſens, Luſtrationem & Inquiſitionem expedire, illamque ad Tribunal remittere tenebitur.

Idem Tribunal, materiis, tenore juris, & Legis novellæ, ſibi ad exequendum non commiſſis, ſe non ingeret, neque Declarationes, quæ fundamento expreſſarum Conſtitutionum haud nituntur, ſcribet, & promulgabit, nec ullas impoſitiones, tam in Theſaurum, quam in Palatinatus, nec in quempiam alium, ſub nullitate attentatorum, conſtituet.

Præveniendo ergo, ne Theſaurus Regni, a Conclavi Judicii impoſitionibus arbitrariis oneretur, Magnificum Theſaurarium Regni Supremum, rigore Legis præſentis, obſtringimus, ut juxta *Conſtitutionem Anni 1726. Viginti millia florenorum Polonicorum*, ex Theſauro Regni ſingulis annis, ſolvat.

De quibus pecuniis, ſingulis Commiſſariis Exercitus, *Tria millia florenorum* Polonicorum, quotannis numerabuntur. Reſidua vero undecim millia florenorum Polonicorum, partim Deputatis Cohortum & Regimentorum, eorumque Directori, partim vero aliis Perſonis in obſequio Tribunalis Theſauri permanentibus, deſtinantur.

Et quoniam Conclave Tribunalis Theſauri, ſolita praxi, ſine expenſis eſſe non poteſt, Magnificus Regni Theſaurarius Supremus, illarum gratiâ, *Quindecim millia florenorum Polonicorum*, in Calculo publico acceptanda, ad Diſpoſitionem admodum reverendi, in DEO, Magnifici, aut Generoſi, tunc temporis Præſidentis, & Mareſchalci, quotannis ſolvet, de qua Summa, Generoſo Inſtigatori, ſive Vice-Inſtigatori Regni, (ſcilicet huic, qui ab inchoatione Tribunalis, uſque ad finem, præſens erit) mille quingentos florenos Polonicos aſſignamus: Quadringenti vero floreni Polonici Quatuor Inſtigatoribus, ad Inſtantiam admodum reverendi, in DEO, Præſidis, & Magnifici, vel Generoſi Mareſchalci, numerabuntur.

Milites utriuſque Auctoramenti, ab Officialibus, ſive Præfectis ſuis injuriam paſſi, juxta *Conſtitutionem Anni 1717. de Tribunali Theſauri*, ſancitam, peculiare ſuum habebunt Regeſtrum.

De Clenodiis, ſive Lapidibus Reipublicæ precioſis.

Reaſſumentes Conſtitutiones antiquas de *Clenodiis* Reipublicæ & *Archivis* Regni, ad Devectionem eorundem & Depoſitionem in Arce Cracovienſi, una cum Magnifico Theſaurario Regni Supremo, & circa præſentiam Reverendi Cuſtodis Coronæ, deputamus, *ex Senatu*: Admodum reverendum in Deo P. *Joannem Lipski*, Epiſcopum Cracovienſem, Magnificum & Generoſum, *Caſimirum Lubienski*, Caſtellanum Sendomirienſem, *Staniſlaum de Lochocino Lochocki*, Caſtellanum Dobrzynenſem, Capitaneum Oſiecenſem. *Ex Equeſtri Ordine, ex minori Polonia*: Generoſos, *Adamum Malachowski*, Capitaneum Oſwiecimenſem, *Staniſlaum Swidzinski*, Capitaneum Noſtrum Radomienſem, ... *Michalowski*, Vexilliferum Cracovienſem, *Branicki*, Vexilliferum Halicienſem, *Caſimirum Boreyko*, Venatorem Leopolienſem, *Joannem Wolski*, Notarium Caſtrenſem Chencinſcenſem, Secretarium Noſtrum. *Ex majori Polonia*, Generoſos, *Felicianum Grabski*, Succamerarium Lencicienſem, *Nicolaum Chlebowski*, Capitaneum Noſtrum Livienſem, *Melchiorem Gurowski*, Vexilliferum Caliſſienſem, *Joſephum Podoski*, Capitaneum Dobrzynenſem, *Joſephum* Comitem de *Oſtrorog*, *Valerianum Kicinski*, Supremum Notarium Theſauri, Secretarium Noſtrum. *Ex Magno Ducatu Lithuaniæ*, Generoſos, *Antonium Dunin*, Regentem Cancellariæ majoris M. D. L. *Michaelem Mauritium Suski*, Regentem minoris Cancellariæ Regni, Capitaneum Noſtrum Lidzſcenſem, *Caſimirum Ukolski*, Tivunum & Vice-Palatinum Trocenſem, *Caſimirum Nieſiolowski*, Capitaneum Cyrynenſem, *Nicolaum Skarbek Wazynski*, Præfectum Stabuli Vilnenſem.

Hi ergo Deputati, captato opportuno tempore, præfata Clenodia, ſumtu Reipublicæ, in aſſiſtentia militum, a Generali Exercitus Duce, ad hunc actum mittendorum, *Cracoviam* devehent, ad normam antiquorum Inventariorum authenticorum conſignabunt: Defectus illorum, ſi qui apparerent, per quem, & quando facti ſunt, annotabunt, propriiſque manibus, ut in futuris Comitiis, Reſpublica de illis certior fiat, ſubſcribent, *Clenodia* in locum Legibus præſcriptum deponent, & arcæ, quæ bene obſerari poteſt, in præſentia horum, quibus hoc de Jure competit, una cum Inventario, includent, & obſignabunt.

Et quoniam *Arx Cracovienſis* & *Fortalitium ejus*, Domicilia Regum & Reipublicæ, omni deſtituuntur defenſione, Proventuſque Capitaneatus ita ſunt exigui, ut ex illis Generoſus *z Wielopolskich, Myszkowski*, Marchio Pinczovienſis, Stabuli Regni Præfectus, & Capitaneus Noſter Cracovienſis, Sumtus ad præſidium neceſſarios procurare non valeat; ad *Præſidium Arcis*, pro Cuſtodia Clenodiorum, Reipublicæ & Fortalitii, centum Portiones deſtinamus & adſignamus, pro quibus Theſaurus Regni, quotannis, *viginti millia* florenorum Polonicorum (quæ in publico Calculo acceptabuntur) ſolvet.

Agrarias vero Portiones, ſive ex *Lanis vel Manſis*, ad præſidium hujus arcis deſtinatas, Reſpublica ad augendam Agrariam Legionem (*aliâs Regiment Lanowy*,) remittit & aſſignat: Milites autem Præſidii, in præſentia Commiſſarii Palatinatus Cracovienſis, ad Tribunal Theſauri electi, quotannis luſtrabuntur.

Civitatem *Cracovienſem*, circa omnia *Jura*, *Privilegia & Immunitates*, conſervamus, ſimulque pro Securitate ejus *Statutum Thorunienſe & Conſtitutiones, de Evocatione Civium*, reaſſumentes, conſtituimus: ut contra *exceſſivos intra mœnia, compoſitum Judicium vigorem ſuum & executionem habeat.*

In Supplementum vero Capitationis (*Poglowne*) Theſaurus Regni annuatim, uſque ad futura Comitia, *octo millia* florenorum Polonicorum, incipiendo ab Anno 1735. præfatæ Civitati, hac tamen Conditione ſolvet, ut Straturas platearum recte reparari curet.

Civitati quoque *Elbingenſi* in levationem Contributionis, quam pro Territorio, in externis manibus exiſtente, ſolvit, quotannis *octo millia florenorum Polonicorum*, ſimiliter ab Anno 1735. ex Theſauro Regni ſolvendorum, uſque ad futura Comitia, aſſignamus.

Curlandia.

Commiſſionem Curlandicam, cujus operoſus & laudabilis in Rem Boni Publici Actus, inextinctam apud Nos & Rempublicam promeruit gratitudinem, in omni, quicquid in rem conſervandi Juris Noſtri Regii & Reipublicæ, ſimiliter ac unionis nunquam dividendæ cum corpore Reipublicæ hujus Provinciæ, effecit,

fecit, confirmantes hujus Ducatus *omnia Jura, Privilegia & Libertates*, approbamus.

Maturâ autem deliberatione perpendentes, novam ordinationem per hanc Commiſſionem concertatam, & ad approbandum exhibitam, multis ex cauſis, ſimiliter ac ex circumſtantia inoneratorum Proventuum Menſæ Ducalis, Nobis & Reipublicæ non majus, quam ſub Regimine Ducum, emolumentum eſſe allaturam; tum quoque ad inſtantes & ſupplices Nobilitatis Curlandiæ preces, ut in futurum quoque tempus, ſub Regimine Ducis, juxta *Pacta Subjectionis & formulam Regiminis* maneat, reſpicientes, providentesque, ut *à Principe Feudatario* & *obſtricto Vaſallatui Noſtro, Subſidia militum ſubminiſtrentur*, neque minus, ut inveſtiendus a Nobis Dux, *onerata Bona Menſæ Ducalis*, in emolumentum & rem Feudi redimat, & liberet, hanc ex Sententia omnium Statuum ratione hujus Provinciæ conſtituimus ordinationem: quod, *poſt moderni Principis Ferdinandi (quem ad vitæ tempora, circa Feudum & jura ejusdem, conſervamus) & per illum, Stirpis Ketlerianæ deceſſum, ALII, cum Succeſſoribus ejus maſculis, de lumbis procedentibus, inveſtituram Ducatus Curlandiæ, Diplomate Noſtro, juxta practicatum in ſimili* modum, conferemus.

Ut verò hoc non ſolum cum pleno Reipublicæ commodo, ſed etiam cum ſolidiſſima conſervatione Unionis hujus Ducatus cum Republica fiat, ad formandas huic Principi, (quem inveſtiemus,) Conditiones, præfatam Commiſſionem 1727. ad eum actum prorogamus, illique auctoritatem tribuimus.

Bona Leszno & alia.

Ut generali Ditionum harum pacificatione jam peracta, ſuas quisque adire valeat proprietates, Commiſſionem ad Bona *Leszczynskiana, cum omnibus attinentiis*, uti antea fuerunt, *ſive illa Hæreditario, ſive Uxorio ſubjaceant Juri*, vigore præſentium Comitiorum conſtituimus, Commiſſariosque, & quidem *ex Senatu*: Admodum Reverendum in DEO P. *Joannem Lipski*, Epiſcopum Cracovienſem, Magnificum *Joannem Czapski*, Palatinum Culmenſem, & Generoſum *Caſparum Modlibowski*, Caſtellanum Miedzyrzecenſem. *Ex Equeſtri autem Ordine*: Generoſos, *Antonium Lodzia Poninski*, Referendarium Regni, Capitaneum Noſtrum Petricovienſem, *Michaëlem Mauritium Suski*, Regentem Cancellariæ Regni, *Matthæum Szymanowski*, Capitaneum Noſtrum Wyszogrodenſem, *Staniſlaum Sokolowski*, Vexilliferum Inowroclavienſem, *Joannem Chryſoſtomum Radojewski*, Vexilliferum Bydgoſtenſem, *Joſephum Podoski*, Capitaneum Dobrzynenſem, deſignamus, qui *die decima quinta Menſis Septembris, anni præſentis*, in Urbe *Leszno* congreſſi, Juriſdictionem ſuam Commiſſariaticam fundabunt, & *ad Comparitionem Plenipotentiariorum, vigore Plenipotentiæ à Sereniſſimo Hærede* datæ, Commiſſionem expedient.

In qua Commiſſione, omnes ad præfata Bona, *Jura & Prætenſiones habentes, cum Juribus ſuis comparere, & Judicatum pati debent, ſub ſuccubitione Jurium ſuorum: & nonnullorum Creditorum contumaciâ & abſentiâ, cum Juribus ſuis diſparentium nonobſtante: Salvis Juribus Uxoriis, Juribus Hæredum, Creditorum, Privilegiis Regum in perpetuum: Salvis Decretis Tribunalitiis, & eorundem cognitione, uti opus fuerint, eidem Commiſſioni præcommiſſa, atque poteſtate limitandi, eidem Commiſſioni conceſſa, præciſaque omni Appellatione.*

Commiſſio ad formandam Augmentationem Exercitus.

Commiſſionem ad formandam *augmentationem* Exercitus, præſenti Lege decernimus, de qua, ut effectum ſuum & ſolidum habeat Conſtitutum, Palatinatus, Terras & Diſtrictus, in futuris Comitiolis Relationum per Univerſalia Noſtra, in quibus Terminum Comitiolis ad eligendos Commiſſarios hujus Commiſſionis præfigemus, reddemus certiores.

In iſtis vero *Comitiolis Relationum*, Palatinatus, *Commiſſioni*, modos, qui ipſis placent, vel facillimi & certiſſimi videntur, indicabunt.

Quapropter Terminum huic Commiſſioni Varſaviæ habendæ, poſt ſex hebdomades, elapſis Comitiolis Relationum, ut *aliquid poſitivi, indubitati & fundamentalis*, conſtituere valeat, aſſignamus.

Cuilibet autem liberum erit, in *Comitiolis Relationum*, Palatinatibus, de modis, qui ipſi probantur, certæ & infallibilis Contributionis, indicium facere, eum in finem, ut Commiſſio, intra Terminum præfixum, a Palatinatibus, Terris & Diſtrictibus plenarie ſufficienterque de Diſpoſitionibus doceatur, & juxta informationem, media augendi Exercitus, a Republica in primis Comitiis conſummatis approbanda, adinveniat, hoc præcauto, ne illa, *ſi Gabellæ Cauponariæ, & Contributioni ſolidorum Polonicorum (vulgo Czopowe y Szelenzne)* Palatinatuum, Terrarum & Diſtrictuum, multoque minus Contributionibus bonis Terreſtribus imponendis, neque materiæ *Coæquationis*, quam alii Palatinatus prætendunt, alii vero denegant, ingerat; Huic autem Commiſſioni apud Senatum & Miniſtros Status præſentes, Reverendiſſimus in DEO Princeps, Dominus Primas, præſidebit.

Ex Ordine Equeſtri autem Palatinatus, Terræ & Diſtrictus, qui *Comitiola* ſua *Commiſſariatica* habent, tot Commiſſarios, quot ad Tribunal Radomienſe denominare ſolent, eligent.

Propugnaculo Camenteco & Foſſis, ſive Fortalitio Sacro Sanctæ Trinitatis, Reparatio proſpicitur.

Reparationi Propugnaculi *Cameneci*, in Podolia, *Foſſarumque Sacro Sanctæ Trinitatis*, propter meliorem, quam nunc habent, Defenſionem, ſicut tenore Pactorum Conventorum promiſimus, Sumtus ex Theſauro Noſtro proprio impendemus.

De Proviſione admodum Reverendo, & Magnificis Cancellariis Regni & Magni Ducatus Lithuaniæ, promiſſâ.

Reſpicientes non tantum Deſolationem Epiſcopatus *Luceorienſis*, quem propter obſervantiam Legis, de *incompatibilibus*, admodum Reverendo *Andreæ Zaluscio*, Supremo Regni Cancellario, locô Epiſcopatus *Plocenſis*, una cum Sigillo contulimus, ſed etiam Sumtuum & Expenſarum notabilium perpetuarumque hujus Muneris, à quo Auctoritas noſtra omniumque Immunitatum Cuſtodia dependet, rationem habentes, eidem de Conſenſu omnium Ordinum Abbatias, & Præpoſituras, *ex primis Vacantibus, in Subſidium exiguorum Proventuum*, providere promittimus, non derogando quicquam antiquo *Juri ſub Titulo, de Cancellariis*. Ad ſimiles, *ex primis Vacantibus reſpectus Noſtros*, intuitu laborum & ſumtuum ad latus Noſtrum, impenſorum, Magnificum *Joannem in Kodno, Sapieham*, Supremum Magni Ducatus Lithuaniæ Cancellarium, admittere, pollicemur: interea autem uſque dum occaſio Nobis obvenerit, omnes fundos ad ipſum pertinentes, una cum Palatio in nova Urbe Varſavienſi, à variis perſonis, acquiſitos, *Juri Terreſtri ejuſque Legibus & Immunitatibus*, æque ac Bona præfati Magnifici Cancellarii M. D. L. Supremi, & Succeſſorum ejus, de Conſenſu omnium Statuum, de hinc in perpetuum incorporamus.

Et quoniam Magnificus *Malachowski*, Regni Pro-Cancellarius, continuos circa Bonum publicum, cum detrimento propriæ fortunæ, ſuſcipit labores, ad inſtantiam Generoſorum Deputatorum, ad *prima Vacantia Panis bene meritorum*, primum ipſum futurum declaramus.

Laudabiles quoque *in publicum*, *labores* Magnifici Principis *Czartoryiski*, Pro-Cancellarii Magni Ducatus Lithuaniæ, data occaſione, remunerari promittimus.

De Ordine conſultandi in Comitiis.

Et quoniam juxta *Conſtitutionem* 1673. Pacificatio interna, libertas ſentiendi, & jus vetandi, per Legem ſunt conſervata, Lex vero *Anni* 1690. eſt explicita, ut primo die Comitiorum Mareſchalcus Nuntiorum Terreſtrium eligatur; Nuntii Terreſtres ad Comitia congreſſi, primo ſtatim die, nullas alias tractantes materias, ad *Electionem Mareſchalci* progredi, di, & ordinem Constitutionis in toto observare, tenebuntur.

De Officiis Terrestribus.

Cum *summam partem gloriæ*, inde Nobis provenire, existimemus, quod multi in his Ditionibus a Deo Regimini Nostro concreditis, præstantissimi, ad negotia Reipublicæ tractanda, & ad Servitia Nobis & Patriæ præstanda, capaces reperiantur viri, hancque ob Causam Thesaurum Honorum, ad illos condecorandos, cupiamus habere copiosiorem, *Officia* terrestria, Districtibus *Visliensi*, *Pilzniensensi*, *Opoczynensi* & *Chencinscensi* (*exceptis Electivis*) ad instantiam Generosorum Nuntiorum Palatinatus *Sendomiriensis*, more & praxi aliarum Terrarum, & Districtuum, impertimur, & decernimus, illorumque gratiâ, Privilegia ex Cancellariis Nostris, ejusdem Palatinatus *Sendomiriensis*, *possessionatis*, expediri jubemus.

Ordinem autem illorum juxta Districtus, secundum quos Præcedentia esse debet, designamus sequentem: Vexillifer Vexilliferum, Dapifer Dapiferum primi Districtus sequetur, similique modo & alii Dignitarii *Stallum servabunt & Ordinem*.

Eadem Officia terrestria, similique modo, *Districtui Ostrzeszoviensi* in Terra Vielunensi, *Districtui Krasnostaviensi*, in Terra Chelmensi, *Districtui Vinnicensi* & *Zwinogrodensi*, in Palatinatu *Braclaviensi*, Auctoritate præsentium Comitiorum largimur.

Septimumque Nuntium Palatinatui *Sendomiriensi*, Auctoritate præsentis Conventus, concedimus.

De Officiis Palatinatus Belzscensis.

Ad instantiam Generosorum Nuntiorum Terrestrium Palatinatus *Belzscensis*, *propter præmianda Concivium & Terrigenarum hujus Palatinatus*, *& Districtuum infra nominatorum merita*, de Consensu Ordinum Reipublicæ, Officia Districtus *Grabovieciensis* & *Horodelscensis*, incipiendo ab Officio Vexilliferi Districtus *Lubaczewscensis*, *secundum Praxin & ordinem aliorum Palatinatuum*, *servatò Turnò* Terrarum, & Districtuum, hoc disponimus modo: ut Vexilliferum *Belzscensem*, *Buscensis*, *Grabovieciensis*, *Horodelscensis & Lubaczewscensis* sequatur Vexillifer, Dapiferoque *Belzscensi*, *Buscensis*, *Grabovieciensis*, *Horodelscensis* & *Lubaczewscensis Dapifer*, succedat, & ita per consequens, cæteri reliquos honorum gradus teneant & occupent.

Hæc autem Officia, ad normam antiquiorum Constitutionum, eo nomine sancitarum, merè Terrigenis & Possessionatis hujus Palatinatus, conferentur.

De Officiis Districtus Brzezinscensis.

Ad instantiam Generosorum Nuntiorum Terrestrium Palatinatus *Lenciciensis*, *Officia omnia Terrestria*, incipiendo ab Officio Vexilliferi, *Districtui Brzezinscensi*, ad mentem *Constitutionis* 1726. *de Officiis Districtus Inowlocensis*, *sancitæ*, concedimus; quorum Officiales tàm alternatim post *Inowlocenses*, quàm *Inowlocensis*, post *Lencicenses*, Ordinem habebunt.

De Deputatis Palatinatus Podoliæ.

Propter majorem in Tribunali Regni Justitiam, Palatinatui *Podoliæ*, ratione *Districtus Latyczewscensis*, secundum addimus Deputatum.

Remuneratio Generoso Venzeslao Rzewuski, *Notario Campestris Regni*, *Mareschalco Nuntiorum Terrestrium*, *promissa*.

Remunerantes susceptos, in præsentibus Comitiis, labores Generosi *Venceslai Rzewuski*, Notarii Campestris Regni, & Mareschalci Nuntiorum Terrestrium, eidem Summam *sexaginta millium florenorum Polonicorum*, ex primis Proventibus Thesauri Regni, assignamus.

De Alternatione Deputatorum Terræ Mielnicensis & Bielscensis.

Quia *Constitutio Anni* 1699. *de Alternatione annua inter Terram Mielnicensem & Bielscensem*, ratione Electiónis Deputatorum Palatinatus *Podlachiæ*, cum præjudicio unius est sancita; idcirco meliorando, de Justitia, hanc Alternationem, constituimus, ne imposterum *Alternatio* per unum, sed per duos annos, fiat, scilicet, ut ex Terra *Bielscensi* per duos annos & ex Terra *Mielnicensi*, similiter per duos annos Deputati eligantur: Et quoniam in præsens Deputatus *Mielnicensis*, in Tribunali Regni Sessionem habet; eadem Terra *Mielnicensis*, pro futuro quoque Tribunali, ad finiendam primam duorum Annorum Alternationem, eligendi habebit potestatem; postea verò, ex Terra *Bielscensi*, per duos annos, & sic per consequens, in perpetuum, Deputatus ad Tribunal Regni eligetur.

De Judiciis limitaneis Palatinatuum Kijoviæ, Podoliæ & Braclaviæ.

Conclusum Senatus-Concilii Anno 1732. *die decimâ tertia Octobris, celebrati*, ratione Judicum limitaneorum Palatinatus Kijoviæ, approbamus, Judicesque Limitum PALATINATUS KIJOVIÆ denominamus, Generosos, *Michaelem in Lisowszczyzna Jackowski*, Pocillatorem Kijoviensem, *Laurentium z Potoka Potocki*, Custodem Thesauri Zytomiriensis; PALATINATUS PODOLIÆ, Generosos, -- *Grabowski*, Pincernam Latyczewscensem, -- *Gorazdowski*, Venatorem Czerwonogrodensem; -- *Kawecki*, & -- *Markowski*; PALATINATUS BRACLAVIÆ, Generosos, *Augustinum Jaroszynski*, Ensiferum Braclaviensem, *Casimirum Swidzinski*, Sub-Dapiferum Sochaczevscensem, *Petrum Czeczela* & *Antonium Wunsowski*.

Qui juxta methodum in dicto Senatus-Concilio præscriptam, se gerent, Judiciaque sua, per dispositas *Cadentias*, diligentissime exercebunt.

Commissio ad distinguendos limites Palatinatuum Kijoviæ, Volbyniæ, Podoliæ & Braclaviæ, denominata.

Ob exortas inter Palatinatus, *Kijoviæ*, *Volbyniæ*, *Podoliæ & Braclaviæ* limitum controversias, in primis, ratione Villarum limitanearum, quæ solvendarum Contributionum causâ, ad varios trahuntur Palatinatus, præscindendo ejusmodi Usurpationes, de Consensu Ordinum Reipublicæ, Commissionem, elapsis sex hebdomadibus, post Comitiola Deputatorum assignamus, & Commissarios delegamus, *ex Senatu*, Magnificos, *Casimirum Stecki*, Castellanum Kijoviensem, *Carolum Wyzicki*, Castellanum Volhyniensem, *Martinum Kalinowski*, Castellanum Camenecensem, *Joannem Potocki*, Castellanum Braclaviensem; *ex Equestri Ordine*, Generosos, *Antonium Tripolski*, Succamerarium Kijoviensem, *Petrum Peplowski*, Succamerarium Luceoriensem, *Joannem Peplowski*, Succamerarium Podoliensem, *Paulum Jaroszynski*, Succamerarium Braclaviensem, *Alexandrum Knichninski*, Vexilliferum Kijoviensem, *Nicodemum Woronicz*, Vexilliferum Owrucensem, *Principem Woroniecki*, Vexilliferum Volhyniensem, *Telefussum*, Vexilliferum Podoliensem, *Kruzerum*, Vexilliferum Latyczevscensem, *Kaletynski*, Vexilliferum Braclaviensem, *Michaelem Pansza*, Dapiferum Owrucensem, *Michaelem Czacki*, Dapiferum Volhyniensem, *Andream Gurowski*, Dapiferum Podoliensem, *Rzunzewski*, Dapiferum Braclaviensem, *Stecki*, Dapiferum Zyt omiriensem, *Jackowski*, Pocillatorem Kijoviensem, *Joannem Jakubowski*, Pocillatorem Zyt omiriensem, *Humiecki*, Pocillatorem Podoliensem, *Alexandrum Stadnicki*, Pocillatorem Latyczowscensem, *Odrzywolski*, Pocillatorem Czerwonogrodensem, qui Magnifici & Generosi Commissarii (absentia plurium non obstante, modo octo, & ex quolibet Palatinatu *duo*, ex Equestri Ordine adsint, & unus Senator) limites præfatorum Palatinatuum distinguent, & secundum antiquos limites, & juxta pro-

ANNO 1736. babilia Documenta, *Terminibus* designabunt, non præjudicando in ullo regulari solutioni. Ut autem hoc ad notitiam omnium eo concurrentium perveniat, *intimatoriales* Commissariaticas, quatuor hebdomadibus, ante Terminum Commissionis, ad Castra mittent.

Reassumtio Commissionis dijudicandorum limitum inter Palatinatum Russiæ & Palatinatum Volhyniæ.

Quia Commissio ad dijudicandos limites inter Palatinatum *Russiæ* & Palatinatum *Volhyniæ*, in favorem bonorum *Zaloziechiensium*, Magnifici *Josephi Potocki*, Palatini Kijoviensis, Exercitus Regni Ducis Generalis, ex Constitutione Anni 1717. assignata, hucusque ad effectum perduci non potuit, idcirco pro *effectuanda eadem Dissimitatione*, ne una & eadem bona ad duos Palatinatus Contributionum causâ trahantur, Officia Castrensia designamus, *Przemysliense*, *Trembowelscense*, *Krzemitnicense* & *Belzscense*, quorum Generosi Officiales, (absentia unius non obstante) die decima septima Mensis Septembris in Bonis *Zaloziec* congressi, *prævia avisatione* (*monitione*) *litterali*, antiquas Taryffas tam Terræ *Leopoliensis*, quam & Districtus *Krzemienecensis*, nec minus alia Documenta comportari jubebunt, & ex illis decident, ad quem Palatinatum vel Terram, Villæ controversæ, Contributiones conferre tenentur.

Magnifico Principi Czartoryski, Palatino Russiæ, nec non Lubinscio, Castellano Sendomiriensi, Venia ad Thermas proficiscendi conceditur.

Quoniam Valetudinaria Corporis Constitutio Magnifici Principis *Czartoryski*, Palatini Russiæ, requirit, ut curandæ Valetudinis causâ, se ad Fontes Thermarum conferat, eidem veniam, extra fines Regni, ad Thermas proficiscendi, pariter ac Beneficium *Suspensionis omnium causarum*, *in quibusvis*, *minoris & majoris Subsellii Judiciis*, durante ejus absentiâ, usque ad reditum, de consensu omnium Ordinum, concedimus.

Eadem Permissione Magnificus *Lubienski*, Castellanus Sendomiriensis, gaudebit.

Magnifico Mareschalco Regni, Venia ad Thermas proficiscendi conceditur.

Curandæ valetudinis gratiâ, Magnifico *Josepho Vandalino Mniszech*, Mareschalco Regni Supremo, veniam extra Regnum ad Thermas proficiscendi, *cum Beneficio Suspensionis Causarum omnium*, *in quibusvis majoris & minoris Subsellii Judiciis*, durante ejus absentia, usque ad reditum, auctoritate præsentium Comitiorum, concedimus.

Sedatio turbulentorum Kurpikorum.

In Bonis *Kupiszki*, *Kolno*, *Czerwone*, & *Nowogrod* cum attinentiis, in Terra *Lomzensi*, a Magnifica *de Szembek*, Cancellarii quondam Regni Supremi, Vidua, Magnifico *Mniszech*, Mareschalco Regni Supremo, per Cessionem, ex Consensu Nostro, de *Jure Communicativo* cessis, ut turbulenti & ad rebellionem proni Incolæ *Kurpici* dicti, *à Seditionibus*, *Tumultibus*, *& quibusvis Inconvenientiis*, *coërceantur*, expertæ in arduis, præfati Magnifici Mareschalci Regni Supremi, moderni Possessoris, vigilantiæ & attentioni committimus.

Surrogatio Sanocensis & Ciechanoviensis.

Quemadmodum veniam proficiscendi ad exteras Regiones, Generoso *Georgio Mniszech*, Succamerario Supremo Magni Ducatus Lithuaniæ, Capitaneo Nostro Castrensi Sanocensi, neque minus Generoso *Nieborski*, Capitaneo Nostro Castrensi Ciechanoviensi, concessimus, ita, ne administratio Sanctæ Justitiæ remoram patiatur, in locum eorum, in Terrâ *Sanocensi* Generosum *Casimirum Bukowski*, Judicem Sanocensem, & in *Terra Ciechanoviensi*, Generosum *Michaelem Nosarzewski*, designamus Vicarios, qui secundum Jura antiqua, Jurisdictiones Castrenses, usque ad reditum Generosorum Capitaneorum, exercere tenebuntur. ANNO 1736.

Confirmatio Templi Warszawiensis.

Considerantes Religionis Zelum Magnifici *Francisci Bielinski*, Mareschalci Curiæ Regni, Thesaurarii Terrarum Prussiæ, *Fundationem Templi* in Bonis ejus Hæreditariis, *Warszawice* dictis, in locum hujus, quod in Villa *Radwankow*, per inundationem Vistulæ subrutum est & eversum, approbamus, & *Jus Collationis*, quod Nobis ratione *Templi Radwankowiecensis* competebat, *Hæredi bonorum Warszawice* conferimus, æternisque temporibus, Juribus & Immunitatibus Ecclesiasticis, sub Jurisdictione Reverendi in DEO Patris, Episcopi Posnaniensis, præfatum Templum, cum omnibus suis *Areis & Fundis*, adscribimus & incorporamus.

De Arce Oswiecimensi.

Habentes rationem peculiarem Arcis limitaneæ *Oswiecimensis*, notabiliter desolatæ, ne in posterum ultimam patiatur ruinam, consensu omnium Ordinum, reparationi ejus Vectigal in Vistula, prope Villam *Brzoszkowice*, de piscibus & lignis mercatoriis, quæ ex Silesia, & in Silesiam devehuntur, hoc est pro sexaginta piscibus, decem Grossos Polonicos, & lignum decimum, per triginta annos recipiendum, ita, uti *Constitutione Anni* 1667. assignatum fuit, destinamus.

Id quod Vectigal Capitaneo hujus loci solvetur, per ejus Subcollectorem recipietur, reparationique & meliorationi Arcis Oswiecimensis impendetur.

Quia vero Generosus *Lubowiecki*, Capitanei Oswiecimensis Antecessor, Vectigal fluviatile, Reparationi Arcis Oswiecimensis per *Constitutionem Anni* 1667. destinatum, per triginta annos recepit, neque tamen hanc Arcem reparavit, sed magis desolavit, idcirco Consensu omnium Ordinum vindicationem accepti Vectigalis, per Successores Generosi *Lubowiecki*, Generoso *Malachowski*, Capitaneo Nostro Oswiecimensi, in foro competenti, committimus.

Privilegia vero, per Serenissimos Antecessores Nostros, *Civitati Oswiecimensi*, ratione Conditorii Salinarii (*Sklad Solny*) & devectionis mercium ex Silesia in Regnum & evectionis ex Regno in Silesiam, *Constitutionibus Annorum* 1565. & 1647. approbata, ob certiorem, *Cameræ Nostræ Oswiecimensis*, Proventum, in omnibus punctis, clausulis, ac rigoribus pœnarum reassumimus & in perpetuum confirmamus.

Ut Ducatus *Zatoriensis* & *Oswiecimensis*, iisdem Prærogativis, pariter ac alii Palatinatus, circa Electionem duorum Nuntiorum ad Comitia, gaudeant, consensu omnium Ordinum idem illis, in perpetuum permittimus.

His autem Nuntiis, ut juxta *Constitutionem Anni* 1564. Pensio ex Thesauro Regni solvatur, approbamus.

Fines inter Urbem Kruswica & Villam Kobylniki, constituuntur, Villaque Nowogrobel, *Generoso* Josepho Lipski, *Regenti Cancellariæ Regni*, *confertur.*

Obviando ulterioribus litigiis inter Civitatem *Kruswica* & Villam *Kobylniki*, ratione fundi *Ostrowek* dicti, accedente Consensu Hæredis, Generosi *Antonii z Glogowy Kossowski*, Regentis Cancellariæ M. D. L., Capitanei Nostri Przedecensis, Fundum supradictum Urbi *Kruswicensi* adjungimus & in compensationem Fundum *Niemojewko*, in Palatinatu Inovladislaviensi situm, cum Ædificio in illo existente, Villæ *Kobylniki* Jure terrestri, attribuimus.

Villam quoque *Nowogrobel*, in Palatinatu Belzscensi sitam eodem Jure Terrestri, Generoso *Josepho Lipski*, Regenti Cancellariæ Regni, conferimus.

Reas-

ANNO 1736.

Reassumtio Commissionis ad Tenutas Mosina *&* Golencina.

Quia Commissiones, a Serenissimo Rege, sanctæ Memoriæ, Antecessore Nostro, ad Bona Nostra Regalia *Mosiny*, Generoso *Kwelicki*, & *Golencina*, Generoso *Miaskowski*, pertinentia, in Palatinatu & Districtu *Posnaniensi* sita, per publicam hostilitatem funditus desolata, dignoscendarum Repartitionum & erogatarum Expensarum causâ, destinatæ, effectum suum ob subsecuta fata ejusdem Serenissimi Prædecessoris Nostri, non habuerunt, easdem præsenti Constitutione (*prævio, ad præmissa, novo ex Cancellaria Nostra Instrumento*) reassumimus, Decisionemque harum prætensionum, per Generosos Commissarios designatos subsecuturam, ratam habebimus.

De Domo Correctionis, alias Zucht-Hauss, *prope Varsaviam erecta.*

Privilegium Nostrum, quod ex Cancellaria Regni, cum Subscriptione manus Nostræ, pro Domo Correctionis, alias *Zucht-Hauss* dicta, prope Varsaviam, à Reverendo in DEO Patre, *Adamo Bostkowski*, Episcopo Philadelphensi, Suffraganeo Luceoriensi, Præposito Varsaviensi, in beneficium coërcendorum & corrigendorum improborum & dissolutorum hominum fundatâ, concessimus, auctoritate præsentis Conventus, tanquam necessarium & Bono publico utile institutum, in omnibus punctis & clausulis approbamus.

Academia Cracoviensis.

Jura & Privilegia *Academiæ Cracoviensis*, cum Incorporatione *Præfecturæ Vielicensis*, approbamus.

Gratitudo Generoso Secretario Constitutionis modernorum Comitiorum promissa.

Non tantum intuitu laborum tempore præsentium Comitiorum susceptorum Generosi *Valeriani Kicinski*, Notarii Supremi Thesauri, sed etiam, ratione Officiorum, Serenissimo, Beatæ Memoriæ, Parenti, Antecessori Nostro, & Reipublicæ per triginta & aliquot annos, constanter, fideliter & propense testatorum, lapideam ejus Domum, hic Varsaviæ in foro, sitam, ab inhospitatione ex Officio, tam tempore Comitiorum & Conventuum publicorum, quam & extra tempus Comitiorum, quando hic residebimus, simul ac eandem ab oneribus civilibus in perpetuum liberantes Juri terrestri incorporamus.

Reassumtio antiquarum Legum de Quarta.

Antiquas Leges, *super Retentoribus Stipendiorum*, præcipuè *Contributionis Quartæ & Quadrupli, ex bonis Regalibus, una cum rigoribus, scilicet Annorum* 1569. 1661. 1667. & aliis, in toto reassumimus, simulque Commissarios, ratione Quartæ deputamus, *ex Senatu*, Magnificum *Venceslaum Trzcinski*, Castellanum Ravensem, *Joannem Wolski*, Notarium Castrensem Chencinscensem, Secretarium Nostrum. *Ex majori Polonia*, Generosos, *Timotheum Podoski*, Capitaneum Rypinscensem, & *Casimirum Bleszynski*, Pincernam Petricoviensem.

Designatio Residentium ad Latus Nostrum (sive Senatorum, qui in posterum ad Latus Nostrum sedebunt.)

Reverendissimus, in DEO, P. *Dominus Archi-Episcopus Gnesnensis, Primas Regni Poloniæ & M. D. L.* Illustris & Magnificus *Castellanus Cracoviensis*, Magnificus *Castellanus Sandecensis*.

Idem Reverendissimus, in DEO, P. *Dominus Primas, Archi-Episcopus Gnesnensis*, Magnificus *Palatinus Cracoviensis*, Magnificus *Castellanus Sendomiriensis*, Generosus *Castellanus Miedzyrzecensis*.

Admodum Reverendus, in DEO, *Archi-Episcopus Leopoliensis*, Magnificus *Palatinus Posnaniensis*, Magnificus *Castellanus Calissiensis*, Generosus *Castellanus Wislicensis*.

Idem Admodum Reverendus, in DEO, *Archi-Episcopus Leopoliensis*, Illustris & Magnificus *Palatinus Vilnensis*, Generosus *Castellanus Biecensis*.

Pro futuro Anno.

Admodum Reverendus, in DEO, P. *Episcopus Cracoviensis*, Magnificus *Palatinus Sendomiriensis*, Magnificus *Castellanus Gnesnensis*, Generosus *Castellanus Rogozinscensis*.

Idem Admodum Reverendus, in DEO, P. *Episcopus Cracoviensis*, Magnificus *Castellanus Vilnensis*, Generosus *Castellanus Radomiensis*.

Reverendus, in DEO, P. *Episcopus Cujaviensis*, Magnificus *Palatinus Calissiensis*, Magnificus *Castellanus Lenciciensis*, Generosus *Castellanus Zawichostensis*.

Idem Reverendus, in DEO, P. *Episcopus Cujaviensis*, Magnificus *Palatinus Trocensis*, Magnificus *Castellanus Samogitiensis*, Generosus *Castellanus Lencensis*.

Recessus ad futura Comitia.

Propter Generalia Reipublicæ Negotia, quibus vix ac ne vix quidem tempus præsentium Comitiorum Pacificationis, duarum hebdomadum, sufficere potuit, Desideria Palatinatuum, Terrarum & Districtuum in antiquioribus Comitiorum Recessibus, scilicet *Annorum* 1717. & 1726 & aliorum, expressa, usque ad futura differimus Comitia.

Venceslaus Rzewuski, Notarius Campestris Regni, Mareschalcus Nuntiorum Terrestrium.

P. *Joannes in Lipe Lipski*, Episcopus Cracoviensis, Dux Severiæ, Deputatus ad Constitutionem ex Senatu.

Augustus Alexander, Princeps Czartoryiski, Palatinus & Generalis Terrarum Russiæ Capitaneus, Deputatus ex Senatu ad Constitutionem.

Nicolaus Podoski, Palatinus Plocensis, Deputatus ex Senatu ad Constitutionem.

Josephus z Kozielska, Oginski, Palatinus Trocensis, Deputatus ex Senatu ad Constitutionem.

Adamus Malachowski, Capitaneus Oswiecimensis, & Nuntius Ducatuum Zatoriensis & Oswiecimensis, Deputatus ad Constitutionem, ex minori Polonia.

Joannes Paulus Peplowski, Succamerarius & Nuntius Palatinatus Podoliæ, Deputatus ad Constitutionem, ex minori Polonia.

Georgius Vandalinus z Wielkich Konczyc Mniszech, Succamerarius M. D. L. Capitaneus Sanocensis, Deputatus ad Constitutionem, ex majori Polonia.

Josephus de Lipe Lipski, Regens Cancellariæ Regni, Deputatu ad Constitutionem, ex Provincia majoris Poloniæ.

Casimirus Niesiolowski, Capitaneus Cyrinensis, Deputatus ad Constitutionem, ex Provincia M. D. L.

Michael Adam Slizien, Capitaneus Krewscensis, & Wiszniewscensis, Deputatus ad Constitutionem, ex M. D. Lithu.

VALERIANUS KICINSKI Notarius Supremus Thesauri Sacræ Regiæ Majestatis Secretarius ad Constitutionem. mp.

Constitutiones Magni Ducatus Lithuaniæ in iisdem Comitiis.

De modo tollendæ Exactionis de Famulibus, alias Podymne, *& providendorum Exercitui M. D. L. Stipendiorum.*

Cum *universali desiderio* Generosorum Nuntiorum Pro-

ANNO 1736.

Provinciæ M. D. L., in levando onere, quod bonis hæreditariis, per Contributionem *de Fumalibus*, *alias Podymne dictam*, impositum est, quam efficacissime satisfacere cupiamus, in præsentibus autem Comitiis Extraordinariis, ubi saltem *præstè de Securitate interna & externa agitur*, ob temporis, Consiliis destinati, angustiam, negotium istud perfecte finire nobis non liceat; universali hujus Provinciæ consensu, quàm primùm opportunitas temporis id Nobis permittet, conferendo cum Magnificis M D. L. Status & Belli Ministris, hanc Materiam ante Comitia extraordinaria, aggrediemur, ut in Comitiolis Relationum, a Deputatis in hunc finem ex Palatinatibus & Districtibus, una cum Senatoribus & Ministris *Projecta & modi, qui decisioni & approbationi futurorum Comitiorum ordinariorum relinquentur*, non ingerendo se in ullas lustrationes, inveniantur, qua ratione Incolæ M. D. Lithuaniæ, intuitu Contributionis præfato *de Fumalibus*, Votorum suorum compotes esse possint, & Exercitus M. D. L. certa habeat Stipendia, & Bona Ecclesiasticorum ad eadem onera pertinere debeant, pariter ac Bona Terrestria Nobilium.

De Tribunali Thesauri Magni Ducatus Lithuaniæ.

Supplendo decessum defunctorum Senatorum, per anteriorem Constitutionem ad Tribunal Thesauri deputatorum, in eorum locum *ex Senatu*, Reverendum in DEO, P. *Zienkowicz*, Episcopum Vilnensem, & Magnificos, *Josephum Oginski*, Palatinum Trocensem, *Crispinum*, Castellanum Samogitiensem, *Zaba*, Castellanum Polocensem, *Niezabitowski*, Castellanum Novogrodensem, una cum generoso Instigatore, vel Vice-Instigatore M. D. Lithuaniæ, designamus.

Correctura Jurium Magni Ducatus Lithuaniæ.

Propter temporis penuriam, Comitiorum extraordinariorum, *Correcturam Jurium* M. D. L. *circa publicam Declarationem & anteriora Sancita*, usque ad futura Comitia differimus.

Commissio de Personis ex Magno Ducatu Lithuaniæ abductis.

Factâ communicatione cum Magnifico *de Keyserling*, *Legato Plenipotentiario Serenissimæ Czareæ Majestatis*, ratione abductarum multarum ex Ducatu Lithuaniæ Personarum, quia *ex parte sua* nomine *Serenissimæ Czareæ Majestatis*, se Commissarios designaturum declaravit, idcirco, liberò Palatinatuum & Districtuum M. D. Lithu., tam limitaneorum, quam aliorum injuriam passorum, arbitrio relinquimus, quos Commissarios ad deducendas injurias, scilicet ratione Emporii *Wietki*, in Districtu *Rzeczycensi*, combusti, & bonorum in aliis Palatinatibus & Districtibus exustorum, nec minus respectu Subditorum reddendorum, & aliarum læsionum, Pecuniarum, Pignorum & Equorum ablatorum, Nobilium compedibus ligatorum, & incarceratorum, aliorumque, id genus, gravaminum, sive generosos Nuntios ad præsens, in activitate existentes, sive in Comitiolis Relationum à Palatinatibus, Terris & Districtibus eligendos designaverint. Qui de tempore & loco cum Commissariis Russiæ convenient, omnia damna Subditorum abductorum & quævis gravamina consignabunt & subscribent, *ad invicem & concordanter sibi reddent*, *& ad indilatam executionem & satisfactionem*, perducent.

Permissio exercendorum in Absentia Nostra Judiciorum Assessorialium M. D. Lithu.

Quoniam propter angustiam temporis, Judicia *posteurialia* in Magno Ducatu Lithuaniæ, *farraginem multarum causarum*, tempore Comitiorum expedire non valent, *subveniendo sitientibus Justitiam*, & ad preces Provinciæ M. D. Lithu. respicientes auctoritate præsentis Conventus, Magnifico Cancellario M. D. L. Supremo, facultatem concedimus, ut toties, quoties Nobis continget, Dominia Nostra Hæreditaria adire, *in Absentia Nostra*, Judicia Assessorialia, juxta Rescriptum Nostrum, in Urbe *Grodnensi*, vel *Brestensi*, *præviis innotescentialibus*, *ad Palatinatus & Districtus*, exerceat.

In absentia vero Magnifici Cancellarii M. D. Lithu. Supremi, Magnificus Pro-Cancellarius judicandi potestatem habebit.

Venia proficiscendi extra fines Regni, Magnifico Joanni na Kodniu Sapieha, *Cancellario M. D. Lithu. Supremo data.*

Quoniam Magnificus *Joannes na Kodniu Sapieha*, Cancellarius M. D. L. Supremus, juxta Consensum anterius obtentum, ad Thermas, restaurandæ Valetudinis gratiâ, proficisci intendit, omnes causas, in majoribus & minoribus Subselliis Regni & M. D. Lithu. cum ipso intercedentes, auctoritate moderni Conventus, a tempore profectionis, usque ad reditum ejus in Patriam, suspendimus.

Immunitas Senatorum & Nuntiorum Terrestrium.

Reassumendo omnes *Constitutiones de suspensione causarum* Senatorum & Nuntiorum Terrestrium, Decreta cujusvis Subsellii, & Suspensiones ab Officio, ab Actu Comitiolorum Antecomitialium, lata, tanquam Juri contraria, abolemus, & in nihilum reducimus, præcipuè vero *Judicata tangentia Prærogativam Officialium Terrestrium & Castrensium*, *nullitatis vitio subesse debent.*

Declaratio Exulantibus M. D. Lithu. data.

Quia Palatinatus *Smolensciæ* & Districtus *Starodubovienfis*, Comitiola sua omnia in Provincia M. D. Lithu. celebrat, & Castrensia & Terrestria exercet Officia, ita Dignitates Senatorias, nempe *Episcopatum*, *Palatinatum*, *& Castellaneatum* Smolenscenses, Terrigenis M. D. Lithu. conferemus.

De Apocha, Successoribus Magnifici Kotla, *Thesaurarii & Notarii Terrestris M. D. Lithu. Supremi, data.*

Cum extraditio Apochæ, licet *sufficiens Calculatio*, *coram Deputatis ex Ordinibus*, facta sit, per *Recessum Constitutionis*, *Anni* 1726. dilata fuerit, Consensu omnium Ordinum, Successores Magnifici *Kotla*, Thesaurarii M. D. L. Supremi, *plenariè apochamus*; *Decreta omnia inde promanantia* abolemus.

Erogatam insuper Summam in *ulteriorem Recessum* mittimus, & evidentia Decreta approbamus, hancque ob causam, generosum *Michaelem Slizien*, Capitaneum Krewscensem, & Successores, ratione Bonorum *Polonki*, in Districtu *Wolkowyscensi* sitorum, a Creditoribus Thesauri & Chirographariis separamus, & penes evidens Decretum Tribunalis Magni Ducatus Lithuaniæ, Anno 1722. in Urbe *Vilnensi* latum, in perpetuum conservamus.

Abrogatio Vectigalium privatorum in Magno Ducatu Lithuaniæ.

Constitutionem Regni, Anni 1726. Titulo: *Abrogatio Vectigalium injustorum*, *cum omni ibidem expressa cautela & dispositione*, nec minus præsentem *Constitutionem Regni*, de ejusmodi Vectigalibus sancitam, *Magnus* quoque *Ducatus Lithu.* tanquam proprias, reassumit.

De Inscriptionibus sive Obligationibus Extraneorum tollendis.

Inscriptiones, *sive Obligationes* variæ, ab Incolis exteris *ante & ad præsens* obtentæ, & procuratæ, in Tribunali vero non agnitæ, omne præjudicium fortunis Nobilium ferentes, ne bona afficiant, quæ illi,

qui

ANNO 1736.

qui Debita contraxerunt, in possessione non habent, præsenti lege cavemus.

Cautio de Oeconomia Braslaviensi.

Quia Oeconomia *Braslaviensis*, *per Abusum & malam informationem*, à Jurisdictione Capitaneatus Castrensis *Braslaviensis*, *vetante lege*, & *nunquam practicato usu*, *jure communicativo avulsa*, *per avulsionem*, ingens præjudicium pateretur, præsenti Lege constituimus, ut Incorporatio Oeconomiæ, *juxta antiquum usum*, *& Leges*, ad Jurisdictionem Capitaneatus pertineat, interposita tamen Combinatione, inter partes, quarum interest.

Certitudo prætensionis Magnificorum Principum Radziwiliorum.

Et quoniam post multos Recessus Constitutionum, Successoribus Magnifici *Michaelis*, *Principis Radziwilii*, Pro-Cancellarii & Ducis Campestris M. Ducatus Lithuaniæ, ratione sumtuum, in Legationem Romanam erogatorum, *& Constitutionibus Annorum* 1703. 1717. & 1726. confirmatorum, nondum est satisfactum, ejusdem Summæ, quæ *octoginta millia florenorum Polonicorum*, efficit, *indubitatam Satisfactionem*, *per Recessum*, usque ad futura Comitia, differimus.

Prætensio Illustris ac Magnifici Casimiri Oginski, *quondam Palatini Vilnensis*, *ad Thesaurum Magni Ducatus Lithuaniæ.*

Quoniam Summa, Magnifico *Casimiro Oginski*, Palatino Vilnensi, pro Legationibus, quas non sine notabili propriæ fortunæ dispendio, suscepit, assignata, & tot Constitutionibus approbata, per temporum injuriam, hactenus nec in parte est exsoluta, præfatam postulationem, similiter ac Magnificorum Principum *Radziwiliorum*, in Recessum, usque ad futura Comitia, mittimus.

De Remuneratione Meritorum Magnifici Palatini Vitepscensis.

Cum magna, Magnifici *Marciani Oginski*, Palatini Witepscensis, de Patria merita, unanimi assensu, singularem requirant gratitudinem, eandem ipsi & Successoribus ejus, data occasione, *ex distributiva Justitia*, *declaramus*.

Prætensio Generosi Christophori Sulistrowski, *Vexilliferi Osmianensis.*

Satisfactio Prætensionis Generosi *Christophori Sulistrowski*, Vexilliferi Osmianensis, usque ad abrogationem Contributionis de *Fumalibus*, in M. D. Lithuaniæ, differtur.

Declaratio Generoso Massalski, *Supremo Magni Ducatus Lithuaniæ Notario*, *Mareschalco Comitiorum Convocationis*, *data.*

Quum Summa *quadraginta millium florenorum Polonicorum*, per *Constitutionem Comitiorum Convocationis*, Generoso *Massalski*, Notario M. D. L. supremo, & anteriorum Comitiorum Convocationis Mareschalco, respectu hujus functionis, assignatorum, per injuriam temporum, hucusque non fuerit exsoluta, decernimus, ut ex Proventibus Thesauri M. D. L. ipsi effectivè numeretur.

Distinctio Indigenatuum & Nobilitationum.

Declaramus præsenti Lege, ut illi, qui Indigenatuum & Nobilitationum nomen prætexunt, *neque tamen Legi satisfecerunt*, vel *maxime Dissidentes*, qui pro se, & Successoribus, se Catholicos esse futuros, promiserunt, & tamen *in antiqua perseverant Secta*, ad *pristinum Statum redeant.*

ANNO 1736.

Approbatio Decreti Commissionis Grodnensis, *Anni* 1717 *die* 21. *Mensis Octobris.*

Bona, *Zubowszczyzna* & *Kolodziesz* dicta, cum attinentiis, *Dziukow Konarszczyzna*, in Palatinatu *Mscislaviensi* sita, antiquitùs per Leges, immunitate terrestri donata & munita, per errorem Tabellæ Hybernali & Taryffæ novellæ Legis inserta *& ingressata*, olim ad defunctum, in DEO, Generosum *Joannem Hurk*, Subdapiferum, postea Vexilliferum Vitepscensem & Successores ejus pertinentia, tanquam Juri terrestri subjecta & per *Decretum Commissionis Grodnensis*, *Anno* 1717. die 21. Mensis Octobris latum, eidem adjudicata, & legitimata, *circa immunitatem terrestrem conservamus*, *ab omni onere militari liberamus*, *securitatem in perpetuum cavemus*, *Decretum confirmamus*, *& illa ex Tabella eliminamus.*

Privilegia Ducatus Samogitiæ confirmantur.

Privilegia & Immunitates Ducatus Samogitiæ, à Serenissimis Regibus Poloniæ, Successoribus Nostris, confirmatas, auctoritate præsentium Comitiorum, in perpetuum approbamus, *in quantum Juri communi non præjudicant.*

Relaxatio Decretorum Ducum Exercitus M. D. Lithu.

Decreta Prætoriana, sive Ducum Exercitus, contra quascunque Personas militares, sub Sonitu Tubarum & Tympanorum, lata, consentiente Illustri & Magnifico *Principe Wisniowiecki*, Palatino Vilnensi & Supremo M. D. Lithu. Exercitus Duce, auctoritate præsentium Comitiorum, de consensu omnium Statuum, nullo excepto, relaxamus, famamque & honorem iisdem Personis restituimus, Securitatem vitæ & fortunarum cavemus.

Determinatio finium Capitaneatuum, *Usviatensis*, *Poduswiatensis & Wieliszkiensis.*

Cum, *intervenientibus fatis* Generosorum Commissariorum, qui per *Constitutionem Comitiorum Pacificationis Anni* 1717. ad designationem finium Capitaneatuum, *Uswiatensis & Poduswiatensis* denominati fuerunt, ad hæc usque tempora, Dislimitatio expediri non potuerit, reassumentes eandem Constitutionem, & antiqua Jura, de limitibus Bonorum Nostrorum, conservaturi, tum quoque, ut Capitaneatus, *Uswiatensis*, *Poduswiatensis & Wieliszkiensis*, in Palatinatu *Witepscensi* siti, similiter ac Bona feudalia (*Dobra Lenne*) *Osmolowice*, *Syruta*, *Bruskurowice*, in Palatinatu *Polocensi* jacentia, certis limitibus ita distinguantur, ut nullæ in futurum, inter Incolas dictorum Palatinatuum, & inter Subditos Bonorum supra nominatorum, ratione limitum, oriantur controversiæ, ad cognitionem omnium, quæ, respectu limitum, provenerunt, dubiorum, auctoritate Comitiorum præsentium, Generosos, *Joannem Odachowski*, Custodem Thesauri M. D. L. *Bulhak*, Sub-Dapiferum Vitepscensem, *Hurk*, Notarium Terrestrem Vitepscensem, *Georgium Szczawinski*, Pincernam Slonimscensem, *Ignatium Laniewski*, Excubiarum Præfectum Slonimscensem, *Bucholz*, Colonellum Exercituum Nostrorum, *Thomam Rywocki*, Capitaneum Klewkowiensem, *Dominicum Suchodolski*, Ensiferum Wolkowyscensem, designamus Commissarios, illisque speciale, in hunc finem, ex Cancellaria M. D. Lithu. *Instructionis Instrumentum*, expediri jubemus, qui in præsentia Generosi *Succamerarii Polocensis*, vel *Vitepscensis*, vel vacantibus his Officiis, in præsentia cujuscunque proximioris Generosi *Succamerarii*, *captato opportuno tempore*, *absentia aliquorum non obstante*, *ad fundum* præfatorum Capitaneatuum & aliorum Bonorum

ANNO 1736. rum feudalium convenient, limites illorum cognoscent, controversias ortas distinguent, & justam designationem finium facient, quæ nunquam in dubium postea vocari poterit, sed in hac limitum determinatione & circumscriptione, immutabiliter Possessores acquiescere tenebuntur.

Designatio limitum inter Bona Hæreditaria Generosi Dunin, *Regentis Cancellariæ Magni Ducatus Lithuaniæ, & Bona Regia.*

Quoniam inter Bona Generosi *Antonii Dunin*, Regentis Cancellariæ M. D. L. hæreditaria, *Tulow* dicta, in Palatinatu Witepscensi sita, & Villam *Puszkarze*, ad Præfecturam Vitepscensem pertinentem, non exiguæ, ratione limitum, ortæ sunt controversiæ, ad illas componendas Commissionem designamus, & Commissarios, quibus instructio specialis, per Rescriptum ex Cancellaria Nostra M. Ducatus Lithuaniæ dabitur, Generosos, *Franciscum Bulhak*, Subdapiferum Vitepscensem, *Bartholomæum Nowacki*, Capitaneum Wyszogrodensem, *Ignatium Pysznicki*, *Casimirum Zukowski*, *Alexandrum Tyze*, Regentem Castrensem Vitepscensem, denominamus, illisque Auctoritate præsentium Comitiorum injungimus, ut conformando se præfato Rescripto, *absentia unius non obstante, captato tempore, ad locum loci conveniant*, omnes Controversias ratione limitum exortas componant, *Termina* figant, Decretumque Commissionis suæ parti requirenti exhibeant.

Urbs Kowno.

Civitatis *Kownensis* Jura & Privilegia, à Serenissimis Antecessoribus Nostris concessa, & à Nobis confirmata, in omnibus Punctis, Clausulis, & Paragraphis approbamus, & confirmamus.

Desiderium Palatinatus Mscislaviensis.

Bona, *Soin* dicta, in Palatinatu Mscislaviensi sita, ab antiquo, Generosi *Casimiri Holinski*, Tribuni Mscislaviensis, hæreditaria, per errorem, Tabellæ *Constitutionis Anni* 1717. loco Bonorum Nostrorum, inserta, quemadmodum per Documenta, & *Decreta luculenta, in Tribunali Thesauri, Anno* 1718. *die* 5. *Mensis Octobris*, lata, hæreditaria esse, evincuntur, ita, ut immunitate terrestri gaudeant, cavemus, Documenta & Decreta hæreditatem eorum evincentia, approbamus, & præfata bona. ex Taryffa Hybernali, eliminamus, sine præjudicio regularium Stipendiorum, ad Exercitum Magni Ducatus Lithuaniæ, juxta *Constitutionem Anni* 1717. pertinentium.

Securitas Generosis Wolskiis, *Conjugibus, & Generoso* Ignatio Wiszniewski, promittitur.

Quia Generosus *Antonius Wolski*, Decreto *Anno* 1725. *die* 9. *Julii*, in Tribunali Supremo M. D. L. lato, in causa in eodem Decreto expressa, satisfecit, *ab omni ulteriori impetitione*, (accusatione,) *in omni foro, una cum Conjuge sua, Generosa Justina z Woynilowiczow Wolskia, liber pronunciatur*, iisque Securitas vitæ & fortunarum, præsenti Lege cavetur. Similiter Generoso *Ignatio Wiszniewski*, Vexilliferidi Zydaczowscensi, immerenter a Successoribus Generosi *Alexandri Skirmonti*, Arcis Pinscensis & Munitionum Præfecti, criminaliter accusato, & in Tribunali Vilnensi condemnato, permittimus, quia in minorennitate, eo tempore Studiis incubuit, nec comparere & respondere potuit, ut post expletam minorennitatem, se Juramento, coram præfato Tribunali vel Castro, Pinscensi, etiam extra *Cadentiam Judiciorum* præstando, æque ac alii in hoc negotio illud expleverunt, purget; Eique *Integritatem vitæ & fortunarum, cum omni Securitate*, cavemus.

Determinatio Finium Capitaneatus Cyrynensis.

Deferendo precibus Generosi *Casimiri Niesiolowski*, Capitanei Cyrynensis, Colonelli Cohortis hastatæ, *sive Hussaricæ*, Serenissimi Principis Regii, filii Nostri, cum anterior Commissio, a Serenissimo Antecessore Nostro, ad designandos fines, inter fundos Nobilium, in Circumferentia jacentes, denominata, ad effectum perducta non fuerit, *ad præsens*, designamus Commissarios, Generosos, *Casimirum de Raessa*, Quæstorem Palatinatus Minscensis, *Martinum Chreptowicz*, Capitaneum Werbelscensem, Vexilliferum Cohortis hastatæ, Serenissimi Principis Regii, *Casimirum Zmijowski*, Inciforem Novogrodensem, *Georgium Saplica*, Pocillatorem Novogrodensem, *Michaelem Truszynski*, Præfectum Mensurarum Novogrodensem, illisque speciale Instructionis Instrumentum, ex Cancellaria Nostra M. D. Lithu. expediri jubebimus, ad cujus Normam, Sessionem suam intimabunt, *& ab utrinque, sine injuria, circa Documenta*, fines constituent & distinguent; tum quoque quatuor Jugera ejusdem Generosi Capitanei Cyrinensis, ab *Odolinsciis* acquisitâ & *Odolinszczyzna* dicta, cum fundo Hæreditario, in Oppido Cyrynensi à Successoribus *Tryznovscianis*, legitime emto, definient, & *circa Jus terrestre*, tam Jugera, quam & fundum, *in omni immunitate terrestri hæreditaria, in futurum, pro Successoribus*, conservabunt. ANNO 1736.

De Tattaris in Magno Ducatu Lithuaniæ,

Jura & Privilegia *Tattaris*, à Serenissimis Regibus Poloniæ & Magnis Ducibus Lithuaniæ, concessa, postea vero per *Constitutiones Annorum* 1639 1668. 1670. 1673. 1674. 1677. 1678. 1726. una cum Jure Terrestri approbata & confirmata, in præsens, ex Consensu omnium Ordinum, *cum tota illorum obloquentia*, reassumimus, eos demque tanquam homines Status militaris, vigore Pactorum Conventorum, penes eadem Jura inviolabiliter relinquimus, neque minus Consensu omnium Ordinum constituimus, *ne Tattari* in ulla re magis, quam Ordo Equestris, *depactentur*, & onerentur.

Desideria Magni Ducatus Lithuaniæ usque ad futura Comitia prorogantur.

Referendo Nos ad *Recessum*, in Constitutionibus Regni descriptum, propter eandem temporis penuriam, *Desideria Palatinatuum & Districtuum M. D. L.* pariter ac Desideria *Recessibus* præteritorum Comitiorum cauta, in futura, DEO favente, Comitia reservamus.

Venceslaus Rzewuski, Notarius Campestris Regni, Mareschalcus Nuntiorum Terrestrium.

P. Joannes in Lipe Lipski, Episcopus Cracoviensis, Dux Severiæ, Deputatus ad Constitutionem ex Senatu.

Augustus Alexander, Princeps Czartoryiski, Palatinus & Generalis Terrarum Russiæ Capitaneus, Deputatus ex Senatu ad Constitutionem.

Nicolaus Podoski, Palatinus Plocensis, Deputatus ex Senatu ad Constitutionem.

Josephus z Kozielska Oginski, Palatinus Trocensis, Deputatus ex Senatu ad Constitutionem.

Adamus Malachowski, Capitaneus Oswiecimensis, & Nuntius Ducatuum Zatoriensis & Oswiecimensis, Deputatus ad Constitutionem ex minori Polonia.

Joannes Paulus Peplowski, Succamerarius & Nuntius Palatinatus Podoliæ, Deputatus ad Constitutionem ex minori Polonia.

Georgius Vandalinus z Wielkich Konczyc Mniszech, Succamerarius M. D. Lithu. Capitaneus Sanocensis, Deputatus ad Constitutionem ex majori Polonia.

Josephus de Lipe Lipski, Regens Cancellariæ Regni, Deputatus ad Constitutionem ex Provincia majoris Poloniæ.

Casimirus Niesiolowski, Capitaneus Cyrynensis, Deputatus ad Constitutionem ex Provincia M. D. Lithu.

Michael Adamus Slizien, Capitaneus Krewscensis & Wiszniewscensis, Deputatus ad Constitutionem ex M. D. Lithu.

VALERIANUS KICINSKI, Notarius Supremus Thesauri Sacræ Regiæ Majestatis Secretarius ad Constitutionem. mp.

CCIII.

ANNO 1736. Avril.

CCIII.

*Manifeste de la Cour de Russie pour justifier la Guerre qu'elle a declaré au Grand Seigneur, en forme de Lettre du Comte d'*OOSTERMAN *au Grand Vizir, du 12 Avril* 1736. [Mercure Historique Tom. CI. pag 37.]

IL SEROIT inutile de rapporter en détail avec combien de bonne-foi & d'exactitude on a gardé, du côté de la Russie, les anciens Traitez conclus avec la Porte Ottomanne, & en dernier lieu celui de la Paix perpétuelle: tout le monde & la Haute Porte en particulier, n'en étant que trop convaincus.

Il est d'ailleurs notoire de quelle maniére on en a agi du côté de la Porte Ottomane à l'égard de l'Empire de Russie, & combien celui-ci en a souffert de Vexations, d'Outrages, & d'Insultes ouvertes.

La Paix conclue en 1700, & confirmée de la maniére la plus solemnelle par des Ambassadeurs réciproques, suivant l'ancien usage entre les deux Empires, ne fut pas de longue durée.

Tout le monde sait combien la Porte Ottomanne, voyant la Russie engagée dans une pénible Guerre, profita de la Conjoncture favorable à son égard, pour rompre, sans aucune raison, ladite Paix, & attaquer cet Empire de force ouverte.

Cette Guerre devoit finir par la Paix conclue près de Pruth, & la Russie pouvoit raisonnablement esperer, qu'après y avoir donné les mains, suivant les circonstances du tems, la Porte Ottomanne ne manqueroit pas de garder religieusement un Traité qui lui étoit si avantageux, & qui la mettoit en possession d'Azoff, Ville très-ancienne de Russie.

On n'a enfin que trop reconnu par les Devastations & Pertes irréparables causées à cet Empire, combien on s'étoit trompé dans cette espérance.

Je passe sous silence plusieurs Prétensions également mal-fondées & indiscretes, que la Porte s'avisa de faire incontinent après la Paix conclue, & dont une bonne partie rouloient sur des Affaires, qui naturellement ne devoient point intéresser la Porte.

Mais je ne saurois me dispenser de représenter à Votre Excellence, le plus succinctement qu'il me sera possible, & suivant l'ordre des tems, les Entreprises diamétralement opposées au Traité de Paix, les fréquentes Incursions, les Hostilitez ouvertes, commises sans interruption depuis le Traité d'Adrianople, & les Dommages inexprimables que la Russie en a soufferts.

En 1713, les Tartares, les Turcs, & les Beschleis d'Azoff, commandez par les Murses Nuradyn & Arasiambeck, par Sultan-Mambet Arascht, & par les Murses Urack Raslan, Nanschy, & Eytimir Adschy, firent des Irruptions en plusieurs Provinces de Russie, situées sous les Gouvernemens de Casan & de Woronitz, brulérent un grand nombre de Bourgs, Villages, & Eglises, & plusieurs milliers de Maisons, tuérent plus de deux-mille Habitans du Païs, emmenérent 14340. Hommes à l'Esclavage, & enleverent un grand nombre de Chevaux, & Bêtes à Corne, outre les Meubles, & autres Effets, de la valeur de plus de 500. mille Roubles.

En 1714, les mêmes Tartares & Beschleis d'Azoff firent, comme l'Année passée, différentes Invasions vers Czaritzin, vers les Cosaques du Don, & vers le Territoire de Charkow & d'Isum; tuant, ou traînant à l'Esclavage les pauvres Habitans qui leur tomboient entre les mains, & mettant tout le Païs à Feu & à Sang.

En 1715, Mambet Bey tomba sur les Cosaques du Don, & les Tartares de la Crimée envahirent les Provinces de Charkow & d'Isum; Deli Sultan, Fils du Chan de la Crimée, à la tête d'un grand nombre de Tartares, ravagea les Terres de Czaritzin, se tourna après vers Astrachan, y exerça les plus grandes Cruautez du monde, ruïna le Païs par-tout, enleva le Bétail & les Biens des Habitans, emmena dans l'Esclavage 1220. Familles des Tartares de Tabun & de Iasasse, avec leurs Murses, & mille Familles d'autres Tartares d'El Mursa, & du Sultan Mambeck Mursa, tous anciens Sujets de Russie, avec leurs Femmes & Enfans, & tout le Bétail, Hardes & Meubles: &, non content de tout cela, il surprit Ajuck, Chan des Calmucs, Sujet de l'Empire Russien, ruïna beaucoup de ses Ulusses, emmena dans le Cuban 10300. Familles Calmuques de Ietzan & d'Embulluck, Sujets de cet Empire, transportez depuis, partie dans la Crimée, partie vers le Dnieper, où, par une Infraction manifeste de la Paix perpetuelle, ils sont détenus encore.

En 1716, les mêmes excès, Effusion de Sang, & Saccagemens, furent continuez par les Tartares, les Turcs, & les Beschleis d'Azoff, contre la Province de Dmitrow, au Gouvernement de Woronitz, en deçà de Tombow, dans plusieurs Villes près du Don, & dans lesdites Provinces de Charkow & d'Isum.

Les Représentations très-sérieuses & souvent réitérées, que l'on faisoit du côté de la Russie au sujet de ces Invasions hostiles & Déprédations, aussi bien que la Lettre de l'Empereur Pierre I. d'heureuse mémoire, écrite au Sultan même, dans les termes les plus convenables, pour lui demander une prompte Satisfaction sur toutes ces Violences, ne produisirent pas l'effet que l'on en devoit attendre, & firent si peu d'impression sur la Porte Ottomanne, que bien loin de remedier aux Desordres passez, on les recommença sur le même pied en 1717. dans les Provinces de Charkow & d'Isum; & ledit Deli Sultan, Fils du Chan de la Crimée, avec un nombreux Corps, composé de Tartares, Turcs, Beschleis d'Azoff, & d'autres Nations, attaqua les Villes de Czaritzin, Pensa, Sinbirsk, Saratoff, Insara, Petrowsk, Lomow, & autres Places ouvertes, en prit & ruïna plusieurs, y mit le feu, saccagea & brûla tout le Païs d'alentour; &, après avoir tué un grand nombre d'Habitans de tout âge, n'épargnant pas même l'Enfant dans le Berceau, en fit plus de 30. mille Esclaves, & causa par ce dégât une perte de plusieurs millions à cet Empire.

Une seconde Lettre, écrite là-dessus par l'Empereur Pierre I. au Sultan, n'eut pas un meilleur sort que la précédente.

Le même Deli Sultan, avec un Corps de plusieurs mille Turcs & Tartares, s'approcha de la Ville de Czerkaskoy, pour la surprendre en 1718. Un grand nombre de Cosaques & de Calmucs de Jurt y furent partie tuez, partie traînez à l'Esclavage, sans parler de la perte considérable en Bétail & autres Effets, que les Habitans du Païs souffrirent par cette Irruption: la même Année, & quasi en même tems, d'autres Tartares de la Crimée, conjointement avec ceux de Cuban firent de pareilles Invasions au Gouvernement de Casan, & dans les Provinces de Charkow & d'Isum; & toutes ces Hostilitez alloient toujours en augmentant l'Année 1719, & les trois suivantes; les Turcs & les Tartares envahissant à diverses reprises, & presque sans interruption, & ravageant le Territoire de Czernoyar, les Provinces de Charkow, Isum, Poltawa, Mirogorod & Achtir, comme aussi les Villes de Bachmut & de Torr, où ils exercerent par-tout les mêmes Cruautez, que les Années précédentes.

En ce tems-là, les Troubles, que tout le monde sait, étant survenus en Perse, il est nécessaire d'interrompre tant soit peu le Recit des Hostilitez continuées depuis sans interruption dans les anciennes Provinces de Russie, pour faire quelques Refléxions sur la Conduite que la Haute Porte a tenue en cette occasion.

La Perse étoit en effet réduite à l'extrémité par la Revolte des Augantzes & des Lesgintzes contre le Schach, leur Souverain. Ces Rebelles n'eurent pas seulement la témerité de massacrer à Schamachie plusieurs Marchands Russiens, qui, se reposant sur la foi publique des Traitez, y faisoient leur Négoce en toute sureté, & de se saisir de leurs Effets, de la valeur de plus d'un million de Roubles; mais ils formérent aussi le dessein d'attaquer les anciennes Provinces de Russie.

On sait combien il importe à la Russie de maintenir le Royaume de Perse, & d'empêcher sur tout qu'aucune autre Puissance ne vienne s'emparer des Côtes de la Mer Caspienne. Ce fut donc pour obvier audit Inconvenient, & pour châtier en même tems ces Rebelles des Cruautez commises à l'égard des Sujets Russiens, que l'Empereur Pierre I. fit avancer une partie de ses Troupes en Perse.

Sa Maj. ne manqua point, afin d'ôter tout ombrage à la Porte Ottomanne, de la faire informer par son Résident à Constantinople des véritables Motifs de cette Expédition.

ANNO 1736.

La Haute Porte, n'en ayant témoigné d'abord aucune inquiétude, comme à la vérité elle n'étoit nullement en droit de s'y oppofer, prit, peu de tems après, fous fa Protection, lefdits Rebelles, & ne fit que trop paroitre le deffein qu'elle avoit conçu d'étendre fes Conquêtes à la faveur de ces Troubles.

Démarche incompatible en tout fens, foit avec la Paix perpetuelle qui fubfiftoit entre la Porte & la Ruffie, les Lesgintzes que la Porte protégeoit, étant Ennemis déclarez de cet Empire; foit avec celle qui avoit jufques-là fubfifté entre la Haute Porte & la Perfe, lefdits Lefgintzes s'étant ouvertement revoltez contre le Schach, leur Souverain.

Nonobftant tout cela, Sa Maj. Imp. dont les Soins tendoient principalement à pourvoir à la fureté des Côtes de la Mer Cafpienne, à détourner la ruine totale du Royaume de Perfe, & à conferver en même tems la Paix & la bonne Harmonie avec la Porte Ottomane, voulut bien en fa faveur condefcendre à un Traité, par lequel furent réglez les Limites entre l'Empire Ruffien & la Porte Ottomanne, à l'égard de la Perfe; & pour prévenir tout prétexte de Méfiance entre les trois Puiffances, on fixa les bornes que la Porte s'engagea de ne point paffer, en cas même que le Schach Tachmafib refufât d'acceder à ladite Convention

On employa, conformément à ce qui étoit ftipulé par le Traité, tous les Moyens convenables pour que ce Prince l'acceptât.

Cependant, comme la Porte, qui n'avoit pas ellemême l'intention de s'en tenir à fes Engagemens, fe voyant en poffeffion des Provinces qu'elle avoit occupées en vertu de ce Traité, paffa auffi-tôt les Bornes prefcrites, envabit la Ville d'Ardevil, fervant de Barriere aux Royaumes des trois Puiffances, & plufieurs autres Places, tant du côté d'Amadan qu'ailleurs, & qu'elle eût même refolu de s'emparer d'Ifpahan, Capitale de la Perfe: on ne devoit plus s'étonner fi le Schach Tachmafib témoigna peu de difpofition d'accéder au Traité en queftion.

Tout cela a été repréfenté plus d'une fois à la Porte Ottomanne par le Réfident de Ruffie, étant d'ailleurs fi notoire, que la Haute Porte, fi elle veut bien le confidérer fans prévention, doit avouer ellemême, que c'eft dans fa propre conduite qu'il faut chercher la *vraye & unique raifon* pourquoi ces troubles *ont fi longtems duré*, & coûté à la Porte des fommes confidérables & une fi grande effufion de fang Ottoman.

Le deffein fur Ifpahan ayant été contrecarré par l'oppofition d'Efchref, Chef des Augantzes, la Porte trouva à propos de faire fa Paix particuliere avec lui, & d'abandonner à la Ruffie, malgré le Traité fait avec elle, tout le fardeau de la Guerre contre Efchref: auffi ne tarda-t-il pas, incontinent après la paix faite avec la Porte, d'attaquer les Troupes Ruffiennes dans le Gilan.

Or, celui-ci ayant été battu & défait, par l'affiftance du Tout-Puiffant, le Schach Tachmafib fut peu après affez heureux pour fecouer le joug cruel des Rebelles, & pour recouvrer enfuite Ifpahan fa Réfidence.

Les Villes conquifes par les Turcs aux Provinces de Schudzhiftan & de Loriftan, au-delà de ce qui leur étoit dû en conformité de la Convention faite avec la Ruffie, donnerent occafion à une nouvelle guerre entre le Schach Tachmafib & la Porte Ottomanne.

Tachmafib rechercha avec grand foin l'affiftance de la Ruffie, mais Sa M. Imp. pour éviter jufques au moindre ombrage que la Porte auroit pu concevoir d'une telle alliance, ne prit aucun engagement avec ce Prince.

La Porte Ottomanne, au contraire, ne fit pas fcrupule de conclure avec lui une paix particuliere, qui fut par conféquent le fecond Traité fait à l'exclufion de la Ruffie, en cedant au Schach les Provinces d'Amadan & de Tauris.

Et comme S. M. Imp. n'avoit jamais eu l'intention de faire des Conquêtes en Perfe, Elle voulut bien, après que la Porte Ottomanne eût fait la Paix avec Tachmafib, entrer auffi en Négociation avec ce Prince, pour lui rendre les Provinces de Gilan, d'Aftara & autres, jufqu'à la riviere de Kura, ne fe réfervant les autres Places fituées fur les côtes de la Mer Cafpienne, que pour empêcher (comme fa propre fureté & l'intérêt naturel de fon Empire l'exigeoient) qu'une Puiffance étrangere ne vînt les occuper.

La Paix conclue entre la Porte Ottomanne & la Perfe, fut bien-tôt interrompue par une nouvelle Rupture & Guerre ouverte.

Jufques-là la Haute Porte avoit fermé les oreilles à toutes les Repréfentations, qui lui étoient faites au fujet de fon Traité fait avec la Ruffie, par rapport aux affaires de Perfe: car, outre plufieurs autres attentats & infractions notoires, elle avoit fait, comme je viens de dire, fes Traitez particuliers avec Efchref & le Schach Tachmafib.

Mais, à l'occafion de cette nouvelle Guerre, elle crut à propos d'inviter la Ruffie à concourir avec elle pour finir les Troubles en Perfe: &, quoique la Ruffie eût affez de raifons pour fe défier du deffein de la Porte Ottomanne, cependant, pour la convaincre d'autant plus de la droiture de fes intentions, Elle voulut bien condefcendre à ladite demande de la Haute Porte, & fit expédier les ordres en conformité à fon Réfident à Conftantinople, pour prendre là-deffus avec Elle des mefures convenables. Ce Réfident propofa, en plufieurs Conférences tenues avec les Miniftres de la Porte, d'envoyer de part & d'autre des Miniftres Plénipotentiaires fur les frontieres de Perfe, lefquels feroient chargez d'offrir au Schach une Paix raifonnable, & en cas qu'il n'y voulût point donner les mains, d'employer de concert les armes pour rétablir la tranquillité dans ce Royaume.

La Porte Ottomanne fe départit auffi-tôt de fa prémiere demande, & déclara pour toute Réponfe au Réfident, que la Ruffie n'avoit qu'à garder de fon côté une exacte neutralité, pendant que les Ottomans finiroient leurs affaires en Perfe par la voye des armes.

Loin de contrevenir en aucune manière à cette neutralité, S. M. Imp. fit bien davantage, & donna les preuves les plus convaincantes de la difpofition où Elle étoit de vivre en bonne intelligence avec la Porte.

Après quelques mauvais fuccès que la Porte avoit éprouvez en cette Guerre, elle imagina un prétexte très-frivole pour reprocher à la Ruffie, qu'Elle paroiffoit vouloir étendre fa Domination depuis Schirvan jufques dans la Géorgie, & qu'Elle en fût convenue en fecret avec les Perfans. Quoique cette penfée, comme je viens de dire, n'eût aucun fondement, S. M. Imp. voulant ôter, autant qu'il dépendoit d'Elle, tout fujet de plainte & de méfiance à la Porte, réfolut de reftituer à la Perfe les Places fituées fur les Côtes de la Mer Cafpienne, & qui avoient anciennement appartenu à cette Puiffance, comme en effet S. M. Imp. qui, à l'exemple de fes glorieux Prédéceffeurs, a toujours été fort éloignée de profiter en fon particulier des troubles excitez en Perfe, en a retiré toutes fes Troupes, à condition pourtant, (1) que ces Places reftent à perpétuité fous la Domination de la Perfe, & n'en fçauroient être detachées, ni cedées à aucune Puiffance Etrangere, & (2) qu'au futur Traité de la Paix entre la Porte Ottomanne & la Perfe, S. M. Imp. y feroit reçue, & comprife comme Puiffance Amie de l'une & de l'autre des Parties contractantes.

Voilà ce qui concerne les affaires de Perfe en général, & la conduite que les Ottomans ont tenuë par rapport à ce Royaume, de laquelle je viens de rapporter les principales circonftances, pour faire reffouvenir tout le monde impartial, & la Haute Porte en particulier, que par fes propres démarches elle s'eft attiré cette longue & funefte Guerre.

D'un autre côté, la conduite de la Porte Ottomanne envers la Ruffie, relativement aux affaires de Perfe, n'a différé en rien des Hoftilitez & Violences ouvertes exercées dans les anciennes Provinces de cet Empire.

Non contente de pouffer fes conquêtes au-delà des bornes préfcrites par le Traité fait avec la Ruffie, & de les étendre fur toute la Perfe, s'il avoit été poffible, elle prétendoit fe mettre en poffeffion de ces Places même, qui, conformément au Traité, n'appartenoient qu'à la Ruffie.

On avoit, en vertu de ce même Traité, établi des Commiffaires pour régler les Limites des deux Empires. Ces Commiffaires s'acquitterent de leur devoir dans les deux premieres conférences par rapport à une partie du Schirvan; mais à l'égard des Limites de l'autre partie, la Porte n'a jamais voulu qu'ils fuffent réglez, malgré les fréquentes repréfentations qu'on lui à faites fur ce fujet.

Elle déclara d'abord, que la Ruffie n'avoit qu'à occu-

ANNO 1736.

occuper ce territoire-là, & qu'elle ne le lui disputeroit jamais: cependant, comme les Russiens se mirent en devoir d'en prendre possession, la Porte ne tarda plus de s'approprier ces terres, sous prétexte, qu'à cause de la Religion Mahométane, elles ne pouvoient être abandonnées à la Russie.

Après la prise d'Ardevil, la Haute Porte prétendoit occuper aussi les Provinces d'Astara & de Kergut, situées sur les Côtes de la Mer Caspienne, lesquelles, suivant ledit Traité furent cedées à la Russie; les Troupes Turques ayant fait d'Ardevil plusieurs irruptions pour les surprendre, & commis beaucoup d'hostilitez, en ravageant le Païs, traînant les Habitans à l'Esclavage, & faisant par-tout un dégât inexprimable, pendant que Daud Beck, & le Turc Karadschy Ali Pascha exerçoient de pareilles cruautez sur le Pays de Baku.

Darga Kuli Bakynski, Chusein Beck, le Naip Saliansky, & Azazuck, Frere de Schamchal, tous Rebelles ouvertement révoltez contre la Russie, furent protégez par la Porte, & encouragez afin d'envahir sans cesse les Provinces de Russie, & d'y causer toutes sortes de dommages.

Les Terres de Kazil Agatsch & de Salian furent hostilement attaquées par Surchay, Gouverneur de Schamachie, à la tête d'un gros Corps de ses propres Troupes aussi bien que de Turcs; les Habitans du Pays, & les Garnisons, y furent impitoyablement tuez, ou pris prisonniers; les Villages & les Magazins fournis de munitions, brûlez; & tout le Pays totalement ruïné; sans parler des violences commises par ce même Surchay, par son Fils, & par Katschey Beck dans les autres Terres, qui étoient tombées en partage à la Russie.

Les Provinces de Leckari, Atschari, Siakutzky, Savansky, Tangarutzi, Lastilischansky, Novarutzi, & Schendali souffrirent de semblables invasions. On ne trouve pas à propos d'entrer dans un plus grand détail de tous ces faits, d'autant qu'on les a exposez au long à la Porte à mesure qu'ils étoient arrivez; & il faut bien qu'elle en ait la mémoire fraîche.

Les représentations que les Gouverneurs Russiens firent en cette occasion aux Officiers commandans des Turcs en Perse, & celles que le Résident de Russie étoit chargé de faire à la Haute Porte même, n'eurent aucun effet; les insolences des Turcs alloient toujours en augmentant, & ne discontinuerent point jusqu'à l'entiere sortie des Troupes Russiennes.

Non-obstant tout cela, S. M. Imp. continuoit toujours de donner à la Porte des preuves réelles de la sincérité de ses intentions.

La Porte ne peut ignorer de quelle maniere S. M. Imp. a sauvé Aly Pascha, qui avec ses Troupes étoit réduit à la derniere extrémité dans Ardevil, & qu'après l'en avoir tiré, S. M. le fit, par un pur motif de Générosité, défrayer à Astara, & escorter jusqu'aux Frontieres de la Turquie; qu'Elle fit pareillement recevoir plusieurs centaines de Sujets Turcs échapez de leur captivité en Perse & en Usbeck, les fit nourrir & pourvoir de toutes choses dont ils avoient besoin, & reconduire enfin sous bonne escorte jusques dans leur Patrie: Circonstances qui ne sont que trop connuës à la Nation Ottomanne, & dont tous ces gens-là ne refuseront pas eux-mêmes de rendre témoignage à la vérité.

Pendant que les Ottomans exerçoient ces actes d'Hostilité en Perse, d'autres anciennes Provinces de Russie en Europe, bien loin d'être à l'abri de leurs insultes, en souffroient les mêmes invasions & cruautez.

J'ai déja exposé ce qui s'est passé à cet égard depuis la Paix concluë jusqu'en 1723.

La Porte fut en effet si peu touchée des Remontrances que feu l'Empereur Pierre I. de Glorieuse Memoire lui fit sur ce sujet dans ses Lettres écrites au Sultan, & des Représentations que le Résident de Russie ne cessoit de faire pareillement au Ministre de Constantinople, comme aussi des plaintes & demandes faites, tant de bouche, que par écrit, au Capitzy Pascha, Nischley Mehmet Aga, Envoyé de Turquie auprès de S. M. Imp. à Moscou, pour obtenir une prompte satisfaction sur tous les griefs mentionnez ci-dessus; elle en fut, dis-je, si peu touchée, que les invasions faites la même année 1723. par les Tartares, les Turcs, & les Beschleis d'Azoff, dans les Provinces de Poltawa & de Mirogorod, contre Bachmut & les Cosaques du Don, sembloient surpasser les précédentes en cruautez & barbaries.

Les mêmes Hostilitez furent continuées en 1724. par les Beschleis d'Azoff & les Tartares de la Crimée dans lesdites Provinces de Poltawa & de Mirogorod, contre Bachmut, les Cosaques du Don, & les Calmucs de Jurt.

Comme aussi en 1725. contre Bachmut.

En 1726 encore contre Bachmut & les Cosaques du Don.

En 1727. contre le Retranchement, contre les Cosaques du Don, & la Ville de Bachmut.

En 1728. contre ledit Retranchement, les Cosaques du Don, & la Ville de Bachmut.

La même année les Calmucs du Batyr Toyscha & sa suite, tous anciens Sujets de la Russie, s'étant, après avoir pillé d'autres Sujets de cet Empire, retirez sur les Terres de Turquie, la Haute Porte les y reçût publiquement, & elle les y protege encore aujourd'hui.

Les mêmes invasions furent réïtérées en 1729. contre Bachmut & les Cosaques du Don.

En 1730. contre lesdits Cosaques, & dans les Provinces de Bachmut & de Mirogorod.

En 1731. & 1732. contre les mêmes Cosaques & les Cabardins, anciens Sujets de la Russie, par les Tartares, les Turcs, & les Beschleis d'Azoff, qui firent main basse sur tout ce qui s'opposoit à leur rage, tuerent, prirent, & emporterent les hommes, le betail, & autres effets, ruïnerent le Païs, & brûlerent plusieurs Bourgs & Villages.

La Porte Ottomanne s'étoit contentée jusques-là de faire paroître ses mauvaises intentions contre cet Empire par tant d'Hostilitez commises en Perse aussi-bien qu'aux anciennes frontieres de la Russie. Mais, en 1733. elle s'avisa, sans avoir plus le moindre égard pour la Paix & l'Amitié si solemnellement établies entre les deux Nations, d'attaquer la Russie par des entreprises bien plus éclatantes & plus atroces.

Donduc Ombo, Chef des Calmucs, & Sujet de cet Empire, s'étant à la fin de 1732. brouillé avec son Chan, & craignant avec raison le juste ressentiment qu'il avoit mérité, se retira sur les Terres de Turquie.

Avant cette desertion même, le Résident de Russie fit à la Porte des Représentations convenables, pour qu'elle n'accordât point sa Protection à Donduc Ombo: sur quoi elle fit d'abord assurer le Résident, qu'elle ne recevroit point ce deserteur, & peu après, qu'elle le renvoyeroit avec toute sa suite, pendant qu'en effet elle fit tout le contraire. Donduc Ombo, avec plusieurs milliers d'Ulusses, Sujets Russiens, ne fut pas seulement protégé publiquement, mais on donna même la permission aux Sujets Turcs de se joindre à ces Rebelles, pour faire des irruptions continuelles sur les Terres de Russie. Ils ravagerent en effet le Païs, saccagérent quantité de Villages, tuerent un grand nombre d'Habitans, & en traînerent plusieurs milliers à l'esclavage.

Et pour marquer d'autant plus son aversion pour la Paix, la Porte detacha peu après en Perse Fetigerey Sultan avec un gros Corps de Troupes Turques & Tartares, chargé d'un ordre exprès d'envahir non seulement les Provinces de Perse, qui pour lors étoient sous la Domination de S. M. Imp. mais aussi le Daguestan, Province très-ancienne de Russie, & de pénétrer, après qu'il en auroit fait la conquête, plus avant dans la Perse.

Le Résident de S. M. Imp. ayant appris cette démarche de la Porte Ottomanne, qui tendoit à une rupture ouverte, y fit aussi tôt les oppositions nécessaires, & déclara dans les formes, qu'en cas que cet ordre fût exécuté, la Russie seroit obligée de repousser la force par la force.

Les Généraux de Russie, Commandans en Perse, ont fait plus d'une fois de pareilles déclarations à Fetigerey Sultan avant qu'il se fût approché des Frontieres de cet Empire; cependant, toutes ces Protestations ne furent d'aucun effet.

Ce n'étoit pas seulement le Chan des Tartares de la Crimée, qui incitoit à la révolte lesdits anciens Sujets de la Russie, c'étoit la Porte Ottomanne elle-même, qui les y encourageoit par des Lettres publiques, distribuées pour cet effet, dans lesquelles ils furent exhortez de se joindre à Fetigerey Sultan, pour attaquer avec lui les Troupes Russiennes, témoin plusieurs de ces Lettres Originales produites à la Porte Ottomanne par le Résident de Russie.

ANNO 1736. En effet, Fetigerey Sultan & le Capitzi Pascha, qui commandoit avec lui, entrerent dans les Provinces de Russie; y attaquerent les Troupes de Sa Maj. Imp.; & quoiqu'ils en fussent repoussez avec une perte considérable, ils eurent cependant l'adresse de gagner Usmey, avec d'autres Sujets de la Russie, de les faire revolter, & de poursuivre conjointement avec eux, leurs Entreprises, comme effectivement ils donnérent l'Assaut à la Ville de Derbent, & firent un affreux dégât, non seulement dans les nouvelles Provinces de Perse appartenantes à la Russie, mais aussi sur l'ancien Territoire de cet Empire, autour des Villes de Grebensky, d'où plusieurs milliers de Sujets furent envoyez dans l'Esclavage en Turquie

Au même tems, une Troupe de Cosaques du Don, commandée par l'Attaman Frolow, fut attaquée dans les anciennes Provinces de Russie, par un autre gros Corps de Tartares, qui en tuerent plusieurs, & firent prisonnier l'Attaman, avec un bon nombre de ces Cosaques, pendant que d'autres Tartares firent de nouvelles Invasions contre les Cosaques du Don, & dans les Provinces de Bachmut & d'Isum.

De ces Sujets de la Russie, qui étoient faits Prisonniers par Fetigerey Sultan, un grand nombre en fut mené à Constantinople; le Résident de Russie les reclama en vertu de la Paix & Amitié qui devoient subsister entre les deux Cours: mais, au lieu d'une Reponse satisfaisante, on lui déclara, qu'il n'avoit qu'à rançonner les Esclaves en question, à 100 Lewkows par tête, ce qu'il n'a pas manqué de faire à l'égard de tous ces pauvres Captifs, qui se sont présentez à lui.

En 1734, les Provinces Frontiéres de Russie ne furent pas moins insultées que par le passé.

Les Turcs d'Azoff aussi bien que les Tartares de la Crimée, & ceux de Cuban, commirent les Hostilitez ordinaires contre les Cosaques du Don, & dans les Terres de Bachmut & de Poltawa, après quoi Berkut, Village situé en deçà du Boristhene & de l'Orel, fut entiérement ruiné, la plus grande partie des Habitans, sans distinction de Sexe, ni d'Age, impitoyablement massacrée, & le reste conduit à l'Esclavage.

Pendant toutes ces *Infractions* de Paix, & les Outrages continuels où cet Empire étoit exposé à l'égard des Turcs & des Tartares, tout le monde impartial avoit d'autant plus de raison d'admirer la Magnanimité & la Modération de Sa Maj. Imp. ma très-Gracieuse Souveraine, vû qu'un seul de ces Attentats, &, à beaucoup plus forte raison, des Violences & Insultes continuées depuis tant d'Années, le Sang de tant de milliers de Sujets Russiens innocemment tuez, & l'Esclavage de tant de milliers d'autres, qui soupirent encore après leur délivrance, ne méritoient que trop le juste Ressentiment de Sa Maj. Imp. tous les Droits Divins & Humains l'autorisant à user de Represailles pour la défense de son Empire & de ses Sujets.

La Porte Ottomanne & tous les Mahométans n'en sauroient disconvenir; ils avoueront au contraire, que Sa Maj. Imp. avoit pour cet effet des Forces suffisantes en main, & que la situation des Affaires de Perse y étant d'ailleurs assez favorable, il ne tenoit qu'à Sa Maj. d'en profiter.

Cependant, la Grandeur d'Ame, si naturelle à Sa Maj. Imp., & son Desir sincere de conserver la Paix & l'Amitié avec la Porte, ont moderé jusques ici les effets de son Ressentiment. Elle s'est contentée de faire représenter par son Résident, tant par Ecrit que de vive voix à la Porte, toutes ces Insultes & Injustices, & de lui en demander réparation.

Les Ministres Etrangers subsistans auprès de la Haute Porte de la part des Puissances qui s'intéressent à la conservation de la Paix entre les deux Empires, y ont interposé leurs bons Offices, & Sa Maj. Imp. esperoit en effet, que la Haute Porte changeroit enfin de Conduite, qu'elle reconnoîtroit avec tout le monde, & la Nation Ottomanne en particulier, l'injustice de ses Démarches; & qu'elle en feroit une Reparation convenable, pour conserver par là la Paix & l'Amitié, à la sureté & à l'avantage réciproque des deux Nations.

C'est dans cette espérance, que Sa Maj. demeuroit jusqu'en 1735. auquel tems il parut à tout le monde jusqu'à quel point la Porte Ottomanne méconnoissoit les bonnes Intentions de Sa Maj. Imp. & combien peu de cas on y faisoit de son Amitié. ANNO 1736.

La Porte, bien loin de songer à s'acquitter de la Réparation qu'on lui avoit demandée au sujet de l'Invasion faite en 1733. par Fetigerey Sultan, & dont naturellement elle devoit se souvenir, envoya en 1735. le Chan des Tartares de la Crimée à sa tête de 80. mille Hommes vers les mêmes Provinces de Russie, aussi dans la même intention, & avec les mêmes Ordres que Fetigerey Sultan y avoit été envoyé.

Il est connu depuis long tems à la Porte, & on le lui a déclaré tant de fois, que l'Intérêt de l'Empire Russien ne permet point qu'aucune Puissance, hormis la Perse, s'empare des Côtes de la Mer Caspienne, toutes les Places, que la Russie avoit occupées en Perse, n'ayant été restituées que sous ladite Condition: la Porte sait de plus, que les Peuples du Dagueltan sont, depuis un tems immémorial, Sujets indisputables de la Russie, & que cette Province-la ne sauroit être cedée à aucune autre Puissance, & moins encore à la Porte Ottomanne.

Cependant, Ali Pascha, le Grand-Vizir Prédecesseur de Votre Excell. déclara rondement, tant de bouche au Résident de Russie à Constantinople, que par une Lettre qu'il m'écrivit en ce temslà, que la Haute Porte ayant pris sous sa Protection les Peuples du Dagueltan, elle avoit donné ordre au Chan de la Crimée, de les aller joindre, & de s'avancer vers Schirvan, & de s'emparer de ce Païs-là; ajoutant, que si la Russie s'opposoit à cette Entreprise, on ne manqueroit pas de la soutenir de force ouverte.

Et quoique dans ma Réponse faite à ladite Lettre par ordre exprès de Sa Maj. Imp. je lui eusse marqué, combien une telle Action étoit contraire à la Paix, & que, pour en détourner la Haute Porte, je lui eusse protesté, qu'en tout cas S. M. Imp. ma très-Gracieuse Souveraine, se trouveroit obligée de prendre des mesures convenables pour sa défense, ce qui fut de même déclaré dans les formes à la Haute Porte par le Résident de Russie: toutes ces Précautions furent sans effet.

Ledit Résident ne reçut d'autre Réponse, que celle que la Porte a coûtume de donner, lorsqu'elle en veut venir à une Rupture, à savoir; que le Grand-Vizir ne vouloit plus entendre parler de cette Affaire, parce que telle étoit l'intention du Sultan son Maitre; de pareilles Déclarations furent faites par ce Vizir aux Ministres des Puissances Amies des deux Empires, comme aux Ambassadeurs de la Grande-Bretagne, & de Leurs Hautes Puissances, & au Résident de l'Empereur des Romains.

Le Chan de la Crimée continuoit en effet sa marche, & attaquoit les Provinces du Daguestan, ruïnant le Païs, & exerçant toutes sortes de cruautez, à la maniére ordinaire de sa Nation.

Dans le même tems, les Tartares de la Crimée & de Nagay firent plusieurs Incursions sur d'autres Terres de Russie, suivant par-tout le détestable Exemple que le Chan venoit de leur donner dans le Daguestan

En considération de tout ce que dessus, Sa Maj. Imp. ma très-Gracieuse Souveraine, après avoir remarqué, que toutes les Représentations amiables ont été, jusques ici, infructueuses, résolut de faire avancer vers les Frontiéres de la Crimée, un Corps de ses Troupes de l'Ukraine, dans la seule vûe de ranger ce Chan à son Devoir, de prévenir l'exécution de cette Entreprise, & de l'en faire retourner vers la Crimée; le Général commandant ce Corps, ayant reçu ordre de revenir avec ses Troupes sur les Frontiéres de Russie, aussi-tôt qu'il auroit appris la Nouvelle de la Retraite du Chan; comme en effet ledit Général, sur la Nouvelle qu'il avoit reçûe de plusieurs endroits touchant le retour du Chan à la Crimée, quitta d'abord les Frontiéres de Tartarie, & revint en Ukraine.

Cependant, la Nouvelle du retour en question se trouva fausse, & le Chan, qui n'en avoit pas eu la pensée, poursuivoit impunément ses Entreprises.

Le Résident de Sa Maj. Imp. ayant fait là-dessus au Mois de Novembre de l'Année passée des Remontrances très-serieuses, la Porte ne donna pour toute résolution que cette Réponse piquante, & pleine de mépris: que le Chan de la Crimée étoit déjà arrivé en Perse, à l'aide des bons offices des Généraux de Russie.

Et pour le dire en peu de mots, ni la Modération

Anno 1736.

tion que Sa Maj. Imp. a témoignée depuis tant d'Années, & qui est connue à toute la Nation Mahométane, ni les Remontrances, Déclarations, & Protestations si souvent réïterées de la part de cet Empire, ni enfin les bons Offices des Ministres des Puissances Amies, n'ont pû déterminer la Porte Ottomanne, soit à une Réparation équitable des Dommages causez, soit à la moindre Démarche tendant à la conservation de la Paix & de la bonne Amitié entre les deux Empires.

Ce mystére vient de se développer, la Porte ayant resolu d'attaquer de toutes ses Forces l'Empire de Russie.

J'ai dit ci-dessus, que les Places situées sur les Côtes de la Mer Caspienne ne furent restituées, qu'à condition que Sa Maj. Imp. seroit comprise comme Puissance Amie des deux Parties Contractantes, dans le Traité que la Perse feroit avec la Porte Ottomanne.

On s'en rapporte au Jugement de tout le monde impartial, de la Haute Porte, & de la Nation Ottomanne en particulier, si Sa Maj. Imp. pouvoit donner une Preuve plus convaincante de la ferme résolution qu'elle avoit de vivre en Paix & en bonne Intelligence avec la Porte, que lorsqu'après avoir refusé de s'unir à la Perse contre les Ottomans, comme elle l'auroit pu faire sans scrupule, après tant d'Hostilitez & d'Outrages que son Empire en avoit soufferts jusques là, Sa Maj. Imp. demanda publiquement d'être comprise, comme Puissance Amie, au futur Traité de la Porte Ottomanne avec la Perse, pour entretenir ainsi avec les deux Parties Contractantes une Amitié sincere & durable.

Cette demande ayant été appuyée par la Perse à la Négociation où elle est entrée avec la Porte Ottomanne, fut au contraire hautement rejettée par celle-ci, qui déclara formellement, qu'elle ne feroit jamais la Paix à cette Condition, regardant la Russie comme son Ennemie, contre laquelle elle avoit résolu d'employer toutes ses Forces.

On fait effectivement dans toutes les Provinces de Turquie de grands préparatifs de Guerre, pour l'exécution de ce dessein; on rallie les Troupes sous le Seraskier à Babadach; & le Chan de la Crimée, suivant les Nouvelles qu'on en a ici, reste toujours avec une Armée très-nombreuse aux Frontiéres de la Russie: enfin, pour ne laisser échaper aucune occasion de faire paroître les mauvaises intentions où l'on est à l'égard de cet Empire, la Porte refuse déjà de recevoir du Résident de Russie les Mémoires qui portent les Titres ordinaires de Sa Maj. Imp. quoiqu'auparavant on n'ait fait la moindre difficulté de les reconnoître, non seulement aux Mémoires du Résident, mais aussi dans les Traitez formels faits avec la Russie

Après un Procédé si étrange, & des Intentions hostiles si ouvertement déclarées, il ne reste plus à Sa Maj. Imp. d'autre expédient que celui de songer à sa propre Défense, & d'employer les Forces que Dieu lui a confiées, contre la Porte, pour mettre à l'avenir ses Sujets à couvert de toute Insulte, comme les Loix Divines, le Droit de la Nature & des Gens, & les Devoirs d'Imperatrice & de Souveraine, l'y obligent.

C'est par ordre exprès de Sa Maj. Imp. que je fais part de tous les Points ci-dessus mentionnez à Votre Exc. comme au Premier-Ministre de la Porte Ottomanne, & que je déclare encore, que, nonobstant les raisons indispensables qui ont déterminé Sa Maj. Imp. à prendre les Armes pour défendre ses Sujets, & pour repousser la Force par la Force, avec une entiére Confiance en Dieu, toujours Protecteur de la bonne Cause, elle ne prend cette résolution qu'à regret, & dans la seule intention de se procurer une Satisfaction proportionnée à tant de Violences & de Pertes que la Russie a souffertes jusqu'ici de la Porte Ottomanne, & de rétablir enfin la Paix à des Conditions capables de garantir à l'avenir de la maniere la plus solide, la Sureté & la Tranquillité de ses Etats & Sujets, comme elles subsistoient entre les deux Empires, avant que tout ce que je viens de rapporter ci-dessus fût arrivé.

Ensuite de quoi, Sa Maj. Imp. déclare, qu'en cas que la Porte Ottomanne soit dans les mêmes dispositions pour l'avancement de la Paix, & qu'elle envoye pour cet effet ses Ministres Plénipotentiaires vers les Frontiéres de cet Empire, Sa Maj. Imp. ne tardera point d'y prêter la main au premier Avis qu'elle en aura reçu, d'y dépêcher les siens, pour achever au plûtôt un Ouvrage si noble & si salutaire aux deux Nations.

La Haute Porte & tous les Ottomans reconnoîtront en toutes ces Démarches la Justice & la Sincérité des Sentimens où Sa Maj. Imp. est, & sera toujours, de procurer une Paix solide, durable; &, quoiqu'elle ait été, comme je l'ai dit ci-dessus, dans la nécessité de prendre la Défense de son Empire, Sa Maj. Imp. fort éloignée d'entretenir ces Troubles, ne souhaite que de les voir finir promptement.

J'espere au reste, que la Haute Porte, quelque résolution qu'elle prenne au sujet de la Lettre que je viens d'écrire à Votre Exc. voudra bien laisser partir en toute sureté le Résident de Russie à Constantinople, avec toute sa Suite & ses Bagages, & le faire escorter jusques aux Frontiéres de la Russie, comme il a été de tout tems pratiqué en pareilles occasions entre les Nations civilisées: usage, que l'Imperatrice ma très-Gracieuse Souveraine a de même observé jusques-ici à l'égard de la Haute Porte, & que Sa Maj. gardera inviolablement à l'avenir.

CCIV.

Manifeste de l'Empereur publié en commençant la Guerre contre les Turcs, en Juillet 1736.

Juill.

LA Lettre du Comte d'Ostermann au Grand Vizir du 12 Avril 1736. donne assez à connoître les justes raisons, que S. M. de toutes les Russies a euës de faire la guerre aux Turcs. Ils n'ont ni pu, ni osé contredire la plupart des faits qui y sont cités, & le peu de fondement de tout ce qu'ils ont allegué, moins pour les justifier, que pour les colorer, de même que le soin empressé de l'Empereur pour en prevenir les suites, se trouvent demontrés avec tant d'évidence par la premiere Lettre du Comte de Kœnigsegg au même Grand Vizir, que la Cour Imperiale a lieu de se flatter, que ceux-là même, qui pourroient avoir envie de critiquer ses demarches, n'ont pas pu se dispenser de reconnoitre en cette occasion son amour pour la paix, sa droiture, sa modération, & sa constante fidélité à remplir les engagemens une fois contractés, selon que les regles de la justice & de la bonne foi l'exigent. Le contenu de cette Lettre pourroit donc suffire, pour convaincre tout le monde impartial, que Sa Majesté de toutes les Russies étoit la partie offensée, & par consequent en droit de demander à la Porte Ottomanne satisfaction pour le passé, & sureté pour l'avenir. D'où il s'ensuit, que l'Empereur ayant inutilement employé pendant plusieurs années tous les moyens possibles pour prévenir la rupture, & ne s'étant pas moins empressé pendant plus d'un an pour la faire cesser, ne sauroit tarder davantage à donner à une fidèle Alliée l'aide qu'elle reclame avec tant d'instance. Cette verité mise d'avance dans tout son jour, il ne reste qu'à communiquer au public un succint recit des faits & circonstances, qui servent à éclaircir le contenu des differentes Lettres, écrites de part & d'autre, & c'est ce qu'on se propose de faire dans le present Ecrit.

L'Alliance, qui subsiste heureusement entre S M. I. & C. & S. M. de toutes les Russies, fut concluë en 1726. Elle n'a pour but, que la defense & la sureté mutuelle. Nul sujet de jalousie ni d'ombrage n'a lieu parmi les Contractans. Sans avoir rien à demêler ensemble, ils peuvent néanmoins s'entre-aider puissamment toutes les fois que la Porte Ottomanne voudroit violer les Traités, & se saisir d'une occasion qu'elle pourroit croire favorable, pour manifester sa haine contre le nom Chrétien Une telle union a été jugée très-utile, lorsque la Ligue Sacrée fut opposée au torrent des armes victorieuses du vaste & formidable Empire Ottoman. Elle doit donc paroitre bien plus avantageuse dans l'état où la Russie est aujourd'hui. C'est la digue la plus assurée contre les mauvais desseins des Turcs. Les mouvemens qu'ils se sont donnés, & les artifices qu'ils ont employés pour la rompre, en sont autant de preuves. Tant que deux Puissances si respectables resteront étroitement liées ensemble, comme leur propre interêt le demande, les païs, qui confinent avec l'Empire Ottoman, n'ont pas tant à apprehender le joug des Infidèles; joug, dont sans cela ils sont menacés autant de fois, que de malheureuses dissensions font naître des troubles en Europe. On sçait combien loin l'allarme a été portée dans les tems passés. D'où l'on peut & doit conclu-

Anno 1736.

re, jusqu'où s'étend l'avantage qui resulte de l'union susdite. Il n'est pas à craindre qu'elle donne occasion à des ruptures plus fréquentes, par la part que l'un des Alliés doit prendre aux interêts de l'autre.

Le desir d'opprimer les Chrétiens, ne manque jamais aux Infidèles. Le plus ou moins de facilité à le faire, l'emportement d'un premier Ministre, ou la rage d'une Milice effrenée, les déterminent. Sans la guerre en Perse, & sans la crainte des forces unies de l'Empereur, & de la Czarine, la Paix de Passarowitz n'auroit pas tant duré. Mais ni le repos en Europe, ni les avantages qu'on devoit se promettre de ces forces unies, tandis que les Turcs étoient engagés ailleurs, n'ont diminué en rien le desir sincère des Cours alliées, de conserver le repos, autant qu'il étoit possible: preuve évidente, que le maintien de ce même repos, & la fureté commune, sont l'unique but de leur union.

La Lettre du Comte d'Ostermann au Grand Vizir ne rapporte pas seulement les frequentes hostilités commises par les Turcs & les Tartares en pleine Paix contre la foi des Traités. Elle marque encore l'année où chaque fait est arrivé. Combien de justes sujets n'avoit-on pas d'en tirer vengeance par les armes, dans un tems tel qu'il est dit ci-dessus? Mais les conseils pacifiques de l'Empereur ont toujours prévalu à la Cour de Russie. Ce Prince n'a rien omis, pour engager la Porte à mieux observer les Traités, à faire cesser les invasions & les pillages des Païs amis & voisins, enfin à ne pas lasser la patience de S. M. de toutes les Russies par des excès nouveaux. Les moiens les plus amiables & les plus efficaces ont été mis en usage pour cet effet. Deux fois l'Empereur s'est chargé de la médiation, & deux fois son Ministre à Constantinople a été muni des Pouvoirs nécessaires pour accommoder les differends, & en prévenir les suites. En un mot tous ses soins ne tendoient qu'au repos, & on ne balance pas de s'en rapporter au propre témoignage de la Porte. Mais bien loin de produire l'effet tant desiré, le mal empira d'année en année. La modération de la Cour de Russie rendit les Turcs & les Tartares plus hardis. Elle sembla les provoquer à des excès plus énormes. Comme ils en avoient commencé plusieurs, avant les derniers troubles en Pologne, ils n'ont pas discontinué après que la Paix a été heureusement rétablie entre les Princes Chrétiens.

Ils ont même été poussés si loin, que sans blesser sa dignité, & sans courir de plus grands risques, S. M. de toutes les Russies n'a pas pu differer davantage à se procurer la satisfaction & la fureté reclamées inutilement depuis tant d'années, par la seule voye qui lui restoit, c'est-à-dire, celle des armes. En vain avoit-elle souhaité de terminer par un accommodement amiable les différends que la Porte avoit fait naitre, & d'avoir part aux negociations de Paix avec la Perse. La Porte refusa constamment de procéder à cette Paix, sans en exclure la Russie; preuve évidente, quelles doivent être ses veuës, & ses desseins. S. M. de toutes les Russies se vit donc dans la necessité de les prévenir, & les évenemens qui ont suivi, n'ont que trop demontré, qu'il n'y avoit pas de tems à perdre.

Le Pleinpouvoir donné à Achmet-Bassa, dont la copie se trouve cy-jointe, découvre clairement ce que méditoit la Porte. Le danger ne regardoit pas la Russie seule. Il étoit commun aux Princes Chrétiens, dont les Etats ne sont pas éloignés de ceux du vaste Empire Ottoman. Si les Sectateurs d'Omer, & d'Aly, s'unissent contre les Princes Chrétiens leurs voisins, que n'auront-ils pas à craindre d'une puissance si formidable? & à quel point n'augmentera pas l'oppression de ceux qui gemissent sous leur joug? Pour peu qu'on soit versé dans l'Histoire des Peuples d'Orient, on ne sauroit manquer de sentir toute la force de cette remarque. Mais quoique le repos fût deja assuré en Europe, & qu'il eût été facile de ramasser plus vite une puissante Armée en Hongrie, tant de preuves de la mauvaise volonté de la Porte n'ont pas pu engager l'Empereur à rien précipiter.

Il connoissoit bien de quelle importance il étoit d'ôter à la Porte les moyens de trainer la guerre, jusqu'à ce qu'elle eut conclu sa Paix avec la Perse. Mais il aimoit mieux perdre cet avantage, & rendre ses efforts pour le bien & la sûreté du nom Chrétien plus difficiles, que de donner lieu à la moindre aparence de soupçon, qu'il eût voulu profiter de l'état où elle se trouvoit alors. Quelque peu de succès qu'eussent eu ses soins précédens, il voulut encore tenter la voie amiable, & convaincre par ce delai non seulement les Puissances Chrétiennes, mais la Porte elle-même, que s'il falloit enfin prendre part à la guerre, il ne s'y déterminoit qu'après avoir inutilement tenté tous les moiens possibles pour s'en dispenser, & à cause que sa constante fidélité à remplir ses engagemens, ne luy permettoit plus de tarder à assister son Alliée.

Ses bons offices ont donc été offerts aux Puissances qui étoient en guerre, & S. M. de toutes les Russies, également portée pour la Paix, n'a pas hésité à y consentir, à condition néanmoins que si cette derniere tentative étoit encore inutile, l'Empereur ne différeroit plus à satisfaire à l'obligation qui résulte de l'Alliance de 1726. Dans ces entrefaites on reçut la prémière Lettre du Grand Vizir au feu Prince Eugène de Savoye, & peu après la seconde au Comte de Kœnigsegg, son successeur à la Présidence du Conseil de guerre. Elles se trouvent ici annexées, & servent de preuves aux faits que les Turcs eux-mêmes n'ont pas osé desavouer. Mais quoique dès lors la Cour Impériale eût été en droit de faire valoir tout ce qui est dit cy-après dans la premiere Lettre du Comte de Kœnigsegg au même Grand Vizir, elle a néanmoins voulu laisser à la Porte plus de tems qu'il n'en falloit pour se raviser, sans luy cacher en même tems sa ferme resolution d'assister la Czarine de toutes ses forces, en cas que ses bons offices n'eussent pas le succès qu'elle s'en promettoit. Il s'en falloit beaucoup, que la conduite & les vues de la Porte fussent aussi sincères. Elle ne cherchoit qu'à gagner du tems par des assurances vagues & peu concluantes, tandis qu'elle s'occupoit toute entière au grand ouvrage de la réunion des Sectateurs d'Omer & d'Aly, & Elle devint plus fière & moins traitable, dès qu'elle crut pouvoir se flater de l'avoir consommé.

La Cour de Russie parut presque allarmée des delais de celle de Vienne, & la Porte toujours attentive à rompre une union, qui traversoit ses vuës funestes à toute la Chrétienté, se servit de plus d'une voye, pour luy insinuer qu'Elle n'avoit aucune assistance à attendre de l'Empereur, qui se tiendroit toujours dans les bornes de la Mediation, & que la Paix se pouvoit rétablir plus facilement sans son intervention. Cependant cette même Porte tint un langage bien différent aux Ministres des autres Puissances. Elle couvrit du voile des sentimens vraiement pacifiques l'impuissance où Elle avoit été d'exécuter ses pernicieux desseins pendant la guerre avec la Perse, & elle mit tout en usage pour faire soupçonner l'Empereur, qu'il pourroit être tenté de profiter de l'occasion au préjudice de la Paix avec ses voisins. Pour développer tant d'artifices, & faire hâter la conclusion de la Paix avant la fin de l'hyver, ou bien faire retomber, en cas de rupture, tout le blame & le tort sur la Porte, le Comte de Kœnigsegg écrivit par ordre de l'Empereur une Lettre fort ample au Grand Vizir.

Elle se trouve cy-jointe, & les vérités qu'elle renferme, sont si convaincantes, que sa teneur peut suffire pour justifier la résolution que ce Prince est obligé de prendre aujourd'huy. Aussi le Grand Vizir ne jugea pas à propos d'entreprendre à les réfuter par sa réponse. Au contraire, il se vit forcé d'applaudir aux sentimens magnanimes qu'elle renferme, & la Cour Impériale auroit eu tout lieu d'être contente du succès de sa Lettre, si les dispositions de la Porte avoient été aussi sincères, que quelques-unes de ses expressions paroissoient flateuses. Mais les traits qu'on lachoit en même tems contre la Russie, en firent d'abord douter. On fit néanmoins valoir, autant qu'il convenoit, le contenu de cette réponse à la Cour de Russie, qu'on pressa par un Courier, depêché sur le champ, de hâter de son coté la conclusion d'un ouvrage aussi salutaire que celuy de la Paix. Et sans aucune perte de tems, on fit pour le même effet les instances à la Porte, qui se trouvent dans la seconde Lettre du Comte de Kœnigsegg au Grand Vizir, dont la copie est ici annexée. Cependant l'espérance qu'on avoit conçuë d'abord, de voir le repos au plûtôt rétabli & asseuré, ne dura gueres. Une autre Lettre du Grand Vizir suivit de bien près sa Réponse susdite. Elle se trouve à la fin du présent Ecrit, & son contenu est la preuve la moins douteuse, tant de l'éloignement de la Porte pour la Paix, que de la nécessité où l'Empereur est, de ne plus tarder à remplir ses engagemens envers la Russie. Outre la difficulté que la Porte avoit fait naitre sur le lieu du Congrès, qu'elle prétendoit devoir se tenir dans le Territoire Turc, elle

Anno 1736.

elle refusa d'envoyer aux confins ses Ministres Plenipotentiaires *pour traiter la Paix*, à moins que S. M. de toutes les Russies ne consentît préalablement à la restitution d'Asoph. Il suffit de rapporter la demande, pour en faire sentir toutes les conséquences. La Cour Impériale en a allegué une partie dans la troisiéme Lettre du Comte de Kœnigsegg au Grand Vizir, qui fait la huitième piece jointe au présent Mémoire. Elle s'en est expliquée de même dans les principales Cours Chrétiennes: mais Elle n'a eu garde, ou de se contenter du simple envoi des Plenipotentiaires Turcs, ou de vouloir traiter la Paix autrement qu'avec le concours de la Russie, qui y est principalement interessée.

Les trois Lettres écrites par ordre de l'Empereur au Grand Vizir rendent cette verité si évidente, qu'on ne sauroit en douter. Cependant sur le prémier avis qu'on eut à Petersbourg, de l'effet que sembloit avoir produit la premiére de ces trois Lettres, la Czarine nomma d'abord les Plenipotentiaires, qui de sa part devoient assister au Congrès, quoique ceux de la Porte ne fussent pas encore nommés, ni le lieu du Congrès reglé; nouvelle preuve que ni l'Empereur, ni son Alliée, n'ont rien omis pour accélerer la conclusion de la Paix. Mais sa Majesté Russienne fit déclarer en même tems de la manière du monde la plus précise, que ce n'étoit qu'au Congrès que les ouvertures pour la Paix pouvoient & devoient se faire. La Porte n'en sauroit prétendre cause d'ignorance, sur-tout après la Lettre que Viesnakow a écrite à l'Hospodar de Moldavie, & dont l'extrait se trouve cy-joint. Peu après l'empressement de la Cour de Russie d'envoier ses Plenipotentiaires aux confins, fut rallenti par la reception de la seconde Lettre du Grand Vizir, citée cy-dessus.

On perdit dès-lors presque toute espérance de parvenir à la Paix, sans y forcer la Porte par les armes. Trop visiblement Elle ne cherchoit qu'à gagner du tems, & à traîner en longueur ce qu'elle avoit tant d'interêt d'accélerer. Elle se promettoit beaucoup de l'irruption que les Tartares méditoient. Mais comme le succès ne repondoit pas à son attente, elle en paroissoit elle-même honteuse, & en fit faire des excuses à l'Ambassadeur de l'Empereur, protestant que cette irruption s'étoit faite sans son aveu: excuse frivole s'il y en eut jamais. L'Empereur n'avoit fait la Déclaration pacifique, contenuë dans la prémiére Lettre du Comte de Kœnigsegg, qu'à condition que la Porte s'apliqueroit uniquement & sincèrement aux soins de la Paix, & qu'elle seroit concluë avant la fin de l'hyver. Si d'un coté, après une campagne entiére on a laissé encore tout l'hyver à la Porte pour prévenir la rupture, de l'autre, on luy a donné à connoitre très-precisément, & très-souvent, que la rupture étoit inévitable, si avant le premier du mois de Mai l'ouvrage, auquel on la pressoit de donner tous ses soins, n'étoit pas consommé. Mais au lieu de se prévaloir des sentimens magnanimes de l'Empereur, qui en ce cas ne balançoit pas de sacrifier au repos public ces fraix immenses, qu'il avoit été obligé de faire par la faute de la Porte, Elle en abusa à outrance. Pendant que fondée sur les assûrances susdites, Elle n'avoit rien à craindre, non seulement Elle laissa écouler le tems inutilement, mais ceux qui agissoient par ses ordres, se disposoient à ravager les Etats de la Domination de son Alliée, à en emmener des milliers de captifs, & à y mettre tout à feu & à sang. Tel étoit le vrai motif de la difficulté sur le lieu du Congrès, & de la belle demande, renfermée dans la seconde Lettre du Grand Vizir. On vouloit se regler selon le succès de cette entreprise. Si le coup avoit réussi, il y auroit eu assez de prétextes, pour trainer & même rompre les negociations; mais ayant manqué, on prit comme à l'ordinaire le party de desavouer les Tartares, dont néanmoins on avoit célébré les avantages imaginaires par des démonstrations publiques de joye. Mais quel triste sort ne seroit pas celuy des Etats des Princes Chrétiens, qui confinent avec ceux de l'Empire Ottoman, si des Peuples Barbares, qui en relèvent, pouvoient les piller & saccager, tandis que la Porte seroit quite pour les desavouër? En vain se flatte-t-Elle d'imposer par un artifice si grossier. On est en droit de demander des réparations, & des suretés bien plus efficaces. Quand même on ne seroit pas touché du danger de tant de milliers de Chrétiens exposés au plus dur esclavage, les premiers principes du droit de nature, & les règles du bon-sens, suffiroient, pour en faire reconnoitre la nécessité.

Cependant la Porte a poussé plus loin encore sa conduite artificieuse & peu sincère. Le coup susdit ayant manqué, Elle se détermina enfin à envoyer des Plénipotentiaires sur les frontières, & on en donna avis à la Cour Impériale par la Lettre du Grand Vizir au Comte de Kœnigsegg cy-jointe. Son contenu est tel, qu'il faudroit être fort peu circonspect, pour en inférer que la Paix est deja assurée, & que par conséquent il n'est plus besoin de recourir aux armes. Les Alliés ne prétendent nullement toucher à la dignité de l'Empire Ottoman. Après les assûrances qu'ils en ont données, la Porte n'a nul sujet d'en être en peine. Mais les termes, dont le Grand Vizir se sert, sont vagues, & si captieux, qu'ils pourroient être cités dans la suite, pour colorer selon les évènemens toutes sortes de demandes, sur-tout puisque ce même prétexte a été allégué cy-devant, pour fonder la demande de la restitution préalable d'Asoph. Personne ne s'est jamais avisé de croire la Paix concluë, dès-que les Plénipotentiaires se disposent à se rendre au Congrès. Et outre le grand detour que ceux de la Porte vouloient prendre par Ozackow à Kudac, dans la veuë qu'il est aisé à pénétrer, leurs préparatifs du voyage se firent si lentement, que le premier de Mai ils étoient à peine sortis de Babadagh. Ce mois est à présent écoulé, & tant de lenteurs de la part de la Porte ont mis l'Empereur dans la nécessité de faire des fraix immenses. Enfin la saison est si fort avancée, que vouloir différer davantage à assister une fidèle & constante Alliée par une puissante diversion, seroit manquer à ce qu'on luy doit, & à ce qu'on doit à sa propre sureté, ou plûtôt au bien de la Chrétienté, qu'il s'agit de mieux garantir contre les desseins funestes, que les Infidèles n'ont que trop manifestés. Ils reussiroient à coup sûr, si dans l'attente incertaine de la Paix, les Alliés restoient sans rien faire dans un tems propre à s'en assurer par la voye des armes. L'Empereur & la Russie s'epuiseroient en fraix inutiles, pendant que la Porte auroit tout le loisir d'augmenter ses forces. Après quoy le prétexte ne pourroit pas luy manquer, de rompre les négociations par lesquelles elle les auroit amusé. Tel est sans doute son dessein. Outre les avis qu'on en a reçus par les voyes les plus dignes de foy, la Reponse du Grand Vizir à la troisieme Lettre du Comte de Kœnigsegg le donne assez à connoitre. Elle se trouve ici annexée, & on n'a qu'à comparer sa teneur avec la teneur de la Lettre à laquelle elle sert de Reponse, pour être pleinement convaincu tant de l'éloignement de la Porte pour la Paix, que de la nécessité où l'Empereur est de prendre le parti auquel il se détermine aujourd'hui. Mais quoiqu'il ne sauroit s'en dispenser, il persiste néanmoins dans les sentiments pacifiques dont, en toutes les occasions, il a donné des preuves si éclatantes. Etant forcé à faire la guerre, il est prêt de la finir, dès-que la Porte souscrira à des conditions de Paix justes & équitables. Il ne prétend pas abatre la Puissance Ottomanne.

En remplissant avec fidélité ses engagemens envers la Russie, l'Empereur ne s'éloignera pas dans ses demandes de la modération, qui luy est si naturelle. Son but est de mieux pourvoir à sa propre sureté, & non de se préparer les moyens de troubler celle des autres Il ne tient donc qu'à la Porte de profiter le plûtôt le mieux des dispositions si favorables. Les delais ont été nuisibles par le passé, ils le seront de même à l'avenir. Et la Porte les pourra d'autant moins justifier, qu'Elle n'ignore pas les sentimens de l'Empereur exposés plus au long dans la quatrieme Lettre du Comte de Kœnigsegg au Grand Vizir, qui est la derniere Piece de celles qui servent à prouver & éclaircir les faits rapportés jusqu'icy.

Anno 1736.

Num. I.

Traduction du Pleinpouvoir que le Grand Seigneur a donné au Seraskier Achmet Pascha pour conclurre la Paix avec l'Empire de Perse, & que cet Achmet Pascha a envoyé au nouveau Schach Nadir.

TU dois te conduire en conformité du Pleinpouvoir compris dans les ordres suivans, qui t'a été donné, & conclurre réellement la Paix.

Très

ANNO 1736. Très-Vénérable, & très-estimé Administrateur des Interêts de l'Empire, & bien prudent Conseiller, très-confident, très-celèbre & très-heureux Wali de Natolie & mon Seraskier & Vizir en Asie Achmet Pascha (dont la gloire & le bonheur puisse toujours durer) après la reception de ces ordres suprêmes tu connoitras, qu'après que pendant quelque tems par les troubles qui ont pris origine parmi les Sujets de la sublime Porte & de l'Empire Persan, particulierement le pauvre Peuple de Dieu habitant sur les Frontieres, a essuïé la dernière ruine, de façon que quelques Cantons ont été renversés de fond en comble, nous avons trouvé bon par un effet de compassion, de changer pour leur repos, ensuite du pouvoir & de la gloire qui nous a été accordée de Dieu, par la réunion & égalisation des Religions, la tiédeur qui subsiste entre les deux Cours, en une amitié confidente, pour remplir en ceci la volonté de Dieu, & pour gagner la bienveillance de nos Sujets.

Ci-devant nos ordres t'ont été donnés sur la proposition de Sa Majesté comparable à Saturne, le très-cèlebre Nadir Schach (dont Dieu veuille combler les vœux) concernant l'union de la Religion, le rétablissement de la bonne intelligence, & la Paix à faire en conformité du Traité conclu par notre vieux Pere le Sultan Murath IV. & de faire la Paix en termes & sur le pié que les Frontières ont été par lui reglées; mais à présent nous avons vu par tes Relations envoyées à notre Cour Monarchique, que le susdit très-celèbre & très heureux Schach promet de vouloir applanir les différends qui subsistent en Perse à l'égard de la Religion, & de faire quelques bonnes dispositions à l'égard de quelques objets salutaires, priant d'inserer dans le Traité quelques points convenables aux deux Cours & à la Religion; ayant nommé & envoyé comme Ambassadeur le très-estimable Abdull Backa Chan, pour achever cet ouvrage salutaire.

Or comme cette demande du Grand Schach contient de convenables & de fort bonnes conditions, nous te donnons par ces présentes le pouvoir entier d'inserer dans le Traité de Paix, les trois points que le Schach souhaite; à quelle fin nous t'expédions le présent ordre. Mais, qu'avec les Muselmans les Infidelles y *soient aussi admis & compris: c'est*, à parler *naturellement*, une chose incompatible & absurde, d'autant que la Paix ne peut subsister avec les Infidèles, étant selon la Religion un peché & une chose horrible: de sorte que la Paix avec la Russie, à laquelle nous ne pouvons jamais consentir, doit être absolument mise de côté: mais quant aux susdits trois points proposés nous les accepions, à sçavoir que les Sujets Persans, qui font leur pélérinage à la Mecque ou autres Saints Lieux, puissent passer & repasser par tous les endroits, trajets & ponts sans être empechés ou molestés par qui que ce soit, & sans acquiter aucune gabelle ou péage de quelque nature qu'il puisse être, & que pour l'observation de ce point il reside de la part de la sublime Porte un Plénipotentiaire à Ispahan, & pareillement un Résident Plénipotentiaire à notre Cour de la part du Schach. Nous agréons également que quelqu'un des gens à qui le soin des Pélerins Persans est commis, vienne tous les ans ici, & pourvoye à leurs besoins. De plus seront relachés de part & d'autre les Prisonniers qui souhaiteront de retourner dans leur Patrie, & on les y laissera passer sans aucun empêchement & sans trouble.

Le Schach, suivant sa magnanimité, voulant mettre fin à tous les différends touchant la Religion, comme sont les Schismes qui partagent les Sectes de Schienski & de Suneischi, veut conserver seulement dans l'Empire Persan la Secte de Schauvarinski, laquelle nous autres successeurs de Mahomet avons reconnue, qui ne maudit pas Abobekir, Omar & Asman, & qui reconnoit Aly & ses Enfans pour de véritables successeurs & possesseurs: & ainsi pour l'avenir il ne s'élévera point de Disputes d'aucune part touchant les Sectes.

Et comme le grand Schach a établi un bon ordre dans l'Empire Persan, qu'il a aboli pour toujours la Secte de Sunei, dont l'exercice public a été la source de toutes les dissensions & tiedeurs dans l'Empire de Perse, & qu'il reconnoit notre Majesté pour le véritable Successeur de Mahomet: nous le reconnoissons aussi pour le grand Schach, & nous te donnons par ces présentes le Pouvoir entier de signer le Traité, & par une suite de ce que ci-devant tu as été authorisé de notre part, tu dois pareillement, toi de ton coté, & l'Ambassadeur Abdull-Backy Chan, nommé pour cet effet, du sien, là où vous vous trouverez, porter les choses à une fin salutaire, suivant l'exigence des choses, signer les Articles du Traité, les échanger, & après l'échange faite tu depecheras à notre Cour, le Waley de Korman notre Vizir, avec le susdit Chan, les Ulemans & la Noblesse qui sont à sa suite. Nous avons aussi nommé Prillaf notre Capidczy, actuellement Miral Mustapha Aga, & l'avons nommé incessamment & envoïé sans delai, pour qu'il escorte & ait soin de pourvoir aux besoins de cette suite, jusqu'à notre Cour. Toi donc notre Seraskier, après la reception de cet ordre, & après que tu auras bien compris la susdite affaire dans toutes ses parties, tu auras en vertu de ce Plein-pouvoir grande attention de faire revivre l'union de Religion entre les deux Hautes Cours & les Sectes, pour servir de base à une bonne amitié & harmonie, & cela à l'exclusion absoluë des Infidelles Russiens, conformément à ce qui vient de t'être suggeré, & au gré des souhaits des Musulmans. Et par retour tu dois t'attendre aux graces de notre Majesté, & à la reconnoissance de tout l'Empire Musulman: ainsi dois-tu aussi te conformer à tous égards à nos présens ordres, donné a Zilchidczy le 8. jour de l'an 1148. c'est-à-dire, le 8 Avril 1736. ANNO 1736.

Que cette copie est conforme à la Lettre originale du Sultan, c'est ce que j'atteste, Cazi Ascket Muhameth Serviteur de Dieu.

No. 2.

Traduction de la Lettre du G. Vizir Mechmed Bassa à son Altesse Sérénissime le Président du Conseil Impérial de Guerre.

P. P.

NOus notifions amiablement par ces Présentes, que depuis l'origine de la seule & veritable Foi, jusqu'à ce jour, qu'elle s'étend & se cultive avec zéle, la louable, & l'estimable Coutume, & les justes Principes de tout l'Empire Turc, & particulièrement du G. Sultan serviteur des deux Saints Lieux de Mecque & de Jerusalem, ainsi que de la Sérénissime Porte, ont été de deffendre, & de proteger comme les autres Musulmans, les habitans & Possessions des Empires limitrophes des Etats Ottomans, & les Nations qui observent, comme il convient, les Droits de voisinage & d'amitié. Et de cette façon on protège facilement contre la crainte les Etats les plus éloignés, comme ceux qui sont le plus près. Car lorsqu'on demande d'établir avec la sublime Porte une Amitié sincère, & qu'elle a condescendu une fois à la demande d'un Empire, & scélé son amitié par des Alliances & des Traités, Elle se garde soigneusement de son coté, pour qu'on n'exerce aucune violence sur les Frontières avant l'entiére Expiration du Terme stipulé dans les Conventions, suivant l'Ordonnance de Dieu; *Vinculum pacis ante constitutum terminum nullatenus solvendum.* On a, tant qu'il a été possible; tâché d'observer & de maintenir les Articles & les Pactes stipulés comme la pure & la sainte Justice le requiérent. Si quelquefois, durant une si étroite amitié, contre toute attente, ou par la faute de quelques indiscrets, il survient quelque petite mesintelligence sur les frontières, on tâche d'ajuster, & d'en lever les difficultés, autant qu'il est possible; & pour n'avoir point à se reprocher d'avoir péché contre les Régles de la Justice & de la Raison naturelle, ni être blamé & critiqué par les Petits & par les Grands, on fait même les avances suivant l'usage & les maximes des justes Rois & Princes, en offrant aux Amis, qui ont toujours rempli leurs promesses & maintenu leurs Alliances, un renouvellement de Paix avant même que le terme soit expiré.

Mais dès-que ceux qui enfreignent manifestement la Paix, auxquels on a fait des remontrances de cette infraction à la portée de leur genie, font connoitre qu'ils ne veulent point se rendre dignes des Avis qu'on leur a donnés; alors l'Empereur des vrais fidèles lave ses mains victorieuses dans le sang qui se repand de part & d'autre: & ceux qui en sont la

Anno 1736. Cause & les Auteurs rendront compte & seront responsables des calamités & des desastres qui rejaillissent des deux côtés sur les pauvres & malheureux, du préjudice porté à leur reputation, & de la perte de tant de biens & de richesses, & du péché qu'ils commettent suivant cette sainte Leçon *qui inchoat, magis peccat*.

Nous avons la confiance en Dieu Juste Vengeur, qui pour seconder ses Ordonnances immuables assistera au Combat, & fera connoître par son juste courroux & par la force de sa vengeance, conformément à la Loi divine, que ceux qui rompent la Paix de cette manière, & qui sont cause que les Serviteurs de Dieu de part & d'autre sont foulés aux pieds, seront, comme nous en avons tant d'Exemples, dispersés & mis en fuite: mais l'honneur & la dignité de l'Empire Ottoman se maintiendra constamment & sans soufrir aucune perte. Et il est notoire aux Rois de toutes les Nations & peut-être à toute la Terre, mais particulièrement à l'Empereur Romain le plus grand & le principal de tous les Monarques Chrétiens, & à ses principaux Officiers nos très-honorés Amis, que cet Empire qui demeurera puissant dans toute l'Eternité, emploie toutes ses forces, pour administrer une telle Justice, afin de faire jouïr de la Tranquilité les Pauvres Sujets qui sont les Dépots de Dieu tout-puissant Créateur du Ciel & de la Terre.

Mais le but & l'intention amiable de ce préambule tend à ce qui suit. Il arrive de tems en tems aux profonds Genies de l'Empire Russien, & à ceux de leur Religion qui prétendent être voisins de l'Empire Ottoman, certains accès de foiblesse: mais quant à leur Religion, quoïqu'ils observent les préceptes de J. Christ avec la dernière nonchalance, & que souvent ils les foulent aux piés, il seroit pourtant extrêmement nécessaire qu'ils missent tous leurs soins & attentions à remplir *les Jura & Leges Imperii*, en observant les Traités & Conventions à l'égard des Etats Voisins, & de ceux qui sont en alliance avec eux, mais cet Empire au contraire à l'instigation de ses Principaux qui ne s'écoutant qu'eux-mêmes, méprisant tous les autres, commettent des actions scandaleuses, contraires à la Justice & à la Raison, & qui repugnent à Dieu & à la nature humaine: & par une honteuse avidité, & une pure avarice naturelle à cette Nation, ils attaquent tantôt à force ouverte des Peuples qui ont leurs Libertés & Privilèges, & tantôt ils inquietent & molestent leurs voisins. Et quoique, aussi souvent qu'ils s'en sont mal trouvés, il y en a eu toujours des plus raisonnables d'entre eux, qui ont emploié leurs soins pour éviter les précipices & labyrinthes, & qui ont voulu rentrer dans leur prémier état, l'opinion de ces raisonnables a cependant eu le dessous, & un autre parti l'a emporté sur eux, ensorte que depuis long-tems ils ont fondu sur les Couronnes de Suède & de Pologne; & lorsqu'on a appris qu'ils formoient aussi des desseins dangereux sur les Frontières de Turquie, on leur a levé souvent le Bandeau de dessus les yeux, en leur donnant des assûrances de la part de l'Empire Ottoman que de pareilles actions injustes & blamables tourneroient à leur desavantage. Quoiqu'ils aïent éprouvé le courroux du Ciel, ils sont toujours demeurés dans un profond assoupissement sans mettre à profit tant de preuves & si souvent réiterées, jusqu'à ce qu'à la fin leur Chef a été pris dans les rets des vrais Croians, & arrêté pleurant & gémissant sur la rivière de Brutt. Cependant par misericorde & par un Principe de Religion, & parce que ce Chef doit rendre compte au dernier Jugement du sang qui a été repandu alors, de la reputation qui en a souffert, & du peché qu'il a commis par là, on les a épargnés tous de l'Epée des vrais Croïans, & on a usé envers eux d'une misericorde sans exemple, & même on a réadmis son Résident à la seule Consideration d'autres Empires. Mais comme immédiatement après leur avoir remis les Traités & Conventions, ils ont fait de nouvelles demarches odieuses, on a resolu l'année de l'*Hegyre* 124. (anno Dni 1712) de faire marcher les Troupes Ottomanes, & on les a fait défiler vers la résidence d'Adrianople, mais ils ont été conseillés par d'autres qui leur ont fait peur, ensorte que la Paix offerte a été renouvelée.

Mais quelques tems après ils ont fait de nouveaux projets contre les Persans, & ont disposé les choses de manière qu'ils se flattoient que nous negligerions quelque chose de notre côté. A la fin ils ont sollicité la Paix perpétuelle: & comme nous avons choisis pour Médiateurs quelques amis qui vivent en paix avec nous, le Grand Sultan y a donné les mains, suivant les Loix & la compassion des Mahometans. Anno 1736.

Or il est notoire à tout le monde, que depuis ce tems-là jusqu'à ce moment, les Articles stipulés entre les deux Empires ont été observés à tous égards & maintenus de la part de l'Empire Ottoman, & la Russie a suffisamment fait paroitre depuis quelques années, qu'elle se comportoit avec assez de sagesse & de raison: mais depuis deux ans cet Empire a fait une Invasion en Pologne contre la Sainteté des Traités & contre les Loix établies dans tous les Empires, pour s'agrandir; & d'un autre côté, a excité contre toute amitié établie l'Empire de Perse, & mené par ses Instigations les choses où elles sont aujourd'hui, & audacieusement entrepris plusieurs autres actions indécentes.

Chaque fois que de semblables affaires se sont passées, & qu'on en a exposé le véritable état à leur Resident auprès de la Porte Ottomanne, il en a contredit tous les Points, & alléguant certains faux fuians, il a fait croire à la Porte qu'il n'y avoit rien de caché sous la conduite des Russiens, mais qu'on étoit constamment d'intention d'observer & de maintenir inviolablement les Articles de la Paix perpétuelle, contractés entre la Porte Ott. & l'Empire de Russie; & il en a tellement imposé aux Ambassadeurs & Ministres nos amis résidens à la Porte, qu'ils se sont laissés seduire, & qu'ils ont assuré *quasi per modum fidejussionis* qu'ils étoient certains que la Russie ne songeoit point à faire le moindre tort aux Frontiéres de Pologne ou de Turquie. En même tems on nous a mandé souvent de notre Forteresse, Frontiére d'Assoff, qu'on y avoit reçû successivement de la part des Géneraux Russiens qui se trouvoient sur les Frontières, par des Exprès differentes Lettres, portant ce qui suit. Puis qu'il y a une paix perpetuelle avec la Porte, notre Czarienne ne manque pas de nous ordonner constamment de vivre en bonne intelligence, ainsi nous voulons vivre en paix & en repos. Ceux d'Assoff se sont reposés là-dessus, & dans le tems qu'ils vivoient dans une harmonie parfaite, les Russiens sont venus avec une Armée par terre & par mer le 20. du Mois Zilkaadi (31. Mai) de cette année, & ont bloqué & martirizé les habitans des environs de cette Ville qui se croïoient en assurance & à l'abri de toute hostilité, en même tems ils ont osé piller de grandes Richesses & emmener en esclavage grand nombre d'Hommes & de Femmes, & présentement ils ont même assiegé la Forteresse.

Et lorsque nous avons communiqué toutes ces particularités, qu'on nous avoit mandées aux Ambassadeurs & Ministres nos Amis à la Porte Ottomanne, & que nous leur avons remontré la Reponse qu'ils nous avoient donné ci-devant *per modum fidejussionis*; ils se sont fort étonnés des entreprises des Russiens si contraires à la Bonne-foi, au Droit des Empires, à la Raison & à la Justice, semblables à ces coupe-jarets qui sont aux aguets sur le grand chemin. Et comme les assurances données ci-devant par les Ministres étrangers n'ont point tourné à leur honneur, ils ont regreté de nous avoir donné de telles Reponses. Après avoir consulté sur tout cela les Théologiens de la vraïe Foi & ses interprêtes (dont Dieu veuille augmenter le nombre & répandre sur eux l'abondance de ses benédictions jusqu'au jour du Jugement) tous se sont unanimement accordés sur ce chapitre, & ont decidé cette *question Juris & fidei* dans leur *Fetua*, ou Resolution, de cette manière, que suivant les exemples assez connus, la Justice divine ordonne que ceux qui rompent la Paix sans alléguer de justes raisons, font d'injustes vexations aux Frontières de Turquie, se rendent coupables du Sang innocemment versé, & sont par consequent seuls la cause que les Serviteurs de Dieu sont foulés aux piés, soient justement vaincus & opprimés: par conséquent la *Via Justitiæ & Intellectus* est nécessaire, & il est du devoir du Grand Sultan Empereur des vrais Croians & Vicaire de Dieu pour gouverner le Genre-humain, ainsi que de tous les *Musulmans*, qu'ils lavent leurs mains dans le Sang repandu, & qu'ils ne se rendent point coupables de la perte des biens & des Richesses & du dechet de la Reputation, en rejettant la faute sur ceux qui sont les Auteurs & qui commencent cette Guerre, & cette grande expedition: & comme les Ordres militaires & autres de la Maison Ottomane ont

ANNO 1736. ont consenti à pousser cette Guerre, on a pris la Résolution de l'entreprendre contre la Moscovie, en se reposant avec confiance sur la Providence divine, & en implorant son assistance.

Et comme il est nécessaire de faire savoir à tous nos amis que la Porte Ottomanne est à tous égards innocente dans cette demarche, & que la partie adverse enflée d'orgueil transgresse seule la Loi, pendant que l'Empire de l'Empereur Romain est en toutes choses le plus constant de tous les Empires Chrétiens, le plus discret & le plus juste, & surpassant tous les autres dans l'exacte observation des Loix & des Droits des Gens; nous avons voulu vous faire part, notre ami, avant tous, de l'état des choses. Et comme la situation des Affaires vous sera connue, nous-nous attendons à ce que les Traités de l'ancienne Amitié & voisinage, qui subsistent entre les deux Hauts Empires, seront conservés inviolablement dans leur entier de votre part & de tous les autres Ministres de l'Empereur nos bons Amis; nos desirs & nos souhaits ayant pour but de vivre de plus en plus dans une parfaite harmonie & bonne intelligence comme nous venons de le dire, & de procurer aux Créatures humaines le Repos & la Tranquilité.

Cæterum vale, & sit salus supra eum qui sequitur viam salutis.

Donné dans la Résidence de Constantinople que Dieu garde.

MEHMED.

Ad No. 2.

Traduction de la Lettre du Grand Visir Mehemed Bassa à Son Excellence Mr. le Comte de Konigsegg Président du Conseil Impérial Aulique de Guerre.

P. P.

NOus vous donnons sincérement & amiablement à connoitre, que la Reputation de la justice qui vous est naturelle, de votre habileté, de votre pénétration, & des talens que vous avez hérités de vos Ancêtres, de votre équité qui se manifeste dans toutes les occasions, & de votre prudence, s'est repandue depuis longtems dans toutes les Monarchies, & Peuples éloignés & voisins: & dans le tems que la Porte Ottomanne a voulu rouvrir la porte de l'Amitié & de la bonne intelligenee avec ceux de votre parti, plusieurs autres Amis, mais particuliérement moi votre ami sincère avons ressenti une satisfaction extraordinaire, en aprenant l'agréable nouvelle, que Sa Majesté Impériale des Romains suivant son équité naturelle, vous a conferé, après le decès de votre prédecesseur le Prince Eugêne, la dignité de Président du Conseil Aulique de Guerre. Car prémiérement c'est une chose notoire & connuë de tout le monde, qu'aussi long-tems que les Ministres d'un Grand Empire se gouvernent selon les régles de la justice, & de la droite raison, les Sujets confiés au Throne, & aux soins d'un Monarque sont à l'abri de toutes les injures, & de toute oppression, & de cette façon il est constant que les habitans d'un Etat, & ceux de nos voisins doivent jouïr d'un parfait Repos: mais dès-que les Principaux d'un Empire tombent dans des foiblesses, qu'ils s'éloignent de la Religion, & de la bonne-foi, & qu'il arrive que des Personnes qui ne font point d'attention à la fin des choses, parviennent à de grandes dignités, le Courroux de la puissance divine chatie ordinairement de tels Empires.

Mais puisque l'Empire du très-Vénérable Empereur des Romains notre ami a été enrichi d'un Ministre d'un si profond genie, & orné de tant de louables qualités telles que vous les réunissez dans votre personne: il est très-certain que les Serviteurs de Dieu s'en rejouïront, & que les Etats seront florissans par le nombre de leurs Peuples.

Mais présentement que les souhaits & l'unique But du Grand & puissant Empereur, l'Asyle du Monde, notre très-gracieux Seigneur, étoit, d'observer de la manière du monde la plus efficace, & avec le dernier zéle la Paix qui a été concluë entre la Porte Ottomanne & l'Empire de Russie, qui d'abord n'avoit été stipulée que pour un certain tems, mais qui dans la suite a été renouvellée à perpetuité à la demande de cet Empire, & de ne jamais donner son consentement Impérial à la moindre chose contraire aux Conventions stipulées, jusques là, que ce Monarque pour ne pas négliger un seul point de l'observation des Loix de l'Amitié, a envoié de tems en tems ses ordres exprès à ce sujet aux Commandans qui se trouvent sur les Frontières heureuses, lesquels suprêmes ordres tous ses justes Ministres ont reçu avec une soumission convenable, & ont tous unanimément emploié leurs attentions pour s'y conformer, & pour observer la sacrée Paix. Mais l'Empire de Russie commence, ainsi que nous l'avons mandé en dernier lieu, à manquer de Ministres sages & prudens, & de Gens qui doivent avoir soin de l'Ecclésiastique, & par une suite de ce defaut, ils ont entrepris orgueilleusement de nuire aux Sujets & de reculer leurs Frontieres contre la teneur de la Loi de Christ contenues dans le 9. & 10. Chapitre de la Bible, contre toutes les régles d'Etat & contre le Droit des Gens. C'est pourquoi ils n'observent plus depuis quelque tems les articles de Paix stipulés comme ils devroient, mais ils ont soulevé les Cosaques soumis à la Porte Ottomanne, & ils ont voulu incorporer à leur Empire la Cabardie apartenant au Chan de la Crimée, & le Dagostan, habités par des Musulmans, & d'ailleurs un païs libre. Outre cela, pour mieux exécuter leur dessein, ils ont amassé de grosses Armées sur les Frontières de Turquie, & y ont en effet fait des préparatifs de Guerre. Or chaque fois qu'on a reçu des avis des Frontières que les Russiens travailloient avec zéle à faire de pareils préparatifs, on en a fait des rémontrances à leur Ministre à la Porte, qui a repondu, que son Empire étoit serieusement intentionné, & prenoit fortement à cœur d'entretenir & d'affermir constamment la Paix perpétuelle. Et c'est ainsi qu'il en a imposé à la Porte, & a fait croire la même chose à nos amis médiateurs: mais comme les Russiens sont à la fin venus à l'improviste, suivant que nous l'avons mandé successivement, & ont commencé les hostilités par le Siège d'Assoff, la Porte pressée par la nécessité a été obligée de s'opposer au danger qui la menaçoit; c'est dont nous avons déja fait part à tous nos Amis, & pour le même sujet nous avons déja écrit une Lettre à vous, notre ami, afin que vous en donnassiez connoissance par votre amiable médiation à la Cour & au Ministère Impérial. Quoiqu'on ne connoisse pas encore le véritable dessein des Russiens, cependant, suivant les avis qu'on a reçûs depuis d'Assoff, & d'Or-Capisi, autrement Précop, l'Empire Russien manifeste clairement les hostilités qu'il a en vûë, fait le commencement de la guerre, & se hâte à prendre les armes, puisqu'on cause jour & nuit de grands dommages tant à cette Forteresse, qu'à ses habitans, & qu'on a déja fait périr beaucoup de Musulmans: en même tems ils ont detruit de fond en comble les Mosquées & Temples, qui étoient consacrés à la louange du Dieu tout-puissant, & au Saint nom du Grand Prophête. Et dans le tems que nous avons reçû la nouvelle de l'attaque & de la surprise de Précop, il nous parvint une Lettre du Prémier Ministre de la Czarienne notre bonne amie, le Comte d'Osterman, dont la fin puisse être heureuse. Dans cette Lettre il allègue succinctement tout ce qui s'est passé au préjudice de la Paix propice depuis l'année de *l'Hegire* 1113. jusqu'à 1126, c'est-à-dire depuis l'année 1702. jusques en 1715, & ensuite jusques en 1148. c'est-à-dire depuis la 1715. jusqu'en 1736. inclusivement (car l'année de l'Hegire 1148. a fini il n'y a que deux mois) & il raporte plusieurs points, forme plusieurs questions, & donne différentes Reponses, & prend pour prétexte & pour fondement de la Rupture, des choses qui sont passées il y a long-tems, & qui auroient dû être oubliées. Il allègue en général, que différentes Nations Tartares en exécration à la Porte, & plusieurs autres Peuples méprisables de toute espéce avoient surpris à différentes reprises les Cosaques du *Don* & les Moscovites dans les Cantons de Harku, & *Isum*, demandant satisfaction des Dommages soufferts, & de ce que le Deli Sultan, originaire de l'ancienne Famille Roiale des Tartares & présentement decédé, avoient autrefois entrepris contre l'avis de la Porte. Outre cela il fait mention aussi des indignes actions des Leskiens, qui dès leur naissance n'ont eu aucun principe de Discipline, mais qui cherchent à gagner leur vie en pillant & en volant. Il repro- ANNO 1736.

ANNO 1736. reproche à la Porte, & interprête mal les Ordres donnés pour l'Expédition dans l'Orient dont elle avoit chargé par néceſſité les Hordes Tartares ſous Fethi Keari Sultan, comme auſſi l'Expédition du puiſſant Chan des Tartares dans le Schiervan. Il dit entr'autres que Cabarda & le Dagoſtan appartiennent aux Ruſſiens, ajoutant qu'il étoit de leur devoir de prendre la Perſe ſous leur protection, & prétend qu'on auroit dû repouſſer les eſſaims des Coſaques Ruſſiens, qui s'étoient retirés ſur les Terres du Chan des Tartares. Il fait mention enſuite, de la Réſiſtance, & des Répreſailles alternativement exercées contre les Coſaques Ruſſiens par les Tartares qui demeurent dans le Voiſinage des Coſaques Ruſſiens; Peuples Barbares, qui ont toujours été deſobéïſſans à la Porte, & qui de tout tems ne ſe ſont entretenus que de Rapines, qui n'ont que des Camps volans & vivent ſans Domicile & ſans Chef. Enfin il eſt parlé de ceux du Dagoſtan, & de ceux de Leski, qui ont été ſouvent attaqués par les Coſaques Ruſſiens, & forcés par-là à ſe revenger.

Mais après tout, il ſe plaint qu'on a négligé de la part de la Porte, de donner à la Czarienne notre amie les Titres & Honneurs convenables, ſans compter pluſieurs autres Griefs dont il fait un ample détail, prétextant que toutes ces choſes s'étoient paſſées de la permiſſion de la Porte, ou par voie de connivence de ſa part; & que par conſequent la Czarienne notre amie ne voulant rien négliger pour remédier, s'il étoit poſſible, à tous ces points, & pour détourner un plus grand mal, avoit été obligée d'armer, & de tenir ſes forces en état pour attaquer les Frontières Ottomanes à main armée: mais pour pallier les Injures & Tyrannies commiſes de leur part, en les expoſant, il les couvre du voile de la modération & de l'innocence, comme ſi par-là il pouvoit s'excuſer aux yeux du monde: c'eſt ainſi qu'on corrompt & obſcurcit le droit qui eſt pourtant clair comme le Soleil.

Ce Miniſtre mande en outre, que ſi de la part de la Porte Ottomanne on étoit d'intention de renouveller la Paix, ils ſeroient prêts de leur côté à finir & vuider tous les différends, & à établir des Articles de Paix convenables, à condition qu'on leur donnât une ſatisfaction convenable & équivalente des dommages & pertes qu'on leur avoit cauſées: mais qu'on devoit leur envoïer préalablement leur Réſident qui ſe trouve auprès de la Porte. Puiſque donc l'Empire de Ruſſie ſemble inſinuer par ces Lettres ſi contraires à la bonne amitié, & par ces prétentions, qu'elle cherche à deſſein & avec empreſſement de rompre, & que la ſublime Porte n'eſt point d'intention de chagriner ou de faire tort aux pauvres Serviteurs de Dieu, ni de reculer ſes Frontières, voulant uniquement en éloigner le danger, & les garantir d'une invaſion; il eſt plus que manifeſte, que nos adverſaires ont ſeuls donné occaſion à ces mouvemens, & la Porte Ottomanne eſt aſſez juſtifiée par là auprès de ſes amis & dans l'eſprit de ſes ennemis, qu'elle n'agit que ſuivant le Droit des Gens. Mais afin qu'il ſoit également notoire à Sa très-Vénérable Maj. Imp. des Romains, à ſes Miniſtres, & particulièrement à vous notre ami éclairé & revetu de grandes dignités, que les Points & Articles contenus dans la Lettre du ſus-dit Comte d'Oſterman, ſont des prétentions vaines & qui tendent uniquement à violer l'Amitié, pendant que tout ce qui eſt contenu dans notre préſente amiable Lettre, eſt conforme à la vérité, & que le tout ne contient que de juſtes reponſes & reſolutions, nous n'avons pas voulu manquer de vous le déclarer. Après avoir porté ainſi à votre juſte Tribunal toutes les actions que font les Ruſſiens, & toutes les prétentions qu'ils s'arrogent, nous ne doutons point que vous, notre ami, n'écoutiez favorablement & avec diſcernement ſuivant votre naturel bienfaiſant, tout ce qui concerne la conduite de la Porte Ottomane, & tout ce que nous avons à repondre. Voici le véritable état des choſes. Dieu le ſait, & il eſt notoire à tout le le monde, que la Porte Ottomane s'eſt apliquée avec le dernier zéle à obſerver & à affermir de plus en plus les Traités de Paix, & Engagemens contractés tant avec l'Empire Ruſſien, qu'avec les autres Puiſſances étrangéres, & à terminer pour cet effet le mieux qu'il eſt poſſible, toutes les pointilleries & affaires de peu d'importance qui ont pris naiſſance ſur les Frontières. Nous répondons donc aux points en queſtion d'une manière conforme à la Juſtice, aux Loix & aux Inſtituts établis, & univerſellement reçus par tous les Empires & les Nations policées & raiſonnables, ce qui ſuit. ANNO 1736.

Lorſqu'il ſurvient quelque froideur entre deux Empires, que des deux côtés on a ſouffert quelques pertes, & qu'à la fin l'Inimitié ſe change en amitié, on dit proverbialement, qu'*une bonne Paix éteint l'ancienne Inimitié*: il eſt auſſi certain, que lorſqu'on lave ces ſortes d'offenſes & de perturbations avec l'eau ſalutaire de la Paix, ces Offenſes, ſemblables aux bleſſures, ſe gueriſſent aiſément par ces moiens; mais il y a un autre proverbe qui dit *que le reſſentiment & le reſſouvenir des douleurs reveille la vengeance.* De là on peut prouver que l'Inimitié renait en même tems que l'Amitié ſe perd: il en eſt de même de la plupart des points en queſtion qui avoient été deja aplanis, oubliés & éteints dans les Traités ci-devant conclus avec les Ruſſiens. Premiérement dans celui qui fut fait pour un tems fixe, & enſuite dans le Traité perpétuel conclu l'année de l'Hegire 1130. (c'eſt-à-dire, l'année 1719.) cependant ils reproduiſent aujourd'hui ce qui eſt arrivé du paſſé, & dans des tems de troubles; tandis que Perſonne ne peut mieux ſavoir que l'Empire de Ruſſie, que pluſieurs Arrêts ont été prononcés ſucceſſivement à ce que le ci-deſſus mentionné Deli-Sultan en particulier, & d'autres gens de ce calibre qui vivent ſans habitations fixes, qui dès leur naiſſance habitent les Montagnes & des quartiers écartés & inacceſſibles, & qui ignorent toutes les Loix de ſoumiſſion & d'obéïſſance, vivant comme des bêtes ſans diſcipline, fuſſent chatiés de ce qu'ils ne s'étoient pas comportez ſuivant la volonté de la Porte, laquelle a envoyé pluſieurs fois des troupes pour exécuter les Arrêts qui avoient été prononcés pluſieurs fois contre ce Peuple errant, conformément aux Ordres du Sultan. Nonobſtant cela, les Ruſſiens chargent la Porte Ottomane des actions indignes & naturelles à ces Peuples mépriſés, ſauvages, ruſtiques & barbares, ainſi que de tout ce qui s'eſt commis tour à tour de la part des Coſaques, & de celle des Leskyens. En même tems les Ruſſiens ne veulent pas convenir, que la Porte Ottomanne leur ait voulu donner la ſatisfaction des dommages, qu'ils prétendent avoir ſouferts, & dont ils ont fait remettre l'état, tandis qu'on a nommé expreſſément des Cappigi Baſſi pour cette affaire, & qu'il eſt certain que ces Cappigi Baſſi ou Commiſſaires ont rempli leurs Commiſſions du mieux qu'il leur a été poſſible. Au reſte il eſt à rémarquer, qu'on a ſouvent trouvé dans les Lettres du Grand & ſoigneux Czar décédé, les mots de *Cabarda* & de *Dagoſtan*: mais on lui a écrit, que puiſque le Cabarda avoit été de tout tems renfermé dans les Frontières des *Chans* de *Crimée*, & que le Dagoſtan avoit été auſſi de tout tems ſous la domination des Muſulmans, & habité par des Nations libres & indépendantes, cette allegation étoit directement oppoſée à la bonne amitié qui ſubſiſtoit entre les deux parties. Sur quoi on a reçû une Lettre de ce Prince où il a mandé & promis, que l'Empire de Ruſſie n'avoit aucune prétention à la Cabardie, & qu'on avoit auſſi entiérement renoncé à l'uſage du mot de *Dagoſtan.* L'original de cette Lettre eſt bien gardé ici, pendant qu'il eſt notoire à tout le monde que l'affaire eſt telle qu'elle vient d'être rapportée. Cela nonobſtant ils agiſſent contre la promeſſe de ce Czar prudent, contre tout droit, contre la connoiſſance de nos amis que nous avons de tous côtés, & contre la teneur des Chroniques. Et comme on a craint autrefois quelque irruption de la part de la Perſe dans le *Schirvan* & dans la *Samachie*, & que par conſequent il étoit néceſſaire d'envoier quelques Troupes du côté du Dagoſtan pour defendre ces Provinces, on y a fait marcher premiérement les deux Sultans de Tartarie, *Fetki-Keari & Islam-Keari*, & enſuite lorſqu'on étoit certain que les Perſans entreprenoient le ſiège de *Ghenge*, on a été obligé pareillement d'y envoyer le Chan des Tartares avec ſes *Hordes*, & on a donné amiablement part de ces mouvemens au Réſident de la Ruſſie auprès de la Porte, & on l'a aſſuré en même tems que l'intention de la Porte Ottomanne n'étoit nullement de violer les Frontiéres de la Ruſſie, mais que tout cela ſe faiſoit par une précaution néceſſaire; en même tems on a envoïé des Ordres réiterés de la part du Grand Sultan au Chan des Tartares, qu'il eut à ſe retirer des Frontières Ruſſiennes. Cela nonobſtant, on commença dès lors de la part de la Moſcovie, à agir

ANNO 1736.

à agir contre la bonne intelligence & harmonie. Car les Ruſſiens n'ont pas ſeulement fermé le paſſage aux deux dits Sultans, mais en même tems au mépris du Chan des Tartares, ils ont entretenu, contre toute amitié & bonne intelligence, des correspondances ſecrétes avec les Officiers Perſans qui ſe trouvoient ſur les Frontières, & n'ont rien épargné de leur côté pour exciter ces derniers contre ces Chans: tandis qu'il eſt notoire que ledit Chan s'étoit conformé avec ſoumiſſion, & avec tous les égards poſſibles aux ſuprêmes ordres du Sultan pour obſerver la plus exacte diſcipline dans une Armée auſſi nombreuſe, enſorte que par ſa ſage conduite, & le bon ordre qu'il a tenu, on n'a pas commis la moindre violence, ou la moindre vexation contre les Frontières de Ruſſie ou contre leurs habitans.

Cependant les Ruſſiens interprétent tout autrement & à leur gré, toutes ces démarches qu'on a été obligé de faire pour la gloire & l'honneur de la Porte. Ils mettent même les Perſans de la partie, & diſent que ce ſont des gens que les Muſulmans, & particuliérement ceux qui par des démarches odieuſes donnent occaſion au refroidiſſement de l'Amitié, abandonnent entièrement; Qu'ils ſont ſous leur protection, & que s'ils vouloient faire la paix, il étoit néceſſaire que le nom de la Czarienne y fût mentionné, & qu'on avoit déjà traité ci-devant avec eux. Tels ſont les prétextes ſpécieux qu'ils alléguent. En même tems ils attirent à leur parti les Coſaques qui ſont ſoumis à la Porte, & les enrolent ſous leurs Etendars. Outre cela ils prétendent les choſes les plus extraordinaires, & ſe formalizent de ce que nous ne leur renvoions point ces petites troupes de Coſaques qui ne ſervent à la Porte ni de leurs Corps ni de leurs biens, mais au contraire, qui ne ſervent qu'à lui faire du mal, & qui viennent de leur propre mouvement pour ſe choiſir une habitation dans des Endroits deſerts & incultes. Et quoique la Czarienne ait été traitée, par raport à ſes Titres, dans les Lettres qui lui ont été écrites de la part des Ottomans, ainſi que de la part du Miniſtère Turc, conformément à l'ancien uſage, ainſi que les Lettres qui ſe trouvent entre les mains de cette Cour en font foi; le Miniſtre Réſident auprès de la Porte de *la part* de cette Cour a parlé de ſa propre autorité dans les divers Mémoires qu'il a préſentés de la *Czarienne*, comme *d'une grande Impératrice*. Mais nous lui avons repondu que le titre d'Empereur étoit une dignité qui apartenoit abſolument, & qui étoit reſervée uniquement à un ſeul de nos amis, & comme on ne les a point favoriſés ſur cet article, & qu'ils ont ajouté foi aux Rélations foibles & malfondées de leur Réſident, tant ſur ce point que ſur pluſieurs autres de la ſorte, ils affectent de dire qu'ils ont été forcés à entreprendre une Guerre qu'ils méditoient, & qu'ils avoient reſolu depuis long-tems, & à demander qu'on leur renvoyât leur Reſident. Telles ſont les raiſons qu'ils prennent pour prétexte, en quoi les Moſcovites ne font que ſuivre leur ancienne coutume: car avant l'affaire de *Brutt* ils ont commis pluſieurs actions indignes & malhonnêtes, & ils ont commencé la Guerre à *Or-Kappiſi*, & pour voiler alors cette témérité & cruauté ils ont auſſi prétexté pluſieurs Griefs malfondés, & ce fut pour cet effet qu'on en écrivit pour lors à votre prédeceſſeur notre Ami. L'année dernière les Ruſſiens ont commis pluſieurs infractions contre les Traités ſacrés, & ce fut pour cet effet que le Chan des Tartares fut envoié avec une nombreuſe Armée à Akkirman. Si pour lors on avoit laiſſé la liberté au Chan, & qu'on lui eût accordé la permiſſion de paſſer outre, on pouvoit eſpérer de la Grace de Dieu de voir arriver les malheurs des Moſcovites. Mais la Porte s'eſt tenuë tranquile en conſidération de l'Amitié qui ſubſiſtoit, & ne s'eſt donné aucun mouvement pour ne point troubler la Paix établie avec la Moſcovie; ainſi que cela eſt connu à tous nos amis. En un mot la ſuſdite Czarienne notre amie a armé comme nous l'avons dit ci-deſſus, & a fait marcher ſes forces vers les Frontières Ottomannes, en rompant de cette façon la Paix par la violation des Frontières.

C'eſt une choſe connuë de tout le monde, qu'en conſéquence des Loix de Dieu, la partie qui donne la prémiére occaſion à répandre le Sang, eſt vaincuë, atterrée & comblée de confuſion: Et comme la Porte Ottomanne eſt entiérement innocente à cet égard, & qu'elle ſe voit dans la néceſſité de repouſſer les Ennemis des Frontières, l'Empereur des Ottomans notre très-Gracieux Seigneur ſe confiant entiérement en la Miſericorde infinie du Dieu tout-puiſſant, & en la Sainteté du Grand Prophète & des autres Saints de Dieu, lave ſes mains religieuſes dans le ſang qui s'eſt déja repandu, & qui ſe repandra encore, en laiſſant uniquement reſponſable la Suſd. Czarienne au Jour du Jugement, de tous les biens pillez, d'Etats ruïnés, & du péché qui rejaillit ſur elle du détriment de ſa réputation. C'eſt pour cette raiſon, puiſque nous n'avons rien à nous reprocher de notre côté, que le ſuprême Ordre Imperial a été donné, en vertu duquel nous votre Ami ſommes chargés de l'Expédition Impériale en commandant l'Armée Ottom. dans cette guerre. En même tems nous avons reçu ordre de mener avec nous librement le ſuſdit Réſident de Ruſſie, & de le faire conduire libre juſqu'aux Frontières pour le remettre aux ſiens en toute ſureté.

Et comme vous notre Ami, donnerez connoiſſance au très-Vénérable Empereur des Romains, dont la pénétration, la modeſtie, & ſon vaſte genie ſont connus de tout le monde, ainſi que vous le notifierez à ſon Miniſtère, que rien n'eſt plus contraire à l'intention de la Porte Ott. que de reculer ſes Frontières, & de fouler aux pieds les Serviteurs de Dieu, & que tous ces mouvemens tendent purement & ſimplement à en éloigner le mal, nous ſouhaitons & deſirons amiablement & très-ſincérement, que, comme de la part de la Porte Ott., on n'épargnera rien pour conſerver la Paix agréable, qui ſubſiſte entre les deux hauts Empires, on ait les mêmes ſoins de la part de l'Empire Romain, & qu'on envoie de tems en tems les ordres néceſſaires à ce ſujet aux Officiers Commandans ſur les Frontières. *Cæterum vale, & ſit ſalus ſupra eum, qui ſequitur viam ſalutis.* Donné dans notre Camp Davud Baſſa à une lieue & demie de Conſtantinople.

MEHMED.

Num. 3.

P P.

PRimas nunquam non curas à Sereniſſimo, & Potentiſſimo Romanorum Imperatore, Domino noſtro Clementiſſimo, publicæ quieti, tum conſervandæ, tum reſtaurandæ impendi, tot annorum experientiâ, optimâ nimirum rerum Magiſtrâ, univerſo Orbi ac Præfulgidæ inprimis Portæ conſtat. Ex quo tempore Pax inter utrumque Imperium Paſſarovicii feliciter fuit concluſa, tam ſanctè hæc ex parte culta fuit, ut Præfulgidæ Portæ tunc quoque, cùm cruento bello alibi quàm maximè eſſet implicita, conquerendi anſa & materia omnino deeſſet. Inglorium quippe ducimus, & ab honeſtate alienum, atque ipſo rerum eventu plerumque infauſtum, occaſionem potius captare, vicinorum quietem turbandi, quàm Pacta Conventa reſpicere, quibus ſacer, qui humanam Societatem ligat, nodus aſſeritur. Quiſcunque ergò demum ſit rerum ſeu in Europa ſeu alibi ſtatus, æqua ſemper nos cura tangit, humani ſanguinis effuſionem, Regionum ac Populorum ſtragem, innumeraque alia mala ex Bello promanantia præcavendi.

Neque verò in iis, quæ utrumque Imperium immediatè concernunt, ſubſtitit provida hæc Auguſtiſſimi Romanorum Imperatoris cura. Pari bonâ fide tàm quæ conſtantis fœderati munia, quàm quæ amicitiæ, bonæque vicinitatis ratio expoſcebat, adimplere ſatagens, nihil unquam prius, nihil antiquius habuit, quàm ut diverſa hæc ligamina ita inter ſe conciliarentur, ne unum alteri obſtaculo eſſet.

Ictum Anno 1726. cum Sereniſſima & Potentiſſima Ruſſorum Autocratrice feliciter tunc regnante perenne fœdus non in ullius præjudicium, ſed mutuæ contrahentium ſecuritatis firmius tutamen unicè tendebat, & etiamnum tendit. Exin tam ante enatos in Chriſtiano Orbe ultimos motus, quàm poſt eoſdem Divinâ favente Clementiâ jamjam ſopitos pro conſervanda inter Principes Auguſtiſſimo Romanorum Imperatori partim fœderis, partim amicitiæ vinculo junctos almâ pace, ſuâ ex parte nihil non actum eſt; ſtudio affectûque adeò enixo, & ſincero, ut impenſæ ſalutari huic ſcopo indefeſſæ operæ non aliam quàm præfulgidam Portam teſtem velimus.

Cæ-

Anno 1736.

Cæsareus, qui Constantinopoli est, Minister longè fuit in rebus istis curandis, quàm in propriis Aulæ suæ commodis promovendis occupatior. Quò posset Conciliatoris vices ritè obire, bis eidem Plenipotentiarum Tabulæ transmissæ. Cùmque hostiles incursiones, innocentium cædes, vicinarum Ditionum devastationes, incendia, ruinæ, abducta inde multa Captivorum millia, & quæ aliæ solent esse luctuosissimi Belli diræ sequelæ, neque illæsâ pace locum habere queant, neque post conclusam etiam cum Russis æternam pacem crebrò contra subditas iisdem Provincias perpetrata fuisse diffiteri potuerit Præfulgida Porta, per complurium annorum decursum subinde, & quo fieri potest efficaciore modo institimus, ut tanto malo, nihil fausti præsagienti, sufficiens adhiberetur medela. Sed tam justa suadentibus non, uti sperabamus, propitiæ prebitæ fuerunt aures, vel saltèm votis eventus nequaquam respondit.

Rectè utique monet Excellentia Vestra, non ob quasvis injurias absque publico præscitu, & auctoritate privatis in Confiniis illatas, ad arma statim recurrendum, sed sopiendis querelis desuper exortis tentanda prius amica media esse. Initam hanc viam fuisse, constans Russorum per tot annos patientia testatur. Sed unicuique rei suus debet esse finis. Quò immaniores erant illatæ Ditionibus ipsorum strages, quò diuturnior eorundem patientia, & quò frequentiores delatæ desuper ad Præfulgidam Portam querimoniæ, eò magis par erat, ut concorde cum iis, qui non nisi stabilem quietem anhelabant operâ eò allaboraretur, quò & de perpessis damnis iis fieret satis, & de avertendis & præcavendis in futurum prospiceretur. Huc Augustissimi Romanorum Imperatoris desideria, suasus, hortatus, ac toties impensa enixissimo studio, parique candore officia unicè collimabant. Anne vero Excellentiæ Vestræ judicio eosdem Præfulgidæ Portæ sensus esse credi poterat, cùm in locis, quæ Imperio Ejus subsunt, frustra reclamantibus Russis, spolia & captivi palàm venundarentur, & tàm effrenis Licentiæ authores præmia manerent, non quas merebantur pœnæ? Indomitam esse asserit in binis literis suis Tartarorum, Cosaccorum, & Leskyorum gentem, atque hac maxime ratione expungere annititur quamplurima pacifraga facta, quibus Belli necessitatem ac proinde justitiam Russi superstruunt. Ast non ignorat Excellentia Vestra, sæpissimè eosdem conquestos, immistos isti hominum colluviei, cùm in Ditiones suas irrumperet, Turcas fuisse, sub vexillis ritè militantes. Et si vel maximè assertum hocce in dubium revocare velimus, quî poterat, stante, quod modo dictum est, supposito, à præfulgida Porta prætendi, ut octuaginta de indomita hac gente millibus transitus per amicas vicinas Ditiones pateret? quî poterat hic ipse transitus à gravissimo earundem damno immunis esse? aut quî poterat denique sperari, avertendo quod tàm justè metuebatur damno suffectura nova mandata, cum eidem scopo assequendo tot annorum labor haud suffecerit, nec iis, quæ suprà memoravimus, illicitis factis Excellentia Vestra aliud quicquam opponat, quàm penes Præfulgidam Portam haud stetisse, ut protervæ gentis Leges revereri nesciæ ferocia cohiberetur? Accedit ductum ita comparati militis atque executionem mandatorum, quibus exacta militaris disciplina injungebatur, ei ipsi demandatam fuisse, quem tot præcedentium malorum antesignanum authorem esse Præfulgidam Portam nequaquam latebat.

Tempestivè hæc monuimus, & cùm facillimum adhuc esset, obviam ire calamitatibus, quæ expost obvenerunt. Sed rejecta tunc fuerunt & nostra & aliorum amica monita, non eâ sanè ratione, quæ propenso, unde promanabant, zelo responderet. Transitus, quem nil minus quàm innoxium atque adeò gentium juri consonum fore facilè prævidere erat, publicâ auctoritate atque apertâ vi suffultus, non attentâ solenni Russorum Autocratricis Declaratione, subsecutorum eventuum præsagâ. Equidem funestum auctori suo fuit, quod præfulgidæ Portæ suggessit consilium. Ast sicuti is dignitate suâ non nisi post improsperos rerum successus fuit exutus, cum id ipsum exequendi procliviora prius fuissent media, ita comprobandis atrocibus injuriis, Augustissimi Romanorum Imperatoris Fœderatis ejus jussu & operâ illatis, justissimum de eodem exauctorando decretum vix non sufficere videtur.

Neque justis eorundem Fœderatorum querelis obstat, quæ porrò ab Excellentia Vestra colorando tàm insolito transitui, seu potiùs hostili irruptioni, obtenditur necessitas, quippe quæ non ejus esse ponderis potest, ut sint diræ adeò strages, ac à Tartaris inferri solent, ab amicis vicinis perpetiendæ. Anno 1736.

Non poterat Serenissima & Potentissima Russorum Autocratrix luculentius edere documentum flagrantis, quo tenebatur, perpetuandæ pacis desiderii, quàm quòd tantopere paci, quæ cum Persis tractabatur, includi cupiebat. Sed non æquè ac Illam Præfulgidam Portam sensisse, dubitare haud sinunt complura, eâque indubia argumenta, jussu Ejusdem Nobis communicata. Non fuisset itaque prætensæ huic necessitati locus, si communem stabilemque cum vicinis quietem asserere in animum induxisset Præfulgida Porta. Faciliore tunc viâ res tota complanari potuisset. Edocta autem posthæc à Persarum Monarchâ Russica Aula, non nisi id quæri, ut tota Ottomannicæ potentiæ vis verti contra ipsam queat, duram sibi Legem impositam esse duxit, propriæ salutis curam pacificis suasibus Nostris anteponendi.

Ut verum Excellentiæ Vestræ fateamur, obstupuimus visu eorum, quæ Nobis de infensis Præfulgidæ Portæ consiliis & moliminibus fuerunt detectæ. Cur tam constanter fuerit recusatum, Russos sub pace, quæ cum Persis tractabatur, comprehendere, satis manifestum reddunt mandata, supremo Belli Duci, sub quibus Turcicæ istis in oris Copiæ militabant, desuper transmissa. Longissimè tenor illorum discrepat à tenore Literarum, quas partim ad piè defunctum Prædecessorem Nostrum, Serenissimum Eugenium Sabaudiæ Principem, partim ad Nos Excellentia Vestra exaravit. Nihil illa amici cunctis, quotquot sunt, vicinis Christianis Principibus portendunt, & diversam planè ab ea, quam optabamus, conservatæ tamdiu quietis causam sistunt. Longè antequam jussa hæc emanarent, restaurata jam erat in Christiano Orbe pax, ut adeò non alius color elucescenti inde odio in Christianos prætexi queat, quàm qui causam omnibus eandem fidem profitentibus communem reddit.

Non fuimus tamen ideò absterriti, quò minus post exortum jam Bellum eidem quantocyus terminando consentiente Serenissimâ & Potentissimâ Russorum Autocratrice bona nostra officia pari candore & affectu impenderemus. Ea scilicet est fœderis, quod non nisi ad mutuum tutamen tendit, natura, ut antequam lacessito Fœderato succurratur, amica prius de procuranda Eidem æquâ satisfactione, ac conveniente securitate media tententur. Et detectis licet iis, quæ suprà memoravimus, infensis consiliis, prævaluit tamen apud Augustissimum Romanorum Imperatorem cæteris omnibus etiam evidentissimæ utilitatis considerationibus flagrans, quo nunquam non tenetur, pacis desiderium: luculentissimo documento, malle Eundem propriæ quoque securitatis causam difficiliorem reddere, quàm alienæ inhiasse videri. Transmissæ proinde fuerunt Cæsareo, qui Constantinopoli est, Residenti novæ eædemque tertiæ Plenipotentiarum Tabulæ, utque majus pondus impendendis ab Ipso tâm salutari scopo officiis adderetur, Oratoris Charactere fuit is condecoratus. Nequè ignorat Excellentia Vestra, nihil huc usque, quò ad exoptatum, qui præ oculis erat, finem curæ ejus commissum opus quantocyus perduceretur, intentatum relictum fuisse, idque eo fervore, qui Russicæ Aulæ penè suspectus videbatur. Unde ansam illa sumpsit, tantò vehementius instandi, ùt frustra impensis per tot menses restaurandæ publicæ tranquillitati bonis officiis periclitanti indies magis magisque communi securitati tandem aliquando ab Augustissimo Romanorum Imperatore, quâ Russiæ Fœderato consulatur. Haud latet Præfulgidam Portam plus unâ vice clarè ac dilucidè expositum Eidem fuisse, non posse non altè fatum Imperatorem, ubi incassum cesserint jussu Ejus oblata utrique Belligerantium bona officia, atque adeo ex asse adimpletis iis, quæ amicitiæ, bonæque vicinitatis ratio exposcebat, pari demum fide Fœderati quoque munia explere. Æquè sacrum est fœderis ac amicitiæ vinculum, & sicuti prima meritò cura eò collimare debet, quò utrique satisfiat, ita si conciliari inter se nequeant, id unicè respiciendum est, quod juris & æquitatis ratio postulat.

Atque hæc fuit, est, & porrò erit norma, ad quam consilia & actiones suas nunquam non dimetietur Augustissimus Romanorum Imperator Dominus Noster Clementissimus. Nunquam iis primus ab amicitia cum Præfulgida Porta recedet, sed neque unquam

ANNO 1736.

quam à Serenissima & Potentissima Russorum Autocratrice disjungi se patietur. Non tendit seu in Præfulgidæ Portæ, seu in ullius alterius vel minimum præjudicium arctissimum, quod Ipsi cum eâdem intercedit fœdus. Ast tendit in commune utriusque Contrahentium tutamen, ac persuasissimam esse cupimus Excellentiam Vestram, frustraneam omnino esse spem de infringendo tam justo & salutari unionis vinculo forsan conceptam. Quò magis id intendi in propatulo est, ut Ottomannici Imperii tota vis modò contra hunc, modò contra alium vicinorum Christianorum Principum verti queat, eò magis in commune consulere necessitas efflagitat. Nec vitio id à Præfulgida Porta verti potest, cùm non ut damnum aliis inferatur, sed ut à propriis Laribus propulsetur, hæc ipsa sollicitudo spectet.

Exposuimus hucusque præsentem rerum statum tantò diffusius, quò plenè cognitâ mali causâ & origine eò facilius sit, congruentem eidem adhibere medelam. Adest jam tempus scopo tam desiderabili, tàmque salutari apprimè aptum, hyems nempe, ubi non armis, sed pacis tantùm studiis locus esse potest. Non est, uti certò scimus, ab ea quantocyus restauranda Serenissima & Potentissima Russorum Autocratrix aliena, dummodo Ei de illatis injuriis satisfiat, & contra easdem secura in posterum reddatur. Iniquum hoc Præfulgidæ Portæ videri nequit, si perpendere paululum secum velit, quid sit Ipsa desideratura, si in eo, in quo nunc Russica Aula est, casu esset.

Supponamus enim tantisper, per complures retrò annos Ditiones, quæ Turcico Imperio indubiè subsunt, à Cosaccis, Calmuccis, ac simili hominum colluvie sæpissimè invasas, abducta inde complura Captivorum millia, incensos & direptos magno numero pagos, Urbesque, integras demum Provincias ad excidium usque devastatas. Supponamus repetitas desuper quotannis ex parte Turcarum querelas omni fructu caruisse & præmiis, non pœnis à Russorum Autocratrice affectos tot calamitatum authores. Supponamus porrò ingentem indomitæ ejusmodi Gentis Exercitum illo ipso Duce, unde tot mala promanârunt, sub solennibus Russorum Autocratricis auspiciis, frustra reclamante Præfulgidâ Portâ, vi in hujus Ditiones non absque maximo earundem damno penetrâsse. Et supponamus denique non saltèm constanter recusata firmandæ pacis, sub qua Turcæ comprehensi forent, media à Russis indicia fuisse alienæ prorsus à conservandâ cum vicinis quiete mentis. Num, si res inverso ordine ita sese haberent, æquum justumque haud censeret Excellentia Vestra, tum ut Præfulgidæ Portæ de illatis damnis satisfiat, tum ut contra futura infensa molimina secura reddatur. Ast quod quis sibi vult fieri, aliis denegare nequit, & non nisi æquâ lance cuncta ponderare assuetus Augustissimus Romanorum Imperator Ipsemet ita comparata Præfulgidæ Portæ desideria calculo suo corroborare nequaquam recusaret: unde colligere in proclivi est, num ipsi quà Russiæ Fœderato integrum demum futurum sit, eadem totis viribus haud suffulcire?

Penes Præfulgidam Portam unicè stat, ne eò devenire necessum sit. Summis & sinceris votis id exoptamus, non alia de causa, quàm ut citior sit malorum, quæ bellum comitari solent, finis. Quò ergò frustra hucusque restaurandæ publicæ quieti impensis amicis officiis non minus quæ fidum Fœderatum, quàm quæ amicum bonùmque vicinum decent, ex asse impleat Augustissimus Romanorum Imperator, non jam amplius ut Conciliatorem, sed quà Russiæ Fœderatum ut compacificentem concludendi hac hyeme, uti speratur, Pacis Tractatus, Præfulgidæ Portæ sese sistit, eâ disertim adjectâ Declaratione, nullam hactenus sua ex parte finium propagationem, sed non nisi prorogationem Pactorum, Conventorum, & quæ alias firmandæ mutuæ inter utrumque Imperium amicitiæ inservire poterunt, expeti. Quod ipsum Præfulgidæ quoque Portæ gratum fore eò magis confidimus, quod in Literis ad Prædecessorem Nostrum exaratis sapienter more suo moneat Excellentia Vestra, veræ amicitiæ convenire, ut antequam ad finem vergat præfixum pacis tempus, de ejusdem prorogatione cogitetur. Facillimum ita erit ulteriora & diriora belli mala prævacere, & exoptatissimi fructus, quos ex restauratâ pace firmatâque omni ex parte publicâ quiete tot populi sentient, in perennem unâ Excellentiæ Vestræ nominis famam, gloriámque redundabunt. Et quod superest &c.

ANNO 1736.

AD VEZIRIUM.

Viennæ 5 Decembris 1736.

No. 4.

Traduction de la Lettre du Grand Vizir Mehmed Bassa à Son Excellence Mr. le Comte de Konigsegg Président du Conseil Impérial Aulique de Guerre.

P. P.

NOus vous notifions amiablement que nous avons reçu la Lettre datée du 5. Decembre 1736., que vous, notre Ami, revêtu de grandes dignités, nous avez écrit, & qui nous a été rendue par l'honorable de Thalman, notre Ami, Ambassadeur à la Porte Ott. & chargé de Négociations salutaires de la part de l'Empire Romain, nous avons eu beaucoup de satisfaction, des protestations de la grande amitié & inclination que vous nous marquez dans votre Lettre, & qui sont véritablement dignes des Empires également fermes dans leurs paroles & dans l'execution. Et nous vous en sommes fort obligés. Or lorsque nous avons lû votre Lettre avec grande attention, nous avons vû par son contenu que trois points en font le sujet. Le premier fait mention des plaintes que les Russiens font conformément à leur présomption & opinion. Par le second il est représenté que l'Empire Romain se trouvant allié sans préjudice de personne, & sans donner atteinte aux Loix de l'Empire avec la Russie, il souhaitoit de voir changer encore cet Hiver en une Paix l'inimitié qui s'est elevée sans s'y attendre entre les deux Empires. Et dans le troisieme il est parlé très-louablement du renouvellement & de la prolongation de la Paix très-estimable qui subsiste entre la Porte & l'Empire Romain.

Quoique le troisieme point dans la distribution de votre Lettre amiable se trouve le dernier en ordre, il est cependant regardé comme le prémier & le principal par la Porte Ottomane, de sorte que le préferant à tous les autres, nous repondons en prémier lieu à ce Point si desiré, & vous protestons du fond de notre cœur & amiablement que la Porte Ottomane considérant l'amitié & la sincérité qui brillent entre Elle & la Cour Imperiale comme saintes & inviolables, Elle ne peut en vouloir & souhaiter la prolongation que du meilleur de son ame, en suite de quoi, & pour atteindre au plûtôt au but désiré, il a été insinué à l'Ambassadeur de Thalman notre honorable ami qui se trouve auprès de nous, 1. que nous souhaitons & desirons de cultiver & d'affermir l'amitié & sincerité qui subsistent avec la Cour Impériale, de façon qu'on ne doit jamais interrompre de part ou d'autre le commerce de Lettres, qui regardent le bien des limites, afin de cultiver parla autant qu'il est possible les intérêts, les loix de la bonne harmonie & de l'amitié mutuelle entre les deux Empires, pour entretenir la confiance dans des affaires importantes, & pour delibérer & conférer sur tous les autres objets communs, qui concernent le salut des Frontières & les intérêts des deux Empires.

Quant au prémier Point, nous y repondons; qu'en conformité du Droit des Gens, nous avons de quoi repartir d'une manière convaincante à chaque Grief des Russiens; mais après que contre tous les Droits des Gens la Russie s'est précipitée, & que sans aucune communication & conférences préalables, & sans entendre les explications de part & d'autre, on commença la Guerre, fit irruption sur les terres Ottomanes & rompit toute mesure, pour parvenir à une négociation, il est inutile d'entrer dans un long détail de nos réponses, & de se justifier sur les Griefs alleguez par la Russie; mais sans s'arrêter sur ce point, on s'en rapporte à l'équité & discretion de la Cour Imperiale.

A l'égard du second Point nous répondons amiablement en avouant, que nous sommes persuadés que la Cour Impériale a contracté son alliance sans pré-

ANNO 1736. préjudice de personne, & il est nécessaire à tous égards que l'Alliance, les Articles & Pactes stipulés, & qui sont à regarder comme sacrez, soient observés ponctuellement. D'ailleurs comme aussi l'Empire Romain depuis son établissement n'a jamais fait aucune fausse demarche, ni en tems de Paix, ni en tems de Guerre, ni à l'égard des Alliances, nous nous assurons certainement qu'il en sera de même à l'avenir. Mais il n'en est pas de même de la Russie, qui a entrepris la Guerre à l'improviste, & fait irruption sur les terres Ottomannes; desorte qu'il paroît assez que de leur côté ils ont violé les Pactes & les Traités.

En un mot, l'amitié mutuelle entre deux Empires est semblable à un joyau précieux & rare qu'à peine l'on peut trouver, & qu'on doit conserver & garder de part & d'autre comme une ame: mais les actions & demarches de la Russie depuis 40. à 50 ans ont assez prouvé, qu'elle ne connoissoit point le prix de ce joyau d'amitié.

Dieu le tout-puissant sait, qu'au lieu des actions indécentes & auxquelles on ne s'attendoit point de la part de la Russie, la Porte Ottomanne auroit raison de lui faire la guerre pendant quelques années, & jusques à ce qu'elle sentit le prix de ce joyau d'amitié. Mais par égard pour S. M. I. des Romains, la Porte abandonne ce dessein & resolution, & nous sommes prets à faire la Paix avec la Russie, sur le fondement que la sureté soit procurée aux deux Parties, comme sa susdite Majesté Impériale en est instruite par l'Ambassadeur de Thalman, notre ami qui se trouve auprès de nous.

Mais comme le principal Point & le plus estimable, conformément à ce qu'il vient d'être dit, est, que l'amitié & la bonne harmonie entre l'Empereur & la Porte soient prolongées & affermies; ce n'est aussi que par consideration pour la médiation de la Cour Impériale, & pour la grande Amitié entre elle & la Porte, que cette dernière a pris la résolution de faire cesser les hostilités contre la Russie, & de retablir l'amitié avec elle d'une manière convenable à l'honneur & la reputation de la Porte Ottomanne.

En un mot, comme il est pareillement connu à vous notre ami que l'amitié ancienne & respectable avec l'Empire des Romains, est la plus importante & préferable à toute autre, & que nous nous flattons que vous vous employerez & travaillerez en toute diligence, à affermir de plus en plus les apuis de cette amitié, & à rétablir la bonne harmonie: nous vous écrivons la présente, & vous l'envoïons par la voye de l'estimable Ambassadeur Thalman, qui se trouve à présent auprès de nous en quartier d'hiver à Babadagh; & nous nous flattons que lorsque vous l'aurez reçue, & que vous aurez apris l'état des affaires, vous voudrez bien en reponse nous dire votre sentiment, & nous donner vos conseils pour conduire cet ouvrage à une heureuse fin & conforme à l'amitié & à l'honneur de la Porte Ottomanne. Nous nous flattons aussi, que vous apporterez, tous vos soins pour que les Loix de l'amitié soient observées à l'avenir à tous égards. *Cæterùm vale, & sit salus super eum qui sequitur viam salutis.*

MEHMED.

Donné au quartier d'hiver à Babadagh.

1737. 28 Fevr.

Num. 5.

P. P.

Redditæ nobis haud ita pridem fuerunt Excellentiæ Vestræ Litteræ comptissimis verbis refertæ, & responsoriæ ad eas, quas 5tâ Xbris elapsi anni ad Eandem exaravimus. Gravitas negotii, summúmque quod in temporis angustia consistit, momentum ejus apud nos ponderis fuerunt, ut tantò luculentius comprobando enixo, quo porrò tenemur, Pacis tùm restaurandæ, tum conservandæ desiderio, quàm minimùm fieri poterat, differendum censuerimus, animi nostri sensus clarè & candidè Excellentiæ Vestræ desuper exprimere.

Quæ de pacifica Præfulgidæ Portæ mente tam operosè Eadem testatur, non poterant non Nobis pergrata esse. Neque minùs perstat in ea, quam nuper per scripsimus, sententia Augustissimus Romanorum Imperator, Dominus Noster Clementissimus, indubiò argumentò, penès Præfulgidam Portam unicè adhucdum stare, ulteriora ac diriora Belli mala, prouti id sinceris votis exoptamus, præcavere. Nec est, cur sit Eadem de honore & dignitate sua sollicita, cùm ab æquis rerum Censoribus nunquam inglorium habitum fuerit, incertis Bellorum eventibus tot Populorum, qui non nisi quietem anhelant, prosperitatem anteponere, nec honori huic & dignitati quidquam ulla in re detractum velimus. De mediis ergo unicè disquirendum est, quî breviore via attingi queat desideratissimus scopus, firmandæ omni ex parte tranquillitatis, haud facilè in posterum labefactandæ. Longè procliviora eadem forent, si citiùs Augustissimi Romanorum Imperatoris pro restauranda cum Russis Pace, suasibus & hortatibus, toties sincero affectu repetitis, propensæ præbitæ fuissent aures Sed non uti jam erga Nos, ita & olim tum Excellentia Vestra, tum cæteri Præfulgidæ Portæ Ministri erga Cæsareum Oratorem mentem suam desuper explicuerunt. ANNO 1737.

Equidem præteritæ res nec revocari, nec immutari queunt, nec ideò eas commemoramus, ut difficilior reddatur cura de futuris. Meminisse tamen earundem vel ideò par est, ne ad eosdem scopulos rursùs impingatur. Unde sponte sua fluit, in tanto majori pretio habendum esse exiguum, quod superest, temporis spatium. Quod, ùt ritè & utiliter fiat, è re erit, Ministros ad tractandum, & perficiendum salutare Pacis opus, plenâ, uti decet, facultate munitos ad limites, qui Ditiones Partium Bello jam implicitarum separant, nullâ morâ interpositâ mittere. Neque enim, quæ prorogationem Pactorum conventorum concernunt, aut aliàs non nisi eò tendunt, quò amicitia, bonáque vicinitas inter utrumque Imperium indies magis magisque firmetur, à restauranda cum Russis pace disjungi ullatenùs possunt. Indissolubili Fœderatis suis vinculo junctus est Augustissimus Romanorum Imperator non minus in iis, quæ Pacem, quàm quæ Bellum respiciunt, ac disertim nuper Excellentiæ Vestræ exposuimus, Eundem non jam amplius ùt Conciliatorem, sed quà Russiæ Fæderatum, ut compacificentem concludendi hac hyeme, uti speratur, Pacis Tractatus, Præfulgidæ Portæ sese sistere. Non tamen ideò afferendæ quantocyùs publicæ quieti vel minima suâ ex parte injicietur mora. Denominati jam sunt, & non saltem plenâ facultate muniti, sed & convenientibus mandatis instructi Ministri, quibus is tanti momenti spartam concredere dignatus est. Et de propensissimo Russorum Autocratricis in pacem studio, modò ea, quam innuimus, via sinè morâ ineatur, tam exquisitis verbis denuò redditi fuimus certiores, ut hoc unum conceptæ de complemento saluberrimi operis spei, votisque nostris deesse videatur, convenire quàm celerrimè posse Ministros, eidem pertractando, perficiendóque destinatos. Augebit hac maximè ratione merita, quibus jam multis magnisque apud Ottomannum Imperium Excellentia Vestra valet. Et quod superest &c.

AD VIZIRIUM.

Viennæ 28. Februar. 1737.

No. 6.

Traduction de la Lettre du G. Vizir à Son Excellence Monsieur le Président du Conseil Impérial Aulique de Guerre, écrite du Quartier d'Hyver à Babadagh sans datte.

Nous notifions amiablement & du fond de notre cœur, que Votre Excellence aura reçu la Lettre que nous lui avons écrite, & que nous avons remise à l'honorable *Thalman* notre Ami pour vous l'envoier, par laquelle nous vous donnons amiablement part, que l'honorable Ambassadeur Thalman Envoié à la Porte Ottomanne de la part de l'Empire le plus vénérable & toujours inviolable dans sa parole & dans son exécution, est arrivé dans le quartier d'Hyver de *Babadaghi*, & que nous avons ressenti une extrême joie, & un desir sincère, que nous avons de prolonger & d'affermir la Paix inéstimable,

timable, & la bonne amitié qui ſubſiſte entre la Porte Ottomanne & l'Empire Romain; comme auſſi de travailler de concert avec l'Empire Romain toujours prudent, louable, & renommé par ſa juſtice, à terminer la violation & les infractious commiſes contre *les Droits des Gens* ſans qu'on s'y fût attendu de la part de la Ruſſie, en changeant l'Inimitié entre ces deux Empires en une bonne Amitié ſur l'ancien pié de la Paix, & conſentant de donner à la Ruſſie toute la fureté qui ſeroit néceſſaire. Le Dieu tout-puiſſant ſait, & nous vous aſſurons, notre Ami, par les préſentes, que nous ne ferons plus attention, & que nous n'alléguerons plus tout ce qui a été entrepris à l'improviſte contre la Porte Ottomanne par la Ruſſie, & que notre deſſein eſt de rétablir en Conſidération de l'Empire Romain la Paix avec la Ruſſie ſur le pié qu'elle étoit ci-devant. Nous avouons que nous n'avons eu juſqu'à préſent aucun ſujet de nous plaindre de la moindre Action contre la bonne Amitié de la part de l'Empire Romain; & nous ſommes en particulier très-ſatisfaits de la bonne conduite & des obligeantes manières de l'honorable Ambaſſadeur Thalman, notre Ami, & nous ne manquons point de conférer amiablement avec lui. Ce n'eſt pas ſans fondement, ainſi que nous l'avons mandé par notre précédente Lettre amiable, que nous ſouhaitons ardemment de terminer pendant cet Hiver le grand Ouvrage de la Paix. Dans les Conférences cet Ambaſſadeur a ſouvent propoſé les fondemens de la Paix, pour que nous ne perdions point de tems, & dans le deſſein de parvenir au plûtôt à ce but ſalutaire, nous n'avons point voulu faire mention du dédommagement de la part de la Ruſſie, étant d'opinion qu'on pouvoit ſatisfaire à certains égards à l'honneur de la Porte, & qu'en même tems celui de la Ruſſie ſeroit maintenu en renonçant à cauſer de plus grands dommages aux Fortereſſes de Précop, Kilburn, & dans la Crimée, d'autant que la choſe ne ſe peut faire autrement. Après l'ouverture faite de ces Préliminaires praticables à l'Ambaſſadeur Impérial, lui notre Ami nous demanda qu'on nommât un lieu pour y tenir un Congrès de Miniſtres Plenipotentiaires des trois Empires & des Puiſſances Médiatrices pour y terminer toutes les affaires; Nous y avons conſenti, & nous avons nommé la Ville de *Soroca* comme l'endroit le plus à la bienſéance des Parties intereſſées. Nous avons enſuite propoſé à cet Ambaſſadeur que le fondement de la Paix étant ainſi poſé & reſolu ſuivant les Loix de l'Empire, les Articles de Paix ſeroient dreſſés dans le Congrès en y ſtipulant toute la fureté & ſatisfaction pour la Ruſſie, de la manière que la Cour Impériale le trouveroit convenable, à l'opinion de laquelle nous nous conformerons de notre part: car ſi ces Préliminaires n'étoient point rendus publics & agréés, il ſeroit difficile de parvenir à rien ſtipuler de poſitif au Congrès, & il pourroit arriver que les Ambaſſadeurs en ſortiroient ſans avoir rien conclu, ce qui ne ſeroit honorable à aucune des Parties intereſſées. Sur quoi l'Ambaſſadeur Impérial nous a répondu, qu'il en feroit part à ſa Cour, & qu'il attendroit là-deſſus de nouvelles inſtructions. Nous eſpérons donc à préſent que la Cour Impériale agira dans cette affaire ſelon ſa droiture & juſtice, & qu'elle voudra bien travailler à éteindre le feu dangereux de la Guerre, & à étouffer la Diſcorde. Et comme un Empire auſſi vénérable & auſſi grand que l'eſt l'Empire Romain, notre Ami s'eſt entremis dans cette Affaire, nous voulons bien ne plus alléguer à l'avenir ce que les Ruſſiens ont fait. Nous voulons ſeulement faire mention que le Réſident de Ruſſie à la Porte Ottomanne nous a toujours aſſuré, que l'Empire de la Ruſſie n'entreprendroit rien contre la Porte au préjudice de la Paix & de la bonne Amitié, & qu'il a fait en même tems en ſorte que les Ambaſſadeurs d'Angleterre & de Hollande nous ayent donné les mêmes aſſurances. Item que les Généraux Ruſſiens peu de jours avant le ſiège d'Aſſof ont envoyé des Gens au Baſſa de cette Place, avec des Lettres, portant que la Ruſſie avoit la Paix perpétuelle en vénération, & qu'on ne devoit point s'inquiéter: Cependant 4. à 5. jours après les mêmes Généraux ſe ſont rendus avec une puiſſante Armée devant la Place, & l'ont emportée: Cette Action nous a extrêmement étonnés, ainſi que tout le monde raiſonnable. Enfin nous revendiquons notre Droit contre la Ruſſie, & nous en demandons juſtice à Dieu: & après que nous aurons été ſatisfaits nous ne ferons pas le moindre mal ou tort à la Ruſſie; c'eſt ce que nous eſpérons particulièrement de la part de la Cour Impériale, & Dieu nous eſt témoin que nous aurions honte de l'importuner & de lui rompre la tête à ce ſujet, ſi la choſe ſe pouvoit faire autrement, ſur-tout puiſqu'un ſi grand ami de nous, comme l'eſt l'Empire Romain, s'eſt entremis dans cette Affaire, il eſt à tous égards néceſſaire que, puiſque la Porte Ottomanne eſt entiérement innocente, il lui en revienne quelques avantages, que nous attendons de l'Amitié de la Cour Impériale. Et lorſque les choſes ſeront parvenues à ce point déſiré, nous ſouſcrirons aux Conſeils & à l'Intention de la Cour Impériale, ſavoir de donner toute fureté à la Ruſſie, de rétablir une Paix & Amitié d'une manière qu'elle ne puiſſe plus être troubſée, & d'établir en même tems les Articles de la prochaine Paix d'une façon convenable pour maintenir & conſerver l'honneur de l'Empire de Ruſſie: en un mot c'eſt ſur ce pié-là que nous ſommes prêts à entrer en Congrès, & ſerons contens après qu'on aura rendu public & agréé le fondement de la Paix ci-deſſus mentionné. Et comme nous avons fait connoitre au ſusdit Ambaſſadeur notre Ami, par quelle voie il eſt poſſible de parvenir à l'heureuſe iſſue de ce grand Ouvrage, dont il s'eſt chargé de vous faire part, nous eſpérons que votre zéle & votre équité n'épargneront rien pour éteindre par ces moyens le feu de la Guerre. *Caeterum vale* &c. Fait dans le Quartier de Babadaghi.

MEHMED.

No. 7.

P. P.

NOn ſine magno animi moerore, tum ex ultimis Excellentiæ Veſtræ Literis, tum ex ſubſequentibus Cæſarei Oratoris, qui apud Præfulgidam Portam reſidet, relationibus intelleximus, perſiſtere candem in propoſito, Miniſtros ad tractandum & perficiendum ſalutare pacis opus, plenâ uti decet facultate inſtructos, ad limites, qui ditiones partium bello jam implicitarum ſeparant, haud prius mittendi, quàm fuerit de Aſſoviæ reſtitutione ſecura.

Equidem pro innatâ prudentiâ ſuâ facilè dijudicabit Excellentia Veſtra, ſperari haud poſſe Sereniſſimam & Potentiſſimam Ruſſorum Autocratricem in tam inuſitatam prævіam pacis conditionem conſenſuram, nec integrum proinde Auguſtiſſimo Romanorum Imperatori eſſe, ſua ex parte eidem præbere manus. Per complura luſtra in Ruſſorum manibus erat Aſſovia abſque eo, quod Ottomanni Imperii ſecuritati, quieti, dignitati aut ſplendori quicquam inde deceſſerit. Viciſſim quæ fatente Præfulgidâ Portâ in ditiones Auguſtiſſimi Romanorum Imperatoris fœderatæ ſubditas, nimium crebrò factæ ſunt hoſtiles irruptiones cum tantâ harum ditionum ſtrage, incolarumque immani cæde vel durâ captivitate conjunctæ, ab Aſſovienſi præſidio partim promotæ, partim ſuffultæ fuerunt. Unde ſponte ſuâ fluit, non ſubſiſtere, quæ præfatæ reſtitutioni ab Excellentia Veſtra obtendi vult, cauſam. Interea fruſtra labitur tempus, ubi non armis, ſed pacis tantum ſtudiis, locus eſſe poteſt; non noſtrâ ſanè culpâ, quippe qui nihil quicquam, quod in viribus noſtris erat, intentatum reliquimus, quò enixis & ſinceris votis Noſtris fauſtior rerum eventus reſponderet. Ac facilè prævidere eſt, difficiliorem longè poſt hæc evaſuram eſſe curam, reducendæ publicæ quieti impendendam. Quicquid à bono vicino paciſque ſtudioſiſſimo amico deſiderari ullatenus poterat, id ab Auguſtiſſimo Romanorum Imperatore pari candore & affectu expletum hactenus fuit.

Nunquam non is ad juris & juſtitiæ normam conſilia & actiones ſuas unicè dimetietur. Recederet autem ab hâc, quam modò innuimus, normâ, niſi eâdem intemeratâ fide & conſtantiâ Fœderati quoque munia ex aſſe adimpleret.

Quâ viâ, quibuſve mediis attingi ad huc queat deſideratiſſimus ſcopus, ne eò devenire neceſſum ſit, ante aliquot ſeptimanas Excellentiæ Veſtræ tam genuinè expoſuimus, ut nil aliud jam nobis ſuperſit, quàm denuò eandem certiorem reddere, Auguſtiſſimo Romanorum Imperatori acceptiſſimum fore nuncium, quo quantocyus edocebitur, quod pacifici ſui ſuaſus & hortatus apud Præfulgidam Portam locum penitùs invenerint. Quem proinde pro Noſtro in publicam tranquilli-

ANNO 1736. quillitatem sincero studio impatientes præstolamur. Et quod superest &c.

AD VEZIRIUM.

Viennæ Austriæ 20. Martii 1737.

No. 8.

Estratto della Lettera del Sign. Visniakoff all Hospodar di Moldavia dd. to *S. Petroburgo li* 26. *Marzo* 1737.

EGiache d'ambe le parti col destinare reciprocamente i Plenipotenziari si è dato in questo modo felice principio a questo salutifero affare, Az. Va con la sua già nota prudenza considerare potrà, *che l'effeto di questo affare non consiste più nel Carteggio e Corrispondenza col Soprad. Eccell. Ministro di Sua Cesa Mtà ch'appo la Fulda Porta reside, mà solamente dipende dal celere principio del Congresso, & dalla spedizione al medmo delli Ministri, poiche non altrove, ma solamente nel Congresso, e non per mezzo d'altri, mà de soli proprii Ministri Plenipotentiarii potrà essere trattata la pace e questo salutifero affare* con la Clemenza ed aiuto di Dio potrà esser ridotto in buon stato, e perfezzione, anzi che ogni altre vie non potranno che procrastinarne l'effetto.

Num. 9.

Traduction de la Lettre du Grand Vizir Mehmed Bassa à S. E. Mr. le Comte de Konigsegg, President du Conseil Aulique de Guerre.

P. P.

NOus avons reçu par la voye de Mr. Talman vôtre Ambassadeur qui est ici avec nous dans le Quartier d'hyver de l'Armée Ottomane; votre amiable Lettre que nous étions impatient de recevoir, & nous avons apris par elle les belles expressions & déclarations y contenuës, & qui aboutissent à rassurer l'Amitié & l'amour réciproque, & à affermir un ouvrage aussi salutaire, tout comme nous n'avions pas lieu de nous attendre à autre chose de la part de la Cour Impériale, & sur tout de vôtre part. Nous avons apris par là, qu'à l'égard de la médiation vous persistez dans votre prémier sentiment, de conserver la paix avec l'Empereur des Romains, notre Ami: Vous répétez encore une fois, que S. M. I. ne permettra pas que l'Honneur, la Reputation & la Grandeur de la Porte Ottomane souffre la moindre atteinte, & qu'au reste vous, notre ami, aviez reçu de bonnes assurances données de la part de la Czarienne à la Cour Impériale, que la Cour de Russie souhaitoit le rétablissement de la paix, & amitié réciproque: Et quoi que la rénovation & prolongation de l'amitié & du bon voisinage entre la Porte Ottomane & l'Empire Romain soit une affairé qui ne regarde que vous, notre ami, l'affaire de la médiation pourtant, à cause de vos liaisons avec la Russie, n'étoit pas une simple médiation, mais que conjointement avec la Russie, vous preniez part à la Guerre aussi bien qu'à la Paix, de façon que le renouvellement de la Paix avec S. M. I. devoit se faire en même tems: Que puisque vous notre ami employez vos soins pour accomplir un ouvrage si salutaire, vous ne vouliez point faire attention aux délais portés à l'affairé; jusques à present, surtout puisque le tems étoit court & precieux; & qu'en suite, il vaudroit mieux envoyer les Plénipotentiaires Ottomans munis d'instructions nécessaires, jusques aux confins qui séparent les païs des Puissances belligerantes.

Nous vous sommes infiniment obligés de tout ce que vous nous avez écrit à cet égard & nous nous en réjouïssons.

Vous faites mention dans votre Lettre précédente, que l'Alliance de la Cour Impériale avec celle de Russie, ne tendoit au préjudice de personne, & que l'Empire Romain avoit mérité les louanges & l'applaudissement de tout le monde par rapport à la justesse de ses sentimens, de son équité & de sa moderation. J'avouë que cela est reconnu de tout l'Univers de même que particuliérement de vous, notre honorable ami, & que cet Empire ne commettra jamais aucune action qui soit contraire au bon sens & aux instituts des Empires. Et il est hors de doute, & clair comme le Soleil, que la Porte Ottomane peut se reposer en toute sûreté sur la Cour Impériale. Nous avons aussi mandé ci-devant qu'on n'épargnera ni peines ni soins, comme nous le sommes persuadés, de la part de S. M. Imp. des Romains notre très vénérable Ami, pour avancer la Paix & pour la porter à une heureuse issuë. Il vous est deja connu, Notre Ami, que la raison pour laquelle cet Ouvrage a été diferé, ç'a été pour en cimenter les fondemens convenables aux Loix de l'Empire: mais présentement que, suivant les Avis qu'on a reçus de l'honorable *Czariene*, ainsi qu'il a été mandé, la Cour Imp. a reçu des asseurances positives de sa part, par raport à ses inclinations pacifiques, nous nous reposons avec une entière confiance sur la sacrée & inviolable Parole & sur l'exécution ponctuelle & solide, ainsi que sur la sincérité de l'Empire Rom., pour nous conformer aux points de votre Lettre, qui concernent l'envoi de nos Plénipotentiaires avec les Pleins-pouvoirs, & les Instructions nécessaires.

ANNO 1737.

Nous recevons donc cette Déclaration, savoir, que vous ne prétendez rien entreprendre contre l'honneur, la dignité & la magnificence de la sublime Porte comme un fondement solide pour tabler dessus solidement, & en conséquence, nous expédions à nos Plénipotentiaires sans aucun délai les Pleins-pouvoirs, dans lesquels nous faisons insérer, que la Porte Ottom veut non-seulement prolonger avec l'Empire Romain le bon Voisinage & l'Amitié, qui subsistent entre Elle & cet Empire, & qui n'ont jamais été alterés; mais aussi d'avancer l'Ouvrage salutaire dont il est question, & renouveller & affermir la paix avec l'Empire de Russie: & c'est pour cet effet, que nos Plénipotentiaires ont déja reçu ordre de se rendre le plûtôt que faire se pourra à *Soroca*, & conjointement avec l'Ambassadeur Talman notre Ami, & qu'avec l'aide de Dieu ils se mettent en chemin l'un après l'autre, ainsi que cela convient, immédiatement après le petit Bairam (c'est-à-dire, au commencement du mois d'Avril) qu'ils se trouvent tous ensemble vers le milieu du susdit mois dans le lieu désigné, & se hâtent ainsi à conduire cet Ouvrage important à une heureuse fin. Au reste on se repose entiérement sur la justice, sur la modération, sur la prudence, & sur les obligeantes manières d'agir de l'Empire Romain, si connues de tout monde & si célèbres par tout l'Univers.

Et afin que tout ceci vous soit notoire, Notre Ami, nous avons fait expédier cette amiable Lettre, & l'avons fait remettre à votre Ambassadeur pour vous l'envoyer, & comme vous n'ignorez pas sans doute les circonstances des Choses, nous nous en raportons à votre Conseil sincère & à votre avis amiable par raport à la nécessité, pour faire pancher la Cour de Russie à envoyer de son côté des Plénipotentiaires dans le tems & au lieu ci-dessus mentionnés. *Cæterum sit salus supra eum qui sequitur viam salutis.* Fait dans le Quartier d'Hyver de *Babadaghi.*

MEHEMED.

Num. 10.

Traduction de la Lettre du Grand Vizir Mehemed Bassa à S. E. M. le Comte de Konigsegg Président du Conseil de Guerre.

P. P.

NOus vous nótifions, que nous avons reçu avec tout le zéle & amitié possible par la voye de l'Ambassadeur Impérial à la Porte Ottomane, qui à present est arrivé avec les Ministres Plénipotentiaires Ottomans à Sorocca, votre bien intentionnée & amiable Lettre du 20 Mars, laquelle nous a été remise; par un de ses interprêtes le 24 de la Lune courante Muharrem étant un Samedi, (c'est-à-dire le 25. May) & nous avons bien compris tout son contenu venant de votre part comme d'un sincère Ami, & nous nous sommes rejouïs d'y avoir apperçu les marques de votre amitié.

Anno 1737.

Ensuite de ce que nous vous avons déja donné à connoitre par notre Lettre précédente, nous ne songeons à autre chose par égard pour la Cour Impériale, qu'à faire la Paix avec la Russie, sur l'ancien pied, comptant, plus que sur tout autre, sur le bon Conseil & la justice de l'Empire Germanique toujours constant & inviolable dans ses paroles, & dans l'exécution. Non seulement nous sommes pressés d'accélerer un Ouvrage si salutaire, mais aussi les Ministres Plénipotentiaires de la Porte Ottomane accompagnés de votre Ambassadeur notre ami sont partis de la connoissance de la Cour Impériale pour *Kudack* lieu destiné pour le Congrès, 35 jours avant votre Lettre au milieu de la Lune Zilhiege, c'est-à-dire au milieu d'Avril; & ledit Ambassadeur nous ayant fait sçavoir sur sa route, qu'il avoit reçu des Lettres par lesquelles la Cour Impériale lui enjoignoit, que le Congrès devoit se tenir à Nimerow, cela a été aprouvé de part & d'autre. Comme nous avons écrit à nos Plénipotentiaires que du lieu où ils seroient, ils devoient diriger leur voyage pour Nimerow, ils sont déja arrivés à Soroca, qui n'est éloigné que de trois ou quatre marches de Nimerow, & selon les Lettres des Plénipotentiaires de la Porte, ceux de Russie sont aussi en chemin, ainsi que l'on pourra commencer à s'assembler, & à se parler sans difficulté.

Puisque l'on espère & souhaite, que l'Ouvrage que l'on va commencer pourra être conduit à une fin heureuse moyennant la médiation de l'Ambassadeur Impérial auprès de la Porte, d'une manière honorable pour celle-ci, nous n'avons pas voulu manquer de vous donner part de tout ceci par la même voye de Mr. de Talman.

Au reste l'heureuse conclusion d'une affaire si salutaire dépend, après l'assistance de Dieu, d'une juste & amiable procédure de la part de la Cour Impériale, eu égard à la dignité aussi bien qu'à la bonne amitié & au voisinage des deux Empires. *Cæterum sit salus supra eum, qui sequitur viam salutis.*

Donné au Camp d'Isakée

MEHEMED.

Num. 11.

P. P.

QUanto in pacem tûm conservandam, tûm restaurandam studio feratur Augustissimus Romanorum Imperator, trinis ad Excellentiam Vestram exaratis Literis plus quàm abundè comprobavimus. Penes Præfulgidam Portam unicè stetit, quò hoc ipsum Pacis studium exoptato fructu haud careret. Per complures, qui bellum præcesserunt, annos eidem præcavendo nihil non hac ex parte actum est, pari fide, candore & affectu. Non minor exin opera sopiendis turbis impensa, nec excogitari facilè potest medium, conciliandis partium belligerantium animis aptum, quo non omni possibili contentione usi fuerimus, nihil quicquam pro attingendo tam salutari scopo tum apud Serenissimam & Potentissimam Russorum Autocratricem, tûm apud Præfulgidam Portam, tum apud alios quoque publicæ quietis studiosos Principes intentatum relinquentes. Plerique Cæsarei in exteris aulis Ministri longè fuerunt in re ista, quàm in propriis Augustissimi Domini sui commodis curandis occupatiores, & pacificorum suasuum Nostrorum, hortatuum ac consiliorum ipsammet Præfulgidam Portam testem citare nulli dubitamus.

Quemadmodum verò una ex parte optima fide explevimus, quæ à bono vicino pacisque studiosissimo Principe desiderari quocumque demum modo poterant; ita non minus fuimus de explendis fidi Fœderati muniis solliciti. Antequam tam in iis, quæ bellum, quàm quæ pacem concernunt, Præfulgidæ Portæ, quæ Russiæ Socium, sese sisteret Augustissimus Romanorum Imperator, consentiente Serenissima & Potentissima Russorum Autocratrice bona sua officia terminandis belli malis per complures menses impendit. Sed non ea, quæ par erat, à Præfulgida Porta habita fuit officiorum horum ratio, spretis cunctis, quotquot tum proponebantur, reducendæ pacis mediis. Perquam id nobis fuit molestum, non tamen ideò spem faustioris successûs deposuimus. Quò majus adderetur amicis officiis nostris pondus, ad arma nos accinximus, pro solito candore Nostro, qua mente id fieret, Excellentiam Vestram haud celantes. Jam tunc repeti jure à Præfulgida Porta potuissent sumptus, ipsius culpa bellicis apparatibus à Nobis impendendi.

Anno 1737.

Sed prævaluerunt apud Augustissimum Romanorum Imperatorem magnanimi, quibus imbutus est, sensus, enixumque accelerandæ publicæ tranquillitatis desiderium. Primis ergo ad Excellentiam Vestram exaratis Literis jussu Ejusdem declaravimus, *nullam hactenus à se finium propagationem, sed non nisi prorogationem pactorum conventorum, & quæ aliàs firmandæ mutuæ inter utrumque Imperium amicitiæ inservire poterunt, expeti.*

Sicuti verò unicuique rei certi constituti debent esse fines & termini, meritòque unà providendum erat, ne tàm magnanimi sensus, ad maturandum pacis opus unicè tendentes, in ejusdem remoram vergerent; ita disertim iisdem Literis Nostris modò memorata declaratio elapsâ jam dudum hyeme fuit circumscripta, ac plus unâ vice testatus est Cæsareus apud Præfulgidam Portam Orator, difficiliorem longè evasuram publicæ tranquillitatis curam, si quid sub elapsi mensis Maji initium ejus complemento adhuc desit. Parùm tamen monitis hisce Nostris profecimus, moras nectente Præfulgidâ Portâ, atque eò potius allaborante, ut fidos Fœderatos sparsis suspicionum seminibus inter se disjungeret. Super loco Congressûs mota fuit insolita atque ideò inexspectata difficultas, & quò ad limites, qui ditiones partium bello jam implicitarum separant, Ministros plenâ facultate instructos ablegaret Præfulgida Porta, complurium mensium labor erat impendendus. Injecta dein fuit de prævia pacis conditione mentio, tàm insitata, tàmque iniqua, ut non luculentius dari potuisset alienæ à pace mentis documentum, sicuti præcedentibus Literis Nostris satis superque demonstravimus. Equidem dum in istis difficultatibus superandis diu frustra desudabatur, multo verborum apparatu pronum in quietem animum nunquam non testata est Excellentia Vestra. Sed verbis facta haud respondebant. Et sicuti à tenore Literarum, quas ad nos subinde exaravit, multum discrepabant epistolæ, eodem ferè tempore à Moldaviæ Principe ad Russum Ministrum scriptæ; ita quàm sit Præfulgida Porta à maturanda sincerè pace aliena, satis superque porrò prodit responsum ab Excellentia Vestra ad tertias Literas Nostras datum, utpote Literarum harum tenori nequaquam congruum. Quò minus itaque Nos latebat, quid occultis istis artibus quæreretur, tantò inmaniores sumptus bellicis apparatibus porrò erant impendendi, & tantò vehementius posthæc institit Serenissima ac Potentissima Russorum Autocratrix, ut dudum elapsâ hyeme frustra haud elabi sinamus tempus, afferendæ promovendæque armis stabili undequaque paci aptum. Non ergò integrum amplius est Augustissimo Romanorum Imperatori, differre diutius auxilia, à constante Fœderata tam impensè efflagitata. Præfulgidæ Portæ culpa in belli partem venire habet necesse. Ast sicuti invitus arma arripit, ita non ideò pacis studium curamque deponit. Inter media arma de eadem æquis conditionibus quantocyus reducenda, ac securiùs in posterum firmanda Ipse æquè ac Serenissima & Potentissima Russorum Autocratrix tractare parati sunt. Sicuti proinde facillimum antehac fuisset Præfulgidæ Portæ præcavere, ne dilataretur belli flamma, cui extinguendæ tàm assiduus enixusque ultra annum insumtus fuit labor, ita penès Eandem etiamnum stat, ut brevi finis ponatur calamitatibus, quas nunquam non cum subditorum populorum ac ditionum damno bellum post se trahere solet. De quibus omnibus Excellentiam Vestram certiorem reddere officii Nostri duximus, & quod superest &c.

AD VIZIRIUM.

CCV.

Decret de Commission Impériale dressé à la Diète de l'Empire pour en obtenir un subside pour la Guerre contre les Turcs. Délivré le 26 Juillet 1736. [Mercure Historique Tom. CIII. pag. 189.] 26. Juillet

DE LA PART de Sa Majesté Imperiale, notre très-gracieux Seigneur, S. A. S. *Joseph-Guillaume-*

ANNO 1736.

laume-Ernest, Land-Grave de Furstenberg, Comte de Heiligenberg, & de Wirtenberg, &c. Ministre d'Etat actuel de Sa Maj. Imp., & son Principal Commissaire à la Diète Générale de l'Empire, a reçu ses gracieux Ordres de notifier par ces Présentes aux Electeurs, Princes, & Etats, aux Illustres Conseillers, Ambassadeurs, & Envoyez qui y sont assemblez.

Qu'il est notoire & connu de tout le monde, que depuis plus d'un An il est survenu une sanglante Guerre entre Sa Majesté de toutes les Russies, & la Porte Ottomane, dont les raisons ont été deduites tout au long dans la Lettre que le Comte d'Osterman a écrite & envoyée dans ce tems au Grand-Vizir; le contenu de cette Lettre fit suffisamment voir, que depuis la Paix, qui avoit été conclue entre ces deux Puissances, & avant même que la derniere Guerre fut allumée dans la Chrétienté, & après que les Préliminaires de la Paix y avoient été heureusement conclus dans le Mois d'Octobre de l'Année 1735. on avoit fait plusieurs Invasions ennemies des Provinces Ottomanes dans celles qui appartiennent incontestablement à Sa Maj. Russienne. Ce que la Porte n'a pas osé desavouer, mais qu'elle s'est contentée d'alleguer plusieurs prétextes, & excuses peu dignes de foi, fausses, & impossibles; comme si toutes ces Invasions, ces Ravages de Provinces entieres, les Enlevemens de tant de milliers de Sujets Russiens, le Saccagement, & l'Incendie des Bourgs & Villages, & plusieurs autres Attentats & Cruautez, qu'à peine on auroit lieu d'attendre du plus cruel des Ennemis, avoient été faits & commis à leur insçu; & que les Ordres, & Mandemens, que la Porte avoit fait émaner, & souvent réïterer, pour empêcher de pareils Desordres & Attentats, n'avoient pas été exécutez.

Que l'insuffisance de ces Excuses sautoit d'abord aux yeux, & avoit été remonstré avec tant d'évidence au Grand-Vizir dans la premiere Lettre, que le Comte Königsegg, President du Conseil de Guerre de Sa Maj. Imp. lui avoit écrite, que l'on n'avoit pû rien repondre là-dessus du côté de la Porte: Ensorte que par ces circonstances il seroit facile de concevoir, à quelles miseres & dangers seroient exposés les Païs & les Provinces Chrétiennes, qui confinent à la Turquie, sans que ceux, auxquels il appartient de les proteger, se trouvassent en état d'en demander une satisfaction fondée sur le Droit naturel & public, pour le passé, & une sûreté suffisante pour l'avenir, ou en cas de refus de s'en faire rendre raison; qu'il auroit été facile d'obtenir l'un & l'autre dans le tems que tout étoit encore tranquile dans la Chrétienté, & lorsque la Porte étoit dans une Guerre embarassante avec la Perse: mais, que la sincere inclination de conserver la Paix, & les soins de faire voir à toute la Terre, que Sa Maj. Imp. n'étoit pas intentionnée de tirer le moindre avantage de toutes ces circonstances, avoient prévalu dans ce tems; que Sa Majesté Imperiale avoit aussi recherché plûtôt tous les moyens amiables & possibles, avant que de se resoudre d'en venir à l'extrémité; que l'Alliance, faite heureusement avec la Russie en 1726, n'avoit en vûë, que d'affermir la sûreté & le repos public, sans préjudicier à qui que ce pourroit être en aucune maniere; que cette Alliance étoit de la même nature, que la *Liga Sacra*, qui après la conclusion de la Paix de *Carlowits* d'une Alliance offensive, avoit été changée dans une defensive; & que jusqu'à-présent personne n'avoit encore osé mettre en doute, que la Paix pût lier les mains au point d'empêcher des Alliances & Confédérations.

Et quoi que Sa Majesté Imperiale ait été souvent requise avant, & après la derniere Guerre dans la Chrétienté, d'assister la Russie à cause desdits attentats, & Invasions de la Porte, & de celles que ses Feudataires y avoient faites, ses Conseils paisibles avoient toujours été si favorablement reçus dans cette Cour, que Sa Majesté Imperiale de toutes les Russies s'y étoit très-genereusement conformée, & avoit souffert avec une patience inconcevable tous les attentats, qui s'augmentoient d'un jour à l'autre; ce qui prouve suffisamment que nonobstant cette Alliance, conclue en 1726, on avoit toujours pris une patience extraordinaire, & que par consequent elle n'avoit été faite, que dans l'intention, & sur le fondement, de mettre les bornes aux entreprises de l'ennemi commun de la Chrétienté; sans qu'Elle pût avoir un effet conforme à *la Sainte Ligue*, où un Contractant étoit obligé d'épouser les querelles de l'autre Contractant; ensorte qu'à cette occasion on auroit toujours pû craindre des guerres dans les Royaumes & dans les Provinces, qui servent de rempart au St. Empire; comme ceux, qui ont quelque connoissance de ce qui s'est passé à Constantinople depuis plusieurs années, ne disconviendront pas, que la Paix de *Passarowits* auroit été rompue depuis long-tems par des attentats immédiats contre les fideles Royaumes & Païs Héréditaires de Sa Majesté Imperiale, si la Porte avoit eu le bonheur de mettre la division entre ces deux Cours, à quoi elle n'a pas manqué de travailler continuellement.

Que Sa Majesté de toutes les Russies n'avoit eu cette grande patience pendant tant d'années, que dans l'esperance, que tous les soins & toutes les exhortations de Sa Majesté Imperiale obtiendroient à la fin de la Porte, qu'elle se conduiroit enfin envers la Russie avec justice & équité; mais, que tous les soins & toutes les peines de Sa Majesté Imperiale n'avoient rien effectué à la Porte; que le mal avoit toujours empiré; que les continuelles invasions dans les Provinces de la Russie avoient toujours été excusez par l'impossibilité & l'impuissance de contenir dans le devoir les Tartares, les Cosaques, & les Leskyens, qu'on traitoit de Canaille, portée naturellement à toutes sortes de rapines. Que nonobstant toutes les remonstrances sérieuses de la Russie, de Sa Majesté Imperiale, & d'autres Puissances, pour conserver le Repos & la Paix, des Armées entiéres de ces Nations pillardes étoient entrées dans les Provinces Russiennes, par les ordres exprès de la Porte; &, comme il est facile de concevoir, au grand dommage, & à la perte totale, de ces pauvres Provinces, qu'il étoit suffisamment connu à tous les Ministres Etrangers, qui residoient à Constantinople, avec quelle fierté & arrogance on avoit meprisé & rejetté à Constantinople toutes les propositions honnêtes, pour empêcher leurs injustes & fideles entreprises; & lorsque la Porte vit à la fin, que ses desseins ne lui réüssissoient pas, comme elle avoit esperé, elle s'est encore excusée sur la néceffité où elle étoit de songer préferablement à finir au plûtôt la Guerre contre la Perse; quoiqu'il n'eut dependu que de la Porte, de faire sa Paix avec la Perse, en y comprenant la Russie, & par des moyens & par des mediations, qui lui ont été offertes par d'autres d'une maniere très-honnête & très-aimable; mais, comme la Porte n'avoit mis tout en œuvre pour semer la division entre ces deux Cours Alliées, que dans la vûë d'avoir par-là l'occasion d'insulter ensuite chacun en particulier avec plus de facilité; &, suivant le malicieux projet du *Renegat Bomeval*, de pouvoir entrer dans le Cœur des Païs Héréditaires de Sa Majesté Imperiale, sans avoir lieu de craindre une diversion d'autre part; par les mêmes raisons la Paix avec la Perse n'auroit pas été agréable à la Porte, si Sa Majesté de toutes les Russies y avoit été comprise.

Comment pourroit-on donc encore douter de la continuation des mauvaises intentions de la Porte: ou faire une sinistre interprétation de ce que Sa Majesté Imperiale, comme un Allié fidele & constant, se trouve indispensablement obligée de préferer ses propres sûretez, à toutes les bonnes intentions qu'elle a toujours témoigné pour la Paix?

Que cela n'avoit pas encore suffi, & que les mauvaises intentions de la Porte s'étoient encore manifestées plus ouvertement par le plein-pouvoir, qu'elle avoit donné au *Seraskjer Achmet-Bassa* le 8. d'Avril de l'Année passée, & par conséquent la Lettre alleguée du Comte d'*Osterman*; & en effet il fut impossible au *Grand-Vizir* d'alleguer aucune excuse raisonnable dans sa Reponse à la prémiere Lettre du Comte de *Königsegg*, tant sur les consequences qui resulteroient du susdit plein-pouvoir, que sur ce qui s'étoit passé auparavant.

En conséquence donc de toutes ces circonstances, & particulierement par le propre aveu tant exprès que tacite de la Porte, on n'avoit plus lieu de douter si Sa Majesté de toutes les Russies étoit l'aggresseur, ou si elle avoit été souvent attaquée, & offensée; nonobstant tout cela, Elle auroit été encore contente, qu'après avoir commencé la Guerre contre la Porte, Sa Majesté Imperiale eut continué d'employer ses bons offices pour le même effet, où ses propres armes tendoient, c'est-à-dire, pour obtenir une satisfaction suffisante pour toutes les offenses, attentâts, & invasions dans ses Etats, comme aussi une sûreté parfaite pour l'avenir.

Que le Baron de *Dalmann* en avoit été instruit aussi-

ANNO 1737.

aussi-tôt; mais que, malgré les Armées de la Russie & leurs progrès victorieux, tous les mouvemens & remonstrances étoient restez sans aucun effet; qu'on avoit rejetté avec dedain toutes ses instances empressées & bien intentionnées; & lorsque du côté de l'Empereur on avoit travaillé avec des soins infatigables, à procurer la Paix avec la Perse, & une union parfaite entre elle & la Chrétienté, la Porte n'avoit pas manqué de son côté de faire insinuer sous main à la Cour de Russie, qu'elle n'avoit à attendre aucun secours de Sa Majesté Imperiale; que c'étoit pour cela, que Sa Majesté Imperiale s'étoit trouvée indispensablement obligée, de faire attention que la mesure étoit plus que comblée à la Porte; que ses injustices, & la Connexion de ces Affaires, étoit assez connue de toute la Terre, & que, s'il étoit possible, on parviendroit encore à une bonne & durable Paix, pendant l'Hyver; ou que tout au moins les Intentions forcées de Sa Majesté Imperiale, de prendre part à cette *Guerre*, seroient justifiées devant tout le Monde; que c'étoit pour cette raison que la premiere Lettre du Comte de Königsegg avoit été écrite, & la Reponse du Grand-Vizir à cette Lettre servoit d'une preuve convaincante, que la Porte n'avoit pû se dispenser de reconnoître les veritez, que ladite Lettre contenoit, & de louer les genereuses & paisibles intentions de la Cour Imperiale; il auroit été à souhaiter que les Intentions de la Porte auroient été aussi sinceres, qu'elle avoit tâché de le faire accroire à la Cour Imperiale. Et qu'en effet on avoit eu raison, au commencement, d'esperer que la Paix se feroit cet Hyver, & que par consequent on auroit été dispensé de la desagréable necessité d'accomplir les engagemens indispensables de ladite Alliance.

Que Sa Majesté Imperiale par un desir ardent de conclure cette Paix, avoit déja nommé ses Ministres pour y assister, qu'elle leur avoit déja fourni leurs Pelins-pouvoirs, & les avoit muni de ses ordres, qui avoient été conformes, & mesurez, sur ses genereuses Declarations, faites dans ladite Lettre du Comte de Königsegg.

Que pour obtenir un but si salutaire, on avoit aussi-tôt communiqué la Réponse du *Grand-Vizir* à la Cour de Russie, & d'*un autre côté on avoit écrit* au *Grand-Vizir* dans une deuxieme Lettre, que la Communication qu'on avoit fait à la Cour de Russie, y avoit eu cet heureux effet, que les Ministres Plenipotentiaires pour assister au Congrès, y avoient aussi-tôt reçu ordre de se mettre en chemin, quoi qu'on y fût bien, que la même chose n'avoit pas été ordonnée à la Porte, & qu'on n'avoit pas encore applani les difficultez, qu'elle avoit fait naître exprès sur le lieu du Congrés; mais que toutes ces belles esperances avoient bien-tôt cessé par la deuxieme Lettre du Grand-Vizir, dans laquelle on refuse absolument d'envoyer sur les Frontieres les Plenipotentiaires Turcs, avant que la Cour de la Russie se fût engagée à restituer Azoff; &, quoi que la Cour Imperiale tâchât encore d'applanir cette difficulté par une troisieme Lettre au Grand-Vizir, & qu'en attendant on ait sursis le départ des Plénipotentiaires Russiens, comme il n'étoit que juste & naturel, & que d'un autre côté la Porte avoit fait un mauvais usage de cet Intervale, tant pour semer la Défiance entre les deux Cours alliées, que pour tâcher, quoiqu'infructueusement, de faire sa Paix avec la Russie, sans l'intervention de l'Empereur, comme aussi pour joindre ses Troupes réglées aux Tartares, qui se trouvent déjà en posture de faire une nouvelle Invasion dans la Russie. Mais ce coup ne leur ayant pas réüssi, la Porte avoit encore tout de nouveau protesté, qu'elle n'y avoit eu aucune part, quoiqu'elle tâchât de faire accroire leurs prétendus Avantages à la Populace de Constantinople par des Feux de Joye, & par grand nombre de coups de Canon. C'est pourquoi elle n'avoit nommé ses Plénipotentiaires qu'après que ces Entreprises eurent manqué. Et même leur départ fut retardé si longtems, que non seulement l'Hyver s'étoit passé, mais aussi le terme du premier May, avant qu'ils fussent sortis de Babadug.

Comme donc par les Circonstances rapportées, les fausses & infidelles Intentions de la Porte sautérent d'abord aux yeux des Clairvoyans, Sa Maj. de toutes les Russies commença aussi à presser de plus en plus Sa Maj. Imp.; puisque plusieurs Années s'étoient passées inutilement en Médiation, que depuis la Rupture, on avoit pris patience au-delà d'un An, & que toutes les Regles que l'Amitié, & le bon Voisinage prescrivoient, avoient été observées de son côté; qu'ainsi elle souhaitoit, qu'on satisfit à la fin du côté de Sa Maj. Imp aux Engagemens, en conformité de l'Alliance contractée. Cette demande étoit en effet trop juste, pour y trouver à redire, d'autant que non seulement la Reponse du Grand-Vizir à la troisieme Lettre du Comte de *Konigseck*, mais aussi les Déclarations que les Ministres de la Porte avoient fait à l'Ambassadeur de Hollande, prouvoient assez, & ne laissoient plus de doute, que la Porte ne cherchoit qu'à gagner du tems, pour prolonger les Négociations de la Paix, jusqu'à ce que la Campagne fût passée, & de faire écouler ce tems inutilement, comme elle avoit fait tout l'Hiver passé, & de gaguer par-là, que tous les fraix, & les préparatifs de Guerre, que ces deux Puissances avoient faits, pour obtenir une bonne & durable Paix, fussent perdus & inutiles; que d'ailleurs les Operations de la Guerre ne pourroient plus être retardées, parce que Sa Maj. Imp. avoit reçu la Nouvelle certaine, que toutes les Forces de la Turquie s'étoient à la fin tournées du côté de la Russie; ensorte que non seulement les Obligations indispensables d'un fidele Allié, mais même sa sûreté propre, exigeoient qu'il obligeât un Ennemi si redoutable, par des Diversions sensibles, à partager ses grandes Forces.

ANNO 1737.

Et, afin que personne ne puisse douter de la continuation des Intentions paisibles de Sa Maj Imp. Elle n'avoit pas seulement ordonné au Comte de *Seckendorff*, qu'avant que de commencer les Opérations de la Guerre, & d'entrer sur le Territoire des Ennemis, il devoit faire remettre au Bacha de la plus proche Forteresse ennemie, une quatrieme Lettre du Comte de *Konigsegg* au Grand-Vizir; mais Sa Maj. Imp. a encore trouvé nécessaire, de faire connoitre à tout le monde, par une Déclaration publique & imprimée, les raisons qui l'ont indispensablement obligée & forcée à prendre part à cette Guerre. Que Sa Maj. Imp. avoit encore eu beaucoup de contentement d'apprendre de tems en tems, tant de ses Ministres à la Diète, que des autres qui se trouvent dans les Cours étrangeres, que toutes les Lettres & Ecrits, qui de tems en tems leur avoient été communiqués au sujet de cette Affaire, avoient trouvé par-tout une approbation générale. Que la Porte Ottomane elle-même, comme on pouvoit le voir par ses Réponses, n'avoit pû se dispenser non plus, de donner des louanges à la sage Conduite de Sa Majesté Imp., & qu'elle n'avoit pas eu la hardiesse de démentir tout ce qui a été détaillé ici, & les conséquences qui en ont resulté. Que même la Porte avoit insinué en dernier lieu, que parce que Sa Maj. Imperiale étoit indispensablement obligée d'accomplir ses promesses, & de se montrer à la Russie un Allié fidele, il suffiroit si elle lui envoyoit le nombre des Troupes auxiliaires qui avoit été stipulé; d'où il s'ensuit certainement, que la Porte elle-même reconnoit la justice des Armes, que Sa Majesté Imp. a été obligée de prendre en main: parce que de faire Diversion en conformité d'une Alliance défensive, n'exige pas d'autre assistance, que d'envoyer à son Allié les Troupes auxiliaires, & que le surplus dépend absolument de la bonne Volonté de celui qui en a été requis. Que Sa Maj. Imp. ayant accordé le surplus des Troupes, avoit très-sérieusement réfléchi, que lorsque ses Troupes auxiliaires seroient dans des Païs éloignez, ses propres Païs héréditaires resteroient sans défense; c'est pourquoi elle s'est d'autant plus facilement resolu à agir de toutes ses forces, dans l'espérance que cela procureroit plûtôt une Paix durable & sûre, d'autant qu'elle avoit été informée, sans en pouvoir douter, que cette Proposition n'avoit été faite à Sa Majesté Imp., que dans l'intention de pouvoir tirer en longueur la Guerre contre la Russie. Comme donc on avoit reconnu & avoué dans tous les Endroits, où on avoit fait connoitre tout ce qui s'étoit passé à ce sujet du côté de Sa Majesté Imperiale, & la nécessité où elle se trouvoit indispensablement d'entreprendre cette Guerre présente; & que même elle n'a pas été desavouée de la Porte même, comme nous avons dit & prouvé; & enfin, qu'il se trouve ici les mêmes circonstances, qui se trouvérent il y a plusieurs Années, lorsque Sa Majesté Imperiale prit les armes pour l'avantage de toute la Chrétienté, & pour assister la Republique de Venise. Qu'enfin,

Sa

ANNO 1737. Sa Majesté Imper. n'avoit pas d'autre intention dans toute cette Affaire, que de préserver contre l'Ennemi héréditaire du Nom Chrétien, ses Païs, qui servoient de rampart à toute la Chrétienté, & ses autres Païs héréditaires, & de l'empêcher d'exécuter ses pernicieux Desseins.

C'est pourquoi Sa Maj. Imp. prend une très-gracieuse Confiance dans les Electeurs, Princes, & Etats du S. Empire, comme elle les prie, & requiert pour cet effet, que pour la Gloire de Dieu, l'Amour de la Chrétienté, pour la gloire & la sûreté de la Patrie; & enfin, en conformité de ce qu'ils ont fait auparavant, & si souvent, ils veuillent non seulement former au plûtôt un Resultat suffisant de l'Empire, par rapport aux Secours & Contingens, mais que chacun s'en acquite fidélement, & promptement.

Que Sa Maj. Imp. esperoit avec confiance, que la Benédiction du Tout-Puissant conduiroit une Affaire si juste, & que, comme la Tranquilité & le Repos avoient été déja rétablis dans la Chrétienté, ils ne seroient pas moins affermis dans peu de tems du côté de l'Orient, ensorte que pour l'avenir on n'auroit plus à craindre la mauvaise Foi des Infidéles, & que par conséquent on pourroit se promettre de toute part une Paix durable. Et comme jusqu'à présent Sa Majesté Imp. avoit toujours veillé jour & nuit, sans se lasser jamais, aux véritables Intérêts & à la Prospérité du St. Empire, il ne lui pourroit arriver rien de plus agréable, que de se voir affermie, suivant ses souhaits, par un Evenement aussi heureux, dans ses Intentions Paternelles: comme Sa Majesté Imp. ne manqueroit pas non plus de reconnoitre à son tems, & lorsque l'Occasion se présentera, envers tous en général, & envers chacun en particulier des Electeurs, Princes, & Etats de l'Empire, la bonne volonté qu'ils témoigneront dans cette Occasion à leur honorable Patrie, l'Empire Germanique. Et Son Altesse l'Illustre Principal Commissaire de Sa Maj. Imp., restera toujours très-affectionné à rendre service aux Electeurs, Princes, & Etats de l'Empire. Fait le 22. de Juin 1737.

Signé,

(L. S.)

JOSEPH, Prince de Furstenberg.

CCVI.

Fevrier. *Arrêt du Parlement de Paris qui defend à* HELEINE DE COURTENAY *de se qualifier Princesse du Sang Royal de France, avec un Mémoire de cette Dame contre cet Arrêt du 7 Fevrier* 1737. [Mercure Historique Tom. CIII. pag. 340.]

SUr les Conclusions des Gens du Roi contre un Memoire du Marquis de *Baufremont*, dans lequel la Marquise de *Baufremont*, son épouse, Heleine de *Courtenay*, est nommée *Princesse du Sang Royal de France*, le Parlement a rendu l'Arrêt suivant.

La Cour a arrêté & ordonné que les Termes, *Heleine de Courtenay*, *Princesse du Sang Royal de France*, étant au bas de la Page sept dudit Memoire, demeurreront rayez & supprimez, & que les Feuilles intitulées, *Observations sur les Ecrits modernes*, *Lettre quatre-vingt dix-neuf*, lesdites Feuilles commençant à la Page 193. & finissant à la Page 216., datées à la fin, le 12 Janvier 1737. à Paris chez *Chaubert*, seront & demeureront supprimées: Fait inhibitions & defenses, tant audit de Bauffremont qu'à tous autres, d'employer lesdits Titre & Qualité pour ladite *Heleine de Courtenay*, & notamment à tous Libraires & Imprimeurs, & tous autres, de les employer dans aucuns Livres ou Imprimez, &c.

Memoire D'HELENE DE COURTENAY *Marquis de Beaufremont presenté au Roi.* [Mercure Historique Tom. CII. pag. 455.]

AU ROI.

SIRE,

HELEINE DE COURTENAY, remontre très humblement à V. M., que sans se rendre indigne du nom qu'elle porte, & de l'inestimable honneur de descendre d'un Roi de France, elle ne peut ni ne doit se dispenser de reclamer la Justice de V. M., contre un Arrêt rendu au Parlement de Paris le 7 Fevrier 1737.

Cet Arrêt ordonne la Radiation des termes de... *Princesse du Sang Royal de France*, dont on l'a qualifiée dans un Memoire fourni au Parlement de Bezançon, à l'occasion du Titre de... très-haut & très-puissant Seigneur, contesté au Marquis de Bauffremont son Mari, par le Procureur-Général de ce Parlement, sur le fondement d'une Ordonnance de *Philippe IV.* Roi d'Espagne: Ordonnance, dont la Maison de Beauffremont a toûjours été exceptée (1).

Cet Arrêt ajoûte à cette Radiation injurieuse la Suppression de la Feuille 99. des *Observations sur les Ecrits modernes*, où cette qualification de *Princesse du Sang Royal de France*, se trouve repetée.

C'est ainsi que par un Arrêt, rendu sur les seules Conclusions des Gens du Roi, & sans que la Suppliante ait été ni entenduë ni appellée, on lui ravit les avantages, & les qualifications inséparables de sa Naissance; l'on outrage la memoire de ses Ayeuls, par lesquels de mâle en mâle, & sans interruption, elle a l'honneur de descendre de *Louis VI.* Roi de France.

Si l'on en croit cet Arrêt, le Titre de Prince du Sang Royal n'a été pour eux qu'un objet d'ambitieuses Prétentions, contre lesquelles le Parlement s'éleva au commencement du dernier Siecle.

La Suppliante convient (quelque triste & douloureux que soit cet aveu pour elle) que ses Ayeuls n'ont pû parvenir à se faire accorder le Rang & les Honneurs attachez depuis *Henri III.* au Titre de *Prince du Sang*: Quoique, ni sous ce Regne, ni sous aucun autre, on ne leur ait jamais contesté d'être descendus en Ligne directe de *Pierre de France*, dernier Fils de *Louis VI.*

Des circonstances produites par les tems & par les usages, une sorte de fatalité répanduë sur la Posterité de ce Prince, les ont privez de cette distinction; mais elle soutient, que jamais V. M. ni les Rois ses Prédécesseurs (seuls en droit de juger ce Point important) n'ont decidé qu'ils ne fussent pas *Princes du Sang Royal de France*.

Si votre Auguste Bis-Ayeul, à qui ils en demandérent les Prérogatives, en lui présentant leur Génealogie, les leur refusa, il leur en laissa du moins le Titre; persuadé, que rien ne pouvoit leur ravir ce qu'ils ne tenoient que de la Nature.

Maître des Rangs & des Honneurs dans son Royaume, il a voulu en faire joüir les Princes de sa Branche, designez par cette qualification de *Prince du Sang*; mais il n'a jamais defendu aux Princes de *Courtenay* de se qualifier de *Princes de Sang Royal de France*, qualifications qui designent des Princes descendus d'une autre Branche de la Maison de France que la Branche Regnante.

Comment des Veritez puisées dans la Nature, consacrées par la sagesse du plus grand des Rois, ont-elles pû échaper aux Lumieres du Parlement? Comment concilier un Arrêt, qui les detruit, avec l'équité de ce Tribunal respectable? La Suppliante ne peut l'attribuer qu'à l'injuste Sort, qui depuis si long-tems persecute sa Maison.

Ses influences, SIRE, se dissiperont aux piez de votre Trône, & feront place à votre Justice, lorsqu'elle sera instruite des raisons sur lesquelles la Suppliante fonde le Titre éminent qu'on lui conteste.

Pour juger de leur solidité, il est necessaire de considerer la Maison de Courtenay sous deux Epoques; depuis *Louis VI.* jusques à *Henry III.*; depuis *Henry III.* jusques aujourd'hui.

Premiere Epoque. Sous le Regne de *Louis VI*, la France n'étoit, ni au point de grandeur où elle est aujourd'hui, ni même au point d'élevation où elle étoit sous la premiere Race de nos Rois. Les grands & vastes Fiefs, qui formoient l'ancien Patrimoine de la

(1) Le Parlement de Bezançon vient de le juger ainsi.

ANNO 1737.

la Couronne, se trouvoient démembrez. Ils furent usurpez par les Comtes (2) ou Gouverneurs de Provinces, qui s'érigeoient eux-mêmes en Souverains, & qui ne conserverent à nos Rois que l'Hommage lige; de sorte que le Patrimoine de *Louïs VI.* se reduisoit aux Villes, & Territoire de Paris, Orleans, Estampes, Compiegne, Melun. Le reste du Royaume étoit occupé par les grands Vassaux de la Couronne.

Nos Rois, dans ce tems-là, ne pouvoient apanager leurs Enfans Cadets de Biens considerables: ces Princes Cadets épousoient ordinairement des Heritieres de grandes Maisons; mais, lors qu'elles ne leur portoient, ni Comtez, ni Duchez, ou qu'ils n'étoient pas Grands Officiers de la Couronne, ils n'avoient aucun Rang dans l'Etat, & ils demeuroient dans l'Ordre des Gentilshommes. De là vient, que rarement ils prenoient le Titre de *Prince du Sang:* Ils se contentoient de porter les Noms des Maisons, dont ils avoient épousé les Heritieres, parce qu'ils s'en étoient imposé la Loi; Et, dans les Ceremonies publiques, ils étoient précedez par les Comtes, Ducs, ou Grands Officiers de la Couronne.

Ainsi, *Pierre de France*, de qui la Suppliante descend en Ligne directe & legitime, n'eut aucun Apanage; tout son Bien se reduisit aux Terres que lui porta l'Heritiere de Courtenay, dont il prit le Nom & les Armes: quoi-qu'il fût Fils du Roi *Louïs VI.* & Frere du Roi *Louïs VII.* il ne prenoit d'autre Titre, que de *Frere du Roi, & de Seigneur de Courtenay. Ego Regis Frater, & Curtiniacensis Dominus.*

Son Fils, *Pierre de Courtenay*, Cousin Germain de *Philippe Auguste*, & comme lui Petit-Fils de *Louïs le Gros*, ne prend d'autre Titre que de Marquis de Namur. Et *Pierre de Courtenay* fut depuis Empereur d'Orient, & sa Branche y a regné jusqu'à ce qu'elle soit tombée en Quenouille (3).

Quoique les Princes de Courtenay ne prissent pas alors le Titre de *Prince du Sang*, quoi qu'ils n'eussent point de Rangs, nos Rois les reconnoissoient comme *Princes du Sang Royal* (4), parce que ce Titre ne se caracterisoit que par la seule Naissance. L'Histoire en fournit une Preuve à l'évidence de laquelle on ne sauroit se refuser. Qu'il soit permis ici à la Suppliante de la rappeller en faveur d'une défense si precieuse pour elle!

Louïs de Bourbon, Premier du Nom, Comte de Vendôme, dixieme Ayeul de V. M., dans son Contract de Mariage passé en 1424., ne prend point la Qualité de *Prince du Sang:* cependant, elle lui appartenoit incontestablement; & il n'est personne dans l'Univers, qui en doute, ni qui puisse en douter.

Les Titres de premiers Pairs de France, les Honneurs attachez aujourd'hui aux Princes du Sang, ne leur ont été accordez que par l'Edit de 1576.

Jusques-là, la Maison de Courtenay n'a eu aucune démarche à faire, parce que jusques-là elle n'a eu aucun Rang à prétendre. Elle s'est trouvée dans le même cas où étoient les Branches de la Maison de Dreux, également issuës de *Louïs le Gros*.

Le Sort de la Maison de Dreux n'a pas été moins singulier que celui de la Maison de Courtenay: Les quatre premieres Branches, n'ayant possedé aucunes Dignitez Feodales, n'ont eu aucuns Rangs, aucuns Honneurs, pendant que la cinquieme Branche, commençant à *Pierre de Dreux*, occupoit le Duché de Bretagne, & jouïssoit, en cette qualité, de Rangs superieurs à tous autres Princes du Sang; puisque *Pierre de Dreux*, & ses Descendans, se trouvoient Souverains de Bretagne, & Ducs & Pairs de France, seules Dignitez qui conferassent alors les premiers Rangs. La Posterité de *Pierre de Dreux* a fini dans la Duchesse *Anne*, qui a porté à la France ce Duché par ses Mariages successifs avec les Rois *Charles VIII. & Louis XII.*

Ainsi, les autres Princes de la Maison de Dreux (5) étoient dans l'Ordre de la Noblesse, pendant que leur Branche Cadette tenoit un Rang si considerable dans le Royaume. Les Princes de la Maison de Courtenay, par la même raison, étoient dans le même Ordre, dans le même tems que leur Branche Ainée regnoit sur le Trône d'Orient.

Les Princes descendus de la Maison Royale de France, n'ayant donc aucuns Rangs, aucuns Honneurs, particuliers, avant l'Edit de 1576. lorsqu'ils ne possedoient pas de Dignitez Feodales, se trouvoient dans la même situation où étoient leurs Peres, premiers Descendans des Rois: ainsi, nulle diminution d'Etat à opposer à la Maison de Courtenay, jusques à cet Edit.

Elle étoit si généralement reconnuë pour Branche de la Maison de France, que *Du Tillet dans son Recueil des Rois de France* (6), *dedié au Roi Charles IX.*, fait la Généalogie des Princes de Courtenay, & les qualifie du Sang de France.

Seconde Epoque. L'Edit d'*Henry III.* n'eut pas plûtôt paru, que la Maison de Courtenay se crut en droit de participer aux Honneurs & aux Prérogatives attachez aux Princes du Sang; mais on ne les lui accorda point: Elle n'eut pas plus de succès sous le Regne de *Henry IV.* Sous le Regne de *Louïs XIII.* elle reclama encore vainement.

Les Princes de cette Maison, ne pouvant parvenir à jouïr des Droits de leur Naissance, se retirerent en Angleterre, après avoir écrit à la Reine Regente, & au Parlement, les Raisons qui les obligeoient à prendre ce parti (7).

Quelque triste qu'il fût pour eux de se voir contester les Prérogatives du Sang, ils eurent cette consolation, qu'il n'y eut personne en France à qui leur Naissance parut douteuse. Le Procureur Général du Parlement, leur Ennemi déclaré (8), fut le seul qui essaya de répandre des soupçons sur leur Généalogie: il défendit aux Sieurs de Ste. Marthe de la continuer; mais pouvoit-il prouver plus solidement qu'elle étoit incontestable, & qu'il craignoit autant les lumieres de ces fameux Historiens, que leur amour pour la verité?

Les Princes de la Maison de Condé n'étoient pas moins penetrez de la verité de leur Naissance, & de la Justice qu'il y avoit à leur en accorder les Honneurs. Le Prince *Henry de Bourbon*, premier Prince du Sang, les traitoit de Cousins en leur écrivant; &, par des Lettres revetuës de son Sceau du premier Janvier 1616., il leur promit en Foi & Parole de Prince, que Droit leur seroit fait sur la reconnoissance de leur Maison & Origine, par eux tant de fois demandé, tant du vivant du Roi défunt que depuis, que pour les Injures & Violences, auxquelles par defaut de Justice, & de Protection, ils sont journellement exposez (9).

Ce Prince, dans le Traité de Loudun, reclama en effet leurs Droits: on promit d'y prononcer; mais, ayant déplû à la Reine Régente, il fut arrêté, & sa Prison ravit aux Princes de Courtenay toutes leurs esperances (10).

Ils revinrent cependant en France, ils firent des Protestations, & ils les réïtererent sous le Regne du feu Roi. Du Bouchet, son Maître d'Hôtel ordinaire, fit leur Généalogie: il prouva par les Titres les plus authentiques, que la Branche de Chevillon (qui seule subsistoit alors (11), étoit issuë de Mâle en Mâle de *Pierre de France*, dernier Fils de *Louïs le Gros*.

Ce Livre a été imprimé avec Privilege du feu Roi, & lui est dédié. L'Auteur étoit si penetré de la Naissance des Princes de Courtenay, que, dans son Epitre Dédicatoire même, il s'exprime avec cette noble hardiesse, que la seule Verité éclairée peut inspirer. Leur Naissance, SIRE, dit-il, la Pourpre Imperiale, dont quelques-uns se trouvent revêtus, leur donnent lieu d'esperer la glorieuse Protection de Votre Majesté, & que Vous leur accorderez, en faveur de ceux qui restent encore de leur Posterité,

les

(2) Ils l'étoient, lorsque *Hugues-Capet*, Tris-Ayeul de *Louïs VI.*, parvint à la Couronne.

(3) Elle a fourni 4. Empereurs d'Orient.

(4) Dans tous les Actes Majeurs de la Maison de Courtenay, nos Rois, jusqu'à *Charles VI.*, ont parlé comme Parens de cette Maison.. Du Tillet, Titre de la Maison de Courtenay.

(5) De toutes ces Branches, il ne subsistoit lors de l'Edit de 1566. qu'une Personne de la Maison de Dreux, à qui même on contestoit alors la Naissance.

(6) Ce Livre fut imprimé en consequence du Privilege de *Henry III.* de 1578., c'est-à-dire, 3. Ans après l'Edit: Cet Edit, comme l'on voit, n'empêcha point tous les Savans de rendre la Justice qu'ils devoient à la Maison de Courtenay, & *Henry III.* ne le defendoit point.

(7) Ces Lettres sont rapportées tout au long dans *Du Bouchet*: on y peut voir aussi les Honneurs & les Distinctions qu'ils reçûrent du Roi d'Angleterre.

(8) C'est ainsi que *Du Bouchet* le traite dans sa Généalogie de Courtenay.

(9) La Suppliante est saisie de l'Original de ces Lettres, & de 11. autres Lettres des Princes de Condé. Elles sont presque toutes rapportées par Du Bouchet.

(10) Ce Traité est rapporté par Du Bouchet.

(11) La Suppliante est la derniere Personne de cette Branche, & de toute la Maison.

ANNO 1737. les Marques d'Honneur qui doivent être inseparables de leur Extraction Royale. C'est un Droit, SIRE, qu'ils tiennent en partage de la Nature, qui ne peut se prescrire par le Tems, & que Vous ne sauriez leur refuser sans affoiblir l'Appui de Votre Couronne.

Le feu Roi reçut ce Livre des mains de l'Auteur, à qui il promit de le lire: Ce fait est attesté par son Lecteur, auquel il ordonna de le porter dans son Cabinet (12). Les Princes de Courtenay, sûrs de la Fidelité de leur Généalogie, demandérent qu'elle fût examinée par des Commissaires: Ils declarérent, que s'il se trouvoit un Historien, un Savant, qui pût y reconnoître quelque Fausseté, ils offroient de payer de leur Tête l'Usurpation dont ils seroient par-là convaincus.

La Censure, la Critique, ni l'Envie, ne purent attaquer une Généalogie contenue dans un Livre qui se publioit, & se debitoit avec d'autant plus de succès, que toute la France étoit attentive aux pressantes instances, que faisoient les Princes de Courtenay, pour se faire accorder les Honneurs dûs à leur Naissance. Nul Homme de Lettres n'osa entrer en lice; l'Entreprise parut impossible; on ne trouva aucuns moyens, pas même apparens, d'attaquer cette Généalogie.

Lors du Traité, par lequel le Duc de Lorraine cédoit ses Etats au feu Roi, à la charge qu'il jouïroit des Honneurs, du Rang de *Prince du Sang*, & qu'il seroit appellé à la Succession de la Couronne après les Princes de la Maison de Bourbon, les Princes de Courtenay présentérent leur Requête au feu Roi: ils le suppliérent de faire substituer à ces Termes de.... la Maison de Bourbon... ceux-ci... la Maison Royale issue légitimement par Mâles des Rois de France; disant que, s'ils en étoient, comme ils croyoient en avoir donné des preuves sans replique, ce seroit leur faire Injustice que les exclure d'un Droit à la Couronne, qui leur étoit dévolu par les Loix fondamentales du Royaume.

Telle étoit la Situation de la Maison de Courtenay, sous le Regne du feu Roi; mais, qu'en resulte-t-il? Que, Maître des rangs dans son Royaume, il n'a voulu en accorder qu'aux Princes de sa Branche: Princes, par cette Raison, qualifiez seulement de *Princes du Sang*. Ce grand Roi, persuadé que les Droits de la Nature sont inviolables, persuadé que l'on ne peut descendre en Ligne directe & légitime d'un Roi de France, sans être *Prince du Sang Royal de France*, n'a jamais défendu aux Princes de Courtenay de prendre ce Titre.

Ils l'ont pris devant sa propre Personne. L'Auteur de leur Généalogie le leur donne dans son Epitre Dedicatoire... SIRE, dit-*il*, *voici des Princes issus d'un de Vos Augustes Ayeuls*. Ils l'ont pris dans les Requêtes imprimées, qu'ils ont eu l'honneur de lui présenter. Dans une de ces Requêtes, ils reclament, comme on l'a déja dit, le Droit de succéder à la Couronne de France, après l'Extinction de toutes les Branches de la Maison regnante, à l'exclusion du Duc de Lorraine, à qui on l'avoit accordé. Ils ont dans leurs Armes écartelé de France & de Courtenay; &, dans leurs Epitaphes, on les a qualifiez, ou du *Prince du Sang Royal de France*, ou d'*Illustres Seigneurs sortis de ce Sang*.

Tous les Historiens leur donnent cette Origine, & traitent leur Maison de *Maison Royale*. *Du Tillet*, *Du Chesne*, *De Ste. Marthe*, *le Pere Labbe*, *le Laboureur*, *le Pere Anselme*, *le Pere Buffier*, *Morery*, ses Editeurs: Tous ces Auteurs, dont les Livres ont été imprimez en France avec Privilege, établissent qu'elle descend de Mâle de Mâle de *Louïs le Gros* (13).

Tant de Monumens de l'Auguste Tige de la Maison de Courtenay n'ont point été hazardez dans le fond d'une Province, à l'extrémité du Royaume: (14) On les a élevez sous les yeux de nos Rois; on les a consacrez publiquement à cette Vérité générale, que la Maison de Courtenay descend de celle de France, sans que jamais nos Rois en ayent ordonné la démolition ou la suppression.

Le Pere de la Suppliante, la Sœur de ce Prince, furent tenus sur les fonds de Baptême, l'un par feu M. le Prince en 1641., l'autre par la Duchesse de Savoye, Sœur du Roi *Louïs XIII*. en 1644. On les déclare, dans les Extraits Baptistaires, *issus du Sang Royal de France*. ANNO 1737.

Votre Majesté même ne s'est point offensée, de ce que les derniers Princes de cette Maison ayent fait des Protestations au sujet des Rangs qu'ils prétendoient: elle a ordonné de les rendre à la Suppliante, à qui elles étoient destinées (15).

L'Angleterre, la Cour de Rome, la Religion de Malthe, les Princes étrangers, les ont toujours regardez comme *Princes du Sang Royal de France* (16). Tel est le Sort des Véritez universelles, de ne trouver de Contradiction dans aucun Païs.

Si le Parlement a trouvé dans ses Archives quelques Traces de la Haine (17) d'un Procureur Général contre les Princes de Courtenay, il pouvoit y trouver aussi dequoi les effacer; car ses Registres ne peuvent renfermer des Monumens qui appartiennent à la Posterité de *Louïs le Gros*, qui ne soient communs à la Maison de Courtenay, & qui n'établissent sa glorieuse Origine.

Les Sieurs *Du Tillet*, Greffiers du Parlement, n'ont rien apperçu dans ces Registres, qui puisse donner atteinte à la Prétention de la Suppliante: c'est cependant sur ces Registres, qu'ils ont vûs & examinez, que le *Recueil des Rois de France*, par eux donné au Public, a été composé.

Il est vrai qu'en 1610 le Procureur Général au Parlement s'opposa à ce que les Princes de la Maison de Courtenay jouïssent du Rang & des Honneurs de *Princes du Sang*. Il se fondoit sur ce qu'ils n'y avoient point été admis par l'Edit de 1576. Voilà tout ce que les Registres du Parlement renferment de contraire aux Droits de la Maison de Courtenay: mais qu'elle Atteinte les Qualitez indicatives de son Origine en ont-elles reçûes? Aucune.

Les Princes de cette Maison ont continué sous les yeux de nos Rois à prendre les Titres de *Princes du Sang Royal*: leur Généalogie, où ce Titre leur a été donné, a été dédiée au feu Roi: la plus grande partie des Actes qu'ils viennent de rapporter, & où on les a ainsi qualifiez, sont posterieurs. Le feu Roi, qui les a vûs & connus, & qui seul pouvoit en ordonner *la suppression*, ne l'a jamais fait.

S'il leur a donc refusé les Honneurs accordez aux Princes de sa Branche, il a en même tems voulu que les Princes de Courtenay demeurassent en possession de prendre les Qualitez indicatives de leur Maison. Si l'on pouvoit supposer dans ce grand Monarque une autre Volonté, il leur auroit défendu de prendre ces Qualitez: mais il savoit, on le repete ici, que la Nature les leur ayant données, la Nature seule pouvoit les leur ôter.

Dès que les Princes, qui sont sortis de cette Maison, ont donc pris sous nos Rois, depuis *Henry III*. jusques aujourd'hui, les Qualitez indicatives de cette Origine, sans que jamais aucun Roi en ait ordonné la Radiation, la Suppliante est en Droit de se qualifier *Princesse du Sang Royal de France*. Cette Qualification forme la seule & simple Indication du Sang dont elle sort: elle n'en reçoit, ni Rang, ni Prérogatives: elle ne prend point la Qualité de *Princesse du Sang*, à laquelle ces Honneurs ont été accordez, & qui n'a été communiquée qu'aux *seules Princesses* de la Branche Regnante.

Le Parlement n'a donc pû ôter à la Suppliante un Droit qu'elle ne tient que de la Nature. Si elle prenoit les Rangs accordez par l'Edit de 1576., comme nos Rois les ont refusez à nos Peres, cette Cour, conséquemment à ce qui se passa en 1610., auroit pû empêcher la Suppliante de se les attribuer: mais qu'on la dépouille des Qualitez indicatives de sa Naissance, en possession desquelles nos Rois l'ont laissée, c'est ce qu'aucun Tribunal ne peut jamais prononcer; parce qu'il n'est point d'Autorité superieure à celle de la Nature, ou, il s'y en avoit, ce seroit

(12) La Suppliante en a le Certificat de la Main du Lecteur: c'étoit l'Abbé *la Menardiere* ... lequel Livre dit-il a été reçû avec beaucoup de Bonté & d'Agrément de la part de S. M.

(13) Dans le Supplément de Morery imprimé à Paris en 1735. la Maison de Courtenay est encore qualifiée de Maison Royale.

(14) Termes de l'Arrêt.

(15) Les deux derniers Princes de la Maison de Courtenay ont laissé une Protestation sous une Enveloppe, qui indiquoit un Testament. Ce Testament, ou, pour mieux dire, cette Protestation, a été ouverte en 1733. signée & paraphée du Lieutenant-Civil. S. M. l'a fait rendre à la Suppliante, qui la reclamoit comme un Titre qu'elle devoit conserver. L'a-t-on supprimée?

(16) On en trouve les Preuves dans *Du Bouchet*. *Le Roi* d'Angleterre *Jaques I*. écrivit au Roi *Louïs XIII*. & à la Reine Regente, en leur faveur: il ne doutoit point suivant les Expressions de ses Lettres, qu'ils ne fussent descendus de *Louïs le Gros*,

(17) On se sert de cette Expression après *Du Bouchet*.

ANNO 1737.

seroit à la seule Personne de V. Maj. qu'elle se trouvoit dévolue.

Aussi est ce aux piez de votre Trône, SIRE, que la Suppliante porte ses justes Plaintes contre un Arrêt si injurieux à la Postérité d'un Roi que vous comptez parmi vos Ayeuls. Votre Justice, votre Piété, si évidemment récompensées par le glorieux succès que Dieu vient de donner à vos Armes, ne permettront point que l'on ravisse à la seule Personne, qui subsiste de la Branche de ce Prince, les Qualitez indicatives de sa Naissance.

C'est l'unique Bien qui lui reste de cinq Rois qu'elle compte parmi ses Ancêtres, c'est le seul auquel elle soit sensible. Elle seroit indigne de l'Illustre Sang dont elle a l'honneur de descendre, si elle en admettoit de plus précieux: elle en est responsable à ses augustes Ayeux; & plus elle est pénétrée du plus profond Respect, de la plus profonde Vénération pour Votre Majesté, plus elle doit cherir une Origine qui lui est commune avec la Branche Regnante, plus elle *doit* espérer la Cassation de l'Arrêt dont elle se plaint: Arrêt rendu sans aucun Examen de ses Titres, & malgré la Possession où ses Peres ont été de prendre les Qualitez qu'elle reclame (18).

(18) La Suppliante a eu l'Honneur de présenter cette Requête à la propre Personne du Roi le 22. Fevrier 1637.

CCVII.

Convention pour l'exécution des Preliminaires (1) *de Vienne, signée par les Ministres de l'Empereur & du Roi de France, le* 11 *Avril* 1736.

AU NOM DE LA TRES SAINTE TRINITE', PERE, FILS ET S. ESPRIT.

SA M. I. & S. M. T. C. *animez d'un desir égal d'affermir de plus en plus la bonne intelligence & amitié retablies entre Elles, & si necessaires pour le bien de la Chrêtienneté, & d'assurer solidement un parfait repos en* Europe, *loin de se borner à la cessation des Hostilitez établie, declarent qu'elles veulent procéder aussi promtement qu'il sera possible à l'effectuation des conditions de Paix stipulées par les Articles Prèliminaires signez & ratifiez de part & d'autre, & voulant à cet effet agir dans un concert parfait, Elles sont convenues des Articles suivants.*

I.

S. M. I. & S. M. T. C. confirment autant que de besoin la Convention signée à *Vienne* le 5 du mois passé par leurs Ministres respectifs, concernant les Contributions & toutes autres Impositions du côté de l'*Allemagne* & stipulant le tems auquel les Troupes de S. M. T. C. se retireroient du Plat-Païs de l'Empire, ladite Convention sera censée avoir la même force que si elle étoit inserée ici mot à mot.

II.

L'Empereur & le Roi T. C. ne permettront pas que leurs Troupes exigent de nouvelles Impositions ou Contributions des Etats neutres en *Italie*, & si contre leur desir ils étoient obligés d'y laisser encore quelques-unes de leurs Troupes, elles s'abstiendront de tout excès en quelque chose que ce puisse être. L'Acte signé à *Vienne* le 4 Fevrier de la présente année pour procurer plus d'aisance aux Troupes imperiales, sera censé avoir la même force, que s'il étoit inseré ici mot à mot, & s'il manquoit encore quelque chose à sa parfaite & entiere execution dans tout ce qu'il contient, elle aura son effet au plûtôt possible. Les Revenus du *Milanez*, dont la *Diaria* fait partie, & les impositions faites sur le Pays pour le traitement, les Fourages & les Quartiers d'hiver des Troupes, appartiendront à S. M. T. C. ou ses Alliez jusqu'au jour de l'Echange des Ratifications de la présente Convention, & seront payés dans le terme de trois mois, à compter du jour de l'Echange des Ratifications de la présente Convention, sans que néanmoins il soit permis d'user d'aucune voie d'Exécution, pourvû qu'il ait été donné caution suffisante pour le payement.

(1) Rapportez ci-dessus Art. CXCVII. pag. 45.

ANNO 1737.

On évacuera dans le plus court terme qu'il sera possible tout le *Milanez*, à l'exception des 2. Districts qui doivent appartenir au Roi de *Sardaigne* en vertu des Préliminaires: Cette Evacuation ne pourra être differée par de-là le terme de 6 semaines, à compter du jour de l'Echange des Ratifications de la présente Convention.

Dans le même tems le Roi de *Sardaigne*, demeurant en possession desdits Districts, prendra aussi celle de tout ce qui est stipulé en sa faveur dans le 4. Article des Préliminaires.

Pour ce qui regarde le traitement des Troupes jusqu'à leur entiere Retraite, les Generaux respectifs auront ordre de s'entendre ensemble sur cela d'une maniere à pourvoir en même tems au soulagement du Païs & à la Conservation des Troupes: Il ne sera commis aucun excès dans lesdits Païs, ni rien innové, & les Places seront remises avec l'Artillerie qui y a été trouvée, & si aucune avoit été transportée ailleurs, elle sera restituée sur le champ. Et à l'égard des autres Païs qui doivent appartenir à S. M. Imp. ou dans lesquels Elle doit mettre des Garnisons, il n'y sera non plus commis aucun excès, ni rien innové, & l'Evacuation s'en fera exactement dans les termes qui auront été ou seront convenus par les Generaux respectifs, en consequence des Declarations de S. M. Imp. & de S. M. T. C. du 30. Janvier de la présente année, lesquelles Declarations seront censées faire partie de la présente Convention. L'on ne détournera aucuns Documens, Papiers, Ecrits ni Archives concernant les Païs qui doivent revenir à S. M. Imp., & si aucuns avoient été detournez, ils seront rendus de bonne foi, & réciproquement si quelques-uns avoient été detournez appartenants aux Etats que l'Empereur cede par les Préliminaires, ils seront rendus de même de bonne foi.

III.

Et comme tout doit marcher d'un pas égal, on convient que les Troupes des Alliez de S. M. Imp. qui sont encore en *Pologne* & en *Lithuanie* n'y commettront aucun excès, qu'elles n'y feront aucune innovation capable de porter la moindre atteinte aux Loix & Libertez des Polonois, ou qui ne soit conforme à ce qui est porté par les Articles Préliminaires, enfin qu'elles y vivront & s'y comporteront comme Troupes qui ont à en sortir six semaines après l'Echange des Ratifications de la présente Convention, c'est-à-dire, dans le même tems que tout ce qui est convenu d'ailleurs dans les Préliminaires sera exécuté. Et quant à la subsistance desdites Troupes jusqu'à leur entiere retraite, on se reglera entierement sur ce qui conviendra en même tems au soulagement du Païs & à la conservation des Troupes.

IV.

S. M. Imp. qui promet à S. M. T. C. la parfaite execution de sa part du premier Article Préliminaire en tous ses Points, dans le terme de 6 semaines, à compter du jour de l'Echange des Ratifications de la présente Convention, s'engage aussi à faire remettre à S. M. T. C. incessamment & au plus tard dans l'espace d'un mois, à compter du jour de la Signature de la présente Convention, les Declarations en bonne forme de la Czarinne & du Roi *Auguste*, portant non-seulement l'acceptation de tout ce que contient le premier Article des Préliminaires, mais encore l'obligation & l'engagement qu'il sera pleinement exécuté en *Pologne*, notamment en ce qui regarde la reconnoissance du Roi *Stanislas Premier* avec les Titres & honneurs de Roi de *Pologne* & Grand Duc de *Lithuanie*, la restitution de ses Biens & de ceux de la Reine son Epouse, la Conservation inviolable des Droits & Privileges de la République de *Pologne*, & la Sûreté pour toutes Personnes, Provinces & Villes, sans aucune exception, de n'être ni molesté ni inquieté sous prétexte de ce qui se sera passé pendant les derniers troubles de *Pologne*. Reciproquement l'Acte d'Abdication du Roi *Stanislas Premier* & les Actes reciproques des Déclarations de la Czarinne & du Roi *Auguste* seront remis à S. M. Imp., pour être delivrez & avoir leur effet seulement en même-tems que ce

qui

ANNO 1736.

qui est marqué ci-dessus aura son plein & entier effet.

V.

Seront concertez dès à présent entre les Parties interessées tous les Actes des Cessions des Pays qui, en vertu des Préliminaires, doivent appartenir & rester à chacun, pour être lesdits Actes delivrez en bonne forme, & les Cessions avoir leur effet dans le même tems que les Evacuations auront lieu.

VI.

S. M. Imp. s'engage d'employer de bonne foi tous les soins possibles pour obtenir dans le terme de six semaines, à compter du jour de l'Echange des Ratifications de la présente Convention, ou plûtôt si faire se peut, le consentement de l'Empire en bonne forme aux Articles Préliminaires pour les points où il peut être necessaire.

VII.

Supposé qu'avant l'expiration du terme de 6 semaines après l'Echange des Ratifications de la présente Convention, le consentement de l'*Empire* aux Articles Préliminaires pour les Points où il peut être necessaire soit deja obtenu, S. M. T. C. fera évacuer dans le même terme les Places de *Kehl*, *Philipsbourg* & *Trèves*, dont les 2 premieres seront remises à la disposition de l'Empereur & de l'*Empire*, & la 3. à l'Electeur de ce nom, ensorte que les Troupes de S. M. T. C. n'y puissent plus rien posseder ni retenir: Mais si contre toute attente le Consentement de l'*Empire* tardoit plus long-tems à être donné, l'évacuation susdite auroit à se faire au moment que la *France* en seroit assûrée.

VIII.

S. M. Imp. & S. M. T. C. se déclarent garentes de l'exécution de tout ce que contient la présente Convention, & en conséquence Elles n'agiront que d'un parfait Concert sur tout ce qui pourra regarder l'affermissement & la continuation de la Paix, en même tems que la plus prompte effectuation, tant des Articles Préliminaires que de la présente Convention. Les Ratifications de la présente Convention seront échangées dans le terme d'un mois, ou plûtôt si faire se peut.

En foi dequoi, Nous Ministres Plenipotentiaires de S. M. Imp. & de S. M. T. C. avons signé cette présente Convention, & y avons fait apposer les Cachets de nos Armes.

A *Vienne* en *Autriche* le 11 Avril 1736.

ARTICLE SEPARE' I.

S. M. T. C. ayant fait connoître, que nonobstant ce qui est stipulé au premier & au second Articles des Préliminaires sur le tems où le Duché de *Lorraine* devra suivre le sort de celui de *Bar*, Elle desiroit qu'au lieu de prendre pour Epoque la Vacance du Grand-Duché de *Toscane*, on le fixât au terme de la prise de possession du Duché de *Bar* par le Roi Beau-Pere de S. M. T. C.

S. M. Imp. déclare, nonobstant ces Clauses du premier & du second Articles Préliminaires, que le Duché de *Lorraine* sera cédé au Roi Beau-Pere de S. M. T. C. aussi-tôt après la Conclusion & l'Echange des Ratifications d'une Convention à cet effet signée, soit entre S. M. Imp. & S. M. T. C., soit entre S. M. T. C. & S. A. R. le Duc de *Lorraine*, & à laquelle on procédera incessamment.

Bien entendu, que si l'on ne parvenoit à conclure cette Convention qu'après le tems où le Roi Beau-pere de S. M. T. C. devra être mis en possession du Duché de *Bar*, suivant les Préliminaires & la Convention de l'effectuation signée ce jourd'hui, dont le présent Article separé fait partie, la Remise du Duché de *Bar* à ce Prince ne pourra être différée ni par ce motif ni par les discussions qui pourroient survenir sur l'Etenduë & les Limites dudit Duché de *Bar*, lesquelles seront ensuite reglées à l'amiable.

ARTICLE SEPARE' II.

Le Roi *Stanislas* entrant en possession des Duchez de *Lorraine* & de *Bar*, la prendra de tout ce que possede le Duc de *Lorraine* dans la *Lorraine* & le *Barrois*, Appartenances & Dependances, soit d'ancien Patrimoine, Acquisitions ou Biens Allodiaux, & à quelque Titre que ce puisse être, à l'exception néanmoins du Comté de *Falckenstein* & Dépendances.

Convenu réciproquement que par rapport aux differentes Enclaves & Terres mêlées avec differens Princes de l'*Empire*, il sera pris de concert avec S. M. Imp. de telles mesures & arrangemens, que l'on ne laisse subsister aucune occasion ou prétexte qui pourroit donner lieu à troubler le repos & la bonne intelligence reciproque. Les presens Articles Separez auront la même force, que s'ils étoient inserez mot à mot dans la Convention d'aujourd'hui.

Fait à *Vienne* le 11 Avril 1736.

ARTICLE SEPARE'.

La Convention signée ce jourd'hui ayant été composée & redigée en Langue Françoise contre l'usage ordinaire observé entre S. M. Imp. & S. M. T. C., cette difference ne pourra être alleguée pour exemple, ni tirer à consequence, ou porter préjudice en aucune maniere à qui que ce soit, & l'on se conformera à l'avenir à tout ce qui a été observé jusqu'à présent dans de semblables occasions, & nommément dans le Traité de Paix solemnel à faire, la Convention signée aujourd'hui ne laissant pas d'avoir la même force & vertu que si elle étoit en Langue Latine, & le présent Article Séparé aura pareillement la même force que s'il, étoit inseré mot à mot.

Fait à Vienne *le 11 Avril 1736.*

DECLARATION.

Le Soussigné Ministre du Roi Très Chrétien auprès de l'Empereur, muni des Pouvoirs necessaires, declare qu'en consideration & en consequence des deux Articles séparez de la Convention signée aujourd'hui, S. M. T. C. s'occupera autant que l'Empereur, & agira de concert avec S. M. Imp. pour procurer à la Maison de Lorraine *tous les Biens de quelque nature qu'ils puissent être dans le Grand Duché de* Toscane; *que ni le Roi* Stanislas *ni S. M. T. C. ne prétendront aucune Sujettion de qui le Duc de* Lorraine *n'en prétendoit pas, & qu'ils donneront toute l'assurance possible contre toute idée de Réunion, enfin qu'ils dispenseront le Duc de* Deux-Ponts *de la Relevance d'un Fief* ad Cameram.

Fait à Vienne *le 11 Avril 1736.*

Souscription des Préliminaires pour la Paix Générale.

NOus Soûsignez en vertu des Pleins-pouvoirs de nos Maitres, avons arrêté les présens Préliminaires, qui resteront secrets, jusqu'à ce qu'il soit convenu autrement entre les Parties & seront ratifiés dans un mois ou plûtôt, si faire se pourra.

Fait à *Vienne* le 3 d'Octobre 1735.

(L. S.)	(L. S.)
PHILIPPE LOUIS Comte de Sintzendorff.	JEAN BAPT. DE LA BEAUNE.

S'ensuit la Note des Terres Imperiales des *Langhes*, Terres dont S. M. possède une partie. 1 Rochetta del Tanaro, 2 Rocca d'Arazzo, 3 Mombercelli, 4 Vincio, 5 Castel nuovo di Calea, 6 Rozzolasco, 7 Albaretto, 8 Serravalle, 9 Feesolio, 10 La Niella, 11 S. Benedetto, 12 Montechiaro, 13 Mioglia, 14 Prunetto, 15 Levico, 16 Scalletta, 17 Monusilio, 18 Provida, 19 Carretto, 20 Cencio, 21 Rochetta del Cencio, 22 Rocca Grimalda, 23 Tailo, 24 Spinola, 25 Capriata, 26 Francavilla, 27 Bissio, 28 Montaldi, 29 S. Christophoro, 30 Carosio, 31 Bardinetto, 32 Balestrino, 33 Nazino, 34 Caprasina, 35 Alta, 36 Cornasco, 37 Lovanio, 38 Rozzo, 39 Cesio, 40 Tessico, 41 Garlenda, 42 Passavenna, 43 Rossi, 44 Duranti, 45 Stahanello, 46 S. Vincenzo, 47 Belvedere un tiers, 48 Morra la moitié, 49 Mornese la moitié, 50 Cairo les trois quarts, 51 Rochetta les trois quarts, 52 Vignarello les trois quarts, 53 Millesimo la moitié, 54 Cosseria la moitié, 55 Plodio la moitié, 56 Biestro la moitié, & 57 Aqua Fredda la moitié.

Il y a de plus la Terre de Tassarolo, laquelle on n'a

ANNO 1736.

n'a pas encore pû savoir, si elle est Imperiale, ou à qui elle appartient, & au cas qu'elle soit telle il faudra aussi la comprendre dans la Note.

L'on fait remarquer qu'il y a quatre hameaux, qui ne sont que des dependances des Territoires du Cairo & de Milesimo, qui sont compris dans cette Liste comme des Terres Principales.

ARTICLE SEPARÉ.

S. M. de Toutes les *Russies* & S. M. le Roi *Auguste* seront considerées en ce qui regarde les affaires de *Pologne* comme parties principales Contractantes, & invitées comme telles au futur Congrès, & y admises aux Conferences relatives à leurs interets.

On terminera le dit Congrès le plûtôt que faire se pourra en n'y admettant, que les matieres qui regardent immédiatement les Parties belligerantes.

Comme les conjonctures presentes n'ont pas permis, qu'avant la conclusion des Articles Préliminaires S. M. I. ait pû recevoir l'agrément & le consentement de l'Empire sur tout ce où il est interessé, Elle tachera de l'obtenir suivant l'usage établi dans l'Empire le plûtôt qu'il sera possible.

Le présent Article aura la même force, que s'il étoit inseré mot à mot dans les Articles Préliminaires.

Fait à *Vienne* ce 3 Octobre 1735.

(L. S.)	(L. S.)
PHILIPPE LOUIS de Sinzendorff	JEAN BAPT. DE LA BEAUNE.

ARTICLE SEPARÉ I.

Comme dans les Titres employés, soit dans les Pleins-pouvoirs, soit dans les Articles Preliminaires, quelques-uns ne sont pas reconnus de part & d'autre, il a été convenu que ces Titres ne donneroient aucun Droit, & ne causeront aucun préjudice, & le présent Article séparé aura la même force, que s'il étoit inseré mot a mot dans les Articles Préliminaires.

Fait à *Vienne* ce 3 Octobre 1735.

ARTICLE SÉPARÉ II.

Les présens Articles Préliminaires ayant été composés & rédigés en Langue *Françoise* contre l'usage ordinairement observé entre S. M. I. & S. M. T. C., cette difference ne pourra être alleguée pour exemple, ni tirer à conséquence, ou porter préjudice en aucune maniere à qui que ce soit, & l'on se conformera à l'avenir à tout ce qui a été observé jusqu'à présent dans de semblables occasions, & nommément dans le Congrès ou Traité General à faire, les présens Articles Préliminaires ne laissant pas d'avoir la même force & vertu; que s'ils étoient en Langue Latine, & le présent Article séparé aura pareillement la même force, que s'il étoit inseré mot à mot dans les Articles Préliminaires.

Fait à *Vienne* ce 3 Octobre 1735.

(L. S.)	(L. S.)
PHILIPPE LOUIS Comte de Sinzendorff.	JEAN BAPT. DE LA BEAUNE.

CCVIII.

1737. 8 Fevrier. *Prise de Possession du Duché de Bar* (1) *par les Commissaires de Sa Majesté le Roi* STANISLAS *de Pologne, Duc de Lorraine & de Bar, le* 8. *Fevrier* 1737. [Mercure Historique Tom. CII. pag. 324.]

LES Commissaires respectifs s'étant rendus le 8. Fevrier à la Chambre des Comptes de Bar, où les Membres de ce Tribunal étoient assemblez, on commença par la lecture des Pouvoirs dont étoient munis ceux du Duc de Lorraine, pour delivrer les sujets du Barois du Serment de fidélité envers ce Prince, & ces Pouvoirs furent enregistrez au Gref de cette Chambre. On lut ensuite les Pleins-pouvoirs, dont étoient Porteurs les Commissaires des Rois de France & de Pologne, *Stanislas I.* & les Lettres Patentes données à *Meudon* le 18. du Mois précédent, portant, que „ *Stanislas* Roi de Pologne „ & Duc de Bar, déclare, qu'il prend Possession du „ Barois, en conséquence des Traitez, arrêtez entre „ le Roi son Gendre & l'Empereur, &c". Lesquels Pleins-pouvoirs & Lettres Patentes ayant été aussi enregistrés, Mrs. de la *Galaiziere* & de *Meczeck*, Commissaires de L. M. T. C. & Polon. se transporterent dans la grande Salle du Château, où étoient assemblés les 5. Baillifs du Barois, savoir ceux de Bar, de Bassigni, de S. Mihel, d'Etain, & de Pont-à-Mousson, tous en Habits de Cérémonie. On réitéra en leur présence la lecture desdits Pouvoirs & Lettres Patentes, à laquelle on ajouta celle de leur Enregistrement. Après quoi les Commissaires étant assis, chacun dans un Fauteuil, & couverts, on plaça un Carreau de Velours auprès de M. de la *Galaiziere*, qui leur parla successivement à chacun en ces termes. *Monsieur le Baillif de .... venez prêter au Roi de Pologne, Duc de Bar, le Serment de Fidelité, que vous lui devez pour vous personellement, & pour les Officiers & les Justiciables de votre Baillage.* Le Serment prêté par chacun desdits Baillifs à genoux, & la Main sur le S. Evangile, M. de la *Galaiziere* leur repondit à chacun en particulier, *Dieu vous aide, ainsi soit-il.* Les mêmes 5. Baillifs recommencérent ensuite la même Cérémonie, & prêterent un nouveau Serment au Roi de France, pour la Réunion éventuelle du Barois à cette Couronne: après-quoi commencérent les Réjouissances & les Démonstrations d'Allegresse &c.

(1) Les Commissaires prirent de même possession de la Lorraine le 15 de Mars, au nom du Roi de France & du Roi Stanislas de Pologne.

ANNO 1737.

Lettres Patentes de S. M. P. le Roi Stanislas, pour la Prise de Possession des Duchés de Bar, & de Lorraine, & premiérement de celui de Bar. [Mercure Historique Tom. CII. pag. 420.]

STANISLAS, par la grace de Dieu, Roi de Pologne, Grand-Duc de Lithuanie, Prusse, Masovie, Samogitie, Kiovie, Volhinie, Podosie, Podlachie, Livonie, Smolensko, Sévérie, Czernickow, Duc de Bar, Marquis de Pont-à-Mousson. A tous presens & à venir, Salut. Les Traitez & Conventions qui ont été signés par les Ministres Plenipotentiaires du Roi Très-Chrêtien, notre très-cher & très-amé Frére & Gendre, & par ceux de l'Empereur, que Nous avons acceptés, Nous ayant assûré la Souveraineté des Duchez de Lorraine & de Bar, & transmis la Souveraineté & Proprieté actuelle du Duché de Bar & Marquisat de Pont-à-Mousson, Terres, Fiefs & Seigneuries qui en dependent, connoissant le fidéle attachement que nos nouveaux Sujets ont eu jusqu'à present pour les Ducs Predecesseurs, & esperant que Dieu qui destine à son gré les Sceptres & les Couronnes, disposera les cœurs des Sujets qu'il Nous a soumis, à Nous rendre avec zèle & fidélité l'obéissance qu'ils Nous doivent, comme à leur seul & légitime Souverain; notre premier soin est de leur donner des marques de notre affection Paternelle, en déclarant dès à present, que notre intention est de conserver les Privileges de l'Eglise, de la Noblesse, & du Tiers Etat, les annoblissemens, graduations, & concessions d'honneur, faites par les Ducs de Lorraine nos Predecesseurs, notamment les Privileges & Immunités de notre Université de Pont-à-Mousson, le tout conformément à la Convention du 28. Août de l'Année derniére. A ces Causes, de l'avis de notre Conseil, de notre certaine science, pleine puissance, & autorité Royale, voulant en vertu des Articles Préliminaires de la Paix, arrêtés & signés le 3. Octobre 1735., par les Ministres Plenipotentiaires de notredit Frere, & Gendre, & ceux de l'Empereur, & les Traitez & Actes faits en consequence les 11. Avril & 12. Août de l'Année derniére, Nous mettre en Possession actuelle & réelle, comme de fait Nous déclarons par ces presentes que Nous prenons actuellement & réellement Possession du Duché de Bar, Marquisat de Pont-à-Mousson, Terres, Fiefs, & Seigneuries, Droits & Revenus qui en dépendent, sans aucune exception, pour les posseder en Souveraineté, ainsi & de même que les Princes de la Maison de Lorraine en ont

ANNO 1737.

ont joui & dû jouïr. Nous avons donné nos Pleins-Pouvoirs au Sr. de la *Galaiziere*, Conseiller ès Conseils du Roi Très-Chrêtien, notre très-cher & très-amé Frere & Gendre; Maître des Requêtes ordinaire de son Hôtel, & au Sr. de *Meczeck*, Marechal de notre Cour, à l'effet de se transporter incessamment en notre bonne Ville de Bar, pour y recevoir en notre Nom le Serment de fidelité des President, Conseillers, & Gens tenans notre Chambre des Comptes, Baillifs de Bar, St Mihiel, Pont-à-Mousson, Etain, Bassigny, & autres, ausquels Nous avons ordonné de se rendre en personne en ladite Ville de Bar, au jour qu'il leur sera indiqué par nosdits Commissaires: voulons que quant à present les Officiers de notre dite Chambre, ceux des Bailliages, Prevôtés, Grueries, & autres Jurisdictions, comme aussi les Receveurs particuliers des Finances, Notaires, Tabellions, Garde-Notes, & tous autres Juges & Officiers, actuellement établis dans notre Duché de Bar, pour l'administration de la Justice, Police, & Finances, en Titre d'Offices, ou par Commissions, continuer d'exercer sous notre Autorité les Fonctions de leurs Charges, Offices, ou Commissions, jusqu'à ce qu'il en soit par Nous autrement ordonné, & de jouïr des honneurs, profits, & émolumens, qui leur seront attribuez sans être tenus de prendre de nouvelles Provisions, Commissions, ou autres Lettres, dont nous les dispensons quant à present. Enjoignons aux Juges & autres nos Officiers dans tous les cas sur lesquels nos intentions n'auront pas été expressément déclarées par nos Edits, Déclarations, & Arrêts de notre Conseil, de se conformer aux Ordonnances & Reglemens des Ducs nos Prédécesseurs, notamment à ceux de notre très-cher & très-amé Frere le Duc de Lorraine, & à ceux du Duc *Leopold* son Pere, de glorieuse memoire, Coutumes, Stiles, & Usages jusqu'à present observez dans notre Duché de Bar; voulons au surplus, que les Traités & Concordats faits entre les Ducs nos Prédecesseurs & les Princes & Etats Voisins soient observez & exécutez selon leur forme &. teneur, & que les differens Ordres de notre Duché de Bar continuent de jouïr des Prérogatives, Immunités, & autres distinctions dans lesquelles ils ont été jusqu'à present maintenus & gardez. Si donnons en Mandement à nos amez & féaux Conseillers, les Gens tenant notre Chambre des Comptes en notre bonne Ville de Bar, Baillifs, Lieutenants-Généraux & Gens tenans nos Bailliages de Bar, St. Mihiel, Pont-à-Mousson, Etain, & du Bassigny séans à Bourmont, & St. Thiébaut, Prevôts, Gruyers, & à tous autres Juges, Officiers, Justiciers, Hommes & Sujets qu'il appartiendra, que les Présentes ils fassent lire, publier, registrer, & afficher par tout où besoin sera, & leur contenu garder & observer inviolablement, cessant & faisant cesser tous troubles & empêchemens contraires; car ainsi nous plait. En foi de quoi Nous avons à ces présentes Lettres signées de notre main, & contresignées par le Secretaire de nos Commandemens, fait apposer notre grand Sceau. Donné à *Meudon* le 18. Janvier 1737. *Signé*, STANISLAS, Roi. Et plus bas, par le Roi, SIMON SIKUC. Vû au Conseil, CHAUMONT, & scellé du grand Sceau de cire jaune de Sa Majesté au Contrescel des Armes du Duché de Bar.

„ Les choses ayant été exécutées en Lorraine comme dans le Duché de Bar, on voit par l'Extrait suivant des Registres de la Chambre du Conseil & des Comptes de Bar, de quelle maniere les Sujets des deux Duchez ont été deliez de leur serment de fidélité envers S. A. R.

Ce jourd'hui 8. de Fevrier 1737., Nous *Nicolas-Joseph*, Baron du Bois de Riocourt, Chevalier Baron de Damblai, Seigneur de Remoncourt, Conseiller d'Etat de S. A. R., & de ses Finances, Maître de Requêtes ordinaire de son Hôtel; *Nicolas François*, Comte de Rennel, Chevalier Seigneur de *Mehoncourt*, Conseiller & Secretaire d'Etat de Sadite Altesse Royale; & *Joseph Charles le Febvre*, Conseiller de Sadite Altesse Royale, & son Avocat-Général en la Chambre des Comptes de Lorraine; Commissaires nommés par S. A. R. pour l'execution des Articles Préliminaires arrêtés à Vienne le 3. Octobre 1735. entre S. M. I. & Cath. d'une part, & Sa Maj. Très-Chrêtienne d'autre, des Actes & Conventions des 11. Avril, & 27. Août derniers, & de l'Acte de Cession de S. A. R., de son Duché de Bar, donné à Vienne le 24. Septembre aussi dernier, portant que Sadite Altesse Royale a cédé & abandonné, céde & abandonne sous les Clauses & Conditions portées, tant par lesdits Articles Préliminaires, que par les Conventions mentionnées ci-dessus, pour Elle & ses Successeurs dès-à-present au Serenissime Roi de Pologne, Grand Duc de Lithuanie STANISLAS premier, Beau-pere de Sa Maj. Très-Chrêtienne, le Duché de Bar, tant appelé Barrois mouvant que non mouvant, Appartenances & Dépendances, soit d'aucun Patrimoine, acquisitions, ou biens allodiaux, à quelque Titre que ce puisse être; & après son décès à Sa Maj. T C., & à ses Successeurs Rois de France, en tous Droits de Propriété & Souveraineté, ainsi & de même que S. A. R. en a joui, ou dû jouïr, jusqu'à present; Nous nous sommes rendus en la Chambre du Conseil & des Comptes de Bar, en vertu de nos Pleins-Pouvoirs & Commissions du 20. Decembre dernier, dont la teneur sera inserée à la fin des Presentes, dans lequel lieu Nous avons fait convoquer Mrs. les Président, Conseillers, Maîtres, Auditeurs, & Gens tenans la Chambre du Conseil & des Comptes dudit Duché de Bar, ausquels Nous avons fait donner lecture par le Secretaire de la Commission, de nosdits Pleins-Pouvoirs, en conformité desquels Nous avons, au Nom de S. A. R., remis à Sa Maj. T. C. éventuellement, & à S. M. Polonoise actuellement, le Duché de Bar, & ses Dépendances, ainsi qu'il étoit possedé par S. A. R.; en conséquence avons déclaré & déclarons au Nom de S. A. R. délier & relever tous ses Sujets & Vassaux dudit Duché, du Serment de fidélité auquel ils étoient attenus envers S. A. R., consentant qu'ils passent dès-à-present sous la Domination & Souveraineté desdits Sérenissimes Rois, & que Messieurs les Commissaires nommez de leur part prennent Possession dudit Duché & Dependances; le tout relativement ausdits Actes & Conventions, pour en jouïr, à commencer de ce jourd'hui, aux mêmes Droits & Charges dont S. A. R. en jouïssoit; en consequence de quoi liquidation sera faite entre les Commissaires respectifs, des revenus échus à S. A. R jusqu'à ce jour, de même que du montant des dettes hypothéquées en Capitaux, qui demeureront avec les interêts à courir de ce jourd'hui à la charge du Duché de Bar; de tout quoi Nous avons dressé le present Procez Verbal, lequel Nous avons fait enregistrer au Greffe de la Chambre du Conseil & des Comptes du Duché de Bar, & de suite Nous étant transportez dans la Salle du Château, Nous y avons pareillement fait convoquer Mrs. les Baillifs de Bar, St. Mihiel; du Bassigny, Pont-à-Mousson, & Etain, ausquels Nous avons fait donner lecture tant de nosdits Pleins-Pouvoirs, que du contenu au Procès Verbal ci-dessus, & en conséquence leur avons déclaré que Nous les relevions & déliïons, ensemble tous les Sujets & Vassaux desdits Bailliages, du Serment de fidélité auquel ils étoient attenus envers S. A. R., & pour le notifier dans lesdits Bailliages avons fait remettre à chacun desdits Sieurs Baillifs Copie collationnée du present Procès Verbal, pour le faire publier & registrer aux Greffes desdits Bailliages, & Copies envoyées dans tous les Sièges y ressortissans, pour y être pareillement luës, publiées, & registrées. Fait à Bar les Jour & An susdits: En foi de quoi Nous avons signé & fait apposer le Cachet de nos Armes. *Signé*, DU BOIS DE RIOCOURT, DE RENNEL, & LE FEBVRE, & cacheté du Cachet de leurs Armes.

Pleinpouvoir de S. A. Royale le Duc de Lorraine, sur le même sujet.

FRANCOIS par la grace de Dieu, Duc de *Lorraine* & de *Bar*, Roy de *Jerusalem*, *Marchis*, Duc de *Calabre* & de *Gueldres*, de *Monferrat*, & de *Teschen* en *Silesie*; Prince Souverain d'*Arches* & de *Charleville*, Marquis de *Pont-à-Mousson* & de *Nomeny*, Comte de *Provence*, *Vaudemont*, *Blamont*, *Zutphen*, *Sarwerden*, *Salm*, *Falckenstein*, &c. A nos très chers & féaux les Sieurs Baron du *Bois* de *Riocourt*, Conseiller d'Etat & Maître des Requêtes de nôtre Hôtel, le Comte de *Rennel*, Conseiller Secretaire d'Etat, *Joseph Charles le Febvre*, Avocat Général à nôtre Chambre des Comptes de *Lorraine*, SALUT. Les circonstances des affaires publiques, Nous ayant necessité, malgré la répugnance que Nous avons toujours eu d'abandonner nos fideles Sujets dont Nous & nos Ancêtres avons éprouvé en tant d'occasions le zéle & l'attachement, d'accéder aux articles Preliminaires conclus à *Vienne* entre Sa Maj. Imp. & Catholique, & Sa

ANNO 1737. Sa Maj. Très Chretienne, le 3. Octobre 1735, au Traité d'exécution du 11. Avril de la presente année, ensemble à la Convention du 28 Août dernier, Nous avons en conformité par Acte du 24 Septembre 1736, dont copie est ci-jointe, cedé dès à present nôtre Duché de *Bar*, au Sérenissime Roy de *Pologne*, Grand Duc de *Lithuanie*, *Stanislas* premier, & après lui à Sa Majesté Très-Chrêtienne, pour être ensuite réüni à la Couronne de *France*. Et étant question en consequence de procéder en l'exécution tant dudit Acte de cession, que dudit Traité, Nous confians en vôtre zéle, capacité & affection à notre service; Nous vous avons nommez, commis & députez, nommons, commettons, députons, pour en nôtre Nom remettre aux Commissaires nommez tant par le Sérénissime Roy de Pologne *Stanislas* Premier, que par Sa Maj. Très Chrêtienne, nôtre Duché de *Bar* relativement audit Acte de Cession & Traité & aux instructions que Nous vous avons données à cet égard; en consequence vous donnons pouvoir de relever tous nos Sujets, & Vassaux de nôtre dit Duché de *Bar*, du Serment de fidelité auquel ils étoient attenus envers Nous, & les renvoyer ausdits Sérenissimes Rois de *Pologne* & de *France*, qu'ils auront à l'avenir à reconnoître pour leurs vrais & légitimes Souverains; & generalement faire tout ce qu'il conviendra pour l'entiere exécution dudit Acte. Autorisant même, en cas de maladie, absence, ou empêchement légitime de l'un de vous, les deux autres d'agir, comme si tous trois étoient presens; de ce faire Nous vous avons donné tout pouvoir, commission & mandement exprès & spécial; en foi de quoi Nous avons aux présentes signées de nôtre main & contresignées par l'un de nos Conseillers Secretaire intime, fait mettre nôtre Scel secret. Donné à *Vienne* le 20. Decembre 1736. *Signé*, FRANCOIS, *& plus bas contresigné*, TOUSSAINT, & scellé du Scel secret de Sadite Altesse Royale.

Le Plein-pouvoir de S. A. R. le Duc de *Lorraine* pour la prise de possession du Duché de ce nom est entierement semblable à celui-ci, aux dates près, S. A. R. n'ayant signé son Acte de cession du Duché de *Lorraine*, que le 23 Fevrier dernier. Voici les Pleins-pouvoirs du Roy de France.

LOUIS, *par la grace de Dieu, Roi de* France *& de* Navarre, *à tous ceux qui ces présentes Lettres verront*, Salut, *les mêmes Traités & Conventions qui ont assuré à nôtre très-cher & très-amé Frere & Beaupere le Roi de* Pologne, Stanislas *premier, la possession des Duchez de* Lorraine *& de* Bar, *en ayant stipulé la reversion à Nous & à nôtre Couronne en pleine Souveraineté, après le décès de nôtredit Frere & Beaupere, & étant necessaire qu'en même tams que les Commissaires de nôtredit Frere le Roi de* Pologne *prendront en son nom possession, soit du Duché de* Bar, *soit aussi du Duché de* Lorraine, *& qu'ils recevront pour lui le Serment actuel de ses nouveaux Sujets, le même Serment soit prêté éventuellement à Nous & à nôtre Couronne, voulant de nôtre part y pourvoir sans aucun retardement: Pour ces causes & autres bonnes considérations à ce Nous mouvans. Nous avons choisi, commis & nommé, choisissons, commettons & nommons par ces présentes signées de nôtre main, nôtre amé & féal Conseiller en nos Conseils, Maître des Requêtes ordinaire de nôtre Hôtel, le Sieur de la* Galaiziere, *& lui avons donné & donnons plein pouvoir, commission & mandement spécial de recevoir en nôtre nom le Serment de fidelité éventuel des Sujets, soit du Duché de* Bar, *soit aussi de celui de* Lorraine, *& de faire à ce sujet ce qui sera necessaire, voulant qu'il agisse en cette occasion avec la même autorité que Nous ferions & pourrions faire si Nous y étions présens en personne, encore qu'il y eut quelque chose qui requît un Mandement plus spécial que ce qui est contenu en ces présentes. Car tel est nôtre plaisir, en témoignage de quoi Nous avons fait sceller ces Présentes. Donné à Versailles le treizième jour de Janvier l'an de grace mil sept cens trente-sept, & de nôtre Regne le vingt-deux.* Signé, LOUIS, & sur le reply, *par le Roi*, CHAUVELIN, & *scellé du grand Sceau de cire jaune.*

Serment prêté par le Procureur Général & par le President de la Cour Souveraine.

NOus jurons & protestons devant Dieu & sur les Saints Evangiles, tant en nôtre qualité de Procureur Général, qu'au nom de tous les Officiers du Parquet de la Cour, & de tous nos Substituts ès Jurisdictions qui y ressortissent médiatement ou immédiatement, que nous reconnoissons pour nôtre seul & legitime Souverain actuel STANISLAS I. par la grace de Dieu, Roi de *Pologne*, Grand Duc de *Lithuanie*, Duc de *Lorraine & de Bar* auquel nous promettons fidelité, obeissance & service envers tous & contre tous sans aucunes restrictions ni exceptions quelconques, étant déchargez de tout serment & devoirs de Sujets envers le Duc *François* de *Lorraine*, promettons expressément d'avoir pour ennemis tous ceux que Sa Majesté aura déclaré tels, de n'avoir aucune intelligence avec eux, ni leur prêter aucune aide & faveur directement ni indirectement; au contraire, d'avertir Sa Majesté & ceux qu'il lui plaira nous donner pour Gouverneurs de sa part, de toutes les intelligences, menées, intrigues & entreprises qui pourroient aller contre son service, & de remplir loyalement à cet égard & en toutes autres choses les devoirs de bons & fideles Sujets. ANNO 1737.

Ensuite par le Premier Président en la maniere suivante.

Nous jurons & protestons devant Dieu, & sur les Saints Evangiles, tant en nôtre qualité de Premier Président de la Cour Souveraine, que pour tous ses Officiers, ceux des Siéges qui y ressortissent, & généralement tous les Sujets Juridiciables des Duchez de *Lorraine* & de *Bar*, de quelque ordre & condition qu'ils soient, que Nous reconnoissons pour nôtre seul & légitime Souverain éventuel LOUIS XV. par la grace de Dieu, Roy de *France* & de *Navarre*, & ses Successeurs ausdits Royaumes; promettons dès à present comme pour lors, qu'arrivant le décès du Roy de *Pologne*, Duc de *Lorraine* & de *Bar*, nôtre seul Souverain actuel, Nous garderons & rendrons à Sa Majesté Très-Chrêtienne, la même fidelité, obéïssance & service dont nous sommes tenus envers nôtre Souverain Seigneur actuel: Nous promettons expressément d'avoir pour ennemis tous ceux que S. M. T. C. aura declarez tels, de n'avoir aucune intelligence avec eux, ni leur prêter aucune aide ou faveur, directement ni indirectement; au contraire d'avertir S M. & ceux qu'il lui plaira Nous donner pour Gouverneurs de sa part, de toutes les intelligences, menées, intrigues & entreprises qui pourroient aller contre son service; & de remplir loyalement à cet égard & en toutes autres choses, les devoirs de bons & fideles Sujets.

CCIX.

Protestation & Contreprotestation au sujet du defaut de presentation de la Haquenée pour le Royaume de Naples, faite à Rome le 28. *Juin* 1737. [Mercure Historique Août 1737. pag. 138.] Juin.

COmme en ce jour 28. Juin 1737, veille de la Fête des Bienheureux Apôtres St. Pierre & St. Paul, & jour destiné pour recevoir les Tributs des feudataires relevans du St. Siége Apostolique, il ne s'est présenté nulle personne pour remplir ce devoir au nom des Possesseurs actuels des Royaumes de Naples & de Sicile, & des Duchez de Parme & de Plaisance, Fiefs perpétuels mouvans du St. Siége: Pour ces raisons, & afin que l'interruption d'une chose sur laquelle ledit St. Siége Apostolique a un Droit si naturel, si reconnu, & si incontestable, ne puisse tirer à conséquence dans la suite, par le silence qui auroit été gardé a cet égard: Ainsi moi, Commissaire de la Révérendissime Chambre Apostolique, en vertu du pouvoir confié à moi, par N. S. P. le Pape *Clement XII.* déclare, en son Nom, & par son Ordre, que je proteste de nullité contre ladite interruption, & de non-préjudice contre tout ce qui pourroit s'en ensuivre; réservant en tems opportun, à faire valoir la prétention d'indemnité, &c.

„ L'Agent du Roi des deux Siciles deposa le lendemain au Greffe de la Chambre Apostolique la „ Contre-protestation suivante.

Qu'ayant appris, que la veille, il avoit été fait par le Commissaire de la Chambre-Apostolique, *Lana*, une Protestation contre l'omission de payement du Tribut prétendu par le S. Siége Apostolique, à la charge des Royaumes de Naples & de Sicile, comme Fiefs mouvans dudit S. Siége: Ainsi lui, Agent de S. M. Catholique, & chargé des Ordres de S. M. le Roi des deux Siciles, proteste de nullité contre

ANNO 1737.

tre ladite Protestation, & contre la prétention y contenuë, en ce qu'elle ne peut être alleguée, avec justice, à la charge de S. M. Sicilienne, pendant & aussi long-tems que le S. Siége Apostolique n'a pas reconnu en Elle les titres & les droits de Possesseur actuel des Royaumes de Naples & de Sicile, & ne lui a pas accordé en cette qualité les Investitures ordinaires.

CCX.

Juillet. *Lettres patentes pour la prise de possession du Gr. Duché de Toscane publiées à Florence le 12. Juillet 1737.* [Mercure Historique Août 1737. pag. 147.]

NOUS FRANÇOIS III. *par la grace de Dieu Duc de Lorraine & de Bar, Roi de Jerusalem, Duc de Calabre, de Gueldres, de Montferrat, de Teschen en Silesie, Prince de Charleville, Marquis de Pont-à-Mousson & de Nomeni, Comte de Provence, de Vaudemont, de Blamont, de Zutphen, de Saarwerde, de Salm, de Falkenstein,* &c. &c.

Savoir faisons par les Présentes, qu'ayant été faites, il y a quelques Années, certaines dispositions au sujet de la Succession du Grand-Duché de Toscane, en cas de defaut d'enfans mâles de la Maison de Médicis, il a été arrêté dans les Articles Préliminaires de Paix, conclus à Vienne le 3. Octobre 1735. entre l'Empereur & le Roi Très Chrêtien pour terminer la Guerre si funeste à toute la Chrêtienté & particulierement à l'Italie, de changer les arrangemens déja faits dans l'Article V. de la Quadruple Alliance, & entr'autres convenu expressément, que, pour indemniser nôtre Sérénissime Maison de Lorraine de la cession tant du Duché de ce Nom, que de celui de Bar, elle devoit entrer en possession & proprieté du Grand Duché de Toscane aussi-tôt après la mort du Prince, qui pour-lors vivoit & en avoit la possession. Et comme les Etats du S. Empire, assemblez dans la Diète de Ratisbonne, ont non seulement acquiescé auxdits Articles Préliminaires & à tout ce qui y étoit contenu, mais encore donné pouvoir à S. M. Impériale de les faire mettre en exécution, tant en leur Nom, qu'en celui de l'Empire, & de faire généralement tout ce qui feroit nécessaire, pour conduire à sa perfection le salutaire Ouvrage de la Paix, les Actes solemnels de Cessions & Rénonciations respectives ayant été consignez & delivrez de la part des parties à la Succession dudit Grand-Duché, l'Empereur, nôtre très honoré Beau-Pére, nous en a enfin accordé l'Investiture éventuelle par les Lettres dont suit la teneur.

„ Nous CHARLES VI. par la grace de Dieu, élu Empereur des Romains, &c. savoir faisons & attestons par ces présentes, qu'en vertu des Articles Préliminaires du 3. Octobre 1735. il a été réglé que les Duchez de la Lorraine & de Bar passeroient, savoir celui-ci à Lorraine immédiatement après la mort du Grand-Duc de Toscane, au Sérénissime Roi de Pologne, & Grand Duc de Lithuanie, Stanislas I., pour après sa mort être l'un & l'autre incorporez à perpétuité à la Couronne de France, & que la Maison de Lorraine auroit en proprieté & pour indemnité desdits Duchez, le Grand-Duché de Toscane aussitôt après la mort de celui qui en est actuellement Possesseur, le tout sous la garantie de toutes les Puissances qui prendront part à la Paix. Et comme l'Epoque de la Cession du Duché de Lorraine a depuis été avancée par la Convention du 11. d'Avril dernier, il est non seulement de la justice & de l'équité, mais encore de la bonne foi, que le Sérénissime Duc de Lorraine & de Bar, ses Descendans & ses Héritiers & Successeurs, soient indemnisez: C'est pourquoi, Nous, tant par nôtre Puissance Impériale, qu'en vertu du consentement à Nous donné par les Etats du S. Empire, donnons & accordons en nôtre Nom & en celui des Empereurs, nos Successeurs, l'Investiture éventuelle du Grand Duché de Toscane & de ses Dépendances au susdit Sérénissime Duc de Lorraine & de Bar, FRANÇOIS III. nôtre très-cher Gendre, & à ses Descendans Mâles à l'infini; & au defaut de ceux-ci au Prince Charles son Frere & à ses Descendans Mâles, aussi à l'infini, & à leur defaut au Prince Mâle & plus proche Héritier de la Maison de Lorraine, actuellement Regnante; & encore au defaut de ce dernier, & en cas de totale extinction des Princes Mâles, aux Princesses de ladite Maison, le tout selon le droit d'Aînesse, pour en jouïr de la même maniere, que la Maison de Medicis, & le Prince de cette même Maison actuellement regnant.

„ A ces Causes, ordonnons & enjoignons à tous ceux qui dépendent de nôtre Domination, d'avoir égard à nôtre présente disposition & ferme volonté, & en consequence de ne troubler en maniere quelconque ledit Sérénissime Duc de Lorraine & de Bar, ni ses Héritiers & Successeurs, mais plûtôt de les maintenir, défendre, aider, & même leur procurer aide dans ce qui concerne nôtre dite disposition, & d'empêcher qu'il ne leur soit fait aucun trouble.

„ Mandons & enjoignons en particulier à tous & à un chacun des Lieutenans, Conseillers, Préteurs du Grand-Duché de Toscane & de toutes les Villes, Châteaux, Forteresses, Lieux, & Terres en dépendans, comme au Gonfalonier de Justice, au Sénat & au Peuple de Florence, aux Colonels de la Milice, aux Capitaines, Sergens, Caporaux, à tous les Soldats & généralement à toutes Personnes, de quelque état, grade, prééminence, & dignité, qu'elles soient, qu'immédiatement après la mort du présent Grand-Duc, ils ayent à reconnoitre ledit Duc de Lorraine, &c. pour leur propre, véritable, & légitime Prince & Seigneur, & à se conduire en consequence à son égard, nonobstant l'éventuelle Investiture en faveur du Sujet nommé dans le Traité de la Quadruple Alliance, auquel nous dérogeons en ce point, le tout ci-dessus sous peine de nôtre indignation & de celle du S. Empire contre les Contrevenans, & en outre amende de 400. marcs d'Argent pour chaque fois, qu'ils voudront, ou entreprendront, de faire quelque Acte à ce contraire. Donné à Vienne le 24. Janvier 1737.

Nôtre Droit se trouvant donc fondé sur des Titres aussi forts & aussi incontestables, & pouvant en vertu d'iceux entrer en pleine possession du susdit Grand-Duché, aussitôt que la Ligne Masculine de la Maison de Medicis viendra à manquer par la mort dudit Grand Duc; Nous, ledit cas avenant, avons determiné de faire valoir nos Droits & Raisons, & attendu l'instabilité des choses humaines, avons jugé à propos de pourvoir d'avance à ce qu'il conviendra de faire en cas que, contre nôtre espérance & nos desirs, ladite Ligne Masculine vint à s'éteindre par une mort inopinée pendant nôtre absence.

A l'effet de quoi, nous avons muni de nos Pleins-pouvoirs l'Illustrissime & nôtre très-cher Cousin le Prince de *Craon*, pour faire en pareil cas tout ce qui sera nécessaire, en vertu des Lettres de Pleins-pouvoirs à lui par nous accordées & ci-jointes.

En consequence, mandons & enjoignons à tous & à un chacun des ci-dessus nommez du Grand-Duché de Toscane, que ledit cas de mort inopinée survenant, vous ayez à nous reconnoitre pour vôtre véritable & legitime Seigneur & Prince, & à nous prêter en cette qualité l'Hommage ordinaire & le Serment de Fidélité, & nous rendre révérence & obéissance comme de fidéles Vassaux & Sujets le doivent à leurs véritables & légitimes Seigneurs & Princes, & que pour cette fin, vous ayez à vous conformer en tout à tout ce qui vous fera enjoint en nôtre Nom de la part de nôtre susdit Ministre Plenipotentiaire, jusqu'à ce qu'il en ait été par Nous autrement ordonné. Donné à Luxenbourg le 18. May 1737.

Le présent Edit publié le 12. Juillet 1737. par ordre de S. A. R. François III. Duc de Lorraine & de Bar, & II du même Nom Grand-Duc de Toscane, & à la diligence de Moi Prince de Craon, son Ministre-Plénipotentiaire.

CCXI.

Actes de cession du Royaume des deux Siciles, de la Toscane & des Etats de Parme entre l'Empereur & les Rois d'Espagne & des deux Siciles, publiés à Naples en 1737.

Anno 1737.

NOi D. Filippo V. per la gracia di Dio Re di Castiglia, di Leon, di Aragona, delle due Sicilie, di Gerusalemme, di Navarra, di Granata, di Toledo, di Valenza, di Galizia, di Majorica, di Siviglia, di Sardegna, di Cordova, di Corsica, di Murcia, di Jaen, de los Algarues, di Algezira, di Gibilterra, e delle Isole Canarie, delle Indie Orientali, ed Occidentali delle Isole, e Terra ferma del Mar Oceano; Arciduca d'Austria, Duca di Borgogna, del Brabante, e di Milano; Conte d'Habsburgo, di Fiandra, del Tirolo, e di Barcelonna, Signor di Biscaja, e di Molina &c. &c.

Per il tenore delle presenti facciamo noto, e testifichiamo, che essendo convenuto per finire la guerra d'Italia il Serenissimo e Potentissimo Principe Carlo VI. Imperadore de' Romani, ed il Serenissimo e Potentissimo Principe Luigi XV. Re Cristianissimo di Francia in certi Articoli preliminari, che ci sono stati presentati in copia semplice, fatti secondo si dice il giorno 3. di Ottobre del 1735., e contengono condicioni di Pace, colle quali amendue le Parti testificano di restar contenti; Ed essendosi anche stato riferito, che il detto Serenissimo, e Potentissimo Principe Carlo VI. Imperadore de' Romani con un Instrumento publicato in suo nome, e di suo ordine, e sottoscritto il giorno 30 di Gennaro di quest'anno, dichiarò, che terrebbe per conchiusa con noi la Pace, mediante le condizioni stabilite, ne' sudetti articoli preliminari, e che avrebbero intiero compimento le menzionate condizioni, che ci riguardano, ed il Serenissimo e Potentissimo Principe Don Carlo Re delle due Sicilie nostro Figlio; Abbiamo Noi pure aderito a questi Articoli preliminari, attesa la Sicurezza, che ci diede il Re Cristianissimo, che per parte del mentovato Principe si darebbe pronto compimento agli enunziati Articoli, ed abbiamo ordinato spedirsi la dichiarazione del tenor sequente.

Avendo il Conte de Sinzendorff in nome e con bastante potere dell' Imperadore firmato la dichiarazione del tenor sequente.

L'Empereur declare qu'il regarde la Paix comme faite avec le Roi d'Espagne, au moyen des conditions portées par les Articles Preliminaires, rengageant d'envoyer ses ordres à ses Generaux, pour concerter avec ceux de S. M. Catholique, l'entiere effectuation de ces Articles, que S. M. declare vouloir observer, & executer fidelement, notamment en ce qui regarde le Roi des deux Siciles. Bien entendu, que de la part de ce Prince, aussi bien que de celle de S. M. Catholique la Paix sera pareillement regardée comme faite avec l'Empereur au moyen des conditions portées par les Articles Preliminaires, & qu'ils seront observés, & executés fidellement en tout point.

En foi dequoi nous Ministre Plenipotentiaire de l'Empereur, muni du pouvoir necessaire à cet effet avons signé la presente Declaration, & l'avons munie du cachet de nos Armes. Fait à Vienne en Autriche le 30. Janvier de l'année 1735.

(L. S.)

PHILIPPE LOUIS

Comte de SINZENDORFF.

Per tanto sua Maestà il Re Cattolico dichiara; che osservandosi come si offerisce di osservare S. M. Ces. fedelmente li mentovati Articoli, tiene per fatta la pace con S. M. Ces. offerendo di osservare, ed esseguire per la sua parte litteralmente in tutti li suoi punti li accennati articoli, ed in fede di cio Noi Ministro Plenipotentiario di S. M. Catt. autorizato con Plenipotenza necessaria a quest'effetto, abbiamo firmata la presente dichiarazione, e fatto porre il Sigillo delle nostre Armi, Aranquez li 15 Aprile del 1736.

D. GIUSEPPE PATIGNO.

Ed essendone riferiti Articoli Preliminari le disposizioni seguenti.

Le Grand Duché de Toscane après la mort du present possesseur appartiendra à la Maison de Lorraine pour l'indemniser des Duchés qu'elle possede aujourd'hui. Toutes les Puissances qui prendront part à la pacification, lui en garantiront la succession éventuelle. Les Troupes Espagnoles seront retirées des Places frontieres de ce Grand Duché, & en leur place introduit un pareil nombre de Troupes Imperiales, uniquement pour la sureté de la succession éventuelle susdite, & de la même maniere qu'il a été stipulé à l'égard des Garnisons neutres par la quadruple Alliance. Livourne demeurera Port franc, comme il est, seront rendus à S. M. Impériale tous les autres Etats, sans exception, qu'elle possedoit en Italie avant la presente Guerre. En outre lui seront cedés en pleine proprieté les Duchés de Parme & de Plaisance.

Anno 1737.

Quindi è, che Noi per sodisfare all' obligazione, che abbiamo contratto in vigoro dell' accettazione de riferiti Articoli preliminari, e della mentovata nostra dichiarazione, affidati nella certa speranza, che in buona corrispondenza sara intieramente adempiuto con la medesima buona fede dell' Imperadore de' Romani al tenore de riferiti Articoli Preliminari, e che medesimamente consegnera, nella dovuta, e miglior forma per se, e per gli suoi Eredi, e Successori l'Istromento di Cessione e Rinunzia di tutti li Diritti, Azioni e Pretensioni che possono competergli per qualunque titolo, ò causa, tanto sopra li Regni delle due Sicilie, quanto sopra li Luoghi maritimi di Toscana, che avanti possedeva.

Per Noi, e per li nostri Eredi, e Successori, e specialmente in nome de' Serenissimi Infanti di Spagna D. Filippo, e D. Luigi, e degli altri Figli che potressimo avere con la Serenissima e Potentissima Principessa presente Regina di Spagna Nostra amatissima Consorte, e consequentemente in nome di tutti, e cadauno de quelli, che nati, o per nascere avessero, o potessero avere li Diritti alla Successione del Gran Ducato di Toscana, e de' Ducati di Parma e di Piacenza, cediamo, e rinunziamo tutti li Diritti, Azioni, e Pretensioni, che a Noi ò alli mentovati nostri Descendenti per qualunque titolo, o causa appartengano, tanto per quello riguarda li Ducati di Parma e di Piacenza, quanto per quel che tocca alla Successione eventuale del Gran Ducato di Toscana; E quanto a questi Diritti, Azioni e Pretensioni, concernenti li Ducati di Parma e Piacenza, li trasferiamo con pieno Diritto di proprieta nel Serenissimo e Potentissimo Principe Carlo VI. Imperadore de' Romani; e suoi Eredi, e Successori dell' uno e dell' altro Sesso, secondo l'ordine di Successione, che fu dichiarato nella Prammatica Sanzione dell' anno 1713. E prendiamo sopra di Noi in nostro nome e de nostri Successori nella migliore e piu solenne forma che far si possa, la Garanzia de mentovati Diritti Azioni e pretensioni in favore della Sereniss. Casa d'Austria. Di piu per quel che riguarda all' eventuale Successione nel Gran Ducato di Toscana trasferiamo li medesimi Diritti, Azioni, e Pretensioni al Serenissimo Duca di Lorena, e Bar Francesco III, ed a suoi Eredi e Successori, cioe a tutti quelli, ò a tutte quelle a cui toccarebbe il Diritto della Successione de Ducati di Lorena, e di Bar prima di cedergli; E finalmente Noi in nome nostro, e de nostri Successori nel migliore, e piu solenne modo che far si possa, prendiamo sopra di Noi la Garanzia de riferiti Diritti, Azioni e Pretensioni in favore della Serenissima Casa di Lorena; ben inteso che tuttocio, che in questo istromento di Cessione potesse esser contrario alli punti compresi nella dichiarazione, che il Baron di Schemerling Ministro Plenipotentiario del Serenissimo e Potentissimo Principe Carlo VI. Imperadore de' Romani alla Corte di Francia sottoscrisse in Compiegne il giorno 4 di Agosto di quest Anno, sara nullo, e di niun valore, ed effetto. In fede di che abbiamo comandato spedirsi il presente Istrumento firmato di nostra mano corroborato col Sigillo delle nostri Armi, e controsignato da l'infrascritto nostro Segretario di Stato, e del Dispaccio. Dato in S. Lorenzo il Reale li di Novembre dell anno 1736.

YO EL REY.

D. SEBASTIANO DELLA QUADRA.

Noi D. Carlo per la Grazia di Dio Re delle due Sicilie, e di Gierusalemme &c. Infante di Spagna, Duca di Parma e Piacenza, Castro, &c. Gran Principe ereditario di Toscana.

Per il tenore delli presenti facciamo noto, e testifichiamo che avendo convenuto per finire la Guerra d'Italia il Serenissimo, e Potentissimo Principe Carlo VI. Imperadore de' Romani, ed il Serenissimo e Potentissimo Principe Luigi XV. Re Cristianissimo di Francia in certi Articoli Preliminari, che a noi sono stati pre-

ANNO 1737. preſentati in ſemplice copie fatti, ſeconde ſi dice il giorno 3 di Ottobre 1735. e contengono condizioni di Pace, con le quali amendue le parti teſtificano di reſtar contente. Ed eſſendo a noi medeſimamente ſtato riferito, che il detto Sereniſſimo e Potentiſſimo Principe Carlo VI. Imperador de' Romani con un Iſtromento publicato in ſuo nome, e di ſuo comando, e ſottoſcritto il di 30 Gennaio di queſt' anno, dichiaro, che terrebbe per conchiuſa con Noi la Pace, mediante le condizioni Stabilite in detti' Articoli preliminari, e che avrebbero intiero adempimento le menzionate condizioni, che ci riguardano, ed il Sereniſſimo e Potentiſſimo Principe Filippo V. Re Cattolico di Spagna noſtro riveritiſſimo Padre, abbiamo Noi pure aderito a tali Articoli Preliminari, in conſiderazione della ſicurezza promeſſaci dal Re Criſtianiſſimo, che per parte del mentovato Principe ſi darebbe pronto adempimento alli enunziati Articoli, ed abbiamo ordinato ſpedirſi la dichiarazione del tenor ſeguente.

Avendo il Conte di Sinzendorff in nome, e con baſtante potere dell' Imperadore firmato in nome di S. M. Ceſarea la dichiarazione del tenor ſeguente.

L'Empereur déclare qu'il regarde la Paix comme faite avec l'Eſpagne au moyen des conditions portées par les Articles Preliminaires, s'engageant d'envoyer ſes ordres à ſes Generaux pour concerter avec ceux de S. M. Catholique, l'entiere effectuation de ces Articles, que S. M. Imp. declare vouloir obſerver, & executer fidelement, notamment en ce qui regarde le Roi des deux Siciles, bien entendu que de la part de ce Prince, auſſi bien que de celle de S. M. Cath. la Paix ſera regardée comme faite avec l'Empereur au moyen des conditions portées par les Articles Preliminaires, & qui ſeront obſervées & executées fidellement en tout point.

En foi de quoi nous Miniſtre Plenipotentiaire de l'Empereur muni du Pouvoir neceſſaire à cet effet, avons ſigné la preſente Declaration & l'avons munie du Cachet de nos Armes. Fait à Vienne en Autriche le 30 Janvier 1736.

LOUIS Comte de SINZENDORFF.

(L. S.)

Per tanto S. M. il Re delle due Sicilie dichiara che oſſervandoſi come offeriſie di obſervare l'Imperadore fedelmente li mentionati Articoli tiene per fatta la Pace con S. M. Ceſarea, offerendo di oſſervare ed eſeguire della ſua parte letteralmente gli enunziati Articoli.

In fede di che Noi infraſcritto Miniſtro Plenipotenziario del Re delle due Sicilie, autorizzato con poter baſtante per queſt' effetto, abbiamo ſottoſcritta la preſente dichiarazione e munita col Sigillo delle noſtre Armi. Dato in Napoli il primo di Maggio 1736.
D. GIUSEPPE GICACHINO DI MONTEALEGRE.

Ed eſſendonne riferiti Articoli Preliminari le ſeguenti diſpoſizioni.

La Grand Duché de Toſcane après la mort du preſent poſſeſſeur appartiendra à la Maiſon de Lorraine, pour l'indemniſer des Duchés qu'elle poſſede aujourd'hui; Toutes les Puiſſances qui prendront part à la pacification lui en garantiront la Succeſſion eventuelle; Les Troupes Eſpagnoles ſeront retirées des places fortes de ce Grand Duché & en leur place introduit un pareil nombre de Troupes Impériales, uniquement pour la ſureté de la Succeſſion eventuelle ſuſdite, & de la même maniere qu'il a été ſtipulé, à l'égard des Garniſons neutres par la Quadruple Alliance; Livourne demeurera port franc, comme il eſt; ſeront rendus à S. M. Impériale tous les autres Etats ſans exception, qu'il poſſedoit en Italie avant la preſente guerre. En outre lui ſeront cedés en pleine proprieté les Duchés de Parme & de Plaiſance.

Quindi è, che noi per ſodisfare all' obligo, che abbiamo contratto in vigore dell' accettazione de riferiti Articoli, e della mentionata noſtra dichiarazione affidati nella certa ſperanza che in buona corriſpondenza ſi adempira intieramente colla ſteſſa buona fede dal Imperador de' Romani il tenore de riferiti Articoli Preliminari e che medeſimamente conſegnera nella miglior forma, tanto in nome ſuo, come de ſuoi Eredi, e Succeſſori, l'Iſtromento di rinunzia, e ceſſione a tutti li Diritti, azioni e pretenſioni, che ponno competergli per qualunque titolo, ò cauſa tanto ſopra li Regni delle due Sicilie, quanto ſopra li luoghi maritimi della Toſcana, quali prima poſſedeva, per noi e per le noſtr' Eredi e Succeſſori, cediamo e rinunziamo a tutti li diritti, azioni e pretenſioni, che a noi, ed a noſtri Eredi e Succeſſori per qualunque titolo, ò cauſa appartengono, tanto per quello riguarda alli Ducati di Parma e di Piacenza, quanto per quello tocca all' eventual Succeſſione del Gran Ducato di Toſcana, ed inquanto queſti diritti, azioni e pretenſioni, ſon concernenti alli Ducati di Parma e di Piacenza, li trasferiamo con pieno diritto di proprieta nel Sereniſſimo e Potentiſſimo Principe Carlo VI. Imperadore de' Romani, e ſuoi Eredi e Succeſſori dell' uno e dell'altro ſeſſo, ſecondo l'ordine di Succeſſione, che fu dichiarato nella Pragmatica Sanzione dell'. Anno 1713. e prendiamo ſopra di noi in noſtro nome, e de noſtri Succeſſori nella migliore, e piu ſolenne forma, che far ſi poſſa, la garanzia de mentovati diritti, azioni, e pretenſioni in favore della Sereniſſima Caſa d'Auſtria. Di piu per quello riguarda all' eventual Succeſſione nel Gran Ducato di Toſcana, trasferiamo li medeſimi diritti, azioni, e pretenſioni nel Sereniſſimo Duca di Lorena, e Bar Franceſco III., e ne' ſuoi Eredi, e Succeſſori, cioe in tutti quelli, o quelle, o quali toccarebbe il diritto della Succeſſione de Ducati di Lorena, e Bar prima di cederli, e finalmente Noi in noſtro nome, e de noſtri Succeſſore nel migliore e piu ſolenne modo che far ſi poſſa prendiamo ſopra di noi la garanzia de riferiti diritti, azioni, e pretenſioni in favore della Sereniſſima Caſa di Lorena, ed aſſolviamo tutti li ſuditti de riferiti Stati dal Giuramento, tanto attuale, quanto eventuale, che ci preſtorono, quale dovrano d'or in avanti preſtar a quelli, a quali cediamo li noſtri diritti, ben inteſo, che tutto cio, che in queſt' Iſtromento di ceſſione poteſſe eſſere contrario alli punti compreſi nella dichiarazione che il Baron di Schemerling Miniſtro Plenipotenziario del Sereniſſimo e Potentiſſimo Principe Carlo VI. Imperadore de' Romani alla Corte di Francia firmo in Compiegne il giorno 4 d'Agoſto di queſt' anno, ſara nullo, e di niun valore, ed effetto. ANNO 1737.

In fede di che abbiamo commandato ſpedirſi il preſente Iſtromento ſottoſcritto di noſtra mano, ſigillato con il Sigillo ſegreto, delli noſtri Armi, è controſegnate dall' infraſcritto noſtro Conſigliere e Segretario di Stato Napoli 12. Decembre 1736.

YO EL REY.

DON JOSEPH JOACHIN DE MONTEALEGRE.

Nos Carolus Sextus Divina favente Clementia Electus Romanorum Imperator ſemper Auguſtus, ac Germaniæ, Hiſpaniarum, utriuſque Siciliæ, Hungariæ, Bohemiæ, Dalmatiæ, Croatiæ, Slavoniæque Rex, Archi-Dux Auſtriæ, Dux Burgundiæ, Brabantiæ, Mediolani, Mantuæ, Styriæ, Carinthiæ, Carnioliæ, Limburgi, Lucemburgi, Geldriæ, Wurtembergæ, Superioris & inferioris Sileſiæ, Calabriæ, Princeps Sueviæ, Marchio Sacri Romani Imperii, Burgoniæ, Moraviæ, Superioris & Inferioris Luſaciæ, Comes Habspurgi, Flandriæ, Tyrolis, Ferretis, Kiburgi, Goritiæ, &c. Namurci, Dominus Marchiæ Slabonicæ, Portus Nabonis, & Salinarum, &c. &c.

Notum teſtatumque vigore præſentium facimus. Cum finiendo bello Italiæ in primis luctuoſiſſimo nos inter, & Sereniſſimum & Potentiſſimum Principem Ludovicum XV. Galliarum Regem Chriſtianiſſimum tertia Octobris die, Anno 1735. De certis quibuſdam Articulis Præliminaribus, conventum ſit, ejuſmodi Pacis conditiones in ſe continentibus, quibus ambo contrahentes plene ſe contentos eſſe declararunt, hique ipſi Articuli Præliminares mutuo poſt hæc fuerint rati habiti, tenor autem Articuli eorumdem tertii ſequentem in modum conceptus ſit.

Les Royaumes de Naples & de Sicile appartiendront au Prince, qui en eſt en poſſeſſion, & qui en ſera reconnu Roi par toutes les Puiſſances qui prendront part à la pacification. Il aura les Places de la Coſte de Toſcane, que l'Empereur a poſſedées, Portolongone, & ce que du tems de la Quadruple Alliance le Roi d'Eſpagne poſſedoit dans l'Iſle d'Elbe.

Il y aura une amniſtie pleine & génerale, & par conſéquent reſtitution des biens, bénéfices, & penſions Eccléſiaſtiques d'un chacun qui pendant la preſente guerre auront ſuivi l'un ou l'autre parti.

Neque minus relatum exin nobis ſit antememorato-

ANNO 1737. ratorum Articolorum Preliminarium tenorem tum a Serenissimo & Potentissimo Principe Philippo V. Hispaniarum Rege Catholico, tum a præfato Serenissimo & Potentissimo Principe, qui in possessione utriusque Siciliæ Regnorum est, plene adoptari, ac proinde erga præstitam nobis a Christianissimo Rege de eorundem omnigena ac promptissima ex parte modo memoratorum Principum executione evictionem, edita nostro nomine, & jussu trigesima præterlapsi mensis Januarii die declaratio fuerit sequentis tenoris.

L'Empereur declare, qu'il regarde la Paix comme faite avec le Roi d'Espagne au moyen des conditions portées par les Articles Preliminaires, s'engageant d'envoyer ses ordres à ses Généraux pour concerter avec ceux de S. M. Catholique l'entiere effectuation de ces Articles que S. M. Impériale declare vouloir observer, & executer fidelement, notamment en ce qui regarde le Roi des deux Siciles, bien entendu que de la part de ce Prince aussi bien que de celle de S. M. Cath. la Paix sera pareillement regardée comme faite avec l'Empereur, au moyen des conditions portées par les Articles Preliminaires, & qu'ils seront observés, & executés fidellement en tous points: En foi de quoi nous Ministre Plenipotentiaire de l'Empereur muni du pouvoir necessaire à cet effet avons signé la presente Declaration, & l'avons munie du cachet de nos Armes. Fait à Vienne le 30 Janvier de l'An 1736.

(L. S.)

PHILIPPE LOUIS

Comte de SINZENDORFF.

Hinc est quod nos satisfacturi iis, ad quæ nos tum vigore Præliminarium Articulorum, tum præinserto Declarationis Instrumento obstrinximus, ac certa spe freti, vicissim, tum ab Hispaniarum Rege Catholico, tum ab omnibus iis, quibus juxta ordinem infra relatum in Magnum Hetruriæ, & Parmæ, Placentiæque Ducatus succedendi jus competiisset, ante memoratorum *Præliminarium Articulorum tenorem* pari bona fide ex asse adimpletum, pariterque nomine illorum omnium Cessionum, ac Renuntiationum Instrumenta quoad omnia jura, actiones, & prætensiones, seu in Parmæ Placentiæque Ducatus, seu in eventualem Magni Hetruriæ Ducatus Successionem quocumque demum titulo, aut quacumque de causa competentia in debita optimaque forma nobis, & Serenissimo Lotharingiæ, ac Barri Duci extraditum iri, pro nobis, & Successoribus nostris cedimus, & renunciamus omnibus juribus, actionibus & prætensionibus; quæ nobis quocumque titulo, aut quacumque demum de causa, in utriusque Siciliæ Regna, tum Litoralia Hetruriæ Loca antehac a nobis possessa competunt, eademque jura, actiones, & prætensiones in Serenissimum ac Potentissimum Principem ac Hispaniarum Infantem Carolum, ejusque descendentes, Masculos & Fæminas, ex legitimo Matrimonio natos, & natas, ac iisdem deficientibus in secundum, aut alios post genitos præsentis Hispaniarum Reginæ Filios natos, aut nascituros, pariter cum eorundem Descendentibus posteris utriusque sexus ex legitimo matrimonio natis transferimus, atque in nos suscipimus nostro, & successorum nostrorum nomine quo fieri potest meliore, & solemniore modo sponsionem, vulgò Garantiam prædictorum jurium, actionum & pretensionum favore Serenissimi & Potentissimi Principis Caroli Infantis Hispaniarum ejusque Descendentium utriusque sexus ex legitimo matrimonio natorum & natarum, ac iisdem deficientibus favore secundi, & aliorum post genitorum præsentis Hispaniarum Reginæ Filiorum natorum aut nasciturorum pariter cum eorundem Descendentibus, posteris utriusque sexus ex legitimo Matrimonio oriundis. Quem proinde Serenissimum & Potentissimum Principem Carolum, ejusque Hæredes & successores eo modo, & ordine ut dictum est, pro vero, & legitimo utriusque Siciliæ Rege, tum possessore Literalium Hetruriæ Locorum antehac a nobis possessorum habemus, & agnoscimus; absolventes ab obsequio, & juramento, quod nobis præstiterunt universos prædictorum Regniorum locorumque incolas, qui id in posterum iis, quibus jura nostra cessimus præstare tenebuntur. Cumque promovendæ evacuationi tum districtus qui vulgo Luneggiana nuncupatur, tum Magni Hetruriæ Ducatus quarta præterlapsi mensis Augusti die a nostro in Aula Regis Christianissimi Commorante Ministro certa quædam declaratio edita sit sequentis tenoris. ANNO 1737.

S. M. I. sincerement disposée à entretenir une amitié stable & solide avec S. M. C. & d'entrer dans les voyes propres à y conduire, declare:

I.

Qu'elle est contente de ce que la Cour d'Espagne a declaré sur le sens des mots. Por su parte compris dans la Contredeclaration offerte par le Comte de Fuenclara qui sera remise au Prince Pio, au moyen de quoi la Declaration de S. M. I. du 30 Janvier de la presente Année aura toute sa force & vigueur à l'égard de l'Espagne, & du Roy des deux Siciles.

II.

Que S. M. I. est prête à se concerter amiablement sur l'Artillerie de Parme & Plaisance, & les Allodiaux qui se trouvent dans ces deux Duchés, & dans le Grand Duché de Toscane.

III.

Que les ordres seront envoyés au Prince Pio de remettre au Comte de Fuenclara les passeports qui lui sont necessaires pour se rendre à Vienne dès que la Luneggiana, & la Toscane seront évacuées par les Troupes Espagnoles.

IV.

Que S. M. I. consent que dans les Actes de Possession, qui regarde l'Espagne, & le Roy des deux Siciles, l'Art. 6. des Preliminaires n'y soit pas inseré.

En foy de quoy j'ai signé la presente Declaration au nom de sadite Majesté Imperiale.

Fait à Compiegne, le 4 Août 1736.

Signé,

DE SCHMERLING.

Ne dubium quoddam oriri possit, ac si mutuo extradentis Cessionum Instrumentis de quibus mediante præfati Regis Christianissimi amica opera inter eos, quorum interest, convenit, ulla in re, eidem fuerit derogatum, insuper quo fieri potest meliore modo declaramus, id a mente nostra longe alienum esse, & si quæ tenori modo insertæ declarationis forent contraria, ea irrita atque nullius effectus, aut valoris esse.

In quorum omnium fidem roburque præsens Cessionis nostræ Instrumentum propria manu subscripsimus, Sigilloque nostro Cæsareo Regio, atque Archiducali pendente firmari jussimus. Datum in Civitate nostra Viennæ die undecima mensis Decembris, Anno millesimo septingentesimo trigesimo sexto, Regnorum nostrorum Romani vigesimo sexto, Hispaniarum trigesimo quarto, Hungarici vero, & Bohemici pariter vigesimo sexto.

CAROLUS.

PHILIPPUS LUD.
C. DE SINZENDORFF.

Ad mandatum Sac. Cæs. Regiæque Catholicæ Majestatis proprium.

JO. CHRISTOPHORUS BARTENSTEIN.

CCXII.

BAN *publié par ordre de l'Empereur* CHARLES VI. *contre* JOSEPH RAKOCZY, *le défunt Prince de* Transilvanie *& allié du Grand Seigneur; affiché dans tous les lieux ordinaires à Vienne, en Hongrie, en Transilvanie*

ANNO 1738.

nie & à l'Armée Impériale du 2. de May 1738.

NOI CARLO VI. &c. annunziamo a tutti, ed a ciascuno de' Nostri fedeli Abitanti, e Sudditi del Nostro Arciducato dell' Austria di quà, e di là dall' Anaso, come ancora a tutti li Superiori di qualunque dignità, condizione, o stato che esser si vogliano, alla notizia de' quali perverrà questo nostro publico Bando, la Nostra Grazia; E vi facciamo col presente graziosamente a sapere, qualmente Giuseppe Rakoczy, figlio maggiore del noto fu Capo ribelle Francesco Rakoczy, seguendo il mal esempio di detto suo Padre, posposta ogni fedeltà, e natural debito, come nativo Suddito dovutici, sia passato nel Dominio Turco dal Nemico comune del Cristian Nome, ove, per porre anche in effetto le malvage sue idee, abbia non solo cercata, ed ottenuta protezione, ma ancora fatti con esso comun Nemico contro di Noi, suo natural Signore e Sovrano de' Trattati e delle Leghe perfidi ed infami, tendenti eziandio ai danni e rovina de' Nostri Regni e Stati Ereditari, con avere inoltre fatto spargere publicamente, e communicate alli Ministri delle Potenze d'Europa un Manifesto, in cui, oltre li titoli onorifici, avuti bensì a principio dal medesimo suo Padre, statigli però poscia colla Sentenza finale, e di Morte, publicatasi sotto li 30. Aprile del 1703. ed in virtù dell' articolo della Dieta d'Ungheria del 1715. levati, ed annullati, abbia con punibile orgoglio osato anche di assumere il nome di Principe di Transilvania, e di Duca dell' Ungheria, e fino ardito, con aiuto, ed assistenza del menzionato comun Nemico di prendere effettivamente le armi contro di Noi; con che è egli, come Ribelle, e Perturbatore della Quiete Universale, e specialmente come Nemico della Patria incorso nel condannevole delitto di Lesa Maestà, e si è di piena scienza e confiderazione attirata la sentenza di Morte, Statuita da tutte le Leggi contro un sì grave delitto; Confessando quindi egli stesso tutto il suddetto ne' suoi scritti sparsi fra il publico, ed essendone convinto da per se, anche mediante li palesi suoi misfatti, che non richiedono altra ulterior riprova; così per rimuovere ogni pericolo da temersene, e per assicurare li fedeli Nostri Vassalli, Abitanti, e Sudditi dal minacciato male, si richiede, che Noi lo dichiariamo Reo di Morte, con Taglia di Vita, così ch'ei possa non solo essere ammazzato impunemente da chicchesia, ma destiniamo ancora a prò dell'uccisore una proporzionata ricompensa.

Quindi è, che in virtù della Suprema Nostra Autorità, e con Cesareo, e Regio Plenipotere, dichiariamo col presente publico Bando, stante li di sù addotti motivi, esso Giuseppe Rakoczy per Reo di Lesa Maestà, e di Morte, con Taglia di Vita, così che non solo, come si è accennato, possa essere ucciso impunemente da ognuno, ed anche dalla propria servitù, o da' suoi seguaci, ma assegniamo eziandio sopra la di lui Testa la presente Taglia, in guisa, che quegli, o quelli, li quali consegneranno vivo il menzionato Rakoczy al Nostro Esercito, o alli Generali Comandanti, o alli Supremi Magistrati, e Comandanti, debbano subito ricevere dal Nostro Erario in Contanti Diecimila Fiorini, e quegli, o quelli, che lo condurranno morto, o porteranno la di lui testa, o che potranno dimostrare di essere egli da essi, o per mezzo loro effettivamente stato privato di vita Seimila Fiorini Renani. Promettiamo pure colle presenti, sotto la Cesarea e Real Nostra Parola, a quei tali, che fossero già seguaci d' esso Rakoczy, e fattisi partecipi del delitto di Lesa Maestà, e che poi, pentiti del grave loro misfatto, lo consegneranno vivo, o morto, o per loro disposizione lo faranno uccidere da altri, insieme alla suddetta ricompensa de' 10000. e 6000. fl. rispettivamente, anco il pieno perdono, e condonazione di ogni pena. All' Incontro, tutti quelli, che scientemente daranno ricetto nel nostro Regno Ereditario d'Ungheria, e Principato di Transilvania, o ne' restanti Nostri Stati Ereditari al più volte accennato Rakoczy, o alli suoi Seguaci, e spezialmente alli suoi Esploratori, o che terranno presso di loro alcuni Manifesti sparsi da esso Rakoczy, o altre Lettere invitatorie a seguitarlo, ed assisterlo, o che gli comunicheranno a qualsivoglia altra persona, o che terranno a tal effetto delle segrete adunanze, o che avranno alcuna corrispondenza col riferito Rakoczy, o con i suoi Coadiutori, o che daranno assistenza, e prenderanno le armi, come ancora quelli, che avendo notizia di alcuna delle suddette circostanze, non la manifesteranno subito, come spetta, al nostro Comandante Generale del più vicino luogo, dovranno essere riguardati come Traditori della Patria, e Perturbatori della comun Quiete, com' anche Rei del grave delitto di Lesa Maestà, e si procederà contro di loro colle pene in tal caso statuite. Dato nella Nostra Residenzial Città di Vienna il di 29. Aprile del 1738. &c.

(L. S.)

Sigismondo Federigo Conte Khevenhüller,
Luogotenente.

Cristofano Fed. Schmid di Mayenberg,
Cancelliere.

Commissio Domini Electi Imperatoris in Consilio.

Francesco Vencislao di Venfor. Gio. Giuseppe Fraissl.

CCXIV.

7. Avril. 8. May.

Réglement de l'Illustre Médiation pour la pacification des Troubles de la République de Geneve, du 7. Avril & 8. May 1738. [Copie autentique.]

AU NOM DE DIEU, AMEN.

LEs Troubles & divisions arrivées dans la Ville de GENEVE dès l'Année 1734. Ayans été portés au point d'y attirer les horreurs d'une Guerre Civile, dont les suites funestes auroient pû la plonger dans les plus grands malheurs, & entrainer la perte entiére de l'Etat. SA MAJESTE' TRES-CHRETIENNE, étant informée de l'extrême danger où se trouvoit cette République, qu'ELLE a toujours honoré de sa Bienveillance; & faisant d'ailleurs attention à l'Alliance qu'Elle a avec elle, a bien voulu lui accorder Sa Médiation, conjointement avec celle des LOUABLES CANTONS de ZURICH & de BERNE, dont les Représentans, en qualité d'Alliés, s'étoient déjà rendus à *Geneve* pour y rétablir le bon ordre & la tranquillité. Laquelle Médiation fut acceptée par tous les differens Ordres de la République. A l'effet dequoi SA MAJESTE' auroit envoyé le Très-Illustre, & Très-Excellent Seigneur COMTE DE LAUTREC, *Son Lieutenant General en la Province de Guyenne, Maréchal de ses Camps & Armées, Inspecteur General de son Infanterie*, muni de ses Pouvoirs pour conferer avec les Illustres & Magnifiques Seigneurs Représentans, JEAN HOFFMEISTER, *Bourguemaistre*, JEAN GASPER ESCHER, *Stadthalter*, chargés aux mêmes fins des Pouvoirs du Louable Canton de ZURICH; & les Illustres & Magnifiques Seigneurs Représentans, ISAAC STEIGUER, *Ancien Advoyer*, & LOUYS DE WATTEVILLE, *Haut Commandant du Païs de Vaud, & Ancien Banderet*, aussi chargés des Pouvoirs du Louable Canton de BERNE. Lesquels, après avoir pris une parfaite connoissance des matieres relatives à l'objet de leur Commission, & reçu d'un chacun toutes les informations, instructions, & mémoires necessaires à ce sujet, se seroient employés avec zéle, & impartialité, à procurer une entiére pacification dans la République, & y assurer une forme de Gouvernement qui fit respecter les Loix, & l'autorité du Magistrat, en conservant les Droits & Priviléges du Peuple, ainsi que l'Indépendance de l'Etat: En conséquence dequoi les susdits Seigneurs Médiateurs, ont réglé & arrêté les Articles suivans.

Reglement convenu & arrêté entre les Seigneurs Médiateurs.

ANNO 1738.

ARTICLE I.

TOus les differens Ordres qui composent le Gouvernement de GENEVE, Sçavoir, les Quatre Sindics, le Conseil des Vingt-Cinq, le Conseil des Soixante, le Conseil des Deux-Cens, & le Conseil General, conserveront chacun leurs Droits & Attributions particuliéres provenant de la Loi fondamentale de l'Etat; & il ne sera fait à l'avenir aucun changement au present Réglement; en sorte que l'un des susdits Ordres ne pourra donner atteinte, ni rien enfreindre au préjudice des Droits & Attributs de l'autre.

II.

Les Sindics ne pourront être pris que dans le Conseil des Vingt-Cinq; les Membres du Conseil des Vingt-Cinq ne pourront être choisis qu'entre les Citoiens du Conseil des Deux-Cens; Ceux du Conseil des Soixante ne pourront être pris que dans le Conseil des Deux-Cens; Et les Membres du Conseil des Deux-Cens ne pourront être pris que parmi les Citoïens & Bourgeois.

III.

Les Droits & Attributions du Conseil General légitimement Assemblé demeureront invariablement fixés & limités aux Articles suivans.

1. Au Pouvoir Législatif, c'est-à-dire, d'agréer ou rejetter les Loix proposées, ou les changemens à celles qui sont établies, lesquelles Loix ne pourront avoir d'effet, qu'auparavant elles n'aient été aprouvées par le Conseil General.

2. Au pouvoir d'élire ses principaux Magistrats; sçavoir, les Quatre Sindics, le Lieutenant, les Auditeurs, le Trésorier, & le Procureur General, pour choisir dans le nombre des Sujets qui lui seront presentés, ceux que bon lui semblera, ou les rejetter en tout, ou en partie, de même que la fixation du Taux du Vin, en agréant, ou rejettant, en tout ou en partie, les prix qui lui seront proposés.

3. Au Pouvoir Confédératif, d'aprouver ou rejetter les Traités & Alliances *qui lui seront proposés* avec les Puissances Etrangéres; comme aussi les Echanges, Acquisitions, ou Aliénations des Domaines de la République, ainsi que les Emprunts hypothequaires qui pourroient se faire à l'avenir.

4. Au Pouvoir d'agréer ou rejetter la déclaration de la Guerre, & la conclusion de la Paix, qui lui seront proposés.

5. Au Pouvoir d'agréer ou rejetter les Impôts & Subsides qui lui seront proposés, pour subvenir aux nécessités de l'Etat, à l'exception de ceux qui étoient établis avant l'année 1714. qui continueront d'avoir lieu comme par le passé; lesquels ne pourront être augmentés sans le consentement du Conseil General.

6. Au Pouvoir d'aprouver ou rejetter les augmentations de Fortifications qui lui seront proposées.

Toutes lesquelles Attributions ci-dessus énoncées, y compris le contenu aux Articles XV. & XVI. mentionnés ci-après au present Réglement, apartiendront incontestablement au Conseil General, & les Conseils ne pourront par aucun réglement & innovation de leur part déroger aux Edits, ni faire de changemens aux Loix fondamentales de l'Etat, non plus qu'à la forme du Gouvernement, tel qu'il est à present, sans le consentement du Conseil General.

IV.

Le Conseil General en considération de la dépense des Fortifications ayant accordé par l'Edit du 8. Juillet 1734. pour dix Ans les Impôts y mentionnés, & ce terme devant expirer au 8. Juillet 1744. Les Seigneurs Médiateurs ont estimé convenable de prolonger lesdits Impôts de six autres Années, qui expireront au 8. Juillet 1750. passé lequel temps ils ne pourront être continués, ni dès à present autre nouveau établi, sans le consentement du Conseil General, ainsi qu'il est porté par ledit Edit.

V.

Toutes les Matiéres qui seront portées au Conseil General, ne pourront y être proposées que par les Sindics, Petit & Grand Conseils.

VI.

Il ne pourra rien être porté au Conseil des Deux-Cens, qu'auparavant il n'ait été traité & aprouvé dans le Conseil des Vingt-Cinq; & il ne sera rien porté au Conseil General, qui n'ait été auparavant traité & aprouvé dans le Conseil des Deux-Cens.

ANNO 1738.

VII.

Les Citoïens & Bourgeois, conformément à l'Edit du 26 May 1707. auront droit de faire telles Représentations qu'ils jugeront convenables au bien de l'Etat à Messieurs les Sindics ou Procureur General; sous l'expresse deffence de commettre aucune sorte de violence, à peine de châtiment suivant l'exigence du cas.

VIII.

L'Election des Membres du Conseil des Vingt-Cinq continuera de se faire comme par le passé, & suivant les Edits.

IX.

Dans les Elections des Auditeurs qui se feront à l'avenir, le Sort sera & demeurera suprimé & aboli; & au lieu de six Sujets qu'il étoit d'usage de proposer précédemment, il n'en sera plus presenté que quatre au Conseil General, pour en choisir deux à la maniére prescrite par les anciens Edits, sans que cette clause puisse rien changer à ce qui s'est toujours pratiqué jusques à present dans ces Elections.

X.

Outre les limitations des degrés de parenté, établis par les précédens Edits, les Fréres de même sang, ainsi que les Uterins, Oncles & Neveux d'une même famille, comme aussi les Neveux d'Alliance de même nom, seront exclus à l'avenir du Petit Conseil.

XI.

Aucun *Candidat* ou Prétendant au Conseil des Deux-Cens, ne pourra y être admis qu'à l'âge de trente Ans accomplis, sans que les Conseils puissent donner atteinte à ce Réglement par des dispenses d'âge, ni autrement, sous quelque prétexte que ce soit.

XII.

Pour faire participer plus de personnes de l'Etat au Gouvernement, le nombre des Membres du Conseil des Deux-Cens sera dès à present augmenté de Vingt-Cinq, qui avec les Deux-Cens Vingt-Cinq dont il étoit précédemment composé, feront ensemble Deux Cens Cinquante Membres; & il ne sera procedé à l'avenir à aucune promotion dudit Conseil, qu'il n'y ait cinquante places vacantes, lesquelles seront remplies à la fois, lorsque ledit Conseil se trouvera reduit au nombre de Deux-Cens; & toutes les fois que les promotions se feront, ledit Conseil sera rendu complet sans qu'il puisse y avoir de changement fait à ce Réglement, que du consentement du Conseil General.

XIII.

Immédiatement après que l'Edit du Réglement des Seigneurs Médiateurs aura passé au Conseil General, pour y recevoir la Sanction, il sera procedé sans aucun retardement à l'Election des Membres du Deux Cens, pour remplir le nombre des Deux-Cens Cinquante, & le rendre complet, conformément à l'Article XII.

XIV.

Il ne sera fait aucun changement à l'usage qui s'est pratiqué jusques à present dans l'Election du Sindic de la Garde, & de ses offices & fonctions.

XV.

La Garnison de la Ville de Geneve continuera d'être entretenuë sur le pied de douze Compagnies de soixante hommes chacune, telle qu'elle est à present, sans qu'elle soit augmentée, ni qu'aucunes Troupes Etrangéres ou Auxiliaires, puissent y être introdui-

tes

ANNO 1738.

tes & admises que du consentement du Conseil Général, à l'exception toutefois des cas relatifs à la Garantie, où l'introduction des Troupes des Louables Cantons de ZURICH & de BERNE pourra avoir lieu, du consentement des MEDIATEURS.

XVI.

La Garde de la Maison de Ville subsistera telle qu'elle est établie présentement, & ne pourra être augmentée, ainsi que celle des autres Postes de la Ville, que du consentement du Conseil Général, à l'exception des temps de Vacances, de Moissons & Jours de Foires, où l'on suivra l'usage qui s'est pratiqué jusqu'à présent.

XVII.

Les Majors, Capitaines, Aide-Majors, Sergeans, Caporaux, Apointés & Soldats, prêteront Serment à la forme ordinaire, & conformément à l'usage qui s'est pratiqué jusqu'à présent.

XVIII.

Lorsque le Conseil Général sera assemblé, aucune Garde Bourgeoise ne pourra être employée aux Portes du Temple, ni à la Place de la Maison de Ville, & il ne sera mis aux susdites Portes, que des Dixeniers, pour empêcher d'entrer ceux qui n'ont pas le droit d'assister au Conseil Général. Il n'y aura ces jours-là aucune Garde extraordinaire de la Garnison.

XIX.

En cas d'Alarme causée par le feu, ou autrement, le Sindic de la Garde disposera de la Garnison pour la sureté de la Ville, comme il s'est pratiqué jusqu'à present, & conformément à l'Article VI. de l'Edit du 28. Juin 1735.

XX.

Au même cas d'Alarme provenant de l'Ennemi du dehors, ou de feu, chaque Citoyen & Bourgeois, Natif & Habitant, de quelque qualité & condition qu'il soit, étant obligé de prendre les Armes, se rendra, sans mettre la Bayonnette au bout du fusil, à la Place d'Armes de sa Compagnie, à peine de châtiment, à l'exception de ceux qui seront préposés pour servir à éteindre le feu, ou qui auront des excuses légitimes connuës de leurs Officiers.

XXI.

Il est expressément deffendu à toutes personnes dans les cas d'alarmes, ou de feu, d'arrêter & empêcher les Citoyens, Bourgeois, Natifs, & Habitans, ainsi que les Soldats de la Garnison, de se rendre aux endroits où ils ont ordre de se trouver, à peine de châtiment contre les contrevenans.

XXII.

Les Compagnies Bourgeoises, en pareil cas de feu & d'alarme, qui seront destinées à aller occuper les Portes de la Ville, s'assembleront dans leurs Places d'Armes, d'où elles se rendront sur les Ordres de leurs Capitaines & Officiers aux susdites Portes par le commandement du Sindic de la Garde, qui de sa part aura attention de faire à l'avance tous les arrangemens convenables à ce sujet.

Lorsque lesdites Compagnies arriveront aux Portes, pour prévenir toutes les difficultés qui pourroient survenir entre les Officiers sur le fait du Commandement, il sera à l'avenir observé que les Capitaines & Capitaines Lieutenans des Compagnies Bourgeoises commanderont les Capitaines de la Garnison, & que les Capitaines de la Garnison, en l'absence des Capitaines & Capitaines-Lieutenans de la Bourgeoisie, commanderont tous les autres Officiers Bourgeois.

Dans les Postes où il ne se trouvera que des Sergeans & Bas Officiers de la Garnison, les Sergeans, Bas Officiers, ou Caporaux de la Bourgeoisie, auront le commandement sur tous les Sergeans de la Garnison.

Le même réglement aura lieu dans toutes les occasions où les Compagnies Bourgeoises, & celle de la Garnison, se trouveront ensemble.

Immédiatement après que le Feu sera éteint, & qu'il n'y aura plus de danger, lesdites Compagnies Bourgeoises se retireront sur l'ordre du Sindic de la Garde.

XXIII.

Il est expressément deffendu, sous les peines les plus rigoureuses à toutes personnes, de quelque qualité, condition & sexe qu'elles puissent être, de crier aux Armes sans le commandement exprès des Sindics.

XXIV.

Il est pareillement deffendu à tous Capitaines, Lieutenans, Sergeans, Caporaux, & à toutes autres personnes, de quelque qualité & condition qu'elles soient, d'assembler les Compagnies Bourgeoises, ou de leur faire prendre les Armes, sous quelque prétexte que ce soit, sans le Commandement exprès des Sindics, ou Petit Conseil, sous peine de mort.

XXV.

Tous mouvemens, attroupemens par Compagnie, ou autrement, ainsi que toutes entreprises, pratiques, & machinations tendant à troubler la tranquillité publique & l'ordre du Gouvernement, sont expressément deffendus, à peine contre les Contrevenans d'être punis suivant l'exigence du cas, à l'exception toutefois des assemblées de societé que l'usage de la vie civile autorise, où on observera de ne rien traiter contre l'Etat.

XXVI.

Aussi-tôt après que l'Edit du Réglement de la Médiation aura passé au Conseil Général pour y recevoir la Sanction, les 34. Députés des Compagnies Bourgeoises, dont le Conseil avoit permis l'Election, à la requisition de l'Illustre Médiation, par Arrest du 19. Octobre 1737. seront & demeureront suprimés, sans qu'il puisse à l'avenir y en avoir d'autres établis, sous quelque prétexte que ce soit, à peine de châtiment.

XXVII.

Réglement de l'Artillerie relatif à l'Edit du 28. Juin 1735.

La Charge de Maître d'Artillerie ne pourra être réunie avec celle de Sindic de la Garde, & ces deux Emplois ne pourront être exercés en même temps par la même personne.

Le Maître d'Artillerie présidera à la Chambre d'Artillerie, assisté de ses Lieutenans, tirés du Conseil des Deux-Cens.

Il aura soin de faire faire un Inventaire de toute l'Artillerie & de tout ce qui en dépend, duquel il sera fait deux doubles, dont l'un sera remis à la Chambre des Comptes, & l'autre à la Chambre d'Artillerie.

Les Arcenaux, Armes, Munitions de guerre, & Artillerie, ainsi que les lieux où elles pourront être placées & conservées, seront à la disposition des Conseils, qui auront attention d'y pourvoir comme ils le jugeront à propos, sans que les réglemens faits précédemment, puissent rien changer à cet égard.

Les dix Chefs de Batterie seront conservés tels qu'ils étoient avant le 21. Aoust 1737. & choisis comme précédemment d'entre les Citoyens Les Bas Officiers seront aussi remis, ainsi qu'ils étoient avant ledit jour 21. Aoust, & pris indifferemment parmi les Citoyens & Bourgeois, à la discrétion du Conseil, conformément à l'Edit du 28. Juin 1735.

XXVIII.

Matieres Criminelles.

Les Juges connoîtront de toutes les causes ou genre d'injures sans exception, soit qu'elles soient poursuivies d'Office, ou à l'instance de Partie Civile, & ils puniront les coupables, ainsi qu'il a été statué & observé ci-devant.

XXIX.

Le Procureur Général sera & demeurera Partie publique

publique dans tous les procès criminels, jusqu'à sentence definitive, & les conclusions qu'il donnera ne seront point communiquées à l'Accusé, non plus qu'à son Avocat & Procureur; les Sindics & Conseil en seront juges comme d'ancienneté, & procéderont de jour en jour à leur instruction.

XXX.

Afin néanmoins que l'Accusé puisse mieux se deffendre, il sera en droit de prendre, si lui, ou quelcun en son nom le requiert, un Avocat & un Procureur de la Ville, à son choix, lesquels à peine d'interdiction, seront obligés de le servir.

Ledit Accusé pourra en outre, au lieu de douze parens & amis qui lui avoient été accordés ci-devant par l'Article XIV. de l'Edit au Titre XII. des Matieres Criminelles, en choisir seulement deux, tels qu'il voudra, pour l'assister aux *prisons* dans les instructions qu'il lui conviendra de donner à son Avocat & Procureur.

Lorsque ledit Accusé aura subi son interrogatoire, & fait ses réponses, il lui sera permis d'en faire, si bon lui semble, la lecture avant de les signer; & la procedure finie sera communiquée à l'Avocat & Procureur de l'Accusé, ainsi qu'à ses deux assistans, huit jours avant le jugement, s'ils la demandent, lesquels en la recevant seront mis sous le serment de n'en donner ni prendre aucune copie, & de la raporter à un des Sécretaires d'Etat, aussi-tôt après la Sentence définitive.

Il aura de plus la liberté de prendre deux autres parens ou amis faisant ensemble quatre, pour l'accompagner à l'Audience, & être présens au Plaidoyer de ses deffenses, sans que les quatre, une fois choisis, puissent être changés, ni le nombre augmenté, l'Avocat & le Procureur dudit Accusé pourront aussi assister à l'Audience.

XXXI.

Si quelque Citoyen, Bourgeois, Natif, & Habitant, détenu dans les prisons pour cause criminelle, méritant punition corporelle, *après avoir été jugé*, & condamné définitivement, requeroit d'être entendu au Conseil des Deux-Cens pour en obtenir grace, ledit Conseil sera convoqué à cet effet, & recevra la Requête de l'Accusé signée de lui, ou de son Procureur, dans laquelle il exposera les raisons qu'il aura à représenter pour demander grace, & alors ledit Conseil des Deux-Cens, après avoir pris sommairement connoissance du Procès & du Jugement rendu par le Petit Conseil, décidera s'il y a lieu d'accorder grace, ou de moderer la Sentence, laquelle ne pourra être agravée, dérogeant à toutes clauses contraires au present Réglement, & nommément à l'article XXI. de l'Edit, au Titre des Matieres Criminelles.

XXXII.

Les Accusés & Criminels ne pourront être appliqués à la Question ou Torture, que préalablement ils n'ayent été par jugement définitif condamnés à mort.

XXXIII.

Tous ceux qui s'opposeront à l'exécution des Jugemens prononcés & rendus en dernier ressort par les differens Conseils, seront punis capitalement.

XXXIV.

Les Citoyens, Bourgeois, Natifs, & ceux qui auront été reçus Habitans, comme de toute ancienneté, ne pourront être obligés de prendre du Bled au magazin de la République, pour leur subsistance ordinaire, à l'exception des Boulangers; les Réglemens de Police concernant cette matiere devant au surplus subsister comme précédemment suivant l'usage.

Ils conserveront de même le droit qu'ils ont eu de tout temps d'acheter seulement pour leur usage particulier, des Vins étrangers, dont l'entrée est permise en cette Ville, n'entendant comprendre dans le présent Réglement, les Hôtes, Cabaretiers, Traiteurs, & ceux qui tiennent des Pensionnaires, lesquels se conformeront en cela aux Réglemens qui les concernent.

Les Citoyens & Bourgeois auront aussi la liberté de faire vendre le vin de leur crû, comme précédemment suivant les us & coûtumes.

Lequel susdit Article a été ainsi réglé consequemment à la déclaration du Magnifique Conseil, portant que son intention n'a jamais été de former aucune opposition à l'usage de ces immunités.

XXXV.

Il ne sera fait aucun changement à la formule ancienne des Lettres d'Habitation, qui continuera d'avoir lieu comme par le passé.

XXXVI.

Les Natifs de la Ville seront à l'avenir admis à toutes sortes de Métiers, & pourront parvenir aux Maîtrises, en payant au Fisc les droits établis par les Réglemens & Ordonnances.

XXXVII.

Les Citoyens & Bourgeois conserveront les privileges de leurs Professions & Maîtrises suivant les Réglemens établis par le Conseil, qui y fera les changemens qu'il estimera convenables.

XXXVIII.

Pour entretenir desormais l'esprit d'union dans tous les Ordres de la République, il est expressément defendu de rapeler par des invectives ou reproches les troubles passés, ni de se donner reciproquement certains noms de parti, que l'animosité & la discorde avoient ci-devant mis en usage, & qui seront à l'avenir entierement suprimés & abolis, de même que les fêtes qui pourroient être relatives à cet objet. Il est pareillement deffendu d'imprimer, ou faire imprimer des Libelles injurieux, tant dans cette Ville qu'ailleurs, de même que tous les Ecrits, Mémoires, & Brochures, de quelque nature qu'ils puissent être, tendans à renouveller les vieilles dissentions, à peine contre les contrevenans d'être punis suivant l'exigence du cas.

XXXIX.

Afin que la réunion entre tous les individus de cet Etat s'affermisse de plus en plus, les Seigneurs Médiateurs ont estimé convenable pour un bien de paix, que les six Membres des Conseils qui furent démis de leurs emplois dans le temps des troubles le 6. Decembre 1734. sçavoir, les Sieurs *Marc Conrad Trembley*, *Jacob De Chapeaurouge*, *Jean Trembley*, qui en particulier demeurera relevé de son bannissement, *Charles Lullin*, Anciens Sindics, & *Jean Tronchin* Conseiller du Petit Conseil, ainsi que *Philippe de Carro*, de celui des Deux-Cens, & ci-devant Auditeur, obtiennent des Conseils leurs décharges pour toûjours, conformément à la demande qu'ils en firent eux-mêmes ledit jour 6. Decembre 1734. & qu'ils viennent de nouveau de confirmer, laquelle leur sera accordée comme ayant servi avec honneur, & qu'en conséquence leurs Noms soient mis sur le tableau comme Conseillers déchargés, conservant aux cinq premiers sans rentrer dans le Petit & Grand Conseil, les honneurs accoutumés des Conseillers déchargés, & en outre les gages de Conseillers pendant leur vie, dont ils commenceront à joüir dès à present.

XL.

Tous les Edits, ainsi que les Us & Coutumes approuvés par les Loix dont l'usage aura été constamment suivi, & auxquels le present Réglement ne déroge point, continueront d'être observés & exécutés conformément à ce qui s'est pratiqué jusqu'à present.

XLI.

Et pour qu'un chacun puisse joüir d'une entiere sûreté par raport aux troubles passés, & profiter de l'Acte d'oubli general, publié par le Petit & Grand Conseil le 1. Novembre 1737. Les Seigneurs Médiateurs desirant procurer l'affermissement de la paix & de

ANNO 1738.

de la tranquilité dans tous les Ordres de la République, ont de nouveau confirmé ledit Acte d'oubli par la présente Médiation, afin que personne ne soit à l'avenir susceptible d'aucune recherche sur les faits passés pour quelque cause que ce puisse être, conformément audit Acte d'oubli.

XLII.

Pour qu'un châcun connoisse les Loix de l'État & s'y soumette avec plus de docilité, il en sera fait le plûtôt que faire se pourra un Code général imprimé qui renfermera tous les Edits & Réglemens.

XLIII.

En cas qu'il arrive après tous les Réglemens ci-dessus expliqués, des desordres, prises d'Armes, attroupemens, &c. tendans à renverser l'ordre de la République, en faisant violence au Magistrat, comme aussi de desarmer les Soldats de la Garnison, Citoyens, Bourgeois, Natifs & Habitans; ceux qui seront atteints & convaincus des cas ci-dessus énoncés seront punis comme perturbateurs du repos public, sans pouvoir esperer d'être compris dans aucune Amnistie.

XLIV.

Tous les Articles contenus au present Réglement auront à l'avenir force de Loix, & ne pourront être susceptibles d'aucun changement, quel qu'il puisse être, que du consentement du Conseil Général légitimement assemblé par le Petit & Grand Conseil.

Et d'autant que SA MAJESTE' TRES CHRETIENNE, & les louables Cantons de ZURICH, & de BERNE, n'ont eu pour but en accordant leur commune Médiation à la Ville de GENEVE, que d'y procurer parmi tous les Ordres de cette République, une paix stable & durable; ils ont estimé convenable pour prévenir le retour des troubles passés & y assurer une tranquillité parfaite, d'accorder (sans toucher ni préjudicier à l'Indépendance & Souveraineté de ladite République de Geneve) la Garantie des Articles ci-dessus énoncés, qui ont été réglés & arrêtés, sçavoir, de la part de SA MAJESTE' TRES CHRETIENNE, par le Très Illustre, & Très Excellent Seigneur COMTE DE LAUTREC, *son Lieutenant General en la Province de Guyenne, Maréchal de ses Camps & Armées, Inspecteur General d'Infanterie, & son Ministre Plénipotentiaire*, & de celle du Louable Canton de ZURICH, par les Illustres & Magnifiques Seigneurs Representans, JEAN HOFFMEISTER *Bourguemaître*, JEAN GASPARD ESCHER *Stadthalter*; & de la part du Louable Canton de BERNE, par les Illustres & Magnifiques Seigneurs Representans ISAAC STEIGUER, *Ancien Advoyer*, & LOUIS DE WATTEVILLE, *Haut-Commandant du Païs de Vaud, & Ancien Banderet*, Plénipotentiaires à l'effet de ladite Médiation, lesquels promettent au nom de leurs Maîtres, d'en garantir l'exécution, qui ne pourra se faire que de concert, & relativement à l'Article XV mentionné au présent Réglement, ou au Traité de Soleure de 1579. après avoir préalablement employé leurs bons & communs Offices, lequel susdit Traité continuera d'avoir force & valeur dans toute sa teneur comme par le passé, sans que le contenu audit Article XV. puisse y préjudicier en rien, ni en empêcher l'effet.

Finalement les deux louables Cantons de ZURICH & de BERNE se reservent les Traités d'Alliance & de Combourgeoisie de 1558. & 1584. qu'ils ont avec la République de GENEVE.

NOUS soussignés, MINISTRE de SA MAJESTE' TRES CHRETIENNE, & les REPRESENTANS des louables Cantons de ZURICH, & de BERNE, Médiateurs, ci-dessus mentionnés, en vertu de nos Pleins-pouvoirs mutuellement communiqués, avons réglé & arrêté les quarante quatre Articles contenus au present Réglement, ainsi que l'Acte de Garantie qui est ensuite, pour être observés & exécutés inviolablement. En foi dequoi nous avons signé quatre exemplaires dudit Réglement, auxquels nous avons apposé le Sceau de nos Armes, après avoir reciproquement promis que la Ratification de SA MAJESTE', & celle des susdits LOUABLES CANTONS, seront fournies en bonne & due forme, & échangées respectivement dans l'espace de trois semaines à compter du jour de la signature du susdit Réglement, ou plûtôt s'il est possible; *Fait à Geneve ce septiéme Avril, mille sept cent trente huit.*

(L. S.) LAUTREC.

(L. S.) JEAN HOFFMEISTER.

(L. S.) J. G. ESCHER.

(L. S.) IS. STEIGUER.

(L. S.) L. DE WATTEVILLE.

ANNO 1738.

EXTRAIT

DES REGISTRES DU CONSEIL.

Le Jeudi huitiéme Mai 1738. En conséquence des déliberations prises en Petit & Grand Conseil, le Conseil General a été assemblé dans le Temple de St Pierre, suivant l'usage, Les ILLUSTRES SEIGNEURS MEDIATEURS, l'ayant honoré de leur présence, & là a été proposé & lû ce qui suit, par Noble Turrettin, Premier Secretaire d'Etat, du Commandement des Seigneurs Sindics.

MESSEIGNEURS du Petit & Grand Conseil, ayant fait lecture le Lundi cinquiéme de ce Mois, du Réglement arrêté & convenu entre le Très Illustre & Très Excellent Seigneur COMTE DE LAUTREC *Lieutenant General pour* SA MAJESTE' *en la Province de Guyenne, Maréchal de ses Camps & Armées, Inspecteur General de son Infanterie*, & les Illustres & Magnifiques JEAN HOFFMEISTER *Bourguemaistre*, JEAN GASPARD ESCHER *Stadthalter*, Représentans du Louable Canton de ZURICH, & les Illustres & Magnifiques Seigneurs ISAAC STEIGUER *Advoyer*, & LOUÏS DE WATTEVILLE, *Haut-Commandant du Païs de Vaud, Ancien Banderet*, Représentans du Louable Canton de BERNE, Seigneurs Médiateurs, lequel fut remis à Monsieur le Premier Sindic le Samedi troisiéme de ce Mois, pour être communiqué aux Magnifiques Petit & Grand Conseil, & ensuite être porté à cette Souveraine Assemblée, l'ont unanimement accepté, avec les sentimens de la plus vive & de la plus respectueuse reconnoissance, comme étant très propre à ramener au milieu de nous la paix & la tranquilité d'une maniere solide & durable, & à y faire renaître une confiance reciproque; & ils ont estimé qu'il y avoit lieu de proposer à ce Magnifique & Souverain Conseil, de statuer que tous les Articles qui le composent, devront être inserés dans nos Edits, pour nous servir dès aujourd'hui de Loi fondamentale & perpétuelle, & être exécutés dans tout leur contenu.

Pour cet effet, Magnifiques Très Honorés & Souverains Seigneurs, Mes dits Seigneurs les Sindics Petit & Grand Conseil, ont trouvé bon de le proposer à ce Magnifique & Souverain Conseil, pour savoir s'il l'aprouve, & y donne son consentement.

Cette Lecture finie, châque Citoïen & Bourgeois ayant donné son suffrage entre les mains des quatre Secretaires *ad actum* nommés pour les recueillir, sur l'Aprobation ou Rejection de cette proposition; l'Avis de Messeigneurs a été aprouvé presque unanimement. Ce qui devra être inseré dans nos Edits pour nous servir de Loi fondamentale & perpétuelle, & cette résolution a été à l'instant publiée.

TURRETTIN.

FIN *de la Seconde Partie du Tome II. & dernier du* SUPPLEMENT DU CORPS DIPLOMATIQUE.

www.ingramcontent.com/pod-product-compliance
Lightning Source LLC
LaVergne TN
LVHW021039011026
849160LV00007BA/109
* 9 7 8 2 0 1 9 9 8 8 5 6 2 *